Münchener Handbuch des Gesellschaftsrechts
Band 8
Umwandlungsrecht

Münchener Handbuch des Gesellschaftsrechts

Band 8

Umwandlungsrecht, Gesellschaftsrecht, Insolvenzrecht, Steuerrecht, Bilanzrecht, Arbeitsrecht, Kartellrecht, Öffentliches Recht

Herausgegeben von

Prof. Dr. Jan Lieder, LL. M.
Albert-Ludwigs-Universität Freiburg

Dr. Cornelius Wilk, LL. M.
Rechtsanwalt in Frankfurt a. M.

Dr. Nima Ghassemi-Tabar
Rechtsanwalt in Düsseldorf

Bearbeitet von

Dr. *Andrea Althanns,* Chefsyndika in München; Dr. *Caspar Behme,* Ludwig-Maximilians-Universität München; Dr. *Henning Berger,* Rechtsanwalt in Berlin; Dr. *Christian Brünkmans,* LL. M., Rechtsanwalt in Bonn; Dr. *Tobias Bünten,* Ldo. Derecho, Rechtsanwalt in Düsseldorf; Dr. *Martin Cordes,* Rechtsanwalt und Steuerberater in Bonn; Dr. *Jan Dyckmans,* Rechtsanwalt und Steuerberater in Frankfurt/M.; Dr. *Peter Etzbach,* LL. M., Rechtsanwalt in Köln; Dr. *Nima Ghassemi-Tabar,* Rechtsanwalt in Düsseldorf; Dipl.-Vw. Dr. *Carsten Grave,* Rechtsanwalt in Düsseldorf; Dr. *Paul Sebastian Hager,* Notar in Waldbröl; Dr. *Susanne Hemme,* LL. M., Rechtsanwältin und Steuerberaterin in Frankfurt/M.; Dr. *Andreas Hoger,* LL. M., Rechtsanwalt in Frankfurt/M.; Dr. *Kathrin Hoger,* LL. M., Rechtsanwältin in Frankfurt/M.; *Dirk Horcher,* LL. M., Rechtsanwalt in München; Dr. *Henrik Humrich,* LL. M., Rechtsanwalt in München; *Staffan Illert,* Rechtsanwalt in Düsseldorf; Dr. *Tim Johannsen-Roth,* Rechtsanwalt in Düsseldorf; Dr. *Alexander Kiefner,* Rechtsanwalt in Frankfurt/M.; *Kristina Klaaßen-Kaiser,* LL. M., Rechtsanwältin in Düsseldorf; *Mirko König,* Rechtsanwalt in Düsseldorf; Dr. *Ralph Kogge,* Rechtsanwalt in München; Dr. *Julia Kraft,* LL. M., Heinrich-Heine-Universität Düsseldorf; Dr. *Thomas Lakenberg,* M. Jur., Rechtsanwalt in Düsseldorf; Dr. *Tobias Larisch,* Rechtsanwalt in Düsseldorf; Prof. Dr. *Jan Lieder,* LL. M., Albert-Ludwigs-Universität Freiburg; Dr. *Jan Lindenlauf,* Rechtsanwalt in Düsseldorf; Dr. *Mathias Link,* LL. M., Rechtsanwalt und Steuerberater in Frankfurt/M.; *Alexander Meyberg,* Richter am Bundesgerichtshof; *Stephan F. Oppenhoff,* MCJ, Rechtsanwalt in Frankfurt/M.; Prof. Dr. *Julia Redenius-Hövermann,* LL.M., Frankfurt School of Finance and Management, Frankfurt/M.; Prof. Dr. *Jessica Schmidt,* LL. M., Universität Bayreuth; Dr. *Martin T. Schwab,* Notar in München; Dr. *Vanessa Seibel,* Staatsanwältin in Mannheim; Dr. *Thomas Voland,* LL. M., Rechtsanwalt in Berlin; *Till Wansleben,* Rechtsanwalt in Frankfurt/M.; Dr. *Simon Weiler,* Notar in München; Dr. *Cornelius Wilk,* LL. M., Rechtsanwalt in Frankfurt/M.; Dr. *Benedikt Wolfers,* Rechtsanwalt in Berlin

5. Auflage 2018

Zitiervorschlag:
MünchHdB GesR VIII/*Bearbeiter* § … Rn …
oder
Bearbeiter in Lieder/Wilk/Ghassemi-Tabar (Hg.) MünchHdB GesR VIII
§ … Rn …

www.beck.de

ISBN 978 3 406 69389 2

© 2018 Verlag C. H.BECK oHG
Wilhelmstraße 9, 80801 München
Umschlaggestaltung und Satz: Druckerei C. H.Beck
Druck und Bindung:
CPI – Clausen & Bosse GmbH
Birkstraße 10, 25917 Leck

Gedruckt auf säurefreiem, alterungsbeständigem Papier
(hergestellt aus chlorfrei gebleichtem Zellstoff)

Vorwort

Eine Umwandlungsmaßnahme gehört für die betroffenen Gesellschaften nicht selten zu den einschneidendsten Ereignissen der Unternehmensgeschichte. Wenn vormals integrierte Unternehmensteile eigene Wege gehen, bislang eigenständige Gesellschaften miteinander fusionieren oder Gesellschaften – etwa zur Vorbereitung eines Börsengangs – das Rechtskleid wechseln, berührt dies nicht weniger als das rechtliche Fundament, die wirtschaftliche Identität und das tradierte Selbstverständnis von Unternehmen. Die Visibilität und Bedeutung der Maßnahme greift regelmäßig weit über den formal-gesellschaftsrechtlichen Bereich hinaus. Ebenso grundlegend betroffen sind regelmäßig die Interessen der Personen, die rechtliche oder wirtschaftliche Beziehungen zu den betroffenen Rechtsträgern unterhalten – sei es als Anteilseigner, Organmitglieder, Arbeitnehmer, finanzierende Bank oder Geschäftspartner. Zudem sind Aufsichtsbehörden im Einzelfall einzubinden, wenn die Umwandlungsmaßnahme eine marktbeherrschende Stellung zu begründen droht oder die beteiligten Rechtsträger der Finanzaufsicht unterliegen.

Neben schlagzeilenträchtigen Großumwandlungen finden Umwandlungsmaßnahmen auch in überschaubarer Form statt, etwa in Form einer Ausgliederung einzelner Betriebsteile in eine (andere) Konzerngesellschaft oder mittels Integration einer Tochtergesellschaft per Upstream-Verschmelzung auf die Konzernmutter. Auch in diesen Fällen werden jedoch allein die arbeits-, bilanz- und steuerrechtlichen Auswirkungen der Umwandlung häufig dafür sorgen, dass die Maßnahme kein Ein-Personen-Projekt bleibt, sondern ihr Erfolg von Beiträgen aus mehreren Fach- bzw. Unternehmensbereichen getragen wird. Eine Umwandlung, die sich allein nach Maßgabe des Umwandlungsgesetzes vollzieht, ist praktisch kaum denkbar.

Diesen zwingend rechtsgebietsübergreifenden Charakter von Umwandlungen ernst zu nehmen, ist Ziel des vorliegenden Werks. Die Darstellung orientiert sich am Umwandlungsrecht als gesellschaftsrechtlich vorgeprägtem Knotenpunkt unterschiedlicher Rechtsgebiete. Ausgehend von den drei großen Kategorien des Umwandlungsgesetzes – Verschmelzung, Spaltung und Formwechsel – stehen im Allgemeinen Teil (§§ 1–43) zunächst die gesellschaftsrechtlichen Grundlagen der verschiedenen Umwandlungsmaßnahmen im Vordergrund. Der Besondere Teil (§§ 44–77) befasst sich sodann in Form in sich geschlossener Darstellungen mit den einzelnen Spezialgebieten, die zwar nicht unmittelbar Gegenstand des Umwandlungsgesetzes sind, jedoch im Zusammenhang mit Umwandlungsmaßnahmen besondere Wirkmacht entfalten können. Dazu gehören das Arbeits- und Steuerrecht, Umwandlungen in Krise und Insolvenz, kartellrechtliche Gesichtspunkte sowie aufsichts- und sonstige öffentlichrechtliche Besonderheiten.

Das Werk wendet sich sowohl an Spezialisten, die darauf angewiesen sind, im eigenen Spezialgebiet und in benachbarten umwandlungsrelevanten Rechtsgebieten den Überblick zu behalten, als auch an Generalisten in Schnittstellenfunktionen, die mehrere Aspekte einer Umwandlungsmaßnahme gleichzeitig verantworten. Mit Blick auf seinen wissenschaftlichen Anspruch soll der Band auch mit dem Umwandlungsrecht befassten Wissenschaftlern und Nachwuchsjuristen als systematisches Nachschlagewerk dienen, Orientierung geben und eine Vertiefung in Grundsatz- und Detailfragen ermöglichen.

Unser herzlicher Dank gilt zunächst allen Autorinnen und Autoren, die zum Gelingen dieses Werks beigetragen haben. Zudem danken wir sehr Herrn Hoffmann für die vorbildliche Betreuung des Werks vonseiten des C. H. Beck Verlags. Schließlich ermutigen wir alle Leser, uns mit Anregungen und Kritik zu unterstützen.

Freiburg/Frankfurt am Main/Düsseldorf, im Januar 2018 *Die Herausgeber*

Inhaltsübersicht

Vorwort	V
Inhaltsverzeichnis	XI
Abkürzungsverzeichnis	LIII
Literaturverzeichnis	LXXV

Teil 1. Allgemeiner Teil

1. Kapitel. Grundlagen

§ 1	Historischer Hintergrund *(Lieder)*	1
§ 2	Rechtspraktische Bedeutung *(Lieder)*	6
§ 3	Strukturmaßnahmen innerhalb und außerhalb des UmwG *(Lieder)*	19
§ 4	Strukturprinzipien des UmwG *(Lieder)*	32
§ 5	Europäisches und Internationales Umwandlungsrecht *(Lieder)*	56

2. Kapitel. Verschmelzung

§ 6	Verschmelzungsarten *(Hoger/Hoger)*	67
§ 7	Verschmelzungsfähige Rechtsträger *(Hoger/Hoger)*	85
§ 8	Verschmelzungsvertrag *(Hoger/Hoger)*	102
§ 9	Verschmelzungsbericht *(Hoger/Hoger)*	156
§ 10	Verschmelzungsprüfung *(Illert/Wilk)*	184
§ 11	Verschmelzungsbeschluss *(Ghassemi-Tabar)*	217
§ 12	Registerverfahren *(Schwab)*	233
§ 13	Rechtsfolgen der Verschmelzung *(Kogge)*	251
§ 14	Beschlussmängel *(Humrich)*	335
§ 15	Rechtsformspezifische Besonderheiten der Verschmelzung	424
	A. Aktiengesellschaft, SE und KGaA *(Johannsen-Roth)*	429
	B. GmbH *(Illert/König)*	477
	C. Eingetragene Genossenschaft (e.G.) und genossenschaftliche Prüfverbände *(Althanns)*	522
	D. Eingetragener Verein (e.V.) *(Hager)*	557
	E. Versicherungsverein auf Gegenseitigkeit (VVaG) *(Etzbach)*	582
	F. Personengesellschaften (einschließlich PartG) *(Lindenlauf)*	599
	G. Natürliche Personen *(Behme)*	615
§ 16	Konzernverschmelzungen *(Kiefner/Seibel)*	624
§ 17	Verschmelzungsrechtlicher Squeeze-out *(Kiefner/Seibel)*	650
§ 18	Grenzüberschreitende Verschmelzung *(Oppenhoff)*	669
§ 19	SE-Gründung durch Verschmelzung *(Larisch)*	732

3. Kapitel. Spaltung

§ 20	Spaltungsarten *(J. Schmidt)*	756
§ 21	Spaltungsfähige Rechtsträger *(J. Schmidt)*	765
§ 22	Spaltungsvertrag/-plan *(J. Schmidt)*	771
§ 23	Spaltungsbericht *(Klaaßen-Kaiser)*	797
§ 24	Spaltungsprüfung *(Klaaßen-Kaiser)*	811
§ 25	Spaltungsbeschluss *(Klaaßen-Kaiser)*	821
§ 26	Registerverfahren *(Schwab)*	830
§ 27	Rechtsfolgen der Spaltung *(Larisch)*	839
§ 28	Beschlussmängel *(Humrich)*	901
§ 29	Rechtsformspezifische Besonderheiten der Spaltung	915
	A. Aktiengesellschaft, KGaA und SE *(Oppenhoff)*	918

Inhaltsübersicht

B.	GmbH *(Oppenhoff)*	945
C.	Eingetragene Genossenschaften (eG) und genossenschaftliche Prüfungsverbände *(Althanns)*	962
D.	Eingetragener Verein (e.V.) *(Hager)*	976
E.	Versicherungsverein auf Gegenseitigkeit (VVaG) *(Etzbach)*	980
F.	Personengesellschaften (einschließlich PartG) *(König)*	984
G.	Natürliche Personen *(Behme)*	990
H.	Stiftung *(Lieder)*	997
I.	Spaltungen unter Beteiligung der öffentlichen Hand *(Wolfers/Voland)*	1009
§ 30	Grenzüberschreitende Spaltung *(Kraft/Redenius-Hövermann)*	1017
§ 31	SE-Gründung durch Spaltung *(Kraft/Redenius-Hövermann)*	1041

4. Kapitel. Formwechsel

§ 32	Einbezogene Rechtsträger *(Klaaßen-Kaiser)*	1044
§ 33	Umwandlungsbericht *(Klaaßen-Kaiser)*	1059
§ 34	Formwechselbeschluss *(Wansleben)*	1073
§ 35	Registerverfahren *(Wansleben)*	1093
§ 36	Rechtsfolgen des Formwechsels *(Wansleben)*	1102
§ 37	Beschlussmängel *(Humrich)*	1123
§ 38	Rechtsformspezifische Besonderheiten des Formwechsels	1140
A.	Kapitalgesellschaften *(Weiler)*	1144
B.	Eingetragene Genossenschaft (eG) *(Althanns)*	1187
C.	Eingetragener Verein (e.V.) *(Hager)*	1201
D.	Versicherungsverein auf Gegenseitigkeit (VVaG) *(Etzbach)*	1210
E.	Personengesellschaften *(Bünten)*	1218
F.	Formwechsel unter Beteiligung der öffentlichen Hand *(Wolfers/Voland)*	1248
§ 39	Grenzüberschreitender Formwechsel *(Behme)*	1254
§ 40	Gründung einer SE durch Formwechsel *(Wilk)*	1288

5. Kapitel. Sonstige Umwandlungsmaßnahmen

§ 41	Vermögensübertragung *(Johannsen-Roth)*	1313
§ 42	Umwandlungsmaßnahmen unter Beteiligung von Rechtsträgern außerhalb der Europäischen Gemeinschaft *(Johannsen-Roth)*	1341
§ 43	Gründung einer gemeinsamen Holding- oder Tochter-SE *(Johannsen-Roth)*	1368

Teil 2. Besonderer Teil

1. Kapitel. Umwandlungen in Krise und Insolvenz

1401

§ 44	Einführung *(Brünkmans)*	1401
§ 45	Umwandlungsmaßnahmen in Krise und Insolvenzreife (vor Insolvenzantrag) *(Brünkmans)*	1402
§ 46	Umwandlungen im Insolvenzverfahren, insbesondere Insolvenzplanverfahren *(Brünkmans)*	1437

2. Kapitel. Steuerrecht

§ 47	Steuerliche Auswirkungen von Umwandlungen – Anwendungsbereich des UmwStG *(Cordes)*	1472
§ 48	Verschmelzung *(Cordes)*	1478
§ 49	Umwandlungssteuerrechtliche Regelungen zur Spaltung	1519
A.	Auf- und Abspaltung von Körperschaften auf Körperschaften *(Hemme)*	1521
B.	Auf- und Abspaltung von Körperschaften auf Personengesellschaften *(Hemme)*	1551
C.	Auf- und Abspaltung von Personengesellschaften auf Körperschaften *(Cordes)*	1554
D.	Auf- und Abspaltung von Personengesellschaften auf Personengesellschaften *(Cordes)*	1556
E.	Ausgliederung *(Cordes)*	1558
§ 50	Formwechsel *(Cordes)*	1559

Inhaltsübersicht

§ 51 Sonstige Umwandlungsmaßnahmen *(Cordes)* 1565
§ 52 Grunderwerbsteuerliche Aspekte *(Dyckmans)* 1569
§ 53 Umsatzsteuer in der Umwandlung *(Cordes)* 1600
§ 54 Auswirkungen von Umwandlungen auf ertragsteuerliche Organschaftsverhältnisse *(Hemme)* 1603

3. Kapitel. Arbeitsrecht

§ 55 Umwandlungen und Arbeitsrecht – eine Einführung *(Lakenberg)* 1617
§ 56 Arbeitsrechtliche Vorgaben für die Vorbereitung und die Durchführung von Umwandlungen *(Lakenberg)* 1620
§ 57 Arbeitsrechtliche Folgen von Umwandlungen *(Lakenberg)* 1676

4. Kapitel. Bilanzrecht

§ 58 Verschmelzung *(Link)* 1739
§ 59 Spaltung *(Link)* 1776
§ 60 Formwechsel *(Link)* 1825
§ 61 Sonstige Umwandlungsmaßnahmen *(Link)* 1843

5. Kapitel. Kartellrecht

§ 62 Fusionskontrollrechtliche Anmeldepflicht der Umwandlungsmaßnahme *(Grave)* 1853
§ 63 Kartellrechtliche Auswirkungen einer Umwandlungsmaßnahme *(Grave)* 1891

6. Kapitel. Weitere Besonderheiten

§ 64 Bankaufsichtsrecht *(Berger)* 1906
§ 65 Versicherungsaufsichtsrecht *(Etzbach)* 1935
§ 66 Kapitalmarktrecht *(Horcher)* 1940
§ 67 Immobilienrecht bei Umwandlungen *(Ghassemi-Tabar)* 1972
§ 68 Umweltrecht *(Voland)* 1981
§ 69 Firmenrecht bei Umwandlungen *(Ghassemi-Tabar)* 2043
§ 70 Notar- und Kostenrecht *(Schwab)* 2050
§ 71 Straf- und Ordnungswidrigkeitenrecht *(Meyberg)* 2081

7. Kapitel. Investmentrechtliches Umwandlungsrecht

§ 72 Aufsichtsrecht *(Dyckmans)* 2113
§ 73 Steuerrecht *(Dyckmans)* 2137

8. Kapitel. Öffentlich-rechtliches Umwandlungsrecht

§ 74 Rechtsquellen und generelle Leitlinien für Umwandlungen unter Beteiligung der öffentlichen Hand *(Wolfers/Voland)* 2151
§ 75 Umwandlungsvorgänge durch oder zwischen öffentlich-rechtlichen Rechtsträgern *(Wolfers/Voland)* 2179
§ 76 Umwandlungsvorgänge von öffentlich-rechtlicher in privatrechtliche Rechtsform *(Wolfers/Voland)* 2196
§ 77 Umwandlungsvorgänge von privatrechtlicher in öffentlich-rechtliche Rechtsform *(Wolfers/Voland)* 2212

Sachverzeichnis 2233

Inhaltsverzeichnis

Teil 1. Allgemeiner Teil

1. Kapitel. Grundlagen

§ 1 Historischer Hintergrund 1
    I. Anfänge des Umwandlungsrechts 1
        1. Verschmelzung 1
        2. Formwechsel 2
        3. Spaltung 3
    II. Entstehung des UmwG 1994 3
        1. Ausgangslage und Zielsetzung 3
        2. Gesetzgebungsverfahren 4
    III. Fortentwicklung nach 1995 5

§ 2 Rechtspraktische Bedeutung 6
    I. Grundlagen 7
        1. Wirtschaftliche Beweggründe 7
        2. Vor- und Nachteile im Vergleich zu Gestaltungsalternativen 9
        3. Rechtstatsachen 10
    II. Verschmelzung 11
        1. Wirtschaftliche Beweggründe 11
        2. Vor- und Nachteile im Vergleich zu Gestaltungsalternativen 12
    III. Spaltung 14
        1. Wirtschaftliche Beweggründe 14
        2. Vor- und Nachteile im Vergleich zu Gestaltungsalternativen 15
    IV. Vermögensübertragung 16
    V. Formwechsel 16
        1. Wirtschaftliche Beweggründe 16
        2. Vor- und Nachteile im Vergleich zu Gestaltungsalternativen 18

§ 3 Strukturmaßnahmen innerhalb und außerhalb des UmwG 19
    I. Systematik des UmwG 19
    II. Umwandlungskonstellationen 21
        1. Verschmelzung 21
        2. Spaltung 23
        3. Vermögensübertragung 25
        4. Formwechsel 26
    III. Strukturmaßnahmen außerhalb des UmwG 26
        1. Grundlagen 26
        2. Einzelübertragung 27
        3. Anwachsungsmodell 28
        4. Übertragende Auflösung 31
        5. Eingliederung 31
        6. Beherrschungs- und Gewinnabführungsvertrag 32

§ 4 Strukturprinzipien des UmwG 32
    I. Rechtsträger 34
    II. Numerus clausus der Umwandlungsfälle 34
        1. Typenlimitierung und Analogieverbot 35
        2. Typenfixierung 36
        3. Mischumwandlung 37
    III. Universalsukzession 38
        1. Universalsukzession als rechtstechnisches Prinzip 38

Inhaltsverzeichnis

2. Universalsukzession kraft Rechtsgeschäfts	41
3. Sukzessionsfreiheit: Grundsatz und Grenzen	42
4. Spezialitätsprinzip	45
5. Bestimmtheitsprinzip	45
6. Prinzip des umwandlungsrechtlichen Bestandsschutzes	46
7. Entbehrlichkeit der Abwicklung	48
IV. Identität und Diskontinuität beim Formwechsel	48
1. Identität des Rechtsträgers	48
2. Diskontinuität der Verbandsform	48
3. Identität als Struktur- und Wertungsprinzip	49
V. Sukzessionsschutz	50
1. Individual- und Minderheitenschutz	50
2. Gläubigerschutz	51
3. Arbeitnehmerschutz	52
VI. Ausstrahlungswirkung und Interdependenzen	52
1. Grundlagen	52
2. Anwendungsbereich	53
3. Interdependenzen zwischen UmwG und WpÜG	54
VII. Ablauf einer Umwandlung	55
§ 5 Europäisches und Internationales Umwandlungsrecht	56
I. Harmonisierung des Umwandlungsrechts	57
1. Fusionsrichtlinie	57
2. Spaltungsrichtlinie	58
3. Internationale Fusionsrichtlinie	58
4. Richtlinienkonforme Auslegung des UmwG	59
II. Grenzüberschreitende Umwandlungen	60
1. Gesellschaften aus EU und EWR	60
2. Gesellschaften aus Drittstaaten	64
III. Umwandlungsfähigkeit europäischer Rechtsformen	65
1. EWIV	65
2. SE	65
3. SCE	66
4. SPE, SUP	66

2. Kapitel. Verschmelzung

§ 6 Verschmelzungsarten	67
I. Beweggründe für eine Verschmelzung	68
1. Wirtschaftliche und unternehmerische Ziele	68
2. Vor- und Nachteile einer Verschmelzung	68
II. Arten der Verschmelzung	70
1. Verschmelzung durch Aufnahme (§ 2 Nr. 1 UmwG)	70
2. Verschmelzung durch Neugründung (§ 2 Nr. 2 UmwG)	71
III. Wesensmerkmale der Verschmelzung	71
1. Vermögensübertragung im Wege der Gesamtrechtsnachfolge	71
2. Auflösung übertragender Rechtsträger ohne Abwicklung	72
3. Gegenleistung	72
4. Anteilsinhaber	73
IV. Zeitlicher Ablauf einer Verschmelzung	74
1. Planungsphase	74
2. Vorbereitungsphase	74
3. Beschlussphase	75
4. Vollzugsphase	75
V. Besondere Verschmelzungskonstellationen	75
1. Tochter-Mutter-Verschmelzung (Upstream merger)	75
2. Mutter-Tochter-Verschmelzung (Downstream merger)	76
3. Schwesterverschmelzung (Sidestream merger)	77
4. Enkelverschmelzung	77

Inhaltsverzeichnis

5. Dreiecksverschmelzung (Triangular merger)	78
6. Mehrfachverschmelzung	79
7. Kettenverschmelzung	80
8. Grenzüberschreitende Verschmelzung	82
VI. Kosten der Verschmelzung	82
1. Beurkundungskosten	82
2. Handelsregisterkosten	84
3. Grundbuchberichtigungskosten	84
4. Regelung zur Kostentragung	85
VII. Abgrenzung zu fusionsähnlichen Strukturmaßnahmen	85

§ 7 Verschmelzungsfähige Rechtsträger ... 85

- I. Überblick ... 86
- II. Uneingeschränkt verschmelzungsfähige Rechtsträger (§ 3 Abs. 1 UmwG) ... 87
  1. Personenhandelsgesellschaften und Partnerschaftsgesellschaften (§ 3 Abs. 1 Nr. 1 UmwG) ... 88
  2. Kapitalgesellschaften (§ 3 Abs. 1 Nr. 2 UmwG) ... 90
  3. Eingetragene Genossenschaften (e. G.) (§ 3 Abs. 1 Nr. 3, §§ 79 ff. UmwG) ... 93
  4. Eingetragene Vereine (e. V.) (§ 3 Abs. 1 Nr. 4, Abs. 2, §§ 99 ff. UmwG) . 93
  5. Genossenschaftliche Prüfungsverbände (§ 3 Abs. 1 Nr. 5, §§ 105 ff. UmwG) ... 93
  6. Versicherungsvereine auf Gegenseitigkeit (VVaG) (§ 3 Abs. 1 Nr. 6, § 109 UmwG) ... 94
  7. Europäische Aktiengesellschaften (SE) ... 94
  8. Europäische Genossenschaften (SCE) ... 94
- III. Eingeschränkt verschmelzungsfähige Rechtsträger (§ 3 Abs. 2 UmwG) ... 95
  1. Wirtschaftliche Vereine (§ 3 Abs. 2 Nr. 1, § 99 UmwG) ... 95
  2. Natürliche Personen (§ 3 Abs. 2 Nr. 2, § 120 UmwG) ... 95
- IV. Aufgelöste Rechtsträger (§ 3 Abs. 3 UmwG) ... 96
  1. Aufgelöste Rechtsträger als übertragende Rechtsträger ... 96
  2. Aufgelöste Rechtsträger als übernehmende Rechtsträger ... 99
- V. Überschuldete Rechtsträger ... 100
  1. Überschuldete Rechtsträger als übertragende Rechtsträger ... 101
  2. Überschuldete Rechtsträger als übernehmende Rechtsträger ... 101
- VI. Mischverschmelzungen (§ 3 Abs. 4 UmwG) ... 101

§ 8 Verschmelzungsvertrag ... 102

- I. Überblick ... 104
- II. Rechtsnatur des Verschmelzungsvertrags ... 105
  1. Körperschaftlicher Organisationsakt ... 105
  2. Schuldrechtlicher Austauschvertrag ... 105
- III. Form des Verschmelzungsvertrags (§ 6 UmwG) ... 106
  1. Gegenstand der Beurkundung ... 106
  2. Zeitpunkt der Beurkundung ... 108
  3. Beurkundung im Ausland ... 108
- IV. Abschluss des Verschmelzungsvertrags ... 110
  1. Vertragsabschluss (§ 4 Abs. 1 UmwG) ... 110
  2. Vertragsentwurf (§ 4 Abs. 2 UmwG) ... 112
  3. Zustimmungserfordernisse ... 115
- V. Mindestinhalt des Verschmelzungsvertrags (§ 5 Abs. 1 UmwG) ... 116
  1. Name/Firma und Sitz der beteiligten Rechtsträger (§ 5 Abs. 1 Nr. 1 UmwG) ... 116
  2. Vermögensübertragung als Ganzes gegen Gewährung von Anteilen oder Mitgliedschaften (§ 5 Abs. 1 Nr. 2 UmwG) ... 117
  3. Umtauschverhältnis der Anteile, Höhe der baren Zuzahlung bzw. Angaben über die Mitgliedschaft (§ 5 Abs. 1 Nr. 3 UmwG) ... 119
  4. Einzelheiten der Anteilsübertragung oder des Erwerbs der Mitgliedschaft (§ 5 Abs. 1 Nr. 4 UmwG) ... 122
  5. Zeitpunkt der Gewinnbeteiligung (§ 5 Abs. 1 Nr. 5 UmwG) ... 124
  6. Verschmelzungsstichtag (§ 5 Abs. 1 Nr. 6 UmwG) ... 125

Inhaltsverzeichnis

7. Rechte einzelner Anteilsinhaber und Inhaber besonderer Rechte (§ 5 Abs. 1 Nr. 7 UmwG)	127
8. Gewährung von Sondervorteilen (§ 5 Abs. 1 Nr. 8 UmwG)	128
9. Folgen der Verschmelzung für die Arbeitnehmer und Arbeitnehmervertretungen (§ 5 Abs. 1 Nr. 9 UmwG)	130
VI. Sonstiger zwingend erforderlicher Inhalt des Verschmelzungsvertrags	138
1. Abfindungsangebot/Austrittsrecht (§§ 29, 30 UmwG)	138
2. Rechtsformspezifische Besonderheiten	139
3. Verschmelzung durch Neugründung	139
VII. Fakultative Regelungen im Verschmelzungsvertrag	139
1. Bedingungen und Befristungen des Verschmelzungsvertrags	139
2. Kündigungsrechte	140
3. Besondere Verpflichtungen des übernehmenden Rechtsträgers	140
4. Weitere fakultative Regelungen	141
VIII. Konzernverschmelzung (§ 5 Abs. 2 UmwG)	142
IX. Zuleitung an den Betriebsrat (§ 5 Abs. 3 UmwG)	142
1. Normzweck	142
2. Gegenstand der Zuleitung	142
3. Zuständiger Betriebsrat / Fehlen eines Betriebsrats	143
4. Zuleitungsfrist	143
5. Änderungen nach Zuleitung	144
6. Nachweis nach § 17 Abs. 1 UmwG	145
X. Auslegung des Verschmelzungsvertrags	145
XI. Mängel des Verschmelzungsvertrags	146
1. Formmängel	146
2. Abschlussmängel	146
3. Inhaltsmängel/Unvollständigkeit	147
4. Beschlussmängel	148
5. Heilung	148
XII. Rechtsfolgen des Verschmelzungsvertrags	148
1. Erfüllungsansprüche	148
2. Durchsetzung	149
3. Kündigung und Rücktritt	150
4. Ansprüche aus culpa in contrahendo	152
XIII. Aufhebung und Abänderung des Verschmelzungsvertrags	154
1. Vor Eintragung	154
2. Nach Eintragung	155
§ 9 Verschmelzungsbericht	**156**
I. Sinn und Zweck des Verschmelzungsberichts	157
II. Erstattung des Verschmelzungsberichts	158
1. Schuldner der Berichtspflicht	158
2. Form des Berichts	159
III. Inhalt des Verschmelzungsberichts / Umfang der Berichtspflicht (§ 8 Abs. 1 UmwG)	161
1. Erläuterung der Verschmelzung	162
2. Erläuterung des Verschmelzungsvertrags	164
3. Erläuterung des Umtauschverhältnisses	165
4. Angaben über die Mitgliedschaft beim übernehmenden Rechtsträger	174
5. Erläuterung der Höhe der Barabfindung	174
6. Angaben zu Folgen für die Beteiligung der Anteilsinhaber	175
7. Erweiterte Berichtspflichten bei verbundenen Unternehmen	176
IV. Auskunftspflichten	178
V. Grenzen der Berichtspflicht (§ 8 Abs. 2 UmwG)	178
VI. Ausnahmen von der Berichtspflicht (§ 8 Abs. 3 UmwG)	179
1. Verzicht	179
2. Konzernverschmelzungen	180
3. Personenhandelsgesellschaften und Partnerschaftsgesellschaften	181
VII. Rechtsfolgen fehlerhafter Berichte	181

Inhaltsverzeichnis

§ 10 Verschmelzungsprüfung	184
A. Einführung	185
I. Allgemeines	185
II. Verhältnis zu anderen Prüfungen	186
III. Gesetzessystematik	187
B. Prüfungspflicht, Antragsprüfung und Ausnahmen	187
I. Generell prüfungspflichtige Verschmelzungen	187
1. Pflichtprüfung ohne Verzichtsmöglichkeit	187
2. Pflichtprüfung mit Verzichtsmöglichkeit	188
II. Auf Antrag zu prüfende Verschmelzungen	190
1. Verschmelzung unter Beteiligung einer OHG oder einer KG (§ 44 UmwG)	190
2. Verschmelzung unter Beteiligung einer PartG (§ 45e UmwG)	191
3. Verschmelzung unter Beteiligung einer GmbH (§ 48 UmwG)	191
4. Verschmelzung unter Beteiligung eines e. V. (§ 100 S. 2 UmwG)	191
III. Ausnahmen von der Prüfpflicht	193
1. Entbehrlichkeit der Prüfung bei Upstream-Verschmelzung (§ 9 Abs. 2 UmwG)	193
2. Verzichtserklärung aller Gesellschafter (§§ 9 Abs. 3 iVm 8 Abs. 3 S. 1 Alt. 1 UmwG)	194
3. Entbehrlichkeit der Prüfung bei Upstream-SE-Verschmelzungsgründung mit 100 %-Tochtergesellschaft	194
4. Entbehrlichkeit der Prüfung bei Upstream-SE-Verschmelzungsgründung mit 90 %-Tochtergesellschaft (Art. 31 Abs. 2 SE-VO)?	194
C. Prüfungsgegenstand	196
D. Prüfungsmaßstab	197
I. Allgemeines	197
II. Vollständigkeit	198
III. Richtigkeit	198
IV. Angemessenes Umtauschverhältnis	199
1. Allgemeines	199
2. Bewertungsmethoden	200
3. Gleichbehandlung von Anteilsinhabern	200
4. Verbundvorteile, Synergieeffekte	201
E. Person des Verschmelzungspüfers	201
I. Bestellung	201
1. Antrag	201
2. Zuständigkeit	202
3. Gerichtliche Entscheidung und Rechtsmittel	204
II. Rechte und Pflichten des bestellten Verschmelzungsprüfers	206
1.) Rechtsgrundlage	206
2.) Auswahlkriterien	207
3.) Auskunftsrecht	208
4.) Pflichten des bestellten Verschmelzungsprüfers	209
5.) Vergütung	211
F. Prüfungsbericht	211
I. Inhalt	211
II. Form	213
III. Offenlegung gegenüber Anteilseignern	213
IV. Entbehrlichkeit und Verzicht (§ 12 Abs. 3 UmwG)	214
V. Rechtsfolgen und Mängel des Prüfungsberichts	214
1. Prüfungsbericht mit Feststellung eines angemessenen Umtauschverhältnisses	214
2. Prüfungsbericht mit Feststellung eines unangemessenen Umtauschverhältnisses	214
3. Prüfungsbericht mit Feststellung einer Unvollständigkeit oder Unrichtigkeit des Verschmelzungsvertrags	216
4. Unvollständiger, fehlender oder mangelhafter Prüfungsbericht	216

Inhaltsverzeichnis

§ 11 Verschmelzungsbeschluss 217
    I. Beschlusserfordernis und Ausnahmen 217
    II. Zuständigkeit der Anteilsinhaber 219
    III. Beschlussfassung in Versammlung der Anteilsinhaber 219
        1. Versammlungszwang 219
        2. Vorbereitung und Durchführung der Versammlung 220
        3. Stimmrecht 222
        4. Mehrheitserfordernisse 223
        5. Besondere Zustimmungserfordernisse 225
    IV. Zeitpunkt der Beschlussfassung 226
    V. Beschlussgegenstand und Beschlussinhalt 227
        1. Zustimmung zum Verschmelzungsvertrag oder Vertragsentwurf 227
        2. Alternativentwürfe und Änderungsmöglichkeiten 227
        3. Nebenbestimmungen 229
        4. Materielle Beschlusskontrolle 230
    VI. Form 230
    VII. Beschlusswirkungen 232
    VIII. Kosten 232

§ 12 Registerverfahren 233
    I. Überblick 234
    II. Anmeldungen 234
        1. Erforderliche Anmeldungen 234
        2. Zuständiges Registergericht 234
        3. Anmeldeberechtigte 234
        4. Inhalt der Anmeldung 236
    III. Anlagen 239
        1. Allgemeines 239
        2. Schlussbilanz 241
        3. Zuleitung an Betriebsrat 244
        4. Gesellschafterlisten 245
        5. Sonstige Unterlagen 245
    IV. Behebung von Mängeln 245
        1. Unvollständige Umwandlungsdokumentation 246
        2. Verspätete Einreichung 246
        3. Inhaltliche Mängel 247
    V. Registerverfahren 247
        1. Prüfungsumfang 247
        2. Eintragungsverfahren 249
        3. Wirkung der Eintragung 250
        4. Bekanntmachung 250

§ 13 Rechtsfolgen der Verschmelzung 251
    A. Wirkungen der Eintragung 255
    I. Maßgeblicher Zeitpunkt 255
    II. Gesamtrechtsnachfolge 255
        1. Allgemeines 255
        2. Einzelfälle 257
        3. Ausländisches Vermögen 282
    III. Erlöschen des übertragenden Rechtsträgers 285
    IV. Automatischer Anteilserwerb 286
        1. Erwerb von Anteilen am übernehmenden Rechtsträger 286
        2. Ausnahmen von dem Grundsatz des automatischen Anteilserwerbs 287
        3. Fortbestehen von Rechten Dritter 288
    V. Heilung/Unbeachtlichkeit von Mängeln durch Eintragung 289
        1. Keine Rückgängigmachung der Verschmelzung 289
        2. Mängel der notariellen Beurkundung des Verschmelzungsvertrags 290
        3. Beurkundungsmängel von Zustimmungs- und Verzichtserklärungen 291

Inhaltsverzeichnis

4. Unbeachtlichkeit von sonstigen Verschmelzungsmängeln	291
5. Verstöße gegen das Kartellrecht/Außenwirtschaftsrecht	291
B. Gläubigerschutz	293
I. Allgemeines	293
II. Gläubigerschutz durch Sicherheitsleistung	294
1. Berechtigte Gläubiger	294
2. Glaubhaftmachung der Anspruchsgefährdung	297
3. Weitere Anspruchsvoraussetzungen	299
4. Hinweispflicht des Registergerichts	301
5. Ausschluss des Anspruchs auf Sicherheitsleistung	301
6. Anspruchsinhalt	302
7. Durchsetzung und Schadensersatz	303
8. Sicherheitsleistung bei grenzüberschreitender Verschmelzung	304
III. Gläubigerschutz durch Schadensersatzanspruch	305
1. Anspruchsverpflichteter und -berechtigter	306
2. Anspruchsvoraussetzungen	307
3. Geltendmachung des Schadensersatzanspruchs	309
IV. Gläubigerschutz durch Kapitalerhaltung/-aufbringung	311
C. Besonderer Schutz von Sonderrechtsinhabern	312
I. Betroffene Rechte	312
1. Anteile ohne Stimmrecht	312
2. Schuldverschreibungen	313
3. Genussrechte	313
4. Weitere erfasste Rechte	314
II. Schuldner / Fälligkeit / Verschmelzungsvertrag / Abdingbarkeit	314
III. Rechtsfolgen	315
1. Gewährung gleichwertiger Rechte	315
2. Durchsetzung des Anspruchs	316
D. Minderheitenschutz	316
I. Notwendigkeit	317
II. Gesetzlich vorgesehene Instrumente des Minderheitenschutzes	317
1. Informationspflichten	317
2. Mehrheitsregelungen	318
3. Zustimmungserfordernisse	319
4. Anspruch auf Schadensersatz	319
5. Nachbesserungsanspruch	320
6. Abfindungs- und Austrittsrechte	320
7. Anderweitige Veräußerung	332
8. Besonderheiten bei der grenzüberschreitenden Verschmelzung	334
§ 14 Beschlussmängel	335
A. Rechtsschutzsystem	340
I. Ausgangspunkt	340
II. Zusammenspiel von Beschlussmängel-, Freigabe- und Spruchverfahren	341
III. Rechtspolitische Kritik bzgl. der Asymmetrie der Rechtsbehelfe	342
B. Beschlussmängelverfahren	343
I. Verfahren	343
1. Verfahrensgrundsätze	343
2. Wirkung der Klageerhebung	344
3. Beschlussmängelverfahren gegen Kapitalerhöhungsbeschluss	345
II. Beschlussmängel	345
1. Verfahrensfehler	345
2. Inhaltliche Fehler	349
3. Ausschluss der Bewertungsrüge (übertragender Rechtsträger)	355
III. Zulässigkeit und Begründetheit	360
1. Rügeausschluss	360
2. Aktiv- und Passivlegitimation	361
3. Ausschlussfrist	361
4. Beschlussmangel	363

Inhaltsverzeichnis

IV. Wirkung der Eintragung der Verschmelzung auf Beschlussmängelverfahren	363
1. Modifikation des Rechtsschutzinteresses	363
2. Modifikation des Beschlussmängelverfahrens	364
C. Freigabeverfahren	366
I. Funktion	366
II. Verfahren	368
1. Verfahrensgrundsätze	368
2. Ablauf des Verfahrens	368
3. Glaubhaftmachung	369
4. Wirkung der Entscheidung	370
5. Rechtsbehelf	371
6. Streitwert, Gebühren und Kosten	371
III. Zulässigkeit	371
1. Zuständigkeit	371
2. Antrag	371
3. Statthaftigkeit	372
4. Antragsfrist	372
5. Rechtsschutzbedürfnis	372
IV. Begründetheit	373
1. Erfolgsaussichten der Klage	373
2. Bagatellquorum	375
3. Interessenabwägung	378
V. Schadensersatzpflicht	385
VI. Analoge Anwendung für Kapitalerhöhungen	386
D. Spruchverfahren	387
I. Funktion	387
II. Verfahren	388
1. Anwendungsbereich	388
2. Verfahrensgrundsätze	388
3. Beteiligte	389
4. Ablauf des Verfahrens	389
5. Entscheidung	390
6. Vergleich	392
7. Rechtsbehelf	392
8. Streitwert, Gebühren und Kosten	393
III. Zulässigkeit	394
1. Zuständigkeit	394
2. Antrag	394
3. Antragsberechtigung	394
4. Antragsfrist	396
5. Antragsbegründung	397
6. Rechtsschutzbedürfnis	398
IV. Begründetheit	398
1. Verfassungsrechtliche Mindestanforderungen	398
2. Barabfindung	399
3. Umtauschverhältnis	401
V. Gerichtliche Bestimmung der Kompensation	403
1. Barabfindung	404
2. Umtauschverhältnis	404
3. Verzinsung	407
VI. Bewertungsfragen	407
1. Bewertungsmethoden	407
2. Normative Vorgaben für die Bewertung	413
3. Gerichtlicher Kontrollmaßstab	418
§ 15 Rechtsformspezifische Besonderheiten der Verschmelzung	424
A. Aktiengesellschaft, SE und KGaA	429
I. Einführung und Regelungssystematik für Verschmelzungen unter Beteiligung von Aktiengesellschaften	429

Inhaltsverzeichnis

    II. Verschmelzung durch Aufnahme, §§ 60 bis 72 UmwG 430
        1. Verschmelzungsprüfung, §§ 60, 9 bis 12 UmwG 430
        2. Einreichung und Bekanntmachung des Verschmelzungsvertrags, § 61 UmwG 431
        3. Verschmelzungsbeschluss der Hauptversammlung 434
        4. Anwendung der Vorschriften über die Nachgründung, § 67 UmwG 446
        5. Kapitalerhöhung bei dem übernehmenden Rechtsträger 449
        6. Geltendmachung eines Schadenersatzanspruchs nach § 70 UmwG 464
        7. Bestellung eines Treuhänders bei AG oder KGaA als übernehmender Rechtsträger nach § 71 UmwG 464
        8. Umtausch von Aktien nach § 72 UmwG 466
   III. Verschmelzung durch Neugründung gemäß §§ 73–76 UmwG 467
        1. Anzuwendende Vorschriften, § 73 UmwG 467
        2. Inhalt der Satzung, § 74 UmwG 468
        3. Gründungsbericht und Gründungsprüfung, § 75 UmwG 469
        4. Verschmelzungsbeschlüsse, § 76 UmwG 470
   IV. Besonderheiten unter Beteiligungen von Kommanditgesellschaften auf Aktien, § 78 UmwG 472
        1. Allgemeines zur Vorschrift 472
        2. Verweis auf Vorschriften über Aktiengesellschaften, § 78 S. 1 UmwG 472
        3. Rechtsstellung der persönlich haftenden Gesellschafter, § 78 S. 2 UmwG . 473
        4. Zustimmung der persönlich haftenden Gesellschafter, § 78 S. 3 UmwG .. 473
        5. Rechtsstellung der Gesellschafter nach der Verschmelzung 474
        6. Barabfindung, § 78 S. 4 UmwG 475
   V. Besonderheiten unter Beteiligung einer Societas Europaea (SE) 475
        1. Beteiligungsfähigkeit einer SE an Verschmelzungsvorgängen nach dem UmwG 475
        2. Verschmelzung zur Aufnahme nach dem UmwG 475
        3. Verschmelzung durch Neugründung 476
        4. Beteiligungsfähigkeit einer ausländischen SE an grenzüberschreitenden Verschmelzungsvorgängen nach dem UmwG 477
B. GmbH 477
    I. Einführung 478
        1. Regelungssystematik 478
        2. Verschmelzungsfähigkeit der Vor-GmbH 478
        3. Verschmelzungsfähigkeit der UG (haftungsbeschränkt) 478
   II. Verschmelzung durch Aufnahme (§§ 46 bis 55 UmwG) 479
        1. Inhalt des Verschmelzungsvertrags (§ 46 UmwG) 479
        2. Verschmelzungsprüfung (§ 48 UmwG) 483
        3. Einberufung und Vorbereitung der Gesellschafterversammlung (§§ 47, 49 UmwG) 484
        4. Verschmelzungsbeschluss (§§ 50, 51 UmwG) 488
        5. Anteilsgewährung (§§ 20 Abs. 1 Nr. 3 S. 1, 54, 55 Abs. 1 UmwG) 494
        6. Besonderheiten bezüglich Registeranmeldung und -eintragung (§§ 52, 53, 55 Abs. 2 UmwG) 511
   III. Verschmelzung durch Neugründung (§§ 56 bis 59 UmwG) 515
        1. Anzuwendende Vorschriften (§ 56 UmwG) 515
        2. Besondere Vorschriften für als GmbH organisierten neuen Rechtsträger (§§ 57 bis 59 UmwG) 516
C. Eingetragene Genossenschaft (eG) 522
    I. Einführung und praktische Relevanz 522
        1. Möglichkeiten der Verschmelzung 522
        2. Verschmelzung zweier Genossenschaften 523
        3. Verschmelzung 100%iger Tochtergesellschaften 523
   II. Die Verschmelzung eingetragener Genossenschaften durch Aufnahme 523
        1. Verschmelzungsvertrag 523
        2. Prüfungsgutachten 532
        3. General- bzw. Vertreterversammlung (Verschmelzungsversammlung) 535
        4. Anfechtung der Verschmelzungsbeschlüsse 542

Inhaltsverzeichnis

III. Eintragung der Verschmelzung		542
1. Ergänzende Unterlagen zur Anmeldung		542
2. Wirkung der Eintragung		542
IV. Mitgliedschaft an der übernehmenden Genossenschaft		544
1. Erwerb der Mitgliedschaft		544
2. Benachrichtigung		545
3. Ausschlagung		545
4. Auseinandersetzungsanspruch		548
5. Beteiligungsfonds		548
6. Fälligkeit und Verjährung des Auseinandersetzungsanspruchs		548
V. Fortdauer der Nachschusspflicht		549
1. Die Nachschusspflicht als besondere Haftungsform bei Genossenschaften		549
2. Die Nachschusspflicht bei der Verschmelzung		549
3. Verfahren und Höhe der Nachschusspflicht		550
VI. Die Verschmelzung durch Neugründung einer eG		550
1. Praktische Bedeutung der Verschmelzung durch Neugründung		550
2. Rechtliche Besonderheiten gegenüber der Verschmelzung durch Aufnahme		551
3. Pflichten der Vertretungsorgane der beteiligten Rechtsträger		552
4. Verschmelzungsbeschlüsse		553
VII. Die Verschmelzung genossenschaftlicher Prüfungsverbände		553
1. Rechtsformbesonderheit der genossenschaftlichen Prüfungsverbände		553
2. Möglichkeiten der Verschmelzung		554
3. Vorbereitung und Durchführung der Mitgliederversammlung		555
4. Anmelde und Benachrichtigungspflichten der Vorstände		555
5. Austritt der Mitglieder		556
D. Eingetragener Verein (e. V.)		557
I. Einführung		557
1. Umwandlungsrechtliche Gestaltungsmöglichkeiten		558
2. Alternative vereinsrechtliche Gestaltungsmöglichkeiten		559
3. Bedeutung der Satzungen der beteiligten Vereine		559
II. Verschmelzungsvertrag		561
1. Obligatorischer Inhalt		561
2. Fakultativer Inhalt		568
III. Verschmelzungsbericht		568
IV. Verschmelzungsprüfung		569
V. Beschlussfassung der Mitgliederversammlungen		571
1. Einberufung der Mitgliederversammlungen		572
2. Auslegungspflichten		574
3. Exkurs: § 63 Abs. 1 Nrn. 2 und 3 UmwG und § 17 Abs. 2 UmwG		574
4. Durchführung der Mitgliederversammlung		576
5. Beschlussfassung und deren notarielle Beurkundung		577
VI. Anmeldung und Eintragung der Verschmelzung		580
1. Anmeldung		580
2. Verbandsrechtliche Fragestellungen		581
E. Versicherungsverein auf Gegenseitigkeit (VVaG)		582
I. Grundlagen		582
1. Rechtsnatur des Versicherungsvereins auf Gegenseitigkeit		582
2. Verschmelzungsfähige Rechtsträger		583
3. Verschmelzungsmöglichkeiten		584
4. Alternativen zur Verschmelzung		586
II. Besonderheiten bei den Rechtsfolgen		589
III. Umsetzungsbesonderheiten		590
1. Verschmelzungsvertrag		590
2. Bekanntmachungen		592
3. Beschlussfassung		593
4. Gerichtliche Überprüfung		596
IV. Sondervorschriften für die Neugründung		596
V. Verschmelzung kleinerer Vereine		598

Inhaltsverzeichnis

F. Personengesellschaften (einschließlich PartG) 599
    I. Grundsätzliches 600
    II. Verschmelzungsfähigkeit von Personengesellschaften 600
        1. Erfasste Personengesellschaften 600
        2. Beteiligung von aufgelösten Rechtsträgern 602
        3. Beteiligung von fehlerhaften Gesellschaften 605
    III. Besonderheiten im Hinblick auf das Verschmelzungsverfahren 605
        1. Verschmelzungsvertrag 605
        2. Verschmelzungsbericht 608
        3. Beteiligung der Gesellschafter 609
        4. Prüfung der Verschmelzung 612
        5. Haftung von Gesellschaftern 613
G. Natürliche Personen 615
    I. Grundsätzliches 615
    II. Verschmelzung von Kapitalgesellschaften mit dem Vermögen eines Alleingesellschafters (§§ 120–122 UmwG) 616
        1. Rechtstechnische Alternativen zur Verschmelzung nach den §§ 120 ff. UmwG 616
        2. Voraussetzungen 616
        3. Verfahren 620
        4. Wirkungen 621
        5. Sachverhalte mit Auslandsbezug 621

§ 16 Konzernverschmelzungen 624
    I. Formen der Verschmelzung im Konzern 625
        1. Konzerninterne Verschmelzung nach allgemeinem Verschmelzungsrecht .. 625
        2. Konzernverschmelzung nach § 62 Abs. 1–4 UmwG 626
        3. Konzernverschmelzung bei Gründung einer SE 627
    II. Anwendungsbereich des § 62 Abs. 1–4 UmwG 627
        1. Verschmelzung und Spaltung zur Aufnahme 628
        2. AG, KGaA und SE als übernehmender Rechtsträger 628
        3. Kapitalgesellschaft als übertragender Rechtsträger 629
        4. Feststellung der 90 %- bzw. 100 %-Beteiligung 629
        5. Zeitlicher Anknüpfungspunkt für die Anwendungsvoraussetzungen 634
    III. Notwendigkeit eines Verschmelzungsbeschlusses nur beim übertragenden Rechtsträger (mindestens 90 %-Beteiligung) 635
        1. Verschmelzungsbeschluss der übertragenden Gesellschaft 635
        2. Hinweisbekanntmachung (§ 62 Abs. 3 Satz 2 Hs 1 UmwG) 636
        3. Weitere Information der Aktionäre 638
        4. Information des Betriebsrats 639
        5. Einberufungsverlangen (§ 62 Abs. 2 UmwG) 640
        6. Besonderheiten der Handelsregisteranmeldung 642
    IV. Entbehrlichkeit des Verschmelzungsbeschlusses sowohl beim übertragenden als auch beim übernehmenden Rechtsträger (100 %-Beteiligung) 644
        1. Eckpfeiler und Fristen des Verfahrens 644
        2. Weitere Verfahrensvereinfachungen 646
    V. Planung einer Konzernverschmelzung 646
        1. Zeitpunkt 646
        2. Weitere Besonderheiten bei Notwendigkeit einer HV-Einbindung 647
        3. Stern- und Kettenverschmelzung 648
    VI. Fehlerfolgen und Wirkung der Eintragung im Handelsregister 649

§ 17 Verschmelzungsrechtlicher Squeeze-out 650
    I. Funktion und Wirkungsweise des verschmelzungsrechtlichen Squeeze-out .. 651
    II. Anwendungsbereich des verschmelzungsrechtlichen Squeeze-out 652
        1. AG, KGaA und SE als Hauptaktionär und übernehmende Gesellschaft 652
        2. AG, KGaA oder SE als übertragende Gesellschaft 652
        3. Verschmelzungspartner mit Sitz im Ausland 653

Inhaltsverzeichnis

4. Feststellung der 90 %-Beteiligung	654
5. Maßgeblicher Beurteilungszeitpunkt	654
6. Gestaltungsgrenzen?	656
III. Ablauf des verschmelzungsrechtlichen Squeeze-out-Verfahrens	658
1. Verfahrensschritte im Überblick	658
2. Squeeze-out-Verlangen (§ 62 Abs. 5 Satz 8 UmwG, § 327a Abs. 1 AktG)	659
3. Bewertungsgutachter und gerichtlich bestellter Sachverständiger (§ 62 Abs. 5 Satz 8 UmwG, § 327c Abs. 2 AktG)	660
4. Squeeze-out- und Verschmelzungsdokumentation	661
5. Information der Aktionäre	663
6. Information des Betriebsrats und der Arbeitnehmer	665
7. Durchführung der Hauptversammlung bei der übertragenden Gesellschaft	665
8. Anmeldung des verschmelzungsrechtlichen Squeeze-out zum Handelsregister	666
IV. Fehlerfolgen und Eintragung im Handelsregister	667
1. Verfahrensfehler und Rechtsschutz	667
2. Wirksamwerden des verschmelzungsrechtlichen Squeeze-out infolge Eintragung in das Handelsregister	667
3. Rechtsfolgen der Eintragung für Aktionäre der übertragenden AG	668
4. Rechtsfolgen der Eintragung für schuldrechtliche Rechtspositionen an der übertragenden AG	668
§ 18 Grenzüberschreitende Verschmelzung	**669**
A. Allgemeines	670
I. Europarechtliche Vorgaben	672
1. Zehnte gesellschaftsrechtliche Richtlinie als Grundlage	672
2. Vorgaben aus Art. 49, 54 AEUV	672
II. Verschmelzungsformen	673
III. Anwendbare Vorschriften	675
B. Anwendungsbereich	676
I. Anwendung auf den inländischen Rechtsträger	677
II. Verschmelzungsfähige Rechtsträger	677
III. Ausnahmen	680
IV. Anwendbares Recht für ausländische Rechtsträger	680
C. Verschmelzungsverfahren	681
I. Zeitrahmen	681
II. Beteiligung der Arbeitnehmer	681
III. Verschmelzungsplan	684
1. Allgemeines	684
2. Aufstellung	685
3. Inhalt	686
4. Abfindungsangebot	691
5. Form	695
6. Einreichung und Bekanntgabe	696
7. Unterrichtung des Betriebsrats	699
IV. Verschmelzungsbericht	699
V. Verschmelzungsprüfung	701
VI. Zustimmungsbeschluss	704
1. Allgemeines	704
2. Beschlussfassung bei der AG, KGaA und SE	705
3. Beschlussfassung bei GmbH und UG	707
4. Vorbehalt in Bezug auf die Mitbestimmungsform	710
5. Konzernverschmelzung	712
VII. Verbesserung des Umtauschverhältnisses	713
VIII. Gläubigerschutz in der übertragenden Gesellschaft	714
1. Allgemeines	714
2. Verstoß gegen die Richtlinie	715
3. Anwendungsbereich	715

Inhaltsverzeichnis

4. Voraussetzungen des Anspruchs auf Sicherheitsleitung	716
5. Ausnahmen, Erfüllung und strafbewehrte Versicherung	717
IX. Eintragung und Wirksamkeit der Verschmelzung	717
1. Allgemeines	717
2. Herausverschmelzung	718
3. Hereinverschmelzung	725
§ 19 SE-Gründung durch Verschmelzung	**732**
I. Allgemeines	732
1. Arten der Verschmelzung	733
2. Beteiligte Rechtsträger	734
3. Mehrstaatlichkeit	734
II. Verschmelzungsverfahren	735
1. Vorbereitungsphase	735
2. Gründungsphase	746
III. Schutz der Minderheitsaktionäre	751
1. Verfahrens-, Informations- und Anfechtungsrechte	752
2. Verbesserung des Umtauschverhältnisses	752
3. Barabfindungsangebot	753
IV. Gläubigerschutz	753
1. SE mit Sitz im Inland	754
2. SE mit Sitz in anderem Mitgliedstaat	754

3. Kapitel. Spaltung

§ 20 Spaltungsarten	**756**
A. Allgemeines	757
I. Gegenstand und Wesen der Spaltung	757
1. Rechtsgeschäft	757
2. Übertragung von Vermögensteilen	757
3. Partielle Universalsukzession	757
4. Gewährung von Anteilen oder Mitgliedschaften	758
II. Wirtschaftliche Motive für eine Spaltung	758
III. Unionsrechtlicher Rahmen	758
IV. Historische Entwicklung der Spaltung im deutschen Recht	759
B. Spaltungsarten	759
I. Aufspaltung	759
II. Abspaltung	760
III. Ausgliederung	760
1. Ausgliederung gem. § 123 Abs. 3 UmwG	760
2. Ausgliederung außerhalb des UmwG	761
IV. Die Unterschiede zwischen Aufspaltung, Abspaltung und Ausgliederung im Überblick	762
V. Kombination von Spaltungsvorgängen	763
1. Kombination von Spaltung zur Aufnahme und zur Neugründung	763
2. Kombination verschiedener Spaltungsformen von einem Rechtsträger	763
3. Mehrere übertragende Rechtsträger?	763
C. Verhältniswahrende und nicht verhältniswahrende Spaltung	764
D. Spaltung im Konzern	765
§ 21 Spaltungsfähige Rechtsträger	**765**
A. Allgemeines	765
B. Spaltungsfähige Rechtsträger	766
I. Tabellarische Übersichten	766
1. Spaltungsfähige Rechtsträger	766
2. Mögliche Spaltungskombinationen	766
II. Grundsätzlich uneingeschränkt spaltungsfähige Rechtsträger bei allen Spaltungsarten	768

Inhaltsverzeichnis

    III. Eingeschränkt spaltungsfähige Rechtsträger 769
        1. Einschränkungen bzgl. der zulässigen Spaltungskombinationen 769
        2. Beschränkung auf Beteiligung als übertragender Rechtsträger 770
  C. Spaltung unter Beteiligung aufgelöster und insolventer Rechtsträger 770
  D. Mischspaltung 771

§ 22 Spaltungsvertrag/-plan 771
  A. Allgemeines 772
  B. Der Spaltungsvertrag bei der Spaltung zur Aufnahme 773
    I. Rechtsnatur 773
    II. Abschluss des Spaltungsvertrags 773
        1. Abschlusskompetenz 773
        2. Einheitliches Vertragswerk 774
        3. Zeitpunkt des Vertragsschlusses 774
    III. Inhalt 774
        1. Obligatorischer Mindestinhalt 774
        2. Fakultativer Inhalt 790
    IV. Auslegung 792
    V. Form 793
    VI. Zuleitung an den Betriebsrat 793
    VII. Bindung, Durchsetzung, Mängel 793
        1. Bindungswirkung 793
        2. Durchsetzung 793
        3. Mängel 794
  C. Der Spaltungsplan bei der Spaltung zur Neugründung 794
    I. Rechtsnatur 794
    II. Aufstellung des Spaltungsplans 794
        1. Aufstellungskompetenz 794
        2. Einheitliches Dokument 795
        3. Zeitpunkt der Aufstellung 795
    III. Inhalt 796
    IV. Form 797
    V. Zuleitung an den Betriebsrat 797

§ 23 Spaltungsbericht 797
  I. Zweck des Spaltungsberichts 797
  II. Inhaltliche Anforderungen 799
    1. Grundsätze 799
    2. Erläuterung und Begründung der Spaltung 800
    3. Erläuterung und Begründung des Spaltungsvertrags bzw. Vertragsentwurfs 802
    4. Erläuterung und Begründung des Umtauschverhältnisses der Anteile 802
    5. Erläuterung und Begründung der Angaben über Mitgliedschaften bei den übernehmenden Rechtsträgern 804
    6. Hinweis auf die Folgen für die Beteiligung der Anteilsinhaber 805
    7. Hinweis auf besondere Schwierigkeiten bei der Bewertung 806
    8. Angaben über für die Spaltung wesentliche Angelegenheiten verbundener Unternehmen 806
  III. Berichtspflichtige und Form 807
  IV. Grenzen der Berichtspflicht 807
  V. Entbehrlichkeit des Spaltungsberichts 809
    1. Verzicht 809
    2. Alleiniger Besitz am übertragenden Rechtsträger 810
  VI. Mängel des Spaltungsberichts 811

§ 24 Spaltungsprüfung 811
  I. Zweck der Spaltungsprüfung 812
  II. Anwendbare Bestimmungen 812
    1. Verweis auf die Bestimmungen zur Verschmelzung 812
    2. Rechtsformspezifische Bestimmungen 812

Inhaltsverzeichnis

III. Prüfung der Spaltung	813
1. Prüfungsgegenstand und -umfang	813
2. Verzicht gem. § 125 S. 1 iVm § 9 Abs. 3, § 8 Abs. 3 S. 1 1. Alt. UmwG	815
3. Entbehrlichkeit der Spaltungsprüfung	815
IV. Spaltungsprüfer	815
1. Bestellung der Spaltungsprüfer	815
2. Stellung und Verantwortlichkeit	818
V. Form, Inhalt und Aufbau des Prüfungsberichts	820

§ 25 Spaltungsbeschluss 821

I. Anwendungsbereich und Ausnahmen	822
II. Beschlussverfahren	822
1. Versammlungszwang und Mehrheitserfordernisse	822
2. Gegenanträge	823
3. Stimmrechtsausschluss	824
III. Besondere Zustimmungserfordernisse	824
IV. Notarielle Beurkundung	825
1. Formanforderung	825
2. Auslandsbeurkundung	826
3. Erteilung von Abschriften	827
V. Bindungswirkung	827
VI. Sonderregelung für die nicht-verhältniswahrende Spaltung	828
VII. Materielle Inhaltskontrolle	829
VIII. Kosten	829

§ 26 Registerverfahren 830

I. Überblick	830
II. Anmeldungen	830
1. Erforderliche Anmeldungen	830
2. Zuständiges Gericht	831
3. Anmeldeberechtigte	831
4. Inhalt der Anmeldung	832
III. Anlagen	834
1. Allgemeines	834
2. Schlussbilanz	835
3. Zuleitung an Betriebsrat	836
4. Gesellschafterlisten	836
5. Sonstige Unterlagen	837
IV. Behebung von Mängeln	837
V. Registerverfahren	837
1. Prüfungsumfang	837
2. Eintragungsverfahren	837
3. Wirkung der Eintragung	838
4. Bekanntmachung	839

§ 27 Rechtsfolgen der Spaltung 839

I. Allgemeines	840
II. Vermögensübergang	841
1. Partielle Gesamtrechtsnachfolge	841
2. „Vergessene Vermögensgegenstände"	860
III. Korporationsrechtliche Folgen	861
1. Erlöschen des übertragenden Rechtsträgers bei der Aufspaltung	861
2. Anteilsgewährung	861
IV. Schutz der Gläubiger und der Inhaber von Sonderrechten	864
1. Allgemeines	864
2. Gesamtschuldnerische Haftung der beteiligten Rechtsträger	864
3. Sicherheitsleistung	879
4. Inhaber von Sonderrechten	884

Inhaltsverzeichnis

V. Schutz der Minderheitsgesellschafter	889
1. Allgemeines	889
2. Voraussetzungen des Anspruchs auf Barabfindung	890
3. Kostenübernahme	898
4. Erweiterungen des zulässigen Erwerbs eigener Anteile	899
5. Analoge Anwendung des § 29 UmwG?	900
§ 28 Beschlussmängel	901
I. Vorbemerkung	902
II. Rechtsschutzsystem	902
III. Beschlussmängelverfahren	903
1. Übersicht	903
2. Beschlussmängel	903
3. Zulässigkeit und Begründetheit	909
4. Wirkung der Eintragung auf Beschlussmängelverfahren	909
IV. Freigabeverfahren	911
1. Funktion und Anwendungsbereich	911
2. Begründetheit	911
3. Schadensersatzpflicht	912
4. Analoge Anwendung für Kapitalmaßnahmen	912
V. Spruchverfahren	913
1. Funktion	913
2. Verfahren	913
3. Zulässigkeit	913
4. Begründetheit	914
5. Gerichtliche Bestimmung der Kompensation	915
6. Bewertungsfragen	915
§ 29 Rechtsformspezifische Besonderheiten der Spaltung	915
A. Aktiengesellschaft, KGaA und SE	918
I. Allgemeines	918
II. Spaltung unter Beteiligung von Aktiengesellschaften und Kommanditgesellschaften auf Aktien	920
1. Ausschluss der Spaltung	920
2. Spaltung mit Kapitalerhöhung; Spaltungsbericht	924
3. Verhältniswahrende Spaltung zur Neugründung	927
4. Gründungsbericht und Gründungsprüfung	929
5. Herabsetzung des Grundkapitals	932
6. Anmeldung der Abspaltung oder der Ausgliederung	938
7. Verfahren der Spaltung unter Beteiligung einer AG oder KGaA	942
III. Spaltung unter Beteiligung einer SE	944
B. GmbH	945
I. Allgemeines	946
II. Voraussetzungen und Verfahren	946
1. Spaltungsvertrag und Spaltungsplan	946
2. Anwendung des Sachgründungsrechts und Sachgründungsbericht	948
3. Herabsetzung des Stammkapitals	952
4. Spaltungsbericht	958
5. Spaltungsprüfung	959
6. Spaltungsbeschluss	959
7. Anmeldung und Eintragung	960
8. Rechtswirkungen der Eintragung	961
C. Eingetragene Genossenschaften (eG) und genossenschaftliche Prüfungsverbände	962
I. Die Spaltung unter Beteiligung eingetragener Genossenschaften	963
1. Einführung und Gesetzessystematik	963
2. Praktische Relevanz	964
3. Ausgliederung des operativen Geschäfts gegen Beteiligungen	964
4. Satzung der Genossenschaft	966
5. Spaltungsvertrag, Spaltungsplan	968
6. Spaltungsbericht	969

Inhaltsverzeichnis

7. Prüfungsgutachten des Prüfungsverbandes	969
8. General- bzw. Vertreterversammlung, Spaltungsbeschluss	970
9. Ausschlagungsrecht	970
10. Anmeldung zum Registergericht	971
11. Nachschusspflicht	974
II. Die Spaltung unter Beteiligung eines Prüfungsverbandes	974
1. Rechtsformbesonderheit der genossenschaftlichen Prüfungsverbände	974
2. Spaltungsmöglichkeiten der genossenschaftlichen Prüfungsverbände	975
3. Durchführung und Rechtsfolgen der Spaltung	975
D. Eingetragener Verein (e. V.)	976
I. Einführung	976
1. Inhalt und Systematik des UmwG	976
2. Spaltungsfähigkeit von Vereinen	977
3. Bedeutung der Vereinssatzung und entgegenstehende landesrechtliche Vorschriften	977
II. Besonderheiten bei der Spaltung unter Beteiligung von Vereinen	978
1. Spaltungsvertrag bzw. Spaltungsplan	978
2. Spaltungsbericht und Spaltungsprüfung	979
3. Beschlussfassungen der Mitgliederversammlungen über die Spaltung	980
4. Anmeldung und Eintragung der Spaltung	980
E. Versicherungsverein auf Gegenseitigkeit (VVaG)	980
I. Begrenzung der Spaltungsmöglichkeiten	980
II. Besonderheiten bei der Anwendung der allg. Vorschriften	981
1. Gewährung von Anteilen oder Mitgliedschaften und Zustimmungserfordernisse	982
2. Weitere Abweichungen	983
F. Personengesellschaften (einschließlich PartG)	984
I. Einführung	984
II. Spaltung unter Beteiligung von Personenhandelsgesellschaften	985
1. Anwendbare Vorschriften und Spaltungsfähigkeit	985
2. Spaltung zur Aufnahme	985
3. Spaltung zur Neugründung	987
III. Spaltung unter Beteiligung von PartG	988
1. Anwendbare Vorschriften, Spaltungsfähigkeit und Möglichkeit der Spaltung	988
2. Spaltung zur Aufnahme	989
3. Spaltung zur Neugründung	989
G. Natürliche Personen	990
I. Grundsätzliches	990
II. Ausgliederung aus dem Vermögen eines Einzelkaufmannes (§§ 152–160 UmwG)	990
1. Rechtstechnische Alternativen zur Ausgliederung nach den §§ 152 ff. UmwG	990
2. Voraussetzungen	991
3. Verfahren	994
4. Wirkungen	994
5. Sachverhalte mit Auslandsbezug	995
H. Stiftung	997
I. Grundlagen	997
II. Ausgliederungsfähiger Rechtsträger	997
1. Rechtsfähige bürgerlichrechtliche Stiftung	997
2. Eintragung im Handelsregister	998
III. Gegenstand der Ausgliederung	998
1. Unternehmen	999
2. Unternehmensteil	999
IV. Stiftungsrechtliche Ausgliederungsschranken	1000
1. Finanzierungsbetrieb	1000
2. Zweckverwirklichungsbetrieb	1000

Inhaltsverzeichnis

V. Verfahren der Ausgliederung	1001
1. Ausgliederung zur Aufnahme	1001
2. Ausgliederung zur Neugründung	1005
VI. Rechtsfolgen der Ausgliederung	1006
1. Partielle Universalsukzession	1006
2. Firma und Firmenfortführung	1006
3. Heilung von Umwandlungsmängeln	1006
4. Haftung der Stiftung	1007
VII. Strukturmaßnahmen außerhalb des UmwG	1008
1. Einzelübertragung	1008
2. Zweckänderung	1008
3. Zusammenlegung und Zulegung	1008
I. Spaltungen unter Beteiligung der öffentlichen Hand	1009
I. §§ 168 ff. UmwG: Ausgliederungen aus dem Vermögen von Gebietskörperschaften	1010
1. Beteiligungsfähige Rechtsträger	1010
2. Ausgliederungsgegenstand	1012
3. Kein entgegenstehendes Bundes- oder Landesrecht	1013
4. Besonderheiten im Ausgliederungsverfahren	1013
5. Gläubigerschutz	1015
II. Spaltungsvorgänge der öffentlichen Hand außerhalb des UmwG	1016
§ 30 Grenzüberschreitende Spaltung	1017
I. Grundlagen	1018
1. Begriff der grenzüberschreitenden Spaltung	1018
2. Interessen und Rechtstatsachen	1019
II. Sachrechtliche Zulässigkeit der grenzüberschreitenden Spaltung	1020
1. Grenzüberschreitende Spaltung aus deutscher Sicht	1020
2. Grenzüberschreitende Spaltung aus europarechtlicher Sicht	1022
3. Außereuropäische Spaltung	1026
III. Bestimmung des anwendbaren Rechts	1027
1. Gründungstheorie vs. Sitztheorie	1027
2. Zusammentreffen mehrerer Gesellschaftsstatute	1029
IV. Durchführung der grenzüberschreitenden Spaltung im EU/EWR-Raum	1030
1. Äquivalenz- und Effektivitätsgrundsatz	1030
2. Anwendbare Vorschriften	1030
3. Voraussetzungen	1031
4. Verfahren	1032
5. Wirkung	1037
6. Schutz der Gläubiger	1038
7. Schutz der Arbeitnehmer	1040
V. Alternative Gestaltungsmöglichkeiten	1041
§ 31 SE-Gründung durch Spaltung	1041
I. Grundsatz des Verbots der SE-Gründung durch Spaltung	1042
II. Ausnahmen zur SE-Gründung durch Spaltung	1042
1. Grundsatz: Spaltungsfähigkeit der deutschen SE	1042
2. SE-Gründung durch Ausgliederung	1043
3. Sekundäre Gründung einer SE-Tochter durch Auf- oder Abspaltung	1043

4. Kapitel. Formwechsel

§ 32 Einbezogene Rechtsträger	1044
I. Grundlagen und Anwendungsbereich des Formwechsels	1044
1. Prinzip der Identität nach § 190 Abs. 1 UmwG	1045
2. Änderung der Rechtsform außerhalb des Umwandlungsgesetzes	1046
3. Grenzüberschreitender Formwechsel	1047
II. Ablauf eines Formwechsels	1049
1. Vorbereitungsphase	1049

Inhaltsverzeichnis

    2. Beschlussphase 1050
    3. Vollzugsphase 1051
  III. Struktur des § 191 UmwG 1051
  IV. Formwechselnder Rechtsträger 1052
    1. Personenhandelsgesellschaften und Partnerschaftsgesellschaften 1052
    2. Kapitalgesellschaften 1052
    3. Eingetragene Genossenschaften 1053
    4. Rechtsfähige Vereine 1053
    5. Versicherungsvereine auf Gegenseitigkeit 1054
    6. Körperschaften und Anstalten des öffentlichen Rechts 1054
    7. Die Societas Europaea als formwechselnder Rechtsträger 1055
  V. Rechtsträger neuer Rechtsform 1055
    1. Zielrechtsträger nach § 191 Abs. 2 UmwG 1055
    2. Die Societas Europaea als Zielrechtsform 1056
    3. Sonderfall: Einmann-Kapitalgesellschaft 1057
  VI. Formwechsel bei aufgelöstem Rechtsträger 1058

§ 33 Umwandlungsbericht 1059
  I. Zweck des Umwandlungsberichts 1059
  II. Inhaltliche Anforderungen 1061
    1. Grundsätze 1061
    2. Erläuterung und Begründung des Formwechsels 1061
    3. Entwurf des Umwandlungsbeschlusses 1063
    4. Erläuterung und Begründung der künftigen Beteiligung der Anteilsinhaber 1063
    5. Erläuterung und Begründung des Barabfindungsangebots 1064
    6. Hinweis auf die Folgen für die Beteiligung der Anteilsinhaber 1066
    7. Hinweis auf besondere Schwierigkeiten bei der Bewertung 1066
    8. Angaben über für den Formwechsel wesentliche Angelegenheiten verbundener Unternehmen 1066
  III. Berichtspflichtige und Form 1066
  IV. Unterrichtung der Anteilsinhaber 1068
  V. Grenzen der Berichtspflicht 1068
  VI. Entbehrlichkeit des Umwandlungsberichts 1069
    1. Verzicht und alleiniger Anteilsinhaber 1069
    2. Rechtsformspezifische Ausnahmeregelungen 1070
  VII. Mängel des Umwandlungsberichts 1071

§ 34 Formwechselbeschluss 1073
  I. Erfordernis eines Formwechselbeschlusses 1074
  II. Versammlung der Anteilsinhaber 1075
    1. Stimmberechtigung 1075
    2. Abstimmung und Beschlussmehrheiten 1075
  III. Inhalt des Formwechselbeschlusses 1077
    1. Zielrechtsform 1078
    2. Name, Firma 1078
    3. Beteiligung der bisherigen Anteilsinhaber am Rechtsträger neuer Rechtsform 1079
    4. Einzelheiten zu den Anteilen bzw. Mitgliedschaften 1080
    5. Sonder- und Vorzugsrechte 1082
    6. Angebot auf Barabfindung 1083
    7. Folgen des Formwechsels für die Arbeitnehmer 1087
    8. Bestellung der Organe des Rechtsträgers neuer Rechtsform 1087
    9. (Kein) Formwechselstichtag 1088
  IV. Gründungsrecht und Satzung bzw. Gesellschaftsvertrag des Rechtsträgers neuer Rechtsform 1088
    1. Formwechsel als Sachgründung 1088
    2. Satzung bzw. Gesellschaftsvertrag des Rechtsträgers neuer Rechtsform 1090
  V. Besondere Zustimmungserklärungen 1090

Inhaltsverzeichnis

VI. Form des Formwechselbeschlusses und der Zustimmungserklärungen	1092
VII. Information des Betriebsrats	1092

§ 35 Registerverfahren ... 1093
- I. Besonderheiten des Registerverfahrens beim Formwechsel ... 1093
- II. Handelsregisteranmeldung ... 1093
  1. Zuständiges Registergericht ... 1094
  2. Anmeldepflichtige Personen ... 1095
  3. Inhalt der Registeranmeldung ... 1096
  4. Negativerklärung ... 1097
  5. Der Anmeldung beizufügende Unterlagen ... 1098
- III. Eintragung und Bekanntmachung ... 1099
  1. Eintragungen und ihre Reihenfolge ... 1099
  2. Formelle und materielle Prüfung durch das Registergericht ... 1101
  3. Bekanntmachung ... 1101

§ 36 Rechtsfolgen des Formwechsels ... 1102
- I. Formwechsel als Änderung des Rechtskleids ... 1103
- II. Erhalt und Identität des Rechtsträgers ... 1104
  1. Allgemeines ... 1104
  2. Verträge und sonstige Rechtsverhältnisse ... 1105
  3. Gesellschaftsorgane ... 1107
- III. Kontinuität der Mitgliedschaft ... 1108
  1. Beteiligung der Anteilsinhaber ... 1109
  2. Fortbestand der Rechte Dritter ... 1110
- IV. Heilung von Mängeln und Bestandsschutz ... 1110
  1. Mängel der Beurkundung ... 1111
  2. Sonstige Mängel der Umwandlung ... 1111
- V. Barabfindung und Austrittsrecht ... 1113
- VI. Gläubigerschutz und Haftung der Gesellschaftsorgane ... 1116
  1. Sicherheitsleistung ... 1116
  2. Haftung der Organe ... 1119
  3. Fortdauer der Haftung bei einem persönlich haftenden Gesellschafter ... 1121
- VII. Schutz der Inhaber von Sonderrechten ... 1121

§ 37 Beschlussmängel ... 1123
- I. Vorbemerkung ... 1123
- II. Rechtsschutzsystem ... 1124
- III. Beschlussmängelverfahren ... 1124
  1. Übersicht ... 1124
  2. Beschlussmängel ... 1125
  3. Zulässigkeit und Begründetheit ... 1132
  4. Wirkung der Eintragung auf Beschlussmängelverfahren ... 1133
- IV. Freigabeverfahren ... 1134
  1. Funktion ... 1134
  2. Begründetheit ... 1134
  3. Schadensersatzpflicht ... 1135
- V. Spruchverfahren ... 1135
  1. Funktion ... 1135
  2. Verfahren ... 1136
  3. Zulässigkeit ... 1136
  4. Begründetheit ... 1137
  5. Gerichtliche Bestimmung der Kompensation ... 1139
  6. Bewertungsfragen ... 1140

§ 38 Rechtsformspezifische Besonderheiten des Formwechsels ... 1140
- A. Kapitalgesellschaften ... 1144
  - I. Grundlagen ... 1145
    1. Beteiligte Rechtsträger ... 1145
    2. Alternative Gestaltungsmöglichkeiten ... 1148

Inhaltsverzeichnis

    II. Formwechsel in Personengesellschaft 1149
        1. Allgemeines 1149
        2. Versammlung der Anteilsinhaber 1149
        3. Besondere Zustimmungserfordernisse 1156
        4. Registeranmeldung, § 235 UmwG 1157
        5. Rechtsfolgen und rechtsformspezifische Besonderheiten 1158
    III. Formwechsel in andere Kapitalgesellschaft 1164
        1. Allgemeines 1164
        2. Versammlung der Anteilsinhaber 1165
        3. Besondere Zustimmungserfordernisse, §§ 240 Abs. 2 und 3, 241, 242 UmwG 1169
        4. Registeranmeldung, § 246 UmwG 1171
        5. Rechtsfolgen und weitere rechtsformspezifische Besonderheiten 1173
    IV. Formwechsel in eine eG 1182
        1. Allgemeines 1182
        2. Versammlung der Anteilsinhaber 1183
        3. Registeranmeldung, § 254 UmwG 1184
        4. Rechtsfolgen und rechtsformspezifische Besonderheiten 1185
B. Eingetragene Genossenschaft (eG) 1187
    I. Einführung und praktische Relevanz 1187
    II. Möglichkeiten des Formwechsels 1188
    III. Vorbereitung der Versammlung 1188
        1. Einladung zur Versammlung, Ankündigung des Formwechsels 1188
        2. Abfindungsangebot 1189
        3. Im Vorfeld der Versammlung auszulegende Unterlagen 1190
    IV. Durchführung der Versammlung 1192
        1. In der Versammlung auszulegende Unterlagen 1192
        2. Erläuterung des Umwandlungsbeschlusses 1192
        3. Verlesung des Prüfungsgutachtens 1192
        4. Teilnahmerecht des Prüfungsverbandes 1193
        5. Auskunftsrecht der Mitglieder 1193
    V. Umwandlungsbeschluss 1193
        1. Abstimmung und Mehrheitsverhältnisse 1194
        2. Satzung bzw. Gesellschaftsvertrag der Kapitalgesellschaft 1195
        3. Beteiligungsverhältnisse an der Kapitalgesellschaft 1195
        4. Umwandlung von Vermögen in gebundenes Kapital 1196
        5. Gründungsvorschriften der Kapitalgesellschaft 1197
    VI. Beschlussmängel 1197
    VII. Besonderheit der KGaA 1198
    VIII. Anmeldung der Eintragung 1198
    IX. Wirkung des Formwechsels 1198
        1. Beteiligung 1198
        2. Organe 1199
    X. Benachrichtigung der Anteilsinhaber und Mitglieder über den Formwechsel und die Folgen 1200
    XI. Fortdauer der Nachschusspflicht 1201
C. Eingetragener Verein (e. V.) 1201
    I. Einführung 1201
        1. Allgemeines 1201
        2. Formwechselfähigkeit von Vereinen 1202
        3. Vereinssatzung und landesrechtliche Vorschriften 1203
    II. Besonderheiten beim Formwechsel von Vereinen 1203
        1. Umwandlungsbericht 1203
        2. Mitgliederversammlung und Beschlussfassung 1204
        3. Inhalt des Formwechselbeschlusses 1207
        4. Barabfindung 1209
        5. Anmeldung und Bekanntmachung des Formwechsels 1209

Inhaltsverzeichnis

D. Versicherungsverein auf Gegenseitigkeit (VVaG)	1210
I. Grundlagen	1211
II. Besonderheiten bei den Rechtsfolgen	1211
III. Besonderheiten bei der Umsetzung	1213
1. Vorbereitung und Durchführung des Beschlusses	1213
2. Beteiligung der Mitglieder am Grundkapital	1215
E. Personengesellschaften	1218
I. Grundlagen	1219
1. Beteiligte Rechtsträger	1219
2. Formwechsel von Personengesellschaften außerhalb des UmwG	1224
3. Motive für den Formwechsel von Personengesellschaften	1225
II. Besonderheiten des Formwechsels einer Personengesellschaft in eine Kapitalgesellschaft	1226
1. Allgemeines	1226
2. Umwandlungsbericht	1226
3. Unterrichtung der Gesellschafter	1228
4. Umwandlungsbeschluss	1230
5. Gründerstellung	1236
6. Kapitalschutz	1237
7. Beitritt persönlich haftender Gesellschafter	1240
8. Anmeldung des Formwechsels	1241
9. Haftung von Gesellschaftern	1243
10. Prüfung des Abfindungsangebots	1246
11. Formwechsel von PartG	1247
F. Formwechsel unter Beteiligung der öffentlichen Hand	1248
I. §§ 301 ff. UmwG: Formwechsel von Körperschaften und Anstalten des öffentlichen Rechts	1248
1. Beteiligungsfähige Rechtsträger	1249
2. Bundes- oder landesrechtliche Ermächtigungsgrundlage	1249
3. Besonderheiten im Formwechselverfahren	1250
4. Kapital- und Gläubigerschutz	1252
5. Rechtsschutz	1253
II. Formwechselvorgänge der öffentlichen Hand außerhalb des UmwG	1253
§ 39 Grenzüberschreitender Formwechsel	1254
I. Grundsätzliches	1256
1. Begriff des grenzüberschreitenden Formwechsels	1256
2. Praktische Motive für einen grenzüberschreitenden Formwechsel	1257
II. Rechtlicher Rahmen	1259
1. Niederlassungsfreiheit (Art. 49, 54 AEUV)	1259
2. Nationales Kollisions- und Umwandungsrecht	1259
3. Rechtstechnische Alternativen zum grenzüberschreitenden Formwechsel	1260
III. Grenzüberschreitender Formwechsel deutscher Gesellschaften in eine ausländische Rechtsform („rechtsformwechselnder Wegzug")	1262
1. Schutz durch die Niederlassungsfreiheit	1262
2. Praktische Durchführung des rechtsformwechselnden Wegzugs: Kollisionsrechtliche Ebene	1267
3. Praktische Durchführung des rechtsformwechselnden Wegzugs: Sachrechtliche Ebene	1269
IV. Grenzüberschreitender Formwechsel ausländischer Gesellschaften in eine deutsche Rechtsform („rechtsformwechselnder Zuzug")	1281
1. Schutz durch die Niederlassungsfreiheit	1281
2. Praktische Durchführung des rechtsformwechselnden Zuzugs: Kollisionsrechtliche Ebene	1283
3. Praktische Durchführung des rechtsformwechselnden Zuzugs: Sachrechtliche Ebene	1284
§ 40 Gründung einer SE durch Formwechsel	1288
A. Allgemeines	1289

Inhaltsverzeichnis

```
    B. Gründungsgesellschaft .................................................. 1289
       I. Rechtsform ......................................................... 1289
      II. Grenzüberschreitendes Element ..................................... 1290
    C. Gründungsverfahren .................................................... 1291
       I. Umwandlungsplan .................................................... 1291
          1. Zuständigkeit .................................................... 1291
          2. Form ............................................................. 1291
          3. Inhalt ........................................................... 1292
          4. Verfahren nach Planaufstellung ................................... 1295
      II. Umwandlungsbericht ................................................. 1296
          1. Zuständigkeit .................................................... 1296
          2. Form ............................................................. 1296
          3. Inhalt ........................................................... 1297
          4. Entbehrlichkeit und Verzicht ..................................... 1297
          5. Verfahren nach Fertigstellung des Berichts ....................... 1298
     III. Werthaltigkeitsprüfung, Art. 37 Abs. 6 SE-VO ....................... 1299
          1. Allgemeines ...................................................... 1299
          2. Prüfungsgegenstand und -maßstab .................................. 1299
          3. Person des Umwandlungsprüfers .................................... 1300
          4. Prüfungsbescheinigung ............................................ 1301
      IV. Hauptversammlungsbeschluss, Art. 37 Abs. 7 SE-VO ................... 1302
          1. Vorbereitung ..................................................... 1302
          2. Beschlussfassung ................................................. 1303
          3. Beschlussmängel .................................................. 1303
       V. Anmeldung und Eintragung ........................................... 1304
    D. Beteiligung der Arbeitnehmer .......................................... 1304
       I. Verhandlungsverfahren, Beteiligungsvereinbarung, Auffangregelung ... 1304
      II. Zustimmungsvorbehalt für Beteiligungsvereinbarung? ................. 1306
    E. Sonderfragen .......................................................... 1307
       I. Sitzverlegungsverbot, Art. 37 Abs. 3 SE-VO ......................... 1307
      II. Kontinuität von Organämtern und Abschlussprüferbestellung? ......... 1308
     III. Schutz der Minderheitsaktionäre? ................................... 1310
      IV. Gläubigerschutz nach deutschem Recht? .............................. 1311
```

5. Kapitel. Sonstige Umwandlungsmaßnahmen

```
§ 41 Vermögensübertragung ................................................... 1313
    A. Grundlagen ............................................................ 1313
       I. Arten der Vermögensübertragung ..................................... 1315
      II. Beteiligte Rechtsträger einer Vermögensübertragung ................. 1316
          1. Vermögensübertragungen von Kapitalgesellschaften auf die öffentliche
             Hand ............................................................. 1316
          2. Vermögensübertragungen unter Versicherungsunternehmen ............ 1316
     III. Die Gegenleistung bei der Vermögensübertragung ..................... 1318
          1. Art und Weise der zu gewährenden Gegenleistung ................... 1318
          2. Angemessenheit der Gegenleistung ................................. 1319
          3. Entfall der Gegenleistung und Verzicht ........................... 1320
    B. Vermögensvollübertragung .............................................. 1321
       I. Grundsätzliche Anwendung des Verschmelzungsrechts .................. 1321
      II. Verfahren der Vollübertragung ...................................... 1323
          1. Übertragungsvertrag .............................................. 1323
          2. Übertragungsbericht .............................................. 1324
          3. Übertragungsprüfung .............................................. 1325
          4. Übertragungsbeschluss ............................................ 1326
          5. Aufsichtsbehördliche Genehmigung ................................. 1327
          6. Anmeldung, Eintragung und Bekanntmachung der Vollübertragung ..... 1328
     III. Schutz der Gläubiger sowie Anteilsinhaber/Vereinsmitglieder ........ 1329
      IV. Rechtsfolgen der Vollübertragung ................................... 1331
```

Inhaltsverzeichnis

C. Vermögensteilübertragung 1333
  I. Grundsätzliche Anwendung des Spaltungsrechts 1333
  II. Verfahren der Teilübertragung 1335
    1. Übertragungsvertrag 1335
    2. Übertragungsbericht 1337
    3. Übertragungsprüfung 1337
    4. Übertragungsbeschluss 1338
    5. Aufsichtsbehördliche Genehmigung 1339
    6. Anmeldung, Eintragung und Bekanntmachung der Teilübertragung 1339
  III. Schutz der Gläubiger und Anteilsinhaber/Vereinsmitglieder 1340
  IV. Rechtsfolgen der Teilübertragung 1340

§ 42 Umwandlungsmaßnahmen unter Beteiligung von Rechtsträgern außerhalb der Europäischen Gemeinschaft 1341
  A. Grundlagen 1342
    I. Abgrenzung zur Sitzverlegung 1343
      1. Allgemeines 1343
      2. Verwaltungssitzverlegung von Drittstaat nach Deutschland 1343
      3. Verwaltungssitzverlegung von Deutschland in Drittstaat 1344
      4. Satzungssitzverlegung von Drittstaat nach Deutschland 1345
      5. Satzungssitzverlegung von Deutschland in Drittstaat 1346
      6. Kumulative Verwaltungs- und Satzungssitzverlegung 1346
    II. Praktische Bedeutung 1347
  B. Umwandlungsrechtliche Maßnahmen mit Bezug zu Drittstaaten 1347
    I. Bestimmung des anwendbaren Rechts 1347
      1. Gesellschaftsstatut als Ausgangspunkt zur Bestimmung des anwendbaren Rechts 1348
      2. Beteiligte Gesellschaften unterliegen unterschiedlichen Gesellschaftsstatuten 1348
    II. Verschmelzung 1350
      1. Zulässigkeit 1350
      2. Verfahrensvoraussetzungen 1353
      3. Rechtsfolgen 1353
    III. Spaltung 1354
    IV. Formwechsel 1354
  C. Alternative Modelle zur Umsetzung relevanter Umwandlungsvorgänge unter Beteiligung von Drittstaatengesellschaften 1355
    I. Übersicht 1355
    II. Grenzüberschreitende Anwachsung 1355
      1. Übernehmender Rechtsträger ist eine Drittstaatengesellschaft 1356
      2. Übernehmender Rechtsträger ist eine inländische Gesellschaft 1357
      3. Erweiterte Anwachsung 1358
    III. Übertragung von Vermögenswerten im Wege eines Asset Deal 1360
      1. Übertragung von Vermögenswerten auf eine Drittstaatengesellschaft 1360
      2. Übertragung von Vermögenswerten von einer Drittstaatengesellschaft auf eine inländische Gesellschaft 1361
    IV. Grenzüberschreitende Realteilung unter Beteiligung von Drittstaatengesellschaften 1361
    V. Kettenverschmelzung 1362
    VI. Sonstige umwandlungsähnliche Strukturmaßnahmen 1362
      1. Business Combination Agreements 1362
      2. Anteilstausch 1363
      3. Strukturgestaltungen unter Verwendung von Holding-Strukturen 1364
      4. Andere (unternehmens-)vertragliche oder sonstige Strukturmodelle 1364

§ 43 Gründung einer gemeinsamen Holding- oder Tochter-SE 1368
  A. Grundlagen 1369
    I. Regelungssystematik 1369
    II. Praktische Bedeutung 1370

Inhaltsverzeichnis

    B. Gründung einer Holding-SE 1371
        I. Voraussetzungen 1371
            1. Gründungsberechtigte Gesellschaften 1371
            2. Gemeinschaftsbezug 1371
            3. Mehrstaatlichkeit 1372
        II. Vorbereitungsphase 1373
            1. Gründungsplan (einschließlich Gründungsbericht) 1373
            2. Prüfung 1380
            3. Zustimmung der Haupt- bzw. Gesellschafterversammlungen 1382
            4. Arbeitnehmerbeteiligung 1383
        III. Einbringungsverfahren 1383
            1. Erste Phase – „Mindestquotenphase" 1383
            2. Zweite Phase – „Zaunkönigphase" 1387
        IV. Anwendung der deutschen Sachgründungsvorschriften 1388
            1. Allgemeines 1388
            2. Aktienrechtlicher Gründungsbericht 1388
            3. Aktienrechtliche Gründungsprüfung 1388
            4. Gründungshaftung 1389
        V. Eintragung der Holding-SE 1389
            1. Rechtmäßigkeitskontrolle 1389
            2. Eintragungsverfahren 1390
            3. Folgen der Eintragung 1391
    C. Gründung einer Tochter-SE 1392
        I. Primäre Gründung 1392
            1. Voraussetzungen 1392
            2. Gründungsverfahren 1393
        II. Sekundäre Gründung 1397
            1. Voraussetzungen 1397
            2. Gründungsverfahren 1397

Teil 2. Besonderer Teil

1. Kapitel. Umwandlungen in Krise und Insolvenz

§ 44 Einführung 1401

§ 45 Umwandlungsmaßnahmen in Krise und Insolvenzreife (vor Insolvenzantrag) 1402
    A. Besonderheiten bei Umwandlungsmaßnahmen in Krise und Insolvenzreife 1404
        I. Überblick 1404
        II. Verschmelzung 1404
            1. Ziele 1404
            2. Insolvenzreife als Verschmelzungshindernis? 1405
            3. Problem der Anteilsgewährung am übernehmenden Rechtsträger 1406
            4. Rechtliche Grenzen bei der Übertragung negativen Vermögens 1409
            5. Gestaltungsmöglichkeiten 1411
        III. Spaltung und Ausgliederung 1411
            1. Funktion der Spaltung in Krise und Insolvenz 1411
            2. Rechtliche und wirtschaftliche Grenzen der Spaltung in Krise und
                Insolvenzreife 1411
        IV. Formwechsel 1413
            1. Funktion des Formwechsels in Krise und Insolvenz 1413
            2. Rechtliche Grenzen des Formwechsels 1414
    B. Haftung der Organe u. a. bei Umwandlungen in Krise und Insolvenzreife 1414
        I. Einführung 1414
        II. Haftung der Mitglieder des Vertretungs- oder Aufsichtsorgans 1415
            1. Verschmelzung 1415
            2. Sonstige Umwandlungsmaßnahmen 1417
        III. Haftung wegen Existenzvernichtenden Eingriffs 1417

Inhaltsverzeichnis

C. Umwandlungen und Insolvenzanfechtung	1418
I. Überblick	1418
II. Anfechtung von Rechtshandlungen des übertragenden Rechtsträgers im Insolvenzverfahren des übernehmenden Rechtsträgers	1418
1. Einführung	1418
2. Anfechtbarkeit im Insolvenzverfahren des übernehmenden Rechtsträgers	1419
3. Rechtsfolge der Anfechtung: Bildung einer Sondermasse?	1419
III. Anfechtung von Umwandlungsmaßnahmen	1421
1. Überblick – allgemeine Anfechtungsvoraussetzungen	1421
2. Generelle Anfechtungsresistenz von Umwandlungsmaßnahmen?	1421
3. Anfechtung von Verschmelzungen	1423
4. Anfechtung von Spaltung und Ausgliederung	1430
5. Anfechtung Formwechsel	1433
IV. Anfechtung in der Insolvenz eines Gesellschafters	1434
1. Voraussetzungen	1434
2. Anfechtungsgegner	1434
3. Rechtsfolge	1434
D. Strafbarkeit der Beteiligten bei Umwandlungsmaßnahmen in Krise und Insolvenzreife	1435
I. Einführung	1435
II. Verschmelzung	1435
1. § 283 Abs. 1 Nr. 1 StGB	1435
2. § 283 Abs. 1 Nr. 8 StGB	1436
III. Spaltung	1436
IV. Formwechsel	1436
§ 46 Umwandlungen im Insolvenzverfahren, insbesondere Insolvenzplanverfahren	**1437**
A. Umwandlungsmaßnahmen im Insolvenzeröffnungsverfahren nach Insolvenzantrag	1439
B. Umwandlung nach Eröffnung des Insolvenzverfahrens	1440
C. Umwandlung im Insolvenzplanverfahren	1441
I. Überblick über das Insolvenzplanverfahren	1441
1. Wesen, Funktion, Rechtsnatur des Insolvenzplans	1441
2. Typische Planinhalte, insbesondere gesellschaftsrechtliche Maßnahmen	1442
3. Planwirkungen	1443
4. Überblick über den Verfahrensablauf	1443
5. Verfahrensbegleitender/Verfahrensbeendender Plan	1444
II. Bedürfnisse der Sanierungspraxis für Umwandlungsmaßnahmen im Insolvenzplanverfahren	1444
III. Umwandlungsmaßnahmen als Regelungsbestandteil eines Insolvenzplanes	1445
1. Zulässigkeit der Einbindung ins Insolvenzplanverfahren	1445
2. Umwandlungsfähigkeit des Schuldners im Insolvenzplanverfahren	1445
4. Funktion des Insolvenzplanverfahrens	1449
IV. Verschmelzung als Regelungsbestandteil eines Insolvenzplans	1450
1. Motive für eine Verschmelzung im Planverfahren	1450
2. Anspruch auf Sicherheitsleistung (§ 22 UmwG)	1451
3. Umsetzung einer im Insolvenzplanverfahren eingebundenen Verschmelzung	1451
V. Spaltungen, insbesondere die Abspaltung und Ausgliederung als Regelungsbestandteil eines Insolvenzplanes	1457
1. Bedürfnisse für Spaltungen im Planverfahren	1457
2. Beeinträchtigung der Gläubigerschutzvorschriften	1457
3. Umsetzung einer Abspaltung im Insolvenzplanverfahrens	1460
4. Besonderheiten bei der Ausgliederung im Insolvenzplanverfahren	1463
VI. Der Formwechsel als Regelungsbestandteil eines Insolvenzplanes	1464
1. Motive für einen Formwechsel im Planverfahren	1464
2. Umsetzung eines Formwechsels im Insolvenzplanverfahren	1464
VII. Besonderheiten bei der Handelsregisteranmeldung/im Registerverfahren	1466
1. Anmeldung zum Handelsregister	1466

Inhaltsverzeichnis

    2. Erklärung nach § 140 UmwG 1466
    3. Kompetenzabgrenzung Registergericht/Insolvenzgericht 1467
  VIII. Besonderheiten des Rechtsschutzes gegen Umwandlungsmaßnahmen im Insolvenzplanverfahren. 1468
    1. Verdrängung des umwandlungsrechtlichen Rechtsschutzes 1468
    2. Minderheitenschutzantrag (§ 251 InsO) 1469
    3. Sofortige Beschwerde (§ 253 InsO) 1469
  IX. Austrittsrecht und Abfindungsangebot 1470
D. Umwandlung bei Nichteröffnung des Insolvenzverfahrens oder Einstellung mangels Masse 1471

2. Kapitel. Steuerrecht

§ 47 Steuerliche Auswirkungen von Umwandlungen – Anwendungsbereich des UmwStG 1472
  I. Grundlagen 1472
  II. Relevante Steuerarten 1473
    1. Überblick 1473
    2. Ertragsteuern (Einkommen-/Körperschaft-/Gewerbesteuer) 1473
    3. Grunderwerbsteuer 1475
    4. Umsatzsteuer 1476
    5. Erbschaft- und Schenkungsteuer bei früherer Verschenkung/Vererbung von Betriebsvermögen oder Anteilen 1476
    6. Auswirkungen auf Stromsteuerermäßigungen und energiewirtschaftliche Privilegierungen für das produzierende Gewerbe 1476
  III. Anwendungsbereich des UmwStG 1476
    1. Nationale Umwandlungsformen 1476
    2. Persönlicher Anwendungsbereich – Inlands-/EU-Bezug 1477

§ 48 Verschmelzung 1478
A. Verschmelzung von Körperschaften auf Personengesellschaften 1480
  I. Ertragsteuerliche Systematik 1480
  II. Einordnung verschiedener Verschmelzungsrichtungen (Upstream, Sidestream, Downstream) 1481
  III. Steuerlicher Übertragungsstichtag 1482
    1. Bedeutung 1482
    2. Anknüpfung an den zivil-/handelsrechtlichen Verschmelzungsstichtag nach § 5 Abs. 1 Nr. 6 UmwG 1482
    3. Steuerliche Rückwirkung 1483
  IV. Kreis der beteiligten Rechtsträger 1484
    1. Übertragender Rechtsträger 1484
    2. Übernehmender Rechtsträger 1485
  V. Steuerliche Auswirkungen auf Ebene der übertragenden Körperschaft 1485
    1. Steuerliche Schlussbilanz 1485
    2. Abweichender Wertansatz mit Buchwert oder Zwischenwert 1486
    3. Besteuerung eines Übertragungsgewinns 1489
  VI. Steuerliche Auswirkung auf Ebene der übernehmenden Personengesellschaft . 1490
    1. Besteuerung offener Rücklagen 1490
    2. Bewertung des übergehenden Vermögens 1491
    3. Übernahmeergebnis 1493
    4. Übernahmefolgegewinn /-verlust 1496
    5. Nachlaufende Sperrfrist nach § 18 Abs. 3 UmwStG 1498
  VII. Praxishinweise / steuerlich Fallstricke 1498
B. Verschmelzung von Körperschaften auf Körperschaften 1499
  I. Grundlagen 1499
    1. Überblick 1499
    2. Einordnung verschiedener Verschmelzungsrichtungen (Upstream, Sidestream, Downstream) 1499
  II. Steuerliche Auswirkung auf Ebene der übertragenden Kapitalgesellschaft .. 1500

Inhaltsverzeichnis

  III. Steuerliche Auswirkungen auf Ebene der übernehmenden Kapitalgesellschaft . 1500
   1. Wertverknüpfung mit der übertragenden Kapitalgesellschaft 1500
   2. Steuerliche Behandlung des Übernahmegewinns oder -verlusts bei Beteiligung der übernehmenden an der übertragenden Kapitalgesellschaft (up-stream Verschmelzung) 1501
   3. Übernahmegewinn /-verlust bei side-stream Verschmelzung 1501
   4. Keine Kapitalertragsteuerpflicht 1502
   5. Eintreten in die Rechtstellung der übertragenden Körperschaft 1502
   6. Vereinigung von Forderungen und Verbindlichkeiten 1502
   7. Steuerliches Einlagekonto 1503
  IV. Steuerliche Auswirkungen auf Ebene der Anteilseigner 1503
   1. Anteilstausch zum gemeinen Wert 1503
   2. Abweichender Buchwertansatz 1503
 C. Verschmelzung von Personengesellschaften auf Körperschaften 1504
  I. Grundlagen 1504
   1. Überblick 1504
   2. Einordnung verschiedener Verschmelzungsrichtungen (Upstream, Sidestream, Downstream) 1504
  II. § 20 UmwStG als steuerrechtliche Norm für Sidestream- und Downstream-Sachverhalte 1505
  III. § 20 UmwStG im Einzelnen 1505
   1. Betriebsvermögensvoraussetzung für die übertragende Personengesellschaft 1505
   2. Ansässigkeitsvoraussetzungen für die beteiligten Rechtsträger – Ausschluss der Steuerneutralität für Nicht-EU/EWR-Rechtsträger als Gesellschafter . 1505
   3. Kapitalerhöhung/Gewährung neuer Gesellschaftsrechte an der übernehmenden Kapitalgesellschaft 1506
   4. Übertragungsgegenstand 1506
   5. Bewertungsgrundsatz des übernommenen Betriebsvermögens 1507
   6. Abweichender Wertansatz 1507
   7. Gewinnauswirkung 1509
   8. Steuerliche Auswirkungen auf Ebene der übernehmenden Kapitalgesellschaft 1510
   9. Steuerliche Auswirkungen auf Ebene der Gesellschafter 1511
   10. Rückwirkung 1514
 D. Verschmelzung von Personengesellschaften auf Personengesellschaften 1514
  I. Grundlagen 1514
   1. Überblick 1514
   2. Einordnung verschiedener Verschmelzungsrichtungen (Upstream, Sidestream, Downstream) 1515
  II. § 24 UmwStG als steuerrechtliche Norm für Sidestream-Sachverhalte 1515
  III. § 24 UmwStG im Einzelnen 1515
   1. Übertragungsgegenstand 1515
   2. Übertragender 1516
   3. Gewährung einer Mitunternehmerstellung 1516
   4. Bewertungsgrundsatz des übernommenen Betriebsvermögens 1517
   5. Abweichender Wertansatz 1517
   6. Steuerliche Auswirkungen für die übernehmende Personengesellschaft . . . 1517
   7. Steuerliche Auswirkungen für den Übertragenden 1517
   8. Rückwirkung 1519

§ 49 Umwandlungssteuerrechtliche Regelungen zur Spaltung 1519
 A. Auf- und Abspaltung von Körperschaften auf Körperschaften 1521
  I. Überblick 1521
   1. Anwendbare Vorschriften 1521
   2. Regelungsgehalt des § 15 UmwStG 1522
   3. Von § 15 UmwStG erfasst Sachverhalte 1522
  II. Voraussetzungen einer steuerneutralen Spaltung 1523
   1. Überblick über die Voraussetzungen 1523
   2. Der Teilbetriebsbegriff als Kernproblem bei Spaltungen 1523

Inhaltsverzeichnis

    3. Teilbetriebsfiktionen gemäß § 15 Abs. 1 S. 3 UmwStG 1533
    4. Doppeltes Teilbetriebserfordernis 1536
  III. Keine missbräuchliche Gestaltung im Sinne des § 15 Abs. 2 UmwStG 1536
    1. Verhältnis zu § 42 AO 1536
    2. Kein Erwerb und keine Aufstockung von Mitunternehmeranteilen und Beteiligungen 1537
    3. Keine Veräußerung an außenstehende Person 1538
    4. Trennung von Gesellschafterstämmen 1543
  IV. Antrag auf Buchwertfortführung 1545
  V. Ertragsteuerliche Rechtsfolgen einer Spaltung 1545
    1. Ertragsteuerwirksame Spaltung 1545
    2. Ertragsteuerneutrale Spaltung 1549
  VI. Besonderheiten bei einer rückwirkenden Spaltung 1550
B. Auf- und Abspaltung von Körperschaften auf Personengesellschaften 1551
  I. Überblick 1551
    1. Anwendbare Vorschriften 1551
    2. Regelungsgehalt des § 16 UmwStG 1552
    3. Erfasst Fälle 1552
  II. Entsprechende Anwendung des § 15 Abs. 1 und 2 UmwStG 1552
  III. Rechtsfolgen 1553
    1. Entsprechende Anwendung der §§ 3 bis 8 UmwStG 1553
    2. Entsprechende Anwendung des § 15 Abs. 3 UmwStG 1554
    3. Sonstige Rechtsfolgen 1554
  IV. Besonderheiten bei einer rückwirkenden Spaltung 1554
C. Auf- und Abspaltung von Personengesellschaften auf Körperschaften 1554
  I. Einordnung der konkreten Abspaltung für Besteuerungszwecke 1554
  II. Keine explizite Regelung der up-stream Aufspaltung oder Abspaltung 1554
  III. Anwendung von § 20 UmwStG bei der Sidestream-Aufspaltung oder Abspaltung 1555
D. Auf- und Abspaltung von Personengesellschaften auf Personengesellschaften 1556
  I. Einordnung der konkreten Abspaltung für Besteuerungszwecke 1556
  II. Keine explizite Regelung der up-stream Aufspaltung oder Abspaltung 1556
  III. Anwendung von § 24 UmwStG bei der side-stream Aufspaltung oder -abspaltung 1556
E. Ausgliederung 1558
  I. Ausgliederung auf eine Kapitalgesellschaft 1558
  II. Ausgliederung auf eine Personengesellschaft 1558

§ 50 Formwechsel 1559
  I. Formwechsel einer Kapitalgesellschaft in eine Personengesellschaft 1560
    1. Grundlagen 1560
    2. Anwendung der Grundsätze über die Verschmelzung von Körperschaften auf Personengesellschaften 1561
  II. Formwechsel einer Personengesellschaft in eine Kapitalgesellschaft 1563
    1. Anwendbarkeit der Vorschriften zur Einbringung (§§ 20 ff. UmwStG) ... 1563
    2. Zeitpunkt des Wirksamwerdens 1564
    3. Wesentliche Betriebsgrundlagen im Sonderbetriebsvermögen 1564
    4. Weitere Vorrausetzungen des § 20 UmwStG 1564
    5. Sperrfristen 1564
  III. Formwechsel einer Personengesellschaft in eine andere Rechtsform der Personengesellschaft 1564
  IV. Formwechsel einer Kapitalgesellschaft in eine andere Rechtsform der Kapitalgesellschaften 1565

§ 51 Sonstige Umwandlungsmaßnahmen 1565
  I. Vermögensübertragung 1565
    1. Grundlagen 1565
    2. Kreis der beteiligten Rechtsträger 1565
    3. Steuerlicher Übertragungsstichtag 1566
    4. Steuerliche Rückwirkung 1566

Inhaltsverzeichnis

	II. Vollübertragung	1566
	1. Anwendung der Grundsätze über die Verschmelzung von Körperschaften	1566
	III. Teilübertragung	1569

§ 52 Grunderwerbsteuerliche Aspekte 1569
    A. Einleitung 1571
    B. Überblick 1571
        I. Grunderwerbsteuer als Rechtsverkehrssteuer 1571
        II. Grunderwerbsteuer bei Umwandlungen und Einbringungen 1572
            1. Unterscheidung zwischen übertragenden Umwandlungen/Einbringungen und formwechselnden Umwandlungen 1572
            2. Grunderwerbsteuerrechtliche Bemessungsgrundlage bei Umwandlungsvorgängen 1572
            3. Grunderwerbsteuersätze 1573
            4. Entstehung der Grunderwerbsteuer 1574
    C. Übertragende Umwandlungen und Einbringungen 1574
        I. Unmittelbare grunderwerbsteuerliche Auswirkungen 1575
            1. Allgemeines 1575
            2. Steuerschädliche Unterbrechung von grunderwerbsteuerlichen Behaltensfristen 1576
        II. Mittelbare grunderwerbsteuerliche Auswirkungen 1576
            1. Mittelbare Umwandlungs- und Einbringungsfolgen bei Änderungen im Gesellschafterbestand einer Personengesellschaft gemäß § 1 Abs. 2a GrEStG 1577
            2. Mittelbare Umwandlungs- und Einbringungsfolgen bei Anteilsvereinigungen gemäß § 1 Abs. 3 GrEStG 1579
            3. Mittelbare Umwandlungs- und Einbringungsfolgen bei wirtschaftlicher Anteilsvereinigung gemäß § 1 Abs. 3a GrEStG 1583
        III. Allgemeine Gestaltungsüberlegungen zur Vermeidung oder Verringerung der Grunderwerbsteuerbelastung 1585
            1. Umfang der übertragenen Grundstücke reduzieren 1585
            2. Vorab-Übertragung unter Anwendung der Regelbemessungsgrundlage ... 1586
            3. Vorab-Übertragung zur Vermeidung mehrfacher Grunderwerbsteuer 1586
    D. Formwechselnde Umwandlungen 1587
        I. Allgemeines 1587
        II. Ebene der Gesellschaft 1587
        III. Ebene der Gesellschafter 1587
            1. Verhältniswahrender Formwechsel 1587
            2. Nicht verhältniswahrender Formwechsel 1588
            3. Auswirkungen eines Formwechsels auf §§ 5 und 6 GrEStG 1588
        IV. Verfahrensrechtliches 1590
    E. Steuervergünstigung bei Umstrukturierungen im Konzern nach § 6a GrEStG 1590
        I. Überblick 1590
        II. Voraussetzungen für die Steuervergünstigung nach § 6a GrEStG 1590
            1. Begünstigungsfähige Rechtsvorgänge 1590
            2. Beteiligte 1591
        III. Rechtsfolgen 1598
            1. Umfang der Befreiung 1598
            2. Verhältnis zu §§ 5, 6 GrEStG 1599
            3. Folgen der Verletzung der Nachbehaltensfrist 1600

§ 53 Umsatzsteuer in der Umwandlung 1600
        I. Grundlagen 1600
        II. Geschäftsveräußerung im Ganzen 1600
        III. Rechtsfolgen beim fehlenden Vorliegen einer Geschäftsveräußerung im Ganzen 1601
            1. Nicht steuerbarer Innenumsatz auf Grund Organschaft 1601
            2. Leistungsaustausch mit Vorsteuerabzug 1602
        IV. Praxisempfehlungen 1603

Inhaltsverzeichnis

§ 54 Auswirkungen von Umwandlungen auf ertragsteuerliche Organschaftsverhältnisse ... 1603
    A. Grundsätze der ertragsteuerlichen Organschaft 1604
        I. Begründung einer ertragsteuerlichen Organschaft 1604
            1. Finanzielle Eingliederung 1604
            2. Persönliche Eignung des Organträgers 1605
            3. Zugehörigkeit zu einer inländischen Betriebsstätte 1605
            4. Abschluss und Durchführung eines Gewinnabführungsvertrags 1605
        II. Rechtsfolgen der Begründung einer Organschaft 1607
        III. Rechtsfolgen bei Nichterfüllen der Voraussetzungen 1607
    B. Überblick über Problemkreise 1608
    C. Umwandlung des Organträgers 1608
        I. Umwandlung durch Verschmelzung 1608
            1. Fortsetzung einer bestehenden Organschaft 1608
            2. Besonderheiten bei Auf- und Abwärtsverschmelzung 1609
            3. Behandlung organschaftlicher Ausgleichsposten 1610
        II. Umwandlung durch Spaltung und Ausgliederung 1611
            1. Spaltung 1611
            2. Ausgliederung 1611
        III. Umwandlung durch Formwechsel 1612
        IV. Folgen der Fortführung einer bestehenden Organschaft 1613
        V. Begründung einer Organschaft mit neu gegründeter Organgesellschaft 1613
    D. Organträger als übernehmender Rechtsträger 1614
    E. Umwandlung der Organgesellschaft 1614
        I. Umwandlung durch Verschmelzung 1614
        II. Umwandlung durch Spaltung und Ausgliederung 1615
        III. Umwandlung durch Formwechsel 1615
        IV. Behandlung eines Übertragungsgewinns bzw. -verlustes 1615
    F. Organgesellschaft als übernehmender Rechtsträger 1616
        I. Fortführung einer Organschaft 1616
        II. Behandlung eines Übernahmegewinns bzw. -verlustes 1616

3. Kapitel. Arbeitsrecht

§ 55 Umwandlungen und Arbeitsrecht – eine Einführung 1617
        I. Überblick über die arbeitsrechtlichen Aspekte der verschiedenen
           Umwandlungsarten 1617
        II. Einschlägige Rechtsquellen 1618
            1. Rechtsquellen für arbeitsrechtliche Vorgaben in Bezug auf Umwandlungen 1618
            2. Verhältnis des UmwG zu anderen arbeitsrechtlichen Rechtsquellen 1620
            3. Analoge Anwendung von umwandlungsrechtlichen Schutzvorschriften ... 1620

§ 56 Arbeitsrechtliche Vorgaben für die Vorbereitung und die Durchführung von
    Umwandlungen 1620
    A. Überblick 1622
    B. Arbeitsrechtliche Vorgaben des UmwG 1623
        I. Arbeitnehmerschutz durch Transparenz 1623
            1. Inhaltliche Vorgabe, Zuleitung und Eintragungsvoraussetzung 1623
            2. Zielsetzung 1624
        II. Arbeitsrechtliche Angaben in Umwandlungsverträgen 1626
            1. Umfang der Angaben 1626
            2. Angaben bei fehlendem Betriebsrat und bei arbeitnehmerlosen
               Gesellschaften 1633
            3. Rechtsfolgen fehlender oder unvollständiger Angaben zu den Folgen der
               Umwandlung für die Arbeitnehmer und ihrer Vertretungen 1634
        III. Zuleitung von Umwandlungsverträgen etc. an die zuständigen Betriebsräte .. 1637
            1. Gegenstand der Zuleitung 1637
            2. Adressaten der Zuleitung und des Zuleitungserfordernisses 1637
            3. Form und Nachweis der Zuleitung 1639
            4. Frist für die Zuleitung und Verzicht 1640

Inhaltsverzeichnis

5. Änderungen des Vertrages nach Zuleitung	1641
6. Rechtsfolgen einer unterbliebenen oder nicht rechtzeitigen Zuleitung	1642
7. Besonderheiten der grenzüberschreitenden Verschmelzung	1643
IV. Rechtsschutzmöglichkeiten des Betriebsrats bei Verletzung umwandlungsrechtlicher Vorschriften	1644
V. Anwendbarkeit des UmwG auf andere Arbeitnehmervertretungsgremien	1645
C. Beteiligungsrechte nach dem BetrVG	1645
I. Unterrichtung des Wirtschaftsausschusses	1645
1. Pflicht zur Unterrichtung über den Zusammenschluss oder die Spaltung von Unternehmen	1645
2. Art und Weise der Unterrichtung	1646
3. Rechtsfolgen einer Verletzung der Unterrichtungspflicht	1647
II. Das Mitbestimmungsrecht des Betriebsrats bei Betriebsänderungen	1648
1. Überblick	1648
2. Begriff der Betriebsänderung	1649
3. Unterrichtung über die geplante Betriebsänderung	1652
4. Interessenausgleich und Sozialplan	1654
5. Pflicht zum Nachteilsausgleich gemäß § 113 BetrVG	1666
6. Rechtsschutzmöglichkeiten des Betriebsrats gegen Betriebsänderungen	1667
7. Tendenzbetriebe	1670
III. Sonstige Beteiligungsrechte des Betriebsrats in Zusammenhang mit Umwandlungen	1670
IV. Keine Beteiligungsrechte weiterer Arbeitnehmervertretungsgremien nach dem BetrVG	1671
D. Beteiligungsrechte anderer Mitbestimmungsgremien	1672
I. Sprecherausschuss	1672
II. Europäischer Betriebsrat	1673
III. Sonstige Gremien	1675
§ 57 Arbeitsrechtliche Folgen von Umwandlungen	**1676**
A. Umwandlung und Betriebsübergang	1679
I. Überblick	1679
II. Voraussetzungen des Betriebsübergangs und ihre Verwirklichung durch Umwandlungen	1681
1. Betrieb oder Betriebsteil	1681
2. Fortführung unter Wahrung der Betriebsidentität durch den Erwerber	1683
3. Übergang auf einen anderen Inhaber	1687
4. Rechtsgeschäftliche Grundlage für den Übergang	1690
III. Unterrichtung und Widerspruchsrecht bei Umwandlungen	1691
1. Überblick	1691
2. Pflicht zur Unterrichtung der Arbeitnehmer	1692
3. Widerspruchsrecht der Arbeitnehmer	1699
IV. Folgen des Betriebsübergangs für die Arbeitsbedingungen der betroffenen Arbeitnehmer	1705
1. Überblick	1705
2. Folgen für die Arbeitsverhältnisse auf individualvertraglicher Ebene	1706
3. Folgen für die Betriebsverfassung und kollektivrechtliche Regelungen	1718
4. Gesamtschuldnerische Nachhaftung gegenüber Arbeitnehmern	1725
B. Folgen des Formwechsels für die Arbeitsverhältnisse der betroffenen Arbeitnehmer	1727
C. Folgen für die unternehmerische Mitbestimmung	1728
I. Überblick	1728
II. Verschmelzungen und unternehmerische Mitbestimmung	1729
1. Auswirkungen von Verschmelzungen auf die unternehmerische Mitbestimmung bei dem übertragenden Rechtsträger	1729
2. Auswirkungen von Verschmelzungen auf die unternehmerische Mitbestimmung bei dem übernehmenden Rechtsträger	1731
III. Spaltungen und unternehmerische Mitbestimmung	1732
1. Auswirkungen von Spaltungen auf die unternehmerische Mitbestimmung bei dem übertragenden Rechtsträger	1732

        2. Auswirkungen von Spaltungen auf die unternehmerische Mitbestimmung bei dem übernehmenden Rechtsträger 1735
    IV. Formwechsel und unternehmerische Mitbestimmung 1735
        1. Überblick 1735
        2. Formwechsel von einer nicht mitbestimmungspflichtigen Rechtsform in eine mitbestimmungspflichtige Rechtsform 1735
        3. Formwechsel von einer mitbestimmungspflichtigen Rechtsform in eine nicht mitbestimmungspflichtige Rechtsform 1736
        4. Formwechsel von einer mitbestimmungspflichtigen Rechtsform in eine ebenfalls mitbestimmungspflichtige Rechtsform 1736
    V. Umwandlungen und Statusverfahren 1737

4. Kapitel. Bilanzrecht

§ 58 Verschmelzung 1739
  A. Einführung 1740
  B. Bilanzierung beim übertragenden Rechtsträger 1740
    I. Allgemein 1740
    II. Die Schlussbilanz 1740
        1. Die Einreichung der „Schlussbilanz" und ihrer Bestandteile 1741
        2. Aufstellung und Prüfung der Schlussbilanz 1741
        3. Inhalt der Schlussbilanz (Ansatz und Bewertung) 1742
        4. Inventur auf Stichtag der Schlussbilanz 1744
        5. Stichtag der Schlussbilanz 1744
        6. Besonderheit bei AG als übertragender Rechtsträger: Zwischenbilanz nach § 63 Abs. 1 Nr. 3 UmwG 1746
    III. Bilanzierungspflicht während schwebender Verschmelzung 1746
        1. Keine Bilanz auf Eintragung der Verschmelzung 1746
        2. Bilanzierung am regulären Abschlussstichtag 1746
  C. Bilanzierung beim übernehmenden Rechtsträger 1749
    I. Allgemein 1749
    II. Zeitpunkt der Erfassung 1749
        1. Jahresbilanz oder Eröffnungsbilanz 1749
        2. Ergebniszuordnung 1750
    III. Ansatz der übernommenen Vermögensgegenstände und Schulden 1750
        1. Ansatz bei Bilanzierung mit Anschaffungskosten 1751
        2. Ansatz bei Buchwertverknüpfung 1752
    IV. Bewertung der übernommenen Vermögensgegenstände und Schulden 1753
        1. Bewertung mit tatsächlichen Anschaffungskosten 1753
        2. Bewertung bei Buchwertverknüpfung 1764
  D. Bilanzierung bei Anteilsinhabern der beteiligten Rechtsträger 1772
    I. Folgen bei den Anteilsinhabern des übertragenden Rechtsträgers 1772
        1. Allgemeines 1772
        2. Verschmelzung unter Gewährung neuer Anteile 1773
        3. Verschmelzung unter Hingabe eigener Anteile 1773
        4. Verschmelzung ohne Gewährung neuer / Hingabe eigener Anteile 1773
    II. Folgen bei den Anteilsinhabern des übernehmenden Rechtsträgers 1774
  E. Besonderheiten bei grenzüberschreitender Verschmelzung 1774
    I. Hinaus-Verschmelzung 1774
    II. Herein-Verschmelzung 1775

§ 59 Spaltung 1776
  A. Einführung 1778
  B. Aufspaltung 1778
    I. Bilanzierung beim übertragenden Rechtsträger 1778
        1. Die Schlussbilanz 1779
        2. Bilanzierungspflicht während schwebender Aufspaltung 1780
        3. Kapitalerhaltung beim übertragenden Rechtsträger 1781

XLIII

Inhaltsverzeichnis

    II. Bilanzierung beim übernehmenden Rechtsträger 1781
        1. Allgemein 1781
        2. Zeitpunkt der Erfassung 1782
        3. Ansatz der übernommenen Vermögensgegenstände und Schulden 1782
        4. Bewertung der übernommenen Vermögensgegenstände und Schulden 1783
    III. Bilanzierung bei Anteilsinhabern der beteiligten Rechtsträger 1793
        1. Folgen bei den Anteilsinhabern des übertragenden Rechtsträgers 1793
        2. Folgen bei den Anteilsinhabern der übernehmenden Rechtsträger 1794
    IV. Bilanzierung der gesamtschuldnerischen Haftung nach § 133 UmwG 1794
        1. Allgemeines 1794
        2. Bilanzielle Abbildung der Verpflichtungen 1795
        3. Bilanzielle Abbildung einer etwaigen Sicherheitsleistung 1796
C. Abspaltung 1796
    I. Bilanzierung beim übertragenden Rechtsträger 1796
        1. Die Schlussbilanz 1796
        2. Abbildung der Abspaltung im regulären Jahresabschluss 1797
        3. Kapitalerhaltung beim übertragenden Rechtsträger 1798
    II. Bilanzierung beim übernehmenden Rechtsträger 1801
        1. Allgemeines 1801
        2. Bewertung der übernommenen Vermögensgegenstände und Schulden 1801
    III. Bilanzierung bei Anteilsinhabern der beteiligten Rechtsträger 1815
        1. Folgen bei den Anteilsinhabern des übertragenden Rechtsträgers 1815
        2. Folgen bei den Anteilsinhabern des übernehmenden Rechtsträgers 1816
    IV. Bilanzierung der gesamtschuldnerischen Haftung nach § 133 UmwG 1816
D. Ausgliederung 1816
    I. Bilanzierung beim übertragenden Rechtsträger 1816
        1. Die Schlussbilanz 1816
        2. Abbildung der Ausgliederung im regulären Jahresabschluss 1817
        3. Kapitalerhaltung beim übertragenden Rechtsträger 1818
    II. Bilanzierung beim übernehmenden Rechtsträger 1819
        1. Allgemeines 1819
        2. Bewertung der übernommenen Vermögensgegenstände und Schulden 1819
    III. Bilanzierung bei Anteilsinhabern der beteiligten Rechtsträger 1823
        1. Folgen bei den Anteilsinhabern des übertragenden Rechtsträgers 1823
        2. Folgen bei den Anteilsinhabern des übernehmenden Rechtsträgers 1823
    IV. Bilanzierung der gesamtschuldnerischen Haftung nach § 133 UmwG 1823
E. Besonderheiten bei grenzüberschreitender Spaltung 1823
    I. Hinaus-Spaltung 1823
    II. Herein-Spaltung 1824

§ 60 Formwechsel 1825
A. Einführung 1826
B. Formwechsel einer Personengesellschaft in eine Kapitalgesellschaft 1826
    I. Bilanzierung beim formwechselnden Rechtsträger 1826
        1. Bilanzierung anlässlich des Formwechsels 1826
        2. Bilanzierung nach Wirksamwerden des Formwechsels 1832
    II. Bilanzierung bei Anteilsinhabern des formwechselnden Rechtsträgers 1834
C. Formwechsel einer Kapitalgesellschaft in eine Personengesellschaft 1834
    I. Bilanzierung beim formwechselnden Rechtsträger 1834
        1. Bilanzierung anlässlich des Formwechsels 1834
        2. Bilanzierung nach Wirksamwerden des Formwechsels 1837
    II. Bilanzierung bei Anteilsinhabern des formwechselnden Rechtsträgers 1838
D. Formwechsel einer Kapitalgesellschaft in eine Kapitalgesellschaft anderer
Rechtsform 1838
    I. Bilanzierung beim formwechselnden Rechtsträger 1838
        1. Bilanzierung anlässlich des Formwechsels 1838
        2. Bilanzierung nach Wirksamwerden des Formwechsels 1841
    II. Bilanzierung bei Anteilsinhabern des formwechselnden Rechtsträgers 1842

Inhaltsverzeichnis

    E. Besonderheiten beim grenzüberschreitenden Formwechsel 1842
        I. Hinaus-Formwechsel 1842
        II. Herein-Formwechsel 1843

§ 61 Sonstige Umwandlungsmaßnahmen 1843
    A. Vermögensübertragung 1843
        I. Vollübertragung 1844
            1. Bilanzierung beim übertragenden Rechtsträger 1844
            2. Bilanzierung beim übernehmenden Rechtsträger 1844
            3. Bilanzierung bei Anteilsinhabern der beteiligten Rechtsträger 1845
            4. Fallbeispiel 1845
        II. Teilübertragung 1847
            1. Bilanzierung beim übertragenden Rechtsträger 1847
            2. Bilanzierung beim übernehmenden Rechtsträger 1848
            3. Bilanzierung bei Anteilsinhabern der beteiligten Rechtsträger 1848
            4. Fallbeispiel 1848
    B. Anwachsung 1850
        I. Bilanzierung beim übertragenden Rechtsträger 1850
        II. Bilanzierung beim übernehmenden Rechtsträger 1851
        III. Bilanzierung bei Anteilsinhabern der beteiligten Rechtsträger 1851
        IV. Fallbeispiel 1852

5. Kapitel. Kartellrecht

§ 62 Fusionskontrollrechtliche Anmeldepflicht der Umwandlungsmaßnahme 1853
    A. Einleitung: Bedeutung des Kartellrechts für Umwandlungsmaßnahmen 1854
    B. Voraussetzungen der Anmeldepflicht (europäische und deutsche Fusionskontrolle) 1855
        I. Begriff des Unternehmens 1856
            1. Europäisches Kartellrecht 1856
            2. Deutsches Kartellrecht 1859
        II. Der Tatbestand des Zusammenschlusses 1859
            1. Europäische Fusionskontrolle 1859
            2. Deutsche Fusionskontrolle 1862
            3. Verhältnis zu anderen Rechtsbegriffen 1867
        III. Die einzelnen Formen der Umwandlung als Zusammenschlüsse 1869
            1. Verschmelzung 1869
            2. Spaltung: Aufspaltung 1870
            3. Spaltung: Abspaltung 1871
            4. Spaltung: Ausgliederung 1871
            5. Formwechsel 1871
            6. Vermögensübertragung 1872
            7. Grenzüberschreitende Umwandlung 1872
        IV. Die fusionskontrollrechtlichen Schwellenwerte 1872
            1. Europäische Fusionskontrolle 1872
            2. Deutsche Fusionskontrolle 1875
    C. Der materiell-rechtliche Prüfungsmaßstab 1878
        I. Europäische Fusionskontrolle 1879
        II. Deutsche Fusionskontrolle 1879
    D. Überblick über das Fusionskontrollverfahren 1880
        I. Europäische Fusionskontrolle 1880
        II. Deutsche Fusionskontrolle 1881
    E. Das Vollzugsverbot 1882
    F. Anmelde- und Genehmigungspflichten außerhalb der Fusionskontrolle 1883
        I. Schutz der öffentlichen Sicherheit und Ordnung nach der
           Außenwirtschaftsverordnung 1883
        II. Erwerb von Beteiligungen an Finanzdienstleistungsunternehmen 1885
        III. Erwerb von Beteiligungen an Veranstaltern von Fernsehprogrammen 1887
    G. Internationale Aspekte 1887
        I. Umwandlungen außerhalb des Geltungsbereichs des UmwG 1887

Inhaltsverzeichnis

II. Fusionskontrolle nach ausländischen Rechtsordnungen	1888
1. Auswirkungsprinzip	1888
2. Zusammenschlusstatbestand und Schwellenwerte	1889
3. Der materielle Prüfungsmaßstab	1891
4. Anmelde- und Genehmigungspflichten außerhalb der Fusionskontrolle	1891
§ 63 Kartellrechtliche Auswirkungen einer Umwandlungsmaßnahme	1891
A. Auswirkungen auf die Fusionskontrolle	1893
B. Auswirkungen auf das Kartell- und Missbrauchsverbot	1893
I. Verbot wettbewerbsbeschränkender Vereinbarungen	1894
II. Das Verbot des Missbrauchs einer marktbeherrschenden Stellung	1895
C. Auswirkungen auf die Haftung für Verstöße gegen das Kartellrecht	1896
I. Haftung für Bußgelder für Verstöße vor der Umwandlungsmaßnahme	1896
1. Anwendbares Recht	1896
2. Haftung nach europäischem Kartellrecht	1896
3. Haftung nach deutschem Kartellrecht	1897
II. Haftung für Bußgelder nach der Umwandlungsmaßnahme (und fortdauernde Verstöße)	1898
1. Haftung des Rechtsnachfolgers nach europäischem Kartellrecht	1898
2. Haftung des Rechtsnachfolgers nach deutschem Kartellrecht	1901
III. Zivilrechtliche Haftung	1903
1. Unterlassungs- und Beseitigungsanspruch	1903
2. Schadenersatzanspruch	1903

6. Kapitel. Weitere Besonderheiten

§ 64 Bankaufsichtsrecht	1906
A. Einführung	1907
I. Beaufsichtigte Unternehmen	1908
II. Funktionen und Instrumente der Aufsicht	1908
III. Aufsicht in der Bankenunion	1909
1. Das Single Rulebook	1909
2. SSM, SRM und DGS	1910
IV. Aufsichtsrechtliche Anforderungen an Umwandlungen	1911
B. Anzeige- und Erlaubniserfordernisse	1912
I. Zuständiger Anzeigeadressat und zuständige Erlaubnisbehörde im SSM	1912
1. Anzeigeadressaten	1912
2. Zuständigkeit im SSM-Erlaubnisverfahren	1913
II. Anwendbares Verfahrensrecht für Anzeige- und Erlaubniserfordernisse	1913
III. Verschmelzung	1914
1. Verschmelzung durch Aufnahme	1914
2. Verschmelzung durch Neugründung	1921
IV. Spaltung	1922
1. Aufspaltung	1922
2. Abspaltung	1923
3. Ausgliederung	1926
V. Formwechsel	1926
1. Formwechsel von Personengesellschaften (§§ 214 ff. UmwG)	1926
2. Formwechsel von Kapitalgesellschaften (§§ 226 ff. UmwG)	1927
3. Formwechsel eingetragener Genossenschaften (§§ 258 ff. UmwG)	1927
4. Formwechsel von Anstalten des öffentlichen Rechts (§§ 301 ff. UmwG)	1928
VI. Vermögensübertragung	1928
VII. Grenzüberschreitende Umwandlungen	1929
1. Aufsichtszuständigkeiten der EZB	1929
2. Umwandlungen unter Beteiligung von Instituten aus EWR-Staaten	1929
3. Umwandlungen unter Beteiligung von Instituten aus Drittstaaten	1930
4. Exkurs: Auswirkungen des Brexit	1930
C. Umwandlungen in der Krise	1930
I. Besondere aufsichtsrechtliche Anforderungen und Befugnisse	1931
1. Befugnisse nach KWG	1931

Inhaltsverzeichnis

2. Anforderungen und Befugnisse nach SAG	1933
3. Befugnisse nach Art. 16 SSM-VO	1934
II. Umwandlungsähnliche Abwicklungsmaßnahmen	1934

§ 65 Versicherungsaufsichtsrecht 1935
    I. Allgemeines 1935
    II. Genehmigungsvorbehalt 1936
        1. Zuständige Behörde 1937
        2. Prüfungsumfang 1937
        3. Rechtsmittel und Rechtsfolgen 1939

§ 66 Kapitalmarktrecht 1940
    A. Kapitalmarktrechtliche Aspekte der Umwandlung 1941
        I. Allgemeines 1941
        II. Börsenzulassung der ausgegebenen Anteile 1942
            1. Formwechsel 1942
            2. Verschmelzung 1943
            3. Spaltung 1943
        III. Prospektpflicht und -haftung 1944
            1. Prospektpflicht und Ausnahmen 1944
            2. Anforderungen an einen Prospekt 1945
            3. Prospekthaftung 1948
        IV. Pflichtangebot nach WpÜG 1949
            1. Anwendbarkeit des WpÜG auf umwandlungsrechtliche Vorgänge 1949
            2. Verschmelzung und Spaltung 1950
            3. Nichtberücksichtigung von Stimmrechten und Befreiung von einem Pflichtangebot 1952
            4. Gegenleistung 1953
        V. Kapitalmarktrechtliche Meldepflichten 1954
            1. Veröffentlichungspflicht von Insiderinformationen 1954
            2. Stimmrechtsmitteilungspflichten 1956
            3. Pflicht zur Veröffentlichung der Gesamtzahl der Stimmrechte 1958
    B. Übernahmerechtlicher Squeeze-out 1958
        I. Überblick 1958
        II. Beteiligte 1960
        III. Verfahren 1960
            1. Tatbestandsvoraussetzungen 1960
            2. Verfahrensmodalitäten 1962
        IV. Abfindung 1966
            1. Überblick 1966
            2. Angemessenheitsvermutung 1966
            3. Unwiderlegbarkeit der Angemessenheitsvermutung 1968
            4. Nichteingreifen der Angemessenheitsvermutung 1969
        V. Rechtsschutz 1969
        VI. Andienungsrecht 1970

§ 67 Immobilienrecht bei Umwandlungen 1972
    I. Übergang von Grundstücken und Grundstücksrechten 1973
        1. Rechtsübergang außerhalb des Grundbuchs 1973
        2. Grundbuchberichtigung 1975
    II. Mietverträge 1976
        1. Umwandlung des Vermieters 1977
        2. Umwandlung des Mieters 1979

§ 68 Umweltrecht 1981
    A. Einführung 1985
    B. Übergang der umweltrechtlichen Genehmigungen und der Haftung im Falle einer Umwandlung 1985
        I. Grundlagen der Nachfolge in öffentlich-rechtliche Rechte und Pflichten 1986

Inhaltsverzeichnis

  II. Die umwandlungsbedingte vollständige Gesamtrechtsnachfolge in öffentlich-rechtliche Rechte und Pflichten (Verschmelzung) 1987
    1. Nachfolge in Pflichten 1987
    2. Nachfolge in Rechte, namentlich Genehmigungen 1995
    3. Nachfolge in Rechte und Pflichten aus öffentlich-rechtlichen Verträgen ... 1997
  III. Besonderheiten einzelner Umwandlungsvorgänge 1998
    1. Spaltung 1998
    2. Vermögensübertragung 2002
    3. Formwechsel 2002
  IV. Verfahrensrechtliche Stellung des Gesamtrechtsnachfolgers 2003
    1. Umwandlung vor Einlegung eines Rechtsbehelfs 2003
    2. Umwandlung nach Einlegung eines Rechtsbehelfs 2003
    3. Umwandlung nach rechtskräftigem Urteil 2005
 C. Die Anwendung umwandlungsrechtlicher Gläubigerschutzvorschriften auf öffentlich-rechtliche Pflichten 2005
  I. Anspruch auf Sicherheitsleistung nach § 22 Abs. 1 UmwG 2005
  II. Weitere Gläubigerschutzvorschriften 2006
    1. Gläubigerschutz nach § 133 UmwG 2006
    2. „Vergessene" Verbindlichkeiten 2008
    3. Gläubigerschutz nach § 45 UmwG 2008
 D. Umwandlungsthemen in einzelnen Teilgebieten des Umweltrechts 2009
  I. Bodenschutz- und Altlastenrecht 2009
    1. Die Haftung des Gesamtrechtsnachfolgers nach § 4 Abs. 3 S. 1 BBodSchG 2009
    2. Die Durchgriffshaftung nach § 4 Abs. 3 S. 4 Alt. 1 BBodSchG 2014
    3. Die Haftung des früheren Eigentümers nach § 4 Abs. 6 BBodSchG 2016
  II. Immissionsschutzrecht 2017
    1. Übergang der Genehmigung nach § 4 BImSchG 2017
    2. Folgen der umwandlungsbedingten Teilung einer Anlage 2019
    3. Folgen der umwandlungsbedingten Zusammenführung mehrerer Anlagen . 2021
    4. Übergang von Betreiberpflichten 2023
    5. Übergang der Nachsorgepflichten aus § 5 Abs. 3 BImSchG 2023
  III. Atom- und Strahlenschutzrecht 2024
    1. Übertragung von Genehmigungen 2024
    2. Übergang von strahlenschutzrechtlichen Pflichten 2026
    3. Nachhaftung für Stilllegung, Rückbau und Entsorgung 2026
  IV. Gewässerschutzrecht 2027
    1. Erlaubnis und Bewilligung nach § 8 WHG 2027
    2. Indirekteinleitergenehmigung nach § 58 WHG 2030
    3. Haftung und Sanierungspflicht nach §§ 89, 90 WHG 2031
  V. Kreislaufwirtschaftsrecht 2031
    1. Zulassung von Abfallentsorgungsanlagen und Abfalldeponien nach § 35 KrWG 2031
    2. Anzeige- und Genehmigungspflichten nach §§ 53, 54 KrWG 2033
    3. Stilllegung einer Deponie nach § 40 KrWG 2034
    4. Abstrakte Pflichten nach dem KrWG 2035
  VI. Naturschutzrecht 2035
    1. Abstrakte Pflichten 2035
    2. Naturschutzrechtliche Genehmigung nach § 17 BNatSchG 2036
  VII. Emissionshandelsrecht 2037
    1. Emissionsgenehmigung nach § 4 Abs. 1 TEHG 2037
    2. Berechtigungen 2038
  VIII. Energierecht 2039
    1. Genehmigung des Netzbetriebs nach § 4 EnWG 2039
    2. Befreiung von der EEG-Umlage nach § 67 EEG 2039
  IX. Bergrecht 2040
    1. Bergbauberechtigungen 2040
    2. Bergrechtliche Pflichten 2043

Inhaltsverzeichnis

§ 69 Firmenrecht bei Umwandlungen	2043
I. Recht zur Firmenfortführung	2044
1. Überblick	2044
2. Voraussetzungen der Firmenfortführung	2044
3. Verhältnis zur Firmenfortführung nach § 22 HGB	2048
4. Besonderheiten bei der Partnerschaftsgesellschaft	2049
II. Haftung bei Firmenfortführung	2050
1. Haftung des Firmenfortführers nach § 25 HGB	2050
2. Haftung nach dem UmwG	2050
§ 70 Notar- und Kostenrecht	2050
I. Notarrecht	2051
1. Stellung des Notars	2051
2. Beurkundungserfordernis	2052
3. Beurkundungsverfahren	2056
4. Elektronischer Rechtsverkehr	2064
5. Anzeige- und Mitteilungspflichten	2065
6. Notarbescheinigungen	2067
7. Berichtigungen in öffentlichen Registern und Titeln	2068
II. Notarkosten	2069
1. Allgemeines	2069
2. Einzelne Umwandlungsmaßnahmen	2074
3. Nebentätigkeiten	2077
4. Verpflichtungen zu Umwandlungsmaßnahmen	2079
5. Rechtsmittel	2079
III. Gerichtskosten	2080
1. Registergebühren	2080
2. Grundbuchgebühren	2080
IV. Sonstige Kosten	2081
§ 71 Straf- und Ordnungswidrigkeitenrecht	2081
I. Delinquenz im Unternehmen und deren Sanktionierung	2082
II. Falschangaben bei der Umwandlung, §§ 313 bis 314a UmwG	2084
1. Einleitung	2084
2. Umwandlungsschwindel, § 313 UmwG	2085
3. Verletzung der Berichtspflicht, § 314 UmwG	2093
4. Abgabe einer falschen Versicherung, § 314a UmwG	2094
III. Verletzung der Geheimhaltungspflicht, § 315 UmwG	2095
IV. Verbandsgeldbußen	2098
1. Verbandsgeldbuße nach § 30 OWiG	2099
2. Geldbußen nach deutschem und europäischem Kartellrecht	2107

7. Kapitel. Investmentrechtliches Umwandlungsrecht

§ 72 Aufsichtsrecht	2113
A. Einführung	2113
I. Begriff und Arten von Investmentvermögen	2113
II. Umwandlungen von Investmentvermögen	2115
B. Umwandlungen von offenen Investmentvermögen	2115
I. Überblick	2115
II. Umwandlungen von offenen Publikumsinvestmentvermögen	2116
1. Umwandlungen von offenen Publikumssondervermögen	2116
2. Besonderheiten bei Umwandlungen unter Beteiligung von offenen Investmentaktiengesellschaften mit veränderlichem Kapital	2132
III. Umwandlungen von offenen Spezialinvestmentvermögen	2133
1. Umwandlungen von offenen Spezialsondervermögen	2133
2. Umwandlungen von offenen Spezialinvestmentaktiengesellschaften mit veränderlichem Kapital und offenen Investmentkommanditgesellschaften	2136
C. Umwandlungen von geschlossenen Investmentvermögen	2137

Inhaltsverzeichnis

§ 73 Steuerrecht 2137
    A. Einführung 2138
        I. Überblick über das Besteuerungsregime des InvStG 2138
        II. Steuerliche Regelungen zur Verschmelzung von Investmentvermögen 2139
    B. Verschmelzung von Investmentfonds 2140
        I. Verschmelzung von inländischen Investmentfonds (§ 14 InvStG) 2140
            1. Voraussetzungen einer steuerneutralen Verschmelzung 2140
            2. Auswirkungen auf den übertragenden Investmentfonds 2142
            3. Auswirkungen auf den übernehmenden Investmentfonds 2143
            4. Auswirkungen auf die Anleger 2144
        II. Verschmelzung von ausländischen Investmentfonds (§ 17a InvStG) 2146
            1. Anwendungsbereich des § 17a InvStG 2146
            2. Voraussetzungen einer steuerneutralen Verschmelzung 2147
            3. Rechtsfolgen der Verschmelzung 2148
    C. Verschmelzung von Investitionsgesellschaften 2148
    D. Ausblick auf die Auswirkungen der Neuregelung des InvStG 2018 2149

8. Kapitel. Öffentlich-rechtliches Umwandlungsrecht

§ 74 Rechtsquellen und generelle Leitlinien für Umwandlungen unter Beteiligung der öffentlichen Hand 2151
    A. Ausgangspunkt: Gesetzgeberische Gestaltungsfreiheit 2153
        I. Bedeutung des § 1 Abs. 2 UmwG 2153
        II. Rechtstechnische Gestaltungsoptionen 2154
            1. Umwandlung durch Gesetz? 2155
            2. Umwandlung aufgrund Gesetzes 2155
    B. Grenzen der Gestaltungsfreiheit 2156
        I. Verfassungsrecht 2157
            1. Vorbehalt des Gesetzes: Anforderungen an die gesetzliche Grundlage 2157
            2. Gesetzgebungskompetenz 2159
            3. Verbot der Mischverwaltung 2162
            4. Demokratische Legitimation 2163
            5. Gemeinwohlbindung / öffentlicher Auftrag 2165
            6. Rechtssicherheit 2167
            7. Eigentumsgarantie und Gläubigerschutz 2167
        II. Europarecht 2171
            1. Eigentumsordnung der Mitgliedstaaten 2171
            2. Wettbewerbsregeln und Diskriminierungsverbot 2172
            3. Spezielles Sekundärrecht für einzelne Umwandlungsvorgänge 2174
        III. Einfachgesetzliches (Bundes-)Recht 2175
    C. Überblick: Typologie öffentlich-rechtlicher Organisationsformen 2176
        I. Körperschaft des öffentlichen Rechts 2176
        II. Anstalt des öffentlichen Rechts 2177
        III. Stiftung des öffentlichen Rechts 2178
        IV. Regie- und Eigenbetrieb 2178

§ 75 Umwandlungsvorgänge durch oder zwischen öffentlich-rechtlichen Rechtsträgern ... 2179
    A. Grundlegende Motive für Umwandlungsvorgänge innerhalb der öffentlichen Hand 2180
    B. Rechtlicher Rahmen für Umwandlungen innerhalb der öffentlichen Hand 2181
        I. Ausgangspunkt: Gestaltungsfreiheit des Organisationsrechtssetzers 2181
        II. Schranken der gesetzlichen Ausgestaltung öffentlich-rechtlicher Umwandlungsvorgänge 2181
    C. Ausgewählte Umwandlungsvorgänge 2181
        I. Umwandlung von Regie- und Eigenbetrieben in Kommunalunternehmen .. 2182
            1. Ziele 2182
            2. Umwandlungsvorgang 2183
        II. Verschmelzung von juristischen Personen des öffentlichen Rechts 2184
            1. Überblick 2184
            2. Zusammenlegung von Sparkassen 2184

Inhaltsverzeichnis

   3. Verschmelzung von juristischen Personen verschiedener Länder 2186
   4. Verschmelzung einer juristischen Person des Bundesrechts auf eine solche des Landesrechts oder umgekehrt 2187
  III. Umwandlungen mit (partieller) Gesamtrechtsnachfolge zwischen juristischen Personen des öffentlichen Rechts 2188
   1. Ziele 2189
   2. Umwandlungsvorgang 2191
   3. Öffentlich-rechtliche Holdingmodelle 2192
   4. „Trägerwechsel" 2192
 D. Folgen für Beschäftigte 2193
  I. Übergang der Arbeitsverhältnisse 2193
   1. Keine Überleitung nach § 324 UmwG i. V. m. § 613a BGB 2193
   2. Erforderlichkeit gesetzlicher Regelungen 2194
  II. Weiterbeschäftigung von Beamten 2194

§ 76 Umwandlungsvorgänge von öffentlich-rechtlicher in privatrechtliche Rechtsform ... 2196
 A. Motive für Privatisierungsvorhaben der öffentlichen Hand 2197
 B. Privatisierungsformen 2198
  I. Organisationsprivatisierung 2198
  II. Aufgabenprivatisierung 2198
  III. Funktionale Privatisierung 2199
 C. Rechtliche Vorgaben des UmwG für Privatisierungen 2199
  I. Ausgliederung, §§ 168–173 UmwG 2199
  II. Formwechsel, §§ 301–304 UmwG 2200
  III. Vermögensübertragung, §§ 174–189 UmwG 2201
 D. Rechtliche Vorgaben für privatisierende Umwandlungen außerhalb des UmwG .. 2201
  I. Verfassungsrecht 2202
   1. Vorbehalt des Gesetzes 2202
   2. Demokratische Legitimation 2203
   3. Obligatorische Staatsaufgaben 2203
   4. Beamtenrechtlicher Funktionsvorbehalt: Art. 33 Abs. 4 GG 2204
  II. Europarecht 2205
 E. Folgen von Privatisierungen für Beschäftigte 2205
  I. Übergang der Arbeitsverhältnisse 2205
   1. Überleitung nach § 324 UmwG i. V. m. § 613a BGB 2205
   2. Übertragung kraft gesetzlicher Regelung 2207
  II. Weiterbeschäftigung von Beamten 2208
   1. Entlassung 2208
   2. Sonderurlaub 2208
   3. Dienstüberlassung 2209
   4. Zuweisung 2209
 F. Gestaltungsmöglichkeiten für privatisierende Umwandlungsvorgänge außerhalb des UmwG 2210
  I. Formwechsel zu privatrechtlichen Rechtsformen 2211
  II. Verschmelzung auf privatrechtliche Rechtsträger 2211
  III. Spaltung auf privatrechtliche Zielrechtsträger 2212

§ 77 Umwandlungsvorgänge von privatrechtlicher in öffentlich-rechtliche Rechtsform ... 2212
 A. Motive für Rekommunalisierung 2214
 B. Rekommunalisierungsformen 2215
  I. Organisationsformbezogene Rekommunalisierung 2215
  II. Aufgabenbezogene Rekommunalisierung 2216
  III. Institutionalisierte Public Private Partnership (PPP) 2216
 C. Rechtlicher Rahmen für Rekommunalisierungen nach dem UmwG 2217
  I. Vermögensübertragung, §§ 174–189 UmwG 2217
   1. Beteiligungsfähige Rechtsträger 2217
   2. Übertragungsgegenstand 2218
   3. Gegenleistung 2218
  II. Hintereinandergeschaltete Umwandlungsvorgänge 2219

Inhaltsverzeichnis

 D. Rechtliche Vorgaben außerhalb des UmwG 2219
  I. Verfassungsrecht 2220
   1. Selbstverwaltungsgarantie, Art. 28 Abs. 2 GG 2220
   2. Demokratische Legitimation 2221
   3. Haushaltsrechtliche Grundsätze der Wirtschaftlichkeit und Sparsamkeit ... 2221
   4. Grundrechte 2221
  II. Beihilferecht 2223
  III. Kartellrecht 2224
   1. Grundsatz: Keine Missbrauchskontrolle öffentlich-rechtlicher Gebühren und Beiträge 2224
   2. Durchbrechungen dieses Grundsatzes 2225
  IV. Kommunalwirtschaftsrecht 2226
 E. Folgen von Rekommunalisierungen für Beschäftigte 2227
  I. Übergang der Arbeitsverhältnisse 2227
   1. Überleitung nach § 324 UmwG i. V. m. § 613a BGB 2227
   2. Übertragung kraft gesetzlicher Regelung 2228
  II. Weiterbeschäftigung von Beamten 2228
 F. Wege zur Rekommunalisierung außerhalb des UmwG 2228
  I. Gestaltungsmöglichkeiten für Umwandlungsvorgänge außerhalb des UmwG . 2229
   1. Formwechsel aufgrund allgemeiner landesrechtlicher Vorschriften 2229
   2. Umwandlungen aufgrund spezieller landesrechtlicher Vorschriften 2230
  II. Gestaltungsmöglichkeiten ohne Notwendigkeit einer Umwandlung 2231

Sachverzeichnis 2233

Abkürzungsverzeichnis

einschließlich abgekürzt zitierter Literatur

aA	anderer Ansicht
aaO	am angegebenen Ort
Abg.	Abgeordneter
Abh.	Abhandlung(en)
abl.	ablehnend
ABl.	Amtsblatt
ABl. EG	Amtsblatt der Europäischen Gemeinschaften
Abs.	Absatz
Abschn.	Abschnitt
Abt.	Abteilung
abw.	abweichend
A. C.	Law Reports, Appeal Cases
AcP	Archiv für die civilistische Praxis (Zeitschrift; zitiert nach Band u. Seite)
ADHGB	Allgemeines Deutsches Handelsgesetzbuch von 1861
aE	am Ende
aF	alte Fassung
AfA	Absetzung für Abnutzung
AfaA	Absetzung für außergewöhnliche Abnutzung
AG	Die Aktiengesellschaft (Zeitschrift); Aktiengesellschaft; Amtsgericht
AGB	Allgemeine Geschäftsbedingungen
AGBGB	Ausführungsgesetz zum BGB
AHK	Alliierte Hohe Kommission
ähnl.	ähnlich
AkDR	Akademie für Deutsches Recht
AktG	Aktiengesetz v. 6.9.1965 (BGBl. I S. 1089)
allg.	allgemein
allgM	allgemeine Meinung
ALR	Allgemeines Landesrecht für die Preußischen Staaten von 1794 (zitiert nach §, Teil und Titel)
Alt.	Alternative
aM	andere Meinung
Am. Econ. Rev.	The American Economic Review
Amtl. Begr.	Amtliche Begründung
ÄndG	Änderungsgesetz; s. auch GmbHÄndG
AnfG	Gesetz über die Anfechtung von Rechtshandlungen eines Schuldners außerhalb des Insolvenzverfahrens idF v. 5.10.1998 (BGBl. I S. 2911)
Anh.	Anhang
Anm.	Anmerkung
AnwBl	Anwaltsblatt (Zeitschrift)
AO	Abgabenordnung (AO 1977) idF v. 1.10.2002 (BGBl. I S. 3866)
AöR	Archiv des öffentlichen Rechts (Zeitschrift; Band u. Seite)
AP	Arbeitsrechtliche Praxis (Nachschlagewerk des Bundesarbeitsgerichts)
ApothG	Gesetz über das Apothekenwesen idF v. 15.10.1980 (BGBl. I S. 1993)
ArbG	Arbeitsgericht (mit Ortsnamen)
ArbGeb.	Der Arbeitgeber (Zeitschrift)
ArbGG	Arbeitsgerichtsgesetz idF v. 2.7.1979 (BGBl. I S. 853)
AR-Blattei	Arbeitsrecht-Blattei, Handbuch für die Praxis, begr. v. Sitzler, hrsg. v. Oehmann u. Dietrich
ArbMin.	Arbeitsministerium
ArbnErfG	Gesetz über Arbeitnehmererfindungen v. 25.7.1957 (BGBl. I S. 756)
ArbPlSchG	Arbeitsplatzschutzgesetz idF v. 14.4.1980 (BGBl. I S. 425)

Abkürzungsverzeichnis

ArbRspr.	Die Rechtsprechung in Arbeitssachen
ArbVG	(österreichisches) Arbeitsverfassungsgesetz 1974 v. 14.12.1973 (öBGBl. 1974/22)
ArbZG	Arbeitszeitgesetz v. 6.6.1994 (BGBl. I S. 1170)
ArbZRG	Gesetz zur Vereinheitlichung und Flexibilisierung des Arbeitszeitrechts (Arbeitszeitrechtsgesetz) v. 6.6.1994 (BGBl. I S. 1170), dessen Art. 1 das ArbZG bildet
Arch.	Archiv
ArchBürgR	Archiv für Bürgerliches Recht (Zeitschrift)
ArchG	(Landes-)Architektengesetz
ArchRWPhil.	Archiv für Rechts- und Wirtschaftsphilosophie (Zeitschrift)
ArchSozG	Archiv für soziale Gesetzgebung und Statistik (Zeitschrift)
ArchSozWiss.	Archiv für Sozialwissenschaft und Sozialpolitik (Zeitschrift)
AVR	Archiv für Völkerrecht (Zeitschrift)
arg.	argumentum
ARS	Arbeitsrechts-Sammlung. Entscheidungen des Reichsarbeitsgerichts und der Landesarbeitsgerichte (1928–1944)
ARSP	Archiv für Rechts- und Sozialphilosophie (Zeitschrift; zitiert nach Band und Seite)
ARSt.	Arbeitsrecht in Stichworten (Entscheidungssammlung)
Art.	Artikel
ASp.	Arbeit und Sozialpolitik (Zeitschrift)
AT	Allgemeiner Teil
AtG	Atomgesetz idF v. 15.7.1985 (BGBl. I S. 1565)
AUB	Allgemeine Unfallversicherungs-Bedingungen
Aufl.	Auflage
AÜG	Arbeitnehmerüberlassungsgesetz idF d. Bek. v. 3.2.1995 (BGBl. I S. 158)
AuR	Arbeit und Recht, Zeitschrift für die Arbeitsrechtspraxis
AusfG	Ausführungsgesetz
AuslG	Ausländergesetz v. 9.7.1990 (BGBl. I S. 1354)
AuslInvestmG	Gesetz über den Vertrieb ausländischer Investmentanteile und über die Besteuerung der Erträge aus ausländischen Investmentanteilen v. 28.7.1969 (BGBl. I S. 986)
AVB	Allgemeine Versicherungsbedingungen; Allgemeine Vertragsbestimmungen
AVG	Angestelltenversicherungsgesetz idF v. 18.12.1989 (RGBl. S. 2261), ersetzt durch SGB VI
AVO	Ausführungsverordnung
AVV	Allgemeine Verwaltungsvorschrift
AWD	Außenwirtschaftsdienst des Betriebsberaters (Zeitschrift) – seit 1975 RIW –
AWG	Außenwirtschaftsgesetz v. 28.4.1961 (BGBl. I S. 481)
AWV	Außenwirtschaftsverordnung idF v. 22.11.1993 (BGBl. I S. 1937)
AZO	Arbeitszeitordnung idF v. 30.4.1938 (RGBl. S. 447) aufgehoben durch ArbZRG zum 30.6.1994
B	Bundes-
BABl.	Bundesarbeitsblatt (Zeitschrift)
BadNotZ	Badische Notar-Zeitschrift
BadRpr.	Badische Rechtspraxis
Bad.-Württ., bad.-württ.	Baden-Württemberg, baden-württembergisch
BAG	Bundesarbeitsgericht
BAGE	Entscheidungen des Bundesarbeitsgerichts
BAnz.	Bundesanzeiger
BauR	Baurecht
Bay., bay.	Bayern, bayerisch
BayJMBl.	Bayerisches Justizministerialblatt
BayNotZ	Bayerische Notariats-Zeitung und Zeitschrift für die freiwillige Rechtspflege der Gerichte in Bayern
BayObLG	Bayerisches Oberstes Landesgericht

Abkürzungsverzeichnis

BayObLGSt.	Amtliche Sammlung von Entscheidungen des Bayerischen Obersten Landesgerichts in Strafsachen
BayObLGZ	Amtliche Sammlung von Entscheidungen des Bayerischen Obersten Landesgerichts in Zivilsachen
BayVBl.	Bayerische Verwaltungsblätter (Zeitschrift)
BayVerfG	Bayerischer Verfassungsgerichtshof
BayVerfGE	Sammlung von Entscheidungen des Bayerischen Verfassungsgerichtshofes
BB	Betriebs-Berater (Zeitschrift)
BBankG	Gesetz über die Deutsche Bundesbank idF v. 22.10.1992 (BGBl. I S. 1782)
BBergG	Bundesberggesetz v. 13.8.1980 (BGBl. I S. 1310)
BBG	Bundesbeamtengesetz idF v. 5.2.2009 (BGBl. I S. 160)
Bbg	Brandenburg
Bd. (Bde.)	Band (Bände)
BDA	Bundesvereinigung der Deutschen Arbeitgeberverbände
BDSG	Bundesdatenschutzgesetz v. 20.12.1990 (BGBl. I S. 2954)
Bearb., bearb.	Bearbeitung/Bearbeiter, bearbeitet
BeckBilKo	Handels- und Steuerbilanz, 10. Aufl. 2016, Hrsg. Grottel/Schmidt/Schubert/Winkeljohann
BEG	Bundesentschädigungsgesetz idF v. 29.6.1956 (BGBl. I S. 559, 562)
Begr.	Begründung
Begr. RegE	Begründung zum Regierungsentwurf
Beih.	Beiheft
Beil.	Beilage
Bek.	Bekanntmachung
Bem.	Bemerkung
ber.	berichtigt
BerDGesVölkR	Berichte der Deutschen Gesellschaft für Völkerrecht
bes.	besonders
Beschl.	Beschluss
bestr.	bestritten
betr.	betrifft, betreffend
BetrAV	Betriebliche Altersversorgung, Mitteilungsblatt der Arbeitsgemeinschaft für betriebliche Altersversorgung
BetrAVG	Gesetz zur Verbesserung der betrieblichen Altersversorgung v. 19.12.1974 – Betriebsrentengesetz – (BGBl. I S. 3610)
BetrR	Der Betriebsrat (Zeitschrift)
BetrVerf-RefG	Gesetz zur Reform des Betriebsverfassungsgesetzes v. 23.7.2001 (BGBl. I S. 1852)
BetrVG	Betriebsverfassungsgesetz idF v. 25.9.2001 (BGBl. I S. 2518)
BeurkG	Beurkundungsgesetz v. 28.8.1969 (BGBl. I S. 1513)
BewG	Bewertungsgesetz idF v. 1.2.1991 (BGBl. I S. 230)
BfA	Bundesversicherungsanstalt für Angestellte
BFH	Bundesfinanzhof
BFHE	Sammlung der Entscheidungen und Gutachten des Bundesfinanzhofs
BFuP	Betriebswirtschaftliche Forschung und Praxis (Zeitschrift)
BGB	Bürgerliches Gesetzbuch idF v. 2.1.2002 (BGBl. I S. 42)
BGBl.	Bundesgesetzblatt (Teil I u. II)
BGE	Entscheidungen des Schweizerischen Bundesgerichts
BGH	Bundesgerichtshof
BGHR	BGH-Rechtsprechung (in Zivilsachen und in Strafsachen)
BGHSt.	Entscheidungen des Bundesgerichtshofs in Strafsachen
BGHWarn.	Rechtsprechung des Bundesgerichtshofs in Zivilsachen – in der Amtlichen Sammlung nicht enthaltene Entscheidungen (als Fortsetzung von WarnR)
BGHZ	Entscheidungen des Bundesgerichtshofs in Zivilsachen
BImSchG	Bundesimmissionsschutzgesetz idF v. 26.9.2002 (BGBl. I S. 3830)
BiRiLiG	Bilanzrichtlinien-Gesetz v. 19.12.1985 (BGBl. I S. 2355)
BJagdG	Bundesjagdgesetz idF v. 29.9.1976 (BGBl. I S. 2849)
BKartA	Bundeskartellamt

Abkürzungsverzeichnis

BKGG	Bundeskindergeldgesetz idF v. 28.1.2009 (BGBl. I S. 142, 3177)
BlfG	Blätter für Genossenschaftswesen (Zeitschrift)
BlStSozArbR	Blätter für Steuerrecht, Sozialversicherung und Arbeitsrecht (Zeitschrift)
Bln.	Berlin
BMF	Bundesminister(ium) der Finanzen
BMI	Bundesminister(ium) des Innern
BMJ	Bundesminister(ium) der Justiz
BNotO	Bundesnotarordnung idF v. 24.2.1961 (BGBl. I S. 98)
BörsG	Börsengesetz idF v. 27.5.1908 (RGBl. S. 215)
Bonner Handbuch	Bonner Handbuch GmbH siehe Brandmüller/Küffner
BORA	Berufsordnung für Rechtsanwälte
BOStB	Berufsordnung für Steuerberater
BPatA	Bundespatentamt
BPatG	Bundespatentgericht
BPersVG	Bundespersonalvertretungsgesetz v. 15.3.1974 (BGBl. I S. 693)
BRAGO	Bundesrechtsanwaltsgebührenordnung v. 26.7.1957 (BGBl. I S. 861, 907)
BRAK-Mitt.	Mitteilungen der Bundesrechtsanwaltskammer (Zeitschrift)
BRAO	Bundesrechtsanwaltsordnung v. 1.8.1959 (BGBl. I S. 565)
BR	Bundesrat
BR-Drs.	Bundesrats-Drucksache
BReg.	Bundesregierung
Brem., brem.	Bremen, bremisch
BR-Prot.	Bundesrats-Protokoll
BRRG	Beamtenrechtsrahmengesetz idF v. 27.2.1985 (BGBl. I S. 462)
BrZ	Britische Zone
BSG	Bundessozialgericht
BSGE	Entscheidungen des Bundessozialgerichts
BSHG	Bundessozialhilfegesetz idF v. 23.3.1994 (BGBl. I S. 646)
BStBl.	Bundessteuerblatt
BT	Besonderer Teil; Bundestag
BT-Drs.	Bundestags-Drucksache
BT-Prot.	Bundestags-Protokoll
BtG	Betreuungsgesetz v. 12.9.1990 (BGBl. I S. 2002)
Buchst.	Buchstabe
BürgA	Archiv für Bürgerliches Recht (Zeitschrift)
BUrlG	Mindesturlaubsgesetz für Arbeitnehmer (Bundesurlaubsgesetz) v. 8.1.1963 (BGBl. I S. 2)
Büro	Das Büro (Zeitschrift)
BUV	Betriebs- und Unternehmensverfassung (Zeitschrift)
BuW	Betrieb und Wirtschaft (Zeitschrift)
BVerfG	Bundesverfassungsgericht
BVerfGE	Entscheidungen des Bundesverfassungsgerichts
BVerfGG	Gesetz über das Bundesverfassungsgericht idF v. 11.8.1993 (BGBl. I S. 1473)
BVerwG	Bundesverwaltungsgericht
BVerwGE	Entscheidungen des Bundesverwaltungsgerichts
BVFG	Gesetz über die Angelegenheiten der Vertriebenen und Flüchtlinge (Bundesvertriebenengesetz) idF v. 10.8.2007 (BGBl. I S. 1902)
BVG	Gesetz über die Versorgung der Opfer des Krieges (Bundesversorgungsgesetz) idF v. 22.1.1982 (BGBl. I S. 21)
BWNotZ	Mitteilungen aus der Praxis, Zeitschrift für das Notariat in Baden- Württemberg (früher WürttNotV)
BZRG	Gesetz über das Zentralregister und das Erziehungsregister (Bundeszentralregistergesetz) idF v. 21.9.1984 (BGBl. I S. 1229, ber. 1985 I S. 195)
bzgl.	bezüglich
bzw.	beziehungsweise
c. c.	Code civil
cic	culpa in contrahendo

Abkürzungsverzeichnis

Cod.	Codex
CR	Computer und Recht (Zeitschrift)
DAngVers.	Die Angestelltenversicherung (Zeitschrift)
DAnwV	Deutscher Anwaltverein
das.	daselbst
DB	Der Betrieb (Zeitschrift)
DBW	Die Betriebswirtschaft (Zeitschrift)
DDR	Deutsche Demokratische Republik
DepotG	Gesetz über die Verwahrung und Anschaffung von Wertpapieren idF v. 11.1.1995 (BGBl. I S. 34)
ders.	derselbe
DGB	Deutscher Gewerkschaftsbund
dgl.	desgleichen, dergleichen
DGVZ	Deutsche Gerichtsvollzieher-Zeitung
dh	das heißt
dies.	dieselbe/n
Dig.	Digesten
DIHT	Deutscher Industrie- und Handelstag
DiskE	Diskussionsentwurf
Diss.	Dissertation
DJ	Deutsche Justiz (Zeitschrift)
DJT	Deutscher Juristentag
DJZ	Deutsche Juristenzeitung (Zeitschrift)
DMBilG	Gesetz über die Eröffnungsbilanz in Deutscher Mark und die Kapitalneufestsetzung (D-Markbilanzgesetz) idF v. 28.7.1994 (BGBl. I S. 1842)
DNotV	Zeitschrift des Deutschen Notarvereins
DNotZ	Deutsche Notar-Zeitschrift
DÖD	Der öffentliche Dienst (Zeitschrift)
DONot.	Dienstordnung für Notare – Bundeseinheitliche Verwaltungsvorschrift der Landesjustizverwaltungen
DÖV	Die öffentliche Verwaltung (Zeitschrift)
DR	Deutsches Recht (Zeitschrift)
DRdA	Das Recht der Arbeit (österreichische Zeitschrift)
DRiG	Deutsches Richtergesetz idF v. 19.4.1972 (BGBl. I S. 713)
DrittelbG	Gesetz über die Drittelbeteiligung der Arbeitnehmer im Aufsichtsrat (Drittelbeteiligungsgesetz – DrittelbG)
DRiZ	Deutsche Richterzeitung (Zeitschrift)
DRspr.	Deutsche Rechtsprechung, Entscheidungssammlung und Aufsatzhinweise
DRV	Deutsche Rentenversicherung (Zeitschrift)
DRZ	Deutsche Rechts-Zeitschrift (1. 1946-5.1950)
DStJG	Veröffentlichung der Deutschen Steuerjuristischen Gesellschaft e. V.
DStR	Deutsches Steuerrecht (Zeitschrift)
DStRE	Deutsches Steuerrecht (Zeitschrift) – Entscheidungsdienst
DStZ/A	Deutsche Steuerzeitung Ausgabe A (Zeitschrift)
dt.	deutsch
DtZ	Deutsch-Deutsche Rechts-Zeitschrift
DuR	Demokratie und Recht (Zeitschrift)
DurchfG	Durchführungsgesetz
DVBl	Deutsches Verwaltungsblatt
DVO	Durchführungsverordnung
DZWir; DZWiR	Deutsche Zeitschrift für Wirtschaftsrecht; ab 1999: Deutsche Zeitschrift für Wirtschafts- und Insolvenzrecht
E	Entwurf, Entscheidung (in der amtlichen Sammlung)
EBE	Eildienst: Bundesgerichtliche Entscheidungen (Zeitschrift)
EBAO	Bundeseinheitliche Einforderungs- und Beitreibungsordnung (bay. Justizministerialblatt 1974, S. 396)

Abkürzungsverzeichnis

ebd.	ebenda
EFG	Entscheidungen der Finanzgerichte
EG	Einführungsgesetz; Europäische Gemeinschaft
EGAktG	Einführungsgesetz zum Aktiengesetz v. 6.9.1965 (BGBl. I S. 1185)
EGBGB	Einführungsgesetz zum Bürgerlichen Gesetzbuch v. 18.8.1896 (RGBl. S. 604) idF der Bek. v. 21.9.1994 (BGBl. I S. 2494)
EGGmbHG	Einführungsgesetz zum Gesetz betreffend die Gesellschaften mit beschränkter Haftung (GmbHG-Einführungsgesetz – EGGmbHG)
EGHGB	Einführungsgesetz zum Handelsgesetzbuch v. 10.5.1897 (RGBl. S. 437)
EGInsO	Einführungsgesetz zur Insolvenzordnung v. 5.10.1994 (BGBl. I S. 2911)
EGInsOÄndG	Gesetz zur Änderung des Einführungsgesetzes zur Insolvenzordnung und anderer Gesetze v. 19.12.1998 (BGBl. I S. 3836)
EGKS	Europäische Gemeinschaft für Kohle und Stahl
EGKSV	Vertrag über die Gründung der Europäischen Gemeinschaft für Kohle und Stahl v. 15.4.1951
Egrde	Erwägungsgründe
EGV	Vertrag zur Gründung der Europäischen Gemeinschaft v. 7.2.1992
Einf.	Einführung
eingetr.	eingetragen(e)
EinigungsV	Vertrag über die Herstellung der Einheit Deutschlands v. 31.8.1990 (BGBl. II S. 889 = GBl. DDR I S. 1629)
Einl.	Einleitung
einschl.	einschließlich
EK (56-04)	Eigenkapital mit jeweiliger Körperschaftsteuerbelastung
EKV	Europäische Kooperationsvereinigung
entspr.	entspricht, entsprechend
Entw.	Entwurf
EntwLStG	Gesetz über steuerliche Maßnahmen zur Förderung von privaten Kapitalanlagen in Entwicklungsländern idF v. 21.5.1979 (BGBl. I S. 564)
EO	Executionsordnung (Österreich) v. 27.5.1896 (RGBl. Nr. 79)
ErbStG	Erbschaftsteuer- und Schenkungsteuergesetz idF v. 27.2.1997 (BGBl. I S. 378)
ErbStR	Erbschaftsteuer-Richtlinie vom 21.12.1998 (BStBl. I Sondernummer 2 S. 2)
Erg.	Ergänzung, Ergebnis
erhebl.	erheblich
Erl.	Erlass, Erläuterung
ESt	Einkommensteuer
EStDV 1990	Einkommensteuer-Durchführungsverordnung 1990 idF v. 28.7.1992 (BGBl. I S. 1418)
EStG 1990	Einkommensteuergesetz 1990 idF v. 7.9.1990 (BGBl. I S. 1898, ber. 1991 I S. 808)
EStG 1997	Einkommensteuergesetz 1997 idF v. 16.4.1997 (BGBl. I S. 821)
EStR 1993	Einkommensteuerrichtlinien 1993 v. 18.5.1994 (BStBl. I Sondernummer 1)
EStR 1996	Einkommensteuerrichtlinien 1996 v. 27.2.1997 (BStBl. I Sondernummer 1)
EStR 1998	Einkommensteuerrichtlinien 1998 v. 15.12.1998 (BStBl. I S. 1518, 1528)
EuGH	Europäischer Gerichtshof
EuGHE	Entscheidungen des Gerichtshofes der Europäischen Gemeinschaften
EuGRZ	Europäische Grundrechte-Zeitschrift
EuGVVO	Verordnung (EU) Nr. 1215/2012 des Rates vom 12. Dezember 2012 über die gerichtliche Zuständigkeit und die Anerkennung und Vollstreckung von Entscheidungen in Zivil- und Handelssachen
EuR	Europarecht (Zeitschrift)
EuroBilG	Gesetz zur Anpassung bilanzrechtlicher Bestimmungen an die Einführung des Euro, zur Erleichterung der Publizität für Zweigniederlassungen ausländischer Unternehmen sowie zur Einführung einer Qualitätskontrolle für genossenschaftliche Prüfungsverbände – Euro-Bilanzgesetz v. 11.10.2001 (BGBl. I S. 3414)
EuroEG	Euro-Einführungsgesetz v. 9.6.1998 (BGBl. I S. 1242)

Abkürzungsverzeichnis

12. EuroEG	Gesetz zur Änderung von Verbrauchssteuergesetzen und des Finanzverwaltungsgesetzes sowie zur Umrechnung zoll- und verbrauchssteuerrechtlicher Euro-Beträge (Zwölftes Euro-Einführungsgesetz – 12. Euro-EG), v. 16.8.2001 (BGBl. I S. 2081)
1. Euro-JuBeG	1. Euro-Justiz-Begleitgesetz (Österreich) vom 14.8.1998 (ÖBGBl. 1998 I Nr. 125/1998)
EuZW	Europäische Zeitschrift für Wirtschaftsrecht
eV	eingetragener Verein
EvBl.	Evidenzblatt der Rechtsmittelentscheidungen (Beilage zur ÖJZ)
evtl.	eventuell
EWG	Europäische Wirtschaftsgemeinschaft (jetzt EG)
EWGV	Vertrag zur Gründung der Europäischen Wirtschaftsgemeinschaft v. 25.3.1957
EWiR	Entscheidungen zum Wirtschaftsrecht (Zeitschrift)
EWS	Europäisches Wirtschafts- und Steuerrecht (Zeitschrift)
EZ	Erhebungszeitraum
f., ff.	folgend(e)
FamRZ	Ehe und Familie im privaten und öffentlichen Recht (Zeitschrift)
FBG	(Österreichisches) Firmenbuchgesetz 1991 (idF ÖBGBl. 1993, 458 u. 694)
FG	Finanzgericht; Festgabe
FGB	Familiengesetzbuch v. 20.12.1965 (DDR) (GBl. 1966 I S. 1)
FGG	Gesetz über die Angelegenheiten der freiwilligen Gerichtsbarkeit v. 17.5.1898 (RGBl. S. 189) idF v. 20.5.1898 (RGBl. S. 771)
FGO	Finanzgerichtsordnung v. 6.10.1965 (BGBl. I S. 1477)
FGPrax	Praxis der Freiwilligen Gerichtsbarkeit (Zeitschrift)
FidKomAuflG	Gesetz zur Vereinheitlichung der Fideikommissauflösung v. 26.6.1935 (RGBl. I S. 785)
FinMin.	Finanzministerium
Fn.	Fußnote
FR	Finanz-Rundschau (Zeitschrift)
FrankfRdsch.	Rundschau, Sammlung von Entscheidungen in Rechts- und Verwaltungssachen aus dem Bezirke des OLG Frankfurt a. M. (ab 1914: Frankfurter Rundschau)
FrzZ	Französische Besatzungszone
FS	Festschrift
FuE	Forschung und Entwicklung
G	Gesetz
GA	Goltdammer's Archiv für Strafrecht (Zeitschrift)
Ganske	Ganske, RegE des Gesetzes zur Bereinigung des Umwandlungsrechts und des Gesetzes zur Änderung des Umwandlungssteuerrechts, Texte mit amtlichen Begründungen, 2. Aufl. 1995
GaststättenG	Gaststättengesetz v. 5.5.1970 (BGBl. I S. 465, ber. S. 1298)
GBl.	Gesetzblatt
GBl. DDR	Gesetzblatt Deutsche Demokratische Republik
GBO	Grundbuchordnung idF v. 26.5.1994 (BGBl. I S. 1114)
GbR	Gesellschaft bürgerlichen Rechts
GebrMG	Gebrauchsmustergesetz idF v. 2.1.1968 (BGBl. I S. 24)
GBV	Verordnung zur Durchführung d. Grundordnung (Grundbuchverfügung), Neufassung (der GBVfg) v. 24.1.1995 (BGBl. I S. 114)
GBVfg.	Allgemeine Verfügung über die Einrichtung und Führung des Grundbuchs (Grundbuchverfügung) v. 8.8.1935 (RMBl. S. 637)
gem.	gemäß
gen PuV	genossenschaftlicher Prüfungsverband
GenG	Gesetz betreffend die Erwerbs- und Wirtschaftsgenossenschaften idF v. 16.10.2006 (BGBl. I S. 2230)
GeschäftsO	Geschäftsordnung
GeschmMG	Gesetz über das Urheberrecht an Mustern und Modellen (Geschmacksmustergesetz), v. 11.1.1876 (RGBl. S. 11)

LIX

Abkürzungsverzeichnis

GesR	Gesellschaftsrecht
GesRZ	Der Gesellschafter (österreichische Zeitschrift)
ges.	gesetzlich
GewArch	Gewerbe-Archiv (Zeitschrift)
GewO	Gewerbeordnung idF v. 22.2.1999 (BGBl. I S. 202)
GewStG	Gewerbesteuergesetz idF v. 15.10.2002 (BGBl. I S. 4167)
GewStG 1999	Gewerbesteuergesetz idF v. 19.5.1999 (BGBl. I S. 1010), ber. (BGBl. I 1491)
GewStR	Gewerbesteuerrichtlinien idF v. 21.8.1990 (BStBl. I Sondernr. 2)
GewStR 1998	Gewerbesteuerrichtlinien idF v. 21.12.1998 (BStBl. I Sondernummer 2 S. 91)
GG	Grundgesetz für die Bundesrepublik Deutschland v. 23.5.1949 (BGBl. I S. 1)
ggf.	gegebenenfalls
GI	Gerling Informationen für wirtschaftsprüfende, rechts- und steuerberatende Berufe
GK	Gemeinschaftskommentar
GKG	Gerichtskostengesetz idF v. 5.5.2004 (BGBl. I S. 718)
GKV	Gesamtkostenverfahren; auch: Gesetzliche Krankenversicherung
glA	gleiche Ansicht
GleichberG	Gleichberechtigungsgesetz v. 18.6.1957 (BGBl. I S. 609)
GmbH	Gesellschaft mit beschränkter Haftung
GmbHÄndG (auch ÄndG)	Gesetz zur Änderung des Gesetzes betreffend die Gesellschaften mit beschränkter Haftung und anderer handelsrechtlicher Vorschriften v. 4.7.1980 (BGBl. I S. 836)
GmbHG	Gesetz betreffend die Gesellschaften mit beschränkter Haftung idF v. 20.5.1898 (RGBl. S. 846)
GmbHG-E	Entwurf zum GmbHG für GmbH-Reform (BT-Drucksache 6/3088; 7/253)
GmbH-Novelle	Gesetz zur Änderung des Gesetzes betreffend die Gesellschaften mit beschränkter Haftung und anderer handelsrechtlicher Vorschriften v. 4.7.1980
GmbHR	GmbH-Rundschau (Zeitschrift)
GmbH-StB	GmbH-Steuerberater (Zeitschrift)
GmS-OGB	Gemeinsamer Senat der obersten Gerichte des Bundes
GoA	Geschäftsführung ohne Auftrag
GoB	Grundsätze ordnungsmäßiger Buchführung
GoI	Grundsätze ordnungsgemäßer Inventur
GoS	Grundsätze ordnungsgemäßer Speicherführung
grds.	grundsätzlich
GrdstVG	Gesetz über Maßnahmen zur Verbesserung der Agrarstruktur und zur Sicherung land- und forstwirtschaftlicher Betriebe (Grundstücksverkehrsgesetz) v. 28.7.1961 (BGBl. I S. 1091, ber. S. 1652 u. 2000)
GrEStG	Grunderwerbsteuergesetz v. 17.12.1982 (BGBl. I S. 1777) idF 26.2.1997 (BGBl. I S. 418), ber. (BGBl. I S. 1804)
Grundeigentum	Das Grundeigentum (Zeitschrift)
GrünhutsZ	Zeitschrift für das Privat- und öffentliche Recht der Gegenwart, begr. v. Grünhut
GRUR	Gewerblicher Rechtsschutz und Urheberrecht (Zeitschrift)
GRUR-Int	Gewerblicher Rechtsschutz und Urheberrecht, internationaler Teil (Zeitschrift)
GS	Großer Senat; Gedenkschrift, Gedächtnisschrift; Der Gerichtssaal (Zeitschrift)
GüKG	Güterkraftverkehrsgesetz idF v. 3.11.1993 (BGBl. I S. 1839, ber. 1992)
GuV	Gewinn- und Verlustrechnung
GVBl.	Gesetz- und Verordnungsblatt
GVG	Gerichtsverfassungsgesetz idF v. 9.5.1975 (BGBl. I S. 1077)
GvKostG	Gesetz über Kosten der Gerichtsvollzieher v. 26.7.1957 (BGBl. I S. 887, ber. BGBl. I 1959, S. 155)
GWB	Gesetz gegen Wettbewerbsbeschränkungen idF v. 15.7.2005 (BGBl. I S. 2114)
GWG	Geringwertige Wirtschaftsgüter
HaagAbk.	Haager Abkommen
HAG	Heimarbeitsgesetz v. 14.3.1951 (BGBl. I S. 191)

Abkürzungsverzeichnis

Halbbd.	Halbband
Halbs.	Halbsatz
Hamb., hamb.	Hamburg, hamburgisch
HansGZ	Hanseatische Gerichtszeitung
HansOLG	Hanseatisches Oberlandesgericht
HansRGZ	Hanseatische Rechts- und Gerichtszeitschrift
HansRZ	Hanseatische Rechtszeitschrift für Handel, Schifffahrt und Versicherung, Kolonial- und Auslandsbeziehungen
HAuslG	Gesetz über die Rechtsstellung heimatloser Ausländer im Bundesgebiet v. 25.4.1951 (BGBl. I S. 269)
HausratsVO	Verordnung über die Behandlung der Ehewohnung und des Hausrats nach der Scheidung v. 21.10.1944 (RGBl. S. 256)
Hdb	Handbuch
Heim	Heim, Handbuch des Aktienrechts, 1978
HessFG	Hessisches Finanzgericht
HessRspr.	Hessische Rechtsprechung
HEZ	Höchstrichterliche Entscheidungen (Entscheidungssammlung)
HFA IDW	Hauptfachausschuss des IDW
HFR	Höchstrichterliche Finanzrechtsprechung
HGB	Handelsgesetzbuch v. 10.5.1897 (RGBl. S. 219)
hins.	hinsichtlich
HintO	Hinterlegungsordnung v. 10.3.1937 (RGBl. S. 285)
HKaG	(Landes-)Heilberufekammergesetz
hL	herrschende Lehre
hM	herrschende Meinung
HOAI	Verordnung ü. d. Honorare f. Leistungen d. Architekten u. d. Ingenieure (Honorarordnung für Architekten und Ingenieure) idF v. 4.3.1991 (BGBl. I S. 533)
HPflG	Haftpflichtgesetz idF v. 4.1.1978 (BGBl. I S. 145)
HRefG	Handelsrechtsreformgesetz v. 22.6.1998 (BGBl. I S. 1474)
HReg	Handelsregister
HRegV	s. HRV
HRegVfg.	Handelsregisterverfügung
HRG	Hochschulrahmengesetz v. 9.4.1987 (BGBl. I S. 1170)
HRR	Höchstrichterliche Rechtsprechung (Zeitschrift)
Hrsg., hrsg.	Herausgeber, herausgegeben
HRV	Ausführungsverordnung über die Errichtung und Führung des Handelsregisters (Handelsregisterverfügung) v. 12.8.1937 (RMBl. S. 515)
HS	Handelsrechtliche Entscheidungen, begr. v. Stanzl, hrsg. v. Steiner (Österreich)
Hs.	Halbsatz
HWBRWiss.	Handwörterbuch der Rechtswissenschaft, hrsg. v. Stier-Somlo und Elster (Band u. Seite), 1926–1937
HwO	Handwerksordnung idF v. 24.9.1998 (BGBl. I. S. 3074)
HypBG	Hypothekenbankgesetz idF v. 19.10.1990 (BGBl. I S. 2898)
iA	im Allgemeinen
IAS	International Accounting Standards
idF (v.)	in der Fassung (vom)
idR	in der Regel
idS	in diesem Sinne
IDW	Institut der Wirtschaftsprüfer in Deutschland e. V.
iE	im Einzelnen
IECL	International Encyclopedia of Comparative Law, hrsg. v. David u. a., ab 1974
iErg	im Ergebnis
ieS	im engeren Sinne
IFRS	International Financial Reporting Standards
iG	in Gründung
iGz	im Gegensatz zu
Ihde	Ihde, Der faktische GmbH-Konzern, 1974

Abkürzungsverzeichnis

IHK	Industrie- und Handelskammer
IKS	Internes Kontrollsystem
ILO	International Labour Organization
INF	Die Information über Steuer und Wirtschaft (Zeitschrift)
insbes.	insbesondere
InsO	Insolvenzordnung v. 5.10.1994 (BGBl. I S. 2866)
InVO	Insolvenz und Vollstreckung (Zeitschrift)
IPG	Gutachten zum internationalen und ausländischen Privatrecht
IPR	Internationales Privatrecht
IPRax	Praxis des Internationalen Privat- und Verfahrensrechts (Zeitschrift)
IPRG	(österreichisches) Bundesgesetz v. 15.6.1978 über das internationale Privatrecht (IPR-Gesetz) (ÖBGBl. Nr. 304)
iS	im Sinne
iSd.	im Sinne des/der
iSv	im Sinne von
iÜ	im Übrigen
iVm	in Verbindung mit
iwS	im weiteren Sinne
iZw	im Zweifel
JA	Juristische Arbeitsblätter (Zeitschrift)
Jb.	Jahrbuch
JBeitrO	Justizbeitreibungsordnung v. 11.3.1937 (RGBl. I S. 298)
JbFfSt.	Jahrbuch der Fachanwälte für Steuerrecht (1967 ff.)
JbIntR	Jahrbuch für internationales Recht
JBl	Juristische Blätter (österreichische Zeitschrift)
J. B. L.	Journal of Business Law (Zeitschrift)
JBlSaar	Justizblatt des Saarlandes
Jg.	Jahrgang
Jh.	Jahrhundert
JherJb.	Jherings Jahrbuch für die Dogmatik des bürgerlichen Rechts (Zeitschrift, Band u. Seite)
JM	Justizministerium
JMBl.	Justizministerialblatt
JöR	Jahrbuch des öffentlichen Rechts der Gegenwart
jP	juristische Person
JR	Juristische Rundschau (Zeitschrift)
JRfPrV	Juristische Rundschau für die Privatversicherung (Zeitschrift)
JStErgG 1996	Gesetz zur Ergänzung des Jahressteuergesetzes 1996 und zur Änderung anderer Gesetze v. 18.12.1995 BGBl. I S. 1959
JStG 1996	Jahressteuergesetz 1996 v. 11.10.1995 (BGBl. I S. 1250)
JurA	Juristische Analysen (Zeitschrift)
JURA	Juristische Ausbildung (Zeitschrift)
JurBüro	Das juristische Büro (Zeitschrift)
JurJb.	Juristen-Jahrbuch
JuS	Juristische Schulung (Zeitschrift)
Justiz	Die Justiz (Zeitschrift)
JVBl.	Justizverwaltungsblatt (Zeitschrift)
JW	Juristische Wochenschrift (Zeitschrift)
JZ	Juristenzeitung (Zeitschrift)
KAGG	Gesetz über Kapitalanlagegesellschaften idF v. 9.9.1998 (BGBl. I S. 2726)
Kap.	Kapital
KapAEG	Kapitalaufnahmeerleichterungsgesetz v. 2.4.1998 (BGBl. I S. 707)
KapCoRiLiG	Kapitalgesellschaften- und Co-Richtlinie-Gesetz v. 24.2.2000 (BGBl. I S. 154)
KapErhG	Gesetz über die Kapitalerhöhung aus Gesellschaftsmitteln und über die Verschmelzung von Gesellschaften mit beschränkter Haftung v. 23.12.1959 (BGBl. I. S. 789), aufgehoben mit Wirkung v. 1.1.1995 durch UmwBerG v. 28.10.1994 (BGBl. I S. 3210, 3268)

Abkürzungsverzeichnis

KapErhStG	Gesetz über steuerrechtliche Maßnahmen bei Erhöhung des Nennkapitals aus Gesellschaftsmitteln idF v. 10.10.1967 (BGBl. I S. 977)
KapESt	Kapitalertragsteuer
KapG(es.)	Kapitalgesellschaft
KapGesR	Kapitalgesellschaftsrecht
KartG	Kartellgericht
KartG	Sammlung v. Entscheidungen des KartG (11. 924-14. 1938)
KartRdsch.	Kartell-Rundschau (Schriftenreihe)
Kfz	Kraftfahrzeug
KG	Kammergericht (Berlin); Kommanditgesellschaft
KGaA	Kommanditgesellschaft auf Aktien
KGBl.	Blätter für Rechtspflege im Bereich des Kammergerichts in Sachen der freiwilligen Gerichtsbarkeit in Kosten-, Stempel- und Strafsachen (Zeitschrift)
KGJ	Jahrbuch für Entscheidungen des Kammergerichts in Sachen der freiwilligen Gerichtsbarkeit, in Kosten-, Stempel- und Strafsachen (bis 19. 1899: in Sachen der nichtstreitigen Gerichtsbarkeit), 11. 881-53. 1922
KiStG	Kirchensteuergesetz (Landesrecht)
KO	Konkursordnung idF v. 20.5.1898 (RGBl. S. 612); aufgehoben mit Wirkung vom 1.1.1999
Kölner Kommentar-UmwG	Kölner Kommentar zum Umwandlungsgesetz, hrsg. Dauner-Lieb/Simon
Komm.	Kommentar
KonsG	Konsulargesetz v. 11.9.1974 (BGBl. I S. 2317)
KonTraG	Gesetz zur Kontrolle und Transparenz im Unternehmensbereich v. 27.4.1998 (BGBl. I S. 786)
Konv.	Konvention
KoordG	Gesetz zur Durchführung der Ersten Richtlinie des Rates der Europäischen Gemeinschaften zur Koordinierung des Gesellschaftsrechts v. 15.8.1969 (BGBl. I 1146)
KÖSDI	Kölner Steuerdialog
KR	Kontrollrat
KRG	Kontrollratsgesetz
KrG	Kreisgericht (DDR)
krit.	kritisch
KJ	Kritische Justiz (Zeitschrift)
KrW-/AbfG	Gesetz zur Förderung der Kreislaufwirtschaft und Sicherung der umweltverträglichen Beseitigung von Abfällen (Kreislaufwirtschaft- und Abfallgesetz) v. 27.9.1994 (BGBl. I S. 2705)
KSchG	Kündigungsschutzgesetz idF v. 25.8.1969 (BGBl. I S. 1317)
KSt	Körperschaftsteuer
KStDV	Körperschaftsteuer-Durchführungsverordnung
KStG 1991	Körperschaftsteuergesetz 1991 idF v. 11.3.1991 (BGBl. I S. 638)
KStG 1999	Körperschaftsteuergesetz 1999 idF v. 22.4.1999 (BGBl. I S. 817)
KStR 1995	Körperschaftsteuer-Richtlinien 1995 idF v. 15.12.1995 (BStBl. 1996 I Sondernummer 1)
KTS	Zeitschrift für Konkurs-, Treuhand- und Schiedsgerichtswesen; ab 1989 Zeitschrift für Insolvenzrecht – Konkurs, Treuhand, Sanierung
KuT	Konkurs- und Treuhandwesen (Zeitschrift) ab 1989 ersetzt durch: KTS
KVStDV	Kapitalverkehrsteuer-Durchführungsverordnung idF v. 20.4.1960 (BGBl. I S. 243) aufgehoben durch FinanzmarktförderungsG v. 22.2.1990 (BGBl. I S. 266, 282)
KVStG	Kapitalverkehrsteuergesetz idF v. 17.11.1972 (BGBl. I S. 2129), aufgehoben durch FinanzmarktförderungsG v. 22.2.1990 (BGBl. I S. 266, 281 f.)
KWG	Gesetz über das Kreditwesen idF v. 9.5.1998 (BGBl. I S. 2776)
L	Landes-; Leitsatz
LAG	Landesarbeitsgericht (mit Ortsnamen); Lastenausgleichsgesetz idF v. 2.6.1993 (BGBl. I S. 845)

Abkürzungsverzeichnis

LBG	Landesbeamtengesetz
LeistungsVO	Verordnung über die Leistungssätze des Unterhaltsgeldes, des Arbeitslosengeldes, des Altersübergangsgeldes, der Arbeitslosenhilfe, des Kurzarbeitergeldes und des Winterausfallgeldes für das Jahr... (zuletzt 1997 – AFG-LeistungsVO 1996 –) v. 20.12.1996 (BGBl. I 2161)
LG	Landgericht
Lit.	Literatur
L + L	Lieferungen und Leistungen
LM	Lindenmaier/Möhring, Nachschlagewerk des Bundesgerichtshofs
LöschG	Gesetz über die Auflösung und Löschung von Gesellschaften und Genossenschaften v. 9.10.1934 (RGBl. I S. 914), aufgehoben mit Wirkung vom 1.1.1999
Losebl.	Loseblatt(ausgabe)
Ls.	Leitsatz
LSA	Land Sachsen-Anhalt
LSG	Landessozialgericht
LStDV	Lohnsteuerdurchführungsverordnung idF v. 10.10.1989 (BGBl. I S. 1848)
LStR 1999	Lohnsteuerrichtlinien 1999 idF v. 1.10.1999 (BStBl. I Sondernummer 1/1998)
LStR 2000	Lohnsteuerrichtlinien 2000 idF v. 29.10.1999 (BAnz. Nr. 211a; BStBl. I Sondernummer 1)
LVA	Landesversicherungsanstalt
LZ	Leipziger Zeitschrift für Deutsches Recht
m. abl. Anm.	mit ablehnender Anmerkung
mÄnd	mit Änderung(en)
MarkenG	Markengesetz v. 25.10.1994 (BGBl. I S. 3082)
max.	maximal
MBl.	Ministerialblatt
MBOÄ	Musterberufsordnung für die deutschen Ärzte
MDR	Monatsschrift für Deutsches Recht (Zeitschrift)
mE	meines Erachtens
MecklZ	Mecklenburgische Zeitschrift für Rechtspflege, Rechtswissenschaft, Verwaltung (Band und Seite)
MedR	Medizinrecht (Zeitschrift)
MgVG	Gesetz über die Mitbestimmung der Arbeitnehmer bei einer grenzüberschreitenden Verschmelzung (MgVG)
Mio.	Million(en)
MitbestG	Gesetz über die Mitbestimmung der Arbeitnehmer v. 4.5.1976 (BGBl. I S. 1153)
MitbestBeiG	Mitbestimmungs-Beibehaltungsgesetz v. 23.8.1994 (BGBl. I 2228)
Mitt.	Mitteilung(en)
MittBayNot	Mitteilungen des Bayerischen Notarvereins (Zeitschrift)
MittRhNotK	Mitteilungen der Rheinischen Notarkammer (Zeitschrift)
m. krit. Anm.	mit kritischer Anmerkung
MoMiG	Gesetz zur Modernisierung des GmbH-Rechts und zur Bekämpfung von Missbräuchen (MoMiG)
m.	monatlich
Montan-Mitbest-ErgG	Gesetz zur Ergänzung des Gesetzes über die Mitbestimmung der Arbeitnehmer in den Aufsichtsräten und Vorständen des Bergbaus und der Eisen und Stahl erzeugenden Industrie vom 7.8.1956 (BGBl. I S. 707)
Montan-MitbestG	Gesetz über die Mitbestimmung der Arbeitnehmer in den Aufsichtsräten und Vorständen der Unternehmen des Bergbaus und der Eisen und Stahl erzeugenden Industrie v. 21.5.1951 (BGBl. I S. 347) idF des Gesetzes v. 7.8.1956 (BGBl. I S. 70) und des Einführungsgesetzes zum Aktiengesetz v. 6.9.1965 (BGBl. I S. 1185)
Mot. I–V	Motive zu dem Entwurf eines Bürgerlichen Gesetzbuches für das Deutsche Reich (Bd. I Allgemeiner Teil; Bd. II Recht der Schuldverhältnisse; Bd. III Sachenrecht; Bd. IV Familienrecht; Bd. V Erbrecht)

Abkürzungsverzeichnis

Mrd.	Milliarde
MRG	Gesetz der Militärregierung Deutschland (1945–1949)
MU	Mutterunternehmen
Mugdan	Die gesamten Materialien zum Bürgerlichen Gesetzbuch für das deutsche Reich, hrsg. v. Mugdan, Band I–V, 1899
mwN	mit weiteren Nachweisen
mWv	mit Wirkung vom
m. zahlr. Nachw.	mit zahlreichen Nachweisen
m. zust. Anm.	mit zustimmender Anmerkung
nachf.	nachfolgend
NachhBG	Nachhaftungsbegrenzungsgesetz v. 18.3.1994 (BGBl. I S. 560)
Nachw.	Nachweis
NaStraG	Gesetz zur Namensaktie und zur Erleichterung der Stimmrechtsausübung v. 18.1.2001 (BGBl. I S. 123)
NB	Neue Betriebswirtschaft (Zeitschrift)
Nds., nds.	Niedersachsen, niedersächsisch
NdsRpfl.	Niedersächsische Rechtspflege (Zeitschrift)
NehelG	Gesetz über die rechtliche Stellung der nichtehelichen Kinder v. 19.8.1969 (BGBl. I S. 1243)
NF	Neue Folge
nF	neue Fassung
NJ	Neue Justiz (DDR-Zeitschrift)
NJW	Neue Juristische Wochenschrift (Zeitschrift)
NJW-RR	Neue Juristische Wochenschrift Rechtsprechungs-Report Zivilrecht (Zeitschrift)
norddt.	norddeutsch
NotBZ	Zeitschrift für notarielle Beratungs- und Beurkundungspraxis
NotVORPräs.	Notverordnung des Reichspräsidenten
Nov.	Novelle
Nr.	Nummer(n)
NRW, nrw.	Nordrhein-Westfalen, nordrhein-westfälisch
NStZ	Neue Zeitschrift für Strafrecht
NvWR	Neues vom Wirtschaftsrecht (Zeitschrift; Rundschreiben des BDI)
NW	Nordrhein-Westfalen
NWB	Neue Wirtschaftsbriefe (Loseblatt-Sammlung)
NZ	Notariatszeitung (Österreich)
NZA	Neue Zeitschrift für Arbeits- und Sozialrecht
NZG	Neue Zeitschrift für Gesellschaftsrecht ab 1998
NZI	Neue Zeitschrift für Insolvenz und Sanierung
o.	oben, oder
oa	oben angegeben(e/es/er)
oÄ	oder Ähnliches
ÖAktG	Österreichisches Aktiengesetz v. 31.5.1965 (ÖBGBl. S. 98)
öBankArch.	Österreichisches Bank-Archiv (Zeitschrift)
ÖBGBl.	Österreichisches Bundesgesetzblatt
ÖBl.	Österreichische Blätter für gewerblichen Rechtsschutz und Urheberrecht (Zeitschrift)
Odersky	Odersky, Nichtehelichengesetz, Handkommentar, 4. Aufl. 1978
OECD	Organization of Economic Cooperation and Development
OFD	Oberfinanzdirektion
öff Hand	öffentliche Hand
öffr VersU	öffentliche-rechtliches Versicherungsunternehmen
OFH	Oberster Finanzgerichtshof
OG	Oberster Gerichtshof (der DDR)
OGH	Oberster Gerichtshof (Österreich)
OGH-BrZ	Oberster Gerichtshof für die Britische Zone

Abkürzungsverzeichnis

OGHSt.	Entscheidungen des Obersten Gerichtshofes für die Britische Zone in Strafsachen (Band u. Seite)
OGHSZ	Entscheidungen des Obersten Gerichtshofes in Zivil- und Justizverwaltungssachen (Österreich)
OGHZ	Entscheidungen des Obersten Gerichtshofes für die Britische Zone in Zivilsachen (Band u. Seite)
ÖGmbHG	Österreichisches Gesetz über Gesellschaften mit beschränkter Haftung v. 6.3.1906 (RGBl. Nr. 58)
OHG	Offene Handelsgesellschaft
ÖHGB	Österreichisches Handelsgesetzbuch v. 10.5.1897 (Deutsches RGBl. S. 219) mit den Ergänzungen der 4. Verordnung zur Einführung handelsrechtlicher Vorschriften im Lande Österreich v. 24.12.1938 (Deutsches RGBl. I S. 1999)
ÖHypBkG	Österreichisches Hypothekenbankgesetz
oJ	ohne Jahrgang
ÖJZ	Österreichische Juristenzeitung (Zeitschrift)
OLG	Oberlandesgericht
	Die Rechtsprechung der Oberlandesgerichte auf dem Gebiete des Zivilrechts, hrsg. v. Mugdan und Falkmann (1. 1900-46. 1928)
OLGE	Die Rechtsprechung der Oberlandesgerichte auf dem Gebiete des Zivilrechts, hrsg. v. Mugdan und Falkmann (1. 1900-46. 1928)
OLGZ	Rechtsprechung der Oberlandesgerichte in Zivilsachen, Amtliche Entscheidungssammlung
OlSchVO	Verordnung über Orderlagerscheine v. 16.12.1931 (RGBl. I S. 763)
OR	Schweizerisches Obligationenrecht v. 30.3.1911/18.12.1936
ORDO	ORDO, Jahrbuch für die Ordnung von Wirtschaft und Gesellschaft
öst.	österreichisch
ÖStZ	Österreichische Steuer-Zeitung
oV	ohne Verfasser
OVG	Oberverwaltungsgericht
OWiG	Gesetz über Ordnungswidrigkeiten idF v. 19.2.1987 (BGBl. I S. 602)
ÖZW	Österreichische Zeitschrift für Wirtschaftsrecht
ÖZöffR	Österreichische Zeitschrift für öffentliches Recht (Band und Seite)
PAO	Patentanwaltsordnung v. 7.9.1966 (BGBl. I S. 557)
ParteiG	Gesetz über die politischen Parteien (Parteiengesetz) idF v. 31.1.1994 (BGBl. I S. 149)
PartG	Partnerschaftsgesellschaft
PartG mbB	Partnerschaftsgesellschaft mit beschränkter Berufshaftung
PartGG	Partnerschaftsgesellschaftsgesetz v. 25.7.1994 (BGBl. I S. 1744)
pass(im)	(lat.:) an verschiedenen Stellen
PatG	Patentgesetz idF v. 16.12.1980 (BGBl. 1981 I S. 1)
PBefG	Personenbeförderungsgesetz v. 8.8.1990 (BGBl. I S. 1690)
PhG	Personenhandelsgesellschaft
PISTB	Praxis Internationale Steuerberatung (Zeitschrift)
Prot.	Protokolle der Kommission für die zweite Lesung des Entwurfs des BGB (Bd. I und IV 1897; Bd. II 1898; Bd. III und V 1899)
ProtRA	Protokolle des Rechtsausschusses
PrOVG	Preußisches Oberverwaltungsgericht
PStG	Personenstandsgesetz idF v. 19.2.2007 (BGBl. I S. 122)
PStV	Verordnung zur Ausführung des Personenstandsgesetzes idF v. 22.11.2008 (BGBl. I S. 2263)
PSV	Pensionssicherungsverein
PSVaG	Pensionssicherungsverein auf Gegenseitigkeit
PublG	Gesetz über die Rechnungslegung von bestimmten Unternehmen und Konzernen v. 15.8.1969 (BGBl. I S. 1189, ber. 1970 I S. 1113)
RA	Rechtsausschuss, Rechtsanwalt
RabelsZ	RabelsZeitschrift für ausländisches und internationales Privatrecht (Band u. Seite)

Abkürzungsverzeichnis

RabG	Rabattgesetz v. 25.11.1933 (RGBl. S. 1011), aufgehoben mit Wirkung v. 1.8.2001
RAG	Reichsarbeitsgericht, zugleich amtliche Sammlung der Entscheidungen (Band u. Seite)
RAGebO	Gebührenordnung für Rechtsanwälte v. 7.7.1879 idF v. 5.7.1927 (RGBl. I S. 162); aufgehoben durch G v. 26.7.1957 (BGBl. I S. 861, 937)
RAnz.	Reichs-Anzeiger
RBerG	Rechtsberatungsgesetz v. 13.12.1935 (RGBl. S. 1478)
rd.	rund
RdA	Recht der Arbeit (Zeitschrift)
RdErl.	Runderlass
RdL	Recht der Landwirtschaft (Zeitschrift)
RdSchr.	Rundschreiben
RdW	Recht der Wirtschaft (österreichische Zeitschrift)
Recht	Das Recht (Zeitschrift)
Rechtstheorie	Rechtstheorie (Zeitschrift)
rechtsw.	rechtswidrig
RefE	Referentenentwurf
Reg.	Regierung
RegBez.	Regierungsbezirk
RegBl.	Regierungsblatt
RegE	Regierungsentwurf
RegG	Registergericht
RegR	Registerrichter
RFH	Reichsfinanzhof, zugleich amtliche Sammlung der Entscheidungen (Band u. Seite)
RG	Reichsgericht
RGBl.	Reichsgesetzblatt
RG-Praxis	Die Reichsgerichtspraxis im deutschen Rechtsleben, Festgabe der jur. Fakultäten zum 50 jährigen Bestehen des Reichsgerichts, 1929
RGSt.	Amtliche Sammlung v. Entscheidungen des Reichsgerichts in Strafsachen
RGZ	Amtliche Sammlung v. Entscheidungen des Reichsgerichts in Zivilsachen
RheinZ	Rheinische Zeitschrift für Zivil- und Prozessrecht
RhPf., rhpf.	Rheinland-Pfalz, rheinland-pfälzisch
RiA	Recht im Amt (Zeitschrift)
RL	Richtlinie
RIW	Recht der internationalen Wirtschaft (Zeitschrift)
RJA	Entscheidungen in Angelegenheiten der freiwilligen Gerichtsbarkeit und des Grundbuchrechts, zusammengestellt im Reichsjustizamt (1. 1900-17. 1922)
RJM	Reichsminister der Justiz
RKG	Reichsknappschaftsgesetz idF v. 1.7.1926 (RGBl. I S. 369)
RKW	Rationalisierungs-Kuratorium der deutschen Wirtschaft
RMBl.	Reichsministerialblatt
Rn.	Randnummer
RNotZ	Rheinische Notar-Zeitschrift
ROHG	Reichsoberhandelsgericht, auch Entscheidungssammlung (Band und Seite)
ROW	Recht in Ost und West (Zeitschrift)
Rpfleger	Der deutsche Rechtspfleger (Zeitschrift)
RPflG	Rechtspflegergesetz v. 5.11.1969 (BGBl. I S. 2065)
Rspr.	Rechtsprechung
RStBl.	Reichssteuerblatt
RT	Reichstag
RuStAG	Reichs- und Staatsangehörigkeitsgesetz v. 22.7.1913 (RGBl. S. 583), wesentlich neu gefasst mit Wirkung v. 1.1.2000
RuW	Recht und Wirtschaft (Zeitschrift)
RV	Reichsverfassung
RvglHWB	Rechtsvergleichendes Handwörterbuch für das Zivil- und Handelsrecht des In- und Auslandes (Band u. Seite), 1929 ff.

Abkürzungsverzeichnis

RVO	Reichsversicherungsordnung idF v. 15.12.1924 (RGBl. I S. 779)
RWiG	Reichswirtschaftsgericht
RWP	Rechts- und Wirtschaftspraxis (Loseblatt-Ausgabe)
RZ	(österreichische) Richterzeitung
RzW	Rechtsprechung zum Wiedergutmachungsrecht (Zeitschrift)
S	Schilling(e)
S.	Seite, Satz
s.	siehe
Saarl., saarl.	Saarland, saarländisch
SaBl.	Sammelblatt für Rechtsvorschriften des Bundes und der Länder
SächsArch.	Sächsisches Archiv für Rechtspflege (Zeitschrift)
SAE	Sammlung arbeitsrechtlicher Entscheidungen (Zeitschrift)
SAG	Die schweizerische Aktiengesellschaft (Zeitschrift)
ScheckG	Scheckgesetz v. 14.8.1933 (RGBl. S. 597)
SchiffsBG	Gesetz über Schiffspfandbriefbanken (Schiffsbankgesetz) idF v. 8.5.1963 (BGBl. I S. 301)
SchlH, Schlh.	Schleswig-Holstein, schleswig-holsteinisch
SchlHA	Schleswig-Holsteinische Anzeigen (NF 1. 1837 ff. Zeitschrift)
SchuldRModG	Gesetz zur Modernisierung des Schuldrechts v. 26.11.2001 (BGBl. I S. 3138)
SchwBG	Schwerbehindertengesetz idF v. 8.10.1979 (BGBl. I S. 1649)
Schw. Jb. Int. R.	Schweizerisches Jahrbuch für Internationales Recht
SchweizJZ	Schweizerische Juristenzeitung
SchwZStrafR	Schweizerische Zeitschrift für Strafrecht
Sect.	Section
Semler/Stengel/ Bearbeiter	Semler/Stengel, Umwandlungsgesetz, 4. Aufl. 2017
SeuffA	Seufferts Archiv für Entscheidungen der obersten Gerichte in den deutschen Staaten (Zeitschrift, zitiert nach Band u. Nr.)
SeuffBl.	Seufferts Blätter für Rechtsanwendung (Zeitschrift, zitiert nach Band u. Seite)
SG	Sozialgericht
SGB	Sozialgesetzbuch – 1. Buch, Allgemeiner Teil v. 11.12.1975 (BGBl. I S. 3015); 3. Buch, Arbeitsförderung v. 18.6.1997 (BGBl. I S. 1430; 4. Buch, Gemeinsame Vorschriften für die Sozialversicherung v. 23.12.1976 (BGBl. I S. 3845); 6. Buch, Gesetzliche Rentenversicherung v. 18.12.1989 (BGBl. I S. 2261, ber. 1990 I S. 1337)
SGb	Die Sozialgerichtsbarkeit (Zeitschrift)
SGG	Sozialgerichtsgesetz idF v. 23.9.1975 (BGBl. I S. 2535)
SGVNW	Sammlung des bereinigten Gesetz- und Verordnungsblattes für das Land Nordrhein-Westfalen, 1962 ff., Loseblatt-Sammlung
SJZ	Süddeutsche Juristenzeitung (Zeitschrift)
s. o.	siehe oben
sog.	sogenannt
SoldG	Soldatengesetz idF v. 19.8.1975 (BGBl. I S. 2273)
SolZ	Solidaritätszuschlag
SolZG	Solidaritätszuschlagsgesetz 1995 v. 23.6.1993 (BGBl. I S. 975) geänd. durch das Missbrauchsbekämpfungs- und Steuerbereinigungsgesetz v. 21.12.1993 (BGBl. I S. 2310, 2314)
SozR	Sozialrecht, Rechtsprechung und Schrifttum, bearb. v. den Richtern des Bundessozialgerichts
SozVers.	Die Sozialversicherung (Zeitschrift)
SozW	Sozialwissenschaft(en)
Sp.	Spalte
SprAuG	Gesetz über Sprecherausschüsse der leitenden Angestellten (Sprecherausschußgesetz) v. 20.12.1988 (BGBl. I S. 2312)
SpuRt	Zeitschrift für Sport und Recht
st.	ständig(e)

Abkürzungsverzeichnis

STAAT	Der Staat. Zeitschrift für Staatslehre, öffentliches Recht und Verfassungsgeschichte (Band u. Seite)
StabG	Gesetz zur Förderung der Stabilität und des Wachstums der Wirtschaft v. 8.6.1967 (BGBl. I S. 582)
StAngRegG	Gesetz zur Regelung von Fragen der Staatsangehörigkeit: 1. v. 22.2.1955 (BGBl. I S. 65); 2. v. 17.5.1956 (BGBl. I S. 431)
StAnpG	Steueranpassungsgesetz v. 16.10.1934 (RGBl. I S. 925), aufgehoben durch EG AO v. 14.12.1976 (BGBl. I S. 3341); vgl. nunmehr § 42 AO
StatJb.	Statistisches Jahrbuch für die Bundesrepublik Deutschland, hrsg. v. Statistischen Bundesamt (Jahr und Seite)
StbJb.	Steuerberater-Jahrbuch
StBereinG 1999	Steuerbereinigungsgesetz 1999 v. 22.12.1999 (BGBl. I S. 2601)
StBerG	Steuerberatungsgesetz idF v. 4.11.1975 (BGBl. I S. 2735)
StBp	Die steuerliche Betriebsprüfung (Zeitschrift)
StÄndG 2001	Steueränderungsgesetz 2001 v. 20.12.2001 (BGBl. I S. 3794)
StÄndG 1998	Steueränderungsgesetz v. 19.12.1998 (BGBl. I S. 3816)
StEK	Steuererlasse in Karteiform, bearbeitet v. Felix, 1962 ff.
Sten. Prot.	Stenographisches Protokoll
StEntlG 1999	Steuerentlastungsgesetz v. 19.12.1998 (BGBl. I S. 3779)
StEntlG 1999/2000/2002	Steuerentlastungsgesetz v. 24.3.1999 (BGBl. I S. 402)
StEuglG	Gesetz zur Umrechnung und Glättung steuerlicher Euro-Beträge (Steuer-Euroglättungsgesetz – StEuglG), v. 19.12.2000 (BGBl. I S. 1790)
StGB	Strafgesetzbuch idF v. 13.11.1998 (BGBl. I S. 3322)
StGH	Staatsgerichtshof
StiftG	Stiftungsgesetz
StPO	Strafprozessordnung idF v. 7.4.1987 (BGBl. I S. 1074, ber. S. 1319)
str.	streitig, strittig
StRK	Steuerrechtsprechung in Karteiform. Höchstgerichtliche Entscheidungen in Steuersachen (Loseblattsammlung; 1922–1944; 1951 ff.)
stRspr.	ständige Rechtsprechung
StSenkG	Gesetz zur Senkung der Steuersätze und zur Reform der Unternehmensbesteuerung v. 23.10.2000 (BGBl. I S. 1433)
StSenkErgG	Gesetz zur Ergänzung des Steuersenkungsgesetzes v. 19.12.2000 (BGBl. I S. 1812)
StückAG	Stückaktiengesetz v. 25.3.1998 (BGBl. I S. 590)
StuB	Steuer- und Bilanzpraxis (Zeitschrift)
StuR	Staat und Recht (Zeitschrift)
StuW	Steuer und Wirtschaft (Zeitschrift)
StV	Strafverteidiger (Zeitschrift)
StVG	Straßenverkehrsgesetz v. 19.12.1952 (BGBl. I S. 837)
s. u.	siehe unten
SWZ	Schweizerische Zeitschrift für Wirtschaftsrecht
SZ	Entscheidungen des OGH in Zivilsachen
teilw.	teilweise
TestG	Testamentsgesetz v. 31.7.1938 (RGBl. I S. 973)
TransPG	Transparenz- und Publizitätsgesetz v. 19.7.2002 (BGBl. I S. 2681)
TreuhG	Gesetz zur Privatisierung und Reorganisation des volkseigenen Vermögens (Treuhandgesetz) v. 17.6.1990 (GBl. DDR I S. 300) geändert durch Gesetz v. 22.3.1991 (BGBl. I S. 766)
TU	Tochterunternehmen
TVG	Tarifvertragsgesetz idF v. 25.8.1969 (BGBl. I S. 1323)
u.	und, unten, unter
ua	unter anderem, und andere
UA	Untersuchungsausschuss
uÄ	und Ähnliche(s)

Abkürzungsverzeichnis

uam	und andere(s) mehr
UBGG	Gesetz über Unternehmensbeteiligungsgesellschaften idF v. 9.7.1998 (BGBl. I S. 2765)
überwM	überwiegende Meinung
uE	unseres Erachtens
UKlaG	Gesetz über Unterlassungsklagen bei Verbraucherrechts- und anderen Verstößen (Unterlassungsklagengesetz), verkündet als Art. 3 des Gesetzes zur Modernisierung des Schuldrechts v. 26.11.2001 (BGBl. I S. 3138)
UKV	Umsatzkostenverfahren
UMAG	Gesetz zur Unternehmensintegrität und Modernisierung des Anfechtungsrechts (UMAG)
UmstG	Drittes Gesetz zur Neuordnung des Geldwesens (Umstellungsgesetz) in Kraft seit 27.6.1948 (WiGBl. Beil. 5 S. 13)
UmwBerG	Gesetz zur Bereinigung des Umwandlungsrechts v. 28.10.1994 (BGBl. I S. 3210)
UmwG	Umwandlungsgesetz idF v. 28.10.1994 (BGBl. I S. 3210)
UmwÄndG	Gesetz zur Änderung des Umwandlungsgesetzes, des Partnerschaftsgesellschaftsgesetzes und anderer Gesetze v. 22.7.1998 (BGBl. I 1878)
UmwR	Umwandlungsrecht
UmwStErl.	Umwandlungssteuererlass 1998 v. 25.3.1998 (BGBl. I S. 268, BMF-Schreiben)
UmwStG 1995	Gesetz zur Änderung des Umwandlungssteuerrechts v. 28.10.1994 (BGBl. I S. 3267, ber. 1995 I S. 428)
UmwVO	Verordnung zur Umwandlung von volkseigenen Kombinaten, Betrieben und Einrichtungen in Kapitalgesellschaften v. 1.3.1990 (GBl. DDR I S. 107)
UNCTAD	United Nations Congress of Trade and Development
UNO	United Nations Organization
unstr.	unstreitig
UntStFG	Unternehmenssteuerfortentwicklungsgesetz v. 20.12.2001 (BGBl. I S. 3858)
UR	Umsatzsteuer-Rundschau (Zeitschrift); auch UStR
UrhG	Gesetz über Urheberrecht und verwandte Schutzrechte (Urheberrechtsgesetz) v. 9.9.1965 (BGBl. I S. 1273)
Urt.	Urteil
UStG 1993	Umsatzsteuergesetz 1993 idF v. 27.4.1993 (BGBl. I S. 565, ber. S. 1160)
USt	Umsatzsteuer
UStR	Umsatzsteuerrichtlinien; Umsatzsteuer-Rundschau (Zeitschrift)
usw	und so weiter
uU	unter Umständen
UVR	Umsatzsteuer- und Verkehrsteuer-Recht (Zeitschrift)
UWG	Gesetz gegen den unlauteren Wettbewerb v. 7.6.1909 (RGBl. S. 499)
v.	vom, von
VA	Vermittlungsausschuss
vAw	von Amts wegen
VAG	Gesetz über die Beaufsichtigung der Versicherungsunternehmen (Versicherungsaufsichtsgesetz) idF v. 17.12.1992 (BGBl. I 1993 S. 2)
VerBAV	Veröffentlichungen des Bundesaufsichtsamtes f. das Versicherungs- und Bausparwesen (Zeitschrift)
VerbrKrG	Verbraucherkreditgesetz v. 17.12.1990 (BGBl. I S. 2840)
VereinfNov.	Gesetz zur Vereinfachung und Beschleunigung gerichtlicher Verfahren (Vereinfachungsnovelle) v. 3.12.1976 (BGBl. I S. 3281)
VereinsG	Vereinsgesetz v. 5.8.1964 (BGBl. I S. 593)
Verf.	Verfassung; Verfasser; Verfahren
VerfGH	Verfassungsgerichtshof (eines Bundeslandes)
VerglO	Vergleichsordnung v. 26.2.1935 (RGBl. S. 321, ber. S. 356)
Verh.	Verhandlung
VerkBl.	Verkehrsblatt, Amtsblatt des Bundesministeriums für Verkehr
VerkMitt	Verkehrsrechtliche Mitteilungen (Zeitschrift)
VerkRdsch.	Verkehrsrechtliche Rundschau (Zeitschrift)
VerlG	Gesetz über das Verlagsrecht v. 19.6.1901 (RGBl. S. 217)

Abkürzungsverzeichnis

Veröff.	Veröffentlichung
VersAG	Versicherungsaktiengesellschaft
VerschG	Verschollenheitsgesetz idF v. 15.1.1951 (BGBl. I S. 63)
VerschmG	Verschmelzungsgesetz
VerschmRiLiG	Gesetz zur Durchführung der Dritten Richtlinie des Rates der Europäischen Gemeinschaft zur Koordinierung des Gesellschaftsrechts v. 25.10.1982 (BGBl. I S. 1425) (Verschmelzungsrichtlinie-Gesetz)
VersR	Versicherungsrecht, Juristische Rundschau für die Individualversicherung (Zeitschrift)
VersRdsch.	Versicherungsrundschau (österreichische Zeitschrift)
VersW	Versicherungswirtschaft (Zeitschrift)
Verw.	Verwaltung
VerwArch	Verwaltungsarchiv (Zeitschrift)
VerwG	Verwaltungsgericht
VerwGH	Verwaltungsgerichtshof
VerwR	Verwaltungsrecht
VerwRspr.	Verwaltungsrechtsprechung in Deutschland (Band u. Seite)
Vfg.	Verfügung
VGA	Verdeckte Gewinnausschüttung
VGH	Verwaltungsgerichtshof (eines Bundeslandes)
vgl.	vergleiche
VGR	Gesellschaftsrechtliche Vereinigung
vH	von Hundert
VO	Verordnung
VOBl.	Verordnungsblatt
Vogel	Vogel, GmbH-Gesetz, Kommentar, 2. Aufl. 1956
Vol.	Volume (Band)
VolljG	Gesetz zur Neuregelung des Volljährigkeitsalters v. 31.7.1974 (BGBl. I S. 1713)
Voraufl.	Vorauflage
Vorb.	Vorbemerkung
VormG	Vormundschaftsgericht
VRS	Verkehrsrechts-Sammlung (Zeitschrift; Band u. Seite)
VStG	Vermögensteuergesetz idF v. 14.11.1990 (BGBl. I S. 2467)
VStR	Vermögensteuer-Richtlinien für die Vermögensteuer-Hauptveranlagung 1995 idF v. 17.1.1995 (BStBl. 1995 II Sondernummer 2)
VuR	Zeitschrift für Wirtschafts- und Verbraucherrecht
VVaG	Versicherungsverein auf Gegenseitigkeit
VVDStRL	Veröffentlichungen der Vereinigung Deutscher Staatsrechtslehrer
VVG	Gesetz über den Versicherungsvertrag v. 30.5.1908 (RGBl. S. 263)
VW	Versicherungswirtschaft (Zeitschrift)
VwGO	Verwaltungsgerichtsordnung idF v. 19.3.1991 (BGBl. I S. 686)
VwKostG	Verwaltungskostengesetz v. 23.6.1970 (BGBl. I S. 821)
VwVfG	Verwaltungsverfahrensgesetz v. 25.5.1976 (BGBl. I S. 1253)
VwZG	Verwaltungszustellungsgesetz v. 3.7.1952 (BGBl. I S. 379)
VZ	Veranlagungszeitraum
VZS	Vereinigte Zivilsenate
WährG	Währungsgesetz v. 20.6.1948 (Gesetz Nr. 61 der amerikanischen und der britischen Militärregierung) (WiGBl. Beil. 5 S. 1)
WarnR	Rechtsprechung des Reichsgerichts, herausgegeben von Warneyer (Band u. Nr.), ab 1961: Rechtsprechung des Bundesgerichtshofs in Zivilsachen
wbl	Wirtschaftsrechtliche Blätter (österreichische Zeitschrift)
WBG	Gesetz zur Bereinigung des Wertpapierwesens (Wertpapierbereinigungsgesetz) v. 19.8.1949 (WiGBl. S. 295)
weit.	weitere(-r, -n)
WG	Wechselgesetz v. 21.6.1933 (RGBl. S. 399)
WGG	Gesetz über die Gemeinnützigkeit im Wohnungswesen v. 29.2.1940 (RGBl. I S. 437)

Abkürzungsverzeichnis

WGGDV	Verordnung zur Durchführung des Wohnungsgemeinnützigkeitsgesetzes v. 24.11.1969 (BGBl. I S. 2141)
WHG	Wasserhaushaltsgesetz idF v. 23.9.1986 (BGBl. I S. 1529, 1654)
WiB	Wirtschaftsrechtliche Beratung (Zeitschrift) bis zum 31.12.1997; ab 1.1.1998 ersetzt durch NZG
WiR	Wirtschaftsrat, Wirtschaftsrecht
WiSta	Wirtschaft und Statistik (herausgegeben vom Statistischen Bundesamt; Zeitschrift)
WiStG	Gesetz zur weiteren Vereinfachung des Wirtschaftsstrafrechts (Wirtschaftsstrafgesetz) idF v. 3.6.1975 (BGBl. I S. 1313)
wistra	Zeitschrift für Wirtschafts- und Steuerstrafrecht
WiuStat.	Wirtschaft und Statistik (1. 1921-24. 1944, N. F. 1. 1949 ff.)
WM	Wertpapiermitteilungen (Zeitschrift)
wN	weitere Nachweise
WuM	Wohnungswirtschaft und Mietrecht (Zeitschrift)
WP	Wahlperiode
WPg	Die Wirtschaftsprüfung (Zeitschrift)
WP-HdB	Wirtschaftsprüfer-Handbuch, hrsg. v. Institut der Wirtschaftsprüfer in Deutschland, Bd. 1 14. Aufl. 2012, Bd. 2 13. Aufl. 2007
WpHG	Gesetz über den Wertpapierhandel (Wertpapierhandelsgesetz) v. 26.7.1994 (BGBl. I S. 1749)
WPO	Wirtschaftsprüferordnung idF v. 5.11.1975 (BGBl. I S. 2803)
WpÜG	Wertpapiererwerbs- und Übernahmegesetz v. 20.12.2001 (BGBl. I S. 3822)
WpÜGAV	WpÜG-Angebotsverordnung v. 27.12.2001 (BGBl. I S. 4263)
WpÜGBV	WpÜG-Beiratsverordnung v. 27.12.2001 (BGBl. I S. 4259)
WpÜGGV	WpÜG-Gebührenverordnung v. 27.12.2001 (BGBl. I S. 4267)
WpÜGWAV	WpÜG-Widerspruchsausschuss-Verordnung v. 27.12.2001 (BGBl. I S. 4261)
WRP	Wettbewerb in Recht und Praxis (Zeitschrift)
WRV	Weimarer Reichsverfassung v. 11.8.1919 (RGBl. S. 1383)
WuB	Entscheidungssammlung zum Wirtschafts- und Bankrecht (Zeitschrift)
WuR	Die Wirtschaft und das Recht (Zeitschrift)
WuW	Wirtschaft und Wettbewerb (Zeitschrift)
WuW/E	WuW, Entscheidungssammlung zum Kartellrecht (Loseblattsammlung 1957 ff.)
WZG	Warenzeichengesetz idF v. 2.1.1968 (BGBl. I S. 29), aufgehoben durch Markenrechtsreformgesetz v. 25.10.1994 (BGBl. I S. 3082, 3124)
z.	zu(m)
ZAkDR	Zeitschrift der Akademie f. Deutsches Recht
ZaöRV	Zeitschrift für ausländisches öffentliches Recht und Völkerrecht (Band u. Seite)
ZAP	Zeitschrift für die Anwaltspraxis
ZAS	Zeitschrift für Arbeits- und Sozialrecht (österreichische Zeitschrift)
zB	zum Beispiel
ZBB	Zeitschrift für Bankrecht und Bankwirtschaft
ZBH	Zentralblatt für Handelsrecht
ZfS	Zentralblatt für Sozialversicherung, Sozialhilfe und Versorgung
ZfA	Zeitschrift für Arbeitsrecht
ZfB	Zeitschrift für Betriebswirtschaft
ZfbF (auch zfbf)	Schmalenbachs Zeitschrift für betriebswirtschaftliche Forschung
ZfSozW	Zeitschrift für Sozialwissenschaft
ZG	Zeitschrift für Gesetzgebung
ZGB	Schweizerisches Zivilgesetzbuch v. 10.12.1907
ZGBDDR	Zivilgesetzbuch der Deutschen Demokratischen Republik v. 19.6.1975 (GBl. DDR I S. 465)
ZfgG	Zeitschrift für das gesamte Genossenschaftswesen
ZfgK	Zeitschrift für das gesamte Kreditwesen
ZgS	Zeitschrift für die gesamte Staatswissenschaft
ZStW	Zeitschrift für die gesamte Strafrechtswissenschaft
ZGR	Zeitschrift für Unternehmens- und Gesellschaftsrecht

Abkürzungsverzeichnis

ZHG	Gesetz über die Ausübung der Zahnheilkunde idF v. 16.4.1987 (BGBl. I S. 1225)
ZHR	Zeitschrift für das gesamte Handels- und Wirtschaftsrecht (bis 1960: Zeitschrift für das gesamte Handelsrecht und Konkursrecht)
ZInsO	Zeitschrift für das gesamte Insolvenzrecht
ZIP	Zeitschrift für Wirtschaftsrecht
ZLR	Zeitschrift für Lebensmittelrecht
ZLW	Zeitschrift für Luftrecht und Weltraumrechtsfragen
ZMR	Zeitschrift für Miet- und Raumrecht
ZNotP	Zeitschrift für die Notarpraxis
ZÖR	Zeitschrift für öffentliches Recht
ZPO	Zivilprozessordnung idF v. 5.12.2005 (BGBl. I S. 3202)
ZPO-RG	Gesetz zur Reform des Zivilprozesses (Zivilprozessreformgesetz – ZPO-RG) v. 27.7.2001 (BGBl. I S. 1887)
ZRG	Zeitschrift der Savigny-Stiftung für Rechtsgeschichte (germ. Abt. = germanistische Abteilung; rom. Abt. = romanistische Abteilung; kanon. Abt. = kanonistische Abteilung)
ZRP	Zeitschrift für Rechtspolitik
ZfRV	Zeitschrift für Rechtsvergleichung
ZSR	Zeitschrift für schweizerisches Recht
ZStW	Zeitschrift für die gesamte Strafrechtswissenschaft (Band u. Seite)
zT	zum Teil
zust.	zustimmend
ZustErgG	Gesetz zur Ergänzung von Zuständigkeiten auf den Gebieten des Bürgerlichen Rechts, des Handelsrechts und des Strafrechts (Zuständigkeitsergänzungsgesetz) v. 7.8.1952 (BGBl. I S. 407)
zutr.	zutreffend
ZVersWiss.	Zeitschrift für die gesamte Versicherungswissenschaft (1. 1901-43. 1943; 49, 1960 ff.)
ZVG	Gesetz über die Zwangsversteigerung und Zwangsverwaltung idF der Bek. v. 20.5.1898 (RGBl. S. 713)
ZVglRWiss.	Zeitschrift für Vergleichende Rechtswissenschaft
ZVölkR	Zeitschrift für Völkerrecht
zzt.	zur Zeit
zzgl.	zuzüglich
ZZP	Zeitschrift für Zivilprozess (Band u. Seite)

Literaturverzeichnis

(Hier nur Werke von übergreifender Bedeutung; spezielle Literatur, besonders in Aufsatzform, ist vor den jeweiligen Gliederungsparagraphen nachgewiesen.)

Achenbach/Ransiek/Rönnau, Handbuch Wirtschaftsstrafrecht, 4. Aufl. 2015 (zitiert: Achenbach/ Ransiek/Rönnau/*Bearbeiter*)
Ahlberg/Götting, Beck'scher Online-Kommentar Urheberrecht, Stand: 1.8.2017 (zitiert: BeckOK Urheberrecht, Ahlberg/Götting/*Bearbeiter*)
Angerer/Geibel/Süßmann, WpÜG, 3. Aufl. 2017 (zitiert: Angerer/Geibel/Süßmann/*Bearbeiter*)
Annuß, Kühn, Rudolph, Rupp, Europäisches Betriebsräte-Gesetz. EBRG, SEGB, MgVG, SCEBG, 2014 (zitiert: Annuß/Kühn/Rudolph/Rupp/*Bearbeiter*)
Armbrüster/Preuß/Renner, BeurkG/DONot, 7. Aufl. 2015 (zitiert: Armbrüster/Preuß/Renner/ *Bearbeiter*)
Ascheid, Preis, Schmidt (Hrsg.), Kündigungsrecht, 5. Aufl. 2017 (zitiert: Ascheid/Preis/Schmidt/ *Bearbeiter*)
Assmann/Pötzsch/Schneider, Wertpapiererwerbs- und Übernahmegesetz, 2. Aufl. 2013 (zitiert: Assmann/Pötzsch/Schneider/*Bearbeiter*)
Assmann/Schlitt/von Kopp-Colomb, Wertpapierprospektgesetz Vermögensanlagengesetz: Kommentar, 3. Aufl. 2017 (zitiert: Assmann/Schlitt/von Kopp-Colomb/*Bearbeiter*)
Assmann/Schneider, WpHG, 6. Aufl. 2012 (zitiert: Assmann/Schneider/*Bearbeiter*)
Auerbach, Banken- und Wertpapieraufsicht, C. H. Beck, 2015 (zitiert: *Auerbach*)
Badura, Staatsrecht, 6. Aufl. 2015 (zitiert: Badura Staatsrecht)
Bähr, Handbuch des Versicherungsaufsichtsrechts, 2011 (zitiert: Bähr/*Bearbeiter*)
Ballreich, Fallkommentar zum Umwandlungsrecht, 5. Auflage 2016 (zitiert: Ballreich/*Bearbeiter*)
Battis, Bundesbeamtengesetz Kommentar, 3. Aufl. 2004 (zitiert: *Battis*)
Bauer, Genossenschafts-Handbuch Kommentar, Loseblattsammlung (Stand 2017) (zitiert: *Bauer*)
Baumann/Sikora, Hand- und Formularbuch des Vereinsrechts, 1. Aufl. 2015 (zitiert: Baumann/ Sikora/*Bearbeiter*)
Baumbach/Hopt, Handelsgesetzbuch, 37. Auflage 2016 (zitiert: Baumbach/Hopt/*Bearbeiter*)
Baumbach/Hueck, GmbHG, 20. Auflage 2013 (zitiert: Baumbach/Hueck/*Bearbeiter*)
Baums/Thoma, Wertpapiererwerbs- und Übernahmegesetz, Loseblatt, 11. Aktualisierung 2016 (zitiert: Baums/Thoma/*Bearbeiter*)
Bayer/Lieder, Handels- und Gesellschaftsrecht, 2015 (zitiert: Bayer/Lieder)
Bayer/Habersack, Aktienrecht im Wandel, 2 Bd., 2007 (zitiert: Bayer/Habersack/*Bearbeiter*)
Bechtold, Bosch, GWB, Kommentar, 8. Aufl. 2015 (zitiert: *Bechtold/Bosch*, GWB)
Bechtold, Bosch, Brinker, EU-Kartellrecht, Kommentar, 3. Aufl. 2014 (zitiert: *Bechtold/Bosch/Brinker*, EU-Kartellrecht)
Beck/Samm/Kokemoor (Hrsg.), KWG, 4 Bde., Stand: Dezember 2014; (zitiert: Beck/Samm/ Kokemoor/Ern KWG)
Beckmann, Matusche-Beckmann, VersR-Handbuch, 3. Auflage 2015, (zitiert: Beckmann/Matusche-Beckmann/*Bearbeiter*)
Beck'scher Bilanz-Kommentar, 10. Auflage 2016 (zitiert: Beck'scher Bilanz-Kommentar/*Bearbeiter*)
Beck'sches Handbuch der GmbH, 5. Aufl., 2014 (zitiert: BeckHdbGmbH/*Bearbeiter*)
Beck'sches Handbuch der Personengesellschaften, 4. Auflage 2014 (zitiert: BeckHB Umwandlungen International/*Bearbeiter*)
Beck'sches Handbuch Umwandlungen International, 2013 (zit.: BeckHdbPersG/*Bearbeiter*)
Beck'sches Notar-Handbuch, Heckschen/Herrler/Starke (Hrsg.), 6. Auflage 2015, (zitiert: *Bearbeiter*, in: Beck'sches Notar-Handbuch)
Beck'scher Online-Großkommentar Umwandlungsrecht, Ed. 2/2017 (zitiert: BeckOGK UmwG/ *Bearbeiter*)
Beck'scher Online-Kommentar Arbeitsrecht, Stand: 1.9.2017 (zitiert: BeckOK ArbR/*Bearbeiter*)
Beck'scher Online-Kommentar BGB, Stand: 15.6.2017 (zitiert: BeckOK BGB/*Bearbeiter*)
Beck'scher Online-Kommentar GBO, Stand: 1.10.2017 (zitiert: BeckOK GBO/*Bearbeiter*)
Beck'scher Online-Kommentar GG, Stand: 15.8.2017 (zitiert: BeckOK GG/*Bearbeiter*)

Literaturverzeichnis

Beck'scher Online-Kommentar HGB, Stand: 1.7.2017 (zitiert: BeckOK HGB/*Bearbeiter*)
Beck'scher Online-Kommentar Kostenrecht, Stand: 15.8.2017 (zitiert: BeckOK KostenR/*Bearbeiter*)
Beck'scher Online-Kommentar OWiG, Stand: 15.7.2017 (zitiert: BeckOK OWiG/*Bearbeiter*)
Beck'scher Online-Kommentar Umweltrecht, Stand 1.8.2017 (zitiert: BeckOK Umweltrecht/ *Bearbeiter*
Beck'scher Online-Kommentar VwVfG, Stand: 1.10.2017; (zitiert: BeckOK VwVfG/*Bearbeiter*)
Beisel/Klumpp, Der Unternehmenskauf, 7. Auflage 2016 (zitiert: Beisel/Klumpp/*Bearbeiter*)
Berger, Niedersächsisches Sparkassengesetz, 2. Aufl. 2006 (zitiert: *Berger*)
Berndt/Theile, Unternehmensstrafrecht und Unternehmensverteidigung, 2016 (zitiert: Berndt/Theile/ *Bearbeiter*)
Berrar/Meyer/Müller/Schnorbus/Singhof/Wolf, Frankfurter Kommentar zum WpPG und EU-ProspektVO, 2. Aufl. 2017 (zitiert: FrankfKommentar-WpPG/*Bearbeiter*)
Beuthien, Genossenschaftsgesetz, 15. Aufl. 2011 (zitiert: Beuthien/*Bearbeiter*)
Bickel, Bundes-Bodenschutzgesetz Kommentar, 4. Aufl. 2004 (zitiert: *Bickel*)
Blanke/Fedder, Privatisierung, 2. Aufl. 2010 (zitiert: Blanke/Fedder/*Bearbeiter*)
Blümich, Einkommensteuergesetz, Körperschaftsteuergesetz, Gewerbesteuergesetz, Loseblatt-Kommentar, 130. Auflage 2015 (zitiert: Blümich/*Bearbeiter*)
Blum/Baumgarten/Freese u. a., Kommunalverfassungsrecht Niedersachsen, 42. EL 2016 (zitiert: Blum/Baumgarten/Freese/*Bearbeiter*)
Böckenförde, Die Organisationsgewalt im Bereich der Regierung, 2. Aufl. 1998 (zitiert: *Böckenförde*)
Boldt/Weller/Kühne/v. Mäßenhausen, BBergG Bundesberggesetz, 2. Aufl. 2016 (zitiert: Boldt/ Weller/Kühne/v. Mäßenhausen/*Bearbeiter*)
Böttcher/Habighorst/Schulte, Umwandlungsrecht, Nomos, 2015 (zitiert: Böttcher/Habighorst/ Schulte/*Bearbeiter*)
Boos/Fischer/Schulte-Mattler (Hrsg.), KWG und CRR-VO, 5. Auflage 2016; (zitiert: Boos/*Fischer*/ *Schulte-Mattler* KWG)
Bork/Schäfer, GmbHG, 3. Auflage 2015 (zitiert: Bork/Schäfer/*Bearbeiter*)
Bormann/Diehn/Sommerfeld, GNotKG, 2. Aufl. 2016 (zitiert: Bormann/Diehn/Sommerfeldt/ *Bearbeiter*)
Boruttau, Grunderwerbsteuergesetz, 18. Auflage 2016 (zitiert: Boruttau/*Bearbeiter*)
Britz/Hellermann/Hermes, Energiewirtschaftsgesetz Kommentar, 2. Aufl. 2010 (Britz/Hellermann/ Hermes/*Bearbeiter*)
Brünkmans/Thole, Handbuch Insolvenzplan, 2016 (zitiert: Brünkmans/Thole/*Bearbeiter*)
Bunjes, Umsatzsteuergesetz, 15. Auflage 2016 (zitiert: Bunjes/*Bearbeiter*)
Calliess/Ruffert, EUV/AEUV, 5. Aufl. 2016 (zitiert: Calliess/Ruffert/*Bearbeiter*)
Canaris/Habersack/Schäfer (Hrsg.), HGB Großkommentar, 14 Bde., 5. Auflage 2016; (zitiert: *Canaris/ Habersack/Schäfer* HGB)
Cronauge, Kommunale Unternehmen, 6. Aufl. 2016 (zitiert: *Cronauge*)
Cychowski/Reinhardt, Wasserhaushaltsgesetz Kommentar, 11. Aufl. 2014 (zitiert: *Cychowski/Reinhardt*)
Danner/Theobald, Energierecht, 89. EL 2016 (zitiert: Danner/Theobald/*Bearbeiter*)
Däubler/Kittner/Klebe/Wedde, Betriebsverfassungsgesetz. Kommentar für die Praxis mit Wahlordnung und EBR-Gesetz, 15. Aufl. 2016 (zitiert: Däubler/Kittner/Klebe/Wedde/*Bearbeiter*)
Däubler/Klebe/Wedde/Weichert, BDSG Kompaktkommentar, 5. Aufl. 2016 (zitiert: Däubler/Klebe/ Wedde/Weichert/*Bearbeiter*)
Dreier, Grundgesetz-Kommentar, Band III, 2. Aufl. 2008 (zitiert: Dreier/*Bearbeiter*)
Dreier/Schulze, Urheberrechtsgesetz, 5. Aufl. 2015 (zitiert: Dreier/Schulze/*Bearbeiter*)
Drost, Das neue Wasserrecht Kommentar, 10. EL 2016 (zitiert: *Drost*)
Ebenroth/Boujong/Joost/Strohn, Handelsgesetzbuch, Band 1 §§ 1–342e, 3. Auflage 2014 (zitiert: Ebenroth/Boujong/Joost/Strohn/*Bearbeiter*)
Ebenroth/Boujong/Joost/Strohn, Handelsgesetzbuch, Band 2 §§ 343–475h, 3. Auflage 2015 (zitiert: Ebenroth/Boujong/Joost/Strohn/*Bearbeiter*)
Ehlers/Pünder, Allgemeines Verwaltungsrecht, 15. Aufl. 2016 (Ehlers/Pünder/*Bearbeiter*)
Ehricke/Ekkenga/Oechsler, WpÜG, 2003 (zitiert: Ehricke/Ekkenga/Oechsler/*Bearbeiter*)
Eidenmüller, Ausländische Kapitalgesellschaften im deutschen Recht, 2004 (Eidenmüller/*Bearbeiter*)
Eisele/Koch/Theile, Der Sanktionsdurchgriff im Unternehmensverbund, 2014 (zitiert: Eisele/Koch/ Theile/*Bearbeiter*)
Emmerich/Habersack, Aktien- und GmbH-Konzernrecht, 8. Auflage 2016 (zitiert: Emmerich/ Habersack/*Bearbeiter*)

Literaturverzeichnis

Engl, Formularbuch Umwandlungen, 4. Auflage 2017 (zitiert: Engl/*Bearbeiter*)
Engels/Eibelshäuser, Kommentar zum Haushaltsrecht, 64. EL 2016; (zitiert: Engels/Eibelshäuser/ *Bearbeiter*)
Enzyklopädie Europarecht, Gebauer/Teichmann (Hrsg.), Band 6, 1. Aufl. 2016 (zitiert: EnzEuR Band 6/*Bearbeiter*)
Epping/Hillgruber, Grundgesetz Kommentar, 2. Aufl. 2013 (zitiert: Epping/Hillgruber/*Bearbeiter*)
Erbguth/Mann/Schubert, Besonderes Verwaltungsrecht: Kommunalrecht, Polizei- und Ordnungsrecht, Baurecht, 12. Aufl. 2015 (zitiert: *Erbguth/Mann/Schubert*)
Erbguth/Schlacke, Umweltrecht, 6. Aufl. 2016 (zitiert: *Erbguth/Schlacke*)
Erbguth/Stollmann, Bodenschutzrecht, 1. Aufl. 2001 (zitiert: *Erbguth/Stollmann*)
Erman, Bürgerliches Gesetzbuch, Band I, 14. Auflage 2014 (zitiert: Erman/*Bearbeiter*)
Eylmann/Vaasen, BNotO/BeurkG, 4. Aufl. 2016 (zitiert: Eylmann/Vaasen/*Bearbeiter*)
Fabry/Augsten, Unternehmen der öffentlichen Hand, 2. Aufl. 2011; (zitiert: Fabry/Augsten/*Bearbeiter*)
Fahr/Kaulbach/Bähr/Pohlmann, Versicherungsaufsichtsgesetz (VAG), 5. Auflage 2012 (zitiert: Fahr/Kaulbach/Bähr/Pohlmann/*Bearbeiter*)
Feldhaus, Bundesimmissionsschutzrecht Kommentar, Ed. 190 2016 (zitiert: Feldhaus/*Bearbeiter*)
Fischer, Strafgesetzbuch: StGB, 64. Auflage 2017 (zitiert: *Fischer*)
Fitting, Engels, Schmidt, Trebinger, Linsenmaier, Betriebsverfassungsgesetz mit Wahlordnung, 28. Aufl. 2016 (zitiert: *Fitting*)
Fischerhof, Deutsches Atomgesetz und Strahlenschutzrecht Kommentar, Band I, 2. Aufl. 1978 (zitiert: *Fischerhof*)
Forgó/Helfrich/Schneider, Betrieblicher Datenschutz 2014 (zitiert: Forgó/Helfrich/Schneider/*Bearbeiter*)
Frenz, Emissionshandelsrecht Kommentar zu TEHG und ZuV 2020, 3. Aufl. 2012 (zitiert: Frenz/*Bearbeiter*)
Ganske (Hrsg.), Umwandlungsrecht: Textausgabe des Umwandlungsgesetzes (UmwG) und des Umwandlungssteuergesetzes (UmwStG); mit Begründungen der Regierungsentwürfe, IDW-Verlag, 2. Auflage 1995. (zitiert: Begr. RegE, bei *Ganske*)
Geiger/Khan/Kotzur, EUV/AEUV, 6. Aufl. 2017 (zitiert: Geiger/Khan/Kotzur/*Bearbeiter*)
Gern, Deutsches Kommunalrecht, 3. Aufl. 2003 (zitiert: *Gern*)
Ghassemi-Tabar/Guhling/Weitemeyer, Gewerberaummiete, Kommentar, 2016 (zitiert: Ghassemi-Tabar/Guhling/Wietemeyer/*Bearbeiter*)
Gola/Reif, Kundendatenschutz, 2. Auflage 2011 (zitiert: Gola/Reif)
Gola/Schomerus, BDSG, 12. Auflage 2015 (zitiert: Gola/Schomerus)
Gosch, Körperschaftsteuergesetz, 3. Auflage 2015 (zitiert: Gosch/*Bearbeiter*)
Götting/Meyer/Vormbrock, Gewerblicher Rechtsschutz, 2011 (zitiert: Götting/Meyer/Vormbrock/ *Bearbeiter*)
Gottwald (Hrsg.), Insolvenzrechts-Handbuch, 5. Auflage 2015 (zitiert: Gottwald Insolvenzrechts-HdB)
Goutier/Knopf/Tulloch, Kommentar zum Umwandlungsrecht, 1996 (zitiert: Goutier/Knopf/ Tulloch/*Bearbeiter*)
Grabitz/Hilf/Nettesheim, Das Recht der Europäischen Union: EUV/AEUV, 60. EL 2016 (zitiert: Grabitz/Hilf/Nettesheim/*Bearbeiter*)
Graf/Jäger/Wittig, Wirtschafts- und Steuerstrafrecht, 2. Aufl. 2017 (zitiert: Graf/Jäger/Wittig/ *Bearbeiter*)
Grigoleit, AktG, 2013 (zitiert: Grigoleit/*Bearbeiter*)
v. der Groeben/Schwarze/Hatje, Europäisches Unionsrecht, 7. Aufl. 2015 (zitiert: v. der Groeben/ Schwarze/Hatje/*Bearbeiter*)
Groß, Kapitalmarktrecht, Kommentar zum Börsengesetz, zur Börsenzulassungs-Verordnung und zum Wertpapierprospektgesetz (zitiert: *Groß*)
Großkommentar zum AktG, Kort/Habersack/ Hopt/Roth, Bd. 3, §§ 76–94, 5. Auflage 2015 (Großkomm-AktG/*Bearbeiter*)
Haarmann/Schüppen, WpÜG, 3. Aufl. 2008 (zitiert: Haarmann/Schüppen/*Bearbeiter*)
Habersack/Drinhausen, SE-Recht, 2. Auflage 2016 (zitiert: Habersack/Drinhausen/*Bearbeiter*)
Habersack/Mülbert/Schlitt, Handbuch der Kapitalmarktinformation, 2. Aufl. 2013 (zitiert: Habersack/Mülbert/Schlitt-Kapitalmarktinformation/*Bearbeiter*)
Habersack/Mülbert/Schlitt, Unternehmensfinanzierung am Kapitalmarkt, 3. Aufl. 2013 (zitiert: Habersack/Mülbert/Schlitt/*Bearbeiter*)
Hachmeister/Kahle/Mock/Schuppen, Bilanzrecht, Köln, 2017 (zitiert HKMS/*Bearbeiter*)

Literaturverzeichnis

Haedrich, Atomgesetz mit Pariser Atomhaftungs-Übereinkommen – Taschenkommentar, 1986 (zitiert: *Haedrich*)
Haritz/Menner, Umwandlungssteuergesetz, 4. Aufl., 2015 (zitiert: Haritz/Menner/*Bearbeiter*)
Hartmann, Kostengesetze, 47. Aufl., 2017 (zitiert: Hartmann)
Hasselblatt, MAH Gewerblicher Rechtsschutz, 4. Auflage 2012 (zitiert: Hasselblatt/*Bearbeiter*)
Hauschild/Kallrath/Wachter, Notarhandbuch Gesellschafts- und Unternehmensrecht, 2. Aufl. 2017 (zitiert: Hauschild/Kallrath/Wachter/*Bearbeiter*)
Heckschen/Simon, Umwandlungsrecht: Gestaltungsschwerpunkte der Praxis, 1. Aufl. 2003 (zitiert: Heckschen/Simon/*Bearbeiter*)
Heidel, Aktienrecht und Kapitalmarktrecht, 4. Auflage 2014 (zit.: Heidel/*Bearbeiter*)
Henssler, Partnerschaftsgesellschaftsgesetz, 2. Aufl. 2008 (zitiert: *Henssler*)
Henssler/Strohn, Gesellschaftsrecht, 3. Auflage 2016 (zitiert: Henssler/Strohn/*Bearbeiter*)
Henssler/Willemsen/Kalb, Arbeitsrecht Kommentar, 7. Auflage 2016 (zitiert: Henssler/Willemsen/Kalb/*Bearbeiter*)
Herrmann/Heuer/Raupach, Einkommensteuergesetz, Körperschaftsteuergesetz, Stand: 273. Ergänzungslieferung, März 2016 (zitiert: Hermann/Heuer/Raupach/*Bearbeiter*)
Hölters, Handbuch Unternehmenskauf, 8. Auflage 2015 (zitiert: Hölters/*Bearbeiter*)
Hofmann, Grunderwerbsteuergesetz Kommentar, 11. Auflage 2016 (zitiert: *Hofmann*)
Hofmann-Riem/Schmidt-Aßmann/Voßkuhle, Grundlagen des Verwaltungsrechts, Band I, 2. Aufl. 2012 (zitiert: Hofmann-Riem/Schmidt-Aßmann/Voßkuhle/*Bearbeiter*)
Hölters, Aktiengesetz, 2. Aufl. 2014 (zitiert: Hölters/*Bearbeiter*)
Holzborn, Wertpapierprospektgesetz mit EU-Prospektverordnung und weiterführenden Vorschriften, 2. Aufl. 2014 (zitiert: Holzborn/*Bearbeiter*)
Hoppe/Uechtritz/Reck, Handbuch Kommunale Unternehmen, 3. Aufl. 2012 (zitiert: Hoppe/Uechtritz/Reck/*Bearbeiter*)
Hübschmann/Hepp/Spitaler, Abgabenordnung, Finanzgerichtsordnung, Stand: 236. Ergänzungslieferung, Februar 2016 (zitiert: Hübschmann/Hepp/Spitaler/*Bearbeiter*)
Hüffer, AktG, 12. Auflage 2016 (zitiert: Hüffer/*Koch*)
Immenga, Mestmäcker (Hrsg.), Wettbewerbsrecht, Kommentar, Band 2: GWB/Teil 1, 5. Aufl. 2014 (zitiert: Immenga/Mestmäcker/*Bearbeiter*)
Isensee/Kirchhof, Handbuch des Staatsrechts, Band IV, 3. Aufl. 2006 (zitiert: Isensee/Kirchhof/*Bearbeiter*)
Jahn/Schmitt/Geier, Handbuch Bankensanierung und -abwicklung, 2016; (zitiert: *Jahn/Schmitt/Geier* HdB Bankensanierung und -abwicklung)
Jarass, Bundes-Immissionsschutzgesetz Kommentar, 11. Aufl. 2015 (zitiert: *Jarass*)
Jarass/Petersen, KrWG Kommentar, 2014 (zitiert: Jarass/Petersen/*Bearbeiter*)
Jarass/Petersen/Weidemann, Kreislaufwirtschafts- und Abfallgesetz Kommentar, 29. EL 2011 (zitiert: Jarass/Petersen/Weidemann/*Bearbeiter*)
Jarass/Pieroth, Grundgesetz-Kommentar, 14. Aufl. 2016 (zitiert: Jarass/Pieroth/*Bearbeiter*)
Jauernig, Bürgerliches Gesetzbuch, 16. Auflage 2015 (zitiert: Jauernig/*Bearbeiter*)
Just/Voß/Ritz/Zeising, Wertpapierprospektgesetz (WpPG) und EU-Prospektverordnung, 1. Aufl. 2009 (zitiert: Just/Voß/Ritz/Zeising/*Bearbeiter*)
Kahl/Waldhoff/Walter, Bonner Kommentar Grundgesetz, 180. EL 2016 (zitiert: Kahl/Waldhoff/Walter/*Bearbeiter*)
Karlsruher Kommentar zum Ordnungswidrigkeitenrecht, 4. Aufl. 2014 (zitiert: KK-OWiG/*Bearbeiter*)
Kallmeyer, Umwandlungsgesetz, 6. Auflage, 2017 (zitiert: Kallmeyer/*Bearbeiter*)
Keidel, FamFG Kommentar, 19. Aufl. (2017) (zitiert: Keidel/*Bearbeiter*)
Keßler/Kühnberger (Hrsg.), Umwandlungsrecht, Kompaktkommentar, 2009 (zitiert: Keßler/Kühnberger/*Bearbeiter*)
Kersting, Podszun, Die 9. GWB-Novelle, 2017 (zitiert: Kersting/Podszun/*Bearbeiter*, 9. GWB-Novelle)
Klein, Abgabenordnung, 13. Auflage 2016 (zitiert: Klein/*Bearbeiter*)
Klein/Uckel/Ibler, Kommunen als Unternehmer, 53. EL 2016 (zitiert: *Klein/Uckel/Ibler*)
Kloepfer, Umweltrecht, 4. Aufl. 2016 (zitiert: *Kloepfer*)
Koch, Umweltrecht, 4. Aufl. 2014 (zitiert: Koch)
Kopp/Ramsauer (Hrsg.), VwVfG, 17. Auflage 2016; (zitiert: *Kopp/Ramsauer* VwVfG)
Kopp/Schenke, VwGO Kommentar, 22. Aufl. 2016 (zitiert: Kopp/Schenke/*Bearbeiter*)
Korintenberg, 20. Auflage 2017 (zitiert: Korintenberg/*Bearbeiter*)

Literaturverzeichnis

Korn, Einkommensteuergesetz, Stand: 2015 (zitiert: Korn/*Bearbeiter*)
Köhler/Bornkamm, Gesetz gegen den unlauteren Wettbewerb: UWG mit PAngV, UKlaG, DL-InfoV, 34. Auflage 2016 (zitiert: Köhler/Brinkmann)
Kölner Kommentar zum Aktiengesetz, Band 6, 3. Auflage 2014 (zitiert: Kölner Kommentar-AktG/ *Bearbeiter*)
Kölner Kommentar zum Umwandlungsgesetz, Dauner-Lieb/Simon (Hrsg.), 2009 (zitiert: Kölner Kommentar-UmwG/*Bearbeiter*)
Kölner Kommentar zum Wertpapiererwerbs- und Übernahmegesetz, 2. Aufl. 2010 (zitieren: Kölner Kommentar-WpÜG/*Bearbeiter*)
Knopp/Löhr, Bundes-Bodenschutzgesetz in der betrieblichen und steuerlichen Praxis, 2000 (zitiert: *Knopp/Löhr*)
Kotulla, Bundes-Immissionsschutzgesetz, 20. EL 2016 (Kotulla/*Bearbeiter*, BImSchG)
Kotulla, Wasserhaushaltsgesetz Kommentar, 2. Aufl. 2011 (Kotulla/*Bearbeiter*, WHG)
Krafka/Kühn, Registerrecht, 10. Aufl. 2017 (zitiert: *Krafka/Kühn*)
Kraft/Redenius-Hövermann, Umwandlungsrecht, 2015 (zitiert: Kraft/Redenius-Hövermann/ *Bearbeiter*)
Krieger/Schneider, Handbuch Managerhaftung, 2. Aufl. 2010 (zitiert: *Krieger/Schneider*)
Kremer/Bachmann/Lutter/Werder, Kommentar zum Deutschen Corporate Governance Kodex, 6. Auflage 2016 (zitiert: Ringleb/Kremer/Lutter/Werder/*Bearbeiter*)
Kremer/Neuhaus gen. Wever, Bergrecht, 2001 (zitiert: *Kremer/Neuhaus*)
K. Schmidt, Gesellschaftsrecht, 4. Aufl. 2002 (zitiert: *K. Schmidt*, GesR)
Küffner/Stöcker/Zugmaier, Loseblatt-Kommentar zum UStG, 121. Ergänzungslieferung, Stand: Februar 2016 (zitiert: *Bearbeiter* in Küffner/Stöcker/Zugmaier)
Laars, Versicherungsaufsichtsgesetz (VAG), 3. Auflage 2015 (zitiert: *Laars*)
Lademann, UmwStG Handkommentar, 2. Auflage, Stuttgart und München 2016 (zitiert: Lademann/ *Bearbeiter*, Umwandlungsteuergesetz)
Landmann/Rohmer, Umweltrecht, Band 1, Stand: 12/2015, 78. Ergänzungslieferung (zitiert: Landmann/Rohmer/*Bearbeiter*)
Langen, Bunte (Hrsg.), Kartellrecht, Kommentar, Band 1: Deutsches Kartellrecht, Band 2: Europäisches Kartellrecht, jeweils 12. Aufl. 2014 (zitiert: Langen/Bunte/*Bearbeiter*)
Lang/Weidmüller, Genossenschaftsgesetz, 38. Aufl. 2016 (zitiert: Lang/Weidmüller/*Bearbeiter*)
Leitner/Rosenau, Wirtschafts- und Steuerstrafrecht, 2016 (zitiert: Leitner/Rosenau/*Bearbeiter*)
Lenski/Steinberg, Gewerbesteuer, Stand: 115. Ergänzungslieferung, April 2016 (zitiert: Lenski/ Steinberg/*Bearbeiter*)
v. Lersner/Wendenburg/Versteyl, Recht der Abfallbeseitigung des Bundes, der Länder und der Europäischen Union, Dezember 2016 (zitiert: v. Lersner/Wendenburg/Versteyl/*Bearbeiter*)
Limmer, Handbuch der Unternehmensumwandlung, 5. Auflage 2016 (zitiert: Limmer/*Bearbeiter*)
Loewenheim, Meessen, Riesenkampff, Kersting, Meyer-Lindemann (Hrsg.), Kartellrecht, Kommentar, 3. Aufl. 2016 (zitiert: Loewenheim/*Bearbeiter*)
Lorz/Konrad/Mühlbauer/Müller-Walter/Stöckel, Naturschutzrecht, 3. Aufl. 2013 (zitiert: Lorz/ *Bearbeiter*)
Lütkes/Ewer, Bundesnaturschutzgesetz Kommentar, 2011 (zitiert: Lütkes/Ewer/*Bearbeiter*)
Lutter/Bayer, Holding-Handbuch, 5. Auflage 2015 (zitiert: Lutter/Bayer/*Bearbeiter* Holding-HdB)
Lutter/Bayer/Schmidt, Europäisches Unternehmens- und Kapitalmarktrecht, 5. Auflage 2012 (zitiert: *Lutter/Bayer/Schmidt*)
Lutter, Umwandlungsgesetz, 5. Auflage 2014 (zitiert: Lutter/*Bearbeiter*)
Lutter/Hommelhoff, GmbHG, 19. Auflage 2016 (zitiert: Lutter/Hommelhoff/*Bearbeiter*)
Lutter/Hommelhoff, SE-Kommentar, 2.Auflage 2015 (zitiert: Lutter/Hommelhoff/*Bearbeiter*)
Luz/Neus/Schaber/Schneider/Wagner/Weber (Hrsg.), Kreditwesengesetz, 3. Auflage 2015; (zitiert: *Luz/Neus/Schaber/Schneider/Wagner/Weber* KWG)
v. Mangoldt/Klein/Starck, GG Kommentar, 6. Aufl. 2010 (zitiert: v. Mangoldt/Klein/Starck/ *Bearbeiter*)
Marsch-Barner/Schäfer, Handbuch börsennotierte AG, 3. Aufl. 2014 (zitiert: Marsch-Barner/ Schäfer/*Bearbeiter*)
Maslaton, Treibhausgas-Emissionshandelsgesetz Handkommentar, 1. Aufl. 2005 (zitiert: *Maslaton*)
Maulbetsch/Klumpp/Rose (Hrsg), Heidelberger Kommentar zum Umwandlungsgesetz, C. F. Müller, 2008 (zitiert: Hk-UmwG/*Bearbeiter*)
Maunz/Dürig, GG, 78. Ergänzungslieferung – Stand 9 / 2016 (zitiert: Maunz/Dürig/*Bearbeiter*)

Literaturverzeichnis

Maurer, Allgemeines Verwaltungsrecht, 18. Aufl. 2011 (zitiert: *Maurer*)
Meilicke/Graf v. Westphalen/Hoffmann/Wolff, Partnerschaftsgesellschaftsgesetz, 3. Aufl. 2015 zitiert: Meilicke u. a. PartGG/*Bearbeiter*)
Michalski, Kommentar zum GmbH-Gesetz, 2. Auflage 2010 (zitiert: Michalski/*Bearbeiter*)
Müller, Genossenschaftsgesetz, Band 1: §§ 1–33, 2. Aufl. 1991 (zitiert: Müller/*Bearbeiter*)
Müller-Glöge, Preis, Schmidt (Hrsg.), Erfurter Kommentar zum Arbeitsrecht, 17. Aufl. 2017 (zitiert: ErfK/*Bearbeiter*)
Müller-Guggenberger, Wirtschaftsstrafrecht, 6. Aufl., 2015 (zitiert: Müller-Guggenberger/*Bearbeiter*)
v. Münch/Kunig, Grundgesetz-Kommentar, 6. Aufl. 2012 (zitiert: v. Münch/Kunig/*Bearbeiter*)
Münchener Anwaltshandbuch Arbeitsrecht, 4. Aufl. 2017 (zitiert: MAH ArbR/*Bearbeiter*)
Münchener Anwaltshandbuch Personengesellschaftsrecht, 2. Aufl. 2015 (zitiert: MünchAnwHdb. PersGesR/*Bearbeiter*)
Münchener Handbuch des Gesellschaftsrechts, Band 1, BGB-Gesellschaft, Offene Handelsgesellschaft, Partnergesellschaft, Partenreederei, EWIV, 4. Auflage 2014 (zitiert: MünchHdb. GesR I/*Bearbeiter*)
Münchener Handbuch des Gesellschaftsrechts, Band 2, Kommanditgesellschaft, GmbH & Co. KG, Publikums-KG, Stille Gesellschaft, 4. Auflage 2014 (zitiert: MünchHdb. GesR II/*Bearbeiter*)
Münchener Handbuch des Gesellschaftsrechts, Band 3, Gesellschaft mit beschränkter Haftung, 4. Auflage 2012 (zitiert: MünchHdb. GesR III/*Bearbeiter*)
Münchener Handbuch des Gesellschaftsrechts, Band 4, Aktiengesellschaft, 4. Auflage 2015 (zitiert: MünchHdb. GesR IV/*Bearbeiter*)
Münchener Handbuch des Gesellschaftsrechts, Band 5, Verein, Stiftung Bürgerlichen Rechts, 4. Auflage 2016 (zitiert: MünchHdb. GesR V/*Bearbeiter*)
Münchener Handbuch des Gesellschaftsrechts, Band 6, Internationales Gesellschaftsrecht, Grenzüberschreitende Umwandlungen, 4. Auflage 2013 (zitiert: MünchHdb. GesR VI/*Bearbeiter*)
Münchener Handbuch des Gesellschaftsrechts, Band 7, Gesellschaftsrechtliche Streitigkeiten (Corporate Litigation), 5. Auflage 2016 (zitiert: MünchHdb. GesR VII/*Bearbeiter*)
Münchener Kommentar Aktiengesetz: AktG, Band 1: §§ 1–75, 4. Aufl. 2016 (zitiert: MünchKommAktG/*Bearbeiter*)
Münchener Kommentar Aktiengesetz: AktG, Band 2: §§ 76–117, MitbestG, DrittelbG, 4. Auflage 2014 (zitiert: MünchKommAktG/*Bearbeiter*)
Münchener Kommentar Aktiengesetz: AktG, Band 6: §§ 329–410, AktG, WpÜG, österreichisches Übernahmerecht, 3. Aufl. 2011 (zitiert: MünchKommAktG/*Bearbeiter*)
Münchener Kommentar zum Bilanzrecht, 7. Aufl. 2016 (zitiert: MünchKommBilanzR/*Bearbeiter*)
Münchener Kommentar zum BGB: Schuldrecht – Besonderer Teil II (§§ 611–704 BGB, EFZG, TzBfG, KSchG), 6. Aufl. 2012 (zitiert: MünchKommBGB/*Bearbeiter*)
Münchener Kommentar zum BGB, Band 2, §§ 241–432 BGB, 7. Auflage 2016 (zitiert: MünchKomm BGB/*Bearbeiter*)
Münchener Kommentar zum BGB, Band 4, §§ 535–630h BGB, 7. Auflage 2016 (zitiert: MünchKomm BGB/*Bearbeiter*)
Münchener Kommentar zum BGB, Band 5, §§ 705–853 BGB, 6. Auflage 2013 (zitiert: MünchKomm BGB/*Bearbeiter*)
Münchener Kommentar zum BGB, Band 7, §§ 854–1296, 7. Auflage 2017 (zitiert: MünchKommBGB/*Bearbeiter*)
Münchener Kommentar zum GmbHG, Band 1 §§ 1–34, 2. Auflage 2015 (zitiert: MünchKommGmbHG/*Bearbeiter*)
Münchener Kommentar zum GmbHG, Band 2 §§ 35–52, 2. Auflage 2016 (zitiert: MünchKommGmbHG/*Bearbeiter*)
Münchener Kommentar zum GmbHG, Band 3 §§ 53–85, 2. Auflage, 2016 (zitiert: MünchKommGmbHG/*Bearbeiter*)
Münchener Kommentar zum Handelsgesetzbuch, Band 1, §§ 1–104a, 4. Auflage 2016 (zitiert: MünchKommHGB/*Bearbeiter*)
Münchener Kommentar zum Handelsgesetzbuch, Band 2, §§ 105–160, 4. Auflage 2016 (zitiert: MünchKommHGB/*Bearbeiter*)
Münchener Kommentar zum Handelsgesetzbuch, Band 3, §§ 161–237, 3. Auflage 2012 (zitiert: MünchKommHGB/*Bearbeiter*)
Münchener Kommentar zum Kartellrecht, Band 2: GWB, 2. Aufl. 2015 (zitiert: MünchKomm KartellR/*Bearbeiter*)

Literaturverzeichnis

Münchener Kommentar zur VVG, Band 3: Nebengesetze, Systematische Darstellungen, 2. Auflage 2017 (zitiert: MünchKommVVG/*Bearbeiter*)

Münchener Kommentar zur Zivilprozessordnung, Band 1: §§ 1–354, 5. Auflage 2016 (zitiert: MünchKommZPO/*Bearbeiter*)

Münchener Kommentar zur Zivilprozessordnung, Band 2: §§ 355–1024, 5. Auflage 2016 (zitiert: MünchKommZPO/*Bearbeiter*)

Münchener Kommentar zur Zivilprozessordnung, Band 3: §§ 1025–1109, 4. Auflage 2015 (zitiert: MünchKommZPO/*Bearbeiter*)

Münchener Vertragshandbuch Gesellschaftsrecht, 7. Auflage 2011 (zitiert: MünchVertragshandbuch GesR/*Bearbeiter*)

Musielak/Voit, ZPO, 13. Auflage 2016 (zitiert: Musielak/Voit/*Bearbeiter*)

Muth, Potsdamer Kommentar, Kommunalrecht und Kommunales Finanzrecht in Brandenburg, 58. EL 2016 (zitiert: Muth/*Bearbeiter*)

Notarkasse, Streifzug durch das GNotKG, 12. Aufl. 2017 (zitiert: *Notarkasse*)

Offerhaus/Söhn/Lange, Loseblatt Kommentar zur Umsatzsteuer, 285. Ergänzungslieferung, Stand: Februar 2016 (zitiert: Offerhaus/Söhn/Lange/*Bearbeiter*)

Oetker, Kommentar zum Handelsgesetzbuch, 4. Auflage 2015 (zitiert: Oetker/*Bearbeiter*)

Pahlke, Grunderwerbsteuergesetz, 5. Auflage 2014 (zitiert: *Pahlke*)

Pahlke/König, Abgabenordnung, 2. Auflage 2009 (zitiert: Pahlke/König/*Bearbeiter*)

Palandt, Bürgerliches Gesetzbuch, 75. Auflage 2016 (zitiert: Palandt/*Bearbeiter*)

Pannen, Krise und Insolvenz bei Kreditinstituten, 3. Auflage 2010 (zitiert: *Pannen*)

Park, Kapitalmarktstrafrecht, 3. Auflage 2013 (zitiert: Park/*Bearbeiter*)

Paschos/Fleischer, Handbuch Übernahmerecht nach dem WpÜG, 1. Aufl. 2017 (zitiert: Paschos/Fleischer/*Bearbeiter*)

Petersen, Systematischer Praxiskommentar Bilanzrecht: Rechnungslegung, Offenlegung, 3. Auflage 2016 (zitiert: *Petersen*)

Piens/Schulte/Graf Vitzthum, Bundesberggesetz, 2. Aufl. 2013 (zitiert: Piens/Schulte/Graf Vitzthum/*Bearbeiter*)

Pieroth/Schlink/Kniesel, Polizei- und Ordnungsrecht mit Versammlungsrecht, 9. Aufl. 2016 (zitiert: *Pieroth/Schlink/Kniesel*)

Plath, BDSG, 2. Auflage 2016 (zitiert: Plath/*Bearbeiter*)

Plog/Wiedow, Bundesbeamtengesetz Kommentar, 372. EL 2016 (zitiert: Plog/Wiedow/*Bearbeiter*)

Pöhlmann/Fandrich/Bloehs, Genossenschaftsgesetz, 4. Aufl. 2012 (zitiert: Pöhlmann/Fandrich/Bloehs/*Bearbeiter*)

Prölss, Versicherungsaufsichtsgesetz, 12. Auflage 2005; (zitiert: Prölss/*Bearbeiter*)

Prütting/Wegen/Weinreich, BGB – Kommentar, 11. Auflage 2016 (zitiert: PWW/*Bearbeiter*)

Püttner, Die öffentlichen Unternehmen Handbuch, 1985 (zitiert: *Püttner*)

Rau/Dürrwächter, Loseblatt-Kommentar zum UStG, 165. Ergänzungslieferung, Stand: März 2016 zitiert: *Bearbeiter* in Rau/Dürrwächter)

Reich, Beamtenstatusgesetz Kommentar, 2. Aufl. 2012 (zitiert: *Reich*)

Reischauer/Kleinhans, Kreditwesengesetz, 4 Bde., Stand: Dezember 2016 (zitiert: *Reischauer/Kleinhans* KWG)

Reiß/Kraeusel/Langer, Loseblatt-Kommentar zum UStG, 124. Ergänzungslieferung 2015 (zitiert: Reiß/Kraeusel/Langer/*Bearbeiter*)

Rengeling/Middeke/Gellermann, Handbuch des Rechtsschutzes in der Europäischen Union, 3. Auflage 2014 (zitiert: Rengeling/Middeke/Gellermann/*Gärditz*)

Riesenhuber (Hrsg.), Europäische Methodenlehre, 3. Aufl. 2015 (zitiert: Riesenhuber/*Bearbeiter*)

Richardi, Betriebsverfassungsgesetz, 15. Aufl. 2016 (zitiert: Richardi/*Bearbeiter*)

Richard/Weinheimer, Handbuch Going Private, 1. Aufl. 2002 (zitiert: Richard/Weinheimer/*Bearbeiter*)

Röhricht/Graf v. Westphalen/Haas, Handelsgesetzbuch, 4. Aufl. 2014 (zitiert: Röhricht/Graf v. Westphalen/Haas/*Bearbeiter*)

Roth/Altmeppen, GmbHG, 8. Auflage 2015 (zitiert: Roth/Altmeppen/*Bearbeiter*)

Rödder/Herlinghaus/van Lishaut, UmwStG Kommentar, 2. Auflage, Köln 2013 (zitiert: Rödder/Herlinghaus/van Lishaut /*Bearbeiter*)

Rowedder/Schmidt-Leithoff, GmbHG, 5. Auflage 2013 (zitiert: Rowedder/Schmidt-Leithoff/*Bearbeiter*)

Rüsken, Zollrecht, 2002 (zitiert: Rüsken/*Bearbeiter*)

Literaturverzeichnis

Ruthig/Storr, Öffentliches Wirtschaftsrecht, 4. Aufl. 2015 (zitiert: *Ruthig/Storr*)
Sachs, Grundgesetz Kommentar, 7. Aufl. 2014 (zitiert: Sachs/*Bearbeiter*)
Saenger, Gesellschaftsrecht, 3. Auflage 2015 (zitiert: *Saenger*)
Sagasser/Bula/Brünger, Umwandlungen, 4. Auflage, 2011 (zitiert: Sagasser/Bula/Brünger/*Bearbeiter*)
Sanden/Schoeneck, Bundes-Bodenschutzgesetz Kurzkommentar, 1998 (zitiert: Sanden/Schoeneck/ *Bearbeiter*)
Schäfer/Hamann, Kapitalmarktgesetze, Loseblatt, Stand: Januar 2013 (zitiert: Schäfer/Hamann/ *Bearbeiter*)
Schaub (Begr.), Arbeitsrechts-Handbuch, 16. Aufl. 2015 (zitiert: Schaub/*Bearbeiter*)
Schenke, Polizei- und Ordnungsrecht, 9. Aufl. 2016 (zitiert: *Schenke*)
Schimansky/Bunte/Lwowski, Bankrechts-Handbuch, Band II, 4. Aufl. 2011; (zitiert: Schimansky/ Bunte/Lwowski/*Bearbeiter*)
Schippel/Bracker, Bundesnotarordnung, 9. Aufl. 2011 (zitiert: Schippel/Bracker/*Bearbeiter*)
Schlacke, Gemeinschaftskommentar zum Bundesnaturschutzgesetz, 2. Aufl. 2016 (zitiert: Schlacke/ *Bearbeiter*)
Schlierbach, Das Sparkassenrecht in der Bundesrepublik Deutschland, 5. Aufl. 2003 (zitiert: *Schlierbach*)
Schmehl, Gemeinschaftskommentar zum Kreislaufwirtschaftsgesetz, 2013 (zitiert: Schmehl/*Bearbeiter*)
Schmidt, Einkommensteuergesetz, 35. Auflage 2016 (zitiert: Schmidt/*Bearbeiter*)
Schmidt-Bleibtreu/Hofmann/Henneke, Grundgesetz Kommentar, 13. Aufl. 2014 (zitiert: Schmidt-Bleibtreu/Hofmann/Henneke/*Bearbeiter*)
Schmidt/Lutter, Aktiengesetz, 3. Auflage 2015 (zitiert: Schmidt/Luther/*Bearbeiter*)
Schmidt/Sikora/Tiedtke, Praxis des Handelsregister- und Kostenrechts, 7. Aufl. 2014 (zitiert: *Schmidt/ Sikora/Tiedtke*)
Schmitt/Hörtnagl/Stratz, UmwG, UmwStG, 7. Auflage 2016 (zitiert: Schmitt/Hörtnagl/Stratz/ *Bearbeiter*)
Schoch, Besonderes Verwaltungsrecht, 15. Aufl. 2013 (zitiert: Schoch/*Bearbeiter*)
Schöner/Stöber, Grundbuchrecht, 15. Aufl. 2012 (zitiert: *Schöner/Stöber*)
Scholz, GmbHG, III. Band, 11. Auflage 2015 (zitiert: Scholz/*Bearbeiter*)
Schwark/Zimmer, Kapitalmarktrechts-Kommentar, 4. Aufl. 2010 (zitiert: Schwark/Zimmer/ *Bearbeiter*)
Schwedhelm, Die Unternehmensumwandlung, 8. Auflage 2016 (im Erscheinen) (zitiert: Schwedhelm/*Bearbeiter*)
Schwarz, SE-VO Kommentar, 2006 (zitiert: *Schwarz, SE-VO*)
Schwarz/Widmann/Radeisen, Kommentar zum Umsatzsteuergesetz, 185. Ergänzungslieferung, Stand: März 2016 (zitiert: *Bearbeiter* in Schwarz/Widmann/Radeisen)
Schwennicke/Auerbach (Hrsg.), KWG, 3. Auflage 2016; (zitiert: *Schwennicke/Auerbach* KWG)
v. Campenhausen/Richter, Stiftungsrechts-Handbuch, 4. Auflage 2014 (zitiert: v. Campenhausen/ Richter/*Bearbeiter*)
Semler/Stengel, Kommentar zum UmwG, 4. Auflage 2017 (zitiert: Semler/Stengel/*Bearbeiter*)
Semler/Peltzer/Kubis, Arbeitshandbuch für Vorstandsmitglieder, 2. Auflage 2015 (zitiert: Arbeitshdb. Vorstandsmitglieder/*Bearbeiter*)
Siedler/Zeitler/Dahme, Wasserhaushaltsgesetz und Abwasserabgabengesetz Kommentar, 50. EL 2016 (zitiert: Siedler/Zeitler/Dahme/*Bearbeiter*)
Simitis, BDSG, 64. Aktualisierung 2016 (zitiert: Simitis/*Bearbeiter*)
Sodan, Beck'sche Kompakt-Kommentare Grundgesetz, 3. Aufl. 2015 (zitiert: Sodan/*Bearbeiter*)
Sölch/Ringleb, Umsatzsteuergesetz, 75. Auflage 2015 (zitiert: Sölch/Ringleb/*Bearbeiter*)
Spindler/Stilz, Kommentar zum AktG, Band 1: §§ 1–149, 3. Auflage 2015 (zitiert: Spindler/Stilz/ *Bearbeiter*)
Spindler/Stilz, Kommentar zum AktG, Band 2: §§ 150–410, IntGesR, SpruchG, SE-VO, 3. Auflage 2015 (zitiert: Spindler/Stilz/*Bearbeiter*)
Stadie, Umsatzsteuergesetz, 3. Auflage 2015 (zitiert: Stadie/*Bearbeiter*)
Staub, Handelsgesetzbuch, Band 1: Einleitung; §§ 1–47b, 5. Auflage 2009 (zitiert: Staub/*Bearbeiter*)
Staudinger, BGB Dienstvertragsrecht I und II, 2016 (zitiert: StaudingerBGB/*Bearbeiter*)
Steinmeyer, WpÜG, 3. Aufl. 2013 (zitiert: Steinmeyer/*Bearbeiter*)
Stelkens/Bonk/Sachs (Hrsg.), VwVfG, 8. Auflage 2014 (zitiert: *Stelkens/Bonk/Sachs* VwVfG)
Stoye-Benk/Cutura, Handbuch Umwandlungsrecht, 3. Auflage 2012 (zitiert: *Stoye-Benk/Cutura*)
Streinz, EUV/AEUV, 2. Aufl. 2012; (zitiert: *Streinz*)

Literaturverzeichnis

Süß/Wachter, Handbuch des internationalen GmbH-Rechts, 3. Aufl, 2016 (zitiert: Süß/Wachter/ *Bearbeiter* Hdb des internationalen GmbH-Rechts)
Taeger/Gabel, BDSG, 2. Auflage 2013 (zitiert: Taeger/*Bearbeiter*)
Tappe/Westermann, Öffentliches Finanzrecht, 2015; (zitiert: *Tappe/Westermann*)
Theiselmann, Praxishandbuch des Restrukturierungsrechts, 3. Aufl. 2016 (zitiert: Theiselmann/ *Bearbeiter*)
Tipke/Kruse, Abgabenordnung, Finanzgerichtsordnung, Stand: 143. Ergänzungslieferung, Februar 2016 (zitiert: Tipke/Kruse/*Bearbeiter*)
Troll/Gebel/Jülicher, Erbschaftsteuer- und Schenkungsteuergesetz, Stand: 49. Ergänzungslieferung, Juli 2015 (zitiert Troll/Gebel/Jülicher/*Bearbeiter*)
Ule/Laubinger/Repkewitz, Bundes-Immissionsschutzgesetz Kommentar Rechtsvorschriften, 210. EL 2016 (zitiert: Ule/Laubinger/Repkewitz/*Bearbeiter*)
Ulmer, Habersack, Henssler, Mitbestimmungsrecht. Kommentierung des MitbestG, des DrittelbG, des SEBG und des MgVG, 3. Aufl. 2013 (zitiert: Ulmer/Habersack/Henssler/*Bearbeiter*)
Umbach/Clemens, Grundgesetz Mitarbeiterkommentar, 2002 (zitiert: Umbach/Clemens/*Bearbeiter*)
Versteyl/Mann/Schomerus, KrWG Kommentar, 3. Aufl. 2012 (zitiert: Versteyl/Mann/Schomerus/ *Bearbeiter*)
Versteyl/Sondermann, BBodSchG Kommentar, 2. Aufl. 2005 (zitiert: Versteyl/Sondermann/ *Bearbeiter*)
Wabnitz/Janovsky Handbuch des Wirtschaftsstrafrechts, 4. Aufl., 2014 (zitiert: Wabnitz/Janovsky/ *Bearbeiter*)
Wandtke/Bullinger, Praxiskommentar zum Urheberrecht, 4. Auflage 2014 (zitiert: Wandtke/ Bullinger/*Bearbeiter*)
Weller/Kullmann, Bundesberggesetz, 2012 (zitiert: *Weller/Kullmann*)
Westphal/Goetker/Wilkens, Grenzüberschreitende Insolvenzen, 2008 (zitiert: *Westphal/Goetker/ Wilkens*)
Werner/Saenger, Die Stiftung, 2008 (zitiert: Werner/Saenger/*Bearbeiter*)
Widmann/Mayer, Umwandlungsrecht, Loseblatt-Kommentar, 161. Ergänzungslieferung, Januar 2017 (zitiert: Widmann/Mayer/*Bearbeiter*)
Widtmann/Grasser/Glaser, Bayerische Gemeindeordnung, 28. EL 2016; (zitiert: Widtmann/Grasser/ Glaser/*Bearbeiter*)
Wiedemann (Hrsg.), Handbuch des Kartellrechts, 3. Auflage, 2016 (zitiert: Wiedemann/*Bearbeiter*)
Wiese/Kreutz/Oetker/Raab/Weber/Franzen/Gutzeit/Jacobs, Betriebsverfassungsgesetz. Gemeinschaftskommentar (2 Bände), 10. Aufl. 2014 (zitiert: GK/*Bearbeiter*)
Willemsen/Hohenstatt/Schweibert/Seibt, Umstrukturierung und Übertragung von Unternehmen, 5. Aufl. 2016 (zitiert: Willemsen/Hohenstatt/Schweibert/Seibt/*Bearbeiter*)
Windbichler, Gesellschaftsrecht, 24. Auflage 2017 (zitiert: *Windbichler*)
Winkeljohann/Förschle/Deubert, Sonderbilanzen, 5. Aufl. 2016 (zitiert: Winkeljohann/Förschle/ Deubert/*Bearbeiter*)
Winkler, BeurkG, 18. Aufl. 2017 (zitiert: *Winkler*)
Wißmann/Kleinsorge/Schubert, Mitbestimmungsrecht, 5. Aufl. 2017 (zitiert: Wißmann/Kleinsorge/ Schubert/*Bearbeiter*)
Wolff/Bachof/Stober/Kluth, Verwaltungsrecht II, 7. Aufl. 2010 (zitiert: *Wolff/Bachof/Stober/Kluth*)
Wolff/Brink, DSR, 1. Auflage 2013 (zitiert: Wolff/Brink/*Bearbeiter*)
Wolffgang/Simonsen/Rogmann (Hrsg.), AWR-Kommentar, Stand: 50. Aktualisierung, Dezember 2016 (zitiert: Wolffgang/*Bearbeiter*, AWR-Kommentar)
Wurz/Schraml/Becker, Handbuch Rechtspraxis der kommunalen Unternehmen, 2010 (zitiert: *Wurz/ Schraml/Becker*)

Teil 1. Allgemeiner Teil

1. Kapitel. Grundlagen

§ 1 Historischer Hintergrund

Übersicht

	Rdnr.		Rdnr.
I. Anfänge des Umwandlungsrechts	1–4	II. Entstehung des UmwG 1994	5–10
1. Verschmelzung	1, 2	1. Ausgangslage und Zielsetzung	5–9
2. Formwechsel	3	2. Gesetzgebungsverfahren	10
3. Spaltung	4	III. Fortentwicklung nach 1995	11–15

Schrifttum: *Bartodziej,* Reform des Umwandlungsrechts und Mitbestimmung, ZIP 1994, 580; *Bayer,* 1000 Tage neues Umwandlungsrecht – eine Zwischenbilanz, ZIP 1997, 1613; *Bayer/J. Schmidt,* Der Regierungsentwurf zur Änderung des Umwandlungsgesetzes – Eine kritische Stellungnahme, NZG 2006, 841; *Büchel,* Neuordnung des Spruchverfahrens, NZG 2003, 793; *J. W. Flume,* Vermögenstransfer und Haftung, 2008; *Fritz,* Die Spaltung von Kapitalgesellschaften, 1991; *Heckschen,* Die Novelle des Umwandlungsgesetzes – Erleichterungen für Verschmelzungen und Squeeze-out, NJW 2011, 2390; *Heiss,* Die Spaltung von Unternehmen im Deutschen Gesellschaftsrecht, 1995; *Hennrichs,* Formwechsel und Gesamtrechtsnachfolge bei Umwandlungen, 1995; *Himmelreich,* Unternehmensteilung durch partielle Universalsukzession, 1987; *Hügel,* Verschmelzung und Einbringung, 1993; *Kallmeyer,* Die Reform des Umwandlungsrechts, DB 1993, 367; *Lieder,* Die rechtsgeschäftliche Sukzession, 2015; *Mayer/Weiler,* Neuregelung durch das Zweite Gesetz zur Änderung des Umwandlungsgesetzes (Teil I, II), DB 2007, 1235, 1291; *Neye,* Der Regierungsentwurf zur Reform des Umwandlungsrechts, ZIP 1994, 165; *ders.,* Die Änderungen im Umwandlungsrecht nach den handels- und gesellschaftsrechtlichen Reformgesetzen in der 13. Legislaturperiode, DB 1998, 1649; *ders.,* Das neue Spruchverfahrensrecht, 2003; *K. Schmidt,* Universalsukzession kraft Rechtsgeschäfts: Bewährungsproben eines zivilrechtsdogmatischen Rechtsinstituts im Unternehmensrecht, AcP 191 (1991), 495; *ders.,* Wider eine „lex Holzmüller" – §§ 251 f. des Diskussionsentwurfs eines neuen Umwandlungsrechts in der Kritik, FS Heinsius, 1991, S. 715; *Schwarz,* Das neue Umwandlungsrecht, DStR 1994, 1694; *Trölitzsch,* Aktuelle Tendenzen im Umwandlungsrecht, DStR 1999, 764; *Voigt,* Umwandlung und Schuldverhältnis, 1997; *Wiener,* Umwandlung und Fusion von Gesellschaften, ZHR 27 (1882), 333.

I. Anfänge des Umwandlungsrechts

1. Verschmelzung

Das Umwandlungsrecht hat sich seit der **Mitte des 19. Jahrhunderts** bis zum heutigen Tage von einer Ansammlung diffuser Mechanismen der Umstrukturierung zu einem ausgefeilten System von Umwandlungsmöglichkeiten entwickelt.[1] Anfangs fusionierten Unternehmen – ohne gesetzliche Grundlage – durch Rechtsgeschäft der beteiligten Unternehmen und staatliche Konzession.[2] Erst die ursprüngliche Fassung des ADHGB **1861** schlug mit Art. 215 Abs. 2, 247 erste positivrechtliche Pflöcke ein. Auch wenn diese Verschmelzungsvorschriften in wesentlichen Punkten von der heutigen Ausgestaltung der §§ 2 ff. UmwG abwichen,[3] so erfolgte der Vermögenstransfer doch auch zu dieser Zeit

1

---

[1] Zur Entwicklungsgeschichte ausf. Bayer/Habersack/*Veil,* 24. Kap. Rn. 1 ff.; Kölner Kommentar-UmwG/*Flume* Einl. B Rn. 1 ff.
[2] Dazu näher Bayer/Habersack/*Veil,* 24. Kap. Rn. 6; Kölner Kommentar-UmwG/*Flume* Einl. B Rn. 8; zu Fusionsverträgen *Wiener* ZHR 27 (1882), 333, 366 ff.
[3] Für Einzelheiten s. Kölner Kommentar-UmwG/*Flume* Einl. B Rn. 9 ff.; *K. Schmidt* GesR § 12 II 2a; Bayer/Habersack/*Veil,* 24. Kap. Rn. 8 ff.; *Hennrichs* S. 28; *Hügel* S. 33 ff.

bereits nach dem Übertragungsmodus der **Universalsukzession**,[4] der auch auf die übertragende Umwandlung nach Maßgabe der §§ 80, 81 GmbHG **1892** zur Anwendung gelangte.[5]

2 In der Folgezeit wurden die **Verschmelzungsmöglichkeiten** sukzessive **erweitert**. Zunächst durch die Überführung des Aktienrechts in das **1897** neu geschaffene HGB (§§ 303 ff.),[6] später durch die Zulassung einer Verschmelzung – die erstmals auch gesetzlich diese Bezeichnung führte – von eG und genossenschaftlichen Prüfungsverbänden durch die GenG-Novellen von **1922** und **1929** (§§ 93a ff. GenG 1922; §§ 60a ff. GenG 1929).[7] Im Zuge der großen Aktienrechtsreform **1937** wurde auch das auf AG und KGaA bezogene Umwandlungsrecht modernisiert und ausführlicher geregelt (§§ 226 ff.).[8] Das AktG **1965** brachte hingegen keine wesentlichen Neuerungen (§§ 362 ff.).[9] Im Zuge der GmbH-Novelle von **1980** ermöglichten die §§ 19 ff. KapErhG die Verschmelzung von GmbH untereinander und von AG, KGaA und bergrechtlichen Gewerkschaften auf GmbH.[10] Die Umsetzung der dritten gesellschaftsrechtlichen (Verschmelzungs-)Richtlinie[11] durch das Verschmelzungsrichtlinie-Gesetz von **1982**[12] führte zu einer signifikanten Erweiterung der Aktionärsrechte und einer Verstärkung des Gläubigerschutzes bei Verschmelzungen.[13]

2. Formwechsel

3 Ein **identitätswahrender Formwechsel** von Gesellschaften wurde bis Ende des 19. Jahrhunderts in Zweifel gezogen.[14] Daher interpretierte man die mit der Aktienrechtsnovelle von **1884** geschaffene Möglichkeit einer Umwandlung der KGaA in eine AG nach Art. 206a ADHGB[15] sowie die Umwandlung der AG in eine GmbH gem. §§ 80, 81 GmbHG **1892** als univeralsukzessive Rechtsübertragung.[16] Der identitätswahrende Formwechsel wurde für die Umwandlung von der KGaA in die AG erst mit der Transformation der aktienrechtlichen Bestimmung in das HGB (§§ 332 ff. HGB **1897**) an-

---

[4] Vgl. Motive zum preußischen Entwurf von 1857, bei *Schubert*, Verhandlungen über die Entwürfe eines Allgemeinen Deutschen Handelsgesetzbuches, 1986, S. 98: „(...) es kann der anderen Gesellschaft, auf welche das Vermögen übergeht, (...)"; RGZ 9, 11, 18 f.; *Wiener* ZHR 27 (1882), 333, 372 f.; ebenso die Interpretation im modernen Schrifttum: Bayer/Habersack/*Veil*, 24. Kap. Rn. 10; *K. Schmidt* AcP 191 (1991), 495, 504; *J. W. Flume* S. 71 f.; *Hügel* S. 36; *Lieder* S. 715 f.

[5] Speziell dazu Bayer/Habersack/*Veil*, 24. Kap. Rn. 18; Kölner Kommentar-UmwG/*Flume* Einl. B Rn. 5.

[6] Dazu ausf. Kölner Kommentar-UmwG/*Flume* Einl. B Rn. 16 ff.; Bayer/Habersack/*Veil*, 24. Kap. Rn. 21 ff.

[7] Dazu ausf. Kölner Kommentar-UmwG/*Flume* Einl. B Rn. 41 ff.

[8] Für Einzelheiten siehe Bayer/Habersack/*Veil*, 24. Kap. Rn. 34 ff.; Kölner Kommentar-UmwG/*Flume* Einl. B Rn. 44 ff.

[9] Dazu näher Bayer/Habersack/*Veil*, 24. Kap. Rn. 48 ff.; vgl. weiter Kölner Kommentar-UmwG/*Flume* Einl. B Rn. 47 f.

[10] Vgl. Kölner Kommentar-UmwG/*Flume* Einl. B Rn. 49; Bayer/Habersack/*Veil*, 24. Kap. Rn. 55 f.

[11] Richtlinie 78/855/EWG; aktuelle Fassung: Richtlinie 2011/35/EU des Europäischen Parlaments und des Rates v. 5.4.2011 über die Verschmelzung von Aktiengesellschaften, ABl. EU v. 29.4.2011, L110/1; dazu etwa *Lutter/Bayer/Schmidt* § 21 Rn. 1 ff.

[12] Gesetz zur Durchführung der Dritten Richtlinie des Rates der Europäischen Gemeinschaften zur Koordinierung des Gesellschaftsrechts (Verschmelzungsrichtlinie-Gesetz) v. 25.10.1982, BGBl. I, S. 1425.

[13] Dazu näher Bayer/Habersack/*Veil*, 24. Kap. Rn. 57 ff.; Kölner Kommentar-UmwG/*Flume* Einl. B Rn. 50.

[14] Bejahend etwa für den Formwechsel einer bergrechtlichen Gewerkschaft in eine AG: RGZ 26, 334, 336; offen gelassen aber später von RGZ 74, 6, 9; zur Diskussion ausf. Kölner Kommentar-UmwG/*Flume* Einl. B Rn. 53.

[15] Speziell dazu Bayer/Habersack/*Veil*, 24. Kap. Rn. 14 ff.; Kölner Kommentar-UmwG/*Flume* Einl. B Rn. 56.

[16] Vgl. nur Bayer/Habersack/*Veil*, 24. Kap. Rn. 18; *Lieder* S. 716.

§ 1 Historischer Hintergrund   4–6 § 1

erkannt.[17] Bis zur Zulassung des Formwechsels von Kapitalgesellschaften in andere Formen von Kapitalgesellschaften dauerte es bis zum AktG **1937** (§§ 257 ff.), an welches später das AktG **1965** (§§ 362 ff.) anknüpfte. Daneben galt das bereits **1934** erlassene Gesetz über die Umwandlung von Kapitalgesellschaften (UmwG 1934), das nach dem Willen des nationalsozialistischen Gesetzgebers den Kapitalgesellschaften (AG[18], KGaA, GmbH) die Umwandlung in eine Personengesellschaft (OHG, KG, GbR) ermöglichte[19] und später – inhaltlich nahezu unverändert – in das UmwG **1956** überführt wurde.[20] Die Umwandlung von Personen- in Kapitalgesellschaften ermöglichte erstmals das UmwG **1969**.[21]

3. Spaltung

Den „Schlußstein des rechtsdogmatischen Umwandlungsgebäudes"[22] bildet die von der **4** **Spaltung** ermöglichte partielle Universalsukzession. Sie wurde erstmals im UmwG konsequent umgesetzt. Zuvor existierten nur Hilfskonstruktionen, mit welchen in der Nachkriegszeit Unternehmen auf öffentlichrechtlicher Grundlage entflochten[23] und einzelkaufmännische Unternehmen nach Maßgabe der §§ 50 ff., 56a ff. UmwG **1969/80** übertragen wurden.[24] Das SpTrUG von **1991**,[25] das nach der Wiedervereinigung eine Spaltung von Unternehmen ermöglichte, deren Anteile zu 100 % der Treuhandanstalt gehörten, war schon unter Berücksichtigung des Diskussionsentwurfs (→ Rn. 10) zum späteren UmwG 1994 konzipiert und ausgestaltet worden.[26]

II. Entstehung des UmwG 1994

1. Ausgangslage und Zielsetzung

Der historische Überblick zeigt deutlich, dass es sich beim Umwandlungsrecht bis in die **5** 1980er Jahre um eine **zerklüftete Rechtsmaterie** handelte, die Umwandlungen nur in einzelnen Konstellationen zuließ.[27] Insbesondere fehlte es an einheitlichen Umwandlungsmöglichkeiten unter der gemeinsamen Beteiligung von Kapital- und Personengesellschaften; eG konnten nur untereinander verschmolzen werden, Personengesellschaften hingegen nicht untereinander, eine Umwandlung von Vereinen war ausgeschlossen und die Spaltung weitgehend unbekannt. Zudem erschwerte die Unterscheidung von übertragender und formwechselnder Umwandlung die rechtsdogmatische Durchdringung des Umwandlungsrechts.

Dementsprechend verfolgte der Gesetzgeber des UmwG 1994 im Wesentlichen **drei** **6** **Ziele**:[28]

---

[17] Dazu ausf. Kölner Kommentar-UmwG/*Flume* Einl. B Rn. 59; vgl. ferner Bayer/Habersack/*Veil*, 24. Kap. Rn. 25.
[18] Zur Kritik an der AG in der NS-Zeit vgl. Bayer/Habersack/*Bayer/Engelke*, 15. Kap. Rn. 3 ff.
[19] Für Einzelheiten s. Kölner Kommentar-UmwG/*Flume* Einl. B Rn. 69 ff.; Bayer/Habersack/*Veil*, 24. Kap. Rn. 29 ff.
[20] Dazu ausf. Bayer/Habersack/*Veil*, 24. Kap. Rn. 42 ff.; Kölner Kommentar-UmwG/*Flume* Einl. B Rn. 72 f.
[21] Speziell dazu Bayer/Habersack/*Veil*, 24. Kap. Rn. 54.
[22] *K. Schmidt* GesR § 12 IV 4.
[23] Im Überblick Kölner Kommentar-UmwG/*Flume* Einl. B Rn. 77; ausf. *Fritz*, S. 129 ff.; *Himmelreich*, S. 190 ff.
[24] Vgl. Kölner Kommentar-UmwG/*Flume* Einl. B Rn. 78; *K. Schmidt* GesR § 12 IV 4; *K. Schmidt* AcP 191 (1991), 495, 512; *Voigt*, S. 59.
[25] Gesetz über die Spaltung der von der Treuhandanstalt verwalteten Unternehmen (SpTrUG) v. 5.4.1991, BGBl. I, S. 854; dazu *Heiss*, Die Spaltung von Unternehmen im Deutschen Gesellschaftsrecht, 1995.
[26] Für Einzelheiten s. Bayer/Habersack/*Veil*, 24. Kap. Rn. 61 f.
[27] Zum Folgenden vgl. auch die Bestandsaufnahme bei Lutter/*Lutter/Bayer* Einl. I Rn. 6 f.; Kölner Kommentar-UmwG/*Dauner-Lieb* Einl. A Rn. 7; Widmann/Mayer/*Fronhöfer* § 2 Rn. 1 ff.; Schmitt/Hörtnagl/Stratz/*Stratz* Einf. Rn. 3 f.; Semler/Stengel/*Stengel* Einl. A Rn. 11 ff.; *K. Schmidt* FS Heinsius, 1991, S. 715 ff.
[28] Begr. RegE, bei *Ganske*, S. 15 ff.

– Erstens sollte die Kodifikation die bereits bestehenden **umwandlungsrechtlichen Vorschriften** gesetzgebungstechnisch **zusammenfassen** und systematisierend **ordnen**. Hiervon durfte man sich eine leichtere Handhabbarkeit durch den Rechtsanwender und eine größere Transparenz im Allgemeinen versprechen.

7 – Zweitens sollten mittels Schließung der bestehenden – zum Teil zufälligen – Lücken im Umwandlungsrecht die bestehenden **Umwandlungsmaßnahmen erweitert** werden. Zu diesem Zweck sollten weitere Umwandlungsarten zugelassen, namentlich die Spaltung, sowie der Kreis umwandlungsfähiger Rechtsträger und der Umwandlungsmöglichkeiten selbst erweitert werden, wie zB die Umwandlung von Vereinen und der identitätswahrende Formwechsel zwischen Kapital- und Personengesellschaften.

8 – Drittens zielte die Neuregelung auf eine **Erweiterung des Schutzes außenstehender Interessenträger**, namentlich der Gläubiger, (Minderheits-)Gesellschafter und Arbeitnehmer[29] der an einer Umwandlung beteiligten Unternehmen ab.

9 Das UmwG 1994 hat diese selbst formulierten **Ziele** – abgesehen von Detailkritik an einzelnen Vorschriften[30] – im Wesentlichen **erreicht**.[31] Es darf als der Prototyp einer modernen, in sich geschlossenen Kodifikation auf dem Gebiet des Unternehmensrechts gelten. Das belegt nicht nur die ausgeklügelte Verweisungstechnik und das hohe Abstraktionsniveau der Einzelbestimmungen, sondern auch der Umstand, dass sich das UmwG in der praktischen Rechtsanwendung bewährt hat und bisher keine signifikanten strukturellen Defizite zu verzeichnen sind. Neben der Zulassung einer partiellen Universalsukzession im Spaltungsrecht (→ § 4 Rn. 20 f.) liegt eine der bedeutendsten Leistungen des UmwG in der Beseitigung der früheren Unterscheidung von formwechselnder und übertragender Umwandlung durch die Anerkennung eines reinen Formwechsels für sämtliche umwandlungsfähigen Rechtsträger (vgl. § 202 Abs. 1 Nr. 1 UmwG).[32]

2. Gesetzgebungsverfahren

10 Schon im Zusammenhang mit der **GmbH-Novelle 1980** zog der Gesetzgeber eine umfassende Gesamtkodifikation des Umwandlungsrechts in Betracht.[33] Es folgte eines der langwierigsten und aufwendigsten Gesetzgebungsverfahren im unternehmensrechtlichen Bereich.[34] Die Vorarbeiten nahmen nach Erlass der sechsten gesellschaftsrechtlichen (Spaltungs-)Richtlinie[35] Fahrt auf und mündeten in den **Diskussionsentwurf 1988** (DiskE)[36], der in der Fachöffentlichkeit ein positives Echo erfuhr.[37] Der DiskE bildete die Grundlage für das SpTrUG (→ Rn. 4)[38] und den **Referentenentwurf 1992**,[39] der eine Vielzahl von Verbesserungsvorschlägen umsetzte[40] und selbst wiederum eine lebhafte Diskussion in

---

[29] Speziell zu diesem vom Gesetzgeber nicht ausdrücklich genannten Gesetzesziel Semler/Stengel/*Stengel* Einl. A Rn. 27 f.

[30] Dazu etwa *Bayer* ZIP 1997, 1613, 1626.

[31] Ebenso die Einschätzung von Kölner Kommentar-UmwG/*Dauner-Lieb* Einl. A Rn. 9; Semler/Stengel/*Stengel* § 1 Rn. 3; Schmitt/Hörtnagl/Stratz/*Stratz* Einf. Rn. 12, 21, 24; *Schwarz* DStR 1994, 1694, 1702; *Timm* ZGR 1996, 247, 271; *Trölitzsch* DStR 1999, 764, 769; im Ergebnis auch *Bayer* ZIP 1997, 1613, 1626.

[32] Dazu ausf. Lutter/*Lutter/Bayer* Einl. I Rn. 52.

[33] Dazu Rechtsausschuss, BT-Drucks. 8/3908, S. 67, 77; BTag, Plenarprotokoll 8/216, S. 17363 ff., insb. S. 17370; dazu näher Lutter/*Lutter/Bayer* Einl. I Rn. 8; Semler/Stengel/*Stengel* Einl. A Rn. 30.

[34] Vgl. auch Widmann/Mayer/*Mayer* Einf UmwG Rn. 1.

[35] Sechste Richtlinie 82/891/EWG des Rates v. 17.12.1982 gemäß Artikel 54 Absatz 3 Buchstabe g) des Vertrages betreffend die Spaltung von Aktiengesellschaften, ABl. EG v. 31.12.1982, L378/47; dazu Lutter/Bayer/*Schmidt* § 22 Rn. 1 ff.

[36] Diskussionsentwurf für ein Gesetz zur Bereinigung des Umwandlungsrechts v. 3.8.1988; veröffentlicht als Beilage Nr. 214a zum Bundesanzeiger v. 15.11.1988; zusf. *Eder* GmbHR 1989, R17 ff.

[37] S. die Nachweise bei Lutter/*Lutter/Bayer* Einl. I Rn. 9 Fn. 5; Widmann/Mayer/*Mayer* Einf UmwG Rn. 3 Fn. 2 f.

[38] Zur Gesetzgebung im Zuge der deutschen Einheit näher Semler/Stengel/*Stengel* Einl. A Rn. 31 ff.; Widmann/Mayer/*Mayer* Einf UmwG Rn. 4; Lutter/*Lutter/Bayer* Einl. I Rn. 10.

Wissenschaft und Praxis auslöste.[41] Im Nachgang hierzu erwiesen sich insbesondere die arbeits- und mitbestimmungsrechtlichen Vorschriften des UmwG als konfliktträchtig.[42] Der bereits im Frühjahr 1993 vom BMJ verabschiedete **Regierungsentwurf** konnte erst Anfang **1994** beschlossen[43] und in das offizielle Gesetzgebungsverfahren eingebracht werden.[44] Die politischen Meinungsverschiedenheiten über die Mitbestimmung brachen sich auch im weiteren Fortgang des Verfahrens Bahn[45] und führten zur Anrufung des **Vermittlungsausschusses**, dessen Kompromissvorschlag zu § 325 Abs. 1 UmwG[46] schließlich den Weg zu einem erfolgreichen Abschluss des Gesetzgebungsverfahrens ebnete.[47] Daraufhin konnte das UmwG 1994[48] am 1.1.1995 **in Kraft** treten.[49]

III. Fortentwicklung nach 1995

Neben einer Vielzahl von primär technischen **Anpassungen** im Zuge der Neuregelung angrenzender Rechtsmaterien, wie zB des Aktien-, GmbH-, Handels-, Bilanz-, Verfahrens-, Schuld- und Verjährungsrechts,[50] hat das UmwG vier signifikante **Änderungen** erfahren.

11

Nach Einführung der **Partnerschaftsgesellschaft** (PartG) durch das PartGG 1994[51] ist durch das Erste UmwG-Änderungsgesetz **1998**[52] die PartG dem Kreis umwandlungsfähiger Rechtsträger hinzugefügt worden, und zwar zum einen durch Ergänzung der §§ 3 Abs. 1 Nr. 1, 191 Abs. 1 Nr. 1, Abs. 2 Nr. 2 UmwG sowie zum anderen durch Einfügung von Spezialvorschriften für die Verschmelzung (§§ 45a ff. UmwG) und den Formwechsel (§§ 222a ff. UmwG) von PartG.[53]

12

Das **Spruchverfahrensneuordnungsgesetz 2003**[54] hat die einschlägigen, zunächst im AktG, FGG und UmwG enthaltenen Vorschriften durch ein eigenständiges Spruchverfahrensgesetz ersetzt und partiell fortentwickelt.[55] Sein Inhalt ist im Zusammenhang mit den

13

---

[39] Referentenentwurf für ein Gesetz zur Bereinigung des Umwandlungsrechts v. 14.4.1992; veröffentlicht als Beilage Nr. 112a zum Bundesanzeiger v. 20.6.1992.
[40] Für Einzelheiten s. *Ganske* in IDW (Hrsg.), Reform des Umwandlungsrechts, 1993, S. 15, 17 ff.
[41] S. die Nachweise bei Lutter/*Lutter/Bayer* Einl. I Rn. 11 Fn. 4 ff.; Widmann/Mayer/*Mayer* Einf UmwG Rn. 5 Fn. 2.
[42] Dazu näher Widmann/Mayer/*Mayer* Einf UmwG Rn. 5; Lutter/*Lutter/Bayer* Einl. I Rn. 12 ff.; vgl. weiter *Kallmeyer* DB 1993, 367 f.
[43] Zu den Änderungen *Neye* ZIP 1994, 165 ff.
[44] Gesetzentwurf der Bundesregierung eines Gesetzes zur Bereinigung des Umwandlungsrechts (UmwBerG), BR-Drucks. 75/94.
[45] Dazu ausf. Lutter/*Lutter/Bayer* Einl. I Rn. 16; vgl. weiter Semler/Stengel/*Stengel* Einl. A Rn. 35 f.; *Bartodziej* ZIP 1994, 580 ff.
[46] Beschlussempfehlung des Ausschusses nach Artikel 77 des Grundgesetzes (Vermittlungsausschuss) zu dem Gesetz zur Bereinigung des Umwandlungsrechts (UmwBerG) v. 2.9.1994, BT-Drucks. 12/8415.
[47] Für Einzelheiten s. Semler/Stengel/*Stengel* Einl. A Rn. 37; Lutter/*Lutter/Bayer* Einl. I Rn. 17.
[48] Gesetz zur Bereinigung des Umwandlungsrechts (UmwBerG) v. 28.10.1994, BGBl. I, S. 3210.
[49] Zum zeitlichen Anwendungsbereich ausf. Sagasser/Bula/Brünger/*Sagasser* § 2 Rn. 55 ff.; Widmann/Mayer/*Mayer* Einf UmwG Rn. 7 ff.
[50] S. die Zusammenstellung bei Lutter/*Lutter/Bayer* Einl. I Rn. 24; vgl. weiter Kölner Kommentar-UmwG/*Dauner-Lieb* Einl. A Rn. 23 ff.; Schmitt/Hörtnagl/Stratz/*Stratz* Einl. Rn. 24 ff.; Semler/Stengel/*Stengel* Einl. A Rn. 42; Widmann/Mayer/*Mayer* Einf UmwG Rn. 17 ff.
[51] Gesetz über Partnerschaftsgesellschaften Angehöriger Freier Berufe (Partnerschaftsgesellschaftsgesetz – PartGG) v. 25.7.1994, BGBl. I, S. 1744.
[52] Gesetz zur Änderung des Umwandlungsgesetzes, des Partnerschaftsgesellschaftsgesetzes und anderer Gesetze v. 22.7.1998, BGBl. I, S. 1878.
[53] Zum Ganzen ausf. *Neye* DB 1998, 1649 ff.
[54] Gesetz zur Neuordnung des gesellschaftsrechtlichen Spruchverfahrens (Spruchverfahrensneuordnungsgesetz) v. 12.6.2003, BGBl. I, S. 838.
[55] Dazu ausf. *Neye*, Das neue Spruchverfahrensrecht, 2003; vgl. weiter *Büchel* NZG 2003, 793 ff.

Beschlussmängeln bei Verschmelzung (→ § 14 Rn. 244 ff), Spaltung (→ § 28 Rn. 70 ff.) und Formwechsel (→ § 37 Rn. 9 ff.) erläutert.

14 Zur Umsetzung der internationalen Verschmelzungsrichtlinie[56] in nationales Recht ist durch das **Zweite UmwG-Änderungsgesetz 2007**[57] ein neuer Abschnitt über die **grenzüberschreitende Verschmelzung** von Kapitalgesellschaften (§§ 122a ff. UmwG) eingefügt worden. Zudem nahm der Gesetzgeber die Umsetzungspflicht zum Anlass, um einige Mängel des UmwG abzustellen, die im Schrifttum[58] bereits zuvor angemahnt worden waren. Die Änderungen zielten namentlich darauf ab, das **Umwandlungsverfahren zu erleichtern und zu beschleunigen** (vgl. §§ 16 Abs. 3, 19 Abs. 1, 35, 44, 48, 67, 141, 245 UmwG), einen Verzicht auf die Anteilsgewährung zu ermöglichen (§§ 54 Abs. 1 S. 3, 68 Abs. 1 S. 3 UmwG) und die Angebotspflicht nach § 29 Abs. 1 UmwG auf die Fälle des kalten Delistings zu erweitern. Zudem wurden verschiedene Verfahrenserschwernisse ersatzlos gestrichen, wie zB die viel kritisierte Spaltungsbremse des § 132 UmwG aF und die Vermögensaufstellung beim Formwechsel nach § 192 Abs. 2 UmwG aF.[59]

15 Auch das **Dritte UmwG-Änderungsgesetz 2011**[60] bezweckte in erster Linie die Umsetzung europäischer Vorgaben, und zwar der Richtlinie 2009/109/EG.[61] Wesentliche Neuerungen brachte die Novelle für Verschmelzung und Spaltung im Konzern, namentlich durch die Einführung eines **verschmelzungsrechtlichen Squeeze-out** (§ 62 Abs. 5 UmwG) und den Verzicht auf den Hauptversammlungsbeschluss der übertragenden Kapitalgesellschaft bei der Verschmelzung einer 100%igen Tochter auf die Mutter-AG (§ 62 Abs. 4 UmwG). Darüber hinaus sind **Berichts- und Dokumentationspflichten** modernisiert worden.[62]

§ 2 Rechtspraktische Bedeutung

Übersicht

	Rdnr.		Rdnr.
I. Grundlagen	1–12	III. Spaltung	24–28
1. Wirtschaftliche Beweggründe	1–7	1. Wirtschaftliche Beweggründe	24–26
2. Vor- und Nachteile im Vergleich zu Gestaltungsalternativen	8, 9	2. Vor- und Nachteile im Vergleich zu Gestaltungsalternativen	27, 28
3. Rechtstatsachen	10–12	IV. Vermögensübertragung	29
II. Verschmelzung	13–23	V. Formwechsel	30–38
1. Wirtschaftliche Beweggründe	13–15	1. Wirtschaftliche Beweggründe	30–35
2. Vor- und Nachteile im Vergleich zu Gestaltungsalternativen	16–23	2. Vor- und Nachteile im Vergleich zu Gestaltungsalternativen	36–38

Schrifttum: *Bayer/Hoffmann*, Restrukturierung von Aktiengesellschaften durch umwandlungsrechtliche Maßnahmen, AG 2006, R468; *Bayer/Schmidt/Hoffmann*, Verschmelzungen nach Inkrafttreten des 2. UmwÄndG, Der Konzern 2012, 225; *Brandmüller*, Die Betriebsaufspaltung nach Handelsrecht und Steuerrecht, 1997; *Buchner*, Die Ausgliederung von betrieblichen Funktionen (Betriebsteilen) unter

---

[56] Richtlinie 2005/56/EG des Europäischen Parlaments und des Rates v. 26.10.2005 über die Verschmelzung von Kapitalgesellschaften aus verschiedenen Mitgliedstaaten, ABl. EU v. 25.11.2005, L310/1; dazu *Lutter/Bayer/Schmidt* § 23 Rn. 1 ff.

[57] Zweites Gesetz zur Änderung des Umwandlungsgesetzes v. 19.4.2007, BGBl. I, S. 542.

[58] Vgl. etwa *Bayer/J. Schmidt* NZG 2006, 841, 844 ff.

[59] Zum Ganzen ausf. Widmann/Mayer/*Mayer* Einf UmwG Rn. 27 ff.; *Mayer/Weiler* DB 2007, 1235 ff., 1291 ff.

[60] Drittes Gesetz zur Änderung des Umwandlungsgesetzes v. 11.7.2011, BGBl. I, S. 1338; dazu ausf. Widmann/Mayer/*Mayer* Einf UmwG Rn. 65.1 ff.; *Heckschen* NJW 2011, 2390 ff.

[61] Richtlinie 2009/109/EG des Europäischen Parlaments und des Rates v. 16.9.2009 zur Änderung der Richtlinien 77/91/EWG, 78/855/EWG und 82/891/EWG des Rates sowie der Richtlinie 2005/56/EG hinsichtlich der Berichts- und Dokumentationspflicht bei Verschmelzungen und Spaltungen, ABl. EU v. 2.10.2009, L259/14.

[62] Für Einzelheiten s. Widmann/Mayer/*Mayer* Einf UmwG Rn. 65.1 ff.

§ 2 Rechtspraktische Bedeutung

arbeitsrechtlichen Aspekten (I), GmbHR 1997, 377; *Claussen,* Gesamtnachfolge und Teilnachfolge, 1995; *Ege/Klett,* Aktuelle gesellschaftsrechtliche und steuerliche Aspekte von Anwachsungsmodellen, DStR 2010, 2463; *Finken/Decher,* Die Umstrukturierung des Familienunternehmens in eine Aktiengesellschaft, AG 1989, 391; *Gaß,* Die Umwandlung gemeindlicher Unternehmen: Entscheidungsgründe für die Wahl einer Rechtsform und Möglichkeiten des Rechtsformwechsels, 2003; *Hasselbach/Komp,* Die Bestandsübertragung als Maßnahme zur Restrukturierung von Versicherungsunternehmen, VersR 2005, 1651; *Heckschen,* Verschmelzung von Kapitalgesellschaften, 1989; *Heckschen,* Fusion von Kapitalgesellschaften im Spiegel der Rechtsprechung, WM 1990, 377; *ders.,* Kapitalerhaltung und Down-Stream-Merger, GmbHR 2008, 802; *Hoger/Lieder,* Die grenzüberschreitende Anwachsung, ZHR 180 (2016), 613; *Hügel,* Verschmelzung und Einbringung, 1993; *Jung,* Umwandlungen unter Mitbestimmungsverlust, 2000; *Kallmeyer,* Der Formwechsel der GmbH oder GmbH & Co. in die AG oder KGaA zur Vorbereitung des Going public, GmbHR 1995, 888; *Kallmeyer,* Der Einsatz von Spaltung und Formwechsel nach dem UmwG 1995 für die Zukunftssicherung von Familienunternehmen, DB 1996, 86; *Kirchner/Sailer,* Rechtsprobleme bei Einbringung und Verschmelzung, NZG 2002, 305; *Küting/Zündorf,* Die konzerninterne Verschmelzung und ihre Abbildung im konsolidierten Abschluss, BB 1994, 1383; *Lepper,* Die Ausgliederung kommunaler Unternehmen in der notariellen Praxis, RNotZ 2006, 313; *Lieder,* Die rechtsgeschäftliche Sukzession, 2015; *ders.,* Rechtsformalternativen für Familiengesellschaften, in: Fleischer/Kalss/Vogt, Recht der Familiengesellschaften, 2017, S. 27; *Lieder/Hoffmann,* Die bunte Welt der KGaA: Eine Bestandsaufnahme der KGaA-Landschaft zum Stichtag 11.7.2016, AG 2016, 704; *Lutter,* Zur Vorbereitung und Durchführung von Grundlagenbeschlüssen in Aktiengesellschaften, FS Fleck, 1988, S. 169; *Lutter/Timm,* Konzernrechtlicher Präventivschutz im GmbH-Recht, NJW 1982, 409; *Meyer-Landrut/Kiem,* Der Formwechsel einer Publikumsaktiengesellschaft – Erste Erfahrungen aus der Praxis, Teil I, WM 1997, 1361; *Müntefering,* Zivilrechtliche Schranken der partiellen Universalsukzession, 2003; *Nagel/Thies,* Die nicht verhältniswahrende Abspaltung als Gestaltungsinstrument im Rahmen von Unternehmenszusammenschlüssen, GmbHR 2004, 83; *Ossadnik/Maus,* Die Verschmelzung im neuen Umwandlungsrecht aus betriebswirtschaftlicher Sicht, DB 1995, 105; *Römer/Müller,* Anforderungen des Going Public mittelständiger Unternehmen, DB 2000, 1085; *Schmitz-Riol,* Der Formwechsel der eingetragenen Genossenschaft in die Kapitalgesellschaft, 1998; *Schreier/Leicht,* Übertragung von Verträgen bei Carve-Outs, NZG 2011, 121; *Schröder,* Ausgliederungen aus gemeinnützigen Organisationen auf gemeinnützige und steuerpflichtige Kapitalgesellschaften, DStR 2001, 1415; *Schwedhelm,* Die Umstrukturierung von Kapitalgesellschaften in Personengesellschaften zur Vorbereitung der Unternehmensnachfolge, ZEV 2003, 8; *Strahl,* Rechtliche Verselbständigung wirtschaftlicher Aktivitäten von gemeinnützigen Forschungseinrichtungen, FR 2005, 1241; *Veil,* Umwandlung einer Aktiengesellschaft in eine Gesellschaft mit beschränkter Haftung, 1996; *Voigt,* Umwandlung und Schuldverhältnis, 1997; *von Busekist,* Der Formwechsel des Vereins in die Aktiengesellschaft nach den §§ 190 ff., 272 ff. UmwG 1994, 2004; *von der Linden,* Umstrukturierung von mitbestimmten Unternehmen nach deutschem Umwandlungsrecht und durch grenzüberschreitende Sitzverlegung, 2007.

I. Grundlagen

1. Wirtschaftliche Beweggründe

Die unternehmerischen Motive für die Umwandlung eines Rechtsträgers sind vielgestaltig.[1] Unabhängig von den einzelnen Umwandlungsmöglichkeiten nach dem UmwG werden solche Strukturmaßnahmen vielfach ausgelöst durch **veränderte Zielsetzungen** der wirtschaftlichen Eigentümer des Unternehmens, durch freiwillige und unfreiwillige Veränderungen im Gesellschafterkreis, durch **gewandelte Rahmenbedingungen** der Unternehmenspraxis, sei es im operativen Geschäft des Unternehmens (zB Wachstumspotenzial, Sanierungsbedarf), sei es infolge eines veränderten Kundenverhaltens, sowie durch Wandlungen der jeweiligen Branche oder der Gesamtkonjunktur, aber auch durch **Veränderungen des Rechtsrahmens**, namentlich des Steuer-[2] oder Bilanzrechts.

1

---

[1] Vgl. etwa Semler/Stengel/*Stengel* Einl. A Rn. 4; Lutter/*Lutter/Bayer* Einl. I Rn. 2 ff.; Böttcher/Habighorst/Schulte/*Böttcher* Einl. Rn. 1; *Hügel* S. 21 ff.; *Rose/Glorius-Rose,* Unternehmen, 3. Aufl. 2001, S. 155 ff.

[2] Dazu näher BeckHdbPersG/*Bärwaldt/Wisniewski* § 9 Rn. 3.

2 Alle diese Faktoren können Organisationsveränderungen des Unternehmens notwendig machen. Die verfassungsrechtlich durch Art. 2 Abs. 1, 9 Abs. 1 GG verbürgte Vereinigungsfreiheit eröffnet den Beteiligten die grundsätzliche **Wahlfreiheit** unter den gesetzlich zugelassenen Organisationsformen,[3] und zwar vom Einzelkaufmann, über die Personen- (GbR, OHG, KG, PartG) und Kapitalgesellschaften (GmbH, AG, SE), bis hin zu eG, eV und Stiftung.[4] Sie stehen nicht nur bei der ursprünglichen Entscheidung für eine bestimmte Rechtsform zur Verfügung, sondern können auch bei im Laufe der Zeit zum Vorschein kommenden Änderungsbedarf gewählt werden. Das UmwG soll sicherstellen, dass die **sekundäre Rechtsformwahlfreiheit** – und die damit gewährleistete strategische und strukturelle Flexibilität für Unternehmen[5] – besonders effektiv nutzbar ist.[6]

3 Auf derlei Veränderungen können Unternehmen und ihre Entscheidungsträger wiederum auf ganz unterschiedliche Art und Weise reagieren. Um Wachstumschancen zu nutzen, kann ein **Zusammenschluss** mit einem anderen Unternehmen sinnvoll sein, sei es durch einen *merger of equals* in Form der Verschmelzung zur Neugründung, etwa von zwei nahezu gleichgroßen GmbH zu einer AG, oder durch die Verschmelzung eines Zulieferers auf das deutlich größere (Abnehmer-)Unternehmen im Wege der Verschmelzung zur Aufnahme. Darüber hinaus sind Zusammenschlüsse nicht selten **steuerrechtlich** getrieben, etwa um Verlustvorträge eines erworbenen Unternehmens auszunutzen. Der Zusammenschluss kann auch dazu dienen, die Produktpalette zu erweitern oder **Größeneffekte** zu erzielen.[7] Auch ein Gemeinschaftsunternehmen (*Joint Venture*) kann durch die Zusammenführung zweier Tochtergesellschaften der das Gemeinschaftsprojekt initiierenden Unternehmen entstehen.

4 Umgekehrt kann Unternehmen daran gelegen sein, einzelnen Betriebsteilen eine größere organisatorische Selbstständigkeit zu gewähren; durch die Ausgliederung eines Teilunternehmens entsteht dann eine Konzernstruktur. Die **Zerlegung** des Unternehmens kann aber auch ein notwendiger Zwischenschritt zur Veräußerung einer verselbstständigten Funktionseinheit oder einzelner Vermögensgegenstände sein, wie zB von Grundstücken oder besonders wertvollen Produktionsmitteln („Kronjuwelen"). Dies kann zur Konzentration des Unternehmens auf das Kerngeschäft betriebswirtschaftlich sinnvoll sein, aber auch um die Leitung und Überwachung des Unternehmens (Corporate Governance) zu verbessern und um etwa durch eine Spartenorganisation[8] klare Kompetenzstrukturen zu schaffen.[9]

5 Ein wirtschaftliches Bedürfnis für Umwandlungen ergibt sich häufig in **Konzernsachverhalten**. Das gilt zum einen für die Entstehung eines Konzerns, etwa durch Ausgliederung einer Funktionseinheit aus einem Einheitsunternehmen oder durch die Schaffung einer **Holdingstruktur**. Umgekehrt kann es wirtschaftlich sinnvoll sein, ein Tochterunternehmen durch Verschmelzung organisatorisch stärker in das Mutterunternehmen zu integrieren, etwa weil sich die Unternehmensleitung hiervon Synergieeffekte verspricht oder schlicht die Konzernstruktur bereinigen möchte.[10]

6 Des Weiteren kann die Durchführung einer Umwandlung auch das Ziel verfolgen, dem Unternehmen den Zugang zum **Kapitalmarkt** zu eröffnen, um die Finanzierung mit Eigenkapital zu erleichtern. Hintergrund kann eigenes Wachstum, eine Akquisition oder eine Sanierung des Unternehmens sein. Man denke etwa an ein in der Rechtsform der

---

[3] Zur Gewährleistung der Wahlfreiheit durch die Vereinigungsfreiheit ausf. Maunz/Dürig/*Scholz* Art. 9 Rn. 78 ff.; Schmidt-Bleibtreu/Hofmann/Henneke/*Kannengießer* Art. 9 Rn. 11; HGR IV/*Ziekow*, § 107 Rn. 26 f.

[4] So auch Kölner Kommentar-UmwG/*Dauner-Lieb* Einl. A Rn. 11; Goutier/Knopf/Tulloch/*Bermel* Einl. Rn. 2; Lutter/*Lutter/Bayer* Einl. I Rn. 1.

[5] Vgl. Böttcher/Habighorst/Schulte/*Böttcher* Einl. Rn. 1; Limmer/*Limmer* Teil 2 Rn. 133 ff.

[6] Begr. RegE, bei *Ganske*, S. 18.

[7] Vgl. auch Lutter/*Lutter/Bayer* Einl. I Rn. 3.

[8] Dazu näher Lutter/Bayer/*Lutter* Holding-HdB § 1 Rn. 4.

[9] Vgl. Lutter/*Lutter/Bayer* Einl. I Rn. 4.

[10] Vgl. auch Böttcher/Habighorst/Schulte/*Böttcher* Einl. Rn. 2.

§ 2 Rechtspraktische Bedeutung   7–9 § 2

GmbH oder KG betriebenes Familienunternehmen, das in mehreren Generationen den Geschäftsbetrieb stetig erweitert hat und nun durch eine Börsennotierung neue Wachstumschancen zu erschließen sucht oder das Ausscheiden von Familienmitgliedern zum Anlass nehmen möchte, sich für einen größeren Investorenkreis zu öffnen. Umgekehrt kann die Rechtsform einer börsennotierten Kapitalgesellschaft, die insbesondere mit erhöhten Publizitätspflichten verbunden ist, für Unternehmen auch zur Last werden. Ein Rückzug von der Börse (**Delisting**) kann etwa im Zuge einer Verschmelzung der börsennotierten AG auf eine GmbH oder eines entsprechenden Formwechsels bewerkstelligt werden.

Auch die **laufenden Aufwendungen** für die Unternehmensleitung, Verwaltung und Entscheidungsfindung können für eine Umwandlung sprechen, etwa von einer stark reglementierten AG in eine GmbH oder Personengesellschaft (zB GmbH & Co. KG). Hiermit wird zugleich die **Gestaltungsfreiheit** im Innenverhältnis erweitert. Umgekehrt kann der Wunsch nach einer **Haftungsbeschränkung** im Außenverhältnis dafür ausschlaggebend sein, sich anstelle der Personen- einer haftungsprivilegierten Kapitalgesellschaft zu bedienen. Als weitere Motive kommen in Betracht: die (beschränkbare) **Übertragbarkeit** von Anteilsrechten, das Maß an Einflussnahmemöglichkeit der Gesellschafter auf die **Unternehmensleitung** (Corporate Governance, Selbst-/Fremdorganschaft), die Vermeidung der **Arbeitnehmermitbestimmung** und **Geschlechterquote**, Gestaltungsmöglichkeiten für die **Nachfolgeplanung** und sukzessive Einbindung der nächsten Generation in die Unternehmensführung einer Familiengesellschaft sowie **Publizität** und **Geheimnisschutz**. Diese Beweggründe für die Durchführung von Umwandlungsmaßnahmen nach dem UmwG decken sich weitgehend mit den Entscheidungskriterien für die Wahl einer bestimmten Rechtsform im Allgemeinen.[11]   7

2. Vor- und Nachteile im Vergleich zu Gestaltungsalternativen

Die systemprägenden Strukturprinzipien der Umwandlung, namentlich der Übertragungsmodus der **Universalsukzession** (→ § 4 Rn. 15 ff) bei Verschmelzung, Spaltung und Vermögensübertragung sowie die **Identität und Kontinuität** des Rechtsträgers beim Formwechsel (→ § 4 Rn. 44), sollen im Allgemeinen eine schnelle und unkomplizierte Umstrukturierung des Unternehmens ermöglichen. Gerade mit Blick auf alternative Strukturmaßnahmen, wie zB die Auflösung und Neugründung nebst Einzelübertragung sämtlicher Vermögenspositionen, erweist sich der einheitliche und zeitgleiche Übergang einer Gesamtheit von Vermögenspositionen ohne Einhaltung der für die Singularsukzession vorgesehenen Übertragungsvoraussetzungen als immense **rechtstechnische Erleichterung**.[12] Noch deutlicher treten die Vorzüge des Formwechsels zum Vorschein, der völlig ohne Vermögenstransfer auskommt und schlicht die Rechtsform, nicht aber die Zuordnung der Vermögenspositionen des Rechtsträgers verändert. Die Nutzung der Umwandlungsmöglichkeiten des UmwG soll die finanziellen und zeitlichen Ressourcen der beteiligten Unternehmen schonen und daher einen Anreiz schaffen, sich für eine effizienzsteigernde Strukturänderung zu entschließen.[13] Vor diesem Hintergrund erweisen sich sowohl die Universalsukzession (→ § 4 Rn. 15 ff.) als auch die Identität und Kontinuität des Rechtsträgers (→ § 4 Rn. 44 ff.) aus rechtsökonomischer Perspektive als vorteilhaft.[14] Gleiches gilt für die **Entbehrlichkeit eines** häufig langwierigen und formalistischen **Abwicklungsverfahrens** (→ § 4 Rn. 43).   8

Der zentrale Nachteil der Umwandlungsmaßnahmen nach dem UmwG ist das **aufwendige**, durchaus formalistisch ausgestaltete **Verfahren**, dessen Einhaltung – etwa im Vergleich zur Einzelübertragung von Vermögenspositionen – mit einem erhöhten Zeit- und Kostenaufwand verbunden sein kann. Die beteiligten Unternehmen müssen daher stets   9

---

[11] So schon in Bezug auf Familienunternehmen *Lieder* in Fleischer/Kalss/Vogt, Familiengesellschaft (im Erscheinen).
[12] Zum Ganzen eingehend *Lieder* S. 716 ff., 731 ff.
[13] Vgl. auch Semler/Stengel/*Stengel* Einl. A Rn. 5.
[14] Zur rechtsökonomischen Bewertung der Universalsukzession ausf. *Lieder* S. 719 ff.

unter Berücksichtigung sämtlicher Umstände des konkreten Einzelfalls und eingedenk alternativer Strukturmaßnahmen prüfen, ob die Durchführung einer Umwandlung nach dem UmwG mit Blick auf das von ihnen erstrebte Ziel und ihren Präferenzen zweckmäßig erscheint.[15]

3. Rechtstatsachen

10 Für Umwandlungen nach dem UmwG **fehlt** es bisher an einer **umfassenden rechtstatsächlichen Aufarbeitung** des empirischen Materials; seit 1992 erhebt das Statistische Bundesamt keine Daten mehr über Kapitalgesellschaften und ihre Strukturmaßnahmen.[16] Zwar lassen sich die notwendigen Informationen dem Handelsregister entnehmen; ihre Auswertung ist indes ein sehr zeitaufwendiger Prozess.[17] Zumindest einen ersten Eindruck von der rechtstatsächlichen Bedeutung der Umwandlungsvorgänge vermittelt eine Untersuchung des Instituts für Rechtstatsachenforschung zum Deutschen und Europäischen Unternehmensrecht der Friedrich-Schiller-Universität Jena, das die Umwandlungsaktivität unter Beteiligung von Aktiengesellschaften für die Jahre 2004/2005 untersuchte.[18] Innerhalb des Zweijahreszeitraums ereigneten sich insgesamt 1093 Verschmelzungen, 681 Formwechsel, 124 Ausgliederungen, 75 Abspaltungen und 3 Aufspaltungen unter Beteiligung von AG.

11 Soweit Rechtsträger auf AG **verschmolzen** wurden, firmierten diese zu 87 % in der Rechtsform der GmbH, 12 % waren AG und nur 1 % hatten eine andere Rechtsform (KGaA, eG, OHG, KG). Umgekehrt wurde knapp die Hälfte von übertragenden AG auf übernehmende AG verschmolzen und weitere 43 % von übertragenden AG auf übernehmende GmbH. Noch deutlicher fiel das Bild beim **Formwechsel** aus; dort erfolgten jeweils 90 % der Umwandlungen von der AG in die GmbH und umgekehrt. Im Regelfall entstanden AG im Untersuchungszeitraum aber nicht durch Formwechsel, sondern noch immer durch Neugründung.[19] Bei den **Spaltungen** wurden Vermögensteile regelmäßig von GmbH, seltener von AG übernommen. Im Rahmen der Ausgliederung waren eG in 2004/2005 zumeist übertragende Rechtsträger. Dass die Spaltung im Untersuchungszeitraum statistisch unterrepräsentiert war, wird man zum einen der „Spaltungsbremse" des § 132 UmwG aF, zum anderen der umwandlungssteuerrechtlichen Behandlung zuschreiben müssen. Nachdem beide Spaltungserschwernisse inzwischen beseitigt bzw. abgemildert sind (→ § 27 Rn. 12; → § 49 Rn. 1 ff.), könnte heute durchaus anderes gelten. Die **Vermögensübertragung** hat dagegen auch nach gegenwärtiger Rechtslage kaum praktische Bedeutung. Für den Zeitraum bis März 2014 konnten insgesamt lediglich neun Fälle verifiziert werden.[20]

12 Eine weitere Studie des Instituts für Rechtstatsachenforschung befasste sich mit **inländischen und grenzüberschreitenden Verschmelzungen** deutscher Kapitalgesellschaften.[21] Im Untersuchungszeitraum vom 25.4.2007 bis 31.12.2009 waren insgesamt 568 Verschmelzungen von AG, GmbH, KGaA und SE zu verzeichnen. Fast alle diese Trans-

---

[15] Vgl. auch Böttcher/Habighorst/Schulte/*Böttcher* Einl. Rn. 3; Semler/Stengel/*Stengel* Einl. A Rn. 5; Lutter/*Lutter*/Bayer Einl. I Rn. 62.

[16] S. noch die Zusammenstellung bei Lutter/*Lutter*, 2. Aufl. 2000, § 2 Rn. 14.

[17] Das liegt vor allem daran, dass eine einzelne Umwandlung häufig eine ganze Reihe von Bekanntmachungen generiert, namentlich bei der Einreichung des Umwandlungsvertrags/-plans und bei Eintragung in den Registern der übertragenden und übernehmenden Rechtsträger. Umgekehrt kann in einer Bekanntmachung gleichzeitig von mehreren Umwandlungen die Rede sein. Zudem wird nicht durchweg der Terminologie des UmwG gefolgt. Eine Auswertung steht daher vor großen Herausforderungen.

[18] Dazu und zum Folgenden *Bayer/Hoffmann* AG 2006, R 468 ff.

[19] Für Einzelheiten s. *Bayer/Hoffmann* AG 2006, R 399: etwa im Verhältnis Formwechsel zu Neugründung 1:5.

[20] Dazu näher Böttcher/Habighorst/Schulte/*Kammerer-Galahn* § 174 Rn. 10; vgl. noch Widmann/Mayer/*Heckschen* § 174 Rn. 10; Semler/Stengel/*Stengel* § 174 Rn. 10.

[21] Dazu und zum Folgenden *Bayer/Schmidt/Hoffmann* Der Konzern 2012, 225 ff.

aktionen erfolgten durch Verschmelzung zur Aufnahme. Mehrfachverschmelzungen, also Verschmelzungen durch mehrere übertragende Rechtsträger, waren mit insgesamt 11 Fällen selten. Den insgesamt praktisch häufigsten Fall bildete die Verschmelzung einer 100%igen Tochter auf die Mutter (*Upstream merger*). Der Anteil grenzüberschreitender Verschmelzungen an der Gesamtmenge lag bei 15,8 %. Von diesen 90 Transaktionen waren 70 % als Hereinverschmelzungen nach Deutschland konzipiert. Dabei hatten die meisten übertragenden Gesellschaften ihren Sitz in Österreich. Bei Herausverschmelzungen aus Deutschland dagegen hatten die meisten übernehmenden Rechtsträger ihren Sitz in den Niederlanden und Luxemburg.

II. Verschmelzung

1. Wirtschaftliche Beweggründe

Das klassische Motiv für eine Verschmelzung ist die **Zusammenfassung von Vermögensmassen** und die damit verbundene Bündelung der Ressourcen von mehreren Unternehmen.[22] Die bisher rechtlich verselbstständigten – wirtschaftlich womöglich bereits verbundenen – Unternehmen werden in organisatorischer und struktureller Hinsicht zusammengeführt. Davon können sich die Beteiligten Größen- und Synergieeffekte, die Erhaltung oder Verbesserung ihrer Konkurrenzfähigkeit sowie Vorteile bei der Finanzierung versprechen. Insgesamt gilt die Verschmelzung in der Unternehmenspraxis als **Wachstumsinstrument**, das die Größe des Unternehmens an wachsende Märkte, wachsenden Kapitalbedarf und die steigende Produktion anpasst.[23] Zudem kann Unternehmen daran gelegen sein, durch die Verbindung mit einem anderen Unternehmen Zugang zu einem bestimmten Absatz- oder Beschaffungsmarkt zu erhalten, die Produktion oder Rationalisierungsmaßnahmen leichter durchzuführen oder Immaterialgüterrechte gemeinsam zu verwerten.[24]

Im **Konzern** kann eine Verminderung der Zahl der verbundenen Unternehmen durch Zusammenführung erwünscht sein, um die Strukturen zu vereinfachen und/oder den Verwaltungsaufwand und die Verwaltungskosten zu verringern. Damit kann auch erreicht werden, dass Minderheitsgesellschafter auf eine höhere Konzernebene gehoben werden. Zugleich kann die Verschmelzung konzernangehöriger Unternehmen die letzte Stufe auf dem Weg zu einer organisatorischen Zusammenführung mehrerer Rechtsträger darstellen,[25] nachdem zunächst die Kontrolle über ein Unternehmen erworben und es durch den Abschluss eines Beherrschungs- und Gewinnabführungsvertrages vertraglich konzerniert worden war.[26] Das Pflichtangebot nach § 35 WpÜG kann diesen Integrationsprozess bei der **Übernahme** kapitalmarktorientierter Unternehmen beschleunigen.

---

[22] Dazu auch Kölner Kommentar-UmwG/*Simon* § 2 Rn. 1 ff.; Sagasser/Bula/Brünger/*Sagasser* § 8 Rn. 1; Limmer/*Limmer* Teil 2 Rn. 1 ff.; Lutter/*Drygala* § 2 Rn. 11; Böttcher/Habighorst/Schulte/*Böttcher* § 2 Rn. 1; Semler/Stengel/*Stengel* § 2 Rn. 19 ff.; Goutier/Knopf/Tulloch/*Bermel* § 2 Rn. 3 f.; *Ossadnik/Maus* DB 1995, 105, 107 f.; *Heckschen* S. 8 ff.; aus dem ökonomischen Schrifttum etwa Wirtz/*Lindstädt*, Handbuch Mergers and Acquisitions Management, 2006, S. 62 ff.

[23] Vgl. Lutter/*Drygala* § 2 Rn. 12.

[24] Vgl. Sagasser/Bula/Brünger/*Sagasser* § 8 Rn. 1.

[25] Wenig glücklich ist die Formulierung, bei der Verschmelzung handele es sich um „die stärkste Form konzernrechtlicher Konzentration", so Kölner Kommentar-UmwG/*Simon* § 2 Rn. 1, denn nach § 18 Abs. 1 S. 1 AktG liegt ein Konzern nur vor, wenn wenigstens zwei rechtlich selbstständige Unternehmen in einem Abhängigkeitsverhältnis unter einheitlicher Leitung geführt werden. Diese rechtliche Verselbstständigung der Unternehmen wird durch die Verschmelzung gerade aufgehoben. Richtig hingegen *Küting/Zündorf* BB 1994, 1383: „Zusammenschluß mit der stärksten Bindungsintensität".

[26] Vgl. Kölner Kommentar-UmwG/*Simon* § 2 Rn. 1 f.; Böttcher/Habighorst/Schulte/*Böttcher* § 2 Rn. 25; Semler/Stengel/*Stengel* § 2 Rn. 20; Sagasser/Bula/Brünger/*Sagasser* § 8 Rn. 3; Lutter/*Drygala* § 2 Rn. 12, 39; *Küting/Zündorf* BB 1994, 1383; *Lutter/Timm* NJW 1982, 409, 412; *Heckschen* S. 8.

15 **In rechtstechnischer Hinsicht** erfolgt regelmäßig eine Verschmelzung der Tochter auf die Mutter (*Upstream merger*), wie zB in dem Fall, dass die Mutter künftig das bisher von der Tochter wahrgenommene Geschäft betreiben soll.[27] Eine Verschmelzung der Mutter auf die Tochter (*Downstream merger*) kann dagegen interessant sein, um die Verluste der Tochter zu behalten, wenn eine Zwischenholding nicht mehr gebraucht wird oder – nach einer fremdfinanzierten Akquisition – um den von der Muttergesellschaft aufgenommenen Erwerbskredit auf die Tochter zu überführen (*debt push down*).[28] Der Erhalt der Tochter kann sich ferner lohnen, wenn hierdurch der Anfall von Grunderwerbsteuer aus dem Immobilienvermögen der Tochter vermieden werden oder der Tochter eine bestehende **Börsennotierung** oder höchstpersönliche Vermögenspositionen erhalten bleiben sollen.[29] Ist die Börsennotierung nicht mehr erwünscht, kann die börsennotierte AG im Wege einer Verschmelzung auf eine nichtbörsennotierte Gesellschaft ein sog. kaltes Delisting durchführen (→ Rn. 6). Eine Verschmelzung von Tochtergesellschaften kann schließlich allgemein sinnvoll sein, wenn die Gründe, die ursprünglich für deren rechtliche Selbstständigkeit sprachen, zwischenzeitlich weggefallen sind.

2. Vor- und Nachteile im Vergleich zu Gestaltungsalternativen

16 Die Verschmelzung erlaubt – unter Anwendung des universalsukzessiven Übertragungsmodus – verschiedene Rechtsträger zu einer Einheit zusammenzuführen, ohne dass die für die Einzelnachfolge bestehenden Tatbestandsvoraussetzungen eingehalten werden und die übertragenden Rechtsträger liquidiert werden müssen.[30] Zudem stellt die **Gesamtnachfolge** nach § 20 UmwG (→ § 13 Rn. 13 ff.) sicher, dass sämtliche Vermögenspositionen einheitlich und zum gleichen Zeitpunkt auf den übernehmenden Rechtsträger übergehen.

17 Die hiermit verbundenen Vorteile der Verschmelzung zeigen sich besonders deutlich im Vergleich zur **Einbringung eines Unternehmens als Sacheinlage**. Die mit der Einbringung verbundene Übertragung der einzelnen Gegenstände nach Maßgabe der jeweils geltenden Vorschriften ist häufig mühsam, zeitaufwendig und kostenintensiv. Weitere Schwierigkeiten können sich daraus ergeben, dass zur Ausgabe neuer Anteile im Rahmen einer Sachkapitalerhöhung ein Bezugsrechtsausschluss zu beschließen ist, an dessen Wirksamkeit hohe Anforderungen zu stellen sind.[31] Vergleichbare Rechtsunsicherheiten bestehen für die Durchführung einer Verschmelzung nicht.[32]

18 Ein weiterer Vorteil der Verschmelzung besteht in der „Akquisitionswährung":[33] Die Anteilseigner des übertragenden Rechtsträgers erhalten **als Gegenleistung** regelmäßig **Anteile** an dem übernehmenden Rechtsträger. Damit wird zugleich verhindert, dass aus dem erwerbenden Unternehmen Liquidität in großem Umfang abfließt, was bei einem entgeltlichen Erwerb oftmals der Fall ist. Auch kann es einen strategischen Verhandlungsvorteil bedeuten, dass die Anteilsinhaber des übertragenden Unternehmens ihre Beteiligung nicht ersatzlos verlieren, sondern Gesellschafter des übernehmenden Rechtsträgers werden.[34]

---

[27] Vgl. Semler/Stengel/*Stengel* § 2 Rn. 20.

[28] Dazu – auch zu steuerrechtlichen Implikationen – Sagasser/Bula/Brünger/*Sagasser* § 8 Rn. 4, § 9 Rn. 359 ff.

[29] Vgl. Semler/Stengel/*Schröer* § 5 Rn. 134; Sagasser/Bula/Brünger/*Sagasser* § 8 Rn. 5; *Heckschen* GmbHR 2008, 802, 803; *Klein/Stephanblome* ZGR 2007, 351, 352.

[30] Vgl. auch Lutter/*Drygala* § 2 Rn. 13; *Heckschen* S. 9.

[31] Dazu näher Sagasser/Bula/Brünger/*Sagasser* § 8 Rn. 11; zum Bezugsrechtsausschluss bei der AG → MHdb GesR IV/*Scholz* § 57 Rn. 114 ff.; bei der GmbH → MHdb GesR III/*Schiessl/Böhm* § 32 Rn. 31; MüKoGmbHG/*Lieder* § 55 Rn. 80 ff.

[32] Dazu ausf. Kirchner/Sailer NZG 2002, 305 ff.; zusf. Sagasser/Bula/Brünger/*Sagasser* § 8 Rn. 11 aE.

[33] Vgl. auch Sagasser/Bula/Brünger/*Sagasser* § 8 Rn. 24; *Ossadnik/Maus* DB 1995, 105, 107 f.

[34] Sagasser/Bula/Brünger/*Sagasser* § 8 Rn. 24; *Ossadnik/Maus* DB 1995, 105, 108.

Zudem kann die Verschmelzung von Kapitalgesellschaften regelmäßig auch **ohne die** 19 **Zustimmung einer einfachen Minderheit** durchgeführt werden, soweit keine Beteiligung von mehr als 25% der Anteile besteht und auch keine Sonderrechte von Minderheitsgesellschaftern bestehen.[35] Außerdem kann Unternehmen daran gelegen sein, sich als **gleichberechtigte Partner** zusammenzuschließen (*merger of equals*; → Rn. 3). Das ermöglicht eine Verschmelzung zur Neugründung; sie vermeidet den Eindruck, eines der Unternehmen habe das andere übernommen.

Der zentrale **Nachteil** der Verschmelzung liegt vor allem in dem anspruchsvollen Verfahren 20 (→ Rn. 9). Allerdings können der Verschmelzungsbericht nach § 8 Abs. 3 UmwG (→ § 9 Rn. 58f) und die Verschmelzungsprüfung nach § 9 Abs. 3 UmwG (→ § 10 Rn. 123) entfallen, wenn sich die Anteilseigner hierüber einig sind. Hinzu kommt, dass mit dem liquidationslosen Erlöschen regelmäßig die **Firma** des übertragenden Rechtsträgers untergeht (→ § 13 Rn. 145ff.) und für den Rechtsübergang von Immobilien **Grunderwerbsteuer** fällig wird (§ 1 Abs. 1 Nr. 3, § 8 Abs. 1 und 2 GrEStG; → § 52 Rn. 6ff.). Hinzu treten **personalpolitische Probleme**, einerseits wenn den Leistungsträgern des übertragenden Unternehmens im übernehmenden Rechtsträger keine adäquate Position angeboten werden kann, andererseits aufgrund der Überleitung von Anstellungsverträgen.[36] Die Zusammenführung der Unternehmen kann weiterhin zur Folge haben, dass Schwellenwerte der betrieblichen oder der **Unternehmensmitbestimmung** überschritten werden. Schließlich werden im Verlauf des Verschmelzungsverfahrens aufgrund der Berichtspflicht nach § 8 UmwG (→ § 9 Rn. 24ff.) **unternehmensinterne Daten offengelegt**, die bei einer Verwendung alternativer Gestaltungsmaßnahmen möglicherweise unter Verschluss bleiben können.

Unter niedrigen formalen Anforderungen, insbesondere geringeren Formerfordernissen 21 und niedrigeren Transaktionskosten, können die Beteiligten sich des **Anwachsungsmodells** (→ § 3 Rn. 19ff.) bedienen, das einen universalsukzessiven Vermögenstransfer auf den letzten verbleibenden Gesellschafter bewirkt.[37] Das Anwachsungsmodell gilt allerdings nur für Personengesellschaften; ein übertragender Rechtsträger in Form einer Kapitalgesellschaft muss daher hierfür zunächst in eine Personengesellschaft – typischerweise eine GmbH & Co. KG – überführt bzw. umgewandelt werden. Die Rechtsform des übernehmenden Rechtsträgers spielt im Grundsatz hingegen keine Rolle; entscheidend ist ausschließlich, dass er Träger von Rechten und Pflichten sein kann. Eine Anwachsung kann daher auch bei einem nicht nach § 2 UmwG verschmelzungsfähigen und/oder ausländischen Gesellschafter stattfinden, soweit dessen Rechtsfähigkeit nur nach allgemeinen kollisionsrechtlichen Grundsätzen im Inland anerkannt ist. Gerade für **grenzüberschreitende Transaktionen** spielt das Anwachsungsmodell daher eine gewichtige Rolle.[38] Ein zusätzlicher Vorteil liegt darin, dass die Beteiligten den Wirksamkeitszeitpunkt – unabhängig von einer Registereintragung – nach Belieben bestimmen können.[39] Zudem entfalten auch die Gläubigerschutzbestimmungen des UmwG keine Ausstrahlungswirkung auf die Anwachsung.[40]

Eine Verschmelzung ist ferner dann kein angemessenes Gestaltungsmittel, wenn die 22 Beteiligten daran interessiert sind, die rechtliche Selbstständigkeit der an einem Zusammenschluss beteiligten Unternehmen aufrechtzuerhalten. Dann bietet sich zur Schaffung einer – weniger stark integrierten – Wirtschaftseinheit die Organisation in Form des **Konzerns** oder einer **Holding** an, wie zB wenn Investoren für einen Betriebsteil akquirieren, ein

---

[35] Vgl. Sagasser/Bula/Brünger/*Sagasser* § 8 Rn. 26; *Heckschen* WM 1990, 377, 378; *Heckschen* S. 9.
[36] Für Einzelheiten s. Sagasser/Bula/Brünger/*Sagasser* § 8 Rn. 21 iVm. § 6 Rn. 3ff.
[37] Dazu und zum Folgenden (für die grenzüberschreitende Anwachsung) ausf. *Hoger/Lieder* ZHR 180 (2016), 613, 653.
[38] Dazu eingehend *Hoger/Lieder* ZHR 180 (2016), 613ff.
[39] Für Einzelheiten s. *Hoger/Lieder* ZHR 180 (2016), 613, 636f.; vgl. weiter *Ege/Klett* DStR 2010, 2463.
[40] Dazu ausf. *Hoger/Lieder* ZHR 180 (2016), 613, 635f.; vgl. weiter *Westphal/Goetker/Wilkens* Rn. 1453.

Teilunternehmen an die Börse gebracht[41] oder die Haftung des übernehmenden Rechtsträgers für Schulden des übertragenden Unternehmens verhindert werden soll.[42]

23 Soll die Verbindung mehrerer Unternehmen besonders eng, aber dennoch leicht auflösbar sein, so kommen der Abschluss eines **Beherrschungs- und Gewinnabführungsvertrages** nach §§ 291 ff. AktG oder eine **Eingliederung** nach §§ 319 ff. AktG in Betracht. Erstrebt ein Mehrheitsaktionär die Konzentration sämtlicher Anteile in seiner Hand und sollen hierbei keine Anteile gewährt werden, dann ist auch der **Squeeze-out** nach §§ 327a ff. AktG eine taugliche Gestaltungsoption. Da der aktienrechtliche Squeeze-out eine Mehrheitsbeteiligung in Höhe von 95 % voraussetzt, der umwandlungsrechtliche Squeeze-out nach § 62 Abs. 5 UmwG aber bereits bei einer Mehrheitsbeteiligung in Höhe von 90 % zur Verfügung steht, werden Unternehmen sich vielfach dieser Strukturmaßnahme (→ § 17 Rn. 1 ff.) bedienen. Im Anschluss an eine öffentliche Übernahme kommt zudem ein übernahmerechtlicher Squeeze-out nach §§ 39a f. WpÜG in Betracht.[43]

III. Spaltung

1. Wirtschaftliche Beweggründe

24 Die verschiedenen Spaltungsarten kommen in der Unternehmenspraxis zum Einsatz, wenn eine größere (rechtliche und wirtschaftliche) **Einheit in mehrere** – rechtlich eigenständige – **Teile zerlegt** werden soll, die sodann selbstständig am Markt auftreten können.[44] Durch Spaltung können die einzelnen **Geschäftssparten** eines Unternehmens voneinander getrennt und/oder auf Gesellschafter bzw. Gesellschaftergruppen (zB Familienstämme) aufgeteilt werden. Beweggründe können die organisatorische Optimierung, die **Minimierung von Haftungsrisiken**, wie zB bei der Entwicklung neuer Produkte oder bei der Übertragung notleidender Kredite und Forderungen,[45] die Lösung eines andauernden **Gesellschafterkonflikts** oder eine **Erbauseinandersetzungen** sein.[46] Namentlich die Ausgliederung wird in der Praxis eingesetzt, um Unternehmen der öffentlichen Hand zu **privatisieren** (vgl. § 168 UmwG)[47] und **gemeinnützige Organisationen** zu restrukturieren,[48] etwa bei Forschungsinstituten, die wirtschaftliche Aktivitäten auf eine GmbH ausgliedern.[49] Aus der Praxis wird berichtet, dass der Spaltungsmechanismus zuweilen auch eingesetzt wird, um ein für den Arbeitgeber günstigeres **Tarifregime** auf einen Teilbetrieb zur Anwendung zu bringen.[50] Gleichermaßen können fehlerhafte oder fehlgeschlagene Verschmelzungen mittels Spaltung wieder rückgängig gemacht und damit Einheitsunternehmen wieder entflochten werden.

25 Die Spaltung erleichtert außerdem die **klassische Betriebsaufspaltung**.[51] Hierbei werden das Umlaufvermögen, kurz- und mittelfristige Verbindungen und die laufenden Ge-

---

[41] Vgl. Lutter/*Drygala* § 2 Rn. 14.
[42] Dazu näher Sagasser/Bula/Brünger/*Sagasser* § 8 Rn. 17.
[43] Vgl. auch Kölner Kommentar-UmwG/*Simon* § 2 Rn. 2.
[44] Vgl. Widmann/Mayer/*Schwarz* § 123 Rn. 1.2; Böttcher/Habighorst/Schulte/*Fischer* § 123 Rn. 7; Semler/Stengel/*Schwanna* § 123 Rn. 7; Lutter/*Teichmann* § 123 Rn. 33 ff.; Kölner Kommentar-UmwG/*Simon* § 123 Rn. 16; Sagasser/Bula/Brünger/*Sagasser* § 17 Rn. 4.
[45] S. exemplarisch BVerfG NJW 2007, 3707; BGHZ 183, 60 = NJW 2010, 361; BGHZ 171, 180 = NJW 2007, 2106; *Nobbe* ZIP 2008, 97; *Bitter* ZHR 173 (2009), 379 ff.; *Bergjan* ZIP 2012, 1997 ff.
[46] Vgl. schon Begr. RegE, bei *Ganske*, S. 18 f.; dazu auch Böttcher/Habighorst/Schulte/*Fischer* § 123 Rn. 7; Lutter/*Teichmann* § 123 Rn. 33; *Kallmeyer* DB 1996, 28 f.
[47] Für Einzelheiten s. *Lepper* RNotZ 2006, 313 ff.; vgl. weiter Lutter/*Teichmann* § 123 Rn. 38; Böttcher/Habighorst/Schulte/*Fischer* § 123 Rn. 7.
[48] Dazu *Schröder* DStR 2001, 1415 ff.; ebenso Lutter/*Teichmann* § 123 Rn. 38.
[49] Für Einzelheiten vgl. *Strahl* FR 2005, 1241 ff.; s. ferner Lutter/*Teichmann* § 123 Rn. 38.
[50] Dazu ausf. *Buchner* GmbHR 1997, 377 ff.; vgl. auch Lutter/*Teichmann* § 123 Rn. 33.
[51] Dazu und zum Folgenden Lutter/*Teichmann* § 123 Rn. 34; Sagasser/Bula/Brünger/*Sagasser* § 17 Rn. 4; ausf. *Brandmüller* S. 45 ff.; vgl. auch Semler/Stengel/*Schwanna* § 123 Rn. 7; Widmann/Mayer/*Schwarz* § 123 Rn. 1.2.

schäftsbeziehungen auf eine – in der Regel neugegründete – Betriebsgesellschaft übertragen, während das Anlagevermögen, namentlich das Grundeigentum, bei dem ursprünglichen Rechtsträger – der Besitzgesellschaft – verbleibt (vgl. § 134 Abs. 1 S. 2 UmwG). Die Trennung der Vermögensmassen kann auch durch Übertragung des Anlagevermögens erfolgen. Nach den Präferenzen der Beteiligten können die Anteile des übernehmenden Rechtsträgers durch Ausgliederung der übertragenden Gesellschaft oder im Wege der Abspaltung deren Anteilseignern zugewiesen werden.

Durch die Ausgliederung eines Vermögensteils entsteht ein **Konzern** mit dem ausgegliederten Teilunternehmen als Tochter des übertragenden Rechtsträgers. Dies kann etwa gewünscht sein, um das Kerngeschäft eines Unternehmens in organisatorischer Hinsicht von den übrigen Geschäftsbereichen zu trennen,[52] den Grundbesitz in einer Immobiliengesellschaft zu bündeln oder um eine **Holdingstruktur** zu schaffen.[53] Weiterhin kann die organisatorische Verselbstständigung auch Vorstufe für die **Veräußerung** eines Unternehmensteils sein (*carve out*),[54] auch und gerade zum Zwecke der **Sanierung** des Unternehmens.[55] In dem durch das ESUG[56] reformierten Insolvenzverfahren kann eine Spaltung ferner als Sanierungsmittel nach § 225a Abs. 3 InsO eingesetzt werden (→ § 46 Rn. 30).[57] Eine Spaltung kann weiterhin der Beteiligung der durch Ausgliederung entstandenen Tochtergesellschaft an einem **Gemeinschaftsunternehmen** (*Joint Venture*) dienen, die **Teilfusion** mit einem anderen Rechtsträger[58] oder den selbstständigen **Börsengang** des übernehmenden Rechtsträgers vorbereiten.[59] Umgekehrt kann durch eine Spaltung auch ein Rückzug von der Börse bewerkstelligt werden (**kaltes Delisting**).[60] Insgesamt spielt die Spaltung im Konzern eine herausgehobene Rolle in der Unternehmenspraxis.[61]

2. Vor- und Nachteile im Vergleich zu Gestaltungsalternativen

Zentraler Vorteil der Spaltung ist die rechtstechnische Umsetzung des Vermögenstransfers im Wege der **partiellen Universalsukzession**.[62] Hierdurch wird gewährleistet, dass Unternehmen einen beliebigen Teil der Vermögensmasse auf einen anderen (bestehenden oder neugegründeten) Rechtsträger übertragen können, ohne die für die einzelnen Vermögenspositionen bei einer Singularsukzession geltenden Kautelen einhalten zu müssen. Verfügungsbeschränkungen sind daher grundsätzlich unbeachtlich; bei der Übertragung von Verbindlichkeiten und Vertragsverhältnissen bedarf es in der Regel keiner Zustimmung des Gläubigers bzw. des Vertragspartners.[63] Ebenso wie bei der totalen geht auch bei der partiellen Universalsukzession der von den Beteiligten bezeichnete Teil des Gesamtver-

---

[52] Dazu ausf. *Schreier/Leicht* NZG 2011, 121, 123 ff.
[53] Vgl. Widmann/Mayer/*Schwarz* § 123 Rn. 7.3; Kallmeyer/*Sickinger* § 123 Rn. 12; Schmitt/Hörtnagl/Stratz/*Hörtnagl* § 123 Rn. 22; Lutter/*Teichmann* § 123 Rn. 36.
[54] Unter Verwendung der nichtverhältniswahrenden Spaltung *Nagel/Thies* GmbHR 2004, 83 ff.
[55] Dazu näher Lutter/*Teichmann* § 123 Rn. 35, 40; Limmer/*Limmer* Teil 5 Rn. 77 ff.
[56] Gesetz zur weiteren Erleichterung der Sanierung von Unternehmen vom 7.12.2011, BGBl. I, S. 2582.
[57] Für Einzelheiten s. *Madaus* ZIP 2012, 2133 ff.; *Wachter* NGZ 2015, 858 ff.; *Becker* ZInsO 2013, 1885, 1890; *Kahlert/Gehrke* DStR 2013, 975 ff.
[58] Speziell zur Teilfusion Lutter/*Drygala* § 2 Rn. 45; *Lutter* FS Fleck, 1988, S. 169 ff.; aus der Rechtsprechung vgl. BGHZ 106, 54 = NJW 1989, 979 zur Verselbstständigung der Datenverarbeitung.
[59] Vgl. auch Widmann/Mayer/*Schwarz* § 123 Rn. 1.2; Semler/Stengel/*Schwanna* § 123 Rn. 7; Lutter/*Teichmann* § 123 Rn. 36.
[60] Aus der Rechtsprechung vgl. exemplarisch OLG Düsseldorf NZG 2005, 317; s. ferner Lutter/*Teichmann* § 123 Rn. 36; *Pluskat* BKR 2008, 54 ff.
[61] So bereits Begr. RegE, bei *Ganske*, S. 18; dazu ausf. *Himmelreich* S. 49 ff.; *R. M. Schmidt* S. 53 ff.; vgl. weiter Widmann/Mayer/*Schwarz* § 123 Rn. 1.2; Lutter/*Teichmann* § 123 Rn. 36; *Hirte* ZInsO 2004, 419, 420.
[62] Zur Unterscheidung zwischen totaler und partieller Universalsukzession näher *Lieder* S. 718 f.
[63] Dazu ausf. *Lieder* S. 732 ff.

mögens einheitlich und im gleichen Zeitpunkt auf den oder die übernehmenden Rechtsträger über. Besonders vorteilhaft ist die umfassend gewährleistete **Spaltungsfreiheit**,[64] dh der Umfang des übertragenen Vermögens spielt keine Rolle; auch einzelne Vermögensgegenstände – ein einzelnes Grundstück, eine einzelne Forderung – können im Wege der Spaltung übertragen werden.

28 Als Nachteil schlägt wiederum das **aufwendige und kostenintensive Verfahren** der Spaltung zu Buche. Zudem macht die **steuerrechtliche Behandlung** die Spaltung oftmals unattraktiv (→ § 49 Rn. 1 ff.),[65] so dass die unmittelbare Veräußerung eines Unternehmensteils im Wege des Asset Deal vorzugswürdig erscheint.[66] Die hiermit verbundene Erschwernis ist mit Blick auf sämtliche Umstände des konkreten Einzelfalls gegen die Vorteile einer Unternehmensspaltung abzuwägen.

IV. Vermögensübertragung

29 Die Vermögensübertragung betrifft nach Maßgabe des § 175 UmwG nur den Transfer auf Rechtsträger der öffentlichen Hand und unter Beteiligung von Versicherungsgesellschaften. Denkbar sind in diesem Zusammenhang etwa die Rückübertragung von Geschäftsbetrieben aus Beteiligungs- und Eigengesellschaften der **öffentlichen Hand** auf Organisationsformen öffentlichrechtlicher Provenienz.[67] Solche Fälle sind indes bisher nicht bekannt geworden.[68] Die Vermögensübertragung unter **Versicherungsgesellschaften** hat ebenfalls kaum praktische Relevanz erlangt, da die praktischen Vorzüge der Bestandsübertragung nach §§ 13 VAG (→ § 15 Rn. 562 ff.), namentlich ihre Flexibilität und die geringeren Formerfordernisse, die Vorteile der Vermögensübertragung deutlich überwiegen[69] und VVaG zudem die Verschmelzung nach §§ 109 ff. UmwG offensteht.[70]

V. Formwechsel

1. Wirtschaftliche Beweggründe

30 Die Beweggründe für Formwechsel sind vielfältig und aufs Engste verknüpft mit der von dem formwechselnden Rechtsträger erstrebten **Neuausrichtung** seiner unternehmerischen Betätigung.[71] Gerade mit Blick auf die angemessene Verbandsform eines Unternehmens kann sich durch **Veränderungen** des wirtschaftlichen oder (steuer-)rechtlichen[72] Umfelds oder der **Familienstruktur** im Fall einer Familiengesellschaft sowie durch Erfolg oder Krise die Notwendigkeit für eine andere Rechtsform ergeben.[73]

---

[64] Dazu ausf. *Lieder* S. 727 ff.; *Müntefering* S. 28 ff.; *Voigt* S. 51 ff.; vgl. weiter Semler/Stengel/*Seulen* § 133 Rn. 1; Lutter/*Priester* § 126 Rn. 59; kritisch de lege ferenda *Claussen* S. 184 ff.

[65] Für Einzelheiten s. Sagasser/Bula/Brünger/*Sagasser/Schöneberger* § 20 Rn. 5 ff.

[66] Sagasser/Bula/Brünger/*Sagasser* § 17 Rn. 4.

[67] Dazu Lutter/*H. Schmidt* Vor § 174 Rn. 1; *Gaß* S. 276 f.

[68] So Böttcher/Habighorst/Schulte/*Kammerer-Galahn* § 174 Rn. 10; Widmann/Mayer/*Heckschen* § 174 Rn. 10; Semler/Stengel/*Stengel* § 174 Rn. 10; Sagasser/Bula/Brünger/*Sagasser* § 21 Rn. 3. – Eine Übertragung auf Anstalten des öffentlichen Rechts ist hingegen nicht vorgesehen); für Ersatzlösungen s. Lutter/*H. Schmidt* Vor § 174 Rn. 9; *Gaß* S. 294 ff.

[69] Semler/Stengel/*Stengel* § 174 Rn. 10; Widmann/Mayer/*Heckschen* § 174 Rn. 10; Lutter/*H. Schmidt* Vor § 174 Rn. 1; Böttcher/Habighorst/Schulte/*Kammerer-Galahn* § 174 Rn. 10; Sagasser/Bula/Brünger/*Sagasser* § 21 Rn. 5; ausf. *Hasselbach/Komp* VersR 2005, 1651 ff.

[70] Vgl. Kölner Kommentar-UmwG/*Leuering* § 174 Rn. 4; Semler/Stengel/*Stengel* § 178 Rn. 1 ff.

[71] Zum Ganzen vgl. Widmann/Mayer/*Vossius* § 190 Rn. 36 ff.; Semler/Stengel/*Schwanna* § 190 Rn. 5 ff.; Schmitt/Hörtnagl/Stratz/*Stratz* Vor § 190 Rn. 5; Lutter/*Decher/Hoger* Vor § 190 Rn. 18 ff.; Böttcher/Habighorst/Schulte/*Althoff/Narr* § 190 Rn. 10 ff.; Goutier/Knopf/Tulloch/*Laumann* § 190 Rn. 4 ff.; Sagasser/Bula/Brünger/*Sagasser* § 25 Rn. 1 ff.

[72] Die Bedeutung des Steuerrechts besonders betonend Sagasser/Bula/Brünger/*Sagasser* § 25 Rn. 2.

[73] Zur angemessenen Verbandsform von Familiengesellschaften und deren spezifischen Vor- und Nachteilen ausf. *Lieder* in Fleischer/Kalss/Vogt, S. 27 ff.

§ 2 Rechtspraktische Bedeutung   31–33   § 2

Ist von den Gesellschaftern einer Personengesellschaft ein effektiver Schutz vor **Haftungsrisiken** gewünscht, kann sich eine GmbH oder GmbH & Co. KG anbieten. Möchte sich ein bislang nichtbörsennotiertes Unternehmen der Eigenkapitalaufnahme am **Kapitalmarkt** bedienen (*going public*),[74] sind AG und SE geeignete Verbandsformen.[75] Besonders häufig ist der Formwechsel aus der GmbH, aber auch eG,[76] eV[77] und öffentlichrechtliche Rechtsträger[78] spielen eine praktische Rolle.[79] Neben Haftungsbeschränkung und Unternehmensfinanzierung können eine ungeklärte **Nachfolgeplanung** oder der Wunsch nach einem unabhängigen, professionellen **Management** für den Formwechsel in eine AG und SE sprechen. Das macht es dem Unternehmen unter Umständen leichter, qualifizierte Unternehmensleiter zu gewinnen.[80] Hinzu kommt die hohe **Reputation**, die beide Rechtsformen in der Unternehmenspraxis genießen, sowie die Möglichkeit eines **Squeeze-out** (→ § 66 Rn. 57 ff.). Für die **SE** sind weiter die Wahlmöglichkeit zwischen einem monistischen und einem dualistischen Unternehmensleitungssystem sowie die Vorteile im Zusammenhang mit der Unternehmensmitbestimmung zu erwähnen (→ § 40 Rn. 1 ff.).[81]   **31**

Praktische Bedeutung hat auch die Umwandlung von **AG in GmbH**. Vielfach geschieht dies in Konzernsachverhalten, weil eine Tochter-GmbH aufgrund des umfassenden Weisungsrechts der Gesellschafter von einem beherrschenden oder Alleingesellschafter deutlich einfacher zu steuern ist als eine (nicht durch einen Beherrschungsvertrag gebundene) Tochter-AG.[82] Aber auch im Übrigen können die hohen laufenden Kosten der AG, die Nachteile der aktienrechtlichen Satzungsstrenge (vgl. § 23 Abs. 5 AktG) sowie die eingeschränkten Vinkulierungsmöglichkeiten (vgl. § 68 Abs. 2 AktG) dafür sprechen,[83] in der deutlich flexibleren und kostengünstigeren GmbH unternehmerisch tätig zu sein.[84] Auf diese Weise lässt sich auch ein Börsenrückzug des Unternehmens bewerkstelligen (kaltes Delisting). Gleiches gilt für den Formwechsel einer **AG in eine Personengesellschaft**.   **32**

Für einen Formwechsel einer **Kapital- in eine Personengesellschaft** sprechen im Allgemeinen Kosten- und Steuergründe.[85] Weitere Motive können die Vermeidung bzw. Abschwächung der Arbeitnehmermitbestimmung auf Unternehmensebene,[86] der Geschlechterquote (vgl. § 96 Abs. 2 AktG, §§ 36, 52 Abs. 2 GmbHG) und der Publizitäts-   **33**

---

[74] Speziell dazu Lutter/*Decher/Hoger* Vor § 190 Rn. 18; Böttcher/Habighorst/Schulte/*Althoff/Narr* § 190 Rn. 11; Semler/Stengel/*Schwanna* § 190 Rn. 7; ausf. *Finken/Decher* AG 1989, 391, 392; *Kallmeyer* GmbHR 1995, 888; *Kallmeyer* DB 1996, 28. 29; *Römer/Müller* DB 2000, 1085 ff.

[75] Unter besonderer Berücksichtigung von Familiengesellschaften *Lieder* in Fleischer/Kalss/Vogt, S. 27, 37 ff., 40 ff.

[76] Dazu ausf. *Schmitz-Riol* S. 27 ff.

[77] Monografisch *v. Busekist* S. 15 ff.; vgl. weiter Widmann/Mayer/*Vossius* § 190 Rn. 39; Semler/Stengel/*Schwanna* § 190 Rn. 5.

[78] Für Einzelheiten s. *Gaß* S. 216 ff.

[79] So auch Lutter/*Decher/Hoger* Vor § 190 Rn. 24.

[80] Böttcher/Habighorst/Schulte/*Althoff/Narr* § 190 Rn. 12; *Kallmeyer* GmbHR 1995, 888.

[81] Speziell zur SE (mit Vor- und Nachteilen) *Lieder* in Fleischer/Kalss/Vogt, S. 27, 40 ff.

[82] Dazu ausführlich *Veil* S. 6 ff.; vgl. weiter Böttcher/Habighorst/Schulte/*Althoff/Narr* § 190 Rn. 13; Semler/Stengel/*Schwanna* § 190 Rn. 6; Lutter/*Decher/Hoger* Vor § 190 Rn. 19.

[83] Zu den Nachteilen der AG (mit Blick auf Familiengesellschaften) *Lieder* in Fleischer/Kalss/Vogt, S. 27, 37 ff.

[84] Zu den Vorzügen der GmbH (mit Blick auf Familiengesellschaften) *Lieder* in Fleischer/Kalss/Vogt, S. 27, 34 ff.

[85] Vgl. Widmann/Mayer/*Vossius* § 190 Rn. 38; Böttcher/Habighorst/Schulte/*Althoff/Narr* § 190 Rn. 14; Lutter/*Decher/Hoger* Vor § 190 Rn. 20, 23; *Meyer-Landrut/Kiem* WM 1997, 1361, 1363; *Schwedhelm* ZEV 2003, 8 ff.

[86] Dazu eingehend *v. d. Linden* S. 390 ff.; *Jung* S. 75 ff.; vgl. noch Böttcher/Habighorst/Schulte/*Althoff/Narr* § 190 Rn. 14.

erfordernisse sein.[87] Der Wechsel in eine Personengesellschaft verbessert oftmals auch die Kreditwürdigkeit des Unternehmens.[88]

34 Der Formwechsel einer **Personengesellschaft in eine Kapitalgesellschaft** zielt häufig darauf ab, die Gesellschafter besser vor einer haftungsrechtlichen Inanspruchnahme durch die Gesellschaftsgläubiger zu schützen.[89] Ein solcher Formwechsel kann ferner eine Betriebsaufspaltung vorbereiten (→ Rn. 25), der Nachfolgeplanung oder Nutzungsüberlassung dienen und Kapitalbeschaffungsmaßnahmen vorbereiten (→ Rn. 30); zudem ermöglicht sie eine Trennung von Kapital und Management.[90] Weiter kommen steuerrechtliche Gründe in Betracht.[91]

35 Gewisse praktische Bedeutung haben Formwechsel **in eine KGaA** erlangt.[92] Die KGaA erfreut sich neuerdings einer zunehmenden Beliebtheit, die zum einen darauf zurückzuführen ist, dass sie den Kapitalmarktzugang mit interner Gestaltungsfreiheit und einer schwachen Stellung des Aufsichtsrats verbindet.[93] Zum anderen lässt sich die Rechtsform mit GmbH, AG und SE zur Kapitalgesellschaft & Co. KGaA kombinieren, die eine noch weitergehende Flexibilität gewährleistet.[94] Die KGaA und ihre Typenmischungen erfreuen sich heute insbesondere bei Familiengesellschaften, Privatbanken, im Profifußball[95] und bei Immobilien- und Vermögensverwaltungsgesellschaften großer Beliebtheit.[96]

2. Vor- und Nachteile im Vergleich zu Gestaltungsalternativen

36 Der zentrale Vorteil des Formwechsels besteht in der **Identität und Kontinuität** des betreffenden Rechtsträgers. Dieser bleibt identisch, nur seine Rechtsform verändert sich. Zwar ist auch der Formwechsel mit einem aufwendigen, zeit- und kostenintensiven Verfahren verbunden. Dennoch wird der Formwechsel regelmäßig die günstigere Gestaltungsoption im Vergleich zur **Liquidation** des Ausgangsrechtsträgers, **Neugründung** des Zielrechtsträgers und der Übertragung des gesamten Gesellschaftsvermögens im Wege der Einzelübertragung darstellen.[97]

37 Als Alternative zum Formwechsel kommt die **Mischverschmelzung** in Betracht. Sie gelangt auf einem Umweg zur gleichen Rechtsfolge wie der Formwechsel, und zwar indem zunächst ein weiterer Rechtsträger, wie zB eine GmbH ausgegründet wird, um auf diese Gesellschaft sodann den Ausgangsrechtsträger zu verschmelzen. Das ist oftmals noch aufwendiger als ein regulärer Formwechsel, ist aber dann von praktischer Bedeutung, wenn ein Formwechsel für die geplante Umwandlung nicht zur Verfügung steht, wie zB wenn eine eG in eine Personengesellschaft überführt werden soll.[98] Auch bilanzielle Gründe können eine Rolle spielen, weil beim Formwechsel die Bilanz im Grundsatz fortzuführen ist, während bei der Verschmelzung ein bilanzielles Bewertungswahlrecht besteht.[99]

---

[87] Vgl. Semler/Stengel/*Schwanna* § 190 Rn. 8; Widmann/Mayer/*Vossius* § 190 Rn. 38; Lutter/*Decher/Hoger* Vor § 190 Rn. 23.
[88] Sagasser/Bula/Brünger/*Sagasser* § 25 Rn. 5.
[89] Vgl. Lutter/*Decher/Hoger* Vor § 190 Rn. 22; Böttcher/Habighorst/Schulte/*Althoff/Narr* § 190 Rn. 15; Semler/Stengel/*Schwanna* § 190 Rn. 5; *Kallmeyer* DB 1996, 28, 30.
[90] Semler/Stengel/*Schwanna* § 190 Rn. 5; Widmann/Mayer/*Vossius* § 190 Rn. 37.
[91] Dazu ausf. Sagasser/Bula/Brünger/*Sagasser* § 25 Rn. 3 f.
[92] Für eine rechtstatsächliche Aufstellung im Detail vgl. *Lieder/Hoffmann* AG 2016, 704, 708: 93 der 307 Gesellschaften (Stand: 11.7.2016) sind durch Formwechsel entstanden.
[93] Dazu ausf. *Lieder* in Fleischer/Kalss/Vogt, S. 27, 46 ff.
[94] Für Einzelheiten s. *Lieder* in Fleischer/Kalss/Vogt, S. 27, 53 ff.; für Rechtstatsachen vgl. *Lieder/Hoffmann* AG 2016, 704, 709 f.
[95] Vgl. § 16c DFB-Satzung.
[96] Speziell dazu *Lieder/Hoffmann* AG 2016, 704, 708 f.
[97] Vgl. (gerade zu Kostenfragen) Schmitt/Hörtnagl/Stratz/*Stratz* Vor § 190 Rn. 4.
[98] Dazu Sagasser/Bula/Brünger/*Sagasser* § 25 Rn. 9; vgl. noch Lutter/*Bayer* § 258 Rn. 4.
[99] Vgl. nur Sagasser/Bula/Brünger/*Sagasser* § 25 Rn. 9.

Parallel zur Verschmelzung (→ Rn. 21) kommt als Gestaltungsalternative außerdem das **Anwachsungsmodell** in Betracht.[100] Die Vorzüge sind hier die gleichen wie dort (→ Rn. 21): geringere Verfahrenserfordernisse, geringere Kosten und mehr Flexibilität. Ein praktischer Anwendungsfall ist zB die Umwandlung einer (GmbH & Co.) KG in eine GmbH. Zu diesem Zweck müssen sämtliche Kommanditisten ihre Anteile auf die (einzige) Komplementär-GmbH übertragen. Das gesamte Gesellschaftsvermögen der KG geht dann im Wege der Universalsukzession (außerhalb des UmwG) auf die GmbH über. Hinzu kommen die Fälle der identitätswahrenden **Umwandlung kraft Gesetzes** zwischen GbR und OHG nach Maßgabe des § 105 Abs. 1 HGB sowie zwischen OHG und KG durch Ein- oder Austritt von Kommanditisten gem. § 161 Abs. 1 HGB. 38

§ 3 Strukturmaßnahmen innerhalb und außerhalb des UmwG

Übersicht

	Rdnr.		Rdnr.
I. Systematik des UmwG	1–5	2. Einzelübertragung	13–18
II. Umwandlungskonstellationen	6–10	a) Gestaltungsmöglichkeiten	13–15
1. Verschmelzung	7	b) Rechtliche Grundlagen	16–18
2. Spaltung	8	3. Anwachsungsmodell	19–23
3. Vermögensübertragung	9	4. Übertragende Auflösung	24
4. Formwechsel	10	5. Eingliederung	25
III. Strukturmaßnahmen außerhalb des UmwG	11–26	6. Beherrschungs- und Gewinnabführungsvertrag	26
1. Grundlagen	11, 12		

Schrifttum: *Audretsch*, Die grenzüberschreitende Verschmelzung von Personengesellschaften, 2008; *Bippus*, Personengesellschaften und Strukturänderungen, 1998; *Ege/Klett*, Aktuelle gesellschaftsrechtliche Fragen von Anwachsungsmodellen, DStR 2010, 2463; *Finken/Decher*, Die Umstrukturierung des Familienunternehmens in eine Aktiengesellschaft, AG 1989, 391; *Fleischer*, Rechte der Minderheitsaktionäre bei „übertragender Auflösung" einer Aktiengesellschaft, DNotZ 2000, 876; *Förster/Ernst*, Höhe der Anschaffungskosten bei Anwachsung, DB 1997, 241; *Hoger/Lieder*, Die grenzüberschreitende Anwachsung, ZHR 180 (2016), 613; *Hohlbein*, Sanierung insolventer Unternehmen durch Private Equity, 2010; *Kallmeyer*, Die Auswirkung des neuen Umwandlungsrechts auf die mittelständische GmbH, GmbHR 1993, 461; *Kießling*, Der Rechtsformwechsel zwischen Personengesellschaften, WM 1999, 2391; *Leicht*, Gründung der LLP und Ausgestaltung der Gesellschaftsverträge, BB Beil. 3/2010, 14; *Lieder/Bialluch*, Umwandlungsrechtliche Implikationen des Brexit, NotBZ 2017, 165 und 209; *Lutter/Drygala*, Die übertragende Auflösung: Liquidation der Aktiengesellschaft oder Liquidation des Minderheitenschutzes, FS Kropff, 1997, S. 191; *v. Morgen*, Das Squeeze-Out und seine Folgen für AG und GmbH, WM 2003, 1553; *Müller-Bonanni/Müntefering*, Grenzüberschreitende Verschmelzung ohne Arbeitnehmerbeteiligung? – Praxisfragen zum Anwendungsbereich und Beteiligungsverfahren des MgVG, NJW 2009, 2347; *Orth*, Umwandlung durch Anwachsung (Teil I), DStR 1999, 1011; *Orth*, Umwandlung durch Anwachsung (Teil II), DStR 1999, 1053; *Pickardt*, Die Abgrenzung des spaltungsrelevanten Vermögensteils als Kernproblem der Spaltung, DB 1999, 729; *v. Proff*, Die Anwachsung als Gestaltungsmodell bei Personengesellschaften, DStR 2016, 2227; *Rühland*, Die Zukunft der übertragenden Auflösung (§ 179a AktG), WM 2002, 1957; *Schnitker/Grau*, Arbeitsrechtliche Aspekte von Unternehmensumstrukturierungsfragen durch Anwachsung von Gesellschaftsanteilen, ZIP 2008, 394; *Seibt*, Gesamtrechtsnachfolge beim gestalteten Ausscheiden von Gesellschaftern aus der Personengesellschaft: Grundfragen des Gesellschafter-, Gläubiger- und Arbeitnehmerschutzes, FS Röhricht, 2005, S. 603.

I. Systematik des UmwG

Als **Umwandlungen** werden nach § 1 Abs. 1 UmwG ausschließlich Strukturänderungen nach den Mechanismen des UmwG verstanden. Ein vorgesetzlicher Umwandlungs- 1

---

[100] Vgl. auch Sagasser/Bula/Brünger/*Sagasser* § 25 Rn. 11.

begriff, der sämtliche Umstrukturierungen von Unternehmen erfasst,[1] ist konturlos und daher abzulehnen.[2] Umwandlungen iSd. § 1 Abs. 1 UmwG können **mit Vermögensübertragung** im Wege der Universalsukzession, aber auch **ohne Vermögensübertragung** nach den Grundsätzen der Identität und Kontinuität des Rechtsträgers erfolgen. Zu einem Vermögenstransfer kommt es bei der Verschmelzung, Spaltung und der Vermögensübertragung (*übertragende Umwandlung*). Beim Formwechsel hingegen bleibt der Rechtsträger identisch und es findet kein Vermögenstransfer statt (*formwechselnde Umwandlung*).[3]

2 Die **Verschmelzung** von Rechtsträgern bewirkt den Übergang des **gesamten** Vermögens von dem oder den übertragenden Rechtsträger(n) auf den übernehmenden Rechtsträger und kann durch Aufnahme oder durch Neugründung erfolgen. Im Wege der **Aufnahme** geht das gesamte Vermögen der übertragenden Rechtsträger auf einen bereits bestehenden – übernehmenden – Rechtsträger über (§ 2 Nr. 1 UmwG). Im Wege der **Neugründung** erfolgt der Vermögensübergang der übertragenden Rechtsträger auf einen von den Beteiligten zum Zweck der Verschmelzung neu gegründeten Rechtsträger (§ 2 Nr. 2 UmwG). Die übertragenden Rechtsträger erlöschen im Zuge der Verschmelzung ohne Liquidation; ihre Anteilsinhaber erhalten Anteile am übernehmenden Rechtsträger.

3 Die **Spaltung** kann auf drei unterschiedliche Arten erfolgen: Bei der **Aufspaltung** wird das Vermögen des übertragenden Rechtsträgers restlos (unter dessen Auflösung ohne Abwicklung) auf mehrere andere – übernehmende – Rechtsträger übertragen, die jeweils **teilweise** das Gesamtvermögen des übertragenden Rechtsträgers übernehmen; im Gegenzug erhalten die Anteilsinhaber des übertragenden Rechtsträgers Anteilsrechte an den übernehmenden Rechtsträgern (§ 123 Abs. 1 UmwG). Bei der **Abspaltung** bleibt der übertragende Rechtsträger bestehen; aus seinem Vermögen werden aber Teile auf einen oder mehrere übernehmende Rechtsträger übertragen (§ 123 Abs. 2 UmwG). Ebenso wie bei der Aufspaltung erhalten die Anteilsinhaber des übertragenden Rechtsträgers Anteilsrechte an dem bzw. den übernehmenden Rechtsträger(n). Darin liegt der zentrale Unterschied zur **Ausgliederung**: Bei ihr werden zwar auch Teile aus dem Vermögen des – fortbestehenden – übertragenden Rechtsträgers abgespalten; die Anteilsrechte des oder der übernehmenden Rechtsträger(s) werden allerdings dem übertragenden Rechtsträger selbst zugewiesen (§ 123 Abs. 3 UmwG). Alle drei Spaltungsarten können sowohl **zur Aufnahme** auf einen bereits bestehenden oder **zur Neugründung** auf einen zu diesem Zweck neu gegründeten Rechtsträger übertragen werden, und zwar auch unter Kombination beider Möglichkeiten (vgl. § 123 Abs. 4 UmwG).

4 Die **Vermögensübertragung** kann als Voll- und als Teilübertragung ausgestaltet werden. Bei der **Vollübertragung** wird das Vermögen des übertragenden Rechtsträgers als Ganzes – unter dessen Auflösung ohne Abwicklung – auf einen anderen bestehenden – übernehmenden – Rechtsträger transferiert; die Anteilsinhaber des übertragenden Rechtsträgers erhalten dafür eine Gegenleistung, die nicht in Anteilen des übernehmenden Rechtsträgers besteht (§ 174 Abs. 1 UmwG). Bei der **Teilübertragung** erfolgt ein Vermögenstransfer nach dem Vorbild der Spaltungsarten (Aufspaltung, Abspaltung und Ausgliederung → Rn. 3), wobei zum einen als Gegenleistung keine Anteile des übertragenden Rechtsträgers in Betracht kommen und zum anderen nur eine Übertragung auf bestehende Rechtsträger in Betracht kommt.

5 Der **Formwechsel** ermöglicht – ohne Vermögensübertragung, Abwicklung und Neugründung – eine identitätswahrende Änderung der Rechtsform des einzigen an der Strukturmaßnahme beteiligten Rechtsträgers.

---

[1] *Pickardt* DB 1999, 729.
[2] Für einen engen Umwandlungsbegriff auch Kölner Kommentar-UmwG/*Dauner-Lieb* § 1 Rn. 2; Lutter/*Drygala* § 1 Rn. 2; Böttcher/Habighorst/Schulte/*Böttcher* § 1 Rn. 2.
[3] Vgl. auch Böttcher/Habighorst/Schulte/*Böttcher* Einl. Rn. 17, § 1 Rn. 3; Lutter/*Lutter/Bayer* Einl. I Rn. 50; Semler/Stengel/*Stengel* Einl. A Rn. 49 f.

II. Umwandlungskonstellationen

Es war ein erklärtes Ziel des Gesetzgebers des zum 1. Januar 1995 in Kraft getretenen **6** UmwG, den bis 1994 bestehenden Flickenteppich an Umwandlungsmöglichkeiten zu einer systematischen Einheit fortzuentwickeln (→ § 1 Rn. 5 ff.). Insgesamt sind die zulässigen Umwandlungskonstellationen durch das neue Recht stark vermehrt worden. Das gilt insbesondere für die Beteiligung von OHG, KG, PartG, GmbH, AG, KGaA, eG und eV, die an **praktisch allen Umwandlungsarten** teilnehmen können. Das gilt im Grundsatz auch für die Rechtsformvarianten UG, PartG mbB sowie Investment-AG und Investment-KG, deren Umwandlungsfähigkeit prinzipielle Folge ihrer Eigenschaft als **Rechtsformvariante** eines herkömmlichen (umwandlungsfähigen) gesellschaftsrechtlichen Grundtyps ist. Allerdings gelten namentlich für die UG mit Blick auf das Sacheinlageverbot nach § 5a Abs. 2 S. 2 GmbHG Besonderheiten (→ § 15 Rn. 160 ff.; → § 29 Rn. 167 ff.; → § 38 Rn. 4 ff.). Anderen Rechtsformen stehen nur **bestimmte Umwandlungsmöglichkeiten** offen, wie zB für die natürliche Person, BGB-Gesellschaft, VVaG, genossenschaftliche Prüfungsverbände, Stiftungen, Gebietskörperschaften. Die nach dem UmwG zugelassenen Umwandlungskonstellationen finden sich nachfolgend für die einzelnen Umwandlungsarten zusammengestellt:[4]

1. Verschmelzung

		Möglichkeiten der Verschmelzung				**7**
von	auf	anzuwendende Normen			Anmerkung	
PhG	PhG	§§ 2–38	§§ 39–45			
	PartG	§§ 2–38	§§ 39–45	§§ 45a–45e		
	GmbH	§§ 2–38	§§ 39–45	§§ 46–59		
	AG	§§ 2–38	§§ 39–45	§§ 60–77		
	KGaA	§§ 2–38	§§ 39–45	§ 78		
	e. G.	§§ 2–38	§§ 39–45	§§ 79–98		
	e. V.				ausgeschlossen (§ 99 II)	
	gen PrV				ausgeschlossen (§ 105)	
	VVaG				ausgeschlossen (§ 109)	
	nat. Personen				ausgeschlossen (§ 33 II)	
PartG	PhG	§§ 2–38	§§ 39–45	§§ 45a–45e		
	PartG	§§ 2–38	§§ 45a–45e			
	GmbH	§§ 2–38	§§ 45a–45e	§§ 46–59		
	AG	§§ 2–38	§§ 45a–45e	§§ 60–77		
	KGaA	§§ 2–38	§§ 45a–45e	§ 78		
	e. G.	§§ 2–38	§§ 45a–45e	§§ 79–98		
	e. V.				ausgeschlossen (§ 99 II)	
	gen PrV				ausgeschlossen (§ 105)	
	VVaG				ausgeschlossen (§ 109)	
	nat. Personen				ausgeschlossen (§ 33 II)	
GmbH	PhG	§§ 2–38	§§ 39–45	§§ 46–59		
	PartG	§§ 2–38	§§ 45a–45e	§§ 46–59		
	GmbH	§§ 2–38	§§ 46–59			
	AG	§§ 2–38	§§ 46–59	§§ 60–77		
	KGaA	§§ 2–38	§§ 46–59	§ 78		
	e. G.	§§ 2–38	§§ 46–59	§§ 79–98		
	e. V.				ausgeschlossen (§ 99 II)	

---

[4] Vergleichbare Zusammenstellungen finden sich etwa bei Lutter/*Lutter/Bayer* Einl. I Rn. 51; Schmitt/Hörtnagl/Stratz/*Stratz* Einl. A Rn. 17 ff.; Kölner Kommentar-UmwG/*Dauner-Lieb* Einl. A Rn. 39 ff.; Maulbetsch/Klumpp/Rose/*Maulbetsch* Einl. Rn 8; Böttcher/Habighorst/Schulte/*Böttcher* Einl. Rn 17.

§ 3 7   1. Kapitel. Grundlagen

\multicolumn{4}{c}{Möglichkeiten der Verschmelzung}			
von	auf	\multicolumn{3}{c}{anzuwendende Normen}		Anmerkung
GmbH	gen PrV				ausgeschlossen (§ 105)
	VVaG				ausgeschlossen (§ 109)
	nat. Personen	§§ 2–38	§§ 46–59	§§ 120–122	
AG	PhG	§§ 2–38	§§ 39–45	§§ 60–77	
	PartG	§§ 2–38	§§ 45a–45e	§§ 60–77	
	GmbH	§§ 2–38	§§ 46–59	§§ 60–77	
	AG	§§ 2–38	§§ 60–77		
	KGaA	§§ 2–38	§§ 60–77	§ 78	
	e. G.	§§ 2–38	§§ 60–77	§§ 79–98	
	e. V.				ausgeschlossen (§ 99 II)
	gen PrV				ausgeschlossen (§ 105)
	VVaG				ausgeschlossen (§ 109)
	nat. Personen	§§ 2–38	§§ 60–77	§§ 120–122	
KGaA	PhG	§§ 2–38	§§ 39–45	§ 78	
	PartG	§§ 2–38	§§ 45a–45e	§ 78	
	GmbH	§§ 2–38	§§ 46–59	§ 78	
	AG	§§ 2–38	§§ 60–77	§ 78	
	KGaA	§§ 2–38		§ 78	
	e. G.	§§ 2–38	§ 78	§§ 79–98	
	e. V.				ausgeschlossen (§ 99 II)
	gen PrV				ausgeschlossen (§ 105)
	VVaG				ausgeschlossen (§ 109)
	nat. Personen	§§ 2–38	§ 78	§§ 120–122	
e. G.	PhG	§§ 2–38	§§ 39–45	§§ 79–98	
	PartG	§§ 2–38	§§ 45a–45e	§§ 79–98	
	GmbH	§§ 2–38	§§ 46–59	§§ 79–98	
	AG	§§ 2–38	§§ 60–77	§§ 79–98	
	KGaA	§§ 2–38	§ 78	§§ 79–98	
	e. G.	§§ 2–38	§§ 79–98		
	e. V.				ausgeschlossen (§ 99 II)
	gen PrV				ausgeschlossen (§ 105)
	VVaG				ausgeschlossen (§ 109)
	nat. Personen				ausgeschlossen (§ 33 II)
e. V.	PhG	§§ 2–38	§§ 39–45	§§ 99–104a	
	PartG	§§ 2–38	§§ 45a–45e	§§ 99–104a	
	GmbH	§§ 2–38	§§ 46–59	§§ 99–104a	
	AG	§§ 2–38	§§ 60–77	§§ 99–104a	
	KGaA	§§ 2–38	§ 78	§§ 99–104a	
	e. G.	§§ 2–38	§§ 79–98	§§ 99–104a	
	e. V.	§§ 2–38		§§ 99–104a	
	gen PrV				ausgeschlossen (§ 105)
	VVaG				ausgeschlossen (§ 109)
wirt. V	PhG	§§ 2–38	§§ 39–45		
	PartG	§§ 2–38	§§ 45a–45e		
	GmbH	§§ 2–38	§§ 46–59		
	AG	§§ 2–38	§§ 60–77		
	KGaA	§§ 2–38	§ 78		
	e. G.	§§ 2–38	§§ 79–98		
	e. V.				ausgeschlossen (§ 99 II)
	gen PrV				ausgeschlossen (§ 105)
	VVaG				ausgeschlossen (§ 109)

§ 3 Strukturmaßnahmen innerhalb und außerhalb des UmwG   8   § 3

\multicolumn{6}{c}{Möglichkeiten der Verschmelzung}
von	auf	\multicolumn{3}{c}{anzuwendende Normen}	Anmerkung
gen PrV	PhG				ausgeschlossen (§ 105)
	PartG				ausgeschlossen (§ 105)
	GmbH				ausgeschlossen (§ 105)
	AG				ausgeschlossen (§ 105)
	KGaA				ausgeschlossen (§ 105)
	e. G.				ausgeschlossen (§ 105)
	e. V.				ausgeschlossen (§ 105)
	gen PrV	§§ 2–38	§§ 105–108		nur Aufnahme
	VVaG				ausgeschlossen (§ 105)
VVaG	PhG				ausgeschlossen (§ 109)
	PartG				ausgeschlossen (§ 109)
	GmbH				ausgeschlossen (§ 109)
	AG				ausgeschlossen (§ 109)
	KGaA				ausgeschlossen (§ 109)
	e. G.				ausgeschlossen (§ 109)
	e. V.				ausgeschlossen (§ 109)
	gen PrV				ausgeschlossen (§ 109)
	VVaG	§§ 2–38	§§ 109–119		
	VersAG	§§ 2–38	§§ 60–77	§§ 109–113	nur Aufnahme

2. Spaltung

\multicolumn{6}{c}{Möglichkeiten der Spaltung}
von:	auf:	\multicolumn{3}{c}{anzuwendende Normen}	Anmerkung
PhG	PhG	§§ 123–137			
	PartG	§§ 123–137			
	GmbH	§§ 123–137	§§ 138–140		
	AG	§§ 123–137	§§ 141–146		
	KGaA	§§ 123–137	§§ 141–146		
	e. G.	§§ 123–137	§§ 147, 148		
	e. V.				ausgeschlossen (§ 149 II)
	gen PrV	§§ 123–137			
	VVaG				ausgeschlossen (§ 151)
GmbH	PhG	§§ 123–137	§§ 138–140		
	PartG	§§ 123–137	§§ 138–140		
	GmbH	§§ 123–137	§§ 138–140		
	AG	§§ 123–137	§§ 138–140	§§ 141–146	
	KGaA	§§ 123–137	§§ 138–140	§§ 141–146	
	e. G.	§§ 123–137	§§ 138–140	§§ 147, 148	
	e. V.				ausgeschlossen (§ 149 II)
	gen PrV	§§ 123–137	§§ 138–140		
	VVaG				ausgeschlossen (§ 151)
AG	PhG	§§ 123–137	§§ 141–146		
	PartG	§§ 123–137	§§ 141–146		
	GmbH	§§ 123–137	§§ 138–140	§§ 141–146	
	AG	§§ 123–137	§§ 141–146		
	KGaA	§§ 123–137	§§ 141–146		
	e. G.	§§ 123–137	§§ 141–146	§§ 147, 148	
	e. V.				ausgeschlossen (§ 149 II)
	gen PrV	§§ 123–137			
	VVaG				ausgeschlossen (§ 151)

Möglichkeiten der Spaltung					
von:	auf:	anzuwendende Normen			Anmerkung
KGaA	PhG	§§ 123–137	§§ 141–146		
	PartG	§§ 123–137	§§ 141–146		
	GmbH	§§ 123–137	§§ 138–140	§§ 141–146	
	AG	§§ 123–137	§§ 141–146		
	KGaA	§§ 123–137	§§ 141–146		
	e. G.	§§ 123–137	§§ 141–146	§ 147, 148	
	e. V.				ausgeschlossen (§ 149 II)
	gen PrV	§§ 123–137			
	VVaG				ausgeschlossen (§ 151)
e. G.	PhG	§§ 123–137	§§ 147, 148		
	PartG	§§ 123–137	§§ 147, 148		
	GmbH	§§ 123–137	§§ 138–140	§§ 147, 148	
	AG	§§ 123–137	§§ 141–146	§§ 147, 148	
	KGaA	§§ 123–137	§§ 141–146	§§ 147, 148	
	e. G.	§§ 123–137	§§ 147, 148		
	e. V.				ausgeschlossen (§ 149 II)
	gen PrV	§§ 123–137			
	VVaG				ausgeschlossen (§ 151)
e.V	PhG	§§ 123–137	§ 149		
	PartG	§§ 123–137	§ 149		
	GmbH	§§ 123–137	§§ 138–140	§ 149	
	AG	§§ 123–137	§§ 141–146	§ 149	
	KGaA	§§ 123–137	§§ 141–146	§ 149	
	e. G.	§§ 123–137	§§ 147, 148	§ 149	
	e. V.	§§ 123–137	§ 149		
	gen PrV	§§ 123–137	§ 149		
	VVaG				ausgeschlossen (§ 151)
wirt. V.	PhG	§§ 123–137			
	PartG	§§ 123–137			
	GmbH	§§ 123–137	§§ 138–140		
	AG	§§ 123–137	§§ 141–146		
	KGaA	§§ 123–137	§§ 141–146		
	e. G.	§§ 123–137	§§ 147, 148		
	e. V.				ausgeschlossen (§ 149 II)
	gen PrV	§§ 123–137	§§ 138–140		
	VVaG				ausgeschlossen (§ 149 II)
gen PrV	PhG				ausgeschlossen (§ 150)
	PartG				ausgeschlossen (§ 150)
	GmbH	§§ 123–137	§§ 138–140	§ 150	nur Ausgliederung
	AG	§§ 123–137	§§ 141–146	§ 150	nur Ausgliederung
	KGaA	§§ 123–137	§§ 141–146	§ 150	nur Ausgliederung
	e. G.				ausgeschlossen (§ 150)
	e. V.				ausgeschlossen (§ 150)
	gen PrV	§§ 123–137	§ 150		
	VVaG				ausgeschlossen (§ 150)
VVaG	PhG				ausgeschlossen (§ 151)
	PartG				ausgeschlossen (§ 151)
	GmbH	§§ 123–137	§§ 138–140	§ 151	nur Ausgliederung
	AG				ausgeschlossen (§ 151)
	VersAG	§§ 123–137	§§ 141–146	§ 151	nur Auf-/Abspaltung
	KGaA				ausgeschlossen (§ 151)
	e. G.				ausgeschlossen (§ 151)

§ 3 Strukturmaßnahmen innerhalb und außerhalb des UmwG

von:	auf:	Möglichkeiten der Spaltung			Anmerkung
		anzuwendende Normen			
VVaG	e. V.				ausgeschlossen (§ 151)
	gen PrV				ausgeschlossen (§ 151)
	VVaG	§§ 123–137	§ 151		nur Auf-/Abspaltung
Einzelkfm.	PhG	§§ 123–137	§§ 152–160		nur Ausgliederung
	PartG				ausgeschlossen (§ 152)
	GmbH	§§ 123–137	§§ 138–140	§§ 152–160	nur Ausgliederung
	AG	§§ 123–137	§§ 141–146	§§ 152–160	nur Ausgliederung
	KGaA	§§ 123–137	§§ 141–146	§§ 152–160	nur Ausgliederung
	e. G.	§§ 123–137	§§ 147, 148	§§ 152–160	nur Ausgliederung
	e. V.				ausgeschlossen (§ 152)
	gen PrV				ausgeschlossen (§ 152)
	VVaG				ausgeschlossen (§ 152)
Stiftungen	PhG	§§ 123–137	§§ 161–167		nur Ausgliederung
	PartG				ausgeschlossen (§ 161)
	GmbH	§§ 123–137	§§ 138–140	§§ 161–167	nur Ausgliederung
	AG	§§ 123–137	§§ 141–146	§§ 161–167	nur Ausgliederung
	KGaA	§§ 123–137	§§ 141–146	§§ 161–167	nur Ausgliederung
	e. G.				ausgeschlossen (§ 161)
	e. V.				ausgeschlossen (§ 161)
	gen PrV				ausgeschlossen (§ 161)
	VVaG				ausgeschlossen (§ 161)
Gebietskörp.	PhG	§§ 123–137	§§ 168–173		nur Ausgliederung
	PartG				ausgeschlossen (§ 168)
	GmbH	§§ 123–137	§§ 138–140	§§ 168–173	nur Ausgliederung
	AG	§§ 123–137	§§ 141–146	§§ 168–173	nur Ausgliederung
	KGaA	§§ 123–137	§§ 141–146	§§ 168–173	nur Ausgliederung
	e. G.	§§ 123–137	§§ 147, 148	§§ 168–173	nur Ausgliederung
	e. V.				ausgeschlossen (§ 168)
	gen PrV				ausgeschlossen (§ 168)
	VVaG				ausgeschlossen (§ 168)

3. Vermögensübertragung

von:	auf:	Möglichkeiten der Vermögensübertragung		Anmerkung
		anzuwendende Normen		
GmbH	öff Hand	§§ 174–177		
AG	öff Hand	§§ 174–177		
KGaA	öff Hand	§§ 174–177		
VersAG	VVaG	§§ 174, 175	§§ 178, 179	
	öffr VersU	§§ 174, 175	§§ 178, 179	
VVaG	VersAG	§§ 174, 175	§§ 180–187	
	öffr VersU	§§ 174, 175	§§ 180–187	
öffr VersU	VersAG	§§ 174, 175	§§ 188, 189	
	VVaG	§§ 174, 175	§§ 188, 189	

4. Formwechsel

von:	in:	Möglichkeiten des Formwechsels anzuwendende Normen			Anmerkung
PhG	GmbH	§§ 190–213	§§ 214–225		
	AG	§§ 190–213	§§ 214–225		
	KGaA	§§ 190–213	§§ 214–225		
	e. G.	§§ 190–213	§§ 214–225		
PartG	GmbH	§§ 190–213	§§ 225a–225c		
	AG	§§ 190–213	§§ 225a–225c		
	KGaA	§§ 190–213	§§ 225a–225c		
	e. G.	§§ 190–213	§§ 225a–225c		
GmbH	GbR	§§ 190–213	§ 226	§§ 228–237	
	PhG	§§ 190–213	§ 226	§§ 228–237	
	PartG	§§ 190–213	§ 226	§§ 228–237	
	AG	§§ 190–213	§ 226	§§ 238–250	
	KGaA	§§ 190–213	§ 226	§§ 238–250	
	e. G.	§§ 190–213	§ 226	§§ 251–257	
AG	GbR	§§ 190–213	§ 226	§§ 228–237	
	PhG	§§ 190–213	§ 226	§§ 228–237	
	PartG	§§ 190–213	§ 226	§§ 228–237	
	GmbH	§§ 190–213	§ 226	§§ 238–250	
	KGaA	§§ 190–213	§ 226	§§ 238–250	
	e. G.	§§ 190–213	§ 226	§§ 251–257	
KGaA	GbR	§§ 190–213	§§ 226, 227	§§ 228–237	
	PhG	§§ 190–213	§§ 226, 227	§§ 228–237	
	PartG	§§ 190–213	§§ 226, 227	§§ 228–237	
	GmbH	§§ 190–213	§§ 226, 227	§§ 238–250	
	AG	§§ 190–213	§§ 226, 227	§§ 238–250	
	e. G.	§§ 190–213	§§ 226, 227	§§ 251–257	
e. G.	GmbH	§§ 190–213	§§ 258–271		
	AG	§§ 190–213	§§ 258–271		
	KGaA	§§ 190–213	§§ 258–271		
e. V./wirt. V	GmbH	§§ 190–213	§§ 272–282		
	AG	§§ 190–213	§§ 272–282		
	KGaA	§§ 190–213	§§ 272–282		
	e. G.	§§ 190–213	§ 272	§§ 283–290	
VVaG	AG	§§ 190–213	§§ 291–300		nur größerer VVaG (i. S.d. § 210 VAG)
Öff. rechtl Körper./ Anst.	GmbH	§§ 190–213	§§ 301–304		
	AG	§§ 190–213	§§ 301–304		
	KGaA	§§ 190–213	§§ 301–304		

III. Strukturmaßnahmen außerhalb des UmwG

1. Grundlagen

Neben Umwandlungen iSd. § 1 Abs. 1 UmwG existiert eine ganze Reihe von Strukturmaßnahmen, auf die ebenfalls zur Reorganisation von Unternehmen zurückgegriffen werden kann und die auch nicht durch das Analogieverbot des § 1 Abs. 2 UmwG ausgeschlossen sind.[5] Das Regelungssystem des UmwG ist auf die anerkannten Umwandlungs-

---

[5] Zum Ganzen s. auch Lutter/*Lutter/Bayer* Einl. I Rn. 55 f.; Semler/Stengel/*Stengel* Einl. A Rn. 82.

arten beschränkt, die sich nach spezifischen Regelungen vollziehen und ein komplexes Verfahren durchlaufen müssen. In der Regierungsbegründung ist ausdrücklich die Rede davon, dass schon bisher gangbare Wege der Unternehmensrestrukturierung durch das UmwG nicht verschlossen werden sollen.[6] Vielmehr entspricht es der Zielsetzung des UmwG, die bisher zulässigen Strukturmaßnahmen durch neue Gestaltungsmöglichkeiten zu ergänzen, nicht etwa sie zu ersetzen.[7]

Die Beteiligten haben ein **Wahlrecht**, ob sie sich einer tradierten Strukturmaßnahme oder einer modernen Umwandlungsart nach dem UmwG bedienen wollen.[8] Diese Entscheidung haben sie unter Berücksichtigung ihrer Präferenzen und in Ansehung sämtlicher Umstände des konkreten Einzelfalls zu treffen. Sie werden dabei sowohl die rechtstechnischen Erleichterungen des UmwG (Gesamtnachfolge, Identität) als auch das kosten- und zeitaufwändige Umwandlungsverfahren in die **Gesamtabwägung** einstellen. Gerade bei kleineren Transaktionen wird anstelle des schwerfälligen Verfahrens nach dem UmwG vielfach die flexiblere Möglichkeit der Einzelübertragung vorzugswürdig erscheinen.[9] Zudem ist zu bedenken, dass Strukturmaßnahmen außerhalb des UmwG auch und gerade im **grenzüberschreitenden** Kontext eine Rolle spielen, wie zB die grenzüberschreitende Anwachsung (→ Rn. 19 ff., § 5 Rn. 24),[10] aber auch der grenzüberschreitende Asset Deal (→ § 5 Rn. 25).[11] Neben den im Folgenden behandelten – allgemeinen – Gestaltungsalternativen kommt als weitere Strukturmaßnahme außerhalb des UmwG noch die **Bestandsübertragung** nach § 13 VAG (→ § 65 Rn. 6, § 15 Rn. 562 ff.) in Betracht. 12

2. Einzelübertragung

a) Gestaltungsmöglichkeiten. Die Vermögensmassen zweier Unternehmen können durch Einzelübertragung zusammengeführt werden, etwa in der Weise, dass nach einer Sachgründung oder Sachkapitalerhöhung das **Vermögen** des übertragenden Rechtsträgers im Wege der Singularsukzession in den übernehmenden Rechtsträger (gegen Gewährung von Anteilen) eingebracht wird. In der Folge kann der übertragende Rechtsträger aufgelöst und abgewickelt werden. Diese Gestaltungsmöglichkeit kann auch für grenzüberschreitende Transaktionen gewählt werden (→ § 5 Rn. 25).[12] 13

Durch Einzelübertragung können auch die **Anteile** des übertragenden Rechtsträgers im Wege einer Sachgründung oder Sachkapitalerhöhung in den übernehmenden Rechtsträger eingebracht werden. Hiermit werden freilich nicht die Vermögensmassen der beiden Unternehmen zusammengeführt. Stattdessen entsteht ein Konzern, in welchem der übernehmende Rechtsträger den übertragenden Rechtsträger faktisch beherrscht. 14

Schließlich kann durch Einzelübertragung auch eine klassische **Ausgliederung** bewerkstelligt werden, in dem Vermögensteile des übertragenden Rechtsträgers durch Singularsukzession im Zuge einer Sachgründung oder Sachkapitalerhöhung auf den übernehmenden Rechtsträger übertragen werden.[13] 15

b) Rechtliche Grundlagen. Strukturmaßnahmen, die im Wege der Einzelnachfolge durchgeführt werden, vollziehen sich im Grundsatz nach den allgemeinen Prinzipien des **bürgerlichrechtlichen Schuld- und Sachenrechts**. Jeder erfasste Vermögensgegenstand muss in Anwendung der konkret anwendbaren Übertragungsvorschriften, wie zB 16

---

[6] Begr. RegE, bei *Ganske*, S. 43.
[7] So auch Lutter/*Lutter/Bayer* Einl. I Rn. 56; ausf. *Leinekugel* S. 53 ff.
[8] Vgl. Kallmeyer/*Kallmeyer/Marsch-Barner* § 1 Rn. 20; Schmitt/Hörtnagl/Stratz/*Hörtnagl* § 1 Rn. 69; Widmann/Mayer/*Heckschen* § 1 Rn. 393; Lutter/*Lutter/Bayer* Einl. I Rn. 56; Böttcher/Habighorst/Schulte/*Böttcher* § 1 Rn. 32.
[9] So auch Lutter/*Drygala* § 1 Rn. 53.
[10] Dazu ausf. *Hoger/Lieder* ZHR 180 (2016), 613 ff.
[11] Dazu ausf. *Lieder/Bialluch* NotBZ 2017, 209, 215.
[12] Zum grenzüberschreitenden Asset Deal näher *Lieder/Bialluch* NotBZ 2017, 209, 215.
[13] Vgl. zum Ganzen auch Böttcher/Habighorst/Schulte/*Böttcher* § 1 Rn. 32, 34; Lutter/*Drygala* § 1 Rn. 52; Kallmeyer/*Kallmeyer/Marsch-Barner* § 1 Rn. 17; *Leinekugel* S. 53 ff.

§§ 929 ff., 873, 925, 398 ff., 413, 414, 415 BGB, einzeln adressiert und transferiert werden. Hinzu kommen die gesellschaftsrechtlichen Vorschriften über die Anteilsübertragung nach § 68 AktG und § 15 GmbHG sowie über die Kapitalmaßnahmen (§§ 182 ff. AktG, §§ 55 ff. GmbHG).

17 Aus **organisationsrechtlicher Perspektive** ist im Übrigen zu unterscheiden, ob es sich um eine vom Leitungsorgan durchführbare bloße Geschäftsführungsmaßnahme handelt oder um eine grundlegende Strukturentscheidung, die in den Kompetenzbereich der Anteilseignerversammlung fällt. Die Anteilseigner sind zuständig, wenn der satzungsmäßige Unternehmensgegenstand geändert werden soll oder wenn sich die Strukturmaßnahme auf den größten Teil des Gesellschaftsvermögens bezieht und es aus diesem Grund zu einer Mediatisierung der Anteilseignerrechte kommt.[14] Nach der Rechtsprechung des BGH ist eine ungeschriebene Kompetenz der Anteilseignerversammlung bei Strukturänderungen anzunehmen, die wenigstens **80 % der Unternehmensaktiva** dem unmittelbaren Einfluss der Anteilseigner entzieht.[15] Zudem verlangt die zutreffende hM neben der erweiterten Bekanntmachungspflicht analog § 124 Abs. 2 S. 3 AktG noch eine erweiterte Berichterstattung (**Holzmüller-Bericht**).[16]

18 Vor diesem Hintergrund wird die **Abwägung** der spezifischen Vor- und Nachteile der einzelnen Gestaltungsmöglichkeiten vielfach zugunsten einer Strukturmaßnahme nach dem UmwG ausgehen. Zwar können die Beteiligten – auch in Ansehung von § 1 Abs. 2 UmwG – eine Einzelübertragung durchführen. Soweit diese aber allein auf einer Entscheidung der Unternehmensleitung beruht, sich im Ergebnis als für das Unternehmen nachteilig herausstellt und dem Unternehmensleiter – bei der hier vorliegenden unternehmerischen Entscheidung – auch die Privilegierung der *business judgment rule* (§ 93 Abs. 1 S. 2 AktG) nicht zugutekommt (zB wegen eines Interessenkonflikts), droht eine **Haftung der Geschäftsführungsmitglieder** für den verursachten Schaden aus § 93 Abs. 2 AktG, § 43 Abs. 2 GmbHG.[17]

3. Anwachsungsmodell

19 Das Anwachsungsmodell eröffnet Personengesellschaften die Möglichkeit, ihr gesamtes Vermögen im Wege einer gesetzlichen Universalsukzession auf den letzten verbleibenden Gesellschafter zu übertragen.[18] Der **praktische Vorteil** gegenüber den Strukturmaßnahmen nach dem UmwG besteht in den niedrigen formalen Anforderungen der Anwachsung, insbesondere den niedrigen Formerfordernissen und niedrigeren Transaktionskosten (→ § 2 Rn. 21). Außerdem können die Beteiligten nach Belieben den Wirksamkeitszeitpunkt für den Eintritt des Anwachsungseffekts bestimmen, da es keiner (konstitutiven) Eintragung der Anwachsung im Handelsregister bedarf.[19] In der Praxis bedienen sich die Beteiligten typischerweise einer GmbH & Co. KG.[20]

---

[14] BGH II ZR 174/80, BGHZ 83, 122 = NJW 1982, 1703; BGH II ZR 155/02, BGHZ 159, 30 = NJW 2004, 1860; BVerfG I BvR 1460/10, ZIP 2011, 2094 = NJW-Spezial 2012, 80.

[15] BGH II ZR 155/02, BGHZ 159, 30 = NJW 2004, 1860; vgl. weiterführend MHdb GesR IV/*Krieger* § 70 Rn. 11; *Hüffer/Koch* AktG § 119 Rn. 18 ff.

[16] Mit Unterschieden im Detail vgl. OLG Frankfurt 5 U 193/97, AG 1999, 378, 379 f. = NZG 1999, 887; LG Frankfurt 3/5 ZR 162/95, NZG 1998, 113, 115 f.; LG Karlsruhe O 43/97 KfH I, NZG 1998, 393, 395 f.; MHdB GesR IV/*Krieger* § 70 Rn. 14; Hölters/Drinhausen AktG § 119 Rn. 24; Grigoleit/*Herrler* AktG § 119 Rn. 26; MünchKommAktG/*Kubis* § 119 Rn. 54 f.; aA LG Hamburg 402 O 122/96, AG 1997, 238; *Hüffer/Koch* § 119 Rn. 27; *Priester* ZHR 163 (1999), 187, 201 f.; *Hüffer* FS Ulmer, 2003, S. 279, 300.

[17] Lutter/*Drygala* § 1 Rn. 55; Böttcher/Habighorst/Schulte/*Böttcher* § 1 Rn. 42; *Heckschen* DB 1998, 1385, 1396 f.

[18] Dazu und zum Folgenden ausf. *Hoger/Lieder* ZHR 180 (2016), 613 ff.

[19] Für Einzelheiten s. *Hoger/Lieder* ZHR 180 (2016), 613, 636 f.; vgl. weiter *Ege/Klett* DStR 2010, 2463.

[20] Zu den Besonderheiten und Gestaltungsmöglichkeit ausf. *v. Proff* DStR 2016, 2227, 2230.

Ein zentraler Anwendungsfall ist die **grenzüberschreitende Anwachsung**.[21] Da die 20 grenzüberschreitende Verschmelzung nach §§ 122a ff. UmwG nur Kapitalgesellschaften offensteht, kommt für Personengesellschaften dem Anwachsungsmodell besondere praktische Bedeutung zu. In der Vergangenheit waren solche **Heraus-Anwachsungen** in Restruktuierungssachverhalten (Deutsche Nickel,[22] Hans Brochier,[23] Schefenacker[24]), bei Portfolio-Transaktionen[25] sowie bei der Konsolidierung von Konzern- und Beteiligungsstrukturen[26] zu beobachten. Bedeutung kam der Anwachsung auch beim Wechsel von Anwaltssozietäten in die Rechtsform der (englischen) LLP zu.[27] Nach der Brexit-Entscheidung könnte auch die Rückkehr von deutschen Gesellschaftern betriebener LLP namentlich in eine PartG mbB eine Rolle spielen. Das englische Personengesellschaftsrecht lässt eine solche **Herein-Anwachsung** auf privatautonomer Grundlage zu.[28] Ähnliches gilt für das französische Recht,[29] dessen Mechanismen bereits in der Vergangenheit von Bedeutung waren.[30] Die österreichische Rechtslage entspricht im Wesentlichen der deutschen.[31] Nach schweizerischem Recht kann die Anwachsungswirkung durch vertragliche Vereinbarung herbeigeführt werden.[32] In allen diesen Jurisdiktionen sind deutsche Gesellschaften als taugliche Gesellschafter des übertragenden Rechtsträgers anerkannt.

In rechtstechnischer Hinsicht sind im Wesentlichen zwei Fallgruppen zu unterscheiden: 21 In der **einfachen Variante** treten – bis auf den übernehmenden Rechtsträger – alle bisherigen Gesellschafter des übertragenden Rechtsträgers aus und erhalten dafür keine Anteile am übernehmenden Rechtsträger.[33] Dies erfolgt entweder durch den Austritt der übrigen Gesellschafter (ggf. gegen Abfindung) oder durch Übertragung der Anteile an den verbleibenden Gesellschafter (ggf. gegen Kaufpreiszahlung). Nach deutschem Personengesellschaftsrecht sind die Gesellschaftsanteile mit Zustimmung der übrigen Gesellschafter

---

[21] Dazu eingehend – auch und gerade mit Blick auf die kollisionsrechtlichen Vorgaben – *Hoger/Lieder* ZHR 180 (2016), 613 ff.

[22] Dazu *Paulus* ZIP 2005, 2301 f.; *Vallender* NZI 2007, 129, 131 f.; *Hohlbein*, Sanierung insolventer Unternehmen durch Private Equity, 2010, S. 395 ff.

[23] *Widmann/Mayer/Heckschen* Vor § 122a Rn. 144; *Andres/Grund* NZI 2007, 137 ff.; *Ballmann* BB 2007, 1121 ff.; *Kebekus* ZIP 2007, 84, 85 ff.; *Knof* ZInsO 2007, 629, 632.

[24] Vgl. (zu unterschiedlichen Aspekten des Falls) *Carli/Rieder/Mückl* ZIP 2010, 1737, 1739; *Griffiths/Hellmig* NZI 2008, 418, 419; *Rumberg* RIW 2010, 358, 359 ff.; *Bayer/Koch/Lieder*, Aktuelles GmbH-Recht, 2013, S. 142, 143; *Hohlbein*, Sanierung insolventer Unternehmen durch Private Equity, 2010, S. 397 ff.; *Schleusener*, Der Debt-Equity-Swap, 2012, S. 22 f.

[25] Dazu ausf. *Hoger/Lieder* ZHR 180 (2016), 613, 616 f.

[26] Für die Anwachsung nach nationalem Recht vgl. *Seibt* FS Röhricht, 2005, S. 603, 607 f.; *Schnitker/Grau* ZIP 2008, 394; zur grenzüberschreitenden Anwachsung Kölner Kommentar-UmwG/*Simon/Rubner* Vor § 122a Rn. 120.

[27] Dazu näher *Hoger/Lieder* ZHR 180 (2016), 613, 617 f.; *Lieder/Hoffmann* NJW 2015, 897, 898; *Pleister* AnwBl 2012, 801, 802.

[28] Für Einzelheiten s. *Hoger/Lieder* ZHR 180 (2016), 613, 639 f.; *Bippus* S. 301 f., 682; DNotV, Stellungnahme vom 14.3.2012, S. 3 ff.; abrufbar unter: http://www.dnotv.de/_files/Dokumente/Stellungnahmen/StellungnahmePartmbBendg.pdf (Stand: 26.1.2017).

[29] Dazu näher *Hoger/Lieder* ZHR 180 (2016), 613, 638 f.; vgl. weiter Widmann/Mayer/*Ngatsing* Anh. 3 Rn. F164; Sagasser/Bula/Brünger/*Gutkés* § 12 Rn. 6; *Audretsch* S. 67 f.; *Bippus* S. 686 f. – Gleiches soll für Belgien gelten; vgl. dazu *Audretsch* S. 68.

[30] Zum *Edel*-Fall vgl. *Hoger/Lieder* ZHR 180 (2016), 613, 618 f.

[31] Für Einzelheiten vgl. Straube/Koppensteiner/*Auer*, Wiener Kommentar zum UGB, 2009, § 142 Rn. 3 f.; *Enzinger* GesRZ 1996, 92 f.; *Hochedlinger* GesRZ 2002, 194; *Hoger/Lieder* ZHR 180 (2016), 613, 637 f.; *Stingl*, Gesamtnachfolge im Gesellschaftsrecht, 2016, S. 175 ff.

[32] Dazu näher *Handschin/Vonzun*, Kommentar zum schweizerischen Zivilrecht, 4. Aufl. 2009, Art. 545–547 Rn. 222 f.; *Hoger/Lieder* ZHR 180 (2016), 613, 638.

[33] Vgl. MHdB GesR VI/*Hoffmann* § 55 Rn. 6 ff.; Sagasser/Bula/Brünger/*Sagasser/Bula/Abele* § 29 Rn. 21; Schmitt/Hörtnagl/Stratz/*Schmitt* § 20 UmwStG Rn. 193 f.; *Ege/Klett* DStR 2010, 2463; *Finken/Decher* AG 1989, 391, 393; *Orth* DStR 1999, 1053, 1056; *v. Proff* DStR 2016, 2227, 2231; *Seibt* FS Röhricht, 2005, S. 603, 608.

übertragbar.³⁴ Das gilt – trotz § 1 Abs. 1 S. 3 PartGG – auch bei einer Übertragung sämtlicher Anteile einer PartG auf eine (ausländische) Gesellschaft.³⁵ In der **erweiterten Variante** werden die aus dem übertragenden Rechtsträger Ausgeschiedenen Mitglieder des übernehmenden Rechtsträgers.³⁶ Für die Einbringung ihrer Anteile, die typischerweise mit einer Sachkapitalerhöhung einhergeht, erhalten die Gesellschafter des übertragenden Rechtsträgers Anteile am übernehmenden Rechtsträger.

22 **Normative Grundlage** für den Vollzug der Anwachsung ist § 738 Abs. 1 S. 1 BGB. Mit Vereinigung sämtlicher Anteile einer Personengesellschaft in einer Hand fällt die Sozietätsstruktur zusammen und es kommt ipso iure zum Übergang des gesamten Gesellschaftsvermögens im Wege der **Gesamtnachfolge** auf den Alleingesellschafter.³⁷ Hier gilt nichts anderes als für den universalsukzessiven Vermögenstransfer auf Grundlage der Gesamtnachfolgetatbestände des UmwG (→ § 4 Rn. 15 ff.). Eine Besonderheit des Anwachsungsmodells besteht in dem **Abfindungsanspruch** des austretenden Gesellschafters nach § 738 Abs. 1 S. 2 BGB, der sich allerdings durch vertragliche Vorkehrungen vermeiden lässt.³⁸ Zudem **erlischt** der übertragende Rechtsträger ohne Liquidation; die zugehörige Registereintragung hat nur deklaratorische Bedeutung.³⁹

23 Neben den **allgemeinen Vorschriften** und Grundsätzen **des Personengesellschaftsrechts** können die Vorschriften des Rechts der (grenzüberschreitenden) Umwandlung weder generell noch ausnahmsweise im Wege der einzelfallbezogenen Analogiebildung herangezogen werden (zur **Ausstrahlungswirkung** → § 4 Rn. 61 ff.).⁴⁰ Das gilt namentlich für die Wertansätze des übernehmenden Rechtsträgers (§ 24 UmwG)⁴¹ sowie die Schutzbestimmungen für Anteilsinhaber⁴² und Gläubiger.⁴³ Große Bedeutung für den **Gläubigerschutz** hat allerdings die gesellschaftsrechtliche Nachhaftung der vormaligen Gesellschafter des übertragenden Rechtsträgers nach Maßgabe der §§ 128, 160 HGB (analog).⁴⁴

---

³⁴ Zur Entwicklung, Grundlagen und Hintergründen ausf. *Lieder* ZfPW 2016, 205, 206 ff.; zusf. *Hoger/Lieder* ZHR 180 (2016), 613, 630.

³⁵ BFH II R 80/90, BStBl. II 1995, 903; OLG Düsseldorf 3 Wx 209/98, NZG 1999, 26; *Henssler* § 10 Rn. 40; *Hoger/Lieder* ZHR 180 (2016), 613, 630 f.; *Leicht* BB Beil. 3/2010, 14, 18; *Orth* DStR 1999, 1011, 1013; *K. Schmidt* NJW 1995, 1, 7.

³⁶ Vgl. MHdB GesR VI/*Hoffmann* § 55 Rn. 10 f.; Sagasser/Bula/Brünger/*Sagasser/Bula/Abele* § 29 Rn. 22; Schmitt/Hörtnagl/Stratz/*Schmitt* § 20 UmwStG Rn. 195; *Ege/Klett* DStR 2010, 2463, 2464; *Kallmeyer* GmbHR 1993, 462, 463; *Orth* DStR 1999, 1053, 1056 f.; *v. Proff* DStR 2016, 2227, 2234 f.; *Seibt* FS Röhricht, 2005, S. 603, 609.

³⁷ BGH II ZR 268/64, BGHZ 48, 203, 206 = NJW 1967, 2203; BGH VIII ZR 32/77, BGHZ 71, 296, 300 = NJW 1978, 1525; BGH II ZR 256/89, BGHZ 113, 132, 133 = NJW 1991, 844; BGH VII ZR 53/97, NZG 2000, 474; BGH II ZR 181/04, NJW 2008, 2987 Rn. 9; OLG Schleswig 2 W 141/05, ZIP 2006, 615, 617; OLG München 31 Wx 88/07, NZG 2008, 780, 782; Baumbach/Hopt/*Roth* § 131 Rn. 35; Palandt/*Sprau* § 705 Rn. 1; Oetker/*Lieder* § 105 Rn. 37; aA OLG Celle 6 U 15/12, NZG 2012, 738: fortbestehende Liquidationsgesellschaft; *Th. Schmidt*, Einmann-Personengesellschaft, 1998, S. 55 ff., 70 ff.

³⁸ Dazu ausf. *Hoger/Lieder* ZHR 180 (2016), 613, 649 ff.

³⁹ BGH VIII ZR 32/77, BGHZ 71, 296, 300 = NJW 1978, 1525; OLG Düsseldorf 3 Wx 209/98, NZG 1999, 26; Staub/*Schäfer* § 131 Rn. 8, 107; Sagasser/Büla/Brünger/*Sagasser/Bula/Abele* § 29 Rn. 6; *K. Schmidt* Gesellschaftsrecht § 12 I 4b; *Finken/Decher* AG 1989, 391, 393; *Leicht* BB Beil. 3/2010, 14, 18; *Orth* DStR 1999, 1011, 1013.

⁴⁰ Dazu ausf. *Hoger/Lieder* ZHR 180 (2016), 613, 632 f.; vgl. weiter *Müller-Bonanni/Müntefering* NJW 2009, 2347, 2350; *v. Proff* DStR 2016, 2227; *Seibt* FS Röhricht, 2005, S. 603, 618.

⁴¹ So dezidiert für die grenzüberschreitende Verschmelzung *Hoger/Lieder* ZHR 180 (2016), 613, 634 f.; vgl. weiter Budde/Förschle/Winkeljohann/*Förschle/Hoffmann*, Sonderbilanzen, 4. Aufl. 2008, K Rn. 7; aA Lutter/*Priester* § 24 Rn. 89a; Semler/Stengel/*Moszka* § 24 Rn. 88; *Förster/Ernst* DB 1997, 241, 243; IDW, RS HFA 42 Rn. 93 f.

⁴² *Hoger/Lieder* ZHR 180 (2016), 613, 635; *Seibt* FS Röhricht, 2005, S. 603, 619 ff.; aA *Kießling* WM 1999, 2391, 2398 ff.

⁴³ *Hoger/Lieder* ZHR 180 (2016), 613, 635 f.; *Seibt* FS Röhricht, 2005, S. 603, 622 ff.

⁴⁴ *Hoger/Lieder* ZHR 180 (2016), 613, 647 f.

Demgegenüber kommt der Haftung nach § 826 BGB nur untergeordnete Bedeutung zu.[45]

4. Übertragende Auflösung

Als übertragende Auflösung wird die Gestaltung bezeichnet, bei welcher der Hauptgesellschafter mehrheitlich die Auflösung beschließt und anschließend sämtliche Aktiva und Passiva aus der Liquidationsmasse erwirbt.[46] Dieses Vorgehen erscheint mit Blick auf die zwischen den Gesellschaftern bestehende horizontale Treuepflicht sowie den verfassungsrechtlich verbürgten Schutzes des Eigentums nach Art. 14 Abs. 1 GG als bedenklich. Umgekehrt sind heute sowohl die Mehrheitseingliederung (§ 320 Abs. 1 AktG) als auch der Squeeze-out nach Aktienrecht (§ 327a AktG) und für die Verschmelzung (§ 62 Abs. 5 UmwG; → § 17 Rn. 26) anerkannt. Die letztgenannte Option ermöglicht es dem Hauptaktionär, sich einer Minderheit von nicht mehr als 10 % zu entledigen. Diese Wertung ist auch für die Zulässigkeit der übertragenden Auflösung zu berücksichtigen.[47] Dementsprechend muss der Auflösungsbeschluss im Vorfeld des Vermögenserwerbs durch den Hauptaktionär mit einer **Mehrheit von mindestens 90 %** gefasst werden.[48] Mit Blick auf die vermögensrechtliche Komponente des verfassungsrechtlich abgesicherten Aktieneigentums sind die ausgeschiedenen Gesellschafter berechtigt, die im Rahmen der übertragenden Auflösung zu zahlenden Abfindungsleistungen in einem **Spruchverfahren** nach dem SpruchG überprüfen zu lassen.[49] Das entspricht der Rechtsprechung des BVerfG[50] und BGH,[51] die inzwischen die Überprüfung auch von gesetzlich nicht explizit geregelten Abfindungszahlungen im Spruchverfahren für zulässig erachten. Besondere Berichts- und Prüfungspflichten bestehen demgegenüber nicht.[52]

5. Eingliederung

Die Eingliederung bewirkt eine wirtschaftliche Zusammenführung zweier AG, SE oder KGaA, wodurch eine Gesellschaft der **umfassenden Leitungsmacht** iSd. § 323 AktG einer anderen (Haupt-)Gesellschaft unterstellt wird, die zuvor schon 100 % (*Eingliederung*) oder wenigstens 95 % an der eingegliederten Gesellschaft hielt (*Mehrheitseingliederung*). Auch wenn die Hauptgesellschaft der eingegliederten Gesellschaft umfassende Weisungen erteilen kann und im Gegenzug für deren Verbindlichkeiten haftet (§ 322 AktG) und für deren Verluste einzustehen hat (§ 324 Abs. 3 AktG), verlieren die beiden Gesellschaften doch keineswegs ihre **rechtliche Selbstständigkeit**. In wirtschaftlicher Hinsicht ähneln die Wirkungen der Eingliederung einer Verschmelzung;[53] aufgrund der rechtlichen Verselbstständigung der Rechtsträger lassen sich die beiden Gesellschaften allerdings wieder deutlich leichter voneinander trennen.[54] Im Fall der **Mehrheitseingliederung** scheiden die Min-

---

[45] *Hoger/Lieder* ZHR 180 (2016), 613, 648f.

[46] Aus der Rechtsprechung siehe exemplarisch BVerfG 1 BvR 68/95, 147/97, WM 2000, 1948 = DNotZ 2000, 868; BGH II ZR 75/87, BGHZ 103, 184 = NJW 1988, 1579; BayObLG 3 Z BR 37/98, ZIP 1998, 2002 = NJW-RR 1999, 1559; OLG Stuttgart 10 U 48/93, ZIP 1995, 1515; eingehend aus dem Schrifttum *Fleischer* DNotZ 2000, 876 ff.; *Lutter/Drygala* FS Kropff, 1997, S. 191 ff.

[47] Vgl. *Rühland* WM 2002, 1957, 1963; *Lutter/Drygala* FS Kropff, 1997, S. 191, 220; aA *v. Morgen* WM 2003, 1553, 1555.

[48] So auch Lutter/*Drygala* § 1 Rn. 54.

[49] Kallmeyer/*Kallmeyer/Marsch-Barner* § 1 Rn. 20; Lutter/*Drygala* § 1 Rn. 54; Lutter/*Mennicke* § 1 SpruchG Rn. 4.

[50] BVerfG 1 BvR 68/95, 147/97, WM 2000, 1948 = DNotZ 2000, 868.

[51] BGH II 133/01, ZIP 2003, 945 ff. = NJW-RR 2003, 895; BGH II ZB 39/07, ZIP 2008, 1471, 1472 f. = NZG 2008, 658.

[52] Kallmeyer/*Kallmeyer/Marsch-Barner* § 1 Rn. 20.

[53] Begr. RegE, bei *Kropff* S. 421; MünchKommAktG/*Grunewald* Vor § 319 Rn. 3; Hüffer/*Koch* AktG § 319 Rn. 1; Kallmeyer/*Kallmeyer/Marsch-Barner* § 1 Rn. 15; Semler/Stengel/*Stengel* § 2 Rn. 45.

[54] Vgl. Lutter/*Drygala* § 2 Rn. 43; Semler/Stengel/*Stengel* § 2 Rn. 45; *Heckschen* WM 1990, 377, 378; *Leinekugel* S. 27.

derheitsgesellschafter gegen Gewährung von Anteilen der Hauptgesellschafter oder Barabfindung aus der eingegliederten Gesellschaft aus (§ 320b AktG). Das erleichtert die Handlungs- und Funktionsfähigkeit der Unternehmensgruppe (Konzern, § 18 Abs. 1 S. 2 AktG) nicht unerheblich.

6. Beherrschungs- und Gewinnabführungsvertrag

26 Auch die Wirkungen eines Beherrschungs- und Gewinnabführungsvertrags ähneln aus wirtschaftlicher Perspektive der Verschmelzung.[55] In Übereinstimmung mit der Eingliederung begründet auch der Abschluss eines Beherrschungs- und Gewinnabführungsvertrags ein Konzernverhältnis zwischen den beteiligten Unternehmen (§ 18 Abs. 1 S. 2 AktG). Allerdings ist das **Weisungsrecht** nach § 308 AktG weniger weitreichend ausgestaltet als im Eingliederungskonzern. Weisungen können an die vertraglich konzernierte Tochter nur erteilt werden, wenn sie im übergeordneten Interesse der Muttergesellschaft liegen und/oder dem Interesse eines anderen verbundenen Unternehmens oder des Gesamtkonzerns zu dienen bestimmt sind. Umgekehrt hat die Obergesellschaft den vom Tochterunternehmen erwirtschafteten **Verlust** nach § 302 AktG **auszugleichen**. Im Rahmen des Gewinnabführungsvertrags ist die abhängige Gesellschaft verpflichtet, ihr finanzielles Ergebnis an die Obergesellschaft abzuführen (§ 291 Abs. 1 S. 1 Alt. 2 AktG).

§ 4 Strukturprinzipien des UmwG

Übersicht

	Rdnr.		Rdnr.
I. Rechtsträger	1–3	5. Bestimmtheitsprinzip	36, 37
II. Numerus clausus der Umwandlungsfälle	4–14	6. Prinzip des umwandlungsrechtlichen Bestandsschutzes	38–42
1. Typenlimitierung und Analogieverbot	5–8	a) Herleitung und Grundlagen	38, 39
2. Typenfixierung	9, 10	b) Reichweite des umwandlungsrechtlichen Bestandsschutzes	40, 41
3. Mischumwandlung	11–14	c) Formbedürftigkeit der Umwandlungsverträge	42
III. Universalsukzession	15–43	7. Entbehrlichkeit der Abwicklung	43
1. Universalsukzession als rechtstechnisches Prinzip	16–22	IV. Identität und Diskontinuität beim Formwechsel	44–47
a) Proprium der Universalsukzession	17–19	1. Identität des Rechtsträgers	44
b) Totale und partielle Universalsukzession	20, 21	2. Diskontinuität der Verbandsform	45
c) Rechtsökonomische Analyse	22	3. Identität als Struktur- und Wertungsprinzip	46, 47
2. Universalsukzession kraft Rechtsgeschäfts	23–28	V. Sukzessionsschutz	48–60
a) Phänomenologie	23	1. Individual- und Minderheitenschutz	49–52
b) Umwandlungsvertrag als rechtsgeschäftliches Element	24–26	2. Gläubigerschutz	53–59
c) Rechtsnatur von Umwandlungsverträgen	27, 28	a) Individueller Gläubigerschutz	54–58
3. Sukzessionsfreiheit: Grundsatz und Grenzen	29–34	b) Institutioneller Gläubigerschutz	59
a) Verbindlichkeiten und Vertragsverhältnisse	30, 31	3. Arbeitnehmerschutz	60
b) Verfügungsbeschränkungen	32–34	VI. Ausstrahlungswirkung und Interdependenzen	61–71
aa) Forderungen	32, 33	1. Grundlagen	61, 62
bb) Gesellschaftsanteile	34	2. Anwendungsbereich	63–68
4. Spezialitätsprinzip	35	3. Interdependenzen zwischen UmwG und WpÜG	69–71
		VII. Ablauf einer Umwandlung	72, 73

Schrifttum: *Aha*, Einzel- oder Gesamtrechtsnachfolge bei der Ausgliederung?, AG 1997, 345; *Bartodziej*, Neukodifikation des deutschen Umwandlungsrechts: Das Umwandlungsbereinigungsgesetz, BuW 1994, 788; *Bärwaldt/Schabacker*, Der Formwechsel als modifizierte Neugründung, ZIP 1998,

---

[55] Semler/Stengel/*Stengel* § 2 Rn. 46.

§ 4 Strukturprinzipien des UmwG § 4

1293; *Bitter*, Kreditverträge in Umwandlung und Umstrukturierung, ZHR 173 (1999), 379 ff.; *Bungert*, Ausgliederung durch Einzelrechtsübertragung und analoge Anwendung des Umwandlungsgesetzes, NZG 1998, 367; *Claussen*, Gesamtnachfolge und Teilnachfolge, 1995; *Engelmeyer*, Ausgliederung durch partielle Gesamtrechtsnachfolge und Einzelrechtsnachfolge – ein Vergleich, AG 1999, 263; *J. W. Flume*, Vermögenstransfer und Haftung, 2008; *Früh*, Übertragung von Kreditrisiken – Einzelübertragung, Umwandlungsmaßnahmen et al., FS Hopt, 2010, S. 1823; *Grabbe/Fett*, Pflichtangebot im Zuge der Verschmelzungen?, NZG 2003, 755; *Gutzler*, Übertragungshindernisse bei der Unternehmensspaltung, 2000; *Hahn*, Grenzen der Gesamtrechtsnachfolge bei Verschmelzungen nach dem Umwandlungsgesetz, 2012; *Heckschen*, Die Entwicklung des Umwandlungsrechts aus Sicht der Rechtsprechung und der Praxis, DB 1998, 1385; *Heidenhain*, Sonderrechtsnachfolge bei der Spaltung, ZIP 1995, 801; *Hennrichs*, Formwechsel und Gesamtrechtsnachfolge bei Umwandlungen, 1995; *ders.*, Zum Formwechsel und zur Spaltung nach dem neuen Umwandlungsgesetz, ZIP 1995, 794; *Henze*, Neue Maßstäbe für die Auslegung des Umwandlungsrechts?, BB 1999, 2208; *Hoger*, Kontinuität beim Formwechsel nach dem UmwG und der grenzüberschreitenden Verlegung des Sitzes einer SE, 2008; *ders.*, Fortdauer und Beendigung der organschaftlichen Rechtsstellung von Geschäftsleitern beim Formwechsel nach dem UmwG, ZGR 2007, 868; *Hügel*, Verschmelzung und Einbringung, 1993; *Kallmeyer*, Anwendung von Verfahrensvorschriften des Umwandlungsgesetzes auf Ausgliederungen nach Holzmüller, Zusammenschlüsse nach der Pooling-of-interests-Methode und die sog. übertragende Auflösung, FS Lutter, 2000, S. 1245; *ders.*, Kombination von Spaltungsarten nach dem neuen Umwandlungsgesetz, DB 1995, 81; *Kleindiek*, Funktion und Geltungsanspruch des Pflichtangebots nach dem WpÜG, ZGR 2002, 546; *ders.*, Vertragsfreiheit und Gläubigerschutz im künftigen Spaltungsrecht nach dem Referentenentwurf UmwG, ZGR 1992, 513; *Kort*, Bedeutung und Reichweite des Bestandsschutzes bei Umwandlungen, AG 2010, 230; *Leinekugel*, Die Ausstrahlungswirkungen des Umwandlungsgesetzes, 2000; *Lieder*, Die rechtsgeschäftliche Sukzession, 2015; *Lieder/Scholz*, Vinkulierte Forderungen und Gesellschaftsanteile in der umwandlungsrechtlichen Universalsukzession, ZIP 2015, 1705; *Lutter*, Das Aktienrecht im Wissenschaftsprozeß, ZGR 1998, 397; *Lutter/Leinekugel*, Planmäßige Unterschiede im umwandlungsrechtlichen Minderheitenschutz?, ZIP 1999, 261; *dies.*, Der Ermächtigungsbeschluss der Hauptversammlung zu grundlegenden Strukturmaßnahmen – zulässige Kompetenzübertragung oder unzulässige Selbstentmachtung?, ZIP 1998, 805; *Marx*, Auswirkungen der Spaltung nach dem Umwandlungsgesetz auf Rechtsverhältnisse mit Dritten, 2001; *K. Mertens*, Umwandlung und Universalsukzession, 1993; *K. J. Müller*, Spaltung nach dem Umwandlungsgesetz und Übergang von Verträgen mit Abtretungsbeschränkungen, BB 2000, 365; *Müntefering*, Zivilrechtliche Grenzen der partiellen Universalsukzession, 2003; *Mülbert*, Die rechtsfähige Personengesellschaft – Rechtsfähigkeit, akzessorische Mitgliederhaftung und das Umwandlungsrecht, AcP 199 (1999), 38; *Oetker*, „Partielle Universalsukzession" und Versicherungsvertrag, VersR 1992, 7; *Petersen*, Der Gläubigerschutz im Umwandlungsrecht, 2001; *Priester*, Die klassische Ausgliederung – ein Opfer des Umwandlungsrechts 1994, ZHR 163 (1999), 187; *Priester*, Gründungsrecht kontra Identitätsprinzip – Kapitalausstattung beim Formwechsel, FS Zöllner I, 1999, S. 449; *Rieble*, Verschmelzung und Spaltung von Unternehmen und ihre Folgen für Schuldverhältnisse mit Dritten, ZIP 1997, 301; *v. Riegen*, Gesellschafterschutz bei Ausgliederung durch Einzelrechtsnachfolge, 1999; *C. Schäfer*, Höchstpersönliche Rechte (Gegenstände) in der Aufspaltung, ZHR Beiheft 68 (1999), 115; *Schmid*, Das umwandlungsrechtliche Unbedenklichkeitsverfahren und die Reversibilität registrierter Verschmelzungsbeschlüsse, ZGR 1997, 493; *K. Schmidt*, Integrationswirkung des Umwandlungsgesetzes, FS Ulmer, 2003, S. 557; *ders.*, Einschränkung der umwandlungsrechtlichen Eintragungswirkungen durch den umwandlungsrechtlichen numerus clausus, ZIP 1998, 181; *ders.*, Zum Analogieverbot des § 1 Abs. 2 UmwG – Denkanstöße gegen ein gesetzliches Denkverbot –, FS Kropff, 1997, S. 259; *ders.*, Volleinzahlungsgebot beim Formwechsel in die AG oder GmbH, ZIP 1995, 1385; *ders.*, Die Freiberufliche Partnerschaft: Zum neuen Gesetz zur Schaffung von Partnerschaftsgesellschaften, NJW 1995, 1; *ders.*, Gläubigerschutz bei Umstrukturierungen, ZGR 1993, 366; *ders.*, Universalsukzession kraft Rechtsgeschäfts: Bewährungsproben eines zivilrechtsdogmatischen Rechtsinstituts im Unternehmensrecht, AcP 191 (1991), 495; *ders.*, Fehlerhafte Verschmelzung und allgemeines Verbandsrecht, ZGR 1991, 373; *ders.*, Gesetzliche Gestaltung und dogmatisches Konzept eines neuen Umwandlungsgesetzes, ZGR 1990, 580; *Schnorbus*, Analogieverbot und Rechtsfortbildung im Umwandlungsrecht – Ein Beitrag zum Verständnis des § 1 Abs. 2 UmwG –, DB 2001, 1654; *ders.*, Gestaltungsfreiheit im Umwandlungsrecht, 2001; *Schöne*, Die Spaltung unter Beteiligung von GmbH gem. §§ 123 ff. UmwG, 1998; *Seibt/Heiser*, Regelungskonkurrenz zwischen neuem Übernahmerecht und Umwandlungsrecht, ZHR 165 (2001), 466; *Teichmann*, Die Spaltung von Rechtsträgern als Akt der Vermögensübertragung, ZGR 1993, 396; *Trölitzsch*, Aktuelle Tendenzen im Umwandlungsrecht, DStR 1999, 764; *Veil*,

Aktuelle Probleme im Ausgliederungsrecht, ZIP 1998, 361; *Veith*, Der Gläubigerschutz beim Formwechsel nach dem Umwandlungsgesetz, 2003; *J. Vetter*, Pflichtangebot nach Kontrollerwerb im Wege der Verschmelzung oder Spaltung, WM 2002, 1999; *Voigt*, Umwandlung und Schuldverhältnis, 1997; *Wertenbruch*, Partnerschaftsgesellschaft und neues Umwandlungsrecht, ZIP 1995, 712; *Wiedemann*, Identität beim Rechtsformwechsel, ZGR 1999, 568; *Wiesner*, Dauerschuldverhältnisse in der Aufspaltung, ZHR Beiheft 68 (1999), 168; *Zöllner*, Grundsatzüberlegungen zur umfassenden Umstrukturierbarkeit der Gesellschaftsformen nach dem Umwandlungsgesetz, FS Claussen, 1997, S. 423; *ders.*, Rechtssubjektivität von Personengesellschaften?, FS Gernhuber, 1993, S. 563.

I. Rechtsträger

1   Die Strukturmaßnahmen nach dem UmwG setzen jeweils am Rechtsträger, **nicht** am **Unternehmen** an. Damit wählt das Umwandlungsrecht einen anderen Ausgangspunkt als das Konzernrecht, das nach Maßgabe der §§ 15 ff. UmwG das Unternehmen in den Mittelpunkt seines Regelungskonzepts stellt. Tatsächlich baute noch der Diskussionsentwurf zum UmwG von 1988 (→ § 1 Rn. 10) auf den Begriff des Unternehmens auf; erst auf die überzeugende Kritik von *K. Schmidt*[1] im Gesetzgebungsverfahren wurde das Rechtsträgerprinzip im UmwG etabliert. Das trägt in der Sache dem Umstand Rechnung, dass das Unternehmen selbst nicht Zuordnungssubjekt von Rechten und Pflichten und somit nicht rechtsfähig ist; die Rechtsfähigkeit kommt stattdessen dem **Unternehmensträger** zu.[2] Nach diesem Verständnis fungiert der Rechtsträger als das Subjekt der Umwandlung, während das Vermögen des Rechtsträgers deren Objekt bildet.[3]

2   Der **rechtskonstruktive Vorteil** gegenüber dem Unternehmensbegriff bestand bei Schaffung des UmwG darin, dass auf dieser Grundlage auch Organisationseinheiten in das Regelungssystem des UmwG einbezogen werden konnten, deren Rechtsfähigkeit damals noch ungeklärt war, wie zB Gesamthandsgesellschaften. Durch die Zuerkennung der Rechtsträgereigenschaft können auch solche juristischen Gebilde von den Gestaltungsmitteln des UmwG Gebrauch machen. Dementsprechend kommt als Rechtsträger jede unternehmerische Einheit in Betracht, die **Träger von Rechten und Pflichten** sein kann, gleichgültig, ob sie rechtlich verselbstständigt ist oder nicht.[4]

3   Umgekehrt hat der damit verbundene – rechtsdogmatische – Fortschritt **Rückwirkungen** auf das Verständnis der Rechtsfähigkeit von Gesamthandsgesellschaften. Der II. Zivilsenat des BGH stützte die Anerkennung der Rechtsfähigkeit der BGB-Gesellschaft nicht zuletzt auf den Umstand, dass die GbR gem. § 191 Abs. 2 Nr. 1 UmwG tauglicher Rechtsträger neuer Rechtsform einer formwechselnden Umwandlung sein kann.[5]

II. Numerus clausus der Umwandlungsfälle

4   Das *Numerus-clausus*-Prinzip hat mit seinen beiden Teilgewährleistungen der Typenlimitierung und Typenfixierung im Umwandlungsrecht eine spezielle Ausprägung erfahren.[6] Dabei limitiert § 1 Abs. 2 UmwG die den Beteiligten eröffneten Strukturmaßnahmen auf die gesetzlich ausdrücklich zugelassenen Umwandlungstypen (**Typenlimitierung**). Die Ausschlussvorschrift des § 1 Abs. 3 UmwG erklärt die inhaltliche Ausgestaltung des nach

---

[1] *K. Schmidt* ZGR 1990, 580, 592 ff.; *ders.* AcP 191 (1991), 495, 502 f., 506 ff.

[2] Vgl. Kölner Kommentar-UmwG/*Dauner-Lieb* § 1 Rn. 3; Lutter/*Drygala* § 1 Rn. 3; ausf. *K. Schmidt* ZGR 1990, 580, 592 ff.; *ders.* AcP 191 (1991), 495, 502 f., 506 ff.

[3] BeckOGK/*Drinhausen/Keinath* UmwG § 1 Rn. 16; Lutter/*Drygala* § 1 Rn. 3; Widmann/Mayer/*Heckschen* § 1 Rn. 16; Henssler/Strohn/*Decker* § 1 Rn. 9; Semler/Stengel/*Stengel* § 1 Rn. 19; Böttcher/Habighorst/Schulte/*Böttcher* § 1 Rn. 13.

[4] Semler/Stengel/*Stengel* § 1 Rn. 20; Widmann/Mayer/*Heckschen* § 1 Rn. 15, 32; Schmitt/Hörtnagl/Stratz/*Hörtnagl* § 1 Rn. 2; Goutier/Knopf/Tulloch/*Bermel* § 1 Rn. 5.

[5] BGH II ZR 331/00, BGHZ 146, 341 = NJW 2001, 356.

[6] Zur Geltung des *Numerus-clausus*-Prinzips im Gesellschaftsrecht im Bezug auf die Verbandsformen vgl. Bayer/*Lieder* Rn. 392; *Saenger* § 2 Rn. 36; *Windbichler* § 1 Rn. 5; zur Geltung des Prinzips im Sachen-, Familien- und Erbrecht instruktiv *Kaulbach* JuS 2011, 397 ff.

dem UmwG vorgesehenen Umwandlungsverfahrens für unveränderlich (**Typenfixierung**).[7]

1. Typenlimitierung und Analogieverbot

Rechtsträger können sich nur der Mechanismen der universalsukzessiven Umwandlung und des identitätswahrenden Formwechsels bedienen, wenn das UmwG die von den Beteiligten konkret angestrebte Strukturmaßnahme auch zulässt. Nach § 1 Abs. 2 UmwG sind die Gestaltungsmittel des Umwandlungsrechts auf die **im Gesetz ausdrücklich zugelassenen Typen** beschränkt.[8] Zum einen können sich die Beteiligten nur der nach § 1 Abs. 1 UmwG vorgesehenen Umwandlungsarten bedienen: Verschmelzung, Spaltung, Vermögensübertragung, Formwechsel. Zum anderen beschränken sich auch die Umwandlungskonstellationen auf die für den jeweiligen Umwandlungstypus zugelassenen – umwandlungsfähigen – Rechtsträger (→ § 3 Rn. 6 ff.).[9] Ausdrücklich ausgenommen sind lediglich **bundes- und landesrechtliche Vorschriften**, die namentlich bei der Verschmelzung von Landesbanken und Sparkassen von Bedeutung sind (→ § 74 Rn. 1 ff.). Ein Verstoß gegen § 1 Abs. 2 UmwG wird nach zutreffender Auffassung **nicht** nach §§ 20 Abs. 2, 131 Abs. 2 UmwG **geheilt** (→ Rn. 40).

Diese strenge Typenlimitierung erklärt sich vor dem **Hintergrund** der Verteilung von DDR-Vermögen:[10] Damals erfolgte eine Umverteilung in entsprechender Anwendung des weiland geltenden Umwandlungsrechts, ohne allerdings durch eine effektive Anwendung von Schutzvorschriften in gleichem Maße auch die berechtigten Interessen der Gläubiger und (Minderheits-)Gesellschafter hinreichend zu schützen. Deshalb sind die im UmwG normierten Umwandlungsarten und umwandlungsfähigen Rechtsträger heute als abschließend zu begreifen und können auch nur dann zur Anwendung gelangen, wenn die Gläubiger- und Anlegerinteressen hinreichend geschützt sind. Das bedeutet zweierlei:[11] Zum einen ist es der Kautelarpraxis untersagt, zusätzliche Umwandlungskonstellationen zu schaffen. Zum anderen verhindert § 1 Abs. 2 UmwG als umwandlungsrechtliches **Analogieverbot im engeren Sinne**, „dass wirtschaftliche Umwandlungen (…) mit dem Effekt einer rechtsgeschäftlich veranlassten Gesamtrechtsnachfolge ausgestattet werden".[12] Davon zu unterscheiden ist die umstrittene Geltung eines umwandlungsrechtlichen **Analogieverbots im weiteren Sinne**, wonach eine Ausstrahlung umwandlungsrechtlicher Vorschriften auf außerhalb des UmwG erfolgende Strukturmaßnahmen ausgeschlossen sein soll (→ Rn. 61 ff.).

Das Prinzip der Typenlimitierung erfährt eine Einschränkung, wenn die Nichteinbeziehung einer bestimmten Rechtsform als Verstoß gegen den allgemeinen **Gleichbehandlungsgrundsatz** nach Art. 3 GG erscheint.[13] Wird beispielsweise eine neue Rechtsform entgegen des zentralen Regelungsziels des UmwG, die Lücken im bisherigen System des Umwandlungsrechts zu schließen (→ § 1 Rn. 7), nicht als umwandlungsfähiger Rechtsträger anerkannt, obgleich sie strukturelle Parallelen zu einem zugelassenen Rechtsträger

---

[7] Dazu und zum Folgenden bereits *Lieder* S. 783 ff.
[8] Für rechtspolitische Kritik vgl. Kölner Kommentar-UmwG/*Dauner-Lieb* § 1 Rn. 44; Lutter/Hadding/*Hennrichs* § 99 Rn. 8; *K. Schmidt* FS Kropff, 1997, S. 261.
[9] Vgl. Kölner Kommentar-UmwG/*Dauner-Lieb* § 1 Rn. 39; Henssler/Strohn/*Decker* § 1 UmwG Rn. 21; Lutter/*Drygala* § 1 Rn. 50; Schmitt/Hörtnagl/Stratz/*Hörtnagl* § 1 Rn. 62; *K. Schmidt* FS Kropff, 1997, S. 261; *Schnorbus* S. 40 f.
[10] Vgl. Lutter/*Drygala* § 1 Rn. 50; Lutter/*Neye*, Kölner Umwandlungsrechtstage, 1995, S. 1, 6; *Leinekugel* S. 176; *Ganske* WM 1993, 1117 (1120).
[11] *K. Schmidt* FS Kropff, 1997, S. 261.
[12] So dezidiert Lutter/*Drygala* § 1 Rn. 59; wortgleich *Leinekugel* S. 175; im Ergebnis ebenso Henssler/Strohn/*Decker* § 1 UmwG Rn. 28; *Lieder* S. 784; kritisch Kölner Kommentar-UmwG/*Dauner-Lieb* § 1 Rn. 43; Schmitt/Hörtnagl/Stratz/*Hörtnagl* § 1 Rn. 62.
[13] Lutter/*Drygala* § 1 Rn. 37; *Kießling* WM 1999, 2391, 2398; *Wertenbruch* ZIP 1995, 712, 715 f.; *K. Schmidt* FS Kropff, S. 261, 263 f.; aA *Schnorbus* DB 2001, 1654, 1659.

aufweist, dann liegt darin ein Verstoß gegen das allgemeine Gleichbehandlungsgebot des Art. 3 Abs. 1 GG, der einer hinreichenden sachlichen Rechtfertigung bedarf.[14] Fehlt es hieran, eröffnet der auf dem Analogieverbot des § 1 Abs. 2 UmwG beruhende Verstoß gegen Art. 3 Abs. 1 GG eine Regelungslücke, die mittels analoger Anwendung des Umwandlungsrechts zu schließen ist. Insbesondere wenn kein anderer gangbarer Weg für eine Transaktion ersichtlich ist, wird das Analogieverbot überspielt.[15] Dementsprechend finden §§ 152 ff. UmwG nach zutreffender – wenn auch umstrittener – Auffassung auch auf die Ausgliederung eines Unternehmens durch eine **Erbengemeinschaft** analoge Anwendung.[16] Zugleich ist in diesem Fall der Gesetzgeber aufgerufen, die verfassungswidrige Ungleichbehandlung durch eine Gesetzeskorrektur zu beseitigen, wie er es namentlich mit der Anerkennung der **PartG** als umwandlungsfähiger Rechtsträger durch das 1. UmwÄndG getan hat (→ § 1 Rn. 12).[17]

8   Eine weitere Einschränkung resultiert aus der **unionsrechtlichen Niederlassungsfreiheit** von Gesellschaften nach Art. 49, 54 AEUV und deren Implikationen für grenzüberschreitende Umwandlungen. Soweit nach den europäischen Vorgaben § 1 Abs. 1 UmwG auf Gesellschaften mit satzungsmäßigem Sitz im EU-Ausland zu erstecken ist, muss das Analogieverbot des § 1 Abs. 2 UmwG weichen.[18] Die Einzelheiten sind unter → § 5 Rn. 9 ff. im Zusammenhang dargestellt.

2. Typenfixierung

9   Nach dem Prinzip der Typenfixierung treten die umwandlungsspezifischen Rechtsfolgen nur dann ein, wenn die einfachgesetzlich ausgeformten **Tatbestandsvoraussetzungen** und namentlich die besonderen Schutzgewährleistungen eingehalten worden sind.[19] Insbesondere kann auf die Einhaltung der Mechanismen des **Gläubiger- und Anlegerschutzes** nicht verzichtet werden; sie stellen das notwendige Korrelat für die Gewährleistung des universalsukzessiven Übertragungsmodus dar (→ Rn. 15 ff.). Das gilt namentlich für den Anspruch auf Sicherheitsleistung (→ § 13 Rn. 190 ff.), die spaltungsrechtliche Transferhaftung (→ § 27 Rn. 114 ff.) sowie für Beschluss- und Mehrheitserfordernisse, von deren Mindeststandards nach unten nur **abgewichen** werden kann, wenn dies ausdrücklich zugelassen ist (§ 1 Abs. 3 S. 1 UmwG).[20] Gerade für Personengesellschaften und GmbH bedeutet die **Sicherung der Mehrheitserfordernisse** eine Abweichung von den allgemeinen Grundsätzen, während das Aktienrecht nach Maßgabe des § 23 Abs. 5 AktG im Allgemeinen satzungsstreng ausgestaltet ist. Umgekehrt sind nach dem Regelungsziel des § 1 Abs. 3 S. 1 UmwG Abweichungen nach oben regelmäßig zulässig; anderweitige

---

[14] So etwa für die Nichteinbeziehung der PartG in das umwandlungsrechtliche Regelungssystem *Wertenbruch* ZIP 1995, 712, 714 ff.; ebenso für die Übertragung der §§ 152 ff. UmwG auf die Ausgliederung eines Unternehmens der Erbengemeinschaft *K. Schmidt* FS Kropff, 1997, S. 259, 265; zurückhaltender zur Partnerschaft und auf anderweitige Gestaltungsmöglichkeiten verweisend *Bartodziej* BuW 1994, 788, 790; *K. Schmidt* NJW 1995, 1, 7.

[15] *K. Schmidt* FS Kropff, 1997, S. 259, 268; *Bartodziej* BuW 1994, 788, 790; vgl. noch *Wertenbruch* ZIP 1995, 712, 716.

[16] Lutter/*Karollus* § 152 Rn. 14; Semler/Stengel/*Seulen* § 152 Rn. 26; Kallmeyer/*Sickinger* § 152 Rn. 3; Kölner Kommentar-UmwG/*Simon* § 152 Rn. 16; *K. Schmidt* § 13 I 3c; *ders.* FS Kropff, S. 259, 267 ff.; aA Widmann/Mayer/*Mayer* § 152 Rn. 30 ff.; Schmitt/Hörtnagl/Stratz/*Hörtnagl* § 152 Rn. 4; *Schwedhelm* Rn. 181.

[17] Widmann/Mayer/*Heckschen* § 1 Rn. 406; Kölner Kommentar-UmwG/*Dauner-Lieb* § 1 Rn. 40; Semler/Stengel/*Stengel* § 1 Rn. 36; Schmitt/Hörtnagl/Stratz/*Hörtnagl* § 1 Rn. 64; Kallmeyer/*Kallmeyer*/*Marsch-Barner* § 1 Rn. 19; *Schnorbus* DB 2001, 1654, 1657; *K. Schmidt* FS Kropff, 1997, S. 261, 269.

[18] Vgl. Kölner Kommentar-UmwG/*Dauner-Lieb* § 1 Rn. 28, 44; Semler/Stengel/*Drinhausen* Einl. C Rn. 34; Kallmeyer/*Kallmeyer*/*Marsch-Barner* § 1 Rn. 19; Lutter/*Drygala* § 1 Rn. 50.

[19] Dazu und zum Folgenden *Lieder* S. 785.

[20] Zur Sicherung der Mehrheitserfordernisse vgl. Begr. RegE, bei *Ganske*, S. 44; Lutter/*Drygala* § 1 Rn. 61 f.

Abweichungen ermöglichen zB §§ 5 Abs. 2, 8 Abs. 3, 9 Abs. 2, 40 Abs. 2, 192 Abs. 2, 215 UmwG.[21] **Verstöße** gegen § 1 Abs. 3 S. 1 UmwG, an welchen die Strukturmaßnahme scheitern könnte, sind grundsätzlich nach §§ 20 Abs. 2, 131 Abs. 2 UmwG heilbar (→ Rn. 40), weil hier – anders als im Fall der Typenlimitierung – das Umwandlungsverfahren eröffnet ist und sich daher auch das Prinzip des umwandlungsrechtlichen Bestandsschutzes im Interesse der Sicherheit des Rechtsverkehrs durchzusetzen vermag.

Ergänzungen sind nach § 1 Abs. 3 S. 2 UmwG zulässig, soweit sie ausdrücklich erlaubt 10 sind oder das Gesetz keine abschließende Regelung enthält. Das gilt namentlich für den fakultativen Inhalt von Umwandlungsverträgen (vgl. §§ 5, 126 UmwG) und Umwandlungsbeschlüssen (§ 194 UmwG).[22] Inhaltlich kommt es weniger darauf an, ob die Ergänzungen eine Lücke schließen und sich als Fortschreibung der Gedanken des Gesetzes begreifen lassen.[23] Maßgeblich ist vielmehr, ob die Ergänzungen mit den Wertungen des UmwG in Einklang stehen.[24] Die zwingenden Vorgaben der tragenden Strukturprinzipien dürfen weder abgeschwächt noch unterlaufen werden.[25] **Verstöße** gegen § 1 Abs. 3 S. 2 UmwG lassen den Bestand der Strukturmaßnahme ebenfalls im Grundsatz unberührt (→ Rn. 40). Allerdings sind die ergänzenden Abreden – in Parallele zu § 23 Abs. 5 AktG[26] – im Grundsatz nichtig, und auch eine Heilung nach § 242 Abs. 2 AktG erscheint fernliegend.[27]

3. Mischumwandlung

Unschädlich ist weiterhin eine Zusammenfassung von mehreren Umwandlungen in 11 einem einheitlichen Vorgang (**Mischumwandlung**).[28] Bei der Kombination von Umwandlungstypen ist allerdings stets sicherzustellen, dass weder die tatbestandlichen Voraussetzungen der bestehenden Umwandlungsarten umgangen noch gänzlich neue Umwandlungsformen geschaffen werden, die der Gesetzgeber des UmwG nicht explizit vorgesehen hat und die damit dem umwandlungsgesetzlichen Leitbild widersprechen.[29] Die Kombination von Umwandlungsarten ist hingegen grundsätzlich als zulässig anzusehen, wenn sich die zusammengefassten Umwandlungsvorgänge in ihre jeweiligen Grundtypen zerlegen lassen und hierbei auch keine Tatbestandsmerkmale verloren gehen.[30]

Bereits *ex lege* **zulässig** ist die Beteiligung von Rechtsträgern unterschiedlicher Verbands- 12 form an Verschmelzung (§ 3 Abs. 4 UmwG) und Spaltung (§ 124 Abs. 2 iVm. § 3 Abs. 4 UmwG). Im Regelungssystem des UmwG ist auch der (faktische) Formwechsel angelegt, der sich bei einer Verschmelzung und Spaltung auf einen Rechtsträger anderer Rechtsform

---

[21] Vgl. die ausführliche Aufstellung bei Widmann/Mayer/*Heckschen* § 1 Rn. 421 f.; Kölner Kommentar-UmwG/*Dauner-Lieb* § 1 Rn. 52; Böttcher/Habighorst/Schulte/*Böttcher* § 1 Rn. 55.
[22] Vgl. auch Lutter/*Drygala* § 1 Rn. 64.
[23] So aber Semler/Stengel/*Stengel* § 1 Rn. 84.
[24] So auch Widmann/Mayer/*Heckschen* § 1 Rn. 423.
[25] Kölner Kommentar-UmwG/*Dauner-Lieb* § 1 Rn. 53; Schmitt/Hörtnagl/Stratz/*Hörtnagl* § 1 Rn. 73; Kallmeyer/*Kallmeyer/Marsch-Barner* § 1 Rn. 23; Henssler/Strohn/*Decker* § 1 Rn. 31; Böttcher/Habighorst/Schulte/*Böttcher* § 1 Rn. 56.
[26] MünchKommAktG/*Pentz* § 23 Rn. 170; MHdB GesR IV/*Sailer-Coceani* § 6 Rn. 12; GroßkommAktG/*Röhricht/Schall* § 23 Rn. 260; K. Schmidt/Lutter/*Seibt* AktG § 23 Rn. 62.
[27] Dazu ausf. Kölner Kommentar-UmwG/*Dauner-Lieb* § 1 Rn. 55 ff.; sachlich übereinstimmend Böttcher/Habighorst/Schulte/*Böttcher* § 1 Rn. 58.
[28] Vgl. Kallmeyer/*Kallmeyer/Marsch-Barner* § 1 Rn. 21: „Baukastenverfahren"; Kölner Kommentar-UmwG/*Dauner-Lieb* § 1 Rn. 40: „Baukastenprinzip"; Schnorbus DB 2001, 1654, 1657; aA Schmitt/Hörtnagl/Stratz/*Hörtnagl* § 1 Rn. 65; Semler/Stengel/*Stengel* § 1 Rn. 69.
[29] Vgl. BGH LwZR 1/97, NZG 1998, 146, 147; Kallmeyer/*Kallmeyer/Marsch-Barner* § 1 Rn. 21; Semler/Stengel/*Stengel* § 1 Rn. 69; Böttcher/Habighorst/Schulte/*Böttcher* § 1 Rn. 49; näher zur Rechtsprechung zum LwAnpG Widmann/Mayer/*Heckschen* § 1 Rn. 406.2.
[30] Vgl. Widmann/Mayer/*Heckschen* § 1 Rn. 406.5; Schmitt/Hörtnagl/Stratz/*Hörtnagl* § 123 Rn. 17; Semler/Stengel/*Schwanna* § 123 Rn. 20.

einstellt.[31] Zulässig in Form der Spaltung zur Aufnahme ist auch die Kombination aus Spaltung und Verschmelzung.[32]

13 Zulässig ist weiterhin die Zusammenfassung von **Abspaltung und Ausgliederung** in einem Verfahren.[33] Das gilt nach zutreffender Auffassung[34] auch für den Fall, dass auf einen übernehmenden Rechtsträger übertragen wird, die Anteile aber zum Teil den Anteilseignern und zum Teil der übertragenden Gesellschaft selbst gewährt werden. Die berechtigten Interessen der Betroffenen werden durch Anwendung der jeweiligen Vorschriften auf den jeweiligen Teil hinreichend gewahrt. Die von der Gegenauffassung[35] geltend gemachten Einwendungen vermögen daher im Ergebnis nicht durchzudringen.

14 **Unzulässig** ist hingegen eine **verschmelzende Spaltung**, bei welcher infolge der Spaltung mehrerer Rechtsträger sogleich Vermögensteile zusammengeführt werden; dieses Ergebnis lässt sich nur durch eine sukzessive Durchführung von Spaltung und Verschmelzung erzielen.[36] Ebenso wenig zulässig ist die Kombination von **Aufspaltung und Ausgliederung**, weil mit der Aufspaltung der übertragende Rechtsträger gem. § 131 Abs. 1 Nr. 2 UmwG erlischt und er daher als Zuordnungssubjekt der Anteile an der ausgegliederten Gesellschaft ausscheidet.[37] Wenn eine Ausnahme für den Fall der Holding-Bildung anerkannt wird,[38] bei der sämtliche Vermögensanteile gegen die Gewährung der Anteile an den übertragenden Rechtsträger transferiert werden, handelt es sich in rechtsdogmatischer Hinsicht nicht um eine Typenkombination, sondern um eine reine Ausgliederung.[39]

III. Universalsukzession

15 Die übertragenden Umwandlungstypen – Verschmelzung, Spaltung, Vermögensübertragung – sind durch **systemprägende Struktur- und Wertungsprinzipien** gekennzeichnet, die hier gleichsam vor die Klammer gezogen werden sollen. Von Bedeutung ist zunächst die Rechtsnatur der Universalsukzession als rechtstechnisches Prinzip (→ Rn. 16 ff.) und als Rechtsgeschäft (→ Rn. 23 ff.). Hinzu kommen das Prinzip der Sukzessionsfreiheit (→ Rn. 29 ff.), das Spezialitäts- und Bestimmtheitsprinzip (→ Rn. 35 ff.) und das Prinzip des umwandlungsrechtlichen Bestandsschutzes (→ Rn. 38 ff.).

1. Universalsukzession als rechtstechnisches Prinzip

16 Der Übertragungsmodus der Universalsukzession bildet die zentrale rechtstechnische Besonderheit der Vermögensübertragung nach den Mechanismen des UmwG, namentlich

---

[31] Vgl. Semler/Stengel/*Stengel* § 1 Rn. 70; *Kallmeyer* ZIP 1994, 1746, 1752; ders. DB 1995, 81.

[32] Vgl. Böttcher/Habighorst/Schulte/*Böttcher* § 1 Rn. 50; Widmann/Mayer/*Heckschen* § 1 Rn. 406.1; Schmitt/Hörtnagl/Stratz/*Hörtnagl* § 123 Rn. 17; Semler/Stengel/*Stengel* § 1 Rn. 72; *Geck* DStR 1995, 416, 417; *Kallmeyer* DB 1995, 81, 82.

[33] Goutier/Knopf/Tulloch/*Bermel* § 1 Rn. 31; Widmann/Mayer/*Heckschen* § 1 Rn. 406.5; Semler/Stengel/*Stengel* § 1 Rn. 76 ff.; Kallmeyer/*Kallmeyer/Marsch-Barner* § 1 Rn. 21; *Geck* DStR 1995, 416, 417; *Kallmeyer* DB 1995, 81, 82; *Mayer* DB 1995, 861, 862; *Priester* DNotZ 1995, 427, 444; *Schöne*, Spaltung, S. 25; aA Lutter/*Karollus*, Umwandlungstage, Ausgliederung, S. 157, 162.

[34] Widmann/Mayer/*Heckschen* § 1 Rn. 406.6; Semler/Stengel/*Stengel* § 1 Rn. 77 f.; Kölner Kommentar-UmwG/*Simon* § 123 Rn. 33; *Kallmeyer* DB 1995, 81, 84.

[35] Semler/Stengel/*Schwanna* § 123 Rn. 20; Schmitt/Hörtnagl/Stratz/*Hörtnagl* § 123 Rn. 17.

[36] Kallmeyer/*Kallmeyer/Marsch-Barner* § 1 Rn. 21; Semler/Stengel/*Stengel* § 1 Rn. 73 ff.; Widmann/Mayer/*Heckschen* § 1 Rn. 406.4; Kölner Kommentar-UmwG/*Simon* § 123 Rn. 36; *Mayer* DB 1995, 861, 862; *Schöne*, Spaltung, S. 25.

[37] Im Ergebnis ebenso Goutier/Knopf/Tulloch/*Bermel* § 1 Rn. 32; Böttcher/Habighorst/Schulte/*Böttcher* § 1 Rn. 50; Widmann/Mayer/*Heckschen* § 1 Rn. 406.7; Semler/Stengel/*Stengel* § 1 Rn. 79; *Geck* DStR 1995, 416, 417; *Mayer* DB 1995, 861, 862; *Priester* DNotZ 1995, 427, 444; aA *Kallmeyer* DB 1995, 81, 83.

[38] Semler/Stengel/*Stengel* § 1 Rn. 79; *Kallmeyer* DB 1995, 81, 83.

[39] In diese Richtung auch Widmann/Mayer/*Heckschen* § 1 Rn. 406.7; Semler/Stengel/*Schwanna* § 123 Rn. 17; aA Kölner Kommentar-UmwG/*Simon* § 123 Rn. 34: Abspaltung.

der Verschmelzung, Spaltung und Vermögensübertragung. Die Universalsukzession ist vom bürgerlichrechtlichen **Grundfall der Singularsukzession zu unterscheiden**.[40] Das Spezifikum dieses – auch Einzelnachfolge[41] genannten – Übertragungsmodus liegt darin, dass sich der Vermögenstransfer stets nach den für den konkreten Gegenstand geltenden Rechtsvorschriften vollzieht.[42] Demgegenüber gehen Vermögenspositionen bei der Universalsukzession ohne die Beachtung der für die Einzelnachfolge geltenden Rechtsvorschriften und Grundsätze auf den Nachfolger über.[43]

a) Proprium der Universalsukzession. Das Proprium der Universalsukzession besteht – in Abgrenzung zur Einzelnachfolge – in dem **einheitlichen und zeitgleichen Übergang einer** zum Vermögen gehörenden **Gesamtheit von Rechten und Pflichten** auf den übernehmenden Rechtsträger.[44] Übertragen wird allerdings kein (singuläres) Recht am Vermögen als solches,[45] das weder mit der modernen Privatrechtsdogmatik[46] noch mit dem hiesigen Spezialitätsverständnis (→ Rn. 35) in Einklang zu bringen wäre. Vielmehr bezieht sich der Vermögenstransfer auf sämtliche zu einem Ganzen zusammengefassten Rechte und Pflichten, die ungeachtet der Qualität und Quantität der zum Vermögen gehörenden Gegenstände und der für die Singularsukzession geltenden Kautelen *uno actu* übergehen. Die bei der Einzelnachfolge notwendige Vielzahl von Übertragungsakten, die sich je nach Vermögensgegenstand nach ganz unterschiedlichen Vorschriften vollziehen können, wird bei der Universalsukzession durch einen **einheitlichen Übertragungstatbestand** ersetzt, der eigenen Gesetzmäßigkeiten gehorcht und einen ganzheitlichen Vermögenstransfer bewerkstelligt.[47]

In der praktischen Anwendung **entfallen** bei der Gesamtnachfolge insbesondere die für die einzelnen Übertragungsgegenstände vorgesehenen **Vollzugselemente**.[48] Das Eigentum an Grundstücken wird ohne konstitutive Eintragung der Rechtsänderung im Grundbuch übertragen; eine Grundbuchberichtigung ist aber mit Blick auf den Erwerb vom Nichtberechtigten (§ 892 BGB) sinnvoll. Die Übertragung von Verbindlichkeiten und ganzen Vertragsverhältnissen wird dadurch erleichtert, dass es – entgegen der bürgerlichrechtlichen Grundsätze – keiner Zustimmung des Gläubigers nach §§ 414, 415 BGB und des verbleibenden Vertragspartners bedarf (→ Rn. 30). Selbst komplexe Rechtsverhältnisse werden rechtssicher auf den Gesamtnachfolger übergeleitet, sofern sie im Grundsatz übertragbar und nicht höchstpersönlicher Natur sind. Das gilt selbst für Vermögenspositionen, die den Beteiligten unbekannt und deren Übergang sie sich nicht bewusst sind.[49] Damit wird zugleich vermieden, dass einzelne Gegenstände beim übertragenden Rechtsträger zurückbleiben, herrenlos werden oder erlöschen.[50]

---

[40] Dazu und zum Folgenden ausf. *Lieder* S. 33 ff.
[41] Zu den Unterschieden in der Terminologie s. auch *Claussen* S. 23 f. – Hier ist bewusst von Einzel- und Gesamtnachfolge und nicht von Einzel- und Gesamt*rechts*nachfolge die Rede, um damit zum Ausdruck zu bringen, dass nicht nur Vermögensrechte von den Übertragungstatbeständen erfasst werden, sondern sämtliche Vermögenspositionen, insbesondere auch Verbindlichkeiten; vgl. auch *Maurer*, Schuldübernahme, 2010, S. 4.
[42] Vgl. *Wolf/Neuner*, BGB AT, § 19 Rn. 44); *Marx* S. 80.
[43] *Lieder* S. 33 f., 717.
[44] *Lieder* S. 36, 716.
[45] Zum Nachlass vgl. MünchKommBGB/*Leipold* § 1922 Rn. 147; *Muscheler* ErbR Rn. 835.
[46] BGH Ib ZR 144/65, NJW 1968, 392, 393; BeckOK/*Fritzsche* § 90 Rn. 22; MünchKommBGB/*Stresemann* § 90 Rn. 42; *Köhler* BGB AT § 22 Rn. 15; *Wilhelm* SachenR Rn. 20.
[47] *Lieder* S. 717; zum Erbfall vgl. noch MünchKommBGB/*Leipold* § 1922 Rn. 147; *Muscheler* ErbR Rn. 800.
[48] Vgl. auch *K. Schmidt* GesR § 16 I 6c.
[49] Vgl. Lutter/*Grunewald* § 20 Rn. 10; Semler/Stengel/*Leonard* § 20 Rn. 8; Kallmeyer/*Marsch-Barner* § 20 Rn. 4.
[50] *Lieder* S. 718; vgl. zum Erbrecht *Lange* ErbR § 8 Rn. 24; *Meincke* DStJG 10 (1987), 19, 30.

19 Die damit verbundene **rechtstechnische Vereinfachung und Erleichterung** bei der Übertragung von komplexen Vermögensgesamtheiten bildet einen zentralen wirtschaftlichen Vorteil der Gesamtnachfolge.[51] Hinzu kommt die **zeitliche Konzentrationswirkung** des universalsukzessiven Rechtsübergangs, wonach sämtliche Vermögenswerte mit Eintragung der Umwandlung in das jeweilige Register gleichzeitig auf den Gesamtnachfolger übergehen (§§ 20 Abs. 1 Nr. 1, 131 Abs. 1 Nr. 1 UmwG).[52]

20 **b) Totale und partielle Universalsukzession.** Lange Zeit wurde angenommen, die Universalsukzession müsse sich notwendig auf die Übertragung des gesamten Vermögens beziehen (**totale Universalsukzession**).[53] Daher vermochte sich auch die Verschmelzung als Umwandlungstypus in rechtsdogmatischer Hinsicht rasch durchzusetzen (→ § 1 Rn. 1 f.). Nur zögerlich fand die Spaltung nach §§ 123 ff. UmwG als Anwendungsfall der **partiellen Universalsukzession** Anerkennung (→ § 1 Rn. 4), obgleich die Deklarierung von Sondergut nach § 1418 Abs. 2 BGB bei Begründung einer ehelichen Gütergemeinschaft zu ganz ähnlichen Ergebnissen führt (zum Vermögensübergang vgl. § 1416).[54]

21 Die partielle Universalsukzession ist von besonderer **praktischer Bedeutung**, wenn nur ein Teil des Unternehmens abgetrennt und übertragen werden soll. Ein Rückgriff auf die Singularsukzession ist zwar möglich, bei größeren Einheiten indes mit erheblichem zeitlichem und finanziellem Aufwand verbunden. Demgegenüber erlaubt die Spaltung nach §§ 123 ff. UmwG als Paradigma der partiellen Universalsukzession,[55] dass die beteiligten Rechtsträger im Rahmen des Spaltungsvertrags bzw. Spaltungsplans die vom Transfer erfassten Vermögensgegenstände gem. § 126 Abs. 1 Nr. 9 UmwG nach Belieben zusammenstellen (zur **Spaltungsfreiheit** → § 27 Rn. 11).[56] Auf die vertraglich individuell zusammengestellte Gesamtheit von Rechten und Pflichten findet sodann der universalsukzessive Übertragungsmodus Anwendung.[57] Die erfassten Vermögenswerte gehen demnach *uno actu* und zum gleichen Zeitpunkt als Ganzes und ohne Beachtung der für die Singularsukzession vorgesehenen Vorschriften auf den Gesamtnachfolger über.

22 **c) Rechtsökonomische Analyse.** Aus rechtsökonomischer Perspektive zeichnet sich die Universalsukzession durch eine signifikante **Senkung von Transaktionskosten** aus.[58] Das zeigt sich zunächst daran, dass auf die Einhaltung der für die Singularsukzession geltenden Kautelen verzichtet werden kann. Zugleich fallen keine **Informations-, Sicherungs- und Verhandlungskosten** für die Einholung von Zustimmungen bei Schuld- und Vertragsübernahme (vgl. §§ 414, 415 BGB) sowie bei vinkulierten Forderungen (§ 399 Alt. 2 BGB) an.[59] Darüber hinaus reduziert sich die Fehleranfälligkeit des Vermögenstransfers und damit auch der **Reparatur- und Streitbewältigungskosten**, weil sich der Rechtsübergang auf Grundlage eines einheitlichen Transfertatbestands vollzieht und besondere Schutzvorschriften in Gestalt von Formerfordernissen (→ Rn. 42) und weitreichenden Bestandsschutzregeln (→ Rn. 38 ff.) bestehen, die eine Rückabwicklung der Transaktion praktisch ausschließen.

---

[51] Vgl. *Claussen* S. 109; *Windel*, Über die Modi der Nachfolge in das Vermögen einer natürlichen Person beim Todesfall, 1998, S. 14 f.; *Klöhn* JuS 2003, 360, 364.
[52] Vgl. *Lieder* S. 718; *Voigt* S. 15.
[53] So mit besonderem Fokus auf das Erbrecht noch immer *Muscheler* ErbR Rn. 741 ff.
[54] Dazu näher *Lieder* S. 726 f.
[55] Zur Terminologie s. etwa *Claussen* S. 24; kritisch zB *Zöllner* FS Claussen, 1997, S. 423, 440 f.
[56] Zur Spaltungsfreiheit eingehend *Lieder* S. 727 ff.
[57] Für die hM vgl. Kölner Kommentar-UmwG/*Simon* § 131 Rn. 9; *Heidenhain* ZIP 1995, 801; *Kleindiek* ZGR 1992, 513, 514; *K. Schmidt* AcP 191 (1991), 495, 520, 523; *Teichmann* ZGR 1993, 396, 403; abweichend *Claussen* S. 145 ff., 156 ff., 160 f.
[58] Eingehende rechtsökonomische Analyse bei *Lieder* S. 719 ff.
[59] Vgl. auch *Hennrichs* S. 144; *K. Mertens* S. 69.

2. Universalsukzession kraft Rechtsgeschäfts

a) Phänomenologie. Sukzessionen können sich kraft Rechtsgeschäfts, kraft Gesetzes 23 und kraft Hoheitsakts vollziehen.[60] Im Bürgerlichen Recht vollzieht sich die Gesamtnachfolge regelmäßig kraft **gesetzlicher Anordnung**. Das gilt namentlich für den Erbfall nach § 1922 Abs. 1 BGB,[61] die Schaffung von Gesamtgut bei der ehelichen Gütergemeinschaft gem. § 1416 Abs. 2 BGB[62] sowie für den Anfall von Vereins- und Stiftungsvermögen an den Fiskus nach §§ 46, 88 S. 2 BGB.[63] Gleiches gilt auch für den ungeschriebenen Universalsukzessionstatbestand der Anwachsung im Personengesellschaftsrecht, wenn sich sämtliche Gesellschaftsanteile in einer Hand vereinigen (→ § 3 Rn. 22).[64] Für die **umwandlungsrechtliche Universalsukzession** nach §§ 20 Abs. 1 Nr. 1, 131 Abs. 1 Nr. 1, § 176 Abs. 1, 177 Abs. 1 UmwG ist dagegen sehr **umstritten**, ob sich die Nachfolge auf rechtsgeschäftlicher[65] oder gesetzlicher[66] Grundlage vollzieht.

b) Umwandlungsvertrag als rechtsgeschäftliches Element. Für die **Abgrenzung** 24 ist nach allgemeinen Grundsätzen darauf abzustellen, ob die Nachfolge maßgeblich auf einer privatautonomen Abrede zwischen den beteiligten Rechtsträgern beruht, die final auf die Herbeiführung eines Vermögenstransfers gerichtet ist – dann handelt es sich um eine Sukzession kraft Rechtsgeschäfts –, oder ob der Übertragungstatbestand an andere juristisch relevante Tatsachen und gerade nicht (primär) an den Parteiwillen anknüpft – dann handelt es sich um einen gesetzlichen Sukzessionstatbestand.[67]

Folgt man diesem Ansatz, dann ist die umwandlungsrechtliche Universalsukzession als 25 **rechtsgeschäftliche Nachfolge** zu qualifizieren, denn der Impuls für die Durchführung der Transaktion geht letztlich von den Parteien des Umwandlungsvertrages aus, der zugleich die notwendige vertragliche Grundlage für den Rechtsübergang bildet.[68] Während die Gesamtnachfolge im Todesfall auch ohne Vorkehrungen durch den Erblasser zu einem rechtssicheren Übergang des gesamten Nachlasses auf die Erben führt und damit die ungeliebte Folge subjektloser Vermögenspositionen vermeidet, ist mit der umwandlungsrechtlichen Universalsukzession nicht notwendig der Wegfall des übertragenden Rechtsträgers verbunden. Man denke nur an die Abspaltung (§ 123 Abs. 2 UmwG) und die Ausgliederung (§ 123 Abs. 3 UmwG). Stets treten die Rechtsfolgen der übertragenden Umwandlung ein, *weil* die beteiligten Rechtsträger diesen Rechtserfolg unmittelbar zielge-

---

[60] Dazu eingehend *Lieder* S. 33 ff.; vgl. auch *Looschelders* SchuldR AT Rn. 1163; *Hofmann* JA 2008, 253.

[61] Vgl. nur Palandt/*Weidlich* BGB § 1922 Rn. 6; Soergel/*Stein* BGB § 1922 Rn. 10; *Dreyer* JZ 2007, 606.

[62] Vgl. Palandt/*Brudermüller* BGB § 1416 Rn. 3; Soergel/*Gaul/Althammer* BGB § 1416 Rn. 4; Erman/*Heinemann* BGB § 1416 Rn. 4; MünchKommBGB/*Kanzleiter* § 1416 Rn. 17; Staudinger/*Thiele* BGB § 1416 Rn. 17 ff., 27; *Gernhuber/Coester-Waltjen* FamR § 38 Rn. 24 f.

[63] S. nur MünchKommBGB/*Arnold* § 45–47 Rn. 3; Staudinger/*Weick* BGB § 45 Rn. 6; MünchKommBGB/*Weitemeyer* § 88 Rn. 1, 5; kritisch aus rechtspolitischer Perspektive ausf. *Lieder* ZSt 2005, 16, 19 ff.

[64] Vgl. *Hoger/Lieder* ZHR 180 (2016), 613, 636 f.; *K. Schmidt* AcP 191 (1991), 495, 510; *Lieder* S. 721.

[65] Grundlegend *K. Schmidt* AcP 191 (1991), 495 ff., 510 ff.; ebenso Lutter/*Joost* § 324 Rn. 2; Lutter/*Teichmann* § 123 Rn. 5; Kölner Kommentar-UmwG/*Dauner-Lieb* Einl. A Rn. 50; *Wiedemann* GesR II § 6 II 1b; *Rieble* ZIP 1997, 301, 303; *J. W. Flume* S. 1 ff., 78 f.; *Gutzker* S. 147, 148.; *Hahn* S. 71 ff.; *Hennrichs* S. 36; *Marx* S. 78; *Mertens* S. 64 f.; *Müntefering* S. 34 f.; *Petersen* S. 321 ff., 350; *Voigt* S. 12 ff.; *Früh* FS Hopt, 2010, S. 1823, 1836.

[66] BFH II R 125/90, BB 1994, 1067 = DStR 1994, 1190 (zu § 93e GenG aF); Lutter/*Drygala* § 4 Rn. 6; Kallmeyer/*Marsch-Barner* § 20 Rn. 4; Semler/Stengel/*Stengel* § 2 Rn. 35; Widmann/Mayer/*Mayer* § 4 Rn. 22; Semler/Stengel/*Schröer* § 4 Rn. 6; Schmitt/Hörtnagl/Stratz/*Stratz* § 4 Rn. 8; MünchKommAktG/*Bayer* § 68 Rn. 52; Hüffer/*Koch* AktG § 68 Rn. 11; *Heidenhain* ZIP 1995, 801 ff.; *Kallmeyer* ZIP 1994, 1746, 1754; *Oetker* VersR 1992, 7, 8 f.

[67] Allgemein instruktiv *Flume* AT II § 1, 2, 3a, § 2, 2; speziell zur Sukzession *Lieder* S. 34.

[68] Dazu und zum Folgenden ausf. *Lieder* S. 722 ff.

richtet angestrebt haben und die Rechtsordnung in Gestalt des UmwG dem Parteiwillen mittels Bereitstellung rechtsgeschäftlicher Gesamtnachfolgetatbestände zum Durchbruch verhilft.[69]

26 Die **Eintragung der Strukturmaßnahmen** im Register (§§ 20 Abs. 1, 131 Abs. 1 UmwG) hat zwar konstitutive Bedeutung für den Rechtsübergang,[70] bei einem wertenden Vergleich mit dem Umwandlungsvertrag erscheint die Registereintragung aber gleichwohl als bloßer Hilfsakt zur Verwirklichung des Parteiwillens.[71] Auch die Grundbucheintragung im Immobiliarsachenrecht (vgl. § 873 Abs. 1 BGB) verhindert nicht, dass der Übertragungstatbestand als rechtsgeschäftliche Einzelnachfolge zu qualifizieren ist. Stattdessen erscheint die Registereintragung als **schlichte Wirksamkeitsvoraussetzung**, die namentlich für die Gewährleistung des besonderen umwandlungsrechtlichen Bestandsschutzes (→ Rn. 38 ff.) von Bedeutung ist.

27 c) **Rechtsnatur von Umwandlungsverträgen.** Der Einordnung als rechtsgeschäftliche Universalsukzession entspricht es, dem Umwandlungsvertrag – entgegen der hM[72] – **dingliche Wirkung** beizumessen.[73] Ebenso wie der Erwerbstatbestand im Immobiliarsachenrecht (§§ 873, 925 BGB) besteht auch der umwandlungsrechtliche Gesamtnachfolgetatbestand in rechtssystematischer Hinsicht aus einem **Willenselement** und einem **Vollzugselement**. Dabei entspricht der Auflassung nach § 925 BGB bei der Umwandlung der Abschluss des Umwandlungsvertrags als verfügende Einigung. Der nach außen gerichtete Publizitätsakt besteht in der Eintragung der Strukturmaßnahme in den Registern – vergleichbar der Eintragung der Rechtsänderung in das Grundbuch. Diese Konzeption fügt sich nahtlos in das Gesamtsystem des Sukzessionsrechts ein und bildet zugleich eine tragfähige Grundlage für die Übertragung einzelner Struktur- und Wertungsprinzipien der rechtsgeschäftlichen Singular- auf die Universalsukzession.[74] Das betrifft namentlich die Sukzessionsfreiheit (→ Rn. 29 ff.) sowie das Spezialitäts- und Bestimmtheitsprinzip (→ Rn. 35 ff.).

28 Die Verfügungswirkung tritt neben die beiden gemeinhin anerkannten Charakteristika des Umwandlungsvertrags: Zum einen sind Verschmelzungs- und Spaltungsverträge – in Parallele zu Unternehmensverträgen[75] – als **Organisationsverträge** anzusehen;[76] zum anderen entfalten sie **schuldrechtliche Wirkung**,[77] die in Form der Durchführung der Strukturmaßnahme letztlich auch im Klagewege durchgesetzt werden kann.[78]

3. Sukzessionsfreiheit: Grundsatz und Grenzen

29 Der rechtsgeschäftliche Charakter der umwandlungsrechtlichen Universalsukzession (→ Rn. 23 ff.) bildet die Grundlage für die Geltung des übergeordneten Prinzips der

---

[69] In diesem Sinne auch *Rieble* ZIP 1997, 301, 304; *Teichmann* ZGR 1993, 396, 398; *Lieder* S. 723; *Schöne* S. 32.
[70] Darauf verweist die Gegenauffassung; s. nur *Oetker* VersR 1992, 7, 8.
[71] So auch *Gilbert* JW 1928, 2597, 2598; *Lieder* S. 723 f.
[72] Lutter/*Drygala* § 4 Rn. 6; Kallmeyer/*Marsch-Barner* § 4 Rn. 2; Lutter/*Priester* § 126 Rn. 7; Semler/Stengel/*Schröer* § 4 Rn. 6; Schmitt/Hörtnagl/Stratz/*Stratz* § 4 Rn. 8; *Kallmeyer* ZIP 1994, 1746, 1754; *Schöne* S. 34 f.; *Hahn* S. 46.
[73] Dazu und zum Folgenden eingehend *Lieder* S. 725; im Ergebnis ebenso *Rottnauer* DB 1992, 1393, 1394; *J. W. Flume* S. 81 ff.; *Hügel* S. 160; *Voigt* S. 52.
[74] So schon *Lieder* S. 725.
[75] BGH II ZB 7/88, BGHZ 105, 324, 331 = NJW 1989, 295; MünchKommAktG/*Altmeppen* § 291 Rn. 27; Hüffer/*Koch* AktG § 291 Rn. 17; Grigoleit/*Servatius* AktG § 291 Rn. 23; Spindler/Stilz/*Veil* AktG Vor § 291 Rn. 25 f.
[76] Lutter/*Drygala* § 4 Rn. 4; Lutter/*Priester* § 126 Rn. 7; Semler/Stengel/*Schröer* § 4 Rn. 4; *Kallmeyer* ZIP 1994, 1746, 1754; *Schöne* S. 33.
[77] Schmitt/Hörtnagl/Stratz/*Stratz* § 4 Rn. 9; Semler/Stengel/*Schröer* § 4 Rn. 5; Lutter/*Drygala* § 4 Rn. 5; *Schöne* S. 33 f.
[78] Widmann/Mayer/*Mayer* § 4 Rn. 61; Schmitt/Hörtnagl/Stratz/*Stratz* § 4 Rn. 11; Semler/Stengel/*Schröer* § 4 Rn. 45; Lutter/*Drygala* § 4 Rn. 36.

§ 4 Strukturprinzipien des UmwG 30–32 § 4

Sukzessionsfreiheit[79] im Umwandlungsrecht.[80] Im Grundsatz sind demnach sämtliche – mit Ausnahme höchstpersönlicher[81] – Vermögenspositionen übertragbar und gehen bei Verwirklichung eines Umwandlungstatbestands auf den Gesamtnachfolger über. Es gilt der Grundsatz: *In dubio pro libertate.* Dabei geht das Maß der durch die umwandlungsrechtliche Universalsukzession gewährleisteten Sukzessionsfreiheit noch über den Standard der rechtsgeschäftlichen Einzelnachfolge hinaus. Das gilt zum einen für die Übertragung von Verbindlichkeiten und ganzen Vertragsverhältnissen (→ Rn. 30 f.) und zum anderen für Rechtspositionen, die einer Verfügungsbeschränkung unterliegen (→ Rn. 32 ff.). Im Übrigen bildet die Sukzessionsfreiheit die Grundlage für die weitgehende Gestaltungsfreiheit im Spaltungsrecht (zur **Spaltungsfreiheit** → § 27 Rn. 11).[82]

a) Verbindlichkeiten und Vertragsverhältnisse. Anders als bei der rechtsgeschäftlichen Einzelnachfolge – konkret: bei Schuld- und Vertragsübernahme – gehen bei der umwandlungsrechtlichen Universalsukzession Verbindlichkeiten und komplexe Vertragsverhältnisse auf den Gesamtnachfolger über, **ohne dass** nach §§ 414, 415 BGB (analog) der **Forderungsgläubiger** oder der verbleibende Vertragspartner **zustimmen muss**. Das insofern erhöhte Maß an Sukzessionsfreiheit bildet zugleich die rechtspolitische und rechtsökonomische Rechtfertigung für die rechtliche Anerkennung der (partiellen) Universalsukzession.[83] Diese Wirkung entspricht sowohl dem individuellen Interesse der Parteien des Umwandlungsvertrags als auch dem überindividuellen Interesse der Sicherheit und Leichtigkeit des Rechtsverkehrs. 30

Berechtigte Interessen der Gegenparteien (Forderungsgläubiger, verbleibender Vertragsteil) werden durch das postventive **Sukzessionsschutzsystem des Umwandlungsrechts** geschützt. Ihr Befriedigungsinteresse wird durch Ansprüche auf Sicherheitsleistung gem. § 22 UmwG (→ § 13 Rn. 190 ff.; → § 27 Rn. 184 ff.)[84] sowie – im Spaltungsfall – durch die Transferhaftung nach §§ 133, 134 UmwG (→ § 27 Rn. 114 ff.)[85] hinreichend geschützt.[86] Der mit der Überleitung von Verbindlichkeiten und ganzen Vertragsverhältnissen verbundene Eingriff in die Kontrahentenwahlfreiheit[87] wird durch die allgemeinen Rechtsinstitute der Störung der Geschäftsgrundlage gem. § 313 BGB (→ § 13 Rn. 49; → § 27 Rn. 6) und das Recht zur außerordentlichen Kündigung gem. § 314 BGB (→ § 13 Rn. 49; → § 27 Rn. 6) kompensiert. Ergibt eine Prüfung anhand dieser allgemeinen Rechtsinstitute, dass die Zumutbarkeitsschwelle durch die reine Zuordnungsänderung für die jeweilige Gegenpartei nicht überschritten ist, sind etwaige individuelle Nachteile im Interesse der unternehmerischen Organisationsfreiheit hinzunehmen. 31

b) Verfügungsbeschränkungen. aa) Forderungen. Verfügungsbeschränkungen entfalten im Rahmen der umwandlungsrechtlichen Universalsukzession nach zutreffender 32

---

[79] Dazu allgemein *Lieder* S. 83 ff.
[80] Dazu und zum Folgenden bereits ausf. *Lieder* S. 731 ff.
[81] Vgl. Begr. RegE, BT-Drucks. 16/2919, S. 19; Schmitt/Hörtnagl/Stratz/*Hörtnagl* § 131 Rn. 11; Schmitt/Hörtnagl/Stratz/*Stratz* § 20 Rn. 84; deutlich großzügiger *J. W. Flume* S. 153 ff.
[82] Dazu eingehend *Lieder* S. 727 ff.; die Verbindung zur allgemeinen Privatautonomie betonend Begr. RegE, bei *Ganske*, S. 155; *Bayer* ZHR 163 (1999), 138, 139; *Voigt* S. 52; kritisch *Claussen* S. 185.
[83] Dezidiert Begr. RegE, bei *Ganske*, S. 19 f.; vgl. weiter *Lieder* S. 732.
[84] Dazu ausf. *Lieder* S. 765 ff.
[85] Dazu ausf. *Lieder* S. 758 ff.
[86] Vgl. BAG 3 AZR 499/03, BAGE 114, 1, 10 f. = NZA 2005, 639; BAG 3 AZR 358/06, BAGE 126, 120 Rn. 19 = NZA 2009, 790; OLG Dresden 8 U 65/08, BKR 2008, 377, 378; OLG Karlsruhe 1 U 108/08, NZG 2009, 315, 316 f.; Schmitt/Hörtnagl/Stratz/*Hörtnagl* § 131 Rn. 45; Semler/Stengel/*Schröer* § 131 Rn. 33; Lutter/*Teichmann* § 131 Rn. 12, 49; *C. Schäfer* ZHR Beiheft 68 (1999), 114, 120 f., 137; *Wiesner* ZHR Beiheft 68 (1999), 168, 179.
[87] Diesen Aspekt betonend Lutter/*Teichmann* § 131 Rn. 12; *Bitter* ZHR 173 (2009), 379, 423; *Rieble* ZIP 1997, 301, 304; *C. Schäfer* ZHR Beiheft 68 (1999), 114, 121, 137 f.; *Gutzler* S. 73 ff.; *Müntefering* S. 144 ff.

hM[88] **keine Rechtswirkung.** Die für **vinkulierte Forderungen** vertretene Gegenauffassung[89] ist schon deshalb abzulehnen, weil sie bei **Verschmelzung** und **Spaltung** infolge des Wegfalls des übertragenden Rechtsträgers ein ersatzloses Erlöschen der vinkulierten Rechtsposition akzeptieren müsste. Auch § 412 BGB hilft an dieser Stelle nicht weiter, weil sich die umwandlungsrechtliche Gesamtnachfolge nach eigenen Gesetzmäßigkeiten vollzieht und rechtsgeschäftliche Züge trägt (→ Rn. 23 ff.), während § 412 BGB einen gesetzlichen Forderungsübergang vor Augen hat.

33 Nichts anderes kann für die **Abspaltung** und die **Ausgliederung** gelten. Denn es würde einen Wertungswiderspruch bedeuten, wenn vertragliche Verfügungsbeschränkungen nach § 399 Alt. 2 BGB weitergehende Ausschlusswirkungen zeitigten als das Zustimmungserfordernis beim Übergang von Verbindlichkeiten und ganzen Vertragsverhältnissen (→ Rn. 30 f.).[90] Der Rechtsübergang verhindert zugleich, dass komplexe Vertragsverhältnisse durch den Verbleib einer vinkulierten Forderung aufgespalten werden.[91] Im Übrigen geht die vinkulierte Rechtsposition *mit der Verfügungsbeschränkung* auf den Gesamtnachfolger über und verhindert fortan eine rechtsgeschäftliche Übertragung des Vermögensrechts.[92] Berechtigte Interessen des Schuldners werden durch die analoge Anwendung der abtretungsrechtlichen Schuldnerschutzvorschriften (§§ 404, 406 ff. BGB) hinreichend geschützt.[93]

34 **bb) Gesellschaftsanteile.** Gleichermaßen finden nach zutreffender hM Vinkulierungsklauseln auch auf den Erwerb von **GmbH-Geschäftsanteilen**[94] und **Namensaktien**[95] keine Anwendung.[96] Anders als das OLG Hamm[97] meint, liegt der Grund hierfür aber nicht darin, dass sich die Universalsukzession auf das Vermögen als solches bezieht (→ Rn. 17). Stattdessen gelten die zu abtretungsbeschränkten Forderungen entwickelten Überlegungen auch für vinkulierte Gesellschaftsanteile. Denn § 15 Abs. 5 GmbHG und § 68 Abs. 2 AktG erstrecken letztlich nur den Rechtsgedanken des § 399 Alt. 2 BGB auf nach § 15 Abs. 1 GmbHG und § 68 Abs. 1 AktG im Grundsatz zulässige Anteilsübertragungen.[98] Durch den Rechtsübergang wird wiederum verhindert, dass Anteilsrechte

---

[88] BGH VII ZR 298/14, ZIP 2016, 2015 Rn. 25 ff. = BeckRS 2016, 17716; RG II ZR 332/31, RGZ 136, 313, 315 f.; OLG Düsseldorf I-21 U 172/12, BeckRS 2015, 06718 Rn. 23 ff.; Goutier/Knopf/Tulloch/*Bermel* § 20 Rn. 19; Lutter/*Grunewald* § 20 Rn. 32; Semler/Stengel/*Leonard* § 20 Rn. 13 f.; Kallmeyer/*Marsch-Barner* § 20 Rn. 8; Widmann/Mayer/*Vossius* § 20 Rn. 196; Erman/*Westermann* § 412 Rn. 2; Hennrichs S. 46; Früh FS Hopt, 2010, S. 1823, 1836; zum Ganzen BeckOGK BGB/*Lieder* § 412 Rn. 29 ff.; Lieder S. 734 ff.; Lieder/Scholz ZIP 2015, 1705 (1706 f.).

[89] Soergel/Zeiss BGB 12. Aufl. § 412 Rn. 1; erwägend auch MünchKommBGB/*Roth/Kieninger* § 412 Rn. 15; vgl. noch Henssler/Strohn/*Heidinger* § 20 UmwG Rn. 4 f.

[90] BeckOGK BGB/*Lieder* § 412 Rn. 31; Lieder S. 736; vgl. weiter K. J. Müller BB 2000, 365, 366 f.; Hennrichs S. 143.

[91] Zum Ganzen BeckOGK BGB/*Lieder* § 412 Rn. 31; Lieder S. 736 f.

[92] BeckOGK BGB/*Lieder* § 412 Rn. 32; Erman/*Westermann* § 412 Rn. 2; Kallmeyer/*Marsch-Barner* § 20 Rn. 8; Lutter/*Grunewald* § 20 Rn. 31; Widmann/Mayer/*Vossius* § 20 Rn. 196; Lieder S. 737.

[93] Dazu eingehend BeckOGK BGB/*Lieder* § 412 Rn. 36 ff.; Lieder S. 768 ff.

[94] Lutter/*Grunewald* § 20 Rn. 17; Henssler/Strohn/*Heidinger* § 20 UmwG Rn. 24; Schmitt/Hörtnagl/Stratz/*Hörtnagl* § 131 Rn. 41; Semler/Stengel/*Kübler* § 20 Rn. 22; Kallmeyer/*Marsch-Barner* § 20 Rn. 7; Kallmeyer/*Sickinger* § 131 Rn. 15; Semler/Stengel/*Schröer* § 131 Rn. 26; Schmitt/Hörtnagl/Stratz/*Stratz* § 20 Rn. 63; Henssler/Strohn/*Wardenbach* § 131 UmwG Rn. 6; aA nur Lutter/*Teichmann* § 131 Rn. 71.

[95] Dazu ausf. *Lieder*, Rechtsstreitigkeiten über vinkulierte Namensaktien, in: TFM Ticaret ve Fikri Mülkiyet Hukuku Dergisi (Journal of Commercial and Intellectual Property Law) 2015, Heft 1, 133, 135 f.; ebenso Kölner Kommentar-AktG/*Lutter/Drygala* § 68 Rn. 6, 107; Hölters/*Solveen* § 68 Rn. 12; einschränkend wegen Umgehungsgefahr Spindler/Stilz/*Cahn* § 68 Rn. 33.

[96] Dazu und zum Folgenden bereits Lieder/Scholz ZIP 2015, 1705, 1707 f.

[97] OLG Hamm I-8 U 82/13, ZIP 2014, 1479, 1481; ebenso Kölner Kommentar-UmwG/*Simon* § 131 Rn. 14 aE, 21.

[98] Vgl. Lutter/Hommelhoff/*Bayer* § 15 Rn. 68; MünchKommGmbHG/*Reichert/Weller* § 15 Rn. 393; Scholz/*Seibt* § 15 Rn. 135.

ersatzlos entfallen oder subjektlos werden. Die Unbeachtlichkeit der Vinkulierung verwirklicht ferner die Zielsetzung des universalsukzessiven Übertragungsmodus. Und schließlich können sich die übrigen Gesellschafter – neben der gesellschaftsrechtlichen Treuepflichtbindung – durch die Schaffung gesellschaftsvertraglicher Einziehungsklauseln hinreichend absichern.[99] Nichts anderes gilt nach allgemeiner Auffassung für den universalsukzessiven Übergang von **Anteilen an Personengesellschaften**.[100]

4. Spezialitätsprinzip

Die Geltung des Spezialitätsprinzips im Umwandlungsrecht ist **umstritten**. Die **hM lehnt** dies auf der Grundlage eines extensiven Verständnisses **ab**. Danach bedeute Spezialität, „dass jedes Vermögensobjekt nach den jeweils einschlägigen Regelungen zu übertragen ist".[101] Legt man indes das zur rechtsgeschäftlichen Singularsukzession vorherrschende Verständnis zugrunde, wonach sich jeder Übertragungsakt stets nur auf *einzelne* Vermögenspositionen beziehen kann,[102] dann beansprucht das Spezialitätsprinzip nach dieser Lesart **auch Geltung für die umwandlungsrechtliche Universalsukzession**.[103] Denn auch bei der Gesamtnachfolge wird kein Recht am Vermögen als solches übertragen (→ Rn. 17), sondern die Rechtszuordnung jeder einzelnen Vermögensposition geändert (vgl. § 1085 BGB), nur eben – anders als bei der Singularsukzession – auf der Grundlage eines einheitlichen Übertragungstatbestands *uno actu* und im gleichen Zeitpunkt.

5. Bestimmtheitsprinzip

Die Geltung des Bestimmtheitsprinzips im Umwandlungsrecht ist im Grundsatz **unstreitig**. Auch wenn eine Vermögensgesamtheit als Ganzes übergeht, muss **eindeutig bestimmbar** sein, an welchen Vermögenspositionen sich die Rechtszuständigkeit ändert.[104] Eine solche Bestimmbarkeit ist etwa zu bejahen, wenn mit Hilfe von **All-Klauseln** sämtliche Gegenstände mit näher spezifizierten Merkmalen übertragen werden sollen, ohne dass jeder einzelne Gegenstand konkret bezeichnet ist. Dementsprechend bereitet die Einhaltung des Bestimmtheitsgebots bei der **totalen Universalsukzession** in Form der Verschmelzung oder vollständigen Vermögensübertragung keine Probleme.[105]

Im Fall der **partiellen Universalsukzession** müssen die erfassten Gegenstände hingegen nach zutreffender Auffassung **aus der Sicht der Vertragsparteien** hinreichend konkret bezeichnet werden.[106] Für die von der Gegenauffassung[107] geforderte Erkennbarkeit der Zuordnung für außenstehende Dritte fehlt es an einer Stütze im Gesetz.[108] Stattdessen

---

[99] Vgl. Lutter/*Grunewald* § 20 Rn. 17; Semler/Stengel/*Leonard* § 20 Rn. 22; vgl. ferner zum ähnlich gelagerten Problem der „mittelbaren Vinkulierung" MünchKommGmbHG/*Reichert/Weller* § 15 Rn. 376 ff.

[100] Dazu und zu den rechtlichen Konsequenzen des Anteilsübergangs ausf. *Lieder/Scholz* ZIP 2015, 1705, 1708 ff.; vgl. weiter Lutter/*Grunewald* § 20 Rn. 18; Henssler/Strohn/*Heidinger* § 20 UmwG Rn. 25; Kallmeyer/*Marsch-Barner* § 20 Rn. 7; Semler/Stengel/*Leonard* § 20 Rn. 22 ff.; Kölner Kommentar-UmwG/*Simon* § 2 Rn. 49 ff.

[101] So *J. W. Flume* S. 37; in diesem Sinne auch Kölner Kommentar-UmwG/*Simon* § 20 Rn. 3; *K. Schmidt* GesR § 12 IV 4; *ders.* AcP 191 (1991), 495, 501 f.; *Claussen* S. 31, 34 f.; *Müntefering* S. 26 f.

[102] Dazu eingehend *Lieder* S. 296 ff.

[103] Dazu und zum Folgenden ausf. *Lieder* S. 738 ff.; vgl. auch Zöllner AG 1994, 336, 340; *ders.* FS Claussen, 1997, S. 423, 440 ff.; offenbar ebenso *K. Mertens* S. 84.

[104] Dazu und zum Folgenden ausf. *Lieder* S. 740 f.

[105] Vgl. *J. W. Flume* S. 190; *K. Mertens* S. 79; *Doralt* FS Kastner, 1992, S. 123, 138.

[106] Bestimmbarkeit lassen ausreichen: Begr. RegE, bei *Ganske*, S. 157; OLG Hamburg 11 U 145/01, AG 2002, 460, 463; Kallmeyer/*Sickinger* § 126 Rn. 19; Widmann/Mayer/*Mayer* § 126 Rn. 202; Lutter/*Priester* § 126 Rn. 50; *Marx* S. 44; für eine Parallele zur Einzelnachfolge *K. Mertens* S. 83 ff., 85.

[107] Semler/Stengel/*Schröer* § 126 Rn. 61; Kölner Kommentar-UmwG/*Simon* § 126 Rn. 57; vgl. weiter Lutter/*Priester* § 126 Rn. 55.

[108] Dazu ausf. (zur Einzelnachfolge) *Lieder* S. 301 ff.

lassen es die Materialien zum UmwG[109] ausreichen, dass „bei betriebswirtschaftlicher Betrachtungsweise ein Gegenstand oder eine Verbindlichkeit dem Geschäftsbetrieb eines bestimmten Unternehmensteils zuzurechnen" ist. Zudem lässt es der BGH[110] genügen, wenn „sämtliche zu dem Teilbetrieb gehörenden Gegenstände" übertragen werden.

6. Prinzip des umwandlungsrechtlichen Bestandsschutzes

38 **a) Herleitung und Grundlagen.** Folgt man der hier vertretenen Einordnung der umwandlungsrechtlichen Universalsukzession als Nachfolge kraft Rechtsgeschäfts (→ Rn. 23 ff.), dann könnten – bei einer rein bürgerlichrechtlichen Betrachtung – schon geringfügige Mängel auf die **Wirksamkeit der** zwischen den Vertragsparteien geschlossenen **Verschmelzungs- und Spaltungsverträge** durchschlagen.[111] Da sich der Vermögenstransfer auf Grundlage eines einheitlichen Gesamtnachfolgetatbestands vollzieht, hätten bereits einfache Rechtsmängel die Unwirksamkeit der gesamten Transaktion zur Folge. Die daraufhin notwendige Rückabwicklung wäre zum einen mit erheblichen Restitutionskosten und zum anderen mit einer erheblichen Unsicherheit für die Beteiligten verbunden, die auf den Bestand des Vermögenstransfers vertrauen sollen.

39 Aus diesem Grund erklären §§ 20 Abs. 2, 131 Abs. 2, 202 Abs. 3 UmwG die meisten **Rechtsmängel** für **unbeachtlich**, soweit die Umwandlung nur ordnungsgemäß in das Handelsregister eingetragen ist, und gewährleisten auf diese Weise umfassenden umwandlungsrechtlichen Bestandsschutz. Daraufhin kann die Wirksamkeit der eingetragenen Strukturmaßnahme nicht mehr in Zweifel gezogen werden.[112] Damit wird sowohl das Risiko einer kostspieligen Rückabwicklung beseitigt als auch ein wirtschaftlicher Anreiz dafür geschaffen, Unternehmenstransaktionen mit Hilfe des universalsukzessiven Übertragungsmodus durchzuführen. Zudem werden nachvertragliche Reparatur- und Streitbewältigungskosten vermieden. Das alles dient der **Sicherheit des Rechtsverkehrs**,[113] die durch eine Einschränkung der Verkehrsleichtigkeit in Form der Registereintragung nebst zusätzlichem Formerfordernis (→ Rn. 42) erkauft wird.

40 **b) Reichweite des umwandlungsrechtlichen Bestandsschutzes.** Die Reichweite der Heilung ist umstritten. Nach **zutreffender hM**[114] scheidet eine Rückabwicklung von Umwandlungsmaßnahmen **vollumfänglich** aus. Die prominent vertretene Gegenauffassung, die für einen Restitutionsanspruch analog § 1004 BGB mit Wirkung *ex nunc* eintritt,[115] geht am Regelungsziel der §§ 20 Abs. 2, 131 Abs. 2 UmwG vorbei, die eine Rückabwicklung komplexer Umwandlungsmaßnahmen vollständig ausschließen wollen.[116] Ein endgültiger Bestandsschutz dient dem überindividuellen Interesse an der Sicherheit des Rechtsverkehrs und setzt sich an dieser Stelle einmal mehr gegen die individuellen Erhal-

---

[109] Begr. RegE, bei *Ganske*, S. 157.
[110] BGH XII ZR 50/02, NZG 2003, 1172, 1174; ebenso BAG 3 AZR 499/03, BAGE 114, 1, 4 = NZA 2005, 639; Schmitt/Hörtnagl/Stratz/*Hörtnagl* § 126 Rn. 78; Lutter/*Priester* § 126 Rn. 55; Semler/Stengel/*Schröer* § 126 Rn. 61; Kölner Kommentar-UmwG/*Simon* § 126 Rn. 57 f.; *Marx* S. 44.
[111] Dazu und zum Folgenden ausf. *Lieder* S. 744 ff.
[112] Vgl. BGH V ZR 23/94, ZIP 1995, 422, 425 = VIZ 1995, 298 (zu § 34 Abs. 3 LwAnpG); Schmitt/Hörtnagl/Stratz/*Hörtnagl* § 20 Rn. 109, 116; *K. Schmidt* ZIP 1998, 181, 187; *ders.* ZGR 1991, 373, 380 f.
[113] So auch Semler/Stengel/*Leonard* § 20 Rn. 5.
[114] OLG Hamburg 11 U 277/05, DNotZ 2009, 227; OLG Frankfurt 20 W 61/03, NZG 2003, 790, 791; BayObLG 3Z BR 295/99, NZG 2000, 50, 51; Lutter/*Grunewald* § 20 Rn. 73 ff.; Semler/Stengel/*Leonard* § 20 Rn. 86; Kallmeyer/*Marsch-Barner* § 20 Rn. 33, 47; Kölner Kommentar-UmwG/*Simon* § 20 Rn. 45; Schmitt/Hörtnagl/Stratz/*Stratz* § 20 Rn. 114.; Widmann/Mayer/*Vossius* § 20 Rn. 375 f., § 131 Rn. 196 f.; *Kort* AG 2010, 230 ff.; *Marx* S. 64 f.
[115] *K. Schmidt* GesR § 13 I 2c bb; *ders.* AG 1991, 131 ff.; *ders.* ZIP 1998, 181, 187 f.; *ders.* FS Ulmer, 2003, S. 557, 572 f.; *Henze* BB 1999, 2208, 2209 f.; *Martens* AG 1986, 57, 63 ff.; *Schmid* ZGR 1997, 493, 514 ff.
[116] Dazu und zum Folgenden bereits dezidiert *Lieder* S. 746 f.

tungsinteressen der an der Transaktion beteiligten Rechtsträger durch. Zudem fehlt es an einem geeigneten Verfahren für die Rückabwicklung umwandlungsrechtlicher Strukturmaßnahmen.[117] Und schließlich fügt sich die hier befürwortete endgültige Bestandskraft mit Blick auf die Wirkungen des Freigabeverfahrens nach § 16 Abs. 3 S. 10 UmwG nahtlos in das umwandlungsrechtliche Bestandsschutzsystem ein.[118]

Folgt man der hier befürworteten hM, so sind im Grundsatz alle materiellen Mängel **41** des Umwandlungsvertrages heilbar, und zwar **unabhängig von Art und Schwere**.[119] Das gilt selbst für Umwandlungsverträge, die gegen die guten Sitten (§ 138 BGB) oder ein gesetzliches Verbot (§ 134 BGB) verstoßen,[120] auf Irrtümern beruhen oder infolge arglistiger Täuschung zustande gekommen sind.[121] Eine **Grenze** ist aber dann erreicht, wenn es an tatbestandlichen Voraussetzungen fehlt, die schlichtweg konstitutiv für die Umwandlungsmaßnahme sind, wie zB für das vollständige Fehlen einer den **Umwandlungsvertrag** konstituierenden Willenserklärung.[122] Gleiches gilt nach zutreffender Auffassung für fehlende **Verschmelzungsbeschlüsse**[123] und für Verstöße gegen das **Numerus-clausus-Prinzip**, wenn also die gewählte Umwandlungsvariante gesetzlich nicht zulässig ist.[124] Die großzügigere Gegenauffassung[125] schießt über das für den Bestandsschutz notwendige Maß hinaus und verstößt zudem gegen systemtragende Grundprinzipien des modernen Umwandlungsrechts, wenn sie gegen den Willen eines beteiligten Rechtsträgers durchgeführte Strukturmaßnahmen für endgültig wirksam erklärt und gesetzlich nicht zugelassene Umwandlungsmöglichkeiten goutiert. Da sich die Rechtsträger in beiden Fällen nicht innerhalb des Anwendungsbereichs und Verfahrens des UmwG bewegen, ist der Anwendungsbereich der §§ 20 Abs. 2, 131 Abs. 2 UmwG von vornherein nicht eröffnet.

c) Formbedürftigkeit der Umwandlungsverträge. Umwandlungsverträge sind nach **42** §§ 6, 125 S. 1 UmwG **notariell zu beurkunden**.[126] In Parallele zu § 311b Abs. 3 BGB[127] sollen sich die Beteiligten über die Tragweite der angestrebten Strukturmaßnahme bewusst werden und von unüberlegten und übereilten Umwandlungen absehen (*Warnfunktion*).[128] Darüber hinaus treffen den Notar besondere Prüfungs- und Belehrungspflichten nach §§ 17 ff. BeurkG (*Belehrungsfunktion*). Zudem dient das Formerfordernis der Beweissiche-

---

[117] Vgl. auch Kallmeyer/*Marsch-Barner* § 20 Rn. 47; Kölner Kommentar-UmwG/*Simon* § 20 Rn. 52.

[118] Vgl. auch OLG Frankfurt 20 W 61/03, NZG 2003, 790, 791; Lutter/*Grunewald* § 20 Rn. 77; Semler/Stengel/*Leonard* § 20 Rn. 86; Kallmeyer/*Marsch-Barner* § 20 Rn. 47; Kölner Kommentar-UmwG/*Simon* § 20 Rn. 45.

[119] BGH V ZR 23/94, ZIP 1995, 422, 424 f. = VIZ 1995, 298 (zu § 34 Abs. 3 LwAnpG); BGH BLw 45/98, NZG 1999, 785, 786; OLG Frankfurt 20 W 61/03, NZG 2003, 790, 791; OLG Hamburg 11 U 277/05, DNotZ 2009, 227; Kölner Kommentar-UmwG/*Simon* § 20 Rn. 45; Schmitt/Hörtnagl/Stratz/*Stratz* § 20 Rn. 109; *Kort* AG 2010, 230, 231 f.; *Lieder* S. 747.

[120] OLG Hamburg 11 U 277/05, DNotZ 2009, 227; Semler/Stengel/*Leonard* § 20 Rn. 90 f.; Kölner Kommentar-UmwG/*Simon* § 20 Rn. 48; *Kort* AG 2010, 230, 232.

[121] Semler/Stengel/*Leonard* § 20 Rn. 90 f.; Kölner Kommentar-UmwG/*Simon* § 20 Rn. 48; offenlassend *Kort* AG 2010, 230, 232.

[122] Lutter/*Grunewald* § 20 Rn. 80; Semler/Stengel/*Leonhard* § 20 Rn. 89; Kölner Kommentar-UmwG/*Simon* § 20 Rn. 46, 48; *K. Schmidt* ZIP 1998, 181, 186.

[123] BGH BLw 54/95, BGHZ 132, 353, 360 = DtZ 1996, 239; Semler/Stengel/*Leonard* § 20 Rn. 89.

[124] BGH LwZR 1/97, ZIP 1997, 2134, 2136 = NJW 1998, 229; BGH V ZR 186/00, ZIP 2001, 2006 = BeckRS 2001 30190199; vgl. OLG Frankfurt 20 W 504/10, NZG 2012, 596, 597; Henssler/Strohn/*Decker* § 1 Rn. 25.

[125] Vgl. Lutter/*Drygala* § 20 Rn. 57; Lutter/*Grunewald* § 20 Rn. 80; Böttcher/Habighorst/Schulte-*Böttcher* § 1 Rn. 43; *K. Schmidt* ZIP 1998, 181, 188; *Trölitzsch* DStR 1999, 764, 766.

[126] Dazu und zum Folgenden ausf. *Lieder* S. 748 f.

[127] So auch Begr. RegE, bei *Ganske*, S. 51.

[128] Vgl. Lutter/*Drygala* § 6 Rn. 1.

rung und soll gerade mit Blick auf die weitreichenden Folgen der Registereintragung im Allgemeinen für Rechtssicherheit sorgen (*Beweisfunktion*). Das alles zielt auf eine besondere **Richtigkeitsgewähr** der in den Umwandlungsverträgen niedergelegten Vereinbarungen ab,[129] die durch die Mitwirkung des Notars und seine Verpflichtung zur Gewährleistung eines ordnungsgemäßen Verfahrens sichergestellt wird.

7. Entbehrlichkeit der Abwicklung

43   Bleibt infolge einer Verschmelzung, Aufspaltung und Vollübertragung kein Vermögen beim übertragenden Rechtsträger zurück, dann erlischt der übertragende Rechtsträger, ohne dass es eines langwierigen und formalistischen Liquidations- und Löschungsverfahrens bedarf (§§ 20 Abs. 1 Nr. 2, 131 Abs. 1 Nr. 2, 174 Abs. 1 UmwG). Auf die Bestellung von Liquidatoren wie auch auf das Gläubigeraufgebot kann verzichtet werden. Das spart Transaktionskosten in erheblichem Maße und lässt die Umwandlung nach dem UmwG einmal mehr als rechtsökonomisch besonders attraktiv erscheinen.

IV. Identität und Diskontinuität beim Formwechsel

1. Identität des Rechtsträgers

44   Anders als bei den übertragenden Umwandlungstypen – Verschmelzung, Spaltung, Vermögensübertragung – findet bei der formwechselnden Umwandlung kein Vermögenstransfer von einem Rechtsträger auf den anderen statt. Stattdessen ist nur ein einziger Rechtsträger am Formwechsel beteiligt. Der Formwechsel selbst basiert auf den Prinzipien der **Identität des Rechtsträgers** und der **Kontinuität der Rechtsverhältnisse**.[130] Im Zuge der Strukturmaßnahme wird der Rechtsträger weder aufgelöst noch erlischt er; zudem wird auch kein neuer Rechtsträger gegründet. Vielmehr bleibt der Rechtsträger als im Rechtsverkehr auftretende juristische Einheit erhalten[131] und streift lediglich ein **neues rechtliches Kleid** über. Das Vermögen des Rechtsträgers bleibt vom Formwechsel im Grundsatz unangetastet; allein die rechtliche Organisation des Unternehmensträgers erfährt eine Änderung. Damit einher geht die wirtschaftliche Kontinuität des Unternehmens, die sich auch in der grundsätzlichen Identität des Anteilseignerkreises, der Anteilsverhältnisse und des Vermögensbestandes vor und nach dem Formwechsel manifestiert.[132] Gleichermaßen bestehen nach § 200 UmwG die Firma des Unternehmens und nach § 202 Abs. 1 Nr. 2 UmwG auch die Rechte Dritter fort.

2. Diskontinuität der Verbandsform

45   Infolge der Diskontinuität der Verbandsform kann es allerdings zu signifikanten Veränderungen in den rechtlichen Beziehungen der Gesellschaft zu den Gesellschaftern und der Gesellschafter untereinander kommen.[133] Hier setzen die **Schutzvorschriften** des Formwechselrechts an, um den berechtigten Interessen der Gläubiger, Arbeitnehmer und anderen nicht unmittelbar am Formwechsel beteiligten Personengruppen zu entsprechen. Das wird insbesondere durch die Anwendung der **Gründungsvorschriften** nach § 197 S. 1 UmwG (→ § 34 Rn. 54, → § 38 Rn. 22 ff.) erreicht. Hinzu kommt der Anspruch der Gläubiger auf Sicherheitsleistung nach §§ 204, 22 UmwG (→ § 36 Rn. 41 ff.) und die Schadensersatzpflicht der Organe nach §§ 205, 206 UmwG (→ § 36 Rn. 47 ff.). Darüber

---

[129] Widmann/Mayer/*Heckschen* § 6 Rn. 4 f.; Lutter/*Drygala* § 6 Rn. 1; Semler/Stengel/*Schröer* § 6 Rn. 2.

[130] BGH LwZR 15/09, ZIP 2010, 377 Rn. 19 = DStR 2010, 284; BGH KRB 55/10, ZIP 2011, 2463 Rn. 18 = NJW 2012, 164; Kölner Kommentar-UmwG/*Petersen* § 202 Rn. 1 ff.; *Hennrichs* ZIP 1995, 794, 796; *K. Schmidt* AcP 191 (1991), 495, 505 ff.; *K. Schmidt* ZIP 1995, 1385, 1387.; kritisch Widmann/Mayer/*Vossius* § 202 Rn. 20 ff.

[131] Vgl. Begr. RegE, bei *Ganske*, S. 13; Lutter/*Decher/Hoger* Vor § 190 Rn. 2.

[132] Vgl. Begr. RegE, bei *Ganske*, S. 209 einschließlich einer Diskussion der Ausnahmen.

[133] Vgl. auch Lutter/*Decher/Hoger* § 190 Rn. 2: „Diskontinuität der Rechtsordnung"; s. ferner Widmann/Mayer/*Vossius* § 190 Rn. 23.

hinaus können im Einzelfall auch **höchstpersönliche Vermögenspositionen** verlorengehen, die zwar dem ursprünglichen Rechtsträger zugeordnet waren, für eine Zuordnung zum Rechtsträger neuer Rechtsform indes nicht in Betracht kommen, wie zB rechtsformbezogene öffentlichrechtliche Genehmigungen.[134] Auch die **Rechtsstellung der Organmitglieder** des formwechselnden Rechtsträgers unterliegt in Abhängigkeit von der neuen Verbandsform mehr oder weniger weitgehenden Veränderungen.[135] Die für den Aufsichtsrat nach Maßgabe des § 203 UmwG angeordnete Kontinuität ist dagegen Ausdruck des Identitätsprinzips.

3. Identität als Struktur- und Wertungsprinzip

In dieser Ausprägung ist der Identitätsgedanke zunächst als **rechtstechnisches Strukturprinzip** anzuerkennen.[136] Mit Blick auf die Rechtsnatur des Formwechsels wird allerdings noch immer vielfach die Auffassung vertreten, dass der formwechselnde Rechtsträger tatsächlich nicht fortbestehe, sondern dessen Fortbestand und **Identität nur fingiert** würden.[137] Nicht selten wird auf Grundlage dieses Ansatzes die traditionelle Differenzierung zwischen juristischen Personen und Gesamthandsgesellschaften verteidigt. Indes erscheint das umwandlungsrechtliche Identitätsprinzip für die Entscheidung dieses gesellschaftsrechtlichen Fundamentalkonflikts schwerlich geeignet. Das gilt umso mehr, als besagte Differenzierung mit Blick auf die Subjektivität der beiden Verbandstypen heute primär terminologische Bedeutung hat. Die Rechtsträgereigenschaft von OHG und KG kann mit Blick auf § 124 Abs. 1 HGB (iVm. § 161 Abs. 2 HGB) nicht zweifelhaft sein. Mit Anerkennung der Rechtsfähigkeit der BGB-Gesellschaft durch BGHZ 146, 341 steht fest, dass die Eigenschaft als Gesamthandsgesellschaft für die Zuerkennung von Rechtssubjektivität von untergeordneter Bedeutung ist. Stattdessen kann die Trennlinie zur juristischen Person bei dem Merkmal der konstitutiven Eintragung im Rahmen der Gesellschaftsgründung (vgl. §§ 1, 41 Abs. 1 S. 1 AktG; §§ 11 Abs. 1, 13 Abs. 1 GmbHG) gezogen werden. Davon abgesehen spricht auch die Entstehungsgeschichte der Formwechselvorschriften für ein **materielles Verständnis der Rechtsträgeridentität**:[138] Der Gesetzgeber des UmwG hat nicht nur seine ursprünglich neutrale Haltung gegenüber der juristischen Konstruktion des Formwechsels zugunsten der Identität des Rechtsträgers aufgegeben, sondern bezeichnet den Identitätsgedanken in den Materialien selbst als ein wesentliches Merkmal des Formwechsels.[139]

Dieses materiell verstandene Identitätsprinzip beinhaltet – entgegen der hM[140] – auch eine grundlegende Wertung für den Formwechsel und seine Folgen (**Wertungsprinzip**).[141] Dabei wird nicht übersehen, dass die Geltung des Identitätsprinzips durch den Grundsatz der Diskontinuität der Verbandsform eine systemimmanente Beschränkung erfährt. Die mit der Identitätsthese verbundenen Wertungen werden hierdurch indes nicht per se aufgehoben. Das entspricht dem Wesen von Rechtsprinzipien, die – anders als Rechtsregeln[142] – als

---

[134] Widmann/Mayer/*Vossius* § 202 Rn. 27.

[135] Dazu ausf. *Hoger* ZGR 2007, 868 ff.; zusf. Widmann/Mayer/*Vossius* § 202 Rn. 32.

[136] Semler/Stengel/*Leonard* § 202 Rn. 12 ff.; Hennrichs ZIP 1995, 794, 795; *Kießling* WM 1999, 2391, 2399; *Hoger* S. 89 ff.; K. Mertens S. 237 f.

[137] Widmann/Mayer/*Vossius* § 190 Rn. 27; Semler/Stengel/*Bärwaldt* § 197 Rn. 3; *Hennrichs* ZIP 1995, 794, 795 ff.; *Streck/Mack/Schwedhelm* GmbHR 1995, 162, 171; *Wiedemann* ZGR 1999, 568, 576 f.; *Zöllner* FS Gernhuber, 1993, S. 563, 566.

[138] Im Ergebnis ebenso Lutter/*Decher/Hoger* § 190 Rn. 5 f.; Schmitt/Hörtnagl/Stratz/*Stratz* § 190 Rn. 10; *Mülbert* AcP 199 (1999), 38, 57; K. Schmidt ZIP 1995, 1385, 1387; *Veith* S. 28 f.

[139] Begr. RegE, bei *Ganske*, S. 209.

[140] Kölner Kommentar-UmwG/*Petersen* § 202 Rn. 15 ff.; Lutter/*Decher/Hoger* § 190 Rn. 7; *Bärwaldt/Schabacker* ZIP 1998, 1293, 1297; *Hoger* S. 89 ff.; K. Mertens S. 238; Petersen S. 101 ff.; *Priester* FS Zöllner I, 1999, S. 449, 454.

[141] *Wolf* ZIP 1996, 1200, 1202 ff.; (zum früheren Recht) K. Schmidt AG 1985, 150, 153; offenbar ebenso Kallmeyer/*Meister/Klöcker* § 194 Rn. 22.

[142] Es gilt das Alles-oder-nichts-Prinzip; dazu ausf. *Dworkin*, Taking Rights Seriously, 1977, S. 24 ff., 82, 90.

Optimierungsgebote anzusehen und auf möglichst umfassende Verwirklichung gerichtet sind, im Einzelfall aber auch eingeschränkt werden können.[143] Es handelt sich um Maximen, nicht um Axiome. Kollidieren Rechtsprinzipien, sind sie **gegeneinander abzuwägen**. Sie finden auf der Begründungs- und Argumentationsebene Anwendung, indem sie ihre Wertungen in den Entscheidungsprozess einfließen lassen, auch wenn sie sich im Einzelfall in der Abwägung mit anderen Prinzipien nicht durchzusetzen vermögen. Ganz konkret erfährt das Identitätsprinzip hier durch das – auf gleicher Stufe stehende – Prinzip der Diskontinuität der Verbandsform eine nicht unerhebliche Einschränkung. Der Stellenwert und die Tragweite der beiden Prinzipien ergeben sich sodann aus ihrem Zusammenspiel.[144] Dementsprechend tut es der prinzipiellen Geltung des Identitätsgedankens keinen Abbruch, wenn Anteilseigner- und Gläubigerschutz als **Wertungsprinzipien des allgemeinen Gesellschaftsrechts** den grundsätzlichen Vorrang genießen.[145]

V. Sukzessionsschutz

48 Sowohl die Universalsukzession bei Verschmelzung, Spaltung und Vermögensübertragung als auch die Identität und Kontinuität beim Formwechsel führen dazu, dass der übernehmende bzw. umgewandelte Rechtsträger die Vermögenspositionen im Grundsatz so erwirbt, wie sie in der Hand des übertragenden bzw. umzuwandelnden Rechtsträgers bestanden. Insofern lässt sich nicht nur beim Formwechsel (→ Rn. 44 ff.), sondern auch bei der Universalsukzession von der Geltung eines sukzessionsrechtlichen Identitätsprinzips sprechen.[146] Von der Umwandlung sind indes nicht nur die daran beteiligten Rechtsträger betroffen, sondern auch **mittelbar von der Umwandlung tangierte Interessengruppen**. Die **besonderen Schutzvorschriften und -prinzipien**, die der Absicherung dieser außenstehenden Personengruppen dienen, werden hier unter dem Oberbegriff des Sukzessionsschutzes zusammengefasst.

1. Individual- und Minderheitenschutz

49 Im Zuge der Verschmelzung sowie der Auf- und Abspaltung verlieren die Anteilseigner ihre Mitgliedschaftsrechte am übertragenden Rechtsträger. Im Gegenzug werden sie nach Maßgabe der §§ 20 Abs. 1 Nr. 3, 131 Abs. 1 Nr. 3 UmwG Anteilseigner der übernehmenden Rechtsträger (**Mitgliedschaftsperpetuierung**).[147] Daneben sorgen die qualifizierten **Beschlusserfordernisse** des UmwG dafür, dass die Anteilseigner nicht ohne Weiteres im Zuge der Umstrukturierung ihrer Beteiligung verlustig gehen. Die Angemessenheit der neuen Beteiligung oder der Gegenleistung können die Anteilsinhaber des übertragenden bzw. umgewandelten Rechtsträgers im Rahmen eines **Spruchverfahrens** nach dem SpruchG überprüfen lassen (vgl. §§ 15, 122h, 125, 176 Abs. 1, 177 Abs. 1, 196 UmwG).[148]

50 Erleidet die Mitgliedschaft des Anteilsinhabers durch die Strukturmaßnahme eine signifikante Veränderung, wie zB wenn der GmbH-Gesellschafter zum Personengesellschafter oder Aktionär wird, dann kann er gegen einen Anspruch auf **angemessene Barabfindung**

---

[143] Dazu ausf. *Alexy*, Theorie der Grundrechte, 2. Aufl. 1994, S. 71 ff., 75 ff.; ders. Rth Beih. 1 (1979), 59, 80 f.; ders. ARSP Sonderheft 25 (1985), 13 ff.; zusf. *Lieder* S. 14 f.
[144] Vgl. *Canaris*, Systemdenken und Systembegriff in der Jurisprudenz entwickelt am Beispiel des deutschen Privatrechts, 2. Aufl. 1983, S. 55; *Larenz*, Methodenlehre der Rechtswissenschaft, 6. Aufl. 1991, S. 476.
[145] Zum Vorrang der allgemeinen gesellschaftsrechtlichen Wertungen Lutter/*Decher*/*Hoger* § 190 Rn. 7; Schmitt/Hörtnagl/Stratz/*Stratz* § 190 Rn. 11; *Petersen* S. 98 ff.
[146] Dazu eingehend *Lieder* S. 753 ff.; zum sukzessionsrechtlichen Identitätsprinzip bei der Singularsukzession ausf. *Lieder* S. 567 ff.
[147] Vgl. Kölner Kommentar-UmwG/*Dauner-Lieb* Einl. A Rn. 15, 52; Kölner Kommentar-UmwG/*Simon* § 2 Rn. 78 ff.
[148] Vgl. auch Widmann/Mayer/*Mayer* Einf Rn. 160; Kölner Kommentar-UmwG/*Dauner-Lieb* Einl. A Rn. 16; Böttcher/Habighorst/Schulte/*Böttcher* Einl. Rn. 11.

ausscheiden (vgl. §§ 29 ff., 34, 36 Abs. 1 S. 1, 125, 135 Abs. 1 S. 1, 176 Abs. 1, 177 Abs. 1, 207 ff. UmwG).[149] Die Angemessenheit der Barabfindung unterliegt der sachverständigen **Prüfung** (§§ 30, 208 UmwG) sowie der gerichtlichen Nachprüfung im **Spruchverfahren** (§§ 34, 212 UmwG).

Flankiert wird der Schutz der Anteilseigner (und Gläubiger) durch eine besondere **Schadensersatzpflicht** der Mitglieder von Verwaltungsorganen der beteiligten Rechtsträger (vgl. §§ 25 ff., 36 Abs. 1 S. 1, 125, 176 Abs. 1, 177 Abs. 1, 205, 206 UmwG). 51

Zudem genießen **Sonderrechtsinhaber**, wie zB die Inhaber von Genussrechten oder stimmrechtlosen Anteilen, einen besonderen **Verwässerungsschutz**, auf dessen Grundlage ihnen beim übernehmenden bzw. umgewandelten Rechtsträger wirtschaftlich entsprechende Rechte einzuräumen sind (vgl. §§ 23, 36 Abs. 1 S. 1, 125, 133, 204 UmwG). 52

2. Gläubigerschutz

Beim umwandlungsrechtlichen Gläubigerschutz macht sich bemerkbar, dass die besonders weitreichende Verwirklichung der Sukzessionsfreiheit bei der rechtsgeschäftlichen Universalsukzession (→ Rn. 29 ff.) notwendig mit einem **verstärkten Sukzessionsschutz** korreliert.[150] Dabei ist zwischen *individuellen* Ansprüchen der Gläubiger im Zuge der Umwandlung und einem *institutionellen* Kapitalschutz zu unterscheiden, der sich stark am allgemeinen gesellschaftsrechtlichen Regelungssystem orientiert und dieses zuweilen ergänzt oder modifiziert.[151] 53

a) Individueller Gläubigerschutz. Soweit es um das Interesse der Gläubiger des übertragenden Rechtsträgers an der **Erhaltung der Zugriffsmasse** geht, bereiten weder die **Verschmelzung** noch die vollumfängliche **Vermögensübertragung** wesentliche Schwierigkeiten, denn die Vermögensmasse wird infolge der Universalsukzession als Ganzes auf den übernehmenden Rechtsträger übergeleitet und steht den Gläubigern daher auch nach der Umwandlung zur Verfügung.[152] 54

Demgegenüber kann es bei der **Spaltung** aufgrund der dort vorgesehenen partiellen Universalsukzession und der sehr weitgehend gewährleisteten Spaltungsfreiheit (→ § 27 Rn. 11)[153] zu einer Zersplitterung der Vermögensmasse des übertragenden Rechtsträgers kommen.[154] In der Folge können die Gläubiger nicht länger auf das ungeteilte Vermögensganze zugreifen und daher in ihrem **Befriedigungsinteresse beeinträchtigt** sein.[155] Forderungen, die auf den übernehmenden Rechtsträger übergeleitet worden sind, können an Werthaltigkeit verlieren.[156] Zudem kann die Spaltung die Ertragskraft des übertragenden Rechtsträgers schwächen.[157] 55

Hier setzt die **spaltungsrechtliche Transferhaftung** nach § 133 Abs. 1 S. 1 UmwG an, um den individuellen Gläubiger vor einem Werthaltigkeitsverlust seiner Forderung zu schützen.[158] Diese gemeinschaftliche[159] Haftung aller beteiligten Rechtsträger für vor der 56

---

[149] Vgl. auch Kölner Kommentar-UmwG/*Dauner-Lieb* Einl. A Rn. 15; Widmann/Mayer/*Mayer* Einf Rn. 161; Böttcher/Habighorst/Schulte/*Böttcher* Einl. Rn. 11.
[150] Dazu und zum Folgenden *Lieder* S. 758 ff.
[151] Zu dieser Differenzierung ausf. *K. Schmidt* ZGR 1993, 366 ff.; *Petersen* S. 2 f., 16 ff. und passim; *Schöne* S. 59 ff.; in der Sache ebenso Widmann/Mayer/*Mayer* Einf Rn. 166 ff., 169 ff.; zurückhaltend Semler/Stengel/*Seulen* § 22 Rn. 1.
[152] Vgl. auch Widmann/Mayer/*Mayer* Einf Rn. 166.
[153] Dazu ausf. *Lieder* S. 727 ff.
[154] Dazu und zum Folgenden ausf. *Lieder* S. 758 ff.
[155] Vgl. nur *Kleindiek* ZGR 1992, 513, 515.
[156] Zum Gefährdungspotenzial ausf. *Voigt* S. 62 ff., auch zu rechtlich nicht relevanten Risiken.
[157] Vgl. nur Lutter/*Hommelhoff*, Umwandlungstage, S. 117, 118.
[158] Vgl. mit unterschiedlicher Akzentuierung Lutter/*Hommelhoff*, Umwandlungstage, S. 117, 118; *Kleindiek* ZGR 1992, 513, 515; *K. Schmidt* ZGR 1993, 366, 378; *Voigt* S. 64.
[159] Zur rechtsdogmatischen Einordnung ausf. *Lieder* S. 762 ff.: Spaltungshaftung als akzessorische Mithaftung; aA die hM: gesamtschuldnerische Haftung (→ § 27 Rn. 114).

Spaltung begründete Verbindlichkeiten für mindestens fünf Jahre ohne Enthaftungsmöglichkeit bildet das kohärente Gegenstück zur Spaltungsfreiheit.[160]

57 Darüber hinaus besteht bei sämtlichen Umwandlungstypen ein Anspruch der Gläubiger noch **nicht fälliger** Forderungen auf **Sicherheitsleistung** (§§ 22, 36 Abs. 1, 125, 133 Abs. 1 S. 2, 176 Abs. 1, 177 Abs. 1, 204 UmwG).[161] Dieser Individualanspruch begegnet dem Risiko, dass sich die Vermögenslage des übernehmenden Rechtsträgers bis zur Fälligkeit der Forderung verschlechtert.[162]

58 Zudem wird der Schutz der Gläubiger durch eine besondere **Schadensersatzpflicht** der Mitglieder von Verwaltungsorganen der beteiligten Rechtsträger flankiert (vgl. §§ 25 ff., 36 Abs. 1 S. 1, 125, 176 Abs. 1, 177 Abs. 1, 205, 206 UmwG). Für die Spaltung gelten außerdem die handelsrechtlichen Tatbestände der **Unternehmensfortführung** gem. § 133 Abs. 1 S. 2 UmwG iVm. §§ 25, 26, 28 HGB.

59 b) **Institutioneller Gläubigerschutz.** Institutioneller Gläubigerschutz ist primär in Kapitalgesellschaften von Bedeutung. Dort ist das **Kapitalschutzsystem** nach den allgemeinen gesellschaftsrechtlichen Grundsätzen den berechtigten Gläubigerinteressen zu dienen bestimmt. Dementsprechend wird das **Gründungsrecht** auch vom UmwG in Bezug genommen: Bei der Verschmelzung und Spaltung zur Neugründung sowie beim Formwechsel finden auf den neuen – übernehmenden – Rechtsträger die maßgeblichen Gründungsvorschriften Anwendung (vgl. §§ 36 Abs. 2, 78, 125, 135 Abs. 2, 197 UmwG). Bei einzelnen Verbandsformen finden sich Abweichungen, die das Gläubigerschutzniveau zum Teil erhöhen (vgl. §§ 58 Abs. 1, 67, 75 Abs. 1, 78, 125, 138, 145, 220 Abs. 3, 264 Abs. 3 UmwG) und zum Teil absenken (vgl. §§ 58 Abs. 2, 75 Abs. 2, 78, 125, 197, 264 Abs. 2, 3 UmwG).[163] Weitere Sondervorschriften bestehen für den Fall, dass im Zusammenhang mit einer Umwandlung eine **Kapitalerhöhung** in der übernehmenden Kapitalgesellschaft (vgl. §§ 24, 53, 55, 66, 69 Abs. 1, 78, 125, 142, 144, 176 Abs. 1, 177 Abs. 1 UmwG) oder eine **Kapitalherabsetzung** in der übertragenden Kapitalgesellschaft (vgl. §§ 139, 140, 145, 146, 313 Abs. 2 UmwG) vorgenommen wird.

3. Arbeitnehmerschutz

60 Für den Schutz der Arbeitnehmerinteressen wird auf den Sonderabschnitt zum Arbeitsrecht verwiesen (→ §§ 55 ff.).[164]

VI. Ausstrahlungswirkung und Interdependenzen

1. Grundlagen

61 Unter dem Oberbegriff der Ausstrahlungswirkung des UmwG und dem Schlagwort eines umwandlungsrechtlichen Analogieverbots im weiteren Sinne wird heftig darüber gestritten, ob umwandlungsrechtliche Vorschriften auch auf **sich außerhalb des UmwG vollziehende Strukturmaßnahmen** ausstrahlen können.[165] Das gilt im Grundsatz unabhängig

---

[160] Kallmeyer/*Sickinger* § 133 Rn. 1; Semler/Stengel/*Seulen* § 133 Rn. 1; Lutter/*Schwab* § 133 Rn. 12, 15; Kölner Kommentar-UmwG/*Simon* § 133 Rn. 1; Widmann/Mayer/*Vossius* § 133 Rn. 1; *J. W. Flume* S. 183; *Schöne* S. 73.
[161] Dazu näher *Lieder* S. 765 ff.
[162] Vgl. nur *Kleindiek* ZGR 1992, 513, 523.
[163] Vgl. auch Widmann/Mayer/*Mayer* Einf Rn. 170.
[164] Vgl. weiter Widmann/Mayer/*Mayer* Einf Rn. 178 ff.; Limmer/*Limmer* Teil 1 Kap. 2 Rn. 194 ff.
[165] Für eine Ausstrahlungswirkung im Grundsatz BeckOGK/*Drinhausen/Keinath* UmwG § 1 Rn. 54; Lutter/*Drygala* § 1 Rn. 60; Kallmeyer/*Kallmeyer/Marsch-Barner* § 1 Rn. 20; Schmitt/Hörtnagl/Stratz/*Hörtnagl* § 1 Rn. 69; Böttcher/Habighorst/Schulte/*Böttcher* § 1 Rn. 46 f. (anders offenbar Einl. Rn. 27); Widmann/Mayer/*Mayer* Anh. 5 Rn. 907 ff.; *Priester* ZHR 163 (1999), 187, 191; *Leinekugel* S. 177 ff.; *v. Riegen* S. 87 ff.; *H. Schmidt* in Habersack u. a., Die Spaltung im neuen Umwandlungsrecht, 1999, S. 10, 12 ff.; *Reichert* in Habersack u. a., Die Spaltung im neuen Umwandlungsrecht, 1999, S. 25, 36; dagegen Semler/Stengel/*Stengel* § 1 Rn. 63 ff.; Kölner Kommentar-UmwG/

davon, ob sich diese Unternehmenstransaktionen ebenfalls kraft Gesamtnachfolge vollziehen, wie zB nach dem Anwachsungsmodell (→ § 3 Rn. 19 ff.), oder kraft Einzelnachfolge, wie zB Asset Deal und Share Deal (→ § 3 Rn. 13 ff.).

Da das UmwG wirtschaftliche Umstrukturierungen keiner abschließenden Regelung 62 zuführt und das Gesetz auch im Übrigen nicht als autarkes Regelungssystem ausgestaltet ist, sondern auf den Bestimmungen des tradierten Handels- und Gesellschaftsrechts aufbaut,[166] ist eine Übertragung von Vorschriften und zugrunde liegenden Wertungen **nicht von vornherein ausgeschlossen**.[167] Vielmehr stehen mit dem UmwG Sonderregelungen zur Verfügung, die im Rahmen ihres jeweiligen Regelungsziels einer Analogiebildung im Grundsatz zugänglich sind.

2. Anwendungsbereich

Für eine analoge Anwendung umwandlungsrechtlicher Normen ist indes stets sorgfältig 63 zu prüfen, ob eine planwidrige Regelungslücke und eine **vergleichbare Interessen- und Wertungslage** vorliegen.[168] Dabei ist zu berücksichtigen, dass das UmwG – auch wenn es de lege lata nicht auf großvolumige Transaktionen beschränkt ist – nach seiner Ausgestaltung primär auf grundlegende Strukturmaßnahmen zugeschnitten ist. Daher scheidet eine Übertragung von umwandlungsrechtlichen Vorschriften auf **Geschäftsführungsmaßnahmen** grundsätzlich aus.[169] Eine Ausstrahlung des umwandlungsrechtlichen Schutzregimes auf gewöhnliche Transaktionen im Wege der Einzelnachfolge kommt daher nicht in Betracht.

Soweit indes die *Holzmüller/Gelatine*-Schwelle (→ § 3 Rn. 17) überschritten ist und eine 64 **grundlegende Strukturmaßnahme** – etwa in Form der **Einzelnachfolge** – zu einer Mediatisierung der Anteilseignerrechte führt, kann auf die umwandlungsrechtlichen (und aktienkonzernrechtlichen) Schutzvorschriften zurückgegriffen werden. Auch wenn sich BGHZ 159, 30, in rechtsmethodischer Hinsicht für eine richterliche Rechtsfortbildung entschieden hat, so orientiert sich die *Holzmüller/Gelatine*-Doktrin in der Sache doch stark an den Schutzmechanismen des Umwandlungs- und Aktienkonzernrechts.[170] Das gilt sowohl für das **Beschlusserfordernis** der qualifizierten Aktionärsmehrheit als auch für die von der hM geforderte Notwendigkeit einer erweiterten **Berichterstattung** (→ § 3 Rn. 17), die an § 8 UmwG, §§ 293a, 319 Abs. 3 Nr. 3, 327c Abs. 2 S. 1 AktG Maß nimmt, und für die sachverständige **Prüfung** nach dem Modell von § 9 UmwG, §§ 293b, 320 Abs. 3, 327c Abs. 2 S. 2 AktG.[171] Wird gegen die Beteiligungs- und Informationsrechte verstoßen, bleibt die Wirksamkeit der Transaktion im Außenverhältnis zwar unberührt; der Rechtsverstoß kann allerdings mittels **Anfechtungsklage** geltend gemacht werden.[172]

Dauner-Lieb § 1 Rn. 48; Widmann/Mayer/*Heckschen* § 1 Rn. 397 ff.; Henssler/Strohn/*Decker* § 1 UmwG Rn. 26 f.; *Bungert* NZG 1998, 367, 368; *Heckschen* DB 1998, 1385, 1386; *Schnorbus* DB 2001, 1654, 1658.

[166] Lutter/*Drygala* § 1 Rn. 60; Widmann/Mayer/*Mayer* Einl. UmwG Rn. 77; *Lutter* ZGR 1998, 397, 398; *v. Riegen* S. 88.

[167] So schon *Lieder* S. 784.

[168] Das betonen auch Widmann/Mayer/*Mayer* Anh. 5 Rn. 911; Semler/Stengel/*Stengel* § 1 Rn. 67; Semler/Stengel/*Schlitt* Anh § 173 Rn. 10 aE; *Aha* AG 1997, 345, 356; *Bungert* NZG 1998, 367, 368; *Priester* ZHR 163 (1999), 187, 192.

[169] Lutter/*Lutter/Bayer* Einl. I Rn. 59 f.; *Leinekugel* S. 143 ff., 222 ff.; *Reichert* in Habersack u. a., Die Spaltung im neuen Umwandlungsrecht, 1999, S. 25, 36; *Kallmeyer* FS Lutter, 2000, S. 1245, 1249.

[170] Dezidiert für eine Gesamtanalogie zu §§ 179, 179a, 182 ff., 293, 320, 327a AktG, § 13 UmwG noch immer Widmann/Mayer/*Mayer* Anh. 5 Rn. 926 ff.; Lutter/*Lutter/Bayer* Einl. I Rn. 57; MHdB GesR IV/*Bungert* § 35 Rn. 56; *Habersack* AG 2005, 137, 142 f.; *Liebscher* ZGR 2001, 1, 7.

[171] Lutter/*Lutter/Bayer* Einl. I Rn. 61; *Leinekugel* S. 228 ff., 231 ff.

[172] Vgl. BGH II ZR 124/99, BGHZ 146, 288, 290 f. = NJW 2001, 1277; Lutter/*Lutter/Bayer* Einl. I Rn. 61; *Leinekugel* S. 236 f.

Fehlt der Anteilseignerbeschluss gänzlich, kann auf Unterlassung respektive Rückgängigmachung der Strukturmaßnahme geklagt werden.[173]

65 Im Fall der **übertragenden Auflösung** (→ § 3 Rn. 24) führt die Ausstrahlung der umwandlungsrechtlichen Vorschriften zur Zulässigkeit des Vermögenserwerbs aus der Liquidationsmasse durch einen Hauptaktionär, der wenigstens **90 % der Anteile** auf sich vereinigt (vgl. § 62 Abs. 5 UmwG). Auch dass die ausgeschiedenen Gesellschafter die zu zahlende Abfindungsleistung im **Spruchverfahren** nach dem SpruchG überprüfen lassen können (→ § 3 Rn. 24), beruht auf der Ausstrahlung des – inzwischen kodifikatorisch vom UmwG verselbstständigten – SpruchG.[174] Dass Fehler im Rahmen der Preisbildung nicht mittels Anfechtungsklage angegriffen werden können, beruht auf dem Rechtsgedanken der §§ 14 Abs. 2, 15, 32, 34 UmwG.[175]

66 Auch die Wertung von **Verzichts- und Ausnahmevorschriften**, wie zB §§ 8 Abs. 2, 3, 9 Abs. 2, 3, 62 UmwG sind auf außerhalb des UmwG stattfindende Transaktionen zu übertragen.[176] Dementsprechend bedarf es etwa bei der klassischen **Ausgliederung** durch Einzelnachfolge aufgrund der Wertung des § 125 S. 2 UmwG, der die Anwendung der §§ 9 ff. UmwG für die Ausgliederung nach UmwG gerade ausschließt, auch **keiner externen Prüfung**.[177]

67 Darüber hinaus **scheitert** eine **analoge Anwendung** umwandlungsrechtlicher Vorschriften, wenn es an einer planwidrigen Regelungslücke oder einer vergleichbaren Interessen- und Wertungslage fehlt. Dementsprechend findet auch die **spaltungsrechtliche Transferhaftung** nach § 133 Abs. 1 S. 1 UmwG keine Anwendung auf die Einzelnachfolge.[178] Dort ist das Befriedigungsinteresse der Gläubiger, das die teleologische Grundlage der Spaltungshaftung bildet (→ Rn. 55 f.), bereits durch die – de lege lata zwingende[179] – Zustimmung des Forderungsgläubigers nach §§ 414, 415 BGB gewährleistet.[180]

68 Davon abgesehen verbieten das *Numerus-clausus*-Prinzip und das Analogieverbot im engeren Sinne (→ Rn. 4 ff.), dass der **Übertragungsmodus der Universalsukzession** ohne weiteres auf ungeregelte Fälle übertragen wird.[181] Das schließt eine Anerkennung ungeschriebener Gesamtnachfolgetatbestände aber wiederum nicht gänzlich aus, wie etwa das Anwachsungsmodell auf der Grundlage des § 738 Abs. 1 S. 1 BGB belegt (→ § 3 Rn. 19 ff.).

3. Interdependenzen zwischen UmwG und WpÜG

69 Der Gesetzgeber des am 1.1.2002 in Kraft getretenen Wertpapiererwerbs- und Übernahmegesetzes (WpÜG) hat dessen Vorschriften nicht mit dem UmwG abgestimmt.[182]

---

[173] BGH II ZR 174/80, BGHZ 83, 122, 134 f. = NJW 1982, 1703; BGH II ZR 90/03, BGHZ 164, 249, 254 = NJW 2006, 371; Lutter/*Lutter/Bayer* Einl. I Rn. 61.

[174] Dazu eingehend *Leinekugel* S. 237 ff.; aA Kallmeyer/*Kallmeyer/Marsch-Barner* § 1 Rn. 20.

[175] Lutter/*Lutter/Bayer* Einl. I Rn. 61; Lutter/*Leinekugel* ZIP 1999, 261, 266; vgl. weiter BayObLG 3 Z BR 37/98, ZIP 1998, 2002, 2004 = NJW-RR 1999, 1559; BVerfG 1 BvR 68/95, 147/97, AG 2001, 42, 43 f. = NJW 2001, 279.

[176] So auch Lutter/*Lutter/Bayer* Einl. I Rn. 61.

[177] Semler/Stengel/*Schlitt* Anh. § 173 Rn. 19; Widmann/Mayer/*Mayer* Anh. 5 Rn. 915; *Aha* AG 1997, 345, 349; *Kallmeyer* FS Lutter, 2000, S. 1245, 1255.

[178] Widmann/Mayer/*Mayer* Anh. 5 Rn. 940; Semler/Stengel/*Schlitt* Anh. § 173 Rn. 84; *Engelmeyer* AG 1999, 263, 266; *Veil* ZIP 1998, 361, 369.

[179] De lege ferenda für eine Änderung nach dem Modell des Spaltungsrechts *Lieder* S. 798 ff.

[180] Zu den Hintergründen ausf. *Lieder* S. 120 ff.

[181] Semler/Stengel/*Stengel* § 1 Rn. 63; Henssler/Strohn/*Decker* § 1 Rn. 27; Lutter/*Drygala* § 1 Rn. 59; *Leinekugel* S. 172, 176; *v. Riegen* S. 87. – Zur Schaffung eines bürgerlichrechtlichen Gesamtnachfolgetatbestands de lege ferenda *Lieder* S. 791 ff.

[182] Begr. RegE, BT-Drucks. 14/7034, S. 31; vgl. auch Semler/Stengel/*Stengel* Einl. A Rn. 66; Kölner Kommentar-WpÜG/*Hasselbach* § 35 Rn. 108; Lutter/*Lutter/Bayer* Einl. I Rn. 64.

Normkollisionen sind unter Heranziehung des allgemeinen rechtsmethodischen Instrumentenkastens aufzulösen.[183]

Das **Pflichtangebot nach § 35 WpÜG** wird ausgelöst, wenn ein Aktionär den Schwellenwert von 30% der Stimmrechte überschreitet. Hierbei ist es ohne Belang, ob sich der Kontrollerwerb durch Zukäufe und Einzelrechtsübertragung von Aktien vollzieht oder im Wege einer Gesamtnachfolge durch Verschmelzung oder Spaltung erfolgt und ein Aktionär mindestens 30% der Stimmrechte einer börsennotierten AG auf sich vereinigt.[184] Das kann etwa dadurch erfolgen, dass zwei Aktionäre der AG verschmelzen und der neue Rechtsträger nun wenigstens 30% der Stimmrechte hält oder im Zuge der Verschmelzung einer dem Aktionär gehörenden Gesellschaft auf das Zielunternehmen den Schwellenwert überschreitet.[185]

Das **Pflichtangebot** nach § 35 WpÜG kann mit dem **Abfindungsangebot** nach § 29 UmwG konkurrieren, so dass widersprechende Minderheitsgesellschafter grundsätzlich sowohl von der AG als auch vom Kontrollaktionär den Erwerb ihrer Anteile verlangen könnten. Mit der hM wird man den Minderheitsgesellschaften ein **Wahlrecht** zubilligen müssen, sich entweder an die AG zu wenden oder das Übernahmeangebot anzunehmen.[186] Denn die Zielrichtung der beiden Angebote ist unterschiedlich, und auch die Wertansätze unterscheiden sich voneinander: Während sich das Abfindungsangebot am Wert des übertragenden Rechtsträgers orientiert, ist für das Übernahmeangebot der Aktienwert der übernehmenden AG maßgeblich.[187] Allerdings kann der Konflikt auch durch die **Befreiung** von der Abgabe eines Pflichtangebots durch die BaFin nach § 37 Abs. 1 WpÜG aufgelöst werden.[188]

VII. Ablauf einer Umwandlung

Der Ablauf der einzelnen Umwandlungstypen orientiert sich an dem in der Dritten, Sechsten und Zehnten Richtlinie vorgegebenen Modell, das in der Praxis freilich um einige Punkte zu erweitern ist, um einen annähernd vollständigen Eindruck vom konkreten Verfahrensablauf zu vermitteln:[189]

– Vorbereitung der Umwandlung durch Verhandlungen der Vertretungsorgane bzw. maßgeblichen Anteilseignern der beteiligten Rechtsträger
– Bewertung der beteiligten Rechtsträger bei Verschmelzung und Spaltung wegen Umtauschverhältnis und Abfindung
– Abschluss des Umwandlungsvertrages bei Verschmelzung und Spaltung; Entwurf des Umwandlungsbeschlusses bei Formwechsel; Festlegung des neuen Gesellschaftsvertrags

---

[183] Haarmann/Schüppen/*Hommelhoff/Witt* § 35 Rn. 54 ff.; Lutter/*Lutter/Bayer* Einl. I Rn. 64; Grabbe/Fett NZG 2003, 755, 757.

[184] Lutter/*Lutter/Bayer* Einl. I Rn. 65; Ehricke/Ekkenga/Oechsler/*Ekkenga/Schulz* § 35 Rn. 28; Haarmann/Schüppen/*Hommelhoff/Witt* § 35 Rn. 34; *Kleindiek* ZGR 2002, 546, 564 ff.; *Seibt/Heiser* ZHR 165 (2001), 466, 470.

[185] Zum letzten Fall ebenso Ehricke/Ekkenga/Oechsler/*Ekkenga/Schulz* § 35 Rn. 29 ff.; Lutter/*Lutter/Bayer* Einl. I Rn. 66; aA Kölner Kommentar-WpÜG/*Hasselbach* § 35 Rn. 116.

[186] Assmann/Pötzsch/Schneider/*Krause/Pötzsch* § 35 Rn. 152; Semler/Stengel/*Stengel* Einl. A Rn. 81; Lutter/*Lutter/Bayer* Einl. I Rn. 67; Haarmann/Schüppen/*Hommelhoff/Witt* § 35 Rn. 63; *Seibt/Heiser* ZHR 165 (2001), 466, 475 ff.; mit Differenzierungen Kölner Kommentar-WpÜG/*Hasselbach* § 35 Rn. 106 ff.; aA Ehricke/Ekkenga/Oechsler/*Ekkenga/Schulz* § 35 Rn. 29; *J. Vetter* WM 2002, 1999, 2006.

[187] Zum Ganzen eingehend Ehricke/Ekkenga/Oechsler/*Oechsler* § 31 Rn. 10 ff.; Haarmann/Schüppen/*Haarmann* § 31 Rn. 27 ff.

[188] Für Einzelheiten s. Kölner Kommentar-WpÜG/*Hasselbach* § 35 Rn. 63.

[189] Für ähnliche Zusammenstellungen s. Henssler/Strohn/*Decker* § 1 Rn. 3 ff.; Kölner Kommentar-UmwG/*Dauner-Lieb* Einl. A Rn. 34 ff.; Lutter/*Lutter/Bayer* Einl. I Rn. 63; Widmann/Mayer/*Mayer* Einf Rn. 126 ff., 149; Widmann/Mayer/*Heckschen* § 1 Rn. 9; Schmitt/Hörtnagl/Stratz/*Hörtnagl* § 1 Rn. 7 ff.; Böttcher/Habighorst/Schulte/*Böttcher* Einl. Rn. 18 ff.

§ 5   1. Kapitel. Grundlagen

- Zuleitung des Umwandlungsvertrags bzw. Umwandlungsbeschlusses an die Betriebsräte
- ggf. Anmeldung bei der Kartellbehörde
- Bericht der Vertretungsorgane an die Anteilseigner
- Bestellung der Prüfer
- Vorlage des Prüfungsberichts
- ggf. Befassung des Aufsichtsrats mit Beschlussempfehlung an die Anteilseignerversammlung
- Ladung der Anteilseigner zur Beschlussfassung mit allen relevanten Unterlagen
- Beschluss der Anteilseignerversammlung
- ggf. Zustimmung sonderberechtigter Anteilseigner
- Anmeldung und Eintragung in das Register
- ggf. Sicherheitsleistung, Barabfindung, Durchführung eines Spruchverfahrens

§ 5 Europäisches und Internationales Umwandlungsrecht

Übersicht

	Rdnr.		Rdnr.
I. Harmonisierung des Umwandlungsrechts	1–8	c) Grenzüberschreitende Spaltung	16, 17
1. Fusionsrichtlinie	2	d) Grenzüberschreitender Formwechsel	18–21
2. Spaltungsrichtlinie	3		
3. Internationale Fusionsrichtlinie	4	2. Gesellschaften aus Drittstaaten	22–25
4. Richtlinienkonforme Auslegung des UmwG	5–8	a) Keine grenzüberschreitende Umwandlung	22
II. Grenzüberschreitende Umwandlungen	9–25	b) Umwandlung des Wechselbalgs	23
1. Gesellschaften aus EU und EWR	9–21	c) Grenzüberschreitende Anwachsung	24
a) Grundlagen	9–13	d) Grenzüberschreitender Asset Deal	25
aa) Zulässigkeit grenzüberschreitender Umwandlungen	9	III. Umwandlungsfähigkeit europäischer Rechtsformen	26–29
bb) Vereinigungstheorie	10–12	1. EWIV	26
cc) Modifizierte Anwendung des nationalen Umwandlungsrechts	13	2. SE	27
		3. SCE	28
b) Grenzüberschreitende Verschmelzung	14, 15	4. SPE, SUP	29

Schrifttum: *Beitzke*, Internationalrechtliches zur Gesellschaftsfusion, FS Hallstein, 1966, S. 14; *Bungert*, Grenzüberschreitendes Umwandlungsrecht: Gesamtrechtsnachfolge für im Ausland belegene Immobilien bei Verschmelzung deutscher Gesellschaften, FS Heldrich, 2005, S. 527; *v. Busekist*, „Umwandlung" einer GmbH in eine im Inland ansässige EU-Kapitalgesellschaft am Beispiel der englischen Ltd., GmbHR 2004, 650; *Drexl*, Die gemeinschaftsrechtliche Pflicht zur einheitlichen richtlinienkonformen Auslegung hybrider Rechtsnormen und deren Grenzen, FS Heldrich, 2005, S. 67; *Drygala*, Europäische Niederlassungsfreiheit vor der Rolle rückwärts?, EuZW 2013, 569; *Drygala/v. Bressensdorf*, Gegenwart und Zukunft grenzüberschreitender Verschmelzungen und Spaltungen, NZG 2016, 1161; *Ege/Klett*, Praxisfragen der grenzüberschreitenden Mobilität von Gesellschaften, DStR 2012, 2442; *Frank*, Formwechsel im Binnenmarkt, 2016; *Herdegen*, Richtlinienkonforme Auslegung im Bankenrecht: Schranken nach Europa- und Verfassungsrecht, WM 2005, 1921; *Hess*, Rechtsfragen des Vorabentscheidungsverfahrens, RabelsZ 66 (2002), 470; *Hoger/Lieder*, Die grenzüberschreitende Anwachsung, ZHR 180 (2016), 613; *Höpfner/Rüthers*, Grundlagen einer europäischen Methodenlehre, AcP 209 (2009), 1; *Kallmeyer*, Das neue Umwandlungsgesetz, ZIP 1994, 1746; *Knaier/Pfleger*, Der grenzüberschreitende Herausformwechsel einer deutschen GmbH, GmbHR 2017, 859; *Krause/Kulpa*, Grenzüberschreitende Verschmelzungen – Vor dem Hintergrund der „Sevic"-Entscheidung und der Reform des deutschen Umwandlungsrechts –, ZHR 171 (2007), 38; *Lieder/Bialluch*, Umwandlungsrechtliche Implikationen des Brexit, NotBZ 2017, 165 und 209; *Lösekrug*, Die Umsetzung der Kapital-, Verschmelzungs- und Spaltungsrichtlinie der EG in das nationale deutsche

Recht, 2004; *Louven*, Umsetzung der Verschmelzungsrichtlinie, ZIP 2006, 2021; *Mörsdorf*, Anmerkungen aus der Praxis zum RegE eines Zweiten Gesetzes zur Änderung des UmwG vom 9.8.2006, JZ 2013, 191; *H.-F. Müller*, Internationalisierung des deutschen Umwandlungsrechts: Die Regelung der grenzüberschreitenden Verschmelzung, ZIP 2007, 1081; *Piekenbrock*, Vorlage an den EuGH nach Art. 267 AEUV im Privatrecht, EuR 2001, 317; *Schall*, Grenzüberschreitende Umwandlungen der Limited (UK) mit deutschem Verwaltungssitz – Optionen für den Fall des Brexit, ZfPW 2016, 407; *J. Schmidt*, Grenzüberschreitende Mobilität von Gesellschaften – Vergangenheit, Gegenwart und Zukunft, ZVglRWiss 116 (2017), 313; *Schnorbus*, Autonome Harmonisierung in den Mitgliedstaaten durch die Inkorporation von Gemeinschaftsrecht, RabelsZ 65 (2001), 654; *ders.*, Grundlagen zur Auslegung des allgemeinen Teils des UmwG, WM 2000, 2321; *Schön*, Das System der gesellschaftsrechtlichen Niederlassungsfreiheit nach VALE, ZGR 2013, 333; *Seibold*, Der grenzüberschreitende Herein-Formwechsel in eine deutsche GmbH – Geht doch!, ZIP 2017, 456; *Spindler*, Wanderungen gewerblicher Körperschaften von Staat zu Staat als Problem des internen und des internationalen Privatrechts, 1932; *Stiegel*, Grenzüberschreitende Mobilität von Personengesellschaften, ZGR 2017, 312; *Teichmann*, Grenzüberschreitender Formwechsel kraft vorauseilender Eintragung im Aufnahmestaat?, ZIP 2017, 1190; *Verse*, Niederlassungsfreiheit und grenzüberschreitende Sitzverlegung – Zwischenbilanz nach „National Grid Indus" und „Vale"–, ZEuP 2013, 458; *Weller*, Das autonome Unternehmenskollisionsrecht, IPRax 2017, 167; *Wicke*, Zulässigkeit des grenzüberschreitenden Formwechsels – Rechtssache „Vale" des Europäischen Gerichtshofs zur Niederlassungsfreiheit, DStR 2012, 1756; *Winter/Marx/De Decker*, Von Frankfurt nach Rom – zur Praxis grenzüberschreitender „Hinausformwechsel", DStR 2017, 1664.

I. Harmonisierung des Umwandlungsrechts

Ebenso wie das gesamte Unternehmens- und Kapitalmarktrecht steht auch das Umwandlungsrecht in erheblichem Maße unter dem **Einfluss des europäischen Unionsrechts**. Die unionsrechtlichen Rechtsakte haben zu einer Harmonisierung des Umwandlungsrechts der EU-Mitgliedstaaten mit einem besonderen Fokus auf die Kapitalgesellschaften geführt. Das Umwandlungsgesetz ist der adäquate Regelungskontext für die Umsetzung umwandlungsrechtlicher europäischer Richtlinien in deutsches Recht.[1]

1. Fusionsrichtlinie

An erster Stelle ist die Fusionsrichtlinie von 1978[2] zu nennen, die ein zweispuriges Harmonisierungsziel verfolgte.[3] Zunächst sollen alle Mitgliedstaaten verpflichtet sein, eine **Verschmelzungsmöglichkeit** für Aktiengesellschaften nach nationalem Recht zu gewährleisten. Daneben soll das harmonisierte Verschmelzungsverfahren dem **Schutz berechtigter Interessen** der Aktionäre und sonstiger von der Verschmelzung betroffener Dritter dienen. Zugleich wurde mit der Fusionsrichtlinie die Grundlage für ein harmonisiertes Umstrukturierungsrecht in Europa gelegt. Der dort niedergelegte **Verfahrensablauf** (→ § 4 Rn. 72f.) diente später als Vorbild für die Vorschriften der Spaltungsrichtlinie (→ Rn. 3), der internationalen Fusionsrichtlinie (→ Rn. 4) und die Verschmelzungsregeln der SE-VO (→ § 15 Rn. 150ff., → § 19 Rn. 9ff.) und der SCE-VO. Inzwischen ist die Fusionsrichtlinie durch die EU-Richtlinie über bestimmte Aspekte des Gesellschaftsrechts von 2017 konsolidiert worden, dabei inhaltlich aber unverändert geblieben.[4]

---

[1] Vgl. Lutter/*Lutter/Bayer* Einl. I Rn. 26.

[2] Dritte Richtlinie 78/855/EWG des Rates vom 9.10.1978 gemäß Art. 54 Absatz 3 Buchstabe g) des Vertrages betreffend die Verschmelzung von Aktiengesellschaften, ABlEG vom 20.10.1978, L 295/36; konsolidierte Fassung: Richtlinie 2011/35/EU des Europäischen Parlaments und des Rates vom 5.4.2011 über die Verschmelzung von Aktiengesellschaften, ABlEU vom 29.4.2011, L 110/1.

[3] Vgl. *Lutter/Bayer/Schmidt* § 21 Rn. 2.

[4] Richtlinie (EU) 2017/1132 des Europäischen Parlaments und des Rates vom 14. Juni 2017 über bestimmte Aspekte des Gesellschaftsrechts, ABlEU vom 30.6.2017, L 169/46. Die Regelungen zur Verschmelzung finden sich in Art. 87ff.

2. Spaltungsrichtlinie

3   Die Spaltungsrichtlinie von 1982[5] knüpfte an die Regelungsziele der Fusionsrichtlinie an und zielte namentlich darauf ab, **Aktionäre** und **Gläubiger** bei Spaltungsvorgängen effektiv **zu schützen**.[6] Damit wird zugleich eine Umgehung des durch die Fusionsrichtlinie gewährleisteten Mindestschutzstandards durch Spaltungen verhindert und für ein europaweit harmonisiertes Umwandlungsverfahren gesorgt. Anders als bei Verschmelzungen sind die Mitgliedstaaten hingegen nicht verpflichtet, die Spaltung von Aktiengesellschaften im **nationalen Recht** zu etablieren.[7] Nur wenn Mitgliedstaaten die Spaltung zulassen, müssen sie auch die Vorgaben der Spaltungsrichtlinie einhalten. Das gilt auch für Deutschland, das zunächst keine Spaltung kannte. Erst als das Konzept der Spaltung legislatorisch umgesetzt wurde (→ § 1 Rn. 4), erlangte die Spaltungsrichtlinie auch im deutschen Recht Bedeutung. Das heutige Spaltungsrecht der §§ 123 ff. UmwG orientiert sich an den Regeln für die Verschmelzung (vgl. § 125 S. 1 UmwG) und wird damit zugleich den unionsrechtlichen Vorgaben gerecht.[8] Auch die Spaltungsrichtlinie ist inzwischen konsolidiert worden.[9]

3. Internationale Fusionsrichtlinie

4   Den bisher jüngsten Harmonisierungsschub brachte die **internationale Fusionsrichtlinie** von 2005,[10] die ein europaweit einheitliches Regelungsgerüst für die grenzüberschreitende **Verschmelzung von Kapitalgesellschaften** schuf.[11] Die steuerrechtlichen Implikationen einer grenzüberschreitenden Verschmelzung waren bereits Gegenstand der Fusionssteuerrichtlinie von 1990.[12] Durch das 2. UmwÄndG (→ § 1 Rn. 14) sind die Vorgaben der internationalen Verschmelzungsrichtlinie durch Einfügung der **§§ 122a ff. UmwG** in deutsches Recht umgesetzt worden. Die Sondervorschriften zur Arbeitnehmerbeteiligung wurden durch das eigenständige **MgVG**[13] kodifiziert. Auf europäischer Ebene wird an einer Reform der internationalen Fusionsrichtlinie gearbeitet, die um Regelungen für die grenzüberschreitende Spaltung ergänzt werden könnte.[14] Jedenfalls ist auch die Internationale Fusionsrichtlinie in die jüngste Konsolidierung einbezogen worden.[15]

---

[5] Sechste Richtlinie 82/891/EWG des Rates vom 17.12.1982 gemäß Artikel 54 Absatz 3 Buchstabe g) des Vertrages betreffend die Spaltung von Aktiengesellschaften, AblEG vom 31.12.1982, L 378/47.

[6] Vgl. *Habersack/Verse* § 8 Rn. 28; *Lutter/Bayer/Schmidt* § 22 Rn. 2; *Lösekrug* S. 313.

[7] Vgl. auch Widmann/Mayer/*Mayer* Einf UmwG Rn. 104; *Lutter/Bayer/Schmidt* § 22 Rn. 3; *Lösekrug* S. 313.

[8] Vgl. *Lutter/Teichmann* § 123 Rn. 5, § 125 Rn. 1 ff.; *Habersack/Verse* § 8 Rn. 30; *Lutter/Bayer/Schmidt* § 22 Rn. 5.

[9] Vgl. Art. 135 ff. EU-Richtlinie über bestimmte Aspekte des Gesellschaftsrechts (Fn. 3a).

[10] Richtlinie 2005/56/EG des Europäischen Parlaments und des Rates vom 26.10.2005 über die Verschmelzung von Kapitalgesellschaften aus verschiedenen Mitgliedstaaten, AblEU vom 25.11.2005, L 310/1.

[11] Vgl. Lutter/*Bayer* § 122a Rn. 6; *Lutter/Bayer/Schmidt* § 23 Rn. 3; *Krause/Kulpa* ZHR 171 (2007), 38, 52.

[12] Richtlinie 90/434/EWG des Rates vom 23.7.1990 über das gemeinsame Steuersystem für Fusionen, Spaltungen, die Einbringung von Unternehmensteilen und den Austausch von Anteilen, die Gesellschaften verschiedener Mitgliedstaaten betreffen, AblEG vom 20.8.1990, L 225/1; konsolidierte Fassung: Richtlinie 2009/133/EG des Rates vom 19.10.2009 über das gemeinsame Steuersystem für Fusionen, Spaltungen, Abspaltungen, die Einbringung von Unternehmensteilen und den Austausch von Anteilen, die Gesellschaften verschiedener Mitgliedstaaten betreffen, sowie für die Verlegung des Sitzes einer Europäischen Gesellschaft oder einer Europäischen Genossenschaft von einem Mitgliedstaat in einen anderen Mitgliedstaat, AblEU vom 25.11.2009, L 310/34.

[13] Gesetz über die Mitbestimmung der Arbeitnehmer bei einer grenzüberschreitenden Verschmelzung (MgVG) = Art. 1 des Gesetzes zur Umsetzung der Regelungen über die Mitbestimmung der Arbeitnehmer bei einer Verschmelzung von Kaptalgesellschaften aus verschiedenen Mitgliedstaaten vom 21.12.2006, BGBl. I, S. 3332.

[14] Dazu eingehend *Drygala/v. Bressensdorf* NZG 2016, 1161, 1166 ff.; s. zuletzt Entschließung des Europäischen Parlaments vom 13.6.2017 zur Durchführung grenzüberschreitender Unternehmensver-

4. Richtlinienkonforme Auslegung des UmwG

Für die Auslegung des UmwG ist grundlegend danach **zu unterscheiden**, ob es sich um 5 eine Vorschrift handelt, die **Vorgaben europäischer Richtlinien** umsetzt, wie zB bei der Verschmelzung und Spaltung von Aktiengesellschaften oder der grenzüberschreitenden Verschmelzung von Kapitalgesellschaften, oder ob die Vorschrift einen deutsch-autonomen Inhalt aufweist, wie zB bei der Verschmelzung und Spaltung anderer Verbandsformen oder beim Formwechsel.[16] Ist eine unionsrechtlich überformte Materie betroffen, gelten die Besonderheiten der **richtlinienkonformen Auslegung**.[17] Zudem trifft deutsche Gerichte bei Unklarheiten in Bezug auf die einschlägigen europarechtlichen Vorgaben unter Umständen eine **Vorlagepflicht an den EuGH** nach Art. 267 AEUV.[18]

Aus dem **begrenzten Anwendungsbereich der Richtlinien** resultiert das Problem, 6 dass die europäischen Vorgaben aufgrund des Baukastenprinzips und der Verweisungstechnik des UmwG auch solche Umwandlungskonstellationen tangieren, die von den Richtlinien gerade nicht erfasst werden, wie zB bei der Verschmelzung und Spaltung von GmbH und Personengesellschaften. In diesem Zusammenhang ist man sich zunächst einig, dass **aus dem Unionsrecht keine Pflicht** zur richtlinienkonformen Interpretation für die nicht von der Richtlinie erfassten Konstellationen folgt.[19] Die richtlinienkonforme Auslegung beschränkt sich allein auf den Anwendungsbereich der Richtlinie.[20]

Nach zutreffender Auffassung kann sich eine einheitliche – richtlinienkonforme – Aus- 7 legung allerdings aus einer darauf gerichteten Regelungsintention des **nationalen Gesetzgebers** ergeben.[21] Mit Recht geht die hM in diesem Zusammenhang davon aus, dass im Sinne einer erweiternden Umsetzung der Richtlinie eine **Vermutung für eine einheitliche Auslegung** der unionsrechtlich determinierten und der darüber hinausgehenden Sachverhalte besteht.[22] Für das UmwG greift mithin eine einheitliche – unionsrechtskonforme – Auslegung Platz.[23] Denn der UmwG-Geber hat in den Materialien[24] unmissverständlich zum Ausdruck gebracht, dass die europäisch überformten, aktienrechtlichen Verschmelzungsvorschriften auch auf andere Verbandsformen zur Anwendung gelangen sollen, soweit keine Besonderheiten eine abweichende Regelung erforderlich werden lassen. Gleiches gilt in der Sache für das Spaltungsrecht.[25] Darüber hinaus vermeidet eine einheitliche Auslegung, dass es zu einer – gerade für die praktische Rechtsanwendung – sinnwidrigen Rechtsspaltung kommt, die mit den allgemeinen Prinzipien von Rechtssicherheit und Rechtsklarheit schwerlich in Einklang zu bringen ist.

---

schmelzungen und -spaltungen (2016/2065 (INI)), 88_TA-PROV(2017) 0248; vgl. weiter *J. Schmidt*, ZVglRWiss 116 (2017), 313, 337 f.; *Teichmann*, ZIP 2017, 1190.

[15] Vgl. Art. 118 ff. EU-Richtlinie über bestimmte Aspekte des Gesellschaftsrechts (Fn. 3a).
[16] Vgl. Lutter/*Lutter/Bayer* Einl. I Rn. 26.
[17] Dazu eingehend Lutter/*Lutter/Bayer* Einl. I Rn. 27 ff.
[18] Für Einzelheiten s. *Lutter/Bayer/Schmidt* § 3 Rn. 77 ff.
[19] EuGH C-264/96, Slg. 1998, I-4695 Rn. 34 = EuZW 1990, 20 – ICI; Semler/Stengel/*Drinhausen* Einl. C Rn. 70; Lutter/*Lutter/Bayer* Einl. I Rn. 41.
[20] Vgl. BGH VIII ZR 226/11, ZIP 2012, 2397 Rn. 18 f. = DNotZ 2013, 282 – Granulat; Lutter/*Lutter/Bayer* Einl. I Rn. 41; *Lutter/Bayer/Schmidt* § 3 Rn. 63.
[21] Vgl. BGH VIII ZR 226/11, ZIP 2012, 2397 Rn. 20 = DNotZ 2013, 282 – Granulat; Lutter/*Lutter/Bayer* Einl. I Rn. 41; *Lutter/Bayer/Schmidt* § 3 Rn. 63.
[22] Vgl. Lutter/*Lutter/Bayer* Einl. I Rn. 41; *Lutter/Bayer/Schmidt* § 3 Rn. 63; *Höpfner/Rüthers* AcP 209 (2009), 1, 29 f.; *Lorenz* NJW 2013, 207, 208; *J. Schmidt* GPR 2013, 210, 215; aA *Herdegen* WM 2005, 1921, 1930; *Mörsdorf* JZ 2013, 191, 194.
[23] Semler/Stengel/*Drinhausen* Einl. C Rn. 70; Widmann/Mayer/*Heckschen* § 1 Rn. 25; Lutter/*Lutter/Bayer* Einl. I Rn. 41; *Habersack/Verse* § 8 Rn. 4 f.; *Lutter/Bayer/Schmidt* § 3 Rn. 63; vgl. auch BayObLG 3Z BR 37/98, NZG 1998, 1001, 1003; OLG Naumburg 10 Wx 1/97, NJW-RR 1998, 178, 180; abweichend *Schnorbus* WM 2000, 2321 ff.
[24] Begr. RegE, bei *Ganske*, S. 33 ff.
[25] Dazu Begr. RegE, bei *Ganske*, S. 147 ff.

8 Davon abgesehen stellt sich die Frage, ob nationale Gerichte für außerhalb des Anwendungsbereichs der Richtlinie liegende Sachverhalte zur **Vorlage an das EuGH** berechtigt oder gar verpflichtet sind. Auch wenn das Schrifttum[26] dies zum Teil ablehnt, hat der EuGH[27] bereits auf die Bedeutung des Vorabentscheidungsverfahrens in diesem Zusammenhang hingewiesen: Um eine uneinheitliche Interpretation zu vermeiden, müssten aus dem Unionsrecht stammende Begriffe und Rechtsfiguren einheitlich ausgelegt werden. Das ist mit der **hM** – angesichts der einer einheitlichen Auslegung zugrundeliegenden Überlegungen – auch nur konsequent, und zwar sowohl für die **Vorlageberechtigung**[28] nationaler Gerichte als auch für deren **Vorlagepflicht**.[29]

II. Grenzüberschreitende Umwandlungen

1. Gesellschaften aus EU und EWR

9 **a) Grundlagen. aa) Zulässigkeit grenzüberschreitender Umwandlungen.** Noch immer bestimmt § 1 Abs. 1 UmwG, dass nur Rechtsträger mit **Sitz im Inland** umgewandelt werden können. Von diesem Postulat ist nach den umwälzenden Rechtsentwicklungen der letzten Jahre nur noch wenig übriggeblieben. Das zeigt sich besonders deutlich mit Blick auf die in §§ 122a ff. UmwG umgesetzten Vorgaben der internationalen Fusionsrichtlinie (→ Rn. 4) und gilt umso mehr mit Blick auf die EuGH-Rechtsprechung zur Niederlassungsfreiheit von Gesellschaften nach Art. 49, 54 AEUV, namentlich in den Rechtssachen *Sevic*[30], *Cartesio*[31] und *VALE*.[32] Dementsprechend ist die **grenzüberschreitende Umwandlungsfreiheit** als ein integraler Bestandteil der unionsrechtlichen Niederlassungsfreiheit inzwischen weitgehend gewährleistet.[33] § 1 Abs. 1 UmwG ist dementsprechend **unionsrechtskonform zu interpretieren**.[34]

10 **bb) Vereinigungstheorie.** Das auf die grenzüberschreitende Umwandlung anwendbare Recht bestimmt sich nach zutreffender hM nach der (modifizierten) Vereinigungstheorie. Nach der klassischen Vereinigungslehre kommt grundsätzlich das **Sachrecht beider** von der Strukturmaßnahme betroffenen **Rechtsordnungen** zur Anwendung, dh das Gesellschaftsstatut des übertragenden bzw. formwechselnden Rechtsträgers sowie dasjenige der übernehmenden bzw. umstrukturierten Gesellschaft.[35]

11 Die vorzugswürdige **modifizierte** Variante der **Vereinigungstheorie** erklärt für die Voraussetzungen und das wesentliche Verfahren der Transaktion das jeweilige Personalstatut

---

[26] *Habersack/Verse* § 3 Rn. 61; *Hommelhoff*, FG 50 Jahre BGH II, 2000, S. 894, 921 f.; *Böttcher/Habighorst/Schulte/Böttcher*, § 1 Rn. 37; Riesenhuber/*Habersack/Mayer*, Europäische Methodenlehre, § 14 Rn. 57 ff.

[27] EuGH C-297/88, C-197/89, Slg. 1990, I-3763 Rn. 29 ff. = EuZW 1991, 319 – Dzodzi; EuGH C-603/10, DStRE 2013, 349 Rn. 17 ff. – Pelati; EuGH C-32/11, EuZW 2013, 716 Rn. 19 ff. – Allianz Hungária.

[28] Semler/Stengel/*Drinhausen* Einl. C Rn. 70 aE; Lutter/*Lutter/Bayer* Einl. I Rn. 42; *Lutter/Bayer/Schmidt* § 3 Rn. 64; *Hess* RabelsZ 66 (2002), 470, 486 f.; *Höpfner/Rüthers* AcP 209 (2009), 1, 30; *Piekenbrock* EuR 2001, 317, 351.

[29] Lutter/*Lutter/Bayer* Einl. I Rn. 42; *Lutter/Bayer/Schmidt* § 3 Rn. 64; *Hess* RabelsZ 66 (2002), 470, 487 f.; *Piekenbrock* EuR 2011, 317, 351; *Schnorbus* RabelsZ 65 (2001), 654, 699 f.; *Drexl*, FS Heldrich, 2005, S. 67, 82.

[30] EuGH C-411/03, Slg. 2005, I-10805 = NZG 2006, 112.

[31] EuGH C-210/06, Slg. 2008, I-9641 = NJW 2009, 569.

[32] EuGH C-378/10, NJW 2012, 2715.

[33] Vgl. auch Lutter/*Drygala* § 1 Rn. 4 f.

[34] OLG Nürnberg 12 W 520/13, NZG 2014, 349, 350; Henssler/Strohn/*Decker* § 1 UmwG Rn. 10; Widmann/Mayer/*Heckschen* § 1 Rn. 132; Kölner Kommentar-UmwG/*Dauner-Lieb* § 1 Rn. 28.

[35] Dazu grundlegend *Spindler* S. 78 ff.; *Beitzke* FS Hallstein, 1966, S. 14; vgl. weiter BeckOGK/*Drinhausen/Keinath* UmwG § 1 Rn. 35 ff.; MünchKommBGB/*Kindler* IntGesR Rn. 799 ff.; Michalski/Heidinger/Leible/Schmidt/*Leible* IntGesR Rn. 204 ff.; *Lutter/Bayer/Schmidt* § 6 Rn. 75; *Lieder/Bialluch* NotBZ 2017, 209.

der konkret beteiligten Rechtsträger für anwendbar, während sich die Wirkungen grundsätzlich nach den Rechten aller an der Umwandlung beteiligten Gesellschaften bestimmen.[36] Wo sich also die Anforderungen ersichtlich auf nur einen der beteiligten Rechtsträger beziehen, ist **allein dessen Personalstatut** von Bedeutung, ohne dass es der Berücksichtigung des anderen Rechts bedarf. Das gilt zB für die Umwandlungsfähigkeit des Rechtsträgers[37] und das Mehrheitserfordernis für den Umwandlungsbeschluss.[38] Auch soweit das nationale Recht bestimmte Gegenstände von der umwandlungsrechtlichen Universalsukzession ausnimmt, sind die Vorgaben des ausländischen Rechts ohne Belang.[39]

Sind indes beide Jurisdiktionen tangiert und kann eine Lösung nur einheitlich getroffen werden, gelten bei einer **Kollision von Rechtsvorschriften** die jeweils **strengsten Standards**.[40] Das gilt namentlich für Verfahrensschritte, die von den beteiligten Rechtsträgern gemeinsam erfüllt werden müssen, wie zB der Abschluss und die Prüfung des Umwandlungsvertrags sowie die Fertigung der Umwandlungsberichte.[41] Divergieren die Vorschriften in einem Maße, das nicht die eine oder die andere Vorschrift als „strenger" erscheinen, muss eine **Anpassung** der konfligierenden Regelungen erfolgen, und zwar in einer Weise, die beiden Rechtsordnungen gerecht wird und die grenzüberschreitende Umwandlung nicht unzumutbar erschwert.[42]

cc) **Modifizierte Anwendung des nationalen Umwandlungsrechts.** Wenn der nationale Rechtsrahmen mit den unionsrechtlichen Vorgaben nicht übereinstimmt, erfolgt unter Rückgriff auf die Mechanismen der **Substitution** und **Adaption** eine Anpassung des geschriebenen Rechts. Adaption meint in diesem Zusammenhang eine Anpassung des inländischen Rechts an die Auslandserscheinung. Als Substitution bezeichnet man die Ersetzung bestimmter Tatbestandsvoraussetzungen des Sachrechts durch funktional vergleichbare Tatbestandsmerkmale.[43] Im Übrigen finden die Vorschriften des UmwG auf die grenzüberschreitenden Gestaltungen analoge Anwendung. Das Analogieverbot des § 1 Abs. 2 UmwG ist mit Blick auf die unionsrechtlichen Vorgaben zur Niederlassungsfreiheit teleologisch zu reduzieren (→ § 4 Rn. 8). Davon abgesehen ist stets der **Äquivalenz- und Effektivitätsgrundsatz** zu beachten.[44] Mit anderen Worten dürfen grenzüberschreitende Umwandlungen nicht übermäßig erschwert oder praktisch unmöglich gemacht und auch nicht mit weitergehenden Restriktionen als rein nationale Umwandlungen versehen werden.

b) **Grenzüberschreitende Verschmelzung.** Nach Umsetzung der internationalen Fusionsrichtlinie (→ Rn. 4) durch §§ 122a ff. UmwG in deutsches Recht können deutsche und EU/EWR-ausländische **Kapitalgesellschaften** miteinander verschmolzen werden (→ § 18 Rn. 1 ff.). Eine davon abweichende, aus der EuGH-Rechtsprechung zur Niederlassungsfreiheit abgeleitete – weitergehende – Möglichkeit der Verschmelzung von Kapitalgesellschaften besteht nicht.[45] Der unionsrechtliche Gesetzgeber hat in Form der interna-

---

[36] MünchKommBGB/*Kindler* IntGesR Rn. 799 ff.; Widmann/Mayer/*Heckschen* § 1 Rn. 270 ff.; Henssler/Strohn/*Decker* § 1 UmwG Rn. 19; *Lieder/Bialluch* NotBZ 2017, 209 f.
[37] Lutter/*Drygala* § 1 Rn. 44; Widmann/Mayer/*Heckschen* § 1 Rn. 272, 278.
[38] Widmann/Mayer/*Heckschen* § 1 Rn. 273, 280 f.; Lutter/*Drygala* § 1 Rn. 44.
[39] Vgl. Lutter/*Drygala* § 1 Rn. 44; Widmann/Mayer/*Heckschen* § 1 Rn. 270; Widmann/Mayer/*Vossius* § 20 Rn. 43 f.; Kallmeyer/*Marsch-Barner* § 20 Rn. 5; *Bungert* FS Heldrich, 2005, S. 527, 528 ff.
[40] Vgl. Kallmeyer/*Kallmeyer/Marsch-Barner* § 1 Rn. 17; Widmann/Mayer/*Heckschen* § 1 Rn. 270; Lutter/*Drygala* § 1 Rn. 44, 45.
[41] Widmann/Mayer/*Heckschen* § 1 Rn. 273, 286 f.
[42] Dazu näher Lutter/*Drygala* § 1 Rn. 47.
[43] MünchKommBGB/*Kindler* IntGesR Rn. 782.
[44] Vgl. EuGH C-378/10, NJW 2012, 2715 Rn. 48, 54 ff., 58 ff.; *Seibold* ZIP 2017, 456, 458; *Weller* IPRax 2017, 167, 175.
[45] Lutter/*Drygala* § 1 Rn. 10; Böttcher/Habighorst/Schulte/*Althoff* § 122a Rn. 11; Kölner Kommentar-UmwG/*Simon*/*Rubner* § 122a Rn. 7; Widmann/Mayer/*Heckschen* § 122a Rn. 47; aA offenbar *Bungert* BB 2006, 53, 55.

tionalen Fusionsrichtlinie die grenzüberschreitende Verschmelzung von Kapitalgesellschaften verbindlich konkretisiert.

15 **Personengesellschaften** und andere Verbandsformen fallen hingegen **nicht** in den Anwendungsbereich der §§ 122a ff. UmwG (→ § 18 Rn. 24 ff.). Eine grenzüberschreitende Verschmelzung solcher Rechtsträger ist aber auf Grundlage der *Sevic*-Entscheidung des EuGH heute **allgemein anerkannt**.[46] Nach zutreffender hM finden dabei die §§ 2 ff., 39 ff., 122a ff. UmwG entsprechende Anwendung.[47] Für Einzelheiten → § 18 Rn. 1 ff.

16 **c) Grenzüberschreitende Spaltung.** Zur grenzüberschreitenden Spaltung mangelt es sowohl auf europäischer als auch auf deutscher Ebene an normativen Vorgaben. Aufgrund der beschränkten Verweisung in § 125 S. 1 UmwG können auch die §§ 122a ff. UmwG nicht ohne weiteres in entsprechender Anwendung herangezogen werden.[48] Allerdings ist auf Grundlage der bezeichneten EuGH-Rechtsprechung (→ Rn. 9) heute die Zulässigkeit der grenzüberschreitenden Spaltung **allgemein anerkannt**.[49] Denn der Ausschluss von EU-Auslandsgesellschaften würde eine Ungleichbehandlung bedeuten, die zur Beschränkung der unionsrechtlichen Niederlassungsfreiheit (Art. 49, 54 AEUV) geeignet wäre.

17 In diesem Sinne ist § 1 Abs. 1 UmwG wiederum **unionsrechtskonform** auszulegen. Die Beteiligung eines Rechtsträgers mit Sitz im EU/EWR-Ausland steht der Durchführung einer Spaltung nicht entgegen. Allerdings ist das Verfahren bisher noch ungeklärt. Nach der kollisionsrechtlichen Vereinigungstheorie (→ Rn. 10 ff.) bestimmen sich die Voraussetzungen, das Verfahren und die Rechtsfolgen nach dem Personalstatut der jeweils beteiligten Rechtsträger. Für an der Spaltung beteiligte deutsche Gesellschaften gelten im Grundsatz die §§ 123 ff. UmwG; hinsichtlich genuin grenzüberschreitender Aspekte kann ausnahmsweise auch auf die in §§ 122a ff. UmwG niedergelegten Rechtsgedanken zurückgegriffen werden.[50] Für Einzelheiten → § 30 Rn. 1 ff.

18 **d) Grenzüberschreitender Formwechsel.** Auch für den grenzüberschreitenden Formwechsel mangelt es an gesetzlichen Vorgaben. Der EuGH hat ihn gleichwohl in seinen Entscheidungen *Cartesio*[51] und *VALE*[52] auf der Grundlage der unionsrechtlichen Niederlassungsfreiheit (Art. 49, 54 AEUV) **anerkannt**. Danach ist ein Mitgliedstaat, der nach nationalem Recht einen Formwechsel erlaubt, auch verpflichtet, einen grenzüberschreitenden Formwechsel zu gewährleisten.[53] Dementsprechend kommt ein Heraus-Formwechsel eines deutschen Rechtsträgers iSd. § 191 Abs. 1 UmwG in eine EU/EWR-Auslandsgesell-

---

[46] Kallmeyer/*Marsch-Barner* Vor § 122a Rn. 9; Lutter/*Lutter/Bayer* Einl. I Rn. 45; Lutter/*Drygala* § 1 Rn. 9 ff.; Semler/Stengel/*Drinhausen* Einl. C Rn. 27; *Drygala/v. Bressendorf* NZG 2016, 1161, 1164; *Lieder/Bialluch* NotBZ 2017, 209, 210; *Stiegler*, ZGR 2017, 312, 345 ff.

[47] BeckOGK/*Drinhausen/Keinath* UmwG § 1 Rn. 45; Lutter/*Lutter/Bayer* Einl. I Rn. 45; Lutter/*Drygala* § 1 Rn. 35; Kallmeyer/*Marsch-Barner* Vor § 122a Rn. 12; *Lieder/Bialluch* NotBZ 2017, 209, 210; *Stiegler*, ZGR 2017, 312, 317.

[48] Vgl. Begr. RegE, BR-Drucks. 548/06, S. 20, 40; Semler/Stengel/*Drinhausen* § 122a Rn. 6; Widmann/Mayer/*Heckschen* § 122a Rn. 20; Lutter/*Lutter/Bayer* Einl. I Rn. 46; *Louven* ZIP 2006, 2021, 2023 f.; *H.-F. Müller* ZIP 2007, 1081, 1082 m. Fn. 16.

[49] BeckOGK/*Drinhausen/Keinath* UmwG § 1 Rn. 46; Schmitt/Hörtnagl/Stratz/*Hörtnagl* § 1 Rn. 51; Semler/Stengel/*Drinhausen* Einl. C Rn. 28; Kallmeyer/*Marsch-Barner* Vor § 122a Rn. 11; Lutter/*Lutter/Bayer* Einl. I Rn. 46; Lutter/*Bayer/Schmidt* § 6 Rn. 76, 78; *Drygala/v. Bressendorf* NZG 2016, 1161, 1165; *J. Schmidt* ZVglRWiss 116 (2017), 313, 332.

[50] BeckOGK/*Drinhausen/Keinath* UmwG § 1 Rn. 46; Lutter/*Lutter/Bayer* Einl. I Rn. 46; Lutter/*Bayer/Schmidt* § 6 Rn. 78.

[51] EuGH C-210/06, Slg. 2008, I-9641 = NJW 2009, 569.

[52] EuGH C-378/10, NJW 2012, 2715.

[53] Vgl. auch OLG Nürnberg 12 W 520/13, NZG 2014, 349, 350; KG 22 W 64/15, NZG 2016, 834; OLG Frankfurt 20 W 88/15, NZG 2017, 423; *Teichmann* ZIP 2017, 611 ff.; *Weller* IPRax 2017, 167, 175; *J. Schmidt*, ZVglRWiss 116 (2017), 313, 327 ff.; *Winter/Marx/De Decker*, DStR 2017, 1664 ff.; *Knaier/Pfleger*, GmbHR 2017, 859.

schaft in Betracht, wenn der Aufnahmestaat national einen entsprechenden Formwechsel erlaubt. EU/EWR-ausländische Rechtsträger können in deutsche Verbandsformen überführt werden, und zwar auch in rechtsformkongruenten Szenarien, wie zB eine GmbH in eine Limited und umgekehrt.

Nach zutreffender Auffassung lassen Art. 49, 54 AEUV auch eine **isolierte Satzungssitzverlegung** zu.[54] Die weit auszulegende Niederlassungsfreiheit gewährleistet eine wirtschaftliche Betätigung auch unter Trennung von Satzungs- und Verwaltungssitz.[55] Dabei ist es in der Sache ohne Belang, ob die Trennung durch eine tatsächliche Verlegung des Verwaltungssitzes oder eine isolierte Verlegung des Satzungssitzes herbeigeführt wird.[56] Zudem lässt sich der erstrebte Zustand auch dadurch bewerkstelligen, dass Satzungs- und Verwaltungssitz zunächst zusammen verlegt werden und danach der Verwaltungssitz wieder in den Ausgangsstaat zurückverlegt wird.[57] Das gilt mit Blick auf § 5 AktG, § 4a GmbHG umso mehr, als AG und GmbH ihren Verwaltungssitz auch ohne die Verlegung des satzungsmäßigen Sitzes ins Ausland verlagern können. Es muss daher wertungswidersprüchlich erscheinen, wenn nach nationalem Recht für den Herein-Formwechsel auch die Verlegung des Verwaltungssitzes gefordert wird.[58] Gleichwohl ist der Praxis mit Blick auf die vielfach vertretene Gegenposition anzuraten, Verwaltungs- und Satzungssitz gleichermaßen zu verlegen.[59] Das gilt umso mehr, als die Generalanwältin des EuGH in der Rechtssache Polbud besagter Gegenauffassung zusagt.[60]

Auf Grundlage der Vereinigungslehre gilt für die **Durchführung** des Formwechsels primär das Gesellschaftsstatut der **Ausgangsrechtsform**.[61] Handelt es sich um eine deutsche Gesellschaft, finden die §§ 190 ff. UmwG entsprechende Anwendung. Beim Herein-Formwechsel ist ausländisches Recht anwendbar, wie zB bei britischen Gesellschaften das Verfahren der *re-registration* nach ssec. 89–111 *Companies Act* 2006.[62] Kumulativ finden einzelne Regelungen aus dem Recht der **Zielrechtsform** Anwendung, wie zB bei einem Formwechsel in eine deutsche Rechtsform das Erfordernis eines notariell beurkundeten Umwandlungsbeschlusses nach § 193 UmwG, der funktional mit dem Gründungsakt der deutschen Zielrechtsform vergleichbar ist.[63] Weitere Anforderungen an die Zielrechtsform beim Herein-Formwechsel ergeben sich aus dem deutschen Gründungsrecht (§ 197 S. 1 UmwG). Hier sind bei einem Formwechsel in AG, KGaA und GmbH insbesondere die Kapitalerfordernisse deutschrechtlicher Prägung zu erfüllen. Ein Formwechsel in eine UG scheitert nach zutreffender hM am Sacheinlageverbot des § 5a Abs. 2 S. 2 UmwG.[64]

---

[54] Schwarze/*Jung* Art. 54 AEUV Rn. 39; Ulmer/Habersack/Löbbe/*Behrens*/*Hoffmann* Einl. Rn. B160; Lutter/Bayer/*Schmidt* § 6 Rn. 59; *Grundmann* Rn. 791 ff., 799, 846; *Lieder/Bialluch* NotBZ 2017, 209, 211; *J. Schmidt*, ZVglRWiss 116 (2017), 313, 330 ff.; *Teichmann*, ZIP 2017, 611 ff.; *Schön* ZGR 2013, 333, 359 f.; *Seibold* ZIP 2017, 456, 457; aA MHdB GesR VI/*Hoffmann* § 54 Rn. 8; Widmann/Mayer/*Vossius* § 191 Rn. 50; MünchKommBGB/*Kindler* IntGesR Rn. 136, 831 f.
[55] *Lieder/Bialluch* NotBZ 2017, 209, 211; *Schön* ZGR 2013, 333, 359; *Szydlo* ECFR 2010, 414, 424.
[56] Vgl. *Grohmann* DZWIR 2009, 322, 328; *Lieder/Bialluch* NotBZ 2017, 209, 211.
[57] *Lutter/Bayer/Schmidt* § 6 Rn. 59; *Lieder/Bialluch* NotBZ 2017, 209, 211.
[58] Ebenso *Drygala* EuZW 2013, 569, 571; *Seibold* ZIP 2017, 456, 457.
[59] So auch *Melchior* GmbHR 2014, R305, R306; *Seibold* ZIP 2017, 456, 457.
[60] EuGH GA BeckRS 2017, 108853; dazu *Mutter*, EWiR 2017, 491 f.; *Wicke*, NZG 2017, 702 ff.; *Kumpan/Pauschinger*, EuZW 2017, 327 f.
[61] Vgl. *Heckschen* ZIP 2015, 2049, 2057; *Hushahn* DNotZ 2014, 154, 155; *Verse* ZEuP 2013, 458, 483; *Wachter* GmbHR 2016, 738, 739 f.
[62] Dazu ausf. *Schall* ZfPW 2016, 407, 436 ff.; *Frank*, Formwechsel im Binnenmarkt, 2016, S. 284 ff.
[63] Im Ergebnis auch KG 22 W 64/15, NZG 2016, 834; OLG Nürnberg 12 W 520/13, NZG 2014, 349, 350; *Bungert/de Raet* DB 2014, 761, 763; *Hübner* IPRax 2015, 134, 137.
[64] *Ege/Klett* DStR 2012, 2442, 2444; *Freitag/Korch* ZIP 2016, 1361, 1363 f.; *Lieder/Bialluch* NotBZ 2017, 209, 212 f; *Schön* ZGR 2013, 333, 361; *Verse* ZEuP 2013, 458, 492; *Wicke* DStR 2012, 1756, 1758; *Frank* S. 276; aA *Schall* ZfPW 2016, 407, 441; *ders.* GmbHR 2017, 25, 26; *Hennrichs* NZG 2009, 1161, 1163 f.

21 Für die grenzüberschreitende **Koordination der Register** ist an §§ 122k, 122l UmwG (und Art. 8 Abs. 8–12 SE-VO) Maß zu nehmen.[65] Die unionsweit harmonisierten Vorgaben für die grenzüberschreitende Verschmelzung können auf den grenzüberschreitenden Formwechsel übertragen werden und sichern mit Blick auf den Grundsatz des *effet utile* eine effektive und rechtssichere Durchführung des Unionsrechts (Art. 4 Abs. 3 S. 1 EUV). Dementsprechend ist die zuständige Stelle im Herkunftsstaat analog §§ 122k Abs. 2, 122l Abs. 1 UmwG, Art. 8 Abs. 8, 9 SE-VO verpflichtet, bei Vorliegen aller Voraussetzungen des grenzüberschreitenden Formwechsels eine **Bescheinigung** auszustellen, die dem Zuzugsregister mit der Anmeldung zur Eintragung der Gesellschaft vorgelegt wird. Nach Prüfung durch das Zuzugsregister[66] erfolgt die Eintragung der Zielrechtsform. Diese **Eintragung** ist analog § 122l Abs. 3 UmwG, Art. 8 Abs. 11 SE-VO dem Register im Herkunftsland mitzuteilen, die daraufhin die Löschung der Ausgangsrechtsform veranlasst. Für Einzelheiten → § 39 Rn. 1 ff.

2. Gesellschaften aus Drittstaaten

22 **a) Keine grenzüberschreitende Umwandlung.** Grenzüberschreitende Umwandlungen unter Beteiligung von Gesellschaften aus Drittstaaten, die also weder der EU noch dem EWR angehören und mit denen Deutschland auch keine völkerrechtlichen Verträge über die Regelung internationalprivatrechtlicher Verhältnisse abgeschlossen hat, sind durch die unionsrechtliche Niederlassungsfreiheit **nicht geschützt**.[67] Das gilt für grenzüberschreitende Verschmelzungen, Spaltungen und Formwechsel gleichermaßen. Auch eine (analoge) Anwendung der §§ 122a ff. UmwG scheidet aus, weil sich der Anwendungsbereich der grenzüberschreitenden Verschmelzung ausschließlich auf Kapitalgesellschaften aus EU/EWR-Mitgliedstaaten bezieht.

23 **b) Umwandlung des Wechselbalgs.** In Betracht kommt allerdings die Umwandlung von Rechtsträgern ausländischer Verbandsform, die nach Maßgabe der – auch Wechselbalgtheorie genannten[68] – **modifizierten Sitztheorie** des BGH **als Personengesellschaften** (BGB-Gesellschaft, OHG) deutschen Rechts anzusehen sind,[69] nach den allgemeinen Vorschriften des UmwG.[70] Voraussetzung ist freilich, dass die Gesellschaft zuvor im Handelsregister eingetragen worden ist, da andernfalls die Umwandlung nicht wirksam werden kann (vgl. §§ 20 Abs. 1, 131 Abs. 1, 202 Abs. 1 UmwG).[71] Aus der Anwendung der modifizierten Sitztheorie ergeben sich jedoch erhebliche praktische Probleme: Insbesondere können sich die Gesellschafter der als deutsche Personengesellschaft angesehenen (vormaligen) Auslandsgesellschaft der persönlichen Nachhaftung durch die Umwandlung nicht entledigen. Weitere Schwierigkeiten resultieren aus dem Prinzip der Selbstorganschaft und der Statutenverdoppelung für die Handlungs- und Funktionsfähigkeit des Wechselbalgs.[72] Gute Gründe sprechen vor dem Hintergrund der unionsrechtlichen Anerkennung der Gründungstheorie daher für eine **Aufgabe der** (modifizierten) Sitz-

---

[65] Dazu und zum Folgenden MHdB GesR VI/*Hoffmann* § 54 Rn. 21; *Lieder/Bialluch* NotBZ 2017, 209, 212; *Wicke* DStR 2012, 1756, 1758 f.; *Frank* S. 244 ff., 284 ff.
[66] Zum Prüfungsumfang vgl. Lutter/*Drygala* § 1 Rn. 42; ausf. *Frank* S. 287 ff.
[67] Vgl. nur Kallmeyer/*Kallmeyer/Marsch-Barner* § 1 Rn. 4; Kölner Kommentar-UmwG/*Dauner-Lieb* § 1 Rn. 29.
[68] Dazu eingehend *Weller* FS Goette, 2011, S. 583 ff.
[69] BGH II ZR 158/06, BGHZ 178, 192 = DNotI-Report 2009, 7; MünchKommBGB/*Kindler* IntGesR Rn. 487.
[70] Vgl. *Lieder/Bialluch* NotBZ 2017, 209, 216.
[71] Vgl. Schmitt/Hörtnagl/Stratz/*Hörtnagl* § 1 Rn. 36; Widmann/Mayer/*Heckschen* § 1 Rn. 342; Kallmeyer/*Kallmeyer/Marsch-Barner* § 1 Rn. 4; Lutter/*Drygala* § 1 Rn. 28; *Lieder/Bialluch* NotBZ 2017, 209, 216.
[72] Dazu näher *Lieder/Kliebisch* BB 2009, 338, 339 ff; *Lieder/Bialluch* NotBZ 2017, 165, 170.

theorie zugunsten einer (modifizierten) **Gründungstheorie** (mit Sonderanknüpfungen).[73]

c) Grenzüberschreitende Anwachsung. Darüber hinaus kommt eine Umgestaltung im Wege der **grenzüberschreitenden Anwachsung** (→ § 3 Rn. 19 ff.) in Betracht.[74] Das gilt zunächst für die Heraus-Anwachsung einer deutschen Personengesellschaft auf einen ausländischen Rechtsträger, weil hier der Anwachsungsmechanismus nach § 738 Abs. 1 S. 1 BGB zur Anwendung gelangt. Bei der Herein-Anwachsung ist entscheidend, ob ein vergleichbarer Mechanismus im (Personen-)Gesellschaftsrecht der Auslandsordnung existiert, was zB für die Schweiz gilt.[75] Freilich ist die grenzüberschreitende Anwachsung nicht auf Gesellschaften aus Drittstaaten beschränkt, sondern kommt auch unter Beteiligung von **EU-Auslandsgesellschaften** in Betracht.[76]

d) Grenzüberschreitender Asset Deal. Zulässig ist außerdem die **Einbringung** von Vermögenswerten, Anteilen oder Unternehmen(-steilen) in bestehende oder neu zu errichtende – ausländische – Gesellschaften im Wege der **Einzelnachfolge** (→ § 3 Rn. 13 ff.), typischerweise gegen die Gewährung von Anteilen an dem ausländischen Rechtsträger.[77] Ebenso wenig wie die grenzüberschreitende Anwachsung (→ Rn. 24) ist der grenzüberschreitende Asset Deal auf Rechtsträger aus Drittstaaten beschränkt, sondern kommt auch für **EU-Auslandsgesellschaften** in Betracht.[78]

III. Umwandlungsfähigkeit europäischer Rechtsformen

1. EWIV

Die europäische wirtschaftliche Interessenvereinigung (EWIV) ist in §§ 3, 124, 191 UmwG nicht als umwandlungsfähiger Rechtsträger anerkannt. Allerdings besteht heute allgemein Einigkeit darüber, dass die EWIV infolge der Verweisung in § 1 EWIV-AusfG den **Personenhandelsgesellschaften** umfassend **gleichgestellt** ist und daher – in gleichem Umfang wie diese auch – an Umwandlungen beteiligt sein kann (→ § 7 Rn. 10; → § 21 Rn. 3 ff.; → § 32 Rn. 30).[79]

2. SE

Für die Europäische Aktiengesellschaft (Societas Europaea – SE) enthält die SE-VO abschließende Regelungen für eine **Verschmelzung zur Neugründung** einer SE (Art. 2 Abs. 1, 17 ff. SE-VO; → § 19 Rn. 1 ff.).[80] Davon unberührt bleibt die Möglichkeit einer Verschmelzung **durch Aufnahme** einer SE sowohl als übertragender wie auch als übernehmender Rechtsträger.[81] Zudem kann eine nach dem Recht eines EU-Mitgliedstaats errichtete AG nach Maßgabe der Art. 2 Abs. 4, 37 SE-VO in eine SE **umgewandelt**

---

[73] Dazu eingehend *Lieder/Kliebisch* BB 2009, 338, 341 ff; nochmals *Lieder/Bialluch* NotBZ 2017, 165, 170; im Ergebnis ebenso Lutter/*Drygala* § 1 Rn. 29; Michalski/Heidinger/Leible/Schmidt/*Leible* IntGesR Rn. 46 f.; *Lutter/Bayer/Schmidt* § 6 Rn. 53; *Hellgardt/Illmer* NZG 2009, 94, 96; aA etwa *Weller* IPRax 2017, 167, 177.

[74] Dazu ausf. *Hoger/Lieder* ZHR 180 (2016), 613 ff.; vgl. weiter Kallmeyer/*Kallmeyer/Marsch-Barner* § 1 Rn. 5; Lutter/*Drygala* § 1 Rn. 49; *Stiegler*, ZGR 2017, 312, 338 f.

[75] Dazu näher *Hoger/Lieder* ZHR 180 (2016), 613, 638.

[76] Dazu ausf. *Hoger/Lieder* ZHR 180 (2016), 613, 637 ff. für Österreich, Frankreich und England; vgl. weiter Widmann/Mayer/*Heckschen* § 1 Rn. 322; Widmann/Mayer/*Mayer* Einf UmwG Rn. 230.

[77] Lutter/*Drygala* § 1 Rn. 48; Kallmeyer/*Kallmeyer/Marsch-Barner* § 1 Rn. 5; *Kallmeyer* ZIP 1994, 1746, 1752 f.; ausf. *v. Busekist* GmbHR 2004, 650, 653 ff.

[78] Dazu näher *Lieder/Bialluch* NotBZ 2017, 209, 215; *Hoger/Lieder* ZHR 180 (2016), 613, 652; vgl. weiter Widmann/Mayer/*Heckschen* § 1 Rn. 322; Widmann/Mayer/*Mayer* Einf UmwG Rn. 229.

[79] Vgl. nur Kölner Kommentar-UmwG/*Dauner-Lieb* § 1 Rn. 19.

[80] Schmitt/Hörtnagl/Stratz/*Hörtnagl* § 122b Rn. 7; Semler/Stengel/*Drinhausen* § 122b Rn. 5; Kallmeyer/*Marsch-Barner* § 122b Rn. 3; Kölner Kommentar-UmwG/*Dauner-Lieb* § 1 Rn. 20.

[81] Semler/Stengel/*Drinhausen* § 122b Rn. 4; Kallmeyer/*Marsch-Barner* § 122b Rn. 3; Schmitt/Hörtnagl/Stratz/*Hörtnagl* § 122b Rn. 7; *Lieder/Bialluch* NotBZ 2017, 209, 210.

werden. Weiterhin kommt nach Art. 66 SE-VO der Formwechsel einer SE in eine AG des nationalen Sitzstaatsrechts in Betracht.[82] Für weitere Einzelheiten zur Verschmelzung → § 15 Rn. 150 ff.; zur Spaltung → § 29 Rn. 142 ff.; zur SE-Gründung durch Spaltung → § 31 Rn. 1 ff.; zum Formwechsel → § 38 Rn. 9 f., 193 f.; zur Gründung der SE durch Formwechsel → § 40 Rn. 1 ff.

3. SCE

28 Die Europäische Genossenschaft (Societas Cooperativa Europaea – SCE) kann im Wege der **Verschmelzung** zur Neugründung oder Aufnahme von mindestens zwei nach dem Recht eines EU-Mitgliedstaats errichteten Genossenschaften oder durch identitätswahrenden **Formwechsel** einer Genossenschaft, die seit wenigstens zwei Jahren eine Niederlassung in einem anderen Mitgliedstaat unterhält oder eine dem Recht eines anderen Mitgliedstaats unterstehende Tochtergesellschaft hat, gegründet werden (Art. 2 Abs. 1, 19 ff., 35 SCE-VO).[83] Umgekehrt kann eine SCE nach Maßgabe des Art. 76 SCE-VO in eine Genossenschaft des nationalen Sitzstaatsrechts **umgewandelt** werden. Ebenso wie bei der SE (→ Rn. 27) entfaltet diese Vorschrift **keine Sperrwirkung**, so dass sowohl eine Verschmelzung, Spaltung als auch ein Formwechsel nach nationalem Recht in Betracht kommt, soweit diese Strukturmaßnahmen auch den Genossenschaften des Sitzstaats eröffnet sind.[84] Für weitere Einzelheiten zur Verschmelzung → § 15 Rn. 314; zum Formwechsel → § 38 Rn. 369.

4. SPE, SUP

29 Nachdem der Vorschlag für eine Europäische Privatgesellschaft (Societas Privata Europaea – SPE) gescheitert war,[85] sah ein Richtlinienvorschlag vor, dass die Mitgliedstaaten eine Einpersonengesellschaft (Societas Unius Personae – SUP) nach nationalem Recht etablieren.[86] Derzeit ist das Schicksal des europäischen Vorhabens ungewiss.[87] Nach dem ursprünglichen Vorschlag sollen die Mitgliedstaaten sicherstellen, dass die SUP durch **Umwandlung** nationaler Rechtsformen gegründet werden kann (Art. 9 Abs. 1 SUP-RL-E). Zudem haben die Mitgliedstaaten zu gewährleisten, dass die SUP in eine nationale Rechtsform umgewandelt wird, soweit sie die Vorgaben der SUP-RL nicht erfüllt (Art. 25 Abs. 1 SUP-RL-E). Und schließlich steht es der SUP frei, sich nach dem im nationalen Recht vorgesehenen Verfahren in eine andere Rechtsform umzuwandeln (Art. 25 Abs. 2 SUP-RL-E).

---

[82] Vgl. nur Habersack/Drinhausen/*Drinhausen* Art. 66 Rn. 1; *Lieder/Bialluch* NotBZ 2017, 209, 214, 216.

[83] Dazu eingehend *Lutter/Bayer/Schmidt* § 42 Rn. 21 ff., 29 f.

[84] So auch *Lutter/Bayer/Schmidt* § 42 Rn. 109 f.

[85] Für eine Wiederbelebung etwa *Hommelhoff* ZIP 2016, Beil. zu Heft 22, 31 ff. Zur geplanten Umwandlungsfähigkeit s. Kölner Kommentar-UmwG/*Dauner-Lieb* § 1 Rn. 22.

[86] Vorschlag für eine Richtlinie des Europäischen Parlaments und des Rates über Gesellschaften mit beschränkter Haftung mit einem einzigen Gesellschafter vom 9.4.2014, COM(2014) 212.

[87] Für Einzelheiten vgl. *Bayer/Schmidt* BB 2016, 1923, 1924; *J. Schmidt*, ZVglRWiss 116 (2017), 313, 338.

2. Kapitel. Verschmelzung

§ 6 Verschmelzungsarten

Übersicht

	Rdnr.		Rdnr.
I. Beweggründe für eine Verschmelzung	1–8	V. Besondere Verschmelzungskonstellationen	30–52
1. Wirtschaftliche und unternehmerische Ziele	2–4	1. Tochter-Mutter-Verschmelzung (Upstream merger)	30, 31
2. Vor- und Nachteile einer Verschmelzung	5–8	2. Mutter-Tochter-Verschmelzung (Downstream merger)	32–35
II. Arten der Verschmelzung	9–16	3. Schwesterverschmelzung (Sidestream merger)	36
1. Verschmelzung durch Aufnahme (§ 2 Nr. 1 UmwG)	10–13	4. Enkelverschmelzung	37–39
2. Verschmelzung durch Neugründung (§ 2 Nr. 2 UmwG)	14–16	5. Dreiecksverschmelzung (Triangular merger)	40–43
III. Wesensmerkmale der Verschmelzung	17–24	6. Mehrfachverschmelzung	44–47
1. Vermögensübertragung im Wege der Gesamtrechtsnachfolge	17	7. Kettenverschmelzung	48–51
2. Auflösung übertragender Rechtsträger ohne Abwicklung	18	8. Grenzüberschreitende Verschmelzung	52
3. Gegenleistung	19–22	VI. Kosten der Verschmelzung	53–65
4. Anteilsinhaber	23, 24	1. Beurkundungskosten	54–59
IV. Zeitlicher Ablauf einer Verschmelzung	25–29	2. Handelsregisterkosten	60–62
1. Planungsphase	26	3. Grundbuchberichtigungskosten	63, 64
2. Vorbereitungsphase	27	4. Regelung zur Kostentragung	65
3. Beschlussphase	28	VII. Abgrenzung zu fusionsähnlichen Strukturmaßnahmen	66
4. Vollzugsphase	29		

Schrifttum: *Baums*, Verschmelzung mit Hilfe von Tochtergesellschaften, FS Zöllner, 1998, S. 65; *Bengel/Tiedtke,* Die Kostenrechtsprechung 2002 und 2003, DNotZ 2004, 258; *Beuthien/Helios*, Die Umwandlung als transaktionslose Rechtsträgertransformation, NZG 2006, 369; *Bock*, Institutioneller Gläubigerschutz nach § 30 Abs. 1 GmbHG beim Down-stream-merger nach einem Anteilskauf, GmbHR 2005, 1023; *Ganske*, Umwandlungsrecht, 2. Aufl. 1995; *Gerold*, Die Verschmelzung nach dem neuen Umwandlungsrecht, MittRhNotK 1997, 205; *Geßler*, Die Behandlung eigener Aktien bei der Verschmelzung, FS Schilling. 1973, S. 145; *Heckschen*, Der Verzicht auf Anteilsgewähr, GWR 2010, 101; *ders.,* Die Reform des Umwandlungsrechts, DNotZ 2007, 444; *ders.,* Fusion von Kapitalgesellschaften im Spiegel der Rechtsprechung, WM 1990, 377; *Impelmann*, Die Verschmelzung und der Formwechsel von Unternehmen nach dem neuen Umwandlungsrecht, DStR 1995, 769; *Kiem/Uhrig,* Der umwandlungsbedingte Wechsel des Mitbestimmungsstatuts, NZG 2001, 680; *Kirchner/Sailer*, Rechtsprobleme bei Einbringung und Verschmelzung, NZG 2002, 305; *Lüttge*, Das neue Umwandlungs- und Umwandlungssteuerrecht, NJW 1995, 417; *Mertens*, Aktuelle Fragen zur Verschmelzung von Mutter- auf Tochtergesellschaften, AG 2005, 785; *Nelißen*, Augen auf bei konzerninternen Verschmelzungen, NZG 2010, 1291; *Pfeiffer*, Auswirkungen der geplanten Notarkostenreform auf gesellschaftsrechtliche Vorgänge und M&A-Transaktionen, NZG 2013, 244; *Pfüller*, Delisting-Motive vor dem Hintergrund neuerer Rechtsentwicklungen, NZG 2003, 459; *Priester*, Mitgliederwechsel im Umwandlungszeitpunkt, DB 1997, 560; *Reimann*, Die kostenrechtlichen Auswirkungen des Umwandlungsgesetzes 1995, MittBayNot 1995, 1; *Reiner/Geuter*, Anteilstausch als Mittel oder Folge von Unternehmensübernahmen, JA 2006, 543; *Samson/Flindt*, Internationale Unternehmenszusammenschlüsse, NZG 2006, 290; *Schwenn*, Kettenverschmelzung bei Konzernsachverhalten, Der Konzern 2007, 173; *Sudhoff,* Unternehmensnachfolge, 5 Aufl. 2005; *Tiedtke*, GNotKG: Kostenrechtsprechung 2015, DNotZ 2016, 576; *Ulrich/Böhle*, Verschmelzung auf zum Verschmelzungsstichtag nicht existierende Rechtsträger, GmbHR 2006, 644.

I. Beweggründe für eine Verschmelzung

1 Verschmelzungen nach dem UmwG ermöglichen eine vollständige wirtschaftliche Integration mindestens zweier Rechtsträger, wobei es vielfältige Beweggründe für eine solche Integration geben kann (→ § 2 Rn. 14 ff.).

1. Wirtschaftliche und unternehmerische Ziele

2 **Innerhalb eines Konzerns** finden Verschmelzungen häufig statt, um die Zahl der Konzerngesellschaften zu reduzieren und die vorhandene Gruppenstruktur zu vereinfachen. Hierdurch kann der organisatorische und finanzielle Aufwand für die Führung und Verwaltung des Unternehmens (Vergütung von Organmitgliedern, Abhalten von Gesellschafterversammlungen, Erstellung von Jahresabschlüssen, etc) verringert werden.[1] Konzerninterne Verschmelzungen kommen va in Betracht, wenn das in einer Tochtergesellschaft betriebene Geschäft zukünftig von deren Muttergesellschaft betrieben werden soll (Upstream merger)[2] oder die Muttergesellschaft nicht mehr benötigt wird (Downstream merger)[3]. Zudem eignen sich konzerninterne Verschmelzungen zur Zusammenführung von Tochtergesellschaften, wenn der ursprüngliche Beweggrund für die Trennung ihres Geschäfts weggefallen ist (Sidestream merger)[4]. Mithilfe einer Verschmelzung kann auch eine neu zur Unternehmensgruppe hinzugekaufte Gesellschaft in die Gruppe integriert werden.[5]

3 Die **Verschmelzung zweier rechtlich unabhängiger Rechtsträger** kommt va in Betracht, wenn ein „Zusammenschluss unter Gleichen" erreicht werden soll, bei dem keine Gesellschaft die andere übernimmt („Merger of Equals").[6] Durch eine Verschmelzung vereinigen sich die unternehmerische Leitung, das Vermögen und die Mitgliedschaften, ohne dass die Rechtsträger vorab aufwendig liquidiert werden müssen.[7] Die Verschmelzung kann insoweit auch ein Mittel zum Wachstum sein und bspw. der Erschließung neuer Märkte oder Geschäftsfelder dienen.[8]

4 Durch eine Verschmelzung können zudem die **Ressourcen** mehrerer Unternehmen in einem Rechtsträger **gebündelt** werden, um bspw. die Finanzierungsbasis zu erweitern oder Synergiepotenziale besser nutzen zu können.[9] In steuerlicher Hinsicht kann eine Verschmelzung uU die **Nutzbarkeit von Verlustvorträgen optimieren**.[10] Auch ein beabsichtigtes **Delisting** kann Motiv einer Verschmelzung sein. Zu diesem Zweck kann eine börsennotierte Aktiengesellschaft auf eine nicht börsennotierte Gesellschaft verschmolzen werden, wodurch die Börsennotierung entfällt (sog. „kaltes Delisting").[11]

2. Vor- und Nachteile einer Verschmelzung

5 Wesentlicher Vorteil einer Verschmelzung ist die Zusammenführung einzelner Rechtsträger zu einer wirtschaftlichen Einheit im Wege der **Gesamtrechtsnachfolge**, ohne einen übertragenden Rechtsträger förmlich liquidieren zu müssen.[12] Die verschmelzungsbedingte

---

[1] Lutter/*Drygala* § 2 Rn. 11 ff.; *Nelißen* NZG 2010, 1291, 1292; Semler/Stengel/*Stengel* § 2 Rn. 20.
[2] → Rn. 30 ff.
[3] → Rn. 32 ff.
[4] → Rn. 36.
[5] Goutier/Knopf/Tulloch/*Bermel* § 2 Rn. 5.
[6] Böttcher/Habighorst/Schulte/*Böttcher* § 2 Rn. 14; Lutter/*Drygala* § 2 Rn. 27; Kölner Kommentar-UmwG/*Simon* § 2 Rn. 5; Semler/Stengel/*Stengel* § 2 Rn. 21.
[7] Goutier/Knopf/Tulloch/*Bermel* § 2 Rn. 3; Böttcher/Habighorst/Schulte/*Böttcher* § 2 Rn. 18; Lutter/*Drygala* § 2 Rn. 13.
[8] Lutter/*Drygala* § 2 Rn. 12.
[9] Böttcher/Habighorst/Schulte/*Böttcher* § 2 Rn. 1; Sagasser/Bula/Brünger/*Sagasser* § 8 Rn. 1.
[10] Goutier/Knopf/Tulloch/*Bermel* § 2 Rn. 4; *Lüttge* NJW 1995, 417 ff.; Semler/Stengel/*Stengel* § 2 Rn. 20.
[11] *Pfüller* NZG 2003, 459, 462; Sagasser/Bula/Brünger/*Sagasser* § 8 Rn. 7.
[12] Goutier/Knopf/Tulloch/*Bermel* § 2 Rn. 3; Böttcher/Habighorst/Schulte/*Böttcher* § 2 Rn. 18; Lutter/*Drygala* § 2 Rn. 13.

§ 6 Verschmelzungsarten

Gesamtrechtsnachfolge vermeidet Kosten, die andernfalls durch die materiellen und formellen Voraussetzungen einer Einzelrechtsübertragung unter Wahrung des Spezialitätsgrundsatzes entstehen würden. Auch die **Anteilsgewährung** an die Anteilsinhaber eines übertragenden Rechtsträgers **als Gegenleistung** iSv § 2 UmwG kann vorteilhaft sein, weil diese Form der Gegenleistung weniger Liquidität erfordert als ein entgeltlicher Anteilserwerb.[13] Außerdem müssen die Gesellschafter eines übertragenden Rechtsträgers ihre **Gesellschafterstellung** nicht aufgeben, sodass sie eher bereit sein könnten, einer Verschmelzung anstelle einer Einzelrechtsübertragung zuzustimmen.

Die **Verschmelzung durch Neugründung** (§ 2 Nr. 2 UmwG) kann va genutzt werden, wenn der aus der Verschmelzung neu entstehende Rechtsträger eine andere Rechtsform haben soll als die an der Verschmelzung beteiligten bisherigen Rechtsträger, da mit der Verschmelzung durch Neugründung zugleich ein **Rechtsformwechsel** bewirkt werden kann.[14] Ein weiterer Vorteil der Verschmelzung durch Neugründung besteht darin, dass sie wegen §§ 14 Abs. 2, 36 Abs. 1 UmwG **Anfechtungsklagen verhindert**, die auf ein zu niedrig bemessenes Umtauschverhältnis gestützt werden, weil alle bisherigen Anteilsinhaber an den übertragenden Rechtsträgern beteiligt sind. Bewertungsrügen hinsichtlich eines falsch bemessenen Umtauschverhältnisses können die Anteilsinhaber bei dieser Verschmelzungsart nur im **Spruchverfahren** geltend machen, § 1 Nr. 4 SpruchG (→ § 14 Rn. 244 ff.).[15] Das Spruchverfahren führt jedoch nicht zu einer Registersperre[16] und verhindert daher auch nicht den Vollzug der Verschmelzung.

Die verschmelzungsbedingte Gesamtrechtsnachfolge führt neben der Übertragung sämtlicher Aktiva auf den übernehmenden bzw. neuen Rechtsträger auch zur Übertragung sämtlicher Passiva des übertragenden Rechtsträgers. Die daraus resultierende **Haftung für alle Verbindlichkeiten des übertragenden Rechtsträgers** ist ein Nachteil der Verschmelzung.[17] Außerdem unterliegt die Übertragung des Grundbesitzes des übertragenden Rechtsträgers auf den übernehmenden bzw. neu gegründeten Rechtsträger im Regelfall der **Grunderwerbsteuer** – je nach Bundesland derzeit zwischen 3,5 % und 6,5 % des Grundbesitzwerts, vgl. § 8 Abs. 2 S. 1 Nr. 2 GrEStG, §§ 151 Abs. 1 S. 1 Nr. 1, 157 Abs. 1 bis 3 BewG.[18] Die Kombination zweier Rechtsträger kann zudem dazu führen, dass künftig **weniger Organmitglieder** benötigt werden. Verlieren Mitglieder des Managements infolgedessen prestigeträchtige Posten, können sie uU dazu geneigt sein, das Unternehmen zu verlassen.[19] Ein weiterer Nachteil der Verschmelzung kann darin bestehen, dass der übernehmende bzw. neu gegründete Rechtsträger uU erstmals dem **MitbestG** unterfällt.[20]

Ein Nachteil der **Verschmelzung durch Neugründung** kann sein, dass die Grundstücke aller beteiligten Gesellschaften übertragen werden, wodurch uU eine **höhere Grunderwerbsteuer** als bei einer Verschmelzung durch Aufnahme anfällt, bei der jedenfalls der Grundbesitz des übernehmenden Rechtsträgers keiner solchen Besteuerung unterliegt. Auch die **Notargebühren** können bei der Verschmelzung durch Neugründung

---

[13] Sagasser/Bula/Brünger/*Sagasser* § 8 Rn. 24.
[14] Semler/Stengel/*Stengel* § 2 Rn. 30.
[15] Böttcher/Habighorst/Schulte/*Böttcher* § 2 Rn. 16; Widmann/Mayer/*Fronhöfer* § 2 Rn. 36; *Kirchner*/*Sailer* NZG 2002, 305, 313; Semler/Stengel/*Stengel* § 2 Rn. 30.
[16] Vgl. zur Registersperre die Rechtswirkungen des § 16 Abs. 2 S. 2 UmwG; anstatt vieler Schmitt/Hörtnagl/Stratz/*Stratz* § 16 Rn. 25.
[17] Böttcher/Habighorst/Schulte/*Böttcher* § 2 Rn. 18; Kallmeyer/*Marsch-Barner* § 20 Rn. 4; Sagasser/Bula/Brünger/*Sagasser* § 8 Rn. 17.
[18] BFH II R 32/06, DStRE 2008, 1152, 1154; Lutter/*Drygala* § 2 Rn. 14; Boruttau/*Fischer*, Grunderwerbsteuergesetz, 18. Aufl. 2016, § 1 Rn. 530; Beisel/Klumpp/*Klumpp*, Der Unternehmenskauf, 7. Aufl., § 15 Rn. 14 ff.; Beck'sches Steuer und Bilanzrechtslexikon/*Lahme*, Ed. 3/16, Grunderwerbssteuer Rn. 4.
[19] Sagasser/Bula/Brünger/*Sagasser* § 8 Rn. 21.
[20] *Kiem*/*Uhring* NZG 2001, 680 f.; Sagasser/Bula/Brünger/*Sagasser* § 8 Rn. 21.

§ 6　9–13　　　　　　　　　　　　　　　　　2. Kapitel. Verschmelzung

höher ausfallen, weil für die Beurkundung des Verschmelzungsvertrags der Geschäftswert des Aktivvermögens aller übertragenden Rechtsträger maßgeblich ist (§ 97 Abs. 3 GNotKG).[21] Hinzu kommt, dass die Verschmelzung durch Neugründung idR aufwändiger und teurer ist, weil zusätzlich zu den verschmelzungsspezifischen Normen auch die **Gründungsvorschriften** der Rechtsform des neuen Rechtsträgers einzuhalten sind, § 36 Abs. 2 UmwG.

II. Arten der Verschmelzung

9　§ 2 UmwG gibt zwei **Arten der Verschmelzung** vor: Die Verschmelzung im Wege der **Aufnahme** (Nr. 1) und die Verschmelzung im Wege der **Neugründung** (Nr. 2). Jede Verschmelzung kann unter gleichzeitiger Beteiligung mehrerer Gesellschaften erfolgen. Auch Verschmelzungen von Rechtsträgern unterschiedlicher Rechtsform (Mischverschmelzungen) sind möglich (§ 3 Abs. 4 UmwG).

1. Verschmelzung durch Aufnahme (§ 2 Nr. 1 UmwG)

10　Die Verschmelzung durch Aufnahme bildet gesetzessystematisch den **Grundfall der Verschmelzung** (§§ 4 – 35 UmwG). Die Vorschriften zur Verschmelzung durch Neugründung bauen auf den Vorschriften zur Verschmelzung durch Aufnahme auf.[22]

11　Bei der Verschmelzung durch Aufnahme **überträgt mindestens ein Rechtsträger** (übertragender Rechtsträger) **sein Vermögen auf** einen **bereits bestehenden Rechtsträger** (übernehmender Rechtsträger), der **übertragende Rechtsträger erlischt** und der übernehmende Rechtsträger tritt in alle Rechte und Pflichten des übertragenden Rechtsträgers ein. Die **rechtliche Identität des übernehmenden Rechtsträgers** bleibt bestehen (vgl. § 20 Abs. 1 Nr. 1 und Nr. 2 UmwG). Mit Wirksamkeit der Verschmelzung erhalten die Anteilsinhaber des übertragenden Rechtsträgers als **Gegenleistung** kraft Gesetzes Anteile am übernehmenden Rechtsträger oder werden Mitglied bei diesem. Bei Verschmelzungen unter Beteiligung einer Kapitalgesellschaft als übernehmendem Rechtsträger ist idR eine Kapitalerhöhung beim übernehmenden Rechtsträger (AG, GmbH, KGaA) erforderlich (§§ 53 ff., 66 ff., 78 UmwG).[23] Falls der übernehmende Rechtsträger eigene Anteile hält, können diese den Anteilsinhabern des übertragenden Rechtsträgers als Gegenleistung gewährt werden (§§ 54 Abs. 1, 68 Abs. 1 UmwG). Die Anteilsinhaber des übertragenden Rechtsträgers können auch auf die Gewährung von Anteilen am übernehmenden Rechtsträger verzichten (§§ 54 Abs. 1, 68 Abs. 1 S. 3 UmwG).

12　Die Verschmelzung durch Aufnahme wird häufig **innerhalb von Konzernen** vollzogen, um Gesellschaftsstrukturen zu vereinfachen, bspw. im Falle einer Verschmelzung der Tochter- auf ihre Muttergesellschaft oder umgekehrt.[24]

13　Sollen **mehrere Rechtsträger** auf einen bestehenden Rechtsträger verschmolzen werden, ist dies entweder durch eine einheitliche oder mehrere miteinander verbundene Verschmelzungen (Mehrfachverschmelzung) oder durch mehrere getrennte und voneinander unabhängige Verschmelzungen (Einzelverschmelzung) zur Aufnahme durch den bestehenden Rechtsträger möglich.[25] Eine Mehrfachverschmelzung kann durch Regelung aller Verschmelzungen in einem einheitlichen Verschmelzungsvertrag oder durch mehrere mit-

---

[21] Böttcher/Habighorst/Schulte/*Böttcher* § 2 Rn. 14; *Gerold* MittRhNotK 1997, 205; Kallmeyer/*Marsch-Barner* § 2 Rn. 7.

[22] Vgl. §§ 36 ff., 56 ff., 73 ff., 96 ff., 114 ff. UmwG; allein die §§ 39 ff. UmwG behandeln beide Verschmelzungsarten gemeinsam.

[23] Böttcher/Habighorst/Schulte/*Böttcher* § 2 Rn. 9; Lutter/*Drygala* § 2 Rn. 26; Kallmeyer/*Marsch-Barner* § 2 Rn. 3.

[24] Lutter/*Drygala* § 2 Rn. 11; Widmann/Mayer/*Mayer* § 5 Rn. 27 ff.

[25] *Baums* FS Zöllner, 1998, S. 65, 85; Böttcher/Habighorst/Schulte/*Böttcher* § 2 Rn. 11; Kallmeyer/*Marsch-Barner* § 2 Rn. 4.

einander verknüpfte Einzelverschmelzungen erreicht werden. Eine reine Einzelverschmelzung wird demgegenüber unabhängig von anderen Verschmelzungen wirksam.[26]

2. Verschmelzung durch Neugründung (§ 2 Nr. 2 UmwG)

Bei der Verschmelzung durch Neugründung **übertragen zwei oder mehr beteiligte Rechtsträger ihr Vermögen auf einen neu gegründeten Rechtsträger** (neuer Rechtsträger), der im Zuge der Verschmelzung neu entsteht (§§ 20 Abs. 1 Nr. 1 und 2, 36 Abs. 1 UmwG). Die **übertragenden Rechtsträger erlöschen**. Der Verschmelzungsvertrag muss den Gesellschaftsvertrag, den Partnerschaftsvertrag oder die Satzung des neuen Rechtsträgers enthalten oder feststellen (§ 37 UmwG). Überdies sind die **rechtsformspezifischen Gründungsvorschriften für den neuen Rechtsträger** zu berücksichtigen, soweit sich aus dem Zweiten Buch des UmwG nicht etwas anderes ergibt (§ 36 Abs. 2 UmwG). 14

Die Verschmelzung durch Neugründung eignet sich besonders in Fällen, in denen zwei wirtschaftlich gleich starke Rechtsträger durch Verschmelzung zusammengeführt werden sollen, ohne dass einer der beteiligten Rechtsträger den anderen übernimmt („**Zusammenschluss unter Gleichen**"), oder wenn aus strategischen Gründen ein Unternehmen in einem neuen Rechtsträger gebündelt werden soll.[27] 15

Sollen bei der Verschmelzung durch Neugründung **mehr als zwei übertragende Rechtsträger** beteiligt sein, ist dies grds. im Rahmen einzelner Verschmelzungsvorgänge oder eines Gesamtvorgangs möglich. Mindestens zwei der übertragenden Rechtsträger müssen jedoch als Gründer des übernehmenden Rechtsträgers hervorgehen, sodass insoweit nur eine einheitliche Verschmelzung mit einem gemeinsamen Verschmelzungsvertrag erfolgen kann.[28] Eine Verschmelzung durch Neugründung kann aber mit Verschmelzungen zur Aufnahme kombiniert werden, bspw. wenn zwei oder mehr der übertragenden Rechtsträger durch Neugründung und weitere Rechtsträger zur Aufnahme auf den neu gegründeten Rechtsträger verschmolzen werden. 16

III. Wesensmerkmale der Verschmelzung

1. Vermögensübertragung im Wege der Gesamtrechtsnachfolge

Ein Wesensmerkmal der Verschmelzung ist die **Vermögensübertragung** auf einen anderen Rechtsträger **im Wege der Gesamtrechtsnachfolge**. Das Vermögen geht als Einheit und ungeachtet des sachenrechtlichen Spezialitätsgrundsatzes mit dem Wirksamwerden der Verschmelzung **kraft Gesetzes** über.[29] Es bedarf weder einer Mitwirkung Dritter (§§ 414 ff. BGB) noch besonderer Übertragungsakte.[30] Die Vermögensübertragung umfasst neben dem Aktivvermögen auch das Passivvermögen (§ 20 Abs. 1 Nr. 1 UmwG), sodass die Unternehmenseinheit gesichert wird.[31] Die Gesamtrechtsnachfolge erfolgt **zwingend** und kann nicht im Verschmelzungsvertrag ausgeschlossen werden. Entgegenstehende rechtsgeschäftliche Vereinbarungen (z. B. die Ausnahme einzelner Vermögensgegenstände) sind daher nichtig.[32] Der restliche Verschmelzungsvertrag dürfte aber wegen § 139 BGB 17

---

[26] → Rn. 44 ff.

[27] Böttcher/Habighorst/Schulte/*Böttcher* § 2 Rn. 14; Lutter/*Drygala* § 2 Rn. 27; Kallmeyer/Marsch-Barner § 2 Rn. 7; Kölner Kommentar-UmwG/*Simon* § 2 Rn. 5; Semler/Stengel/*Stengel* § 2 Rn. 21.

[28] Böttcher/Habighorst/Schulte/*Böttcher* § 2 Rn. 15; Widmann/Mayer/*Fronhöfer* § 2 Rn. 34; Kallmeyer/Marsch-Barner § 2 Rn. 6.

[29] Goutier/Knopf/Tulloch/*Bermel* § 2 Rn. 3; Böttcher/Habighorst/Schulte/*Böttcher* § 2 Rn. 18; Lutter/*Drygala* § 2 Rn. 28.

[30] Böttcher/Habighorst/Schulte/*Böttcher* § 2 Rn. 18; Lutter/*Grunewald* § 20 Rn. 10; Kallmeyer/Marsch-Barner § 2 Rn. 8.

[31] Widmann/Mayer/*Fronhöfer* § 2 Rn. 23; Kölner Kommentar-UmwG/*Simon* § 2 Rn. 33.

[32] Böttcher/Habighorst/Schulte/*Böttcher* § 2 Rn. 18; Lutter/*Grunewald* § 20 Rn. 8; Semler/Stengel/*Stengel* § 2 Rn. 35.

regelmäßig wirksam sein, sofern der Ausschluss einzelner Vermögensgegenstände für die Beteiligten nicht so wesentlich ist, dass der gesamte Verschmelzungsvertrag hiermit stehen und fallen soll.[33] Die Abrede zur Ausnahme einzelner Gegenstände von der Übertragung kann uU auch in eine schuldrechtliche Vereinbarung zur Übertragung der betreffenden Gegenstände an einen Dritten vor Wirksamwerden der Verschmelzung umgedeutet werden (§ 140 BGB).[34] Sofern einzelne Aktiva und Passiva von der Gesamtrechtsnachfolge ausgenommen werden sollen, können die Parteien diese vor dem Wirksamwerden der Verschmelzung im Wege der Einzelrechtsnachfolge an einen Dritten übertragen.[35]

2. Auflösung übertragender Rechtsträger ohne Abwicklung

18 Mit Wirksamkeit der Verschmelzung **erlöschen übertragende Rechtsträger**, §§ 20 Abs. 1 Nr. 2, 36 Abs. 1 UmwG. Sämtliche Aktiva und Passiva des übertragenden Rechtsträgers gehen bei der Verschmelzung unter **Auflösung aber ohne Abwicklung dieses übertragenden Rechtsträgers** auf den übernehmenden oder neuen Rechtsträger über. Die Abwicklung übertragender Rechtsträger ist kraft Gesetzes ausgeschlossen.[36] Die Eintragung der Löschung des übertragenden Rechtsträgers im Register hat nur deklaratorische Bedeutung.[37] Der **Untergang übertragender Rechtsträger** ist eine **zwingende Rechtsfolge** der Verschmelzung. Abweichende Vereinbarungen sind unwirksam.[38]

3. Gegenleistung

19 Mit dem Erlöschen eines übertragenden Rechtsträgers infolge der Verschmelzung erlöschen auch die Beteiligungen der Anteilsinhaber an diesem Rechtsträger. Die Gesellschaftsanteile oder Mitgliedschaften am übertragenden Rechtsträger werden durch Gesellschaftsanteile oder Mitgliedschaften am übernehmenden oder neuen Rechtsträger ersetzt, § 20 Abs. 1 Nr. 3 UmwG (Grundsatz der **Mitgliedschaftsperpetuierung** bzw. **Kontinuität der Mitgliedschaft**).[39]

20 Den Anteilsinhabern eines übertragenden Rechtsträgers stehen beim übernehmenden bzw. neuen Rechtsträger grds. dieselben Rechte und Pflichten zu.[40] Die Rechte müssen möglichst gleich bzw. gleichwertig mit den vorherigen Rechten sein.[41] Noch offene Verpflichtungen aus der Beteiligung (z. B. Einlageansprüche) bestehen im übernehmenden bzw. neu gegründeten Rechtsträger fort.[42] Können die Anteile am übernehmenden bzw. neuen Rechtsträger wegen unterschiedlicher Rechtsformen nicht identisch ausgestaltet werden (z. B. weil Anteile gleicher Gattung beim Rechtsträger neuer Rechtsform nicht existieren oder unterschiedlich ausgestaltet sind), entscheidet die Wahrung der **Wertäquivalenz**.[43]

---

[33] Lutter/*Drygala* § 5 Rn. 15; Kölner Kommentar-UmwG/*Simon* § 5 Rn. 6.

[34] Lutter/*Drygala* § 5 Rn. 15; Semler/Stengel/*Schröer* § 5 Rn. 7; Kölner Kommentar-UmwG/*Simon* § 5 Rn. 6.

[35] Goutier/Knopf/Tulloch/*Bermel* § 2 Rn. 20; Böttcher/Habighorst/Schulte/*Böttcher* § 2 Rn. 18; Widmann/Mayer/*Fronhöfer* § 2 Rn. 25; Semler/Stengel/*Stengel* § 2 Rn. 36.

[36] Böttcher/Habighorst/Schulte/*Böttcher* § 2 Rn. 19; Lutter/*Drygala* § 2 Rn. 33; Semler/Stengel/*Stengel* § 2 Rn. 37 f.

[37] Böttcher/Habighorst/Schulte/*Böttcher* § 2 Rn. 19; Semler/Stengel/*Stengel* § 2 Rn. 37 f.

[38] Lutter/*Drygala* § 2 Rn. 33; *Heckschen* WM 1990, 377, 387; Kallmeyer/*Marsch-Barner* § 2 Rn. 11; Kölner Kommentar-UmwG/*Simon* § 2 Rn. 74 f.; Semler/Stengel/*Stengel* § 2 Rn. 39.

[39] *Beuthien*/*Helios* NZG 2006, 369, 372; Böttcher/Habighorst/Schulte/*Böttcher* § 2 Rn. 20; Lutter/*Drygala* § 2 Rn. 31; *Heckschen* GWR 2010, 101, 102.

[40] Böttcher/Habighorst/Schulte/*Böttcher* § 2 Rn. 20; Lutter/*Drygala* § 2 Rn. 32; Semler/Stengel/*Stengel* § 2 Rn. 40.

[41] Böttcher/Habighorst/Schulte/*Böttcher* § 5 Rn. 16; Lutter/*Drygala* § 5 Rn. 23; Kallmeyer/*Marsch-Barner* § 5 Rn. 5; Semler/Stengel/*Schröer* § 5 Rn. 10 ff.

[42] Lutter/*Drygala* § 2 Rn. 32; Kallmeyer/*Marsch-Barner* § 2 Rn. 12; Semler/Stengel/*Stengel* § 2 Rn. 40.

[43] Böttcher/Habighorst/Schulte/*Böttcher* § 2 Rn. 20; Lutter/*Drygala* § 2 Rn. 30; Kölner Kommentar-UmwG/*Simon* § 2 Rn. 80 ff.

Eine Gattungs- und Funktionsgleichheit der neuen Anteile ist keine Wirksamkeitsvoraussetzung für die Verschmelzung. Zudem soll grds. sowohl **das quotale Verhältnis** der Anteilseigner der beteiligten Rechtsträger untereinander vor und nach der Verschmelzung gleich bleiben als auch das Verhältnis der auf die Anteilseigner der beteiligten Rechtsträger insgesamt entfallenden Anteile dem Wertverhältnis der jeweiligen Rechtsträger untereinander entsprechen (**Gleichbehandlungsgrundsatz**).[44]

Als Gegenleistung ist grds. nur die **Anteilsgewährung** vorgesehen. Ausnahmen bestehen lediglich im Hinblick auf die **Barabfindung** gem. § 29 UmwG und für **bare Zuzahlungen**.[45] Bare Zuzahlungen sind bei einer GmbH, AG, KGaA oder Genossenschaft als übernehmendem Rechtsträger auf maximal 10 % des Nennbetrags aller den Anteilsinhabern eines übertragenden Rechtsträgers gewährten Geschäftsanteile begrenzt, §§ 54 Abs. 4, 68 Abs. 3, 78, 87 Abs. 2 S. 2 UmwG. Die 10 %-Grenze gilt nicht für gerichtlich festgesetzte bare Zuzahlungen nach § 15 UmwG.[46] 21

Die **Anteilsgewährung als Gegenleistung** ist jedoch kein zwingendes Wesensmerkmal der Verschmelzung. Eine **Ausnahme** gilt bei der Verschmelzung von Kapitalgesellschaften, weil insoweit die Anteilsinhaber eines übertragenden Rechtsträgers auf die Anteilsgewährung am übernehmenden Rechtsträger verzichten können (§§ 54 Abs. 1 S. 3, 68 Abs. 1 S. 3 UmwG).[47] Wird eine 100 %ige Tochtergesellschaft auf ihre Muttergesellschaft verschmolzen (Upstream merger; §§ 5 Abs. 2, 20 Abs. 1 Nr. 3 UmwG), müssen keine neuen Anteile gewährt werden, weil es in diesem Fall an außenstehenden Anteilsinhabern fehlt, die als Ausgleich für ihre bisherige Beteiligung am übertragenden Rechtsträger neue Anteile erhalten müssten.[48] Wird eine KG, bei der der Komplementär nicht am Kapital beteiligt ist, auf eine Kapitalgesellschaft verschmolzen, so scheidet er mit Wirksamwerden der Verschmelzung aus der Gesellschaft aus, weil an Kapitalgesellschaften eine Beteiligung ohne Kapitalanteil nicht möglich ist.[49] Eine weitere Ausnahme vom Grundsatz der Anteilsgewährung besteht bei eigenen Anteilen eines übertragenden Rechtsträgers. Diese Anteile gehen im Zuge einer Verschmelzung ersatzlos unter und werden nicht durch neue eigene Anteile des übertragenden Rechtsträgers ersetzt (§ 20 Abs. 1 Nr. 3 S. 1 UmwG).[50] Auch Anteile des übernehmenden Rechtsträgers am übertragenden Rechtsträger gehen mit Wirksamkeit der Verschmelzung durch Konfusion unter und werden nicht durch neu zu gewährende eigene Anteile ersetzt (§ 20 Abs. 1 Nr. 3 S. 1 UmwG).[51] In bestimmten Fällen lässt das Gesetz anstelle der Anteilsgewährung auch Barzahlungen zu (vgl. §§ 54 Abs. 4, 68 Abs. 3 UmwG). 22

4. Anteilsinhaber

Im Rahmen der Verschmelzung soll grds. die **Identität der Anteilsinhaber** der beteiligten Rechtsträger (dh Gesellschafter, Partner, Aktionäre und Mitglieder) gewahrt werden. Alle Anteilsinhaber werden grds. auch an dem übernehmenden bzw. neuen Rechtsträger beteiligt.[52] Die Beteiligung eines Dritten, der zuvor keine Anteile an einem der beteiligten Rechtsträger innehatte, ist dagegen ausgeschlossen.[53] 23

---

[44] Kallmeyer/*Marsch-Barner* § 5 Rn. 7; Semler/Stengel/*Schröer* § 5 Rn. 17.
[45] Goutier/Knopf/Tulloch/*Bermel* § 2 Rn. 22; Lutter/*Drygala* § 2 Rn. 30, Widmann/Mayer/*Fronhöfer* § 2 Rn. 42; Kallmeyer/*Marsch-Barner* § 2 Rn. 13.
[46] RegBegr. zu § 54 bei *Ganske* S. 103.
[47] Lutter/*Drygala* § 2 Rn. 31; Widmann/Mayer/*Fronhöfer* § 2 Rn. 43; Kallmeyer/*Marsch-Barner* § 2 Rn. 13; Semler/Stengel/*Schröer* § 2 Rn. 14.
[48] → Rn. 30 f.; Goutier/Knopf/Tulloch/*Bermel* § 1 Rn. 24; Lutter/*Drygala* § 2 Rn. 31.
[49] Kallmeyer/*Marsch-Barner* § 5 Rn 5; Semler/Stengel/*Schröer* § 5 Rn. 16.
[50] Lutter/*Drygala* § 5 Rn. 23; Geßler FS Schilling, 1973, S. 145 ff.; Lutter/*Grunewald* § 20 Rn. 68.
[51] Semler/Stengel/*Schröer* § 5 Rn. 18; Schmitt/Hörtnagl/Stratz/*Stratz* § 2 Rn. 19.
[52] Goutier/Knopf/Tulloch/*Bermel* § 1 Rn. 20; Limmer/*Limmer* Teil 2 Kap. 1 Rn. 15; Semler/Stengel/*Schröer* § 5 Rn. 11, Kölner Kommentar-UmwG/*Simon* § 2 Rn. 87; Widmann/Mayer/*Vossius* § 228 Rn. 95.
[53] Lutter/*Drygala* § 5 Rn. 23; Kallmeyer/*Marsch-Barner* § 5 Rn. 5; Kölner Kommentar-UmwG/ *Simon* § 2 Rn. 87; für alle Umwandlungen *Priester* DB 1997, 560 f.

24 Die Identität der Anteilsinhaber ist aber nicht zwingend. **Ausnahmen** gelten in Fällen, in denen Anteilsinhaber eines übertragenden Rechtsträgers auf die Anteilsgewährung verzichten, und bei der Verschmelzung einer 100%igen Tochtergesellschaft auf ihre Muttergesellschaft.[54]

IV. Zeitlicher Ablauf einer Verschmelzung

25 Der Verschmelzungsprozess verläuft in mehreren Phasen. Unterscheiden lassen sich Planungsphase, Vorbereitungsphase, Beschlussphase und Vollzugsphase. Der zeitliche Ablauf orientiert sich dabei maßgeblich an der **Acht-Monats-Frist** für die Schlussbilanz **gem. § 17 Abs. 2 UmwG**.[55]

1. Planungsphase

26 Haben sich die vertretungsberechtigten Organe der beteiligten Rechtsträger zu einer Verschmelzung entschlossen, empfiehlt es sich typischerweise, einen **Ablaufplan** für die Verschmelzung zu erstellen. Hierzu sollten Berater, Wirtschaftsprüfer und Notare der beteiligten Rechtsträger hinzugezogen werden.[56] Bei operativ tätigen Gesellschaften, die noch nicht in einem Konzern miteinander verbunden sind, sollte auch frühzeitig (jedoch unter Beachtung des kartellrechtlichen Vollzugsverbots) an die Vorbereitung der notwendigen Umsetzungen der Verschmelzung in den operativen Geschäftseinheiten gedacht werden. Hierzu zählen bspw. die Vereinheitlichung und Integrierung von IT-Systemen und der Außenauftritt gegenüber Kunden. Im Einzelfall kann es auch sinnvoll sein, vor dem Verschmelzungsvertrag eine **Grundsatzvereinbarung** zwischen den beteiligten Rechtsträgern zu treffen, insbes. bei einer Verschmelzung unabhängiger Rechtsträger, um vorab Eckpunkte der Verschmelzung festzulegen.

2. Vorbereitungsphase

27 In der Vorbereitungsphase werden typischerweise die **Schlussbilanzen** (§ 17 Abs. 2 UmwG) aufgestellt und eine **Unternehmensbewertung** der beteiligten Rechtsträger durchgeführt. Die vertretungsberechtigten Organe der beteiligten Rechtsträger schließen in dieser Phase den **Verschmelzungsvertrag** ab und erstellen im Falle fehlender Verzichtserklärungen aller Anteilsinhaber einen **Verschmelzungsbericht** (§§ 5, 8 UmwG). Der Verschmelzungsvertrag ist ggf. auch schon vor der Verschmelzung zur Eintragung ins Handelsregister einzureichen (vgl. §§ 17 Abs. 1, 61, 111 UmwG). Bei der Verschmelzung durch Neugründung ist außerdem der Abschluss eines Gesellschaftsvertrags des neu zu gründenden Rechtsträgers erforderlich.[57] Der Verschmelzungsvertrag muss spätestens einen Monat vor dem Tag des beabsichtigten Verschmelzungsbeschlusses an die **zuständigen Betriebsräte** der beteiligten Rechtsträger zugeleitet werden, um diese über die Folgen der Verschmelzung für die Arbeitnehmer zu unterrichten, § 5 Abs. 3 UmwG.[58] Falls eine **Verschmelzungsprüfung** erforderlich ist und nicht alle Anteilsinhaber der beteiligten Rechtsträger darauf verzichten, muss ein Verschmelzungsprüfer bestellt und beauftragt werden (§§ 9 ff. UmwG). Der externe Prüfer prüft die Unternehmensbewertung und die Umtauschrelation.[59] Ist bei dem übernehmenden Rechtsträger eine **Kapitalerhöhung** erforderlich (§§ 53, 55, 66, 69 UmwG), ist die Kapitalerhöhung parallel zur Verschmelzung vorzubereiten.[60] Außerdem sind die Anteilsinhaber nach den Regelungen für die jeweilige

---

[54] → Rn. 30 f.
[55] Lutter/*Drygala* § 5 Rn. 32; Semler/Stengel/*Stengel* § 2 Rn. 55.
[56] Lutter/*Drygala* § 2 Rn. 35; *Impelmann* DStR 1995, 769, 770; Kölner Kommentar-UmwG/*Simon* § 2 Rn. 26.
[57] Lutter/*Drygala* § 2 Rn. 36; Widmann/Mayer/*Fronhöfer* § 2 Rn. 61.
[58] Lutter/*Drygala* § 2 Rn. 36; Widmann/Mayer/*Fronhöfer* § 2 Rn. 61; näher → 8 Rn. 138 ff.
[59] Goutier/Knopf/Tulloch/*Bermel* § 2 Rn. 30; Widmann/Mayer/*Fronhöfer* § 2 Rn. 61.
[60] Semler/Stengel/*Stengel* § 2 Rn. 58.

Rechtsform **zu den Versammlungen zu laden**, in denen die Verschmelzungsbeschlüsse gefasst werden sollen.

3. Beschlussphase

In der Beschlussphase werden die **Zustimmungsbeschlüsse der Anteilsinhaber** der beteiligten Rechtsträger gefasst, § 13 UmwG. Die erforderlichen Mehrheiten ergeben sich aus §§ 43, 50, 65, 84, 103 UmwG. Falls eine Kapitalerhöhung erforderlich ist, wird der **Kapitalerhöhungsbeschluss** ebenfalls in dieser Phase gefasst.[61] Bei Verschmelzung durch Neugründung ist zudem die Zustimmung zum Gesellschaftsvertrag, dem Partnerschaftsvertrag oder der Satzung des neu gegründeten Rechtsträgers erforderlich.[62] Sowohl die Zustimmungsbeschlüsse (§ 13 Abs. 3 UmwG) als auch der Verschmelzungsvertrag (§ 6 UmwG) sind **notariell zu beurkunden**.

4. Vollzugsphase

In der Vollzugsphase melden die Vertretungsorgane der beteiligten Rechtsträger die Verschmelzung beim **Handelsregister** des Sitzes ihres jeweiligen Rechtsträgers an, §§ 16 Abs. 1, 38 Abs. 1, 2 UmwG.[63] Mit Eintragung der Verschmelzung im Handelsregister des übernehmenden bzw. neuen Rechtsträgers treten die in § 20 UmwG genannten Rechtsfolgen ein. Ist eine Kapitalerhöhung nötig, ist vor der Eintragung der Verschmelzung die Kapitalerhöhung anzumelden und einzutragen.[64]

V. Besondere Verschmelzungskonstellationen

1. Tochter-Mutter-Verschmelzung (Upstream merger)

Bei der Verschmelzung einer **100%igen Tochtergesellschaft auf ihre Muttergesellschaft** (Upstream merger) befinden sich bereits alle Anteile des übertragenden Rechtsträgers in der Hand des übernehmenden Rechtsträgers. Als Anteilsinhaberin des übertragenden Rechtsträgers hätte die Muttergesellschaft theoretisch einen Anspruch auf Gewährung von Anteilen am übernehmenden Rechtsträger, dh. an sich selbst. Dieser Anspruch würde mit der Verpflichtung korrespondieren, diese Anteile an sich selbst zu gewähren, und erlischt deshalb durch **Konfusion**.[65] Da deshalb keine Anteile oder Mitgliedschaften an sich selbst gewährt werden, gilt insoweit eine **Ausnahme vom allgemeinen Grundsatz der Mitgliedschaftsperpetuierung**.[66] Diesbezügliche Angaben im Verschmelzungsvertrag entfallen, § 5 Abs. 2 UmwG. Entbehrlich sind deshalb auch der Verschmelzungsbericht (§ 8 Abs. 3 S. 1 Alt. 2 UmwG), die Verschmelzungsprüfung (§ 9 Abs. 3 UmwG iVm § 8 Abs. 3 S. 1 Alt. 2 UmwG) und der Verschmelzungsprüfungsbericht (§ 12 Abs. 3 UmwG iVm § 8 Abs. 3 S. 1 Alt. 2 UmwG).

Die genannten formellen Erleichterungen gelten nur für die 100%ige Tochter-Mutter-Verschmelzung. Hat der übertragende Rechtsträger **mehrere Anteilsinhaber** oder erfolgt eine **Verschmelzung durch Neugründung**, gelten die formellen Erleichterungen **nicht** und das Kapital des übernehmenden bzw. neuen Rechtsträgers muss grds.[67] erhöht werden.[68]

---

[61] Widmann/Mayer/*Fronhöfer* § 2 Rn. 62; Kölner Kommentar-UmwG/*Simon* § 2 Rn. 29; Semler/Stengel/*Stengel* § 2 Rn. 61.

[62] Lutter/*Drygala* § 2 Rn. 37; Semler/Stengel/*Stengel* § 2 Rn. 61.

[63] Zum Eintragungsverfahren und der Reihenfolge der Eintragungen s. § 19 UmwG sowie → § 12 Rn. 57 ff.

[64] Goutier/Knopf/Tulloch/*Bermel* § 2 Rn. 37; Semler/Stengel/*Stengel* § 2 Rn. 68.

[65] Böttcher/Habighorst/Schulte/*Böttcher* § 5 Rn. 109; Hessler/Strohn/*Heidinger* § 2 Rn. 15; Maulbetsch/Klumpp/Rose/*Maulbetsch* § 5 Rn. 176; Semler/Stengel/*Schröer* § 5 Rn. 128.

[66] → Rn. 19 ff.; Böttcher/Habighorst/Schulte/*Böttcher* § 5 Rn. 109; Lutter/*Drygala* § 2 Rn. 31; Schmitt/Hörtnagl/Stratz/*Stratz* § 2 Rn. 18.

[67] S. die Ausnahmen in §§ 54 Abs. 1 S. 3, 68 Abs. 1 S. 3 UmwG.

[68] Böttcher/Habighorst/Schulte/*Böttcher* § 5 Rn. 110; Widmann/Mayer/*Mayer* § 5 Rn. 30; Semler/Stengel/*Schröer* § 5 Rn. 130; Kölner Kommentar-UmwG/*Simon* § 2 Rn. 142.

Die formellen Erleichterungen kommen ausnahmsweise auch zur Anwendung, wenn der Verschmelzungsvertrag unter der Bedingung abgeschlossen wird, dass (spätestens im Zeitpunkt der Eintragung der Verschmelzung im Handelsregister) die Voraussetzungen einer Konzernverschmelzung vorliegen.[69] In diesem Fall wird der Verschmelzungsvertrag nur wirksam, wenn die formalen Voraussetzungen für eine erleichterte Konzernverschmelzung erfüllt sind.

2. Mutter-Tochter-Verschmelzung (Downstream merger)

32 Wird eine **Muttergesellschaft auf ihre 100%ige Tochtergesellschaft verschmolzen** (Downstream merger), findet anders als beim Upstream merger ein **Anteilstausch** statt. Die von der Muttergesellschaft gehaltenen Anteile an der Tochtergesellschaft gehen verschmelzungsbedingt ohne Durchgangserwerb der übernehmenden Tochtergesellschaft auf die Gesellschafter der übertragenden Muttergesellschaft über.[70] Die formellen Erleichterungen des § 5 Abs. 2 UmwG sind nicht anwendbar.[71]

33 Beim Downstream merger geht das Vermögen einschließlich der Verbindlichkeiten der Muttergesellschaft auf die Tochtergesellschaft über. Deckt das zu Zeitwerten ermittelte Aktivvermögen der Muttergesellschaft deren Schulden nicht, wird negatives Vermögen auf die Tochter übertragen.[72] In einem solchen Fall stellen sich bei Kapitalgesellschaften als übernehmende Rechtsträger **Fragen der Kapitalerhaltung**.[73] Wird infolge des Downstream merger die Stammkapitalziffer einer übernehmenden Tochter-GmbH unterschritten, verstößt die Verschmelzung gegen **§ 30 GmbHG** und ist unzulässig.[74] Eine Unterbilanz bei einer übernehmenden GmbH kann va dann entstehen, wenn das Aktivvermögen des übertragenden Rechtsträgers überwiegend aus fremdfinanzierten Anteilen des übernehmenden Rechtsträgers besteht. Deshalb ist ein Downstream merger im Anschluss an eine Unternehmensübernahme häufig rechtlich problematisch, wenn die Akquisitionsfinanzierung der Muttergesellschaft mit dem Vermögen der Tochter-GmbH konsolidiert werden soll (**Debt-Push-Down**). Handelt es sich bei dem übernehmenden Rechtsträger um eine AG, ist **§ 57 AktG** zu beachten, der sämtliche Leistungen einer AG an Aktionäre verbietet, die nicht aus dem Bilanzgewinn bestritten werden oder ausnahmsweise gesetzlich zugelassen sind.[75] Übersteigen die Passiva der Muttergesellschaft den Betrag der übertragenen Aktiva, kommt den Anteilsinhabern der Muttergesellschaft ein wertmäßiger Vorteil zu, weil die Tochtergesellschaft in einem solchen Fall außerhalb eines ordentlichen Liquidationsverfahrens Verbindlichkeiten in Höhe der Differenz übernimmt. Sofern die Tochtergesellschaft keine anderweitige Gegenleistung erhält oder der Anteilstausch nicht in dem Maß erfolgt, wie es sich aus der tatsächlichen Wertrelation der beteiligten Rechtsträger ergibt, liegt eine verbotene Einlagenrückgewähr iSd § 57 Abs. 1 S. 1 AktG vor.[76]

---

[69] Böttcher/Habighorst/Schulte/*Böttcher* § 5 Rn. 110; Widmann/Mayer/*Mayer* § 5 Rn. 213; Semler/Stengel/*Schröer* § 5 Rn. 130; Kölner Kommentar-UmwG/*Simon* § 2 Rn. 142.

[70] Kallmeyer/*Marsch-Barner* § 5 Rn. 71; Widmann/Mayer/*Mayer* § 5 Rn. 38; Sagasser/Bula/Brünger/*Sagasser/Luke* § 9 Rn. 350.

[71] Böttcher/Habighorst/Schulte/*Böttcher* § 5 Rn. 112; Lutter/*Drygala* § 5 Rn. 139; *Mertens* AG 2005, 785, 786; Kölner Kommentar-UmwG/*Simon* § 2 Rn. 146.

[72] Widmann/Mayer/*Mayer* § 5 Rn. 40.1; Lutter/*Priester* § 24 Rn. 62; Semler/Stengel/*Schröer* § 5 Rn. 135.

[73] *Bock* GmbHR 2005, 1023, 1030; Böttcher/Habighorst/Schulte/*Böttcher* § 5 Rn. 112; *Mertens* AG 2005, 785, 786; Semler/Stengel/*Schröer* § 5 Rn. 135, Kölner Kommentar-UmwG/*Simon* § 2 Rn. 152.

[74] MünchKommGmbHG/*Ekkenga* § 30 Rn. 193; Widmann/Mayer/*Mayer* § 5 Rn. 40.1; Lutter/*Priester* § 24 Rn. 62; Semler/Stengel/*Schröer* § 5 Rn. 135; Kölner Kommentar-UmwG/*Simon* § 2 Rn. 153.

[75] Widmann/Mayer/*Mayer* § 5 Rn. 40.1; Semler/Stengel/*Schröer* § 5 Rn. 135.

[76] Widmann/Mayer/*Mayer* § 5 Rn. 40.1; Semler/Stengel/*Schröer* § 5 Rn. 135; aA Kölner Kommentar-UmwG/*Simon* § 2 Rn. 154 f.

Das **Kapital der Tochtergesellschaft** braucht im Zuge eines Downstream merger nicht 34
erhöht zu werden, wenn die Anteile der Muttergesellschaft an der Tochtergesellschaft voll
eingezahlt sind, §§ 54 Abs. 1 S. 2 Nr. 2, 68 Abs. 1 S. 2 Nr. 2 UmwG. Bei Teileinzahlungen ist eine Kapitalerhöhung bei der Tochtergesellschaft unzulässig, §§ 54 Abs. 1 S. 1
Nr. 3, 68 Abs. 1 S. 1 Nr. 3 UmwG.

Ein Downstream merger kann sich auch dann empfehlen, wenn unerwünschte Anteils- 35
inhaber der Muttergesellschaft durch ein attraktives **Abfindungsgebot** (§ 29 UmwG) aus
dem übertragenden Rechtsträger gedrängt werden sollen.[77] Sinnvoll kann ein Downstream
merger außerdem sein, wenn eine **Börsennotierung der Tochtergesellschaft aufrechterhalten** werden soll, oder die Tochtergesellschaft Genehmigungen hält, die bei einer
Verschmelzung in umgekehrter Richtung verloren gehen würden.

3. Schwesterverschmelzung (Sidestream merger)

Bei einer **Verschmelzung von zwei oder mehr Schwestergesellschaften mit iden-** 36
tischen Anteilsinhabern (Sidestream merger) ist grds. erforderlich, dass die **Mitgliedschaft der Anteilsinhaber** am übertragenden Rechtsträger **perpetuiert** wird.[78] Nach
§§ 54 Abs. 1, 68 Abs. 1 UmwG kann aber eine übernehmende GmbH oder AG von der
Anteilsgewährung absehen, wenn alle oder nur einzelne[79] Anteilsinhaber der übertragenden
Rechtsträger darauf verzichten und die Verzichtserklärungen beurkundet werden.[80] Sofern
die notariellen Verzichtserklärungen bei der Beschlussfassung der Verschmelzung vorliegen
oder im Verschmelzungsbeschluss abgegeben werden, können die Angaben nach
§ 5 Abs. 1 Nr. 2 – 5 UmwG über den Anteilstausch in entsprechender Anwendung von
§ 5 Abs. 2 UmwG entfallen, weil dann feststeht, dass zur Durchführung der Verschmelzung keine Anteile ausgegeben werden.[81]

4. Enkelverschmelzung

Bei einer Enkelverschmelzung wird in einem **mehrstufigen Konzern** die **Tochter-** 37
gesellschaft der Tochtergesellschaft (Enkelgesellschaft) auf die Muttergesellschaft
verschmolzen. Die Mitgliedschaften und Anteile der Tochtergesellschaft an der Enkelgesellschaft erlöschen. Ein Vermögensverlust der Tochtergesellschaft kann nur verhindert
werden, wenn deren bisherige **Beteiligung** an der Enkelgesellschaft auch an der Muttergesellschaft **perpetuiert** wird.[82]

Bei dieser Verschmelzungskonstellation erachtet eine teilweise vertretene Auffassung eine 38
Kapitalerhöhung mit der Begründung für unzulässig, dass die Tochtergesellschaft Dritter
iSd § 54 Abs. 2 UmwG bzw. § 68 Abs. 2 UmwG sei.[83] Deshalb sollen die gleichen
Grundsätze wie beim Upstream merger gelten.[84] Dritter iSv §§ 54 Abs. 2, 68 Abs. 2
UmwG kann jedoch nur sein, wer für Rechnung des übernehmenden Rechtsträgers
handelt und somit das mit der Verschmelzung verbundene finanzielle Risiko nicht trägt.[85]
Dies ist im Verhältnis zwischen Muttergesellschaft und Tochtergesellschaft nicht der Fall.

---

[77] Böttcher/Habighorst/Schulte/*Böttcher* § 5 Rn. 112; Semler/Stengel/*Schröer* § 5 Rn. 134.
[78] Schmitt/Hörtnagl/Stratz/*Stratz* § 2 Rn. 21 ff.
[79] Zum sog. Teilverzicht Kallmeyer/*Kocher* § 54 Rn. 21; Kölner Kommentar-UmwG/*Simon/Nießen*
§ 54 Rn. 48.
[80] Böttcher/Habighorst/Schulte/*Böttcher* § 5 Rn. 114; Limmer/*Limmer* Teil 2 Kap. 1 Rn. 224;
Kallmeyer/*Marsch-Barner* § 68 Rn. 16; Semler/Stengel/*Schröer* § 5 Rn. 137 f.
[81] Lutter/*Drygala* § 5 Rn. 140; Maulbetsch/Klumpp/Rose/*Maulbetsch* § 5 Rn. 181; Semler/Stengel/*Schröer* § 5 Rn. 137.
[82] Semler/Stengel/*Schröer* § 5 Rn. 139; Kölner Kommentar-UmwG/*Simon* § 2 Rn. 172.
[83] Heckschen/Simon/*Heckschen* § 3 Rn. 37.
[84] Heckschen/Simon/*Heckschen* § 3 Rn. 37.
[85] Semler/Stengel/*Schröer* § 5 Rn. 139; Lutter/*M. Winter/J. Vetter* § 54 Rn. 111 f.

Deshalb ist diese Auffassung richtigerweise abzulehnen und eine **Gegenleistung zu gewähren**.[86]

39 Die mit einer Enkelverschmelzung verbundene Übernahme von Anteilen an der Muttergesellschaft durch die Tochtergesellschaft verstößt auch **nicht** gegen das **Verbot des Erwerbs eigener Anteile** (vgl. §§ 71d, 71 Abs. 1 Nr. 5 AktG bzw. § 33 Abs. 3 GmbHG).[87] Gem. §§ 54 Abs. 1 S. 3, 68 Abs. 1 S. 3 UmwG kann auf die Gewährung von Anteilen an der übernehmenden Muttergesellschaft allerdings verzichtet werden.

5. Dreiecksverschmelzung (Triangular merger)

40 Die Dreiecksverschmelzung (Triangular merger) ist ein **US-amerikanisches Gestaltungsinstrument**.[88] Die Erwerbergesellschaft erwirbt dabei die Zielgesellschaft nicht direkt sondern mit Hilfe einer dritten Gesellschaft, regelmäßig ihrer Tochtergesellschaft.[89] In diese Tochtergesellschaft bringt die Erwerbergesellschaft zum Zwecke des Triangular merger eigene Anteile ein, die im Zuge des Triangular merger an die bisherigen Anteilsinhaber der Zielgesellschaft im Tausch gegen ihre bisherigen Anteile an der Zielgesellschaft ausgegeben werden.

41 Bei einem **Forward-Triangular merger** wird die Zielgesellschaft auf die Tochtergesellschaft der Erwerbergesellschaft verschmolzen. Die Anteilsinhaber der Zielgesellschaft erhalten im Zuge der Verschmelzung keine Anteile an der Tochtergesellschaft, sondern die zuvor in die Tochtergesellschaft eingebrachten Anteile an der Erwerbergesellschaft.[90]

42 Bei einem **Reverse-Triangular merger** wird die Tochtergesellschaft der Erwerbergesellschaft auf die Zielgesellschaft verschmolzen. Im Zuge dieser Verschmelzung erhalten die Anteilsinhaber der Zielgesellschaft eine Abfindung in Form von Anteilen an der Erwerbergesellschaft, die zuvor in die Tochtergesellschaft eingebracht wurden.[91] Dies hat zur Folge, dass alle bisherigen Anteilsinhaber der Zielgesellschaft nach vollzogenem Reverse-Triangular merger nur noch an der Erwerbergesellschaft beteiligt sind, die wiederum alle Anteile an der Zielgesellschaft hält.[92]

43 Der **wesentliche Vorteil** eines Triangular merger besteht darin, dass nur ein Mehrheitsbeschluss der Anteilseigner der Zielgesellschaft erforderlich ist. Bei einem Aktientausch, zu dem der Triangular merger iErg führt, wäre dagegen die Zustimmung jedes einzelnen Anteilsinhabers der Zielgesellschaft erforderlich.[93] **Nach deutschem Recht ist ein Triangular merger allerdings grds. nicht gestaltbar**.[94] Dies liegt daran, dass den Anteilsinhabern des übertragenden Rechtsträgers nach dem UmwG nur Mitgliedschaftsrechte an dem übernehmenden Rechtsträger, nicht aber an einem Dritten Rechtsträger (z. B. einer Muttergesellschaft des übernehmenden oder übertragenden Rechtsträgers als Erwerbergesellschaft) gewährt werden dürfen.

---

[86] Kallmeyer/*Kallmeyer/Kocher* § 54 Rn. 5; Böttcher/Habighorst/Schulte/*Kleindiek* § 54 Rn. 9; Widmann/Mayer/*Mayer* § 54 Rn. 18; Semler/Stengel/*Schröer* § 5 Rn. 139; Lutter/*M. Winter/J. Vetter* § 54 Rn. 21 und 111 ff.

[87] Semler/Stengel/*Schröer* § 5 Rn. 139; einschränkend Kölner Kommentar-UmwG/*Simon* § 2 Rn. 173: Erwerb nur gestattet, wenn die Muttergesellschaft zulässigerweise eigene Anteile hält.

[88] *Baums* FS Zöllner, 1998, S. 65, 70 ff.; *Reiner/Geuter* JA 2006, 543, 548; Kölner Kommentar-UmwG/*Simon* § 2 Rn. 178.

[89] *Samson/Flindt* NZG 2006, 290, 293; Kölner Kommentar-UmwG/*Simon* § 2 Rn. 176; ausführlich: *Baums* FS Zöllner, 1998, S. 65, 70 ff.

[90] *Samson/Flindt* NZG 2006, 290, 293; Kölner Kommentar-UmwG/*Simon* § 2 Rn. 176; ausführlich: *Baums* FS Zöllner, 1998, S. 65, 70 ff.

[91] Kölner Kommentar-UmwG/*Simon* § 2 Rn. 176.

[92] *Baums* FS Zöllner, 1998, S. 65, 70 ff.; *Samson/Flindt* NZG 2006, 290, 293.

[93] *Samson/Flindt* NZG 2006, 290, 293.

[94] *Baums* FS Zöllner, 1998, S. 65, 70 ff.; *Samson/Flindt* NZG 2006, 290, 293; näher dazu Kölner Kommentar-UmwG/*Simon* § 2 Rn. 176.

6. Mehrfachverschmelzung

Bei der Mehrfachverschmelzung werden **mehrere übertragende Rechtsträger auf** 44 **einen übernehmenden Rechtsträger verschmolzen.** Die Verschmelzungen sind dabei nur als Gesamtheit und nicht unabhängig voneinander erwünscht. Alle Verschmelzungen sollen mit Eintragung beim übernehmenden Rechtsträger zeitgleich oder unmittelbar nacheinander wirksam werden.

Als **Einheitsverschmelzung** bezeichnet man eine Form der Mehrfachverschmelzung, 45 die als einheitliche Verschmelzung vereinbart wird.[95] Dies kann durch Abschluss eines Verschmelzungsvertrags erreicht werden, der die Verschmelzung mehrerer übertragender Rechtsträger auf einen übernehmenden Rechtsträger einheitlich regelt. Eine verschmelzungsbedingte Kapitalerhöhung kann bei der Einheitsverschmelzung entweder im Rahmen einer einheitlichen Kapitalerhöhung oder gesondert durchgeführt werden.[96] Bei einer Beteiligung desselben Anteilsinhabers an mehreren übertragenden Rechtsträgern ist noch nicht abschließend geklärt, ob diesem Anteilsinhaber bei der Einheitsverschmelzung als Gegenleistung für die bisherigen Beteiligungen an mehreren übertragenden Rechtsträgern ein einheitlicher Anteil am übernehmenden Rechtsträger gewährt werden darf oder jeweils gesonderte Anteile zu gewähren sind. Überwiegend wird zu Recht angenommen, dass es dem übernehmenden Rechtsträger freisteht, als verschmelzungsbedingte Gegenleistung einen einheitlichen Anteil zu gewähren.[97] Das Prinzip der namentlichen Zuordnung (§ 46 Abs. 1 S. 1 UmwG), aus dem die Gegenauffassung eine Pflicht zur Gewährung mehrerer Anteile ableitet, dient nur der eindeutigen Identifizierung der künftigen Anteilsinhaber am übernehmenden Rechtsträger. Auch bei Gewährung eines einheitlichen Anteils sind die künftigen Anteilsinhaber aber eindeutig identifizierbar.[98]

Eine weitere Form der Mehrfachverschmelzung ist die **Verknüpfung mehrerer Ein-** 46 **zelverschmelzungen auf einen übernehmenden Rechtsträger** durch entsprechende Bedingungen.[99] Auch hierdurch lässt sich erreichen, dass Verschmelzungen nur abhängig voneinander wirksam werden. Technisch geschieht dies – ebenso wie bei Kettenverschmelzungen[100] – durch bedingte Verschmelzungsverträge[101] oder bedingte Beschlussfassungen der Anteilsinhaber.[102] Eine verschmelzungsbedingte Kapitalerhöhung kann auch bei dieser Variante entweder einheitlich oder gesondert durchgeführt werden.[103]

Von einer **reinen Einzelverschmelzung** spricht man – in Abgrenzung zur Mehrfach- 47 verschmelzung –, wenn mehrere Verschmelzungen auf einen übernehmenden Rechtsträger getrennt vereinbart werden und auch dann wirksam werden sollen, wenn sich eine einzelne Verschmelzung verzögert oder wegfällt.[104] Die einzelnen Verschmelzungen werden in separaten Verschmelzungsverträgen ohne Verknüpfung durch gegenseitige Bedingungen geregelt.[105] Auch wenn die Verschmelzungen getrennt geregelt und vollzogen werden,

---

[95] Kallmeyer/*Marsch-Barner* § 2 Rn. 4; Heckschen/Simon/*Simon* § 5 Rn. 21; Kölner Kommentar-UmwG/*Simon* § 2 Rn. 181; Semler/Stengel/*Stengel* § 2 Rn. 27.

[96] Kallmeyer/*Marsch-Barner* § 2 Rn. 4; Kölner Kommentar-UmwG/*Simon* § 2 Rn. 190.

[97] Hierfür Kallmeyer/*Kallmeyer/Kocher* § 46 Rn. 5; Keßler/Kühnberger/*Keßler* § 55 Rn. 6; Semler/Stengel/*Reichert* § 46 Rn. 3; Kölner Kommentar-UmwG/*Simon* § 2 Rn. 191; Lutter/*M. Winter/J. Vetter* § 46 Rn. 22 ff.; aA OLG Frankfurt 20 W 60/98, DB 1998, 917 f.

[98] Kallmeyer/*Kallmeyer/Kocher* § 46 Rn. 5; Semler/Stengel/*Reichert* § 46 Rn. 3; Lutter/*M. Winter/J. Vetter* § 46 Rn. 23.

[99] Kallmeyer/*Marsch-Barner* § 2 Rn. 4; Heckschen/Simon/*Simon* § 5 Rn. 25; Kölner Kommentar-UmwG/*Simon* § 2 Rn. 186.

[100] → Rn. 48 ff.

[101] Heckschen/Simon/*Simon* § 5 Rn. 25.

[102] Zur Zulässigkeit von Bedingungen im Verschmelzungsvertrag: Lutter/*Drygala* § 13 Rn. 23; im Verschmelzungsbeschluss: Böttcher/Habighorst/Schulte/*Böttcher* § 13 Rn. 19.

[103] Vgl. Kölner Kommentar-UmwG/*Simon* § 2 Rn. 186, 190.

[104] Kölner Kommentar-UmwG/*Simon* § 2 Rn. 195.

[105] Kölner Kommentar-UmwG/*Simon* § 2 Rn. 195.

kann hinter ihnen allerdings ein gemeinsames wirtschaftliches Unternehmenskonzept stehen. Existiert ein solches Unternehmenskonzept, sind die rechtlichen, wirtschaftlichen und steuerlichen Bedingungen grds. für alle übertragenden Rechtsträger in einem einheitlichen Verschmelzungsbericht zu dokumentieren.[106] Auf diese Weise sollen die Anteilsinhaber der beteiligten Rechtsträger über den zusammenhängenden Vorgang hinreichend in Kenntnis gesetzt werden.[107] Etwaige Kapitalerhöhungen müssen bei Einzelverschmelzungen immer gesondert erfolgen, damit die Verschmelzungen einzeln wirksam werden können.[108]

7. Kettenverschmelzung

48 Bei einer Kettenverschmelzung werden **mindestens drei Rechtsträger** im Zuge von mindestens zwei Verschmelzungsvorgängen **in einer festgelegten Reihenfolge verschmolzen**.[109] Vor dem Wirksamwerden der ersten Verschmelzung schließt der übernehmende Rechtsträger der ersten Verschmelzung als übertragender Rechtsträger einer zweiten Verschmelzung einen Verschmelzungsvertrag mit einem weiteren übernehmenden Rechtsträger ab.[110]

49 **Kettenverschmelzungen** erfolgen in der Praxis häufig und sind zulässig.[111] Die für eine Kettenverschmelzung erforderlichen Schritte, insbes. der Abschluss der Verschmelzungsverträge und die Handelsregisteranmeldungen, müssen allerdings sorgfältig geplant werden. Die Verschmelzungen können **schuldrechtlich** am selben Tag vereinbart und notariell beurkundet werden. Ebenso können die darauf bezogenen Umwandlungsbeschlüsse gleichzeitig gefasst werden.[112] Dies ist sogar dann möglich, wenn einer der an den Verschmelzungen beteiligten Rechtsträger erst im Zuge der Verschmelzungen neu gegründet wird.[113] Für den neuen Rechtsträger können dann noch die organschaftlichen Vertreter der bestehenden Rechtsträger handeln.[114] Es kann auch ein rückwirkender Verschmelzungsstichtag gewählt werden auf einen Zeitpunkt, zu dem der neue Rechtsträger noch nicht existierte.[115] Der **dingliche Vollzug**, dh die Eintragung der Verschmelzungen in die jeweiligen Handelsregister, muss in der richtigen Reihenfolge erfolgen, um die geplante Verschmelzungskette zu bewirken.[116] Die Reihenfolge kann durch die einzelnen Handelsregisteranmeldungen gesteuert werden.[117] Möglich sind außerdem bedingte Verschmelzungsverträge und bedingte Beschlussfassungen der Anteilsinhaber.[118]

50 Die **materiell-rechtlichen Anforderungen** an die jeweilige Verschmelzung in der Kette müssen im Zeitpunkt des Wirksamwerdens dieser Verschmelzung durch Eintragung im Handelsregister erfüllt werden.[119] Für die Zulässigkeit einer Kapitalerhöhung beim

---

[106] Kölner Kommentar-UmwG/*Simon* § 2 Rn. 196.
[107] Kallmeyer/*Marsch-Barner* § 2 Rn. 4, Kölner Kommentar/*Simon* § 2 Rn. 196.
[108] Kölner Kommentar-UmwG/*Simon* § 2 Rn. 198.
[109] Henssler/Strohn/*Heidinger* § 2 Rn. 18; Widmann/Mayer/*Mayer* § 5 Rn. 235.4 ff.; *Reiner/Geuter* JA 2006, 543, 547; Semler/Stengel/*Schröer* § 5 Rn. 117.
[110] Limmer/*Limmer* Teil 2 Kap. 1 Rn. 23; Widmann/Mayer/*Mayer* § 5 Rn. 235.9.1; Sagasser/Bula/Brünger/*Sagasser/Luke* § 9 Rn. 368; Semler/Stengel/*Schröer* § 5 Rn. 117.
[111] OLG Hamm 15 W 377/05, DNotZ 2006, 378; OLG Düsseldorf 10 W 58–98, NJW-RR 1999, 399; Kallmeyer/*Marsch-Barner* § 2 Rn. 4; Widmann/Mayer/*Mayer* § 5 Rn. 235.4; Kölner Kommentar-UmwG/*Simon* § 2 Rn. 205 ff.
[112] Widmann/Mayer/*Mayer* § 5 Rn. 235.9.1.
[113] Widmann/Mayer/*Mayer* § 5 Rn. 235.4 ff.; Sagasser/Bula/Brünger/*Sagasser/Luke* § 9 Rn. 368 ff.
[114] DNotI-Gutachten DNotI-Report 2012, 124, 125; Widmann/Mayer/*Mayer* § 5 Rn. 235.12.
[115] Widmann/Mayer/*Mayer* § 5 Rn. 235.40; *Ulrich/Böhle* GmbHR 2006, 644.
[116] Widmann/Mayer/*Mayer* § 5 Rn. 235.9.1.
[117] Henssler/Strohn/*Heidinger* § 2 Rn. 18; Maulbetsch/Klumpp/Rose/*Maulbetsch* § 5 Rn. 179; Kölner Kommentar-UmwG/*Simon* § 2 Rn. 205.
[118] Kölner Kommentar-UmwG/*Simon* § 2 Rn. 215; Kallmeyer/*Zimmermann* § 13 Rn. 8.
[119] Henssler/Strohn/*Heidinger* § 2 Rn. 18; Widmann/Mayer/*Mayer* § 5 Rn. 235.10; Kölner Kommentar-UmwG/*Simon* § 2 Rn. 208.

übernehmenden Rechtsträger ist deshalb bspw. darauf abzustellen, wie sich dies nach §§ 54, 55, 68, 69 UmwG im Zeitpunkt der Eintragung darstellt.

Die **formellen Voraussetzungen der Beschlussfassung** über die jeweilige Verschmelzung sowie die Stimmberechtigung der Anteilsinhaber richten sich nach dem im Zeitpunkt der tatsächlichen Beschlussfassung maßgeblichen Recht (vgl. §§ 50 Abs. 1, 65 Abs. 1 UmwG).[120] Eine Beschlussfassung unter Beteiligung künftiger Anteilsinhaber ist nicht vorgesehen.[121] Deshalb ist der Abschluss eines zweiten Verschmelzungsvertrags, den der übernehmende Rechtsträger im Rahmen einer ersten Verschmelzung vor dem Wirksamwerden dieser ersten Verschmelzung als übertragender Rechtsträger im Rahmen einer zweiten Verschmelzung ohne Beteiligung der künftigen Anteilsinhaber abschließt, wirksam. Ob aus dem zweiten Verschmelzungsvertrag Treuepflichten des übertragenden Rechtsträgers dieser zweiten Verschmelzung gegenüber dem übertragenden Rechtsträger der ersten Verschmelzung erwachsen, ist noch nicht abschließend geklärt.[122] Eine teilweise vertretene Auffassung nimmt solche Treuepflichten an.[123] Das erscheint plausibel, weil die künftigen Anteilsinhaber des übertragenden Rechtsträgers der zweiten Verschmelzung am zweiten Verschmelzungsvorgang noch nicht teilnehmen und dadurch ggf. benachteiligt sein können. Die bisherigen Anteilsinhaber des übertragenden Rechtsträgers der zweiten Verschmelzung wissen auch, dass die erste Verschmelzung vorausgehen wird, sodass ihnen **vormitgliedschaftliche Treuepflichten** gegenüber den hinzutretenden Anteilsinhabern aus der ersten Verschmelzung zumutbar sind. Allerdings sind Inhalt und Reichweite solcher vormitgliedschaftlicher Treuepflichten weithin offen. Regelmäßig wird eine Pflicht der Anteilsinhaber des übernehmenden Rechtsträgers der ersten Verschmelzung zur Information der Anteilsinhaber des übertragenden Rechtsträgers der ersten Verschmelzung über die geplante Anschlussverschmelzung angenommen.[124] Teilweise wird aus den vormitgliedschaftlichen Treuepflichten zudem ein Mitwirkungsrecht der Anteilsinhaber des übertragenden Rechtsträgers der ersten Verschmelzung beim Verschmelzungsbeschluss des übertragenden Rechtsträgers der zweiten Verschmelzung abgeleitet.[125] Eine solche Beteiligungspflicht kennt das UmwG jedoch nicht. Maßgeblich ist die im Zeitpunkt der Beschlussfassung bestehende Anteilsinhaberstruktur, vgl. §§ 13, 50 Abs. 1, 65 Abs. 1 UmwG.[126] Aus einer Verletzung vormitgliedschaftlicher Treuepflichten können jedoch Schadenersatzansprüche resultieren, wenn die Anteilsinhaber des übertragenden Rechtsträgers der ersten Verschmelzung in Unkenntnis der geplanten zweiten Verschmelzung zugestimmt haben.[127] Die Anteilsinhaber des übertragenden Rechtsträgers der ersten Verschmelzung können sich schützen, indem sie den ersten Verschmelzungsvertrag unter die Bedingung stellen, dass die bisherigen Anteilsinhaber des übernehmenden Rechtsträgers der ersten Verschmelzung bis zum Wirksamwerden dieser ersten Verschmelzung keine Satzungsänderungen und weitere Umwandlungen beschließen.[128]

---

[120] Henssler/Strohn/*Heidinger* § 2 Rn. 18; Widmann/Mayer/*Mayer* § 5 Rn. 235.12.
[121] Limmer/*Limmer* Teil 2 Kap. 1 Rn. 31; Kölner Kommentar-UmwG/*Simon* § 2 Rn. 213; Kallmeyer/*Zimmermann* § 13 Rn. 4.
[122] Widmann/Mayer/*Mayer* § 5 Rn. 235.20; Kölner Kommentar-UmwG/*Simon* § 5 Rn. 214.
[123] Sagasser/Bula/Brünger/*Sagasser/Luke* § 9 Rn. 370; aA Semler/Stengel/*Schröer* § 5 Rn. 117 der anstelle einer vorvertraglichen Treuepflicht eine vorvertragliche Sorgfaltspflicht annimmt.
[124] Lutter/*Grunewald* § 65 Rn. 3; *Schwenn* Der Konzern 2007, 173, 177; Kölner Kommentar-UmwG/*Simon* § 2 Rn. 213; Kallmeyer/*Zimmermann* § 13 Rn. 4.
[125] Widmann/Mayer/*Mayer* § 5 Rn. 235.20.
[126] Widmann/Mayer/*Heckschen* § 13 Rn. 68.1; *Schwenn* Der Konzern 2007, 173, 177; Sagasser/Bula/Brünger/*Sagasser/Luke* § 9 Rn. 369; Kölner Kommentar-UmwG/*Simon* § 2 Rn. 213; Kallmeyer/*Zimmermann* § 13 Rn. 4.
[127] Sagasser/Bula/Brünger/*Sagasser/Luke* § 9 Rn. 371, 373.
[128] Sagasser/Bula/Brünger/*Sagasser/Luke* § 9 Rn. 372; Kallmeyer/*Zimmermann* § 13 Rn. 8; zur Zulässigkeit der bedingten Beschlussfassung s. auch: Widmann/Mayer/*Mayer* § 5 Rn. 235.17.

8. Grenzüberschreitende Verschmelzung

52 → § 18.

VI. Kosten der Verschmelzung

53 Kosten für die rechtliche Umsetzung einer Verschmelzung fallen in erster Linie für Beurkundungen, Handelsregisteranmeldungen und ggf. erforderliche Grundbuchberichtigungen an. Hierauf wird im Folgenden näher eingegangen. Darüber hinaus sind insbes. die wirtschaftlichen Kosten und die Kosten der rechtlichen, steuerlichen und wirtschaftlichen Beratung sowie der notwendigen Unterlagen, Berichte und Gutachten zu beachten.[129]

1. Beurkundungskosten

54 Nach § 6 UmwG ist der **Verschmelzungsvertrag** notariell zu beurkunden. Für diese Beurkundung wird eine doppelte Geschäftsgebühr berechnet, §§ 97 Abs. 1, 3, 107 Abs. 1 GNotKG iVm Nr. 21100 Anlage I GNotKG.[130]

55 Der Verschmelzungsvertrag bei einer **Verschmelzung durch Aufnahme** stellt kostenrechtlich einen Austauschvertrag iSv § 97 Abs. 3 GNotKG dar, wenn er eine Gewährung von Anteilen an dem übernehmenden Rechtsträger vorsieht.[131] Damit bestimmt sich der Geschäftswert nach dem Wert des Aktivvermögens der übertragenden Rechtsträger ohne Schuldenabzug (§ 38 GNotKG).[132] Das Aktivvermögen eines übertragenden Rechtsträgers wiederum beurteilt sich in erster Linie nach seiner Schlussbilanz.[133] Ist der Wert der Gegenleistung (der gewährten Anteile oder Mitgliedschaften) ausnahmsweise höher als das Aktivvermögen, richtet sich der Geschäftswert nach diesem (§ 97 Abs. 3 NotKG). Werden im Zuge der Verschmelzung durch Aufnahme keine Anteile gewährt (z. B. im Falle der Verschmelzung einer 100%igen Tochtergesellschaft auf ihre Muttergesellschaft), stellt der Verschmelzungsvertrag keinen Austauschvertrag dar, sodass sich der Geschäftswert nach § 97 Abs. 1 GNotKG richtet.[134] Der Geschäftswert wird demnach ausschließlich aus dem Vermögen des übertragenden Rechtsträgers ohne Schuldenabzug (§ 38 GNotKG) ermittelt.[135]

56 Bei einer **Verschmelzung durch Neugründung** ist der Verschmelzungsvertrag stets ein Austauschvertrag iSd § 97 Abs. 3 GNotKG.[136] Der Geschäftswert entspricht dann zwingend der Summe des Aktivvermögens aller übertragenden Rechtsträger.[137]

57 Bei Beurkundungen von Gesellschaftsverträgen, Satzungen sowie Umwandlungsverträgen gilt für den Geschäftswert gem. § 107 Abs. 1 S. 1 GNotKG eine **Höchstgrenze** von 10.000.000 EUR je Vorgang, mindestens aber 30.000 EUR. Die Beurkundungsgebühr nach §§ 34 Abs. 2 S. 2 Abs. 3 GNotKG iVm Nr. 21100 Anlage I GNotKG beträgt deshalb höchstens 22.770 EUR.[138] Die Gebühr kann **mehrfach** berechnet werden, wenn es sich

---

[129] Böttcher/Habighorst/Schulte/*Böttcher* § 2 Rn. 28.
[130] Bormann/Diehn/Sommerfeldt/*Bormann*, GNotKG, 2. Aufl. 2016, § 107 Rn. 34; Böttcher/Habighorst/Schulte/*Böttcher* § 2 Rn. 29; Lutter/*Drygala* § 2 Rn. 49.
[131] Bormann/Diehn/Sommerfeldt/*Bormann*, GNotKG, 2. Aufl. 2016, § 107 Rn. 34; Korintenberg/*Tiedtke*, Gerichts- und Notarkostengesetz, 20. Aufl. 2017, § 107 Rn. 41.
[132] Widmann/Mayer/*Fronhöfer* § 2 Rn. 83; Korintenberg/*Tiedtke*, Gerichts- und Notarkostengesetz, 20. Aufl. 2017, § 107 Rn. 41; vgl. aus der Rspr. zur inhaltsgleichen KostO BayObLG 3Z BR 283/96, NJW-RR 1997, 798.
[133] Bormann/Diehn/Sommerfeldt/*Bormann*, GNotKG, 2. Aufl. 2016, § 107 Rn. 34; Widmann/Mayer/*Fronhöfer* § 2 Rn. 83; *Tiedtke* DNotZ 2016, 576, 587.
[134] Bormann/Diehn/Sommerfeldt/*Bormann*, GNotKG, 2. Aufl. 2016, § 107 Rn. 34; Widmann/Mayer/*Fronhöfer* § 2 Rn. 84; Korintenberg/*Tiedtke*, Gerichts- und Notarkostengesetz, 20. Aufl. 2017, § 107 Rn. 41; vgl. aus der Rspr. zur inhaltsgleichen KostO: BayObLG 3Z BR 19/99, NJW-RR 1999, 1373.
[135] Widmann/Mayer/*Fronhöfer* § 2 Rn. 84
[136] Bormann/Diehn/Sommerfeldt/*Bormann*, GNotKG, 2. Aufl. 2016, § 107 Rn. 34; Widmann/Mayer/*Fronhöfer* § 2 Rn. 86.
[137] Widmann/Mayer/*Fronhöfer* § 2 Rn. 86.
[138] Böttcher/Habighorst/Schulte/*Burg* § 36 Rn. 14; Lutter/*Drygala* § 2 Rn. 49.

um gegenstandsverschiedene Vorgänge handelt, §§ 35 Abs. 1, 86 Abs. 2 GNotKG.[139] Gegenstandsverschieden sind bspw. parallele Einzelverschmelzungen mehrerer übertragender Rechtsträger auf einen übernehmenden Rechtsträger, wenn diese Verschmelzungen voneinander unabhängig sind.[140]

Erklärungen zum Verzicht auf den Verschmelzungsbericht nach § 8 Abs. 3 UmwG, auf die Prüfung der Verschmelzung nach § 9 Abs. 3 iVm § 8 Abs. 3 UmwG und auf den Prüfungsbericht nach § 9 Abs. 3 UmwG iVm § 12 Abs. 3 UmwG sind notariell zu beurkunden. Die Beurkundung der Verzichtserklärungen löst eine volle Gebühr nach § 3 Abs. 2 GNotKG iVm Nr. 21200 Anlage 1 GNotKG aus.[141] Der Geschäftswert ist gem. § 36 Abs. 1 GNotKG nach freiem Ermessen zu bestimmen. Ein Wert von 10 % des Geschäftswerts der betreffenden Verschmelzung wird üblicherweise für angemessen erachtet.[142] Werden die Verzichtserklärungen gemeinsam mit dem Verschmelzungsvertrag beurkundet, handelt es sich allerdings um denselben Beurkundungsgegenstand nach § 109 GNotKG und die Verzichtserklärungen sind nicht gesondert zu bewerten.[143]

Für die notarielle Beurkundung der **Verschmelzungsbeschlüsse** (§ 13 UmwG) sowie ggf. für die **Kapitalerhöhungsbeschlüsse** bei übernehmenden Kapitalgesellschaften (§§ 55, 69 UmwG) wird jeweils eine doppelte Geschäftsgebühr berechnet, § 3 Abs. 2 iVm Nr. 21100 Anlage 1 GNotKG.[144] Der Geschäftswert für Zustimmungsbeschlüsse folgt grds. dem Geschäftswert für die Beurkundung des Verschmelzungsvertrags; es gilt aber ein Höchstwert von 5.000.000 EUR, § 108 Abs. 3 S. 1, Abs. 5 GNotKG.[145] Der Geschäftswert für einen etwaigen Kapitalerhöhungsbeschluss entspricht dem Erhöhungsbetrag;[146] dieser ist allerdings mit dem Geschäftswert für Zustimmungsbeschlüsse zusammenzurechnen, § 94 Abs. 1 GNotKG.[147] Berät der Notar über die im Beurkundungsverfahren bestehende Amtspflicht hinaus, fällt zusätzlich eine 0,5- bis 2-fache Beratungsgebühr gem. Nr. 24203 Anlage 1 GNotKG an.[148] Die Zustimmungsbeschlüsse der beteiligten Rechtsträger können in einer Beurkundung zusammengefasst werden, weil sie gem. § 109 Abs. 2 S. 1 Nr. 4 lit. g GNotKG gegenstandsgleich sind. Dann fällt für alle Zustimmungsbeschlüsse nur eine doppelte Gebühr an.[149] Die Zustimmungsbeschlüsse können in derselben notariellen Urkunde, die den jeweiligen Verschmelzungsvertrag enthält, mitbeurkundet werden. Sie sind zwar stets gegenstandsverschieden zum Verschmelzungsvertrag (§ 110 Nr. 1 GNotKG),[150] aber die Geschäftswerte von Verschmelzungsvertrag und Zustimmungsbeschluss können gem. § 35 Abs. 1 GNotKG addiert werden, ohne dass gesonderte Gebühren berechnet werden.[151] Sofern die Verschmelzung von der gesonderten Zustimmung einzelner Anteilsinhaber abhängt (§§ 13 Abs. 2, 50 Abs. 2, 51 Abs. 1 und 2 UmwG), ist nach § 98 Abs. 2 S. 2 GNotKG für die Zustimmungserklärung ein anteiliger

---

[139] Lutter/*Drygala* § 2 Rn. 49; Widmann/Mayer/*Fronhöfer* § 2 Rn. 92, 93.
[140] Bengel/Tiedtke DNotZ 2004, 258, 26; Lutter/*Drygala* § 2 Rn. 49; Widmann/Mayer/*Fronhöfer* § 2 Rn. 93; vgl. aus der Rspr. zur inhaltsgleichen KostO: OLG Hamm 15 W 268/01, MittBayNot 2004, 68.
[141] Böttcher/Habighorst/Schulte/*Böttcher* § 2 Rn. 30; Lutter/*Drygala* § 2 Rn. 50.
[142] Lutter/*Drygala* § 2 Rn. 50; Reimann MittBayNot 1995, 1, 3.
[143] Bormann/Diehn/Sommerfeldt/*Bormann*, GNotKG, 2. Aufl. 2016, § 107 Rn. 36; Widmann/Mayer/*Fronhöfer* § 2 Rn. 100; Korintenberg/*Tiedtke*, Gerichts- und Notarkostengesetz, 20. Aufl. 2017, § 107 Rn. 45; vgl. aus der Rspr. zur inhaltsgleichen KostO: OLG Hamm 15 W 314/01, MittBayNot 2002, 210.
[144] Böttcher/Habighorst/Schulte/*Böttcher* § 2 Rn. 30; Lutter/*Drygala* § 2 Rn. 52.
[145] Lutter/*Drygala* § 2 Rn. 52; Widmann/Mayer/*Fronhöfer* § 2 Rn. 103.
[146] Lutter/*Drygala* § 2 Rn. 52; Semler/Stengel/*Stengel* § 2 Rn. 79.
[147] Lutter/*Drygala* § 2 Rn. 52; Semler/Stengel/*Stengel* § 2 Rn. 79.
[148] Böttcher/Habighorst/Schulte/*Böttcher* § 2 Rn. 30.
[149] Böttcher/Habighorst/Schulte/*Böttcher* § 2 Rn. 30; Korintenberg/*Diehn*, Gerichts- und Notarkostengesetz, 20. Aufl. 2017, § 109 Rn. 225.
[150] Bormann/Diehn/Sommerfeldt/*Bormann*, GNotKG, 2. Aufl. 2016, § 107 Rn. 38.
[151] Böttcher/Habighorst/Schulte/*Böttcher* § 6 Rn. 21.

Geschäftswert entsprechend der Beteiligung dieser Anteilsinhaber am jeweiligen Rechtsträger anzusetzen. Ausgangsbasis für die Berechnung des Geschäftswerts ist der halbe Wert des Umwandlungsvorgangs, § 98 Abs. 1 GNotKG.[152] Werden Zustimmungserklärungen mehrerer Anteilsinhaber zusammen beurkundet, liegen verschiedene Rechtsverhältnisse und damit gem. § 86 GNotKG auch verschiedene Beurkundungsgegenstände vor. Ihr Wert ist daher gem. § 35 Abs. 1 GNotKG zu addieren.[153]

2. Handelsregisterkosten

60 Die Verschmelzung ist sowohl beim übertragenden als auch beim übernehmenden Rechtsträger zur Eintragung **im Handelsregister anzumelden**, § 16 Abs. 1 S. 1 UmwG. Die Handelsregisteranmeldungen bedürfen der **notariellen Beglaubigung**, § 12 Abs. 1 S. 1 HGB. Für den notariellen Entwurf der Anmeldung wird eine halbe Gebühr berechnet, § 3 Abs. 2 GNotKG iVm Nr. 21201 Nr. 5 Anlage 1 GNotKG.[154] Die Höhe des Geschäftswerts richtet sich nach der Rechtsform der beteiligten Rechtsträger, § 105 GNotKG. Gem. § 106 GNotKG ist dieser Geschäftswert auf maximal 1.000.000 EUR begrenzt. Die Handelsregisteranmeldungen sind für jeden beteiligten Rechtsträger gesondert zu bewerten (§ 111 Nr. 3 GNotKG).

61 Erfolgt die **Anmeldung einer Kapitalerhöhung zeitgleich** mit der Verschmelzung, ist der Nennbetrag der Kapitalerhöhung dem Geschäftswert der Anmeldung der Verschmelzung hinzuzurechnen, weil die Kapitalerhöhung nicht gegenstandsgleich mit der Anmeldung der Verschmelzung ist, §§ 35 Abs. 1, 109 GNotKG.[155] Auch für diese Anmeldung gilt ein Höchstwert von 1.000.000 EUR, §§ 105, 106 GNotKG.

62 Die Kosten für die eigentliche **Eintragung** in das Handelsregister richten sich nach dem Gebührenverzeichnis der HandelsregistergebührenVO, § 58 GNotKG.[156] Die Gebühren betragen je nach Konstellation pro Rechtsträger zwischen 210 EUR und 660 EUR (Nr. 2104, 2105, 2106, 2401, 2402, 2403 HRegGebV), ggf. zuzüglich 30 EUR oder 40 EUR für gleichzeitig angemeldete weitere Eintragungstatsachen (Nr. 2501, 2502, 4000, 4001 HRegGebV).

3. Grundbuchberichtigungskosten

63 Kosten für Grundbuchberichtigungen fallen in erster Linie dann an, wenn das Aktivvermögen eines übertragenden Rechtsträgers im Grundbuch eingetragene Rechte umfasst. Der **Antrag auf Grundbuchberichtigung** (§ 22 GBO) bedarf der notariellen Beglaubigung oder notariellen Beurkundung, wenn er neben dem reinen Antrag auch noch mindestens eine zur Eintragung erforderliche Erklärung iSv § 29 Abs. 1 S. 1 GBO enthält (§ 30 GBO). Er kann in den Verschmelzungsvertrag aufgenommen werden, sodass Gegenstandsgleichheit nach § 109 Abs. 1 GNotGK vorliegt und eine gesonderte Beurkundung entfällt.[157] Bei gesonderter Beurkundung des Antrags fällt nach § 3 Abs. 2 GNotKG iVm Nr. 21201 Nr. 4 Anlage 1 GNotKG eine halbe Gebühr an.[158]

64 Weitere Kosten fallen für die eigentliche **Eintragung** im Grundbuch an. Der Geschäftswert wird nach § 69 GNotKG iVm §§ 46, 47, 49 GNotKG bestimmt. Für die Eintragung wird eine volle Gebühr berechnet, § 3 Abs. 2 GNotKG iVm Nr. 14110 Nr. 1 Anlage 1 GNotKG.[159]

---

[152] Bormann/Diehn/Sommerfeldt/*Bormann*, GNotKG, 2. Aufl. 2016, § 98 Rn. 23 f.; *Pfeiffer* NZG 2013, 244, 245; Korintenberg/*Tiedtke*, GNotKG, 20. Aufl. 2017, § 98 Rn. 40 und Rn. 45.
[153] Bormann/Diehn/Sommerfeldt/*Bormann*, GNotKG, 2. Aufl. 2016, § 98 Rn. 25.
[154] Böttcher/Habighorst/Schulte/*Böttcher* § 2 Rn. 31; Lutter/*Drygala* § 2 Rn. 53.
[155] Böttcher/Habighorst/Schulte/*Böttcher* § 2 Rn. 31; Lutter/*Drygala* § 2 Rn. 53.
[156] Böttcher/Habighorst/Schulte/*Böttcher* § 2 Rn. 32; Lutter/*Drygala* § 2 Rn 54.
[157] Widmann/Mayer/*Fronhöfer* § 2 Rn. 119; Semler/Stengel/*Stengel* § 2 Rn. 83.
[158] Lutter/*Drygala* § 2 Rn. 55; Böttcher/Habighorst/*Schulte* § 2 Rn. 33; Semler/Stengel/*Stengel* § 2 Rn. 83.
[159] Lutter/*Drygala* § 2 Rn. 56; Böttcher/Habighorst/*Schulte* § 2 Rn. 33.

4. Regelung zur Kostentragung

Die Kostentragung kann bereits im **Verschmelzungsvertrag** geregelt werden. Meist wird der übernehmende bzw. neue Rechtsträger zur Kostentragung verpflichtet.[160] Dies ist auch zweckmäßig, weil übertragende Rechtsträger mit wirksamer Verschmelzung erlöschen und die Kosten somit nur noch von dem übernehmenden bzw. neuen Rechtsträger übernommen werden können.

65

VII. Abgrenzung zu fusionsähnlichen Strukturmaßnahmen

→ § 3 Rn. 11 ff.

66

§ 7 Verschmelzungsfähige Rechtsträger

Übersicht

	Rdnr.
I. Überblick	1–3
II. Uneingeschränkt verschmelzungsfähige Rechtsträger (§ 3 Abs. 1 UmwG)	4–27
1. Personenhandelsgesellschaften und Partnerschaftsgesellschaften (§ 3 Abs. 1 Nr. 1 UmwG)	5–11
a) Offene Handelsgesellschaften (OHG) und Kommanditgesellschaften (KG) (§ 3 Abs. 1 Nr. 1 Alt. 1, §§ 39 ff. UmwG)	5–8
b) Partnerschaftsgesellschaften (§ 3 Abs. 1 Nr. 1 Alt. 2, §§ 45a ff. UmwG)	9
c) EWIV	10
d) Fehlerhafte Personenhandelsgesellschaften und Partnerschaftsgesellschaften	11
2. Kapitalgesellschaften (§ 3 Abs. 1 Nr. 2 UmwG)	12–21
a) Gesellschaften mit beschränkter Haftung (GmbH) (§ 3 Abs. 1 Nr. 2, §§ 46 ff. UmwG)	12–16
b) Aktiengesellschaften (AG) (§ 3 Abs. 1 Nr. 2, §§ 60 ff. UmwG)	17
c) Kommanditgesellschaften auf Aktien (KGaA) (§ 3 Abs. 1 Nr. 2, § 78 UmwG)	18
d) Vorgründungsgesellschaften/Vor-Gesellschaften	19, 20
e) Fehlerhaft errichtete und nichtige Kapitalgesellschaften	21
3. Eingetragene Genossenschaften (e. G.) (§ 3 Abs. 1 Nr. 3, §§ 79 ff. UmwG)	22
4. Eingetragene Vereine (e. V.) (§ 3 Abs. 1 Nr. 4, Abs. 2, §§ 99 ff. UmwG)	23
5. Genossenschaftliche Prüfungsverbände (§ 3 Abs. 1 Nr. 5, §§ 105 ff. UmwG)	24
6. Versicherungsvereine auf Gegenseitigkeit (VVaG) (§ 3 Abs. 1 Nr. 6, § 109 UmwG)	25
7. Europäische Aktiengesellschaften (SE)	26
8. Europäische Genossenschaften (SCE)	27
III. Eingeschränkt verschmelzungsfähige Rechtsträger (§ 3 Abs. 2 UmwG)	28–30
1. Wirtschaftliche Vereine (§ 3 Abs. 2 Nr. 1, § 99 UmwG)	29
2. Natürliche Personen (§ 3 Abs. 2 Nr. 2, § 120 UmwG)	30
IV. Aufgelöste Rechtsträger (§ 3 Abs. 3 UmwG)	31–49
1. Aufgelöste Rechtsträger als übertragende Rechtsträger	31–45
a) Fortsetzungsmöglichkeit	32–43
aa) Keine Vollbeendigung	33
bb) Keine Vermögensverteilung	34–36
cc) Beseitigung des Auflösungsgrunds	37–43
b) Fortsetzungsbeschluss	44
c) Fehlerhafte Anwendung des § 3 Abs. 3 UmwG	45
2. Aufgelöste Rechtsträger als übernehmende Rechtsträger	46–49
V. Überschuldete Rechtsträger	50–54
1. Überschuldete Rechtsträger als übertragende Rechtsträger	51–53
2. Überschuldete Rechtsträger als übernehmende Rechtsträger	54
VI. Mischverschmelzungen (§ 3 Abs. 4 UmwG)	55–57

---

[160] Lutter/*Drygala* § 2 Rn. 57.

Schrifttum: *Bayer*, 1000 Tage neues Umwandlungsrecht – eine Zwischenbilanz, ZIP 1997, 1613; *Becker*, Umwandlungsmaßnahmen im Insolvenzplan und die Grenzen einer Überlagerung des Gesellschaftsrechts durch das Insolvenzrecht, ZInsO 2013, 1885; *Berninger*, Die Unternehmergesellschaft (haftungsbeschränkt) – Sachkapitalerhöhungsverbot und Umwandlungsrecht, GmbHR 2010, 63; *Blasche*, Umwandlungsmöglichkeiten bei Auflösung, Überschuldung oder Insolvenz eines der beteiligten Rechtsträger, GWR 2010, 441; *Bormann*, Die Kapitalaufbringung nach dem Regierungsentwurf des MoMiG, GmbHR 2007, 897; *Casper*, Numerus Clausus und Mehrstaatlichkeit bei der SE-Gründung, AG 2007, 97; *Freitag/Riemenschneider*, Die Unternehmergesellschaft – „GmbH light" als Konkurrenz für die Limited?, ZIP 2007, 1485; *Ganske*, Umwandlungsrecht, 2. Aufl. 1995; *Gasteyer*, Die Unternehmergesellschaft (haftungsbeschränkt), NZG 2009, 1364; *Gehrlein*, Der aktuelle Stand des neuen GmbH-Rechts, Der Konzern 2007, 771; *Halasz/L. Kloster/A. Kloster*, Die GmbH & Co. KGaA – Eine Rechtsformalternative zur GmbH & Co. KG?, GmbHR 2002, 77; *Heckschen*, Umwandlungsrecht und Insolvenz, FS Widmann, 2000, S. 31; *ders.*, Das MoMiG in der notariellen Praxis, 2009; *ders.*, Das Umwandlungsrecht unter Berücksichtigung registerrechtlicher Problembereiche, Rpfleger 1999, 357; *ders.*, Die Entwicklung des Umwandlungsrechts aus Sicht der Rechtsprechung und Praxis, DB 1998, 1385; *ders.*, Umstrukturierung von Kapitalgesellschaften vor und während der Krise: Umwandlungsmaßnahmen vor dem Insolvenzeröffnungsantrag, DB 2005, 2283; *ders.*, Umstrukturierung krisengeschüttelter Kapitalgesellschaften: Umwandlungsmaßnahmen nach Stellung des Insolvenzantrages, DB 2005, 2675; *ders.*, Gründungserleichterungen nach dem MoMiG – Zweifelsfragen in der Praxis, DStR 2009, 166; *ders./Heidinger*, Die GmbH in der Gestaltungs- und Beratungspraxis, 3. Aufl. 2013; *Heinemann*, Die Unternehmergesellschaft als Zielgesellschaft von Formwechsel, Verschmelzung und Spaltung nach dem Umwandlungsgesetz, NZG 2008, 820; *Hennrichs*, Die UG (haftungsbeschränkt) – Reichweite des Sacheinlageverbots und gesetzliche Rücklage, NZG 2009, 1161; *Klein/Stephanblome*, Der Downstream Merger – aktuelle umwandlungs- und gesellschaftsrechtliche Fragestellungen, ZGR 2007, 351; *Klose*, Die Stammkapitalerhöhung bei der Unternehmergesellschaft (haftungsbeschränkt), GmbHR 2009, 294; *Kossmann/Heinrich*, Möglichkeiten der Umwandlung einer bestehenden SE, ZIP 2007, 164; *Meister*, Die Auswirkungen des MoMiG auf das Umwandlungsrecht, NZG 2008, 767; *Oplustil/Schneider*, Zur Stellung der Aktiengesellschaft im Umwandlungsrecht, NZG 2003, 13; *Rubner/Leuering*, Verschmelzung einer überschuldeten Gesellschaft, NJW-Spezial 2012, 719; *K. Schmidt*, Umwandlung von Vorgesellschaften? §§ 41 AktG, 11 GmbHG und umwandlungsrechtlicher numerus clausus, FS Zöllner, 1999, S. 521; *ders.*, Gesetzliche Gestaltung und dogmatisches Konzept eines neuen Umwandlungsgesetzes, ZGR 1990, 580; *ders.*, Fünf Jahre „neues Handelsrecht", JZ 2003, 585; *Schreiber*, Die Unternehmergesellschaft als Rechtsformvariante im Gefüge des GmbH-Rechts, DZWIR 2009, 492; *Simon/Merkelbach*, Gesellschaftsrechtliche Strukturmaßnahmen im Insolvenzplanverfahren nach dem ESUG, NZG 2012, 121; *Tettinger*, UG (umwandlungsbeschränkt)? Die Unternehmergesellschaft nach dem MoMiG-Entwurf und das UmwG, Der Konzern 2008, 75; *Trölitzsch*, Rechtsprechungsübersicht – Das Umwandlungsrecht seit 1995, WiB 1997, 795; *Vossius*, Gründung und Umwandlung der deutschen Europäischen Gesellschaft (SE), ZIP 2005, 741; *Veil*, Die Unternehmergesellschaft nach dem Regierungsentwurf des MoMiG, GmbHR 2007, 1080; *Wachter*, Die neue Unternehmergesellschaft (haftungsbeschränkt), Sonderheft GmbHR 2008, 25; *ders.*, Umwandlung insolventer Gesellschaften, NZG 2015, 858; *Weber*, Die Unternehmergesellschaft (haftungsbeschränkt), BB 2009, 842; *Weiler*, Grenzen des Verzichts auf die Anteilsgewährung im Umwandlungsrecht, NZG 2008, 527; *Wilhelm*, Unternehmergesellschaft (haftungsbeschränkt) – Der neue § 5a GmbHG in dem RegE zum MoMiG, DB 2007, 1510; *Zöllner*, Bemerkungen zu allgemeinen Fragen des Referentenentwurfs eines Umwandlungsgesetzes, ZGR 1993, 334.

I. Überblick

1   Rechtsträger können an einer Verschmelzung nur beteiligt sein, wenn sie **verschmelzungsfähig** sind. Das UmwG gibt insoweit einen *numerus clausus* verschmelzungsfähiger Rechtsträger vor.[1] Zu unterscheiden sind **uneingeschränkt verschmelzungsfähige** und **eingeschränkt verschmelzungsfähige Rechtsträger** (§ 3 Abs. 1 und 2 UmwG; → Rn. 4 ff. und 28 ff.). Die Verschmelzung kann vorbehaltlich anderslautender Regelungen unter

---

[1] RegBegr. zu § 3 UmwG bei *Ganske* S. 47; Kallmeyer/*Marsch-Barner* § 3 Rn. 2; Kölner Kommentar-UmwG/*Simon* § 3 Rn. 5; Übersicht über alle denkbaren Verschmelzungskonstellationen bei Sagasser/Bula/Brünger/*Sagasser* § 2 Rn. 28.

§ 7 Verschmelzungsfähige Rechtsträger

gleichzeitiger Beteiligung sowohl von Rechtsträgern derselben Rechtsform als auch von Rechtsträgern unterschiedlicher Rechtsform erfolgen (§ 3 Abs. 4 UmwG).

Verschmelzungsfähig sind generell nur **Rechtsträger mit Sitz im Inland** (§ 1 Abs. 1 UmwG).[2] Rechtsträger ist jede im Rechtsverkehr auftretende juristische Einheit.[3] Der Begriff umfasst sowohl Gesellschaften als auch sonstige Körperschaften. Das Gesetz verwendet den Begriff des Rechtsträgers bewusst, um klarzustellen, dass der Gegenstand der Übertragung das Vermögen ist (im Gegensatz zum Unternehmen selbst) und sich Umwandlungen auf den Unternehmensträger als Rechtssubjekt beziehen.[4] Der Rechtsträger muss aber kein Unternehmensträger sein, es sei denn, rechtsformspezifische Besonderheiten erfordern dies.[5] Auch **aufgelöste Rechtsträger** können als übertragende Rechtsträger beteiligt sein, wenn die Fortsetzung dieser Rechtsträger beschlossen werden könnte (§ 3 Abs. 3 UmwG; → Rn. 31 ff.).

In § 3 UmwG **nicht genannte Rechtsträger** sind **nicht verschmelzungsfähig** iSd UmwG. Dies folgt aus dem abschließenden Charakter der Aufzählung in § 3 Abs. 1 und Abs. 2 UmwG. Das Analogieverbot des § 1 Abs. 2 UmwG verbietet eine analoge Anwendung des UmwG auf andere Rechtsträger (→ § 4 Rn. 5).[6] Zu den nicht verschmelzungsfähigen Rechtssubjekten zählen insbes. die (Außen–)GbR, die Wohnungseigentümergemeinschaft nach dem WEG, stille Gesellschaften, Bruchteilsgemeinschaften nach §§ 741 ff. BGB und nicht rechtsfähige Vereine.[7] Gleiches gilt für rechtsfähige Körperschaften, Anstalten öffentlichen Rechts und rechtsfähige Stiftungen.[8] Erbengemeinschaften sind ebenfalls nicht verschmelzungsfähig.[9] Die Regelung des § 3 Abs. 2 Nr. 2 UmwG regelt die Beteiligung natürlicher Personen an Verschmelzungen abschließend.[10] Die fehlende Verschmelzungsfähigkeit der nicht aufgezählten Rechtssubjekte erscheint auch deshalb konsequent, weil sie weder der Registerpublizität noch der Rechnungslegungspflicht unterliegen; beides ist für Verschmelzungen von wesentlicher Bedeutung. Nicht verschmelzungsfähige Rechtssubjekte können aber an anderen Arten von Umstrukturierungen, die im wirtschaftlichen Ergebnis einer Verschmelzung nach dem UmwG gleichkommen, beteiligt sein.[11]

II. Uneingeschränkt verschmelzungsfähige Rechtsträger (§ 3 Abs. 1 UmwG)

§ 3 Abs. 1 UmwG legt die uneingeschränkt verschmelzungsfähigen Rechtsträger fest. Diese können als übertragende, übernehmende oder neue Rechtsträger an einer Ver-

---

[2] Zur Möglichkeit der grenzüberschreitenden Verschmelzung einer inländischen mit einer ausländischen Kapitalgesellschaft vgl. §§ 122a ff. UmwG; → § 18 Rn. 24 ff.

[3] RegBegr. zu Allgemeines bei *Ganske* S. 13.

[4] Vgl. RegBegr. zu Allgemeines bei *Ganske* S. 13; Lutter/*Drygala* § 3 Rn. 2; Widmann/Mayer/ *Fronhöfer* § 3 Rn. 4; *K. Schmidt* ZGR 1990, 580, 592 ff.; Semler/Stengel/*Stengel* § 3 Rn. 3.

[5] *K. Schmidt* ZGR 1990, 580, 593 f.; Kölner Kommentar-UmwG/*Simon* § 3 Rn. 9.

[6] Böttcher/Habighorst/Schulte/*Böttcher* § 3 Rn. 2; Lutter/*Drygala* § 3 Rn. 7; Semler/Stengel/*Stengel* § 3 Rn. 10; vgl. auch Kallmeyer/*Marsch-Barner* § 3 Rn. 2.

[7] Böttcher/Habighorst/Schulte/*Böttcher* § 3 Rn. 2; Lutter/*Drygala* § 3 Rn. 7; Widmann/Mayer/ *Fronhöfer* § 3 Rn. 38; Semler/Stengel/*Stengel* § 3 Rn. 10; kritisch zur GbR *Zöllner* ZGR 1993, 334, 340.

[8] Böttcher/Habighorst/Schulte/*Böttcher* § 3 Rn. 2; Lutter/*Drygala* § 3 Rn. 7; Maulbetsch/ Klumpp/Rose/*Schäfer* § 3 Rn. 1; Kölner Kommentar-UmwG/*Simon* § 3 Rn. 50.

[9] Lutter/*Drygala* § 3 Rn. 7; Widmann/Mayer/*Fronhöfer* § 3 Rn. 38; Kallmeyer/*Marsch-Barner* § 3 Rn. 2.

[10] Böttcher/Habighorst/Schulte/*Böttcher* § 3 Rn. 2; Lutter/*Drygala* § 3 Rn. 17; Widmann/Mayer/ *Fronhöfer* § 3 Rn. 38; Widmann/Mayer/*Heckschen* § 1 Rn. 53; *Heckschen* Rpfleger 1999, 357, 358; Sagasser/Bula/Brünger/*Sagasser/Luke* § 9 Rn. 23; Semler/Stengel/*Stengel* § 3 Rn. 10.

[11] Z. B. in Form einer Anwachsung nach § 738 Abs. 1 S. 1 BGB, eines Rechtsformwechsels durch Aufnahme eines Handelsgewerbes (§§ 1, 105 HGB) oder einer Übertragung des gesamten Vermögens im Wege der Einzelrechtsnachfolge; s. dazu auch Kallmeyer/*Marsch-Barner* § 3 Rn. 2; Kölner Kommentar-UmwG/*Simon* § 3 Rn. 7.

schmelzung beteiligt sein. Die grds. uneingeschränkte Verschmelzungsfähigkeit der in § 3 Abs. 1 UmwG genannten Rechtsträger kann allerdings durch besondere **rechtsformspezifische Vorschriften des Zweiten Buchs des UmwG**, die entsprechend der Systematik des UmwG auch für die in § 3 Abs. 1 UmwG genannten Rechtsträger gelten, eingeschränkt sein.[12]

1. Personenhandelsgesellschaften und Partnerschaftsgesellschaften (§ 3 Abs. 1 Nr. 1 UmwG)

5   a) **Offene Handelsgesellschaften (OHG) und Kommanditgesellschaften (KG) (§ 3 Abs. 1 Nr. 1 Alt. 1, §§ 39 ff. UmwG).** Die Personenhandelsgesellschaften **OHG**[13] und **KG**[14] sind unabhängig von ihrer konkreten Erscheinungsform verschmelzungsfähig. Gleiches gilt für **GmbH & Co. KG, AG & Co. KG** und **Publikums-KG**.[15] Nicht zu den Personenhandelsgesellschaften zählen die **GbR**[16] und die **stille Gesellschaft**.[17] Sie sind **nicht verschmelzungsfähig**. Näher zur Verschmelzung von Personengesellschaften → § 15 Rn. 599 ff.

6   Verschmelzungsfähig sind grds. auch **nicht im Handelsregister eingetragene Personenhandelsgesellschaften**. Für die Abgrenzung zwischen Personenhandelsgesellschaften und GbR ist unabhängig von der Eintragung im Handelsregister grds. das objektive **Vorliegen des Betriebs eines Handelsgewerbes iSd §§ 1, 2 HGB** entscheidend.[18] Eine Gesellschaft, die einen Gewerbebetrieb gem. § 1 HGB betreibt, ist unabhängig von ihrer Eintragung im Handelsregister ab dem Geschäftsbeginn eine OHG, wenn die weiteren Merkmale des § 105 Abs. 1 HGB erfüllt sind.[19] Die Eintragung im Handelsregister hat rein deklaratorische Wirkung. Deshalb ist eine solche Gesellschaft auch schon vor der Eintragung im Handelsregister verschmelzungsfähig. Mangels Eintragung muss die Gesellschaft dann allerdings nachweisen, dass sie Personenhandelsgesellschaft ist. Da die Verschmelzung gem. §§ 19, 20 UmwG außerdem erst mit Eintragung im Handelsregister aller beteiligten Rechtsträger wirksam wird, muss die Personenhandelsgesellschaft spätestens für den Vollzug der Verschmelzung zwingend im Handelsregister eingetragen sein. Ist eine Personenhandelsgesellschaft im Zeitpunkt des geplanten Vollzugs der Verschmelzung noch nicht im Handelsregister eingetragen, kann die Verschmelzung nicht wirksam werden (von den Ausnahmen der §§ 118, 119, 120 UmwG abgesehen).[20] Nicht verschmelzungsfähig sind demgegenüber Gesellschaften, bei denen die Eintragung im Handelsregister für das Entstehen einer Personenhandelsgesellschaft konstitutiv ist. Dies ist der Fall bei **Gesellschaften nach § 105 Abs. 2 HGB**[21] (Kleinbetriebe und reine Vermögensverwaltungsgesellschaften).[22] Die Verschmelzungsfähigkeit beginnt bei solchen Gesellschaften erst mit der Eintragung im Handelsregister.[23]

---

[12] S. auch Kölner Kommentar-UmwG/*Simon* § 3 Rn. 2; Semler/Stengel/*Stengel* § 3 Rn. 7.
[13] §§ 105 ff. HGB.
[14] §§ 181 ff. HGB.
[15] Lutter/*Drygala* § 3 Rn. 4; Widmann/Mayer/*Fronhöfer* § 3 Rn. 8; *Kallmeyer* GmbHR 2000, 418, 419; Kallmeyer/*Marsch-Barner* § 3 Rn. 3; Schmitt/Hörtnagl/Stratz/*Stratz* § 3 Rn. 9; vgl. auch Reg-Begr. zu § 39 UmwG bei *Ganske* S. 92.
[16] §§ 705 ff. BGB.
[17] §§ 230 ff. HGB.
[18] BGH II ZR 72/59, NJW 1960, 1664, 1665; BGH II ZR 282/55, NJW 1957, 218, 219; BGH II ZR 205/52, NJW 1953, 1217, 1218; Baumbach/Hopt/*Roth* § 105 Rn. 1 und 7; Staub/*Schäfer* HGB § 105 Rn. 15.
[19] Für die KG gilt dies gem. § 161 Abs. 2 HGB entsprechend.
[20] Böttcher/Habighorst/Schulte/*Böttcher* § 3 Rn. 3; Widmann/Mayer/*Fronhöfer* § 3 Rn. 10; Kölner Kommentar-UmwG/*Simon* § 3 Rn. 19.
[21] Für die KG iVm § 161 Abs. 2 HGB.
[22] Baumbach/Hopt/*Roth* § 105 Rn. 12.
[23] Lutter/*Drygala* § 3 Rn. 33; Widmann/Mayer/*Fronhöfer* § 3 Rn. 9; Kölner Kommentar-UmwG/*Simon* § 3 Rn. 19.

§ 7 Verschmelzungsfähige Rechtsträger

Personenhandelsgesellschaften verlieren ihre Verschmelzungsfähigkeit grds., wenn sie **7** ihren **Geschäftsbetrieb dauerhaft einstellen** und zuvor die Voraussetzungen des § 105 Abs. 1 HGB erfüllt waren. In solchen Fällen betreibt die Gesellschaft ab der Einstellung des Geschäftsbetriebs kein Handelsgewerbe iSd §§ 1, 2 HGB mehr und wird kraft Gesetzes zur GbR;[24] gleichzeitig verliert sie ihre Verschmelzungsfähigkeit.[25] Etwas anderes gilt allerdings, wenn die OHG bzw. KG durch konstitutive Eintragung gem. §§ 105 Abs. 2, 2 S. 2 HGB im Handelsregister zur Personenhandelsgesellschaft wurde und diese Eintragung trotz Einstellung des Geschäftsbetriebs bestehen bleibt.[26] In der Anmeldung der Verschmelzung zum Handelsregister ist dann zugleich der konkludente Wille zu sehen, dass die Gesellschaft gem. §§ 105 Abs. 2, 2 S. 2 HGB eingetragen und somit Personenhandelsgesellschaft bleiben soll.[27] Die Gesellschaft ist dann verschmelzungsfähig und eine Verschmelzung möglich.[28] Fehlen bei der übernehmenden bzw. neuen OHG oder KG allerdings dauerhaft die Voraussetzungen für ihre Eintragung, kommt eine Amtslöschung der Gesellschaft gem. § 395 Abs. 1 FamFG in Betracht.[29]

Verschmelzungsfähig können auch Personenhandelsgesellschaften sein, die zunächst nach **8** §§ 105 Abs. 1, 1 HGB mit deklaratorischer Wirkung ins Handelsregister eingetragen wurden, deren kaufmännisches Gewerbe danach aber **auf einen nicht kaufmännischen Umfang herabsinkt**. In solchen Fällen werden die betroffenen Gesellschaften kraft Gesetzes zur GbR,[30] mithin zu einem nicht verschmelzungsfähigen Rechtsträger[31]. Allerdings kann die Verschmelzungsfähigkeit erhalten bleiben, wenn die Gesellschaft gem. § 105 Abs. 2 HGB in das Handelsregister eingetragen wird. Den Gesellschaftern steht es frei, ihren Willen zur Eintragung der Gesellschaft im Handelsregister gem. §§ 105 Abs. 2, 2 S. 2 HGB (ggf. auch konkludent) zu erklären und damit die Verschmelzungsfähigkeit unstreitig zu begründen. Einen solchen konkludenten Willen zur Eintragung gem. §§ 105 Abs. 2, 2 S. 2 HGB wird man idR bereits in der Handelsregisteranmeldung zur Verschmelzung sehen können.[32]

b) Partnerschaftsgesellschaften (§ 3 Abs. 1 Nr. 1 Alt. 2, §§ 45a ff. UmwG).
Partnerschaftsgesellschaften zählen grds. zu den uneingeschränkt verschmelzungsfähigen **9** Rechtsträgern. Allerdings sind die Sonderregelungen der §§ 45a – 45e UmwG zu beachten. Eine Verschmelzung auf eine Partnerschaftsgesellschaft als übernehmenden Rechtsträger ist nach § 45a S. 1 UmwG nur möglich, wenn im Zeitpunkt ihres Wirksamwerdens alle Anteilsinhaber der übertragenden Rechtsträger natürliche Personen sind, die einen freien Beruf iSd § 1 Abs. 1 und 2 PartGG ausüben. Die Regelungen gelten auch für die Partnerschaftsgesellschaft mit beschränkter Berufshaftung als einer Variante der Partnerschaftsgesellschaft.[33] Näher zur Verschmelzung von Partnerschaftsgesellschaften → § 15 Rn. 606.

---

[24] Baumbach/Hopt/*Roth* § 105 Rn. 8.
[25] Lutter/*Drygala* § 3 Rn. 33; Kallmeyer/*Marsch-Barner* § 3 Rn. 7; Semler/Stengel/*Stengel* § 3 Rn. 16.
[26] Widmann/Mayer/*Fronhöfer* § 3 Rn. 11; Kallmeyer/*Marsch-Barner* § 3 Rn. 7; Semler/Stengel/*Stengel* § 3 Rn. 16.
[27] Kallmeyer/*Marsch-Barner* § 3 Rn. 7; Kölner Kommentar-UmwG/*Simon* § 3 Rn. 16; aA Lutter/*Drygala* § 3 Rn. 33.
[28] Kallmeyer/*Marsch-Barner* § 3 Rn. 7; Kölner Kommentar-UmwG/*Simon* § 3 Rn. 16; Semler/Stengel/*Stengel* § 3 Rn. 16; für Wirksamkeit iErg auch Lutter/*Drygala* § 3 Rn. 33 mit der Begründung, dass eine Verschmelzung jedenfalls nach Eintragung im Handelsregister gem. § 20 Abs. 2 UmwG wirksam sei.
[29] Kallmeyer/*Marsch-Barner* § 3 Rn. 7; Lutter-Umwandlungsrechtstage/*H. Schmidt* S. 70.
[30] Baumbach/Hopt/*Roth* Einl. vor § 105 Rn. 19; Erman/*Westermann* H. P. BGB § 705 Rn. 3.
[31] Lutter/*Drygala* § 3 Rn. 33; Kallmeyer/*Marsch-Barner* § 3 Rn. 7.
[32] Kallmeyer/*Marsch-Barner* § 3 Rn. 7; Kölner Kommentar-UmwG/*Simon* § 3 Rn. 16; aA Lutter/*Drygala* § 3 Rn. 33.
[33] Lutter/*Drygala* § 3 Rn. 9; Kallmeyer/*Marsch-Barner* § 3 Rn. 6.

10 c) **EWIV.** EWIV sind in § 3 Abs. 1 Nr. 1 UmwG nicht explizit aufgeführt, aber aufgrund der entsprechenden Anwendbarkeit der OHG-Vorschriften nach § 1 EWIV-Ausführungsgesetz ebenfalls verschmelzungsfähig. Der grds. abschließende Charakter des § 3 UmwG steht dem aufgrund des Anwendungsvorrangs des EU-Rechts nicht entgegen.[34] Auch das Analogieverbot des § 1 Abs. 2 UmwG gilt nicht, weil die EWIV kraft Gesetzes umwandlungsrechtlich als OHG gilt und deshalb schon keine Regelungslücke für eine Analogie besteht.[35]

d) **Fehlerhafte Personenhandelsgesellschaften und Partnerschaftsgesellschaften.**
11 Für **fehlerhafte Gesellschaften** gelten die allgemeinen Regelungen des Gesellschaftsrechts. Soweit die fehlerhafte Gesellschaft danach als im Rechtsverkehr wirksam entstanden behandelt wird, ist sie auch verschmelzungsfähig.[36]

2. Kapitalgesellschaften (§ 3 Abs. 1 Nr. 2 UmwG)

12 a) **Gesellschaften mit beschränkter Haftung (GmbH) (§ 3 Abs. 1 Nr. 2, §§ 46 ff. UmwG).** Die **GmbH** ist nach § 3 Abs. 1 Nr. 2 UmwG uneingeschränkt verschmelzungsfähig. Näher zur Verschmelzung von GmbHs → § 15 Rn. 158 ff. Die **UG** unterliegt als Unterform der GmbH allen Vorschriften, die die GmbH betreffen – mit Ausnahme der Sonderregelung in § 5a GmbHG.[37] Deshalb ist die UG grds. verschmelzungsfähig, obwohl sie im UmwG nicht explizit genannt ist.[38] Aus der Sonderregelung des § 5a GmbHG (Verbot der Sacheinlage) folgen jedoch Einschränkungen für die Verschmelzungsfähigkeit der UG in bestimmten Konstellationen, weshalb für die Zwecke des UmwG danach zu unterscheiden ist, ob die UG übertragender oder übernehmender Rechtsträger sein soll.

13 Als **übertragender Rechtsträger** kann die **UG** an einer Verschmelzung zur Aufnahme oder zur Neugründung beteiligt sein.[39] Die Regelung des § 5a Abs. 2 S. 2 GmbHG steht dem nicht entgegen, weil der übertragende Rechtsträger sein Vermögen einschließlich der Verbindlichkeiten im Zuge der Verschmelzung überträgt und erlischt.

14 Verschmelzungen unter Beteiligung einer **UG als übernehmender Rechtsträger** sind wegen § 5a Abs. 2 S. 2 GmbHG problematisch, wenn eine **Verschmelzung zur Aufnahme durch eine UG mit Kapitalerhöhung** erfolgt. Die diesbezüglichen Einzelheiten sind umstritten.[40] Streitig ist insbes., ob die Beschränkungen des § 5a Abs. 2 S. 2 GmbHG bei einer Erhöhung des Stammkapitals auf das GmbH-Mindestkapital von 25.000 EUR oder darüber hinaus erst nach Vollzug des Erhöhungsvorgangs durch Eintragung im Handelsregister wegfallen oder bereits beim Erhöhungsvorgang selbst nicht mehr gelten. Die strengste Auffassung verbietet bei der UG unter Verweis auf den Wortlaut des § 5a Abs. 2 S. 2 GmbHG jede Form der Kapitalerhöhung gegen Sacheinlage. Sacheinlagen seien erst möglich, nachdem aus der UG eine normale GmbH geworden sei.[41] Die UG könne deshalb kein übernehmender Rechtsträger bei einer Verschmelzung zur Aufnahme

---

[34] Böttcher/Habighorst/Schulte/*Böttcher* § 3 Rn. 6.
[35] Böttcher/Habighorst/Schulte/*Böttcher* § 3 Rn. 6; Semler/Stengel/*Stengel* § 3 Rn. 14; Schmitt/Hörtnagel/Stratz/*Stratz* § 3 Rn. 11.
[36] Böttcher/Habighorst/Schulte/*Böttcher* § 3 Rn. 3; Maulbetsch/Klumpp/Rose/*Schäffler* § 3 Rn. 2; Semler/Stengel/*Stengel* § 3 Rn. 17.
[37] BT-Drs. 16/6140, S. 31 f.
[38] *Berninger* GmbHR 2010, 63, 64; *Bormann* GmbHR 2007, 897, 899; *Freitag/Riemenschneider* ZIP 2007, 1485, 1491; Widmann/Mayer/*Fronhöfer* § 3 Rn. 16.2; *Gasteyer* NZG 2009, 1364, 1367; Limmer/*Limmer* Teil 2 Kap. 2 Rn. 901; *Meister* NZG 2008, 767; *Veil* GmbHR, 2007, 1080, 1084.
[39] Böttcher/Habighorst/Schulte/*Böttcher* § 3 Rn. 8; *Freitag/Riemenschneider* ZIP 2007, 1485, 1491; Widmann/Mayer/*Fronhöfer* § 3 Rn. 16.3; *Gasteyer* NZG 2009, 1364, 1367; Kallmeyer/*Marsch-Barner* § 3 Rn. 9; Semler/Stengel/*Stengel* § 3 Rn. 20a; Schmitt/Hörtnagel/Stratz/*Stratz* § 3 Rn. 18; *Tettinger* Der Konzern 2008, 75, 76; *Weber* BB 2009, 842, 846 f.
[40] Übersicht zu vertretenen Ansichten bei *Hennrichs* NZG 2009, 1161, 1162.
[41] *Freitag/Riemenschneider* ZIP 2007, 1485. 1486; *Gehrlein* Der Konzern 2007, 771, 779; *Heckschen* DStR 2009, 166, 172; ders. Das MoMiG in der notariellen Praxis, 2009, Rn. 190, 220; *Wachter* GmbHR Sonderheft Oktober 2008, 25, 32; *Weber* BB 2009, 842, 847.

mit gleichzeitiger Kapitalerhöhung sein.[42] Diese Auffassung ist jedoch abzulehnen. Weder der Wortlaut noch die *ratio legis* gebieten eine solche Auslegung. Ansonsten würde die UG im Vergleich zur GmbH benachteiligt.[43] Es ist nicht ersichtlich, weshalb der Gesetzgeber einerseits die Gründung einer GmbH mit einer gemischten Bar- und Sacheinlage zulassen, andererseits aber die Stufengründung einer GmbH in Form der Bargründung einer UG mit anschließender Sachkapitalerhöhung bis zur Höhe des GmbH-Mindestkapitals verbieten sollte.[44] Zweck des Sacheinlagenverbots in § 5a Abs. 2 S. 2 GmbHG ist die Erleichterung und Beschleunigung der Gründung, nicht die Beschränkung der UG in ihrer weiteren Entwicklung.[45] Nach zutreffender Auffassung folgt daher aus dem Verbot der Sachgründung kein grundsätzliches Verbot späterer Sachkapitalerhöhungen.[46] Dies gilt jedenfalls soweit das Stammkapital zur Durchführung der Verschmelzung zur Aufnahme auf mindestens 25.000 EUR erhöht wird.[47] Dadurch entsteht eine „normale" GmbH und es ist nicht ersichtlich, weshalb die Sachgründung einer GmbH zulässig, die Sachkapitalerhöhung zur Aufwertung einer UG in eine GmbH dagegen verboten sein soll.[48] Anders liegt der Fall, wenn auch nach der verschmelzungsbedingten Kapitalerhöhung das Stammkapital hinter dem Betrag von 25.000 EUR zurückbleibt. Die ganz überwiegende Auffassung geht davon aus, dass § 5a Abs. 2 S. 2 GmbHG einer solchen Verschmelzung zur Aufnahme durch eine UG entgegensteht.[49] Dies überzeugt, weil die Beschränkungen des § 5a Abs. 2 S. 2 GmbHG im Zuge einer Verschmelzung nur entfallen dürften, soweit der Betrag von 25.000 EUR erreicht und die UG dadurch zur GmbH wird.

Erfolgt die **Verschmelzung zur Aufnahme durch eine UG ohne Kapitalerhöhung** 15 (z. B. nach § 54 Abs. 1 S. 3 UmwG oder § 54 Abs. 1 S. 1 Nr. 1 UmwG), kann die UG übernehmender Rechtsträger einer Verschmelzung zur Aufnahme sein. Eine mögliche Kollision mit § 5a Abs. 2 S. 2 GmbHG ist hier von vornherein ausgeschlossen.[50]

---

[42] *Tettinger* Der Konzern 2008, 75, 76 f.
[43] BGH II ZB 25/10, ZIP 2011, 955, 957; Böttcher/Habighorst/Schulte/*Böttcher* § 3 Rn. 8; *Hennrichs* NZG 2009, 1161, 1163; Kölner Kommentar-UmwG/*Simon* § 3 Rn. 21; Semler/Stengel/*Stengel* § 3 Rn. 20a; Schmitt/Hörtnagel/Stratz/*Stratz* § 3 Rn. 19.
[44] *Berninger* GmbHR 2010, 63, 66; Lutter/*Drygala* § 3 Rn. 13; *Freitag/Riemenschneider* ZIP 2007, 1485, 1491; Widmann/Mayer/*Fronhöfer* § 3 Rn. 16.2; *Heinemann* NZG 2008, 820, 821; Michalski/*J. Schmidt* GmbHG § 5a Rn. 12; MünchKommGmbHG/*Rieder* § 5a Rn. 42; aA insbes. OLG München 31 Wx 149/10, NJW 2011, 464, 465 f.
[45] *Hennrichs* NZG 2009, 1161, 1163 f.; Limmer/*Limmer* Teil 2 Kap. 2 Rn. 904.
[46] BGH II ZB 25/10, NJW 2011, 1881, 1882 f.; *Berninger* GmbHR 2010, 63, 66; *Heinemann* NZG 2008, 820, 821; *Hennrichs* NZG 2009, 1161, 1162 f.; Lutter/Hommelhoff/*Kleindiek* GmbHG § 5a Rn. 23 f.; *Klose* GmbHR 2009, 294, 295 ff.; Kallmeyer/*Marsch-Barner* § 3 Rn. 9; Semler/Stengel/*Stengel* § 3 Rn. 20a; *Tettinger* Der Konzern 2008, 75, 76 f.
[47] BGH II ZB 25/10, NJW 2011, 1881, 1882 f.; *Berninger* GmbHR 2010, 63, 68; Widmann/Mayer/*Fronhöfer* § 3 Rn. 16.3; *Gasteyer* NZG 2009, 1364, 136; Kallmeyer/*Marsch-Barner* § 3 Rn. 9; zur Kapitalerhöhung zustimmend *Heinemann* NZG 2008, 820, 821; *Meister* NZG 2008, 767, 768; Semler/Stengel/*Stengel* § 3 Rn. 20a, *Tettinger* Der Konzern 2008, 75, 76 f.
[48] BGH II ZB 25/10, NJW 2011, 1881, 1882 f.; OLG Hamm 27 W 24/11, RNotZ 2011, 439; OLG München 31 Wx 475/11, NZG 2012, 104; OLG Stuttgart 8 W 341/11, DStR 2011, 2261; *Berninger* GmbHR 2010, 63, 66; Lutter/*Drygala* § 3 Rn. 13; *Freitag/Riemenschneider* ZIP 2007, 1485, 1491; Widmann/Mayer/*Fronhöfer* § 3 Rn. 16.2; *Heinemann* NZG 2008, 820, 821; Michalski/*J. Schmidt* GmbHG § 5a Rn. 12; MünchKommGmbHG/*Rieder* § 5a Rn. 42; aA OLG München 31 Wx 149/10, NJW 2011, 464, 465 f.
[49] *Berninger* GmbHR 2010, 63, 68; Lutter/*Drygala* § 3 Rn. 13; *Gasteyer* NZG 2009, 1364, 1367; *Heinemann* NZG 2008, 820, 821; *Meister* NZG 2008, 767; Semler/Stengel/*Stengel* § 3 Rn. 20a; *Tettinger* Der Konzern 2008, 75, 76; *Wilhelm* DB 2007, 1510; aA *Hennrichs* NZG 2009, 1161, 1164; offenlassend Kölner Kommentar-UmwG/*Simon* § 3 Rn. 21.
[50] Böttcher/Habighorst/Schulte/*Böttcher* § 3 Rn. 8; Lutter/*Drygala* § 3 Rn. 13; Widmann/Mayer/*Fronhöfer* § 3 Rn. 16.3; Heckschen/*Heidinger* § 5 Rn. 102 ff.; *Heinemann* NZG 2008, 820, 822; *Meister* NZG 2008, 767, 768; MünchKomm. GmbHG/*Rieder* § 5a Rn. 51; Kölner Kommentar-UmwG/*Simon* § 3 Rn. 21; Semler/Stengel/*Stengel* § 3 Rn. 20a; *Tettinger* Der Konzern 2008, 74, 76.

16 **Verschmelzungen zur Neugründung mit einer UG als neuem Rechtsträger** sind nach ganz überwiegender Meinung richtigerweise ausgeschlossen, weil gem. § 36 Abs. 2 S. 1 UmwG zwingend die Gründungsvorschriften der jeweiligen Rechtsform einschließlich des Verbots der Sachgründung gem. § 5a Abs. 2 S. 2 GmbHG anwendbar sind.[51] Bei einer Verschmelzung zur Neugründung erfolgt die Aufbringung des Stammkapitals des durch die Verschmelzung neu entstehenden Rechtsträgers zwingend im Wege der Sacheinlage durch die Übertragung des Vermögens des übertragenden Rechtsträgers. Das UmwG überlagert das Sachgründungsverbot nicht, vielmehr verweist es auf das jeweilige Gründungsrecht (vgl. § 36 Abs. 2 S. 1 UmwG). Bei einer Verschmelzung zur Neugründung kann die UG deshalb nur übertragender, nicht aufnehmender Rechtsträger sein.[52]

17 **b) Aktiengesellschaften (AG) (§ 3 Abs. 1 Nr. 2, §§ 60 ff. UmwG).** Aktiengesellschaften sind nach § 3 Abs. 1 Nr. 2 UmwG verschmelzungsfähig. Eine zeitliche Grenze stellt allerdings § 76 Abs. 1 UmwG auf. Danach muss eine **übertragende AG** mindestens zwei Jahre im Register eingetragen sein, bevor ein Verschmelzungsbeschluss der Aktionäre möglich ist. Näher zur Verschmelzung von AGs → § 15 Rn. 1 ff.

18 **c) Kommanditgesellschaften auf Aktien (KGaA) (§ 3 Abs. 1 Nr. 2, § 78 UmwG).** KGaA sind uneingeschränkt verschmelzungsfähig. Die Gesellschaft gilt als Kapitalgesellschaft.[53] Näher zur Verschmelzung von KGaA → § 15 Rn. 104 ff.

19 **d) Vorgründungsgesellschaften/Vor-Gesellschaften.** Nicht gesetzlich geregelt ist, ob Kapitalgesellschaften im Gründungsstadium (**Vorgründungsgesellschaft** bzw. **Vor-Gesellschaft**) vor ihrer Eintragung in das Handelsregister zu den als Kapitalgesellschaften verschmelzungsfähigen Rechtsträgern zählen. Dies ist abzulehnen. Das UmwG geht von bereits eingetragenen Kapitalgesellschaften aus. Da die Handelsregistereintragung bei Kapitalgesellschaften konstitutiv ist (vgl. § 41 Abs. 1 S. 1 AktG, § 11 Abs. 1 GmbHG), beginnt die Verschmelzungsfähigkeit erst mit der Eintragung der Kapitalgesellschaft im Handelsregister.[54] Eine Vorgründungsgesellschaft bzw. Vor-Gesellschaft kann aber als Personenhandelsgesellschaft verschmelzungsfähig sein, sofern sie die Voraussetzungen einer OHG oder KG erfüllt.[55]

20 Von der Frage der Verschmelzungsfähigkeit ist die Frage zu unterscheiden, ob die noch nicht verschmelzungsfähige Vorgesellschaft schon **Vorbereitungshandlungen** wie den Abschluss eines Verschmelzungsvertrags oder die Fassung eines Verschmelzungsbeschlusses für eine Verschmelzung nach ihrer Entstehung treffen kann. Dem steht richtigerweise nichts entgegen, weil solche Vorbereitungshandlungen erst nach Entstehung der Gesellschaft

---

[51] OLG Frankfurt am Main 20 W 7/10, DStR 2010, 2093; *Berninger* GmbHR 2010, 63, 68; Böttcher/Habighorst/Schulte/*Böttcher* § 3 Rn. 8; Lutter/*Drygala* § 3 Rn. 8; Baumbach/Hueck/*Fastrich* § 5a Rn. 17; Widmann/Mayer/*Fronhöfer* § 3 Rn. 16.3; *Gasteyer* NZG 2009, 1364, 1367 f.; *Heckschen* DStR 2009, 166, 172; *Heinemann* NZG 2008, 820, 822; Kallmeyer/*Marsch-Barner* § 3 Rn. 9; *Meister* NZG 2008, 767, 768; Lutter/*Priester* § 138 Rn. 3; *Schreiber* DZWiR 2009, 492; Kölner Kommentar-UmwG/*Simon* § 3 Rn. 21; Semler/Stengel/*Stengel* § 3 Rn. 20a; Schmitt/Hörtnagel/Stratz/*Stratz* § 3 Rn. 20; *Tettinger* Der Konzern 2008, 75, 76; *Weber* BB 2009, 842, 847; aA *Hennrichs* NZG 2009, 1161, 1163 f., der von einer Überlagerung des Sachgründungsverbots durch das UmwG ausgeht.

[52] Kallmeyer/*Marsch-Barner*, § 3 UmwG, Rn. 9; Semler/Stengel/*Stengel*, § 3 UmwG Rn. 20a; aA *Hennrichs*, NZG 2009, 1161, 1163 f.

[53] BGH II ZB 11/96, NJW 1997, 1923; vgl. auch *Halasz/L. Kloster/A. Kloster* GmbHR 2002, 77, 84; Schmitt/Hörtnagel/Stratz/*Stratz* § 3 Rn. 21.

[54] Böttcher/Habighorst/Schulte/*Böttcher* § 3 Rn. 7; Lutter/*Drygala* § 3 Rn. 7; Widmann/Mayer/*Fronhöfer* § 3 Rn. 75; Kallmeyer/*Marsch-Barner* § 3 Rn. 10; Kölner Kommentar-UmwG/*Simon* § 3 Rn. 22 ff.; Semler/Stengel/*Stengel* § 3 Rn. 48; Schmitt/Hörtnagel/Stratz/*Stratz* § 3 Rn. 22 f.; aA *Bayer* ZIP 1997, 1613, 1614; *K. Schmidt* ZGR 1990, 580, 592; *ders.* FS Zöllner 1999, 521, 527.

[55] Zur Verschmelzungsfähigkeit von Personenhandelsgesellschaften → Rn. 5 ff.

rechtliche Wirkung entfalten. Die Kapitalgesellschaft muss allerdings bis zum Wirksamwerden der Verschmelzung im Handelsregister eingetragen und dadurch entstanden sein.[56]

e) Fehlerhaft errichtete und nichtige Kapitalgesellschaften. Da § 3 Abs. 1 Nr. 2 UmwG nur an das formale Kriterium der Handelsregistereintragung der Gesellschaft anknüpft, können auch **fehlerhaft errichtete oder nichtige Kapitalgesellschaften** an Verschmelzungen beteiligt sein, sofern sie im Handelsregister eingetragen sind.[57] Dies gilt selbst dann, wenn die Mängel derart schwerwiegend sind, dass sie zur Nichtigkeit der Gesellschaft führen (§ 75 GmbHG, § 275 AktG).[58]

3. Eingetragene Genossenschaften (e. G.) (§ 3 Abs. 1 Nr. 3, §§ 79 ff. UmwG)

Die **eingetragene Genossenschaft** entsteht mit ihrer Eintragung im Genossenschaftsregister ihres Sitzes (§ 13 GenG). Erst ab diesem Zeitpunkt unterfällt sie § 3 Abs. 1 Nr. 1 UmwG und ist verschmelzungsfähig.[59] Nicht verschmelzungsfähig sind sonstige genossenschaftliche Zusammenschlüsse (z. B. die LPG).[60] Genossenschaftlich strukturierte Kapitalgesellschaften sind nicht als eingetragene Genossenschaften verschmelzungsfähig[61], aber als Kapitalgesellschaften, wenn sie als solche gegründet und eingetragen wurden.[62] Näher zur Verschmelzung von eingetragenen Genossenschaften → § 15 Rn. 311 ff.

4. Eingetragene Vereine (e. V.) (§ 3 Abs. 1 Nr. 4, Abs. 2, §§ 99 ff. UmwG)

Eingetragene Vereine nach § 21 BGB sind gem. § 3 Abs. 1 Nr. 4 UmwG verschmelzungsfähig. Ihre Verschmelzungsfähigkeit ist von der konstitutiv wirkenden Eintragung abhängig. § 3 Abs. 1 Nr. 4 UmwG erfasst dabei nur den sog. **Idealverein**, dessen Zweck nicht auf einen wirtschaftlichen Geschäftsbetrieb[63] gerichtet ist, wobei hierfür der tatsächlich verfolgte Zweck maßgebend ist.[64] Wird ein Verein unter Missachtung der Kriterien für Idealvereine eingetragen, ist er gleichwohl verschmelzungsfähig. Bis zur Amtslöschung gilt der Verein unabhängig vom Vorliegen eines wirtschaftlichen Geschäftsbetriebs als e. V.[65] Die Verschmelzungsfähigkeit von e. V. wird allerdings durch § 99 Abs. 1 und 2 UmwG eingeschränkt. Näher zur Verschmelzung eingetragener Vereine → § 15 Rn. 480 ff. Zu **wirtschaftlichen Vereinen** → Rn. 29.

5. Genossenschaftliche Prüfungsverbände (§ 3 Abs. 1 Nr. 5, §§ 105 ff. UmwG)

Genossenschaftliche Prüfungsverbände gem. §§ 53 ff. GenG werden mit Verleihung des Prüfungsrechts nach § 63 GenG verschmelzungsfähige Rechtsträger gem. § 3 Abs. 1 Nr. 5 UmwG. Vorher sind sie als eingetragener Verein nach § 3 Abs. 1 Nr. 4 UmwG verschmelzungsfähig.[66] Die Verschmelzungsfähigkeit von genossenschaftlichen Prüfungsverbänden wird durch § 105 UmwG eingeschränkt. Näher zur Verschmelzung genossenschaftlicher Prüfungsverbände → § 15 Rn. 464 ff.

---

[56] Lutter/*Drygala* § 3 Rn. 7.
[57] Kölner Kommentar-UmwG/*Simon* § 3 Rn. 22; Semler/Stengel/*Stengel* § 3 Rn. 21; Schmitt/Hörtnagel/Stratz/*Stratz* § 3 Rn. 24.
[58] Semler/Stengel/*Stengel* § 3 Rn. 21 mwN; Schmitt/Hörtnagl/Stratz/*Stratz* § 3 Rn. 24.
[59] Böttcher/Habighorst/Schulte/*Böttcher* § 3 Rn. 11; Widmann/Mayer/*Fronhöfer* § 3 Rn. 75; Schmitt/Hörtnagl/Stratz/*Stratz* § 3 Rn. 28; vgl. Kallmeyer/*Marsch-Barner* § 3 Rn. 12.
[60] Böttcher/Habighorst/Schulte/*Böttcher* § 3 Rn. 11; Maulbetsch/Klumpp/Rose/*Schäfer* § 3 Rn. 10.
[61] Böttcher/Habighorst/Schulte/*Böttcher* § 3 Rn. 11; Maulbetsch/Klumpp/Rose/*Schäfer* § 3 Rn. 10.
[62] Näher zur Verschmelzungsfähigkeit von Kapitalgesellschaften → Rn. 12 ff.
[63] Zum Begriff anstatt vieler Palandt/*Ellenberger* § 21 Rn. 2 ff. mwN.
[64] Kölner Kommentar-UmwG/*Simon* § 3 Rn. 39 mwN; Semler/Stengel/*Stengel* § 3 Rn. 25.
[65] Schmitt/Hörtnagl/Stratz/*Stratz* § 3 Rn. 31.
[66] So Kölner Kommentar-UmwG/*Simon* § 3 Rn. 41; Schmitt/Hörtnagl/Stratz/*Stratz* § 3 Rn. 34.

6. Versicherungsvereine auf Gegenseitigkeit (VVaG) (§ 3 Abs. 1 Nr. 6, § 109 UmwG)

25 Ein **VVaG** muss zusätzlich zur Eintragung in das Handelsregister (§§ 30 ff. VAG) die Rechtsfähigkeit nach § 15 VAG erlangen, was die wirksame Erlaubnis der Aufsichtsbehörde zum Betrieb eines solchen Vereins voraussetzt. Erst dann ist die Verschmelzungsfähigkeit nach § 3 Abs. 1 Nr. 6 UmwG gegeben.[67] Jede Verschmelzung bedarf nach § 14 VAG zudem der Genehmigung der Aufsichtsbehörde. Die Regelung des § 109 UmwG beschränkt die Verschmelzungsmöglichkeiten von VVaG. Näher zur Verschmelzung von VVaGs → § 15 Rn. 549 ff.

7. Europäische Aktiengesellschaften (SE)

26 Bei Verschmelzungen unter Beteiligung einer **SE** ist zwischen den Fällen der Verschmelzung nach der SE-VO und nach nationalem Recht zu unterscheiden. Die **SE-VO regelt abschließend die Gründung einer SE im Wege der Verschmelzung zweier nationaler AGs**[68] (vgl. Art. 2 Abs. 1, 17 ff. SE-VO) und sperrt die Anwendung des nationalen Verschmelzungsrechts. Davon ist die Frage zu unterscheiden, ob eine **bereits existierende SE** an einer Verschmelzung nach den Vorschriften des UmwG beteiligt sein kann. Eine SE mit Sitz in Deutschland zählt zum Kreis der verschmelzungsfähigen Rechtsträger, da sie gem. Art. 9 Abs. 1 lit. (c) (ii) und Art. 10 der SE-VO der deutschen AG gleichgestellt ist. Diskutiert wird, ob für solche Verschmelzungen die zweijährige Sperrfrist des Art. 66 Abs. 1 SE-VO direkt oder analog gilt.[69] IErg ist dies abzulehnen. Eine direkte Anwendung scheitert daran, dass Art. 66 SE-VO nur die „Umwandlung" iSd SE-VO erfasst, dh den Formwechsel der SE in die AG, und nicht den Fall der Verschmelzung einer SE. Für eine analoge Anwendung fehlt es an einer planwidrigen Regelungslücke. Eine Sperrfrist ist für die Beteiligung einer SE an anderen Umwandlungsmaßnahmen gerade nicht vorgesehen und es ist auch kein dahingehender Regelungswille des europäischen Gesetzgebers erkennbar.[70] Näher zur Verschmelzung von SEs → § 15 Rn. 105 ff.

8. Europäische Genossenschaften (SCE)

27 Eine bereits bestehende **SCE** mit Sitz in Deutschland ist verschmelzungsfähiger Rechtsträger einer innerstaatlichen Verschmelzung. Dies folgt aus der Gleichstellung der SCE mit der eingetragenen Genossenschaft gem. Art. 8 Abs. 1 lit. (c) (ii) und Art. 9 SCE-VO. Die Neugründung einer SCE durch Verschmelzung von bestehenden nationalen Genossenschaften ist dagegen abschließend in Art. 2 Abs. 1 4. Spiegelstrich, Art. 19–34 SCE-VO iVm §§ 5 ff. SCEAG geregelt, wobei immer ein mehrstaatlicher Bezug erforderlich ist. Ob die zweijährige Sperrfrist des Art. 76 SCE-VO auch auf die Verschmelzung einer

---

[67] Böttcher/Habighorst/Schulte/*Böttcher* § 3 Rn. 15; Semler/Stengel/*Stengel* § 3 Rn. 28 f.; Schmitt/Hörtnagl/Stratz/*Stratz* § 3 Rn. 36.

[68] Gegründet nach dem Recht eines Mitgliedsstaates und mit Sitz und Hauptverwaltung in der Gemeinschaft, wobei mindestens zwei von ihnen dem Recht unterschiedlicher Mitgliedsstaaten unterliegen müssen (Art. 2 Abs. 1 SE-VO).

[69] Für eine analoge Anwendung *Casper* AG 2007, 97, 104; *Oplustil/Schneider* NZG 2003, 13, 15 f.; MünchKommAktG/*Schäfer* Art. 66 SE-VO Rn. 1; *Schwarz* SE-VO, Verordnung (EG) Nr. 2157/2001 des Rates über das Statut der Europäischen Gesellschaft (SE), 2006, Art. 66 Rn. 29 ff.; Kalss/Hügel/*Zollner*, Europäische Aktiengesellschaft, SE-Kommentar, 2004, § 33 SEG Rn. 21; ablehnend *Vossius* ZIP 2005, 741, 748 f.; offen Semler/Stengel/*Drinhausen* Einl. C Rn. 57.

[70] Wie hier Böttcher/Habighorst/Schulte/*Böttcher* § 3 Rn. 9; Lutter/*Drygala* § 3 Rn. 21; Sagasser/Bula/Brünger/*Sagasser*/Luke § 9 Rn. 24; Lutter/Hommelhoff/Teichmann/*J. Schmidt*, SE-Kommentar, 2. Aufl. 2015, Art. 66 SE-VO Rn. 9; Kölner Kommentar-UmwG/*Simon* § 3 Rn. 30; Widmann/Mayer/*Vossius* § 20 Rn. 404; *Kossmann/Heinrich* ZIP 2007, 164, 167, die allerdings aufgrund § 76 UmwG eine zweijährige Sperrfrist annehmen, wenn die SE übertragender Rechtsträger ist.

SCE direkt oder analog anwendbar ist, ist wie bei der SE streitig. Dies ist iErg abzulehnen.[71]

III. Eingeschränkt verschmelzungsfähige Rechtsträger (§ 3 Abs. 2 UmwG)

Die in § 3 Abs. 2 UmwG genannten **eingeschränkt verschmelzungsfähigen Rechtsträger** können an einer Verschmelzung nur in bestimmten Konstellationen beteiligt sein. 28

1. Wirtschaftliche Vereine (§ 3 Abs. 2 Nr. 1, § 99 UmwG)

Wirtschaftliche Vereine iSd § 22 S. 1 BGB[72] können ausschließlich als übertragender Rechtsträger an einer Verschmelzung beteiligt sein (§ 3 Abs. 2 Nr. 1 UmwG). Dagegen können sie weder übernehmender Rechtsträger bei einer Verschmelzung zur Aufnahme (§ 2 Nr. 1 UmwG) noch neuer Rechtsträger bei einer Verschmelzung zur Neugründung (§ 2 Nr. 2 UmwG) sein. Die zugrunde liegende rechtspolitische Entscheidung des Gesetzgebers beruht darauf, dass sich wirtschaftliche Vereine von anderen Unternehmensträgern, insbes. von Handelsgesellschaften, strukturell unterscheiden. Wirtschaftliche Vereine unterliegen insbes. nur einer eingeschränkten Rechnungslegungspflicht nach dem Publizitätsgesetz (§ 3 Abs. 1 Nr. 3 PublG), keinen Vorschriften über Kapitalaufbringung und -erhaltung, einer schwächer ausgestalteten Kontrolle des Vorstands durch die Mitglieder und keinen Anforderungen der Mitbestimmungsgesetze (vgl. § 1 DrittelbG, § 1 MitbestG).[73] Wirtschaftliche Vereine sind deshalb als Träger eines Unternehmens nur in Ausnahmefällen geeignet, ihre Vergrößerung oder Neugründung im Wege der Verschmelzung soll verhindert werden.[74] Für die wirtschaftliche Tätigkeit von Verbänden stellt die Rechtsordnung besondere Rechtsformen in Form von Kapitalgesellschaften und Genossenschaften zur Verfügung, gegenüber denen der wirtschaftliche Verein grds. subsidiär ist.[75] 29

2. Natürliche Personen (§ 3 Abs. 2 Nr. 2, § 120 UmwG)

Natürliche Personen (§ 1 ff. BGB) können nur **als Alleingesellschafter einer Kapitalgesellschaft** deren Vermögen übernehmen, um eine nahtlose Fortsetzung der unternehmerischen Tätigkeit zu gewährleisten (§ 3 Abs. 2 Nr. 2 UmwG). Das Unternehmen der übertragenden Kapitalgesellschaft wird dadurch zu einem Einzelunternehmen. Die natürliche Person muss kein Kaufmann iSv § 1 HGB und somit auch nicht registerfähig sein (vgl. § 122 Abs. 2 UmwG).[76] Zudem sind weder die deutsche Staatsangehörigkeit[77] noch ein inländischer Wohnsitz[78] erforderlich. Eine Verschmelzung findet mit dem Vermögen des Alleingesellschafters statt, nicht mit der Person des Alleingesellschafters. Die 30

---

[71] → Rn. 26; mit Verweis auf die Entsprechung zur SE (Art. 66 SE-VO) auch Lutter/*Drygala* § 3 Rn. 22 sowie Kölner Kommentar-UmwG/*Simon* § 3 Rn. 38; aA Henssler/Strohn/*Drinhausen/Keinath* § 191 Rn. 3; Semler/Stengel/*Drinhausen* Einl. C Rn. 68.

[72] Zur Abgrenzung zum eingetragenen Verein iSd § 21 BGB → Rn. 23; die Rechtsfähigkeit wird durch staatlichen Akt verliehen, s. § 22 BGB.

[73] S. RegBegr. zu § 3 UmwG bei *Ganske* S. 47; Widmann/Mayer/*Fronhöfer* § 3 Rn. 20; Limmer/*Limmer* Teil 2 Kap. 1 Rn. 46.

[74] S. RegBegr. zu § 3 UmwG bei *Ganske* S. 47; Böttcher/Habighorst/Schulte/*Böttcher* § 3 Rn. 16; Kölner Kommentar-UmwG/*Simon* § 3 Rn. 45; Semler/Stengel/*Stengel* § 3 Rn. 30.

[75] BVerwG 1 C 13/75, NJW 1979, 2265; Palandt/*Ellenberger* § 22 Rn. 1; Widmann/Mayer/*Fronhöfer* § 3 Rn. 21; Semler/Stengel/*Stengel* § 3 Rn. 30.

[76] Böttcher/Habighorst/Schulte/*Böttcher* § 3 Rn. 17; Widmann/Mayer/*Fronhöfer* § 3 Rn. 26; Sagasser/Bula/Brünger/*Sagasser/Luke* § 9 Rn. 21.

[77] Semler/Stengel/*Seulen* § 120 Rn. 21.

[78] Böttcher/Habighorst/Schulte/*Böttcher* § 3 Rn. 17; Lutter/*Karollus* § 120 Rn. 25 f.; Semler/Stengel/*Seulen* § 120 Rn. 21; Kallmeyer/*Marsch-Barner* § 3 Rn. 20; Schmitt/Hörtnagl/Stratz/*Stratz* § 3 Rn. 43.

Verschmelzungsfähigkeit knüpft insofern nicht an die Rechtform an. Die übertragende Kapitalgesellschaft muss ihren Sitz gem. § 1 Abs. 1 UmwG im Inland haben.[79]

IV. Aufgelöste Rechtsträger (§ 3 Abs. 3 UmwG)

1. Aufgelöste Rechtsträger als übertragende Rechtsträger

31 Aufgelöste Rechtsträger können **als übertragende Rechtsträger** an einer Verschmelzung beteiligt sein, wenn ihre Fortsetzung beschlossen werden könnte (§ 3 Abs. 3 UmwG). Damit sollen va Sanierungsfusionen erleichtert werden.[80] Der betreffende Rechtsträger muss aber vor seiner Auflösung verschmelzungsfähig iSd § 3 Abs. 1 oder 2 UmwG gewesen sein.[81]

32 **a) Fortsetzungsmöglichkeit.** Unter welchen Voraussetzungen die Fortsetzung eines aufgelösten Rechtsträgers beschlossen werden kann, hängt von seiner Rechtsform sowie vom jeweiligen Auflösungsgrund ab.

33 **aa) Keine Vollbeendigung.** Der betreffende Rechtsträger darf noch **nicht vollbeendet** sein, dh seine Abwicklung darf noch nicht abgeschlossen sein.[82] Vollbeendigung tritt ein, wenn kein Gesellschaftsvermögen mehr vorhanden ist. Bei Gesellschaften, die durch Registereintragung entstehen (juristische Personen), muss der Rechtsträger außerdem für die Vollbeendigung im Handelsregister gelöscht sein.[83] Allein die Registerlöschung reicht nicht für die Vollbeendigung; sie begründet aber eine widerlegbare Vermutung hierfür.[84]

34 **bb) Keine Vermögensverteilung.** Schon vor dem Zeitpunkt der Vollbeendigung kann eine Fortsetzung ausgeschlossen sein. Unter welchen Umständen dies der Fall ist, hängt von der Rechtsform der aufgelösten Gesellschaft ab.

35 Bei **aufgelösten Kapitalgesellschaften** kann ein Fortsetzungsbeschluss nicht mehr gefasst werden, wenn bereits mit der Verteilung des Vermögens an die Anteilsinhaber begonnen wurde. Dadurch soll eine Umgehung des Verbots der Einlagenrückgewähr (§ 57 AktG, § 30 GmbHG) verhindert werden.[85] Gleiches gilt für die **eG**, § 79a Abs. 1 S. 1 GenG, und den **VVaG**, § 206 Abs. 1 S. 1 VAG.[86] Die Verschmelzungsfähigkeit kann auch nicht dadurch wiederhergestellt werden, dass die Folgen der begonnenen Vermögensverteilung durch die Anteilsinhaber wieder rückgängig gemacht werden.[87] Bei **OHG, KG, Vereinen und genossenschaftlichen Prüfverbänden** steht der Beginn der Vermögensverteilung einer Fortsetzung dagegen nicht entgegen.[88]

---

[79] Böttcher/Habighorst/Schulte/*Böttcher* § 3 Rn. 17.
[80] S. RegBegr. zu § 3 UmwG bei *Ganske* S. 47.
[81] Kölner Kommentar-UmwG/*Simon* § 3 Rn. 53.
[82] Widmann/Mayer/*Fronhöfer* § 3 Rn. 46; Kallmeyer/*Marsch-Barner* § 3 Rn. 23; Semler/Stengel/*Stengel* § 3 Rn. 37.
[83] Sog. Lehre vom Doppeltatbestand; s. Widmann/Mayer/*Fronhöfer* § 3 Rn. 46; Lutter/Hommelhoff/*Kleindiek* GmbHG § 74 Rn. 18; Kölner Kommentar-UmwG/*Simon* § 3 Rn. 53; Semler/Stengel/*Stengel* § 3 Rn. 37; aA Spindler/Stilz/*Bachmann* § 262 Rn. 90 ff. mwN; Hüffer/*Koch* § 262 Rn. 23a.
[84] Widmann/Mayer/*Fronhöfer* § 3 Rn. 46; Lutter/Hommelhoff/*Kleindiek* GmbHG § 74 Rn. 18; Semler/Stengel/*Stengel* § 3 Rn. 37.
[85] Für die AG folgt dies aus § 274 Abs. 1 Satz 1 AktG, der für die KGaA nach § 278 Abs. 3 AktG und für die GmbH nach allgemeiner Meinung entsprechend gilt; s. OLG Düsseldorf 3 W 139/79, GmbHR 1979, 276, 277; Lutter/*Drygala* § 3 Rn. 25; Widmann/Mayer/*Fronhöfer* § 3 Rn. 48; Heckschen DB 1998, 1385, 1386 f.; Lutter/Hommelhoff/*Kleindiek* GmbHG § 60 Rn. 29; Kallmeyer/*Marsch-Barner* § 3 Rn. 23; Kölner Kommentar-UmwG/*Simon* § 3 Rn. 55; Semler/Stengel/*Stengel* § 3 Rn. 38; Schmitt/Hörtnagl/*Stratz* § 3 Rn. 46 ff.
[86] Semler/Stengel/*Stengel* § 3 Rn. 38; Schmitt/Hörtnagl/Stratz/*Stratz* § 3 Rn. 51.
[87] Lutter/*Drygala* § 3 Rn. 25; Widmann/Mayer/*Fronhöfer* § 3 Rn. 48; Heckschen DB 1998, 1385, 1387; Semler/Stengel/*Stengel* § 3 Rn. 39; aA für die Genossenschaft Beuthien/*Wolff* GenG § 79a Rn. 4.
[88] So Lutter/*Drygala* § 3 Rn. 25; Widmann/Mayer/*Fronhöfer* § 3 Rn. 49; Semler/Stengel/*Katschinski* § 99 Rn. 47; MünchKommHGB/*K. Schmidt* § 145 Rn. 76.

Für **aufgelöste Personenhandelsgesellschaften und Partnerschaftsgesellschaften** 36
folgen aus §§ 39, 45e UmwG Einschränkungen. Voraussetzung für ihre Verschmelzungsfähigkeit ist danach, dass die Gesellschafter keine andere Auseinandersetzungsart als die Liquidation oder Verschmelzung vereinbart haben. Wurde die Übernahme des Handelsgeschäfts durch einen Gesellschafter (§ 145 HGB) oder die Realteilung des Gesellschaftsvermögens vereinbart, steht dies einer Verschmelzung entgegen.[89] Auf diese Weise soll sichergestellt werden, dass im Zeitpunkt der Verschmelzung noch das gesamte Vermögen vorhanden ist und nicht bereits auf anderem Weg an die Gesellschafter verteilt wurde.[90] Besteht eine gesellschaftsrechtliche Vereinbarung über eine andere Art der Auseinandersetzung, muss diese vor der Verschmelzung aufgehoben werden[91] bzw. könnte im Rahmen des Verschmelzungsbeschlusses durch die betreffenden Gesellschafter noch aufgehoben werden[92].

cc) **Beseitigung des Auflösungsgrunds.** Liegt ein **besonderer Auflösungsgrund** 37
vor, **muss** dieser **vor der Verschmelzung beseitigt werden.** Liegt ein Auflösungsgrund vor, der zur **Eröffnung eines Insolvenzverfahrens** geführt hat[93], ist erst dieser Auflösungsgrund zu beseitigen, bevor eine Fortsetzung möglich ist.[94] Bei Ablehnung der Eröffnung eines Insolvenzverfahrens mangels Masse ist für AG, KGaA, GmbH und VVaG[95] eine Fortsetzung ausgeschlossen. Ebenso bei einer OHG und KG, bei der kein persönlicher Gesellschafter eine natürliche Person ist.[96] Wird das Insolvenzverfahren auf Antrag des Schuldners oder nach Bestätigung eines Insolvenzplans, der den Fortbestand der Gesellschaft vorsieht (§ 225a Abs. 3 InsO), aufgehoben oder eingestellt (vgl. § 274 Abs. 2 Nr. 1 AktG, § 60 Abs. 1 Nr. 4 GmbHG), ist eine Fortsetzung möglich und die Verschmelzungsfähigkeit wieder gegeben.[97] Gesellschaftsrechtliche Beschlüsse zur Neuordnung des insolventen Rechtsträgers können auch nach Eröffnung des Insolvenzverfahrens bereits im Insolvenzplan enthalten sein, auch der Fortsetzungsbeschluss ist hierin bereits enthalten (§ 225a Abs. 3 InsO).[98] Im Fall des Suhrkamp-Insolvenzplans[99] wurde der Formwechsel

---

[89] Lutter-Umwandlungsrechtstage/*H. Schmidt* S. 69.
[90] S. RegBegr. zu § 39 UmwG bei *Ganske* S. 92.
[91] Böttcher/Habighorst/Schulte/*Böttcher* § 3 Rn. 20; Kallmeyer/*Marsch-Barner* § 3 Rn. 25.
[92] Kölner Kommentar-UmwG/*Simon* § 3 Rn. 56; Semler/Stengel/*Stengel* § 3 Rn. 40.
[93] Durch die Eröffnung des Insolvenzverfahrens wird der Rechtsträger aufgelöst, vgl. § 262 Abs. 1 Nr. 3 AktG, §§ 289 Abs. 1 AktG iVm §§ 161, 131 Nr. 3 HGB, § 60 Abs. 1 Nr. 4 GmbHG, § 131 Abs. 1 Nr. 3 HGB, §§ 161 Abs. 2 iVm 131 Abs. 1 Nr. 3 HGB, § 101 GenG und § 42 Nr. 3 VAG. Vor Inkrafttreten des ESUG wurde angenommen, dass der betreffende Rechtsträger, während das Insolvenzfahren läuft, nicht verschmelzungsfähig ist; s. *Blasche* GWR 2010, 441, 442; Widmann/Mayer/*Fronhöfer* § 3 Rn. 55; Semler/Stengel/*Stengel* § 3 Rn. 44.
[94] BayObLG 3Z BR 462-97, NJW-RR 1998, 902 f.; Böttcher/Habighorst/Schulte/*Böttcher* § 3 Rn. 19; Kallmeyer/*Marsch-Barner* § 3 Rn. 23; Kölner Kommentar-UmwG/*Simon* § 3 Rn. 54.
[95] § 60 Abs. 1 Nr. 5 GmbHG, § 262 Abs. 1 Nr. 4 AktG iVm § 278 Abs. 3 AktG; s. auch BayObLG 3Z BR 116/93, NJW 1994, 594; KG 1 W 6135/92, NJW-RR 1994, 229; Widmann/Mayer/*Fronhöfer* § 3 Rn. 57; Hüffer/*Koch* § 274 Rn. 6; Michalski/*Nerlich* GmbHG § 60 Rn. 357; aA Lutter/Hommelhoff/*Kleindiek* GmbHG § 60 Rn. 32.
[96] § 131 Abs. 2 Nr. 1 iVm § 161 Abs. 2 HGB; s. auch Widmann/Mayer/*Fronhöfer* § 3 Rn. 58 mwN.
[97] § 144 Abs. 1 HGB iVm § 161 Abs. 2 HGB; § 60 Abs. 1 Nr. 4 Hs. 2 GmbHG; § 274 Abs. 2 Nr. 1 AktG; § 289 Abs. 1 AktG iVm § 274 Abs. 2 Nr. 1 AktG; § 117 Abs. 1 S. 1 GenG, § 42 Abs. 1 S. 2 BGB; s. auch *Blasche* GWR 2010, 441, 442; Böttcher/Habighorst/Schulte/*Böttcher* § 3 Rn. 19; Widmann/Mayer/*Fronhöfer* § 3 Rn. 56 f.; *Heckschen* FS Widmann, 2000, S. 31, 44; ders. DB 2005, 2675; ders. DB 2005, 2283; Kallmeyer/*Marsch-Barner* § 3 Rn. 23 und 27; Lutter-Umwandlungsrechtstage/*H. Schmidt* S. 69 f.; Kölner Kommentar-UmwG/*Simon* § 3 Rn. 54; Semler/Stengel/*Stengel* § 3 Rn. 44; Schmitt/Hörtnagl/Stratz/*Stratz* § 3 Rn. 57.
[98] *Becker* ZInsO 2013, 1885, 1887 f.; Lutter/*Drygala* § 3 Rn. 27; Henssler/Strohn/*Heidinger* § 3 Rn. 19; *Simon/Merkelbach* NZG 2012, 121, 128; A. Schmidt/*Thies*, Hamburger Kommentar zum

einer insolventen KG in eine AG im Wege des Insolvenzplans durchgeführt. Der insoweit maßgebliche § 191 Abs. 3 UmwG entspricht inhaltlich § 3 Abs. 3 UmwG.

38 Die Fortsetzung einer wegen **Vermögenslosigkeit** nach § 394 FamFG gelöschten AG, KGaA oder GmbH ist ausgeschlossen (§ 262 Abs. 1 Nr. 6 AktG, § 60 Abs. 1 Nr. 7 GmbHG).[100]

39 Bei allen in § 3 Abs. 1 und Abs. 2 Nr. 1 UmwG genannten Rechtsträgern führt der **Ablauf der für die Dauer des Rechtsträgers bestimmten Zeit** zu seiner Auflösung. Die Fortsetzung eines durch Zeitablauf aufgelösten Rechtsträgers ist ausnahmslos möglich.[101] Gleiches gilt für die Fortsetzung von durch **Auflösungsbeschluss** aufgelösten Rechtsträgern.[102]

40 Wird eine Kapitalgesellschaft wegen eines **Satzungsmangels** für nichtig erklärt (§ 75 GmbHG, § 275 AktG), führt dies zur Auflösung der Gesellschaft (§ 77 GmbHG, § 277 AktG). Eine Fortsetzung und Verschmelzung ist dann nur möglich, wenn durch einen Satzungsänderungsbeschluss nach § 274 AktG[103] der Mangel beseitigt und der Beschluss ins Handelsregister eingetragen wird (§ 274 Abs. 4 AktG).[104] Wird eine Kapitalgesellschaft mit einer entsprechenden Satzungsregelung durch die **Kündigung** eines Gesellschafters aufgelöst, so ist eine Verschmelzung grds. nur mit dessen Zustimmung möglich.[105]

41 Der **Wegfall des einzigen persönlich haftenden Gesellschafters** führt zur Auflösung der KG. Ihre Fortsetzung kann beschlossen werden, wenn ein neuer persönlich haftender Gesellschafter eintritt.[106]

42 **Eingetragene Vereine** können nach allgemeinen Regeln fortgesetzt werden. Voraussetzung ist neben der Beseitigung des Auflösungsgrunds ein satzungsändernder Beschluss der Mitgliederversammlung auf Fortsetzung des Vereins. Verliert der Verein seine Rechtsfähigkeit durch Insolvenz oder Entzug, ist eine Fortsetzung ausgeschlossen.[107]

43 Die Fortsetzungs- und Verschmelzungsfähigkeit einer **eingetragenen Genossenschaft** richtet sich in erster Linie nach § 79a Abs. 1 S. 1 GenG. Zusätzlich zu den für Kapitalgesellschaften geltenden Normen ist eine Stellungnahme des zuständigen Prüfverbands gem. § 79a Abs. 2 GenG erforderlich. Weiterhin dürfen die Genossen noch nicht zu Zahlungen nach § 87a Abs. 2 GenG herangezogen worden sein (§ 79a Abs. 1 S. 3 GenG).

44 **b) Fortsetzungsbeschluss.** Für die Verschmelzungsfähigkeit genügt es nach dem Wortlaut des § 3 Abs. 3 UmwG, dass die **Fortsetzung beschlossen werden könnte**. Nicht erforderlich ist, dass tatsächlich ein Fortsetzungsbeschluss gefasst wird.[108] Ausreichend ist idR ein Verschmelzungsbeschluss, der einen konkludenten Beschluss zur Fortsetzung enthält.[109] Bei einem aufgelösten übertragenden Rechtsträger wäre ein ausdrücklicher

---

Insolvenzrecht, 6. Aufl. 2017, § 225a Rn. 47; noch weitergehender *Madaus* NZI 2015, 566, 567 (Anm. zu OLG Brandenburg 7 W 118/14, ZIP 2015, 929).
[99] BGH IX ZB 13/14, NZI 2014, 751; *Madaus* NZI 2015, 566 (Anm. zu OLG Brandenburg 7 W 118/14, ZIP 2015, 929).
[100] OLG Celle 9 W 124/07, NZG 2008, 271; Widmann/Mayer/*Fronhöfer* § 3 Rn. 66.
[101] Widmann/Mayer/*Fronhöfer* § 3 Rn. 53.
[102] Widmann/Mayer/*Fronhöfer* § 3 Rn. 54.
[103] Für die GmbH in entsprechender Anwendung.
[104] OLG Düsseldorf 3 W 139/79, GmbHR 1979, 276, 277; Widmann/Mayer/*Fronhöfer* § 3 Rn. 61; Schmitt/Hörtnagl/Stratz/*Stratz* § 3 Rn. 55; Hachenburg/*Ulmer*, Großkommentar zum GmbHG, 8. Aufl. 1992, § 60 Rn. 108.
[105] Schmitt/Hörtnagl/Stratz/*Stratz* § 3 Rn. 56.
[106] Widmann/Mayer/*Fronhöfer* § 3 Rn. 60.
[107] Semler/Stengel/*Stengel* § 3 Rn. 41 mwN.
[108] Widmann/Mayer/*Fronhöfer* § 3 Rn. 52; Kallmeyer/*Marsch-Barner* § 3 Rn. 24; Semler/Stengel/ *Stengel* § 3 Rn. 43; Schmitt/Hörtnagel/Stratz/*Stratz* § 3 Rn. 52.
[109] Böttcher/Habighorst/Schulte/*Böttcher* § 3 Rn. 19; Lutter/*Drygala* § 3 Rn. 26; Kallmeyer/ *Marsch-Barner* § 3 Rn. 24; Sagasser/Bula/Brünger/*Sagasser/Luke* § 9 Rn. 27; Semler/Stengel/*Stengel* § 3 Rn. 43; Schmitt/Hörtnagl/Stratz/*Stratz* § 3 Rn. 52.

Fortsetzungsbeschluss auch wenig sinnvoll, weil die Beteiligung an der Verschmelzung ohnehin wieder zur Auflösung des übertragenden Rechtsträgers führt.[110] Auch zum Schutz der Anteilsinhaber ist ein ausdrücklicher Fortsetzungsbeschluss nicht erforderlich. Teilweise fordert das Gesetz zwar bestimmte Mehrheiten oder sogar die Zustimmung aller Anteilsinhaber für einen Fortsetzungsbeschluss (vgl. z. B. § 274 Abs. 1 S. 2 AktG, § 79a Abs. 1 S. 1 GenG, § 206 Abs. 1 S. 2 VAG). Aufgrund des eindeutigen Wortlauts des § 3 Abs. 3 UmwG kommt es darauf aber nicht an. Es ist gerade ein Ziel des UmwG, Verschmelzungen auch aufgelöster Rechtsträger zu ermöglichen und zu erleichtern. Die Interessen der nicht zustimmenden Gesellschafter einer Personenhandelsgesellschaft werden zudem durch § 43 Abs. 2 S. 3 UmwG hinreichend gewahrt.[111]

c) Fehlerhafte Anwendung des § 3 Abs. 3 UmwG. Nach Eintragung der Verschmelzung ist eine **fehlerhafte Anwendung** von § 3 Abs. 3 UmwG unbeachtlich. Der BGH hat diesbezüglich entschieden, dass eine einmal im Register eingetragene Verschmelzung wirksam bleibt, auch wenn als übertragender Rechtsträger eine GmbH i. L., deren Fortsetzung nicht mehr beschlossen werden konnte, verschmolzen wurde.[112] 45

2. Aufgelöste Rechtsträger als übernehmende Rechtsträger

Verschmelzungen auf einen aufgelösten übernehmenden Rechtsträger, dessen Fortsetzung beschlossen werden könnte, sind **gesetzlich nicht geregelt**.[113] Die Gesetzesbegründung geht auf diese Frage nicht ein,[114] höchstrichterliche Rechtsprechung gibt es ebenfalls nicht. 46

Schrifttum und untergerichtliche Rechtsprechung ziehen aus dem Schweigen des Gesetzgebers unterschiedliche Schlüsse: **Teils** wird **vertreten**, dass auch **aufgelöste Rechtsträger als übernehmende Rechtsträger** fungieren können, wenn der übernehmende Rechtsträger fortsetzungsfähig ist und die Fortsetzung nicht kraft Gesetzes ausgeschlossen ist. Verschmelzungen auf sanierungsbedürftige Rechtsträger würden Sanierungen erleichtern. Dem übernehmenden, sanierungsbedürftigen Rechtsträger würden auf diese Weise neue finanzielle, strukturelle und organisatorische Möglichkeiten eröffnet.[115] Die Formulierung des § 3 Abs. 3 UmwG basiere auf der Übernahme früheren Rechts und ziele nicht darauf ab, die Verschmelzungsfähigkeit aufgelöster Rechtsträger als übernehmende Rechtsträger auszuschließen.[116] 47

Die **Gegenauffassung lehnt die Verschmelzung auf einen aufgelösten übernehmenden Rechtsträger** richtigerweise **ab**.[117] Hierfür sprechen der eindeutige Wortlaut 48

---
[110] Böttcher/Habighorst/Schulte/*Böttcher* § 3 Rn. 19; Lutter/*Drygala* § 3 Rn. 26; Kallmeyer/ Marsch-Barner § 3 Rn. 24; Semler/Stengel/*Stengel* § 3 Rn. 43.
[111] Widmann/Mayer/*Fronhöfer* § 3 Rn. 52.
[112] BGH VI ZR 229/09, ZIP 2011, 2006; Widmann/Mayer/*Fronhöfer* § 3 Rn. 44; Schmitt/Hörtnagl/Stratz/*Stratz* § 3 Rn. 46.
[113] Besteht keine Fortsetzungsmöglichkeit, fehlt es in jedem Fall an der Verschmelzungsfähigkeit, s. KG 1 W 2161-97, NJW-RR 1999, 475, 476; Widmann/Mayer/*Fronhöfer* § 3 Rn. 70; *Heckschen* FS Widmann, 2000, S. 31 ff.; Heckschen/Simon/*Heckschen* § 2 Rn. 6.
[114] Schmitt/Hörtnagl/Stratz/*Stratz* § 3 Rn. 47.
[115] *Bayer* ZIP 1997, 1613, 1614; *Heckschen* DB 1998, 1385, 1387; *ders.* Rpfleger 1999, 357, 359; Kallmeyer/*Marsch-Barner* § 3 Rn. 26; Beuthien/*Wolff* GenG §§ 2 ff. Rn. 4a; Schmitt/Hörtnagl/Stratz/ Stratz § 3 Rn. 47 und Widmann/Mayer/*Fronhöfer* § 3 Rn. 72 sind dagegen der Auffassung, dass man aus dem Schweigen des Gesetzgebers keine Rückschlüsse ziehen könne.
[116] *Bayer* ZIP 1997, 1613, 1614; *Heckschen* DB 1998, 1385, 1387; Kallmeyer/*Marsch-Barner* § 3 Rn. 26; *Wachter* NZG 2015, 858, 860 f.; zust. Schmitt/Hörtnagl/Stratz/*Stratz* § 3 Rn. 47.
[117] Ein solcher Verschmelzungsvertrag ist unwirksam, so OLG Brandenburg 7 W 118/14, NZI 2015, 565, 566; OLG Naumburg 10 Wx 1–97, NJW-RR 1998, 178 ff.; auch KG 1W 2161/97, DNotZ 1999, 148; AG Erfurt HRB 1870, Rpfleger 1996, 163; Böttcher/Habighorst/Schulte/*Böttcher* § 3 Rn. 21; Lutter/*Drygala* § 3 Rn. 31; Widmann/Mayer/*Fronhöfer* § 3 Rn. 70 ff.; Sagasser/Bula/ Brünger/*Sagasser/Luke* § 9 Rn. 27; Semler/Stengel/*Stengel* § 3 Rn. 46; *Trölitzsch* WiB 1997, 795, 797 f.

und der Sinnzusammenhang des § 3 Abs. 3 UmwG. Der Gesetzgeber hat es in Kenntnis der umstrittenen Rechtslage zu § 19 Abs. 2 KapErhG und § 339 Abs. 2 AktG a. F.[118], deren Formulierung in § 3 Abs. 3 UmwG übernommen wurde, bewusst unterlassen, die Verschmelzungsfähigkeit des aufgelösten übernehmenden Rechtsträgers zu regeln. Der Gesetzgeber knüpft mit § 3 Abs. 3 UmwG an das frühere Recht an. Auch eine auslegungsbedürftige, planwidrige Regelungslücke besteht nicht. Bei § 3 Abs. 3 UmwG handelt es sich um eine nicht analogiefähige Ausnahmevorschrift von der Regel, dass grds. nur die Verschmelzung werbender Rechtsträger zulässig ist. Nach der hinter § 3 Abs. 3 UmwG stehenden Intention des Gesetzgebers sollen zwar Sanierungsfusionen erleichtert werden, reine Abwicklungsfusionen sollen dagegen nicht ermöglicht werden.[119] Art. 3 Abs. 2 der Dritten Richtlinie des Rats vom 9. Oktober 1978 betreffend die Verschmelzung von Aktiengesellschaften[120] untersagt die Beteiligung einer aufgelösten AG an einer Verschmelzung als Übernehmerin. Hieraus folgt ebenfalls, dass der Gesetzgeber mit § 3 Abs. 3 UmwG aufgelöste Rechtsträger unabhängig von ihrer Rechtsform als übernehmende Rechtsträger in einer Verschmelzung ausschließen wollte. Ansonsten müsste der einheitliche Wortlaut des § 3 Abs. 3 UmwG bei der Beteiligung einer AG als Übernehmerin richtlinienkonform anders ausgelegt werden als bei der Beteiligung eines Rechtsträgers anderer Rechtsform als Übernehmer.[121]

49 Folgt man dieser Meinung, muss der aufgelöste Rechtsträger vor der Beteiligung an einer Verschmelzung als übernehmender Rechtsträger erst durch einen wirksamen, tatsächlich gefassten **Fortsetzungsbeschluss** wieder zum werbenden Rechtsträger geworden sein.[122] Fortsetzungs- und Verschmelzungsbeschluss können uU in einer Gesellschafterversammlung geschlossen werden.[123] Nach aA ist dagegen kein ausdrücklicher Fortsetzungsbeschluss erforderlich, weil im Zustimmungsbeschluss der Gesellschafter zum Verschmelzungsvertrag zugleich **konkludent** der Fortsetzungsbeschluss mitenthalten sei.[124] Der Praxis ist aus Gründen der Rechtssicherheit zu empfehlen, neben einem Verschmelzungsbeschluss stets einen **ausdrücklichen** Fortsetzungsbeschluss zu fassen.[125]

V. Überschuldete Rechtsträger

50 Die **Überschuldung** oder **Zahlungsunfähigkeit** hindert die Beteiligung eines Rechtsträgers an einer Verschmelzung grds. nicht.[126] Im Einzelnen ist zu differenzieren zwischen einer Beteiligung überschuldeter Rechtsträger als übertragende oder übernehmende Rechtsträger.

---

[118] OLG Naumburg 10 Wx 1–97, NJW-RR 1998, 178, 180 m. Anm. *Bayer* EWiR 1997, 807.

[119] So OLG Naumburg 10 Wx 1–97, NJW-RR 1998, 178, 180; zustimmend OLG Brandenburg 7 W 118/14, NZI 2015, 565, 566; ferner AG Erfurt HRB 1870, Rpfleger 1996, 163; Sagasser/Bula/Brünger/*Sagasser/Luke* § 9 Rn. 27; Semler/Stengel/*Stengel* § 3 Rn. 46.

[120] 78/855/EWG, ABlEG Nr. L 295/36.

[121] OLG Naumburg 10 Wx 1–97, NJW-RR 1998, 178, 180; Lutter/*H. Schmidt* § 39 Rn. 18; Semler/Stengel/*Stengel* § 3 Rn. 47.

[122] Es reicht nach dieser Ansicht also nicht aus, dass die Fortsetzung nur beschlossen werden könnte; s. AG Erfurt HRB 1870, GmbHR 1996, 373; Sagasser/Bula/Brünger/*Sagasser/Luke* § 9 Rn. 27; Semler/Stengel/*Stengel* § 3 Rn. 46.

[123] So Böttcher/Habighorst/Schulte/*Böttcher* § 3 Rn. 21; Sagasser/Bula/Brünger/*Sagasser/Luke* § 9 Rn. 27; Semler/Stengel/*Stengel* § 3 Rn. 46.

[124] So Lutter-Umwandlungsrechtstage/*H. Schmidt* S. 68 ff.; Kölner Kommentar-UmwG/*Simon* § 3 Rn. 58; Schmitt/Hörtnagl/*Stratz* § 3 Rn. 48; für generelle Fortsetzungsfähigkeit *Heckschen* DB 1998, 1385, 1387; Kallmeyer/*Marsch-Barner* § 3 Rn. 24 und 26.

[125] S. auch *Bayer* ZIP 1997, 1613, 1614; Widmann/Mayer/*Fronhöfer* § 3 Rn. 73; Kallmeyer/*Marsch-Barner* § 3 Rn. 24 und 26; Schmitt/Hörtnagl/Stratz/*Stratz* § 3 Rn. 48.

[126] OLG Stuttgart 8 W 426/05, NZG 2006, 159; LG Leipzig 1 HKT 7414/04, DB 2006, 885 m. Anm. *Scheunemann*; *Blasche* GWR 2010, 441, 443; Henssler/Strohn/*Heidinger* § 3 Rn. 19; Kallmeyer/*Marsch-Barner* § 3 Rn. 22; Schmitt/Hörtnagl/Stratz/*Stratz* § 3 Rn. 50.

1. Überschuldete Rechtsträger als übertragende Rechtsträger

Führt die Überschuldung dazu, dass ein **übertragender Rechtsträger kein positives** 51 **Nettovermögen** hat, scheidet eine **Sachkapitalerhöhung** beim übernehmenden Rechtsträger aufgrund der Verschmelzung aus. Es fehlt an der Werthaltigkeit des als Sacheinlage dienenden Vermögens des übertragenden Rechtsträgers. Verzichten die Anteilsinhaber des übertragenden Rechtsträgers in einer solchen Situation gem. §§ 54 Abs. 1 S. 3, 68 Abs. 1 S. 3 UmwG auf die Kapitalerhöhung, um eine Verschmelzung gleichwohl zu ermöglichen, beeinträchtigt die Verschmelzung die Vermögensinteressen der Anteilsinhaber des übernehmenden Rechtsträgers. Teilweise wird deshalb ein **einstimmiger Verschmelzungsbeschluss des übernehmenden Rechtsträgers** verlangt.[127] Die **Gegenauffassung** lässt demgegenüber einen **Verschmelzungsbeschluss nach allgemeinen Mehrheitsregeln** genügen, geht aber davon aus, dass ein nur von der Gesellschaftermehrheit gefasster Zustimmungsbeschluss wegen Verstoßes gegen die gesellschaftsrechtliche Treuepflicht oder wegen Gewährung unzulässiger Sondervorteile anfechtbar sein kann.[128]

Ist eine Kapitalerhöhung im Zuge einer Verschmelzung entbehrlich, kann das Register- 52 gericht nicht prüfen, ob eine **verbotene Unterpariemission** vorliegt. Insbes. beim **Verzicht auf eine Kapitalerhöhung** nach § 54 Abs. 1 S. 3 UmwG und beim **Downstream merger** besteht deswegen **Missbrauchsgefahr**. Die allgemeinen Grundsätze des existenzvernichtenden Eingriffs sind anwendbar, einschlägige Kapitalerhaltungsvorschriften (§ 30 GmbHG, § 57 AktG) sind zu beachten.[129]

Bei der Verschmelzung einer Kapitalgesellschaft auf den **Alleingesellschafter** kommt es 53 auf eine Überschuldung nicht an.[130] Auch im **Konzern** steht die Überschuldung des übertragenden Rechtsträgers einer Verschmelzung grds. nicht entgegen.[131]

2. Überschuldete Rechtsträger als übernehmende Rechtsträger

Wird ein **finanziell „gesunder"** Rechtsträger auf einen überschuldeten Rechts- 54 träger verschmolzen, erhalten die Anteilsinhaber des „gesunden" übertragenden Rechtsträgers uU wirtschaftlich geringwertige oder sogar wertlose Anteile am übernehmenden Rechtsträger. Dies ist problematisch, weil Minderheitsgesellschafter des übertragenden Rechtsträgers die Verschmelzung uU nicht verhindern können, obwohl sie ggf. Nachteile erleiden. In einer solchen Konstellation können die Anteilsinhaber des übertragenden Rechtsträgers ggf. **einen wertmäßigen Ausgleich durch eine Kapitalherabsetzung** zu Lasten der Anteilsinhaber des übernehmenden Rechtsträger erhalten.[132]

VI. Mischverschmelzungen (§ 3 Abs. 4 UmwG)

Gem. § 3 Abs. 4 UmwG können an Verschmelzungen gleichzeitig Rechtsträger sowohl 55 derselben Rechtsform als auch unterschiedlicher Rechtsform beteiligt sein, soweit gesetzlich nichts anderes bestimmt ist. Dies gilt gleichermaßen für Verschmelzungen durch Aufnahme und durch Neugründung. **Verschmelzungen zwischen Rechtsträgern unterschiedlicher Rechtsform (Mischverschmelzungen)** sind in zwei Konstellationen denkbar: Zum einen können mehrere Rechtsträger unterschiedlicher Rechtsform als übertragende Rechtsträger an derselben Verschmelzung beteiligt sein. Zum anderen ist es

---

[127] So Böttcher/Habighorst/Schulte/*Böttcher* § 3 Rn. 18; Lutter/*Drygala* § 3 Rn. 24.
[128] Kallmeyer/*Marsch-Barner* § 3 Rn. 22; *Rubner/Leuering*, NJW-Spezial 2012, 719; *Weiler* NZG 2008, 527, 530 ff.; differenzierend *Klein/Stephanblome*, ZGR 2007, 351, 370 ff.
[129] *Heckschen* DB 2005, 2283, 2286 f.; *Rubner/Leuering*, NJW-Spezial 2012, 719 f.; Schmitt/Hörtnagl/Stratz/*Stratz* § 3 Rn. 50; vgl. hierzu auch → § 6 Rn. 33.
[130] OLG Stuttgart 8 W 426/05, DB 2005, 2681 m. Anm. *Heckschen* EWiR 2005, 839 und *Wälzholz* DStR 2006, 383; Lutter/*Karollus* § 120 Rn. 21; Schmitt/Hörtnagl/Stratz/*Stratz* § 3 Rn. 50.
[131] LG Leipzig 1 HKT 7414/04, DB 2006, 885 m. Anm. *Scheunemann*; Schmitt/Hörtnagl/Stratz/*Stratz* § 3 Rn. 50.
[132] *Blasche* GWR 2010, 441, 444; Kallmeyer/*Marsch-Barner* § 3 Rn. 22.

§ 8

möglich, einen übertragenden Rechtsträger auf einen übernehmenden Rechtsträger anderer Rechtsform zu verschmelzen. Beide Varianten können auch kombiniert werden („sowohl ... als auch ...").[133]

56 Bei **Mischverschmelzungen** sind die für die jeweilige Rechtsform geltenden allgemeinen und besonderen rechtsformspezifischen Vorschriften des Verschmelzungsrechts kumulativ für die gesamte Verschmelzung zu beachten.[134] Mischverschmelzungen sind deshalb **komplexer** als Verschmelzungen von Rechtsträgern gleicher Rechtsform. Besonders relevant ist bei Mischverschmelzungen die Regelung des § 29 Abs. 1 S. 1 UmwG. Danach ist bei der Verschmelzung zur Aufnahme zwischen Rechtsträgern verschiedener Rechtsform den widersprechenden Anteilseignern des übertragenden Rechtsträgers ein **Abfindungsangebot** zu unterbreiten. Näher dazu → § 13 Rn. 327 ff.

57 Der Verweis des § 3 Abs. 4 letzter Halbsatz UmwG auf Sondervorschriften des 2. Buchs stellt klar, dass Mehrfach- und Mischverschmelzungen **durch Sonderregelungen eingeschränkt** sein können. Einschränkungen für Mischverschmelzungen bestehen insbes. für eingetragene Genossenschaften gem. § 79 UmwG, für rechtsfähige Vereine gem. § 99 UmwG, für genossenschaftliche Prüfverbände gem. § 105 UmwG, für VVaG gem. § 109 UmwG und für natürliche Personen gem. § 120 UmwG.

§ 8 Verschmelzungsvertrag

Übersicht

	Rdnr.		Rdnr.
I. Überblick	1	2. Vermögensübertragung als Ganzes gegen Gewährung von Anteilen oder Mitgliedschaften (§ 5 Abs. 1 Nr. 2 UmwG)	46–52
II. Rechtsnatur des Verschmelzungsvertrags	2–4	a. Vermögensübertragung	46, 47
1. Körperschaftlicher Organisationsakt	3	b. Gegen Gewährung von Anteilen oder Mitgliedschaften	48–52
2. Schuldrechtlicher Austauschvertrag	4	3. Umtauschverhältnis der Anteile, Höhe der baren Zuzahlung bzw. Angaben über die Mitgliedschaft (§ 5 Abs. 1 Nr. 3 UmwG)	53–66
III. Form des Verschmelzungsvertrags (§ 6 UmwG)	5–20	a. Umtauschverhältnis der Anteile	54–62
1. Gegenstand der Beurkundung	7–13	b. Bare Zuzahlungen	63–66
2. Zeitpunkt der Beurkundung	14, 15	4. Einzelheiten der Anteilsübertragung oder des Erwerbs der Mitgliedschaft (§ 5 Abs. 1 Nr. 4 UmwG)	67–71
3. Beurkundung im Ausland	16–20	5. Zeitpunkt der Gewinnbeteiligung (§ 5 Abs. 1 Nr. 5 UmwG)	72–76
IV. Abschluss des Verschmelzungsvertrags	21–40	6. Verschmelzungsstichtag (§ 5 Abs. 1 Nr. 6 UmwG)	77–81
1. Vertragsabschluss (§ 4 Abs. 1 UmwG)	21–28	7. Rechte einzelner Anteilsinhaber und Inhaber besonderer Rechte (§ 5 Abs. 1 Nr. 7 UmwG)	82–85
a. Abschlusskompetenz	21–23	8. Gewährung von Sondervorteilen (§ 5 Abs. 1 Nr. 8 UmwG)	86–94
b. Rechtsgeschäftliche Vertretung	24–27	9. Folgen der Verschmelzung für die Arbeitnehmer und Arbeitnehmervertretungen (§ 5 Abs. 1 Nr. 9 UmwG)	95–117
c. Keine Anwendung des § 311b Abs. 2 BGB	28	a) Normzweck	95–97
2. Vertragsentwurf (§ 4 Abs. 2 UmwG)	29–37		
a) Zustimmung zu einem Vertragsentwurf	29–31		
b) Business Combination Agreement	32–37		
3. Zustimmungserfordernisse	38–40		
V. Mindestinhalt des Verschmelzungsvertrags (§ 5 Abs. 1 UmwG)	41–117		
1. Name/Firma und Sitz der beteiligten Rechtsträger (§ 5 Abs. 1 Nr. 1 UmwG)	43–45		

---

[133] Widmann/Mayer/*Fronhöfer* § 3 Rn. 79.
[134] Lutter/*Drygala* § 3 Rn. 40; Widmann/Mayer/*Fronhöfer* § 3 Rn. 85; Kallmeyer/*Marsch-Barner* § 3 Rn. 29; Schmitt/Hörtnagl/Stratz/*Stratz* § 3 Rn. 58 f.

	Rdnr.		Rdnr.
b) Erforderliche Angaben	98–111	2. Gegenstand der Zuleitung	139
aa) Allgemeines	98–103	3. Zuständiger Betriebsrat / Fehlen	
bb) Einzelheiten	104–111	eines Betriebsrats	140, 141
c) Angaben über zu treffende		4. Zuleitungsfrist	142–144
Maßnahmen	112	5. Änderungen nach Zuleitung	145
d) Entfallen der Angaben nach		6. Nachweis nach § 17 Abs. 1	
§ 5 Abs. 1 Nr. 9 UmwG und		UmwG	146–148
Negativerklärung	113–115	X. Auslegung des Verschmelzungsver-	
e) Rechtsfolgen unzureichender		trags	149, 150
Information nach § 5 Abs. 1		XI. Mängel des Verschmelzungsvertrags	151–161
Nr. 9 UmwG	116, 117	1. Formmängel	151
VI. Sonstiger zwingend erforderlicher In-		2. Abschlussmängel	152–154
halt des Verschmelzungsvertrags	118–122	3. Inhaltsmängel/Unvollständigkeit	155–159
1. Abfindungsangebot/Austrittsrecht		4. Beschlussmängel	160
(§§ 29, 30 UmwG)	118–120	5. Heilung	161
2. Rechtsformspezifische Besonder-		XII. Rechtsfolgen des Verschmelzungsver-	
heiten	121	trags	162–184
3. Verschmelzung durch Neugrün-		1. Erfüllungsansprüche	162–165
dung	122	2. Durchsetzung	166–170
VII. Fakultative Regelungen im Ver-		3. Kündigung und Rücktritt	171–179
schmelzungsvertrag	123–136	a. Umwandlungsrechtliches Kün-	
1. Bedingungen und Befristungen		digungsrecht (§ 7 UmwG)	172–176
des Verschmelzungsvertrags	124–127	b. Allgemeine gesetzliche Kündi-	
2. Kündigungsrechte	128	gungs- und Rücktrittsrechte	177–179
3. Besondere Verpflichtungen des		4. Ansprüche aus culpa in contrahen-	
übernehmenden Rechtsträgers	129	do	180–184
4. Weitere fakultative Regelungen	130–136	a) Abbruch der Verhandlungen	180–183
VIII. Konzernverschmelzung (§ 5 Abs. 2		b) Sonstige Nebenpflichten	184
UmwG)	137	XIII. Aufhebung und Abänderung des Ver-	
IX. Zuleitung an den Betriebsrat		schmelzungsvertrags	185–192
(§ 5 Abs. 3 UmwG)	138–148	1. Vor Eintragung	186–189
1. Normzweck	138	2. Nach Eintragung	190–192

Schrifttum: *Adolff*, Unternehmensbewertung im Recht der börsennotierten Aktiengesellschaft, 2007; *Austmann/Frost*, Vorwirkungen von Verschmelzungen, ZHR 169 (2005), 431; *Bachner*, Individualarbeits- und kollektivrechtliche Auswirkungen des neuen Umwandlungsgesetzes, NJW 1995, 2881; *Bayer* 1000 Tage neues Umwandlungsrecht – eine Zwischenbilanz, ZIP 1997, 1613; *Blasche*, Schlussbilanz und 8-Monats-Frist des § 17 Abs. 2 S. 4 UmwG, RNotZ 2014, 464; *Blechmann*, Die Zuleitung des Umwandlungsvertrags an den Betriebsrat, NZA 2005, 1143; *Boecken*, Unternehmensumwandlungen und Arbeitsrecht, 1996; *Bokelmann*, GmbH-Gesellschafterversammlung im Ausland und Beurkundung durch ausländische Notare, NJW 1972, 1729; *Bungert,* Darstellungsweise und Überprüfbarkeit der Angaben über Arbeitnehmerfolgen im Umwandlungsvertrag, DB 1997, 2209; *ders./Leyendecker-Langner*, Umwandlungsverträge und ausländische Arbeitnehmer – Umfang der arbeitsrechtlichen Pflichtangaben, ZIP 2014, 1112; *ders./Wansleben,* Dividendenanspruch bei Verschiebung der Gewinnberechtigung bei Verschmelzungen, DB 2013, 979; *Däubler*, Das Arbeitsrecht im neuen Umwandlungsgesetz, RdA 1995, 136; *Dzida/Schramm*, Arbeitsrechtliche Pflichtangaben bei innerstaatlichen und grenzüberschreitenden Verschmelzungen, NZG 2008, 521; *A. Drygala*, Die Reichweite der arbeitsrechtlichen Angaben im Verschmelzungsvertrag, ZIP 1996, 1365; *T. Drygala*, Deal Protection in Verschmelzungs- und Unternehmenskaufverträgen – eine amerikanische Vertragsgestaltung auf dem Weg ins deutsche Recht, WM 2004, 1457; *Engelmeyer*, Die Informationsrechte des Betriebsrats und der Arbeitnehmer bei Strukturänderungen, DB 1996, 2542; *Fandel*, Die Angabepflicht nach § 5 Abs. 1 Nr. 9 UmwG, 2004; *Fleischer*, Zulässigkeit und Grenzen von Break-Fee-Vereinbarungen im Aktien- und Kapitalmarktrecht, AG 2009, 345; *ders.,* Zur Unveräußerlichkeit der Leitungsmacht im deutschen, englischen und US-amerikanischen Aktienrecht, FS Schwark, 2009, S. 137; *Freytag*, Neues zum Recht der Konzernverschmelzung und des Squeeze out, BB 2010, 1611; *Ganske*, Umwandlungsrecht, 2. Aufl. 1995; *Geck*, Die Spaltung von Unternehmen nach dem neuen Umwandlungsrecht, DStR 1995, 416; *Gerold*, Die Verschmelzung nach dem neuen Umwandlungsrecht, MittRhNotK 1997, 205; *Goette*, Auslandsbeurkundungen im Kapitalgesellschaftsrecht, FS Boujong, 1996, S. 131; *ders.,* Auslandsbeurkundungen im Kapitalgesellschaftsrecht, DStR 1996, 709; *Graef*, Nichtangabe von besonderen Vorteilen im Verschmelzungsvertrag gem. § 5 Abs. 1 Nr. 8 UmwG – Unwirksamkeit der getroffenen Vereinbarungen?, GmbHR 2005, 908; *Grunewald*, Auslegung von Unternehmens- und Umwandlungsverträgen, ZGR 2009, 647; *Hausch*, Arbeitsrechtliche Pflichtangaben nach dem UmwG, RNotZ 2007, 308 (Teil 1) und 396 (Teil 2); *Heckschen*, Auslandsbeurkundung und Richtigkeitsgewähr, DB 1990, 161; *ders.*, Die Entwicklung des Umwandlungsrechts aus Sicht der Rechtsprechung und Praxis, DB 1998, 1385; *ders.*, Fusion von Kapitalgesellschaften im Spiegel der Rechtsprechung, WM 1990, 377; *ders.*, Verschmelzung von Kapitalgesellschaften, 1989; *Henssler*, Arbeitnehmerinformation bei Umwandlungen und ihre Folgen im Gesellschaftsrecht, FS Kraft, 1998, S. 219; *Hermanns*, Beurkundungspflichten im Zusammenhang mit Unternehmenskaufverträgen und -umstrukturierungen, ZIP 2006, 2296; *Hilgard*, Break-up Fees beim Unternehmenskauf, BB 2008, 286; *Hippeli/Diesing*, Business Combination Agreements bei M&A-Transaktionen, AG 2015, 185; *Hjort*, Der notwendige Inhalt eines Verschmelzungsvertrags aus arbeitsrechtlicher Sicht, NJW 1999, 750; *Hoffmann-Becking*, Das neue Verschmelzungsrecht in der Praxis, FS Fleck, 1988, S. 105; *Hohenstatt/Schramm*, Arbeitsrechtliche Angaben im Umwandlungsvertrag – eine Bestandsaufnahme, FS AG Arbeitsrecht, 2006, S. 629; *Ihrig*, Gläubigerschutz durch Kapitalaufbringung bei Verschmelzung und Spaltung nach neuem Umwandlungsrecht, GmbHR 1995, 622; *ders./Redeke*, Zum besonderen Vorteil von Vorstands- und Aufsichtsratsmitgliedern iSv § 5 Abs. 1 Nr. 8 UmwG, FS Maier-Reimer, 2010, S. 297; *Ising*, Wegfall des Umwandlungsbeschlusses im Konzern – Probleme in der Praxis, NZG 2011, 1368; *Joost*, Arbeitsrechtliche Angaben im Umwandlungsvertrag, ZIP 1995, 976; *Kallmeyer*, Das neue Umwandlungsgesetz, ZIP 1994, 1746; *Kiem*, Die Eintragung der angefochtenen Verschmelzung, 1991; *ders.*, Die Ermittlung der Verschmelzungswertrelation bei der grenzüberschreitenden Verschmelzung, ZGR 2007, 542; *ders.*, Die schwebende Umwandlung, ZIP 1999, 173; *König*, Business Combination Agreements in der Rechtsprechung im Fall W. E. T., NZG 2013, 452; *Körner/Rodewald*, Bedingungen, Befristungen, Rücktritts- und Kündigungsrechte in Verschmelzungs- und Spaltungsverträgen, BB 1999, 853; *Kraft/Redenius-Hövermann*, Fristberechnung in der Konzernverschmelzung, ZIP 2013, 961; *Krause*, Wie lang ist ein Monat? – Fristberechnung am Beispiel des § 5 Abs. 3 UmwG, NJW 1999, 1448; *Kröll*, Beurkundung gesellschaftlicher Vorgänge durch einen ausländischen Notar, ZGR 2000, 111; *Lauscher*, Vorvertragliche Pflichten bei Verschmelzungen, 2012; *Melchior*, Die Beteiligung von Betriebsräten an Umwandlungsvorgängen aus Sicht des Handelsregisters, GmbHR 1996, 833; *Mohnke/Betz*, Unterrichtung der Mitarbeiter über die Fortgeltung von Betriebsvereinbarungen bei einem Betriebs(teil)übergang, BB 2008, 498; *K. J. Müller*, Zuleitung des Verschmelzungsvertrags an den Betriebsrat nach § 5 Abs. 3 Umwandlungsgesetz, DB 1997, 713; *Paschos*, Die Zulässigkeit von Vereinbarungen über künftige Leitungsmaßnahmen des Vorstands, NZG 2012, 1142; *Priester*, Das neue Verschmelzungsrecht, NJW 1983, 1459; *ders.*, Bilanzierung bei schwebender Verschmelzung, BB 1992, 1594; *Salamon*, Fortbestand der Betriebsidentität trotz Entstehung betrieblicher Organisationseinheiten nach § 3 BetrVG?, NZA 2009, 74; *Scharff*, Beteiligungsrechte von Arbeitnehmervertretungen bei Umstrukturierungen auf Unternehmens- und Betriebsebene, BB 2016, 437; *Schervier*, Beurkundung GmbH-rechtlicher Vorgänge im Ausland, NJW 1992, 593; *Schütz/Fett*, Variable oder starre Stichtagsregelungen in Verschmelzungsverträgen?, DB 2002, 2696; *Sieger/Hasselbach*, Break Fee-Vereinbarung bei Unternehmenskäufen, BB 2000, 625; *Stohlmeier*, Zuleitung der Umwandlungsdokumentation und Einhaltung der Monatsfrist: Verzicht des Betriebsrats?, BB 1999, 1394; *Streck/Mack/Schwedhelm*, Verschmelzung und Formwechsel nach dem neuen Umwandlungsgesetz, GmbHR 1995, 161; *Teichmann*, Die Einführung der Europäischen Aktiengesellschaft – Grundlagen der Ergänzung des europäischen Statuts durch den deutschen Gesetzgeber, ZGR 2002, 383; *Trappehl/Nussbaum*, Auswirkungen einer Verschmelzung auf den Bestand von Gesamtbetriebsvereinbarungen, BB 2011, 2869; *Ulrich/Böhle*, Verschmelzung auf zum Verschmelzungsstichtag nicht existierende Rechtsträger, GmbHR 2006, 644; *Vetter*, Zum Ausgleich von Spitzen(beträgen) bei der Abfindung in Aktien – Überlegungen zu § 305 Abs. 3 Satz 1 und § 320b Abs. 1 Satz 4 AktG, AG 1997, 6; *Wertenbruch*, Zur Haftung aus culpa in contrahendo bei Abbruch von Vertragsverhandlungen, ZIP 2004, 1525; *Willemsen*, Arbeitsrecht im Umwandlungsgesetz – Zehn Fragen aus der Sicht der Praxis, NZA 1996, 791; *ders.*, Die Beteiligung des Betriebsrats im Umwandlungsverfahren, RdA 1998, 23; *Wlotzke*, Arbeitsrechtliche Aspekte des neuen Umwandlungsrechts, DB 1995, 40.

I. Überblick

1 Der **Verschmelzungsvertrag** ist nach **§ 4 Abs. 1 S. 1 UmwG** notwendige Voraussetzung einer jeden Verschmelzung. Er bildet die vertragliche Grundlage für die Rechtswirkungen der Verschmelzung, insbes. den **Rechtsgrund für die dingliche Übertra-**

gung.¹ In ihm verständigen sich die Vertragsparteien auf die **Wesensmerkmale**² **und Konditionen** der Verschmelzung. Der Verschmelzungsvertrag bedarf zu seiner Wirksamkeit der **notariellen Beurkundung** (§ 6 UmwG) und der Zustimmung der Anteilsinhaber der beteiligten Rechtsträger durch **Verschmelzungsbeschluss** (§ 13 UmwG). Die im Verschmelzungsvertrag vereinbarten Rechtsfolgen (§ 20 Abs. 1 UmwG) treten mit Eintragung der Verschmelzung in die Handelsregister der beteiligten Rechtsträger ein (§§ 19, 20 UmwG). Nach **§ 4 Abs. 2 UmwG** kann der Verschmelzungsvertrag im Anschluss an die entsprechenden Zustimmungsbeschlüsse der Anteilsinhaber der beteiligten Rechtsträger abgeschlossen werden, wenn die Beschlüsse auf der Grundlage eines schriftlichen Vertragsentwurfs gefasst worden sind.

II. Rechtsnatur des Verschmelzungsvertrags

Der Verschmelzungsvertrag hat den Charakter eines **typengemischten Vertrags**. Er enthält insbes. Elemente der folgenden Vertragstypen: 2

1. Körperschaftlicher Organisationsakt

Der Verschmelzungsvertrag bildet die Grundlage eines körperschaftlichen Organisationsakts. Er enthält die Vorgaben für die **gesellschaftsrechtliche Neuorganisation und Strukturen** der beteiligten Rechtsträger.³ Dies betrifft va die Zuweisung des Vermögens des übertragenden Rechtsträgers, die Rechtsverhältnisse der Anteilsinhaber untereinander und die Auflösung des übertragenden Rechtsträgers.⁴ Insoweit ähnelt der Verschmelzungsvertrag einem Unternehmensvertrag nach §§ 291 ff. AktG, der ebenfalls als Organisationsakt eingestuft wird.⁵ Bei einer Verschmelzung durch Neugründung stellt der Verschmelzungsvertrag zudem den Gesellschaftsvertrag, den Partnerschaftsvertrag oder die Satzung des neuen Rechtsträgers fest (§ 37 UmwG); auch insoweit beinhaltet er Wesensmerkmale eines körperschaftlichen Organisationsakts, der in die Gründung des neuen Rechtsträgers mündet.⁶ 3

2. Schuldrechtlicher Austauschvertrag

Der Verschmelzungsvertrag beinhaltet außerdem Elemente eines **schuldrechtlichen Austauschvertrags**, weil er die gegenseitigen Pflichten der am Vertrag beteiligten Rechtsträger festlegt. Alle beteiligten Rechtsträger verpflichten sich, die **Verschmelzung mit den vereinbarten Parametern umzusetzen**.⁷ Der übertragende Rechtsträger verpflichtet sich, sein Vermögen als Ganzes zu übertragen (§ 5 Abs. 1 Nr. 2 UmwG).⁸ Der Verschmelzungsvertrag selbst hat keine unmittelbare dingliche Wirkung.⁹ Die **dingliche Übertragung** erfolgt kraft Gesetzes mit Eintragung der Verschmelzung in das Register (§ 20 Abs. 1 Nr. 1 UmwG); der Vertrag ist lediglich Rechtsgrund für die Übertragung.¹⁰ 4

---

[1] RegBegr. zu § 4 UmwG bei *Ganske* S. 48.
[2] → § 6 Rn. 17 ff.
[3] Lutter/*Drygala* § 4 Rn. 4; Kallmeyer/*Marsch-Barner* § 4 Rn. 2; Widmann/Mayer/*Mayer* § 4 Rn. 21 ff.; Schmitt/Hörtnagl/Stratz/*Stratz* § 4 Rn. 7.
[4] Widmann/Mayer/*Mayer* § 4 Rn. 25; Semler/Stengel/*Schröer* § 4 Rn. 2; Kölner Kommentar-UmwG/*Simon* § 4 Rn. 4.
[5] BGH II ZB 7/88, BGHZ 105, 324, 331 = NJW 1989, 295, 296; Lutter/*Drygala* § 8 Rn. 4; Hüffer/*Koch* § 291 Rn. 17.
[6] Lutter/*Drygala* § 4 Rn. 4; Kallmeyer/*Marsch-Barner* § 4 Rn. 2; Widmann/Mayer/*Mayer* § 4 Rn. 21.
[7] Lutter/*Drygala* § 4 Rn. 5; *Ihrig* GmbHR 1995, 622, 633; Maulbetsch/Klumpp/Rose/*Maulbetsch* § 4 Rn. 7; Kölner Kommentar-UmwG/*Simon* § 4 Rn. 5; Schmitt/Hörtnagl/Stratz/*Stratz* § 4 Rn. 9.
[8] Lutter/*Drygala* § 4 Rn. 5; Kallmeyer/*Marsch-Barner* § 4 Rn. 2; Widmann/Mayer/*Mayer* § 4 Rn. 28; Schmitt/Hörtnagl/Stratz/*Stratz* § 4 Rn. 9.
[9] Maulbetsch/Klumpp/Rose/*Maulbetsch* § 4 Rn. 8; Widmann/Mayer/*Mayer* § 4 Rn. 23.
[10] Lutter/*Drygala* § 4 Rn. 6; Maulbetsch/Klumpp/Rose/*Maulbetsch* § 4 Rn. 8; Semler/Stengel/*Schröer* § 4 Rn. 6; Schmitt/Hörtnagl/Stratz/*Stratz* § 4 Rn. 8.

Als **Gegenleistung** erhalten die Anteilsinhaber des übertragenden Rechtsträgers Anteile am übernehmenden oder neu gegründeten Rechtsträger (§ 2 UmwG). Außerdem begründet der Verschmelzungsvertrag die Verpflichtung der beteiligten Rechtsträger, die Verschmelzung und ggf. den neuen Rechtsträger ordnungsgemäß **zum Handelsregister anzumelden** (§§ 16, 38 UmwG) sowie etwaige Eintragungshindernisse zu verhindern oder zu beseitigen.[11] Bei der Verschmelzung durch Aufnahme trifft diese Verpflichtung jeden Rechtsträger, bei der Verschmelzung durch Neugründung nur den übertragenden Rechtsträger.

III. Form des Verschmelzungsvertrags (§ 6 UmwG)

5   Gem. § 6 UmwG muss der Verschmelzungsvertrag **notariell beurkundet** werden (§§ 6 ff. BeurkG). Dies ist rechtsformunabhängig und für jede Art der Verschmelzung erforderlich.[12] Die Regelung des § 6 UmwG beruht auf dem Rechtsgedanken des § 311b Abs. 3 BGB[13], nach dem Verträge über die Übertragung des gegenwärtigen Vermögens oder eines Bruchteils davon stets notariell zu beurkunden sind, um den Beteiligten die weitreichenden Auswirkungen einer Entscheidung hierüber vor Augen zu führen[14].

6   Die notarielle Beurkundung des Verschmelzungsvertrags stellt insbes. seine **materielle Richtigkeit** sicher.[15] Daneben dient sie der **Beweissicherung** sowie der **Belehrung** und **Prüfung** durch den beurkundenden Notar.[16] Durch die Einschaltung des Notars und der damit verbundenen Einhaltung des gesetzmäßigen Verfahrens soll ausweislich der Gesetzesbegründung den weitreichenden Auswirkungen der Verschmelzung Rechnung getragen werden.[17] Mit der Beurkundungspflicht setzt der Gesetzgeber zugleich den intendierten Schutz der Anteilsinhaber, va der Minderheitsgesellschafter, um.[18] Die notarielle Vorprüfung entlastet zudem die Registergerichte.[19] Die kumulative Prüfung durch Notar und Handelsregister stellt insofern eine zügige und materiell richtige Eintragung sicher.[20]

1. Gegenstand der Beurkundung

7   Der **gesamte Inhalt des Verschmelzungsvertrags** bedarf der notariellen Beurkundung. In Anlehnung an die Grundsätze, die zu § 311b Abs. 1 und 3 BGB herausgebildet wurden, sind alle Vereinbarungen und Nebenabreden, ohne die die Beteiligten den Verschmelzungsvertrag nicht abgeschlossen hätten und die daher ein „untrennbares Ganzes" bilden, mit zu beurkunden.[21] Daraus folgt, dass bei der Verschmelzung durch Neugründung einer Personengesellschaft abweichend von den allgemeinen gesellschaftsrechtlichen Anforderungen auch der Gesellschaftsvertrag des neuen Rechtsträgers beurkundet werden muss, da dieser nach § 37 UmwG Gegenstand des Verschmelzungsvertrags ist.[22]

---

[11] Lutter/*Drygala* § 4 Rn. 5; Maulbetsch/Klumpp/Rose/*Maulbetsch* § 4 Rn. 7; Widmann/Mayer/*Mayer* § 4 Rn. 29.
[12] Böttcher/Habighorst/Schulte/*Böttcher* § 6 Rn. 1; Widmann/Mayer/*Heckschen* § 6 Rn. 2.
[13] Böttcher/Habighorst/Schulte/*Böttcher* § 6 Rn. 2; Lutter/*Drygala* § 6 Rn. 1; Kölner Kommentar-UmwG/*Simon* § 6 Rn. 1.
[14] S. nur Palandt/*Grüneberg* § 311b Rn. 63.
[15] Böttcher/Habighorst/Schulte/*Böttcher* § 6 Rn. 2; Lutter/*Drygala* § 6 Rn. 1; Widmann/Mayer/*Heckschen* § 6 Rn. 1; Kölner Kommentar-UmwG/*Simon* § 6 Rn. 1.
[16] Böttcher/Habighorst/Schulte/*Böttcher* § 6 Rn. 2; Lutter/*Drygala* § 6 Rn. 1; Widmann/Mayer/*Heckschen* § 6 Rn. 1; Kölner Kommentar-UmwG/*Simon* § 5 Rn. 1.
[17] RegBegr. zu § 6 UmwG bei *Ganske* S. 51.
[18] Widmann/Mayer/*Heckschen* § 6 Rn. 1.
[19] Widmann/Mayer/*Heckschen* § 6 Rn. 1.
[20] Widmann/Mayer/*Heckschen* § 6 Rn. 1.1; Semler/Stengel/*Schröer* § 6 Rn. 2.
[21] Lutter/*Drygala* § 6 Rn. 2; Widmann/Mayer/*Heckschen* § 6 Rn. 22; Hermanns ZIP 2006, 2296, 2299; Kallmeyer/*Zimmermann* § 6 Rn. 7.
[22] Lutter/*Drygala* § 6 Rn. 2; Kölner Kommentar-UmwG/*Simon* § 6 Rn. 2.

Ein bloßer **Vertragsentwurf** (s. etwa §§ 4 Abs. 2, 5 Abs. 3 UmwG) muss noch nicht **8** notariell beurkundet werden; hierfür genügt **einfache Schriftform**.[23] Die Beurkundungskosten müssen erst aufgewendet werden, nachdem die Zustimmungsbeschlüsse abgegeben worden sind und der Abschluss des Verschmelzungsvertrags gesichert ist.[24] Dadurch können vergebliche Notarkosten vermieden werden.

Ein **Vorvertrag**, aus dem nach dem Eintritt bestimmter Voraussetzungen die Pflicht zum **9** Abschluss eines Verschmelzungsvertrags erwachsen kann, unterfällt ebenfalls der Beurkundungspflicht aus § 6 UmwG.[25] Ebenso sind Regelungen in einem Vorvertrag, die auch nach Wirksamwerden der Verschmelzung fortbestehen sollen (etwa zur Corporate Governance), beurkundungspflichtig.[26]

Die Formpflicht gilt ebenso für **vertragliche Abreden**, die zumindest eine Partei **zum** **10** **Abschluss eines Verschmelzungsvertrags indirekt oder rein wirtschaftlich zwingen**.[27] Dazu zählen va Vertragsstrafversprechen (sog. Break-up-fees) für Fälle, in denen die vereinbarte Verschmelzung nicht zustande kommt, wenn diese einen pönalisierenden Charakter aufweisen und somit eine Druckwirkung entfalten können und nicht nur einen pauschalisierten Schadensersatz beinhalten.[28] Hierbei wird zu Recht ein strengerer Maßstab als bei § 15 Abs. 4 S. 1 GmbHG angewendet, da der Schutzzweck des § 6 UmwG insoweit mit dem des § 311b Abs. 1 S. 1 BGB vergleichbar ist.

Einigungen der beteiligten Rechtsträger außerhalb des Verschmelzungsvertrags auf **be-** **11** **stimmte Verhaltensweisen**, z. B. das abgesprochene Umtauschverhältnis zu wahren, können der Beurkundungspflicht unterfallen. Im Einzelfall kommt es darauf an, ob die Parteien nur verpflichtet sein wollen, solange das Verschmelzungsvorhaben noch nicht umgesetzt ist. In einem solchen Fall besteht keine Beurkundungspflicht.[29] Anders kann es sein, wenn die Verhaltenspflichten der beteiligten Rechtsträger auch nach dem Wirksamwerden des Verschmelzungsvertrags gelten sollen.

Die **Abänderung oder Ergänzung**[30] des Verschmelzungsvertrags beinhaltet den Ab- **12** schluss eines neuen Vertrags, für den ebenfalls § 6 UmwG gilt. Es genügt die Beurkundung der Abänderungsvereinbarung in einer Nachtragsurkunde (§ 44a Abs. 2 S. 3 BeurkG).[31]

Ob die **Aufhebung**[32] des Verschmelzungsvertrags vor der Eintragung der Verschmelzung **13** dem Beurkundungserfordernis unterliegt, ist umstritten. Eine Auffassung verlangt die notarielle Beurkundung, wenn die Anteilseigner dem Vertrag bereits zugestimmt haben und nur noch die Registereintragung aussteht.[33] Die Vertreter dieser Auffassung führen an, dass bei der Aufhebung – in gleicher Weise wie beim Vertragsabschluss – die Beweissicherung und materielle Richtigkeitsgewähr gewährleistet werden müssten. Die hM lehnt dies jedoch zu Recht ab, weil die Regelung des § 6 UmwG ausschließlich für den Abschluss, nicht aber für die Aufhebung eines Verschmelzungsvertrags gilt.[34] Hierfür spricht zunächst

---

[23] Lutter/*Drygala* § 6 Rn. 2; Widmann/Mayer/*Mayer* § 6 Rn. 32; Kölner Kommentar-UmwG/ *Simon* § 6 Rn. 3; Schmitt/Hörtnagl/Stratz/*Stratz* § 6 Rn. 3.
[24] Semler/Stengel/*Schröer* § 6 Rn. 8; Kölner Kommentar-UmwG/*Simon* § 6 Rn. 3.
[25] Lutter/*Drygala* § 6 Rn. 3; *Hermanns* ZIP 2006, 2296, 2298.
[26] *Austmann/Frost* ZHR 169 (2005), 431, 449; Lutter/*Drygala* § 6 Rn. 3.
[27] Lutter/*Drygala* § 6 Rn. 4; Widmann/Mayer/*Heckschen* § 6 Rn. 33.
[28] *Austmann/Frost* ZHR 169 (2005), 431, 451; Lutter/*Drygala* § 6 Rn. 4; *Fleischer* AG 2009, 345 ff.; Widmann/Mayer/*Heckschen* § 6 Rn. 33; *Hilgard* BB 2008, 286, 288 f.; Semler/Stengel/*Schröer* § 6 Rn. 6; Kölner Kommentar-UmwG/*Simon* § 6 Rn. 3.
[29] Widmann/Mayer/*Heckschen* § 6 Rn. 33.1; Semler/Stengel/*Schröer* § 6 Rn. 7.
[30] Kallmeyer/*Zimmermann* § 6 Rn. 8; näher → Rn. 185 ff.
[31] Lutter/*Drygala* § 4 Rn. 26; Widmann/Mayer/*Heckschen* § 6 Rn. 49; *Weiler* DNotZ 2007, 888 (Anm. zu OLG Schleswig 2 W 58/07, DNotZ 2007, 957).
[32] Näher → Rn. 185 ff.
[33] Widmann/Mayer/*Heckschen* § 6 Rn. 51 ff.; Widmann/Mayer/*Mayer* § 4 Rn. 63.
[34] Goutier/Knopf/Tulloch/*Bermel* § 7 Rn. 9; Böttcher/Habighorst/Schulte/*Böttcher* § 6 Rn. 13; Lutter/*Drygala* § 4 Rn. 27; Kallmeyer/*Marsch-Barner* § 4 Rn. 18; Semler/Stengel/*Schröer* § 4 Rn. 33; Schmitt/Hörtnagl/Stratz/*Stratz* § 7 Rn. 19; Kallmeyer/*Zimmermann* § 6 Rn. 9.

der klare Wortlaut. Zudem ist anerkannt, dass die Aufhebung eines formbedürftigen Vertrags grds. nicht der beim Abschluss einzuhaltenden Form unterliegt.[35] Auch die von der Formvorschrift bezweckte materielle Richtigkeitsgewähr verlangt für eine einfache Aufhebungserklärung keine Beurkundung, weil eine Aufhebung viel übersichtlicher ist als der Abschluss eines komplexen Verschmelzungsvertrags.[36] Die Vermögensübertragung wird außerdem erst durch die Eintragung der Verschmelzung bewirkt, sodass auch die Warnfunktion der Beurkundung außer Acht bleiben kann.[37] Haben die Anteilsinhaber dem aufgehobenen Vertrag bereits zugestimmt, müssen sie auch der Aufhebung zustimmen. Dieser Beschluss ist formfrei möglich.

2. Zeitpunkt der Beurkundung

14   Der Verschmelzungsvertrag kann **vor oder nach der Beschlussfassung** der Anteilsinhaber der beteiligten Rechtsträger beurkundet werden (vgl. § 4 Abs. 2 UmwG). Erfolgt die Beurkundung erst nach der Zustimmung der Anteilsinhaber, muss die beurkundete Fassung inhaltlich mit dem Entwurf, dem die Anteilsinhaber zugestimmt haben, übereinstimmen. Rein redaktionelle Änderungen (z. B. Schreibfehler) sind aber zulässig.[38] Der Verschmelzungsvertrag wird **erst wirksam**, wenn sowohl die Beurkundung erfolgt ist als auch alle erforderlichen, ebenfalls notariell zu beurkundenden Zustimmungen der Anteilsinhaber der beteiligten Rechtsträger (§ 13 Abs. 1 UmwG) und ggf. Sonderrechtsinhaber (§ 13 Abs. 3 S. 1 UmwG) vorliegen.[39]

15   Die am Abschluss des Verschmelzungsvertrags beteiligten Rechtsträger müssen nicht gleichzeitig im selben Beurkundungstermin anwesend sein. Eine **Sukzessivbeurkundung**, dh eine getrennte Beurkundung von Angebot und Annahme, ist nach § 128 BGB zulässig.[40] Der Verschmelzungsvertrag kommt dann mit der Beurkundung der (letzten) Annahmeerklärung zustande, ohne dass es hierfür auf den Zugang der Erklärung bei der anderen Partei ankommt (§ 152 S. 1 BGB).[41] Dies gilt selbst dann, wenn das übertragene Vermögen Grundbesitz umfasst. Für Auflassungen nach § 925 BGB ist eine Sukzessivbeurkundung zwar ausgeschlossen. Die dingliche Verfügung über den Grundbesitz erfolgt im Rahmen der Verschmelzung jedoch kraft Gesamtrechtsnachfolge (§ 20 Abs. 1 UmwG) und nicht durch Auflassung nach § 925 BGB.[42] Da sich der Eigentumswechsel am Grundbesitz außerhalb des Grundbuchs vollzieht, ist das Grundbuch nach Wirksamkeit der Verschmelzung zu berichtigen (§§ 894 BGB, 22 GBO).[43]

3. Beurkundung im Ausland

16   Die Motivation, zur Ersparnis von Beurkundungskosten eine Beurkundung des Verschmelzungsvertrags im Ausland zu erwägen, soll durch § 107 Abs. 1 S. 1 GNotKG abgeschwächt werden.[44] Die Regelung sieht eine Obergrenze für den Geschäftswert in Höhe von 10.000.000 EUR vor. Dies macht die Beurkundung günstiger.[45] Die **Zulässigkeit**

---

[35] S. nur BGH V ZR 104/81, BGHZ 83, 395, 398 = NJW 1982, 1639, 1640.
[36] Böttcher/Habighorst/Schulte/*Böttcher* § 6 Rn. 13; Semler/Stengel/*Schröer* § 4 Rn. 33.
[37] Kallmeyer/*Zimmermann* § 6 Rn. 9.
[38] Kallmeyer/*Zimmermann* § 6 Rn. 2.
[39] Kallmeyer/*Zimmermann* § 6 Rn. 2.
[40] Böttcher/Habighorst/Schulte/*Böttcher* § 6 Rn. 4; Lutter/*Drygala* § 6 Rn. 6; Kölner Kommentar-UmwG/*Simon* § 6 Rn. 7; Kallmeyer/*Zimmermann* § 6 Rn. 4 f.
[41] Lutter/*Drygala* § 6 Rn. 6; Palandt/*Ellenberger* § 128 Rn. 3; Widmann/Mayer/*Mayer* § 4 Rn. 55.
[42] Lutter/*Drygala* § 6 Rn. 6; Widmann/Mayer/*Heckschen* § 6 Rn. 48; Semler/Stengel/*Schröer* § 6 Rn. 14; Kallmeyer/*Zimmermann* § 6 Rn. 4.
[43] Für Einzelheiten zur Grundbuchberichtigung s. Widmann/Mayer/*Vossius* § 20 Rn. 58 ff.
[44] Vgl. zur Vorgängerregelung in § 39 Abs. 5 KostO, die noch eine Obergrenze von 5.000.000 EUR vorsah, *Bayer* ZIP 1997, 1613, 1619; *Heckschen* DB 1998, 1385, 1388; Semler/Stengel/*Schröer* § 6 Rn. 14.
[45] Zu Beurkundungskosten im Einzelnen → § 6 Rn. 54 ff.

einer Beurkundung des Verschmelzungsvertrags im Ausland ist weiterhin **nicht abschließend geklärt.**

Gesellschaftsrechtliche Strukturmaßnahmen eines Rechtsträgers mit Sitz in Deutschland (z. B. Verschmelzungen nach dem UmwG) unterliegen richtigerweise dem sog. **Wirkungsstatut.** Danach gilt für eine im Ausland beurkundete Verschmelzung nach deutschem Recht das Recht des deutschen Wirkungsortes. Deshalb ist bei einer Auslandsbeurkundung stets die Form des § 6 UmwG zu wahren.[46] Die bloße Einhaltung der Ortsform, dh derjenigen Formvorschriften, die am Ort der Beurkundung gelten, genügt nicht. Dies folgt daraus, dass Art. 11 Abs. 1 EGBGB, nach dem grds. die Ortsform ausreicht, für statusrelevante Akte nicht gilt, weil eine Verschmelzung auch das öffentliche Interesse berührt.[47] Die Verschmelzung reicht in ihrer Tragweite über den Kreis der unmittelbar an ihr Beteiligten heraus und betrifft auch die Interessen Dritter. Auch nach Art. 11 Abs. 4 EGBGB (*lex rei sitae*) genügt bei Verfügungsgeschäften die Ortsform nicht; es gilt das Recht des Lageorts.[48] Wegen der Gesamtrechtsnachfolge hinsichtlich des übertragenden Vermögens ist bei der Verschmelzung allein der **Wirkungsort** des neuen bzw. übernehmenden Rechtsträgers maßgeblich; für eine Verschmelzung mit Rechtswirkungen nach deutschem Recht ist dies auch das einschlägige Wirkungsstatut.[49]

Bei einer notariellen Beurkundung im Ausland ist nach den obenstehenden Ausführungen zu klären, ob die Beurkundung der Form des § 6 UmwG genügt. Zur Beantwortung dieser Frage stellt das Schrifttum unter Verweis auf ein BGH-Urteil vom 16.1.1981[50] zur Frage der Zulässigkeit der notariellen Beurkundung einer Satzungsänderung durch einen Schweizer Notar darauf ab, ob die Beurkundung durch einen ausländischen Notar **gleichwertig** mit der Beurkundung durch einen deutschen Notar ist.[51] Hierfür ist erforderlich, dass der ausländische Notar im Hinblick auf Ausbildung, Auswahl und Stellung einem deutschen Notar entspricht und das ausländische Beurkundungsverfahren mit dem inländischen Beurkundungsverfahren vergleichbar ist, sodass die Grundsätze des deutschen Beurkundungsrechts gewahrt werden.[52] Dabei muss das ausländische Beurkundungsrecht insbes. eine **Verlesungspflicht** für die Urkunde vorschreiben, weil dies einer der wichtigsten Grundsätze des deutschen Beurkundungsverfahrensrechts ist.[53] Die Gleichwertigkeit des Verfahrens wird jedenfalls dann abgelehnt, wenn der ausländische Notar keine oder nur eine eingeschränkte Haftung für seine Beurkundung über-

---

[46] S. auch die RegBegr. zu Art. 11 EGBGB, BT-Drs. 10/504, S. 49; LG Kiel 3 T 143/97, DB 1997, 1223; LG Augsburg 2 HK T 2093/96, MittBayNot 1996, 318; Böttcher/Habighorst/Schulte/*Böttcher* § 6 Rn. 15; Lutter/*Drygala* § 6 Rn. 9; *Goette* FS Boujong, 1996, S. 131, 143; Widmann/Mayer/ *Heckschen* § 6 Rn. 62, 67 und 70 ff.; *Schervier* NJW 1992, 593, 597; Kölner Kommentar-UmwG/*Simon* § 6 Rn. 9; Semler/Stengel/*Schröer* § 6 Rn. 16; aA *Bokelmann* NJW 1972, 1729, 1731; Palandt/*Thorn* Art. 11 EGBGB Rn. 13.

[47] Widmann/Mayer/*Heckschen* § 6 Rn. 64 f.; Semler/Stengel/*Schröer* § 6 Rn. 16; Kallmeyer/*Zimmermann* § 6 Rn. 11.

[48] Lutter/*Drygala* § 6 Rn. 9; *Heckschen* DB 1990, 161 ff.; Semler/Stengel/*Schröer* § 6 Rn. 16.

[49] DNotI-Report 2016, 93, 94; Böttcher/Habighorst/Schulte/*Böttcher* § 6 Rn. 15; Lutter/*Drygala* § 6 Rn. 7; *Kröll* ZGR 2000, 111, 120 ff.

[50] BGH II ZB 8/80, BGHZ 80, 76, 78 = NJW 1981, 1160.

[51] Böttcher/Habighorst/Schulte/*Böttcher* § 6 Rn. 16; Lutter/*Drygala* § 6 Rn. 10; Widmann/Mayer/*Heckschen* § 6 Rn. 70; Semler/Stengel/*Schröer* § 6 Rn. 17; Kallmeyer/*Zimmermann* § 6 Rn. 10; aA OLG Düsseldorf 3 Wx 21/89, NJW 1989, 2200; *Bokelmann* NJW 1972, 1729, 1731; Limmer/*Limmer,* Teil 2 Kap. 1 Rn. 496.

[52] BGH II ZB 8/80, BGHZ 80, 76, 78 = NJW 1981, 1160; Lutter/Hommelhoff/*Bayer* GmbHG § 2 Rn. 28; Böttcher/Habighorst/Schulte/*Böttcher* § 6 Rn. 16; Hüffer/*Koch* § 23 Rn. 11; Kölner Kommentar-UmwG/*Simon* § 6 Rn 10; Kallmeyer/*Zimmermann* § 6 Rn. 10.

[53] S. nur BGH II ZB 8/80, BGHZ 80, 76, 78 = NJW 1981, 1160; Böttcher/Habighorst/Schulte/ *Böttcher* § 6 Rn. 16; Semler/Stengel/*Schröer* § 6 Rn. 17; es genügt nicht, wenn der ausländische Notar die Urkunde bei Fehlen einer Verlesungspflicht freiwillig verliest; ausführlich dazu Widmann/Mayer/ *Heckschen* § 6 Rn. 72.1.

nimmt.[54] Da die **Haftung des Notars** gerade bei Beurkundungen in der Schweiz regelmäßig ausgeschlossen wird, wäre die Gleichwertigkeit der Beurkundung demnach in solchen Fällen abzulehnen.[55] Das Kriterium der (nachträglichen) Haftung des Notars ist aber jedenfalls isoliert betrachtet nicht ausreichend, die mit dem Kriterium der Gleichwertigkeit bezweckte präventive Kontrolle durch den Notar zu messen.[56]

19 Es ist weiterhin zu prüfen, ob die mit § 6 UmwG verfolgten Zwecke bei einer Beurkundung einer Verschmelzung im Ausland überhaupt gewahrt werden können. In der **„Supermarkt"-Entscheidung** statuiert der BGH, dass die notarielle Beurkundung eine **materielle Richtigkeitsgewähr des Umwandlungsvorgangs im öffentlichen Interesse** bezweckt.[57] Auf dieses öffentliche Interesse können die Parteien nicht wirksam verzichten.[58] Für eine Beurkundung im Ausland folgt daraus, dass die Beurkundung die materielle Richtigkeit gewährleisten muss, um den Anforderungen von § 6 UmwG zu genügen. Dies setzt voraus, dass der ausländische Notar umfassende Kenntnisse des deutschen Gesellschaftsrechts vorweisen kann, was eine hohe fachliche Hürde darstellt. Zudem müsste das notarielle Auslandsrecht objektiv geeignet sein, die materielle Richtigkeit des nach deutschem Recht zu beurteilenden Verschmelzungsvorgangs zu gewährleisten (insbes. Verlesungs- und Beratungspflicht). Deshalb ist es praktisch unumgänglich, die Beurkundung durch einen deutschen Notar vornehmen zu lassen.[59]

20 Vor dem Hintergrund der beschriebenen Unsicherheiten bei Auslandsbeurkundungen empfiehlt sich eine Beurkundung im Inland. In jedem Fall sollten die Vertragsparteien eine geplante Auslandsbeurkundung unbedingt vorab **mit den zuständigen Registergerichten abstimmen**.[60] Eine Abstimmung verschafft den Parteien zumindest Rechtsklarheit für den jeweiligen Einzelfall, weil die Eintragung im Register des übernehmenden Rechtsträgers eventuelle Formmängel gem. § 20 Abs. 1 Nr. 4 UmwG heilt.

IV. Abschluss des Verschmelzungsvertrags

1. Vertragsabschluss (§ 4 Abs. 1 UmwG)

21 a. Abschlusskompetenz. Der Verschmelzungsvertrag wird zwischen den an der Verschmelzung **beteiligten Rechtsträgern** geschlossen. Die Abschlusskompetenz liegt bei den **Vertretungsorganen** der beteiligten Rechtsträger (§ 4 Abs. 1 S. 1 UmwG), dh je nach deren Rechtsform bei den Geschäftsführern, Vorständen, vertretungsberechtigten Gesellschaftern oder Partnern.[61] Erforderlich ist jeweils ein Handeln in vertretungsberechtigter Zahl.[62] Die Anteilsinhaber sind keine Parteien des Verschmelzungsvertrags, sodass einzelnen Anteilsinhabern regelmäßig auch keine einklagbaren Ansprüche hieraus zustehen.[63]

---

[54] BGH II ZB 8/80, BGHZ 80, 76, 78 = NJW 1981, 1160; Lutter/*Drygala* § 6 Rn. 10; Widmann/Mayer/*Heckschen* § 6 Rn. 62; Semler/Stengel/*Schröer* § 6 Rn. 17; Kölner Kommentar-UmwG/*Simon* § 6 Rn. 12.

[55] Böttcher/Habighorst/Schulte/*Böttcher* § 6 Rn. 16.

[56] Insgesamt gegen die Heranziehung dieses Kriteriums Kallmeyer/*Zimmermann* § 6 Rn. 11.

[57] BGH II ZB 7/88, BGHZ 105, 324, 338 = NJW 1989, 295, 298.

[58] *Goette* DStR 1996, 709, 712 f.; Kölner Kommentar-UmwG/*Simon* § 6 Rn. 11.

[59] AG Kiel 4 GnR 443, MittBayNot 1997, 116, 117 = GmbHR 1997, 506; Böttcher/Habighorst/Schulte/*Böttcher* § 6 Rn. 16; Lutter/*Drygala* § 6 Rn. 13; *Goette* FS Boujong, 1996, S. 131, 141 ff.; Widmann/Mayer/*Mayer* § 6 Rn. 70.

[60] So auch Böttcher/Habighorst/Schulte/*Böttcher* § 6 Rn. 16; Semler/Stengel/*Schröer* § 6 Rn. 17; Kölner Kommentar-UmwG/*Simon* § 6 Rn. 13.

[61] RegBegr. zu § 4 UmwG bei *Ganske* S. 48.

[62] Lutter/*Drygala* § 4 Rn. 7; Maulbetsch/Klumpp/Rose/*Maulbetsch* § 4 Rn. 12; Widmann/Mayer/*Mayer* § 4 Rn. 33.

[63] OLG München 27 U 459/92, BB 1993, 2040, 2041; Lutter/*Drygala* § 4 Rn. 7; Maulbetsch/Klumpp/Rose/*Maulbetsch* § 4 Rn. 11.

Prokuristen können am Abschluss eines Verschmelzungsvertrags nur in Form der sog. 22 unechten Gesamtvertretung zusammen mit mindestens einem organschaftlichen Vertreter mitwirken, sofern der jeweilige Gesellschaftsvertrag eine solche Vertretung zulässt.[64] Der Abschluss nur durch einen oder mehrere Prokuristen genügt nicht, weil es sich dabei nicht um ein Geschäft handelt, das der Betrieb eines Handelsgewerbes mit sich bringt (§ 49 Abs. 1 HGB), sondern um ein sog. Grundlagengeschäft.[65]

Bei einer **GmbH oder AG** sind auch etwaige **Zustimmungserfordernisse zugunsten** 23 **des Aufsichtsrats** zum Abschluss des Verschmelzungsvertrags zu beachten (s. § 111 Abs. 4 S. 2 AktG, § 52 Abs. 1 GmbHG, § 1 Abs. 1 Nr. 3 DrittelbG). Ein solches Zustimmungserfordernis ist jedoch nur im Innenverhältnis relevant und hat keine Auswirkungen auf den Vertragsschluss.[66]

b. Rechtsgeschäftliche Vertretung. Rechtsgeschäftliche Vertreter können beim Ab- 24 schluss eines Verschmelzungsvertrags für die Vertretungsorgane der beteiligten Rechtsträger handeln. **Vollmachten zum Abschluss eines Verschmelzungsvertrags** sind gem. § 167 Abs. 2 BGB grds. **nicht formbedürftig**. Da die Vollmacht zu den nach § 17 UmwG der Anmeldung zum Handelsregister beizufügenden Unterlagen zählt, sollte sie aber in jedem Fall schriftlich erteilt werden.[67] Die Formfreiheit der Vollmacht gilt trotz § 55 Abs. 1 GmbHG auch bei einer Verschmelzung durch Aufnahme mit Kapitalerhöhung bei der übernehmenden GmbH, weil es bei einer Kapitalerhöhung zur Durchführung einer Verschmelzung keiner Übernahmeerklärung für die neuen, im Rahmen der Kapitalerhöhung geschaffenen Anteile bedarf (§ 55 Abs. 1 UmwG).[68] Eine **Ausnahme** vom Grundsatz der Formfreiheit gilt bei der Verschmelzung zur Neugründung einer Kapitalgesellschaft. In einem solchen Fall müssen die Unterschriften unter der Vollmacht beglaubigt werden, weil im Rahmen der Verschmelzung der Gesellschaftsvertrag des neuen Rechtsträgers festgestellt wird (§ 37 UmwG) und damit spezialgesetzliche Formerfordernisse[69] für die Vollmacht gelten.[70]

Bei der rechtsgeschäftlichen Vertretung ist stets **§ 181 BGB** zu berücksichtigen. Sollen 25 die Vertreter für mehrere beteiligte Rechtsträger handeln, ist eine Befreiung vom Verbot der Mehrfachvertretung notwendig.[71]

Ein Abschluss durch **vollmachtlose Vertreter** ist möglich. Hierfür bedarf es allerdings 26 nach allgemeinen Vorschriften einer Genehmigung der vollmachtlosen Vertretung durch die vertretungsberechtigten Organe der beteiligten Rechtsträger (§§ 182, 184 BGB). Für die nachträgliche **Genehmigung** nach vollmachtloser Vertretung gelten grds. die gleichen Formerfordernisse wie für die Erteilung einer Vollmacht.[72] Allerdings kann die Genehmigung – anders als die Vollmacht – wegen § 182 Abs. 2 BGB auch bei der Verschmelzung zur Neugründung einer Kapitalgesellschaft formfrei erteilt werden. Sind im Verschmelzungsvertrag selbst Verzichtserklärungen enthalten (z.B. nach §§ 8 Abs. 3, 9 Abs. 3, 16 Abs. 2 S. 2 UmwG), müssen diese in jeder Genehmigungserklärung wiederholt und

---

[64] Lutter/*Drygala* § 4 Rn. 8; Semler/Stengel/*Schröer* § 4 Rn. 8; Schmitt/Hörtnagl/Stratz/*Stratz* § 4 Rn. 14.
[65] Lutter/*Drygala* § 4 Rn. 8; Kallmeyer/*Marsch-Barner* § 4 Rn. 5; Widmann/Mayer/*Mayer* § 4 Rn. 39; Semler/Stengel/*Schröer* § 4 Rn. 8; Schmitt/Hörtnagl/Stratz/*Stratz* § 4 Rn. 14.
[66] Kallmeyer/*Marsch-Barner* § 4 Rn. 4; Widmann/Mayer/*Mayer* § 4 Rn. 41; Spindler/Stilz/*Spindler*, AktG § 111 Rn. 75.
[67] Semler/Stengel/*Schröer* § 4 Rn. 9.
[68] Lutter/*Drygala* § 6 Rn. 7; Widmann/Mayer/*Mayer* § 4 Rn. 41; Semler/Stengel/*Schröer* § 4 Rn. 10.
[69] Für die GmbH § 2 Abs. 2 GmbHG, für die AG § 23 Abs. 1 S. 2 AktG und für die KGaA § 280 Abs. 1 S. 3 AktG.
[70] Lutter/*Drygala* § 6 Rn. 7; Semler/Stengel/*Schröer* § 4 Rn. 11; Kallmeyer/*Zimmermann* § 6 Rn. 12.
[71] Ausführlich dazu Widmann/Mayer/*Mayer* § 4 Rn. 36.
[72] Lutter/*Drygala* § 6 Rn. 7; Semler/Stengel/*Schröer* § 6 Rn. 13 ff.

notariell beurkundet werden, weil der Verzicht ein einseitiges Rechtsgeschäft darstellt, bei dem eine vollmachtlose Vertretung unzulässig ist. IdR sind derartige Verzichtserklärungen, die durch die Anteilsinhaber zu erklären sind, aber (auch aus diesem Grund) direkt in den jeweiligen Zustimmungsbeschlüssen der Anteilsinhaber und nicht im Verschmelzungsvertrag selbst enthalten. Eine konkludente Genehmigung ist nach Ansicht des BGH möglich[73], bspw. indem das Vertretungsorgan die Anteilseignerversammlung, die über die Verschmelzung beschließen soll, einberuft und dabei nicht ausdrücklich gegen die Verschmelzung Stellung bezieht. Der Verschmelzungsvertrag wird erst mit der Zustimmung der Anteilseigner wirksam und das Vertretungsorgan bringt mit der Einberufung der entsprechenden Versammlung seinen Genehmigungswillen hinreichend deutlich zum Ausdruck, sodass hier keine Rechtsunsicherheiten drohen.[74]

27 Da die Anteilsinhaber der beteiligten Rechtsträger dem Verschmelzungsvertrag zustimmen müssen, sind die Vertretungsorgane bzw. die von ihnen Bevollmächtigten insoweit in ihrer **Vertretungsmacht beschränkt**.[75] Die Zustimmungen wirken im Außenverhältnis, sodass der Vertrag bis zu ihrer Erteilung schwebend unwirksam ist.[76]

28 **c. Keine Anwendung des § 311b Abs. 2 BGB.** Der Abschluss des Verschmelzungsvertrags unterliegt gem. § 4 Abs. 1 S. 2 UmwG nicht den allgemeinen Grenzen des § 311b Abs. 2 BGB, nach denen ansonsten ein Vertrag zur Übertragung von künftigem Vermögen nichtig ist. Die Ausnahme für Verschmelzungsverträge ist sinnvoll, weil die Verschmelzung erst mit der Registereintragung wirksam wird und Verschmelzungsverträge deshalb potenziell immer die **Übertragung künftigen Vermögens** zum Gegenstand haben.[77] Daneben greift der primäre **Schutzzweck des § 311b Abs. 2 BGB**, den Einzelnen vor einer übermäßigen Beschränkung seiner wirtschaftlichen Tätigkeit zu schützen[78], bei Verschmelzungssachverhalten nicht.[79] Hintergrund der gesetzlichen Klarstellung in § 4 Abs. 1 S. 2 UmwG ist, dass Bedenken gegen die Zulässigkeit aufschiebend befristeter oder bedingter Verschmelzungsverträge unterbunden werden sollten.[80] Die Zulässigkeit einer aufschiebend bedingten Verschmelzung wird auch in § 7 S. 1 UmwG ausdrücklich klargestellt.

2. Vertragsentwurf (§ 4 Abs. 2 UmwG)

29 **a) Zustimmung zu einem Vertragsentwurf.** Die Regelung des § 4 Abs. 2 UmwG erlaubt, die nach § 13 UmwG **erforderlichen Zustimmungen der Anteilsinhaber** auf der Basis einer **Entwurfsfassung des Verschmelzungsvertrags** einzuholen. Ein solcher Vertragsentwurf muss alle Elemente der Vereinbarung zwischen den beteiligten Rechtsträgern enthalten.[81] Hierzu zählen die zwingenden Bestandteile gem. § 5 UmwG und die rechtsformspezifisch notwendigen Vertragsbestandteile ebenso wie die fakultativen Vereinbarungen zwischen den beteiligten Rechtsträgern. Der Entwurf muss von den zuständigen

---

[73] BGH II ZR 153/79, BGHZ 125, 218, 221 = WM 1980, 866, 867; ebenso Lutter/*Drygala* § 4 Rn. 11; Maulbetsch/Klumpp/Rose/*Maulbetsch* § 4 Rn. 17; Semler/Stengel/*Schröer* § 4 Rn. 15; aA OLG Köln 2 Wx 13/95, GmbHR 1995, 725 f.; Lutter/Hommelhoff/*Bayer* GmbHG § 2 Rn. 21; Baumbach/Hueck/*Fastrich* § 2 Rn. 8; Widmann/Mayer/*Mayer* § 4 Rn. 41; Ulmer/Habersack/Winter/*Ulmer* § 2 Rn. 27a.

[74] Lutter/*Drygala* § 4 Rn. 11; Semler/Stengel/*Schröer* § 4 Rn. 15.

[75] Böttcher/Habighorst/Schulte/*Böttcher* § 4 Rn. 14.

[76] → Rn. 38 f.

[77] Lutter/*Drygala* § 4 Rn. 25; Kallmeyer/*Marsch-Barner* § 4 Rn. 6; Maulbetsch/Klumpp/Rose/ *Maulbetsch* § 4 Rn. 10; Kölner Kommentar-UmwG/*Simon* § 4 Rn. 10; Schmitt/Hörtnagl/Stratz/ *Stratz* § 4 Rn. 5.

[78] Palandt/*Heinrichs* § 311b Rn. 57.

[79] Semler/Stengel/*Schröer* § 4 Rn. 7.

[80] Widmann/Mayer/*Mayer* § 4 Rn. 27; Kölner Kommentar-UmwG/*Simon* § 4 Rn. 11.

[81] Zu § 361 AktG a. F. BGH II ZR 150/80, BGHZ 82, 188, 194 und 197 = NJW 1982, 933, 935; Lutter/*Drygala* § 4 Rn. 15.

Vertretungsorganen **aufgestellt** werden.[82] Für die Aufstellung des Entwurfs genügt, dass das Vertretungsorgan aktiv seinen Willen bekundet und offenlegt, den Entwurf zur Grundlage des Zustimmungsbeschlusses machen zu wollen.[83] Über den Entwurf sind die Anteilsinhaber der beteiligten Rechtsträger vor ihrer Beschlussfassung nach den Vorgaben für die jeweilige Rechtsform zu informieren (z. B. §§ 61 S. 1, 78, 111 S. 1 UmwG).[84] Vom endgültigen Verschmelzungsvertrag unterscheidet sich der Entwurf durch die fehlende Beurkundung; **privatschriftliche Form** genügt.[85]

Haben die jeweiligen Anteilsinhaber dem Entwurf des Verschmelzungsvertrags durch Beschluss mit den erforderlichen Mehrheiten zugestimmt, sind die Vertretungsorgane der beteiligten Rechtsträger **verpflichtet**, den Verschmelzungsvertrag abzuschließen und die Verschmelzung durchzuführen.[86]

Das Einholen der Zustimmungen der Anteilsinhaber auf Basis eines Vertragsentwurfs hat den **Vorteil**, dass mit der nach § 6 UmwG erforderlichen notariellen Beurkundung des Verschmelzungsvertrags gewartet werden kann, bis die Zustimmungen vorliegen. Auf diese Weise können unnötige **Beurkundungskosten vermieden werden**, falls die erforderlichen Zustimmungen ausbleiben[87] oder der Verschmelzungsvertrag aufgrund von nachträglichen Änderungen später noch einmal zur Zustimmung vorgelegt werden muss.[88] Ein **Nachteil** besteht in der **geringeren Bindungswirkung** des Entwurfs. Von einem bloßen Entwurf können sich die beteiligten Rechtsträger wieder lösen.[89] Wird der Vertrag dagegen schon vorher beurkundet, existiert bis zu den erforderlichen Zustimmungen zumindest ein schwebend unwirksamer Vertrag, von dem sich eine Vertragspartei nur eingeschränkt lossagen kann, bspw. bei Vorliegen eines Rücktrittsgrunds.[90]

b) Business Combination Agreement. Um die Bindungswirkung eines Vertragsentwurfs in der Phase bis zum Abschluss des Verschmelzungsvertrags zu erhöhen, wird in der Praxis gelegentlich ein sog. **Business Combination Agreement**[91] abgeschlossen. Solche Vereinbarungen entstammen der amerikanischen Vertragspraxis und dienen dazu, rechtsverbindlich die Grundlagen eines Zusammenschlusses zwischen den Beteiligten zu skizzieren. Für den Fall einer geplanten Verschmelzung entsprechen sie funktional dem Verschmelzungsvertrag. Allerdings fehlt für sie ein rechtlicher Regelungsrahmen, was zu Rechtsunsicherheit im Hinblick auf die zulässige Reichweite solcher Vereinbarungen führt.

Die **Rechtsprechung** sieht Business Combination Agreements va bei der AG als problematisch an. Sie sollen unter bestimmten Umständen **wegen Verstoßes gegen § 76 AktG nach § 134 BGB nichtig** sein. Gerichte berufen sich insbes. auf die Gefahr, dass das zwingende aktienrechtliche Kompetenzgefüge des § 76 AktG unterlaufen werden könne, soweit das Business Combination Agreement die Entscheidung der Aktionäre präjudiziere. Letzteres kommt insbes. bei hohen Vertragsstrafen für den Fall des Scheiterns der Verschmelzung in Betracht.[92] Ein weiteres Problem seien **Konflikte mit dem Unternehmensinteresse**, die uU dazu führen würden, dass organschaftliche Vertreter in einem

---

[82] Lutter/*Drygala* § 4 Rn. 15; Kallmeyer/*Marsch-Barner* § 4 Rn. 8.
[83] Kölner Kommentar-UmwG/*Simon* § 4 Rn. 8.
[84] Lutter/*Drygala* § 4 Rn. 23.
[85] RegBegr. zu § 4 UmwG bei *Ganske* S. 48 f.
[86] Semler/Stengel/*Gehling* § 13 Rn. 11; Semler/Stengel/*Schröer* § 4 Rn. 18; Kölner Kommentar-UmwG/*Simon* § 4 Rn. 9.
[87] Maulbetsch/Klumpp/Rose/*Maulbetsch* § 4 Rn. 36; *Priester* NJW 1983, 1459, 1460.
[88] Lutter/*Drygala* § 4 Rn. 16.
[89] Lutter/*Drygala* § 4 Rn. 16; Schmitt/Hörtnagl/Stratz/*Stratz* § 13 Rn. 10; *Teichmann* ZGR 2002, 383, 419; näher → Rn. 8 ff.
[90] Lutter/*Drygala* § 4 Rn. 16; Semler/Stengel/*Gehling* § 13 Rn. 66.
[91] Ausführlich dazu Kämmerer/Veil/*Schall*, Übernahme- und Kapitalmarktrecht in der Reformdiskussion, 2013, S. 75 ff.
[92] OLG München 7 AktG 2/12, NZG 2013, 459 ff.; Lutter/*Drygala* § 4 Rn. 17; *Drygala* WM 2004, 1457, 1460.

Business Combination Agreement vereinbarte Pflichten nicht erfüllen könnten und entsprechende Pflichten bei ordnungsgemäßer Ausübung ihres Leitungsermessens nicht hätten eingehen dürfen.[93] Letzteres hat das LG München bspw. angenommen für eine Vereinbarung zugunsten des Mehrheitsgesellschafters, keine eigenen Aktien zu veräußern und keine Kapitalerhöhung vorzunehmen, um die Anteile des Mehrheitsgesellschafters nicht zu verwässern.[94]

34 Im **Schrifttum** wird die Rechtsprechung zu Business Combination Agreements kontrovers diskutiert. Eine verbreitete Auffassung trägt zu Recht vor, dass Verstöße des Vorstands gegen die Pflicht zur Einhaltung der aktienrechtlichen Kompetenzordnung oder gegen sonstige Organpflichten keine Nichtigkeit einer unzulässigen Vereinbarung begründen können, weil das Aktienrecht diese Rechtsfolge nicht kenne.[95] Rechtsfolge eines solchen Verstoßes sei vielmehr eine **Schadensersatzhaftung im Innenverhältnis** (§ 93 Abs. 1 AktG), weil der Vorstand im Außenverhältnis auch bei Verstößen gegen Organpflichten unbeschränkt vertretungsbefugt bleibe (§ 82 AktG).[96] Darüber hinaus kann die Vertragserfüllung durch den Vorstand gem. **§ 311a BGB** rechtlich unmöglich sein, sodass die jeweilige Verpflichtung nicht erfüllt werden muss (§ 275 Abs. 1 BGB).[97] Andere gehen davon aus, dass eine unzulässige Verpflichtung **schwebend unwirksam** ist mit der Folge einer Genehmigungsmöglichkeit.[98]

35 Ob der Abschluss eines Business Combination Agreements im Einzelfall als **unzulässige Ermessensbindung** unter Verstoß gegen § 76 AktG einzustufen ist, muss aufgrund der konkreten Klausel beurteilt werden und richtet sich danach, ob der Vorstand das Ermessen für die **Zukunft** festlegt oder in der **Gegenwart** ausübt.[99] Die Vereinbarung aus der oben erwähnten Entscheidung der Münchener Gerichte[100], das Kapital nicht zu erhöhen, stellt nicht zwangsläufig eine Ermessensbindung für die Zukunft dar.[101] Dies gilt va dann, wenn die Vertragsparteien das Business Combination Agreement nur für einen begrenzten Zeitraum abschließen. In diesem Fall kann der Vorstand üblicherweise den finanziellen Bedarf der Gesellschaft abschätzen und würde von seinem gegenwärtigen Leitungsermessen Gebrauch machen, wenn er auf die Ausgabe von Aktien verzichtet.[102]

36 Eine mögliche **Sorgfaltspflichtverletzung des Vorstands nach § 93 AktG** durch Zusagen in einem Business Combination Agreement ist ebenfalls anhand der jeweiligen Klausel im Einzelfall zu beurteilen. Dabei ist auch zu berücksichtigen, dass der Vorstand nicht befugt ist, autonom über eine Verschmelzung zu entscheiden, sondern eine solche Strukturmaßnahme nur im Zusammenwirken mit den Anteilsinhabern umsetzen kann (§ 13 UmwG).[103] Deshalb ist es nicht ermessensfehlerhaft, wenn der Vorstand die Einstellung der Anteilsinhaber zu der Verschmelzung berücksichtigt. Es ist daher auch nicht pflichtwidrig, wenn der Vorstand die Verschmelzung, die ein Großaktionär anstrebt und die der Vorstand ebenfalls als wirtschaftlich sinnvoll erachtet, fördert und eine Förderung der

---

[93] LG München 5 HK O 20488/11, NZG 2012, 1152, 1153.
[94] OLG München 7 AktG 2/12, NZG 2013, 459 ff.; LG München 5 HK O 20488/11, NZG 2012, 1152, 1153.
[95] Beisel/Klumpp/*Beisel*, Der Unternehmenskauf, 7. Aufl. 2016, § 1 Rn. 112; Lutter/*Drygala* § 4 Rn. 17; *Hippeli*/*Diesing* AG 2015, 185, 194; aA *König* NZG 2013, 452, 454.
[96] Lutter/*Drygala* § 4 Rn. 17 f.; so auch iErg *Paschos* NZG 2012, 1142, 1144.
[97] Lutter/*Drygala* § 4 Rn. 17.
[98] Beisel/Klumpp/*Beisel*, Der Unternehmenskauf, 7. Aufl. 2016, § 1 Rn. 112; *Hippeli*/*Diesing* AG 2015, 185, 194.
[99] Lutter/*Drygala* § 4 Rn. 19.
[100] OLG München 7 AktG 2/12, NZG 2013, 459, 462; LG München 5 HK O 20488/11, NZG 2012, 1152, 1153.
[101] Lutter/*Drygala* § 4 Rn. 19.
[102] Lutter/*Drygala* § 4 Rn. 19.
[103] Lutter/*Drygala* § 4 Rn. 20; Kölner Kommentar-AktG/*Mertens*/*Cahn* § 76 Rn. 48.

Verschmelzung zusagt.[104] Gleichzeitig stellt diese Zusage eine **unternehmerische Entscheidung** dar, die nach § 93 Abs. 1 S. 2 AktG nur einer eingeschränkten Nachprüfung unterzogen werden darf.[105]

Die **Praxis** behilft sich vor dem Hintergrund der erheblichen Rechtsunsicherheit oft mit Vorbehalten im Business Combination Agreement, nach denen vereinbarte Pflichten nicht erfüllt werden müssen, soweit sie eine Organpflichtverletzung für die handelnden Vorstände begründen (sog. **Fiduciary-Out**).[106] Ob eine solche Regelung geeignet ist, die rechtliche Unsicherheit zu beseitigen, wird sich zeigen müssen. Sie würde jedenfalls dazu führen, dass kritische Vertragspflichten zwischen den Parteien nicht mehr gelten. Selbst wenn die Rechtsprechung im Hinblick auf eine solche Vereinbarung die Nichtigkeitssanktion des § 134 BGB nicht mehr anwenden würde, würde das Business Combination Agreement jedenfalls insoweit die von den beteiligten Rechtsträgern angedachte Bindungswirkung verfehlen. Gleichwohl kann sich in der Praxis der Abschluss eines Business Combination Agreements in Verschmelzungskonstellationen im Einzelfall empfehlen. Auch bei drohendem Nichtigkeitsrisiko kann eine solche Vereinbarung die psychologische Bindung erhöhen.

3. Zustimmungserfordernisse

Der Abschluss eines Verschmelzungsvertrags unterliegt **Zustimmungserfordernissen**. Zu unterscheiden ist zwischen echten Wirksamkeitsvoraussetzungen für den Verschmelzungsvertrag und sonstigen Zustimmungserfordernissen. **Wirksamkeitsvoraussetzungen** statuiert § 13 Abs. 1 und 2 UmwG. Danach ist der Verschmelzungsvertrag nur wirksam, wenn ihm die Anteilsinhaber aller beteiligten Rechtsträger mit den erforderlichen Mehrheiten durch Beschluss zustimmen (§ 13 Abs. 1 UmwG).[107] Zudem normiert § 13 Abs. 2 UmwG einen Zustimmungsvorbehalt für Anteilsinhaber, von deren Genehmigung die Abtretung der Anteile des übertragenden Rechtsträgers abhängig ist.[108] § 13 Abs. 2 UmwG regelt einen Sonderzustimmungstatbestand, dem nach der Gesetzesbegründung der allgemeine Rechtsgedanke zugrunde liegt, dass Sonderrechte eines Anteilsinhabers nicht ohne dessen Zustimmung beeinträchtigt werden dürfen.[109] Solange solche Zustimmungen nicht formgerecht erteilt wurden, ist der Verschmelzungsvertrag schwebend unwirksam.[110] Demgegenüber gibt es **sonstige Zustimmungserfordernisse ohne Außenwirkung**, von denen der wirksame Abschluss eines Verschmelzungsvertrags nicht abhängt. Hierzu zählen bspw. interne Gremienvorbehalte zugunsten des Aufsichtsrats oder des Beirats eines beteiligten Rechtsträgers.[111]

Solange für die Wirksamkeit erforderliche Zustimmungen fehlen und der Verschmelzungsvertrag schwebend unwirksam ist, besteht zwischen den beteiligten Rechtsträgern ein **vorvertragliches Schuldverhältnis** iSd § 311 Abs. 2 BGB. Es wird durch die bereits getroffenen Vereinbarungen begründet und verpflichtet die beteiligten Rechtsträger, auf die Umsetzung der Verschmelzung durch die Herbeiführung der notwendigen Schritte zur Wirksamkeit des Verschmelzungsvertrags (z.B. die Zustimmung der Anteilseigner und weiterer Organe oder Dritter) hinzuwirken.[112]

---

[104] Lutter/*Drygala* § 4 Rn. 20; *Fleischer* AG 2009, 345, 349.
[105] Lutter/*Drygala* § 4 Rn. 20; *Fleischer* FS Schwark, 2009, S. 137, 154f.; *Paschos* NZG 2012, 1142, 1144.
[106] Lutter/*Drygala* § 4 Rn. 21; *Paschos* NZG 2012, 1142, 1143; Mülbert/Kiem/Wittig/*Seibt*, 10 Jahre Wertpapiererwerbs- und Übernahmegesetz (WpÜG): Entwicklungsstand, praktische Erfahrungen, Reformbedarf, Perspektiven, 2001, S. 148, 179f.
[107] Näher → § 11 Rn. 1ff.
[108] Näher → § 11 Rn. 35ff.
[109] RegBegr. zu § 13 UmwG bei *Ganske* S. 61.
[110] Lutter/*Drygala* § 4 Rn. 11; Semler/Stengel/*Gehling* § 13 Rn. 12; Kölner Kommentar-UmwG/*Simon* § 4 Rn. 20; Kallmeyer/*Zimmermann* § 13 Rn. 2.
[111] Lutter/*Drygala* § 4 Rn. 11; Widmann/Mayer/*Mayer* § 4 Rn. 41.
[112] Lutter/*Drygala* § 5 Rn. 8; *Drygala* WM 2004, 1457, 1458; Semler/Stengel/*Gehling* § 13 Rn. 62.

40 Der schwebend unwirksame Verschmelzungsvertrag und das darin festgelegte Umtauschverhältnis für die Anteile an den beteiligten Rechtsträgern hindern die Vertretungsorgane der beteiligten Rechtsträger nicht, im Hinblick auf ihren jeweiligen Rechtsträger **wertverändernde Maßnahmen** umzusetzen. Solange die Verschmelzung nicht wirksam ist, unterliegen die Vertretungsorgane den Leitungspflichten ihres jeweiligen Rechtsträgers, die ein Vertretungsorgan nicht davon abhalten und uU sogar dazu zwingen können, wertverändernde Maßnahmen zu ergreifen.[113] Bei der unternehmerischen Entscheidung ist in der Abwägung allerdings auch ein ggf. zu leistender Vertrauensschaden im Zusammenhang mit einem abgeschlossenen Verschmelzungsvertrag zu berücksichtigen, sodass die wertverändernde Maßnahme nur ergriffen werden sollte, wenn der durch sie zu erwartende Vorteil größer ist als ein ggf. der anderen Partei zu ersetzender Vertrauensschaden. Nur dann wird der Unternehmenswert tatsächlich vermehrt.[114] Außerdem muss den anderen beteiligten Rechtsträgern bei solchen wertverändernden Maßnahmen die Möglichkeit zu Nachverhandlungen eingeräumt werden.[115] Die anderen Rechtsträger können zudem zum Rücktritt vom Verschmelzungsvertrag aus wichtigem Grund nach § 313 BGB berechtigt sein.[116]

V. Mindestinhalt des Verschmelzungsvertrags (§ 5 Abs. 1 UmwG)

41 Der **Katalog des § 5 Abs. 1 UmwG statuiert zwingende Mindestvorgaben für den Inhalt eines Verschmelzungsvertrags oder seines Entwurfs**. Die dort aufgeführten Regelungsbestandteile müssen unabhängig von der Verschmelzungsart in jedem Verschmelzungsvertrag enthalten sein. Darüber hinaus sind rechtsformspezifische Vorgaben in den §§ 40, 45b, 46, 56, 57, 80, 110 und 118 UmwG enthalten.[117] Die inhaltlichen Vorgaben des § 5 Abs. 1 UmwG dienen dem **Zweck**, die Anteilsinhaber sowie die Arbeitnehmer und ihre Vertretungen ausreichend über die wesentlichen Eckpunkte der Verschmelzung zu **informieren**.[118] Dieser Zweck wird für die Anteilsinhaber umgesetzt, indem ihnen der Verschmelzungsvertrag oder sein Entwurf bei der Beschlussfassung über die Verschmelzung vorliegt. Die rechtzeitige Information der Arbeitnehmer wird sichergestellt, indem der Vertrag oder sein Entwurf fristgerecht an die Betriebsräte zugeleitet wird (§ 5 Abs. 3 UmwG).[119]

42 Soweit Angaben im Einzelfall **entbehrlich** sind, etwa in der Konstellation der Konzernverschmelzung nach § 5 Abs. 2 UmwG, ist hierzu **keine Negativerklärung** im Verschmelzungsvertrag erforderlich.[120] Eine Negativerklärung kann aber uU ratsam sein, um Missverständnisse oder Nachfragen der Registergerichte zu vermeiden, weshalb derartige Negativerklärungen in der Praxis üblicherweise erfolgen.

1. Name/Firma und Sitz der beteiligten Rechtsträger (§ 5 Abs. 1 Nr. 1 UmwG)

43 Der Verschmelzungsvertrag muss den Namen bzw. die Firma (§ 4 AktG, § 4 GmbHG, §§ 17, 19 HGB, § 3 GenG, § 2 PartGG) und den Sitz (§ 5 AktG, § 4a GmbHG, § 106 HGB, § 6 Nr. 1 GenG, §§ 24, 57 BGB, § 3 Abs. 2 Nr. 1 PartGG) aller beteiligten Rechtsträger enthalten. Dies dient in erster Linie dazu, die **beteiligten Rechtsträger eindeutig zu identifizieren**. Die Angaben müssen deshalb auch deckungsgleich sein mit den entsprechenden Angaben im Gesellschaftsvertrag (Satzung, Gesellschaftsvertrag, Statut,

---

[113] *Austmann/Frost* ZHR 169 (2005), 431, 446; Lutter/*Drygala* § 5 Rn. 9.
[114] Ausführlich Lutter/*Drygala* § 5 Rn. 9.
[115] *Austmann/Frost* ZHR 169 (2005), 431, 448; Lutter/*Drygala* § 5 Rn. 9; *Drygala* WM 2004, 1457, 1458.
[116] Näher → Rn. 177.
[117] Ausführlich zu rechtsformspezifischen Besonderheiten → § 15 Rn. 1 ff.
[118] Lutter/*Drygala* § 5 Rn. 2; Semler/Stengel/*Schröer* § 5 Rn. 1; Kölner Kommentar-UmwG/ *Simon* § 5 Rn. 1.
[119] Semler/Stengel/*Schröer* § 5 Rn. 1.
[120] Lutter/*Drygala* § 5 Rn. 3.

Partnerschaftsvertrag) und dem relevanten Register (Handelsregister, Genossenschaftsregister, Vereinsregister, Partnerschaftsregister).

Falls **Kettenverschmelzungen** geplant sind, müssen in den Verträgen die aktuell noch 44 gültigen Bezeichnungen der Rechtsträger entsprechend der aktuellen Registerlage aufgeführt werden.[121] Ansonsten besteht Verwirrungsgefahr. Eine bereits beschlossene Änderung der Firma bzw. des Sitzes kann zu Informationszwecken mit einem klarstellenden Hinweis ergänzt werden.

Bei der Vereinbarung eines **Doppelsitzes**, die nur in außergewöhnlichen Fällen zulässig 45 ist,[122] sind beide Sitze anzugeben.[123] Es ist auch zu bezeichnen, welcher Rechtsträger Vermögen übernimmt und welcher es überträgt.[124]

2. Vermögensübertragung als Ganzes gegen Gewährung von Anteilen oder Mitgliedschaften (§ 5 Abs. 1 Nr. 2 UmwG)

a. **Vermögensübertragung.** Der Verschmelzungsvertrag muss eine **Vereinbarung** 46 **über die Übertragung des Vermögens** des übertragenden Rechtsträgers **als Ganzes** auf den übernehmenden Rechtsträger gegen Gewährung von Anteilen oder Mitgliedschaften am übernehmenden Rechtsträger vorsehen. Es empfiehlt sich, die gesetzliche Formulierung der §§ 2, 5 Abs. 1 Nr. 1 UmwG unter Verweis auf die gesetzlichen Regelungen möglichst wortlautgleich zu übernehmen.[125] Zwingend notwendig ist dies aber nicht, sofern sich aus einer anderen Formulierung ebenfalls eindeutig ergibt, dass eine Verschmelzung mit Gesamtrechtsnachfolge nach dem UmwG beabsichtigt ist.[126] Außerdem erscheint es sinnvoll, die **Verschmelzungsart** zu präzisieren, dh Verschmelzung durch Aufnahme oder durch Neugründung.[127]

Die Vermögensübertragung als Ganzes (Gesamtrechtsnachfolge) gestattet keinen **Aus-** 47 **schluss einzelner Vermögensgegenstände** bzw. Verbindlichkeiten von der Vermögensübertragung. Ein solcher Ausschluss widerspricht § 20 Abs. 1 Nr. 1 UmwG und ist unwirksam. Der Verschmelzungsvertrag iÜ dürfte aber trotzdem wegen § 139 BGB regelmäßig wirksam sein, sofern der Ausschluss für die Beteiligten nicht so wesentlich ist, dass der gesamte Verschmelzungsvertrag hiermit stehen und fallen soll.[128]

b. **Gegen Gewährung von Anteilen oder Mitgliedschaften.** Der Verschmelzungs- 48 vertrag muss vorsehen, dass den Anteilsinhabern jedes übertragenden Rechtsträgers **Anteile oder Mitgliedschaften am übernehmenden bzw. neu gegründeten Rechtsträger als Gegenleistung für die Vermögensübertragung** gewährt werden. Die Regelung dient der Absicherung, dass Anteilsinhaber des übertragenden Rechtsträgers im übernehmenden Rechtsträger nicht nur vermögensmäßig, sondern auch hinsichtlich ihrer sonstigen Rechtsstellung möglichst **gleichwertige Rechte** erhalten.[129]

Die Vermögensübernahme gegen Gewährung von Anteilen führt beim übernehmenden 49 Rechtsträger zu einer **Kapitalerhöhung gegen Sacheinlage**. Insofern scheidet ein überschuldetes Unternehmen als übertragender Rechtsträger grds. aus, weil der Nominalbetrag

---

[121] OLG Hamm 15 W 377/05, GmbHR 2006, 255, 256; Kallmeyer/*Marsch-Barner* § 5 Rn. 2; Semler/Stengel/*Schröer* § 5 Rn. 5.
[122] S. BayObLG BReg. 3 Z 22/85, BayObLGZ 1985, 111 = NJW-RR 1986, 31; AG Essen 89b AR 1241/00, AG 2001, 434 f.; AG Bremen 38 AR 105/74, DB 1976, 1810; Lutter/*Drygala* § 5 Rn. 12; s. ferner allgemein zu Doppelsitzen Hüffer/*Koch* § 5 Rn. 10.
[123] Kallmeyer/*Marsch-Barner* § 5 Rn. 2; Kölner Kommentar-UmwG/*Simon* § 5 Rn. 4.
[124] Lutter/*Drygala* § 5 Rn. 13; Semler/Stengel/*Schröer* § 5 Rn. 5.
[125] Lutter/*Drygala* § 5 Rn. 14; Kölner Kommentar-UmwG/*Simon* § 5 Rn. 5.
[126] KG 1 W 243/02, Der Konzern 2004, 749 ff.; Lutter/*Drygala* § 5 Rn. 14; *Heckschen* WM 1990, 377, 380; Kallmeyer/*Marsch-Barner* § 5 Rn. 3; Widmann/Mayer/*Mayer* § 5 Rn. 12; Kölner Kommentar-UmwG/*Simon* § 5 Rn. 5.
[127] Semler/Stengel/*Schröer* § 5 Rn. 6; Kölner Kommentar-UmwG/*Simon* § 5 Rn. 5.
[128] Näher zum Ganzen → § 6 Rn. 17.
[129] Lutter/*Drygala* § 5 Rn. 18.

der Kapitalerhöhung durch das übertragene Vermögen gedeckt sein muss.[130] Eine Ausnahme gilt, wenn keine Kapitalerhöhung erforderlich ist, bspw. im Falle einer Konzernverschmelzung nach § 5 Abs. 2 UmwG.[131]

50 Das Umwandlungsrecht geht von den **Grundsätzen der Mitgliederidentität, Quotenidentität** und **Gattungsidentität** aus.[132] Danach werden grds. alle Anteilsinhaber der beteiligten Rechtsträger (dh Gesellschafter, Partner, Aktionäre und Mitglieder) auch an dem aus der Verschmelzung hervorgehenden Rechtsträger beteiligt, allerdings keine weiteren Dritten.[133] Zudem sollen grds. das quotale Verhältnis der Anteilseigner der beteiligten Rechtsträger untereinander und der auf die Anteilseigner der beteiligten Rechtsträger insgesamt entfallende Anteil vor und nach der Verschmelzung jeweils gleichbleiben.[134] Die an dem aus der Verschmelzung hervorgehenden Rechtsträger gewährten Anteile müssen zudem ihrer Funktion und Gattung nach möglichst gleich bzw. gleichwertig mit den vorherigen Anteilen sein; ausreichend ist die Wahrung der Wertäquivalenz.[135]

51 In **Ausnahmefällen** erfolgt **keine** Gewährung von Anteilen oder Mitgliedschaften am übernehmenden Rechtsträger als **Gegenleistung**. Dies ist der Fall bei einer Konzernverschmelzung nach § 5 Abs. 2 UmwG (Upstream merger einer 100%igen Tochtergesellschaft auf ihre Muttergesellschaft) oder bei einem Verzicht der Anteilsinhaber auf die Anteilsgewährung (z. B. nach §§ 54 Abs. 1 S. 3, 68 Abs. 1 S. 3 UmwG). Weitere Ausnahmen gelten für Verschmelzungen einer KG, bei der der Komplementär nicht am Kapital beteiligt ist, auf eine Kapitalgesellschaft, für eigene Anteile eines übertragenden Rechtsträgers sowie für Anteile des übernehmenden Rechtsträgers am übertragenden Rechtsträger.[136] In bestimmten Fällen lässt das Gesetz anstelle der Anteilsgewährung außerdem bare Zuzahlungen zu (s. §§ 15, 36 UmwG).[137]

52 Soweit Anteile oder Mitgliedschaften gewährt werden, erfordert § 5 Abs. 1 Nr. 2 UmwG insbes. **Angaben zu Art und Gattung der zu gewährenden Anteile oder Mitgliedschaften und ggf. mit diesen verknüpften besonderen Rechten**.[138] Hierzu zählt bei einer **AG** als übernehmendem Rechtsträger bspw., ob es sich um Namens- oder Inhaberaktien, Nennbetrags- oder Stückaktien und Stammaktien oder stimmrechtslose Vorzugsaktien handelt. Ferner muss der Verschmelzungsvertrag Verfügungsbeschränkungen, denen Anteile oder Mitgliedschaften am übernehmenden Rechtsträger unterliegen, aufführen.[139] Dies folgt aus § 29 Abs. 1 S. 2 UmwG, wonach Anteilsinhabern ein Widerspruchs- und Abfindungsrecht zusteht, wenn die Anteile oder Mitgliedschaften am übernehmenden Rechtsträger neuen Verfügungsbeschränkungen unterliegen. Rechtsformabhängig können außerdem weitere Angaben zu den zu gewährenden Anteilen oder Mitgliedschaften erforderlich sein.[140] Ist übernehmender Rechtsträger bspw. eine **GmbH**, muss der Verschmelzungsvertrag die Zahl und den Nennbetrag der zu gewährenden Geschäftsanteile enthalten (§ 46 Abs. 1 GmbHG). Diese sollten den einzelnen Anteilsinhabern des übertragenen Rechtsträgers namentlich zugeordnet werden, soweit diese bekannt sind.[141] Unbekannte **Aktionäre** können gem. den Vorgaben in § 35 S. 1 UmwG bezeichnet werden. Außerdem sind die Anteilsinhaber des übertragenden Rechtsträgers über wesentliche Änderungen oder Nachteile zu informieren, die mit den Anteilen oder Mit-

---

[130] Näher zur Beteiligung überschuldeter Rechtsträger an Verschmelzungen → § 7 Rn. 50 ff.
[131] → § 6 Rn. 22.
[132] Böttcher/Habighorst/Schulte/*Böttcher* § 5 Rn. 16; Semler/Stengel/*Schröer* § 5 Rn. 9 ff.
[133] → § 6 Rn. 23 f.
[134] → § 6 Rn. 20.
[135] → § 6 Rn. 20.
[136] Näher zum Ganzen → § 6 Rn. 22.
[137] → § 6 Rn. 21.
[138] Lutter/*Drygala* § 5 Rn. 17.
[139] Lutter/*Drygala* § 5 Rn. 17.
[140] Ausführlich zu rechtsformspezifischen Besonderheiten → § 15 Rn. 1 ff.
[141] Semler/Stengel/*Schröer* § 5 Rn. 26, 38.

gliedschaften am übernehmenden Rechtsträger verbunden sind, bspw. das zusätzliche Haftungsrisiko des künftigen Komplementärs bei der Verschmelzung einer GmbH auf eine KG oder Änderungen in Gesellschafterrechten (z. B. Nebenrechte, Informationsrechte, Einflussnahmemöglichkeiten, Haftungsrisiken). Diese Erläuterungen müssen aber nicht im Verschmelzungsvertrag enthalten sein, sondern erfolgen typischerweise im Verschmelzungsbericht.[142] Bei einer Erläuterung im Verschmelzungsbericht wird vereinzelt ein dahingehender Hinweis im Verschmelzungsvertrag verlangt.[143]

3. Umtauschverhältnis der Anteile, Höhe der baren Zuzahlung bzw. Angaben über die Mitgliedschaft (§ 5 Abs. 1 Nr. 3 UmwG)

Der Verschmelzungsvertrag muss festlegen, in welchem **Verhältnis** die Anteile am übertragenden Rechtsträger gegen Anteile am übernehmenden Rechtsträger umgetauscht werden. Anzugeben ist außerdem die **Höhe einer etwaigen baren Zuzahlung**, die Anteilsinhaber zusätzlich zu den Anteilen am übernehmenden Rechtsträger als Gegenleistung erhalten. In Konstellationen, in denen an einem der beteiligten Rechtsträger Mitgliedschaften und keine Anteile bestehen, sind Angaben zum Umtausch von Anteilen in Mitgliedschaften oder umgekehrt zu machen.[144] Die Angaben nach § 5 Abs. 1 Nr. 3 UmwG entfallen ganz, soweit Anteilsinhaber eines übertragenden Rechtsträgers ausnahmsweise keine Anteile oder Mitgliedschaften am übernehmenden Rechtsträger erhalten.[145]

a. Umtauschverhältnis der Anteile. Die Regelung zum Umtauschverhältnis ist ein zentraler Bestandteil des Verschmelzungsvertrags, weil sie das **Ergebnis der Unternehmensbewertung** der beteiligten Rechtsträger reflektiert. Die Relation der Unternehmenswerte der beteiligten Rechtsträger zueinander soll im Grundsatz auch das Verhältnis bestimmen, in dem sich die Anteile und Mitgliedschaften der Anteilsinhaber der beteiligten Rechtsträger nach der Verschmelzung am übernehmenden Rechtsträger fortsetzen.[146] Auf diese Weise kann jeder Anteilsinhaber am übernehmenden Rechtsträger einen im Vergleich zu seiner bisherigen Rechtsposition **wertmäßig gleichwertigen Anteil** erhalten. Die Festlegung des Umtauschverhältnisses stellt deshalb den wirtschaftlichen Kern der Verschmelzung dar. Das Umtauschverhältnis und die ihm zugrundeliegenden Methoden und Bewertungen müssen im Verschmelzungsvertrag nicht erläutert werden; dies geschieht im Verschmelzungsbericht (§ 8 Abs. 1 UmwG).[147]

Regelmäßig werden die Parteien darauf abzielen, die Beteiligungen der Anteilsinhaber an den beteiligten Rechtsträgern wertmäßig im übernehmenden Rechtsträger abzubilden. Entscheidend für ein wirtschaftlich **angemessenes Umtauschverhältnis** ist, dass die Relation der Unternehmenswerte zueinander richtig ermittelt wird.[148] Die Bewertung muss für alle beteiligten Rechtsträger auf einen einheitlichen Stichtag erfolgen (**Bewertungsstichtag**).[149] Dieser Stichtag ist vom Gesetz nicht vorgegeben.[150] In der Praxis wird als Stichtag meist der Tag der Schlussbilanzen (§ 17 Abs. 2 UmwG) gewählt, der zugleich dem Verschmelzungsstichtag[151] nach § 5 Abs. 1 Nr. 6 UmwG entspricht. Auf diesen Stichtag sind die an der Verschmelzung beteiligten Unternehmen zu bewerten. Das Gesetz

---

[142] Lutter/*Drygala* § 5 Rn. 67; Widmann/Mayer/*Mayer* § 5 Rn. 143; Semler/Stengel/*Schröer* § 5 Rn. 41; näher zum Ganzen → § 9 Rn. 12 ff.
[143] Lutter/*Drygala* § 5 Rn. 67.
[144] RegBegr. BR-Drs. 75/94, S. 82.
[145] Zu solchen Konstellationen → Rn. 51.
[146] OLG Stuttgart 20 W 5/05, AG 2006, 420, 422.
[147] Näher zur Erläuterung → § 9 Rn. 24.
[148] OLG Stuttgart 20 W 5/07, AG 2007, 701, 705; OLG Frankfurt am Main 20 W 210/05, BeckRS 2013, 22815; OLG Stuttgart 20 W 5/05, AG 2006, 420, 422; Lutter/*Drygala* § 5 Rn. 27; *Kiem* ZGR 2007, 542, 549; Schmitt/Hörtnagl/Stratz/*Stratz* § 5 Rn. 10 ff.
[149] Böttcher/Habighorst/Schulte/*Böttcher* § 5 Rn. 35; Lutter/*Drygala* § 5 Rn. 32.
[150] Lutter/*Drygala* § 5 Rn. 32; *Hoffmann-Becking* FS Fleck, 1988, S. 105, 116 f.
[151] Näher zum Verschmelzungsstichtag → Rn. 77 ff.

enthält für die Bewertung keine Regelungen. Sie birgt deshalb erhebliches Unsicherheits- und Konfliktpotential, insbes. angesichts der Vielzahl der möglichen Ansätze bei einer Unternehmensbewertung.[152] Für ein angemessenes Umtauschverhältnis genügt es, wenn die zu gewährenden Anteile den Wert der bisherigen Anteile im Wesentlichen erreichen.[153] Zwingend ist ein angemessenes Umtauschverhältnis aber nicht. Es soll nur verhindert werden, dass einem Anteilsinhaber unbewusst ein Vor- oder Nachteil aus der Verschmelzung entsteht, indem alle für ihre Entscheidung erforderlichen Angaben offenzulegen sind.[154] Es steht den Anteilsinhabern daher frei, ein Umtauschverhältnis zu akzeptieren, das die Wertrelation der an der Verschmelzung beteiligten Rechtsträger zueinander nicht vollständig abbildet (**nicht verhältniswahrende Verschmelzung**).[155] Die Angemessenheit des Umtauschverhältnisses fällt auch nicht in die Prüfungskompetenz des Registergerichts.[156] Das Umtauschverhältnis kann aber im **Spruchverfahren** überprüft werden (§ 15 UmwG).

56 Beim **Umtausch von Anteilen** muss das Umtauschverhältnis genau bestimmen, in welchem Verhältnis im Zuge der Verschmelzung Anteile am übertragenden Rechtsträger in solche am übernehmenden Rechtsträger umgetauscht werden (z. B. 2:1 oder 1:5) bezogen auf die jeweiligen Nennwerte der Anteile.

57 Werden **mehrere übertragende Rechtsträger** auf einen übernehmenden Rechtsträger verschmolzen, sind Angaben zum Umtauschverhältnis für jeden übertragenden Rechtsträger separat auszuweisen.[157] Haben mehrere übertragende Rechtsträger jeweils nur einen, identischen Anteilsinhaber, genügt es dagegen, wenn beim übernehmenden Rechtsträger ein einziger Anteil für den bisherigen Anteilsinhaber der übertragenden Rechtsträger gebildet wird[158] und sich das Umtauschverhältnis auf alle Anteile an den übertragenden Rechtsträgern bezieht.[159]

58 Halten die beteiligten Rechtsträger **eigene Anteile oder Anteile an anderen beteiligten Rechtsträgern**, ist zu differenzieren: Eigene Anteile des übernehmenden Rechtsträgers und Anteile des übertragenden Rechtsträgers am übernehmenden Rechtsträgers existieren nach der Verschmelzung fort und sind in der Berechnung zu berücksichtigen.[160] Solche Anteile werden umgetauscht. Demgegenüber gehen eigene Anteile des übertragenden Rechtsträgers und Anteile des übernehmenden Rechtsträgers am übertragenden Rechtsträger im Zuge der Verschmelzung unter;[161] sie sind deshalb nicht in die Berechnung einzubeziehen.[162]

59 Bei Verschmelzungen von **Kapitalgesellschaften** ist es typischerweise unproblematisch, das Umtauschverhältnis anhand von Nennbeträgen der Anteile in einem zahlenmäßigen Verhältnis darzustellen. Bei Verschmelzungen von **AG** kann allerdings die Situation eintreten, dass bei allen beteiligten Rechtsträgern Stückaktien (§ 8 Abs. 1 AktG) ausgegeben

---

[152] Für einen Überblick zu Bewertungsmethoden s. *Adolff* S. 159 ff.; *Ballwieser/Hachmeister*, Unternehmensbewertung, 5. Aufl. 2016, S. 8 ff.; zur Unternehmensbewertung im Rahmen der Verschmelzung s. den Überblick bei Lutter/*Drygala* § 5 Rn. 33 ff.; Schmitt/Hörtnagl/Stratz/*Stratz* § 5 Rn. 10 ff.

[153] OLG Stuttgart 20 W 5/07, AG 2007, 701, 706; OLG München 31 Wx 87/06, AG 2007, 701, 702; OLG Stuttgart 20 W 5/05, AG 2006, 420, 422; Sagasser/Bula/Brünger/*Bula/Thees* § 9 Rn. 80; Lutter/*Drygala* § 5 Rn. 27.

[154] Lutter/*Drygala* § 5 Rn. 27; Widmann/Mayer/*Mayer* § 5 Rn. 95.

[155] Lutter/*Drygala* § 5 Rn. 27; Kölner Kommentar-UmwG/*Simon* § 5 Rn. 9.

[156] Lutter/*Drygala* § 5 Rn. 27; Widmann/Mayer/*Fronhöfer* § 19 Rn. 26; Semler/Stengel/*Schröer* § 5 Rn. 25.

[157] Kallmeyer/*Lanfermann* § 5 Rn. 19.

[158] Näher → § 6 Rn. 45.

[159] *Heckschen* DB 1998, 1385, 1389; Kallmeyer/*Lanfermann* § 5 Rn. 19; Widmann/Mayer/*Mayer* § 5 Rn. 56.7 ff.; Semler/Stengel/*Schröer* § 5 Rn. 38; aA OLG Frankfurt am Main 20 W 60/98, WM 1999, 322.

[160] Kallmeyer/*Lanfermann* § 5 Rn. 19; Semler/Stengel/*Schröer* § 5 Rn. 29.

[161] → Rn. 51 und § 6 Rn. 22.

[162] Kallmeyer/*Lanfermann* § 5 Rn. 19; Semler/Stengel/*Schröer* § 5 Rn. 29.

sind. Dann ist für das Umtauschverhältnis ausnahmsweise auf Stücke und nicht auf Nennbeträge abzustellen. Werden im Zuge der Verschmelzung Nennbetragsanteile in Stückaktien getauscht oder umgekehrt, muss für die Berechnung des Umtauschverhältnisses auf den Anteil der Anteile am Grundkapital abgestellt werden, der bei Nennbetragsanteilen dem Nennbetrag entspricht und auch für Stückaktien errechnet werden kann. Ist der übernehmende Rechtsträger eine **GmbH**, muss für jeden Anteilsinhaber des übertragenden Rechtsträgers bestimmt werden, wie groß der ihm bei der übernehmenden GmbH gewährte Geschäftsanteil ist (s. § 46 Abs. 1 UmwG).[163]

Bei Verschmelzungen unter Beteiligung von **Personengesellschaften** ist zu berücksichtigen, dass Anteile – anders als bei Kapitalgesellschaften – keinen Nennbetrag im technischen Sinne haben. Bei der Bestimmung des Umtauschverhältnisses muss deshalb auf andere Nenngrößen abgestellt werden, um die wirtschaftliche Beteiligung eines Anteilsinhabers zu berücksichtigen. Das Umtauschverhältnis wird hier anhand von Gesellschafterkonten bestimmt, wobei sichergestellt werden muss, dass der wirtschaftliche Anteil der Gesellschafter am Gesellschafterkonto angemessen zum Ausdruck gebracht wird. Der Verschmelzungsvertrag muss genau festlegen, welche Beträge auf welchen Gesellschafterkonten in welchem Verhältnis Anteile an dem übernehmenden Rechtsträger vermitteln. Bei der Verschmelzung auf eine Personengesellschaft ist auch zu regeln, welche Beträge für die Anteilsinhaber des übertragenden Rechtsträgers auf welchen Gesellschafterkonten zu verbuchen sind. Dies kann unter Nennung des Namens der Anteilsinhaber des übertragenden Rechtsträgers erfolgen[164]; meist dürfte eine eindeutige Festlegung aber auch abstrakt möglich sein.[165] **60**

Angaben zum **Umtausch von Mitgliedschaften** werden relevant, wenn es sich bei mindestens einem der beteiligten Rechtsträger um eine eG oder einen Idealverein, wirtschaftlichen Verein oder VVaG handelt (s. § 3 Abs. 1 Nr. 3, 4, 6 und Abs. 2 Nr. 1 UmwG).[166] Sind an einer Verschmelzung nur VVaG beteiligt, bestimmt § 110 UmwG, dass die Angaben zum Umtauschverhältnis entfallen können. **61**

Für eine **Genossenschaft als übernehmenden Rechtsträger** regelt § 80 Abs. 1 UmwG detailliert die erforderlichen Angaben zum Umtauschverhältnis. Bei einem **Idealverein oder VVaG als übernehmendem Rechtsträger** muss der Verschmelzungsvertrag detaillierte Angaben zur Mitgliedschaft machen, die die Anteilsinhaber eines übertragenden Rechtsträgers erhalten. Nur auf diese Weise kann der Zweck des § 5 Abs. 1 Nr. 3 UmwG, den Anteilsinhabern die wirtschaftlichen Folgen der Verschmelzung für ihre Beteiligung vor Augen zu führen, erreicht werden. Anzugeben sein dürften insbes. die satzungsmäßigen Rechte und Pflichten der Mitglieder im übernehmenden Idealverein oder VVaG,[167] insbes. etwaige Sonderrechte[168] und Angaben über die Vermögensverteilung bei einer Auflösung des Rechtsträgers (s. § 45 BGB für den Idealverein).[169] **62**

b. Bare Zuzahlungen. Neben dem Umtauschverhältnis muss der Verschmelzungsvertrag die **Höhe** einer etwaigen **baren Zuzahlung**, die Anteilsinhaber eines übertragenden Rechtsträgers zusammen mit Anteilen am übernehmenden Rechtsträger als Gegenleistung erhalten, angeben. Die bare Zuzahlung ermöglicht einen **wertmäßigen Spitzenausgleich**, der durch die Gewährung von Anteilen oder Mitgliedschaften nicht erzielt werden kann. Dies kann erforderlich sein, wenn die Parteien ein „krummes" Umtauschverhältnis festlegen (z. B. 1,3 zu 1) oder um bei der Rundung von Umtauschverhältnissen entstehende Rundungsdifferenzen auszugleichen. Eine bare Zuzahlung kann außerdem dazu dienen, **63**

---

[163] Semler/Stengel/*Schröer* § 5 Rn. 26.
[164] Kallmeyer/*Lanfermann* § 5 Rn. 20; Widmann/Mayer/*Mayer* § 5 Rn. 94.
[165] Semler/Stengel/*Schröer* § 5 Rn. 27.
[166] Vgl. BegrRegE zu § 5 UmwG bei *Ganske* S. 50.
[167] Kallmeyer/*Lanfermann* § 5 Rn. 21; Semler/Stengel/*Schröer* § 5 Rn. 34.
[168] Böttcher/Habighorst/Schulte/*Böttcher* § 5 Rn. 33.
[169] Zum Idealverein Kallmeyer/*Lanfermann* § 5 Rn. 21.

wertmäßig **nachteilige Veränderungen der Gesellschafterstellung** auszugleichen, die im Zuge der Verschmelzung entstehen. Dazu kann es bspw. kommen, wenn beim übernehmenden Rechtsträger unterschiedliche Anteilsklassen gebildet werden (z. B. Stamm- und Vorzugsaktien) und die Anteilsinhaber des übertragenden Rechtsträgers durch die ihnen gewährten Anteile wertmäßig benachteiligt werden.[170] Die bare Zuzahlung ist in ihrem Gesamtbetrag und in ihrer Aufteilung auf jeden untergehenden Anteil oder auf jeden Beteiligten anzugeben.[171]

64 Nur die **Anteilsinhaber eines übertragenden Rechtsträgers** können eine bare Zuzahlung erhalten. Falls auch für die Anteilsinhaber des übernehmenden Rechtsträgers ein Ausgleichsbedürfnis besteht, etwa weil ein festgelegtes Umtauschverhältnis zulasten der Anteilsinhaber eines übernehmenden Rechtsträgers gerundet wird, um den Umtausch von Anteilen am übertragenden Rechtsträger zu erleichtern, ist ein wirtschaftlicher Ausgleich auf andere Weise möglich. Den Anteilsinhabern des übernehmenden Rechtsträgers kann bspw. eine Sonderdividende vor dem Wirksamwerden der Verschmelzung gewährt werden. Denkbar ist außerdem eine verspätet einsetzende Gewinnberechtigung der Anteilsinhaber eines übertragenden Rechtsträgers an den neu gewährten Anteilen des übernehmenden Rechtsträgers.[172]

65 Eine bare Zuzahlung ist bei einer **GmbH, AG, KGaA** oder **Genossenschaft** als übernehmendem Rechtsträger jeweils auf **maximal 10 %** des Gesamtnennbetrags der am übernehmenden Rechtsträger zu gewährenden Anteile begrenzt (§§ 54 Abs. 4, 68 Abs. 3, 78, 87 Abs. 2 S. 2 UmwG). Bis zu dieser Grenze können bare Zuzahlungen auch geleistet werden, sofern sie für einen wertmäßigen Spitzenausgleich nicht erforderlich sind.[173] Demgegenüber gilt für eine **Personengesellschaft** als übernehmenden Rechtsträger **keine solche Grenze**. Bei ihr darf eine bare Zuzahlung auch über die Grenze hinaus geleistet werden, ohne dass sie für einen wertmäßigen Spitzenausgleich erforderlich wäre.[174] Bei einer späteren Erhöhung der baren Zuzahlung oder ihrer Neufestsetzung durch ein Gericht, besteht ebenfalls keine 10%-Grenze.[175]

66 Die Regelung in § 5 Abs. 1 Nr. 3 UmwG geht von einer **Zuzahlung in „bar"** aus. Ob mit Zustimmung der Betroffenen bspw. auch ein Ausgleich in Sachwerten oder durch eine Darlehensforderung vereinbart werden kann, ist umstritten.[176] Lässt man mit der befürwortenden Auffassung den Ausgleich in anderer Form als in bar zu, sind solche Sachwerte, Ausgleichs- oder Darlehensforderungen in jedem Fall auf die 10%-Grenze anzurechnen, die Anteilsinhaber zusätzlich zu den gewährten Anteilen erhalten.[177] Ansonsten könnte die Grenze schlicht durch unbare Ausgleichskomponenten umgangen werden. Angesichts der vielfach vertretenen Gegenauffassung und der dadurch bestehenden Rechtsunsicherheit ist der Praxis allerdings zu raten, auf eine Zuzahlung in anderer Form als in „bar" zu verzichten.

4. Einzelheiten der Anteilsübertragung oder des Erwerbs der Mitgliedschaft (§ 5 Abs. 1 Nr. 4 UmwG)

67 Der Verschmelzungsvertrag muss die Einzelheiten der Anteilsübertragung oder des Erwerbs der Mitgliedschaft am übernehmenden Rechtsträger festlegen. Hierzu zählen Rege-

---

[170] *Ihrig* GmbHR 1995, 622, 630; Semler/Stengel/*Schröer* § 5 Rn. 31 und 33; Kölner Kommentar-UmwG/*Simon* § 2 Rn. 130.
[171] Kallmeyer/*Lanfermann* § 5 Rn. 22.
[172] Kallmeyer/*Lanfermann* § 5 Rn. 22; Semler/Stengel/*Schröer* § 5 Rn. 32.
[173] *Ihrig* GmbHR 1995, 622, 630; Semler/Stengel/*Schröer* § 5 Rn. 31.
[174] Kallmeyer/*Lanfermann* § 5 Rn. 22.
[175] RegBegr. zu § 54 UmwG bei *Ganske* S. 103.
[176] Befürwortend Böttcher/Habighorst/Schulte/*Böttcher* § 5 Rn. 39; Kallmeyer/*Lanfermann* § 5 Rn. 22; Schmitt/Hörtnagl/Stratz/*Stratz* § 5 Rn. 66 bei allseitigem Einverständnis; ablehnend Lutter/*Drygala* § 5 Rn. 63; Widmann/Mayer/*Mayer* § 5 Rn. 65; Semler/Stengel/*Reichert* § 54 Rn. 42.
[177] Kallmeyer/*Lanfermann* § 5 Rn. 22; Widmann/Mayer/*Mayer* § 5 Rn. 102.

lungen, **auf welche Weise** die Anteile übertragen werden und **wer** die dadurch entstehenden **Kosten übernimmt**.[178] Die genaue **Höhe** der Kosten wird häufig noch nicht feststehen und muss deshalb nicht zwingend angegeben werden.[179]

Abhängig von der Rechtsform des übernehmenden Rechtsträgers können weitere Angaben erforderlich sein.[180] Bei einer übernehmenden **Kapitalgesellschaft** muss der Verschmelzungsvertrag etwa anführen, ob der übernehmende Rechtsträger sein Kapital im Zuge der Verschmelzung nicht erhöhen darf oder er freiwillig davon absieht.[181] Zu empfehlen ist auch die Angabe, ob die an die Anteilsinhaber eines übertragenden Rechtsträgers zu gewährenden Anteile erst im Zuge einer Kapitalerhöhung geschaffen werden müssen oder aus eigenen Anteilen des übernehmenden Rechtsträgers stammen.[182] Der Ursprung der Anteile ist für die Anteilsinhaber zwar nur von untergeordneter Bedeutung. Er kann aber für die Frage relevant sein, ob Anteilseigner wirksam entstandene Anteile erwerben. Außerdem tritt der Verschmelzungsvertrag an die Stelle der sonst erforderlichen Übernahme- oder Zeichnungserklärung.[183]

Bei der Verschmelzung auf eine **AG oder KGaA** ist anzugeben, wer als Treuhänder nach §§ 71 Abs. 1, 73, 78 UmwG bestellt wird. Außerdem muss der Verschmelzungsvertrag ausführen, auf welche Weise der Treuhänder die Aktien und baren Zuzahlungen erhält, und wer die mit der Übertragung verbundenen Kosten trägt.[184] Nicht erforderlich sind bei einer übertragenden AG Angaben zum Umgang mit alten Aktien (z. B. Einreichung und Kraftloserklärung)[185] oder zur Absicht einer Börsennotierung nach der Verschmelzung.[186]

Bei einer übernehmenden **GmbH** muss der Verschmelzungsvertrag Angaben enthalten, wenn die im Rahmen einer Kapitalerhöhung geschaffenen neu zu gewährenden Anteile in ihrer Ausstattung von den bisherigen Anteilen abweichen (§ 46 Abs. 2 UmwG). Im Falle einer Abtretung bereits existierender Geschäftsanteile, sind deren Nennbeträge sowie deren Empfänger anzugeben (§ 46 Abs. 3 UmwG), soweit die Empfänger namentlich bekannt sind. Ändern sich die Beteiligungsverhältnisse bei einem übertragenden Rechtsträger bis zur Wirksamkeit der Verschmelzung, muss der Verschmelzungsvertrag nicht mehr aktualisiert werden.[187]

Bei der Verschmelzung auf eine **Personenhandelsgesellschaft** muss der Verschmelzungsvertrag regeln, ob ein Anteilinhaber im übernehmenden Rechtsträger unbeschränkt persönlich haften oder in die Rechtsstellung eines Kommanditisten eintreten soll (§ 40 Abs. 1 S. 1 UmwG). Außerdem ist die Beteiligung der Anteilsinhaber am Gesellschaftsvermögen anzugeben. Ist ein Anteilsinhaber des übertragenden Rechtsträgers bereits an der übernehmenden Personenhandelsgesellschaft beteiligt, so ist das Verbot der Mehrfachbeteiligung zu beachten. Daraus folgt, dass die bereits bestehende Beteiligung am

---

[178] Lutter/*Drygala* § 5 Rn. 64; Kallmeyer/*Marsch-Barner* § 5 Rn. 24; Sagasser/Bula/Brünger/*Sagasser*/*Luke* § 9 Rn. 133; aA Widmann/Mayer/*Mayer* § 5 Rn. 139 und Kölner Kommentar-UmwG/ *Simon* § 5 Rn. 51, die keine Angabe zur Kostentragung fordern.

[179] Kallmeyer/*Marsch-Barner* § 5 Rn. 24; Semler/Stengel/*Schröer* § 5 Rn. 35; aA Lutter/*Drygala* § 5 Rn. 64.

[180] Ausführlich zu rechtsformspezifischen Besonderheiten → § 15.

[181] S. §§ 54 Abs. 1 und 2, 68 Abs. 1 und 2 UmwG.

[182] Lutter/*Drygala* § 5 Rn. 64; Semler/Stengel/*Schröer* § 5 Rn. 36; Kölner Kommentar-UmwG/ *Simon* § 5 Rn. 53; aA Widmann/Mayer/*Mayer* § 5 Rn. 138.

[183] S. §§ 55 Abs. 1 S. 1, 69 Abs. 1 S. 1 UmwG, wonach § 55 Abs. 1 GmbHG und § 185 Abs. 1 AktG unanwendbar sind.

[184] Semler/Stengel/*Schröer* § 5 Rn. 37; *Vetter* AG 1997, 6, 16.

[185] Lutter/*Drygala* § 5 Rn. 66; Semler/Stengel/*Schröer* § 5 Rn. 37.

[186] Semler/Stengel/*Schröer* § 5 Rn. 37; dies ist aber im Verschmelzungsbericht zu erläutern (LG Mannheim 24 O 75/87, WM 1988, 775, 777 = AG 1988, 248 ff.).

[187] Widmann/Mayer/*Mayer* § 5 Rn. 91; Semler/Stengel/*Schröer* § 5 Rn. 38.

übernehmenden Rechtsträger aufgestockt und keine neue Beteiligung an ihm eingeräumt wird.[188]

5. Zeitpunkt der Gewinnbeteiligung (§ 5 Abs. 1 Nr. 5 UmwG)

72 Der Verschmelzungsvertrag muss bestimmen, **ab welchem Zeitpunkt Anteile oder Mitgliedschaften**, die den Anteilsinhabern eines übertragenden Rechtsträgers gewährt werden, **gewinnberechtigt** sind. Außerdem sind Besonderheiten bezüglich des Gewinnanspruchs darzulegen. Dies betrifft jeweils die **neu geschaffenen** Anteile oder Mitgliedschaften an dem übernehmenden Rechtsträger und damit die **abstrakte Gewinnberechtigung**, weil nur für diese Anteile regelungsbedürftig ist, ab welchem Zeitpunkt die Anteilsinhaber gewinnberechtigt sind.[189] Werden bereits bestehende Anteile oder Mitgliedschaften gewährt, sind diese Anteile oder Mitgliedschaften bereits abstrakt gewinnbezugsberechtigt, sodass diesbezügliche Angaben im Verschmelzungsvertrag nicht erforderlich sind.[190]

73 Den **Zeitpunkt** der Gewinnberechtigung können die Parteien **frei wählen**.[191] In der Praxis regeln die Parteien meist, dass die Gewinnberechtigung in dem Geschäftsjahr des übernehmenden Rechtsträgers beginnt, das auf den Stichtag des letzten Jahresabschlusses des übertragenden Rechtsträgers vor dem erwarteten Wirksamwerden der Verschmelzung folgt.[192] Häufig wird ein **festes Datum** aufgenommen (z. B. 1.1.2017). Außerdem wird der Beginn der Gewinnberichtigung typischerweise mit dem Verschmelzungsstichtag nach § 5 Abs. 1 Nr. 6 UmwG kombiniert.[193] Wird die Verschmelzung ohne Verzögerungen wirksam, beginnt die Gewinnberechtigung beim übernehmenden Rechtsträger bei einer solchen Regelung unmittelbar im Anschluss an das Ende der Gewinnberechtigung beim übertragenden Rechtsträger. Abweichende Regelungen sind möglich. Um zusätzlichen Aufwand zu vermeiden, empfiehlt es sich aber, die Gewinnberechtigung jedenfalls an einem Zeitpunkt beginnen zu lassen, auf den beim übernehmenden Rechtsträger auch ein Gewinn ermittelt wird.[194]

74 Der **Zeitpunkt** der Gewinnberechtigung kann auch **variabel** ausgestaltet werden.[195] Dies kann sich empfehlen, wenn beim Wirksamwerden der Verschmelzung mit **Verzögerungen** zu rechnen ist, die ggf. über einen bestimmten Zeitpunkt hinaus andauern (z. B. das Ende des laufenden Geschäftsjahrs oder der Tag der Anteilseignerversammlung beim übernehmenden Rechtsträger).[196] Die hiergegen vereinzelt vorgebrachten Bedenken[197] überzeugen nicht, weil ein fester Termin uU nicht interessengerecht wäre. Er kann Anteilsinhaber eines übernehmenden Rechtsträgers benachteiligen, weil diese ggf. für ein Geschäftsjahr, das beim Wirksamwerden der Verschmelzung bereits abgelaufen ist, einen Gewinn mit Anteilsinhabern eines übertragenden Rechtsträgers teilen müssten. Es stellt auch keine Alternative zu einer variablen Stichtagsregelung dar, die Gewinnberechtigung mit dem Verschmelzungsstichtag zu verknüpfen, weil eine Gewinnbeteiligung für ein

---

[188] Kallmeyer/*Marsch-Barner* § 5 Rn. 26; Semler/Stengel/*Schröer* § 5 Rn. 39; Kölner Kommentar-UmwG/*Simon* § 5 Rn. 56.

[189] Böttcher/Habighorst/Schulte/*Böttcher* § 5 Rn. 45; Semler/Stengel/*Schröer* § 5 Rn. 42; Kölner Kommentar-UmwG/*Simon* § 5 Rn. 60.

[190] Semler/Stengel/*Schröer* § 5 Rn. 42; Kölner Kommentar-UmwG/*Simon* § 5 Rn. 60.

[191] RegBegr. zu § 5 UmwG bei *Ganske* S. 50; BGH II ZR 17/12, DStR 2013, 534, 535.

[192] BGH II ZR 17/12, DStR 2013, 534, 535; Goutier/Knopf/Tulloch/*Bermel*/Hannappel § 5 Rn. 47; Bungert/*Wansleben* DB 2013, 979, 980; Lutter/*Drygala* § 5 Rn. 68; Kallmeyer/*Marsch-Barner* § 5 Rn. 28; *Priester* BB 1992, 1594; Semler/Stengel/*Schröer* § 5 Rn. 43.

[193] *Blasche* RNotZ 2014, 464 f.; Bungert/*Wansleben* DB 2013, 979, 980; Semler/Stengel/*Schröer* § 5 Rn. 58.

[194] Lutter/*Drygala* § 5 Rn. 68.

[195] BGH II ZR 17/12, DStR 2013, 534.

[196] Goutier/Knopf/Tulloch/*Bermel*/Hannappel § 5 Rn. 49; Lutter/*Drygala* § 5 Rn. 69; *Hoffmann-Becking* FS Fleck, 1988, S. 105, 119 f.

[197] *Kiem* S. 63 ff.; *ders.* ZIP 1999, 173, 179; *Schütz*/Fett DB 2002, 2696, 2697 f.

Geschäftsjahr beim übernehmenden Rechtsträgers nur möglich ist, solange der Gewinnverwendungsbeschluss für dieses Geschäftsjahr beim Wirksamwerden der Verschmelzung noch nicht gefasst ist.[198] Eine variable Regelung bietet demgegenüber den Vorteil, dass der Verschmelzungsvertrag bei Verzögerungen nicht nachträglich angepasst werden muss.

Enthält der Verschmelzungsvertrag **keine variable Regelung** zur Gewinnbeteiligung, macht dies den Verschmelzungsbeschluss nicht anfechtbar.[199] Dies gilt selbst dann, wenn mit Verzögerungen zu rechnen ist, weil der Verschmelzungsvertrag als Ergebnis der Vertragsverhandlungen der beteiligten Rechtsträger insoweit zu akzeptieren ist. Verzögert sich die Eintragung der Verschmelzung tatsächlich, ist für den Beginn der Gewinnbeteiligung danach zu unterscheiden, ob die Anteilseigner des übernehmenden Rechtsträgers bereits über die Gewinnverwendung beschlossen haben. Wird die **Verschmelzung** erst **nach dem Gewinnverwendungsbeschluss** beim übernehmenden Rechtsträger **wirksam**, können die Anteilsinhaber des übertragenden Rechtsträgers für das relevante Geschäftsjahr nicht mehr am Gewinn beteiligt werden. **Davor** gilt die vertraglich vereinbarte Stichtagsregelung.[200] Die Anteilsinhaber einer übernehmenden **AG** sind nicht verpflichtet, den Gewinnverwendungsbeschluss zurückzustellen, wenn sich die Eintragung der Verschmelzung verzögert. Eine solche Verpflichtung könnte nur in der Satzung wirksam vereinbart werden (§ 58 Abs. 3 S. 2 AktG) und würde andernfalls eine faktische Bindungswirkung des noch nicht wirksamen Verschmelzungsvertrags begründen.[201] 75

Neben dem Zeitpunkt der Gewinnberechtigung sind im Verschmelzungsvertrag auch die **Besonderheiten des Gewinnanspruchs** anzugeben. Gemeint ist der Gewinnanspruch der einzelnen Anteilsinhaber, der aus der Jahresbilanz des übernehmenden Rechtsträgers resultiert.[202] Rein schuldrechtliche Ansprüche, die in diesen Gewinnanspruch einfließen und sich am Bilanzgewinn orientieren (z. B. ein auf den Gewinn bezogenes Genussrecht oder ein Besserungsschein), brauchen nicht angegeben werden.[203] Anzugebende Besonderheiten können bspw. aus Sonderrechten oder besonderen Gewinnverteilungsschlüsseln resultieren.[204] 76

6. Verschmelzungsstichtag (§ 5 Abs. 1 Nr. 6 UmwG)

Der Verschmelzungsvertrag muss den **Stichtag der Verschmelzung** angeben. Hierbei handelt es sich um den Tag, von dem an die Handlungen eines übertragenden Rechtsträgers im Innenverhältnis als für Rechnung des übernehmenden Rechtsträgers vorgenommen gelten. Der Verschmelzungsstichtag beinhaltet die **Fiktion**, dass die Verschmelzung rückwirkend auf den gewählten Stichtag handelsrechtlich wirksam geworden ist.[205] Der Verschmelzungsstichtag ist zugleich der Stichtag für den **Übergang der Rechnungslegung** vom übertragenden Rechtsträger auf den übernehmenden Rechtsträger, was im Sinne einer Ergebnisabgrenzung zwischen dem übertragenden und dem übernehmenden Rechtsträger zu verstehen ist.[206] Der Übergang der Buchführungspflicht wird durch den Verschmelzungsstichtag dagegen nicht bewirkt.[207] 77

---

[198] BGH II ZR 17/12, DStR 2013, 534, 535; zustimmend Lutter/*Drygala* § 4 Rn. 70; Kallmeyer/*Marsch-Barner* § 5 Rn. 28; Semler/Stengel/*Schröer* § 5 Rn. 45; Kölner Kommentar-UmwG/*Simon* § 5 Rn. 66.
[199] *Bungert/Wansleben* DB 2013, 979, 981; differenzierend Lutter/*Drygala* § 5 Rn. 72.
[200] Lutter/*Drygala* § 5 Rn. 73; Semler/Stengel/*Schröer* § 5 Rn. 49.
[201] BGH II ZR 17/12, DStR 2013, 534, 536; zustimmend Lutter/*Drygala* § 5 Rn. 73.
[202] Kallmeyer/*Marsch-Barner* § 5 Rn. 27; Widmann/Mayer/*Mayer* § 5 Rn. 151; Semler/Stengel/*Schröer* § 5 Rn. 50.
[203] Kallmeyer/*Marsch-Barner* § 5 Rn. 27; Widmann/Mayer/*Mayer* § 5 Rn. 151; Semler/Stengel/*Schröer* § 5 Rn. 50; Kölner Kommentar-UmwG/*Simon* § 5 Rn 61.
[204] Kallmeyer/*Marsch-Barner* § 5 Rn. 27; Widmann/Mayer/*Mayer* § 5 Rn. 151.
[205] *Hoffmann-Becking* FS Fleck, 1988, S. 105, 111; Semler/Stengel/*Schröer* § 5 Rn. 51.
[206] Lutter/*Drygala* § 5 Rn. 74; *Hoffmann-Becking* FS Fleck, 1988, S. 105, 110 ff.; *Priester* BB 1992, 1594, 1595; Semler/Stengel/*Schröer* § 5 Rn. 51; Kölner Kommentar-UmwG/*Simon* § 5 Rn. 71; iErg auch Kallmeyer/*Lanfermann* § 5 Rn. 33, der klarstellend darauf hinweist, dass die eigentliche Rech-

78 Der Verschmelzungsstichtag kann **frei bestimmt** werden.[208] Typischerweise legen die Parteien den Verschmelzungsstichtag mit dem Beginn der Gewinnbeteiligung nach § 5 Abs. 1 Nr. 5 UmwG zusammen, dh auf einen Zeitpunkt unmittelbar nach dem Ende des letzten vollen Geschäftsjahrs eines übertragenden Rechtsträgers vor dem Wirksamwerden der Verschmelzung (z. B. 1. Januar 00:00 Uhr).[209] Dies hat den Vorteil, dass der übertragende Rechtsträger auf einen ohnehin erforderlichen Jahresabschluss aufsetzen kann; zusätzlicher Aufwand lässt sich auf diese Weise vermeiden. Zwingend ist dies aber nicht.[210] Der Verschmelzungsstichtag darf lediglich nicht vor dem Ende der Gewinnberechtigung am übertragenden Rechtsträger liegen, weil der Gewinn dann nicht mehr bis zum Ende dieser Periode ermittelt werden könnte.[211] Der Verschmelzungsstichtag kann auch vor dem Entstehen eines beteiligten Rechtsträgers liegen,[212] was bei der Verschmelzung auf neu gegründete oder von neu gegründeten Rechtsträgern relevant wird. Vom Wirksamkeitstag der Verschmelzung weicht er regelmäßig ab, weil die Eintragung, mit der die Verschmelzung dinglich wirksam wird (§ 20 Abs. 1 UmwG), nicht vorhersehbar und deshalb als Verschmelzungsstichtag ungeeignet ist.

79 Die Wahl des Verschmelzungsstichtags hat **Auswirkungen auf weitere Stichtage** und ist daher im Zusammenhang mit diesen zu betrachten. Insbes. muss dem Verschmelzungsstichtag unmittelbar der **Tag der Schlussbilanz** des übernehmenden Rechtsträgers (§ 17 Abs. 2 S. 1 UmwG) vorangehen, weil der Verschmelzungsstichtag die Ergebnisabgrenzung zwischen dem übertragenden und dem übernehmenden Rechtsträger markiert und der übertragende Rechtsträger bis zu diesem Zeitpunkt noch für eigene Rechnung buchführt und bilanziert.[213] Da der Tag der Schlussbilanz wiederum zwingend mit dem **Stichtag für die steuerliche Übertragung** zusammenfällt (§ 2 Abs. 1 S. 1 UmwStG), wird auch der steuerliche Übertragungsstichtag durch den Verschmelzungsstichtag determiniert.[214] Am steuerlichen Übertragungsstichtag treten steuerlich die Verschmelzungswirkungen ein, indem insbes. die Vollbeendigung des übertragenden Rechtsträgers fingiert wird.[215] Bei einer Verschmelzung durch Neugründung fällt der Verschmelzungsstichtag zudem mit dem **Stichtag der Eröffnungsbilanz** des neu gegründeten Rechtsträgers (§ 242 Abs. 1 HGB) zusammen.[216]

80 Der Verschmelzungsstichtag kann – ebenso wie der Beginn der Gewinnberechtigung – **variabel** ausgestaltet werden.[217] Dies ist zu empfehlen, wenn die beteiligten Rechtsträger mit Verzögerungen beim Wirksamwerden der Verschmelzung rechnen, weil dann eine spätere Änderung des Verschmelzungsvertrags entbehrlich sein kann.[218] Typischer-

---

nungslegungspflicht, dh die Buchführungs- und Bilanzierungspflicht, des übertragenden Rechtsträgers bis zur Eintragung der Verschmelzung bestehen bleibt.

[207] Semler/Stengel/*Schröer* § 5 Rn. 76.
[208] Lutter/*Drygala* § 5 Rn. 74; Kallmeyer/*Lanfermann* § 5 Rn. 35; Schmitt/Hörtnagl/Stratz/*Stratz* § 5 Rn. 73.
[209] → Rn. 73.
[210] Kallmeyer/*Lanfermann* § 5 Rn. 35; Semler/Stengel/*Schröer* § 5 Rn. 58.
[211] Lutter/*Drygala* § 5 Rn. 32; Semler/Stengel/*Schröer* § 5 Rn. 58.
[212] Lutter/*Drygala* § 5 Rn. 74; Ulrich/Böhle GmbHR 2006, 644.
[213] So die hM, s. nur OLG Frankfurt am Main 20 W 273/05, GmbHR 2006, 382; *Blasche* RNotZ 2014, 464, 465; Lutter/*Drygala* § 5 Rn. 74; *Hoffmann-Becking*, FS Fleck, 1988, S. 105, 112; Semler/Stengel/*Schröer* § 5 Rn. 54; Kölner Kommentar-UmwG/*Simon* § 5 Rn. 79; aA Kallmeyer/*Lanfermann* § 5 Rn. 34 ff.; Widmann/Mayer/*Mayer* § 5 Rn. 159 f.
[214] BFH II R 33/97, GmbHR 1999, 1312, 1313; FG Köln 1 K 5268/00, Der Konzern 2005, 612; *Hoffmann-Becking* FS Fleck, 1988, S. 105, 113; Semler/Stengel/*Schröer* § 5 Rn. 57.
[215] Semler/Stengel/*Schröer* § 5 Rn. 57; Kölner Kommentar-UmwG/*Simon* § 5 Rn. 74 ff.
[216] Semler/Stengel/*Schröer* § 5 Rn. 56.
[217] Böttcher/Habighorst/Schulte/*Böttcher* § 5 Rn. 56; Lutter/*Drygala* § 5 Rn. 75; Semler/Stengel/*Schröer* § 5 Rn. 53; vertieft dazu Kölner Kommentar-UmwG/*Simon* § 5 Rn. 99 ff.
[218] Lutter/*Drygala* § 5 Rn. 75; Semler/Stengel/*Schröer* § 5 Rn. 62.

weise sollten der Beginn der Gewinnberechtigung und der Verschmelzungsstichtag gleichermaßen variabel ausgestaltet werden, weil beide Stichtage wirtschaftlich zusammenhängen.[219]

Bei einer Verschmelzung **mehrerer übertragender Rechtsträger** ist es sinnvoll, für alle 81 übertragenden Rechtsträger einen **einheitlichen Verschmelzungsstichtag** festzulegen. Dies ist nicht zwingend,[220] erfolgt in der Praxis aber typischerweise.

7. Rechte einzelner Anteilsinhaber und Inhaber besonderer Rechte (§ 5 Abs. 1 Nr. 7 UmwG)

Der Verschmelzungsvertrag muss angeben, welche Rechte der übernehmende Rechts- 82 träger einzelnen Anteilsinhabern und Inhabern besonderer Rechte (z. B. Anteile ohne Stimmrecht, Vorzugsaktien, Mehrstimmrechtsaktien, Schuldverschreibungen und Genussrechte) gewährt, oder welche Maßnahmen für diese Personen vorgesehen sind. Erfasst werden **alle Arten besonderer Rechte, die rechtsgeschäftlich vom übernehmenden Rechtsträger eingeräumt wurden**, und zwar unabhängig davon, ob diese Rechte gesellschaftsrechtlicher oder schuldrechtlicher Natur sind. **Nicht unter § 5 Abs. 1 Nr. 7 UmwG fallen dagegen** kraft Gesetzes bestehende Sonderrechte sowie Rechte, die nur zwischen Anteilsinhabern untereinander und nicht am übernehmenden Rechtsträger gewährt werden (z. B. ein rein schuldrechtlich zwischen Anteilsinhabern vereinbartes Vorkaufsrecht, das nicht in der Satzung des übernehmenden Rechtsträgers verankert ist, oder eine Stimmrechtsvereinbarung).[221]

Rechte der Anteilsinhaber müssen nur genannt werden, soweit sie in Abweichung 83 vom Gleichbehandlungsgrundsatz einzelnen Anteilsinhabern gewährt werden und nicht für alle gelten.[222] Dies umfasst insbes. vermögensrechtliche Sonderrechte oder auch besondere Mitverwaltungsrechte (z. B. Vorzugsrechte auf Gewinn oder Liquidationserlös, Mehrstimmrechte, Sonderstimmrechte, Vorkaufs- und Optionsrechte, Vetorechte gegen bestimmte Maßnahmen, Entsende- und Bestellungsrechte). Die Pflicht zur Angabe erfasst gleichermaßen Sonderrechte von Anteilsinhabern eines übertragenden und eines übernehmenden Rechtsträgers.[223] Die besonderen Rechte müssen aber am übernehmenden Rechtsträger gewährt werden; Rechte an einem übertragenden Rechtsträger müssen nicht angegeben werden.[224]

Aufzuführen sind ferner **Rechte, die Inhabern von Sonderrechten gewährt werden,** 84 **die kein Stimmrecht gewähren**. Sonderrechtsinhaber sind bspw. Inhaber von Anteilen ohne Stimmrecht, Wandelschuldverschreibungen, Gewinnschuldverschreibungen und Genussrechten. Nach § 23 UmwG müssen den Inhabern solcher Sonderrechte an einem übertragenden Rechtsträger, deren Sonderrechte mit Wirksamkeit der Verschmelzung erlöschen, gleichwertige Rechte am übernehmenden Rechtsträger gewährt werden. Der Verschmelzungsvertrag muss ausdrücklich bestimmen, welche Sonderrechte die Betroffenen im Hinblick auf die gebotene Gleichwertigkeit erhalten.[225]

Aufzuführen sind jeweils alle derartigen Rechte und Maßnahmen im übernehmenden 85 Rechtsträger, nicht nur solche, die im Zuge der Verschmelzung gewährt oder vorgenommen werden. Es ist daher nicht entscheidend, dass die Sonderrechte anlässlich der Ver-

---

[219] Semler/Stengel/*Schröer* § 5 Rn. 64.
[220] Kallmeyer/*Lanfermann* § 5 Rn. 37; Semler/Stengel/*Schröer* § 5 Rn. 61.
[221] Lutter/*Drygala* § 5 Rn. 77; Kallmeyer/*Marsch-Barner* § 5 Rn. 40; Semler/Stengel/*Schröer* § 5 Rn. 65.
[222] RegBegr. zum Verschmelzungsrichtliniegesetz, BT-Drs. 9/1065, S. 15; OLG Frankfurt am Main 20 W 466/10, ZIP 2011, 2408, 2409; Lutter/*Drygala* § 5 Rn. 77; Widmann/Mayer/*Mayer* § 5 Rn. 168; Schmitt/Hörtnagl/Stratz/*Stratz* § 5 Rn. 82.
[223] Lutter/*Drygala* § 5 Rn. 78; Sagasser/Bula/Brünger/*Sagasser/Luke* § 9 Rn. 143.
[224] OLG Hamburg 11 U 11/03, AG 2004, 619, 621; Kallmeyer/*Marsch-Barner* § 5 Rn. 40; aA Semler/Stengel/*Schröer* § 5 Rn. 65.
[225] Böttcher/Habighorst/Schulte/*Böttcher* § 5 Rn. 65; Widmann/Mayer/*Mayer* § 5 Rn. 169.

schmelzung gewährt werden.[226] Dies soll es allen Anteilsinhabern ermöglichen, die nur einzelnen von ihnen oder Sonderrechtsinhabern gewährten Rechte zu prüfen, insbes. im Hinblick auf die grds. gebotene Gleichbehandlung.[227] Eine Negativerklärung im Verschmelzungsvertrag, dass keine Sonderrechte iSv § 5 Abs. 1 Nr. 7 UmwG gewährt werden, ist nicht erforderlich[228], findet sich jedoch in der Praxis zur Klarstellung häufig.

8. Gewährung von Sondervorteilen (§ 5 Abs. 1 Nr. 8 UmwG)

86 Der Verschmelzungsvertrag muss **jeden besonderen Vorteil** anführen, der einem Mitglied von Vertretungs- oder Aufsichtsorganen, geschäftsführenden Gesellschaftern, Partnern einer Partnerschaftsgesellschaft, Abschlussprüfern oder Verschmelzungsprüfern eines an der Verschmelzung beteiligten Rechtsträgers gewährt wird. Absprachen über derartige Vorteile werden im Zuge einer Verschmelzung häufig getroffen. Die Regelung des § 5 Abs. 1 Nr. 8 UmwG dient dazu, solche besonderen Vorteile **transparent** zu machen.[229] Auf diese Weise schützt die Regelung in erster Linie Anteilsinhaber,[230] die bei ihrer Entscheidung über die Verschmelzung erkennen können, welchen Personen durch die Verschmelzung besondere Vorteile entstehen, die deren Objektivität möglicherweise beeinflussen.

87 Der potentielle **Empfängerkreis besonderer Vorteile** umfasst insbes. Mitglieder von Vertretungs- und Aufsichtsorganen eines übertragenden Rechtsträgers, die im Zuge der Verschmelzung ihre organschaftliche Rechtsposition verlieren.[231] Sie erhalten oft eine Kompensation, wenn ihnen im übernehmenden Rechtsträger keine gleichwertige Position eingeräumt werden kann oder soll.[232] Aufsichtsorgane sind sowohl gesetzliche als auch fakultative Organe. Neben Aufsichtsorganen werden Beiräte und Gesellschafterausschüsse erfasst, soweit diese auch eine überwachende und nicht nur beratende Funktion haben.[233] Anzugeben sind Vorteile auch, wenn sie geschäftsführenden Partnern, Abschlussprüfern oder Verschmelzungsprüfern gewährt werden. Vorteile zugunsten anderer Personen (z. B. Kommanditisten) sind nicht anzuführen.[234]

88 Der **Begriff** des besonderen Vorteils ist im Hinblick auf den Schutzzweck der Regelung grds. weit zu verstehen. Er umfasst jede Form der Vergünstigung. Hierzu zählen **finanzielle Vergünstigungen**, etwa Abfindungszahlungen. **Vorteile in anderer Form**, bspw. Zusagen über bestimmte Ämter oder Organfunktionen im übernehmenden Rechtsträger[235] oder die Zusage, die Organmitglieder nach dem Wirksamwerden der Verschmelzung zu entlasten oder sie von einer Haftung freizustellen[236], sind ebenfalls anzugeben.[237] Anzugeben sind auch Vereinbarungen über Vorteile, die erst zu einem späteren Zeitpunkt konkretisiert werden müssen, weil auch solche Vorteile geeignet sein können, das Verhalten eines Betroffenen zu beeinflussen.[238] Die besonderen Vorteile können sowohl vom übertragenden als auch vom übernehmenden Rechtsträger gewährt werden.

89 Anzuführen sind nur Vorteile, die **anlässlich der Verschmelzung** gewährt werden und denen keine gleichwertige Gegenleistung gegenübersteht oder die ohne die Verschmelzung

---

[226] Lutter/*Drygala* § 5 Rn. 76; Semler/Stengel/*Schröer* § 5 Rn. 65.
[227] Lutter/*Drygala* § 5 Rn. 76.
[228] OLG Frankfurt am Main 20 W 466/10, ZIP 2011, 2408.
[229] Böttcher/Habighorst/Schulte/*Böttcher* § 5 Rn. 68; s. auch Kölner Kommentar-UmwG/*Simon* § 5 Rn. 125.
[230] Lutter/*Drygala* § 5 Rn. 79; Semler/Stengel/*Schröer* § 5 Rn. 73; aA Schmitt/Hörtnagl/Stratz/ *Stratz* § 5 Rn. 86, der § 5 Abs. 1 Nr. 8 UmwG auch eine gläubigerschützende Wirkung beimisst.
[231] Böttcher/Habighorst/Schulte/*Böttcher* § 5 Rn. 68; Lutter/*Drygala* § 5 Rn. 79.
[232] Lutter/*Drygala* § 5 Rn. 79; Schmitt/Hörtnagl/Stratz/*Stratz* § 5 Rn. 84.
[233] Kallmeyer/*Marsch-Barner* § 5 Rn. 45; Widmann/Mayer/*Mayer* § 5 Rn. 171; Semler/Stengel/ *Schröer* § 5 Rn. 70; Kölner Kommentar-UmwG/*Simon* § 5 Rn. 126.
[234] Widmann/Mayer/*Mayer* § 5 Rn. 171; Semler/Stengel/*Schröer* § 5 Rn. 70.
[235] Kallmeyer/*Marsch-Barner* § 5 Rn. 44; Semler/Stengel/*Schröer* § 5 Rn. 70.
[236] *Ihrig/Redeke* FS Maier-Reimer, 2010, S. 297, 310, 313 f.; Kallmeyer/*Marsch-Barner* § 5 Rn. 44.
[237] Näher dazu Semler/Stengel/*Schröer* § 5 Rn. 73.
[238] LAG Nürnberg 2 Sa 463/02, ZIP 2005, 398, 400; zustimmend Lutter/*Drygala* § 5 Rn. 80.

nicht gefordert werden könnten. Erforderlich ist ein innerer zeitlicher oder sachlicher Zusammenhang des besonderen Vorteils mit der Verschmelzung. Dies folgt aus dem Schutzzweck der Regelung, die Anteilsinhaber darüber zu informieren, welche der genannten Personen von einer Verschmelzung besonders profitieren.[239]

Länger zurückliegende Vereinbarungen können einen besonderen Vorteil begründen, wenn sie den Verschmelzungsprozess fördern sollen.[240] Allerdings sind länger zurückliegende Vereinbarungen, bspw. die Regelung über eine Sonderzahlung (**golden parachute**) im Anstellungsvertrag eines Organmitglieds für den Fall einer späteren Verschmelzung[241], meist kein besonderer Vorteil iSv § 5 Abs. 1 Nr. 8 UmwG, sondern Teil des ursprünglich vereinbarten Kompensationspakets.[242] Anders ist dies, wenn die Sonderzahlung erst anlässlich der Verschmelzung für die vorzeitige Auflösung eines Anstellungsvertrags vereinbart wird.[243] 90

Angemessene Gegenleistungen für eine erbrachte Leistung, etwa die monetäre Abgeltung fälliger Optionen oder die vorzeitige Auszahlung verdienter Tantiemen, aus denen dem Betroffenen kein darüber hinausgehender Vorteil erwächst, sind **kein besonderer Vorteil** iSd § 5 Abs. 1 Nr. 8 UmwG.[244] Gleiches gilt für Vergünstigungen, auf die der Betroffene auch ohne die Verschmelzung einen Anspruch hätte. Ebenfalls nicht erfasst sind Prüfungshonorare[245] und Sachverständigenhonorare[246] im üblichen Rahmen. In der Praxis werden Vergünstigungen aber unabhängig von einer konkreten Rechtspflicht zur Mitteilung oftmals bereits dann angegeben, wenn sie geeignet erscheinen, die Objektivität eines Begünstigten bei seiner Entscheidung über die Verschmelzung zu beeinträchtigen. Empfohlen wird dies bspw. für die Rückzahlung einer Option, die unabhängig von der Verschmelzung gewährt wurde, im Verschmelzungsfall aber ohne die Einhaltung einschränkender Bedingungen ausgezahlt werden kann.[247] 91

Fehlt im Verschmelzungsvertrag die notwendige Angabe eines besonderen Vorteils, ist der Verschmelzungsbeschluss **anfechtbar** und die Verschmelzung darf nicht eingetragen werden.[248] **Trägt** das Registergericht die **Verschmelzung gleichwohl ein**, sollen die besonderen Vorteile nach einer Auffassung unwirksam sein, um keinen Anreiz für Verstöße zu schaffen.[249] Dieses Ergebnis erscheint zwar wünschenswert, lässt sich allerdings anhand des Gesetzes nur für die **Verschmelzung zur Neugründung einer AG** begründen (vgl. §§ 26 Abs. 3, 32 Abs. 3 AktG iVm § 36 Abs. 2 UmwG).[250] Auch eine Analogie zu §§ 26 Abs. 3, 32 Abs. 3 AktG iVm § 36 Abs. 2 UmwG[251] für andere Verschmelzungsarten erscheint schwerlich begründbar, weil die Analogievoraussetzungen nicht vorliegen dürften. Insbes. die Tatsache, dass der Gesetzgeber für andere Verschmelzungsarten keine entsprechende Regelung im UmwG verankert hat, spricht dafür, dass die vereinbarten **besonde-** 92

---

[239] Widmann/Mayer/*Mayer* § 5 Rn. 171; Semler/Stengel/*Schröer* § 5 Rn. 71 f.; Kölner Kommentar-UmwG/*Simon* § 5 Rn. 131.
[240] Semler/Stengel/*Schröer* § 5 Rn. 71.
[241] Näher dazu Ihrig/Redeke FS Maier-Reimer, 2010, S. 297, 306 f.
[242] Lutter/*Drygala* § 5 Rn. 80.
[243] Semler/Stengel/*Schröer* § 5 Rn. 72.
[244] OLG Hamburg 11 U 11/03, AG 2004, 619, 621 f.
[245] RegBegr. zum Verschmelzungsrichtliniegesetz, BT-Drs. 9/1065, S. 15; Lutter/*Drygala* § 5 Rn. 80; Semler/Stengel/*Schröer* § 5 Rn. 72.
[246] Lutter/*Drygala* § 5 Rn. 80; Kallmeyer/*Marsch-Barner* § 5 Rn. 46; Widmann/Mayer/*Mayer* § 5 Rn. 173; Schmitt/Hörtnagl/Stratz/*Stratz* § 5 Rn. 86.
[247] Semler/Stengel/*Schröer* § 5 Rn. 72.
[248] OLG Hamburg 11 U 11/03, AG 2004, 619, 621; Lutter/*Drygala* § 5 Rn. 82; Kallmeyer/*Marsch-Barner* § 5 Rn. 46a; Widmann/Mayer/*Mayer* § 5 Rn. 175; Semler/Stengel/*Schröer* § 5 Rn. 74.
[249] LAG Nürnberg 2 Sa 463/02, ZIP 2005, 398 ff.; Lutter/*Drygala* § 5 Rn. 82; Widmann/Mayer/*Mayer* § 5 Rn. 175.
[250] Kallmeyer/*Marsch-Barner* § 5 Rn. 46a; Semler/Stengel/*Schröer* § 5 Rn. 75.
[251] Hierfür Goutier/Knopf/Tulloch/*Bermel/Hannappel* § 5 Rn. 64; Lutter/*Drygala* § 5 Rn. 82; Widmann/Mayer/*Mayer* § 5 Rn. 175.

ren **Vorteile wirksam** sein sollen.[252] Daneben kommt der Angabe nach § 5 Abs. 1 Nr. 8 UmwG nur eine berichtende Funktion zu, was ebenso gegen die Unwirksamkeit der Zusage eines besonderen Vorteils spricht.[253] Richtigerweise sind die besonderen Vorteile deshalb **iÜ wirksam**.[254] Mit der Eintragung der Verschmelzung in das Handelsregister wird auch ein etwaiger Beurkundungsmangel des Verschmelzungsvertrags, der durch das Fehlen der Angabe nach § 5 Abs. 1 Nr. 8 UmwG begründet wird, geheilt.[255] *De lege ferenda* wäre freilich zu erwägen, die Unwirksamkeit gesetzlich anzuordnen.

93 Üblicherweise enthalten Verschmelzungsverträge in der Praxis auch eine **Negativaussage**, wenn keine besonderen Vorteile im Sinne des § 5 Abs. 1 Nr. 8 UmwG gewährt werden.[256] Eine solche Aussage ist zwar gesetzlich nicht vorgeschrieben,[257] wird aber im Hinblick auf ansonsten denkbare Rückfragen oft zur Klarstellung aufgenommen.

94 Unabhängig von der Offenlegung besonderer Vorteile ist zu beurteilen, ob besondere Vorteile **zulässigerweise gewährt** und vom Begünstigten angenommen werden können.[258] Vereinbarungen über Ämter sind bspw. nur zulässig, wenn das Organ, das eine derartige Zusage macht, dem Begünstigten das versprochene Amt überhaupt kraft eigener Kompetenz verschaffen kann; andernfalls sind diese **unverbindlich**.[259] Zu beachten ist dabei, dass selbst in dem Fall, in dem die Anteilsinhaber für die Wahl des Organs zuständig sind und über den Verschmelzungsvertrag abstimmen, in der Abstimmung keine konkludente Zustimmung der Anteilsinhaber für die Einsetzung in das Amt zu sehen ist.[260] Aus der Zusage resultieren auch keine Verpflichtungen der Vertretungsorgane, auf eine Realisierung der Zusage hinzuwirken. Auch derart unverbindliche Zusagen sind allerdings gem. § 5 Abs. 1 Nr. 8 UmwG anzugeben, weil sie eine rein faktische Bindungswirkung entfalten können und daher geeignet sein können, das betreffende Organ zu beeinflussen. § 5 Abs. 1 Nr. 8 UmwG setzt nicht voraus, dass die Zusage besonderer Vorteile rechtsgeschäftlich bindend ist.[261]

9. Folgen der Verschmelzung für die Arbeitnehmer und Arbeitnehmervertretungen (§ 5 Abs. 1 Nr. 9 UmwG)

95 a) **Normzweck.** Die Regelung des § 5 Abs. 1 Nr. 9 UmwG verlangt, dass der Verschmelzungsvertrag bzw. sein Entwurf **Angaben zu den Folgen der Verschmelzung für die Arbeitnehmer und Arbeitnehmervertretungen sowie den insoweit vorgesehenen Maßnahmen** enthält. Statuiert wird eine **reine Berichtspflicht**; Arbeitnehmer und Arbeitnehmervertretungen können aus den mitgeteilten Angaben keine Ansprüche herleiten.[262] Nach der Vorstellung des Gesetzgebers sind sowohl **individual-** als auch **kollektivrechtliche Folgen** aufzunehmen.[263] Dazu zählen Auswirkungen auf Arbeitsverhältnisse und Ansprüche, die auf Tarif- und Betriebsvereinbarungen beruhen. Welche tatsächlichen und rechtlichen Folgen im Detail unter die Informationspflicht fallen, lässt die Regelung allerdings offen.

---

[252] Böttcher/Habighorst/Schulte/*Böttcher* § 5 Rn. 70.
[253] Böttcher/Habighorst/Schulte/*Böttcher* § 5 Rn. 70; Semler/Stengel/*Schröer* § 5 Rn. 74;
[254] Böttcher/Habighorst/Schulte/*Böttcher* § 5 Rn. 70; *Graef* GmbHR 2005, 908, 909 ff.; Kallmeyer/*Marsch-Barner* § 5 Rn. 46a; Semler/Stengel/*Schröer* § 5 Rn. 75.
[255] Zweifelnd Lutter/*Drygala* § 5 Rn. 82.
[256] Böttcher/Habighorst/Schulte/*Böttcher* § 5 Rn. 71; Widmann/Mayer/*Mayer* § 5 Rn. 175; Semler/Stengel/*Schröer* § 5 Rn. 75.
[257] S. OLG Frankfurt am Main, 20 W 466/10, ZIP 2011, 2408.
[258] Lutter/*Drygala* § 5 Rn. 83.
[259] Näher Lutter/*Drygala* § 5 Rn. 81; Semler/Stengel/*Schröer* § 5 Rn. 73.
[260] Lutter/*Drygala* § 5 Rn. 81; Semler/Stengel/*Schröer* § 5 Rn. 73.
[261] Semler/Stengel/*Schröer* § 5 Rn. 73; Kölner Kommentar-UmwG/*Simon* § 5 Rn. 130.
[262] *Joost* ZIP 1995, 976, 978 f.; Hohenstatt/*Schramm* FS AG Arbeitsrecht, S. 629, 640; Semler/Stengel/*Schröer* § 5 Rn. 79; Kallmeyer/*Willemsen* § 5 Rn. 49.
[263] RegBegr. zu § 5 UmwG bei *Ganske* S. 50.

Die Regelung bezweckt, die Arbeitnehmer und Arbeitnehmervertretungen frühzeitig **96** über die Verschmelzung und ihre Folgen für die Arbeitnehmer zu informieren, um eine **sozialverträgliche Durchführung der Verschmelzung** zu erleichtern.[264] Informationspflichten existieren bspw. auch für Übernahmeangebote (§ 11 Abs. 2 S. 3 WpÜG), für Fälle eines Betriebsübergangs (§ 613a Abs. 5 BGB) und für den Erwerb der Kontrolle an einem Unternehmen (§ 106 Abs. 2 S. 2, Abs. 3 Nr. 9a BetrVG). Diese und andere Informationspflichten gelten neben der Informationspflicht aus § 5 Abs. 1 Nr. 9 UmwG.[265] Die Gesamtschau der verschiedenen Informationspflichten bringt zum Ausdruck, dass Arbeitnehmer als bedeutende Interessengruppe eines Unternehmens über die wesentlichen Folgen von Unternehmenstransaktionen informiert werden sollen.[266]

Unter **systematischen Gesichtspunkten** passt die Informationspflicht zu den Folgen **97** für Arbeitnehmer und Arbeitnehmervertretungen nicht in den Verschmelzungsvertrag. Zum einen haben die Angaben lediglich **beschreibenden Charakter**, die eher im Verschmelzungsbericht zu erwarten wären. Zum anderen ist das Informationsrecht **betriebsverfassungsrechtlicher Natur**, weil es dem Betriebsrat ermöglicht, seine mitbestimmungsrechtlichen Kompetenzen auszuüben,[267] was für eine Regelung im BetrVG spricht. **Richtiger Standort** wäre deshalb entweder der Verschmelzungsbericht oder das BetrVG.[268] Im Verschmelzungsvertrag stellen die Angaben jedenfalls einen „Fremdkörper" dar.[269] Bei einer grenzüberschreitenden Verschmelzung sind die Folgen für die Arbeitnehmer dagegen bspw. in den Verschmelzungsbericht aufzunehmen (§ 122e UmwG). Eine einheitliche Regelung wäre wünschenswert.

b) Erforderliche Angaben. aa) Allgemeines. Inhalt und Umfang der erforderlichen **98** Angaben sind im Gesetz nicht näher geregelt. Sie müssen deshalb nach allgemeinen Maßstäben bestimmt werden. Hierbei ist in erster Linie das **Informationsbedürfnis der Arbeitnehmer und Arbeitnehmervertretungen** zu berücksichtigen. Nach dem Normzweck soll die **Arbeit des Betriebsrats** erleichtert werden, indem er durch die rechtzeitige Information gem. § 5 Abs. 3 UmwG[270] in die Position versetzt wird, seine ggf. bestehenden Beteiligungsrechte nach dem BetrVG wahrzunehmen.[271] Hierzu wird es üblicherweise nicht erforderlich sein, abschließende Angaben mit allen Einzelheiten aufzunehmen.[272] Die Angaben müssen es den Arbeitnehmervertretungen aber ermöglichen, sich ein Bild von den zu erwartenden individual- und kollektivrechtlichen Folgen der Verschmelzung für die Arbeitnehmer und ihre Vertretungen zu machen.[273] Ein allgemeiner Hinweis, dass den Arbeitnehmern durch die Verschmelzung keine Nachteile entstehen, genügt hierfür nicht, weil der Verschmelzungsvertrag die Folgen und nicht lediglich die Nachteile anführen

---

[264] RegBegr. zu § 5 UmwG bei *Ganske* S. 50; OLG Düsseldorf 3 Wx 156/98, NZA 1998, 766, 767; Schmitt/Hörtnagl/Stratz/*Langner* § 5 Rn. 87; Semler/Stengel/*Simon* § 5 Rn. 76; *Stohlmeier* BB 1999, 1394, 1395; Kallmeyer/*Willemsen* § 5 Rn. 49.
[265] *Engelmeyer* DB 1996, 2542; *Joost* ZIP 1995, 976, 977; Semler/Stengel/*Simon* § 5 Rn. 80; Kallmeyer/*Willemsen* § 5 Rn. 48.
[266] Lutter/*Drygala* § 5 Rn. 85.
[267] *Hensller* FS Kraft, 1998, S. 219, 225; *Joost* ZIP 1995, 976, 978 f.; Semler/Stengel/*Simon* § 5 Rn. 77; Kallmeyer/*Willemsen* § 5 Rn. 53 f.
[268] Semler/Stengel/*Simon* § 5 Rn. 76; für das BetrVG Lutter/*Drygala* § 5 Rn. 85.
[269] *Bungert* DB 1997, 2209; Lutter/*Drygala* § 5 Rn. 85; Semler/Stengel/*Simon* § 5 Rn. 76; Kallmeyer/*Willemsen* § 5 Rn. 47.
[270] Näher → Rn. 138 ff.
[271] Kölner Kommentar-UmwG/*Hohenstatt*/*Schramm* § 5 Rn. 136; Schmitt/Hörtnagl/Stratz/*Langner* § 5 Rn. 91.
[272] *Hensller* FS Kraft, 1998, S. 219, 224; *Joost* ZIP 1995, 976, 984; Semler/Stengel/*Simon* § 5 Rn. 81; Kallmeyer/*Willemsen* § 5 Rn. 54.
[273] *Hensller* FS Kraft, 1998, S. 219, 224; *Joost* ZIP 1995, 976, 984; Semler/Stengel/*Simon* § 5 Rn. 81; Kallmeyer/*Willemsen* § 5 Rn. 54.

muss.²⁷⁴ Unzureichend ist auch ein allgemeiner Hinweis auf das UmwG und § 613a BGB.²⁷⁵

99 Der Verschmelzungsvertrag muss jedenfalls alle **unmittelbaren Folgen** der Verschmelzung für die Arbeitnehmer und ihre Vertretungen enthalten.²⁷⁶ Hierzu zählen zumindest Folgen, die unmittelbar durch die Vermögensübertragung auf den übernehmenden Rechtsträger und den Untergang eines übertragenden Rechtsträgers bewirkt werden, z. B. Übergang von Arbeitsverhältnissen und Wegfall der Tarifbindung.²⁷⁷ Anzugeben sind nur umwandlungsbedingte Folgen für Arbeitnehmer, die in einem inländischen Betrieb beschäftigt oder diesem zuzuordnen sind. Arbeitnehmer im Ausland sind von der Informationspflicht ausgenommen.²⁷⁸

100 In der Praxis ist häufig zu beobachten, dass der Verschmelzungsvertrag umfangreicher ist als dies nach dem Normzweck der Vorschrift notwendig wäre, weil die Unternehmen Vollzugshindernissen vorbeugen wollen.²⁷⁹ Hintergrund ist ein Meinungsstreit dazu, ob der Verschmelzungsvertrag neben den unmittelbaren rechtlichen Folgen (sog. **kleine Lösung**²⁸⁰) auch alle **mittelbaren tatsächlichen und rechtlichen Folgen**, die sich aus der Verschmelzung ergeben (sog. **große Lösung**²⁸¹), anführen muss. Zu den mittelbaren Folgen zählen z. B. geplante Umstrukturierungen oder Rationalisierungsmaßnahmen und sämtliche Folgenbewältigungsmaßnahmen (z. B. Werkschließungen, Betriebszusammenlegungen, Sozialabfindungen, Altersteilzeitregelungen).²⁸²

101 Gegen die **große Lösung** sprechen die §§ 106 Abs. 3 Nr. 8, 111 S. 2 Nr. 3 BetrVG und die umfassenden Mitwirkungs- und Mitbestimmungsrechte, die das BetrVG dem Betriebsrat einräumt. Der Betriebsrat ist über „geplante Betriebsänderungen" nach § 111 S. 3 Nr. 3 BetrVG zu informieren. Diese Informationspflicht wird bei einer Verschmelzung und den damit verbundenen Umstrukturierungsmaßnahmen regelmäßig einschlägig sein. Eine diesbezügliche Doppelinformation erscheint nicht angezeigt.²⁸³ Der Wirtschaftsausschuss²⁸⁴ ist gem. § 106 Abs. 3 Nr. 8 BetrVG über die wirtschaftlichen Angelegenheiten des Unternehmens unter Vorlage der erforderlichen Unterlagen sowie die sich daraus ergebenden Auswirkungen auf die Personalplanung zu unterrichten. Eine zusätzliche Unterrichtung im Verschmelzungsvertrag wäre deshalb überflüssig.²⁸⁵ Die übrige Regelungssystematik spricht ebenfalls gegen die Erstreckung der Angabepflicht auf mittelbare Folgen, weil § 5 Abs. 1 Nr. 1–8 UmwG nur die *essentialia negotii* sowie gewisse Grundinformationen aufgreift. Ein weites Verständnis der Folgen würde diesem Regelungs-

---

²⁷⁴ OLG Düsseldorf 3 Wx 156/98, NZA 1998, 766, 767 m. Anm. *Bungert* NZG 1998, 733; Semler/Stengel/*Simon* § 5 Rn. 81.

²⁷⁵ OLG Düsseldorf 3 Wx 156/98, NZA 1998, 766, 767 m. Anm. *Bungert* NZG 1998, 733; Semler/Stengel/*Simon* § 5 Rn. 81; Kallmeyer/*Willemsen* § 5 Rn. 58.

²⁷⁶ Lutter/*Drygala* § 5 Rn. 88; *Dzida/Schramm* NZG 2008, 521, 522; Widmann/Mayer/*Mayer* § 5 Rn. 180 f.; Semler/Stengel/*Simon* § 5 Rn. 82.

²⁷⁷ Lutter/*Drygala* § 5 Rn. 88; Semler/Stengel/*Simon* § 5 Rn. 82.

²⁷⁸ *Bungert/Leyendecker-Langner* ZIP 2014, 1112 ff.

²⁷⁹ Semler/Stengel/*Simon* § 5 Rn. 82.

²⁸⁰ Dafür Goutier/Knopff/*Bermel/Hannappel* § 5 Rn. 100; Lutter/*Drygala* § 5 Rn. 103 ff.; Schmitt/Hörtnagel/Stratz/*Langner* § 5 Rn. 90; Sagasser/Bula/Brünger/*Sagasser/Luke* § 9 Rn. 149; Widmann/Mayer/*Mayer* § 5 Rn. 182 ff.

²⁸¹ Dafür *Bachner* NJW 1995, 2881, 2886; *Engelmeyer* DB 1996, 2542; *Hjort* NJW 1999, 750; *Joost* ZIP 1995, 976, 979; *Wlotzke* DB 1995, 40, 45; s. auch *Blechmann* NZA 2005, 1143, 1146, der neben den unmittelbaren Folgen auch solche Folgen einbezieht, die in einem ursächlichen Zusammenhang mit der Umwandlung stehen und die betriebsverfassungsrechtliche Struktur verändern.

²⁸² Lutter/*Drygala* § 8 Rn. 103.

²⁸³ Lutter/*Drygala* § 5 Rn. 110.

²⁸⁴ Bei Unternehmen mit in der Regel mehr als einhundert ständig beschäftigten Arbeitnehmern ist ein Wirtschaftsausschuss zwingend (§ 106 Abs. 1 BetrVG).

²⁸⁵ Lutter/*Drygala* § 5 Rn. 108 f.; Schmitt/Hörtnagel/Stratz/*Langner* § 5 Rn. 101; Widmann/Mayer/*Mayer* § 5 Rn. 183; *K. J. Müller* DB 1997, 713, 714.

kontext widersprechen und den Vertrag überfrachten.[286] Eine sinnvolle und übersichtliche Darstellung aller Folgen der Verschmelzung für die Arbeitnehmer und deren Vertretungen wäre dann kaum praktikabel.[287] Zudem ist der Verschmelzungsvertrag primär an die Anteilsinhaber gerichtet. Für deren Unterrichtung ist jedoch anerkannt, dass mittelbare Auswirkungen der Verschmelzung im Verschmelzungsvertrag nicht erläutert werden müssen.[288]

Nach einer überzeugenden **vermittelnden Ansicht**[289] sind neben den unmittelbaren Folgen auch die Folgen aufzunehmen, die bei Abschluss des Verschmelzungsvertrags eine Grundlage für die Meinung der Vertragsparteien bilden; dh **arbeitsrechtliche Pflichtangaben kraft direkten Sachzusammenhangs**[290]. Aus dem Normzweck der Vorschrift ist zu folgern, dass nur solche mittelbaren tatsächlichen und rechtlichen Folgen aufzuführen sind, die im unmittelbaren zeitlichen und sachlichen Kontext mit der Verschmelzung stehen, tatsächlich eine Folge der Verschmelzung sind und konkreten Einfluss auf die betriebsverfassungsrechtliche Struktur sowie die Arbeitsverhältnisse haben.[291] Den §§ 322 ff. UmwG ist zu entnehmen, dass der Gesetzgeber va Veränderungen der Betriebsstruktur im zeitlichen und sachlichen Zusammenhang mit dem Umwandlungsvorgang als erläuterungsbedürftig einstuft.[292] Sie sind deshalb im Vertrag aufzuführen.[293] Sind Veränderungen der betrieblichen Struktur konkret geplant, sind diese im Vertrag aufzunehmen.[294] Im Gegensatz dazu sind Verpflichtungen, die aus dem Gesetz resultieren, nicht in den Verschmelzungsvertrag aufzunehmen.[295] Dass bestimmte Folgen der Verschmelzung im Verschmelzungsvertrag anzugeben sind, folgt auch aus der Gesetzesbegründung und dem Normzweck, weil die Arbeitnehmervertretungen andernfalls nicht die Sozialverträglichkeit der Verschmelzung beurteilen können.[296] Eine einfache Belehrung über die Rechtsfolgen der Verschmelzung ist nicht ausreichend, um dem Informationsbedürfnis der Arbeitnehmer sowie den Arbeitnehmervertretungen gerecht zu werden.[297] Für sie ist va von Interesse, dass die vorhandenen Arbeitsplätze erhalten werden. Deshalb sind die tatsächlichen Folgen und Maßnahmen der Verschmelzung erforderliche Angaben. Es sind va konkret geplante Umstrukturierungen, Versetzungen sowie Zuweisungen neuer Arbeitsplätze oder Kündigungen im Verschmelzungsvertrag aufzuführen.[298] Um der Kritik der Befürworter der kleinen Lösung, den Verschmelzungsvertrag zu „überfrachten", zu begegnen, sollte es im Hinblick auf die Angaben über die mittelbaren personellen sowie organisatorischen Folgen genügen, jeweils lediglich die Art der Änderung zu benennen.[299]

Ist eine **Kettenverschmelzung**[300] geplant, muss bereits im Verschmelzungsvertrag der ersten Verschmelzung erläutert werden, welche weiteren Verschmelzungen vorgenommen

---

[286] *A. Drygala* ZIP 1996, 1365, 1368; Lutter/*Drygala* § 5 Rn. 107; *K.J. Müller* DB 1997, 713, 714; Picot/Mentz/Seydel/*Temme*, Die Aktiengesellschaft bei Unternehmenskauf und Restrukturierung, 2003, Teil X Rn. 43; Kallmeyer/*Willemsen* § 5 Rn. 50 ff.
[287] Schmitt/Hörtnagl/Stratz/*Langner* § 5 Rn. 90.
[288] Widmann/Mayer/*Mayer* § 5 Rn. 183; Kallmeyer/*Willemsen* § Rn. 51.
[289] Kölner Kommentar-UmwG/*Hohenstatt/Schramm* § 5 Rn. 144 f.; *Scharff* BB 2016, 437, 438; Semler/Stengel/*Schröer* § 5 Rn. 83; Kallmeyer/*Willemsen* § 5 Rn. 55.
[290] Kallmeyer/*Willemsen* § 5 Rn. 55.
[291] *Blechmann* NZA 2005, 1143, 1145; *Hausch* RNotZ 2007, 308, 320 ff.; Semler/Stengel/*Schröer* § 5 Rn. 83; *Willemsen* RdA 1998, 23, 27 ff.
[292] Semler/Stengel/*Simon* § 5 Rn. 83; *Willemsen* RdA 1998, 23, 27.
[293] *Hausch* RNotZ 2007, 308, 324; *Willemsen* RdA 1998, 23, 27.
[294] Semler/Stengel/*Schröer* § 5 Rn. 83.
[295] Semler/Stengel/*Simon* § 5 Rn. 83; Kallmeyer/*Willemsen* § 5 Rn. 53; aA *Engelmeyer* DB 1996, 2542 f.; *Joost* ZIP 1995, 976, 979.
[296] Semler/Stengel/*Simon* § 5 Rn. 83.
[297] *Gerold* MittRhNotK 1997, 205, 216.
[298] S. auch OLG Düsseldorf 3 Wx 156/98, NZA 1998, 766, 767; Semler/Stengel/*Simon* § 5 Rn. 83.
[299] Semler/Stengel/*Simon* § 5 Rn. 84.
[300] Näher → § 6 Rn. 48 ff.

werden sollen und welche arbeitsrechtlichen Folgen daraus resultieren.³⁰¹ Angaben nur über die Folgen der ersten Verschmelzung wären unzureichend, um die Arbeitnehmer über die sie betreffenden Folgen der geplanten Kettenverschmelzung zu informieren. Welche Angaben im Verschmelzungsvertrag der ersten Verschmelzung im Einzelnen erforderlich sind, hängt insbesondere davon ab, wie sich der Betriebsübergang des übertragenden Rechtsträgers der ersten Verschmelzung auf den übernehmenden Rechtsträger der letzten Verschmelzung vollzieht. Folgen die Verschmelzungen in der Kette wie üblich jeweils innerhalb einer „juristischen Sekunde" aufeinander, findet gemäß § 613a Abs. 1 S. 1 BGB ein direkter Übergang der Arbeitsverhältnisse vom übertragenden Rechtsträger der ersten Verschmelzung auf den übernehmenden Rechtsträger der letzten Verschmelzung statt.³⁰² Für die Verschmelzungsverträge nachfolgender Verschmelzungen ergeben sich keine Besonderheiten aus der Vereinbarung einer Kettenverschmelzung.³⁰³

104 **bb) Einzelheiten.** Im Verschmelzungsvertrag ist zunächst anzugeben, dass die **bestehenden Arbeitsverhältnisse** beim übertragenden Rechtsträger auf den neuen Rechtsträger übergehen. Nach herrschender Auffassung bildet **§ 613a Abs. 1 BGB** die Rechtsgrundlage für diesen Übergang.³⁰⁴ Der neue Rechtsträger tritt kraft Gesetzes in die Rechte und Pflichten des übertragenden Rechtsträgers aus dem Arbeitsverhältnis ein (§ 324 UmwG, § 613a Abs. 1 BGB). Die Arbeitsverhältnisse gehen mit unveränderten individualrechtlichen Bedingungen auf den neuen Rechtsträger über, sodass dieser auch für die daraus resultierenden Verbindlichkeiten verantwortlich ist.³⁰⁵ Die **Versorgungsanwartschaften** der Arbeitnehmer gehen ebenfalls auf den übernehmenden Rechtsträger über (§ 324 UmwG iVm § 613a BGB). Die **Betriebszugehörigkeit** wird durch die Verschmelzung nicht unterbrochen.³⁰⁶ Sollen im Rahmen der Verschmelzung Systeme der **betrieblichen Altersversorgung** angeglichen werden, sind die eingeleiteten oder erforderlichen tatsächlichen sowie rechtlichen Maßnahmen und Folgen aufzuführen.³⁰⁷

105 Die **Ausübung des Widerspruchsrechts** nach § 613a BGB ist bei der Verschmelzung **nicht möglich**, weil der bisherige Rechtsträger erlischt.³⁰⁸ Diesbezügliche Angaben sind im Vertrag nicht erforderlich. Weder der ursprüngliche noch der neue Arbeitgeber ist berechtigt, das Arbeitsverhältnis aufgrund der Verschmelzung zu kündigen. Kündigungen aus anderem Grund sind weiterhin möglich (§ 324 UmwG iVm § 613a Abs. 4 BGB). Ein diesbezüglicher Hinweis ist allerdings entbehrlich, weil dies bereits § 324 UmwG, § 613a BGB zu entnehmen ist.³⁰⁹ Den Arbeitnehmern des übertragenden Rechtsträgers steht dagegen ein außerordentliches Kündigungsrecht zu.

106 Anzugeben ist auch, ob **betriebliche Strukturen** im Anschluss an die Verschmelzung erhalten bleiben. Die Verschmelzung lässt die jeweilige Betriebsidentität grds. unberührt, betriebliche Veränderungen ergeben sich nicht. Etwaige Änderungen der Betriebsstruktur, z. B. eine Zusammenführung, Schließung oder Aufspaltung von Betrieben im Zuge der

---

³⁰¹ Kölner Kommentar-UmwG/*Hohenstatt/Schramm* § 5 Rn. 206; Semler/Stengel/*Simon* § 5 Rn. 83.
³⁰² *Hausch*, RNotZ 2007, 396, 405 f.; Kölner Kommentar-UmwG/*Hohenstatt/Schramm* § 5 Rn. 207; Kallmeyer/*Willemsen* § 324 Rn. 28.
³⁰³ Näher zu arbeitsrechtlichen Besonderheiten von Kettenverschmelzungen Happ/*Richter*, Konzern- und Umwandlungsrecht, 2012, Muster 7.06 Anm. 7.1 ff.
³⁰⁴ S. nur BAG 8 AZR 416/99, NZA 2000, 1115; Lutter/*Drygala* § 5 Rn. 89; Widmann/Mayer/*Mayer* § 5 Rn. 189 ff.; MünchKommBGB/*Müller-Glöge* § 613a Rn. 217; MünchHdb. ArbR Bd. 1/*Wank* § 102 Rn. 187 mwN.
³⁰⁵ Lutter/*Drygala* § 5 Rn. 92.
³⁰⁶ Kölner Kommentar-UmwG/*Hohenstatt/Schramm* § 5 Rn. 152 f.
³⁰⁷ Semler/Stengel/*Simon* § 5 Rn. 86.
³⁰⁸ *Däubler* RdA 1995, 136, 140; Lutter/*Drygala* § 5 Rn. 90; MünchKommBGB/*Müller-Glöge* § 613a Rn. 218; *Wlotzke* DB 1995, 40, 43; aA *Willemsen* NZA 1996, 791, 798.
³⁰⁹ Lutter/*Drygala* § 5 Rn. 91; Semler/Stengel/*Simon* § 5 Rn. 86.

Verschmelzung, sind mitteilungsbedürftig.[310] Gleiches gilt für sonstige Betriebsänderungen iSv §§ 111 ff. BetrVG. Hinsichtlich solcher Maßnahmen muss dann über einen **Interessenausgleich und Sozialplan** verhandelt werden.

Die unmittelbaren Folgen der Verschmelzung für die **Arbeitnehmervertretungen** sind anzugeben.[311] Insbes. ist in den Vertrag aufzunehmen, wie sich die Verschmelzung auf die organisationsrechtliche Repräsentationsstruktur auswirkt.[312] Die Folgen für den (Gesamt-) Betriebsrat, den Konzernbetriebsrat, den SE- oder den Europäischen Betriebsrat sowie etwaige Wirtschaftsausschüsse sind aufzuführen.[313] Das Amt des Betriebsrats bleibt durch die Verschmelzung unberührt; die betriebliche Einheit bleibt unverändert erhalten, nur ihr Rechtsträger ändert sich.[314] Amt und Organ bei einem Gesamtbetriebsrat des übertragenden Rechtsträgers erlöschen.[315] Hinsichtlich des übernehmenden Rechtsträgers ist danach zu unterscheiden, ob bei diesem bereits ein Gesamtbetriebsrat besteht oder nicht. Besteht ein solcher bereits, so können Betriebsräte aus den übertragenden Rechtsträgern Vertreter in diesen entsenden. Durch die Verschmelzung kann aber auch die Bildung eines Gesamtbetriebsrats erst erforderlich werden, nämlich wenn durch die Verschmelzung zu einer betriebsfähigen Einheit eine weitere selbstständige Betriebseinheit mit Betriebsrat hinzukommt (§ 51 Abs. 2 BetrVG).[316] Auch ein Konzernbetriebsrat des übertragenden Rechtsträgers erlischt. Besteht beim übernehmenden Rechtsträger ein Konzernbetriebsrat, so ist dieser auch für sämtliche neu hinzukommende Betriebe des übertragenden Rechtsträgers zuständig. Bestehende Wirtschaftsausschüsse beim übertragenden Rechtsträger erlöschen ebenfalls, wobei die Verschmelzung dazu führen kann, dass beim übernehmenden Rechtsträger erstmals ein Wirtschaftsausschuss zu bilden ist.

Anzugeben ist außerdem, ob und welche Tarifbindung des neuen Rechtsträgers vorliegt oder geplant ist.[317] Die in den übertragenden Rechtsträgern geltenden **Verbandstarifverträge** gehen nicht zwangsläufig auf den neuen Rechtsträger über. Vielmehr müssen für einen Übergang die Voraussetzungen für die Tarifgebundenheit an die gleichen Verbandstarifverträge vorliegen.[318] Wegen der negativen Koalitionsfreiheit des neuen Rechtsträgers hat die verschmelzungsbedingte Gesamtrechtsnachfolge aber keinen Einfluss auf die Tarifbindung.[319] Gehört der neue Rechtsträger einem anderen Verband an als der übertragende Rechtsträger, so ist der von diesem Verband geschlossene Tarifvertrag maßgeblich, § 324 UmwG iVm § 613a Abs. 1 S. 3 BGB.[320] Bei Verbandsfreiheit des neuen Rechtsträgers entfällt die unmittelbare Tarifbindung. Der bisherige Tarifvertrag gilt aber im Wege der Nachwirkung weiter (§ 4 Abs. 5 TVG).[321] **Firmentarifverträge** dagegen gelten auch im neuen Rechtsträger fort. Besteht beim übernehmenden Rechtsträger bereits ein Tarifvertrag, sind Kollisionen zwischen den Tarifverträgen nach den Grundsätzen der Tarifkonkurrenz aufzulösen.[322]

Im Hinblick auf **allein beim übernehmenden Rechtsträger bestehende Betriebsvereinbarungen** ist darzulegen, ob sie sich auch auf die neu hinzukommenden Betriebe

---

[310] Kölner Kommentar-UmwG/*Hohenstatt/Schramm* § 5 Rn. 167 ff.; Kallmeyer/*Willemsen* § 5 Rn. 55.
[311] Lutter/*Drygala* § 5 Rn. 97; Semler/Stengel/*Simon* § 5 Rn. 87.
[312] Böttcher/Habighorst/Schulte/*Böttcher* § 5 Rn. 87; Semler/Stengel/*Simon* § 5 Rn. 87.
[313] *Bungert* NZG 1998, 733 (Anm. zu OLG Düsseldorf 3 Wx 156/98, NZA 1998, 766); Lutter/ *Drygala* § 5 Rn. 97; Semler/Stengel/*Simon* § 5 Rn. 87.
[314] Lutter/*Drygala* § 5 Rn. 98.
[315] LAG Düsseldorf 4 TaBV 67/00, NZA-RR 2001, 594 ff.
[316] Lutter/*Drygala* § 5 Rn. 99.
[317] Böttcher/Habighorst/Schulte/*Böttcher* § 5 Rn. 88; Lutter/*Drygala* § 5 Rn. 93.
[318] *Boecken* S. 125; Lutter/*Drygala* § 5 Rn. 93; *Wlotzke* DB 1995, 40, 41.
[319] Zu § 1 BetrAVG: BAG 3 AZR 586/92, NZA 1994, 848; zu § 3 TVG: BAG AZR 555/93, NZA 1995, 479; Lutter/*Drygala* § 5 Rn. 93.
[320] Lutter/*Drygala* § 5 Rn. 93.
[321] BAG 3 AZR 586/92, NZA 1994, 848, AP BetrAVG § 1 Zusatzversorgungsklassen Nr. 42.
[322] Lutter/*Drygala* § 5 Rn. 95.

erstrecken. Bei Einzelbetriebsvereinbarungen kommt dies nur in Frage, wenn die erworbene Betriebseinheit unter Aufgabe ihrer sog. Betriebsidentität in den Betrieb des übernehmenden Rechtsträgers eingegliedert wird.[323]

110 Bei **Konzern- bzw. Gesamtbetriebsvereinbarungen** ist anzugeben, ob diese fortdauern.[324] Sind **beim übernehmenden Rechtsträger** Konzern- bzw. Gesamtbetriebsvereinbarungen anwendbar, gelten diese nach überwiegender Auffassung grds. auch für neu hinzukommende Betriebe, sofern sie sich nicht ausdrücklich nur auf bestimmte Betriebe bzw. Konzerngesellschaften erstrecken.[325] Bestehen Konzern- bzw. Gesamtbetriebsvereinbarungen **beim übertragenden Rechtsträger**, richtet sich deren Fortgeltung nach § 324 UmwG iVm § 613a Abs. 1 Satz 2 bis 4 BGB. Sie gelten im übernehmenden Rechtsträger jedenfalls dann fort, wenn der übernehmende Rechtsträger keine eigenen Betriebe hat.[326] Hat der übernehmende Rechtsträger dagegen eine eigene betriebliche Organisation, ist umstritten, ob eine kollektivrechtliche Fortgeltung in Betracht kommt, wobei im Einzelnen unterschiedliche Fällen differenziert werden.[327] In solchen Fällen wird es auch auf die Umstände des Einzelfalls ankommen.[328] Bei einer Vielzahl geltender Betriebsvereinbarungen wird es idR nicht möglich sein, für jede einzelne Regelung zu erläutern, ob sie kollektivrechtlich oder individualrechtlich fortgelten soll oder durch Regelungen des übernehmenden Rechtsträgers ersetzt wird. In solchen Fällen kann aus praktischen Gründen ein allgemeiner Hinweis ausreichen.[329] Außerdem ist anzugeben, ob sich die **Anwendbarkeit des Kündigungsschutzgesetzes** ändert und ob ein **Betriebsübergang oder Betriebsteilübergang** nach § 613a Abs. 1 BGB iVm § 324 UmwG stattfindet.[330]

111 Im Verschmelzungsvertrag ist mitzuteilen, wenn ein **mitbestimmender Aufsichtsrat** beim übertragenden Rechtsträger mit Wirksamkeit der Verschmelzung erlischt und die Mandate der Aufsichtsratsmitglieder enden.[331] Zudem ist anzugeben, ob und nach welchem Mitbestimmungsstatut beim neuen Rechtsträger ein mitbestimmter Aufsichtsrat zu bilden ist; das Verfahren muss hingegen nicht dargestellt werden.[332]

112 **c) Angaben über zu treffende Maßnahmen.** Im Verschmelzungsvertrag müssen die Maßnahmen beleuchtet werden, die vom übernehmenden Rechtsträger in Bezug auf die Arbeitnehmer und Arbeitnehmervertretungen getroffen werden, um **verschmelzungsbedingte Nachteile** zu kompensieren („insoweit vorgesehene Maßnahmen").[333] In der Praxis handelt es sich bei diesen Maßnahmen häufig um freiwillige Vorkehrungen, wie z. B. die freiwillige Bindung an bisher geltende Tarifverträgen bei anderweitiger Tarifbindung des neuen Rechtsträgers.[334] Die Angabepflicht betrifft nur Maßnahmen, die zumindest konkret geplant sind.[335]

---

[323] Kölner Kommentar-UmwG/*Hohenstatt*/*Schramm* § 5 Rn. 157. Näher zum Ganzen Willemsen/Hohenstatt/Schweibert/Seibt/*Hohenstatt*, Umstrukturierung und Übertragung von Unternehmen, 5. Aufl. 2016, Rn. E 2 ff.
[324] Kallmeyer/*Willemsen* § 5 Rn. 60a..
[325] Kölner Kommentar-UmwG/*Hohenstatt*/*Schramm* § 5 Rn. 158.
[326] BAG, 8 AZR 430/10, NJOZ 2012, 860, 866.
[327] Grds. dafür etwa *Mohnke*/*Betz* BB 2008, 498, 500; *Salamon* NZA 2009, 471; dagegen etwa Willemsen/Hohenstatt/Schweibert/Seibt/*Hohenstatt*, Umstrukturierung und Übertragung von Unternehmen, 5. Aufl. 2016, Rn. E 59 ff.; *Trappehl*/*Nussbaum* BB 2011, 2869, 2872 f.
[328] Näher zum Ganzen Willemsen/Hohenstatt/Schweibert/Seibt/*Hohenstatt*, Umstrukturierung und Übertragung von Unternehmen, 5. Aufl. 2016, Rn. E 58 ff. und 70 ff.
[329] Böttcher/Habighorst/Schulte/*Böttcher* § 5 Rn. 89; Semler/Stengel/*Simon* § 5 Rn. 90.
[330] Kallmeyer/*Willemsen* § 5 Rn. 53.
[331] Semler/Stengel/*Simon* § 5 Rn. 90.
[332] Semler/Stengel/*Simon* § 5 Rn. 91.
[333] Lutter/*Drygala* § 5 Rn. 116; Kölner Kommentar-UmwG/*Hohenstatt*/*Schramm* § 5 Rn. 203.
[334] Lutter/*Drygala* § 5 Rn. 116.
[335] Kölner Kommentar-UmwG/*Hohenstatt*/*Schramm* § 5 Rn. 203

d) Entfallen der Angaben nach § 5 Abs. 1 Nr. 9 UmwG und Negativerklärung. 113
Die Pflichtangaben entfallen, wenn bei den beteiligten Rechtsträgern **keine Arbeitnehmer** beschäftigt sind.[336] Anders kann dies zu beurteilen sein, wenn eine arbeitnehmerlose Holdinggesellschaft beteiligt ist und infolge der Verschmelzung Arbeitnehmervertretungen entfallen oder die Verschmelzung sonstige Auswirkungen auf einen Konzernbetriebsrat oder die Unternehmensmitbestimmung haben kann.[337] Hat ein Rechtsträger keine Arbeitnehmer, ist dies im Verschmelzungsvertrag anzugeben. Diese Angabe verdeutlicht, dass keine arbeitnehmerbezogenen Fragestellungen im Verschmelzungsvertrag auftauchen müssen.[338]

Hat **keiner der beteiligten Rechtsträger einen Betriebsrat**, ist umstritten, ob die 114 Angaben gem. § 5 Abs. 1 Nr. 9 UmwG erforderlich sind.[339] Für eine Entbehrlichkeit der Angaben spricht einerseits, dass die Informationspflicht des § 5 Abs. 1 Nr. 9 UmwG ausweislich § 5 Abs. 3 UmwG in erster Linie im Interesse des Betriebsrats besteht. Gibt es keinen Betriebsrat, erübrigt sich dieser Schutz. Bei Fehlen eines Betriebsrats ist zudem keine Zuleitung an Arbeitnehmer vorgesehen, sodass auch keine Informationspflicht gegenüber Arbeitnehmern besteht. Andererseits richten sich die im Verschmelzungsvertrag enthaltenen Informationen auch an die Anteilsinhaber.[340] Diese Informationspflicht bleibt auch sinnvoll, wenn es keinen Betriebsrat gibt. Der Schutz der Arbeitnehmer, den die Regelung bezweckt, wird ohne Betriebsrat außerdem zumindest mittelbar gefördert, wenn sich die beteiligten Rechtsträger für die Angaben nach § 5 Abs. 1 Nr. 9 UmwG mit den Auswirkungen der Verschmelzung auf die Arbeitnehmer beschäftigen. Der Wortlaut des § 5 Abs. 1 Nr. 9 UmwG stellt außerdem nicht auf das Vorhandensein eines Betriebsrats ab; die Informationspflicht steht unabhängig neben § 5 Abs. 3 UmwG. IErg spricht deshalb vieles dafür, dass die Informationspflicht des § 5 Abs. 1 Nr. 9 UmwG unabhängig vom Vorhandensein eines Betriebsrats besteht. Angesichts der bestehenden Rechtsunsicherheit ist der Praxis jedenfalls zu raten, die Angaben nach § 5 Abs. 1 Nr. 9 UmwG auch bei Fehlen eines Betriebsrats aufzunehmen.

Treten keine verschmelzungsbedingten Änderungen für die Arbeitnehmer und ihre Vertretungsorgane ein, ist grds. **keine Negativerklärung** erforderlich.[341] Es ist im Hinblick 115 auf die teilweise abweichende Registerpraxis aber zu empfehlen, das Fehlen von Folgen für die Arbeitnehmer und ihre Vertretungen im Verschmelzungsvertrag vorsorglich ausdrücklich aufzuführen.[342]

e) Rechtsfolgen unzureichender Information nach § 5 Abs. 1 Nr. 9 UmwG. 116
Den zuständigen Betriebsräten ist der Verschmelzungsvertrag oder sein Entwurf nach § 5 Abs. 3 UmwG zuzuleiten.[343] Ein entsprechender Nachweis ist bei der Anmeldung der Verschmelzung zur Eintragung ins Handelsregister vorzulegen (§ 17 Abs. 1 UmwG). Bezüglich der Angaben nach § 5 Abs. 1 Nr. 9 UmwG steht dem **Registergericht** nur ein

---

[336] OLG Düsseldorf 3 Wx 156/98, NZA 1998, 766, 767; LG Stuttgart 4 KfH T 1/96, DNotZ 1996, 701; Böttcher/Habighorst/Schulte/*Böttcher* § 5 Rn. 74; Semler/Stengel/*Simon* § 5 Rn. 91.
[337] Semler/Stengel/*Simon* § 5 Rn. 93; Kallmeyer/*Willemsen* § 5 Rn. 49.
[338] Lutter/*Drygala* § 5 Rn. 117; Kölner Kommentar-UmwG/*Hohenstatt/Schramm* § 5 Rn. 209.
[339] Dafür Lutter/*Drygala* § 5 Rn. 145 f.; *Dzida/Schramm* NZG 2008, 521, 524; *Engelmeyer* DB 1996, 2542, 2544; Semler/Stengel/*Simon* § 5 Rn. 93; *Stohlmeier* BB 1999, 1394, 1396; Kallmeyer/*Willemsen* § 5 Rn. 49; dagegen LG Stuttgart 4 KfH T 1/96, DNotZ 1996, 701, 702; *Bungert/Leyendecker-Langner* ZIP 2014, 1112, 1114; *Geck* DStR 1995, 416, 420; *Joost* ZIP 1995, 976, 985; Widmann/Mayer/*Mayer* § 5 Rn. 202, 262 f.
[340] Böttcher/Habighorst/Schulte/*Böttcher* § 5 Rn. 74; *Engelmeyer* DB 1996, 2542, 2543; *Hausch*, RNotZ 2007, 396, 404; Kölner Kommentar-UmwG/*Hohenstatt/Schramm* § 5 Rn. 209; *K.J. Müller*, DB 1997, 713, 716; Sagasser/Bula/Brünger/*Sagasser/Luke* § 9 Rn. 150.
[341] Böttcher/Habighorst/Schulte/*Böttcher* § 5 Rn. 92; Lutter/*Drygala* § 5 Rn. 117; Semler/Stengel/*Simon* § 5 Rn. 92; aA OLG Düsseldorf 3 Wx 156/98, NZA 1998, 766 f.
[342] Widmann/Mayer/*Mayer* § 5 Rn. 185.1; Semler/Stengel/*Simon* § 5 Rn. 92.
[343] Näher → Rn. 138 ff.

formelles, **kein materielles Prüfungsrecht** zu, dh es überprüft die Angaben nach § 5 Abs. 1 Nr. 9 UmwG nicht inhaltlich, sondern nur daraufhin, ob die Angaben plausibel und schlüssig sind oder wesentliche Angaben fehlen.[344] Das Registergericht ist berechtigt, die Eintragung abzulehnen, wenn der Verschmelzungsvertrag jeder nachvollziehbaren Darstellung der arbeitsrechtlichen Folgen entbehrt.[345] Ein Verstoß gegen § 5 Abs. 1 Nr. 9 UmwG führt nicht zur Nichtigkeit des Verschmelzungsvertrags nach § 134 BGB oder § 241 Nr. 3 AktG.[346]

117 Ein Verstoß gegen § 5 Abs. 1 Nr. 9 UmwG begründet **keine Anfechtbarkeit** des Verschmelzungsbeschlusses. Weder der Betriebsrat noch die Arbeitnehmer sind zur Anfechtung befugt.[347] Den Anteilsinhabern steht nach überwiegender Auffassung ebenfalls kein Anfechtungsrecht zu.[348] Dies folgt aus dem lediglich informatorischen Charakter der Vorschrift, die ausschließlich dem Schutz von Arbeitnehmerinteressen dient.[349] **Schadensersatzansprüche** der Arbeitnehmer gegen die beteiligten Rechtsträger bzw. deren Verwaltungsorgane scheiden idR mangels Kausalität und Schaden aus, weil die arbeitsrechtlichen Angaben nur Informations- und keinen rechtgestaltenden Regelungscharakter haben.[350] Nur die tatsächlichen Folgen sollen im Verschmelzungsbericht erläutert werden.[351] Arbeitnehmer können jedoch möglicherweise Schadensersatzansprüche geltend machen, falls sie in der Annahme der in Rede stehenden fehlerhaften Angabe Vertrauensdispositionen getätigt haben.[352]

VI. Sonstiger zwingend erforderlicher Inhalt des Verschmelzungsvertrags

1. Abfindungsangebot/Austrittsrecht (§§ 29, 30 UmwG)

118 Nach § 29 Abs. 1 S. 1 und S. 2 UmwG ist in den Verschmelzungsvertrag neben dem in § 5 Abs. 1 S. 1 UmwG festgelegten gesetzlichen Mindestinhalt zwingend ein **Barabfindungsangebot** für jeden Anteilsinhaber des übertragenden Rechtsträgers aufzunehmen, der gegen den Verschmelzungsbeschluss Widerspruch zur Niederschrift erklärt, wenn der übernehmende Rechtsträger eine andere Rechtsform als der übertragende Rechtsträger hat (**Mischverschmelzung**) oder beim übernehmenden Rechtsträger **Verfügungsbeschränkungen bezüglich der Anteile** bestehen.

119 Ein Barabfindungsangebot ist **entbehrlich**, wenn ein Widerspruch gegen den Verschmelzungsbeschluss des übertragenden Rechtsträger nicht zulässig ist, weil auf diesen wirksam verzichtet worden ist oder sich alle Anteile des übertragenden Rechtsträgers in der Hand des übernehmenden Rechtsträgers befinden (analog § 5 Abs. 2 UmwG).[353] Ist beim

---

[344] Schmitt/Hörtnagl/Stratz/*Langner* § 5 Rn. 105; Semler/Stengel/*Simon* § 5 Rn. 96; Kallmeyer/*Willemsen* § 5 Rn. 58.

[345] OLG Düsseldorf 3 Wx 156/98, NZA 1998, 766; *Engelmeyer* DB 1996, 2542, 2544; Schmitt/Hörtnagl/Stratz/*Langner* § 5 Rn. 105.

[346] Schmitt/Hörtnagl/Stratz/*Langner* § 5 Rn. 106; Kallmeyer/*Marsch-Barner* § 5 Rn. 64; Semler/Stengel/*Simon* § 5 Rn. 97; vgl. auch Lutter/*Decher*/*Hoger* § 194 Rn. 32.

[347] OLG Naumburg 7 U 236/96, DB 1997, 466; Lutter/*Drygala* § 5 Rn. 156; Kallmeyer/*Willemsen* § 5 Rn. 57.

[348] Goutier/Knopf/Tulloch/*Bermel*/*Hannappel* § 5 Rn. 109; Lutter/*Drygala* § 5 Rn. 156; Semler/Stengel/*Simon* § 5 Rn. 98; *Willemsen* RdA 1998, 23, 34; Kallmeyer/*Willemsen* § 5 Rn. 57; aA *A. Drygala* ZIP 1996, 1365, 1367; *Engelmeyer* DB 1996, 2542, 2544; Lutter-Umwandlungsrechtstage/*Grunewald* S. 19, 22 f.

[349] OLG Naumburg 7 U 236/96, NZA-RR 1997, 177 = DB 1997, 466; *Hausch* RNotZ 2007, 396, 406; Schmitt/Hörtnagl/Stratz/*Langner* § 5 Rn. 108; Sagasser/Bula/Brünger/*Sagasser*/*Luke* § 9 Rn. 165.

[350] Schmitt/Hörtnagl/Stratz/*Langner* § 5 Rn. 114; Sagasser/Bula/Brünger/*Sagasser*/*Luke* § 9 Rn. 166; Semler/Stengel/*Simon* § 5 Rn. 99.

[351] Lutter/*Drygala* § 5 Rn. 156; Kallmeyer/*Marsch-Barner* § 5 Rn. 64.

[352] Lutter/*Drygala* § 5 Rn. 156; s. vertieft dazu *Fandel* S. 172 ff., 175.

[353] Lutter/*Drygala* § 5 Rn. 120; Widmann/Mayer/*Mayer* § 5 Rn. 236; Semler/Stengel/*Schröer* § 5 Rn. 102.

§ 8 Verschmelzungsvertrag

Abschluss des Verschmelzungsvertrags bereits sicher absehbar, dass die Anteilsinhaber im Rahmen des Verschmelzungsbeschlusses auf ein Barabfindungsangebot verzichten werden, genügt ein entsprechender Hinweis im Vertrag.[354]

Im Verschmelzungsvertrag sollte auf die **Annahmefrist des § 31 UmwG** hingewiesen werden.[355] Näher zum Barabfindungsangebot → § 13 Rn. 327 ff. 120

2. Rechtsformspezifische Besonderheiten

Zusätzlich zum rechtsformunabhängigen Mindestinhalt des Verschmelzungsvertrags sind bei einzelnen Rechtsformen weitere Vertragsbestandteile zwingend erforderlich. Näher zu rechtsformspezifischen Besonderheiten → § 15 Rn. 1 ff. 121

3. Verschmelzung durch Neugründung

Wird der übernehmende Rechtsträger im Zuge der Verschmelzung neu gegründet, muss der Verschmelzungsvertrag gem. § 37 UmwG zugleich den **Gesellschaftsvertrag** des neu gegründeten Rechtsträgers enthalten oder feststellen. Die Beifügung als Anlage und der Verweis auf diese Anlage nach § 9 Abs. 1 S. 2 BeurkG oder die Bezugnahme in der erleichterten Form nach § 13a BeurkG ist ausreichend.[356] Die **allgemeinen Gründungsvorschriften** (einschließlich der Bestellung von Vertretungsorganen) sind zu beachten, soweit sich aus dem UmwG nichts anderes ergibt (§ 36 Abs. 2 S. 1 UmwG). Daneben ist darauf hinzuweisen, dass bei der Verschmelzung durch Neugründung einer **GmbH** oder **AG** nach §§ 57, 74 UmwG die **Festsetzungen über Sondervorteile, Gründungsaufwand, Sacheinlagen und Sachübernahmen**, die in der Satzung der übertragenden Rechtsträger enthalten sind, in die Satzung der neu gegründeten Kapitalgesellschaft aufzuführen sind.[357] Gem. § 23 UmwG sind den Inhabern von Sonderrechten im übertragenden Rechtsträger gleichwertige Rechte im übernehmenden Rechtsträger zu gewähren. 122

VII. Fakultative Regelungen im Verschmelzungsvertrag

Der Verschmelzungsvertrag kann neben dem zwingenden Mindestinhalt fakultative Regelungen enthalten. 123

1. Bedingungen und Befristungen des Verschmelzungsvertrags

Verschmelzungsverträge können unter aufschiebenden oder auflösenden Bedingungen und Befristungen abgeschlossen werden.[358] In der Praxis besteht hierfür häufig ein Bedürfnis, etwa wenn eine Verschmelzung langfristig geplant wird, diese aber erst nach Eintritt bestimmter Umstände oder eines bestimmten Datums wirksam werden soll. In einem solchen Fall empfiehlt sich die Vereinbarung einer **aufschiebenden Bedingung oder Befristung** (§§ 158 Abs. 1, 163 BGB). Die Verschmelzung wird dann nur in das Handelsregister eingetragen und damit wirksam, wenn die Bedingung/Befristung eintritt. Ihre Zulässigkeit ist auch in § 7 UmwG vorausgesetzt. Wird die Verschmelzung in das Handelsregister eingetragen, ohne dass die Bedingung oder Befristung eingetreten ist, ist die Verschmelzung gleichwohl wirksam nach § 20 Abs. 2 UmwG.[359] 124

Sind sich die Parteien über die Verschmelzung einig, sollen die Rechtswirkungen aber ausbleiben, wenn bis zur Eintragung bestimmte Umstände eintreten oder die Eintragung bis zu einem bestimmten Datum nicht erfolgt ist, kann eine **auflösende Bedingung oder Befristung** vereinbart werden (§§ 158 Abs. 2, 163 BGB). Tritt die auflösende Bedingung 125

---

[354] Widmann/Mayer/*Mayer* § 5 Rn. 236; aA Lutter/*Drygala* § 5 Rn. 120 mit der Begründung, der Verschmelzungsvertrag müsse auch in solchen Fällen eine Hinweisfunktion erfüllen.
[355] Lutter/*Drygala* § 5 Rn. 119; Widmann/Mayer/*Mayer* § 5 Rn. 237.
[356] Lutter/*Drygala* § 5 Rn. 129; Kölner Kommentar-UmwG/*Simon* § 5 Rn. 226.
[357] Lutter/*Drygala* § 5 Rn. 129; Widmann/Mayer/*Mayer* § 5 Rn. 242.2.
[358] Lutter/*Drygala* § 4 Rn. 34; Widmann/Mayer/*Heckschen* § 7 Rn. 17 ff.; *Streck/Mack/Schwedhelm* GmbHR 1995, 161, 164; s. vertieft dazu *Körner/Rodewald* BB 1999, 853.
[359] Vgl. Kallmeyer/*Marsch-Barner* § 4 Rn. 12; Maulbetsch/Klumpp/Rose/*Maulbetsch* § 4 Rn. 23.

oder Befristung vor der Eintragung der Verschmelzung in das Handelsregister des übernehmenden Rechtsträgers ein, wird der Verschmelzungsvertrag unwirksam. Die Vereinbarung einer auflösenden Bedingung oder Befristung kann sich bspw. empfehlen, wenn die Parteien damit rechnen, dass sich das Wirksamwerden der Verschmelzung verzögert, und sie sich gegen wesentliche Verschiebungen der Wertverhältnisse der beteiligten Rechtsträger absichern wollen.[360] In einer solchen Konstellation können allerdings auch gesetzliche Kündigungs- oder Rücktrittsrechte bestehen.[361] Mit Eintragung der Verschmelzung wird eine auflösende Bedingung oder Befristung ungültig; die Rechtswirkungen einer Verschmelzung können dann durch eine Bedingung oder Befristung nicht mehr rückgängig gemacht werden.[362]

126 Die Vereinbarung einer aufschiebenden Bedingung ist va bei einer sog. **Kettenverschmelzung**[363] sinnvoll.[364] Die Wirksamkeit der zweiten Verschmelzung wird in diesem Fall unter die aufschiebende Bedingung der Wirksamkeit der ersten Verschmelzung gestellt. Der Bedingungseintritt kann dem Registergericht mittels Vorlage entsprechender Handelsregisterauszüge nachgewiesen werden.

127 Handelt es sich nicht um eine Konzernverschmelzung und greift **deutsches oder europäisches Fusionskontrollrecht** ein, wird der Verschmelzungsvertrag regelmäßig unter die aufschiebende Bedingung gestellt, dass die zuständigen Kartellbehörden den Zusammenschluss freigeben bzw. nicht innerhalb der relevanten Fristen untersagen (**Kartellvorbehalt**).[365] Der Nachweis des Bedingungseintritts gegenüber dem Registergericht kann formlos erfolgen (z. B. durch Erklärung der Leitungsorgane, dass die Kartellbehörden den Zusammenschluss nicht untersagt haben); eine Einreichung von Unterlagen in öffentlich beglaubigter Form (§ 12 HGB) ist nicht erforderlich.[366]

2. Kündigungsrechte

128 Anstelle von Bedingungen können auch Kündigungs- oder Rücktrittsrechte vereinbart werden, wenn sich z. B. die Zustimmungsbeschlüsse verzögern oder es Komplikationen bei der Registereintragung gibt.[367]

3. Besondere Verpflichtungen des übernehmenden Rechtsträgers

129 Im Verschmelzungsvertrag können **besondere Verpflichtungen des übernehmenden Rechtsträgers** gegenüber dem übertragenden Rechtsträger oder gegenüber Dritten (Arbeitnehmern, Organmitgliedern des übertragenden Rechtsträgers) vereinbart werden. Bspw. können den Arbeitnehmern gegenüber Verpflichtungen zum Erhalt der Arbeitsplätze oder sonstiger erworbener Rechte übernommen werden.[368] Die Durchsetzung solcher Verpflichtungen ist jedoch auch dann schwierig, wenn sie als echter Vertrag zugunsten Dritter ausgestaltet sind, weil ein besonderer Vertreter gefunden werden muss, der antragsbefugt ist, die Ansprüche der Begünstigten geltend zu machen.[369]

---

[360] Lutter/*Drygala* § 5 Rn. 32.
[361] Näher → Rn. 171 ff.
[362] Lutter/*Drygala* § 4 Rn. 35; Widmann/Mayer/*Heckschen* § 7 Rn. 25; Kallmeyer/*Marsch-Barner* § 4 Rn. 12; Schmitt/Hörtnagl/Stratz/*Stratz* § 7 Rn. 4.
[363] Näher → § 6 Rn. 48 ff.
[364] Böttcher/Habighorst/Schulte/*Böttcher* § 5 Rn. 104; Semler/Stengel/*Schröer* § 5 Rn. 117.
[365] Böttcher/Habighorst/Schulte/*Böttcher* § 5 Rn. 104; Lutter/*Drygala* § 5 Rn. 136; Semler/Stengel/*Schröer* § 5 Rn. 118.
[366] Näher dazu Lutter/*Drygala* § 5 Rn. 136.
[367] Semler/Stengel/*Schröer* § 5 Rn. 119.
[368] Lutter/*Drygala* § 5 Rn. 134; Semler/Stengel/*Schröer* § 5 Rn. 108.
[369] Lutter/*Drygala* § 5 Rn. 134; Kallmeyer/*Marsch-Barner* § 5 Rn. 62; Semler/Stengel/*Schröer* § 5 Rn. 108.

4. Weitere fakultative Regelungen

Oftmals wird eine **Präambel** in den Verschmelzungsvertrag aufgenommen, die meist die Ziele der Verschmelzung beschreibt und als Auslegungshilfe für den Vertrag dienen kann.[370]

Daneben kann die künftige **Firma** des übernehmenden Rechtsträgers im Verschmelzungsvertrag geregelt werden. § 18 UmwG enthält hierzu besondere Bestimmungen. Bspw. können im Verschmelzungsvertrag Regelungen enthalten sein, dass aus Firmenbestandteilen der beteiligten Rechtsträger eine neue Firma des übernehmenden Rechtsträgers gebildet wird.

Da bei der Verschmelzung durch Aufnahme die Satzung des übernehmenden Rechtsträgers grds. weiter gilt, kann auch eine **Verpflichtung zur Satzungsänderung** im Verschmelzungsvertrag sinnvoll sein.[371] Wollen die Anteilsinhaber des übertragenden Rechtsträgers eine Änderung zu ihren Gunsten bewirken, obwohl sie dafür beim übernehmenden Rechtsträger nicht die erforderliche Mehrheit haben, kann es sich empfehlen, eine entsprechende Satzungsänderung im Verschmelzungsvertrag zu vereinbaren.[372] Da der Verschmelzungsvertrag jedoch nur zwischen den beteiligten Rechtsträgern bindende Wirkung entfaltet, lassen sich solche Klauseln nur durchsetzen, wenn sich die Anteilsinhaber des übernehmenden Rechtsträgers zusätzlich schuldrechtlich gegenüber den Anteilsinhabern des übertragenden Rechtsträgers verpflichten oder der Verschmelzungsvertrag unter der aufschiebenden Bedingung der Beschlussfassung über die vereinbarte Satzungsänderung geschlossen wird.[373]

Regelmäßig enthält der Verschmelzungsvertrag Regelungen über die **Kostentragung**.[374] Bei der Verschmelzung durch Aufnahme ist diese Regelung zwar an sich entbehrlich, weil die Kosten in jedem Fall vom übernehmenden Rechtsträger zu tragen sind, wenn die Verschmelzung durchgeführt wird.[375] Sinnvoll kann eine Regelung zur Kostentragung aber für ein mögliches Scheitern der Verschmelzung sein.[376]

Im Verschmelzungsvertrag kann eine **pauschalierte Schadensersatzpflicht** für den Fall vereinbart werden, dass die Verschmelzung nicht zur Eintragung gelangt.[377] Eine solche Vereinbarung ist zulässig, solange damit die zur Vorbereitung der Verschmelzung aufgewendeten Kosten ersetzt werden sollen.[378] Demgegenüber kann ein verschuldensunabhängiges **Strafversprechen** (sog. break-up fee), das die Lösung vom Vertrag erschweren soll, allenfalls dann wirksam aufgenommen werden, wenn es durch seine Höhe keinen unangemessenen wirtschaftlichen Druck verursacht.[379] Strafversprechen mit höheren Summen, die über eine reine Kostendeckung hinausgehen, sind regelmäßig unzulässig, weil sie die Anteilsinhaber zu einer Zustimmung zwingen können und damit faktisch die Kompetenzen der Vertretungsorgane der beteiligten Rechtsträger überschreiten.[380]

Sollen **mehrere Rechtsträger** im Wege mehrerer Verschmelzungen auf einen anderen Rechtsträger verschmolzen werden,[381] muss in den Verschmelzungsverträgen jeweils klar-

---

[370] Böttcher/Habighorst/Schulte/*Böttcher* § 5 Rn. 103; Lutter/*Drygala* § 5 Rn. 131; Kallmeyer/Marsch-Barner § 5 Rn. 62.
[371] Böttcher/Habighorst/Schulte/*Böttcher* § 5 Rn. 103; Semler/Stengel/*Schröer* § 5 Rn. 110.
[372] Semler/Stengel/*Schröer* § 5 Rn. 110.
[373] Semler/Stengel/*Schröer* § 5 Rn. 111.
[374] Böttcher/Habighorst/Schulte/*Böttcher* § 5 Rn. 107; Lutter/*Drygala* § 5 Rn. 133.
[375] Böttcher/Habighorst/Schulte/*Böttcher* § 5 Rn. 107; Lutter/*Drygala* § 5 Rn. 133.
[376] Böttcher/Habighorst/Schulte/*Böttcher* § 5 Rn. 107; Lutter/*Drygala* § 5 Rn. 133.
[377] Böttcher/Habighorst/Schulte/*Böttcher* § 5 Rn. 105; Kallmeyer/*Marsch-Barner* § 5 Rn. 62; Semler/Stengel/*Schröer* § 5 Rn. 120.
[378] Kallmeyer/*Marsch-Barner* § 5 Rn. 62; Semler/Stengel/*Schröer* § 5 Rn. 120; Sieger/Hasselbach BB 2000, 625, 627.
[379] Austmann/Frost ZHR 169 (2005), 431, 451; Hilgard BB 2008, 286, 290; Kallmeyer/*Marsch-Barner* § 5 Rn. 62; Sieger/Hasselbach BB 2000, 625, 628; Kölner Kommentar-UmwG/*Simon* § 5 Rn. 233.
[380] Näher Kölner Kommentar-UmwG/*Simon* § 5 Rn. 233.
[381] Näher zu Mehrfachverschmelzungen → § 6 Rn. 44 ff.

gestellt werden, ob die einzelnen Verschmelzungsvorgänge in Abhängigkeit voneinander stehen sollen oder ob ein Eintragungshindernis hinsichtlich der Verschmelzung des einen Rechtsträgers die Unwirksamkeit der Verschmelzung des anderen Rechtsträgers bewirken soll.[382] Alternativ kann ein vertraglicher Rücktrittsvorbehalt vereinbart werden, wenn sich die Verschmelzung eines übertragenden Rechtsträgers über einen bestimmten Zeitpunkt hinaus verzögert.[383]

136 Daneben sind **notarielle Belehrungen und Hinweise** in die Urkunde über den Verschmelzungsvertrag aufzunehmen. Dazu zählen Hinweise, dass die Verschmelzung innerhalb von acht Monaten nach dem Stichtag der Schlussbilanz zur Eintragung in das Handelsregister angemeldet werden muss und die Verschmelzung erst mit Eintragung im Handelsregister wirksam wird. Zählen Grundstücke zum Gegenstand der Verschmelzung, ist außerdem darauf hinzuweisen, dass Grundstücke der Grunderwerbssteuer unterliegen und im Anschluss an die Verschmelzung eine Grundbuchberichtigung durchgeführt werden muss.[384]

VIII. Konzernverschmelzung (§ 5 Abs. 2 UmwG)

137 Die Regelung des § 5 Abs. 2 UmwG erleichtert Verschmelzungen einer 100%igen Tochtergesellschaft auf ihre Muttergesellschaft. Umfassend zu Konzernverschmelzungen → § 16 Rn. 1 ff.

IX. Zuleitung an den Betriebsrat (§ 5 Abs. 3 UmwG)

1. Normzweck

138 Die Regelung des § 5 Abs. 3 UmwG verpflichtet die beteiligten Rechtsträger, den Verschmelzungsvertrag bzw. seinen Entwurf den jeweils zuständigen Betriebsräten zuzuleiten. Ziel des § 5 Abs. 3 UmwG ist es, sicherzustellen, dass die betroffenen **Arbeitnehmer** und ihre **Vertretungen** die für sie relevanten Informationen über die Verschmelzung tatsächlich und rechtzeitig erhalten.[385] Dies soll den zuständigen Arbeitnehmervertretungen ermöglichen, etwaige Einwendungen gegen die Verschmelzung rechtzeitig zu erheben sowie ggf. auf Änderungen hinzuwirken.[386]

2. Gegenstand der Zuleitung

139 Die Zuleitungspflicht umfasst den **Vertrag oder** seinen **Entwurf**. Umstritten ist, ob die Zuleitungspflicht auch sämtliche **Anlagen** zum Vertrag oder dessen Entwurf umfasst.[387] Mit Blick auf den Normzweck der Regelung, den zuständigen Betriebsräten frühzeitig die für sie relevanten Informationen zuzuleiten, um eine möglichst sozialverträgliche Durchführung der Umwandlung zu ermöglichen, dürfte § 5 Abs. 3 UmwG nicht voraussetzen, dass die Betriebsräte sämtliche Anlagen erhalten. Insbes. für Anlagen, die keine Relevanz für die Belange der Arbeitnehmer haben, erscheint eine Zuleitungspflicht entbehrlich. Dies kann z. B. bei Inventarlisten und Listen über geistige Eigentumsrechte der Fall sein.[388] Zudem lässt § 5 Abs. 3 UmwG ausdrücklich die Zuleitung eines Entwurfs zu. Im Entwurfsstadium gibt es aber oft Anlagen, die noch nicht vollständig vorliegen. Die

---

[382] Böttcher/Habighorst/Schulte/*Böttcher* § 5 Rn. 106; Semler/Stengel/*Schröer* § 5 Rn. 124; → § 6 Rn. 46.
[383] Kallmeyer/*Marsch-Barner* § 5 Rn. 62; Semler/Stengel/*Schröer* § 5 Rn. 123.
[384] Lutter/*Drygala* § 5 Rn. 138.
[385] Lutter/*Drygala* § 5 Rn. 143; Semler/Stengel/*Schröer* § 5 Rn. 30.
[386] *Kallmeyer* ZIP 1994, 1746, 1754; Kallmeyer/*Willemsen* § 5 Rn. 74.
[387] Dafür Kallmeyer/*Willemsen* § 5 Rn. 74 unter Verweis auf OLG Naumburg 7 Wx 6/02, GmbHR 2003, 1433; dagegen LG Essen 42 T 1/02, NZG 2002, 736 (für eine Abspaltung) m. zust. Anm. *Kiem* EWiR 2002, 637 f.; Blechmann NZA 2005, 1143, 1148; Widmann/Mayer/*Mayer* § 5 Rn. 256; Semler/Stengel/*Schröer* § 5 Rn. 141.
[388] *Blechmann* NZA 2005, 1143, 1148; Widmann/Mayer/*Mayer* § 5 Rn. 256.

§ 8 Verschmelzungsvertrag

vollständige Zuleitung solcher Anlagen wird deshalb häufig praktisch nicht möglich sein. Dies darf aber einer wirksamen Zuleitung des Vertrags nicht im Wege stehen. Angesichts der bestehenden Rechtsunsicherheit ist der Praxis allerdings zu raten, im Zweifel ein möglichst umfassendes Anlagenpaket zuzuleiten. Bei einer Verschmelzung durch Neugründung ist auch der **Gesellschaftsvertrag** des neuen Rechtsträgers einzureichen (§ 37 UmwG).[389]

3. Zuständiger Betriebsrat / Fehlen eines Betriebsrats

Die jeweils zuständigen Betriebsräte der an der Verschmelzung beteiligten Rechtsträger **140** lassen sich nach Maßgabe des BetrVG ermitteln.[390] Zuständig ist der Betriebsrat, dessen Betrieb Gegenstand der Verschmelzung ist.[391] Existiert ein **Gesamtbetriebsrat**, so ist der Verschmelzungsvertrag ausschließlich diesem zuzuleiten, weil alle Umwandlungen unternehmensbezogen sind (§ 50 BetrVG).[392] Demgegenüber ist ein **Konzernbetriebsrat** auch dann nicht zuständig, wenn Unternehmen derselben Unternehmensgruppe verschmolzen werden, weil die Angelegenheit auch auf der Ebene der einzelnen Betriebsräte oder Gesamtbetriebsräte geregelt werden kann, § 58 BetrVG. Die Verschmelzung betrifft die Einzelunternehmen als eigenständige Rechtsträger, der Konzernbetriebsrat ist dagegen das Organ der Konzernmutter.[393] Bestehen Zweifel an der Zuständigkeit, sollte vorsorglich der Verschmelzungsvertrag an alle möglicherweise zuständigen Arbeitnehmervertretungen zugeleitet werden, um Risiken aus § 17 Abs. 1 UmwG für die Eintragung zu minimieren.[394] Ein solches Vorgehen ist idR aber nur dann sinnvoll, wenn die Zuleitungsfrist des § 5 Abs. 3 UmwG gegenüber allen Betriebsräten gewahrt werden kann.

Besteht bei den beteiligten Rechtsträgern **kein Betriebsrat**, so ist die Zuleitung nach **141** § 5 Abs. 3 UmwG insoweit **entbehrlich**.[395] Es ist zu beachten, dass ein Betriebsrat selbst dann besteht, wenn er aus Sicht des Arbeitgebers fehlerhaft besetzt oder gewählt ist und diesbezügliche Verfahren laufen.[396] Bei Fehlen eines Betriebsrats wird der Nachweis einer rechtzeitigen Zuleitung nach § 17 Abs. 1 UmwG durch den Nachweis des Fehlens einer Arbeitnehmervertretung ersetzt.[397] Zwar fordert das AG Duisburg[398] hierfür eine eidesstattliche Versicherung der beteiligten Vertreter in öffentlich beglaubigter Form nach § 12 Abs. 1 HGB. Diese Auffassung ist jedoch abzulehnen, weil es dafür keine gesetzliche Stütze gibt.[399] Ausreichend ist eine schriftliche Erklärung.[400]

4. Zuleitungsfrist

Die Zuleitung an den zuständigen Betriebsrat hat nach § 5 Abs. 3 UmwG **spätestens 142 einen Monat** vor dem Tag zu erfolgen, an dem die Anteilsinhaberversammlungen der beteiligten Rechtsträger den Verschmelzungsbeschluss nach § 13 Abs. 1 UmwG fassen

---

[389] Semler/Stengel/*Schröer* § 5 Rn. 141.
[390] S. RegBegr. zu § 5 UmwG bei *Ganske* S. 50.
[391] Lutter/*Drygala* § 5 Rn. 144.
[392] Lutter/*Drygala* § 5 Rn. 144; *Engelmeyer* DB 1996, 2542, 2545; *Scharff* BB 2016, 437 f.; Semler/Stengel/*Schröer* § 5 Rn. 142; Kallmeyer/*Willemsen* § 5 Rn. 76.
[393] *Boecken* S. 222; Lutter/*Drygala* § 5 Rn. 144; Semler/Stengel/*Schröer* § 5 Rn. 141; Kallmeyer/*Willemsen* § 5 Rn. 76; tendenziell auch *Scharff* BB 2016, 437, 438; aA *Melchior* GmbHR 1996, 833, 835.
[394] *Scharff* BB 2016, 437, 438; Semler/Stengel/*Schröer* § 5 Rn. 144; Kallmeyer/*Willemsen* § 5 Rn. 76.
[395] Lutter/*Drygala* § 5 Rn. 145; *Joost* ZIP 1995, 976, 985; Semler/Stengel/*Schröer* § 5 Rn. 148; Kallmeyer/*Willemsen* § 5 Rn. 79.
[396] *Melchior* GmbHR 1996, 833, 834; Semler/Stengel/*Schröer* § 5 Rn. 148.
[397] Semler/Stengel/*Schröer* § 5 Rn. 148; Kallmeyer/*Willemsen* § 5 Rn. 79.
[398] AG Duisburg 23 HRB 4942, 5935, GmbHR 1996, 372.
[399] Semler/Stengel/*Schröer* § 5 Rn. 148: *Stohlmeier* BB 1999, 1394, 1396; Kallmeyer/*Willemsen* § 5 Rn. 79.
[400] Semler/Stengel/*Schröer* § 5 Rn. 148; Kallmeyer/*Willemsen* § 5 Rn. 79.

sollen. Die Frist berechnet sich nach §§ 187 - 193 BGB, weil die Frist eine gesetzliche Frist iSd § 186 BGB darstellt.[401] Die §§ 187, 188 BGB sind entgegen dem Gesetzeswortlaut auf Rückwärtsfristen anwendbar.[402] Uneinigkeit besteht im Hinblick auf die Auswahl des Tags, an dem das fristauslösende Ereignis eintritt, und der nach § 187 UmwG bei der Fristberechnung nicht mitgezählt wird. Richtigerweise ist auf den Tag der Beschlussfassung als Tag des fristauslösenden Ereignisses abzustellen.[403] Hierfür spricht bereits der Wortlaut des § 5 Abs. 3 UmwG. Maßgeblich ist der Versammlungstermin des Rechtsträgers, an dessen Betriebsrat der Verschmelzungsvertrag zugeleitet werden soll.[404] Somit ist der Vertrag spätestens einen Monat und einen Werktag vor dem Tag der Versammlung der Anteilsinhaber an den Betriebsrat zuzuleiten.[405] Findet die relevante Anteilseignerversammlung bspw. am 15. Mai statt, ist der Vertrag dem Betriebsrat spätestens bis zum Ablauf des 14. April (24:00 Uhr) zuzuleiten. Zwischen der Zuleitung und dem Beginn des Tags, an dem die Anteilseignerversammlung stattfindet, liegt dann genau ein Monat (15. April, 00:00 Uhr, bis 14. Mai, 24:00 Uhr). Fällt der 14. April als letzter Tag der Rückwärtsfrist auf einen Samstag, Sonntag oder Feiertag, hat die Zuleitung spätestens bis zum Ablauf des letzten Werktags davor zu erfolgen.[406]

143 Ist ein **Verschmelzungsbeschluss** z. B. nach § 62 Abs. 4 S. 1, 2 UmwG **entbehrlich**, ist die Zuleitungspflicht nach § 62 Abs. 4 UmwG spätestens bei Beginn der in § 62 Abs. 4 S. 3 UmwG normierten Frist von einem Monat nach Abschluss des Vertrags zu erfüllen. Nicht abschließend geklärt ist, ob der Fristbeginn stets mit dem Vertragsabschluss zusammenfällt[407], oder ob auch ein späterer Fristbeginn[408] zulässig ist. Mit Blick auf den Schutzzweck dürfte ein späterer Fristbeginn auch zulässig sein. Die Monatsfrist wird dann durch den Termin ausgelöst, an dem der Betriebsrat informiert wird.[409] Allerdings führt dies zu einer Verzögerung. Eine frühere Zuleitung ist nach dem klaren Wortlaut („spätestens") unstreitig zulässig.[410]

144 Der Betriebsrat kann auf die Einhaltung der Zuleitungsfrist **verzichten**, weil sie primär seinem Schutz dient und insoweit dispositives Recht darstellt.[411] Ein Verzicht auf die Zuleitung als solche ist dagegen nicht zulässig.[412]

5. Änderungen nach Zuleitung

145 Wird der Verschmelzungsvertrag nach der Zuleitung an den Betriebsrat geändert, muss der Vertrag nicht automatisch erneut dem Betriebsrat unter Einhaltung einer neuen Monatsfrist zugeleitet werden.[413] Eine nochmalige Zuleitungspflicht, die eine weitere Monatsfrist auslöst, besteht nur dann, wenn die nachträglichen Änderungen die **Interessen der Arbeitnehmer und ihrer Vertretungen berühren** können, insbes. auch, wenn die

---

[401] Lutter/*Drygala* § 5 Rn. 147; Semler/Stengel/*Schröer* § 5 Rn. 144.
[402] S. nur Palandt/*Ellenberger* § 187 Rn. 4, der § 5 Abs. 3 UmwG als Fallgruppe nennt.
[403] Lutter/*Drygala* § 5 Rn. 148; *Krause* NJW 1999, 1448; Widmann/Mayer/*Mayer* § 5 Rn. 256; Semler/Stengel/*Schröer* § 5 Rn. 144; Schmitt/Hörtnagl/Stratz/*Stratz* § 5 Rn. 126; Kallmeyer/*Willemsen* § 5 Rn. 77 (Fn. 5).
[404] Semler/Stengel/*Schröer* § 5 Rn. 144.
[405] Widmann/Mayer/*Mayer* § 5 Rn. 256; Semler/Stengel/*Schröer* § 5 Rn. 144.
[406] Semler/Stengel/*Schröer* § 5 Rn. 144; Kallmeyer/*Willemsen* § 5 Rn. 77.
[407] Dafür *Kraft/Redenius-Hövermann* ZIP 2013, 961, 965 ff.; *Freytag* BB 2010, 1611, 1613 f.; Widmann/Mayer/*Rieger* § 62 Rn. 53.
[408] Dafür Lutter/*Drygala* § 5 Rn. 149; *Ising* NZG 2011, 1368, 1372; Kallmeyer/*Willemsen* § 5 Rn. 77a.
[409] Lutter/*Drygala* § 5 Rn. 149.
[410] Lutter/*Drygala* § 5 Rn. 149; *Ising* NZG 2011, 1368, 1372; Kallmeyer/*Willemsen* § 5 Rn. 77a.
[411] Lutter/*Drygala* § 5 Rn. 148; Widmann/Mayer/*Mayer* § 5 Rn. 259, 266; Kallmeyer/*Willemsen* § 5 Rn. 77b.
[412] OLG Naumburg 7 Wx 6/02, NZG 2004, 734; Lutter/*Drygala* § 5 Rn. 148; Kallmeyer/*Willemsen* § 5 Rn. 77b; aA Widmann/Mayer/*Mayer* § 5 Rn. 266.
[413] Böttcher/Habighorst/Schulte/*Böttcher* § 5 Rn. 121; Semler/Stengel/*Schröer* § 5 Rn. 147.

§ 8 Verschmelzungsvertrag   146–149 § 8

Angaben nach § 5 Abs. 1 Nr. 9 UmwG geändert wurden.[414] Rein redaktionelle und unwesentliche Änderungen ohne Auswirkungen auf die Arbeitnehmer lösen dagegen keine erneute Zuleitungspflicht aus.[415]

6. Nachweis nach § 17 Abs. 1 UmwG

Die Anmeldung der Verschmelzung beim Register muss nach § 17 Abs. 1 UmwG einen **Nachweis über die rechtzeitige Zuleitung** des Verschmelzungsvertrags oder seines Entwurfs an den zuständigen Betriebsrat enthalten. Dies ist eine Eintragungsvoraussetzung für die Verschmelzung.[416] Es ist daher zu empfehlen, sich aus Beweisgründen den rechtzeitigen Zugang mittels schriftlicher und datierter **Empfangsbestätigung** des Betriebsrats bescheinigen zu lassen.[417] **146**

Existiert **kein Betriebsrat**, ist der erforderliche Nachweis entbehrlich.[418] In diesem Fall ist aber der Nachweis darüber erforderlich, dass eine Arbeitnehmervertretung fehlt.[419] **147**

Verzichtet der Betriebsrat auf die Einhaltung der Zuleitungsfrist, ist dem Registergericht zum Nachweis eine vom Betriebsratsvorsitzenden unterzeichnete schriftliche **Verzichtserklärung** vorzulegen.[420] **148**

X. Auslegung des Verschmelzungsvertrags

Ein Verschmelzungsvertrag ist im Grundsatz nach **allgemeinen zivilrechtlichen Maßstäben** auszulegen (§§ 133, 157 BGB).[421] Für einen Ausgliederungsvertrag hat der BGH dies ausdrücklich entschieden.[422] Gleiches muss für einen Verschmelzungsvertrag gelten. Allerdings ist nach der überzeugenden hM im Schrifttum zu berücksichtigen, dass der Verschmelzungsvertrag wie eine Satzung typischerweise auch Regelungen enthält, die **Auswirkungen auf Dritte** haben (z. B. Anteilsinhaber, Arbeitnehmer und Gläubiger). Für eine Satzung gilt nach ständiger Rechtsprechung ein **objektiver Auslegungsmaßstab**.[423] Soweit eine Regelung im Verschmelzungsvertrag die Interessen Dritter berührt, ist der Vertrag deshalb wie eine Rechtsnorm objektiv aus Sicht eines verständigen Dritten auszulegen – **ohne Berücksichtigung des Parteiwillens**.[424] In der Konsequenz bleiben Umstände außer Acht, die nur die am Vertragsschluss beteiligten Vertretungsorgane kennen können, bspw. die Genese vom ersten Entwurf bis zur finalen Fassung des Verschmelzungsvertrags. Auch der Grundsatz der *falsa demonstratio* kann bei der Auslegung insoweit nicht herangezogen werden.[425] Soweit Regelungen **keine Auswirkungen auf Dritte** haben, kann es bei einer **subjektiven Auslegung** nach allgemeinen zivilrechtlichen Grundsätzen bleiben.[426] Erforderlich ist aber, dass die Zustimmung der Gesellschafterversammlung den **149**

---

[414] Semler/Stengel/*Schröer* § 5 Rn. 147; Kallmeyer/*Willemsen* § 5 Rn. 78.
[415] BT-Drs. 12/7850, S. 142; OLG Naumburg 42 T 1/02, NZG 2002, 736; OLG Naumburg 7 U 236/96, DB 1997, 466, 467; Kallmeyer/*Willemsen* § 5 Rn. 78.
[416] Lutter/*Drygala* § 5 Rn. 150.
[417] Lutter/*Drygala* § 5 Rn. 150; Semler/Stengel/*Schröer* § 5 Rn. 141.
[418] Lutter/*Drygala* § 5 Rn. 150.
[419] → Rn. 141.
[420] *Stohlmeier* BB 1999, 1394, 1397; Kallmeyer/*Willemsen* § 5 Rn. 77b.
[421] Lutter/*Drygala* § 5 Rn. 4; Semler/Stengel/*Schröer* § 5 Rn. 4; Kölner Kommentar-UmwG/*Simon* § 4 Rn. 6.
[422] BGH XII ZR 50/02, ZIP 2003, 2155, 2157.
[423] BGH II ZR 227/06, NZG 2008, 309 Rn. 2; BGH II ZR 155/92, BGHZ 123, 347, 350 f. = NJW 1994, 51; BGH II ZB 5/85, BGHZ 96, 245, 250 = NJW 1986, 1033; BGH II ZR 70/53, BGHZ 14, 25, 36 ff. = NJW 1954, 1401; OLG Frankfurt am Main 23 U 121/08, AG 2011, 36, 38; OLG Stuttgart 5 U 117/94, AG 1995, 283, 284.
[424] Lutter/*Drygala* § 5 Rn. 4; Kallmeyer/*Marsch-Barner* § 4 Rn. 10; Widmann/Mayer/*Mayer* § 4 Rn. 15; Semler/Stengel/*Schröer* § 5 Rn. 4; Kölner Kommentar-UmwG/*Simon* § 4 Rn. 6; Schmitt/Hörtnagl/Stratz/*Stratz* § 4 Rn. 10.
[425] Lutter/*Drygala* § 5 Rn. 4; Drygala/Staake/Szalai, Kapitalgesellschaftsrecht, 2012, § 4 Rn. 40.
[426] Lutter/*Drygala* § 5 Rn. 5 f.; Semler/Stengel/*Schröer* § 5 Rn. 4.

vom objektiven Verständnis abweichenden Vertragsinhalt abdeckt.[427] Außerdem wird man verlangen müssen, dass der entsprechende Parteiwille im notariell beurkundeten Verschmelzungsvertrag zumindest ansatzweise zum Ausdruck kommt.[428]

150 **Lücken im Verschmelzungsvertrag** können mithilfe einer ergänzenden Vertragsauslegung ausgefüllt werden, und zwar nach Eintragung der Verschmelzung unabhängig davon, ob die für die Auslegung berücksichtigten Aspekte für Dritte erkennbar sind.[429] Dies wird nach zutreffender Ansicht damit begründet, dass die Verschmelzung mit Eintragung im Handelsregister nicht mehr rückgängig gemacht werden kann. Damit erwächst mit der Eintragung ein Bedürfnis, Lücken auf zumutbare Weise schließen zu können.[430]

XI. Mängel des Verschmelzungsvertrags

1. Formmängel

151 Ist der Verschmelzungsvertrag **unvollständig oder fehlerhaft beurkundet** worden oder fehlt die Beurkundung gänzlich, führt dies zur **Nichtigkeit** des Verschmelzungsvertrags einschließlich aller Nebenabreden (§§ 125 S. 1, 139 BGB).[431] Eine **Teilnichtigkeit** kann dann gegeben sein, wenn ein entsprechender Parteiwille, etwa in Form einer salvatorischen Klausel, eindeutig erkennbar ist. Auch in diesem Fall ist die Verschmelzung aber nur eintragungsfähig, wenn die zwingend notwendigen Inhalte des Verschmelzungsvertrags wirksam und formgültig vereinbart sind.[432] Andernfalls muss der Registerrichter die Eintragung der Verschmelzung ablehnen.[433] Wird eine Verschmelzung (pflichtwidrig) gleichwohl ins Handelsregister eingetragen, werden Beurkundungsmängel des Verschmelzungsvertrags **geheilt** (§ 20 Abs. 1 Nr. 4 UmwG). Zugleich werden schriftliche, nicht beurkundeten Nebenabreden, Änderungen und Ergänzungen des Vertrags wirksam. Maßgeblich ist die Fassung, über die die Anteilsinhaber abgestimmt haben.[434]

2. Abschlussmängel

152 Ein Verschmelzungsvertrag kann an Abschlussmängeln leiden, insbes. bei wirksamer Anfechtung von auf den Abschluss gerichteten Willenserklärungen der beteiligten Rechtsträger. Diese Willenserklärungen unterliegen nach allgemeinen zivilrechtlichen Regelungen der **Anfechtung** (§§ 119 f., 123 BGB).[435] Maßgeblich ist ein Willensmangel des Vertretungsorgans des beteiligten Rechtsträgers und nicht ein solcher der Anteilsinhaber.[436] Die Anfechtungsfristen richten sich nach §§ 121, 124 BGB.[437] Praktisch relevant ist die Ausübung des Anfechtungsrechts erst nach der Zustimmung der Anteilsinhaber; davor ist der Vertrag ohnehin schwebend unwirksam.[438]

153 Nach **Eintragung der Verschmelzung** im Handelsregister kann der Verschmelzungsvertrag nach zutreffender Auffassung weiterhin angefochten werden.[439] Eine Rückabwicklung der Verschmelzung scheidet zwar wegen § 20 Abs. 2 UmwG aus. Die Anfechtung

---

[427] Lutter/*Drygala* § 5 Rn. 6; *Grunewald* ZGR 2009, 647, 655.
[428] KG Berlin 1 W 243/02, GmbHR 2005, 1342, 1343; Semler/Stengel/*Schröer* § 5 Rn. 4.
[429] Lutter/*Drygala* § 5 Rn. 5; Lutter/*Grunewald* § 20 Rn. 89; Semler/Stengel/*Leonard* § 20 Rn. 99; Kallmeyer/*Marsch-Barner* § 20 Rn. 40; Schmitt/Hörtnagl/Stratz/*Stratz* § 20 Rn. 118.
[430] *Grunewald* ZGR 2009, 647, 660.
[431] Böttcher/Habighorst/Schulte/*Böttcher* § 6 Rn. 18; Lutter/*Drygala* § 6 Rn. 16, § 5 Rn. 151.
[432] Kölner Kommentar-UmwG/*Simon* § 6 Rn. 14.
[433] Lutter/*Drygala* § 6 Rn. 16; Semler/Stengel/*Schröer* § 6 Rn. 19.
[434] Widmann/Mayer/*Mayer* § 4 Rn. 69; Semler/Stengel/*Schröer* § 6 Rn. 19; Kölner Kommentar-UmwG/*Simon* § 20 Rn. 42.
[435] Lutter/*Drygala* § 5 Rn. 152.
[436] Semler/Stengel/*Schröer* § 4 Rn. 42.
[437] Lutter/*Drygala* § 5 Rn. 152; Semler/Stengel/*Schröer* § 4 Rn. 42.
[438] Widmann/Mayer/*Mayer* § 4 Rn. 72.
[439] Lutter/*Drygala* § 5 Rn. 153; Widmann/Mayer/*Mayer* § 4 Rn. 72; Semler/Stengel/*Schröer* § 4 Rn. 42.

§ 8 Verschmelzungsvertrag 154–156 § 8

bleibt aber zumindest im Hinblick auf etwaige **Schadensersatzansprüche** gegen einen der beteiligten Rechtsträger oder seine Organe sinnvoll.[440] Der übertragende Rechtsträger kann selbst nicht mehr anfechten, weil er untergegangen ist. Denkbar ist aber, dass frühere Anteilsinhaber des übertragenden Rechtsträgers ihre Stimmabgabe beim Verschmelzungsbeschluss anfechten.[441] Eine Anfechtung gegenüber dem übertragenden Rechtsträger ist weiterhin möglich. Für Zwecke einer solchen Anfechtung wird der übertragende Rechtsträger als fortbestehend fingiert und für die Annahme der Anfechtungserklärung ist vom Registergericht ein besonderer Vertreter analog § 26 Abs. 1 UmwG zu bestellen.[442] Stehen dem übertragenden Rechtsträger aufgrund einer Anfechtung Schadensersatzansprüche zu, müssen diese ebenfalls durch einen besonderen Vertreter geltend gemacht werden.[443]

Wird die Verschmelzung ins Register eingetragen, obwohl der Verschmelzungsvertrag 154 zuvor wirksam angefochten worden ist, wird der Nichtigkeitsmangel kraft Gesetzes gem. § 20 Abs. 2 UmwG **geheilt**.[444]

3. Inhaltsmängel/Unvollständigkeit

Der Verschmelzungsvertrag kann **nach allgemeinen Regeln des BGB fehlerhaft** sein. 155 Bspw. kann der Vertrag nichtig sein, wenn er gegen § 134 BGB (gesetzliches Verbot), § 138 BGB (Verstoß gegen die guten Sitten) oder § 117 BGB (Scheingeschäft) verstößt. Nichtigkeit nach § 134 BGB kommt bspw. in Betracht, wenn der Verschmelzungsvertrag gegen zwingende berufsrechtliche Regelungen verstößt.[445] Sollten nur einzelne Vertragsklauseln unwirksam sein, ist die Wirksamkeit des Vertrags iÜ nach § 139 BGB zu beurteilen. Dies gilt ebenso für Regelungen, die außerhalb des Vertrags vereinbart wurden und im Zusammenhang mit der Verschmelzung stehen. Der Verschmelzungsvertrag ist dann nichtig, wenn er nicht ohne diese nichtigen Vereinbarungen abgeschlossen worden wäre.[446] Nichtigkeitsgründe sind vom Registergericht vor der Eintragung zu prüfen. Bei Nichtigkeit ist die Eintragung zu verweigern. Wird die Verschmelzung trotz Nichtigkeit des Verschmelzungsvertrags eingetragen, bleibt die Wirksamkeit der Eintragung gem. § 20 Abs. 2 UmwG unberührt.[447]

Fehlen im Verschmelzungsvertrag **notwendige Angaben nach § 5 Abs. 1 Nr. 1 bis 3** 156 **UmwG** (Firma und Sitz der beteiligten Rechtsträger, Gewährung von Anteilen als Gegenleistung), ist der Verschmelzungsvertrag nichtig, es sei denn diese Angaben sind nach § 5 Abs. 2 UmwG oder §§ 80, 110 UmwG entbehrlich.[448] Die Angaben sind *essentialia negotii* des Verschmelzungsvertrags.[449] Deshalb wird in diesem Fall nach zutreffender Auffassung die Nichtigkeit durch die Eintragung der Verschmelzung (§ 20 UmwG) nicht geheilt.[450] Die Verschmelzung kann auch nicht in eine Vermögensübertragung (§ 140 BGB iVm § 179a AktG) umgedeutet werden.[451]

---

[440] Widmann/Mayer/*Mayer* § 4 Rn. 72; Semler/Stengel/*Schröer* § 4 Rn. 42.
[441] Lutter/*Drygala* § 5 Rn. 153.
[442] Lutter/*Drygala* § 5 Rn. 153.
[443] Widmann/Mayer/*Mayer* § 4 Rn. 72; Sagasser/Bula/Brünger/*Sagasser*/*Luke* § 9 Rn. 171.
[444] Widmann/Mayer/*Mayer* § 4 Rn. 72; Kölner Kommentar-UmwG/*Simon* § 5 Rn. 243.
[445] S. OLG Hamm 15 W 151/96, GmbHR 1997, 176 für eine Verschmelzung unter Verstoß gegen Regelungen des StBerG.
[446] Lutter/*Drygala* § 5 Rn. 154; Semler/Stengel/*Schröer* § 4 Rn. 38.
[447] Kölner Kommentar-UmwG/*Simon* § 5 Rn. 241.
[448] Lutter/*Drygala* § 5 Rn. 155; Kallmeyer/*Marsch-Barner* § 5 Rn. 63; Semler/Stengel/*Schröer* § 5 Rn. 127.
[449] OLG Frankfurt am Main 20 W 60/98, DNotZ 1999, 154; Lutter/*Drygala* 5 Rn. 155; Semler/Stengel/*Schröer* § 5 Rn. 127; Kölner Kommentar-UmwG/*Simon* § 5 Rn. 242.
[450] OLG Frankfurt am Main 20 W 60/98, DNotZ 1999, 154, 155; KG Berlin 1 W 4387/97, DNotZ 1999, 157, 164; Lutter/*Drygala* § 5 Rn. 155; Semler/Stengel/*Schröer* § 4 Rn. 40, § 5 Rn. 127; Kölner Kommentar-UmwG/*Simon* § 5 Rn. 243; aA Widmann/Mayer/*Mayer* § 4 Rn. 70.
[451] BGH II ZR 294/93, NJW 1996, 659, 660.

157 Fehlen sonstige Angaben nach § 5 Abs. 1 UmwG, die keine *essentialia negotii* sind, führt dies zur Anfechtbarkeit des Zustimmungsbeschlusses der Anteilsinhaberversammlung, weil der Beschluss auf einer unzureichenden Informationsgrundlage getroffen wurde.[452] Die Klagemöglichkeit nach § 14 Abs. 1 UmwG folgt aus dem Umkehrschluss zu § 14 Abs. 2 UmwG.[453] Danach ist die Klage gegen die Wirksamkeit des Verschmelzungsbeschlusses nur in bestimmten Fällen ausgeschlossen. Eine Klage bleibt erfolglos, wenn der Verschmelzungsbericht eine ausreichende Informationsgrundlage bietet und deshalb die Kausalität des Mangels vom Gericht abzulehnen ist.[454] Die Eintragung der Verschmelzung heilt derartige Mängel nach § 20 Abs. 2 UmwG.[455]

158 Umstritten ist, ob **fehlende oder unvollständige Angaben nach § 5 Abs. 1 Nr. 9 UmwG** die Anfechtbarkeit des Vertrags begründen. Dies ist nach zutreffender Auffassung abzulehnen.[456]

159 Bei einem mangelhaften Verschmelzungsvertrag darf das Registergericht die Verschmelzung **nicht in das Handelsregister eintragen**, weil der Registerrichter die Vollständigkeit im öffentlichen Interesse zu kontrollieren hat.[457]

4. Beschlussmängel

160 Zustimmungsbeschlüsse zu einem mangelbehafteten Verschmelzungsvertrag sind anfechtbar. Ausführlich → § 14 Rn. 51 ff.

5. Heilung

161 Formmängel und inhaltliche Mängel des Verschmelzungsvertrags werden mit der Eintragung der Verschmelzung in die Handelsregister nach § 20 Abs. 1 Nr. 4, Abs. 2 UmwG geheilt. Ausführlich → § 13 Rn. 165 ff., → § 14 Rn. 126 ff.

XII. Rechtsfolgen des Verschmelzungsvertrags

1. Erfüllungsansprüche

162 Ein wirksamer Verschmelzungsvertrag und wirksame Zustimmungsbeschlüsse der Anteilsinhaber aller beteiligten Rechtsträger begründen die **gegenseitige Verpflichtung** der beteiligten Rechtsträger, die Verschmelzung durchzuführen und alle dazu erforderlichen Handlungen vorzunehmen.

163 Die Verschmelzung ist nach § 16 Abs. 1 S. 1 UmwG von den Vertretungsorganen der beteiligten Rechtsträger zur **Eintragung** in das Register des Sitzes des jeweiligen beteiligten Rechtsträgers anzumelden, wobei das Vertretungsorgan des übernehmenden Rechtsträgers gem. § 16 Abs. 1 S. 2 UmwG auch selbst die Verschmelzung zum Register des übertragenden Rechtsträgers anmelden kann. Die Vertretungsorgane der beteiligten Rechtsträger müssen nach § 16 Abs. 2 S. 1 UmwG im Rahmen der Anmeldung zum Registergericht erklären, dass gegen die Verschmelzung keine Anfechtungsklage anhängig ist (**Negativerklärung**). Die beteiligten Rechtsträger sind sich insoweit zur gegenseitigen Auskunft verpflichtet. Der übertragende Rechtsträger muss außerdem eine **Schlussbilanz** erstellen (§ 17 Abs. 2 UmwG). Bei der Verschmelzung auf eine AG oder KGaA ist der übertragende Rechtsträger zudem dazu verpflichtet, einen **Treuhänder** zu bestellen und diesem die zu gewährenden Aktien sowie bare Zuzahlungen auszuhändigen (§§ 71 Abs. 1 S. 1, 78 S. 1 UmwG).

---

[452] Böttcher/Habighorst/Schulte/*Böttcher* § 5 Rn. 108; Lutter/*Drygala* § 5 Rn. 155; Kallmeyer/Marsch-Barner § 5 Rn. 66.
[453] Kallmeyer/*Marsch-Barner* § 5 Rn. 66.
[454] Kallmeyer/*Marsch-Barner* § 5 Rn. 66.
[455] Lutter/*Drygala* § 5 Rn. 155.
[456] → Rn. 117.
[457] Lutter/*Drygala* § 5 Rn. 156; Kallmeyer/*Marsch-Barner* § 5 Rn. 63.

§ 8 Verschmelzungsvertrag

Der Verschmelzungsvertrag begründet gewisse **Treuepflichten** der beteiligten Parteien, bis zu der Eintragung der Verschmelzung in die Register keine Handlungen vorzunehmen, die den Vollzug der Verschmelzung vereiteln könnten.[458]

Über die Verpflichtung zur Durchführung der Verschmelzung hinaus bestehen für die beteiligten Rechtsträger **keine schuldrechtlichen Ansprüche aus dem Verschmelzungsvertrag** auf die im Vertrag vereinbarten Rechtsfolgen der Verschmelzung.[459] Aus dem Verschmelzungsvertrag selbst wird kein Anspruch darauf abgeleitet, das Vermögen zu übertragen oder die Anteile zu gewähren. Diese Rechtswirkungen treten erst mit Wirksamwerden der Verschmelzung kraft Gesetzes ein, ohne dass weitere Erfüllungshandlungen erforderlich wären (§ 20 Abs. 1 UmwG).

2. Durchsetzung

Pflichten aus dem Verschmelzungsvertrag zur Durchführung der Verschmelzung und Vornahme aller erforderlichen Handlungen können **klageweise** durchgesetzt werden. Große praktische Bedeutung kommt der gerichtlichen Durchsetzungsmöglichkeit allerdings nicht zu. Die Mitwirkung der beteiligten Rechtsträger an der Durchsetzung der Verschmelzung ist in der Praxis die Regel.

Die **beteiligten Rechtsträger** sind als Vertragsparteien zur klageweisen Durchsetzung berechtigt.[460] Konkret kann der übernehmende Rechtsträger den übertragenden Rechtsträger verklagen, alle Handlungen vorzunehmen und Erklärungen abzugeben, die **für die Registeranmeldung** der Verschmelzung nach § 19 UmwG **erforderlich** sind. Dies umfasst bspw. die Erklärung zur Anmeldung beim Register, die Abgabe der Negativerklärung nach § 16 Abs. 2 S. 1 UmwG sowie die Aufstellung der nach § 17 Abs. 2 S. 1 UmwG einzureichenden Schlussbilanz; in Fällen einer AG oder KGaA als übernehmendem Rechtsträger, die Treuhänderbestellung nach § 71 Abs. 1 S. 1 UmwG (iVm § 78 S. 1 UmwG) und die Herausgabe der Aktien an den im Verschmelzungsvertrag bestimmten Treuhänder § 71 Abs. 1 S. 2 UmwG (iVm § 78 S. 1 UmwG). Allerdings ist der übernehmende Rechtsträger nach § 16 Abs. 1 S. 2 UmwG berechtigt, die Verschmelzung auch zur Eintragung in das Register des übertragenden Rechtsträgers anzumelden; einer auf die Abgabe der Anmeldungserklärung durch den übertragenden Rechtsträger gerichteten Leistungsklage des übernehmenden Rechtsträgers dürfte deshalb das Rechtsschutzbedürfnis fehlen.[461] Auch die Negativerklärung des übernehmenden Rechtsträgers nach § 16 Abs. 2 S. 1 UmwG ist entbehrlich, wenn eine Freigabe im Unbedenklichkeitsverfahren nach § 16 Abs. 3 UmwG erteilt wird. Da dieses Verfahren jedoch mit einigem Aufwand verbunden ist, wird man einer auf Abgabe der Negativerklärung gerichteten Klage jedenfalls nicht ohne weiteres das Rechtsschutzbedürfnis absprechen können. Es besteht ein Auskunftsanspruch gegenüber den anderen Rechtsträgern, der ggf. mittels Zwangsgeld nach § 888 Abs. 1 ZPO vollstreckt werden kann.

Die **Vollstreckung** bestimmt sich abhängig von der Art der eingeklagten Handlung oder Erklärung nach den allgemeinen Regelungen der §§ 883 ff. ZPO. Bspw. wird nach § 894 ZPO die Handelsregisteranmeldung fingiert, wofür allerdings ein vorläufig vollstreckbares Urteil wegen der weitreichenden Folgen der Eintragung der Verschmelzung nicht reicht, sondern ein rechtskräftiges Urteil erforderlich ist.[462] Die Aufstellung der Schlussbilanz nach § 17 Abs. 2 UmwG wird ebenso wie die Bestellung eines Treuhänders nach § 71 UmwG

---

[458] Kallmeyer/*Marsch-Barner* § 4 Rn. 23 f.; Widmann/Mayer/*Mayer* § 4 Rn. 61; Semler/Stengel/*Schröer* § 4 Rn. 52.
[459] Kölner Kommentar-UmwG/*Simon* § 4 Rn. 33.
[460] Lutter/*Drygala* § 4 Rn. 36; Widmann/Mayer/*Mayer* § 4 Rn. 61; Semler/Stengel/*Schröer* § 4 Rn. 45; Kölner Kommentar-UmwG/*Simon* § 4 Rn. 30.
[461] Goutier/Knopf/Tulloch/*Bermel* § 7 Rn. 18; Lutter/*Drygala* § 4 Rn. 36; Semler/Stengel/*Schröer* § 4 Rn. 46; Kölner Kommentar-UmwG/*Simon* § 4 Rn. 31.
[462] Kallmeyer/*Marsch-Barner* § 4 Rn. 19; Widmann/Mayer/*Mayer* § 4 Rn. 61; Semler/Stengel/*Schröer* § 4 Rn. 46; Kölner Kommentar-UmwG/*Simon* § 4 Rn. 31.

mit Zwangsgeldern nach § 888 Abs. 1 ZPO vollstreckt, während die Übertragung der Aktien an die Treuhänder nach § 883 Abs. 1 ZPO durch den Gerichtsvollzieher vollstreckt wird.[463]

169 Die **Anteilsinhaber** der beteiligten Rechtsträger sind nicht Partei des Verschmelzungsvertrags und haben deshalb grds. keine originären Rechte aus dem Vertrag, die sie geltend machen könnten.[464] Sie können aber die Umsetzung wirksam gewordener Verschmelzungsverträge erzwingen, soweit ihnen dies die allgemeinen gesellschaftsrechtlichen Regeln der jeweiligen Rechtsform erlauben. In der **GmbH** erwächst die Durchsetzungsmöglichkeit aus der Weisungsbefugnis der Gesellschafter gegenüber den Geschäftsführern (§ 37 GmbHG). Bei der **AG** existiert kein solches Weisungsrecht (§ 76 Abs. 1 AktG). Der Vorstand ist aber nach § 83 Abs. 2 AktG zur Ausführung von der Hauptversammlung beschlossener Maßnahmen verpflichtet.[465] Deshalb kann die AG vertreten durch den Aufsichtsrat den Vorstand auf Erfüllung seiner Pflicht zur Umsetzung des Verschmelzungsvertrags verklagen, wenn der Vorstand die Umsetzung verweigert.[466] Außerdem kann der Aufsichtsrat den Vorstand uU aus wichtigem Grund abberufen (§ 84 Abs. 3 AktG) und der Vorstand macht sich möglicherweise schadensersatzpflichtig (§ 93 Abs. 2 AktG). Über das Recht der Hauptversammlung zur Wahl der Aufsichtsratsmitglieder (§ 101 Abs. 1 AktG) haben die Aktionäre so zumindest mittelbaren Einfluss auf die Durchsetzung der Verschmelzung. Anders kann dies ausnahmsweise sein, wenn der Verschmelzungsvertrag die beteiligten Rechtsträger schuldrechtlich zu Rechtshandlungen gegenüber den Anteilsinhabern verpflichtet und ausdrücklich eigene Rechte der Anteilsinhaber begründet (**§ 328 BGB**).[467] Dies kann bspw. die Verpflichtung betreffen, mitgliedschaftsverbriefende Urkunden auszugeben.

170 **Sonstige Dritte,** wie bspw. Arbeitnehmer, können aus dem Verschmelzungsvertrag – außer in den Fällen eines Vertrags zugunsten Dritter (§ 328 BGB) – keine Ansprüche geltend machen.[468]

3. Kündigung und Rücktritt

171 Die Kündigung eines Verschmelzungsvertrags oder der Rücktritt davon bestimmen sich nach dem besonderen umwandlungsrechtlichen Kündigungsrecht des § 7 UmwG, den allgemeinen Vorschriften des BGB und etwaigen besonderen vertraglichen Vereinbarungen.

172 **a. Umwandlungsrechtliches Kündigungsrecht (§ 7 UmwG).** Beweggründe für eine Verschmelzung sind meist wirtschaftlicher Art.[469] Bei Abschluss des Verschmelzungsvertrags legen die beteiligten Rechtsträger der Verschmelzung wirtschaftliche Prämissen zugrunde, bspw. das Verhältnis für den Umtausch der Anteile[470]. Sie treffen eine **wirtschaftliche Prognose** für den Zeitraum bis zur geplanten Wirksamkeit der Verschmelzung. Probleme entstehen, wenn die Wirksamkeit der Verschmelzung erheblich verzögert wird und sich währenddessen die tatsächlichen wirtschaftlichen Verhältnisse der beteiligten Rechtsträger von der ursprünglichen Prognose entfernen. Die Verschmelzung ist dann ggf. nicht mehr zweckmäßig bzw. wirtschaftlich unattraktiv.[471] Gründe für eine Verzögerung können vielfältig sein, z. B. ungewisse Zustimmungsbeschlüsse oder Anfechtungsklagen von Minderheitsgesellschaftern. In solchen Fällen kann für die Beteiligten ein Bedürfnis beste-

---

[463] Kallmeyer/*Marsch-Barner* § 4 Rn. 20; Kölner Kommentar-UmwG/*Simon* § 4 Rn. 31.
[464] Semler/Stengel/*Schröer* § 4 Rn. 53; Kölner Kommentar-UmwG/*Simon* § 4 Rn. 35.
[465] Lutter/*Drygala* § 4 Rn. 39.
[466] Spindler/Stilz/*Fleischer,* AktG § 83 Rn. 18; Hüffer/*Koch* § 83 Rn. 6; MünchKommAktG/*Spindler* § 83 Rn. 27; Hölters/*Weber* AktG § 83 Rn. 11.
[467] Kölner Kommentar-UmwG/*Simon* § 4 Rn. 37.
[468] Kölner Kommentar-UmwG/*Simon* § 4 Rn. 38.
[469] Näher → § 6 Rn. 2 ff.
[470] Ausführlich zum Umtauschverhältnis → Rn. 53 ff.
[471] Widmann/Mayer/*Heckschen* § 7 Rn. 15.

hen, sich von dem Verschmelzungsvertrag zu lösen. Dem soll das besondere gesetzliche **Kündigungsrecht in § 7 UmwG**, durch das die beteiligten Rechtsträger bei erheblichen Verzögerungen nicht unbegrenzt an einen Verschmelzungsvertrag gebunden bleiben, teilweise Rechnung tragen.

Nach § 7 S. 1 Hs. 1 UmwG kann jeder Vertragspartner den Verschmelzungsvertrag **innerhalb von fünf Jahren mit einer halbjährigen Frist** kündigen, wenn eine im Vertrag vereinbarte Bedingung nicht eintritt. In der Praxis einigen sich die Parteien häufig auf **aufschiebende Bedingungen** (§ 158 Abs. 1 BGB), bei deren Nichteintritt der Verschmelzungsvertrag gekündigt werden kann. Übliche Bedingungen sind z. B. die Eintragung einer Kapitalerhöhung, die Zustimmungsbeschlüsse der Anteilsinhaber und die Kartellfreigabe.[472] Das Kündigungsrecht steht den beteiligten Rechtsträgern auch zu, wenn sie eine **aufschiebende Frist** (§ 163 BGB) vereinbart haben.[473]

Die Vertragsparteien können die **Zeit von fünf Jahren** durch entsprechende Vereinbarung im Verschmelzungsvertrag **verkürzen** (§ 7 S. 1 Hs. 2 UmwG). Dies kann sinnvoll sein, weil sich das vereinbarte Umtauschverhältnis auch in einem kürzeren Zeitraum erheblich von den tatsächlichen Verhältnissen der beteiligten Rechtsträger entfernen kann.[474] Zugleich ist aber zu beachten, dass Bedingungen und Befristungen die Bedrohung erhöhen, von sog. „räuberischen Anfechtungsklägern" erpresst zu werden.[475] Das Risiko erscheint umso größer, je knapper der Zeitraum bis zur möglichen Kündigung bemessen ist.[476] Eine Verlängerung der Frist ist nicht möglich, weil § 7 UmwG zwingendes Recht darstellt, das nicht vertraglich beschränkt oder abbedungen werden darf.[477]

Die **Frist beginnt** mit dem wirksamen Abschluss des Verschmelzungsvertrags.[478] Erstellen die Vertragsparteien nach § 4 Abs. 2 UmwG zunächst nur einen Entwurf des Verschmelzungsvertrags, bildet gleichwohl erst der Abschluss des Vertrags das fristauslösende Ereignis.[479] Dabei ist zu beachten, dass der Verschmelzungsvertrag erst mit seiner Beurkundung[480] wirksam wird. Haben die Anteilsinhaber über einen Vertragsentwurf abgestimmt, ist das (spätere) Datum der Beurkundung für die Fristberechnung ausschlaggebend.[481] Dies gilt ebenso bei nachträglicher Genehmigung des Handelns eines vollmachtlosen Vertreters, weil die Genehmigung gem. § 184 Abs. 1 BGB auf den Zeitpunkt des Vertragsschlusses zurückwirkt.[482]

Das Kündigungsrecht wird durch **Erklärung des vertretungsberechtigten Organs** des betroffenen Rechtsträgers ausgeübt und muss nicht näher begründet werden.[483] Die Kündigungserklärung selbst bedarf keiner besonderen Form.[484] Die Anteilsinhaber müssen der Erklärung nach der zutreffenden herrschenden Auffassung nicht zustimmen, weil die vertretungsberechtigten Organe mit einer Kündigung lediglich Ansprüche aus dem Ver-

---

[472] Widmann/Mayer/*Heckschen* § 7 Rn. 22 ff.; Kölner Kommentar-UmwG/*Simon* § 7 Rn. 7.
[473] Böttcher/Habighorst/Schulte/*Böttcher* § 7 Rn. 3; Lutter/*Drygala* § 7 Rn. 3, Kallmeyer/*Marsch-Barner* § 7 Rn. 6.
[474] Semler/Stengel/*Schröer* § 7 Rn. 1.
[475] Böttcher/Habighorst/Schulte/*Böttcher* § 7 Rn. 8; Lutter/*Drygala* § 7 Rn. 2; *Hoffmann-Becking* FS Fleck, 1988, S. 105, 119; Semler/Stengel/*Schröer* § 7 Rn. 1.
[476] Semler/Stengel/*Schröer* § 7 Rn. 1.
[477] Lutter/*Drygala* § 7 Rn. 7; Widmann/Mayer/*Heckschen* § 7 Rn. 52; Kallmeyer/*Marsch-Barner* § 7 Rn. 3.
[478] BegrRegE, BR-Drs. 75/94, S. 83; Widmann/Mayer/*Heckschen* § 7 Rn. 1, 57; Kallmeyer/*Marsch-Barner* § 7 Rn. 2.
[479] Lutter/*Drygala* § 7 Rn. 5; Widmann/Mayer/*Heckschen* § 7 Rn. 54; Semler/Stengel/*Schröer* § 7 Rn. 7.
[480] → Rn. 5 ff.
[481] Widmann/Mayer/*Heckschen* § 7 Rn. 54.
[482] Böttcher/Habighorst/Schulte/*Böttcher* § 7 Rn. 11; Lutter/*Drygala* § 7 Rn. 5.
[483] Böttcher/Habighorst/Schulte/*Böttcher* § 7 Rn. 12; Lutter/*Drygala* § 7 Rn. 6; Kallmeyer/*Marsch-Barner* § 7 Rn. 4.
[484] Widmann/Mayer/*Heckschen* § 7 Rn. 41.

schmelzungsvertrag durchsetzen und nicht den Verschmelzungsvertrag aufheben oder ändern.[485] Die Kündigung tritt ein **mit halbjähriger Frist für den Schluss des Geschäftsjahrs** des Rechtsträgers gegenüber dem die Kündigung erklärt wird (§ 7 S. 2 UmwG). Weichen die Geschäftsjahre der beteiligten Rechtsträger voneinander ab, gelten unterschiedliche Kündigungszeitpunkte. Bis zum Ende des relevanten Geschäftsjahrs besteht das Vertragsverhältnis unverändert fort.[486] In der Zwischenphase kann die Kündigung gegenstandslos werden, wenn die vereinbarte Bedingung noch eintritt und die Verschmelzung dadurch endgültig wirksam wird.[487] Gleiches gilt, wenn die Verschmelzung in diesem Zeitraum noch vollzogen wird.

177 b. **Allgemeine gesetzliche Kündigungs- und Rücktrittsrechte.** Die allgemeinen gesetzlichen Kündigungs- und Rücktrittsregelungen des BGB gelten auch für den Verschmelzungsvertrag. Möglich ist bspw. ein **Rücktritt nach § 323 Abs. 1 BGB**, wenn einer der beteiligten Rechtsträger für die Umsetzung der Verschmelzung erforderliche Mitwirkungshandlungen oder Erklärungen innerhalb einer angemessenen Nachfrist unterlässt.[488] Zu beachten sind hier die notwendigen Erklärungen wie Mahnung und Fristsetzung. Außerdem kann ein beteiligter Rechtsträger bei einem **Wegfall der Geschäftsgrundlage nach § 313 BGB** aus wichtigem Grund zur Kündigung berechtigt sein, wenn ihm ein Festhalten an dem Vertrag nicht zumutbar ist.[489] Denkbar ist dies bspw., wenn das festgelegte Umtauschverhältnis fehlerhaft ermittelt wurde[490] oder sich die Wertverhältnisse seit der Festlegung des Umtauschverhältnisses so wesentlich verändert haben, dass ein Festhalten hieran nicht mehr zumutbar ist.

178 Die Kündigungs- und Rücktrittsrechte können die Vertretungsorgane der beteiligten Rechtsträger nach hM **ohne Mitwirkung der Anteilseigner** geltend machen.[491] Die **Sorgfaltspflicht** kann die Vertretungsorgane ggf. verpflichten, von einem bestehenden Kündigungs- oder Rücktrittsrecht Gebrauch zu machen, wenn ihrem Rechtsträger andernfalls ein Nachteil entsteht.[492] Kündigung und Rücktritt sind jedoch nur **bis zur Eintragung der Verschmelzung** in das Register des übernehmenden Rechtsträgers möglich.[493]

179 Neben dem Rücktrittsrecht (§ 323 BGB) können sich ggf. **Ansprüche auf Schadensersatz** (§ 280 ff. BGB) ergeben, wenn ein Rechtsträger die erforderliche Sorgfalt nicht im Hinblick darauf beachtet, die Verschmelzung durchzuführen.

4. **Ansprüche aus** *culpa in contrahendo*

180 a) **Abbruch der Verhandlungen.** Sobald die beteiligten Rechtsträger in **Verhandlungen über die Verschmelzung** treten, müssen sie in gewissem Maße auf die jeweiligen Interessen der Vertragspartner Rücksicht nehmen. In dieser Verhandlungsphase kann es vorkommen, dass die Verhandlungen abgebrochen werden oder eine der Verhandlungsparteien Entscheidungen trifft oder Maßnahmen durchführt, die die wirtschaftliche Logik

---

[485] Lutter/*Drygala* § 7 Rn. 6; Kallmeyer/*Marsch-Barner* § 7 Rn. 4; Schmitt/Hörtnagl/Stratz/*Stratz* § 7 Rn. 11; teilweise aA Widmann/Mayer/*Heckschen* § 7 Rn. 46 ff., wonach die Zustimmung der Anteilseigner zur Kündigung erforderlich sein soll, wenn die Anteilseigner dem Verschmelzungsvertrag bereits zugestimmt haben.
[486] Lutter/*Drygala* § 7 Rn. 6; Kallmeyer/*Marsch-Barner* § 7 Rn. 5.
[487] Lutter/*Drygala* § 7 Rn. 6; Kallmeyer/*Marsch-Barner* § 7 Rn. 5.
[488] Widmann/Mayer/*Heckschen* § 7 Rn. 34; Kallmeyer/*Marsch-Barner* § 4 Rn. 24; Schmitt/Hörtnagl/Stratz/*Stratz* § 4 Rn. 20.
[489] Lutter/*Drygala* § 4 Rn. 41; Widmann/Mayer/*Heckschen* § 7 Rn. 35 f.; Kallmeyer/*Marsch-Barner* § 4 Rn. 25; Schmitt/Hörtnagl/Stratz/*Stratz* § 7 Rn. 10.
[490] BGH II ZR 279/93, ZIP 1995, 276 (für einen Anteilserwerb).
[491] Nachweise → Rn. 176.
[492] Lutter/*Drygala* § 5 Rn. 9.
[493] Lutter/*Drygala* § 4 Rn. 40; Widmann/Mayer/*Mayer* § 4 Rn. 66; Semler/Stengel/*Schröer* § 4 Rn. 57.

für die Verschmelzung obsolet machen. In einem solchen Fall ist es für eine enttäuschte Partei von Interesse, ob und wie sie den Vertrauensschaden (z. B. Vorbereitungs-/Beratungskosten) ersetzt bekommen kann. Eine **Haftung aus** *culpa in contrahendo* (§ 280 Abs. 1 BGB iVm § 311 Abs. 2 BGB iVm § 241 Abs. 2 BGB) besteht bei Abbruch der Verhandlungen vor notarieller Beurkundung insbes. dann, wenn der enttäuschten Vertragspartei zunächst versichert wurde, dass der Verschmelzungsvertrag geschlossen werden wird und die Verhandlungen dann grundlos abgebrochen werden.[494] Dies ist va dann anzunehmen, wenn die andere Partei **ausdrückliche oder konkludente Zusicherungen** gemacht hat. Überdies kann auch aus der **Entwicklung der Verhandlung** über die Verschmelzung folgen, dass die Parteien von einem sicheren Vertragsabschluss ausgehen können. Mit jeder weiteren Konkretisierung des Verschmelzungsvorhabens wächst die vorvertragliche Bindung der Parteien.[495]

Bevor eine Due-Diligence-Prüfung durchgeführt worden ist und sich die **Vertragsverhandlungen** der beteiligten Rechtsträger nur **andeuten**, besteht idR kein schutzwürdiges Vertrauen darauf, dass der Verschmelzungsvertrag abgeschlossen wird. Dies gilt idR auch dann, wenn Exklusivitätsvereinbarungen, Vertraulichkeitsvereinbarungen oder ein Letter of Intent abgeschlossen worden sind. Ohne ausreichende Informationen zur Ermittlung des Unternehmenswerts lässt sich ein angemessenes Umtauschverhältnis nicht ermitteln.[496] Selbst wenn die beteiligten Rechtsträger eine **Due-Diligence-Prüfung** durchführen, müssen sie davon ausgehen, dass eine Partei in dieser Phase das Interesse an der Verschmelzung verliert und die Verhandlungen abbricht.[497] **181**

Durch **konkrete Vertragsverhandlungen** über den Verschmelzungsvertrag entsteht typischerweise noch kein schutzwürdiges Vertrauen, weil Verhandlungen als solche nicht zwangsläufig zu einem Konsens der Parteien führen.[498] In der Verhandlungsphase kann jedoch eine von Beginn an nur vorgetäuschte Abschlussbereitschaft oder das Unterlassen, die Aufgabe der Abschlussbereitschaft gegenüber der anderen Seite anzuzeigen, ausnahmsweise eine vorvertragliche Pflichtverletzung begründen.[499] **182**

Ist der **Vertrag** bereits **vollständig ausverhandelt**, verstärkt sich die gegenseitige Bindung. Wegen des Beurkundungszwangs für den Verschmelzungsvertrag darf dennoch kein faktischer Zwang zum Abschluss des Vertrags begründet werden, weil dies das Beurkundungserfordernis unterlaufen würde. Deshalb kommt auch in dieser Phase eine Haftung aus c. i. c. nur in Betracht, wenn eine besonders schwerwiegende Treuwidrigkeit oder Existenzgefährdung einer Partei vorliegt.[500] **183**

b) Sonstige Nebenpflichten. Während der Vertragsverhandlungen treffen die Vertragsparteien bestimmte Nebenpflichten. Dazu zählt die **Verschwiegenheitspflicht**. Dritte dürfen regelmäßig nicht darüber in Kenntnis gesetzt werden, dass die Parteien über eine Verschmelzung verhandeln.[501] Außerdem besteht im Rahmen des Informationsaustauschs und der Durchführung einer Due-Diligence-Prüfung die Pflicht, die andere Partei auf Sachverhalte aufmerksam zu machen, die für die **Unternehmensbewertung** relevant sein können.[502] **184**

---

[494] Lutter/*Drygala* § 4 Rn. 42; Widmann/Mayer/*Mayer* § 4 Rn. 60; Semler/Stengel/*Schröer* § 4 Rn. 60.
[495] Lutter/*Drygala* § 4 Rn. 42; *Lauscher* S. 45 ff.
[496] Näher dazu Lutter/*Drygala* § 4 Rn. 43.
[497] Lutter/*Drygala* § 4 Rn. 44.
[498] Lutter/*Drygala* § 4 Rn. 44.
[499] Lutter/*Drygala* § 4 Rn. 44; Bamberger/Roth/*Gehrlein*/Sutschet § 311 Rn. 58; *Wertenbruch* ZIP 2004, 1525, 1528.
[500] Lutter/*Drygala* § 4 Rn. 45.
[501] Lutter/*Drygala* § 4 Rn. 47; *Lauscher* S. 62.
[502] Lutter/*Drygala* § 4 Rn. 48; *Lauscher* S. 122 ff.

XIII. Aufhebung und Abänderung des Verschmelzungsvertrags

185 Nach Abschluss eines Verschmelzungsvertrags kann sich das Bedürfnis ergeben, den Vertrag zu ändern oder aufzuheben. Ob und unter welchen Voraussetzungen das möglich ist, bestimmt sich nach dem **Zeitpunkt, zu dem die Änderung oder Aufhebung erfolgen soll**.

1. Vor Eintragung

186 **Vor der Eintragung der Verschmelzung im Handelsregister** kann der Vertrag einvernehmlich aufgehoben und abgeändert werden.[503] Hinsichtlich der Mehrheits- und Formanforderungen für eine solche Aufhebung und Änderung ist danach zu differenzieren, ob die Anteilsinhaber eines der beteiligten Rechtsträger dem Vertrag bereits zugestimmt haben.

187 Wurde der Verschmelzungsvertrag **noch nicht zur Zustimmung vorgelegt**, ist er schwebend unwirksam und kann durch die organschaftlichen Vertreter aufgehoben und abgeändert werden.[504] Ein vor der ersten Zustimmung durch Anteilseigner aufgehobener Vertrag muss anschließend nicht mehr zur Zustimmung vorgelegt werden. Dagegen bedarf ein vor der ersten Zustimmung abgeänderter Vertrag weiterhin der Zustimmung nach § 13 UmwG; er kann direkt in abgeänderter Form zur Zustimmung vorgelegt werden. Hierbei sind die Vorschriften zur Vorbereitung und Einberufung der Anteilseignerversammlung (ggf. erneut) zu beachten.

188 Wurde bereits **ein Zustimmungsbeschluss zum Verschmelzungsvertrag gefasst**, ist weiter zu differenzieren: Die wirksame **Änderung** eines Verschmelzungsvertrags setzt voraus, dass alle bereits vorliegenden Zustimmungen erneut eingeholt werden, weil es sich materiell um einen neuen Verschmelzungsvertrag handelt und ansonsten die Voraussetzungen des § 13 Abs. 1 UmwG nicht eingehalten werden würden.[505] Insoweit ist anerkannt, dass die gleichen Mehrheitserfordernisse wie bei der erstmaligen Zustimmung gelten, weil materiell über einen neuen Vertrag entschieden wird.[506] Die Abänderung bedarf dabei der notariellen Form des § 6 UmwG und muss (ggf. erneut) innerhalb der Frist dem Betriebsrat zugeleitet werden (§ 5 Abs. 3 UmwG).[507] Die Anteilsinhaber aller beteiligten Rechtsträger müssen dem geänderten Verschmelzungsvertrag zustimmen, also auch solche, die noch nicht über den ursprünglichen Vertrag abgestimmt hatten.

189 Bei der **Aufhebung** ist umstritten, ob die Vertretungsorgane eines beteiligten Rechtsträgers, dessen Anteilseigner bereits zugestimmt haben, den Vertrag ohne nochmalige Mitwirkung ihrer Anteilseigner aufheben können.[508] Richtigerweise müssen die Anteilseigner erneut beteiligt werden. Dies folgt zwar nicht aus § 13 UmwG, weil diese Regelung nur für den Abschluss gilt, nicht hingegen für die Aufhebung. Die Beteiligungspflicht erwächst aber aus dem Umstand, dass der Verschmelzungsvertrag für die Vertretungsorgane bindend

---

[503] Lutter/*Drygala* § 4 Rn. 26; Maulbetsch/Klumpp/Rose/*Maulbetsch* § 4 Rn. 42; Widmann/Mayer/*Mayer* § 4 Rn. 62.

[504] Lutter/*Drygala* § 4 Rn. 26; Kallmeyer/*Marsch-Barner* § 4 Rn. 16; Widmann/Mayer/*Mayer* § 4 Rn. 62, 64; Kölner Kommentar-UmwG/*Simon* § 4 Rn. 20; Schmitt/Hörtnagl/Stratz/*Stratz* § 7 Rn. 15 und 20.

[505] Lutter/*Drygala* § 4 Rn. 26; Kallmeyer/*Marsch-Barner* § 4 Rn. 17; Widmann/Mayer/*Mayer* § 4 Rn. 62, 64; Kölner Kommentar-UmwG/*Simon* § 4 Rn. 21 ff.; Schmitt/Hörtnagl/Stratz/*Stratz* § 7 Rn. 21.

[506] Lutter/*Drygala* § 4 Rn. 26; Kallmeyer/*Marsch-Barner* § 4 Rn. 17; Widmann/Mayer/*Mayer* § 4 Rn. 62, 64; Schmitt/Hörtnagl/Stratz/*Stratz* § 7 Rn. 21.

[507] Widmann/Mayer/*Mayer* § 4 Rn. 65; Semler/Stengel/*Schröer* § 4 Rn. 30; Kölner Kommentar-UmwG/*Simon* § 4 Rn. 23; zur wiederholten Zuleitung an den Betriebsrat näher → Rn. 145.

[508] Dafür Böttcher/Habighorst/Schulte/*Böttcher* § 4 Rn. 28; Kallmeyer/*Marsch-Barner* § 4 Rn. 16; Widmann/Mayer/*Mayer* § 4 Rn. 62; Schmitt/Hörtnagl/Stratz/*Stratz* § 7 Rn. 16, die auch ohne nochmalige Mitwirkung der Anteilsinhaber eine wirksame Aufhebung im Außenverhältnis annehmen und darin nur einen Verstoß gegen die interne Bindung sehen.

§ 8 Verschmelzungsvertrag

geworden ist, soweit Anteilseigner bereits zugestimmt haben. Die daraus folgende Vollzugspflicht der Vertretungsorgane würde konterkariert, wenn die Vertretungsorgane den Vertrag ohne Mitwirkung der Anteilseigner aufheben könnten.[509] Ebenfalls umstritten ist bei der Aufhebung, welche **Mehrheitserfordernisse** bei der nochmaligen Beteiligung der Anteilseigner gelten. Nach verbreiteter Auffassung bestimmt sich dies analog § 13 UmwG. Als „*actus contrarius*" zum Abschluss unterliege die Aufhebung eines rechtsverbindlich gewordenen Verschmelzungsvertrags den gleichen Regelungen wie sein Abschluss. Nur wenn diese Regelungen eingehalten seien, finde die Aufhebung die erforderliche Akzeptanz.[510] Die überzeugende Gegenauffassung[511] bringt hiergegen vor, dass die **einfache Mehrheit** genügen müsse, weil sich auch satzungsändernde Beschlüsse nach allgemeinen Regeln mit einfacher Mehrheit aufheben lassen, solange sie nicht eingetragen sind.[512] Es ist auch nicht ersichtlich, weshalb die Aufhebung über den Wortlaut des § 13 UmwG hinaus qualifizierten Mehrheitserfordernissen unterliegen sollte. Die einfache Mehrheit der Stimmen hätte von vornherein genügt, um die Verschmelzung zu verhindern; deshalb darf auch für die Aufhebung keine darüber hinausgehende Mehrheit verlangt werden. Der Zustimmungsbeschluss zur Aufhebung hat materiell die Zielrichtung, eine Strukturänderung zu unterlassen, wogegen sich die Mehrheitserfordernisse bei der Verschmelzung daraus ergeben, dass eine grundlegende Strukturänderung beschlossen wird.[513] Die Aufhebung einschließlich der notwendigen Beschlüsse braucht grds. nicht notariell beurkundet werden, falls sich nicht aus spezialgesetzlichen Vorschriften[514] etwas anderes ergibt.[515]

2. Nach Eintragung

Mit der **Eintragung der Verschmelzung im Register des übernehmenden Rechtsträgers** ist die **Verschmelzung wirksam** und kann nicht mehr geändert oder aufgehoben werden (Verbot der Entschmelzung).[516] Mit der Eintragung erlischt der übertragende Rechtsträger, dessen Vertretungsorgan dem Verschmelzungsvertrag zugestimmt hatte; es kann demnach auch einer Aufhebung nicht mehr zustimmen.

Eine vereinzelt vertretene Auffassung hält der hM entgegen, dass eine Änderung möglich sein müsse, soweit sie die Verschmelzung nicht rückgängig mache, das Umtauschverhältnis gewahrt bleibe, keine schutzwürdigen Interessen des Rechtsverkehrs entgegenstünden und sowohl die ehemaligen als auch die jetzigen Anteilsinhaber an der Abänderung beteiligt würden.[517] Der erloschene Rechtsträger sei insoweit **analog § 25 Abs. 2 S. 1 UmwG** als fortbestehend zu fingieren.[518] Diese Auffassung überzeugt jedoch nicht. Es ist nicht ersicht-

---

[509] Lutter/*Drygala* § 4 Rn. 26; Semler/Stengel/*Schröer* § 4 Rn. 31; Kölner Kommentar-UmwG/*Simon* § 4 Rn. 25.
[510] *Heckschen* S. 63; Kallmeyer/*Marsch-Barner* § 4 Rn. 17; Widmann/Mayer/*Mayer* § 4 Rn. 62; Schmitt/Hörtnagl/Stratz/*Stratz* § 7 Rn. 18.
[511] Lutter/*Drygala* § 4 Rn. 27; Maulbetsch/Klumpp/Rose/*Maulbetsch* § 4 Rn. 44; Semler/Stengel/*Schröer* § 4 Rn. 32; Kölner Kommentar-UmwG/*Simon* § 4 Rn. 25.
[512] Scholz/*K. Schmidt* GmbHG § 45 Rn. 33; Kölner Kommentar-AktG/*Zöllner* § 179 AktG Rn. 162 mwN; aA Scholz/*Priester* GmbHG § 53 Rn. 188.
[513] Lutter/*Drygala* § 4 Rn. 27; Semler/Stengel/*Schröer* § 4 Rn. 32; Kölner Kommentar-UmwG/*Simon* § 4 Rn. 25.
[514] Z. B. § 130 AktG: notarielle Beurkundung des Hauptversammlungsbeschlusses.
[515] Lutter/*Drygala* § 4 Rn. 27; Kallmeyer/*Marsch-Barner* § 4 Rn. 18; Maulbetsch/Klumpp/Rose/*Maulbetsch* § 4 Rn. 44; Semler/Stengel/*Schröer* § 4 Rn. 33; teilweise aA Widmann/Mayer/*Heckschen* § 6 Rn. 51 ff.; Widmann/Mayer/*Mayer* § 4 Rn. 63, die eine notarielle Beurkundung dann als erforderlich ansehen, wenn die Anteilseigner aller beteiligten Rechtsträger dem Vertrag bereits zugestimmt haben.
[516] So die hM, s. nur Maulbetsch/Klumpp/Rose/*Maulbetsch* § 4 Rn. 48; Widmann/Mayer/*Mayer* § 4 Rn. 64; Semler/Stengel/*Schröer* § 4 Rn. 36; Kölner Kommentar-UmwG/*Simon* § 4 Rn. 28; Schmitt/Hörtnagl/Stratz/*Stratz* § 7 Rn. 14.
[517] Lutter/*Drygala* § 4 Rn. 28 ff.
[518] Lutter/*Drygala* § 4 Rn. 31 f.

lich, wie die Fortbestehensfiktion im Falle einer Änderung des Verschmelzungsvertrags praktisch handhabbar sein soll; der Rechtsträger ist erloschen und eine Entscheidung seines Vertretungsorgans und seiner Anteilseigner über die Änderung nicht mehr möglich. Die Möglichkeit der gerichtlichen Bestellung eines besonderen Vertreters (§ 26 UmwG) erscheint nur bedingt geeignet, eine für die Änderung interessengerechte Abwägungsentscheidung des erloschenen Vertretungsorgans zu simulieren. Die Konstellation des § 25 Abs. 2 S. 1 UmwG ist demgegenüber ungleich einfacher: es soll in erster Linie sichergestellt werden, dass Schadensersatzansprüche nicht ins Leere gehen. Die Minderheitsauffassung würde auch zu erheblichem Missbrauchspotential führen, weil vor der Eintragung der Verschmelzung im Bewusstsein einer späteren Änderungsmöglichkeit Vereinbarungen getroffen werden könnten, die den organschaftlichen Vertretern und Anteilseignern eine Zustimmung erleichtern.[519]

192 **Ist die Eintragung der Verschmelzung bisher nur ins Register des übertragenden Rechtsträgers erfolgt**, ist die Verschmelzung noch nicht wirksam (§ 20 Abs. 1 UmwG). Eine einvernehmliche Änderung oder Aufhebung des Verschmelzungsvertrags durch die Parteien auf Basis entsprechender Beschlüsse der Anteilseignerversammlungen ist zu diesem Zeitpunkt daher grds. noch möglich. Der Eintragung des Registergerichts muss jedoch zwingend die endgültige Vertragsversion zugrunde liegen, weshalb die Parteien die Löschung der ersten Registereintragung und die Eintragung der Verschmelzung aufgrund des geänderten Vertrags beantragen müssen.[520]

§ 9 Verschmelzungsbericht

Übersicht

	Rdnr.		Rdnr.
I. Sinn und Zweck des Verschmelzungsberichts	1–3	4. Angaben über die Mitgliedschaft beim übernehmenden Rechtsträger	42, 43
II. Erstattung des Verschmelzungsberichts	4–11	5. Erläuterung der Höhe der Barabfindung	44
1. Schuldner der Berichtspflicht	4–6	6. Angaben zu Folgen für die Beteiligung der Anteilsinhaber	45–50
2. Form des Berichts	7–11	7. Erweiterte Berichtspflichten bei verbundenen Unternehmen	51–53
III. Inhalt des Verschmelzungsberichts / Umfang der Berichtspflicht (§ 8 Abs. 1 UmwG)	12–53	IV. Auskunftspflichten	54, 55
1. Erläuterung der Verschmelzung	15–20	V. Grenzen der Berichtspflicht (§ 8 Abs. 2 UmwG)	56, 57
2. Erläuterung des Verschmelzungsvertrags	21–23	VI. Ausnahmen von der Berichtspflicht (§ 8 Abs. 3 UmwG)	58–62
3. Erläuterung des Umtauschverhältnisses	24–41	1. Verzicht	58–60
a) Bewertungsmethode	27–31	2. Konzernverschmelzungen	61
b) Zugrunde gelegte Zahlen	32–37	3. Personenhandelsgesellschaften und Partnerschaftsgesellschaften	62
c) Kapitalisierungszinssatz	38	VII. Rechtsfolgen fehlerhafter Berichte	63–66
d) Bewertungsstichtag	39		
e) Hinweis auf besondere Schwierigkeiten der Unternehmensbewertung	40		
f) Bewertungsergebnis	41		

Schrifttum *App*, Verschmelzung und Spaltung von Kapitalgesellschaften und ihre steuerliche Behandlung, DZWIR 2001, 56; *Austmann/Frost*, Vorwirkungen von Verschmelzungen, ZHR 169 (2005), 431; *Bayer*, 100 Tage neues Umwandlungsrecht – eine Zwischenbilanz, ZIP 1997, 1613; *Bork*, Beschlussverfahren und Beschlusskontrolle nach dem Referentenentwurf eines Gesetzes zur Berei-

---

[519] Semler/Stengel/*Schröer* § 4 Rn. 36.
[520] Semler/Stengel/*Schröer* § 4 Rn. 37; aA Schmitt/Hörtnagl/Stratz/*Stratz* § 7 Rn. 14, der eine Vertragsänderung nur bis zur ersten Eintragung zulassen will.

nigung des Umwandlungsrechts, ZGR 1993, 343; *Bungert*, Umtauschverhältnis bei Verschmelzungen entspricht nicht den Börsenwerten, BB 2003, 699; *Engelmeyer*, Die Spaltung von Aktiengesellschaften nach dem neuen Umwandlungsrecht, *1995; Fuhrmann*, Gesetzliche Formerfordernisse von Vorstandsberichten, AG 2004, 135; *Ganske*, Umwandlungsrecht, 2. Aufl. 1995; *ders.*, Änderungen des Verschmelzungsrechts, DB 1981, 1551; *Groß*, Vorbereitung und Durchführung von Hauptversammlungsbeschlüssen zu Erwerb oder Veräußerung von Unternehmensbeteiligungen, AG 1996, 111; *Hoffmann-Becking*, Das neue Verschmelzungsrecht in der Praxis, FS Fleck, 1988, S. 105; *Hommelhoff*, Minderheitenschutz bei Umstrukturierungen, ZGR 1993, 452; *Hüffer*, Die gesetzliche Schriftform bei Berichten des Vorstands gegenüber der Hauptversammlung, FS Claussen, 1997, S. 171; *Hüttemann*, Börsenkurs und Unternehmensbewertung, ZGR 2001, 454; *Keil*, Der Verschmelzungsbericht nach § 340a AktG, 1990; *Lutter*, Zur Vorbereitung und Durchführung von Grundlagenbeschlüssen in Aktiengesellschaften, FS Fleck, 1988, S. 169; *Mertens*, Zur Geltung des Stand-alone-Prinzips für die Unternehmensbewertung bei der Zusammenführung von Unternehmen, AG 1992, 321; *ders.*, Die Gestaltung von Verschmelzungs- und Verschmelzungsprüfungsbericht, AG 1990, 20; *Neye/Kraft*, Neuigkeiten beim Umwandlungsrecht, NZG 2011, 681; *Noack*, ARUG: das nächste Stück des Aktienrechtsreform in Permanenz, NZG 2008, 441; *Paschos*, Die Maßgeblichkeit des Börsenkurses bei Verschmelzungen, ZIP 2003, 1017; *Philipp*, Ist die Verschmelzung von Aktiengesellschaften nach dem neuen Umwandlungsrecht vertretbar?, AG 1998, 264; *Rodewald*, Zur Ausgestaltung von Verschmelzungs- und Verschmelzungsprüfungsbericht, BB 1992, 237; *Schöne*, Das Aktienrecht als „Maß aller Dinge" im neuen Umwandlungsrecht, GmbHR 1995, 325; *J. Schmidt*, Die Änderung der umwandlungsrechtlichen Informationspflichten durch das ARUG, NZG 2008, 734; *K. Schmidt*, Gläubigerschutz bei Umstrukturierungen, ZGR 1993, 366; *Seetzen*, Spruchverfahren und Unternehmensbewertung im Wandel, WM 1999, 565; *Wardenbach*, Aktiengesellschaften im Zielfeld räuberischer Aktionäre, BB 1991, 485; *Weiler/Meyer*, Berücksichtigung des Börsenkurses bei Ermittlung der Verschmelzungswertrelation, NZG 2003, 669; *Westermann*, Die Zweckmäßigkeit der Verschmelzung als Gegenstand des Verschmelzungsberichts, der Aktionärsentscheidung und der Anfechtungsklage, FS J. Semler, 1993, S. 651; *Wilde*, Informationsrechte und Informationspflichten im Gefüge der Gesellschaftsorgane, ZGR 1998, 423; *Wilsing/Kruse*, Maßgeblichkeit der Börsenkurse bei umwandlungsrechtlichen Verschmelzungen?, DStR 2001, 991.

I. Sinn und Zweck des Verschmelzungsberichts

Gem. § 8 UmwG haben die Vertretungsorgane jedes an einer Verschmelzung beteiligten 1 Rechtsträgers **einen ausführlichen schriftlichen Bericht über die beabsichtigte Verschmelzung** zu erstatten. Dieser Verschmelzungsbericht bezweckt ausschließlich den **Schutz der Anteilsinhaber**.[1] Er dient dazu, die Anteilsinhaber im Vorfeld der Beschlussfassung über die wesentlichen Grundlagen und Hintergründe der Verschmelzung zu informieren.[2] Anhand des Berichts sollen die Anteilsinhaber beurteilen können, ob die Verschmelzung den gesetzlichen Anforderungen genügt und wirtschaftlich zweckmäßig ist.[3] Der Bericht soll sie in die Lage versetzen, über die Verschmelzung in Kenntnis der entscheidungsrelevanten Umstände sachgerecht abstimmen zu können.[4] Hieran haben grds. alle Anteilsinhaber der beteiligten Rechtsträger ohne Rücksicht auf die Rechtsform ein berechtigtes Interesse.[5]

Der Verschmelzungsbericht soll eine **Informationslücke schließen**. Der Verschmel- 2 zungsvertrag allein genügt den Informationsbedürfnissen der Anteilsinhaber nicht, weil er nur die zu beschließenden Eckpunkte für die Verschmelzung und das Ergebnis der Verhandlungen festschreibt, nicht aber die zugrundeliegenden Erwägungen.[6] Die allgemeinen

---

[1] Semler/Stengel/*Gehling* § 8 Rn. 2; Widmann/Mayer/*Mayer* § 8 Rn. 5; Kölner Kommentar-UmwG/*Schröer* § 8 Rn. 6; Schmitt/Hörtnagl/Stratz/*Stratz* § 8 Rn. 1.
[2] Lutter/*Drygala* § 8 Rn. 3; Kölner Kommentar-UmwG/*Schröer* § 8 Rn. 3.
[3] BGH II ZR 146/89, WM 1990, 2073, 2074; BGH II ZR 206/88, BGHZ 107, 296, 302 = NJW 1989, 2689, 2690; OLG Hamm 8 W 11/99, NZG 1999, 560, 561; Lutter/*Drygala* § 8 Rn. 3; Semler/Stengel/*Gehling* § 8 Rn. 2; Kallmeyer/*Marsch-Barner* § 8 Rn. 6.
[4] BGH II ZR 146/89, WM 1990, 2073, 2074; BGH II ZR 206/88, BGHZ 107, 296, 304 = NJW 1989, 2689, 2690; *Hommelhoff* ZGR 1993, 452, 463; *Mertens* AG 1990, 20, 22.
[5] RegBegr. BR-Drs. 75/94 zu § 8, S. 83.
[6] Schmitt/Hörtnagl/Stratz/*Stratz* § 8 Rn. 5.

Informations- und Einsichtsrechte der Anteilsinhaber in der Rechtsform des jeweiligen Rechtsträgers sind aus Sicht des Gesetzgebers ebenfalls nur bedingt geeignet, das besondere Informationsbedürfnis der Anteilsinhaber im Hinblick auf die Hintergründe der Verschmelzung vollumfänglich zu befriedigen.[7] Auch andere Informationsquellen (z. B. Verschmelzungsprüfungsbericht, Jahresabschlüsse, Auskunftsrecht in der Anteilsinhaberversammlung) genügen aus Sicht des UmwG nicht. Das **Informationsbedürfnis der Anteilsinhaber** ist aber **nicht uneingeschränkt schutzwürdig**. Es wird insbes. durch die Vertraulichkeitsinteressen der beteiligten Rechtsträger eingeschränkt.[8]

3 Der Bericht bildet zugleich eine Informationsgrundlage für die Prüfungstätigkeit der Verschmelzungsprüfer, nicht aber den Gegenstand der Prüfung nach §§ 9–12 UmwG.[9] Der **Verschmelzungsbericht dient nicht dem Schutz von Gläubigern oder Arbeitnehmern**.[10] Insoweit unterscheidet sich der Verschmelzungsbericht bei der nationalen Verschmelzung vom Verschmelzungsbericht bei der grenzüberschreitenden Verschmelzung (vgl. § 122e UmwG).

II. Erstattung des Verschmelzungsberichts

1. Schuldner der Berichtspflicht

4 **Schuldner der Berichtspflicht** sind die **Vertretungsorgane der beteiligten Rechtsträger**. Der Bericht ist jeweils vom Gesamtorgan, dh von sämtlichen Mitgliedern eines Vertretungsorgans, zu erstatten.[11] In mehrköpfigen Vertretungsorganen müssen alle Mitglieder die Aufstellung des Verschmelzungsberichts beschließen.[12] Dies folgt daraus, dass der Verschmelzungsbericht eine Wissenserklärung des Gesamtorgans ist, keine Willenserklärung.[13] Das Vertretungsorgan wird in seiner Gesamtheit verpflichtet.[14] Es hat die Vollständigkeit und Richtigkeit des Verschmelzungsberichts zu gewährleisten.[15] Eine rechtsgeschäftliche Vertretung der Mitglieder des Vertretungsorgans bei der Beschlussfassung über den Bericht ist deshalb unzulässig.[16]

5 Die **Aufstellung des Verschmelzungsberichts kann** unter den Mitgliedern des Vertretungsorgans **aufgeteilt werden**.[17] Hierfür gelten die allgemeinen Bestimmungen der jeweiligen Rechtsform des Rechtsträgers und ggf. getroffene besondere Regelungen (z. B. Ressortzuteilungen). Diese Regelungen sind auch mitentscheidend dafür, welche Mitglieder eines Vertretungsorgans im Einzelfall für falsche oder unvollständige Informationen einstehen müssen.[18] Die Verpflichtung des Vertretungsorgans in seiner Gesamtheit führt nicht ohne weiteres dazu, dass alle Mitglieder dieses Vertretungsorgans für etwaige Fehler im Bericht haften. Die tatsächliche Berichtserstellung kann auch an **Hilfspersonen** dele-

---

[7] RegBegr. BR-Drs. 75/94 zu § 8, S. 83.
[8] Lutter/*Drygala* § 8 Rn. 12; Widmann/Mayer/*Mayer* § 8 Rn. 8.
[9] *Ganske* DB 1981, 1551, 1553; Semler/Stengel/*Gehling* § 8 Rn. 2.
[10] Lutter/*Drygala* § 8 Rn. 3; Kallmeyer/*Marsch-Barner* § 8 Rn. 1; *K. Schmidt* ZGR 1993, 366, 374 f.; Kölner Kommentar-UmwG/*Simon* § 8 Rn. 4.
[11] Böttcher/Habighorst/Schulte/*Böttcher* § 8 Rn. 3; Kallmeyer/*Marsch-Barner* § 8 Rn. 2; Widmann/Mayer/*Mayer* § 8 Rn. 14; Kölner Kommentar-UmwG/*Simon* § 8 Rn. 5.
[12] Semler/Stengel/*Gehling* § 8 Rn. 5; *Hüffer* FS Claussen, 1997, S. 171, 183 f.; Kallmeyer/*Marsch-Barner* § 8 Rn. 2; Kölner Kommentar-UmwG/*Simon* § 8 Rn. 6.
[13] Böttcher/Habighorst/Schulte/*Böttcher* § 8 Rn. 4; Lutter/*Drygala* § 8 Rn. 6; Semler/Stengel/*Gehling* § 8 Rn. 7.
[14] Lutter/*Drygala* § 8 Rn. 7; *Hüffer* FS Claussen, 1997, S. 171 ff.; Kallmeyer/*Marsch-Barner* § 8 Rn. 2.
[15] Kölner Kommentar-UmwG/*Simon* § 8 Rn. 6.
[16] Böttcher/Habighorst/Schulte/*Böttcher* § 8 Rn. 4; Lutter/*Drygala* § 8 Rn. 7; Kallmeyer/*Marsch-Barner* § 8 Rn. 2.
[17] Böttcher/Habighorst/Schulte/*Böttcher* § 8 Rn. 3; Lutter/*Drygala* § 8 Rn. 7; Semler/Stengel/*Gehling* § 8 Rn. 5.
[18] Semler/Stengel/*Gehling* § 8 Rn. 5.

giert werden, solange die Gesamtverantwortung des Vertretungsorgans gewahrt bleibt. Aufgrund der Beschlussfassung aller Organmitglieder über den Verschmelzungsbericht ist dies gewährleistet.[19] In der Praxis ist eine Unterstützung durch Hilfspersonen üblich.[20]

Aufsichtsorgane (z. B. der Aufsichtsrat einer AG) **wirken an der Berichterstattung nicht mit**.[21] Sie können aber nach allgemeinen Regelungen der jeweiligen Rechtsform dazu verpflichtet sein, zu prüfen, ob das Vertretungsorgan seiner Berichtspflicht nach § 8 UmwG nachkommt, und hierauf ggf. hinzuwirken.[22] Eine solche Pflicht trifft etwa den Aufsichtsrat einer AG.[23] Sie beinhaltet allerdings nicht, den Verschmelzungsbericht auf seine inhaltliche Richtigkeit zu überprüfen.[24] Es genügt, wenn sich das Aufsichtsorgan versichert, dass das Vertretungsorgan seine Berichtspflichten kennt und diesen mit der gebotenen Sorgfalt nachkommt.[25] 6

2. Form des Berichts

Gem. § 8 Abs. 1 S. 1 UmwG ist der Verschmelzungsbericht **in schriftlicher Form** zu erstatten.[26] Die Mitglieder des Vertretungsorgans müssen deshalb **in vertretungsberechtigter Zahl** ein Exemplar mit **eigenhändiger Unterschrift unterzeichnen**.[27] Eine Unterzeichnung durch sämtliche Mitglieder des Vertretungsorgans ist nach ganz überwiegender Auffassung nicht erforderlich.[28] Für diese Auslegung spricht in erster Linie die Gesetzessystematik. Das Gesellschaftsrecht und das UmwG differenzieren zwischen „dem Vertretungsorgan" als Kollektivorgan einerseits und „allen Mitgliedern", dh sämtlichen Mitgliedern eines Vertretungsorgans, andererseits.[29] Die Regelung des § 8 Abs. 1 S. 1 UmwG spricht von „den Vertretungsorganen", dh dem Kollektivorgan. Bei Verpflichtung des Vertretungsorgans genügt ein Handeln in vertretungsberechtigter Anzahl. Der Zweck des Verschmelzungsberichts, die Anteilsinhaber umfassend zu informieren[30], verlangt ebenfalls keine Unterzeichnung des Berichts durch sämtliche Organmitglieder.[31] Auch bei Unterzeichnung durch einzelne Organmitglieder können die Anteilsinhaber davon ausgehen, dass der Bericht dem Willen des Gesamtorgans entspricht. Eine Unterzeichnung durch sämtliche Mitglieder wäre eine unnötige Formalie. Sie kann sich aber in der Praxis empfehlen, wenn dokumentiert werden soll, dass alle Mitglieder an der Erstellung des Verschmelzungsberichts mitgewirkt haben. 7

---

[19] Böttcher/Habighorst/Schulte/*Böttcher* § 8 Rn. 3; Lutter/*Drygala* § 8 Rn. 7; Semler/Stengel/*Gehling* § 8 Rn. 5.

[20] Semler/Stengel/*Gehling* § 8 Rn. 5.

[21] Semler/Stengel/*Gehling* § 8 Rn. 9; Widmann/Mayer/*Mayer* § 8 Rn. 16.1; Kölner Kommentar-UmwG/*Simon* § 8 Rn. 7.

[22] Semler/Stengel/*Gehling* § 8 Rn. 9; Kölner Kommentar-UmwG/*Simon* § 8 Rn. 7.

[23] Semler/Stengel/*Gehling* § 8 Rn. 9; Kölner Kommentar-UmwG/*Simon* § 8 Rn. 7.

[24] Semler/Stengel/*Gehling* § 8 Rn. 9.

[25] Semler/Stengel/*Gehling* § 8 Rn. 9; Kölner Kommentar-UmwG/*Simon* § 8 Rn. 7. Semler/Stengel/*Gehling* § 8 Rn. 9; Kölner Kommentar-UmwG/*Simon* § 8 Rn. 7.

[26] Ausführlich dazu *Hüffer* FS Claussen, 1997, S. 171, 175 ff.

[27] BGH II ZR 266/04, WM 2007, 1572, 1569; Böttcher/Habighorst/Schulte/*Böttcher* § 8 Rn. 6; Lutter/*Drygala* § 8 Rn. 6; *Fuhrmann* AG 2004, 135, 138; Semler/Stengel/*Gehling* § 8 Rn. 7; Kallmeyer/*Marsch-Barner* § 8 Rn. 3; Widmann/Mayer/*Mayer* § 8 Rn. 13.

[28] BGH II ZR 266/04, WM 2007, 1572, 1569; KG Berlin 23 U 234/03, ZIP 2005, 167, 168; Lutter/*Drygala* § 8 Rn. 6; *Fuhrmann* AG 2004, 135, 138; Kallmeyer/*Marsch-Barner* § 8 Rn. 3; Schmidt/Hörtnagl/Stratz/*Stratz* § 8 Rn. 7; aA LG Berlin 93 O 47/03, AG 2003, 646.

[29] S. § 8 UmwG bzw. § 127 UmwG: „die Vertretungsorgane" (der Plural bezieht sich auf die mehreren beteiligten Rechtsträger); demgegenüber § 78 GmbHG: „sämtliche Geschäftsführer", § 36 Abs. 1 AktG: „alle Gründer und Mitglieder des Vorstands", § 97 UmwG: „sämtliche Mitglieder"; dazu Lutter/*Drygala* § 8 Rn. 6; *Fuhrmann* AG 2004, 135, 138.

[30] → Rn. 1 ff.

[31] Böttcher/Habighorst/Schulte/*Böttcher* § 8 Rn. 6; *Fuhrmann* AG 2004, 135, 139.

8 Die **Abschriften** des Berichts für die Anteilsinhaber **müssen nicht eigenhändig unterzeichnet sein**. Sie können mit einer Faksimileunterschrift oder einem Unterzeichnungshinweis („gez.") versehen werden.[32] Auf diese Weise lässt sich die Urheberschaft des Vertretungsorgans hinreichend deutlich dokumentieren. Dies ist va für Publikumsgesellschaften mit einer großen Zahl von Anteilsinhabern relevant.

9 Der Verschmelzungsbericht ist nach § 8 Abs. 1 S. 1 UmwG von dem Vertretungsorgan eines jeden beteiligten Rechtsträgers zu erstatten. Gem. § 8 Abs. 1 S. 1 Hs. 2 UmwG können die **Vertretungsorgane der beteiligten Rechtsträger** den **Verschmelzungsbericht** auch **gemeinsam** erstatten. Bei der gemeinsamen Berichterstattung müssen die Mitglieder der Vertretungsorgane aller an der Verschmelzung beteiligten Rechtsträger den Verschmelzungsbericht jeweils in vertretungsberechtigter Zahl unterzeichnen.[33] Der gemeinsame Bericht muss Hinweise auf die unterschiedlichen Interessen der beteiligten Rechtsträger enthalten.[34] In der Praxis ist eine gemeinsame Berichterstattung die Regel.[35] Bei gemeinsamer Berichterstattung ist jedes Vertretungsorgan jeweils gegenüber seinem Rechtsträger für die Erstellung des Berichts verantwortlich.

10 Die Art und Weise der **Offenlegung des Verschmelzungsberichts** gegenüber den Anteilsinhabern **richtet sich nach der jeweiligen Rechtsform** der beteiligten Rechtsträger. Bei einer OHG, KG oder GmbH ist der Verschmelzungsbericht den Anteilsinhabern spätestens zusammen mit der Einberufung der Gesellschafterversammlung zu übersenden und zur Einsichtnahme auszulegen, §§ 42, 47, 49 UmwG. Bei der Verschmelzung von AG, KGaA, Genossenschaft, Verein und VVaG ist der Verschmelzungsbericht in den Geschäftsräumen der an der Verschmelzung beteiligten Rechtsträger zur Einsicht auszulegen, §§ 63 Abs. 1 Nr. 4, 78, 82 Abs. 1, 101 Abs. 1, 112 Abs. 1 S. 1 UmwG. Auf Verlangen eines Anteilsinhabers bzw. eines Mitglieds ist zudem kostenlos eine Abschrift zu erteilen, §§ 63 Abs. 3 S. 1, 78, 82 Abs. 2, 101 Abs. 2 UmwG. Bei der AG und der KGaA kann die Abschrift auch im Wege elektronischer Kommunikation zugänglich gemacht werden, wenn der betreffende Aktionär eingewilligt hat, §§ 63 Abs. 3 S. 2, 78 UmwG. Das Gesetz zur Umsetzung der Aktionärsrechte-RL (ARUG) hat es der AG und der KGaA außerdem ermöglicht, die Unterlagen über ihre Internetseiten zugänglich zu machen, §§ 63 Abs. 4, 78 UmwG.[36] Bei einer Zugänglichmachung über das Internet empfiehlt es sich in der Praxis, als Nachweis für die rechtzeitige und ordnungsgemäße Veröffentlichung die entsprechenden technischen Protokolle aufzubewahren. Bei der AG und der KGaA kann die Hauptversammlung mit eingeschriebenem Brief einberufen werden, wenn die Aktionäre namentlich bekannt sind, § 121 Abs. 4 AktG. In diesem Fall kann der Verschmelzungsbericht zusammen mit der Einladung versandt werden, sodass eine Auslegung in den Geschäftsräumen entbehrlich ist.[37]

11 Der Verschmelzungsbericht ist als **Anlage nach § 17 UmwG** der Registeranmeldung beizufügen. Mit Eintragung der Anmeldung wird der Verschmelzungsbericht zu den Registerakten genommen und ist damit öffentlich einsehbar.[38]

---

[32] Böttcher/Habighorst/Schulte/*Böttcher* § 8 Rn. 9; Lutter/*Drygala* § 8 Rn. 6; Semler/Stengel/*Gehling* § 8 Rn. 7; Kallmeyer/*Marsch-Barner* § 8 Rn. 3; Widmann/Mayer/*Mayer* § 8 Rn. 15.

[33] Widmann/Mayer/*Mayer* § 8 Rn. 16; Schmitt/Hörtnagl/Stratz/*Stratz* § 8 Rn. 7.

[34] Böttcher/Habighorst/Schulte/*Böttcher* § 8 Rn. 7; Kallmeyer/*Marsch-Barner* § 8 Rn. 4.

[35] Böttcher/Habighorst/Schulte/*Böttcher* § 8 Rn. 7; Lutter/*Drygala* § 8 Rn. 8; Kallmeyer/*Marsch-Barner* § 8 Rn. 4; Widmann/Mayer/*Mayer* § 8 Rn. 16.

[36] Lutter/*Drygala* § 8 Rn. 9; Widmann/Mayer/*Mayer* § 8 Rn. 16; *Noack* NZG 2008, 441 ff.; *J. Schmidt* NZG 2008, 734 ff.

[37] Lutter/*Drygala* § 8 Rn. 10; Widmann/Mayer/*Mayer* § 8 Rn. 16.

[38] Lutter/*Drygala* § 8 Rn. 10; *Schöne* GmbHR 1995, 334 ff.

III. Inhalt des Verschmelzungsberichts / Umfang der Berichtspflicht (§ 8 Abs. 1 UmwG)

Der **Verschmelzungsbericht muss** die Verschmelzung, den Verschmelzungsvertrag **12** bzw. dessen Entwurf im Einzelnen und insbes. das Umtauschverhältnis der Anteile oder die Angaben über die Mitgliedschaft bei dem übernehmenden Rechtsträger sowie die Höhe einer evtl. anzubietenden Barabfindung **„ausführlich" rechtlich und wirtschaftlich erläutern und begründen** (§ 8 Abs. 1 S. 1 UmwG). Zu ergänzen sind Angaben über besondere Schwierigkeiten bei der Bewertung, die Folgen für die Beteiligung der Anteilsinhaber und alle für die Verschmelzung wesentlichen Angelegenheiten von verbundenen Unternehmen (§ 8 Abs. 1 S. 2 und 3 UmwG). Näheres zu dem unbestimmten Rechtsbegriff der Ausführlichkeit und den Grenzen der Berichterstattungspflicht sind dem UmwG nicht zu entnehmen.[39] Diese Unbestimmtheit erschwert eine rechtssichere Anwendung des § 8 UmwG[40] und hat in der Vergangenheit häufig zu Anfechtungsklagen von Anteilsinhabern geführt. Dies ist insbes. im Hinblick auf die Rechtsfolgen einer fehlerhaften Berichterstattung misslich. Ein Mangel des Verschmelzungsberichts kann zur Anfechtung des Verschmelzungsbeschlusses berechtigen und den Vollzug der Verschmelzung blockieren (§ 16 Abs. 2 S. 2 UmwG). Den Schwierigkeiten bei der praktischen Handhabung lässt sich in gewissem Maße dadurch begegnen, dass dem Vertretungsorgan ein Spielraum bei der Berichterstattung zugestanden wird.[41] Zudem zieht der Gesetzgeber eine Parallele zum Bericht über den Ausschluss des Bezugsrechts gem. § 186 Abs. 4 S. 2 AktG.[42] Die zu dieser aktienrechtlichen Vorschrift vorhandenen Erkenntnisse können deshalb bei der Anwendung des § 8 UmwG herangezogen werden. Auch die uU schwerwiegenden Folgen einer Verzögerung oder sogar eines Scheiterns der Verschmelzung sind bei der Bestimmung des genauen Inhalts und Umfangs der Berichtspflicht zu berücksichtigen.

Das **Informationsbedürfnis der Anteilsinhaber** bestimmt maßgeblich den **Inhalt 13 und Umfang der Berichtspflicht**. Im Verschmelzungsbericht sind solche Informationen zu erläutern, die für einen verständigen Anteilsinhaber vernünftigerweise bei der Abstimmung über die Verschmelzung entscheidungsrelevant sind.[43] Hierbei ist zu berücksichtigen, dass den Anteilsinhabern auch andere Informationsquellen zur Verfügung stehen.[44] Der Verschmelzungsbericht richtet sich an die Gesamtheit der Anteilsinhaber. Für diese muss er die wesentlichen Grundlagen, Hintergründe, Vorteile und Risiken der Verschmelzung darstellen. Maßgeblich sind daher die aus **Sicht der Gesamtheit der Anteilsinhaber** relevanten Entscheidungsgrundlagen, um eine sachgerechte Entscheidung treffen zu können. Nicht relevant sind dagegen eventuell bestehende besondere Informationsbedürfnisse einzelner Anteilsinhaber. Solche besonderen Informationsbedürfnisse können auf Nachfrage in der Anteilsinhaberversammlung befriedigt werden. Die passive Auskunftspflicht in der Versammlung übersteigt insoweit die aktive Berichtspflicht im Vorfeld.[45] Das Informationsbedürfnis der Anteilsinhaber ist zudem nicht unbegrenzt schutzwürdig. Der Bericht soll den Anteilsinhabern lediglich eine **Plausibilitätskontrolle** ermöglichen.[46] Er dient

---

[39] Bork ZGR 1993, 343, 350; Lutter/*Drygala* § 8 Rn. 11 f.; Semler/Stengel/*Gehling* § 8 Rn. 11; Hommelhoff ZGR 1993, 452, 463; Kallmeyer/*Marsch-Barner* § 8 Rn. 1.
[40] Kallmeyer/*Marsch-Barner* § 8 Rn. 1; *Rodewald* BB 1992, 237, 238.
[41] Semler/Stengel/*Gehling* § 8 Rn. 11; Widmann/Mayer/*Mayer* § 8 Rn. 19; *Mertens* AG 1990, 22, 23 ff.
[42] RegBegr. zu § 8 UmwG bei *Ganske* S. 53.
[43] Lutter/*Drygala* § 8 Rn. 12; Kölner Kommentar-UmwG/*Simon* § 8 Rn. 16.
[44] → Rn. 2.
[45] OLG Hamm 8 W 11/99, NJW-RR 1999, 973, 975; Semler/Stengel/*Gehling* § 8 Rn. 12; Kölner Kommentar-UmwG/*Simon* § 8 Rn. 19.
[46] OLG Hamm 8 W 11/99, NJW-RR 1999, 973, 975; Böttcher/Habighorst/Schulte/*Böttcher* § 8 Rn. 11; Lutter/*Drygala* § 8 Rn. 12; Semler/Stengel/*Gehling* § 8 Rn. 12; Kallmeyer/*Marsch-Barner* § 8 Rn. 6.

nicht dazu, die Anteilsinhaber in die Lage zu versetzen, den Verschmelzungsvorgang in allen Einzelheiten nachvollziehen zu können.[47]

14 Die **Berichterstattungspflicht** gilt **unabhängig von der Rechtsform** der beteiligten Rechtsträger. Das Gesetz stellt einheitliche Anforderungen an alle beteiligten Rechtsträger. In der praktischen Handhabung kann der **Umfang der Berichterstattung** allerdings **variieren** je nach der **Struktur des Rechtsträgers,** dem **Informationsstand der Anteilsinhaber** und sonstigen konkreten **Umständen des Einzelfalls**.[48] Solche Umstände sind bei der Festlegung des konkreten Umfangs des Verschmelzungsberichts stets zu berücksichtigen. Hierbei ist zu beachten, dass die Berichtsstandards für einen Verschmelzungsbericht in erster Linie auf Publikumsgesellschaften mit vielen Anteilsinhabern zugeschnitten sind. In Publikumsgesellschaften wird es typischerweise erforderlich sein, die Anteilsinhaber umfassend zu informieren, um ihnen eine Abstimmung über die Verschmelzung in Kenntnis aller wesentlichen Grundlagen und Hintergründe zu ermöglichen.[49] Je personalistischer dagegen ein Rechtsträger geprägt ist, desto besser werden die Anteilsinhaber typischerweise bereits im Vorfeld über die allgemeine wirtschaftliche Lage des Rechtsträgers und ggf. auch Hintergründe und Grundlagen der geplanten Verschmelzung informiert sein.[50] In einer solchen Konstellation mit nur wenigen an der Entscheidung beteiligten Anteilsinhabern wird sich der Bericht meist auf die spezifischen Aspekte der Verschmelzung und die übrigen an der Verschmelzung beteiligten Rechtsträger konzentrieren können.[51] Je nach Rechtsform können Teile des Verschmelzungsberichts für die Anteilsinhaber auch mehr oder weniger Bedeutung haben. Dies darf beim Verfassen des Verschmelzungsberichts berücksichtigt werden.

1. Erläuterung der Verschmelzung

15 Der Verschmelzungsbericht muss die Verschmelzung rechtlich und wirtschaftlich erläutern und begründen. Hierfür sind zunächst die an der Verschmelzung beteiligten **Rechtsträger und ihre wirtschaftliche Ausgangslage** vor der Verschmelzung zu beschreiben.[52] Die Beschreibung sollte insbes. Angaben zu Geschäftsfeldern (ggf. mit Angaben zu Umsätzen und Marktanteilen), zu wesentlichen Beteiligungen, zur mitbestimmungsrechtlichen Verfassung, zur Zahl der Mitarbeiter, zu den Organen sowie zur Gesellschafts- und Beteiligungsstruktur der beteiligten Rechtsträger enthalten.[53] Häufig enthalten Verschmelzungsberichte auch einen Abschnitt zur jüngeren Unternehmensgeschichte und Geschäftsentwicklung; zwingend ist dies jedoch nicht.[54] Die Beschreibung des eigenen Rechtsträgers kann bei separaten Berichten kurz ausfallen[55] oder uU ganz wegfallen[56]. Die anderen Rechtsträger muss der Bericht dagegen ausführlicher beschreiben.[57]

---

[47] OLG Jena 6 W 288/08, NJW-RR 2009, 182, 183; OLG Hamm 8 W 11/99, NJW-RR 1999, 973, 975; Böttcher/Habighorst/Schulte/*Böttcher* § 8 Rn. 11; Lutter/*Drygala* § 8 Rn. 12; Semler/Stengel/*Gehling* § 8 Rn. 12; *Groß* AG 1996, 111, 116; Kallmeyer/*Marsch-Barner* § 8 Rn. 6; Kölner Kommentar-UmwG/*Simon* § 8 Rn. 18.

[48] Böttcher/Habighorst/Schulte/*Böttcher* § 8 Rn. 10; Semler/Stengel/*Gehling* § 8 Rn. 13; Kölner Kommentar-UmwG/*Simon* § 8 Rn. 17.

[49] Kölner Kommentar-UmwG/*Simon* § 8 Rn. 17.

[50] Semler/Stengel/*Gehling* § 8 Rn. 13; Kölner Kommentar-UmwG/*Simon* § 8 Rn. 17.

[51] Kölner Kommentar-UmwG/*Simon* § 8 Rn. 17.

[52] Böttcher/Habighorst/Schulte/*Böttcher* § 8 Rn. 13; Lutter/*Drygala* § 8 Rn. 14; Semler/Stengel/*Gehling* § 8 Rn. 16; Kallmeyer/*Marsch-Barner* § 8 Rn. 7; Widmann/Mayer/*Mayer* § 8 Rn. 21.

[53] Böttcher/Habighorst/Schulte/*Böttcher* § 8 Rn. 13; Lutter/*Drygala* § 8 Rn. 14; Semler/Stengel/*Gehling* § 8 Rn. 16; Kallmeyer/*Marsch-Barner* § 8 Rn. 7; Widmann/Mayer/*Mayer* § 8 Rn. 21.

[54] Semler/Stengel/*Gehling* § 8 Rn. 16.

[55] Semler/Stengel/*Gehling* § 8 Rn. 16; Kallmeyer/*Marsch-Barner* § 8 Rn. 7; Kölner Kommentar-UmwG/*Simon* § 8 Rn. 20.

[56] Lutter/*Drygala* § 8 Rn. 14.

[57] Semler/Stengel/*Gehling* § 8 Rn. 16.

§ 9 Verschmelzungsbericht

Um den Anteilsinhabern eine Plausibilitätskontrolle der Verschmelzung zu ermöglichen, **16** müssen außerdem **die rechtlichen und wirtschaftlichen Gründe für die Verschmelzung** erläutert werden.[58] Hierzu sind die **mit der Verschmelzung verbundenen unternehmerischen Chancen und Risiken** darzustellen[59] und mit spezifischem Bezug zur beabsichtigten Verschmelzung zu konkretisieren, bspw. durch Angaben zu einer erwarteten Verbesserung der Marktposition, voraussichtlichen Synergieeffekten, Kosteneinsparpotentialen, Verbesserung der Wettbewerbsfähigkeit, Sicherung von Arbeitsplätzen und möglichen Steuervorteilen infolge der Verschmelzung.[60] Die Angabe von Zahlenschätzungen, etwa zu möglichen Kosteneinsparungen oder Synergiepotentialen, ist in der Praxis verbreitet, aber nicht zwingend.[61] Grobe Schätzungen genügen jedenfalls.[62] Einen konkreten Maßnahmeplan zur Erzielung von Synergieeffekten muss der Verschmelzungsbericht nicht enthalten.[63]

Aus dem Verschmelzungsbericht sollte außerdem die zu erwartende **wirtschaftliche** **17** **Verfassung des verschmolzenen Rechtsträgers** hervorgehen. Dazu zählen nach etablierter Praxis bei börsennotierten Aktiengesellschaften Angaben über voraussichtliche **gesellschaftsrechtliche, bilanzielle, finanzwirtschaftliche und steuerliche Folgen der Verschmelzung**.[64] Die bilanziellen Auswirkungen können bspw. durch eine Gegenüberstellung der Bilanzen des übertragenden und des übernehmenden Rechtsträgers einerseits und einer Pro-forma-Bilanz des verschmolzenen Rechtsträgers andererseits dargestellt werden.[65] Zu empfehlen sind auch Angaben zur Eigenkapitalquote, zum Verschuldungsgrad und zu voraussichtlichen weiteren Entwicklungen der bilanziellen Situation und der Finanzierungssituation des verschmolzenen Rechtsträgers.[66] In steuerlicher Hinsicht ist insbes. zu erläutern, ob und in welchem Umfang die Verschmelzung wesentliche nachteilige oder vorteilhafte Steuerfolgen hat.[67] Typischerweise differenziert die Praxis zwischen steuerlichen Auswirkungen auf die beteiligten Rechtsträger einerseits und auf deren Anteilsinhaber andererseits. Steuerliche Folgen für die Anteilsinhaber sind nur abstrakt darzustellen, weil die konkreten steuerlichen Auswirkungen bei einzelnen Anteilsinhabern von der jeweiligen individuellen steuerlichen Situation abhängen.[68] Im Einzelfall können je nach Situation der beteiligten Rechtsträger weitergehende Angaben erforderlich sein, insbes. wenn die Verschmelzung wesentliche Chancen oder Risiken birgt. Ist eine der beteiligten Gesellschaften bspw. börsennotiert, so ist im Verschmelzungsbericht darzustellen, wenn sich die Verschmelzung auf die Verbriefung oder die zukünftige Handelbarkeit

---

[58] RegBegr. BT-Drs. 12/6699, S. 84.
[59] BGH II ZR 206/88, BGHZ 107, 296, 301 = NJW 1989, 2689, 2690; OLG Düsseldorf 17 W 18/99, ZIP 1999, 793, 795; Böttcher/Habighorst/Schulte/*Böttcher* § 8 Rn. 15; Lutter/*Drygala* § 8 Rn. 15; Semler/Stengel/*Gehling* § 8 Rn. 17; Kallmeyer/*Marsch-Barner* § 8 Rn. 7.
[60] Böttcher/Habighorst/Schulte/*Böttcher* § 8 Rn. 15; Lutter/*Drygala* § 8 Rn. 15; Semler/Stengel/ *Gehling* § 8 Rn. 17; Widmann/Mayer/*Mayer* § 8 Rn. 21; Lutter-Umwandlungsrechtstage/*Grunewald/ Winter* S. 28.
[61] OLG Düsseldorf 17 W 18/99, NZG 1999, 565, 567; Lutter/*Drygala* § 8 Rn. 15; Semler/ Stengel/*Gehling* § 8 Rn. 17; Kallmeyer/*Marsch-Barner* § 8 Rn. 7; Mertens AG 1992, 321, 330 ff.
[62] OLG Düsseldorf 17 W 18/99, NZG 1999, 565, 567; Lutter/*Drygala* § 8 Rn. 15; Semler/ Stengel/*Gehling* § 8 Rn. 17; Widmann/Mayer/*Mayer* § 8 Rn. 21; Kölner Kommentar-UmwG/*Simon* § 8 Rn. 21.
[63] OLG Hamm 8 W 11/99, NZG 1999, 560, 561 f.; Böttcher/Habighorst/Schulte/*Böttcher* § 8 Rn. 15; Lutter/*Drygala* § 8 Rn. 15; Semler/Stengel/*Gehling* § 8 Rn. 17; Lutter-Umwandlungsrechtstage/*Grunewald/ Winter* S. 28.
[64] Böttcher/Habighorst/Schulte/*Böttcher* § 8 Rn. 16; Lutter/*Drygala* § 8 Rn. 15; Semler/Stengel/ *Gehling* § 8 Rn. 20; Kallmeyer/*Marsch-Barner* § 8 Rn. 7.
[65] Widmann/Mayer/*Mayer* § 8 Rn. 21.
[66] Lutter/*Drygala* § 8 Rn. 15; Widmann/Mayer/*Mayer* § 8 Rn. 21.
[67] Semler/Stengel/*Gehling* § 8 Rn. 20; Widmann/Mayer/*Mayer* § 8 Rn. 21; Kölner Kommentar-UmwG/*Simon* § 8 Rn. 22.
[68] Semler/Stengel/*Gehling* § 8 Rn. 20.

der Aktien auswirkt.[69] Existieren bei einem übertragenden Rechtsträger Options- oder Wandelschuldverschreibungen, Genussscheine oder ähnliche Rechte, so sind die Anteilsinhaber darüber zu informieren, wie sich die Ausübung dieser Rechte auf das Kapital des verschmolzenen Rechtsträgers auswirken kann.[70] Auch Folgen für die regulatorische Situation der beteiligten Rechtsträger, auf ausstehende und existierende Genehmigungen und Erlaubnisse sowie auf bedeutende Vertragsverhältnisse und wesentliche Änderungen der Betriebs- und Unternehmensstruktur können im Einzelfall zu den berichtspflichtigen Angaben gehören.[71]

18 Der Verschmelzungsbericht muss auch die **künftige Unternehmens- und Führungsstruktur des übernehmenden Rechtsträgers** darstellen.[72] Falls eine Entscheidung darüber erst für die Zeit nach dem Wirksamwerden der Verschmelzung geplant ist, sollten etwaige Empfehlungen an die zuständigen Organe offengelegt werden.[73] Dazu zählen bspw. Empfehlungen zur Besetzung von Vertretungs- und Aufsichtsorganen.

19 Das Vertretungsorgan muss die Anteilsinhaber auch über **geprüfte und verworfene Alternativen zu der Verschmelzung** informieren und die maßgeblichen Gründe, warum diese zur geplanten Zielverwirklichung weniger dienlich erscheinen als die Verschmelzung, erläutern.[74] Als mögliche Alternative können bspw. in Betracht kommen: ein Anteilskauf (→ § 3 Rn. 14 ff.), eine Anwachsung (→ § 3 Rn. 19 ff.), eine Einbringung von Anteilen am übertragenden Rechtsträger als Sacheinlage in den übernehmenden Rechtsträger gegen Gewährung von Anteilen (→ § 3 Rn. 14) und – bei der Verschmelzung von Aktiengesellschaften – eine Eingliederung nach §§ 319 ff. AktG (→ § 3 Rn. 25). Ein allgemeiner, unspezifischer Hinweis, dass Alternativen erwogen aber verworfen wurden, ist nicht ausreichend.[75]

20 Sodann sind die **Vor- und Nachteile der Verschmelzung gegeneinander abzuwägen**.[76] Es ist darzulegen, warum die Verschmelzung die unternehmerischen Ziele am besten verfolgt und die Anteilsinhaber dieser trotz etwaiger Nachteile zustimmen sollten.[77]

2. Erläuterung des Verschmelzungsvertrags

21 Der **Verschmelzungsvertrag** oder sein Entwurf sind im Verschmelzungsbericht „im Einzelnen" rechtlich und wirtschaftlich zu erläutern, § 8 Abs. 1 S. 1 UmwG. Die Berichtspflicht geht über die Darstellung des wesentlichen Inhalts des Verschmelzungsvertrags hinaus. Die maßgeblichen Regelungen des Verschmelzungsvertrags sind hinsichtlich ihres Inhalts und ihrer Tragweite so zu erläutern, dass sie auch **für Anteilsinhaber ohne juristische oder betriebswirtschaftliche Vorbildung nachvollziehbar und verständlich** sind. Dies gilt insbes. für solche Regelungen, die für juristische und betriebswirtschaftliche Laien aus dem Verschmelzungsvertrag heraus nicht unmittelbar verständlich sind[78], bspw. Regelungen zur Änderung von Gewinnbezugsrechten, zur Festlegung eines Verschmelzungsstichtags, der vom Rechnungslegungszyklus eines beteiligten Rechtsträgers

---

[69] Lutter/*Drygala* § 8 Rn. 15; Semler/Stengel/*Gehling* § 8 Rn. 20; Widmann/Mayer/*Mayer* § 8 Rn. 21.

[70] Lutter/*Drygala* § 8 Rn. 15; Widmann/Mayer/*Mayer* § 8 Rn. 21.

[71] Semler/Stengel/*Gehling* § 8 Rn. 20.

[72] Semler/Stengel/*Gehling* § 8 Rn. 19; Kallmeyer/*Marsch-Barner* § 8 Rn. 7; Widmann/Mayer/*Mayer* § 8 Rn. 21.

[73] Semler/Stengel/*Gehling* § 8 Rn. 19; Widmann/Mayer/*Mayer* § 8 Rn. 21.

[74] OLG Jena 6 W 288/08, NJW-RR 2009, 182, 183; LG München I 5 HKO 8188/99, AG 2000, 86, 87; *Bayer* ZIP 1997, 1613, 1619; Böttcher/Habighorst/Schulte/*Böttcher* § 8 Rn. 13; Semler/Stengel/*Gehling* § 8 Rn. 18; Kallmeyer/*Marsch-Barner* § 8 Rn. 7; Kölner Kommentar-UmwG/*Simon* § 8 Rn. 23.

[75] LG München I 5 HKO 8188/99, AG 2000, 86, 87.

[76] Lutter/*Drygala* § 8 Rn. 16; Widmann/Mayer/*Mayer* § 8 Rn. 22.

[77] Lutter/*Drygala* § 8 Rn. 16; Semler/Stengel/*Gehling* § 8 Rn. 18; Widmann/Mayer/*Mayer* § 8 Rn. 22.

[78] Böttcher/Habighorst/Schulte/*Böttcher* § 8 Rn. 17; Lutter/*Drygala* § 8 Rn. 17; Widmann/Mayer/*Mayer* § 8 Rn. 23.

abweicht, und zur Gewährung von Sonderrechten für einzelne Anteilsinhaber oder Verwaltungsorgane eines beteiligten Rechtsträgers.[79] Erläuterungsbedürftig sind außerdem der technische Ablauf der Verschmelzung sowie die rechtlichen Wirkungen der Verschmelzung.[80] Es geht dabei nicht um eine rechtstechnische Darstellung, sondern darum, juristischen und betriebswirtschaftlichen Laien eine Plausibilitätsprüfung und verständige Würdigung der Verschmelzung und ihrer Folgen zu ermöglichen.[81]

Kein Erläuterungsbedarf besteht für **Standardregelungen**.[82] Gleiches gilt für **Bestimmungen mit deklaratorischem Charakter**.[83] Deklaratorischer Natur sind bspw. Bestimmungen über die angestrebte Börsenzulassung für die zu gewährenden Aktien, Kostenregelungen oder der Hinweis auf die der Verschmelzung zugrunde gelegte Schlussbilanz. Auch die **Angaben in § 5 Abs. 1 Nr. 1 UmwG**, dh der Name oder die Firma und der Sitz der an der Verschmelzung beteiligten Rechtsträger, müssen nicht erläutert werden.[84] Gleiches gilt für die **Angaben nach § 5 Abs. 1 Nr. 7, 8 und 9 UmwG**, zu denen bereits der Verschmelzungsvertrag die wesentlichen Informationen enthalten muss. Solche Bestandteile mit beschreibendem Charakter müssen im Verschmelzungsbericht nicht erneut erläutert werden.[85] Die Vertretungsorgane können beim Verfassen des Berichts auch unterstellen, dass die Adressaten Kenntnis von den wesentlichen gesetzlichen Regelungen zur Verschmelzung haben. Aus diesem Grunde muss bspw. der Grund für eine Kapitalerhöhung zur Durchführung der Verschmelzung nicht erläutert werden.[86]

Für die Darstellung kann es sinnvoll sein, den **Verschmelzungsvertrag** oder dessen Entwurf **in den Verschmelzungsbericht zu integrieren** und bezugnehmend auf die einzelnen Abschnitte des Vertrags Erläuterungen anzuführen.[87]

3. Erläuterung des Umtauschverhältnisses

Die Erläuterung des Umtauschverhältnisses ist bei jeder Verschmelzung gegen Gewährung von Anteilen einer der wesentlichen Bestandteile des Verschmelzungsberichts, § 8 Abs. 1 S. 1 UmwG.[88] Die Vertretungsorgane der beteiligten Rechtsträger müssen das **Umtauschverhältnis rechtlich und wirtschaftlich ausführlich erläutern und begründen**.[89] Für die Anteilsinhaber ist es von zentraler Bedeutung, wie sich ihre Anteilsinhaberschaft am übernehmenden Rechtsträger nach der Verschmelzung fortsetzt (**Verschmelzungswertrelation**).[90]

Das Umtauschverhältnis wird aus dem Verhältnis der Unternehmenswerte des übertragenden und des übernehmenden Rechtsträgers sowie der beiderseitigen Kapitalverhältnisse ermittelt.[91] Die Berechnung ist so verständlich darzustellen, dass es den Anteilsinhabern möglich ist, die **wesentlichen Bewertungsgrundlagen und die Stichhaltigkeit der Bewertung**, notfalls mit Hilfe eines Fachkundigen, einer **Plausibilitätskontrolle** zu

---

[79] Widmann/Mayer/*Mayer* § 8 Rn. 23.
[80] Böttcher/Habighorst/Schulte/*Böttcher* § 8 Rn. 17; Lutter/*Drygala* § 8 Rn. 17; Kölner Kommentar-UmwG/*Simon* § 8 Rn. 24.
[81] Kölner Kommentar-UmwG/*Simon* § 8 Rn. 24.
[82] Böttcher/Habighorst/Schulte/*Böttcher* § 8 Rn. 17; Lutter/*Drygala* § 8 Rn. 17; Semler/Stengel/*Gehling* § 8 Rn. 21.
[83] Böttcher/Habighorst/Schulte/*Böttcher* § 8 Rn. 17; Semler/Stengel/*Gehling* § 8 Rn. 21.
[84] Semler/Stengel/*Gehling* § 8 Rn. 21; Widmann/Mayer/*Mayer* § 8 Rn. 23.
[85] Semler/Stengel/*Gehling* § 8 Rn. 21; Kallmeyer/*Marsch-Barner* § 8 Rn. 9; Kölner Kommentar-UmwG/*Simon* § 8 Rn. 24.
[86] Semler/Stengel/*Gehling* § 8 Rn. 21.
[87] Widmann/Mayer/*Mayer* § 8 Rn. 23.
[88] Goutier/Knopf/Tulloch/*Bermel* § 8 Rn. 17; Semler/Stengel/*Gehling* § 8 Rn. 22; Kölner Kommentar-UmwG/*Simon* § 8 Rn. 25.
[89] BGH II ZR 254/88, WM 1990, 140, 141; BGH II ZR 206/88, BGHZ 107, 296, 302 = NJW 1989, 2689, 2690; OLG Köln 24 U 244/87, ZIP 1988, 1391, 1392; *Priester* NJW 1983, 1459, 1461.
[90] Böttcher/Habighorst/Schulte/*Böttcher* § 8 Rn. 18; Lutter/*Drygala* § 8 Rn. 18.
[91] Böttcher/Habighorst/Schulte/*Böttcher* § 8 Rn. 23; Kallmeyer/*Marsch-Barner* § 8 Rn. 12.

unterziehen.⁹² Nicht ausreichend ist die bloße Angabe des Umtauschverhältnisses.⁹³ Es genügt aber eine zusammenfassende, plausible Darstellung der wesentlichen Bewertungsfaktoren.⁹⁴ Die Anteilsinhaber müssen nicht in die Lage versetzt werden, die Richtigkeit der Bewertung und die Angemessenheit des Umtauschverhältnisses bis in alle Einzelheiten nachzuprüfen bzw. eine eigene Unternehmensbewertung durchzuführen.⁹⁵ Dies ist Aufgabe des Verschmelzungsprüfers (§§ 9 ff. UmwG).

26 Darzustellen ist auch, ob der **Unternehmenswert**, auf dessen Grundlage das Vertretungsorgan das Umtauschverhältnis festsetzt, **durch das Vertretungsorgan selbst oder durch einen externen Wirtschaftsprüfer oder einen sonstigen Dritten festgestellt** wurde.⁹⁶ Die Bewertung durch einen Externen auf der Grundlage einer vom Rechtsträger erstellten Unternehmensplanung ist in der Praxis die Regel, gesetzlich aber nicht geboten. Der Unternehmensbewerter erstattet über das Ergebnis seiner Bewertung üblicherweise einen schriftlichen Bericht. Das Vertretungsorgan kann sich das Ergebnis der externen Unternehmensbewertung dann zu eigen machen. Externe Gutachten müssen im Verschmelzungsbericht nicht offen gelegt werden.⁹⁷ Der Verschmelzungsbericht enthält aber häufig die für die Bewertung maßgeblichen Passagen eines externen Bewertungsgutachtens. Außerdem werden externe Gutachten häufig entweder in der Versammlung der Anteilsinhaber oder auf Verlangen freiwillig offen gelegt. Für alle beteiligten Rechtsträger ist jeweils eine eigenständige Unternehmensbewertung durchzuführen.⁹⁸ In einfachen Konstellationen, in denen sich das Umtauschverhältnis ggf. bereits aus den Jahresabschlüssen (insbes. aus den Eigenkapitalquoten) ableiten lässt, kann eine umfassende Unternehmensbewertung entbehrlich sein.⁹⁹

27 a) **Bewertungsmethode.** Die **Bewertungsmethode**, nach der das im Verschmelzungsvertrag (§ 5 Abs. 1 Nr. 3 UmwG) festgelegte Umtauschverhältnis ermittelt worden ist, ist **bei der Erläuterung des Umtauschverhältnisses anzugeben**.¹⁰⁰ Sofern die Unternehmensbewertung bei den beteiligten Rechtsträgern aufgrund von unterschiedlichen Methoden durchgeführt wurde, was nur in Ausnahmefällen zulässig ist, muss auch dies mitgeteilt und zur Vergleichbarkeit der Ergebnisse Stellung genommen werden.¹⁰¹ Im

---

⁹² OLG Jena 6 W 288/08, NJW-RR 2009, 182, 183; OLG Düsseldorf I-15 W 110/05, DB 2006, 2223, 2225; OLG Frankfurt 14 W 23/00, ZIP 2000, 1928, 1930; OLG Hamm 8 W 11/99, NZG 1999, 560, 561; OLG Karlsruhe 15 U 76/88, ZIP 1989, 988, 990 ff.; OLG Köln 24 U 244/87, ZIP 1988, 1391, 1392; LG Mainz 10 HK O 143/99, ZIP 2001, 840, 842; Böttcher/Habighorst/Schulte/*Böttcher* § 8 Rn. 18; Lutter/*Drygala* § 8 Rn. 18; Semler/Stengel/*Gehling* § 8 Rn. 22; *Wardenbach* BB 1991, 485, 486; *Westermann* FS J. Semler, 1993, S. 651, 654.
⁹³ BGH II ZR 206/88, BGHZ 107, 296 = NJW 1989, 2689; OLG Frankfurt 5 AktG 4/11, AG 2012, 414, 415.
⁹⁴ OLG Karlsruhe 15 U 76/88, ZIP 1989, 988, 990 f.; OLG Köln 24 U 244/87, AG 1989, 101; OLG Hamm 8 U 329/87, DB 1988, 1842, 1843; LG Frankfurt 3/11 T 62/89, WM 1990, 592, 594; Lutter/*Drygala* § 8 Rn. 18; Kallmayer/*Marsch-Barner* § 8 Rn. 11.
⁹⁵ OLG Hamm 8 W 11/99, NZG 1999, 560, 561; OLG Karlsruhe 15 U 76/88, WM 1989, 1134, 1137; LG Mainz 10 HKO 143/99, NZG 2001, 951, 952; LG Frankenthal 2 (HK) O 80/89, WM 1989, 1854, 1857; Lutter/*Drygala* § 8 Rn. 18; Semler/Stengel/*Gehling* § 8 Rn. 22; *Mertens* AG 1990, 20, 22.
⁹⁶ Semler/Stengel/*Gehling* § 8 Rn. 23.
⁹⁷ BGH II ZR 146/89, WM 1990, 2073; OLG Düsseldorf I-19 W 5/03 AktE, ZIP 2004, 1503, 1506; OLG Karlsruhe 15 U 76/88, ZIP 1989, 988; LG Mainz 10 HK O 143/99, ZIP 2001, 840, 842; Böttcher/Habighorst/Schulte/*Böttcher* § 8 Rn. 23; Semler/Stengel/*Gehling* § 8 Rn. 36; Kallmayer/*Marsch-Barner* § 8 Rn. 12.
⁹⁸ Böttcher/Habighorst/Schulte/*Böttcher* § 8 Rn. 23; Kallmayer/*Marsch-Barner* § 8 Rn. 12.
⁹⁹ Kallmayer/*Marsch-Barner* § 8 Rn. 12.
¹⁰⁰ Böttcher/Habighorst/Schulte/*Böttcher* § 8 Rn. 19; Semler/Stengel/*Gehling* § 8 Rn. 24; Kallmeyer/*Marsch-Barner* § 8 Rn. 11; Widmann/Mayer/*Mayer* § 8 Rn. 25.
¹⁰¹ Böttcher/Habighorst/Schulte/*Böttcher* § 8 Rn. 22; Lutter/*Drygala* § 8 Rn. 19; Kallmeyer/*Marsch-Barner* § 8 Rn. 11.

§ 9 Verschmelzungsbericht   28, 29   § 9

Ausgangspunkt gilt aber der **Grundsatz der Methodengleichheit**, dh bei allen beteiligten Rechtsträgern muss dieselbe Bewertungsmethode zugrunde gelegt werden.[102] Dies stellt sicher, dass sich mögliche Fehler bei der Bewertung bei allen beteiligten Rechtsträgern auf die gleiche Weise auswirken und das Umtauschverhältnis iErg nicht berühren.[103]

Die **geeignete Bewertungsmethode** kann das Vertretungsorgan nach pflichtgemäßem Ermessen wählen. Das UmwG schreibt keine bestimmte Bewertungsmethode vor.[104] Die Methode muss zur sachgerechten Bewertung lediglich angemessen sein.[105] Die Angemessenheit ist kurz zu begründen.[106] Dies gilt insbes. dann, wenn sich das Vertretungsorgan für eine Bewertungsmethode entscheidet, die von den in der Praxis anerkannten Methoden abweicht.[107] Va bei Verschmelzungen börsennotierter Gesellschaften wird bei der Bewertung der beteiligten Rechtsträger regelmäßig die sog. **Ertragswertmethode** angewandt. Sie kommt typischerweise in der Form zur Anwendung, in der sie in den Grundsätzen durch Durchführung von Unternehmensbewertungen des IDW beschrieben ist[108], dh unter Hinzurechnung des nicht betriebsnotwendigen Vermögens und mit dem Liquidationswert als Untergrenze der Bewertung.[109] Bei Anwendung der Ertragswertmethode genügt im Bericht ein Hinweis, dass es sich um eine bewährte, in der Rechtsprechung anerkannte und verfassungsrechtlich unbedenkliche Methode der Unternehmensbewertung handelt.[110] **28**

Modifizierungen der Ertragswertmethode oder die Wahl einer anderen Methode, z. B. das Substanzwertverfahren, eine Kombination aus Ertrags- und Substanzwertmethode (Stuttgarter Verfahren) oder das Discounted-Cash-Flow-Verfahren[111], sind bei pflichtgemäßem Ermessen und entsprechender Begründung im Verschmelzungsbericht möglich.[112] Im Verschmelzungsbericht ist dann darzulegen, weshalb die Ertragswertmethode nicht sachgerecht war.[113] Statt des Ertragswerts kann ggf. auch der **Liquidationswert** angesetzt werden. Dieses Vorgehen eignet sich va bei einer Sanierungsverschmelzung, wenn der Liquidationswert den Ertragswert übersteigt.[114] Eine abweichende Bewertung ist regelmäßig auch im Hinblick auf Minderheitsbeteiligungen dann erforderlich, wenn die für eine **29**

---

[102] BGH II ZB 15/00, NJW 2001, 2080; OLG Frankfurt 21 W 40/11, BeckRS 2014, 11112; OLG München 31 Wx 250/11, AG 2012, 749; BayObLG 3Z BR 116/00, DB 2003, 436, 437; OLG Düsseldorf 20 AktE 8/94, AG 2003, 329, 334; LG München I 5 HK O 20128/00, Der Konzern 2007, 137; Kallmeyer/*Marsch-Barner* § 8 Rn. 14b; Widmann/Mayer/*Mayer* § 5 Rn. 101; Kölner Kommentar/UmwG/*Simon* § 5 Rn. 39.

[103] OLG München 31 Wx 87/06, AG 2007, 701, 702; OLG Stuttgart 20 W 5/05, AG 2006, 420; OLG Karlsruhe 12 W 136/04, AG 2006, 463; OLG Düsseldorf 19 W 9/00 AktE, Der Konzern 2003, 546; OLG Düsseldorf 19 W 3/03 AktE, AG 2003, 507.

[104] Vgl. BVerfG 1 BvR 2658/10, NJW 2011, 2497, 2498; BGH II ZR 36/92, ZIP 1993, 1160, 1162; BGH IX ZR 34/81, NJW 1982, 2441; OLG Frankfurt 21 W 40/11, BeckRS 2014, 11112; OLG Düsseldorf I-15 W 110/05, DB 2006, 2223, 2225; OLG Düsseldorf 19 W 1/81, WM 1984, 732, 733; LG Frankfurt 3/3 O 145/83, WM 1987, 559, 560; Semler/Stengel/*Gehling* § 8 Rn. 24; Kallmeyer/*Marsch-Barner* § 8 Rn. 14.

[105] LG Mannheim 24 O 75/87, AG 1988, 248, 249; Semler/Stengel/*Gehling* § 8 Rn. 24.

[106] Semler/Stengel/*Gehling* § 8 Rn. 25.

[107] Semler/Stengel/*Gehling* § 8 Rn. 25; Kölner Kommentar/UmwG/*Simon* § 8 Rn. 26.

[108] IDW Standard S 1, WPg-Supplement 3/2008, S. 68 ff., Stand: 30.5.2008.

[109] Böttcher/Habighorst/Schulte/*Böttcher* § 8 Rn. 19; Lutter/*Drygala* § 8 Rn. 19; Kallmeyer/*Marsch-Barner* § 8 Rn. 13.

[110] BayObLG, BReg 3Z 17/90, WM 1996, 526; OLG Zweibrücken 3 W 133/92 und 3 W 145/92, DB 1995, 866; LG Mannheim 24 O 75/87, AG 1988, 248, 249; Böttcher/Habighorst/Schulte/*Böttcher* § 8 Rn. 19; Lutter/*Drygala* § 8 Rn. 19; Kölner Kommentar/UmwG/*Simon* § 8 Rn. 26.

[111] Näheres zu den Verfahren: Baumbach/Hopt HGB/*Hopt* Einl. v § 1 Rn. 36.

[112] LG Mannheim 24 O 75/87, AG 1988, 248, 249; Böttcher/Habighorst/Schulte/*Böttcher* § 8 Rn. 20; Lutter/*Drygala* § 8 Rn. 19, 21; Kallmeyer/*Marsch-Barner* § 8 Rn. 14; Kölner Kommentar-UmwG/*Simon* § 8 Rn. 26.

[113] Lutter/*Drygala* § 8 Rn. 19; Kallmeyer/*Marsch-Barner* § 8 Rn. 13; Kölner Kommentar-UmwG/*Simon* § 8 Rn. 26.

[114] Böttcher/Habighorst/Schulte/*Böttcher* § 8 Rn. 20; Kallmeyer/*Marsch-Barner* § 8 Rn. 14.

Ertragswertberechnung notwendigen Informationen fehlen.[115] Eine Unternehmensbewertung nach Buchwerten ist allerdings ungeeignet, sofern die Buchwerte den wahren Unternehmenswert nicht wiedergeben.[116]

30 Sind alle beteiligten **Rechtsträger börsennotiert**, ist für die Wertermittlung regelmäßig auf den **Verkehrswert** abzustellen.[117] Der Verkehrswert ist der Wert, der durch die Verkehrsfähigkeit der Aktie geprägt wird und dem Betrag entspricht, den der Aktionär auf dem relevanten Markt erzielen kann. Bei börsennotierten Gesellschaften ist der Verkehrswert idR mit dem **Börsenwert** identisch, weil der Börsenkurs den am Markt für eine Aktie gezahlten Preis wiedergibt. Für die Berechnung von Entschädigungen nach den §§ 304, 305, 320b AktG ist in der Rechtsprechung heute anerkannt, dass der Verkehrswert die Untergrenze für den Unternehmenswert darstellt und es bei börsennotierten Gesellschaften mit der Eigentumsgarantie unvereinbar wäre, den Börsenwert bei der Ermittlung des Verkehrswerts außer Acht zu lassen.[118] Wie der Verkehrswert bei einer Verschmelzung börsennotierter Rechtsträger zu ermitteln ist, ist höchstrichterlich noch nicht abschließend geklärt. Verfassungsrechtliche Bedenken gegen eine Ermittlung der Verschmelzungsrelation anhand von Börsenkursen bestehen nicht.[119] Im Schrifttum und in der untergerichtlichen Rechtsprechung ist inzwischen überwiegend anerkannt, dass die beschriebenen Leitlinien im Grundsatz auch auf die Unternehmensbewertung zur Festlegung eines Umtauschverhältnisses bei Verschmelzungen börsennotierter Rechtsträger übertragbar sind.[120] Überwiegend wird allerdings zwischen Verschmelzungen von abhängigen Unternehmen einerseits und Verschmelzungen von unabhängigen, gleichberechtigten Unternehmen andererseits differenziert. Bei der **Verschmelzung konzernverbundener Unternehmen** erscheint die Unternehmensbewertung anhand von Börsenkursen sachgerecht. In einer solchen Konstellation wird das Umtauschverhältnis typischerweise nicht frei ausgehandelt. Ein Abstellen auf Börsenkurse vermeidet die Gefahr, dass das Umtauschverhältnis die Anteilsinhaber von einem der beteiligten Rechtsträger, insbes. die Minderheitsgesellschafter der kontrollierten Gesellschaft, unangemessen benachteiligt.[121] Bei der **Verschmelzung unabhängiger, gleichberechtigter Unternehmen** dagegen wird eine Festsetzung des Umtauschverhältnisses anhand von Börsenkursen überwiegend für unsachgemäß erachtet.[122] In einer solchen Konstellation wird das Umtauschverhältnis das Ergebnis intensiver Verhandlungen zwischen den beteiligten Rechtsträgern sein, was typischerweise eine Gewähr für die Angemessenheit des vereinbarten Umtauschverhältnisses bietet.[123] Es besteht deshalb kein Anlass, die Anteilsinhaber von einem der beteiligten Rechtsträger

---

[115] Semler/Stengel/*Gehling* § 8 Rn. 24.
[116] Kallmeyer/*Marsch-Barner* § 8 Rn. 14.
[117] BVerfG 1 BvR 1613/94, BVerfGE 100, 289, 305 f. = DNotZ 1999, 831; BGH II ZB 15/00, NJW 2001, 2080; Semler/Stengel/*Gehling* § 8 Rn. 26.
[118] BVerfG 1 BvR 2323/07, NZG 2011, 235; BVerfG 1BvR 68/95, 1 BvR 147/97, ZIP 2000, 1670, 1672 f.; BVerfG 1 BvR 1613/94, ZIP 1999, 1436, 1440; BGH II ZB 25/14, WM 2016, 711, 714.
[119] Vgl. BVerfG 1 BvR 2658/10, BB 2011, 1518, 1520 f.
[120] OLG Frankfurt 5 W 57/09, NZG 2010, 1141, 1142; Lutter/*Drygala* § 8 Rn. 28 f.; Semler/Stengel/*Gehling* § 8 Rn. 26; Kallmeyer/*Marsch-Barner* § 8 Rn. 14a; *Paschos*, ZIP 2003, 1017, 1024.
[121] OLG München 31 Wx 87/06, AG 2007, 701, 704 f.; Lutter/*Drygala* § 8 Rn. 28 f.; Kallmeyer/*Marsch-Barner* § 8 Rn. 14a; *Paschos* ZIP 2003, 1017, 1024; Kölner Kommentar-UmwG/*Simon* § 5 Rn. 38.
[122] BayObLG 3Z BR 116/00, BB 2003, 275, 278; *Bungert* BB 2003, 699, 703; Kallmeyer/*Marsch-Barner* § 8 Rn. 14a; *Paschos* ZIP 2003, 1017, 1024; Kölner Kommentar-UmwG/*Simon* § 5 Rn. 37; *Wilsing/Kruse* DStR 2001, 991, 995.
[123] OLG Stuttgart 20 W 16/06, AG 2011, 49, 50; OLG Stuttgart 20 W 5/05, AG 2006, 420, 422 ff.; LG Frankfurt 3–5 O 57/06, ZIP 2009, 1322, 1325 ff.; Lutter/*Drygala* § 5 Rn. 38; Kallmeyer/*Marsch-Barner* § 8 Rn. 14a; einschränkend LG Stuttgart 32 AktE 3/99 KfH, AG 2007, 52, 53; *Philipp* AG 1998, 264, 272; für die Ertragswertmethode auch in diesen Konstellationen dagegen Kölner Kommentar-UmwG/*Simon* § 5 Rn. 37.

durch ein zwingendes Abstellen auf Börsenkurse in besonderem Maße zu schützen. Ein Abstellen auf den Börsenkurs als Wertuntergrenze bei nur einem der beteiligten Rechtsträger würde die Anteilsinhaber des jeweils anderen Rechtsträgers auch unangemessen benachteiligen.

Werden für die Ermittlung des Umtauschverhältnisses **Börsenkurse** zugrunde gelegt, **31** sollte im Verschmelzungsbericht erläutert werden, dass die Börsenkurse aus Sicht des Vertretungsorgans den wahren Unternehmenswert der beteiligten Rechtsträger widerspiegeln und **keine Sondereinflüsse** ersichtlich sind, die einer Wertermittlung anhand der Börsenpreise zuwiderlaufen.[124] Das Vertretungsorgan kann anstelle des Börsenkurses auch eine andere betriebswirtschaftlich anerkannte Bewertungsmethode zugrunde legen.[125] Der **Börsenwert bildet** aber nach Auffassung einiger Instanzgerichte typischerweise die **Untergrenze des Anteilswerts**, weil die Anteilsinhaber nicht weniger erhalten dürfen als sie bei einem Verkauf über die Börse erzielt hätten.[126] Liegt der aufgrund anderer betriebswirtschaftlicher Methoden errechnete Unternehmenswert über dem Börsenwert, ist jener zugrunde zu legen (Meistbegünstigungsprinzip).[127] Ist nur einer der beteiligten Rechtsträger börsennotiert oder ist der Börsenkurs bei einem der beteiligten Rechtsträger nicht relevant, etwa weil der Börsenkurs den Verkehrswert der Aktien ausnahmsweise nicht widergibt, kann der Börsenkurs aber bei keinem der beteiligten Rechtsträger zugrunde gelegt werden, weil andernfalls ungleiche Methoden zur Anwendung kämen.[128] Der Börsenkurs ist nicht relevant, wenn etwa die Umsätze in den Aktien zu gering sind.[129]

b) Zugrunde gelegte Zahlen. Anteilsinhaber können das Umtauschverhältnis nur **32** plausibilisieren, wenn auch die der Unternehmensbewertung zugrunde gelegten Zahlen veröffentlicht werden. Diese **Zahlen müssen** deshalb im Verschmelzungsbericht verständlich und nachvollziehbar **transparent gemacht werden**.[130] Die Mitteilung der wesentlichen Zahlen im Bericht ist ausreichend.[131] Die Bewertung, insbes. ein etwaiges Bewertungsgutachten, muss nicht vollständig offengelegt werden, weil der Bericht nur eine Plausibilitätskontrolle ermöglichen soll.[132] Die Anteilsinhaber müssen die zugrunde gelegten Zahlen auch nicht selbst nachrechnen können, weil dies die Aufgabe des Verschmelzungsprüfers ist.[133]

Um den Ertragswert zu ermitteln, werden zunächst die **in der Vergangenheit erzielten** **33** **Ergebnisse** analysiert. Die Analyse umfasst die Jahresüberschüsse in einer Referenzperiode, üblicherweise die letzten drei Geschäftsjahre. Die Jahresüberschüsse werden um perioden-

---

[124] Lutter/*Drygala* § 8 Rn. 21; Semler/Stengel/*Gehling* § 8 Rn. 26.
[125] OLG Stuttgart 20 W 5/06, AG 2007, 705, 710; Lutter/*Drygala* § 8 Rn. 19; Semler/Stengel/ *Gehling* § 8 Rn 26; Kallmeyer/*Marsch-Barner* § 8 Rn. 14.
[126] OLG München 31 Wx 250/11, AG 2012, 749, 750; OLG Düsseldorf I-26 W 5/08 AG 2009, 873, 875; OLG Stuttgart 20 W 5/06, AG 2007, 705, 710; BayObLG 3Z BR 116/00, DB 2003, 436; OLG Düsseldorf 19 W 9/00 AktE, Der Konzern 2003, 546, 548; LG Stuttgart 32 AktE 36/99 KfH, AG 2005, 450, 452.
[127] BGH II ZB 15/00, NJW 2001, 2080, 2081 f.; LG München 5HK O 19156/98, ZIP 2000, 1055, 1056; Semler/Stengel/*Gehling* § 8 Rn. 26.
[128] *Bungert* BB 2003, 699, 700; Semler/Stengel/*Gehling* § 8 Rn. 26; *Hüttemann* ZGR 2001, 454, 464; Kallmeyer/*Marsch-Barner* § 8 Rn. 14b; Kölner Kommentar-UmwG/*Simon* § 5 Rn. 39; *Weiler/ Meyer* NZG 2003, 669, 671; aA LG Stuttgart 32 AktE 36/99 KfH, Der Konzern 2005, 606, 608.
[129] BVerfG 1 BvR 1613/94, ZIP 1999, 1436, 1441 f.
[130] BGH II ZR 206/88, BGHZ 107, 296, 302 = NJW 1989, 2689, 2690; Böttcher/Habighorst/ Schulte/*Böttcher* § 8 Rn. 23; Lutter/*Drygala* § 8 Rn. 22; Kölner Kommentar/UmwG/*Simon* § 8 Rn. 28.
[131] Böttcher/Habighorst/Schulte/*Böttcher* § 8 Rn. 23; Lutter/*Drygala* § 8 Rn. 22; *Engelmeyer* S. 82; Semler/Stengel/*Gehling* § 8 Rn. 36; Kölner Kommentar-UmwG/*Simon* § 8 Rn. 28.
[132] BGH II ZR 146/89, WM 1990, 2073; OLG Karlsruhe 15 U 76/88, ZIP 1989, 988; Lutter/ *Drygala* § 8 Rn. 22; Semler/Stengel/*Gehling* § 8 Rn. 36; Widmann/Mayer/*Mayer* § 8 UmwG Rn. 35; → Rn. 25.
[133] OLG Hamm 8 W 11/99, NZG 1999, 560; Lutter/*Drygala* § 8 Rn. 22.

fremde Sondereinflüsse, wie z. B. Umstrukturierungskosten, Sozialpläne oder zwischenzeitlich veräußerte Geschäftsaktivitäten, bereinigt.[134] Die Gründe für eine solche Bereinigung sind jeweils zu nennen und zu erläutern.[135] Die Nennung der Jahresergebnisse der vergangenen Jahre als Zahlenangabe ist idR ausreichend.[136]

34 Die **prognostizierten zukünftigen Ergebnisse (Planzahlen)** werden auf der Grundlage konkreter Geschäftserwartungen geschätzt.[137] Die zugrundeliegenden Prognosen müssen auf zutreffenden Tatsachen beruhen und vertretbar sein.[138] Anzugeben sind die geplanten Jahresergebnisse der beteiligten Rechtsträger. IdR können mehrere Jahre zusammengefasst werden.[139] Nach überwiegender Auffassung sind aussagekräftige Einzelplanzahlen anzugeben.[140] Es ist zu beschreiben, auf welchen Annahmen die Prognosen basieren. Die **Geschäftsprognose ist zu konkretisieren**, insbes. durch Darlegung, wie sich z. B. der Umsatz, die Erträge, der Material- und Personalaufwand, sonstige Aufwendungen, erwartete Marktentwicklungen, der allgemeine Wirtschaftsverlauf, das Finanzergebnis sowie das Steuerergebnis nach der Prognose entwickeln werden.[141] Es sollten Planzahlen zu den wichtigsten GuV-Posten angegeben werden, z. B. Umsatzerlöse, Material- und Personalaufwand, Zinserträge und Zinsaufwendungen.[142] Nicht erforderlich ist für eine Plausibilitätskontrolle der Anteilseigner, dass vollständige Plan-GuV-Rechnungen in den Verschmelzungsbericht aufgenommen werden.[143] Es gibt keine Vorgabe für die **Zahl der Geschäftsjahre**, für die Planzahlen im Verschmelzungsbericht aufzunehmen sind. Ausschlaggebend sollte sein, welcher Planungshorizont für eine sachgerechte Unternehmensbewertung erforderlich erscheint.[144] Die **Prognose kann auch in mehreren Phasen erfolgen**, etwa einer ersten Phase mit detaillierterer Planung und einer zweiten Phase mit Ermittlung der künftigen Prognosen in Form einer sog. ewigen Rente.[145] Maßgeblich für die Prognose ist jeweils die **Perspektive des Stichtags**, auf den die Unternehmensbewertung erfolgt. Berücksichtigt werden dürfen aber nur solche Erträge, die am Stichtag bereits angelegt und erkennbar sind (sog. Wurzeltheorie).[146] Bei der Prognose ist von der Annahme auszugehen, dass die beteiligten Rechtsträger selbstständig bestehen bleiben werden (Stand-alone-Prinzip); eventuelle Verbundeffekte durch die Verschmelzung bleiben unberücksichtigt.[147]

---

[134] Kallmeyer/*Marsch-Barner* § 8 Rn. 15; Kölner Kommentar-UmwG/*Simon* § 8 Rn. 29.
[135] OLG Düsseldorf 17 W 18/99, ZIP 1999, 793, 795 f.; Kallmeyer/*Marsch-Barner* § 8 Rn. 15.
[136] Böttcher/Habighorst/Schulte/*Böttcher* § 8 Rn. 24; Lutter/*Drygala* § 8 Rn. 22; Kallmeyer/*Marsch-Barner* § 8 Rn. 15; Widmann/Mayer/*Mayer* § 8 Rn. 32.
[137] Böttcher/Habighorst/Schulte/*Böttcher* § 8 Rn. 24; Lutter/*Drygala* § 8 Rn. 23; Widmann/Mayer/*Mayer* § 8 Rn. 34.
[138] BVerfG 1 BvR 3221/10, NJW 2012, 3020; Lutter/*Drygala* § 8 Rn. 23; Kallmeyer/*Marsch-Barner* § 8 Rn. 16.
[139] Semler/Stengel/*Gehling* § 8 Rn. 35; Kallmeyer/*Marsch-Barner* § 8 Rn. 16; *Mertens* AG 1990, 20, 29.
[140] OLG Karlsruhe 15 U 76/88, WM 1989, 1134, 1137; *Bayer* AG 1988, 323, 328; Lutter/*Drygala* § 8 Rn. 23; Kallmeyer/*Marsch-Barner* § 8 Rn. 16.
[141] Böttcher/Habighorst/Schulte/*Böttcher* § 8 Rn. 24; Lutter/*Drygala* § 8 Rn. 23; Kölner Kommentar-UmwG/*Simon* § 8 Rn. 30.
[142] Sagasser/Bula/Brünger/*Bula/Thees* § 9 Rn. 205; Lutter/*Drygala* § 8 Rn. 23; Kallmeyer/*Marsch-Barner* § 8 Rn. 16; Kölner Kommentar-UmwG/*Simon* § 8 Rn. 33.
[143] Kallmeyer/*Marsch-Barner* § 8 Rn. 16; Kölner Kommentar-UmwG/*Simon* § 8 Rn. 32.
[144] Semler/Stengel/*Gehling* § 8 Rn. 34; Kölner Kommentar-UmwG/*Simon* § 8 Rn. 34.
[145] S. Ziffer 5.3 des IDW-Standards S 1, WPg-Supplement 3/2008, S. 68, 77 f.
[146] BGH II ZR 190/97, AG 1999, 122; OLG München 7 U 5665/03, AG 2005, 486, 488; OLG Zweibrücken 3 W 133/92, DB 1995, 866, 867; OLG Düsseldorf 19 W 32/86, WM 1988, 1052, 1054 f.; LG Dortmund 20 AktE 3/94, AG 1996, 278, 279; Lutter/*Drygala* § 8 Rn. 24; Kallmeyer/*Marsch-Barner* § 8 Rn. 16.
[147] Böttcher/Habighorst/Schulte/*Böttcher* § 8 Rn. 24; Lutter/*Drygala* § 8 Rn. 23; Kallmeyer/*Marsch-Barner* § 8 Rn. 17.

Die **Offenlegung der Planzahlen** ist grds. auch unter Berücksichtigung etwaiger **35 Geheimhaltungsinteressen** geboten.[148] Die Interessen der beteiligten Rechtsträger werden regelmäßig schon dadurch geschützt, dass nur zusammengefasste Jahresendwerte im Bericht angegeben werden müssen. Aus den konsolidierten Jahresendzahlen alleine werden Konkurrenten zumeist keine konkreten Absichten und Vorhaben des Unternehmens ablesen können.[149] Die Jahresendzahlen müssen auch nicht nach einzelnen Produkten aufgeschlüsselt werden.[150] Außerdem müssen nur Umstände berücksichtigt werden, die zum Stichtag bereits angelegt sind.[151] Deshalb können vertrauliche Projekte, bei denen zum Stichtag mögliche Auswirkungen auf die Planung noch nicht abzusehen sind, außer Acht bleiben.[152] Gleichwohl kann das Geheimhaltungsinteresse die Offenlegungspflicht im Einzelfall ausnahmsweise überwiegen, wenn die **Voraussetzungen des § 8 Abs. 2 UmwG** erfüllt sind.[153] Ein solcher Fall wird bspw. angenommen, wenn ein Unternehmen nur ein Produkt am Markt vertreibt und auch aus den konsolidierten Jahresendzahlen Rückschlüsse auf konkrete Investitionen zu diesem Produkt möglich wären.[154] Die Geheimhaltungsbedürftigkeit muss in diesem Fall im Bericht näher begründet werden. Ein allgemeiner Hinweis auf ein Geheimhaltungsinteresse genügt nicht.[155]

Konkrete **Zahlen zur Steuerbelastung der Gesellschaft** müssen nach der wohl über- **36** wiegenden Auffassung im Schrifttum nicht offengelegt werden.[156] Nach § 131 Abs. 3 S. 1 Nr. 2 AktG sind solche Angaben stets **geheimhaltungsbedürftig**, ohne dass geprüft werden muss, ob die Offenlegung dem Unternehmen im Einzelfall einen erheblichen Nachteil zufügen würde.[157] Dieser Grundsatz gilt auch für die Angaben nach § 8 UmwG, weil Detailangaben für eine Plausibilitätsprüfung des Steueraufwands nicht notwendig sind.[158] Dem steht auch der Wortlaut des § 8 Abs. 2 UmwG nicht entgegen, der nur eine Sonderregelung im Hinblick auf befürchtete Nachteile eines Rechtsträgers enthält. Die allgemeine Regelung des § 131 Abs. 3 AktG gelangt daneben zur Anwendung.[159]

Verfügen die bewertenden Rechtsträger über Vermögenswerte, die einzeln veräußert **37** werden können, ohne die Fortführung des Unternehmens zu beeinträchtigen (**nicht betriebsnotwendiges Vermögen**), ist dieser Wert ebenso im Verschmelzungsbericht darzulegen. Nicht betriebsnotwendiges Vermögen erhöht den Barwert des Rechtsträgers und ist deshalb für die Feststellung des Umtauschverhältnisses besonders relevant.[160]

c) Kapitalisierungszinssatz. Der angesetzte **Kapitalisierungszinssatz** ist für die **38** Ermittlung des Unternehmenswerts und damit des Umtauschverhältnisses von wesentlicher Bedeutung und deshalb im Verschmelzungsbericht **mitzuteilen und zu begrün-**

---

[148] Lutter/*Drygala* § 8 Rn. 24.
[149] Böttcher/Habighorst/Schulte/*Böttcher* § 8 Rn. 25; Lutter/*Drygala* § 8 Rn. 24.
[150] Lutter/*Drygala* § 8 Rn. 23; *Mertens* AG 1990, 20, 28; Kölner Kommentar-UmwG/*Simon* § 8 Rn. 32.
[151] Lutter/*Drygala* § 8 Rn. 24; Kallmeyer/*Marsch-Barner* § 8 Rn. 16.
[152] Lutter/*Drygala* § 8 Rn. 24; Kallmeyer/*Marsch-Barner* § 8 Rn. 16.
[153] → Rn. 56.
[154] Lutter/*Drygala* § 8 Rn. 24.
[155] Lutter/*Drygala* § 8 Rn. 24.
[156] Lutter/*Drygala* § 8 Rn. 25; Kallmeyer/*Marsch-Barner* § 8 Rn. 16; Kölner Kommentar-UmwG/*Simon* § 8 Rn. 35; aA *Engelmeyer* S. 81 f.; Semler/Stengel/*Gehling* § 8 UmwG Rn. 35; *Keil* S. 85 f.; Sagasser/Bula/Brünger/*Bula/Thees* § 9 Rn. 205.
[157] BGH II ZR 254/88, WM 1990, 140, 142; OLG Karlsruhe 15 U 76/88, ZIP 1989, 988, 991; Lutter/*Drygala* § 8 Rn. 25; *Mertens* AG 1990, 27.
[158] Lutter/*Drygala* § 8 Rn. 25; Kölner Kommentar-UmwG/*Simon* § 8 Rn. 35.
[159] Lutter/*Drygala* § 8 Rn. 25.
[160] OLG Frankfurt 21 W 8/11, AG 2012, 330, 333; OLG Frankfurt 14 W 23/00, ZIP 2000, 1928, 1930; OLG Zweibrücken 3 W 133/92, DB 1995, 866, 867 f.; OLG Karlsruhe 15 U 76/88, WM 1989, 1134, 1138; Böttcher/Habighorst/Schulte/*Böttcher* § 8 Rn. 26; Lutter/*Drygala* § 8 Rn. 26; Semler/Stengel/*Gehling*, § 8 Rn. 40; Kallmeyer/*Marsch-Barner* § 8 Rn. 19; Kölner Kommentar-UmwG/*Simon* § 8 Rn. 41.

den.¹⁶¹ Mit diesem Zinssatz werden die erwarteten zukünftigen Erträge der beteiligten Rechtsträger auf den Bewertungsstichtag abgezinst.¹⁶² Bei einer Bewertung nach der Ertragswertmethode nach dem IDW Standard S 1 wird der Kapitalisierungszinssatz aus dem **Basiszinssatz**, einem individuellen **Risikozuschlag** und einem **Wachstumsabschlag** ermittelt.¹⁶³ Der Basiszinssatz wird aus der Rendite langfristiger Staatspapiere bzw. einer adäquaten Alternativanlage abgeleitet.¹⁶⁴ Der Risikozuschlag wird ermittelt, indem die allgemeine Marktrisikoprämie mit dem unternehmensspezifischen Risiko (Beta-Faktor) multipliziert wird.¹⁶⁵ Im Verschmelzungsbericht ist genau zu erläutern, welche Werte für die einzelnen Parameter des Kapitalisierungszinssatzes umgesetzt werden.¹⁶⁶

39 **d) Bewertungsstichtag.** Der Bericht muss auch den **Stichtag** nennen, auf den die Unternehmensbewertung erfolgt ist. Als maßgeblicher Bewertungszeitpunkt kann der **Zeitpunkt der Beschlussfassung beim übertragenden Rechtsträger** zugrunde gelegt werden.¹⁶⁷ Es fehlt allerdings an einer gesetzlichen Regelung für den Stichtag der Unternehmensbewertung. Deshalb kann entsprechend auf die Regelung des § 30 Abs. 1 UmwG für die Berechnung einer etwaigen Barabfindung abgestellt werden. Da die gesetzliche Regelung aber nicht eindeutig ist, kann auch auf einen früheren Zeitpunkt abgestellt werden, bspw. den Stichtag der Schlussbilanz des übertragenden Rechtsträgers.¹⁶⁸ Die auf einen früheren Zeitpunkt ermittelten Unternehmenswerte können auch auf den Tag der Beschlussfassung des übertragenden Rechtsträgers aufgezinst werden.¹⁶⁹ Wesentliche neue Ereignisse nach dem Bewertungsstichtag, die bewertungsrelevant sind, müssen berücksichtigt werden.¹⁷⁰ Bei einer AG ist auch über **wesentliche Vermögensveränderungen** seit dem Abschluss des Verschmelzungsvertrags oder der Aufstellung des Entwurfs zu berichten. Dies ist in § 64 Abs. 1 S. 2 UmwG ausdrücklich festgeschrieben. Auf beteiligte Rechtsträger anderer Rechtsformen kann diese Regelung jedoch nicht ohne weiteres übertragen werden.¹⁷¹ Bei der Einführung der aktienrechtlichen Sonderregelung, die aufgrund von europarechtlichen Vorgaben geboten war, hatte der Gesetzgeber zunächst noch erwogen, die Berichtspflicht über Vermögensveränderungen rechtsformunabhängig in § 8 Abs. 3 UmwG zu statuieren.¹⁷² Der Rechtsausschuss sah hiervon jedoch

---

¹⁶¹ OLG Stuttgart 20 W 5/06, AG 2007, 705, 706 f.; LG Frankfurt 3–5 O 57/06, ZIP 2009, 1322, 1327 f.; LG Dortmund 18 AktE 5/03, AG 2007, 792, 794 f.; LG Mainz 10 HK O, 143/99, ZIP 2001, 840, 842; Lutter/*Drygala* § 8 Rn. 27; Semler/Stengel/*Gehling* § 8 Rn. 39; *Keil* S. 89 f.; Kallmeyer/ *Marsch-Barner* § 8 Rn. 18; Widmann/Mayer/*Mayer* § 8 Rn. 36; Kölner Kommentar-UmwG/*Simon* § 8 Rn. 42.
¹⁶² Böttcher/Habighorst/Schulte/*Böttcher* § 8 Rn. 27; Lutter/*Drygala* § 8 Rn. 27; Semler/Stengel/ *Gehling* § 8 Rn. 38; Kallmeyer/*Marsch-Barner* § 8 Rn. 18.
¹⁶³ BayObLG 3Z BR 71/00, NZG 2006, 156, 159; OLG Düsseldorf I-19 W 5/03 AktE, ZIP 2004, 1503, 1506; Bay ObLG 3Z BR 17/90, WM 1996, 526, 531 f.; OLG Düsseldorf 19 W 1/93 AktE, WM 1995, 756, 761; OLG Düsseldorf 19 W 3/91, WM 1992, 986, 991 f.; OLG Düsseldorf 19 W 32/ 86, WM 1988, 1052, 1059; LG Frankfurt 3/5 O 57/06, ZIP 2009, 1322, 1328 f.; Böttcher/Habighorst/Schulte/*Böttcher* § 8 Rn. 27; *Engelmeyer* S. 82; Semler/Stengel/*Gehling* § 8 Rn. 38; Kallmeyer/ *Marsch-Barner* § 8 Rn. 18; Widmann/Mayer/*Mayer* § 8 Rn. 36; *Seetzen* WM 1994, 45, 48 f.
¹⁶⁴ Kallmeyer/*Marsch-Barner* § 8 Rn. 18; Widmann/Mayer/*Mayer* § 8 Rn. 36.
¹⁶⁵ Kallmeyer/*Marsch-Barner* § 8 Rn. 18; Widmann/Mayer/*Mayer* § 8 Rn. 36.
¹⁶⁶ Böttcher/Habighorst/Schulte/*Böttcher* § 8 Rn. 27; Lutter/*Drygala* § 8 Rn. 27; Widmann/Mayer/*Mayer* § 8 Rn. 36.
¹⁶⁷ *Hoffmann-Becking* FS Fleck, 1988, S. 105, 116; Kallmeyer/*Marsch-Barner* § 8 Rn. 21; Widmann/ Mayer/*Mayer* § 8 Rn. 30.
¹⁶⁸ Lutter/*Drygala* § 8 Rn. 30; Kallmeyer/*Marsch-Barner* § 8 Rn. 21.
¹⁶⁹ Lutter/*Drygala* § 8 Rn. 30; Widmann/Mayer/*Mayer* § 8 Rn. 30; Semler/Stengel/*Zeidler* § 9 Rn. 42.
¹⁷⁰ Lutter/*Drygala* § 8 Rn. 30; Kallmeyer/*Marsch-Barner* § 8 Rn. 21; *Seetzen* WM 1999, 565, 569.
¹⁷¹ *Neye/Kraft* NZG 2011, 681, 683; aA für Rechtsträger mit großem Anteilseignerkreis Lutter/ *Drygala* § 8 Rn. 31; Kallmeyer/*Marsch-Barner* § 8 Rn. 21.
¹⁷² RegE, BT-Drs. 17/3122, S. 1, 7.

bewusst ab.[173] Dieser gesetzgeberische Wille würde bei einer analogen Anwendung des § 64 Abs. 1 S. 2 UmwG auf andere Rechtsformen konterkariert. Umstritten ist, ob bei einem Bericht über wesentliche Vermögensveränderungen ein mündlicher Nachtragsbericht in der Anteilseignerversammlung genügt[174], oder ob der Verschmelzungsbericht selbst ergänzt werden muss.[175] Insoweit dürfte eine differenzierte Vorgehensweise zu empfehlen sein: Bei wesentlichen nachträglichen Ereignissen, die so rechtzeitig vor der Anteilseignerversammlung eintreten, dass eine schriftliche Ergänzung des Verschmelzungsberichts noch möglich und zumutbar ist, wird sich eine schriftliche Ergänzung empfehlen, um den Anteilseignern eine Plausibilitätskontrolle im Vorfeld der Anteilseignerversammlung zu ermöglichen. Bei später eintretenden Ereignissen, die im Vorfeld der Anteilseignerversammlung schon aus praktischen Gründen nicht mehr schriftlich berichtet werden können, muss ein mündlicher Nachtragsbericht in der Anteilseignerversammlung genügen. Gibt es keine berichtenswerten neuen Ereignisse, empfiehlt sich eine Negativerklärung, die von den zuständigen Wirtschaftsprüfern eingeholt werden kann.[176]

e) Hinweis auf besondere Schwierigkeiten der Unternehmensbewertung. Sollten **besondere Schwierigkeiten bei der Bewertung** der beteiligten Rechtsträger auftreten, hat das Vertretungsorgan die Anteilsinhaber auf diese **hinzuweisen**, § 8 Abs. 1 S. 2 UmwG. Besondere Schwierigkeiten sind anzunehmen, wenn diese über die üblichen Schwierigkeiten und Unsicherheiten, die jeder Unternehmensbewertung anhaften, hinausgehen.[177] Bei der Ermittlung der Planzahlen oder des Risikozuschlags des Kapitalisierungszinssatzes können solche Schwierigkeiten bspw. im Rahmen der erforderlichen Prognoseentscheidung auftreten.[178] Es ist im Verschmelzungsbericht darzulegen, ob diese Prognose über die üblichen Unsicherheiten hinaus mit Schwierigkeiten belastet ist. Dies kann in Sondersituationen der Fall sein, wie etwa bei einem noch jungen Unternehmen, dessen Ertragspotenzial sich erst noch zeigen muss, oder in einer Sanierungssituation, in der die zukünftigen Erträge nur grob geschätzt werden können.[179] Daneben ist auf eine etwaige kritische Lage des übernehmenden Rechtsträgers und auf besondere wirtschaftsbedingte Risiken hinzuweisen.[180] Im Bericht sollte transparent gemacht werden, auf welche Art und Weise mit der dargestellten Schwierigkeit während des Verschmelzungsvorgangs verfahren worden ist.[181] Die Hinweise können auch in die Erläuterungen zum Umtauschverhältnis aufgenommen und müssen nicht gesondert dargestellt werden.[182]

f) Bewertungsergebnis. Als Ergebnis der Unternehmensbewertung sind abschließend die **Unternehmenswerte der beteiligten Rechtsträger** im Bericht im Einzelnen festzuhalten.[183] Es ist nicht ausreichend, nur die Wertrelation der beteiligten Rechtsträger anzugeben.[184]

---

[173] Vgl. *Neye/Kraft* NZG 2011, 681, 683.
[174] So Kallmeyer/*Marsch-Barner* § 8 Rn. 21.
[175] So Lutter/*Drygala* § 8 Rn. 30; *Seetzen* WM 1999, 565, 569.
[176] Kallmeyer/*Marsch-Barner* § 8 Rn. 21.
[177] Böttcher/Habighorst/Schulte/*Böttcher* § 8 Rn. 31; Lutter/*Drygala* § 8 Rn. 32; Semler/Stengel/*Gehling* § 8 Rn. 50; Kölner Kommentar-UmwG/*Simon* § 8 Rn. 43.
[178] Lutter/*Drygala* § 8 Rn. 32; Kölner Kommentar-UmwG/*Simon* § 8 Rn. 43.
[179] Lutter/*Drygala* § 8 Rn. 32; Semler/Stengel/*Gehling* § 8 Rn. 51; Kölner Kommentar-UmwG/*Simon* § 8 Rn. 43.
[180] Lutter/*Drygala* § 8 Rn. 32.
[181] Kölner Kommentar-UmwG/*Simon* § 8 Rn. 43.
[182] Semler/Stengel/*Gehling* § 8 Rn. 50.
[183] Böttcher/Habighorst/Schulte/*Böttcher* § 8 Rn. 27; Kallmeyer/*Marsch-Barner* § 8 Rn. 20; Widmann/Mayer/*Mayer* § 8 Rn. 38.2.
[184] OLG Frankfurt 14 W 23/00, ZIP 2000, 1928, 1930; OLG Karlsruhe 15 U 76/88, ZIP 1989, 988, 992; LG Frankenthal 2 HK O 80/89, WM 1989, 1854, 1857; LG Mannheim 24 O 75/87, AG 1988, 248, 249; Semler/Stengel/*Gehling* § 8 Rn. 41; Kallmeyer/*Marsch-Barner* § 8 Rn. 20.

4. Angaben über die Mitgliedschaft beim übernehmenden Rechtsträger

42 Nach § 8 Abs. 1 S. 1 UmwG haben die Vertretungsorgane die **Angaben über die Mitgliedschaft beim übernehmenden Rechtsträger zu erläutern**. Diese Angaben sind allerdings nur erforderlich, **wenn beim übernehmenden Rechtsträger Mitgliedschaften erworben werden**, dh bei der Verschmelzung auf Genossenschaften, genossenschaftliche Prüfungsverbände, VVaG und eingetragene Vereine. In diesen Fällen erfolgt kein Anteilstausch, sodass die Angaben zum Umtauschverhältnis entfallen. Es besteht **kein Wahlrecht oder Alternativverhältnis** hinsichtlich der Angaben über die Mitgliedschaft beim übernehmenden Rechtsträger gegenüber einer Erläuterung des Umtauschverhältnisses.[185] Ist rechtsformbedingt ein Umtausch von Anteilen nicht möglich, entfällt die Erläuterung des Umtauschverhältnisses im Verschmelzungsbericht und es sind nur Angaben zur Mitgliedschaft beim übernehmenden Rechtsträger erforderlich.

43 Der Bericht muss angeben, wie die Mitgliedschaft im übernehmenden Rechtsträger ausgestaltet ist.[186] Soweit sich dies aus den gesetzlichen Vorschriften ergibt, bedarf es keiner entsprechenden Erläuterung im Bericht. Empfehlenswert ist es, die Satzung in den Verschmelzungsbericht aufzunehmen, weil die Satzung stets Regelungen zur Ausgestaltung der Mitgliedschaft enthält.[187] Bei der **Genossenschaft** ist der Satzungsinhalt zwar gesetzlich weitgehend festgelegt (§ 18 GenG), sodass bei der Ausgestaltung der Mitgliedschaft wenig Spielraum besteht.[188] Die Satzung sollte gleichwohl in den Bericht aufgenommen werden bzw. ihm als Anlage beigefügt werden. Noch wichtiger ist dies für einen **Verein** als übernehmenden Rechtsträger, bei dem weitgehend Satzungsautonomie besteht (§ 25 BGB). In einem solchen Fall sollte der Verschmelzungsbericht jede Satzungsbestimmung, die vom gesetzlichen Standard abweicht und die Rechtsstellung der Mitglieder im Vergleich zum übertragenden Rechtsträger verändert, näher erläutern.[189]

5. Erläuterung der Höhe der Barabfindung

44 Ist nach § 29 UmwG eine Barabfindung im Verschmelzungsvertrag oder seinem Entwurf anzubieten, ist die **Höhe der Barabfindung** im Verschmelzungsbericht zu erläutern und zu begründen.[190] Die wirtschaftliche Angemessenheit der Abfindung sowie die gesetzliche Konformität des Angebots sind darzulegen.[191] Für die Darlegung gelten im Wesentlichen dieselben Grundsätze wie bei der Begründung des Umtauschverhältnisses, weil die Barabfindung aus der Unternehmensbewertung abzuleiten ist, dh die Höhe der Barabfindung ist zu plausibilisieren.[192] Auf die Ausschlussfristen nach § 31 UmwG sollte hingewiesen werden.[193] Weshalb eine Barabfindung anzubieten ist, muss nicht erläutert werden. Die Regelung des § 8 Abs. 1 S. 1 UmwG verlangt nur Angaben über die Höhe einer anzubietenden Barabfindung.[194]

---

[185] Böttcher/Habighorst/Schulte/*Böttcher* § 8 Rn. 29; Lutter/*Drygala* § 8 Rn. 33; Semler/Stengel/*Gehling* § 8 Rn. 46; *Schöne* GmbHR 1995, 330 f.; Kölner Kommentar-UmwG/*Simon* § 8 Rn. 46.

[186] Böttcher/Habighorst/Schulte/*Böttcher* § 8 Rn. 29; Lutter/*Drygala* § 8 Rn. 33; Semler/Stengel/*Gehling* § 8 Rn. 46; Kölner Kommentar-UmwG/*Simon* § 8 Rn. 46.

[187] Lutter/*Drygala* § 8 Rn. 34; Widmann/Mayer/*Mayer* § 8 Rn. 39.

[188] Lutter/*Drygala* § 8 Rn. 34.

[189] Lutter/*Drygala* § 8 Rn. 34; Widmann/Mayer/*Mayer* § 8 Rn. 39; Kölner Kommentar-UmwG/*Simon* § 8 Rn. 47.

[190] Semler/Stengel/*Gehling* § 8 Rn. 49; Kölner Kommentar-UmwG/*Simon* § 8 Rn. 45.

[191] Semler/Stengel/*Gehling* § 8 Rn. 49; Kallmeyer/*Marsch-Barner* § 8 Rn. 22; Maulbetsch/Klumpp/Rose/*Schäffler* § 8 Rn. 38.

[192] Böttcher/Habighorst/Schulte/*Böttcher* § 8 Rn. 30; Semler/Stengel/*Gehling* § 8 Rn. 49; Maulbetsch/Klumpp/Rose/*Schäffler* § 8 Rn. 38.

[193] Kallmeyer/*Marsch-Barner* § 8 Rn. 22; Widmann/Mayer/*Mayer* § 8 Rn. 28; Schmitt/Hörtnagl/Stratz/*Stratz* § 8 Rn. 24.

[194] Lutter/*Drygala* § 8 Rn. 28; Semler/Stengel/*Gehling* § 8 Rn. 49; Kölner Kommentar-UmwG/*Simon* § 8 Rn. 45; aA Widmann/Mayer/*Mayer* § 8 Rn. 28; Schmitt/Hörtnagl/Stratz/*Stratz* § 8 Rn. 24.

6. Angaben zu Folgen für die Beteiligung der Anteilsinhaber

Nach § 8 Abs. 1 S. 2 UmwG sind zudem die Folgen der Verschmelzung für die Beteiligung der Anteilsinhaber zu erläutern. Gemeint sind in erster Linie die Auswirkungen der Verschmelzung auf die **künftige Beteiligung der Anteilsinhaber des übertragenden Rechtsträgers am übernehmenden Rechtsträger**.[195] Die Auswirkungen der Verschmelzung sind für die Anteilsinhaber des übertragenden Rechtsträgers regelmäßig weitergehend als für die Anteilsinhaber des übernehmenden Rechtsträgers. Über Veränderungen für die Beteiligung der Anteilsinhaber am übernehmenden Rechtsträger ist allerdings auch zu berichten.[196] Zu erläutern ist, wie sich die Rechtsstellung und die Anteilsquote der Anteilsinhaber infolge der Verschmelzung verändert.[197] Hierbei ist zu empfehlen, die Anteilsquote vor und nach der Verschmelzung gegenüberzustellen.[198]

Die **Auswirkungen auf die Anteilsquote** sollten bei personalistisch strukturierten Gesellschaften mit einer geringen Anzahl von Anteilsinhabern gesondert und für jeden Anteilsinhaber des übertragenden und des übernehmenden Rechtsträgers einzeln erläutert werden. Eine Pflicht zur Nennung der Höhe der Beteiligung für jeden Anteilsinhaber des übertragenden Rechtsträgers ist für Personenhandelsgesellschaften und GmbHs gesetzlich festgelegt (§§ 40, 46 UmwG).[199] Bei Rechtsträgern mit einem großen und anonymen Gesellschafterkreis ist eine solche Erläuterung für jeden einzelnen Anteilsinhaber dagegen weder möglich noch zweckmäßig. Für die Darstellung genügt dann, die künftigen Beteiligungsquoten anhand einer Beispielsrechnung, mithilfe derer jeder Anteilsinhaber für sich die zukünftige Anteilsquote bestimmen kann, abstrakt zu schildern.[200]

Der Bericht sollte die Anteilsinhaber zudem auf **wesentliche Änderungen der Beteiligungsstruktur** hinweisen. Hierzu zählen bspw. die erstmalige Begründung einer Sperrminorität, einer Kapitalmehrheit oder einer satzungsändernden Mehrheit durch einen bestimmten Anteilsinhaber.[201] Auch sonstige wesentliche Änderungen der Beteiligungsstruktur sind im Bericht anzugeben.[202]

Mischverschmelzungen können weitere erläuterungsbedürftige Folgen für die Beteiligung der Anteilsinhaber haben.[203] Erläuterungen sind insbes. erforderlich, wenn Anteilsinhabern infolge der Mischverschmelzung durch **Rechtsformunterschiede und Strukturunterschiede im Innenrecht** der beteiligten Rechtsträger besondere Nachteile entstehen, die weder allgemein bekannt sind noch sich unmittelbar aus dem Gesetz ergeben.[204] Die persönliche Haftung der Gesellschafter bei der OHG oder der KG sollte beschrieben werden.[205] Für Details kann auf den Gesellschaftsvertrag des übernehmenden Rechtsträgers und das Gesetz verwiesen werden.

---

[195] RegE, BT-Drs. 12/6699, S. 84.
[196] Lutter/*Drygala* § 8 Rn. 31; Semler/Stengel/*Gehling* § 8 Rn. 55.
[197] Böttcher/Habighorst/Schulte/*Böttcher* § 8 Rn. 31; Lutter/*Drygala* § 8 Rn. 35; Semler/Stengel/*Gehling* § 8 Rn. 52.
[198] Böttcher/Habighorst/Schulte/*Böttcher* § 8 Rn. 31; Semler/Stengel/*Gehling* § 8 Rn. 53; Kölner Kommentar-UmwG/*Simon* § 8 Rn. 48.
[199] Lutter/*Drygala* § 8 Rn. 35; Semler/Stengel/*Gehling* § 8 Rn. 53.
[200] Böttcher/Habighorst/Schulte/*Böttcher* § 8 Rn. 31; Lutter/*Drygala* § 8 Rn. 35 f.; Semler/Stengel/*Gehling* § 8 Rn. 53; Lutter-Umwandlungsrechtstage/*Grunewald/Winter* S. 29; Kallmeyer/*Marsch-Barner* § 8 Rn. 25; Widmann/Mayer/*Mayer* § 8 Rn. 41.
[201] *Bayer* ZIP 1997, 1613, 1619; Böttcher/Habighorst/Schulte/*Böttcher* § 8 Rn. 12; Lutter/*Drygala* § 8 Rn. 36; Kallmeyer/*Marsch-Barner* § 8 Rn. 25; Maulbetsch/Klumpp/Rose/*Schäffler* § 8 Rn. 43.
[202] LG Essen 44 O 249/88, AG 1999, 329, 331; Lutter/*Drygala* § 8 Rn. 36; Semler/Stengel/*Gehling* § 8 Rn. 53; Kallmeyer/*Marsch-Barner* § 8 Rn. 25.
[203] *Bayer* ZIP 1997, 1613, 1620; Lutter/*Drygala* § 8 Rn. 37; Kölner Kommentar-UmwG/*Simon* § 8 Rn. 50.
[204] OLG Jena 6 W 288/08, NJW-RR 2009, 182, 183; LG Heidelberg O 4/96 KfH II, AG 1996, 523, 526; *Bayer* ZIP 1997, 1613, 1620; Lutter/*Drygala* § 8 Rn. 37 ff.; Semler/Stengel/*Gehling* § 8 Rn. 55 f.; Kallmeyer/*Marsch-Barner* § 8 Rn. 26; Kölner Kommentar-UmwG/*Simon* § 8 Rn. 50.
[205] Kallmeyer/*Marsch-Barner* § 8 Rn. 26.

49 Unterschiedliche **Gesellschaftsverträge** können ebenfalls Erläuterungsbedarf begründen, weil die Auswirkungen geänderter statutarischer Regelungen auf die Beteiligung der Anteilsinhaber uU nicht ohne weiteres ersichtlich sind.[206] Der Gesellschaftsvertrag des übernehmenden Rechtsträgers zählt deshalb typischerweise zu den erläuterungsbedürftigen Informationen.[207] Die Erläuterung kann sich aber auf die wesentlichen Unterschiede beschränken.[208] Um den Anteilsinhabern die Plausibilisierung möglichst einfach zu machen, kann es empfehlenswert sein, eine Kopie des Gesellschaftsvertrags und der maßgeblichen gesetzlichen Regelungen auszuhändigen und im Verschmelzungsbericht hierauf zu verweisen.[209] In der Praxis ist eine derartige Aufnahme des Gesellschaftsvertrags in den Bericht verbreitet. Eine Rechtspflicht hierzu besteht aber nicht.[210] Ist der Gesellschaftsvertrag beim übernehmenden Rechtsträger weitgehend gesetzlich vorgegeben (z. B. bei der AG), kann weitgehend auf das Gesetz verwiesen werden. Kann der Gesellschaftsvertrag beim übernehmenden Rechtsträger dagegen weitgehend autonom beschlossen werden, ist eine Aufnahme in den Verschmelzungsbericht zu empfehlen.[211] Erläuterungsbedürftig sind jedoch grds. nur solche Bestimmungen, die von dem gesetzlichen Normalfall abweichen und für die Entscheidung der Anteilsinhaber über die Verschmelzung relevant sind.[212]

50 Erläuterungsbedürftig sind auch **sonstige besondere Folgen** für die Beteiligung von Anteilsinhabern. Hierzu zählen bspw. Veränderungen der **Fungibilität der Anteile**. Sind die neuen Anteile am übernehmenden Rechtsträger im Unterschied zu den bisherigen Anteilen am übertragenden Rechtsträger bspw. nicht an der Börse zugelassen, ist dies im Verschmelzungsbericht zu vermerken.[213] Gleiches gilt, wenn die Anteile am übernehmenden Rechtsträger besonderen Übertragungsbeschränkungen unterliegen (z. B. Vinkulierungen). Bei **börsennotierten AGs** kann es sinnvoll sein, eine Liste mit allen Aktionären zu publizieren, die nach der Verschmelzung zu den nach §§ 21, 22 WpHG mitteilungspflichtigen Aktionären gehören.[214] Die **steuerrechtlichen Folgen** für die jeweilige Beteiligung sind nur abstrakt berichtspflichtig.[215] Die individuellen steuerlichen Veränderungen für die Anteilsinhaber müssen im Verschmelzungsbericht nicht erläutert werden.[216]

7. Erweiterte Berichtspflichten bei verbundenen Unternehmen

51 Ist einer der an der Verschmelzung beteiligten Rechtsträger ein verbundenes Unternehmen iSv § 15 AktG, so sind gem. § 8 Abs. 1 S. 3 UmwG zusätzlich Angaben über alle für die Verschmelzung **wesentlichen Angelegenheiten der** anderen **verbundenen Unternehmen** zu machen. Hierauf erstreckt sich die Berichtspflicht des Vertretungsorgans des verbundenen Unternehmens. Unsicherheiten zum Umfang dieser erweiterten Berichtspflicht ergeben sich daraus, dass unklar ist, welche Angelegenheiten für die Verschmelzung

---

[206] Lutter/*Drygala* § 8 Rn. 39; Semler/Stengel/*Gehling* § 8 Rn. 54.
[207] Lutter/*Drygala* § 8 Rn. 39 f.; Semler/Stengel/*Gehling* § 8 Rn. 56; Kölner Kommentar-UmwG/*Simon* § 8 Rn. 50.
[208] Semler/Stengel/*Gehling* § 8 Rn. 56.
[209] Kallmeyer/*Marsch-Barner* § 8 Rn. 26; Maulbetsch/Klumpp/Rose/*Schäffler* § 8 Rn. 43; *Schöne* GmbHR 1995, 325, 331.
[210] OLG Jena 6 W 288/08, NJW-RR 2009, 182, 183; Semler/Stengel/*Gehling* § 8 Rn. 56; Kallmeyer/*Marsch-Barner* § 8 Rn. 26.
[211] Lutter/*Drygala* § 8 Rn. 39; Widmann/Mayer/*Mayer* § 8 Rn. 41.
[212] OLG Jena 6 W 288/08, NJW-RR 2009, 182, 183; Lutter/*Drygala* § 8 Rn. 40; Semler/Stengel/*Gehling* § 8 Rn. 56.
[213] Semler/Stengel/*Gehling* § 8 Rn. 57; Kallmeyer/*Marsch-Barner* § 8 Rn. 26.
[214] Semler/Stengel/*Gehling* § 8 Rn. 53.
[215] Kallmeyer/*Marsch-Barner* § 8 Rn. 26; Widmann/Mayer/*Mayer* § 8 Rn. 42; eine Berichtspflicht gänzlich ablehnend Böttcher/Habighorst/Schulte/*Böttcher* § 8 Rn. 34; Lutter/*Drygala* § 8 Rn. 42; Maulbetsch/Klumpp/Rose/*Schäffler* § 8 Rn. 43.
[216] Böttcher/Habighorst/Schulte/*Böttcher* § 8 Rn. 34; Lutter/*Drygala* § 8 Rn. 42; Kölner Kommentar-UmwG/*Simon* § 8 Rn. 51.

"wesentlich" sind.[217] Der Umfang der Berichtspflicht hängt davon ab, ob die mit dem an der Verschmelzung beteiligten Rechtsträger verbundenen Unternehmen solche der übergeordneten Konzernebene oder solche der untergeordneten Konzernebene sind.[218]

Hat ein an der Verschmelzung beteiligter Rechtsträger **untergeordnete Konzernunternehmen**, sind diese Unternehmen in die Darstellung der für und gegen die Verschmelzung sprechenden Gründe mit einzubeziehen.[219] Es sind va die Beteiligungsstruktur der Unternehmensgruppe und die Auswirkungen der Verschmelzung auf die wesentlichen Tochterunternehmen zu erläutern.[220] Die Beteiligungsverhältnisse sowie etwaige Unternehmensverträge sind ebenfalls zu erläutern, wobei mögliche Verlustübernahmeverpflichtungen offenzulegen sind.[221] Der Bericht muss außerdem auf wesentliche wirtschaftliche Risiken der Konzerngesellschaften hinweisen, wenn diese den Wert des an der Verschmelzung beteiligten Rechtsträgers maßgeblich beeinflussen können.[222] Die nachgeordneten Konzerngesellschaften werden meist auch für die Unternehmensbewertung relevant sein.[223] Bei der Verschmelzung einer reinen Holding-Gesellschaft macht der Wert der operativen Tochtergesellschaften sogar den gesamten Wert der Holding-Gesellschaft aus. Je nach Bewertungsansatz ist eine bottom-up-Bewertung oder eine top-down-Bewertung zu wählen.[224] Regelmäßig wird der Konzern als Ganzes wie ein Unternehmen bewertet.[225] Ist ein verbundenes Unternehmen für die gesamte Gruppe nicht von wesentlicher Bedeutung, braucht es im Bericht nicht erwähnt werden.[226]

Hat der an der Verschmelzung beteiligte Rechtsträger **übergeordnete Konzernunternehmen**, dh steht er im Mehrheitsbesitz (§ 16 AktG) oder wird beherrscht (§ 17 AktG), so ist über Rechtsbeziehungen zu den übergeordneten Unternehmen zu berichten, soweit diese wesentliche Auswirkungen auf die Geschäftstätigkeit des an der Verschmelzung beteiligten Rechtsträgers haben.[227] Hierzu zählen insbes. die Beteiligungsverhältnisse sowie bestehende Unternehmensverträge vor und nach der geplanten Verschmelzung.[228] Auch auf sonstige Vertrags- und Geschäftsbeziehungen ist hinzuweisen, soweit sie für die beteiligten Rechtsträger und deren Unternehmenswerte relevant sind.[229] Die Darstellung im Verschmelzungsbericht muss aber nicht die Anforderungen an einen Abhängigkeitsbericht erfüllen.[230]

---

[217] OLG Frankfurt 12 W 185/05, NJOZ 2006, 870, 884; Kallmeyer/*Marsch-Barner* § 8 Rn. 27.
[218] Böttcher/Habighorst/Schulte/*Böttcher* § 8 Rn. 35; Lutter/*Drygala* § 8 Rn. 45; Semler/Stengel/*Gehling* § 8 Rn. 58; Widmann/Mayer/*Mayer* § 8 Rn. 45.
[219] Semler/Stengel/*Gehling* § 8 Rn. 59; Kallmeyer/*Marsch-Barner* § 8 Rn. 27.
[220] Semler/Stengel/*Gehling* § 8 Rn. 45; Kallmeyer/*Marsch-Barner* § 8 Rn. 27; Kölner Kommentar-UmwG/*Simon* § 8 Rn. 53; abweichend Lutter/*Drygala* § 8 Rn. 45, der auch unwesentliche Beteiligungen und nicht nur wesentliche für erläuterungsbedürftig hält.
[221] Lutter/*Drygala* § 8 Rn. 45; Kölner Kommentar-UmwG/*Simon* § 8 Rn. 53.
[222] OLG Frankfurt 12 W 185/05, NJOZ 2006, 870, 884; Lutter/*Drygala* § 8 Rn. 45.
[223] Kölner Kommentar-UmwG/*Simon* § 8 Rn. 54.
[224] Böttcher/Habighorst/Schulte/*Böttcher* § 8 Rn. 36; Lutter/*Drygala* § 8 Rn. 46; Kölner Kommentar-UmwG/*Simon* § 8 Rn. 54.
[225] Lutter/*Drygala* § 8 Rn. 46.
[226] Semler/Stengel/*Gehling* § 8 Rn. 60; Widmann/Mayer/*Mayer* § 8 Rn. 45; aA Lutter/*Drygala* § 8 Rn. 45.
[227] Lutter/*Drygala* § 8 Rn. 47; Semler/Stengel/*Gehling* § 8 Rn. 61; Kölner Kommentar-UmwG/*Simon* § 8 Rn. 57.
[228] Semler/Stengel/*Gehling* § 8 Rn. 61; Maulbetsch/Klumpp/Rose/*Schäffler* § 8 Rn. 46; Kölner Kommentar-UmwG/*Simon* § 8 Rn. 57.
[229] Kölner Kommentar-UmwG/*Simon* § 8 Rn. 57.
[230] OLG Jena 6 W 288/08, NJW-RR 2009, 182, 183; Semler/Stengel/*Gehling* § 8 Rn. 61; Kölner Kommentar-UmwG/*Simon* § 8 Rn. 57.

IV. Auskunftspflichten

54 Nach § 8 Abs. 1 S. 4 UmwG erstrecken sich **Auskunftspflichten der Vertretungsorgane** auch auf die in § 8 Abs. 1 UmwG genannten Angelegenheiten. Die nach sonstigen Normen bestehenden Auskunftspflichten gegenüber Anteilsinhabern (z. B. §§ 49 Abs. 3, 64 Abs. 2 UmwG, § 51a GmbHG, § 131 AktG) umfassen daher auch die Angaben, die der Verschmelzungsbericht enthalten muss.[231] Berichterstattung und Auskunftspflichten stehen nebeneinander.[232] Allerdings besteht eine Wechselwirkung zwischen beiden.[233] Soweit Informationen bereits im Verschmelzungsbericht fehlerfrei mitgeteilt worden sind, wäre es wenig sinnvoll, daneben einen parallelen Informationsanspruch aufgrund von allgemeinen Auskunftspflichten zuzulassen.[234] Außerdem gelten die allgemeinen gesetzlichen **Grenzen** der Auskunftspflichten (z. B. § 51a Abs. 2 GmbHG, § 131 Abs. 1 und 3 AktG) auch für den Inhalt des Verschmelzungsberichts.[235]

55 Die nach § 8 Abs. 1 S. 1 und 2 UmwG erforderlichen Angaben im Verschmelzungsbericht müssen für **alle an der Verschmelzung beteiligten Rechtsträger** mitgeteilt werden.[236] Die Vertretungsorgane der beteiligten Rechtsträger sind deshalb verpflichtet, jeweils die notwendigen Informationen über die anderen beteiligten Rechtsträger zu beschaffen und offenzulegen, selbst wenn die Rechtsträger keinen gemeinsamen Bericht erstatten.[237] Entsprechende gegenseitige Auskunftsansprüche ergeben sich aus dem vorvertraglichen Rechtsverhältnis zwischen den beteiligten Rechtsträgern.[238] Der Auskunftsanspruch umfasst auch Angaben zu den mit einem beteiligten Rechtsträger **verbundenen Unternehmen**, soweit solche Angaben im Verschmelzungsbericht enthalten sein müssen oder ein Vertretungsorgan hierzu gegenüber seinen Anteilsinhabern zur Auskunft verpflichtet ist (§ 8 Abs. 1 S. 3 und 4 UmwG).[239]

V. Grenzen der Berichtspflicht (§ 8 Abs. 2 UmwG)

56 Nach § 8 Abs. 2 UmwG sind solche Tatsachen von der Berichtspflicht ausgenommen, deren Bekanntwerden geeignet ist, einem der beteiligten Rechtsträger oder einem verbundenen Unternehmen einen **nicht unerheblichen Nachteil** zuzufügen. Die Anforderungen an ein **Geheimhaltungsbedürfnis** nach **§ 8 Abs. 2 UmwG** sind an § 131 Abs. 3 S. 1 Nr. 1 AktG angelehnt, sodass die dafür entwickelten Grundsätze und dazu ergangene Rechtsprechung entsprechend herangezogen werden können.[240] Nach einer vernünftigen kaufmännischen Betrachtung unter Abwägung der Vor- und Nachteile muss die Offenlegung der Tatsache dazu geeignet sein, dem Rechtsträger einen nicht unerheblichen Nachteil zuzufügen.[241] Ein nicht unerheblicher Nachteil iSv § 8 Abs. 2 UmwG ist jede einigermaßen gewichtige Beeinträchtigung der Interessen eines beteiligten

---

[231] Lutter/*Drygala* § 8 Rn. 48; Kallmeyer/*Marsch-Barner* § 8 Rn. 28.
[232] Semler/Stengel/*Gehling* § 8 Rn. 82; *Groß* AG 1996, 111, 118; *Lutter* FS Fleck, S. 169, 176 ff.; *Wilde* ZGR 1998, 423, 443.
[233] Semler/Stengel/*Gehling* § 8 Rn. 82; vgl. auch Großkomm-AktG/*Decher* § 131 Rn. 44.
[234] Semler/Stengel/*Gehling* § 8 Rn. 82.
[235] Lutter/*Drygala* § 8 Rn. 48; Kallmeyer/*Marsch-Barner* § 8 Rn. 28.
[236] Lutter/*Drygala* § 8 Rn. 49; Kallmeyer/*Marsch-Barner* § 8 Rn. 29.
[237] Lutter/*Drygala* § 8 Rn. 49; Kallmeyer/*Marsch-Barner* § 8 Rn. 29.
[238] Lutter/*Drygala* § 8 Rn. 49; Böttcher/Habighorst/Schulte/*Böttcher* § 8 Rn. 38; Kallmeyer/*Marsch-Barner* § 8 Rn. 29; aA *Austmann/Frost* ZHR 169 (2005), 431, 434; Semler/Stengel/*Gehling* § 8 Rn. 64.
[239] Lutter/*Drygala* § 8 Rn. 49; Kallmeyer/*Marsch-Barner* § 8 Rn. 29.
[240] RegBegr. zu § 8 UmwG bei *Ganske* S. 54; Böttcher/Habighorst/Schulte/*Böttcher* § 8 Rn. 40; Lutter/*Drygala* § 8 Rn. 50; Semler/Stengel/*Gehling* § 8 Rn. 66; Kölner Kommentar-UmwG/*Simon* § 8 Rn. 58.
[241] Böttcher/Habighorst/Schulte/*Böttcher* § 8 Rn. 39; Lutter/*Drygala* § 8 Rn. 45; Kallmeyer/*Marsch-Barner* § 8 Rn. 30.

Rechtsträgers; die Voraussetzungen für einen Schaden nach §§ 249 ff. BGB müssen nicht erfüllt sein.[242] Der Begriff ist weit auszulegen, um den Schutz berechtigter Interessen des Rechtsträgers zu gewährleisten. Die Regelung legt dabei einen einheitlichen Standard unabhängig von der Rechtsform der beteiligten Rechtsträger zugrunde.[243] Vorteile der Anteilsinhaber dürfen nicht berücksichtigt werden.[244] Die Offenlegung muss **nur geeignet** sein, einen nicht unerheblichen Schaden herbeizuführen, es ist nicht erforderlich, dass ein solcher Schaden als Folge der Offenlegung zwingend eintritt.[245]

Besteht ein berechtigtes Geheimhaltungsbedürfnis, ist **im Verschmelzungsbericht zu begründen**, weshalb bestimmte Tatsachen nicht in den Bericht aufgenommen wurden (§ 8 Abs. 2 S. 2 UmwG).[246] Dazu muss einerseits die Lücke im Bericht offengelegt werden und andererseits müssen die Anteilsinhaber die konkreten Beweggründe für das Geheimhaltungsbedürfnis anhand des Berichts iS einer Plausibilitätskontrolle nachvollziehen können.[247] Ein pauschaler Hinweis auf das Geheimhaltungsbedürfnis erfüllt diese Anforderung nicht.[248] Die Berichterstattung sollte in einer Form erfolgen, die keine Rückschlüsse auf die geheimhaltungsbedürftige Tatsache zulässt, weil ansonsten der Zweck des § 8 Abs. 2 UmwG konterkariert würde.[249] Ob die dargelegten Gründe eine Geheimhaltung tatsächlich rechtfertigen, ist gerichtlich voll überprüfbar.[250] Weitergehende rechtsformabhängige Informationsansprüche (z. B. § 51a GmbHG in der GmbH) bleiben unberührt.[251]

VI. Ausnahmen von der Berichtspflicht (§ 8 Abs. 3 UmwG)

1. Verzicht

Adressaten des Verschmelzungsberichts sind ausschließlich die Anteilsinhaber.[252] Deshalb ist **gem. § 8 Abs. 3 S. 1 Alt. 1 UmwG kein Bericht erforderlich, wenn alle Anteilsinhaber aller beteiligten Rechtsträger** hierauf **verzichten**. Die Anteilsinhaber können über ihren Schutz, den § 8 Abs. 1 UmwG bezweckt, disponieren. Wegen des eindeutigen Gesetzeswortlauts ist es aber nicht ausreichend, wenn die Anteilsinhaber nur eines beteiligten Rechtsträgers den Verzicht erklären.[253] *De lege ferenda* wird es allerdings teilweise für wünschenswert erachtet, einen Bericht für einen beteiligten Rechtsträger schon dann für entbehrlich anzusehen, wenn alle Anteilsinhaber *dieses* Rechtsträgers darauf verzichten.[254] Praktisch ist dies aber kaum relevant, weil die Berichterstattung meist durch die Vertretungsorgane aller beteiligten Rechtsträger gemeinsam erfolgt.

---

[242] MünchKommAktG/*Kubis* § 131 Rn. 110; Kallmeyer/*Marsch-Barner* § 8 Rn. 30; Widmann/Mayer/*Mayer* § 8 Rn. 50.
[243] Schmitt/Hörtnagel/Stratz/*Stratz* § 8 Rn. 29.
[244] OLG Hamm 8 U 329/87, ZIP 1988, 1051, 1155 f.; OLG Köln 24 U 244/87, ZIP 1988, 1391, 1393 f.; *Bayer* WM 1989, 121, 122 f.; Lutter/*Drygala* § 8 Rn. 50.
[245] Kallmeyer/*Marsch-Barner* § 8 Rn. 30.
[246] Böttcher/Habighorst/Schulte/*Böttcher* § 8 Rn. 39; Lutter/*Drygala* § 8 Rn. 52; Semler/Stengel/*Gehling* § 8 Rn. 65; Kallmeyer/*Marsch-Barner* § 8 Rn. 32; Sagasser/Bula/Brünger/*Bula/Thees* § 9 Rn. 213.
[247] Semler/Stengel/*Gehling* § 8 Rn. 65; Widmann/Mayer/*Mayer* § 8 Rn. 51; Schmitt/Hörtnagel/*Stratz* § 8 Rn. 33.
[248] Böttcher/Habighorst/Schulte/*Böttcher* § 8 Rn. 39; Lutter/*Drygala* § 8 Rn. 52; Kallmeyer/*Marsch-Barner* § 8 Rn. 32.
[249] Lutter/*Drygala* § 8 Rn. 52; Kallmeyer/*Marsch-Barner* § 8 Rn. 32.
[250] OLG Düsseldorf 19 W 2/91, WM 1991, 2148, 2152; Böttcher/Habighorst/Schulte/*Böttcher* § 8 Rn. 39; Lutter/*Drygala* § 8 Rn. 50; Semler/Stengel/*Gehling* § 8 Rn. 66; Kölner Kommentar-UmwG/*Simon* § 8 Rn. 59; Schmitt/Hörtnagl/Stratz/*Stratz* § 8 Rn. 31.
[251] Näher Lutter/*Drygala* § 8 Rn. 51.
[252] → Rn. 1 ff.
[253] Lutter/*Drygala* § 8 Rn. 49; Semler/Stengel/*Gehling* § 8 Rn. 70; Kallmeyer/*Marsch-Barner* § 8 Rn. 38; Widmann/Mayer/*Mayer* § 8 Rn. 57.
[254] Lutter/*Drygala* § 8 Rn. 53; Semler/Stengel/*Gehling* § 8 Rn. 70; Schmitt/Hörtnagel/Stratz/*Stratz* § 8 Rn. 37.

59 Der Verzicht muss sich auf eine **konkrete Verschmelzung** beziehen. Ein genereller Verzicht im Voraus (z. B. in der Satzung) ist nicht zulässig.[255] Es genügt aber, dass die Verschmelzung, für die der Verzicht erklärt wird, hinreichend erkennbar ist. Der Verschmelzungsvertrag oder sein Entwurf müssen hierfür noch nicht vorliegen.[256] Die wesentlichen Eckpunkte der Verschmelzung müssen aber zumindest bekannt sein.[257]

60 Die **Verzichtserklärungen sind** einseitige empfangsbedürftige Willenserklärungen gegenüber dem Vertretungsorgan des jeweiligen Rechtsträgers. Sie sind **notariell zu beurkunden**, § 8 Abs. 3 S. 2 UmwG. Das Beurkundungserfordernis dient dem Schutz der Anteilsinhaber (Hinweis-, Belehrungs- und Warnfunktion).[258] Ein Verzicht im Wege einer einstimmigen Beschlussfassung der Anteilsinhaber genügt dem Beurkundungserfordernis nicht.[259] Bei Publikumsgesellschaften mit großem Gesellschafterkreis ist ein formgerechter Verzicht deshalb praktisch ausgeschlossen, weil ein Verzicht aller Anteilseigner kaum zu erzielen sein wird.[260] Ausreichend ist es, wenn die Anteilsinhaber den Verzicht anlässlich des ohnehin zu beurkundenden Beschlusses über die Verschmelzung in derselben Urkunde erklären, wobei die Verzichtserklärung nach den Vorschriften der §§ 8 ff. BeurkG beurkundet werden muss.[261] Dies setzt allerdings voraus, dass alle Anteilsinhaber zur Beschlussfassung erscheinen und birgt die Gefahr weiterer Verzögerungen, wenn entweder nicht alle Anteilsinhaber erscheinen oder bestimmte Anteilsinhaber wider Erwarten doch nicht auf den Bericht verzichten. Hierdurch entsteht ein nicht unerhebliches Erpressungspotenzial.[262] Bei Gesellschaften mit kleinerem Gesellschafterkreis empfiehlt es sich, die Verzichtserklärungen möglichst frühzeitig einzuholen, um Verzögerungen im Verschmelzungsprozess zu vermeiden.[263] Es kann sich empfehlen, die Verzichtserklärungen nach §§ 8 Abs. 3, 12 Abs. 3 UmwG in einer Urkunde zusammenzufassen.[264] Der Anmeldung der Verschmelzung beim Registergericht sind die Verzichtserklärungen beizufügen, § 17 Abs. 1 UmwG.

2. Konzernverschmelzungen

61 Die **Erstellung des Verschmelzungsberichts ist entbehrlich, wenn sich alle Anteile des übertragenden Rechtsträgers in der Hand des übernehmenden Rechtsträgers** befinden, § 8 Abs. 3 S. 1 Alt. 2 UmwG. Diese Ausnahme gilt für Verschmelzungen einer 100%igen Tochtergesellschaft auf ihre Muttergesellschaft. Alle Anteile des übertragenden Rechtsträgers müssen vom übernehmenden Rechtsträger selbst gehalten werden.[265] Eine besondere Verzichtserklärung ist hier nicht erforderlich.[266] Bei einer solchen Konzernverschmelzung sind die Muttergesellschaft und ihre Anteilsinhaber bereits hinreichend über die Verhältnisse ihrer Tochtergesellschaft informiert.[267] Außerdem

---

[255] Lutter/*Drygala* § 8 Rn. 56; Semler/Stengel/*Gehling* § 8 Rn. 68; Kallmeyer/*Marsch-Barner* § 8 Rn. 38.
[256] Semler/Stengel/*Gehling* § 8 Rn. 68.
[257] Kallmeyer/*Marsch-Barner* § 8 Rn. 38; weitergehend Lutter/*Drygala* § 8 Rn. 56, der dafür zumindest das Vorliegen eines Entwurfs des Verschmelzungsvertrags für erforderlich hält.
[258] Lutter/*Drygala* § 8 Rn. 49; Semler/Stengel/*Gehling* § 8 Rn. 71; Kallmeyer/*Marsch-Barner* § 8 Rn. 38.
[259] Semler/Stengel/*Gehling* § 8 Rn. 70; Kallmeyer/*Marsch-Barner* § 8 Rn. 38.
[260] *App* DZWIR 2001, 56, 57; Lutter/*Drygala* § 8 Rn. 54; Semler/Stengel/*Gehling* § 8 Rn. 71; Kallmeyer/*Marsch-Barner* § 8 Rn. 38.
[261] Semler/Stengel/*Gehling* § 8 Rn. 71; Widmann/Mayer/*Mayer* § 8 Rn. 58.
[262] OLG Bamberg 6 W 26/12, NZG 2012, 1269; Lutter/*Drygala* § 8 Rn. 55; Widmann/Mayer/*Mayer* § 8 Rn. 59.
[263] Kallmeyer/*Marsch-Barner* § 8 Rn. 38.
[264] Kallmeyer/*Marsch-Barner* § 8 Rn. 38.
[265] Semler/Stengel/*Gehling* § 8 Rn. 74; Kallmeyer/*Marsch-Barner* § 8 Rn. 39.
[266] Kallmeyer/*Marsch-Barner* § 8 Rn. 39.
[267] Böttcher/Habighorst/Schulte/*Böttcher* § 8 Rn. 43; Kölner Kommentar-UmwG/*Simon* § 8 Rn. 62.

tragen die Anteilsinhaber der Muttergesellschaft die Risiken der Tochtergesellschaft ohnehin bereits vor der Verschmelzung. Den Interessen der Anteilsinhaber genügen deshalb die allgemeinen Informationsrechte. Die Anteilsinhaber können sich über die wirtschaftliche Lage der zu übernehmenden Tochtergesellschaft insbes. anhand der auszulegenden Jahresabschlüsse (§§ 49 Abs. 2, 63 Abs. 1 Nr. 2 UmwG) und der Auskunftsrechte in der Anteilsinhaberversammlung (§§ 49 Abs. 3, 64 Abs. 2 UmwG) informieren.[268] Die Regelung des § 8 Abs. 3 S. 1 Alt. 2 UmwG gilt nicht bei der Verschmelzung von zwei 100%igen Töchtern (Schwesterverschmelzung). Bei einer solchen Schwesterverschmelzung ist ein entsprechender Verzicht der Mutter als Anteilsinhaberin beider Töchter erforderlich.[269]

3. Personenhandelsgesellschaften und Partnerschaftsgesellschaften

Ein **Verschmelzungsbericht** ist **entbehrlich** bei an der Verschmelzung beteiligten **Personenhandelsgesellschaften, bei denen jeder Gesellschafter zur Geschäftsführung berechtigt ist**, § 41 UmwG. Nach teilweise vertretener Auffassung kann diese Regelung entsprechend auf Gesellschaften mit vergleichbarer personalistischer Struktur angewendet werden (z. B. eine GmbH, in der alle Gesellschafter zugleich Geschäftsführer sind).[270] Die Analogiefähigkeit erscheint jedoch wegen des Ausnahmecharakters dieser Spezialregelung und § 1 Abs. 3 S. 1 UmwG zweifelhaft.[271] Für an der Verschmelzung beteiligte **Partnerschaftsgesellschaften** ist ein Verschmelzungsbericht gem. § 45c S. 1 UmwG ebenfalls nur erforderlich, wenn ein Partner gem. § 6 Abs. 2 PartGG von der Geschäftsführung ausgeschlossen ist.

62

VII. Rechtsfolgen fehlerhafter Berichte

Der **Verschmelzungsbericht** ist **fehlerhaft**, wenn er den Anforderungen des § 8 Abs. 1 UmwG nicht genügt.[272] Dies ist dann der Fall, wenn der Bericht den Anteilsinhabern **keine Plausibilitätskontrolle** der geplanten Verschmelzung **ermöglicht**.[273] Maßgeblich für die Beurteilung einer etwaigen Fehlerhaftigkeit ist die *ex ante*-Sicht der Vertretungsorgane der beteiligten Rechtsträger vor der Durchführung der Verschmelzung; erweist sich ein Bericht nur aus *ex post*-Sicht als unzutreffend, führt dies nicht zur Fehlerhaftigkeit des Berichts.[274] Aus der *ex ante*-Sicht dürfen die notwendigen Informationen zur Plausibilitätskontrolle nicht fehlen, unvollständig oder unzutreffend sein.[275] Der Bericht muss den Grundsätzen einer gewissenhaften und getreuen Rechenschaft genügen.[276] Hat das Vertretungsorgan im Rahmen der Berichterstattung Zweifel an der Vereinbarkeit mit

63

---

[268] Böttcher/Habighorst/Schulte/*Böttcher* § 8 Rn. 43; Semler/Stengel/*Gehling* § 8 Rn. 73; Kallmeyer/*Marsch-Barner* § 8 Rn. 39.
[269] Lutter/*Drygala* § 8 Rn. 57; Maulbetsch/Klumpp/Rose/*Schäffler* § 8 Rn. 56; Kölner Kommentar-UmwG/*Simon* § 8 Rn. 63.
[270] Lutter/*Drygala* § 8 Rn. 58; Kallmeyer/*Marsch-Barner* § 8 Rn. 41; wohl auch Böttcher/Habighorst/Schulte/*Böttcher* § 8 Rn. 44; Semler/Stengel/*Gehling* § 8 Rn. 75; Widmann/Mayer/*Mayer* § 8 Rn. 57.
[271] Wie hier die wohl überwiegende Auffassung; s. etwa Bayer ZIP 1997, 1613, 1620; Semler/Stengel/*Ihrig* § 41 Rn. 3; Lutter/*H. Schmidt* § 41 Rn. 3; Kölner Kommentar-UmwG/*Simon* § 8 Rn. 65.
[272] Böttcher/Habighorst/Schulte/*Böttcher* § 8 Rn. 46; Semler/Stengel/*Gehling* § 8 Rn. 76; Kölner Kommentar-UmwG/*Simon* § 8 Rn. 66.
[273] Böttcher/Habighorst/Schulte/*Böttcher* § 8 Rn. 46; Semler/Stengel/*Gehling* § 8 Rn. 76.; Kölner Kommentar-UmwG/*Simon* § 8 Rn. 66.
[274] Semler/Stengel/*Gehling* § 8 Rn. 76; Kölner Kommentar-UmwG/*Simon* § 8 Rn. 67.
[275] Böttcher/Habighorst/Schulte/*Böttcher* § 8 Rn. 46; Kölner Kommentar-UmwG/*Simon* § 8 Rn. 67.
[276] Semler/Stengel/*Gehling* § 8 Rn. 76.

einer gewissenhaften und getreuen Rechenschaft, kann es einen Berichtsfehler vermeiden, wenn es auf die Unsicherheit hinweist. Der Hinweis kann durch Aufzeigen der Informationsgrundlage oder durch die Mitteilung, dass es sich um eine Einschätzung des Vertretungsorgans oder eines Dritten handelt, erfolgen.[277]

64 Ist die Berichterstattung fehlerhaft, kann der Mangel in engen Grenzen nachträglich korrigiert und geheilt werden.[278] Eine **Korrektur des Mangels** mit heilender Wirkung kommt in Betracht, wenn die Frist für die Weiterleitung des Verschmelzungsberichts an die Anteilsinhaber auch unter Berücksichtigung der Korrektur noch gewahrt werden kann.[279] In der korrigierten Fassung ist auf wesentliche Änderungen hinzuweisen.[280] Bei bereits abgelaufener Frist ist bislang nicht geklärt, ob der Fehler noch geheilt werden kann. Mit Blick auf den Schutzzweck des § 8 UmwG, die Anteilsinhaber ausreichend für ihren Zustimmungsbeschluss zu informieren, sollte eine Korrektur mit Heilungswirkung möglich sein, wenn der korrigierte Bericht jedem Anteilsinhaber zugeht und es auch für jeden Anteilsinhaber noch zeitlich möglich ist, die Verschmelzung anhand des korrigierten Berichts rechtzeitig vor der Anteilseignerversammlung zu plausibilisieren und seine Entscheidung in der Anteilseignerversammlung angemessen vorzubereiten.[281] Wird der Verschmelzungsbericht berichtigt, ohne dass die zuvor genannten Anforderungen erfüllt sind, wird der Formmangel nicht geheilt.[282] Andernfalls würde der Sinn und Zweck des Verschmelzungsberichts, die Anteilsinhaber auf die Beschlussfassung in der Versammlung vorzubereiten, verfehlt. Anteilsinhaber können deshalb auch nicht schlicht auf die Möglichkeit verwiesen werden, in der Gesellschafterversammlung Fragen zu stellen und zusätzliche Informationen zu verlangen.

65 Ein Fehler des Verschmelzungsberichts begründet eine Klage gegen die Wirksamkeit eines Verschmelzungsbeschlusses nur, wenn ein ausreichender Zurechnungszusammenhang zwischen dem Berichtsfehler und dem Verschmelzungsbeschluss besteht. Ist der Verschmelzungsbericht fehlerhaft und wird der Mangel nicht rechtzeitig geheilt, ist der **Zustimmungsbeschluss** der Anteilsinhaber zur Verschmelzung (§ 13 UmwG) bei einer **Kapitalgesellschaft anfechtbar** (§ 243 Abs. 1 AktG iVm. § 14 Abs. 1 UmwG)[283]. Dies gilt auch dann, wenn der Bericht komplett fehlt.[284] Eine Klage hat in materieller Hinsicht Aussicht auf Erfolg, wenn zwischen dem Berichtsmangel und dem Abstimmungsverhalten bezüglich des Zustimmungsbeschlusses der Anteilsinhaber ein **Zurechnungszusammenhang** besteht.[285] Maßgeblich ist die *ex ante*-Sicht eines objektiv urteilenden Anteilsinhabers. Dieser müsste die fehlende, unvollständige oder unzutreffende Information als wichtig und relevant für die sachgerechte Abstimmung über die Verschmelzung angesehen haben.[286] Davon ist jedenfalls auszugehen, wenn der fehlerhafte Verschmelzungsbericht keine Plausibilitäts-

---

[277] Semler/Stengel/*Gehling* § 8 Rn. 76.
[278] Semler/Stengel/*Gehling* § 8 Rn. 83.
[279] Böttcher/Habighorst/Schulte/*Böttcher* § 8 Rn. 48; Semler/Stengel/*Gehling* § 8 Rn. 83; Kölner Kommentar-UmwG/*Simon* § 8 Rn. 73.
[280] Semler/Stengel/*Gehling* § 8 Rn. 83; Widmann/Mayer/*Mayer* § 8 Rn. 75.1.
[281] Böttcher/Habighorst/Schulte/*Böttcher* § 8 Rn. 48; Semler/Stengel/*Gehling* § 8 Rn. 83; Kölner Kommentar-UmwG/*Simon* § 8 Rn. 73.
[282] Böttcher/Habighorst/Schulte/*Böttcher* § 8 Rn. 49; Lutter/*Drygala* § 8 Rn. 60; Semler/Stengel/*Gehling* § 8 Rn. 83; Kallmeyer/*Marsch-Barner* § 8 Rn. 34.
[283] BGH II ZR 254/88, ZIP 1990, 168, 170; OLG Hamm 8 U 329/87, WM 1988, 1164, 1168; OLG Köln 24 U 244/87, WM 1988, 1792, 1795; Lutter/*Drygala* § 8 Rn. 59; Semler/Stengel/*Gehling* § 8 Rn. 77; Kallmeyer/*Marsch-Barner* § 8 Rn. 33.
[284] Böttcher/Habighorst/Schulte/*Böttcher* § 8 Rn. 50; Lutter/*Drygala* § 8 Rn. 59; Semler/Stengel/*Gehling* § 8 Rn. 77; Kallmeyer/*Marsch-Barner* § 8 Rn. 33; Widmann/Mayer/*Mayer* § 8 Rn. 68.
[285] Böttcher/Habighorst/Schulte/*Böttcher* § 8 Rn. 50; Lutter/*Drygala* § 8 Rn. 59; Semler/Stengel/*Gehling* § 8 Rn. 77; Kölner Kommentar-UmwG/*Simon* § 8 Rn. 76.
[286] BGH II ZR 250/02, NZG 2005, 77 ff.; BGH II ZR 225/99, NJW 2002, 1128 ff.; Böttcher/Habighorst/Schulte/*Böttcher* § 8 Rn. 50; Semler/Stengel/*Gehling* § 8 Rn. 78; Widmann/Mayer/*Mayer* § 8 Rn. 70; Kölner Kommentar-UmwG/*Simon* § 8 Rn. 76.

kontrolle der Verschmelzung erlaubt.[287] Deshalb besteht der Zurechnungszusammenhang regelmäßig, wenn die Anforderungen des § 8 UmwG nicht erfüllt sind. Nur unwesentliche Mängel des Verschmelzungsberichts führen ausnahmsweise dann nicht zur Anfechtbarkeit des Verschmelzungsbeschlusses, wenn der Verschmelzungsbericht gleichwohl eine geeignete Informationsgrundlage für die Anteilsinhaber bietet und davon auszugehen ist, dass der Verschmelzungsbeschluss auch bei vollständiger Information gefasst worden wäre.[288] Gleiches gilt, wenn den Anteilsinhabern eine im Verschmelzungsbericht fehlende Information nachweislich anderweitig zur Verfügung gestellt wurde.[289] **Bei Personengesellschaften und Vereinen** führt ein mangelhafter Verschmelzungsbericht grds. zur **Nichtigkeit** des Verschmelzungsberichts, weil Gesellschafterbeschlüsse in diesen Rechtsformen nicht angefochten werden können.[290] Auch insoweit gelten jedoch die vorstehend beschriebenen Einschränkungen.[291]

Klagen gegen die Wirksamkeit des Verschmelzungsbeschlusses können auch auf eine fehlende, unzureichende oder unzutreffende **Berichterstattung zum Umtauschverhältnis** gestützt werden. Dies folgt im Umkehrschluss aus § 243 Abs. 4 S. 2 AktG, der Rügen fehlender, unzureichender oder unzutreffender Informationen über Bewertungsthemen nur insoweit auf das Spruchverfahren verweist als die Informationen *in der* Hauptversammlung zu geben waren.[292] Informationspflichtverletzungen *im Vorfeld*, insbes. im Verschmelzungsbericht, können deshalb Klagen gegen die Wirksamkeit des Verschmelzungsbeschlusses begründen. Demgegenüber begründen Informationsmängel der **Berichterstattung zum Abfindungsgebot** nach § 29 UmwG kein Klagerecht gegen die Wirksamkeit des Verschmelzungsbeschlusses. Derartige Mängel können nur im Spruchverfahren gerügt werden.[293] Zum Formwechsel hat der BGH dies mit Verweis auf die besonderen Regelungen der §§ 210, 212 S. 2 UmwG entschieden.[294] Wenn danach schon das völlige Fehlen eines Barabfindungsangebots kein Anfechtungsrecht begründe und nur im Spruchverfahren überprüft werden könne, müsse dies auch für bloße Informationsmängel gelten. Die umwandlungsrechtliche Sonderregelung zum Abfindungsangebot sei insoweit *lex specialis* zur allgemeinen Regelung des § 243 Abs. 4 S. 2 AktG. Diese Erwägungen zum Abfindungsangebot gelten gleichermaßen für die Verschmelzung, die Regelungen der §§ 32, 34 S. 2 UmwG sind insoweit inhaltsgleich zu den Regelungen im Formwechselrecht. Auf Fehler der Berichterstattung zum Umtauschverhältnis können diese Grundsätze aber nicht übertragen werden.[295] *De lege ferenda* erschiene es allerdings sinnvoller, beide Fälle gleich zu behandeln und Rügen jeweils auf das Spruchverfahren zu verweisen, weil es jeweils um bewertungsrelevante Informationen geht.

---

[287] Lutter/*Drygala* § 8 Rn. 50; Kallmeyer/*Marsch-Barner* § 8 Rn. 33; Kölner Kommentar-UmwG/*Simon* § 8 Rn. 76.
[288] Semler/Stengel/*Gehling* § 8 Rn. 78; Kallmeyer/*Marsch-Barner* § 8 Rn. 33; Widmann/Mayer/*Mayer* § 8 Rn. 71; *Mertens* AG 1990, 20, 31; wohl auch OLG Düsseldorf 15 W 110/05, DB 2006, 2223, 2225.
[289] Semler/Stengel/*Gehling* § 8 Rn. 78.
[290] Lutter/*Drygala* § 8 Rn. 63; Kallmeyer/*Marsch-Barner* § 8 Rn. 36; Widmann/Mayer/*Mayer* § 8 Rn. 68; Schmitt/Hörtnagel/Stratz/*Stratz* § 8 Rn. 40.
[291] Kallmeyer/*Marsch-Barner* § 8 Rn. 36.
[292] RegBegr. BT-Drs. 15/5092, S. 26; ebenso OLG Frankfurt 14 W 23/00, ZIP 2000, 1928; Semler/Stengel/*Gehling* § 8 Rn. 81; Kallmeyer/*Marsch-Barner* § 8 Rn. 34; Widmann/Mayer/*Mayer* § 8 Rn. 69.
[293] Semler/Stengel/*Gehling* § 8 Rn. 81; Kallmeyer/*Marsch-Barner* § 8 Rn. 34; Kölner Kommentar-UmwG/*Simon* § 8 Rn. 84.
[294] BGH II ZR 1/99, BGHZ 146, 179 = ZIP 2001, 199, 200 f.; BGH II ZR 368/98, ZIP 2001, 412, 413 f.
[295] Semler/Stengel/*Gehling* § 8 Rn. 80 f.; Kallmeyer/*Marsch-Barner* § 8 Rn. 34.

§ 10 Verschmelzungsprüfung

Übersicht

	Rdnr.		Rdnr.
A. Einführung	1–6	D. Prüfungsmaßstab	51–64
I. Allgemeines	1, 2	I. Allgemeines	51–54
II. Verhältnis zu anderen Prüfungen	3–5	II. Vollständigkeit	55
III. Gesetzessystematik	6	III. Richtigkeit	56, 57
B. Prüfungspflicht, Antragsprüfung und Ausnahmen	7–45	IV. Angemessenes Umtauschverhältnis	58–64
		1. Allgemeines	58–61
I. Generell prüfungspflichtige Verschmelzungen	8–21	2. Bewertungsmethoden	62
1. Pflichtprüfung ohne Verzichtsmöglichkeit	9, 10	3. Gleichbehandlung von Anteilsinhabern	63
2. Pflichtprüfung mit Verzichtsmöglichkeit	11–21	4. Verbundvorteile, Synergieeffekte	64
a) Verschmelzung unter Beteiligung einer Aktiengesellschaft (§ 60 UmwG)	12, 13	E. Person des Verschmelzungspüfers	65–112
		I. Bestellung	65–90
		1. Antrag	65–69
		2. Zuständigkeit	70–76
b) Verschmelzung unter Beteiligung einer KGaA (§ 78 UmwG)	14	a) Sachliche Zuständigkeit	70
		b) Örtliche Zuständigkeit	71–73
		c) Funktionelle Zuständigkeit	74, 75
		d) Zuständigkeitskonzentration	76
c) Verschmelzung unter Beteiligung eines wirtschaftlichen Vereins (§ 100 S. 1 UmwG)	15	3. Gerichtliche Entscheidung und Rechtsmittel	77–90
		a) Entscheidungsinhalt	77
		b) Verfahren nach FamFG	78–82
d) Grenzüberschreitende Verschmelzung (§ 122f UmwG)	16, 17	c) Beschwerde	83–90
		II. Rechte und Pflichten des bestellten Verschmelzungsprüfers	91–112
		1.) Rechtsgrundlage	91, 92
e) SE-Verschmelzungsgründung	18–21	2.) Auswahlkriterien	93–98
		a) Personenkreis	93–95
II. Auf Antrag zu prüfende Verschmelzungen	22–34	b) Ausschlussgründe	96–98
		3.) Auskunftsrecht	99–104
1. Verschmelzung unter Beteiligung einer OHG oder einer KG (§ 44 UmwG)	23–26	4.) Pflichten des bestellten Verschmelzungsprüfers	105–111
		a) Verantwortlicher Personenkreis	105
2. Verschmelzung unter Beteiligung einer PartG (§ 45e UmwG)	27	b) Verhaltenspflichten	106, 107
		c) Haftung	108–111
3. Verschmelzung unter Beteiligung einer GmbH (§ 48 UmwG)	28, 29	5.) Vergütung	112
		F. Prüfungsbericht	113–129
		I. Inhalt	113–118
4. Verschmelzung unter Beteiligung eines e. V. (§ 100 S. 2 UmwG)	30–34	II. Form	119, 120
III. Ausnahmen von der Prüfpflicht	35–45	III. Offenlegung gegenüber Anteilseignern	121, 122
1. Entbehrlichkeit der Prüfung bei Upstream-Verschmelzung (§ 9 Abs. 2 UmwG)	35–37	IV. Entbehrlichkeit und Verzicht (§ 12 Abs. 3 UmwG)	123
		V. Rechtsfolgen und Mängel des Prüfungsberichts	124–129
2. Verzichtserklärung aller Gesellschafter (§§ 9 Abs. 3 iVm 8 Abs. 3 S. 1 Alt. 1 UmwG)	38, 39	1. Prüfungsbericht mit Feststellung eines angemessenen Umtauschverhältnisses	124
3. Entbehrlichkeit der Prüfung bei Upstream-SE-Verschmelzungsgründung mit 100 %-Tochtergesellschaft	40	2. Prüfungsbericht mit Feststellung eines unangemessenen Umtauschverhältnisses	125–128
4. Entbehrlichkeit der Prüfung bei Upstream-SE-Verschmelzungsgründung mit 90 %-Tochtergesellschaft (Art. 31 Abs. 2 SE-VO)?	41–45	3. Prüfungsbericht mit Feststellung einer Unvollständigkeit oder Unrichtigkeit des Verschmelzungsvertrags	129
C. Prüfungsgegenstand	46–50	4. Unvollständiger, fehlender oder mangelhafter Prüfungsbericht	130

Schrifttum: *Bayer*, 1000 Tage neues Umwandlungsrecht – eine Zwischenbilanz, ZIP 1997, 1613; *Bayer/Schmidt*, Der Referentenentwurf zum 3. UmwÄndG: Vereinfachungen bei Verschmelzungen und Spaltungen und ein neuer Verschmelzungsspezifischer Squeeze out, ZIP 2010, 953; *Becker*, Die gerichtliche Kontrolle von Maßnahmen bei der Verschmelzung von Aktiengesellschaften, AG 1988, 223; *Bungert/Wettich*, Vorgaben aus Karlsruhe zum Referenzzeitraum des Börsenwerts für die Abfindung bei Strukturmaßnahmen, BB 2010, 2227; *dies.*, Der neue verschmelzungsspezifische Squeezeout nach § 62 V UmwG n. F., DB 2011, 1500; *Fleischer*, Die Barabfindung außenstehender Aktionäre nach den §§ 305 und 320 AktG, ZGR 1997, 368; *Ganske*, Berufsrelevante Regelungen für Wirtschaftsprüfer im neuen Umwandlungsrecht, WPg 1994, 157; *Göthel*, Der verschmelzungsrechtliche Squeeze out, ZIP 2011, 1541; *Hauptfachausschuss des Instituts der Wirtschaftsprüfer (HFA) des IDW*, Stellungnahme 6/1988: Zur Verschmelzungsprüfung nach § 340b Abs. 4 AktG, WPg 1989, 42; *Heckschen*, Die Reform des Umwandlungsrechts, DNotZ 2007, 444; *ders.*, Das Dritte Gesetz zur Änderung des Umwandlungsgesetzes in der Fassung des Regierungsentwurfs, NZG 2010, 1041; *ders.*, Die Novelle des Umwandlungsgesetzes – Erleichterungen für Verschmelzungen und Squeeze-out, NJW 2011, 2390; *Hoffmann-Becking*, Das neue Verschmelzungsrecht in der Praxis, FS Fleck, 1988, S. 105; *Hofmeister*, Der verschmelzungsrechtliche Squeeze-out: Wichtige Aspekte und Besonderheiten der Verschmelzung, NZG 2012, 688; *Hommelhoff*, Minderheitenschutz bei Umstrukturierungen, ZGR 1993, 452; *IDW*, WP-Handbuch 2014, Wirtschaftsprüfung, Rechnungslegung, Beratung, Bd. II, 14. Aufl. (2014); *IDW*, WPH Edition, WP Handbuch, Wirtschaftsprüfung & Rechnungslegung. 15. Aufl. (2017); *Kalss*, Der Minderheitenschutz bei Gründung und Sitzverlegung der SE nach dem Diskussionsentwurf, ZGR 2003, 593; *Kiefner/Brügel*, Der umwandlungsrechtliche Squeeze-out, AG 2011, 525; *Mertens*, Die Gestaltung von Verschmelzungs- und Verschmelzungsprüfungsbericht, AG 1990, 20; *Meyer zu Lösebeck*, Zur Verschmelzungsprüfung, WPg 1989, 499; *Neye/Kraft*, Neuigkeiten beim Umwandlungsrecht, NZG 2011, 681; *M. Noack*, Zur Weisungs- und Leitungsbefugnis des Gerichts gegenüber dem von ihm bestellten sachverständigen Prüfer, NZG 2016, 1259; *Nonnenmacher*, Das Umtauschverhältnis bei der Verschmelzung von Kapitalgesellschaften, AG 1982, 153; *Ossadnik/Maus*, Die Verschmelzung im neuen Umwandlungsrecht aus betriebswirtschaftlicher Sicht, DB 1995, 105; *Priester*, Das neue Verschmelzungsrecht, NJW 1983, 1459; *ders.*, Strukturänderungen – Beschlussvorbereitung und Beschlussfassung, ZGR 1990, 420; *Teichmann*, Die Einführung der Europäischen Aktiengesellschaft, ZGR 2002, 383; *ders.*, Minderheitenschutz bei Gründung und Sitzverlegung der SE, ZGR 2003, 367; *Wiedemann/Thüsing*, Gewerkschaftsfusionen nach dem Umwandlungsgesetz, WM 1999, 2237.

A. Einführung

I. Allgemeines

Die Verschmelzungsprüfung dient dem **präventiven Schutz der Anteilsinhaber** der an der Verschmelzung beteiligten Rechtsträger.[1] Das Verschmelzungsvorhaben soll sich für diese so transparent gestalten, dass sie sich insbesondere über die wirtschaftliche Zweckmäßigkeit der Verschmelzung ein Bild machen können.[2] Denn durch die Verschmelzung werden die Anteilsinhaber des übertragenden Rechtsträgers zu Anteilsinhabern des übernehmenden Rechtsträgers. Die Vertretungsorgane der beteiligten Rechtsträger vereinbaren zu diesem Zweck im Rahmen des Verschmelzungsvertrages ein Umtauschverhältnis, welches darüber entscheidet, für wieviele ihrer Anteile die Anteilsinhaber des übertragenden Rechtsträgers einen Anteil des übernehmenden Rechtsträgers erhalten (§ 5 Abs. 1 Nr. 3 UmwG). Die **Angemessenheit** dieses **Umtauschverhältnisses** gehört in aller Regel zu den für die Anteilseigner wichtigsten Eckpunkten der Verschmelzung und bildet daher auch einen zentralen Bestandteil der Verschmelzungsprüfung (→ Rn. 58 ff.). Die Angemessenheitsprüfung durch den Verschmelzungsprüfer ist insbesondere dann von herausragender Bedeutung, wenn selbst fachkundige Anteilseigner nicht in der Lage sind, sich auf Grundlage der für sie verfügbaren, verschmelzungsbezogenen Informationen eine qualifizierte

---

[1] Semler/Stengel/*Zeidler*, § 9 Rn. 2; Widmann/Mayer/*Mayer*, § 9 Rn. 1; Kallmayer/*Lanfermann*, § 9 Rn. 2; *Nonnenmacher*, AG 1982, 153, 157.

[2] Widmann/Mayer/*Mayer*, § 9 Rn. 1; Kallmayer/*Lanfermann*, § 9 Rn. 2.

Meinung zu bilden – also etwa dann, wenn sich die maßgeblichen Umstände erst auf Grundlage der besonderen Aufklärungs- und Einsichtsrechte des Prüfers (→ Rn. 99 ff.) erschließen oder den Anteilseignern sogar bestimmte wesentliche Tatsachen gem. § 8 Abs. 3, § 12 Abs. 3 UmwG zulässigerweise vorenthalten werden (→ Rn. 117); in der Praxis wird dies die Regel sein. Die Unabhängigkeit des Prüfers von den – ebenfalls formell über die Verschmelzung berichtenden (→ § 9) – Vertretungsorganen wird unterstrichen durch das Bestellungsverfahren, welches – anders als insbesondere die Abschlussprüferwahl (§ 318 Abs. 1 HGB) – nicht auf einem Gesellschafterbeschluss der Anteilseigner oder auf einer Mandatierung durch die Vertretungsorgane, sondern auf einer gerichtlichen Bestellung (→ Rn. 65 ff.) basiert. Über die Ergebnisse seiner Untersuchung hat der Prüfer schriftlich und zu einem Zeitpunkt zu berichten, der es den Anteilseignern ermöglicht, den Inhalt des Prüfungsberichts bei der Entscheidung über die Verschmelzung angemessen zu berücksichtigen (→ Rn. 113 ff.).

2 Mit der häufig gesetzlich vorgesehenen Pflicht zur Prüfung und der besonderen Reglementierung des Prüfungsverfahrens trägt der Gesetzgeber ferner dem Umstand Rechnung, dass die Anteilseigner mit der Verschmelzung über eine fundamentale und faktisch häufig **unumkehrbare Maßnahme** entscheiden. Denn mehr noch als bei einem wirtschaftlichen Zusammenschluss durch einen Unternehmensvertrag nach §§ 291 ff. AktG führt die Verschmelzung zum Erlöschen des übertragenden Rechtsträgers, so dass in der praktischen Realität kein gegenläufiges Auflösungsverfahren zur Verfügung steht. Auch eine nachträgliche Änderung der zukünftigen Verteilung von Herrschafts- und Gewinnbezugsrechten unter den Verschmelzungspartnern (wie etwa im Fall einer Joint-Venture-Vereinbarung denkbar) ist in aller Regel ausgeschlossen. Die Meinungsbildung der Anteilseigner über einen Zusammenschluss im Wege der Verschmelzung und insbesondere über das Umtauschverhältnis ist daher von grundsätzlicher Bedeutung.

II. Verhältnis zu anderen Prüfungen

3 Von der Verschmelzungsprüfung zu unterscheiden ist zunächst die regelmäßige **Jahresabschlussprüfung** gem. §§ 316 ff. HGB. Letztere bezieht sich auf den jeweils zurückliegenden Berichtszeitraum und die hierfür einschlägige Rechnungslegung, während die Verschmelzungsprüfung ereignis- und zukunftsbezogen die ökonomischen und rechtlichen Parameter des geplanten Zusammenschlusses in den Blick nimmt.

4 Abzugrenzen ist die Verschmelzung weiter von der **Sacheinlageprüfung**, die im Zuge der Verschmelzung unter bestimmten Voraussetzungen ebenfalls erforderlich sein kann. Ziel der Sacheinlageprüfung ist es, im Interesse der Gläubiger der Gesellschaft festzustellen, ob der betreffenden Gesellschaft mit dem Einlagegegenstand ein vor dem Hintergrund der Anteilsausgabe angemessener Gegenwert zufließt.[3] Aufgrund dieser Schutzrichtung ist die Sacheinlageprüfung auch nicht durch allseitige Erklärung der Gesellschafter verzichtbar; eine Parallelvorschrift zu § 8 Abs. 3, § 9 Abs. 3, § 12 Abs. 3 UmwG existiert nicht. Aus demselben Grund kommt auch eine Ersetzung der einen Prüfung durch die andere Prüfung nicht in Betracht.[4] Eine Überschneidung kann sich allenfalls in der Person des Prüfers ergeben, der gem. § 69 Abs. 1 S. 4, § 75 Abs. 1 S. 2 UmwG gleichzeitig zum Verschmelzungs- und zum Sacheinlageprüfer bestellt werden kann.[5] Erforderlich ist eine Sacheinlageprüfung im Rahmen der Verschmelzung, wenn mit der Verschmelzung ein nach allgemeinem Gründungs- und Kapitalerhöhungsrecht prüfungspflichtiger Vorgang einhergeht – also bei der Verschmelzung zur Neugründung einer AG oder KGaA gem. §§ 75, 78 UmwG (soweit es sich bei dem übertragenden Rechtsträger nicht bereits um eine AG oder

---

[3] Gläubigerschützende Funktion hat jedoch das Prüfungsgutachten nach § 81 UmwG (→ Rn. 9).
[4] BGH II ZR 206/88, ZIP 1989, 980, 982; Kallmayer/*Lanfermann*, § 9 Rn. 4; Widmann/Mayer/*Mayer*, § 9 Rn. 16.1.
[5] Hierzu näher *Bayer/Schmidt*, ZIP 2010, 953, 956; eher skeptisch Kallmayer/*Lanfermann*, § 9 Rn. 4 (unter Umständen Besorgnis der Befangenheit bei Prüferidentität).

KGaA handelt), bei der Verschmelzung zur Aufnahme auf eine AG oder KGaA mit gleichzeitiger Kapitalerhöhung unter den Voraussetzungen der § 69 Abs. 1 S. 1 Hs. 2, § 78 UmwG, sowie bei der Verschmelzung zur Aufnahme auf eine AG oder KGaA innerhalb der ersten zwei Jahre nach Eintragung der aufnehmenden Gesellschaft gem. § 67, § 78 UmwG.[6]

Ebenfalls im Zuge der Verschmelzung erforderlich werden kann eine **Prüfung der Barabfindung von ausgeschlossenen Minderheitsaktionären**, wenn die Verschmelzung als sog. Upstream-Verschmelzung mit umwandlungsrechtlichem Squeeze-Out (→ § 17) durchgeführt wird (§ 327c Abs. 2 S. 2 AktG, § 62 Abs. 5 S. 8 AktG). Mit der Verschmelzungsprüfung konkurriert diese Prüfung nicht, da eine Verschmelzungsprüfung im Rahmen des umwandlungsrechtlichen Squeeze-Out stets gem. § 9 Abs. 2 UmwG entbehrlich ist (→ Rn. 36). 5

III. Gesetzessystematik

Die **Verschmelzungsprüfung als Rechtsinstitut** ist in den allgemeinen Vorschriften für die Verschmelzung (§§ 9 bis 12 UmwG), für die Spaltung (§ 125 S. 1 iVm §§ 9 bis 12 UmwG) und für die (Teil-)Vermögensübertragung (§ 176 iVm §§ 9 bis 12 UmwG sowie §§ 177, 125 S. 1 iVm 9 bis 12 UmwG) geregelt. Die Frage, ob und ggf. für welche verschmelzungsfähigen Rechtsträger eine Verschmelzungsprüfung zur Anwendung kommt, bemisst sich indes nach den jeweils gesondert verankerten **Prüfungserfordernissen**.[7] Diese sind für die verschiedenen Rechtsformen jeweils in den einschlägigen besonderen Teilen des UmwG (§§ 44, 45d Abs. 2, 45e, 48, 60, 78, 81, 100 UmwG für die Verschmelzung und § 125 UmwG iVm den vorgenannten Vorschriften für die Spaltung) in Gestalt einer Verweisung auf die §§ 9 bis 12 UmwG enthalten. 6

B. Prüfungspflicht, Antragsprüfung und Ausnahmen

Die verschiedenen, im UmwG enthaltenen Prüfungserfordernisse (→ Rn. 6) stellen sich unterschiedlich verbindlich dar. Differenziert wird dabei zwischen einer **Pflichtprüfung** ohne Verzichtsmöglichkeit (§ 81 UmwG), einer Pflichtprüfung mit Verzichtsmöglichkeit (§§ 60, 78, 100, 122f UmwG) sowie einer **Antragsprüfung** (§§ 44, 48, 100 UmwG).[8] Fehlt es an einem gesetzlichen Erfordernis, so kommt eine Verschmelzungsprüfung allenfalls auf **freiwilliger** Basis in Betracht und muss von den Vertretungsorganen oder den Anteilsinhabern der beteiligten Rechtsträger (z. B. im Verschmelzungsvertrag) ausdrücklich vorgesehen werden.[9] 7

I. Generell prüfungspflichtige Verschmelzungen

Generell prüfungspflichtige Verschmelzungen liegen vor, sofern an der Verschmelzung eine AG (§ 60 UmwG), eine KGaA (§ 78 UmwG), eine e. G. (§ 81 UmwG), ein wirtschaftlicher Verein als übertragender Rechtsträger (§ 100 S. 1 UmwG) oder, im Rahmen einer grenzüberschreitenden Verschmelzung, ein Rechtsträger iSd § 122f UmwG beteiligt ist. 8

1. Pflichtprüfung ohne Verzichtsmöglichkeit

Eine Prüfungspflicht ohne Verzichtsmöglichkeit normiert § 81 UmwG (→ § 15 Rn. 363 ff.). Die Vorschrift stellt eine vorrangige Spezialregelung für die Prüfung von Verschmelzungen unter Beteiligung einer oder mehrerer **eingetragener Genossenschaf-** 9

---

[6] Vgl. Kallmayer/*Lanfermann*, § 9 Rn. 5.; Widmann/Mayer/*Mayer*, § 9 Rn. 16.1.
[7] Kallmayer/*Lanfermann*, § 9 Rn. 7
[8] Vgl. Lutter/*Drygala*, § 9 Rn. 5 f.; Kallmayer/*Lanfermann*, § 9 Rn. 7.
[9] Kallmayer/*Lanfermann*, § 9 Rn. 8.

ten (e. G.) gegenüber den allgemeinen Prüfungsvorschriften der §§ 9 bis 12 UmwG dar.[10] Für die beteiligten Genossenschaften ist keine Verschmelzungsprüfung im engeren Sinne vorgesehen, vielmehr ist gem. § 81 Abs. 1 S. 1 UmwG ein sog. **Prüfungsgutachten** anzufertigen. Während allgemeiner Prüfungsgegenstand einer Verschmelzungsprüfung der Verschmelzungsvertrag oder sein Entwurf ist und der Prüfungsbericht mit einer Erklärung über die Angemessenheit des Umtauschverhältnisses abzuschließen ist, hat das Prüfungsgutachten nach § 81 UmwG allgemein die Frage zum Gegenstand, ob die Verschmelzung mit den Belangen der Mitglieder und Gläubiger der Genossenschaft vereinbar ist.[11] Dies rechtfertigt sich aus der Erwägung, dass das Umtauschverhältnis der Anteile im gesetzlichen Regelfall des § 80 Abs. 1 S. 1 Nr. 2 UmwG und auch in den praktisch weitaus meisten Fällen der Verschmelzung von Genossenschaften untereinander keine Rolle spielt, da die Geschäftsguthaben nach ihrem Nennwert umgestellt und so viele volle Geschäftsanteile gewährt werden, wie sich daraus bei der übernehmenden Genossenschaft bilden lassen.[12] Das Prüfungsgutachten bezweckt damit gleichrangig sowohl den Schutz der Mitglieder als auch den der Gläubiger der Genossenschaft.[13]

10 Bei Mischverschmelzungen zwischen einer Genossenschaft und einem Rechtsträger anderer Rechtsform ist das Prüfungsgutachten für die (übertragende oder übernehmende) Genossenschaft nach § 81 Abs. 1 UmwG zu erstatten, während es für den anderen Rechtsträger bei der Anwendung der §§ 9 bis 12 UmwG bleibt.[14]

2. Pflichtprüfung mit Verzichtsmöglichkeit

11 In den weitaus meisten und auch praktisch relevanteren Fällen stellt das Gesetz dem Grundsatz der Pflichtprüfung eine Möglichkeit zum Verzicht auf diese Prüfung zur Seite. Insoweit maßgeblich sind die Ausnahme- und Verzichtsmöglichkeiten nach § 9 Abs. 2 und 3 UmwG, auf die in den jeweiligen Abschnitten des Zweiten Buches im Zweiten Teil des UmwG mehrfach verwiesen wird.

12 **a) Verschmelzung unter Beteiligung einer AG (§ 60 UmwG).** Auf eine Verschmelzung unter Beteiligung einer AG finden §§ 9 bis 12 UmwG über den Verweis in § 60 UmwG Anwendung. §§ 9 bis 12 UmwG regeln dabei den Gegenstand der Prüfung, die Bestellung und die Verantwortlichkeit des oder der Prüfer(s) sowie die Berichterstattung. Dies gilt sowohl für die Verschmelzung zur Aufnahme als auch für die Verschmelzung zur Neugründung gem. dem insoweit auf § 60 UmwG verweisenden § 73 UmwG. Auch Ausnahme- und Verzichtsmöglichkeiten richten sich daher nach den allgemeinen Vorschriften (§ 9 Abs. 2 und 3 UmwG).

13 Dasselbe gilt für eine Verschmelzung unter **Beteiligung einer SE**. Letztere steht insoweit gem. § 3 Abs. 1 Nr. 2 UmwG, Art. 9 Abs. 1 lit. c) ii) SE-VO einer nationalen Aktiengesellschaft gleich.[15] Eine vorrangige Anwendbarkeit der SE-VO ergibt sich nur dann, wenn die Verschmelzung zur Gründung einer neuen SE führen soll (→ Rn. 18 ff.).

14 **b) Verschmelzung unter Beteiligung einer KGaA (§ 78 UmwG).** Auf eine Verschmelzung unter Beteiligung einer KGaA finden §§ 9 bis 12 UmwG über den Verweis in § 78 UmwG Anwendung, der auf §§ 60 ff. UmwG und über § 60 UmwG wiederum auf §§ 9 bis 12 UmwG verweist. Ihrem Wortlaut nach gilt die Norm für alle Verschmelzungen – sei es zur Aufnahme oder zur Neugründung –, an denen eine KGaA beteiligt

---

[10] Lutter/*Bayer*, § 81 Rn. 2; vgl. auch Widmann/Mayer/*Fronhöfer*, § 81 Rn. 2; Semler/Stengel/*Scholderer*, § 81 Rn. 1; Maulbetsch/Klumpp/Rose/*Frenz*, § 81 Rn. 1.
[11] Semler/Stengel/*Scholderer*, § 81 Rn. 2; Widmann/Mayer/*Fronhöfer*, § 81 Rn. 6; Schmitt/Hörtnagl/Stratz/*Stratz*, § 81 Rn. 5.
[12] Semler/Stengel/*Scholderer*, § 81 Rn. 2.
[13] Widmann/Mayer/*Fronhöfer*, § 81 Rn. 11; Maulbetsch/Klumpp/Rose/*Frenz*, § 81 Rn. 2; Lang/Weidmüller/*Lang/Weidmüller*, GenG, § 81 Rn. 1; vgl. auch Lutter/*Bayer*, § 81 Rn. 15.
[14] Lutter/*Bayer*, § 81 Rn. 2; Semler/Stengel/*Scholderer*, § 81 Rn. 33.
[15] Kallmayer/*Marsch-Barner*, § 3 Rn. 11; Lutter/*Drygala*, § 3 Rn. 20; *Wilk*, Aktionärsrechte in der deutschen SE, 2017, S. 406 f.

ist.[16] Das UmwG stellt die KGaA insoweit der AG gleich. Auch hier richten sich Ausnahme- und Verzichtsmöglichkeiten nach den allgemeinen Vorschriften (§ 9 Abs. 2 und 3 UmwG).

c) Verschmelzung unter Beteiligung eines wirtschaftlichen Vereins (§ 100 S. 1 UmwG). § 100 S. 1 UmwG ordnet für wirtschaftliche Vereine stets eine Verschmelzungsprüfung unter Verweisung auf die §§ 9 bis 12 UmwG an. Der Gesetzgeber ging hierbei von einer eher schwachen Stellung der Vereinsmitglieder aus, vergleichbar mit derjenigen von Aktionären einer AG.[17] Die Prüfung des Verschmelzungsvertrags bzw. seines Entwurfs nach § 9 UmwG dient daher insbesondere der Information der Mitglieder und Anteilsinhaber der an der Verschmelzung beteiligten Rechtsträger. § 100 S. 1 UmwG gilt für die Verschmelzung unter Beteiligung von Vereinen zur Aufnahme oder zur Neugründung. Ausnahme- und Verzichtsmöglichkeiten bestimmen sich auch hier nach den allgemeinen Vorschriften (§ 9 Abs. 2 und 3 UmwG).

d) Grenzüberschreitende Verschmelzung (§ 122f UmwG). Auch im Falle einer grenzüberschreitenden Verschmelzung iSd § 122a UmwG, bei der also mindestens eine der beteiligten Gesellschaften dem Recht eines anderen Mitgliedstaats der EU oder eines anderen Vertragsstaats des Abkommens über den EWR unterliegt, finden die §§ 9 bis 12 UmwG gem. § 122f UmwG Anwendung (→ § 18 Rn. 167). Die Vorschrift dient dem Schutz der Anteilsinhaber der an der grenzüberschreitenden Verschmelzung beteiligten deutschen Gesellschaften und setzt Art. 8 der Richtlinie über grenzüberschreitende Verschmelzungen[18] in deutsches Recht um.[19]

Die Ausnahme- und Verzichtsmöglichkeiten richten sich auch hier weitgehend nach den allgemeinen Vorschriften (§ 9 Abs. 2 und 3 UmwG). Eine Besonderheit gilt allerdings gemäß § 122f S. 1 Hs. 2 UmwG bei **Beteiligung einer GmbH** an der Verschmelzung. Danach ist die Anwendbarkeit von § 48 UmwG – der die Verschmelzungsprüfung bei einer GmbH-Verschmelzung als Antragsprüfung ausgestaltet (→ Rn. 28) – ausdrücklich ausgeschlossen. Hintergrund ist Art. 8 der Richtlinie über grenzüberschreitende Verschmelzungen, der eine unabhängig von einem Prüfungsantrag der Anteilsinhaber durchzuführende Verschmelzungsprüfung vorsieht.[20] Ist daher eine GmbH (oder UG) an einer grenzüberschreitenden Verschmelzung beteiligt, sind Verschmelzungsprüfung und -prüfungsbericht auch ohne entsprechendes Verlangen eines Gesellschafters erforderlich.

e) SE-Verschmelzungsgründung. Die Gründung einer SE durch Verschmelzung (→ § 19) ist in Art. 17 ff. SE-VO[21] geregelt. An ihr beteiligt sind gem. Art. 2 Abs. 1 SE-VO mindestens zwei AG, die dem Recht mindestens zwei verschiedener Mitgliedstaaten unterliegen und die – parallel zu den in § 2 UmwG ausgeführten Verschmelzungsarten – entweder zur Aufnahme (Art. 17 Abs. 2 lit. a) SE-VO) oder zur Neugründung (Art. 17 Abs. 2 lit. b) SE-VO) verschmelzen können.

Der hierfür gem. Art. 20 SE-VO erforderliche **Verschmelzungsplan** ist durch Sachverständige zu prüfen.[22] Ob sich diese **Prüfpflicht** unmittelbar aus Art. 22 SE-VO[23] oder aus Art. 18 SE-VO iVm nationalem AG-Verschmelzungsrecht[24] ergibt, kann letzt-

---

[16] Kallmayer/*Marsch-Barner*, § 78 Rn. 1; Semler/Stengel/*Perlitt*, § 78 Rn. 1; Widmann/Mayer/*Rieger*, § 78 Rn. 5; Lutter/*Grunewald*, § 78 Rn. 2.
[17] Semler/Stengel/*Katschinski*, § 100 Rn. 5; Widmann/Mayer/*Vossius*, § 100 Rn. 1.
[18] Richtlinie 2005/56/EG des Europäischen Parlaments und des Rates vom 26. Oktober 2005 über die Verschmelzung von Kapitalgesellschaften aus verschiedenen Mitgliedstaaten.
[19] Semler/Stengel/*Drinhausen*, § 122f Rn. 1; Kallmayer/*Lanfermann*, § 100 Rn. 1.
[20] Semler/Stengel/*Drinhausen*, § 122f Rn. 9.
[21] Verordnung (EG) Nr. 2157/2001 des Rates vom 8. Oktober 2001 über das Statut der Europäischen Gesellschaft (SE).
[22] MünchKommAktG/*Schäfer*, Art. 22 SE-VO Rn. 1.
[23] So *Kalss*, ZGR 2003, 593, 637.
[24] So Widmann/Mayer/*Heckschen*, Anh. 14 Rn. 216; Spindler/Stilz/*Casper*, Art. 22 SE-VO Rn. 1; MünchKommAktG/*Schäfer*, Art. 22 SE-VO Rn. 1; *Teichmann*, ZGR 2003, 367, 374.

lich dahinstehen, wenngleich die überzeugenderen Erwägungen für eine Anwendung von Art. 18 SE-VO iVm § 9 Abs. 1 UmwG sprechen. Verwiesen wird hierfür zurecht auf den Wortlaut („Als Alternative…") und die systematische Stellung des Art. 22 SE-VO, welche nahelegen, dass sich die Bedeutung der Vorschrift auf die Regelung von Alternativen zu den bereits über Art. 18 SE-VO anwendbaren Prüfungsvorschriften beschränkt.[25]

20 Auch hier dient die Prüfung durch unabhängige Sachverständige zuvorderst dem Schutz der Aktionäre und ist von zentraler Bedeutung für den Minderheitenschutz.[26] Die durch den Prüfungsbericht gewonnenen Informationen dienen der sachgerechten Meinungsbildung in der Verschmelzungshauptversammlung; ein fehlerhafter Bericht kann zur Anfechtbarkeit des Beschlusses bzw. zur Korrektur des Umtauschverhältnisses gem. § 6 SEAG führen.[27] Da die SE-VO keine speziellen Vorschriften zum Inhalt der Prüfung enthält, findet über Art. 18 SE-VO iVm §§ 60, 73, 12 UmwG wiederum deutsches Verschmelzungsrecht Anwendung.

21 Auf die Prüfung kann gemäß Art. 18 SE-VO, § 8 Abs. 3 S. 1, § 9 Abs. 3 UmwG verzichtet werden.[28]

II. Auf Antrag zu prüfende Verschmelzungen

22 Nur auf Antrag durchzuführen ist eine Verschmelzungsprüfung, wenn eine OHG oder eine KG (§ 44 UmwG), eine PartG (§ 45e UmwG), eine GmbH (§ 48 UmwG) oder ein e. V. (§ 100 S. 2 UmwG) an der Verschmelzung beteiligt sind, und zwar unabhängig davon, ob die jeweilige Gesellschaft als übertragender oder übernehmender Rechtsträger an der Verschmelzung teilnimmt. Antragsberechtigt sind jeweils die Gesellschafter bzw. Mitglieder des beteiligten Rechtsträgers. Wird ein Antrag gestellt, so entfaltet dieser (nur) für denjenigen Rechtsträger Wirkung, dem der Antragsteller angehört, und nicht für weitere Verschmelzungsbeteiligte, bei denen eine Verschmelzungsprüfung ebenfalls nur auf Antrag durchzuführen ist. Ähnlich gilt in umgekehrter Richtung, dass ein Antragserfordernis bei einem einzelnen Verschmelzungsbeteiligten nicht dadurch obsolet wird, dass an der Verschmelzung auch ein Rechtsträger teilnimmt, für den die Durchführung einer Verschmelzungsprüfung verpflichtend ist.

1. Verschmelzung unter Beteiligung einer OHG oder einer KG (§ 44 UmwG)

23 Gem. § 44 UmwG ist der Verschmelzungsvertrag oder sein Entwurf für eine **Personenhandelsgesellschaft** nach den §§ 9 bis 12 UmwG zu prüfen, wenn dies einer ihrer **Gesellschafter verlangt**, und zwar innerhalb einer **Frist** von einer Woche nach Erhalt der Verschmelzungsunterlagen. Aus der Vorschrift folgt im Umkehrschluss, dass für eine Verschmelzung, an der eine Personenhandelsgesellschaft beteiligt ist, grundsätzlich keine Prüfungspflicht besteht.[29] Die Geschäftsführung kann im Übrigen eine freiwillige Verschmelzungsprüfung nach den §§ 9 bis 12 UmwG durchführen lassen. Eine solche freiwillige Prüfung kann zur Vermeidung von Verzögerungen empfehlenswert sein, die durch ein etwaiges Prüfungsverlangen eintreten können.[30]

24 Ein Prüfungsverlangen kann nur gestellt werden, wenn der Gesellschaftsvertrag in Bezug auf den Verschmelzungsbeschluss vom Einstimmigkeitsprinzip abweicht und eine **Mehr-**

---

[25] In diese Richtung MünchKommAktG/*Schäfer*, Art. 22 SE-VO Rn. 1; *Teichmann*, ZGR 2003, 367, 374.

[26] Spindler/Stilz/*Casper*, Art. 22 SE-VO Rn. 2; *Teichmann*, ZGR 2003, 367, 373 f.; *Kalss*, ZGR 2003, 593, 618.

[27] MünchKommAktG/*Schäfer*, Art. 22 SE-VO Rn. 3; Spindler/Stilz/*Casper*, Art. 22 SE-VO Rn. 2.

[28] Widmann/Mayer/*Heckschen*, Anh. 14 Rn. 223; Habersack/Drinhausen/*Marsch-Barner*, Art. 22 Rn. 23.

[29] Semler/Stengel/*Ihrig*, § 44 Rn. 7; Lutter/*Schmidt*, § 44 Rn. 1; Widmann/Mayer/*Vossius*, § 44 Rn. 2.

[30] Semler/Stengel/*Ihrig*, § 44 Rn. 8; Lutter/*Schmidt*, § 44 Rn. 5.

heitsklausel gemäß § 43 Abs. 2 UmwG enthält, nach der für den Verschmelzungsbeschluss eine Mehrheit (von mindestens drei Vierteln der abgegebenen Stimmen) erforderlich ist.[31] Erfasst sind damit auch Fälle, in denen der Verschmelzungsbeschluss nach dem Gesellschaftsvertrag einstimmig mit den Stimmen aller in der Versammlung anwesenden oder vertretenen Gesellschafter gefasst werden muss, wenn die Versammlung auch ohne Teilnahme aller Gesellschafter beschlussfähig ist.[32] Allein abzustellen ist nach wohl herrschender Ansicht jeweils auf die formalen Beschlussvoraussetzungen, während das tatsächliche Abstimmungsergebnis nicht maßgeblich ist.[33] Beim Antragsrecht bleibt es danach auch dann, wenn bei vorhandener Mehrheitsklausel tatsächlich alle vorhandenen Gesellschafter dem Verschmelzungsbeschluss zustimmen.

Die Erklärung des Prüfungsverlangens ist an die Gesellschaft zu richten und bedarf **keiner besonderen Form**.[34] Praktisch wird sich aus Beweisgründen jedoch in aller Regel die Schriftform empfehlen.

Aus §§ 9 bis 12 UmwG ergibt sich auch hier der Gegenstand der Prüfung, die Bestellung und Verantwortlichkeit der Prüfer sowie die Berichterstattung. Auch die Ausnahmeregelungen und Verzichtsmöglichkeiten richten sich daher nach den allgemeinen Vorschriften (§ 9 Abs. 2 und 3, § 12 Abs. 3 UmwG).

2. Verschmelzung unter Beteiligung einer PartG (§ 45e UmwG)

Über den Verweis von § 45e UmwG auf § 44 UmwG finden die §§ 9 bis 12 UmwG im Rahmen einer Verschmelzung unter Beteiligung einer **PartG** Anwendung, sofern der Partnerschaftsgesellschaftsvertrag für den Verschmelzungsbeschluss eine Mehrheitsentscheidung vorsieht. Der Verschmelzungsvertrag oder sein Entwurf ist daher auf fristgerechtes **Verlangen eines ihrer Partner** auf Kosten der Partnerschaft zu prüfen. Die Ausführungen zu § 44 UmwG (→ Rn. 23 ff.) gelten entsprechend.

3. Verschmelzung unter Beteiligung einer GmbH (§ 48 UmwG)

Gem. § 48 UmwG ist der Verschmelzungsvertrag oder sein Entwurf bei einer Verschmelzung unter Beteiligung einer **GmbH** nach Maßgabe der §§ 9 bis 12 UmwG auf Kosten der GmbH zu prüfen, wenn dies einer ihrer Gesellschafter innerhalb einer Frist von einer Woche nach Erhalt des Verschmelzungsvertrags und des Verschmelzungsberichts **verlangt**. Das Antragsrecht steht jedem GmbH-Gesellschafter zu und bedarf keiner besonderen Form.[35]

Auch hier richtet sich daher im Antragsfall die Verschmelzungsprüfung, also Gegenstand der Prüfung, die Bestellung und die Verantwortlichkeit des oder der Prüfer(s), die Berichterstattung sowie Ausnahme- und Verzichtsmöglichkeiten nach den §§ 9 bis 12 UmwG.

4. Verschmelzung unter Beteiligung eines e. V. (§ 100 S. 2 UmwG)

Nach § 100 S. 2 UmwG ist der Verschmelzungsvertrag bei einer Verschmelzung unter Beteiligung eines **eingetragenen Vereins** nach Maßgabe der §§ 9 bis 12 UmwG zu prüfen, sofern **10 % der Mitglieder** dies **verlangen**. Entscheidend für das Quorum ist die Gesamtzahl der Vereinsmitglieder, nicht deren Anzahl bei der beschließenden Mitgliederversammlung.[36]

Der Antrag ist an den Verein zu richten und bedarf der **Schriftform** (§ 126 BGB).[37]

---

[31] Semler/Stengel/*Ihrig*, § 44 Rn. 9; Widmann/Mayer/*Vossius*, § 44 Rn. 11.
[32] Lutter/*Schmidt*, § 44 Rn. 4; aA Kölner Kommentar-UmwG/*Dauner-Lieb*/*Tettinger*, § 44 Rn. 7.
[33] Kallmeyer/*Lanfermann*, § 44 Rn. 4; Schmitt/Hörtnagl/Stratz/*Stratz*, § 44 Rn. 2.
[34] Schmitt/Hörtnagl/Stratz/*Stratz*, § 44 Rn. 3; Lutter/*Schmidt*, § 44 Rn. 5; Kallmeyer/*Lanfermann*, § 44 Rn. 5; Widmann/Mayer/*Vossius*, § 44 Rn. 12 ff.
[35] Semler/Stengel/*Ihrig*, § 48 Rn. 3, 7; Widmann/Mayer/*Mayer*, § 48 Rn. 6 f., 17; Lutter/*Winter*/*Vetter*, § 48 Rn. 11, 22.
[36] Lutter/*Hennrichs*, § 100 Rn. 12; Widmann/Mayer/*Vossius*, § 100 Rn. 15 ff.
[37] Lutter/*Hennrichs*, § 100 Rn. 5; Widmann/Mayer/*Vossius*, § 100 Rn. 11.

32 § 100 S. 2 UmwG selbst bestimmt keine Frist, binnen derer ein Antrag gestellt werden muss, und auch eine analoge Anwendung der in §§ 44, 48 UmwG für die GmbH und Personengesellschaften bestimmten Wochenfrist kommt nicht in Betracht.[38] Das Verlangen nach § 100 S. 2 UmwG unterliegt daher jedenfalls **grundsätzlich keiner zeitlichen Grenze**. Mittelbar begrenzt wird es allein durch den Verschmelzungsbeschluss, der den Zeitpunkt markiert, zu dem die Willensbildung der Vereinsmitglieder über die Verschmelzung abgeschlossen ist und jenseits dessen eine Verschmelzungsprüfung daher keine Funktion mehr erfüllen könnte.[39]

33 Nach wohl überwiegender Meinung[40] soll jedoch der Vorstand berechtigt sein, im Vorfeld der Versammlung eine angemessene Frist für die Ausübung des Verlangens zu setzen, wenn die Mitglieder bereits im Zeitpunkt dieser Fristsetzung dieselben Informationen zur Verschmelzung erhalten, die ihnen bei der Beschlussfassung vorliegen müssen. Ein späteres Verlangen verstoße dann gegen die gesellschaftsrechtliche Treuepflicht.[41] Ob sich ein solches Vorgehen in kritischen Fällen als tragfähig erweist, erscheint jedoch zweifelhaft. Zugrunde liegt dem vorgeschlagenen Fristsetzungsrecht letztlich die Absicht, nach der fehlenden gesetzlichen Erstreckung der Wochenfrist aus §§ 44, 48 UmwG auf das Vereinsrecht und der fehlenden Möglichkeit einer Erstreckung per Analogiebildung einen dritten Weg zu finden, um die als unzweckmäßig empfundene zeitliche Unbegrenztheit des Verlangens nach § 100 S. 2 UmwG abzumildern. Dabei ist schon zweifelhaft, ob die – mit guten Gründen zu kritisierende[42] – Entscheidung des Gesetzgebers, keine gesetzliche Frist vorzusehen, nicht erst recht einer außergesetzlich begründeten Fristsetzungsbefugnis des Vorstands entgegensteht. Hinzu kommt, dass die als Rechtsgrundlage bemühte gesellschaftsrechtliche Treuepflicht nach allgemeinen Grundsätzen nur in Ausnahmefällen und nicht bereits dann rechtsausschließende Wirkung entfalten kann, wenn die betreffende Maßnahme im Interesse des Vereins liegt und ein Verzicht auf die Rechtsausübung für die Mitglieder zumutbar erscheint.[43] Erforderlich ist vielmehr, dass das Interesse des Vereins gerade die betreffende Maßnahme zwingend erfordert und die betroffene Minderheit sich ihr ohne jeden vertretbaren Grund entgegenstellt.[44] Somit sprechen gewichtige Gründe jedenfalls im Grundsatz **gegen eine Fristsetzungsbefugnis des Vorstands im Vorfeld der Beschlussfassung**. Nur dann, wenn diese Fristsetzung selbst durch zwingende äußere Umstände veranlasst ist – wenn also die Verschmelzung aus Sicht des Vereins unabweisbar erforderlich ist, eine Verzögerung die Verschmelzung praktisch vereiteln würde und eine frühzeitige Entscheidung über die Rechtsausübung nach § 100 S. 2 UmwG für die Mitglieder ohne weiteres zumutbar ist –, erschiene eine Rechtsbegrenzung zulässig. Praktisch sollte in diesen Fällen regelmäßig erwogen werden, die Transaktionssicherheit durch eine freiwillige Verschmelzungsprüfung (→ Rn. 7) zu erhöhen.

---

[38] Zutreffend Semler/Stengel/*Katschinski*, § 100 Rn. 12; Lutter/*Hennrichs*, § 100 Rn. 7; *Heckschen*, DNotZ 2007, 444, 448 f.; aA Widmann/Mayer/*Vossius*, § 100 Rn. 22 (Fehlen einer entsprechenden Regelung Redaktionsversehen des Gesetzgebers).
[39] Vgl. Semler/Stengel/*Katschinski*, § 100 Rn. 12; Böttcher/Habighorst/Schulte/*Fischer*, § 100 Rn. 7; *Heckschen*, DNotZ 2007, 444, 448 f.
[40] Widmann/Mayer/*Vossius*, § 100 Rn. 24 ff.; Semler/Stengel/*Katschinski*, § 100 Rn. 15; BeckOGK UmwG/*Reul*, § 100 Rn. 32 ff.; Böttcher/Habighorst/Schulte/*Fischer*, § 100 Rn. 8; ebenso noch auf Basis der Rechtslage vor Einführung der Wochenfrist in §§ 44, 48 UmwG: Wiedemann/*Thüsing*, WM 1999, 2237, 2247; aA Schmitt/Hörtnagl/Stratz/*Stratz*, § 44 Rn. 4 aE, § 100 Rn. 2; Maulbetsch/Klumpp/Rose/*Ries*, § 100 Rn. 5 aE; *Heckschen*, DNotZ 2007, 444, 449.
[41] Siehe nur Widmann/Mayer/*Vossius*, § 100 Rn. 24 ff.; *Wiedemann/Thüsing*, WM 1999, 2237, 2247.
[42] Siehe Schmitt/Hörtnagl/Stratz/*Stratz*, § 44 Rn. 4 aE; *Heckschen*, DNotZ 2007, 444, 449.
[43] Vgl. BGH II ZR 275/14 – Media-Saturn, NJW 2016, 2739 Rn. 13 (zur Treuepflicht in der GmbH).
[44] Vgl. hierzu ebenfalls BGH II ZR 275/14 – Media-Saturn, NJW 2016, 2739 Rn. 13 (zur Treuepflicht in der GmbH).

Auch hier richtet sich schließlich im Antragsfall der Gegenstand der Prüfung, die 34
Bestellung und Verantwortlichkeit der Prüfer, die Berichterstattung sowie Ausnahme- und
Verzichtsmöglichkeiten nach den §§ 9 bis 12 UmwG.

III. Ausnahmen von der Prüfpflicht

1. Entbehrlichkeit der Prüfung bei Upstream-Verschmelzung (§ 9 Abs. 2 UmwG)

Gem. § 9 Abs. 2 UmwG[45] ist bei einer **Verschmelzung einer 100%igen Tochter-** 35
gesellschaft auf ihre Muttergesellschaft die Durchführung einer Verschmelzungsprüfung
entbehrlich, soweit sie nur die Aufnahme der Gesellschaft betrifft. Grund für diese Regelung ist, dass in diesem Fall schutzbedürftige außenstehende Anteilsinhaber nicht vorhanden
sind und es daher zu keinem Umtausch der Anteile kommt, Kern der Verschmelzungsprüfung aber gerade die Prüfung der Angemessenheit des Umtauschverhältnisses ist.[46] Bei
mehreren übertragenden Rechtsträgern findet diese Ausnahme daher nur für denjenigen
Rechtsträger Anwendung, bei dem die Voraussetzungen des § 9 Abs. 2 UmwG vorliegen.[47]

§ 9 Abs. 2 UmwG findet richtigerweise auch bei der Verschmelzung einer 90%-Toch- 36
tergesellschaft auf ihre Muttergesellschaft Anwendung, wenn mit ihr ein **verschmelzungs-**
rechtlicher Squeeze-Out nach § 62 Abs. 5 UmwG iVm § 327a ff. AktG) einhergeht.[48]
Der in § 62 Abs. 5 S. 7 UmwG bestimmte Mechanismus (Wirksamkeit des Squeeze-Out
erst „gleichzeitig mit der Eintragung der Verschmelzung") führt zwar möglicherweise dazu,
dass die Minderheitsaktionäre vor ihrem Ausscheiden in formaler Hinsicht noch kurz
Aktionäre der Muttergesellschaft werden, dient jedoch allein dazu, der noch in Bezug auf
die Entwurfsfassung der Vorschrift geäußerten Befürchtung zu begegnen, es könne auch
dann zu einem Squeeze-Out kommen, wenn die Verschmelzung letztlich scheitere.[49] In
materieller Hinsicht ist der Verschmelzungsbericht für die ausscheidenden Aktionäre ohne
Interesse. Für sie steht vielmehr die Höhe der Abfindung im Mittelpunkt, welche sie für ihr
Ausscheiden erhalten und deren Angemessenheit bereits gemäß § 327c Abs. 2 S. 2 AktG,
§ 62 Abs. 5 S. 8 UmwG zu überprüfen ist. Ein daneben erstellter Verschmelzungsprüfungsbericht wäre funktions- und bedeutungslos.

Keine Anwendung findet § 9 Abs. 2 UmwG demgegenüber im Fall der Verschmel- 37
zung der Muttergesellschaft auf die Tochtergesellschaft sowie im Fall der Verschmelzung
zweier von derselben 100%-Muttergesellschaft abhängigen Schwestergesellschaften, obwohl auch hier keine Minderheitsinteressen berührt werden.[50] Dies gilt auch bei der
Verschmelzung einer Enkel-Kapitalgesellschaft auf die Mutter-Kapitalgesellschaft; eine derartige Konzernkonstellation ist von § 9 Abs. 2 UmwG ebenfalls nicht erfasst.[51] Bei der
Verschmelzung von Schwestergesellschaften kann die Muttergesellschaft aber nach allgemeinen Grundsätzen auf die Verschmelzungsprüfung verzichten.[52]

---

[45] Der Verweis in § 9 Abs. 3 UmwG auf § 8 Abs. 3 S. 1 Alt. 2 UmwG ist bedeutungslos, da letztere
Regelung von § 9 Abs. 2 UmwG abschließend erfasst wird; siehe Widmann/Mayer/*Mayer*, § 9
Rn. 39; Schmitt/Hörtnagl/Stratz/*Stratz*, § 9 Rn. 14 f.
[46] Widmann/Mayer/*Mayer*, § 9 Rn. 35; Schmitt/Hörtnagl/Stratz/*Stratz*, § 9 Rn. 9.
[47] Schmitt/Hörtnagl/Stratz/*Stratz*, § 9 Rn. 11.
[48] Schmitt/Hörtnagl/Stratz/*Stratz*, § 62 Rn. 23; BeckOGK UmwG/*Habersack*, § 62 Rn. 55; *Bun-*
gert/Wettich, DB 2011, 1500, 1503; *Göthel*, ZIP 2011, 1541, 1546 f.; *Heckschen*, NJW 2011, 2390,
2392; *Hofmeister*, NZG 2012, 688, 692 ff.; *Kiefner/Brügel*, AG 2011, 525, 528 f.; wohl auch Münch-
KommAktG/*Schäfer*, Art. 31 SE-VO Rn. 9; aA *Neye/Kraft*, NZG 2011, 681, 683.
[49] Zutreffend *Göthel*, ZIP 2011, 1541, 1546.
[50] Vgl. Maulbetsch/Klumpp/Rose/*Maulbetsch*, § 9 Rn. 30; Lutter/*Drygala*, § 9 Rn. 19; Widmann/
Mayer/*Mayer*, § 9 Rn. 35; Kallmeyer/*Lanfermann*, § 9 Rn. 40.
[51] Widmann/Mayer/*Mayer*, § 9 Rn. 35; Kallmeyer/*Lanfermann*, § 9 Rn. 40.
[52] Kallmeyer/*Lanfermann*, § 9 Rn. 40; Widmann/Mayer/*Mayer*, § 9 Rn. 35 f.; vgl. Lutter/*Drygala*,
§ 9 Rn. 19.

2. Verzichtserklärung aller Gesellschafter (§§ 9 Abs. 3 iVm 8 Abs. 3 S. 1 Alt. 1 UmwG)

38 Gem. § 9 Abs. 3 iVm § 8 Abs. 3 S. 1 Alt. 1 UmwG ist eine Verschmelzungsprüfung auch dann nicht erforderlich, wenn alle Anteilsinhaber aller beteiligten Rechtsträger **notariell beurkundet auf die Prüfung verzichten**. Der Hinweis auf ein Fehlen der Verzichtsmöglichkeit in den europarechtlichen Vorgaben aus der früheren Verschmelzungsrichtlinie[53] begründete schon auf Basis der damaligen Rechtslage keine Bedenken an der Wirksamkeit eines Verzichts[54] und hat sich mit der Neufassung der Vorgaben in Art. 10 der neuen Verschmelzungsrichtlinie,[55] der eine Verzichtsmöglichkeit nun ausdrücklich vorsieht, ohnehin erledigt.

39 Praktisch bewirkt das Erfordernis einer Verzichtserklärung jedes einzelnen Anteilsinhabers (und damit die fehlende Möglichkeit, sich per Mehrheitsbeschluss für den Verzicht zu entscheiden), dass ein Verzicht im Falle der Beteiligung einer börsennotierten Gesellschaft oder einer anderen Gesellschaft mit großem und/oder stetig wechselndem Anteilseignerkreis nicht in Betracht kommt. Relevanz entfaltet die Verzichtsmöglichkeit dagegen regelmäßig im Falle von konzerninternen Verschmelzungen, bei denen die Prüfung (z. B. wegen der Existenz weniger Minderheitsaktionäre) nicht bereits nach § 9 Abs. 2 UmwG entbehrlich ist (→ Rn. 37), und auch für Gesellschaften mit einem kleinen, meist ohnehin gut informierten Anteilseignerkreis mag es im Einzelfall naheliegen, die Prüfungskosten einzusparen und die mit der Offenlegung des Prüfungsberichts einhergehende Publizität zu vermeiden. Relativiert wird die Kostenersparnis freilich teilweise durch die für die Beurkundung der Verzichtserklärungen entstehenden Notarkosten.

3. Entbehrlichkeit der Prüfung bei Upstream-SE-Verschmelzungsgründung mit 100%-Tochtergesellschaft

40 Art. 31 Abs. 1 S. 1 SE-VO sieht einige Erleichterungen für die SE-Verschmelzungsgründung vor, wenn es sich bei der **übertragenden Gesellschaft** um eine **100%-Tochtergesellschaft der übernehmenden Gesellschaft** handelt (sog. **Upstream-Verschmelzung**). Dazu zählt insbesondere die Nichtanwendung der Regelungen über die Verschmelzungsprüfung in Art. 22 SE-VO. Hieraus wird überwiegend unmittelbar eine Entbehrlichkeit der Prüfung hergeleitet.[56] Da sich die grundsätzliche Prüfungspflicht im Fall der SE-Verschmelzungsgründung jedoch aus Art. 18 SE-VO, §§ 9, 60, 73 UmwG ergibt (→ Rn. 19), beruht auch die Entbehrlichkeit der Prüfung richtigerweise auf **Art. 18 SE-VO iVm § 9 Abs. 2 SE-VO**.[57] Für eine deutsche SE-Gründung ist diese Differenzierung im Ergebnis ohne Belang.

4. Entbehrlichkeit der Prüfung bei Upstream-SE-Verschmelzungsgründung mit 90%-Tochtergesellschaft (Art. 31 Abs. 2 SE-VO)?

41 Liegen die Voraussetzungen des Art. 31 Abs. 2 S. 1 SE-VO vor – hält also die Muttergesellschaft zwar nicht 100%, aber mindestens 90% der stimmberechtigten Aktien der Toch-

---

[53] Dritte Richtlinie 78/855/EWG des Rates vom 9. Oktober 1978 gemäß Artikel 54 Absatz 3 Buchstabe g) des Vertrages betreffend die Verschmelzung von Aktiengesellschaften (aufgehoben durch Art. 32 der neuen Verschmelzungsrichtlinie 2011/35/EU).

[54] Vgl. Schmitt/Hörtnagl/Stratz/*Stratz*, § 9 Rn. 12; Kallmeyer/*Lanfermann*, § 9 Rn. 43; Lutter/ Drygala, § 9 Rn. 20; Widmann/Mayer/*Mayer*, § 9 Rn. 38.

[55] Richtlinie 2011/35/EU des Europäischen Parlaments und des Rates vom 5. April 2011 über die Verschmelzung von Aktiengesellschaften.

[56] Siehe nur Habersack/Drinhausen/*Marsch-Barner*, Art. 31 Rn. 9; Lutter/Hommelhoff/Teichmann/*Bayer*, Art. 31 Rn. 10; MünchKommAktG/*Schäfer*, Art. 31 SE-VO Rn. 5; jeweils mwN.

[57] Zutreffend Kölner Kommentar-AktG/*Maul*, Art. 31 SE-VO Rn. 12; *Teichmann*, ZGR 2002, 383, 431.

tergesellschaft –, so sollen u. a. der **Verschmelzungsprüfungsbericht** sowie „die zur Kontrolle notwendigen Unterlagen"[58] **nicht erforderlich sein.**

Gewährt werden diese Erleichterungen jedoch nur unter dem (etwas unscharf formulier- **42** ten) **Vorbehalt nationalen Rechts.** Danach sind die genannten Formalien nur insoweit erforderlich, „als dies entweder in den einzelstaatlichen Rechtsvorschriften, denen die übernehmende Gesellschaft unterliegt, oder in den für die übertragende Gesellschaft maßgeblichen einzelstaatlichen Rechtsvorschriften vorgesehen ist." Jedenfalls in der Zeit **vor Inkrafttreten des Dritten Gesetzes zur Änderung des Umwandlungsgesetzes**[59] am 15. Juli 2011 und der hiermit einhergehenden Änderungen in § 62 UmwG war Art. 31 Abs. 2 S. 1 SE-VO daher für deutsche Gründungsgesellschaften nach allgemeiner Ansicht ohne Belang. Zur Begründung wurde darauf verwiesen, dass der deutsche Gesetzgeber in § 8 Abs. 3, § 9 Abs. 2 UmwG eine Entbehrlichkeit von Verschmelzungsbericht bzw. -prüfung nur für den Fall bestimmte, dass es sich bei der übertragenden Gesellschaft um eine 100%-Tochter der übernehmenden Gesellschaft handelt.[60] Die von Art. 28 der damaligen Verschmelzungsrichtlinie[61] eröffnete Möglichkeit, diese Erleichterungen auch für die Upstream-Verschmelzung einer nur 90%-Tochtergesellschaft vorzusehen, hatte der deutsche Gesetzgeber dagegen nicht genutzt.[62]

Nicht abschließend geklärt ist, ob sich nach **gegenwärtiger Rechtslage** – insbesondere **43** aufgrund der Einführung des umwandlungsrechtlichen Squeeze-Outs in § 62 Abs. 5 UmwG und der Tatsache, dass Art. 28 der neuen Verschmelzungsrichtlinie jedenfalls im Ausgangspunkt nicht mehr als Mitgliedstaatenwahlrecht,[63] sondern als obligatorische Erleichterung[64] ausgestaltet ist – etwas anderes ergibt. Letzteres wird teilweise im Schrifttum angedeutet.[65]

Richtigerweise sind die Erleicherungen nach **Art. 31 Abs. 2 S. 1 SE-VO auch nach** **44** **gegenwärtiger Rechtslage nicht** auf eine deutsche Gründungsgesellschaft **anwendbar.**[66] Denn die in Art. 28 Abs. 1 der Verschmelzungsrichtlinie genannten Erleichterungen (die die in Art. 31 Abs. 2 S. 1 SE-VO genannten Erleichterungen weiterhin spiegeln) gelten gemäß Abs. 2 nur dann obligatorisch, wenn der betreffende Mitgliedstaat der Muttergesellschaft nicht die Möglichkeit einräumt, die Minderheitsaktionäre der 90%-Tochtergesellschaft per verschmelzungsbezogenem Squeeze-Out auszuschließen. Letztere Möglichkeit ist nunmehr in § 62 Abs. 5 UmwG vorgesehen. Der deutsche Gesetzgeber erhielt sich hierdurch die Möglichkeit, die Upstream-Verschmelzung einer 90%-Tochtergesellschaft weiterhin von den in Art. 28 Abs. 1 der Verschmelzungsrichtlinie aufgeführten Erleichte-

---

[58] Was hierunter zu verstehen ist, lässt der Verordnungstext offen. Die mittlerweile wohl hM zieht insoweit eine Parallele zu den in Art. 11, 24 ff. der Verschmelzungsrichtlinie enthaltenen Erleichterungsregeln und versteht die Vorschrift damit als Einschränkung der Pflicht der Gesellschaft, die dort aufgeführten, verschmelzungsbezogenen Dokumente im Vorfeld der Hauptversammlung auszulegen bzw. per Internetseite zur Verfügung zu stellen; siehe nur Kölner Kommentar-AktG/*Maul*, Art. 31 SE-VO Rn. 15; Lutter/Hommelhoff/Teichmann/*Bayer*, Art. 31 Rn. 17; Habersack/Drinhausen/*Marsch-Barner*, Art. 31 SE-VO Rn. 16.

[59] BGBl. I S. 1338.

[60] Zum damaligen Meinungsbild siehe nur *Schwarz*, SE-VO, Art. 31 Rn. 24; Lutter/Hommelhoff/*Bayer*, 1. Aufl. (2008), Art. 31 Rn. 19; jeweils mwN.

[61] Dritte Richtlinie 78/855/EWG des Rates vom 9. Oktober 1978 gemäß Artikel 54 Absatz 3 Buchstabe g) des Vertrages betreffend die Verschmelzung von Aktiengesellschaften (aufgehoben durch Art. 32 der neuen Verschmelzungsrichtlinie 2011/35/EU).

[62] *Schwarz*, SE-VO, Art. 31 Rn. 24.

[63] „...brauchen ... nicht anzuwenden, wenn..."

[64] „...dürfen die Anforderungen ... nicht auferlegen, wenn..."

[65] MünchKommAktG/*Schäfer*, Art. 31 SE-VO Rn. 9; *Heckschen*, NZG 2010, 1041, 1045; in dieselbe Richtung bereits Widmann/Mayer/*Heckschen*, Anh. 14 Rn. 216.2 (noch auf Basis des RegE des Dritten Gesetzes zur Änderung des Umwandlungsgesetzes); zurückhaltender Habersack/Drinhausen/ Marsch-Barner, Art. 31 Rn. 17 aE.

[66] Ebenso Spindler/Stilz/*Casper*, Art. 31 SE-VO Rn. 6.

rungen – einschließlich der Entbehrlichkeit einer Verschmelzungsprüfung – auszunehmen[67] und sieht insofern auch tatsächlich weiterhin keine Erleichterung vor. Damit ergibt sich aus Art. 31 Abs. 2 S. 1 SE-VO auch nach gegenwärtiger Rechtslage grundsätzlich **keine Entbehrlichkeit** der Verschmelzungsprüfung, wenn eine SE durch **Upstream-Verschmelzung einer 90 %-Tochtergesellschaft** gegründet werden soll.

45 Eine Verschmelzungsprüfung ist nur dann ausnahmsweise **entbehrlich,** wenn mit der SE-Verschmelzungsgründung ein **umwandlungsrechtlicher Squeeze-Out** nach § 62 Abs. 5 UmwG einhergeht, die Minderheitsaktionäre der übertragenden Tochtergesellschaft also im Zuge der Verschmelzung ausscheiden und nicht als Minderheitsaktionäre in der neugegründeten SE verbleiben. In diesem Fall ist eine Verschmelzungsprüfung ebenso entbehrlich wie bei einer rein inländischen Anwendung des § 62 Abs. 5 UmwG, da sich jedenfalls in materieller Hinsicht kein Unterschied zur Upstream-Verschmelzung einer 100 %-Tochtergesellschaft ergibt (→ Rn. 36). Was den Rechtsgrund für diese Entbehrlichkeit im Kontext der SE-Gründung betrifft, liegt eine Analogie zu Art. 31 Abs. 1 S. 1 SE-VO wohl näher als eine entsprechende Anwendung des § 9 Abs. 2 UmwG über Art. 18 SE-VO. Keinesfalls basiert die Vereinfachung jedoch auf Art. 31 Abs. 2 S. 1 SE-VO.

C. Prüfungsgegenstand

46 Prüfungsgegenstand der Verschmelzungsprüfung ist gem. § 9 Abs. 1 UmwG der **Verschmelzungsvertrag bzw. dessen Entwurf,** der vom Verschmelzungsprüfer auf Vollständigkeit und Richtigkeit sowie in Hinblick auf das vertraglich festgelegte Umtauschverhältnis zu prüfen ist.[68] Der Verschmelzungsvertrag wird gem. § 4 Abs. 1 S. 1 UmwG von den Vertretungsorganen der an der Verschmelzung beteiligten Rechtsträger geschlossen und enthält zumindest die in § 5 Abs. 1 UmwG aufgeführten **Pflichtangaben** (→ § 8 Rn. 41 ff). Bei der Verschmelzung unter Beteiligung von Personengesellschaften kommen die weiteren Pflichtangaben nach §§ 40, 45b, 46, 80 UmwG hinzu, die dann ebenfalls Gegenstand der Prüfung sind.

47 Über den gesetzlichen Mindeststandard hinaus können die Parteien auch sonstige, **freiwillige Angaben** in den Verschmelzungsvertrag aufnehmen (→ § 8 Rn. 123 ff.). Diese gehören grundsätzlich ebenfalls zum Gegenstand der Verschmelzungsprüfung.[69] Eine strenge Beschränkung des Verschmelzungsprüfers auf die Pflichtangaben – soweit eine derart formale Aufteilung der Vertragsbestandteile im Einzelfall überhaupt möglich ist[70] – wäre mit dem Zweck der Prüfung, auch Gewähr für die Richtigkeit des Vertrags zu bieten (→ Rn. 56), nicht vereinbar. Das gilt insbesondere insoweit, als sich Wechselwirkungen zwischen obligatorischen und fakultativen Elementen ergeben (z. B. bei Widersprüchen zwischen verschiedenen Vertragsbestandteilen oder einer Verknüpfung durch Bedingungen). Gegenstand der Prüfung ist vielmehr „der Verschmelzungsvertrag oder sein Entwurf" als solcher, wie es der Wortlaut des Gesetzes vorgibt und wie es regelmäßig auch der Schutz der mit dem Prüfungsbericht adressierten Anteilseigner (denen der Unterschied zwischen obligatorischen und fakultativen Angaben nur selten bekannt sein dürfte) erfordert.[71]

48 Soweit **Einschränkungen** der Prüfung gerechtfertigt sind, ergeben diese sich richtigerweise nicht aus einer Beschränkung des Prüfungsgegenstands auf bestimmte, formal abgegrenzte Vertragsteile, sondern **aus dem Maßstab der Prüfung,** der sich auf die Richtigkeit und Vollständigkeit des Vertrags sowie die Angemessenheit des Umtauschverhältnisses

---

[67] Lutter/Bayer/J. Schmidt, EuropUR, § 21 Rn. 145.
[68] RegBegr. zu § 340b AktG a. F., BT-Drucks. 9/1065, S. 16.
[69] Str.; wie hier Lutter/Drygala, § 9 Rn. 13; Kölner Kommentar-UmwG/Simon, § 9 Rn. 10 aE; Widmann/Mayer/Mayer, § 9 Rn. 30–32; Maulbetsch/Klumpp/Rose/Maulbetsch § 9 Rn. 13; noch weitergehender wohl Kallmeyer/Lanfermann, § 9 Rn. 12; aA Semler/Stengel/Zeidler, § 9 Rn. 15.
[70] Zurecht zweifelnd Maulbetsch/Klumpp/Rose/Maulbetsch § 9 Rn. 13.
[71] Zutreffend Maulbetsch/Klumpp/Rose/Maulbetsch § 9 Rn. 13.

beschränkt (→ Rn. 51). Nicht zum Prüfungsgegenstand gehören daher insbesondere Ausführungen zur Zweckmäßigkeit der Verschmelzung (→ Rn. 52).

Nach dem klaren Wortlaut des § 9 Abs. 1 UmwG ist der **Verschmelzungsbericht** der 49 Vertretungsorgane nicht in den Prüfungsgegenstand mit einbezogen.[72] Da der Verschmelzungsbericht der Vertretungsorgane die Festsetzung des Umtauschverhältnisses erläutert und begründet, kann und wird er jedoch im Rahmen der Prüfung als zusätzliche Informationsquelle typischerweise herangezogen werden.[73] Aufgrund der Unabhängigkeit der Prüfung von den Angaben im Verschmelzungsbericht der Vertretungsorgane, ergibt sich aber keine zwingende **zeitliche Reihenfolge**, nach der etwa die Prüfung erst nach der Fertigstellung des Verschmelzungsberichts stattzufinden hätte. Vielmehr kann die Prüfung des Verschmelzungsvertrags auch parallel zur Erstellung des Verschmelzungsberichts erfolgen.[74]

Sofern der Verschmelzungsvertrag oder dessen Entwurf **nachträglich geändert** wird 50 bzw. der geprüfte Entwurf wesentlich von der finalen Fassung des Verschmelzungsvertrags abweicht, bedarf es einer weiteren Prüfung der Änderungen.[75]

D. Prüfungsmaßstab

I. Allgemeines

Ziel und Maßstab der Verschmelzungsprüfung sind nach allgemeiner, auf die Gesetzes- 51 historie[76] und eine Grundsatzentscheidung des BGH[77] zurückgehenden Ansicht:[78]

- **Vollständigkeit** des Verschmelzungsvertrags
- **Richtigkeit** der Angaben im Verschmelzungsvertrag
- **Angemessenheit des Umtauschverhältnisses** bzw. einer Barzahlung

Die Beurteilung der **Zweckmäßigkeit** der Verschmelzung dagegen obliegt nach ganz 52 herrschender Ansicht allein den Anteilseignern und ist nicht in die Prüfung einzubeziehen.[79] Insbesondere die wirtschaftliche Lebensfähigkeit des übernehmenden Rechtsträgers

---

[72] IDW, WP-Handbuch Bd. II, 14. Aufl. (2014), Kap. F Rn. 256; Lutter/*Drygala*, § 9 Rn. 13; Semler/Stengel/*Zeidler*, § 9 Rn. 18; Schmitt/Hörtnagl/Stratz/*Stratz*, § 9 Rn. 5; Widmann/Mayer/*Mayer*, § 9 Rn. 18; *Becker*, AG 1988, 223, 225; *Mertens*, AG 1990, 20, 29; *Meyer zu Lösebeck*, WPg 1989, 499; Kölner Kommentar-UmwG/*Simon*, § 9 Rn. 13; aA *Bayer*, ZIP 1997, 1613, 1621; *Priester*, NJW 1983, 1459, 1462.

[73] IDW, WP-Handbuch Bd. II, 14. Aufl. (2014), Kap. F Rn. 256; Semler/Stengel/*Zeidler*, § 9 Rn. 19.

[74] Kallmeyer/*Lanfermann*, § 9 Rn. 11; Lutter/*Drygala*, § 9 Rn. 15; Semler/Stengel/*Zeidler*, § 9 Rn. 22.

[75] Kallmeyer/*Lanfermann*, § 9 Rn. 16; Kölner Kommentar-UmwG/*Simon*, § 9 Rn. 12; Semler/Stengel/*Zeidler*, § 9 Rn. 24.

[76] Begründung zum RegE des Gesetzes zur Durchführung der Dritten Richtlinie des Rates der Europäischen Gemeinschaften zur Koordinierung des Gesellschaftsrechts (Verschmelzungsrichtlinie-Gesetz) v. 23. November 1981, BT-Drucks. 9/1065, S. 16: „...erfasst die Vollständigkeit des Verschmelzungsvertrags, die Richtigkeit der in ihm enthaltenen Angaben und – als Hauptaufgabe der Prüfung – die Angemessenheit des Umtauschverhältnisses der Aktien."

[77] BGH II ZR 206/88, ZIP 1989, 980, 982 – Kochs Adler: „...soll die Einschaltung unabhängiger Sachverständiger Gewähr dafür bieten, daß der Verschmelzungsvertrag vollständig ist, die in ihm enthaltenen Angaben richtig sind und – vor allem – das Umtauschverhältnis der Aktien angemessen ist."

[78] Siehe nur Kölner Kommentar-UmwG/*Simon*, § 9 Rn. 15 ff.; Semler/Stengel/*Zeidler*, § 9 Rn. 25; Kallmeyer/*Lanfermann*, § 9 Rn. 17; jeweils mwN.

[79] Kallmeyer/*Lanfermann*, § 9 Rn. 11; Kölner Kommentar-UmwG/*Simon*, § 9 Rn. 14; Lutter/*Drygala*, § 9 Rn. 12; Semler/Stengel/*Zeidler*, § 9 Rn. 16; Schmitt/Hörtnagl/Stratz/*Stratz*, § 9 Rn. 7; Widmann/Mayer/*Mayer*, § 9 Rn. 18; *Bayer*, ZIP 1997, 1613, 1621; *Priester*, ZGR 1990, 420, 430; Stellungnahme des IDW, WPg 1989, 42, 43.

nach der Verschmelzung gehört daher nicht zum Prüfungsumfang.[80] Im Verhältnis zur Entscheidung der Anteilseigner handelt es sich bei der Verschmelzungsprüfung damit nicht um eine umfassende zweite Meinung von unabhängiger Stelle, sondern um eine Expertenansicht zu einem bestimmten Element der Entscheidungsgrundlage.

53 Im Schrifttum wird die Verschmelzungsprüfung daher teilweise als Rechtmäßigkeitsprüfung bezeichnet.[81] Das ist insofern zutreffend, als es um eine Abgrenzung zu den allein von den Anteilseignern vorzunehmenden Zweckmäßigkeits- und unternehmerischen Erwägungen geht.[82] Klar ist jedoch ebenso, dass jedenfalls in die Angemessenheitsprüfung neben rechtlichen vor allem **wirtschaftliche Erwägungen** einfließen und es sich bei dem Prüfer nicht (bzw. nicht nur) um einen juristischen, sondern einen betriebswirtschaftlichen Experten (→ Rn. 93 ff.) handelt. Aus Sicht der mit dem Prüfungsbericht adressierten Anteilseigner dürfte das Angemessenheitsurteil sogar regelmäßig im Mittelpunkt des Interesses stehen.[83] Insgesamt richtet sich die Verschmelzungsprüfung damit sowohl nach rechtlichen als auch nach wirtschaftlichen Gesichtspunkten.

54 In zeitlicher Hinsicht bezieht sich die Prüfung auf den im Verschmelzungsvertrag angegebenen **Verschmelzungsstichtag**. Außergewöhnliche Entwicklungen, die sich vor dem Verschmelzungsstichtag ereignen, sind somit in die Prüfung mit einzubeziehen.[84] Dies wird in der Praxis gleichermaßen gehandhabt für Ereignisse, die nach dem Verschmelzungsstichtag, aber vor der Beschlussfassung der Anteilseigner eintreten.

II. Vollständigkeit

55 Der Verschmelzungsprüfer hat zu untersuchen, ob der Verschmelzungsvertrag bzw. dessen Entwurf die nach § 5 Abs. 1 und ggf. §§ 40, 45b, 46, 80 UmwG erforderlichen **Pflichtangaben** (→ Rn. 48) enthält.[85] Freiwillige Bestandteile des Verschmelzungsvertrags fallen naturgemäß nicht unter die Vollständigkeitsprüfung, können aber in die Richtigkeitsprüfung und ggf. auch in die Angemessenheitsprüfung mit einfließen (→ Rn. 47).

III. Richtigkeit

56 Die Richtigkeitsprüfung bezieht sich darauf, ob die Aussagen im Verschmelzungsvertrag bzw. in dessen Entwurf **sachlich-inhaltlich zutreffend** und in sich **plausibel** sind.[86] Dabei sind alle angegebenen Erwartungen und Einschätzungen kritisch zu hinterfragen. Eine exakte Überprüfung kann aufgrund des Prognosecharakters und der damit verbundenen Unsicherheit nicht gefordert werden.[87] Die Plausibilitätsprüfung betrifft insbesondere das Umtauschverhältnis (§ 5 Abs. 1 Nr. 3 UmwG), den Beginn des Gewinnbezugs (§ 5 Abs. 1 Nr. 5 UmwG) und den Verschmelzungsstichtag (§ 5 Abs. 1 Nr. 6 UmwG). Dabei sind die zur Gründungsprüfung entwickelten Grundsätze nach §§ 33, 34 AktG auf die

---

[80] BGH II ZR 111/72, NJW 1975, 794, 796; Kölner Kommentar-UmwG/*Simon*, § 9 Rn. 19; Lutter/*Drygala*, § 9 Rn. 10; Widmann/Mayer/*Mayer*, § 9 Rn. 30.

[81] Schmitt/Hörtnagl/Stratz/*Stratz*, § 9 Rn. 7; Widmann/Mayer/*Mayer*, § 9 Rn. 22.

[82] Dahingehend auch Schmitt/Hörtnagl/Stratz/*Stratz*, § 9 Rn. 7 aE; Widmann/Mayer/*Mayer*, § 9 Rn. 22; *Hommelhoff*, ZGR 1993, 452, 466.

[83] Vgl. auch hierzu Begründung zum RegE des Gesetzes zur Durchführung der Dritten Richtlinie des Rates der Europäischen Gemeinschaften zur Koordinierung des Gesellschaftsrechts (Verschmelzungsrichtlinie-Gesetz) v. 23. November 1981, BT-Drucks. 9/1065, S. 16: „Hauptaufgabe der Prüfung".

[84] Lutter/*Drygala*, § 9 Rn. 16; Semler/Stengel/*Zeidler*, § 9 Rn. 42; *Hoffmann-Becking*, FS Fleck, 1988, S. 105, 117.

[85] *Priester*, NJW 1983, 1459, 1462; Kallmeyer/*Lanfermann*, § 9 Rn. 18; Semler/Stengel/*Zeidler*, § 9 Rn. 26; Widmann/Mayer/*Mayer*, § 9 Rn. 30.

[86] *Ganske*, WPg 1994, 157, 161; *Mertens*, AG 1990, 20, 23; Kallmeyer/*Lanfermann*, § 9 Rn. 20; Kölner Kommentar-UmwG/*Simon*, UmwG; § 9 Rn. 17; Semler/Stengel/*Zeidler*, § 9 Rn. 27.

[87] Lutter/*Drygala*, § 9 Rn. 11; Semler/Stengel/*Zeidler*, § 9 Rn. 29.

Verschmelzungsprüfung übertragbar, so dass der Verschmelzungsprüfer insoweit einer **Warn- und Hinweispflicht** unterliegt.[88]

Freiwillige Bestandteile sind grundsätzlich ebenfalls Bestandteil der Richtigkeitskontrolle (→ Rn. 47). 57

IV. Angemessenes Umtauschverhältnis
1. Allgemeines

Das UmwG statuiert keine Kriterien, anhand derer der Verschmelzungsprüfer die Angemessenheit des Umtauschverhältnisses und die ggf. anzubietende Barabfindung zu beurteilen hat. Jedoch bietet der **Schutzzweck der Verschmelzungsprüfung** – in dessen Mittelpunkt die Anteilsinhaber der an der Verschmelzung beteiligten Rechtsträger stehen (→ Rn. 1) – Anhaltspunkte dafür, wie ein angemessenes Umtauschverhältnis ausgestaltet sein sollte. Dementsprechend darf eine Verschmelzung weder den Anteilsinhabern des übertragenden Rechtsträgers noch den Anteilsinhabern des übernehmenden Rechtsträgers einen Nachteil zu fügen. Ein Umtauschverhältnis ist somit dann angemessen, wenn die Anteilsinhaber nach der Verschmelzung nicht schlechter stehen als sie vor der Verschmelzung gestanden haben.[89] 58

Um diese Beurteilung treffen zu können, bedarf es einer Bewertung der an der Verschmelzung beteiligten Unternehmen. Dabei ist für die Bewertung grundsätzlich nur auf **finanzielle Kriterien** abzustellen.[90] Der Verschmelzungsprüfer nimmt keine eigenständige Unternehmensbewertung vor, sondern überprüft die im Verschmelzungsvertrag angeführten Bewertungen, Wertungsentscheidungen und Prognosen auf ihre Angemessenheit hin.[91] Insbesondere darf der Verschmelzungsprüfer nicht sein eigenes unternehmerisches Ermessen an die Stelle des Ermessens der Vertretungsorgane der beteiligten Rechtsträger setzen.[92] 59

Erwogen wird ferner, in die Prüfung ausnahmsweise **nichtfinanzielle Kriterien** einfließen zu lassen, wenn ein Verein oder eine Genossenschaft an der Verschmelzung beteiligt sind. Vorgeschlagen wird etwa, die Wertrechte der Mitgliedschaft festzustellen und vor dem Hintergrund der Beteiligung am übernehmenden Rechtsträger zu prüfen.[93] Bei der Verschmelzung eines Vereins könne untersucht werden, ob die Mitglieder im übernehmenden Verein dieselben Rechte erhalten wie im bisherigen Verein (bei der Verschmelzung zweier Vereine) bzw. ob die Mitglieder in einer übernehmenden Personen- oder Kapitalgesellschaft eine Beteiligung erhalten, die einen angemessenen Gegenwert für die Vereinsmitgliedschaft darstellt.[94] Für die Prüfung vorgeschlagen werden in diesem Fall auch „ideelle Komponenten".[95] 60

Richtigerweise ergibt sich zunächst für **Genossenschaften** bereits von Gesetzes wegen ein **abweichender Prüfungsauftrag** (→ Rn. 9 § 15 Rn. 364 ff.). Im Übrigen wird sich die Frage nach einer Berücksichtigung nichtfinanzieller Kriterien für jede Verschmelzung stellen, an der ein oder mehrere **Rechtsträger** beteiligt sind, **deren Zweck sich nicht auf die Erzielung eines wirtschaftlichen Ertrags richtet** (sondern z. B. auf ideelle oder gemeinnützige Ziele), wie dies auch bei einer gemeinnützigen Kapitalgesellschaft der Fall 61

---

[88] Semler/Stengel/*Zeidler*, § 9 Rn. 27; vgl. auch BGH II ZR 322/53, NJW 1955, 499, 500; Kallmeyer/*Lanfermann*, § 9 Rn. 22; Kölner Kommentar-UmwG/*Simon*, UmwG § 9 Rn. 18.
[89] Vgl. zum Ganzen: Semler/Stengel/*Zeidler*, § 9 Rn. 31; Kölner Kommentar-UmwG/*Simon*, § 9 Rn. 20 f.; *Nonnenmacher*, AG 1982, 153, 157.
[90] Vgl. IDW, WP-Handbuch Bd. II, 14. Aufl. (2014), Kap. F Rn. 257 ff.; Semler/Stengel/*Zeidler*, § 9 Rn. 32; Kallmeyer/*Lanfermann*, § 9 Rn. 24 ff.
[91] Kallmeyer/*Lanfermann*, § 9 Rn. 23.
[92] Kallmeyer/*Lanfermann*, § 9 Rn. 23; Kölner Kommentar-UmwG/*Simon*, § 9 Rn. 22; *Hommelhoff*, ZGR 1993, 452, 466.
[93] Böttcher/Habighorst/Schulte/*Böttcher*, § 9 Rn. 19.
[94] *Ossadnik/Maus*, DB 1995, 105, 109.
[95] Kallmeyer/*Lanfermann*, § 9 Rn. 34.

sein kann („gGmbH"). Will man hier an der Maßgeblichkeit finanzieller Kriterien festhalten, so wäre daran zu denken, in Bezug auf den jeweiligen Verschmelzungsbeteiligten eine Substanzwertmethode anstelle einer Ertragswertmethode anzuwenden (z. B. anhand des Verkehrswerts der von einem Verein gehaltenen Vermögensgegenstände)[96] und deren Resultat ggf. ins Verhältnis zum Ertragswert der Beteiligung an einem ertragsorientierten Verschmelzungspartner zu setzen. Alternativ in Betracht käme eine Prüfung anhand einer (potenziellen) Monetarisierung der betroffenen ideellen Zwecke (z. B. bei künstlerischen, sportlichen oder wissenschaftlichen Zielen). Auch eine einzelfallorientierte Auswahl der maßgeblichen Faktoren könnte zu angemessenen Ergebnissen führen (z. B. Differenzierung danach, ob der ideelle Zweck eines übertragenden Rechtsträgers beim übernehmenden Rechtsträger als solcher weiterverfolgt werden soll oder in die finanzielle Ertragskraft einfließen soll). Nur selten in Betracht kommen wird es dagegen, auf den wirtschaftlichen Wert der einzelnen Vereinsmitgliedschaft abzustellen,[97] da dieser Wert insbesondere bei obligatorischen Mitgliedsbeiträgen und freiem Ein- und Austritt regelmäßig keinen objektiv messbar positiven Betrag erreichen wird. Und auch bei der unmittelbaren Prüfung ideeller Zwecke wird Vorsicht geboten sein, will man nicht die Grenze zur Zweckmäßigkeitsprüfung überschreiten.

2. Bewertungsmethoden

62 Sowohl der Richtliniengeber als auch der deutsche Gesetzgeber schreiben keine bestimmte Bewertungsmethode vor, anhand derer der Unternehmenswert zu bestimmen wäre, und auch die Rechtsprechung hat es abgelehnt, einer bestimmten Bewertungsmethode allgemein den Vorrang einzuräumen.[98] Die gewählte Bewertungsmethode muss allerdings einheitlich auf alle beteiligten Rechtsträger angewandt werden.[99] In aller Regel wird dabei auf die (bzw. eine) **Ertragswertmethode** zurückgegriffen, welche in der Rechtsprechung durchweg anerkannt ist.[100] Soweit an der Verschmelzung eine börsennotierte Gesellschaft teilnimmt, ist auch der **Börsenpreis** der in die Verschmelzung eingehenden Anteile zu berücksichtigen.[101]

3. Gleichbehandlung von Anteilsinhabern

63 Die Angemessenheit der Unternehmensbewertung setzt weiter voraus, dass subjektive Interessen sämtlicher Anteilsinhaber gleichermaßen gewichtet werden und gleich stark in die Bewertung mit einfließen.[102] Da es sich jedoch äußerst schwierig gestaltet, die subjektiven Interessen aller Anteilsinhaber zu eruieren, hat sich in der Praxis eine auf Basis **typisierter fiktiver Entscheidungswerte** unter Annahme unveränderter Produktions- und Finanzierungsbedingungen und ohne Berücksichtigung von Verbundeffekten vorgenommene Bewertung entwickelt; diese zielt darauf ab, den objektivierten Unternehmenswert darzustellen.[103]

---

[96] Dahingehend IDW, WP-Handbuch Bd. II, 14. Aufl. (2014), Kap. F Rn. 259, sowie Lutter/*Drygala*, § 12 Rn. 4 aE, die aber wohl ausschließlich solche Rechtsträger im Blick haben, die nur tatsächlich ertragslos sind, formell jedoch ein ertragsorientiertes Unternehmen zum Gegenstand haben.
[97] Abw. wohl Böttcher/Habighorst/Schulte/*Böttcher*, § 9 Rn. 19 („Wertrechte der Mitgliedschaft").
[98] Siehe BVerfG, 1 BvR 1267, NZG 2007, 629; BGH II ZR 142/76, NJW 1978, 1316, 1317.
[99] IDW, WP-Handbuch Bd. II, 14. Aufl. (2014), Kap. F Rn. 260; Kallmeyer/*Lanfermann*, § 9 Rn. 28; Kölner Kommentar-UmwG/*Simon*, § 9 Rn. 22.
[100] BVerfG, 1 BvR 1613/94 – DAT/Altana, NJW 1999, 3769, 3771; BGH II ZB 17/01, NJW 2003, 3272; siehe ferner IDW, WP-Handbuch Bd. II, 14. Aufl. (2014), Kap. F Rn. 258; Kallmeyer/*Lanfermann*, § 9 Rn. 30 Fn. 1.
[101] Hierzu näher IDW, WP-Handbuch Bd. II, 14. Aufl. (2014), Kap. F Rn. 258; Semler/Stengel/*Zeidler*, § 9 Rn. 36; Kallmeyer/*Lanfermann*, § 9 Rn. 31, 33; *Bungert/Wettich*, BB 2010, 2227, 2231; jeweils mit Verweis auf BVerfG, 1 BvR 1613/94 – DAT/Altana, NJW 1999, 3769, 3771 f., und BGH II ZB 18/09 – Stollwerck, NJW 2010, 2657.
[102] Kallmeyer/*Lanfermann*, § 9 Rn. 25.
[103] Vgl. Kallmeyer/*Lanfermann*, § 9 Rn. 26; Semler/Stengel/*Zeidler*, § 9 Rn. 45.

4. Verbundvorteile, Synergieeffekte

Im Hinblick auf die Erfassung von Synergieeffekten wird allgemein zwischen echten und unechten Synergieeffekten unterschieden. **Echte Synergieeffekte** sind dabei solche positiven Wirkungen der geplanten Verbindung, die nur durch die konkrete Verschmelzung realisiert werden können. Sie sind nach wohl weiterhin überwiegender Ansicht[104] im Rahmen der Verschmelzungsprüfung nicht zu berücksichtigen. Begründet wird dies insbesondere mit der Erwägung, dass sich in den genannten Effekten nicht der Wert der jeweiligen Beteiligung niederschlage, anhand dessen das Umtauschverhältnis der Verschmelzung auszubalancieren wäre; vielmehr zählten echte Synergieeffekte zu den positiven Folgen der Verschmelzung.[105] Davon zu unterscheiden sind sogenannte **unechte Synergieeffekte**. Dabei handelt es sich um diejenigen Verbundvorteile, die der betreffende Rechtsträger nicht nur mit dem konkreten Verschmelzungspartner erzielen könnte, sondern auch mit anderen Partnern oder sogar auf andere Weise als durch eine Verschmelzung, wie etwa Kostensenkungen aufgrund effizienterer Auslastung existenter Produktionsmittel oder Skaleneffekte durch Zusammenlegung von Einkaufs-, Vertriebs- und Marketingfunktionen.[106] Auch steuerliche Verlustvorträge zählen dazu.[107] Sie können nach allgemeiner Ansicht bei der Berechnung des Beteiligungswerts berücksichtigt werden.[108] 64

E. Person des Verschmelzungspüfers

I. Bestellung

1. Antrag

Gem. § 10 Abs. 1 S. 1 UmwG werden die Verschmelzungsprüfer auf **Antrag des Vertretungsorgans** eines an der Verschmelzung beteiligten Rechtsträgers vom Gericht ausgewählt und bestellt. Auf gemeinsamen Antrag der Vertretungsorgane können die Verschmelzungsprüfer auch für mehrere oder alle beteiligten Rechtsträger bestellt werden (§ 10 Abs. 1 S. 2 UmwG). 65

Auf die Antragsstellung finden gem. § 10 Abs. 3 UmwG die §§ 1 bis 85 FamFG Anwendung, soweit nichts anderes bestimmt ist.[109] Der Antrag ist daher **schriftlich** einzureichen oder zur Niederschrift der Geschäftsstelle des zuständigen Landgerichts zu erklären (§ 25 FamFG). 66

Der Antrag sollte sowohl die Aussage enthalten, dass ein Verschmelzungsprüfer bestellt werden soll, als auch **Angaben zu dem zugrundeliegenden Sachverhalt** beinhalten, 67

---

[104] IDW, WP-Handbuch Bd. II, 14. Aufl. (2014), Kap. A Rn. 90, 484; Semler/Stengel/*Zeidler*, § 9 Rn. 48; *Seetzen*, WM 1994, 45, 49; vgl. ferner BGH II ZB 5/97, NJW 1998, 1866, 1867; OLG Stuttgart, 4 W 15/98, NZG 2000, 744, 745 f.; OLG Celle, 9 W 128/97, NZG 1998, 987, 990 (jeweils zur parallelen Situation bei Abschluss eines Beherrschungsvertrags), sowie OLG Frankfurt am Main, 5 W 39/09, AG 2011, 717, 718 (zur Squeeze-Out-Abfindung); aA OLG Stuttgart, 20 W 5/05, AG 2006, 420, 426 f. (obiter dictum); MünchHdbAktG/*Krieger*, § 71 Rn. 135; *Fleischer*, ZGR 1997, 368; differenzierend zwischen inhaltlicher Berücksichtigung iR einer Barabfindung und Angemessenheitsbetrachtung beim Umtauschverhältnis: Schmitt/Hörtnagl/Stratz/*Stratz*, § 5 Rn. 30 ff.

[105] Vgl. OLG Frankfurt am Main, 5 W 39/09, AG 2011, 717, 718 (in Bezug auf einen Squeeze-Out).

[106] Vgl. IDW, WP-Handbuch Bd. II, 14. Aufl. (2014), Kap. A Rn. 89, 484.

[107] Semler/Stengel/*Zeidler*, § 9 Rn. 47, mit Verweis auf OLG Düsseldorf, 19 W 32/86, WM 1988, 1052, 1056.

[108] Siehe nur BayObLG, 3 Z BR 17/90, AG 1996, 127, 128; IDW, WP-Handbuch Bd. II, 14. Aufl. (2014), Kap. A Rn. 91; Semler/Stengel/*Zeidler*, § 9 Rn. 48; vgl. ferner OLG Celle, 9 W 128/97, NZG 1998, 987, 990 (zur parallelen Situation bei Abschluss eines Beherrschungsvertrags).

[109] Lutter/*Drygala*, § 10 Rn. 8; Semler/Stengel/*Zeidler*, § 10 Rn. 6; Schmitt/Hörtnagl/Stratz/*Stratz*, § 10 Rn. 14.

§ 10   68–71   2. Kapitel. Verschmelzung

um dem Gericht eine hinreichend gewisse Feststellung zu ermöglichen, ob die Voraussetzungen für eine Verschmelzungsprüfung gem. §§ 9 ff. UmwG erfüllt sind.[110]

68   Darüber hinaus kann, wie dies in der Praxis häufig erfolgt, der Antrag einen **Vorschlag bezüglich der Person des zu bestellenden Verschmelzungsprüfers** beinhalten. Das Gericht ist jedoch nicht an den Antrag gebunden, sondern muss selbstständig unter kritischer Würdigung aller Umstände eine geeignete, unabhängige Person berufen.[111] Folgt das Gericht dem Vorschlag nicht, so begründet dies keine rechtliche Beschwer des Antragstellers (→ Rn. 79, 83).

69   Nicht zwingend beizufügen ist der **Verschmelzungsvertrag** bzw. dessen Entwurf.[112] Dieser wird im Zeitpunkt der Antragstellung mitunter und insbesondere bei komplexen Prüfungen, die frühzeitig begonnen werden müssen, noch nicht (bzw. nicht mit hinreichend aussagekräftigem und endgültigem Inhalt) vorliegen können. Er kann jedoch beigefügt werden, um dem Gericht die Entscheidungsfindung – insbesondere in Hinblick auf die Frage, ob ein Prüfungsanlass vorliegt – zu erleichtern.

2. Zuständigkeit

70   a) **Sachliche Zuständigkeit.** § 10 Abs. 2 S. 1 UmwG begründet eine ausschließliche **sachliche Zuständigkeit der Landgerichte.** Im Zusammenhang steht diese Zuständigkeitsbegründung mit der Erwägung, die Überzeugungskraft des Prüfungsberichts mit Blick auf ein mögliches Spruchverfahren (bzw. dessen Vermeidung) vor demselben Landgericht zu stärken.[113] Mindestens ebenso ins Gewicht fallen dürfte das durch die Zuständigkeit des Landgerichts erschlossene richterliche Fachwissen in Handelssachen (→ Rn. 74).

71   b) **Örtliche Zuständigkeit.** Örtlich zuständig ist gem. § 10 Abs. 2 S. 1 UmwG jedes Landgericht, **in dessen Bezirk ein übertragender Rechtsträger seinen Sitz hat.** Maßgeblich ist der durch Satzung bzw. Gesellschaftsvertrag bestimmte **statutarische Sitz,** wie er im (in der Regel: Handels-)Register des jeweiligen Verschmelzungsbeteiligten publiziert ist,[114] und zwar auch dann, wenn dieser Sitz nicht mit dem tatsächlichen Verwaltungssitz übereinstimmt.[115] Dies ergibt sich aus einem Abgleich mit den allgemeinen Zuständigkeitsregeln aus § 17 Abs. 1 S. 1 ZPO[116] und § 377 FamFG[117] sowie mit der örtlichen Zuständigkeit im Spruchverfahren gemäß § 2 Abs. 1 S. 1 SpruchG.[118]

---

[110] Kallmeyer/*Lanfermann*, UmwG § 10 Rn. 12; Kölner Kommentar-UmwG/*Simon*, § 10 Rn. 9; Lutter/*Drygala*, § 10 Rn. 10; Semler/Stengel/*Zeidler*, § 10 Rn. 6; Widmann/Mayer/*Fronhöfer*, § 10 Rn. 11.3.

[111] Kallmeyer/*Lanfermann*, § 10 Rn. 13; Lutter/*Drygala*, § 10 Rn. 10; vgl. auch BGH II ZR 225/04, NZG 2006, 905, 906 Rn. 13 (zur Squeeze-Out-Prüferbestellung).

[112] Kölner Kommentar-UmwG/*Simon*, § 10 Rn. 10; Semler/Stengel/*Zeidler*, § 10 Rn. 6 Fn. 22; aA Lutter/*Drygala*, § 10 Rn. 10; Widmann/Mayer/*Fronhöfer*, § 10 Rn. 11.4.; Kallmeyer/*Lanfermann*, § 10 Rn. 12.

[113] Widmann/Mayer/*Fronhöfer*, § 10 Rn. 5, mit Verweis auf Begründung RegE des Gesetzes zur Bereinigung des Umwandlungsrechts v. 4. Februar 1994, BR-Drucks. 75/94, S. 85.

[114] Vgl. etwa § 5 AktG für die AG, § 3 Abs. 1 Nr. 1 GmbHG für die GmbH und § 106 HGB für die OHG.

[115] Str.; wie hier Widmann/Mayer/*Fronhöfer*, § 10 Rn. 6.1; BeckOGK UmwG/*Fromholzer*, § 10 Rb. 12; aA (Verwaltungssitz maßgeblich) die wohl überwiegende Ansicht unter Verweis auf § 17 Abs. 1 S. 2 ZPO (der jedoch nur dann eingreift, „wenn sich nichts anderes ergibt"): Lutter/*Drygala*, § 10 Rn. 5; Kölner Kommentar-UmwG/*Simon*, § 10 Rn. 5; Schmitt/Hörtnagl/Stratz/*Stratz*, § 10 Rn. 11; Böttcher/Habighorst/Schulte/*Böttcher*, § 10 Rn. 5; Maulbetsch/Klumpp/Rose/*Maulbetsch*, § 10 Rn. 21.

[116] Zur Maßgeblichkeit des statutarischen Sitzes iRd § 17 Abs. 1 ZPO siehe nur Musielak/Voit/*Heinrich*, § 17 ZPO Rn. 7.

[117] Zur Maßgeblichkeit des statutarischen Sitzes iRd § 377 FamFG siehe nur Keidel/*Heinemann*, § 377 FamFG Rn. 7.

[118] Zur Maßgeblichkeit des statutarischen Sitzes iRd § 2 Abs. 1 SpruchG siehe nur Spindler/Stilz/*Drescher*, § 2 SpruchG Rn. 4; MünchKommAktG/*Kubis*, § 2 SpruchG Rn. 3.

Sofern mehrere übertragende Rechtsträger an der Verschmelzung beteiligt sind oder ein **72**
übertragender Rechtsträger über einen Doppelsitz verfügt, besteht ein **Wahlrecht** hinsichtlich der Frage, welches der für einen der übertragenden Rechtsträger zuständige Gericht die Bestellung des Verschmelzungsprüfers vornehmen soll.[119] Das Wahlrecht besteht dabei unabhängig davon, ob für mehrere übertragende Rechtsträger ein gemeinsamer Verschmelzungsprüfer bestellt werden soll oder ob nur die Bestellung eines Verschmelzungsprüfers für einen der übertragenden Rechtsträger vorgenommen werden soll. **Relativiert** wird das Wahlrecht der Verschmelzungsbeteiligten **durch die häufig genutzte Möglichkeit zur Konzentration der örtlichen Zuständigkeit** per Rechtsverordnung (→ Rn. 76), wodurch sich auch dann eine einheitliche Gerichtszuständigkeit ergeben kann, wenn die Verschmelzungspartner in unterschiedlichen Landgerichtsbezirken ansässig sind. Ist den Verschmelzungsbeteiligten tatsächlich die Wahl zwischen mehreren Landgerichten eröffnet, so wird es sich regelmäßig empfehlen, im Interesse einer schnellen und sachgerechten Antragsbearbeitung dasjenige Gericht zu wählen, bei dem eine Kammer für Handelssachen gebildet ist und/oder das aufgrund einer örtlichen Zuständigkeitskonzentration über besondere Erfahrungen mit der Prüferbestellung verfügt.

Im Falle einer **grenzüberschreitenden Verschmelzung** nach §§ 122a ff. UmwG, bei **73**
der nur der übernehmende Rechtsträger in Deutschland ansässig ist, begründet § 10 Abs. 2 S. 1 UmwG schon aus kollisionsrechtlichen Gründen nicht die Bestellungszuständigkeit eines ausländischen Gerichts (zu den besonderen Zuständigkeitsregeln in diesem Fall → § 18 Rn. 169).

c) **Funktionelle Zuständigkeit.** Besteht bei dem örtlich zuständigen Landgericht eine **74**
Kammer für Handelssachen (KfH), so liegt die funktionale Zuständigkeit für die Prüferbestellung gemäß § 10 Abs. 2 S. 2 UmwG beim Vorsitzenden dieser Kammer. Die übrigen Kammermitglieder werden nicht tätig. Das gilt auch dann, wenn der Antrag auf Bestellung eines Verschmelzungsprüfers ausdrücklich an die gesamte Kammer oder an eine Zivilkammer gerichtet ist. Ein ausdrücklicher Antrag zur Begründung der Zuständigkeit des KfH-Vorsitzenden ist folglich nicht erforderlich.

Sofern das Gericht, das den Antrag auf Prüferbestellung erhält, keine KfH eingerichtet **75**
hat, ist nach allgemeinen Regeln die **Zivilkammer** zuständig. Zur Entscheidung berufen ist in diesem Fall die gesamte Kammer und nicht nur der Kammervorsitzende.[120]

d) **Zuständigkeitskonzentration.** Gem. § 71 Abs. 2 Nr. 4 lit. d iVm Abs. 4 GVG **76**
kann die jeweils zuständige Landesregierung die örtliche Gerichtszuständigkeit durch **Rechtsverordnung** bei einem Landgericht bündeln, sofern dies der Einheitlichkeit der Rechtsprechung dient. Das in der jeweiligen Rechtsordnung bestimmte Landgericht erhält daraufhin die ausschließliche Zuständigkeit. Die Kompetenz zur Konzentration der Zuständigkeit kann von der Landesregierung auf die jeweilige Landesjustizverwaltung gem. § 71 Abs. 4 S. 2 GVG übertragen werden. Eine entsprechende Zuständigkeitskonzentration erlassen haben die Länder **Baden-Württemberg** (LG Mannheim für den OLG-Bezirk Karlsruhe, LG Stuttgart für den OLG-Bezirk Stuttgart),[121] **Bayern** (LG München I für den OLG-Bezirk München, LG Nürnberg für die OLG-Bezirke Nürnberg und Bamberg),[122] **Hessen** (LG Frankfurt am Main),[123] **Mecklenburg-Vorpommern** (LG Rostock),[124] **Niedersachsen** (LG Hannover),[125] **Nordrhein-Westfalen** (LG Dortmund für

---

[119] Widmann/Mayer/*Fronhöfer*, § 10 Rn. 6.; Kallmeyer/*Lanfermann*, § 10 Rn. 8; Lutter/*Drygala*, § 10 Rn. 5; Schmitt/Hörtnagl/Stratz/*Stratz*, § 10 Rn. 11.
[120] Schmitt/Hörtnagl/Stratz/*Stratz*, § 10 Rn. 13.
[121] Verordnung v. 20. November 1998, GVBl. 1998, 680.
[122] Verordnung v. 16. November 2004, GVBl. 2004, 471, zuletzt geändert durch Verordnung v. 1. Oktober 2009, GVBl. 2009, 523.
[123] Verordnung v. 19. Februar 2004, GVBl. 2004, 98.
[124] Verordnung v. 28. März 1994, GVBl. 1994, 514.
[125] Verordnung v. 28. Mai 1996, GVBl. 1996, 283.

den OLG-Bezirk Hamm, LG Düsseldorf für den OLG-Bezirk Düsseldorf, LG Köln für den OLG-Bezirk Köln)[126] und **Sachsen (LG Leipzig)**.[127] In Berlin, Bremen, Hamburg und dem Saarland ist bereits nach § 10 Abs. 2 UmwG nur ein einziges Gericht örtlich zuständig.

3. Gerichtliche Entscheidung und Rechtsmittel

77 a) **Entscheidungsinhalt.** Die Aufgabe des Gerichts beschränkt sich darauf, den **Prüfer auszuwählen und zu bestellen.**[128] Verbindliche, weitergehende **inhaltliche Anweisungen** des Gerichts in Bezug auf die Durchführung und den Inhalt der Verschmelzungsprüfung dagegen sind nicht statthaft.[129] Verwiesen wird hierfür zurecht auf den Wortlaut von § 10 Abs. 1 S. 1 UmwG, auf die Entstehungsgeschichte und den Zweck der Norm sowie auf den Unterschied im Verhältnis zur Auswahl und Anleitung eines gerichtlichen Sachverständigen nach §§ 404 ff. ZPO.[130] Die gerichtliche Bestellung des Prüfers diene vornehmlich dazu, dem Eindruck der Parteinähe des Prüfers entgegenzuwirken, um eine höhere Akzeptanz der Prüfungsergebnisse – auch mit Blick auf etwaige spätere Spruchverfahren – zu erreichen.[131] Inhaltliche Weisungen an den Prüfer seien zur Sicherstellung seiner Neutralität nicht erforderlich und könnten zudem seiner Eigenverantwortlichkeit entgegenstehen.[132] Etwas anderes gelte lediglich für allgemeine und klarstellende Hinweise des Gerichts zu bestimmten Aspekten der Prüfertätigkeit wie der Offenlegung der angewandten Bewertungsmethodik im Rahmen des Prüfungsberichts sowie der Angaben zu Umfang und Zeitraum der Prüfung, die jeweils einem späteren Spruchverfahren förderlich und damit nicht zu beanstanden seien.[133]

78 b) **Verfahren nach FamFG.** Gem. § 10 Abs. 3 UmwG findet auf das Verfahren das Gesetz über das Verfahren in Familiensachen und in den Angelegenheiten der freiwilligen Gerichtsbarkeit **(FamFG)** Anwendung, soweit sich aus § 10 Abs. 4 und 5 UmwG nichts anderes ergibt.

79 Eine **Anhörung** der Verschmelzungsbeteiligten im Bestellungsverfahren sieht das Gesetz nicht vor. Gleichwohl kann sie sich im Rahmen der Sachverhaltsaufklärung als notwendig oder zweckmäßig erweisen.[134]

80 Sofern das Gericht dem **Antrag stattgibt**, bedarf es nach allgemeiner Ansicht keiner Begründung. In diesem Fall kann der Antragsteller nicht beschwert sein, so dass die Entscheidung unanfechtbar wird.[135] Dies ist auch dann anzunehmen, wenn das Gericht **nicht dem Vorschlag des Antragstellers hinsichtlich der Person des Verschmelzungsprüfes gefolgt** ist.[136] Denn rechtlich bildet ein Prüfervorschlag lediglich eine (nicht zwingend in den Antrag aufzunehmende) Anregung in Hinblick auf die von Amts wegen zu treffende Auswahlentscheidung. Eine abweichende Prüferauswahl durch das Gericht beinhaltet daher keine teilweise Ablehnung des Bestellungsantrags.

---

[126] Verordnung v. 16. Oktober 2003, GVBl. 2004, 10.
[127] Verordnung v. 6. August 1996, GVBl. 1996, 369.
[128] OLG Düsseldorf, I 26 W 13/15, ZIP 2015, 2323, 2324 f. (in Bezug auf die Spaltungsprüfung); Lutter/*Drygala*, § 10 Rn. 13; Kallmeyer/*Lanfermann*, § 10 Rn. 5; Maulbetsch/Klumpp/Rose/*Maulbetsch*, § 10 Rn. 5.
[129] OLG Düsseldorf, I 26 W 13/15, ZIP 2015, 2323, 2324 f.; im Anschluss Kallmeyer/*Lanfermann*, § 10 Rn. 5 aE; *M. Noack*, NZG 2016, 1259; *Reichard*, GWR 2015, 520; zurückhaltender *Drygala*, EWiR 2016, 233, 234.
[130] OLG Düsseldorf, I 26 W 13/15, ZIP 2015, 2323, 2324 f.; *M. Noack*, NZG 2016, 1259, 1259 f.
[131] OLG Düsseldorf, I 26 W 13/15, ZIP 2015, 2323, 2324.
[132] OLG Düsseldorf, I 26 W 13/15, ZIP 2015, 2323, 2324.
[133] OLG Düsseldorf, I 26 W 13/15, ZIP 2015, 2323, 2325.
[134] Kallmeyer/*Lanfermann*, § 10 Rn. 14; Widmann/Mayer/*Fronhöfer*, § 10 Rn. 12.1.
[135] Kallmeyer/*Lanfermann*, § 10 Rn. 16; Lutter/*Drygala*, § 10 Rn. 11; Maulbetsch/Klumpp/Rose/ *Maulbetsch*, § 10 Rn. 29; Widmann/Mayer/*Fronhöfer*, § 10 Rn. 14.
[136] Kallmeyer/*Lanfermann*, § 10 Rn. 16; Lutter/*Drygala*, § 10 Rn. 11; Maulbetsch/Klumpp/Rose/ *Maulbetsch*, § 10 Rn. 29; Widmann/Mayer/*Fronhöfer*, § 10 Rn. 17.

Einer Begründung der Entscheidung bedarf es jedoch, soweit das Gericht einen **zurück-** 81 **weisenden Beschluss** erlässt. Dabei ist es irrelevant, ob der Beschluss den Antrag als unzulässig oder als unbegründet zurückweist.[137] In beiden Fällen kann gegen den Beschluss das Rechtsmittel der Beschwerde eingelegt werden (→ Rn. 83 ff.). Das Fehlen einer Begründung hat jedoch keine weitergehenden rechtlichen Auswirkungen; insbesondere tritt keine Hemmung der Rechtsmittelfrist ein.[138]

Die Entscheidung des Gerichts ist sowohl gegenüber dem Antragsteller als auch 82 gegenüber dem ausgewählten Verschmelzungsprüfer gem. § 41 Abs. 1 und 2 FamFG **bekannt zu machen**. Dabei umfasst die Entscheidung die körperschaftsrechtliche Bestellung und die Auftragserteilung an den bestimmten Verschmelzungsprüfer.[139] Die Annahme des Auftrags durch den Verschmelzungsträger ist jedoch differenziert davon zu betrachten und obliegt einzig dem ausgewählten Verschmelzungsprüfer. Ein dem Antrag stattgebender Beschluss kann im Wege der formlosen Übersendung bekannt gemacht werden.[140] Demgegenüber erfordert ein zurückweisender Beschluss stets eine förmliche Zustellung gem. § 41 Abs. 1 S. 2 FamFG, da diese die Beschwerdefrist von einem Monat in Gang setzt.[141] Für die Zustellung gelten § 15 Abs. 2 S. 1 Alt. 1 FamFG iVm § 166 ZPO.

c) Beschwerde. Gem. § 10 Abs. 4 S. 1 UmwG findet gegen die gerichtliche Ent- 83 scheidung die Beschwerde statt. Für das Verfahren gelten im Übrigen die §§ 58 ff. FamFG.

Erforderlich ist zunächst, dass der Beschwerdeführer durch die Entscheidung des Gerichts 84 beschwert ist. Eine Beschwerde ist daher grundsätzlich **unzulässig, wenn dem Antrag stattgegeben wurde**. Das gilt auch dann, wenn in der stattgebenden Entscheidung ein anderer Prüfer bestellt wurde, als der Antragsteller vorgeschlagen hatte (→ Rn. 80). Eine Beschwerdebefugnis ist in diesen Fällen jedoch dann anzunehmen, wenn der Beschwerdeführer geltend machen kann, dass Ausschlussgründe gem. § 319 Abs. 1 bis 4, § 319a, § 319b Abs. 1 HGB in der Person des Verschmelzungsprüfers vorliegen, also etwa aus persönlichen oder geschäftlichen Gründen eine Besorgnis der Befangenheit begründet ist (§ 319 Abs. 2 HGB).[142]

Eine Beschwerdebefugnis kann weiter gegeben sein, wenn zwar ein geeigneter Prüfer 85 bestellt wurde – und dem Antrag damit stattgegeben wurde –, der Bestellungsbeschluss jedoch über die Bestellung hinaus unzulässigerweise (→ Rn. 77) mit weitgehenden **inhaltlichen Anweisungen im Hinblick auf die Durchführung der Verschmelzungsprüfung** versehen ist.[143] In diesem Fall kann sich der Antragsteller isoliert gegen die Anweisungen wenden, wenn diese losgelöst von der Prüferbestellung erfolgen und der Antragsteller geltend macht, durch sie in seinen Rechten beeinträchtigt zu sein.[144]

Für den Fall, dass der **Antrag zurückgewiesen** wurde, ist der **antragstellende Rechts-** 86 **träger beschwerdebefugt**, da die Zurückweisung einen unmittelbaren Eingriff in seine Rechtsposition darstellt. Mangels unmittelbarer Betroffenheit ihrer Rechte sind die anderen

---

[137] Maulbetsch/Klumpp/Rose/*Maulbetsch*, § 10 Rn. 29.
[138] Kallmeyer/*Lanfermann*, § 10 Rn. 16; Maulbetsch/Klumpp/Rose/*Maulbetsch*, § 10 Rn. 29.
[139] Kallmeyer/*Lanfermann*, § 10 Rn. 18; Lutter/*Drygala*, § 10 Rn. 12; Maulbetsch/Klumpp/Rose/ *Maulbetsch*, § 10 Rn. 30; Widmann/Mayer/*Fronhöfer*, § 10 Rn. 15.2.
[140] Kallmeyer/*Lanfermann*, § 10 Rn. 17.
[141] Lutter/*Drygala*, § 10 Rn. 12.
[142] Vgl. zum Ganzen Kallmeyer/*Lanfermann*, § 10 Rn. 25.
[143] OLG Düsseldorf, I 26 W 13/15, ZIP 2015, 2323, 2324 (in Bezug auf die Spaltungsprüfung); ebenso *M. Noack*, NZG 2016, 1259, 1261 (mit dem Hinweis auf ein mögliches Besorgnis der Befangenheit, soweit die Anweisungen objektiv geeignet sind, den Eindruck zu erwecken, dass der Richter die Zweckmäßigkeit der Umwandlungsmaßnahme in Frage stellt).
[144] OLG Düsseldorf, I 26 W 13/15, ZIP 2015, 2323, 2324.

an der Verschmelzung beteiligten Rechtsträger hingegen nicht beschwerdebefugt.[145] Auch der bestellte Prüfer hat keine Beschwerdebefugnis.[146]

87 Gem. § 10 Abs. 4 S. 2 UmwG muss die Beschwerdeschrift von einem Rechtsanwalt unterzeichnet sein. Der **Anwaltszwang** beschränkt sich dabei auf die Beschwerdeeinreichung; zur Führung des Verfahrens dagegen bedarf es nicht zwingend einer anwaltlichen Unterstützung.[147]

88 Die **Beschwerdefrist** beläuft sich gem. § 10 Abs. 3 UmwG iVm § 63 Abs. 1 FamFG auf einen Monat. Sie beginnt mit Bekanntgabe des Beschlusses an die Beteiligten zu laufen (§ 10 Abs. 3 UmwG iVm § 15 Abs. 2, § 63 Abs. 3 FamFG). Die Berechnung der Frist richtet sich nach allgemeinen Regeln (§ 10 Abs. 3 UmwG iVm § 16 Abs. 2 FamFG, § 222 Abs. 1 ZPO, §§ 187 ff. BGB). Eine **Wiedereinsetzung in den vorherigen Stand** ist unter den Voraussetzungen des § 10 Abs. 3 UmwG iVm § 17 Abs. 1 FamFG möglich.

89 Über die Beschwerde entscheidet gem. § 191 Abs. 1 Nr. 2 GVG das jeweils übergeordnete **Oberlandesgericht**. Das Gericht entscheidet durch Beschluss, der gem. § 69 Abs. 2 FamFG zu begründen ist. Gegen die Entscheidung des Oberlandesgerichts ist die Rechtsbeschwerde zum BGH unter den Voraussetzungen der §§ 70 ff. FamFG zulässig. Eine bereits eingelegte Beschwerde kann bis zur rechtskräftigen Entscheidung jederzeit gem. § 10 Abs. 3 UmwG iVm § 67 Abs. 4 FamFG durch Erklärung gegenüber dem Gericht, bei dem die Beschwerde eingelegt wurde, zurückgenommen werden.

90 Auch in der Beschwerdeinstanz besteht schließlich die Möglichkeit einer **Zuständigkeitskonzentration per Rechtsverordnung**. Gem. § 10 Abs. 5 S. 1 UmwG kann die Landesregierung die Entscheidung über die Beschwerde durch Rechtsverordnung für die Bezirke mehrerer Oberlandesgerichte einem der Oberlandesgerichte „oder dem Obersten Landesgericht"[148] übertragen, wenn dies der Sicherung einer einheitlichen Rechtsprechung dient. Gem. § 10 Abs. 5 S. 2 UmwG kann die Landesregierung die Ermächtigung auf die Landesjustizverwaltung übertragen. Derartige Konzentrationsanordnungen existieren in Bayern (OLG München),[149] Nordrhein-Westfalen (OLG Düsseldorf)[150] und Rheinland-Pfalz (OLG Zweibrücken).[151]

II. Rechte und Pflichten des bestellten Verschmelzungsprüfers

1.) Rechtsgrundlage

91 Indem das Gericht einen Verschmelzungsprüfer bestellt, trifft es eine Auswahl in Verbindung mit einem Auftragsangebot zum Tätigwerden.[152] Dieses Angebot muss **vom Verschmelzungsprüfer angenommen werden**, um eine wirksame Bestellung zu statuieren. Es besteht keine Pflicht des Verschmelzungsprüfers zur Annahme des Auftrags.

92 Durch die Annahme entsteht ein Schuldverhältnis zwischen dem antragstellenden Rechtsträger und dem Verschmelzungsprüfer. Dieses Schuldverhältnis beinhaltet sowohl werkvertrags- als auch dienstvertragsrechtliche Elemente.[153] Da letztlich das Ergebnis der Prüfung für den weiteren Vollzug der Verschmelzung relevant ist, dürften die werkvertrag-

---

[145] Maulbetsch/Klumpp/Rose/*Maulbetsch*, § 10 Rn. 31; Semler/Stengel/*Zeidler*, § 10 Rn. 13; Widmann/Mayer/*Fronhöfer*, § 10 Rn. 17.2.
[146] Widmann/Mayer/*Fronhöfer*, § 10 Rn. 17.3.; Schmitt/Hörtnagl/Stratz/*Stratz*, § 10 Rn. 29.
[147] Semler/Stengel/*Zeidler*, § 10 Rn. 13; Lutter/*Drygala*, § 10 Rn. 20.
[148] Die Wortwahl ist eine Reminiszenz an das 2006 aufgelöste Bayerische Oberste Landesgericht (BayObLG) und hat keine aktuelle Bedeutung mehr.
[149] Verordnung v. 11. Juni 2012, GVBl 2012, S. 295.
[150] Verordnung v. 26. November 1996, GVBl. 1996, S. 518.
[151] Verordnung v. 19. April 1995, GVBl. 1995, S. 125.
[152] Lutter/*Drygala*, § 10 Rn. 13; Widmann/Mayer/*Fronhöfer*, § 10 Rn. 16.
[153] Kallmeyer/*Lanfermann*, § 10 Rn. 19.

lichen Elemente überwiegen, so dass der **Prüfungsvertrag** entsprechend rechtlich zu beurteilen ist.[154]

2.) Auswahlkriterien

a) **Personenkreis.** Für die Auswahl des Verschmelzungsprüfers verweist § 11 Abs. 1 S. 1 UmwG auf § 319 Abs. 1 bis 4, § 319a Abs. 1, § 319b Abs. 1, § 320 Abs. 1 S. 2 und Abs. 1 und 2 HGB, sofern eine **Pflicht zur Prüfung des Jahresabschlusses** besteht. Dabei können entsprechend § 319 Abs. 1 S. 1 HGB **Wirtschaftsprüfer und Wirtschaftsprüfungsgesellschaften** immer als Verschmelzungsprüfer herangezogen werden. Sofern mittelgroße GmbH (§ 267 Abs. 2 HGB) oder mittelgroße Personenhandelsgesellschaften im Sinne des § 264a Abs. 1 HGB als Rechtsträger an der Verschmelzung beteiligt sind, kann die Verschmelzungsprüfung in analoger Anwendung des § 319 Abs. 1 S. 2 HGB auch durch **vereidigte Buchprüfer oder Buchprüfungsgesellschaften** vorgenommen werden.[155] Allgemeine Voraussetzung ist jedoch, dass eine Bescheinigung über die Teilnahme an der Qualitätskontrolle gem. § 57a WPO vorliegt.[156]

Besteht **keine Pflicht zur Prüfung des Jahresabschlusses**, so bestimmt § 11 Abs. 1 S. 2 UmwG, dass die § 319 Abs. 1 bis 4, § 319a Abs. 1, § 319b Abs. 1, § 320 Abs. 1 S. 2 und Abs. 2 S. 1 und 2 HGB gleichsam doppelt analog auf die Auswahl des Verschmelzungsprüfers Anwendung finden. Entscheidend für die Auslegung des Wortlautes „entsprechende Anwendung" ist dabei die Größenklasse des § 267 HGB.[157] Somit ergeben sich letztlich dieselben Zuständigkeiten wie bei einem Rechtsträger, für den eine Pflicht zur Prüfung des Jahresabschlusses besteht.

Wird gem. § 10 Abs. 1 S. 2 UmwG ein gemeinsamer Verschmelzungsprüfer für mehrere an der Verschmelzung beteiligte Rechtsträger bestellt, so ist in Bezug auf die **Größenklasse gem. § 267 HGB** auf die zu erwartenden Verhältnisse nach der Verschmelzung der betroffenen Rechtsträger abzustellen. Dies ergibt sich aus einer analogen Anwendung des § 267 Abs. 4 S. 2 HGB.[158]

b) **Ausschlussgründe.** Das Gesetz normiert bestimmte Ausschlussgründe für den Fall, dass die **Unabhängigkeit des Verschmelzungsprüfers** nicht gewährleistet erscheint. Dabei ist zwischen allgemeinen Ausschlussgründen nach § 319 Abs. 2 bis 4, § 319b HGB und besonderen Ausschlussgründen nach § 319b HGB zu unterscheiden. Letztere gelten nur für kapitalmarktorientierte Rechtsträger im Sinne des § 264d HGB. Alle Ausschlussgründe beziehen sich auf sämtliche an der Verschmelzung beteiligte Rechtsträger. Folglich liegt ein Ausschlussgrund ebenfalls vor, wenn er sich nicht auf den zu prüfenden Rechtsträger, sondern auf einen anderen an der Verschmelzung beteiligten Rechtsträger bezieht.[159]

Aus § 319 Abs. 3 Nr. 1 bis 5 HGB geht hervor, dass ein Wirtschaftsprüfer bzw. ein vereidigter Buchprüfer auch dann von der Prüfung ausgeschlossen ist, wenn einer der dort aufgeführten Ausschlussgründe in einer **Person** vorliegt, **mit der er seinen Beruf ge-**

---

[154] Kallmeyer/*Lanfermann*, § 10 Rn. 19; Lutter/*Drygala*, § 10 Rn. 14; Widmann/Mayer/*Fronhöfer*, § 10 Rn. 16.2.
[155] Semler/Stengel/*Zeidler*, § 11 Rn. 2; Widmann/Mayer/*Mayer*, § 11 Rn. 5 ff.; Lutter/*Drygala*, § 11 Rn. 2 f.; Maulbetsch/Klumpp/Rose/*Maulbetsch*, § 11 Rn. 5; Kallmeyer/*Lanfermann*, § 11 Rn. 2.
[156] Widmann/Mayer/*Mayer*, § 11 Rn. 8; Maulbetsch/Klumpp/Rose/*Maulbetsch*, § 11 Rn. 7; Kallmeyer/*Lanfermann*, § 11 Rn. 2.
[157] Vgl. Beschlussempfehlung und Bericht des Rechtsausschusses, Entwurf eines Gesetzes zur Bereinigung des Umwandlungsrechts (UmwBerG) v. 13. Juni 1994, BT-Drs. 12/7850, S. 142; Semler/Stengel/*Zeidler*, § 11 Rn. 3; Kallmeyer/*Lanfermann*, § 11 Rn. 2; Widmann/Mayer/*Mayer*, § 11 Rn. 7; aA Lutter/*Drygala*, § 11 Rn. 3, welcher die Strukturgleichheit als maßgebliches Auslegungskriterium ansieht.
[158] Kallmeyer/*Lanfermann*, § 11 Rn. 2.
[159] Kallmeyer/*Lanfermann*, § 11 Rn. 5; Lutter/*Drygala*, § 11 Rn. 4; Widmann/Mayer/*Mayer*, § 11 Rn. 11; Kölner Kommentar-UmwG/*Simon*, § 11 Rn. 8.

meinsam ausübt. Ausschlussgründe sind das **Halten von Anteilen** oder anderen nicht nur unwesentlichen Interessen an der zu prüfenden Gesellschaft (Nr. 1), die Stellung als **gesetzlicher Vertreter, Mitglied des Aufsichtsrats oder Arbeitnehmer** der zu prüfenden Gesellschaft (Nr. 2), die Mitwirkung bei der Führung von Büchern oder der Aufstellung des zu prüfenden **Jahresabschlusses**, bei der **internen Revision**, der **Unternehmensleitungs- oder Finanzdienstleistungen** oder anderen Bewertungsleistungen (Nr. 3), das **Prüfen einer Person**, die nach Nr. 1 bis 3 nicht Abschlussprüfer sein darf (Nr. 4), sowie der **Bezug von mehr als 30 % der Gesamteinnahmen** aus seiner beruflichen Tätigkeit von der zu prüfenden Gesellschaft (Nr. 5). Dies dürfte vor allem im Rahmen einer Sozietät anzunehmen sein.[160] § 319b HGB erweitert diesen Personenkreis um Angehörige des Netzwerks des zu bestellenden Wirtschaftsprüfers, welches in § 319 Abs. 1 S. 3 HGB legal definiert ist. Die Bestellung eines Wirtschaftsprüfers oder vereidigten Buchprüfers ist nicht deshalb von vornherein ausgeschlossen, weil er für einen der beteiligten Rechtsträger als Abschlussprüfer tätig war oder werden wird.[161]

98 Ein **Verstoß** gegen § 11 Abs. 1 S. 1 UmwG iVm § 319 Abs. 1 bis 4, § 319a Abs. 1, § 319b Abs. 1 HGB führt weder zu gesellschaftsrechtlichen noch strafrechtlichen Sanktionen. Die Bestellung des Verschmelzungsprüfers ist jedoch als **nichtig** anzusehen, so dass eine Prüfung im Sinne der §§ 9 ff. UmwG nicht vollzogen wurde.[162] Der Beschluss über die Verschmelzung ist somit **anfechtbar**; das Registergericht kann die Anmeldung zurückweisen.[163] Sofern die Eintragung in das Handelsregister bereits erfolgt ist, bleibt die Wirksamkeit der Verschmelzung durch einen solchen Verstoß jedoch unberührt.[164]

3.) Auskunftsrecht

99 Der Verschmelzungsprüfer hat gem. § 11 Abs. 1 S. 1 UmwG iVm § 320 Abs. 1 S. 2, Abs. 2 S. 1 und 2 HGB gegenüber dem antragstellenden Rechtsträger ein **Auskunftsrecht**. Dieser Adressatenkreis wird durch § 11 Abs. 1 S. 4 UmwG um alle an der Verschmelzung beteiligten Rechtsträger, Konzernunternehmen und abhängige bzw. herrschende Unternehmen erweitert.

100 Gegen **ausländische Unternehmen**, zu denen eine der in § 11 Abs. 1 S. 4 UmwG bezeichneten Beziehungen besteht, besteht zwar grundsätzlich kein Anspruch aus § 11 Abs. 1 S. 4 UmwG. Denn dem deutschen Gesetzgeber fehlt die Befugnis, dem betreffenden ausländischen Unternehmen eine Rechtspflicht zur Auskunft aufzuerlegen.[165] Das Auskunftsrecht erfasst jedoch auch Auskünfte in Bezug auf derartige ausländische Unternehmen. Erhält der Prüfer die begehrte Auskunft nicht unmittelbar vom ausländischen Rechtsträger, so hat er sich daher zunächst an die mit dem betreffenden ausländischen Unternehmen verbundenen inländischen Unternehmen zu halten, um ggf. mittelbar (z. B. über den gesellschaftsrechtlich vermittelten Einfluss des inländischen Rechtsträgers auf das ausländische Unternehmen) eine Auskunft zu erwirken.[166] Führt dies nicht weiter, so hat

---

[160] Widmann/Mayer/*Mayer*, § 11 Rn. 12.
[161] BGH II ZR 49/01, NJW 2003, 970, 971 f.; LG München I, 5 HKO 9527/99, AG 2000, 235, 236 f.; Kallmeyer/*Lanfermann*, § 11 Rn. 5 aE; Schmitt/Hörtnagl/Stratz/*Stratz*, § 11 Rn. 16 f.; Semler/Stengel/*Zeidler*, § 11 Rn. 7.
[162] Kallmeyer/*Lanfermann*, § 11 Rn. 7; Schmitt/Hörtnagl/Stratz/*Stratz*, § 11 Rn. 16; Widmann/Mayer/*Mayer*, § 11 Rn. 22; Lutter/*Drygala*, § 11 Rn. 4.
[163] Lutter/*Drygala*, § 11 Rn. 4; Semler/Stengel/*Zeidler*, § 11 Rn. 5; Widmann/Mayer/*Mayer*, § 11 Rn. 22; Kallmeyer/*Lanfermann*, § 11 Rn. 7.
[164] Kallmeyer/*Lanfermann*, § 11 Rn. 9.
[165] Zutreffend MünchKomm Bilanzrecht/*Bormann*, § 320 HGB Rn. 29 (in Bezug auf den unmittelbaren Anwendungsbereich des § 320 Abs. 2 S. 1 HGB im Rahmen der Abschlussprüfung); aA (Anspruch gegenüber ausländischem Unternehmen lediglich nicht durchsetzbar) Kallmeyer/*Lanfermann*, § 11 Rn. 10; Widmann/Mayer/*Mayer*, § 11 Rn. 25; Lutter/*Drygala*, § 11 Rn. 6; BeckOGK UmwG/*Fromholzer*, § 11 Rn. 35; Maulbetsch/Klumpp/Rose/*Maulbetsch*, § 11 Rn. 18 aE.
[166] Insofern parallel Lutter/*Drygala*, § 11 Rn. 6; Kallmeyer/*Lanfermann*, § 11 Rn. 10.

der Prüfer die sich ergebenden Informationslücken in seinem Bericht kenntlich zu machen.[167]

Die Auskunftspflicht trifft die **Vertretungsorgane** des jeweiligen Unternehmens; diese können weitere Personen zur Auskunftserteilung berufen.[168] Eine Verweigerung der Auskunft kann vom Registergericht mit der Verhängung eines Zwangsgeldes gem. § 355 Nr. 5 HGB sanktioniert werden.[169] Darüber hinaus kann die unrichtige Auskunftserteilung zu strafrechtlichen Konsequenzen gem. § 313 Abs. 1 Nr. 2 UmwG führen. 101

Das Auskunftsrecht gliedert sich in ein Recht auf Aufklärung (§ 320 Abs. 2 S. 1 HGB) und ein Recht auf Einsichtnahme (§ 320 Abs. 1 S. 2 HGB). Das **Aufklärungsrecht** ermächtigt den Verschmelzungsprüfer dazu, alle Aufklärungen und Nachweise zu verlangen, die für eine sorgfältige Prüfung notwendig sind. Aufklärungen gem. § 320 Abs. 2 S. 1 HGB können in der Regel mündlich erteilt werden.[170] Sie umfassen insbesondere Begründungen, Erklärungen, Hinweise und Auskünfte.[171] Nachweise über angeforderte Auskünfte müssen zu Beweiszwecken stets in Schriftform erbracht werden.[172] Das Unternehmen, vertreten durch das Vertretungsorgan, ist unter Umständen angehalten, die geforderten Auskünfte und Nachweise von Dritten zu erlangen.[173] Das **Einsichtsrecht** gewährt dem Verschmelzungsprüfer gem. § 320 Abs. 1 S. 1 HGB das Recht, den Jahresabschluss und Lagebericht einzusehen; darüber hinaus ist ihm gem. § 320 Abs. 1 S. 2 HGB zu gestatten, die Bücher und Schriften sowie Vermögensgegenstände und Schulden, namentlich die Kasse und die Bestände an Wertpapieren und Waren, zu prüfen. Im Rahmen einer Verschmelzungsprüfung dürfte vor allem eine Einsicht in den Verschmelzungsvertrag, den Verschmelzungsbericht, Planungsrechnungen und die Grundlagen für die Ermittlung des Umtauschverhältnisses (z. B. Bewertungsgutachten, Börsenkurse etc.) erforderlich sein.[174] Im Unterschied zum Aufklärungsrecht besteht das Einsichtsrecht nur gegenüber den beteiligten Rechtsträgern; § 11 Abs. 1 S. 4 UmwG findet insoweit keine Anwendung.[175] 102

Darüber hinaus kann der Verschmelzungsprüfer von den beteiligten Rechtsträgern eine **Vollständigkeitserklärung** verlangen.[176] Dabei handelt es sich um eine umfassende Versicherung der Vertretungsorgane der zu prüfenden Unternehmen, dass alle erteilten Auskünfte und Nachweise vollständig und inhaltlich richtig erteilt wurden.[177] 103

Das Auskunftsrecht steht dem Verschmelzungsprüfer entsprechend § 320 Abs. 2 S. 2 HGB bereits **vor Abschluss des Verschmelzungsvertrags oder des Entwurfs** zu.[178] Dem Verschmelzungsprüfer soll die Möglichkeit eröffnet werden, unmittelbar nach seiner gerichtlichen Bestellung Vorbereitungshandlungen vorzunehmen. 104

4.) Pflichten des bestellten Verschmelzungsprüfers

a) Verantwortlicher Personenkreis. Gem. § 11 Abs. 2 S. 1 UmwG gilt § 323 HGB für die Verantwortlichkeit der Verschmelzungsprüfer, ihrer Gehilfen und der bei der 105

---

[167] IDW, WP-Handbuch, Bd. II, 14. Aufl. (2014), Kap. F Rn. 263; Lutter/*Drygala*, § 11 Rn. 6, § 12 Rn. 6; Kallmeyer/*Lanfermann*, § 11 Rn. 10.
[168] Kallmeyer/*Lanfermann*, § 11 Rn. 11.
[169] Widmann/Mayer/*Mayer*, § 11 Rn. 28.
[170] Semler/Stengel/*Zeidler*, § 11 Rn. 9; Kallmeyer/*Lanfermann*, § 11 Rn. 12.
[171] Kallmeyer/*Lanfermann*, § 11 Rn. 12.
[172] Semler/Stengel/*Zeidler*, § 11 Rn. 9.
[173] Widmann/Mayer/*Mayer*, § 11 Rn. 26.
[174] Semler/Stengel/*Zeidler*, § 11 Rn. 8.
[175] Maulbetsch/Klumpp/Rose/*Maulbetsch*, § 12 Rn. 18; Lutter/*Drygala*, § 11 Rn. 5; Kallmeyer/*Lanfermann*, § 11 Rn. 12.
[176] Semler/Stengel/*Zeidler*, § 11 Rn. 10; Maulbetsch/Klumpp/Rose/*Maulbetsch*, § 12 Rn. 17; Kallmeyer/*Lanfermann*, § 11 Rn. 11.
[177] Kallmeyer/*Lanfermann*, § 11 Rn. 11; Semler/Stengel/*Zeidler*, § 11 Rn. 10; vgl auch IDW, WPH Edition, WP-Handbuch, 15. Aufl. (2017), Kap. L Rn. 1089 ff. (zur Jahresabschlussprüfung).
[178] Kallmeyer/*Lanfermann*, § 11 Rn. 13; Semler/Stengel/*Zeidler*, § 11 Rn. 11; Widmann/Mayer/*Mayer*, § 11 Rn. 27.

Prüfung mitwirkenden gesetzlichen Vertreter einer Prüfungsgesellschaft entsprechend. **Verschmelzungsprüfer** ist die Person, die gerichtlich zum Verschmelzungsprüfer bestellt worden ist.[179] Wurde eine Prüfungsgesellschaft ausgewählt, so rückt die Gesellschaft als solche in die Rolle des Verschmelzungsprüfers ein.[180] **Gehilfen** sind dagegen solche Personen, die bei der Verschmelzungsprüfung mitwirken, ohne selbst Verschmelzungsprüfer zu sein.[181] **Gesetzliche Vertreter** einer Prüfungsgesellschaft haften nur, soweit sie bei der Prüfung mitgewirkt haben.[182]

106   b) **Verhaltenspflichten.** Nach § 323 Abs. 1 S. 1 HGB, § 11 Abs. 2 S. 1 UmwG sind der Verschmelzungsprüfer, seine Gehilfen und die bei der Prüfung mitwirkenden gesetzlichen Vertreter einer Prüfungsgesellschaft zur **gewissenhaften und unparteiischen** Prüfung und zur Verschwiegenheit verpflichtet. Im Rahmen dessen haben sie die Gesetze, Fachgutachten, Stellungnahmen und einschlägigen Standards nennenswerter Organisationen zu beachten.[183]

107   Hinsichtlich der **Verschwiegenheitspflicht** haben die Normadressaten Maßnahmen zu treffen, um zu vermeiden, dass unbefugte Dritte Kenntnis von Tatsachen und Sachverhalten erlangen, die ihnen im Rahmen ihrer Tätigkeit bekannt geworden sind.[184] Die Verschwiegenheitspflicht besteht nicht nur gegenüber den beteiligten Rechtsträgern – also auch jenen, die nicht den Prüfungsauftrag erteilt haben – sondern auch gegenüber deren Anteilsinhabern.[185] Daraus folgt zum einen, dass der Verschmelzungsprüfer im Rahmen einer gemeinsamen Prüfung regelmäßig von seiner Verschwiegenheitspflicht gegenüber den anderen beteiligten Rechtsträgern zu entbinden ist.[186] Zum anderen resultiert daraus jedoch gerade kein Anspruch der Anteilsinhaber auf Offenlegung von Belegen und Unterlagen, auf deren Basis der Verschmelzungsprüfer die Ermittlung des Unternehmenswertes vorgenommen hat.[187]

108   c) **Haftung.** Verletzt der Verschmelzungsprüfer, ein Gehilfe oder ein bei der Prüfung mitwirkender gesetzlicher Vertreter vorsätzlich oder fahrlässig eine Verhaltenspflicht, kann er sich nach § 323 Abs. 1 S. 3 HGB, § 11 Abs. 2 S. 1 UmwG schadensersatzpflichtig machen. Dieser **Schadensersatzanspruch** kann von den beteiligten Rechtsträgern und deren Anteilsinhabern geltend gemacht werden, nicht jedoch von den Gläubigern der beteiligten Rechtsträger.[188] Auch verbundene Unternehmen sind nach dem Wortlaut des § 11 Abs. 2 S. 2 UmwG nicht anspruchsberechtigt.[189]

109   § 323 Abs. 1 S. 3 HGB gestaltet die Haftung des Prüfers als **Verschuldenshaftung** aus. Voraussetzung ist daher ein vorsätzliches oder fahrlässiges Handeln, wobei die Ersatzpflicht in Fahrlässigkeitsfällen gemäß § 323 Abs. 2 HGB auf EUR 1 Mio. (bzw. EUR 4 Mio. bei börsennotierten AG) pro Prüfung beschränkt ist. Sind mehrere Beteiligte schadensersatzpflichtig, so haften sie gem. § 323 Abs. 1 S. 4 HGB als **Gesamtschuldner.**

110   Diese Haftung kann **nicht vertraglich ausgeschlossen oder beschränkt** werden.[190]

---

[179] Semler/Stengel/*Zeidler*, § 11 Rn. 13; Kallmeyer/*Lanfermann*, § 11 Rn. 14.
[180] Semler/Stengel/*Zeidler*, § 11 Rn. 13; Kallmeyer/*Lanfermann*, § 11 Rn. 14.
[181] Kallmeyer/*Lanfermann*, § 11 Rn. 14; Semler/Stengel/*Zeidler*, § 11 Rn. 13.
[182] Kallmeyer/*Lanfermann*, § 11 Rn. 14; Semler/Stengel/*Zeidler*, § 11 Rn. 13.
[183] Semler/Stengel/*Zeidler*, § 11 Rn. 14; Widmann/Mayer/*Mayer*, § 11 Rn. 32.
[184] Vgl. nur § 10 Abs. 2 Berufssatzung für Wirtschaftsprüfer/vereidigte Buchprüfer – BS WP/vBP vom 21. Juni 2016.
[185] Kallmeyer/*Lanfermann*, § 11 Rn. 16; Semler/Stengel/*Zeidler*, § 11 Rn. 16; Widmann/Mayer/*Mayer*, § 11 Rn. 32.
[186] Kallmeyer/*Lanfermann*, § 11 Rn. 17.
[187] OLG Zweibrücken, 3 W 133/92, WM 1995, 983; OLG Karlsruhe, 12 W 136/04, AG 2006, 463, 464.
[188] Schmitt/Hörtnagl/Stratz/*Stratz*, § 11 Rn. 24; Widmann/Mayer/*Mayer*, § 11 Rn. 33.
[189] Kallmeyer/*Lanfermann*, § 11 Rn. 19; Lutter/*Drygala*, § 11 Rn. 8; Schmitt/Hörtnagl/Stratz/*Stratz*, § 11 Rn. 21; Semler/Stengel/*Zeidler*, § 11 Rn. 16; Widmann/Mayer/*Mayer*, § 11 Rn. 33.
[190] Widmann/Mayer/*Mayer*, § 11 Rn. 34; Maulbetsch/Klumpp/Rose/*Maulbetsch*, § 11 Rn. 20; Lutter/*Drygala*, § 11 Rn. 9; Kallmeyer/*Lanfermann*, § 11 Rn. 22.

Ansprüche gegen den Verschmelzungsprüfer unterliegen der regulären **Verjährung** gem. 111
§§ 195 ff. BGB.[191] Die Verjährungsfrist beläuft sich folglich auf drei Jahre.

5.) Vergütung

§ 10 Abs. 1 S. 3 UmwG verweist in Hinblick auf die Vergütung des Verschmelzungs- 112
prüfers auf § 318 Abs. 5 HGB. Danach hat der Verschmelzungsprüfer einen Anspruch auf
eine **Vergütung für seine Tätigkeit** und auf **Ersatz angemessener barer Auslagen**.
Die Höhe der Vergütung kann entweder zwischen dem antragstellenden Rechtsträger und
dem Verschmelzungsprüfer vereinbart werden oder auf Antrag vom Gericht festgesetzt
werden.[192] Dabei ist die vertragliche Vereinbarung zwischen dem antragstellenden Rechtsträger und dem Verschmelzungsprüfer für das Gericht bindend.[193]

F. Prüfungsbericht

I. Inhalt

Ziel der Prüfung ist es, die Anteilseigner darüber zu informieren, ob der Verschmelzungs- 113
vertrag vollständig ist, die dort enthaltenen Angaben richtig sind und das Umtauschverhältnis angemessen ist (→ Rn. 51). Der zu diesem Zweck zu gewährleistende **Mindestinhalt** des Prüfungsberichts ist in § 12 Abs. 2 UmwG festgelegt. Gem. § 12 Abs. 2 Nr. 1
und 2 UmwG sind dabei die **Methoden** anzugeben, nach denen das vorgeschlagene
Umtauschverhältnis ermittelt worden ist, und deren **Angemessenheit** darzulegen. Nach
§ 12 Abs. 2 S. 2 Nr. 3 UmwG ist ferner auf das **Umtauschverhältnis** einzugehen, das sich
bei Anwendung jeder einzelnen angewendeten Methode ergeben würde, und anzugeben,
welches Gewicht den verschiedenen Methoden bei der Bestimmung des vorgeschlagenen
Umtauschverhältnisses beigemessen worden ist und ggf. welche **besonderen Schwierigkeiten** sich bei der Bewertung der Rechtsträger ergeben haben. Der Prüfungsbericht ist
mit einer Erklärung darüber abzuschließen, ob das vorgeschlagene Umtauschverhältnis der
Anteile und ggf. die Höhe der baren Zuzahlung angemessen ist (§ 12 Abs. 2 S. 1 UmwG).

Bei dem Bericht handelt es sich um einen **Ergebnisbericht**.[194] Im Mittelpunkt der 114
Ausführungen hat daher das Prüfungsergebnis zu stehen, während der Verlauf des Prüfungsverfahrens in aller Regel in den Hintergrund tritt.

In Hinblick auf die Angaben über die zur Wertermittlung verwendeten **Methode** und 115
über die Gründe, warum die betreffende Methode angemessen ist, genügt ein Prüfer, der –
wie in der Praxis üblich[195] – die **Ertragswertmethode** nach dem IDW Standard S 1
angewendet hat, seiner Berichtspflicht in aller Regel bereits durch einen Hinweis auf den
verwendeten Standard und eine begleitende Erläuterung, dass keine besonderen Umstände
vorlagen, die die Anwendung einer abweichenden Methode gerechtfertigt hätten.[196] Nähere Angaben sind dagegen erforderlich, wenn etwa in Bezug auf ein ertragsloses Unternehmen eine Prüfung anhand von Liquidationswerten vorgenommen wurde (→ Rn. 61). Allgemein gilt, dass die Ausführungen umso ausführlicher ausfallen müssen, je ungewöhnlicher
und unstandardisierter die angewendete Methode ist (was jedoch im Einzelfall vollkommen
angemessen sein kann) und je außergewöhnlicher sich die Umstände darstellen, unter

---

[191] Semler/Stengel/*Zeidler*, § 11 Rn. 18; Lutter/*Drygala*, § 11 Rn. 9; Widmann/Mayer/*Mayer*, § 11
Rn. 34; Maulbetsch/Klumpp/Rose/*Maulbetsch*, § 11 Rn. 20; Kallmeyer/*Lanfermann*, § 11 Rn. 24.
[192] Kallmeyer/*Lanfermann*, § 10 Rn. 19.
[193] Semler/Stengel/*Zeidler*, § 10 Rn. 16.
[194] Kallmeyer/*Lanfermann*, § 12 Rn. 4; Semler/Stengel/*Zeidler*, § 12 Rn. 6; Schmitt/Hörtnagl/
Stratz/*Stratz*, § 12 Rn. 11.
[195] Siehe nur IDW, WP-Handbuch, Bd. II, 14. Aufl. (2014), Kap. F Rn. 236.
[196] Schmitt/Hörtnagl/Stratz/*Stratz*, § 12 Rn. 12, 14; IDW, WP-Handbuch, Bd. II, 14. Aufl.
(2014), Kap. F Rn. 258; vgl. auch Widmann/Mayer/*Mayer*, § 12 Rn. 18, 22; Lutter/*Drygala*, § 12
Rn. 4; Maulbetsch/Klumpp/Rose/*Maulbetsch*, § 12 Rn. 15.

denen die Prüfung vorgenommen wurde.[197] Bei der Anwendung mehrerer Methoden sind darüber hinaus die zusätzlichen Angaben nach § 12 Abs. 2 S. 2 Nr. 3 UmwG erforderlich.

116 Hinzuweisen ist ferner auf **besondere Schwierigkeiten** bei der Bewertung der Rechtsträger, die für das Umtauschverhältnis oder eine Barabfindung von wesentlicher Bedeutung sind. Solche berichtspflichtigen Schwierigkeiten ergeben sich etwa dann, wenn bestimmte, an sich erforderliche Informationen für den Prüfer nicht zugänglich waren.[198] Das kann insbesondere dann der Fall sein, wenn wesentliche Unterlagen oder Informationen von ausländischen Rechsträgern nicht zu erlangen waren (→ Rn. 100). Ferner hat der Prüfer auf singuläre Bewertungseinflüsse hinzuweisen, die zum einen einen besonders hohen Einfluss auf die Unternehmensbewertung haben und zum anderen einen besonders weiten Beurteilungsspielraum zulassen.[199]

117 In den Prüfungsbericht müssen gem. § 12 Abs. 3, § 8 Abs. 2 S. 1 UmwG solche **Tatsachen** nicht aufgenommen werden, deren Bekanntwerden **geeignet** ist, **einem der beteiligten Rechtsträger oder einem verbundenen Unternehmen einen nicht unerheblichen Nachteil zuzufügen**. Ebenso wie die Vertretungsorgane bei Abfassung des Verschmelzungsberichts (§ 8 Abs. 2 S. 2 UmwG) darf der Verschmelzungsprüfer von dieser Schutzklausel nicht stillschweigend Gebrauch machen, sondern hat sowohl den Umfang des Gebrauchmachens als auch die Gründe hierfür im Prüfungsbericht selbst darzulegen.[200] Das **Zusammenspiel mit der Regelung zum Verschmelzungsbericht** in § 8 Abs. 2 UmwG ist einerseits nicht dahingehend zu verstehen, dass der Prüfer nur solche Tatsachen außen vor lassen darf, die auch die Vertretungsorgane unerwähnt lassen; vielmehr hat der Verschmelzungsprüfer die Eignung zur Nachteilszufügung grundsätzlich eigenständig zu prüfen.[201] Andererseits steht den Vertretungsorganen als denjenigen, deren Pflichtenprogramm schon unmittelbar die Sorge um das Wohl der Gesellschaft umfasst (und die das Schädigungspotenzial einer Information in aller Regel weit besser einschätzen können als der Verschmelzungsprüfer), eine gewisse **Einschätzungsprärogative** zu, auf die der Prüfer Rücksicht zu nehmen hat. So darf der Prüfer von der Schutzklausel nicht Gebrauch machen, soweit die Vertretungsorgane sich ausdrücklich für die Offenlegung der betreffenden Tatsache entscheiden (z. B. im Rahmen des Prüfungsauftrags, auf Rückfrage oder durch Erwähnung der mutmaßlich kritischen Tatsache im Verschmelzungsbericht). Umgekehrt ist der Prüfer nicht verpflichtet, von der Schutzklausel im selben Umfang Gebrauch zu machen, wie die Vertretungsorgane dies im Verschmelzungsbericht tun. Will der Prüfer aber über eine Tatsache berichten, für die die Vertretungsorgane ausdrücklich die Schutzklausel in Anspruch nehmen, so hat er zuvor die Vertretungsorgane zu informieren und ihnen Gelegenheit zu geben, das Schädigungspotenzial der betreffenden Tatsache darzulegen.[202]

---

[197] In dieselbe Richtung Maulbetsch/Klumpp/Rose/*Maulbetsch*, § 12 Rn. 15 f.

[198] IDW, WP-Handbuch, Bd. II, 14. Aufl. (2014), Kap. F Rn. 263; Kölner Kommentar-UmwG/*Simon*, § 12 Rn. 20; Semler/Stengel/*Zeidler*, § 12 Rn. 11.

[199] Z. B. Erfolg laufender Sanierungsmaßnahmen oder Ausgang wichtiger Gerichtsverfahren; siehe IDW, WP-Handbuch, Bd. II, 14. Aufl. (2014), Kap. F Rn. 263; Semler/Stengel/*Zeidler*, § 12 Rn. 11.

[200] Widmann/Mayer/*Mayer*, § 12 Rn. 30; Kallmeyer/*Lanfermann*, § 12 Rn. 13.

[201] Insoweit übereinstimmen IDW, WP-Handbuch, Bd. II, 14. Aufl. (2014), Kap. F Rn. 267 f.; Kallmeyer/*Lanfermann*, § 12 Rn. 12; Semler/Stengel/*Zeidler*, § 12 Rn. 12; Widmann/Mayer/*Mayer*, § 12 Rn. 29; Kölner Kommentar-UmwG/*Simon*, § 12 Rn. 22; Lutter/*Drygala*, § 12 Rn. 10; Maulbetsch/Klumpp/Rose/*Maulbetsch*, § 12 Rn. 27.

[202] Ebenfalls zurückhaltend in Bezug auf die Möglichkeit einer insoweit abweichenden Behandlung derselben Tatsache durch den Prüfer: IDW, WP-Handbuch, Bd. II, 14. Aufl. (2014), Kap. F Rn. 268 („…kann eine Abweichung jedoch nur bei genügender Tragfähigkeit der Bewertungsgrundlage erfolgen."); Lutter/*Drygala*, § 12 Rn. 10 („…sollte der Prüfer nur dann von der Einschätzung durch die Organe abweichen, wenn deutliche Anhaltspunkte dafür vorliegen, dass deren Einschätzung der Geheimhaltungsbedürftigkeit fehlerhaft war.").

§ 10 Verschmelzungsprüfung 118–122 § 10

Im Falle einer **grenzüberschreitenden Verschmelzung** ist zu beachten, dass der 118
Prüfungsbericht für einen beteiligten deutschen Rechtsträger auch in **deutscher Sprache**
zu verfassen ist.[203] Liegen die Voraussetzungen einer **gemeinsamen Prüfung** vor und
entscheiden sich die beteiligten Gesellschaften zur Durchführung einer solchen, ist der
Prüfungsbericht in den **jeweiligen Landessprachen** der beteiligten Gesellschaften, die
den gemeinsamen Prüfungsantrag gestellt haben, abzufassen.[204] In einem solchem Fall kann
jedoch eine offizielle Sprachfassung festgelegt werden, welche im Zweifel den anderen
Sprachfassungen vorgeht.[205]

II. Form

Gem. § 12 Abs. 1 S. 1 UmwG hat die Berichterstattung **schriftlich** zu erfolgen und 119
zwar grundsätzlich getrennt durch jeden Verschmelzungsprüfer. Nach § 12 Abs. 1 S. 2
UmwG können mehrere Verschmelzungsprüfer auch einen gemeinsamen Prüfungsbericht
erstellen. Eine **getrennte oder gemeinsame Berichterstattung** liegt dabei im Ermessen
der Prüfer; letzteres stellt in der Praxis aber den Regelfall dar.[206]

Ein fester **Aufbau** für den Prüfungsbericht ist gesetzlich nicht vorgeschrieben und 120
insoweit der Praxis überlassen.[207] Der HFA des IDW hat entsprechende Vorschläge unterbreitet,[208] deren Berücksichtigung regelmäßig naheliegen wird.

III. Offenlegung gegenüber Anteilseignern

Angesichts der Bedeutung des Prüfungsberichts für die Entscheidungsfindung der An- 121
teilsinhaber ist er jenen **vor der Beschlussfassung über die geplante Verschmelzung
zur Verfügung zu stellen**. So gehört der Prüfungsbericht zu den Unterlagen, die im
Vorfeld einer AG-Hauptversammlung, einer genossenschaftlichen Generalversammlung
bzw. einer Mitgliederversammlung des Vereins in den Geschäftsräumen zur Einsicht der
Aktionäre bzw. Mitglieder auszulegen sind (§ 63 Abs. 1 Nr. 5, § 82 Abs. 1, § 101 Abs. 1
S. 1 UmwG) bzw. auf Verlangen kostenlos zuzusenden sind (§ 63 Abs. 3 S. 1, § 82 Abs. 2,
§ 101 Abs. 2 UmwG) bzw. elektronisch zur Verfügung zu stellen sind (→ Rn. 122). Die
aufgeführten Vorschriften sind insofern Ausdruck eines rechtsformübergreifenden Grundsatzes, wonach der Verschmelzungsbericht den Anteilseignern, deren Schutz er dient, in
einer Weise und zu einem Zeitpunkt zur Kenntnis zu bringen ist, der es ihnen ermöglicht,
ihre Entscheidung (auch) auf den Inhalt des Prüfungsberichts zu stützen.

Für die Vorbereitung einer über die Verschmelzung beschließenden Hauptversammlung 122
enthält § 63 Abs. 3 S. 1, Abs. 4 UmwG mittlerweile Erleichterungen, die es der Gesellschaft gestatten, den Aktionären die nötigen Unterlagen ersatzweise **auf elektronischem
Weg zugänglich** zu machen. Inwieweit sich diese Erleichterungen entsprechend auf
andere Rechtsformen anwenden lassen, ist noch nicht abschließend geklärt.[209] Nahe liegt
dies insbesondere für solche Gesellschaften, die typischerweise über einen ähnlich großen
Anteileigner- bzw. Mitgliederkreis verfügen und für die die Pflicht, die (häufig umfangreichen) Unterlagen jedem einzelnen Mitglied bzw. Anteilseigner in physischer Form zur
Verfügung zu stellen bzw. auf Wunsch zu übersenden, eine besonders große Belastung
darstellen würde. Für eine entsprechende Anwendung des § 63 Abs. 3 S. 1, Abs. 4 UmwG

---

[203] Schmitt/Hörtnagl/Stratz/*Hörtnagl*, § 122f Rn. 5.
[204] Widmann/Mayer/*Mayer*, § 122f Rn. 23.
[205] Vgl. Widmann/Mayer/*Mayer*, § 122f Rn. 23.
[206] Lutter/*Drygala*, § 12 Rn. 2; Kallmeyer/*Lanfermann*, § 12 Rn. 2; vgl. IDW, WP-Handbuch,
Bd. II, 14. Aufl. (2014), Kap. F Rn. 252.
[207] Semler/Stengel/*Zeidler*, § 12 Rn. 18.
[208] IDW HFA 6/1988, WPg 1989, 42 ff.; IDW, WP-Handbuch, Bd. II, 14. Aufl. (2014), Kap. F
Rn. 265.
[209] Ablehnend in Bezug auf die Genossenschaft jedoch Lutter/*Bayer*, § 82 Rn. 30; Semler/Stengel/
Scholderer, § 82 Rn. 33; Böttcher/Habighorst/Schulte/*Böttcher*, § 82 Rn. 6.

spräche in diesem Fall die Erwägung, dass die Erleichterungen zwar über AG-spezifische Gesetzesänderungen eingeführt wurden,[210] in der Sache jedoch kein Spezifikum der AG abbilden, sondern Ausdruck allgemein gewandelter Gewohnheiten bei der Kommunikation gegenüber großen Adressatenkreisen sind. In systematischer Hinsicht lässt sich aus dem selektiven Verweis der § 82 Abs. 1, § 101 Abs. 2 UmwG auf § 63 UmwG keine bewusste Ausklammerung der genannten Erleichterungen ableiten, da letztere deutlich jüngeren Datums sind als die Formulierung der genannten Verweise. Insgesamt sprechen daher die besseren Gründe wohl für einen **erweiterten Anwendungsbereich der Erleichterungen** – die nötige Rechtssicherheit hierfür zu schaffen, wäre ein wünschenswertes und für eine rechtssichere Handhabung zwingend erforderliches Ziel künftiger Äußerungen aus Gesetzgebung und Rechtsprechung.

IV. Entbehrlichkeit und Verzicht (§ 12 Abs. 3 UmwG)

123 Gem. § 12 Abs. 3 iVm § 8 Abs. 3 UmwG bedarf es eines Berichts nicht, wenn alle Anteilsinhaber der beteiligten Rechtsträger darauf **verzichten** oder wenn sich **alle Anteile des übertragenden Rechtsträgers in der Hand des übernehmenden Rechtsträgers** befinden. Während Letzteres keine praktische Bedeutung entfaltet, da gem. § 9 Abs. 2 UmwG schon keine Verschmelzungsprüfung bei der Verschmelzung einer 100%igen Tochtergesellschaft auf die Muttergesellschaft stattfindet,[211] ist bei einer gemeinsamen Verzichtserklärung zu beachten, dass diese **notariell** zu **beurkunden** ist. Da die Verschmelzungsprüfung samt Bericht den Schutz der Anteilsinhaber bezweckt, soll die notarielle Formvorschrift im Falle eines Verzichts eine entsprechende Warn- und Hinweisfunktion entfalten.[212] Die Verzichtsmöglichkeit der Anteilsinhaber ist vor allem bei konzerninternen Verschmelzungen, aber auch in solchen Konstellationen relevant, in denen die Anteilsinhaber nach Durchführung der Prüfung und ggf. mündlichen Erörterungen das Prüfungsergebnis für richtig erachten und einen kostenaufwendigen Bericht (bzw. dessen Publizität) vermeiden wollen.[213] Wie beim Verzicht auf die Prüfung als solche (→ Rn. 38 f.) wird die Kostenersparnis bei einem Verzicht auf den Prüfungsbericht jedoch teilweise durch die Kosten für die Beurkundung der Verzichtserklärungen relativiert.

V. Rechtsfolgen und Mängel des Prüfungsberichts

1. Prüfungsbericht mit Feststellung eines angemessenen Umtauschverhältnisses

124 Gelangt der Verschmelzungsprüfer zu dem Ergebnis, dass das geprüfte Umtauschverhältnis angemessen ist und entscheiden sich die Anteilseigner anschließend für die Verschmelzung, so präkludiert dies nicht Einwendungen von Anteilseignern, die sich mit der Behauptung, das Umtauschverhältnis sei unangemessen, gegen den Verschmelzungsbeschluss wenden. Zu beachten sind dann jedoch der **Anfechtungsausschluss** nach § 14 Abs. 2 UmwG (→ § 14 Rn. 85 f) und die **Eröffnung des Spruchverfahrens** nach § 15 UmwG (→ § 14 Rn. 244 f).

2. Prüfungsbericht mit Feststellung eines unangemessenen Umtauschverhältnisses

125 Schließt der Prüfungsbericht mit der Feststellung, das Umtauschverhältnis sei unangemessen, so wird dies den Anteilseignern in aller Regel einen Anlass geben, um gegen den betreffenden Verschmelzungsbeschluss zu stimmen, wenn die Vertretungsorgane nicht bereits von sich aus davon absehen, den Vorschlag zur Abstimmung zu stellen. Gleichzeitig

---

[210] Gesetz zur Umsetzung der Aktionärsrechterichtlinie (ARUG) v. 30. Juli 2009, BGBl. I, S. 2479, bzw. Drittes Gesetz zur Änderung des Umwandlungsgesetzes v. 11. Juli 2011, BGBl. I, S. 1338.
[211] Lutter/*Drygala,* § 12 Rn. 12; Semler/Stengel/*Zeidler,* § 12 Rn. 20.
[212] Vgl. Semler/Stengel/*Gehling,* § 8 Rn. 71.
[213] Vgl. Lutter/*Drygala,* § 12 Rn. 12; Widmann/Mayer/*Mayer,* § 12 Rn. 33 aE.

ist es den Anteilseignern nicht verwehrt, sich trotz des Prüfungsergebnisses für die Verschmelzung zu entscheiden,[214] z. B. wenn die Aussicht auf ein unvorteilhaftes Umtauschverhältnis durch unternehmerische, strategische oder nichtfinanzielle Gesichtspunkte aufgewogen wird oder sich die Anteilseigner eine erhebliche Teilhabe an (nach überwiegender Ansicht nicht in das Umtauschverhältnis einzurechnenden → Rn. .64) echten Synergieeffekten erhoffen. Wenden sich Anteilseigner mit der Behauptung, das Umtauschverhältnis sei unangemessen, gegen den Verschmelzungsbeschluss, so sind auch insofern der **Anfechtungsausschluss** nach § 14 Abs. 2 UmwG (→ § 14 Rn. 85 ff.) und die **Eröffnung des Spruchverfahrens** nach § 15 UmwG (§ 14 → Rn. 244 ff.) zu berücksichtigen.[215] Denn das Ergebnis des Prüfungsberichts ändert nichts daran, dass das Rechtsschutzziel einer Beschlussmängelklage ausschließlich auf die Höhe der Gegenleistung gerichtet wäre; eine Registersperre ist damit nicht gerechtfertigt.

Eine Ausnahme vom Anfechtungsausschluss ergibt sich auch dann nicht, wenn die Anteileigner den Beschluss (auch) mit der Behauptung angreifen, die Mehrheit verfolge mit der Verschmelzung einen unzulässigen **Sondervorteil** (vgl. § 243 Abs. 2 S. 1 AktG).[216] Dieser Vorwurf wird in aller Regel schon deshalb ins Leere gehen, weil das mutmaßlich **nachteilige Umtauschverhältnis** zwingend jeden Anteilseigner gleichermaßen erfasst und damit **grundsätzlich ungeeignet** ist, **einen anteilseignerspezifischen Vorteil zu begründen**.

Etwas anderes könnte allenfalls dann gelten, wenn die Interessen der dem Verschmelzungsbeschluss zustimmenden Mehrheit auch auf andere Weise als durch die Beteiligung am übertragenden Rechtsträger mit der Verschmelzung verknüpft sind, z.B. durch eine maßgebliche Beteiligung an einem anderen Verschmelzungspartner. In diesem Fall wird nicht ausgeschlossen sein, dass die Nachteile, die die zustimmende Mehrheit aus einem unangemessenen Umtauschverhältnis erfährt, durch die Vorteile kompensiert werden, die nur dieser Mehrheit – nicht jedoch der überstimmten Minderheit – aus der Verschmelzung zufließen. Das liegt insbesondere dann nahe, wenn der betreffende Rechtsträger mit einem Rechtsträger verschmelzen soll, an dem der zustimmende Mehrheitsgesellschafter mit 100 % beteiligt ist. Der Zustimmungsbeschluss könnte dann **ausnahmsweise** geeignet sein, einen **Sondervorteil** zulasten der überstimmten Minderheit zu begründen. Auch wenn die Beschlussmängelklage in diesem Fall sowohl auf der Behauptung eines unangemessenen Umtauschverhältnisses als auch auf der Behauptung eines unzulässigen Sondervorteils beruht, so ist der **Anfechtungsausschluss** nach § 14 Abs. 2 UmwG jedoch **ebenfalls grundsätzlich einschlägig**.[217] Denn in dem geltend gemachten Sondervorteil liegt auch dann kein separater, zum unangemessenen Umtauschverhältnis hinzutretender Beschlussmangel (wie es z.B. bei einem Verfahrensmangel wegen verspäteter Zurverfügungstellung des Verschmelzungsberichts der Fall wäre); vielmehr wird der Sondervorteil durch das Umtauschverhältnis selbst begründet. Wenigstens mittelbar ist die Beschlussmängelklage

---

[214] Zutr. Schmitt/Hörtnagl/Stratz/*Stratz*, § 12 Rn. 29; zu einschränkend Böttcher/Habighorst/Schulte/*Böttcher*, § 12 Rn. 16 („…spricht einiges dafür, dass eine Anfechtungsklage … eine hinreichende Aussicht auf Erfolg wegen Verstoßes gegen den Grundsatz von Treu und Glauben durch die Mehrheitsgesellschafter hat.").

[215] AA Lutter/*Drygala*, § 12 Rn. 14, mit Verweis auf OLG Bremen, 2 U 51/12, ZIP 2013, 460, 462.

[216] In diese Richtung, jedoch mit verfassungsrechtlicher Begründung, Lutter/*Drygala*, § 12 Rn. 14, mit Verweis auf OLG Bremen, 2 U 51/12, ZIP 2013, 460, 462 (Entscheidung in Bezug auf Squeeze-Out-Prüfung); dagegen die überwiegende Ansicht, siehe nur OLG Düsseldorf, 17 W 18/99, NZG 1999, 565, 566 (Anfechtungsausschluss umfasst „auch krasse Fehler sowie das gesamte zum Umtauschverhältnis führende Zahlenwerk … und grundsätzlich auch außerhalb des Zahlenwerks liegende Gründe, die die Festsetzung beeinflusst haben."); Kallmayer/*Marsch-Barner*, § 14 Rn. 13; Lutter/*Decher*, § 14 Rn. 16, jeweils mwN.

[217] Vgl. auch hierzu Kallmayer/*Marsch-Barner*, § 14 Rn. 13, mwN.

daher auch in diesem Fall ausschließlich auf die Behauptung gestützt, „dass das Umtauschverhältnis der Anteile zu niedrig bemessen ist" (§ 14 Abs. 2 UmwG).

128 Etwas anderes kann nur unter außergewöhnlichen Umständen gelten, etwa wenn der Mehrheitsgesellschafter mit dem Verschmelzungsbeschluss gegen seine **Treuepflicht** gegenüber der überstimmten Minderheit verstößt. Dies wird etwa dann zu erwägen sein, wenn ein Mehrheitsgesellschafter, dessen Mehrheit zwar für die Fassung des Verschmelzungsbeschlusses ausreicht, nicht jedoch für die Durchsetzung eines umwandlungsrechtlichen Squeeze-Outs (90 % → § 17 Rn. 12 ff), eine Upstream-Verschmelzung auf sich selbst mit grob nachteiligem Umtauschverhältnis beschließt und damit den rechtlich nicht möglichen Zwangsausschluss der Minderheit auf faktische Weise vollzieht. Allein die **Zustimmung, ggfs. auch in Anbetracht eines negativen Votums des Verschmelzungsprüfers, genügt** jedoch **nicht**, um einen Treuepflichtverstoß zu begründen, und zwar auch dann nicht, wenn der zustimmende Mehrheitsaktionär von der Verschmelzung tatsächlich in höherem Maße profitiert als die überstimmte Minderheit.

3. Prüfungsbericht mit Feststellung einer Unvollständigkeit oder Unrichtigkeit des Verschmelzungsvertrags

129 Wird im Prüfungsbericht eine Unvollständigkeit oder Unrichtigkeit des Verschmelzungsvertrags gerügt, so steht es den Anteilseignern auch insoweit frei, dem Verschmelzungsbeschluss zuzustimmen. In Abhängigkeit von der gerügten Unvollständigkeit bzw. Unrichtigkeit kann sich jedoch ein Rechtsmangel der Beschlussfassung ergeben, aufgrund dessen das Registergericht ggf. die Eintragung ablehnen kann oder Anteilseigner gegen die Beschlussgültigkeit vorgehen können (→ § 14).

4. Unvollständiger, fehlender oder mangelhafter Prüfungsbericht

130 Beschließen die Anteilseigner die Verschmelzung, obwohl ein erforderlicher **Prüfungsbericht nicht vorliegt**, so begründet dies die **Rechtswidrigkeit des Verschmelzungsbeschlusses**. Auf welche Weise dieser geltend gemacht werden kann, richtet sich nach dem jeweils einschlägigen Beschlussmängelrecht (→ § 14).

131 Leidet ein vorliegender Prüfungsbericht unter **inhaltlichen Mängeln**, so führt dies nicht zwingend zur Rechtswidrigkeit des Verschmelzungsbeschlusses. Die gerichtliche Kontrolle in einem Beschlussmängelverfahren beschränkt sich in diesem Fall darauf, zu überprüfen, ob der Prüfungsbericht durch den vom Gericht bestellten Prüfer erstattet ist, ob er den Anteilseignern ordnungsgemäß zugänglich gemacht wurde und ob er auf die Angemessenheit des Umtauschverhältnisses und die Richtigkeit und Vollständigkeit des Verschmelzungsvertrags eingeht.[218] Sonstige inhaltliche Mängel schlagen grundsätzlich nicht auf die Wirksamkeit des Verschmelzungsbeschlusses durch. Denn wegen der unabhängigen, auf gerichtlicher Bestellung basierenden Stellung des Prüfers wäre es ungerechtfertigt, Unzulänglichkeiten der Berichterstattung im Innenverhältnis der Gesellschaft bzw. den Vertretungsorganen anzulasten.[219] **Nur bei groben Mängeln**, deren Beseitigung die beauftragenden Vertretungsorgane im Wege des Leistungsstörungsrechts in der Hand gehabt hätten, kann sich eine **Rechtswidrigkeit des Beschlusses** ergeben.[220]

---

[218] Vgl. in Bezug auf die Prüfung der Squeeze-Out-Abfindung: OLG Hamm, 27 W 3/05, AG 2005, 773, 775 („formale Betrachtungsweise"); ebenso OLG Karlsruhe, 7 W 22/06, AG 2007, 92, 93; OLG Frankfurt am Main, 23 U 69/08, AG 2010, 368, 371; abw. Lutter/*Drygala*, § 12 Rn. 15, und Böttcher/Habighorst/Schulte/*Böttcher*, § 12 Rn. 16, die für die Beachtlichkeit von Prüfungsberichtsmängeln auf die aktienrechtliche Relevanztheorie abstellen; die Beachtlichkeit von Prüfungsberichtsmängeln undifferenziert befürwortend offenbar Widmann/Mayer/*Mayer*, § 12 Rn. 32 aE, 34; Kallmeyer/*Lanfermann*, § 12 Rn. 19.

[219] Vgl. OLG Hamm, 27 W 3/05, AG 2005, 773, 775; OLG Karlsruhe, 7 W 22/06, AG 2007, 92, 93; OLG Frankfurt am Main, 23 U 69/08, AG 2010, 368, 371.

[220] Vgl. OLG Hamm, 27 W 3/05, AG 2005, 773, 775.

§ 11 Verschmelzungsbeschluss

Übersicht

	Rdnr.		Rdnr.
I. Beschlusserfordernis und Ausnahmen	1–8	5. Besondere Zustimmungserfordernisse	32–35
II. Zuständigkeit der Anteilsinhaber	9–11	a) Zustimmung einzelner Anteilsinhaber	32–34
III. Beschlussfassung in Versammlung der Anteilsinhaber	12–35	b) Sonstige Zustimmungserfordernisse	35
1. Versammlungszwang	12–13a	IV. Zeitpunkt der Beschlussfassung	36–38
2. Vorbereitung und Durchführung der Versammlung	14–18	V. Beschlussgegenstand und Beschlussinhalt	39–49
3. Stimmrecht	19–22	1. Zustimmung zum Verschmelzungsvertrag oder Vertragsentwurf	39
4. Mehrheitserfordernisse	23–31	2. Alternativentwürfe und Änderungsmöglichkeiten	40–43
a) Gesetzliche Mehrheitserfordernisse	24–30	3. Nebenbestimmungen	44–46
aa) Personengesellschaft und Partnerschaftsgesellschaft	24, 25	4. Materielle Beschlusskontrolle	47–49
bb) GmbH	26	VI. Form	50–54
cc) AG, KGaA, SE	27–29	VII. Beschlusswirkungen	55–58
dd) Genossenschaft und Verein	30	VIII. Kosten	59, 60
b) Statutarische Mehrheitsregelungen	31		

Schrifttum: *Austmann/Frost*, Vorwirkungen von Verschmelzungen, ZHR 169 (2005), 431; *Bergjan/Klotz*, Formale „Fallstricke" bei der Vollmachterteilung in M&A-Transaktionen, ZIP 2016, 2300; *Bungert/Leyendecker-Langner*, Hauptversammlungen im Ausland, BB 2015, 268; *Kort*, Bedeutung und Reichweite des Bestandsschutzes von Umwandlungen, AG 2010, 230; *Lüttge/Baßler*, Neues zur gerichtlichen Freigabe angefochtener Verschmelzungen, Der Konzern 2005, 341; *Schöne/Ahrens*, Die Erosion des umwandlungsrechtlichen Versammlungszwangs durch das Europäische Gesellschaftsrecht, WM 2012, 381.

I. Beschlusserfordernis und Ausnahmen

Ein Verschmelzungsvertrag (dazu → § 8) wird nur wirksam, wenn die Anteilseigner aller beteiligten Rechtsträger ihm durch Beschluss (Versammlungsbeschluss) zugestimmt haben (§ 13 Abs. 1 S. 1 UmwG). Bis zur Fassung des letzten erforderlichen Versammlungsbeschlusses ist ein bereits abgeschlossener Verschmelzungsvertrag schwebend unwirksam[1] (zur Zustimmung zum bloßen Entwurf eines Verschmelzungsvertrages → Rn. 37). Aufgrund seiner systematischen Stellung in den allgemeinen Vorschriften der Verschmelzung gilt § 13 UmwG und damit das Wirksamkeitserfordernis eines Verschmelzungsbeschlusses unabhängig von der Art der beteiligten Rechtsträger **grundsätzlich** für **sämtliche Verschmelzungsarten** (Aufnahme, Neugründung, grenzüberschreitende Verschmelzung) sowie für die Spaltung (§ 125 UmwG) und die Vermögensübertragung (§ 176 UmwG).[2] Vom Grundsatz der Erforderlichkeit eines Verschmelzungsbeschlusses werden einige **Ausnahmen** zugelassen, die in § 62 Abs. 1 und 4 sowie in § 122 Abs. 2 UmwG geregelt sind. Es handelt sich um Konstellationen, bei denen der Gesetzgeber unterstellte, dass die Verschmelzung aufgrund der Beteiligungsverhältnisse die Interessen der Aktionäre nicht wesentlich berührt:

– Im Rahmen von **Konzernverschmelzungen** bedarf es keiner Zustimmung der übernehmenden Gesellschaft, wenn eine mindestens **90%ige Beteiligung** am Stamm- oder Grundkapital der übertragenden Kapitalgesellschaft besteht (§ 62 Abs. 1 S. 1 UmwG).

---

[1] *Austmann/Frost*, ZHR 169 (2005), 431 (440); Kallmeyer/*Zimmermann*, § 13 Rn. 2; Lutter/*Drygala*, § 13 Rn. 8; Schmitt/Hörtnagl/Stratz/*Stratz*, § 13 Rn. 9; Semler/Stengel/*Gehling*, § 13 Rn. 12.

[2] Vgl. Kallmeyer/*Zimmermann*, § 13 Rn. 1; Semler/Stengel/*Gehling*, § 13 Rn. 2.

Über den Verweis in § 122a Abs. 2 UmwG gilt die Vorschrift auch bei grenzüberschreitenden Verschmelzungen. Der Anwendungsbereich des § 62 Abs. 1 UmwG ist nur eröffnet, wenn der übernehmende Rechtsträger eine AG, KGaA oder SE[3] und der übertragende Rechtsträger eine Kapitalgesellschaft (GmbH, AG, KGaA oder SE) ist.[4]

3 Die Anteile an der übertragenden Gesellschaft müssen im **Eigentum der übernehmenden Gesellschaft** liegen; ein bloßer Anspruch auf Übereignung der Anteile genügt nicht.[5] Die Berechnung der Quote erfolgt unter Zugrundelegung des Stamm- bzw. Grundkapitals der übertragenden Gesellschaft, wobei eigene Anteile der übertragenden Kapitalgesellschaft abzuziehen sind (§ 62 Abs. 1 S. 2 UmwG). Der **Zeitpunkt** der erforderlichen Beteiligungsquote ist gesetzlich nicht geregelt. Die hM geht zu Recht davon aus, dass der 90%ige Anteilsbesitz spätestens bei der Anmeldung der Verschmelzung zum Handelsregister notwendig ist und außerdem bis zum Zeitpunkt der Eintragung der Verschmelzung aufrechterhalten bleiben muss.[6]

4 Nach § 62 Abs. 2 S. 1 UmwG ist ein Verschmelzungsbeschluss der übernehmenden Gesellschaft ungeachtet der 90%-Beteiligung erforderlich, wenn eine **Minderheit der Aktionäre** mit einer Beteiligung von mindestens 5% (sofern die Satzung nicht ein geringeres Quorum vorsieht, S. 2[7]) die Einberufung einer **Hauptversammlung** verlangt. Für das Einberufungsverlangen gelten die zu § 122 Abs. 1 AktG geltenden Grundsätze.[8] Das Verlangen kann nur bis zur Anmeldung der Verschmelzung gestellt werden.[9]

5 – Bei Verschmelzung einer **100%-igen Tochter** auf ihre **Muttergesellschaft** ist ein Verschmelzungsbeschluss bei der übertragenden Tochtergesellschaft entbehrlich (§ 62 Abs. 4 S. 1 UmwG). Der Anwendungsbereich des Abs. 4 entspricht demjenigen des Abs. 1 (→ Rn. 2). Auch hinsichtlich der Voraussetzungen des Anteilsbesitzes gelten die Ausführungen zum Fall des Abs. 1 (→ Rn. 2) entsprechend, freilich mit der Maßgabe, dass die übernehmende Gesellschaft 100% des Stamm- bzw. Grundkapitals halten muss. Auch die Regelung des § 62 Abs. 1 S. 2 UmwG, wonach eigene Anteile der übertragenden Kapitalgesellschaft von dem zugrunde zu legenden Stamm- bzw. Grundkapital abzuziehen sind, findet im Rahmen des Abs. 4 Anwendung.[10]

6 – Ein Verschmelzungsbeschluss des übertragenden Rechtsträgers ist ferner dann nicht erforderlich, wenn nach § 62 Abs. 5 S. 1 UmwG ein Übertragungsbeschluss gefasst und mit einem Vermerk nach Abs. 5 S. 7 in das Handelsregister eingetragen wurde, mithin die **übernehmende Gesellschaft künftig Alleinaktionär** der übertragenden Gesellschaft ist (§ 62 Abs. 4 S. 2 UmwG).

7 – Ein Verschmelzungsbeschluss der Anteilseigner der übertragenden deutschen Gesellschaft ist schließlich im Fall einer **grenzüberschreitenden Verschmelzung** einer 100%igen Tochter auf ihre Muttergesellschaft grundsätzlich nicht erforderlich (§ 122g Abs. 2 UmwG). Dies entspricht letztlich der Regelung des § 62 Abs. 4 S. 1 UmwG bei nationalen Verschmelzungen (→ Rn. 5).

8 Sieht die **Satzung** der Gesellschaft ausdrücklich einen Zustimmungsbeschluss für den Fall einer Verschmelzung vor, so ist (mangels entsprechender Regelung hierzu) höchst-

---

[3] Verordnung (EG) Nr. 2157/2001 des Rates vom 8. Oktober 2001 über das Statut der Europäischen Gesellschaft (SE).
[4] Böttcher/Habighorst/Schulte/*Habighorst*, § 62 Rn. 6; BeckOGK UmwG/*Habersack*, § 62 Rn. 6.
[5] BeckOGK UmwG/*Habersack*, § 62 Rn. 7 m. w. N.
[6] Kallmeyer/*Marsch-Barner*, § 62 Rn. 9; BeckOGK UmwG/*Habersack*, § 62 Rn. 11; aA: Böttcher/Habighorst/Schulte/*Habighorst*, § 62 Rn. 14 mwN.
[7] Eine satzungsmäßige Erhöhung des Quorums ist dagegen unzulässig, Lutter/*Grunewald*, § 62 Rn. 23.
[8] Kölner Kommentar-UmwG/*Simon*, § 62 Rn. 28; vgl. zum Einberufungsverfahren selbst: MünchHdb. GesR IV/*Bungert*, § 36 Rn. 17 ff.
[9] Kallmeyer/*Marsch-Barner*, § 62 Rn. 26; Kölner Kommentar-UmwG/*Simon*, § 62 Rn. 33.
[10] Statt aller: BeckOGK UmwG/*Habersack*, § 62 Rn. 33.

§ 11 Verschmelzungsbeschluss

vorsorglich davon auszugehen, dass ein Beschluss nach § 13 UmwG auch in den gesetzlichen Ausnahmefällen gefasst werden muss.[11]

II. Zuständigkeit der Anteilsinhaber

Der Verschmelzungsvertrag ist keine bloße Geschäftsführungsmaßnahme, sondern ein **Grundlagengeschäft**[12], das der alleinigen Kompetenz der Vertretungsorgane der Gesellschaft entzogen ist. Seine Wirksamkeit setzt daher gem. § 13 Abs. 1 S. 1 UmwG einen Zustimmungsbeschluss der Anteilsinhaber – und nicht etwa nur der Vertretungsorgane – der am Verschmelzungsvorgang beteiligten Rechtsträger voraus. § 13 Abs. 1 S. 1 UmwG wird dementsprechend zu Recht in erster Linie als eine Kompetenznorm qualifiziert, welche den Verschmelzungsbeschluss unentziehbar in die Zuständigkeit der Anteilsinhaber legt.[13] Diese Zuständigkeit kann nicht durch Gesellschaftsvertrag bzw. Satzungsregelung auf ein anderes Organ der Gesellschaft (zB Vorstand, Geschäftsführer oder Aufsichtsrat) übertragen oder auch nur von der Mitwirkung solcher weiterer Organe abhängig gemacht werden.[14] 9

Maßgeblich ist der **aktuelle Bestand der Anteilsinhaber** zum Zeitpunkt der Beschlussfassung bzw. des für die Stimmberechtigung in der Versammlung maßgeblichen Record Dates (vgl. § 123 Abs. 4 AktG). Das bedeutet: Werden im Nachgang zu einem Zustimmungsbeschluss – sei es über einen bereits geschlossenen Verschmelzungsvertrag oder einen Vertragsentwurf (dazu → Rn. 37) – Anteile übertragen, müssen die neuen Anteilseigner den Beschluss gegen sich gelten lassen.[15] 10

Auch bei **Kettenverschmelzungen** sind nur diejenigen Anteilsinhaber an der Beschlussfassung zu beteiligen, die dem betreffenden Rechtsträger zum Zeitpunkt der Beschlussfassung angehören. Daher sind die Anteilsinhaber des übertragenden Rechtsträgers an der Beschlussfassung des übernehmenden Rechtsträgers (Rechtsträger erster Stufe) zu dessen weiterer Verschmelzung mit einem übernehmenden Rechtsträger (Rechtsträger zweiter Stufe) nur dann zu beteiligen und stimmberechtigt, wenn (i) sie Anteilsinhaber des übernehmenden Rechtsträgers erster Stufe geworden sind und (ii) der betreffende Verschmelzungsbeschluss erst nach Wirksamwerden der ersten Verschmelzung gefasst wird.[16] 11

III. Beschlussfassung in Versammlung der Anteilsinhaber
1. Versammlungszwang

Gemäß der rechtsformunabhängigen Norm des § 13 Abs. 1 S. 2 UmwG kann der Verschmelzungsbeschluss nur in einer Versammlung von Anteilsinhabern gefasst werden, also in der **Hauptversammlung** (AG, KGaA und SE), der **Gesellschafterversammlung** (Personengesellschaften) bzw. der **Mitgliederversammlung** (Genossenschaft und Verein). Es gilt also ein Versammlungszwang, der im Gesellschaftsvertrag bzw. in der Satzung nicht abbedungen werden kann.[17] Eine Beschlussfassung ohne Versammlung, etwa im schriftlichen Umlaufverfahren, ist ausgeschlossen.[18] Die Anteilsinhaber können sich freilich bei der 12

---

[11] BeckOGK UmwG/*Klett*, § 122g Rn. 34: Danach soll jedoch regelmäßig eine privatschriftliche Beschlussfassung bzw. Protokollierung genügen, mithin das Formerfordernis nach § 13 Abs. 3 S. 1 UmwG nicht gelten.
[12] Henssler/Strohn/*Heidinger*, § 13 UmwG Rn. 1; Semler/Stengel/*Schröer*, § 4 Rn. 8.
[13] Austmann/*Frost*, ZHR 169 (2005), 431 (441).
[14] Austmann/*Frost*, ZHR 169 (2005), 431 (441); Kallmeyer/*Zimmermann*, § 13 Rn. 3; Lutter/*Drygala*, § 13 Rn. 4; Schmitt/Hörtnagl/Stratz/*Stratz*, § 13 Rn. 15; Semler/Stengel/*Gehling*, § 13 Rn. 10; Widmann/Mayer/*Heckschen*, § 13 Rn. 2.
[15] BeckOGK UmwG/*Rieckers/Cloppenburg*, § 13 Rn. 27.
[16] Widmann/Mayer/*Heckschen*, § 13 Rn. 68.1; Kallmeyer/*Zimmermann*, § 13 Rn. 4; BeckOGK UmwG/*Rieckers/Cloppenburg*, § 13 Rn. 28.
[17] Kallmeyer/*Zimmermann*, § 13 Rn. 3; BeckOGK UmwG/*Rieckers/Cloppenburg*, § 13 Rn. 40.
[18] Kallmeyer/*Zimmermann*, § 13 Rn. 4; Lutter/*Drygala*, § 13 Rn. 9; Sagasser/Bula/Brünger/*Sagasser/Luke*, § 9 Rn. 296; Schmitt/Hörtnagl/Stratz/*Stratz*, § 13 Rn. 14; Semler/Stengel/*Gehling*, § 13 Rn. 14; Widmann/Mayer/*Heckschen*, § 13 Rn. 41.

Beschlussfassung in der Versammlung durch von ihnen Bevollmächtigte **vertreten** lassen, sofern die für den betreffenden Rechtsträger geltenden Bestimmungen (zB § 47 Abs. 3 GmbHG, § 134 Abs. 3 AktG) eingehalten sind[19] (→ Rn. 22).

13 Der Versammlungszwang zielt darauf ab, jedem Anteilseigner die Möglichkeit zum Austausch mit den zuständigen Organen des Rechtsträgers und anderen Anteilsinhabern zu geben, die an der Versammlung teilnehmen; entscheidend ist die Möglichkeit des Meinungsaustausches.[20] Es besteht daher kein Zwang zur physischen Präsenz, die Versammlung muss mithin nicht als Präsenzversammlung abgehalten werden. Sofern die für den Rechtsträger geltenden Vorschriften bzw. der Gesellschaftsvertrag eine virtuelle Teilnahme an der Versammlung (zB durch **Video**- oder **Telefonschaltung**) gestatten, ist dem Versammlungserfordernis insofern Genüge getan.[21] So hat der Satzungsgeber der **AG** die Option, eine **Online-Teilnahme** von Aktionären sowie die elektronische Ausübung versammlungsgebundener Rechte, namentlich des Stimmrechts (§ 118 Abs. 1 S. 2 AktG), oder die Stimmabgabe durch **Briefwahl** (§ 118 Abs. 2 AktG), vorzusehen. Auch diese Stimmabgaben gelten als solche „in einer Versammlung" iSv § 13 Abs. 1 S. 2 UmwG.[22]

13a Ein zustimmender Versammlungsbeschluss liegt nur dann vor, wenn die **erforderliche Mehrheit** (→ Rn. 23 f.) auch tatsächlich in der Versammlung erreicht wird. Dies ist nicht der Fall, wenn einzelne Anteilsinhaber, die an der Versammlung nicht teilgenommen haben, dem Beschluss nachträglich zustimmen und die erforderliche Mehrheit erst unter Berücksichtigung dieser Stimmen erreicht würde[23] (die vorstehend (→ Rn. 13) dargelegten zulässigen Möglichkeiten der elektronischen Teilnahme und Abstimmung bzw. der Briefwahl bleiben unberührt). § 43 Abs. 1 Hs. 2 UmwG stellt keine Ausnahme von diesem Grundsatz dar. Dort geht es lediglich um die Zustimmung zu einem bereits in der Versammlung gefassten, vom Versammlungsleiter festgestellten und in der Niederschrift des Notars (§ 37 BeurkG) aufgenommenen Beschluss, der aufgrund der ausstehenden Genehmigung lediglich noch schwebend unwirksam ist.[24]

2. Vorbereitung und Durchführung der Versammlung

14 Die **Ladung** der Anteilsinhaber richtet sich nach den allgemeinen Regeln, die auf die jeweilige Rechtsform Anwendung finden.[25] Diese regeln insbesondere die Form und Frist der Ladung und setzen bestimmte Anforderungen an die Tagesordnung fest.

15 Das UmwG enthält darüber hinaus rechtsformspezifische Regelungen für die Vorbereitung und Durchführung der Versammlung. So treffen die an der Verschmelzung beteiligten Rechtsträger im Vorfeld der Versammlung bestimmte **Unterrichtungspflichten** gegenüber ihren Anteilsinhabern. Die entsprechenden Regelungen legen fest, welche Unterlagen (zB Verschmelzungsbericht, Prüfungsbericht) auf welche Art und Weise den Anteilsinha-

---

[19] Kallmeyer/*Zimmermann*, § 13 Rn. 4; Lutter/*Drygala*, § 13 Rn. 9; Schmitt/Hörtnagl/Stratz/ *Stratz*, § 13 Rn. 46; Semler/Stengel/*Gehling*, § 13 Rn. 12; Widmann/Mayer/*Heckschen*, § 13 Rn. 96.
[20] Semler/Stengel/*Gehling*, § 13 Rn. 14; Lutter/*Drygala* § 13 Rn. 10.
[21] BeckOGK UmwG/*Rieckers/Cloppenburg*, § 13 Rn. 41 f.; Lutter/*Drygala*, § 13 Rn. 10 und 13; Schmitt/Hörtnagl/Stratz/*Stratz*, § 13 Rn. 14; Semler/Stengel/*Gehling*, § 13 Rn. 14; *Schöne/Arens*, WM 2012, 381.
[22] Schmitt/Hörtnagl/Stratz/*Stratz*, § 13 Rn. 14; Kallmeyer/*Zimmermann*, § 13 Rn. 11; BeckOGK UmwG/*Rieckers/Cloppenburg*, § 13 Rn. 42; Widmann/Mayer/*Heckschen*, § 13 Rn. 109.1; *Schönes/ Ahrens*, WM 2012, 381 (384); kritisch: Kölner Kommentar-UmwG/*Simon*, § 13 Rn. 12; Lutter/ *Drygala*, § 13 Rn. 11; Henssler/Strohn/*Heisinger*, § 13 UmwG Rn. 11.
[23] Lutter/*Drygala*, § 13 Rn. 14; Kallmeyer/*Zimmermann*, § 13 Rn. 10; Kölner Kommentar-UmwG/*Simon*, § 13 Rn. 13; BeckOGK UmwG/*Rieckers/Cloppenburg*, § 13 Rn. 44.
[24] Lutter/*Drygala*, § 13 Rn. 14; Kölner Kommentar-UmwG/*Simon*, § 13 Rn. 14; BeckOGK UmwG/*Rieckers/Cloppenburg*, § 13 Rn. 44.
[25] Kallmeyer/*Zimmermann*, § 13 Rn. 3; Lutter/*Drygala*, § 13 Rn. 5; Schmitt/Hörtnagl/Stratz/ *Stratz*, § 13 Rn. 16; Widmann/Mayer/*Heckschen*, § 13 Rn. 7 f.

bern zugänglich zu machen sind (vgl. §§ 42, 47, 49, 61, 63, 82, 101 UmwG). Zweck dieser Regelungen ist es, den Anteilsinhabern zu ermöglichen, ihre Entscheidung bezüglich des Verschmelzungsbeschlusses auf einer sachgerechten Basis von Informationen treffen zu können.[26]

Rechtsträger	Form der Einberufung	Frist der Einberufung	Sonderregelungen (Unterrichtungspflichten)
OHG/KG	Gesellschaftsvertrag	Gesellschaftsvertrag	§ 42 UmwG
PartG	Gesellschaftsvertrag	Gesellschaftsvertrag	§ 45c UmwG
GmbH[27]	§ 51 Abs. 1 S. 1 GmbHG bzw. Gesellschaftsvertrag	§ 51 Abs. 1 S. 2 GmbHG bzw. Gesellschaftsvertrag	§§ 47, 49 Abs. 1 bis 3 UmwG; bei grenzüberschreitender Verschmelzung: § 122d UmwG
AG[28]	§ 121 Abs. 2 S. 1, Abs. 3 S. 1, Abs. 4 S. 1 AktG	§ 123 Abs. 1 AktG	§ 124 Abs. 2 S. 2 AktG, § 63 UmwG; bei grenzüberschreitender Verschmelzung: § 122d UmwG
SE	Art. 54 Abs. 2 SE-VO iVm § 121 Abs. 2 S. 1, Abs. 3 S. 1, Abs. 4 S. 1 AktG	Art. 54 Abs. 2 SE-VO iVm § 123 Abs. 1 AktG	Art. 54 Abs. 2 SE-VO, § 124 Abs. 2 S. 2 AktG, § 63 UmwG
KGaA	§§ 278 Abs. 3, 283 Nr. 6 AktG iVm § 78 S 1 und 2 UmwG	§§ 278 Abs. 3, 283 Nr. 6 AktG iVm § 78 S. 1 und 2 UmwG	§ 124 Abs. 2 S. 2 AktG, § 63 UmwG
e. G.[29]	§§ 44, 46 GenG bzw. Satzung	§ 46 Abs. 1 GenG	n. a.
e. V.[30]	Satzung (vgl. § 58 Nr. 4 BGB)	Satzung (vgl. § 58 Nr. 4 BGB)	§ 101 UmwG
VVaG	§ 191 VAG iVm § 121 Abs. 2 S. 1, Abs. 3 S. 1, Abs. 4 S. 1 AktG	§ 191 VAG iVm § 123 Abs. 1 AktG	§ 191 VAG iVm § 124 Abs. 2 S. 2 AktG, § 112 Abs. 1 UmwG

Die Grundsätze der **Vollversammlung**[31] (§ 121 Abs. 6 AktG, § 51 Abs. 3 GmbHG) sind auf die Verschmelzung anwendbar: Sofern alle Anteilsinhaber anwesend sind und kein Widerspruch gegen die Beschlussfassung eingelegt wurde, kann der Verschmel-

---

[26] Lutter/*Drygala*, § 13 Rn. 4; Semler/Stengel/*Gehling*, § 13 Rn. 1; Widmann/Mayer/*Heckschen*, § 13 Rn. 7 f.
[27] Zur Einberufung der Gesellschafterversammlung bei der GmbH: § 15 Rn. 180 ff.
[28] Zur Vorbereitung der Hauptversammlung bei der AG: § 15 Rn. 16 ff.
[29] Zur Einberufung der Generalversammlung bei der e. G.: § 15 Rn. 379 f.
[30] Zur Einberufung der Mitgliederversammlung beim e. V.: § 15 Rn. 524 ff.
[31] Vgl. dazu: Hüffer/*Koch*, § 121 Rn. 19 ff.; Baumbach/Hueck/*Zöllner/Noack*, § 51 Rn. 31 ff.

zungsbeschluss ohne Berücksichtigung von Form und Frist der Einberufung gefasst werden.[32]

18 Die Beschlussfassung der Anteilsinhaber in der Versammlung selbst folgt den allgemeinen Grundsätzen entsprechend dem auf die jeweiligen Rechtsträger anwendbaren Recht.[33] Das Gesetz schreibt weder die Reihenfolge vor, in welcher die Zustimmungsbeschlüsse bei den beteiligten Rechtsträgern einzuholen sind, noch legt es den **Ablauf der Versammlung** der Anteilseigner fest.[34] Für die Durchführung der Versammlung gelten daher die Vorschriften, die nach Gesetz und Satzung bzw. Gesellschaftsvertrag für die beteiligten Rechtsträger Anwendung finden.[35]

3. Stimmrecht

19 § 13 UmwG enthält keine Aussagen über das Stimmrecht der Anteilsinhaber in der Versammlung. Auch das Stimmrecht richtet sich daher nach den **allgemeinen Bestimmungen** für den jeweiligen Rechtsträger. Diese werden in den besonderen Vorschriften für die Beschlussfassung über Umwandlungen zum Teil ergänzt. Inhaber stimmrechtsloser Vorzugsaktien der AG (vgl. § 65 Abs. 2 S. 1 UmwG) sowie Inhaber simmrechtsloser Geschäftsanteile der GmbH, deren Schutz in § 23 UmwG abschließend geregelt ist, haben auch bei der Fassung des Verschmelzungsbeschlusses grundsätzlich kein Stimmrecht.[36] Etwas anderes gilt bei **Personenhandelsgesellschaften** und Partnerschaftsgesellschaften: Nach § 43 Abs. 1 UmwG (iVm § 45e S. 1 UmwG) bedarf ein Verschmelzungsbeschluss der Zustimmung **aller Gesellschafter**, auch wenn ihr Stimmrecht im Gesellschaftsvertrag ausgeschlossen ist.[37] Das **Stimmverbot** nach § 47 Abs. 4 S. 2 GmbHG oder nach § 34 BGB (für den Verein) findet auf Verschmelzungsbeschlüsse keine Anwendung.[38]

20 Leben Anteilsinhaber in **gesetzlichem Güterstand** oder in **Gütergemeinschaft** und stellen deren Anteile ihr ganzes oder nahezu ganzes Vermögen dar, bedarf die Stimmabgabe des Anteilsinhabers zum Verschmelzungsbeschluss nicht der Zustimmung seines Ehepartners nach §§ 1365 Abs. 1 BGB, 1423 BGB.[39] Etwas anderes wird teilweise in Bezug auf Anteilseigner des übertragenden Rechtsträgers vertreten.[40]

21 Bei der Belastung des Anteils mit einem **Pfandrecht** oder **Nießbrauch** besteht keine Beschränkung der Stimmberechtigung.[41] In beiden Fällen erlangen weder der Pfandgläubiger noch der Nießbrauchsberechtigte ein Stimmrecht.[42] Letzteres gilt nur dann nicht, wenn dem Nießbrauchsberechtigten die volle Rechtsstellung des Gesellschafters eingeräumt wird, was idR nicht der Fall sein dürfte.[43]

22 § 13 UmwG regelt nicht, inwieweit eine **Stellvertretung** bei der Stimmabgabe zulässig ist. Daher ist die Frage, ob sich die Anteilsinhaber bei der Stimmabgabe vertreten lassen

---

[32] Lutter/*Drygala*, § 13 Rn. 6; Sagasser/Bula/Brünger/*Sagasser/Luke*, § 9 Rn. 302
[33] Semler/Stengel/*Gehling*, § 13 Rn. 23.
[34] Widmann/Mayer/*Heckschen*, § 13 Rn. 68; Kallmeyer/*Zimmermann*, § 13 Rn. 8; Lutter/*Drygala*, § 13 Rn. 8; Semler/Stengel/*Reichert*, § 50 Rn. 7.
[35] Semler/Stengel/*Gehling*, § 13 Rn. 17; Widmann/Mayer/*Heckschen*, § 13 Rn. 8.
[36] Hensseler/Strohn/*Diekmann*, § 65 UmwG Rn. 24; Semler/Stengel/*Reichert*, § 50 Rn. 24; Lutter/*Winter/Vetter*, § 50 Rn. 22.
[37] Schmitt/Hörtnagl/Stratz/*Stratz* § 43 Rn. 5; Böttcher/Habighorst/Schulte/*Burg* § 43 Rn. 6; Lutter/*H. Schmidt* § 43 Rn. 11.
[38] OLG Stuttgart, 20 U 52/97, DB 2001, 854, 858; Lutter/*Drygala*, § 13 Rn. 26; Kallmeyer/*Zimmermann* § 50 UmwG Rn. 14; Lutter/*Winter/Vetter* § 50 UmwG Rn. 24 f.; Schmitt/Hörtnagl/Stratz/*Stratz* § 50 UmwG Rn. 5.
[39] Wie hier: Semler/Stengel/*Gehling*, § 13 Rn. 25a; BeckOGK UmwG/*Rieckers/Cloppenburg*, § 13 Rn. 52.
[40] Widmann/Mayer/*Heckschen*, § 13 Rn. 136; Kallmeyer/*Zimmermann*, § 13 Rn. 33.
[41] Semler/Stengel/*Gehling*, § 13 Rn. 25c; BeckOGK UmwG/*Rieckers/Cloppenburg*, § 13 Rn. 51.
[42] OLG Koblenz, 6 U 963/91, NJW 1992, 2163, 2164; Widmann/Mayer/*Heckschen*, § 13 Rn. 121 ff. und 128 ff.
[43] Widmann/Mayer/*Heckschen*, § 13 Rn. 131, Semler/Stengel/*Gehling*, § 13 Rn. 25c.

§ 11 Verschmelzungsbeschluss 23–27 § 11

können, unter Rückgriff auf die für die jeweilige Rechtsform geltenden Vorschriften zu beantworten[44]: So kann etwa das Stimmrecht der Aktionäre der AG durch einen Bevollmächtigten ausgeübt werden (§ 134 Abs. 3 AktG). Auch bei der GmbH ist eine Stimmrechtsausübung durch Dritte zulässig (§ 47 Abs. 3 GmbHG), sofern der GmbH-Gesellschaftsvertrag dies nicht in zulässiger Weise eingeschränkt oder ausgeschlossen hat.[45] Bei Personen(handels)gesellschaften kann die Ausübung des Stimmrechts durch Dritte als Bevollmächtigte entweder im Gesellschaftsvertrag oder durch ad-hoc-Zustimmung seitens der Mitgesellschafter zugelassen werden.[46] Für die Erteilung der **Stimmrechtsvollmacht** gilt nach hM[47] § 167 Abs. 2 BGB; eine notarielle Beurkundung oder Beglaubigung der Vollmacht ist daher nicht geboten. Bei Bevollmächtigung eines anderen Anteilsinhabers ist schließlich stets von einer (konkludenten) Befreiung vom **Selbstkontrahierungsverbot** (§ 181 BGB) auszugehen.[48]

4. Mehrheitserfordernisse

§ 13 UmwG regelt nicht die für die Verschmelzungsbeschlüsse erforderlichen Mehrheits- 23 verhältnisse; diese sind vielmehr **rechtsformspezifisch** zu ermitteln und ergeben sich aus den besonderen Vorschriften des UmwG[49]. Strengere Regelungen können sich derweil aus **Satzung** bzw. **Gesellschaftsvertrag** ergeben (→ Rn. 31). Wie bereits oben (→ Rn. 13a) dargestellt, muss die erforderliche Mehrheit „*in der Versammlung*" erreicht werden.

a) Gesetzliche Mehrheitserfordernisse. aa) Personengesellschaft und Partner- 24 **schaftsgesellschaft.** Erforderlich ist ein **einstimmiger Verschmelzungsbeschluss** der Gesellschafterversammlung, dh Zustimmung aller anwesenden Gesellschafter bzw. Partner (§§ 43 Abs. 1, 45d Abs. 1 UmwG) sowie die Zustimmung aller ggf. nicht erschienenen Gesellschafter.[50] Die Zustimmungserklärung der nicht erschienenen Gesellschafter bedarf der notariellen Beurkundung (§ 13 Abs. 3 S. 1 UmwG).

Der Gesellschaftsvertrag einer Personenhandelsgesellschaft kann jedoch eine **Mehrheits-** 25 **entscheidung** der Gesellschafter vorsehen (§§ 43 Abs. 2 S. 1, 45d Abs. 1 S. 1 UmwG). Zwar muss eine solche Mehrheitsklausel nach der Gesetzesbegründung ausdrücklich den Fall der Verschmelzung benennen, richtigerweise sind aber auch solche Mehrheitsklauseln ausreichend, die bspw. den allgemeineren Begriff der Umwandlung verwenden.[51] Ist eine Mehrheitsklausel in diesem Sinne vorgesehen, so bedarf es für den Beschluss lediglich einer qualifizierten Mehrheit, jedoch mindestens eine Mehrheit von drei Viertel der Stimmen der Gesellschafter (§§ 43 Abs. 2 S. 2, 45d Abs. 2 S. 2 UmwG).

bb) GmbH. Der Verschmelzungsbeschluss der Gesellschafterversammlung muss nach 26 § 50 Abs. 1 S. 1 UmwG mit einer Mehrheit von mindestens **drei Viertel der abgegebenen Stimmen** gefasst werden.[52] Dieses Mehrheitserfordernis ist zwingend und kann durch Gesellschaftsvertrag gem. § 50 Abs. 1 S. 2 UmwG allenfalls verschärft und um weitere Beschlusserfordernisse ergänzt werden (→ § 15 Rn. 191).

cc) AG, KGaA, SE. Bei der AG und der KGaA sind **drei Viertel des bei der** 27 **Beschlussfassung vertretenen Grundkapitals** (§§ 65 Abs. 1 S. 1, 78 S. 1 UmwG) und

---

[44] Widmann/Mayer/*Heckschen,* § 13 Rn. 96; Semler/Stengel/*Gehling,* § 13 Rn. 25; BeckOGK UmwG/*Rieckers/Cloppenburg,* § 13 Rn. 54.
[45] Baumbach/Hueck/*Zöllner/Noack,* § 47 Rn. 44; MünchKommGmbHG/*Drescher,* § 47 Rn. 93 f.
[46] MünchHdb. GesR I/Weipert, § 57 Rn. 62 ff.; MünchKommBGB/*Schäfer,* § 709 Rn. 77.
[47] *Bergjan/Klotz,* ZIP 2016, 2300 (2303 f.); Kölner Kommentar-UmwG/*Simon,* § 13 Rn. 19; BeckOGK UmwG/*Rieckers/Cloppenburg,* § 13 Rn. 55; aA: Widmann/Mayer/*Heckschen,* § 13 Rn. 113 f. mwN.
[48] Kölner Kommentar-UmwG/*Simon,* § 13 Rn. 21; Kallmeyer/*Zimmermann,* § 13 Rn. 14; MünchKommBGB/*Schubert,* § 181 Rn. 33.
[49] Vgl. §§ 43, 45d, 50, 65, 78, 84, 103, 106, 112 Abs. 3, 118 UmwG.
[50] Widmann/Mayer/*Heckschen,* § 13 Rn. 72.
[51] Widmann/Mayer/*Heckschen,* § 13 Rn. 73.
[52] Kallmeyer/*Zimmermann,* § 13 Rn. 9.

die **einfache Mehrheit der abgegebenen Stimmen** erforderlich (§§ 133 Abs. 1, 278 Abs. 3 AktG). Die Kapitalmehrheit ist also ein weiteres Erfordernis neben der Stimmenmehrheit. In der Satzung können eine größere Kapitalmehrheit sowie weitere Erfordernisse niedergelegt werden (§§ 65 Abs. 1 S. 2, 78 S. 1 UmwG).

28 Sind **mehrere Gattungen von Aktien** vorhanden, bedarf der Beschluss der Hauptversammlung gem. § 65 Abs. 2 UmwG zu seiner Wirksamkeit der Zustimmung der stimmberechtigten Aktionäre jeder Gattung durch **Sonderbeschluss**. Die Sonderbeschlüsse treten also neben den Verschmelzungsbeschluss; für sie gilt wiederum ebenfalls die einfache Stimmenmehrheit (§§ 133 Abs. 1, 278 Abs. 3 AktG) sowie das Mehrheitserfordernis nach §§ 65 Abs. 1 S. 1 und 2, 78 S. 1 UmwG.[53] Bei der **KGaA** müssen zusätzlich die **persönlich haftenden Gesellschafter** zustimmen (§ 78 Satz 3 UmwG), wobei die Satzung eine Mehrheitsentscheidung der Gesellschafter genügen lassen kann.

29 Das Mehrheitserfordernis des § 65 Abs. 1 S. 1 UmwG findet im Grundsatz auch bei der **SE mit Sitz in Deutschland** Anwendung.[54] Die Regelung soll – da die SE-VO keine Kapitalmehrheit kenne – nach teilweise vertretener Ansicht dahingehend umzudeuten sein, dass auf die Mehrheit von mindestens drei Viertel der abgegebenen Stimmen abzustellen sei.[55] Die Satzungsermächtigung des § 65 Abs. 1 S. 2 UmwG findet auf die SE keine Anwendung, da der Wortlaut des Art. 57 SE-VO insoweit entgegensteht.[56] Das Sonderbeschlusserfordernis des § 65 Abs. 2 UmwG ist hingegen auf die in Deutschland ansässige SE anwendbar.[57] Bei Hauptversammlungsbeschlüssen einer SE mit mehreren Aktiengattungen ist zudem Art. 60 Abs. 1 SE-VO zu beachten: Sind mehrere Gattungen von Aktien vorhanden, so erfordert jeder Beschluss der Hauptversammlung noch eine gesonderte Abstimmung durch jede Gruppe von Aktionären, deren spezifische Rechte durch den Beschluss berührt werden. Da der Begriff der Aktiengattung in der SE-VO nicht definiert ist, bestimmt sich der Begriff gem. Art. 5 SE-VO nach nationalem Recht, für eine in Deutschland ansässige SE also nach § 11 S. 2 AktG.[58] Berührt sind spezifische Rechte der jeweiligen Aktionärsgattung bei jeder gattungsspezifischen Benachteiligung, die rechtlicher oder wirtschaftlicher Art sein kann.[59]

30 **dd) Genossenschaft und Verein.** Der Verschmelzungsbeschluss der Mitgliederversammlung bedarf hier einer Mehrheit von **drei Viertel der abgegebenen Stimmen** (§ 84 S. 1 UmwG für die Genossenschaft, § 103 S. 1 UmwG für den Verein). Die Satzung kann jeweils eine größere Mehrheit vorsehen (§§ 84 S. 2, 103 S. 2 UmwG).

31 **b) Statutarische Mehrheitsregelungen.** In der **Satzung** bzw. im **Gesellschaftsvertrag** können **strengere** (nicht mildere) **Anforderungen** für die Beschlussfassung aufgestellt werden (Ausnahme SE, → Rn. 29).[60] Sieht die Satzung bzw. der Gesellschaftsvertrag für Satzungsänderungen eine größere Mehrheit vor (zB eine Vier-Fünftel-Mehrheit für

---

[53] Widmann/Mayer/*Heckschen*, § 13 Rn. 84; BeckOGK UmwG/*Rieckers/Cloppenburg*, § 13 Rn. 67.
[54] HM; siehe nur Habersack/Drinhausen/*Bücker*, Art. 57 SE-VO Rn. 25 ff.; MünchKommAktG/ *Kubis*, Art. 57 SE-VO Rn. 8, jeweils mwN; aA: Van Hulle/Maul/Drinhausen/*Maul*, Abschn. 5 § 4 Rn. 65, 68.
[55] So MünchKommAktG/*Kubis*, Art. 57 SE-VO Rn. 8; Lutter/Hommelhoff/Teichmann/*Spindler*, Art. 57 SE-VO Rn. 13; Spindler/Stilz/*Eberspächer*, Art. 57 SE-VO Rn. 4; aA: Habersack/Drinhausen/*Bücker*, Art. 57 SE-VO Rn. 27 f.; Kölner Kommentar-AktG/*Kiem*, Art. 57 SE-VO Rn. 36 f.; *Wilk*, Aktionärsrechte in der deutschen SE, S. 98 f.
[56] Spindler/Stilz/*Eberspächer*, Art. 57 SE-VO Rn. 4; Lutter/Hommelhoff/Teichmann/*Spindler*, Art. 57 SE-VO Rn. 14; MünchKommAktG/*Kubis*, Art. 57 SE-VO Rn. 7.
[57] Kallmeyer/*Zimmermann*, § 65 Rn. 21; BeckOGK UmwG/*Rieckers/Cloppenburg*, § 13 Rn. 68.
[58] Habersack/Drinhausen/*Bücker*, Art. 60 SE-VO Rn. 5; Lutter/Hommelhoff/Teichmann/*Spindler*, Art. 57 SE-VO Rn. 7.
[59] Habersack/Drinhausen/*Bücker*, Art. 60 SE-VO Rn. 7; MünchKommAktG/*Kubis*, Art. 60 SE-VO Rn. 4.
[60] Semler/Stengel/*Gehling*, § 13 Rn. 21; Kallmeyer/*Zimmermann*, § 13 Rn. 11.

Satzungsänderungen bei der GmbH), ohne die Mehrheitserfordernisse für den Fall der Verschmelzung ausdrücklich zu regeln, so ist nach hM anzunehmen, dass die für Satzungsänderungen festgelegte Mehrheit auch für Verschmelzungsbeschlüsse gilt.[61] Da Satzungsänderungen mit Strukturentscheidungen wie der Verschmelzung vergleichbar sind und die Folgen für die Gesellschaft im Falle einer Verschmelzung in aller Regel weitreichender sind als im Falle einer bloßen Satzungsänderung, spricht in der Tat viel für den Willen der Anteilsinhaber, dass die für Satzungsänderungen geltende Mehrheit für eine Verschmelzung Anwendung findet. Zu Recht wird jedoch darauf hingewiesen, dass diese Auslegungsregel nicht schematisch anzuwenden sei, sondern die Satzung bzw. der Gesellschaftsvertrag stets im Einzelfall daraufhin auszulegen sei, ob auch Verschmelzungsbeschlüsse von diesem Mehrheitserfordernis erfasst sein sollen.[62] Zu weitreichend ist dagegen die vereinzelt vertretene Ansicht, das Erfordernis einer größeren Mehrheit ergebe sich auch dann, wenn diese für die Änderung nur einzelner Bestimmungen in Satzung bzw. Gesellschaftsvertrag vorgesehen sei und diese Bestimmungen von der Verschmelzung aufgehoben oder wesentlich verändert würden.[63]

5. Besondere Zustimmungserfordernisse

a) Zustimmung einzelner Anteilsinhaber. Für **vinkulierte Anteile** enthält § 13 Abs. 2 UmwG ein rechtsformunabhängiges Sonderzustimmungserfordernis: Für den Fall, dass die Übertragung der Anteile eines übertragenden Rechtsträgers nach dem Gesellschaftsvertrag bzw. der Satzung von der Zustimmung bestimmter einzelner Anteilsinhaber abhängig ist, bedarf der Verschmelzungsbeschluss zu seiner Wirksamkeit deren Zustimmung. Solange diese Zustimmungen nicht ausnahmslos vorliegen, ist der Verschmelzungsbeschluss (und damit der Verschmelzungsvertrag) schwebend unwirksam.[64] Wird die Zustimmung verweigert[65] oder nur unter Einschränkungen erteilt[66], ist der Verschmelzungsbeschluss endgültig unwirksam. Durch Eintragung der Verschmelzung im Register wird dieser Mangel nicht nach § 20 Abs. 1 Nr. 4 UmwG geheilt.[67] Der Mangel bleibt bestehen, lässt aber die Wirkung der Verschmelzung nach § 20 Abs. 2 UmwG unberührt (→ § 13 Rn. 165, 174).

Die Zustimmung ist eine **empfangsbedürftige Willenserklärung** und kein Beschluss, auch wenn mehrere Personen zustimmen müssen; sie unterliegt daher den Regeln über empfangsbedürftige Willenserklärungen (zB §§ 119 ff., 130 BGB). Die Zustimmungserklärung ist notariell zu beurkunden (→ Rn. 50a) und muss – um wirksam zu sein – dem betreffenden Rechtsträger (bzw. dem Vertretungsorgan) in Ausfertigung (§ 47 BeurkG) zugehen.[68] Für die Zustimmungserklärungen der einzelnen Anteilsinmhaber gilt jedoch kein Versammlungszwang.[69] Die Zustimmungserklärung wirkt entsprechend § 184 Abs. 1 BGB auf den Zeitpunkt der Fassung des Verschmelzungsbeschlusses zurück.[70] Stimmt ein

---

[61] Lutter/*Drygala*, § 13 Rn. 27; Widmann/Mayer/*Heckschen*, § 13 Rn. 70; Schmitt/Hörtnagl/Stratz/*Stratz*, § 65 Rn. 12; Semler/Stengel/*Diekmann*, § 65 Rn. 14.
[62] Kölner Kommentar-UmwG/*Simon*, § 13 Rn. 23; BeckOGK UmwG/*Rieckers/Cloppenburg*, § 13 Rn. 71.
[63] So aber *Reichert*, GmbHR 1995, 176, 185.
[64] Böttcher/Habighorst/Schulte/*Böttcher*, § 13 Rn. 30 f.; Henssler/Strohn/*Heidinger*, § 13 UmwG Rn. 35.
[65] Schmitt/Hörtnagl/Stratz/*Stratz*, § 13 Rn. 66; Lutter/*Drygala*, § 13 Rn. 29; Widmann/Mayer/*Heckschen*, § 13 Rn. 207.
[66] Kallmeyer/*Zimmermann*, § 13 Rn. 30; BeckOGK UmwG/*Rieckers/Cloppenburg*, § 13 Rn. 103.
[67] § 20 Abs. 1 Nr. 4 UmwG betrifft nur Mängel der fehlenden notariellen Beurkundung der Zustimmungserklärung.
[68] Kallmeyer/*Zimmermann*, § 13 Rn. 27; BeckOGK UmwG/*Rieckers/Cloppenburg*, § 13 Rn. 100; vgl. hinsichtlich des Adressaten auch: Widmann/Mayer/*Heckschen*, § 13 Rn. 209; Scholz/*Priester*, § 53 GmbHG Rn. 94.
[69] BeckOGK UmwG/*Rieckers/Cloppenburg*, § 13 Rn. 45.
[70] Kallmeyer/*Zimmermann*, § 13 Rn. 29; BeckOGK UmwG/*Rieckers/Cloppenburg*, § 13 Rn. 103.

zustimmungsberechtigter Anteilsinhaber in der Versammlung für den Verschmelzungsbeschluss, dürfte dies regelmäßig als **konkludente Zustimmung** zuwerten sein.

33 Da das in § 13 Abs. 2 UmwG genannte Sonderrecht nur bestimmten einzelnen Anteilsinhabern zusteht, hat die Regelung im Aktienrecht keine Bedeutung, da das AktG die Zustimmung einzelner Aktionäre zur Aktienübertragung nicht kennt. Die Aktienübertragung kann gem. § 68 Abs. 2 AktG lediglich an die Zustimmung der Gesellschaft gebunden werden. § 13 Abs. 2 UmwG hat vielmehr vornehmlich Bedeutung für Personengesellschaften und v. a. die GmbH, bei der die Vinkulierung der Anteile nach § 15 Abs. 5 GmbHG häufig anzutreffen ist.[71] Eine unmittelbare Anwendung des § 13 Abs. 2 UmwG setzt allerdings voraus, dass das Zustimmungsrecht einem bestimmten Gesellschafter im Gesellschaftsvertrag bzw. in der Satzung als Sonderrecht zugewiesen ist, wobei allerdings unerheblich ist, ob es sich um ein personengebundenes oder anteilsgebundenes Recht handelt.[72] **Keine Anwendung** findet § 13 Abs. 2 UmwG, wenn die Abtretung von Anteilen von der Zustimmung eines anderen Gesellschaftsorgans (zB Aufsichtsrat oder Beirat) oder der Gesellschaft selbst abhängt.[73]

34 Der Zuweisung eines Sonderrechts ist die Konstellation, dass in der **Satzung** die Zustimmung aller Anteilsinhaber zur Abtretung von Gesellschaftsanteilen vorgeschrieben ist, gleichzustellen.[74] Auch in dieser Situation ist jeder von ihnen berechtigt, die Anteilsübertragung zu verhindern.[75]

35 b) **Sonstige Zustimmungserfordernisse.** Neben dem in § 13 Abs. 2 UmwG geregelten rechtsformübergreifenden Zustimmungserfordernis für vinkulierte Anteile sind weitere Fälle der Notwendigkeit einer Zustimmungserklärung einzelner Anteilsinhaber zu beachten, zB das Zustimmungserfordernis der nicht zur Versammlung erschienenen Gesellschafter bei Personengesellschaften (§ 43 Abs. 1 Hs. 2 UmwG), die Zustimmungserfordernisse durch Sonderbeschluss bei Vorhandensein mehrerer Aktiengattungen nach § 65 Abs. 2 UmwG (AG → § 15 Rn. 46), die Zustimmung von Sonderrechtsinhabern nach § 50 Abs. 2 UmwG bzw. in den Sonderfällen des § 51 Abs. 1 und 2 UmwG (GmbH → § 15 Rn. 197 und 200). Hinsichtlich der Erklärung dieser Zustimmungen und ihrer Wirkung gelten die vorstehenden Ausführungen zum Zustimmungserfordernis nach § 13 Abs. 2 UmwG entsprechend (→ Rn. 32 f.).

IV. Zeitpunkt der Beschlussfassung

36 Der Beschluss über die Zustimmung zum Verschmelzungsvertrag kann sowohl vor als auch nach Abschluss des Verschmelzungsvertrages gefasst werden.[76] Werden zuerst der **Verschmelzungsvertrag geschlossen** und anschließend die Zustimmungsbeschlüsse gefasst, so tritt die Wirksamkeit des Verschmelzungsvertrages mit ex-nunc-Wirkung (str.[77]) ein, sobald der letzte Zustimmungsbeschluss gefasst ist. Bis dahin ist der Verschmelzungsvertrag schwebend unwirksam (→ Rn. 1).

37 Wie sich aus § 4 Abs. 2 UmwG ergibt, besteht auch die Möglichkeit eines vorherigen Zustimmungsbeschlusses der Anteilsinhaberversammlung über einen schriftlichen **Entwurf des Verschmelzungsvertrags**. Voraussetzung für eine wirksame Verschmelzung ist in diesem Fall, dass (i) den Anteilseignern bei der Beschlussfassung ein vollständiger Entwurf

---

[71] Semler/Stengel/*Gehling*, § 13 Rn. 35; Lutter/*Drygala*, § 13 Rn. 28.
[72] Lutter/*Drygala*, § 13 Rn. 28.
[73] BeckOGK UmwG/*Rieckers/Cloppenburg*, § 13 Rn. 96; Kallmeyer/*Zimmermann*, § 13 Rn. 24.
[74] Semler/Stengel/*Gehling*, § 13 Rn. 38.
[75] Lutter/*Drygala*, § 13 Rn. 29.
[76] OLG Frankfurt am Main, 12 W 185/05, ZIP 2006, 370, 374; Semler/Stengel/*Gehling*, § 13 Rn. 11.
[77] Wie hier Kölner Kommentar-UmwG/*Simon*, § 4 Rn. 7; BeckOGK UmwG/*Rieckers/Cloppenburg*, § 13 Rn. 10; wohl aA Schmitt/Hörtnagl/Stratz/*Stratz*, § 13 Rn. 17, und Lutter/*Drygala*, § 13 Rn. 8, da insoweit eine Genehmigung nach § 184 BGB analog bejaht wird.

vorliegt[78] und (ii) der Verschmelzungsvertragsentwurf bis zur Erlangung seiner Rechtsverbindlichkeit keine inhaltlichen Änderungen mehr erfährt.[79] Unzulässig sind – wie bereits erwähnt – nur inhaltliche Änderungen. Redaktionelle Anpassungen oder die Berichtigung von offensichtlichen Unrichtigkeiten (zB Schreibfehler) sind zulässig.[80] Werden nach der Beschlussfassung inhaltliche Änderungen im Entwurf vorgenommen, bedarf es erneuter Verschmelzungsbeschlüsse durch die Anteilsinhaber.[81] Bis zur Fassung der erneuten Verschmelzungsbeschlüsse ist der Verschmelzungsvertrag schwebend unwirksam. Allerdings ist zu beachten, dass die Verschmelzung mit ihrer Registereintragung über die Heilung von Formmängeln (§ 20 Abs. 1 Nr. 4 UmwG) hinaus auch bei sonstigen Mängeln Bestandsschutz genießt[82] (ausführlich → § 13 Rn. 165 ff.). Wird also die Verschmelzung trotz Fehlens erneuter Verschmelzungsbeschlüsse eingetragen, ist sie bestandskräftig.

Im Übrigen ist vor Fassung eines Verschmelzungsbeschlusses die **Monatsfrist des § 5** **38** **Abs. 3 UmwG,** wonach der Verschmelzungsvertrag oder sein Entwurf den Betriebsräten der beteiligten Rechtsträger spätestens einen Monat vor der Versammlung zuzuleiten ist, sowie die Zwei-Jahres-Sperre des § 76 Abs. 1 UmwG (für die AG) zu beachten.[83]

V. Beschlussgegenstand und Beschlussinhalt

1. Zustimmung zum Verschmelzungsvertrag oder Vertragsentwurf

Gegenstand eines Verschmelzungsbeschlusses kann – wie oben (→ Rn. 36 f.) dargestellt – **39** entweder der von den Vertretungsorganen der beteiligten Rechtsträger bereits geschlossene Verschmelzungsvertrag oder lediglich der Entwurf eines Verschmelzungsvertrages sein. Inhalt des Beschlusses ist jedenfalls die Zustimmung zu einem (bereits abgeschlossenen oder als Entwurf vorliegenden) **konkreten Verschmelzungsvertrag**[84] und nicht die generellabstrakte Zustimmung zu einem geplanten Verschmelzungsvorgang, für den noch kein vollständiger Vertragsentwurf vorliegt. Einem von den Anteilseignern gefassten Weisungsbeschluss, der die Vertretungsorgane verpflichtet, einen Verschmelzungsvertrag vorzubereiten[85], kommt daher nicht die Wirkung eines Verschmelzungsbeschlusses zu.[86] Vielmehr ist nach Vorliegen eines fertigen Vertragsentwurfes oder nach Abschluss des Verschmelzungsvertrages auch in diesem Fall noch ein gesonderter Verschmelzungsbeschluss zu fassen.

2. Alternativentwürfe und Änderungsmöglichkeiten

Bei der Frage, ob und inwieweit eine Beschlussfassung der Anteilsinhaber über Alterna- **40** tiventwürfe eines vorgelegten Verschmelzungsvertrags zulässig ist, sind zwei Konstellationen zu unterscheiden: Einerseits ist denkbar, dass den Anteilsinhabern von vornherein, also bereits im Vorfeld der Ladung zur Versammlung, verschiedene Alternativentwürfe vorgelegt werden (→ Rn. 41). Daneben ist die Konstellation denkbar, dass die Anteilsinhaber in der

---

[78] BGH, II ZR 150/80, NJW 1982, 933 = ZIP 1982, 172, 175 (Vermögensübertragung); Lutter/*Drygala*, § 13 Rn. 23; Maulbetsch/Klumpp/Rose/*Maulbetsch*, § 13 Rn. 21; Schmitt/Hörtnagl/Stratz/*Stratz*, § 13 Rn. 27; Semler/Stengel/*Gehling*, § 13 Rn. 28.
[79] Kallmeyer/*Zimmermann*, § 13 Rn. 7; Schmitt/Hörtnagl/Stratz/*Stratz*, § 13 Rn. 18 f.; Widmann/Mayer/*Heckschen*, § 13 Rn. 53.7.
[80] Kölner Kommentar-UmwG/*Simon*, § 13 Rn. 33; BeckOGK UmwG/*Rieckers/Cloppenburg*, § 13 Rn. 17; Widmann/Mayer/*Heckschen*, § 13 Rn. 53.7.
[81] Widmann/Mayer/*Heckschen*, § 13 Rn. 53.7.
[82] *Kort*, AG 2010, 230 ff.; Henssler/Strohn/*Heidinger*, § 20 UmwG Rn. 63 f.
[83] Kallmeyer/*Zimmermann*, § 13 Rn. 6; vgl. BeckOGK UmwG/*Wicke*, § 5 Rn. Rn. 150.
[84] Lutter/*Drygala*, § 13 Rn. 23; Maulbetsch/Klumpp/Rose/*Maulbetsch*, § 13 Rn. 21; Semler/Stengel/*Gehling*, § 13 Rn. 28; Schmitt/Hörtnagl/Stratz/*Stratz*, § 13 Rn. 25.
[85] Hierzu ist beispielsweise der Vorstand der AG nach § 83 Abs. 1 AG verpflichtet, sofern die Hauptversammlung einen entsprechenden Beschluss mit der notwendigen Mehrheit fasst (vgl. Hüffer/*Koch*, § 83 Rn. 3).
[86] Kölner Kommentar-UmwG/*Simon*, § 13 Rn. 31; BeckOGK UmwG/*Rieckers/Cloppenburg*, § 13 Rn. 16.

Anteilsinhaberversammlung Änderungen des ihnen vorgelegten Verschmelzungsvertrages bzw. Entwurfs, die zB von Aktionären im Wege eines Gegenantrages in der Hauptversammlung eingebracht worden sind, beschließen wollen (→ Rn. 42).

41 Die erste Konstellation ist grundsätzlich unproblematisch: Mit dem Wortlaut sowie dem Sinn und Zweck des Gesetzes ist es nicht per se unvereinbar, den Anteilsinhabern von vornherein mehrere, **alternative Verschmelzungsverträge bzw. -vertragsentwürfe** zur Beschlussfassung vorzulegen. Voraussetzung ist jedoch, dass (i) es sich um jeweils vollständige Vertragsentwürfe handelt, (ii) jeweils die Berichts- und Prüfungspflichten gem. § 8 ff. UmwG erfüllt sind und (iii) alle Entwürfe den zuständigen Betriebsräten der jeweiligen Rechtsträger zugeleitet werden (§ 5 Abs. 3 UmwG).[87] Zu Recht wird aber die Grenze eines derartigen Vorgehens dort gesehen, wo die beteiligten Anteilsinhaber trotz der Vielfalt der Alternativentwürfe noch verständlich und umfassend informiert werden.[88]

42 Problematischer ist die zweite Konstellation, in der die Anteilseigner in der Versammlung Änderungen des ihnen zur Zustimmung vorgelegten Vertrages beschließen wollen. Einigkeit herrscht darüber, dass ein **Änderungsgesuch der Anteilsinhaber** einer Ablehnung des vorgelegten Verschmelzungsvertrags bzw. -vertragsentwurfs gleichkommt.[89] Umstritten ist hingegen, ob ein zustimmender Beschluss bezogen auf den Änderungsvorschlag wirksam gefasst werden kann. Nach teilweise vertretener Auffassung[90] haben die Anteilseigner lediglich die Möglichkeit, dem ihnen vorgelegten Vertrag bzw. Entwurf vollumfänglich zuzustimmen oder diesen abzulehnen, jedoch nicht über gewünschte Änderungen zu beschließen. Eine derartige Verengung der Entscheidungskompetenz der Anteilsinhaberversammlung auf vollständige Zustimmung oder Ablehnung des vorgelegten Vertrages ist vor dem Hintergrund des Schutzzwecks der Norm jedoch nicht geboten und überzeugt daher nicht. Vielmehr sind Beschlüsse zu einem geänderten Vertrag bzw. Entwurf grundsätzlich zulässig, wobei die für den jeweiligen Rechtsträger geltenden Vorschriften zu beachten sind.[91] So sind bei der AG oder der GmbH Änderungsbeschlüsse jedenfalls dann zulässig, wenn die Regeln über die Vollversammlung einschlägig sind[92], mithin sämtliche Anteilseigner in der Versammlung anwesend oder vertreten sind und zusätzlich das Einverständnis aller mit der Beschlussfassung besteht[93] (vgl. § 51 Abs. 3 GmbHG, § 121 Abs. 6 AktG).

43 Jenseits der Grundsätze der Vollversammlung wird der Spielraum für mögliche Änderungen durch die Berichts- und Prüfungspflichten (§§ 8 ff. UmwG) begrenzt, die gerade dem präventiven Schutz der Anteilsinhaber dienen und darauf abzielen, dass die Anteilsinhaber im Vorfeld der Beschlussfassung über die wesentlichen Grundlagen und Hintergründe sowie die wirtschaftliche Zweckmäßigkeit der Verschmelzung informiert werden (→ § 9 Rn. 1 und § 10 Rn. 1). Daher sollen Änderungen „wesentlicher"[94] oder „essentieller"[95] Regelungen des Verschmelzungsvertrages ausscheiden, wobei die in § 5 Abs. 1 Nr. 2–6 UmwG genannten Regelungsgegenstände eine Orientierungshilfe geben sollen. Knüpft man die Zulässigkeitsfrage – jenseits der Vollversammlungsregeln – daran, ob eine „wesent-

---

[87] BeckOGK UmwG/*Rieckers/Cloppenburg*, § 13 Rn. 21.
[88] Semler/Stengel/*Gehling*, § 13 Rn. 28a; Widmann/Mayer/*Heckschen*, § 13 Rn. 53.4.
[89] Schmitt/Hörtnagl/Stratz/*Stratz*, § 13 Rn. 28; Semler/Stengel/*Gehling*, § 13 Rn. 28a; Widmann/Mayer/*Heckschen*, § 13 Rn. 64.
[90] Widmann/Mayer/*Heckschen*, § 13 Rn. 64; Henssler/Strohn/*Heisinger*, § 13 Rn. 19; Schmitt/Hörtnagl/Stratz/*Stratz*, § 13 Rn. 28.
[91] OLG Hamm, 8 W 6/05, AG 2005, 361 = BeckRS 2005, 04157; Kölner Kommentar-UmwG/*Simon*, § 13 Rn. 37; *Lüttge/Baßler*, Der Konzern 2005, 341, 345; Semler/Stengel/*Gehling*, § 13 Rn. 28a; BeckOGK UmwG/*Rieckers/Cloppenburg*, § 13 Rn. 18 f.
[92] OLG Hamm, 8 W 6/05, AG 2005, 361 = BeckRS 2005, 04157; Kölner Kommentar-UmwG/*Simon*, § 13 Rn. 37; *Lüttge/Baßler*, Der Konzern 2005, 341, 345.
[93] Vgl. Spindler/Stilz/*Rieckers*, § 121 Rn. 85 ff.; Baumbach/Hueck/*Zöllner/Noack*, § 51 Rn. 31.
[94] So BeckOGK UmwG/*Rieckers/Cloppenburg*, § 13 Rn. 19.
[95] So Kölner Kommentar-UmwG/*Simon*, § 13 Rn. 41.

liche" oder „essentielle" Regelung des Verschmelzungsvertrages vorliegt, handelt es sich bei ihr letztlich um eine Einzelfallentscheidung, welche zwangsläufig mit Rechtsunsicherheiten verbunden ist. Änderungen des Vertrages bzw. Entwurfs in der Versammlung und ein anschließender Beschluss hierüber sollten vor diesem Hintergrund wohl erwogen werden, um den Beschluss nicht dem Risiko einer (begründeten) Anfechtungsklage (dazu ausführlich → § 14) auszusetzen. In jedem Fall ist bei Änderungen sicherzustellen, dass auch die Anteilsinhaber der anderen beteiligten Rechtsträger einverstanden sind bzw. sich ihre Beschlüsse ebenfalls auf die geänderte Fassung beziehen. Gegebenenfalls muss der geänderte Vertrag (erneut) der Anteilseignerversammlung des Vertragspartners vorgelegt werden und bedarf eines erneuten Vertragsschlusses, wenn und weil der ursprüngliche Vertragstext keine Zustimmung erhalten hat.[96]

3. Nebenbestimmungen

Der Verschmelzungsvertrag bzw. Entwurf kann mit **Bedingungen** und **Befristungen** 44 versehen werden oder mit **Handlungsanweisungen** an das Vertretungsorgan, die Registeranmeldung erst unter bestimmten Voraussetzungen vorzunehmen.[97] Voraussetzung für die Zulässigkeit solcher Nebenbestimmungen ist jedoch, dass sie den Vertretungsorganen keinen Gestaltungsspielraum hinsichtlich des Inhalts oder eines potentiellen Vollzugs des Verschmelzungsvertrags eröffnen.[98] So kann beispielsweise der Eintritt der Wirksamkeit des Verschmelzungsbeschlusses an die aufschiebende Bedingung der Zustimmung der Anteilsinhaberversammlungen der anderen beteiligten Rechtsträger geknüpft werden; auf diese Weise wird die ansonsten mit der Beschlussfassung eintretende Bindungswirkung (→ Rn. 55) vermieden. Weiterhin kann der Verschmelzungsvertrag vorsehen, dass der Beschluss seine Wirksamkeit verliert, sofern die Zustimmung der Anteilsinhaberversammlungen der anderen beteiligten Rechtsträger nicht bis zum Ablauf eines bestimmten Datums vorliegt oder die Verschmelzung nicht bis zum Ablauf eines bestimmten Datums in das Handelsregister eingetragen ist (auflösende Bedingung).

§ 13 UmwG findet keine Anwendung auf Beschlüsse der Anteilsinhaber, die nicht die 45 Zustimmung zum konkreten Verschmelzungsvertrag zum Inhalt haben, sondern lediglich im Zusammenhang mit der Verschmelzung stehen (insbesondere Kapitalerhöhungen).[99] Sie sind nicht als Nebenbestimmungen zum Verschmelzungsbeschluss zu qualifizieren, sondern erfordern einen eigenständigen Beschluss. Soll die Verschmelzung mit einer **Kapitalerhöhung** einhergehen, so kann über die Kapitalerhöhung in der gleichen Anteilsinhaberversammlung, in der auch der Verschmelzungsbeschluss gefasst wird oder in einer früheren bzw. späteren Versammlung beschlossen werden.[100] In der Praxis üblich ist die Beschlussfassung über den Verschmelzungsvertrag und die Kapitalerhöhung in derselben Anteilsinhaberversammlung (zur kostenrechtlichen Behandlung einer solchen konzentrierten Beschlussfassung → Rn. 59).

Ebenfalls nicht Bestandteil des Verschmelzungsbeschlusses sind im Verschmelzungsvertrag 46 vorgesehene **Satzungsänderungen** des übernehmenden Rechtsträgers. Auch hierfür bedarf es eines eigenständigen Umsetzungsaktes beim übernehmenden Rechtsträger.[101]

---

[96] Vgl. Semler/Stengel/*Gehling*, § 13 Rn. 28a; Lutter/*Drygala*, § 13 Rn. 25.
[97] Lutter/*Drygala*, § 13 Rn. 23; Maulbetsch/Klumpp/Rose/*Maulbetsch*, § 13 Rn. 22; Semler/Stengel/*Gehling*, § 13 Rn. 21; Goutier/Knopf/Tulloch/*Bermel*, § 13 Rn. 16; *Lutter* in FS Quack, 1991, S. 301, 310; Kölner Kommentar-UmwG/*Simon*, § 13 Rn. 36.
[98] Lutter/*Drygala*, § 13 Rn. 23; Maulbetsch/Klumpp/Rose/*Maulbetsch*, § 13 Rn. 22; Semler/Stengel/*Gehling*, § 13 Rn. 33; BeckOGK UmwG/*Rieckers/Cloppenburg*, § 13 Rn. 25.
[99] Lutter/*Drygala*, § 13 Rn. 23; Maulbetsch/Klumpp/Rose/*Maulbetsch*, § 13 Rn. 24; Semler/Stengel/*Gehling*, § 13 Rn. 34.
[100] Kallmeyer/*Zimmermann*, § 13 Rn. 8; Semler/Stengel/*Gehling*, § 13 Rn. 11.
[101] Lutter/*Drygala*, § 13 Rn. 23; Henssler/Strohn/*Heidinger*, § 13 UmwG Rn. 22; Kölner Kommentar-UmwG/*Simon*, § 13 Rn. 35.

4. Materielle Beschlusskontrolle

47 Ein materieller Beschlussmangel liegt in Anlehnung an den Maßstab des § 243 AktG vor, wenn der Inhalt des Beschlusses gegen das Gesetz oder die Satzung bzw. den Gesellschaftsvertrag verstößt (→ § 14 Rn. 51). Umstritten ist die Frage, ob der Beschluss der Anteilseigner darüber hinaus durch sachliche, **im Interesse des Rechtsträgers liegende Gründe** gerechtfertigt sein muss.[102]

48 In der Regierungsbegründung zu § 13 UmwG wurde klargestellt, dass der Entwurf nicht die Vorstellung von Rspr. und Schrifttum übernimmt, die für eine materielle Kontrolle bestimmter Hauptversammlungsbeschlüsse von Aktiengesellschaften entwickelt worden ist; nämlich dass die Beschlüsse im Interesse des Rechtsträgers liegen, zur Verfolgung des Unternehmensgegenstandes erforderlich und das angemessene Mittel sein müssen.[103] Dementsprechend wird eine derartige materielle Beschlusskontrolle im Sinne einer sachlichen Rechtfertigung für Verschmelzungsbeschlüsse **zu Recht abgelehnt**[104] und zwar sowohl für den übertragenden als auch für den übernehmenden Rechtsträger.[105] Allerdings unterliegt die Mehrheit bei der Ausübung ihres Stimmrechts einer **Missbrauchskontrolle**.[106] Das Vorliegen eines Rechtsmissbrauchs muss damit für jeden Einzelfall beurteilt werden. Dabei ist von einem rechtsmissbräuchlichen Verhalten auszugehen, wenn das Ziel des Vorhabens in Relation zur gesetzgeberischen Zielsetzung rechtsmissbräuchlich ist.[107]

49 Die **Anfechtbarkeit bzw. Nichtigkeit** eines Verschmelzungsbeschlusses einer Kapitalgesellschaft bestimmt sich nach den allgemeinen Regeln über die Anfechtbarkeit (§ 243 AktG) bzw. Nichtigkeit (§ 241 AktG) von Hauptversammlungsbeschlüssen. Fehlerhafte Beschlüsse von anderen beteiligungsfähigen Rechtsträgern sind dagegen stets nichtig.[108] Gegen sie ist die allgemeine Feststellungsklage gemäß § 256 ZPO statthaftes Rechtsmittel.

VI. Form

50 Die Vorschrift des § 13 Abs. 3 S. 1 UmwG sieht vor, dass der Verschmelzungsbeschluss und die nach dem UmwG erforderlichen Zustimmungserklärungen einzelner Anteilsinhaber einschließlich der erforderlichen Zustimmungserklärungen der nicht erschienenen Anteilsinhaber notariell beurkundet werden müssen. Die **notarielle Beurkundung** des **Versammlungsbeschlusses** dient vor allem der Rechtssicherheit, die dadurch gefördert werden soll, dass ein Notar die Verantwortung für die ordnungsgemäße Abwicklung der Versammlung der Anteilsinhaber übernimmt.[109] Dabei ist nur auf den Inhalt des vom Notar angefertigten Protokolls abzustellen. Die Beurkundung des Verschmelzungsbeschlusses erfolgt grundsätzlich durch **Niederschrift** gemäß §§ 36, 37 BeurkG (vgl. für die AG, KGaA und SE § 130 Abs. 1 AktG), ist aber auch in **Verhandlungsform** (§§ 8 ff. BeurkG) möglich.[110] Die Wirksamkeit der notariellen Beurkundung erfordert keine persönliche Überwachung der Stimmauszählung durch den Notar.[111]

---

[102] Ausführlich dazu: Widmann/Mayer/*Heckschen*, § 13 Rn. 163.11 ff.
[103] RegBegr BR-Drucks. 75/94, S. 86.
[104] OLG Frankfurt am Main, 12 W 185/05, NJW 2006, 1008 – bezüglich des übertragenden Rechtsträgers; Semler/Stengel/*Gehling*, § 13 Rn. 23; Widmann/Mayer/*Heckschen*, § 13 Rn. 163.24, 163.27; Kölner Kommentar-UmwG/*Simon*, § 13 Rn. 96; Kallmeyer/*Zimmermann*, § 13 Rn. 12.
[105] BeckOGK UmwG/*Rieckers/Cloppenburg*, § 13 Rn. 76.
[106] Lutter/*Drygala*, § 13 Rn. 54; Widmann/Mayer/*Heckschen*, § 13 Rn. 163.29; Kölner Kommentar-UmwG/*Simon*, § 13 Rn. 98.
[107] BGH, II ZR 302/06, DNotZ 2009, 695 = ZIP 2009, 908, 910.
[108] BGH, II ZR 63/71, NJW 1973, 235 (juris Rn. 9); Lutter/*Drygala*, § 13 Rn. 61.
[109] BGH, II ZB 7/88, NJW 1989, 295 = ZIP 1988, 26, 34; vgl. RegBegr., BT-Drucks. 75/94, S. 86; Schmitt/Hörtnagl/Stratz/*Stratz*, § 13 Rn. 69; Semler/Stengel/*Gehling*, § 13 Rn. 51; Lutter/*Drygala*, § 13 Rn. 17; Kölner Kommentar-UmwG/*Simon*, § 13 Rn. 76.
[110] Kallmeyer/*Zimmermann*, § 13 Rn. 37; Kölner Kommentar-UmwG/*Simon*, § 13 Rn. 78; BeckOGK UmwG/*Rieckers/Cloppenburg*, § 13 Rn. 125.
[111] OLG Düsseldorf, 16 U 79/02, NZG 2003, 816 = AG 2003, 510.

§ 11 Verschmelzungsbeschluss   50a–54   § 11

Die notarielle Beurkundung der **Zustimmungserklärungen** einzelner Anteilsinhaber 50a
hat darüber hinaus Warnfunktion.[112] Sie erfolgt ausschließlich nach den Vorschriften über
die Beurkundung von Willenserklärungen (§§ 8 ff. BeurkG).
Auch die **Beurkundung im Ausland** ist nach hM zulässig.[113] Voraussetzung ist dafür 51
jedoch, dass die Versammlung der Anteilsinhaber nach dem Recht der beteiligten Rechtsträger zulässigerweise im Ausland abgehalten werden kann. Bei der AG ist eine Auslandsversammlung zulässig, wenn die Satzung einen ausländischen Versammlungsort vorsieht[114]
oder die Aktionäre unter den Voraussetzungen einer Vollversammlung im Ausland zusammentreten.[115] Die Einzelheiten hinsichtlich der Frage der notariellen Beurkundung von
Beschlüssen bei Auslandsversammlungen sind noch nicht abschließend geklärt[116], sodass
eine Beurkundung im Ausland stets das Risiko einer späteren Anfechtungsklage durch
einen Anteilsinhaber birgt.
Dem notariell beurkundeten Verschmelzungsbeschluss ist der **Verschmelzungsvertrag** 52
bzw. der Entwurf des Verschmelzungsvertrags gemäß § 13 Abs. 3 S. 2 UmwG als **Anlage**
beizufügen. Diese Vorgehensweise soll zum einen rechtssicher festhalten, auf welchen Verschmelzungsvertrag sich der Verschmelzungsbeschluss bezieht.[117] Zum anderen erlaubt sie
dem Registergericht, zu überprüfen, ob der beurkundete Verschmelzungsbeschluss sich an
die finale Version des abgeschlossenen Verschmelzungsvertrags anlehnt.[118] Die Beifügung
einer unbeglaubigten **einfachen Abschrift** genügt den Anforderungen des § 13 Abs. 3
S. 2 UmwG.[119] Der als Anlage beigefügte Vertrag muss nicht verlesen werden.[120]
Soweit erforderliche Zustimmungs- und Verzichtserklärungen einzelner Anteilsinhaber 53
nicht ordnungsgemäß beurkundet wurden, kann dieser Mangel durch die Eintragung der
Verschmelzung in das Register des übernehmenden Rechtsträgers gem. § 20 Abs. 1 Nr. 4
UmwG geheilt werden. Diese **Heilungsmöglichkeit** besteht jedoch nicht in Bezug auf einen
fehlerhaft notariell beurkundeten Verschmelzungsbeschluss gem. § 13 Abs. 1 S. 1 UmwG.[121]
Gemäß § 13 Abs. 3 S. 3 UmwG hat der Rechtsträger auf Verlangen eines jeden Anteils- 54
inhabers diesem auf dessen Kosten unverzüglich eine **Abschrift** des Vertrages oder seines
Entwurfs und der Niederschrift des Beschlusses zu erteilen. Hintergrund dieser Vorschrift
ist, dem Anteilsinhaber zu ermöglichen, die Wirksamkeit des Verschmelzungsbeschlusses
insb. im Hinblick auf das Umtauschverhältnis nachzuvollziehen. Sie dient folglich dem
Anlegerschutz.[122] Die beteiligten Rechtsträger sind jeweils nur gegenüber ihren eigenen
Anteilsinhabern zur Erteilung einer Abschrift verpflichtet.[123]

---

[112] Semler/Stengel/*Gehling*, § 13 Rn. 51; Lutter/*Drygala*, § 13 Rn. 17; Widmann/Mayer/*Heckschen*, § 13 Rn. 231 f.
[113] OLG Düsseldorf, I-3 Wx 236/10, DStR 2011, 1140 = BB 2011, 785; Kallmeyer/*Zimmermann*, § 6 Rn. 10; Schmitt/Hörtnagl/Stratz/*Stratz*, § 13 Rn. 69; Semler/Stengel/*Gehling*, § 13 Rn. 58; Lutter/*Drygala*, § 13 Rn. 18; Maulbetsch/Klumpp/Rose/*Maulbetsch*, § 13 Rn. 45; Kölner Kommentar-UmwG/*Simon*, § 13 Rn. 79; aA: Widmann/Mayer/*Heckschen*, § 13 Rn. 230.
[114] BGH, II ZR 330/13, NJW 2015, 336; dazu Bungert/Leyendecker-Langner, BB 2015, 268 ff.
[115] Vgl. Hüffer/*Koch*, § 121 Rn. 15 f. mwN.
[116] Vgl. Hüffer/*Koch*, § 121 Rn. 16; Hölters/*Drinhausen*, § 121 Rn. 44; Henssler/Strohn/*Liebscher*, § 121 Rn. 25.
[117] Kallmeyer/*Zimmermann*, § 13 Rn. 39; Maulbetsch/Klumpp/Rose/*Maulbetsch*, § 13 Rn. 42; Semler/Stengel/*Gehling*, § 13 Rn. 54; Schmitt/Hörtnagl/Stratz/*Stratz*, § 13 Rn. 72.
[118] Maulbetsch/Klumpp/Rose/*Maulbetsch*, § 13 Rn. 42; Semler/Stengel/*Gehling*, § 13 Rn. 54; Schmitt/Hörtnagl/Stratz/*Stratz*, § 13 Rn. 72.
[119] Limmer/*Limmer*, Teil 2 Rn. 499; Kallmeyer/*Zimmermann*, § 13 Rn. 39.
[120] Widmann/Mayer/*Heckschen*, § 13 Rn. 233; Semler/Stengel/*Gehling*, § 13 Rn. 55; BeckOGK UmwG/*Rieckers/Cloppenburg*, § 13 Rn. 131.
[121] Semler/Stengel/*Gehling*, § 13 Rn. 59.
[122] Maulbetsch/Klumpp/Rose/*Maulbetsch*, § 13 Rn. 46; Schmitt/Hörtnagl/Stratz/*Stratz*, § 13 Rn. 73.
[123] BeckOGK UmwG/*Rieckers/Cloppenburg*, § 13 Rn. 132; Kölner Kommentar-UmwG/*Simon*, § 13 Rn. 82.

VII. Beschlusswirkungen

55 Mit dem ordnungsgemäß zustande gekommenen Zustimmungsbeschluss der Anteilsinhaber werden die Vertretungsorgane der Gesellschaft dazu verpflichtet, den Vertrag entsprechend dem Beschlussinhalt abzuschließen bzw. durchzuführen.[124] Sofern ein Zustimmungsbeschluss gefasst wurde, können die beteiligten Rechtsträger den Verschmelzungsvertrag bzw. -vertragsentwurf nicht mehr eigenmächtig ändern; vielmehr bedürfen jegliche Änderungen der (erneuten) Zustimmung der Versammlung der Anteilsinhaber.[125] Es entsteht folglich eine **interne Bindungswirkung** für die Anteilsinhaber der Gesellschaft sowie für die Vertreter der Gesellschaft. Die Anteilsinhaber können jedoch, sofern zum Zeitpunkt des Zustimmungsbeschlusses nur ein Entwurf des Verschmelzungsvertrags vorlag, bis zur Beurkundung des Verschmelzungsvertrags den Beschluss nach den für ihren Rechtsträger geltenden Vorschriften aufheben.[126]

56 Sobald der Verschmelzungsvertrag in notariell beurkundeter Form vorliegt, tritt mit dem Zustimmungsbeschluss der Anteilsinhaber eine **externe Bindungswirkung** gegenüber dem Vertragspartner ein.[127] Der Zustimmungsbeschluss kann dann nicht mehr einseitig durch die Anteilsinhaber aufgehoben werden.

57 Wirksamkeit erlangt der Verschmelzungsvertrag mit der **Eintragung der Verschmelzung in das Handelsregister** des übernehmenden Rechtsträgers.[128] Die Wirkung der Eintragung kann auch durch übereinstimmenden Beschluss aller Anteilsinhaber der beteiligten Rechtsträger nicht mehr aufgehoben werden.[129]

58 Die **Bindungswirkung entfällt**, sofern es nicht zur Eintragung der Verschmelzung in das Handelsregister kommt, weil eine Versammlung der Anteilsinhaber ihre Zustimmung nicht (fristgerecht) erklärt oder endgültig verweigert hat.[130] Sie wird weiterhin beseitigt, sofern sämtliche Anteilsinhaber aller beteiligten Rechtsträger ihren Zustimmungsbeschluss vor Eintragung der Verschmelzung in das Handelsregister aufheben.[131]

VIII. Kosten

59 Für die **Beurkundung des Zustimmungsbeschlusses** erhält der Notar eine 2,0-Gebühr (Nr. 21100 KV GNotKG), mindestens EUR 120. Der Geschäftswert bei der Beurkundung von Beschlüssen nach dem UmwG, zu denen auch der Verschmelzungsbeschluss nach § 13 Abs. 1 UmwG gehört[132], ist der Wert des Aktivvermögens (vgl. § 38 GNotKG) des übertragenden Rechtsträgers (§ 108 Abs. 3 GNotKG). Dieser ergibt sich aus der Schlussbilanz, die nach § 17 Abs. 2 UmwG der Anmeldung der Verschmelzung zum Handelsregister beizufügen ist.[133] § 108 Abs. 5 GNotKG beschränkt die Höhe des Geschäftswertes für Beschlüsse aller Gesellschaftsformen[134] auf EUR 5 Mio.. Bei **mehreren Beschlüssen** in einer Urkunde (zB Kapitalerhöhungs- (→ Rn. 45), Satzungsänderungs-

---

[124] Kallmeyer/*Zimmermann*, § 13 Rn. 17; Lutter/*Drygala*, § 13 Rn. 24; Semler/Stengel/*Gehling*, § 13 Rn. 64; Schmitt/Hörtnagl/Stratz/*Stratz*, § 13 Rn. 8; Kölner Kommentar-UmwG/*Simon*, § 13 Rn. 85; BeckOGK UmwG/Rieckers/Cloppenburg, § 13 Rn. 30.
[125] Kallmeyer/*Zimmermann*, § 13 Rn. 18; Semler/Stengel/*Gehling*, § 13 Rn. 64.
[126] Kallmeyer/*Zimmermann*, § 13 Rn. 17; Lutter/*Drygala*, § 13 Rn. 24; Semler/Stengel/*Gehling*, § 13 Rn. 66; Schmitt/Hörtnagl/Stratz/*Stratz*, § 13 Rn. 10; Kölner Kommentar-UmwG/*Simon*, § 13 Rn. 91.
[127] Kallmeyer/*Zimmermann*, § 13 Rn. 17; Lutter/*Drygala*, § 13 Rn. 25; Semler/Stengel/*Gehling*, § 13 Rn. 66; Kölner Kommentar-UmwG/*Simon*, § 13 Rn. 87.
[128] Kallmeyer/*Zimmermann*, § 13 Rn. 18; Semler/Stengel/*Gehling*, § 13 Rn. 66
[129] Semler/Stengel/*Gehling*, § 13 Rn. 66.
[130] Semler/Stengel/*Gehling*, § 13 Rn. 68; Kallmeyer/*Zimmermann*, § 13 Rn. 19.
[131] Semler/Stengel/*Gehling*, § 13 Rn. 71; Schmitt/Hörtnagl/Stratz/*Stratz*, § 13 Rn. 12.
[132] BeckOK KostR/*Neie* GNotKG § 108 Rn. 29.
[133] BeckOK KostR/*Neie* GNotKG, § 108 Rn. 34f. mwN.
[134] Hartmann, § 108 GNotKG Rn. 14; BeckOK KostR/*Neie* GNotKG § 108 Rn. 47.

(→ Rn. 46) und Verschmelzungsbeschluss) sind die Werte zusammenzurechnen; die Gebühr fällt nur einmal an.[135] Werden die Verschmelzungsbeschlüsse des übertragenden und des übernehmenden Rechtsträgers in einer Urkunde beurkundet, fällt ebenfalls nur eine Gebühr an (§ 109 Abs. 2 lit. g GNotKG). Hingegen sind Verschmelzungsvertrag und Verschmelzungsbeschlüsse verschiedene Beurkundungsgegenstände (§ 110 Nr. 1 GNotKG).

Für die **Beurkundung einer Zustimmungserklärung** fällt eine 1,0-Gebühr an (§ 3 Abs. 2 iVm Nr. 21200 KV GNotKG). Der Geschäftswert bei der Beurkundung einer Zustimmungserklärung beträgt die Hälfte des Geschäftswerts für die Beurkundung des Geschäfts, auf das sich die Vollmacht oder die Zustimmungserklärung bezieht (§ 98 Abs. 1 GNotKG). Dieser Geschäftswert reduziert sich auf den Bruchteil, der dem Anteil der Mitberechtigung des Anteilsinhabers entspricht (§ 98 Abs. 2 GNotKG). Bei mehreren Zustimmungserklärungen in einer Urkunde sind die Geschäftswerte zu addieren[136] (§ 35 Abs. 1 GNotKG). Die Höhe des Geschäftswerts ist in allen Fällen auf EUR 1 Mio. begrenzt (§ 98 Abs. 4 GNotKG).

60

§ 12 Registerverfahren

Übersicht

	Rdnr.		Rdnr.
I. Überblick	1	5. Sonstige Unterlagen	44
II. Anmeldungen	2–22	IV. Behebung von Mängeln	45–49
1. Erforderliche Anmeldungen	2	1. Unvollständige Umwandlungs-	
2. Zuständiges Registergericht	3	dokumentation	46
3. Anmeldeberechtigte	4–11	2. Verspätete Einreichung	47
4. Inhalt der Anmeldung	12–22	3. Inhaltliche Mängel	48–49
III. Anlagen	23–44	V. Registerverfahren	50–61
1. Allgemeines	23–29	1. Prüfungsumfang	50–54
2. Schlussbilanz	30–37	2. Eintragungsverfahren	55–58
3. Zuleitung an Betriebsrat	38–41	3. Wirkung der Eintragung	59
4. Gesellschafterlisten	42–43	4. Bekanntmachung	60–61

Literatur: *Blasche*, Schlussbilanz und 8-Monats-Frist des § 17 Abs. 2 S. 4 UmwG, RNotZ 2014, 464; *Bokelmann*, Eintragung eines Beschlusses – Prüfungskompetenz des Registerrichters bei Nichtanfechtung, rechtsmißbräuchlicher Anfechtungsklage und bei Verschmelzung, DB 1994, 1341; *Germann*, Die Acht-Monats-Frist für die Einreichung der Schlußbilanz nach Verschmelzung und ihre Bedeutung für die Praxis, GmbHR 1999, 591; *Gerold*, Die Verschmelzung nach dem neuen Umwandlungsrecht, MittRhNotK 1997, 205; *Heckschen*, Die Entwicklung des Umwandlungsrechts aus Sicht der Rechtsprechung und Praxis, DB 1998, 1385; *Heidtkamp*, Die umwandlungsrechtliche Schlussbilanz – praxisrelevante Zweifelsfragen, NZG 2013, 852; *Mayer*, Probleme rund um die Gesellschafterliste (Teil II), MittBayNot 2014, 114; *Melchior*, Vollmachten bei Umwandlungsvorgängen – Vertretungshindernisse und Interessenkollisionen, GmbHR 1999, 520; *Roß*, Zur größenklassenabhängigen Prüfungspflicht einer umwandlungsrechtlichen Schlussbilanz, DB 2014, 1822; *Schöne*, Das Aktienrecht als Maß aller Dinge im neuen Umwandlungsrecht?, GmbHR 1995, 325; *Streck/Mack/Schwedhelm*, Verschmelzung und Formwechsel nach dem neuen Umwandlungsgesetz, GmbHR 1995, 161; *Weiler*, Fehlerkorrektur im Umwandlungsrecht nach Ablauf der Acht-Monats-Frist des § 17 Abs. 2 Satz 4 UmwG, MittBayNot 2006, 377; *Weiler*, Heilung einer verfristeten Umwandlung durch Änderung des Umwandlungsstichtages, DNotZ 2007, 888.

---

[135] Kallmeyer/*Zimmermann*, § 13 Rn. 43.
[136] BeckOK KostR/*Bachmayer* GNotKG, § 98 Rn. 100–101; Limmer/*Tiedtke*, Teil 8 Rn. 32.

I. Überblick

1 Die Verschmelzung bedarf der Anmeldung zum Register der jeweiligen Rechtsträger, § 16 Abs. 1 UmwG. Der Anmeldung sind gemäß § 17 Abs. 1 UmwG diejenigen Anlagen beizufügen, die es den zuständigen Registergerichten ermöglichen, die Ordnungsmäßigkeit der Verschmelzung zu prüfen. Besonderes Augenmerk ist auf die Acht-Monats-Frist des § 17 Abs. 2 S. 4 UmwG zu richten. Mit Eintragung im Register des übernehmenden Rechtsträgers wird die Verschmelzung wirksam, § 20 Abs. 1 Nr. 1 UmwG.

II. Anmeldungen

1. Erforderliche Anmeldungen

2 Die Verschmelzung ist von den Vertretungsorganen der beteiligten Rechtsträger beim zuständigen Registergericht für den Sitz des betreffenden Rechtsträgers anzumelden, § 16 Abs. 1 S. 1 UmwG. Erforderlich sind daher Anmeldungen für jeden übertragenden Rechtsträger und für jeden übernehmenden Rechtsträger. Die **Anmeldepflicht** besteht gegenüber dem jeweiligen Rechtsträger und ist zu erfüllen, wenn alle Voraussetzungen für die Wirksamkeit des Verschmelzungsvertrags und sämtliche mit der Anmeldung einzureichenden Anlagen vorliegen. Bei Verletzung dieser Verpflichtung kommen **Schadensersatzansprüche** der beteiligten Rechtsträger und deren Organe in Betracht.[1] Die Anmeldung kann jedoch nicht durch Zwangsgeld erzwungen werden.[2]

Soweit zur Durchführung der Verschmelzung eine **Kapitalerhöhung** bei der aufnehmenden Gesellschaft erfolgt, ist diese zunächst in das Register des übernehmenden Rechtsträgers einzutragen, §§ 53, 66 UmwG. Es ist daher zweckmäßig diese zusammen mit der Verschmelzung anzumelden.

2. Zuständiges Registergericht

3 Die Anmeldungen sind an das für den jeweiligen **Sitz eines Rechtsträgers** zuständige Registergericht[3] zu richten. Bei Rechtsträgern mit Doppelsitz ist die Anmeldung an beide Amtsgerichte zu übermitteln. Bei einer gleichzeitigen Sitzverlegung ist das Amtsgericht am bisherigen Sitz des Rechtsträgers zuständig.[4] Die örtliche Zuständigkeit richtet sich nach § 377 Abs. 1 FamFG. Bei einer **Verschmelzung zur Neugründung** ist die Anmeldung an das für den neuen Rechtsträger zuständige Registergericht zu richten, § 38 Abs. 2 UmwG. Die Anmeldungen sind **elektronisch** zu übermitteln, § 12 Abs. 1 S. 1 HGB.[5]

3. Anmeldeberechtigte

4 a) **Organschaftliche Vertreter.** Die Verschmelzung ist für jeden der beteiligten Rechtsträger grundsätzlich durch dessen Vertretungsorgane anzumelden. Aus Gründen der Verfahrensbeschleunigung kann bei einer Verschmelzung zur Aufnahme die Anmeldung beim übertragenden Rechtsträger auch durch die Vertretungsorgane des übernehmenden Rechtsträgers erfolgen, § 16 Abs. 1 S. 2 UmwG.[6]

---

[1] Semler/Stengel/*Schwanna* § 16 UmwG Rn. 2; Kallmeyer/*Zimmermann* § 16 UmwG Rn. 5.
[2] Kallmeyer/*Zimmermann* § 16 UmwG Rn. 6.
[3] Das Handelsregister wird von dem Amtsgericht geführt, in dessen Bezirk ein Landgericht seinen Sitz hat, und zwar für sämtliche Amtsgerichte in diesem Landgerichtsbezirk (§ 8 HGB, § 376 Abs. 1 FamFG, § 1 HRV). Durch landesrechtliche Bestimmungen kann anderen oder zusätzlichen Amtsgerichten die Registerführung übertragen werden; vgl. zur Umsetzung dieser Konzentrationsvorschrift *Krafka/Kühn* Rn. 13.
[4] OLG Oldenburg 5 AR 26/96, GmbHR 1997, 657; OLG Hamm 15 Sbd 37/94, FGPrax 1995, 43. Zur Eintragung einer Kapitalerhöhung mit Sitzverlegung und Verschmelzung siehe OLG Frankfurt 20 W 418/04, FGPrax 2005, 327.
[5] Eingehend zur elektronischen Übermittlung → § 70 Rn. 38 ff.
[6] Zweifelnd im Hinblick auf die Praktikabilität Semler/Stengel/*Schwanna* § 16 UmwG Rn. 9.

Grundsätzlich genügt die Anmeldung durch **Vertretungsorgane in vertretungs-** 5
berechtigter Zahl, bei Zulässigkeit gemäß Satzung bzw. Gesellschaftsvertrag auch im Wege unechter Gesamtvertretung mit einem Prokuristen[7]. Dabei sind folgende rechtsformspezifische Besonderheiten zu beachten:

– Bei **Personenhandels-** und **Partnerschaftsgesellschaften** erfolgt die Anmeldung der Verschmelzung durch zur Vertretung berechtigte persönlich haftende Gesellschafter bzw. Partner in vertretungsberechtigter Zahl, obwohl § 108 Abs. 1 HGB, der gem. § 4 Abs. 1 S. 1 PartGG auch für Partnerschaftsgesellschaften gilt, grundsätzlich die Mitwirkung aller Gesellschafter bei Anmeldungen vorsieht.[8]
– Bei einer **Kommanditgesellschaft** können abweichend von § 108 Abs. 1 HGB die Kommanditisten bei einer Anmeldung der Verschmelzung nicht mitwirken, da anmeldeberechtigt nach der spezielleren Norm des § 16 Abs. 1 S. 1 UmwG allein das Vertretungsorgan ist.[9]
– Bei eingetragenen **Genossenschaften** genügt entgegen der früheren Rechtslage[10] ebenfalls die Anmeldung durch Vorstandsmitglieder in vertretungsberechtigter Zahl, da § 157 GenG nur für die Anmeldung zur Neugründung gemäß § 11 GenG die Mitwirkung aller Vorstandsmitglieder vorsieht.

Wird zur Durchführung der Verschmelzung eine **Kapitalerhöhung** durchgeführt, ist je 6
nach Rechtsform wie folgt zu differenzieren:
– Bei einer **GmbH** ist die Kapitalerhöhung gemäß § 55 UmwG iVm § 78 GmbHG von sämtlichen Geschäftsführern anzumelden.[11]
– Bei der **Aktiengesellschaft** sind bezüglich der Anmeldung zum Handelsregister drei Vorgänge zu unterscheiden:[12]
  – Anmeldung der Kapitalerhöhung (§ 69 Abs. 1 S. 1 Hs. 1 UmwG iVm § 184 Abs. 1 S. 1 AktG);
  – Anmeldung der Durchführung der Kapitalerhöhung (§ 69 Abs. 1 S. 1 Hs. 1 UmwG iVm § 188 Abs. 1 AktG);
  – Anmeldung der Verschmelzung (§ 16 Abs. 1 UmwG).

Die beiden erstgenannten Anmeldungen sind von Mitgliedern des Vorstands in ver- 7
tretungsberechtigter Zahl (ggf. im Wege unechter Gesamtvertretung mit einem Prokuristen)[13] gemeinsam mit dem Vorsitzenden des Aufsichtsrats vorzunehmen, bei dessen Verhinderung durch den Stellvertreter, § 107 Abs. 1 S. 3 AktG. Die Anmeldung der Verschmelzung gemäß § 16 UmwG hat durch Mitglieder des Vorstands der übernehmenden AG (ggf. gemeinsam mit einem Prokuristen) in vertretungsberechtigter Zahl zu erfolgen.
– Bei einer übernehmenden **KGaA** ist die Kapitalerhöhung von den zur Vertretung der KGaA ermächtigten persönlich haftenden Gesellschaftern gemeinsam mit dem Vorsitzenden des Aufsichtsrats zur Eintragung anzumelden, §§ 78 Abs. 1 S. 2, 69 Abs. 1 S. 1 UmwG iVm §§ 184 Abs. 1 S. 1, 188 Abs. 1 AktG.

---

[7] Semler/Stengel/*Schwanna* § 16 UmwG Rn. 7; Kallmeyer/*Zimmermann* § 16 UmwG Rn. 4.
[8] Kallmeyer/*Zimmermann* § 16 UmwG Rn. 4; Lutter/*Decher* § 16 UmwG Rn. 5; Schmitt/Hörtnagl/Stratz/*Stratz* § 16 UmwG Rn. 13; Widmann/Mayer/*Fronhöfer* § 16 UmwG Rn. 24; zweifelnd in Bezug auf die Vertretung der offenen Handelsgesellschaft *Schöne* GmbHR 1995, 325, 332 f.
[9] Widmann/Mayer/*Fronhöfer* § 16 UmwG Rn. 24. Ebenfalls nicht erforderlich ist die Mitwirkung der Kommanditisten einer KG, die alleinige Gesellschafterin einer an einer Verschmelzung beteiligten GmbH ist, wenn der alleinvertretungsberechtigte Geschäftsführer der persönlich haftenden Gesellschafterin der KG dem Verschmelzungsvertrag zugestimmt und für die KG auf eine Klage gegen den Verschmelzungsbeschluss verzichtet hat, vgl. OLG Zweibrücken 3 W 75/11, NZG 2012, 508.
[10] Hierzu Widmann/Mayer/*Fronhöfer* § 16 UmwG Rn. 25
[11] Krafka/*Kühn* Rn. 1175; Widmann/Mayer/*Fronhöfer* § 16 UmwG Rn. 28; Lutter/*Winter/Vetter* § 52 UmwG. Rn. 15; Semler/Stengel/*Reichert* § 52 UmwG Rn. 6.
[12] Widmann/Mayer/*Rieger* § 69 UmwG Rn. 38
[13] MünchKommAktG/*Pfeiffer* § 184 AktG Rn. 7.

8 Bei einer **Verschmelzung zur Neugründung** wird der neue Rechtsträger von den Vertretungsorganen aller übertragenden Rechtsträger angemeldet (§ 38 Abs. 2 UmwG), wohingegen die Anmeldungen bei den übertragenden Rechtsträgern von den Vertretungsorganen des jeweiligen Rechtsträgers vorgenommen werden (§ 38 Abs. 1 UmwG).

9 **b) Rechtsgeschäftliche Vertreter.** Eine rechtsgeschäftliche Bevollmächtigung zur Vertretung bei der Anmeldung ist grundsätzlich zulässig.[14] Die **Vollmacht** ist gemäß § 12 Abs. 1 S. 2 HGB in öffentlich beglaubigter Form zu erteilen. Hinsichtlich einer an der Verschmelzung beteiligten Genossenschaft ist zu beachten, dass § 6 Abs. 3 S. 1 GenRegV die Anmeldung durch einen Bevollmächtigten ausschließt. Die Vertretung durch einen Bevollmächtigten ist ferner nach allgemeinen Regeln ausgeschlossen, wenn **höchstpersönliche Erklärungen** abzugeben sind. Insbesondere Wissenserklärungen, zB die Negativerklärung gemäß § 16 Abs. 2 UmwG[15], sind stets höchstpersönlich und können nicht auf Grund einer Vollmacht wirksam abgegeben werden.[16]

10 Falls zur Durchführung einer Verschmelzung eine **Kapitalerhöhung** stattfindet, gilt folgendes:
– Bei einer **GmbH** ist eine Stellvertretung bei der Anmeldung möglich, da gemäß § 55 Abs. 1 UmwG die nach § 57 Abs. 2 GmbHG an sich erforderliche höchstpersönliche Versicherung über die Erbringung der Einlageleistungen[17] gerade nicht abzugeben ist.[18] Die Leistung der Sacheinlage ist durch den Vermögensübergang im Wege der Verschmelzung (§ 20 Abs. 1 Nr. 1 UmwG) in jedem Fall gewährleistet.[19]
– Auch im Hinblick auf eine übernehmende **Aktiengesellschaft** oder **KGaA** verweist § 69 Abs. 1 S. 1 UmwG (ggf. iVm § 78 UmwG) nicht auf § 188 Abs. 2 AktG, sodass im Rahmen der Anmeldung der Durchführung der Kapitalerhöhung die (wegen der Strafbarkeitsfolge des § 399 Abs. 1 Nr. 4 AktG höchstpersönliche) Versicherung hinsichtlich der vollständigen Leistung der Einlage nach §§ 36a Abs. 2, § 37 Abs. 1 AktG entbehrlich und damit eine Stellvertretung zulässig ist.

11 **c) Notar.** Soweit keine höchstpersönlichen Erklärungen abzugeben sind, etwa bei einem allseitigen Klageverzicht der Anteilsinhaber nach § 16 Abs. 2 S. 2 Hs. 2 UmwG, besteht ferner die Möglichkeit einer Vertretung bei der Anmeldung durch den den Verschmelzungsvertrag bzw. die Verschmelzungsbeschlüsse beurkundenden Notar, § 378 Abs. 2 FamFG.[20]

4. Inhalt der Anmeldung

12 **a) Inhalt.** Anzumelden ist die Verschmelzung selbst unter **Angabe der beteiligten Rechtsträger** samt deren Firma und Sitz sowie die **Art der Verschmelzung** (zur Aufnahme oder zur Neugründung). Mitzuteilen sind ferner die **Grundlagen der Verschmelzung**, also der konkrete Verschmelzungsvertrag und die Verschmelzungsbeschlüsse. Bei einer Verschmelzung zur Aufnahme im Wege einer Kapitalerhöhung ist es zweckmäßig, die **Kapitalerhöhung** zusammen mit der Verschmelzung anzumelden, da die Verschmelzung erst nach Eintragung der Kapitalerhöhung im Handelsregister eingetragen werden darf, §§ 53, 66 UmwG.[21] Bei einer Kapitalerhöhung ist ferner die damit verbundene Satzungsänderung schlagwortartig anzumelden. Weiterhin sind in der Anmeldung sonstige eintra-

---

[14] Widmann/Mayer/*Fronhöfer* § 16 UmwG Rn. 27.
[15] → Rn. 14 ff.
[16] Widmann/Mayer/*Fronhöfer* § 16 UmwG Rn. 27 mwN.
[17] Für eine solche Versicherung ist eine Stellvertretung ausgeschlossen, vgl. nur BayObLG BReg 3 Z 29/86, DB 1986, 1666.
[18] Siehe nur MünchHdB. GesR III/*D. Mayer/Weiler* § 73 Rn. 168.
[19] DNotI-Gutachten vom 9.11.2000 zu § 2 UmwG, Nr. 20378.
[20] Ausführlich zur Anmeldung nach § 378 Abs. 2 FamFG durch den Notar → § 70 Rn. 33.
[21] Zu den Besonderheiten einer Kapitalerhöhung zur Durchführung einer Verschmelzung bei einer GmbH bzw. AG → § 15 Rn. 58 ff., 246 ff.

gungspflichtige Tatsachen anzugeben, wie etwa Veränderungen in der Geschäftsführung. Daneben ist eine Reihe von **rechtsformspezifischen Besonderheiten** zu beachten, die im Rahmen der Darstellung einzelner Verschmelzungskonstellationen ausführlich behandelt werden.[22]

b) Negativerklärung. Zusammen mit der Anmeldung zum Handelsregister haben die 13 Vertretungsorgane zu erklären, dass eine Klage gegen die **Wirksamkeit eines Verschmelzungsbeschlusses** nicht oder nicht fristgemäß erhoben wurde, § 16 Abs. 2 S. 1 Alt. 1 UmwG. Soweit eine Klage erhoben wurde, ist stattdessen zu erklären, dass die betreffende Klage rechtskräftig abgewiesen oder zurückgenommen wurde, § 16 Abs. 2 S. 1 Alt. 2 UmwG. Ohne Vorlage dieser sog. **Negativerklärung** darf die Verschmelzung nicht im Register eingetragen werden (**Registersperre**). Der Registerrichter ist berechtigt, das Eintragungsverfahren bis zur Vorlage einer entsprechenden Erklärung auszusetzen, §§ 381, 21 Abs. 1 FamFG.

Die Negativerklärung hat sich auf die Verschmelzungsbeschlüsse aller beteiligten Rechts- 14 träger zu beziehen.[23] Zu nennen sind alle Klagen gegen die Wirksamkeit eines Verschmelzungsbeschlusses, die innerhalb der Monatsfrist des § 14 Abs. 1 UmwG erhoben werden bzw. demnächst zugestellt werden.[24] Etwaige sonstige Klagen gegen die Wirksamkeit des Verschmelzungsvertrags, gegen die zur Durchführung der Verschmelzung beschlossene Kapitalerhöhung oder Klagen gegen sonstige Beschlüsse sind von der Erklärungspflicht nicht umfasst.[25]

Die Negativerklärung kann auch außerhalb der Anmeldung von den Vertretungsorganen 15 abgegeben werden, jedoch erst nach **Ablauf der Anfechtungsfrist**.[26] Die Erklärung kann daher auch nach Eingang der Anmeldung beim Registergericht nachgereicht werden. Dies wird regelmäßig dann der Fall sein, wenn die Anmeldung vor Ablauf der Monatsfrist des § 14 Abs. 1 UmwG eingereicht wird.[27] Gleichermaßen ist eine nach erfolgter Anmeldung noch anhängig gemachte Klage dem Register gemäß § 16 Abs. 2 Satz 1 Hs. 2 UmwG mitzuteilen (**nachträgliche Unterrichtung**), um eine Eintragung der Verschmelzung während einer noch anhängigen Klage zu vermeiden.[28] Eine **rechtsgeschäftliche Vertretung** bei der Abgabe der Negativerklärung ist nicht zulässig, da die Erklärung persönlich abzugeben ist.[29] Eine notarielle Beglaubigung bei Abgabe der Negativerklärung außerhalb der Anmeldung ist nicht erforderlich.[30]

Die Negativerklärung ist nicht erforderlich, wenn sämtliche klageberechtigten Anteils- 16 inhaber durch eine notariell beurkundete **Verzichtserklärung** auf die Klage gegen die Wirksamkeit des Verschmelzungsbeschlusses verzichtet haben. Die Verzichtserklärung ist eine einseitige, empfangsbedürftige Willenserklärung und ist daher notariell nach §§ 8 ff. BeurkG zu beurkunden; eine Protokollierung durch ein Tatsachenprotokoll nach §§ 36 ff. BeurkG ist nicht ausreichend.[31] Die Verzichtserklärung kann daher nicht im Wege eines Beschlusses abgegeben werden.[32] Eine Negativerklärung ist ferner nicht erforderlich, wenn

---

[22] → § 15 Rn. 108 ff.; → § 15 Rn. 272 ff.: → § 15 Rn. 410 ff.; → § 15 Rn. 545 ff.
[23] Schmit/Hörtnagel/Stratz/*Stratz* § 16 UmwG Rn. 18.
[24] Semler/Stengel/*Schwanna* § 16 UmwG Rn. 15.
[25] Semler/Stengel/*Schwanna* § 16 UmwG Rn. 14; Kallmeyer/*Marsch-Barner* § 16 UmwG Rn. 24; Widmann/Mayer/*Fronhöfer* § 16 UmwG Rn. 68.
[26] BGH III ZR 283/05, NZG 2006, 956; Kallmeyer/*Marsch-Barner* § 16 UmwG Rn. 25.
[27] Semler/Stengel/*Schwanna* § 16 UmwG Rn. 16.
[28] Semler/Stengel/*Schwanna* § 16 UmwG Rn. 17; Kallmeyer/*Marsch-Barner* § 16 UmwG Rn. 26.
[29] Semler/Stengel/*Schwanna* § 16 UmwG Rn. 18; Kallmeyer/*Zimmermann* § 16 UmwG Rn. 22; Widmann/Mayer/*Fronhöfer* § 16 UmwG Rn. 85; *Melchior* GmbHR 1999, 520.
[30] Widmann/Mayer/*Fronhöfer* § 16 UmwG Rn. 42, 85; Kallmeyer/*Zimmermann* § 16 UmwG Rn. 15; aA unterschriftsbeglaubigte Form: Semler/Stengel/*Schwanna* § 17 UmwG Rn. 4 Fn. 24; Kölner Kommentar-UmwG/*Simon* § 16 Rn. 23.
[31] → § 70 Rn. 17.
[32] Semler/Stengel/*Schwanna* § 16 UmwG Rn. 20 Fn. 67.

sämtliche Anteilsinhaber dem Beschluss zugestimmt haben.[33] Gleichwohl wird in der Praxis häufig dennoch eine ausdrückliche Verzichtserklärung vorgesehen.

17 Im Falle einer Klageerhebung kann die Registersperre durch einen sog. **Unbedenklichkeitsbeschluss** im **Freigabeverfahren**[34] nach § 16 Abs. 3 UmwG überwunden werden. Bei Vorlage eines entsprechenden Beschlusses ist eine gesonderte Negativerklärung nicht (mehr) erforderlich.[35]

18 c) **Form.** Die Anmeldung bedarf **öffentlicher Beglaubigung**, § 12 Abs. 1 HGB.[36] Diese Formvorschrift gilt gleichermaßen für **Vollmachten** zur Anmeldung, § 12 Abs. 1 S. 2 HGB. Zulässig ist es insbesondere auch, dass die Anmeldung durch mehrere Personen auf getrennten, aber inhaltlich identischen Dokumenten erfolgt.[37] Eine zunächst formnichtige Anmeldung per Telefax soll fristwahrend durch Nachreichung einer notariell beglaubigten Vollmacht geheilt werden können.[38] Zu den **Kosten** der notariellen Beglaubigung und ggf. des Entwurfs der Registeranmeldungen → § 70 Rn. 65.

19 d) **Zeitpunkt.** Die Anmeldung ist **unverzüglich** nach Wirksamkeit des Verschmelzungsvertrags vorzunehmen. Eine etwaige Anfechtung eines Verschmelzungsbeschlusses hindert die Anmeldung nicht.[39] Soweit Anmeldungen erst zu einem späteren Zeitpunkt erfolgen sollen, sind die Organe im Verschmelzungsvertrag bzw. in den Verschmelzungsbeschlüssen entsprechend anzuweisen. Ein Ermessen steht den Vertretungsorganen nicht zu. Bei **Kettenverschmelzungen** ist die Frist des § 17 Abs. 2 S. 4 UmwG auch gewahrt, wenn zum Zeitpunkt der Anmeldung die Bedingung, nämlich das Wirksamwerden einer vorhergehenden Verschmelzung, noch nicht eingetreten ist.[40]

20 Aufgrund der in § 17 Abs. 2 S. 4 UmwG geregelten **Acht-Monats-Frist** für die Vorlage der Schlussbilanz beim Registergericht, ergibt sich für übertragende Rechtsträger eine Anmeldefrist von acht Monaten ab dem Bilanzstichtag.[41] Bei einem dem Kalenderjahr entsprechenden Geschäftsjahr also der 31. August. Soweit die Verschmelzung zu einem anderen Stichtag erfolgen soll, ist eine entsprechende **Zwischenbilanz** zu verwenden.[42] Entsprechend verschiebt sich dann die Anmeldefrist. Da beim übernehmenden Rechtsträger keine Bilanz einzureichen ist, kann dort die Anmeldung auch nach der Acht-Monats-Frist erfolgen.[43] Eine bestimmte Reihenfolge der Anmeldungen ist nicht vorgeschrieben.[44] Auch eine zwar fristgerechte Anmeldung, die bei einem unzuständigen Gericht eingereicht wird, soll im Falle einer Weiterleitung des Antrags an das zuständige Gericht noch fristwahrend sein.[45]

---

[33] Semler/Stengel/*Schwanna* § 16 UmwG Rn. 20; Kallmeyer/*Marsch-Barner* § 16 UmwG Rn. 29; Widmann/Mayer/*Fronhöfer* § 16 UmwG Rn. 91.
[34] → § 14 Rn. 143 ff.
[35] Semler/Stengel/*Schwanna* § 16 UmwG Rn. 19.
[36] → § 70 Rn. 29.
[37] Kallmeyer/*Zimmermann* § 16 UmwG Rn. 7.
[38] OLG Jena 6 W 534/02, NZG 2003, 43; zustimmend *Krafka/Kühn* Rn. 1177; Widmann/Mayer/*Fronhöfer* § 17 UmwG Rn. 99; aA OLG Schleswig 2 W 58/07, DNotZ 2007, 957; *Weiler* DNotZ 2007, 888, 889.
[39] BGH II ZB 1/90, BGHZ 112, 9, 23 f. = NJW 1990, 2747; Semler/Stengel/*Schwanna* § 16 UmwG Rn. 9.
[40] OLG Hamm 15 W 377/05, MittBayNot 2006, 436. Zum Nachweis des Eintritts der Bedingung → Rn. 29.
[41] Semler/Stengel/*Schwanna* § 16 UmwG Rn. 5. → Zu den Möglichkeiten von Korrekturen bzw. einer Nachreichung von Anlagen → Rn. 47 ff.
[42] → Rn. 32 ff.
[43] *Limmer*, Unternehmensumwandlung, Teil 2 Rn. 635; Kallmeyer/*Zimmermann* § 16 UmwG Rn. 11; LG Frankfurt 3/11 T 57/95, NZG 1998, 269.
[44] Semler/Stengel/*Schwanna* § 16 UmwG Rn. 6. Zur Reihenfolge der Eintragungen → Rn. 57.
[45] Lutter/*Decher* § 17 UmwG Rn. 17.

Bei abweichenden Stichtagen, wie zB einer Zwischenbilanz auf den 28. 2. eines Jahres, 21
ist die **Fristberechnung** umstritten. Je nach Berechnungsmethode ist entweder eine Vorlage bis 28. 10. zwingend (Vorwärtsrechnung gemäß §§ 187 Abs. 1, 188 Abs. 2 BGB)[46]
oder am 31. 10. noch ausreichend (Rückwärtsrechnung analog §§ 187 Abs. 1, 188 Abs. 2
und 3 BGB; wohl hM).[47] Mangels einer gesicherten Rechtsprechung empfiehlt sich eine
Abstimmung mit dem Registergericht.

e) Sonstige Erklärungen. Im Rahmen der Anmeldung sind schließlich rechtsform- 22
spezifische Erklärungen bzw. Versicherungen abzugeben, etwa bei nicht voll eingezahlten
Geschäftsanteilen (§ 52 UmwG),[48] bei Konzernverschmelzungen (§ 62 Abs. 3 S. 5, Abs. 4
S. 3 UmwG)[49] oder bei Verschmelzungen auf eine übernehmende AG oder KGaA (§§ 71
Abs. 1, 78 UmwG)[50].

III. Anlagen

1. Allgemeines

Die Anmeldung der Verschmelzung hat unter Übersendung von diversen Anlagen zum 23
Handelsregister zu erfolgen. Notariell beurkundete Anlagen sind in Ausfertigung oder
öffentlich beglaubigter Abschrift, sonstige Anlagen in Urschrift oder Abschrift einzureichen, § 17 Abs. 1 UmwG. Die Dokumente sind elektronisch entweder mit einem **einfachen elektronischen Zeugnis** nach § 39a BeurkG oder als **elektronische Aufzeichnung** an das Gerichtspostfach des Registergerichts zusammen mit einer XML-Strukturdatei zu übermitteln, § 12 Abs. 2 HGB.[51]

Bei einer Verschmelzung zur Aufnahme sind folgende **Anlagen** zusammen mit der 24
Anmeldung in **Ausfertigung** oder **öffentlich beglaubigter Abschrift** einzureichen:
- Verschmelzungsvertrag (§ 4 Abs. 1 iVm. § 6 UmwG);
- Niederschriften der Verschmelzungsbeschlüsse der Versammlungen der Anteilsinhaber
 (§ 13 Abs. 1 iVm. Abs. 3 S. 1 UmwG; § 65 Abs. 2 UmwG);
- ggf. erforderliche Zustimmungserklärungen einzelner Anteilsinhaber (§§ 13 Abs. 2, 40
 Abs. 2 S. 2, 50 Abs. 2, 51 Abs. 1 f., 78 S. 3 UmwG jeweils iVm § 13 Abs. 3 S. 1
 UmwG);
- ggf. Zustimmungserklärungen der bei der Beschlussfassung über die Verschmelzung nicht
 erschienener Anteilsinhaber (§§ 43 Abs. 1, 45d Abs. 1, 51 Abs. 1 S. 2 f. UmwG jeweils
 iVm § 13 Abs. 3 S. 1 UmwG);
- ggf. Verzichtserklärungen aller Anteilsinhaber aller beteiligten Rechtsträger auf einen
 Verschmelzungsbericht (§ 8 Abs. 3 S. 1 Alt. 1, S. 2 UmwG), die Unterrichtung über
 wesentliche Vermögensveränderungen (§ 8 Abs. 3 S. 1 Alt. 1, S. 2 UmwG), auf die
 Prüfung des Verschmelzungsvertrags (§ 9 Abs. 3 i.V.m. § 8 Abs. 3 S. 1 Alt. 1, S. 2
 UmwG), auf den Prüfungsbericht (§ 12 Abs. 3 i.V.m. § 8 Abs. 3 S. 1 Alt. 1, S. 2
 UmwG) und auf die Erstellung einer Zwischenbilanz gemäß § 63 Abs. 1 Nr. 3 UmwG
 (§ 63 Abs. 2 S. 5 UmwG iVm § 8 Abs. 3 S. 1 Alt. 1, S. 2 UmwG);
- ggf. die Verzichtserklärungen der Anteilsinhaber des übertragenden Rechtsträgers hinsichtlich einer Gewährung von Geschäftsanteilen bzw. Aktien am übernehmenden
 Rechtsträger gemäß § 54 Abs. 1 S. 3 bzw. § 68 Abs. 1 S. 3 UmwG;
- ggf. Verzicht auf die Klage gegen die Wirksamkeit des Verschmelzungsbeschlusses (§ 16
 Abs. 2 S. 2 Hs. 2 UmwG).[52]

---

[46] OLG Köln 2 Wx 34/98, MittBayNot 1999, 87; so wohl auch Schmitt/Hörtnagel/Stratz/*Hörtnagl*
§ 17 UmwG Rn. 43.
[47] Vgl. DNotI-Report 2014, 34 mwN; vgl. Semler/Stengel/*Schwanna* § 17 UmwG Rn. 17.
[48] Vgl. → § 15 Rn. 273 f.
[49] Vgl. → § 16 Rn. 37 ff.
[50] Vgl. → § 15 Rn. 113.
[51] Zur elektronischen Einreichung ausführlich → § 70 Rn. 38 ff.
[52] Semler/Stengel/*Schwanna* § 17 UmwG Rn. 2.

25 Soweit in einer **kombinierten Umwandlungsurkunde**[53] Verschmelzungsvertrag, Verschmelzungsbeschlüsse und Verzichtserklärungen einheitlich niedergelegt sind, ist eine gesonderte (nochmalige) Einreichung der einzelnen Anlagen nicht erforderlich.[54]

26 In **Urschrift** oder als **einfache Abschrift** sind je nach Einzelfall einzureichen:
– Verschmelzungsbericht (§ 8 Abs. 1 und 2 UmwG) und Verschmelzungsprüfungsbericht (§ 12 UmwG), soweit nicht darauf verzichtet wurde oder sie entbehrlich sind gemäß § 8 Abs. 3 S. 1, § 12 Abs. 3 UmwG;
– Nachweis über die Zuleitung des Verschmelzungsvertrags oder seines Entwurfs an den Betriebsrat;[55]
– bei Beteiligung einer AG (oder KGaA) der Nachweis der Bekanntmachung[56] über die bevorstehende Verschmelzung, ggf. die privatschriftliche Anzeige des bestellten Treuhänders über den Erhalt der Aktien und der baren Zuzahlungen (§ 71 UmwG) sowie ggf. Nachweis des Anteilsbesitzes bei beschlussloser Konzernverschmelzung (§ 62 Abs. 1, 4 UmwG).

27 Für jeden übertragenden Rechtsträger ist ferner eine Bilanz des Rechtsträgers beizufügen (**Schlussbilanz**), § 17 Abs. 2 S. 1 UmwG, die auf einen Stichtag aufgestellt sein muss, der höchstens acht Monate vor der Anmeldung liegt.[57] Mit zu übersenden sind schließlich etwaige **Vollmachten** im Falle einer rechtsgeschäftlichen Vertretung bei der Anmeldung, § 12 Abs. 1 S. 2 HGB. Die **Negativerklärung** nach § 16 Abs. 2 S. 1 UmwG kann entweder in der Anmeldung selbst erklärt oder als Anlage ein- oder nachgereicht werden.

28 Erhöht der übernehmende Rechtsträger zur Durchführung sein Kapital sind je nach Rechtsform weitere Unterlagen, insbesondere Übernehmerliste, Werthaltigkeitsnachweise, mit der Anmeldung einzureichen.[58] Soweit der Verschmelzungsvertrag unter aufschiebenden oder auflösenden **Bedingungen** steht,[59] sind deren Eintritt bzw. Nichteintritt mitzuteilen und ggf. schriftlich nachzuweisen.[60] Bei einer **Verschmelzung zur Neugründung** sind zusätzlich die Anlagen beizufügen, die nach dem Gründungsrecht des neuen Rechtsträgers notwendig sind.[61]

29 **Staatliche Genehmigungsurkunden** sind grundsätzlich nicht (mehr) für die Anmeldung einer Verschmelzung erforderlich.[62] Durch die Abkopplung des öffentlich-rechtlichen Genehmigungsverfahrens vom registergerichtlichen Vollzug soll das Verfahren bei Gericht erleichtert und beschleunigt werden;[63] das Genehmigungsverfahren kann parallel dazu betrieben werden.[64] Dies gilt nicht im Falle von gesetzlichen Eintragungshindernissen, wie beispielsweise in § 43 Abs. 1 KWG, wonach der übernehmende Rechtsträger eine Erlaubnis zum Betreiben von Bankgeschäften oder für das Erbringen von Finanzdienstleistungen nach § 32 KWG bedarf. Hier muss dem Registergericht bei Anmeldung der Verschmelzung die Erlaubnis nachgewiesen werden. Auch wenn das Führen einer Firma oder ein bestimmter Unternehmensgegenstand von einer spezialgesetzlichen Regelung abhängt, hat das Registergericht vor Eintragung von Amts wegen das Vorliegen der Voraussetzungen zu

---

[53] → § 70 Rn. 19.
[54] Semler/Stengel/*Schwanna* § 17 UmwG Rn. 2 Fn. 5
[55] Hierzu näher → Rn. 40 ff.
[56] Eingehend zur Bekanntmachung des Verschmelzungsvertrags → § 15 Rn. 7 ff.
[57] Einzelheiten und Zweifelsfragen bei *Heidtkamp* NZG 2013, 852.
[58] Hierzu und zu weiteren rechtsformspezifischen Anlagen der Anmeldung → § 15 Rn. 108 ff., 276 ff.
[59] Vgl. → § 8 Rn. 124 ff.
[60] Zum Nachweis durch eine notarielle Umwandlungsbescheinigung → § 70 Rn. 49.
[61] Vgl. → § 15 Rn. 123 ff., 156, 283 ff., 454 ff.
[62] Art. 4 ARUG, BGBl. I 2009, S. 2479.
[63] BT-Drucks. 16/6140, S. 34.
[64] Semler/Stengel/*Schwanna* § 16 UmwG Rn. 3; *Krafka/Kühn* Rn. 968.

prüfen und kann deren Nachweis verlangen, § 26 FamFG.[65] Dies ist etwa bei einer Verschmelzung zur Neugründung von Freiberufler-Gesellschaften der Fall, die eine berufsrechtliche Anerkennung benötigen[66]. Hier ist im Rahmen der Eintragung entweder die Anerkennungsurkunde oder eine Unbedenklichkeitsbescheinigung der zuständigen Berufskammer der Anmeldung beizufügen.

2. Schlussbilanz

a) Zwecke. Bei jeder Verschmelzung zur Aufnahme oder Neugründung ist eine **30** Schlussbilanz jedes übertragenden Rechtsträgers der Anmeldung zum Register beizufügen, § 17 Abs. 2 S. 1 UmwG.[67] Die Schussbilanz des übernehmenden Rechtsträgers ist nicht notwendig. Die Schlussbilanz dient der Sicherstellung der **Bilanzkontinuität** und der **Ergebnisabgrenzung**.[68] Insbesondere soll die Schlussbilanz auch den Gläubigern Anhaltspunkte für die Prüfung geben, ob sie eine Sicherheitsleistung gem. § 22 UmwG verlangen sollen.[69] Daneben erleichtert die Bilanz auch die Prüfung der Kapitalaufbringung im Falle einer Kapitalerhöhung beim übernehmenden Rechtsträger.[70]

b) Umfang und Aufstellung. Nach § 17 Abs. 2 S. 4 UmwG darf das Registergericht **31** die Verschmelzung nur eintragen, wenn die Bilanz auf einen höchstens **acht Monate** vor der Anmeldung liegenden Stichtag (sog. **Schlussbilanzstichtag**) aufgestellt worden ist. Schon aus Kostengründen wird dabei regelmäßig die auf das Ende des letzten Geschäftsjahres aufgestellte **Jahresbilanz** verwendet, es kann alternativ aber auch eine **Zwischenbilanz** auf einen anderen Stichtag erstellt werden. Soweit ein übertragender Rechtsträger bislang nicht buchführungs- oder jahresabschlusspflichtig ist (etwa bei Idealvereinen), sind stattdessen seine bisher üblichen Rechnungsunterlagen (Einnahmeüberschussrechnung, Vermögensverzeichnis und dergleichen) einzureichen.[71]

Für die Schlussbilanz gelten gemäß § 17 Abs. 2 S. 2 UmwG die Vorschriften über die **32** Jahresbilanz und deren Prüfung entsprechend. Nach dem Wortlaut des § 17 Abs. 2 UmwG ist lediglich die Bilanz vorzulegen, nicht etwa der gesamte **Jahresabschluss**.[72] Gewinn- und Verlustrechnung oder ein Lagebericht sind daher nicht vorzulegen.[73] Dies gilt gleichermaßen für den Anhang, da dieser nur Bestandteil des Jahresabschlusses ist.[74] Hierbei ist allerdings zu beachten, dass Wahlpflichtangaben in die Bilanz aufgenommen werden müssen.[75] Eine freiwillige Einreichung des Jahresabschluss ist jedoch zulässig.[76] Die Bilanz muss ordnungsgemäß aufgestellt und durch die zuständigen Organe (Gesellschafter-

---

[65] *Krafka/Kühn* Rn. 969.
[66] Etwa für Steuerberatungs-, Wirtschaftsprüfungs- und Rechtsanwaltsgesellschaften, §§ 49, 50 StBerG; §§ 27, 28 WPO; §§ 59c ff. BRAO; § 52c PatAnwO.
[67] Zusammenfassend zur Schlussbilanz und Acht-Monats-Frist *Blasche* RNotZ 2014, 464.
[68] Kallmeyer/*Lanfermann* § 17 UmwG Rn. 11; Kölner Kommentar-UmwG/*Simon* § 17 Rn. 28; kritisch zu den Zwecken, *Heidtkamp* NZG 2013, 852.
[69] Vgl. Widmann/Mayer/*Widmann* § 24 UmwG Rn. 38; LG Frankfurt/Main 11 T 81/97, NZG 1998, 269; LG Dresden 42 T 85/96, NotBZ 1997, 138.
[70] Semler/Stengel/*Schwanna* § 17 UmwG Rn. 13; Widmann/Mayer/*Fronhöfer* § 17 UmwG Rn. 62 ff.
[71] Widmann/Mayer/*Fronhöfer* § 17 UmwG Rn. 84; Kallmeyer/*Lanfermann* § 17 UmwG Rn. 12; Semler/Stengel/*Schwanna* § 17 UmwG Rn. 15; aA Widmann/Mayer/*Vossius* § 99 UmwG 15 ff.; vgl. ausführlich → § 15 Rn. 532.
[72] LG Stuttgart 4 KfH T 1/96, DNotZ 1996, 701, LG Dresden 45 T 52/97, GmbHR 1998, 1086; aA Schmitt/Hörtnagl/Stratz/*Hörtnagl* § 17 UmwG Rn. 14; Lutter/*Decher* § 17 UmwG Rn. 8 je mwN.
[73] Widmann/Mayer/*Fronhöfer* § 17 UmwG Rn. 68.
[74] LG Stuttgart 4 KfH T 1/96, DNotZ 1996, 701; LG Dresden 45 T 52/97, MittBayNot 1998, 271; Widmann/Mayer/*Fronhöfer* § 17 UmwG Rn. 68 mwN auch zur Gegenansicht.
[75] Schmitt/Hörtnagl/Stratz/*Hörtnagl* § 17 UmwG Rn. 14; Widmann/Mayer/*Fronhöfer* § 17 UmwG Rn. 69.
[76] Schmitt/Hörtnagl/Stratz/*Hörtnagl* § 17 UmwG Rn. 14.

versammlung, Aufsichtsrat etc.)[77] auch festgestellt worden sein.[78] Die Schlussbilanz muss im Übrigen wie jede Bilanz den Anforderungen des HGB genügen, dh sie ist nach § 245 S. 2 HGB von **sämtlichen Vertretungsorganen** bzw. persönlich haftenden Gesellschaftern persönlich unter Datumsangabe zu unterschreiben;[79] eine ggf. abweichende organschaftliche Einzelvertretungsbefugnis oder dergleichen ist nicht relevant. Bei prüfungspflichtigen Rechtsträgern ist gemäß § 316 Abs. 1 S. 1 HGB eine geprüfte Bilanz vorzulegen.[80] Dies gilt nicht bei prüfungsfreien Personenhandelsgesellschaften, eingetragenen Vereinen und kleinen Kapitalgesellschaften, §§ 316 Abs. 1, 267 Abs. 1 HGB. Eine besondere **Bekanntmachung** der Schlussbilanz ist nicht notwendig, § 17 Abs. S. 3 UmwG. Dies gilt allerdings nur für den Fall, dass eine Zwischenbilanz als Schlussbilanz dient. Wird hingegen die Jahresbilanz verwendet, ist diese nach den allgemeinen Vorschriften bekanntmachungspflichtig.[81]

33 Für die Verwendung einer von der Jahresbilanz abweichenden **Zwischenbilanz**[82] bedeutet dies, dass diese gesondert nach den allgemeinen Vorschriften aufzustellen und nach hM festzustellen ist.[83] Für die Aufstellung ist grundsätzlich eine Inventur und die Errichtung eines Inventars erforderlich.[84] Die Zwischenbilanz unterliegt den gleichen Ansatz- und Bewertungsvorschriften, die auf den Jahresabschluss Anwendung finden. Vermögensgegenstände können daher in der Zwischenbilanz nicht etwa anlässlich der Verschmelzung mit ihren Verkehrswerten bilanziert werden.[85] Soweit die Jahresbilanz prüfungspflichtig ist, gilt dies gleichermaßen für die Zwischenbilanz. Dabei genügt es, den Prüfer für die Zwischenbilanz erst in der Gesellschafterversammlung zu bestellen, die über die Zustimmung zur Verschmelzung beschließt.[86] Eine daneben erforderliche Prüfung durch einen etwaigen Aufsichtsrat (§ 171 AktG) wird hingegen für entbehrlich gehalten.[87] Bei einer AG ist jedoch die Zwischenbilanz durch den Aufsichtsrat festzustellen, § 172 S. 1 AktG.[88] Die Aufstellung einer Zwischenbilanz führt weder zur Bildung eines Rumpfgeschäftsjahres, noch kann diese Grundlage für Gewinnausschüttungen sein.[89]

34 c) **Stichtag.** Nach § 17 Abs. 2 S. 4 UmwG darf das Registergericht die Verschmelzung nur eintragen, wenn die zugrunde gelegte Bilanz auf einen höchstens **acht Monate** vor der Anmeldung liegenden Stichtag aufgestellt worden ist. Sofern – wie in vielen Fällen – Stichtag der Schlussbilanz der 31. 12. eines Jahres ist, muss die Registeranmeldung somit spätestens zum Ablauf des 31. 8. des Folgejahres beim Registergericht eingegangen sein. Die Frist dient in erster Linie dem Interesse der Gläubiger, einen zeitnahen Einblick in die Vermögensverhältnisse des übertragenden Rechtsträgers zu erhalten. **Stichtag** der Bilanz ist nach überwiegender Meinung der „steuerliche Übertragungsstichtag" und liege zwingend[90]

---

[77] Zu zuständigen Organe für Aufstellung und Feststellung bei den einzelnen Rechtsträgern, vgl. Widmann/Mayer/*Widmann* § 24 UmwG Rn. 51.
[78] LG Kempten 1 HK T 850/01, RPfleger 2001, 433; Widmann/Mayer/*Fronhöfer* § 17 UmwG Rn. 74 mwN auch zur Gegenansicht.
[79] OLG Frankfurt 20 W 291/96, BeckRS 1996, 13175; DNotI-Gutachten vom 1.10.1997 zu § 24 UmwG, Nr. 4112; vgl. auch MünchKommHGB/*Ballwieser* § 245 HGB Rn. 8.
[80] Zur größenabhängigen Prüfungspflicht einer umwandlungsrechtlichen Schlussbilanz *Roß*, DB 2014, 1822.
[81] §§ 325 ff. HGB, § 9 PublG; vgl. Widmann/Mayer/*Fronhöfer* § 17 UmwG Rn. 80; Kallmeyer/*Lanfermann* § 17 UmwG Rn. 40.
[82] Ausführlich zur Zwischenbilanz *Blasche* RNotZ 2014, 464, 465 ff.
[83] LG Kempten 1 HK T 850/01, Rpfleger 2001, 433; Widmann/Mayer/*Fronhöfer* § 17 UmwG Rn. 74; aA Kallmeyer/*Lanfermann* § 17 UmwG Rn. 19.
[84] Widmann/Mayer/*Fronhöfer* § 17 UmwG Rn. 75; Kallmeyer/*Lanfermann* § 17 UmwG Rn. 18.
[85] *Blasche* RNotZ 2014, 464, 466 mwN.
[86] Kallmeyer/*Lanfermann* § 17 UmwG Rn. 38; Kölner Kommentar-UmwG/*Simon* § 17 Rn. 35.
[87] Kallmeyer/*Lanfermann* § 17 UmwG Rn. 19; Lutter/*Decher* § 17 UmwG Rn. 10.
[88] *Blasche* RNotZ 2014, 464, 466.
[89] Widmann/Mayer/*Fronhöfer* § 17 UmwG Rn. 72; Kallmeyer/*Lanfermann* § 17 UmwG Rn. 18.
[90] Zweifelnd *Heidtkamp* NZG 2013, 852, 854 f.

einen Tag vor dem Verschmelzungsstichtag[91] gemäß § 5 Abs. 1 Nr. 6 UmwG.[92] Nach (zutreffender) anderer Ansicht kann hingegen auch ein beliebiger anderer Bilanzstichtag im Rahmen von acht Monaten vor der Anmeldung gewählt werden.[93]

Der Verschmelzungsvertrag kann alternativ auch eine Verschiebung des Verschmelzungsstichtags vorsehen, falls die Verschmelzung nicht bis zu einem bestimmen Termin wirksam geworden ist („**variabler Verschmelzungsstichtag**").[94] Verschiebt sich entsprechend der Stichtag, ist daher eine neue Schlussbilanz auf- und festzustellen, ggf. zu prüfen und beim Registergericht einzureichen.[95]

d) Besonderheiten bei Kettenverschmelzungen. Besondere Schwierigkeiten können sich im Hinblick auf die Schlussbilanz bei **Kettenverschmelzungen** ergeben.[96] Dies betrifft etwa die (Weiter-)Verschmelzung eines am Stichtag der Schlussbilanz noch nicht existierenden Rechtsträgers. Eine Schlussbilanz ist jedoch auch dann zu erstellen, wenn der übertragende Rechtsträger, zu dem Zeitpunkt, auf den die Schlussbilanz erstellt werden soll, zivilrechtlich noch nicht als eigenständiger Rechtsträger existent war.[97] Aufgrund der Rückwirkung der Verschmelzung zum steuerlichen Übertragungsstichtag gemäß § 2 Abs. 1 UmwStG wird hier der Stichtag der zugrundeliegenden Schlussbilanz fingiert, obwohl die Umwandlung handelsrechtlich erst mit Eintragung wirksam wird. Der übertragende Rechtsträger hat daher eine sog. **„technische" Schlussbilanz** aufzustellen.[98]

Sofern erforderlich können als „Stichtage" auch bestimmte Uhrzeiten festgelegt werden.[99] Insbesondere bei Kettenverschmelzungen verfährt die Praxis dabei häufig so, dass mit einer „**Minutenabgrenzung**" gearbeitet wird.[100]

Beispiel: Die A-GmbH wird mit Stichtag der Schlussbilanz 31.12.2017, 24.00 Uhr, und Festlegung des Verschmelzungsstichtags auf den 1.1.2018, 0.00 Uhr, auf die B-GmbH verschmolzen. Die B-GmbH wird sodann mit Stichtag der Schlussbilanz 1.1.2018, 0.01 Uhr, und Verschmelzungsstichtag 1.1.2018, 0.02 Uhr, auf die C-GmbH verschmolzen.[101]

Die Festlegung des Verschmelzungsstichtages und der sich daraus ergebende steuerliche Übertragungsstichtag entscheiden darüber, welchem Veranlagungszeitraum das Übertragungs- und Übernahmeergebnis aus der Verschmelzung zuzurechnen ist. Im vorstehenden Beispielsfall wäre somit die Verschmelzung der A-GmbH auf die B-GmbH dem Veranlagungszeitraum des Vorjahres, die Verschmelzung der B-GmbH auf die C-GmbH jedoch dem Veranlagungszeitraum des laufenden Jahres zuzurechnen. In der umwandlungsrechtlichen Schlussbilanz der B-GmbH für deren Verschmelzung auf die C-GmbH muss dabei das im ersten Schritt auf die B-GmbH übergehende Vermögen der A-GmbH noch nicht ausgewiesen sein. Die Praxis arbeitet in derartigen Fällen häufig mit einer sog. 3-Spalten-

---

[91] Zu den relevanten Stichtagen im Rahmen einer Verschmelzung → § 8 Rn. 77 ff.
[92] Schmitt/Hörtnagel/Stratz/*Hörtnagl* § 17 UmwG Rn. 37; Lutter/*Drygala* § 5 UmwG Rn. 46 je mwN.
[93] Semler/Stengel/*Schwanna* § 17 UmwG Rn. 19; eingehend Widmann/Mayer/*Mayer* § 5 UmwG Rn. 158 ff.
[94] Zur Zulässigkeit vgl. BGH II ZR 17/12, NZG 2013, 233; Lutter/*Drygala* § 5 UmwG Rn. 75; Kallmeyer/*Lanfermann* § 5 UmwG Rn. 36 je mwN; ausführlich zu variablen Stichtagsregelungen → § 8 Rn. 86.
[95] Semler/Stengel/*Schwanna* § 17 UmwG Rn. 21; Schmitt/Hörtnagel/Stratz/*Hörtnagl* § 17 UmwG Rn. 40.
[96] Zum Ganzen MünchHdB. GesR III/*Mayer* § 73 Rn. 194 ff.
[97] Zur Beteiligung von (noch) nicht existenten Rechtsträgern an einem Umwandlungsvorgang → § 6 Rn. 49; MünchHdB. GesR III/*Mayer* § 73 Rn. 200 ff.
[98] MünchHdB. GesR III/*Mayer* § 73 Rn. 202; Widmann/Mayer/*Mayer* § 5 UmwG Rn. 235.40; zustimmend *Limmer*, Unternehmensumwandlung, Teil 2 Rn. 682; ablehnend KölnerKommentar-UmwG/*Simon* § 2 Rn. 224.
[99] Kölner Kommentar-UmwG/*Simon* § 5 Rn. 97 f. mwN.
[100] Zum Ganzen Widmann/Mayer/*Mayer* § 5 UmwG Rn. 158, 235.28.
[101] Nach Hauschild/Kallrath/Wachter/*Weiler* § 25 Rn. 114.

Bilanz, um das auf die C-GmbH übergehende Vermögen darzustellen. Dabei werden das Vermögen der A-GmbH und das Vermögen der B-GmbH in einer dritten Spalte zu einer Einheit zusammengefügt.[102]

3. Zuleitung an Betriebsrat

38 Nach § 5 Abs. 3 UmwG ist der Verschmelzungsvertrag oder sein Entwurf spätestens einen Monat vor dem Tage der Versammlung der Anteilsinhaber jedes beteiligten Rechtsträgers, die über die Zustimmung zur Verschmelzung beschließt, dem zuständigen Betriebsrat zuzuleiten.[103] Der **Nachweis** über die Zuleitung ist als Anlage der Anmeldung nach § 17 Abs. 1 UmwG beizufügen.

39 Der Betriebsrat kann, vertreten durch seinen Vorsitzenden, auf die fristgerechte Zuleitung verzichten, was insbesondere in denjenigen Fällen relevant wird, in denen eine Vorlage der Registeranmeldung innerhalb der Acht-Monats-Frist des § 17 Abs. 2 S. 4 UmwG ansonsten nicht mehr möglich ist.[104] Nicht höchstrichterlich geklärt ist hingegen, ob über den Gesetzeswortlaut hinaus ein **Verzicht auf die Zuleitung** als solche in Betracht kommt.[105]

40 Der Nachweis über die rechtzeitige Betriebsratszuleitung und ggf. den Fristverzicht erfolgt durch Vorlage einer schriftlichen **Empfangsbestätigung des Betriebsratsvorsitzenden**, welche der Registeranmeldung als Anlage beigefügt wird. Nicht erforderlich ist es nach – soweit ersichtlich – allgemeiner Praxis, darüber hinaus eine Kopie des zugeleiteten, auf jeder Seite vom Betriebsratsvorsitzenden paraphierten Entwurfs vorzulegen, um einen Vergleich mit der letztlich beurkundeten Fassung zu ermöglichen.[106] Ist **kein Betriebsrat** vorhanden, so genügt eine entsprechende Versicherung hierzu gegenüber dem Registergericht im Rahmen der Anmeldung der Verschmelzung oder durch ein gesondertes Schreiben der Vertretungsorgane der beteiligten Rechtsträger. Eine Glaubhaftmachung durch eidesstaatliche Versicherung ist nicht erforderlich.[107] Ein Hinweis im Verschmelzungsvertrag empfiehlt sich, ist aber nicht erforderlich.[108]

41 Erfolgt die Zuleitung nicht rechtzeitig und verzichtet der Betriebsrat nicht auf die Fristeinhaltung, kommt grundsätzlich eine Anfechtung des Beschlusses in Betracht. Eine Anfechtungsklage von Seiten der Arbeitnehmer oder von Arbeitnehmervertretungen würde allerdings an der fehlenden Anfechtungsbefugnis, eine Klage von Anteilseignern am fehlenden Rechtsschutzbedürfnis scheitern.[109] Ein Verstoß gegen die Zuleitungspflicht des § 5 Abs. 3 UmwG wirkt sich also ausschließlich im Eintragungsverfahren aus. Der Richter darf bei Nichteinhaltung der Monatsfrist nur eintragen, wenn der Betriebsrat auf die Zuleitungsfrist verzichtet hat.[110] Verzichtet der Betriebsrat nicht auf die Rechtzeitigkeit der Zuleitung, besteht ein dauerndes Eintragungshindernis.[111]

---

[102] Hierzu Limmer/*Bilitewski*, Unternehmensumwandlung, Teil 7 Rn. 653.
[103] Eingehend hierzu → § 56 Rn. 41 ff.
[104] Hauschild/Kallrath/Wachter/*Weiler*, § 25 Rn. 69.
[105] Eine Verzichtsmöglichkeit auf die Zuleitung ablehnend ua OLG Naumburg 7 Wx 6/02, NZG 2004, 734; Lutter/*Drygala* § 5 UmwG Rn. 148 mwN. Für die Zulässigkeit des Verzichts ua Semler/Stengel/*Simon* § 5 UmwG Rn. 146; Widmann/Mayer/*Mayer* § 5 UmwG Rn. 266. Siehe auch → § 56 Rn. 55.
[106] Hauschild/Kallrath/Wachter/*Weiler* § 25 Rn. 71.
[107] Widmann/Mayer/*Fronhöfer* § 17 UmwG Rn. 3; Lutter/*Decher* § 17 UmwG Rn. 4; aA AG Duisburg 23 HRB 4942, 5935, GmbHR 1996, 372.
[108] Widmann/Mayer/*Mayer* § 5 UmwG Rn. 263.
[109] Siehe Widmann/Mayer/*Mayer* § 5 UmwG Rn. 265 mwN.
[110] Vgl. ausf. Widmann/Mayer/*Mayer* § 5 UmwG Rn. 264 ff.
[111] Zur weitergehenden Frage, was gilt, falls die Zuleitung des Vertrags an den Betriebsrat nicht nur nach Ablauf der Frist des § 5 Abs. 3 UmwG, sondern darüber hinaus auch nach Ablauf der Acht-Monats-Frist erfolgt, vgl. *Weiler* MittBayNot 2006, 377, 380.

§ 12 Registerverfahren

4. Gesellschafterlisten

Gesellschafterlisten einer GmbH als übernehmender oder übertragender Rechtsträger einer Verschmelzung sind dem Registergericht zeitlich abhängig von der Durchführung der konkreten Verschmelzung einzureichen. Im Falle einer **Verschmelzung zur Aufnahme** mit Kapitalerhöhung hat der Notar nach Wirksamwerden der Kapitalerhöhung eine bescheinigte Liste nach § 40 Abs. 2 GmbHG zu erstellen und beim Registergericht einzureichen[112]. Zulässig soll es aber auch sein, entgegen dem Wortlaut des § 40 Abs. 2 S. 1 GmbHG bereits zusammen mit der Anmeldung der Kapitalerhöhung eine bescheinigte Gesellschafterliste einzureichen.[113] Davon zu unterscheiden sind Gesellschafterlisten bei Tochtergesellschaften, wenn die Anteilsveränderung nur eine mittelbare Folge der Verschmelzung ist (sog. **mittelbare Mitwirkung des Notars**). Hier soll der Notar verpflichtet sein, eine neue Gesellschafterliste bei der Tochtergesellschaft einzureichen, weil sich der Gesellschafterbestand der beteiligten GmbH durch die von ihm beurkundete Verschmelzung geändert hat.[114]

42

Bei einer **Verschmelzung zur Neugründung** einer GmbH sind hingegen der bzw. die Geschäftsführer in vertretungsberechtigter Zahl verpflichtet, zusammen mit der Anmeldung der Verschmelzung zur Neugründung zum zuständigen Gericht am Sitz des neuen Rechtsträgers nach § 38 Abs. 2 UmwG eine Gesellschafterliste zum Handelsregister einzureichen, § 8 Abs. 1 Nr. 3 GmbHG iVm § 36 Abs. 2 UmwG.[115]

43

5. Sonstige Unterlagen

Zusammen mit der Anmeldung sind schließlich Unterlagen für eine etwaige **Kapitalerhöhung** beim aufnehmenden Rechtsträger (Schlussbilanz des übertragenden Rechtsträgers bzw. sonstige Werthaltigkeitsnachweise)[116] sowie **rechtsformspezifische Erklärungen** bzw. **Nachweise**[117] einzureichen.[118]

44

IV. Behebung von Mängeln

Bei unvollständigen Anmeldungen oder Anmeldungen mit behebbaren **Mängeln** ist die Gesellschaft durch Zwischenverfügung zur Abhilfe unter angemessener Fristsetzung aufzufordern, § 382 Abs. 4 S. 1 FamFG. Bei nichtbehebbaren Mängeln ist hingegen die Anmeldung zurückzuweisen. Rechtsmittel gegen eine Zwischenverfügung oder Zurückweisung sind die Beschwerde zum LG und die Rechtsbeschwerde zum OLG, §§ 58, 80 FamFG. In der Praxis stellt sich die Frage, ob Mängel auch nach einer **Verfristung**, also nach Ablauf der Acht-Monats-Frist, noch behoben werden können. Dabei sind mehrere Konstellationen zu unterscheiden.[119]

45

---

[112] Die Beurkundung des Kapitalerhöhungsbeschlusses stellt eine Mitwirkung iSd § 40 Abs. 2 S. 1 GmbHG dar, OLG München 31 Wx 73/10, DNotZ 2011, 63. Davon zu unterscheiden ist die von sämtlichen Geschäftsführern der GmbH zu unterzeichnende **Übernehmerliste**, § 55 Abs. 2 UmwG iVm § 57 Abs. 2 Nr. 2 GmbHG, die mit der Anmeldung der Kapitalerhöhung beim Register einzureichen ist.

[113] *Wicke* § 40 GmbHG Rn. 13; *Krafka/Kühn* Rn. 1051a, 1103; zurecht ablehnend *Mayer* Mitt-BayNot 2014, 114, 121.

[114] OLG Hamm 15 W 304/09, NZG 2010, 113. Ausführlich zu dieser Berichtigungspflicht → § 70 Rn. 46.

[115] Zu den rechtsformspezifischen Besonderheiten bei Verschmelzung zur Neugründung einer GmbH → § 15 Rn. 283.

[116] → § 15 Rn. 108 ff., 276 ff.

[117] → § 15 Rn. 114.

[118] Zu den Besonderheiten bei Anmeldung einer grenzüberschreitenden Verschmelzung → § 18 Rn. 256 ff., 291 ff. bzw. einer sonstigen grenzüberschreitenden Umwandlung → § 30 Rn. 38; § 39 Rn. 64.

[119] Ausführlich hierzu auch *Limmer*, Unternehmensumwandlung, Teil 2 Rn. 677.

1. Unvollständige Umwandlungsdokumentation

46 Sind Teile der **Umwandlungsdokumentation unvollständig**, weil der Registeranmeldung beispielsweise der (bereits abgeschlossene) Verschmelzungsvertrag oder die Bilanz versehentlich nicht beigefügt wurden, handelt es sich um einen durch Nachreichen der entsprechenden Dokumente behebbaren Mangel.[120] Für diese Auffassung spricht der Wortlaut des § 17 Abs. 2 S. 4 UmwG, der bezüglich der Frist ausschließlich auf die Anmeldung selbst Bezug nimmt. Ebenso wie wenn etwa eine Vollmacht zunächst nicht in gehöriger Form vorliegt[121] oder ein Nachweis über die Zuleitung des Vertragsentwurfs an den Betriebsrat nachgereicht wird, verzögert sich die Prüfung der Umwandlung lediglich (höchstens) um die in der Zwischenverfügung gesetzte Frist. Daher sollte – mit Ausnahme der Registeranmeldung selbst – ein Nachreichen sämtlicher Teile der Verschmelzungsdokumentation auch nach Fristablauf möglich sein.[122] Nach anderer Ansicht müssen zumindest die Essentialia des Umwandlungsvorgangs, dh Umwandlungsvertrag bzw. -plan sowie die Zustimmungsbeschlüsse innerhalb der Acht-Monats-Frist beim Registergericht eingereicht sein.[123] Insbesondere eine bereits erstellte Schlussbilanz des übertragenden Rechtsträgers kann somit jedenfalls auch nach Ablauf der Acht-Monats-Frist des § 17 Abs. 2 S. 4 UmwG noch nachgereicht werden.[124] Nach aA stellt schon eine geringfügig verspätete Vorlage der Schlussbilanz ein nicht behebbares Eintragungshindernis dar.[125]

2. Verspätete Einreichung

47 Wenn hingegen die **Registeranmeldung** selbst erst **nach Fristablauf** beim Registergericht eingegangen ist, ist die gesetzliche Frist des § 17 Abs. 2 S. 4 UmwG nicht eingehalten. In diesem Fall kommt eine Heilung nur durch eine Veränderung des Verschmelzungsstichtages und Aufstellung einer neuen Bilanz in Betracht, da ein Mangel des Stichtages nach zutreffender hM nicht zur Nichtigkeit des Verschmelzungsvertrages führt und damit behebbar ist.[126] Im Regelfall ist es dann erforderlich, aufgrund der Änderung des Verschmelzungsvertrages das gesamte Umwandlungsverfahren einschließlich Betriebsratszuleitung und erneuter Beschlussfassung zu wiederholen.[127] Soweit jedoch eine Anmeldung bei einem unzuständigen Registergericht fristgerecht eingegangen ist, soll dies nach hM fristwahrend sein, wenn der Antrag an das zuständige Gericht weitergereicht wird.[128]

---

[120] Siehe nur *Germann* GmbHR 1999, 591, 592; *Gerold* MittRhNotK 1997, 205; *Heckschen* DB 1998, 1385, 1393; *Weiler* MittBayNot 2006, 377, 378 ff.; *ders.* DNotZ 2007, 888, 890 ff.; Widmann/Mayer/*Mayer* § 5 UmwG Rn. 206.

[121] BayObLG 3Z BR 389/99, NZG 1232; zustimmend Widmann/Mayer/*Fronhöfer* § 17 UmwG Rn. 99; Lutter/*Decher* § 17 UmwG Rn. 15.

[122] Zutreffend *Weiler* MittBayNot 2006, 377, 379 f.; Lutter/*Decher* § 17 UmwG Rn. 13; so wohl auch Schmitt/Hörtnagel/Stratz/*Hörtnagl* § 17 UmwG Rn. 46, bei kurzfristiger Nachholung.

[123] Kallmeyer/*Lanfermann* § 17 UmwG Rn. 26; Kölner Kommentar-UmwG/*Simon* § 17 Rn. 43; Widmann/Mayer/*Fronhöfer* § 17 UmwG Rn. 92.

[124] Vgl. insoweit OLG Schleswig 2 W 58/07, DNotZ 2007, 957; OLG Jena 6 W 534/02, NZG 2003, 43; OLG Zweibrücken 7 U 25/02, RNotZ 2002, 516; LG Frankfurt/Main 11 T 81/97, NZG 1998, 269; *Blasche* RNotZ 2014, 464, 468 f. mwN.

[125] Vgl. Widmann/Mayer/*Fronhöfer* § 17 UmwG Rn. 96 mwN.

[126] Vgl. OLG Schleswig 2 W 58/07, DNotZ 2007, 957; hierzu *Weiler* DNotZ 2007, 888. Widmann/Mayer/*Mayer* § 5 UmwG Rn. 160, schlägt alternativ und weitergehend dazu vor, im Fall der Verfristung die neue Bilanz auf einen späteren Stichtag unter Beibehaltung des bisherigen Verschmelzungsstichtages aufzustellen. Der Verschmelzungsstichtag müsse nämlich nicht zwingend innerhalb der Acht-Monats-Frist des § 17 Abs. 2 S. 4 UmwG liegen, da sich der Wortlaut der Vorschrift eindeutig auf den Stichtag der Schlussbilanz und nicht auf den Verschmelzungsstichtag beziehe; zustimmend Kallmeyer/*Lanfermann* § 5 UmwG Rn. 34.

[127] Widmann/Mayer/*Mayer* § 5 UmwG Rn. 160.

[128] Lutter/*Decher* § 17 UmwG Rn. 17.

3. Inhaltliche Mängel

Weiterhin stellt sich im Zusammenhang mit der Frist des § 17 Abs. 2 S. 4 UmwG die **48** Frage, ob **inhaltliche Mängel** der Umwandlung auch nach Ablauf der Acht-Monats-Frist geheilt werden können. Insoweit wird es – ebenso wie das Nachreichen von Unterlagen – grundsätzlich für zulässig erachtet, eine inhaltliche Korrektur des Umwandlungsvorgangs auch nach Fristablauf vorzunehmen.[129] Behebbare Mängel können somit bis zur Wirksamkeit der Umwandlung im Rahmen einer **Nachtragsurkunde** behoben werden, wobei allerdings ein erneuter Zustimmungsbeschluss der Anteilsinhaber zu den veränderten Vertragsbedingungen ebenso erforderlich sein wird wie ggf. eine erneute Zuleitung des Entwurfs an den Betriebsrat oder ein neuer, ggf. aktualisierter Umwandlungsbericht bzw. Umwandlungsprüfungsbericht.

Eine Heilung nach Fristablauf ist hingegen nicht möglich, wenn der Umwandlungsver- **49** trag aufgrund **wesentlicher Mängel** als nichtig anzusehen ist. Nach überwiegender Meinung ist dies im Hinblick auf Verschmelzungen nur bei Fehlen oder Unrichtigkeit der Angaben nach § 5 Abs. 1 Nr. 1 bis 3 UmwG der Fall.[130] Die Angaben nach § 5 Abs. 1 Nr. 4 bis 9 UmwG sind demgegenüber von untergeordneter Bedeutung. Fehlen diese Informationen, führt dies nicht zur Nichtigkeit des Verschmelzungsvertrages, sondern begründet allenfalls die Anfechtbarkeit der Zustimmungsbeschlüsse nach § 13 UmwG.[131] Entsprechendes gilt für die **Zustimmungsbeschlüsse** der Anteilseigner gemäß § 13 UmwG. Sind diese nichtig, kommt eine Heilung nach Fristablauf nicht mehr in Betracht. Die bloße Anfechtbarkeit hingegen hindert die Eintragung der Verschmelzung nicht, sofern sie nicht gerichtlich geltend gemacht wird.[132]

V. Registerverfahren

1. Prüfungsumfang

Das Registergericht hat die Ordnungsmäßigkeit der Umwandlung zu prüfen und die **50** Eintragung im Register vorzunehmen, § 19 UmwG. Diese **Prüfungskompetenz** bedeutet, dass das Gericht die Anmeldung der Verschmelzung in formeller und eingeschränkt auch in materieller Hinsicht zu prüfen hat.[133] Funktionell zuständig ist bei einer Kapitalgesellschaft oder einem VVaG der Richter, im Übrigen der Rechtspfleger, §§ 3 Nr. 2d, 17 Nr. 1 lit. c RPflG. Über die Eintragung hat das Gericht unverzüglich nach Eingang der Anmeldung zu entscheiden, § 25 Abs. 1 S. 2 HRV. Bei behebbaren Mängeln oder unvollständigen Anmeldungen hat das Registergericht eine Zwischenverfügung zu erlassen, § 25 Abs. 1 S. 3 HRV, § 382 Abs. 4 FamFG. Die Prüfung ist von jedem

---

[129] Eingehend hierzu *Weiler* MittBayNot 2006, 377, 380 ff. mwN; *ders.* DNotZ 2007, 888, 891 ff.; OLG Hamm 15 W 377/05, MittBayNot 2006, 436; aA LG Dresden 42 T 75/96, NotBZ 1997, 138, wonach die Anmeldung einer Umwandlung, die nicht fristgerecht alle nach § 17 UmwG erforderlichen Unterlagen vollständig und fehlerfrei enthält, sofort zurückgewiesen werden muss. Diese Ansicht ist mit dem Sinn und Zweck des § 17 Abs. 2 S. 4 UmwG nicht zu vereinbaren und daher abzulehnen, vgl. *Heckschen* DB 1998, 1385, 1393; *Germann* GmbHR 1999, 591; ausführlich hierzu auch *Lutter/Decher* § 17 UmwG Rn. 6

[130] KG 1 W 4387/97, NZG 1999, 174; OLG Frankfurt/Main 20 W 60/98, NZG 1998, 649; *Kallmeyer/Marsch-Barner* § 5 UmwG Rn. 63; aM *Widmann/Mayer/Fronhöfer* § 17 UmwG Rn. 94, nach dessen Auffassung auch das Fehlen der Angaben nach § 5 Abs. 1 Nr. 4 oder 5 UmwG zur Nichtigkeit des Vertrages führen soll.

[131] So zB im Hinblick auf die Angaben zum Beginn der Gewinnberechtigung (§ 5 Abs. 1 Nr. 5 UmwG) das Gutachten des DNotI zu § 17 UmwG v. 22.9.2000, Nr. 19392; bei fehlerhaften Angaben zu Folgen für die Arbeitnehmer (§ 5 Abs. 1 Nr. 9 UmwG), *Kallmeyer/Marsch-Barner* § 5 UmwG Rn. 64.

[132] Zum Ganzen *Weiler* MittBayNot 2006 377, 383 f.

[133] BGH II ZB 15/10, NZG 2011, 907; *Krafka/Kühn* Rn. 153 ff.; eingehend zur Prüfungskompetenz des Registergerichts *Bokelmann* DB 1994, 1341.

beteiligten Registergericht anhand der vorgelegten Unterlagen selbstständig vorzunehmen.[134]

51 In **formeller Hinsicht** ist die Ordnungsmäßigkeit der Anmeldung zu prüfen. Hierzu gehören die Zuständigkeit des Gerichts, die Einhaltung der Anmeldeform, die Anmeldebefugnis der Anmelder, die Vollständigkeit der Anmeldung, die inhaltliche Richtigkeit der angemeldeten Eintragungen, das Vorliegen der notwendigen sonstigen Erklärungen (Negativerklärung nach § 16 Abs. 2 S. 1 UmwG oder des ihr gleichstehenden Beschlusses im Freigabeverfahren) und die Vollständigkeit der erforderlichen Anlagen.[135]

52 Sachlich ist zu prüfen, ob die angemeldete Verschmelzung als Gesamtvorgang den im Gesetz aufgestellten Voraussetzungen genügt. Dies umfasst insbesondere die Verschmelzungsfähigkeit der Rechtsträger,[136] die Rechtmäßigkeit und Wirksamkeit des Verschmelzungsvertrags[137] sowie der Verschmelzungsbeschlüsse.[138] Im Rahmen dieser **materiellen Prüfung** besteht dabei grundsätzlich nur eine eingeschränkte Prüfungskompetenz des Registergerichts.[139] Ausgangsvermutung für das Gericht ist, dass die angemeldeten Tatsachen sachlich richtig sind. Daher beschränkt sich zunächst die Prüfung darauf, dass die angemeldeten Inhalte sich mit den übermittelten Anlagen decken. Eine Zweckmäßigkeitsprüfung ist nicht vorzunehmen.[140] Dies gilt gleichermaßen für die Festlegungen im Verschmelzungsvertrag, etwa für die Angemessenheit eines Umtauschverhältnisses.[141] Das Gericht muss jedoch prüfen, ob ein einzutragender Beschluss sachlich-rechtlich Bestand hat, da eine Eintragung nichtiger Beschlüsse zu unterbleiben hat. Nichtige und (schwebend) unwirksame Beschlüsse sind daher nicht eintragungsfähig. Anfechtbare Beschlüsse sind dabei vom Registergericht nur insoweit zu prüfen, als auch die Interessen der Gläubiger oder der Öffentlichkeit berührt sind. Soweit die Anfechtbarkeit nur das interne Verhältnis der Anteilseigner bestimmt, ist deren Geltendmachung den Anteilsinhabern selbst durch Anfechtungsklage überlassen.[142] Das Registergericht wird jedoch im Falle von anfechtbaren Beschlüssen oder im Falle einer Erhebung einer Anfechtungsklage zunächst die Eintragung bis zum Abschluss eines Rechtsstreits aussetzen oder, wenn noch kein Rechtsstreit anhängig ist, einem Beteiligten eine Frist zur Klageerhebung setzen, §§ 381, 21 Abs. 1 FamFG. Eine erhobene Klage führt zur Registersperre, § 16 Abs. 2 S. 2 UmwG.[143] Diese kann nur durch das Freigabeverfahren nach § 16 Abs. 3 UmwG überwunden werden.

53 Eine ordnungsgemäß abgegebene **Negativerklärung** nach § 16 Abs. 2 S. 1 UmwG bzw. ein abgeschlossenes **Freigabeverfahren** nach § 16 Abs. 3 UmwG führen im Übrigen nicht zu einem Wegfall der Prüfungskompetenz des Registergerichts. Soweit allerdings Mängel Gegenstand des Beschlusses nach § 16 Abs. 3 UmwG sind, ist das Registergericht an diesen Beschluss gebunden.[144]

---

[134] Semler/Stengel/*Schwanna* § 19 UmwG Rn. 7; Widmann/Mayer/*Fronhöfer* § 19 UmwG Rn. 28 ff., dort auch zu etwaigen divergierenden Entscheidungen.

[135] *Limmer*, Unternehmensumwandlung, Teil 2 Rn. 632; Widmann/Mayer/*Fronhöfer* § 19 UmwG Rn. 13 ff.; Semler/Stengel/*Schwanna* § 19 UmwG Rn. 4; *Krafka/Kühn* Rn. 155.

[136] OLG Naumburg 10 Wx 1–97, NJW-RR 1998, 178.

[137] OLG Hamm 15 W 151/96, NJW 1997, 666.

[138] Vgl. zum Prüfungsumfang auch *Krafka/Kühn* Rn. 1180; Semler/Stengel/*Schwanna* § 19 UmwG Rn. 5.

[139] Lutter/*Decher* § 19 UmwG Rn. 5; für einen Ausschluss der materiellen Prüfungskompetenz hingegen *Streck/Mack/Schwedhelm* GmbHR 1995, 161, 166; Sagasser/Bula/Brünger/*Sagasser/Bula* G Rn. 103.

[140] BayObLG 3 Z 92/82, BayObLGZ 1982, 368 = MittBayNot 1983, 24; MünchKommHGB/*Krafka* § 8 HGB Rn. 60; *Limmer*, Unternehmensumwandlung, Teil 2 Rn. 633.

[141] Widmann/Mayer/*Fronhöfer* § 19 UmwG Rn. 26.

[142] *Limmer*, Unternehmensumwandlung, Teil 2 Rn. 633.

[143] Zur Aktualisierungspflicht der abgegebenen Negativerklärung → Rn. 16.

[144] Vgl. eingehend Widmann/Mayer/*Fronhöfer* § 16 UmwG Rn. 207; Semler/Stengel/*Schwanna* § 16 UmwG Rn. 46.

Schließlich hat das Registergericht zu prüfen, ob auch die notwendigen **Voreintragun-** 54
gen bei den übertragenden Rechtsträgern erfolgt sind, § 19 Abs. 1 S. 1 UmwG.[145] Bei einer anlässlich einer Verschmelzung durchgeführten Kapitalerhöhung ist vom Registergericht auch die **Ordnungsmäßigkeit der Kapitalerhöhung** zu prüfen. Dies betrifft neben der Einhaltung der allgemeinen rechtsformspezifischen Regelungen die Sonderregelungen des UmwG sowie die Werthaltigkeit des zu übertragenden Vermögens.[146] Der Wertnachweis wird regelmäßig durch die Schlussbilanzen des übertragenden Vermögens geführt, hilfsweise durch ein Sachverständigengutachten.[147]

2. Eintragungsverfahren

Das Eintragungsverfahren stellt sich bei einer Verschmelzung wie folgt dar:[148] 55
1. Anmeldung der Verschmelzung zu den Registern der übertragenden Rechtsträger (§§ 16 f. UmwG);
2. Anmeldung der Verschmelzung sowie ggf. einer Kapitalerhöhung zum Register des übernehmenden Rechtsträgers (§§ 16 f. UmwG, in der Regel gleichzeitig mit der Anmeldung bei den übertragenden Rechtsträgern);
3. Eintragung der Verschmelzung in den Registern der übertragenden Rechtsträger mit dem Vermerk, dass die Verschmelzung erst mit Eintragung in das Register des übernehmenden Rechtsträgers wirksam wird (Entfall des Vermerks nur bei taggleicher Eintragung, § 19 Abs. 1 S. 2 UmwG);
4. Bekanntmachung der Eintragung zu 3. (§ 19 Abs. 3 UmwG);
5. Ggf. Eintragung der im Zuge der Verschmelzung erfolgten Kapitalerhöhung bei einer übernehmenden Kapitalgesellschaft, die gemäß §§ 53, 66, 78 UmwG vor der Verschmelzung eingetragen werden muss;
6. Eintragung der Verschmelzung im Register des übernehmenden Rechtsträgers und Mitteilung des Tages der Eintragung durch das Registergericht des übernehmenden Rechtsträgers an die Registergerichte der übertragenden Rechtsträger (§ 19 Abs. 2 S. 1 UmwG);
7. Bekanntmachung der Eintragung zu 6. (§ 19 Abs. 3 UmwG);
8. Vermerk des Tages der Eintragung der Verschmelzung im Register des übernehmenden Rechtsträgers bei den Registern der übertragenden Rechtsträger (§ 19 Abs. 2 S. 2 UmwG) und Übersendung der bei den Registergerichten der übertragenden Rechtsträger aufbewahrten Dokumente an das Registergericht des übernehmenden Rechtsträgers (§ 19 Abs. 2 S. 2 UmwG).

Die Verschmelzung ist zunächst in das Register jedes **übertragenden Rechtsträgers**, 56
danach in das des übernehmenden Rechtsträgers einzutragen, § 19 Abs. 1 S. 1 UmwG. Erst mit Eintragung beim übernehmenden Rechtsträger wird die Verschmelzung wirksam. Nach § 19 Abs. 1 S. 2 UmwG ist daher die Verschmelzung im Register des übertragenden Rechtsträgers mit dem Vermerk einzutragen, dass die Verschmelzung erst mit der Eintragung im Register des übernehmenden Rechtsträgers wirksam wird (sog. **Wirksamkeitsvermerk**). Aufgrund entsprechender Absprachen zwischen den für die Eintragung zuständigen Rechtspflegern und Richtern bei den Registergerichten kann in der Praxis häufig eine taggleiche Eintragung der Verschmelzung sowohl bei übertragenden als auch übernehmenden Rechtsträger erreicht werden. Daher kann im Falle einer Eintragung am selben Tag auf den Wirksamkeitsvermerk verzichtet werden, § 19 Abs. 1 S. 2 Hs. 2 UmwG.[149]

---

[145] Zu weiteren rechtsformspezifischen Prüfungspunkten Widmann/Mayer/*Fronhöfer* § 19 Rn. 21.
[146] Widmann/Mayer/*Fronhöfer* § 19 UmwG Rn. 22 ff.
[147] → § 15 Rn. 279.
[148] Näher Widmann/Mayer/*Fronhöfer* § 16 UmwG Rn. 10; *Krafka/Kühn* Rn. 1181.
[149] Semler/Stengel/*Schwanna* § 19 UmwG Rn. 8; *Limmer*, Unternehmensumwandlung, Teil 2 Rn. 629.

57 Im Falle einer **Kapitalerhöhung** zur Durchführung der Verschmelzung ist die Kapitalerhöhung zuerst in das Register des übernehmenden, §§ 53, 66 UmwG, Rechtsträgers einzutragen.[150] In der Praxis wird hierzu bei der Anmeldung die Erteilung eines beglaubigten Registerauszugs beantragt, der anschließend zusammen mit der Anmeldung für den übertragenden Rechtsträger eingereicht bzw. nachgereicht werden kann. Soweit der übernehmende Rechtsträger beim selben Registergericht geführt wird, genügt in der Praxis auch ein Hinweis auf die Registerakten. Alternativ kann der Notar eine Umwandlungsbescheinigung nach § 21 Abs. 1 BNotO[151] erstellen und beim Register einreichen.

58 Nach Eintragung der Verschmelzung beim übernehmenden Rechtsträger teilt das Registergericht von Amts wegen den für die übertragenden Rechtsträger zuständigen Gerichten die Eintragung mit, damit diese die Verschmelzung entsprechend vermerken, das Erlöschen des jeweiligen übertragenden Rechtsträgers eingetragen und das Registerblatt entsprechend schließen können, vgl. § 19 Abs. 2 UmwG. Die Registerakten sind anschließend an das Gericht des Sitzes des übernehmenden Rechtsträgers zu übermitteln.[152]

3. Wirkung der Eintragung

59 Die **Wirksamkeit** der Verschmelzung und damit die in § 20 Abs. 1 UmwG beschriebenen Rechtsfolgen treten ein mit Eintragung der Verschmelzung in das Register des Sitzes des **übernehmenden Rechtsträgers**.[153] Damit sind auch etwaige Mängel der notariellen Beurkundung des Verschmelzungsvertrags und gegebenenfalls erforderlicher Zustimmungs- oder Verzichtserklärungen einzelner Anteilsinhaber geheilt, § 20 Abs. 1 Nr. 4 UmwG. Aufgrund der eingetretenen Gesamtrechtsnachfolge sind damit **unrichtige Registereintragungen** im Grundbuch, im Handelsregister und in sonstigen öffentlichen Registern zu berichtigen.[154]

4. Bekanntmachung

60 Jede im Zuge der Verschmelzung vorgenommene Eintragung ist von den beteiligten Registergerichten öffentlich bekannt zu machen, § 19 Abs. 3 UmwG. Die **Bekanntmachung** der jeweiligen Eintragung erfolgt mit ihrem ganzen Inhalt nach § 10 HGB.[155] In der Veröffentlichung sind die Gläubiger auf ihr Recht hinzuweisen, Sicherheitsleistung zu verlangen, § 22 Abs. 1 S. 3 UmwG. Ferner sind die Eintragungen auch den Beteiligten mitzuteilen, § 383 Abs. 1 FamFG.

61 Die Bekanntmachung ist nicht **Wirksamkeitserfordernis** für die Verschmelzung.[156] Der Zeitpunkt der Bekanntmachung ist jedoch maßgeblich für den Beginn verschiedener umwandlungsrechtlicher Fristen, etwa für Abfindungsangebote (§ 31 S. 1 UmwG), Schadensersatzansprüche (§§ 25 Abs. 3, 37 UmwG), Anmeldung von Gläubigeransprüchen (§ 22 Abs. 1 S. 1 UmwG), Nachhaftungsansprüche persönlich haftender Gesellschafter (§ 45 Abs. 2 S. 1 UmwG), Mithaftung für Altverbindlichkeiten übertragender Rechtsträger (§ 133 Abs. 4 UmwG) sowie für die Beantragung eines Spruchverfahrens (§ 4 Abs. 1 Nr. 4 SpruchG).[157]

---

[150] Widmann/Mayer/*Fronhöfer* § 19 Rn. 46. Die Eintragung der Verschmelzung kann beim übertragenden Rechtsträger unabhängig davon bereits zuvor erfolgen, vgl. Semler/Stengel/*Schwanna* § 19 UmwG Rn. 9.
[151] → § 70 Rn. 49.
[152] Hierzu Widmann/Mayer/*Fronhöfer* § 19 UmwG Rn. 70 f.
[153] Ausführlich zu den Wirkungen der Eintragung → § 13 Rn. 9 ff.
[154] Zu Berichtigungspflichten des Notars → § 70 Rn. 50 ff.
[155] Die Bekanntmachungen erfolgen im von der jeweiligen Landesjustizverwaltung bestimmten elektronischen Kommunikations- und Informationssystem. Die Länder haben hierzu eine gemeinsame Internetplattform unter www.handelsregisterbekanntmachungen.de geschaffen.
[156] Semler/Stengel/*Schwanna* § 19 UmwG Rn. 19; Lutter/*Decher* § 19 UmwG Rn. 13.
[157] Siehe auch die Übersichten bei Semler/Stengel/*Schwanna* § 19 UmwG Rn. 19; Widmann/Mayer/*Fronhöfer* § 19 UmwG Rn. 67.

§ 13 Rechtsfolgen der Verschmelzung

Übersicht

	Rdnr.
A. Wirkungen der Eintragung	9–186
I. Maßgeblicher Zeitpunkt	10–12
II. Gesamtrechtsnachfolge	13–144
1. Allgemeines	13–16
2. Einzelfälle	17–129
a) Vermögenspositionen	19–45
aa) Beteiligungen	20–33
bb) Grundstücke und dingliche Rechte	34
cc) Sicherheiten	35
dd) Besitz	36
ee) Immaterielle Vermögensgegenstände	37–45
b) Verträge	46–80
aa) Allgemeines	47–55
bb) Unternehmensverträge	56–63
cc) Arbeitsverhältnisse	64–69
dd) Verträge mit Organmitgliedern	70–78
ee) Sonstige Verträge	79, 80
c) Sonstige Rechtsverhältnisse	81–129
aa) Vollmacht, Prokura, Auftrag	82–89
bb) Kollektivarbeitsrechtliche Rechtsverhältnisse	90–102
cc) Öffentlich-rechtliche Rechtsverhältnisse	103–118
dd) Prozesse und rechtskräftige Titel	119–123
ee) Weitere Einzelfälle	124–129
3. Ausländisches Vermögen	130–144
III. Erlöschen des übertragenden Rechtsträgers	145–148
IV. Automatischer Anteilserwerb	149–164
1. Erwerb von Anteilen am übernehmenden Rechtsträger	150–153
2. Ausnahmen von dem Grundsatz des automatischen Anteilserwerbs	154–160
a) Übernehmender Rechtsträger hält Anteile an übertragendem Rechtsträger	155–157
b) Übertragender Rechtsträger hält eigene Anteile	158
c) Verzicht auf Anteilserwerb	159, 160
3. Fortbestehen von Rechten Dritter	161–164
V. Heilung/Unbeachtlichkeit von Mängeln durch Eintragung	165–186
1. Keine Rückgängigmachung der Verschmelzung	166–168
2. Mängel der notariellen Beurkundung des Verschmelzungsvertrags	169–171
3. Beurkundungsmängel von Zustimmungs- und Verzichtserklärungen	172, 173
4. Unbeachtlichkeit von sonstigen Verschmelzungsmängeln	174–177
5. Verstöße gegen das Kartellrecht/Außenwirtschaftsrecht	178–186
a) Kartellrecht	179–181
b) Außenwirtschaftsrecht	182–186
B. Gläubigerschutz	187–284
I. Allgemeines	188, 189
II. Gläubigerschutz durch Sicherheitsleistung	190–252
1. Berechtigte Gläubiger	192–206
a) Zu sichernde Ansprüche	193–197
b) Begründeter Anspruch	198–201
c) Keine Befriedigungsmöglichkeit	202–206
2. Glaubhaftmachung der Anspruchsgefährdung	207–221
a) Gründe für Gefährdung	208–218
aa) Unterbilanz der beteiligten Rechtsträger	209, 210
bb) Änderung der Kapitalbindung	211–214
cc) Änderung der Eigenkapitalquote/Liquidität	215, 216
dd) Berücksichtigung mit der Verschmelzung verbundener Ansprüche	217, 218
b) Kausalität der Verschmelzung	219
c) Glaubhaftmachung	220, 221
3. Weitere Anspruchsvoraussetzungen	222–232
a) Fristwahrung	222–228
b) Inhalt der schriftlichen Anmeldung des Anspruchs	229–232
4. Hinweispflicht des Registergerichts	233
5. Ausschluss des Anspruchs auf Sicherheitsleistung	234–236
6. Anspruchsinhalt	237–243
a) Art der Sicherheitsleistung	238
b) Höhe der Sicherheitsleistung	239, 240
c) Fälligkeit des Anspruchs	241
d) Anspruchsgegner	242
e) Wegfall des Erfordernisses der Sicherheitsleistung	243
7. Durchsetzung und Schadensersatz	244, 245
8. Sicherheitsleistung bei grenzüberschreitender Verschmelzung	246–252
III. Gläubigerschutz durch Schadensersatzanspruch	253–282
1. Anspruchsverpflichteter und -berechtigter	257–264
a) Ersatzverpflichtete	257–262

aa) Mitglieder des Vertretungsorgans 259, 260	4. Anspruch auf Schadensersatz ... 324, 325
bb) Mitglieder des Aufsichtsorgans 261, 262	5. Nachbesserungsanspruch 326
b) Ersatzberechtigte 263	6. Abfindungs- und Austrittsrechte 327–380
c) Verhältnis zum Anspruch auf Sicherheitsleistung 264	a) Voraussetzungen 331–350
2. Anspruchsvoraussetzungen 265–273	aa) Mischverschmelzung ... 332–335
a) Sorgfaltspflichtverletzung .. 267–270	bb) „Kaltes Delisting" 336–341
b) Ersatzfähiger Schaden 271–273	cc) Verfügungsbeschränkung 342–345
3. Geltendmachung des Schadensersatzanspruchs 274–282	dd) Kein allgemeines Verschlechterungsverbot durch analoge Anwendung 346
a) Besonderer Vertreter 276–281	
b) Verjährung 282	
IV. Gläubigerschutz durch Kapitalerhaltung/-aufbringung 283, 284	ee) Widerspruch oder gleichgestellte Tatbestände 347–350
C. Besonderer Schutz von Sonderrechtsinhabern 285–311	b) Inhalt und Prüfung des Angebots 351–369
I. Betroffene Rechte 286–299	aa) Abfindungsangebot 352–355
1. Anteile ohne Stimmrecht 288, 289	bb) Angemessenheit des Angebots 356–359
2. Schuldverschreibungen 290–295	
3. Genussrechte 296	cc) Prüfung der Barabfindung 360–366
4. Weitere erfasste Rechte 297–299	
II. Schuldner / Fälligkeit / Verschmelzungsvertrag / Abdingbarkeit 300–302	dd) Verzinsung und weiterer Schaden 367–369
III. Rechtsfolgen 303–311	c) Annahme des Angebots und Durchführung des Austritts 370–380
1. Gewährung gleichwertiger Rechte 304–309	aa) Form 371
2. Durchsetzung des Anspruchs .. 310, 311	bb) Frist 372
D. Minderheitenschutz 312–391	cc) Abwicklung 373–380
I. Notwendigkeit..................... 313	7. Anderweitige Veräußerung 381–384
II. Gesetzlich vorgesehene Instrumente des Minderheitenschutzes 314–391	8. Besonderheiten bei der grenzüberschreitenden Verschmelzung 385–391
1. Informationspflichten 317–320	
a) Verschmelzungsvertrag 318	a) Abfindungsangebot im Verschmelzungsplan 386–389
b) Verschmelzungsbericht 319	
c) Verschmelzungsprüfung 320	b) Anwendbarkeit des Spruchverfahrens 390
2. Mehrheitsregelungen 321	
3. Zustimmungserfordernisse 322, 323	c) Anderweitige Veräußerung 391

Schrifttum: *Austmann/Frost*, Vorwirkungen von Verschmelzungen, ZHR 169 (2005), 431; *Bayer*, Herrschaftsveränderungen im Vertragskonzern, ZGR 1993, 599; *Bayer/Schmidt*, Gläubigerschutz bei (grenzüberschreitenden) Verschmelzungen, ZIP 2016, 841; *Behling*, Das „Opt-In"-Verfahren für den Adresshandel – eine Begutachtung der Auswirkungen auf die Unternehmenstransaktion, RDV 2010, 107; *Berberich/Kanschick*, Daten in der Insolvenz, NZI 2017, 1; *Beutel*, Der neue rechtliche Rahmen grenzüberschreitender Verschmelzungen in der EU, 2008; *Bongers*, Zulässige Nutzung von Kundendaten für E-Mail-Werbung nach einer Verschmelzung von Rechtsträgern, BB 2015, 2950; *Bungert*, Grenzüberschreitendes Umwandlungsrecht: Gesamtrechtsnachfolge für im Ausland belegene Immobilien bei Verschmelzung deutscher Gesellschaften, FS Heldrich 2005, S. 527; *Bungert/Hentzen*, Kapitalerhöhungen zur Durchführung von Verschmelzung oder Abspaltung beim parallelen Rückkauf eigener Aktien durch die übertragende Aktiengesellschaft, DB 1999, 2501; *Dieckmann/Eul/Klevenz*, Verhindert der Datenschutz Fusionen? – Fusionen aus der Sicht der betrieblichen Datenschutzbeauftragten, RDV 2000, 149; *Dreyer*, Rechtsnachfolge in „höchstpersönliche" Rechte von Verbänden, JZ 2007, 606; *Essers/Hartung*, Datenschutz bei Unternehmenstransaktionen, RDV 2002, 278; *Fisch*, Der Übergang ausländischen Vermögens bei Verschmelzungen und Spaltungen – Eine Analyse aus Sicht der Praxis, NZG 2016, 448; *Gaiser*, Die Umwandlung und ihre Auswirkungen auf personenbezogene öffentlich-rechtliche Erlaubnisse – Ein unlösbarer Konflikt zwischen Umwandlungsrecht und Gewerberecht?, DB 2000, 361; *Gaul*, Politische Einflussnahme bei der gescheiterten Übernahme von K + S durch Potash, AG 2016, 484; *Gelhausen/Heinz*, Handelsrechtliche Zweifelsfragen der Abwicklung von Ergebnisabführungsverträgen in Umwandlungsfällen, NZG 2005, 775; *Haspl*, „Bußgeldrechtliche Haftung" des Rechtsnachfolgers nach der Verschmelzungsrichtlinie?, EuZW 2013, 888; *Heckschen*, Der Verzicht auf Anteilsgewähr – Gestaltungsmöglichkeiten und Grenzen aus gesellschaftsrechtlicher

§ 13 Rechtsfolgen der Verschmelzung 1, 2 § 13

Sicht, GWR 2010, 101; *Heckschen,* Inhalt und Umfang der Gesamtrechtsnachfolge – sog. Vertrauensstellungen und Mitgliedschaften, GmbHR 2014, 626; *Hofmann/Riethmüller,* Einführung in das Umwandlungsrecht, JA 2009, 481; *Kalss,* Gläubigerschutz bei Verschmelzungen von Kapitalgesellschaften, ZGR 2009, 74; *Kiem,* Die Stellung der Vorzugsaktionäre bei Umwandlungsmaßnahmen, ZIP 1997, 1627; *Klöhn,* Delisting – Zehn Jahre später, NZG 2012, 1041; *Krieger,* Der Konzern in Fusion und Umwandlung, ZGR 1990, 517; *Kronke,* Deutsches Gesellschaftsrecht und grenzüberschreitende Strukturänderungen, ZGR 1994, 26; *Kusserow/Prüm,* Die Gesamtrechtsnachfolge bei Umwandlungen mit Auslandsbezug, WM 2005, 633; *Lennerz,* Die internationale Verschmelzung und Spaltung unter Beteiligung deutscher Gesellschaften, 2001; *Lieder/Scholz,* Vinkulierte Forderungen und Gesellschaftsanteile in der umwandlungsrechtlichen Universalsukzession, ZIP 2015, 1705; *Limmer,* Grenzüberschreitende Umwandlungen nach dem Sevic-Urteil des EuGH und den Neuregelungen des UmwG, ZNotP 2007, 282; *Louven,* Umsetzung der Verschmelzungsrichtlinie, ZIP 2006, 2021; *Lüttge,* Unternehmensumwandlungen und Datenschutz, NJW 2000, 2463; *Maier-Reimer,* Vereinfachte Kapitalherabsetzung durch Verschmelzung?, GmbHR 2004, 1128; *Mertens,* Zur Universalsukzession in einem neuen Umwandlungsrecht, AG 1994, 66; *Müller,* Die grenzüberschreitende Verschmelzung nach dem Referentenentwurf des Bundesjustizministeriums, NZG 2006, 286; *Müller-Bonanni/Mehrens,* Auswirkungen von Umstrukturierungen auf die Tarifsituation, ZIP 2012, 1217; *Petersen,* Der Gläubigerschutz im Umwandlungsrecht, 2001; *Pöllath/Philipp,* Unternehmenskauf und Verschmelzung: Pflichten und Haftung von Vorstand und Geschäftsführer, DB 2005, 1503; *Racky,* Die Behandlung von im Ausland belegenen Gesellschaftsvermögen bei Verschmelzungen, DB 2003, 923; *Reichert,* Folgen der Anteilsvinkulierung für Umstrukturierungen von Gesellschaften mit beschränkter Haftung und Aktiengesellschaften nach dem Umwandlungsgesetz 1995; GmbHR 1995, 176; *Röder/Lingemann,* Schicksal von Vorstand und Geschäftsführer bei Unternehmensumwandlungen und Unternehmensveräußerungen, DB 1993, 1341; *Rodewald,* Der Umgang mit Stamm- und Grundkapitalziffern bei Verschmelzungsvorgängen – Gläubigerschutz jenseits gesetzlicher Erfordernisse?, GmbHR 2005, 515; *Rosner,* Ausstehende Einlagen nach Verschmelzung von Aktiengesellschaften, AG 2011, 5; *Rothenburg,* Aktienoptionen in der Verschmelzung, 2009; *Schaffland,* Datenschutz und Bankgeheimnis bei Fusion – (k)ein Thema?, NJW 2002, 1539; *Schmidt,* § 673 BGB bei Verschmelzungsvorgängen in Dienstleistungsunternehmen – oder: Geisterstunde im Umwandlungsrecht?, DB 2001, 1019; *Schröer,* Sicherheitsleistung für Ansprüche aus Dauerschuldverhältnissen bei Unternehmensumwandlungen, DB 1999, 317; *Schniepp/Hensel,* Probleme mit der Chain of Title – Die Verschmelzung der Ziel-GmbH als Königs- oder Holzweg?, NZG 2014, 857; *Seibt/Heiser,* Regelungskonkurrenz zwischen neuem Übernahmerecht und Umwandlungsrecht; ZHR 165 (2001), 466; *Seibt/Wollenschläger,* Downlisting einer börsennotierten Gesellschaft ohne Abfindungsangebot und Hauptversammlungsbeschluss, AG 2009, 807; *Stein/Schleifenbaum,* Staatliche Kontrolle ausländischer Investoren in Deutschland – Erfahrungen mit dem neugefassten Außenwirtschaftsrecht, ZfZ 2015, 202; *Volhard/Goldschmidt,* Nötige und unnötige Sonderbeschlüsse der Inhaber stimmrechtsloser Vorzugsaktien, FS Lutter, 2000, S. 779; *Weiss,* Put Option auf eigene Aktien kraft Gesamtrechtsnachfolge?, AG 2004, 127; *Wengert/Widmann/Wengert,* Bankenfusionen und Datenschutz, NJW 2000, 1289; *Werder, v./Kost,* Vertraulichkeitsvereinbarungen in der M&A-Praxis, BB 2010, 2903; *Winter,* Die Rechtsstellung des stillen Gesellschafters in der Verschmelzung des Geschäftsinhabers, FS Peltzer, 2001, S. 645.

Ziel und Rechtsfolge der Verschmelzung ist die Umstrukturierung einer juristischen **1** Einheit durch Übertragung ihres gesamten Vermögens unter Auflösung, aber ohne Abwicklung, auf eine andere, entweder schon bestehende oder noch zu gründende juristische Einheit. Damit bezweckt der Gesetzgeber, es Unternehmen zu erleichtern, ihre rechtlichen Strukturen den jeweils veränderten Umständen des Wirtschaftslebens anzupassen.[1]

Zentrales Element hierfür bildet die Anordnung der **Gesamtrechtsnachfolge** des über- **2** nehmenden Rechtsträgers in die Rechtstellung des übertragenden Rechtsträgers (§ 20 Abs. 1 Nr. 1 UmwG). Mit der Anordnung der Gesamtrechtsnachfolge ist der Gesetzgeber von dem sonst im deutschen Recht vorgesehenen **Grundsatz der Einzelübertragung** abgewichen.[2] Dies bedeutet erhebliche Erleichterungen in sachen-, schuld- und steuerrechtlichen Bereichen gegenüber den allgemeinen Vorschriften.[3] Hierin liegt der für die

---
[1] BT-Drucks. 12/6699, S. 71, 75.
[2] BT-Drucks. 12/6699, S. 72.
[3] Kölner Kommentar-UmwG/*Simon,* § 2 Rn. 32; *Heckschen,* GmbHR 2014, 626, 627; *Hofmann/Riethmüller,* JA 2009, 481, 482.

Rechtspraxis entscheidende Vorteil gegenüber zahlreichen anderen Formen der Zusammenführung von Unternehmen (zum Ganzen ausf. → § 4 Rn. 15 ff.).

3   Mit der Eintragung der Verschmelzung erlischt der übertragende Rechtsträger. Die Rückabwicklung der Verschmelzung ist deshalb nur unter erheblichen Schwierigkeiten möglich[4] und insbesondere nach längerer Zeit praktisch kaum mehr durchführbar.[5] Eine einmal beim übernehmenden Rechtsträger eingetragene Verschmelzung soll deshalb nicht mehr rückgängig gemacht werden; eine „**Entschmelzung**" ist ausgeschlossen. Entsprechend ordnet § 20 Abs. 1 Nr. 4 UmwG die Heilung bestimmter Verfahrens- und Formmängel der Verschmelzung an und § 20 Abs. 2 UmwG stellt klar, dass Mängel der Verschmelzung die Wirkung der Eintragung unberührt lassen.

4   Durch die weitreichenden Rechtsfolgen der **Gesamtrechtsnachfolge** und den bewussten Ausschluss der **Entschmelzung** werden Rechte Dritter, namentlich der **Gläubiger** und **Anteilsinhaber** der betroffenen Gesellschaften, eingeschränkt. Das Umwandlungsrecht sieht Verfahrensregeln und Schutzmechanismen vor, die das damit verbundene Konfliktpotential zwischen den beteiligten Gruppen entschärfen.[6]

5   Die **Gläubiger** sowohl des übertragenden als auch des übernehmenden Rechtsträgers haben keinen direkten Einfluss auf die Verschmelzung und deren Rechtsfolgen. Durch die Verschmelzung werden vorher getrennte Haftungsmassen zu einer Vermögensmasse zusammengeführt. Dies führt zu einer Konkurrenz mehrerer Gläubigergruppen. Es besteht die Gefahr, dass sich eine der Vermögensmassen durch die Verschmelzung für eine der Gläubigergruppen relativ verschlechtert. Eine mögliche Änderung der Rechtsform des Schuldners durch die Verschmelzung kann sich ebenfalls auf die Durchsetzbarkeit von Ansprüchen auswirken. Diese Risiken der Gläubiger werden primär durch einen **Anspruch auf Sicherheitsleistung** gegen den übernehmenden Rechtsträger abgefedert (§ 22 UmwG).[7] Daneben haben die Gläubiger einen **Schadensersatzanspruch** gegen die Verwaltungsträger des übertragenden Rechtsträgers, wenn diese bei der Prüfung der Vermögenslage der Rechtsträger und beim Abschluss des Verschmelzungsvertrags ihre Sorgfaltspflicht schuldhaft verletzt haben (§ 25 UmwG).

6   Die **Anteilsinhaber** sind durch die allgemeinen Bestimmungen (insbesondere §§ 5 und 6 UmwG (*Inhalt und Form des Verschmelzungsvertrags*); §§ 8 ff. UmwG (*Verschmelzungsbericht und Verschmelzungsprüfung*); § 13 UmwG (*Verschmelzungsbeschluss*); §§ 16 ff. UmwG (*Anmeldung und Prüfung durch das Registergericht*)) bezüglich der Information über Inhalte der Verschmelzung, Formvorschriften und die Zustimmung zur Verschmelzung davor geschützt, Risiken und Folgen der Umwandlung nicht richtig einschätzen zu können. Anteilsinhaber des übertragenden Rechtsträgers werden grundsätzlich Anteilsinhaber des übernehmenden Rechtsträgers, ihre Mitgliedschaft perpetuiert sich dadurch (§ 20 Abs. 1 Nr. 3 UmwG). § 23 UmwG schließt etwaige Lücken mit Blick auf stimmrechtslose Anteilsinhaber mit sonstigen **Sonderrechten**.[8] Die **Minderheitsgesellschafter**, deren Wille sich im Rahmen des Verschmelzungsbeschlusses nicht durchsetzen konnte, haben das Recht, gegen angemessene Abfindung aus der Gesellschaft auszutreten (§ 29 ff. UmwG) oder ihre Anteile unabhängig von bestehenden Verfügungsbeschränkungen an einen Dritten zu veräußern (§ 33 UmwG). Damit können diese selbst die Bewertung und Reaktion auf die Veränderung ihrer Rechtsposition vornehmen.[9] Schließlich steht auch den Anteilsinhabern die Möglichkeit offen, **Schadensersatz** gem. §§ 25 ff. UmwG zu verlangen.

---

[4] Semler/Stengel/*Kübler*, § 20 Rn. 84.
[5] BT-Drucks. 12/6699, S. 91; Kallmeyer/*Marsch-Barner*, § 20 Rn. 1; Lutter/*Grunewald*, § 20 Rn. 76.
[6] BT-Drucks. 12/6699, S. 71; *Heckschen*, GmbHR 2014, 626, 627; *Hofmann/Riethmüller*, JA 2009, 481, 482.
[7] Lutter/*Grunewald*, § 22 Rn. 3.
[8] Kallmeyer/*Zimmermann*, § 13 Rn. 1 ff.
[9] Schmitt/Hörtnagl/Stratz/*Stratz*, § 29 Rn. 1 ff; Semler/Stengel/*Kalss*, § 29 Rn. 1.

§ 13 Rechtsfolgen der Verschmelzung

Insgesamt wird durch die oben skizzierten Schutzvorschriften für Anteilsinhaber und 7
Gläubiger ein umfassender Ausgleich der verschiedenen Interessengruppen geschaffen. Bei
Sachverhalten mit grenzüberschreitendem Bezug unter Beteiligung von Kapitalgesellschaften erklärt § 122a Abs. 2 UmwG sämtliche Schutzvorschriften für anwendbar (wobei die speziellen Vorschriften der §§ 122b bis 122l UmwG zu beachten sind).

Im Folgenden werden die Rechtsfolgen der Verschmelzung gem. §§ 20 ff. UmwG dar- 8
gestellt. Hierbei wird auf die umfassende Wirkung der Eintragung (**A**) sowie die speziellen Schutzmechanismen des UmwG hinsichtlich der jeweiligen Interessengruppen von Gläubigern (**B**), Sonderrechtsinhabern (**C**) und Minderheitsgesellschaftern (**D**) eingegangen.

A. Wirkungen der Eintragung

Die **Wirkungen der Eintragung** der Verschmelzung sind in § 20 UmwG geregelt. 9
Diese für die Folgen der Verschmelzung zentrale Norm setzt die **EU-Verschmelzungsrichtlinie** um.[10] Im Gegensatz zu dieser gilt § 20 UmwG für Verschmelzungen gleich welcher Rechtsform und zwar sowohl für **Verschmelzungen zur Aufnahme** als auch für **Verschmelzungen zur Neugründung** (vgl. § 36 Abs. 1 S. 1 UmwG)[11] und ist nicht auf die AG beschränkt.

I. Maßgeblicher Zeitpunkt

Die Rechtsfolgen der Verschmelzung treten mit der **Eintragung der Verschmelzung** 10
(§ 8a HGB) in das Register des Sitzes des übernehmenden Rechtsträgers ein (§ 20 Abs. 1 Hs. 1 UmwG). Im Gegensatz dazu ist für den Fristbeginn für die Anmeldung von Gläubigeransprüchen (§ 25 Abs. 3 UmwG) oder auch für die Annahme eines Abfindungsangebots (§ 31 S. 1 UmwG) die **Bekanntgabe der Eintragung** entscheidend.

Ob die Verschmelzung entsprechend § 19 Abs. 1 S. 1 UmwG zuvor in das Register des 11
Sitzes des übertragenden Rechtsträgers eingetragen wurde, ist nicht entscheidend; § 20 Abs. 2 UmwG würde einen solchen Verstoß heilen.[12]

Das Eintragungserfordernis dient der **Sicherheit des Rechtsverkehrs**. Erst mit der 12
handelsrechtlichen Publizität werden auch die Rechtsfolgen der Verschmelzung ausgelöst.[13] Diese Regelung ist nicht dispositiv. Eine Vereinbarung, nach der die Verschmelzungsfolgen *inter omnes* zu einem anderen Zeitpunkt eintreten sollen, ist unwirksam.[14] Sie könnte lediglich schuldrechtlichen Charakter haben und wäre regelmäßig als Festlegung des **Verschmelzungsstichtags** auszulegen.[15] Dieser im Verschmelzungsvertrag festzulegende Zeitpunkt (§ 5 Abs. 1 Nr. 6 UmwG) bestimmt, ab welchem Moment die Handlungen der übertragenden Rechtsträger als für Rechnung des übernehmenden Rechtsträgers vorgenommen gelten. Die Bestimmung des Verschmelzungsstichtags hat aber keine Außenwirkung, sondern bestimmt das Innenverhältnis der Parteien.

II. Gesamtrechtsnachfolge

1. Allgemeines

Die für eine Verschmelzung charakteristische **Gesamtrechtsnachfolge** (Übertragung 13
des Vermögens als Ganzes, vgl. § 2 UmwG) ist in § 20 Abs. 1 Nr. 1 UmwG geregelt (zu den Grundlagen → § 4 Rn. 15 ff.). Mit Eintragung der Verschmelzung in das Register des Sitzes des übernehmenden Rechtsträgers geht das Vermögen des übertragenden Rechts-

---

[10] RL 2011/35/EU vom 5.4.2011 (ABl. L 110, 1).
[11] Semler/Stengel/*Kübler*, § 20 Rn. 1 ff.
[12] Lutter/*Grunewald*, § 20 Rn. 3; Semler/Stengel/*Kübler*, § 20 Rn. 7.
[13] Böttcher/Habighorst/Schulte/*Schulte*, § 20 Rn. 3; Semler/Stengel/*Kübler*, § 20 Rn. 5.
[14] Böttcher/Habighorst/Schulte/*Schulte*, § 20 Rn. 3; Semler/Stengel/*Kübler*, § 20 Rn. 6.
[15] Lutter/*Grunewald*, § 20 Rn. 5; Semler/Stengel/*Kübler*, § 20 Rn. 6.

trägers einschließlich der Verbindlichkeiten auf den übernehmenden Rechtsträger über.[16] Die einzelnen Vermögensgegenstände oder Verbindlichkeiten brauchen weder zuvor bilanziert noch auch nur bekannt gewesen zu sein, damit sie von der gesetzlich angeordneten Übertragung erfasst sind.[17] Ein gutgläubiger Erwerb von Vermögensgegenständen, die tatsächlich nicht im Vermögen des übertragenden Rechtsträgers stehen, ist aufgrund der Natur der Gesamtrechtsnachfolge als Übergang kraft Gesetzes ausgeschlossen.[18]

14 Trotz des grundsätzlich umfassenden Regelungscharakters des § 20 Abs. 1 Nr. 1 UmwG wird von der Rechtsprechung und dem Großteil der Lehre der Übergang von **höchstpersönlichen Rechten und Pflichten** im Rahmen der Gesamtrechtsnachfolge abgelehnt.[19] Höchstpersönliche Rechte und Pflichten zeichnen sich dadurch aus, dass sie derart mit einer Person verbunden sind, dass sie von dieser nicht ablösbar sind und daher eine Übertragung schon vom Wesen her ausgeschlossen ist. Beispiele hierfür sind das persönliche Wohnrecht[20] oder auch die Stellung als Treuhänder.[21] Höchstpersönliche Rechte gehen nicht über, sondern unter.[22] Im konkreten Fall muss durch Auslegung ermittelt werden, ob dem übertragenden Rechtsträger überhaupt ein höchstpersönliches Recht zusteht. Bei juristischen Personen sowie Personengesellschaften wird eine persönliche Beziehung in der Regel nicht im Vordergrund stehen und somit der Charakter eines höchstpersönlichen Rechts zu verneinen sein.[23]

15 **Gesonderte Übertragungsakte** sind nicht erforderlich.[24] So geht beispielsweise das Eigentum an beweglichen Sachen auch ohne die sonst sachenrechtlich erforderliche Einigung und Übergabe (§ 929 BGB) kraft Gesetz auf den übernehmenden Rechtsträger über; Grundstücke gehen auf den übernehmenden Rechtsträger über, ohne dass es einer Auflassung (§ 925 BGB) bedarf. Lediglich das Grundbuch ist infolge der Gesamtrechtsnachfolge gem. § 894 BGB zu berichtigen, weil es unrichtig geworden ist.[25] Im Übrigen muss weder eine Aufstellung sämtlicher Vermögenswerte erfolgen noch sind Zustimmungen Dritter erforderlich. Auch die sonstigen Vorschriften der Vertrags- oder Schuldübernahme müssen nicht beachtet werden.[26] Es kommt also explizit nicht darauf an, ob Schuldner und Gläubiger der beteiligten Rechtsträger mit der Verschmelzung einverstanden sind[27] oder dieser sogar ausdrücklich widersprechen. Darin liegt eine wesentliche praktische Erleichterung im Vergleich zu den Regelungen der Einzelübertragung, etwa im Wege eines Asset Deals.

16 Eine Regelung im **Verschmelzungsvertrag**, welche einzelne Vermögensgegenstände wirksam von dem Übergang auf den übernehmenden Rechtsträger ausschließt, ist nicht möglich.[28] Sollen einzelne Vermögensgegenstände nicht langfristig in das Vermögen des übernehmenden Rechtsträgers übergehen, besteht folgende Strukturierungsmöglichkei-

---

[16] Zur von § 20 Abs. 1 UmwG abweichenden Wirkung der Verschmelzung: BGH II ZB 18/97, ZIP 1998, 1225–1226.
[17] Böttcher/Habighorst/Schulte/*Schulte*, § 20 Rn. 4; Semler/Stengel/*Kübler*, § 20 Rn. 8.
[18] Böttcher/Habighorst/Schulte/*Schulte*, § 20 Rn. 6; Lutter/*Grunewald*, § 20 Rn. 10; Schmitt/Hörtnagl/Stratz/*Stratz*, § 20 Rn. 25; Semler/Stengel/*Kübler*, § 20 Rn. 9.
[19] BGH V ZR 164/13, BGHZ 200, 221–229 = ZIP 2014, 776–779; BT Drucks. 16/2919, S. 19; *Heckschen* GmbHR 2014, 626, 627; Kölner Kommentar-UmwG/*Simon*, § 2 Rn 63.
[20] Kallmeyer/*Marsch-Barner*, § 20 Rn. 6.
[21] Kallmeyer/*Marsch-Barner*, § 20 Rn. 6.
[22] Henssler/Strohn/*Heidinger*, § 20 Rn 41.
[23] BVerwG 7 C 3/05, NVwZ 2006, 928–932; Henssler/Strohn/*Heidinger*, § 20 Rn. 41; Schmitt/Hörtnagl/Stratz/*Stratz*, § 20 Rn. 84; *Heckschen* GmbHR 2014, 626, 628.
[24] Lutter/*Grunewald*, § 20 Rn. 9; Semler/Stengel/*Kübler*, § 20 Rn. 8; Limmer/*Limmer*, Teil 2 Kapitel 1 Rn. 687.
[25] OLG Thüringen 9 W 287/13, ZWE 2014, 123–124; Schmitt/Hörtnagl/Stratz/*Stratz*, § 20 Rn. 31; Semler/Stengel/*Kübler*, § 20 Rn. 8.
[26] Limmer/*Limmer*, Teil 2 Kapitel 1 Rn. 687.
[27] Lutter/*Grunewald*, § 20 Rn. 10.
[28] Lutter/*Grunewald*, § 20 Rn. 8; Semler/Stengel/*Kübler*, § 20 Rn. 8.

ten: (1) entweder werden die entsprechenden Vermögensgegenstände noch vor dem Eintragungszeitpunkt dinglich aus dem Vermögen des übertragenden Rechtsträgers entfernt, indem sie unter Beachtung der jeweils einschlägigen Formvorschriften auf einen Dritten übertragen werden, oder (2) es wird eine schuldrechtliche Vereinbarung bezüglich der Übereignung der betreffenden Vermögensgegenstände nach Eintragung der Verschmelzung an einen Dritten geschlossen, die im Rahmen der Gesamtrechtsnachfolge ebenfalls auf den übernehmenden Rechtsträger übergeht[29] oder (3) es wird von einer Verschmelzung auf eine Spaltung gewechselt, bei der nur die gewünschten Vermögensgegenstände unter Ausschluss der zurückzubehaltenden Vermögensgegenstände abgespalten werden.[30]

2. Einzelfälle

Im Folgenden wird auf für die Praxis besonders relevante Vermögenspositionen und Rechtsverhältnisse und eventuelle Besonderheiten bei der Übertragung im Rahmen der **Gesamtrechtsnachfolge** eingegangen.[31]

Dabei ist zu beachten, dass in Einzelfällen Ausnahmen vom bzw. Einschränkungen der **Gesamtrechtsnachfolge** diskutiert werden. Dabei wird regelmäßig auf die jeweiligen **gesetzlichen Regelungen für den Todesfall** zurückgegriffen. Dazu ist ganz grundsätzlich anzumerken, dass der Gesetzgeber zwar auch im Todesfall die Gesamtrechtnachfolge als Rechtsfolge anordnet. Der Todesfall (er betrifft natürliche Personen und kommt in der Regel unerwartet und unerwünscht) ist aber nicht mit der Interessenlage bei einer Verschmelzung (sie betrifft juristische Personen und ist organisiert und von den Parteien gewollt) vergleichbar. Vor dem Hintergrund der ausdrücklichen Intention des Gesetzgebers, die Umstrukturierung von Unternehmen zu fördern,[32] verbietet sich deshalb ein schematischer Rückgriff auf die Regelungen für den Todesfall. Trotzdem kann eine Ausnahme von der oder Einschränkung der Gesamtrechtsnachfolge dann berechtigt sein, wenn Interessen Dritter betroffen sind, die nicht allein mit dem Schutz der finanziellen Folgen durch die entsprechenden Schutzvorschriften (Sicherheitsleistung nach § 22 UmwG und Schadensersatz nach § 25 UmwG) gewährleistet werden können.[33] Entsprechende Ausnahmen sollten aber nicht zu einer Vereitelung oder wesentlichen Einschränkung der Verschmelzung führen. Dabei ist zu beachten, dass eine **Entschmelzung** ausscheidet und eine Ausnahme oder Einschränkung der Gesamtrechtsnachfolge zu praktischen Problemen führt, weil der übertragende Rechtsträger kraft Gesetzes mit Eintragung der Verschmelzung erlischt (§ 20 Abs. 1 Nr. 2 UmwG). In der Regel sind deshalb **Vertragsanpassungen** oder (außerordentliche) **Kündigungsrechte** das geeignete Mittel, um die notwendigen Anpassungen interessengerecht vorzunehmen, ohne die Verschmelzung grundsätzlich in Frage zu stellen. Umgekehrt besteht aber auch kein Bedürfnis, neben der Übertragung der Vermögens- oder Vertragsposition über das allgemein Zulässige hinaus als Folge der Gesamtrechtsnachfolge Inhaltsveränderungen zu gestatten oder zu ermöglichen.[34]

a) Vermögenspositionen. Auch wenn gem. § 20 Abs. 1 Nr. 1 UmwG das gesamte Vermögen einschließlich Verbindlichkeiten vom übertragenden auf den übernehmenden Rechtsträger übergeht, gilt es bei einigen Vermögenspositionen Besonderheiten zu beachten.

aa) Beteiligungen. Gesellschaftsbeteiligungen des übertragenden Rechtsträgers sind ebenfalls von der Gesamtrechtsnachfolge erfasst. Hierbei ist jedoch sowohl für den über-

---

[29] Lutter/*Grunewald*, § 20 Rn. 8; Semler/Stengel/*Kübler*, § 20 Rn. 8.
[30] Limmer/*Limmer*, Teil 2 Kapitel 1 Rn. 8.
[31] Vgl. dazu die umfassende Aufstellung von Einzelfragen in alphabetischer Reihenfolge in Widmann/Mayer/*Vossius*, § 20 Rn. 68.1–324.
[32] BT-Drucks. 12/6699, S. 71, 75.
[33] Lutter/*Grunewald*, § 20 Rn. 12.
[34] *Mertens*, AG 1994, 66, 72.

nehmenden als auch den übertragenden Rechtsträger darauf zu achten, ob in Gesellschaftsvertrag oder Satzung der Gesellschaft, an der die Beteiligung besteht, sogenannte **Change-of-Control-Klauseln** existieren. Diese könnten dazu führen, dass die Beteiligung den Mitgesellschaftern zum Erwerb angeboten werden muss.[35] Andererseits kann die Übertragung der Beteiligungen im Wege der Verschmelzung nach überwiegender Ansicht nicht durch oder über eine **Vinkulierungsklausel** bei der betreffenden Beteiligung von der Zustimmung der übrigen Gesellschafter auf Beteiligungsebene abhängig gemacht werden.[36] Für Fälle, in denen die Vinkulierungsklausel ausdrücklich auch umwandlungsrechtliche Übertragungen erfasst, wird das teilweise kritisch gesehen.[37] Eine entsprechende Einschränkung würde der umfassenden Wirkung der Gesamtrechtsnachfolge widersprechen und diese der Disposition des Rechtsverkehrs überlassen. Dafür besteht aber kein Bedürfnis, weil die Parteien über die schuldrechtliche Ausgestaltung ihrer Rechtsbeziehung entsprechende Vereinbarungen treffen können, die dann zwar die Verschmelzung nicht verhindern, aber andere Rechtsfolgen wie Schadensersatz oder Erwerbs-/Veräußerungsrechte nach sich ziehen können. Anders kann die Situation dann zu beurteilen sein, wenn das Wesen der Beteiligung eine Übertragung auf eine andere Person in Frage stellt. Deshalb ist im Einzelfall zu prüfen, ob und inwieweit das Interesse an einer Durchführung der Verschmelzung mit den betroffenen Wesensfragen in Einklang zu bringen ist. Grundsätzlich gilt, dass in den Fällen, in denen es den anderen Gesellschaftern, Mitgliedern, Genossen, etc. nicht zumutbar ist, den übernehmenden Rechtsträger als Gesellschafter, Mitglied, Genosse zu akzeptieren, dieser bei Vorliegen eines wichtigen Grundes ausgeschlossen werden kann.[38]

21 **(1) Kapitalgesellschaften.** Anteile des übertragenden Gesellschafters an Kapitalgesellschaften wie einer GmbH, AG, KGaA oder SE gehen ohne weiteres auf den übernehmenden Rechtsträger über.[39] Von diesem Übergang sind auch Aktien des übertragenden Rechtsträgers an dem übernehmenden Rechtsträger erfasst; ein Erwerb **eigener Anteile** im Rahmen einer Gesamtrechtsnachfolge wird von § 71 Abs. 1 Nr. 5 AktG ausdrücklich erlaubt.[40] Eine **Vinkulierung der Anteile** hindert den Übergang ebenso wenig wie etwaige **Zustimmungserfordernisse**.[41] Entsprechende Klauseln können in der Regel in ein Ausschlussrecht umgedeutet werden. Damit kann dem Interesse der anderen Anteilsinhaber an einer Kontrolle der jeweils beteiligten Anteilsinhaber einer Gesellschaft in ausreichendem Maße Rechnung getragen werden.

22 **(2) Personengesellschaften.** Bei den **Personengesellschaften** steht die Person des Gesellschafters in der Regel gegenüber der Kapitalbeteiligung des entsprechenden Gesellschafters im Vordergrund. Dies rechtfertigt grundsätzlich eine differenzierte Betrachtung der Frage, ob die entsprechenden Anteile an der Gesellschaft automatisch auf den übernehmenden Rechtsträger übergehen oder ob das Wesen der Beteiligung eine andere Lösung erfordert. Da es bei der entsprechenden Diskussion im Wesentlichen um den Schutz der übrigen Gesellschafter geht, kommt den konkreten Regelungen des Gesellschaftsvertrags (ggf. nach ergänzender Vertragsauslegung) besondere Bedeutung zu.

---

[35] Semler/Stengel/*Kübler*, § 20 Rn. 21; *Heckschen* GmbHR 2014, 626, 634.

[36] Henssler/Strohn/*Heidinger*, § 20 Rn. 29; Kallmeyer/*Marsch-Barner*, § 20 Rn. 7; Kölner Kommentar-UmwG/*Simon*, § 20 Rn. 19; Lutter/*Grunewald*, § 20 Rn. 17; Semler/Stengel/*Kübler*, § 20 Rn. 22; aA (für Umgehungsfälle) *Seibt*, NJW 1999, 126, 127.

[37] Schmitt/Hörtnagl/Stratz/*Stratz*, § 20 Rn. 67 (durch Auslegung zu ermitteln, ob die Verschmelzung erfasst sein sollte); in diesem Fall ablehnend: *Mertens*, AG 1994, 66, 72; *Seibt*, NJW 1999, 126, 127.

[38] Lutter/*Grunewald*, § 20 Rn. 23.

[39] Kölner Kommentar-UmwG/*Simon*, § 20 Rn. 19.

[40] Semler/Stengel/*Kübler*, § 20 Rn. 22.

[41] Kallmeyer/*Marsch-Barner*, § 20 Rn. 7; Lutter/*Grunewald*, § 20 Rn. 10; Semler/Stengel/*Kübler*, § 20 Rn. 22.

Im Einzelnen ist umstritten, ob bei der Entscheidung der Frage als Ausgangspunkt im 23 Wege der Analogie auf die gesetzlichen **Regelungen zur Gesamtrechtsnachfolge im Todesfall** zurückgegriffen werden soll[42] oder ob die Beteiligung immer zunächst als Rechtsfolge der Verschmelzung auf den übernehmenden Rechtsträger übergeht und den übrigen Gesellschaftern dann ggf. die gesetzlichen **Kündigungs- oder Ausschließungsrechte** (§§ 133, 140 HGB bzw. §§ 723 Abs. 1, 737 BGB) zur Verfügung stehen.[43] Für letztere Ansicht spricht, dass eine Erstreckung der Vorschriften für den Todesfall auf die Verschmelzung weder vom Gesetz vorgesehen ist noch eine analoge Anwendung angemessen erscheint. Vielmehr hat der Gesetzgeber bei der Verschmelzung bewusst die weitgehende Gesamtrechtsnachfolge angeordnet, so dass von einer planwidrigen Regelungslücke nur schwer auszugehen ist. Zudem verbleiben den anderen Gesellschaftern die oben genannten Kündigungs- und Ausschließungsrechte, so dass auch ihre Interessen gewahrt bleiben.[44] Deshalb geht die Gesellschafterstellung an einer OHG oder als Komplementär einer KG sowie Kommanditanteile[45] im Rahmen einer Verschmelzung zunächst automatisch auf den übernehmenden Rechtsträger über. Die übrigen Gesellschafter können sich durch **Kündigung** der Gesellschaft oder **Ausschließung** des übernehmenden Rechtsträgers gem. §§ 133, 140 HGB zur Wehr setzen,[46] es sei denn, der Gesellschaftsvertrag bestimmt etwas Gegenteiliges. Sieht der Gesellschaftsvertrag z. B. die Fortführung der Gesellschaft im Todesfalle eines Gesellschafters mit den Erben des Gesellschafters vor, so kann grundsätzlich davon ausgegangen werden, dass dies auch im Fall einer Verschmelzung gelten soll.[47] Schließt der Gesellschaftsvertrag umgekehrt die Übertragbarkeit klar und deutlich aus, kann dadurch trotzdem die Durchführung der Verschmelzung nicht beeinträchtigt werden. Vielmehr ist die Folge der Verschmelzung entweder das **Ausscheiden** als Gesellschafter gegen **Abfindung** oder die **Auflösung der Kommanditgesellschaft**.[48] Entscheidend dafür, welche Rechtsfolge gewollt ist, ist die Auslegung des Gesellschaftsvertrags.[49]

(3) **BGB-Gesellschaft.** Für Anteile an einer **BGB-Gesellschaft** gilt das oben Gesagte 24 entsprechend. Grundsätzlich ist davon auszugehen, dass die Anteile an der BGB-Gesellschaft automatisch im Rahmen der Gesamtrechtsnachfolge vom übertragenden auf den übernehmenden Rechtsträger übergehen.[50] Die durch § 20 Abs. 1 Nr. 1 UmwG angeordnete Gesamtrechtsnachfolge wird also nicht durch die Regelung zum Tode eines Gesellschafters (§ 727 Abs. 1 BGB) verdrängt bzw. ausgefüllt. Den übrigen Gesellschaftern stehen aber die gesetzlichen **Kündigungs-** oder **Ausschließungsrechte** (§§ 723 Abs. 1 S. 2, 737 BGB) zu. Dabei sind wiederum die Regeln des Gesellschaftsvertrags ggf. nach ergänzender Vertragsauslegung zu berücksichtigen. So dürfte es in der unternehmerischen Praxis bei der Auslegung der Gesellschaftsverträge von BGB-Gesellschaften (insbesondere im Bereich von **Arbeitsgemeinschaften (ARGE)**, durchaus relevant sein, dass die persönliche Bindung einer klassischen BGB-Gesellschaft im unternehmerischen Rechtsverkehr in der Regel keine vorrangige Rolle spielt.[51] Allerdings können in diesem Zusammenhang Wettbewerbsgesichtspunkte zu berücksichtigen sein und zu einer anderen Beurteilung führen.

---

[42] So: Kallmeyer/*Marsch-Barner*, § 20 Rn. 7; Lutter/*Grunewald*, § 20 Rn. 18, 19; Schmitt/Hörtnagl/Stratz/*Stratz*, § 20 Rn. 64.
[43] So: Kölner Kommentar-UmwG/*Simon*, § 20 Rn. 21; Semler/Stengel/*Kübler*, § 20 Rn. 24, 26.
[44] Kölner Kommentar-UmwG/*Simon*, § 20 Rn. 21; Semler/Stengel/*Kübler*, § 20 Rn. 25.
[45] Bezüglich der Kommanditanteile kommen die Regelungen zur Universalsukzession infolge des Todes des Gesellschafters zum gleichen Ergebnis (§§ 177 HGB, 234 Abs. 2 HGB).
[46] Lutter/*Grunewald*, § 20 Rn. 18, 23; Semler/Stengel/*Kübler*, § 20 Rn. 24.
[47] Lutter/*Grunewald*, § 20 Rn. 18.
[48] Semler/Stengel/*Kübler*, § 20 Rn. 23.
[49] Semler/Stengel/*Kübler*, § 20 Rn. 25.
[50] AA. Lutter/*Grunewald*, § 20 Rn. 18; Kallmeyer/*Marsch-Barner*, § 20 Rn. 7.
[51] Kölner Kommentar-UmwG/*Simon*, § 20 Rn. 21; *Dreyer*, JZ 2007, 606, 610 ff.

25 **(4) Stille Beteiligungen.** Eine **stille Beteiligung** im Vermögen des übertragenden Rechtsträgers geht im Rahmen der Verschmelzung ebenfalls über.[52] Im Übrigen gilt das oben zur Personengesellschaft Ausgeführte entsprechend. Besteht eine stille Beteiligung am übertragenden Rechtsträger, so wird die **stille Gesellschaft** beim übernehmenden Rechtsträger fortgeführt.[53] In diesem Zusammenhang gilt der Schutz des § 23 UmwG (Schutz der Inhaber von Sonderrechten; → Rn. 286 ff.). Gegebenenfalls ist zu beachten, dass der Gesellschafter des übertragenden Rechtsträgers aus dem Gesellschaftsverhältnis mit dem stillen Gesellschafter verpflichtet sein kann, die Zustimmung zur Verschmelzung einzuholen. Das Fehlen dieser Zustimmung hat aber keinen Einfluss auf die Wirksamkeit der Verschmelzung.[54] Der Registerrichter sollte die Verschmelzung also trotz fehlender Zustimmung des **stillen Gesellschafters** eintragen.[55] Allerdings steht dem stillen Gesellschafter möglicherweise ein **außerordentliches Kündigungsrecht** in Bezug auf das Gesellschaftsverhältnis[56] oder **Schadensersatzansprüche** wegen Verletzung des Gesellschaftsverhältnisses zu.

26 **(5) Genossenschaften.** Die Mitgliedschaft in einer **Genossenschaft** wird ebenfalls im Rahmen der Gesamtrechtsnachfolge auf den übernehmenden Rechtsträger übertragen. Allerdings erlischt sie gem. § 77a S. 2 GenG mit dem Schluss des Geschäftsjahres, in dem die Verschmelzung wirksam wurde.[57] Wenn der übernehmende Rechtsträger die Mitgliedschaft fortsetzen will, muss er seine eigene Aufnahme erwirken. Hinsichtlich der **Förderbeziehung** zwischen Genossenschaft und Genossen ist zu differenzieren: Erfolgt sie auf schuldrechtlicher Basis, tritt der übernehmende Rechtsträger ein, erfolgt sie auf mitgliedschaftlicher Basis, geht sie als Nebenverpflichtung nur dann auf den übernehmenden Rechtsträger über, sofern nicht etwas anderes vereinbart ist.[58]

27 **(6) Vereine.** Die Mitgliedschaft des übertragenden Rechtsträgers im **Verein** erlischt infolge der Verschmelzung gem. § 38 BGB, da sie grundsätzlich nicht übertragbar ist.[59] Da es sich bei § 38 BGB um eine allgemeingültige gesetzliche Anordnung der Unübertragbarkeit der Mitgliedschaft handelt, muss diese – anders als die von einigen Autoren herangezogene analoge Anwendung der Regelungen zur Gesamtrechtsnachfolge im Todesfall – auch im Rahmen der Verschmelzung berücksichtigt werden, da sie dem Vereinsrecht immanent ist. Ausnahmsweise geht die Vereinsmitgliedschaft im Fall der Verschmelzung aber dann über, wenn die Satzung ihre Übertragbarkeit ausdrücklich vorsieht, § 40 BGB.[60] Es reicht hierfür jedoch nicht, dass die Satzung lediglich die Zulässigkeit der Mitgliedschaft einer juristischen Person regelt.[61]

28 **(7) Weitere Besonderheiten.** Ein Übergang von **gesellschaftsrechtlichen Nebenverpflichtungen** der Anteilsinhaber des übertragenden Rechtsträgers (vgl. § 3 Abs. 2 GmbHG; § 55 AktG) erfolgt nur dann, wenn diese in die Satzung oder den Gesellschaftsvertrag des übernehmenden Rechtsträgers übernommen werden.[62] Geschieht dies

---

[52] Dies ist auch unter Verweis auf §§ 177, 234 Abs. 2 HGB allgemeine Meinung; Kallmeyer/Marsch-Barner, § 20 Rn. 7; Lutter/Grunewald, § 20 Rn. 20; Schmitt/Hörtnagl/Stratz/Stratz, § 20 Rn 68; Semler/Stengel/Kübler, § 20 Rn. 23.
[53] LG Bonn 14 O 54/00; AG 2001, 367–373; Kallmeyer/Marsch-Barner, § 20 Rn. 7.
[54] Lutter/Grunewald, § 20 Rn. 20.
[55] Lutter/Grunewald, § 20 Rn. 20; Winter FS Peltzer, 2001, S. 645, 648.
[56] Semler/Stengel/Kübler, § 20 Rn. 23.
[57] Kallmeyer/Marsch-Barner, § 20 Rn. 7; Semler/Stengel/Kübler, § 20 Rn. 28.
[58] Lutter/Grunewald, § 20 Rn. 52.
[59] Lutter/Grunewald, § 20 Rn. 21; Widmann/Mayer/Vossius, § 20 Rn. 297.
[60] Kallmeyer/Marsch-Barner, § 20 Rn. 7.
[61] Semler/Stengel/Kübler, § 20 Rn. 27.
[62] Kallmayer/Marsch-Bamer, § 20 Rn. 14; Kölner Kommentar-UmwG/Simon, § 20 Rn. 14; Lutter/Grunewald, § 20 Rn. 50.

§ 13 Rechtsfolgen der Verschmelzung   29–33 § 13

nicht, erlischt die Nebenverpflichtung.[63] Nebenverpflichtungen, die die Anteilsinhaber des übernehmenden Rechtsträgers treffen, bestehen fort. Die Anteilsinhaber des übertragenden Rechtsträgers, die als Folge der Verschmelzung ebenfalls Anteilsinhaber des übernehmenden Rechtsträgers werden (§ 20 Abs. 1 Nr. 3 UmwG), sind nach allgemeinen Vertragsgrundsätzen aber nur an solche Verpflichtungen gebunden, die alle Anteilsinhaber treffen.[64] Sofern diese nicht akzeptabel sind, kann sich der Anteilsinhaber ggf. auf sein allgemeines **Austrittsrecht** aus wichtigem Grund berufen.[65]

Bei **schuldrechtlich vereinbarten Veräußerungsbeschränkungen** ist durch Auslegung im konkreten Fall zu ermitteln, ob diese übergehen.[66] In dem in der Praxis zu beobachtenden Regelfall, nämlich der Veräußerungsbeschränkung als Teil einer zwischen den verschiedenen Gesellschaftern einer Beteiligung bestehenden **Gesellschaftervereinbarung (Shareholder Agreement)**, kann davon ausgegangen werden, dass diese Veräußerungsbeschränkung wie auch die Gesellschaftervereinbarung an sich nach den allgemeinen Regeln im Wege der Gesamtrechtsnachfolge uneingeschränkt auf den übernehmenden Rechtsträger übergeht. Die Veräußerungsbeschränkung hindert damit nicht die Übertragung der betreffenden Beteiligung auf den übertragenden Rechtsträger im Wege der Gesamtrechtsnachfolge, aber sie bindet diesen bei weiteren rechtsgeschäftlichen Übertragungen der Beteiligung in der Zukunft. 29

Die Zustimmung in Form der vor der Eintragung der Verschmelzung erteilten **Einwilligung zur Übertragung eines vinkulierten Anteils** erlischt mit Wirksamwerden der Verschmelzung, da sich die zuvor erteilte Einwilligung auf einen vinkulierten Anteil des übertragenden, nicht jedoch des übernehmenden Rechtsträgers bezieht.[67] 30

Die Fassung eines **Gewinnverteilungsbeschlusses** für den übertragenden Rechtsträger ist nach Eintragung der Verschmelzung nicht mehr möglich, da dieser mit Eintragung erlischt.[68] 31

Rückständige **Einlageforderungen des übertragenden Rechtsträgers** gehen auf den übernehmenden Rechtsträger über.[69] Die Anteilsinhaber des übertragenden Rechtsträgers haften für deren Erfüllung wie bisher weiter.[70] Das Gesetz geht davon aus, dass bei der Verschmelzung zweier GmbHs auch die Gesellschafter der übernehmenden Gesellschaft für die offene Einlagenschuld nach § 24 GmbHG haften. Entsprechend sieht § 51 Abs. 1 S. 3 UmwG zum Schutz der betroffenen Anteilsinhaber des übernehmenden Rechtsträgers vor, dass diese im Falle offener Einlagenschuld bei der zu übertragenden GmbH sämtlich dem Verschmelzungsbeschluss zustimmen müssen. 32

Auf offene **Einlageforderungen bei dem übernehmenden Rechtsträger** hat die Verschmelzung ebenfalls keine Auswirkungen.[71] Für den in der Praxis wichtigen Fall der Verschmelzung auf eine GmbH ist zu beachten, dass auch die neuen Anteilsinhaber für die offenen Einlageforderungen nach § 24 GmbHG haften. Entsprechend sieht § 51 Abs. 1 S. 1 UmwG vor, dass alle bei der Beschlussfassung anwesenden Anteilsinhaber des übertragenden Rechtsträgers dem Verschmelzungsbeschluss zustimmen müssen. 33

---

[63] Kölner Kommentar-UmwG/*Simon*, § 20 Rn. 14; Lutter/*Grunewald*, § 20 Rn. 51; Semler/Stengel/*Kübler*, § 20 Rn. 65.
[64] Kölner Kommentar-UmwG/*Simon*, § 20 Rn. 14; Lutter/*Grunewald*, § 20 Rn. 51; Semler/Stengel/*Kübler*, § 20 Rn. 62.
[65] Lutter/*Grunewald*, § 20 Rn. 51.
[66] Kölner-Kommentar-UmwG/*Simon*, § 20 Rn. 17.
[67] Henssler/Strohn/ *Heidinger*, § 20 Rn. 29; Kölner-Kommentar-UmwG/*Simon*, § 20 Rn. 16.
[68] Schmitt/Hörtnagl/Stratz/*Stratz*, § 20 Rn 50; Widmann/Mayer/*Vossius*, § 20 Rn. 333.
[69] Henssler/Strohn/ *Heidinger*, § 20 Rn. 28; Kallmayer/*Marsch-Barner*, § 20 Rn. 9; Kölner Kommentar-UmwG/*Simon*, § 20 Rn. 11; Lutter/*Grunewald*, § 20 Rn. 47; Semler/Stengel/*Kübler*, § 20 Rn. 64; vertiefend: *Rosner*, AG 2011, 5 ff.
[70] Kallmayer/*Marsch-Barner*, § 20 Rn. 9.
[71] Lutter/*Grunewald*, § 20 Rn. 47.

34 bb) Grundstücke und dingliche Rechte. Grundstücke gehen ohne weiteres im Rahmen der Gesamtrechtsnachfolge auf den übernehmenden Rechtsträger über. Das Grundbuch wird demzufolge mit der Eintragung der Verschmelzung unrichtig und ist zu berichtigen.[72] Ebenso gehen **grundstücksgleiche Rechte** wie das Erbbaurecht, Wohnungs- oder Gebäudeeigentum und auch **sonstige dingliche Rechte** wie Reallasten und Grundpfandrechte über.[73] Darüber hinaus wird der übernehmende Rechtsträger auch Inhaber der **beschränkten dinglichen Rechte** wie dem **Nießbrauch**, der **beschränkten persönlichen Dienstbarkeit** oder dem **dinglichen Vorkaufsrecht**.[74] Zwar steht für den Nießbrauch § 1059 S. 1 BGB der Übertragbarkeit grundsätzlich entgegen.[75] Für juristische Personen und rechtsfähige Personengesellschaften bestehen allerdings die Ausnahmen der §§ 1059a ff. BGB. Gerade im Rahmen einer Gesamtrechtsnachfolge kann gem. § 1059a Abs. 1 Nr. 1 BGB also auch der Nießbrauch, der einer juristischen Person zusteht, auf einen Rechtsnachfolger übergehen, außer der Übergang wurde bei der Bestellung oder im Verschmelzungsvertrag ausdrücklich ausgeschlossen. In diesen Fällen haben die Parteien das betroffene beschränkt dingliche Recht kraft Vereinbarung in die Nähe eines höchstpersönlichen Rechts gebracht, so dass eine Versagung der Übertragung und ein Erlöschen des Rechts gerechtfertigt und interessengerecht sind. Dasselbe gilt gem. § 1059a Abs. 2 BGB auch für rechtsfähige Personengesellschaften wie etwa OHG (§ 124 HGB), KG (§ 161 Abs. 2 iVm. § 124 HGB), und auch BGB-Gesellschaft.[76] Diese Vorschriften sind gem. § 1098 Abs. 3 BGB entsprechend auf das **dingliche Vorkaufsrecht** an Grundstücken anzuwenden.

35 cc) Sicherheiten. Die Verbindlichkeiten eines übertragenden Rechtsträgers sowie die hierfür (ggf. von Dritten gestellten) bestehenden **Real- und Personalsicherheiten** gehen auf den übernehmenden Rechtsträger über.[77] Hierbei ist zu beachten, dass sich der Sicherungsumfang durch die Gesamtrechtsnachfolge nicht ändert. Deshalb ist der Sicherungsumfang auf den Umfang des abgesicherten Risikos im Moment der Eintragung der Verschmelzung beschränkt.[78] Eine Ausdehnung des Sicherungsumfangs auf originäre Verpflichtungen des übernehmenden Rechtsträgers tritt durch die Verschmelzung also nicht ein. Eine ausdrückliche Erweiterung für den Verschmelzungsfall kann bei Sicherheitenbestellung zwar individualvertraglich vereinbart werden, im Rahmen von AGB ist sie aber nicht zulässig.[79] Sicherheiten, die der übertragende Rechtsträger gestellt hat, binden auch den übernehmenden Rechtsträger.[80] Dieser haftet bei Eintritt des Sicherheitsfalls fortan mit seinem und dem Vermögen des übertragenden Rechtsträgers. Allerdings erweitern sich durch die Verschmelzung nicht automatisch die vom übertragenden Unternehmen gewährten Sicherheiten auf konkretes Vermögen des übernehmenden Rechtsträgers; über dieses Vermögen hätte der übertragende Rechtsträger bei Sicherheitenbestellung nur als Nichtberechtigter verfügen können.[81]

---

[72] Widmann/Mayer/*Vossius*, § 20 Rn. 217.
[73] Henssler/Strohn/*Heidinger*, § 20 Rn. 30; Semler/Stengel/*Kübler*, § 20 Rn 32; Widmann/Mayer/*Vossius*, § 20 Rn. 217.
[74] Henssler/Strohn/ *Heidinger*, § 20 Rn 32; Semler/Stengel/*Kübler*, § 20 Rn 32.
[75] BeckOK BGB/*Wegmann*, § 1059 Rn. 1.
[76] Lutter/*Grunewald*, § 20 Rn. 15.
[77] Böttcher/Habighorst/Schulte/*Schulte*, § 20 Rn. 14; Henssler/Strohn/*Heidinger*, § 20 Rn. 15; Kölner Kommentar-UmwG/*Simon*, § 20 Rn 22; Lutter/*Grunewald*, § 20 Rn. 34.
[78] BGH IX ZR 73/92, NJW 1993, 1917–1918; Kallmeyer/*Marsch-Barner*, § 20 Rn. 23; Lutter/ *Grunewald*, § 20 Rn. 34.
[79] Böttcher/Habighorst/Schulte/*Schulte*, § 20 Rn. 14; Kölner Kommentar-UmwG/*Simon*, § 20 Rn. 22, Semler/Stengel/*Kübler*, § 20 Rn. 14.
[80] Lutter/*Grunewald*, § 20 Rn. 35.
[81] BGH II ZR 237/05, ZIP 2008, 120–121: hier hatte der übertragende Rechtsträger eine Globalzession über Forderungen abgegeben; eine Ausdehnung der Globalzession auf Forderungen des übernehmenden Rechtsträgers lehnt der BHG ab; in AGB wäre eine entsprechende Klausel zudem überraschend im Sinne von § 305c Abs. 1 BGB.

§ 13 Rechtsfolgen der Verschmelzung   36–39   § 13

dd) Besitz. Der Besitz des übertragenden Rechtsträgers geht auf den übernehmenden   36
Rechtsträger gem. § 857 BGB analog über. Hierzu ist keine gesonderte Besitzergreifung
durch den übernehmenden Rechtsträger erforderlich.[82]

ee) Immaterielle Vermögensgegenstände. (1) Gewerbliche Schutzrechte. Ge-   37
werbliche Schutzrechte wie **Patente, Marken, Gebrauchs- und Geschmacksmuster**
sind frei übertragbar[83] und gehen ohne weitere Übertragungsakte auf den übernehmenden
Rechtsträger über.[84] Dabei ist zu beachten, dass ähnlich wie das Grundbuch, dessen
Unrichtigkeit infolge des automatischen Eigentümerwechsels nachträglich zu korrigieren
ist (→ Rn. 34), auch für gewerbliche Schutzrechte öffentliche Register existieren, die nach
Eintragung der Verschmelzung berichtigt werden sollten, um die Durchsetzung der Rechte
nicht zu gefährden. Darunter fallen das Patentregister (§ 30 PatG), Markenregister
(§§ 32, 45 MarkenG), Geschmacksmusterregister (§§ 7 ff., 29 GeschmacksmusterG) oder
auch die Gebrauchsmusterrolle (§ 8 GebrauchsmusterG).[85] Je nach Umfang der relevanten
gewerblichen Schutzrechte kann dies einen signifikanten Arbeits- und Kostenaufwand verursachen.

(2) Lizenzen. Auch **Lizenzen**, die der übertragende Rechtsträger innehat, gehen über.   38
Dabei sind die allgemeinen Regeln für Verträge anzuwenden, so dass der anderen Partei
eventuell ein Kündigungsrecht wegen einer vertraglich vereinbarten **Change-of-Control-
Klausel** zustehen könnte[86] oder ein Anpassungsrecht nach § 21 UmwG zu beachten ist.

(3) Urheberrecht. Im Gegensatz zu den gewerblichen Schutzrechten ist das **Urheber-**   39
recht an einem Werk nicht frei übertragbar (§ 29 UrhG). Das Gesetz sieht lediglich vor,
dass das Urheberrecht gem. § 28 UrhG vererbt bzw. im Wege einer Verfügung von Todes
wegen übertragen werden kann (§ 29 Abs. 1 Hs. 2 UrhG). Teilweise wird unter Berufung
auf § 30 UrhG vertreten, dass im Rahmen einer umwandlungsrechtlichen Gesamtrechtsnachfolge nicht das Urheberrecht, sondern lediglich das aus § 30 UrhG folgende Urheber-
verwertungsrecht auf den übernehmenden Rechtsträger übergehe.[87] § 30 UrhG ist aber
keine eigenständige Übertragungsnorm. Sie stellt lediglich klar, in welchem Umfang dem
Rechtsnachfolger gem. §§ 28, 29 Abs. 1 Hs. 2 UrhG die Rechte des Urhebers zustehen.[88]
Da die entsprechenden Nutzungsrechte der §§ 31 ff. UrhG erlöschen, wenn das dem Nutzungsrecht zu Grunde liegende Urheberrecht erlischt,[89] würde mit Erlöschen des über-
tragenden Rechtsträgers im Zuge der Verschmelzung nicht nur das diesem zugeordnete
Urheberrecht erlöschen, sondern auch die sich aus diesem Mutterrecht ableitenden Nut-
zungsrechte der §§ 31 ff. UrhG. Das würde dazu führen, dass Urheberrechte bzw. die
Nutzungsbefugnis der Urheberrechte bei einer Verschmelzung grundsätzlich erlöschen.
Dieses Ergebnis widerspricht der Intention des Gesetzgebers, die Umstrukturierung von
Unternehmen durch die Gestaltungsmöglichkeiten des Umwandlungsrechts zu fördern.
Daher entspricht es dem Grundsatz der Gesamtrechtsnachfolge, dass auch das Urheberrecht
aufgrund der ausdrücklichen gesetzlichen Anordnung des § 20 Abs. 1 Nr. 1 UmwG auf
den übernehmenden Rechtsträger übergeht.[90] Dass ein entsprechender Übergang des

---

[82] Böttcher/Habighorst/Schulte/*Schulte*, § 20 Rn. 17; Kölner Kommentar-UmwG/*Simon*, § 20 Rn. 18; Schmitt/Hörtnagl/Stratz/*Stratz*, § 20 Rn. 83.
[83] Hasselblatt/*Hasselblatt*, § 1 Rn. 55; Götting/Meyer/Vormbrock/*Götting*, § 2 Rn. 1.
[84] Kallmeyer/Marsch-Barner, § 20 Rn. 6; Lutter/*Grunewald*, § 20 Rn. 16; Schmitt/Hörtnagl/Stratz/*Stratz*, § 20 Rn. 87; Widmann/Mayer/*Vossius*, § 20 Rn. 204.
[85] Vgl. Lutter/*Grunewald*, § 20 Rn. 16; Semler/Stengel/*Kübler*, § 20 Rn. 11.
[86] Semler/Stengel/*Kübler*, § 20 Rn. 11.
[87] Widmann/Mayer/*Vossius*, § 20 Rn. 296.
[88] BeckOK Urheberrecht, Ahlberg/Götting/*Spautz/Götting*, § 30 Rn. 1, 2; Dreier/Schulze/*Schulze*, § 30 Rn. 1 ff.
[89] BeckOK Urheberrecht, Ahlberg/Götting/*Freudenberg*, § 64 Rn. 36; Wandtke/Bullinger/*Lüft*, § 64 Rn. 13.
[90] So auch unter analoger Anwendung des § 28 UrhG: Wandtke/Bullinger/*Hoche*, § 28 Rn. 9.

Urheberrechts dem Urheberrecht an sich nicht unbekannt ist, zeigt § 28 UrhG. Voraussetzung für all dies ist jedoch, dass dem übertragenden Rechtsträger das Urheberrecht zunächst einmal zustand. Das ist nur dann der Fall, wenn es auf diesen (oder seinen Rechtsvorgänger) bereits zuvor über die Vorschriften der §§ 28, 29 Abs. 1 Hs. 2 UrhG übergegangen war.[91]

40 **(4) Know-how. Know-how** einschließlich **Geschäftsgeheimnissen** geht ebenfalls vollumfänglich auf den übernehmenden Rechtsträger über.[92] **Geheimhaltungsklauseln** mit Dritten, die den übertragenden Rechtsträger binden, stehen der Übertragung im Wege der Gesamtrechtsnachfolge nicht entgegen, da der übernehmende Rechtsträger voll und ganz in die Rechtsposition des übertragenden Rechtsträgers eintritt und somit nicht als Dritter im Sinne der entsprechenden Klauseln zu qualifizieren ist. Allerdings sind die entsprechenden Vereinbarungen bei einem Datenaustausch im Vorfeld der Verschmelzung (z. B. im Rahmen einer gegenseitigen **Due Diligence**) zu beachten.

41 **(5) Personenbezogene Daten/Datenschutz.** Der automatische Übergang des **Kundenstamms** im Rahmen der Gesamtrechtsnachfolge und der damit verbundene Transfer von **personenbezogenen Daten** auf eine andere juristische Person erfordert datenschutzrechtlich keine Einwilligung der betroffenen natürlichen Personen.[93] Im Rahmen der Verschmelzung tritt mit der Registereintragung eine Gesamtrechtsnachfolge auch in Bezug auf die personenbezogenen Daten ein. Diese stellt datenschutzrechtlich weder eine Übermittlung iSd. § 3 Abs. 4 S. 2 Nr. 3 BDSG noch eine andere im BDSG geregelte Form der **Datennutzung** bzw. **Datenverarbeitung** dar.[94] Das übernehmende Unternehmen ist in diesem Zusammenhang mithin kein Dritter[95] und es erfolgt keine datenschutzrechtlich relevante Bekanntgabe personenbezogener Daten.[96] Unabhängig davon, dass kein datenschutzrechtlich relevanter Datenumgang gegeben ist, sollten die betroffenen Kunden aber gem. § 33 BDSG über die Verschmelzung und den damit verbundenen Wechsel des Vertragspartners benachrichtigt werden. Etwas anderes gilt nur dann, wenn personenbezogene Daten im Zusammenhang mit einer Verschmelzung für einen anderen als den ursprünglichen Zweck verwendet werden (sog. Zweckänderung). Eine Zweckänderung bedarf einer datenschutzrechtlichen Rechtfertigung (z. B. in Form einer Einwilligung des Betroffenen oder – soweit einschlägig – gem. § 28 BDSG).[97]

42 Mit Blick auf das **Bankgeheimnis** gelten die datenschutzrechtlichen Erwägungen entsprechend.[98] Für die in der Praxis wichtigen Fälle der Verschmelzung im Bankensektor ist eine Einwilligung der Kunden zur Übertragung ihrer Kundendaten somit nicht erforderlich; ebenso besteht kein Widerspruchsrecht der Kunden.[99]

43 Die Bestimmungen des Datenschutzes und des Bankgeheimnisses sind indes bei der Vorbereitung der Verschmelzung, insbesondere bei einer wechselseitigen **Due Diligence**

---

[91] Widmann/Mayer/*Vossius*, § 20 Rn. 207.
[92] Semler/Stengel/*Kübler*, § 20 Rn. 11.
[93] Kallmeyer/*Marsch-Barner*, § 20 Rn. 23a.
[94] Däubler/Klebe/Wedde/Weichert/*Weichert*, § 3 Rn. 38; Gola/Reif Rn. 753; Gola/Schomerus/Gola/Klug/*Körffer*, § 3 Rn. 35; Plath/*Plath*, § 3 Rn. 43; Simitis/*Dammann*, § 3 Rn. 144; Wolff/Brink/*Schild*, § 3 Rn. 75; *Behling*, RDV 2010, 107, 108; *Essers/Hartung*, RDV 2002, 278, 286; *Schaffland*, NJW 2002, 1539, 1540; im Ergebnis so auch: *Berberich/Kanschik*, NZI 2017, 1, 8, *Bongers*, BB 2015, 2951, 2952; *Dieckmann/Eul/Klevenz*, RDV 2000, 149, 151; aA. *Wengert/Widmann/Wengert*, NJW 2000, 1289, 1291.
[95] BT-Drucks. 14/5555, S. 182; Gola/Reif Rn. 753; Plath/*Plath*, BDSG, § 28 Rn. 69.
[96] BT-Drucks. 14/5555, S. 182; Gola/Reif Rn. 753; *Behling*, RDV 2010, 107, 108.
[97] Semler/Stengel/*Kübler*, § 20 Rn. 11.
[98] Kallmeyer/*Marsch-Barner*, § 20 Rn. 23a; Lutter/*Grunewald*, § 20 Rn. 42.
[99] Kallmeyer/*Marsch-Barner*, § 20 Rn. 23a; *Lüttge*, NJW 2000, 2463, 2464; *Schaffland*, NJW 2002, 1539, 1540; aA. *Wengert/Widmann/Wengert*, NJW 2000, 1289, 1293.

mit Einsichtnahmemöglichkeit in personenbezogene Daten zu beachten.[100] In diesem Zusammenhang liegt eine datenschutzrechtlich relevante Datenübermittlung vor, so dass soweit wie möglich mit geschwärzten oder zusammengefassten Daten gearbeitet werden muss.[101] Sofern die Offenbarung personenbezogener Daten im Rahmen der Due Diligence zwingend erforderlich sein sollte, kommt regelmäßig eine Rechtfertigung nach § 28 Abs. 1 S. 1 Nr. 2 bzw. § 28 Abs. 2 Nr. 2a BDSG in Betracht.[102] In diesem Zusammenhang kann es sinnvoll oder sogar notwendig sein, Dritte (Anwälte oder Wirtschaftsprüfer) einzuschalten, um die Due Diligence durchzuführen.

Ab Mai 2018 gilt ein neuer Datenschutzrechtsrahmen, die **Datenschutzgrundverordnung (DS-GVO)**. Es ist noch nicht abzusehen, welche Auswirkungen dies auf die o. g. Maßgaben haben wird.[103] Im Zweifel ist jedoch weiterhin von einer datenschutzrechtlichen Privilegierung von Verschmelzungsvorgängen auszugehen. 44

(6) Firmenname. Von der Möglichkeit der Übertragung bzw. Fortführung des **Firmennamens** gem. § 18 UmwG müssen die Parteien bewusst Gebrauch machen, damit mit dem Erlöschen des übertragenden Rechtsträgers nach § 20 Abs. 1 Nr. 2 UmwG nicht auch dessen Firma erlischt. An einer solchen Fortführung mag insbesondere dann ein Interesse bestehen, wenn es sich um eine besonders bekannte oder traditionsreiche Firma handelt.[104] 45

b) Verträge. Die Rechte und Pflichten aus **Verträgen** des übertragenden Rechtsträgers gehen ebenfalls mit Eintragung der Verschmelzung auf den übernehmenden Rechtsträger über. Verträge zwischen übertragendem und übernehmendem Rechtsträger erlöschen durch **Konfusion**.[105] 46

aa) Allgemeines. (1) Umfassende Wirkung der Gesamtrechtsnachfolge. Die Gesamtrechtsnachfolge erfasst **bestehende Verträge** des übertragenden Rechtsträgers sowie Vertragsangebote des übertragenden Rechtsträgers.[106] Dem übertragenden Rechtsträger gegenüber unterbreitete **Vertragsangebote** gelten auch dem übernehmenden Rechtsträger als zugegangen (§§ 130 Abs. 2, 153 BGB), wenn nicht ausnahmsweise deutlich wird, dass das jeweilige Angebot an die Person des übertragenden Rechtsträger gebunden war.[107] **Forderungen** und **Verbindlichkeiten** des übertragenden Rechtsträgers aus bestehenden Verträgen werden gleichermaßen von der Gesamtrechtsnachfolge erfasst und gehen entsprechend über.[108] Eine Änderung des Vertrags ist für den Eintritt des übernehmenden Rechtsträgers nicht erforderlich.[109] Eine Zustimmung oder sonstige Mitwirkung des Vertragspartners ist nicht erforderlich;[110] § 415 BGB ist auf die Gesamtrechtsnachfolge nicht anwendbar. 47

Ein vertraglich vereinbartes **Abtretungsverbot** iSd. § 399 2. Alt. BGB verhindert die Gesamtrechtsnachfolge nicht.[111] Die Vorschrift des § 399 2. Alt BGB setzt einen rechts- 48

---

[100] Zu dieser Thematik im Zusammenhang mit vertraulichen Informationen: *von Werder/Kost*, BB 2010, 2903.
[101] Kallmeyer/*Marsch-Barner*, § 20 Rn. 23a.
[102] *Taeger/Taeger*, § 28 Rn. 69; *Berberich/Kanschik*, NZI 2017, 1, 7; *Esser/Hartung*, RDV 2002, 278, 280.
[103] *Berberich/Kanschik*, NZI 2017, 1, 8 gehen davon aus, dass die DS-GVO keine wesentlichen Änderungen mit sich bringen wird.
[104] Lutter/*Decher*, § 18 Rn. 2; Semler/Stengel/*Schwanna*, § 18 Rn. 2.
[105] Schmitt/Hörtnagl/Stratz/*Stratz*, § 20 Rn. 53.
[106] Kallmeyer/*Marsch-Barner*, § 20 Rn. 10; Schmitt/Hörtnagl/Stratz/*Stratz*, § 20 Rn. 37.
[107] Kallmeyer/*Marsch-Barner*, § 20 Rn. 10; Schmitt/Hörtnagl/Stratz/*Stratz*, § 20 Rn. 37.
[108] Kallmeyer/*Marsch-Barner*, § 20 Rn. 8.
[109] Kallmeyer/*Marsch-Barner*, § 20 Rn. 10; Schmitt/Hörtnagl/Stratz/*Stratz*, § 20 Rn. 37.
[110] Kallmeyer/*Marsch-Barner*, § 20 Rn. 8.
[111] BGH VII ZR 298/14, ZIP 2016, 2015–2019; BGH I-21 U 172/12, ZIP 2015, 1289–1291; Kallmeyer/*Marsch-Barner*, § 20 Rn. 8; Lutter/*Grunewald*, § 20 Rn. 32; vertiefend: *Lieder/Scholz*, ZIP 2015, 1705 ff.

geschäftlichen Einzelakt voraus und ist deshalb auf die Gesamtrechtsnachfolge nicht anwendbar.[112] Der übernehmende Rechtsträger bleibt aber durch das Abtretungsverbot in Bezug auf zukünftige rechtsgeschäftliche Einzelakte gebunden.[113]

49 **(2) Kündigungsmöglichkeiten/Vertragsanpassung.** Der Vorrang der Gesamtrechtsnachfolge vor möglichen einzelvertraglichen Beschränkungen der Übertragbarkeit berührt die Interessen der jeweiligen anderen Vertragspartei, da sich für Gläubiger und Schuldner des übertragenden Rechtsträgers der Vertragspartner ändert, ohne dass dieser darauf Einfluss nehmen kann. Die speziellen umwandlungsrechtlichen Schutzvorschriften der §§ 22, 25 UmwG mögen hier nicht in jedem Fall ausreichenden Schutz bieten. Entsprechende Einzelfälle können über allgemeine Grundsätze der **Vertragsanpassung**, des **außerordentlichen Kündigungsrechts** oder auch des Erlöschens der Leistungspflicht wegen **Unmöglichkeit** nach den Vorschriften der §§ 313, 314, 157, 242, 275, 326 BGB interessengerecht gelöst werden.[114] Gerade bei **Dauerschuldverhältnissen** kann eine Vertragsanpassung oder Kündigung nach den §§ 313 f. BGB etwa dann in Betracht kommen, wenn Zweifel an der Geeignetheit des übernehmenden Rechtsträgers zur Erfüllung seiner Leistungspflicht bestehen.[115] Umgekehrt sollte aber die Möglichkeit für den Gläubiger, Sicherheit nach § 22 UmwG zu verlangen, bei der Prüfung des Einzelfalls berücksichtigt werden. Soweit durch die Stellung einer entsprechenden Sicherheit die Interessen des Gläubigers ausreichend gewahrt sind, ist ihm eine Berufung auf die allgemeinen Grundsätze verwehrt. Für den übernehmenden Rechtsträger ist zu beachten, dass sich dieser nur in Ausnahmefällen auf diese Rechte berufen können wird, da er der Verschmelzung zugestimmt hat und es ihm deshalb in der Regel auch zuzumuten ist, mit den Rechtsfolgen der Verschmelzung zu leben.[116]

50 **(3) Wirkung auf gegenseitige Verträge.** Für gegenseitige Verträge hat der Gesetzgeber mit § 21 UmwG eine spezielle umwandlungsrechtliche Vorschrift erlassen, die einen Sonderfall der **Störung der Geschäftsgrundlage** regelt. Die Vorschrift betrifft Abnahme-, Lieferungs- oder ähnliche Verpflichtungen aus **gegenseitigen Verträgen**, die zur Zeit der Verschmelzung von keiner Seite vollständig erfüllt sind. Treffen sie durch die Verschmelzung zusammen und sind miteinander unvereinbar oder bedeutet die Erfüllung für den übernehmenden Rechtsträger eine **schwere Unbilligkeit**, ist der Umfang der Verpflichtungen nach Billigkeit unter Würdigung der vertraglichen Rechte der Beteiligten anzupassen. Hauptanwendungsfälle für § 21 UmwG sind vertragliche Wettbewerbsverbote sowie Exklusivliefer- oder Abnahmevereinbarungen.[117]

51 Der Anwendungsbereich der Vorschrift ist sehr beschränkt: Es muss sich um einen **gegenseitigen Vertrag** mit einem Dritten handeln,[118] der zum Zeitpunkt der Verschmelzung von keiner der beiden Seiten vollständig erfüllt ist. Ist der Vertrag durch nur eine Partei bereits vollständig erfüllt, ist der Anwendungsbereich des § 21 UmwG nicht eröffnet.[119] Die Auslegung dieses Merkmals wie auch das des gegenseitigen Vertrags kann entsprechend des § 103 InsO erfolgen.[120] Zwar ist ein konkreter Vertragstyp nicht vorgegeben, es müssen aber Verpflichtungen zur Abnahme, Lieferung oder ähnlichen bestehen.[121] Eine ähnliche Verpflichtung kann etwa in der Verpflichtung zum Unterlassen von

---

[112] BGH VII ZR 298/14, ZIP 2016, 2015–2019.
[113] Kallmeyer/*Marsch-Barner*, § 20 Rn. 8; Lutter/*Grunewald*, § 20 Rn. 32.
[114] Kallmeyer/*Marsch-Barner*, § 20 Rn. 10; Lutter/*Grunewald*, § 20 Rn. 53 ff.; Schmitt/Hörtnagl/Stratz/*Stratz*, § 20 Rn. 37.
[115] Schmitt/Hörtnagl/Stratz/*Stratz*, § 20 Rn. 37.
[116] Lutter/*Grunewald*, § 20 Rn. 56.
[117] Kallmeyer/*Marsch-Barner*, § 21 Rn. 5; Schmitt/Hörtnagl/Stratz/*Stratz*, § 21 Rn. 3; Semler/Stengel/*Kübler*, § 21 Rn. 3.
[118] Schmitt/Hörtnagl/Stratz/*Stratz*, § 21 Rn. 3.
[119] Schmitt/Hörtnagl/Stratz/*Stratz*, § 21 Rn. 4.
[120] Schmitt/Hörtnagl/Stratz/*Stratz*, § 21 Rn. 3, 4; Widmann/Mayer/*Vossius*, § 21 Rn. 10.
[121] Kallmeyer/*Marsch-Barner*, § 21 Rn. 4; Schmitt/Hörtnagl/Stratz/*Stratz*, § 21 Rn. 3.

Wettbewerb oder dem Dulden einer Beherrschung liegen, nicht aber etwa in der bloßen Verpflichtung zur Erbringung einer monetären Gegenleistung wie bei einer Gewinnabführung.[122]

Die Erfüllung der aus dem gegenseitigen Vertrag folgenden Verpflichtungen muss für den übernehmenden Rechtsträger unvereinbar oder wegen einer **schweren Unbilligkeit** unzumutbar sein. Das Kriterium der Unvereinbarkeit ist dann erfüllt, wenn der übernehmende Rechtsträger von zwei Verbindlichkeiten aus faktischen oder rechtlichen Gründen nur eine erfüllen kann, etwa weil er gegenüber zwei Parteien zur Lieferung einer bereits bestimmten Sache verpflichtet ist[123] oder auch weil Exklusivitätsvereinbarungen die Lieferung durch den übernehmenden Rechtsträger regeln.[124] Zu einem Zusammentreffen unvereinbarer Verpflichtungen kann es sowohl kommen, wenn eine Verpflichtung des übertragenden Rechtsträgers, die auf den übernehmenden Rechtsträger übergeht, mit einer seiner eigenen unvereinbar ist, oder auch wenn Pflichten mehrerer auf den übernehmenden Rechtsträger zu verschmelzender Rechtsträger untereinander unvereinbar sind.[125] Es reicht allerdings nicht, dass die Erfüllung beider Pflichten lediglich unzweckmäßig ist.[126] Wegen schwerer Unbilligkeit unzumutbar ist die Erfüllung für den übernehmenden Rechtsträger dann, wenn der übernehmende Rechtsträger bei Aufrechterhaltung der Verpflichtung weit mehr belastet würde, als bei Vertragsschluss vorhersehbar war, und ihn dies auch unter Berücksichtigung der Interessen des Vertragspartners unzumutbar belasten würde.[127] Die Unbilligkeit muss als „schwer" einzustufen sein. Das ist sie, wenn sie objektiv schwerwiegende wirtschaftliche Auswirkungen hat; ein finanziell schwaches Unternehmen kann sich nicht deshalb auf Unbilligkeit berufen, weil es eher betroffen ist.[128] 52

Rechtsfolge des § 21 UmwG ist die Möglichkeit der **Vertragsanpassung** nach Billigkeitsgesichtspunkten für den übernehmenden Rechtsträger. Dabei ist auf die Grundsätze des **Wegfalls der Geschäftsgrundlage** (§ 313 BGB) abzustellen.[129] Unter Umständen besteht auch ein Recht zum **Rücktritt** oder zur **Kündigung aus wichtigem Grund**.[130] Im Rahmen der Billigkeitsprüfung ist allerdings zu beachten, dass die Verschmelzung auslösendes Element der **Unzumutbarkeit** oder Unvereinbarkeit war und diese wiederum der Sphäre des übernehmenden Rechtsträgers zuzurechnen ist, so dass seine Interessen etwas weniger zu berücksichtigen sind.[131] 53

Die **Vertragsanpassung** hat durch Erklärung des übernehmenden Rechtsträgers gegenüber dem anderen Teil zu erfolgen (§ 315 Abs. 2 und 3 BGB).[132] Im Streitfall wird die Vertragsanpassung durch Urteil getroffen.[133] 54

Soweit die Voraussetzungen des § 21 UmwG nicht vorliegen, ist eine Anpassung/Kündigung von Verträgen nach den allgemeinen Grundsätzen möglich.[134] 55

---

[122] Widmann/Mayer/*Vossius*, § 21 Rn. 9.
[123] Widmann/Mayer/*Vossius*, § 21 Rn. 12.
[124] Lutter/*Grunewald*, § 21 Rn. 5.
[125] Lutter/*Grunewald*, § 21 Rn. 7.
[126] Kallmeyer/*Marsch-Barner*, § 21 Rn. 5.
[127] Kallmeyer/*Marsch-Barner*, § 21 Rn. 5; Lutter/Grunewald, § 21 Rn. 5; Schmitt/Hörtnagl/Stratz/*Stratz*, § 21 Rn. 9; Semler/Stengel/*Kübler*, § 21 Rn. 5.
[128] Semler/Stengel/*Kübler*, § 21 Rn. 6.
[129] Lutter/*Grunewald*, § 21 Rn. 10; Kallmeyer/*Marsch-Barner*, § 21 Rn. 6; Widmann/Mayer/*Vossius*, § 21 Rn. 19.
[130] Kallmeyer/*Marsch-Barner*, § 21 Rn. 6; Kölner Kommentar-UmwG/*Simon*, § 21 Rn. 13.
[131] Kölner Kommentar-UmwG/*Simon*, § 21 Rn. 11; Lutter/*Grunewald*, § 21 Rn. 10.
[132] Kallmeyer/*Marsch-Barner*, § 21 Rn. 7; Schmitt/Hörtnagl/Stratz/*Stratz*, § 21 Rn. 10; aA. (§ 315 BGB nicht anwendbar): Widmann/Mayer/*Vossius*, § 21 Rn. 20.
[133] Kallmeyer/*Marsch-Barner*, § 21 Rn. 7; Schmitt/Hörtnagl/Stratz/*Stratz*, § 21 Rn. 10; Widmann/Mayer/*Vossius*, § 21 Rn. 20.
[134] Böttcher/Habighorst/Schulte/*Schulte*, § 21 Rn. 13; Kallmeyer/*Marsch-Barner*, § 21 Rn. 8; Kölner Kommentar-UmwG/*Simon*, § 21 Rn. 12 f.

56 **bb) Unternehmensverträge.** Für die Frage der Auswirkungen der Gesamtrechtsnachfolge auf **Unternehmensverträge** im Sinne der §§ 291 ff. AktG ist zunächst zu unterscheiden, ob der Unternehmensvertrag mit dem übernehmenden Rechtsträger, dem übertragenden Rechtsträger, oder zwischen den beiden Rechtsträgern besteht.[135]

57 **(1) Unternehmensverträge zwischen den beteiligten Rechtsträgern. Unternehmensverträge**, die zwischen den beiden an der Verschmelzung beteiligten Rechtsträgern bestehen, werden mit Wirksamwerden der Verschmelzung gegenstandslos und erlöschen durch **Konfusion**.[136] Ein in dem Unternehmensvertrag enthaltenes Angebot auf Abfindung besteht jedoch fort.[137] Mit Eintragung der Verschmelzung entfällt der Anspruch auf Ausgleich, da nun der Unternehmensvertrag endet.[138]

58 **(2) Übernehmender Rechtsträger ist Partei des Unternehmensvertrages.** Ist der **übernehmende Rechtsträger Partei eines Unternehmensvertrages**, so ergeben sich durch die Gesamtrechtsnachfolge keine unmittelbaren Auswirkungen, gleich, ob dieser herrschendes oder beherrschtes Unternehmen ist.[139] Unter Umständen kann aber ein **Kündigungsrecht aus wichtigem Grund** für die andere Partei des Unternehmensvertrags bestehen, wenn sich durch die Verschmelzung das mit der Durchführung des Unternehmensvertrags verbundene Risiko für die andere Partei erheblich erhöht.[140] Im Fall der Verschmelzung auf eine abhängige AG steht den Gesellschaftern des übertragenden Rechtsträgers, die zu außenstehenden Aktionären der AG werden, ein Ausgleichsanspruch nach § 304 AktG zu.[141] Eine Neuberechnung des Zahlungsanspruchs ist nicht erforderlich, da bei der Festlegung des Umtauschverhältnisses die veränderten wirtschaftlichen Verhältnisse beim übernehmenden Rechtsträger bereits berücksichtigt wurden.[142] Falls der übernehmende Rechtsträger, der zugleich abhängige AG ist, bislang keine außenstehenden Aktionäre hatte, nun aber infolge der Verschmelzung solche hinzukommen sollten, so ist zu deren Schutz in § 307 AktG geregelt, dass der Beherrschungs- und Gewinnabführungsvertrag spätestens zum Ende des Geschäftsjahrs, in dem ein außenstehender Aktionär erstmals beteiligt ist, endet.[143] Damit soll gewährleistet werden, dass in den jeweiligen Vertrag eine entsprechende Abfindungs- oder Ausgleichsregelung aufgenommen wird oder ein neuer Vertrag abgeschlossen wird, der eine entsprechende gesetzmäßige Regelung enthält.[144]

59 **(3) Übertragender Rechtsträger ist Partei des Unternehmensvertrags.** Wenn allerdings der **übertragende Rechtsträger Partei des Unternehmensvertrags** ist, muss weitergehend danach unterschieden werden, ob er herrschendes oder beherrschtes Unternehmen ist.

60 Ist der **übertragende Rechtsträger das herrschende Unternehmen**, so wird der Beherrschungs- und Gewinnabführungsvertrag zusammen mit den Anteilen an der abhängigen Gesellschaft auf den übernehmenden Rechtsträger übertragen. Der übernehmende

---

[135] Semler/Stengel/*Kübler*, § 20 Rn. 29.
[136] Kallmeyer/*Marsch-Barner*, § 20 Rn. 18; Kölner Kommentar-UmwG/*Simon*, § 20 Rn. 24; *Krieger*, ZGR 1990, 517, 533; zur Abwicklung beendeter Ergebnisabführungsverträge: *Gelhausen/Heinz*, NZG 2005, 775.
[137] Lutter/*Grunewald*, § 20 Rn. 45.
[138] Lutter/*Grunewald*, § 20 Rn. 39.
[139] Kallmeyer/*Marsch-Barner*, § 20 Rn. 19; Kölner Kommentar-UmwG/*Simon*, § 20 Rn. 25; Lutter/*Grunewald*, § 20 Rn. 37; Semler/Stengel/*Kübler*, § 20 Rn. 29; Widmann/Mayer/*Vossius*, § 20 Rn. 292.
[140] Lutter/*Grunewald*, § 20 Rn. 37.
[141] Kölner Kommentar-UmwG/*Simon*, § 20 Rn. 25.
[142] Kölner Kommentar-UmwG/*Simon*, § 20 Rn. 25; Lutter/*Grunewald*, § 20 Rn. 37; Semler/Stengel/*Kübler*, § 20 Rn. 29; aA. Emmerich/Habersack/*Emmerich*, § 297 AktG Rn. 43.
[143] Kölner Kommentar-UmwG/*Simon*, § 20 Rn. 25; Lutter/*Grunewald*, § 20 Rn. 37.
[144] Emmerich/Habersack/*Emmerich*, § 307 AktG Rn. 2.

§ 13 Rechtsfolgen der Verschmelzung   61, 62   § 13

Rechtsträger tritt in die Stellung des herrschenden Unternehmens ein.[145] Einer Zustimmung der abhängigen Gesellschaft oder deren Gesellschafter bedarf es nicht.[146] Ein solches Erfordernis ergibt sich auch nicht aus § 295 AktG.[147] Die zu schützenden außenstehenden Aktionäre werden durch die Möglichkeit der Einforderung einer Sicherheitsleistung gem. § 22 UmwG ausreichend geschützt.[148] Zudem kann der Vertrag gem. § 297 AktG aus wichtigem Grund gekündigt werden.[149] Auch auf Seiten des den Unternehmensvertrag übernehmenden Rechtsträgers sind keine Zustimmungsbeschlüsse nötig.[150]

Die Eintragung des Unternehmensvertrags ins Handelsregister (§ 294 AktG) ist nicht Voraussetzung für den Eintritt des herrschenden Unternehmens in den Unternehmensvertrag.[151] Eine **Dividendengarantie** gem. § 304 Abs. 1 S. 2 AktG bleibt bestehen,[152] muss aber unter Umständen angepasst werden. Hierbei geht es aber nur um eine möglicherweise notwendige Umformulierung, die die wirtschaftliche Grundlage der Garantie unberührt lässt (also keine wirtschaftliche Neubewertung).[153]   61

Ist der **übertragende Rechtsträger abhängiges Unternehmen**, dann **erlischt** nach hM mit Eintragung der Verschmelzung auch der **Unternehmensvertrag**.[154] In der Praxis dürfte dies am häufigsten durch **Konfusion** geschehen, wenn nämlich der übernehmende Rechtsträger bereits zuvor das beherrschende Unternehmen war.[155] Aber auch falls ein drittes Unternehmen das beherrschende sein sollte, kann nicht davon ausgegangen werden, dass der übernehmende Rechtsträger durch die Verschmelzung automatisch ebenfalls **beherrschtes Unternehmen** werden sollte. Das gilt insbesondere vor dem Hintergrund, dass aufgrund der **Verlustausgleichsverpflichtung** gem. § 302 AktG auch ein Risiko für das an der Verschmelzung nicht beteiligte beherrschende Unternehmen besteht.[156] Daher bedarf es eines Neuabschlusses eines Unternehmensvertrags. Eine anderslautende Regelung im Verschmelzungsvertrag ist unwirksam.[157] Die Durchführung der Verschmelzung kann allerdings zugleich eine Verletzung des Unternehmensvertrags selbst darstellen. Dies kann wiederum einen Schadensersatzanspruch nach sich ziehen.[158] Bis zum Zeitpunkt der Eintragung steht außenstehenden Aktionären ein **Anspruch auf zeitanteiligen Ausgleich** gem. § 304 AktG[159] bzw. auf **Abfindung** gem. § 305 AktG[160] zu. Letzterer wird nicht etwa durch die Anteilsgewährung nach § 20 Abs. 1 Nr. 3 UmwG verdrängt, da bei dem im Verschmelzungsvertrag festgesetzten Umwandlungsverhältnis etwaige im Zeitraum zwi-   62

---

[145] LG Bonn 11 T 1/96, GmbHR 1996, 774–776; Kallmeyer/*Marsch-Barner*, § 20 Rn. 20; Lutter/ *Grunewald*, § 20 Rn. 40; Semler/Stengel/*Kübler*, § 20 Rn. 30; Krieger, ZGR 1990, 517 540.
[146] LG Bonn 11 T 1/96, GmbHR 1996, 774–776; Kallmeyer/*Marsch-Barner*, § 20 Rn. 20; Kölner Kommentar-UmwG/*Simon*, § 20 Rn. 26; Lutter/*Grunewald*, § 20 Rn. 40; Semler/Stengel/*Kübler*, § 20 Rn. 30; aA. Bayer, ZGR 1993, 599, 604.
[147] Kölner Kommentar-UmwG/Simon, § 20 Rn. 26; Lutter/Grunewald, § 20 Rn. 40; Semler/ Stengel/*Kübler*, § 20 Rn. 30.
[148] Instruktiv zum Gläubigerschutz bei Beherrschungs- und Gewinnabführungsverträgen: BGH II ZR 361/13, NJW-RR 2015, 232–234; Lutter/*Grunewald*, § 22 Rn. 40; Semler/Stengel/*Kübler*, § 20 Rn. 30.
[149] Semler/Stengel/*Kübler*, § 20 Rn. 30.
[150] Kölner Kommentar-UmwG/*Simon*, § 20 Rn. 26.
[151] Lutter/*Grunewald*, § 20 Rn. 40.
[152] Kallmeyer/*Marsch-Barner*, § 20 Rn. 20; Lutter/*Grunewald*, § 20 Rn. 40.
[153] Lutter/*Grunewald*, § 20 Rn. 40.
[154] LG Mannheim 23 AktE 1/90, ZIP 1994, 1024–1026; Kallmeyer/*Marsch-Barner*, § 20 Rn. 20; Kölner Kommentar-UmwG/*Simon*, § 20 Rn. 27; Lutter/*Grunewald*, § 20 Rn. 38; aA.Widmann/ Mayer/*Vossius*, § 20 Rn. 290.1.
[155] Kölner Kommentar-UmwG/*Simon*, § 20 Rn. 27; Semler/Stengel/*Kübler*, § 20 Rn. 31.
[156] Lutter/*Grunewald*, § 20 Rn. 38.
[157] Kölner Kommentar-UmwG/*Simon*, § 20 Rn. 27; Lutter/Grunewald, § 20 Rn. 38.
[158] Lutter/*Grunewald*, § 20 Rn. 38.
[159] Kölner Kommentar-UmwG/*Simon*, § 20 Rn. 27.
[160] Semler/Stengel/*Kübler*, § 20 Rn. 31.

schen Abschluss des Verschmelzungsvertrags und Wirksamwerden der Verschmelzung eintretende Verluste nicht berücksichtigt werden konnten. Allerdings muss dieser Anspruch noch vor dem Wirksamwerden der Verschmelzung, also vor ihrer Eintragung, geltend gemacht werden.[161] Anders ist es, wenn der Unternehmensvertrag erst nach dem (erfolglos angefochtenen) Verschmelzungsvertrag abgeschlossen wird. Dies lässt den Abfindungsanspruch entfallen, da sich der Wert der Beteiligung an dem übertragenden und infolge der Verschmelzung auch an dem übernehmenden Rechtsträger durch den Unternehmensvertrag nicht mehr verringern würde, die betreffenden Anteilsinhaber also des Schutzes des § 305 AktG nicht mehr bedürfen.[162]

63 Nicht zum Erlöschen kommen **andere Unternehmensverträge** gem. § 292 AktG, also **Teilgewinnabführungsverträge** oder **Gewinngemeinschaften** sowie **Betriebspacht- und Betriebsüberlassungsverträge**, welche als schuldrechtliche Verträge zwischen dem Vertragspartner und der übernehmenden Gesellschaft fortbestehen.[163] Ggf. sind im Einzelfall Anpassungen dieser Verträge nach den Grundsätzen des **Wegfalls der Geschäftsgrundlage** oder auch nach § 21 UmwG vorzunehmen.[164]

64 cc) **Arbeitsverhältnisse.** Von der Gesamtrechtsnachfolge des § 20 Abs. 1 Nr. 1 UmwG sind auch sämtliche Rechte und Pflichten bestehender und beendeter **Arbeitsverhältnisse** erfasst. Der übernehmende Rechtsträger rückt mit Eintragung der Verschmelzung in die Stellung als **Arbeitgeber** ein.[165] Dabei ist zu beachten, dass **Arbeitnehmer** im Rahmen der Übertragung ebenfalls als Gläubiger des übertragenden Rechtsträgers geschützt sind, da auch sie bei Glaubhaftmachung einer Gefährdung ihrer künftigen Vergütungsansprüche bis zum Datum eines möglichen beiderseitigen Kündigungstermins Anspruch auf **Sicherheitsleistung** gem. § 22 UmwG haben (→ Rn. 190 ff.).[166] Für **Versorgungsansprüche** gilt dies indes nur, soweit diese nicht über den Pensionssicherungsverein auf Gegenseitigkeit (PSVaG) abgesichert sind.

65 (1) **Arbeitsverträge.** Da der Übergang des gesamten Vermögens kraft Gesamtrechtsnachfolge und somit nicht durch Rechtsgeschäft erfolgt, wäre § 613a BGB trotz eines Betriebsübergangs nicht anwendbar; § 613a BGB regelt nämlich den Übergang von Rechten und Pflichten im Rahmen eines rechtsgeschäftlichen Betriebsübergangs.[167] Gem. § 324 UmwG bleiben § 613a Abs. 1, 4 bis 6 BGB (auch) bei der Verschmelzung jedoch unberührt. Trotz des widersprüchlichen Wortlauts soll damit die Anwendbarkeit der Vorschrift gerade angeordnet werden.[168] Das von § 613a Abs. 6 BGB vorgesehene **Widerspruchsrecht** zugunsten der Arbeitnehmer ist im Fall der Verschmelzung jedoch nach BAG-Rechtsprechung infolge teleologischer Reduktion ausgeschlossen. Denn die Ausübung des Widerspruchs führt zwingend zu einem Fortbestand des Arbeitsverhältnisses mit dem ehemaligen Arbeitgeber, dieser ist jedoch mit Eintragung der Verschmelzung unwiderruflich erloschen.[169] Der Arbeitnehmer ist stattdessen durch sein **Kündigungsrecht aus wichtigem Grund** gem. § 626 BGB davor geschützt, sein Arbeitsverhältnis mit einem von ihm nicht erwünschten Arbeitgeber fortsetzen zu müssen.[170] Die Kündigung muss ausdrücklich als solche erfolgen. Ein ausgesprochener Widerspruch ist regelmäßig nicht in

---

[161] Lutter/*Grunewald*, § 20 Rn. 39; Semler/Stengel/*Kübler*, § 20 Rn. 31.
[162] BVerfG 1 BVR 1805/94, NJW 1999, 1699–1701; Semler/Stengel/*Kübler*, § 20 Rn. 31.
[163] Lutter/*Grunewald*, § 20 Rn. 38; Semler/Stengel/*Kübler*, § 20 Rn. 31; Widmann/Mayer/*Vossius*, § 20 Rn. 290.2.
[164] Widmann/Mayer/*Vossius*, § 20 Rn. 290.1.
[165] Kölner Kommentar-UmwG/*Hohenstatt/Schramm*, § 324 Rn. 14; Schmitt/Hörtnagl/Stratz/*Langer*, § 20 Rn. 95; Widmann/Mayer/*Vossius*, § 20 Rn. 116.
[166] Semler/Stengel/*Maier-Reimer/Seulen*, § 22 Rn. 70.
[167] Jauernig/*Mansel*, § 613 lit. a BGB Rn. 3a; aA Lutter/*Joost*, § 324 Rn. 14, der für das Rechtsgeschäft bereits den Verschmelzungsvertrag gem. § 4 UmwG reichen lässt.
[168] Lutter/*Joost*, § 324 Rn. 3.
[169] BAG AZR 157/07, NZA 2008, 815–818.
[170] BAG AZR 157/07, NZA 2008, 815–818.

eine Eigenkündigung oder ein Angebot auf Abschluss eines **Aufhebungsvertrags** umzudeuten.[171]

Der Inhalt des bisherigen **Arbeitsverhältnisses** bleibt durch den Übergang grundsätzlich **66** unverändert. Ausnahmen können sich dann ergeben, wenn arbeitsvertragliche Regelungen spezifisch auf die Situation des übertragenen Rechtsträgers Bezug nehmen, wie dies z. B. bei Bemessungskriterien für Boni der Fall sein kann. In diesem Fall kommt eine Anpassung der entsprechenden Regelungen an die neuen Verhältnisse nach den Grundsätzen des **Wegfalls der Geschäftsgrundlage** in Betracht.

(2) Pensionen/Versorgungsanwartschaften. Für Ansprüche aus **Versorgungs-** **67** **anwartschaften** aktiver Arbeitnehmer gilt § 613a Abs. 1 S. 1 BGB ebenfalls, d. h. diese gehen bereits automatisch mit dem Arbeitsverhältnis auf den übernehmenden Rechtsträger über.[172] Ansprüche bereits ausgeschiedener Arbeitnehmer sowie Ansprüche von Rentnern gehen unabhängig davon im Rahmen der Gesamtrechtsnachfolge gem. § 20 Abs. 1 Nr. 1 UmwG auf den übernehmenden Rechtsträger über und sind fortan von diesem zu erfüllen.[173]

(3) Sonstiges. Außerhalb des Anwendungsbereichs des § 613 lit. a BGB ist auf die **68** allgemeinen Bestimmungen des Umwandlungsrechts zurückzugreifen, die in der Regel ebenfalls zu einer Übertragung der betroffenen Verträge/Rechtsverhältnisse führen. So unterfallen etwa **Dienstverträge** nicht § 613a BGB.[174] Vielmehr gehen Dienstverträge im Wege der Gesamtrechtsnachfolge unmittelbar gem. § 20 Abs. 1 Nr. 1 UmwG auf den übernehmenden Rechtsträger über.[175] Gleiches gilt für **Mietverträge über Werkwohnungen** oder **Arbeitgeberkredite** und ähnliche Rechtsverhältnisse, die zwar wirtschaftlich mit dem Arbeitsverhältnis in Verbindung stehen, rechtlich aber unabhängig von ihm sind.[176]

Bei **Aktienoptionen** für Arbeitnehmer ist zu unterscheiden: Rechte gegen den über- **69** tragenden Rechtsträger aus bereits gewährten Optionen (z. B. iVm. einem Aktienoptionsplan) sind keine Ansprüche aus dem Arbeitsverhältnis (mehr), sondern beruhen auf den jeweiligen rein gesellschaftsrechtlichen Grundlagen. Ihre Behandlung richtet sich nach § 23 UmwG. Den Optionsinhabern sind also im Rahmen der Verschmelzung gleichwertige Rechte am übernehmenden Rechtsträger zu gewähren. Davon zu unterscheiden ist das (gesellschaftsrechtlich noch nicht umgesetzte) Recht auf Gewährung von Optionsrechten, welches durchaus als Vergütungsbestandteil ein Anspruch aus dem Arbeitsverhältnis sein kann. Soweit das Optionsrecht bereits fester Bestandteil des Arbeitsverhältnisses geworden ist, geht es gem. §§ 20 Abs. 1 Nr. 1, 324 UmwG iVm. § 613a Abs. 1 BGB auf den übernehmenden Rechtsträger über. Bei Nichterfüllung dieses Rechts drohen Schadensersatzansprüche der betroffenen Arbeitnehmer.[177]

dd) Verträge mit Organmitgliedern. Mit dem Wirksamwerden der Verschmelzung **70** erlöschen die **Ämter** der Organmitglieder (**Geschäftsführer, Vorstände, Aufsichtsräte**) des übertragenden Rechtsträgers.[178] Gleichzeitig endet auch jegliche **organschaftliche Vertretungsmacht**.[179] Der Verlust der Organstellung führt aber nicht automatisch zu einer

---

[171] BAG AZR 157/07, NZA 2008, 815–818; Kallmeyer/*Marsch-Barner*, § 20 Rn. 11; Widmann/Mayer/*Vossius*, § 20 Rn. 119.
[172] Kallmeyer/*Marsch-Barner*, § 20 Rn. 11; Kölner Kommentar-UmwG/*Hohenstatt/Schramm*, § 324 Rn. 22; ausführlich zu Versorgungszusagen: Widmann/Mayer/*Vossius*, § 20 Rn. 123 ff.
[173] Kallmeyer/*Marsch-Barner*, § 20 Rn. 11; Widmann/Mayer/*Vossius*, § 20 Rn. 120.
[174] BeckOK Arbeitsrecht/*Gussen*, § 613 lit. a BGB Rn. 86.
[175] Böttcher/Habighorst/Schulte/*Schulte,* § 20 Rn. 31 ff.; Semler/Stengel/*Simon*, § 20 Rn. 56.
[176] Widmann/Mayer/*Vossius*, § 20 Rn. 122.
[177] Zu Einzelheiten bei Aktienoptionsprogrammen siehe Widmann/Mayer/*Vossius*, § 20 Rn. 122.1 bis 122.4.
[178] BGH II ZA 4/12, AG 2013, 634; Kölner Kommentar-UmwG/*Hohenstatt/Schramm*, § 324 Rn. 21; Lutter/*Grunewald*, § 20 Rn. 28.
[179] Lutter/*Grunewald*, § 20 Rn. 28.

Beendigung des regelmäßig bestehenden Dienstvertrags zwischen dem übertragenden Rechtsträger und seinen Organmitgliedern.

71 Die Stellung der **Organmitglieder des übernehmenden Rechtsträgers** wird durch die Verschmelzung grundsätzlich nicht beeinflusst.[180]

72 Ein **Organmitglied** ist **kein Arbeitnehmer**,[181] so dass Verträge zwischen dem übertragenden Rechtsträger und seinen Organmitgliedern nicht den Regelungen des § 613a BGB unterfallen.[182] Auch der **Verlust der Organstellung** infolge der Verschmelzung führt nicht zur Umwandlung des Dienstverhältnisses in ein Arbeitsverhältnis.[183] Eine analoge Anwendung der Vorschrift auf das Dienstverhältnis zwischen dem Organmitglied und dem übertragenden Rechtsträger kommt ebenfalls nicht in Betracht; vielmehr geht das jeweilige Dienstverhältnis im Rahmen der Gesamtrechtsnachfolge gem. § 20 Abs. 1 Nr. 1 UmwG auf den übernehmenden Rechtsträger über.[184] **Geschäftsbesorgungsverträge mit den Aufsichtsratsmitgliedern** des übertragenden Rechtsträgers erlöschen jedoch mit der Verschmelzung durch Zweckfortfall.[185]

73 Die Verschmelzung stellt keinen wichtigen Grund zur **außerordentlichen Kündigung** des Dienstvertrags seitens des übernehmenden Rechtsträgers dar; umgekehrt kann das betroffene Organmitglied den Dienstvertrag wegen Beendigung der Organstellung gem. § 626 Abs. 1 BGB kündigen.[186]

74 Ein Übergang des **Dienstvertrags** kann bereits im Vorfeld durch eine auf den Fall der Verschmelzung gerichtete auflösende Bedingung verhindert werden.[187] Dafür genügt aber nicht eine allgemein gehaltene Klausel, nach der der Dienstvertrag „für die Zeit der Bestellung" geschlossen wird.[188]

75 Möglich sind auch besondere **Abfindungsklauseln** zu Gunsten der Organmitglieder im Falle eines **Change-of-Control** des übertragenden Rechtsträgers, welche in diesem Kontext zu beachten sein können.

76 Hinsichtlich des Fortbestehens des **Vergütungsanspruchs** der Organmitglieder ist wie folgt zu differenzieren: Während **Aufsichtsratsmitglieder** des übertragenden Rechtsträgers mit Wirksamwerden der Verschmelzung auch ihren Vergütungsanspruch für die Zukunft verlieren, bleibt dieser bei **Geschäftsführern** bzw. **Vorständen** bis zur regulären Beendigung ihres Vertrags bestehen.[189] Bezüglich des Anspruchs auf Weiterzahlung von **Tantiemen** ist streitig, ob dieser ungemindert in bisheriger Höhe fortbesteht, oder vielmehr im Rahmen einer ergänzenden Vertragsauslegung eine Anpassung zu erfolgen hat.[190]

77 Eine **Entlastung** der Organmitglieder durch den übertragenden Rechtsträger ist nach Eintragung der Verschmelzung nicht mehr möglich, weil dieser erloschen ist.[191] Umstritten ist in der Literatur, ob die Anteilsinhaber des übernehmenden Rechtsträgers diese Entlastung erteilen können.[192] **Haftungsansprüche gegen ehemalige Organmitglieder**

---

[180] Semler/Stengel/*Kübler*, § 20 Rn. 20.
[181] OLG Hamm, 8 U 146/89, DStR 1991, 884–885.
[182] OLG Hamm, 8 U 146/89, DStR 1991, 884–885.
[183] BAG 8 AZR 654/01, NZA 2003, 552–555; Kallmayer/*Marsch-Barner*, § 20 Rn. 13; Semler/Stengel/*Simon*, § 20 Rn. 57.
[184] Kölner Kommentar-UmwG/*Hohenstatt/Schramm*, § 324 Rn. 21.
[185] Kallmayer/*Marsch-Barner*, § 20 Rn. 16; Lutter/Grunewald, § 20 Rn. 28; Widmann/Mayer/*Vossius*, § 20 Rn. 121.
[186] Kallmayer/*Marsch-Barner*, § 20 Rn. 14; Schmitt/Hörtnagl/Stratz/*Stratz*, § 20 Rn. 47.
[187] BGH II ZR 220/88, ZIP 1989, 1190–1192; Kölner Kommentar-UmwG/*Simon*, § 20 Rn. 7.
[188] Kallmayer/*Marsch-Barner*, § 20 Rn. 15; Röder/Lingemann, DB 1993, 1341, 1344.
[189] Kallmayer/*Marsch-Barner*, § 20 Rn. 13, 16; Schmitt/Hörtnagl/Stratz/*Stratz*, § 20 Rn. 45.
[190] Lutter/*Grunewald*, § 20 Rn. 28; Schmitt/Hörtnagl/Stratz/*Stratz*, § 20 Rn. 46.
[191] Kallmayer/*Marsch-Barner*, § 20 Rn. 17; Kölner Kommentar-UmwG/*Simon*, § 20 Rn. 2; Lutter/Grunewald, § 20 Rn. 30.
[192] So: Kallmayer/*Marsch-Barner*, § 20 Rn. 17; Semler/Stengel/*Kübler*, § 20 Rn. 20; aA.: Kölner Kommentar-UmwG/*Simon*, § 20 Rn. 6; Lutter/Grunewald, § 20 Rn. 30.

gehen auf den übernehmenden Rechtsträger über und sind von diesem geltend zu machen.[193]

Ein zum Zeitpunkt der Verschmelzung noch anhängiges **Statusverfahren** (§§ 97 ff. AktG) erledigt sich mit der Eintragung der Verschmelzung, da der betreffende Rechtsträger erlischt. Mit dem Statusverfahren im Zusammenhang stehende Rechtsmittel sind auf den Kostenpunkt zu beschränken, anderenfalls werden sie unzulässig.[194] Umgekehrt kann durch die Verschmelzung die Zusammensetzung des Aufsichtsrates des übernehmenden Rechtsträgers unrichtig werden (z. B. wegen Änderung des Mitbestimmungsstatus durch Erhöhung der Anzahl der Arbeitnehmer). Dann ist seinerseits bei dem übernehmenden Rechtsträger ein Statusverfahren nach §§ 97 ff. AktG einzuleiten. 78

ee) **Sonstige Verträge. Miet-und Pachtverträge**, die mit dem übertragenden Rechtsträger abgeschlossen wurden, gehen über.[195] Für den **Geschäftsbesorgungsvertrag** gilt, da regelmäßig kein besonderes Vertrauensverhältnis bestehen wird, das Gleiche.[196] **Versicherungsverträge** gehen, ggf. unter Beitragsanpassung, auf den übernehmenden Rechtsträger über (vgl. auch §§ 95, 102 VVG).[197] Ebenso wird der übernehmende Rechtsträger Inhaber eines **schuldrechtlichen Vorkaufs-, Erwerbs-,** oder sonstiges **Übernahmerechts**.[198] 79

Hinsichtlich **Bankkonten** gilt: Der übernehmende Rechtsträger tritt ohne weiteres in die Rechten und Pflichten des übertragenden Rechtsträgers im Girovertrag ein. Die Einzugsermächtigungen gehen als Teil des Vermögens des übertragenden Rechtsträgers und mangels höchstpersönlichen Charakters ebenfalls über.[199] Bei **Wertpapieren** ist weder Abtretung noch Indossament notwendig, um den Übergang zu bewirken.[200] **Kreditzusagen** sollen grundsätzlich ebenfalls übergehen; im Zweifel kann jedoch, insbesondere mit Blick auf die Bonität des übernehmenden Rechtsträgers, ein außerordentliches Kündigungsrecht des Kreditgebers bestehen.[201] Im Übrigen enthalten **Kreditverträge** in der Regel **Change-of-Control**-Klauseln, die je nach Konstellation der Verschmelzung ebenfalls ein Kündigungsrecht für den Kreditgeber auslösen können. 80

c) **Sonstige Rechtsverhältnisse.** Es besteht Einigkeit, dass der Wortlaut des § 20 Abs. 1 Nr. 1 UmwG, der von einem Übergang von Vermögen spricht, weit zu verstehen ist, und auch **sonstige Rechtsverhältnisse** des übertragenden Rechtsträgers auf den übernehmenden Rechtsträger überzugehen haben.[202] 81

aa) **Vollmacht, Prokura, Auftrag.** Hinsichtlich Vollmacht, Prokura sowie Auftrag ist danach zu unterscheiden, welche Rolle der übertragende Rechtsträger einnahm. 82

(1) **Vollmacht im Allgemeinen.** Gem. § 168 Abs. 1 BGB richtet sich die Fortdauer einer **Vollmacht** nach dem ihr zugrunde liegenden Rechtsverhältnis. Erlischt dieses, so erlischt auch die Vollmacht. Vollmachten gehen damit als Annex zu den im Wege der Gesamtrechtsnachfolge übertragenen Rechtsverhältnissen über. Ob der übertragende Rechtsträger dabei Vollmachtgeber oder -nehmer ist, spielt keine Rolle.[203] Eine Ausnahme 83

---

[193] Semler/Stengel/*Kübler*, § 20 Rn. 20.
[194] BGH II ZB 7/14; NZG 2015, 438–439.
[195] BGH LwZR 20/01; BGHZ 150, 365–372 = NJW 2002, 2168–2170; Kallmeyer/*Marsch-Barner*, § 21 Rn. 23.
[196] Kallmeyer/*Marsch-Barner*, § 20 Rn. 23; Lutter/*Grunewald*, § 20 Rn. 24.
[197] Kallmeyer/*Marsch-Barner*, § 20 Rn. 23.
[198] LG Frankfurt a. M. 2/8 S 2/84, WM 1985, 49–51; Kallmeyer/*Marsch-Barner*, § 21 Rn. 23.
[199] Henssler/Strohn/*Heidinger*, § 20 Rn. 13; Kölner Kommentar-UmwG/*Simon*, § 20 Rn. 34.
[200] Schmitt/Hörtnagl/Stratz/*Stratz*, § 20 Rn. 73; Widmann/Mayer/*Vossius*, § 20 Rn. 314 f.
[201] OLG Karlsruhe 9 U 143/00, ZIP 2001, 1806–1808; Henssler/Strohn/*Heidinger*, § 20 UmwG Rn. 14; Lutter/*Grunewald*, § 20 Rn. 33.
[202] *Schmidt*, DB 2001, 1019.
[203] Kallmeyer/*Marsch-Barner*, § 20 Rn. 24; Lutter/*Grunewald*, § 20 Rn. 25 f.; Widmann/Mayer/ *Vossius*, § 20 Rn. 304.

besteht für Vollmachten, die im Zusammenhang mit höchstpersönlichen Rechtsverhältnissen erteilt worden sind.

84 **(2) Handlungsvollmacht.** Diese Überlegungen gelten auch für die **Handlungsvollmachten** als spezielle Form der Vollmacht für den Handelsverkehr. § 54 HGB trifft keine eigenständige anderslautende Regelung, so dass auf den allgemeineren § 168 BGB zurückgegriffen werden kann.[204]

85 Beim übertragenden Rechtsträger erteilte **Handlungsvollmachten** gehen damit im Rahmen der Gesamtrechtsnachfolge ebenfalls auf den übernehmenden Rechtsträger über. Der Handlungsbevollmächtigte vertritt damit nach Eintragung der Verschmelzung den übernehmenden Rechtsträger, jeweils im Rahmen der erteilten Handlungsvollmacht. Das erscheint auch deshalb sinnvoll und praktikabel, da Handlungsvollmachten in der Regel dazu dienen, den Arbeitnehmern des übertragenden Rechtsträgers im Rahmen des betreffenden Handelsgewerbes Handlungsfähigkeit im Rechtsverkehr zu gewähren. Warum dies nach Durchführung der Verschmelzung für den Angestellten, dessen Arbeitsverhältnis ebenfalls übergeht, anders oder neu zu beurteilen sein sollte, ist nicht ersichtlich.[205] Dem übernehmenden Rechtsträger steht die Möglichkeit des Widerrufs der Handlungsvollmacht zu.

86 **(3) Prokura.** Für eine **vom übertragenden Rechtsträger erteilte Prokura** ist streitig, ob diese mit der Verschmelzung erlischt[206] oder auf den übernehmenden Rechtsträger übergeht.[207] Allerdings sind die Auswirkungen dieses Meinungsstreits in der Praxis begrenzt.[208] Der übertragende Rechtsträger muss nämlich wegen des Erfordernis, die Prokura im Handelsregister einzutragen (§ 53 HGB), in jedem Fall eine bewusste Entscheidung über die Fortgeltung der Prokura treffen. Unabhängig davon erscheint es vorzugswürdig, die Übertragung auch der Prokura im Rahmen der Gesamtrechtsnachfolge grundsätzlich zuzulassen. Aus dem Wesen der Prokura ergibt sich nichts anderes. Vielmehr bestimmt § 52 Abs. 2 HGB gerade die Fortgeltung der Prokura auch im Falle des Todes des Inhabers des Handelsgeschäfts. Da die Prokura ohne Rücksicht auf das zugrunde liegende Rechtsverhältnis jederzeit widerruflich ist (§ 52 Abs. 1 HGB), besteht auch kein besonderes Schutzbedürfnis des übernehmenden Rechtsträgers, welches gegebenenfalls eine Einschränkung der umfassenden Wirkung der Gesamtrechtsnachfolge begründen könnte.

87 Für den Fall, dass **dem übertragenden Rechtsträger selbst Prokura** erteilt worden ist, bedeutet das, dass diese ebenfalls im Wege der Gesamtrechtsnachfolge auf den übernehmenden Rechtsträger übergeht, der damit selbst zum „Prokuristen" wird. In der Praxis dürfte sich der vorgenannte Meinungsstreit auch in dieser Situation nicht allzu sehr auswirken, da Änderungen, auch Namensänderungen des Prokuristen, gem. § 53 HGB eingetragen werden müssten.[209] Da diese Änderung vom Prinzipal vorzunehmen ist,[210] kann dieser auch in diesem Moment über den Fortbestand der Prokura entscheiden. Die unterschiedlichen Ansätze wirken sich lediglich dann aus, wenn der übernehmende Rechtsträger die Firma des übertragenden Rechtsträgers beibehält (§ 18 UmwG). Dann ist nämlich keine Änderung des Handelsregisters erforderlich. Hier schützt den Prinzipal aber – wie auch die Gläubiger – die Publizitätswirkung des Handelsregisters.

88 **(4) Auftrag.** Vom **übertragenden Rechtsträger erteilte Aufträge** und das damit verbundene Rechtsverhältnis zum beauftragten Dritten gehen auf den übernehmenden Rechtsträger über. Dies ist unproblematisch und wird zudem durch die Vorschrift des

---

[204] MünchKomm HGB/*Krebs*, § 54 Rn. 57.
[205] So auch im Ergebnis: Widmann/Mayer/*Vossius*, § 20 Rn. 304; aA.: Kallmeyer/*Marsch-Barner*, § 20 Rn. 24.
[206] Kallmeyer/*Marsch-Barner*, § 20 Rn. 24; Schmitt/Hörtnagl/Stratz/*Stratz*, § 20 Rn. 10.
[207] Kölner Kommentar-UmwG/*Simon*, § 20 Rn. 4; Lutter/*Grunewald*, § 20 Rn. 26; Semler/Stengel/*Kübler*, § 20 Rn. 17; Widmann/Mayer/*Vossius*, § 20 Rn. 304.
[208] Widmann/Mayer/*Vossius*, § 20 Rn. 304.
[209] Oetker HGB/*Schubert*, § 53 Rn. 14; MünchKomm HGB/*Krebs*, § 53 Rn. 15.
[210] MünchKomm HGB/*Krebs*, § 53 Rn. 15.

§ 672 BGB gestützt, wonach ein Auftrag im Zweifel nicht durch den Tod des Auftraggebers erlischt.[211]

Dem **übertragenden Rechtsträger erteilte Aufträge** sollten im Regelfall ebenfalls im Wege der Gesamtrechtsnachfolge auf den übernehmenden Rechtsträger übergehen. Dem steht auch § 673 BGB nicht entgegen (→ Rn. 18).[212] Zwar sieht § 673 BGB vor, dass der Auftrag im Zweifel durch den Tod des Beauftragten erlischt. Diese Zweifelsregelung soll dem besonderen Vertrauensverhältnis zwischen Auftraggeber und Beauftragtem Rechnung tragen.[213] Allerdings handelt es sich lediglich um eine Zweifelsregelung, was im Umkehrschluss bereits zeigt, dass der Gesetzgeber nicht per se von einem Erlöschen des Auftrags im Todesfall ausgeht. Vor dem Hintergrund der gesetzlichen Anordnung der umfassenden Gesamtrechtsnachfolge gibt es deshalb auch hier keinen zwingenden Grund, diese einzuschränken. Im Übrigen wird ein **besonderes Vertrauensverhältnis**, welches ein automatisches Erlöschen des Auftrags rechtfertigen könnte, bei der Beauftragung einer juristischen Person nicht anzunehmen sein.[214] Solange der übernehmende Rechtsträger weiterhin in der Lage ist, seinen vertraglichen Pflichten nachzukommen – wobei die Verschmelzung an seiner Fähigkeit dazu nicht viel geändert haben sollte –, wird es auch dem Interesse des **Auftraggebers** entsprechen, wenn sein Auftrag nicht im Zuge der Verschmelzung verloren geht. Ansonsten stehen auch ihm die allgemeinen Rechte aus einem Schuldverhältnis zur Verfügung. 89

bb) Kollektivarbeitsrechtliche Rechtsverhältnisse. (1) Betriebsrat/Sprecherausschuss. Anknüpfungspunkt für das BetrVG und damit auch für die Stellung der **Betriebsräte** ist der Begriff des **Betriebs**.[215] Bloße Veränderungen der rechtlichen Unternehmensstruktur, die nicht mit einer tatsächlichen **Organisationsveränderung auf Betriebsebene** einhergehen, berühren die Zusammensetzung des Betriebs im arbeitsrechtlichen Sinne und die Existenz der dort bestehenden Betriebsräte nicht.[216] 90

Im Regelfall lässt der mit einer Verschmelzung verbundene **Betriebsinhaberwechsel** die betriebsverfassungsrechtliche **Identität des Betriebs unberührt**, so dass der **Betriebsrat** demzufolge im Amt bleibt.[217] Auswirkungen auf bestehende Betriebsräte als Folge der Verschmelzung kommen nur in solchen Konstellationen in Betracht, in denen ein bisher bestehender Betrieb tatsächlich infolge tiefgreifender organisatorisch-personeller Veränderungen seine bisherige **betriebsverfassungsrechtliche Identität** verliert.[218] Solche Veränderungen mögen im Zuge einer Verschmelzung vorgenommen werden, stellen aber regelmäßig eigenständige betriebsorganisatorische Maßnahmen dar und sind regelmäßig interessenausgleichspflichtig. Im Zusammenhang mit der Verschmelzung kann es insbesondere auch zu einem Zusammenschluss von Betrieben kommen, das muss aber nicht zwangsläufig der Fall sein. Die möglichen denkbaren Konstellationen dabei sind vielfältig; insofern wird auf die einschlägige Spezialliteratur verwiesen.[219] 91

---

[211] So auch Semler/Stengel/*Kübler*, § 20 Rn. 16, Fn. 62.
[212] Grundsätzlich für eine Beachtung von § 673 BGB: Lutter/*Grunewald*, § 20 Rn. 24; *Mertens*, AG 1994, 66 72; für die Nichtanwendbarkeit: MünchKomm BGB/*Seiler*, § 673 Rn. 2; vgl. auch grundsätzlich zum Rückgriff auf Regelungen zum Todesfall und (analoge) Anwendung auf die Verschmelzung.
[213] MünchKomm BGB/*Seiler*, § 673 Rn. 1.
[214] BGH V ZR 164/13, AG 2014, 399–402; so im Ergebnis auch Lutter/*Grunewald*, § 20 Rn. 24; *K. Schmidt*, DB 2001, 1019–1023: automatische Vertragsbeendigung ist „krasser Ausnahmefall".
[215] Schmitt/Hörtnagl/Stratz/*Langer*, Vor §§ 322–325 Rn. 38; zum Betriebsbegriff: Kallmeyer/*Willemsen*, Vor § 322 Rn. 20 m. w. N; Willemsen/Hohenstatt/Schweibert/Seibt/*Hohenstatt*, D Rn. 2 f.
[216] Kallmeyer/*Willemsen*, Vor § 322, Rn. 20.
[217] Lutter/*Joost*, § 324 Rn. 20; Schmitt/Hörtnagl/Stratz/*Langer*, Vor §§ 322–325 Rn. 39; Widmann/Mayer/*Vossius*, § 20 Rn. 130; Willemsen/Hohenstatt/Schweibert/Seibt/*Hohenstatt*, D Rn. 10.
[218] Kallmeyer/*Willemsen*, Vor § 322 Rn. 21.
[219] zB.Kallmeyer/*Willemsen*, Vor § 322, Rn. 19ff; Willemsen/Hohenstatt/Schweibert/Seibt/*Hohenstatt*, D Rn. 53 ff.

92 Ein betrieblicher **Sprecherausschuss** (§ 1 Abs. 1 SprAuG) ist an dieselbe organisatorische (Betriebs-)Einheit geknüpft wie der Betriebsrat. Die Ausführungen zum Betriebsrat gelten für Sprecherausschüsse also entsprechend. Wird der bestehende Betrieb bei der Verschmelzung insgesamt auf den übertragenden Rechtsträger übertragen (und dort ohne organisatorisch-personelle Veränderung fortgeführt), bleibt der im Betrieb gebildete Sprecherausschuss im Amt.[220]

93 Im Gegensatz zu den (Einzel-)Betriebsräten kommt der **Gesamtbetriebsrat** nicht durch Wahl, sondern durch Entsendung seitens der Einzelbetriebsräte zustande (§ 47 Abs. 2 BetrVG).[221] Durch die Verschmelzung können die gesetzlichen Voraussetzungen für die Errichtung von Gesamtbetriebsräten sowohl erstmals erfüllt werden als auch wegfallen. Dies ist im Einzelfall zu prüfen. In der Regel gilt, dass ein Gesamtbetriebsrat des übertragenden Rechtsträgers grundsätzlich untergeht, da der übertragende Rechtsträger als Folge der Verschmelzung erlischt. Die lokalen Betriebsräte sind aber berechtigt, Mitglieder in den Gesamtbetriebsrat des übernehmenden Rechtsträgers zu entsenden oder, sollte dort bislang kein Gesamtbetriebsrat existieren, einen solchen zu bilden.[222]

94 Ähnliches gilt für den **Konzernbetriebsrat**. Der Konzernbetriebsrat erlischt automatisch kraft Gesetzes, wenn ein Konzern nicht mehr besteht.[223] In der Regel erlischt auch eine etwaige Mitgliedschaft von Vertretern des übertragenden Rechtsträgers in einem **Konzernbetriebsrat** mit der Verschmelzung. Auch hier ist aber eine genaue Analyse des Einzelfalls erforderlich, um den Besonderheiten der jeweiligen betriebsverfassungsrechtlichen Situation zu entsprechen.[224]

95 Dies gilt umso mehr, als mit § 3 BetrVG die Möglichkeit besteht, die gesetzlichen Strukturen von Einzel-, Gesamt- und Konzernbetriebsräten durch maßgeschneiderte, auf die individuellen Verhältnisse des Unternehmens oder Konzerns zugeschnittene Lösungen zu ersetzen (**Vereinbarungslösung**). Vor jeder Umwandlung ist daher zu prüfen, ob durch Tarifvertrag oder Betriebsvereinbarung solche individuellen Lösungen geschaffen wurden, die bei der Umsetzung der Verschmelzung zu berücksichtigen sind.[225]

96 (2) **Betriebsvereinbarungen.** Hinsichtlich der Weitergeltung einer **Betriebsvereinbarung** ist ebenfalls danach zu differenzieren, ob die **Betriebsidentität** gewahrt bleibt oder entfällt.

97 Wird – wie im Regelfall – die **Betriebsidentität gewahrt** und hat der übernehmende Rechtsträger keine **Gesamt- oder Konzernbetriebsvereinbarung** mit gleichem Regelungsgegenstand, so geht die Betriebsvereinbarung des übertragenden Rechtsträgers über; § 613a Abs. 1 S. 2 BGB findet insoweit keine Anwendung.[226] Besteht jedoch bei dem übernehmenden Rechtsträger eine entsprechende Gesamt- oder Konzernbetriebsvereinbarung oder ein **Tarifvertrag** mit entsprechender Regelung, geht diese derjenigen des übertragenden Rechtsträgers in der Regel vor (vgl. § 613a Abs. 1 S. 3 BGB).[227]

98 Sofern die **Betriebsidentität entfällt** und der übernehmende Rechtsträger keine **Betriebsvereinbarung** mit gleichem Regelungsgegenstand hat, wird die Betriebsverein-

---

[220] Kallmeyer/*Willemsen*, Vor § 322, Rn. 55.
[221] Kallmeyer/*Willemsen*, Vor § 322, Rn. 43.
[222] Weiterführend: Kallmeyer/*Willemsen*, Vor § 322, Rn. 40 ff.
[223] Kallmeyer/*Willemsen*, Vor § 322, Rn. 49; Willemsen/Hohenstatt/Schweibert/Seibt/*Hohenstatt*, D Rn. 133.
[224] Weiterführend: Willemsen/Hohenstatt/Schweibert/Seibt/*Hohenstatt*, D Rn. 133 ff.
[225] Kallmeyer/*Willemsen*, Vor § 322, Rn. 51; Willemsen/Hohenstatt/Schweibert/Seibt/*Hohenstatt*, D Rn. 149.
[226] Kallmeyer/*Willemsen*, § 324 Rn. 25; Willemsen/Hohenstatt/Schweibert/Seibt/*Hohenstatt*, E Rn. 9.
[227] Semler/Stengel/*Simon*, § 20 Rn. 50; Widmann/Mayer/*Vossius*, § 20 Rn. 131; Einzelheiten dazu sind streitig und ggf. sind Ausnahmen zuzulassen, ausführlich dazu: Willemsen/Hohenstatt/Schweibert/Seibt/*Hohenstatt*, E Rn. 50 ff. (für die Gesamtbetriebsvereinbarung) und Rn. 54 ff. (für die Konzernbetriebsvereinbarung).

barung des übertragenden Rechtsträgers in Individualrecht gem. § 613a Abs. 1 S. 2 BGB transformiert und gilt in dieser Form fort (**Transformation in das Arbeitsverhältnis**). Hat der übernehmende Rechtsträger jedoch eine Betriebsvereinbarung mit entsprechendem Regelungsgegenstand, dann geht diese derjenigen des übertragenden Rechtsträgers vor.[228]

Bezüglich **Gesamt- und Konzernbetriebsvereinbarungen** ist davon auszugehen, dass die vorgenannte Systematik mit der Maßgabe entsprechend gilt, dass solche Vereinbarungen als lokale Betriebsvereinbarungen fortgelten, sofern die Identität einzelner Betriebe des übertragenden Rechtsträgers gewahrt bleibt und beim aufnehmenden Rechtsträger keine entsprechenden Gesamt- oder Konzernbetriebsvereinbarungen existieren.[229] **99**

(3) **Tarifverträge.** Für die Fortgeltung von **Tarifverträgen** ist zwischen Firmentarifverträgen und Verbands-/Flächentarifverträgen zu differenzieren. **100**

Firmentarifverträge finden aufgrund von § 20 Abs. 1 Nr. 1 UmwG weiterhin Anwendung.[230] Dies ist in der praktischen Umsetzung unproblematisch, wenn der übernehmende Rechtsträger keine Arbeitnehmer beschäftigt. Verfügt der übernehmende Rechtsträger aber bereits über einen oder mehrere Betriebe, ist je nach tarifvertraglicher Situation beim übernehmenden Rechtsträger zu klären, ob der übernommene Firmentarifvertrag auch für diese Betriebe gilt.[231] **101**

Bei **Verbands-/Flächentarifverträgen** kommt es vorrangig auf die verbandschaftliche Zugehörigkeit des übernehmenden Rechtsträgers zu dem betreffenden **Arbeitgeberverband** an. Die **Verbandsmitgliedschaft** unterliegt nach herrschender Meinung aber gerade nicht der Gesamtrechtsnachfolge (→ Rn. 27). Nach einhelliger Auffassung ist deshalb auch eine Gesamtrechtsnachfolge in einen Verbands-/Flächentarifvertrag ausgeschlossen.[232] Flächentarifverträge, die auf den übertragenden Rechtsträger Anwendung gefunden haben, gelten also nur dann fort, wenn der übernehmende Rechtsträger ebenfalls dem entsprechenden Arbeitgeberverband angehört, ihm beitritt oder der Tarifvertrag gem. § 5 TVG für allgemeinverbindlich erklärt worden ist.[233] Ansonsten gilt für die übernommenen Arbeitnehmer – bei entsprechender Gewerkschaftszugehörigkeit – ggf. der Flächentarifvertrag des übernehmenden Rechtsträgers (abhängig von dessen Mitgliedschaft in den betreffenden Arbeitgeberverbänden).[234] Die entsprechenden tarifvertraglichen Regelungen werden, wenn und soweit sie nicht kraft Verbandsrecht weitergelten, zu individualvertraglichen Abreden (§ 324 UmwG iVm. § 613a Abs. 1 S. 2 bis 4 BGB).[235] Für diese gilt der Bestandsschutz des § 613a Abs. 1 S. 2 BGB (**Transformation in das Arbeitsverhältnis**), wonach eine Abweichung von den Rechtsnormen des zum Vertragsinhalt gewordenen Tarifvertrags zum Nachteil des Arbeitnehmers frühestens ein Jahr nach dem Zeitpunkt des Übergangs, hier also nach Eintragung der Verschmelzung, erfolgen darf, sofern der transformierte Tarifvertrag nicht zuvor kraft Zeitablauf endet.[236] **102**

---

[228] Kallmeyer/*Marsch-Barner*, § 20 Rn. 11; Semler/Stengel/*Simon*, § 20 Rn. 50; Widmann/Mayer/*Vossius*, § 20 Rn. 129.

[229] BAG 1 ABR 54/1, NZA 2003, 670; Willemsen/Hohenstatt/Schweibert/Seibt/*Hohenstatt*, E Rn. 59 und 70.

[230] BAG 4 AZR 805/14, ZIP 2017, 37–45; BAG 4 AZR 491/06, ZIP 2008, 611–618.

[231] Einzelheiten dazu siehe bei *Müller-Bonanni/Mehrens*, ZIP 2012, 1217, 1218 f.

[232] Kallmeyer/*Willemsen*, Vor § 322, Rn. 84; Kölner Kommentar-UmwG/Hohenstatt/*Schramm*, § 324 Rn. 50; Willemsen/Hohenstatt/Schweibert/Seibt/*Hohenstatt*, E Rn. 109; *Müller-Bonanni/Mehrens*, ZIP 2012, 1217, 1218.

[233] BAG 4 AZR 491/06, ZIP 2008, 611–618; *Müller-Bonanni/Mehrens*, ZIP 2012, 1217, 1218f; Kallmeyer/*Willemsen*, § 324, Rn. 24; Widmann/Mayer/*Vossius*, § 20 Rn. 140.

[234] Widmann/Mayer/*Vossius*, § 20 Rn. 140 ff.

[235] Widmann/Mayer/*Vossius*, § 20 Rn. 144.

[236] Kallmeyer/*Marsch-Barner*, § 20 Rn. 12; Widmann/Mayer/*Vossius*, § 20 Rn. 143.

103 cc) **Öffentlich-rechtliche Rechtsverhältnisse. (1) Öffentlich-rechtliche Befugnisse.** Grundsätzlich gehen auch **öffentlich-rechtliche Befugnisse** auf den übernehmenden Rechtsträger über (→ § 68).

104 Das gilt insbesondere für **sachbezogene Genehmigungen**, so etwa die Erlaubnis zur Benutzung eines Gewässers (§ 8 WHG), die Genehmigung zum Einleiten von Wasser in öffentliche Abwasseranlagen (§ 58 WHG) oder **bundesimmissionsschutzrechtliche Genehmigungen** (§ 4 BImSchG).

105 Gleiches gilt für solche Genehmigungen, die mit dem im Rahmen der Gesamtrechtsnachfolge übertragenen Gegenstand übergehen, wie etwa eine **Baugenehmigung**, welche dem übertragenen Grundstück folgt.[237]

106 Schwieriger ist die Frage der Gesamtrechtsnachfolge bei solchen Genehmigungen zu beantworten, die entweder **personenbezogener Natur** oder **rechtsformgebunden** sind.

107 **Personenbezogene Genehmigungen**, die höchstpersönlicher Natur sind, sind im Rahmen der Gesamtrechtsnachfolge nicht übertragbar.[238] Sie erlöschen mit dem Erlöschen des übertragenden Rechtsträgers.[239] Teilweise werden Personalgenehmigungen generell als höchstpersönlich und damit als nicht übergangsfähig angesehen.[240] Jedoch bedarf es insoweit einer differenzierten Betrachtung (→ § 68 Rn. 64ff.). Bei Genehmigungen, die sowohl sachliche als auch personenbezogene Teile aufweisen, ist eine ergänzende Genehmigung jedenfalls nicht für die sachlichen Voraussetzungen erforderlich.[241] Und auch im Hinblick auf die personenbezogenen Voraussetzungen besteht nicht immer die Notwendigkeit einer Neugenehmigung.[242] Dies gilt insbesondere dann, wenn die Kontinuität der Geschäftsbereiche, Organisations- und Unternehmenseinheiten gewährleistet ist.[243] Gänzlich ausgeschlossen ist die Übergangsfähigkeit damit allein für Sonderfälle. Ob eine teilweise Neugenehmigung notwendig ist, ist im Einzelfall zu entscheiden.

108 **Rechtsformgebundene Genehmigungen** (→ § 68 Rn. 56) können nicht auf den übernehmenden Rechtsträger übertragen werden, wenn dieser der gesetzlich vorgeschriebenen Rechtsform nicht entspricht.[244] Beispielsweise kann (1) eine Apotheke gem. § 8 ApoG nur in der Rechtsform einer GbR oder OHG betrieben werden, können (2) Versicherungen gem. § 8 Abs. 2 VAG nur in Form einer AG, SE, eines Versicherungsvereins auf Gegenseitigkeit oder Körperschaft oder als Anstalt des öffentlichen Rechts und kann (3) eine private Bausparkasse gem. § 2 Abs. 2 BausparkG nur in der Form einer AG.[245]

109 **(2) Öffentlich-rechtliche Verpflichtungen.** Öffentlich-rechtliche Verpflichtungen gehen ebenfalls im Rahmen der Gesamtrechtsnachfolge über, sofern sie nicht höchstpersönlicher Natur sind (→ § 68 Rn. 17ff.).[246]

110 So gehen sachbezogene Verhaltenspflichten, wie etwa die Pflicht zur **Sanierung kontaminierter Grundstücke** (§ 4 Abs. 3 S. 1 BBodSchG), auf den übernehmenden Rechtsträger über, unabhängig davon, ob sie bereits durch einen Verwaltungsakt konkretisiert sind oder nicht (→ § 68 Rn. 17ff., 31ff.).[247]

---

[237] Semler/Stengel/*Kübler*, § 20 Rn. 69.
[238] OVG NRW 13 A 2661/11, DÖV 2013, 119–120.
[239] Schmitt/Hörtnagl/Stratz/*Stratz*, § 20 Rn. 89.
[240] BVerwG 7 C 6/11, NVwZ 2012, 888–889; BFH VII R 22/11, ZfZ 2012, 54–55; OVG Münster 13 A 2661/11, DÖV 2013, 529; Henssler/Strohn/*Heidinger*, § 20 Rn. 36; Kallmeyer/*Marsch-Barner*, § 20 Rn. 26; Widmann/Mayer/*Vossius*, § 20 Rn. 251; *Gaiser*, DB 2000, 361, 364.
[241] So: VGH Hessen 8 A 2902/88, NVwZ-RR 1990.
[242] In diese Richtung z. B. Lutter/*Grunewald*, § 20 Rn. 13.
[243] Offen gelassen vom BVerwG 7 B 111.89, DVBl. 1990, 1167, 116.
[244] Lutter/*Grunewald*, § 20 Rn. 13.
[245] Schmitt/Hörtnagl/Stratz/*Stratz*, § 20 Rn. 91; Semler/Stengel/*Kübler*, § 20 Rn. 71.
[246] Schmitt/Hörtnagl/Stratz/*Stratz*, § 20 Rn. 92.
[247] BVerwG, 7 C 3/05, NVwZ 2006, 928–932; VG Köln 13 K 6300/12, AbfallR 2015, 146; Semler/Stengel/Kübler, § 20 Rn. 69; einschränkend insoweit Kallmeyer/*Marsch-Barner*, § 20 Rn. 27: die behördliche Anordnung muss im Zeitpunkt des Übergangs bereits konkretisiert sein.

Auch **Steuerschulden** (wie auch Ansprüche auf Steuererstattung) sind von der Gesamtrechtsnachfolge erfasst. Der übernehmende Rechtsträger tritt gem. § 45 AO in die Rechtsstellung des übertragenden Rechtsträgers ein.[248] Die Verschmelzung bewirkt, dass die Steuerpflicht des übertragenden Rechtsträgers mit dem Ablauf des **Verschmelzungsstichtags** endet und dass alle späteren von ihr verwirklichten Vorgänge steuerlich dem übernehmenden Rechtsträger zuzurechnen sind. Die bis zum Übertragungsstichtag verwirklichten Besteuerungsgrundlagen sind hingegen weiterhin der übertragenden Gesellschaft zuzurechnen und in Bescheiden umzusetzen, die inhaltlich diese Gesellschaft betreffen.[249] 111

Mit Erlöschen des übertragenden Rechtsträgers erledigen sich dessen **wertpapierhandelsrechtliche Mitteilungspflichten** nach §§ 20, 21 AktG oder auch §§ 21 ff. WpHG. An der Erfüllung dieser Pflichten besteht mit dem Erlöschen des betreffenden Rechtsträgers kein Interesse mehr.[250] Beim übernehmenden Rechtsträger entstehen aber je nach Sachlage möglicherweise eigene derartige Mitteilungspflichten.[251] 112

(3) Geldbußen. Die Haftung für eine im Zeitpunkt der Eintragung der Verschmelzung bereits feststehende Verpflichtung zur Zahlung einer **Geldbuße** geht im Rahmen der Gesamtrechtsnachfolge auf den übernehmenden Rechtsträger über.[252] 113

Für **Rechtsverletzungen** des übertragenden Rechtsträgers, die erst nach der Eintragung der Verschmelzung bekannt, verfolgt oder beschieden werden, bestimmt § 30a Abs. 2a S. 1 OWiG (jetzt), dass eine **Geldbuße** zur Ahndung dieser Rechtsverletzungen durch den übertragenen Rechtsträger auch direkt gegen den übernehmenden Rechtsträger als Rechtsnachfolger festgesetzt werden kann.[253] Die Geldbuße darf in diesen Fällen den Wert des übernommenen Vermögens sowie die Höhe der gegenüber dem Rechtsvorgänger angemessenen Geldbuße nicht übersteigen (§ 30a Abs. 2a S. 2 OWiG). Im Bußgeldverfahren tritt der Rechtsnachfolger in die Verfahrensstellung ein, in der sich der Rechtsvorgänger zum Zeitpunkt des Wirksamwerdens der Gesamtrechtsnachfolge befunden hat (§ 30a Abs. 2a S. 3 OWiG). 114

Vor Einführung dieser Vorschrift im Jahr 2013 besagte die BGH-Rechtsprechung,[254] dass eine Festsetzung von entsprechenden Geldbußen gegenüber dem übernehmenden Rechtsträger nur dann möglich sein sollte, wenn nahezu wirtschaftliche Identität zwischen den beiden Unternehmen bestand, was vermehrt zu einer Umgehung einer Bußgeldzahlung durch Umwandlung führte.[255] Dieses Problem wurde durch die Neuregelung gelöst.[256] Die entsprechenden Regelungen sind insbesondere im Hinblick auf Verstöße gegen das Kartellrecht (**Kartellbußen**) oder auch schwerwiegende **Compliance-Verstöße** (Bestechung, etc.) in der Rechtspraxis bedeutsam. 115

(4) Vergabeverfahren. Aus **vergaberechtlicher Sicht** ist der Zeitpunkt der Eintragung der Verschmelzung entscheidend. Erfolgt die Verschmelzung während des laufenden Vergabeverfahrens und noch vor dem Zuschlag, handelt es sich unter Umständen um einen **Bieterwechsel**. Erfolgt die Verschmelzung nach erfolgtem Zuschlag (mit dem der zivilrechtliche Vertragsschluss einhergeht), handelt es sich gegebenenfalls um eine **Vertragsänderung**. Weder die vergaberechtliche Verfahrensposition noch ein zugeschlagener Ver- 116

---

[248] Kallmeyer/*Marsch-Barner*, § 20 Rn. 27; Schmitt/Hörtnagl/Stratz/*Stratz*, § 20 Rn. 92; Semler/Stengel/*Kübler*, § 20 Rn. 68.
[249] BFH I R 38/01, GmbHR 2004, 263–264.
[250] Lutter/*Grunewald*, § 20 Rn. 13.
[251] Kallmeyer/*Marsch-Barner*, § 20 Rn. 27.
[252] Kallmeyer/*Marsch-Barner*, § 20 Rn. 27; Lutter/*Grunewald*, § 20 Rn. 43.
[253] Schmitt/Hörtnagl/Stratz/*Stratz*, § 20 Rn. 60.
[254] BGH KRB 55/10, NZWiSt 2012, 184–187.
[255] Schmitt/Hörtnagl/Stratz/*Stratz*, § 20 Rn. 60.
[256] BT-Drucks. 17/9852, S. 40; Schmitt/Hörtnagl/Stratz/*Stratz*, § 20 Rn. 60; Widmann/Mayer/*Vossius*, § 20 Rn. 199.1, vertiefend zu bußgeldrechtlicher Haftung nach der Verschmelzungsrichtlinie vgl.: *Haspl*, EuZW 2013, 888.

trag gehen ohne weiteres auf das aufnehmende Unternehmen über. Es gelten überdies jeweils unterschiedliche Maßstäbe.

117 Die Zulässigkeit eines **Bieterwechsels während eines laufenden Vergabeverfahrens** ist gesetzlich nicht geregelt. Die vergaberechtliche Rechtsprechung hat aber weitestgehend einheitliche Leitlinien entwickelt. Wird ein Bieter im besonders weit verbreiteten offenen Vergabeverfahren (§ 119 Abs. 3 GWB, § 15 VgV) in der Phase zwischen Angebotsabgabe und **Zuschlagserteilung** auf ein anderes Unternehmen verschmolzen, führt dies zum Ausschluss vom Vergabeverfahren. Denn das in dieser Phase geltende **vergaberechtliche Nachverhandlungsverbot** (§ 15 EU Abs. 3 VOB/A, § 15 S. 2 VOL/A, § 18 EG S. 2 VOL/A) schließt auch einen Wechsel des Bieters aus. Nach einhelliger Ansicht verlangen dann die vergaberechtlichen Prinzipien des Wettbewerbs, der Gleichbehandlung und der Transparenz den Ausschluss des den Bieter aufnehmenden Unternehmens.[257] Anderes gilt hingegen im **Verhandlungsverfahren**: Hier können auch noch nach Abgabe des ersten indikativen Angebots und für die Dauer der Verhandlungsphase transparent kommunizierte Änderungen in der Person des Bieters vorgenommen werden, ohne dass dies allein zum Ausschluss vom Vergabeverfahren führen würde.[258] Unbedenklich ist auch der Fall, in dem ein Unternehmen auf einen Bieter verschmolzen wird. Denn dann erlischt der bisherige Rechtsträger gerade nicht, sondern nimmt weiter am Vergabeverfahren teil.[259] Die zuständige **Vergabestelle** kann aber die Vorlage zusätzlicher Nachweise und Erklärungen zur Verschmelzung verlangen.

118 **Nach erfolgtem Zuschlag** kann die Verschmelzung zu einer **Vertragsänderung** führen, deren Zulässigkeit sich nach § 132 GWB bestimmt. Unbedenklich ist zunächst wiederum der Fall, in dem ein Unternehmen auf den Vertragspartner der öffentlichen Hand verschmolzen wird. Denn in diesem Fall bleibt der Auftragnehmer derselbe. Umgekehrt stellt die Verschmelzung eines Vertragspartners auf ein anderes Unternehmen einen **Auftragnehmerwechsel** dar, der als wesentliche Vertragsänderung grundsätzlich die erneute Ausschreibung des Vertrags nach sich zieht (§ 132 Abs. 1 S. 3 Nr. 4 GWB). Gem. § 132 Abs. 2 GWB ist eine erneute Ausschreibung aber ausnahmsweise dann entbehrlich, wenn die Verschmelzung schon in den ursprünglichen Vergabeunterlagen als hinreichend klar definierte Option vorgesehen war (§ 132 Abs. 2 Nr. 4a GWB) oder wenn die Verschmelzung im Rahmen einer (internen)[260] Unternehmensumstrukturierung erfolgt (§ 132 Abs. 2 Nr. 4b GWB). Die Rechtsprechung verlangt als ungeschriebenes Tatbestandsmerkmal zusätzlich noch, dass es durch diesen Vorgang nicht zu einer Umgehung des Vergaberechts kommen dürfe,[261] etwa weil das aufnehmende Unternehmen anderenfalls nicht in der Lage gewesen wäre, selbstständig am vorhergehenden Vergabeverfahren teilzunehmen.

119 **dd) Prozesse und rechtskräftige Titel.** Nach höchstrichterlicher Rechtsprechung ist das **Erlöschen des übertragenden Rechtsträgers** im Rahmen einer Verschmelzung wie der Tod einer natürlichen Person zu behandeln, so dass ein **gesetzlicher Parteiwechsel** stattfindet.[262] Gem. § 239 ZPO ist der Prozess daher grundsätzlich bis zur Aufnahme durch den übernehmenden Rechtsträger zu unterbrechen.[263] Wenn der übertragende Rechtsträger – wie üblich – im Prozess von einem Prozessbevollmächtigten vertreten wurde, tritt der übernehmende Rechtsträger als Rechtsnachfolger gem. § 246 Abs. 1 ZPO ohne Un-

---

[257] OLG Düsseldorf VI-Kart 2/05 (V), WuW/E DE-R 1845–1856.
[258] OLG Düsseldorf VII-Verg 16/11, VergabeR 2012, 72–83.
[259] VK Nordbayern 21.VK-3194-01/16, VPR 2016, 161.
[260] Mit dieser Einschränkung Gesetzesbegründung, BT-Drucks. 18/6281, S. 120; vgl. Kulartz/Kus/Portz/Prieß/*Eschenbruch*, § 132 Rn. 68 ff., 116 f.
[261] BKartA Bonn VK 2–7/16, VPR 2016, 106.
[262] BGH II ZR 161/02, ZIP 2004, 92, 93; BGH III ZR 103/68, NJW 1971, 1844.
[263] BGH III ZR 103/68, NJW 1971, 1844; Semler/Stengel/*Kübler*, § 20 Rn. 66.; aA (Unterbrechung nicht erforderlich, da Erlöschen des übertragenden Rechtsträgers nicht unerwartet kommt) Lutter/Grunewald, § 20 Rn. 44; Semler/Stengel/*Kübler*, § 20 Rn. 66.

§ 13 Rechtsfolgen der Verschmelzung   120–125   § 13

terbrechung des Verfahrens kraft Gesetzes in den Prozess ein.[264] Der Prozessbevollmächtigte kann dann gem. § 246 Abs. 1 Hs. 2 ZPO eine Aussetzung des Prozesses beantragen (zur verfahrensrechtlichen Stellung des übernehmenden Rechtsträgers in Verwaltungs- und verwaltungsgerichtlichen Verfahren siehe → § 68 Rn. 106 ff.).[265]

Die **Zustellung** einer noch gegen den übertragenden Rechtsträger gerichteten Klage erfolgt nach Eintragung der Verschmelzung an den übernehmenden Rechtsträger.[266] Ein Urteilsrubrum aus erster Instanz wäre im Rahmen eines noch schwebenden Prozesses bei zwischendurch eingetretener Verschmelzung gem. § 319 ZPO zu berichtigen.[267]   **120**

Ansonsten gelten **rechtskräftige Entscheidungen**, die für oder gegen den übertragenden Rechtsträger ergangen sind, gem. § 325 ZPO auch für den Rechtsnachfolger.[268] Das gilt jedoch nicht, wenn der Titel auf den übertragenden Rechtsträger lautet, obwohl dieser bereits vor Rechtshängigkeit des Verfahrens durch Verschmelzung erloschen war, da in diesem Fall ein Urteil gegen eine nicht existente Partei ergangen wäre.[269]   **121**

Für die **Zwangsvollstreckung** durch den übernehmenden Rechtsträger müsste ein **rechtskräftiger Titel**, der auf den übertragenden und mittlerweile erloschenen Rechtsträger lautet, auf den übernehmenden Rechtsträger umgeschrieben werden (§ 727 Abs. 1 ZPO).[270]   **122**

Zum **Nachweis der Rechtsnachfolge** genügt ein beglaubigter Handelsregisterauszug, aus dem der Tag der Eintragung der Verschmelzung in das Handelsregister des übernehmenden Rechtsträgers sowie Firma und Sitz des übertragenden Rechtsträgers ersichtlich sind.[271]   **123**

ee) **Weitere Einzelfälle.** Eine **wettbewerbsrechtliche Unterlassungspflicht** erlischt regelmäßig mit Erlöschen des übertragenden Rechtsträgers, da ein von ihm begangener Verstoß nicht auch beim übernehmenden Rechtsträger eine **Erstbegehungs-** oder **Wiederholungsgefahr** begründet. Allerdings kann eine solche bei ihm neu entstehen.[272] Für das Bestehen einer **Erstbegehungs-** oder **Wiederholungsgefahr** kommt es darauf an, ob der Betrieb fortgeführt wird und wie sich der neue Inhaber verhält.[273]   **124**

Davon zu unterscheiden ist ein vom übertragenden Rechtsträger eingegangenes **vertragliches Wettbewerbsverbot.** Dies geht grundsätzlich ohne weiteres im Wege der Gesamtrechtsnachfolge über.[274] Da vertraglich vereinbarte Wettbewerbsverbote aber als Einschränkung des Wettbewerbs grundsätzlich nur in Ausnahmefällen zulässig sind,[275] ist bei der Übertragung von Wettbewerbsverboten darauf zu achten, dass deren sachlicher Anwendungsbereich durch die Verschmelzung und die damit verbundene Bindung des übernehmenden Rechtsträgers an das Wettbewerbsverbot nicht erweitert wird. Im Einzelfall besteht hier also ein konkreter Bedarf für eine Vertragsanpassung gem. § 313 BGB, § 21 UmwG.[276]   **125**

---

[264] BGH II ZR 161/02, ZIP 2004, 92, 93; Kallmeyer/*Marsch-Barner*, § 20 Rn. 25.
[265] Semler/Stengel/*Kübler*, § 20 Rn. 66.
[266] OLG Hamburg 11 U 11/03, ZIP 2004, 906–909; Lutter/*Grunewald*, § 20 Rn. 44.
[267] BGH II ZR 161/02, ZIP 2004, 92, 93; Kallmeyer/*Marsch-Barner*, § 20 Rn. 25.
[268] Schmitt/Hörtnagl/Stratz/*Stratz*, § 20 Rn. 41.
[269] Widmann/Mayer/*Vossius*, § 20 Rn. 63.
[270] Kallmeyer/*Marsch-Barner*, § 20 Rn. 25; Semler/Stengel/*Kübler*, § 20 Rn. 66.
[271] Widmann/Mayer/*Vossius*, § 20 Rn. 61.
[272] BGH III ZR 173/12, NJW 2013, 593–595; Kölner Kommentar-UmwG/*Simon*, § 20 Rn. 29; Lutter/*Grunewald*, § 20 Rn. 41; hingegen bleibt eine in der Person des übernehmenden Rechtsträgers bestehende Wiederholungsgefahr durch die Verschmelzung unberührt: BGH I ZR 213/13, ZIP 2015, 1608.
[273] BGH III ZR 173/12, NJW 2013, 593–595.
[274] Lutter/*Grunewald*, § 20 Rn. 41; Schmitt/Hörtnagl/Stratz/*Stratz*, § 20 Rn. 60; einschränkend Widmann/Mayer/*Vossius*, § 20 Rn. 320: Übergang nur bei wirtschaftlicher und funktioneller Kontinuität.
[275] GVO (EU) Nr. 330/2010; GVO (EU) Nr. 2790/1999.
[276] Lutter/*Grunewald*, § 20 Rn. 41; Schmitt/Hörtnagl/Stratz/*Stratz*, § 20 Rn. 61.

126 Vertragliche **Wettbewerbsverbote zu Gunsten des übertragenden Rechtsträgers** gehen ohne Einschränkung auf den übernehmenden Rechtsträger über.[277] Für eine Einschränkung aus Sicht des Wettbewerbs besteht hier kein Anlass, da sich der Umfang der Wettbewerbseinschränkung durch den Austausch des Berechtigten nicht ändert.

127 Soweit ein **Anfechtungsrecht** gegenüber dem übertragenden Rechtsträger bereits vor Eintragung der Verschmelzung begründet war, können Rechtshandlungen, die ein Dritter vor oder nach Eröffnung eines **Insolvenzverfahrens** gegen den übertragenden Rechtsträger vorgenommen hat, nach Eintragung der Verschmelzung auch gegenüber dem übernehmenden Rechtsträger angefochten werden (§§ 81, 129 InsO, § 11 AnfG).[278]

128 **Gestaltungsrechte** gehen ebenfalls auf den übernehmenden Rechtsträger über. Soweit sie auf vertraglicher Grundlage beruhen, ergibt sich dies bereits durch die vollständige Übertragung der Verträge im Wege der Gesamtrechtsnachfolge. Soweit der übernehmende Rechtsträger ein Gestaltungsrecht bereits ausgeübt hat, muss sich der übernehmende Rechtsträger daran festhalten lassen.[279]

129 Der Übergang des **schuldrechtlichen Vorkaufsrechts** im Wege der Gesamtrechtsnachfolge ist wegen des gesetzlichen Ausschlusses der Übertragbarkeit nach § 473 BGB strittig. Eine Ansicht geht davon aus, dass das Vorkaufsrecht nur dann automatisch auf den übernehmenden Rechtsträger übergeht, wenn es vererblich ist – weshalb es im Regelfall mangels Vererblichkeit erlösche.[280] Im Falle einer Befristung des Vorkaufsrechts soll es dagegen von der Gesamtrechtsnachfolge erfasst sein (vgl. § 473 S. 2 BGB).[281] Auch abweichende Vereinbarungen seien jedoch zulässig.[282] Die Gegenansicht sieht das schuldrechtliche Vorkaufsrecht bei der Umwandlung von juristischen Personen als stets von der Gesamtrechtsnachfolge erfasst an.[283] Im Ergebnis sollte auch beim schuldrechtlichen Vorkaufsrecht berücksichtigt werden, dass der Gewährung eines Vorkaufsrechts an eine juristische Person in der Regel kein höchstpersönlicher Charakter zukommt. Deshalb ist es richtig, davon auszugehen, dass die gesetzlich angeordnete Übertragung des Vorkaufsrechts im Wege der Gesamtrechtsnachfolge nicht mit der im Zweifel ausgeschlossenen Übertragbarkeit des Vorkaufsrechts durch eine individualvertragliche Regelung nach § 473 BGB in Konflikt steht. Auch das **schuldrechtliche Vorkaufsrecht** geht deshalb gem. § 20 Abs. 1 Nr. 1 UmwG automatisch im Wege der Gesamtrechtsnachfolge auf den übernehmenden Rechtsträger über.

3. Ausländisches Vermögen

130 Von der Übertragung kraft Gesetzes auf den übernehmenden Rechtsträger sind nach deutschem Umwandlungsrecht mangels anderslautender Regelung grundsätzlich auch solche **Vermögensgegenstände des übertragenden Rechtsträgers** erfasst, die sich im **Ausland** befinden.[284]

131 Abweichungen können sich jedoch durch das am Ort der Sache maßgebliche Recht (*lex rei sitae*) ergeben. Dazu wird die Auffassung vertreten, dass für die Anerkennung der Gesamtrechtsnachfolge an Vermögen, das sich im Ausland befindet, zunächst eine Prüfung

---

[277] Widmann/Mayer/*Vossius*, § 20 UmwG Rn. 319.
[278] Schmitt/Hörtnagl/Stratz/*Stratz*, § 20 Rn. 43; Widmann/Mayer/*Vossius*, § 20 UmwG Rn. 210.
[279] Widmann/Mayer/*Vossius*, § 20 UmwG Rn. 203.
[280] Schmitt/Hörtnagl/Stratz/*Stratz*, § 20 Rn. 75; Widmann/Mayer/*Vossius*, § 20 Rn. 309.
[281] Schmitt/Hörtnagl/Stratz/*Stratz*, § 20 Rn. 75; Widmann/Mayer/*Vossius*, § 20 Rn. 309.
[282] Schmitt/Hörtnagl/Stratz/*Stratz*, § 20 Rn. 75
[283] Kallmeyer/*Marsch-Barner*, § 20 Rn. 8; Palandt/*Weidenkaff*, § 473 Rn. 3 BGB; Staudinger/*Schermaier*, § 473 Rn. 4.
[284] Kallmeyer/*Marsch-Barner*, § 20 Rn. 5; Lutter/*Grunewald*, § 20 Rn. 11; Semler/Stengel/*Kübler*, § 20 Rn. 10; Widmann/Mayer/*Vossius*, § 20 Rn. 33; *Racky*, DB 2003, 923; *Bungert* FS Heldrich, 2005, S. 527, 528 m. w. N.; Limmer/*Limmer*, Teil 2 Abschnitt 1 Rn. 645.

dahingehend erfolgen muss, ob der Staat, in welchem der Vermögensgegenstand belegen ist, das Konzept der Gesamtrechtsnachfolge grundsätzlich anerkennt.[285]

Die Umwandlung und damit auch die gesetzlich angeordnete Gesamtrechtsnachfolge bei der Verschmelzung ist Teil des **Gesellschaftsstatuts**.[286] Nach allgemeinem Verständnis im internationalen Privatrecht bestimmt das Gesellschaftsstatut das anwendbare Recht im Rahmen gesellschaftsrechtlich relevanter Vorgänge für die jeweiligen beteiligten Rechtsträger umfassend.[287] Für Sachverhalte, bei denen lediglich Gesellschaften mit inländischem Sitz beteiligt sind, besteht kollisionsrechtlich deshalb für die parallele Anwendung ausländischen Gesellschaftsrechts auf eine rein deutsche Verschmelzung kein Raum. 132

Bei der Verschmelzung deutscher Gesellschaften findet die im deutschen Gesellschaftsrecht angeordnete **umfassende Gesamtrechtsnachfolge** damit auch auf im Ausland belegenes Vermögen oder Verträge, die ausländischem Recht unterstehen, Anwendung. Das gilt selbst dann, wenn das ausländische Recht das Institut der Gesamtrechtsnachfolge nicht kennt.[288] 133

Anderes muss dann gelten, wenn und soweit sich die Konsequenzen der Gesamtrechtsnachfolge mit dem **Sachrecht des Belegenheitsorts** nicht vertragen. Sonst lassen sich die beiden betroffenen Rechtsordnungen nicht in Einklang bringen.[289] 134

Ob und inwieweit darüber hinaus im Einzelfall in analoger Anwendung des Art. 3a Abs. 2 EGBGB weitere Einschränkungen dieses Grundsatzes gerechtfertigt sind, wenn das Sachrecht des Belegenheitsortes für die Vermögensübertragung besondere Vorschriften vorsieht, ist umstritten. Vereinzelt wird in diesem Zusammenhang vertreten, dass kollisionsrechtlich ein genereller Vorrang des UmwG besteht und es somit auf entgegenstehende oder beschränkende Normen des ausländischen Rechts für die Übertragung der im Ausland befindlichen Vermögensgegenstände nicht ankomme. Begründet wird dies insbesondere damit, dass die analoge Anwendung des Art. 3a Abs. 2 EGBGB auf das Gesellschaftsstatut mangels Regelungslücke nicht geboten sei.[290] Dieser Ansicht ist zuzugeben, dass die Anerkennung des Gesellschaftsstatuts als Gesamtstatut zu einem höheren Maß an Rechtssicherheit und Rechtsklarheit führen würde.[291] Andererseits wäre ein so weitgehender Vorrang des deutschen Umwandlungsrechts jedenfalls in den Ländern, in denen die *lex rei sitae* besondere Bedingungen an die Übertragung knüpft, ohne deren Erfüllung die Vermögensübertragung tatsächlich nicht vollzogen werden kann, in der Praxis undurchsetzbar[292] und damit nicht praktikabel. Deshalb ist es derzeit richtig, davon auszugehen, dass die Verschmelzung zwar den unbedingten **Titel für die Rechtsübertragung** liefert, das **Sachrecht des Belegenheitsorts** aber das Verfahren desselben regelt, insbesondere die Modalitäten einer etwa erforderlichen Registrierung.[293] 135

---

[285] MünchKomm BGB/*Kindler* Rn. 789; Semler/Stengel/*Kübler*, § 20 Rn. 10; Limmer/*Limmer*, Teil 2 Abschnitt 1 Rn. 645; *Racky*, DB 2003, 923, 927.
[286] BGH VII ZR 226/56, BGHZ 25, 134, 144 = WM 1957, 1047–1052; Widmann/Mayer/*Vossius*, § 20 Rn. 41; *Fisch*, NZG 2016, 448, 449; *Kronke*, ZGR 1994, 26, 31; *Kusserow/Prüm*, WM 2005, 633, 635 m. w. N.; so auch ausdrücklich Art. 10a Referentenentwurf zum Gesetz zum Internationalen Privatrecht der Gesellschaften, Vereine und juristischen Personen vom 7.1.2008.
[287] Widmann/Mayer/*Vossius*, § 20 Rn. 40; *Fisch*, NZG 2016, 448, 449.
[288] Kallmeyer/*Marsch-Barner*, § 20 Rn. 5; Widmann/Mayer/*Vossius*, § 20 Rn. 41; *Fisch*, NZG 2016, 448, 449; zustimmend auch: Schmitt/Hörtnagl/Stratz/*Stratz*, § 20 Rn. 34; *Bungert* FS Heldrich, 2005, S. 527, 536; *Racky*, DB 2003, 923, 924.
[289] Widmann/Mayer/*Vossius*, § 20 Rn. 44 mit dem überzeugenden Beispiel, dass die Bildung von Gesamthandseigentum als Ergebnis der Universalsukzession ausscheiden muss, wenn das Recht des Belegenheitsstaates nur Bruchteilseigentum kennt.
[290] *Fisch*, NZG 2016, 448, 449 ff.; *Kusserow/Prüm*, WM 2005, 633, 636 ff.
[291] *Fisch*, NZG 2016, 448, 449.
[292] Widmann/Mayer/*Vossius*, § 20 Rn. 33, Fn. 1; entsprechend relativiert auch *Fisch* sein Ergebnis aus praktischen Überlegungen, wenn ein ausländisches Gericht oder eine ausländische Behörde auf Einhaltung nationaler Vorschriften besteht, *Fisch* NZG 2016, 448, 454.
[293] Widmann/Mayer/*Vossius*, § 20 Rn. 42.

136 Dieses Ergebnis deckt sich mit den Regelungen der Verschmelzungsrichtlinie. So ist innerhalb der EU die Gesamtrechtsnachfolge über Art. 19 Abs. 2 Richtlinie 2011/35/EU eingeführt. Das Konzept der Gesamtrechtsnachfolge sollte damit grundsätzlich auch bei allen Mitgliedstaaten anerkannt sein.[294] Die Richtlinie selbst sieht aber in Art. 19 Abs. 3 Richtlinie 2011/35/EU vor, dass Rechtsvorschriften der Mitgliedsstaaten unberührt bleiben, die für die Wirksamkeit der Übertragung bestimmter Vermögensgegenstände besondere Formerfordernisse aufstellen.[295] Dies ist aus deutscher Sicht nach Art. 3a Abs. 2 EGBGB zu beachten[296] und zeigt, dass jedenfalls im europäischen Kontext ein uneingeschränkter Vorrang des **Gesellschaftsstatuts** als **Gesamtstatut** nicht gewollt ist.

137 Ohne Rücksicht auf diesen theoretischen Diskurs kommt es in der Praxis für den Übergang letztlich entscheidend auf die Einschätzung der **ausländischen Behörde** oder des **ausländischen Gerichts** an. Daher ist in der Praxis darauf zu achten – ggf. durch Absprache mit den betroffenen Registrierungsstellen – ob für die Übertragung von Vermögensgegenständen in dem jeweiligen Staat weitere formelle oder materielle Voraussetzungen zu erfüllen sind.[297] In diesen Fällen ist zu empfehlen, die jeweiligen Vermögensgegenstände im Wege der Einzelrechtsnachfolge unter Beachtung der Formvorschriften des jeweiligen ausländischen Rechts vertraglich zu übertragen.[298]

138 **Verträge**, die einer ausländischen Rechtsordnung unterliegen, gehen aber unabhängig davon in der Regel im Wege der Gesamtrechtsnachfolge auf den übernehmenden Rechtsträger über, ohne dass es auf die Zustimmung des Vertragspartners ankommt. Behördliche Sondervorschriften, die die Übertragung ggf. einschränken könnten, sollten wegen des allgemeinen Grundsatzes der Vertragsfreiheit nur in absoluten Ausnahmefällen anwendbar sein.

139 Klar ist auch, dass der deutsche **Registerrichter** die Eintragung der Verschmelzung nicht deshalb verweigern kann, weil ein nach ausländischem Belegenheitsrecht für einen im Ausland belegenen Vermögensgegenstand erforderlicher Übertragungsakt nicht zuvor vollzogen oder ein besonderes Formerfordernis nicht eingehalten wurde.[299] Entsprechende Mängel der Verschmelzung würden nach § 20 Abs. 2 UmwG mit Eintragung der Verschmelzung beim übernehmenden Rechtsträger geheilt; eine Rückabwicklung der Verschmelzung findet nicht statt. Vielmehr sind die betreffenden Rechtshandlungen/Formerfordernisse ggf. nachzuholen.

140 Soweit eine **Einzelübertragung einzelner Vermögensgegenstände** notwendig sein sollte, sollte diese vor Eintragung der Verschmelzung in das Handelsregister des übernehmenden Rechtsträgers vollzogen werden, weil der übertragende Rechtsträger mit Eintragung nach § 20 Abs. 1 Nr. 2 UmwG erlischt.[300]

141 Nicht zuletzt zum Zwecke der steuerlichen Dokumentation empfiehlt es sich, zusätzlich auch im Verschmelzungsvertrag auf die (parallele) **Einzelübertragung ausländischer Wirtschaftsgüter** im Zusammenhang und zur Durchführung der Verschmelzung hinzuweisen.[301]

142 Sollte im Rahmen einer **Verschmelzung zur Neugründung** der übernehmende Rechtsträger noch nicht existieren, so müsste der Vermögensgegenstand zunächst auf einen Treuhänder übertragen werden, der nach Eintragung der Verschmelzung und damit dem

---

[294] Die Richtlinie regelt allerdings bislang ausdrücklich nur die Verschmelzung von AGs.
[295] Semler/Stengel/*Kübler*, § 20 Rn. 10.
[296] Widmann/Mayer/*Vossius*, § 20 Rn. 46.
[297] Widmann/Mayer/*Vossius*, § 20 Rn. 49; *Bungert* FS Heldrich, 2005, S. 527, 533; *Fisch*, NZG 2016, 448, 451.
[298] Schmitt/Hörtnagl/Stratz/*Stratz*, § 20 Rn. 34; Widmann/Mayer/*Vossius*, § 20 Rn. 49.
[299] *Bungert* FS Heldrich, 2005, S. 527, 531.
[300] *Bungert* FS Heldrich, 2005, S. 527, 531.
[301] Widmann/Mayer/*Vossius*, § 20 Rn. 50; *Racky*, DB 2003, 923, 924.

§ 13 Rechtsfolgen der Verschmelzung

Entstehen des übernehmenden Rechtsträgers den Vermögensgegenstand auf diesen überträgt.[302]

Falls erst im Nachhinein erkannt wird, dass die Vermögensübertragung aufgrund von Vorschriften ausländischen Rechts in Bezug auf einzelne Vermögensgegenstände nicht wirksam geworden ist, ist zu beachten, dass der den Vermögensgegenstand ursprünglich haltende Rechtsträger mittlerweile infolge der Eintragung der Verschmelzung erloschen ist (§ 20 Abs. 1 Nr. 2 UmwG). Art. 19 Abs. 3 RL 2001/35/EU erlaubt es dem übernehmenden Rechtsträger, notwendige Förmlichkeiten zu veranlassen, so dass diese auch nach Wirksamwerden der Umwandlungsmaßnahme durch den übernehmenden Rechtsträger bewirkt werden können.[303] **143**

Soweit dies im konkreten Fall nicht möglich oder zulässig sein sollte, ist die Bestellung eines **Nachtragsliquidators** unter analoger Anwendung der Regeln über die Nachtragsliquidation nach § 273 Abs. 4 AktG möglich, um dennoch für den nunmehr erloschenen Rechtsträger Einzelübertragungsakte vornehmen zu können.[304] **144**

III. Erlöschen des übertragenden Rechtsträgers

Mit Eintragung der Verschmelzung in das Handelsregister des übernehmenden Rechtsträgers **erlischt der übertragende Rechtsträger** (§ 20 Abs. 1 Nr. 2 S. 1 UmwG). Diese Rechtsfolge tritt kraft Gesetz ein, ohne dass eine gesonderte **Löschung** nötig wäre (§ 20 Abs. 1 Nr. 2 S. 2 UmwG). Die lediglich deklaratorische Eintragung der Löschung führt auch nicht zur Erhebung einer Gebühr gem. § 58 GNotKG.[305] Aufgrund der Gesamtrechtsnachfolge bedarf es schließlich auch keiner **Abwicklung** des übertragenden Rechtsträgers.[306] **145**

Mit dem Rechtsträger selbst gehen auch die **Anteile** des übertragenden Rechtsträgers automatisch unter.[307] Bis zu dem Zeitpunkt der Eintragung können diese aber noch frei veräußert werden, da der Verschmelzungsvertrag an sich keine **Verfügungsbeschränkung** bewirkt.[308] Die jeweiligen Anteilseigner zum Zeitpunkt der Eintragung werden dann mit der Eintragung Anteilseigner des übernehmenden Rechtsträgers (§ 20 Abs. 1 Nr. 3 UmwG).[309] **146**

Beschlüsse, die noch vor Eintragung der Verschmelzung beim übernehmenden Rechtsträger von den Anteilseignern des übertragenden Rechtsträgers gefasst wurden, gelten fort.[310] Bedürfen sie allerdings zu ihrer Wirksamkeit der Eintragung ins Handelsregister, so muss diese noch vor Eintragung der Verschmelzung stattfinden, da der Rechtsträger, für den die Eintragung erfolgen soll, sonst bereits nicht mehr existiert.[311] Aus demselben Grund können ab der Eintragung auch keine **rückwirkenden Beschlüsse** für den übertragenden Rechtsträger mehr gefasst werden, wie beispielsweise hinsichtlich der **Entlastung der Leitung**[312] oder einer **Aufhebung des Verschmelzungsvertrags**.[313] **147**

---

[302] Widmann/Mayer/*Vossius*, § 20 Rn. 50; *Fisch*, NZG 2016, 448, 452.
[303] *Bungert* FS Heldrich, 2005, S. 527, 534; *Racky*, DB 2003, 923, 925.
[304] Kallmeyer/*Marsch-Barner*, § 20 Rn. 5; Lutter/*Grunewald*, § 20 Rn. 11; Semler/Stengel/*Kübler*, § 20 Rn. 10; Widmann/Mayer/*Vossius*, § 20 Rn. 50; *Bungert* FS Heldrich, 2005, S. 527, 535; *Racky*, DB 2003, 923, 924.
[305] Kölner Kommentar-UmwG/*Simon*, § 20 Rn. 36.
[306] Kallmeyer/*Marsch-Barner*, § 20 Rn. 28; Limmer/*Limmer*, Teil 2 Kapitel 1 Rn. 708.
[307] Semler/Stengel/*Kübler*, § 20 Rn. 73.
[308] Böttcher/Habighorst/Schulte/*Schulte*, § 20 Rn. 34; Henssler/Strohn/*Heidinger*, § 20 UmwG Rn. 52; Lutter/*Grunewald*, § 20 Rn. 60; Semler/Stengel/*Kübler*, § 20 Rn. 73.
[309] BayObLG 3Z BR 57/03, NZG 2003, 829–830 im Fall einer formwechselnden Umwandlung; Böttcher/Habighorst/Schulte/*Schulte*, § 20 Rn. 34; Semler/Stengel/*Kübler*, § 20 Rn. 73.
[310] Lutter/*Grunewald*, § 20 Rn. 59.
[311] Lutter/*Grunewald*, § 20 Rn. 59.
[312] Kallmeyer/*Marsch-Barner*, § 20 Rn. 28.
[313] OLG Frankfurt 20 W 299/02, NZG 2003, 236–237; Kallmeyer/*Marsch-Barner*, § 20 Rn. 28.

148 Eine **Fiktion des Fortbestehens** des übertragenden Rechtsträgers findet lediglich im Rahmen der Schadensersatzansprüche nach § 25 Abs. 2 UmwG statt, wonach der Rechtsträger im Rahmen von Ansprüchen für und gegen den übertragenden Rechtsträger auf Grund der Verschmelzung als fortbestehend gilt.

IV. Automatischer Anteilserwerb

149 § 20 Abs. 1 Nr. 3 UmwG regelt den automatischen Erwerb von Anteilen an dem übernehmenden Rechtsträger durch die Anteilsinhaber des übertragenden Rechtsträgers, die sogenannte **Perpetuierung der Mitgliedschaft**.

1. Erwerb von Anteilen am übernehmenden Rechtsträger

150 Wer zum Zeitpunkt der Eintragung der Verschmelzung in das Handelsregister des übernehmenden Rechtsträgers Anteile an dem übertragenden Rechtsträger hält, wird automatisch **kraft Gesetzes** zum Anteilsinhaber des übernehmenden Rechtsträgers. Hierfür ist keine **Mitwirkung der Anteilseigner**,[314] Übergabe von Papieren,[315] ausdrückliche Übertragung oder sonstige Dokumentation nötig. Eventuell sind Eintragungen im Handelsregister erforderlich oder **Gesellschafterlisten** zu korrigieren. Anteile, die der übertragende Rechtsträger an dem übernehmenden Rechtsträger hält, gehen ohne **Durchgangserwerb** des übernehmenden Rechtsträgers auf dessen (neue) Anteilsinhaber über.[316]

151 Anteilsinhaber an dem übernehmenden Rechtsträger werden jedoch nur **wirkliche Anteilsinhaber**.[317] Nach herrschender Meinung sind Personen nicht erfasst, die nur aufgrund ihrer Eintragung in die Gesellschafterliste gem. § 16 Abs. 1 S. 1 GmbHG bzw. das Aktienregister gem. § 67 Abs. 2 AktG im Verhältnis zur Gesellschaft als Anteilsinhaber gelten.[318]

152 Nicht möglich ist es, im Verschmelzungsvertrag zu vereinbaren, dass die Anteilsinhaber im Rahmen des automatischen Anteilserwerbs Anteile an einem anderen als dem übernehmenden Rechtsträger erhalten.[319] Sollen die Anteilsinhaber nicht – wie vom Gesetz vorgesehen – Anteile an dem übernehmenden Rechtsträger, sondern an einem anderen Rechtsträger erwerben, müsste zunächst auf den Erwerb der Anteile am übernehmenden Rechtsträger verzichtet (→ Rn. 159) und gleichzeitig ein schuldrechtlicher Anspruch auf Erwerb der Anteile an dem anderen Rechtsträger vereinbart werden; dies kann beispielsweise im Verschmelzungsvertrag erfolgen.[320]

153 Ist der übernehmende Rechtsträger eine börsennotierten Gesellschaft, können **Mitteilungspflichten** gem. §§ 21 ff. WpÜG ausgelöst werden. Ein **Pflichtangebot** nach §§ 29, 35 WpÜG an die übrigen Aktionäre des übernehmenden Rechtsträgers wird erforderlich, wenn ein Anteilsinhaber des übertragenden Rechtsträgers durch den automatischen Anteilserwerb mindestens 30 % der Stimmrechte an dem übernehmenden Rechtsträger erwirbt.[321]

---

[314] Henssler/Strohn/*Heidinger*, § 20 UmwG Rn. 51; Kallmeyer/*Marsch-Barner*, § 20 Rn. 29; Lutter/*Grunewald*, § 20 Rn. 61; Semler/Stengel/*Kübler*, § 20 Rn. 74.

[315] Lutter/*Grunewald*, § 20 Rn. 61.

[316] Henssler/Strohn/*Heidinger*, § 20 UmwG Rn. 51; Kallmeyer/*Marsch-Barner*, § 20 Rn. 29; Kölner Kommentar-UmwG/*Simon*, § 2 Rn. 146; Lutter/*Grunewald*, § 20 Rn. 61; Semler/Stengel/*Kübler*, § 20 Rn. 74.

[317] Widmann/Mayer/*Vossius*, § 20 Rn. 336.

[318] Henssler/Strohn/*Heidinger*, § 20 UmwG Rn. 51; Kallmeyer/*Marsch-Barner*, § 20 Rn. 29; Schmitt/Hörtnagl/Stratz/*Stratz*, § 20 Rn. 96; Widmann/Mayer/*Vossius*, § 20 Rn. 336; aA Lutter/*Grunewald*, § 20 Rn. 60; genauere Besprechung der Argumente *Schniepp/Hensel*, NZG 2014, 857, 860 f.

[319] Kölner Kommentar-UmwG/*Simon*, § 20 Rn. 39; Lutter/*Grunewald*, § 20 Rn. 62; Semler/Stengel/*Kübler*, § 20 Rn. 75.

[320] Lutter/*Grunewald*, § 20 Rn. 62.

[321] Kallmeyer/*Marsch-Barner*, § 20 Rn. 29 m. w. N.

2. Ausnahmen von dem Grundsatz des automatischen Anteilserwerbs

Der Grundsatz des automatischen Anteilserwerbs wird von den Fallgruppen des § 20 Abs. 1 Nr. 3 Hs. 2 UmwG gesetzlich durchbrochen. Daneben können Anteilsinhaber des übertragenden Rechtsträgers auch auf den Anteilserwerb verzichten.

a) Übernehmender Rechtsträger hält Anteile an übertragendem Rechtsträger. Zum einen betrifft das die Fälle, in denen der übernehmende Rechtsträger (oder sein Treuhänder) Anteile an dem übertragenden Rechtsträger hält. Anderenfalls käme es zu einem Erwerb **eigener Anteile** durch den übernehmenden Rechtsträger, was wenigstens unerwünscht, für die AG sogar verboten ist.[322] Dies soll auch für die entsprechende Quote gelten, falls der übernehmende Rechtsträger nur Mitinhaber an dem Anteil etwa im Rahmen einer Erben- oder Bruchteilsgemeinschaft ist.[323]

Ergänzt wird diese Regelung durch § 54 Abs. 1 S. 1 Nr. 1 UmwG (für die GmbH) und § 68 Abs. 1 S. 1 Nr. 1 UmwG (für die AG), wonach eine Kapitalerhöhung nicht erfolgen darf, wenn die übernehmende Gesellschaft Anteilsinhaber des übertragenden Rechtsträgers ist.[324] Hintergrund dieser Vorschriften ist die im Zusammenhang mit übernehmenden Rechtsträgern in Form einer GmbH oder AG bestehende Sorge, dass, sollte die Gesellschaft sich zum Teil selbst gehören, Aufbringung und Erhaltung des Stamm- bzw. Grundkapitals gefährdet sein können.[325] Obwohl dieser Schutzzweck bei Gesellschaften ohne Vorschriften zur Eigenkapitalerhaltung nicht einschlägig ist (wie etwa, wenn der übernehmende Rechtsträger ein eingetragener Verein ist), gilt diese Norm allgemein, da eine Einschränkung im Gesetz nicht vorgesehen ist.[326] Personengesellschaften können bereits aufgrund ihrer Struktur (Sozietätskonstruktion) nicht an sich selbst beteiligt sein.[327]

Ebenso erwirbt auch ein Dritter, der Anteile an dem übertragenden Rechtsträger zwar im eigenen Namen innehat, aber für Rechnung des übertragenden Rechtsträgers handelt (**Treuhänder**), keine Anteile an dem übernehmenden Rechtsträger. Auch hier gibt es entsprechende ergänzende Regelungen bezüglich der Kapitalerhöhung von GmbH und AG, §§ 54 Abs. 2 (für die GmbH) und 60 Abs. 2 UmwG (für die AG).[328] Nicht Dritte im Sinne dieser Vorschrift sind beherrschte Gesellschaften, auch nicht hundertprozentige Tochtergesellschaften.[329] Diese erwerben also durchaus Anteile an dem übernehmenden Rechtsträger.

b) Übertragender Rechtsträger hält eigene Anteile. Zum anderen sind die Fälle *betroffen,* in denen der übertragende Rechtsträger (oder ein **Treuhänder**) eigene Anteile hält. Infolge der gleichzeitigen Gesamtrechtsnachfolge käme es sonst auch in diesem Fall dazu, dass der übernehmende Rechtsträger Anteile an sich selbst erhielte.[330] Konsequenterweise ist in diesen Fällen auch die Kapitalerhöhung bei der GmbH gem. § 54 Abs. 1 S. 1 Nr. 2 UmwG und bei der AG gem. § 68 Abs. 1 S. 1 Nr. 2 UmwG[331] ausgeschlossen.

c) Verzicht auf Anteilserwerb. Die Anteilsinhaber des übertragenden Rechtsträgers können **auf die Anteilsgewährung verzichten**.[332] Dies ist für die GmbH und AG ausdrücklich gesetzlich normiert (§ 54 Abs. 1 S. 3 bei einer GmbH bzw. § 68 Abs. 1 S. 3

---

[322] Schmitt/Hörtnagl/Stratz/*Stratz,* § 20 Rn. 97.
[323] Lutter/*Grunewald,* § 20 Rn. 63.
[324] Lutter/*Grunewald,* § 20 Rn. 64; Semler/Stengel/*Kübler,* § 20 Rn. 76.
[325] Lutter/*Grunewald,* § 20 Rn. 64.
[326] Lutter/*Grunewald,* § 20 Rn. 65.
[327] Lutter/*Grunewald,* § 20 Rn. 65; MünchKommHGB/*Schmidt,* § 105 Rn. 92.
[328] Semler/Stengel/*Kübler,* § 20 Rn. 77.
[329] Kallmeyer/*Marsch-Barner,* § 20 Rn. 30; Lutter/*Grunewald,* § 20 Rn. 67; Semler/Stengel/*Kübler,* § 20 Rn. 77.
[330] Semler/Stengel/*Kübler,* § 20 Rn. 78.
[331] Zum Aktienrückkaufprogramm siehe: Kallmeyer/*Marsch-Barner,* § 68 Rn. 7; Schmitt/Hörtnagl/Stratz/*Stratz,* § 69 Rn. 26; Bungert/Hentzen, DB 1999, 2501; NZG 2000, 802, 806.
[332] Kallmeyer/*Marsch-Barner,* § 20 Rn. 31; Lutter/*Grunewald,* § 20 Rn. 69.

UmwG bei einer AG). Danach darf von der Gewährung von Anteilen abgesehen werden, wenn alle Anteilsinhaber noch vor Eintragung der Verschmelzung wirksam auf den Erwerb von Anteilen am übernehmenden Rechtsträger verzichtet haben.[333] Eine solche Erklärung ist notariell zu beurkunden (§§ 8 Abs. 3, 9 Abs. 3, 12 Abs. 3 UmwG, bzw. §§ 54 Abs. 1 S. 3, 68 Abs. 1 S. 3 UmwG; → Rn. 172).[334] Diese Vorschriften sind über den Wortlaut hinaus entsprechend anwendbar, wenn die übernehmende Gesellschaft keine Kapitalgesellschaft ist. Möglich ist auch, dass nur einzelne Anteilsinhaber auf den Anteilserwerb verzichten.[335] Dann gilt der Verzicht natürlich nur für diese.

160 **Ausgleichszahlungen** für den Verzicht sind zulässig, wenn sie von einem Dritten oder auch einem Anteilsinhaber des übertragenden Rechtsträgers geleistet werden.[336] Problematisch sind Ausgleichszahlungen durch den übernehmenden Rechtsträger selbst. Sie widersprechen dem Grundkonzept der Verschmelzung, da der Gesetzgeber als Gegenleistung die Anteilsgewährung vorsieht.[337] Auch ist zu beachten, dass eine entsprechende Zahlung des übernehmenden Rechtsträgers die Vermögensmasse des übernehmenden Rechtsträgers und damit die Haftungsmasse für die Gläubiger schmälert. Allerdings sieht das Gesetz selbst die **Möglichkeit zur baren Zuzahlung** vor: so etwa § 54 Abs. 4 UmwG (für die GmbH) und § 68 Abs. 3 UmwG (für die AG). Danach dürfen bare Zuzahlungen geleistet werden, solange ihr Wert zehn Prozent des Stamm- oder Grundkapitals des übernehmenden Rechtsträgers (nach Durchführung der Verschmelzung)[338] nicht überschreiten. Da und soweit bare Zuzahlungen zulässig sind, soll auch eine Gegenleistung für den Anteilserwerb durch den übernehmenden Rechtsträger in dieser Höhe zulässig sein, solange dies im Verschmelzungsvertrag erläutert wird.[339] Eine höchstrichterliche Entscheidung dazu steht jedoch noch aus. Eine **Unterpari-Emission** ist aber in jedem Fall unzulässig.[340]

3. Fortbestehen von Rechten Dritter

161 **Rechte Dritter an Anteilen oder Mitgliedschaften** des übertragenden Rechtsträgers bestehen an den Anteilen oder Mitgliedschaften des übernehmenden Rechtsträgers fort, die im Zuge der Verschmelzung von den Anteilsinhabern erworben werden (§ 20 Abs. 1 Nr. 3 S. 2 UmwG). Es handelt sich hier um einen Fall der **dinglichen Surrogation**.[341] An die Stelle des ursprünglichen Rechts an dem Anteil des übertragenden Rechtsträgers tritt das Recht an dem neuen Anteil, ohne dass es neu zu begründen wäre.[342] Ein solches Recht eines Dritten meint nicht ein schuldrechtliches Rechtsverhältnis, sondern ein **dingliches Recht**, wie etwa das Pfändungspfandrecht (§ 859 ZPO), eine Anwartschaft aus schwebender Bedingung, oder auch den Nießbrauch (§ 1068 ff. BGB).[343]

162 Rechte Dritter fallen allerdings weg, falls keine neuen Anteile ausgegeben werden.[344] In einem solchen Fall kommen **Schadensersatzansprüche** des Dritten nach den Verein-

---

[333] Böttcher/Habighorst/Schulte/*Schulte*, § 20 Rn. 36.
[334] Kallmeyer/*Marsch-Barner*, § 20 Rn. 29; mit Eintragung der Verschmelzung tritt allerdings Heilung in Bezug auf einen Mangel der notariellen Beurkundung der Verzichtserklärung ein, vgl. § 20 Abs. 1 Nr. 4 UmwG.
[335] Lutter/*Grunewald*, § 20 Rn. 69.
[336] Lutter/*Grunewald*, § 20 Rn. 70; *Heckschen*, GWR 2010, 101, 102.
[337] Lutter/*Grunewald*, § 20 Rn. 70; *Heckschen*, GWR 2010, 101, 102.
[338] Kallmeyer/*Kocher*, § 54 Rn. 29.
[339] Lutter/*Grunewald*, § 20 Rn. 69.
[340] Zum Verbot einer versteckten Unterpari-Emission: Kallmeyer/*Kocher*, § 54; Rn. 28; Lutter/*Vetter*, § 54 Rn. 131; Widmann/Mayer/*Mayer*, § 54 Rn. 66.
[341] Lutter/*Grunewald*, § 20 Rn. 71.
[342] Limmer/*Limmer*, Teil 2 Kapitel 1 Rn. 715.
[343] Kallmeyer/*Marsch-Barner*, § 20 Rn. 31; Widmann/Mayer/*Vossius*, § 20 Rn. 359.
[344] Kallmeyer/*Marsch-Barner*, § 20 Rn. 31; Lutter/*Grunewald*, § 20 Rn. 71; Schmitt/Hörtnagl/Stratz/*Stratz*, § 20 Rn. 98; Semler/Stengel/*Kübler*, § 20 Rn. 80; Limmer/*Limmer*, Teil 2 Kapitel 1 Rn. 715.

barungen in Betracht, die der Bestellung des Rechts zugrunde liegen.[345] Ansprüche nach den Grundsätzen der **Eingriffskondiktion** gem. § 812 Abs. 1 S. 1 Alt. 2 BGB gegenüber dem übernehmenden Rechtsträger kommen nicht in Frage, denn dieser ist durch den Untergang des Rechts des Dritten nicht bereichert. Allenfalls wäre ein solcher Anspruch gegen den Anteilsinhaber denkbar, der das jeweilige Recht eingeräumt hat.[346]

Sollten **schuldrechtliche Rechte Dritter** an einem Anteil bestehen, wie etwa ein **Vorkaufsrecht** oder **Put-/Call-Optionen**, muss durch ergänzende Vertragsauslegung bestimmt werden, ob diese an dem Anteil des übernehmenden Rechtsträgers fortbestehen sollen, und inwieweit daher ein Anspruch auf erneute Einräumung eines solchen Rechts an dem Anteil des übernehmenden Rechtsträgers besteht.[347] Auch hier kommen gegebenenfalls Schadensersatzansprüche oder Rücktrittsrechte in Betracht.[348]

Im Fall von in **Gesellschaftervereinbarungen (Shareholder Agreements)** regelmäßig gewährten Put-/Call-Optionen hinsichtlich der dann untergehenden Anteile wird die Auslegung in der Regel dahin führen, dass nun die entsprechenden Anteile an dem übernehmenden Rechtsträger angedient oder verlangt werden können.[349] Bei einer **Verschmelzung** einer Gesellschaft anderer Rechtsform **auf eine GmbH** besteht Rechtsunsicherheit, wenn die entsprechende Gesellschaftervereinbarung, die die Put-/Call-Option enthält, (bislang) nicht notariell beurkundet ist, denn die Einräumung einer Put-/Call-Option bei der GmbH bedarf grundsätzlich der Form des § 15 Abs. 4 GmbH. Zwar spricht viel dafür, hier eine Ausnahme von § 15 Abs. 4 GmbHG zuzulassen, wenn und weil die Gesamtrechtsnachfolge bei Vertragsschluss noch nicht absehbar war.[350] Allerdings ist vor dem Hintergrund der wirtschaftlichen Bedeutung der entsprechenden Regelungen hier regelmäßig zu empfehlen, den Umfang der Put-/Call-Option durch **Neuabschluss des Shareholder Agreements** ausdrücklich klarzustellen und dabei auch die notarielle Form zu wahren.

V. Heilung/Unbeachtlichkeit von Mängeln durch Eintragung

Wesentliche Rechtsfolge der **Eintragung der Verschmelzung** ist auch die Heilung eines Mangels der notariellen Beurkundung des Verschmelzungsvertrags sowie gegebenenfalls erforderlicher Zustimmungs- oder Verzichtserklärungen (§ 20 Abs. 1 Nr. 4 UmwG). Andere Mängel lassen die Wirkung der Verschmelzung ebenfalls unberührt (§ 20 Abs. 2 UmwG). Eine **Entschmelzung** aufgrund von Mängeln der Verschmelzung ist somit ausgeschlossen.[351] Nachfolgend wird lediglich ein Überblick über die wesentlichen Zusammenhänge der Heilungsvorschriften durch Eintragung der Verschmelzung gegeben. Zu Einzelheiten zu den umwandlungsrechtlich relevanten Spezialvorschriften wird in die jeweiligen Spezialkapitel verwiesen. Gesondert eingegangen wird lediglich auf die für die Transaktionspraxis besonders relevanten Auswirkungen von Mängeln/Verstößen gegen das Kartell- und Außenwirtschaftsrecht.

1. Keine Rückgängigmachung der Verschmelzung

Die **konstitutive Wirkung** der Eintragung ermöglicht die dingliche Bestandskraft der Verschmelzung.[352] Eine **Entschmelzung** nach Eintragung ist somit ausgeschlos-

---

[345] Kallmeyer/*Marsch-Barner*, § 20 Rn. 31; Lutter/*Grunewald*, § 20 Rn. 71.
[346] Lutter/*Grunewald*, § 20 Rn. 71; Semler/Stengel/*Kübler*, § 20 Rn. 80.
[347] LG Frankfurt 2/8 S 2/84, WM 1985, 49–51; Kallmeyer/*Marsch-Barner*, § 20 Rn. 31; Lutter/ *Grunewald*, § 20 Rn. 72; Semler/Stengel/*Kübler*, § 20 Rn. 81; vertiefend: *Weiss*, AG 2004, 127 ff.
[348] Lutter/*Grunewald*, § 20 Rn. 72.
[349] Lutter/*Grunewald*, § 20 Rn. 72.
[350] Lutter/*Grunewald*, § 20 Rn. 72.
[351] Kallmeyer/*Marsch-Barner*, § 20 Rn. 47; Lutter/*Grunewald*, § 20 Rn. 79; Widmann/Mayer/*Vossius*, § 20 Rn. 375.
[352] Schmitt/Hörtnagl/Stratz/*Stratz*, § 20 Rn. 110 ff.

sen.³⁵³ Dabei kommt es weder darauf an, welche Rechtshandlung von dem Mangel betroffen ist, noch darauf, wie schwerwiegend dieser sein mag.³⁵⁴

167 Dem entspricht auch die Vorschrift des § 16 Abs. 3 S. 10 UmwG, wonach auch bei begründeter **Klage gegen die Wirksamkeit eines Verschmelzungsbeschlusses** die Beseitigung der Wirkungen der Verschmelzungseintragung nicht verlangt werden kann.³⁵⁵ Ebenso bleibt es bei der Bestandskraft der Eintragung, sollte die Eintragung trotz erhobener Anfechtungsklage aufgrund fehlerhafter Sachbehandlung während des **Handelsregisterverfahrens** erfolgt sein, ohne dass die Voraussetzungen des § 16 Abs. 3 UmwG vorlagen.³⁵⁶ Aufgrund dieses Verbots der Entschmelzung kommt es auch nicht zu einer **Amtslöschung** nach §§ 395 ff. FamFG.³⁵⁷ Insoweit geht die Vorschrift des § 20 Abs. 2 UmwG mit der von ihm geregelten konstitutiven Wirkung der Eintragung den Vorschriften des Amtslöschungsverfahrens vor.³⁵⁸

168 Von der Wirkung des § 20 Abs. 2 UmwG nicht erfasst sind lediglich Fälle, die schon gar keine Umwandlung gem. § 1 UmwG darstellen bzw. keiner der dort aufgeführten **Umwandlungsformen** entsprechen, oder aber solche, an denen Rechtsträger beteiligt sind, die **nicht verschmelzungsfähig** iSd. § 3 UmwG sind.³⁵⁹ Dies ist gerechtfertigt, da das UmwG Umwandlungsfälle, die es selbst gar nicht vorsieht, nicht schützen will.

2. Mängel der notariellen Beurkundung des Verschmelzungsvertrags

169 Der Verschmelzungsvertrag ist notariell zu beurkunden (§ 6 UmwG). Demnach leidet er an einem Mangel, wenn er ganz- oder teilweise nicht notariell beurkundet wird oder aber die Beurkundung im Ausland stattfindet und diese die Anforderungen an die Gleichwertigkeit der Beurkundung nicht erfüllt.³⁶⁰

170 Mängel der Beurkundung führen grundsätzlich zu einer **Nichtigkeit des Verschmelzungsvertrags**.³⁶¹ Auf der Grundlage eines offensichtlich nicht beurkundeten Verschmelzungsvertrags wird das Registergericht die Verschmelzung deshalb regelmäßig nicht eintragen. Sollte dies dennoch geschehen, so wird die Nichtigkeit des Verschmelzungsvertrags dadurch geheilt.³⁶²

171 Praktisch relevanter ist der Fall, dass **Nebenabreden** zu dem (beurkundeten) Verschmelzungsvertrag existieren, die ihrerseits nicht dem Formerfordernis des § 6 UmwG entsprechen. Mit der Eintragung der Verschmelzung werden diese ebenfalls wirksam.³⁶³ Maßgeblich sind in diesem Fall Nebenabreden, in der Form wie sie zur Grundlage des Verschmelzungsbeschlusses der Anteilsinhaber des übertragenden Rechtsträgers gemacht wurden.³⁶⁴ Sons-

---

³⁵³ Kallmeyer/*Marsch-Barner*, § 20 Rn. 47; Lutter/*Grunewald*, § 20 Rn. 79; Widmann/Mayer/*Vossius*, § 20 Rn. 375.
³⁵⁴ Schmitt/Hörtnagl/Stratz/*Stratz*, § 20 Rn. 109 m. w. N.
³⁵⁵ Kölner Kommentar-UmwG/*Simon*, § 20 Rn. 45.
³⁵⁶ OLG Hamburg 11 U 277/05, DNotZ 2009, 227–230; Böttcher/Habighorst/Schulte/*Schulte*, § 20 Rn. 46.
³⁵⁷ Böttcher/Habighorst/Schulte/*Schulte*, § 20 Rn. 45; Kallmeyer/*Marsch-Barner*, § 20 Rn. 47.
³⁵⁸ OLG Frankfurt a. M. 20 W 61/03, NJW-RR 2003, 1122–1123; OLG Hamburg 11 U 277/05, DNotZ 2009, 227- 230; jeweils noch zu den Vorgängervorschriften des Amtslöschungsverfahrens.
³⁵⁹ BGH V ZR 186/00, ZIP 2001, 2006–2008; Kölner Kommentar-UmwG/*Simon*, § 20 Rn. 46; Schmitt/Hörtnagl/Stratz/*Stratz*, § 20 Rn. 109; aA. Lutter/*Grunewald*, § 20 Rn. 80.
³⁶⁰ S. Überblick über die Erfordernisse bei Beurkundungen im Ausland bei: Widmann/Mayer/*Vossius*, § 20 Rn. 70.
³⁶¹ Semler/Stengel/*Schröer*, § 6 Rn. 19.
³⁶² Böttcher/Habighorst/Schulte/*Schulte*, § 20 Rn. 39; Kölner Kommentar-UmwG/*Simon*, § 20 Rn. 42; Lutter/*Grunewald*, § 20 Rn. 73; Schmitt/Hörtnagl/Stratz/*Stratz*, § 20 Rn. 107; Semler/Stengel/*Kübler*, § 20 Rn. 82; aA. in Bezug auf sog. „Nicht-Beurkundung" oder Beurkundung durch einen nicht qualifizierten ausländischen Notar: Widmann/Mayer/*Vossius*, § 20 Rn. 370.
³⁶³ Schmitt/Hörtnagl/Stratz/*Stratz*, § 20 Rn. 107.
³⁶⁴ Lutter/*Grunewald*, § 20 Rn. 74; Semler/Stengel/*Kübler*, § 20 Rn. 83; Widmann/Mayer/*Vossius*, § 20 Rn. 359.

tige Ergebnisse aus Verhandlungen der Leitungsorgane der beteiligten Rechtsträger oder anderweitiger verschwiegener Sondervereinbarungen iSd. § 5 Abs. 1 Nr. 8 UmwG, über welche die Versammlung der Anteilseigner nicht entschieden hat, können hingegen nicht über § 20 Abs. 1 Nr. 4 UmwG geheilt werden. Anderenfalls käme die Verschmelzung zu anderen Bedingungen zustande als von den Anteilsinhabern beschlossen und ihnen bekannt waren.[365] Sollten die Verschmelzungsbeschlüsse Unstimmigkeiten oder Widersprüche aufweisen, so sind diese im Wege der (**ergänzenden**) **Auslegung** aufzulösen.[366] Falls widersprüchliche Regelungen vorliegen, die nicht in Einklang gebracht werden können, müsste ein Ausgleich der verschiedenen Interessen mit Blick auf die Gesamtsituation gefunden werden. Eine Unwirksamkeit des Verschmelzungsvertrages und die dann drohende **Entschmelzung** will das Gesetz unbedingt vermeiden.[367]

3. Beurkundungsmängel von Zustimmungs- und Verzichtserklärungen

Erklärungen von Anteilsinhabern, mit denen diese eine erforderliche **Zustimmung** (etwa im Fall des § 13 Abs. 2 UmwG) oder einen **Verzicht** (etwa ein Verzicht auf den automatischen Anteilserwerb (→ Rn. 159) oder auf Erhebung einer Klage gegen die Wirksamkeit des Verschmelzungsbeschlusses gem. § 16 Abs. 2 S. 2 UmwG) erklären, sind notariell zu beurkunden.[368]

Mängel bei der notariellen Beurkundung dieser Erklärung werden mit Eintragung der Verschmelzung ebenfalls geheilt (§ 20 Abs. 1 Nr. 4 2. Alt. UmwG). Einwendungen gegen die Verschmelzung können demnach nicht auf diese Mängel gestützt werden.[369] Sollte eine Zustimmung hingegen gar nicht erteilt worden sein, so beurteilt sich die Heilung nicht nach § 20 Abs. 1 Nr. 4 UmwG, sondern nach § 20 Abs. 2 UmwG.[370]

4. Unbeachtlichkeit von sonstigen Verschmelzungsmängeln

Mängel der Verschmelzung, die nach § 20 Abs. 2 UmwG zu beurteilen sind, werden durch die Eintragung der Verschmelzung nicht geheilt, sondern lassen (lediglich) die Wirksamkeit der Verschmelzung unberührt. Der Mangel selbst bleibt aber bestehen.[371]

Mängel, die vor der Eintragung der Verschmelzung festgestellt werden, können dagegen uneingeschränkt geltend gemacht werden.[372]

Das **Registergericht** hat Mängel der Verschmelzung, soweit sie ihm bekannt werden, von Amts wegen zu beachten.[373]

Demzufolge ist die Geltendmachung von Einwendungen und Ansprüchen, die auf die entsprechenden Mängel gerichtet sind, nicht ausgeschlossen. Es findet also eine Verlagerung auf die **Leitungsorgane** bzw. das **Registergericht** statt, gegen die eventuell Schadensersatzansprüche geltend gemacht werden können.

5. Verstöße gegen das Kartellrecht/Außenwirtschaftsrecht

Die Verschmelzung zweier Rechtsträger kann – soweit sie nicht ausschließlich konzernintern verläuft – **kartellrechtliche Freigaben** oder Meldepflichten, Prüfungen oder Genehmigungen nach dem **Außenwirtschaftsgesetz** und der **Außenwirtschaftsverordnung** erforderlich machen.

---

[365] LAG Nürnberg 2 SA 463/02, ZIP 2005, 398, 402; Böttcher/Habighorst/Schulte/*Schulte*, § 20 Rn. 39; Kölner Kommentar-UmwG/*Simon*, § 20 Rn. 42; Lutter/*Grunewald*, § 20 Rn. 74; Schmitt/Hörtnagl/Stratz/*Stratz*, § 20 Rn. 107.
[366] Semler/Stengel/*Kübler*, § 20 Rn. 83.
[367] Lutter/*Grunewald*, § 20 Rn. 74; aA. Semler/Stengel/*Kübler*, § 20 Rn. 83.
[368] Lutter/*Grunewald*, § 20 Rn. 74.
[369] Lutter/*Grunewald*, § 20 Rn. 75.
[370] Lutter/*Grunewald*, § 20 Rn. 75; Semler/Stengel/*Kübler*, § 20 Rn. 83.
[371] BT-Drucks. 9/1065, S. 30 zu § 352a AktG aF, aus welchem § 20 Abs. 2 UmwG hervorging; Kölner Kommentar-UmwG/*Simon*, § 20 Rn. 45; Schmitt/Hörtnagl/Stratz/*Stratz*, § 20 Rn. 111.
[372] Kallmeyer/*Marsch-Barner*, § 20 Rn. 36.
[373] Kallmeyer/*Marsch-Barner*, § 20 Rn. 37; Widmann/Mayer/*Vossius*, § 20 Rn. 374.

179 **a) Kartellrecht. Verstöße gegen das kartellrechtliche Vollzugsverbot**, die in der Regel zur Unwirksamkeit des Verschmelzungsvertrags führen (§ 41 Abs. 1 S. 2 GWB), werden ebenfalls mit Eintragung der Verschmelzung beim übernehmenden Rechtsträger geheilt.

180 Für das nationale Kartellrecht gilt dabei Folgendes: Trotz Verstoß gegen § 41 Abs. 1 S. 1 GWB (**Vollzugsverbot**) wird der Verschmelzungsvertrag, sobald er mit Eintragung in das zuständige Register rechtswirksam geworden ist, gem. § 41 Abs. 1 S. 3 Nr. 2 GWB von der Unwirksamkeitsfolge des § 41 Abs. 1 S. 2 GWB ausgenommen. Die Verschmelzung bleibt damit wirksam.[374] Das Bundeskartellamt hat aber gem. § 41 Abs. 3 und 4 GWB die Möglichkeit, die **Rückgängigmachung der Verschmelzung** und damit eine Entschmelzung anzuordnen (**Entflechtung**).[375] Die Auflösung eines Zusammenschlusses erweist sich regelmäßig als sehr schwierig oder sogar objektiv unmöglich.[376] Daher sind in der Vergangenheit in der Praxis nur wenige Auflösungsverfahren eingeleitet worden und nur selten war ein solches Verfahren erfolgreich.[377] Unabhängig von der Wirksamkeit der Verschmelzung stellt der Verstoß gegen das Vollzugsverbot eine **Ordnungswidrigkeit** dar (§ 81 Abs. 2 Nr. 1 GWB).

181 Auf **unionsrechtlicher Ebene** sind Kartellrechtsverstöße in der EG-Fusionskontrollverordnung[378] geregelt. Nach Art. 7 Abs. 1 FKVO darf ein nach den Kriterien der EG-Fusionskontrollverordnung relevanter Zusammenschluss ohne ausdrückliche oder gesetzlich vermutete Freigabe nicht vollzogen werden (schuldrechtliches Vollzugsverbot).[379] Wegen des Anwendungsvorrangs des Unionsrechts (vgl. § 35 Abs. 3 GWB) kann § 41 Abs. 1 S. 3 GWB in diesem Fall nicht angewendet werden. Die Rechtsfolge des Verstoßes ergibt sich vielmehr unmittelbar aus Art. 14 Abs. 2b FKVO.[380] Ein Verstoß gegen Art. 7 FKVO in Form des Vollzugs der Verschmelzung zieht demzufolge ebenfalls keine dingliche Unwirksamkeit nach sich und wird gem. § 20 Abs. 2 UmwG mit Eintragung der Verschmelzung in das Handelsregister geheilt.[381] Mit Art. 8 Abs. 4 FKVO sieht auch die EG-Fusionskontrollverordnung die **Möglichkeit der Entflechtung** vor. Auch auf europäischer Ebene droht trotz Heilung eine (signifikante)[382] Geldbuße (Art. 14 Abs. 2b FKVO).

182 **b) Außenwirtschaftsrecht.** Bei Verstößen gegen Meldepflichten oder Genehmigungserfordernisse nach dem **Außenwirtschaftsgesetz** (AWG) bzw. der **Außenwirtschaftsverordnung** (AWV) ist zwischen der **sektorübergreifenden** und der **sektorspezifischen Prüfung** zu unterscheiden.

183 Verschmelzungen, die der **sektorspezifischen Prüfung** nach §§ 60 ff. AWV unterliegen, sind kraft gesetzlicher Anordnung schwebend unwirksam (§ 15 Abs. 3 S. 1 AWG). Sie dürfen deshalb erst nach Freigabe vollzogen werden. Wird die Verschmelzung dennoch durch Eintragung beim übertragenden Rechtsträger vollzogen, ist von einer Heilung nach § 20 Abs. 2 UmwG auszugehen. Zwar fehlt bezüglich des AWG/AWV eine ausdrückliche gesetzliche Regelung (entsprechend § 41 Abs. 1 S. 3 Nr. 2 GWB). Da der Gesetzgeber zum Zwecke der Rechtssicherheit aber mit § 20 Abs. 2 UmwG eine umfassende Heilungsvorschrift statuieren wollte, ist davon auszugehen, dass die Heilung sämtliche Mängel, auch die nach AWV/AWG, erfasst.

---

[374] Lutter/*Drygala*, § 2 Rn. 21; Semler/Stengel/*Kübler*, § 20 Rn. 90.
[375] Semler/Stengel/*Kübler*, § 20 Rn. 90; vgl. auch Semler/Stengel/*Kübler*, § 2 Rn, 74.
[376] BT-Drucks. 8/2980, S. 75, 76.
[377] Immenga/Mestmäcker/*Thomas*, § 41 Rn. 124, m. w. N.
[378] Verordnung (EG) Nr. 139/2004 vom 20.1.2004 (ABl. L 24, 1).
[379] Widmann/Mayer/*Vossius*, § 20 Rn. 386.
[380] Lutter/*Drygala*, § 2 Rn. 22 ff; Semler/Stengel/*Kübler*, § 20 Rn. 76; Widmann/Mayer/*Vossius*, § 20 Rn. 386.
[381] Widmann/Mayer/*Vossius*, § 20 Rn. 386.
[382] Bis 10 % des von den beteiligten Unternehmen erzielten Gesamtumsatzes, vgl. Art. 14. Abs. 2 FKVO.

Verschmelzungen, die der **sektorübergreifenden Prüfung** nach §§ 55 ff. AWV unterliegen, sind gem. § 15 Abs. 2 AWG schwebend wirksam.[383] Mit Untersagung nach § 59 Abs. 1 AWV durch das Bundesministerium für Wirtschaft und Energie werden diese *ex nunc*[384] unwirksam. Eine Verschmelzung, die der sektorübergreifenden Prüfung unterliegt, darf bei Vorliegen einer Untersagungsverfügung nicht mehr vollzogen werden. Wird die Verschmelzung dennoch durch Eintragung beim übertragenden Rechtsträger vollzogen bzw. war diese bereits vor Zugang der Untersagungsverfügung vollzogen worden, ist auch hier von einer Heilung nach § 20 Abs. 2 UmwG auszugehen.

Im Rahmen der **sektorübergreifenden Kontrolle** steht dem Bund trotz Vollzugs der Verschmelzung mit § 59 Abs. 2 Nr. 2 AWV die Möglichkeit einer (treuhänderischen) **Entflechtung** offen.[385] Für die **sektorspezifische Kontrolle** fehlt eine entsprechende gesetzlich normierte Möglichkeit. Das ist insofern konsequent, als der Gesetzgeber wegen der Anordnung der (schwebenden) Unwirksamkeit in diesen Fällen offensichtlich davon ausgegangen ist, dass ein entsprechender Regelungsbedarf nicht besteht. Wird die gesetzlich angeordnete Unwirksamkeit aber wie hier durch eine ebenfalls gesetzlich angeordnete umfassende Heilungsvorschrift überlagert, ist von einer unbewussten Regelungslücke auszugehen und deshalb eine analoge Anwendung des § 59 Abs. 2 AWV auch auf die sektorspezifische Kontrolle auszugehen.

In der Praxis spielt die Untersagung entsprechender Zusammenschlüsse bisher jedoch kaum eine Rolle. Stattdessen werden mögliche Bedenken des Bundes in der Regel durch detaillierte Vereinbarungen zwischen dem Erwerber und dem Bund in öffentlich-rechtlichen Verträgen beseitigt. Ob dies allerdings so bleibt, ist angesichts der jüngeren Entwicklung abzuwarten.[386]

B. Gläubigerschutz

Verpflichtungen gegenüber Gläubigern des übertragenden Rechtsträgers gehen kraft Gesetz mit Eintragung der Verschmelzung auf den übernehmenden Rechtsträger über. Dieser hat seinerseits zumeist bereits eigene Gläubiger. Gläubiger des übertragenden Rechtsträgers erhalten einen neuen Schuldner. Diesen haben sie jedoch weder selbst wählen noch haben sie seine Bonität prüfen können.[387] Die Gläubiger des übernehmenden Rechtsträgers wiederum sehen sich nun mit konkurrierenden Gläubigern konfrontiert, die die Durchsetzung ihres eigenen Anspruchs eventuell erschweren, insbesondere, weil die beiden vorher separaten Haftungsmassen durch die Gesamtrechtsnachfolge zusammengeführt werden.[388] Die umwandlungsrechtlichen Vorschriften schützen die Gläubiger der beteiligten Rechtsträger jedoch auf mehrere Arten vor allzu negativen Auswirkungen der Verschmelzung, an der sie selbst nicht mitwirken können.

I. Allgemeines

Die Gesamtrechtsnachfolge ist Folge und Charakteristikum der Verschmelzung. Eine Forderung bleibt auch über die Verschmelzung hinaus bestehen: bei einem Gläubiger des übernehmenden Rechtsträgers sowieso, bei einem Gläubiger des übertragenden Rechtsträgers geht sie mit der Verschmelzung auf den übernehmenden Rechtsträger über (§ 20 Abs. 1 Nr. 1 UmwG). Gleichzeitig gehen auch die Vermögenspositionen des übertragen-

---

[383] Vgl. zur früheren Rechtslage: BGH III ZR 100/79, ZIP 1981, 161–165; vertiefend: *Hilf/Schleifenbaum*, S. 108 Rn. 10; *Stein/Schleifenbaum*, ZfZ 2015, 202, 203 ff.
[384] *Rüsken/Sachs*, § 15 Rn. 10 ff.; *Wolffgang/Simonsen/Rogmann/Mankowski*, § 31 Rn. 99.
[385] Vgl. *Hilf/Schleifenbaum*, S. 108 Rn. 10; *Stein/Schleifenbaum*, ZfZ 2015, 202, 205.
[386] Case M.8088 – Midea Group/Kuka, Celex Nr. 32016M8088, vgl. hierzu auch: *Gaul*, AG 2016, 484.
[387] *Kallmeyer/Marsch-Barner*, § 22 Rn. 1; *Lutter/Grunewald*, § 22 Rn. 1.
[388] *Kallmeyer/Marsch-Barner*, § 22 Rn. 1; *Schmitt/Hörtnagl/Stratz/Stratz*, § 22 Rn. 1.

den Rechtsträgers im Wege der Gesamtrechtsnachfolge über, so dass die Haftungsmasse den Gläubigern erhalten bleibt, wenn auch nicht als getrenntes Vermögen. Damit ist die Gesamtrechtsnachfolge selbst bereits ein wesentlicher Teil im Konzept des Gläubigerschutzes des Umwandlungsrechts.

189 Das UmwG regelt den Gläubigerschutz daneben in der Vorschrift des § 22 UmwG (Gläubigerschutz durch Sicherheitsleistung) und in § 25 UmwG (Schadensersatz der Vertreter des übertragenden Rechtsträgers). Abgerundet wird der Gläubigerschutz durch weitere Vorschriften sowohl des Umwandlungsrechts als auch des Rechts des jeweiligen Gesellschaftstyps, die den Erhalt der Haftungsmasse für die Gläubiger gewährleisten.

II. Gläubigerschutz durch Sicherheitsleistung

190 Gläubiger, deren Ansprüche durch die Verschmelzung gefährdet werden, können vom übernehmenden Rechtsträger zur Absicherung der Erfüllung ihrer Forderungen Sicherheit verlangen (§ 22 Abs. 1 Satz 1 UmwG). Eine mögliche Gefährdung der Durchsetzbarkeit der Forderungen wegen Verschlechterung der Leistungsfähigkeit des übernehmenden Rechtsträgers nach Durchführung der Verschmelzung wird durch die Möglichkeit kompensiert, Sicherheit für den Ausfall der Forderungen zu verlangen.[389] Im Unterschied zur grenzüberschreitenden Verschmelzung (§ 122j Abs. 1 S. 2 UmwG) kann die Sicherheitsleistung erst nach Wirksamwerden der Verschmelzung verlangt werden (→ Rn. 246 ff.).[390]

191 Um den wirtschaftlichen Erfolg von Umwandlungen nicht durch übermäßige Anforderungen an die Stellung von Sicherheiten zu gefährden, sind die einzelnen Tatbestandsvoraussetzungen des Anspruchs auf Sicherheitsleistung zurückhaltend auszulegen.[391]

1. Berechtigte Gläubiger

192 Der Anspruch, Sicherheit zu verlangen, steht den Gläubigern sämtlicher an der Verschmelzung beteiligten Rechtsträger zu (§ 22 Abs. 1 UmwG).

193 **a) Zu sichernde Ansprüche.** § 22 UmwG schützt zunächst Gläubiger **schuldrechtlicher Ansprüchen**. Dabei kommt es nicht darauf an, ob diese vertraglich oder gesetzlich begründet wurden[392] oder ob der Gläubiger vor Begründung der Ansprüche von der Verschmelzung wusste oder nicht.[393] Gläubiger können auch **Arbeitnehmer** der beteiligten Rechtsträger sein sowie deren Geschäftsführer und Vorstände.[394] Auch der Inhalt der Forderung ist unerheblich, sie muss lediglich einen Vermögenswert darstellen. Der zu sichernde Anspruch muss also nicht notwendig unmittelbar auf Geld gerichtet sein.[395] Erfasst sind damit auch nicht nur die ursprünglichen Ansprüche aus dem Vertrag, sondern auch eventuelle Schadensersatzansprüche wegen Schlechtleistung.[396]

194 Auch **öffentlich-rechtliche Ansprüche** gegen die beteiligten Rechtsträger, z. B. **Steuerforderungen,** fallen grundsätzlich unter § 22 UmwG.

195 **Dingliche Ansprüche** fallen ebenfalls unter § 22 UmwG. Dies gilt unabhängig davon, ob sie selbst der Sicherung einer Forderung dienen oder nicht.[397] Sie entfallen nicht schon

---

[389] Kölner Kommentar-UmwG/*Simon*, § 22 Rn. 1; Lutter/*Grunewald*, § 22 Rn. 2.
[390] Kallmeyer/*Marsch-Barner*, § 22 Rn. 1; dazu rechtsvergleichend: *Kalss*, ZGR 2009, 74, 82 ff., 111 f.
[391] Semler/Stengel/*Maier-Reimer*/*Seulen*, § 22 Rn. 5.
[392] Böttcher/Habighorst/Schulte/*Schulte*, § 22 Rn. 5; Kallmeyer/*Marsch-Barner*, § 22 Rn. 2; Lutter/*Grunewald*, § 22 Rn. 4; Schmitt/Hörtnagl/Stratz/*Stratz*, § 22 Rn. 5.
[393] Lutter/*Grunewald*, § 22 Rn. 4.
[394] Widmann/Mayer/*Vossius*, § 22 Rn. 15.
[395] Schmitt/Hörtnagl/Stratz/*Stratz*, § 22 Rn. 5.
[396] Semler/Stengel/*Maier-Reimer*/*Seulen*, § 22 Rn. 15.
[397] Lutter/*Grunewald*, § 22 Rn. 4; differenzierend, ablehnend bezüglich dinglicher Ansprüche, die zur Sicherheit gewährt wurden: Kallmeyer/*Marsch-Barner*, § 22 Rn. 2; Kölner Kommentar-UmwG/*Simon*, § 22 Rn. 16; Widmann/Mayer/*Vossius*, § 22 Rn. 17; Schmitt/Hörtnagl/Stratz/*Stratz*, § 22 Rn. 5; grundsätzlich ablehnend: Böttcher/Habighorst/Schulte/*Schulte*, § 22 Rn. 5.

aufgrund ihrer Art,[398] da der Wortlaut des § 22 UmwG dingliche Ansprüche nicht ausschließt.[399] Es besteht auch kein Bedürfnis, **dingliche Sicherungsansprüche** aus teleologischen Erwägungen aus dem Anwendungsbereich des § 22 UmwG auszuschließen,[400] weil § 22 Abs. 1 S. 2 UmwG bereits eine entsprechende Einschränkung vorsieht (→ zur Glaubhaftmachung der Forderungsgefährdung → Rn. 208 ff.). Sollte der dingliche Anspruch zur Sicherung bestellt sein, so wird es dem Gläubiger nur ausnahmsweise gelingen, eine Gefährdung des Anspruchs durch die Verschmelzung glaubhaft zu machen, da er in der Regel bereits über die Durchsetzung des dinglichen Anspruchs seinen schuldrechtlichen Anspruch geltend machen kann. Wenn und soweit es ihm doch gelingt, eine konkrete Gefährdung darzulegen, ist es auch angebracht, ihm den Schutz des § 22 UmwG zukommen zu lassen.

Für die **Inhaber von Sonderrechten** gilt das zu dinglichen Ansprüchen Ausgeführte entsprechend. In der Regel sind diese wegen § 23 UmwG nicht gefährdet. Falls das doch im Ausnahmefall glaubhaft gemacht werden kann, besteht auch für diese Gläubigergruppe ein Schutzbedürfnis, das § 22 UmwG abdeckt.[401]

Forderungen von Gesellschaftern aus dem Gesellschaftsverhältnis sind dagegen nicht von § 22 UmwG erfasst.[402] Anteilsinhaber müssen das wirtschaftliche Risiko der Verschmelzung selbst tragen.[403] Eine Ausnahme hiervon sind Gewinnansprüche der Anteilsinhaber, sobald sie zu Gläubigerrechten geworden sind, sie also beschlossen und lediglich noch nicht ausbezahlt wurden.[404] Ansprüche von Gesellschaftern, die mit dem Gesellschaftsverhältnis nichts zu tun haben, fallen ebenfalls unter § 22 UmwG.[405]

b) Begründeter Anspruch. Die zu sichernde Forderung/der zu sichernde Anspruch des Gläubigers muss bereits bei Eintragung der Verschmelzung **begründet** sein.[406] Begründet ist eine Forderung dann, wenn ihr Rechtsgrund gelegt ist.[407] Der Zeitpunkt ist von dem jeweiligen Anspruch abhängig.[408] So entsteht ein vertraglicher Anspruch regelmäßig mit Vertragsschluss.[409] Ebenfalls mit Vertragsschluss ist der Anspruch auf das Erfüllungsinteresse bei mangelhafter Leistung begründet.[410] Auch zukünftige Teilansprüche im Rahmen eines **Dauerschuldverhältnisses** sind zu diesem Zeitpunkt begründet.[411] Für solche Teilansprüche gilt in der Regel, dass die Glaubhaftmachung der durch die Verschmelzung

---

[398] So aber: Böttcher/Habighorst/Schulte/*Schulte*, § 22 Rn. 5.
[399] Umstritten, dagegen: Schmitt/Hörtnagl/Stratz/*Stratz*, § 22 Rn. 5; differenzierend: Kallmeyer/ *Marsch-Barner*, § 22 Rn. 2; Kölner Kommentar-UmwG/*Simon*, § 22 Rn. 15; Widmann/Mayer/*Vossius*, § 22 Rn. 17.
[400] So aber: Kallmeyer/*Marsch-Barner*, § 22 Rn. 2; Kölner Kommentar-UmwG/*Simon*, § 22 Rn. 16; Widmann/Mayer/*Vossius*, § 22 Rn. 17.
[401] Wie hier: Lutter/*Grunewald*, § 22 Rn. 6; einschränkend: Kölner Kommentar-UmwG/*Simon*, § 22 Rn. 13 f. (weil das Sonderrecht kooperationsrechtsähnlich sei); Semler/Stengel/*Maier-Reimer/ Seulen*, § 22 Rn. 6 (keine Anwendung soweit die Rechte von § 23 UmwG erfasst sind).
[402] Böttcher/Habighorst/Schulte/*Schulte*, § 22 Rn. 5; Lutter/*Grunewald*, § 22 Rn. 5; Widmann/ Mayer/*Vossius*, § 22 Rn. 14.
[403] Lutter/*Grunewald*, § 22 Rn. 5.
[404] Böttcher/Habighorst/Schulte/*Schulte*, § 22 Rn. 6; Lutter/*Grunewald*, § 22 Rn. 5.
[405] Lutter/*Grunewald*, § 22 Rn. 5; Schmitt/Hörtnagl/Stratz/*Stratz*, § 22 Rn. 4; Widmann/Mayer/ *Vossius*, § 22 Rn. 14.
[406] Kallmeyer/*Marsch-Barner*, § 22 Rn. 3; Lutter/*Grunewald*, § 22 Rn. 7; Schmitt/Hörtnagl/Stratz/ *Stratz*, § 22 Rn. 6.
[407] Kallmeyer/*Marsch-Barner*, § 22 Rn. 3.
[408] Semler/Stengel/*Maier-Reimer/Seulen*, § 22 Rn. 14 ff., sowie genauere Ausführungen: Semler/ Stengel/*Maier-Reimer/Seulen*, § 133 Rn. 13 ff.
[409] Kallmeyer/*Marsch-Barner*, § 22 Rn. 3; Kölner Kommentar-UmwG/*Simon*, § 22 Rn. 19.
[410] Semler/Stengel/*Maier-Reimer/Seulen*, § 22 Rn. 15.
[411] Kallmeyer/*Marsch-Barner*, § 22 Rn. 3; Kölner Kommentar-UmwG/*Simon*, § 22 Rn. 23; Lutter/ *Grunewald*, § 22 Rn. 7; Schmitt/Hörtnagl/Stratz/*Stratz*, § 22 Rn. 6; Semler/Stengel/*Maier-Reimer/ Seulen*, § 22 Rn. 19.

eingetretenen Erfüllungsgefährdung umso schwerer wird, je weiter in der Zukunft der Entstehungszeitpunkt der Teilansprüche liegt.[412]

199 Ebenso liegt der Fall bei **bedingten Ansprüchen**.[413] Bei **aufschiebend bedingten Ansprüchen** ist jedoch zu beachten, dass diese in der Regel nur bei überwiegender Wahrscheinlichkeit des Bedingungseintritts überhaupt gefährdet sein können.[414] Dies ist im Einzelfall konkret darzulegen (→ Rn. 207).

200 Praktisch relevant wird dies insbesondere für die **Versorgungsanwartschaft** nach dem BetrAVG. Auch wenn die Voraussetzungen von § 1 BetrAVG erfüllt sind und die Versorgungsanwartschaft somit unverfallbar geworden ist, hat der Anwartschaftsinhaber noch kein Vollrecht erworben. Das BAG hat einen Anspruch auf Sicherheitsleistung für gesicherte Anwartschaften unter Verweis auf den Schutzzweck von § 22 UmwG bejaht,[415] so dass in der Rechtspraxis davon auszugehen ist, dass entsprechende Ansprüche von Arbeitnehmern auf Sicherheitsleistung bei Vorliegen der sonstigen Voraussetzungen des § 22 UmwG gerechtfertigt sind.

201 Ein etwaiger Anspruch wegen der **Verletzung einer Schutzpflicht** ist nicht bereits mit Vertragsschluss, sondern erst mit haftungsbegründender Verletzungshandlung begründet.[416] Dieser Zeitpunkt bestimmt auch die Begründung eines Anspruchs aus unerlaubter Handlung.[417] Auch hier liegt die Schwierigkeit in der Glaubhaftmachung der durch die Verschmelzung eingetretenen Gefährdung, falls der Schaden erst später eintreten sollte.[418]

202 c) **Keine Befriedigungsmöglichkeit.** Eine **Sicherheitsleistung** muss dann nicht geleistet werden, wenn der Gläubiger zum Zeitpunkt der Eintragung der Verschmelzung bereits **Befriedigung** verlangen kann (§ 22 Abs. 1 S. 1 UmwG).

203 Der **Anspruch auf Sicherheitsleistung** scheidet also aus, wenn die zugrunde liegende Forderung des Gläubigers vor Wirksamwerden der Verschmelzung fällig ist.[419] Eine Sicherheitsleistung ist in diesem Fall nicht erforderlich, da der Primäranspruch des Gläubigers sofort geltend gemacht werden könnte.[420] Dem Gläubiger soll kein Wahlrecht zwischen Erfüllung und Sicherheitsleistung zustehen.[421]

204 Genauso liegt der Fall, wenn die Fälligkeit oder Durchsetzbarkeit vom Gläubiger selbst herbeigeführt werden kann; so etwa durch Kündigung oder auch durch Beseitigung eines zugunsten des Schuldners bestehenden Zurückbehaltungsrechts gem. §§ 320, 273 BGB.[422] Deshalb ist ein Anspruch auf Sicherheitsleistung zur Sicherung einer **Steuerforderung** abzulehnen, für die schon ein Steuerbescheid vorliegt oder ohne weiteres erlassen werden könnte.[423]

---

[412] Kölner Kommentar-UmwG/*Simon*, § 22 Rn. 23.

[413] Kallmeyer/*Marsch-Barner*, § 22 Rn. 3; Kölner Kommentar-UmwG/*Simon*, § 22 Rn. 23; Lutter/*Grunewald*, § 22 Rn. 7 m.w.N.; aA. für aufschiebend bedingte Ansprüche Kölner Kommentar-AktG/*Kraft*, § 347 Rn. 5; Schmitt/Hörtnagl/Stratz/*Stratz*, § 22 Rn. 6; aA. für auflösend bedingte Ansprüche; *Schröer*, DB 1999, 317, 319.

[414] Kallmeyer/*Marsch-Barner*, § 22 Rn. 3; Kölner Kommentar-UmwG/*Simon*, § 22 Rn. 22; Lutter/*Grunewald*, § 22 Rn. 7 plädiert dagegen für eine Berücksichtigung dieses Aspekts bei der Höhe der Sicherheitsleistung; Semler/Stengel/*Maier-Reimer/Seulen*, § 22 Rn. 16.

[415] BAG 3 AZR 397/95, ZIP 1997, 289-296; das gilt aber nur sofern ihre die Versorgungsrechte nicht nach § 7 BetrAVG insolvenzgeschützt sind, da anderenfalls der Ausschluss der Sicherheitsleistung gem. § 22 Abs. 2 UmwG greift.

[416] Semler/Stengel/*Maier-Reimer/Seulen*, § 22 Rn. 15.

[417] Semler/Stengel/*Maier-Reimer/Seulen*, § 22 Rn. 17.

[418] Kölner Kommentar-UmwG/*Simon*, § 22 Rn. 24; Semler/Stengel/*Maier-Reimler/Seulen*, § 22 Rn. 17.

[419] Böttcher/Habighorst/Schulte/*Schulte*, § 22 Rn. 11; Kölner Kommentar-UmwG/*Simon*, § 22 Rn. 34; Schmitt/Hörtnagl/Stratz/*Stratz*, § 22 Rn. 16.

[420] Böttcher/Habighorst/Schulte/*Schulte*, § 22 Rn. 11; Lutter/*Grunewald*, § 22 Rn. 9.

[421] Schmitt/Hörtnagl/Stratz/*Stratz*, § 22 Rn. 16.

[422] Kölner Kommentar-UmwG/*Simon*, § 22 Rn. 35; Schmitt/Hörtnagl/Stratz/*Stratz*, § 22 Rn. 17.

[423] Lutter/*Grunewald*, § 22 Rn. 9; Widmann/Mayer/*Vossius*, § 22 Rn. 21.

Auch wenn die Fälligkeit nur gegenüber einem von mehreren Gesamtschuldnern vorliegt, 205 ist ein **Anspruch auf Sicherheitsleistung** ausgeschlossen. Auch dann kann Erfüllung insgesamt von diesem einen Gesamtschuldner gefordert werden (§ 421 S. 1 BGB), so dass die Sicherung über § 22 UmwG nicht erforderlich ist.[424] Dieses Ergebnis ist iSd. berechtigten Interesses des Gläubigers dann zu korrigieren, wenn dem Gläubiger im Einzelfall die Geltendmachung gegenüber diesem Gesamtschuldner nicht zumutbar sein sollte.[425]

Andererseits entfällt der Anspruch auf Sicherheitsleistung nicht, wenn der zum Zeitpunkt 206 des Wirksamwerdens der Verschmelzung noch nicht fällige zugrundeliegende Anspruch später fällig wird; selbst dann nicht, wenn die Sicherheit zu diesem späteren Zeitpunkt noch nicht gestellt wurde.[426]

2. Glaubhaftmachung der Anspruchsgefährdung

Der **Anspruch auf Sicherheitsleistung** steht Gläubigern nur zu, wenn sie glaubhaft 207 machen, dass die Erfüllung ihres Anspruchs infolge der Verschmelzung gefährdet ist (§ 22 Abs. 1 S. 2 UmwG). Dafür müssen die Gefährdung der Anspruchserfüllung und das Risiko für den einzelnen Gläubiger konkret dargelegt werden.[427] Eine bloße Verschlechterung der wirtschaftlichen Situation des Schuldners führt noch nicht unbedingt zu einer Gefährdung der Forderungsbedienung des einzelnen Gläubigers.[428] Aus diesem Grund ist auch das Aufzeigen betriebswirtschaftlicher Kennzahlen nicht ausreichend, um eine Gefährdung zu begründen. Derartige allgemeine Daten haben nur Indizienwirkung im Hinblick auf das Bestehen einer Gefährdung.[429] Vielmehr muss die Gefährdung im Einzelfall zumindest überwiegend wahrscheinlich sein. Hierbei kann auf einen Drittvergleich abgestellt werden: Die Gefährdung ist dann zu bejahen, wenn der Schuldner dieselbe Leistung auf dem freien Markt nicht mehr ohne Sicherheitsleistung erhalten wurde oder Kredite in Höhe der Forderung mit Laufzeiten ebenso lang wie den Fälligkeitsfristen der Forderung auf dem freien Markt nicht mehr gewährt würden.[430]

a) Gründe für Gefährdung. Die Gefährdung der Erfüllung der Forderung kann sich 208 aus verschiedenen Umständen ergeben, so etwa durch die Rechtsfolgen der Verschmelzung selbst oder die Änderung der Kapitalstruktur.[431] Nachfolgend sind einige Beispiele aufgeführt, die zu einer Gefährdung führen können, aber nicht zwingend müssen. Hauptfall der **Gläubigergefährdung** dürfte eine Schmälerung der Eigenkapitalbasis für die jeweils betroffene Gläubigergruppe als Folge der Verschmelzung sein.[432]

aa) Unterbilanz der beteiligten Rechtsträger. Regelmäßig ist eine Gefährdung der 209 Erfüllung der Forderung der Gläubiger des übertragenden Rechtsträgers dann anzunehmen, wenn der übernehmende Rechtsträger bereits vor der Verschmelzung eine **Unterbilanz** ausweist,[433] es sei denn, das Vermögen des übertragenden Rechtsträgers kann diese Unterbilanz offensichtlich abdecken.

---

[424] Kölner Kommentar-UmwG/*Simon*, § 22 Rn. 36; Schmitt/Hörtnagl/Stratz/*Stratz*, § 22 Rn. 17; Widmann/Mayer/*Vossius*, § 22 Rn. 14; aA. Lutter/*Grunewald*, § 22 Rn. 9.
[425] Kölner Kommentar-UmwG/*Simon*, § 22 Rn. 36.
[426] Überzeugend Lutter/*Grunewald*, § 22 Rn. 10; aA. Semler/Stengel/*Maier-Reimler/Seulen*, § 22 Rn. 42.
[427] BGH LwZR 20/01, NJW 2002, 2168–2169; Kallmeyer/*Marsch-Barner*, § 22 Rn. 7; Kölner Kommentar-UmwG/*Simon*, § 22 Rn. 25; Lutter/*Grunewald*, § 22 Rn. 12.
[428] Kölner Kommentar-UmwG/*Simon*, § 22 Rn. 25; Semler/Stengel/*Maier-Reimer/Seulen*, § 22 Rn. 32.
[429] Kölner Kommentar-UmwG/*Simon*, § 22 Rn. 26, 28; Semler/Stengel/*Maier-Reimer/Seulen*, § 22 Rn. 32.
[430] Kölner Kommentar-UmwG/*Simon*, § 22 Rn. 28; Semler/Stengel/*Maier-Reimer/Seulen*, § 22 Rn. 32.
[431] Semler/Stengel/*Maier-Reimer/Seulen*, § 22 Rn. 20.
[432] Widmann/Mayer/*Vossius*, § 22 Rn. 29.
[433] Lutter/*Grunewald*, § 22 Rn. 12.

210 Zum anderen betrifft es Gläubiger des übernehmenden Rechtsträgers, wenn das im Rahmen der Gesamtrechtsnachfolge übertragene **Passivvermögen** das übertragene **Aktivvermögen** übersteigt.[434] Dies ist wiederum unproblematisch, wenn der übernehmende Rechtsträger aus eigener wirtschaftlicher Kraft die Übernahme des übertragenen Passivvermögens ohne weiteres verkraftet.[435] Damit die Erfüllung der Forderung von Gläubigern eines übertragenden Rechtsträgers, der bereits eine **Unterbilanz** ausweist, gefährdet ist, müsste sich gerade durch die Verschmelzung die bereits bestehende Gefährdung noch weiter erhöht haben.[436]

211 bb) **Änderung der Kapitalbindung.** Im Kapitalgesellschaftsrecht dient die Bindung einer gewissen Kapitalsumme dem Schutz der Gläubiger. Bei Wegfall oder Änderung des **geschützten Kapitals** im Rahmen der Umwandlung kann es zu einer Gefährdung der Erfüllung des Anspruchs eines Gläubigers kommen.[437] Eine solche Änderung findet zum Beispiel dann statt, wenn die Summe des gebundenen Kapitals bei dem übernehmenden Rechtsträger niedriger ist als bei dem ursprünglichen Schuldner.[438]

212 Die Gefährdung der Forderungserfüllung kann sich auch daraus ergeben, dass Kapital, welches beim übertragenden Rechtsträger als Eigenkapital noch einer Ausschüttungs- oder Entnahmesperre unterlag, beim übernehmenden Rechtsträger aufgrund weniger strengen Bindungsvorschriften oder mangels einer entsprechenden Sperre im Gesellschaftsvertrag ausschüttbar wird.[439] Auch wenn durch die Verschmelzung ursprünglich nicht ausschüttbares Kapital beim übernehmenden Rechtsträger ausschüttbar wird, ist eine analoge Anwendung der § 225 Abs. 2 AktG bzw. § 58 Abs. 1 Nr. 3 GmbHG (Ausschüttungssperre bei Kapitalherabsetzung) richtigerweise nicht gerechtfertigt.[440]

213 Eine Gefährdung für die Gläubiger ist jedoch erst dann anzunehmen, wenn eine **Entnahme oder Ausschüttung** des früher gebundenen Kapitals absehbar ist.[441]

214 Insgesamt wird der Höhe des **gebundenen Kapitals** in der Praxis in der Regel kein entscheidender Faktor bei der Beurteilung der wirtschaftlichen Leistungsfähigkeit von Unternehmen beigemessen, so dass der Änderung des gebundenen Kapitals ebenfalls nur eine untergeordnete Bedeutung zukommen sollte.

215 cc) **Änderung der Eigenkapitalquote/Liquidität.** Größere praktische Bedeutung für die Beurteilung der Gefährdung der Ansprüche dürfte eine signifikante **Verschlechterung der Eigenkapitalquote** durch die Verschmelzung sein.[442] Dies kann sich insbesondere beim **fremdfinanzierten Beteiligungserwerb** (**Leveraged-Buyout**) ergeben, wenn die Erwerbergesellschaft auf die Zielgesellschaft verschmolzen wird,[443] aber auch ansonsten, wenn Unternehmen mit stark unterschiedlicher Eigenkapitalquote aufeinander verschmolzen werden.

216 Eine Gefährdung kann sich auch aus einer signifikanten **Verschlechterung der Liquiditätsbasis** oder der kurz- und mittelfristigen Liquiditätsplanung (**Netto Cash Flow**) ergeben.[444]

---

[434] Lutter/*Grunewald*, § 22 Rn. 14; Schmitt/Hörtnagl/Stratz/*Stratz*, § 22 Rn. 13.
[435] Lutter/*Grunewald*, § 22 Rn. 14.
[436] Lutter/*Grunewald*, § 22 Rn. 13.
[437] Semler/Stengel/*Maier-Reimer/Seulen*, § 22 Rn. 23; *Rodewald*, GmbHR 2005, 515 ff.
[438] Semler/Stengel/*Maier-Reimer/Seulen*, § 22 Rn. 23.
[439] Kölner Kommentar-UmwG/*Simon*, § 22 Rn. 58; Semler/Stengel/*Maier-Reimer/Seulen*, § 22 Rn. 23.
[440] OLG Stuttgart 8 W 426/05, GmbHR 2006, 380–382; Kallmeyer/*Marsch-Barner*, § 22 Rn. 12; Kölner Kommentar-UmwG/*Simon*, § 22 Rn. 60; Lutter/*Grunewald*, § 22 Rn. 25; Widmann/Mayer/*Vossius*, § 22 Rn. 2; aA. Semler/Stengel/*Maier-Reimer/Seulen*, § 22 Rn. 56 f.
[441] Semler/Stengel/*Maier-Reimer/Seulen*, § 22 Rn. 25 f.
[442] Widmann/Mayer/*Vossius*, § 22 Rn. 33.
[443] Kallmeyer/*Marsch-Barner*, § 22 Rn. 7.
[444] Kallmeyer/*Marsch-Barner*, § 22 Rn. 7; Lutter/*Grunewald*, § 22 Rn. 13; Schmitt/Hörtnagl/Stratz/*Stratz*, § 22 Rn. 13; Widmann/Mayer/*Vossius*, § 22 Rn. 33, 33.2.

§ 13 Rechtsfolgen der Verschmelzung   217–223   § 13

dd) Berücksichtigung mit der Verschmelzung verbundener Ansprüche. Die mit 217
der Verschmelzung verbundenen **Ansprüche auf Zuzahlungen und Abfindungen** sind
bei der Beurteilung der Vermögenssituation der beteiligten Rechtsträger zu berücksichtigen, da sie den übernehmenden Rechtsträger belasten und kausal mit der Durchführung
der Verschmelzung verbunden sind.[445]

Die aufgrund des § 22 UmwG zu leistenden **Sicherheiten** sind bei der Beurteilung der 218
Gefährdungslage dagegen nicht zu berücksichtigen, auch wenn diese weiteres Kapital
binden und dadurch die Erfüllung der Forderung anderer Gläubiger erschweren können.[446]
Die Konsequenz wäre sonst eine Perpetuierung des Sicherungserfordernisses. Das ist nicht
die Absicht des § 22 UmwG. Zudem wäre die Verschmelzung nur der mittelbare Grund
für diese dann eintretende Gefährdung.[447]

b) Kausalität der Verschmelzung. Die Gläubigerschutzregel des § 22 UmwG soll 219
gerade vor den Folgen der Verschmelzung, nicht aber vor einer allgemeinen wirtschaftlichen Verschlechterung schützen.[448] Konjunkturelle Schwankungen oder betriebswirtschaftliche Fehler, die sich auf die Bonität des Unternehmens auswirken, sollen nicht zu einem
Anspruch der Gläubiger auf Sicherheitsleistung führen. Bestand die Gefährdung schon vor
der Verschmelzung, so besteht ein **Anspruch auf Sicherheitsleistung** nur insoweit, als
sich die Gefährdung konkret aufgrund der Verschmelzung erhöht hat.[449]

c) Glaubhaftmachung. Das Erfordernis der **Glaubhaftmachung** gem. § 22 Abs. 1 220
S. 2 UmwG bezieht sich nach dem Wortlaut nicht nur auf die Gefährdung der Erfüllung
der Forderung, sondern auch darauf, dass die Gefährdung gerade Folge der Verschmelzung
ist. Gefährdung der Forderung und Kausalität in Bezug auf die Verschmelzung müssen also
„überwiegend wahrscheinlich" iSd. § 294 ZPO sein.[450] Im Rahmen der Glaubhaftmachung ist jedes **Beweismittel** zulässig, etwa auch die Versicherung an Eides statt.[451]

Im Gegensatz dazu ist die Begründetheit des Anspruchs vollumfänglich zu beweisen.[452] 221
Nur falls der zu sichernde Anspruch zwar bereits begründet, aber bislang nicht entstanden
sein sollte – etwa aufgrund einer aufschiebenden Bedingung – muss auch seine Entstehung
lediglich überwiegend wahrscheinlich sein.[453]

3. Weitere Anspruchsvoraussetzungen

a) Fristwahrung. Die **Anmeldefrist** für Ansprüche auf Sicherheitsleistung beträgt 222
sechs Monate (§ 22 Abs. 1 S. 1 UmwG).

Für den Beginn dieser Frist ist für den jeweiligen Gläubiger der Tag entscheidend, an 223
dem die Eintragung der Verschmelzung in das Register des Rechtsträgers, dessen Gläubiger
er ist, bekannt gemacht worden ist. Dadurch kann es zu unterschiedlichen Fristläufen für
Gläubiger eines übertragenden Rechtsträgers einerseits und Gläubiger des übernehmenden
Rechtsträgers andererseits kommen.[454]

---

[445] Lutter/*Grunewald*, § 22 Rn. 13.
[446] Kallmeyer/*Marsch-Barner*, § 22 Rn. 7; Semler/Stengel/*Maier-Reimer/Seulen*, § 22 Rn. 31.
[447] Semler/Stengel/*Maier-Reimer/Seulen*, § 22 Rn. 31.
[448] Kölner Kommentar-UmwG/*Simon*, § 22 Rn. 30.
[449] Lutter/*Grunewald*, § 22 Rn. 13; Schmitt/Hörtnagl/Stratz/*Stratz*, § 22 Rn. 13.
[450] LG Augsburg 2 HK O 363/08, BeckRS 2011, 18537; Böttcher/Habighorst/Schulte/*Schulte*, § 22 Rn. 10; s. auch: Widmann/Mayer/*Vossius*, § 22 Rn. 36.1 und 36.2, der unter Hinweis auf Nachweisprobleme für die Gläubiger dafür plädiert, die Anforderungen an die Glaubhaftmachung nicht zu überspannen.
[451] Kallmeyer/*Marsch-Barner*, § 22 Rn. 7; Schmitt/Hörtnagl/Stratz/*Stratz*, § 22 Rn. 13; Widmann/Mayer/*Vossius*, § 22 Rn. 36.
[452] OLG Celle 9 U 54/88; BB 1989, 868–869; Böttcher/Habighorst/Schulte/*Schulte*, § 22 Rn. 10; Kallmeyer/*Marsch-Barner*, § 22 Rn. 7; Lutter/*Grunewald*, § 22 Rn. 15; Schmitt/Hörtnagl/Stratz/*Stratz*, § 22 Rn. 14; Semler/Stengel/*Maier-Reimer/Seulen*, § 22 Rn. 35.
[453] Semler/Stengel/*Maier-Reimer/Seulen*, § 22 Rn. 35.
[454] Böttcher/Habighorst/Schulte/*Schulte*, § 22 Rn. 17; Kallmeyer/*Marsch-Barner*, § 22 Rn. 6.

224 Eine **Verkürzung der Frist** im Rahmen des Verschmelzungsvertrags oder -beschlusses kommt nicht in Betracht; dahingehende Regelungen wären nichtig.[455] Anders liegt der Fall jedoch, wenn der von § 22 UmwG geschützte Gläubigerkreis nicht durch eine die Frist abändernde Regelung gefährdet würde.[456] Deshalb ist eine **Verlängerung der Frist** möglich.[457] Auch eine Abkürzung der Frist durch Vereinbarung mit einem einzelnen Gläubiger nach allgemeinen Grundsätzen im Rahmen eines **Verzichts** ist zulässig.[458]

225 Die Frist ist mit rechtzeitigem **Zugang der Anmeldung** bei dem Schuldner gewahrt (§ 130 Abs. 1 BGB).[459] Sollte dies der übertragende Rechtsträger sein, müsste die Anmeldung, sobald die Eintragung auch im Register des übernehmenden Rechtsträgers erfolgt ist und der eigentliche Schuldner gem. § 20 Abs. 1 Nr. 2 UmwG erloschen ist, dem übernehmenden Rechtsträger gegenüber als neuem Schuldner erfolgen.[460] Dennoch ist die Frist auch dann gewahrt, wenn die Anmeldung gegenüber dem (bereits erloschenen) übertragenden Rechtsträger erfolgt.[461]

226 Der Anspruch darf bereits vor Fristbeginn angemeldet werden.[462] Das **Fristende** tritt ein mit Ablauf des letzten Tages der sechsmonatigen Frist, §§ 188 Abs. 2 Alt. 1, 187 Abs. 1 BGB.[463]

227 Die Frist ist eine materiell-rechtliche **Ausschlussfrist**.[464] Eine **Wiedereinsetzung in den vorigen Stand** ist nicht möglich;[465] auf ein **Verschulden des Gläubigers** kommt es nicht an.[466] Ebenso wenig kommt es auf Kenntnis des Gläubigers von der Eintragung der Verschmelzung (Beginn der Frist) an;[467] § 15 Abs. 2 S. 2 HGB findet keine Anwendung.[468] Sollte der Hinweis auf das Recht, die Sicherheit zu verlangen, entgegen § 22 Abs. 1 S. 3 UmwG in der Bekanntmachung der Eintragung in pflichtwidriger Weise nicht erfolgen, hindert auch das den Beginn der Frist nicht.[469]

228 Mit Ablauf der Frist geht der Anspruch auf Sicherheitsleistung unter.[470] Der zu sichernde Anspruch bleibt (natürlich) unberührt.[471] Nach Fristablauf ohne entsprechenden Anspruch geleistete Sicherheiten sind deshalb kondizierbar, soweit nicht § 814 BGB entgegensteht.[472]

229 b) Inhalt der schriftlichen Anmeldung des Anspruchs. Der Anspruch ist nach **Grund und Höhe** anzumelden. Dem Anspruchsgegner soll dadurch die Individualisierung

---

[455] Kallmeyer/*Marsch-Barner*, § 22 Rn. 5; Lutter/*Grunewald*, § 22 Rn. 19; Schmitt/Hörtnagl/Stratz/*Stratz*, § 22 Rn. 12; Semler/Stengel/*Maier-Reimer/Seulen*, § 22 Rn. 39.
[456] Böttcher/Habighorst/Schulte/*Schulte*, § 22 Rn. 15.
[457] Böttcher/Habighorst/Schulte/*Schulte*, § 22 Rn. 15; Henssler/Strohn/*Müller*, § 22 Rn. 11; Kallmeyer/*Marsch-Barner*, § 22 Rn. 5; Kölner Kommentar-UmwG/*Simon*, § 22 Rn. 47; Lutter/*Grunewald*, § 22 Rn. 19; Semler/Stengel/*Maier-Reimer/Seulen*, § 22 Rn. 39; aA. Schmitt/Hörtnagl/Stratz/*Stratz*, § 22 Rn. 12.
[458] Böttcher/Habighorst/Schulte/*Schulte*, § 22 Rn. 15; Kallmeyer/*Marsch-Barner*, § 22 Rn. 5; Widmann/Mayer/*Vossius*, § 22 Rn. 54; aA Schmitt/Hörtnagl/Stratz/*Stratz*, § 22 Rn. 12.
[459] Kallmeyer/*Marsch-Barner*, § 22 Rn. 5; Kölner Kommentar-UmwG/*Simon*, § 22 Rn. 43.
[460] Kölner Kommentar-UmwG/*Simon*, § 22 Rn. 43.
[461] Kallmeyer/*Marsch-Barner*, § 22 Rn. 5; Kölner Kommentar-UmwG/*Simon*, § 22 Rn. 43.
[462] Lutter/*Grunewald*, § 22 Rn. 20; Schmitt/Hörtnagl/Stratz/*Stratz*, § 22 Rn. 11.
[463] Kallmeyer/*Marsch-Barner*, § 22 Rn. 5.
[464] Böttcher/Habighorst/Schulte/*Schulte*, § 22 Rn. 16; Kallmeyer/*Marsch-Barner*, § 22 Rn. 5; Schmitt/Hörtnagl/Stratz/*Stratz*, § 22 Rn. 12.
[465] Kallmeyer/*Marsch-Barner*, § 22 Rn. 5; Schmitt/Hörtnagl/Stratz/*Stratz*, § 22 Rn. 12.
[466] Lutter/*Grunewald*, § 22 Rn. 21; Schmitt/Hörtnagl/Stratz/*Stratz*, § 22 Rn. 12.
[467] Schmitt/Hörtnagl/Stratz/*Stratz*, § 22 Rn. 12.
[468] Kallmeyer/*Marsch-Barner*, § 22 Rn. 5.
[469] Henssler/Strohn/*Müller*, § 22 Rn. 12; Kallmeyer/*Marsch-Barner*, § 22 Rn. 6; Lutter/*Grunewald*, § 22 Rn. 20; Schmitt/Hörtnagl/Stratz/*Stratz*, § 22 Rn. 11; Semler/Stengel/*Maier-Reimer/Seulen*, § 22 Rn. 44; aA. Böttcher/Habighorst/Schulte/*Schulte*, § 22 Rn. 16.
[470] Kallmeyer/*Marsch-Barner*, § 22 Rn. 5.
[471] Lutter/*Grunewald*, § 22 Rn. 21.
[472] Lutter/*Grunewald*, § 22 Rn. 21; Schmitt/Hörtnagl/Stratz/*Stratz*, § 22 Rn. 12.

§ 13 Rechtsfolgen der Verschmelzung

der Forderung ermöglicht werden.[473] Nur im Ausnahmefall ist auch eine Anmeldung ohne Angabe der genauen Höhe bzw. nur mit einer diesbezüglichen **Schätzung** möglich, so etwa im Rahmen einer noch nicht endgültig bestimmbaren Schadensersatzforderung.[474]

Ist der Anspruch individualisierbar, die Höhe aber zu gering angegeben, entsteht der Anspruch auf Sicherheitsleistung auch nur in der angemeldeten Höhe.[475] Wird die Höhe zu hoch angegeben, so gilt der tatsächliche niedrigere Wert als angemeldet.[476]

Inhaltlich ist es ausreichend, dass die Anmeldung das Einfordern des Anspruchs erkennen lässt; es ist nicht erforderlich, dass ausdrücklich eine „Sicherheitsleistung" verlangt wird.[477]

Die Anmeldung hat schriftlich, also in **Schriftform** zu erfolgen (§ 126 BGB). Der Schriftform bedarf auch die Glaubhaftmachung des Anspruchs.[478]

4. Hinweispflicht des Registergerichts

Das Registergericht muss in der jeweiligen **Bekanntmachung der Eintragung** gem. § 22 Abs. 1 S. 3 UmwG auf das Recht der Gläubiger zur Sicherungsforderung hinweisen.[479] Ein fehlender Hinweis verzögert zwar nicht den Fristbeginn für die Ausschlussfrist,[480] führt aber unter Umständen zu **Amtshaftungsansprüchen** gem. § 839 BGB iVm. Art. 34 GG, sollte die Geltendmachung aufgrund des fehlenden Hinweises unterbleiben.[481] Trifft die Organe der beteiligten Rechtsträger ein Verschulden an dem Unterbleiben des Hinweises, kommt bei Vorliegen der weiteren Voraussetzungen auch ein Anspruch auf Schadensersatz unmittelbar gegen diese in Betracht.[482] Die **Organe** der beteiligten Rechtsträger sollten deshalb überwachen und sicherstellen, dass ein entsprechender Hinweis durch das Registergericht erfolgt oder gegebenenfalls nachgeholt wird.

5. Ausschluss des Anspruchs auf Sicherheitsleistung

Ein Anspruch auf Sicherheit besteht trotz Glaubhaftmachung der Gefährdung nicht, wenn der jeweilige Gläubiger im Fall der Insolvenz des übernehmenden Rechtsträgers ein **Recht auf vorzugsweise Befriedigung** aus einer Deckungsmasse hat, die nach den gesetzlichen Vorschriften zum Schutz der betreffenden Gläubiger errichtet und überwacht ist (§ 22 Abs. 2 UmwG). Dem Ausschluss liegt die Überlegung des Gesetzgebers zugrunde, dass ein Anspruch auf Sicherheitsleistung nicht notwendig ist, wenn der Gläubiger schon anderweitig gesichert ist.[483]

Davon sind etwa solche Gläubiger betroffen, die Ansprüche aus **Kranken-, Unfall- oder Lebensversicherungen** haben, die wiederum nach dem Versicherungsaufsichtsgesetz abgesichert sind.[484] Ebenso betrifft die Regelung **Inhaber von Pfandbriefen** gem. § 30 PfandBG.[485] Auch der Insolvenzschutz durch den **Pensionssicherungsverein** iSd.

---

[473] Schmitt/Hörtnagl/Stratz/*Stratz*, § 22 Rn. 9; Widmann/Mayer/*Vossius*, § 22 Rn. 51.
[474] Schmitt/Hörtnagl/Stratz/*Stratz*, § 22 Rn. 8; aA. Semler/Stengel/*Maier-Reimer/Seulen* Rn. 17, die vor Eintritt des Schadens die Entstehung des Anspruchs als nicht hinreichend wahrscheinlich ansehen, was aber interessengerechter als eine Frage der Glaubhaftmachung anzusehen sein sollte.
[475] Schmitt/Hörtnagl/Stratz/*Stratz*, § 22 Rn. 9.
[476] Kölner Kommentar-UmwG/*Simon*, § 22 Rn. 44.
[477] Schmitt/Hörtnagl/Stratz/*Stratz*, § 22 Rn. 9.
[478] Widmann/Mayer/*Vossius*, § 22 Rn. 53.
[479] Einzelheiten zur Hinweispflicht des Gerichts: Widmann/Mayer/*Vossius*, § 22 Rn. 62 ff.
[480] Henssler/Strohn/*Müller*, § 22 UmwG Rn. 12; Kallmeyer/*Marsch-Barner*, § 22 Rn. 6; Kölner Kommentar-UmwG/*Simon*, § 22 Rn. 46; Lutter/*Grunewald*, § 22 Rn. 20; Schmitt/Hörtnagl/Stratz/ *Stratz*, § 22 Rn. 11; Semler/Stengel/*Maier-Reimer/Seulen*, § 22 Rn. 44; aA Böttcher/Habighorst/ Schulte/*Schulte*, § 22 Rn. 16.
[481] Kallmeyer/*Marsch-Barner*, § 22 Rn. 6; Schmitt/Hörtnagl/Stratz/*Stratz*, § 22 Rn. 10.
[482] Schmitt/Hörtnagl/Stratz/*Stratz*, § 22 Rn. 10; hierzu zu Recht kritisch: Lutter/*Grunewald*, § 22 Rn. 31.
[483] BT-Drucks. 12/6699, S. 92.
[484] Kallmeyer/*Marsch-Barner*, § 22 Rn. 9; Schmitt/Hörtnagl/Stratz/*Stratz*, § 22 Rn. 18.
[485] Kallmeyer/*Marsch-Barner*, § 22 Rn. 9; Schmitt/Hörtnagl/Stratz/*Stratz*, § 22 Rn. 18.

§ 14 Abs. 1 BetrAVG von Versorgungsansprüchen und unverfallbaren Versorgungsanwartschaften nach §§ 7 ff. BetrAVG fällt nach allgemeiner Meinung unter § 22 Abs. 2 UmwG,[486] so dass die Arbeitnehmer zur Absicherung der entsprechenden Ansprüche keine Sicherheit verlangen können.

236 Weitergehend wird § 22 Abs. 2 UmwG auch analog angewendet, falls die Forderung des Gläubigers bereits auf eine der in § 232 BGB beschriebenen Arten besichert ist oder aber andere Sicherheiten bestehen, die wirtschaftlich gleichwertig sind.[487] Ob eine Analogie hier geboten ist, erscheint allerdings fraglich, weil der Tatbestand des § 22 Abs. 1 UmwG mit dem Erfordernis der Glaubhaftmachung der Gefährdung des Anspruchs bereits einen entsprechenden Schutz vorsieht, so dass eine Regelungslücke nur schwer begründbar erscheint. Im Ergebnis (und systematisch richtig) dürfte der Anspruch auf Sicherheitsleistung in diesen Fällen bereits an der Glaubhaftmachung der Forderungsgefährdung nach § 22 Abs. 1 S. 2 UmwG scheitern.

6. Anspruchsinhalt

237 Ziel des Anspruchs auf Sicherheitsleistung ist die Absicherung des Gläubigers gegen eine Gefährdung der Erfüllung seiner Forderung.

238 a) **Art der Sicherheitsleistung.** Hinsichtlich der Art der Sicherheitsleistung steht dem übernehmenden Rechtsträger ein Wahlrecht zwischen den Alternativen der §§ 232 ff. BGB zu.[488] Danach ist Sicherheit in der Regel zu leisten durch **Bürgschaft** (§§ 232 Abs. 2, 239 BGB), **Hinterlegung von Geld** oder **Wertpapieren** (§§ 232 Abs. 1, 233 bis 236 BGB) oder **Grundpfandrechte** (§§ 232 Abs. 1, 238, 1807 Nr. 1 BGB iVm. §§ 12 ff. PfandBG). Das Wahlrecht geht auf den Gläubiger über, sobald dieser die **Zwangsvollstreckung** gegen den Schuldner betreibt (§ 264 BGB).[489]

239 b) **Höhe der Sicherheitsleistung.** Die **Höhe der zu leistenden Sicherheit** bemisst sich grundsätzlich nach der Höhe der Forderung zuzüglich Zinsen und sonstigen Nebenkosten.[490] Eventuell noch durch den Gläubiger zu erbringende Gegenleistungen sowie bereits vorhandene Sicherheiten sind dabei zu berücksichtigen.[491]

240 Die Regelung des § 22 UmwG bezweckt allerdings nur die Absicherung des aus der Verschmelzung resultierenden **Ausfallrisikos**.[492] Deshalb können nach allgemeiner Meinung nicht schlicht alle noch ausstehende Ansprüche addiert werden.[493] Vielmehr muss Sicherheit in Höhe des konkreten Risikos, das aus der Verschmelzung herrührt, geleistet werden. Dies muss in der Regel abhängig von der wirtschaftlichen Lage des Schuldners vor und nach der Verschmelzung geschätzt werden.[494] Im Grundsatz sollte deshalb gelten: Sofern das Risiko durch die Verschmelzung nicht steigt, erhält der Gläubiger keine, sofern es nur geringfügig steigt, nur eine weniger umfassende Sicherheit.[495] Hier

---

[486] BAG 3 AZR 397/95, ZIP 1997 289–296; BT-Drs. 12/6699, S. 92; Lutter/*Grunewald*, § 22 Rn. 26; Widmann/Mayer/*Vossius*, § 22 Rn. 42.
[487] Kallmeyer/*Marsch-Barner*, § 22 Rn. 10; Kölner Kommentar-UmwG/*Simon*, § 22 Rn. 40; Lutter/*Grunewald*, § 22 Rn. 27; Widmann/Mayer/*Vossius*, § 22 Rn. 43.
[488] Böttcher/Habighorst/Schulte/*Schulte*, § 22 Rn. 19; Kallmeyer/*Marsch-Barner*, § 22 Rn. 12; Widmann/Mayer/*Vossius*, § 22 Rn. 48 f.
[489] Kallmeyer/*Marsch-Barner*, § 22 Rn. 12 (m. w. N.); Kölner Kommentar-UmwG/*Simon*, § 22 Rn. 53; Lutter/*Grunewald*, § 22 Rn. 24; Widmann/Mayer/*Vossius*, § 22 Rn. 49.
[490] Böttcher/Habighorst/Schulte/*Schulte*, § 22 Rn. 20; Kallmeyer/*Marsch-Barner*, § 22 Rn. 12; Kölner Kommentar-UmwG/*Simon*, § 22 Rn. 52; Widmann/Mayer/*Vossius*, § 22 Rn. 50.1.
[491] Kallmeyer/*Marsch-Barner*, § 22 Rn. 12; Lutter/*Grunewald*, § 22 Rn. 24.
[492] Kölner Kommentar-UmwG/*Simon*, § 22 Rn. 50; Lutter/*Grunewald*, § 22 Rn. 24.
[493] Lutter/*Grunewald*, § 22 Rn. 24, m. w. N.
[494] Böttcher/Habighorst/Schulte/*Schulte*, § 22 Rn. 20; Kölner Kommentar-UmwG/*Simon*, § 22 Rn. 50; Lutter/*Grunewald*, § 22 Rn. 24; Schmitt/Hörtnagl/Stratz/*Stratz*, § 22 Rn. 21 (Maßstab ist die Sichtweise eines vernünftigen Kaufmanns).
[495] Lutter/*Grunewald*, § 22 Rn. 24.

besteht also viel Unsicherheit und Spielraum für Argumentation zwischen den beteiligten Parteien. Soweit die Frage der Höhe der Sicherheitsleistung streitig wird, ist zu beachten, dass, wenn es dem Gläubiger gelingt, die Hürde der Glaubhaftmachung des Ausfallrisikos gem. § 22 Abs. 1 S. 2 UmwG zu nehmen, dem Schuldner in der Praxis der Nachweis schwer fallen wird, dass tatsächlich nur ein Teil der Forderung von diesem Risiko betroffen ist.[496]

c) Fälligkeit des Anspruchs. Der Anspruch wird mit Eintragung der Verschmelzung beim übernehmenden Rechtsträger fällig, da erst ab diesem Zeitpunkt die Erfüllung der Forderung durch die Verschmelzung gefährdet sein kann.[497] 241

d) Anspruchsgegner. Da der übertragende Rechtsträger zum Zeitpunkt der Fälligkeit des Anspruchs bereits erloschen ist, ist nicht nur für Gläubiger des übernehmenden Rechtsträgers, sondern auch für Gläubiger des übertragenden Rechtsträgers der übernehmende Rechtsträger der Anspruchsgegner.[498] 242

e) Wegfall des Erfordernisses der Sicherheitsleistung. Der Schutzzweck des § 22 UmwG ist auch bei der Frage zu berücksichtigen, wie lange die Sicherheit für den Gläubiger zu bestehen hat. Deshalb entfällt die **Verpflichtung zur Stellung der Sicherheit**, sobald die Voraussetzungen wegfallen.[499] Dann ist die Sicherheitsleistung zurückzugewähren.[500] Ein offensichtliches Beispiel dafür ist die **Erfüllung** der Forderung (nicht hingegen, wenn die Forderung zwischenzeitlich zwar fällig geworden, aber noch nicht erfüllt worden ist). Weniger offensichtlich und damit auch schwerer nachzuweisen sind der Wegfall oder die Reduzierung des Ausfallrisikos, beispielsweise wenn sich die finanzielle Situation des Schuldners verbessert.[501] 243

7. Durchsetzung und Schadensersatz

Der Anspruch auf Sicherheitsleistung ist gerichtlich mit der **Leistungsklage** durchsetzbar.[502] Da dem Schuldner ein Wahlrecht hinsichtlich des Sicherungsmittels zusteht, muss auf eine entsprechende Formulierung des **Klageantrags** geachtet werden.[503] Der Anspruch muss hierbei im Streitfall vollumfänglich bewiesen, die Erfüllungsgefährdung zumindest glaubhaft gemacht werden (§ 294 ZPO) (→ Rn. 207 ff.).[504] **Streitgegenstand** ist der Anspruch auf Sicherheitsleistung, nicht aber das Bestehen des zu sichernden Anspruchs selbst.[505] Das Bestehen der Forderung, die dem Anspruch auf Sicherheitsleistung zugrunde liegt, ist daher gegebenenfalls mit einer Zwischenfeststellungsklage festzuhalten. 244

Sollte die Sicherheitsleistung nicht rechtzeitig oder nicht ordnungsgemäß erbracht werden, hat der Gläubiger gegen den übernehmenden Rechtsträger einen Anspruch auf **Schadensersatz** gem. §§ 280 f. BGB betreffend alle daraus resultierenden Schäden.[506] Ob darüber hinaus ein Anspruch auf Schadensersatz gegen den übernehmenden Rechtsträger 245

---

[496] BGH II ZR 299/94, ZIP 1996, 705–707; LG Augsburg 2 HK O 363/08, BeckRS 2011, 18537; Kölner Kommentar-UmwG/*Simon*, § 22 Rn. 51.
[497] So auch Kallmeyer/*Marsch-Barner*, § 22 Rn. 12; Lutter/*Grunewald*, § 22 Rn. 22; Semler/Stengel/*Maier-Reimer/Seulen*, § 22 Rn. 42; aA Schmitt/Hörtnagl/Stratz/Stratz, § 22 Rn. 8: Entstehen mit Eintragung in das Register des eigenen Schuldners, also mit Beginn der Ausschlussfrist; Eintragung in das Register des übernehmenden Rechtsträgers habe nur Warnfunktion.
[498] Lutter/*Grunewald*, § 22 Rn. 23; Semler/Stengel/*Maier-Reimer/Seulen*, § 22 Rn. 45.
[499] Kallmeyer/*Marsch-Barner*, § 22 Rn. 11; Kölner Kommentar-UmwG/*Simon*, § 22 Rn. 54; Lutter/*Grunewald*, § 22 Rn. 30.
[500] Kölner Kommentar-UmwG/*Simon*, § 22 Rn. 56; Lutter/*Grunewald*, § 22 Rn. 30.
[501] Kölner Kommentar-UmwG/*Simon*, § 22 Rn. 54 ff.
[502] Widmann/Mayer/*Vossius*, § 22 UmwG Rn. 55 ff.
[503] Kölner Kommentar-UmwG/*Simon*, § 22 Rn. 57.
[504] Schmitt/Hörtnagl/Stratz/*Stratz*, § 22 Rn. 14 f.
[505] Böttcher/Habighorst/Schulte/*Schulte*, § 22 Rn. 21.
[506] Kölner Kommentar-UmwG/*Simon*, § 22 Rn. 62.

nach Wirksamwerden der Verschmelzung gem. § 823 Abs. 2 BGB iVm. § 22 UmwG besteht, ist umstritten.[507]

8. Sicherheitsleistung bei grenzüberschreitender Verschmelzung

246 § 122j UmwG regelt den Anspruch auf Sicherheitsleistung in Fällen der **grenzüberschreitenden Verschmelzung**, bei denen der übernehmende Rechtsträger einer ausländischen Rechtsordnung unterliegt. Ergänzend sieht § 122e UmwG vor, dass der Verschmelzungsbericht explizit auch die Auswirkungen der grenzüberschreitenden Verschmelzung auf die Gläubiger der an der Verschmelzung beteiligten Gesellschaft zu erläutern hat.

247 Über die **Europarechtskonformität** des § 122j UmwG herrscht Streit.[508] Nach neuerer Rechtsprechung des EuGH sollen bei grenzüberschreitenden Verschmelzungen für den Schutz der Gläubiger einer übertragenden Gesellschaft die Vorschriften des innerstaatlichen Rechts gelten, denen diese Gesellschaft bislang unterlag.[509] Zudem hat der EuGH nun klargestellt, dass Art. 4 Abs. 2 S. 1 der RL über die Verschmelzung der Kapitalgesellschaften[510] keine Ermächtigungsnorm für den deutschen Gesetzgeber darstellt, sondern lediglich als Verweisungsnorm auf Art. 13 - 15 RL 2001/35/EU fungiert. Für § 122j UmwG, der im Gegensatz zu § 22 UmwG einen vorgelagerten Gläubigerschutz für Gläubiger und Anleihegläubiger einer übertragenden deutschen Gesellschaft vorsieht, fehlt es damit an einer Rechtsgrundlage für den deutschen Gesetzgeber. Die Vorschrift steht dadurch auch im Widerspruch zum Ansatz des EuGH, der einen Gläubigerschutz entsprechend den bestehenden nationalen Regelungen fordert.[511] Darüber hinaus bestehen auch an der Vereinbarkeit der Regelung mit der **europäischen Niederlassungsfreiheit** (Art. 49, 54 AEUV) berechtigte Zweifel, weil sie den verschmelzenden Unternehmen im grenzüberschreitenden Kontext gegenüber der innerstaatlichen Verschmelzung zusätzliche Belastungen auferlegt.[512] Die Praxis muss sich vorerst – d. h. jedenfalls bis zu einer etwaigen Entscheidung des EuGH im Vorabentscheidungsverfahren nach Art. 267 Abs. 2 AEUV – mit § 122j UmwG arrangieren;[513] allerdings trägt der Gläubiger bei Geltendmachung des Anspruchs auf Sicherheitsleistung nach § 122j UmwG ein erhöhtes **Prozessrisiko**.

248 Wie schon § 22 UmwG bezweckt auch § 122j UmwG den Schutz der Gläubiger. Durch § 122j UmwG soll der Tatsache Rechnung getragen werden, dass sich die Geltendmachung der Ansprüche der Gläubiger gegen den übernehmenden **Rechtsträger mit Sitz im Ausland** oder unter einer ausländischen Rechtsordnung unter Umständen wesentlich schwieriger gestaltet als gegenüber einer inländischen Gesellschaft.[514] Als *lex specialis* verdrängt er in seinem Anwendungsbereich § 22 UmwG.[515]

---

[507] Ablehnend: Henssler/Strohn/*Müller*, § 22 Rn. 14; Kölner Kommentar-UmwG/*Simon*, § 22 Rn. 62; Lutter/*Grunewald*, § 22 Rn. 31; Semler/Stengel/*Maier-Reimer/Seulen*, § 22 Rn. 67; bejahend: Böttcher/Habighorst/Schulte/*Schulte*, § 22 Rn. 23; Kallmeyer/*Marsch-Barner*, § 22 Rn. 13; Schmitt/Hörtnagl/Stratz/*Stratz*, § 22 Rn. 10; Widmann/Mayer/*Vossius*, § 22 Rn. 4.

[508] Dagegen: Lutter/*Bayer*, § 122j Rn. 6 m. w. N; Widmann/Mayer/*Vossius*, § 122j Rn. 4; *Bayer/Schmidt*, ZIP 2016, 841, 847; aA. *Müller*, NZG 2006, 286, 289; ergänzend: *Lennerz*, S. 226, 227.

[509] EuGH C-483/14, ZIP 2016, 712–716.

[510] Richtlinie 2005/56/EG vom 26.10.2005 (ABl. L 310, 1).

[511] EugH C-483/14, ZIP 2016, 712–716, *Bayer/Schmidt*, ZIP 2016, 841, 847.

[512] Lutter/*Bayer*, § 122j Rn. 5; *Beutel*, S. 275 f.; *Bayer/Schmidt*, ZIP 2016, 841. Diese Ungleichbehandlung erscheint insbesondere dann nicht zu rechtfertigen, wenn nach der Verschmelzung weiterhin ein Gerichtsstand im Inland besteht (s. etwa Art. 5 Nr. 1, Nr. 4 EuGVVO).

[513] Callies/Ruffert/*Wegener*, Art. 267 Rn. 30; Callies/Ruffert/*Ruffert*, Art. 1 Rn. 20 f.; Rengeling/Middeke/Gellermann/Gärditz, § 35 Rn. 11 ff.

[514] BT-Drucks. 16/2919, S. 17; *Limmer*, ZNotP 2007, 282, 288; dies wird rechtspolitisch kritisiert: Kallmeyer/*Marsch-Barner*, § 122j Rn 2 „*rechtspolitisch problematisch*", sehr kritisch auch: Lutter/*Bayer*, § 122j Rn. 4; Widmann/Mayer/Vossius/*Vossius*, § 122j Rn. 4.

[515] Lutter/*Bayer*, § 122j Rn. 3; Schmitt/Hörtnagl/Stratz/*Hörtnagl*, § 122j Rn. 10; Semler/Stengel/*Drinhausen*, § 122j Rn. 4; Widmann/Mayer/*Vossius*, § 122j Rn. 3.

§ 13 Rechtsfolgen der Verschmelzung

Soweit § 122j UmwG keine speziellere Regelung enthält, gilt über § 122a Abs. 2 **249**
UmwG die entsprechende Regelung des § 22 UmwG auch für die **grenzüberschreitende Verschmelzung**.[516] Auf die Ausführungen zu § 22 UmwG kann damit weitgehend verwiesen werden. Das gilt insbesondere für: (1) Art und Umfang des zu sichernden Anspruchs, (2) Art, Umfang und Durchsetzung der Sicherheitsleistung, (3) den Ausschluss bei Fälligkeit und Bestehen gleichwertiger Sicherheiten sowie (4) den Anspruch auf Rückgewähr der Sicherheit.

Wesentlicher Unterschied des § 122j UmwG gegenüber § 22 UmwG ist die Vorverlage- **250** rung des Anspruchs auf Sicherheitsleistung vor den Zeitpunkt des Vollzugs der Verschmelzung.[517] Der zugrunde liegende Anspruch muss zu einem Zeitpunkt entstanden sein, der vor dem sechzehnten Tag nach Bekanntmachung des **Verschmelzungsplans** oder seines Entwurfs liegt (§ 122j Abs. 2 UmwG).

Der Gläubiger muss innerhalb von zwei Monaten nach dem Tag, an dem der **Ver- 251 schmelzungsplan** oder sein Entwurf bekannt gemacht worden sind, schriftlich glaubhaft machen, dass durch die Verschmelzung die Erfüllung seiner Forderung gefährdet ist (§ 122j Abs. 1 UmwG). Wie bei § 22 UmwG muss er dazu eine **konkrete Gefährdung** der Forderung durch die bevorstehende Verschmelzung darlegen.[518] Allein der Umstand, dass der übernehmende Rechtsträger einer **ausländischen Rechtsordnung** unterliegt, reicht hierfür jedoch nicht aus, kann aber durchaus im Einzelfall mit zu berücksichtigen sein.[519] Beispiele für eine konkrete Gefährdung sind (1) die Verlagerung bedeutender Vermögensmassen der Gesellschaft ins Ausland,[520] (2) die Verschmelzung des solventen übertragenden Rechtsträgers auf eine Gesellschaft mit Bilanzverlusten oder (3) begründete Zweifel an der Liquidität des übernehmenden Rechtsträgers.[521]

In der Praxis ist zu beachten, dass nach § 122k Abs. 1 S. 3 UmwG die Mitglieder des **252** Vertretungsorgans des übertragenden Rechtsträgers zu versichern haben, dass allen Gläubigern, die nach § 122j UmwG einen Anspruch auf Sicherheitsleistung haben, eine angemessene Sicherheit geleistet wurde. Ohne Abgabe der entsprechenden **Versicherung** kann die Verschmelzung nicht eingetragen werden (§ 122k Abs. 2 S. 4). Die Abgabe einer falschen Versicherung ist strafbewehrt (§ 314a UmwG). Damit kann die Verschmelzung in der Regel erst nach Ablauf des Zwei-Monats-Zeitraums eingetragen werden. Außerdem haben die Gläubiger eine praktisch wirksame Möglichkeit, ihren Anspruch auf Sicherheitsleistung durchzusetzen,[522] welche die Durchführung der Verschmelzung gegebenenfalls aber (unangemessen) verzögern oder erschweren kann.

III. Gläubigerschutz durch Schadensersatzanspruch

Der Schutz der Gläubiger wird von der **Schadensersatzhaftung der Verwaltungs- 253 träger** des übertragenden Rechtsträgers gem. § 25 UmwG flankiert.

Danach sind die Gläubiger des übertragenden Rechtsträgers (neben den Anteilsinhabern **254** und dem übertragenden Rechtsträger selbst) berechtigt, von den Mitgliedern des **Vertretungsorgans** und, falls vorhanden, des **Aufsichtsorgans** des übertragenden Rechts-

---

[516] Lutter/*Bayer*, § 122j Rn. 3; Semler/Stengel/*Drinhausen*, § 122j Rn. 4; Widmann/Mayer/*Vossius*, § 122j Rn. 3, 14, 15; streitig ist die (direkte) Anwendung des § 22 Abs. 2 UmwG auch im grenzüberschreitenden Kontext, vgl. Kallmeyer/*Marsch-Barner*, § 122j Rn 6 m. w. N.
[517] Lutter/*Bayer*, § 122j Rn. 1; Semler/Stengel/*Drinhausen*, § 122j Rn. 1.
[518] Kallmeyer/*Marsch-Barner*, § 122j Rn. 7; Lutter/*Bayer*, § 122j Rn. 14.
[519] Kallmeyer/*Marsch-Barner*, § 122j Rn. 7; mit dem überzeugenden Hinweis darauf, dass die Vollstreckbarkeit von Forderungen durch die EuGVVO inzwischen europaweit ausreichend gewährleistet sein sollte: Lutter/*Bayer*, § 122j Rn. 14.
[520] BT-Drucks. 15/3405, S. 35.
[521] Kallmeyer/*Marsch-Barner*, § 122j Rn. 7.
[522] Kritisch dazu: Kallmeyer/*Marsch-Barner*, § 122j Rn 2; Lutter/*Bayer*, § 122j Rn. 14; Widmann/Mayer/*Vossius*, § 122j Rn. 11.

trägers, als Gesamtschuldner den Ersatz des durch die Verschmelzung erlittenen Schadens zu verlangen, wenn diese ihre **Sorgfaltspflicht** bei Prüfung der Vermögenslage der Rechtsträger und bei Abschluss des Verschmelzungsvertrags nicht beachtet haben.

255 Diese Haftung der Organe der Gesellschaft in Form einer **direkten Außenhaftung** ist eine Ausnahme von dem sonst im Gesellschaftsrecht geltenden **Grundsatz der Innenhaftung**, wonach nur die Gesellschaft direkt Ansprüche gegen ihre Organe geltend machen kann, sonstige durch deren Handlungen Geschädigte wie Anteilsinhaber und Gläubiger sich hingegen zunächst an die Gesellschaft halten müssen.[523]

256 Die Regelung des § 27 UmwG, der Bestimmungen über die **Schadensersatzpflicht der Verwaltungsträger des übernehmenden Rechtsträgers** enthält, ist im Gegensatz zu § 25 UmwG keine eigene Anspruchsgrundlage, sondern lediglich eine Vorschrift zur Verjährung bestehender Ansprüche nach anderen Anspruchsgrundlagen (z. B. §§ 93, 116, 117, 309, 317, 318 AktG, §§ 43, 52 GmbHG).[524] Bei diesen Ansprüchen handelt es sich entsprechend dem **Grundsatz der Innenhaftung** nicht um direkte Ansprüche der Gläubiger gegen die betreffenden Organe des übernehmenden Rechtsträgers.

1. Anspruchsverpflichteter und -berechtigter

257 a) **Ersatzverpflichtete.** Ersatzverpflichtet sind die Mitglieder des **Vertretungs- und Aufsichtsorgans** des übertragenden Rechtsträgers. Mehrere Verpflichtete haften als Gesamtschuldner (§ 25 Abs. 1 S. 1 UmwG). Dabei ist es irrelevant, ob die jeweilige Person auch noch nach der Verschmelzung Organmitglied ist. Diese Eigenschaft muss (lediglich) zum **Zeitpunkt des schädigenden Verhaltens** vorgelegen haben. Entscheidend ist deshalb der Zeitpunkt der **Sorgfaltspflichtverletzung** bei der Prüfung der Vermögenslage bzw. bei Abschluss des Verschmelzungsvertrags.[525]

258 Neben der Haftung gem. § 25 UmwG ist auch die Haftung desselben Organmitglieds nach allgemeinen Regeln, wie etwa §§ 823, 826 BGB, möglich.[526] Die daraus folgende Haftung wird dem übertragenden Rechtsträgers gem. § 31 BGB zugerechnet. Sie geht mit Eintragung der Verschmelzung auf den übernehmenden Rechtsträger über.[527] Diese Zurechnung gilt allerdings nicht im Rahmen des Schadensersatzanspruchs gem. § 25 Abs. 1 UmwG, da es widersprüchlich wäre, den übertragenden Rechtsträger sowohl zum Schadensersatz gegenüber seinen Organen zu berechtigen, ihm dann aber zugleich den Schaden von Anteilsinhabern und Gläubigern gem. § 31 BGB zuzurechnen.[528]

259 aa) **Mitglieder des Vertretungsorgans.** Die **Mitglieder des Vertretungsorgans** bestimmen sich nach der jeweiligen Gesellschaftsform. So sind das (1) die Mitglieder des Vorstands bei einer AG, einer Genossenschaft oder einem Verein, (2) die Geschäftsführer bei einer GmbH sowie (3) die persönlich haftenden und nicht von der Geschäftsführung ausgeschlossenen Gesellschafter bei Personengesellschaften sowie der KGaA.[529]

260 Erforderlich ist, dass dem jeweiligen Mitglied **Vertretungsbefugnis** zukommt.[530] Daher haftet ein Komplementär, der zwar zur Geschäftsführung befugt, nicht aber zur Vertretung berechtigt ist, nicht im Rahmen des § 25 UmwG.[531] Ist der Komplementär

---

[523] Böttcher/Habighorst/Schulte/*Burg*, § 25 Rn. 1; Lutter/*Grunewald*, § 25 Rn. 2; Widmann/Mayer/*Vossius*, § 25 Rn. 2.
[524] Kallmeyer/*Marsch-Barner*, § 25 Rn. 5: Schmitt/Hörtnagl/Stratz/*Stratz*, § 27 Rn. 1.
[525] Kallmeyer/*Marsch-Barner*, § 25 Rn. 5; Kölner Kommentar-UmwG/*Simon*, § 25 Rn. 12; Lutter/Grunewald, § 25 Rn. 5; Semler/Stengel/*Kübler*, § 25 Rn. 6; Widmann/Mayer/*Vossius*, § 25 Rn. 15.
[526] Widmann/Mayer/*Vossius*, § 25 Rn. 3.
[527] Kölner Kommentar-UmwG/*Simon*, § 25 Rn. 5; Widmann/Mayer/*Vossius*, § 25 Rn. 16.
[528] Kölner Kommentar-UmwG/Simon, § 25 Rn. 5; Lutter/*Grunewald*, § 25 Rn. 6; aA Widmann/Mayer/*Vossius*, § 25 Rn. 16.
[529] Kallmeyer/*Marsch-Barner*, § 25 Rn. 3; Schmitt/Hörtnagl/Stratz/*Stratz*, § 25 Rn. 7; Semler/Stengel/*Kübler*, § 25 Rn. 4.
[530] Lutter/Grunewald, § 25 Rn. 3.
[531] Kallmeyer/*Marsch-Barner*, § 25 Rn. 3.

aber vertretungsbefugt, so haftet er selbst dann, wenn er nicht geschäftsführungsbefugt ist.[532] Kommanditisten sind nach § 170 HGB kraft Gesetzes von der Vertretung ausgeschlossen.

bb) Mitglieder des Aufsichtsorgans. Als mögliche Anspruchsgegner kommen auch Mitglieder von **Aufsichtsorganen** wie etwa dem **Aufsichtsrat** einer AG (§§ 95 ff. AktG), dem einer GmbH (§ 52 GmbHG), oder solchen gem. § 1 DrittelbG, den Mitbestimmungsgesetzen oder den Bestimmungen für die SE in Betracht.[533] Zu solchen Aufsichtsorganen gehören auch freiwillig gebildete Gremien mit Überwachungsfunktion, wie etwa der **Beirat**, **Gesellschafterausschuss** oder **Verwaltungsrat**.[534]

Dabei wird allgemein in Anlehnung an den Wortlaut des § 25 UmwG davon ausgegangen, dass die Schadensersatzpflicht nur Mitglieder solcher Gremien treffen kann, die auch Entscheidungskompetenz haben.[535] In der Praxis ist festzustellen, dass rein beratende Gremien selten sind. Insbesondere, wenn ein Gremium mit Vertretern der Anteilseigner besetzt ist, werden dort faktisch in der Regel auch Aufsichtsfunktionen wahrgenommen oder Entscheidungen anderer Gremien tatsächlich beeinflusst. Deshalb entsteht für das betreffende Organ jedenfalls dann ein Haftungsrisiko, wenn es in seiner Funktion als grundsätzlich oder formell nur beratendes Organ tatsächlich (mit-)kausal für die Durchführung der Verschmelzung gewesen ist.

b) Ersatzberechtigte. Berechtigt, gem. § 25 Abs. 1 UmwG Schadensersatz zu verlangen, sind nicht nur die hier interessierenden **Gläubiger des übertragenden Rechtsträgers**, sondern auch dieser selbst sowie seine Anteilsinhaber. Nicht berechtigt hingegen sind die Gläubiger und Anteilsinhaber des übernehmenden Rechtsträgers oder dieser selbst.[536] Diese Gruppen haben allgemeine Schadensersatzansprüche geltend zu machen.

c) Verhältnis zum Anspruch auf Sicherheitsleistung. Der **Anspruch auf Schadensersatz** gem. § 25 Abs. 1 UmwG kann neben einem **Anspruch auf Sicherheitsleistung** gem. § 22 UmwG bestehen.[537] Zum einen sind die jeweiligen Schuldner unterschiedlich: nämlich das Organmitglied im Fall des Schadensersatzanspruchs und der jeweilige Rechtsträger im Fall der **Sicherheitsleistung**.[538] Zum anderen soll der Schadensersatzanspruch gerade dann greifen, wenn im Rahmen der Verschmelzung Fehler unterlaufen sind, wohingegen auch ohne jeden Fehler ein Anspruch auf Sicherheitsleistung bestehen kann.[539] Allerdings besteht ein Anspruch auf Schadensersatz gem. § 25 Abs. 1 UmwG insoweit nicht, als der Gläubiger bereits gem. § 22 UmwG Sicherheit gewährt bekommen hat oder hätte verlangen können, dies aber versäumt hat.[540]

2. Anspruchsvoraussetzungen

Schadensersatz nach § 25 UmwG setzt voraus, dass der Schaden gerade aufgrund der in § 25 Abs. 1 S. 2 UmwG beschriebenen **Pflichtverletzung** der Vertretungs-/Aufsichtsorgane des übertragenden Rechtsträgers eingetreten ist.[541] Die Verschmelzung muss also

---

[532] Lutter/Grunewald, § 25 Rn. 3.
[533] Kallmeyer/Marsch-Barner, § 25 Rn. 4.
[534] Kallmeyer/Marsch-Barner, § 25 Rn. 4.
[535] So: Kallmeyer/Marsch-Barner, § 25 Rn. 4; Kölner Kommentar-UmwG/Simon, § 25 Rn. 9; Schmitt/Hörtnagl/Stratz/Stratz, § 25 Rn. 8; Semler/Stengel/Kübler, § 25 Rn. 5; Widmann/Mayer/Vossius, § 25 Rn. 15; aA. Lutter/Grunewald, § 25 Rn. 4.
[536] Kölner Kommentar-UmwG/Simon, § 25 Rn. 13.
[537] Kölner Kommentar-UmwG/Simon, § 25 Rn. 17; Petersen, S. 241.
[538] Kölner Kommentar-UmwG/Simon, § 25 Rn. 18; Petersen, S. 241.
[539] Petersen, S. 241 f.
[540] Kölner Kommentar-UmwG/Simon, § 25 Rn. 18; Schmitt/Hörtnagl/Stratz/Stratz, § 22 Rn. 13.
[541] Kallmeyer/Marsch-Barner, § 25 Rn. 8; Schmitt/Hörtnagl/Stratz/Stratz, § 25 Rn. 17; Widmann/Mayer/Vossius, § 25 Rn. 23.

eingetragen worden sein.⁵⁴² Ist es nicht zu einer Eintragung der Verschmelzung gekommen, so besteht der alte Rechtsträger fort. Um Ersatz für eventuell angefallene Schäden zu erlangen, muss der Geschädigte dann nach allgemeinen Regeln vorgehen.⁵⁴³

266 **Schaden** und **Kausalität** sind dabei vom Anspruchsteller (hier also vom Gläubiger) nachzuweisen. Die Vertretungs-/Aufsichtsorgane müssen dann ggf. den **Entlastungsbeweis** antreten, dass sie ihre Sorgfaltspflicht beobachtet haben.⁵⁴⁴

267 a) **Sorgfaltspflichtverletzung.** In Anbetracht der Regelung des § 25 Abs. 1 S. 2 UmwG muss die haftungsbegründende Sorgfaltspflichtverletzung im Rahmen der **Prüfung der Vermögenslage** oder des **Abschlusses des Verschmelzungsvertrags** erfolgt sein.⁵⁴⁵

268 Eine Sorgfaltspflichtverletzung im Zusammenhang mit der **Prüfung der Vermögenslage** kommt insbesondere bei einer Verschmelzung auf einen Rechtsträger in Betracht, der sich in finanziellen Schwierigkeiten befindet.⁵⁴⁶ Die **Vertretungs-/Aufsichtsorgane** des übertragenden Rechtsträgers sind also dafür verantwortlich, die Vermögens- und Ertragslage des übernehmenden Rechtsträgers sorgfältig zu prüfen. Dies erfordert in der Regel die Durchführung einer financial und legal **Due Diligence**.⁵⁴⁷ Inwieweit dabei die Hinzuziehung **sachverständiger Dritter** erforderlich ist, hängt vom Einzelfall ab, ist aber zum Zweck der Haftungsbeschränkung für die Vertretungs-/Aufsichtsorgane zu empfehlen.⁵⁴⁸ Unabdingbar ist die sorgfältige Auswahl der Verschmelzungsprüfer.⁵⁴⁹

269 Eine Verletzung der Sorgfaltspflicht im Zusammenhang mit dem **Vertragsschluss** ist neben der Beachtung der gesetzlichen Vorgaben bezüglich des Zustandekommens des Verschmelzungsvertrags (Informations-, Zustimmungs- und Formvorschriften) insbesondere bei fehlerhafter und wirtschaftlich nicht vertretbarer Verhandlungsführung durch das jeweilige Organmitglied denkbar.⁵⁵⁰ Allerdings ist dabei zu berücksichtigen, dass nach dem Grundgedanken der **business judgement rule** (§ 93 Abs. 1 S. 2 AktG) das Eingehen eines wirtschaftlichen Risikos innerhalb des dem Organmitglied zustehenden unternehmerischen Handlungsspielraums noch nicht zu einer Haftung führt. Vielmehr ist diese dann ausgeschlossen, wenn das Mitglied seine Entscheidung auf angemessene Informationsgrundlage gestützt hat.⁵⁵¹

270 Eine Haftungsbefreiung tritt aber nicht deshalb ein, weil die Verschmelzung auf einem gesetzmäßigen **Beschluss der Anteilsinhaber** nach § 13 UmwG beruht.⁵⁵² Auch Handeln aufgrund einer ausdrücklichen **Weisung der Anteilsinhaber** kann, jedenfalls gegenüber den Gläubigern und an der Weisung nicht beteiligten Minderheitsgesellschaftern nicht zu einer Haftungsbefreiung führen.

---

⁵⁴² Kallmeyer/*Marsch-Barner*, § 25 Rn. 5; Lutter/*Grunewald*, § 25 Rn. 18; Widmann/Mayer/*Vossius*, § 25 Rn. 18.
⁵⁴³ Lutter/*Grunewald*, § 25 Rn. 18.
⁵⁴⁴ Henssler/Strohn/*Müller*, § 25 UmwG Rn. 10; Kallmeyer/*Marsch-Barner*, § 25 Rn. 6; Lutter/ Grunewald, § 25 Rn. 12; Schmitt/Hörtnagl/Stratz/*Stratz*, § 25 Rn. 24; Semler/Stengel/*Kübler*, § 25 Rn. 8; einschränkend bezüglich der objektiven Pflichtverletzung der Organe: Widmann/Mayer/*Vossius*, § 25 Rn. 29.
⁵⁴⁵ Böttcher/Habighorst/Schulte/*Burg*, § 25 Rn. 5; Lutter/*Grunewald*, § 25 Rn. 8; Widmann/ Mayer/*Vossius*, § 25 Rn. 21.
⁵⁴⁶ Böttcher/Habighorst/Schulte/*Burg*, § 25 Rn. 6.
⁵⁴⁷ Kallmeyer/*Marsch-Barner*, § 25 Rn. 6; Lutter/*Grunewald*, § 25 Rn. 9; Henssler/Strohn/*Müller*, § 25 UmwG Rn. 9; Kölner Kommentar-UmwG/*Simon*, § 25 Rn. 26; *Austmann/Frost*, ZHR 2005, 431, 433 f.; *Pöllath/Philipp*, DB 2005, 1503, 1505.
⁵⁴⁸ Kallmeyer/*Marsch-Barner*, § 25 Rn. 7; Schmitt/Hörtnagl/Stratz/*Stratz*, § 25 Rn. 25.
⁵⁴⁹ Lutter/*Grunewald*, § 25 Rn. 9.
⁵⁵⁰ Böttcher/Habighorst/Schulte/*Burg*, § 25 Rn. 8; Lutter/*Grunewald*, § 25 Rn. 10.
⁵⁵¹ Böttcher/Habighorst/Schulte/*Burg*, § 25 Rn. 8; Kallmeyer/*Marsch-Barner*, § 25 Rn. 6; Lutter/ *Grunewald*, § 25 Rn. 10.
⁵⁵² Kallmeyer/*Marsch-Barner*, § 25 Rn. 7; Lutter/*Grunewald*, § 25 Rn. 19.

b) Ersatzfähiger Schaden. Entgegen der weiten Formulierung des § 25 UmwG, nach 271
der der durch die Verschmelzung erlittene Schaden zu ersetzen ist, haften die Vertretungs-/
Aufsichtsorgane für den Schaden, der kausal auf ihre Sorgfaltspflichtverletzung zurückgeht.[553] Die Verschmelzung als solche ist kein Schaden.[554]

Für die Gläubiger des übertragenden Rechtsträgers muss dieser Schaden in der Erschwe- 272
rung oder Gefährdung der Durchsetzung ihres Anspruchs bestehen.[555] Davon ist etwa dann
auszugehen, wenn es nach ordnungsgemäßer **Prüfung der Vermögenslage** zu einer
Verschmelzung nicht hätte kommen dürfen.[556] Konkret wird der Schaden dann dadurch
eintreten, dass die Ansprüche der Gläubiger aufgrund der ungenügenden Prüfung der
Vermögenslage des übernehmenden Rechtsträgers nicht erfüllt werden.[557] Die Vereinbarung eines zu niedrigen **Umtauschverhältnisses** an sich betrifft die Gläubiger der
Rechtsträger aber nicht, so dass dies allein noch keinen Schaden der Gläubiger bedeutet.[558]
Die Vereinbarung eines zu niedrigen Umtauschverhältnisses kann aber auf der unzureichenden Prüfung der Vermögenslage der beteiligten Rechtsträger beruhen, so dass daraus
unter diesem Aspekt Ansprüche auf Sicherheitsleistung nach § 22 UmwG oder Schadensersatz nach § 25 UmwG für die Gläubiger resultieren können.

Wegen § 20 Abs. 2 UmwG ist die Naturalrestitution durch Rückgängigmachung der 273
Verschmelzung ausgeschlossen.[559] Macht ein Gläubiger von seinem Recht aus § 22 UmwG
keinen Gebrauch, kann ihm Mitverschulden iSv. § 254 BGB entgegengehalten werden.[560]

3. Geltendmachung des Schadensersatzanspruchs

Mit Wirksamkeit der Verschmelzung erlischt der übertragende Rechtsträger. Sein Ver- 274
mögen geht im Wege der Gesamtrechtsnachfolge auf den übernehmenden Rechtsträger
über (§ 20 Abs. 1 Nr. 1 UmwG). Forderungen und Verbindlichkeiten zwischen dem übertragenden und dem übernehmenden Rechtsträger erlöschen dabei durch **Konfusion**. Deshalb **fingiert** das Gesetz das **Fortbestehen des übertragenden Rechtsträgers** in Bezug
auf Ansprüche, die sich aufgrund der Verschmelzung ergeben (§ 25 Abs. 2 UmwG). Für
entsprechende Ansprüche ist damit weiterhin der übertragende Rechtsträger **aktiv** und
passiv prozessfähig.[561]

Zu den betreffenden Ansprüchen gehören auch und insbesondere Ansprüche nach § 25 275
Abs. 1 UmwG. Ansprüche gegen die Vertretungs-/Aufsichtsorgane kann der übertragende
Rechtsträger als Gläubiger damit noch selbst geltend machen. Für die Gläubiger des übertragenden Rechtsträgers hat die Vorschrift bei der Geltendmachung der Ansprüche nach
§ 25 Abs. 1 UmwG insofern Bedeutung, als diese nur durch den **besonderen Vertreter**
nach § 26 UmwG geltend gemacht werden können.

a) Besonderer Vertreter. Ansprüche nach § 25 Abs. 1 und 2 UmwG können nur 276
durch einen **besonderen Vertreter** geltend gemacht werden (§ 26 Abs. 1 S. 1 UmwG).
Prozessführungsbefugt sowie **aktivlegitimiert** ist danach nur der **besondere Vertre-** 277
ter, der die Gläubiger zur Anmeldung ihrer Ansprüche gem. § 25 UmwG aufzufordern und
nach ihrer Durchsetzung den Betrag zu verteilen hat.[562] Zweck der Vorschrift ist die Konzentration der Rechtsstreitigkeiten, um unterschiedliche Entscheidungen zu verhindern.[563]

---

[553] Kölner Kommentar-UmwG/*Simon*, § 25 Rn. 21; Lutter/*Grunewald*, § 25 Rn. 17.
[554] Widmann/Mayer/Vossius, § 25 Rn. 19.
[555] Schmitt/Hörtnagl/Stratz/*Stratz*, § 25 Rn. 18.
[556] Schmitt/Hörtnagl/Stratz/*Stratz*, § 25 Rn. 18.
[557] Kallmeyer/*Marsch-Barner*, § 25 Rn. 9.
[558] Kallmeyer/*Marsch-Barner*, § 25 Rn. 9; Lutter/*Grunewald*, § 25 Rn. 16; Schmitt/Hörtnagl/
Stratz/*Stratz*, § 25 Rn. 18; Widmann/Mayer/*Vossius*, § 25 Rn. 24.
[559] Kölner Kommentar-UmwG/*Simon*, § 25 Rn. 21; Lutter/*Grunewald*, § 25 Rn. 17.
[560] Schmitt/Hörtnagl/Stratz/*Stratz*, § 25 Rn. 18; Widmann/Mayer/*Vossius*, § 25 Rn. 24.
[561] Schmitt/Hörtnagl/Stratz/*Stratz*, § 25 Rn. 39.
[562] Kallmeyer/*Marsch-Barner*, § 26 Rn. 2, Lutter/*Grunewald*, § 26 Rn. 11.
[563] Böttcher/Habighorst/Schulte/*Burg*, § 26 Rn. 2.

Dies dient nicht zuletzt auch der Prozessökonomie und wirkt einem Wettlauf der Anspruchsberechtigten entgegen.[564] Die Vorschrift erzeugt eine Sperrwirkung hinsichtlich der einzelnen Geltendmachung der Ansprüche; eine Klage der Gläubiger selbst auf Schadensersatz nach § 25 Abs. 1 UmwG ist mangels Aktivlegitimation daher als unzulässig abzuweisen.[565] Als **Nebenintervenient** bleibt ihnen aber die Möglichkeit, weiter Einfluss auf die Prozessführung des besonderen Vertreters zu nehmen.[566]

278 Der **besondere Vertreter** wird auf Antrag vom Gericht (Amtsgericht, vgl. § 23a Abs. 2 Nr. 4 GVG iVm. § 375 Nr. 5 FamFG) am Sitz des übertragenden Rechtsträgers bestellt.[567] Dabei prüft das Gericht zwar die schlüssige Darlegung der Antragsberechtigung (Glaubhaftmachung des Vorliegens der Voraussetzungen des § 25 Abs. 1 oder 2 UmwG),[568] nicht aber die Erfolgsaussichten der Rechtsverfolgung.[569] In dem Zusammenhang müssen die Gläubiger des übertragenden Rechtsträgers auch glaubhaft machen, dass sie vom übernehmenden Rechtsträger oder aus einer ihnen gem. § 22 UmwG gewährten Sicherheit keine Befriedigung erlangen können. Der Versuch einer Zwangsvollstreckung ist dafür aber nicht erforderlich.[570]

279 Die Gläubiger (und Anteilsinhaber) des übertragenden Rechtsträgers sind vom **besonderen Vertreter** gem. § 26 Abs. 2 UmwG öffentlich aufzufordern, die Ansprüche nach § 25 Abs. 1 und 2 UmwG innerhalb angemessener Frist (in der Regel mindestens ein Monat)[571] anzumelden. Die Anmeldung kann formlos erfolgen. Die Schriftliche Geltendmachung unter Angabe der Höhe und der Anspruchsgrundlage ist zu Beweiszwecken jedoch zu empfehlen.[572] Gläubiger (und Anteilsinhaber), die sich nicht fristgemäß gemeldet haben, werden bei der Verteilung des erzielten Erlöses aus der Geltendmachung des Anspruchs nicht berücksichtigt (§ 26 Abs. 3 S. 3 UmwG) und verlieren ihren Anspruch.[573] Der Aufruf ist im **Bundesanzeiger** und ggf. in weiteren Veröffentlichungsblättern des übertragenden Rechtsträgers bekannt zu machen (§ 26 Abs. 2 S. 1 UmwG). Dabei ist auf den Zweck der Bestellung des besonderen Vertreters hinzuweisen.[574] Es ist präzise mitzuteilen, aufgrund welchen Sachverhalts welche Ansprüche gegen welchen Anspruchsgegner geltend gemacht werden müssen.[575] Der Aufruf sollte auch auf die Folgen des Unterlassens der Anmeldung aufmerksam machen.[576] Er ist aber auch ohne diesen Hinweis wirksam.[577]

---

[564] Böttcher/Habighorst/Schulte/*Burg*, § 26 Rn. 2; Kallmeyer/*Marsch-Barner*, § 26 Rn. 1; Kölner Kommentar-UmwG/Simon, § 25 Rn. 1.

[565] Böttcher/Habighorst/Schulte/*Burg*, § 26 Rn. 5, Lutter/*Grunewald*, § 26 Rn. 2.

[566] Böttcher/Habighorst/Schulte/*Burg*, § 26 Rn. 5; siehe Lutter/*Grunewald*, § 26 Rn. 2 Rn. 12, die darauf hinweist, dass der besondere Vertreter aber in keinem Auftragsverhältnis zu den Anspruchsberechtigten steht und daher keinen Weisungen unterliegt.

[567] BGH II ZA 4/12, ZIP 2013, 1467–1468; Lutter/*Grunewald*, § 26 Rn. 4.

[568] Böttcher/Habighorst/Schulte/*Burg*, § 26 Rn. 11; Lutter/*Grunewald*, § 26 Rn. 4; Semler/Stengel/*Kübler*, § 26 Rn. 4.

[569] Lutter/*Grunewald*, § 26 Rn. 4.

[570] Kallmeyer/*Marsch-Barner*, § 26 Rn. 8; Lutter/*Grunewald*, § 26 Rn. 8; Semler/Stengel/*Kübler*, § 26 Rn. 6.

[571] Eine kürzere Frist kann im Einzelfall zulässig sein: Lutter/*Grunewald*, § 26 Rn. 22; Semler/Stengel/*Kübler*, § 26 Rn. 12.

[572] Kölner Kommentar-UmwG/*Simon*, § 26 Rn. 21; Lutter/*Grunewald*, § 26 Rn. 24; Widmann/Mayer/*Vossius*, § 26 Rn. 35.

[573] Kölner Kommentar-UmwG/*Simon*, § 26 Rn. 20; Lutter/*Grunewald*, § 26 Rn. 28; Schmitt/Hörtnagl/Stratz/*Stratz*, § 26 Rn. 22; einschränkend: Semler/Stengel/*Kübler*, § 26 Rn. 16.

[574] Lutter/*Grunewald*, § 26 Rn. 16.

[575] Kallmeyer/*Marsch-Barner*, § 26 Rn. 16; Semler/Stengel/*Kübler*, § 26 Rn. 12.

[576] Kallmeyer/*Marsch-Barner*, § 26 Rn. 17; Lutter/*Grunewald*, § 26 Rn. 21; Schmitt/Hörtnagl/Stratz/*Stratz*, § 26 Rn. 20; Semler/Stengel/*Kübler*, § 26 Rn. 12; Widmann/Mayer/*Vossius*, § 26 Rn. 34.

[577] Semler/Stengel/*Kübler*, § 26 Rn. 12.

Die Anspruchsverfolgung erfolgt nach **pflichtgemäßem Ermessen** des besonderen 280
Vertreters.[578] Nach der Verteilungsregel des § 26 Abs. 3 UmwG sind die Gläubiger, sofern
diese nicht bereits durch den übernehmenden Rechtsträger befriedigt oder sichergestellt
sind (§ 26 Abs. 3 S. 1 UmwG), vorrangig zu befriedigen.[579]

Gem. § 26 Abs. 4 UmwG hat der **besondere Vertreter** Anspruch auf **Ersatz an-** 281
gemessener Auslagen und Vergütung. Beides wird, sofern keine anderweitige Vereinbarung mit den Anteilsinhabern oder Gläubigern getroffen wurde, durch das Gericht
festgesetzt (§ 26 Abs. 4 UmwG) und vor Erlösverteilung vom Erlös abgezogen.[580]

b) Verjährung. Gem. § 25 Abs. 3 UmwG **verjähren** die Ansprüche auf Schadensersatz 282
gegen die Vertretungs-/Aufsichtsorgane des übertragenden Rechtsträgers in fünf Jahren seit
dem Tage, an dem die Eintragung der Verschmelzung in das Register des Sitzes des
übernehmenden Rechtsträgers nach § 19 Abs. 3 bekannt gemacht worden ist.[581] Auf die
den Anspruch begründenden Umstände kommt es also nicht an; § 199 BGB gilt nicht.[582]

IV. Gläubigerschutz durch Kapitalerhaltung/-aufbringung

Gem. dem Grundsatz des § 20 Abs. 1 Nr. 3 UmwG müssen den Anteilsinhabern des 283
übertragenden Rechtsträgers grundsätzlich (von einigen gesetzlich geregelten Ausnahmen
abgesehen) Anteile des übernehmenden Rechtsträgers gewährt werden.[583] Zur Durchführung der Anteilsgewährung hat regelmäßig eine **Kapitalerhöhung** bei dem übernehmenden Rechtsträger stattzufinden.[584] Durch die Kapitalerhöhung unterfällt ein größerer
Kapitalanteil des übernehmenden Rechtsträgers den Regelungen der **Kapitalerhaltung**.[585]
Das Kapitel darf etwa bei der GmbH nicht an die Gesellschafter ausgeschüttet werden,
sofern dadurch das Stammkapital angerührt würde (§ 30 Abs. 1 S. 1 GmbH). Das dient
dem Erhalt der Haftungsmasse, die den Gläubigern zur Verfügung steht.[586] Somit dient die
in § 20 Abs. 1 Nr. 3 UmwG geregelte Anteilsgewährungspflicht mittelbar auch dem
Gläubigerschutz.

Im Fall der **Verschmelzung durch Neugründung** sind gem. § 36 Abs. 2 UmwG die 284
Vorschriften über die Gründung der jeweiligen Rechtsform anzuwenden, wobei die übertragenden Rechtsträger den Gründern gleichstehen. Ist der neue Rechtsträger eine GmbH,
so sind dementsprechend die §§ 1 bis 11 GmbHG zu beachten, bei einer AG oder KGaA
die §§ 1–53, 278–288 AktG, bei einer Personenhandelsgesellschaft die §§ 105–108,
161 f. HGB.[587] Modifiziert werden diese Regelungen durch die rechtsformspezifischen
Regelungen des Umwandlungsrechts. Diese gehen den allgemeinen Regeln des Gründungsrechts als *leges speciales* vor.[588] Die Sicherstellung der **Kapitalaufbringung** ist ein
wesentliches Element der entsprechenden Gründungsvorschriften. Ein im Gründungsrecht
der jeweiligen Rechtsform enthaltener **Gläubigerschutz** wirkt sich somit mittelbar auch
im Rahmen der Verschmelzung durch Neugründung gläubigerschützend aus.

---

[578] Kallmeyer/*Marsch-Barner*, § 26 Rn. 19; Lutter/*Grunewald*, § 26 Rn. 19; Semler/Stengel/*Kübler*, § 26 Rn. 14.
[579] Lutter/Grunewald, § 26 Rn. 20; Einzelheiten zur Erlösverteilung: Widmann/Mayer/*Vossius*, § 26 Rn. 38 f.
[580] Lutter/*Grunewald*, § 26 Rn. 25; Schmitt/Hörtnagl/Stratz/*Stratz*, § 26 Rn. 24.
[581] Die Vorschrift läuft parallel zu § 27 UmwG bezüglich Ansprüchen gegen die Vertretungs-/Aufsichtsorgane des übernehmenden Rechtsträgers → Rn. 257.
[582] Henssler/Strohn/*Müller*, § 25 UmwG Rn. 13; Kallmeyer/*Marsch-Barner*, § 25 Rn. 15; Kölner Kommentar-UmwG/*Simon*, § 25 Rn. 52; Lutter/*Grunewald*, § 25 Rn. 22; Schmitt/Hörtnagl/Stratz/Stratz, § 25 Rn. 18; Semler/Stengel/*Kübler*, § 25 Rn. 31.
[583] *Maier-Reimer*, GmbHR 2004, 1128, 1129.
[584] Schmitt/Hörtnagl/Stratz/*Stratz*, § 55 Rn. 2; *Rodewald*, GmbHR 2005, 515.
[585] *Rodewald*, GmbHR 2005, 515.
[586] MünchHdb. GesR III/*Fronhöfer*, § 51 Rn. 5.
[587] Kallmeyer/*Marsch-Barner*, § 36 Rn. 8
[588] Kallmeyer/*Marsch-Barner*, § 36 Rn. 8.

C. Besonderer Schutz von Sonderrechtsinhabern

285 Inhaber von Rechten in dem übertragenden Rechtsträger, die kein Stimmrecht gewähren, schützt § 23 UmwG. Diesen **Sonderrechtsinhabern** sind in dem übernehmenden Rechtsträger gleichwertige Rechte zu gewähren. Das ist erforderlich, weil die Rechtsstellung der Inhaber von Sonderrechten in einem übertragenden Rechtsträger qualitativ über die schuldrechtliche Gläubigereigenschaft hinausgeht, diesen andererseits aber die Möglichkeit fehlt, durch Ausübung von Stimmrechten auf die Verschmelzung Einfluss zu nehmen.[589] Die Vorschrift dient vorrangig dem Schutz vor **Verwässerung der Sonderrechte**.[590]

I. Betroffene Rechte

286 Der Gesetzeswortlaut nennt als Beispiele für Sonderrechte **Anteile ohne Stimmrecht**, **Wandel-** und **Gewinnschuldverschreibungen** sowie **Genussrechte**. Zudem sind alle mitgliedschaftsähnlichen Rechtspositionen, denen kein Stimmrecht zukommt, vom Schutz erfasst. Die Rechte brauchen nicht wertpapiermäßig verbrieft zu sein.[591]

287 Nicht erfasst sind gewöhnliche Gläubiger, da ihnen Rechte gegen, nicht – wie vom Wortlaut vorgesehen – Rechte in dem übertragenden Rechtsträger zustehen.[592] Ebenfalls nicht erfasst sind nach allgemeiner Ansicht Inhaber von **Mitverwaltungsrechten** (wie etwa Entsende- oder Zustimmungsrechte). Da § 23 UmwG auf den **Verwässerungsschutz** zielt, ist sein Anwendungsbereich auf Vermögensrechte zu beschränken.[593]

1. Anteile ohne Stimmrecht

288 Anteilsinhaber dieser Gruppe sind etwa GmbH-Gesellschafter oder Gesellschafter von Personengesellschaften, Aktionäre, Partner oder Mitglieder eines Vereins im übertragenden Rechtsträger, denen kein Stimmrecht zusteht.[594] Nach überwiegender Auffassung sind auch **stimmrechtslose Vorzugsaktien** von den Sonderrechten umfasst.[595]

289 Die Rechte dieser Anteilsinhaber sollen als Ausgleich dafür, dass sie kein Mitspracherecht bei der Verschmelzung hatten, über die Vorschrift des § 23 UmwG gewahrt werden.[596] Nicht erforderlich ist, dass den Anteilsinhabern in keinem Fall ein Stimmrecht zusteht. Es reicht vielmehr, wenn sie im Allgemeinen kein Stimmrecht haben.[597] Umgekehrt ist ein

---

[589] RegEBegr BR-Drucks. 75/94, S. 93f.; Kölner Kommentar-UmwG/*Simon*, § 23 Rn. 1; Schmitt/Hörtnagl/Stratz/*Stratz*, § 23 Rn. 1.

[590] Kallmeyer/*Marsch-Barner*, § 23 Rn. 1; Lutter/*Grunewald*, § 23 Rn. 2; Semler/Stengel/*Kalss*, § 23 Rn. 1.

[591] Maulbetsch/Klumpp/Rose/*Maulbetsch*, § 23 Rn. 7; Semler/Stengel/*Kalss*, § 23 Rn. 4.

[592] Böttcher/Habighorst/Schulte/*Böttcher*, § 23 Rn. 4,6; Henssler/Strohn/*Müller*, § 23 UmwG Rn. 2; Kallmeyer/*Marsch-Barner*, § 23 Rn. 2 f.; Kölner Kommentar-UmwG/*Simon*, § 23 Rn. 5; Lutter/*Grunewald*, § 23 Rn. 2,4; Maulbetsch/Klumpp/Rose/*Maulbetsch*, § 23 Rn. 6 ff.; Semler/Stengel/*Kalss*, § 23 Rn. 4.

[593] Böttcher/Habighorst/Schulte/*Böttcher*, § 23 Rn. 5; Henssler/Strohn/*Müller*, § 23 UmwG Rn. 2; Kallmeyer/*Marsch-Barner*, § 23 Rn. 2; Kölner Kommentar-UmwG/*Simon*, § 23 Rn. 6; Lutter/*Grunewald*, § 23 Rn. 2; Maulbetsch/Klumpp/Rose/*Maulbetsch*, § 23 Rn. 2.

[594] Kallmeyer/*Marsch-Barner*, § 23 Rn. 4; Maulbetsch/Klumpp/Rose/*Maulbetsch*, § 23 Rn. 10; Semler/Stengel/*Kalss*, § 23 Rn. 9; Widmann/Mayer/*Vossius*, § 23 Rn. 11 f.; aA Böttcher/Habighorst/Schulte/*Böttcher*, § 23 Rn. 7; Kölner Kommentar-UmwG/*Simon*, § 23 Rn. 9, nach denen diese Anteile von dem Grundsatz der Mitgliedschaftsperpetuierung erfasst sind.

[595] Kallmeyer/*Marsch-Barner*, § 23 Rn. 4; Lutter/*Grunewald*, § 23 Rn. 10; Maulbetsch/Klumpp/Rose/*Maulbetsch*, § 23 Rn. 11; Schmitt/Hörtnagl/Stratz/*Stratz*, § 23 Rn. 6; Widmann/Mayer/*Vossius*, § 23 Rn. 1.10; *Kiem*, ZIP 1997, 1627, 1631; aA, wonach für Vorzugsaktien allein die Regeln der Mitgliedschaftsperpetuierung Anwendung findet: Böttcher/Habighorst/Schulte/*Böttcher*, § 23 Rn. 8; Kölner Kommentar-UmwG/*Simon*, § 23 Rn. 10; Semler/Stengel/*Kalss*, § 23 Rn. 10.

[596] Semler/Stengel/*Kalss*, § 23 Rn. 9.

[597] Widmann/Mayer/*Vossius*, § 23 Rn. 12.

§ 13 Rechtsfolgen der Verschmelzung

Anteilsinhaber, der zwar grundsätzlich ein Stimmrecht hat und nur im konkreten Fall einem Stimmverbot unterlag, nicht über § 23 UmwG geschützt.[598]

2. Schuldverschreibungen

Ausdrücklich erwähnt von § 23 UmwG sind **Wandelschuldverschreibungen** und **Gewinnschuldverschreibungen**. Bei ersteren wird dem Gläubiger ein Umtausch- oder Bezugsrecht auf Aktien eingeräumt (§ 221 Abs. 1 S. 1 AktG). Sie kommen vor allem als Wandel- und Optionsanleihen vor, die von einer AG, SE oder KGaA begeben werden.[599]

Bei **Gewinnschuldverschreibungen** hingegen werden die Rechte der Gläubiger mit Gewinnanteilen von Aktionären in Verbindung gebracht (§ 221 Abs. 1 S. 1 AktG).[600] Das für § 23 UmwG erforderliche Recht an dem übertragenden Rechtsträger besteht in dem Dividendenbezug.[601]

Zudem ist § 23 UmwG auch auf andere Rechte in dem übertragenden Rechtsträger anwendbar, die derartigen Schuldverschreibungen entsprechen. Das betrifft zum einen entsprechende Rechte in anderen Rechtsformen wie der GmbH oder Personengesellschaften.[602] Zum anderen sind auch **Optionen**, die ein Recht auf Umtausch in oder den Bezug von Gesellschaftsanteilen gewähren, erfasst.[603]

Das trifft z. B. auf die Gewährung von Aktien zu Gunsten der Arbeitnehmer der Gesellschaft ohne Verbindung mit einer Schuldverschreibung nach §§ 192 Abs. 2 Nr. 3, 193 Abs. 2 Nr. 2 AktG (**nacktes Optionsrecht**) zu. Nicht unter § 23 UmwG fallen dagegen **virtuelle Optionen (Phantom Stocks)**, da diese lediglich schuldrechtliche Rechte am und nicht im Rechtsträger gewähren.[604]

Nicht in den Schutzbereich des § 23 UmwG fallen **Inhaberschuldverschreibungen**, da für diese ein fester Zins zugesagt ist, sodass kein über die normale Gläubigerstellung hinausgehendes Recht in der Gesellschaft besteht.[605]

Auch nicht erfasst sind **Optionsrechte**, die zwar zum Bezug von Anteilen an dem übernehmenden Rechtsträger berechtigen, aber **von einem Dritten** zu gewähren sind, oder auch solche, die zum Bezug von Anteilen an einem anderen Rechtsträger berechtigen, da nicht die übertragende Gesellschaft, sondern ein Dritter Gegner des Anspruchs ist.[606]

3. Genussrechte

Die Vorschrift des § 23 UmwG führt auch **Genussrechte** als geschützte Sonderrechte auf.[607] Diese sind allerdings nicht gesetzlich definiert, so dass eine Auslegung ausgehend vom Sinn und Zweck des § 23 UmwG vorzunehmen ist.[608] Demnach ist ein Genussrecht dann von § 23 UmwG erfasst, wenn die wirtschaftliche Entwicklung des Rechtsträgers inhaltliche Auswirkungen auf das damit verbundene Recht hat. Es muss also ähnlich wie

---

[598] Widmann/Mayer/*Vossius*, § 23 Rn. 12.
[599] Kallmeyer/*Marsch-Barner*, § 23 Rn. 5; zur Charakteristik der einzelnen Instrumente: Widmann/Mayer/*Vossius*, § 23 Rn. 13 ff.
[600] Widmann/Mayer/*Vossius*, § 23 Rn. 17.
[601] Maulbetsch/Klumpp/Rose/*Maulbetsch*, § 23 Rn. 14.
[602] Im Ergebnis auch: Hensller/Strohn/*Müller*, § 23 UmwG Rn. 3, sowie Kölner Kommentar-UmwG/*Simon*, § 23 Rn. 13; Lutter/*Grunewald*, § 23 Rn. 14.
[603] Kallmeyer/*Marsch-Barner*, § 23 Rn. 5; Lutter/*Grunewald*, § 23 Rn. 14; Maulbetsch/Klumpp/Rose/*Maulbetsch*, § 23 Rn. 14.
[604] Widmann/Mayer/*Vossius*, § 23 Rn. 24.1.
[605] Böttcher/Habighorst/Schulte/*Böttcher*, § 23 Rn. 10; Kallmeyer/*Marsch-Barner*, § 23 Rn. 6; Lutter/*Grunewald*, § 23 Rn. 4; Maulbetsch/Klumpp/Rose/*Maulbetsch*, § 23 Rn. 14; Semler/Stengel/*Kalss*, § 23 Rn. 5.
[606] Kallmeyer/*Marsch-Barner*, § 23 Rn. 5; Kölner Kommentar-UmwG/*Simon*, § 23 Rn. 17; Semler/Stengel/*Kalss*, § 23 Rn. 5.
[607] Instruktiv hierzu: BGH II ZR 2/12, BeckRS 2013, 132623.
[608] Böttcher/Habighorst/Schulte/*Böttcher*, § 23 Rn. 12; Kölner Kommentar-UmwG/*Simon*, § 23 Rn. 14; zu den einzelnen Arten von Genussrechten: Widmann/Mayer/*Vossius*, § 23 Rn. 20 ff.

ein Vermögensrecht eines Gesellschafters ausgestaltet sein und den Inhaber eines solchen Rechts muss ein ähnliches wirtschaftliches Risiko treffen wie einen Anteilsinhaber.[609] Ein Beispiel dafür sind Ansprüche gegen den übertragenden Rechtsträger, deren Verzinsung sich am Gewinn des Rechtsträgers orientiert.[610]

4. Weitere erfasste Rechte

297 Zu den in § 23 UmwG ausdrücklich aufgeführten Rechten treten diejenigen, die ebenfalls partiarisch gestaltet sind und über gewöhnliche Gläubigerrechte hinausgehen, also mitgliedschaftsähnliche Rechtspositionen verschaffen.[611]

298 Da sie letztgenanntes Kriterium nicht erfüllen, sind etwa **Tantiemen** als rein gewinnabhängige schuldrechtliche Gläubigerrechte nicht von der Sonderregelung des § 23 UmwG erfasst.[612]

299 Für die **Rechte eines stillen Gesellschafters** am übertragenden Rechtsträger ist das umstritten. Nach überwiegender Auffassung ist eine Anwendung von § 23 UmwG zu bejahen, da die Rechtsposition des stillen Gesellschafters mit der Rechtsposition der Inhaber von Sonderrechten, die von § 23 UmwG ausdrücklich erwähnt werden, vergleichbar ist.[613]

II. Schuldner / Fälligkeit / Verschmelzungsvertrag / Abdingbarkeit

300 Der Anspruch auf Gewährung gleichwertiger **Sonderrechte** richtet sich gegen den übernehmenden Rechtsträger.[614] Er wird mit Wirksamkeit der Verschmelzung fällig.[615]

301 Zu gewährende **Sonderrechte** müssen in dem Verschmelzungsvertrag zur Information der Anteilsinhaber festgelegt werden (§ 5 Abs. 1 Nr. 7 UmwG).[616] Eine Zustimmung der betroffenen Sonderrechtsinhaber ist aber nicht erforderlich. Fehlt eine Regelung im Verschmelzungsvertrag, ergibt sich der Anspruch aus dem Gesetz.[617] Eine **Anfechtung des Verschmelzungsbeschlusses** wegen Verletzung des § 23 UmwG ist nicht möglich.[618]

302 Der Anspruch kann nicht durch Satzung oder Verschmelzungsvertrag abbedungen werden.[619] Hingegen kann in den Bedingungen des Sonderrechts selbst für den Fall der Verschmelzung etwas Abweichendes vereinbart werden.[620] Dies ist zu empfehlen und

---

[609] Böttcher/Habighorst/Schulte/*Böttcher*, § 23 Rn. 12; Kallmeyer/*Marsch-Barner*, § 23 Rn. 7; Semler/Stengel/*Kalss*, § 23 Rn. 6; Widmann/Mayer/*Vossius*, § 23 Rn. 20.

[610] Böttcher/Habighorst/Schulte/*Böttcher*, § 23 Rn. 12.

[611] Kölner Kommentar-UmwG/*Simon*, § 23 Rn. 15; Semler/Stengel/*Kalss*, § 23 Rn. 7.

[612] Böttcher/Habighorst/Schulte/*Böttcher*, § 23 Rn. 6; Kallmeyer/*Marsch-Barner*, § 23 Rn. 3; Kölner Kommentar-UmwG/*Simon*, § 23 Rn. 5; Lutter/*Grunewald*, § 23 Rn. 21; Maulbetsch/Klumpp/Rose/*Maulbetsch*, § 23 Rn. 20; Schmitt/Hörtnagl/Stratz/*Stratz*, § 23 Rn. 8.

[613] Böttcher/Habighorst/Schulte/*Böttcher*, § 23 Rn. 19; Kölner Kommentar-UmwG/*Simon*, § 23 Rn. 16; Lutter/*Grunewald*, § 23 Rn. 20; Maulbetsch/Klumpp/Rose/*Maulbetsch*, § 23 Rn. 19; Schmitt/Hörtnagl/Stratz/*Stratz*, § 23 Rn. 8; Semler/Stengel/*Kalss*, § 23 Rn. 7; aA. Kallmeyer/*Marsch-Barner*, § 23 Rn. 3; Widmann/Mayer/*Vossius*, § 23 Rn. 11.

[614] Instruktiv zum Anpsruch der Anteilinhaber auf Dividenenausschüttung gegen den übernehmenden Rechtsträger: BGH II ZR 17/12, ZIP 2013, 358–361; Widmann/Mayer/*Vossius*, § 23 Rn. 44.

[615] Lutter/*Grunewald*, § 23 Rn. 8.

[616] Kölner Kommentar-UmwG/*Simon*, § 23 Rn. 26.

[617] Kallmeyer/*Marsch-Barner*, § 23 Rn. 9.

[618] Kallmeyer/*Marsch-Barner*, § 23 Rn. 13; Lutter/*Grunewald*, § 23 Rn. 13; Semler/Stengel/*Kalss*, § 23 Rn. 18; Widmann/Mayer/*Vossius*, § 23 Rn. 46; aA. Volhard/*Goldschmidt* FS Lutter, 2000, S. 779, 789.

[619] Kallmeyer/*Marsch-Barner*, § 23 Rn. 9; Kölner Kommentar-UmwG/*Simon*, § 23 Rn. 30; Semler/Stengel/*Kalss*, § 23 Rn. 3.

[620] Kallmeyer/*Marsch-Barner*, § 23 Rn. 9; Kölner Kommentar-UmwG/*Simon*, § 23 Rn. 31 ff.; einschränkend Lutter/*Grunewald*, § 23 Rn. 25 (lediglich Bestimmungen in Anleihebedingungen, die zur Streitvermeidung die Gleichartigkeit- und Gleichwertigkeit angemessen regeln); Semler/Stengel/*Kalss*, § 23 Rn. 3 (zulässig, solange gleichwertige Rechte gewährt werden); Widmann/Mayer/*Vossius*, § 23 Rn. 46 ff. (mit Gestaltungsbeispielen).

§ 13 Rechtsfolgen der Verschmelzung

üblich.[621] Dabei sind die allgemeinen zivilrechtlichen Grenzen (z. B. § 138 BGB sowie AGB-Kontrolle) zu beachten.[622]

III. Rechtsfolgen

§ 23 UmwG gibt dem **Sonderrechtsinhaber** einen Anspruch auf Gewährung gleichwertiger Rechte in dem übernehmenden Rechtsträger.

1. Gewährung gleichwertiger Rechte

Entscheidend für das Kriterium der **Gleichwertigkeit** ist, dass die zu gewährenden Rechte bei wirtschaftlicher Betrachtungsweise den gleichen Wert wie die Rechte in dem übertragenden Rechtsträger haben.[623] Diese Gleichwertigkeit ist dabei Mindesterfordernis. Ebenso ist es möglich, höherwertigere Rechte zu gewähren.[624]

Nicht erforderlich ist hingegen die Gleichartigkeit der Rechte.[625] Sollte es allerdings möglich sein, eine solche zu gewähren, so hat dies den Vorteil, dass so Rechtsstreitigkeiten über die Werthaltigkeit des neu gewährten Rechts leichter vermieden werden können.[626]

Die genaue Ausgestaltung des zu gewährenden Rechts bestimmt sich nach der jeweiligen Vereinbarung zwischen dem übernehmenden Rechtsträger und dem **Sonderrechtsinhaber**.[627] Art und Form der Anpassung richten sich wiederrum nach dem zugrunde liegenden Rechtsverhältnis.[628]

Umtausch- und Bezugsrechte aus **Wandelschuldverschreibungen** und ähnlichen Rechten[629] sind entsprechend dem für die Anteile ermittelten Umtauschverhältnis auf den übernehmenden Rechtsträger, welcher gleichwertige Rechte zu gewähren hat, umzustellen.[630] Dabei kann es für die notwendige **Gleichwertigkeit** erforderlich sein, bedingtes Kapital zu schaffen oder **eigene Aktien** zur Verfügung zu stellen.[631] Für **Gewinnschuldverschreibungen**[632] gilt dies entsprechend.[633]

Im Fall von **Genussrechten**[634] ist auf die jeweilige Ausgestaltung des Rechts beim übertragenden Rechtsträger abzustellen.[635] Sollte es sich um gewinnabhängige Rechte handeln, sind diese wie Gewinnbeteiligungen entsprechend dem für die Anteilsgewährung

---

[621] Widmann/Mayer/*Vossius*, § 23 Rn. 46.
[622] Kölner Kommentar-UmwG/*Simon*, § 23 Rn. 33; Lutter/*Grunewald*, § 23 Rn. 25; gegen Anwendung der Inhaltskontrolle nach § 307 BGB: Widmann/Mayer/*Vossius*, § 23 Rn. 47.
[623] Böttcher/Habighorst/Schulte/*Böttcher*, § 23 Rn. 16; Henssler/Strohn/*Müller*, § 23 UmwG Rn. 4; Kölner Kommentar-UmwG/*Simon*, § 23 Rn. 18; Maulbetsch/Klumpp/Rose/*Maulbetsch*, § 23 Rn. 21; Schmitt/Hörtnagl/Stratz/*Stratz*, § 23 Rn. 9; Semler/Stengel/*Kalss*, § 23 Rn. 12.
[624] BR-Drucks. 75/94, S. 93; Kallmeyer/*Marsch-Barner*, § 23 Rn. 8; Maulbetsch/Klumpp/Rose/*Maulbetsch*, § 23 Rn. 21; Schmitt/Hörtnagl/Stratz/*Stratz*, § 23 Rn. 9.
[625] Böttcher/Habighorst/Schulte/*Böttcher*, § 23 Rn. 16; Kallmeyer/*Marsch-Barner*, § 23 Rn. 8; Kölner Kommentar-UmwG/*Simon*, § 23 Rn. 19; Maulbetsch/Klumpp/Rose/*Maulbetsch*, § 23 Rn. 21; Semler/Stengel/*Kalss*, § 23 Rn. 12.
[626] Böttcher/Habighorst/Schulte/*Böttcher*, § 23 Rn. 16; Kölner Kommentar-UmwG/*Simon*, § 23 Rn. 20.
[627] Kölner Kommentar-UmwG/*Simon*, § 23 Rn. 26.
[628] Kölner Kommentar-UmwG/*Simon*, § 23 Rn. 26.
[629] Weiterführend: Lutter/*Grunewald*, § 23 Rn. 14–18.
[630] Böttcher/Habighorst/Schulte/*Böttcher*, § 23 Rn. 17; Lutter/*Grunewald*, § 23 Rn. 16 ff.; Maulbetsch/Klumpp/Rose/*Maulbetsch*, § 23 Rn. 25; Schmitt/Hörtnagl/Stratz/*Hörtnagl*, § 23 Rn. 11, 13; Widmann/Mayer/*Vossius*, § 23 Rn. 17.
[631] Kallmeyer/*Marsch-Barner*, § 23 Rn. 11; Lutter/*Grunewald*, § 23 Rn. 16; Semler/Stengel/*Kalss*, § 23 Rn. 14.
[632] Weiterführend: Lutter/*Grunewald*, § 23 Rn. 19–22.
[633] Semler/Stengel/*Kalss*, § 23 Rn. 13.
[634] Weiterführend: Lutter/*Grunewald*, § 23 Rn. 23 f.
[635] Kölner Kommentar-UmwG/*Simon*, § 23 Rn. 22; Lutter/*Grunewald*, § 23 Rn. 24; Maulbetsch/Klumpp/Rose/*Maulbetsch*, § 23 Rn. 28; Semler/Stengel/*Kalss*, § 23 Rn. 13.

festgelegten Umtauschverhältnis auch bei dem übernehmenden Rechtsträger zu gewähren.[636] Sollte es sich um Umtausch- oder Bezugsrechte handeln, dann sind sie wie Wandelschuldverschreibungen ebenfalls entsprechend dem für die Anteilsgewährung festgelegten Umtauschverhältnis in Bezug auf Anteile am übernehmenden Rechtsträger zu begeben.[637]

309 Wird bei der übernehmenden Gesellschaft ein **Aktienoptionsprogramm** der übertragenden Gesellschaft fortgeführt (was in der Regel aus kollektivarbeitsrechtlichen oder auch aus umwandlungsrechtlichen Gesichtspunkten erforderlich ist), so sind dessen Bedingungen (z. B. die vereinbarten Erfolgsziele) an die Verhältnisse der übernehmenden Gesellschaft nach Verschmelzung anzupassen.[638]

2. Durchsetzung des Anspruchs

310 Sowohl der Anspruch auf gleichwertige Rechte in dem übernehmenden Rechtsträger als auch die **Gleichwertigkeit der Rechte** kann von dem jeweiligen **Sonderrechtsinhaber** mittels **Feststellungs-** oder **Leistungsklage** gerichtlich geklärt werden.[639] Die im Antrag einer etwaigen Leistungsklage aufgeführte Vertragsklausel muss allerdings so ausformuliert sein, dass eine **Vollstreckung** eines der Klage stattgebenden Urteils gem. § 894 ZPO möglich ist.[640] Sollte der Anspruch schuldhaft nicht erfüllt werden, könnte die übernehmende Gesellschaft auf Schadensersatz in Anspruch genommen werden.[641] Zudem kann der Sonderrechtsinhaber den übernehmenden Rechtsträger auf Abgabe der notwendigen Änderungserklärungen gem. § 894 ZPO verklagen.[642]

311 Da das **Spruchverfahren** auf die Gewährung der gleichwertigen Rechte gem. §§ 1, 3 SpruchG nicht anwendbar ist, kommt die Durchsetzung des Anspruchs im Spruchverfahren nicht in Betracht.[643] Sollte allerdings das im Verschmelzungsvertrag festgehaltene Austauschverhältnis laut Vereinbarung entscheidend für den Umfang des zu gewährenden Rechts sein, kann eine Korrektur dieses Verhältnisses nur durch ein Spruchverfahren nach dem SpruchG erfolgen.[644]

D. Minderheitenschutz

312 Der Minderheitenschutz ist als ein allgemeines Prinzip des Gesellschaftsrechts anerkannt.[645] Auch für das Umwandlungsrecht war der Minderheitenschutz ein wichtiges Anliegen des Gesetzgebers.[646] Der Schutz der Minderheiten soll allerdings nicht zu einer übermäßigen Einschränkung oder gar Verhinderung von Verschmelzungen führen.[647]

---

[636] Maulbetsch/Klumpp/Rose/*Maulbetsch*, § 23 Rn. 28.

[637] Widmann/Mayer/*Vossius*, § 23 Rn. 21.

[638] Kallmeyer/*Marsch-Barner*, § 23 Rn. 8; ausführlich zum Aktienoptionsprogrammen: *Rothenburg*, S. 83 ff.

[639] Kallmeyer/*Marsch-Barner*, § 23 Rn. 13; Kölner Kommentar-UmwG/*Simon*, § 23 Rn. 28; Lutter/*Grunewald*, § 23 Rn. 8; Schmitt/Hörtnagl/Stratz/*Stratz*, § 23 Rn. 16; Semler/Stengel/*Kalss*, § 23 Rn. 17.

[640] Böttcher/Habighorst/Schulte/*Böttcher*, § 23 Rn. 20; Kölner Kommentar-UmwG/*Simon*, § 23 Rn. 28; Lutter/*Grunewald*, § 23 Rn. 8; Maulbetsch/Klumpp/Rose/*Maulbetsch*, § 23 Rn. 31; Semler/Stengel/*Kalss*, § 23 Rn. 17.

[641] Kallmeyer/*Marsch-Barner*, § 23 Rn. 13; Lutter/*Grunewald*, § 23 Rn. 8; Semler/Stengel/*Kalss*, § 23 Rn. 17.

[642] Kallmeyer/*Marsch-Barner*, § 23 Rn. 13.

[643] Böttcher/Habighorst/Schulte/*Böttcher*, § 23 Rn. 21; Kallmeyer/*Marsch-Barner*, § 23 Rn. 13; Kölner Kommentar-UmwG/*Simon*, § 23 Rn. 29; Maulbetsch/Klumpp/Rose/*Maulbetsch*, § 23 Rn. 33; Semler/Stengel/*Kalss*, § 23 Rn. 18.

[644] Kallmeyer/*Marsch-Barner*, § 23 Rn. 13.

[645] Limmer/*Limmer*, Teil 2 Kapitel 1 Rn. 539.

[646] Gesetzesbegründung, abgedruckt in *Ganske*, S. 13 ff.

[647] Limmer/*Limmer*, Teil 2 Kapitel 1 Rn. 540.

I. Notwendigkeit

Wenn zur Beschlussfassung über eine Verschmelzung keine Einstimmigkeit erforderlich ist, kann es zu einer Verschmelzung kommen, obwohl die **Minderheitsgesellschafter** die Verschmelzung abgelehnt haben. Die Durchführung der Verschmelzung hat unter Umständen erhebliche Auswirkungen auf die mitgliedschaftlichen Rechte der Anteilsinhaber. Zwar ist durch den Grundsatz der **Mitgliedschaftsperpetuierung** (§ 20 Abs. 1 Nr. 2 UmwG) sichergestellt, dass den Anteilsinhabern (und damit auch den Minderheitsgesellschaftern) des übertragenden Rechtsträgers Anteile am übernehmenden Rechtsträger zu gewähren sind. Trotz Fortsetzung der Mitgliedschaft kann sich diese jedoch qualitativ ändern. Diese Gefahr besteht insbesondere bei einem Rechtsformwechsel.[648] So sind die Mitwirkungsmöglichkeiten eines GmbH-Gesellschafters um einiges weitreichender als die des Aktionärs einer AG.[649] Gleichzeitig kann sich durch die Verschmelzung eine qualitative Veränderung des Investitionsrisikos ergeben,[650] ggf. ändert sich die **Verkehrsfähigkeit** der Anteile, wie beim sog. „kalten Delisting", der Verschmelzung von börsennotierter AG auf eine nicht börsennotierte AG (→ Rn. 336 ff.). Auch Informationsrechte der Anteilsinhaber sind je nach Rechtsform unterschiedlich geregelt.[651] Durch das Hinzutreten weiterer Gesellschafter ergibt sich zudem sowohl für Anteilsinhaber des übertragenden als auch solche des übernehmenden Rechtsträgers das Problem, dass ihr prozentualer Anteil an der Gesellschaft sinkt, es also zu einer **Verwässerung** ihres Stimmrechts kommen kann.[652]

II. Gesetzlich vorgesehene Instrumente des Minderheitenschutzes

Die zum Zweck des **Minderheitenschutzes** gesetzlich vorgesehenen Instrumente des Umwandlungsrechts sind für sämtliche Umwandlungsvorgänge einheitlich geregelt.[653]

Schon vor und im Rahmen des Verschmelzungsbeschlusses wird der **Minderheitenschutz** durch **Zustimmungs- und Mehrheitserfordernisse** der Versammlungen der Anteilsinhaber aller beteiligten Rechtsträger und mit diesen korrespondierende **Informationspflichten** berücksichtigt. Auch das Erfordernis der **Verschmelzungsprüfung** und der Pflicht zur Aufstellung eines **Prüfungsberichts** dienen unter anderem dem Minderheitenschutz.

Nach Durchführung der Verschmelzung greifen vorrangig wirtschaftliche Kompensationsmöglichkeiten, sei es durch Anspruch auf **Verbesserung des Umtauschverhältnisses** (§ 15 Abs. 1 UmwG), auf **angemessene Barabfindung bei Ausscheiden** (§ 29 UmwG) und auf **Schadensersatz** (§ 25 UmwG). Daneben besteht die Möglichkeit der **Veräußerung des jeweiligen Anteils** (§ 33 UmwG) an Dritte.[654]

1. Informationspflichten

Der Minderheitenschutz wird bereits im Vorfeld des Verschmelzungsbeschlusses durch weitgehende Informationsrechte zugunsten der Anteilsinhaber und entsprechende Informationspflichten der beteiligten Rechtsträger und Vertretungsorgane verwirklicht.[655]

a) Verschmelzungsvertrag. Die Bedingungen der Verschmelzung sind im **Verschmelzungsvertrag** festgelegt (→ § 8). Dieser ist den Anteilseignern mindestens einen Monat vor Beschlussfassung über die Verschmelzung zuzuleiten (§ 5 Abs. 3 UmwG).

---

[648] Limmer/*Limmer*, Teil 2 Kapitel 1 Rn. 544.
[649] Limmer/*Limmer*, Teil 2 Kapitel 1 Rn. 544.
[650] Schmitt/Hörtnagl/Stratz/*Stratz*, § 29 Rn. 3.
[651] Limmer/*Limmer*, Teil 2 Kapitel 1 Rn. 544.
[652] Böttcher/Habighorst/Schulte/*Böttcher*, Vor 1 Rn. 11; Limmer/*Limmer*, Teil 2 Kapitel 1 Rn. 545.
[653] Böttcher/Habighorst/Schulte/*Böttcher*, Vor 1 Rn. 11.
[654] Widmann/Mayer/*Wälzholz*, § 29 Rn. 1 f.
[655] Böttcher/Habighorst/Schulte/*Böttcher*, Vor 1 Rn. 11.

Dessen gesetzlich geregelter Mindestinhalt enthält mit § 5 Abs. 1 Nr. 3 UmwG (Umtauschverhältnis), Nr. 4 (Einzelheiten zur Mitgliedschaft), Nr. 7 (Gewährung von Sonderrechten) und Nr. 8 (Gewährung von besonderen Vorteilen) wesentliche Bedingungen der Verschmelzung, die gerade für die **Minderheitsgesellschafter** von entscheidender Bedeutung sind. Der Mindestkatalog des § 5 UmwG dient damit auch dem **Minderheitenschutz**. Einen ähnlichen Katalog enthält § 122c Abs. 2 UmwG für den **Verschmelzungsplan**, der im Rahmen einer grenzüberschreitenden Verschmelzung von Kapitalgesellschaften aufzustellen ist.

319 b) **Verschmelzungsbericht.** Der gesetzlich festgelegten Informationspflicht kommt die jeweilige Gesellschaft insbesondere durch Aufstellung des Verschmelzungsberichts gem. § 8 UmwG nach. In diesem Bericht soll nicht nur der Verschmelzungsvertrag erläutert werden, es ist vor allem auch auf das Umtauschverhältnis der Anteile bzw. die Folgen für die Beteiligung der Anteilsinhaber einzugehen. Dadurch soll es den Anteilsinhabern ermöglicht werden, bei Beschlussfassung über den Verschmelzungsvertrag eine informierte Entscheidung zu treffen (→ § 9 Rn. 1 ff.).[656] Je nach Gesellschaftsform sind der **Verschmelzungsbericht**, der **Verschmelzungsvertrag** (bzw. dessen Entwurf) sowie gegebenenfalls weitere Dokumente an die Anteilsinhaber zu übersenden oder auch in den Geschäftsräumen der Gesellschaft auszulegen und auf Verlangen Abschriften zu erteilen. Die Unterrichtungspflichten sind jeweils in den Sondervorschriften für die einzelnen beteiligten Rechtsformen geregelt: für die Personenhandelsgesellschaft (§ 42 UmwG), die Partnerschaftsgesellschaft (§ 45c UmwG), die GmbH (§ 47 UmwG), die AG (§ 63 UmwG), die KGaA (§§ 78 iVm. 63 UmwG) und die eingetragene Genossenschaft (§ 82 UmwG). Die Rechtsfolge fehlender oder fehlerhafter Information der Anteilsinhaber ist die Anfechtbarkeit des Beschlusses über den Verschmelzungsvertrag analog § 243 AktG.[657]

320 c) **Verschmelzungsprüfung.** Die Pflicht zur Information der Anteilsinhaber durch den Verschmelzungsbericht wird ergänzt durch die Pflicht zur Information über das Ergebnis der Verschmelzungsprüfung (→ § 10 Rn. 113 ff.). Soweit eine **Verschmelzungsprüfung** für den Rechtsträger entweder aufgrund seiner Rechtsform gesetzlich angeordnet ist oder aber von seinen Gesellschaftern eingefordert wurde,[658] findet eine Prüfung der Verschmelzung und insbesondere der Angemessenheit des Umtauschverhältnisses durch sachverständige Prüfer in Übereinstimmung mit den Vorschriften der §§ 9 ff. UmwG statt. Das Ergebnis dieser Prüfung ist den Anteilsinhabern noch vor Beschlussfassung über die Verschmelzung mitzuteilen.[659] Der Prüfbericht hat eine Erklärung der Prüfer über die Angemessenheit des Umtauschverhältnisses zu enthalten (§ 12 Abs. 2 S. 1 UmwG). Dieses Resultat ist für die Anteilsinhaber damit eine wichtige Entscheidungsgrundlage zur Beurteilung des Verschmelzungsvorhabens.

2. Mehrheitsregelungen

321 Gem. § 13 Abs. 1 UmwG wird ein Verschmelzungsvertrag nur wirksam, wenn die Anteilsinhaber der beteiligten Rechtsträger ihm durch Beschluss zustimmen. Erforderlich ist dabei eine **qualifizierte Mehrheit**, deren genaue Ausgestaltung sich nach der Rechtsform des jeweiligen Rechtsträgers richtet (ausführlich zu Mehrheitserfordernissen → § 11 Rn. 26 ff.).[660] Der Zweck dieser Vorschrift ist der Schutz der Anteilsinhaber und somit auch der Minderheitsgesellschafter.[661]

---

[656] Kallmeyer/*Marsch-Barner*, § 8 Rn. 1; Limmer/*Limmer*, Teil 2 Kapitel 1 Rn. 548.
[657] Kallmeyer/*Kocher*, § 47 Rn. 8; Semler/Stengel/*Reichert*, § 47 Rn. 4.
[658] Vgl. zu den gesetzlich vorgesehenen Prüfungsbefehlen Widmann/Mayer/*Mayer*, § 9 Rn. 44 sowie Überblick bei Kallmeyer/*Lanfermann*, § 9 Rn. 10.
[659] Semler/Stengel/*Zeidler*, § 12 Rn. 2.
[660] Limmer/*Limmer*, Teil 2 Kapitel 1 Rn. 550.
[661] Semler/Stengel/*Gehling*, § 13 Rn. 1.

3. Zustimmungserfordernisse

Weiteres Instrument des Minderheitenschutzes sind gesondert geregelte **Zustimmungs-** 322 **erfordernisse** einzelner Anteilsinhaber, welche neben den bereits angesprochenen Mehrheiten im Rahmen der Beschlussfassung für die Wirksamkeit des Verschmelzungsbeschlusses notwendig sind. Sollte eine erforderliche Zustimmung nicht erteilt werden, so ist der Beschluss unwirksam.[662]

Ein allgemeiner Grundsatz, der sämtliche Minderheitsgesellschafter oder Sonderrechts- 323 inhaber schützt, ist im Umwandlungsrecht nicht vorgesehen.[663] Stattdessen gibt es einzeln geregelte Tatbestände, die ein Zustimmungserfordernis auslösen. Diese lassen sich den Fallgruppen des Verlusts von Herrschafts- oder Sonderrechten, der Beeinträchtigung des Vermögenswerts der Mitgliedschaft, oder auch der Haftungsverschärfung zurechnen.[664] Die wohl wichtigste Regelung zu einem Zustimmungserfordernis ist die des § 13 Abs. 2 UmwG (Zustimmungserfordernis bei Vinkulierung).[665]

4. Anspruch auf Schadensersatz

Nicht nur die Gläubiger, auch die Anteilsinhaber eines übertragenden Rechtsträgers 324 haben gem. § 25 UmwG einen Anspruch gegen die Mitglieder des **Vertretungs-/Aufsichtsorgans** des übertragenden Rechtsträgers auf Ersatz ihres Schadens, den sie durch die Verschmelzung erleiden. Unter Verweis auf die Ausführungen zum **Schadensersatzanspruch von Gläubigern** des übertragenden Rechtsträgers gem. § 25 UmwG (→ Rn. 254 ff.) ist hier nur auf die für den **Schadensersatzanspruch von Anteilsinhabern** geltenden Besonderheiten einzugehen.

Die Anteilsinhaber eines übertragenden Rechtsträgers können entsprechenden Schaden 325 insbesondere durch ein **nachteiliges Umtauschverhältnis** erleiden.[666] Dazu kann es kommen, wenn die Vermögenslage der beteiligten Rechtsträger nicht sorgfältig geprüft wurde.[667] Ein möglicher **Schadensersatzanspruch** gegen die **Vertretungs-/Aufsichtsorgane** des übertragenden Rechtsträgers besteht grundsätzlich neben einem solchen auf bare Zuzahlung gem. § 15 Abs. 1 UmwG, da sich die beiden Ansprüche gegen unterschiedliche Gegner richten.[668] Abzuziehen von einem Schaden der Anteilsinhaber sind jedoch bare Zuzahlungen, die einem Anteilsinhaber im **Spruchverfahren** zugesprochen (§ 15 UmwG) und von dem übernehmenden Rechtsträger geleistet wurden.[669] Auch müsste es sich der Anteilsinhaber als Mitverschulden iSd. § 254 Abs. 2 BGB auf seinen Schaden anrechnen lassen, wenn er die Einleitung eines Spruchverfahrens unterlassen sollte.[670] Praktisch kommt es daher vor allem dann zu einem Anspruch auf Schadensersatz gem. § 25 Abs. 1 UmwG aufgrund eines nachteiligen Umtauschverhältnisses, wenn der Anspruch auf bare Zuzahlung gem. § 15 Abs. 1 UmwG bei dem übernehmenden Rechtsträger nicht zu realisieren ist.[671]

---

[662] Kallmeyer/*Zimmermann*, § 13 Rn. 30.
[663] Limmer/*Limmer*, Teil 2 Kapitel 1 Rn. 552.
[664] Limmer/*Limmer*, Teil 2 Kapitel 1 Rn. 555.
[665] Ausführliche Übersicht zu den allgemeinen und besonderen Zustimmungserfordernissen bei der Verschmelzung bei: Widmann/Mayer/*Heckschen*, § 13 Rn. 210.
[666] Böttcher/Habighorst/Schulte/*Burg*, § 25 Rn. 22; Lutter/*Grunewald*, § 25 Rn. 15; Schmitt/Hörtnagl/Stratz/*Stratz*, § 25 Rn. 19.
[667] Semler/Stengel/*Kübler*, § 25 Rn. 14.
[668] Böttcher/Habighorst/Schulte/*Burg*, § 25 Rn. 22; Kölner Kommentar-UmwG/*Simon*, § 25 Rn. 38 f.; aA. wonach das SpruchG ein vorrangiges Verfahren vorsieht: Schmitt/Hörtnagl/Stratz/*Stratz*, § 25 Rn. 19.
[669] Kölner Kommentar-UmwG/*Simon*, § 25 Rn. 23.
[670] Kallmeyer/*Marsch-Barner*, § 25 Rn. 11; Kölner Kommentar-UmwG/*Simon*, § 25 Rn. 38; Lutter/*Grunewald*, § 25 Rn. 15; Semler/Stengel/*Kübler*, § 25 Rn. 23.
[671] Böttcher/Habighorst/Schulte/*Burg*, § 25 Rn. 23; Kölner Kommentar-UmwG/*Simon*, § 25 Rn. 39.

5. Nachbesserungsanspruch

326 Den Anteilsinhabern des übertragenden Rechtsträgers steht das Recht zu, das Umtauschverhältnis im Rahmen eines gerichtlichen **Spruchverfahrens** überprüfen zu lassen und gegebenenfalls eine **bare Zuzahlung** vom übernehmenden Rechtsträger zu verlangen (§ 15 UmwG).

6. Abfindungs- und Austrittsrechte

327 Anteilsinhabern des übertragenden Rechtsträgers,[672] die gegen den Verschmelzungs- und Übernahmevertrag **Widerspruch zur Niederschrift** erklärt haben, ist in den Fällen des § 29 Abs. 1 UmwG ein Angebot zum Erwerb ihrer Anteile gegen **Barabfindung** zu unterbreiten. Die Anteilsinhaber haben die Wahl, das Angebot anzunehmen und aus der Gesellschaft auszuscheiden oder den ihnen gebotenen Anteil am übernehmenden Rechtsträger zu behalten und in der Gesellschaft zu verbleiben.[673] Anteilsinhaber, die keinen Widerspruch erklärt haben, können das Angebot nicht annehmen.[674] Sollte der Erwerb der Anteile durch den übernehmenden Rechtsträger rechtstechnisch nicht möglich sein, steht dem Anteilsinhaber ein Anspruch auf Ausscheiden aus der Gesellschaft gegen Abfindungszahlung zu.[675] Durch dieses Wahlrecht soll dem Interesse der Anteilsinhaber am Erhalt einer gleichbleibenden Mitgliedschaft nachgekommen werden.[676]

328 Der **Abfindungsanspruch** ist Ausfluss des Mitgliedschaftsrechts. Er wird daher ausschließlich nach den Regelungen von §§ 29 ff. UmwG geschützt und nicht nach der allgemeinen Gläubigerschutzregelung gem. § 22 UmwG.[677] Der Abfindungsanspruch ist übertragbar und vererblich.[678]

329 Das **Abfindungs- und Austrittrecht** ist zwingend und kann nicht im Rahmen des Verschmelzungsvertrags abbedungen (§ 1 Abs. 3 UmwG)[679] oder durch Satzungsbestimmungen abgeändert oder eingeschränkt werden.[680] Im Falle von **grenzüberschreitenden Verschmelzungen** gilt § 122i UmwG.

330 Nicht anwendbar ist § 29 UmwG jedoch bei der Verschmelzung von **Genossenschaften** (§ 90 Abs. 1 UmwG) und **gemeinnützigen** (iSd. § 5 Abs. 1 Nr. 9 KStG) **Vereinen** (§ 104a UmwG).[681]

331 a) **Voraussetzungen.** Den Minderheitsgesellschaftern ist eine angemessene Barabfindung anzubieten, wenn eine **Mischverschmelzung** oder ein „**kaltes Delisting**" vorliegen oder wenn die Anteile oder Mitgliedschaften des übernehmenden Rechtsträgers einer **Verfügungsbeschränkung** unterliegen. Eine analoge Anwendung auf weitere ähnlich gelagerte Sachverhalte ist abzulehnen.

332 aa) **Mischverschmelzung.** Gem. § 29 Abs. 1 S. 1 1. Alt. UmwG ist ein Abfindungsangebot zunächst bei Verschmelzungen von **Rechtsträgern verschiedener Rechtsformen** erforderlich. Das Austrittsrecht besteht unabhängig davon, ob die Verschmelzung durch Aufnahme oder durch Neugründung vollzogen wird.[682] Damit wird dem Umstand

---

[672] Zum Schutz der Anteilseigner des übernehmenden Rechtsträgers: Widmann/Mayer/*Wälzholz*, § 29 Rn. 3; zur Entstehungsgeschichte und europarechtlichen Vorgaben: Kölner Kommentar-UmwG/*Simon*, § 29 Rn. 3 ff.

[673] Schmitt/Hörtnagl/Stratz/*Stratz*, § 29 Rn. 1.

[674] Böttcher/Habighorst/Schulte/*Burg*, § 29 Rn. 1.

[675] Limmer/*Limmer*, Teil 2 Kapitel 1 Rn. 583.

[676] Lutter/*Grunewald*, § 29 Rn. 1.

[677] Semler/Stengel/*Kalss*, § 29 Rn. 1.

[678] Kallmeyer/*Marsch-Barner*, § 29 Rn. 21; Kölner Kommentar-UmwG/*Simon*, § 29 Rn. 2; Schmitt/Hörtnagl/Stratz/*Stratz*, § 29 Rn. 18; Semler/Stengel/*Kalss*, § 29 Rn. 1.

[679] Kallmeyer/*Marsch-Barner*, § 29 Rn. 1; Lutter/*Grunewald*, § 29 Rn. 1.

[680] OLG Karlsruhe 9 U 195/01, ZIP 2003, 78–80; Henssler/Strohn/*Müller*, § 29 UmwG Rn. 3; Schmitt/Hörtnagl/Stratz/*Stratz*, § 29 Rn. 2; Widmann/Mayer/*Wälzholz*, § 29 Rn. 4.

[681] Limmer/*Limmer*, Teil 2 Kapitel 1 Rn. 586.

[682] Semler/Stengel/*Kalss*, § 29 Rn. 6.

Rechnung getragen, dass aus dem Wechsel der Rechtsform im Zuge einer solchen **Mischverschmelzung** weitreichende strukturelle Änderungen folgen können, welche dem Anteilsinhaber nicht ohne Alternative aufgezwungen werden sollen. Den Interessen des einzelnen Anteilsinhabers mag es etwa nicht entsprechen, durch Wechsel seines GmbH-Geschäftsanteils in Aktien einer AG seiner weiterreichenden GmbH-Gesellschafterrechte benommen zu werden; oder gerade im umgekehrten Fall, bei Verschmelzung einer AG auf eine GmbH, die Fungibilität seiner Anteile eingeschränkt zu sehen.[683] Auch die veränderte Haftungsstruktur beim Wechsel von einer Kapital- auf eine Personengesellschaft könnte für den jeweiligen Anteilsinhaber nachteilig sein, wenn er dadurch persönlich haftbar wird (auch wenn in diesem Fall gem. § 40 Abs. 2 UmwG die Zustimmung der betroffenen Anteilsinhaber erforderlich ist).[684]

Es ist nicht erforderlich, dass tatsächlich Änderungen von einer gewissen Schwere eintreten. Es reicht bereits die formelle Änderung der Rechtsform.[685] Das gilt auch für die Verschmelzung von OHG und KG.[686]

Nicht als Änderung der Rechtsform wird allerdings der Wechsel von AG auf KGaA und umgekehrt angesehen (§ 78 S. 4 UmwG). Die SE ist der AG gem. Art. 10 SE-VO als Rechtsform gleichgestellt; deshalb gilt § 29 UmwG auch nicht für eine Verschmelzung einer AG auf eine inländische SE und umgekehrt.[687] Eine GmbH und eine UG (haftungsbeschränkt) sind keine unterschiedlichen Rechtsformen, sodass auch insoweit § 29 UmwG keine Anwendung findet.[688]

Unberührt hiervon bleiben allerdings Abfindungsansprüche im Fall der Vinkulierung nach § 29 Abs. 1 S. 2 UmwG.[689] Im Falle einer grenzüberschreitenden Verschmelzung zwischen Kapitalgesellschaften (z.B. AG auf eine SE) ergibt sich der Abfindungsanspruch aus § 122i UmwG (→ Rn. 386 ff.).

bb) „Kaltes Delisting". (Jetzt)[690] ebenfalls ausdrücklich von § 29 Abs. 1 S. 1 2. Alt. UmwG erwähnt sind die Fälle der **Verschmelzung einer börsennotierten AG** auf eine **nicht börsennotierte AG**, die einen Rückzug von der Börse, ein sog. „**kaltes Delisting**", mit sich bringen. Diese Regelung ist in zweierlei Hinsicht gerechtfertigt und notwendig: Zum einen ist ein Abfindungsangebot auch beim regulären **Delisting**, also dem vollständigen Widerruf der Börsenzulassung, erforderlich (§ 39 Abs. 2 S. 3 Nr. 1 BörsG).[691] Zum anderen ist die Verschmelzung einer börsennotierten auf eine nicht börsennotierte AG in Bezug auf die faktische Verkehrsfähigkeit der Anteile vergleichbar mit der Verschmelzung einer börsennotierten AG auf einen nichtbörsenfähigen Rechtsträger (was ebenfalls ein kaltes Delisting darstellt). In diesem Fall kann den Anteilsinhabern schon aufgrund der Regelung zur Mischverschmelzung ein **Anspruch auf Abfindung** zustehen. Der umgekehrte Fall ist nicht erfasst, da die Aktionäre dann keine Übertragungsmöglichkeit verlieren, vielmehr steigt die Fungibilität ihrer Anteile.[692]

---

[683] Schmitt/Hörtnagl/Stratz/*Stratz*, § 29 Rn. 7.
[684] Schmitt/Hörtnagl/Stratz/*Stratz*, § 29 Rn. 7.
[685] Kallmeyer/*Marsch-Barner*, § 29 Rn. 4; Schmitt/Hörtnagl/Stratz/*Stratz*, § 29 Rn. 8; Widmann/Mayer/*Wälzholz*, § 29 Rn. 12.
[686] Kallmeyer/*Marsch-Barner*, § 29 Rn. 4; Lutter/*Grunewald*, § 29 Rn. 2; Schmitt/Hörtnagl/Stratz/ *Stratz*, § 29 Rn. 8; Semler/Stengel/*Kalss*, § 29 Rn. 6; Widmann/Mayer/*Wälzholz*, § 29 Rn. 12; Limmer/*Limmer*, Teil 2 Kapitel 1 Rn. 585; aA. Goutier/Knopf/Tulloch/*Bermel*, § 29 Rn. 7.
[687] Kallmeyer/*Marsch-Barner*, § 29 Rn. 4; Kölner Kommentar-UmwG/*Simon*, § 29 Rn. 14.
[688] Henssler/Strohn/*Müller*, § 29 Rn. 4; Widmann/Mayer/*Wälzholz*, § 29 Rn. 12.1.
[689] Kölner Kommentar-UmwG/*Simon*, § 29 Rn. 13.
[690] Die Regelung wurde durch das 2. UmwGÄndG vom 19.4.2007 (BGBl. I S. 542) eingeführt. Zu den Hintergründen und Rechtslage- bzw. Rechtsentwicklung vor Einführung dieser Vorschrift: Kölner Kommentar-UmwG/*Simon*, § 29 Rn. 26; Widmann/Mayer/*Wälzholz*, § 29 Rn. 13, jeweils m. w. N.
[691] Schmitt/Hörtnagl/Stratz/*Stratz*, § 29 Rn. 3a mit weiteren Informationen zur Rechtsentwicklung.
[692] Kallmeyer/*Marsch-Barner*, § 29 Rn. 4a.

337 Die Regelung des § 29 Abs. 1 S. 1 2. Alt. UmwG ist auf die Verschmelzung einer börsennotierten SE oder KGaA auf eine nicht börsennotierte AG, SE oder KGaA entsprechend anwendbar.[693] Wird allerdings eine Gesellschaft, deren Aktien bislang an mehreren Börsen notiert sind, auf eine Gesellschaft verschmolzen, deren Aktien nur an einer Börse gehandelt werden (**Teil-Delisting**) entsteht kein **Abfindungsrecht**.[694]

338 Ob eine Gesellschaft börsennotiert ist, richtet sich nach § 3 Abs. 2 AktG.[695] Danach kommt es auf die Zulassung der Aktien zum regulierten Markt (§§ 32 ff. BörsG) an.[696] Für den **Wechsel in ein anderes Börsensegment** wird eine Abfindungspflicht verneint, weil die **Verkehrsfähigkeit der Aktien** durch den Wechsel der Handelsbedingungen nicht oder nur unwesentlich beeinträchtigt ist.[697]

339 Eine Gesellschaft, deren Aktien lediglich zum Handel im **Freiverkehr** nach § 48 BörsG zugelassen ist, erfüllt die Voraussetzungen der §§ 32 ff. BörsG nicht. Das führt dazu, dass § 29 UmwG nach dem Wortlaut Anwendung findet, wenn eine an einem **regulierten Markt** zugelassene Gesellschaft auf eine im Freiverkehr gehandelte Gesellschaft verschmolzen wird.[698] Diskutiert wird allerdings, ob dieses Ergebnis ggf. teleologisch zu berichtigen ist (also kein Abfindungsrecht bei Wechsel in den Freiverkehr),[699] weil durch den Wechsel vom regulierten Markt in den Freiverkehr die Handelsbedingungen nicht oder nur unwesentlich beeinträchtigt werden.[700] *De lege lata* ist eine solche Korrektur des § 29 Abs. 1 S. 1 Alt. 2 UmwG aber abzulehnen, weil davon auszugehen ist, dass der Gesetzgeber in Kenntnis der Diskussion bei der Neuregelung des § 29 UmwG eine bewusste Entscheidung beim Ausschluss des Freiverkehrs aus dem Anwendungsbereich des § 29 UmwG getroffen hat.[701] Wird eine im Freiverkehr gehandelte Gesellschaft dagegen auf eine nicht börsennotierte Gesellschaft verschmolzen, ist § 29 Abs. 1 S. 1 Alt. 2 UmwG nach seinem Wortlaut nicht anwendbar. Auch für diesen Fall käme eine analoge Anwendung des § 29 Abs. 1 S. 1 Alt. 2 UmwG (also Abfindungsrecht bei Delisting aus dem Freiverkehr) in Betracht. Diese wird aber richtigerweise mit Verweis auf eine fehlende Regelungslücke (s. o.) überwiegend verneint.[702]

340 Da es sich bei § 29 UmwG um eine Regelung des **Minderheitenschutzes** handelt, ist hinsichtlich des relevanten Zeitpunkts zur Beurteilung der Börsennotierung nicht auf den

---

[693] Henssler/Strohn/*Müller*, § 29 UmwG Rn. 6; Kallmeyer/*Marsch-Barner*, § 29 Rn. 4a; Lutter/*Grunewald*, § 29 Rn. 4; Schmitt/Hörtnagl/Stratz/*Stratz*, § 29 Rn. 9.

[694] Kallmeyer/*Marsch-Barner*, § 29 Rn. 4a; Widmann/Mayer/*Wälzholz*, § 29 Rn. 13.1.

[695] Henssler/Strohn/*Müller*, § 29 UmwG Rn. 6; Kallmeyer/*Marsch-Barner*, § 29 Rn. 4b; Lutter/*Grunewald*, § 29 Rn. 3; Widmann/Mayer/*Wälzholz*, § 29 Rn. 13.1.

[696] Kallmeyer/*Marsch-Barner*, § 29 Rn. 4b; Widmann/Mayer/*Wälzholz*, § 29 Rn. 13.1.

[697] KG Berlin 2 W 119/08, AG 2009, 697; OLG München 31 Wx 62/076, NZG 2008, 755, 758; Kallmeyer/*Marsch-Barner*, § 29 Rn. 4b; Kölner Kommentar-UmwG/*Simon*, § 29 Rn. 62; Seibt/Wollenschläger, AG 2009, 807, 814; Semler/Stengel/*Kalss*, § 29 Rn. 16.

[698] Allgemeine Meinung: Kallmeyer/*Marsch-Barner*, § 29 Rn. 4b; Widmann/Mayer/*Wälzholz*, § 29 Rn. 13.1; aA. *Klöhn*, NZG 2012, 1041, 1046, der jede Form der Börsennotierung als Börsennotierung im Sinne des § 29 UmwG genügen lässt.

[699] Für eine teleologische Reduktion: Kölner Kommentar-UmwG/*Simon*, § 29 Rn. 62; wohl auch: Semler/Stengel/*Kalss*, § 29 Rn. 16; im Ergebnis auch: *Klöhn*, NZG 2012, 1041, 1046; dagegen: Henssler/Strohn/*Müller*, § 29 UmwG Rn. 6; Kallmeyer/*Marsch-Barner*, § 29 Rn. 4b; Widmann/Mayer/*Wälzholz*, § 29 Rn. 13.1.

[700] So im Ergebnis für das Segment M:access: OLG München 31 Wx 62/076, NZG 2008, 755.

[701] Wie hier: Kallmeyer/*Marsch-Barner*, § 29 Rn. 4b; davon scheint auch das OLG München auszugehen, wenn es mit Verweis auf eine bewusste Entscheidung des Gesetzgebers bei der Nueregelung des § 29 UmwG einen Vergleich/Analogie mit dem dort entschiedenen Fall des „normalen" Delistings ablehnt: OLG München 31 Wx 62/076, NZG 2008, 755, 758.

[702] Henssler/Strohn/*Müller*, § 29 UmwG Rn. 6; Kallmeyer/*Marsch-Barner*, § 29 Rn. 4b; Lutter/*Grunewald*, § 29 Rn. 3; Widmann/Mayer/ *Wälzholz*, § 29 Rn. 13.1.

Zeitpunkt der Beschlussfassung der Verschmelzung, sondern vielmehr auf den Zeitpunkt des Wirksamwerdens der Verschmelzung, also ihrer Eintragung, abzustellen.[703]

Sollen die Aktien des übernehmenden Rechtsträgers kurze Zeit nach der Verschmelzung doch börsennotiert werden, so ist zu unterscheiden, ob die **Börsennotierung** bisher nur geplant ist und zur Umsetzung noch weitere Schritte unternommen werden müssen – in welchem Fall ein Abfindungsangebot weiterhin erforderlich ist – oder ob die Börsennotierung unverzüglich nach der Verschmelzung eintreten soll und die zeitliche Verzögerung lediglich technisch bedingt ist.[704] 341

cc) Verfügungsbeschränkung. Von § 29 Abs. 1 S. 2 UmwG werden Verschmelzungen zwischen Rechtsträgern derselben Rechtsform erfasst, wenn die Anteile oder Mitgliedschaften des übernehmenden Rechtsträgers einer **Verfügungsbeschränkung** unterliegen. Eine Verfügungsbeschränkung ist jede Einschränkung der freien Übertragbarkeit oder Möglichkeit der sonstigen Verfügung (z. B. Belastung) des Anteils.[705] Eine Verfügungsbeschränkung kann sich aufgrund vertraglicher Gestaltungen ergeben, aber auch auf gesetzlichen Regelungen beruhen.[706] Beispiele für derartige Verfügungsbeschränkungen sind etwa § 15 Abs. 5 GmbHG, § 68 AktG, oder auch §§ 105 ff., 161 ff. HGB.[707] Besteht eine Verfügungsbeschränkung lediglich für einen Teil der Anteilseigner, haben nur die betroffenen Anteilseigner das Abfindungsrecht.[708] 342

Keine **Verfügungsbeschränkungen** iSv. § 29 Abs. 1 S. 2 UmwG sind **schuldrechtliche Nebenabreden** der Gesellschafter.[709] Derartige Beschränkungen gelten für die Anteilsinhaber des übernehmenden Rechtsträgers nur, wenn sie diesen Vereinbarungen zustimmen oder ihnen beitreten, so dass hier kein weiteres Schutzbedürfnis besteht. Ebenfalls keine Verfügungsbeschränkungen sind sonstige Beeinträchtigungen der Mitgliedschaft beim übernehmenden Rechtsträger (z. B. **Nebenpflichten, Nachschusspflichten, Wettbewerbsverbote, Entsendungs- und Vorschlagsrechte**), auch wenn sich diese faktisch auf die Übertragbarkeit der Anteile erschwerend auswirken können.[710] 343

Streitig ist die Frage, ob eine **Verfügungsbeschränkung** nur vorliegt, wenn das **dingliche Rechtsgeschäft** bei Nichtbeachtung der Einschränkung unwirksam wird. Relevant wird dies, wenn die Satzung der übernehmenden Gesellschaft die Verfügung über den Anteil lediglich schuldrechtlich verbietet, aber nicht dinglich ausschließt.[711] Die praktische Relevanz dieses Meinungsstreits dürfte gering sein, weil Satzungen entsprechende Verfügungsbeschränkungen in der Regel dinglich absichern. Sollte dies doch einmal nur schuldrechtlich erfolgt sein, ist iSd. **Minderheitenschutzes** zu bedenken, dass es aus der Sicht des betroffenen Anteilsinhabers im Ergebnis keinen Unterschied macht, ob die Verfügung schuldrechtlich verboten oder dinglich unmöglich ist. Deshalb überzeugt die Ansicht, auch Beschränkungen der Möglichkeit der Verfügung eines Anteils, die nur schuldrechtlich abgesichert sind, als Verfügungsbeschränkung iSv. § 29 Abs. 1 S. 2 UmwG anzuerkennen. 344

---

[703] Kallmeyer/*Marsch-Barner*, § 29 Rn. 4b; zu den konkreten Anforderungen: Lutter/*Grunewald*, § 29 Rn. 4; Schmitt/Hörtnagl/Stratz/*Stratz*, § 29 Rn. 9; Widmann/Mayer/*Wälzholz*, § 29 Rn. 15.

[704] Kallmeyer/*Marsch-Barner*, § 29 Rn. 4c; Schmitt/Hörtnagl/Stratz/*Stratz*, § 29 Rn. 9; Widmann/Mayer/*Wälzholz*, § 29 Rn. 14.

[705] Lutter/*Grunewald*, § 29 Rn. 5.

[706] Ausführlich zu den einzelnen Verfügungsbeschränkungen: Widmann/Mayer/*Wälzholz*, § 29 Rn. 19 ff.

[707] Schmitt/Hörtnagl/Stratz/*Stratz*, § 29 Rn. 11.

[708] Kallmeyer/*Marsch-Barner*, § 29 Rn. 5; Lutter/*Grunewald*, § 29 Rn. 10.

[709] Kallmeyer/*Marsch-Barner*, § 29 Rn. 5.

[710] Kallmeyer/*Marsch-Barner*, § 29 Rn. 6.

[711] Für Anwendung des § 29 Abs. 1 Satz 2 in diesem Fall: Goutier/Knopf/Tulloch/*Bermel*, § 29 Rn. 13; Henssler/Strohn/*Müller*, § 29 UmwG Rn. 11 f.; Kallmeyer/*Marsch-Barner*, § 29 Rn. 5; Reichert, GmbHR 1995, 176, 188 f.; aA. Kölner Kommentar-UmwG/*Simon*, § 29 Rn. 17; Lutter/*Grunewald*, § 29 Rn. 6; Semler/Stengel/*Kalss*, § 29 Rn. 8; Widmann/Mayer/*Wälzholz*, § 29 Rn. 19.

345 Da vom Gesetzeswortlaut nicht angesprochen, ist es unerheblich, ob die Anteile des Anteilsinhabers im übertragenden Rechtsträger auch bereits **Verfügungsbeschränkungen** unterlagen.[712] Eine Ausnahme soll lediglich dann gelten, wenn die Verfügungsbeschränkung beim übernehmenden Rechtsträger den Anteilsinhaber in keiner Hinsicht, sei es rechtlich oder tatsächlich, anders stellt als zuvor.[713] Dies lässt sich entweder mit einer teleologischen Reduktion des § 29 Abs. 1 S. 2 UmwG oder über eine Berufung auf **missbräuchliche Rechtsausübung** begründen.[714]

346 **dd) Kein allgemeines Verschlechterungsverbot durch analoge Anwendung.** Teilweise wird diskutiert, ob auch sonstige durch die Verschmelzung eintretende Verschlechterungen für die Anteilseigner oder Fälle, in denen zwar nicht die Rechtsform, aber doch die Verhältnisse der Gesellschaft grundlegend geändert werden, durch eine Analogie zu § 29 UmwG zu einem Abfindungsangebot zugunsten der Anteilsinhaber führen sollen.[715] Bejaht wird dies z. B., wenn die Verschmelzung auf eine abhängige AG oder eine AG mit einem kontrollierenden Aktionär erfolgt.[716] Diese Fälle sind bislang aber weder gesetzlich vorgesehen noch in diesem Sinne entschieden worden.[717] Ausdrücklich aufgenommen hat der Gesetzgeber im Jahr 2007 lediglich den Fall des **kalten Delistings**, aber gerade keine der weiteren diskutierten Fälle. Zudem könnten ausufernde Abfindungsansprüche die Kapitaldeckung des übernehmenden Rechtsträgers gefährden. Deshalb ist eine analoge Anwendung des § 29 UmwG *de lege lata* abzulehnen.[718]

347 **ee) Widerspruch oder gleichgestellte Tatbestände.** Nur Anteilsinhabern, die gegen den Verschmelzungsbeschluss des übertragenden Rechtsträgers **Widerspruch zur Niederschrift** erklärt haben, steht ein **Anspruch auf die Barabfindung** zu (§ 29 Abs. 1 S. 1 UmwG). Der Widerspruch muss also in der Versammlung erklärt worden sein, in welcher über den Verschmelzungsvertrag beschlossen wurde.[719] Im Zusammenspiel mit den Mehrheitserfordernissen für die Verschmelzung wird durch die Notwendigkeit des Widerspruchs sichergestellt, dass der übernehmende Rechtsträger nicht mit quantitativ zu hohen Barabfindungsansprüchen belastet und damit in seiner Existenz gefährdet wird.[720] Dem übernehmenden Rechtsträger soll so ermöglicht werden, jedenfalls die maximal mögliche Gesamthöhe der Barabfindungsansprüche zu antizipieren.[721] Deshalb ist Stimmabgabe allein aber nicht ausreichend, um den Widerspruch zu ersetzen.[722] Denn es ist durchaus möglich, dass der Anteilsinhaber aus anderen Gründen gegen den Verschmelzungsvertrag gestimmt hat, etwa weil ihm das **Umtauschverhältnis** missfällt.[723] Umgekehrt ist es in diesem

---

[712] Kölner Kommentar-UmwG/*Simon*, § 29 Rn. 23; Lutter/*Grunewald*, § 29 Rn. 9; Schmitt/Hörtnagl/Stratz/*Stratz*, § 29 Rn. 4, 10; Widmann/Mayer/*Wälzholz*, § 29 Rn. 17.

[713] Kölner Kommentar-UmwG/*Simon*, § 29 Rn. 23; Lutter/*Grunewald*, § 29 Rn. 10; Schmitt/Hörtnagl/Stratz/*Stratz*, § 29 Rn. 10; Widmann/Mayer/*Wälzholz*, § 29 Rn. 17; z. B. Verschmelzung von Schwestergesellschaften mit absolut identischer Ausgestaltung der Verfügungsbeschränkung.

[714] Schmitt/Hörtnagl/Stratz/*Stratz*, § 29 Rn. 10; Widmann/Mayer/*Wälzholz*, § 29 Rn. 17.

[715] Limmer/*Limmer*, Teil 2 Kapitel 1 Rn. 592 ff.

[716] Kölner Kommentar-WpÜG/*Hasselbach*, § 35 Rn. 106 ff.; *Seibt/Heiser*, ZHR 165 (2001), 466, 481 f.

[717] Kallmeyer/*Marsch-Barner*, § 29 Rn. 31; Limmer/*Limmer*, Teil 2 Kapitel 1 Rn. 592, 594.

[718] Wie hier auch: Henssler/Strohn/*Müller*, § 29 UmwG Rn. 24; Kallmeyer/*Marsch-Barner*, § 29 Rn. 12; Lutter/*Grunewald*, § 29 Rn. 32; Widmann/Mayer/*Wälzholz*, § 29 Rn. 60.

[719] Kallmeyer/*Marsch-Barner*, § 29 Rn. 12; Kölner Kommentar-UmwG/*Simon*, § 29 Rn. 28; Maulbetsch/Klumpp/Rose/*Stockburger*, § 29 Rn. 19; Semler/Stengel/*Kalss*, § 29 Rn. 22.

[720] Schmitt/Hörtnagl/Stratz/*Stratz*, § 29 Rn. 15.

[721] Kallmeyer/*Marsch-Barner*, § 29 Rn. 11.

[722] OLG München 31 Wx 135/09, DNotz 2011, 142–146; Kallmeyer/*Marsch-Barner*, § 29 Rn. 13; Kölner Kommentar-UmwG/*Simon*, § 29 Rn. 29; Lutter/*Grunewald*, § 29 Rn. 12; Maulbetsch/Klumpp/Rose/*Stockburger*, § 29 Rn. 19.

[723] Böttcher/Habighorst/Schulte/*Burg*, § 29 Rn. 27; Kölner Kommentar-UmwG/*Simon*, § 29 Rn. 29.

Zusammenhang aber konsequenterweise erforderlich, dass der Anteilsinhaber in der Haupt- oder Gesellschafterversammlung gegen den Verschmelzungsvertrag gestimmt hat, damit er einen Anspruch auf die Barabfindung geltend machen kann.[724]

Ein im Vorhinein oder nachträglich erklärter **Widerspruch zur Niederschrift** ist nicht ausreichend.[725] Der Widerspruch kann durch den Anteilsinhaber selbst oder durch einen bevollmächtigten Vertreter erklärt werden.[726] Für die Stellvertretung ist keine besondere Form vorgeschrieben. Eine schriftliche Vollmacht kann auch nach der Versammlung nachgereicht werden.[727] Eine Begründung des Widerspruchs ist nicht erforderlich.[728] Auch ist es ausreichend, wenn der Wille, den Widerspruch zu erklären, zum Ausdruck kommt, der genaue Wortlaut der Erklärung ist hingegen nicht entscheidend.[729] Erfolgte die Aufnahme des Widerspruchs in die Niederschrift durch den Notar trotz entsprechender Erklärung durch den Anteilsinhaber dennoch nicht, ist dies unschädlich.[730] Allerdings muss der Anteilsinhaber nachweisen, dass er den Widerspruch erklärt hat.

Der Erklärung des **Widerspruchs zur Niederschrift** ist es gleichgestellt, wenn ein Anteilsinhaber, der nicht an der Anteilsinhaberversammlung teilgenommen hat, entweder zu Unrecht nicht zur Anteilsinhaberversammlung zugelassen worden ist, oder wenn die Versammlung nicht ordnungsgemäß einberufen oder der Gegenstand der Beschlussfassung nicht ordnungsgemäß bekanntgemacht worden ist (§ 29 Abs. 2 UmwG). Ob die Anteilsinhaberversammlung ordnungsgemäß einberufen und der Gegenstand der Beschlussfassung ordnungsgemäß bekannt gemacht worden sind, richtet sich nach den Besonderen Vorschriften im Zweiten Teil des Zweiten Buches (§§ 39–122l UmwG) und nach den für die jeweilige Rechtsform einschlägigen allgemeinen Vorschriften.[731]

In diesen Fällen trifft den Anteilsinhaber kein Verschulden daran, dass der **Widerspruch zur Niederschrift** nicht erklärt wurde.[732] Damit wird der allgemeine Grundsatz des Anfechtungsrechts auf das Abfindungsverfahren übertragen (vgl. § 245 Nr. 2 AktG, § 51 Abs. 2 S. 1 GenG).[733] Der **Verfahrensmangel** muss aber ursächlich für den ausgebliebenen Widerspruch gewesen sein. Daran fehlt es, wenn der Anteilsinhaber trotz fehlerhafter oder unterbliebener Einberufung oder Bekanntmachung an der Versammlung teilgenom-

---

[724] OLG München 31 Wx 135/09, DNotz 2011, 142–146; Böttcher/Habighorst/Schulte/*Burg*, § 29 Rn. 26; Henssler/Strohn/*Müller*, § 29 UmwG Rn. 14; Kölner Kommentar-UmwG/*Simon*, § 29 Rn. 28; Lutter/*Grunewald*, § 29 Rn. 1; Maulbetsch/Klumpp/Rose/*Stockburger*, § 29 Rn. 19; Schmitt/Hörtnagl/Stratz/*Stratz*, § 29 Rn. 16; Semler/Stengel/*Kalss*, § 29 Rn. 22; Widmann/Mayer/Wälzholz, § 29 Rn. 30; aA. mit Verweis darauf, dass das Gesetz dies nicht zur Tatbestandsvoraussetzung macht: Kallmeyer/*Marsch-Barner*, § 29 Rn. 13.
[725] Böttcher/Habighorst/Schulte/*Burg*, § 29 Rn. 27; Kallmeyer/*Marsch-Barner*, § 29 Rn. 12; Kölner Kommentar-UmwG/*Simon*, § 29 Rn. 29; Schmitt/Hörtnagl/Stratz/*Stratz*, § 29 Rn. 16; Semler/Stengel/*Kalss*, § 29 Rn. 22; Widmann/Mayer/Wälzholz, § 29 Rn. 30.2.
[726] Böttcher/Habighorst/Schulte/*Burg*, § 29 Rn. 27; Kallmeyer/*Marsch-Barner*, § 29 Rn. 12; Kölner Kommentar-UmwG/*Simon*, § 29 Rn. 29; Lutter/*Grunewald*, § 29 Rn. 13; Schmitt/Hörtnagl/Stratz/*Stratz*, § 29 Rn. 16.
[727] Widmann/Mayer/Wälzholz, § 29 Rn. 30.2.
[728] Kallmeyer/*Marsch-Barner*, § 29 Rn. 12; Lutter/*Grunewald*, § 29 Rn. 12; Schmitt/Hörtnagl/Stratz/*Stratz*, § 29 Rn. 16; Widmann/Mayer/Wälzholz, § 29 Rn. 30.2.
[729] Kallmeyer/*Marsch-Barner*, § 29 Rn. 1; Lutter/*Grunewald*, § 29 Rn. 12; Schmitt/Hörtnagl/Stratz/*Stratz*, § 29 Rn. 16; Semler/Stengel/*Kalss*, § 29 Rn. 21; Widmann/Mayer/Wälzholz, § 29 Rn. 30.2.
[730] Böttcher/Habighorst/Schulte/*Burg*, § 29 Rn. 26; Kallmeyer/*Marsch-Barner*, § 29 Rn. 12; Kölner Kommentar-UmwG/*Simon*, § 29 Rn. 29; Lutter/*Grunewald*, § 29 Rn. 12; Maulbetsch/Klumpp/Rose/*Stockburger*, § 29 Rn. 21; Schmitt/Hörtnagl/Stratz/*Stratz*, § 29 Rn. 16; Widmann/Mayer/Wälzholz, § 29 Rn. 31.1.
[731] Schmitt/Hörtnagl/Stratz/*Stratz*, § 29 Rn. 17; ausführlich zu Einberufungs- und Bekanntmachungsmängeln in diesem Zusammenhang: Widmann/Mayer/Wälzholz, § 29 Rn. 32 ff.
[732] Lutter/*Grunewald*, § 29 Rn. 14; Schmitt/Hörtnagl/Stratz/*Stratz*, § 29 Rn. 17.
[733] Kallmeyer/*Marsch-Barner*, § 29 Rn. 30; Limmer/*Limmer*, Teil 2 Kapitel 1 Rn. 596.

men hat.⁷³⁴ In Betracht kommt eine analoge Anwendung in solchen Fällen, in denen dem Anteilsinhaber die Erklärung des Widerspruchs tatsächlich unmöglich ist, und dieser Umstand der Gesellschaft zuzurechnen ist,⁷³⁵ etwa bei einer Täuschung des Versammlungsleiters über die Erforderlichkeit des Widerspruchs.⁷³⁶

351 **b) Inhalt und Prüfung des Angebots.** Sind die zuvor beschriebenen Voraussetzungen erfüllt, hat der übernehmende Rechtsträger den Anteilsinhabern des übertragenden Rechtsträgers ein **Angebot zum Erwerb ihrer Anteile** gegen angemessene **Barabfindung** zu unterbreiten (§ 29 Abs. 1 S. 1 UmwG). Das Angebot zur Barabfindung muss in den Verschmelzungsvertrag aufgenommen werden. Die angebotene Barabfindung muss angemessen sein (§ 29 Abs. 1 S. 1 UmwG). Die Angemessenheit unterliegt der Prüfung durch den **Verschmelzungsprüfer** (§ 30 Abs. 2 S. 1 UmwG) und kann gerichtlich im Wege des **Spruchverfahrens** geprüft werden. Der berechtigte Anteilsinhaber hat die Wahl, das Angebot gegen Austritt aus der Gesellschaft anzunehmen oder nicht.

352 aa) **Abfindungsangebot.** Das Abfindungsangebot muss schon im **Verschmelzungsvertrag** bzw. in dessen Entwurf enthalten sein (§ 29 Abs. 1 S. 1 UmwG). Dadurch sollen alle Beteiligten frühzeitig über **Austritts- und Abfindungsrechte** informiert werden.⁷³⁷ Ist das **Abfindungsangebot** nicht im Verschmelzungsvertrag enthalten, dann ist dieser nicht ordnungsgemäß zustandegekommen.⁷³⁸ In der Praxis besteht in diesen Fällen regelmäßig die Gefahr, dass der **Registerrichter** die Verschmelzung nicht einträgt.⁷³⁹ Falls der Verschmelzungsvertrag als Gegenstand der Beschlussfassung bekanntgemacht werden muss (z. B. auf der Grundlage des § 124 Abs. 2 S. 3 AktG, aber auch der Satzung), so gilt dies gem. § 29 Abs. 1 S. 4 UmwG auch für das Abfindungsangebot.⁷⁴⁰ Wird das Angebot geändert oder nachgereicht, müssen die Anteilsinhaber dem als Ergänzung des Verschmelzungsvertrags zustimmen.⁷⁴¹

353 Nicht erforderlich ist ein **Abfindungsangebot** dann, wenn der übertragende Rechtsträger vollständig im Besitz des übernehmenden Rechtsträgers ist⁷⁴² oder wenn alle Anteilsinhaber bereits im Vorfeld des Verschmelzungsbeschlusses einen **Verzicht auf ein Abfindungsangebot** erklärt haben.⁷⁴³ Der Verzicht ist ausdrücklich⁷⁴⁴ als solcher (vorsorglich) in notarieller Form⁷⁴⁵ zu erklären. Eine Aufnahme in den Verschmelzungsbeschluss ist möglich.⁷⁴⁶

---

⁷³⁴ Böttcher/Habighorst/Schulte/*Burg*, § 29 Rn. 28; Henssler/Strohn/*Müller*, § 29 UmwG Rn. 15; Kölner Kommentar-UmwG/*Simon*, § 29 Rn. 30; Schmitt/Hörtnagl/Stratz/*Stratz*, § 29 Rn. 17.

⁷³⁵ OLG München 31 Wx 135/09, DNotz 2011, 142–146; für eine weiterreichende Analogie auf alle Umstände, die in der Sphäre der Gesellschaft ihren Grund hätten: Böttcher/Habighorst/Schulte/*Burg*, § 29 Rn. 29; Henssler/Strohn/*Müller*, § 29 UmwG Rn. 13; Kölner Kommentar-UmwG/*Simon*, § 29 Rn. 31; Lutter/*Grunewald*, § 29 Rn. 16; Schmitt/Hörtnagl/Stratz/*Stratz*, § 29 Rn. 17.

⁷³⁶ Lutter/*Grunewald*, § 29 Rn. 16; eingeschränkend für Erklärungen des beurkundenden Notars: OLG München 31 Wx 135/09, DNotz 2011, 142–146; Henssler/Strohn/*Müller*, § 29 UmwG Rn. 13.

⁷³⁷ Limmer/*Limmer*, Teil 2 Kapitel 1 Rn. 597.

⁷³⁸ Lutter/*Grunewald*, § 29 Rn. 22.

⁷³⁹ Widmann/Mayer/*Wälzholz*, § 29 Rn. 59.

⁷⁴⁰ Kallmeyer/*Marsch-Barner*, § 29 Rn. 15.

⁷⁴¹ Semler/Stengel/*Kalss*, § 29 Rn. 23.

⁷⁴² Kallmeyer/*Marsch-Barner*, § 29 Rn. 17; Lutter/*Grunewald*, § 29 Rn. 20; Semler/Stengel/*Kalss*, § 29 Rn. 23.

⁷⁴³ Henssler/Strohn/*Müller*, § 29 UmwG Rn. 16; Kallmeyer/*Marsch-Barner*, § 29 Rn. 17; Kölner Kommentar-UmwG/*Simon*, § 29 Rn. 39; Lutter/*Grunewald*, § 29 Rn. 18; Semler/Stengel/*Kalss*, § 29 Rn. 27; Widmann/Mayer/*Wälzholz*, § 29 Rn. 53; Limmer/*Limmer*, Teil 2 Kapitel 1 Rn. 599.

⁷⁴⁴ Lutter/*Grunewald*, § 29 Rn. 19; Widmann/Mayer/*Wälzholz*, § 29 Rn. 53.

⁷⁴⁵ Henssler/Strohn/*Müller*, § 29 UmwG Rn. 16; Kallmeyer/*Marsch-Barner*, § 29 Rn. 17; Widmann/Mayer/*Wälzholz*, § 29 Rn. 53; keine notarielle Form für erforderlich hält dagegen Lutter/*Grunewald*, § 29 Rn. 19.

⁷⁴⁶ Widmann/Mayer/*Wälzholz*, § 29 Rn. 53.

Der Inhalt des **Abfindungsangebots** unterscheidet sich danach, ob die Gesellschaft die 354
Anteile erwerben kann oder nicht. Sofern ein solcher Erwerb der Rechtsform nach
möglich ist, wie es etwa grundsätzlich bei einer GmbH, AG oder auch KGaA der Fall ist,
muss der übernehmende Rechtsträger den Erwerb dieser Anteile gegen eine **angemessene
Barabfindung** anbieten (§ 29 Abs. 1 S. 1 UmwG). Sollte aufgrund der Rechtsform ein
Erwerb eigener Anteile nicht möglich sein, wie etwa bei einer Personenhandelsgesellschaft, einem Verein oder einer Genossenschaft, so ist das Angebot auf Barabfindung im
Gegenzug für das Ausscheiden aus der Gesellschaft zu richten (§ 29 Abs. 1 S. 3 UmwG).
Das Angebot richtet sich dementsprechend auf den Abschluss eines schuldrechtlichen
Geschäfts über die Leistung der Barabfindung Zug um Zug gegen Abtretung der Anteile
oder Mitgliedschaften an dem Rechtsträger oder die Erklärung des Austritts aus dem
Rechtsträger.[747]

Nach überwiegender Ansicht muss das **Abfindungsangebot** bereits derart bestimmt 355
sein, dass es lediglich der Annahmeerklärung des Anteilsinhabers bedarf. Somit sind auch
bereits die berechtigten Anteilsinhaber und die konkrete **Höhe der Abfindung** aufzunehmen.[748] Das Angebot ist grundsätzlich als **Barabfindung** zu gestalten; bei anderen Angeboten liegt nur dann eine schuldbefreiende **Leistung** vor, wenn der Anspruchsinhaber sie
an Erfüllung statt annimmt.[749] Im Verschmelzungsvertrag können solche anderen Leistungen daher nur als Alternativen zur Barabfindung vorgesehen werden.[750]

bb) Angemessenheit des Angebots. Die **Abfindung** muss angemessen sein (§ 29 356
Abs. 1 S. 1 UmwG). Gem. § 30 Abs. 1 UmwG sind bei der Festsetzung der Barabfindung
die Verhältnisse des übertragenden Rechtsträgers im Zeitpunkt der Beschlussfassung[751] über
die Verschmelzung zu berücksichtigen. Dieser Zeitpunkt ist in der Regel nicht identisch
mit dem Verschmelzungsstichtag (§ 5 Abs. 1 Nr. 6 UmwG) oder einem sonstigen Abschlussstichtag bei dem übertragenden Rechtsträger. Das kann zu Schwierigkeiten bei der
praktischen Umsetzung der Abfindung führen.[752] Trotzdem kann in der Regel der im
Rahmen des Umtauschverhältnisses ermittelte Unternehmenswert auch für die Barabfindung zugrunde gelegt werden. Er muss jedoch auf den Zeitpunkt der Beschlussfassung
fortgerechnet werden.[753]

Einen Maßstab für die **Angemessenheit der Abfindung** nennt das Gesetz nicht. Es 357
gelten die Grundsätze ordnungsgemäßer **Unternehmensbewertung**, wie Rechtsprechung und Literatur sie für andere Anwendungsfälle (z.B. §§ 305 Abs. 2 S. 2, 320
Abs. 5 AktG) entwickelt haben.[754] Im Ausgangspunkt herrscht Einvernehmen, dass der
Minderheitsgesellschafter wirtschaftlich voll entschädigt werden soll.[755] Die Abfindung
muss demnach wertmäßig seiner bisherigen Beteiligung an dem übertragenden Rechts-

---

[747] Semler/Stengel/*Kalss*, § 29 Rn. 23.
[748] So etwa Kallmeyer/*Marsch-Barner*, § 29 Rn. 14; Kölner Kommentar-UmwG/*Simon*, § 29
Rn. 34; Lutter/*Grunewald*, § 29 Rn. 24; Semler/Stengel/*Kalss*, § 29 Rn. 23; aA. Limmer/*Limmer*,
Teil 2 Kapitel 1 Rn. 606, der aus Praktikabilitätsgründen von einer Verpflichtung zur Abgabe eines
allgemeinen Angebots ausgeht, was bei Annahme zu einem „Vorvertrag" führen soll.
[749] Kallmeyer/*Marsch-Barner*, § 29 Rn. 18; Kölner Kommentar-UmwR/*Simon*, § 29 Rn. 35; Maulbetsch/Klumpp/Rose/*Stockburger*, § 30 Rn. 10; Schmitt/Hörtnagl/Stratz/*Stratz*, § 30 Rn. 7; Semler/
Stengel/*Kalss*, § 29 Rn. 24.
[750] Kölner Kommentar-UmwG/*Simon*, § 29 Rn. 35.
[751] Zur vom Gesetz offen gelassenen Frage, ob dabei auf den Beschluss beim übertragenden oder
übernehmenden Rechtsträger abzustellen ist: Widmann/Mayer/*Wälzholz*, § 30 Rn. 12.
[752] Zu den praktischen Schwierigkeiten bei der Umsetzung dieser Bestimmung: Widmann/Mayer/
Wälzholz, § 30 Rn. 13.
[753] Kallmeyer/*Lanfermann*, § 30 Rn. 11; Lutter/*Grunewald*, § 30 Rn. 2.
[754] Henssler/Strohn/*Müller*, § 30 UmwG Rn. 2; Kallmeyer/*Lanfermann*, § 30 Rn. 4; Semler/Stengel/*Zeidler*, § 30 Rn. 7.
[755] Kallmeyer/*Marsch-Barner*, § 30 Rn. 5; Kölner Kommentar-UmwG/*Simon*, § 30 Rn. 5; Widmann/Mayer/*Wälzholz*, § 30 Rn. 6.

träger entsprechen.⁷⁵⁶ Entscheidend ist der wahre Wert, also der Wert der Anteile, wie er sich unter Einschluss aller stillen Reserven und des Geschäfts- oder Firmenwerts ergibt.⁷⁵⁷ Diese Bewertung kann anhand verschiedener Methoden vorgenommen werden.⁷⁵⁸ In der Praxis ist die Bewertung nach der **Ertragswertmethode** vorherrschend.⁷⁵⁹ Das **nicht betriebsnotwendige Vermögen** des übertragenden Rechtsträgers ist ggf. gesondert zu bewerten.⁷⁶⁰

358 Bei der Ermittlung der **Angemessenheit der Abfindung** gilt das „**stand-alone**"-**Prinzip**, d. h. die Minderheitsgesellschafter partizipieren nicht an Entwicklungen, die ohne die Verschmelzung nicht eingetreten wären.⁷⁶¹ Nach überwiegender Ansicht in Rechtsprechung und Literatur werden deshalb **Synergieeffekte**, die sich durch die Verschmelzung mit dem übernehmenden Rechtsträger ergeben, nicht berücksichtigt.⁷⁶² Unabhängig davon sind synergiestiftende Maßnahmen mit Dritten, die beim übertragenden Rechtsträger zum Zeitpunkt der Beschlussfassung über die Verschmelzung schon angelegt waren, in die Betrachtung einzubeziehen.⁷⁶³

359 Bei der **börsennotierten Gesellschaft** ist der **Börsenkurs**, also der Verkehrswert des übertragenden Rechtsträgers, ebenfalls zu berücksichtigen.⁷⁶⁴ Der Verkehrswert stellt die Untergrenze der wirtschaftlich vollen Entschädigung dar.⁷⁶⁵ Der relevante Börsenkurs wird anhand eines gewichteten Durchschnittskurses innerhalb einer dreimonatigen Referenzperiode vor Bekanntmachung der Maßnahme ermittelt.⁷⁶⁶

360 **cc) Prüfung der Barabfindung.** Die **Angemessenheit der Abfindung** ist stets durch **Verschmelzungsprüfer** zu prüfen (§ 30 Abs. 2 S. 1 UmwG). Findet ohnehin eine **Verschmelzungsprüfung** statt, kann diese zusammen mit der Prüfung der Abfindung erfolgen, ansonsten ist eine separate Überprüfung der Angemessenheit der Abfindung erforderlich.⁷⁶⁷ Über das Ergebnis der Prüfung ist schriftlich Bericht zu erstatten (§ 30 Abs. 2 S. 2, 12 Abs. 1 S. 1 UmwG). Nach Sinn und Zweck der Prüfung muss der Prüfbericht vor

---

⁷⁵⁶ BVerfG 1 BvL 16/60, BVerfGE 14, 263–288 = NJW 1962, 1667; Böttcher/Habighorst/Schulte/*Burg*, § 30 Rn. 4; Kölner Kommentar-UmwG/*Simon*, § 30 Rn. 5; Maulbetsch/Klumpp/Rose/*Stockburger*, § 30 Rn. 11; Schmitt/Hörtnagl/Stratz/*Stratz*, § 30 Rn. 3; Semler/Stengel/*Zeidler*, § 30 Rn. 6.
⁷⁵⁷ Schmitt/Hörtnagl/Stratz/*Stratz*, § 30 Rn. 10; Semler/Stengel/*Zeidler*, § 30 Rn. 7; Kölner Kommentar-UmwG/*Simon*, § 30 Rn. 5.
⁷⁵⁸ Vgl. z. B. *Castedello*, Grundsätze zur Ermittlung von Unternehmenswerten, WP-Handbuch 2014, Bd. II, Kapitel A.
⁷⁵⁹ Böttcher/Habighorst/Schulte/*Burg*, § 30 Rn. 6; Kölner Kommentar-UmwG/*Simon*, § 30 Rn. 8; Schmitt/Hörtnagl/Stratz/*Stratz*, § 30 Rn. 10; Semler/Stengel/*Zeidler*, § 30 Rn. 7; sowie ausführlich Kallmeyer/*Lanfermann*, § 30 Rn. 5; Maulbetsch/Klumpp/Rose/*Stockburger*, § 30 Rn. 14; Widmann/Mayer/*Wälzholz*, § 30 Rn. 30 ff.
⁷⁶⁰ Schmitt/Hörtnagl/Stratz/*Stratz*, § 30 Rn. 10.
⁷⁶¹ Kallmeyer/*Lanfermann*, § 30 8 f.; Kölner Kommentar-UmwG/*Simon*, § 30 Rn. 11; Semler/Stengel/*Zeidler*, § 30 Rn. 16; Widmann/Mayer/*Wälzholz*, § 30 Rn. 9.
⁷⁶² Böttcher/Habighorst/Schulte/*Burg*, § 30 Rn. 9; Kallmeyer/*Lanfermann*, § 30 Rn. 9 m. w. N.; Kölner Kommentar-UmwG/*Simon*, § 30 Rn. 11; Maulbetsch/Klumpp/Rose/*Stockburger*, § 30 Rn. 16; Schmitt/Hörtnagl/Stratz/*Stratz*, § 5 Rn. 31; Semler/Stengel/*Zeidler*, § 30 Rn. 15 f.; Widmann/Mayer/*Wälzholz*, § 30 Rn. 34.38.
⁷⁶³ Kallmeyer/*Lanfermann*, § 30 9; Kölner Kommentar-UmwG/*Simon*, § 30 Rn. 10; Schmitt/Hörtnagl/Stratz/*Stratz*, § 5 Rn. 31; Semler/Stengel/*Zeidler*, § 30 Rn. 17.
⁷⁶⁴ BVerfG 1 BvR 1613/94, ZIP 1999, 1436–1443; Kölner Kommentar-UmwG/*Simon*, § 30 Rn. 5; Maulbetsch/Klumpp/Rose/*Stockburger*, § 30 Rn. 15; Semler/Stengel/*Zeidler*, § 30 Rn. 8; zur Rechtsentwicklung: Widmann/Mayer/*Wälzholz*, § 30 Rn. 17 ff.
⁷⁶⁵ Böttcher/Habighorst/Schulte/*Burg*, § 30 Rn. 5; Kölner Kommentar-UmwG/*Simon*, § 30 Rn. 5; Maulbetsch/Klumpp/Rose/*Stockburger*, § 30 Rn. 15; Semler/Stengel/*Zeidler*, § 30 Rn. 8.
⁷⁶⁶ BGH II ZB 18/09, ZIP 2010, 1487–1491; Kallmeyer/*Lanfermann*, § 30 Rn. 12; ausführlich Widmann/Mayer/*Wälzholz*, § 30 Rn. 21 ff.
⁷⁶⁷ Kallmeyer/*Lanfermann*, § 30 Rn. 17; Lutter/*Grunewald*, § 30 Rn. 5; Maulbetsch/Klumpp/Rose/*Stockburger*, § 30 Rn. 24; Semler/Stengel/*Zeidler*, § 30 Rn. 27.

§ 13 Rechtsfolgen der Verschmelzung

Beschlussfassung über die Verschmelzung abgeschlossen sein.[768] Die Vertretungsorgane haben in der Versammlung der Anteilsinhaber Auskunft über den Inhalt des Berichts zu geben.[769]

361 Prüfung und Bericht sind dann nicht erforderlich, wenn sich alle Anteile des übertragenden Rechtsträgers in der Hand des übernehmenden Rechtsträgers befinden (§§ 30 Abs. 2 S. 2, 12 Abs. 3, 8 Abs. 3 UmwG);[770] dann ist richtigerweise bereits kein Abfindungsangebot notwendig (→ Rn. 353).

362 Die Anteilsinhaber des übertragenden Rechtsträgers, die aus der Gesellschaft ausscheiden wollen, können durch notariell beurkundete Erklärung auf die Durchführung der Prüfung oder den Prüfungsbericht verzichten (§ 30 Abs. 2 S. 3 UmwG). Auf Prüfung oder Prüfbericht verzichten können aber nur diejenigen Anteilsinhaber, denen auch ein Anspruch auf Barabfindung zusteht.[771] Welche dies sind, steht aber (wegen der Notwendigkeit des Widerspruchs) erst nach Beschlussfassung über die Verschmelzung fest. Will man also von der Möglichkeit Gebrauch machen, auf Prüfung oder Prüfbericht zu verzichten, ist es in der Praxis erforderlich, bereits vor Durchführung der Verschmelzungsprüfung (und damit deutlich vor Beschlussfassung) einen entsprechenden Verzicht sämtlicher Anteilsinhaber einzuholen.[772]

363 Unabhängig von der Prüfung durch **Verschmelzungsprüfer** können die Anteilsinhaber, die einen **Anspruch auf Barabfindung** haben,[773] die Angemessenheit der Abfindung auch im Rahmen einer gerichtlichen Nachprüfung im **Spruchverfahren** überprüfen lassen (§ 34 UmwG) (→ § 14 Rn. 244 ff.). Das ist relevant, wenn der Verschmelzungsvertrag überhaupt kein **Angebot auf Abfindung** vorsieht, zwar ein Abfindungsangebot vorliegt, dieses aber nicht ordnungsgemäß abgegeben wurde, oder die angebotene Abfindung (nach Meinung der Anteilsinhaber) nicht angemessen ist.[774] In diesem Fall bestimmt das Gericht die **Angemessenheit der Barabfindung** (§ 34 S. 1 UmwG), und zwar in der Form, dass das Angebot in der vom Gericht festgesetzten Höhe als abgegeben gilt.[775] Letzteres ist unter anderem relevant für die **Verzinsung der Barabfindung** (→ Rn. 367).

364 Eine Klage gegen den Verschmelzungsbeschluss kann nicht darauf gestützt werden, dass das Angebot zu niedrig bemessen wurde (§ 32 UmwG).

365 Nimmt ein Anteilsinhaber die angebotene Abfindung zunächst an, verliert er zwar sein Antragsrecht für ein Spruchverfahren, kann aber eine **Ergänzung der Abfindung** verlangen, wenn und soweit das Gericht eine höhere Abfindung festsetzt (§ 13 S. 2 SpruchG).[776]

366 Verweigert der übernehmende Rechtsträger die Zahlung der im Spruchverfahren festgesetzten Barabfindung, ist der Anteilsinhaber zur Durchsetzung des Anspruchs auf den **ordentlichen Rechtsweg** angewiesen.[777]

---

[768] Henssler/Strohn/*Müller*, § 30 UmwG Rn. 4; Kallmeyer/*Lanfermann*, § 30 Rn. 18; Lutter/*Grunewald*, § 30 Rn. 6; Schmitt/Hörtnagl/Stratz/*Stratz*, § 30 Rn. 13.
[769] Lutter/*Grunewald*, § 30 Rn. 6.
[770] Kallmeyer/*Lanfermann*, § 30 Rn. 16; Widmann/Mayer/*Wälzholz*, § 30 Rn. 46.
[771] Semler/Stengel/*Zeidler*, § 30 Rn. 28.
[772] Böttcher/Habighorst/Schulte/*Burg*, § 30 Rn. 21; Kallmeyer/*Lanfermann*, § 30 Rn. 20; Kölner Kommentar-UmwG/*Simon*, § 30 Rn. 30; Lutter/*Grunewald*, § 30 Rn. 8; Semler/Stengel/*Zeidler*, § 30 Rn. 29.
[773] Kallmeyer/*Marsch-Barner*, § 34 Rn. 1; Kölner Kommentar-UmwG/*Simon*, § 34 Rn. 4; Lutter/*Grunewald*, § 34 Rn. 2; Semler/Stengel/*Kalss*, § 34 Rn. 12; Widmann/Mayer/*Wälzholz*, § 34 Rn. 4.
[774] Lutter/*Grunewald*, § 34 Rn. 4; Semler/Stengel/*Kalss*, § 34 Rn. 4 ff.; Widmann/Mayer/*Wälzholz*, § 34 Rn. 1.
[775] Widmann/Mayer/*Wälzholz*, § 34 Rn. 18.
[776] Kallmeyer/*Marsch-Barner*, § 34 Rn. 3; Semler/Stengel/*Kalss*, § 34 Rn. 15; Widmann/Mayer/*Wälzholz*, § 34 Rn. 19.
[777] Schmitt/Hörtnagl/Stratz/*Stratz*, § 34 Rn. 2.

367 **dd) Verzinsung und weiterer Schaden.** Die **Barabfindung** ist mit Ablauf des Tages der Bekanntmachung der Eintragung der Verschmelzung in das Register des übernehmenden Rechtsträgers jährlich mit fünf Prozentpunkten über dem Basiszinssatz zu **verzinsen** (§§ 30 Abs. 1 S. 2, 15 Abs. 2 S. 1 UmwG). Damit werden die betroffenen Anteilsinhaber insbesondere vor Verzögerungen durch das (regelmäßig langwierige) Spruchverfahren geschützt.[778]

368 Möglich ist, dass zwischen Annahme und Auszahlung der Abfindung **Dividenden** ausgezahlt werden. Dem Minderheitsgesellschafter soll aber nicht kumulativ ein Anspruch auf die Verzinsung und auf die Dividende zustehen. Der **Zinsanspruch** verringert sich demnach um den Wert der ausgezahlten Dividende; er ist also mit der Dividende zu verrechnen.[779] Sollte die Dividende höher sein als der Zinsanspruch, darf der Minderheitsgesellschafter den den Zinswert übersteigenden Teil der Dividende behalten.[780] Dividenden, die vor der Annahme des Anteilsinhabers an diesen ausgezahlt wurden, darf der Anteilsinhaber behalten und muss er sich auch nicht auf den Zinsanspruch anrechnen lassen.[781]

369 Dem Anteilsinhaber bleibt die Geltendmachung eines weiteren Schadens unbenommen, wenn die Voraussetzungen einer auf **Schadensersatz** gerichteten Anspruchsgrundlage erfüllt sind. §§ 30 Abs. 1 S. 2, 15 Abs. 2 S. 2 UmwG stellen keine eigene Anspruchsgrundlage dar.[782]

370 **c) Annahme des Angebots und Durchführung des Austritts.** Das im Verschmelzungsvertrag dargelegte Angebot wird durch eine Annahmeerklärung an den übernehmenden Rechtsträger angenommen. Hielt der Anteilsinhaber mehrere Anteile, kann er das **Abfindungsangebot** auch nur teilweise **annehmen**, also nur bezüglich eines Teils seiner Anteile den Austritt erklären.[783] Die Annahme des Angebots muss form- und fristgerecht erfolgen. Der **Zugang der Annahmeerklärung** ist der entscheidende Zeitpunkt für die Fälligkeit des Anspruchs auf Abfindungszahlung (inklusive der Zinsen gem. §§ 30 Abs. 1 S. 2, 15 Abs. 2 S. 1 UmwG).[784]

371 **aa) Form.** Bei der Annahmeerklärung handelt es sich um eine einseitige Willenserklärung, die bedingungsfeindlich ist.[785] Im Hinblick auf die **Annahmeerklärung** besteht kein besonderes umwandlungsrechtliches Formerfordernis. Es muss lediglich der Wille erkennbar sein, das Angebot anzunehmen oder aus der Gesellschaft auszutreten.[786] Die Annahme kann damit grundsätzlich auch konkludent erfolgen.[787] Nur wenn auch das Verpflichtungs-

---

[778] Böttcher/Habighorst/Schulte/*Burg*, § 30 Rn. 15; Kölner Kommentar-UmwG/*Simon*, § 30 Rn. 17; Semler/Stengel/*Zeidler*, § 30 Rn. 21.

[779] BGH II ZR 284/01, NJW 2002, 3467–3469; Kölner Kommentar-UmwG/*Simon*, § 30 Rn. 22; Lutter/*Grunewald*, § 30 Rn. 3; Semler/Stengel/*Zeidler*, § 30 Rn. 23; aA. Kallmeyer/*Müller*, § 30 Rn. 14, der eine Verrechnung mit der Barabfindung befürwortet.

[780] BGH II ZR 284/01, NJW 2002, 3467–3469; Henssler/Strohn/*Müller*, § 30 UmwG Rn. 3; Kölner Kommentar-UmwG/*Simon*, § 30 Rn. 21; Lutter/*Grunewald*, § 30 Rn. 3 kritisch dazu: Semler/Stengel/*Zeidler*, § 30 Rn. 24; Kallmeyer/*Lanfermann*, § 30 Rn. 14.

[781] BGH II ZR 85/02, ZIP 2003, 1600–1604; Böttcher/Habighorst/Schulte/*Burg*, § 30 Rn. 17; Kölner Kommentar-UmwG/*Simon*, § 30 Rn. 21.

[782] Kallmeyer/*Lanfermann*, § 30 Rn. 15; Lutter/*Grunewald*, § 30 Rn. 4; Schmitt/Hörtnagl/Stratz/*Stratz*, § 30 Rn. 12.

[783] Böttcher/Habighorst/Schulte/*Burg*, § 31 Rn. 4; Henssler/Strohn/*Müller*, § 31 UmwG Rn. 3; Kölner Kommentar-UmwG/*Simon*, § 31 Rn. 5; Lutter/*Grunewald*, § 31 Rn. 4; Semler/Stengel/*Kalss*, § 31 Rn. 5; Widmann/Mayer/*Wälzholz*, § 31 Rn. 6.

[784] Schmitt/Hörtnagl/*Stratz*, § 29 Rn. 18.

[785] Böttcher/Habighorst/Schulte/*Burg*, § 31 Rn. 1; Kallmeyer/*Marsch-Barner*, § 31 Rn. 5; Kölner Kommentar-UmwG/*Simon*, § 31 Rn. 3; Semler/Stengel/*Kalss*, § 31 Rn. 5.

[786] Böttcher/Habighorst/Schulte/*Burg*, § 31 Rn. 1; Kallmeyer/*Marsch-Barner*, § 31 Rn. 4; Kölner Kommentar-UmwG/*Simon*, § 31 Rn. 3; Lutter/*Grunewald*, § 31 Rn. 3; Schmitt/Hörtnagl/Stratz/*Stratz*, § 31 Rn. 4; Semler/Stengel/*Kalss*, § 31 Rn. 5.

[787] Kallmeyer/*Marsch-Barner*, § 31 Rn. 4; Kölner Kommentar-UmwG/*Simon*, § 31 Rn. 3; Semler/Stengel/*Kalss*, § 31 Rn. 5; Widmann/Mayer/*Wälzholz*, § 31 Rn. 3.

geschäft wie bei § 15 Abs. 4 GmbHG formgebunden ist, ist auch die Annahmeerklärung notariell zu beurkunden.[788] Auch die Übertragung des Anteils kann formgebunden sein.[789] Auch hier dürfte der praktisch relevante Anwendungsfall bei der GmbH liegen.

bb) Frist. Die **Frist zur Annahme** des Angebots ist in § 31 UmwG geregelt. Danach kann das Abfindungsangebot nur innerhalb von zwei Monaten nach dem Tag angenommen werden, an dem die Bekanntmachung der Eintragung der Verschmelzung in das Register des Sitzes des übernehmenden Rechtsträgers erfolgt ist. Die Frist verschiebt sich im Fall der Einleitung eines Spruchverfahrens gem. § 34 UmwG auf zwei Monate nach Bekanntmachung der entsprechenden Entscheidung im Bundesanzeiger.[790] Bei der Frist handelt es sich um eine Ausschlussfrist. Wird sie versäumt, stehen dem Anteilsinhaber keine Wiedereinsetzungsmöglichkeit und kein sonstiger Rechtsbehelf zur Verfügung.[791] 372

cc) Abwicklung. Wie § 31 UmwG zeigt, erfolgt die Abwicklung des **Austritts** in der Regel nach Eintragung der Verschmelzung. Obwohl der Anteilsinhaber aus der Gesellschaft ausscheiden will, wird er damit durch die Verschmelzung zunächst (d. h. bis zur **Abwicklung der Barangebots**) Gesellschafter des übernehmenden Rechtsträgers mit allen Mitgliedschaftsrechten.[792] Hat der Anteilsinhaber seinen Austrittswunsch kommuniziert, ist er im Rahmen seiner **gesellschaftsrechtlichen Treuepflicht** gehalten, bei Abstimmungen oder der Ausübung seiner Rechte Zurückhaltung zu üben, da die Entscheidungen Fragen betreffen werden, die ihn nicht mehr berühren.[793] 373

Bei Kapitalgesellschaften erfolgt der Austritt durch die Übertragung der Anteile an den übernehmenden Rechtsträger.[794] Sollte der übernehmende Rechtsträger eine Personenhandelsgesellschaft, eine Partnerschaftsgesellschaft, ein Verein oder eine eingetragene Genossenschaft sein, erfolgt der Austritt durch Ausscheiden des Gesellschafters aus der betreffenden Gesellschaft; sein Anteil wächst den übrigen Gesellschaftern zu.[795] In Satzung oder Gesetz geregelte Beschränkungen der Austrittsmöglichkeiten greifen nicht.[796] 374

Ist eine **GmbH übernehmender Rechtsträger**, so ist nach § 33 Abs. 3 GmbHG der **Erwerb eigener Geschäftsanteile** zur Abfindung von Gesellschaftern nach § 29 Abs. 1 UmwG sowie § 122i UmwG zulässig, sofern der Erwerb binnen sechs Monaten nach dem Wirksamwerden der Umwandlung oder nach Rechtskraft der gerichtlichen Entscheidung erfolgt und die Gesellschaft im Zeitpunkt des Erwerbs eine Rücklage in Höhe der Aufwendungen für den Erwerb bilden könnte, ohne das Stammkapital oder eine nach dem Gesellschaftsvertrag zu bildende Rücklage zu mindern, die nicht zur Zahlung an die Gesellschafter verwendet werden darf. 375

Die Parallelvorschrift für die AG ist § 71 Abs. 2 S. 2 AktG. Danach muss der übernehmende Rechtsträger im Zeitpunkt des Erwerbs der **eigenen Aktien** eine Rücklage in Höhe der Aufwendungen für den Erwerb bilden können, ohne das Grundkapital oder eine nach Gesetz oder Satzung zu bildende Rücklage zu mindern, die nicht zur Zahlung an die Aktionäre verwendet werden darf. Zusätzlich sind die Regelungen des § 272 Abs. 4 HGB und des § 71 Abs. 2 AktG zu berücksichtigen. Nach diesen Vorschriften darf der Erwerb der eigenen Aktien nicht dazu führen, dass zusammen mit anderen eigenen Aktien eine 376

---

[788] Böttcher/Habighorst/Schulte/*Burg*, § 31 Rn. 1; Henssler/Strohn/*Müller*, § 31 UmwG Rn. 2; Kölner Kommentar-UmwG/*Simon*, § 31 Rn. 3; Lutter/*Grunewald*, § 31 Rn. 3; Widmann/Mayer/*Wälzholz*, § 31 Rn. 3; aA. Schmitt/Hortnagl/Stratz/*Stratz*, § 31 Rn. 4.
[789] Kallmeyer/*Marsch-Barner*, § 31 Rn. 6; Lutter/*Grunewald*, § 31 Rn. 3; Semler/Stengel/*Kalss*, § 31 Rn. 5; Widmann/Mayer/*Wälzholz*, § 31 Rn. 3.
[790] Ausführlich: Widmann/Mayer/*Wälzholz*, § 31 Rn. 8 ff.
[791] Kallmeyer/*Marsch-Barner*, § 31 Rn. 3; Lutter/*Grunewald*, § 31 Rn. 2; Schmitt/Hörtnagl/Stratz/*Stratz*, § 31 Rn. 3; Semler/Stengel/*Kalss*, § 31 Rn. 2; Widmann/Mayer/*Wälzholz*, § 31 Rn. 4.3.
[792] Lutter/*Grunewald*, § 31 Rn. 9; Semler/Stengel/*Kalss*, § 31 Rn. 8.
[793] Lutter/*Grunewald*, § 31 Rn. 10; Semler/Stengel/*Kalss*, § 31 Rn. 8.
[794] Kallmeyer/*Marsch-Barner*, § 29 Rn. 24.
[795] Kallmeyer/*Marsch-Barner*, § 29 Rn. 28.
[796] Kallmeyer/*Marsch-Barner*, § 29 Rn. 28.

Quote von mehr als 10% des Grundkapitals erreicht wird (§ 71 Abs. 2 S. 1 AktG). Eigene Aktien, die zu einem Besitz an eigenen Aktien von über 10% des Grundkapitals führen, sind gem. § 71c Abs. 2 AktG innerhalb von drei Jahren nach dem Erwerb der Aktien zu veräußern, bzw. bei Nichteinhalten der Frist gem. § 71c Abs. 3 AktG nach § 237 AktG einzuziehen.

377 Sollte schon vor der Fassung des Verschmelzungsbeschlusses erkennbar sein, dass der übernehmende Rechtsträger nicht genügend **freies Vermögen** zur Bedienung der Abfindungsansprüche hat, so hat der entsprechende Beschluss zu unterbleiben. Würde er dennoch gefasst, so wäre er rechtswidrig.[797] Ob dies auch bei einem Verstoß gegen die 10% Grenze des § 71c AktG gilt, ist umstritten.[798]

378 Ein Verstoß gegen diese Vorschriften zum **Erwerb eigener Anteile** hat nach allgemeiner Meinung allerdings weder die Unwirksamkeit der dinglichen Übertragung (aufgrund von § 29 Abs. 1 S. 1 Hs. 2 UmwG iVm. § 33 Abs. 2 S. 3 GmbHG, § 71 Abs. 4 S. 2 AktG) noch die Nichtigkeit des schuldrechtlichen Rechtsgeschäfts zur Folge, so dass die Anteile erworben werden müssen und eine Rückabwicklung des Geschäfts nicht in Frage kommt.[799]

379 Der Austritt erfolgt jeweils Zug-um-Zug gegen Gewährung der Abfindung.[800] Die Barabfindung muss frei von Belastungen, also so ausgestaltet sein, dass der Anteilsinhaber sie behalten kann und für ihn keine zusätzlichen Belastungen damit verbunden sind.[801] Das ist nicht der Fall, wenn die Auszahlung nicht im Einklang mit den Regelungen zur Kapitalerhaltung steht.[802]

380 Der übernehmende Rechtsträger hat die **Kosten der Übertragung** zu tragen (§ 29 Abs. 1 S. 5 UmwG). Davon umfasst sind die Kosten für die Übereignung und sämtliche damit einhergehende Vertragskosten.[803] Nicht zu den Vertragskosten zählen die den Anteilsinhabern im Zusammenhang mit der Verschmelzung entstandenen Beratungskosten.[804]

7. Anderweitige Veräußerung

381 Als Alternative zur Geltendmachung seiner Rechte aus § 29 UmwG hat der Anteilsinhaber die Möglichkeit, seinen Anteil an dem übertragenden Rechtsträger an einen Dritten zu veräußern oder anderweitig zu übertragen.[805] Die Regelung ist zwingend.[806]

---

[797] Kallmeyer/*Marsch-Barner*, § 29 Rn. 27; Lutter/*Grunewald*, § 29 Rn. 30; Schmitt/Hörtnagl/Stratz/*Stratz*, § 29 Rn. 13; Semler/Stengel/*Kalss*, § 29 Rn. 33 f.; aA. Kölner Kommentar-UmwG/*Simon*, § 29 Rn. 44.

[798] Dafür: Lutter/*Grunewald*, § 29 Rn. 25 ff.; Semler/Stengel/*Kalss*, § 29 Rn. 33; aA. Kölner Kommentar-UmwG/*Simon*, § 29 Rn. 44; Schmitt/Hörtnagl/Stratz/*Stratz*, § 29 Rn. 12.

[799] Kallmeyer/*Marsch-Barner*, § 29 Rn. 25; Lutter/*Grunewald*, § 29 Rn. 27, 31; Schmitt/Hörtnagl/Stratz/*Stratz*, § 29 Rn. 13; Semler/Stengel/*Kalss*, § 29 Rn. 33; Widmann/Mayer/*Wälzholz*, § 29 Rn. 44 ff.

[800] Böttcher/Habighorst/Schulte/*Burg*, § 31 Rn. 13; Henssler/Strohn/*Müller*, § 31 UmwG Rn. 6; Kölner Kommentar-UmwG/*Simon*, § 31 Rn. 13; Lutter/*Grunewald*, § 31 Rn. 5 ff.; Semler/Stengel/*Kalss*, § 31 Rn. 6.

[801] Böttcher/Habighorst/Schulte/*Burg*, § 31 Rn. 14; Kölner Kommentar-UmwG/*Simon*, § 31 Rn. 13; Semler/Stengel/*Kalss*, § 31 Rn. 7.

[802] Böttcher/Habighorst/Schulte/*Burg*, § 31 Rn. 15; Henssler/Strohn/*Müller*, § 31 UmwG Rn. 6; Kölner Kommentar-UmwG/*Simon*, § 31 Rn. 15; Semler/Stengel/*Kalss*, § 31 Rn. 7.

[803] Böttcher/Habighorst/Schulte/*Burg*, § 29 Rn. 35; Kallmeyer/*Marsch-Barner*, § 29 Rn. 29; Kölner Kommentar-UmwG/*Simon*, § 29 Rn. 40; Schmitt/Hörtnagl/Stratz/*Stratz*, § 29 Rn. 23; Widmann/Mayer/*Wälzholz*, § 29 Rn. 57.

[804] Böttcher/Habighorst/Schulte/*Burg*, § 29 Rn. 35; Henssler/Strohn/*Müller*, § 29 UmwG Rn. 20; Kallmeyer/*Marsch-Barner*, § 29 Rn. 29; Kölner Kommentar-UmwG/*Simon*, § 29 Rn. 40; Schmitt/Hörtnagl/Stratz/*Stratz*, § 29 Rn. 23; Semler/Stengel/*Kalss*, § 29 Rn. 36.

[805] Schmitt/Hörtnagl/Stratz/*Stratz*, § 33 Rn. 1; Semler/Stengel/*Kalss*, 33 Rn. 1.

[806] Kölner Kommentar-UmwG/*Simon*, § 33 Rn. 2; Lutter/*Grunewald*, § 33 Rn. 11; Schmitt/Hörtnagl/Stratz/*Stratz*, § 33 Rn. 8; Semler/Stengel/*Kalss*, § 33 Rn. 2; Widmann/Mayer/*Wälzholz*, § 33 Rn. 5.

§ 13 Rechtsfolgen der Verschmelzung   382–384   § 13

Bestehen keine **Verfügungsbeschränkungen**, bedarf es der Anwendung der erleichternden Sonderregel nicht, da die Inhaber die Anteile ohnehin einfach übertragen können.[807] Vorteil einer solchen anderweitigen Veräußerung kann insbesondere sein, dass der Anteil zu Marktbedingungen und so möglicherweise zu einem höheren Preis veräußert wird und der Anteilsinhaber damit nicht auf das im Rahmen der Verschmelzung vereinbarte Umtauschverhältnis festgelegt ist.[808] Nicht anwendbar ist die Regelung bei der Verschmelzung von Genossenschaften (§ 90 Abs. 1 UmwG) und gemeinnützigen Vereinen i. S. d. § 5 Abs. 1 Nr. 9 KStG (§ 104a UmwG).

Voraussetzung für die Möglichkeit zur Übertragung an Dritte ist zum einen, dass die 382 jeweiligen Anteile überhaupt übertragbar sind. Dies ist wiederum abhängig von der jeweiligen Rechtsform und dem Gesellschaftsvertrag des übertragenden Rechtsträgers.[809] So sind jedenfalls Anteile an Kapitalgesellschaften erfasst, sollten sie nicht als unübertragbar gestaltet sein.[810] Anteile an Personenhandels- und Partnerschaftsgesellschaften und Vereinen fallen hingegen nur dann unter § 33 UmwG, wenn die Übertragbarkeit des Gesellschaftsanteils im Gesellschaftsvertrag vorgesehen ist.[811] Zum anderen muss der Anteilsinhaber aufgrund des Zusammenhangs mit der Konstellation des § 29 UmwG auch die dortigen Voraussetzungen erfüllen, also gegen den Verschmelzungsbeschluss **Widerspruch zur Niederschrift** erklärt haben oder unter einen in § 29 Abs. 2 UmwG geregelten Sachverhalt fallen.[812] Für die Anteilseigner des übernehmenden Rechtsträgers gilt diese Erleichterung – ebenso wie das Abfindungsrecht nach § 29 UmwG – nicht.[813]

Wenn diese Voraussetzungen gegeben sind, dann sind **Verfügungsbeschränkungen** ab 383 dem Zeitpunkt der Fassung des Verschmelzungsbeschlusses bis zum Ablauf der in § 31 UmwG (→ Rn. 372) bestimmten Frist nicht anwendbar. Die Befreiung betrifft sowohl Verfügungsbeschränkungen beim übertragenden als auch beim übernehmenden Rechtsträger.[814] Wegen möglicher Unwirksamkeitsklagen und der damit verbundenen Registersperre und der Möglichkeit eines Spruchverfahrens kann dieses Recht daher unter Umständen noch Jahre nach Eintragung der Verschmelzung wahrgenommen werden und der übernehmende Rechtsträger muss das Hinzukommen neuer Gesellschafter in diesem Zeitraum trotz einer Vinkulierung akzeptieren.[815]

Unter den Begriff der **Verfügungsbeschränkung** iSd. § 33 UmwG fallen Verfügungs- 384 beschränkungen jeder Art, wie etwa solche, die gesetzlich geregelt sind, sowie auch solche, die sich aus dem Gesellschaftsvertrag der Gesellschaft ergeben.[816] So können bei Eingreifen von § 33 UmwG etwa Anteile an einer Personenhandelsgesellschaft ohne Zustimmung der

---

[807] Semler/Stengel/*Kalss*, § 33 Rn. 2.
[808] Semler/Stengel/*Kalss*, § 33 Rn. 2.
[809] Kallmeyer/*Marsch-Barner*, § 33 Rn. 4; Semler/Stengel/*Kalss*, § 33 Rn. 5.
[810] Semler/Stengel/*Kalss*, § 33 Rn. 5.
[811] Kallmeyer/*Marsch-Barner*, § 33 Rn. 4; Lutter/*Grunewald*, § 33 Rn. 2; Semler/Stengel/*Kalss*, § 33 Rn. 5.
[812] Kallmeyer/*Marsch-Barner*, § 33 Rn. 5; Lutter/*Grunewald*, § 33 Rn. 5; Schmitt/Hörtnagl/Stratz/ Stratz, § 33 Rn. 8; Semler/Stengel/*Kalss*, § 33 Rn. 12 f.; Widmann/Mayer/Wälzholz, § 33 Rn. 6; Limmer/*Limmer*, Teil 2 Kapitel 1 Rn. 619.
[813] Henssler/Strohn/*Müller*, § 33 UmwG Rn. 3; Kallmeyer/*Marsch-Barner*, § 33 Rn. 1; Kölner Kommentar-UmwG/*Simon*, § 33 Rn. 12; Lutter/*Grunewald*, § 33 Rn. 4; Schmitt/Hörtnagl/Stratz/ Stratz, § 33 Rn. 5; Semler/Stengel/*Kalss*, § 33 Rn. 9; Widmann/Mayer/Wälzholz, § 33 Rn. 24.
[814] Kallmeyer/*Marsch-Barner*, § 33 Rn. 2; Kölner Kommentar-UmwG/*Simon*, § 33 Rn. 13 ff.; Lutter/*Grunewald*, § 33 Rn. 10; Widmann/Mayer/Wälzholz, § 33 Rn. 17 f.; kritisch aber mit Verweis auf den eindeutigen Wortlaut ebenso: Schmitt/Hörtnagl/Stratz/Stratz, § 33 Rn. 5; einschränkend mit Verweis auf Wertungswidersprüche zu § 29 UmwG: Semler/Stengel/*Kalss*, § 33 Rn. 10.
[815] Schmitt/Hörtnagl/Stratz/Stratz, § 33 Rn. 4; Semler/Stengel/*Kalss*, § 33 Rn. 11; Widmann/ Mayer/Wälzholz, § 33 Rn. 22.
[816] Kallmeyer/*Marsch-Barner*, § 33 Rn. 4; Schmitt/Hörtnagl/Stratz/Stratz, § 33 Rn. 3; ausführlich: Widmann/Mayer/Wälzholz, § 33 Rn. 7 ff.

weiteren Gesellschafter übertragen werden.[817] Beschränkungen, die sich aus schuldrechtlichen Nebenabreden der Gesellschafter ergeben, sind allerdings – wie bei § 29 UmwG – von der gesetzlichen Regelung nicht erfasst (→ Rn. 343).[818]

8. Besonderheiten bei der grenzüberschreitenden Verschmelzung

385 §§ 122i, 122a UmwG setzt den **Minderheitenschutz im Rahmen der grenzüberschreitenden Verschmelzung** von EU-/EWR-Kapitalgesellschaften um.[819]

386 a) **Abfindungsangebot im Verschmelzungsplan.** Der Anwendungsbereich des § 122i UmwG erstreckt sich nur auf die **Herausverschmelzungen** aus Deutschland (sog. „rechtswechselnde Verschmelzung");[820] eine Hereinverschmelzungen unterfällt allein der Regelung des § 29 iVm. § 122a Abs. 2 UmwG.[821]

387 Für die **Herausverschmelzung** ist § 122i Abs. 1 UmwG daher *lex specialis* zu § 29 Abs. 1 S. 1, 2 UmwG und gewährt **Minderheitenschutz** durch ein Austrittsrecht gegen Barabfindung.[822] Dies gilt in jedem Fall der Herausverschmelzung, ohne dass es auf das Vorliegen der inhaltlichen Voraussetzungen des § 29 Abs. 1 UmwG ankommt. Hintergrund dieser Regelung ist, dass der übernehmende Rechtsträger notwendig einer anderen Rechtsordnung unterworfen ist. Daraus kann eine Änderung der Gesellschafterrechte und -pflichten resultieren, über deren (Nicht-) Annahme der Anteilsinhaber selbst entscheiden soll.[823]

388 Anders als in § 29 Abs. 1 S. 1 UmwG ist im Falle des § 122i Abs. 2 UmwG nicht der übernehmende Rechtsträger **Schuldner des Barabfindungsanspruchs**, sondern der übertragende Rechtsträger (§ 121i Abs. 2 S. 1 UmwG), denn nur diesen kann der deutsche Gesetzgeber verpflichten. Soweit das Angebot zur Barabfindung erst nach Wirksamwerden der Verschmelzung angenommen wird, geht die Verpflichtung indes wegen der Gesamtrechtsnachfolge auf den übernehmenden Rechtsträger über.[824]

389 Im Übrigen ist die Regelung des § 122i Abs. 1 UmwG eng an den **Minderheitenschutz** der §§ 29 ff. UmwG angelehnt.[825] Insbesondere ist Voraussetzung für das Abfindungsrecht, dass der Anteilsinhaber seinen **Widerspruch zur Niederschrift** erklärt hat.[826] Das Abfindungsangebot ist in den **Verschmelzungsplan** oder dessen Entwurf aufzunehmen.[827] Nach § 122i Abs. 1 S. 3 UmwG gelten die § 29 Abs. 1 S. 4 und 5 sowie Abs. 2 UmwG und die §§ 30, 31 UmwG für das Abfindungsangebot entsprechend.

390 b) **Anwendbarkeit des Spruchverfahrens.** Die Anteilseigner des übertragenden Rechtsträgers können die Angemessenheit und das ordnungsgemäße **Angebot der Barabfindung** nur im Rahmen eines **Spruchverfahrens** rügen (§§ 32, 34 UmwG). Im Falle

---

[817] Kallmeyer/*Marsch-Barner*, § 33 Rn. 4.
[818] Kallmeyer/*Marsch-Barner*, § 33 Rn. 4.
[819] Kallmeyer/*Marsch-Barner*, § 122i Rn. 1; Lutter/*Bayer*, § 122i Rn. 1.
[820] Lutter/*Bayer*, § 122i Rn. 6.
[821] Henssler/Strohn/*Polley*, § 122i UmwG Rn. 3; Kallmeyer/*Marsch-Barner*, § 122i Rn. 4; Lutter/*Bayer*, § 122i Rn. 7 f.; Schmitt/Hörtnagl/Stratz/*Hörtnagel*, § 122 lit. i Rn. 5; Semler/Stengel/*Drinhausen*, § 122i Rn. 2.
[822] Henssler/Strohn/*Polley*, § 122i UmwG Rn. 3; Lutter/*Bayer*, § 122i Rn. 7.
[823] BegrRegE, BR-Drucks. 548/06, 34; Henssler/Strohn/*Polley*, § 122i UmwG Rn. 3; Kallmeyer/*Marsch-Barner*, § 122i Rn. 2; Lutter/*Bayer*, § 122i Rn. 6; Semler/Stengel/*Drinhausen*, § 122i Rn. 2.
[824] Lutter/*Bayer*, § 122i Rn. 15 m. w. N.; Schmitt/Hörtnagl/Stratz/*Hörtnagel*, § 122i Rn. 6.
[825] Semler/Stengel/*Drinhausen*, § 122i Rn. 2.
[826] Kallmeyer/*Marsch-Barner*, § 122i Rn. 2; Lutter/*Bayer*, § 122i Rn. 9; Semler/Stengler/*Drinhausen*, § 122i Rn. 5.
[827] Die Europarechtskonformität dieser Regelung wird teilweise in Zweifel gezogen. Für eine Übereinstimmung mit der Richtlinie: Kallmeyer/*Marsch-Barner*, § 122i Rn. 3; Schmitt/Hörtnagl/Stratz/*Hörtnagel*, § 122i Rn. 7; Semler/Stengel/*Drinhausen*, § 122i Rn. 6; Widmann/Mayer/Vossius, § 122i Rn. 3; dagegen: *Louven*, ZIP 2006, 2021, 2025.

der Herausverschmelzung nach § 122i UmwG hängt die Anwendbarkeit des Spruchverfahrens zunächst davon ab, ob die Rechtsordnung der beteiligten ausländischen Gesellschaften ein Verfahren zur Abfindung von Minderheitsgesellschaftern vorsieht. Dabei ist erforderlich, dass die entsprechende Rechtsordnung ein solches Verfahren nicht nur generell, sondern gerade für den Fall einer grenzüberschreitenden Verschmelzung vorsieht.[828] Wenn dies nicht der Fall ist, müssen die Anteilsinhaber des übernehmenden Rechtsträgers der Geltung der §§ 32, 34 UmwG ausdrücklich zustimmen. Die Zustimmung soll im Verschmelzungsbeschluss erfolgen (§ 122i Abs. 2 S. 1 UmwG).[829] Da bislang nur wenige Mitgliedstaaten ein dem **Spruchverfahren** vergleichbares Verfahren kennen,[830] ist in der Regel also die ausdrückliche Zustimmung der Anteilsinhaber des übernehmenden Rechtsträgers erforderlich. Besteht kein vergleichbares Verfahren und stimmen nicht alle Anteilsinhaber der beteiligten ausländischen Gesellschaft zu, können die Anteilsinhaber des übertragenden Rechtsträgers kein Spruchverfahren einleiten. Sie können aber eine **Unwirksamkeitsklage** auch auf ein unangemessenes Barabfindungsangebot stützen.[831]

c) Anderweitige Veräußerung. Nach § 122i Abs. 2 S. 3 UmwG gilt § 33 UmwG **391** uneingeschränkt entsprechend, falls eine inländische Kapitalgesellschaft auf eine ausländische Kapitalgesellschaft verschmolzen wird. Entsprechend steht den Gesellschaftern/Aktionären der deutschen Gesellschaft die Möglichkeit offen, bei Vorliegen der Voraussetzungen der §§ 33, 29 Abs. 1 UmwG ihre Anteile an Dritte zu veräußern, ohne dabei durch **Verfügungsbeschränkungen** gehindert zu sein. Teilweise wird eine Einschränkung dieses Rechts für den Zeitraum nach Eintragung der Verschmelzung gefordert und umgekehrt die analoge Anwendung von § 33 UmwG für den Fall der Hereinverschmelzung einer europäischen Gesellschaft auf eine deutsche Kapitalgesellschaft für die Zeit nach Wirksamwerden der Verschmelzung gefordert.[832]

§ 14 Beschlussmängel

Übersicht

	Rdnr.		Rdnr.
A. Rechtsschutzsystem	1–18	c) Übersendung, Bekanntmachung und Auslegung von Unterlagen	46, 47
I. Ausgangspunkt	3–6	d) Auskunftspflichten	48–50
II. Zusammenspiel von Beschlussmängel-, Freigabe- und Spruchverfahren	7–11	2. Inhaltliche Fehler	51–84
		a) Verschmelzungsvertrag	53–59
III. Rechtspolitische Kritik bzgl. der Asymmetrie der Rechtsbehelfe	12–18	aa) Konkreter Verschmelzungsvertrag	53
		bb) Vertragsfehler	54–57
B. Beschlussmängelverfahren	19–142	cc) Arbeitsrechtliche Angaben, § 5 Abs. 1 Nr. 9 UmwG	58, 59
I. Verfahren	21–28	
1. Verfahrensgrundsätze	21–24	
2. Wirkung der Klageerhebung	25–27	b) Sachliche Rechtfertigung	60–62
3. Beschlussmängelverfahren gegen Kapitalerhöhungsbeschluss	28	c) Treuepflicht	63–71
		aa) Funktionswidriger Einsatz der Verschmelzung	66–69
II. Beschlussmängel	29–109	bb) Widersprüchliches Verhalten	70
1. Verfahrensfehler	32–50	
a) Verschmelzungsbericht	35–41	
b) Prüfungsbericht	42–45	cc) Überschuldung	71

---

[828] Lutter/*Bayer*, § 122i Rn. 21.
[829] Kallmeyer/*Marsch-Barner*, § 122i Rn. 7; Lutter/*Bayer*, § 122i Rn. 22.
[830] Lutter/*Bayer*, § 122i Rn. 21 mit Verweis auf entsprechende Regelungen in Österreich und den Niederlanden.
[831] Schmitt/Hörtnagl/Stratz/*Hörtnagl*, § 122i Rn. 16.
[832] Widmann/Mayer/*Wälzholz*, § 33 Rn. 16.

	Rdnr.
d) Gleichbehandlungsgebot ...	72, 73
e) Bewertungsrüge (übernehmender Rechtsträgers)	74–82
aa) Maßstab für die Bewertungsrüge	75, 76
bb) Umtauschverhältnis	77–80
cc) Barabfindung	81, 82
f) Bewertungsrüge (übertragender Rechtsträger)	83
g) Kapitalschutzvorschriften ..	84
3. Ausschluss der Bewertungsrüge (übertragender Rechtsträger) ..	85–109
a) Anwendungsbereich	88–94
aa) Umtauschverhältnis	89–91
bb) Barabfindung	92–94
b) Bewertungsrelevante Informationen	95–105
aa) Barabfindung	97–100
bb) Umtauschverhältnis	101–105
c) Rechtsmissbrauch	106–109
III. Zulässigkeit und Begründetheit	110–125
1. Rügeausschluss	111
2. Aktiv- und Passivlegitimation ..	112–114
3. Ausschlussfrist	115–124
a) Anwendungsbereich	116
b) Fristberechnung und -wahrung	117–121
c) Folgen des Fristablaufs	122–124
4. Beschlussmangel	125
IV. Wirkung der Eintragung der Verschmelzung auf Beschlussmängelverfahren	126–142
1. Modifikation des Rechtsschutzinteresses	127–131
2. Modifikation des Beschlussmängelverfahrens	132–142
a) Beschlussmängelverfahren gegen den übertragenden Rechtsträger	133–139
aa) Passivlegitimation	134, 135
bb) Vertretungsregeln	136
cc) Verfahrensregeln	137, 138
dd) Zuständigkeit	139
b) Beschlussmängelverfahren gegen Anteilsinhaber des übertragenden Rechtsträgers	140, 141
c) Beschlussmängelverfahren gegen übernehmenden Rechtsträger bzw. seine Anteilsinhaber	142
C. Freigabeverfahren	143–243
I. Funktion	144–149
II. Verfahren	150–169
1. Verfahrensgrundsätze	150–152
2. Ablauf des Verfahrens	153–157
a) Einleitung des Verfahrens ..	153, 154
b) Mündliche Verhandlung ...	155
c) Abschluss des Verfahrens ...	156, 157
3. Glaubhaftmachung	158–160
4. Wirkung der Entscheidung	161–167
a) Stattgabe des Freigabeantrags	162–166
aa) Bindung des Registergerichts	163, 164

	Rdnr.
bb) Folgen für Hauptsacheverfahren	165, 166
b) Abweisung des Freigabeantrags	167
5. Rechtsbehelf	168
6. Streitwert, Gebühren und Kosten	169
III. Zulässigkeit	170–178
1. Zuständigkeit	170
2. Antrag	171–174
3. Statthaftigkeit	175
4. Antragsfrist	176
5. Rechtsschutzbedürfnis	177, 178
IV. Begründetheit	179–234
1. Erfolgsaussichten der Klage	180–188
a) Unzulässigkeit	181–183
b) Offensichtliche Unbegründetheit	184–188
2. Bagatellquorum	189–202
a) Anwendungsbereich	192–194
b) Mindestquorum	195–197
c) Nachweis des Mindestquorums	198–200
d) Folge bei fehlendem Bagatellquorum	201, 202
3. Interessenabwägung	203–234
a) Nachteilsabwägung	205–228
aa) Wesentliche Nachteile auf Seiten des Antragstellers	208–215
bb) Nachteile auf Seiten des Antragsgegners	216–222
cc) Abwägung	223–228
b) Kein besonders schwerer Rechtsverstoß	229–234
V. Schadensersatzpflicht	235–241
VI. Analoge Anwendung für Kapitalerhöhungen	242, 243
D. Spruchverfahren	244–427
I. Funktion	246–249
II. Verfahren	250–281
1. Anwendungsbereich	250
2. Verfahrensgrundsätze	251–253
3. Beteiligte	254–257
a) Antragsgegner und Antragsteller	254
b) Gemeinsamer Vertreter	255–257
4. Ablauf des Verfahrens	258–261
5. Entscheidung	262–270
a) Inhalt der Entscheidung	263–265
b) Wirkung der Entscheidung	266–270
6. Vergleich	271–273
7. Rechtsbehelf	274–279
8. Streitwert, Gebühren und Kosten	280, 281
III. Zulässigkeit	282–302
1. Zuständigkeit	282
2. Antrag	283, 284
3. Antragsberechtigung	285–296
a) Umtauschverhältnis	287–292
b) Barabfindung	293–296
4. Antragsfrist	297, 298
5. Antragsbegründung	299–301
6. Rechtsschutzbedürfnis	302

	Rdnr.		Rdnr.
IV. Begründetheit	303–329	cc) Multiplikatoren-Methode	373
1. Verfassungsrechtliche Mindestanforderungen	305–307	2. Normative Vorgaben für die Bewertung	374–395
2. Barabfindung	308–317	a) Untergrenze Börsenkurs	375–387
a) Fehlendes Angebot	309	aa) Barabfindung	378, 379
b) Zu niedriges Angebot	310–316	bb) Umtauschverhältnis	380, 381
aa) Bewertung	312–314	cc) Stellungnahme	382–387
bb) Synergieeffekte	315, 316	b) Untergrenze Liquidationswert	388–391
c) Nicht ordnungsgemäßes Angebot	317	c) Kein Meistbegünstigungsgrundsatz	392–394
3. Umtauschverhältnis	318–329	d) Keine Obergrenze wegen Kapitalschutzvorschriften	395
a) Bewertung	320–323	3. Gerichtlicher Kontrollmaßstab	396–427
b) Synergieeffekte	324–328	a) Rechts- und Tatsachenfrage	397–401
c) Bewertungsstichtag	329	b) Anforderungen an gerichtliche Kontrolldichte	402–416
V. Gerichtliche Bestimmung der Kompensation	330–351	aa) Schätzungsermessen	403
1. Barabfindung	331–337	bb) Eigene Unternehmensbewertung	404–406
a) Fehlendes Angebot oder zu niedriges Angebot	332, 333	cc) Prüfungsdichte bei konzernfreien Verschmelzungen	407–409
b) Nicht ordnungsgemäßes Angebot	334–337	dd) Prüfungsdichte für Konzernverschmelzungen	410–412
2. Umtauschverhältnis	338–347	c) Mehrheitsvergleich	413–416
a) Bewertungsziel für die Bestimmung der Zuzahlung	339–343	c) Grenzen der gerichtlichen Kontrolle	417–424
b) Selbstfinanzierungseffekt	344–347	aa) Keine Bindung des Gerichts an bestimmte Bewertungsmethode	418, 419
3. Verzinsung	348–351	bb) Keine Bindung des Gerichts an bestimmte Fassung eines Bewertungsstandards	420–422
VI. Bewertungsfragen	352–427		
1. Bewertungsmethoden	352–373		
a) Kapitalwertorientierte Bewertungsmethoden	355–360		
aa) Ertragswertverfahren	356–359		
bb) Discounted Cash Flow Verfahren	360	cc) Bindung des Gerichts an Prognosen und Planungen	423, 424
b) Marktorientierte Bewertungsmethoden	361–369		
aa) Börsenwert	361–366		
bb) Vorerwerbspreis	367–369		
c) Weitere Bewertungsansätze	370–373		
aa) Substanzwertverfahren	370		
bb) Liquidationswertverfahren	371, 372	d) Bandbreite bei der Angemessenheitsprüfung	425–427

Schrifttum: *Adolff*, Unternehmensbewertung im Recht der börsennotierten Aktiengesellschaft, 2007; *Arbeitskreis Beschlussmängelrecht*, Vorschlag zur Neufassung der Vorschriften des Aktiengesetzes über Beschlussmängel, AG 2008, 617; *Arbeitskreis Umwandlungsrecht*, Vorschläge zum Referentenentwurf eines Umwandlungsgesetzes, ZGR 1993, 321; *Baums/Drinhausen/Keinath*, Anfechtungsklagen und Freigabeverfahren. Eine empirische Studie, ZIP 2011, 2329; *Bayer*, Informationsrechte bei der Verschmelzung von Aktiengesellschaften, AG 1988, 323; *Bayer*, Das Freigabeverfahren gem. § 246a AktG idF des ARUG als Instrument zur Bekämpfung räuberischer Aktionäre – Rechtsdogmatik, Rechtstatsachen, Rechtspolitik – Festschrift für Michael Hoffmann-Becking zum 70. Geburtstag, 2013, S. 91; *Bayer*, Fehlerhafte Bewertung – Aktien als Ausgleich bei Sachkapitalerhöhung und Verschmelzung?, ZHR 172 (2008), 24; *Bayer/Hoffmann*, „Berufskläger" in der aktuellen rechtspolitischen Diskussion – Zugleich kritische Anmerkungen zu Baums/Drinhausen/Keinath, Anfechtungsklagen und Freigabeverfahren, Eine empirische Studie, ZIP 2011, 2329, ZIP 2013, 1193; *Bayer/Lieder*, Das aktienrechtliche Freigabeverfahren für die GmbH, NZG 2011, 1170; *Behnke*, Anmerkung zu BVerfG, Beschluss vom 27.4.1999 – 1 BvR 1613/94, NZG 1999, 931; *Beschlüsse der Abteilung Wirtschaftsrecht des 63. Deutschen Juristentages*, Leipzig 2000, Thema: Empfiehlt sich eine Neuregelung des aktienrechtlichen Anfechtungs- und Organhaftungsrechts, insbesondere der Klagemöglichkeit von Aktionären?, AG 2000, R440; *Bilda*, Abfindungsansprüche bei vertragsüberlebenden Spruchverfahren, NZG 2005, 375; *Bork*, Beschlußverfahren und Beschlußkontrolle nach dem Referentenentwurf eines Gesetzes zur Bereinigung des Umwandlungsrechts, ZGR 1993, 343; *Bosse*, Grünes Licht für das ARUG – Das Aktienrecht geht online, NZG 2009, 807; *Brandi/Wilhelm*, Gesellschaftsrechtliche Strukturmaßnahmen und Börsenkursrechtsprechung – Aktuelle Tendenzen in der Rechtsprechung, NZG 2009, 1408; *Büchel*, Neuordnung des Spruchverfahrens, NZG 2003, 793; *Bungert*, Darstellungsweise und Überprüfbarkeit der Angaben über Arbeitnehmerfolgen im Umwandlungsvertrag, DB 1997, 2209; *Bungert/ Wansleben*, Dividendenanspruch bei Verschiebung der Gewinnberechtigung bei Verschmelzungen – Zugleich Besprechung von BGH-Urteil vom 4.12.2012 – II ZR 17/12, DB 2013 S. 334, DB 2013, 979; *Burger*, Keine angemessene Abfindung durch Börsenkurse bei Squeeze-out, NZG 2012, 281; *DAV-Handelsrechtsausschuss*, Vorschläge des Handelsrechtsausschusses des Deutschen Anwaltvereins e. V. zur Änderung des UmwG, NZG 2000, 802; *DAV-Handelsrechtsausschuss*, Stellungnahme zu dem Regierungsentwurf eines Gesetzes zur Unternehmensintegrität und Modernisierung des Anfechtungsrechts (UMAG), NZG 2005, 388; *DAV-Handelsrechtsausschuss*, Gesetzgebungsvorschlag zum Spruchverfahren bei Umwandlung und Sachkapitalerhöhung und zur Erfüllung des Ausgleichsanspruchs durch Aktien, NZG 2007, 497; *DAV-Handelsrechtsausschuss*, Stellungnahme zu Ergänzungen des Entwurfs der Aktienrechtsnovelle 2012, NZG 2013, 694; *Decher*, Die Information der Aktionäre über die Unternehmensbewertung bei Strukturmaßnahmen in der Hauptversammlungs- und Gerichtspraxis, Festschrift für Michael Hoffmann-Becking zum 70. Geburtstag, 2013, S. 295; *Deiß*, Die Festsetzung der angemessenen Kompensation im Wege einer „mehrheitskonsensualen Schätzung" im Spruchverfahren, NZG 2013, 1382; *Drinhausen/Keinath*, Referentenentwurf eines Gesetzes zur Umsetzung der Aktionärsrichtlinie (ARUG) – Weitere Schritte zur Modernisierung des Aktienrechts, BB 2008, 2078; *A. Drygala*, Die Reichweite der arbeitsrechtlichen Angaben im Verschmelzungsvertrag, ZIP 1996, 1365; *Enders/Ruttmann*, Die Interessenabwägung im aktienrechtlichen Freigabeverfahren – nach § 246a Abs. 2 Nr. 3 AktG – ein Leitfaden für die Praxis, ZIP 2010, 2280; *Engelmeyer*, Die Informationsrechte des Betriebsrats und der Arbeitnehmer bei Strukturänderungen, DB 1996, 2542; *Faßbender*, Das Freigabeverfahren nach § 246a AktG – Offene Fragen und Gestaltungsmöglichkeiten, AG 2006, 872; *Fleischer*, Unternehmensbewertung bei aktienrechtlichen Abfindungsansprüchen: Bestandsaufnahme und Reformperspektiven im Lichte der Rechtsvergleichung, AG 2014, 97; *Fleischer*, Der Stinnes-Beschluss des BGH zur Anwendung neuer Bewertungsstandards auf vergange Bewertungsstichtage, AG 2016, 185; *Fleischer*, Die Barabfindung außenstehender Aktionäre nach den §§ 305 und 320b AktG – Stand-alone-Prinzip oder Verbundberücksichtigungsprinzip?, ZGR 1997, 368; *Fleischer/Bong*, Unternehmensbewertung bei konzernfreien Verschmelzungen zwischen Geschäftsleiterermessen und Gerichtskontrolle, NZG 2013, 881; *Fleischer/Schneider*, Der Liquidationswert als Untergrenze der Unternehmensbewertung bei gesellschaftsrechtlichen Abfindungsansprüchen, DStR 2013, 1736; *Förster*, Aktionärsrechte in der Hauptversammlung – quo vaditis?, AG 2011, 362; *Friese-Dormann/Rothenfußer*, Selbstfinanzierungseffekt und Bagatellgrenze als Frage der Angemessenheit des Umtauschverhältnisses bei Verschmelzungen, AG 2008, 243; *Fritzsche/Dreier*, Spruchverfahren und Anfechtungsklage im Aktienrecht: Vorrang oder Ausnahme des Anfechtungsausschusses gemäß § 14 Abs. 2 UmwG? – Effektiver Rechtsschutz kein Hemmnis für Strukturänderung, BB 2002, 737; *Gärtner/Handke*, Unternehmenswertermittlung im Spruchverfahren – Schrittweiser Abschied vom Meistbegünstigungsprinzip des BGH (DAT/Altana)?, NZG 2012, 247; *Habersack/Stilz*, Zur Reform des Beschlussmängelrechts – Bestandsaufnahme nach ARUG und Perspektiven, ZGR 2010, 710; *Haspl*, Aktionärsschutz im Spruchverfahren und „Zwangsvergleich", NZG 2014, 487; *Hasselbach/Ebbinghaus*, Auswirkungen der Stollwerck-Entscheidung des BGH auf die Transaktions- und Bewertungspraxis bei börsennotierten Gesellschaften – Zugleich Besprechung von BGH, Beschl. v. 19.7.2010 – II ZB 18/09, Der Konzern 2010, 499, Der Konzern 2010, 467; *Hausch*, Arbeitsrechtliche Pflichtangaben nach dem UmwG – Teil 2, RNotZ 2007, 396; *Heermann*, Auswirkungen einer Behebbarkeit oder nachträglichen Korrektur von gerügten Verfahrensmängeln auf das Unbedenklichkeitsverfahren nach § 16 Abs 3 UmwG, ZIP 1999, 1861; *Henze*, Aspekte und Entwicklungstendenzen der aktienrechtlichen Anfechtungsklage in der Rechtsprechung des BGH, ZIP 2002, 97; *Hoffmann-Becking*, „Organnachfolge" bei der Verschmelzung?, Festschrift für Peter Ulmer zum 70. Geburtstag am 2. Januar 2003, 2003, S. 243; *Hofmann/ Krolop*, Rückverschmelzung nach Börsengang – Der Fall T-Online, AG 2005, 866; *Hoger*, Kapitalschutz als Durchsetzungsschranke umwandlungsrechtlicher Ausgleichsansprüche von Gesellschaftern, AG 2008, 149; *Hommelhoff*, Ungleiche Devestion – Bemerkungen zu einem verschmelzungsrechtlichen Freigabebeschluss, AG 2012, 194; *Hommelhoff*, Minderheitenschutz bei Umstrukturierungen, ZGR 1993, 452; *Hüffer*, Ausgleichsanspruch und Spruchverfahren statt Anfechtungsklage beim Verschmelzungs- oder Kapitalerhöhungsbeschluss des erwerbenden Rechtsträgers, ZHR 172 (2008), 8; *Hüttemann*, Börsenkurs und Unternehmensbewertung, ZGR 2001, 454; *Ihrig*, Verschmelzung und Spaltung ohne Gewährung neuer Anteile?, ZHR 160 (1996), 317; *Kallmeyer*, Zum Verweis auf das Spruchstellenverfahren bei Verstoß gegen das Auskunftsrecht über abfindungsrelevante Fragen, GmbHR 2001, 204; *Kiefner/Kersjes*, Spruchverfahren und die Fortgeltung der ausschließlichen funktionellen

Zuständigkeit der KfH unter dem FGG-Reformgesetz, NZG 2012, 244; *Klöcker/Frowein*, Zur kumulativen Geltendmachung von Barabfindung und barer Zuzahlung, EWiR 2005, 321; *Klöhn/Verse*, Ist das „Verhandlungsmodell" zur Bestimmung der Verschmelzungswertrelation verfassungswidrig? – Überlegungen zu BVerfG v. 24.5.2012 – 1 BvR 3221/10, AG 2012, 674 – Daimler/Chrysler, AG 2013, 2; *Knoll*, Planungsrechnung zwischen Risikoberücksichtigung und Zweckadäquanz, DSTR, 2010, 615; *Kollrus*, Unternehmensbewertung in Spruchverfahren, MDR 2012, 66; *Kort*, Bedeutung und Reichweite des Bestandschutzes von Umwandlungen, AG 2010, 230; *Kösters*, Das Unbedenklichkeitsverfahren nach § 16 Abs. 3 UmwG, WM 2000, 1921; *Kraft*, Das Prozessuale Nachweiserfordernis des Bagatellquorums im Freigabeverfahren, NZG 2016, 1370; *Leuschner*, Gibt es das Anteilseigentum wirklich?, NJW 2007, 3248; *Liebscher*, Einschränkung der Verzinslichkeit des Abfindungsanspruchs dissentierender Gesellschafter gemäß §§ 30 Abs 1 S 2, 208 UmwG – § 305 Abs 3 S 3, 1 Hs AktG, AG 1996, 455; *Lutter*, Aktienerwerb von Rechts wegen: Aber welche Aktien?, Festschrift für Ernst-Joachim Mestmäcker, 1996, S. 943; *Lutter*/Drygala, Wie fest ist der feste Ausgleich nach § 304 Abs 2 S 1 AktG?, AG 1995, 49; *Maier-Reimer*, Verbesserung des Umtauschverhältnisses in Spruchverfahren, ZHR 164(2000), 563; *Martens*, Verschmelzung, Spruchverfahren und Anfechtungsklage in Fällen eines unrichtigen Umtauschverhältnisses, AG 2000, 301; *McGuire*, Know-how: Stiefkind Störenfried oder Sorgenkind?, GRUR 2015, 424; *Meilicke/Heidel*, Verweigerung des Rechtsschutzes für außenstehende Aktionäre verstößt gegen Europäische Menschenrechtskonvention, BB 2003, 1805; *Mennicke*, Zeitliche Anwendung von IDW Bewertungsstandards in Spruchverfahren, DB 2016, 520; *Mense/Klie*, BGH: Aktualisierte Bewertungsstandards können bei der Ermittlung von Unternehmenswerten grundsätzlich rückwirkend angewendet werden, GWR 2016, 55; *Merkner/Schmidt-Bendun*, Drum prüfe, wer sich ewig bindet – zur Bindungswirkung einer Wahl zwischen Aktientausch und (erschlichener) Barabfindung, NZG 2011, 10; *Mertens*, Die Gestaltung von Verschmelzungs- und Verschmelzungsprüfungsbericht, AG 1990, 20; *Mertens*, Zur Geltung des Stand-alone-Prinzips für die Unternehmensbewertung bei der Zusammenführung von Unternehmen, AG 1992, 330; *Noack*, ARUG – das nächste Stück der Aktienrechtsreform in Permanenz, NZG 2008, 441; *Ossadnik*, Die „angemessene" Synergieverteilung bei der Verschmelzung, DB 1997, 885; *Paschos*, Die Maßgeblichkeit des Börsenkurses bei Verschmelzungen – Zugleich Besprechung BayObLG, Beschl v 18-12-2002 – 3Z BR 116/00, ZIP 2003, 253 „Hypo-Vereinsbank", ZIP 2003, 1017; *Philipp*, Ist die Verschmelzung von Aktiengesellschaften nach dem neuen Umwandlungsrecht noch vertretbar?, AG 1998, 264; *Puszkajler*, Verschmelzung zum Börsenkurs? – Verwirklichung der BVerfG-Rechtsprechung – Zugleich eine Erwiderung auf Bungert, BB 2003, 699, BB 2003, 1692; *Puszkajler*, Börsenwert über alles bei Verschmelzungen? – Anmerkungen zu OLG Frankfurt/M v 3–9-2010, ZIP 2010, 1947 – T-Online/Deutsche Telekom, ZIP 2010, 2275; *Puszkajler/Sekera-Terplan*, Reform des Spruchverfahrens?, NZG 2015, 1055; *Reichard*, Der Nachweis des Mindestaktienbesitzes im Freigabeverfahren, NZG 2011, 292; *Reuter*, Börsenkurs und Unternehmenswertvergleich aus Eigensicht – Gleichbehandlung der Aktionäre, Synergie und die Lage bei Verschmelzungen nach BGH-DAT/Altana, DB 2001, 2483; *Rieckers*, Rechtskraftwirkung abweisender Entscheidungen im Freigabeverfahren – Zugleich Anmerkung zu OLG Frankfurt a. M., Beschl. v. 5.11.2007 – 5 W 22/07, BB 2008, 239 – Wella, BB 2008, 514; *Rothley*, Die Neuregelung des Beschlussmängelrechts durch das ARUG, GWR 2009, 312; *Ruiz de Vargas/Theusinger/Zollner*, Ansatz des Liquidationswerts in aktienrechtlichen Abfindungsfällen, AG 2014, 428; *Ruthardt/Hachmeister*, Börsenkurs und/oder Ertragswert in Squeeze Out Fällen – Der Fall Hoechst-AG, NZG 2014, 455; *Schall/Habbe/Wiegand*, Anfechtungsmissbrauch – Gibt es einen überzeugenderen Ansatz als das ARUG?, NJW 2010, 1789; *Schulte/Köller/Luksch*, Eignung des Börsenkurses und des Ertragswerts als Methoden zur Ermittlung von Unternehmenswerten für die Bestimmung eines angemessenen Umtauschverhältnisses bei (Konzern-)Verschmelzungen, WPg 2012, 380; *Schüppen*, Brot, Steine und Glatteis – Der „Solange-Beschluss" des BGH zur Unternehmensbewertung unter rückwirkender Anwendung von IDW S 1 (2005), ZIP 2016, 393; *Seetzen*, Spruchverfahren und Unternehmensbewertung im Wandel, WM 1999, 565; *Sekera-Terplan*, Anmerkung zu OLG Frankfurt a. M., Beschluss vom 17.1.2017 – 21 W 37/12 – (Für die Abfindung im Spruchverfahren ist auf den Börsenwert als Schätzwert nur in Ausnahmefällen abzustellen); *Simons*, Ungeklärte Zuständigkeitsfragen bei gesellschaftsrechtlichen Auseinandersetzungen, NZG 2012, 609; *Sosnitza*, Das Unbedenklichkeitsverfahren nach § 16 III UmwG – Bestandsaufnahme eines gesellschaftsrechtlichen Rechtsschutzinstruments im Lichte der jüngsten Rechtsprechung, NZG 1999, 965; *Steinhauer*, Der Börsenpreis als Bewertungsgrundlage für den Abfindungsanspruch von Aktionären – Finanztheoretischer Hintergrund einer möglichen Trendwende in der gesellschaftsrechtlichen Praxis, AG 1999, 299; *Bundesrechtsanwaltskammer*, Stellungnahme Nr. 33/2014, Juli 2014 – Evaluierung des Spruchverfahrensgesetzes; *Stilz*, Börsenkurs und Verkehrswert – Besprechung der Entscheidung BGH ZIP 2001, 734 – DAT/Altana, ZGR

2001, 875; *Stöber*, Die Auswirkungen einer Umwandlung nach dem Umwandlungsgesetz auf einen laufenden Zivilprozess, NZG 2006, 574; *Tettinger*, Die Barzuzahlung gem. § 15 UmwG – Für mehr Gestaltungsfreiheit im Verschmelzungsrecht, NZG 2008, 93; *van Aerssen*, Die Antragsbefugnis im Spruchstellenverfahren des Aktiengesetzes und im Spruchstellenverfahren des Umwandlungsgesetzes, AG 1999, 249; *Verse*, Rechtsfragen des Quorums im Freigabeverfahren, Festschrift für Eberhard Stilz zum 65. Geburtstag, 2014, S. 651; *Verse*, Das Beschlussmängelrecht nach dem ARUG, NZG 2009, 1127; *E. Vetter*, Bemessung von Abfindung und Ausgleich, AG 1999, 569; *J. Vetter*, Ausweitung des Spruchverfahrens – Überlegungen *de lege lata* und *de lege ferenda*, ZHR 168 (2004), 8; *J. Vetter*, Die Regelung der grenzüberschreitenden Verschmelzung im UmwG? – Einige Bemerkungen aus Sicht der Praxis, AG 2006, 613; *J. Vetter*, Modifikation der aktienrechtlichen Anfechtungsklage, AG 2008, 177; *Wagner*, BB-Kommentar: „Das Freigabeverfahren kann schon vor Erhebung der Anfechtungs- oder Nichtigkeitsklage eingeleitet werden" – Anmerkung zu einer Entscheidung des OLG München, Beschluss vom 10.4.2013 – 7 AktG 1/13 – BB 2013, 1360–1362, BB 2013, 1363; *Wardenbach*, Anmerkung zur Entscheidung des Bundesgerichtshofs vom 28.6.2011, II ZB 2/10, GWR 2011, 332; *Wasmann*, Endlich Neuigkeiten zum Börsenkurs – Besprechung der Stollwerck-Entscheidung des BGH, ZGR 2011, 83; *Weber*, Börsenkursbestimmung aus ökonomischer Perspektive, ZGR 2004, 280; *Weiler/Meyer*, Berücksichtigung des Börsenkurses bei Ermittlung der Verschmelzungswertrelation, NZG 2003, 669; *Wiedemann*, Rechtsethische Maßstäbe im Unternehmens- und Gesellschaftsrecht, ZGR 1980, 147; *Wilm*, Abfindung zum Börsenkurs – Konsequenzen der Entscheidung des BVerfG, NZG 2000, 234; *Wilsing/Kruse*, Maßgeblichkeit der Börsenkurse bei umwandlungsrechtlichen Verschmelzungen?, DStR 2001, 991; *Wilsing/Saß*, Die Rechtsprechung zum Freigabeverfahren seit Inkrafttreten des ARUG, DB 2011, 919; *Zöllner*, Evaluation des Freigabeverfahrens, Festschrift für Harm Peter Westermann zum 70. Geburtstag, 2008, S. 1631

A. Rechtsschutzsystem

1   Das Beschlussmängelrecht im Fall der Verschmelzung zeichnet sich durch ein komplexes Rechtsschutzsystem aus, das der Lösung von Konflikten im Wesentlichen zwischen **Minderheit und Mehrheit der Anteilsinhaber** der beteiligten Rechtsträger dient. Es speist sich aus einer Vielzahl von **Rechtsquellen**, namentlich die rechtsformspezifischen Regelungen für den jeweiligen Rechtsträger, dem UmwG, der ZPO, dem SpruchG und dem FamFG.

2   Die nachstehende Darstellung zum Beschlussmängelrecht orientiert sich sowohl inhaltlich als auch terminologisch an der **Verschmelzung durch Aufnahme** (§§ 4 ff. UmwG) mit einem übertragenden und einem übernehmenden Rechtsträger. Die Ausführungen gelten für die **Verschmelzung durch Neugründung** (§§ 36 ff. UmwG) sowie bei Beteiligung **mehrerer Rechtsträger** entsprechend.

I. Ausgangspunkt

3   Ausgangspunkt für den Rechtsschutz der Anteilsinhaber ist ihr Mitwirkungsakt bei der Verschmelzung: der **Verschmelzungsbeschluss** der Anteilsinhaberversammlung nach § 13 Abs. 1 S. 1 UmwG. Sowohl auf Seiten des übertragenden Rechtsträgers als auch auf Seiten des übernehmenden Rechtsträgers haben Anteilsinhaber nach Maßgabe der einschlägigen rechtsformspezifischen Vorschriften die Möglichkeit, eine Klage gegen die Wirksamkeit ihres jeweiligen Verschmelzungsbeschlusses wegen eines Beschlussmangels (sog. **Unwirksamkeitsklage**) zu erheben.[1] Bei der Unwirksamkeitsklage handelt es sich abhängig von der betreffenden Rechtsform um eine Anfechtungs- bzw. Nichtigkeitsklage oder eine allgemeine Feststellungsklage gemäß § 256 ZPO (→ Rn. 23 f.). Sie eröffnet die richterliche Überprüfung des Verschmelzungsvertrags mit Blick auf die Verletzung des

---

[1] Daneben kommen noch weitere Rechtsbehelfe, etwa im Vorfeld des Verschmelzungsbeschlusses sowie die Geltendmachung von Schadensersatzansprüchen gegen Verwaltungsträger nach §§ 25 ff. UmwG in Betracht. Hierzu im Einzelnen Mehrbrey/*Uhlendorf/Schumacher* § 127 Rn. 11 ff., 128 ff.

Gesetzes oder der Satzung bzw. des Gesellschaftsvertrags, da der Verschmelzungsvertrag Gegenstand des Verschmelzungsbeschlusses ist.

Hat die Unwirksamkeitsklage Erfolg, stellt das Gericht die Nichtigkeit des Verschmelzungsbeschlusses fest bzw. erklärt den Verschmelzungsbeschluss für nichtig. Ist die Klage hingegen nicht erfolgreich, stehen die mit der Klage erhobenen Einwände der Verschmelzung nicht entgegen. Während dieser Zusammenhang im Grundsatz unproblematisch ist, stellt sich die schwierige Frage, wie die Verschmelzung **bis zur rechtskräftigen Entscheidung** über die Unwirksamkeitsklage zu behandeln ist. Konkret kommt es darauf an, ob das **Wirksamwerden der Verschmelzung** bis zur rechtskräftigen Entscheidung **aufzuschieben** ist. Insoweit bestehen insbesondere die folgenden Interessen:

Im Fall des Aufschiebens der Wirksamkeit bis zur rechtskräftigen Abweisung der Unwirksamkeitsklage würde sich die Verschmelzung regelmäßig **erheblich verzögern**. Insbesondere führen Bewertungsrügen in Hinblick auf das Umtauschverhältnis und die Höhe einer etwaigen Barabfindung zu einer besonders langen Verfahrensdauer, da in der Regel eine zeitintensive Erhebung eines Sachverständigenbeweises erforderlich ist. Diese Verzögerungen können zu **erheblichen Nachteilen** führen oder die Verschmelzung vollständig **vereiteln**, vor allem da die ursprüngliche Bewertung regelmäßig überholt sein dürfte.[2]

Würde die Verschmelzung hingegen trotz rechtshängiger Unwirksamkeitsklage wirksam, bestünde im Fall eines späteren Erfolgs der Klage das erhebliche Problem der **Rückabwicklung** der Verschmelzung. Diese dürfte regelmäßig jedenfalls in Teilen faktisch unmöglich sein und wäre, soweit möglich, mit erheblichen Kosten verbunden.[3] Würde aus diesem Grund die Rückabwicklung ausgeschlossen, verlören die klagenden Anteilsinhaber ihren Primärrechtsschutz.

II. Zusammenspiel von Beschlussmängel-, Freigabe- und Spruchverfahren

Vor dem Hintergrund der vorstehend genannten Interessen hat der Gesetzgeber über verschiedene Reformen hinweg[4] ein Rechtsschutzsystem entwickelt, das durch ein Zusammenspiel von **Beschlussmängel-, Freigabe- und Spruchverfahren** geprägt ist:

Nach der gesetzlichen Konzeption wird eine Verschmelzung bei einem beteiligten Rechtsträger nicht eingetragen und wird damit nicht wirksam, solange eine Unwirksamkeitsklage gegen den Verschmelzungsbeschluss des betreffenden Rechtsträgers rechtshängig ist (sog. **Registersperre**) (→ Rn. 26). Allerdings bestehen insoweit **zwei bedeutende Einschränkungen**.

Erstens können die Anteilsinhaber des **übertragenden Rechtsträgers** ihre Unwirksamkeitsklage nicht darauf stützen, dass das Umtauschverhältnis oder eine etwaige Barabfindung zu niedrig bemessen seien (→ Rn. 85 ff). Die Behandlung dieser **Bewertungsrügen** hat der Gesetzgeber dem Beschlussmängelverfahren entzogen und dem Spruchverfahren zugewiesen, insbesondere da ihre gerichtliche Prüfung oft langwierig ist und damit zu einer erheblichen Verzögerung des Beschlussmängelverfahrens führen würde. Die Anteilsinhaber des übertragenden Rechtsträgers erhalten als Kompensation im **Spruchverfahren** (→ Rn. 244 ff.) ausschließlich eine Geldzahlung; ihre Beteiligung wird im Fall eines zu niedrigen Umtauschverhältnisses nicht nachträglich erhöht.

Zweitens kann ein beteiligter Rechtsträger zur Überwindung der – durch eine Unwirksamkeitsklage gegen seinen Verschmelzungsbeschluss verursachten – Registersperre ein Eilverfahren, das sog. **Freigabeverfahren**, anstrengen (→ Rn. 143 ff.). Liegt ein Freiga-

---

[2] Begr. RegE (SpruchG), BT-Drucks. 15/371, S. 1, 11; Emmerich/Habersack/*Emmerich* Vorbemerkung zu § 1 SpruchG Rn. 4; *J. Vetter* ZHR 168 (2004), 8, 13.

[3] Vgl. BT-Drucks. 12/6699, S. 91 f.; BGH II ZB 1/90, NJW 1990, 2747, 2748; Lutter/*Grunewald* § 20 Rn. 76.

[4] Vgl. Widmann/Mayer/*Mayer* Einführung Rn. 1 ff., 16 ff.; Schmitt/Hörtnagl/Stratz/*Stratz* Einf Rn. 11 ff.

begrund vor, der insbesondere bei fehlenden Erfolgsaussichten der Unwirksamkeitsklage oder einem überwiegenden Vollzugsinteresse besteht, gibt das zuständige Gericht die **Eintragung** der Verschmelzung trotz rechtshängiger Unwirksamkeitsklage frei. Infolge der Eintragung wird die Verschmelzung **bestandskräftig**. Eine Rückgängigmachung (sog. **Entschmelzung**) ist auch dann ausgeschlossen, wenn sich herausstellt, dass die Unwirksamkeitsklage begründet ist. In diesem Fall können die klagenden Anteilsinhaber lediglich **Schadensersatz** verlangen.

11 Dieses Rechtsschutzsystem gilt nicht nur für die Verschmelzung, sondern ebenfalls für die **Spaltung** und den **Formwechsel** sowie in vergleichbarer Weise für **weitere Strukturmaßnahmen**, wie den Abschluss von Unternehmensverträgen und den Squeeze-out. Triebfeder für die Entwicklung dieses Rechtsschutzsystems war insbesondere die Bekämpfung von **Unwirksamkeitsklagen professioneller Aktionäre**, die versuchen, durch Ausnutzung der Rechtsschutzmöglichkeiten verfahrensfremde Zwecke durchzusetzen (vgl. insbesondere → Rn. 147 ff.). Die Regelungen sind daher zugeschnitten auf den praktisch wichtigsten Fall der börsennotierten AG, beanspruchen aber im Umwandlungsrecht für alle umwandlungsfähigen Rechtsformen Geltung.

III. Rechtspolitische Kritik bzgl. der Asymmetrie der Rechtsbehelfe

12 Das vorstehend erläuterte Rechtsschutzsystem ist in verschiedener Hinsicht rechtspolitischer Kritik im Schrifttum ausgesetzt. Das betrifft insbesondere die **Asymmetrie der Rechtsbehelfe** der Anteilsinhaber des übertragenden Rechtsträgers und des übernehmenden Rechtsträgers in Bezug auf **Bewertungsrügen**:

13 Die Anteilsinhaber des **übertragenden Rechtsträgers** können ihre Unwirksamkeitsklage nicht auf die Rüge eines zu niedrigen Umtauschverhältnisses oder einer zu niedrigen Barabfindung stützen, sondern sind insoweit auf das **Spruchverfahren** verwiesen. Ihre Bewertungsrüge hat folglich **keine Kassationsmacht**.

14 Die Anteilsinhaber des **übernehmenden Rechtsträgers**, die umgekehrt in gleicher Weise von einem zu hohen Umtauschverhältnis oder zu hohen Barabfindung betroffen sind, können hingegen diese Bewertungsrügen im **Beschlussmängelverfahren** geltend machen; das Spruchverfahren ist für sie nicht eröffnet.

Damit genießen die Anteilsinhaber des übernehmenden Rechtsträgers scheinbar zunächst einen **stärkeren Rechtsschutz**, da sie mit der Bewertungsrüge den Verschmelzungsbeschluss angreifen und damit im Erfolgsfall die Verschmelzung verhindern können.

15 Gelingt es aber dem übernehmenden Rechtsträger, die durch die Unwirksamkeitsklage verursachte **Registersperre im Freigabeverfahren zu überwinden** und die Eintragung der Verschmelzung zu bewirken, verschlechtert sich die Situation der Anteilsinhaber des übernehmenden Rechtsträgers. Aufgrund der Bestandskraft der Verschmelzung können sie nur noch **Schadensersatz** verlangen, soweit ihre Unwirksamkeitsklage begründet ist (→ Rn. 235 ff.). Die Verfolgung dieses Schadensersatzanspruchs im Zivilprozess weist im Vergleich zum Spruchverfahren erhebliche Nachteile auf, wie beispielsweise ein **höheres Kostenrisiko** sowie die **fehlende Drittwirkung** eines stattgebenden Urteils (→ Rn. 241). In der Folge muss jeder Anteilsinhaber des übernehmenden Rechtsträgers seinen Anspruch selbst durchsetzen.

16 Für diese Ungleichbehandlung der Anteilsinhaber des übernehmenden und übertragenden Rechtsträgers besteht **keine sachlogische Rechtfertigung**.[5] Insbesondere gebietet nicht die **Verschmelzungsrichtung** die unterschiedlichen Rechtsbehelfe, da die Rolle als übernehmender und übertragender Rechtsträger nicht vorgegeben ist. Vielmehr kann die Verschmelzungsrichtung von einer Vielzahl von Gesichtspunkten abhängen, wie beispiels-

---

[5] Widmann/Mayer/*Heckschen* § 14 Rn. 60; Kölner Kommentar-UmwG/*Simon* § 14 Rn. 46; Schmitt/Hörtnagl/Stratz/*Stratz* § 14 Rn. 31; Kallmeyer/*Marsch-Barner* § 14 Rn. 16; *Fritzsche/Dreier* BB 2002, 737, 740 ff.

weise steuerlichen oder unternehmenspolitischen Gründen, die aus Sicht der Anteilsinhaber rein zufällig sind.[6]

Ein analoger Rügeausschluss und die Anwendung des Spruchverfahrens für die Anteilsinhaber des übernehmenden Rechtsträgers kommen gleichwohl *de lege lata* nicht in Betracht.[7] Der Gesetzgeber hat nämlich – entgegen der schon während des Gesetzgebungsverfahrens erhobenen rechtspolitischen Kritik[8] – eine bewusste Entscheidung getroffen.[9]

Praktisch lässt sich aber ein **umfassender Ausschluss der Bewertungsrügen** für alle Anteilsinhaber durch die Strukturierung als **Verschmelzung zur Neugründung** schaffen.[10] In diesem Fall sind alle Anteilsinhaber auf das Spruchverfahren verwiesen.

B. Beschlussmängelverfahren

Gegenstand eines Beschlussmängelverfahrens ist im Fall der Verschmelzung die richterliche Klärung der **Nichtigkeit des Verschmelzungsbeschlusses** nach § 13 Abs. 1 S. 1 UmwG. Das kann den Verschmelzungsbeschluss sowohl des übertragenden als auch des übernehmenden Rechtsträgers betreffen.

Das Beschlussmängelverfahren können Anteilsinhaber oder klageberechtigte Organe bzw. Organträger des betreffenden Rechtsträgers durch Erhebung einer Beschlussmängelklage im Sinne des § 14 UmwG (sog. **Unwirksamkeitsklage**) einleiten. Es gibt insbesondere den bei der Fassung des Verschmelzungsbeschlusses überstimmten Anteilsinhabern die Möglichkeit, den Beschluss mit der Rüge der Verletzung des Gesetzes oder der Satzung bzw. des Gesellschaftsvertrags anzugreifen.

I. Verfahren

1. Verfahrensgrundsätze

Das Beschlussmängelverfahren richtet sich im Grundsatz nach dem Beschlussmängelrecht, das auf den betreffenden Rechtsträger nach Gesetz und Satzung bzw. Gesellschaftsvertrag Anwendung findet.[11] Das UmwG sieht **kein gesondertes Beschlussmängelverfahren** vor.[12] Allerdings regelt es bestimmte Einzelaspekte des Verfahrens, die rechtsformunabhängig Anwendung finden.[13] Das betrifft namentlich die Ausschlussfrist von einem Monat nach § 14 Abs. 1 UmwG (→ Rn. 115 ff.) sowie den Ausschluss von Bewertungsrügen gegen den Verschmelzungsbeschluss des übertragenden Rechtsträgers nach §§ 14 Abs. 2, 32 UmwG (→ Rn. 85 ff.).

Abgesehen von diesen Sonderregelungen des UmwG sind auf Beschlussmängelverfahren die rechtsformspezifischen sowie **allgemeinen zivilprozessualen Vorschriften** anwendbar.[14] Das hat insbesondere zur Folge, dass abhängig von der Rechtsform und etwaigen

---

[6] Fleischer/Hüttemann/*Adolff* § 16 Rn. 9; *Wilm* NZG 2000, 234, 235; *Paschos* ZIP 2003, 1017, 1021.
[7] Zum Reformvorschlag des *DAV-Handelsrechtsausschuss* NZG 2007, 497, 503; *Puszkajler* BB 2003, 1692, 1694 f.; Widmann/Mayer/*Heckschen* § 15 Rn. 78; Lutter/*Decher* § 14 Rn. 21; *Bayer* ZHR 172 (2008), 24, 25 ff.; *Hüffer* ZHR 172 (2008) 8, 12 ff.
[8] *Bork* ZGR 1993, 343, 354; *Hommelhoff* ZGR 1993, 452, 470; *Beschlussfassung 63. DJT*, AG 2000, R440.
[9] BT-Drucks. 12/6699, S. 87 zu § 14 UmwG.
[10] Schmitt/Hörtnagl/Stratz/*Stratz* § 14 Rn. 33; Kölner Kommentar-UmwG/*Simon* § 14 Rn. 47; *J. Vetter* AG 2006, 613, 622.
[11] Schmitt/Hörtnagl/Stratz/*Stratz* § 14 Rn. 1; Mehrbrey/*Uhlendorf/Schumacher* § 127 Rn. 39.
[12] BT-Drucks 12/6699, S. 87; Kölner Kommentar-UmwG/*Simon* § 14 Rn. 6.
[13] Vgl. OLG Naumburg 7 U 236/96, AG 1998, 430 (Formwechsel); Semler/Stengel/*Gehling* § 14 Rn. 1.
[14] Lutter/*Decher* § 14 Rn. 5; Schmitt/Hörtnagl/Stratz/*Stratz* § 14 Rn. 10.

Regelungen der Satzung bzw. des Gesellschaftsvertrags Unterschiede bei den statthaften Rechtsbehelfen und dem Klagegegner bestehen.

23 Die Unwirksamkeitsklage steht in der Form der **Anfechtungs- bzw. Nichtigkeitsklage** als Rechtsbehelf insbesondere bei den folgenden Rechtsformen zur Verfügung: AG (§§ 241 ff. AktG), KGaA (§§ 278 Abs. 3 AktG i. V. m. §§ 241 ff. AktG), SE (Art. 9 Abs. 1 lit. c SE-VO i. V. m. §§ 241 ff. AktG), Genossenschaft (§ 51 GenG), VVaG (§ 191 VAG i. V. m. §§ 241 ff. AktG) und grundsätzlich GmbH aufgrund der analogen Anwendung der aktienrechtlichen Vorschriften[15]. Die Anfechtungsklage und die Nichtigkeitsklage verfolgen dasselbe materielle Rechtsschutzziel.[16] Die Nichtigkeitsklage ist auf die Feststellung der Nichtigkeit des Beschlusses wegen bestimmter schwerwiegender Normverstöße gerichtet. Bei der Anfechtungsklage handelt es sich um eine Gestaltungsklage, die auf die Nichtigerklärung eines anfechtbaren, aber gleichwohl wirksamen Beschlusses gerichtet ist. Die Anfechtungs- und Nichtigkeitsklage sind gegen den Rechtsträger zu richten, dessen Anteilsinhaberversammlung den Verschmelzungsbeschluss gefasst hat.

24 Soweit Gesetz oder Satzung bzw. Gesellschaftsvertrag für eine Rechtsform nicht die besonderen Rechtsbehelfe der Anfechtungs- und Nichtigkeitsklage anordnen, ist die **allgemeine Feststellungsklage nach § 256 ZPO** als Unwirksamkeitsklage statthaft. Das ist insbesondere bei Personengesellschaften und Vereinen der Fall.[17] Die Klage ist auf Feststellung der Nichtigkeit des Verschmelzungsbeschlusses zu richten. Während bei Vereinen der Rechtsträger selbst der richtige Klagegegner ist[18], sind Unwirksamkeitsklagen bei Personengesellschaften grundsätzlich nicht gegen den Rechtsträger, sondern die anderen Anteilsinhaber zu richten[19]. Eine Klage ist nur dann gegen die Personengesellschaft selbst zu richten, wenn der Gesellschaftsvertrag den Rechtsträger als Klagegegner bestimmt.[20]

2. Wirkung der Klageerhebung

25 Die Erhebung einer Unwirksamkeitsklage, namentlich Anfechtungs- und Nichtigkeitsklage sowie allgemeine Feststellungsklage,[21] gegen den Verschmelzungsbeschluss des übertragenden oder übernehmenden Rechtsträgers **verhindert grundsätzlich das Wirksamwerden** der Verschmelzung.

26 Eine Verschmelzung wird erst mit Eintragung im Register des Sitzes des übertragenden und übernehmenden Rechtsträgers wirksam, §§ 19 Abs. 1 S. 1, 20 Abs. 1 UmwG. Die Eintragung setzt bei jedem Rechtsträger eine Negativerklärung des entsprechenden Vertretungsorgans mit dem Inhalt voraus, dass gegen den Verschmelzungsbeschluss eine Unwirksamkeitsklage nicht oder nicht fristgemäß erhoben oder eine solche Klage rechtskräftig abgewiesen oder zurückgenommen worden ist, § 16 Abs. 2 S. 1 Hs. 1 UmwG. Daher führt eine Unwirksamkeitsklage zu einer sog. **Registersperre**.[22]

27 Zur Überwindung der Registersperre kann der betreffende Rechtsträger einen **Freigabeantrag** nach § 16 Abs. 3 S. 1 UmwG stellen (→ Rn. 171 ff.). Hat der Antrag Erfolg, entfällt die durch die betreffende Unwirksamkeitsklage ausgelöste Registersperre. Wird die

---

[15] BGH II ZR 187/06, NZG 2008, 317, 318 m. w. N.; MünchHdb. GesR VII/*Wiegand/Schneider* § 39 Rn. 2.

[16] BGH II ZR 41/96, NJW 1997, 1510, 1511; Spindler/Stilz/*Casper* Vorbemerkungen zu §§ 241 ff. AktG Rn. 8 ff. m. w. N.

[17] Kölner Kommentar-UmwG/*Simon* § 14 Rn. 14, 16; Schmitt/Hörtnagl/Stratz/*Stratz* § 14 Rn. 23 ff.

[18] MünchHdb. GesR V/*Waldner* § 31 Rn. 60 m. w. N.

[19] MünchHdb. GesR VII/*Schmitz-Herscheidt* § 52 Rn. 28 m. w. N.

[20] Westermann/Wertenbruch/*Westermann* § 24 Rn. 547; Beck'sches Handbuch Personengesellschaften/*Stengel* § 3 Rn. 469.

[21] Vgl. BT-Drucks. 12/6699, S. 88; Kallmeyer/*Marsch-Barner* § 16 Rn. 23.

[22] BT-Drucks. 12/6699, S. 88; Henssler/Strohn/*Heidinger* § 16 UmwG Rn. 2; Semler/Stengel/*Schwanna* § 16 Rn. 19.

Verschmelzung in der Folge eingetragen, ist sie nach § 20 Abs. 2 UmwG **bestandskräftig**.[23] Gleichwohl führt die Eintragung der Verschmelzung nicht zur Erledigung des Beschlussmängelverfahrens (→ Rn. 129).

3. Beschlussmängelverfahren gegen Kapitalerhöhungsbeschluss

Fasst die Anteilsinhaberversammlung des übernehmenden Rechtsträgers neben dem Verschmelzungsbeschluss einen Beschluss über eine verschmelzungsbedingte Kapitalerhöhung, können beide Beschlüsse unabhängig voneinander Gegenstand eines Beschlussmängelverfahrens sein.[24] Für das Beschlussmängelverfahren gegen den Kapitalerhöhungsbeschluss gelten keine verschmelzungsspezifischen Besonderheiten (siehe zur Rüge wegen eines zu hohen Umtauschverhältnisses → Rn. 80 und zur Anwendbarkeit des Freigabeverfahrens → Rn. 242 f.).[25] Die Erhebung einer Unwirksamkeitsklage gegen den Verschmelzungsbeschluss setzt nach überzeugender Ansicht nicht voraus, dass der betreffende Anteilsinhaber ebenfalls die verschmelzungsbedingte Kapitalerhöhung anficht.[26]

II. Beschlussmängel

Im Beschlussmängelverfahren kommt es für die Frage der Begründetheit der Klage entscheidend darauf an, ob der Verschmelzungsbeschluss nach § 13 Abs. 1 S. 1 UmwG an einem Mangel leidet. Unter welchen Voraussetzungen dies der Fall ist, bestimmt sich nach dem **rechtsformspezifischen Beschlussmängelrecht**.[27]

Im Ausgangspunkt setzt ein Mangel eine **Verletzung des Gesetzes oder der Satzung** bzw. des Gesellschaftsvertrags voraus.[28] Darüber hinaus können weitere rechtsformspezifische Anforderungen und Differenzierungen bestehen. Beispielsweise sind bei den Rechtsformen, die Anfechtungs- und Nichtigkeitsklage als Rechtsbehelfe vorsehen (→ Rn. 23), Mängel danach zu unterscheiden, ob sie zur Anfechtbarkeit oder Nichtigkeit des Beschlusses führen. Demgegenüber ist bei Personengesellschaften sowie Vereinen nach überwiegender Ansicht ein mangelhafter Beschluss stets nichtig.[29]

Die nachstehende Darstellung orientiert sich an der üblichen Unterscheidung zwischen Verfahrensfehlern und inhaltlichen Fehlern und behandelt abschließend den Ausschluss von Bewertungsrügen nach §§ 14 Abs. 2, 32 UmwG.

1. Verfahrensfehler

Bei Verfahrensfehlern handelt es sich um Verstöße gegen gesetzliche oder gesellschaftsvertragliche Bestimmungen, die das **Zustandekommen des Verschmelzungsbeschlusses** nach § 13 Abs. 1 S. 1 UmwG regeln. Darunter fallen insbesondere Mängel bei der Vorbereitung und Durchführung der Versammlung, Informationsmängel sowie Mängel bei Feststellung des Beschlussergebnisses, die jeweils rechtsformspezifischen Anforderungen unterliegen.

Ein Verfahrensfehler begründet grundsätzlich nur dann einen Beschlussmangel, wenn ein ausreichender **Zurechnungszusammenhang** zwischen dem Fehler und dem Beschlussergebnis besteht. Hierdurch sollen insbesondere solche Fehler ausgefiltert werden, die auf

---

[23] Lutter/*Grunewald* § 20 Rn. 77 f.; Schmitt/Hörtnagl/Stratz/*Stratz* § 20 Rn. 112 ff.
[24] Vgl. Lutter/*Winter*/*Vetter* § 55 Rn. 78 f.; Kallmeyer/*Kocher* § 55 Rn. 16; Kölner Kommentar-UmwG/*Simon* § 69 Rn. 41 ff.
[25] Lutter/Winter/Vetter § 55 Rn. 78; Semler/Stengel/*Reichert* § 55 Rn. 27.
[26] Kölner Kommentar-UmwG/*Simon* § 14 Rn. 33; Kallmeyer/*Marsch-Barner* § 14 Rn. 15; aA OLG Hamm 8 U 329/87, AG 1989, 31, 33 f.; LG Frankfurt 3/11 T 62/89, WM 1990, 592, 594 ff.
[27] Kölner Kommentar-UmwG/*Simon* § 14 Rn. 6; Kallmeyer/*Marsch-Barner* § 14 Rn. 7; Widmann/Mayer/*Heckschen* § 13 Rn. 158.
[28] Vgl. Semler/Stengel/*Gehling* § 14 Rn. 7; Widmann/Mayer/*Heckschen* § 13 Rn. 158.1 ff. zu den einzelnen Rechtsformen.
[29] Vgl. Lutter/*Drygala* § 13 Rn. 61 und Mehrbrey/*Uhlendorf/Schumacher* § 127 Rn. 40 jeweils m. w. N.

das Ergebnis der Beschlussfassung keinerlei Einfluss haben. Die Anforderungen an den Zurechnungszusammenhang weisen rechtsformspezifische Unterschiede auf. Beispielsweise stellt die Rechtsprechung im Personengesellschaftsrecht bisweilen auf die **potenzielle Kausalität** des Mangels für das Beschlussergebnis ab.[30] Im Aktienrecht kommt es auf die **Relevanz** des Verfahrensfehlers an.[31] Danach ist eine wertende Betrachtung anzustellen, die sich am Zweck der verletzten Norm orientiert.[32] Die Relevanztheorie hat für Informationspflichtverletzungen einen gesetzlichen Niederschlag in § 243 Abs. 4 S. 1 AktG gefunden.[33]

34 Die nachstehenden Erläuterungen beschränken sich auf ausgewählte verschmelzungsspezifische Verfahrensfehler.[34]

35 a) **Verschmelzungsbericht.** Der Verschmelzungsbericht nach § 8 UmwG soll die Anteilsinhaber in die Lage versetzen, eine sachgerechte Entscheidung über die Verschmelzung treffen zu können.[35] Insoweit ist zwar nicht erforderlich, dass die Anteilsinhaber auf der Grundlage des Berichts die Verschmelzung im Einzelnen prüfen können. Jedoch muss der Bericht eine **Plausibilitätskontrolle** der Anteilsinhaber ermöglichen.[36]

36 Ein Verfahrensfehler liegt vor, wenn der **Verschmelzungsbericht fehlt**, beispielsweise aufgrund der rechtsirrigen Annahme eines wirksamen Verzichts der Anteilsinhaber nach § 8 Abs. 3 UmwG.[37] Darüber hinaus liegt ein Mangel nach der Rechtsprechung vor, wenn der Verschmelzungsbericht **nicht die Anforderungen nach § 8 Abs. 1 UmwG erfüllt**.[38] Das ist der Fall, wenn die Angaben im Bericht unvollständig oder fehlerhaft sind. Für die Frage, ob einzelne Informationen im Bericht unvollständig oder fehlerhaft sind, ist auf eine *ex ante* Betrachtung abzustellen.[39]

37 Nach einer Ansicht in der Literatur soll demgegenüber nur dann ein Verfahrensfehler vorliegen, wenn die fehlende oder fehlerhafte Angabe derart von Gewicht ist, dass eine Plausibilitätskontrolle nicht mehr möglich ist.[40] Diese Auffassung kann nicht überzeugen. Sie führt eine neue Kategorie des Verfahrensfehlers ein, für die weder eine gesetzliche Grundlage noch – mit Blick auf den erforderlichen Zurechnungszusammenhang – ein Bedürfnis besteht. Richtigerweise leidet der Beschluss bereits immer dann an einem Verfahrensfehler, wenn der Bericht eine geschuldete Information nicht enthält.

38 Ein Verfahrensfehler begründet aber nur in dem Fall einen Beschlussmangel, wenn der rechtsformspezifische **Zurechnungszusammenhang** zwischen Fehler und Beschlussergebnis besteht.[41] Insbesondere wenn nur einzelne Angaben im Bericht nicht die Anforderungen des § 8 Abs. 1 UmwG erfüllen, dürfte es an dem Zurechnungszusammenhang fehlen, soweit der Bericht in seiner Gesamtheit den Anteilsinhabern eine sachgerechte

---

[30] BGH II ZR 24/13, NZG 2014, 621; II ZR 251/10, NZG 2013, 57, 62.
[31] Grundlegend BGH II ZR 225/99, NJW 2002, 1128, 1129 – Sachsenmilch; BGH II ZR 227/06, AG 2008, 83, 84.
[32] St. Rspr. BGH II ZR 225/99, NJW 2002, 1128, 1129 – Sachsenmilch; MünchKommAktG/*Hüffer/Schäfer* § 243 Rn. 31; MünchHdb. GesR IV/*Austmann* § 42 Rn. 55 ff.
[33] Begr. RegE zu § 246a AktG (UMAG), BT-Drucks. 15/5092, S. 26.
[34] Ausführliche Erläuterungen bei Widmann/Mayer/*Heckschen* § 13 Rn. 163.6.
[35] BGH II ZR 146/89, AG 1991, 102, 103; OLG Hamm 8 U 329/87, AG 1989, 31, 32; OLG Köln 24 U 244/87, AG 1989, 101, 102; Kallmeyer/*Marsch-Barner* § 8 Rn. 33; Lutter/*Drygala* § 8 Rn. 3; Schmitt/Hörtnagl/Stratz/*Stratz* § 8 Rn. 1.
[36] OLG Frankfurt 5 AktG 4/11, AG 2012, 414, 415; OLG Jena 6 W 288/08, AG 2009, 582; OLG Düsseldorf I-15 W 110/05, AG 2007, 364, 365.
[37] Vgl. Fallgestaltung in der Entscheidung OLG Bamberg 6 W 26/12, NZG 2012, 1269.
[38] BGH II ZR 206/88, NJW 1989, 2689, 2690; II ZR 254/88, NJW-RR 1990, 350, 351; LG Berlin 93 O 47/03, AG 2003, 646; Schmitt/Hörtnagl/Stratz/*Stratz* § 8 Rn. 40; Kallmeyer/*Marsch-Barner* § 8 Rn. 33; Semler/Stengel/*Gehling* § 8 Rn. 76.
[39] Semler/Stengel/*Gehling* § 8 Rn. 76; Kölner Kommentar-UmwG/*Simon* § 8 Rn. 67.
[40] Kölner Kommentar-UmwG/*Simon* § 8 Rn. 76.
[41] Vgl. LG Berlin 93 O 47/03, AG 2003, 646; Schmitt/Hörtnagl/Stratz/*Stratz* § 8 Rn. 42.

§ 14 Beschlussmängel   39–43   § 14

Entscheidung über die Verschmelzung ermöglicht.[42] Hierbei kommt es stets auf die Umstände des Einzelfalls und die Anforderungen der jeweiligen Rechtsform an den Zurechnungszusammenhang an. Im Aktienrecht ist beispielsweise auf die Relevanz nach § 243 Abs. 4 S. 1 AktG abzustellen.[43]

Die Frage nach einem ausreichenden Zurechnungszusammenhang stellt sich beispiels- 39 weise, wenn der Bericht an einem Informationsdefizit leidet, aber die fehlende Angabe in einer anderen der Versammlung vorzulegenden Unterlage enthalten ist. Nach der Rechtsprechung des BGH entfällt die Angreifbarkeit des Beschlusses allerdings nicht, wenn der **Bericht des Verschmelzungsprüfers** die fehlenden Angaben enthält, da es sich hierbei um eine ergänzende Maßnahme handele.[44] Ist die fehlende Information hingegen im **Jahresabschluss oder Lagebericht** enthalten, soll die Angreifbarkeit des Beschlusses einer Auffassung zufolge entfallen.[45] Diese Ansicht begegnet Bedenken, weil sich Anteilsinhaber in der Konsequenz nicht darauf verlassen dürften, dass alle nach § 8 UmwG erforderlichen Informationen im Verschmelzungsbericht enthalten sind.

Ein Verfahrensfehler wegen eines Informationsmangels lässt sich nicht durch eine **münd- 40 liche Auskunft** in der Anteilsinhaberversammlung nachträglich heilen,[46] da der Verschmelzungsbericht gerade der Vorbereitung der Versammlung dient.[47] Freilich gilt dies nicht für Auskünfte zu neuen Umständen, die sich erst nach der Einberufung der Versammlung ergeben haben,[48] da insoweit schon der Bericht nicht mangelhaft ist.

Da die Anteilsinhaber des **übertragenden Rechtsträgers** im Beschlussmängelverfahren 41 **keine Bewertungsrügen nach §§ 14 Abs. 2, 32 UmwG** geltend machen können, stellt sich die Frage, ob sie sich auf Mängel des Verschmelzungsberichts in Bezug auf **bewertungsrelevante Angaben** berufen können. Das hängt nach überwiegender Ansicht davon ab, ob die mangelhaften Angaben die Barabfindung oder das Umtauschverhältnis betreffen (→ Rn. 95 ff.): Die Geltendmachung von bewertungsrelevanten Informationsmängeln ist zwar in Bezug auf die Barabfindung, aber nicht in Bezug auf das Umtauschverhältnis ausgeschlossen.

b) Prüfungsbericht. Der gerichtlich bestellte Verschmelzungsprüfer erstattet über das 42 Ergebnis seiner Prüfung einen schriftlichen Bericht, § 12 Abs. 1 UmwG. Den Mindestinhalt des Berichts legen §§ 12 Abs. 2, 30 Abs. 2 UmwG fest.

In entsprechender Anwendung der Rechtsprechung zum Squeeze-out[49] liegt ein Be- 43 schlussmangel nur im Fall der **Verletzung formaler Gesichtspunkte** vor, nämlich wenn der Prüfungsbericht fehlt oder die gesetzlichen Vorgaben der §§ 12 Abs. 2, 30 Abs. 2 UmwG nicht erfüllt (unvollständiger Prüfungsbericht).[50] Inhaltliche Mängel und andere

---

[42] Lutter/*Drygala* § 8 Rn. 59; Semler/Stengel/*Gehling* § 8 Rn. 77 f.; Kallmeyer/*Marsch-Barner* § 8 Rn. 33; *Decher* FS Hoffmann-Becking, 2013, S. 295, 303; vgl. OLG Düsseldorf I-15 W 110/05, AG 2007, 364, 366; aA LG Darmstadt 12 O 491/05, AG 2006, 127, 131, wonach auf jeden einzelnen Mangel abzustellen ist, da der Bericht ohnehin nur wesentliche Angaben enthalten muss.

[43] GroßKomm AktG/*K. Schmidt* § 243 Rn. 36; Schmidt/Lutter/*Schwab* § 243 AktG Rn. 34; Hüffer/*Koch* § 243 AktG Rn. 47a.

[44] BGH II ZR 206/88, NJW 1989, 2689, 2690; II ZR 254/88, NJW-RR 1990, 350, 351; Semler/Stengel/*Gehling* § 8 Rn. 84; aA LG München 5 HK O 8188/99, AG 2000, 86, 87.

[45] OLG Jena 6 W 288/08, AG 2009, 582, 583; Kallmeyer/*Marsch-Barner* § 8 Rn. 35; Semler/Stengel/*Gehling* § 8 Rn. 78.

[46] LG München 5 HK O 8188/99, AG 2000, 86, 87; 5 HK O 11213/99, AG 2000, 87, 88; LG Köln 91 AktE 123/87, AG 1988, 145 f.; Kallmeyer/*Marsch-Barner* § 8 Rn. 35; Henssler/Strohn/*Heidinger* § 8 UmwG Rn. 15; Semler/Stengel/*Gehling* § 8 Rn. 82; Lutter/*Drygala* § 8 Rn. 60; einschränkend *Bayer* AG 1988, 323, 330; *Mertens* AG 1990, 20, 29 f.

[47] Vgl. BGH II ZR 146/89, AG 1991, 102, 103; OLG Düsseldorf I-15 W 110/05, AG 2007, 364, 365.

[48] Kallmeyer/*Marsch-Barner* § 8 Rn. 35.

[49] OLG Frankfurt 23 U 69/08, AG 2010, 368, 371; 5 W 22/07, AG 2008, 167, 170; OLG Karlsruhe 7 W 22/06, AG 2007, 92, 93.

[50] WP Handbuch 2014 II Kapitel F Rn. 279; Semler/Stengel/*Zeidler* § 12 Rn. 3; wohl auch Kallmeyer/*Lanfermann* § 12 Rn. 19.

Unzulänglichkeiten des Prüfungsberichts begründen demgegenüber keinen Beschlussmangel.

44 Demgegenüber soll nach Teilen der Literatur ein schärferer Maßstab gelten.[51] Danach sollen auch inhaltliche Fehler des Prüfungsberichts die Angreifbarkeit des Beschlusses begründen können. Damit unterstünde die Verschmelzungsprüfung, welche die inhaltliche Kontrolle der Verschmelzung zum Gegenstand hat, ihrerseits – auf einer zweiten Prüfungsebene – einer gerichtlichen Inhaltsprüfung. Das kann mit Blick auf die gerichtliche Bestellung des Prüfers und seine unabhängige Stellung nicht überzeugen.

45 Stellt der Verschmelzungsprüfer die Unangemessenheit des Umtauschverhältnisses fest, hat dies keinen unmittelbaren Einfluss auf die Verschmelzung oder den Verschmelzungsbeschluss,[52] aber begründet im Fall eines Rechtsmissbrauchs einen Beschlussmangel (→ Rn. 108 f.).

46 **c) Übersendung, Bekanntmachung und Auslegung von Unterlagen.** Das UmwG ordnet in einer Vielzahl von Vorschriften an, **Unterlagen** den Anteilsinhabern **vor oder bei der Beschlussfassung** über die Verschmelzung zur Verfügung zu stellen. Dies betrifft namentlich den **Verschmelzungsvertrag** bzw. seinen Entwurf, den **Verschmelzungsbericht**, den **Prüfungsbericht** sowie **Jahresabschlüsse** und **Lageberichte**. In Abhängigkeit von der Rechtsform der beteiligten Rechtsträger sind vorbereitenden Materialien an die Anteilsinhaber ggf. zu übersenden (bspw. §§ 42, 47 UmwG), bekannt zu machen (bspw. §§ 61, 111 UmwG), vor der Anteilsinhaberversammlung auszulegen (bspw. §§ 49 Abs. 2, 63 Abs. 1, 82 Abs. 1 S. 1, 101 Abs. 1 S. 1, 112 Abs. 1 S. 1 UmwG) und in der Anteilsinhaberversammlung zugänglich zu machen (bspw. §§ 64 Abs. 1 S. 1, 83 Abs. 1 S. 1, 102 S. 1, 112 Abs. 2 S. 1 UmwG).

47 Die Verletzung dieser Pflichten begründet grundsätzlich einen Verfahrensfehler. Besteht zwischen Verfahrensmangel und Beschlussergebnis ein nach den rechtsformspezifischen Anforderungen ausreichender Zurechnungszusammenhang, ist der Beschluss in der Folge angreifbar.[53] Ist keine fristgemäße Zuleitung des Vertrags bzw. seines Entwurfs an den **Betriebsrat** nach § 5 Abs. 3 UmwG erfolgt, mag zwar ein Verfahrensfehler vorliegen, allerdings dürfte es insoweit regelmäßig an dem Zurechnungszusammenhang fehlen.

48 **d) Auskunftspflichten.** Das UmwG sieht nur **vereinzelt Regelungen zu Auskunftspflichten** vor. Eine solche Pflicht besteht u. a. bei der GmbH (§ 49 Abs. 3 UmwG), der AG (§ 64 Abs. 2 UmwG), der Genossenschaft (§§ 83 Abs. 1 S. 3, 64 Abs. 2 UmwG) und dem Verein (§§ 102 S. 2, 64 Abs. 2 UmwG) über alle für die Verschmelzung wesentlichen Angelegenheiten der anderen beteiligten Rechtsträger. Darüber hinaus ist der Vorstand u. a. einer AG (§ 64 Abs. 1 S. 2 Hs. 1 UmwG), einer Genossenschaft (§ 83 Abs. 1 S. 2 UmwG) und eines Vereins (§§ 102 S. 2, 64 Abs. 1 S. 2 Hs. 1 UmwG) verpflichtet, den Verschmelzungsvertrag bzw. seinen Entwurf in der Versammlung mündlich zu erläutern. Zudem hat der Vorstand u. a. einer AG und eines Vereins die Pflicht, über wesentliche Veränderungen des Vermögens der Gesellschaft zu unterrichten (§§ 64 Abs. 1 S. 2 Hs. 2, 102 S. 2 UmwG). Im Übrigen finden die **allgemeinen rechtsformspezifischen Regeln** zu den Auskunftspflichten Anwendung. Beispielsweise bestehen in der AG und der GmbH Auskunftsrechte nach § 131 AktG und § 51a GmbHG.

49 Die Verletzung von Auskunftspflichten in Bezug auf die Verschmelzung begründet grundsätzlich einen **Verfahrensfehler**. Zu beachten ist allerdings, dass ein formeller Beschlussmangel einen hinreichenden **Zurechnungszusammenhang** erfordert, dessen Einzelheiten sich nach der jeweiligen Rechtsform richten. Für das Aktienrecht findet sich in § 243 Abs. 4 S. 1 AktG eine ausdrückliche Regelung hierzu.

---

[51] Lutter/*Drygala* § 12 Rn. 15; wohl auch Henssler/Strohn/*Heidinger* § 8 UmwG Rn. 9.
[52] Kallmeyer/*Lanfermann* § 12 Rn. 18; Henssler/Strohn/*Heidinger* § 12 UmwG Rn. 8; Lutter/*Drygala* § 12 Rn. 14.
[53] Lutter/*Drygala* § 13 Rn. 49 f.

Mit Blick auf den **Ausschluss von Bewertungsrügen** nach §§ 14 Abs. 2, 32 UmwG 50
für die Anteilsinhaber des **übertragenden Rechtsträgers** stellt sich die Frage, ob sie eine
Unwirksamkeitsklage auf die Verletzung einer Auskunftspflicht in Bezug auf **bewertungsrelevante Informationen** stützen können (ausführlich → Rn. 95 ff.). Nach der überwiegenden Ansicht ist die Geltendmachung von Informationsmängeln zwar in Bezug auf die
Barabfindung (§ 32 UmwG), aber nicht in Bezug auf das **Umtauschverhältnis** (§ 14
Abs. 2 UmwG) ausgeschlossen. Allerdings unterfallen Auskunftspflichtverletzungen auch
hinsichtlich des Umtauschverhältnisses im **Aktienrecht** dem separaten Anfechtungsausschluss nach § 243 Abs. 4 S. 2 AktG.

2. Inhaltliche Fehler

Ein inhaltlicher Fehler liegt vor, wenn der Verschmelzungsbeschluss gemäß § 13 Abs. 1 51
S. 1 UmwG seinem Inhalt nach gegen das Gesetz oder die Satzung bzw. den Gesellschaftsvertrag verstößt.[54] Bei inhaltlichen Fehlern kommt es im Gegensatz zu den Verfahrensfehlern grundsätzlich nicht auf einen Zurechnungszusammenhang zwischen dem Mangel
und dem Verschmelzungsbeschluss an, da der Fehler den Beschlussgegenstand selbst betrifft.[55]

Die nachstehenden Erläuterungen beschränken sich auf ausgewählte verschmelzungs- 52
spezifische inhaltliche Fehler des Verschmelzungsbeschlusses.

a) Verschmelzungsvertrag. aa) Konkreter Verschmelzungsvertrag. Gegenstand 53
des Beschlusses muss zunächst ein **konkreter Verschmelzungsvertrag** nach § 13 Abs. 1
S. 1 UmwG sein, der entweder bereits abgeschlossen oder zumindest als schriftlicher
Entwurf aufgestellt ist, § 4 Abs. 2 UmwG. Ein Zustimmungsbeschluss zu einem abstrakten
Verschmelzungsvorhaben ist mit einem inhaltlichen Fehler behaftet und daher mangelhaft.[56]

bb) Vertragsfehler. Da der Verschmelzungsbeschluss den Verschmelzungsvertrag zum 54
Gegenstand hat, **schlagen Vertragsfehler grundsätzlich auf den Beschluss durch**.[57]
Das bedeutet aber nicht, dass Vertragsfehler mit Beschlussmängeln gleichzusetzen wären,
denn es handelt sich um jeweils eigenständige Rechtsgeschäfte.

Vertragsfehler können den **Vertragsabschluss**, wie zum Beispiel Formfehler, Willens- 55
mängel oder das Fehlen erforderlicher Zustimmungs- oder Verzichtserklärungen,[58] oder
den **Inhalt des Verschmelzungsvertrags** betreffen. Inhaltsfehler des Vertrags liegen insbesondere vor, wenn der Vertrag die **Anforderungen nach § 5 Abs. 1 UmwG nicht
erfüllt**, weil er unvollständig oder unrichtig ist. Darüber hinaus liegt im Fall einer Verschmelzung zur Neugründung ebenfalls ein Inhaltsfehler vor, wenn die Satzung oder der
Gesellschaftsvertrag, die nach § 37 UmwG im Verschmelzungsvertrag enthalten sind, an
einem Mangel leiden.

Vertragsfehler begründen grundsätzlich einen **Inhaltsfehler** des Beschlusses,[59] da der 56
Inhalt und nicht das Zustandekommen des Beschlusses betroffen ist[60]. Entgegen einiger
Stimmen in der Literatur[61] führt ein Vertragsfehler daher nicht zu einem Verfahrensfehler.

---

[54] Lutter/*Drygala* § 13 Rn. 52; Mehrbrey/*Uhlendorf/Schumacher* § 127 Rn. 67.
[55] Zu § 243 AktG: GroßKomm AktG/*K. Schmidt* § 243 Rn. 40; Hölters AktG/*Englisch* § 243 AktG Rn. 31.
[56] Semler/Stengel/*Gehling* § 14 Rn. 12.
[57] Vgl. GroßKomm AktG/*Mülbert* § 293 Rn. 133 (Unternehmensvertrag).
[58] Hierzu Lutter/*Drygala* § 5 Rn. 151 ff.
[59] Vgl. OLG Hamburg 11 U 11/03, AG 2004, 619, 621; Semler/Stengel/*Gehling* § 14 Rn. 12; Semler/Stengel/*Schröer* § 5 Rn. 126; Lutter/*Drygala* § 5 Rn. 157; Kölner Kommentar-UmwG/*Simon* § 5 Rn. 245.
[60] So wohl auch Semler/Stengel/*Gehling* § 14 Rn. 12; vgl. GroßKomm AktG/*Mülbert* § 293 Rn. 133 (Unternehmensvertrag).
[61] Lutter/*Drygala* § 13 Rn. 49, der Mängel des Verschmelzungsvertrags als Verfahrensfehler einordnet; wohl auch Kallmeyer/*Marsch-Barner* § 5 Rn. 66; Semler/Stengel/*Schröer* § 5 Rn. 126.

Ein Inhaltsfehler des Beschlusses liegt auch dann vor, wenn der Vertragsfehler eine Bestimmung betrifft, die keinen Regelungscharakter hat, sondern nur informativer Natur ist, wie zum Beispiel im Fall des § 5 Abs. 1 Nr. 8 UmwG (**Gewährung von Sondervorteilen**). Fehlen die erforderlichen Angaben zur Gewährung von Sondervorteilen ist der Vertrag fehlerhaft, da er den Mindestinhalt nach § 5 Abs. 1 UmwG unterschreitet, mit der Folge eines materiellen Beschlussmangels. Die wohl überwiegende Ansicht stellt im Gegensatz zur hier vertretenen Auffassung in diesem Fall auf einen Verfahrensfehler ab, der nur im Fall eines hinreichenden Zurechnungszusammenhangs einen Beschlussmangel begründet.[62]

57 Führt ein vertraglicher Mangel nicht zur Nichtigkeit des gesamten Vertrags, sondern lediglich zur **Teilnichtigkeit** nach § 139 BGB, beispielsweise aufgrund einer salvatorischen Klausel, stellt sich die Frage, welche Auswirkungen das auf den Beschluss hat. Nach einer Entscheidung des BGH zum Formwechsel[63] hat die Teilnichtigkeit des Beschlussgegenstands (im Fall ein Gesellschaftsvertrag) auch nur die Teilnichtigkeit des Beschlusses selbst zur Folge. Das kann in dieser Allgemeinheit nicht überzeugen. Denn ob die Teilnichtigkeit des Beschlussgegenstands den gesamten Beschluss infiziert oder nur eine teilweise Mangelhaftigkeit begründet, richtet sich vielmehr ebenfalls nach § 139 BGB.[64] Hierbei ist auf den hypothetischen Willen der an der Beschlussfassung teilnehmenden Anteilsinhaber abzustellen. Soweit hingegen bereits auf der Ebene des Vertrags keine Teilnichtigkeit, sondern Gesamtnichtigkeit besteht, kommt es für den Beschluss auf § 139 BGB nicht an: Aus der Gesamtnichtigkeit des Vertrags folgt ein Inhaltsfehler des gesamten Beschlusses.

58 **cc) Arbeitsrechtliche Angaben, § 5 Abs. 1 Nr. 9 UmwG.** Sehr streitig ist die Frage, ob fehlende, unvollständige oder unrichtige arbeitsrechtliche Angaben im Verschmelzungsvertrag nach § 5 Abs. 1 Nr. 9 UmwG einen Beschlussmangel begründen.[65] Gegen einen Mangel wird angeführt, dass die **arbeitsrechtlichen Angaben** keinen **Regelungscharakter** hätten, sondern nur von berichtender Natur seien.[66] Dieses Argument vermag nicht zu überzeugen. Auch wenn es an einer operativen Bestimmung fehlt, gehören die Angaben zum Mindestinhalt des Vertrags. Besteht insoweit ein vertraglicher Mangel, schlägt dieser grundsätzlichen auf den Beschluss durch.

59 Schwerer wiegt das Argument, dass die Anteilsinhaber nicht **Schutzadressaten** dieser Bestimmung sind.[67] Das führt zu der Frage, ob sich die Anteilsinhaber auf die Verletzung einer Vorschrift, die nicht dem Schutz ihrer Interesse dient, berufen können. Hierzu enthält das UmwG keine Regelung. Daher kommt es auf das rechtsformspezifische Beschlussmängelrecht an. Im Aktienrecht beispielsweise setzt die Anfechtung gerade keine persönliche Betroffenheit voraus,[68] so dass die Aktionäre sich nach richtiger Ansicht auf einen Mangel der arbeitsrechtlichen Angaben im Verschmelzungsvertrag – vorbehaltlich eines Rechtsmissbrauchs – berufen können.[69]

---

[62] OLG Hamburg 11 U 11/03, AG 2004, 619, 621; Semler/Stengel/*Schröer* § 5 Rn. 126; Kallmeyer/*Marsch-Barner* § 5 Rn. 66.

[63] BGH II ZR 29/03, AG 2005, 613, 614 f. für den Fall der Teilnichtigkeit eines Gesellschaftsvertrags; Semler/Stengel/*Gehling* § 14 Rn. 12.

[64] Vgl. GroßKomm AktG/*Mülbert* § 293 Rn. 139; Lutter/Hommelhoff/*Bayer* Anhang zu § 47 GmbHG Rn. 25.

[65] Für einen Beschlussmangel: Schmitt/Hörtnagl/Stratz/*Langner* § 5 Rn. 110; *A. Drygala* ZIP 1996, 1365, 1367; *Engelmeyer* DB 1996, 2542, 2544; *Hausch* RNotZ 2007, 396, 406 f; einschränkend *Bungert* DB 1997, 2209, 2212 ff. Gegen einen Beschlussmangel: Semler/Stengel/*Simon* § 5 Rn. 98; Kallmeyer/*Willemsen* § 5 Rn. 57; Lutter/*Drygala* § 5 Rn. 156.

[66] Semler/Stengel/*Simon* § 5 Rn. 98; Kallmeyer/*Willemsen* § 5 Rn. 57.

[67] Lutter/*Drygala* § 5 Rn. 156; Semler/Stengel/*Simon* § 5 Rn. 98; Lutter/*Priester* § 126 Rn. 79 (Spaltung).

[68] Hüffer/*Koch* § 245 AktG Rn. 3; MünchKomm AktG/*Hüffer/Schäfer* § 245 Rn. 8.

[69] Weitergehend ohne Einschränkung hinsichtlich der Rechtsform Schmitt/Hörtnagl/Stratz/*Langner* § 5 Rn. 110.

b) Sachliche Rechtfertigung. Es ist umstritten, ob der Verschmelzungsbeschluss einer **60** sachlichen Rechtfertigung bedarf. Die obergerichtliche Rechtsprechung[70] und die überwiegende Ansicht in der Literatur[71] lehnen das Erfordernis einer **sachlichen Rechtfertigung** ab. Einigen Gegenstimmen zufolge ist hingegen grundsätzlich[72] oder zumindest im Fall der Abhängigkeitsbegründung[73] eine materielle Beschlusskontrolle angezeigt. Der Gesetzgeber hat diese Frage offengelassen[74] und der BGH hat hierzu noch nicht Stellung genommen.

Für bestimmte Strukturmaßnahmen in der AG ist anerkannt, dass der entsprechende **61** Hauptversammlungsbeschluss einer sachlichen Rechtfertigung bedarf. Hauptbeispiel ist der Bezugsrechtsausschluss bei einer Kapitalerhöhung.[75] Danach erfolgt eine materielle Beschlusskontrolle am Maßstab der Eignung, der Erforderlichkeit und der Verhältnismäßigkeit. Hiervon abzugrenzen sind Beschlüsse, die den rechtfertigenden Grund in sich tragen und daher lediglich der Rechtsmissbrauchskontrolle unterliegen.

Für eine materielle Beschlusskontrolle im Fall der Verschmelzung ließe sich insbesondere **62** anführen, dass eine Verschmelzung wirtschaftlich einer Kapitalerhöhung mit Bezugsrechtsausschluss für die Anteilsinhaber der beteiligten Rechtsträger gleichkomme. Gleichwohl ist aber der überwiegenden Ansicht zuzustimmen, der zufolge eine sachliche Rechtfertigung nicht erforderlich ist. Das UmwG regelt den **Minderheitenschutz** umfassend, insbesondere durch qualifizierte Mehrheitserfordernisse (bspw. §§ 43 Abs. 1 und Abs. 2 S. 2, 50 Abs. 1 S. 1, 65 Abs. 1 S. 1, UmwG), Zustimmungserfordernisse (bspw. §§ 13 Abs. 2, 50 Abs. 2 UmwG), die Verschmelzungsprüfung (§ 9 UmwG), den Anspruch auf Zuzahlung im Fall eines nicht angemessenen Umtauschverhältnisses (§ 15 Abs. 1 S. 1 UmwG) und das Recht zum Ausscheiden gegen eine angemessene Barabfindung in bestimmten Konstellationen (§§ 29 Abs. 1, 34 UmwG).[76] Eine zusätzliche materielle Beschlusskontrolle ist daher nicht angezeigt.

c) Treuepflicht. Ein Verstoß gegen die Treuepflicht begründet als Gesetzesverletzung **63** einen inhaltlichen Mangel des Verschmelzungsbeschlusses.[77] Bei der Treuepflicht handelt es sich um ein **rechtsformübergreifendes Rechtsinstitut** des Verbandsrechts.[78] Es hat seinen Ursprung im Personengesellschaftsrecht,[79] ist aber ebenso im Kapitalgesellschaftsrecht[80],

---

[70] OLG Jena 6 W 288/08, AG 2009, 582, 583 (Verschmelzung); OLG Frankfurt 12 W 185/05, AG 2006, 249, 252 (Verschmelzung) sowie Vorinstanz LG Darmstadt 12 O 491/05, AG 2006, 127, 129; OLG Düsseldorf 6 U 60/02, AG 2003, 578, 579 (Formwechsel); OLG Frankfurt 5 W 22/07, AG 2008, 167, 169 (Squeeze-out); OLG Köln 18 W 35/03, AG 2004, 39, 40 (Squeeze-out).
[71] Widmann/Mayer/*Heckschen* § 13 Rn. 163.11 ff.; Kölner Kommentar-UmwG/*Simon* § 13 Rn. 96; Schmitt/Hörtnagl/Stratz/*Stratz* § 13 Rn. 42 f.; Semler/Stengel/*Gehling* § 13 Rn. 23; Henssler/Strohn/*Heidinger* § 13 UmwG Rn. 27; Kallmeyer/*Zimmermann* § 13 Rn. 12; Mehrbrey/*Uhlendorf*/Schumacher § 127 Rn. 68.
[72] Limmer/*Limmer* Teil 2 Rn. 503 ff.; allgemein *Wiedemann* ZGR 1980, 147, 155 ff.
[73] Lutter/*Drygala* § 13 Rn. 54; Raiser/*Veil* § 67 Rn. 70.
[74] BT-Drucks. 12/6699, S. 86. Im Sinne einer Distanzierung von einer sachlichen Rechtfertigung interpretiert die Gesetzesmaterialien Semler/Stengel/*Gehling* § 13 Rn. 23. Nach Limmer/*Limmer* Teil 2 Rn. 503 hat der Gesetzgeber die Frage bewusst offen gelassen.
[75] BGH II ZR 142/76, NJW 1978, 1316, 1317 f.; Hüffer/*Koch* § 186 AktG Rn. 25 m. w. N.
[76] OLG Frankfurt 12 W 185/05, AG 2006, 249, 252 (Verschmelzung); OLG Düsseldorf 6 U 60/02, AG 2003, 578, 579 (Formwechsel); Kallmeyer/*Zimmermann* § 13 Rn. 12; Semler/Stengel/*Gehling* § 13 Rn. 23.
[77] OLG Frankfurt 12 W 185/05, AG 2006, 249, 252 (Verschmelzung); OLG Düsseldorf 6 U 60/02, AG 2003, 578, 579 (Formwechsel); Henssler/Strohn/*Heidinger* § 13 UmwG Rn. 28; Mehrbrey/*Uhlendorf*/Schumacher § 127 Rn. 69; Lutter/*Drygala* § 13 Rn. 54; Semler/Stengel/*Gehling* § 13 Rn. 24; vgl. Kallmeyer/*Zimmermann* § 13 Rn. 12.
[78] Westermann/Wertenbruch/*Westermann* § 5 Rn. 155; Hüffer/*Koch* § 53a AktG Rn. 13; Spindler/Stilz/*Würthwein* § 243 AktG Rn. 159 m. w. N.
[79] Spindler/Stilz/*Cahn/v. Spannenberg* § 53a AktG Rn. 37.
[80] BGH II ZR 77/95, NJW 1996, 1756, 1758.

namentlich in der GmbH[81] und AG[82], anerkannt. Die Treuepflicht der Anteilsinhaber untereinander[83] verlangt in allgemeinster Form auf die verbandsbezogenen Interessen der anderen Anteilsinhaber angemessen Rücksicht zu nehmen.[84]

64 Unter welchen Voraussetzungen bei der Verschmelzung ein Verstoß gegen die Treuepflicht besteht, lässt sich nicht allgemein bestimmen. Zunächst hängt die Intensität der Treuepflicht von der Rechtsform des betreffenden Rechtsträgers, seiner Realstruktur[85] sowie den weiteren Umständen des Einzelfalls ab. Darüber hinaus besteht keine Einigkeit in der Literatur, ob bei der Verschmelzung wegen der erheblichen Auswirkungen auf die Anteilsinhaber eher eine erhöhte Treubindung besteht[86] oder im Gegenteil mit Blick auf das umfassende Schutzsystem der umwandlungsrechtlichen Vorschriften die Treuepflicht eher weniger weitreichend ist[87].

65 Die nachstehenden Erläuterungen behandeln einzelne Fallgruppen, in denen Treuepflichtverletzungen diskutiert werden.

66 **aa) Funktionswidriger Einsatz der Verschmelzung.** Unstreitig begründet ein **Missbrauch der Mehrheitsmacht** eine Verletzung der Treuepflicht. Ein solcher Missbrauch liegt insbesondere dann vor, wenn der Mehrheitsanteilsinhaber die **Verschmelzung funktionswidrig einsetzt**, um die Rechtsstellung der übrigen Anteilsinhaber zu schmälern.[88] Es handelt sich hierbei um eine Instrumentalisierung der Verschmelzung zur Durchsetzung sachfremder Ziele.[89]

67 Um einen solchen Fall handelt es sich nach umstrittener Ansicht, wenn die Verschmelzung alleine dazu dient, die **Beteiligung der Minderheit zu senken**, um an bestimmte Schwellen anknüpfende Minderheitsrechte nach Gesetz oder Satzung bzw. Gesellschaftsvertrag zu eliminieren.[90] Da es mithin auf die subjektive Tatsache der Zweckverfolgung durch den Mehrheitsanteilsinhaber ankommt, besteht für den sich auf den Rechtsmissbrauch berufenden Kläger die Schwierigkeit, seine Darlegungs- und Beweislast zu erfüllen.[91]

68 In selbiger Weise handelt der Mehrheitsanteilsinhaber nach streitiger Ansicht in Ausnahmekonstellationen treuwidrig, wenn die Verschmelzung ausschließlich dazu dient, die Beteiligungsschwelle der Minderheitsaktionäre abzusenken, um sie im Anschluss auszuschließen (Schwellen von 10 % für den verschmelzungsrechtlichen Squeeze-out nach § 62 Abs. 5 UmwG und 5 % für den aktienrechtlichen Squeeze-out nach § 327a Abs. 1 AktG). Diese Problematik stellt sich in vergleichbarer Weise im Fall eines Formwechsels zum ausschließlichen Zweck eines **Squeeze-out** (ausführlich zu dieser Fallgruppe → § 37 Rn. 28 f.).

---

[81] BGH II ZR 23/74, NJW 1976, 191, 193 – ITT.
[82] BGH II ZR 75/87, NJW 1988, 1579, 1581 ff. – Linotype; BGH II ZR 205/94, NJW 1995, 1739, 1741 ff. – Girmes; Spindler/Stilz/*Cahn/v. Spannenberg* § 53a AktG Rn. 37 m. w. N.
[83] Von dieser horizontalen Treuepflicht ist die vertikale Treuepflicht zwischen Rechtsträger und Anteilsinhabern abzugrenzen.
[84] Schmidt/Lutter/*Fleischer* § 53a AktG Rn. 54; Ebenroth/Boujong/Joost/Strohn/*Born* § 109 HGB Rn. 20.
[85] Vgl. für die AG Spindler/Stilz/*Würthwein* § 243 AktG Rn. 164; Schmidt/Lutter/*Fleischer* § 53a AktG Rn. 54.
[86] Siehe Lutter/*Drygala* § 13 Rn. 54.
[87] Siehe Semler/Stengel/*Gehling* § 13 Rn. 24.
[88] BGH II ZR 29/03, AG 2005, 613 (Formwechsel); vgl. Vorinstanz OLG Düsseldorf 6 U 60/02, AG 2003, 578, 579 (Formwechsel); Semler/Stengel/*Gehling* § 13 Rn. 24.
[89] OLG Frankfurt 12 W 185/05, AG 2006, 249, 252.
[90] Vgl. Henssler/Strohn/*Heidinger* § 13 UmwG Rn. 28; Mehrbrey/*Uhlendorf/Schumacher* § 127 Rn. 69; Lutter/*Drygala* § 13 Rn. 54; aA Semler/Stengel/*Gehling* § 13 Rn. 24.
[91] Vgl. OLG Hamburg 11 U 288/05, BeckRS 2008, 06667, wonach in einem solchen Fall des Rechtsmissbrauchs nicht der Verschmelzungsbeschluss, sondern der sich anschließende Beschluss für den Squeeze-out angreifbar sein soll.

Im Fall der Verschmelzung zur Neugründung liegt eine Treuepflichtverletzung zudem 69 dann vor, wenn **die Satzung bzw. der Gesellschaftsvertrag** des neuen Rechtsträgers die Minderheitsanteilsinhaber im Vergleich zur Satzung bzw. zum Gesellschaftsvertrag des übertragenden Rechtsträgers benachteiligt, obwohl diese **Benachteiligung nicht durch die Verschmelzung bedingt ist**. Die entsprechenden Ausführungen zum Formwechsel gelten insoweit entsprechend (→ § 37 Rn. 30 ff.).[92]

bb) Widersprüchliches Verhalten. Ein Rechtmissbrauch kommt unter dem Gesichts- 70 punkt des *venire contra factum proprium* in Betracht, wenn der Mehrheitsanteilsinhaber die Minderheitsanteilsinhaber zur Beteiligung an einem Rechtsträger veranlasst und innerhalb kurzer Zeit die Verschmelzung dieses Rechtsträgers beschließt.[93] Eine Treuepflichtverletzung liegt zumindest dann vor, wenn der Mehrheitsanteilsinhaber die Verschmelzung von Anfang an geplant hat, ohne die Minderheitsanteilsinhaber hierüber zu informieren.

cc) Überschuldung. Als rechtsmissbräuchlich wird der Fall der Verschmelzung einer 71 Tochtergesellschaft auf eine **überschuldete Muttergesellschaft** diskutiert, da dies den Minderheitsanteilsinhabern nicht zumutbar sei.[94] Das kann in dieser Pauschalität nicht recht überzeugen, sondern hängt von den weiteren Umständen des Einzelfalls ab, insbesondere inwieweit sich die rechtliche oder wirtschaftliche Position der Minderheitsanteilsinhaber verschlechtert.

d) Gleichbehandlungsgebot. Der Verschmelzungsbeschluss leidet auch im Fall eines 72 Verstoßes gegen das **Gleichbehandlungsgebot** an einem inhaltlichen Mangel.[95] Bei dem Gleichbehandlungsgebot handelt es sich wie bei der Treuepflicht um einen allgemeinen Grundsatz des Gesellschaftsrechts.[96] Dieser verbietet eine willkürlich unterschiedliche Behandlung von Anteilsinhabern **ohne sachliche Rechtfertigung**.[97]

Ein Verstoß gegen das Gleichbehandlungsgebot besteht beispielsweise in der Gewährung 73 von **Sondervorteilen** an einzelne Anteilsinhaber ohne hinreichenden sachlichen Grund. Eine solche unzulässige Gewährung von Sondervorteilen liegt allerdings nicht bereits dann vor, wenn die Verschmelzung einen steuerlichen Vorteil bei dem Mehrheitsanteilsinhaber und einen Steuernachteil bei den Minderheitsanteilsinhabern bewirkt. Denn die entsprechenden steuerlichen Folgen liegen nicht in der Stellung als Mehrheits- oder Minderheitsanteilsinhaber, sondern in der individuellen Person begründet und sind als bloßer Reflex der unterschiedlichen steuerlichen Behandlung der verschiedenen Rechtsträger grundsätzlich hinzunehmen.[98]

e) Bewertungsrüge (übernehmender Rechtsträgers). Die Anteilsinhaber des **über-** 74 **nehmenden Rechtsträgers** können ihre Unwirksamkeitsklage auf eine Bewertungsrüge stützen.[99] Zum einen können sie rügen, dass zugunsten der Anteilsinhaber des übertragen-

---

[92] Vgl. Lutter/*Grunewald* § 37 Rn. 6.
[93] Ausführlich hierzu Lutter/*Drygala* § 13 Rn. 58; vgl. OLG Frankfurt 12 W 185/05, AG 2006, 249, 253 f. und *Hofmann/Krolop* AG 2005, 866, 873 ff. jeweils zum Fall der Verschmelzung von T-Online auf die Deutsche Telekom.
[94] Lutter/*Drygala* § 13 Rn. 54; vgl. *Meilicke/Heidel* BB 2003, 1805 f.
[95] Düsseldorf 6 U 60/02, AG 2003, 578, 579 (Formwechsel); Henssler/Strohn/*Heidinger* § 13 UmwG Rn. 28; Lutter/*Drygala* § 13 Rn. 54.
[96] BGH II ZR 58/91, NJW 1992, 892, 895 f.; MünchKomm GmbHG/*Fleischer* Einleitung Rn. 161.
[97] BGH II ZR 58/91, NJW 1992, 892, 895 f.; MünchKomm GmbHG/*Fleischer* Einleitung Rn. 161.
[98] Vgl. BGH II ZR 29/03, AG 2005, 613, 614 (Formwechsel); vgl. Vorinstanz OLG Düsseldorf 6 W 28/01, AG 2002, 47, 48; *Hofmann/Krolop* AG 2005, 866, 871 f.; Lutter/*Decher/Hoger* § 195 Rn. 20 (Formwechsel); a. A. LG Hanau 5 O 63/01, AG 2003, 534.
[99] BGH II ZB 1/90, NJW 1990, 2747, 2748 f.; OLG Stuttgart 20 W 32/01, AG 2003, 456, 457 f.; Semler/Stengel/*Gehling* § 14 Rn. 17; Widmann/Mayer/*Heckschen* § 14 Rn. 60 ff.; Kallmeyer/*Marsch-Barner* § 14 Rn. 15; Schmitt/Hörtnagl/Stratz/*Stratz* § 14 Rn. 30 f.; Kölner Kommentar-UmwG/ *Simon* § 14 Rn. 45 f.

den Rechtsträgers das **Umtauschverhältnis zu hoch** bemessen sei bzw. die Mitgliedschaft bei dem übernehmenden Rechtsträger einen zu hohen Wert habe.[100] Zum anderen können sie geltend machen, dass zugunsten ausscheidender Anteilsinhaber des übertragenden Rechtsträgers eine etwaige **Barabfindung zu hoch** bemessen sei.[101]

75 **aa) Maßstab für die Bewertungsrüge.** Unter welchen Voraussetzungen eine zu hohe Kompensation zugunsten der Anteilsinhaber des übertragenden Rechtsträgers einen Mangel des Verschmelzungsbeschlusses des übernehmenden Rechtsträgers begründet, ist in Rechtsprechung und Literatur bisher wenig beleuchtet. Einigen Stimmen in der Literatur ziehen zur Bestimmung des Maßstabs die Anfechtbarkeit eines Kapitalerhöhungsbeschlusses unter Ausschluss des Bezugsrechts nach § 255 Abs. 2 AktG heran.[102] Danach führt nicht jede Wertunterschreitung zur Anfechtbarkeit, sondern nur eine **unangemessene Unterschreitung**, § 255 Abs. 2 S. 1 AktG.[103]

76 Für diese Ansicht ließe sich zwar anführen, dass der etwaig für die Verschmelzung gefasste Beschluss zur Kapitalerhöhung und der Verschmelzungsbeschluss in Bezug auf die Bewertungsrüge demselben Maßstab unterliegen sollen. Letztlich kann dieses Verständnis aber nicht überzeugen, da das UmwG den Maßstab selbst vorgibt: Es bestimmt, wie nachstehend erläutert, das das **Umtauschverhältnis sowie die Barabfindung angemessen** sein müssen.

77 **bb) Umtauschverhältnis.** Das Umtauschverhältnis muss nicht nur für die Anteilsinhaber des übertragenden Rechtsträgers, sondern auch für diejenigen des übernehmenden Rechtsträgers angemessen sein,[104] was § 12 Abs. 2 S. 1 UmwG voraussetzt. Daher leidet der Verschmelzungsbeschluss des übernehmenden Rechtsträgers an einem Beschlussmangel, wenn die Schwelle der **Angemessenheit** zum Nachteil seiner Anteilsinhaber überschritten ist.

78 Zur Prüfung der Angemessenheit sind daher dieselben **Kriterien wie in einem Spruchverfahren** zur Verbesserung des Umtauschverhältnisses anzuwenden (→ Rn. 310 ff., 318 ff.). Die Anwendung eines identischen Maßstabs für die Anteilsinhaber sowohl des übertragenden als auch des übernehmenden Rechtsträgers gebietet auch der **Gleichbehandlungsgrundsatz**.[105] Mithin ist die Angemessenheit des Umtauschverhältnisses anhand der Wertrelation des übernehmenden und übertragenden Rechtsträgers zu kontrollieren (s. zur Frage der Anwendbarkeit der Börsenkursrechtsprechung auf die Bestimmung des Umtauschverhältnisses → Rn. 380 ff.).

79 Das bedeutet aber nicht, dass nur ein bestimmtes Bewertungsergebnis als Punktwert einen Beschlussmangel auf Seiten des übernehmenden Rechtsträgers und eine Zuzahlung nach § 15 Abs. 1 S. 2 UmwG im Spruchverfahren auf Seiten des übertragenden Rechtsträgers vermeiden könnte. Ein einziger „richtiger" Unternehmenswert existiert nicht. Vielmehr erfüllt nach der herrschenden Meinung eine Bandbreite von Unternehmenswerten das Kriterium der Angemessenheit (→ Rn. 425 ff.). Hieraus resultiert eine **Bandbreite an Umtauschverhältnissen**, die angemessen sind. Ein Beschlussmangel liegt nur dann vor, wenn das Umtauschverhältnis außerhalb dieser Bandbreite zu Lasten der Anteilsinhaber des übernehmenden Rechtsträgers liegt.

80 Im Fall eines zu hohen Umtauschverhältnisses können die Anteilsinhaber des übernehmenden Rechtsträgers im Übrigen nicht nur den Verschmelzungsbeschluss, sondern ggf.

---

[100] Semler/Stengel/*Gehling* § 14 Rn. 17; Kallmeyer/*Marsch-Barner* § 14 Rn. 15.
[101] Schmitt/Hörtnagl/Stratz/*Stratz* § 32 Rn. 4; Lutter/*Grunewald* § 32 Rn. 2; Kallmeyer/*Marsch-Barner* § 32 Rn. 1; Semler/Stengel/*Gehling* § 32 Rn. 8; Henssler/Strohn/*Müller* § 32 UmwG Rn. 1; kritisch Kölner Kommentar-UmwG/*Simon* § 32 Rn. 3; *Fritzsche/Dreier* BB 2002, 737, 740 ff.
[102] Semler/Stengel/*Gehling* § 14 Rn. 19; § 32 Rn. 19.
[103] Spindler/Stilz/Stilz AktG § 255 Rn. 19; GroßKomm AktG/*K. Schmidt* § 255 AktG Rn. 12.
[104] Vgl. Lutter/*Drygala* § 5 Rn. 27 m. w. N.
[105] Zur Gleichbehandlung Kallmeyer/*Marsch-Barner* § 5 Rn. 7; Lutter/*Drygala* § 5 Rn. 27; *Lutter* FS Mestmäcker, 1996, S. 943, 949; Böttcher/Habighorst/Schulte/*Böttcher* § 5 Rn. 21.

auch einen etwaigen **verschmelzungsbedingten Kapitalerhöhungsbeschluss** (bspw. nach §§ 55, 69 UmwG) nach Maßgabe von § 255 Abs. 2 S. 1 AktG (→ Rn. 75) angreifen.[106]

cc) Barabfindung. Für die Barabfindung gilt ebenfalls der Maßstab der **Angemessenheit**, §§ 29 Abs. 1 S. 1, 30 Abs. 2 S. 1 UmwG. Da eine Bandbreite von Unternehmenswerten das Kriterium der Angemessenheit erfüllt (→ Rn. 425 ff.), besteht eine entsprechende **Bandbreite** für die Höhe der angemessenen Barabfindung. Überschreitet das Abfindungsangebot diese Bandbreite, ist der Verschmelzungsbeschluss des übernehmenden Rechtsträgers mangelhaft.

Ist der übertragende Rechtsträger börsennotiert, dann bildet nach der Rechtsprechung des Bundesverfassungsgerichts der **Börsenkurs die Untergrenze** für die Barabfindung (→ Rn. 378 f.). Angenommen der übertragende Rechtsträger ist an der Börse **überbewertet**, würden die Anteilsinhaber des übernehmenden Rechtsträgers einen Vermögensverlust erleiden, soweit Anteilsinhaber des übertragenden Rechtsträgers gegen Barabfindung ausscheiden. Denn aus Sicht der Anteilsinhaber des übernehmenden Rechtsträgers kann die Erhöhung ihrer relativen Beteiligung aufgrund des Ausscheidens von Anteilsinhabern den mittelbaren Wertverlust ihrer Beteiligung aufgrund der Auszahlung der Abfindungen nicht kompensieren. Gleichwohl wäre der Verschmelzungsbeschluss in diesem Fall nicht mangelhaft. Es fehlt formal an einer Gesetzesverletzung, da die zwingende Anwendung der Börsenkursrechtsprechung nicht die Mangelhaftigkeit des Verschmelzungsbeschlusses des übernehmenden Rechtsträgers zur Folge haben kann. Andernfalls wäre die Rechtslage in sich widersprüchlich.

f) **Bewertungsrüge (übertragender Rechtsträger).** Für die Anteilsinhaber des **übertragenden Rechtsträgers** ist die Erhebung von Bewertungsrügen grundsätzlich nach §§ 14 Abs. 2 und 32 UmwG ausgeschlossen (→ Rn. 85 ff.). Sie sind insoweit auf das Spruchverfahren verwiesen. Eine Ausnahme besteht nur für die Bewertungsrüge, dass die angebotene **Barabfindung zu hoch** sei (→ Rn. 92 ff.). Für diese Rüge gilt derselbe Maßstab wie auf Seiten der Anteilsinhaber des übernehmenden Rechtsträgers (→ Rn. 81 f.).

g) **Kapitalschutzvorschriften.** Ein Verschmelzungsbeschluss leidet an einem Inhaltsfehler, wenn bereits zum Beschlusszeitpunkt erkennbar ist, dass die Leistung der Barabfindung zu einer Verletzung von Kapitalschutzvorschriften führen würde.[107] Inwieweit die Kapitalschutzvorschriften, insbesondere im Recht der GmbH und im Aktienrecht, insoweit Geltung beanspruchen ist allerdings umstritten.[108]

3. Ausschluss der Bewertungsrüge (übertragender Rechtsträger)

Die Anteilsinhaber des **übertragenden Rechtsträgers** können eine Unwirksamkeitsklage gegen den Verschmelzungsbeschluss grundsätzlich nicht auf eine Bewertungsrüge stützen. Der Rügeausschluss betrifft zum einen das **Umtauschverhältnis** bzw. den Wert der erhaltenen Mitgliedschaft nach § 14 Abs. 2 UmwG sowie die **Barabfindung** nach § 32 UmwG.

Der Rügeausschluss dient dazu, eine Behandlung von Bewertungsrügen im Beschlussmängelverfahren zu vermeiden, die eine Verzögerung oder Gefährdung der Verschmelzung zur Folge haben könnte.[109] Es bestehen **keine verfassungsrechtlichen Bedenken** gegen

---

[106] Widmann/Mayer/*Mayer* § 55 Rn. 106; Widmann/Mayer/*Rieger* § 69 Rn. 58; Kölner Kommentar-UmwG/*Simon/Nießen* § 55 Rn. 43; Kölner Kommentar-UmwG/*Simon* § 69 Rn. 42; Kallmeyer/*Kocher* § 55 Rn. 16; vgl. OLG Hamm 8 U 329/87, AG 1989, 31, 33 f.; LG Frankfurt 3/11 T 62/89, WM 1990, 592, 594 ff.; a. A. Schmitt/Hörtnagl/Stratz/*Stratz* § 55 Rn. 29.

[107] Vgl. Lutter/*Grunewald* § 29 Rn. 30; Semler/Stengel/*Kalss* § 29 Rn. 33; Schmitt/Hörtnagl/Stratz/*Stratz* § 29 Rn. 13.

[108] Vgl. Lutter/*Grunewald* § 29 Rn. 25 ff.; Widmann/Mayer/*Wälzholz* § 29 Rn. 36 ff.; *Hoger* AG 2008, 149 ff.

[109] BT-Drucks. 12/6699, S. 87; Lutter/*Decher* § 14 Rn. 15; Semler/Stengel/*Gehling* § 14 Rn. 30.

den Rügeausschluss, da die Anteilsinhaber die Bewertungsrügen im Spruchverfahren nach §§ 15 Abs. 1 S. 2, 34 UmwG verfolgen können.[110] Der Rügeausschluss verstößt auch nicht gegen Art. 6 EMRK.[111]

87 Wie weit der Ausschluss der Bewertungsrüge reicht, wirft in verschiedener Hinsicht Abgrenzungsfragen auf. Die nachstehenden Ausführungen betreffen zunächst den Anwendungsbereich im Grundsätzlichen und befassen sich im Anschluss mit den beiden besonderen Problemfeldern der bewertungsrelevanten Informationsmängel und des Rechtsmissbrauchs im Zusammenhang mit Bewertungsfragen.

88 a) **Anwendungsbereich.** Der Rügeausschluss umfasst alle Klagen von **Anteilsinhabern** sowie etwaigen klageberechtigten **Organen bzw. Organträgern** gegen die **Wirksamkeit des Verschmelzungsbeschlusses** des übertragenden Rechtsträgers, namentlich Anfechtungs- und Nichtigkeitsklagen sowie allgemeine Feststellungsklagen. Er findet hingegen keine Anwendung auf Unterlassungsklagen sowie einstweilige Verfügungen gegen die Durchführung der Verschmelzung sowie – praktisch kaum relevante – Klagen Dritter gegen den Verschmelzungsbeschluss (zum identischen Anwendungsbereich der Ausschlussfrist nach § 14 Abs. 1 → Rn. 116).

89 aa) **Umtauschverhältnis.** Der Rügeausschluss nach **§ 14 Abs. 2 UmwG** betrifft ein **zu niedriges Umtauschverhältnis** und einen nicht ausreichenden Gegenwert der Mitgliedschaft bei dem übernehmenden Rechtsträger für die Anteile oder die Mitgliedschaft bei dem übertragenden Rechtsträger. Darüber hinaus erfasst der Ausschluss auch andere Rügen, die in der Sache ein unangemessenes Umtauschverhältnis zum Gegenstand haben, wie beispielsweise die Geltendmachung einer Verletzung des Gleichbehandlungsgebots in Bezug auf das Umtauschverhältnis.[112]

90 Nach überwiegender Meinung findet der Rügeausschluss nach § 14 Abs. 2 UmwG auf den Fall der Geltendmachung eines **zu hohen Umtauschverhältnisses** analog Anwendung.[113] Nach hiesiger Ansicht bedarf es insoweit keines analogen Rügeausschlusses, da es im Fall eines zu hohen Umtauschverhältnisses auf Seiten der Anteilsinhaber des übertragenden Rechtsträgers ohnehin an einem Beschlussmangel fehlt. Ein Umtauschverhältnis ist nur dann mangelhaft, wenn es nicht **angemessen** ist, was das UmwG zwar nicht ausdrücklich regelt, aber in § 12 Abs. 2 S. 1 UmwG voraussetzt. Das Umtauschverhältnis ist aus Sicht der Anteilsinhaber des **übertragenden Rechtsträgers** aber nur dann nicht angemessen, wenn es **zu niedrig** ist. Ein zu hohes Umtauschverhältnis gereicht den Anteilsinhabern des übertragenden Rechtsträgers zum Vorteil und ist daher für sie nicht unangemessen.

91 Entsprechend liegt aus Sicht der Anteilsinhaber des **übernehmenden Rechtsträgers** ein Verstoß gegen das Angemessenheitserfordernis nur bei einem **zu hohen Umtauschverhältnis** vor. Daher können sie den Verschmelzungsbeschluss des übernehmenden Rechtsträgers nicht mit der Rüge angreifen, dass das Umtauschverhältnis zu niedrig sei.

92 bb) **Barabfindung.** Nach § 32 UmwG sind Rügen einer zu niedrigen Barabfindung sowie eines fehlenden oder nicht ordnungsgemäßen Angebots der Barabfindung ausgeschlossen. Die Rüge einer **zu hohen Barabfindung** ist hingegen nach dem Wortlaut nicht ausgeschlossen. Eine analoge Anwendung des Rügeausschlusses ist nicht angezeigt. Denn die an der Verschmelzung teilnehmenden Anteilsinhaber haben ein berechtigtes Interesse an der Geltendmachung einer zu hohen Barabfindung, da sie hierdurch belastet

---

[110] Vgl. BVerfG 1 BvR 1267/06, NJW 2007, 3266, 3268 – Wüstenrot und Württembergische.
[111] Kallmeyer/*Marsch-Barner* § 14 Rn. 12; Lutter/*Decher* § 14 Rn. 15; a. A. *Meilicke/Heidel* BB 2003, 1805 f.
[112] Vgl. Lutter/*Decher* § 14 Rn. 19; Semler/Stengel/*Gehling* § 14 Rn. 31; Lutter/*Decher/Hoger* § 195 Rn. 13 (Formwechsel); a. A. LG Hanau 5 O 63/01, AG 2003, 534.
[113] LG Essen 44 O 249/98, AG 1999, 329, 330; Kallmeyer/*Marsch-Barner* § 14 Rn. 13; Lutter/ *Decher* § 14 Rn. 16; Kölner Kommentar-UmwG/*Simon* § 14 Rn. 36.

werden. Ein Ausschluss würde sie rechtsschutzlos stellen. Insbesondere kommt auch keine Anwendung des Spruchverfahrens mit dem Ziel einer Ausgleichszahlung durch den übernehmenden Rechtsträger in Betracht.[114] Da alle Anteilsinhaber des übernehmenden Rechtsträgers **nach der Verschmelzung** gleichermaßen durch eine zu hohe Barabfindung belastet sind, würde eine im Spruchverfahren zu erreichende Ausgleichzahlung an sie **keinen effektiven Vermögenszufluss** bewirken, da eine Zahlung den Beteiligungswert entsprechend absenken würde.

Im Fall einer zu hohen Barabfindung können die Anteilsinhaber des übertragenden 93 Rechtsträgers eine Unwirksamkeitsklage auf die Verletzung des Angemessenheitserfordernisses nach § 29 Abs. 1 S. 1 Hs. 1 UmwG stützen. Im Unterschied zur Situation beim Umtauschverhältnis (→ Rn. 90 f.) begrenzt das Angemessenheitserfordernis die Barabfindung nicht nur **nach unten** mit Blick auf die Interessen der ausscheidenden Anteilsinhaber, sondern auch **nach oben** mit Blick auf die Interessen der an der Verschmelzung teilnehmenden Anteilsinhaber. Denn letztere erleiden im Fall einer zu hohen Barabfindung einen Vermögensnachteil.

Gegen das Recht der Anteilsinhaber des übertragenden Rechtsträgers zur Erhebung einer 94 Unwirksamkeitsklage wegen einer zu hohen Barabfindung lässt sich auch nicht einwenden, dass das hierdurch erhöhte Risiko einer Blockade der Verschmelzung aufgrund der Registersperre unerträglich sei. Zum einen steht insoweit das Freigabeverfahren zur Verfügung und zum anderen können die Anteilsinhaber des übernehmenden Rechtsträgers diese Rüge ohnehin erheben.

b) Bewertungsrelevante Informationen. Intensiv diskutiert wird die Frage, ob der 95 Rügeausschluss nach §§ 14 Abs. 2, 32 UmwG für den übertragenden Rechtsträger ebenfalls die Geltendmachung von **Verfahrensfehlern in Bezug auf bewertungsrelevante Informationen** umfasst. Das betrifft insbesondere bewertungsrelevante Angaben im Verschmelzungsbericht sowie bewertungsrelevante Auskünfte in der Anteilsinhaberversammlung.

Zusammengefasst ist der derzeitige Stand der Rechtsentwicklung zur Handhabung be- 96 wertungsrelevanter Informationsmängel inkonsistent und nicht überzeugend: Während bewertungsrelevante Informationsmängel in Bezug auf die **Barabfindung** nach herrschender Meinung dem Rügeausschluss nach § 32 UmwG unterliegen, ist streitig, ob der Rügeausschluss nach § 14 Abs. 2 UmwG ebenfalls bewertungsrelevante Informationsmängel in Bezug auf das **Umtauschverhältnis** umfasst. Die überwiegende Lehre geht davon aus, dass § 14 Abs. 2 UmwG die Geltendmachung von Informationsmängeln nicht ausschließt. Soweit es sich allerdings bei dem übertragenden Rechtsträger um eine **AG oder KGaA** handelt, greift der **Anfechtungsausschluss nach § 243 Abs. 4 S. 2 AktG** für bestimmte bewertungsrelevante Informationsmängel in Bezug auf das Umtauschverhältnis ein. Hierzu im Einzelnen:

aa) Barabfindung. Nach herrschender Meinung sind in Bezug auf die Barabfindung 97 **bewertungsrelevante Informationsmängel vom Rügeausschluss nach § 32 UmwG umfasst.**[115] Dieser Auffassung liegt die Rechtsprechung des BGH zum Formwechsel zugrunde: Der BGH hat in zwei Urteilen aus den Jahren 2000 und 2001 entschieden, dass

---

[114] Vgl. *DAV-Handelsrechtsausschuss* NZG 2007, 497, 500; *J. Vetter* ZHR 168 (2004), 8, 36; *Henze* ZIP 2002, 97, 107 (Formwechsel); Lutter/*Decher/Hoger* § 210 Rn. 5 (Formwechsel); offen BGH II ZR 1/99, NJW 2001, 1425, 1427; II ZR 368/98, NJW 2001, 1428, 1430 (der BGH denkt in diesen Entscheidungen für den strukturell vergleichbaren Fall beim Formwechsel die analoge Anwendung eines Spruchverfahrens an). Für die Eröffnung des Spruchverfahrens hingegen Kallmeyer/*Lanfermann* § 208 Rn. 5; Kallmeyer/*Meister/Klöcker* § 210 Rn. 10 (jeweils Formwechsel).
[115] Kölner Kommentar-UmwG/*Simon* § 32 Rn. 13; Semler/Stengel/*Gehling* § 32 Rn. 6; Henssler/Strohn/*Müller* § 32 UmwG Rn. 2; Schmitt/Hörtnagl/Stratz/*Stratz* § 32 Rn. 1; Lutter/*Grunewald* § 32 Rn. 5; Widmann/Mayer/*Wälzholz* § 32 Rn. 5; a. A. Kallmeyer/*Lanfermann* § 208 Rn. 5.

die Geltendmachung von Informationsmängeln nach § 210 UmwG, der Parallelnorm zu § 32 UmwG für den Formwechsel, ausgeschlossen sei.[116]

98 Der BGH begründet seine Auffassung damit, dass § 210 UmwG einen Rügeausschluss selbst im Fall eines gänzlichen Fehlens einer Barabfindung vorsehe. Fehle ein Abfindungsangebot vollständig, dann bestehe ein vollständiges Informationsdefizit des Anteilsinhabers. Erst recht unterfielen dann sonstige Informationsmängel bezüglich der Barabfindung dem Rügeausschluss.[117] Insoweit sei die Tatbestandsvariante der **nicht ordnungsgemäßen angebotenen Barabfindung** einschlägig.[118]

99 Da § 32 UmwG mit der Bestimmung des § 210 UmwG inhaltlich identisch ist, findet die Rechtsprechung des BGH ebenfalls auf den Rügeausschluss für die verschmelzungsrechtliche Barabfindung Anwendung.[119] Hierunter fällt beispielsweise der Mangel, dass der Verschmelzungsbericht eine Plausibilitätsprüfung der Barabfindung nicht erlaubt.[120] Auf den weniger weitgehenden Anfechtungsausschluss für bewertungsrelevante Informationsmängel nach § 243 Abs. 4 S. 2 AktG, soweit anwendbar, kommt es daher nicht an.

100 Damit handelt es sich bei den Informationspflichten in Bezug auf die Barabfindung um *leges imperfectae*, da grundsätzlich kein Rechtsbehelf für ihre Geltendmachung besteht: Zwar ist der Anwendungsbereich des Spruchverfahrens nach § 34 S. 2 UmwG im Fall einer nicht ordnungsgemäß angebotenen Barabfindung eröffnet. Jedoch lässt sich mit dem Spruchverfahren grundsätzlich nur eine Erhöhung der Barabfindung erreichen, die ausschließlich von der Bewertung des übertragenden Rechtsträgers und nicht von Ordnungsgemäßheit des Barabfindungsangebots abhängt (→ Rn. 334 ff.).

101 **bb) Umtauschverhältnis.** Es ist **umstritten**, ob der Rügeausschluss nach § 14 Abs. 2 UmwG **bewertungsrelevante Informationsmängel in Bezug auf das Umtauschverhältnis** bzw. den Wert der erhaltenen Mitgliedschaft erfasst. Nach der Ansicht des OLG Hamburg[121] sowie einiger Stimmen in der Literatur[122] ist die Rechtsprechung des BGH[123] zum Formwechsel auch auf das Umtauschverhältnis zu übertragen. In der Folge wäre die Geltendmachung bewertungsrelevanter Informationsmängel vollumfänglich ausgeschlossen.

102 Nach der zutreffenden Auffassung der überwiegenden Lehre ist die Rechtsprechung des BGH nicht auf das Umtauschverhältnis zu übertragen.[124] Danach erfasst der Rügeausschluss nach § 14 Abs. 2 UmwG nicht Informationsmängel. Die **historische Auslegung** stützt dieses Verständnis. Im Gesetzgebungsverfahren zum Umwandlungsgesetz 1995 wurde der Vorschlag des Bundesrats, eine unzureichende Erläuterung des Umtauschverhältnisses vom Rügeausschluss des § 14 Abs. 2 UmwG zu erfassen, nicht übernommen.[125] Für dieses Verständnis spricht in gewisser Weise auch,[126] dass der Gesetzgeber des UMAG den

---

[116] BGH II ZR 368/98, NJW 2001, 1428 ff.; II ZR 1/99, NJW 2001, 1425 ff. m. kritischer Anm. *Kallmeyer*, GmbHR 2001, 204.
[117] BGH II ZR 1/99, NJW 2001, 1425, 1426 f.; II ZR 368/98, NJW 2001, 1428, 1430.
[118] BGH II ZR 1/99, NJW 2001, 1425, 1426; II ZR 368/98, NJW 2001, 1428, 1430.
[119] Semler/Stengel/*Gehling* § 32 Rn. 5; Lutter/*Grunewald* § 32 Rn. 5.
[120] Kölner Kommentar-UmwG/*Simon* § 32 Rn. 14.
[121] OLG Hamburg 11 U 288/05, juris Rn. 200.
[122] Schmitt/Hörtnagl/Stratz/*Stratz* § 14 Rn. 36; Kallmeyer/*Meister/Klöcker* § 195 Rn. 30 (Formwechsel).
[123] BGH II ZR 1/99, NJW 2001, 1425, 1427 äußert sich selbst zwar nicht zur Übertragung des Rügeausschlusses auf § 14 Abs. 2 UmwG, differenziert aber zwischen §§ 210, 32 UmwG auf der einen Seite und § 14 Abs. 2 UmwG auf der anderen Seite.
[124] Lutter/*Decher* § 14 Rn. 17; Kölner Kommentar-UmwG/Simon § 14 Rn. 41; Kallmeyer/*Marsch-Barner* § 14 Rn. 14; Semler/Stengel/*Gehling* § 14 Rn. 33; *Decher* FS Hoffmann-Becking, 2013, S. 295, 306; wohl auch LG Darmstadt 12 O 491/05, AG 2006, 127, 131 ohne Begründung.
[125] Stellungnahme des Bundesrats, BR-Drucks. 75/94, S. 5 f.; hierauf ebenfalls hinweisend BGH II ZR 1/99, NJW 2001, 1425, 1427; Semler/Stengel/*Gehling* § 14 Rn. 33.
[126] *Decher* FS Hoffmann-Becking, 2013, S. 295, 306; Lutter/*Decher* § 14 Rn. 17; Lutter/*Drygala* § 8 Rn. 61.

Anfechtungsausschluss in § 243 Abs. 4 S. 2 AktG ganz bewusst nicht auf beschlussvorbereitende Berichte erstreckt hat.[127] Da allerdings der Anwendungsbereich des § 243 Abs. 4 S. 2 AktG von § 14 Abs. 2 UmwG abweicht,[128] lassen sich nur eingeschränkt Rückschlüsse auf die Reichweite des Rügeausschlusses nach § 14 Abs. 2 UmwG ziehen.

Darüber hinaus streitet der **Wortlaut** von § 14 Abs. 2 UmwG gegen den Ausschluss bewertungsrelevanter Informationsmängel. Der Fall des vollständigen Fehlens einer Barabfindung in § 32 UmwG findet keine Entsprechung in § 14 Abs. 2 UmwG.[129] Der vom BGH bemühte Erst-recht-Schluss zu § 210 UmwG (→ Rn. 98) lässt sich daher nicht auf § 14 Abs. 2 UmwG übertragen.

Daher können sich Anteilsinhaber des übertragenden Rechtsträgers im Rahmen einer Unwirksamkeitsklage auf bewertungsrelevante Informationsmängel, insbesondere Berichtsmängel sowie Auskunftsmängel in der Anteilsinhaberversammlung, berufen. Soweit allerdings **§ 243 Abs. 4 S. 2 AktG** Anwendung findet, ist die Anfechtung von bewertungsrelevanten Informationsmängeln, die **in der Hauptversammlung** aufgetreten sind, also insbesondere Auskunftsmängeln, ausgeschlossen. Der Anfechtungsausschluss umfasst allerdings keine **Totalverweigerungen** von Informationen in der Hauptversammlung.[130] Zudem sind Informationsmängel außerhalb der Hauptversammlung nicht von § 243 Abs. 4 S. 2 AktG erfasst.[131] Daher können Aktionäre des übertragenden Rechtsträgers trotz § 243 Abs. 4 S. 2 AktG den Verschmelzungsbeschluss mit der Rüge anfechten, der Verschmelzungsbericht weise Informationsmängel in Bezug auf das Umtauschverhältnis auf.[132]

Rechtspolitisch kann die bestehende Ungleichbehandlung der Informationsmängel in Bezug auf das Umtauschverhältnis und die Barabfindung nicht überzeugen, da es an einem **sachlogischen Grund** hierfür fehlt.[133] Viele Stimmen sprechen sich dafür aus, *de lege ferenda* den Rügeausschluss auf bewertungsrelevante Informationsmängel in Bezug auf das Umtauschverhältnis zu erstrecken.[134]

c) **Rechtsmissbrauch.** Im Einzelnen ist streitig, ob der Rügeausschluss nach §§ 14 Abs. 2, 32 UmwG zur Anwendung gelangt, wenn die Mehrheitsanteilsinhaber im Zusammenhang mit der Bewertung ihre Mehrheitsmacht missbrauchen. Während es nach einer Ansicht insoweit bei dem Rügeausschluss bleibt,[135] soll nach anderer Auffassung eine Ausnahme im Fall eines **kollusiven Zusammenwirkens** der beteiligten Rechtsträger bestehen[136].

---

[127] Begr. RegE zu § 246a AktG (UMAG), BT- Drucks. 15/5092, S. 26.
[128] Zum einen wesentlich enger als das UmwG, da § 243 Abs. 4 S. 2 AktG in direkter Anwendung nur die AG und die KGaA betrifft, und zum anderen wesentlich weiter als das UmwG, da § 243 Abs. 4 S. 2 AktG alle Fälle erfasst, in denen das Gesetz für Bewertungsrügen ein Spruchverfahren vorsieht.
[129] Hierauf hinweisend Kölner Kommentar-UmwG/*Simon* § 14 Rn. 41; Widmann/Mayer/*Mayer* § 8 Rn. 69.
[130] Begr. RegE zu § 246a AktG (UMAG), BT-Drucks. 15/5092, S. 26; Spindler/Stilz/*Würthwein* § 243 AktG Rn. 259.
[131] Begr. RegE zu § 246a AktG (UMAG), BT-Drucks. 15/5092, S. 26; Hüffer/*Koch* § 243 AktG Rn. 47c; MünchKomm-AktG/*Hüffer/Schäfer* § 243 Rn. 124.
[132] Kallmeyer/*Marsch-Barner* § 14 Rn. 14; Lutter/*Drygala* § 8 Rn. 61; Kölner Kommentar-UmwG/ *Simon* § 8 Rn. 83.
[133] Vgl. *DAV-Handelsrechtsausschuss* NZG 2005, 388, 392; Lutter/*Decher* § 14 Rn. 17; *Decher* FS Hoffmann-Becking, 2013, S. 295, 306.
[134] Beschlussfassung 63. DJT, AG 2000, R440; Kallmeyer/*Marsch-Barner* § 14 Rn. 14; Semler/ Stengel/*Gehling* § 14 Rn. 33.
[135] Kallmeyer/*Marsch-Barner* § 14 Rn. 13; Kölner Kommentar-UmwG/*Simon* § 14 Rn. 37; Lutter/ *Decher* § 14 Rn. 16; Widmann/Mayer/*Heckschen* § 14 Rn. 54.
[136] Schmitt/Hörtnagl/Stratz/*Stratz* § 14 Rn. 37; Böttcher/Habighorst/Schulte/*Böttcher* § 14 Rn. 11 (Fn. 25); Henssler/Strohn/*Drinhausen/Keinath* § 195 UmwG Rn. 6 (Formwechsel). In der Tendenz auch für extreme Fälle vorsätzlich schädigenden Verhaltens OLG Düsseldorf 17 W 18/99, AG 1999, 418, 419.

107 Nach vorzugswürdiger Auffassung ist im Fall eines Rechtsmissbrauchs der Primärrechtsschutz durch eine Unwirksamkeitsklage eröffnet. Das gilt insbesondere bei einer rechtsmissbräuchlichen Einwirkung auf das Umtauschverhältnis, da die betroffenen Anteilsinhaber im Spruchverfahren lediglich eine Zuzahlung erhalten, während sie die Einbuße an Verwaltungs- und Vermögensrechten hinnehmen müssen. Soweit es allerdings an einem kollusiven Zusammenwirken fehlt, findet der Rügeausschluss nach §§ 14 Abs. 2, 32 UmwG mit der zutreffenden herrschenden Meinung selbst dann Anwendung, wenn das Umtauschverhältnis oder die Barabfindung **grob falsch oder offensichtlich zu niedrig** berechnet sind.[137]

108 Darüber hinaus ist streitig, ob der Rügeausschluss ausnahmsweise dann keine Anwendung findet, wenn der Verschmelzungsprüfer wegen Unangemessenheit des Umtauschverhältnisses zu Lasten der Anteilsinhaber des übertragenden Rechtsträgers das **Testat verweigert**. Einer Ansicht zufolge ist eine Unwirksamkeitsklage auch in diesem Fall unstatthaft.[138] Die Gegenauffassung lässt eine Unwirksamkeitsklage zu.[139] Sie führt hierfür den Schutz der Minderheit nach Art. 14 GG an[140] und beruft sich auf eine dahingehende Entscheidung des OLG Bremen zum Squeeze-out[141].

109 Nach hiesiger Ansicht folgt aus der Verweigerung des Testats als solcher noch nicht die Statthaftigkeit einer Unwirksamkeitsklage. Soweit nachvollziehbare Differenzen in Bezug auf Bewertungsfragen dafür ausschlaggebend sind, dass das Umtauschverhältnis nicht erhöht wird, bleibt der Rügeausschluss anwendbar. Liegt hingegen ein Rechtsmissbrauch vor, der beispielsweise im Fall einer nicht nachvollziehbaren Berechnung des Umtauschverhältnisses insbesondere bei einer Konzernverschmelzung indiziert sein kann, ist die Rüge einer Treuepflichtverletzung im Wege der Unwirksamkeitsklage nicht nach §§ 14 Abs. 2, 32 UmwG ausgeschlossen.[142]

III. Zulässigkeit und Begründetheit

110 Die Zulässigkeit und Begründetheit der Unwirksamkeitsklage richtet sich nach den **rechtsformspezifischen Voraussetzungen**.[143] Entscheidend ist insoweit insbesondere die einschlägige Klageart, namentlich Anfechtungsklage, Nichtigkeitsklage oder allgemeine Feststellungsklage (→ Rn. 23 f.). Die nachstehenden Ausführungen behandeln lediglich verschmelzungsspezifische Gesichtspunkte von Unwirksamkeitsklagen gegen Verschmelzungsbeschlüsse.

1. Rügeausschluss

111 **Bewertungsrügen** von Anteilsinhabern des **übertragenden Rechtsträgers** sind grundsätzlich nach §§ 14 Abs. 2, 32 UmwG ausgeschlossen (→ Rn. 85 ff.). Sind ausschließlich Bewertungsrügen Gegenstand der Klage, ist sie nicht statthaft und daher unzulässig.[144]

---

[137] OLG Düsseldorf 17 W 18/99, AG 1999, 418, 419; Kallmeyer/*Marsch-Barner* § 14 Rn. 13; Kölner Kommentar-UmwG/*Simon* § 14 Rn. 37; *Ihrig* ZHR 160 (1996), 317, 332; Lutter/*Decher*/*Hoger* § 195 Rn. 13 (Formwechsel); a. A. Goutier/Knopf/Tulloch/*Laumann* § 195 Rn. 13 (Formwechsel).
[138] Henssler/Strohn/*Heidinger* § 12 UmwG Rn. 8; Schmitt/Hörtnagl/Stratz/*Stratz* § 12 Rn. 30.
[139] Lutter/*Drygala* § 12 Rn. 14; tendenziell auch *Raiser*/*Veil* § 67 Rn. 28.
[140] Lutter/*Drygala* § 12 Rn. 14.
[141] Vgl. OLG Bremen 2 U 51/12 (AktG), AG 2013, 643, 644 ff.
[142] Kallmeyer/*Lanfermann* § 12 Rn. 18; WP Handbuch 2014 II Kapitel F Rn. 278; Widmann/Mayer/*Mayer* § 12 Rn. 31; vgl. Kölner Kommentar-UmwG/*Simon* § 12 Rn. 30; Semler/Stengel/*Zeidler* § 12 Rn. 17.
[143] Kölner Kommentar-UmwG/*Simon* § 14 Rn. 6. Zu den rechtsformspezifischen Voraussetzungen siehe die betreffenden Abschnitte im MünchHdb. GesR VII.
[144] Kallmeyer/*Marsch-Barner* § 14 Rn. 12; Lutter/*Decher* § 14 Rn. 16; Kölner Kommentar-UmwG/*Simon* § 14 Rn. 44; Henssler/Strohn/*Junker* § 14 UmwG Rn. 18; a. A. Semler/Stengel/*Gehling* § 14 Rn. 34, wonach die Klage unbegründet ist.

Das ist in der Praxis nur selten der Fall, da typischerweise neben Bewertungsrügen auch noch andere statthafte Rügen Gegenstand der Unwirksamkeitsklage sind.

2. Aktiv- und Passivlegitimation

Die Aktivlegitimation bestimmt sich nach dem **rechtsformspezifischen Beschluss- 112 mängelrecht**. Grundsätzlich ist für die Aktivlegitimation erforderlich, dass der Kläger zum Zeitpunkt der Klageerhebung Inhaber von Anteilen des betreffenden Rechtsträgers ist.[145] Darüber hinaus können weitergehende Anforderungen bestehen, wie beispielsweise für die AG nach § 245 AktG.

Ob der Kläger seine Aktivlegitimation einbüßt, falls er während des Beschlussmängel- 113 verfahrens seine **Stellung als Anteilsinhaber verliert**, zum Beispiel aufgrund einer Veräußerung des Anteils, bestimmt sich ebenfalls nach den rechtsformspezifischen Regelungen. Beispielsweise hat nach der Rechtsprechung der Gesellschafter einer Personengesellschaft grundsätzlich über seine Zugehörigkeit zur Gesellschaft hinaus ein Interesse nach § 256 Abs. 1 ZPO an der Feststellung der Unwirksamkeit des Gesellschafterbeschlusses.[146] In der AG[147] und der GmbH[148] soll nach herrschender Meinung § 265 Abs. 2 ZPO entsprechend Anwendung finden. Soweit allerdings kein rechtliches Interesse an der Weiterführung des Prozesses besteht, entfällt das Rechtsschutzinteresse.

Die Passivlegitimation ist sowohl bei dem übernehmenden Rechtsträger als auch bei dem 114 übertragenden Rechtsträger von der Rechtsform sowie ggf. den einschlägigen Bestimmungen in der Satzung bzw. dem Gesellschaftsvertrag abhängig. Passivlegitimiert sind entweder der **Rechtsträger** selbst oder die **anderen Anteilsinhaber** (→ Rn. 23 f., siehe zur Wirkung der Eintragung der Verschmelzung auf die Passivlegitimation → Rn. 134 f.).

3. Ausschlussfrist

Für die Erhebung einer Klage gegen die Wirksamkeit eines Verschmelzungsbeschlusses 115 besteht eine **materiellrechtliche Ausschlussfrist** von **einem Monat** nach der Fassung des Beschlusses, § 14 Abs. 1 UmwG. Die Frist soll verhindern, dass eine zeitlich beliebige Erhebung von Unwirksamkeitsklagen das Wirksamwerden der Verschmelzung aufgrund der Registersperre nach § 16 Abs. 2 UmwG unbestimmt hinausschiebt.[149] Da die Ausschlussfrist in § 14 Abs. 1 UmwG sachlich wie auch redaktionell § 246 Abs. 1 AktG nachgebildet ist,[150] lässt sich die Rechtsprechung zu § 246 Abs. 1 AktG entsprechend heranziehen.[151]

a) Anwendungsbereich. Die Ausschlussfrist gilt nicht nur für den **übertragenden** 116 **Rechtsträger**, wie der Rügeausschluss nach § 14 Abs. 2 UmwG, sondern auch für den **übernehmenden Rechtsträger**.[152] Erfasst sind **alle Arten von Unwirksamkeitsklagen**, namentlich Anfechtungs- und Nichtigkeitsklagen[153] sowie allgemeine Feststellungsklagen,[154] von **Anteilsinhabern** sowie etwaigen klageberechtigten **Organen bzw. Organträgern**[155]. Die Ausschlussfrist gilt nicht für Klagen gegen andere Beschlüsse, wie zum Beispiel einen Kapitalerhöhungsbeschluss im Zusammenhang mit der Verschmel-

---

[145] Vgl. Semler/Stengel/*Gehling* § 14 Rn. 6; Mehrbrey/*Uhlendorf/Schumacher* § 127 Rn. 49.
[146] BGH II ZR 3/12, NZG 2012, 664; MünchHdb. GesR VII/*Schmitz-Herscheidt* § 52 Rn. 28.
[147] BGH II ZR 46/05, NJW 2007, 300, 301; Hüffer/*Koch* § 245 AktG Rn. 8; MünchKommAktG/*Hüffer/Schäfer* § 245 Rn. 27 f.
[148] BGH II ZR 287/63, NJW 1965, 1378, 1379; MünchKommGmbHG/*Wertenbruch* § 47 Anhang Rn. 195.
[149] BT-Drucks. 12/6699, S. 87; vgl. Kölner Kommentar-UmwG/*Simon* § 14 Rn. 2.
[150] BT-Drucks. 12/6699, S. 87.
[151] Vgl. Lutter/*Decher* § 14 Rn. 8.
[152] BT-Drucks. 12/6699, S. 87; Schmitt/Hörtnagl/Stratz/*Stratz* § 14 Rn. 5.
[153] Siehe zur Kritik der Einbeziehung von Nichtigkeitsklagen Bork, ZGR 1993, 343, 355; *Arbeitskreis Umwandlungsrecht* ZGR 1993, 321, 323 f.
[154] BT-Drucks. 12/6699, S. 87; Limmer/*Limmer* Teil 2 Rn. 509.
[155] Lutter/*Decher* § 14 Rn. 6; Kallmeyer/*Marsch-Barner* § 14 Rn. 6.

zung.¹⁵⁶ Darüber hinaus findet die Ausschlussfrist keine Anwendung auf Unterlassungsklagen sowie einstweilige Verfügungen gegen die Durchführung der Verschmelzung sowie – praktisch kaum relevante – Klagen Dritter gegen den Verschmelzungsbeschluss.¹⁵⁷

117 b) **Fristberechnung und -wahrung.** Die Fristberechnung richtet sich nicht nach §§ 221 ff. ZPO, sondern nach §§ 187 ff. **BGB**, da es sich um eine **materiellrechtliche Frist** handelt.¹⁵⁸ Fristbeginn ist nach § 14 Abs. 1 UmwG der Zeitpunkt der Fassung des Verschmelzungsbeschlusses. Der Tag der Beschlussfassung ist nach § 187 Abs. 1 BGB nicht mitzuzählen.¹⁵⁹ Es kommt nicht auf die Kenntniserlangung durch den Kläger an.¹⁶⁰ Das gilt auch im Fall von Einberufungsmängeln.¹⁶¹

118 Nach wohl überwiegender Meinung soll allerdings im Fall von „**Geheimbeschlüssen**" die Frist erst ab Kenntnis von der Beschlussfassung beginnen.¹⁶² Dieser Auffassung ist zuzustimmen. In Fällen des Rechtsmissbrauchs, insbesondere wenn ein Anteilsinhaber über die Beschlussfassung gezielt nicht informiert wird und er aus diesem Grund die Monatsfrist nicht einhalten kann, gebührt dem Schutz des übergangenen Anteilsinhabers gegenüber dem Interesse an Rechtssicherheit der Vorrang.

119 Die Frist endet nach § 188 Abs. 2 BGB mit Ablauf des Tags, der seiner Zahl nach dem Tag der Fassung des Verschmelzungsbeschlusses entspricht, in dem auf die Fassung des Verschmelzungsbeschlusses nachfolgenden Monat. Fällt das danach berechnete Fristende auf einen Samstag, Sonntag oder Feiertag, endet die Frist mit Ablauf des nächsten Werktags, § 193 BGB.

120 Zur Fristwahrung ist eine rechtzeitige Klageerhebung nach § 14 Abs. 1 UmwG erforderlich. Für die Klageerhebung kommt es nach § 253 Abs. 1 auf die Zustellung der Klageschrift an den Beklagten an. Zur Fristwahrung ist allerdings die Einreichung der Klage bei Gericht nach § 167 ZPO ausreichend, wenn die **Zustellung demnächst erfolgt**.¹⁶³ Die Erhebung der Klage vor einem sachlich oder örtlich **unzuständigen Gericht** wahrt – vorbehaltlich eines Rechtsmissbrauchs – ebenfalls die Frist,¹⁶⁴ wie bei § 246 Abs. 1 AktG anerkannt.¹⁶⁵ Ein Prozesskostenhilfeantrag kann nur zusammen mit der Einreichung der Klage nach § 167 ZPO die Frist wahren.¹⁶⁶

121 Die Ausschlussfrist ist **zwingend**; weder die Parteien noch das Gericht können über sie disponieren, § 1 Abs. 3 UmwG.¹⁶⁷

122 c) **Folgen des Fristablaufs.** Klageerhebungen nach Ablauf der Frist sind als **unbegründet** – nicht unzulässig – abzuweisen, da es sich um eine materiellrechtliche Aus-

---

¹⁵⁶ Henssler/Strohn/*Junker* § 14 UmwG Rn. 8; Kölner Kommentar-UmwG/*Simon* § 14 Rn. 18.
¹⁵⁷ Widmann/Mayer/*Heckschen* § 14 Rn. 27, 30; Lutter/*Decher* § 14 Rn. 7; Kallmeyer/*Marsch-Barner* § 14 Rn. 8.
¹⁵⁸ Schmitt/Hörtnagl/Stratz/*Stratz* § 14 Rn. 6; Lutter/*Decher* § 14 Rn. 8.
¹⁵⁹ Kölner Kommentar-UmwG/*Simon* § 14 Rn. 26; Widmann/Mayer/*Heckschen* § 14 Rn. 32.
¹⁶⁰ OLG Düsseldorf 6 W 28/01, AG 2002, 47, 48 (Formwechsel); Lutter/*Decher* § 14 Rn. 8.
¹⁶¹ Vgl. OLG Brandenburg 7 W 54/06, juris Rn. 11; Kölner Kommentar-UmwG/*Simon* § 14 Rn. 24; Schmitt/Hörtnagl/Stratz/*Stratz* § 14 Rn. 7.
¹⁶² Kallmeyer/*Marsch-Barner* § 14 Rn. 9; tendenziell Kölner Kommentar-UmwG/*Simon* § 14 Rn. 24; Lutter/*Decher* § 14 Rn. 8, der allerdings auf die Möglichkeit der Kenntnisnahme abstellt. Offengelassen von OLG Brandenburg 7 W 54/06, juris Rn. 11 ff. A. A. Schmitt/Hörtnagl/Stratz/ *Stratz* § 14 Rn. 7; Semler/Stengel/*Bärwaldt* § 195 Rn. 15 (Formwechsel).
¹⁶³ Vgl. OLG Hamburg 11 U 11/03, AG 2004, 619, 620; Kölner Kommentar-UmwG/*Simon* § 14 Rn. 28; näher zum Merkmal „demnächst" siehe Zöller/*Greger* § 167 ZPO Rn. 10 ff. m. w. N.
¹⁶⁴ Lutter/*Decher* § 14 Rn. 9; Schmitt/Hörtnagl/Stratz/*Stratz* § 14 Rn. 8; enger Semler/Stengel/ *Gehling* § 14 Rn. 25.
¹⁶⁵ Hüffer/*Koch* § 246 AktG Rn. 24 f.; MünchKommAktG/*Hüffer/Schäfer* § 246 Rn. 41 jeweils m. w. N.
¹⁶⁶ Näher hierzu Lutter/*Decher* § 14 Rn. 10; Kölner Kommentar-UmwG/*Simon* § 14 Rn. 29; Henssler/Strohn/*Junker* § 14 UmwG Rn. 5.
¹⁶⁷ Böttcher/Habighorst/Schulte/*Böttcher* § 14 Rn. 8; Kallmeyer/*Marsch-Barner* § 14 Rn. 2; Semler/Stengel/*Gehling* § 14 Rn. 22.

schlussfrist handelt.[168] Die Regeln der Wiedereinsetzung in den vorigen Stand nach §§ 233 ff. ZPO finden keine Anwendung.[169] Das Gericht berücksichtigt eine Fristversäumnis von Amts wegen.[170]

Ist die Klage fristgemäß erhoben, sind nach Ablauf der Frist neue Unwirksamkeitsgründe präkludiert; ein **Nachschieben neuer Unwirksamkeitsgründe** ist nicht zulässig.[171] Die Klage ist auf solche Unwirksamkeitsgründe beschränkt, die sich auf den fristgemäß **vorgetragenen Lebenssachverhalt** stützen lassen; erforderlich ist insoweit eine Darlegung des wesentlichen tatsächlichen Kerns.[172] Es ist hingegen weder eine Substantiierung des tatsächlichen Vortrags noch eine rechtliche Bezeichnung der Unwirksamkeitsgründe innerhalb der Ausschlussfrist notwendig.[173]

Mit Ablauf der Monatsfrist können Anteilsinhaber zwar den Beschluss nicht mehr angreifen, aber hierdurch tritt **keine Heilung** des Beschlusses ein.[174] Der Registerrichter kann daher im Rahmen seiner Prüfungskompetenz ggf. die Eintragung verweigern.[175]

4. Beschlussmangel

Zentrale Voraussetzung der Begründetheit der Unwirksamkeitsklage ist, dass der Verschmelzungsbeschluss an einem Mangel leidet (→ Rn. 29 ff.). Sieht das Beschlussmängelrecht des betreffenden Rechtsträgers als Rechtsbehelf die Anfechtungs- bzw. Nichtigkeitsklage vor, ist bei den Mängeln danach zu differenzieren, ob der Beschluss anfechtbar oder nichtig ist. Das bestimmt sich nach den rechtsformspezifischen Vorschriften. Im Aktienrecht ist ein Beschluss insbesondere dann nichtig, wenn die Voraussetzungen eines der in § 241 AktG genannten Nichtigkeitsgründe erfüllt sind.[176] Ist bei dem Rechtsträger als Rechtsbehelf gegen den Verschmelzungsbeschluss die allgemeine Feststellungsklage nach § 256 ZPO statthaft, begründet die Fehlerhaftigkeit eines Beschlusses stets dessen Nichtigkeit.[177]

IV. Wirkung der Eintragung der Verschmelzung auf Beschlussmängelverfahren

Die nachstehenden Erläuterungen behandeln die Folgen der Eintragung der Verschmelzung auf das Beschlussmängelverfahren gegen einen Verschmelzungsbeschluss.

1. Modifikation des Rechtsschutzinteresses

Die Eintragung und das daraus folgende Wirksamwerden der Verschmelzung bewirken eine **Modifikation des Rechtsschutzinteresses** der Unwirksamkeitsklage. Das gilt sowohl für den übertragenden als auch für den übernehmenden Rechtsträger.

Vor der Eintragung der Verschmelzung besteht das Interesse an der Unwirksamkeitsklage darin, die Nichtigkeit des Verschmelzungsbeschlusses festzustellen bzw. erklären zu lassen

---

[168] OLG Düsseldorf 6 W 28/01, AG 2002, 47, 48 (Formwechsel); Kölner Kommentar-UmwG/ *Simon* § 14 Rn. 22.
[169] OLG Düsseldorf 6 W 28/01, AG 2002, 47, 48 (Formwechsel); LG München I 5 HK O 10136/ 03, AG 2005, 623; Lutter/*Decher* § 14 Rn. 12.
[170] Lutter/*Decher* § 14 Rn. 12; Semler/Stengel/*Gehling* § 14 Rn. 26.
[171] BGH II ZR 29/03, AG 2005, 613, 614 (Formwechsel); OLG Düsseldorf 6 W 28/01, AG 2002, 47, 48 (Formwechsel); LG München I 5 HK O 10136/03, AG 2005, 623; Schmitt/Hörtnagl/Stratz/ *Stratz* § 14 Rn. 9; Lutter/*Decher* § 14 Rn. 11; Semler/Stengel/*Gehling* § 14 Rn. 29; Kölner Kommentar-UmwG/*Simon* § 14 Rn. 23.
[172] Lutter/*Decher* § 14 Rn. 11. Für § 246 Abs. 1 AktG: BGH II ZR 229/09, NZG 2011, 669, 670; OLG Stuttgart 20 AktG 1/14, AG 2015, 163, 170; Hüffer/*Koch* § 246 AktG Rn. 26; Spindler/Stilz/ *Dörr* § 246 AktG Rn. 20 jeweils m. w. N.
[173] Für § 246 AktG: GroßKomm AktG/*K. Schmidt* § 246 Rn. 23; MünchKommAktG/*Hüffer/ Schäfer* § 246 Rn. 44.
[174] Lutter/*Decher* § 14 Rn. 13; Kölner Kommentar-UmwG/*Simon* § 14 Rn. 25.
[175] Kölner Kommentar-UmwG/*Simon* § 14 Rn. 25; Semler/Stengel/*Gehling* § 14 Rn. 27.
[176] Nähere Erläuterungen bei Widmann/Mayer/*Heckschen* § 13 Rn. 158.1 ff.
[177] Lutter/*Drygala* § 13 Rn. 61; Mehrbrey/*Uhlendorf/Schumacher* § 127 Rn. 41.

und damit die **Verschmelzung zu verhindern**. Bis zur Entscheidung über die Unwirksamkeitsklage ist die Eintragung der Verschmelzung nach § 16 Abs. 2 S. 1 UmwG grundsätzlich ausgeschlossen (Registersperre).[178] Allerdings kann trotz laufendem Beschlussmängelverfahren ein Gericht auf Antrag des betreffenden Rechtsträgers die **Eintragung** freigeben, § 16 Abs. 3 S. 1 UmwG (zum Freigabeverfahren → Rn. 143 ff.). Erfolgt die Eintragung, so erwächst die Verschmelzung in **Bestandskraft**.[179] In diesem Fall kann die Unwirksamkeitsklage die Verschmelzung weder verhindern noch rückgängig machen.

129 Gleichwohl führt die Eintragung der Verschmelzung weder zu einer **Erledigung der Unwirksamkeitsklage** – etwa aufgrund einer Heilung der Mängel –[180] noch zu einem **Wegfall des Rechtsschutzschutzinteresses**[181]. Vielmehr besteht das Rechtsschutzschutzinteresse in modifizierter Form fort, weil eine erfolgreiche Unwirksamkeitsklage einen **Schadensersatzanspruch** des Klägers gegen den übernehmenden Rechtsträger nach § 16 Abs. 3 S. 10 Hs. 1 UmwG auslöst.[182]

130 Für die Erhebung einer Unwirksamkeitsklage **nach Eintragung der Verschmelzung** besteht mit Blick auf die Schadensersatzpflicht nach § 16 Abs. 3 S. 10 Hs. 1 UmwG ebenfalls ein Rechtsschutzinteresse.[183] Dieses Verständnis bestätigt § 28 UmwG, wonach eine Klage gegen die Wirksamkeit des Verschmelzungsbeschlusses eines übertragenden Rechtsträgers nach der Eintragung gegen den übernehmenden Rechtsträger zu richten ist. Dieser Vorschrift bedürfte es nicht, wenn eine Unwirksamkeitsklage nach der Eintragung mangels Rechtsschutzbedürfnisses ohnehin nicht in Betracht käme.[184]

131 Soweit eine Schadensersatzpflicht nach § 16 Abs. 3 S. 10 Hs. 1 UmwG ausnahmsweise nicht in Betracht kommt, hängt das Fortbestehen eines Rechtsschutzbedürfnisses von den Umständen des Einzelfalls ab.[185] Ein Rechtsschutzbedürfnis kann insbesondere dann bestehen, wenn der Ausgang des Rechtsstreits für Ansprüche des Klägers präjudiziell ist.[186]

2. Modifikation des Beschlussmängelverfahrens

132 Jenseits der Modifikation des Rechtsschutzinteresses führt die Eintragung der Verschmelzung zu den folgenden Modifikationen des Beschlussmängelverfahrens:

133 **a) Beschlussmängelverfahren gegen den übertragenden Rechtsträger.** Bei einer Unwirksamkeitsklage gegen den **übertragenden Rechtsträger** hat das Wirksamwerden der Verschmelzung in einzelnen Aspekten Einfluss auf das Beschlussmängelverfahren.

134 **aa) Passivlegitimation.** Da der übertragende Rechtsträger als Klagegegner mit der Eintragung nach § 20 Abs. 1 Nr. 2 UmwG erlischt, entfällt seine Passivlegitimation. In diesem Fall tritt der **übernehmende Rechtsträger an die Stelle des übertragenden Rechtsträgers**, was aus der Gesamtrechtsnachfolge der Verschmelzung nach § 20 Abs. 1

---

[178] Lutter/*Grunewald* § 28 Rn. 2; Kölner Kommentar-UmwG/*Simon* § 28 Rn. 10.

[179] OLG München 7 U 5167/09, AG 2010, 458, 459 (Formwechsel); Kallmeyer/*Marsch-Barner* § 20 Rn. 33; Lutter/*Grunewald* § 20 Rn. 77 ff.; Schmitt/Hörtnagl/Stratz/*Stratz* § 20 Rn. 112 zu den diskutierten Ausnahmen hiervon.

[180] OLG München 7 U 5167/09, AG 2010, 458, 459 (Formwechsel); OLG Düsseldorf 6 W 28/01, AG 2002, 47, 50 (Formwechsel); vgl. *Kort* AG 2010, 230, 234 f.; Lutter/*Decher* § 16 Rn. 92; *Sosnitza* NZG 1999, 965, 974 f.; *Hommelhoff* AG 2012, 194, 198; Semler/Stengel/*Schwanna* § 16 Rn. 48; a. A. Semler/Stengel/*Kübler* § 28 Rn. 4.

[181] Schmitt/Hörtnagl/Stratz/*Stratz* § 28 Rn. 8; Semler/Stengel/*Kübler* § 28 Rn. 5.

[182] Vgl. Begr. RegE zu § 246a AktG (ARUG), BT-Drucks. 16/11642, S. 41; BGH II ZR 266/04, AG 2007, 625, 627 (Kapitalerhöhung); OLG Hamburg 11 U 11/03, AG 2004, 619, 620 (Verschmelzung); OLG Stuttgart 20 U 3/03, AG 2004, 271, 272 (Ausgliederung); Kallmeyer/*Marsch-Barner* § 28 Rn. 3; Lutter/*Grunewald* § 28 Rn. 3; Kölner Kommentar-UmwG/*Simon* § 28 Rn. 12; Henssler/Strohn/*Junker* § 14 UmwG Rn. 10.

[183] Kallmeyer/*Marsch-Barner* § 28 Rn. 5; *Hommelhoff* AG 2012, 194, 198.

[184] Vgl. OLG Hamburg 11 U 11/03, AG 2004, 619, 620 (Verschmelzung); OLG Stuttgart 20 U 3/03, AG 2004, 271, 272 (Ausgliederung).

[185] Vgl. Lutter/*Grunewald* § 28 Rn. 3 für die Vorbereitung sonstiger Schadensersatzklagen.

[186] Schleswig-Holsteinisches Oberlandesgericht 5 U 100/08, juris Rn. 32.

Nr. 1 UmwG sowie aus der entsprechenden Anwendung von § 28 UmwG folgt.[187] In direkter Anwendung regelt § 28 UmwG nur den Fall der Klagerhebung nach Eintragung der Verschmelzung, was mit Blick auf die Monatsfrist des § 14 Abs. 1 UmwG in der Praxis selten ist.[188]

Aufgrund des Beklagtenwechsels mit der Eintragung der Verschmelzung sind nach der überzeugenden überwiegenden Meinung die Vorschriften zur **Unterbrechung und Aussetzung** nach §§ 239, 246 Abs. 1 ZPO analog anzuwenden.[189] Im Fall anwaltlicher Vertretung ist das Verfahren auf Antrag auszusetzen, § 246 Abs. 1 ZPO. Nach der Gegenansicht rückt der übernehmende Rechtsträger automatisch und ohne Unterbrechung in den Prozess ein.[190] 135

bb) Vertretungsregeln. In Bezug auf die **Vertretungsregeln** sind die für den übernehmenden Rechtsträger geltenden Vorschriften anwendbar.[191] Eine Übertragung der Vertretungsregeln des übertragenden Rechtsträgers würde der Verbandsverfassung des übernehmenden Rechtsträgers widersprechen und wäre faktisch unmöglich, wenn entsprechende Organe bei dem übernehmenden Rechtsträger nicht bestehen. 136

cc) Verfahrensregeln. Das Verfahren richtet sich auch nach der Eintragung der Verschmelzung nach den Bestimmungen, die **vor dem Wirksamwerden der Verschmelzung** auf das Beschlussmängelverfahren anwendbar waren. Denn Gegenstand des Verfahrens ist die Klärung der Nichtigkeit des Verschmelzungsbeschlusses nach Maßgabe der auf den übertragenden Rechtsträger anwendbaren Vorschriften vor der Eintragung der Verschmelzung. Für dieses Verständnis spricht ebenfalls die Schadensersatzpflicht nach § 16 Abs. 3 S. 10 Hs. 1 UmwG. Denn die Ersatzpflicht ist nur dann geboten, wenn die Klage erfolgreich gewesen wäre und daher die Verschmelzung verhindert hätte, wäre sie nicht eingetragen worden. 137

Das verdeutlicht das Beispiel der Verschmelzung eines Vereins (übertragender Rechtsträger) auf eine AG (übernehmender Rechtsträger). Würde sich das Beschlussmängelverfahren mit Eintragung der Verschmelzung nach den Regeln der AG richten, wäre bspw. die erhobene allgemeine Feststellungsklage nach § 256 ZPO grundsätzlich nicht mehr statthaft, weil im Aktienrecht die Anfechtungs- und Nichtigkeitsklage die statthaften Rechtsbehelfe sind. Darüber hinaus müssten nachträglich die Anforderungen an die aktienrechtliche Anfechtungsbefugnis nach § 245 AktG gelten, was ebenfalls nicht richtig sein kann. 138

dd) Zuständigkeit. Es ist umstritten, ob sich nach Eintragung der Verschmelzung die **örtliche Zuständigkeit** des Gerichts nach den Verhältnissen des (erloschenen) übertragenden Rechtsträgers[192] oder des übernehmenden Rechtsträgers[193] bestimmt. Da sich das Verfahren gemäß vorstehenden Ausführungen (→ Rn. 137 f.) nach den Bestimmungen, die vor der Verschmelzung anwendbar waren, richtet, ist auf die Zuständigkeit abzustellen, die für den **übertragenden Rechtsträger** bestanden hätte. Auf den Streit um die Zuständigkeit kommt es nur an, soweit nicht eine Klageerhebung bei dem nach den Verhältnissen des 139

---

[187] OLG Hamburg 11 U 11/03, AG 2004, 619, 620; Kallmeyer/*Marsch-Barner* § 28 Rn. 2; Kölner Kommentar-UmwG/*Simon* § 28 Rn. 2; Semler/Stengel/*Kübler* § 28 Rn. 2.
[188] Lutter/*Grunewald* § 28 Rn. 6; Henssler/Strohn/*Müller* § 28 UmwG Rn. 1.
[189] BGH II ZR 161/02, NJW 2004, 1528; OLG München 29 W 1291/89, DB 1989, 1918; Kallmeyer/*Marsch-Barner* § 20 Rn. 25; Widmann/Mayer/*Vossius* § 20 Rn. 258; Schmitt/Hörtnagl/Stratz/*Stratz* § 20 Rn. 38; Henssler/Strohn/*Heidinger* § 20 UmwG Rn. 43; *Stöber* NZG 2006, 574 f.
[190] Lutter/*Grunewald* § 20 Rn. 44; Semler/Stengel/*Kübler* § 20 Rn. 66; Kölner Kommentar-UmwG/*Simon* § 20 Rn. 32.
[191] *Hoffmann-Becking* FS Ulmer, 2003, S. 243, 245; Kallmeyer/*Marsch-Barner* § 28 Rn. 1; Henssler/Strohn/*Müller* § 28 UmwG Rn. 2; Schmitt/Hörtnagl/Stratz/*Stratz* § 20 Rn. 72.
[192] OLG Düsseldorf 6 W 50/57, AG 1957, 279; Widmann/Mayer/*Vossius* § 28 Rn. 20; Henssler/Strohn/*Müller* § 28 UmwG Rn. 3; Schmitt/Hörtnagl/Stratz/*Stratz* § 28 Rn. 7; Kölner Kommentar-UmwG/*Simon* § 28 Rn. 6; Semler/Stengel/*Kübler* § 28 Rn. 8.
[193] OLG Frankfurt 3–05 O 42/06, NZG 2007, 120, Lutter/*Grunewald* § 28 Rn. 1; Kallmeyer/*Marsch-Barner* § 28 Rn. 1.

übertragenden Rechtsträgers zuständigen Gerichts ohnehin zur Fortdauer der Zuständigkeit nach § 261 Abs. 3 Nr. 2 ZPO führt.

140 **b) Beschlussmängelverfahren gegen Anteilsinhaber des übertragenden Rechtsträgers.** Ist eine Unwirksamkeitsklage gegen die Mitanteilsinhaber des übertragenden Rechtsträgers gerichtet, so hat die **Eintragung der Verschmelzung keinen Einfluss** auf das Beschlussmängelverfahren. Insbesondere bleiben die Mitanteilsinhaber trotz Eintragung der Verschmelzung **passivlegitimiert**, selbst wenn es sich bei dem übernehmenden Rechtsträger um eine Kapitalgesellschaft handeln sollte. Zwar lässt § 28 UmwG nach dem Wortlaut und der kurzen Anmerkung in der Gesetzesbegründung[194] das Verständnis zu, dass der Rechtsstreit auch im Fall einer ursprünglichen Passivlegitimation der Mitanteilsinhaber mit Eintragung der Verschmelzung gegen den übernehmenden Rechtsträger zu richten ist. Gegen diese Sichtweise spricht aber, dass sich aus den vorstehenden genannten Gründen (→ Rn. 137 f.) das Beschlussmängelverfahren nach den Bestimmungen richtet, die vor der Verschmelzung anwendbar waren.

141 Es besteht auch kein Bedürfnis für eine Übernahme des Rechtsstreits durch den übernehmenden Rechtsträger, da die beklagten Mitanteilsinhaber im Gegensatz zum übertragenden Rechtsträger gerade nicht durch die Verschmelzung wegfallen. Darüber hinaus bestünde bei einer Übernahme des Rechtsstreits durch den übernehmenden Rechtsträger eine nicht zu rechtfertigende Ungleichbehandlung im Verhältnis zu den Anteilsinhabern des übernehmenden Rechtsträgers. Denn im Fall ihrer Passivlegitimation in einem Beschlussmängelverfahren hätte die Eintragung der Verschmelzung nicht die Umstellung der Klage auf den übernehmenden Rechtsträger zur Folge. Der Anwendungsbereich des § 28 UmwG ist in diesem Fall nicht eröffnet, da die Bestimmung nur Klagen gegen den Verschmelzungsbeschluss eines übertragenden Rechtsträgers betrifft.

142 **c) Beschlussmängelverfahren gegen übernehmenden Rechtsträger bzw. seine Anteilsinhaber.** Bei einer Unwirksamkeitsklage gegen den Verschmelzungsbeschluss des übernehmenden Rechtsträgers hat die **Eintragung der Verschmelzung keinen Einfluss** auf das Beschlussmängelverfahren.

C. Freigabeverfahren

143 Die nachstehenden Ausführungen behandeln das Freigabeverfahren im Fall der Verschmelzung nach § 16 Abs. 3 UmwG. Für die Auslegung von § 16 Abs. 3 UmwG lassen sich die Rechtsprechung und die Literatur zu den Freigabeverfahren in den Fällen der Spaltung (§§ 16 Abs. 3, 125 S. 1 UmwG) und des Formwechsels (§§ 16 Abs. 3, 198 Abs. 3 UmwG) sowie den vergleichbar ausgestalteten Freigabeverfahren der Eingliederung (§ 319 Abs. 6 AktG), des Squeeze-out (§§ 327e Abs. 2, 319 Abs. 6 AktG) sowie der Unternehmensverträge und Kapitalmaßnahmen (§ 246a AktG) heranziehen.[195]

I. Funktion

144 Erhebt ein Anteilsinhaber eine Unwirksamkeitsklage gegen einen Verschmelzungsbeschluss, muss grundsätzlich die Eintragung der Verschmelzung unterbleiben (sog. **Registersperre**). Denn die Eintragung setzt nach § 16 Abs. 2 S. 1 Hs. 1 UmwG eine Negativerklärung des Vertretungsorgans des betreffenden Rechtsträgers mit dem Inhalt voraus, dass gegen den Verschmelzungsbeschluss eine Unwirksamkeitsklage nicht oder nicht fristgemäß erhoben oder eine solche Klage rechtskräftig abgewiesen oder zurückgenommen worden ist.

145 Da die Verschmelzung nach § 20 Abs. 1 UmwG erst mit der Eintragung wirksam wird, kann die durch die Unwirksamkeitsklage bedingte – bisweilen langwierige – Verzögerung

---

[194] BT-Drucks. 12/6699, S. 94.
[195] Schmitt/Hörtnagl/Stratz/*Stratz* § 16 Rn. 33; vgl. Lutter/*Decher* § 16 Rn. 32.

§ 14 Beschlussmängel

der Eintragung zu **wirtschaftlichen Nachteilen** führen oder gar die **Verschmelzung vereiteln**.[196] Daher haben die beteiligten Rechtsträger bzw. die Mehrheit ihrer Anteilsinhaber ein Interesse an einer Eintragung der Verschmelzung vor Abschluss des Verfahrens.

Demgegenüber haben die klagenden Anteilsinhaber ein Interesse daran, dass die Eintragung unterbleibt, insbesondere da eine Eintragung nach § 20 Abs. 2 UmwG die Verschmelzung **bestandskräftig** werden lässt: Eine Rückgängigmachung der Verschmelzung kommt nach Eintragung selbst im Fall einer erfolgreichen Unwirksamkeitsklage nicht mehr in Betracht (→ Rn. 128). 146

Das Freigabeverfahren schafft einen Ausgleich zwischen dem **Vollzugsinteresse** der beteiligten Rechtsträger sowie der Mehrheit der Anteilsinhaber und dem **Aussetzungsinteresse** der klagenden Anteilsinhaber.[197] Es erlaubt die Eintragung der Verschmelzung trotz anhängiger Unwirksamkeitsklage, wenn einer der **Freigabegründe** in § 16 Abs. 3 S. 3 UmwG erfüllt ist, namentlich wenn die Unwirksamkeitsklage unzulässig oder offensichtlich unbegründet ist oder das Aussetzungsinteresse überwiegt. Hierdurch soll das Freigabeverfahren insbesondere den Unwirksamkeitsklagen von **professionellen Klägern** entgegenwirken, die sich zur Durchsetzung eigener, verfahrensfremder Interessen die – durch ihre Klagen ausgelöste – Registersperre zunutze machen.[198] Gibt das Gericht die Eintragung frei und stellt sich nach der Eintragung im Hauptsacheverfahren die Begründetheit der Unwirksamkeitsklage heraus, ist der betreffende Rechtsträger dem Kläger gegenüber zum **Schadensersatz** verpflichtet, § 16 Abs. 3 S. 10 Hs. 1 UmwG. 147

Bei dem Freigabeverfahren handelt es sich um ein vergleichsweise **junges Verfahren**.[199] Erstmals eingeführt hat es die Umwandlungsrechtsreform von 1995 für Umwandlungen in § 16 Abs. 3 UmwG sowie für Eingliederungen in § 319 Abs. 6 AktG.[200] Seit der Einführung des Squeeze-out im Jahr 2002 findet das Freigabeverfahren nach § 327e Abs. 2 AktG ebenfalls hierauf Anwendung. Das UMAG hat zudem im Jahr 2005 das Freigabeverfahren in § 246a AktG für Unternehmensverträge und Kapitalmaßnahmen eingeführt. Auch wenn das UMAG selbst keine Änderung des § 16 Abs. 3 UmwG mit sich brachte, hat die Gesetzesbegründung zur Parallelvorschrift in § 246a AktG auch für die Auslegung der Vorschriften des Freigabeverfahrens im Umwandlungsrecht mittelbar Bedeutung erlangt.[201] 148

Den jetzigen Stand des Gesetzes hat das ARUG im Jahr 2009 geschaffen.[202] Das ARUG dient im Wesentlichen der **Bekämpfung missbräuchlicher Unwirksamkeitsklagen** durch professionelle Kläger.[203] Zu diesem Zweck beschleunigt das ARUG das Freigabeverfahren insbesondere durch Ausschluss des Instanzenzugs und erleichtert die Voraussetzungen eines erfolgreichen Freigabeantrags zugunsten der beteiligten Rechtsträger. Seit der Einführung des Freigabeverfahrens und der Reform durch das ARUG sind Unwirksamkeitsklagen gegen Strukturmaßnahmen zurückgegangen[204] und in der Konsequenz hat sich auch die Zahl der Freigabeverfahren verringert[205]. 149

---

[196] BT-Drucks. 12/6699, S. 88; BGH II ZB 5/06, AG 2006, 540, 541; Widmann/Mayer/*Fronhöfer* § 16 Rn. 99.
[197] Kölner Kommentar-UmwG/*Simon* § 16 Rn. 46.
[198] Limmer/*Limmer* Teil 2 Rn. 519; Kölner Kommentar-UmwG/*Simon* § 16 Rn. 44.
[199] Siehe zur Registereintragung trotz Klageerhebung vor Geltung des Freigabeverfahrens Widmann/Mayer/*Fronhöfer* § 16 Rn. 101; Lutter/*Decher* § 16 Rn. 27.
[200] Schmitt/Hörtnagl/Stratz/*Stratz* § 16 Rn. 28 ff.
[201] Näher hierzu Lutter/*Decher* § 16 Rn. 28.
[202] Zum weiteren Reformbedarf des Freigabeverfahrens und des Beschussmängelrechts siehe die Hinweise bei Lutter/*Decher* § 16 Rn. 34 ff.
[203] Begr. RegE zu § 246a AktG, BT-Drucks. 16/11642, S. 41 f.; Stellungnahme des Bundesrats, BT-Drucks. 16/11642, S. 53 f.; Rechtsausschuss zu § 246a AktG (ARUG), BT-Drucks. 16/13098, S. 41; *Verse* NZG 2009, 1127; *Rothley* GWR 2009, 312.
[204] Vgl. *Bayer/Hoffmann* ZIP 2013, 1193, 1200 ff.; *Baums/Drinhausen/Keinath* ZIP 2011, 2329, 2332.
[205] Vgl. *Baums/Drinhausen/Keinath* ZIP 2011, 2329, 2348.

II. Verfahren

1. Verfahrensgrundsätze

150 Bei dem Freigabeverfahren handelt es sich um einen **eigenständigen Rechtsbehelf**, der von dem Beschlussmängelverfahren in der Hauptsache unabhängig ist.[206] Das Freigabeverfahren ist seiner Natur nach ein **Eilverfahren**,[207] das mit dem einstweiligen Verfügungsverfahren verwandt ist[208]. Im Unterschied zum einstweiligen Verfügungsverfahren führt das Freigabeverfahren im Fall der Stattgabe des Antrags nicht nur ausnahmsweise, sondern prinzipiell zu einer Vorwegnahme der Hauptsache, da die Verschmelzung mit der Eintragung bestandskräftig wird.[209]

151 Das Freigabeverfahren ist im Gegensatz zum Spruchverfahren kein Verfahren der freiwilligen, sondern der **ordentlichen Gerichtsbarkeit**.[210] Die Vorschriften der ZPO für Verfahren vor Landgerichten im ersten Rechtszug finden nach § 16 Abs. 3 S. 2 Anwendung, soweit für das Freigabeverfahren keine abweichende Regelung besteht. Daher finden insbesondere die Dispositionsmaxime sowie der Beibringungsgrundsatz Anwendung.[211]

152 Betrifft ein Freigabeantrag mehrere Unwirksamkeitsklagen, kann das Gericht in einem einheitlichen Verfahren die Freigabe prüfen und hierüber für alle Klagen einheitlich entscheiden.[212]

2. Ablauf des Verfahrens

153 **a) Einleitung des Verfahrens.** Erhebt ein Anteilsinhaber eine Unwirksamkeitsklage gegen einen Verschmelzungsbeschluss, kann der betreffende Rechtsträger ein Freigabeverfahren durch **Antrag** einleiten, § 16 Abs. 3 S. 1 UmwG. Um dem Rechtsträger eine frühzeitige Vorbereitung des Freigabeantrags zu ermöglichen, hat er nach überzeugender Auffassung das Recht, nach Ablauf der Monatsfrist des § 14 Abs. 1 UmwG eine eingereichte **Klageschrift bereits vor Zustellung einzusehen**.[213] Diese Auffassung stützt sich auf eine Analogie zu § 246 Abs. 3 S. 5 AktG, die das ARUG für die Anfechtungsklage im Aktienrecht einführte, insbesondere um Verzögerungstaktiken professioneller Kläger bei der Zustellung, beispielsweise durch eine späte Einzahlung des Prozesskostenvorschusses, zu begegnen.[214] Da ein Bedürfnis nach frühzeitiger Einsicht der Klageschrift zur Vorbereitung eines Freigabeverfahrens nicht nur bei Rechtsträgern in der Rechtsform der AG, sondern rechtsformunabhängig besteht, ist eine analoge Anwendung von § 246 Abs. 3 S. 5 AktG angezeigt.

154 Der betreffende Rechtsträger kann einen Freigabeantrag nach dem Wortlaut des § 16 Abs. 3 S. 1 UmwG erst nach Erhebung einer Unwirksamkeitsklage, also nach Zustellung gemäß § 253 Abs. 1 ZPO, stellen. Demgegenüber ist nach herrschender Meinung der Antrag auf Einleitung des Freigabeverfahrens bereits **statthaft**, sobald die **Unwirksam-**

---

[206] Schmitt/Hörtnagl/Stratz/*Stratz* § 16 Rn. 36; vgl. Limmer/*Limmer* Teil 2 Rn. 520.
[207] Begr. RegE zu § 246a AktG (UMAG), BT-Drucks. 15/5092, S. 28; Begr. RegE zu § 246a AktG (ARUG), BT-Drucks. 16/11642, S. 40; OLG München 7 A 2/09, AG 2010, 170, 172; MünchHdb. GesR IV/*Austmann* § 42 Rn. 158; MünchHdb. GesR VII/*Wilk* § 29 Rn. 264.
[208] BGH II ZB 5/06, AG 2006, 540, 541; LG Münster 21 O 57/06, AG 2007, 377, 378.
[209] Vgl. Rechtsausschuss zu § 246a AktG (ARUG), BT-Drucks. 16/13098, S. 41; Schmitt/Hörtnagl/Stratz/*Stratz* § 16 Rn. 46; Kölner Kommentar-UmwG/*Simon* § 16 Rn. 46; *Rieckers* BB 2008, 514, 515; vgl. MünchHdb. GesR IV/*Austmann* § 42 Rn. 144.
[210] BT-Drucks. 12/6699, S. 90.
[211] OLG Nürnberg 12 AktG 1218/10, AG 2011, 179, 180; OLG Frankfurt 5 W 30/07, juris Rn. 12; Lutter/*Decher* § 16 Rn. 79.
[212] Vgl. Begr. RegE zu § 246a AktG (UMAG), BT-Drucks. 12/5092, S. 28; Schmitt/Hörtnagl/Stratz/*Stratz* § 16 Rn. 39.
[213] Kallmeyer/*Marsch-Barner* § 16 Rn. 47; Widmann/Mayer/*Fronhöfer* § 16 Rn. 112; Lutter/*Decher* § 16 Rn. 80.
[214] Begr. RegE zu § 246a AktG (ARUG), BT-Drucks. 16/11642, S. 41.

§ 14 Beschlussmängel

keitsklage bei Gericht eingereicht ist.[215] Hierfür spricht das durch das ARUG verfolgte Ziel der Verfahrensbeschleunigung[216] sowie die bisweilen bewusste Hinauszögerung der Zustellung durch professionelle Kläger[217]. Erforderlich ist aber, dass zum Zeitpunkt der Entscheidung über den Freigabeantrag die Klage zugestellt ist.[218]

b) Mündliche Verhandlung. Das Freigabeverfahren sieht für den Regelfall eine mündliche Verhandlung vor. Eine Güteverhandlung nach § 278 Abs. 2 ZPO ist ihr nicht vorgeschaltet, § 16 Abs. 3 S. 8 Hs. 2 UmwG. In **dringenden Fällen** kann die Entscheidung über den Freigabeantrag ohne mündliche Verhandlung ergehen, § 16 Abs. 3 S. 4 UmwG. Ein dringender Fall liegt vor, wenn eine selbst kurzfristig anberaumte mündliche Verhandlung zu einer zeitlichen Verzögerung führte, die einen besonders schwerwiegenden Nachteil für den Antragsteller zur Folge hätte.[219] Das kann insbesondere der Fall sein, wenn die Verzögerung die Verschmelzung vereiteln würde. Auf die Rechtsprechung und Literatur zur vergleichbaren Regelung in § 937 Abs. 2 ZPO im einstweiligen Verfügungsverfahren lässt sich zurückgreifen.[220] Findet keine mündliche Verhandlung statt, ist dem Antragsgegner aber Gelegenheit zur **schriftlichen Stellungnahme** zu geben.[221] Das gebietet sein Anspruch auf rechtliches Gehör, Art. 103 Abs. 1 GG.

c) Abschluss des Verfahrens. Den Abschluss des Freigabeverfahrens bildet grundsätzlich die Entscheidung des Oberlandesgerichts durch **Beschluss**, § 16 Abs. 3 S. 1 UmwG. Dieser soll wegen des Eilcharakters des Verfahrens spätestens innerhalb von **drei Monaten nach Antragstellung** ergehen, § 16 Abs. 3 S. 5 Hs. 1 UmwG. Verzögerungen führen zu keiner Sanktion, aber das Gericht hat die Verzögerung durch einen unanfechtbaren Beschluss zu begründen, § 16 Abs. 3 S. 5 Hs. 2 UmwG.

Das Gericht weist den Antrag zurück, wenn dieser unzulässig oder unbegründet ist. Ist der Antrag zulässig und begründet, stellt das Gericht fest, dass die betreffende Unwirksamkeitsklage der Eintragung der Verschmelzung nicht entgegensteht. Als **weitere Verfahrensbeendigungsgründe** kommen insbesondere ein Vergleichsschluss oder eine Antragsrücknahme in Betracht.

3. Glaubhaftmachung

Die im Freigabeverfahren vorgebrachten Tatsachen sind glaubhaft zu machen, § 16 Abs. 3 S. 6 UmwG. Das gilt sowohl für den **Antragsteller** als auch den **Antragsgegner**.[222] Die Anforderungen an die Glaubhaftmachung richten sich nach § 294 ZPO. Im Vergleich zur Beweisführung ist bei der Glaubhaftmachung das Maß der erforderlichen Überzeugung sowie das Verfahren modifiziert.

In Bezug auf die erforderliche **richterliche Überzeugung** tritt an die Stelle der vollen Überzeugung nach § 286 ZPO eine Wahrscheinlichkeitsfeststellung (**überwiegende Wahrscheinlichkeit**).[223] Freilich gilt das nur für die Würdigung des tatsächlichen Vortrags und nicht die Prüfung von Rechtsfragen.

---

[215] OLG München 7 AktG 1/13, AG 2013, 527; vgl. LG Freiburg 11 T 1/96, AG 1998, 536, 537; Schmitt/Hörtnagl/Stratz/*Stratz* § 16 Rn. 43; vgl. Kallmeyer/*Marsch-Barner* § 16 Rn. 37.
[216] Widmann/Mayer/*Fronhöfer* § 16 Rn. 126; Schmitt/Hörtnagl/Stratz/*Stratz* § 16 Rn. 43.
[217] *Wagner* BB 2013, 1363; *J. Vetter* AG 2008, 177, 192 f.; Lutter/*Decher* § 16 Rn. 38.
[218] OLG München 7 AktG 1/13, AG 2013, 527; MünchHdb. GesR VII/*Wilk* § 29 Rn. 270.
[219] OLG Frankfurt 5 W 42/95, AG 1996, 135, 137; LG Münster 21 O 57/06, AG 2007, 377, 378; vgl. OLG Nürnberg 12 W 3317/95, AG 1996, 229; Lutter/*Decher* § 16 Rn. 84; vgl. zu § 937 Abs. 2 ZPO MünchKommZPO/*Drescher* § 937 Rn. 5 f.
[220] Lutter/*Decher* § 16 Rn. 84; Widmann/Mayer/*Fronhöfer* § 16 Rn. 127.
[221] OLG München 23 W 2406/04, AG 2005, 407; LG Münster 21 O 57/06, AG 2007, 377, 378; *Kösters* WM 2000, 1921, 1924.
[222] Vgl. OLG Bremen 4 UF 109/11, NJW-RR 2011, 1511, 1512; MünchKommZPO/*Prütting* § 294 Rn. 23; Kölner Kommentar-UmwG/*Simon* § 16 Rn. 64.
[223] BGH IX ZB 37/03, NJW 2003, 3558; vgl. Schmitt/Hörtnagl/Stratz/*Stratz* § 16 Rn. 45; Zöller/*Geimer/Greger* § 294 ZPO Rn. 1; MünchKommZPO/*Prütting* § 294 Rn. 24.

160 Die zulässigen Mittel zur Glaubhaftmachung umfassen neben den Beweismitteln der ZPO insbesondere auch die **Versicherung an Eides statt**, § 294 Abs. 1 ZPO. Darüber hinaus sind sonstige geeignete Mittel zur Glaubhaftmachung zulässig, wie zum Beispiel eine anwaltliche Versicherung über die bei der Berufstätigkeit wahrgenommenen Vorgänge.[224] Im Gegensatz zur Beweisführung sind nur die **präsenten Mittel zur Glaubhaftmachung** statthaft, § 294 Abs. 2 ZPO. Die Mittel zur Glaubhaftmachung müssen daher dem Antrag beiliegen oder in einem Termin zur mündlichen Verhandlung zur Verfügung stehen.[225]

4. Wirkung der Entscheidung

161 In Hinblick auf die Wirkung der Entscheidung ist zwischen der Stattgabe und der Abweisung des Freigabeantrags zu differenzieren.

162 **a) Stattgabe des Freigabeantrags.** Gibt das Gericht dem Freigabeantrag statt, **ersetzt der Freigabebeschluss die Negativerklärung** des Vertretungsorgans des Antragstellers in Bezug auf die Unwirksamkeitsklagen der Antragsgegner. Der Freigabebeschluss umfasst hingegen weder Unwirksamkeitsklagen von Anteilsinhabern gegen den Antragsteller, die nicht Gegenstand des Verfahrens waren, noch Unwirksamkeitsklagen gegen den anderen an der Verschmelzung beteiligten Rechtsträger.

163 **aa) Bindung des Registergerichts.** Der Beschluss **bindet das Registergericht**.[226] Es darf daher die Eintragung nicht aufgrund der Unwirksamkeitsklagen ablehnen, die Gegenstand des Freigabeverfahrens waren. In gleicher Weise darf das Registergericht im Rahmen seines Prüfungsrechts die Eintragung nicht aus Gründen verweigern, die **Gegenstand des Freigabeverfahrens** waren. Das betrifft insbesondere die von den Antragsgegnern geltend gemachten Rügen, wenn sich der Freigabebeschluss auf die offensichtliche Unbegründetheit der Klage (§ 16 Abs. 3 S. 3 Nr. 1 2. Alt. UmwG) oder auf ein vorrangiges Vollzugsinteresse (§ 16 Abs. 3 S. 3 Nr. 3 UmwG) stützt.[227] Beruht der Freigabebeschluss hingegen auf der Unzulässigkeit der Klage (§ 16 Abs. 3 S. 3 Nr. 1 1. Alt. UmwG) oder dem fehlenden Nachweis des Bagatellquorums (§ 16 Abs. 3 S. 3 Nr. 2 UmwG), ist das Prüfungsrecht des Registergerichts nicht beschränkt, da das Oberlandesgericht die geltend gemachten Rügen im Freigabeverfahren nicht behandelt hat.[228]

164 Im Übrigen ist das Prüfungsrecht des Registergerichts nicht berührt. Daher kann das Registergericht die Eintragung aus anderen Gründen ablehnen, beispielsweise wegen formaler Fehler.[229]

165 **bb) Folgen für Hauptsacheverfahren.** Die Entscheidung im Freigabeverfahren als Eilverfahren hat rechtlich **keine unmittelbaren Folgen** für das Hauptsacheverfahren. Das gilt auch für den Fall, dass das zuständige Oberlandesgericht die Unwirksamkeitsklage als unzulässig oder offensichtlich unbegründet einstuft. Allerdings steht in der Berufung des Hauptsacheverfahrens vor diesem Oberlandesgericht faktisch zu erwarten, dass die klagenden Anteilsinhaber keinen Erfolg haben werden.[230]

166 Soweit infolge eines Freigabebeschlusses die Verschmelzung eingetragen und wirksam wird, ist die Verschmelzung nach § 20 Abs. 2 UmwG **bestandskräftig** und daher auch im Fall einer erfolgreichen Unwirksamkeitsklage nicht rückgängig zu machen. Gleichwohl erledigt sich durch die Eintragung nicht das Beschlussmängelverfahren. Es lässt sich viel-

---

[224] Musielak/Voit/*Huber* § 294 ZPO Rn. 4; Zöller/*Geimer*/*Greger* § 294 ZPO Rn. 5.
[225] Widmann/Mayer/*Fronhöfer* § 16 Rn. 131; Semler/Stengel/*Schwanna* § 16 Rn. 26.
[226] BT-Drucks. 12/6699, S. 89; Henssler/Strohn/*Heidinger* § 16 UmwG Rn. 19.
[227] Vgl. Kölner Kommentar-UmwG/*Simon* § 16 Rn. 61; Widmann/Mayer/*Fronhöfer* § 16 Rn. 207.
[228] Lutter/*Decher* § 16 Rn. 90; vgl. Noack NZG 2008, 441, 446.
[229] Vgl. Begr. RegE zu § 246a AktG (UMAG), BT-Drucks. 15/5092, S. 27; KG 23 AktG 1/14, AG 2015, 319, 321.
[230] Lutter/*Decher* § 16 Rn. 92; MünchHdb. GesRVII/*Wilk* § 29 Rn. 277, wonach die Freigabeentscheidung ggf. einer funktional vorweggenommenen Berufungsentscheidung gleichkomme.

mehr – vergleichbar mit einem verwaltungsprozessrechtlichen Fortsetzungsfeststellungsverfahren[231] – **mit einem modifizierten Rechtsschutzinteresse fortführen** (→ Rn. 127 ff.).

b) Abweisung des Freigabeantrags. Im Fall der Abweisung des Freigabeantrags bleibt die **Registersperre** mangels Negativerklärung nach § 16 Abs. 2 S. 1 UmwG bestehen. Der Abweisungsbeschluss weist wie im einstweiligen Rechtsschutz nach §§ 916 ff. ZPO nur eine **eingeschränkte materielle Rechtskraft** auf.[232] Der Antragsteller kann daher trotz Abweisung seines Antrags insbesondere dann erneut einen Freigabeantrag stellen, wenn sich sein Antrag auf neue, nach der Entscheidung entstandene Tatsachen stützt.[233] Das kann insbesondere bei der Fassung eines Bestätigungsbeschlusses nach § 244 AktG der Fall sein.[234]

5. Rechtsbehelf

Der Beschluss des Oberlandesgerichts ist seit dem ARUG **unanfechtbar**, § 16 Abs. 3 S. 9 UmwG. Damit beschränkt sich das Freigabeverfahren im Interesse der Verfahrensbeschleunigung auf eine Instanz.[235] Der Ausschluss des Instanzenzugs begegnet keinen verfassungsrechtlichen Bedenken.[236]

6. Streitwert, Gebühren und Kosten

Den Streitwert bestimmt das Gericht nach Maßgabe von § 16 Abs. 3 S. 2 UmwG i. V. m. § 247 AktG. Die **Kostenverteilung** bestimmt sich nach §§ 91 ff. ZPO. Hierüber entscheidet das Gericht im Beschluss über die Freigabe.[237] Für das Freigabeverfahren bestehen besondere Tatbestände für die **Gebühren und Kosten**. Gerichtsgebühren bestimmen sich nach § 3 Abs. 2 GKG i. V. m. Nr. 1641 der Anlage 1. Die Rechtsanwaltskosten regelt § 2 Abs. 2 S. 1 RVG i. V. m. Nr. 3325 und Nr. 3332 der Anlage 1.

III. Zulässigkeit

1. Zuständigkeit

Zuständig ist das Oberlandesgericht, in dessen **Bezirk der Antragsteller** seinen Sitz hat, § 16 Abs. 3 S. 7 UmwG. Funktionell ist der Senat zuständig. Eine Übertragung auf den Einzelrichter ist – wegen der regelmäßig bestehenden tatsächlichen oder rechtlichen Schwierigkeiten der Sache – ausgeschlossen, § 16 Abs. 3 S. 8 Hs. 1 UmwG.[238]

2. Antrag

Das Freigabeverfahren wird durch einen Antrag nach § 16 Abs. 3 S. 1 UmwG eingeleitet. Auf die Antragsschrift findet **§ 253 Abs. 2 ZPO** Anwendung.[239]

Antragsbefugt ist nur der Rechtsträger, gegen dessen Verschmelzungsbeschluss sich die Klage richtet, § 16 Abs. 3 S. 1 UmwG. Damit können Antragsbefugnis im Freigabever-

---

[231] *DAV-Handelsrechtsausschuss* NZG 2000, 802, 804; Schmitt/Hörtnagl/Stratz/*Stratz* § 16 Rn. 92.
[232] Vgl. zum einstweiligen Rechtsschutz nach §§ 916 ff. ZPO; Musielak/Voit/*Huber* § 922 ZPO Rn. 11; Zöller/*Vollkommer* vor § 916 ZPO Rn. 13; MünchKommZPO/*Drescher* Vorbemerkung zu § 916 Rn. 27 ff.
[233] OLG Frankfurt 5 W 22/07, AG 2008, 167, 168; Schmitt/Hörtnagl/Stratz/*Stratz* § 16 Rn. 43; Henssler/Strohn/*Heidinger* § 16 UmwG Rn. 23.
[234] *Rieckers* BB 2008, 514, 516.
[235] Rechtsausschuss zu § 246a AktG (ARUG), BT-Drucks. 16/13098, S. 41.
[236] Stellungnahme des Bundesrats (ARUG), BT-Drucks. 16/11642, S. 54; Kallmeyer/*Marsch-Barner* § 16 Rn. 50; Schmitt/Hörtnagl/Stratz/*Stratz* § 16 Rn. 37. Vgl. zum Ausschluss des Instanzenzugs: BVerfG BvR 390/04, NJW 2007, 3268, 3271; BGH IX ZB 26/14, NZG 2014, 1351, 1353; II ZB 5/06, AG 2006, 540, 542.
[237] Semler/Stengel/*Schwanna* § 16 Rn. 23.
[238] Rechtsausschuss zu § 246a AktG (ARUG), BT-Drucks. 16/13098, S. 41.
[239] Widmann/Mayer/*Fronhöfer* § 16 Rn. 120; Schmitt/Hörtnagl/Stratz/*Stratz* § 16 Rn. 43.

fahren und Passivlegitimation im Beschlussmängelverfahren auseinanderfallen: Richtet sich die Unwirksamkeitsklage nicht gegen den Rechtsträger, sondern gegen die Mitanteilsinhaber (→ Rn. 114), sind nicht die Mitanteilsinhaber, sondern nur der betreffende Rechtsträger antragsbefugt.[240]

173 Handelt es sich bei dem Antragsteller um eine AG, ist **ausschließlich der Vorstand** zur organschaftlichen Vertretung berechtigt. Eine Doppelvertretung durch Vorstand und Aufsichtsrat ist nur für Beschlussmängelverfahren nach § 246 Abs. 2 S. 2 AktG vorgesehen. Eine analoge Anwendung dieser Bestimmung ist nach der herrschenden Meinung nicht angezeigt.[241]

174 Der **Antragsgegner** ist der Kläger im Beschlussmängelverfahren. Seit dem ARUG kann die **Zustellung der Antragsschrift an den Prozessbevollmächtigten** des Klägers im Beschlussmängelverfahren erfolgen, da sich seine Prozessvollmacht auf das Freigabeverfahren nach § 16 Abs. 3 S. 2 UmwG i. V. m. § 82 ZPO erstreckt. Eine Zustellung an den Kläger selbst ist damit nicht mehr erforderlich. Der Gesetzgeber reagierte mit dieser Regelung auf die Taktik einiger professioneller Kläger, eine Zustellung beim Wohnsitz bzw. Sitz im Ausland notwendig zu machen, um das Verfahren zu verzögern.[242]

3. Statthaftigkeit

175 Die Statthaftigkeit des Antrags auf Einleitung eines Freigabeverfahrens setzt die **Erhebung einer Klage** gegen den **Verschmelzungsbeschluss des Antragstellers** voraus, § 16 Abs. 3 S. 1 UmwG.[243] Es muss sich um eine Unwirksamkeitsklage im Sinne des § 14 Abs. 1 UmwG, namentlich eine Anfechtungs-, Nichtigkeits- oder allgemeine Feststellungsklage, handeln.[244] Für die Statthaftigkeit reicht nach überzeugender Ansicht die **Anhängigkeit der Unwirksamkeitsklage** aus (→ Rn. 154). Die Statthaftigkeit des Antrags setzt nicht die Stellung eines Antrags auf Eintragung der Verschmelzung voraus.[245]

4. Antragsfrist

176 Eine **Antragsfrist besteht nach dem Gesetz nicht**. Die Einreichung des Antrags ist jederzeit während der Rechtshängigkeit der Unwirksamkeitsklage möglich.[246] Ein Zuwarten bei der Antragstellung kann sich allerdings unter Umständen negativ auf die Geltendmachung eines vorrangigen Vollzugsinteresses auswirken (→ Rn. 226).

5. Rechtsschutzbedürfnis

177 Das Rechtsschutzbedürfnis für ein Freigabeverfahren fehlt einer Ansicht zufolge, wenn sich der Antrag nicht **gegen alle Unwirksamkeitsklagen** richtet.[247] Da jede einzelne Unwirksamkeitsklage eine Registersperre nach § 16 Abs. 2 S. 1 UmwG auslöst, setzt die Eintragung der Verschmelzung grundsätzlich einen erfolgreichen Freigabeantrag gegen jede einzelne Klage voraus.[248]

178 Nach der vorzugswürdigen Gegenauffassung kann ein Rechtsschutzbedürfnis für einen Freigabeantrag auch dann bestehen, wenn sich dieser nicht auf alle Klagen erstreckt.[249]

---

[240] Lutter/*Decher* § 16 Rn. 39; Kölner Kommentar-UmwG/*Simon* § 16 Rn. 50.
[241] OLG Frankfurt 5 AktG 4/11, AG 2012, 414; OLG Bremen 2 W 71/08, AG 2009, 412, 413; OLG Karlsruhe 7 W 78/06, AG 2007, 284; OLG Hamm 27 W 3/05, AG 2005, 773, 774; *Faßbender* AG 2006, 872, 874; a. A. OLG Düsseldorf I-16 W 63/03, juris Rn. 2.
[242] Begr. RegE zu § 246a AktG (ARUG), BT-Drucks. 16/11642, S. 40.
[243] Vgl. OLG Frankfurt 5 Sch 2/09, AG 2010, 596.
[244] Lutter/*Decher* § 16 Rn. 37.
[245] OLG Stuttgart 12 W 44/96, AG 1997, 138; Lutter/*Decher* § 16 Rn. 39.
[246] Lutter/*Decher* § 16 Rn. 38; Kallmeyer/*Marsch-Barner* § 16 Rn. 37; Hensseler/Strohn/*Heidinger* § 16 UmwG Rn. 18.
[247] Widmann/Mayer/*Fronhöfer* § 16 Rn. 121; Schmitt/Hörtnagl/Stratz/*Stratz* § 16 Rn. 39.
[248] Kallmeyer/*Marsch-Barner* § 16 Rn. 36.
[249] Kölner Kommentar-UmwG/*Simon* § 16 Rn. 54.

Denn es bestehen auch andere Möglichkeiten, eine Registersperre zu überwinden, insbesondere durch den Abschluss eines Vergleichs über die betreffenden Klagen.[250]

IV. Begründetheit

Der Freigabeantrag ist begründet, wenn einer der in § 16 Abs. 3 S. 3 UmwG genannten **179** Freigabegründe vorliegt: mangelnde **Erfolgsaussichten der Unwirksamkeitsklage** (Nr. 1), fehlender Nachweis des **Bagatellquorums** (Nr. 2) oder ein **vorrangiges Vollzugsinteresse** (Nr. 3). Soweit die Voraussetzungen eines Freigabegrunds erfüllt sind, bedürfen die anderen Varianten keiner Prüfung mehr.[251]

1. Erfolgsaussichten der Klage

Nach § 16 Abs. 3 S. 3 Nr. 1 UmwG bilden die **Unzulässigkeit** und die **offensicht- 180 liche Unbegründetheit** der Unwirksamkeitsklage jeweils einen Freigabegrund. Die Unzulässigkeit und Unbegründetheit beurteilen sich nach den Vorschriften, die auf das Beschlussmängelverfahren anwendbar sind. In der Praxis ist der Freigabegrund der Unzulässigkeit nur selten einschlägig. Die offensichtliche Unbegründetheit war demgegenüber vor der Reform der Interessenabwägungsklausel in Nr. 3 durch das ARUG von erheblicher praktischer Bedeutung.[252]

a) **Unzulässigkeit.** Der Freigabegrund der Unzulässigkeit § 16 Abs. 3 Satz 3 Nr. 1 **181** 1. Alt. UmwG liegt vor, wenn das Gericht nach seiner Würdigung Tatsachen für überwiegend wahrscheinlich erachtet, die die Unzulässigkeit der Unwirksamkeitsklage begründen. Im Gegensatz zur Alternative der Unbegründetheit ist eine Offensichtlichkeit der Unzulässigkeit nicht erforderlich.

Die Unwirksamkeitsklage ist beispielsweise dann unzulässig, wenn die Klageschrift nicht **182** die Voraussetzungen nach **§ 253 Abs. 2 ZPO** erfüllt oder ausnahmsweise kein **Rechtsschutzbedürfnis** besteht. Ebenfalls unzulässig ist eine Klage gegen den Verschmelzungsbeschluss des übertragenden Rechtsträgers, die sich ausschließlich auf eine nach § 14 Abs. 2 UmwG **ausgeschlossene Bewertungsrüge** stützt. Soweit allerdings die Klage darüber hinausgehende Rügen enthält, was regelmäßig der Fall ist, ist sie nicht unzulässig.

Umstritten ist, ob ein **behebbarer Zulässigkeitsmangel** die Unzulässigkeit im Sinne **183** des § 16 Abs. 3 S. 3 Nr. 1 begründet.[253] Mit Blick auf die irreversible Wirkung des Freigabebeschlusses ist im Regelfall ein vorheriger Hinweis des Gerichts auf den Mangel sowie die Setzung einer kurzen Frist zur Behebung des Mangels angezeigt.[254] Behebt der Antragsgegner den Mangel nicht, ist der Freigabegrund der Unzulässigkeit erfüllt.

b) **Offensichtliche Unbegründetheit.** Ist die Unwirksamkeitsklage offensichtlich un- **184** begründet, ist dem Freigabeantrag stattzugeben, § 16 Abs. 3 Satz 3 Nr. 1 2. Alt. UmwG. Die Unbegründetheit der Unwirksamkeitsklage ist **offensichtlich**, wenn sich mit **hoher Sicherheit die Unbegründetheit der Klage vorhersagen** lässt.[255] Erforderlich ist, dass das Gericht eine andere Beurteilung für nicht oder kaum vertretbar hält.[256] Das Merkmal

---

[250] Vgl. Lutter/*Decher* § 16 Rn. 40.
[251] Schmitt/Hörtnagl/Stratz/*Stratz* § 16 Rn. 51; MünchHdb. GesR IV/*Austmann* § 42 Rn. 146.
[252] Lutter/*Decher* § 16 Rn. 45; MünchHdb. GesR IV/*Austmann* § 42 Rn. 147.
[253] Für Unzulässigkeit: Kallmeyer/*Marsch-Barner* § 16 Rn. 39; Lutter/*Decher* § 16 Rn. 42; *Sosnitza* NZG 1999, 965, 968; *Kösters* WM 2000, 1921, 1925. Gegen Unzulässigkeit: LG Darmstadt 12 O 491/05, AG 2006, 127, 128.
[254] Vgl. Spindler/Stilz/*Dörr* § 246a AktG Rn. 20; Hensler/Strohn/*Drescher* § 246a AktG Rn. 4.
[255] Begr. RegE zu § 246a AktG (UMAG), BT-Drucks. 15/5092, S. 29; OLG Frankfurt 5 AktG 4/11, AG 2012, 414, 415; OLG Hamm I-8 AktG 1/10, AG 2011, 136; KG 2 W 101/07, AG 2009, 30, 32; OLG Jena 6 W 288/08, AG 2009, 582; OLG Stuttgart 20 W 12/08, AG 2009, 204, 205; Lutter/*Decher* § 16 Rn. 43; Limmer/*Limmer* Teil 2 Rn. 526.
[256] OLG Bremen 2 U 51/12 (AktG), AG 2013, 643, 644; OLG München 7 AktG 1/13, AG 2013, 527, 528; 7 AktG 2/12, AG 2013, 173, 174; OLG Rostock 1 AktG 1/13, AG 2013, 768, 769; Kallmeyer/*Marsch-Barner* § 16 Rn. 40; Semler/Stengel/*Schwanna* § 16 Rn. 31.

der Offensichtlichkeit bestimmt daher die erforderliche **Prognosewahrscheinlichkeit** für die Unbegründetheit der Unwirksamkeitsklage.

185 Es kommt nicht darauf an, welcher **Prüfungsaufwand** des Gerichts erforderlich ist, um die Unbegründetheit festzustellen.[257] Es ist daher nicht entscheidend, dass sich die Unbegründetheit bereits nach kursorischer Prüfung zeigt, der Klage also die Unbegründetheit auf der Stirn geschrieben steht[258] oder die Unbegründetheit evident[259] ist.[260] Das Gericht hat vielmehr auf der Grundlage einer **umfassenden rechtlichen Prüfung** des gesamten unstreitigen und glaubhaft gemachten Tatsachenvortrag zu beurteilen, ob die Unwirksamkeitsklage offensichtlich unbegründet ist.[261]

186 **In rechtlicher Hinsicht** steht der Offensichtlichkeit daher nicht entgegen, dass sich **komplexe Rechtsfragen** stellen. Diese sind vielmehr vollumfänglich zu prüfen.[262] Bleiben auch nach eingehender Prüfung rechtliche Zweifel bestehen, scheidet eine offensichtliche Unbegründetheit regelmäßig aus.[263] Es kommt hierbei nicht darauf an, ob das Gericht selbst unsicher in der rechtlichen Bewertung ist. Vielmehr liegen Zweifel dann vor, wenn nach **objektiver Einschätzung** die Begründetheit der Klage zumindest vertretbar erscheint, weil eine Rechtsfrage umstritten ist und eine höchstrichterliche Klärung aussteht.[264] Das bloße Fehlen einer höchstrichterlichen Klärung, schließt aber nicht aus, dass die Rechtsfrage nach objektiven Maßstäben eindeutig zu beantworten ist.[265]

187 **In tatsächlicher Hinsicht** muss der Antragsteller seinen Vortrag **glaubhaft machen**, soweit der Sachverhalt nicht unstreitig ist. Danach ist im Vergleich zu einem Beweis ein reduziertes Maß der richterlichen Überzeugungsbildung ausreichend (→ Rn. 159). Jedoch erhöht das Erfordernis der Offensichtlichkeit wiederum die Anforderung an die Überzeugungsbildung: Lässt sich nicht mit **hoher Sicherheit prognostizieren**, dass der Antragsteller seinen relevanten Vortrag im Hauptsacheverfahren wird beweisen können, ist die Klage nicht offensichtlich unbegründet. Es dürfte daher regelmäßig an der Offensichtlichkeit der Unbegründetheit fehlen, wenn eine **umfangreiche Beweisaufnahme** im Hauptsacheverfahren erforderlich sein wird, die sich nicht mit den präsenten Beweismitteln bereits im Freigabeverfahren durchführen lässt.[266]

188 Eine offensichtliche Unbegründetheit kann beispielsweise vorliegen, wenn sich die Klage auf die Rüge inhaltlicher Mängel des Prüfungsberichts nach § 12 UmwG (→ Rn. 43 ff.) oder auf das Fehlen einer sachlichen Rechtfertigung für den Verschmelzungsbeschluss (→ Rn. 60 ff.) stützt. Im Fall einer rechtsmissbräuchlichen Unwirksamkeitsklage kann ebenfalls eine offensichtliche Unbegründetheit vorliegen.[267] Bestätigt die Hauptversammlung den Verschmelzungsbeschluss nach § 244 AktG, ist dieser Bestätigungsbeschluss im

---

[257] Begr. RegE zu § 246a AktG (UMAG), BT-Drucks. 15/5092, S. 29; OLG Jena 6 W 288/08, AG 2009, 582; OLG Stuttgart 20 W 12/08, AG 2009, 204, 205; OLG Düsseldorf I-17 W 63/08, AG 2009, 535, 536.
[258] So aber LG Hanau 5 O 183/95, AG 1996, 90.
[259] So aber LG Wuppertal 12 O 119/03, AG 2004, 161, 162.
[260] OLG Rostock 1 AktG 1/13, AG 2013, 768, 769; OLG Hamm I-8 AktG 1/10, AG 2011, 136; KG 2 W 101/07, AG 2009, 30, 32; Schmitt/Hörtnagl/Stratz/*Stratz* § 16 Rn. 55.
[261] OLG München 7 AktG 1/13, AG 2013, 527, 528; 7 AktG 2/12, AG 2013, 173, 174; OLG Frankfurt 5 AktG 4/11, AG 2012, 414, 415.
[262] Schmitt/Hörtnagl/Stratz/*Stratz* § 16 Rn. 58; Semler/Stengel/*Schwanna* § 16 Rn. 31; Limmer/ *Limmer* Teil 2 Rn. 526.
[263] Hüffer/*Koch* § 246a AktG Rn. 16.
[264] OLG München 7 AktG 2/12, AG 2013, 173, 174; 7 AktG 3/11, AG 2012, 260, 261; *Kösters* WM 2000, 1921, 1926; a. A. wohl OLG Stuttgart 20 AktG 1/14, AG 2015, 163, 164: „[...] es genügt vielmehr, wenn die Rechtsfragen aus Sicht des Senats eindeutig im Sinne einer Unbegründetheit der Klage zu beantworten sind, ohne dass es darauf ankommt, ob dazu auch andere Standpunkte vertreten werden [...]".
[265] OLG Hamburg 11 AktG 1/12, juris Rn. 32.
[266] Vgl. Lutter/*Decher* § 16 Rn. 44; Kallmeyer/*Marsch-Barner* § 16 Rn. 40.
[267] BT-Drucks. 12/6699, S. 89; OLG Stuttgart 20 W 32/01, AG 2003, 456 f.; Kallmeyer/*Marsch-Barner* § 16 Rn. 40 und Schmitt/Hörtnagl/Stratz/*Stratz* § 16 Rn. 59 jeweils m. w. N.

Freigabeverfahren zu berücksichtigen und kann ggf. die offensichtliche Unbegründetheit der Klage begründen.[268]

2. Bagatellquorum

Das ARUG hat das Bagatellquorum in § 16 Abs. 3 S. 3 Nr. 2 UmwG als neuen Freigabegrund eingeführt. Dieser ist einschlägig, wenn der Kläger nicht binnen einer Woche nach Zustellung des Antrags nachgewiesen hat, dass er seit Bekanntmachung der Einberufung einen anteiligen Betrag von mindestens 1.000 EUR hält.

Das Bagatellquorum nimmt damit Anteilsinhabern mit Kleinstbeteiligungen die Möglichkeit, eine Verschmelzung zu blockieren. Die Unwirksamkeitsklage in der Hauptsache ist hiervon aber nicht berührt.[269] Nach der obergerichtlichen Rechtsprechung bestehen keine verfassungsrechtlichen Bedenken gegen das Bagatellquorum, insbesondere da der Schadensersatzanspruch nach § 16 Abs. 3 S. 10 Hs. 1 UmwG einen Vermögensschutz gewährleistet.[270]

Das Bagatellquorum dient nach der Gesetzesbegründung insbesondere dazu, missbräuchliche Unwirksamkeitsklagen professioneller Kläger sowie dem Anreiz, sich als Trittbrettfahrer solchen Klagen anzuschließen, entgegenzuwirken.[271]

a) Anwendungsbereich. Es ist umstritten, ob der Freigabegrund des Bagatellquorums **nur auf die kapitalmarktfähigen Rechtsformen**, also AG, KGaA und SE, Anwendung findet[272] oder ob er im Grundsatz für alle verschmelzungsfähigen Rechtsformen gilt[273]. Nach dem Wortlaut der Vorschrift ist der Anwendungsbereich zwar nicht auf bestimmte Rechtsformen beschränkt, allerdings stellt der Wortlaut auf eine Kapitalbeteiligung in Höhe von mindestens 1.000 EUR ab. Eine sinnvolle Anwendung des Bagatellquorums auf Rechtsformen ohne Mindestkapital, wie beispielsweise die OHG oder den Verein, ist daher nicht möglich.[274] Im Fall der UG ist eine Anwendung zwar theoretisch möglich, erscheint aber mit Blick auf die Mindestkapitalhöhe von 1 EUR unangemessen. Ein denkbarer Anwendungsbereich bestünde aber zum Beispiel bei der GmbH.[275]

Gleichwohl ist der Anwendungsbereich für alle börsenfernen Rechtsformen, einschließlich der GmbH, **teleologisch zu reduzieren**. Die Vorschrift ist in ihrem Wortlaut planwidrig zu weit geraten. Das belegen insbesondere die Gesetzesmaterialien, die ausschließlich auf die **Anwendung im Aktiengesetz** abstellen: Die Gesetzesbegründung betrifft § 246a AktG und gilt für § 16 UmwG schlicht entsprechend, sie adressiert missbräuchliche Anfechtungsklagen professioneller Aktionäre und erläutert, dass das Bagatellquorum von 1.000 EUR bei gängigen Börsenwerten Anlagenvolumina in Höhe von 10.000 EUR bis 20.000 EUR erfasse.[276] Mithin intendierte der Gesetzgeber offensichtlich nicht die Anwendung auf börsenferne Rechtsformen.

---

[268] OLG München 7 AktG 2/12, AG 2013, 173, 174 ff.; OLG Frankfurt 5 W 22/07, AG 2008, 167, 168 ff.; Lutter/*Decher* § 16 Rn. 49.

[269] Begr. RegE zu § 246a AktG (ARUG), BT-Drucks. 16/11642, S. 41; Kallmeyer/*Marsch-Barner* § 16 Rn. 41a.

[270] OLG Bremen 2 U 51/12 (AktG), AG 2013, 643, 644; OLG Nürnberg 12 AktG 778/12, AG 2012, 758, 760; OLG Frankfurt 5 Sch 2/09, AG 2010, 596, 597; OLG Hamburg 11 AR 2/09, AG 2010, 214; *Verse* NZG 2009, 1127, 1129; MünchHdb. GesR IV/*Austmann* § 42 Rn. 149; eingehend *J. Vetter* AG 2008, 177, 186 ff.; a. A. Schmidt/Lutter/*Schwab* § 246a Rn. 8 ff.

[271] Begr. RegE zu § 246a AktG (ARUG), BT-Drucks. 16/11642, S. 42; Rechtsausschuss zu § 246a AktG (ARUG), BT-Drucks. 16/13098, S. 41; kritisch hierzu *Arbeitskreis Beschlussmängelrecht* AG 2008, 617, 619; Habersack/*Stilz* ZGR 2010, 710, 714 f.; *Verse* NZG 2009, 1127, 1129.

[272] Kallmeyer/*Marsch-Barner* § 16 Rn. 41a; Bayer/*Lieder* NZG 2011, 1170, 1174.

[273] Schmitt/Hörtnagl/Stratz/*Stratz* § 16 Rn. 74; wohl auch Böttcher/Habighorst/Schulte/*Schulte* § 16 Rn. 35.

[274] Vgl. Lutter/*Decher* § 16 Rn. 52; Widmann/Mayer/*Fronhöfer* § 16 Rn. 156.2.

[275] Lutter/*Decher* § 16 Rn. 52; vgl. Limmer/*Limmer* Teil 2 Rn. 527.

[276] Begr. RegE zu § 246a AktG (ARUG), BT-Drucks. 16/11642, S. 42, 44; Rechtsausschuss zu § 246a AktG (ARUG), BT-Drucks. 16/13098, S. 41.

194 Da bei diesen Rechtsformen das Risiko missbräuchlicher Unwirksamkeitsklagen professioneller Kläger ungleich geringer ist, gebietet die Interessenlage eine teleologische Reduktion, um einen nicht erforderlichen **gravierenden Eingriff** in die Rechte von Anteilsinhabern zu vermeiden.

195 **b) Mindestquorum.** Der Mindestanteil von 1.000 EUR bezieht sich auf den Betrag am Grundkapital und nicht etwa auf den anteiligen Börsenwert oder Unternehmenswert.[277] Das Quorum findet auf jeden einzelnen Kläger Anwendung.[278] Eine **Zusammenrechnung** mit den Anteilen anderer Kläger ist nach dem Wortlaut sowie dem Zweck der Vorschrift ausgeschlossen.[279] Lediglich im Fall einer Rechtsgemeinschaft nach § 69 AktG sind die Anteile zusammenzurechnen.[280]

196 Das Quorum ist nach § 16 Abs. 3 S. 3 Nr. 2 UmwG nur erfüllt, wenn der Kläger den Mindestanteil **seit der Bekanntmachung der Einberufung** der Hauptversammlung, die über die Verschmelzung beschließt, hält. Die Bekanntmachung erfolgt nach § 121 Abs. 4 AktG. Unzureichend ist nach richtiger Ansicht ein Erwerb nach der Bekanntmachung, auch wenn dieser an demselben Tag erfolgt.[281]

197 Stark umstritten ist die erforderliche Haltedauer zur Erfüllung des Bagatellquorums. Nach überzeugender Ansicht hat der Kläger den Mindestanteil **ununterbrochen** bis zum **fristgemäßen Nachweis im Freigabeverfahren** (innerhalb einer Woche nach Zustellung des Antrags) zu halten.[282] Es ist hingegen nicht erforderlich, dass der Kläger den Mindestanteil nach Erbringung dieses Nachweises noch weiter hält.[283]

198 **c) Nachweis des Mindestquorums.** Der Kläger hat **binnen einer Woche** nach Zustellung des Freigabeantrags das Mindestquorum durch Urkunden nachzuweisen. Als zum Nachweis geeignete **Urkunden** kommt insbesondere eine **Depotbescheinigung** in Betracht, die sich auf die erforderliche Haltedauer erstreckt.[284] Mit Blick auf die knappe Wochenfrist reicht nach überzeugender Ansicht eine **Kopie** der Urkunde aus, soweit das Original nachgereicht wird.[285] Ein mittelbarer Nachweis bspw. über ein Teilnahmever-

---

[277] Begr. RegE zu § 246a AktG (ARUG), BT-Drucks. 16/11642, S. 42; Lutter/*Decher* § 16 Rn. 53 m.w.N.
[278] OLG Bremen 2 U 51/12 (AktG), AG 2013, 643, 644; OLG München 7 AktG 1/11, AG 2012, 45, 46; OLG Stuttgart 20 AktG 1/12 AG 2013, 604, 605 f.; Schmitt/Hörtnagl/Stratz/*Stratz* § 16 Rn. 67; Kallmeyer/*Marsch-Barner* § 16 Rn. 41b; a. A. Schmidt/Lutter/*Schwab* § 246a Rn. 12.
[279] Lutter/*Decher* § 16 Rn. 53 mit näherer Begründung; MünchHdb. GesR IV/*Austmann* § 42 Rn. 149.
[280] OLG Rostock 1 AktG 1/13, AG 2013, 768, 769; Widmann/Mayer/*Fronhöfer* § 16 Rn. 156.7; Hüffer/*Koch* § 246a AktG Rn. 20a.
[281] Vgl. OLG Nürnberg 12 AktG 1218/10, AG 2011, 179, 180; Hüffer/*Koch* § 246a AktG Rn. 20b; *Verse* FS Stilz, 2014, S. 651, 658 f. Nach a. A. muss sich der Anteilsbesitz auf den gesamten Tag der Bekanntmachung beziehen: Lutter/*Decher* § 16 Rn. 54; Kallmeyer/*Marsch-Barner* § 16 Rn. 41b. Nach wiederum a. A. ist nach § 187 Abs. 1 BGB Anteilsbesitz seit Beginn des auf die Einberufung folgenden Tags ausreichend: Schmidt/Lutter/*Schwab* § 246a AktG Rn. 5.
[282] Semler/Stengel/*Schwanna* § 16 Rn. 31d; Kallmeyer/*Marsch-Barner* § 16 Rn. 41b; Lutter/*Decher* § 16 Rn. 54; Henssler/Strohn/*Drescher* § 246a AktG Rn. 6; Hüffer/*Koch* § 246a AktG Rn. 20b; Wilsing/Saß DB 2011, 919, 922. Für den Zeitraum bis zur Zustellung des Freigabeantrags: OLG Bamberg 3 AktG 2/13, AG 2014, 372, 373. Für den Zeitraum bis zur Einreichung der Unwirksamkeitsklage *Bayer* FS Hoffmann-Becking, 2013, S. 91, 106; MünchHdb. GesR IV/*Austmann* § 42 Rn. 150. Für den Zeitraum bis zur Erhebung der Unwirksamkeitsklage Grigoleit/*Ehmann* § 246a AktG Rn. 7.
[283] Vgl. OLG Saarbrücken 4 AktG 476/10, AG 2011, 343, 344; KG 23 AktG 1/14, AG 2015, 319, 320; Schmitt/Hörtnagl/Stratz/*Stratz* § 16 Rn. 67; Schmidt/Lutter/*Schwab* § 246a AktG Rn. 5.
[284] OLG Nürnberg 12 AktG 778/12, AG 2012, 758, 761; OLG Hamm I-8 AktG 2/11, AG 2011, 826, 828; Hüffer/*Koch* § 246a AktG Rn. 20c; Schmidt/Lutter/*Schwab* § 246a AktG Rn. 14.
[285] OLG München 7 AktG 1/11, AG 2012, 45, 46; Hüffer/*Koch* § 246a AktG Rn. 20c; Schmidt/Lutter/*Schwab* § 246a AktG Rn. 15; Henssler/Strohn/*Drescher* § 246a AktG Rn. 6; *Verse* FS Stilz, 2014, S. 651, 664; a. A. OLG Frankfurt 5 Sch 3/09, AG 2010, 508, 509; OLG Bamberg 3 AktG 2/13, AG 2014, 372, 373; Kallmeyer/*Marsch-Barner* § 16 Rn. 41b; offengelassen von OLG Köln 18 U 175/13, ZIP 2014, 263.

zeichnis ist nach zutreffender Ansicht nicht möglich.[286] Bei Namensaktien lässt sich der Nachweis durch einen Auszug aus dem **Aktienregister** (§ 67 AktG) führen.[287] Soweit der Kläger innerhalb der Wochenfrist nachweist, dass er den Antragsteller erfolglos um Erteilung des Auszugs gebeten hat, ist ein **Beweisantritt nach § 421 ZPO** fristwahrend.[288]

Es besteht keine Einigkeit zu der Frage, ob ein Nachweis auch dann zu erbringen ist, wenn das **Mindestquorum unstreitig** ist. Eine Ansicht hält einen Nachweis stets für erforderlich, da es sich um eine materiellrechtliche Voraussetzung handele.[289] Nach anderer Auffassung ist das Nachweiserfordernis eine Verfahrensvorschrift; der Nachweis sei daher nicht zu erbringen, wenn das Erreichen des Mindestquorums unstreitig sei.[290] Nach überzeugender Ansicht ist zu differenzieren:[291] Ist das Mindestquorum innerhalb der Wochenfrist unstreitig, entfällt – selbst im Fall der Einordnung als materiellrechtliche Voraussetzung – das Nachweiserfordernis, da sich dessen Zweck erledigt hat. Wird das Mindestquorum erst nach der Wochenfrist unstreitig, ist der Nachweis hingegen nicht fristgemäß erbracht.

Bei der Wochenfrist handelt es sich nach herrschender Meinung um eine **materiellrechtliche Ausschlussfrist**.[292] Sie kann nicht verlängert werden und es ist keine Wiedereinsetzung in den vorigen Stand möglich.[293]

d) Folge bei fehlendem Mindestquorum. Weist der Kläger das Mindestquorum nicht innerhalb der Wochenfrist ordnungsgemäß nach, ist dem **Freigabeantrag ohne weitere Prüfung stattzugeben.**[294] Das gilt selbst dann, wenn der Kläger einen besonders schweren Rechtsverstoß geltend macht, wie die ausdrückliche Ausnahme für besonders schwere Rechtsverstöße in § 16 Abs. 3 S. 3 Nr. 3 UmwG belegt.[295]

Sind noch weitere Unwirksamkeitsklagen Gegenstand des Verfahrens, bleibt die Klage des Klägers, der das Bagatellquorum nicht erfüllt, im Freigabeverfahren **außer Betracht**.[296] Nach herrschender Meinung ist auch sein Sachvortrag im Freigabeverfahren nicht zu berücksichtigen.[297]

---

[286] OLG Hamm I-8 AktG 2/11, AG 2011, 826, 827; Lutter/*Decher* § 16 Rn. 56; MünchKommAktG/*Hüffer/Schäfer* § 243 Rn. 24 (Fn. 65); a. A. KG 23 AktG 1/14, AG 2015, 319, 320.

[287] OLG Nürnberg 12 AktG 778/12, AG 2012, 758, 761; Widmann/Mayer/*Fronhöfer* § 16 Rn. 156.9.

[288] Vgl. KG 23 AktG 1/14, AG 2015, 319, 320; OLG Nürnberg 12 AktG 778/12, AG 2012, 758, 761; Lutter/*Decher* § 16 Rn. 56; Hüffer/*Koch* § 246a AktG Rn. 20d; MünchHdb. GesR IV/*Austmann* § 42 Rn. 151; a. A. OLG Hamm I-8 AktG 2/11, AG 2011, 826, 828.

[289] KG 23 AktG 1/10, AG 2011, 170, 171; OLG Hamm I-8 AktG 2/11, AG 2011, 826, 827; OLG Nürnberg 12 AktG 778/12, AG 2012, 758, 759; Schmitt/Hörtnagl/Stratz/*Stratz* § 16 Rn. 72; Hüffer/*Koch* § 246a AktG Rn. 20e; Spindler/Stilz/*Dörr* § 246a AktG Rn. 26; *Reichard* NZG 2011, 292 f.; Wilsing/*Saß*, DB 2011, 919, 922 f.

[290] OLG Frankfurt 5 Sch 3/09, AG 2010, 508, 509; OLG Nürnberg 12 AktG 1218/10, AG 2011, 179, 180; Henssler/Strohn/*Drescher* § 246a AktG Rn. 7a; *Kraft* NZG 2016, 1370, 1371 f.; vgl. Schmidt/Lutter/*Schwab* § 246a AktG Rn. 17.

[291] OLG Frankfurt 5 AktG 4/11, AG 2012, 414 f.; Lutter/*Decher* § 16 Rn. 57; *Verse* FS Stilz, 2014, S. 651, 665 f.; Kallmeyer/*Marsch-Barner* § 16 Rn. 41b.

[292] OLG Nürnberg 12 AktG 778/12, AG 2012, 758, 759 f.; 12 AktG 1218/10, AG 2011, 179; KG 23 AktG 1/10, AG 2011, 170, 171; Hüffer/*Koch* § 246a AktG Rn. 20 f.; Spindler/Stilz/*Dörr* § 246a AktG Rn. 26; MünchKommAktG/*Hüffer/Schäfer* § 243 Rn. 24; a. A. Henssler/Strohn/*Drescher* § 246a AktG Rn. 7b.

[293] OLG Nürnberg 12 AktG 1218/10, AG 2011, 179; KG 23 AktG 1/10, AG 2011, 170, 171; Kallmeyer/*Marsch-Barner* § 16 Rn. 41b; MünchHdb. GesR IV/*Austmann* § 42 Rn. 152.

[294] Semler/Stengel/*Schwanna* § 16 Rn. 31c.

[295] Lutter/*Decher* § 16 Rn. 58; Schmitt/Hörtnagl/Stratz/*Stratz* § 16 Rn. 71; *Verse* NZG 2009, 1127, 1129.

[296] *Noack* NZG 2008, 441, 446; Hüffer/*Koch* § 246a AktG Rn. 19.

[297] OLG München 7 AktG 1/11, AG 2012, 45, 46; OLG Nürnberg 12 AktG 778/12, AG 2012, 758, 760; OLG Bremen 2 U 51/12 (AktG), AG 2013, 643, 644; OLG Rostock 1 AktG 1/13, AG 2013, 768, 769; Lutter/*Decher* § 16 Rn. 58; Henssler/Strohn/*Heidinger* § 16 UmwG Rn. 20.

3. Interessenabwägung

203 Der Freigabegrund eines vorrangigen Vollzugsinteresses nach § 16 Abs. 3 S. 3 Nr. 3 UmwG hat **erhebliche praktische Bedeutung**.[298] Für diesen Freigabegrund sind nicht die Erfolgsaussichten in der Hauptsache, sondern im Schwerpunkt ein Vergleich der **wirtschaftlichen Interessen** der Beteiligten entscheidend. Das ARUG hat die Anforderungen an diesen Freigabegrund zugunsten des antragstellenden Rechtsträgers abgesenkt, insbesondere um missbräuchliche Klagen professioneller Kläger zu bekämpfen.[299]

204 Der Freigabegrund setzt voraus, dass die vom Antragsteller dargelegten wesentlichen Nachteile für die an der Verschmelzung beteiligten Rechtsträger und ihre Anteilsinhaber nach freier Überzeugung des Gerichts die Nachteile für den Antragsgegner überwiegen (**Nachteilsabwägung**), es sei denn, es liegt eine besondere Schwere des Rechtsverstoßes vor (**kein besonders schwerer Rechtsverstoß**). Die Reihenfolge, in der das Gericht die beiden Voraussetzungen prüft, ist nach richtiger Ansicht beliebig.[300]

205 **a) Nachteilsabwägung.** Abzuwägen sind die wesentlichen Nachteile für die beteiligten Rechtsträger und ihre Anteilsinhaber, wenn die Verschmelzung nicht alsbald wirksam wird, gegen die Nachteile für den Antragsgegner im Fall eines alsbaldigen Wirksamwerdens der Verschmelzung. Es kommt jeweils auf die **wirtschaftlichen Nachteile** der Beteiligten an.[301]

206 Erfasst sind hiervon aber nicht nur konkrete Vermögenseinbußen, sondern im Grundsatz jede **Beeinträchtigung wirtschaftlicher Interessen**. Als Nachteil kommen allerdings **keine Rechtsverstöße** als solche in Betracht. Das belegen die Gesetzesmaterialien sowie die separate Prüfung von besonders schweren Rechtsverstößen.[302] Die aus Rechtsverstößen resultierenden wirtschaftlichen Nachteile sind freilich zu berücksichtigen.

207 Antragsteller und Antragsgegner haben die Nachteile auf ihrer Seite jeweils substantiiert vorzutragen und glaubhaft zu machen (→ Rn. 158 ff.).[303]

208 **aa) Wesentliche Nachteile auf Seiten des Antragstellers.** Auf Seiten des Antragstellers sind nicht nur die eigenen wesentlichen Nachteile anzusetzen, sondern nach dem Gesetzeswortlaut ebenfalls die wesentlichen Nachteile der anderen **beteiligten Rechtsträger** sowie der **jeweiligen Anteilsinhaber**. Diese Nachteile sind zusammenfassend zu würdigen.[304] Auszunehmen sind allerdings hierbei die wesentlichen Nachteile der Anteilsinhaber, die eine Unwirksamkeitsklage gegen den Verschmelzungsbeschluss erhoben haben.[305]

209 Unstreitig sind die Nachteile in Rechnung zu stellen, die eintreten würden, wenn die Freigabe nicht erteilt würde, obwohl die Unwirksamkeitsklage erfolglos wäre. Hierbei handelt es sich um die Nachteile aufgrund eines **verzögerten Wirksamwerdens** der Verschmelzung.[306]

---

[298] Begr. RegE zu § 246a AktG (UMAG), BT-Drucks. 12/5092, S. 29; Limmer/*Limmer* Teil 2 Rn. 528; Kölner Kommentar-UmwG/*Simon* § 16 Rn. 82.
[299] Schmitt/Hörtnagl/Stratz/*Stratz* § 16 Rn. 77; *Verse* NZG 2009, 1127, 1128 ff.
[300] Vgl. MünchHdb. GesR IV/*Austmann* § 42 Rn. 153; a. A. im Sinne einer zweistufigen Prüfungsreihenfolge MünchHdb. GesR VII/*Wilk* § 29 Rn. 283; Schmitt/Hörtnagl/Stratz/*Stratz* § 16 Rn. 77; Kölner Kommentar-UmwG/*Simon* § 16 Rn. 88.
[301] OLG Hamm 8 AktG 1/13, NZG 2014, 581, 582; OLG Frankfurt 5 Sch 3/10, NZG 2012, 351, 352; Lutter/*Decher* § 16 Rn. 59; Schmitt/Hörtnagl/Stratz/*Stratz* § 16 Rn. 78; a. A. Drinhausen/Keinath BB 2008, 2078, 2082.
[302] Rechtsausschuss zu § 246a AktG (ARUG), BT-Drucks. 16/13098, S. 42.
[303] OLG Stuttgart 20 AktG 1/14, AG 2015, 163, 171; Hüffer/*Koch* § 246a AktG Rn. 21.
[304] Kallmeyer/*Marsch-Barner* § 16 Rn. 45; Schmitt/Hörtnagl/Stratz/*Stratz* § 16 Rn. 78.
[305] Lutter/*Decher* § 16 Rn. 62.
[306] Vgl. Henssler/Strohn/*Heidinger* § 16 UmwG Rn. 19b; Semler/Stengel/*Schwanna* § 16 Rn. 32.

Darüber hinaus sollen nach der **Gesetzesbegründung** zum UMAG betreffend § 246a 210 AktG auch solche Nachteile zu berücksichtigen sein, die sich daraus ergeben, dass die **Verschmelzung nicht wirksam** würde, weil die **Unwirksamkeitsklage erfolgreich wäre**.[307] Die wohl überwiegende Meinung folgt dieser Auffassung.[308]

Dieses Verständnis erscheint zweifelhaft, da es zu **rechtlichen Inkonsistenzen** führen 211 würde.[309] Zunächst erscheint es wenig überzeugend, dem Antragsteller ein **schutzwürdiges Interesse** an der Vollziehung eines nichtigen bzw. anfechtbaren Verschmelzungsbeschlusses zuzusprechen. Zudem bestünde der folgende konzeptionelle Widerspruch: Würde das Freigabeverfahren dem Antragsteller selbst für den Fall einer erfolgreichen Unwirksamkeitsklage ein Recht auf Vollziehung eines nichtigen bzw. anfechtbaren Beschlusses einräumen, würde dem Antragsteller im Freigabeverfahren als **Eilverfahren eine weitergehende Rechtsposition** zugesprochen, als sie ihm im Hauptsacheverfahren zustünde.[310]

Zudem legt auch der **Wortlaut** von § 16 Abs. 3 S. 3 Nr. 3 UmwG nahe, dass nur die 212 Nachteile eines verzögerten Wirksamwerdens in Rechnung zu stellen sind. Denn er stellt gerade nicht auf das Interesse an dem Wirksamwerden, sondern an dem **alsbaldigen** Wirksamwerden der Verschmelzung ab.[311] Trotz der entgegenstehenden Gesetzesbegründung zur Parallelnorm § 246a AktG[312] sprechen daher die besseren Gründe dafür, nur die Nachteile aufgrund eines verzögerten Wirksamwerdens der Verschmelzung in Rechnung zu stellen. Diese Nachteile aufgrund der Verzögerung können auch so erheblich sein, dass sie im Ergebnis die Umsetzung der beschlossenen Verschmelzung verhindern. Demgegenüber begründet die Verhinderung der Verschmelzung aufgrund einer erfolgreichen Unwirksamkeitsklage keinen Nachteil.

Zu berücksichtigen sind ausschließlich **wesentliche** Nachteile. Während nach der ur- 213 sprünglichen Gesetzesbegründung nur Nachteile von einigem Gewicht das Wesentlichkeitskriterium erfüllten,[313] sollen nach den Gesetzesmaterialien zum ARUG lediglich solche Nachteile ausscheiden, die **vernachlässigbar** sind.[314]

Als wesentliche Nachteile eines nicht alsbaldigen Wirksamwerdens der Verschmelzung 214 kommen zum Beispiel in Betracht:[315] Insolvenzgefahr[316], Steuernachteile[317], Kosten aufgrund der Fortdauer einer Börsennotierung[318], Kosten für die Durchführung von Haupt-

---

[307] Begr. RegE zu § 246a AktG (UMAG), BT-Drucks. 12/5092, S. 29.
[308] Lutter/*Decher* § 16 Rn. 62; *Faßbender* AG 2006, 872, 876 f.; Widmann/Mayer/*Fronhöfer* § 16 Rn. 164; Spindler/Stilz/*Dörr* § 246a AktG Rn. 31; vgl. OLG Hamm 8 AktG 1/13, NZG 2014, 581, 582; I-8 AktG 1/11, AG 2011, 624, 625 jeweils auf die verzögerte oder verhinderte Eintragung abstellend.
[309] *Zöllner* FS Westermann, 2008, S. 1631, 1643 mit deutlicher Kritik: „Genau besehen ist das ein Stück aus dem Tollhaus."; *Bayer* FS Hoffmann-Becking, 2013, S. 91, 110 f.; vgl. Schmidt/Lutter/ *Schwab* § 246a AktG Rn. 25; kritisch auch MünchHdb. GesR IV/*Austmann* § 42 Rn. 155.
[310] Vgl. *Zöllner* FS Westermann, 2008, S. 1631, 1643.
[311] *Bayer* FS Hoffmann-Becking, 2013, S. 91, 110 f.
[312] Zur methodischen Rechtfertigung einer Auslegung entgegen der Gesetzesbegründung vgl. Schmidt/Lutter/*Schwab* § 246a AktG Rn. 33.
[313] BT-Drucks. 12/6699, S. 89.
[314] Rechtsausschuss zu § 246a AktG (ARUG), BT-Drucks. 16/13098, S. 42; OLG Hamm 8 AktG 1/13, NZG 2014, 581, 582; I-8 AktG 1/11, AG 2011, 624, 625; KG 14 AktG 1/09, AG 2010, 497, 498.
[315] Siehe auch Übersicht bei Semler/Stengel/*Schwanna* § 16 Rn. 33.
[316] Rechtsausschuss zu § 246a AktG (ARUG), BT-Drucks. 16/13098, S. 42; vgl. OLG München 23 AktG 3/13, AG 2014, 546, 548 f.; OLG Köln 18 U 175/13, ZIP 2014, 263, 264; OLG Hamm 8 W 6/05, AG 2005, 361, 364.
[317] OLG Hamm I-8 AktG 1/11, AG 2011, 624, 625; OLG Düsseldorf 6 W 28/01, AG 2002, 47, 49 (Verlust von Steuervorteilen für den Mehrheitsanteilsinhaber); Kölner Kommentar-UmwG/*Simon* § 16 Rn. 86.
[318] OLG Hamm I-8 AktG 1/10, AG 2011, 136, 139; Lutter/*Decher* § 16 Rn. 63.

versammlungen³¹⁹ und Zinseffekte³²⁰. Zu den Nachteilen zählt auch das **Ausbleiben wirtschaftlicher Vorteile**, die sich aus der Verschmelzung ergeben.³²¹ Das betrifft beispielsweise Synergieeffekte³²² oder die Vorteile eines geplanten Börsengangs³²³. Darüber hinaus sind auch nur **schwerlich bezifferbare Nachteile** berücksichtigungsfähig, wie etwa die Gefahr des Verlusts von Personal³²⁴, einem Ansehensverlust im Markt³²⁵ oder die Verunsicherung von Geschäftspartnern³²⁶.

215 Jeder Nachteil ist hinreichend **substantiiert darzulegen und glaubhaft zu machen**, wobei im Freigabeverfahren als Eilverfahren keine überzogenen Anforderungen zu stellen sind.³²⁷ Eine lediglich pauschale Behauptung von Nachteilen oder Kosten ist aber nicht ausreichend.³²⁸ Die Darlegungslast kann nach den konkreten Umständen eine **Quantifizierung** des jeweiligen Nachteils erfordern.³²⁹

216 **bb) Nachteile auf Seiten des Antragsgegners.** Auf Seiten des Antragsgegners sind seine eigenen Nachteile einzustellen. Nach überwiegender Ansicht sind in einer Gesamtschau zudem die **Nachteile der übrigen Antragsgegner**, die das Bagatellquorum nach § 16 Abs. 3 S. 3 Nr. 2 UmwG erfüllen, zu berücksichtigen.³³⁰ Die Nachteile aller übrigen Anteilsinhaber³³¹ oder auch nur der Anteilsinhaber, die gegen den Hauptversammlungsbeschluss gestimmt haben, aber keine Unwirksamkeitsklage erhoben haben,³³² sind nicht zu berücksichtigen.

217 Es sind die Nachteile in Rechnung zu stellen, die eintreten würden, wenn die **Freigabe erteilt** würde, obwohl die **Unwirksamkeitsklage erfolgreich** wäre.³³³ Da die Verschmelzung im Fall der Eintragung nach § 20 Abs. 2 UmwG bestandskräftig wird und daher eine Entschmelzung ausgeschlossen ist (→ Rn. 10, 128), sind trotz erfolgreicher Unwirksamkeitsklage die Nachteile aufgrund einer **endgültigen – und nicht nur zwischenzeitigen – Wirksamkeit** der Verschmelzung in Rechnung zu stellen. Auf eine Wesentlichkeit der

---

³¹⁹ Rechtsausschuss zu § 246a AktG (ARUG), BT-Drucks. 16/13098, S. 42; OLG Saarbrücken 4 AktG 476/10, AG 2011, 343, 346; OLG Frankfurt 23 W 14/08, AG 2008, 827, 828; *Schall/Habbe/Wiegand* NJW 2010, 1789, 1790; Henssler/Strohn/*Heidinger* § 16 UmwG Rn. 19b.
³²⁰ Rechtsausschuss zu § 246a AktG (ARUG), BT-Drucks. 16/13098, S. 42; Kallmeyer/*Marsch-Barner* § 16 Rn. 45.
³²¹ OLG Hamm 8 AktG 1/13, NZG 2014, 581, 582; I-8 AktG 1/11, AG 2011, 624, 625.
³²² BT-Drucks. 12/6699, S. 89; OLG Saarbrücken 4 AktG 476/10, AG 2011, 343, 346; OLG Düsseldorf 17 W 18/99, AG 1999, 418, 421 f.; Lutter/*Decher* § 16 Rn. 63 m. w. N.
³²³ OLG Hamm I-8 AktG 1/11, AG 2011, 624, 625; Kallmeyer/*Marsch-Barner* § 16 Rn. 45; Henssler/Strohn/*Heidinger* § 16 UmwG Rn. 19b.
³²⁴ Semler/Stengel/*Schwanna* § 16 Rn. 33; Henssler/Strohn/*Heidinger* § 16 UmwG Rn. 19b; kritisch dazu *Heermann* ZIP 1999, 1861, 1863 f.
³²⁵ OLG Stuttgart 20 U 3/03, NZG 2004, 463, 465; 20 W 32/01, AG 2003, 456, 460.
³²⁶ Vgl. OLG Stuttgart 12 W 44/96, AG 1997, 138, 139; Kölner Kommentar-UmwG/*Simon* § 16 Rn. 87.
³²⁷ OLG Nürnberg 12 W 3317/95, AG 1996, 229, 230; Widmann/Mayer/*Fronhöfer* § 16 Rn. 169.
³²⁸ OLG Frankfurt 10 W 12/97, ZIP 1997, 1291, 1292; Lutter/*Decher* § 16 Rn. 64; Semler/Stengel/*Schwanna* § 16 Rn. 34.
³²⁹ LG Hanau 5 O 183/95, AG 1996, 90, 91; Semler/Stengel/*Schwanna* § 16 Rn. 34; einschränkend Lutter/*Decher* § 16 Rn. 64.
³³⁰ Lutter/*Decher* § 16 Rn. 66; Kallmeyer/*Marsch-Barner* § 16 Rn. 44; *Verse* NZG 2009, 1127, 1130; *Bayer* FS Hoffmann-Becking, 2013, S. 91, 112; *Enders/Ruttmann* ZIP 2010, 2280, 2283; Henssler/Strohn/*Drescher* § 246a AktG Rn. 8b. Auf jeden einzelnen Antragsgegner abstellend: *Schall/Habbe/Wiegand* NJW 2010, 1789, 1790. Demgegenüber sind nach Schmidt/Lutter/*Schwab* § 246a AktG Rn. 20 auch die Nachteile derjenigen Anteilsinhaber zu berücksichtigen, die das Bagatellquorum nicht erfüllen.
³³¹ Rechtsausschuss zu § 246a AktG (ARUG), BT-Drucks. 16/13098, S. 42; OLG Saarbrücken 4 AktG 476/10, AG 2011, 343, 346.
³³² Vgl. OLG Stuttgart 20 AktG 1/14, AG 2015, 163, 171.
³³³ Nach Begr. RegE zu § 246a AktG (UMAG), BT-Drucks. 12/5092, S. 29 ist die Begründetheit der Unwirksamkeitsklage zu unterstellen.

Nachteile kommt es nach dem Wortlaut von § 16 Abs. 3 S. 3 Nr. 3 UmwG nicht an.[334] Die Nachteile hat der Antragsgegner substantiiert dazulegen und glaubhaft zu machen (→ Rn. 158 ff.).

Als Nachteile infolge der Verschmelzung kommen beispielsweise in Betracht: Absinken der Beteiligung unter eine für Minderheitsrechte relevante Schwelle[335], Verwässerung des Antragsgegners[336], Verminderung der Mitwirkungsrechte der Anteilsinhaber im Fall der Verschmelzung auf einen Rechtsträger anderer Rechtsform, Aussicht auf eine mehrjährige Ausschüttungssperre[337], Verminderung der Fungibilität des Anteils aufgrund eines Verlusts der Börsennotierung, steuerliche Nachteile für den Antragsgegner[338]. **218**

Da berücksichtigungsfähige Nachteile **keine konkrete Vermögensminderung** voraussetzen, kommen als Nachteil auch andere nachteilige Folgen der Verschmelzung für den Antragsteller in Betracht. Diese können etwa in einer unzureichenden Information des Antragsgegners, beispielsweise aufgrund eines mangelhaften Verschmelzungsberichts, liegen. Entscheidend ist insoweit aber nicht der Rechtsverstoß selbst, sondern nur die Beeinträchtigung des wirtschaftlichen Interesses. Eine Beeinträchtigung liegt etwa vor, wenn der Antragsgegner über keine ausreichende Informationsgrundlage verfügt, um zu entscheiden, ob er an der Verschmelzung teilnehmen oder gegen Barabfindung ausscheiden soll. **219**

Darüber hinaus handelt es sich aus Sicht der Anteilsinhaber des übernehmenden Rechtsträgers bei einem zu hohen **Umtauschverhältnis** und aus Sicht der Anteilsinhaber des übertragenden Rechtsträgers bei einem zu niedrigen Umtauschverhältnis um einen Nachteil. Selbiges gilt für eine zu hohe bzw. zu niedrige **Barabfindung**. Ein für die Anteilsinhaber des übertragenden Rechtsträgers einschlägiger Rügeausschluss nach §§ 14 Abs. 2, 32 UmwG (→ Rn. 85 ff.) steht der Berücksichtigung dieser Nachteile nicht entgegen, da es bei der Interessenabwägung nach § 16 Abs. 3 S. 3 Nr. 3 UmwG nicht auf die Rügefähigkeit des Nachteils im Hauptsacheverfahren ankommt. **220**

Bei der Abwägung ist ein Anspruch des Antragsgegners auf **Kompensation** des Nachteils zu berücksichtigen.[339] Grundsätzlich kommt ein Anspruch auf **Schadensersatz** nach § 16 Abs. 3 S. 10 Hs. 1 UmwG in Betracht (→ Rn. 235 f.). Darüber hinaus können Anteilsinhaber des übertragenden Rechtsträgers in den Fällen eines zu niedrigen Umtauschverhältnisses und einer zu niedrigen Barabfindung im **Spruchverfahren** eine Zuzahlung verlangen (→ Rn. 244 ff.).[340] In der Folge ist der in Rechnung zu stellende Nachteil abgemildert. **221**

Die Kompensationsmöglichkeit gleicht den Nachteil aber nicht vollständig aus. Beispielsweise kommt im Fall eines unangemessenen Umtauschverhältnisses ein vollständiger Ausgleich bereits deswegen nicht in Betracht, weil die Anteilsinhaber keine Erhöhung ihrer Beteiligung, sondern eine bloße Abfindung für die Einbuße an Verwaltungs- und Vermögensrechten erhalten.[341] Obgleich die Abfindung ihrem Wert nach die zu niedrige Beteiligung ausgleicht, verbleibt als Nachteil die unfreiwillige Verminderung der relativen Beteiligungshöhe. Darüber hinaus finden zum Beispiel Prozessrisiken sowie nicht erstattungsfähige Kosten im Zusammenhang mit der Verfolgung von Kompensationsansprüchen keinen Ausgleich. **222**

---

[334] Kölner Kommentar-UmwG/*Simon* § 16 Rn. 90; *Enders/Ruttmann* ZIP 2010, 2280, 2283.
[335] *Kallmeyer/Marsch-Barner* § 16 Rn. 44; vgl. *Widmann/Mayer/Fronhöfer* § 16 Rn. 169.1.
[336] Vgl. OLG München 23 AktG 3/13, AG 2014, 546, 548 f.; OLG Köln 18 U 175/13, ZIP 2014, 263, 265; vgl. *Faßbender* AG 2006, 872, 877.
[337] OLG Hamm I-8 AktG 1/11, AG 2011, 624, 625.
[338] MünchHdb. GesR IV/*Austmann* § 42 Rn. 156.
[339] OLG Köln 18 U 175/13, ZIP 2014, 263, 265; *Hüffer/Koch* § 246a AktG Rn. 21; *Semler/Stengel/Schwanna* § 16 Rn. 39; a. A. Schmidt/Lutter/*Schwab* § 246a AktG Rn. 32.
[340] Ausgenommen ist der Fall einer zu hohen Barabfindung, die von den an der Verschmelzung teilnehmenden Anteilsinhabern gerügt wird (→ Rn. 92 ff.).
[341] Vgl. OLG München 23 AktG 3/13, AG 2014, 546, 549.

223 cc) **Abwägung.** Der Freigabegrund nach § 16 Abs. 3 S. 3 Nr. 3 UmwG setzt voraus, dass die wesentlichen Nachteile auf Seiten der beteiligten Rechtsträger und ihrer (nicht klagenden) Anteilsinhaber die Nachteile der Antragsgegner, die das Bagatellquorum erfüllen, **überwiegen.** Das Vollzugsinteresse ist daher nicht vorrangig, wenn die abzuwägenden Nachteile als gleichwertig erscheinen oder wenn auf keiner Seite Nachteile zu erwarten sind[342].

224 Im Rahmen der Abwägung sind alle für die **Gewichtung von Nachteilen** maßgeblichen Umstände zu berücksichtigen, namentlich Ausmaß und Schwere des Nachteils sowie Eintrittswahrscheinlichkeit. Da die Nachteile glaubhaft zu machen sind, darf das Gericht diese nur berücksichtigen, soweit der Nachteil als überwiegend wahrscheinlich erscheint (→ Rn. 158 f). Das ist aber nicht mit der **Eintrittswahrscheinlichkeit** des Nachteils zu verwechseln. Besteht beispielsweise eine geringe Insolvenzgefahr für den Antragsteller, wenn die Verschmelzung nicht alsbald wirksam wird, so handelt es sich hierbei um einen zu berücksichtigen Nachteil, soweit der Antragsteller diese geringe Insolvenzgefahr glaubhaft macht.

225 Auf die **Erfolgsaussichten der Unwirksamkeitsklage** kommt es im Rahmen der Interessenabwägung nicht an, selbst wenn die Unwirksamkeitsklage voraussichtlich begründet ist.[343] Darüber hinaus sollen nach der Gesetzesbegründung zum UMAG betreffend § 246a AktG und der herrschenden Meinung die Erfolgsaussichten sogar dann unbeachtlich sein, wenn die **Unwirksamkeitsklage zweifelsfrei begründet** ist.[344] Diese Sichtweise begegnet erheblichen Bedenken, weil **kein schutzwürdiges Interesse** an der Vollziehung eines nichtigen bzw. für nichtig zu erklärenden Verschmelzungsbeschlusses zu erkennen ist. Zudem würde damit dem Antragsteller im Freigabeverfahren als **Eilverfahren eine weitergehende Rechtsposition** zugesprochen, als sie ihm im Hauptsacheverfahren zustehen würde. Da nach richtiger Ansicht nur solche Nachteile in Rechnung zu stellen sind, die eintreten würden, wenn die Freigabe nicht erteilt würde, obwohl die Unwirksamkeitsklage erfolglos wäre (ausführlich → Rn. 210 ff.), sind entgegen der Gesetzesbegründung zu § 246a AktG[345] im Fall der zweifelsfreien Begründetheit der Unwirksamkeitsklage keine Nachteile auf Seiten des Antragstellers zu berücksichtigen.[346] Dass für das Gericht eine zweifelsfreie Begründetheit der Unwirksamkeitsklage feststeht, dürfte allerdings regelmäßig nicht in Betracht kommen, da das Gericht die Erfolgsaussichten der Unwirksamkeitsklage im Rahmen der Interessenabwägung gerade nicht prüft.

226 Nicht abschließend geklärt ist, ob und unter welchen Umständen das in die Abwägung einzustellende Vollzugsinteresse geringer einzustufen ist, weil der Antragsteller das Freigabeverfahren **nicht zügig einleitet**.[347] Zunächst besteht für das Freigabeverfahren keine Antragsfrist (→ Rn. 176 ff.) und die Glaubhaftmachung eines besonderen Eilinteresses ist ebenfalls nicht erforderlich.[348] Abhängig von den Umständen des Einzelfalls kann ein Zuwarten bei der Antragstellung zwar gegen ein Interesse an einem **alsbaldigen Wirk-**

---

[342] Lutter/*Decher* § 16 Rn. 67.

[343] Begr. RegE zu § 246a AktG (UMAG), BT-Drucks. 12/5092, S. 29; OLG Hamm I-8 AktG 1/10, AG 2011, 136, 138; Lutter/*Decher* § 16 Rn. 59; *Förster* AG 2011, 362, 372; Schmitt/Hörtnagl/Stratz/*Stratz* § 16 Rn. 78; *Verse* NZG 2009, 1127, 1130; a. A. *Schall/Habbe/Wiegand* NJW 2010, 1789, 1790.

[344] Begr. RegE zu § 246a AktG (UMAG), BT-Drucks. 12/5092, S. 29; Kallmeyer/*Marsch-Barner* § 16 Rn. 42; kritisch hierzu *Schall/Habbe/Wiegand* NJW 2010, 1789, 1790.

[345] Zur methodischen Rechtfertigung einer Auslegung entgegen der Gesetzesbegründung vgl. Schmidt/Lutter/*Schwab* § 246a AktG Rn. 33.

[346] Semler/Stengel/*Schwanna* § 16 Rn. 40; vgl. Schmidt/Lutter/*Schwab* § 246a AktG Rn. 25, wonach im Fall der offensichtlichen Unbegründetheit der Klage ein besonders schwerer Rechtsverstoß einschlägig sein soll.

[347] So argumentierend: OLG München 7 A 2/09, AG 2010, 170, 172 f. Wesentlich zurückhaltender OLG Frankfurt 5 Sch 3/09, AG 2010, 508, 510.

[348] Kallmeyer/*Marsch-Barner* § 16 Rn. 46; Lutter/*Decher* § 16 Rn. 61.

samwerden der Verschmelzung nach § 16 Abs. 3 S. 3 Nr. 3 UmwG sprechen. Hieraus ist aber weder eine feste Frist für die Antragstellung zu folgern[349] noch allgemein der Schluss zu ziehen, dass das Vollzugsinteresse stets in diesem Fall geringer zu bewerten sei. Vielmehr kann es in Ausnahmefällen gute Gründe für eine verzögerte Antragstellung geben, etwa wenn ein besonderes Vollzuginteresse nicht bereits unmittelbar, sondern erst zu einem späteren Zeitpunkt, beispielsweise wegen steuerlicher Effekte zu einem bestimmten Stichtag, eintritt.[350] Die Gründe hierfür sollten substantiiert dargelegt und glaubhaft gemacht werden.

Mit Blick auf die einander gegenüberstehenden Nachteile wird die Abwägung bei Antragsgegnern mit **geringer Beteiligung** regelmäßig zugunsten des Antragstellers ausfallen.[351] Darüber hinaus kann eine **hohe Zustimmungsquote** für den Verschmelzungsbeschluss entgegen der wohl überwiegenden Ansicht[352] als solche keine Berücksichtigung finden. Ansonsten würde eine geringe Beteiligung der Antragsgegner zumindest zu einem gewissen Grad in doppelter Hinsicht zu ihren Lasten gehen.

Das Gericht entscheidet nach **freier Überzeugung**. Damit soll dem Gericht größtmögliche Entscheidungsfreiheit durch Einräumung eines **Beurteilungsspielraums** gewährt werden.[353] Hieraus folgt insbesondere, dass für das Gericht eine Abwägung der Nachteile nach rein quantitativen Kriterien im Sinne eines Vergleichs der wirtschaftlichen Nachteile in Geldeinheiten nicht vorgeschrieben ist. Vielmehr kann das Gericht eine **wertende Betrachtung** vornehmen.[354]

b) Kein besonders schwerer Rechtsverstoß. Der Freigabegrund nach § 16 Abs. 3 S. 3 Nr. 3 UmwG setzt voraus, dass kein **besonders schwerer Rechtsverstoß** vorliegt. Ob ein Rechtsverstoß eine besondere Schwere aufweist, hängt von der Bedeutung der Norm sowie Art und Umfang des Verstoßes ab.[355] Nach der Gesetzesbegründung ist dieses Merkmal eng auszulegen. Danach erfüllen diese Voraussetzung nur ganz gravierende Rechtsverstöße, die eine Eintragung der Verschmelzung ohne vertiefte Prüfung im Hauptsacheverfahren **für die Rechtsordnung unerträglich** erscheinen lassen.[356]

Die besondere Schwere eines Rechtsverstoßes kann verschiedene Ursachen haben. Beispielsweise kann sie auf dem **Verhalten** des Antragstellers bzw. der Mehrheit der Anteilsinhaber beruhen, etwa bei einer „Geheimversammlung", einer schweren Treuepflichtverletzung oder einer gezielten Verletzung des Gleichbehandlungsgebots.[357] Darüber

---

[349] OLG Frankfurt 5 Sch 3/09, AG 2010, 508, 510; Hüffer/*Koch* § 246a AktG Rn. 21; MünchHdb. GesR IV/*Austmann* § 42 Rn. 155; a. A. OLG München 7 A 2/09, AG 2010, 170, 173, wonach eine Frist von drei Monaten bestehen soll, allerdings unter Zulassung von Ausnahmen; strenger noch Schmidt/Lutter/*Schwab* § 246a AktG Rn. 21, wonach eine Frist von maximal drei Monaten bestehen soll.

[350] Vgl. OLG Frankfurt 5 Sch 3/09, AG 2010, 508, 510; OLG München 7 A 2/09, AG 2010, 170, 173.

[351] Rechtsausschuss zu § 246a AktG (ARUG), BT-Drucks. 16/13098, S. 42; OLG Stuttgart 20 AktG 1/14, AG 2015, 163, 171; OLG Saarbrücken 4 AktG 476/10, AG 2011, 343, 346; Lutter/*Decher* § 16 Rn. 68; *Bosse* NZG 2009, 807, 811; Widmann/Mayer/*Fronhöfer* § 16 Rn. 169.2.

[352] LG Frankfurt 3/1 O 84/99, DB 1999, 2304 f.; Lutter/*Decher* § 16 Rn. 68; Kallmeyer/*Marsch-Barner* § 16 Rn. 44; Semler/Stengel/*Schwanna* § 16 Rn. 38.

[353] BT-Drucks. 12/6699, S. 90; Schmitt/Hörtnagl/Stratz/*Stratz* § 16 Rn. 82; Semler/Stengel/ *Schwanna* § 16 Rn. 41; Kölner Kommentar-UmwG/*Simon* § 16 Rn. 84.

[354] *Bayer* FS Hoffmann-Becking, 2013, S. 91, 114; vgl. MünchHdb. GesR VII/*Wilk* § 29 Rn. 285.

[355] Begr. RegE zu § 246a AktG (ARUG), BT-Drucks. 16/11642, S. 41; Rechtsausschuss zu § 246a AktG (ARUG), BT-Drucks. 16/13098, S. 42; OLG München 23 AktG 3/13, AG 2014, 546, 549; KG 14 AktG 1/10, AG 2010, 494, 495.

[356] Begr. RegE zu § 246a AktG (ARUG), BT-Drucks. 16/11642, S. 41; Rechtsausschuss zu § 246a AktG (ARUG), BT-Drucks. 16/13098, S. 42; OLG München 23 AktG 3/13, AG 2014, 546, 549; OLG Saarbrücken 4 AktG 476/10, AG 2011, 343, 346; KG 23 AktG 1/10, AG 2011, 170, 172.

[357] Rechtsausschuss zu § 246a AktG (ARUG), BT-Drucks. 16/13098, S. 42; OLG Saarbrücken 4 AktG 476/10, AG 2011, 343, 346; KG 23 AktG 1/10, AG 2011, 170, 172.

hinaus kann ein besonders schwerer Rechtsverstoß in der Verletzung **elementarer Rechte** des Antragsgegners begründet liegen, wobei eine etwaige Aussicht auf eine Kompensation aufgrund eines Schadensersatzanspruchs nach § 16 Abs. 3 S. 10 Hs. 1 UmwG zu berücksichtigen ist.[358] Schließlich kann ein besonders schwerer Rechtsverstoß aus der Verletzung grundlegender **Strukturprinzipien** für den betreffenden Rechtsträger folgen, wie beispielsweise die Herabsetzung des Grundkapitals einer AG unter den Mindestnennbetrag.[359]

231 Die Kategorien der **Anfechtbarkeit und Nichtigkeit**, soweit anwendbar, haben eine **gewisse Indizwirkung** für die Bestimmung der Schwere eines Rechtsverstoßes, aber lassen keine sichere Orientierung zu.[360] Beispielsweise führen formale Fehler, wie Einberufungsmängel, nicht per se zu einem besonders schweren Rechtsverstoß, selbst wenn diese zur Nichtigkeit des Hauptversammlungsbeschlusses einer AG nach § 241 Nr. 1 AktG führen.[361] Von professionellen Klägern provozierte formale Fehler begründen grundsätzlich keine besonders schwere Rechtsverletzung.[362]

232 In der Rechtsprechung sind zum Beispiel die folgenden Rechtsverstöße als besonders schwer qualifiziert bzw. diskutiert worden: unberechtigter Ausschluss des Mehrheitsaktionärs von der Hauptversammlung und von der Ausübung des Stimmrechts[363], unzulässige Umgehung der Vermögensbindung nach § 57 AktG[364], ein unzulässiger Sondervorteil eines Großaktionärs[365] sowie eine unzulässige Bewertung von abgegebenen Stimmen des Antragsgegners als nichtig wegen der angeblichen Verletzung einer positiven Stimmpflicht[366].

233 Als besonders schwerer Rechtsverstoß kommt insbesondere ein **unangemessenes Umtauschverhältnis** in Betracht.[367] Insoweit ist für die Anteilsinhaber des **übertragenden Rechtsträgers** die Kompensationsmöglichkeit im Spruchverfahren zu berücksichtigen[368]. Für die Anteilsinhaber des **übernehmenden Rechtsträgers** steht das Spruchverfahren demgegenüber nicht zur Verfügung. Sie mögen zwar einen Anspruch auf Schadensersatz nach Maßgabe des § 16 Abs. 3 S. 10 Hs. 1 UmwG haben, allerdings ist dessen Durchsetzung im Vergleich zur Rechtsverfolgung im Spruchverfahren wesentlich erschwert.[369] Daher ist im Fall eines – zu Lasten der Anteilsinhaber des übernehmenden Rechtsträgers – zu hohen Umtauschverhältnisses eher ein besonders schwerer Rechtsverstoß anzunehmen.[370] Der Verstoß gegen bewertungsrelevante Informationspflichten dürfte nur aus-

---

[358] Vgl. Rechtsausschuss zu § 246a AktG (ARUG), BT-Drucks. 16/13098, S. 42; OLG München 23 AktG 3/13, AG 2014, 546, 549; OLG Saarbrücken 4 AktG 476/10, AG 2011, 343, 346.

[359] Rechtsausschuss zu § 246a AktG (ARUG), BT-Drucks. 16/13098, S. 42; KG 14 AktG 1/10, AG 2010, 494, 495; KG 23 AktG 1/10, AG 2011, 170, 172.

[360] Vgl. Begr. RegE zu § 246a AktG (ARUG), BT-Drucks. 16/11642, S. 41; KG 14 AktG 1/10, AG 2010, 494, 495; 23 AktG 1/10, AG 2011, 170, 172; vgl. OLG Köln 18 U 175/13, ZIP 2014, 263, 265; Lutter/*Decher* § 16 Rn. 73; Kallmeyer/*Marsch-Barner* § 16 Rn. 46b.

[361] Rechtsausschuss zu § 246a AktG (ARUG), BT-Drucks. 16/13098, S. 42; vgl. KG 14 AktG 1/10, AG 2010, 494, 495; Kölner Kommentar-UmwG/*Simon* § 16 Rn. 96.

[362] Rechtsausschuss zu § 246a AktG (ARUG), BT-Drucks. 16/13098, S. 42; Widmann/Mayer/ *Fronhöfer* § 16 Rn. 177; Semler/Stengel/*Schwanna* § 16 Rn. 41c.

[363] OLG München 7 AktG 2/10, AG 2010, 842, 843.

[364] OLG Hamm I-8 AktG 1/11, AG 2011, 624, 627 (den Rechtsverstoß im Ergebnis aber ablehnend).

[365] OLG Frankfurt 5 AktG 4/11, AG 2012, 414, 417.

[366] OLG München 23 AktG 3/13, AG 2014, 546, 549.

[367] Kölner Kommentar-UmwG/*Simon* § 16 Rn. 99 ff. mit ausführlichen Erläuterungen zur Bewertungsrüge bei dem übernehmenden Rechtsträger.

[368] OLG Frankfurt 5 AktG 4/11, AG 2012, 414, 417.

[369] Lutter/*Decher* § 16 Rn. 74.

[370] OLG Frankfurt 5 AktG 4/11, AG 2012, 414, 417; auf einen erheblichen Ermessensspielraum der Rechtsträger bei der Bewertung hinweisend Kallmeyer/*Marsch-Barner* § 16 Rn. 46b.

nahmsweise eine besondere Schwere haben,[371] wie beispielsweise im Fall des Fehlens jeglicher Erläuterung zum Umtauschverhältnis[372].

Den Antragsgegner trifft die Last der Darlegung und Glaubhaftmachung des besonders schweren Rechtsverstoßes.[373] Ist der tatsächliche Vortrag des Antragsgegners zum angeblichen Rechtsverstoß streitig, muss dieser nach der Überzeugung des Gerichts zumindest überwiegend wahrscheinlich sein.[374] 234

V. Schadensersatzpflicht

Ist der Freigabeantrag des Antragstellers erfolgreich und wird die Verschmelzung eingetragen, haben die klagenden Anteilsinhaber einen Schadensersatzanspruch gegen den Antragsteller nach § 16 Abs. 3 S. 10 Hs. 1 UmwG, falls sich ihre **Unwirksamkeitsklagen als begründet** erweisen. Dieser Schadensersatzanspruch hat bisher in der Praxis kaum Bedeutung erlangt.[375] 235

Es handelt sich um eine **verschuldensunabhängige Haftung** des Antragstellers.[376] Die Voraussetzungen für den Schadensersatzanspruch beschränken sich auf die **Eintragung** der Verschmelzung bei dem Antragsteller aufgrund des Freigabeantrags und dem **Prozesserfolg** der Unwirksamkeitsklage. Ersatzfähig ist der durch die Eintragung der Verschmelzung bei dem jeweiligen Antragsgegner verursachte Schaden. Demgegenüber ist nicht erforderlich, dass der Schaden auf dem Wirksamwerden der Verschmelzung beruht.[377] Denn eine Eintragung bei dem anderen Rechtsträger ist nach dem Wortlaut von § 16 Abs. 3 S. 10 Hs. 1 UmwG nicht erforderlich. 236

Ersatzverpflichtet ist der **Antragsteller** im Freigabeverfahren. Handelt es sich hierbei um den übertragenden Rechtsträger, ist dieser allerdings im Fall des Wirksamwerdens der Verschmelzung nach § 20 Abs. 1 Nr. 2 S. 1 UmwG erloschen. Umstritten ist, ob der übertragende Rechtsträger aufgrund der **Fiktion des Fortbestehens** nach § 25 Abs. 2 S. 1 UmwG ersatzpflichtig bleibt[378] oder ob der übernehmende Rechtsträgers als **Gesamtrechtsnachfolger** ersatzpflichtig wird.[379] Nach überzeugender Ansicht wird der übernehmende Rechtsträger zum Schuldner des Schadensersatzanspruchs. Hierfür spricht, dass der übernehmende Rechtsträger auch im Beschlussmängelverfahren als Beklagter an die Stelle des übertragenden Rechtsträgers getreten ist (→ Rn. 134). Zudem bestünde das Risiko, dass der fingierte übertragende Rechtsträger nicht über ausreichende Mittel verfügt.[380] Schließlich ist der Zweck der Fiktion des Fortbestehens des übertragenden Rechtsträgers in dieser Konstellation nicht einschlägig.[381] 237

Die Berechnung des Schadens bestimmt sich nach § 249 ff. BGB. Nach der Differenzhypothese ist die tatsächliche Vermögenslage mit der hypothetischen Vermögenslage, die 238

---

[371] Lutter/*Decher* § 16 Rn. 75; Kallmeyer/*Marsch-Barner* § 16 Rn. 46b; Semler/Stengel/*Schwanna* § 16 Rn. 41d.
[372] OLG Frankfurt 5 AktG 4/11, AG 2012, 414, 417.
[373] Begr. RegE zu § 246a AktG (ARUG), BT-Drucks. 16/11642, S. 41; OLG Köln 18 U 175/13, ZIP 2014, 263, 265; MünchHdb. GesR IV/*Austmann* § 42 Rn. 153.
[374] Kallmeyer/*Marsch-Barner* § 16 Rn. 46a; Lutter/*Decher* § 16 Rn. 70; a. A. Kölner Kommentar-UmwG/*Simon* § 16 Rn. 94, wonach gerügte Rechtsverstöße zu unterstellen sind, soweit diese nicht offensichtlich unbegründet sind.
[375] Schmitt/Hörtnagl/Stratz/*Stratz* § 16 Rn. 91; Lutter/*Decher* § 16 Rn. 93.
[376] Begr. RegE zu § 246a AktG (UMAG), BT-Drucks. 12/5092, S. 29; Kölner Kommentar-UmwG/*Simon* § 16 Rn. 109.
[377] Kallmeyer/*Marsch-Barner* § 16 Rn. 54; Widmann/Mayer/*Fronhöfer* § 16 Rn. 219.
[378] Lutter/*Decher* § 16 Rn. 95; Widmann/Mayer/*Fronhöfer* § 16 Rn. 223; Semler/Stengel/*Schwanna* § 16 Rn. 49 f.
[379] Lutter/*Grunewald* § 25 Rn. 28; Semler/Stengel/*Kübler* § 25 Rn. 28; im Ergebnis auch *Hommelhoff* AG 2012, 194, 198.
[380] Semler/Stengel/*Kübler* § 25 Rn. 28.
[381] Lutter/*Grunewald* § 25 Rn. 28.

ohne Eintragung der Verschmelzung aufgrund des Freigabebeschlusses bestünde, zu vergleichen. Eine Naturalrestitution im Sinne einer Rückgängigmachung der Verschmelzung ist nach § 16 Abs. 3 S. 10 Hs. 2 UmwG ausgeschlossen.[382] Die Verschmelzung ist vielmehr bestandskräftig, § 20 Abs. 2 UmwG.

239 Zum ersatzfähigen Schaden gehören nach der Gesetzesbegründung die **Kosten aus dem Freigabeverfahren**.[383] Für die Anteilsinhaber des **übernehmenden Rechtsträgers** können beispielsweise Schäden aus einem zu hohen Umtauschverhältnis[384] oder einer zu hohen Barabfindung resultieren. Für die Frage, unter welchen konkreten Voraussetzungen ein Schaden besteht, lässt sich auf die Kriterien für die Frage der Angemessenheit des Umtauschverhältnisses und der Barabfindung zurückgreifen (→ Rn. 310 ff., 318 ff.).

240 Die Anteilsinhaber des **übertragenden Rechtsträgers** können einen Schadensersatzanspruch wegen eines zu niedrigen Umtauschverhältnisses sowie einer zu niedrigen Barabfindung grundsätzlich nur insoweit geltend machen, als ihr Schaden über die im **Spruchverfahren zu gewährende Kompensation** hinausgeht.[385]

241 Der Schadensersatzanspruch lässt sich im Wege der **Leistungsklage** gegen den ersatzpflichtigen Rechtsträger verfolgen. Der Antragsgegner kann seine Unwirksamkeitsklage um eine Leistungsklage erweitern[386] oder auf eine Leistungsklage umstellen[387]. Das Urteil wirkt nach allgemeinen zivilprozessualen Grundsätzen ausschließlich zugunsten des Antragsgegners. Es hat im Gegensatz zum Spruchverfahren **keine Drittwirkung**, was beispielsweise im Fall eines zu hohen Umtauschverhältnisses zu Lasten der Anteilsinhaber des übernehmenden Rechtsträgers nicht überzeugt, da alle Anteilsinhaber gleichermaßen hiervon betroffen sind (zur rechtspolitischen Kritik → Rn. 15 f.).

VI. Analoge Anwendung für Kapitalerhöhungen

242 Es ist umstritten, ob bei **verschmelzungsbedingten Kapitalerhöhungen** die Regeln über das **Freigabeverfahren analog** anzuwenden sind.[388] Diese Frage ist insbesondere für Kapitalerhöhungen bei der GmbH nach § 55 UmwG relevant,[389] während für Kapitalerhöhungen bei der AG, KGaA und SE in § 246a AktG ohnehin ein Freigabeverfahren vorgesehen ist[390].

243 Gegen eine analoge Anwendung wird vorgebracht, dass es mit Blick auf die Einführung des § 246a AktG an einer planwidrigen Regelungslücke fehle.[391] Das mag zwar ein berechtigter Einwand gegen eine allgemein geltende Analogie der Vorschriften zum Freigabeverfahren sein. Anders liegt aber der Fall einer zur Durchführung der Verschmelzung

---

[382] OLG Frankfurt 20 W 61/03, AG 2003, 641; Semler/Stengel/*Schwanna* § 16 Rn. 49; Limmer/*Limmer* Teil 2 Rn. 536; *Kort* AG 2010, 230, 235.

[383] Vgl. Begr. RegE zu § 246a AktG (UMAG), BT-Drucks. 15/5092, S. 28; Kölner Kommentar-UmwG/*Simon* § 16 Rn. 111; MünchHdb. GesR VII/*Wilk* § 29 Rn. 291.

[384] Kölner Kommentar-UmwG/*Simon* § 16 Rn. 111.

[385] Vgl. Lutter/*Decher* § 16 Rn. 94.

[386] *Hommelhoff* AG 2012, 194, 198.

[387] Lutter/*Decher* § 16 Rn. 95. Im Sinne eines Wahlrechts *Sosnitza* NZG 1999, 965, 975; wohl auch Widmann/Mayer/*Fronhöfer* § 16 Rn. 224.

[388] Für eine analoge Anwendung: OLG Frankfurt 5 AktG 4/11, AG 2012, 414; OLG Hamm 8 W 6/05, AG 2005, 361; Kölner Kommentar-UmwG/*Simon* § 16 Rn. 52; Kallmeyer/*Marsch-Barner* § 16 Rn. 55; Semler/Stengel/*Schwanna* § 16 Rn. 22; allgemein hierzu *Bayer/Lieder* NZG 2011, 1170, 1171 ff. Gegen eine analoge Anwendung: Lutter/*Decher* § 16 Rn. 31; allgemein hierzu KG 23 AktG 1/11, NZG 2011, 1068 f.

[389] Lutter/Winter/*Vetter* § 55 Rn. 81; Kallmeyer/*Kocher* § 55 Rn. 16.

[390] Streitig ist, ob sich das Freigabeverfahren nach § 246a AktG oder nach § 16 Abs. 3 UmwG analog richtet. Für § 246a AktG: Kölner Kommentar-UmwG/*Simon* § 69 Rn. 43; Widmann/Mayer/*Rieger* § 69 Rn. 60. Für § 16 Abs. 3 AktG analog: Semler/Stengel/*Diekmann* § 69 Rn. 28 ff.; Lutter/*Grunewald* § 69 Rn. 23.

[391] Lutter/*Decher* § 16 Rn. 31; vgl. LG München I 5 HK O 9543/07, AG 2008, 340, 341.

erforderlichen Kapitalerhöhungen, vgl. § 53 UmwG. Insoweit ist eine analoge Anwendung des § 16 Abs. 3 UmwG geboten, weil ansonsten die vom Gesetzgeber intendierte Möglichkeit einer zügigen Entscheidung über das Wirksamwerden der Verschmelzung im Freigabeverfahren leerlaufen würde.[392]

D. Spruchverfahren

Das Spruchverfahren steht den Anteilsinhabern des übertragenden Rechtsträgers als Rechtsbehelf zur Überprüfung des Umtauschverhältnisses sowie der Barabfindung zur Verfügung, §§ 15, 34 UmwG.

Die nachstehenden Erläuterungen beschränken sich nicht auf die Rechtsprechung und Literatur zu Spruchverfahren betreffend Verschmelzungen. Vielmehr werden ebenfalls die gerichtlichen Entscheidungen und das Schrifttum zu Spruchverfahren bei anderen Strukturmaßnahmen, wie insbesondere Spaltung, Formwechsel, Squeeze-out und Unternehmensverträge, herangezogen, da diese konzeptionell mit Spruchverfahren bzgl. Verschmelzungen vergleichbar sind. Das betrifft insbesondere verfahrensrechtliche Fragen sowie die Bewertung von Anteilen bzw. Mitgliedschaften und Unternehmen. Soweit zitierte Rechtsprechung und Literatur diese anderen Strukturmaßnahmen betreffen, wird hierauf nur hingewiesen, falls im Einzelfall Zweifel an der Übertragbarkeit bestehen könnten.

I. Funktion

Das Spruchverfahren behandelt abschließend die Bewertungsrügen von Anteilsinhabern des übertragenden Rechtsträgers, dass das Umtauschverhältnis oder die Barabfindung zu niedrig bemessen seien. Es entlastet damit das Beschlussmängelverfahren von diesen Rügen.

Das Spruchverfahren dient dem Interesse der Mehrheitsanteilsinhaber daran, dass lang andauernde Beschlussmängelverfahren die beschlossene Verschmelzung nicht **faktisch blockieren**.[393] Denn die Behandlung von Bewertungsrügen im Beschlussmängelverfahren würde eine regelmäßig aufwendige und langwierige Überprüfung der zugrundeliegenden Bewertung der beteiligten Rechtsträger erforderlich machen.

Gleichzeitig wahrt das Spruchverfahren das Interesse der Minderheitsanteilsinhaber an einer angemessenen Kompensation für den Verlust ihrer Beteiligung an dem übertragenden Rechtsträger. Das Spruchverfahren gewährt ihnen einen **effektiven Rechtsschutz** zur Wahrnehmung ihres Anspruchs auf ein angemessenes Umtauschverhältnis bzw. eine angemessene Barabfindung.[394] Die Entscheidungen im Spruchverfahren haben *inter omnes* Wirkung, so dass die Erhöhung der Kompensation auch zugunsten der Anteilsinhaber wirkt, die keinen Antrag gestellt haben.

Der Entwicklungsgeschichte nach waren Spruchverfahren vormals im Aktiengesetz und Umwandlungsgesetz geregelt[395] und zeichneten sich nicht selten durch eine überlange Verfahrensdauer von bisweilen mehr als zehn Jahren aus.[396] Zum 1.9.2003 wurden die

---

[392] OLG Frankfurt 5 AktG 4/11, AG 2012, 414; OLG Hamm 8 W 6/05, AG 2005, 361; Kölner Kommentar-UmwG/*Simon* § 16 Rn. 52; Kallmeyer/*Marsch-Barner* § 16 Rn. 55.

[393] Begr. RegE (SpruchG), BT-Drucks. 15/371, S. 1, 11; Emmerich/Habersack/*Emmerich* Vorbemerkung zu § 1 SpruchG Rn. 4.

[394] Begr. RegE (SpruchG), BT-Drucks. 15/371, S. 1, 11; Hüffer/*Koch* § 1 SpruchG Rn. 2.

[395] Spindler/Stilz/*Drescher* § 1 SpruchG Rn. 3; Emmerich/Habersack/*Emmerich* Vorbemerkung zu § 1 SpruchG Rn. 2.

[396] MünchKommAktG/*Kubis* Vorbemerkung SpruchG Rn. 2; Hölters AktG/*Simons* § 1 SpruchG Rn. 3; Emmerich/Habersack/*Emmerich* Vorbemerkung zu § 1 SpruchG Rn. 7. Vgl. BVerfG 1 BvR 3155/09, NZG 2012, 345, 346; 1 BvR 314/11, ZIP 2012, 177 f., wonach eine Verfahrensdauer im konkreten Fall von 18 Jahren bzw. 22 Jahren für die erste Instanz das Recht auf effektiven Rechtsschutz verletzt.

Regelung zum Spruchverfahren im **SpruchG** konzentriert.[397] Ziel des Gesetzgebers war insbesondere die **Verfahrensdauer zu verkürzen**,[398] womit er Erfolg hatte. Nach einer Untersuchung aus dem Jahr 2015 ist die durchschnittliche Dauer von Spruchverfahren deutlich gesunken.[399]

II. Verfahren

1. Anwendungsbereich

250 Bei Verschmelzungen ist der Anwendungsbereich des Spruchverfahrens ausschließlich für die **Anteilsinhaber des übertragenden Rechtsträgers** für Rügen in Bezug auf das Umtauschverhältnis und die Barabfindung eröffnet. Im Einzelnen können sie nach § 1 Nr. 4 SpruchG i. V. m. § 15 UmwG von dem übernehmenden Rechtsträger einen Ausgleich durch **bare Zuzahlung** verlangen, wenn das **Umtauschverhältnis** zu niedrig bemessen ist oder die Mitgliedschaft bei dem übernehmenden Rechtsträger kein ausreichender Gegenwert ist. Ist nach § 29 UmwG eine Barabfindung anzubieten und ist das Angebot zu niedrig bemessen oder nicht oder nicht ordnungsgemäß angeboten, können die Anteilsinhaber des übertragenden Rechtsträgers nach § 1 Nr. 4 SpruchG i. V. m. § 34 UmwG eine **angemessene Barabfindung** verlangen.

2. Verfahrensgrundsätze

251 Bei dem Spruchverfahren handelt es sich um ein **echtes Streitverfahren der freiwilligen Gerichtsbarkeit**.[400] Entsprechend finden nach § 17 Abs. 1 SpruchG grundsätzlich die Vorschriften des FamFG Anwendung. Das SpruchG enthält allerdings eine Vielzahl von abweichenden Bestimmungen, die Elemente des Parteiprozesses aufweisen.[401] Insbesondere gilt in weitem Umfang die **Dispositionsmaxime**:[402] Die Parteien entscheiden über Einleitung, Gegenstand und Beendigung des Verfahrens.[403]

252 Darüber hinaus gilt zwar im Ausgangspunkt der **Amtsermittlungsgrundsatz** nach § 17 Abs. 1 SpruchG i. V. m. § 26 FamFG,[404] wonach das Gericht den Sachverhalt von Amts wegen zu ermitteln hat.[405] Das SpruchG sieht allerdings teilweise eine Einschränkung des Amtsermittlungsgrundsatzes zugunsten des **Beibringungsgrundsatzes** vor.[406] Hervorzuheben sind die folgenden Regelungen: die Anwendbarkeit von § 138 ZPO nach § 8 Abs. 3 SpruchG, die Fristbindung für die Antragsbegründung nach § 4 Abs. 2 SpruchG, die Fristbindung für den Parteivortrag nach § 7 Abs. 2 und 4 SpruchG sowie die allgemeine Verfahrensförderungspflicht nach § 9 Abs. 1 und 2 SpruchG, jeweils in Verbindung mit der Präklusionsvorschrift in § 10 SpruchG.

---

[397] Semler/Stengel/*Volhard* Vorbemerkung zum SpruchG Rn. 3; Spindler/Stilz/*Drescher* § 1 SpruchG Rn. 4.

[398] Begr. RegE (SpruchG), BT-Drucks. 15/371, S. 1, 11.

[399] *Puszkajler/Sekera-Terplan* NZG 2015, 1055, 1056, deren Untersuchung die veröffentlichten beendeten Spruchverfahren in dem Zeitraum 2002 bis Juni 2015 umfasst. Die durchschnittliche Dauer von Verfahren unter Geltung des SpruchG betrug danach 4 Jahre.

[400] Vgl. Begr. RegE (SpruchG), BT-Drucks. 15/371, S. 18; Kölner Kommentar-AktG/*Puszkajler* Vorb. §§ 7–11 SpruchG Rn. 14; Simon-SpruchG/*Winter* vor § 7 Rn. 9.

[401] Begr. RegE (SpruchG), BT-Drucks. 15/371, S. 18.

[402] MünchHdb. GesR VII/*Steinle/Liebert/Katzenstein* § 34 Rn. 14; Semler/Stengel/*Volhard* § 7 Rn. 13; Emmerich/Habersack/*Emmerich* Vorbemerkung zu § 3 SpruchG Rn. 2.

[403] Mehrbrey/*Krenek* § 132 Rn. 2; Lutter/*Mennicke* § 11 Rn. 15 und § 17 Rn. 2.

[404] BGH II ZB 23/14, NZG 2016, 139, 143; Emmerich/Habersack/*Emmerich* Vorbemerkung zu § 1 SpruchG Rn. 4; Hüffer/*Koch* § 1 SpruchG Rn. 3.

[405] Fleischer/Hüttemann/*Arnold/Rothenburg* 27 Rn. 39; MünchHdb. GesR VII/*Steinle/Liebert/Katzenstein* § 34 Rn. 16.

[406] Begr. RegE (SpruchG), BT-Drucks. 15/371, S. 12: „Rückführung des Amtsermittlungsgrundsatzes"; Mehrbrey/*Krenek* § 132 Rn. 1.

§ 14 Beschlussmängel 253–258 § 14

In welchem Umfang der Amtsermittlungsgrundsatz noch Geltung beansprucht, ist in der 253 Literatur streitig.[407] Nach einer Entscheidung des BGH betreffend die Antragsbegründung gemäß § 4 Abs. 2 SpruchG findet der Amtsermittlungsgrundsatz beispielsweise insoweit Anwendung, als sich das Gericht zwar auf die Prüfung der geltend gemachten Einwendungen beschränken kann, aber hierüber auch hinausgehen darf.[408]

3. Beteiligte

a) Antragsgegner und Antragsteller. Antragsgegner ist bei einer Verschmelzung der 254 **übernehmende Rechtsträger**, § 5 Nr. 4 i. V. m. § 1 Nr. 4 SpruchG. Antragsteller können nur die **Anteilsinhaber des übertragenden Rechtsträgers** sein, § 3 S. 1 Nr. 3 SpruchG i. V. m. §§ 15, 34 UmwG.

b) Gemeinsamer Vertreter. Das Spruchverfahren sieht als besonderen Verfahrensbetei- 255 ligten einen gemeinsamen Vertreter vor. Er hat die Aufgabe, die Rechte der Antragsberechtigten zu wahren, die nicht selbst Antragsteller sind, § 6 Abs. 1 S. 1 Hs. 1 SpruchG. Er hat die Stellung eines **gesetzlichen Vertreters**, § 6 Abs. 1 S. 1 Hs. 2 SpruchG. Das Bedürfnis der Vertretung der **nicht antragstellenden Antragsberechtigten** rührt daher, dass die Entscheidungen in einem Spruchverfahren für und gegen alle Anteilsinhaber und damit auch gegen die nicht antragstellenden Antragsberechtigten wirken, § 13 SpruchG.

Der gemeinsame Vertreter wird von dem Gericht frühzeitig bestellt, § 6 Abs. 1 S. 1 Hs. 1 256 SpruchG, soweit zumindest ein Antrag zulässig und zumindest ein Anteilsinhaber nicht als Antragsteller beteiligt ist.[409] Der gemeinsame Vertreter kann als Verfahrensbeteiligter innerhalb des von den Antragstellern eingebrachten Gegenstands an der mündlichen Verhandlung teilnehmen, Schriftsätze einreichen, Anträge stellen und für die nicht antragstellenden Anteilsinhaber Vergleiche abschließen.[410] Darüber hinaus ist er berechtigt, das **Verfahren fortzuführen**, wenn die Antragsteller ihre Anträge zurücknehmen, § 6 Abs. 3 SpruchG.

Ein **Beschwerderecht** hat der gemeinsame Vertreter unstreitig, wenn er das Verfahren 257 nach Antragsrücknahme durch die Antragsteller gemäß § 6 Abs. 3 SpruchG fortgeführt hat.[411] Ob der gemeinsame Vertreter auch beschwerdebefugt ist, wenn kein Fall der Verfahrensfortführung nach § 6 Abs. 3 vorliegt, war bisher in der obergerichtlichen Rechtsprechung und der Literatur sehr streitig.[412] Der BGH hat nunmehr entschieden, dass der gemeinsame Vertreter in diesen Fällen grundsätzlich über **keine Beschwerdebefugnis** verfügt.[413]

4. Ablauf des Verfahrens

Den Ablauf des Verfahrens regeln §§ 7, 8 SpruchG. Danach hat insbesondere der 258 Antragsgegner den **Verschmelzungsbericht** (§ 8 UmwG) sowie den **Prüfungsbericht** des Verschmelzungsprüfers (§ 12 UmwG) einzureichen, § 7 Abs. 3 UmwG. Darüber hinaus kann der Vorsitzende die Vorlage **weiterer Unterlagen**, die entscheidungserheblich sind, anordnen, § 7 Abs. 7 S. 1 SpruchG.[414] Die Antragsteller und der gemeinsame Ver-

---

[407] Hierzu im Einzelnen MünchHdb. GesR VII/*Steinle/Liebert/Katzenstein* § 34 Rn. 18; Mehrbrey/ *Krenek* § 132 Rn. 1.
[408] BGH II ZB 23/14, NZG 2016, 139, 143.
[409] Mehrbrey/*Krenek* § 132 Rn. 44; Lutter/*Mennicke* § 6 SpruchG Rn. 3, 5.
[410] Schmitt/Hörtnagl/Stratz/*Hörtnagl* § 6 SpruchG Rn. 16, 19; Hölters AktG/*Simons* § 6 SpruchG Rn. 26; Semler/Stengel/*Volhard* § 6 SpruchG Rn. 14.
[411] MünchHdb. GesR VII/*Steinle/Liebert/Katzenstein* § 34 Rn. 60; Spindler/Stilz/*Drescher* § 12 SpruchG Rn. 8; vgl. OLG Düsseldorf I-26 W 1/07 (AktE), AG 2009, 907, 908.
[412] Übersicht zum Meinungsstreit bei Hüffer/*Koch* § 12 SpruchG Rn. 3 und Schmidt/Lutter/*Klöcker* § 12 SpruchG Rn. 6.
[413] BGH II ZB 23/14, NZG 2016, 139, 141; dem folgend OLG Frankfurt 21 W 22/13, AG 2016, 667, 668.
[414] Die Vorlage an das Gericht führt grundsätzlich dazu, dass sich die Antragsteller hierüber informieren können, da sie nach Maßgabe von § 17 Abs. 1 S. 1 SpruchG i. V. m. § 13 FamFG in die Gerichtsakten Einsicht nehmen können.

treter können einen dahingehenden Antrag stellen.[415] Die Gesetzesbegründung nennt als mögliche weitere Unterlagen die Arbeitspapiere des beauftragten Wirtschaftsprüfers[416] sowie intern vom Antragsgegner in Auftrag gegebene Bewertungsgutachten.[417] Dem Antrag auf Vorlage von Arbeitspapieren wird allerdings in Spruchverfahren häufig nicht entsprochen, da es an der Entscheidungserheblichkeit fehle.[418]

259 In Bezug auf diese weiteren Unterlagen sieht das Spruchverfahren in § 7 Abs. 7 S. 2 SpruchG zum Schutz von berechtigten **Geheimhaltungsinteressen** des Antragsgegners eine besondere Regelung vor, die über den Geheimnisschutz der ZPO hinausgeht[419]. Der Vorsitzende kann auf Antrag des Antragsgegners anordnen, dass bestimmte Unterlagen den Antragstellern nicht zugänglich gemacht werden dürfen. Erforderlich ist hierfür, dass wichtige Gründe die Geheimhaltung nach Abwägung mit den Interessen der Antragsteller, sich zu den Unterlagen äußern zu können, gebieten. Soweit anstelle eines vollständigen Ausschlusses der Kenntniserlangung ausreichende mildere Maßnahmen zur Verfügung stehen, sind diese mit Blick auf den Anspruch auf rechtliches Gehör der Antragsteller nach Art. 103 Abs. 1 GG zu ergreifen.[420]

260 Zur Vorbereitung der mündlichen Verhandlung kann das Gericht **weitere Maßnahmen** nach § 7 Abs. 5 und 6 SpruchG anordnen. Hierunter fällt beispielsweise die Aufforderung zur Ergänzung oder Erläuterung des schriftlichen Vorbringens von Beteiligten, die Einholung einer schriftlichen Stellungnahme des Verschmelzungsprüfers oder die Beweisaufnahme durch Sachverständige zur Klärung von Vorfragen.

261 Das Gericht ordnet im Regelfall eine **mündliche Verhandlung** an,[421] die so früh wie möglich stattfinden soll, § 8 Abs. 1 SpruchG. In der mündlichen Verhandlung hört das Gericht den Verschmelzungsprüfer an, sofern dies nicht entbehrlich erscheint, § 8 Abs. 2 S. 1 SpruchG.[422] Ob das Gericht noch ein zusätzliches Sachverständigengutachten einholt, steht in seinem Ermessen.[423]

5. Entscheidung

262 Das Gericht entscheidet durch einen mit Gründen versehenen **Beschluss**, § 11 Abs. 1 SpruchG.

263 **a) Inhalt der Entscheidung.** Ist der Antrag nicht zulässig, verwirft das Gericht diesen, während es den Antrag im Fall der Unbegründetheit zurückweist.[424] Ist der Antrag hingegen begründet, setzt das Gericht die Kompensation neu fest.

---

[415] MünchKommAktG/*Kubis* § 7 SpruchG Rn. 19; Spindler/Stilz/*Drescher* § 7 SpruchG Rn. 9.
[416] Siehe ausführlich zur Frage der Vorlage von Arbeitspapieren Spindler/Stilz/*Drescher* § 7 SpruchG Rn. 9.
[417] Begr. RegE (SpruchG), BT-Drucks. 15/371, S. 15.
[418] OLG Stuttgart 20 W 2/08, BeckRS 2010, 00900; OLG Karlsruhe 12 W 136/04, NZG 2006, 670, 671 f.; vgl. OLG Düsseldorf I-26 W 8/10, AG 2012, 797, 802; OLG Stuttgart 20 W 3/09, BeckRS 2011, 01678; Mehrbrey/*Krenek* § 132 Rn. 57.
[419] Zum Geheimnisschutz in der ZPO siehe *McGuire* GRUR 2015, 424, 427 ff.
[420] Spindler/Stilz/*Drescher* § 7 SpruchG Rn. 12; MünchKommAktG/*Kubis* § 7 SpruchG Rn. 22; Mehrbrey/*Krenek* § 132 Rn. 58.
[421] Schmidt/Lutter/*Klöcker* § 8 SpruchG Rn. 1; Emmerich/Habersack/*Emmerich* § 8 SpruchG Rn. 3; Kölner Kommentar-AktG/*Puszkajler* § 8 SpruchG Rn. 4.
[422] Zur zweifelhaften normativen Einordnung des sachverständigen Prüfers als sachverständigen Zeugen in § 8 Abs. 2 S. 1 SpruchG siehe MünchHdb. GesR VII/*Steinle/Liebert/Katzenstein* § 34 Rn. 46; Mehrbrey/*Krenek* § 132 Rn. 61; Hüffer/*Koch* § 8 SpruchG Rn. 4.
[423] Spindler/Stilz/*Drescher* § 8 SpruchG Rn. 6; MünchHdb. GesR VII/*Steinle/Liebert/Katzenstein* § 34 Rn. 47. Zur Frage, ob der sachverständige Prüfer zum gerichtlichen Sachverständigen bestellt werden darf, siehe Emmerich/Habersack/*Emmerich* § 8 SpruchG Rn. 8 f. und Schmidt/Lutter/*Klöcker* § 8 SpruchG Rn. 1 m. w. N.
[424] MünchKommAktG/*Kubis* § 11 SpruchG Rn. 2; Semler/Stengel/*Volhard* § 11 SpruchG Rn. 1; Schmitt/Hörtnagl/Stratz/*Hörtnagl* § 11 SpruchG Rn. 3 ff.

Im Fall des Umtauschverhältnisses bestimmt es eine angemessene Zuzahlung nach § 15 **264** Abs. 1 S. 2 UmwG. Das Gericht kann hingegen das Umtauschverhältnis selbst nicht korrigieren. Im Fall eines fehlenden oder zu niedrigen Abfindungsangebots bestimmt es ein angemessenes Barabfindungsangebot nach § 34 UmwG (ausführlich sowie zum Fall einer nicht ordnungsgemäß angebotenen Barabfindung → Rn. 332 ff.). Eine Herabsetzung der Barabfindung oder des Umtauschverhältnisses zulasten der Anteilsinhaber (*reformatio in peius*) ist ausgeschlossen.[425]

Darüber hinaus entscheidet das Gericht über die Kostenverteilung nach § 15 SpruchG **265** (→ Rn. 280 f.).[426] Ob das Gericht auch die Zinsen nach §§ 15 Abs. 2, 30 Abs. 1 S. 2 UmwG festsetzt, ist umstritten. Während das Gericht nach einer Ansicht hierüber von Amts wegen entscheidet,[427] ist nach der vorzugswürdigen Gegenauffassung eine Entscheidung hierüber zwar möglich, aber nicht zwingend.[428]

b) Wirkung der Entscheidung. Die Entscheidung wird erst mit Eintritt der **formel- 266 len Rechtskraft** wirksam, § 13 S. 1 SpruchG. In Bezug auf die **materielle Rechtskraft** hat die Entscheidung *inter omnes* Wirkung, § 13 S. 2 SpruchG. Sie wirkt also ebenfalls zugunsten derjenigen Anteilsinhaber, die keinen Antrag im Spruchverfahren gestellt haben.

Mithin kommt die Bestimmung einer **angemessenen Barabfindung** nach § 34 **267** UmwG allen Abfindungsberechtigten zugute.[429] **Abfindungsberechtigt** sind diejenigen ehemaligen Anteilsinhaber des übertragenden Rechtsträgers, die Widerspruch gegen den Verschmelzungsbeschluss erklärt und das Abfindungsangebot fristgerecht angenommen haben, §§ 29, 31 UmwG. Zudem ist nach überwiegender Ansicht erforderlich, dass die Abfindungsberechtigten gegen den Verschmelzungsbeschluss gestimmt haben.[430]

Eine fristgerechte Annahme des Abfindungsangebots ist binnen zwei Monaten nach **268** Bekanntmachung der Eintragung der Verschmelzung (§ 31 S. 1 UmwG) sowie binnen zwei Monaten nach Bekanntmachung der Entscheidung im Spruchverfahren (§ 31 S. 2 UmwG) möglich. Sind Anteilsinhaber bereits gegen Zahlung der ursprünglichen niedrigeren Abfindung ausgeschieden, haben sie einen **Abfindungsergänzungsanspruch**.[431]

Im Fall der Bestimmung einer **angemessenen Zuzahlung** aufgrund eines zu niedrigen **269** Umtauschverhältnisses sind alle Anteilsinhaber des übertragenden Rechtsträgers anspruchsberechtigt, die zum Zeitpunkt des Wirksamwerdens der Verschmelzung Anteile hielten und nicht gegen eine Barabfindung ausscheiden.[432]

Die gerichtliche Entscheidung gestaltet mit Eintritt der Rechtskraft den Verschmelzungs- **270** vertrag mit *ex tunc* Wirkung hinsichtlich der festgesetzten Zuzahlung in Bezug auf das Umtauschverhältnis oder einer erhöhten Barabfindung um.[433] Die Entscheidung hat inso-

---

[425] BGH II ZB 23/14, NZG 2016, 139, 143; BGH II ZR 270/08, AG 2010, 910, 911 (Rn. 12); Hüffer/*Koch* § 11 SpruchG Rn. 2; *Fleischer* AG 2016, 185, 193; *Merkner/Schmidt-Bendun* NZG 2011, 10, 13.
[426] MünchKommAktG/*Kubis* § 11 SpruchG Rn. 7; Hölters AktG/*Simons* § 11 SpruchG Rn. 9; Simon-SpruchG/*Simon* § 11 Rn. 7.
[427] Vgl. OLG Karlsruhe 12 W 12/01, AG 2005, 45, 48; Semler/Stengel/*Volhard* § 11 SpruchG Rn. 3; Hölters AktG/*Simons* § 11 SpruchG Rn. 7; Lutter/*Mennicke* § 11 SpruchG Rn. 2.
[428] OLG Düsseldorf I-26 W 11/11 (AktE), AG 2012, 716, 719; I-26 W 1/07 (AktE), AG 2009, 907, 912; OLG Hamburg 11 W 29/94, AG 2002, 89; Hüffer/*Koch* § 11 SpruchG Rn. 2; Spindler/Stilz/*Drescher* § 11 SpruchG Rn. 3; generell ablehnend Kölner Kommentar-AktG/*Puszkajler* § 11 SpruchG Rn. 15.
[429] Kallmeyer/*Marsch-Barner* § 31 Rn. 8; Kölner Kommentar-UmwG/*Simon* § 31 Rn. 11.
[430] Überwiegende Ansicht, siehe (→ Rn. 294).
[431] Semler/Stengel/*Kalss* § 34 Rn. 15; MünchKommAktG/*Kubis* § 13 SpruchG Rn. 3.
[432] OLG München 31 Wx 87/06, AG 2007, 701, 702; Semler/Stengel/*Gehling* § 15 Rn. 9; Kölner Kommentar-UmwG/*Simon* § 15 Rn. 7; zu Fragen der Rechtsnachfolge siehe Henssler/Strohn/*Junker* § 15 UmwG Rn. 13.
[433] Mehrbrey/*Krenek* 133 Rn. 2; Simon-SpruchG/*Simon* § 11 Rn. 4; Hölters AktG/*Simons* § 13 SpruchG Rn. 7; MünchKommAktG/*Kubis* § 13 SpruchG Rn. 2.

weit aber **keinen vollstreckbaren Inhalt**. Soweit erforderlich, haben die Gläubiger eine Leistungsklage auf Zahlung gegen den übernehmenden Rechtsträger zu erheben. Hierfür ist das Gericht und der Spruchkörper des ersten Rechtszugs des Spruchverfahrens zuständig, § 16 SpruchG.

6. Vergleich

271 Das Spruchverfahren kann durch einen **gerichtlichen Vergleich** beendet werden.[434] Das Gericht soll in jeder Lage des Verfahrens auf eine gütliche Einigung bedacht sein, § 11 Abs. 2 S. 1 SpruchG. Für einen verfahrensbeendenden Vergleichsschluss ist die **Einigung aller Beteiligten** erforderlich, also des Antragsgegners, der Antragsteller und des gemeinsamen Vertreters, vgl. § 11 Abs. 2 S. 2 SpruchG.[435] Der Vergleich wirkt nach herrschender Meinung aber **nicht *inter omnes*** wie eine gerichtliche Entscheidung, sondern nur zwischen den Parteien des Vergleichs.[436] In der Regel vereinbaren die Beteiligten allerdings, dass der Vergleich zugunsten aller kompensationsberechtigten Anteilsinhaber wirkt, da der gemeinsame Vertreter andernfalls nicht zustimmen würde.

272 Das Erfordernis einer Einigung aller Beteiligten macht einen Vergleichsabschluss in der Praxis bei einer Vielzahl von Antragstellern regelmäßig sehr schwierig. Insbesondere nutzen einzelne Antragsteller bisweilen ihre Blockademöglichkeit aus oder haben in einer Niedrigzinsperiode Interesse an einer langen Verfahrensdauer, um von der Verzinsung der Kompensation in Höhe von 5 Prozentpunkten über dem Basiszinssatz möglichst lange zu profitieren (zur Verzinsung → Rn. 348 ff.).

273 Möglich ist auch der Abschluss eines **Mehrheits- oder Teilvergleichs**,[437] der aber nicht zu einer Verfahrensbeendigung führt und die übrigen Beteiligten nicht bindet (zur Heranziehung eines Mehrheitsvergleichs bei der Bewertung → Rn. 413 ff.).[438] Der Abschluss eines **außergerichtlichen Vergleichs** zwischen allen oder einigen Beteiligten wirkt ebenfalls nicht verfahrensbeendend. Ein außergerichtlicher Vergleich kann aber die Verpflichtung enthalten, den Antrag zurückzunehmen oder übereinstimmend für erledigt zu erklären.

7. Rechtsbehelf

274 Gegen Endentscheidungen des Landgerichts in der ersten Instanz ist als Rechtsbehelf die **Beschwerde** statthaft, § 12 Abs. 1 S. 1 SpruchG. Zuständig ist das dem Landgericht übergeordnete Oberlandesgericht, § 119 Abs. 1 Nr. 2 GVG. Die Landesregierungen können die Zuständigkeit bei einem Oberlandesgericht konzentrieren, § 12 Abs. 2 SpruchG.

275 Das Beschwerdeverfahren bestimmt sich nach dem SpruchG sowie subsidiär nach § 17 Abs. 1 SpruchG i. V. m. §§ 58 ff. FamFG. Für erstinstanzliche Verfahren, deren Einleitung vor dem 1.9.2009 beantragt wurde, finden die Vorschriften des vormaligen FGG nach Art. 111 Abs. 1 S. 1 FGG-Reformgesetz Anwendung. Das Verfahren für diese sog. Altfälle wird hier nicht näher erläutert.[439]

276 **Beschwerdebefugt** sind sowohl der Antragsgegner als auch die Antragsteller vorbehaltlich ihrer jeweiligen Beschwer, § 59 Abs. 1 und 2 FamFG. Nach wohl überwiegender

---

[434] Begr. RegE (SpruchG), BT-Drucks. 15/371, S. 16; Fleischer/Hüttemann/*Arnold/Rothenburg* § 27 Rn. 44.
[435] OLG Düsseldorf I-26 W 17/12 (AktE), AG 2013, 807, 809; Bürgers/Körber/*Ederle/Theusinger* § 11 SpruchG Rn. 2; Schmitt/Hörtnagl/Stratz/*Hörtnagl* § 11 SpruchG Rn. 12.
[436] Spindler/Stilz/*Drescher* § 11 SpruchG Rn. 6; MünchKommAktG/*Kubis* § 11 SpruchG Rn. 13; Lutter/*Mennicke* § 11 SpruchG Rn. 7; a. A. Simon-SpruchG/*Simon* § 11 Rn. 20.
[437] Spindler/Stilz/*Drescher* § 11 SpruchG Rn. 7; Hüffer/*Koch* § 11 SpruchG Rn. 5; MünchHdb. GesR VII/*Steinle/Liebert/Katzenstein* § 34 Rn. 52.
[438] OLG Düsseldorf I-26 W 17/12 (AktE), AG 2013, 807, 809; I-26 W 15/12, NZG 2013, 1393, 1395; OLG Frankfurt 21 W 63/13, AG 2015, 547, 548; Emmerich/Habersack/*Emmerich* § 11 SpruchG Rn. 6a.
[439] Siehe hierzu Emmerich/Habersack/*Emmerich* § 12 SpruchG Rn. 13 ff.; Semler/Stengel/*Volhard* § 11 SpruchG Rn. 11 ff.

Ansicht hängt die Beschwerdebefugnis der Antragsteller nicht davon ab, dass sie bei Einreichung der Beschwerde noch Anteilsinhaber sind. Das entsprechende Erfordernis für das erstinstanzliche Verfahren nach § 3 S. 2 SpruchG findet nach überwiegender Ansicht keine Anwendung.[440] Der **gemeinsame Vertreter** ist nur im Fall der Verfahrensfortführung nach Rücknahme aller Anträge gemäß § 6 Abs. 3 SpruchG beschwerdebefugt (→ Rn. 257).

Als weitere Zulässigkeitsvoraussetzung muss der Wert des Beschwerdegegenstands 600 EUR übersteigen oder das Landgericht die Beschwerde zulassen, § 61 Abs. 1 und 2 FamFG. Die **Beschwerdefrist beträgt einen Monat** nach Zustellung der Entscheidung des Landgerichts, § 63 FamFG.

Die Beschwerde ist beim Landgericht (*iudex a quo*) nach § 64 Abs. 1 S. 1 FamFG einzulegen, das zunächst über die **Abhilfe** entscheidet, § 68 Abs. 1 S. 1 FamFG. Hilft es der Beschwerde nicht ab, legt es diese dem Beschwerdegericht vor, § 68 Abs. 1 S. 1 Hs. 2 FamFG. Das Beschwerdegericht ist eine **zweite vollwertige Tatsacheninstanz**, § 65 Abs. 3 FamFG.[441]

Gegen die Entscheidung des Beschwerdegerichts ist die **Rechtsbeschwerde zum BGH** statthaft, soweit das Beschwerdegericht diese zulässt, § 70 Abs. 1 FamFG. Zuzulassen ist die Rechtsbeschwerde wie im Fall der Berufung, wenn die Rechtssache grundsätzliche Bedeutung hat oder wenn die Rechtsfortbildung oder die Sicherung einer einheitlichen Rechtsprechung eine Entscheidung des BGH erfordert, § 70 Abs. 2 FamFG. Eine Nichtzulassungsbeschwerde ist nicht vorgesehen; die Entscheidung des Beschwerdegerichts ist nicht anfechtbar.[442]

8. Streitwert, Gebühren und Kosten

Die **Gerichtskosten** schuldet der **Antragsgegner**, § 23 Nr. 14 GNotKG. Nach § 15 Abs. 1 SpruchG können die Gerichtskosten aber ganz oder zum Teil den **Antragstellern auferlegt** werden, wenn dies der **Billigkeit** entspricht. Das ist nur ausnahmsweise der Fall, beispielsweise bei eindeutig unzulässigen Anträgen oder einer missbräuchlichen Verfahrenseinleitung.[443] Der für die Gerichtskosten maßgebliche **Geschäftswert** beträgt mindestens 200.000 EUR und höchstens 7,5 Mio. EUR, § 74 S. 1 GNotKG.

Die **außergerichtlichen Kosten der Antragsteller** hat der **Antragsgegner** zu tragen, wenn dies unter Berücksichtigung des Ausgangs des Verfahrens der **Billigkeit** entspricht, § 15 Abs. 2 SpruchG. Für die Billigkeitsentscheidung ist im ersten Schritt auf den Verfahrensausgang abzustellen.[444] Darüber hinaus können aber auch weitere Gesichtspunkte berücksichtigt werden. Die **außergerichtlichen Kosten des Antragsgegners** hat dieser in der ersten Instanz stets selbst zu tragen, da § 15 SpruchG keine Erstattung durch die Antragsteller vorsieht.[445] Der Gegenstandswert für die Rechtsanwaltsgebühren bestimmt sich nach § 31 RVG.

---

[440] OLG München 31 Wx 87/06, AG 2007, 701 f.; Emmerich/Habersack/*Emmerich* § 12 SpruchG Rn. 6a; Spindler/Stilz/*Drescher* § 12 SpruchG Rn. 6; Schmitt/Hörtnagl/Stratz/*Hörtnagl* § 11 SpruchG Rn. 5; a. A. *Büchel* NZG 2003, 793, 800; Semler/Stengel/*Volhard* § 12 SpruchG Rn. 5.

[441] MünchKommAktG/*Kubis* § 12 SpruchG Rn. 15 f.; Lutter/*Mennicke* § 12 SpruchG Rn. 14.

[442] MünchHdb. GesR VII/*Steinle/Liebert/Katzenstein* § 34 Rn. 78; Emmerich/Habersack/*Emmerich* § 12 SpruchG Rn. 12.

[443] Hüffer/*Koch* § 15 SpruchG Rn. 4 m. w. N.; Bürgers/Körber/*Ederle/Theusinger* § 15 SpruchG Rn. 5.

[444] Siehe Begr. RegE (SpruchG), BT-Drucks. 15/371, S. 17 f.; Hüffer/*Koch* § 15 SpruchG Rn. 6; Fleischer/Hüttemann/*Arnold/Rothenburg* § 27 Rn. 66.

[445] BGH II ZB 12/11, NZG 2012, 191, 194; OLG Stuttgart 20 W 7/14, NZG 2015, 629, 634 f.; Spindler/Stilz/*Drescher* § 15 SpruchG Rn. 25 m. w. N.; a. A. Semler/Stengel/*Volhard* § 15 SpruchG Rn. 14. Nach OLG München 31 Wx 186/16, BeckRS 2016, 20965 (Rn. 11 ff.) können im Beschwerdeverfahren dem Antragsteller die außergerichtlichen Kosten des Antragsgegners ausnahmsweise nach Billigkeitsgesichtspunkten auferlegt werden.

III. Zulässigkeit

1. Zuständigkeit

282 Für Spruchverfahren besteht eine ausschließliche **sachliche Zuständigkeit** der Landgerichte nach § 71 Abs. 2 Nr. 4 lit. e GVG. **Örtlich zuständig** ist das Landgericht, in dessen Bezirk der übertragende Rechtsträger seinen Sitz hatte, § 2 Abs. 1 Satz 1 SpruchG.[446] Hierbei kommt es auf den Satzungssitz an.[447] Die Landesregierungen können die Zuständigkeit auf ein Landgericht für die Bezirke mehrerer Landgerichte konzentrieren.[448] **Funktionell zuständig** ist die Kammer für Handelssachen gemäß §§ 94, 95 Abs. 2 Nr. 2, 71 Abs. 2 Nr. 4e GVG. Es ist streitig, ob es hierbei um eine **ausschließliche** funktionelle Zuständigkeit handelt.[449]

2. Antrag

283 Der Antrag ist bei einem zu niedrigen Umtauschverhältnis auf die gerichtliche Bestimmung einer angemessenen Zuzahlung nach § 15 Abs. 1 S. 2 UmwG zu richten. Bei einem zu niedrigen oder fehlenden Abfindungsangebot ist die Bestimmung einer angemessenen Barabfindung nach § 34 S. 1 UmwG zu beantragen. Die Zuzahlung bzw. die Barabfindung bedürfen **keiner Bezifferung**. Für den Antrag ist kein besonderer Wortlaut vorgesehen.[450]

284 Ein reiner Feststellungsantrag ist grundsätzlich nicht statthaft; der Antrag ist auf eine **Gestaltungsentscheidung** im Sinne der Bestimmung einer Kompensation zu richten.[451] Ein Feststellungsantrag ist nach hiesiger Ansicht ausnahmsweise für den Fall der nicht ordnungsgemäß angebotenen Barabfindung statthaft (→ Rn. 334 ff.).

3. Antragsberechtigung

285 Antragsberechtigt sind nur die Anteilsinhaber des übertragenden Rechtsträgers, §§ 3 S. 1 Nr. 3, 1 Nr. 4 SpruchG. In Hinblick auf die Antragsberechtigung ist zu differenzieren, ob der Antrag auf eine Verbesserung des Umtauschverhältnisses oder die Bestimmung einer angemessenen Barabfindung gerichtet ist.

286 Die Anteilsinhaber des übernehmenden Rechtsträgers sind hingegen nicht antragsbefugt. Sie können allerdings – im Gegensatz zu den Anteilsinhabern des übertragenden Rechtsträgers – eine Unwirksamkeitsklage gegen den Verschmelzungsbeschluss des übernehmenden Rechtsträgers auf die Rüge stützen, dass das Umtauschverhältnis bzw. die Barabfindung zu hoch bemessen seien (→ Rn. 74 ff.).

287 **a) Umtauschverhältnis.** Die Befugnis, eine Verbesserung des Umtauschverhältnisses zu beantragen, besteht nur unter zwei Voraussetzungen, wobei die Einzelheiten umstritten sind. Erstens muss der Antragsteller nach §§ 3 S. 1 Nr. 3, 1 Nr. 4 SpruchG **zur Zuzahlung berechtigt** sein. Das richtet sich nach § 15 Abs. 1 S. 1 UmwG. Danach kann ein Anteilsinhaber des übertragenden Rechtsträgers eine Zuzahlung im Spruchverfahren verlangen, dessen Recht, eine Unwirksamkeitsklage gegen den Verschmelzungsbeschluss nach § 14 Abs. 2 zu erheben, ausgeschlossen ist.[452] Der Anteilsinhaber müsste also zur Erhebung

---

[446] Semler/Stengel/*Volhard* § 2 SpruchG Rn. 1; MünchKommAktG/*Kubis* § 2 SpruchG Rn. 3.

[447] MünchHdb. GesR VII/*Steinle/Liebert/Katzenstein* § 34 Rn. 29; Schmitt/Hörtnagl/Stratz/*Hörtnagl* § 2 SpruchG Rn. 4.

[448] Übersicht bei Spindler/Stilz/*Drescher* § 2 SpruchG Rn. 6.

[449] Für ausschließliche Zuständigkeit: *Kiefner/Kersjes* NZG 2012, 244, 245 ff.; Emmerich/Habersack/*Emmerich* § 2 SpruchG Rn. 9. Gegen ausschließliche Zuständigkeit: LG München I 38 O 21051/09, NZG 2010, 392 (Ergänzung in 520); *Simons* NZG 2012, 609, 611; Mehrbrey/*Krenek* § 132 Rn. 17; Hüffer/*Koch* § 2 SpruchG Rn. 5.

[450] Vgl. Formulierungsbeispiel bei Happ/*Möhrle* Abschnitt 13.08 (Antrag auf Verbesserung des Umtauschverhältnisses).

[451] MünchKommAktG/*Kubis* § 4 SpruchG Rn. 3; Simon-SpruchG/*Leuering* § 4 Rn. 7.

[452] Schmitt/Hörtnagl/Stratz/*Stratz* § 15 Rn. 7; vgl. Lutter/*Decher/Hoger* § 196 Rn. 5 (Formwechsel).

§ 14 Beschlussmängel

einer Unwirksamkeitsklage berechtigt sein, wenn der Rügeausschluss nicht anwendbar wäre.[453] Das setzt vorbehaltlich rechtsformspezifischer Abweichungen insbesondere voraus, dass der Antragsteller zum **Zeitpunkt der Fassung des Verschmelzungsbeschlusses Anteilsinhaber des übertragenden Rechtsträgers** war.[454] Anders als bei der Barabfindung ist es **nicht erforderlich**, dass der Antragsteller **Widerspruch** gegen den Umwandlungsbeschluss zu Protokoll erklärt hat oder **gegen die Verschmelzung gestimmt** hat.[455]

Zweitens muss der Antragsteller zum **Zeitpunkt der Antragstellung** Anteilsinhaber sein, § 3 S. 2 SpruchG.[456] Ersichtlich bezieht sich die erforderliche Anteilsinhaberschaft nicht auf den übertragenden Rechtsträger, da dieser erloschen ist. Vielmehr muss der Antragsteller durch die Verschmelzung Anteilsinhaber des übernehmenden Rechtsträgers geworden sein.[457]

Wie sich **Rechtsnachfolgen** bei den Anteilen auf die Antragsbefugnis auswirken, bestimmt sich zunächst danach, ob es sich um eine Gesamt- oder Einzelrechtsnachfolge handelt. Im Fall der **Gesamtrechtsnachfolge** bleibt für den Rechtsnachfolger die Antragsbefugnis bestehen.[458] Für die **Einzelrechtsnachfolge**, beispielsweise durch Veräußerung der Anteile, ist demgegenüber die Auswirkung auf die Antragsbefugnis umstritten. Insoweit ist zunächst nach dem Zeitpunkt der Einzelrechtsnachfolge zu differenzieren.

Kommt es zur **Einzelrechtsnachfolge nach Antragstellung**, so besteht weitgehend Einigkeit, dass das Verfahren gemäß **§ 265 Abs. 2 ZPO analog** fortgeführt wird.[459] Streitig ist allerdings, wer die Berechtigung zur Fortführung des Verfahrens hat. Nach einer Meinung kann der Erwerber in das Verfahren eintreten.[460] Nach der überwiegenden Gegenauffassung setzt der Veräußerer das Verfahren in **Prozessstandschaft** fort.[461] Diese Auffassung ist überzeugend, da sie in der Analogie zu Satz 2 des § 265 Abs. 2 ZPO eine Stütze findet.[462]

Erfolgt die **Einzelrechtsnachfolge nach der Fassung des Verschmelzungsbeschlusses, aber vor der Antragstellung**, ist streitig, ob der Erwerber antragsbefugt ist. Nach der überzeugenden Ansicht ist der Erwerber dann antragsbefugt, wenn er neben dem Anteil auch den – zumindest nach Eintragung der Verschmelzung selbstständig abtretbaren[463] – Anspruch auf Verbesserung des Umtauschverhältnisses erwirbt.[464]

---

[453] Schmitt/Hörtnagl/Stratz/*Stratz* § 15 Rn. 7; Widmann/Mayer/*Wälzholz* § 3 SpruchG Rn. 24.
[454] Demgegenüber auf den Zeitpunkt des Wirksamwerdens der Verschmelzung abstellend Kölner Kommentar-UmwG/*Simon* § 15 UmwG Rn. 28.
[455] Hölters AktG/*Simons* § 3 SpruchG Rn. 10; Semler/Stengel/*Gehling* § 15 Rn. 12; *Tettinger* NZG 2008, 93, 94 f.
[456] OLG München 31 Wx 250/11, AG 2012, 749, 750; Widmann/Mayer/*Heckschen* § 15 Rn. 82.
[457] OLG München 31 Wx 250/11, AG 2012, 749, 750; MünchKommAktG/*Kubis* § 3 SpruchG Rn. 15; Henssler/Strohn/*Junker* § 15 UmwG Rn. 10.
[458] Emmerich/Habersack/*Emmerich* § 3 SpruchG Rn. 9; MünchKommAktG/*Kubis* § 3 SpruchG Rn. 16.
[459] OLG Stuttgart 20 W 3/06, AG 2008, 510 f.; MünchHdb. GesR VII/*Steinle/Liebert/Katzenstein* § 34 Rn. 31; MünchKommAktG/*Kubis* § 3 SpruchG Rn. 16; Spindler/Stilz/*Drescher* § 3 SpruchG Rn. 22; Widmann/Mayer/*Wälzholz* § 3 SpruchG Rn. 28; Hölters AktG/*Simons* § 3 SpruchG Rn. 27; a. A. *Bilda* NZG 2005, 375, 378.
[460] Spindler/Stilz/*Drescher* § 3 SpruchG Rn. 22; Lutter/*Mennicke* § 3 SpruchG Rn. 4.
[461] OLG Stuttgart 20 W 3/06, AG 2008, 510 f.; Emmerich/Habersack/*Emmerich* § 3 SpruchG Rn. 9; MünchKommAktG/*Kubis* § 3 SpruchG Rn. 17; Hölters AktG/*Simons* § 3 SpruchG Rn. 27.
[462] Hüffer/*Koch* § 3 SpruchG Rn. 5a.
[463] Schmitt/Hörtnagl/Stratz/*Stratz* § 15 Rn. 10; Kallmeyer/*Marsch-Barner* § 15 Rn. 3.
[464] Spindler/Stilz/*Drescher* § 3 SpruchG Rn. 5, 11; Widmann/Mayer/*Heckschen* § 15 Rn. 86 f.; Semler/Stengel/*Gehling* § 15 Rn. 23d; a. A. MünchKommAktG/*Kubis* § 3 SpruchG Rn. 16; Kölner Kommentar-AktG/*Wasmann* § 3 SpruchG Rn. 12 (für Eingliederung und Squeeze-out); Simon-SpruchG /*Leuering* § 3 Rn. 34. Zu der umstrittenen Frage, welche Auswirkungen es hat, wenn der Anteil ohne den Anspruch auf Barzuzahlung abgetreten wird, siehe Semler/Stengel/*Gehling* § 15 Rn. 10; kritisch hierzu Hölters AktG/*Simons* § 3 SpruchG Rn. 24.

292 Der Antragsteller ist für seine Antragsbefugnis **darlegungs- und nachweispflichtig**. Die Voraussetzungen der Antragsbefugnis sind innerhalb der Antragsfrist darzulegen. Den Nachweis der Antragsbefugnis kann der Antragsteller auch nach Ablauf der Antragsfrist erbringen.[465] Handelt es sich bei dem übernehmenden Rechtsträger um eine AG, ist die Aktionärsstellung durch **Urkunden** (Aktienurkunde bzw. Depotauszug sowie eine schriftliche Bankbestätigung)[466] nachzuweisen, § 3 S. 3 SpruchG. Andere Beweismittel sind ausgeschlossen.

293 b) **Barabfindung.** Die Berechtigung, eine angemessene Barabfindung zu beantragen, setzt zunächst die grundsätzliche **Abfindungsberechtigung** des Antragstellers nach §§ 3 S. 1 Nr. 3, 1 Nr. 4 SpruchG voraus. Das richtet sich nach § 34 UmwG. Danach kann ein Anteilsinhaber des übertragenden Rechtsträgers eine angemessene Barabfindung im Spruchverfahren verlangen, dem eine Barabfindung nach § 29 UmwG anzubieten war.

294 Hierfür ist erforderlich, dass der betreffende Anteilsinhaber nach § 29 Abs. 1 S. 1 UmwG **Widerspruch zur Niederschrift** gegen den Verschmelzungsbeschluss erklärt hat, soweit nicht ein gleichgestellter Fall nach § 29 Abs. 2 UmwG einschlägig ist. Nach überzeugender Ansicht ist zudem eine **Stimmabgabe gegen den Verschmelzungsbeschluss** erforderlich.[467] Nach der Gegenauffassung ist eine Abgabe der Stimme gegen die Verschmelzung nicht erforderlich.[468]

295 Darüber hinaus muss der Antragsteller auch **zum Zeitpunkt der Antragstellung Anteilsinhaber** sein, § 3 S. 2 SpruchG. Die vorstehenden Erläuterungen zur Rechtsnachfolge sowie zur Nachweispflicht gelten entsprechend (→ Rn. 289 ff.). Im Fall der Einzelrechtsnachfolge vor Antragstellung ist der Erwerber nach überzeugender Ansicht auch dann antragsbefugt, wenn er selbst zwar weder Widerspruch zur Niederschrift erklärt noch gegen den Beschluss gestimmt hat, aber sein Rechtsvorgänger diese Voraussetzungen erfüllt hat.[469]

296 Darüber hinaus kann sich im Fall der Barabfindung die folgende besondere Problematik stellen: Nimmt der Antragsteller das Barangebot an und **verliert seine Stellung als Anteilsinhaber nach Antragstellung**, soll er nach einer Ansicht seine Auftragsbefugnis verlieren.[470] Diese Auffassung verkennt das berechtigte Interesse des Antragstellers an der Geltendmachung seines Abfindungsergänzungsanspruchs.[471] Nach überzeugender Ansicht bleibt daher in diesem Fall die Auftragsbefugnis bestehen.[472] Freilich ist ein zum Zeitpunkt der Antragstellung bereits gegen Barabfindung ausgeschiedener Anteilsinhaber nicht antragsberechtigt.[473]

4. Antragsfrist

297 Der Antrag ist binnen einer Frist von **drei Monaten nach Bekanntmachung der Eintragung der Verschmelzung** einzureichen, § 4 Abs. 1 S. 1 Nr. 4 SpruchG. Hierbei

---

[465] BGH II ZB 39/07, NJW-RR 2008, 1355, 1356; OLG München 31 Wx 250/11, AG 2012, 749, 750.
[466] MünchHdb. GesR VII/*Steinle/Liebert/Katzenstein* § 34 Rn. 31.
[467] Simon-SpruchG/*Leuering* § 3 SpruchG Rn. 32; MünchKommAktG/*Kubis* § 3 SpruchG Rn. 6; Schmitt/Hörtnagl/Stratz/*Hörtnagl* § 3 SpruchG Rn. 4; zweifelnd Hüffer/*Koch* § 3 SpruchG Rn. 4.
[468] Hölters AktG/*Simons* § 3 SpruchG Rn. 9; Spindler/Stilz/*Drescher* § 3 SpruchG Rn. 10; Schmidt/Lutter/*Klöcker* § 3 SpruchG Rn. 17.
[469] Widmann/Mayer/*Wälzholz* § 3 SpruchG Rn. 36; Semler/Stengel/*Volhard* § 3 SpruchG Rn. 7; a. A. LG Dortmund 20 O 50/04 AktG, AG 2004, 623; MünchKommAktG/*Kubis* § 3 SpruchG Rn. 16; *van Aerssen* AG 1999, 249, 255.
[470] Wohl OLG Düsseldorf 19 W 1/00 AktE, AG 2001, 596; vgl. OLG Frankfurt 23 U 86/06, AG 2007, 699, 700; Hölters AktG/*Simons* § 3 SpruchG Rn. 9; MünchKommAktG/*Kubis* § 3 SpruchG Rn. 14; Kallmeyer/*Marsch-Barner* § 34 Rn. 3.
[471] Vgl. OLG Stuttgart 20 W 3/06, AG 2008, 510, 511; Spindler/Stilz/*Drescher* § 3 SpruchG Rn. 22.
[472] OLG Stuttgart 20 W 3/06, AG 2008, 510, 511; Spindler/Stilz/*Drescher* § 3 SpruchG Rn. 22.
[473] Vgl. OLG Düsseldorf I-19 W 1/04 AktE, AG 2005, 480, 481.

kommt es auf die Eintragung beim übernehmenden Rechtsträger an, da erst hiermit die Verschmelzung wirksam wird, § 20 Abs. 1 UmwG.[474]

Die Frist ist nach § 17 Abs. 1 SpruchG i. V. m. § 16 Abs. 2 FamFG, § 222 ZPO, §§ 187 Abs. 1, 188 Abs. 2 BGB zu berechnen.[475] Fällt das Ende der Frist auf einen Sonntag, Samstag oder Feiertag, endet die Frist erst mit Ablauf des nächsten Werktags, § 222 Abs. 2 ZPO. Für die Fristwahrung muss die Antragsschrift nach der überzeugenden herrschenden Meinung bei einem zuständigen Gericht eingehen, vgl. § 4 Abs. 1 S. 2 SpruchG.[476] Eine Wiedereinsetzung in den vorigen Stand sowie eine Hemmung oder Unterbrechung der Frist sind ausgeschlossen.[477] Einen verfristeten Antrag weist das Gericht als unzulässig ab.[478]

5. Antragsbegründung

Der Antrag ist nach § 4 Abs. 2 UmwG zu begründen. Die Antragsbegründung hat den übernehmenden Rechtsträger als **Antragsgegner** zu bezeichnen (Nr. 1), die vorstehenden Voraussetzungen der **Antragsberechtigung** (→ Rn. 285 ff.) darzulegen (Nr. 2) und die **Verschmelzung** sowie die zu bestimmende **Kompensation**, also eine angemessene Zuzahlung im Fall eines zu niedrigen Umtauschverhältnisses oder eine angemessene Barabfindung, konkret zu beschreiben (Nr. 3).

Darüber hinaus sind **konkrete Einwendungen gegen die Angemessenheit** der Kompensation oder die zugrundeliegende Unternehmensbewertung anzugeben, soweit der Verschmelzungsbericht und der Prüfungsbericht hierzu Angaben enthalten (Nr. 4) (zur Ausnahme im Fall der Rüge eines nicht ordnungsgemäßen Angebots → Rn. 334 ff.). Hierdurch soll verhindert werden, dass Antragsteller ohne jede sachliche Erläuterung ein aufwändiges Spruchverfahren initiieren.[479] Im Einzelnen hängen die Anforderungen davon ab, inwieweit der Verschmelzungsbericht und der Prüfungsbericht Angaben zur Bewertungsgrundlage enthalten.[480] Liegen insoweit detaillierte Angaben vor, müssen sich die Antragsteller im Rahmen der Einwendungen hiermit inhaltlich auseinandersetzen.[481] Die Anforderungen sind zwar nicht zu überspannen;[482] eine pauschale, nicht näher erläuterte Rüge ist allerdings grundsätzlich nicht ausreichend.[483] Ist ein Antrag nach Maßgabe des § 4

---

[474] MünchKommAktG/*Kubis* § 4 SpruchG Rn. 7; Semler/Stengel/*Volhard* § 4 SpruchG Rn. 3; Emmerich/Habersack/*Emmerich* § 4 SpruchG Rn. 3.

[475] Fleischer/Hüttemann/*Arnold/Rothenburg* § 27 Rn. 34; MünchHdb. GesR VII/*Steinle/Liebert/Katzenstein* § 34 Rn. 32.

[476] OLG München 31 Wx 148/09, NZG 2010, 306, 307; OLG Frankfurt 20 W 84/09, NZG 2009, 1225; Hüffer/*Koch* § 4 SpruchG Rn. 5; Hölters AktG/*Simons* § 4 SpruchG Rn. 11; a. A. Spindler/Stilz/*Drescher* § 4 SpruchG Rn. 8. Zur Rechtslage vor SpruchG siehe BGH, NZG 2006, 426, 427 f., wonach Einreichung des Antrags beim örtlich unzuständigen Gericht nach Maßgabe § 281 ZPO analog Frist wahrte.

[477] OLG Frankfurt 20 W 84/09, NZG 2009, 1225; 20 W 494/06, NZG 2007, 873, 874; BayObLG 3Z BR 106/04, NZG 2005, 312, 314; OLG Düsseldorf I 19 W 2/05 AktE, NZG 2005, 719 f.; Semler/Stengel/*Volhard* § 4 SpruchG Rn. 1; Fleischer/Hüttemann/*Arnold/Rothenburg* § 27 Rn. 34.

[478] MünchKommAktG/*Kubis* § 4 SpruchG Rn. 6; Spindler/Stilz/*Drescher* § 4 SpruchG Rn. 9; Hüffer/*Koch* § 2 SpruchG Rn. 2.

[479] Begr. RegE (SpruchG), BT-Drucks. 15/371, S. 13; BGH II ZB 12/11, NZG 2012, 191, 194; KG 2 W 44/12 SpruchG, NZG 2012, 1427, 1428; OLG München 31 Wx 85/08, NZG 2009, 190, 191; OLG Frankfurt 2 W 83/07, NZG 2008, 469, 470; MünchKommAktG/*Kubis* § 4 SpruchG Rn. 17.

[480] Vgl. Spindler/Stilz/*Drescher* § 4 SpruchG Rn. 21; Hölters AktG/*Simons* § 4 SpruchG Rn. 18.

[481] KG 2 W 44/12 SpruchG, NZG 2012, 1427, 1428; MünchHdb. GesR VII/*Steinle/Liebert/Katzenstein* § 34 Rn. 33.

[482] Begr. RegE (SpruchG), BT-Drucks. 15/371, S. 13; zur umstrittenen Frage, wie streng das Begründungserfordernis zu handhaben ist, siehe Emmerich/Habersack/*Emmerich* § 4 SpruchG Rn. 10 ff.

[483] BGH II ZB 12/11, NZG 2012, 191, 194 (Rn. 24); Lutter/*Mennicke* § 4 SpruchG Rn. 19.

Abs. 2 S. 2 Nr. 1 bis 4 SpruchG nicht genügend begründet, ist der Antrag als unzulässig zurückzuweisen.[484]

301 Schließlich soll der Antragsteller die von ihm gehaltenen Anteile angeben, § 4 Abs. 2 S. 3 SpruchG. Diese Angabe dient dazu, dem Gericht die Bestimmung des Gegenstandswerts (§ 31 RVG) und damit der Verfahrenskosten zu erleichtern.[485] Ein Verstoß gegen diese Soll-Vorschrift begründet nicht die Unzulässigkeit des Antrags.[486]

6. Rechtsschutzbedürfnis

302 Fehlt einem Antrag ausnahmsweise das Rechtsschutzbedürfnis, ist er nicht zulässig. Das kann beispielsweise bei **Rechtsmissbrauch** der Fall sein.[487] Dem Rechtsschutzbedürfnis steht nicht entgegen, wenn ein Antragsteller **kumulativ** beantragt, eine angemessene Zuzahlung wegen eines zu niedrigen Umtauschverhältnisses sowie eine angemessene Barabfindung zu bestimmen.[488] Sobald er das Recht, gegen eine Barabfindung auszuscheiden, ausübt, entfällt aber das Rechtsschutzinteresse an dem Antrag auf Bestimmung einer angemessenen Zuzahlung wegen eines zu niedrigen Umtauschverhältnisses.[489]

IV. Begründetheit

303 Der auf die Bestimmung einer angemessenen Barabfindung gerichtete Antrag ist begründet, wenn die angebotene **Barabfindung** zu niedrig bemessen ist oder nicht oder nicht ordnungsgemäß angeboten worden ist, § 34 UmwG. Der Antrag, eine angemessene Zuzahlung zu bestimmen, ist begründet, wenn das **Umtauschverhältnis** zu niedrig bemessen ist oder die Mitgliedschaft bei dem übernehmenden Rechtsträger kein ausreichender Gegenwert für den Anteil oder die Mitgliedschaft bei dem übertragenden Rechtsträger ist, § 15 Abs. 1 S. 1 UmwG.

304 Für die insoweit anzustellende Angemessenheitsprüfung sind für beide Kompensationsarten verfassungsrechtliche Mindestanforderungen nach der Rechtsprechung des Bundesverfassungsgerichts zu berücksichtigen, die nachstehend vorab beleuchtet werden.

1. Verfassungsrechtliche Mindestanforderungen

305 Das Bundesverfassungsgericht misst den Fall des Ausscheidens aus der Gesellschaft gegen Barabfindung[490] sowie gegen Erhalt von Anteilen an dem übernehmenden Rechtsträger[491] am Maßstab des **Art. 14 Abs. 1 GG**. Hierzu besteht eine umfangreiche Judikatur, die das Bundesverfassungsgericht zu verschiedenen gesellschaftsrechtlichen

---

[484] Begr. RegE (SpruchG), BT-Drucks. 15/371, S. 13; OLG München 31 Wx 85/08, NZG 2009, 190, 191; Hüffer/*Koch* § 4 SpruchG Rn. 9.

[485] Begr. RegE (SpruchG), BT-Drucks. 15/371, S. 13; Hölters AktG/*Simons* § 4 SpruchG Rn. 26.

[486] Mehrbrey/*Krenek* § 132 Rn. 41; Spindler/Stilz/*Drescher* § 4 SpruchG Rn. 23.

[487] OLG Frankfurt 21 W 22/13, AG 2016, 667, 668.

[488] OLG Stuttgart 20 W 3/06, AG 2008, 510, 511; OLG Schleswig 2 W 97/04, ZIP 2004, 2433, 2434 (Formwechsel) m. Anm. *Klöcker/Frowein* EWiR 2005, 321 f.; Semler/Stengel/*Bärwaldt* § 196 Rn. 19 (Formwechsel).

[489] OLG Stuttgart 20 W 3/06, AG 2008, 510, 511; Spindler/Stilz/*Drescher* § 3 SpruchG Rn. 22; Kölner Kommentar-AktG/*Wasmann* § 3 SpruchG Rn. 16; Kallmeyer/*Meister/Klöcker* § 196 Rn. 5 (Formwechsel).

[490] BVerfG 1 BvR 3221/10, NJW 2012, 3020, 3021 – Daimler/Chrysler; 1 BvR 2658/10, NJW 2011, 2497, 2498 – Telekom/T-Online; 1 BvR 1267/06, NJW 2007, 3266, 3267 – Wüstenrot und Württembergische; 1 BvR 234/01, NZG 2003, 1016; 1 BvR 1613/94, NJW 1999, 3769, 3771 – DAT/Altana; 1 BvL 16/60, NJW 1962, 1667, 1669 – Feldmühle; die Eröffnung des Anwendungsbereichs des Art. 14 Abs. 1 GG ablehnend *Leuschner* NJW 2007, 3248, 3249 f.

[491] BVerfG 1 BvR 1267/06, NJW 2007, 3266, 3267 – Wüstenrot und Württembergische; nach zutreffender Auffassung handelt es sich nicht um eine „Entschädigung", sondern um eine Gegenleistung, siehe Lutter/*Drygala* § 5 Rn. 37.

Strukturmaßnahmen entwickelt hat.[492] Diese Judikatur findet auf die **Verschmelzung** Anwendung.[493]

Nach der Rechtsprechung des Bundesverfassungsgerichts schützt Art. 14 Abs. 1 GG das **306** in der Aktie verkörperte Aktieneigentum, das sowohl die mitgliedschaftliche Stellung als auch die vermögensrechtlichen Ansprüche vermittelt. Dieser Schutz gebiete es, dass ein Minderheitsaktionär für den Verlust seines Anteils **wirtschaftlich voll entschädigt** wird, wenn er seine Stellung als Anteilsinhaber des übertragenden Rechtsträgers verliert. Die Entschädigung muss den „**wahren**" oder „**wirklichen**" Wert der Unternehmensbeteiligung an dem arbeitenden Unternehmen unter Einschluss der stillen Reserven und des inneren Geschäftswerts erreichen.[494] Das ist der Fall, wenn die Barabfindung bzw. der Wert der erhaltenen Anteile an dem übernehmenden Rechtsträger den **quotalen Anteil an dem Unternehmenswert** widerspiegeln.[495] Allerdings bildet nach der Börsenkursrechtsprechung des Bundesverfassungsgerichts ein etwaiger **Börsenkurs die Untergrenze** der vollen Entschädigung, soweit er den Verkehrswert der Aktie abbildet (→ Rn. 375 ff.).

Das Bundesverfassungsgericht bestimmt damit die **Mindestanforderungen nach** **307** **Art. 14 Abs. 1 GG** an die Entschädigung zum Schutz der Minderheitsanteilsinhaber. Das Bundesverfassungsgericht legt aber nicht jenseits dieser Mindestanforderungen den konkreten Maßstab nach dem UmwG für die Angemessenheitsprüfung der Barabfindung und des Umtauschverhältnisses fest.

2. Barabfindung

Ein Antrag auf Bestimmung einer angemessenen Barabfindung ist begründet, wenn die **308** angebotene Barabfindung zu niedrig bemessen ist (§ 34 S. 1 UmwG) oder die Barabfindung nicht oder nicht ordnungsgemäß angeboten worden ist (§ 34 S. 2 UmwG).

a) **Fehlendes Angebot.** Der Antrag ist begründet, wenn ein nach § 29 UmwG **309** geschuldetes Barangebot nicht abgegeben worden ist, § 34 S. 2 1. Alt. UmwG. Das ist der Fall bei einer Verschmelzung auf einen Rechtsträger anderer Rechtsform (**Mischverschmelzung**, § 29 Abs. 1 S. 1 1. Alt. UmwG). Darüber hinaus ist bei rechtsformkongruenten Verschmelzungen eine Barabfindung anzubieten, wenn eine börsennotierte AG auf eine nicht börsennotierte AG verschmilzt (**Notierungsbeendigung** oder auch kaltes oder unechtes Delisting, § 29 Abs. 1 S. 1 2. Alt. UmwG) und wenn die Anteile oder Mitgliedschaften am übernehmenden Rechtsträger Verfügungsbeschränkungen unterworfen sind (**Verfügungsbeschränkungen**, § 29 Abs. 1 S. 2 UmwG).

b) **Zu niedriges Angebot.** Der Antrag ist ferner dann begründet, wenn die angebotene **310** Barabfindung nicht angemessen, sondern zu niedrig bemessen ist, § 34 S. 1 UmwG. Nach der Rechtsprechung des BGH ist die Barabfindung angemessen, wenn sie dem Grenzwert entspricht, zu dem der Anteilsinhaber ohne Nachteile aus dem Rechtsträger ausscheiden könnte.[496] Abzustellen ist hierfür auf den **quotalen Anteil** an dem **Unternehmenswert** (Verkehrswert des übertragenden Rechtsträgers).[497]

---

[492] BVerfG 1 BvR 1267/06, NJW 2007, 3266, 3267 – Wüstenrot und Württembergische; 1 BvR 234/01, NZG 2003, 1016; 1 BvR 1613/94, NJW 1999, 3769, 3771 – DAT/Altana; 1 BvL 16/60, NJW 1962, 1667, 1669 – Feldmühle.

[493] BVerfG 1 BvR 3221/10, NJW 2012, 3020, 3021 f. – Daimler/Chrysler; BVerfG 1 BvR 2658/10, NJW 2011, 2497, 2498 – Telekom/T-Online; offener noch 1 BvR 2323/07, NZG 2011, 235, 237 – Kuka; Widmann/Mayer/*Wälzholz* § 5 Rn. 23.

[494] BVerfG 1 BvR 1613/94, NJW 1999, 3769, 3771 – DAT/Altana; vgl. 1 BvR 3221/10, NJW 2012, 3020, 3021 – Daimler/Chrysler; 1 BvR 2658/10, NJW 2011, 2497, 2498 – Telekom/T-Online; 1 BvR 1267/06, NJW 2007, 3266, 3267 – Wüstenrot und Württembergische; 1 BvR 234/01, NZG 2003, 1016; vgl. BGH II ZB 23/14, NZG 2016, 139, 142.

[495] Fleischer/Hüttemann/*Adolff* § 16 Rn. 32 ff. m. w. N.

[496] BGH II ZB 5/97, AG 1998, 286, 287; vgl. II ZB 23/14, NZG 2016, 139, 144; OLG Karlsruhe 12a W 5/15, AG 2015, 789, 790; OLG Frankfurt 21 W 14/11, NZG 2012, 1382.

[497] BGH II ZB 15/00, AG 2001, 417, 418 f.; OLG Frankfurt 5 W 57/09, AG 2010, 751; OLG Stuttgart 20 W 5/05, AG 2006, 420, 422; MünchHdb. GesR VII/*Steinle/Liebert/Katzenstein* § 34

311 Demgegenüber ist grundsätzlich **nicht auf den Verkehrswert des Anteils** abzustellen, der insbesondere wegen Minderheits- und Fungibilitätsabschlägen hinter dem quotalen Unternehmenswert zurückbleiben kann.[498] Ausnahmsweise ist aber nach der Börsenkursrechtsprechung der **Börsenkurs als Untergrenze** der Abfindung heranzuziehen (→ Rn. 378 f.).

312 **aa) Bewertung.** Zur Klärung der Frage, ob die Barabfindung zu niedrig bemessen ist, da sie den quotalen Anteil am Verkehrswert des übertragenden Rechtsträgers unterschreitet, bedarf es grundsätzlich der **Bewertung des übertragenden Rechtsträgers**. Da ein einziger „richtiger" Unternehmenswert nicht existiert, besteht nach herrschender Meinung eine **Bandbreite** von angemessenen Unternehmenswerten (→ Rn. 425 ff.). Hieraus folgt eine Bandbreite von angemessenen Barabfindungen. Liegt die angebotene Abfindung unterhalb dieser Bandbreite, ist die Barabfindung zu niedrig.

313 Soweit die Anteile an dem übertragenden Rechtsträger unterschiedliche Ausstattungsmerkmale aufweisen, beispielsweise in Bezug auf die Gewinnverteilung oder das Stimmrecht, wie etwa im Fall von Stammaktien und Vorzugsaktien, sind diese bei der Anteilsbewertung zu berücksichtigen.[499] In der Folge kann die Zuordnung des Verkehrswerts des übertragenden Rechtsträgers auf die Anteile von einer quotalen Verteilung gemessen an der Kapitalbeteiligung abweichen.

314 Eine Bewertung des übernehmenden Rechtsträgers ist – anders als bei der Prüfung der Angemessenheit des Umtauschverhältnisses – nicht erforderlich. Der Stichtag für die Bewertung ist der **Tag des Verschmelzungsbeschlusses des übertragenden Rechtsträgers**, wie in § 30 Abs. 1 S. 1 UmwG ausdrücklich geregelt.[500]

315 **bb) Synergieeffekte.** Die Bewertung des übertragenden Rechtsträgers hat auf *stand alone* Basis zu erfolgen.[501] Es ist also im Rahmen der Bewertung eine Unternehmensfortführung ohne Verschmelzung mit dem übernehmenden Rechtsträger zugrunde zu legen. Nach der Rechtsprechung und herrschenden Literaturmeinung sind daher Synergieeffekte, die auf der Verschmelzung mit dem übernehmenden Rechtsträger beruhen, nicht zu berücksichtigen (sog. **echte Synergieeffekte**).[502]

316 Anders zu beurteilen sind aber Synergieeffekte, die unabhängig vom konkreten Bewertungsanlass mit einer nahezu beliebigen Vielzahl von anderen Unternehmen zu erzielen sind (sog. **unechte Synergieeffekte**).[503] Das betrifft beispielsweise die Ausnutzung von Größeneffekten, die Verbesserung der Kapazitätsauslastung oder die Verbesserung der Finanzierungsbedingungen. Diese sind zumindest dann zu berücksichtigen, wenn sie bereits eingeleitet oder im Unternehmenskonzept dokumentiert sind.[504]

Rn. 84; *Hüttemann* ZGR 2001, 454, 466 f.; WP Handbuch 2014 II Kapitel A Rn. 478; *Fleischer* AG 2014, 97, 99.

[498] Vgl. OLG Frankfurt 5 W 57/09, AG 2010, 751, 755.

[499] OLG Düsseldorf 19 W 2/00 AktE, AG 2002, 398, 402 (Vorzugsaktien).

[500] Vgl. OLG Düsseldorf I-26 W 8/10 (AktE), AG 2012, 797, 798; Schmitt/Hörtnagl/Stratz/*Stratz* § 5 Rn. 29; Kallmeyer/*Lanfermann* § 30 Rn. 8.

[501] OLG Düsseldorf I-26 W 8/10 (AktE), AG 2012, 797, 798 (Verschmelzung); BGH II ZB 5/97, AG 1998, 286, 287 (Unternehmensvertrag); Henssler/Strohn/*Müller* § 30 UmwG Rn. 2; Semler/Stengel/*Zeidler* § 30 Rn. 16; Lutter/*Drygala* § 5 Rn. 55.

[502] BGH II ZB 15/00, NJW 2001, 2080, 2082 f. – DAT/Altana; II ZB 5/97, AG 1998, 286, 287; OLG Stuttgart 4 W 15/98, AG 2000, 428, 429; OLG Düsseldorf 19 W 1/96 AktE, AG 2000, 323 f.; OLG Celle 9 W 128/97, AG 1999, 128, 130, (jeweils Unternehmensvertrag); Semler/Stengel/*Zeidler* § 30 Rn. 16 m.w.N.; Kallmeyer/*Lanfermann* § 30 Rn. 9; Widmann/Mayer/*Wälzholz* § 30 Rn. 34.38; Fleischer/Hüttemann/*Winner* § 14 Rn. 45 f.; WP Handbuch 2014 II Kapitel A Rn. 484. Nach einer Mindermeinung sind demgegenüber auch echte Synergieeffekte zu berücksichtigen: *Großfeld/Egger/Tönnes* Rn. 399 ff.; *Adolff* S. 386 f., 408 f.; *Fleischer* ZGR 1997, 368, 386 ff.

[503] Fleischer/Hüttemann/*Winner* § 14 Rn. 3; WP Handbuch 2014 II Kapital A Rn. 484.

[504] OLG Stuttgart 20 W 6/10, AG 2013, 724, 727 (Unternehmensvertrag); vgl. BGH II ZB 15/00, NJW 2001, 2080, 2082 – DAT/Altana (Unternehmensvertrag); Lutter/*Drygala* § 5 Rn. 55; Schmitt/Hörtnagl/Stratz/*Stratz* § 5 Rn. 31; vgl. IDW S 1 2008, Tz. 34.

c) **Nicht ordnungsgemäßes Angebot.** Schließlich ist der Antrag begründet, wenn die Barabfindung nicht ordnungsgemäß angeboten worden ist, § 34 S. 2 2. Alt. UmwG. Das ist beispielsweise der Fall, wenn das Angebot **unklar, unvollständig oder widersprüchlich formuliert** ist oder nicht ordnungsgemäß nach § 29 Abs. 1 S. 4 UmwG bekanntgemacht worden ist.[505] Darüber hinaus fällt der Verstoß gegen die **bewertungsrelevanten Informations-, Auskunfts- und Berichtspflichten** in Bezug auf die **Barabfindung** hierunter (→ Rn. 97 ff.).[506]

3. Umtauschverhältnis

Ist die Verbesserung des Umtauschverhältnisses Gegenstand des Spruchverfahrens, setzt die Begründetheit des Antrags voraus, dass das Umtauschverhältnis zu niedrig bemessen ist oder die Mitgliedschaft bei dem übernehmenden Rechtsträger kein ausreichender Gegenwert ist, § 15 Abs. 1 S. 1 UmwG.

Das Umtauschverhältnis ist nach der Rechtsprechung dann nicht zu niedrig bemessen, sondern angemessen, wenn es unter Berücksichtigung der Interessen der Anteilsinhaber sowohl des übertragenden als auch des aufnehmenden Rechtsträgers so festgelegt ist, dass sich die **bisherige Investition nach der Verschmelzung im Wesentlichen fortsetzt**.[507] Das ist der Fall, wenn das Umtauschverhältnis die Relation zwischen den Werten des übertragenden und übernehmenden Rechtsträgers widerspiegelt (sog. **Verschmelzungswertrelation**).[508]

a) **Bewertung.** Zur Bestimmung der Verschmelzungswertrelation ist die Bewertung beider Rechtsträger erforderlich. Hierbei ist grundsätzlich für beide Rechtsträger dieselbe Bewertungsmethode anzuwenden (sog. **Grundsatz der Methodengleichheit**),[509] um Wertverzerrungen aufgrund von Bewertungsdifferenzen bei Verwendung verschiedener Methoden auszuschließen. Darüber hinaus sind innerhalb einer Bewertungsmethode dieselben allgemeinen Bewertungsparameter zugrunde zu legen.[510] Eine Abweichung vom Grundsatz der Methodengleichheit kommt nur in besonderen Ausnahmefällen in Betracht, insbesondere wenn eine einheitliche Bewertungsmethode den strukturellen Unterschieden der beteiligten Rechtsträger nicht ausreichend Rechnung tragen würde.[511]

Da nach herrschender Meinung bei der Bewertung der beteiligten Rechtsträger jeweils eine Bandbreite von Werten angemessen ist (→ Rn. 425 ff.), besteht eine **Bandbreite von Umtauschverhältnissen**, die das Angemessenheitskriterium erfüllen.[512] Nur wenn das Umtauschverhältnis unterhalb dieser Bandbreite liegt, ist es zu niedrig. Ob die Rechtsträger zur Berechnung des Umtauschverhältnisses angemessene Unternehmenswerte in Rechnung gestellt haben, ist demgegenüber nicht entscheidend. Denn beispielsweise können sich etwaige Fehler bei der Bewertung ausgleichen und daher im Ergebnis zu einem angemessenen Umtauschverhältnis führen.

---

[505] Lutter/*Grunewald* § 32 Rn. 4; Kallmeyer/*Marsch-Barner* § 32 Rn. 4.
[506] Semler/Stengel/*Kalss* § 34 Rn. 8; Kölner Kommentar-UmwG/*Simon* § 32 Rn. 12 ff.
[507] OLG Stuttgart 20 W 16/06, AG 2011, 49; 20 W 20/06, AG 2010, 42, 43; OLG Frankfurt 21 W 1/11, juris Rn. 11.
[508] OLG Frankfurt 21 W 22/13, AG 2016, 667, 669; OLG Düsseldorf I-19 W 11/04 AktE, AG 2006, 287, 288; Fleischer/Hüttemann/*Adolff* § 16 Rn. 6.
[509] OLG München 31 Wx 250/11, AG 2012, 749, 751 f.; 31 Wx 87/06, AG 2007, 701, 704 f.; BayObLG 3Z BR 116/00, AG 2003, 569, 571; OLG Düsseldorf I-26 W 5/08 (AktE), AG 2009, 873, 875; WP Handbuch 2014 II Kapital A Rn. 508; Lutter/*Drygala* § 5 Rn. 28; Schmitt/Hörtnagl/Stratz/*Stratz* § 5 Rn. 61.
[510] Fleischer/Hüttemann/*Bungert* § 20 Rn. 24; nach Schmitt/Hörtnagl/Stratz/*Stratz* § 5 Rn. 62 müssen die Rechtsträger bei ihrer Prognose ihres künftigen Erfolgs eine vergleichbare Planungsphilosophie vertreten.
[511] Lutter/*Drygala* § 5 Rn. 29; Fleischer/Hüttemann/*Bungert* § 20 Rn. 24.
[512] OLG Düsseldorf I-26 W 12/15, BeckRS 2016, 111005 (Rn. 62 ff.).

322 Teilweise stellen Rechtsprechung und Literatur bei der Prüfung der Angemessenheit des Umtauschverhältnisses darauf ab, ob der Wert der erhaltenen Anteile am übernehmenden Rechtsträger dem Wert der abgegebenen Anteile an dem übertragenden Rechtsträger entspricht.[513] Diese Prüfung mag zwar der verfassungsrechtlichen Mindestanforderung nach Art. 14 Abs. 1 GG entsprechen, wonach die Anteilsinhaber zumindest den vollen Wert der abgegebenen Anteile erhalten sollen (→ Rn. 305 ff.). Es handelt sich hierbei aber nicht um den richtigen Prüfungsmaßstab nach § 15 UmwG: Es kommt für die Anteilsinhaber des übertragenden Rechtsträgers **nicht auf eine absolute Wertidentität** vor und nach der Verschmelzung an. Entscheidend ist vielmehr die **relative Wertidentität** im Verhältnis zu den Anteilsinhabern des übernehmenden Rechtsträgers.[514]

323 Der Unterschied zwischen diesen Ansätzen wird deutlich, wenn der Wert des übernehmenden Rechtsträgers nach der Verschmelzung höher liegt, beispielsweise aufgrund von **Synergieeffekten**, als die Summe aus dem Wert des übernehmenden Rechtsträgers und dem Wert des übertragenden Rechtsträgers vor der Verschmelzung. Würde in diesem Fall für einen Anteilsinhaber des übertragenden Rechtsträgers der Wert der Anteile vor und nach der Verschmelzung identisch sein, nähme er an dem Wertzuwachs durch die Verschmelzung nicht teil (ausführlich hierzu → Rn. 325 ff.).

324 b) **Synergieeffekte.** Zur Bestimmung des Umtauschverhältnisses sind nach wohl herrschender Ansicht der übertragende und der übernehmende Rechtsträger – wie im Fall der Barabfindung (→ Rn. 315 ff.) – auf *stand alone* Basis zu bewerten.[515] Danach sind echte Synergieeffekte nicht zu berücksichtigen, während unechte Synergieeffekte in Rechnung zu stellen sind.[516]

325 Das führt aber in der Konsequenz selbstredend nicht dazu, dass die Anteilsinhaber des übertragenden Rechtsträgers von der Teilhabe an den echten Synergieeffekten ausgeschlossen würden. Vielmehr nehmen danach die Anteilsinhaber des übertragenden Rechtsträgers wie auch die Anteilsinhaber des übernehmenden Rechtsträgers an den Synergieeffekten teil.[517] Denn der **Wertzuwachs aufgrund der Synergieeffekte** verteilt sich auf die Anteilsinhaber der beteiligten Rechtsträger **nach dem Umtauschverhältnis**.[518] Die An-

---

[513] OLG München 31 Wx 250/11, AG 2012, 749, 750; OLG Frankfurt 21 W 31/11, AG 2012, 919, 920; 5 W 57/09, AG 2010, 751; BayObLG 3Z BR 116/00, AG 2003, 569, 570; *Fleischer/Bong* NZG 2013, 881, 882; Semler/Stengel/*Gehling* § 15 Rn. 20.

[514] Lutter/Drygala § 5 Rn. 28; Schmitt/Hörtnagl/Stratz/*Stratz* § 5 Rn. 32; *Maier-Reimer* ZHR 164 (2000), 563, 568.

[515] OLG Stuttgart 20 W 5/05, AG 2006, 420, 426; OLG Düsseldorf I-19 W 11/04 AktE, AG 2006, 287, 288; Kallmeyer/*Marsch-Barner* § 8 Rn. 17; Lutter/*Drygala* § 5 Rn. 55; Sagasser/Bula/Brünger/ *Bula/Pernegger* § 9 Rn. 94.

[516] Semler/Stengel/*Zeidler* § 9 Rn. 48; Schmitt/Hörtnagl/Stratz/*Stratz* § 5 Rn. 31; Fleischer/Hüttemann/*Bungert* § 20 Rn. 34; vgl. BayObLG 3 Z BR 17/90, AG 1996, 127, 128 (Unternehmensvertrag).

[517] OLG Stuttgart 20 W 5/05, AG 2006, 420, 426; OLG Düsseldorf 19 W 1/81, AG 1984, 216, 218; WP Handbuch 2014 II Kapitel F Rn. 245; Semler/Stengel/*Schröer* § 5 Rn. 59; *Mertens* AG 1992, 330, 331 ff.; *Seetzen* WM 1999, 565, 572.

[518] Beispiel: Der übernehmende Rechtsträger hat *stand alone* einen Wert von 200 GE (Geldeinheiten) und der übertragenden Rechtsträger hat *stand alone* einen Wert von 100 GE. Die Verschmelzung führt zu Synergieeffekten von 30 GE, so dass der übernehmende Rechtsträger nach der Verschmelzung einen Wert von 330 GE hat. Die Verschmelzungswertrelation bestimmt sich auf *stand alone* Basis im Verhältnis der Werte der beteiligten Rechtsträger (200 GE zu 100 GE), also 2:1. In der Folge partizipieren die Anteilsinhaber entsprechend dem Umtauschverhältnis auch an den Synergieeffekten. Die Anteilsinhaber des übernehmenden Rechtsträgers vor der Verschmelzung halten 2/3 an dem übernehmenden Rechtsträger nach der Verschmelzung, was einem Wert von 220 GE entspricht. Damit kommen 2/3 der Synergieeffekte in Höhe von 20 GE ihnen zugute. Entsprechend beträgt der Beteiligungswert der Anteilsinhaber des übertragenden Rechtsträgers nach der Verschmelzung 110 GE, wovon 10 GE auf die Synergieeffekte entfallen.

teilsinhaber der beteiligten Rechtsträger partizipieren also jeweils entsprechend ihrem Beteiligungswert an den Synergieeffekten.

Grundsätzlich erfüllt diese Verteilung der Synergieeffekte das Angemessenheitskriterium 326 nach § 15 UmwG.[519] Manche Stimmen in der Literatur schlagen demgegenüber abweichende Verteilungsschlüssel vor,[520] wie zum Beispiel die hälftige Teilung[521] oder die Aufteilung gemäß einem synergieanalytischen Aufteilungsverfahren.[522]

Eine hiervon zu unterscheidende Frage ist, ob eine **abweichende Verteilung der** 327 **Synergieeffekte** ebenfalls angemessen im Sinne des § 15 UmwG sein kann. Nach einigen Stimmen in der Literatur soll im Fall einer Verschmelzung von zwei **unabhängigen Unternehmen** eine Verteilung im Verhandlungswege ebenfalls angemessen sein, zumindest soweit vernünftige Gründe für das Verhandlungsergebnis bestehen.[523] Diese Ansicht überzeugt: Da keine starren gesetzlichen Vorgaben für die Verteilung der Synergieeffekte ersichtlich sind, sind die Verschmelzungsparteien aufgrund ihrer **Vertragsautonomie** zu einer Einigung über die Aufteilung berechtigt.[524] Verfassungsrechtliche Bedenken bestehen insoweit nicht, da die erforderliche wirtschaftliche Entschädigung eine Partizipation an dem Wertzuwachs infolge der Verschmelzung nicht zwingend gebietet (→ Rn. 305 ff.).

Praktisch ist allerdings zu beachten, dass regelmäßig bei der Quantifizierung von Syner- 328 gieeffekten **Prognoseschwierigkeiten** bestehen. Kommt es im Rahmen einer Verhandlungslösung zu einer einseitigen Verteilung der Synergieeffekte zugunsten der Anteilsinhaber des übernehmenden Rechtsträgers, schlägt sich das im Umtauschverhältnis entsprechend nieder. Schätzt das Gericht im Spruchverfahren die zu erwartenden Synergieeffekte niedriger ein, ist das Umtauschverhältnis nicht mehr angemessen.

c) Bewertungsstichtag. Der Bewertungsstichtag für das Umtauschverhältnis ist gesetz- 329 lich nicht geregelt. Nach der Rechtsprechung[525] und herrschenden Lehre[526] ist auf den **Tag des Verschmelzungsbeschlusses des übertragenden Rechtsträgers** abzustellen. Hierfür spricht, dass ansonsten die Bewertungsstichtage für das Umtauschverhältnis und für die Barabfindung nach § 30 Abs. 1 S. 1 UmwG auseinanderfallen würden. Dieser Bewertungsstichtag ist für alle beteiligten Rechtsträger zugrunde zu legen, damit die Bewertungen vergleichbar sind.[527]

V. Gerichtliche Bestimmung der Kompensation

Ist der Antrag begründet, bestimmt das Gericht eine angemessene Barabfindung bzw. 330 eine angemessene Zuzahlung im Fall eines zu niedrigen Umtauschverhältnisses, §§ 34, 15 Abs. 1 S. 2 UmwG. Die Entscheidung des Gerichts hat nach § 13 S. 2 SpruchG *inter omnes* Wirkung und beansprucht damit Geltung für alle Anteilsinhaber unabhängig davon, ob sie im Spruchverfahren einen Antrag gestellt haben.

---

[519] Fleischer/Hüttemann/*Winner* § 14 Rn. 63.
[520] Überblick zur Diskussion bei *Fleischer* ZGR 1997, 368, 381 f.
[521] *Reuter* DB 2001, 2483, 2488; vgl. OLG Stuttgart 20 W 5/06, AG 2007, 705, 707, das eine hälftige Aufteilung von Synergieeffekten (Verlustvorträge) für angemessen erachtet.
[522] *Ossadnik* DB 1997, 885, 886 f.
[523] WP Handbuch 2014 II Kapitel F Rn. 246 ff.; Fleischer/Hüttemann/*Winner* § 14 Rn. 61 f. m. w. N., wonach aber eine Verhandlungslösung im Fall einer Konzernverschmelzung ausgeschlossen sein soll.
[524] Fleischer/Hüttemann/*Winner* § 14 Rn. 62.
[525] OLG Frankfurt 5 W 57/09, juris Rn. 165; BayObLG 3Z BR 116/00, AG 2003, 569, 572; vgl. BGH II ZR 17/12, AG 2013, 165, 167, wonach es sich anbiete, auf dem Zeitpunkt des Verschmelzungsbeschlusses abzustellen.
[526] Schmitt/Hörtnagl/Stratz/*Stratz* § 5 Rn. 21; Semler/Stengel/*Schröer* § 5 Rn. 59; Fleischer/Hüttemann/*Bungert* § 20 Rn. 28; *Bungert/Wansleben* DB 2013, 979, 980; a. A. Lutter/*Drygala* § 5 Rn. 32, wonach die Parteien den Bewertungsstichtag selbst bestimmen können; wohl auch Kallmeyer/*Marsch-Barner* § 5 Rn. 21.
[527] Lutter/*Drygala* § 5 Rn. 32; Sagasser/Bula/Brünger/*Bula/Pernegger* § 9 Rn. 81.

1. Barabfindung

331 Das Gericht bestimmt nach § 34 UmwG eine angemessene Barabfindung, wenn der Antrag begründet ist (→ Rn. 263 f.). Zu unterscheiden sind insoweit die Fälle eines fehlenden oder zu niedrigen Abfindungsangebots und eines nicht ordnungsgemäßen Abfindungsangebots.

332 **a) Fehlendes Angebot oder zu niedriges Angebot.** Fehlt ein nach § 29 UmwG geschuldetes Barangebot (→ Rn. 309) oder ist die angebotene Barabfindung zu niedrig (→ Rn. 310 ff.), bestimmt das Gericht eine angemessene Barabfindung, § 34 UmwG. Diese richtet sich nach dem **quotalen Anteil an dem Verkehrswert des übertragenden Rechtsträgers.**[528] Im Fall der Börsennotierung des übertragenden Rechtsträgers bildet der Börsenkurs nach der Rechtsprechung des Bundesverfassungsgerichts allerdings die Untergrenze der Barabfindung, soweit dieser den Verkehrswert widerspiegelt (→ Rn. 378 f.).

333 Zur Bestimmung der Höhe einer angemessenen Barabfindung ist eine Bewertung des übertragenden Rechtsträgers erforderlich (ausführlich zur Unternehmensbewertung → Rn. 352 ff.). Die Bewertung erfolgt auf **stand alone** Basis. Bewertungsstichtag ist der **Tag des Verschmelzungsbeschlusses des übertragenden Rechtsträgers**, § 30 Abs. 1 S. 1 UmwG. Die weiteren vorstehenden Ausführungen zur Bewertung des übertragenden Rechtsträgers und zur Behandlung von Synergieeffekten bei der Prüfung der Angemessenheit der Barabfindung gelten entsprechend (→ Rn. 312 ff.).

334 **b) Nicht ordnungsgemäßes Angebot.** Im Fall eines nicht ordnungsgemäßen Barabfindungsangebots ordnet § 34 UmwG ebenfalls die gerichtliche Bestimmung einer angemessenen Barabfindung an. Da die Ordnungsmäßigkeit des Abfindungsangebots nur Verfahrensfragen betrifft, besteht im Vergleich zum fehlenden und zu niedrigen Abfindungsangebot die Besonderheit, dass das nicht ordnungsgemäße Abfindungsangebot ggf. nicht zu niedrig, sondern der Höhe nach angemessen ist. In diesem Fall kommt eine **Erhöhung des Barabfindungsangebots** ersichtlich **nicht** in Betracht.

335 Eine gerichtliche Bestimmung der Barabfindung ist aber selbst ohne Erhöhung dann sinnvoll, wenn das Angebot **unklar, unvollständig oder widersprüchlich** formuliert ist. Denn die gerichtliche Festlegung der Barabfindung schafft damit Klarheit für die Anteilsinhaber.

336 Ist demgegenüber die Barabfindung aufgrund einer **Verletzung der Informationspflicht** nicht ordnungsgemäß angeboten worden (→ Rn. 317), aber im Übrigen mangelfrei, bedarf es keiner gerichtlichen Bestimmung der Barabfindung zu Klarstellungszwecken. Wie mit diesem Fall umzugehen ist, ist bisher nicht geklärt. Denkbar ist zunächst eine Zurückweisung des Antrags. Das widerspräche allerdings dem klaren Wortlaut des § 34 UmwG und würde ggf. zu einer nachteiligen Kostenfolge nach § 15 SpruchG für den Antragsteller führen. Zudem würde es bedeuten, dass den Antragstellern im Fall von Informationspflichtverletzungen keinerlei Rechtsbehelf zur Verfügung stünde. Daher ist eine **Zurückweisung des Antrags abzulehnen**.

337 Vorzugswürdig ist in diesem Fall mithin eine Stattgabe des Antrags. Insoweit kommt in Betracht, dass das Gericht entweder mit dem Wortlaut des § 34 UmwG die **Barabfindung bestimmt, allerdings in bereits angebotener Höhe**, oder lediglich die mangelnde Ordnungsmäßigkeit des Abfindungsangebots **feststellt**.

2. Umtauschverhältnis

338 Ist das Umtauschverhältnis Gegenstand des Verfahrens, hat das Gericht im Fall eines begründeten Antrags (→ Rn. 318 ff.) eine **angemessene bare Zuzahlung** nach § 15 Abs. 1 S. 2 UmwG zu bestimmen.[529] Demgegenüber kann das Gericht nicht das Um-

---

[528] Vgl. BGH II ZB 15/00, AG 2001, 417, 418 f.; OLG Frankfurt 5 W 57/09, AG 2010, 751; MünchHdb. GesR VII/*Steinle/Liebert/Katzenstein* § 34 Rn. 84; *Hüttemann* ZGR 2001, 454, 466 f.; WP Handbuch 2014 II Kapitel A Rn. 478; *Fleischer* AG 2014, 97, 99.

[529] *Kallmeyer/Marsch-Barner* § 15 Rn. 7; Semler/Stengel/*Gehling* § 15 Rn. 17; Lutter/*Decher* § 15 Rn. 6.

tauschverhältnis selbst korrigieren oder die zu gewährenden Anteile oder Mitgliedschaften inhaltlich ändern.[530] Die amtliche Überschrift des § 15 UmwG „Verbesserung des Umtauschverhältnisses" ist insoweit missverständlich.

a) Bewertungsziel für die Bestimmung der Zuzahlung. Die Zuzahlung ist angemessen, wenn sie die Anteilsinhaber wertmäßig so stellt, als ob die Verschmelzung zu einem angemessenen Umtauschverhältnis erfolgt wäre. Daher beträgt die Zuzahlung für einen Anteilsinhaber des übertragenden Rechtsträgers die Differenz zwischen dem **Wert der tatsächlich erhaltenen Anteile** an dem übernehmenden Rechtsträger und dem **hypothetischen Wert der Anteile**, die er unter Zugrundelegung eines angemessenen Umtauschverhältnisses erhalten hätte. 339

Mithin **unterscheiden sich die Bewertungsziele** zur Bestimmung der angemessenen Zuzahlung und zur Prüfung der Angemessenheit des Umtauschverhältnisses. Für die Angemessenheitsprüfung sind der übertragende Rechtsträger und der übernehmende Rechtsträger vor der Verschmelzung zu bewerten, um aus der Wertrelation das angemessene Umtauschverhältnis zu bestimmen (→ Rn. 320 ff.). Demgegenüber ist für die Bestimmung der baren Zuzahlung der übernehmende Rechtsträger nach der Verschmelzung zu bewerten. Auf diese Weise finden bei der Bemessung der Zuzahlungen **Werterhöhungen aufgrund der Verschmelzung**, beispielsweise aufgrund von Synergieeffekten, Berücksichtigung.[531] 340

Abzulehnen ist die bisweilen zu findende Ansicht, wonach die Zuzahlung – im Sinne eines Anspruchs auf Werterhaltung – nur in der Höhe besteht, in welcher der Wert der erhaltenen Anteile an dem übernehmenden Rechtsträger hinter dem Wert der vormals an dem übertragenden Rechtsträger gehaltenen Anteile zurückbleibt. In diesem Fall würden die Zuzahlungsberechtigten an der Werterhöhung nach der Verschmelzung gerade nicht teilnehmen (vgl. → Rn. 324). 341

Der **Bewertungsstichtag** für die Bestimmung der angemessenen Zuzahlung ist nach wohl überwiegender Ansicht, soweit hierzu überhaupt Stellung genommen wird, identisch mit dem Stichtag für die Angemessenheitsprüfung des Umtauschverhältnisses, also dem Tag des Verschmelzungsbeschlusses des übertragenden Rechtsträgers (→ Rn. 329).[532] Das kann nicht überzeugen. Denn die angemessene Zuzahlung soll die Anteilsinhaber wirtschaftlich so stellen, wie sie im Fall einer Beteiligung in angemessener Höhe stünden. Diese angemessene Beteiligung hätten die Anteilsinhaber am Tag des Wirksamwerdens der Verschmelzung erhalten. Daher ist zur Berechnung der Differenz des Werts der tatsächlich erhaltenen Beteiligung und dem Wert der Beteiligung bei Zugrundelegung eines angemessenen Umtauschverhältnisses auf den **Tag der Eintragung der Verschmelzung beim übernehmenden Rechtsträger**, also dem Tag des Wirksamwerdens der Verschmelzung nach § 20 Abs. 1 UmwG, abzustellen.[533] 342

Bei der gerichtlichen Bestimmung unterliegt die Zuzahlung nach § 15 Abs. 1 S. 1 Hs. 2 UmwG nicht der Begrenzung auf 10%, die bei einer vertraglichen Zuzahlung für die GmbH, die AG, die KGaA und die Genossenschaft[534] Anwendung findet. 343

b) Selbstfinanzierungseffekt. Bei der Bemessung der baren Zuzahlung stellt sich die Frage, ob der sog. **Selbstfinanzierungseffekt** zu berücksichtigen ist. Dieser Effekt beruht auf dem folgenden Zusammenhang: Schuldner einer Zuzahlung nach § 15 Abs. 1 S. 2 UmwG ist der übernehmende Rechtsträger. Da die ehemaligen Anteilsinhaber des über- 344

---

[530] Semler/Stengel/*Gehling* § 15 Rn. 25; Schmitt/Hörtnagl/Stratz/*Stratz* § 15 Rn. 22; Kallmeyer/ Marsch-Barner § 15 Rn. 6.
[531] Sagasser/Bula/Brünger/*Bula/Pernegger* § 9 Rn. 95; vgl. Schmitt/Hörtnagl/Stratz/*Stratz* § 5 Rn. 32.
[532] Semler/Stengel/*Gehling* § 15 Rn. 19; Kölner Kommentar-UmwG/*Simon* § 15 Rn. 8.
[533] Im Ansatz ebenfalls Schmitt/Hörtnagl/Stratz/*Stratz* § 15 Rn. 21.
[534] GmbH (§ 54 Abs. 4 UmwG), AG (§ 68 Abs. 3 AktG), KGaA (§§ 78 S. 1, § 68 Abs. 3 UmwG) und Genossenschaft (§ 87 Abs. 2 S. 2 UmwG).

tragenden Rechtsträgers an dem übernehmenden Rechtsträger beteiligt sind, schmälert der Vermögensabfluss der Zuzahlung den Wert ihres Anteils, wodurch die Zuzahlung teilweise entwertet wird.[535] Um diesen Effekt auszugleichen, wäre die Zuzahlung entsprechend zu erhöhen.[536]

345 In der Rechtsprechung finden sich nur vereinzelt ausdrückliche Stellungnahmen zur Frage der Berücksichtigung des Selbstfinanzierungseffekts.[537] Nach der ganz überwiegenden Ansicht in der Literatur soll dieser Effekt bei der Bemessung der Zuzahlung nicht in Rechnung zu stellen sein.[538] Gegen die Berücksichtigung des Selbstfinanzierungseffekts spreche, dass hierfür keine ausreichende Rechtsgrundlage bestehe.[539] Dieses Argument vermag nicht zu überzeugen. Eine **ausreichende Rechtsgrundlage** liegt vielmehr darin, dass nach § 15 Abs. 1 S. 2 UmwG eine **angemessene** Zuzahlung zu bestimmen ist. Das Angemessenheitskriterium legt gerade nahe, dass die (ehemaligen) Anteilsinhaber des übertragenden Rechtsträgers wirtschaftlich so zu stellen sind, wie sie stünden, wenn ein angemessenes Umtauschverhältnis festgesetzt worden wäre.[540] Unter Berücksichtigung der Rechtsprechung des Bundesverfassungsgerichts zu Art. 14 GG erscheint dieses Verständnis sogar zwingend. Danach ist das Umtauschverhältnis so zu bestimmen, dass die Anteilsinhaber für den Verlust ihrer Anteile an dem übertragenden Rechtsträger **wirtschaftlich voll entschädigt** werden (→ Rn. 306).[541] Eine volle Entschädigung setzt gerade voraus, dass die Summe aus dem Wert der erhaltenen Anteile und der Zuzahlung mindestens den Wert der aufgegebenen Anteile erreicht.

346 Darüber hinaus wird gegen die Berücksichtigung des Selbstfinanzierungseffekts angeführt, dass der Gläubiger der Zuzahlung einen **nicht gerechtfertigten Vorteil** erlangen könnte: Wäre er – aufgrund der Trennbarkeit von Zuzahlungsanspruch und Anteilsinhaberstellung – zum Zeitpunkt des Empfangs der Zuzahlung nicht mehr Anteilsinhaber des übernehmenden Rechtsträgers, würde der Selbstfinanzierungseffekt ihn nicht treffen.[542] Dieses Argument beruht auf der stillschweigenden Annahme, dass der Gläubiger der Zuzahlung seinen Anteil zu einem Preis veräußern könnte, der die drohende **Verpflichtung des Rechtsträgers zur Leistung von Zuzahlungen** nicht berücksichtigt. Das ist aber gerade nicht zu erwarten. Der Käufer würde vielmehr diese drohende Pflicht zur Kompensationsleistung bei der Bewertung des Anteils in Rechnung stellen müssen.

---

[535] Beispiel: Der übernehmende Rechtsträger hat einen Wert von 40 GE (Geldeinheiten) und übertragende Rechtsträger hat einen Wert von 60 GE. Der übernehmende Rechtsträger hat nach der Verschmelzung einen Wert von 100 GE. Die Verschmelzungswertrelation wird fehlerhaft auf 1:1 festgelegt. Der Beteiligungswert der (ehemalige) Anteilsinhaber des übertragenden Rechtsträgers beträgt daher 50 GE anstelle von 60 GE. Erhielten sie im Spruchverfahren als Ausgleich eine bare Zuzahlung von 10 GE, würde sich der Wert des übernehmenden Rechtsträgers um diesen Betrag verringern und nur noch 90 GE betragen. Der Beteiligungswert der (ehemalige) Anteilsinhaber des übertragenden Rechtsträgers würde daher auf 45 GE (50% von 90 GE) sinken, so dass sie unter Berücksichtigung der baren Zuzahlung einen Wert von 55 GE (anstelle von 60 GE) erhielten. Auf der anderen Seite würde der Beteiligungswert der Anteilsinhaber des übernehmenden Rechtsträgers vor der Verschmelzung 45 GE betragen, als 5 GE über ihrem ursprünglichen Beteiligungswert.

[536] Um den Selbstfinanzierungseffekt in dem vorstehend genannten Beispiel auszugleichen, müsste die Zuzahlung 20 GE statt 10 GE betragen.

[537] Offengelassen von OLG München 31 Wx 87/06, AG 2007, 701, 704. Für eine Berücksichtigung des Selbstfinanzierungseffekts LG Stuttgart 32 AktE 3/99 KfH, AG 2007, 52, 54. Weitere Rechtsprechungsnachweise bei *Friese-Dormann/Rothenfußer* AG 2008, 243, 244.

[538] *Friese-Dormann/Rothenfußer* AG 2008, 243, 245; Kallmeyer/*Marsch-Barner* § 15 Rn. 2; Schmitt/Hörtnagl/Stratz/*Stratz* § 15 Rn. 20; Lutter/*Decher* § 15 Rn. 4; wohl auch *Maier-Reimer* ZHR 164 (2000), 563, 568.

[539] Schmitt/Hörtnagl/Stratz/*Stratz* § 15 Rn. 20.

[540] Vgl. LG Stuttgart 32 AktE 3/99 KfH, AG 2007, 52, 54.

[541] A. A. *Friese-Dormann/Rothenfußer* AG 2008, 243, 245 f.

[542] *Friese-Dormann/Rothenfußer* AG 2008, 243, 246.

Schließlich könnte gegen die Berücksichtigung des Selbstfinanzierungseffekts sprechen, 347 dass dieser eine Erhöhung der Zuzahlung bewirkt und damit eine ganz **erhebliche Liquiditätsbelastung** für den übernehmenden Rechtsträger auslösen könnte. Das ist aber *de lege lata* hinzunehmen, da das Gebot einer wirtschaftlich vollen Entschädigung der Anteilsinhaber des übertragenden Rechtsträgers **nicht unter einem Finanzierungsvorbehalt** steht. Es wäre aber *de lege ferenda* zu begrüßen, wenn der übernehmende Rechtsträger die Möglichkeit erhielte, neue Anteile aus Gesellschaftsmitteln anstelle der baren Zuzahlung ausgeben und damit seine Liquidität schonen zu können.[543]

3. Verzinsung

Im Fall der **Barabfindung** ist der Abfindungsanspruch bzw. der Abfindungsergänzungs- 348 anspruch mit **5 Prozentpunkten über dem Basiszinssatz** zu verzinsen, §§ 30 Abs. 1 S. 2, 15 Abs. 2 S. 1 UmwG. Der Anspruch ist nach Ablauf des Tages zu verzinsen, an dem die Eintragung der Verschmelzung beim Register des Sitzes des übernehmenden Rechtsträgers bekannt gemacht wird. Das gilt unabhängig vom Zeitpunkt der Annahme des Abfindungsangebots.

In der Folge kann es zu einer **Kumulation** von Verzinsung der Abfindung und Dividen- 349 denzahlungen kommen, insbesondere im Fall der Annahme des Abfindungsangebots nach Bekanntmachung der Entscheidung im Spruchverfahren. Nach der Rechtsprechung des BGH zum Beherrschungs- und Gewinnabführungsvertrag ist das Kumulationsproblem dahingehend zu lösen, dass empfangene Gewinne auf die Zinsen, aber nicht auf die Barabfindung **anzurechnen** sind.[544] Diese Rechtsprechung ist nach zutreffender Ansicht auf den Fall der Barabfindung bei der Verschmelzung zu übertragen.[545] Demnach kann der Abfindungsberechtigte erhaltene Gewinne, die über den Zinsbetrag liegen, einbehalten. Nach anderer Ansicht ist das unbillig, weil hierdurch derjenige Abfindungsberechtigte bessergestellt werde, der die Annahme der Abfindung hinauszögert.[546]

Im Fall der **Verbesserung des Umtauschverhältnisses** ist der Anspruch auf bare 350 Zuzahlung ebenfalls mit 5 Prozentpunkten über dem Basiszinssatz nach Ablauf des Tages zu verzinsen, an dem die Eintragung der Verschmelzung in das Register des Sitzes des übernehmenden Rechtsträgers bekannt gemacht worden ist. Da die Verzinsung sich nur auf den Zuzahlungsanspruch beschränkt, besteht nicht das Risiko einer unangemessenen **Kumulation** von Verzinsung und Gewinnentnahmen.[547]

Über diese Verzinsung hinaus ist die Geltendmachung eines weiteren Schadens außerhalb 351 des Spruchverfahrens nicht ausgeschlossen, §§ 15 Abs. 2 S. 2, 30 Abs. 1 S. 2 UmwG.

VI. Bewertungsfragen

1. Bewertungsmethoden

Zur Prüfung der Angemessenheit der **Barabfindung** und zur Bestimmung einer an- 352 gemessenen Barabfindung ist eine Bewertung des übertragenden Rechtsträgers erforderlich (→ Rn. 312 ff., 333). Zur Kontrolle der Angemessenheit des **Umtauschverhältnisses** bedarf es der Bewertung des übertragenden Rechtsträgers und des übernehmenden Rechts-

---

[543] Ohne Bezug zum Selbstfinanzierungseffekt, sondern allgemein mit Blick auf die durch eine Zuzahlung ggf. ausgelöste Liquiditätsbelastung: *DAV-Handelsrechtsausschuss* NZG 2007, 497, 500, 503; konkretisierend *DAV-Handelsrechtsausschuss* NZG 2013, 694, 699; Semler/Stengel/*Gehling* § 15 Rn. 26; Kallmeyer/*Marsch-Barner* § 15 Rn. 6; Lutter/*Decher* § 15 Rn. 9; *Philipp* AG 1998, 264, 271; *Martens* AG 2000, 301, 302 f.
[544] BGH II ZR 284/01, NJW 2002, 3467, 3468 f.
[545] Lutter/*Grunewald* § 30 Rn. 3; Henssler/Strohn/*Müller* § 30 UmwG Rn. 3; Kölner Kommentar-UmwG/*Simon* § 30 Rn. 18 ff.; Widmann/Mayer/*Wälzholz* § 30 Rn. 38.
[546] Semler/Stengel/*Zeidler* § 30 Rn. 24.
[547] Schmitt/Hörtnagl/Stratz/*Stratz* § 15 Rn. 34; Semler/Stengel/*Gehling* § 15 Rn. 29; Kölner Kommentar-UmwG/*Simon* § 15 Rn. 38; a. A. Kallmeyer/*Marsch-Barner* § 15 Rn. 9; *Liebscher* AG 1996, 455, 457 ff.

trägers vor der Verschmelzung (→ Rn. 320 ff., 329). Zur Bestimmung einer angemessenen Zuzahlung aufgrund eines zu niedrigen Umtauschverhältnisses ist eine Bewertung des übernehmenden Rechtsträgers zum Zeitpunkt der Verschmelzung notwendig (→ Rn. 339 ff.).

353 Welche Methode zur Bewertung des jeweiligen Rechtsträgers zu verwenden ist, geben weder Art. 14 Abs. 1 GG[548] noch das UmwG[549] vor (sog. **Grundsatz der Methodenfreiheit**).[550] Grundlage für die Prüfung des Gerichts können daher alle Bewertungsmethoden sein, die in der Wirtschaftswissenschaft anerkannt und in der Bewertungspraxis gebräuchlich sind,[551] auch wenn diese in der wissenschaftlichen Diskussion nicht einhellig vertreten werden.[552] Anerkannt und gebräuchlich sind insbesondere fundamentalanalytische Wertermittlungsmethoden wie das Ertragswertverfahren als auch marktorientierte Methoden wie eine Orientierung an Börsenkursen.[553]

354 Welche Methode zur Bestimmung der Unternehmenswerte heranzuziehen ist, richtet sich nach der **besten Eignung** zur Unternehmensbewertung im konkreten Fall. Die Methodenwahl hat das Gericht grundsätzlich zu **begründen**.[554] Bei der Methodenwahl ist zudem zu berücksichtigen, dass Aufwand, Kosten und Dauer des Spruchverfahrens in einem angemessenen Verhältnis zum Erkenntnisgewinn stehen müssen.[555] Die Anwendung der jeweiligen Bewertungsmethode hat zwar methodensauber zu erfolgen, aber hierbei muss der **verfahrensökonomische Aufwand** vertretbar sein.[556]

355 a) **Kapitalwertorientierte Bewertungsmethoden.** Die kapitalwertorientierten Bewertungsmethoden, zu denen insbesondere das **Ertragswertverfahren** und das sog. **Discounted Cash Flow Verfahren** gehören, beruhen auf der Annahme, dass für den Wert eines Unternehmens die zu erwartenden finanziellen Überschüsse maßgeblich sind.[557] Diese Verfahren zeichnen sich dadurch aus, dass sie auf einem gefestigten theoretischen Fundament fußen,[558] aber aufgrund der erforderlichen Prognosen mit erheblichen Bewertungsunschärfen einhergehen.

356 aa) **Ertragswertverfahren.** Die Anwendung des Ertragswertverfahrens[559] zur Unternehmensbewertung ist verfassungsrechtlich unbedenklich[560] und allgemein anerkannt[561]. Es dominiert die gerichtliche Praxis.[562]

---

[548] BVerfG 1 BvR 3221/10, NJW 2012, 3020, 3022 – Daimler/Chrysler; 1 BvR 2658/10, NJW 2011, 2497, 2498 – Telekom/T-Online; 1 BvR 1267/06, NJW 2007, 3266, 3268 – Wüstenrot und Württembergische; 1 BvR 1613/94, NJW 1999, 3769, 3771 – DAT/Altana.

[549] OLG Düsseldorf I-26 W 17/12 (AktE), AG 2013, 807, 808; I-26 W 8/10 (AktE), AG 2012, 797, 798.

[550] BGH II ZB 23/14, NZG 2016, 139, 140; *Fleischer/Bong* NZG 2013, 881, 882; *Fleischer* AG 2016, 185, 192.

[551] BGH II ZB 23/14, NZG 2016, 139, 142; OLG Stuttgart 20 W 3/12, AG 2015, 580, 581; Fleischer/Hüttemann/*Hüttemann* § 1 Rn. 48; kritisch zum Merkmal der Gebräuchlichkeit in der Praxis *Fleischer* AG 2014, 97, 112; *Fleischer* AG 2016, 185, 192.

[552] OLG Stuttgart 20 W 2/12, AG 2013, 840, 841; 20 W 6/10, AG 2013, 724, 726; Fleischer/Hüttemann/*Arnold/Rothenburg* § 27 Rn. 48.

[553] BGH II ZB 23/14, NZG 2016, 139, 142; OLG Stuttgart 20 W 6/10, AG 2013, 724, 726.

[554] Fleischer/Hüttemann/*Adolff* § 16 Rn. 70; vgl. BVerfG 1 BvR 2658/10, NJW 2011, 2497, 2498 (Rn. 24) – Telekom/T-Online.

[555] OLG Frankfurt 21 W 22/13, AG 2016, 667, 669 f.; 5 W 75/09, juris Rn. 24; OLG Düsseldorf I-26 W 10/10 (AktE), AG 2011, 459, 462; BayObLG 3Z BR 101/99, AG 2002, 392, 393; Fleischer/Hüttemann/*Hüttemann* § 1 Rn. 65.

[556] BGH II ZB 23/14, NZG 2016, 139, 143; OLG Stuttgart 20 W 6/10, AG 2013, 724, 726.

[557] WP Handbuch 2014 II Kapitel A Rn. 7; Schüppen/Schaub/*Zitzelsberger* § 20 Rn. 15.

[558] BGH II ZR 190-97, NJW 1999, 283, wonach es sich um den theoretisch richtigen Wert handelt.

[559] Zum Ertragswertverfahren im Einzelnen siehe MünchHdb. GesR VII/*Steinle/Liebert/Katzenstein* § 34 Rn. 119 ff.; Fleischer/Hüttemann/*Böcking/Nowak* § 4 Rn. 1 ff.

§ 14 Beschlussmängel

Der Unternehmenswert setzt sich nach diesem Verfahren aus dem **Ertragswert des betriebsnotwendigen Vermögens** und dem Wert des **nicht betriebsnotwendigen Vermögens** zusammen.[563] Der Ertragswert des betriebsnotwendigen Vermögens ergibt sich aus der Diskontierung der den Anteilsinhabern künftig zufließenden Erträgen.[564]

Für diese Berechnung sind in einem ersten Schritt die künftigen Erträge im Wege einer Prognose zu ermitteln. Die Prognose hat von den in der Vergangenheit erzielten Erträgen auszugehen und sich an einer **zukunftsgerichteten Planungsrechnung** zu orientieren.[565] In einem zweiten Schritt sind die prognostizierten künftigen Erträge mit einem Kapitalisierungszins (auch Diskontierungszinssatz oder Abzinsungsfaktor) **auf den Bewertungsstichtag abzuzinsen**, um den Barwert zu ermitteln. Der Kapitalisierungszinssatz berechnet sich aus dem Basiszinssatz als dem Zinssatz für eine sichere Alternativanlage, dem unternehmensspezifischen Risikozuschlag und einem Wachstumsabschlag.[566] Je niedriger der Kapitalisierungszinssatz ist, desto höher ist bei gleichen Erträgen der Unternehmenswert.

In der Bewertungspraxis haben die Grundsätze zur Durchführung von Unternehmensbewertungen des Instituts der Wirtschaftsprüfer (**IDW S 1**) herausragende Bedeutung. Diese Grundsätze sind keine Rechtsnormen und für Gerichte daher nicht verbindlich.[567] Sie stellen aber eine anerkannte Expertenauffassung dar.[568] Allgemeine Beachtung finden darüber hinaus die Verlautbarungen des Fachausschusses für Unternehmensbewertungen und Betriebswirtschaft (FAUB)[569] sowie die Erläuterungen zu IDW S 1 im WP Handbuch[570].

bb) Discounted Cash Flow Verfahren. Das Discounted Cash Flow Verfahren[571] ist ebenso wie das Ertragswertverfahren zur Unternehmensbewertung geeignet.[572] Es führt bei gleichen Annahmen und Vereinfachungen zu identischen Ergebnissen wie das Ertragswertverfahren.[573]

---

[560] BVerfG 1 BvR 3221/10, NJW 2012, 3020, 3022 – Daimler/Chrysler; 1 BvR 2658/10, NJW 2011, 2497, 2498 – Telekom/T-Online; 1 BvR 1267/06, NJW 2007, 3266, 3268 – Wüstenrot und Württembergische; 1 BvR 1613/94, NJW 1999, 3769, 3771 – DAT/Altana.

[561] BVerfG 1 BvR 1613/94, NJW 1999, 3769, 3771 – DAT/Altana; BGH II ZB 23/14, NZG 2016, 139, 142; OLG Düsseldorf I-26 W 2/13 (AktE), AG 2015, 573, 575; I-26 W 8/10 (AktE), AG 2012, 797, 798.

[562] OLG Karlsruhe 12 W 66/06, juris Rn. 47; *Fleischer* AG 2014, 97, 100 spricht von einem faktischen Methodenmonopol.

[563] BayObLG 3Z BR 71/00, NZG 2006, 156 f.; Fleischer/Hüttemann/*Böcking/Nowak* § 4 Rn. 30; Mehrbrey/*Krenek* § 134 Rn. 3.

[564] OLG Düsseldorf I-26 W 8/10 (AktE), AG 2012, 797, 798; Fleischer/Hüttemann/*Böcking/Nowak* § 4 Rn. 34 ff.

[565] Fleischer/Hüttemann/*Hüttemann* § 1 Rn. 53; MünchHdb. GesR VII/*Steinle/Liebert/Katzenstein* § 4 Rn. 120.

[566] OLG Frankfurt 21 W 37/12, juris Rn. 99; OLG Karlsruhe 12a W 2/15, AG 2016, 672, 674; OLG Düsseldorf I-26 W 8/10 (AktE), AG 2012, 797, 798.

[567] BGH II ZB 23/14, NZG 2016, 139, 142; OLG Stuttgart 20 W 3/12, AG 2015, 580, 581; 20 W 4/12, AG 2014, 291, 292; OLG Karlsruhe 12 W 5/12, AG 2013, 765 f.; kritisch zu allzu starker Orientierung der Rechtsprechung an den IDW-Bewertungsgrundsätzen *Fleischer* AG 2016, 185, 189.

[568] OLG Düsseldorf I-26 W 9/12 (AktE), AG 2014, 817, 818; OLG Stuttgart 20 W 3/13, AG 2014, 208, 209; 20 W 6/10, AG 2013, 724, 726; 20 W 2/07, AG 2011, 420, 426.

[569] OLG Düsseldorf I-26 W 22/14 (AktE), AG 2016, 504, 507; OLG Stuttgart 20 W 3/12, AG 2015, 580, 581; 20 W 4/12, AG 2014, 291, 292.

[570] MünchHdb. GesR VII/*Steinle/Liebert/Katzenstein* § 34 Rn. 102.

[571] Ausführlich zum Discounted Cash Flow Verfahren siehe Fleischer/Hüttemann/*Jonas/Wieland-Blöse* § 9 Rn. 1 ff.

[572] BGH II ZB 23/14, NZG 2016, 139, 142.

[573] OLG Karlsruhe 12 W 5/12, AG 2013, 765, 766; IDW S 1 2008 Tz. 101; WP Handbuch 2014 II Kapitel A Rn. 479; Bürgers/Körber/*Ruiz de Vargas* Anhang zu § 305 Rn. 23.

361 **b) Marktorientierte Bewertungsmethoden. aa) Börsenwert.** Als marktorientierte Bewertungsmethode wird die Bestimmung des Unternehmenswerts des übertragenden sowie übernehmenden Rechtsträgers anhand des **Börsenwerts** (auch Markt- oder Börsenkapitalisierung) diskutiert. Hiervon zu unterscheiden ist die Bedeutung des Börsenkurses des übertragenden Rechtsträgers als **Untergrenze für die Kompensation** ihrer Anteilsinhaber nach der Rechtsprechung des Bundesverfassungsgerichts (→ Rn. 375 ff.).

362 Eine Orientierung an Börsenwerten zur Unternehmensbewertung begegnet nach der Rechtsprechung des Bundesverfassungsgerichts keinen verfassungsrechtlichen Bedenken.[574] In der Rechtsprechung der Zivilgerichte wird teilweise zur Unternehmensbewertung auf den Börsenwert abgestellt.[575] Die mittlerweile wohl überwiegende Literatur spricht sich ebenfalls hierfür aus.[576] Es bestehen aber im Einzelnen beachtliche methodische Einwände gegen eine Bewertung zum Börsenwert.[577] Insbesondere besteht konzeptionell die Hürde, dass der **Börsenkurs den Verkehrswert der Aktie abbildet**, während es für die Angemessenheitsprüfung und die Bestimmung der Kompensation auf den **quotalen Anteil am Verkehrswert des Rechtsträgers** ankommt.[578] Insoweit besteht das Problem, dass der quotale Anteil am Verkehrswert des Rechtsträgers und der Börsenwert als Summe der Verkehrswerte der Aktien auseinanderfallen können (→ Rn. 311).[579]

363 Daher lässt sich der Börsenwert allenfalls in engen Grenzen als Bewertungsmethode heranziehen. Erforderlich ist eine ausreichende Grundlage dafür, dass der **Börsenwert den Verkehrswert des Rechtsträgers abbildet**.[580] Mindestvoraussetzung ist hierfür, dass der Börsenkurs aufgrund eines ausreichend liquiden Börsenhandels und einer ausreichenden Informationseffizienz **aussagekräftig**[581] ist.[582] Negativ formuliert dürfen keine Marktenge, signifikanten Informationsdefizite, Kursmanipulationen sonstigen Kursanomalien bestehen.[583]

364 Zur Ermittlung des Börsenwerts stellt die Rechtsprechung nicht auf den Börsenkurs an dem Bewertungsstichtag ab. Vielmehr legt sie grundsätzlich einen nach Umsatz gewichte-

---

[574] BVerfG 1 BvR 2658/10, NJW 2011, 2497, 2498 – Telekom/T-Online; vgl. auch BVerfG 1 BvR 96/09, AG 2012, 625, 627; OLG Frankfurt 5 W 57/09, AG 2010, 751, 752.

[575] BGH II ZB 23/14, NZG 2016, 139, 142; OLG Frankfurt 21 W 22/13, AG 2016, 667, 669; 21 W 36/12, NZG 2014, 464, 465 f.; instruktiv 5 W 57/09, AG 2010, 751, 752 ff.; OLG Stuttgart 20 W 6/10, AG 2013, 724, 726; OLG München 31 Wx 250/11, AG 2012, 749, 751; die marktbezogene Wertermittlung noch ablehnend BGH II ZR 141/64, NJW 1967, 1464.

[576] Fleischer/Hüttemann/*Arnold/Rothenburg* § 27 Rn. 51; MünchHdb. GesR VII/*Steinle/Liebert/Katzenstein* § 34 Rn. 158; *Hüttemann* ZGR 2001, 454, 467 ff.; *Stilz* ZGR 2001, 875, 883; *Steinhauer* AG 1999, 299, 306 f.; kritisch demgegenüber *Puszkajler/Sekera-Terplan* NZG 2015, 1055, 1062; *Puszkajler* ZIP 2010, 2275, 2279; *Ruthardt/Hachmeister* NZG 2014, 455, 457 für den Fall des Squeeze-out.

[577] Vgl. *Burger* NZG 2012, 281, 288 f.; *Schulte/Köller/Luksch* WPg 2012, 380, 384 ff., insbesondere für den Fall der Konzernverschmelzung. Zum Vorzug des Ertragswertverfahrens wegen einer umfassenderen Informationsgrundlage bei der Bewertung siehe IDW S 1 2008, Tz. 14; WP Handbuch 2014 II Kapital A Rn. 511.

[578] Hierauf hinweisend OLG Frankfurt 21 W 36/12, NZG 2014, 464, 465; 5 W 57/09, AG 2010, 751, 755.

[579] Fleischer/Hüttemann/*Fleischer* § 18 Rn. 1; Fleischer/Hüttemann/*Hüttemann* § 1 Rn. 63; *W. Müller* FS Bezzenberger, 2000, S. 705, 715 f.; *Schulte/Köller/Luksch* WPg 2012, 380, 384 ff., 394; vgl. LG Köln 82 O 10/08, AG 2009, 835, 838.

[580] Ausführlich hierzu OLG Frankfurt 5 W 57/09, AG 2010, 751, 754 f.; Fleischer/Hüttemann/*Adolff* § 16 Rn. 21. Zur Möglichkeit der Abweichung des Börsenwerts vom Verkehrswert BGH II ZB 15/00, NJW 2001, 2080, 2083 – DAT/Altana.

[581] OLG Frankfurt 21 W 37/12, BeckRS 2017, 102412 (Rn. 29 ff.) m. zustimmender Anm. *Sekera-Terplan*, GWR 2017, 117; OLG Frankfurt 5 W 57/09, AG 2010, 751, 756; BayObLG 3 Z BR 159/94, AG 1999, 43, 45; Mehrbrey/*Krenek* § 134 Rn. 18.

[582] *Hüttemann* ZGR 2001, 454, 470 ff.; *Steinhauer* AG 1999, 299, 306 f.

[583] OLG Frankfurt 5 W 57/09, AG 2010, 751, 756; MünchHdb. GesR VII/*Steinle/Liebert/Katzenstein* § 34 Rn. 160.

ten Durchschnittskurs innerhalb einer **dreimonatigen Referenzperiode** zugrunde.[584] Der Referenzzeitraum von drei Monaten ist aber nicht zwingend, sondern das Gericht kann im Rahmen seines Schätzungsermessens auf andere Zeiträume abstellen.[585] Während der BGH vormals auf die Referenzperiode ausgehend von dem Bewertungsstichtag abstellte,[586] ist nach jetziger Rechtsprechung die Referenzperiode vor der erstmaligen **Bekanntmachung der geplanten Verschmelzung** anzusetzen.[587] Denn nach der Bekanntmachung kann es zu spekulativen Kursbildungen kommen, die der Markterwartung in Hinblick auf die Kompensation geschuldet sind und daher keine Aussagekraft für den Unternehmenswert haben.[588]

Soweit zwischen der Bekanntgabe der Verschmelzung und dem Bewertungsstichtag, also 365 dem Verschmelzungsbeschluss des übertragenden Rechtsträgers, ein **längerer Zeitraum** liegt und die Entwicklung der Börsenkurse eine Anpassung geboten erscheinen lassen, ist der Börsenkurs entsprechend der allgemeinen oder branchentypischen Wertentwicklung unter Berücksichtigung der bisherigen Kursentwicklung **hochzurechnen**.[589] Der BGH hat einen längeren Zeitraum bei siebeneinhalb Monaten angenommen.[590] Nach dem OLG Stuttgart begründet eine Spanne von sechs Monaten hingegen noch keinen längeren Zeitraum.[591]

Die Hochrechnung ist nicht auf eine **Erhöhung** des Börsenwerts beschränkt, sondern 366 kann nach überwiegender Ansicht auch zu einer **Reduktion** führen.[592] Darüber hinaus können Dividendenzahlungen sowie Kapitalmaßnahmen nach zutreffender Auffassung Anpassungen des Börsenwerts erforderlich machen.[593]

bb) Vorerwerbspreis. Bei Vorerwerbspreisen handelt es sich um die Preise für Anteils- 367 erwerbe, die vor dem Bewertungsstichtag erfolgen.[594] Ob sich Vorerwerbspreise für eine marktorientierte Bewertung eignen, lässt sich nicht pauschal beurteilen, sondern hängt von den Umständen des Einzelfalls ab.

Die Heranziehung von Vorerwerbspreisen bei der Bewertung wird insbesondere für den 368 Fall diskutiert, dass ein Erwerber durch außerbörsliche Aktienkäufe eine qualifizierte Mehrheit unter Zahlung eines **Paketzuschlags** erlangt und sodann eine Strukturmaßnahme initiiert, die den Bewertungsanlass bildet. Die Rechtsprechung[595] und der überwiegende

---

[584] BGH II ZB 18/09, AG 2010, 629, 630 ff. – Stollwerck; II ZB 15/00, NJW 2001, 2080, 2082 – DAT/Altana; Lutter/*Drygala* § 5 Rn. 45.
[585] OLG Frankfurt 21 W 22/13, AG 2016, 667, 670; vgl. 5 W 57/09, juris Rn. 154.
[586] BGH II ZB 15/00, NJW 2001, 2080, 2082 – DAT/Altana.
[587] BGH II ZB 18/09, AG 2010, 629, 630 ff. – Stollwerck; bestätigt durch BGH II ZB 2/10, AG 2011, 590 f.; OLG Karlsruhe 12a W 5/15, AG 2015, 789, 791; OLG München 31 Wx 250/10, AG 2012, 749, 751; OLG Frankfurt 21 W 7/11, AG 2012, 513, 514.
[588] BGH II ZB 18/09, AG 2010, 629, 630 ff. – Stollwerck.
[589] BGH II ZB 18/09, AG 2010, 629, 632 – Stollwerck; II ZB 2/10, AG 2011, 590; OLG Frankfurt 21 W 22/13, AG 2016, 667, 672; OLG Karlsruhe 12a W 5/15, AG 2015, 789, 791; Fleischer/Hüttemann/*Arnold/Rothenburg* § 27 Rn. 52.
[590] BGH II ZB 18/09, AG 2010, 629, 632 – Stollwerck.
[591] OLG Stuttgart 20 W 6/10, AG 2013, 724, 731; 20 W 14/08, AG 2011, 795, 800; 20 W 2/07, AG 2011, 420, 422.
[592] OLG Frankfurt 21 W 22/13, AG 2016, 667, 672; OLG Karlsruhe 12a W 5/15, AG 2015, 789, 791; *Weber* ZGR 2004, 280, 287; *Hasselbach/Ebbinghaus* Der Konzern 2010, 467, 474; Lutter/*Drygala* § 5 Rn. 47; a. A. *Wardenbach* GWR 2011, 332.
[593] *Puszkajler* BB 2003, 1692, 1694; *Weber* ZGR 2004, 280, 287, 294; *Wasmann* ZGR 2011, 83, 100; a. A. OLG Frankfurt 21 W 22/13, AG 2016, 667, 670 f., wonach u. a. eine zum Stichtag bekannte Dividendenzahlung bei dem Börsenwert nicht zu berücksichtigen sei.
[594] Fleischer/Hüttemann/*Leverkus* § 17 Rn. 1.
[595] BVerfG 1 BvR 1623/94, NJW 1999, 3769, 3771 – DAT/Altana; BGH II ZB 18/09, AG 2010, 629, 632 – Stollwerck; OLG Frankfurt 21 W 7/11, AG 2012, 513, 514; OLG Stuttgart 20 W 2/07, AG 2011, 420, 423; 20 W 3/06, AG 2008, 510, 516; OLG Düsseldorf 19 W 9/00, AG 2003, 329, 331; LG München 5 HK O 11403/09, BeckRS 2013, 18345.

Teil der Lehre[596] sind der zutreffenden Ansicht, dass der Vorerwerbspreis wegen des Paketzuschlags gerade nicht aussagekräftig ist und daher nicht auf den Verkehrswert des Unternehmens schließen lässt.

369 Soweit demgegenüber der Vorerwerbspreis keinen Paketzuschlag enthält, lässt sich dieser abhängig von den Umständen des Einzelfalls für die Bewertung heranziehen.[597] Erforderlich ist hierfür aber, dass der Kaufpreis für die Anteile auf den Gesamtunternehmenswert schließen lässt (zur vergleichbaren Problematik beim Börsenwert → Rn. 362).

370 c) **Weitere Bewertungsansätze. aa) Substanzwertverfahren.** Bei dem Substanzwertverfahren wird nicht auf einen Zukunftserfolgswert abgestellt, sondern es erfolgt eine Einzelbewertung der vorhandenen Vermögenswerte und bestehenden Schulden.[598] Der Substanzwert gibt damit darüber Aufschluss, welcher Betrag aufzubringen wäre, um das Unternehmen in seiner jetzigen Form aufzubauen (auch sog. **Rekonstruktionswert**).[599] Das Substanzwertverfahren ist zur **Unternehmensbewertung grundsätzlich nicht geeignet**, weil sich der Verkehrswert in aller Regel nicht nach dem erforderlichen Rekonstruktionsaufwand, sondern nach den zu erwartenden finanziellen Überschüssen bemisst.[600]

371 bb) **Liquidationswertverfahren.** Die Bewertung nach dem Liquidationswertverfahren stellt auf die **Unternehmenszerschlagung** ab. Der Liquidationswert ist die Summe der Verwertungserlöse der einzelnen Vermögensgegenstände abzüglich der Verbindlichkeiten und Liquidationskosten.[601]

372 Das Liquidationswertverfahren ist **nur in besonderen Fällen für den Unternehmenswert aussagekräftig**,[602] da es – wie das Substanzwertverfahren – nicht auf den Zukunftserfolgswert abstellt. Der Liquidationswert kann aber heranzuziehen sein, wenn beispielsweise ein Unternehmen mangels operativen Geschäfts keinen Ertragswert aufweist und das Vermögen daher als nicht betriebsnotwendig zu qualifizieren ist.[603] Darüber hinaus lässt sich auf den Liquidationswert abstellen, wenn der Ertragswert aufgrund zu erwartender Verluste negativ ist oder zumindest unter dem Liquidationswert liegt.[604] Ob der Liquidationswert stets die Untergrenze für die Unternehmensbewertung bildet, ist umstritten (→ Rn. 388 ff.).

373 cc) **Multiplikatoren-Methode.** Weit verbreitet ist zudem die Anwendung der Multiplikatoren-Methode. Hierbei handelt es sich um ein **vereinfachtes Verfahren** zu Wertermittlung, das auf Bewertungsrelationen auf der Grundlage von Daten vergleichbarer Unternehmen aufsetzt (zum Beispiel Ergebnis- oder Umsatzmultiplikatoren).[605] Die Multi-

---

[596] MünchHdb. GesR VII/*Steinle/Liebert/Katzenstein* § 34 Rn. 177; Fleischer/Hüttemann/*Arnold/Rothenburg* § 27 Rn. 56; Mehrbrey/*Krenek* § 134 Rn. 25; *E. Vetter* AG 1999, 569, 572; a. A. Emmerich/Habersack/*Emmerich* § 305 AktG Rn. 49 f.; *Behnke* NZG 1999, 931, 934.
[597] Vgl. Fleischer/Hüttemann/*Leverkus* § 17 Rn. 4 ff.
[598] OLG Frankfurt 21 W 2/11, NZG 2011, 990, 992; *Großfeld/Egger/Tönnes* Rn. 1286; Fleischer/Hüttemann/*Franken/Schulte* § 10 Rn. 75.
[599] Mehrbrey/*Krenek* § 134 Rn. 24; Fleischer/Hüttemann/*Franken/Schulte* § 10 Rn. 75 f.
[600] Vgl. OLG Celle 9 Wx 2/77, DB 1979, 1031; LG München 5 HK O 19183/09, juris Rn. 319; Fleischer/Hüttemann/*Franken/Schulte* § 10 Rn. 78 f.; Fleischer/Hüttemann/*Arnold/Rothenburg* § 27 Rn. 54.
[601] WP Handbuch 2014 II Kapitel A Rn. 196; *Großfeld/Egger/Tönnes* Rn. 1286; Fleischer/Hüttemann/*Fleischer* § 8 Rn. 1.
[602] BGH II ZB 23/14, NZG 2016, 139, 142.
[603] OLG Düsseldorf 26 W 7/06, NZG 2007, 36, 37; vgl. BGH IV a ZR 27/81, NJW 1982, 2497, 2498; MünchHdb. GesR VII/*Steinle/Liebert/Katzenstein* § 34 Rn. 175; Fleischer/Hüttemann/*Arnold/Rothenburg* § 27 Rn. 55.
[604] OLG München 31 Wx 407/13, AG 2014, 714, 715 f.
[605] WP Handbuch 2014 II Kapitel A Rn. 206 ff.; vgl. OLG Stuttgart 20 W 3/06, AG 2008, 510, 516.

plikatoren-Methode kommt zwar aufgrund **erheblicher Bewertungsunschärfen** nicht als maßgebliche Bewertungsmethode in Betracht, lässt sich aber zur **Plausibilisierung** der Ergebnisse anderer Bewertungsmethoden heranziehen.[606]

2. Normative Vorgaben für die Bewertung

Die nachstehenden Erläuterungen betreffen normative Vorgaben für die Bewertung des 374 betreffenden Rechtsträgers und der Anteile daran, die bei der Verschmelzung insbesondere relevant werden können.

a) Untergrenze Börsenkurs. Nach der bereits vorstehend erläuterten (→ Rn. 305 ff.) 375 Rechtsprechung des Bundesverfassungsgerichts folgt aus Art. 14 Abs. 1 GG, dass Minderheitsaktionäre im Fall des Verlusts ihrer Gesellschafterstellung oder einer relevanten Einschränkung der Gesellschafterstellung durch eine Strukturmaßnahme **wirtschaftlich voll zu entschädigen** sind. Die Entschädigung muss den „wahren" Wert, also den quotalen Anteil am Verkehrswert des betreffenden Rechtsträgers, widerspiegeln.

Darüber hinausgehend liegt nach der Rechtsprechung des Bundesverfassungsgerichts die 376 **Untergrenze** für die Kompensation in dem – vom quotalen Anteil am Verkehrswert des Rechtsträgers zu unterscheidenden – **Verkehrswert des Anteils**, den ein Börsenkurs regelmäßig abbildet.[607] Denn ein Anteilsinhaber soll nicht weniger erhalten, als er bei einer **freien Desinvestitionsentscheidung** erlangt hätten.[608]

Diese Börsenkursrechtsprechung findet unstreitig Anwendung auf die Bestimmung der 377 Barabfindung, während es zweifelhaft ist, ob bzw. inwieweit diese Rechtsprechung für das Umtauschverhältnis heranzuziehen ist.

aa) Barabfindung. Der Börsenkurs des übertragenden Rechtsträgers bildet die **Unter-** 378 **grenze für die Barabfindung**, soweit der Börsenkurs den Verkehrswert der Aktie abbildet.[609] Das ist nur dann der Fall, wenn der Börsenkurs **aussagekräftig** ist. Hierbei werden im Wesentlichen dieselben Maßstäbe wie im Fall der Bewertung eines Rechtsträgers nach dem Börsenwert herangezogen (→ Rn. 363). Allerdings besteht insoweit ein grundlegender konzeptioneller Unterschied: Für die Unternehmensbewertung nach dem Börsenwert kommt es darauf an, ob der Börsenkurs für den **Gesamtunternehmenswert** aussagekräftig ist. Demgegenüber geht es bei der Qualifikation des Börsenkurses als Untergrenze der Entschädigung darum, ob der Börsenkurs den **Verkehrswert der Aktie** abbildet,[610] also ein Aktionär diesen Kurs bei Verkauf der Aktien an der Börse hätte realisieren können.[611]

Der Börsenkurs ist für den Verkehrswert der Aktie dann nicht aussagekräftig, wenn eine 379 **Marktenge** besteht, die eine Veräußerung der Aktie zum Börsenkurs nicht erlaubt,[612] oder

---

[606] OLG Frankfurt 21 W 36/12, juris Rn. 136; IDW S 1 2008, Tz. 143 f.; Fleischer/Hüttemann/ *Arnold/Rothenburg* § 27 Rn. 58.

[607] BVerfG 1 BvR 1613/94, NJW 1999, 3769, 3771 – DAT/Altana; 1 BvR 2658/10, NJW 2011, 2497, 2498 – Telekom/T-Online; 1 BvR 2323/07, NZG 2011, 235, 236 f. – Kuka; Lutter/*Drygala* § 5 Rn. 35.

[608] BVerfG 1 BvR 1613/94, NJW 1999, 3769, 3771 – DAT/Altana; 1 BvR 2658/10, NJW 2011, 2497, 2498 – Telekom/T-Online; 1 BvR 1267/06, NJW 2007, 3266, 3267 – Wüstenrot und Württembergische; vgl. BGH II ZB 15/00, NJW 2001, 2080, 2081 – DAT/Altana; OLG Karlsruhe 12a W 5/15, AG 2015, 789, 790 f.

[609] BVerfG 1 BvR 1613/94, NJW 1999, 3769, 3771 – DAT/Altana; vgl. BGH II ZB 18/09, AG 2010, 629, 630 – Stollwerck; II ZB 15/00, NJW 2001, 2080, 2081 – DAT/Altana; OLG Frankfurt 21 W 22/13, AG 2016, 667, 669, 671; 21 W 7/11, AG 2012, 513, 514; OLG München 31 Wx 041/05 und 066/05, AG 2007, 246, 247.

[610] BVerfG 1 BvR 1613/94, NJW 1999, 3769, 3771 – DAT/Altana; vgl. BGH II ZB 15/00, NJW 2001, 2080, 2081 – DAT/Altana; OLG Frankfurt 21 W 22/13, AG 2016, 667, 669, 671.

[611] *Hüttemann* ZGR 2001, 454, 471 f.

[612] BVerfG1 BvR 1613/94, NJW 1999, 3769, 3772 – DAT/Altana; vgl. 1 BvR 2658/10, NJW 2011, 2497, 2498 – Telekom/T-Online; 1 BvR 704/03, NJW 2007, 828, 830 – Siemens/SNI.

der Kurs das Resultat von **Manipulationen** ist.[613] Zur Ermittlung des Börsenkurses ist auf einen nach Umsatz gewichteten Durchschnittskurs innerhalb einer **dreimonatigen Referenzperiode** vor der **Bekanntmachung der geplanten Verschmelzung** abzustellen. Soweit zwischen der Bekanntgabe der Verschmelzung und dem Bewertungsstichtag ein **längerer Zeitraum** liegt, ist ggf. der Börsenkurs **hochzurechnen** (nähere Ausführungen zur Referenzperiode und Hochrechnung → Rn. 364 ff.).

380 bb) **Umtauschverhältnis.** Nach der Rechtsprechung des Bundesverfassungsgerichts findet die Börsenkursrechtsprechung grundsätzlich auch auf die Bestimmung des Umtauschverhältnisses – zumindest im Fall der **Konzernverschmelzung** – Anwendung.[614] Für die Frage, wie die Börsenkursrechtsprechung auf das Umtauschverhältnis konkret zu übertragen ist, steht eine abschließende Klärung noch aus. Die Entscheidungen des Bundesverfassungsgerichts legen nahe, dass im Rahmen der Relation der Unternehmenswerte der beteiligten Rechtsträger (→ Rn. 318 ff.) für den **übertragenden Rechtsträger mindestens dessen Börsenwert** (Markt- bzw. Börsenkapitalisierung) anzusetzen ist.[615] Das entspricht auch dem Verständnis von Teilen der obergerichtlichen Rechtsprechung.[616] Demgegenüber soll aber nach der Rechtsprechung des Bundesverfassungsgerichts der **Börsenwert des übernehmenden Rechtsträgers** (im Fall der Börsennotierung) **nicht die Wertobergrenze** im Rahmen der Verschmelzungswertrelation bilden.[617] Mit anderen Worten handelt es sich bei der **Relation der Börsenwerte** nicht um die Untergrenze für das Umtauschverhältnis.[618]

381 Demgegenüber ist nicht geklärt, inwieweit die Börsenkursrechtsprechung für den Fall der **konzernfreien Verschmelzung** (*merger of equals*) gilt. Das Bundesverfassungsgericht hat in seiner Entscheidung Daimler/Chrysler zwar klargestellt, dass die Anteilsinhaber des übertragenden Rechtsträgers auch im Fall einer konzernfreien Verschmelzung eine volle wirtschaftliche Entschädigung nach Art. 14 GG erhalten müssen. Jedoch hat das Bundesverfassungsgericht sich nicht eindeutig zur konkreten Anwendung der Börsenrechtsprechung geäußert.[619]

In der Rechtsprechung der Zivilgerichte und Literatur ist streitig, ob die Börsenkursrechtsprechung auf die Bestimmung des Umtauschverhältnisses bei der Konzernverschmelzung und der konzernfreien Verschmelzung anzuwenden ist. Neben **genereller Zustimmung**[620]

---

[613] BVerfG 1 BvR 2658/10, NJW 2011, 2497, 2499 – Telekom/T-Online; BGH II ZB 15/00, NJW 2001, 2080, 2082 – DAT/Altana; OLG München 31 Wx 250/11, AG 2012, 749, 751 f.; OLG Frankfurt 5 W 57/09, AG 2010, 751, 756.

[614] BVerfG 1 BvR 2658/10, NJW 2011, 2497, 2498 – Telekom/T-Online.

[615] BVerfG 1 BvR 2658/10, NJW 2011, 2497, 2498 – Telekom/T-Online betreffend eine Zuzahlung wegen eines zu niedrigen Umtauschverhältnisses: *„Ein solches Vorgehen* [Anm.: die Bewertung beider Rechtsträger anhand des Börsenwerts] *ist im Lichte des Art. 14 I GG nicht zu beanstanden, zumal es den zu anderen Strukturmaßnahmen entwickelten Grundsatz, der Börsenwert – hier: des übertragenden Rechtsträgers – bilde regelmäßig die Untergrenze einer zu gewährenden Abfindung […], nicht in Frage stellt.*"; 1 BvR 1613/94, NJW 1999, 3769, 3772 – DAT/Altana: *„Bei der Abfindung durch Aktien der Hauptgesellschaft (§ 320b I 2 AktG) oder der herrschenden Gesellschaft oder ihrer Muttergesellschaft (§ 305 II AktG) gilt nichts anderes als bei der Barabfindung."* Offener noch 1 BvR 2323/07, NZG 2011, 235, 237 – Kuka.

[616] OLG München 31 Wx 250/11, AG 2012, 749, 751; OLG Düsseldorf I-26 W 5/08, AG 2009, 873, 875.

[617] Vgl. BVerfG 1 BvR 1613/94, NJW 1999, 3769, 3772 – DAT/Altana; 1 BvR 2323/07, NZG 2011, 235, 237 – Kuka; OLG Düsseldorf I-26 W 5/08, AG 2009, 873, 876.

[618] Fleischer/Hüttemann/*Adolff* § 16 Rn. 51.

[619] BVerfG 1 BvR 3221/10, NJW 2012, 3020, 3021 f. – Daimler/Chrysler: *„Dabei kommt es auf die Frage der Berücksichtigung des Börsenkurses des übertragenden Rechtsträgers als Untergrenze für die Bewertung hier nicht entscheidend an; denn nach den von der Verfassungsbeschwerde insoweit nicht angegriffenen Feststellungen des OLG hätte dies zu einer für die Bf. ungünstigeren Umtauschrelation geführt."*; offen 1 BvR 1267/06, NJW 2007, 3266, 3267 f. – Wüstenrot und Württembergische.

[620] *Weiler/Meyer* NZG 2003, 669 ff.; Schmitt/Hörtnagl/Stratz/*Stratz* § 5 Rn. 53; *Puszkajler* BB 2003, 1692, 1693 f.

und **allgemeiner Ablehnung**[621] zur Frage der Anwendbarkeit finden sich auch differenzierte Auffassungen, die sich gegen die Anwendung der Börsenkursrechtsprechung im Fall der **konzernfreien Verschmelzung**[622] oder für die Anwendung der Börsenkursrechtsprechung im Fall der **Konzernverschmelzung**[623] aussprechen.

cc) Stellungnahme. Die Anwendung der Börsenkursrechtsprechung des Bundesverfassungsgerichts im Fall der **Barabfindung** erscheint mit Blick darauf sachgerecht, dass der Aktionär nicht schlechter als im Verkaufsfall stehen soll. Das gilt sowohl für die Konzernverschmelzung als auch für die konzernfreie Verschmelzung. Für das **Umtauschverhältnis** kann die Anwendung der Börsenkursrechtsprechung hingegen weder bei der Konzernverschmelzung noch bei der konzernfreien Verschmelzung aus den nachfolgenden Gründen **überzeugen**: 382

Auf der einen Seite kann die Mindestbewertung des übertragenden Rechtsträgers zum Börsenwert in bestimmten Konstellationen zu einem **zu hohen Umtauschverhältnis** führen.[624] Das wird in dem Fall deutlich, dass nur der übertragende Rechtsträger börsennotiert ist und sein Börsenwert über dem Ertragswert liegt, während für den übernehmenden Rechtsträger mangels Börsennotierung nur der Ertragswert zur Verfügung steht. Wäre das Umtauschverhältnis nach dem Börsenwert des übertragenden Rechtsträgers und dem Ertragswert des übernehmenden Rechtsträgers zu ermitteln, stünden wegen der Verletzung des Grundsatzes der Methodengleichheit **Wertverzerrungen** zu befürchten (→ Rn. 320).[625] Folgte hieraus ein unangemessen hohes Umtauschverhältnis zu Lasten der Anteilsinhaber des übernehmenden Rechtsträgers, stellte sich die Folgefrage, ob sie den Verschmelzungsbeschluss ihres Rechtsträgers mit einer Bewertungsrüge angreifen könnten. 383

Auf der anderen Seite gewährleistet die Mindestbewertung des übertragenden Rechtsträgers zum Börsenwert nicht, dass der Wert der erhaltenen neuen Aktien an einem börsennotierten übernehmenden Rechtsträger zumindest dem **Verkehrswert der Aktien** an dem übertragenden Rechtsträger entspricht. Denn nach der Rechtsprechung des Bundesverfassungsgerichts bildet der Börsenwert des übernehmenden Rechtsträgers nicht die Wertobergrenze (→ Rn. 380). Sind beispielsweise der Ertragswert und der Börsenwert des übertragenden Rechtsträgers identisch, während der Ertragswert des übernehmenden Rechtsträgers über dem Börsenwert liegt, ist eine Bewertung zu Ertragswerten verfassungsrechtlich nicht zu beanstanden.[626] Das sich hieraus ergebende Umtauschverhältnis hätte zur Folge, dass der Verkehrswert der neuen Aktien an dem übernehmenden Rechtsträger unterhalb des Werts der Aktien an dem übertragenden Rechtsträger läge. Um eine Erhaltung des Verkehrswerts für die Anteilsinhaber des übertragenden Rechtsträgers sicherzustellen, bedürfte es hingegen eines Umtauschverhältnisses zum Börsenkursverhältnis. Für ein solches Mindestumtauschverhältnis spräche auch eine Übertragung der im Fall der Barabfindung bemühten **Logik der Desinvestitionsmöglichkeit** (→ Rn. 376): Die Anteilsinhaber des übertragenden Rechtsträgers sollen nicht weniger Anteile an dem übernehmenden Rechtsträger erhalten, als sie bei einer freien Desinvestitionsentscheidung in Bezug 384

---

[621] Hüttemann ZGR 2001, 454, 464 f.; Bungert BB 2003, 699, 703.
[622] OLG Düsseldorf I-26 W 12/15, BeckRS 2016, 111005 (Rn. 50 ff.); OLG Stuttgart 20 W 5/05, AG 2006, 420, 427; BayObLG 3Z BR 116/00, AG 2003, 569, 570 ff.; OLG München 31 Wx 250/11, AG 2012, 749, 751 (obiter dictum); Lutter/Drygala § 5 Rn. 38 ff.; Paschos ZIP 2003, 1017, 1019 ff.; Fleischer/Hüttemann/Adolff § 16 Rn. 58 f.; kritisch Fleischer/Hüttemann/Bungert § 20 Rn. 22.
[623] Brandi/Wilhelm NZG 2009, 1408, 1412; Wilsing/Kruse DStR 2001, 991, 996; Lutter/Drygala § 5 Rn. 35 ff.
[624] Lutter/Drygala § 5 Rn. 37.
[625] Ablehnend daher Kallmeyer/Marsch-Barner § 8 Rn. 14b; Kölner Kommentar-UmwG/Simon § 5 Rn. 39; Weiler/Meyer NZG 2003, 669, 671; Bungert BB 2003, 699, 700, 703.
[626] BVerfG 1 BvR 2323/07, NZG 2011, 235, 237 – „Kuka"; Fleischer/Hüttemann/Bungert § 20 Rn. 22.

auf den übertragenden Rechtsträger (Verkauf der Aktien an der Börse) und gleichzeitigen Investitionsentscheidung in Bezug auf den übernehmenden Rechtsträger (Erwerb der Aktien an der Börse) erlangt hätten.

385 Die Anerkennung eines solchen **Mindestumtauschverhältnisses** für die Anteilsinhaber des übertragenden Rechtsträgers hätte allerdings zur Folge, dass sich – zumindest im Fall einer konzernfreien Verschmelzung – auch die Anteilsinhaber des übernehmenden Rechtsträgers hierauf berufen könnten.[627] Denn der Schutz ihres Aktieneigentums nach Art. 14 Abs. 1 GG kann nicht davon abhängen, ob die Beteiligung zufällig an dem übertragenden oder dem übernehmenden Rechtsträger besteht.[628] In der Konsequenz würde aus Sicht der Anteilsinhaber eines jeden Rechtsträgers ein Mindestumtauschverhältnis bestehen, so dass **zwingend auf das Verhältnis der Börsenwerte** für die Verschmelzungswertrelation[629] abzustellen wäre.[630] Ein solches **Bewertungsmonopol** der Börsenkurse kann aber nicht überzeugen und entspricht auch nicht der Rechtsprechung des Bundesverfassungsgerichts.[631]

386 Bei den vorstehend genannten Wertungsinkonsistenzen, die aus der Anwendung der Börsenkursrechtsprechung auf das Umtauschverhältnis resultieren, handelt es sich um die Symptome eines **konzeptionellen Problems**: Während für die Bestimmung der Barabfindung der Rückgriff auf den Verkehrswert der Aktie naheliegt, weil der Aktionär nicht schlechter als im Verkaufsfall stehen soll, überzeugt diese Erwägung nicht, wenn der Aktionär an der **Verschmelzung teilnimmt**. Dieser Aktionär scheidet gerade nicht aus, sondern setzt seine Gesellschafterstellung an dem übernehmenden Rechtsträger fort. Dann aber besteht kein Grund, diesen Aktionär so zu stellen, wie er im Fall eines Verkaufs seiner Aktien zum Bewertungsstichtag stünde.

387 Bei der Bestimmung des Umtauschverhältnisses ist daher nicht der Börsenwert des übertragenden Rechtsträgers als Mindestwert in Rechnung zu stellen. Vielmehr ist zur Bestimmung des Umtauschverhältnisses auf Unternehmenswerte nach Maßgabe der im konkreten Fall am besten geeigneten Methode unter Berücksichtigung des Grundsatzes der Methodengleichheit abzustellen.[632]

388 **b) Untergrenze Liquidationswert.** Ob der Liquidationswert (→ Rn. 371 f.) eine Untergrenze für die Bewertung bildet, wird sehr kontrovers diskutiert. Diese Frage stellt sich insbesondere dann, wenn der – regelmäßig zur Unternehmensbewertung herangezogene – **Ertragswert unterhalb des Liquidationswerts** liegt, etwa weil zukünftig mit vergleichsweise niedrigen Erträgen oder Verlusten zu rechnen ist.

389 Zunächst ist unstreitig bei der Unternehmensbewertung auf den Liquidationswert abzustellen, wenn eine **Liquidation beabsichtigt** ist.[633] Demgegenüber ist die Frage umstritten, ob der Liquidationswert die Untergrenze der Bewertung bildet, wenn der Ertrags-

---

[627] Vgl. OLG Stuttgart 20 W 5/05, AG 2006, 420, 422; BayObLG 3Z BR 116/00, AG 2003, 569, 571; OLG Düsseldorf I-26 W 12/15, BeckRS 2016, 111005 (Rn. 55) für den Fall einer Verschmelzung zur Neugründung; *Paschos* ZIP 2003, 1017, 1020 f.

[628] Fleischer/Hüttemann/*Adolff* § 16 Rn. 58; *Wilm* NZG 2000, 234, 235.

[629] Das gilt zumindest dann, wenn keine zu verteilenden Wertzuwächse aufgrund von Synergieeffekten bestehen.

[630] OLG Frankfurt 21 W 31/11, AG 2012, 919, 921 allgemein auf diesen Zusammenhang hinweisend: „*Dabei weist die Antragsgegnerin zu Recht darauf hin, dass ein aus Sicht der Minderheitsaktionäre der A günstiges Umtauschverhältnis zwingend mit einer entsprechend für die Aktionäre der übrigen an der Verschmelzung beteiligten Gesellschaften ungünstigen Relation einhergeht. Ob daraus die Konsequenz abzuleiten ist, dass nur eine einzige Umtauschrelation als verfassungsgemäß angesehen werden kann, mag bezweifelt werden.*"; Fleischer/Hüttemann/*Adolff* § 16 Rn. 58.

[631] Im Fall BVerfG 1 BvR 3221/10, NJW 2012, 3020, 3021 f. – Daimler/Chrysler akzeptierte das Bundesverfassungsgericht bei einer konzernfreien Verschmelzung, dass sich das Umtauschverhältnis nicht nach der Relation der Börsenwerte, sondern der Ertragswerte richtet.

[632] Ebenso für den Fall der konzernfreien Verschmelzung Fleischer/Hüttemann/*Adolff* § 16 Rn. 59.

[633] BGH II ZR 225/04, AG 2006, 887, 889; *Ruiz de Vargas/Theusinger/Zollner* AG 2014, 428 m. w. N.

wert unterhalb des Liquidationswerts liegt, aber das Unternehmen **dauerhaft fortgeführt werden soll**. Nach einer insbesondere in der Literatur vertretenen Auffassung handelt es sich bei dem Liquidationswert um eine **allgemeingültige Untergrenze**.[634] Hingegen ist nach der Rechtsprechung und einigen Stimmen in der Literatur der Liquidationswert dann nicht als Untergrenze anzusetzen, wenn eine **Fortführung des Unternehmens beabsichtigt** ist. Ausnahmsweise soll allerdings auch nach dieser Auffassung trotz Fortführungsabsicht auf den Liquidationswert abzustellen sein, insbesondere wenn die Fortführung des Unternehmens **unvertretbar** ist.[635] Für beide Ansichten werden beachtliche Argumente ins Feld geführt.[636]

Eine der zentralen Fragen dieses Meinungsstreits liegt darin, ob bei einer Unternehmensbewertung die **Planung der Geschäftsleitung** zugrunde zu legen ist oder ob nicht vielmehr im Rahmen einer objektivierten Bewertung alle denkbaren Planungen zu vergleichen sind und die **günstigste Planung** in Rechnung zu stellen ist.[637] Eine ähnliche Frage stellt sich, wenn das Gericht im Spruchverfahren die Unternehmensbewertung nach Maßgabe des Ertragswertverfahrens kontrolliert. Nach der Rechtsprechung soll das Gericht in diesem Fall an die – der Bewertung im Ertragswertverfahren zugrundeliegende – Planung der Geschäftsleitung gebunden sein, soweit diese nicht als unvertretbar erscheint (→ Rn. 423).

Daher erscheint es konsequent, im Fall einer geplanten Unternehmensfortführung nicht prinzipiell auf den Liquidationswert als Untergrenze abzustellen, sondern nur dann den **Liquidationswert heranzuziehen, wenn die Fortführung als unvertretbar erscheint**.[638] Die Fortführung ist beispielsweise dann unvertretbar, wenn unstreitig der Liquidationswert erheblich oberhalb des Ertragswerts liegt oder eine Verpflichtung zur Liquidation besteht.

c) **Kein Meistbegünstigungsgrundsatz.** Nach der Rechtsprechung besteht weder nach Art. 14 Abs. 1 GG[639] noch nach dem UmwG[640] ein Meistbegünstigungsgrundsatz zugunsten der Anteilsinhaber des übertragenden Rechtsträgers derart, dass sämtliche **denkbaren Bewertungsmethoden** heranzuziehen sind und die günstigste zugrunde zu legen ist.[641] Darüber hinaus besteht ebenfalls kein Meistbegünstigungsgebot **innerhalb einer Wertermittlungsmethode**, so dass nicht etwa in Hinblick auf die einzelnen Prognosen, Annahmen und Berechnungsmethoden jeweils die günstigsten Werte anzuwenden sind.[642]

---

[634] BayObLG 3Z BR 67/89, NJW-RR 1997, 34, 35; *Fleischer/Schneider* DStR 2013, 1736, 1743; Fleischer/Hüttemann/*Fleischer* § 8 Rn. 42; Fleischer/Hüttemann/*Hüttemann* § 1 Rn. 38; Schmitt/Hörtnagl/Stratz/*Stratz* § 5 Rn. 48; Lutter/*Drygala* § 8 Rn. 19; *Lutter/Drygala* AG 1995, 49, 51; Kallmeyer/*Marsch-Barner* § 8 Rn. 14; *Emmerich* in Emmerich/Habersack, Aktien- und GmbH-Konzernrecht § 305 AktG Rn. 74 f.

[635] OLG Frankfurt 21 W 2/11, NZG 2011, 990, 992; OLG Düsseldorf I-26 W 1/07 (AktE), AG 2009, 907, 909 f.; 19 W 3/00 AktE, AG 2004, 324, 327 f.; 19 W 2/00 AktE, AG 2002, 398, 402; OLG Stuttgart 20 W 16/06, juris Rn. 374; LG München I 5 HK O 542/09, AG 2009, 632, 634; vgl. BGH IV ZR 142/70, NJW 1973, 509, 511; Mehrbrey/*Krenek* § 134 Rn. 23; *Ruiz de Vargas/Theusinger/Zollner* AG 2014, 428, 432 ff.; Schmidt/Lutter/*Stephan* § 305 AktG Rn. 80; ohne Einschränkung in Bezug auf die Vertretbarkeit der Planung Hölters AktG/*Deilmann* § 305 Rn. 67; Henssler/Strohn/*Paschos* § 305 AktG Rn. 22; offengelassen von BGH II ZR 295/04, NZG 2006, 425 f.

[636] Eine Übersicht zu den Argumenten bei *Fleischer/Schneider* DStR 2013, 1736, 1739 ff.; Fleischer/Hüttemann/*Fleischer* § 8 Rn. 29 ff. und *Ruiz de Vargas/Theusinger/Zollner* AG 2014, 428, 436 ff.

[637] Vgl. Fleischer/Hüttemann/*Hüttemann* § 1 Rn. 38.

[638] Vgl. *Ruiz de Vargas/Theusinger/Zollner* AG 2014, 428, 434 ff.

[639] BVerfG 1 BvR 2658/10, NJW 2011, 2497, 2498 – Telekom/T-Online.

[640] OLG Stuttgart 20 W 6/10, AG 2013, 724, 727; 20 W 7/11, juris Rn. 187 f.; OLG Frankfurt 21 W 31/11, AG 2012, 919, 921; vgl. BGH II ZB 23/14, NZG 2016, 139, 142.

[641] Fleischer/Hüttemann/*Arnold/Rothenburg* § 27 Rn. 59; MünchHdb. GesR VII/*Steinle/Liebert/Katzenstein* § 34 Rn. 113.

[642] OLG Frankfurt 21 W 31/11, AG 2012, 919, 921; OLG Stuttgart 20 W 6/10, AG 2013, 724, 727; *Puszkajler/Sekera-Terplan* NZG 2015, 1055, 1061.

393 Diskutiert wird der Meistbegünstigungsgrundsatz auf der Grundlage des DAT/Altana-Urteils des BGH[643] aber in dem Sinne, dass bei der Bewertung eines Anteils sowohl der **Börsenkurs** als auch der **quotale Unternehmenswert** heranzuziehen seien und auf den höheren der beiden Werte abzustellen sei.[644] Das ist vom Ergebnis her zutreffend. Denn nach der Rechtsprechung des Bundesverfassungsgerichts kommt es zwar grundsätzlich auf den quotale Unternehmenswert an, allerdings bildet der Börsenkurs die Untergrenze für die Bewertung des Anteils (→ Rn. 375 ff.).

394 Da vormals zur Bestimmung des quotalen Unternehmenswerts grundsätzlich das Ertragswertverfahren Anwendung fand, war eine Doppelbewertung nach Börsenwert und Ertragswert erforderlich.[645] Die Heranziehung des Ertragswerts zur Bewertung des Rechtsträgers ist aber keineswegs zwingend, sondern es herrscht **Methodenfreiheit** (→ Rn. 353). Nach der neueren Rechtsprechung lässt sich zur Bewertung des Gesamtunternehmens auf den Börsenwert abstellen, soweit dieser über eine ausreichende Aussagekraft verfügt (→ Rn. 361 ff.). In diesem Fall sind Börsenkurs und quotaler Anteil an dem – nach dem Börsenwert bestimmten – Unternehmenswert identisch. Eine weitere Bewertung nach dem Ertragswertverfahren oder einer anderen Methode erübrigt sich dann.

395 **d) Keine Obergrenze wegen Kapitalschutzvorschriften.** Es ist umstritten, inwieweit die Kapitalschutzvorschriften, insbesondere nach § 30 GmbHG und § 57 AktG, auch für die Zuzahlung im Fall des Umtauschverhältnisses und die Barabfindung Geltung beanspruchen.[646] Selbst nach Maßgabe der Auffassung, die den Kapitalschutzvorschriften den Vorrang einräumt, ist der **Kompensationsanspruch aber materiell nicht zur kürzen**, wenn zum Zeitpunkt der gerichtlichen Entscheidung kein frei verfügbares Vermögen in ausreichender Höhe besteht.[647] In diesem Fall ist der Kompensationsanspruch lediglich gehemmt.

3. Gerichtlicher Kontrollmaßstab

396 Die nachstehenden Erläuterungen behandeln den gerichtlichen Prüfungsmaßstab für die Kontrolle der Angemessenheit der Barabfindung und des Umtauschverhältnisses.

397 **a) Rechts- und Tatsachenfrage.** Der Maßstab für die Angemessenheitskontrolle hängt zunächst von der Frage ab, ob es sich bei dem jeweiligen Gegenstand der Beurteilung um eine Rechts- oder Tatsachenfrage handelt. Nur bei der Klärung von **Tatsachenfragen** steht dem Gericht **sachverständige Unterstützung** sowie ein **Schätzungsermessen** im Rahmen der Unternehmensbewertung zur Verfügung.

398 Im Ausgangspunkt handelt es sich bei der Prüfung der Angemessenheit der Barabfindung und des Umtauschverhältnisses um eine **Rechtsfrage**.[648] Für die Frage der Angemessenheit ist für die Barabfindung auf den Unternehmenswert des übertragenden Rechtsträgers und für das Umtauschverhältnis auf die Relation der Unternehmenswerte der beteiligten Rechtsträger abzustellen (→ Rn. 312 ff., 319 ff.).

399 Die Bestimmung des Unternehmenswerts hat sowohl eine rechtliche als auch eine tatsächliche Dimension (sog. **normgebundene Unternehmensbewertung**). In rechtlicher Hinsicht bestehen normative Vorgaben für die Wertermittlung.[649] Das betrifft bei-

---

[643] BGH II ZB 15/00, NJW 2001, 2080, 2082 – DAT/Altana.
[644] Überblick über Rechtsprechungsentwicklung und Diskussion Fleischer/Hüttemann/*Adolff* § 16 Rn. 62 ff.
[645] *Gärtner/Handke* NZG 2012, 247, 248; Fleischer AG 2014, 97, 100 f.
[646] Vgl. hierzu Lutter/*Decher* § 15 Rn. 8; Lutter/*Grunewald* § 29 Rn. 25 ff.; Widmann/Mayer/Heckschen § 15 Rn. 107 f.; Widmann/Mayer/*Wälzholz* § 29 Rn. 36 ff.; *Hoger* AG 2008, 149 ff.
[647] Semler/Stengel/*Gehling* § 15 Rn. 23b; Kallmeyer/*Marsch-Barner* § 15 Rn. 2; Lutter/*Decher* § 15 Rn. 8; *Hoger* AG 2008, 149, 150.
[648] BGH II ZB 23/14, NZG 2016, 139, 140; OLG Stuttgart 20 W 6/10, AG 2013, 724, 725; 20 W 2/12, AG 2013, 840; Schmitt/Hörtnagl/Stratz/*Stratz* § 5 Rn. 13; MünchHdb. GesR VII/*Steinle/Liebert/Katzenstein* § 34 Rn. 83; Spindler/Stilz/*Drescher* § 8 SpruchG Rn. 4.
[649] BGH II ZB 23/14, NZG 2016, 139, 140 (Rn. 14).

spielsweise das Bewertungsziel (quotaler Anteil des Unternehmenswerts statt Verkehrswert des Anteils), den Bewertungsstichtag, die Untergrenzen für die Wertermittlung (Börsenkurs und nach umstrittener Ansicht der Liquidationswert) oder die Berücksichtigung von Synergieeffekten.[650]

400 Die Unternehmensbewertung im Rahmen dieser rechtlichen Vorgaben betrifft die tatsächliche Ebene.[651] Bei der Bewertung ist das Gericht nicht an eine bestimmte Methode gebunden, sondern hat – als Teil der Tatsachenfeststellung – diejenige Methode auszuwählen, die es für bestmöglich geeignet erachtet, den Verkehrswert abzubilden.[652] Die Methodenwahl ist Teil der Tatsachenfeststellung, die sich nach wirtschaftswissenschaftlicher Bewertungstheorie und -praxis bestimmt. Soweit erforderlich, hat das Gericht bei der Anwendung und ggf. bereits bei der Auswahl der Methode auf sachverständige Unterstützung zurückzugreifen. Komplexe fachspezifische Fragen der Unternehmensbewertung darf der Tatrichter nur dann ohne sachverständige Unterstützung entscheiden, soweit er über die entsprechende Fachkunde verfügt, die er darzulegen hat.[653]

401 Im Einzelnen kann die Abgrenzung zwischen Rechts- und Tatsachenfrage schwierig sein.[654] Aus der Behandlung der Frage im Rahmen von IDW S 1 ist nicht zu schließen, dass es sich um eine Tatsachenfrage handelt, da IDW S 1 ebenfalls Rechtsfragen behandelt. Handelt es sich um eine Rechtsfrage (beispielsweise die Frage der Berücksichtigung unechter Synergieeffekte[655]), ist diese vom Gericht zu entscheiden; die Einschätzung im IDW S 1 hat insofern keine Bedeutung. Soweit der Bewertungsstandard IDW S 1 Tatsachenfragen betrifft (beispielsweise die Regeln für Planungen und Prognosen[656]), ist das Gericht daran zwar nicht gebunden, aber der Bestimmung des IDW S 1 kommt als Expertenauffassung Gewicht zu.

402 **b) Anforderungen an gerichtliche Kontrolldichte.** Die nachstehenden Erläuterungen betreffen den konkreten Maßstab für die Angemessenheitskontrolle des Gerichts.

403 **aa) Schätzungsermessen.** Dem Gericht steht im Rahmen der Angemessenheitskontrolle ein **Schätzungsermessen** zu,[657] das auf § 287 Abs. 2 ZPO und § 738 Abs. 2 BGB beruht.[658] Daher sind die Anforderungen an die Überzeugungsbildung im Vergleich zu § 286 ZPO reduziert und die Durchführung und der Umfang einer Beweisaufnahme stehen im pflichtgemäßen Ermessen des Gerichts.[659] Eine Schätzung ohne greifbare Anhaltspunkte ist aber unzulässig.[660]

---

[650] Vgl. OLG Karlsruhe 12a W 2/15, AG 2016, 672, 673; OLG Stuttgart 20 W 5/05, AG 2006, 420, 425; *Fleischer* AG 2016, 185, 191.

[651] Spindler/Stilz/*Drescher* § 8 SpruchG Rn. 4; Fleischer/Hüttemann/*Hüttemann* § 1 Rn. 67.

[652] Vgl. BGH II ZB 23/14, NZG 2016, 139, 140 (Rn. 13); *Fleischer* AG 2016, 185, 196; *Kollrus* MDR 2012, 66, 67 f.

[653] BGH II ZR 266/04, AG 2007, 625, 627; KG 2 W 154/08, NZG 2011, 1302, 1304; MünchKommZPO/*Zimmermann* § 402 Rn. 7.

[654] *Fleischer* AG 2016, 185, 191.

[655] IDW S 1 2008, Tz. 24.

[656] IDW S 1 2008, Tz. 24 ff.

[657] BGH II ZB 23/14, NZG 2016, 139, 140; BGH II ZB 15/00, NJW 2001, 2080, 2082 – DAT/Altana; OLG Frankfurt 21 W 22/13, AG 2016, 667, 669; OLG Karlsruhe 12 W 5/12, AG 2013, 765; OLG München 31 Wx 099/06, AG 2008, 461, 462; Mehrbrey/*Krenek* § 134 Rn. 2.

[658] BGH II ZB 15/00, NJW 2001, 2080, 2082 – DAT/Altana; BayObLG 3Z BR 071/00, AG 2006, 41, 42; Spindler/Stilz/*Drescher* § 8 SpruchG Rn. 4; MünchHdb. GesR VII/*Steinle/Liebert/Katzenstein* § 34 Rn. 89.

[659] OLG Stuttgart 20 W 2/12, AG 2013, 840, 841; 20 W 6/10, AG 2013, 724, 726; Zöller/*Greger* § 287 ZPO Rn. 1; Spindler/Stilz/*Drescher* § 8 SpruchG Rn. 4; MünchHdb. GesR VII/*Steinle/Liebert/Katzenstein* § 34 Rn. 89.

[660] OLG Stuttgart 20 W 3/12, AG 2015, 580, 581; 20 W 6/10, AG 2013, 724, 726; OLG Frankfurt 20 W 323/04, AG 2007, 449, 451.

404 bb) Eigene Unternehmensbewertung. Das Gericht hat im Rahmen der Angemessenheitsprüfung eine **eigene Unternehmensbewertung** vorzunehmen.[661] Nach der Rechtsprechung ist eine bloße Plausibilitätsprüfung der bestehenden Unternehmensbewertung, die der Verschmelzung zugrunde liegt und die ein gerichtlich bestellter Prüfer untersucht hat, nicht ausreichend.[662]

405 Das bedeutet aber nicht, dass das Gericht eine vollständige Neubewertung durch einen Sachverständigen durchzuführen hätte und die Erkenntnisse der bestehenden Bewertung ignorieren müsste.[663] Vielmehr kann das Gericht nach der in §§ 7 Abs. 6 und 8 Abs. 2 SpruchG ersichtlichen gesetzlichen Konzeption die durch den gerichtlich bestellten Prüfer untersuchte Bewertung zum **Ausgangspunkt seiner eigenen Unternehmensbewertung** machen, soweit es diese im Einzelnen kontrolliert.[664] Das Gericht ist allerdings nicht verpflichtet, auf die bestehende Bewertung aufzusetzen, sondern darf auch eine Bewertung nach einer anderen Methode vornehmen (→ Rn. 418 f.).

406 Hinsichtlich der Prüfungsdichte in Bezug auf die bestehende Unternehmensbewertung ist zwischen konzernfreien Verschmelzungen und Konzernverschmelzungen zu differenzieren:

407 cc) Prüfungsdichte bei konzernfreien Verschmelzungen. Im Fall der konzernfreien Verschmelzung handelt es sich um zwei unabhängige Unternehmen, so dass die Interessen der Anteilsinhaber des jeweiligen Rechtsträgers gleichgerichtet sind. Es besteht daher grundsätzlich **keine Interessenkollision zwischen Mehrheits- und Minderheitsgesellschafter**, sondern eine Interessenkollision zwischen dem übertragenden Rechtsträger und dem übernehmenden Rechtsträger.

408 Für konzernfreie Verschmelzungen begegnet der nachfolgende Maßstab für die Prüfung der bestehenden Bewertung keinen verfassungsrechtlichen Bedenken:[665] Das Gericht bestimmt die **rechtlichen Bewertungsvorgaben**, wie zum Beispiel die Frage der Berücksichtigung von Synergieeffekten, uneingeschränkt selbst (→ Rn. 397 ff.). Ferner unterliegen die **tatsächlichen Grundlagen** der Unternehmensbewertung, wie zum Beispiel die in der Vergangenheit erzielten Erträge, einer uneingeschränkten gerichtlichen Kontrolle.[666] Demgegenüber unterliegen die im Rahmen der kapitalwertorientierten Bewertungsverfahren, namentlich dem Ertragswertverfahren, anzustellenden **Planungen und Prognosen** der Geschäftsleitung lediglich einer **Vertretbarkeitskontrolle** (→ Rn. 423). Die Prüfung des Gerichts beschränkt sich insoweit darauf, ob die Geschäftsleitung vernünftigerweise annehmen könne, dass ihre Planung realistisch sei. In Bezug auf die Wahl der **Bewertungsmethode** reicht es aus, wenn sich die gerichtliche Prüfung auf Eignung und Vertretbarkeit beschränkt.[667]

409 Nach einer weitergehenden Ansicht, die insbesondere das OLG Stuttgart vertreten hat, soll im Fall einer konzernfreien Verschmelzung eine Verfahrenskontrolle im Sinne der Prüfung eines ordnungsgemäßen Verhandlungsprozesses (sog. **Verhandlungsmodell**) ausreichen.[668]

---

[661] OLG Frankfurt 21 W 31/11, AG 2012, 919, 922; 21 W 7/11, AG 2012, 513, 514; vgl. MünchHdb. GesR VII/*Steinle/Liebert/Katzenstein* § 34 Rn. 86.
[662] OLG Stuttgart 20 W 7/11, juris Rn. 176 ff.; OLG Frankfurt 21 W 7/11, AG 2012, 513, 514; 20 W 323/04, NZG 2007, 875; Spindler/Stilz/*Drescher* § 8 SpruchG Rn. 4; a. A. LG Frankfurt 3/8 O 171/02, AG 2005, 930, 932.
[663] OLG Düsseldorf I-26 W 22/14 (AktE), AG 2016, 504, 505 f.; OLG Stuttgart 20 W 6/10, AG 2013, 724, 725; 20 W 14/05, NZG 2007, 112, 113.
[664] OLG München 31 Wx 211/13, AG 2014, 453, 454; OLG Stuttgart 20 W 6/10, AG 2013, 724, 725; OLG Frankfurt 21 W 7/11, AG 2012, 513, 514.
[665] BVerfG 1 BvR 3221/10, NJW 2012, 3020, 3022 – Daimler/Chrysler.
[666] OLG Stuttgart 20 W 16/06, AG 2011, 49, 53; 20 W 5/05, AG 2006, 420, 425.
[667] OLG Stuttgart 20 W 16/06, AG 2011, 49, 53; 20 W 5/05, AG 2006, 420, 425.
[668] OLG Stuttgart 20 W 16/06, AG 2011, 49, 53; 20 W 5/05, AG 2006, 420, 423 ff.; dem folgend OLG Frankfurt 5 W 33/09, juris Rn. 15 f.; LG Frankfurt 3–5 O 57/06, AG 2009, 749, 750 ff.

Denn aufgrund der Interessenhomogenität auf Seiten der gesamten Anteilseigner (Mehrheits- und Minderheitsgesellschafter) eines jeden der beteiligten Rechtsträger bestehe eine erhöhte Richtigkeitsgewähr für ein angemessenes Ergebnis.[669] Das Bundesverfassungsgericht hat dieser Ansicht eine Absage erteilt, auch wenn es im konkreten Fall den vom Gericht angewandten Prüfungsmaßstab (siehe vorstehend → Rn. 408) für ausreichend erachtete.[670] Ein ordnungsgemäßer Verhandlungsprozess biete keine hinreichende Gewähr für ein angemessenes Umtauschverhältnis, da die Verhandlungen über die Angemessenheit des Umtauschverhältnisses von vielfältigen unternehmerischen Erwägungen hinaus getragen sein können.[671] Daher stelle diese Prüfung nicht die volle wirtschaftliche Entschädigung der Anteilsinhaber des übertragenden Rechtsträgers sicher, worin eine Verletzung von Art. 14 Abs. 1 GG liege.[672]

dd) Prüfungsdichte für Konzernverschmelzungen. Wenig beleuchtet ist die Frage, inwieweit sich im Fall der Konzernverschmelzung die Prüfungsdichte im Vergleich zur konzernfreien Verschmelzung erhöht. Die Konzernverschmelzung zeichnet sich dadurch aus, dass das herrschende Unternehmen sowohl auf Seiten des übertragenden als auch des übernehmenden Rechtsträgers steht.[673] Für die Minderheitsgesellschafter des übertragenden Rechtsträgers besteht daher das Risiko, dass das herrschende Unternehmen das Umtauschverhältnis zu ihren Lasten verschiebt, indem es auf die Unternehmensbewertung Einfluss nimmt.

Die Rechtsprechung wendet gleichwohl regelmäßig den für **konzernfreie Verschmelzungen dargestellten Prüfungsmaßstab** auch auf Konzernverschmelzungen und andere konzerndominierte Fallgestaltungen an. Danach unterliegen insbesondere die Prognosen und Planungen lediglich einer **Vertretbarkeitskontrolle**.[674]

Stimmen in der Literatur fordern demgegenüber zu Recht eine **höhere Kontrolldichte**.[675] Eine genauere Prüfung ist insbesondere insoweit angezeigt, als für das herrschende Unternehmen Gestaltungsmöglichkeiten bestehen, die eine Einflussnahme auf die Bewertung erlauben. Nach einem überzeugenden Vorschlag von *Fleischer* soll die beschränkte Kontrolldichte auf konzerndominierten Fallgestaltungen nur dann zu übertragen sein, wenn die Unternehmensplanungen aus dem ordentlichen Geschäftsgang folgen und keine Anhaltspunkte für eine Manipulation der Planung vorliegen.[676]

ee) Mehrheitsvergleich. Umstritten ist, ob ein **mehrheitlich angenommenes Vergleichsangebot** Grundlage für die **gerichtliche Schätzung** einer angemessenen Kompensation sein kann. Der Hintergrund für diese Diskussion ist, dass eine Verfahrensbeendigung durch Vergleich der Zustimmung aller Verfahrensbeteiligten bedarf, so dass der Verfahrensabschluss teilweise an der Blockade einzelner Antragsteller scheitert.[677]

---

[669] OLG Stuttgart 20 W 5/05, AG 2006, 420, 424; *Klöhn/Verse* AG 2013, 2, 4; Fleischer/Hüttemann/*Adolff* § 16 Rn. 60; Lutter/*Drygala* § 5 Rn. 38.
[670] BVerfG 1 BvR 3221/10, NJW 2012, 3020, 3022 – Daimler/Chrysler m. Anm. *Luttermann* EWIR 2012, 571 f.; zustimmend *Fleischer/Bong* NZG 2013, 881, 884 ff.
[671] BVerfG 1 BvR 3221/10, NJW 2012, 3020, 3022 – Daimler/Chrysler; zur näheren Erläuterung von etwaigen unternehmerischen Erwägungen siehe *Fleischer/Bong* NZG 2013, 881, 887 f.; ablehnend demgegenüber *Klöhn/Verse* AG 2013, 2, 6 f.
[672] BVerfG 1 BvR 3221/10, NJW 2012, 3020, 3022 – Daimler/Chrysler.
[673] OLG München 31 Wx 250/11, AG 2012, 749, 751.
[674] OLG Karlsruhe 12a W 2/15, AG 2016, 672, 673 (Squeeze-out); 12 W 66/06, AG 2013, 353, 354 (Squeeze-out); OLG Stuttgart 20 W 6/09, AG 2012, 839, 842 (Vertragskonzern); 20 W 20/06, AG 2010, 42, 44 (Konzernverschmelzung); 20 W 5/06, AG 2007, 705, 706 (Konzernverschmelzung); OLG Frankfurt 21 W 7/11, AG 2012, 513, 514 (Vertragskonzern).
[675] *Fleischer/Bong* NZG 2013, 881, 889 f; *Klöhn/Verse* AG 2013, 2, 4; die Übernahme der unternehmensinternen Planung ablehnend *Knoll* DSTR, 2010, 615, 616 ff.
[676] *Fleischer/Bong* NZG 2013, 881, 889 f.
[677] *Puszkajler/Sekera-Terplan* NZG 2015, 1055, 1060.

414 Einer Ansicht zufolge soll eine gerichtliche Schätzung auf der Basis eines Mehrheitsvergleichs zulässig sein.[678] Das OLG Düsseldorf[679] und das OLG Frankfurt am Main[680] sowie Teile des Schrifttums[681] lehnen diese Auffassung ab. Dem ist zu folgen, da die Annahme eines Vergleichsangebots **keine ausreichende Indizwirkung** für die Angemessenheit der Kompensation hat.

415 Die Entscheidung für oder gegen den Abschluss des Vergleichs hängt nicht davon ab, ob die angebotene Kompensation angemessen ist. Ausschlaggebend für den Vergleichsschluss sind in erster Linie die Erfolgsaussichten des Rechtsstreits, die ggf. nicht nur von der Frage der Angemessenheit der Kompensation, sondern beispielsweise auch von prozessualen Fragen abhängen. Darüber hinaus können weitere Gründen für einen Vergleichsabschluss bestehen, wie das Interesse an einer zügigeren Streitbeilegung oder an der Begrenzung des Kostenrisikos.[682]

416 Die gesetzliche Einführung eines qualifizierten Mehrheitsvergleichs wäre aber *de lege ferenda* in engen Grenzen zu begrüßen.[683]

417 c) **Grenzen der gerichtlichen Kontrolle.** Während die vorstehend erläuterten Anforderungen an die Kontrolldichte das Mindestmaß der gerichtlichen Kontrolle betreffen, stellt sich auf der anderen Seite die Frage, ob das Gericht zumindest teilweise auch an die **bestehende Bewertung**, die der Verschmelzung zugrunde liegt und die ein gerichtlich bestellter Prüfer untersucht hat, **gebunden** ist.

418 aa) **Keine Bindung des Gerichts an bestimmte Bewertungsmethode.** Im Rahmen der Angemessenheitskontrolle stellt sich zunächst die Frage, ob das Gericht an die von den Verschmelzungsparteien gewählte Bewertungsmethode gebunden ist. Das Bundesverfassungsgericht hat diese Frage in einer Entscheidung bewusst offengelassen.[684] Demgegenüber besteht nach der überwiegenden zivilgerichtlichen Rechtsprechung **keine Bindung an die von den Verschmelzungsparteien gewählte Bewertungsmethode**, selbst wenn diese grundsätzlich geeignet und vertretbar ist.[685] Insbesondere kann das Gericht – abhängig von den Umständen des Einzelfalls – eine marktorientierte Bewertung anhand von Börsenkursen anstelle des von den Verschmelzungsparteien vereinbarten Ertragswertverfahrens vornehmen.[686]

419 Das OLG Stuttgart ist hingegen für den Fall einer konzernfreien Verschmelzung der Ansicht, dass die von den Vertragsparteien gewählte Methode nur auf grundsätzliche Eignung und Vertretbarkeit zu überprüfen ist.[687] Diese Auffassung ist abzulehnen, denn die **gerichtliche Angemessenheitsprüfung** steht einer Bindung an die Bewertungsmethode entgegen. Ansonsten wäre die Angemessenheitsprüfung bereits im Vorhinein sehr limitiert. Daher ist das Gericht an das vereinbarte Bewertungsverfahren ebenso wenig gebunden wie an die Bewertung selbst.[688]

---

[678] Spindler/Stilz/*Drescher* § 11 SpruchG Rn. 7; Kölner Kommentar-AktG/*Puszkajler* § 11 SpruchG Rn. 25; *Noack* NZG 2014, 92, 93; *Deiß* NZG 2013, 1382, 1383 ff.; vgl. LG Hannover 23 AktE 37/07, juris Rn. 219.

[679] OLG Düsseldorf I-26 W 17/12 (AktE), AG 2013, 807, 809 f.

[680] OLG Frankfurt 21 W 64/13, AG 2015, 205, 207.

[681] Hüffer/*Koch* § 11 SpruchG Rn. 5; Emmerich/Habersack/*Emmerich* § 11 SpruchG Rn. 6a; MünchHdb. GesR VII/*Steinle/Liebert/Katzenstein* § 34 Rn. 171 f.; *Haspl* NZG 2014, 487, 488 ff.

[682] Vgl. *Haspl* NZG 2014, 487, 488.

[683] *Stellungnahme BRAK* Nr. 33/2014, S. 8; *DAV-Handelsrechtsausschusses* NZG 2014, 1144, 1146 f.; *Puszkajler/Sekera-Terplan* NZG 2015, 1055, 1060, 1063.

[684] BVerfG 1 BvR 2658/10, NJW 2011, 2497 f. (Rn. 17) – Telekom/T-Online.

[685] BGH II ZB 23/14, NZG 2016, 139, 142; OLG Frankfurt 21 W 22/13, AG 2016, 667, 669; 21 W 7/11, AG 2012, 513, 514; 5 W 57/09, AG 2010, 751 f.

[686] OLG Frankfurt 21 W 22/13, AG 2016, 667, 669; 21 W 7/11, AG 2012, 513, 514; 5 W 57/09, AG 2010, 751 f.

[687] OLG Stuttgart 20 W 16/06, AG 2011, 49, 53.

[688] OLG Frankfurt 5 W 57/09, AG 2010, 751, 752; vgl. *Fleischer/Bong* NZG 2013, 881, 889.

bb) Keine Bindung des Gerichts an bestimmte Fassung eines Bewertungsstan- 420
dards. Das Gericht ist nach der Rechtsprechung des BGH auch **nicht an eine bestimmte Fassung eines Bewertungsstandards gebunden.**[689] Wendet das Gericht zur Prüfung der Angemessenheit der Barabfindung bzw. des Umtauschverhältnisses einen Bewertungsstandard, namentlich **IDW S 1**, an kann sich die Frage stellen, welche Fassung dieses Bewertungsstandards heranzuziehen ist. Da IDW S 1 regelmäßig überarbeitet wird, kommt es bisweilen zu der Situation, dass der Bewertungsstandard sich **zwischen dem Bewertungsstichtag und der Entscheidung des Gerichts** ändert. Ob der gerichtlichen Angemessenheitsprüfung der zum Bewertungsstichtag oder der zum Zeitpunkt der Entscheidung anwendbare Bewertungsstandard zugrunde zu legen ist, war Gegenstand eines intensiven Meinungsstreits.[690]

Der **BGH** hat diese Frage nunmehr entschieden:[691] Der gerichtlichen Entscheidung 421
können auch Bewertungsstandards zugrunde liegen, die nach dem Bewertungsstichtag entwickelt wurden. Weder der Gedanke der Rechtssicherheit noch der Vertrauensschutz stünden dem entgegen. Eine Verletzung des Stichtagsprinzips liege ebenfalls nicht vor, soweit der neue Bewertungsstandard nicht auf nach dem Bewertungsstichtag eingetretene und zuvor nicht angelegte wirtschaftliche oder rechtliche Veränderungen, insbesondere steuerlicher Art, reagiere.

Hieraus ist aber nicht zu folgern, dass zwingend auf den neuen Bewertungsstandard bei 422
der gerichtlichen Angemessenheitsprüfung abzustellen ist. Vielmehr ist das eine Frage, die der **Entscheidung des Gerichts** im Rahmen der Tatsachenfeststellung vorbehalten ist.[692] Hierbei spricht für die Anwendung des neuen Bewertungsstandards, wenn dieser zur Ermittlung des Unternehmenswerts **besser geeignet** erscheint. Hiergegen sind **zusätzliche Kosten und der zusätzliche Zeitaufwand**, die mit der Anwendung des neuen Bewertungsstandards verbunden sind, abzuwägen.[693]

cc) Bindung des Gerichts an Prognosen und Planungen. Soweit das Gericht zum 423
Zweck der Angemessenheitsprüfung eine kapitalwertorientierte Methode (insbesondere das Ertragswertverfahren) heranzieht, ist es nach der Rechtsprechung an die **Prognosen und Planungen der Geschäftsleitung gebunden**, wenn diese auf **zutreffenden Informationen** basieren und **widerspruchsfrei** sowie **plausibel** sind.[694] Sind die Planungen und Prognosen nach diesem Maßstab vertretbar, darf das Gericht diese nicht durch andere – letztlich ebenfalls nur vertretbare – Planungen und Prognosen ersetzen.[695]

Es stellt sich die Frage, ob im Fall von **Konzernverschmelzungen** die Bindung an die 424
Planungen und Prognosen weniger weitreichend sein sollte und stattdessen eine höhere Kontrolldichte des Gerichts geboten ist (→ Rn. 410 ff.).

d) Bandbreite bei der Angemessenheitsprüfung. Nach der herrschenden Mei- 425
nung erfüllt eine **Bandbreite von Unternehmenswerten**[696] das Kriterium der Angemessenheit.[697] Denn es besteht **kein einziger „richtiger" Unternehmens-**

---

[689] BGH II ZB 23/14, NZG 2016, 139, 140 ff. m. Anm. *Mense/Klie* GWR 2016, 55; *Mennicke* DB 2016, 520 f.; *Fleischer* AG 2016, 185, 193 ff.; *Schüppen* ZIP 2016, 393 ff.
[690] Übersicht zur Diskussion bei *Fleischer* AG 2016, 185, 186 ff.
[691] BGH II ZB 23/14, NZG 2016, 139, 140 ff.
[692] OLG Frankfurt 21 W 22/13, AG 2016, 667, 669.
[693] BGH II ZB 23/14, NZG 2016, 139, 143.
[694] OLG Stuttgart 20 W 3/12, AG 2015, 580, 582; OLG München 31 Wx 211/13, AG 2014, 453, 454; OLG Frankfurt 21 W 31/11, AG 2012, 919, 921; 21 W 7/11, AG 2012, 513, 514.
[695] OLG Karlsruhe 12a W 2/15, AG 2016, 672, 673; OLG Frankfurt 21 W 34/12, AG 2015, 241, 243; vgl. OLG Frankfurt 5 W 57/09, juris Rn. 92; OLG Düsseldorf I-26 W 22/14 (AktE), AG 2016, 504, 506; OLG Stuttgart 20 W 4/12, AG 2014, 291, 292.
[696] Wenig treffend auch als Bagatellgrenze bezeichnet.
[697] OLG Karlsruhe 12a W 5/15, AG 2015, 789, 790; 12 W 5/12, AG 2013, 765; OLG München 31 Wx 250/11, AG 2012, 749, 750; BayObLG 3Z BR 071/00, AG 2006, 41, 43; MünchHdb. GesR VII/*Steinle/Liebert/Katzenstein* § 34 Rn. 85 ff.; *Fleischer/Hüttemann/Arnold/Rothenburg* § 27 Rn. 47; *Puszkajler* ZIP 2010, 2275, 2279; *Stilz* ZGR 2001, 875, 886.

wert.[698] Das folgt daraus, dass keine überlegene Bewertungsmethode zur Verfügung steht, die eine exakte Bestimmung des Unternehmenswerts erlaubt. Vielmehr bestehen verschiedene grundsätzlich geeignete Bewertungsmethoden, die unterschiedliche Unternehmenswerte ergeben. Selbst innerhalb einer Methode können Entscheidungen über methodische Einzelfragen sowie Prognosen zu unterschiedlichen Bewertungsergebnissen führen.[699] Insbesondere bei den kapitalwertorientierten Bewertungsverfahren, namentlich dem Ertragswertverfahren, bestehen **erhebliche Bewertungsunschärfen** aufgrund der erforderlichen in die Zukunft gerichteten Prognosen.[700]

426 Aus der Bandbreite von angemessenen Unternehmenswerten folgt, dass die **Barabfindung** sowie das **Umtauschverhältnis** ebenfalls in einer bestimmten Bandbreite als angemessen zu qualifizieren sind.[701] Nur im Fall der Unterschreitung dieser Bandbreite ist die Barabfindung bzw. das Umtauschverhältnis nicht mehr angemessen, sondern zu niedrig.

427 Die Bandbreite findet in die gerichtliche Prüfung Eingang, indem das Gericht Abweichungen in bestimmter Höhe von dem gerichtlich geschätzten Unternehmenswert noch als angemessen einstuft. Für die **Höhe der zulässigen Abweichung** bestehen **keine festen Größen**.[702] Zwar diskutiert die Literatur Abweichungen in Höhe von 5%[703] sowie 10%[704]. Ein schematisches Vorgehen kann aber nicht überzeugen. Vielmehr sind die Umstände des jeweiligen Einzelfalls entscheidend. Es muss insbesondere Berücksichtigung finden, wenn sich die gerichtliche Schätzung des Unternehmenswerts – aufgrund der Anknüpfung an die bestehende Bewertung – eher am oberen oder unteren Ende der Bewertungsbandbreite bewegt und daher eher geringere oder größere Abweichungen noch als angemessen einzuschätzen sind.[705]

§ 15 Rechtsformspezifische Besonderheiten der Verschmelzung

Übersicht

	Rdnr.		Rdnr.
A. Aktiengesellschaft, SE und KGaA	1–157	2. Einreichung und Bekanntmachung des Verschmelzungsvertrags, § 61 UmwG	7–14
I. Einführung und Regelungssystematik für Verschmelzungen unter Beteiligung von Aktiengesellschaften	1, 2	3. Verschmelzungsbeschluss der Hauptversammlung	15–50
II. Verschmelzung durch Aufnahme, §§ 60 bis 72 UmwG	3–122	a) Vorbereitung der Hauptversammlung, § 63 UmwG	16–29
1. Verschmelzungsprüfung, §§ 60, 9 bis 12 UmwG	4–6	aa) Auslage von Unterlagen	16–21

---

[698] BVerfG 1 BvR 3221/10, NJW 2012, 3020, 3022 – Daimler/Chrysler; OLG München 31 Wx 250/11, AG 2012, 749, 750.
[699] OLG Stuttgart 20 W 2/12, AG 2013, 840; 20 W 6/10, AG 2013, 724, 725.
[700] BVerfG 1 BvR 3221/10, NJW 2012, 3020, 3022 – Daimler/Chrysler; vgl. OLG Stuttgart 20 W 7/11, juris Rn. 179 f.; Düsseldorf I-26 W 12/15, BeckRS 2016, 111005 (Rn. 62 ff.).
[701] OLG München 31 Wx 250/11, AG 2012, 749, 750; Lutter/*Drygala* § 5 Rn. 27.
[702] OLG Stuttgart 20 W 3/09, AG 2011, 205, 211. Zulässige Abweichung bei weniger als 1%: OLG Karlsruhe 12 W 66/06, AG 2013, 353, 354; 20 W 9/08, juris Rn. 241. Zulässige Abweichung bei 3,7%: OLG Celle 9 W 53/06, juris Rn. 35. Zulässige Abweichung bei bis zu 4,9%: OLG Frankfurt 21 W 8/11, AG 2012, 330, 333 (Rn. 47). Zulässige Abweichung bei 6,02%: OLG Stuttgart 20 W 3/09, juris Rn. 265. Zulässige Abweichung bei 4,3%, aber keine zulässige Abweichung bei 8%: OLG Frankfurt 21 W 22/13, AG 2016, 667, 671 f.
[703] *Puszkajler* BB 2003, 1692, 1694; Bürgers/Körber/*Ruiz de Vargas* Anhang zu § 305 Rn. 23.
[704] MünchHdb. GesR VII/*Steinle/Liebert/Katzenstein* § 34 Rn. 88; Fleischer/Hüttemann/*Arnold/Rothenburg* § 27 Rn. 47; *Bungert* BB 2003, 669, 701 f.; *Paschos* ZIP 2003, 1017, 1024; kritisch Lutter/*Drygala* § 5 Rn. 49.
[705] Vgl. OLG Stuttgart 20 W 3/09, juris Rn. 257 ff.

§ 15 Rechtsformspezifische Besonderheiten der Verschmelzung § 15

	Rdnr.
bb) Aufstellung einer Zwischenbilanz	22–26
cc) Weitere Offenlegungspflichten	27, 28
dd) Rechtsfolgen von Verstößen	29
b) Durchführung der Hauptversammlung, § 64 UmwG	30–41
c) Zustimmungsbeschluss der Hauptversammlung, § 65 UmwG	42–50
4. Anwendung der Vorschriften über die Nachgründung, § 67 UmwG	51–57
5. Kapitalerhöhung bei dem übernehmenden Rechtsträger	58–111
a) Kapitalerhöhungsverbote	64–73
b) Kapitalerhöhungswahlrechte	74–81
c) Verzicht auf die Gewährung von Anteilen	82–85
d) Treuhänderisch für den übernehmenden oder übertragenden Rechtsträger gehaltene Anteile	86, 87
e) Bare Zuzahlungen	88–91
f) Rechtsfolgen von Verstößen gegen § 68 UmwG	92, 93
g) Durchführung der Kapitalerhöhung	94–111
aa) Allgemeines zur Kapitalerhöhung	94, 95
bb) Erleichterungen bei der Durchführung der Kapitalerhöhung	96–107
cc) Anmeldung und Wirksamwerden der Kapitalerhöhung	108, 109
dd) Anfechtung des Verschmelzungs- oder Kapitalerhöhungsbeschlusses	110
ee) Fälle der Differenzhaftung	111
6. Geltendmachung eines Schadenersatzanspruchs nach § 70 UmwG	112
7. Bestellung eines Treuhänders bei AG oder KGaA als übernehmender Rechtsträger nach § 71 UmwG	113–117
a) Allgemeines	113
b) Die Bestellung des Treuhänders	114
c) Aufgaben des Treuhänders vor Eintragung der Verschmelzung	115
d) Aufgaben des Treuhänders nach Eintragung der Verschmelzung	116
e) Vergütung	117
8. Umtausch von Aktien nach § 72 UmwG	118–122
a) Allgemeines	118
b) Übertragender Rechtsträger ist AG	119, 120

	Rdnr.
c) Übernehmender Rechtsträger ist ebenfalls AG	121
d) Rechtsfolgen bei Verstößen	122
III. Verschmelzung durch Neugründung gemäß §§ 73–76 UmwG	123–139
1. Anzuwendende Vorschriften, § 73 UmwG	123–125
2. Inhalt der Satzung, § 74 UmwG	126–129
a) Allgemeines	126–128
b) Angaben zum Grundkapital	129
3. Gründungsbericht und Gründungsprüfung, § 75 UmwG	130–134
a) Allgemeines	130
b) Gründungsbericht	131
c) Gründungsprüfung	132
d) Ausnahmen	133
e) Rechtsfolgen bei Verstößen	134
4. Verschmelzungsbeschlüsse, § 76 UmwG	135–139
a) Allgemeines	135
b) Anwendungsbereich	136
c) Die Sperre	137
d) Zeitpunkt des Wirksamwerdens der Satzung	138
e) Zeitpunkt des Wirksamwerdens der Bestellung der Mitglieder des ersten Aufsichtsrats	139
IV. Besonderheiten unter Beteiligungen von Kommanditgesellschaften auf Aktien, § 78 UmwG	140–148
1. Allgemeines zur Vorschrift	140
2. Verweis auf Vorschriften über Aktiengesellschaften, § 78 S. 1 UmwG	141
3. Rechtsstellung der persönlich haftenden Gesellschafter, § 78 S. 2 UmwG	142, 143
4. Zustimmung der persönlich haftenden Gesellschafter, § 78 S. 3 UmwG	144
5. Rechtsstellung der Gesellschafter nach der Verschmelzung	145–147
6. Barabfindung, § 78 S. 4 UmwG	148
V. Besonderheiten unter Beteiligung einer Societas Europaea (SE)	150–157
1. Beteiligungsfähigkeit einer SE an Verschmelzungsvorgängen nach dem UmwG	151
2. Verschmelzung zur Aufnahme nach dem UmwG	152–154
a) Die SE als übertragender Rechtsträger	152, 153
b) Die SE als übernehmender Rechtsträger	154
3. Verschmelzung durch Neugründung	155, 156
a) Die SE als übertragender Rechtsträger	155
b) Die SE als neuer Rechtsträger	156

	Rdnr.
4. Beteiligungsfähigkeit einer ausländischen SE an grenzüberschreitenden Verschmelzungsvorgängen nach dem UmwG	157
B. GmbH	158–310
I. Einführung	158–163
1. Regelungssystematik	158
2. Verschmelzungsfähigkeit der Vor-GmbH	159
3. Verschmelzungsfähigkeit der UG (haftungsbeschränkt)	160–163
II. Verschmelzung durch Aufnahme (§§ 46 bis 55 UmwG)	164–282
1. Inhalt des Verschmelzungsvertrags (§ 46 UmwG)	164–177
a) Einleitung	164
b) Nennbeträge der zu gewährenden Geschäftsanteile (§ 46 Abs. 1 UmwG)	165–173
aa) Zuordnung der Geschäftsanteile	165–169
bb) Festsetzung der Nennbeträge	170–173
c) Sonderrechte und -pflichten bei Kapitalerhöhung (§ 46 Abs. 2 UmwG)	174–176
d) Gewährung schon vorhandener Geschäftsanteile (§ 46 Abs. 3 UmwG)	177
2. Verschmelzungsprüfung (§ 48 UmwG)	178, 179
3. Einberufung und Vorbereitung der Gesellschafterversammlung (§§ 47, 49 UmwG)	180–190
a) Allgemeines	180–182
b) Ankündigung der Verschmelzung als Gegenstand der Beschlussfassung (§ 49 Abs. 1 UmwG)	183
c) Übersendung von Verschmelzungsunterlagen (§ 47 UmwG)	184–186
d) Auslegung von Unterlagen (§ 49 Abs. 2 UmwG)	187
e) Auskunftsrecht (§ 49 Abs. 3 UmwG)	188–190
4. Verschmelzungsbeschluss (§§ 50, 51 UmwG)	191–215
a) Beschluss der Gesellschafterversammlung (§ 50 Abs. 1 UmwG)	191–195
b) Zustimmungserfordernisse (§§ 50 Abs. 2, 51 UmwG)	196–215
aa) Zustimmung von Sonderrechtsinhabern (§ 50 Abs. 2 UmwG)	197–199
bb) Zustimmungserfordernisse in Sonderfällen (§ 51 UmwG)	200–213
cc) Statutarische Nebenleistungspflichten bei übernehmender GmbH	214

	Rdnr.
dd) Erteilung der Zustimmung einzelner Anteilsinhaber (§ 13 Abs. 3 S. 1 UmwG)	215
5. Anteilsgewährung (§§ 20 Abs. 1 Nr. 3 S. 1, 54, 55 Abs. 1 UmwG)	216–271
a) Einleitung	216
b) Pflicht zur Anteilsgewährung und Ausnahmen	217–230
aa) Kapitalerhöhungsverbote gemäß § 54 Abs. 1 S. 1 Nr. 1 und 2 UmwG	218–221
bb) Erweiterung des § 54 Abs. 1 S. 1 Nr. 1 und 2 UmwG durch § 54 Abs. 2 UmwG	222–224
cc) Verzicht auf Anteilsgewährung (§ 54 Abs. 1 S. 3 UmwG)	225–230
c) Herkunft der zu gewährenden Geschäftsanteile	231–245
aa) Vorfrage: Kapitalerhöhungsverbot gemäß § 54 Abs. 1 S. 1 Nr. 3 UmwG?	232–235
bb) Kapitalerhöhung (§ 55 Abs. 1 UmwG)	236
cc) Gewährung schon vorhandener Geschäftsanteile an der übernehmenden GmbH	237–245
d) Kapitalerhöhung (§ 55 Abs. 1 UmwG) und Erwerb neu gebildeter Geschäftsanteile	246–257
aa) Allgemeines	246
bb) Anwendbare Vorschriften des GmbHG	247–254
cc) Unanwendbare und zu modifizierende Vorschriften des GmbHG	255, 256
dd) Erwerb der neu gebildeten Geschäftsanteile	257
e) Erwerb schon vorhandener Geschäftsanteile	258–262
aa) Erwerb eigener bzw. von einem übertragenen Rechtsträger gehaltener Geschäftsanteile	258
bb) Erwerb von Dritten gehaltener Geschäftsanteile	259–262
f) Bare Zuzahlungen (§ 54 Abs. 4 UmwG)	263–268
g) Rechtsfolgen von Verstößen im Zusammenhang mit den §§ 54, 55 Abs. 1 UmwG	269–271
aa) Verstöße im Zusammenhang mit § 54 UmwG	269, 270
bb) Verstöße im Zusammenhang mit § 55 Abs. 1 UmwG	271

§ 15 Rechtsformspezifische Besonderheiten der Verschmelzung § 15

Rdnr.

6. Besonderheiten bezüglich Registeranmeldung und -eintragung (§§ 52, 53, 55 Abs. 2 UmwG) 272–282
   a) Anmeldung der Verschmelzung (§ 52 UmwG) 273–275
   b) Anmeldung der Kapitalerhöhung (§ 55 Abs. 2 UmwG) 276–279
   c) Eintragung von Kapitalerhöhung und Verschmelzung (§ 53 UmwG) 280–282
III. Verschmelzung durch Neugründung (§§ 56 bis 59 UmwG) 283–310
   1. Anzuwendende Vorschriften (§ 56 UmwG) 283–285
   2. Besondere Vorschriften für als GmbH organisierten neuen Rechtsträger (§§ 57 bis 59 UmwG) 286–310
      a) Einleitung 286
      b) Anwendung der GmbH-rechtlichen Gründungsvorschriften (§ 36 Abs. 2 UmwG) 287
      c) Inhalt des Gesellschaftsvertrags (§ 57 UmwG) 288–293
      d) Sachgründungsbericht (§ 58 UmwG) 294–298
      e) Verschmelzungsbeschlüsse (§ 59 UmwG) 299–310
         aa) Zustimmung zum Gesellschaftsvertrag (§ 59 S. 1 UmwG) 300–303
         bb) Zustimmung zur Organbestellung (§ 59 S. 2 UmwG) 304–310
C. Eingetragene Genossenschaft (eG) ... 311–479
I. Einführung und praktische Relevanz 311–316
   1. Möglichkeiten der Verschmelzung 311–314
   2. Verschmelzung zweier Genossenschaften 315
   3. Verschmelzung 100%iger Tochtergesellschaften 316
II. Die Verschmelzung eingetragener Genossenschaften durch Aufnahme 317–409
   1. Verschmelzungsvertrag 317–362
      a) Geschäftsanteil 319–327
      b) Pflichtbeteiligung/Pflichteinzahlung 328–333
      c) Verzicht auf Gewährung von Geschäftsanteilen 334–336
      d) Umtauschverhältnisse und Wertausgleich 337–342
      e) Mischverschmelzung 343–347
      f) Verschmelzungsstichtag 348–352
      g) Regelungen zur künftigen Vertreterversammlung 353–358
      h) Regelungen zum künftigen Aufsichtsrat 359–362
   2. Prüfungsgutachten 363–376
      a) Grundlage und Gegenstand des Prüfungsgutachtens 364–369

Rdnr.

   b) Gemeinsames Prüfungsgutachten 370, 371
   c) Mischverschmelzungen 372, 373
   d) Rechtsfolgen bei Fehlen oder Fehlern des Prüfungsgutachtens 374–376
   3. General- bzw. Vertreterversammlung (Verschmelzungsversammlung) 377–408
      a) Einberufung 379–384
      b) Tagesordnung 385–387
      c) Auszulegende Unterlagen .. 388–392
      d) Abschriftenerteilung 393
      e) Durchführung 394
      f) Erläuterung des Verschmelzungsvertrages 395, 396
      g) Auskunftsrecht der Mitglieder 397, 398
      h) Verlesung des Prüfungsgutachtens 399, 400
      i) Teilnahmerecht des Prüfungsverbandes 401
      j) Verschmelzungsbeschluss ... 402–408
   4. Anfechtung der Verschmelzungsbeschlüsse 409
III. Eintragung der Verschmelzung 410–421
   1. Ergänzende Unterlagen zur Anmeldung 411, 412
   2. Wirkung der Eintragung 413–421
      a) Organe 414–417
      b) Verträge 418, 419
      c) Beteiligungen der übertragenden Genossenschaft 420, 421
IV. Mitgliedschaft in der übernehmenden Genossenschaft 422–445
   1. Erwerb der Mitgliedschaft 422–426
   2. Benachrichtigung 427–429
   3. Ausschlagung 430–441
   4. Auseinandersetzungsanspruch . 442, 443
   5. Beteiligungsfonds 444
   6. Fälligkeit und Verjährung des Auseinandersetzungsanspruchs . 445
V. Fortdauer der Nachschusspflicht ... 446–453
   1. Die Nachschusspflicht als besondere Haftungsform bei Genossenschaften 446, 447
   2. Die Nachschusspflicht bei der Verschmelzung 448–451
   3. Verfahren und Höhe der Nachschusspflicht 452, 453
VI. Die Verschmelzung durch Neugründung einer eG 454–463
   1. Praktische Bedeutung der Verschmelzung durch Neugründung 454
   2. Rechtliche Besonderheiten gegenüber der Verschmelzung durch Aufnahme 455–458
      a) Mindestmitgliederzahl 456
      b) Verschmelzungsvertrag 457
      c) Gründungsgutachten 458
   3. Pflichten der Vertretungsorgane der beteiligten Rechtsträger ... 459–462
      a) Unterzeichnung der Satzung 460

427

	Rdnr.
b) Bestellung des ersten Aufsichtsrates	461
c) Bestellung des ersten Vorstandes	462
4. Verschmelzungsbeschlüsse	463
VII. Die Verschmelzung genossenschaftlicher Prüfungsverbände	464–479
1. Rechtsformbesonderheit der genossenschaftlichen Prüfungsverbände	464–467
2. Möglichkeiten der Verschmelzung	468
3. Vorbereitung und Durchführung der Mitgliederversammlung	469–471
4. Anmelde und Benachrichtigungspflichten der Vorstände	472–476
5. Austritt der Mitglieder	477–479
D. Eingetragener Verein (e. V.)	480–548
I. Einführung	480–490
1. Umwandlungsrechtliche Gestaltungsmöglichkeiten	481–484
a) Inhalt und Systematik des UmwG	481, 482
b) Sonderfälle	483, 484
2. Alternative vereinsrechtliche Gestaltungsmöglichkeiten	485
3. Bedeutung der Satzungen der beteiligten Vereine	486–490
a) Ausdrückliche oder sinngemäße Untersagung der Verschmelzung	486–488
b) Zeitpunkt der Satzungsänderung und sonstige die Verschmelzung behindernde Satzungsregelungen	489
c) Entgegenstehende landesrechtliche Vorschriften	490
II. Verschmelzungsvertrag	491–511
1. Obligatorischer Inhalt	492–510
a) § 5 Abs. 1 Nr. 3 UmwG	493–498
aa) Reine Vereinsverschmelzungen	494–497
bb) Mischverschmelzungen	498
b) § 5 Abs. 1 Nr. 5 UmwG	499
c) § 5 Abs. 1 Nr. 7 UmwG	500
d) § 5 Abs. 1 Nr. 8 UmwG	501
e) § 5 Abs. 1 Nr. 9 UmwG	502
f) Barabfindungsangebot, Vereinsaustritt und Mitgliedschaftsverzicht	503–508
aa) Reine Vereinsverschmelzung	504–507
bb) Mischverschmelzung	508
g) Verschmelzung zur Neugründung: §§ 36 Abs. 2, 37 UmwG und Bestellung des ersten Vorstands	509, 510
2. Fakultativer Inhalt	511
III. Verschmelzungsbericht	512–514
IV. Verschmelzungsprüfung	515–519
V. Beschlussfassung der Mitgliederversammlungen	520–544
1. Einberufung der Mitgliederversammlungen	524–527
2. Auslegungspflichten	528

	Rdnr.
3. Exkurs: § 63 Abs. 1 Nrn. 2 und 3 UmwG und § 17 Abs. 2 UmwG	529–533
4. Durchführung der Mitgliederversammlung	534–536
5. Beschlussfassung und deren notarielle Beurkundung	537–544
VI. Anmeldung und Eintragung der Verschmelzung	545–548
1. Anmeldung	545–547
2. Verbandsrechtliche Fragestellungen	548
E. Versicherungsverein auf Gegenseitigkeit (VVaG)	549–598
I. Grundlagen	549–571
1. Rechtsnatur des Versicherungsvereins auf Gegenseitigkeit	550–554
2. Verschmelzungsfähige Rechtsträger	555–557
3. Verschmelzungsmöglichkeiten	558–560
4. Alternativen zur Verschmelzung	561–571
a) Bestandsübertragung	562–569
b) Rückversicherung	570, 571
II. Besonderheiten bei den Rechtsfolgen	572–574
III. Umsetzungsbesonderheiten	575–590
1. Verschmelzungsvertrag	575–579
2. Bekanntmachungen	580, 581
3. Beschlussfassung	582–588
4. Gerichtliche Überprüfung	589, 590
IV. Sondervorschriften für die Neugründung	591–595
V. Verschmelzung kleinerer Vereine	596–598
F. Personengesellschaften	599–660
I. Grundsätzliches	599–601
II. Verschmelzungsfähigkeit von Personengesellschaften	602–617
1. Erfasste Personengesellschaften	602–607
2. Beteiligung von aufgelösten Rechtsträgern	608–616
a) Anwendungsbereich von § 3 Abs. 3 UmwG und § 39 UmwG	608–614
b) Folgen eines Verstoßes	615
c) Beteiligung als übernehmender Rechtsträger	616
3. Beteiligung von fehlerhaften Gesellschaften	617
III. Besonderheiten im Hinblick auf das Verschmelzungsverfahren	618–660
1. Verschmelzungsvertrag	619–630
2. Verschmelzungsbericht	631–634
3. Beteiligung der Gesellschafter	635–646
a) Vorbereitung der Beschlussfassung	635–639
b) Beschlussfassung durch die Gesellschafter	640–646
4. Prüfung der Verschmelzung	647–654
5. Haftung von Gesellschaftern	655–660
G. Natürliche Personen	661–690
I. Grundsätzliches	661–663
II. Verschmelzung von Kapitalgesellschaften mit dem Vermögen eines Alleingesellschafters (§§ 120–122 UmwG)	664–690

§ 15 Rechtsformspezifische Besonderheiten der Verschmelzung 1, 2 § 15

Rdnr.	Rdnr.
1. Rechtstechnische Alternativen zur Verschmelzung nach den §§ 120 ff. UmwG 665, 666	4. Wirkungen 682, 683
2. Voraussetzungen 667–677	5. Sachverhalte mit Auslandsbezug 684–690
a) Übertragender Rechtsträger 667–670	a) Verschmelzung einer ausländischen Kapitalgesellschaft mit dem Vermögen ihres (deutschen) Alleingesellschafters 685–688
b) Aufnehmender Rechtsträger 671–677	
aa) Alleingesellschafter 671, 672	
bb) Keine Möglichkeit einer Verschmelzung nach den Vorschriften des Ersten bis Achten Abschnitts .. 673–677	b) Verschmelzung einer (deutschen) Kapitalgesellschaft mit dem Vermögen ihres ausländischen Alleingesellschafters 689, 690
3. Verfahren 678–681	

Schrifttum: *Bayer,* Informationsrechte bei der Verschmelzung von Aktiengesellschaften, AG 1988, 323; *Gleichenstein/Stallbaum,* Zum Informationsrecht des Aktionärs nach § 175 Abs. 2 AktG, AG 1970, 217; *Grunewald,* Rückverlagerung von Entscheidungskompetenzen der Hauptversammlung auf den Vorstand, AG 1990, 133; *Grunewald,* Keine Ausgleichspflicht der Aktionäre einer wertlosen übertragenden Gesellschaft nach Verschmelzung zweier AG, EWiR 2006, 29; *Grunewald/Westermann,* Festschrift für Georg Maier-Reimer zum 70. Geburtstag, 2010; WP Handbuch: Wirtschaftsprüfung, Rechnungslegung, Beratung, Band II, 14. Aufl. 2014; *Heckschen,* Die Pflicht zur Anteilsgewährung im Umwandlungsrecht, DB 2008, 1363; *Ihring,* Gläubigerschutz durch Kapitalaufbringung bei Verschmelzung und Spaltung nach neuem Umwandlungsrecht, GmbHR 1995, 622; *Kiem,* Die Stellung der Vorzugsaktionäre bei Umwandlungsmaßnahmen, ZIP 1997, 1627; *Kocher/Thomssen,* Auszulegende Jahresabschlüsse bei aktien- und umwandlungsrechtlichen Strukturmaßnahmen, DStR 2015, 1057; *Kossmann/Heinrich,* Möglichkeiten der Umwandlung einer bestehenden SE, ZIP 2007, 164; *Kuhlmann/Ahnis,* Konzern- und Umwandlungsrecht, 4. Aufl. 2016; *Limmer,* Anteilsgewährung und Kapitalschutz bei Verschmelzung und Spaltung nach neuem Umwandlungsrecht, Festschrift Schippel, 1996, S. 415; *Marsch-Barner,* Die Rechtsstellung der Europäischen Gesellschaft (SE) im Umwandlungsrecht, Festschrift Happ, 2006, S. 165; *Sandhaus,* Richtlinienvorschlag der Kommission zur Vereinfachung der Berichts- und Dokumentationspflichten bei Verschmelzungen und Spaltungen, NZG 2009, 41; *K. Schmidt,* Personengesellschaften: neu gedacht?, ZIP 2014, 493; *Simon/Merkelbach,* Das Dritte Gesetz zur Änderung des UmwG, DB 2011, 1317; Vorschläge des Handelsrechtsausschusses des Deutschen Anwaltsvereins e.V. zur Änderung des UmwG, NZG 2000, 802; *Thoß,* Differenzhaftung bei der Kapitalerhöhung zur Durchführung einer Verschmelzung, NZG 2006, 376; *Vetter,* Zum Ausgleich von Spitzen(beträgen) bei der Abfindung in Aktien, AG 1997, 6; *Westermann/Rosener,* Festschrift für Karlheinz Quack zum 65. Geburtstag, 1991; *Widder,* Der Verzicht auf Zwischenbilanzen bei der AG-Verschmelzung, AG 2016, 16.

A. Aktiengesellschaft, SE und KGaA[1]

I. Einführung und Regelungssystematik für Verschmelzungen unter Beteiligung von Aktiengesellschaften

Die §§ 60–76 UmwG regeln die **Verschmelzung unter Beteiligung von Aktiengesellschaften**, einschließlich sog. **Mischverschmelzungen**, an denen neben Aktiengesellschaften auch noch Rechtsträger anderer Rechtsform beteiligt sind. Dabei befassen sich die §§ 60–72 UmwG mit der **Verschmelzung zur Aufnahme**, während die §§ 73–76 UmwG die Fälle der **Verschmelzung durch Neugründung** regeln. Die §§ 60–76 UmwG ergänzen den Allgemeinen Teil des Verschmelzungsrechts (§§ 2–38 UmwG) mit Blick auf die organisationsrechtlichen Besonderheiten der AG (z.B. §§ 63, 64 UmwG hinsichtlich der Vorbereitung und Durchführung der Hauptversammlung), die auf sonstige verschmelzungsfähige Rechtsformen nicht übertragbar sind. 1

Entsprechend der Regelungsreihenfolge in den allgemeinen Vorschriften der §§ 2–38 UmwG finden sich in den §§ 60–76 UmwG zunächst Sonderregelungen zur 2

---

[1] Der Verfasser dankt Herrn Rechtsanwalt Dr. Carl Friedrich *von Laer* für seine wertvolle Unterstützung bei der Erstellung dieses Beitrags.

Verschmelzungsprüfung (§ 60 UmwG), sodann zum Verschmelzungsvertrag sowie zur Beschlussfassung über die Verschmelzung (§§ 61–65 UmwG), zum Erfordernis einer Kapitalerhöhung (§§ 66–69 UmwG) sowie zu Fragen des Anteilsumtauschs (§§ 70–72 UmwG); ergänzend finden sich in den §§ 73–76 UmwG Verweisregelungen (§ 73 UmwG) bzw. klarstellende Ergänzungen (§§ 74–76 UmwG) für die Fälle der Verschmelzung durch Neugründung.

II. Verschmelzung durch Aufnahme, §§ 60 bis 72 UmwG

3   Zum Ablauf einer Verschmelzung durch Aufnahme allgemein → § 6 Rn. 9 ff..

1. Verschmelzungsprüfung, §§ 60, 9 bis 12 UmwG

4   Die Vorschrift des § 60 UmwG statuiert unter Bezugnahme auf die §§ 9 bis 12 UmwG die **Pflicht zur Durchführung einer Verschmelzungsprüfung** für jede Aktiengesellschaft, die an einer Verschmelzung zur Aufnahme beteiligt ist. Dies gilt unabhängig davon, ob die Aktiengesellschaft als übernehmender und/oder übertragener Rechtsträger beteiligt ist und ob daneben noch Rechtsträger anderer Rechtsform beteiligt sind. Mit dieser Vorschrift werden die Vorgaben von Art. 10 Abs. 1 S. 1 der dritten Verschmelzungsrichtlinie (RL 2011/35/EU), welche die Verschmelzung von Aktiengesellschaften regelt, umgesetzt. Über § 73 UmwG finden die Regelungen über die Verschmelzungsprüfung nach § 60 UmwG auch auf die Fälle der Verschmelzung zur Neugründung Anwendung (→ Rn. 124 ff.).

5   Eine Pflicht zur Verschmelzungsprüfung durch beteiligte Aktiengesellschaften besteht grundsätzlich unabhängig davon, ob ein Aktionär eine solche Prüfung verlangt.[2] Da die obligatorische Verschmelzungsprüfung jedoch ausschließlich dem **Schutz der (außenstehenden) Aktionäre** dient,[3] ist eine Verschmelzungsprüfung unter bestimmten Voraussetzungen entbehrlich. Nach § 60 Abs. 1 UmwG iVm § 9 Abs. 2 UmwG ist eine Verschmelzungsprüfung ausnahmsweise nicht erforderlich, wenn eine 100%ige Tochtergesellschaft im Wege eines sogenannten *Upstream Merger* auf ihre Muttergesellschaft verschmolzen wird, da es in einer solchen Konstellation keine schutzbedürftigen außenstehenden Aktionäre gibt; dies steht im Einklang mit den europarechtlichen Vorgaben der Verschmelzungsrichtlinie.[4] Demgegenüber darf von einer Verschmelzungsprüfung im Falle der **Verschmelzung von Schwestergesellschaften** oder eines *Downstream Merger* der Muttergesellschaft auf ihre Tochtergesellschaft nicht abgesehen werden, weil in diesen Konstellationen schutzbedürftige außenstehende Aktionäre vorhanden sein können. Richtigerweise wird man eine Verschmelzungsprüfung jedoch generell dann für entbehrlich halten dürfen, wenn sämtliche Anteilsinhaber aller an der Verschmelzung beteiligter Rechtsträger auf eine solche in notariell beurkundeter Form verzichten (§ 9 Abs. 3 UmwG iVm § 8 Abs. 3 UmwG). Zwar sieht Art. 10 der Verschmelzungsrichtlinie (RL 2011/35/EU) eine solche **Verzichtsmöglichkeit** nicht (ausdrücklich) vor. Ein solcher notariell beurkundeter Verzicht muss den Anteilsinhabern jedoch möglich sein, da die Vorschrift allein dem Schutz der Aktionäre dient.[5]

6   Neben einem solchen Verzicht auf die Verschmelzungsprüfung als solche besteht auch die Möglichkeit eines **isolierten Verzichts allein auf den Prüfungsbericht** bei durchgeführter Verschmelzungsprüfung. Dies ergibt sich aus der Verweisung auf § 12 Abs. 3 UmwG iVm § 8 Abs. 3 UmwG. Hinsichtlich der Einzelheiten und Inhalte der Verschmelzungsprüfung nach den §§ 9 bis 12 UmwG wird auf die dortigen Ausführungen verwiesen (→ § 10).

---

[2] Lutter/*Grunewald* § 60 Rn. 2; Semler/Stengel/*Diekmann* § 60 Rn. 3.
[3] Begr. RegE Verschmelzungsrichtlinie-Gesetz BT-Drs. 9/1065, S. 15; Kölner Kommentar-UmwG/*Simon* § 60 Rn. 1.
[4] Art. 24 RL 2011/35/EU.
[5] So im Ergebnis auch Lutter/*Grunewald* § 60 Rn. 2; Semler/Stengel/*Diekmann* § 60 Rn. 5 mwN.

2. Einreichung und Bekanntmachung des Verschmelzungsvertrags, § 61 UmwG

Nach § 61 S. 1 UmwG ist der Verschmelzungsvertrag bzw. dessen Entwurf vor der Einberufung der über die Verschmelzung beschließenden Hauptversammlung(en) zum Handelsregister einzureichen. Zuständig ist insoweit das **Handelsregister am Sitz der AG** (§§ 14, 36 ff. AktG); für den Fall, dass die Gesellschaft einen Doppelsitz hat, hat die Einreichung bei beiden insoweit zuständigen Gerichten zu erfolgen.[6] Wie sich aus der zeitlichen Verknüpfung mit dem Ereignis der Einberufung der Hauptversammlung ergibt, ergänzt § 61 S. 1 UmwG das aktienrechtliche Informationsregime im Vorfeld einer Hauptversammlung (vgl. z. B. § 124 Abs. 2 S. 3 AktG) und dient damit maßgeblich dem **Schutz der Informationsinteressen der Aktionäre**.[7] Ob darüber hinaus vom Normzweck auch Informationsinteressen Dritter, namentlich der Gläubiger der betreffenden Gesellschaft, erfasst werden, wird uneinheitlich beurteilt.[8] Im Ergebnis dürfte dies jedoch mit Blick auf die Systematik des spezifischen Gläubigerschutzregimes nach § 22 UmwG zu verneinen sein, da der Beginn der in § 22 Abs. 1 UmwG statuierten Sechsmonatsfrist, innerhalb derer Gläubiger etwaige Ansprüche gegen die Gesellschaft schriftlich anmelden können, gerade nicht an die Einreichung des Verschmelzungsvertrags oder seines Entwurfs beim Handelsregister, sondern allein an die Bekanntmachung der Eintragung der Verschmelzung in das für die betreffende Gesellschaft zuständige Handelsregister anknüpft (→ § 13 Rn. 223).[9] Damit unterscheidet sich das umwandlungsrechtliche Gläubigerschutzkonzept nach deutschem Recht bereits im systematischen Ansatz klar vom Gläubigerschutzkonzept nach Maßgabe der insoweit relevanten Regelungen der Verschmelzungsrichtlinie (dort insbesondere Art. 6, 13 Abs. 1 RL 2011/35/EU), wo die Veröffentlichung des Verschmelzungsvertrags den zeitlichen Anknüpfungspunkt für die mögliche Geltendmachung von Gläubigeransprüchen markiert. Aufgrund dieses regelungssystematischen Unterschieds bedeutet die Ausklammerung der Informationsinteressen der Gläubiger vom Schutzzweck der Vorschrift des § 61 UmwG auch keinen Widerspruch zu den Vorgaben der Verschmelzungsrichtlinie.[10] Schließlich lässt sich auch für die Anerkennung eines allgemeinen, über den Schutzzweck von § 22 Abs. 1 UmwG (→ § 13 Rn. 190 ff.) hinausgehenden Informationsinteresses der Gläubiger hinsichtlich bevorstehender Umwandlungsmaßnahmen bei der Gesellschaft keine taugliche Grundlage in § 61 UmwG finden, so dass diese Norm im Ergebnis allein der Sicherstellung einer rechtzeitigen und angemessenen Information der Aktionäre über wesentliche Elemente der bevorstehenden Verschmelzung dient.[11]

Der Vorstand als vertretungsberechtigtes Organ ist für die **Einreichung des Verschmelzungsvertrags** oder seines Entwurfs zuständig. Folglich hat die Einreichung durch Mitglieder des Vorstands in vertretungsberechtigter Zahl zu erfolgen.[12] Gegenstand der Einreichung zum Handelsregister ist der Verschmelzungsvertrag oder dessen Entwurf, einschließlich sämtlicher Anlagen bzw. Entwürfe derselben, da nur auf diese Weise eine hinreichende Versorgung der Aktionäre mit allen für die Verschmelzung relevanten Informationen sichergestellt werden kann. So wird in der Praxis häufig zwischen den Beteiligten einer Verschmelzung eine sogenannte **Grundsatzvereinbarung** (etwa zu Fragen der anzuwendenden Bewertungsverfahren, einer zu diesem Zweck durchzuführenden Due Diligence oder Regelungen über gegenseitige Informationsrechte etc) abgeschlossen, die dann als Anlage zum Verschmelzungsvertrag genommen wird. Zusätzliche Dokumente, wie etwa Verschmelzungs- oder Prüfungsberichte (§ 60 UmwG iVm §§ 8, 12 UmwG) sind dem-

---

[6] Kallmeyer/*Marsch-Barner* § 61 Rn. 1; Semler/Stengel/*Diekmann* § 61 Rn. 2.
[7] Böttcher/Habighorst/*Schulte/Habighorst* § 61 Rn. 1; Maulbetsch/Klumpp/Rose/*Rose* § 61 Rn. 1.
[8] Vgl. zum aktuellen Meinungsstand etwa Kölner Kommentar-UmwG/*Simon* § 61 Rn. 2.
[9] So im Ergebnis auch Lutter/*Grunewald* § 61 Rn. 1; Semler/Stengel/*Diekmann* § 61 Rn. 5.
[10] So im Ergebnis ebenfalls Kölner Kommentar-UmwG/*Simon* § 61 Rn. 2.
[11] AA Widmann/Mayer/*Rieger* § 61 Rn. 10.1.
[12] Ebenso Widmann/Mayer/*Rieger* § 61 Rn. 2.1.

gegenüber nicht mit dem Verschmelzungsvertrag bzw. dessen Entwurf zusammen zum Handelsregister einzureichen (zur Offenlegung dieser Unterlagen → Rn. 16 ff.).

9 Hinsichtlich des maßgeblichen Zeitpunkts für die Einreichung dieser Unterlage bestimmt § 61 S. 1 UmwG lediglich, dass diese *vor* Einberufung der Hauptversammlung, die über die Zustimmung zur Verschmelzung beschließen soll, zu erfolgen hat. Dementsprechend genügt es, wenn zwischen der Einreichung und der Einberufung lediglich eine sehr kurze Zeitspanne liegt und beide Ereignisse tagleich erfolgen;[13] umgekehrt ist eine gleichzeitig mit der Einberufung erfolgende Einreichung nicht regelungskonform. Zu beachten ist in diesem Zusammenhang zudem, dass nach Art. 6 Abs. 1 der Verschmelzungsrichtlinie (RL 2011/35/EU) zwischen der Einreichung und der Hauptversammlung mindestens ein Monat liegen muss. Dementsprechend kann dies – in Abweichung von der 30-Tage-Frist nach § 123 Abs. 1 S. 1 AktG – in manchen Monaten auch 31 Tage bedeuten. Allerdings empfiehlt sich in der Praxis, insbesondere bei komplexeren Sachverhalten, regelmäßig ohnehin eine sehr **frühzeitige Abstimmung der Verschmelzungsdokumentation** mit dem Registergericht, um etwaigen Hinweisen oder Bedenken bereits rechtzeitig vor der Einberufung der Hauptversammlung Rechnung tragen zu können.

10 Die zeitliche Anknüpfung an die Einberufung der Hauptversammlung hat zur Folge, dass sich die **Rechtzeitigkeit der Einreichung zum Handelsregister** maßgeblich nach der Art der Einberufung und den insoweit geltenden allgemeinen aktienrechtlichen Form- und Fristvorschriften (§§ 121 ff. AktG) richtet. Danach erfolgt die Einberufung, jedenfalls bei börsennotierten Aktiengesellschaften, regelmäßig durch Bekanntmachung in den Gesellschaftsblättern (§ 121 Abs. 4 S. 1 AktG), dh durch Einrücken in den Bundesanzeiger (§ 25 AktG) und Einstellen der Informationen auf der betreffenden Website; in diesem Fall gilt der Zeitpunkt des Erscheinens des Bundesanzeigers als Zeitpunkt der Bekanntmachung. In den (praktisch selteneren) Fällen, in denen sämtliche Aktionäre namentlich bekannt sind, kann die Hauptversammlung auch durch eingeschriebene Briefe einberufen werden, wobei insoweit nach § 121 Abs. 4 S. 2 AktG der Tag der Absendung, dh der Tag der Einlieferung des ersten Briefs bei der Post, als der Tag der Einberufung gilt. Bedient sich die Gesellschaft mehrerer Publikationsmedien, so muss die Einreichung zum Handelsregister vor dem Erscheinen des zeitlich frühesten Publikationsmediums erfolgt sein, auch wenn es sich hierbei nicht um den Bundesanzeiger, sondern lediglich um ein freiwilliges Publikationsmedium handeln. Handelt es sich bei der maßgeblichen Hauptversammlung um eine Vollversammlung unter Beteiligung sämtlicher Aktionäre, was in Fällen nicht börsennotierter Aktiengesellschaften mit kleinem Aktionariat durchaus relevant sein kann und wird auf eine formelle Einberufung allseits verzichtet (§ 121 Abs. 6 AktG), so erscheint es folgerichtig, auch das Erfordernis der Einreichung nach § 61 UmwG für (gänzlich) verzichtbar zu halten.[14] Dies gilt zumindest dann, wenn man den Schutzzweck von § 61 S. 1 UmwG richtigerweise allein in der Wahrung der Informationsinteressen der Aktionäre der Gesellschaft sieht (→ Rn. 7). Denn dem Informationsbedürfnis der Aktionäre wird bereits durch Auslage des Verschmelzungsvertrags bzw. seines Entwurfs ab Beginn der Hauptversammlung (§ 64 Abs. 1 UmwG) hinreichend Rechnung getragen. Eine notarielle Beurkundung eines solchen Verzichts ist anders als in den gesetzlich ausdrücklich geregelten Verzichtsfällen (z. B. § 8 Abs. 3 UmwG) im Hinblick auf die lediglich ergänzende Informationsfunktion von Einreichung und Bekanntmachung nicht erforderlich.[15] Allerdings sollte dieses Vorgehen im Vorfeld mit dem Registergericht in jedem Fall abgestimmt werden. Für

---

[13] Kallmeyer/*Marsch-Barner* § 61 Rn. 2; Schmitt/Hörtnagl/Stratz/*Stratz* § 61 Rn. 2 („bereits wenige Stunden sind ausreichend"); Lutter/*Grunewald* Kölner Umwandlungsrechtstage 1995, S. 51.

[14] So etwa auch Lutter/*Grunewald* § 61 Rn. 4, wo offenbar die rechtliche Grundlage in einer analogen Anwendung von § 121 Abs. 6 AktG gesehen wird; ebenso Kölner Kommentar-UmwG/ *Simon* § 61 Rn. 16 f.; aA Böttcher/Habighorst/Schulte/*Habighorst* § 61 Rn. 6: Einreichung bis unmittelbar vor Abhalten der Hauptversammlung.

[15] So im Ergebnis auch Lutter/*Grunewald* § 61 Rn. 7; Maulbetsch/Klumpp/Rose/*Rose* § 61 Rn. 7; aA Semler/Stengel/*Diekmann* § 61 Rn. 17.

den Fall, dass (lediglich) eine Abkürzung der Frist für die Einberufung zur Hauptversammlung mit Einvernehmen sämtlicher Aktionäre erfolgt, gilt folgendes: Da das Ereignis der Einberufung der Hauptversammlung als formaler Anknüpfungspunkt für die Einreichung nach § 61 UmwG erhalten bleibt, entfällt das Erfordernis der Einreichung als solcher nicht; jedoch würde sich der Anknüpfungspunkt zeitlich dergestalt nach hinten verlagern, dass die Einreichung nunmehr lediglich vor Beginn der solchermaßen verkürzten Einberufungsfrist zu erfolgen hätte. Der Beachtung einer bestimmten Frist zwischen der Einreichung und dem Tag der Hauptversammlung bedarf es im Falle eines vom Einvernehmen aller Aktionäre getragenen Vorgehens nicht, da die Einhaltung einer bestimmten Frist allein der Sicherstellung einer rechtzeitigen Information der Aktionäre im Vorfeld der Hauptversammlung dient und daher auch allein in deren Dispositionshoheit liegt. Hierfür spricht auch, dass § 61 S. 1 UmwG für Zwecke der zeitlichen Vorgaben für die Einreichung allein an das Ereignis der Einberufung der Hauptversammlung an sich anknüpft und gerade keine besondere Vorlauffrist bestimmt.[16] Einem gänzlichen Verzicht auf die Einreichung bzw. einer Verkürzung der Vorlauffrist im vorgenannten Sinne stehen auch nicht die Vorgaben nach Art. 6 Abs. 1 der Verschmelzungsrichtlinie (RL 2011/35/EU) entgegen, da auch diese EU-Norm einer am Schutzzweck der Regelung orientierten Auslegung offensteht und daher ein Verzicht im Rahmen von § 61 S. 1 UmwG zugleich auch einen Verzicht auf die Fristvorgaben nach Art. 6 Abs. 1 der Verschmelzungsrichtlinie (RL 2011/35/EU) mit einschließt.[17]

Bei der Frage, wie mit **Änderungen oder Unrichtigkeiten des Verschmelzungsvertrags** oder seines Entwurfs, die nach Einreichung dieser Dokumente zum Handelsregister eintreten, umzugehen ist, ist richtigerweise wie folgt zu differenzieren: Soweit es sich lediglich um die Korrektur offensichtlicher Unrichtigkeiten handelt, ist eine erneute Einreichung des solchermaßen korrigierten Verschmelzungsvertrags oder seines Entwurfs zu keinem Zeitpunkt erforderlich, da es insoweit schon an einer (inhaltlichen) Änderung des Verschmelzungsvertrags fehlt.[18] Handelt es sich demgegenüber um Änderungen, die nicht in die Kategorie bloßer offensichtlicher Unrichtigkeiten fallen, so besteht grundsätzlich die Pflicht, die Einreichung des korrigierten Verschmelzungsvertrags bzw. des Entwurfs unverzüglich nachzuholen.[19] Mit Blick auf das Informationsinteresse der Aktionäre dürfte dies nicht nur dann gelten, wenn es sich um vor Einberufung der Hauptversammlung eingetretene Veränderungen handelt, sondern auch mit Blick auf solche Änderungen, die erst nach Einberufung, aber vor dem Tag der Hauptversammlung eingetreten sind, denn auch im letztgenannten Fall besteht das schutzwürdige Bedürfnis der Aktionäre an einer gesonderten Informationsversorgung im Vorfeld der Hauptversammlung über das Handelsregister fort.[20] Dieses schutzwürdige Interesse besteht richtigerweise jedoch insgesamt nur dann, wenn es sich bei den zwischenzeitlichen Änderungen auch um wesentliche Änderungen handelt, die für die Beurteilung der Verschmelzung bei vernünftiger Betrachtung von Bedeutung sind; nur in diesem Fall erscheint das Erfordernis einer erneuten Einreichung gerechtfertigt.[21] Dieser nach der **Wesentlichkeit der Änderung** differenzierende Ansatz entspricht auch den Grundsätzen, die sich im Zusammenhang mit der Behandlung von nachträglichen Änderungen des nach § 63 Abs. 1 UmwG ausgelegten Entwurfs gegenüber dem final abgeschlossenen Verschmelzungsvertrag etabliert haben (→ Rn. 31).

---

[16] Widmann/Mayer/*Rieger* § 61 Rn. 7.1; so auch Semler/Stengel/*Diekmann* § 61 Rn. 15.
[17] So im Ergebnis auch Kallmeyer/*Marsch-Barner* § 61 Rn. 1; Lutter/*Grunewald* § 61 Rn. 7; Widmann/Mayer/*Rieger* § 61 Rn. 10.1.
[18] Semler/Stengel/*Diekmann* § 61 Rn. 11; Widmann/Mayer/*Rieger* § 61 Rn. 4.1.
[19] Maulbetsch/Klumpp/Rose/*Rose* § 61 Rn. 7; Semler/Stengel/*Diekmann* § 61 Rn. 11; Widmann/Mayer/*Rieger* § 61 Rn. 7.1.
[20] Semler/Stengel/*Diekmann* § 61 Rn. 11.
[21] Kölner Kommentar-UmwG/*Simon* § 61 Rn. 10; so im Ergebnis auch Widmann/Mayer/*Rieger* § 61 Rn. 4.1.

12 Nach § 61 S. 2 UmwG hat das zuständige Gericht einen Hinweis auf die Tatsache der Einreichung des Verschmelzungsvertrags bzw. seines Entwurfs beim Handelsregister in dem von der Landesjustizverwaltung bestimmten elektronischen Informations- und Kommunikationsmedium (§ 10 S. 1 HGB) bekannt zu machen; es handelt sich hierbei um das gemeinsame Registerportal der Länder: www.handelsregister.de. Der Vertrag oder der Entwurf als solcher ist nicht inhaltlich bekannt zu machen. Das Instrument der Hinweisbekanntmachung dient vor allem der Stärkung der praktischen Relevanz der Offenlegung beim Handelsregister.[22]

13 Eine **unterbliebene, unvollständige oder verspätete Einreichung** des Verschmelzungsvertrags oder seines Entwurfs nach § 61 S. 1 UmwG begründet nach überwiegender Auffassung zwar die Anfechtbarkeit des Verschmelzungsbeschlusses, falls der Beschluss auf diesem Verfahrensfehler beruht.[23] Jedoch wird es regelmäßig an der erforderlichen Relevanz des Verfahrensfehlers für die Ausübung der Aktionärsrechte im Hinblick auf den Zustimmungsbeschluss fehlen. Schließlich hat die Einreichung nach § 61 S. 1 UmwG neben dem Informationsregime nach § 124 Abs. 2 S. 3 AktG (Wiedergabe des wesentlichen Inhalts des Verschmelzungsvertrags bzw. seines Entwurfs bei Bekanntmachung der Einberufung zur Hauptversammlung) und § 63 Abs. 1 Nr. 1, Abs. 3 S. 1, Abs. 4 UmwG (Auslage während der Hauptversammlung, Erteilung von Abschriften auf Verlangen bzw. Zugänglichmachung über die Internetseite) lediglich ergänzende Informationsfunktion (→ Rn. 7 ff.). Ein objektiv urteilender Aktionär dürfte die unterbliebene, unvollständige oder verspätete Einreichung aus den vorgenannten Gründen daher regelmäßig nicht als wesentliche Voraussetzung für die sachgerechte Wahrnehmung seiner Teilnahme- und Mitgliedschaftsrechte (§ 243 Abs. 4 S. 1 AktG) ansehen.[24] Etwaige auf einem Verstoß gegen das Einreichungserfordernis nach § 61 S. 1 UmwG gründende Anfechtungsklagen dürften somit im Ergebnis in aller Regel erfolglos bleiben. Gleiches gilt für etwaige Anfechtungsklagen wegen mangelnder Bekanntgabe der Einreichung.

14 Dieselben Erwägungen gelten auch mit Blick auf die rechtlichen Konsequenzen einer **verspäteten oder gänzlich unterbliebenen Hinweisbekanntmachung** durch das Registergericht nach § 61 S. 2 UmwG. Ein hierdurch begründeter Verfahrensfehler führt zwar formal ebenso zur Anfechtbarkeit des Zustimmungsbeschlusses, allerdings dürfte es hier ebenfalls regelmäßig an der erforderlichen Relevanz des Mangels fehlen.

3. Verschmelzungsbeschluss der Hauptversammlung

15 Für jede an einer Verschmelzung beteiligte Aktiengesellschaft, gleich ob als übernehmender oder übertragender Rechtsträger, bedarf es eines **Beschlusses durch die Hauptversammlung** über die Zustimmung zum Verschmelzungsvertrag bzw. zu seinem Entwurf, sofern nicht ausnahmsweise das Konzernprivileg nach § 62 UmwG (→ § 16) eingreift. Das Erfordernis einer Beschlussfassung durch die Hauptversammlung ist mit Blick auf den Charakter der Verschmelzung als Grundlagenentscheidung zwingend und kann weder durch Satzungsregelung noch durch Beschlussfassung für verzichtbar erklärt werden.[25] Die Fassung des Verschmelzungsbeschlusses richtet sich im Grundsatz nach den allgemeinen aktienrechtlichen Regelungen über satzungsändernde Hauptversammlungsbeschlüsse (zu weiteren Einzelheiten des Verschmelzungsbeschlusses → § 11). Darüber hinaus sieht das UmwG bestimmte Sonderregelungen für die Vorbereitung und Durchführung der Haupt-

---

[22] Kallmeyer/*Marsch-Barner* § 61 Rn. 5.
[23] Kölner Kommentar-UmwG/*Simon* § 61 Rn. 24; Lutter/*Grunewald* § 61 Rn. 8; Widmann/Mayer/*Rieger* § 61 Rn. 15.
[24] So auch Semler/Stengel/*Diekmann* § 61 Rn. 19; Schmitt/Hörtnagl/Stratz/*Stratz* § 61 Rn. 4; Widmann/Mayer/*Rieger* § 61 Rn. 15; vgl. allgemein zum Relevanzerfordernis Münchener Kommentar-AktG/*Hüffer/Schäfer*, § 243 Rn. 116 f.; Spindler/Stilz/*Würthwein*, § 243 Rn. 83 ff.
[25] Henssler/Strohn/*Heidinger* § 13 Rn. 1; Schmitt/Hörtnagel/Stratz/*Stratz* § 65 Rn. 2; Semler/Stengel/*Gehling* § 13 Rn. 10.

versammlung (§§ 63, 64 UmwG) sowie für die eigentliche Beschlussfassung über die Verschmelzung (§ 65 UmwG) vor.

a) Vorbereitung der Hauptversammlung, § 63 UmwG. aa) Auslage von Unterlagen. § 63 UmwG regelt in Ergänzung der allgemeinen aktienrechtlichen Einberufungsvorschriften (§§ 121 ff. AktG) **verschmelzungsspezifische Besonderheiten im Hinblick auf die Vorbereitung der Hauptversammlung** und soll in Übereinstimmung mit den Vorgaben von Art. 11 der Verschmelzungsrichtlinie (RL 2011/35/EU) für umfassende Transparenz zugunsten der Aktionäre bei der Vorbereitung ihrer Abstimmungsentscheidung über die Verschmelzung sorgen. Dies soll im Grundsatz dadurch gewährleistet werden, dass die in § 63 Abs. 1 UmwG bezeichneten Unterlagen vom Zeitpunkt der Einberufung der über die Verschmelzung beschließenden Hauptversammlung in den Geschäftsräumen der Gesellschaft auszulegen sind. Darüber hinaus hat jeder Aktionär das Recht, eine kostenlose Abschrift der vorbezeichneten Unterlagen von der Gesellschaft zu verlangen, wobei diese Übermittlung mit Einwilligung des Aktionärs auch auf elektronischem Wege erfolgen kann (§ 63 Abs. 3 UmwG). Es bedarf allerdings weder einer physischen Auslegung nach § 63 Abs. 1 UmwG noch der Erteilung von Abschriften nach § 63 Abs. 3 UmwG, wenn die betreffenden Unterlagen für denselben Zeitraum über die Internetseite der Gesellschaft zugänglich sind (§ 63 Abs. 4 UmwG). Flankiert wird dieses Informationsregime nach § 63 UmwG von der Regelung des § 64 Abs. 1 S. 1 UmwG (→ Rn. 30 ff.), wonach die in Vorbereitung der Hauptversammlung nach § 63 Abs. 1 UmwG auszulegenden Unterlagen auch in der Hauptversammlung selbst zugänglich zu machen sind. Da die Auslegung nach § 63 Abs. 1 UmwG allein dem Schutz der Aktionäre dient, können die Aktionäre hierauf, ebenso wie auch auf die Einhaltung der insoweit maßgeblichen Frist, durch einstimmiges Votum analog § 8 Abs. 3 UmwG verzichten.[26] Eine Auslegung ist zudem im Fall einer Vollversammlung entbehrlich, da insoweit eine Einberufung nach § 121 Abs. 6 AktG entbehrlich ist und damit der rechtliche Anknüpfungspunkt für die Auslegung entfällt.

Die Auslegung der in § 63 Abs. 1 UmwG genannten Dokumente hat in dem *Geschäftsraum der Gesellschaft* zu erfolgen. Welche Örtlichkeit hiermit genau gemeint ist, lässt das Gesetz offen; nach der zugrundeliegenden Regelung in Art. 11 der Verschmelzungsrichtlinie (RL 2011/35/EU) hat die **Auslegung am *Sitz der Gesellschaft*** zu erfolgen, womit der Satzungssitz (§ 5 AktG) oder der Sitz der Hauptverwaltung gemeint sein kann. Richtigerweise ist damit – in Übereinstimmung mit der wohl hA[27] zu der aktienrechtlichen Parallelregelung in § 175 Abs. 2 S. 1 AktG – allein der Sitz der Hauptverwaltung der Gesellschaft und nicht (soweit abw.) der statutarische Sitz oder gar die Örtlichkeiten, an denen der Vorstand der Gesellschaft Geschäftsräume unterhält, gemeint.[28] In praktischer Hinsicht sollte jedoch vorsorglich zur Vermeidung von Anfechtungsrisiken eine Auslegung sowohl am satzungsmäßigen Sitz als auch – soweit ortsverschieden – am Sitz der Hauptverwaltung der Gesellschaft erfolgen. Eine Auslegung auch in den Geschäftsräumen des Vorstands dürfte demgegenüber in Anbetracht des klaren Wortlauts von § 63 Abs. 1 UmwG, der von den Geschäftsräumen der *Gesellschaft* (und nicht des Vorstands) spricht, nicht notwendig sein.

Die **Auslegung** der in § 63 Abs. 1 UmwG bezeichneten Unterlagen muss von der Einberufung der Hauptversammlung an erfolgen, dh ab dem Tag der Bekanntmachung in den Gesellschaftsblättern (§ 121 Abs. 4 S. 1 AktG) bzw. ab dem Tag der Absendung des letzten eingeschriebenen Briefs (§ 121 Abs. 4 S. 2 AktG) und jeweils während der üblichen Geschäftszeiten, die eine Einsichtnahme durch Aktionäre in zumutbarer Weise gestatten. Die Pflicht zur Auslegung endet nach Sinn und Zweck der Regelung **mit Beginn der**

---

[26] Kölner Kommentar-UmwG/*Simon* § 63 Rn. 31; Maulbetsch/Klumpp/Rose/*Rose* § 63 Rn. 1; Semler/Stengel/*Diekmann* § 63 Rn. 3; *Widder* AG 2016, 16.
[27] Vgl. hierzu BGH II ZR 229/09, BGHZ 189, 32 = NZG 2011, 669; zum aktienrechtlichen Meinungsstand Hüffer/*Koch* § 175 Rn. 6.
[28] Im letztgenannten Sinne etwa *Gleichenstein/Stallbaum* AG 1970, 217, 218 zu § 175 Abs. 2 AktG.

Hauptversammlung, die über die Zustimmung zum Verschmelzungsvertrag bzw. zu seinem Entwurf beschließen soll, da ab diesem Zeitpunkt eine ausreichende Informationsversorgung der Aktionäre über § 64 Abs. 1 S. 1 UmwG (→ Rn. 30 ff.) sichergestellt ist.

19 Eine **Auslegung von Abschriften bzw. Kopien** der nach § 63 Abs. 1 Nr. 1 bis 5 UmwG auszulegenden Unterlagen genügt den Anforderungen. Allerdings werden börsennotierte Aktiengesellschaften mit Blick auf die Empfehlung in Ziffer 2.3.1 S. 3 DCGK, wonach die Einberufung sowie die vom Gesetz für die Hauptversammlung verlangten Berichte und Unterlagen für die Aktionäre leicht erreichbar auf der Internetseite der Gesellschaft zusammen mit der Tagesordnung zugänglich zu machen sind, die genannten Unterlagen in der Regel ohnehin (auch) über die Internetseite der Gesellschaft verfügbar machen.

20 Zu den **auszulegenden Unterlagen** gehört nach § 63 Abs. 1 Nr. 1 UmwG als grundlegendes Dokument der Verschmelzungsvertrag bzw. sein Entwurf. Wenn der Verschmelzungsvertrag bereits zum Zeitpunkt der Einberufung der Hauptversammlung als rechtswirksamer, dh notariell beurkundeter Vertrag (§ 6 UmwG) existiert, so ist nur dieser auszulegen. Soll oder kann der Verschmelzungsvertrag dagegen erst nach dem maßgeblichen Zustimmungsbeschluss abgeschlossen werden, so ist der nach § 4 Abs. 2 UmwG aufgestellte schriftliche Entwurf des Vertrags auszulegen. Auch wenn für die Aufstellung des Entwurfs keine besonderen Formalanforderungen gelten, so ist es in der Praxis gleichwohl üblich und auch empfehlenswert, den Rechtsakt der Aufstellung des Entwurfs durch Paraphierung und entsprechende Datierung des Entwurfs kenntlich zu machen. Das Datum der Aufstellung des Entwurfs hat nämlich mit Blick auf die in § 63 Abs. 1 Nr. 3 UmwG geregelte Sechsmonatsfrist auch maßgebliche Relevanz für die Frage, ob für Zwecke der Verschmelzung neben dem letzten Jahresabschluss zusätzlich auch eine Zwischenbilanz der Gesellschaft zu erstellen und auszulegen ist (zum Erfordernis der Aufstellung einer Zwischenbilanz (→ Rn. 22 ff.). Der später abgeschlossene Verschmelzungsvertrag muss dem zum Zwecke der Vorabinformation ausgelegten Entwurf in allen wesentlichen Inhalten entsprechen, um den Anforderungen nach § 63 Abs. 1 Nr. 1 UmwG zu genügen.

21 Ferner sind nach § 63 Abs. 1 Nr. 2 UmwG die nach den einschlägigen bilanzrechtlichen Vorschriften zu erstellenden und auch tatsächlich erstellten **Jahresabschlüsse und Lageberichte** (dagegen nicht auch etwaige Konzernabschlüsse oder Konzernlageberichte[29]) aller an der Verschmelzung beteiligten Aktiengesellschaften auszulegen, und zwar jeweils für die letzten drei Geschäftsjahre, die vor der maßgeblichen Hauptversammlung, in der über die Verschmelzung beschlossen werden soll, geendet haben. Auszulegen sind nur solche Jahresabschlüsse, die nicht nur aufgestellt, sondern auch bereits festgestellt sind.[30] Liegt ein solcher festgestellter Abschluss für ein Geschäftsjahr noch nicht vor, so wird dieses Geschäftsjahr für Zwecke des § 63 Abs. 1 Nr. 2 UmwG nicht mitgerechnet. Für den Fall, dass ein an der Verschmelzung beteiligter übertragender Rechtsträger noch nicht für volle drei Jahre besteht, genügt die Auslage der relevanten Rechnungslegungsunterlagen für den Zeitraum seines Bestehens.[31]

22 **bb) Aufstellung einer Zwischenbilanz.** Falls sich der letzte Jahresabschluss der Aktiengesellschaft auf ein Geschäftsjahr bezieht, welches mehr als sechs Monate vor dem Abschluss des Verschmelzungsvertrags (§ 6 UmwG) bzw. der Aufstellung des Entwurfs (zur Aufstellung des Entwurfs → § 8 Rn. 29 ff.) abgelaufen ist, ist zusätzlich eine Zwischenbilanz aufzustellen. Dabei darf deren Stichtag nicht vor dem ersten Tag des dritten Monats liegen, der dem Zeitpunkt des Abschlusses des Verschmelzungsvertrags bzw. der Aufstellung

---

[29] So jedoch Böttcher/Habighorst/Schulte/*Habighorst* § 63 Rn. 9; Semler/Stengel/*Diekmann* § 63 Rn. 11 hält diese für erforderlich, wenn sie wesentliche Informationen enthalten.
[30] Vgl. OLG Hamburg 11 U 215/02, DB 2003, 1499, 1501 zur Auslegung von § 175 Abs. 1, 3 AktG; Kallmeyer/*Marsch-Barner* § 63 Rn. 3 mwN; aA *Kocher/Thomssen* DStR 2015, 1057, 1060.
[31] Kallmeyer/*Marsch-Barner* § 63 Rn. 3; Kölner Kommentar-UmwG/*Simon* § 63 Rn. 11; Semler/Stengel/*Diekmann* § 63 Rn. 3.

des Entwurfs vorausgeht (§ 63 Abs. 1 Nr. 3 UmwG). Dies soll der Sicherstellung einer hinreichend **aktuellen Information der Aktionäre über den Vermögensbestand der Aktiengesellschaft** dienen. Ob als maßgebliches Anknüpfungskriterium für die Rückberechnung der vorgenannten Fristen auf den Abschluss des Verschmelzungsvertrags oder die (zeitlich naturgemäß vorgelagerte) Aufstellung seines Entwurfs abzustellen ist, bestimmt sich danach, ob der Verschmelzungsvertrag oder sein Entwurf nach § 63 Abs. 1 Nr. 1 UmwG ausgelegt wird.[32] Die Berechnung der Sechsmonatsfrist richtet sich nach den §§ 187, 188 Abs. 2 BGB. Für den praktischen Regelfall, dass das Geschäftsjahr dem Kalenderjahr entspricht, bedeutet dies, dass der Abschluss des Verschmelzungsvertrags bzw. die Aufstellung seines Entwurfs spätestens bis zum 30. Juni des maßgeblichen Geschäftsjahres erfolgt sein muss, um das Erfordernis einer Zwischenbilanz zu vermeiden.[33] Vom möglichen Erfordernis der Aufstellung und Auslegung einer Zwischenbilanz nach § 63 Abs. 1 Nr. 3 UmwG streng zu unterscheiden ist die Frage, ob im Rahmen der Anmeldung der Verschmelzung zum Handelsregister als Schlussbilanz einer übertragenden Aktiengesellschaft im Sinne von § 17 Abs. 2 S. 1 UmwG deren letzte Jahresbilanz verwendet werden kann oder ob (auch) hierfür eine Zwischenbilanz aufzustellen ist. Letzteres ist gemäß § 17 Abs. 2 S. 4 UmwG nur dann der Fall, wenn der Stichtag der letzten Jahresbilanz der übertragenden Aktiengesellschaft auf ein Datum lautet, welches mehr als acht Monate vor dem Tag der Anmeldung der Verschmelzung beim zuständigen Handelsregister liegt (→ § 12 Rn. 13 ff.). Aufgrund dieser unterschiedlichen Fristenregime nach § 63 Abs. 1 Nr. 3 UmwG einerseits und § 17 Abs. 2 S. 4 UmwG andererseits kann es zu der (praktisch durchaus nicht irrelevanten) Konstellation kommen, dass zwar für Zwecke der Vorbereitung der Hauptversammlung eine Zwischenbilanz nach § 63 Abs. 1 Nr. 3 UmwG aufzustellen ist, weil der Verschmelzungsvertrag bzw. dessen Entwurf erst nach Ablauf der Sechsmonatsfrist abgeschlossen bzw. aufgestellt wird, jedoch die Anmeldung der Verschmelzung zum Register der übertragenden Aktiengesellschaft innerhalb von acht Monaten nach Ende des letzten Geschäftsjahres erfolgt und daher die letzte Jahresbilanz als Schlussbilanz verwendet werden kann, ohne dass es der Erstellung einer zusätzlichen Zwischenbilanz bedarf.[34]

Die **inhaltlichen Anforderungen an eine Zwischenbilanz** richten sich nach § 63 Abs. 2 UmwG. Hiernach ist nur eine (Zwischen-)Bilanz und somit weder eine Gewinn- und Verlustrechnung noch ein Lagebericht zu erstellen. Dasselbe gilt für die Erstellung eines Anhangs, der nach § 264 Abs. 1 S. 1 HGB zwar Bestandteil des Jahresabschlusses, aber eben nicht der Bilanz ist; allerdings sind für den Fall, dass kein Anhang erstellt wird, die sog. Wahlpflichtangaben, die andernfalls wahlweise in der Bilanz oder im Anhang aufzunehmen sind, zwingend in der Zwischenbilanz abzubilden. Die Zwischenbilanz ist nach Maßgabe derjenigen Ansatz- und Bewertungsmethoden fortzuführen und diesbezügliche Wahlrechte sind dergestalt auszuüben, wie sie auch im Rahmen des letzten Jahresabschlusses angewandt bzw. ausgeübt worden sind. Dies gilt auch für den Fall, dass sich im Zeitraum zwischen dem Stichtag der letzten Jahresbilanz und dem Stichtag der Zwischenbilanz maßgebliche Rechnungslegungsvorschriften ändern.[35] Diese strenge Bilanzkontinuität dient der Sicherstellung einer uneingeschränkten Vergleichbarkeit mit der vorangegangenen Jahresbilanz. Maßgebliches Rechnungslegungsregime für die Zwischenbilanz sind die Bilanzvorschriften des Handelsgesetzbuches (§§ 242 ff. HGB) und zwar unabhängig

---

[32] Vgl. hierzu auch Kölner Kommentar-UmwG/*Simon* § 63 Rn. 19; Widmann/Mayer/*Rieger* § 63 Rn. 14.

[33] Vereinzelt wird über die gesetzlichen Vorgaben hinaus verschärfend gefordert, dass bei einem Zeitverzug von mehr als einem Monat zwischen der Aufstellung des Verschmelzungsvertrags bzw. seines Entwurfs einerseits und der Einberufung der Hauptversammlung andererseits ungeachtet einer formal rechtzeitigen Aufstellung des Vertrags bzw. des Entwurfs gleichwohl eine Zwischenbilanz aufzustellen sein soll, wenn der Zeitverzug nicht durch sachliche Gründe gerechtfertigt ist; so ua Semler/Stengel/*Diekmann* § 63 Rn. 14.

[34] Widmann/Mayer/*Rieger* § 63 Rn. 15.

[35] Kallmeyer/*Lanfermann* § 63 Rn. 8.

davon, ob es sich bei der übertragenden Gesellschaft um eine große Aktiengesellschaft iSd § 267 Abs. 3 HGB handelt und diese nach § 325 Abs. 2a HGB statt des HGB-Einzelabschlusses einen Einzelabschluss nach IFRS/IAS offenlegen dürfte. Allerdings wird in der Praxis vor allem großer börsennotierter Aktiengesellschaften aus Gründen umfassender Informationsversorgung häufig neben der HGB-Zwischenbilanz auch eine IFRS/IAS-Bilanz ausgelegt. Als Erleichterung bei der Aufstellung der Zwischenbilanz statuiert § 63 Abs. 2 S. 2 UmwG, dass eine körperliche Bestandsaufnahme, dh eine Inventur im Sinne von § 240 HGB, nicht erforderlich ist. Es können somit die Buchwerte der letzten Jahresbilanz fortgeführt werden, wobei jedoch etwaige bis zum Stichtag der Zwischenbilanz erfolgte Abschreibungen, Wertberichtigungen und Rückstellungen sowie sonstige wesentliche Wertveränderungen bei Gegenständen des Anlage- und Umlaufvermögens zu berücksichtigen sind (§ 63 Abs. 2 S. 3 und 4 UmwG). Einer Prüfung und Testierung der Zwischenbilanz bedarf es nicht.

24 Der **Aufstellung einer Zwischenbilanz** bedarf es in entsprechender Anwendung von § 8 Abs. 3 S. 1 1. Alt., S. 2 UmwG nicht, wenn sämtliche Anteilseigner aller an der Verschmelzung beteiligten Rechtsträger hierauf in notariell beurkundeter Form verzichten (§ 63 Abs. 3 S. 5 UmwG). Es reicht somit – soweit die *Aufstellung* (nicht die Auslegung) der Zwischenbilanz betroffen ist – nicht aus, dass nur die Anteilseigner derjenigen Gesellschaft, um deren Zwischenbilanz es geht, einen solchen Verzicht erklären; umgekehrt ist es für einen Verzicht auf die *Auslegung* einer solchen Zwischenbilanz nach § 63 Abs. 1 Nr. 3 UmwG bei der betreffenden Aktiengesellschaft ausreichend, wenn sämtliche Anteilseigner nur *dieser* Gesellschaft verzichten, da die Auslegung allein ihrem Schutz dient.[36]

25 **Als weitere Erleichterung mit dem Ziel der Reduzierung von Verwaltungslasten der betreffenden Rechtsträger**[37] ist in § 63 Abs. 2 S. 6 und 7 UmwG vorgesehen, dass die Aufstellung einer Zwischenbilanz auch dann nicht erforderlich ist, wenn die betreffende Gesellschaft seit dem letzten Jahresabschluss einen (auf den Einzelabschluss der Gesellschaft bezogenen) Halbjahresfinanzbericht gemäß § 37w WpHG veröffentlicht hat; dieser tritt dann für Zwecke der Vorbereitung der Hauptversammlung an die Stelle der andernfalls aufzustellenden Zwischenbilanz. Allerdings dürfte diese Formalerleichterung in der Unternehmenspraxis nur von geringer Relevanz sein, denn ein regelmäßig intendiertes Ziel besteht darin, im Rahmen von Verschmelzungssachverhalten eine Rückwirkung der Verschmelzungsfolgen auf das Ende des vorangegangenen Geschäftsjahres herbeizuführen. Hierfür wäre die Anmeldung der Verschmelzung zum Handelsregister jedoch spätestens bis zum Ablauf des achten Monats nach Ende des laufenden Geschäftsjahres zu bewirken (§ 17 Abs. 2 S. 4 UmwG). Da der Stichtag des Halbjahresfinanzberichts nach § 37w Abs. 1 S. 1 WpHG jedoch zwingend auf den Ablauf des sechsten Monats eines Geschäftsjahres bezogen sein muss, dürfte ein solcher Halbjahresfinanzbericht in aller Regel bis zum Zeitpunkt der Einberufung der Verschmelzungshauptversammlung, die ihrerseits innerhalb des vorerwähnten Achtmonatszeitraums als Grundlage für die Anmeldung der Verschmelzung zum Handelsregister stattzufinden hätte, nicht rechtzeitig verfügbar sein.[38]

26 Da die Zwischenbilanz nach § 62 Abs. 2 UmwG stets eine Bilanz nach HGB sein muss (→ Rn. 23), stellt sich die Frage, ob auch ein solcher **Halbjahresfinanzbericht**, der gemäß § 37w Abs. 3 WpHG nach **internationalen Rechnungslegungsstandards (IFRS/IAS)** aufgestellt worden ist, an die Stelle der Zwischenbilanz treten kann. Da weder der Wortlaut von § 63 Abs. 2 S. 6 und 7 UmwG noch die Gesetzesbegründung eine Differenzierung nach den jeweils zugrundeliegenden Rechnungslegungsstandards erkennen lassen, ist richtigerweise davon auszugehen, dass jeder Halbjahresfinanzbericht, der den

---

[36] Maulbetsch/Klumpp/Rose/*Rose* § 63 Rn. 12; Widmann/Mayer/*Rieger* § 63 Rn. 20.1; aA offenbar Kallmeyer/*Lanfermann* § 63 Rn. 8, der nicht zwischen der Aufstellung der Zwischenbilanz und der Auslegung derselben differenziert.

[37] Siehe die Gesetzesbegründung zu § 63 UmwG BT-Drs., 17/3122, S. 14.

[38] Vgl. hierzu auch Widmann/Mayer/*Rieger* § 63 Rn. 20.6; *Sandhaus* NZG 2009, 41, 43.

Vorgaben nach § 37w WpHG entspricht, vollwertig an die Stelle einer anderenfalls aufzustellenden Zwischenbilanz treten kann.[39]

cc) Weitere Offenlegungspflichten. Auszulegen sind nach § 63 Abs. 1 Nr. 4 und 5 UmwG schließlich auch die (ggf. gemeinsam) erstatteten **Verschmelzungsberichte sowie Prüfungsberichte** gemäß § 8 UmwG bzw. §§ 12, 60 UmwG.

Nach § 63 Abs. 3 S. 1 UmwG kann jeder Aktionär zudem verlangen, dass ihm die Gesellschaft eine **Abschrift der nach § 63 Abs. 1 UmwG auszulegenden Unterlagen** unverzüglich und kostenlos erteilt, wobei dies mit Einwilligung des Aktionärs auch auf elektronischem Wege erfolgen kann (§ 63 Abs. 3 S. 2 UmwG). Zu Dokumentations- und Nachweiszwecken empfiehlt sich für die Praxis die Einholung einer ausdrücklichen und dokumentierten Einwilligungserklärung, auch wenn das Gesetz insoweit keine Formalanforderungen formuliert. Ebenso kann die Gesellschaft verlangen, dass sich der Aktionär also solcher gegenüber der Gesellschaft (etwa durch Vorlage einer Bankbescheinigung) legitimiert.[40] Die Gesellschaft schuldet nach hM lediglich die Absendung der Unterlagen auf einem im Geschäftsverkehr üblichen Transportweg (z. B. der normale Postweg), während der Aktionär das Transportrisiko trägt, dh das Risiko eines verspäteten oder gänzlich ausbleibenden Zugangs der Unterlagen.[41] Die Gesellschaft sollte den ordnungsgemäßen Versandprozess sorgfältig dokumentieren. Die Pflicht der Gesellschaft nach § 63 Abs. 3 UmwG entfällt dagegen gänzlich, wenn die nach § 63 Abs. 1 UmwG auszulegenden Unterlagen vom Zeitpunkt der Einberufung bis zum Beginn der Hauptversammlung über die Internetseite der Gesellschaft zugänglich sind (§ 63 Abs. 4 UmwG).

dd) Rechtsfolgen von Verstößen. Hinsichtlich der Rechtsfolgen im Falle von Verstößen gegen die Verpflichtungen nach § 63 Abs. 1 UmwG (Auslegung von Unterlagen) bzw. § 63 Abs. 3 UmwG (Abschriftenerteilung) gilt, dass die daraufhin gefassten Verschmelzungsbeschlüsse wegen **Formalfehlern** grundsätzlich anfechtbar sind. Allerdings ist insoweit erforderlich, dass der Verschmelzungsbeschluss auch auf dem betreffenden Formalfehler beruht, dh dass ein objektiv urteilender Aktionär die (rechtzeitige) Verfügbarkeit der fehlenden Information als wesentliche Voraussetzung für die sachgerechte Wahrnehmung seiner Teilnahme- und Mitgliedschaftsrechte angesehen hätte (§ 243 Abs. 4 S. 1 AktG). Ob dies der Fall ist, hängt von der Relevanz bzw. der Wesentlichkeit der fehlenden Information im Einzelfall sowie davon ab, ob der (wesentlich) fehlerhafte Zustand rechtzeitig korrigiert wird. Das kann etwa durch unverzügliche Übermittlung der nicht ausgelegten oder per Abschrift übermittelten Unterlagen geschehen, so dass der Aktionär die nachgereichte Information noch in zumutbarer Weise in seine Entscheidung über die Wahrnehmung seiner Teilnahme- und Mitgliedschaftsrechte miteinbeziehen kann.

b) Durchführung der Hauptversammlung, § 64 UmwG. Die Regelung des § 64 UmwG hat die **Information der Aktionäre während bzw. in der Hauptversammlung**, die über die Zustimmung zur Verschmelzung beschließen soll, zum Gegenstand und knüpft damit sowohl zeitlich als auch sachlich an § 63 UmwG an, welcher die Information im Vorfeld der Hauptversammlung regelt (→ Rn. 16 ff.). So bestimmt § 64 Abs. 1 S. 1 UmwG, dass die (zwingend) nach § 63 Abs. 1 UmwG auszulegenden Unterlagen auch während der Hauptversammlung, dh von der Eröffnung bis zur Schließung derselben, zugänglich zu machen sind. Das **Zugänglichmachen** erfordert, anders als die Auslegung nach § 63 Abs. 1 UmwG keine physische Bereitstellung von Unterlagen, sondern kann

---

[39] In diesem Sinne auch Widmann/Mayer/*Rieger* § 63 Rn. 20.7; aA Kallmeyer/*Lanfermann* § 63 Rn. 13, wonach es im Interesse der Vergleichbarkeit darauf ankommen soll, ob die auszulegenden Abschlüsse der anderen an der Verschmelzung beteiligten Rechtsträger auch nach den Rechnungslegungsvorschriften gemäß HGB bzw. IFRS/IAS-Standards aufgestellt worden sind.

[40] Kallmeyer/*Marsch-Barner* § 63 Rn. 14; Keßler/Kühnberger/*Brügel* § 63 Rn. 9; Kölner Kommentar-UmwG/*Simon* § 63 Rn. 33.

[41] Böttcher/Habighorst/Schulte/*Habighorst* § 63 Rn. 18; Keßler/Kühnberger/*Brügel* § 63 Rn. 9; Semler/Stengel/*Diekmann*§ 63 Rn. 22.

auch auf elektronischem Wege – in der Praxis etwa durch Aufstellen einer angemessenen Zahl von Terminals oder Monitoren – erfolgen.[42] In der Praxis werden zudem regelmäßig aus Gründen hinreichender Rechtssicherheit zusätzlich Abschriften der betreffenden Unterlagen ausgelegt. Auf diese Weise kann sowohl dem Umstand Rechnung getragen werden, dass das Recht auf Erteilung von Abschriften nach § 63 Abs. 3 UmwG auch erst mit dem formalen Beginn der Hauptversammlung endet, als auch Rechtsrisiken infolge etwaiger technischer Ausfälle bei der elektronischen Zugänglichmachung vermieden werden.[43] Die Zugänglichmachung hat in denjenigen Räumlichkeiten zu erfolgen, in denen die Hauptversammlung stattfindet, dh im Präsenzbereich der Hauptversammlung. Auf freiwilliger Basis, dh über den Pflichtkatalog des § 63 Abs. 1 UmwG hinaus, ausgelegte Unterlagen – wie etwa Unternehmensbewertungen zur Bestimmung des Umtauschverhältnisses – müssen nicht nach § 64 Abs. 1 S. 1 UmwG zugänglich gemacht werden.[44]

31 In Ergänzung zu der schriftlichen Vorabunterrichtung der Aktionäre, welche insbesondere durch den Verschmelzungsbericht nach § 8 UmwG erfolgt (→ § 9), hat der Vorstand in der Hauptversammlung den Verschmelzungsvertrag oder seinen Entwurf mündlich zu erläutern (§ 64 Abs. 1 S. 2 UmwG). Gegenstand der Erläuterung ist vor allem die Darstellung der **Beweggründe für die Verschmelzung** sowie ihrer **wesentlichen wirtschaftlichen und rechtlichen Folgen**. Zu erläutern ist hierbei auch das Umtauschverhältnis, wobei sich die mündliche Erläuterung zumindest dann auf Ausführungen zu den relativen Werten der an der Verschmelzung beteiligten Unternehmen beschränken kann, wenn sich im Verschmelzungsbericht im Übrigen detaillierte Informationen auch zu den absoluten Unternehmenswertverhältnissen finden.[45] Um den Aktionären ein – bezogen auf den Tag der Hauptversammlung – zutreffendes und aktuelles Bild zu vermitteln, hat der Vorstand auch über etwaige wesentliche Veränderungen und Entwicklungen sowie deren Auswirkungen in Bezug auf die an der Verschmelzung beteiligten Rechtsträger zu berichten, die seit Erstellung des Verschmelzungsberichts bzw. seit Festlegung des Umtauschverhältnisses eingetreten sind. Als wesentlich sind dabei vor allem solche Veränderungen und Entwicklungen zu beachten, die sich auf die Bewertung der beteiligten Rechtsträger und damit auf das wirtschaftlich angemessene Umtauschverhältnis oder auf die Höhe einer im Verschmelzungsvertrag etwa angebotenen Barabfindung (§ 29 UmwG) auswirken oder für die sachgerechte Beurteilung der Verschmelzung im Übrigen relevant sein können.[46] Unmaßgeblich ist insoweit, ob die Veränderungen oder Entwicklungen sich auch tatsächlich auf das Umtauschverhältnis oder die anderweitige wirtschaftliche Beurteilung der Verschmelzung auswirken; entscheidend ist allein, dass hierfür hinreichende Anhaltspunkte bestehen und daher ein Informationsinteresse der Aktionäre als Grundlage für eine etwaige Neubewertung der Strukturmaßnahme besteht.

32 Eine solche **Aktualisierungspflicht** entsprach im Ergebnis schon der früheren überwiegenden Auffassung[47] und wurde im Zuge des 3. UmwÄndG[48] schließlich in § 64 Abs. 1 S. 2 Hs. 2 UmwG in der Weise gesetzlich kodifiziert, dass der Vorstand die Hauptversammlung zu Beginn der Verhandlung (über den Tagesordnungspunkt Verschmelzungsvertrag) über **jede wesentliche Veränderung des Vermögens der Gesellschaft**, die seit dem Abschluss des Verschmelzungsvertrages oder der Aufstellung des Entwurfs eingetreten

---

[42] Begr. RegE BR-Drs. 847/08, S. 35.
[43] Vgl. hierzu etwa Semler/Stengel/*Diekmann* § 64 Rn. 5; Schmitt/Hörtnagl/Stratz/*Stratz* § 64 Rn. 2; Widmann/Mayer/*Rieger* § 64 Rn. 4, 6 und 7.
[44] Kallmeyer/*Marsch-Barner* § 64 Rn. 2; Kölner Kommentar-UmwG/*Simon* § 64 Rn. 9; Widmann/Mayer/*Rieger* § 64 Rn. 8.
[45] Kallmeyer/*Marsch-Barner* § 64 Rn. 3; Kölner Kommentar-UmwG/*Simon* § 64 Rn. 16; Lutter/*Grunewald* § 64 Rn. 5; Semler/Stengel/*Diekmann* § 64 Rn. 9; Widmann/Mayer/*Rieger* § 64 Rn. 12.
[46] Vgl. hierzu auch Lutter/*Grunewald* § 64 Rn. 6; Kallmeyer/*Marsch-Barner* § 64 Rn. 6; Semler/Stengel/*Diekmann* § 64 Rn. 11.
[47] Vgl. *Marsch-Barner* FS Maier-Reimer 2010, S. 425 f.; *Simon/Merkelbach* DB 2011, S. 1318.
[48] Drittes Gesetz zur Änderung des Umwandlungsgesetzes v. 11.7.2011, BGBl. I 2011, S. 1338.

ist, (mündlich) zu unterrichten hat. Nach Sinn und Zweck der Regelung des § 64 Abs. 1 S. 2 Hs. 2 UmwG wird eine solche Aktualisierungspflicht des Vorstands jedoch auch mit Blick auf wesentliche Vermögensveränderungen bei den anderen an der Verschmelzung beteiligten Rechtsträgern anzunehmen sein, da auch dortige Veränderungen Auswirkungen auf die Angemessenheit des Umtauschverhältnisses sowie für die sachgerechte Beurteilung der wirtschaftlichen Auswirkungen der Verschmelzung im Übrigen haben können.

Im Rahmen seiner **allgemeinen Sorgfaltspflicht** (§ 93 Abs. 1 S. 1 AktG) hat der **33** Vorstand durch geeignete organisatorische Vorkehrungen dafür Sorge zu tragen, dass ihm alle etwa relevanten Veränderungen hinsichtlich der Vermögenslage der Gesellschaft unverzüglich zur Kenntnis gelangen. Insoweit trifft ihn auch eine **aktive Nachforschungspflicht**.[49] Ob eine solche aktive Nachforschungspflicht auch in Bezug auf die Feststellung etwaiger Veränderungen bei den anderen an der Verschmelzung beteiligten Rechtsträgern besteht, wird uneinheitlich beurteilt[50], dürfte jedoch im Ergebnis nur dann gelten, wenn sich objektive Anhaltspunkte für derartige Veränderungen ergeben und der Vorstand diesen in zumutbarer Weise und innerhalb des verfügbaren Zeitrahmens nachgehen kann.[51] Gegen das **Postulat einer uneingeschränkten aktiven Nachforschungspflicht** auch mit Blick auf die übrigen an der Verschmelzung beteiligten Rechtsträger spricht zunächst, dass sich der Gesetzgeber ausweislich der Bestimmung des § 64 Abs. 1 S. 3 Hs. 1 UmwG mit Blick auf die Sicherstellung eines angemessenen wechselseitigen Informationsaustausches über wesentliche Veränderungen im Grundsatz für das Modell einer aktiven Informationspflicht nur für die Vertretungsorgane derjenigen Rechtsträger, bei denen es zu relevanten Veränderungen gekommen ist, gegenüber den Vertretungsorganen der anderen beteiligten Rechtsträger entschieden hat. In der Praxis sollte nach Möglichkeit ohnehin vorsorglich entweder im Verschmelzungsvertrag selbst oder in einer gesonderten (Grundlagen-)Vereinbarung zwischen den an der Verschmelzung beteiligten Rechtsträgern vereinbart werden, dass sich alle Beteiligten vorbehaltlich berechtigter Geheimhaltungsinteressen fortwährend und unverzüglich über alle Vorgänge wechselseitig unterrichten, die wesentliche Veränderungen im vorgenannten Sinne zum Gegenstand oder zu Folge haben könnten.

Der Vorstand hat ferner die Vertretungsorgane der anderen an der Verschmelzung betei- **34** ligten Rechtsträger über wesentliche Veränderungen des Vermögens der Gesellschaft zu unterrichten; diese haben dann ihrerseits die Anteilsinhaber der von ihnen vertretenen Gesellschaft vor der Beschlussfassung über die Verschmelzung zu unterrichten (§ 64 Abs. 1 S. 3 UmwG). Das Gesetz regelt weder in welcher Form noch zu welchem Zeitpunkt eine solche **Nachtragsinformation der Aktionäre** zu erfolgen hat. Aus Gründen der Rechtssicherheit und Praktikabilität wird man für die Nachtragsberichterstattung richtigerweise, sofern dies im Rahmen der konkreten zeitlichen Abläufe noch zumutbar möglich ist, eine schriftliche Unterlage in Form eines gesonderten Nachtragsberichts für erforderlich halten müssen, da letztlich nur auf diesem Wege hinreichend zu gewährleisten ist, dass die Informationsübermittlung zutreffend und – zumal wenn mehrere Rechtsträger an der Verschmelzung beteiligt sind – auch in konsistenter und einheitlicher Form erfolgt.[52] Die solchermaßen erhaltenen Nachtragsinformationen sind von den Vertretungsorganen der übrigen beteiligten Rechtsträger an deren Anteilsinhaber in der jeweiligen Verschmelzungshauptversammlung vor der Verhandlung bzw. Beschlussfassung über die Verschmelzung zu kommunizieren. Insoweit ist eine **mündliche Erläuterung der Nachtragsinformationen** seitens des Vertretungsorgans ausreichend, die sich allerdings auch mit den nach

---

[49] Allg. Auffassung, vgl. hierzu nur Kallmeyer/*Marsch-Barner* § 64 Rn. 7; Semler/Stengel/*Diekmann* § 64 Rn. 12; Widmann/Mayer/*Rieger* § 64 Rn. 24.
[50] Vgl. zum Meinungsstand Widmann/Mayer/*Rieger* § 64 Rn. 25.
[51] Kallmeyer/*Marsch-Barner* § 64 Rn. 7; in diesem Sinne im Ergebnis auch Bayer AG 1988, 323, 329; aA Semler/Stengel/*Diekmann* § 64 Rn. 12.
[52] In diesem Sinne etwa auch Böttcher/Habighorst/Schulte/*Habighorst* § 64 Rn. 7; Kallmeyer/ Marsch-Barner § 64 Rn. 8.

Einschätzung des Vertretungsorgans zu erwartenden Auswirkungen der Veränderungen auf die Verschmelzung zu befassen hat.[53] Der schriftliche Nachtragsbericht sollte ergänzend während der Hauptversammlung zugänglich sein; eine individuelle Versendung an die Aktionäre hat demgegenüber nicht zu erfolgen. Die Erstattung eines Nachtragsberichts führt selbst im Falle von grundlegenden Änderungen gegenüber den nach § 124 Abs. 4 S. 1 AktG bekannt gemachten Informationen über die Verschmelzung nicht zur Notwendigkeit der Einberufung einer neuen Hauptversammlung, da eine ordnungsgemäße Bekanntmachung immer nur die zum Zeitpunkt der Einberufung bekannten Tatsachen berücksichtigen kann.[54] Sollten die Änderungstatsachen bereits zum Zeitpunkt der Finalisierung des ursprünglichen Verschmelzungsberichts bekannt gewesen sein, wäre die Berichterstattung indes fehlerhaft und der Verschmelzungsbeschluss daher anfechtbar; vielfach dürfte es angesichts des Nachtragsberichts jedoch an der erforderlichen Relevanz des Formalfehlers für den später gefassten Verschmelzungsbeschluss fehlen.

35   Eine – für die Unternehmenspraxis in aller Regel kaum praktikable – **Neueinberufung der Hauptversammlungen** der beteiligten Rechtsträger unter Beachtung aller formalen Einberufungsvorschriften wäre allenfalls dann zu erwägen, wenn die eingetretenen Veränderungen auch zu einer Änderung des Umtauschverhältnisses führen, weil unter diesen Umständen eine fundamentale Neubewertung der Verschmelzung als solcher durch die Aktionäre erforderlich wird, die allein aufgrund eines uU erst kurz vor der Beschlussfassung erhaltenen Nachtragsberichts möglicherweise nicht mehr in der erforderlichen Tiefe erfolgen kann; unter diesen Umständen wären etwaige Anfechtungsrisiken für die Verschmelzung regelmäßig zu hoch.

36   Auf die Nachtragsberichterstattung kann, ebenso wie auf die Erstattung des Verschmelzungsberichts, durch **notariell beurkundete Verzichtserklärungen aller Anteilsinhaber** aller beteiligten Rechtsträger verzichtet werden (§ 64 Abs. 1 S. 4 UmwG iVm § 8 Abs. 3 S. 1 1. Alt, S. 2 UmwG). In einem wirksamen Verzicht auf den Verschmelzungsbericht liegt regelmäßig zugleich ein **konkludenter Verzicht** auf eine Nachtragsberichterstattung[55], wobei aus Gründen der Rechtssicherheit vorsorglich auch ein ausdrücklicher Verzicht auf einen etwaigen Nachtragsbericht von allen Aktionären eingeholt werden sollte.

37   Die Kenntnis aller für die Verschmelzung wesentlichen Umstände, auch hinsichtlich der übrigen beteiligten Rechtsträger, ist grundlegende Voraussetzung für eine sachgerechte Beurteilung durch die Aktionäre. Aus diesem Grunde wird durch § 64 Abs. 2 UmwG das Auskunftsrecht der Aktionäre, welches sich bezogen auf die eigene Gesellschaft nach § 131 Abs. 1 S. 1 AktG bestimmt, auch auf alle für die Verschmelzung wesentlichen Verhältnisse bei den anderen beteiligten Rechtsträgern erstreckt. Systematisch folgerichtig gelten deshalb die Regelungen der §§ 131, 132 AktG, einschließlich des **Auskunftsverweigerungsrechts** nach § 131 Abs. 3 AktG, auch für das Auskunftsrecht nach § 64 Abs. 2 UmwG.[56] Der Austausch von Informationen im Zuge der Vorbereitung der Verschmelzung unter den Vertragsparteien des Verschmelzungsvertrags stellt regelmäßig keinen Fall des § 131 Abs. 4 AktG dar, so dass entsprechende Auskünfte nicht auch gegenüber den (übrigen) Aktionären in der Hauptversammlung erteilt werden müssen.[57]

---

[53] Kallmeyer/*Marsch-Barner* § 64 Rn. 9; Semler/Stengel/*Diekmann* § 64 Rn. 12 d.

[54] AA Widmann/Mayer/*Rieger*, § 64 Rn. 36; Kallmeyer/*Marsch-Barner* § 64 Rn. 10; wie hier etwa Semler/Stengel/*Diekmann*, § 64 Rn. 12e.

[55] AA Widmann/Mayer/*Rieger* § 64 Rn. 34, der die Regelannahme eines konkludenten Verzichts für fraglich hält.

[56] Böttcher/Habighorst/Schulte/*Habighorst* § 64 Rn. 11; Kallmeyer/*Marsch-Barner* § 64 Rn. 12; Schmitt/Hörtnagl/Stratz/*Stratz* § 64 Rn. 7; Semler/Stengel/*Diekmann* § 64 Rn. 21.

[57] In diesem Sinne ebenfalls Böttcher/Habighorst/Schulte/*Habighorst* § 64 Rn. 10; Henssler/Strohn/*Junker* § 64 Rn. 7; Kallmeyer/*Marsch-Barner* § 64 Rn. 12; Kölner Kommentar-UmwG/*Simon* § 64 Rn. 23; Lutter/*Grunewald* § 64 Rn. 14; Semler/Stengel/*Diekmann* § 64 Rn. 17 und 22.

Auskunftsverpflichtet ist jeweils allein der Vorstand derjenigen Gesellschaft, die die 38
konkrete Hauptversammlung abhält. Er hat im Rahmen seiner pflichtgemäßen Vorbereitung der Hauptversammlung durch angemessene Maßnahmen dafür Sorge zu tragen, dass er auch zu allen wesentlichen und vorhersehbaren Fragen, die die anderen an der Verschmelzung beteiligten Rechtsträger betreffen, auskunftsfähig ist. Für diese Zwecke kann sich der Vorstand zur Beantwortung von Aktionärsfragen in der Hauptversammlung auch Hilfspersonen, wie etwa Vertretern der anderen an der Verschmelzung beteiligten Rechtsträger, bedienen, die im Auftrag des Vorstands und diesem rechtlich zurechenbar auch unmittelbar und persönlich Auskunft in der Hauptversammlung erteilen können. Zudem ist in der Hauptversammlungspraxis eine intensive und umfassende Vorbereitung des Back-Office zu diesen Themen essentiell.

Ein **Verstoß gegen die Verpflichtung zur Zugänglichmachung** nach § 64 Abs. 1 39
S. 1 UmwG wegen gänzlich unterbliebener, unvollständiger oder verspäteter Bereitstellung der Dokumente hat im Grundsatz die **Anfechtbarkeit des Verschmelzungsbeschlusses** zur Folge. Allerdings gilt dies wegen § 243 Abs. 4 S. 1 AktG nur dann, wenn der Mangel aus Sicht eines objektiv urteilenden Aktionärs in wesentlicher Weise die sachgerechte Mitwirkung an der Beschlussfassung über die Verschmelzung beeinträchtigt hätte; dies ist regelmäßig dann nicht der Fall sein, wenn sich die Unvollständigkeit der Unterlagen nur auf unwesentliche Aspekte beschränkt, die vollständigen Unterlagen nur geringfügig verspätet zugänglich gemacht worden sind und dem betroffenen Aktionär noch ausreichend Vorbereitungszeit verbleibt oder die Unterlagen dem Aktionär nach § 63 Abs. 3 UmwG übermittelt worden sind.[58] Das Gleiche gilt im Grundsatz auch für eine **Verletzung der Erläuterungs- und Unterrichtungspflicht** nach § 64 Abs. 1 S. 2 UmwG, wobei sich die fehlende Relevanz eines solchen Verstoßes nicht allgemein mit der Verfügbarkeit der Informationen in schriftlicher Form in den ausliegenden Unterlagen begründen lässt, weil der Erläuterungs- und Unterrichtungspflicht eine eigenständige Rechtsschutzfunktion zugunsten derjenigen Aktionäre zukommt, die (noch) keine Einsicht in schriftliche Unterlagen genommen haben.[59]

Zu beachten ist allerdings, dass wegen § 243 Abs. 4 S. 2 AktG Verstöße gegen die 40
Erläuterungs- und Informationspflichten in Bezug auf bewertungsrelevante Informationen nicht mit der Anfechtungsklage geltend gemacht werden können, wenn das Gesetz für Bewertungsrügen ein Spruchverfahren vorsieht. Dies ist sowohl im Hinblick auf Anfechtungsklagen gegen Verschmelzungsbeschlüsse beim übertragenden Rechtsträger (§§ 14 Abs. 2, 15 UmwG) als auch mit Blick auf die Bemessung einer Barabfindung nach § 29 UmwG (§§ 32, 34 UmwG) der Fall, wo insoweit jeweils gesetzlich ein Spruchverfahren vorgesehen ist (→ § 14 Rn. 244 ff.). Den Aktionären einer übernehmenden AG steht demgegenüber nach §§ 14 Abs. 2, 15 UmwG kein Spruchverfahren zur Verfügung, so dass ihnen die Anfechtungsklage grundsätzlich auch bei Bewertungsrügen offensteht. Schließlich ist eine Verletzung der Erläuterungs- und Unterrichtungspflicht nach § 64 Abs. 1 S. 2 UmwG gemäß § 313 Abs. 1 Nr. 1 UmwG auch strafbewehrt.

Die **Verletzung der Unterrichtungspflicht des Vorstands** nach § 64 Abs. 1 S. 3 41
Hs. 1 UmwG gegenüber den Vertretungsorganen der übrigen beteiligten Rechtsträger begründet demgegenüber **keinen Anfechtungsgrund** für die Aktionäre desjenigen Rechtsträgers, dessen Vorstand die Unterrichtungspflicht verletzt hat, da diese Unterrichtung allein dem Informationsinteresse der Anteilseigner der anderen beteiligten Rechtsträger dient. Allerdings kann dieser Mangel eine Anfechtbarkeit der Verschmelzungs-

---

[58] Kallmeyer/*Marsch-Barner* § 64 Rn. 14; Lutter/*Grunewald* § 64 Rn. 3; Maulbetsch/Klumpp/Rose/*Rose* § 64 Rn. 7; Semler/Stengel/*Diekmann* § 64 Rn. 8; Widmann/Mayer/*Rieger* § 64 Rn. 10.

[59] In diesem Sinne ebenfalls Henssler/Strohn/*Junker* § 64 Rn. 5; Kallmeyer/*Marsch-Barner* § 64 Rn. 14; Kölner Kommentar-UmwG/*Simon* § 64 Rn. 26; Maulbetsch/Klumpp/Rose/*Rose* § 64 Rn. 7; Schmitt/Hörtnagl/Stratz/*Stratz* § 64 Rn. 9; Semler/Stengel/*Diekmann* § 64 Rn. 13; Widmann/Mayer/*Rieger* § 64 Rn. 39.

beschlüsse bei diesen anderen Rechtsträgern nach Maßgabe der vorstehend erläuterten Grundsätze zur Folge haben. Gleiches gilt für die Verletzung der korrespondierenden Unterrichtungspflicht der Vertretungsorgane der anderen beteiligten Rechtsträger nach § 64 Abs. 1 S. 3 Hs. 2 UmwG.[60]

42 c) **Zustimmungsbeschluss der Hauptversammlung, § 65 UmwG.** Die Vorschrift des § 65 UmwG regelt die **Mehrheitserfordernisse für Verschmelzungsbeschlüsse unter Beteiligung von AG, KGaA und SE**, einschließlich jeder Art von Mischverschmelzungen, und ergänzt insoweit die allgemeinen umwandlungsrechtlichen Regelungen über Verschmelzungsbeschlüsse (§§ 13, 61-64, 67 UmwG). Darüber hinaus regelt § 65 UmwG das **Erfordernis und die Durchführung von Sonderbeschlüssen bei Vorhandensein mehrerer Aktiengattungen**. Gegenstand der Beschlussfassung ist jeweils der zwischen den beteiligten Rechtsträgern vereinbarte Verschmelzungsvertrag oder dessen Entwurf, einschließlich sämtlicher vertraglicher Inhalte. Zur Vorbereitung der Verschmelzung werden in der Unternehmenspraxis häufig sogenannte **Grundsatz- oder Grundlagenvereinbarungen** zwischen den Parteien abgeschlossen. Auch wenn sich die dort getroffenen Inhalte regelmäßig im Verschmelzungsvertrag bzw. dessen Entwurf widerspiegeln oder aber durch den Abschluss des Verschmelzungsvertrags inhaltlich überholt werden, empfiehlt es sich mit Blick auf § 139 BGB zur Vermeidung etwaiger Wirksamkeitsrisiken für die Praxis, derartige Grundsatzvereinbarungen als Anlage zum Verschmelzungsvertrag bzw. zu dessen Entwurf zu nehmen und damit ebenfalls der Zustimmung durch die Hauptversammlung zu unterwerfen.[61]

43 Der **Zustimmungsbeschluss** begründet eine **rechtliche Bindung des Vorstands an die Inhalte des Verschmelzungsvertrags bzw. des Entwurfs**. Zwar sind auch nach Beschlussfassung durch die Hauptversammlung noch redaktionelle Anpassungen (z. B. Korrektur offensichtlicher Unrichtigkeiten) zulässig, jedoch darf dem Vorstand nach dem Votum der Hauptversammlung **keinerlei inhaltlicher Ermessensspielraum** hinsichtlich der Gestaltung der Verschmelzungsgrundlagen mehr eingeräumt werden, da ansonsten der Kompetenzvorrang der Hauptversammlung unterlaufen würde. Aus diesem Grunde ist auch eine bedingte Beschlussfassung durch die Hauptversammlung – etwa in Form einer Anweisung an den Vorstand, die Verschmelzung erst nach Eintritt bestimmter Ereignisse zur Eintragung in das Handelsregister anzumelden – nur insoweit zulässig, als der Vorstand auf den Eintritt der Bedingung keinen Einfluss haben darf.[62] Demgegenüber sind Änderungen am Verschmelzungsvertrag bzw. an dessen Entwurf nach Einberufung der Hauptversammlung innerhalb des solchermaßen bekannt gemachten Gegenstandes der Tagesordnung nach den allgemeinen aktienrechtlichen Grundsätzen (insbesondere § 124 Abs. 4 S. 2 AktG) ohne Weiteres zulässig. Dies kann vor allem dann relevant werden, wenn sich aufgrund nachträglich veränderter bewertungsrelevanter Umstände das angemessene Umtauschverhältnis der zu gewährenden Anteile verändert hat und eine Anpassung des Verschmelzungsvertrags bzw. seines Entwurfs erforderlich wird (→ Rn. 31).

44 Der Verschmelzungsbeschluss bedarf einer **Mehrheit von mindestens 75 % des bei der Beschlussfassung vertretenen Grundkapitals** sowie nach § 133 Abs. 1 AktG der einfachen (absoluten) Stimmenmehrheit. Bei der Ermittlung des vertretenen Grundkapitals sind die Nennbeträge bzw. anteiligen Beträge sämtlicher stimmberechtigter Aktien, die von anwesenden bzw. vertretenen Aktionären gehalten werden, zu berücksichtigen. Stimmrechtslose Vorzugsaktien sowie sonstige Aktien, aus denen zum Zeitpunkt der Beschluss-

---

[60] Zu der Frage, ob auch im Falle einer ausschließlich schriftlichen Unterrichtung nach § 64 Abs. 1 S. 3 Hs. 2 UmwG eine Strafbarkeit nach § 313 Abs. 1 Nr. 1 UmwG in Betracht kommt, vgl. etwa Kölner Kommentar-UmwG/*Simon* § 64 Rn. 29; Widmann/Mayer/*Rieger* § 64 Rn. 47.

[61] In diesem Sinne auch Semler/Stengel/*Diekmann* § 65 Rn. 6; aA Henssler/Strohn/*Junker* § 65 Rn. 5.

[62] Goutier/Knopf/Tulloch/*Bermel* § 65 Rn. 10; Semler/Stengel/*Diekmann* § 65 Rn. 10; *Grunewald* AG 1990, 133, 139; *Lutter* FS Quack 1991, S. 301, 314 ff.

fassung (z. B. wegen § 71b AktG oder § 28 WpHG) keine Stimmrechte ausgeübt werden können, sind bei der Ermittlung der Kapitalmehrheit außer Betracht zu lassen.[63]

Das **Mehrheitserfordernis nach § 65 Abs. 1 UmwG** beschreibt die **gesetzliche Mindestanforderung**; die Satzung kann jedoch auch eine größere Mehrheit und weitere Erfordernisse, wie etwa ein Mindestquorum für die Beschlussfähigkeit der Hauptversammlung vorsehen. Soweit die Satzung für andere Strukturmaßnahmen, wie Satzungsänderungen oder die Auflösung, strengere Erfordernisse (etwa erhöhte Mehrheitserfordernisse) aufstellt, gelten diese ungeachtet des strukturändernden Charakters einer Verschmelzung nicht ohne Weiteres auch für den Verschmelzungsbeschluss. Vielmehr ist nach richtiger Ansicht danach zu differenzieren, ob eine (objektive) Auslegung der konkreten Satzungsregelung eine Anwendung dieser Satzungsregelungen auch auf den Fall der Verschmelzung rechtfertigt.[64] So dürften erhöhte Satzungsanforderungen für Satzungsänderungen mit Blick auf deren Artverwandtschaft mit den Folgen einer verschmelzungsbedingten Strukturänderung für die Aktionäre regelmäßig auch auf Verschmelzungsbeschlüsse Anwendung finden; demgegenüber lassen sich Satzungsanforderungen (bei einem übertragenden Rechtsträger) für den Fall der Auflösung typischerweise nicht auf eine Verschmelzung übertragen, da die Aktionäre in jedem Fall auch nach der Strukturmaßnahme an einem aktiven Rechtsträger beteiligt bleiben.[65] 45

Für den Fall, dass **mehrere Aktiengattungen** (§ 11 AktG) vorhanden sind, wird der Verschmelzungsbeschluss nur wirksam, wenn diesem die stimmberechtigten Aktionäre jeder Gattung per **Sonderbeschluss** zugestimmt haben (§ 65 Abs. 2 S. 1 und 2 UmwG), wobei für die Mehrheitserfordernisse ebenfalls die Bestimmungen in § 65 Abs. 1 UmwG gelten. Das Erfordernis eines Sonderbeschlusses gilt unabhängig davon, ob in die Rechte der Inhaber der jeweiligen Gattungen eingegriffen wird.[66] Nach richtiger, wenn auch nicht unumstrittener Ansicht, sind sowohl mit Blick auf den ausdrücklichen Wortlaut von § 65 Abs. 2 S. 1 UmwG, wonach nur *stimmberechtige* Aktionäre jeder Gattung per Sonderbeschluss zuzustimmen haben, als auch wegen des bereits über § 23 UmwG gewährleisteten Schutzes für Sonderrechtsinhaber stimmrechtslose Vorzugsaktien vom Zustimmungserfordernis des § 65 Abs. 2 UmwG ausgenommen; insoweit ist § 65 Abs. 2 UmwG als *lex specialis* im Verhältnis zu § 141 Abs. 1 und 2 AktG zu begreifen.[67] 46

Soweit und solange das **Stimmrecht aus Vorzugsaktien** indes nach § 140 Abs. 2 AktG wieder aufgelebt ist, sind auch die Inhaber solcher Vorzugsaktien als stimmberechtigte Aktionäre im Sinne von § 65 Abs. 2 S. 1 UmwG zu betrachten, so dass diese Aktionäre der Verschmelzung ebenfalls per **Sonderbeschluss** zustimmen müssen.[68] Ein Sonderbeschluss 47

---

[63] Henssler/Strohn/*Junker* § 65 Rn. 2; Kallmeyer/*Zimmermann* § 65 Rn. 5; Kölner Kommentar-UmwG/*Simon* § 65 Rn. 7; Schmitt/Hörtnagel/Stratz/*Stratz* § 65 Rn. 4; Semler/Stengel/*Diekmann* § 65 Rn. 12; Widmann/Mayer/*Rieger* § 65 Rn. 5.

[64] Im Ergebnis ebenso Kölner Kommentar-UmwG/*Simon* § 65 Rn. 15; Lutter/*Grunewald* § 65 Rn. 6; für eine generelle Anwendbarkeit Böttcher/Habighorst/Schulte/*Habighorst* § 65 Rn. 10; Goutier/Knopf/Tulloch/*Bermel* § 65 Rn. 15; Kallmeyer/*Zimmermann* § 65 Rn. 7; Maulbetsch/Klumpp/Rose/*Frenz* § 65 Rn. 5; Semler/Stengel/*Diekmann* § 65 Rn. 10; Widmann/Mayer/*Rieger* § 65 Rn. 9 f; abl. Henssler/Strohn/*Junker* § 65 Rn. 3.

[65] Vgl. hierzu auch Böttcher/Habighorst/Schulte/*Habighorst* § 65 Rn. 11; Kallmeyer/*Zimmermann* § 65 Rn. 7; Maulbetsch/Klumpp/Rose/*Frenz* § 65 Rn. 6; Semler/Stengel/*Diekmann* § 65 Rn. 15; für eine Auslegung im Einzelfall Kölner Kommentar-UmwG/*Simon* § 65 Rn. 15; Schmitt/Hörtnagel/Stratz/*Stratz* § 65 Rn. 12; Widmann/Mayer/*Rieger* § 65 Rn. 9; für eine generelle Anwendbarkeit Lutter/*Grunewald* § 65 Rn. 6.

[66] Kallmeyer/*Zimmermann* § 65 Rn. 23; Kölner Kommentar-UmwG/*Simon* § 65 Rn. 16; Lutter/*Grunewald* § 65 Rn. 8; Maulbetsch/Klumpp/Rose/*Frenz* § 65 Rn. 18; Semler/Stengel/*Diekmann* § 65 Rn. 22; Widmann/Mayer/*Rieger* § 65 Rn. 13.

[67] Zum Meinungsstand hinsichtlich des Konkurrenzverhältnisses zwischen § 65 Abs. 2 UmwG und § 141 Abs. 1, 2 AktG ausführlich Widmann/Mayer/*Rieger* § 65 Rn 17 ff.

[68] OLG Schleswig 5 W 50/07, AG 2008, 39, 41; Kallmeyer/*Zimmermann* § 65 Rn. 22; Lutter/*Grunewald* § 65 Rn. 9; Maulbetsch/Klumpp/Rose/*Frenz* § 65 Rn. 19; Widmann/Mayer/*Rieger* § 65 Rn 16; Kiem ZIP 1997, 1627, 1628.

ist demgegenüber nicht erforderlich, wenn neben einer stimmberechtigten Gattung nur stimmrechtslose Gattungen existieren, wie etwa im Falle des parallelen Bestehens von Stammaktien und stimmrechtslosen Vorzugsaktien (ohne dass im Fall der Vorzugsaktien ausnahmsweise das Stimmrecht wieder aufgelebt wäre), da in einem solchen Fall die Forderung nach einem Sonderbeschluss neben dem eigentlichen, durch dieselben stimmberechtigten Aktionäre zu fassenden Verschmelzungsbeschluss, keinem eigenständigen Schutzzwecke diente und reine Förmelei wäre.

48 Unabhängig von der dogmatischen Beurteilung des Erfordernisses von Sonderbeschlüssen nach § 65 Abs. 2 UmwG im Zusammenhang mit der Existenz von Vorzugsaktien ist jedoch für die Praxis zu empfehlen, dass in Zweifelsfällen zur Vermeidung von Anfechtungsrisiken oder Eintragungshindernissen gleichwohl auch Sonderbeschlüsse von Vorzugsaktionären eingeholt werden.

49 Das Verfahren **der Sonderbeschlussfassung** richtet sich nach den Vorgaben in § 138 AktG. Das bedeutet, dass der Vorstand nach seinem **pflichtgemäßen Ermessen** darüber entscheidet, ob der Sonderbeschluss in einer gesonderten Versammlung oder schlicht als gesonderte Abstimmung im Rahmen der Verschmelzungshauptversammlung gefasst wird. Die Einberufung einer gesonderten Versammlung kann jedoch von Aktionären, deren Anteil mindestens 10 % des an der Sonderbeschlussfassung teilnehmenden Kapitals beträgt, aktiv verlangt werden.[69]

50 Der Sonderbeschluss ist, ebenso wie der grundlegende Verschmelzungsbeschluss, gemäß § 13 Abs. 1 S. 1 UmwG **Formalvoraussetzung** für die Wirksamkeit des Verschmelzungsvertrags und dessen Anmeldung zur Eintragung im Handelsregister. Solange der Sonderbeschluss (noch) nicht wirksam gefasst wurde, bleibt der Verschmelzungsvertrag schwebend unwirksam; ein die Zustimmung versagender Sonderbeschluss führt zur Unwirksamkeit des eigentlichen Verschmelzungsbeschlusses und damit im Ergebnis zur Unwirksamkeit des Verschmelzungsvertrags.[70]

4. Anwendung der Vorschriften über die Nachgründung, § 67 UmwG

51 Für Aktiengesellschaften, die als übernehmender Rechtsträger an einer Verschmelzung beteiligt und zum Zeitpunkt des Abschlusses des Verschmelzungsvertrages (nicht der Aufstellung seines Entwurfs), noch nicht länger als zwei Jahre im Handelsregister eingetragen sind, bestimmt § 67 UmwG, dass die Vorschriften über die Nachgründung in § 52 Abs. 3, 4, 6 bis 9 AktG **entsprechende Anwendung** finden. Dies gilt grundsätzlich auch dann, wenn die übernehmende Aktiengesellschaft durch Formwechsel aus einer anderen Rechtsform entstanden ist und die Eintragung in der Rechtsform der AG noch nicht länger als zwei Jahre zurückliegt. Der Regelungszweck des § 67 UmwG besteht darin, eine **Umgehung der aktienrechtlichen Nachgründungsvorschriften** und die damit verfolgte **Sicherstellung der effektiven Kapitalaufbringung** auch im Kontext von Verschmelzungsszenarien zu verhindern, da es sich bei Verschmelzungen letztlich um eine Form der Sacheinlage handelt.[71]

52 Diesem **Schutzzweckgedanken** entspricht es umgekehrt, dass die **Nachgründungsvorschriften** ausnahmsweise dann **keine Anwendung** auf eine übernehmende Aktiengesellschaft finden sollen, wenn diese qua Formwechsel (§§ 190 ff. UmwG) aus der Rechtsform einer GmbH entstanden ist und zuvor seit mindestens zwei Jahren im Handelsregister eingetragen war (§ 67 S. 2 Alt. 2 UmwG); dies bedeutet jedoch nur, dass die Zeitspanne,

---

[69] Zum Diskussionsstand bezüglich der Frage, ob auch die spezialgesetzlichen Formalanforderungen der §§ 63, 64 UmwG auf die gesonderte Versammlung Anwendung finden oder lediglich die allgemeinen aktienrechtlichen Vorschriften, siehe etwa Kölner Kommentar-UmwG/*Simon* § 65 Rn. 20.

[70] Kallmeyer/*Zimmermann* § 65 Rn. 27; Kölner Kommentar-UmwG/*Simon* § 65 Rn. 22; Lutter/*Grunewald* § 65 Rn. 11; Maulbetsch/Klumpp/Rose/*Frenz* § 65 Rn. 25; Semler/Stengel/*Diekmann* § 65 Rn. 27; Widmann/Mayer/*Rieger* § 65 Rn. 70.

[71] Kallmeyer/*Marsch-Barner* § 67 Rn. 1; Lutter/*Grunewald* § 67 Rn. 1; Schmitt/Hörtnagel/Stratz/*Stratz* § 67 Rn. 1; Widmann/Mayer/*Rieger* § 67 Rn 3.

§ 15 Rechtsformspezifische Besonderheiten der Verschmelzung

während derer die AG noch in der Rechtsform der GmbH eingetragen war, auf die Zweijahresfrist nach § 67 S. 1 UmwG angerechnet wird, nicht hingegen, dass die formgewechselte GmbH vor Wirksamwerden des Formwechsels in die AG zwingend mindestens zwei Jahre in der Rechtsform der GmbH eingetragen gewesen sein muss.[72] Hintergrund dieser **Privilegierung** ist, dass die gesetzlichen Regelungen zur Kapitalaufbringung bei der GmbH ähnlich ausgestaltet sind wie bei der AG und daher eine Behandlung der Verschmelzung als Nachgründung in solchen Fällen entbehrlich erscheint.[73] Gleiches gilt dementsprechend für den Fall, dass die AG aus einer seit mindestens zwei Jahren eingetragenen KGaA oder SE entstanden ist.[74] Ist die übernehmende AG aus einer Vorrats- oder Mantelgesellschaft hervorgegangen, ist für Zwecke der Ermittlung der Zweijahresfrist auf den Zeitpunkt der wirtschaftlichen Neugründung abzustellen.[75]

Die Nachgründungsvorschriften finden nach § 67 S. 2 Alt. 1 UmwG ferner dann keine Anwendung, wenn der (rechnerische) Gesamtnennbetrag der im Zuge der Verschmelzung zu gewährenden Aktien 10 % des Grundkapitals der übernehmenden AG nicht übersteigt. Für den Fall, dass zur Durchführung der Verschmelzung das Grundkapital erhöht wird, ist für die Ermittlung der 10 %-Grenze das solchermaßen erhöhte Grundkapital zugrunde zu legen (§ 67 S. 3 UmwG). Für die Ermittlung der maßgeblichen Grundkapitalquote sind sämtliche Aktien zu berücksichtigen, die den Anteilsinhabern des übertragenden Rechtsträgers als Gegenleistung gewährt werden, gleichviel, ob die Aktien durch eine Kapitalerhöhung erst neu geschaffen werden oder aber bereits im Besitz des übernehmenden Rechtsträgers, eines übertragenden Rechtsträgers oder eines Dritten sind.[76] Falls mehrere übertragende Rechtsträger im Rahmen einer Mehrfachverschmelzung verschmolzen werden sollen, sind die deren Anteilsinhabern zu gewährenden Aktien (nur) dann für Zwecke der 10 %-Schwelle des § 67 S. 2 Alt. 1 UmwG zu addieren, wenn diese Verschmelzungen ein einheitliches rechtliches Schicksal im Sinne einer sogenannten Gesamtverschmelzung teilen und daher miteinander stehen und fallen sollen; bei mehreren rechtlich unabhängigen aufeinanderfolgenden Einzelverschmelzungen gilt diese Gesamtbetrachtung in der Regel nicht, selbst wenn zwischen diesen ein sachlicher und/oder zeitlicher Zusammenhang bestehen sollte.[77] Nach hM soll es zudem zulässig sein und grundsätzlich keine unzulässige Umgehung von § 67 UmwG darstellen, wenn die übernehmende AG im Vorfeld der Verschmelzung (gezielt) Anteile am übertragenden Rechtsträger in einem Umfang erwirbt, dass die 10 %-Schwelle nach § 67 S. 1 UmwG wegen der durch den Anteilserwerb reduzierten Zahl der noch umzutauschenden Anteile unterschritten wird.[78]

---

[72] Kallmeyer/*Marsch-Barner* § 67 Rn. 2; Kölner Kommentar-UmwG/*Simon* § 67 Rn. 9; Lutter/ *Grunewald* § 67 Rn. 5; Maulbetsch/Klumpp/Rose/*Frenz* § 67 Rn. 5; aA Widmann/Mayer/*Rieger* § 67 Rn. 8 f.
[73] Vgl. Begr RegE BT-Drs 16/2919, 13 f. (2. UmwÄndG).
[74] Ausführlich hierzu: Böttcher/Habighorst/Schulte/*Habighorst* § 67 Rn. 3; Kallmeyer/*Marsch-Barner* § 67 Rn. 2; Widmann/Mayer/*Rieger* § 67 Rn. 7 f.; bzgl. der KGaA ebenso Henssler/Strohn/ *Junker* § 67 Rn. 2; Maulbetsch/Klumpp/Rose/*Frenz* § 67 Rn. 4.
[75] Kallmeyer/*Marsch-Barner* § 67 Rn. 2; Lutter/*Grunewald* § 67 Rn. 4; Maulbetsch/Klumpp/Rose/ *Frenz* § 67 Rn. 5; Widmann/Mayer/*Rieger* § 67 Rn. 6.
[76] Böttcher/Habighorst/Schulte/*Habighorst* § 67 Rn. 6; Henssler/Strohn/*Junker* § 67 Rn. 3; Lutter/*Grunewald* § 67 Rn. 9; Semler/Stengel/*Diekmann* § 67 Rn. 12.
[77] Vgl. hierzu Kölner Kommentar-UmwG/*Simon* § 67 Rn. 15; aA Böttcher/Habighorst/Schulte/ *Habighorst* § 67 Rn. 6; Maulbetsch/Klumpp/Rose/*Frenz* § 67 Rn. 10; Semler/Stengel/*Diekmann* § 67 Rn. 13; Widmann/Mayer/*Rieger* § 67 Rn. 15, der kein einheitliches rechtliches Schicksal im Sinne einer Gesamtverschmelzung fordert, sondern rechtlich unabhängige, aufeinanderfolgende Einzelverschmelzungen ausreichen lässt, sofern zwischen diesen ein sachlicher und/oder zeitlicher Zusammenhang besteht.
[78] Vgl. hierzu etwa Böttcher/Habighorst/Schulte/*Habighorst* § 67 Rn. 7; Henssler/Strohn/*Junker* § 67 Rn. 3; Kallmeyer/*Marsch-Barner* § 67 Rn. 2; Semler/Stengel/*Diekmann* § 67 Rn. 12; Schmitt/ Hörtnagel/Stratz/*Stratz* § 67 Rn. 7; Kölner Kommentar-UmwG/*Simon* § 67 Rn. 17; unter der Voraussetzung, dass bei unmittelbarem zeitlichen Zusammenhang mit der Verschmelzung der Erwerb

54 Inhaltlich verweist § 67 S. 1 UmwG auf die entsprechende Anwendung der Nachgründungsvorschriften gemäß § 52 Abs. 3, 4 sowie 6 bis 9 AktG. Dies bedeutet zunächst, dass der Aufsichtsrat der übernehmenden Aktiengesellschaft vor der Beschlussfassung der Hauptversammlung über die Verschmelzung den Verschmelzungsvertrag zu prüfen und hierüber einen **schriftlichen Nachgründungsbericht** zu erstatten hat (§ 52 Abs. 3 S. 1 AktG). Für Umfang und Gestaltung des Nachgründungsberichts gelten die Anforderungen an den Gründungsbericht nach § 32 Abs. 2 und 3 AktG entsprechend (§ 52 Abs. 3 S. 2 AktG), dh es sind vor allem Angaben zur Angemessenheit des Umtauschverhältnisses, den Erträgen des übertragenden Rechtsträgers der letzten beiden Geschäftsjahre, den vorangegangenen und auf die Verschmelzung hinzielenden Rechtsgeschäften sowie etwaigen Sondervorteilen zugunsten von Vorstands- und Aufsichtsratsmitgliedern zu machen. Da der Zweck des Nachgründungsberichts in erster Linie in der Dokumentation einer zusätzlichen Prüfung der Verschmelzung auch durch den Aufsichtsrat des übernehmenden Rechtsträgers besteht und keine inhaltliche Erweiterung der Informationsbasis für die Aktionäre bezweckt, kann der Aufsichtsrat auf den Verschmelzungsbericht (§ 8 UmwG) und den Verschmelzungsprüfungsbericht (§ 12 UmwG) Bezug nehmen.[79] Eine Pflicht zur Auslegung des Nachgründungsberichts zur Vorabinformation der Aktionäre ist ebenso wenig vorgeschrieben wie eine Erläuterung desselben.[80] Für den Fall einer Konzernverschmelzung (§ 62 Abs. 1 UmwG), wo es einer Zustimmung der übernehmenden Aktiengesellschaft ausnahmsweise nicht bedarf, begründet auch § 67 S. 1 UmwG kein Zustimmungserfordernis, da die dortige Verweisung auf § 52 AktG gerade nicht dessen Anordnung in Abs. 1 S. 1 mit umfasst.

55 Ferner hat eine den Maßstäben einer aktienrechtlichen Gründungsprüfung nach den §§ 33 Abs. 3 bis 5, 34 f. AktG genügende **Nachgründungsprüfung** durch gerichtlich bestellte Prüfer zu erfolgen (§ 52 Abs. 4 S. 1 AktG), die sich vor allem mit der Frage zu befassen hat, ob der Wert des übertragenden Rechtsträgers den Wert der als Gegenleistung zu gewährenden Aktien (mindestens) deckt. Im Sinne der Verfahrenseffizienz empfehlenswert und in der Praxis auch üblich ist die Bestellung der Verschmelzungsprüfer auch für Zwecke der Nachgründungsprüfung, da diese sich bereits ohnehin eingehend mit den Vermögensverhältnissen der beteiligten Rechtsträger befasst haben.[81] Der Bericht über die Nachgründungsprüfung muss weder ausgelegt noch weitergehend gegenüber den Aktionären erläutert werden.

56 Sowohl der Nachgründungs- als auch der Prüfungsbericht sind nach Zustimmung der Hauptversammlung zum Verschmelzungsbeschluss zusammen mit der Anmeldung des Verschmelzungsvertrags zum **Handelsregister** einzureichen (§ 52 Abs. 6 S. 2 AktG). Für den Fall, dass in Übereinstimmung mit den §§ 33a, 52 Abs. 4 S. 3 AktG von einer externen Gründungsprüfung abgesehen worden ist, muss der Anmeldung zum Handelsregister stattdessen eine Werthaltigkeitsbescheinigung nach § 37a Abs. 1 S. 3 AktG beigefügt werden (§ 52 Abs. 6 S. 3 AktG). Auf der Grundlage der solchermaßen eingereichten Unterlagen prüft das Registergericht die Nachgründung sowohl formell als auch materiell und kann die Eintragung vor allem dann verweigern, wenn es zu der Überzeugung gelangt ist, dass das Umtauschverhältnis unangemessen hoch ist (§ 52 Abs. 7 S. 1 aE AktG).

57 **Verstöße** gegen die anwendbaren Nachgründungsvorschriften führen im Grundsatz nur zur **Anfechtbarkeit** eines gleichwohl gefassten Verschmelzungsbeschlusses (§ 243 Abs. 1

---

nicht nur getätigt wird, um die Anwendbarkeit des § 67 UmwG auszuschließen, auch Lutter/*Grunewald* § 67 Rn. 10.

[79] Vgl. hierzu etwa Widmann/Mayer/*Rieger* § 67 Rn. 21; Lutter/*Grunewald* § 67 Rn. 12; Semler/Stengel/*Diekmann* § 67 Rn. 15.

[80] Kallmeyer/*Marsch-Barner* § 67 Rn. 7; Kölner Kommentar-UmwG/*Simon* § 67 Rn. 21; Widmann/Mayer/*Rieger* § 67 Rn. 20.

[81] Böttcher/Habighorst/Schulte/*Habighorst* § 67 Rn. 12; Kölner Kommentar-UmwG/*Simon* § 67 Rn. 23; Maulbetsch/Klumpp/Rose/*Frenz* § 67 Rn. 17.

AktG). Ist allerdings die Nachgründungsprüfung nach § 52 Abs. 4 S. 1 AktG unterblieben, soll nach zumindest hM der Verschmelzungsbeschluss gemäß § 241 Nr. 3 Alt. 2 AktG nichtig sein.[82]

5. Kapitalerhöhung bei dem übernehmenden Rechtsträger

Die Verschmelzung einer Gesellschaft auf eine Kapitalgesellschaft erfordert regelmäßig **58** die Erhöhung des Grundkapitals der übernehmenden Kapitalgesellschaft. Nur hierdurch können in der Regel die Anteile des übernehmenden Rechtsträgers geschaffen werden, die den Anteilseignern des übertragenden Rechtsträgers im Rahmen der Verschmelzung gemäß §§ 2, 20 UmwG als Gegenleistung für die Übertragung der Anteile an dem übertragenden Rechtsträger zu gewähren sind.

Bare Zuzahlungen sind darüber hinaus nur ergänzend (→ Rn. 88 ff.) und nur unter **59** Beachtung der in § 68 Abs. 3 UmwG festgelegten Beschränkungen zulässig. So soll ein **Auskauf (*Buy Out*)** der Gesellschafter des übertragenden Rechtsträgers verhindert werden.[83] In der Regel dienen bare Zuzahlungen dazu, einen Spitzenausgleich vorzunehmen, der nicht in Form von Anteilen an dem übernehmenden Rechtsträger vorgenommen werden kann.[84]

§ 68 UmwG regelt, in welchen Konstellationen und unter welchen Voraussetzungen die **60** Erhöhung des Grundkapitals des übernehmenden Rechtsträgers zur Durchführung der Verschmelzung unzulässig (§ 68 Abs. 1 S. 1 UmwG) bzw. zulässig, aber entbehrlich ist, weil bereits existierende Anteile an die Anteilsinhaber des übertragenden Rechtsträgers ausgegeben werden können (§ 68 Abs. 1 S. 2 UmwG). Der Regelungszweck des § 68 UmwG besteht darin, einerseits das **(grundsätzlich unerwünschte) Entstehen eigener Anteile bei dem übernehmenden Rechtsträger** zu verhindern und andererseits dort, wo eine Kapitalerhöhung nicht erforderlich ist, insbesondere weil der übernehmende Rechtsträger bereits eigene Anteile besitzt, den **Abbau von Beständen an eigenen Anteilen** zu fördern.[85] Der **Anwendungsbereich** der vorstehenden Regelungen des § 68 Abs. 1 UmwG ist aus **Schutzzweckgesichtspunkten** weit zu verstehen und umfasst unabhängig davon, wer zivilrechtlicher Inhaber der jeweils maßgeblichen Anteile ist, auch diejenigen Konstellationen, in denen ein Dritter die relevanten Anteile im eigenen Namen aber auf Rechnung des übernehmenden bzw. übertragenden Rechtsträgers hält (§ 68 Abs. 2 UmwG).[86]

Eine **Pflicht zur Durchführung einer Kapitalerhöhung in sonstigen Fällen** folgt **61** aus § 68 UmwG jedoch nicht,[87] vielmehr gestattet das Gesetz dem übernehmenden Rechtsträger, von der Gewährung eigener Anteile abzusehen, wenn alle Anteilsinhaber des übernehmenden Rechtsträgers hierauf verzichten (§ 68 Abs. 1 S. 3 UmwG). Auch wird ein rechtsgeschäftlicher Erwerb eigener Anteile durch die Regelungen des § 68 UmwG nicht *per se* ausgeschlossen, vielmehr bleibt ein solcher bei Verschmelzungen im Rahmen

---

[82] Böttcher/Habighorst/Schulte/*Habighorst* § 67 Rn. 12; Kallmeyer/*Marsch-Barner* § 67 Rn. 10; Lutter/*Grunewald* § 67 Rn. 18; Maulbetsch/Klumpp/Rose/*Frenz* § 67 Rn. 23; Schmitt/Hörtnagel/Stratz/*Stratz* § 67 Rn. 16; Semler/Stengel/*Diekmann* § 67 Rn. 28; aA Widmann/Mayer/*Rieger* § 67 Rn. 34 und diesem folgend Kölner Kommentar-UmwG/*Simon* § 67 Rn. 28, wonach in jedem Fall nur die Anfechtbarkeitsrechtsfolge gerechtfertigt sei, da der *Inhalt* des Verschmelzungsbeschlusses als solcher vom Mangel einer Nachgründungsprüfung nicht betroffen sei.

[83] Böttcher/Habighorst/Schulte/*Habighorst* § 68 Rn. 18; Maulbetsch/Klumpp/Rose/*Frenz* § 68 Rn. 6; Widmann/Mayer/*Rieger* § 68 Rn. 2.

[84] Kölner Kommentar-UmwG/*Simon* § 68 Rn. 61; Semler/Stengel/*Diekmann* § 68 Rn. 20.

[85] BT-Drucks. 9/1065, S. 18; Kallmeyer/*Marsch-Barner* § 68 Rn. 1; Widmann/Mayer/*Rieger* § 68 Rn. 3.

[86] Vgl. Widmann/Mayer/*Rieger* § 68 Rn. 1.

[87] Kallmeyer/*Marsch-Barner* § 68 Rn. 1; *Limmer* FS Schippel 1996, S. 415, 419 f.; ähnlich auch Kölner Kommentar-UmwG/*Simon* § 68 Rn. 41.

eines Abfindungsangebots nach § 29 UmwG und – in begrenztem Umfang – analog § 71 Abs. 1 Nr. 3 AktG zum Zwecke der Anteilsgewährung zulässig (→ Rn. 80).[88]

62 Für die Durchführung einer Kapitalerhöhung im Rahmen einer Verschmelzung gelten – soweit die Kapitalerhöhung nicht nach § 68 UmwG ausgeschlossen bzw. entbehrlich ist – die **kapitalerhöhungsrechtlichen Bestimmungen der §§ 182 ff. AktG**, wobei § 69 UmwG einige Vereinfachungen vorsieht (→ Rn. 95 ff).

63 Neben der AG als übernehmendem Rechtsträger finden die §§ 68, 69 UmwG auch auf die KGaA (§ 78 UmwG) (→ Rn. 144) sowie die SE (Art. 10 SE-VO) (→ Rn. 152 ff.) als übernehmende Rechtsträger Anwendung;[89] für die GmbH als übernehmenden Rechtsträger gelten die entsprechenden Regelungen der §§ 54, 55 UmwG (→ Rn. 164 ff.).

64 **a) Kapitalerhöhungsverbote.** Gemäß § 68 Abs. 1 S. 1 Nr. 1 UmwG ist eine Kapitalerhöhung zur Durchführung einer Verschmelzung unzulässig, wenn und soweit die übernehmende Gesellschaft bereits Anteile eines übertragenden Rechtsträgers innehat. Dies hat zur Folge, dass im Falle eines **Upstream Merger** (→ Rn. 73) eine Kapitalerhöhung vollständig ausgeschlossen ist. Andernfalls wäre die übernehmende Gesellschaft sich selbst gegenüber umtauschberechtigt, was sowohl gegen die Wertung des § 20 Abs. 1 Nr. 3 S. 1 Hs. 2 UmwG als auch gegen das aktienrechtliche Verbot der Zeichnung und die Beschränkungen beim Erwerb eigener Aktien nach §§ 56, 71 AktG verstieße.[90] § 68 Abs. 1 S. 1 Nr. 1 UmwG erfasst neben Aktien, Kommanditaktien und GmbH-Geschäftsanteilen insbesondere auch Kommanditanteile einer KG sowie Gesellschaftsanteile einer OHG oder Partnerschaftsgesellschaft.[91]

65 Entsprechend seinem Wortlaut greift das Verbot nach § 68 Abs. 1 S. 1 Nr. 1 UmwG nicht ein, wenn und soweit Anteile an dem übertragenden Rechtsträger von einem von dem übernehmenden Rechtsträger abhängigen oder in dessen Mehrheitsbesitz stehenden Unternehmen gehalten werden.[92] Das gilt auch dann, wenn der übernehmende Rechtsträger an einem Anteil des übertragenden Rechtsträgers (zum Beispiel durch seine Beteiligung an einer GbR) mitberechtigt ist.[93] Der übernehmende Rechtsträger erwirbt insofern keine eigenen Anteile, da die Rechtsgemeinschaft und nicht der übernehmende Rechtsträger selbst Anteilsinhaber wird.

66 **Maßgeblicher Zeitpunkt** der Inhaberschaft an den relevanten Anteilen ist die **Eintragung der Durchführung der Kapitalerhöhung im Handelsregister des übernehmenden Rechtsträgers**.[94] In der Praxis lässt sich der Erwerb von Anteilen an dem übertragenden Rechtsträger im Zeitraum nach Fassung des Kapitalerhöhungsbeschlusses bis zum Wirksamwerden der Verschmelzung durch Eintragung im Handelsregister des übernehmenden Rechtsträgers (vgl. § 20 UmwG) dadurch ermöglichen, dass die Kapitalerhöhung von vornherein auf einen **„Bis-zu"-Betrag** beschlossen wird und dieser Beschluss mit der Anweisung an den Vorstand des übernehmenden Rechtsträgers verbunden ist, den Betrag der Kapitalerhöhung im Bedarfsfall entsprechend dem Umfang der zwischenzeitlich erworbenen Anteile zu reduzieren.[95]

---

[88] Henssler/Strohn/*Junker* § 68 Rn. 9; Maulbetsch/Klumpp/Rose/*Frenz* § 68 Rn. 23; siehe dazu auch den Änderungsvorschlag des Handelsrechtsausschusses des Dt. Anwaltsvereins NZG 2000, 805.
[89] Kallmeyer/*Marsch-Barner* § 68 Rn. 1; Widmann/Mayer/*Rieger* § 68 Rn. 4.
[90] Kallmeyer/*Marsch-Barner* § 68 Rn. 3; Semler/Stengel/*Diekmann* § 68 Rn. 5; Widmann/Mayer/*Rieger* § 68 Rn. 9.
[91] Kallmeyer/*Marsch-Barner* § 68 Rn. 4.
[92] Kölner Kommentar-UmwG/*Simon* § 68 Rn. 59; Semler/Stengel/*Diekmann* § 68 Rn. 18; vgl. nur Widmann/Mayer/*Rieger* § 68 Rn. 11.2.
[93] Im Detail hierzu Widmann/Mayer/*Rieger* § 68 Rn. 10.
[94] Böttcher/Habighorst/Schulte/*Habighorst* § 68 Rn. 5; Maulbetsch/Klumpp/Rose/*Frenz* § 68 Rn. 10; Semler/Stengel/*Diekmann* § 68 Rn. 7.
[95] Maulbetsch/Klumpp/Rose/*Frenz* § 68 Rn. 10; Semler/Stengel/*Diekmann* § 68 Rn. 7; Widmann/Mayer/*Rieger* § 68 Rn. 11.1.

Gemäß § 68 Abs. 1 S. 1 Nr. 2 UmwG ist eine Kapitalerhöhung zur Durchführung der 67 Verschmelzung ferner dann ausgeschlossen, wenn der übertragende Rechtsträger zum Zeitpunkt des Wirksamwerdens der Verschmelzung (vgl. § 20 UmwG) eigene Anteile hält. Auch hier wäre die Durchführung einer Kapitalerhöhung zum einen unnötig, weil nach § 20 Abs. 1 Nr. 3 S. 1 UmwG keine Anteile zu gewähren sind, und verstieße zum anderen gegen die aktienrechtlichen Beschränkungen hinsichtlich der Zeichnung und des Erwerbs eigener Aktien nach §§ 56, 71 AktG.[96] Die eigenen Anteile des übertragenden Rechtsträgers gehen deswegen mit Wirksamwerden der Verschmelzung ersatzlos unter.[97]

Das Verbot des § 68 Abs. 1 S. 1 Nr. 2 UmwG gilt nach seinem Wortlaut nur für **eigene** 68 **Anteile des übertragenden Rechtsträgers;** Anteile, die einem von dem übertragenden Rechtsträger abhängigen oder in dessen Mehrheitsbesitz stehenden Unternehmen gehalten werden, sind nicht umfasst.[98]

Anwendung findet § 68 Abs. 1 S. 1 Nr. 2 UmwG nur dann, wenn es sich bei dem 69 übertragenden Rechtsträger um eine **Kapitalgesellschaft** handelt, da Personengesellschaften keine eigenen Anteile erwerben oder halten können.[99]

Maßgeblicher Zeitpunkt der Inhaberschaft an den relevanten Anteilen ist wiederum 70 die **Eintragung der Durchführung der Kapitalerhöhung im Handelsregister des übernehmenden Rechtsträgers**.[100] Erwirbt der übertragende Rechtsträger (etwa im Rahmen eines Aktienrückkaufprogramms) vor der Eintragung der Kapitalerhöhung ins Handelsregister noch eigene Anteile, kann dies in der Praxis durch Fassung eines „Bis-zu"-Kapitalerhöhungsbeschlusses, verbunden mit einer entsprechenden Reduzierung des Kapitalerhöhungsbetrags, im Bedarfsfall berücksichtigt werden.[101]

Eine Kapitalerhöhung zur Durchführung der Verschmelzung ist weiter gemäß § 68 71 Abs. 1 S. 1 Nr. 3 UmwG auch insoweit unzulässig, als der übertragende Rechtsträger Anteile an dem übernehmenden Rechtsträger hält, auf die der Ausgabebetrag nicht voll geleistet ist. Die genaue Reichweite dieser Bestimmung sowie die sich aus ihr ergebenden konkreten Rechtsfolgen für die Verschmelzung sind nach wie vor nicht abschließend geklärt.[102]

Im Ergebnis dürfte richtigerweise davon auszugehen sein, dass die nicht voll eingezahlten 72 Aktien einerseits nicht von dem übernehmenden Rechtsträger gegen Ausgabe neu geschaffener Aktien an die Anteilsinhaber des übertragenden Rechtsträgers erworben, andererseits regelmäßig aber auch nicht im Rahmen der Verschmelzung zum Umtausch verwendet werden können.[103] Denn anderenfalls würde den Anteilsinhabern des übertragenden Rechtsträgers durch die Ausgabe der nicht voll eingezahlten Aktien bei Fortbestand der Einlageschuld und Übergang dieser Einlageschuld auf diese eine zusätzliche Einlageverpflichtung auferlegt werden (vgl. § 180 Abs. 1 AktG).[104]

Kein Verschmelzungshindernis gemäß § 68 Abs. 1 S. 1 Nr. 3 UmwG besteht hingegen 73 bei der Verschmelzung einer 100%igen Tochtergesellschaft, die nicht voll eingezahlte

---

[96] Schmitt/Hörtnagl/Stratz/*Stratz* § 68 Rn. 6; Semler/Stengel/*Diekmann* § 68 Rn. 8; Widmann/Mayer/*Rieger* § 68 Rn. 12.
[97] Kallmeyer/*Marsch-Barner* § 68 Rn. 7; Semler/Stengel/*Diekmann* § 68 Rn. 8; Widmann/Mayer/*Rieger* § 68 Rn. 12.
[98] Böttcher/Habighorst/Schulte/*Habighorst* § 68 Rn. 6; Maulbetsch/Klumpp/Rose/*Frenz* § 68 Rn. 11; Semler/Stengel/*Diekmann* § 68 Rn. 9; Widmann/Mayer/*Rieger* § 68 Rn. 13.
[99] Kallmeyer/*Marsch-Barner* § 68 Rn. 7; umfassend dazu auch K. *Schmidt* ZIP 2014, 493 ff.
[100] So zu § 68 Abs. 1 Nr. 1 UmwG Böttcher/Habighorst/Schulte/*Habighorst* § 68 Rn. 5; Maulbetsch/Klumpp/Rose/*Frenz* § 68 Rn. 10; Semler/Stengel/*Diekmann* § 68 Rn. 7.
[101] Kallmeyer/*Marsch-Barner* § 68 Rn. 7; Semler/Stengel/*Diekmann* § 69 Rn. 7.
[102] Umfassend hierzu Widmann/Mayer/*Rieger* § 68 Rn. 15 ff.
[103] Keßler/Kühnberger/*Brügel* § 68 Rn. 6; Widmann/Mayer/*Rieger* § 68 Rn. 19.7 f.; aA Kallmeyer/*Marsch-Barner* § 68 Rn. 9; Semler/Stengel/*Diekmann* § 68 Rn. 10.
[104] Siehe hierzu im Detail und mit weiteren Erwägungen auch Widmann/Mayer/*Rieger* § 68 Rn. 19.2 f.

Aktien an ihrer Muttergesellschaft hält, auf ebenjene Muttergesellschaft (**sog. Upstream Merger**). In dieser Konstellation erfolgt gerade keine Kapitalerhöhung (vgl. § 20 Abs. 1 Nr. 3 UmwG und § 68 Abs. 1 S. 1 Nr. 1 UmwG), so dass das Kapitalerhöhungsverbot des § 68 Abs. 1 S. 1 Nr. 3 UmwG leer läuft.[105] Ebenfalls keine Anwendung findet § 68 Abs. 1 S. 1 Nr. 3 UmwG naturgemäß dann, wenn der bislang noch nicht vollständig geleistete Ausgabebetrag noch vor Verschmelzung vollständig eingezahlt wird mit der Folge, dass anstatt des Kapitalerhöhungsverbots des § 68 Abs. 1 S. 1 Nr. 3 UmwG der Anwendungsbereich des Kapitalerhöhungswahlrechts nach § 68 Abs. 1 S. 2 (→ Rn. 74 f.) UmwG eröffnet ist.[106] Nicht zuletzt durch die Möglichkeit der Volleinzahlung vor Verschmelzung ist die praktische Relevanz des § 68 Abs. 1 S. 1 Nr. 3 UmwG trotz des nach wie vor nicht abschließend klaren Regelungsgehalts in praktischer Hinsicht begrenzt.

74   **b) Kapitalerhöhungswahlrechte.** Hält der übernehmende Rechtsträger zum Zeitpunkt des Wirksamwerdens der Verschmelzung (§ 20 UmwG) eigene Anteile, steht es in seinem Ermessen, ob er diese zur Durchführung der Verschmelzung den Anteilsinhabern des übertragenden Rechtsträgers gewährt und insoweit von einer Kapitalerhöhung absieht (§ 68 Abs. 1 S. 2 Nr. 1 UmwG). Eine Pflicht zur vollständigen oder anteiligen Verwendung eigener Anteile begründet § 68 Abs. 1 S. 2 Nr. 1 UmwG demgemäß nicht.[107] Das **Absehen von einer Kapitalerhöhung** unter Verwendung bereits bestehender eigener Anteile hat den praxisrelevanten Vorteil, dass die durch die Kapitalerhöhung sonst anfallenden (erheblichen) Kosten vermieden werden können und der zum Teil aufwendige Nachweis der Werthaltigkeit des Vermögens des übertragenden Rechtsträgers, das den Nennwert der Kapitalerhöhung abdecken muss (→ Rn. 56), von vornherein entfällt.[108] Voraussetzung ist allerdings, dass die auszugebenden Anteile diejenigen Gattungsmerkmale aufweisen, die auf Grund des Verschmelzungsvertrags als Gegenleistung für die untergehenden Anteile an dem übertragenden Rechtsträger zu gewähren sind.[109]

75   Die Durchführung einer Kapitalerhöhung steht auch dann im Ermessen des übernehmenden Rechtsträgers, wenn und soweit der übertragende Rechtsträger voll eingezahlte Anteile an dem übernehmenden Rechtsträger hält, § 68 Abs. 1 S. 2 Nr. 2 UmwG. Gemäß § 20 Abs. 1 Nr. 1 UmwG gehen diese voll eingezahlten Anteile mit Wirksamwerden der Verschmelzung auf den übernehmenden Rechtsträger über, der die so erworbenen eigenen Anteile dann als Gegenleistung den Anteilsinhabern des übertragenden Rechtsträgers gewähren könnte. Macht er hiervon Gebrauch, gehen die eigenen Anteile ohne Zwischenerwerb des übernehmenden Rechtsträgers unmittelbar auf die Anteilsinhaber des übertragenden Rechtsträgers über (→ § 13 Rn. 149 ff.).

76   Werden die eigenen Anteile nicht im Rahmen der Verschmelzung zum Umtausch verwendet, muss der übernehmende Rechtsträger diese gemäß § 272 Abs. 1a HGB bilanzieren; eine Rücklage ist für die im Wege der Gesamtrechtsnachfolge iSv § 71 Abs. 1 Nr. 5 AktG erworbenen eigenen Anteile gemäß § 71 Abs. 2 AktG jedoch nicht zu bilden.[110] Soweit die eigenen Anteile 10 % des Grundkapitals des übernehmenden Rechtsträgers überschreiten, muss der die 10 %-Grenze übersteigende Anteil gemäß § 71c Abs. 2 AktG

---

[105] Böttcher/Habighorst/Schulte/*Habighorst* § 68 Rn. 3; vgl. auch Kölner Kommentar-UmwG/*Simon* § 68 Rn. 7 f.; Widmann/Mayer/*Rieger* § 68 Rn. 19.9 f.

[106] Henssler/Strohn/*Junker* § 68 Rn. 6; Lutter/*Grunewald* § 68 Rn. 4; Schmitt/Hörtnagl/Stratz/*Stratz* § 68 Rn. 8; zur Möglichkeit der Volleinzahlung durch Verschmelzung siehe Widmann/Mayer/*Rieger* § 68 Rn. 19.11.

[107] Kölner Kommentar-UmwG/*Simon* § 68 Rn. 28; Maulbetsch/Klumpp/Rose/*Frenz* § 68 Rn. 19; Widmann/Mayer/*Rieger* § 68 Rn. 24.

[108] Kölner Kommentar-UmwG/*Simon* § 68 Rn. 45; Widmann/Mayer/*Rieger* § 68 Rn. 32 f.

[109] Kallmeyer/*Marsch-Barner* § 68 Rn. 12; Maulbetsch/Klumpp/Rose/*Frenz* § 68 Rn. 19; Semler/Stengel/*Diekmann* § 68 Rn. 13; Widmann/Mayer/*Rieger* § 68 Rn. 23.

[110] Keßler/Kühnberger/*Brügel* § 68 Rn. 5; Widmann/Mayer/*Rieger* § 68 Rn. 27; aA Böttcher/Habighorst/Schulte/*Habighorst* § 68 Rn. 11; Semler/Stengel/*Diekmann* § 68 Rn. 14.

innerhalb von drei Jahren veräußert bzw. nach Ablauf der Dreijahresfrist gemäß § 71c Abs. 3 AktG iVm § 237 AktG eingezogen werden.

Obwohl gesetzlich nicht ausdrücklich geregelt, kann der übernehmende Rechtsträger auch insoweit von einer Kapitalerhöhung absehen, als die den Anteilseignern des übertragenden Rechtsträgers zu gewährenden Anteile an dem übernehmenden Rechtsträger von einem Dritten zur Verfügung gestellt werden.[111] Die in § 68 Abs. 1 S. 2 UmwG normierten Kapitalerhöhungswahlrechte sind insofern nicht abschließend.[112]

Als solche Dritte kommen vornehmlich der Alleingesellschafter bzw. – sofern es sich um einen beschränkten Gesellschafterkreis handelt – alle Gesellschafter des übernehmenden Rechtsträgers in Betracht. Stellen diese in gleichem Verhältnis Anteile an dem übernehmenden Rechtsträger zur Verfügung, bleibt der innere Wert ihrer Anteile – ein wertmäßig richtiges Umtauschverhältnis unterstellt – vor und nach der Verschmelzung identisch.[113]

Da der **dingliche Erwerb** der Anteile an dem übernehmenden Rechtsträger bei Wirksamwerden der Verschmelzung gemäß § 20 Abs. 1 Nr. 3 S. 1 UmwG kraft Gesetzes erfolgt, ist es zwingend erforderlich, dass der Dritte die Anteile vor Wirksamwerden der Verschmelzung dem übernehmenden Rechtsträger (oder alternativ dem übertragenden Rechtsträger) übereignet.[114] Die **Begründung eines Treuhandverhältnisses (Vereinbarungstreuhand)** zwischen dem Dritten und dem übernehmenden Rechtsträger ist hierbei ausreichend und in der Praxis üblich.[115] Eine rein schuldrechtliche Vereinbarung zur (zukünftigen) Übertragung der Anteile genügt hingegen nicht.[116]

Bei dem Erwerb der Anteile durch den übernehmenden Rechtsträger sind die **Kapitalschutzregelungen des § 71 Abs. 1 AktG** zu beachten. Diese finden über § 71d S. 1, 2 AktG auch dann Anwendung, wenn der übertragende Rechtsträger die Anteile erwirbt und es sich bei dem übertragenden Rechtsträger um ein abhängiges oder im Mehrheitsbesitz des übernehmenden Rechtsträgers stehendes Unternehmen handelt. In der Praxis wird es sich regelmäßig um einen unentgeltlichen Erwerb handeln (§ 71 Abs. 1 Nr. 4 AktG). Zur Abwehr eines schweren, unmittelbar bevorstehenden Schadens von der Gesellschaft kann im Einzelfall auch ein entgeltlicher Erwerb eigener Anteile gerechtfertigt sein (§ 71 Abs. 1 Nr. 1 AktG). Nicht überzeugend rechtfertigen lässt sich hingegen ein entgeltlicher Erwerb über eine entsprechende Heranziehung von § 71 Abs. 1 Nr. 3 AktG (Erwerb zur Abfindung von Aktionären).[117] Das Argument, es handele sich bei dem Erwerb von Anteilen zwecks Durchführung einer Verschmelzung um einen reinen Durchgangserwerb, bei dem die erworbenen eigenen Anteile nur kurzfristig von dem übernehmenden Rechtsträger gehalten werden, so dass eine entsprechende Anwendung von § 71 Abs. 1 Nr. 3 AktG, der den Erwerb eigener Anteile zu Abfindungszwecken ausdrücklich erlaubt, nahelege,[118] hält einer genaueren Betrachtung nicht stand. So bestätigt bereits die Gesetzesbegründung zu § 71 Abs. 1 Nr. 3 AktG ausdrücklich, dass die Tatbestände des § 71 Abs. 1 Nr. 3 AktG abschließend zu verstehen sind und nur in den wenigen dort ausdrücklich genannten Fällen ein (entgeltlicher) Erwerb eigener Anteile zulässig sein soll.[119] Bis zu einer

---

[111] Kallmeyer/*Marsch-Barner* § 54 Rn. 8b; Kölner Kommentar-UmwG/*Simon* § 68 Rn. 36; Widmann/Mayer/*Rieger* § 68 Rn. 29.
[112] Kallmeyer/*Marsch-Barner* § 68 Rn. 14; Kölner Kommentar-UmwG/*Simon* § 68 Rn. 37 f.; Maulbetsch/Klumpp/Rose/*Frenz* § 68 Rn. 24; Semler/Stengel/*Diekmann* § 68 Rn. 1; Widmann/Mayer/*Rieger* § 68 Rn. 29.
[113] Kölner Kommentar-UmwG/*Simon* § 68 Rn. 36; Widmann/Mayer/*Rieger* § 68 Rn. 32.
[114] Kallmeyer/*Marsch-Barner* § 54 Rn. 8b; Kölner Kommentar-UmwG/*Simon* § 68 Rn. 37; Widmann/Mayer/*Rieger* § 68 Rn. 30.
[115] Henssler/Strohn/*Junker* § 68 Rn. 11; Kölner Kommentar-UmwG/*Simon* § 68 Rn. 37.
[116] Kölner Kommentar-UmwG/*Simon* § 68 Rn. 38.
[117] Vgl. Maulbetsch/Klumpp/Rose/*Frenz* § 68 Rn. 19.
[118] Maulbetsch/Klumpp/Rose/*Frenz* § 68 Rn. 19; Semler/Stengel/*Diekmann* § 69 Rn. 13; Widmann/Mayer/*Rieger* § 68 Rn. 23.
[119] BT-Drs. 12/6699, S. 177.

entsprechenden Klarstellung durch den Gesetzgeber dürfte ein entgeltlicher Anteilserwerb zwecks Durchführung der Verschmelzung damit nur in den engen Grenzen des § 71 Abs. 1 Nr. 1 AktG möglich und darüber hinaus im Hinblick auf § 71 Abs. 1 Nr. 3 AktG unzulässig sein.

81 **Ohne Kapitalerhöhung** ist grundsätzlich auch der in der Praxis zu Konzernsachverhalten häufig anzutreffende **Downstream Merger** möglich, also die Verschmelzung einer Muttergesellschaft auf ihre 100%ige Tochtergesellschaft (→ Rn. 5). Dabei können die Anteile, die der übertragende Rechtsträger an der Tochtergesellschaft als übernehmendem Rechtsträger hält, zur Anteilsgewährung an die Anteilsinhaber des übertragenden Rechtsträgers genutzt werden.[120] Ein solcher *Downstream Merger* ist allerdings dann unzulässig, wenn hierdurch das gezeichnete Kapital der übernehmenden Tochtergesellschaft angegriffen (Verschmelzungsverlust) und somit eine unzulässige Einlagenrückgewähr erfolgen würde.[121]

82 **c) Verzicht auf die Gewährung von Anteilen.** Gemäß § 68 Abs. 1 S. 3 UmwG kann der übernehmende Rechtsträger auch dann von der Gewährung von Anteilen absehen, wenn alle Anteilsinhaber eines übertragenden Rechtsträgers in notariell beglaubigter Form auf die Gewährung verzichten. Über den eigentlichen Wortlaut des § 68 Abs. 1 S. 3 UmwG hinaus ist auch ein **teilweiser Verzicht** auf die Gewährung von Anteilen möglich, sofern die berechtigten Anteilsinhaber entsprechende notarielle Verzichtserklärungen abgeben.[122] Ein **Verzicht nur einzelner Anteilsinhaber** des übertragenden Rechtsträgers kommt hingegen schon nach dem insofern eindeutigen Wortlaut („alle Anteilsinhaber") der Vorschrift nicht in Betracht; vielmehr haben alle Anteilsinhaber des übertragenden Rechtsträgers, gleich ob stimmberechtigt oder nicht, den Verzicht zu erklären.[123] Eine Zustimmung der Anteilsinhaber des übernehmenden Rechtsträgers ist demgegenüber nicht erforderlich.[124]

83 **Minderheitsgesellschafter** des übernehmenden Rechtsträgers sind gegen das Risiko, dass gegen ihre Stimmen ein Verschmelzungsbeschluss beim übernehmenden Rechtsträger dahingehend gefasst wird, dass zum Nachteil dieses Rechtsträgers und damit auch zu ihrem Nachteil eine überschuldete Gesellschaft auf ihre Gesellschaft verschmolzen wird (sog. Sanierungsverschmelzung), durch die **Geltung der gesellschaftsrechtlichen Treuepflicht geschützt**. Danach ist es den Mehrheitsgesellschaftern nicht gestattet, ihr Stimmrecht zum eigenen Vorteil bei gleichzeitigen nachteiligen Auswirkungen auf die Gesellschaft bzw. indirekt auf die Minderheitsgesellschafter auszuüben.[125] Ein mit den Stimmen der Mehrheitsgesellschafter gefasster entsprechender Verschmelzungsbeschluss wäre daher anfechtbar.[126]

---

[120] Böttcher/Habighorst/Schulte/*Habighorst* § 68 Rn. 12; Maulbetsch/Klumpp/Rose/*Frenz* § 68 Rn. 21; Semler/Stengel/*Diekmann* § 68 Rn. 15.

[121] Böttcher/Habighorst/Schulte/*Habighorst* § 68 Rn. 12; Maulbetsch/Klumpp/Rose/*Frenz* § 68 Rn. 21; Semler/Stengel/*Diekmann* § 68 Rn. 15.

[122] Kallmeyer/*Marsch-Barner* § 68 Rn. 17; Kölner Kommentar-UmwG/*Simon* § 68 Rn. 45; Widmann/Mayer/*Rieger* § 68 Rn. 37.2.

[123] Böttcher/Habighorst/Schulte/*Habighorst* § 68 Rn. 15; Keßler/Kühnberger/*Brügel* § 68 Rn. 3; Kölner Kommentar-UmwG/*Simon* § 68 Rn. 45; Semler/Stengel/*Diekmann* § 68 Rn. 16; Widmann/Mayer/*Rieger* § 68 Rn. 37.2; Heckschen DB 2008, 1363, 1366; aA Kallmeyer/*Marsch-Barner* § 68 Rn. 16 f., wonach der Wortlaut von § 68 Abs. 1 S. 3 UmwG einschränkend dahingehend zu verstehen ist, dass auch einzelne Anteilsinhaber für sich auf die Anteilsgewährung verzichten können; Kölner Kommentar-UmwG/*Simon* § 68 Rn. 46.

[124] Kölner Kommentar-UmwG/*Simon* § 68 Rn. 47; Widmann/Mayer/*Rieger* § 68 Rn. 37.3.

[125] Kallmeyer/*Marsch-Barner* § 68 Rn. 18; Kölner Kommentar-UmwG/*Simon* § 68 Rn. 47 ff.; Semler/Stengel/*Diekmann* § 68 Rn. 11; Widmann/Mayer/*Rieger* § 68 Rn. 37.6.

[126] Kölner Kommentar-UmwG/*Simon* § 68 Rn. 51; Kallmeyer/*Marsch-Barner* § 68 Rn. 18; Widmann/Mayer/*Rieger* § 68 Rn. 37.6.

Die Möglichkeit gemäß § 68 Abs. 1 S. 3 UmwG auf die Gewährung von Anteilen zu **84** verzichten, hat vor allem bei **konzerninternen Verschmelzungen von Schwestergesellschaften**, dh Gesellschaften mit identischem Anteilsinhaberkreis und identischen Beteiligungsquoten, praktische Bedeutung.[127] Regelmäßig ist hier derselbe Rechtsträger alleiniger Inhaber der Anteile an allen an der Verschmelzung beteiligten Rechtsträgern.[128] Diese Beteiligungsstruktur hat zur Folge, dass der innere Wert der Anteile an dem übernehmenden Rechtsträger nach der Verschmelzung gleich der Summe der inneren Werte der Anteile an den übertragenden Rechtsträgern und dem übernehmenden Rechtsträger vor der Verschmelzung ist. Eine Kapitalerhöhung ist damit aus Sicht der Anteilsinhaber überflüssig und im Hinblick auf den mit der Verschmelzung einhergehenden finanziellen und zeitlichen Aufwand zudem regelmäßig unerwünscht.[129]

Die **Beurkundung der Verzichtserklärung** kann entweder in einer separaten Urkun- **85** de, oder aber auch im Rahmen des Verschmelzungsbeschlusses, der selbst gemäß § 13 Abs. 3 S. 1 UmwG der notariellen Beurkundung bedarf (→ § 11 Rn. 52), erfolgen. Sofern Rechte Dritter (vgl. § 20 Abs. 1 Nr. 3 S. 2 UmwG) an den Anteilen des übertragenden Rechtsträgers bestehen, ist auch deren Zustimmung in notariell beglaubigter Form erforderlich, da die belasteten Anteile im Zuge der Verschmelzung ohne Surrogat untergehen.[130]

d) Treuhänderisch für den übernehmenden oder übertragenden Rechtsträger **86** **gehaltene Anteile.** Die Kapitalerhöhungsverbote und -wahlrechte in § 68 Abs. 1 UmwG werden durch die Regelung des § 68 Abs. 2 UmwG dahingehend erweitert, **dass das wirtschaftliche Eigentum an Anteilen dem rechtlichen Eigentum gleichgestellt wird**. § 68 Abs. 1 S. 1 und S. 2 UmwG gelten demnach auch dann, wenn die betreffenden Anteile von einem Dritten als Treuhänder oder mittelbarer Stellvertreter im eigenen Namen, aber für Rechnung des übernehmenden bzw. übertragenden Rechtsträgers als jeweils wirtschaftlicher Eigentümer gehalten werden. Namentlich besteht demnach ein Kapitalerhöhungsverbot auch dann, wenn ein Dritter für den übernehmenden Rechtsträger Anteile an dem übertragenden Rechtsträger (Abs. 1 S. 1 Nr. 1) oder für den übertragenden Rechtsträger Anteile an diesem selbst (Abs. 1 S. 1 Nr. 2) hält. Ein Kapitalerhöhungswahlrecht besteht ferner, wenn der Dritte für den übernehmenden Rechtsträger Anteile an diesem selbst hält (Abs. 1 S. 2 Nr. 1). Hält der Dritte für den übertragenden Rechtsträger Anteile an dem übernehmenden Rechtsträger, so besteht ein Kapitalerhöhungsverbot auch dann, wenn der Ausgabebetrag noch nicht voll geleistet ist (Abs. 1 S. 1 Nr. 3) bzw. ein Kapitalerhöhungswahlrecht dann, wenn der Ausgabebetrag voll geleistet ist (Abs. 1 S. 2 Nr. 2). Auf die Fälle des § 68 Abs. 1 S. 3 UmwG findet Abs. 2 demgegenüber nach richtiger Auffassung keine Anwendung.[131]

Die Bestimmung des § 68 Abs. 2 UmwG entspricht in der Sache der aktienrechtlichen **87** Regelung zum Erwerb eigener Aktien in § 71d S. 1 AktG. Im Gegensatz zu den weiteren Konstellationen des § 71d AktG umfasst § 68 Abs. 2 UmwG allerdings nicht diejenigen Fälle, in denen relevante Anteile von abhängigen (§ 17 AktG) oder im Mehrheitsbesitz (§ 16 AktG) stehenden Unternehmen gehalten werden. Diese **Beschränkung im Anwendungsbereich** des § 68 Abs. 2 UmwG schützt die außenstehenden Anteilsinhaber eines abhängigen oder in Mehrheitsbesitz stehenden Rechtsträgers davor, dass ihre Anteile an einem solchen abhängigen oder in Mehrheitsbesitz stehenden Rechtsträger dadurch in ihrem wirtschaftlichen Wert reduziert werden, dass die Anteile an dem übertragenden

---

[127] Maulbetsch/Klumpp/Rose/*Frenz* § 68 Rn. 22; Semler/Stengel/*Diekmann* § 68 Rn. 16.
[128] Henssler/Strohn/*Junker* § 68 Rn. 12; Kallmeyer/*Marsch-Barner* § 68 Rn. 16; Kölner Kommentar-UmwG/*Simon* § 68 Rn. 45.
[129] Böttcher/Habighorst/Schulte/*Habighorst* § 68 Rn. 13; Semler/Stengel/*Diekmann* § 68 Rn. 16; Widmann/Mayer/*Rieger* § 68 Rn. 33.
[130] Kallmeyer/*Marsch-Barner* § 68 Rn. 16; Kölner Kommentar-UmwG/*Simon* § 68 Rn. 44; Widmann/Mayer/*Rieger* § 68 Rn. 37.5.
[131] Kölner Kommentar-UmwG/*Simon* § 68 Rn. 57.

Rechtsträger kompensationslos wegfallen.[132] Diese nicht von § 68 Abs. 2 UmwG erfassten Fälle sind jedoch gemäß § 71d S. 2 AktG an den **allgemeinen kapitalerhaltungsrechtlichen Regelungen der §§ 71 ff. AktG** zu messen. Erwirbt also in Durchführung einer Verschmelzung ein von dem übernehmenden Rechtsträger abhängiger oder in seinem Mehrheitsbesitz stehender Rechtsträger Anteile an dem übernehmenden Rechtsträger, so hat er diese Anteile gemäß § 71c Abs. 2 AktG innerhalb von drei Jahren zu veräußern bzw. nach Ablauf der Dreijahresfrist gemäß § 71c Abs. 3 AktG iVm § 237 AktG einzuziehen, soweit infolge des Umtauschs die 10%-Grenze nach §§ 71 Abs. 2, 71d S. 1, 2 AktG überschritten wird.[133]

88   **e) Bare Zuzahlungen.** Im Verschmelzungsvertrag kann zugunsten der Anteilsinhaber der übertragenden Rechtsträger eine bare Zuzahlung vorgesehen werden (§ 5 Abs. 1 Nr. 3 UmwG) (→ § 8 Rn. 53). Hierdurch lassen sich insbesondere **Spitzenbeträge bzw. Splitterbeteiligungen**, die dann auftreten, wenn einem Anteilseigner nicht in genau dem Umfang seiner bisherigen Beteiligung an einem übertragenden Rechtsträger Anteile an dem übernehmenden Rechtsträger zugeteilt werden können, wirtschaftlich ausgleichen. Die Anteilsinhaber können aber auch unabhängig von der Entstehung etwaiger Spitzenbeträge – **unter Wahrung des Gleichbehandlungsgrundsatzes**[134] – einen **Barausgleich** vereinbaren, vorausgesetzt, dass überhaupt ein Umtausch von Anteilen stattfindet, dh Anteile an dem übernehmenden Rechtsträger ausgegeben werden.[135] Nicht erforderlich für die Gewährung eines Barausgleichs ist hingegen, dass an jeden einzelnen Anteilsinhaber des übertragenden Rechtsträgers Anteile ausgeben werden.[136]

89   § 68 Abs. 3 UmwG begrenzt das **zulässige Volumen** barer Zuzahlungen auf maximal den zehnten Teil des anteiligen Grundkapitals der gewährten Anteile des übernehmenden Rechtsträgers. So soll ein Auskauf der Anteilsinhaber des übertragenden Rechtsträgers verhindert werden.[137] Maßgeblich für die Bestimmung der Höchstgrenze barer Zuzahlungen sind sämtliche im Rahmen der Verschmelzung tatsächlich zu gewährenden Anteile an dem übernehmenden Rechtsträger, unabhängig davon, ob es sich bei diesen um schon vor der Verschmelzung bestehende oder erst im Rahmen der Verschmelzung durch Kapitalerhöhung neu geschaffene Anteile handelt oder ob an der Verschmelzung ein oder mehrere übertragende Rechtsträger beteiligt sind.[138] Entgegen seiner regelungssystematischen Verortung innerhalb von § 68 UmwG gilt Abs. 3 auch bei Verschmelzungen mit Kapitalerhöhung sowie Verschmelzungen durch Neugründung.[139]

90   Unabhängig von der **10%-Grenze** des § 68 Abs. 3 UmwG sind bare Zuzahlungen dann unzulässig, wenn sie gegen die **Grundsätze der realen Kapitalaufbringung** und das

---

[132] Böttcher/Habighorst/Schulte/*Habighorst* § 68 Rn. 17; Kölner Kommentar-UmwG/*Simon* § 68 Rn. 59; Semler/Stengel/*Diekmann* § 68 Rn. 18; Widmann/Mayer/*Rieger* § 68 Rn. 20.

[133] Kallmeyer/*Marsch-Barner* § 68 Rn. 14f.; Kölner Kommentar-UmwG/*Simon* § 68 Rn. 56, 58; Semler/Stengel/*Diekmann* § 68 Rn. 18; Widmann/Mayer/*Rieger* § 68 Rn. 20 f.

[134] Kölner Kommentar-UmwG/*Simon* § 68 Rn. 62; Semler/Stengel/*Reichert* § 54 Rn. 40; Widmann/Mayer/*Rieger* § 54 Rn. 58.

[135] Kallmeyer/*Marsch-Barner* § 68 Rn. 20; Semler/Stengel/*Diekmann* § 68 Rn. 20; Widmann/Mayer/*Rieger* § 68 Rn. 39.

[136] Kölner Kommentar-UmwG/*Simon* § 68 Rn. 66 f.; aA Semler/Stengel/*Diekmann* § 68 Rn. 23; Widmann/Mayer/*Rieger* § 68 Rn. 43, wonach die 10%-Grenze in § 68 Abs. 3 UmwG auf jeden übertragenden Rechtsträger einzeln anzuwenden ist.

[137] Semler/Stengel/*Diekmann* § 68 Rn. 20; Kölner Kommentar-UmwG/*Simon* § 68 Rn. 12.

[138] Kallmeyer/*Marsch-Barner* § 68 Rn. 20; Kölner Kommentar-UmwG/*Simon* § 68 Rn. 64, 67; Lutter/*Winter*/*Vetter* § 54 Rn. 30; Schmitt/Hörtnagl/Stratz/*Stratz* § 54 Rn. 16; Widmann/Mayer/*Mayer* § 54 Rn. 61; aA Semler/Stengel/*Diekmann* § 68 Rn. 23 und Widmann/Mayer/*Rieger* § 68 Rn. 43, wonach die 10%-Grenze des § 68 Abs. 3 UmwG nicht nur im Hinblick auf alle im Rahmen der Verschmelzung gewährten Anteile in der Summe einzuhalten sei, sondern es vielmehr auf eine Einzelbetrachtung hinsichtlich jedes übertragenden Rechtsträger ankomme.

[139] Kallmeyer/*Marsch-Barner* § 68 Rn. 20; zur GmbH Lutter/*Winter*/*Vetter* § 54 Rn. 125 f.; Semler/Stengel/*Reichert* § 54 Rn. 41.

Verbot von Unter-pari-Emissionen verstoßen (vgl. § 9 Abs. 1 AktG). Werden im Rahmen der Verschmelzung also auf Ebene des übernehmenden Rechtsträgers auszugebende Anteile im Wege der Kapitalerhöhung neu geschaffen, muss der Gesamtnennbetrag der im Rahmen der Verschmelzung gewährten Anteile und etwaiger Barzahlungen stets durch den Wert des Vermögens des übertragenden Rechtsträgers gedeckt sein.[140] In der Praxis kann eine Unter-pari-Emission vor allem dann drohen, wenn bei dem übernehmenden Rechtsträger eine **Unterbilanz** besteht und die Anteilsinhaber des übertragenden Rechtsträgers ein bare Zuzahlung verlangen, um die Differenz zwischen dem nominellen Wert und dem inneren Wert der auf Ebene des übernehmenden Rechtsträgers im Wege der Kapitalerhöhung geschaffenen Anteile auszugleichen. Um in diesen Fällen zu vermeiden, dass der nominelle Wert der auszugebenden Anteile zuzüglich barer Zuzahlungen den Wert des zu übertragenden Vermögens überschreitet und damit eine Unter-pari-Emission vorliegt, bietet es sich an, vor Durchführung der Verschmelzung auf Ebene des übernehmenden Rechtsträgers im Wege einer Kapitalherabsetzung zunächst die Unterbilanz zu beseitigen.[141]

Auf bare Zuzahlungen, die in einem **Spruchverfahren** gemäß § 15 UmwG festgelegt werden, sowie **Barabfindungen** nach § 29 UmwG findet § 68 Abs. 3 UmwG keine Anwendung.[142] Gleiches gilt für nicht im Verschmelzungsvertrag festgesetzte bare Zuzahlungen Dritter, wie insbesondere bare Zuzahlungen von Anteilsinhabern des übernehmenden Rechtsträgers, Anteilsinhabern des übertragenden Rechtsträgers untereinander oder des übertragenden Rechtsträgers selbst.[143]

f) Rechtsfolgen von Verstößen gegen § 68 UmwG. Ein unter Verstoß gegen eines der in § 68 Abs. 1 S. 1 (iVm Abs. 2) UmwG niedergelegten Kapitalerhöhungsverbote gefasster Kapitalerhöhungsbeschluss ist gemäß § 241 Nr. 3 AktG **nichtig**.[144] Dies hat zur Folge, dass weder die Kapitalerhöhung noch die Verschmelzung in das Handelsregister eingetragen werden dürfen.[145] Erfolgt ungeachtet dessen eine Eintragung in das Handelsregister des übernehmenden Rechtsträgers, werden die Mängel der Kapitalerhöhung und der Verschmelzung gemäß § 20 Abs. 2 UmwG geheilt und beide erlangen Bestandskraft.[146] Teilweise wird weiter vertreten, dass hinsichtlich der so erworbenen eigenen Anteile analog § 71b AktG keine Mitgliedsrechte ausgeübt werden können und der übernehmende Rechtsträger zudem gemäß § 71c Abs. 1 und 3 AktG zur Veräußerung bzw. Einziehung dieser Anteile verpflichtet ist.[147] Dem ist jedoch entgegenzuhalten, dass der Erwerb in einer solchen Konstellation als Gesamtrechtsnachfolge über § 71 Abs. 1 Nr. 5 UmwG erlaubt ist.[148]

---

[140] Kallmeyer/*Marsch-Barner* § 68 Rn. 20; Kölner Kommentar-UmwG/*Simon* § 68 Rn. 68; Semler/Stengel/*Diekmann* § 68 Rn. 23; Widmann/Mayer/*Rieger* § 68 Rn. 43.
[141] Hierzu ausführlich Widmann/Mayer/*Rieger* § 68 Rn. 44 ff.; *Ihrig* GmbHR 1995, 631.
[142] Kallmeyer/*Marsch-Barner* § 68 Rn. 18; Kölner Kommentar-UmwG/*Simon* § 68 Rn. 63; Maulbetsch/Klumpp/Rose/*Frenz* § 68 Rn. 27; Semler/Stengel/*Diekmann* § 68 Rn. 21; Widmann/Mayer/*Rieger* § 68 Rn. 50.
[143] Kölner Kommentar-UmwG/*Simon* § 68 Rn. 63.
[144] Kölner Kommentar-UmwG/*Simon* § 68 Rn. 69; Lutter/*Winter/Vetter* § 54 Rn. 39; Lutter/*Grunewald* § 68 Rn. 5; Schmitt/Hörtnagl/Stratz/*Stratz* § 54 Rn. 27; Semler/Stengel/*Reichert* § 54, Rn. 46; Widmann/Mayer/*Mayer* § 54 Rn. 73; aA Böttcher/Habighorst/Schulte/*Habighorst* § 68 Rn. 22; Henssler/Strohn/*Junker* § 68 Rn. 13; Kallmeyer/*Marsch-Barner* § 68 Rn. 19; Semler/Stengel/*Diekmann* § 68 Rn. 26; Widmann/Mayer/*Rieger* § 68 Rn. 54, jeweils mit der Maßgabe, dass der Kapitalerhöhungsbeschluss zwar anfechtbar, nicht aber nichtig ist.
[145] Kölner Kommentar-UmwG/*Simon* § 68 Rn. 70.
[146] Lutter/*Grunewald* § 68 Rn. 6; Maulbetsch/Klumpp/Rose/*Frenz* § 68 Rn. 31; Semler/Stengel/*Diekmann* § 68 Rn. 28; Widmann/Mayer/*Rieger* § 68 Rn. 57.
[147] Widmann/Mayer/*Rieger* § 68 Rn. 53.
[148] Kölner Kommentar-UmwG/*Simon* § 68 Rn. 71.

93 Werden in dem Verschmelzungsvertrag bare Zuzahlungen entgegen § 68 Abs. 3 UmwG festgesetzt, ist diese Regelung, und gemäß § 139 BGB im Zweifel der gesamte Verschmelzungsvertrag, **nichtig**.[149] Erfolgt dennoch eine Eintragung in das Handelsregister des übernehmenden Rechtsträgers, wird die Verschmelzung **unter Heilung der Mängel** nach § 20 Abs. 2 UmwG wirksam und die im Verschmelzungsvertrag vereinbarte bare Zuzahlung ist an die Anteilsinhaber des übertragenden Rechtsträgers zu leisten.[150]

g) Durchführung der Kapitalerhöhung. aa) Allgemeines zur Kapitalerhöhung.
94 Die Durchführung einer anlässlich der Verschmelzung vorzunehmenden Kapitalerhöhung richtet sich nach den **allgemeinen aktienrechtlichen Vorschriften der §§ 182 ff. AktG**, soweit deren Anwendbarkeit nicht durch § 69 UmwG ausgeschlossen bzw. eingeschränkt ist. Das durch § 69 UmwG modifizierte aktienrechtliche Kapitalerhöhungssystem gilt auch für die KGaA (§ 78 AktG) und die SE (Art. 10 SE-VO) als übernehmende Rechtsträger sowie unabhängig davon, ob es sich um eine reguläre Kapitalerhöhung gegen Einlagen (§§ 182 ff. AktG), eine bedingte Kapitalerhöhung (§ 192 Abs. 2 Nr. 2 AktG) oder eine Kapitalerhöhung durch Ausnutzung eines genehmigten Kapitals nach §§ 202 ff. AktG handelt.[151] Dient eine Kapitalerhöhung anderen Zwecken als der Schaffung von Anteilen, die als Gegenleistung im Rahmen der Verschmelzung verwendet werden sollen, findet § 69 UmwG keine Anwendung. Vielmehr gelten in einem solchen Fall ausschließlich die allgemeinen aktienrechtlichen Kapitalerhöhungsvorschriften.[152] Dies gilt auch dann, wenn die Kapitalerhöhung in zeitlichem oder sachlichem Zusammenhang mit der Verschmelzung beschlossen wird.[153]

95 Der **Beschluss über die Kapitalerhöhung zur Durchführung der Verschmelzung** kann in zeitlicher Hinsicht vor, nach oder gleichzeitig mit dem Abschluss des Verschmelzungsvertrags gefasst werden, spätestens jedoch muss er bis zur Anmeldung der Verschmelzung gefasst sein, da die Eintragung der Durchführung der Kapitalerhöhung gemäß § 66 UmwG zwingend der Eintragung der Verschmelzung vorauszugehen hat.[154] In der Praxis werden die Beschlussfassungen über Kapitalerhöhung und Verschmelzung regelmäßig zusammengefasst,[155] wenn auch das Risiko besteht, dass die Nichtigkeit eines Beschlussteils gemäß § 139 BGB zur **Nichtigkeit des Gesamtbeschlusses führt**.[156]

96 **bb) Erleichterungen bei der Durchführung der Kapitalerhöhung.** Das **Kapitalerhöhungsverfahren** selbst ist insofern erleichtert, als § 69 Abs. 1 UmwG bestimmte der **allgemeinen kapitalerhöhungsrechtlichen Vorschriften der §§ 182 ff. AktG** für **nicht anwendbar** erklärt. Zum Teil sind diese Erleichterungen schon dem Verschmelzungsvorgang selbst und seinen Besonderheiten immanent.[157] So kann der **Kapitalerhöhungsbeschluss** unabhängig davon gefasst werden, ob ausstehende Einlagen auf das bisherige Grundkapital noch erlangt werden können (§ 182 Abs. 4 AktG). Die Realisierung noch ausstehender Einlagen verschafft der Gesellschaft zwar frische Finanzmittel und

---

[149] Kallmeyer/*Marsch-Barner* § 68 Rn. 23; Kölner Kommentar-UmwG/*Simon* § 68 Rn. 73; Maulbetsch/Klumpp/Rose/*Frenz* § 68 Rn. 31; Semler/Stengel/*Diekmann* § 68 Rn. 28.
[150] Kallmeyer/*Marsch-Barner* § 68 Rn. 23; Kölner Kommentar-UmwG/*Simon* § 68 Rn. 73; Maulbetsch/Klumpp/Rose/*Frenz* § 68 Rn. 31; Semler/Stengel/*Diekmann* § 68 Rn. 28.
[151] Kallmeyer/*Marsch-Barner* § 69 Rn. 1; Semler/Stengel/*Diekmann* § 69 Rn. 3; Widmann/Mayer/*Rieger* § 69 Rn. 3.
[152] Böttcher/Habighorst/Schulte/*Habighorst* § 69 Rn. 1; Kallmeyer/*Marsch-Barner* § 69 Rn. 2; Semler/Stengel/*Diekmann* § 69 Rn. 3; Widmann/Mayer/*Rieger* § 69 Rn. 3.
[153] Maulbetsch/Klumpp/Rose/*Frenz* § 69 Rn. 2; Widmann/Mayer/*Rieger* § 69 Rn. 3; im Ergebnis auch Schmitt/Hörtnagl/Stratz/*Stratz* § 69 Rn. 5.
[154] Henssler/Strohn/*Juncker* § 69 Rn. 4; Kallmeyer/*Marsch-Barner* § 69 Rn. 3; Kölner Kommentar-UmwG/*Simon* § 69 Rn. 8; Schmitt/Hörtnagl/Stratz/*Stratz* § 69 Rn. 6; Semler/Stengel/*Diekmann* § 69 Rn. 23; Widmann/Mayer/*Rieger* § 69 Rn. 15.
[155] Mit der gleichen Empfehlung Widmann/Mayer/*Rieger* § 69 Rn. 15.
[156] Vgl. BGH II ZR 176/74 Rn. 30, AG 2015, 633, 636; Kallmeyer/*Marsch-Barner* § 69 Rn. 3.
[157] Widmann/Mayer/*Rieger* § 69 Rn. 5.

§ 15 Rechtsformspezifische Besonderheiten der Verschmelzung

erfüllt damit den Zweck einer Barkapitalerhöhung; nicht erfüllen kann die Eintreibung noch ausstehender Einlagen jedoch den Zweck, die zur Durchführung der Verschmelzung erforderlichen Anteile an dem übernehmenden Rechtsträger zu schaffen.[158] Dementsprechend entfallen auch bei der Anmeldung des Kapitalerhöhungsbeschlusses zum Handelsregister die ansonsten zu machenden Angaben über etwaige nicht geleistete Einlagen (§ 184 Abs. 1 S. 2 AktG).[159]

Weiter finden bei der Kapitalerhöhung zur Durchführung einer Verschmelzung auch die **Vorschriften über das Bezugsrecht der Altaktionäre (§§ 186, 187 Abs. 1 AktG) keine Anwendung**, da die Kapitalerhöhung hier gerade nur der Ausgabe von Anteilen an die Anteilsinhaber des übertragenden Rechtsträgers als Gegenleistung für die Übertragung des Vermögens des übertragenden Rechtsträgers dient.[160] Da die Anteilsinhaber des übertragenden Rechtsträgers mit Wirksamwerden der Verschmelzung kraft Gesetzes (§ 20 Abs. 1 Nr. 3 S. 1 UmwG) Anteilsinhaber des übernehmenden Rechtsträgers werden, bedarf es auch keiner Zeichnung der neu zu schaffenden Anteile nach § 185 AktG bzw. einer korrespondierenden Übermittlung der Zeichnungsscheine an das Handelsregister (§ 188 Abs. 3 Nr. 1 UmwG).[161] Insoweit ersetzt der Verschmelzungsvertrag zusammen mit dem Verschmelzungsbeschluss den Zeichnungsschein.[162]

Da bei der Kapitalerhöhung zur Durchführung einer Verschmelzung keine Bareinlage geschuldet ist und das Vermögen des übertragenden Rechtsträgers zudem mit Wirksamwerden der Verschmelzung automatisch auf den übernehmenden Rechtsträger übergeht (§ 20 Abs. 1 Nr. 3 S. 1 UmwG) finden auch **§ 188 Abs. 2 UmwG** sowie die hierin in Bezug genommenen Vorschriften zur Sicherstellung der (vollständigen) Leistung der Bar- bzw. Sacheinlage (§§ 36 Abs. 2, 36a und 37 Abs. 1 AktG) **keine Anwendung**.[163]

Demgegenüber sind insbesondere die **allgemeinen aktienrechtlichen Vorschriften über Sacheinlagen (§§ 183, 194 und 205 AktG) grundsätzlich anwendbar**, da die Einbringung des Vermögens des übertragenden Rechtsträgers als Sacheinlage beim übernehmenden Rechtsträger zu qualifizieren ist.[164] Die Ausgabe der neuen Anteile erfolgt dabei üblicherweise zum **Nennbetrag**.[165] Sollen die neuen Anteile zu einem höheren Betrag als dem Nennbetrag ausgegeben werden, kann in dem Kapitalerhöhungsbeschluss gemäß § 182 Abs. 3 AktG ein **Mindestausgabebetrag** festgesetzt werden mit der Folge, dass die Anteile nicht unter diesem Mindestbetrag ausgegeben werden können und gemäß § 272 Abs. 2 Nr. 1 HGB eine entsprechende Kapitalrücklage auszuweisen ist.[166] Eine **Pflicht zur Festsetzung des Mindestausgabebetrags** besteht jedoch nicht; vielmehr ist

---

[158] Kallmeyer/*Marsch-Barner* § 69 Rn. 5; Kölner Kommentar-UmwG/*Simon* § 69 Rn. 10; Lutter/ *Grunewald* § 69 Rn. 6; Maulbetsch/Klumpp/Rose/*Klumpp* § 69 Rn. 4; Widmann/Mayer/*Rieger* § 69 Rn. 6, 15.

[159] Kallmeyer/*Marsch-Barner* § 69 Rn. 12; Kölner Kommentar-UmwG/*Simon* § 69 Rn. 10; Maulbetsch/Klumpp/Rose/*Klumpp* § 69 Rn. 5; Schmitt/Hörtnagl/Stratz/*Stratz* § 69 Rn. 8; Semler/Stengel/*Diekmann* § 69 Rn. 13; Widmann/Mayer/*Rieger* § 69 Rn. 8.

[160] Böttcher/Habighorst/Schulte/*Habighorst* § 69 Rn. 6; Maulbetsch/Klumpp/Rose/*Frenz* § 69 Rn. 7; Semler/Stengel/*Diekmann* § 69 Rn. 15; Widmann/Mayer/*Rieger* § 69 Rn. 5, 10.

[161] Böttcher/Habighorst/Schulte/*Habighorst* § 69 Rn. 5; Semler/Stengel/*Diekmann* § 69 Rn. 14; Widmann/Mayer/*Rieger* § 69 Rn. 5, 9, 13.

[162] Böttcher/Habighorst/Schulte/*Habighorst* § 69 Rn. 5; Kallmeyer/*Marsch-Barner* § 69 Rn. 12; Semler/Stengel/*Diekmann* § 69 Rn. 14; Widmann/Mayer/*Rieger* § 69 Rn. 10.

[163] Kallmeyer/*Marsch-Barner* § 69 Rn. 13 aE; Kölner Kommentar-UmwG/*Simon* § 69 Rn. 11 aE; Widmann/Mayer/*Rieger* § 69 Rn. 12; Schmitt/Hörtnagl/Stratz/*Stratz* § 69 Rn. 9 aE; Semler/Stengel/*Diekmann* § 69 Rn. 17.

[164] Kallmeyer/*Marsch-Barner* § 69 Rn. 17; Lutter/*Grunewald* § 69 Rn. 7; Widmann/Mayer/*Rieger* § 69 Rn. 22.

[165] Kallmeyer/*Marsch-Barner* § 69 Rn. 17; Lutter/*Grunewald* § 69 Rn. 6; Semler/Stengel/*Diekmann* § 69 Rn. 5.

[166] Lutter/*Grunewald* § 69 Rn. 6; Semler/Stengel/*Diekmann* § 69 Rn. 5; Widmann/Mayer/*Rieger* § 69 Rn. 17 f.

es vor dem Hintergrund, dass es im Rahmen der Verschmelzung maßgeblich auf das Umtauschverhältnis ankommt, ausreichend, dass im Kapitalerhöhungsbeschluss lediglich die Stückzahl der neuen Anteile genannt wird.[167] Wird kein Mindestbetrag festgesetzt, kann der übernehmende Rechtsträger wählen, ob er gemäß § 24 UmwG in seiner nächsten Jahresbilanz die in der Schlussbilanz des übertragenden Rechtsträgers angesetzten Werte als Anschaffungskosten ansetzt und damit auch etwaige stille Rücklagen übernimmt (**Buchwertverknüpfung**) oder stattdessen die (höheren) tatsächlichen Anschaffungskosten aktiviert (**Neubewertung nach Anschaffungskosten**) und das Aufgeld in die Rücklagen einstellt.[168]

100 Die im Rahmen von **Sachkapitalerhöhungen** grundsätzlich gemäß § 183 Abs. 3 AktG durchzuführende **Sacheinlagenprüfung** ist bei verschmelzungsbedingten Kapitalerhöhungen auf die in § 69 Abs. 1 S. 1 Hs. 2 UmwG genannten Fallgruppen beschränkt. Nur in diesen Fallgruppen sieht der Gesetzgeber die Notwendigkeit, mittels Sacheinlagenprüfung sicherzustellen, dass der Wert der Sacheinlage, also des Vermögens des übertragenden Rechtsträgers, den geringsten Ausgabebetrag der im Rahmen der Verschmelzung zu gewährenden Anteile erreicht und es damit nicht zu einer gemäß § 9 Abs. 1 AktG unzulässigen Unter-pari-Emission kommen kann.[169] In allen nicht dem *numerus clausus* nach § 69 Abs. 1 S. 1 Hs. 2 UmwG unterfallenden Konstellationen wird eine Sacheinlagenprüfung vor dem Hintergrund, dass der Verschmelzung nach § 17 Abs. 2 UmwG notwendigerweise eine geprüfte und testierte Schlussbilanz zugrunde liegt und zudem gemäß §§ 9 ff. UmwG eine Verschmelzungsprüfung stattfindet, als nicht erforderlich erachtet.[170]

101 Nach § 69 Abs. 1 S. 1 Hs. 2 UmwG hat eine Sacheinlagenprüfung in solchen Fällen stattzufinden, in denen als übertragende Rechtsträger **Personenhandelsgesellschaften, Partnerschaftsgesellschaften oder rechtsfähige Vereine** beteiligt sind. Denn bei diesen Rechtsformen ist im Gegensatz zu den durch die Vorschriften über Kapitalaufbringung und -erhaltung gebundenen Kapitalgesellschaften **keine hinreichende gesetzliche Kapitalsicherung** vorgesehen und damit keine Gewähr dafür gegeben, dass ein hinreichender Unternehmenswert zur Deckung der aufgrund der Kapitalerhöhung ausgegebenen Anteile vorhanden ist.[171] Hinzu kommt, dass bei diesen Rechtsformen zur Überprüfung der Werthaltigkeit regelmäßig nicht auf einen testierten Jahresabschluss zurückgegriffen werden kann.[172]

102 Weiter ist eine Sacheinlagenprüfung dann erforderlich, wenn die übernommenen Vermögenswerte in der Bilanz des übernehmenden Rechtsträgers nicht mit ihren Buchwerten aus der Schlussbilanz des übertragenden Rechtsträgers (Buchwertverknüpfung), sondern zu den **tatsächlichen Anschaffungskosten** aktiviert werden sollten. Der mit einer Neubewertung einhergehenden **Gefahr einer Überbewertung** der zu übertragen-

---

[167] Kallmeyer/*Marsch-Barner* § 69 Rn. 17; Lutter/*Grunewald* § 69 Rn. 6; Semler/Stengel/*Diekmann* § 69 Rn. 5; Widmann/Mayer/*Rieger* § 69 Rn. 18; aA Goutier/Knopff/Tulloch/*Bermel* § 69 Rn. 19; Schmitt/Hörtnagl/Stratz/*Stratz* § 69 Rn. 21 wonach § 182 Abs. 3 AktG Anwendung findet mit der Folge, dass dann, wenn die Anteile zu einem höheren Betrag als dem Nennbetrag ausgegeben werden, ein Mindestbetrag zwingend in dem Kapitalerhöhungsbeschluss festzusetzen ist.

[168] Semler/Stengel/*Diekmann* § 69 Rn. 5 und Semler/Stengel/*Moszka* § 24 Rn. 2; Widmann/Mayer/*Rieger* § 69 Rn. 18.

[169] So auch schon die Begr. RegE BR-Drs. 75/94, S. 104; Henssler/Strohn/*Junker* § 69 Rn. 6; Kallmeyer/*Marsch-Barner* § 69 Rn. 11; Kölner Kommentar-UmwG/*Simon* § 69 Rn. 14; Lutter/*Grunewald* § 69 Rn. 8; Semler/Stengel/*Diekmann* § 69 Rn. 12; Widmann/Mayer/*Rieger* § 69 Rn. 32

[170] Kölner Kommentar-UmwG/*Simon* § 69 Rn. 14 f.

[171] So schon die Gesetzesbegründung BT Drs. 12/6699, S. 104; Böttcher/Habighorst/Schulte/*Habighorst* § 69 Rn. 11; Ebenroth/Boujong/Joost/Strohn/*Wertenbruch*/*Nagel* Anh. § 105 Rn. 55; Kölner Kommentar-UmwG/*Simon* § 69 Rn. 16.

[172] Kallmeyer/*Marsch-Barner* § 69 Rn. 7; Kölner Kommentar-UmwG/*Simon* § 69 Rn. 16; vgl. auch Widmann/Mayer/*Rieger* § 69 Rn. 24.

den Vermögensgegenstände und damit einer kapitalmäßigen Unterdeckung der ausgegebenen Anteile soll durch die Anordnung der Sacheinlagenprüfung Rechnung getragen werden.[173] Da allerdings erst aus der nächsten Jahresbilanz des übernehmenden Rechtsträgers ersichtlich wird, wie das Bewertungswahlrecht nach § 24 UmwG ausgeübt worden ist, ist für die Praxis zu empfehlen, bereits im Verschmelzungsvertrag festzuhalten bzw. gegenüber dem Registergericht zu erklären, ob das Vermögen des übertragenden Rechtsträgers in der Jahresbilanz des übernehmenden Rechtsträgers buchwertverknüpft aktiviert werden soll.[174]

Weiterhin ist eine Sacheinlagenprüfung dann geboten, wenn Vermögensgegenstände in der Schlussbilanz eines übertragenden Rechtsträgers höher bewertet worden sind als in dessen letzter Jahresbilanz, also eine Wertaufholung gemäß § 253 Abs. 5 HGB stattgefunden hat. Eine solche Wertaufholung wird vom Gesetzgeber als Indiz für mangelnde Werthaltigkeit eingestuft.[175] Da das Registergericht das Vorliegen einer Wertaufholung regelmäßig nur durch Vergleich der Schlussbilanz mit der letzten Jahresbilanz feststellen kann, ist es in der Praxis ratsam, zusätzlich die letzte Jahresbilanz des übertragenden Rechtsträgers zum Register einzureichen oder der Registeranmeldung zumindest eine entsprechende Negativerklärung des Wirtschaftsprüfers beizulegen.[176] Eine Negativerklärung wird das Registergericht in der Regel als hinreichenden Nachweis dafür gelten lassen, dass keine Wertaufholung stattgefunden hat und eine Sacheinlagenprüfung demgemäß nicht notwendig ist.[177] 103

Gewissermaßen als **Auffangtatbestand** hat eine Sacheinlagenprüfung schließlich auch immer dann stattzufinden, wenn das Registergericht Zweifel hat, ob der Wert der Sacheinlagen den geringsten Ausgabebetrag der dafür zu gewährenden Anteile erreicht. Anhaltspunkte für derlei Zweifel können sich aus der eingereichten Schlussbilanz des übertragenden Rechtsträgers, dem Verschmelzungsbericht oder auch dem Bericht des Verschmelzungsprüfers ergeben.[178] 104

Ist eine Sacheinlagenprüfung durchzuführen, hat diese **entsprechend den allgemeinen aktienrechtlichen Vorschriften (§§ 183 Abs. 3, 33 Abs. 3 bis 5, 34, 35 AktG)** durch einen oder mehrere Prüfer, die von dem zuständigen Registergericht auf Antrag des übernehmenden Rechtsträgers bestellt werden, zu erfolgen. Zum **Sacheinlagenprüfer** kann neben den in § 33 Abs. 3 bis 5 AktG bezeichneten Personen auch der Verschmelzungsprüfer selbst bestellt werden (§ 69 Abs. 1 S. 4 UmwG). Dies dürfte in der Regel die Organisation der Sacheinlagenprüfung erleichtern und gleichzeitig Kosten sparen.[179] 105

Die Sonderregeln des § 69 Abs. 1 S. 1 UmwG gelten gleichermaßen dann, wenn die **Kapitalerhöhung unter Ausnutzung von genehmigtem Kapital iSv §§ 202 ff. AktG** erfolgen soll (§ 69 Abs. 1 S. 2, 3 UmwG).[180] Da die Anwendbarkeit von § 203 Abs. 3 AktG ausdrücklich ausgeschlossen ist, können rückständige Einlagen auch hier außer 106

---

[173] Kallmeyer/Marsch-Barner § 69 Rn. 9; Kölner Kommentar-UmwG/*Simon* § 69 Rn. 22 mwN.
[174] Böttcher/Habighorst/Schulte/*Habighorst* § 69 Rn. 13; Henssler/Strohn/*Junker* § 69 Rn. 9; Kallmeyer/*Marsch-Barner* § 69 Rn. 9; Kölner Kommentar-UmwG/*Simon* § 69 Rn. 22; Maulbetsch/Klumpp/Rose/*Klumpp* § 69 Rn. 14; Widmann/Mayer/*Rieger* § 69 Rn. 30.
[175] Kölner Kommentar-UmwG/*Simon* § 69 Rn. 18; Semler/Stengel/*Diekmann* § 69 Rn. 9; kritisch Lutter/*Grunewald* § 69 Rn. 10.
[176] Böttcher/Habighorst/Schulte/*Habighorst* § 69 Rn. 12; Kölner Kommentar-UmwG/*Simon* § 69 Rn. 21 mwN.
[177] Kallmeyer/*Marsch-Barner* § 69 Rn. 8; Kölner Kommentar-UmwG/*Simon* § 69 Rn. 21.
[178] Kallmeyer/*Marsch-Barner* § 69 Rn. 10; Kölner Kommentar-UmwG/*Simon* § 69 Rn. 24 f.; Schmitt/Hörtnagl/Stratz/*Stratz* § 69 Rn. 17; Semler/Stengel/*Diekmann* § 69 Rn. 11.
[179] Böttcher/Habighorst/Schulte/*Habighorst* § 69 Rn. 15; Kallmeyer/*Marsch-Barner* § 69 Rn. 11a; Lutter/*Grunewald* § 69 Rn. 12; Widmann/Mayer/*Rieger* § 69 Rn. 33.
[180] Siehe hierzu auch Henssler/Strohn/*Junker* § 69 Rn. 15; Keßler/Kühnberger/*Brügel* § 69 Rn. 10; Lutter/*Grunewald* § 69 Rn. 24; Maulbetsch/Klumpp/Rose/*Klumpp* § 69 Rn. 16.

Betracht bleiben. Da es sich bei der verschmelzungsbedingten Einbringung des übertragenden Rechtsträgers um eine Sacheinlage handelt, ist zwingend darauf zu achten, dass die Ermächtigung des Vorstands zur Erhöhung des Grundkapitals entsprechend § 205 Abs. 1 AktG explizit eine Kapitalerhöhung gegen Sacheinlage vorsieht.[181]

107 Sofern die **Verschmelzung unter Einsatz von bedingtem Kapital iSd §§ 192 ff. AktG** durchgeführt werden soll, gelten die Erleichterungen des § 69 Abs. 1 S. 1 UmwG auch hierfür.[182] Eine bedingte Kapitalerhöhung bietet sich insbesondere dann an, wenn die genaue Anzahl der zur Durchführung der Verschmelzung erforderlichen Aktien noch nicht final feststeht.[183] Dies ist beispielsweise der Fall, wenn das Umtauschverhältnis noch nicht endgültig festgelegt ist, wenn sich nach Eintragung der Kapitalerhöhung ein Erhöhungsverbot nach § 68 Abs. 1 S. 1 UmwG seiner Höhe nach ändert sowie auch dann, wenn mehrere übertragende Gesellschaften auf den übernehmenden Rechtsträger verschmolzen werden sollen. Wird in einem solchen Fall ein Verschmelzungsbeschluss in Bezug auf einen von mehreren übertragenden Rechtsträgern angefochten, kann die Verschmelzung im Übrigen gleichwohl durchgeführt werden.[184] Weiter bietet sich eine bedingte Kapitalerhöhung auch dann an, wenn der übernehmende Rechtsträger aufgrund eines zwischen den an der Verschmelzung beteiligten Unternehmen bestehenden Beherrschungs- und Gewinnabführungsvertrags bis zum Wirksamwerden der Verschmelzung gemäß § 305 AktG verpflichtet ist, Aktien des übertragenden Rechtsträger gegen Barabfindung zu übernehmen.[185]

108 cc) **Anmeldung und Wirksamwerden der Kapitalerhöhung.** Anzumelden beim Handelsregister des übernehmenden Rechtsträgers sind der Beschluss über die Kapitalerhöhung (§ 69 Abs. 1 S. 1 UmwG iVm § 184 Abs. 1 AktG) und die Durchführung derselben (§ 69 Abs. 1 S. 1 UmwG iVm § 188 Abs. 1 AktG). Die beiden Anmeldungen sind jeweils von Mitgliedern des Vorstands des übernehmenden Rechtsträgers in vertretungsberechtigter Zahl sowie dem Vorsitzenden des Aufsichtsrats des übernehmenden Rechtsträgers vorzunehmen. Die Anmeldung der Verschmelzung selbst nach § 16 UmwG (→ § 12 Rn. 2 ff.) erfolgt in der Regel gleichzeitig und hat allein durch Mitglieder des Vorstandes in vertretungsberechtigter Zahl zu erfolgen.[186] In der Praxis dürfte es regelmäßig ratsam sein, die Anmeldungen zur Kapitalerhöhung (wie von § 188 Abs. 4 AktG explizit zugelassen) und die Anmeldung der Verschmelzung selbst gleichzeitig vorzunehmen.[187]

109 Die Verschmelzung selbst darf gemäß § 66 UmwG erst eingetragen werden, nachdem die Durchführung der Erhöhung des Grundkapitals des übernehmenden Rechtsträgers im Register eingetragen worden ist. Die Regelung der Eintragungsreihenfolge bewirkt, dass die den Anteilsinhabern zu gewährenden Aktien als Gegenleistung für die Durchführung der Verschmelzung auch tatsächlich verfügbar sind. Bei Missachtung der Reihenfolge wird

---

[181] Kölner Kommentar-UmwG/*Simon* § 69 Rn. 29; Schmidt/Hörtnagl/Stratz/*Stratz* § 69 Rn. 20; Widmann/Mayer/*Rieger* § 69 Rn. 52.

[182] Kallmeyer/*Marsch-Barner* § 69 Rn. 15; Kölner Kommentar-UmwG/*Simon* § 69 Rn. 30; Lutter/*Grunewald* § 69 Rn. 25; Schmitt/Hörtnagl/Stratz/*Stratz* § 69 Rn. 27; Semler/Stengel/*Diekmann* § 69 Rn. 22.

[183] Kallmeyer/*Marsch-Barner* § 69 Rn. 15; Lutter/*Grunewald* § 69 Rn. 25; Widmann/Mayer/*Rieger* § 69 Rn. 49.

[184] Kallmeyer/*Marsch-Barner* § 69 Rn. 15; Kölner Kommentar-UmwG/*Simon* § 69 Rn. 37; Semler/Stengel/*Diekmann* § 69 Rn. 21; Widmann/Mayer/*Rieger* § 69 Rn. 49.

[185] Kallmeyer/*Marsch-Barner* § 69 Rn. 15; Semler/Stengel/*Diekmann* § 69 Rn. 15; Widmann/Mayer/*Rieger* § 69 Rn. 49.

[186] Schmitt/Hörtnagl/Stratz/*Stratz* § 69 Rn. 25; Widmann/Mayer/*Rieger* § 69 Rn. 38 (dort auch zu den Möglichkeiten, die Anmeldungen von Prokuristen bzw. durch Bevollmächtigte vornehmen zu lassen).

[187] Böttcher/Habighorst/Schulte/*Habighorst* § 69 Rn. 20; Keßler/Kühnberger/*Brügel* § 69 Rn. 13; Lutter/*Grunewald* § 69 Rn. 22; Widmann/Mayer/*Rieger* § 69 Rn. 42.

die Verschmelzung ausnahmsweise erst mit Eintragung der Kapitalerhöhung wirksam.[188] Mit der Eintragung der Verschmelzung ist die Erhöhung des Grundkapitals durchgeführt und die neu geschaffenen Aktien stehen den Anteilsinhabern des übertragenden Rechtsträgers zur Verfügung. Wird bedingtes Kapital für die Kapitalerhöhung eingesetzt, so entstehen die Aktien erst mit ihrer Ausgabe und die Eintragung der Verschmelzung stellt nur den frühestmöglichen Zeitpunkt ihrer Entstehung dar.[189] Bei Nutzung von genehmigtem Kapital tritt der Ermächtigungsbeschluss gemäß § 203 Abs. 1 S. 2 AktG an die Stelle des Kapitalerhöhungsbeschlusses.

dd) Anfechtung des Verschmelzungs- oder Kapitalerhöhungsbeschlusses. Eine 110 etwaige Anfechtung des Verschmelzungsbeschlusses hat auf die Eintragung des Kapitalerhöhungsbeschlusses **keine formalrechtlichen Auswirkungen**, da es insoweit keine Registersperre entsprechend § 16 Abs. 2, 3 UmwG gibt.[190] Die Aktionäre sind nämlich bereits dadurch geschützt, dass die Kapitalerhöhung durch die Wirksamkeit des Verschmelzungsvertrags bedingt ist. Allerdings steht die Eintragung der Kapitalerhöhung in Ermangelung einer Registersperre im **Ermessen des Registergerichts**, welches eine Eintragung der Kapitalerhöhung während eines Anfechtungsverfahrens etwa in der Regel ablehnen wird.[191] Ist umgekehrt der Kapitalerhöhungsbeschluss wirksam angefochten worden oder nichtig, führt dies zu einem **Eintragungshindernis**. Der Kapitalerhöhungsbeschluss wäre insoweit erneut (in rechtlich einwandfreier Form) zu fassen. Sollte dennoch eine Eintragung der Verschmelzung erfolgen, wird der Mangel des Kapitalerhöhungsbeschlusses hierdurch geheilt.[192] In der Praxis wird eine solche Situation unterschiedlicher rechtlicher Schicksale allerdings regelmäßig von vornherein dadurch vermieden, dass die Anmeldung der Kapitalerhöhung, die Anmeldung der Durchführung der Kapitalerhöhung sowie die Anmeldung der Verschmelzung in einem einheitlichen Anmeldevorgang verbunden werden (→ § 15 Rn. 109).

ee) Fälle der Differenzhaftung. Es kann vorkommen, dass sich nach Wirksamwerden 111 der Verschmelzung die **Werthaltigkeit der vom übertragenden Rechtsträger eingebrachten Sacheinlage** als unzureichend erweist. Zwar besteht auch bei der Kapitalerhöhung im Rahmen der Verschmelzung ein **Bedürfnis nach effektiver Kapitalerbringung**, es herrscht jedoch Uneinigkeit darüber, wie in einem solchen Fall verfahren werden soll. Teilweise wird eine **bare Differenzhaftung** der ehemaligen Anteilsinhaber des übertragenden Rechtsträgers vorgeschlagen, da es keinen Einleger wie im klassischen Fall der Differenzhaftung gibt.[193] Dies überzeugt jedoch nicht, da erstens die Grundsätze der Differenzhaftung auf § 188 Abs. 2 S. 1 AktG iVm § 36a Abs. 2 S. 3 AktG gestützt werden, die auf die verschmelzungsbedingte Kaptalerhöhung gemäß § 69 Abs. 1 S. 1 UmwG gerade nicht anwendbar sind und zweitens diese Anteilsinhaber keinen Einfluss auf die Festlegung des Umtauschverhältnisses haben und die Aktien auch nicht zeichnen.[194] Zu folgen ist vielmehr der Auffassung, wonach die Anteilsinhaber des übernehmenden Rechts-

---

[188] Maulbetsch/Klumpp/Rose/*Klumpp* § 66 Rn. 10; Semler/Stengel/*Diekmann* § 66 Rn. 14; darüber hinaus eine deklaratorische Berichtigung der Handelsregistereintragung fordernd Widmann/Mayer/*Rieger* § 66 Rn. 10; abl. Kölner Kommentar-UmwG/*Simon* § 66 Rn. 14.
[189] Kallmeyer/*Marsch-Barner* § 69 Rn. 21; Semler/Stengel/*Diekmann* § 69 Rn. 18.
[190] So Böttcher/Habighorst/Schulte/*Habighorst* § 69 Rn. 22; Kallmeyer/*Marsch-Barner* § 69 Rn. 20; Kölner Kommentar-UmwG/*Simon* § 69 Rn. 46; Semler/Stengel/*Diekmann* § 69 Rn. 27; Widmann/Mayer/*Rieger* § 69 Rn. 59; aA Lutter/*Grunewald* § 69 Rn. 23; Maulbetsch/Klumpp/Rose/*Klumpp* § 69 Rn. 18.
[191] Semler/Stengel/*Diekmann* § 69 Rn. 29; Widmann/Mayer/*Rieger* § 69 Rn. 59.
[192] Böttcher/Habighorst/Schulte/*Habighorst* § 69 Rn. 22; Kölner Kommentar-UmwG/*Simon* § 69 Rn. 44; Maulbetsch/Klumpp/Rose/*Frenz* § 66 Rn. 9; Widmann/Mayer/*Rieger* § 69 Rn. 44.
[193] Goutier/Knopf/Tulloch/*Bermel* § 69 Rn. 31; Thoß NZG 2006, 376; aA *Grunewald* EWiR 2006, 29 ff.
[194] Kölner Kommentar-UmwG/*Simon* § 69 Rn. 40; Lutter/*Grunewald* § 69 Rn. 28; Semler/Stengel/*Diekmann* § 69 Rn. 33; Widmann/Mayer/*Rieger* § 69 Rn. 56.

trägers im Falle von unzureichend erbrachten Sacheinlagen auf die **Möglichkeit der Anfechtung**, in der auch die Bewertung der Sacheinlage gerügt werden kann, verwiesen werden müssen.[195]

6. Geltendmachung eines Schadenersatzanspruchs nach § 70 UmwG

112 Nach der Anordnung in § 70 UmwG können nur solche Aktionäre einer übertragenden Gesellschaft die **gerichtliche Bestellung eines besonderen Vertreters** nach § 26 Abs. 1 S. 2 UmwG beantragen, die ihre Aktien bereits gegen Anteile des übernehmenden Rechtsträgers umgetauscht haben. Der **Umtausch** erfolgt gemäß § 72 UmwG (→ Rn. 187 ff.). Findet eine **Zusammenlegung von Aktien** statt, sind auch alle jene Aktionäre für Zwecke des § 70 UmwG antragsberechtigt, die ihre Aktien bereits zwecks Zusammenlegung eingereicht haben.[196] Den Aktionären des übernehmenden Rechtsträgers wird durch die Regelung des § 70 UmwG somit ein Anreiz gesetzt, ihre Aktien umzutauschen.[197] Dadurch sollen Probleme vermieden werden, die sich aus einem noch laufenden Umtauschprozess mit Blick auf die Geltendmachung von Schadensersatzansprüchen im Zusammenhang mit der Verschmelzung ergeben könnten.[198] Der Anwendungsbereich des § 70 UmwG ist nur eröffnet, wenn der übertragende Rechtsträger eine AG oder eine KGaA ist; auf die Rechtsform des übernehmenden Rechtsträgers kommt es demgegenüber insoweit nicht an.[199]

7. Bestellung eines Treuhänders bei AG oder KGaA als übernehmender Rechtsträger nach § 71 UmwG

113 **a) Allgemeines.** Nach § 71 UmwG hat jeder übertragende Rechtsträger für den Empfang der im Umtausch zu gewährenden Aktien sowie der baren Zuzahlungen einen Treuhänder zu bestellen (S. 1). Erst wenn dieser dem Gericht den Erhalt dieser Aktien und etwaiger barer Zuzahlungen angezeigt hat, darf die Verschmelzung eingetragen werden (S. 2). Zweck der Vorschrift ist der **Schutz der Anteilsinhaber des übertragenden Rechtsträgers** und die **verfahrensmäßige Vereinfachung der Ausgabe der neuen Aktien**. So wird durch Einschaltung eines Treuhänders vermieden, dass sie ihre Mitgliedschaften am übertragenden Rechtsträger infolge dessen Erlöschens verlieren, ohne dafür im Gegenzug an dem übernehmenden Rechtsträger beteiligt bzw. angemessen in bar kompensiert zu werden.[200] Die erst mit der Eintragung der Verschmelzung entstehenden neuen Aktien (aus einer vorausgegangenen Kapitalerhöhung) sowie auch sonstige für den Umtausch vorgehaltene eigene Aktien werden unmittelbar vom Treuhänder erworben und somit auch dem Zugriff möglicher Gläubiger des übertragenden Rechtsträgers oder der Anteilsinhaber des übertragenden Rechtsträgers entzogen. Dasselbe gilt für etwaige bare Zuzahlungen.[201]

114 **b) Die Bestellung des Treuhänders.** Der Treuhänder wird vom **Vertretungsorgan des übertragenden Rechtsträgers** bestellt.[202] Wird im Innenverhältnis ein anderes Be-

---

[195] Lutter/*Grunewald* § 69 Rn. 28; Semler/Stengel/*Diekmann* § 69 Rn. 33; Widmann/Mayer/*Rieger* § 69 Rn. 57.
[196] Kölner Kommentar-UmwG/*Simon* § 70 Rn. 11; Lutter/*Grunewald* § 70 Rn. 4; Semler/Stengel/*Diekmann* § 70 Rn. 6.
[197] Kallmeyer/*Marsch-Barner* § 70 Rn. 1; Kölner Kommentar-UmwG/*Simon* § 70 Rn. 1; Semler/Stengel/*Diekmann* § 70 Rn. 1.
[198] Kallmeyer/*Marsch-Barner* § 70 Rn. 1; Kölner Kommentar-UmwG/*Simon* § 70 Rn. 1; Semler/Stengel/*Diekmann* § 70 Rn. 1. Siehe aber Lutter/*Grunewald* § 70 Rn. 2.
[199] Kallmeyer/*Marsch-Barner* § 70 Rn. 1; Kölner Kommentar-UmwG/*Simon* § 70 Rn. 4; Lutter/*Grunewald* § 70 Rn. 3; Semler/Stengel/*Diekmann* § 70 Rn. 3.
[200] Kallmeyer/*Marsch-Barner* § 71 Rn. 1; Kölner Kommentar-UmwG/*Simon* § 71 Rn. 1; Lutter/*Grunewald* § 71 Rn. 2; Semler/Stengel/*Diekmann* § 71 Rn. 1.
[201] Böttcher/Habighorst/Schulte/*Habighorst* § 71 Rn. 7; Lutter/*Grunewald* § 71 Rn. 2; Maulbetsch/Klumpp/Rose/*Stockburger* § 71 Rn. 9; Semler/Stengel/*Diekmann* § 71 Rn. 2.
[202] Kallmeyer/*Marsch-Barner* § 71 Rn. 4; Kölner Kommentar-UmwG/*Simon* § 71 Rn. 6; Lutter/*Grunewald* § 71 Rn. 3; Semler/Stengel/*Diekmann* § 71 Rn. 6.

stellungsverfahren vereinbart (z. B. Bestellung des Treuhänders durch Gesellschafterbeschluss), dann berühren Mängel der internen Zuständigkeit die Wirksamkeit der im Außenverhältnis von vertretungsberechtigten Personen vorgenommenen Bestellung nicht.[203] Was die **Person des Treuhänders** angeht, kommen natürliche und juristische Personen sowie Personenhandelsgesellschaften in Betracht.[204] **Vertragspartner des Treuhänders** können der übertragende oder der übernehmende Rechtsträger oder auch die Anteilsinhaber des übertragenden Rechtsträgers sein.[205] Mit dem Treuhänder wird ein **Geschäftsbesorgungsvertrag** abgeschlossen, bei welchem es sich um einen Vertrag zugunsten Dritter zumindest dann handelt, wenn die Anteilsinhaber des übertragenden Rechtsträgers nicht Vertragspartner sind.[206]

c) **Aufgaben des Treuhänders vor Eintragung der Verschmelzung.** Vor der Eintragung der Verschmelzung sind dem Treuhänder alle zu gewährenden Aktien des übernehmenden Rechtsträgers zu übergeben, wodurch der Treuhänder jedoch nicht Aktionär der übernehmenden Gesellschaft wird.[207] Falls die Aktien verbrieft sind, wird der Treuhänder **Besitzer der Aktienurkunden**; dies gilt auch dann, wenn anstelle einer Einzelverbriefung lediglich eine Globalurkunde existiert.[208] Sind die Aktien (noch) nicht verbrieft – eine Pflicht zur Verbriefung der Aktien ergibt sich aus § 71 UmwG nicht[209] – und sind auch keine baren Zuzahlungen vereinbart, kann von der Bestellung eines Treuhänders abgesehen werden.[210] Bei einer verschmelzungsbedingten Kapitalerhöhung verstößt die Übergabe entsprechender Aktienurkunden vor Eintragung des Kapitalerhöhungsbeschlusses an den Treuhänder nicht gegen § 191 AktG.[211] Sind die Aktien und etwaige bare Zuzahlungen vom Treuhänder entgegengenommen worden, hat dieser nach § 71 Abs. 1 S. 2 UmwG den Erhalt dem Registergericht am Sitz der übernehmenden Gesellschaft anzuzeigen. Erst danach darf die Verschmelzung eingetragen werden.[212]

d) **Aufgaben des Treuhänders nach Eintragung der Verschmelzung.** Nach der Eintragung der Verschmelzung haben die ehemaligen Anteilseigner des übertragenden Rechtsträgers einen **Herausgabeanspruch gegen den Treuhänder**, welcher sowohl die Aktienurkunden als auch etwaige bare Zuzahlungen umfasst.[213]

e) **Vergütung.** In Bezug auf die Vergütung und einen Auslagenersatz des Treuhänders verweist § 71 Abs. 2 UmwG auf § 26 Abs. 4 UmwG, der die Kompensation des besonderen Vertreters regelt. Die Vergütung wird demgemäß vom Registergericht am Sitz der übernehmenden Gesellschaft bestimmt und zwar unabhängig davon, ob sich die Parteien

---

[203] Kölner Kommentar-UmwG/*Simon* § 71 Rn. 6.
[204] Kallmeyer/*Marsch-Barner* § 71 Rn. 5; Kölner Kommentar-UmwG/*Simon* § 71 Rn. 8; Lutter/Grunewald § 71 Rn. 4; Semler/Stengel/*Diekmann* § 71 Rn. 5.
[205] Lutter/*Grunewald* § 71 Rn. 5.
[206] Kallmeyer/*Marsch-Barner* § 71 Rn. 6; Kölner Kommentar-UmwG/*Simon* § 71 Rn. 10, 13; Lutter/*Grunewald* § 71 Rn. 5; Semler/Stengel/*Diekmann* § 71 Rn. 7.
[207] Kallmeyer/*Marsch-Barner* § 71 Rn. 7, 15; Kölner Kommentar-UmwG/*Simon* § 71 Rn. 15, 16, 18; Lutter/*Grunewald* § 71 Rn. 8; Semler/Stengel/*Diekmann* § 71 Rn. 11 ff.
[208] Kallmeyer/*Marsch-Barner* § 71 Rn. 8; Kölner Kommentar-UmwG/*Simon* § 71 Rn. 17; Lutter/*Grunewald* § 71 Rn. 7; Semler/Stengel/*Diekmann* § 71 Rn. 11, 12.
[209] Kallmeyer/*Marsch-Barner* § 71 Rn. 8; Kölner Kommentar-UmwG/*Simon* § 71 Rn. 20; Lutter/*Grunewald* § 71 Rn. 7; aA Semler/Stengel/*Diekmann* § 71 Rn. 14, der im Grundsatz eine Pflicht zur Verbriefung anerkennt.
[210] Kallmeyer/*Marsch-Barner* § 71 Rn. 8; Kölner Kommentar-UmwG/*Simon* § 71 Rn. 21; Semler/Stengel/*Diekmann* § 71 Rn. 14; aA Lutter/*Grunewald* § 71 Rn. 7.
[211] Kallmeyer/*Marsch-Barner* § 71 Rn. 15; Kölner Kommentar-UmwG/*Simon* § 71 Rn. 19; Semler/Stengel/*Diekmann* § 71 Rn. 23; aA Lutter/*Grunewald* § 71 Rn. 9.
[212] Kallmeyer/*Marsch-Barner* § 71 Rn. 11; Kölner Kommentar-UmwG/*Simon* § 71 Rn. 24 ff; Lutter/*Grunewald* § 71 Rn. 12; Semler/Stengel/*Diekmann* § 71 Rn. 16.
[213] Kallmeyer/*Marsch-Barner* § 71 Rn. 16; Kölner Kommentar-UmwG/*Simon* § 71 Rn. 28; Semler/Stengel/*Diekmann* § 71 Rn. 18.

hierüber einigen können oder nicht.[214] In der Praxis wird das Gericht jedoch für Fälle einer Vergütungsvereinbarung zwischen den Parteien von dieser in aller Regel nicht abweichen.[215]

8. Umtausch von Aktien nach § 72 UmwG

118 **a) Allgemeines.** § 72 UmwG regelt mit dem **Verfahren** für den Umtausch der Aktienurkunden einer übertragenden AG die wertpapierrechtliche Seite der Verschmelzung. Mit der Regelung des § 72 UmwG wird neben der rein verfahrensrechtlichen Festlegung des Umtausches auch in Anteile des übernehmenden Rechtsträgers das Ziel verfolgt, den Umlauf von Aktienurkunden, die wegen Erlöschens des übertragenden Rechtsträgers nach der Verschmelzung keine materiellen Rechte mehr verbriefen, zu vermeiden.[216]

119 **b) Übertragender Rechtsträger ist AG.** Ist nur der übertragende Rechtsträger eine AG, dann verbriefen die Aktienurkunden nach Eintragung der Verschmelzung keine materiellen Rechte mehr, weil der übertragende Rechtsträger mit Wirksamwerden der Verschmelzung erlischt.[217] Aktienurkunden, die dem übernehmenden Rechtsträger innerhalb der hierfür bestimmten Frist eingereicht wurden, werden in Anteile an diesem Rechtsträger nach Maßgabe des insoweit im Verschmelzungsvertrag festgelegten Umtauschverhältnisses zuzüglich etwaiger barer Zuzahlungen umgetauscht und anschließend vernichtet.[218] Aktienurkunden, die dem übernehmenden Rechtsträger nicht fristgerecht eingereicht wurden, müssen nach § 73 Abs. 1 und 2 AktG für kraftlos erklärt werden.[219] Dies bedeutet allerdings nicht, dass hierdurch ein Rechtsverlust zulasten der Anteilsinhaber des übertragenden Rechtsträgers hinsichtlich ihrer materiell-rechtlichen Mitgliedschaftsrechte eintritt, denn die betroffenen Aktionäre des übertragenden Rechtsträgers werden unabhängig von den wertpapierrechtlichen Folgen des § 72 Abs. 1 UmwG auf der Grundlage und nach Maßgabe von § 20 Abs. 1 Nr. 3 UmwG Anteilsinhaber des übernehmenden Rechtsträgers.[220]

120 Für den Fall, dass aufgrund des für die Verschmelzung maßgeblichen Umtauschverhältnisses eine **Zusammenlegung von Aktien am übertragenden Rechtsträger** für den Umtausch in Aktien am übernehmenden Rechtsträger erforderlich wird, gelten hierfür die Bestimmungen nach § 226 Abs. 1 und 2 AktG entsprechend. Demnach werden etwa Aktienurkunden für kraftlos erklärt, die trotz Aufforderung nicht zum Umtausch eingereicht werden oder die zwar eingereicht werden, die jedoch die zum Umtausch in einen neuen Anteil am übernehmenden Rechtsträger nötige Zahl nicht erreichen und diesem Rechtsträger nicht zur Verwertung für Rechnung der Beteiligten zur Verfügung gestellt worden sind (§ 226 Abs. 1 AktG). Diese Aktien sind durch bare Zuzahlungen zu kompensieren.[221] Alternativ besteht bei börsennotierten Gesellschaften die Möglichkeit, für das Umtauschverhältnis passende Aktienstückzahlen über einen Erwerb oder die Veräußerung von Teilrechten seitens der im Rahmen der Verschmelzung mitwirkenden Finanzinstitute sicherzustellen.[222]

---

[214] Kölner Kommentar-UmwG/*Simon* § 71 Rn. 32; Lutter/*Grunewald* § 71 Rn. 6; aA Kallmeyer/*Marsch-Barner* § 71 Rn. 14 mwN in Fn. 4.
[215] Kölner Kommentar-UmwG/*Simon* § 71 Rn. 32; Lutter/*Grunewald* § 71 Rn. 6.
[216] Kölner Kommentar-UmwG/*Simon* § 72 Rn. 1; Semler/Stengel/*Diekmann* § 72 Rn. 1.
[217] Kallmeyer/*Marsch-Barner* § 72 Rn. 2; Kölner Kommentar-UmwG/*Simon* § 72 Rn. 6.
[218] Kallmeyer/*Marsch-Barner* § 72 Rn. 2; Lutter/*Grunewald* § 72 Rn. 3; Semler/Stengel/*Diekmann* § 72 Rn. 4.
[219] Kölner Kommentar-UmwG/*Simon* § 72 Rn. 11; Lutter/*Grunewald* § 72 Rn. 2.
[220] Kallmeyer/*Marsch-Barner* § 72 Rn. 2; Kölner Kommentar-UmwG/*Simon* § 72 Rn. 12; Lutter/*Grunewald* § 72 Rn. 3; Semler/Stengel/*Diekmann* § 72 Rn. 5.
[221] Kallmeyer/*Marsch-Barner* § 72 Rn. 3; Maulbetsch/Klumpp/Rose/*Stockburger* § 72 Rn. 5; Widmann/Mayer/*Rieger* § 72 Rn. 28.
[222] Siehe hierzu *Vetter* AG 1997, 9; zustimmend Kallmeyer/*Marsch-Barner* § 72 Rn. 3.

c) Übernehmender Rechtsträger ist ebenfalls AG. Für den Sonderfall, dass auch der 121 übernehmende Rechtsträger eine AG (SE oder KGaA) ist, gilt, dass die eingereichten Aktienurkunden entweder berichtigt oder gegen neue Aktienurkunden umgetauscht werden (§ 72 Abs. 2 UmwG iVm § 73 Abs. 3 AktG). Der Umtausch erfolgt in diesem Fall über den Treuhänder, der sowohl die eingereichten Aktienurkunden empfängt und den Anteilsinhabern des übertragenden Rechtsträgers dafür die neuen Aktienurkunden aushändigt als auch etwaige bare Zuzahlungen auskehrt (→ Rn. 117). Im Falle von Aktien in Girosammelverwahrung erfolgt der Umtausch durch bloße Umbuchungen in den Depots der betroffenen Anteilsinhaber, die regelmäßig unmittelbar nach Wirksamwerden der Verschmelzung und der etwa erforderlichen Börsenzulassung der neuen Aktien erfolgen.[223] Falls eine **Zusammenlegung von Aktien** erforderlich ist, sind nach § 72 Abs. 2 UmwG iVm §§ 73 Abs. 4, 226 Abs. 3 AktG die neuen Aktien, die anstelle der für kraftlos erklärten Aktien ausgegeben werden, durch den Treuhänder oder den übernehmenden Rechtsträger für Rechnung der beteiligten Anteilsinhaber zum Börsenpreis oder bei Fehlen eines solchen durch öffentliche Versteigerung zu veräußern.[224] In der Zwischenzeit, dh ab der Zusammenlegung bis zur Verwertung der Aktien, ruhen die hierin verbrieften Mitgliedschaftsrechte, während die Vermögensrechte (Dividendenbezugsrechte etc) hieraus vom übernehmenden Rechtsträger für die Anteilsinhaber des übertragenden Rechtsträgers ausgeübt werden.[225]

d) Rechtsfolgen bei Verstößen. Verstöße gegen die Bestimmungen des § 72 UmwG 122 berühren die Wirksamkeit der Verschmelzung nicht (§ 20 Abs. 2 UmwG).[226] **Schadensersatzansprüche** gegen Organmitglieder des übernehmenden Rechtsträgers sowie gegen den Treuhänder wegen Verletzung des Treuhandvertrages kommen indes grundsätzlich in Betracht.[227]

III. Verschmelzung durch Neugründung gemäß §§ 73–76 UmwG

1. Anzuwendende Vorschriften, § 73 UmwG

Die Verweisnorm des § 73 UmwG regelt die Verschmelzung durch Neugründung, bei 123 welcher sich eine AG als übertragender oder als neu zu gründender Rechtsträger beteiligt.[228] Hiernach finden die §§ 60–72 UmwG über die Verschmelzung zur Aufnahme **im Grundsatz entsprechende Anwendung**. Es gelten jedoch einige **strukturbedingte Ausnahmen und Einschränkungen**.

Ausgenommen sind vor allem die **Kapitalerhöhungsregelungen** der §§ 66, 68, 69 124 UmwG, weil bei der Verschmelzung durch Neugründung die neuen Anteile am neu gegründeten Rechtsträger im Rahmen der Gründung geschaffen werden und insoweit keine Kapitalerhöhung erforderlich ist. Ist der neu zu gründende Rechtsträger eine AG oder eine KGaA, bleibt jedoch § 68 Abs. 3 UmwG anwendbar, wonach etwaige im Verschmelzungsvertrag festgesetzte bare Zuzahlungen den zehnten Teil des Gesamtnennbetrags der vom neu gegründeten Rechtsträger zu gewährenden Anteile nicht übersteigen dürfen.[229] Hier-

---

[223] Böttcher/Habighorst/Schulte/*Habighorst* § 72 Rn. 6; Schmitt/Hörtnagl/Stratz/*Stratz* § 72 Rn. 8; Semler/Stengel/*Diekmann* § 72 Rn. 7 ff.

[224] Lutter/*Grunewald* § 72 Rn. 5; Semler/Stengel/*Diekmann* § 72 Rn. 14; Widmann/Mayer/*Rieger* § 72 Rn. 28.

[225] Kallmeyer/*Marsch-Barner* § 72 Rn. 4; Semler/Stengel/*Diekmann* § 72 Rn. 13; Widmann/Mayer/*Rieger* § 72 Rn. 27.

[226] Kallmeyer/*Marsch-Barner* § 72 Rn. 7; Kölner Kommentar-UmwG/*Simon* § 72 Rn. 24; Lutter/*Grunewald* § 72 Rn. 10; Semler/Stengel/*Diekmann* § 72 Rn. 18.

[227] Kallmeyer/*Marsch-Barner* § 72 Rn. 7; Kölner Kommentar-UmwG/*Simon* § 72 Rn. 24; Lutter/*Grunewald* § 72 Rn. 10; Semler/Stengel/*Diekmann* § 72 Rn. 18.

[228] Kölner Kommentar-UmwG/*Simon* § 73 Rn. 1; Lutter/*Grunewald* § 73 Rn. 1.

[229] Kallmeyer/*Marsch-Barner* § 73 Rn. 3; Kölner Kommentar-UmwG/*Simon* § 73 Rn. 6; Lutter/*Grunewald* § 73 Rn. 7.

durch soll gewährleistet werden, dass die Anteilsinhaber jedes übertragenden Rechtsträgers nicht gegen Barleistung ausgekauft werden, sondern vornehmlich Aktien erhalten.[230] Für den Fall, dass ein übertragender Rechtsträger eine Kapitalgesellschaft ist, findet nach richtiger Auffassung zudem § 68 Abs. 1 S. 1 Nr. 2 UmwG entsprechende Anwendung, wonach die Ausgabe neuer Anteile nicht gestattet ist, soweit der übertragende Rechtsträger eigene Anteile hält.[231]

125 Unanwendbar sind darüber hinaus die **Bestimmungen über die Nachgründung** nach § 67 UmwG, die durch § 76 Abs. 1 UmwG ersetzt wurden (→ Rn. 51 ff.). Danach darf zur Verhinderung der Umgehung der Nachgründungsvorschriften eine übertragende AG die Verschmelzung erst dann beschließen, wenn sie und jede andere übertragende AG bereits zwei Jahre im Register eingetragen ist.[232]

2. Inhalt der Satzung, § 74 UmwG

126 a) **Allgemeines.** Neben den sonstigen gründungsrelevanten Satzungsangaben für den neu gegründeten Rechtsträger in der Form einer AG (§ 73 iVm § 36 UmwG) sind in dessen Satzung auch **Angaben über etwaige Sondervorteile, den Gründungsaufwand, Sacheinlagen oder Sachübernahmen** festzusetzen (§§ 26, 27 AktG), die im Zusammenhang mit der Neugründung vereinbart werden. Da es sich bei der Verschmelzung zur Neugründung letztlich um eine Sachgründung handelt, sind in der neuen Satzung auch entsprechende Festsetzungen der Sacheinlagen vorzunehmen.[233] Die gesamte Satzung muss nach § 37 UmwG im Verschmelzungsvertrag enthalten oder festgestellt sein.

127 Für den Fall, dass der übertragende Rechtsträger eine AG, KGaA, SE oder GmbH ist, können (auch) in deren Satzungen Sondervorteile, Gründungsaufwand, Sacheinlagen oder Sachübernahmen festgesetzt sein (§§ 26, 27 AktG, § 5 Abs. 4 GmbHG); darüber hinaus sind auch bei Personenhandelsgesellschaften oder Partnerschaftsgesellschaften häufig besondere Beitragsleistungen oder Sonderrechte einzelner Gesellschafter im Gesellschaftsvertrag festgelegt. § 74 UmwG bestimmt nun, dass auch alle solchen satzungsmäßigen Festsetzungen in Gesellschaftsverträgen von übertragenden Rechtsträgern in die Satzung der übernehmenden AG zu übernehmen sind. Diese durch § 74 UmwG erweiterte Gründungspublizität hat vor allem mit Blick auf die fortbestehende satzungsmäßige Festsetzung über Sondervorteile praktische Bedeutung, da Ansprüche auf derartige Sondervorteile materiellrechtlich erlöschen, wenn diese nicht in die Satzung des neuen Rechtsträgers übernommen werden.[234]

128 **Formale Gründer** der neuen AG sind die verschmelzenden Rechtsträger (§ 36 Abs. 2 S. 2 UmwG). Die diese grundsätzlich treffende **Gründerhaftung** (§ 46 AktG) erlischt jedoch im Wege der Konfusion mit der Eintragung der Verschmelzung (§ 20 Abs. 1 Nr. 2 UmwG). Auch ein Übergang dieser Haftung auf die Aktionäre der Gesellschaft findet nicht statt.[235]

129 b) **Angaben zum Grundkapital.** In der Satzung des neu zu gründenden Rechtsträgers sind darüber hinaus nach § 23 Abs. 3 Nr. 3 und 4 AktG die Höhe und die Einteilung des Grundkapitals anzugeben.[236] Dabei darf es zu keiner **Unter-pari-Emission** kommen;

---

[230] Kallmeyer/*Marsch-Barner* § 73 Rn. 3; Lutter/*Grunewald* § 73 Rn. 7.
[231] Kallmeyer/*Marsch-Barner* § 73 Rn. 3; Kölner Kommentar-UmwG/*Simon* § 73 Rn. 5; Lutter/*Grunewald* § 73 Rn. 7.
[232] Kallmeyer/*Marsch-Barner* § 73 Rn. 4; Kölner Kommentar-UmwG/*Simon* § 73 Rn. 7.
[233] Kölner Kommentar-UmwG/*Simon* § 74 Rn. 10; Maulbetsch/Klumpp/Rose/*Maulbetsch* § 74 Rn. 11; Widmann/Mayer/*Rieger* § 74 Rn. 3.
[234] Böttcher/Habighorst/Schulte/*Habighorst* § 74 Rn. 6 f.; Lutter/*Grunewald* § 74 Rn. 8; Semler/Stengel/*Diekmann* § 74 Rn. 6.
[235] Kallmeyer/*Marsch-Barner* § 74 Rn. 4; Lutter/*Grunewald* § 74 Rn. 5; Maulbetsch/Klumpp/Rose/*Maulbetsch* § 74 Rn. 12; Semler/Stengel/*Diekmann* § 74 Rn. 5.
[236] Kallmeyer/*Marsch-Barner* § 74 Rn. 1; Lutter/*Grunewald* § 74 Rn. 4; Semler/Stengel/*Diekmann* § 74 Rn. 4.

andernfalls darf die Verschmelzung nicht eingetragen werden.[237] Wird diese gleichwohl eingetragen, bleibt sie nach § 20 Abs. 2 UmwG jedoch wirksam.[238]

3. Gründungsbericht und Gründungsprüfung, § 75 UmwG

a) Allgemeines. Durch § 75 UmwG werden die allgemeinen aktienrechtlichen Gründungsvorschriften für den Fall der Verschmelzung durch Neugründung einer AG ergänzt.[239]

b) Gründungsbericht. Nach § 36 Abs. 2 S. 1 UmwG sind auf die Verschmelzung durch Neugründung einer AG die aktienrechtlichen Gründungsvorschriften anzuwenden. Nach § 32 AktG sind demnach die Gründer des neuen Rechtsträgers (dh die verschmelzenden Rechtsträger) verpflichtet, einen schriftlichen Gründungsbericht zu erstellen, welcher nach § 37 Abs. 4 Nr. 4 AktG mit der Anmeldung der Verschmelzung dem Handelsregister einzureichen ist.[240] Diese **Verpflichtungen** werden nach § 75 Abs. 1 UmwG dadurch ergänzt, dass im Gründungsbericht der Geschäftsverlauf und die Lage der verschmelzenden Rechtsträger darzulegen sind. Ziel dieses Erfordernisses ist, ein **aktuelles und realistisches Bild der wirtschaftlichen Situation** dieser Rechtsträger zu vermitteln.[241] Uneinheitlich wird die Frage beurteilt, wie viele Geschäftsjahre zu diesem Zwecke im **historischen Betrachtungshorizont** des Gründungsberichts Berücksichtigung finden müssen, damit auch angemessen auf außerordentliche Risiken, drohende Verluste oder wesentliche Veränderungen bei dem verschmelzenden Rechtsträger (§ 289 HGB) eingegangen werden kann.[242] Letztlich ist in jedem Fall, ohne starre zeitliche Beschränkung, eine detaillierte Darstellung all solcher Ereignisse oder Elemente zu fordern, die für die sachgerechte Beurteilung der aktuellen Situation von Bedeutung sind.[243] Bei Veränderungen, die in der Zeit zwischen der Erstellung des Gründungsberichts und der Anmeldung der neu zu gründenden AG eingetreten sind, ist ein entsprechender **Nachtragsbericht** zu erstatten.[244]

c) Gründungsprüfung. Da die Verschmelzung durch Neugründung eine Sachgründung mit Sacheinlagen darstellt, ist eine **externe Gründungsprüfung durch unabhängige Prüfer** nach § 33 Abs. 2 Nr. 4 AktG erforderlich.[245] Im Sinne der Vereinfachung und der Kosteneffizienz sieht § 75 Abs. 1 S. 2 UmwG jedoch vor, dass der Verschmelzungsprüfer (auch) als Gründungsprüfer bestellt werden darf.[246] Das Gericht wird also bei entsprechendem Antrag den Verschmelzungsprüfer als externen Gründungsprüfer bestellen (müssen).[247] Der **Umfang der Gründungsprüfung** bestimmt sich nach § 34 AktG.[248]

d) Ausnahmen. Von der Pflicht zur Erstellung eines Gründungsberichts und von dem Erfordernis der externen Gründungsprüfung sieht § 75 Abs. 2 UmwG dann eine Ausnahme vor, **wenn der übertragende Rechtsträger eine Kapitalgesellschaft oder eine eingetragene Genossenschaft ist**. Weisen nur einige (nicht jedoch sämtliche) der übertragenden Rechtsträger eine dieser Rechtsformen auf, haben die übrigen übertragenden

---

[237] Lutter/*Grunewald* § 74 Rn. 4; Semler/Stengel/*Diekmann* § 74 Rn. 4.
[238] Lutter/*Grunewald* § 74 Rn. 4.
[239] Kölner Kommentar-UmwG/*Simon* § 75 Rn. 1; Lutter/*Grunewald* § 75 Rn. 1.
[240] Kölner Kommentar-UmwG/*Simon* § 75 Rn. 6.
[241] Kölner Kommentar-UmwG/*Simon* § 75 Rn. 8; Lutter/*Grunewald* § 75 Rn. 3.
[242] Kallmeyer/*Marsch-Barner* § 75 Rn. 3; Lutter/*Grunewald* § 75 Rn. 3.
[243] Lutter/*Grunewald* § 75 Rn. 3. Von Kallmeyer/*Marsch-Barner* § 75 Rn. 3 und Kölner Kommentar-UmwG/*Simon* § 75 Rn. 9 wird vorgeschlagen, die Darstellung auf die beiden letzten Geschäftsjahre zu erstrecken. Semler/Stengel/*Diekmann* § 75 Rn. 3 plädiert für die Berücksichtigung nur des letzten Geschäftsjahres.
[244] Kallmeyer/*Marsch-Barner* § 75 Rn. 3; Kölner Kommentar-UmwG/*Simon* § 75 Rn. 11; Lutter/ Grunewald § 75 Rn. 3; Semler/Stengel/*Diekmann* § 75 Rn. 3.
[245] Kallmeyer/*Marsch-Barner* § 75 Rn. 3a; Lutter/*Grunewald* § 75 Rn. 4.
[246] Kallmeyer/*Marsch-Barner* § 75 Rn. 3a; Semler/Stengel/*Diekmann* § 75 Rn. 3a.
[247] Kallmeyer/*Marsch-Barner* § 75 Rn. 3a; aA Lutter/*Grunewald* § 75 Rn. 6.
[248] Kallmeyer/*Marsch-Barner* § 75 Rn. 4; Lutter/*Grunewald* § 75 Rn. 6.

Rechtsträger einen Gründungsbericht zu erstellen und eine externe Gründungsprüfung durchzuführen.[249] Die Ausnahmeregelung des § 75 Abs. 2 UmwG wird nicht von Fallgestaltungen verdrängt, bei denen eine Sacheinlagenprüfung nach § 69 Abs. 1 S. 1 UmwG (Kapitalerhöhung zur Durchführung einer Verschmelzung durch Aufnahme) erforderlich wäre.[250] Dessen ungeachtet ist das Registergericht jedoch für den Fall, dass es **Zweifel an einer ausreichenden Kapitalaufbringung** hat, nach dem **allgemeinen Amtsermittlungsgrundsatz** berechtigt, eine externe Gründungsprüfung ungeachtet der Ausnahme von § 75 Abs. 2 UmwG anzuordnen.[251] Von der Ausnahmeanordnung nach § 75 Abs. 2 UmwG ist nur die externe Gründungsprüfung umfasst; die interne Prüfung seitens des Vorstands und des Aufsichtsrats auf der Grundlage des § 33 Abs. 1 AktG bleibt also davon unberührt.[252]

134 **e) Rechtsfolgen bei Verstößen.** Werden die erforderlichen Berichte nicht erstellt oder findet eine erforderliche externe Gründungsprüfung nicht statt, **kann das Registergericht die Eintragung der Verschmelzung ablehnen.**[253] Falls die Verschmelzung trotzdem eingetragen wird, haben die Mängel keinerlei Einfluss auf die Wirksamkeit der Verschmelzung.[254] Weist der Gründungsbericht inhaltliche Mängel auf, sind die Gründer, also die übertragenden Rechtsträger, **zivil- und strafrechtlich** nach §§ 46, 399 AktG verantwortlich. Da diese mit Wirksamwerden der Verschmelzung jedoch erloschen sind, wird ihr Fortbestehen nach § 25 Abs. 2 UmwG für diese Zwecke fingiert.[255]

4. Verschmelzungsbeschlüsse, § 76 UmwG

135 **a) Allgemeines.** Nach § 76 Abs. 1 UmwG darf eine übertragende Aktiengesellschaft die Verschmelzung erst beschließen, wenn sie und jede andere übertragende Aktiengesellschaft bereits zwei Jahre im Register eingetragen sind. Die Vorschrift dient dem **Gläubigerschutz**, indem die Umgehung der Nachgründungsvorschriften (§§ 52, 53 AktG) verhindert werden soll.[256] § 76 Abs. 2 UmwG bestimmt den Zeitpunkt des Wirksamwerdens der Satzung und der Bestellung der neu zu wählenden Aufsichtsratsmitglieder.

136 **b) Anwendungsbereich.** Die Regelung des § 76 Abs. 1 UmwG ist auch auf **Mischverschmelzungen** anwendbar, solange sich eine AG als übertragender Rechtsträger an der Verschmelzung beteiligt und der neu zu gründende Rechtsträger eine AG ist.[257] Dagegen setzt die Anwendung der § 76 Abs. 2 S. 1 und 2 UmwG lediglich voraus, dass der neu zu gründende Rechtsträger eine AG ist, während die Rechtsform der übertragenden Rechtsträger hierfür irrelevant ist.[258] Die Anwendung des § 76 Abs. 2 S. 3 UmwG setzt voraus,

---

[249] Kallmeyer/*Marsch-Barner* § 75 Rn. 4; Kölner Kommentar-UmwG/*Simon* § 75 Rn. 15; Semler/Stengel/*Diekmann* § 75 Rn. 6. Siehe aber die Kritik von Lutter/*Grunewald* § 75 Rn. 4.

[250] Kallmeyer/*Marsch-Barner* § 75 Rn. 5; Kölner Kommentar-UmwG/*Simon* § 75 Rn. 16; Semler/Stengel/*Diekmann* § 75 Rn. 8.

[251] Kallmeyer/*Marsch-Barner* § 75 Rn. 5; Kölner Kommentar-UmwG/*Simon* § 75 Rn. 14; Lutter/*Grunewald* § 75 Rn. 5; Semler/Stengel/*Diekmann* § 75 Rn. 8.

[252] Kallmeyer/*Marsch-Barner* § 75 Rn. 6; Kölner Kommentar-UmwG/*Simon* § 75 Rn. 17; Lutter/*Grunewald* § 75 Rn. 4; Semler/Stengel/*Diekmann* § 75 Rn. 7.

[253] Kallmeyer/*Marsch-Barner* § 75 Rn. 7; Kölner Kommentar-UmwG/*Simon* § 75 Rn. 18; Lutter/*Grunewald* § 75 Rn. 7.

[254] Kallmeyer/*Marsch-Barner* § 75 Rn. 7; Kölner Kommentar-UmwG/*Simon* § 75 Rn. 18; Lutter/*Grunewald* § 75 Rn. 7.

[255] Kallmeyer/*Marsch-Barner* § 75 Rn. 7; Kölner Kommentar-UmwG/*Simon* § 75 Rn. 19; Widmann/Mayer/*Rieger* § 75 Rn. 13.

[256] Kallmeyer/*Zimmermann* § 76 Rn. 1; Kölner Kommentar-UmwG/*Simon* § 76 Rn. 1, 10; Lutter/*Grunewald* § 76 Rn. 1; Semler/Stengel/*Diekmann* § 76 Rn. 2. Zu einer rechtspolitischen Bewertung der Vorschrift siehe Lutter/*Grunewald* § 76 Rn. 2; Kölner Kommentar-UmwG/*Simon* § 76 Rn. 13.

[257] Kallmeyer/*Zimmermann* § 76 Rn. 1; Kölner Kommentar-UmwG/*Simon* § 76 Rn. 5; Lutter/*Grunewald* § 76 Rn. 4; Semler/Stengel/*Diekmann* § 76 Rn. 4.

[258] Kölner Kommentar-UmwG/*Simon* § 76 Rn. 7.

dass der übertragende Rechtsträger eine AG ist, die Rechtsform des neuen Rechtsträgers ist hierfür ohne Bedeutung.[259]

c) Die Sperre. Für die **Berechnung der Zweijahressperrfrist** nach § 76 Abs. 1 137
UmwG sind §§ 187 Abs. 1, 188 Abs. 2 S. 1 BGB maßgeblich, wobei zeitlicher Bezugspunkt die Fassung des Verschmelzungsbeschlusses durch die Hauptversammlung ist.[260] Die Sperre gilt auch für den Fall, dass die Zweijahresfrist nur für einen der übertragenden Rechtsträger noch nicht abgelaufen ist.[261] Wird die Sperrfrist des § 76 Abs. 1 UmwG missachtet, ist jeder Verschmelzungsbeschluss bei einem übertragenden Rechtsträger **anfechtbar**.[262] Dies gilt zumindest für die Verschmelzungsbeschlüsse aller beteiligten Aktiengesellschaften[263]; nach einer strengeren Auffassung soll dies jedoch auch für andere übertragende Rechtsträger gelten, die nicht die Rechtsform einer AG haben.[264] Wird der Verschmelzungsbeschluss trotz dieses Eintragungshindernisses eingetragen, hat der Verstoß nach § 20 Abs. 2 UmwG keinen Einfluss auf die Wirksamkeit der Verschmelzung.[265]

d) Zeitpunkt des Wirksamwerdens der Satzung. Die Satzung der neu zu gründen- 138
den AG wird nach § 76 Abs. 2 S. 1 UmwG erst dann wirksam, wenn die Versammlungen der übertragenden Rechtsträger die **Verschmelzungsbeschlüsse** gefasst haben. Beziehen sich die Verschmelzungsbeschlüsse lediglich auf den **Entwurf des Verschmelzungsvertrags**, dessen Bestandteil nach § 37 UmwG auch die Satzung des neuen Rechtsträgers ist, wird die Satzung dagegen erst mit der **Beurkundung des endgültigen Verschmelzungsvertrags** wirksam, weil § 23 Abs. 1 S. 1 AktG für die Feststellung der Satzung die notarielle Beurkundung verlangt.[266] Ist der übertragende Rechtsträger eine AG, so ist der Wortlaut der Satzung der neu zu gründenden AG über § 76 Abs. 2 S. 3 UmwG nach § 124 Abs. 2 S. 3 AktG und § 124 Abs. 3 S. 1 AktG bekannt zu machen.[267]

e) Zeitpunkt des Wirksamwerdens der Bestellung der Mitglieder des ersten 139
Aufsichtsrats. Nach § 76 Abs. 2 S. 2 UmwG bedarf es zur Bestellung der Aufsichtsratsmitglieder der Anteilseigner der neu zu gründenden AG der **Zustimmung der Anteilsinhaber der übertragenden Rechtsträger durch Verschmelzungsbeschluss**. Nach dem ausdrücklichen Wortlaut des § 76 Abs. 2 S. 2 UmwG sind nur diejenigen Aufsichtsratsmitglieder zu bestellen, die nach § 31 AktG von der Hauptversammlung gewählt werden müssen. Dies trägt dem Umstand Rechnung, dass es sich bei der Verschmelzung zur Neugründung um eine Sachgründung handelt, bei welcher Unternehmen eingebracht werden.[268] Zugleich soll hierdurch gewährleistet werden, dass im ersten Aufsichtsrat genügend Plätze für die Vertreter der Arbeitnehmer frei bleiben, bis sie gewählt werden und ihr Amt antreten können.[269] Die Zustimmung der Anteilseigner zur Bestellung der ersten Aufsichtsratsmitglieder wird durch die Fassung des Verschmelzungsbeschlusses erteilt; es bedarf hierfür also nicht der Fassung eines besonderen Zustimmungsbeschlusses.[270] Obwohl

---

[259] Kölner Kommentar-UmwG/*Simon* § 76 Rn. 8.
[260] Kölner Kommentar-UmwG/*Simon* § 76 Rn. 11; Semler/Stengel/*Diekmann* § 76 Rn. 6.
[261] Kölner Kommentar-UmwG/*Simon* § 76 Rn. 12.
[262] Kallmeyer/*Zimmermann* § 76 Rn. 4; Kölner Kommentar-UmwG/*Simon* § 76 Rn. 22; Lutter/ *Grunewald* § 76 Rn. 5; aA Semler/Stengel/*Diekmann* § 76 Rn. 7 (Verschmelzungsbeschlüsse nichtig).
[263] Kallmeyer/*Zimmermann* § 76 Rn. 4; Kölner Kommentar-UmwG/*Simon* § 76 Rn. 22.
[264] Lutter/*Grunewald* § 76 Rn. 5.
[265] Kallmeyer/*Zimmermann* § 76 Rn. 4; Kölner Kommentar-UmwG/*Simon* § 76 Rn. 23; Lutter/ *Grunewald* § 76 Rn. 6; Semler/Stengel/*Diekmann* § 76 Rn. 7.
[266] Kallmeyer/*Zimmermann* § 76 Rn. 5; Kölner Kommentar-UmwG/*Simon* § 76 Rn. 16; Lutter/ *Grunewald* § 76 Rn. 7.
[267] Lutter/*Grunewald* § 76 Rn. 7.
[268] Kallmeyer/*Zimmermann* § 76 Rn. 6; Kölner Kommentar-UmwG/*Simon* § 76 Rn. 18; Semler/ Stengel/*Diekmann* § 76 Rn. 10.
[269] Kallmeyer/*Zimmermann* § 76 Rn. 6; Kölner Kommentar-UmwG/*Simon* § 76 Rn. 18; Semler/ Stengel/*Diekmann* § 76 Rn. 10
[270] Kallmeyer/*Zimmermann* § 76 Rn. 7; Kölner Kommentar-UmwG/*Simon* § 76 Rn. 19.

ein gesonderter Zustimmungsbeschluss nicht erforderlich ist, ist davon auszugehen, dass, wenn bei der Fassung der Verschmelzungsbeschlüsse über die Bestellung der Aufsichtsratsmitglieder (noch) nicht entschieden worden sein sollte, die Bestellung mit den gleichen Mehrheiten und unter Einhaltung der gleichen Verfahrensvorschriften nachgeholt werden kann.[271] Kommt es dazu, darf die Verschmelzung erst nach der Bestellung der Aufsichtsratsmitglieder eingetragen werden.[272] Umgekehrt gilt auch, dass die Bestellung der Aufsichtsratsmitglieder erst durch die Beurkundung des Verschmelzungsvertrags wirksam wird, wenn den Verschmelzungsbeschlüssen lediglich der Entwurf des Verschmelzungsvertrags mit den Angaben über die Aufsichtsratsmitglieder zugrunde liegt.[273] Die Bestellung der ersten Aufsichtsratsmitglieder wird dadurch Bestandteil des Verschmelzungsvertrags.[274] Ist der übertragende Rechtsträger eine AG, sind die Vorschläge zu den Aufsichtsratskandidaten sowie Auskünfte über diese Personen nach § 76 Abs. 2 S. 3 UmwG und nach § 124 Abs. 3 S. 1 und 3 AktG bekannt zu machen.[275] Eine etwaige Anfechtungsklage gegen den Beschluss über die Bestellung der Aufsichtsratsmitglieder hat keine Auswirkungen auf die Wirksamkeit und die Eintragung der Verschmelzung.[276]

IV. Besonderheiten unter Beteiligungen von Kommanditgesellschaften auf Aktien, § 78 UmwG

1. Allgemeines zur Vorschrift

140 Nach § 78 S. 1 UmwG gelten die besonderen Verschmelzungsvorschriften für die AG (§§ 60–76 UmwG) grundsätzlich auch für eine an einer Verschmelzung (durch Aufnahme oder Neugründung) beteiligte KGaA. Besonderheiten im Verhältnis zur AG ergeben sich demgegenüber aus der **Beteiligung persönlich haftender Gesellschafter an der KGaA**: So stellt § 78 S. 2 UmwG klar, dass an die Stelle des Vorstands (nur) die vertretungsberechtigten persönlich haftenden Gesellschafter bei der KGaA treten und der Verschmelzungsbeschluss im Grundsatz auch an die Zustimmung aller persönlich haftenden Gesellschafter gebunden ist. Schließlich wird klargestellt, dass für Zwecke des Verschmelzungsrechts AG und KGaA nicht als Rechtsträger unterschiedlicher Rechtsform gelten (§ 78 S. 4 UmwG).

2. Verweis auf Vorschriften über Aktiengesellschaften, § 78 S. 1 UmwG

141 Mit Blick darauf, dass die KGaA (wie die AG) eine Kapitalgesellschaft ist und die Rechtsstellung der Kommanditaktionäre bei einer KGaA aufgrund der allgemeinen Verweisnorm in § 278 Abs. 3 AktG im Wesentlichen derjenigen der Aktionäre einer AG entspricht, ist es folgerichtig, dass § 78 S. 1 UmwG die AG-spezifischen Bestimmungen nach den §§ 60–76 UmwG auch für die KGaA im Grundsatz für (entsprechend) anwendbar erklärt. Dies gilt namentlich für die Regelungen über die Zustimmung der Hauptversammlung zum Verschmelzungsbeschluss, die Vorschriften über Kapitalerhöhungen zum Zwecke der Durchführung der Verschmelzung, den Umtausch der Aktien nach Eintragung der Verschmelzung sowie die Bestimmungen über die Neugründung einer KGaA im Fall der Verschmelzung zur Neugründung.

---

[271] Lutter/*Grunewald* § 76 Rn. 8; aA Kölner Kommentar-UmwG/*Simon* § 76 Rn. 19.
[272] Lutter/*Grunewald* § 76 Rn. 8.
[273] Kölner Kommentar-UmwG/*Simon* § 76 Rn. 19; Lutter/*Grunewald* § 76 Rn. 8; Semler/Stengel/*Diekmann* § 76 Rn. 11.
[274] Kallmeyer/*Zimmermann* § 76 Rn. 7; Kölner Kommentar-UmwG/*Simon* § 76 Rn. 19.
[275] Kölner Kommentar-UmwG/*Simon* § 76 Rn. 20; Lutter/*Grunewald* § 76 Rn. 8.
[276] Kölner Kommentar-UmwG/*Simon* § 76 Rn. 24; Lutter/*Grunewald* § 76 Rn. 9; Semler/Stengel/*Diekmann* § 76 Rn. 13.

3. Rechtsstellung der persönlich haftenden Gesellschafter, § 78 S. 2 UmwG

Allerdings ergeben sich aus dem Umstand, dass – anders als bei der AG – neben den (Kommandit-)Aktionären mit den persönlich haftenden Gesellschaftern noch eine weitere Kategorie von Gesellschaftern an der KGaA beteiligt sind und es sich bei der KGaA letztlich um eine **Mischform aus AG und Personenhandelsgesellschaft** handelt (vgl. § 278 Abs. 2, 3 UmwG), gewisse **Abweichungen von den AG-spezifischen Bestimmungen** der §§ 60–76 UmwG.[277] 142

So bestimmt § 78 S. 2 UmwG, dass an die Stelle des Vorstands der AG die persönlich haftenden Gesellschafter der KGaA nur insoweit treten, wie diese auch zur Vertretung der KGaA ermächtigt sind. Denn anders als im Falle des Vorstands der AG, dessen Vertretungsmacht nicht beschränkbar ist (§ 82 Abs. 1 AktG), kann die Vertretungsberechtigung von (einzelnen) persönlich haftenden Gesellschaftern der KGaA ausgeschlossen bzw. beschränkt werden (§ 278 Abs. 2 AktG iVm §§ 161 Abs. 2, 125 HGB). Die zur Vertretung befugten persönlich haftenden Gesellschafter einer KGaA trifft somit vor allem die Pflicht zur Erstellung des Verschmelzungsberichts (§ 8 UmwG), zur Bestellung der Verschmelzungsprüfer (§§ 60, 9–12 UmwG), zur Erläuterung des Verschmelzungsvertrages bzw. seines Entwurfs sowie zur Unterrichtung über wesentliche Veränderungen (§ 64 S. 2, 3 UmwG) oder zur Anmeldung der Verschmelzung zur Eintragung in das Handelsregister (§ 16 Abs. 1 UmwG).[278] 143

4. Zustimmung der persönlich haftenden Gesellschafter, § 78 S. 3 UmwG

Im Falle einer AG gilt, dass der Verschmelzungsbeschluss der Zustimmung von mindestens drei Vierteln des bei der Beschlussfassung vertretenen Grundkapitals bedarf (§ 65 Abs. 1 S. 1 UmwG). Auf die KGaA übertragen bedeutet dies, dass es auf das in Aktien zerlegte Grundkapital im Sinne von § 278 Abs. 1 AktG und damit nur auf die Zustimmung der an der **Beschlussfassung** teilnehmenden Kommanditaktionäre ankommt.[279] Demnach zählen bei der KGaA zu dem relevanten Grundkapital zwar auch solche Aktien, die von persönlich haftenden Gesellschaftern (**insoweit in der Rechtsstellung eines Kommanditaktionärs**) gehalten werden, nicht jedoch etwaige von persönlich haftenden Gesellschaftern erbrachte Vermögens- oder Sondereinlagen (im Sinne von § 281 Abs. 2 AktG), die gerade nicht auf das Grundkapital der KGaA geleistet werden.[280] Zusätzlich wird der Hauptversammlungsbeschluss der Kommanditaktionäre nur wirksam, wenn ihm auch **sämtliche persönlich haftende Gesellschafter** zugestimmt haben (§ 78 S. 3 UmwG). Dabei ist grundsätzlich **Einstimmigkeit** erforderlich; allerdings kann die Satzung der KGaA auch eine (einfache) Mehrheitsentscheidung der persönlich haftenden Gesellschafter ausreichen lassen (§ 78 S. 3 Hs. 2 UmwG). Ein vollständiger satzungsmäßiger Ausschluss des Zustimmungsrechts der persönlich haftenden Gesellschafter ist jedoch mit Blick auf § 23 Abs. 5 AktG nicht zulässig.[281] Die Zustimmungserklärung der persönlich haftenden Gesellschafter ist **notariell zu beurkunden** (§ 13 Abs. 3 S. 1 UmwG). Diese kann sowohl vor als auch nach Beschlussfassung durch die Hauptversammlung erfolgen und in entsprechender Anwendung von § 285 Abs. 3 S. 3 AktG auch in der Verhandlungsniederschrift über den Hauptversammlungsbeschluss bzw. in einem Anhang dazu beurkundet werden.[282] 144

---

[277] Zur Rechtsnatur der KG aA MünchHdb. GesR IV/*Herfs* § 76 Rn. 10 ff.
[278] Vgl. hierzu auch Henssler/Strohn/*Wardenbach* § 78 Rn. 1 f.; Lutter/*Grunewald* § 78 Rn. 3; Widmann/Mayer/*Rieger* § 78 Rn. 16.
[279] Semler/Stengel/*Perlitt* § 78 Rn. 9; Widmann/Mayer/*Rieger* § 78 Rn. 11 f.
[280] Böttcher/Habighorst/Schulte/*Habighorst* § 78 Rn. 9; Kallmeyer/*Marsch-Barner* § 78 Rn. 8; Kölner Kommentar-UmwG/*Simon* § 78 Rn. 20; Widmann/Mayer/*Rieger* § 78 Rn. 11 f.
[281] Kallmeyer/*Marsch-Barner* § 78 Rn. 5; Lutter/*Grunewald* § 78 Rn. 4; Semler/Stengel/*Perlitt* § 78 Rn. 13; Widmann/Mayer/*Rieger* § 78 Rn. 17.
[282] Kallmeyer/*Marsch-Barner* § 78 Rn. 7; Lutter/*Grunewald* § 78 Rn. 9; Schmitt/Hörtnagl/Stratz/*Stratz* § 78 Rn. 5.

5. Rechtsstellung der Gesellschafter nach der Verschmelzung

145 Für den Fall, dass eine KGaA als übertragender Rechtsträger an einer Verschmelzung beteiligt ist, erlischt mit Wirksamwerden der Verschmelzung nicht nur die Gesellschaft, sondern im Grundsatz auch die **Organstellung der Komplementäre** als solcher (→ § 13 Rn. 145). Lediglich für den Fall, dass auch der übernehmende bzw. neue Rechtsträger eine KGaA (bzw. KG oder OHG) ist, können die ausscheidenden Komplementäre diesem Rechtsträger auf der Grundlage einer entsprechenden Satzungsregelung (§ 281 Abs. 1 AktG) als neue bzw. weitere Komplementäre beitreten; für diesen Fall besteht zudem die Möglichkeit, eine beim übertragenden Rechtsträger geleistete (Sonder-)Einlage im Sinne von § 281 Abs. 2 AktG beim übernehmenden bzw. neu zu gründenden Rechtsträger gutzuschreiben.[283] In allen anderen Fällen, in denen der übernehmende bzw. neu zu gründende Rechtsträger keine KGaA (bzw. KG oder OHG) ist, richten sich die rechtlichen Auswirkungen der Verschmelzung auf die Komplementäre danach, ob der Komplementär an der übertragenden KGaA vermögensmäßig im Wege einer (Sonder-)Einlage beteiligt ist oder nicht. Ist er nicht in dieser Weise vermögensmäßig beteiligt, endet die Komplementärstellung mit Wirksamwerden der Verschmelzung ersatzlos, weil der Komplementär in diesem Fall mangels Anteilsinhaberschaft am übertragenden Rechtsträger auch keine Anteile am übernehmenden bzw. neu zu gründenden Rechtsträger im Rahmen der Verschmelzung erhalten kann.[284]

146 Hat der Komplementär hingegen eine **(Sonder-)Einlage** im Sinne von § 281 Abs. 2 AktG beim übertragenden Rechtsträger geleistet, ohne dass zugleich die Einräumung einer Komplementärstellung beim übernehmenden bzw. neuen Rechtsträger erfolgen soll bzw. (rechtformbedingt) erfolgen kann und daher auch eine Gutschrift der erbrachten (Sonder-)Einlage beim übernehmenden Rechtsträger nicht in Betracht kommt, stellt sich die Frage nach den Rechtsfolgen der Verschmelzung für das Schicksal dieser (Sonder-)Einlage. Das Meinungsspektrum ist insoweit uneinheitlich.[285] Nach richtiger, vermittelnder Ansicht wird man im Grundsatz als Rechtsfolge vom **Entstehen eines Barabfindungsanspruchs** in Höhe des Betrags der (Sonder-)Einlage nach § 278 Abs. 2 AktG iVm §§ 161, 105 HGB, 738 BGB auszugehen haben, wobei durch entsprechende Festsetzung im Verschmelzungsvertrag alternativ auch eine **Abfindung in Anteilen** des übernehmenden bzw. neu zu gründenden Rechtsträgers erfolgen kann.[286] Hierfür spricht vor allem der Umstand, dass § 2 UmwG mit Blick auf die Umtauschberechtigung im Rahmen einer Verschmelzung allgemein von „Anteilsinhabern" spricht und die KGaA aufgrund ihrer besonderen Rechtsformmerkmale mit den Kommanditaktionären und den (vermögensmäßig beteiligten) Komplementären über zwei Kategorien von Anteilsinhabern verfügt.

147 Hinsichtlich der **Nachhaftung der Komplementäre** gilt, dass diese unabhängig von einer etwaigen Beteiligung am übernehmenden oder neu zu gründenden Rechtsträger für die vor der Verschmelzung begründeten Verbindlichkeiten des übertragenden Rechtsträgers nach §§ 278 Abs. 2 AktG iVm §§ 161 Abs. 2, 128 HGB weiter haften. Allerdings soll nach richtiger Ansicht auf die (Nach-)Haftung des Komplementärs einer übertragenden KGaA die in ihren Rechtsfolgen für den Komplementär günstigere **Enthaftungsregelung nach § 45 UmwG** (→ Rn. 51) analoge Anwendung finden und nicht die bloße Verjährungsvorschrift des § 159 HGB.[287]

---

[283] Kallmeyer/*Marsch-Barner* § 78 Rn. 8; Maulbetsch/Klumpp/Rose/*Maulbetsch* § 78 Rn. 21; Semler/Stengel/*Perlitt* § 78 Rn. 22; Widmann/Mayer/*Rieger* § 78 Rn. 23.

[284] Kölner Kommentar-UmwG/*Simon* § 78 Rn. 18; Schmitt/Hörtnagl/Stratz/*Stratz* § 78 Rn. 8; Semler/Stengel/*Perlitt* § 78 Rn. 24; Widmann/Mayer/*Rieger* § 78 Rn. 22.

[285] Vgl. zum Meinungsstand eingehend Kölner Kommentar-UmwG/*Simon* § 78 Rn. 21 f.; Semler/Stengel/*Perlitt* § 78 Rn. 25 ff.

[286] In diesem Sinne etwa Kölner Kommentar-UmwG/*Simon* § 78 Rn. 22; Maulbetsch/Klumpp/Rose/*Maulbetsch* § 78 Rn. 22; Schmitt/Hörtnagl/Stratz/*Stratz* § 78 Rn. 8; Widmann/Mayer/*Rieger* § 78 Rn. 25.

[287] Lutter/*Schmidt* § 45 Rn. 11; Semler/Stengel/*Ihrig* § 45 Rn. 5; aA Widmann/Mayer/*Vossius* § 45 Rn. 11; vgl. zum Meinungsstand auch Kölner Kommentar-UmwG/*Simon* § 78 Rn. 23.

6. Barabfindung, § 78 S. 4 UmwG

Schließlich regelt § 78 S. 4 UmwG für den Fall der **Mischverschmelzung zwischen einer AG und einer KGaA**, gleich ob als übernehmender oder übertragender Rechtsträger, dass diese beiden Rechtsformen für Zwecke der Anwendung der §§ 29, 34 UmwG nicht als unterschiedliche Rechtsformen gelten sollen. Auf diese Weise soll die Entstehung eines Anspruchs auf Barabfindung nach § 29 Abs. 1 S. 1 Alt. 1 UmwG gegenüber dem übernehmenden Rechtsträger gegen Übertragung der im Rahmen der Verschmelzung zunächst neu erworbenen Anteile vermieden werden, da dies im Ergebnis zur grundsätzlich unerwünschten Entstehung eigener Anteile beim übernehmenden Rechtsträger führen würde.[288] Der solchermaßen statuierte **Ausschluss der Barabfindungspflicht** gilt demgegenüber nicht für die Fälle des § 29 Abs. 1 S. 1 Alt. 2 UmwG (Verschmelzung einer börsennotierten AG/KGaA auf eine nicht börsennotierte KGaA/AG) sowie nach § 29 Abs. 1 S. 2 UmwG (Vinkulierung der Anteile am übernehmenden Rechtsträger); in diesen Fällen besteht jeweils die Verpflichtung zum Angebot einer Barabfindung.[289]

Freibleibend

V. Besonderheiten unter Beteiligung einer Societas Europaea (SE)

Der nachfolgende Abschnitt befasst sich mit Fallgestaltungen, in denen sich eine europäische Aktiengesellschaft (SE) als übertragender oder übernehmender bzw. neuer Rechtsträger iSv § 2 UmwG an einer Verschmelzung nach deutschem Recht beteiligt. Nicht umfasst von diesem Abschnitt ist die SE-spezifische Neugründung einer SE, sei es durch Verschmelzung zur Neugründung oder Verschmelzung zur Aufnahme. Die Anwendung des nationalen Umwandlungsrechts wird durch den **abschließenden Charakter der SE-VO** gesperrt.[290]

1. Beteiligungsfähigkeit einer SE an Verschmelzungsvorgängen nach dem UmwG

Obwohl die (deutsche) SE nach dem Wortlaut des § 3 UmwG nicht zu den verschmelzungsfähigen Rechtsträgern zu gehören scheint, ergibt sich aus Art. 10 SE-VO iVm Art. 9 Abs. 1 lit. c ii SE-VO, dass die SE dem Aktienrecht des jeweiligen Mitgliedstaates unterliegt und sich an Verschmelzungsvorgängen beteiligen kann, die dem nationalen Recht unterliegen. Die SE könnte dementsprechend auch nicht auf der Grundlage eines nationalen *numerus clausus* **der verschmelzungsfähigen Rechtsträger** von solchen Strukturmaßnahmen nach dem UmwG ausgeschlossen werden.[291]

2. Verschmelzung zur Aufnahme nach dem UmwG

a) Die SE als übertragender Rechtsträger. Ist eine (deutsche) SE im Rahmen einer Verschmelzung zur Aufnahme als übertragender Rechtsträger beteiligt, fragt sich zunächst, ob Art. 66 Abs. 1 S. 1 SE-VO diesem Vorgehen entgegensteht. Der **Wortlaut** der Vorschrift, wonach eine SE in eine dem Recht ihres Sitzstaats unterliegende Aktiengesellschaft *umgewandelt* werden kann, könnte dahingehend restriktiv verstanden werden, dass neben einem Formwechsel in eine AG keine anderen Umwandlungsvorgänge, wie etwa eine Verschmelzung, zugelassen sind.[292] Gegen eine solche Auslegung des Art. 66 Abs. 1 S. 1 SE-VO spricht jedoch vor allem, dass es sich bei den Vorgaben dieser Norm nur um

---

[288] Lutter/*Grunewald* § 78 Rn. 11; Semler/Stengel/*Perlitt* § 78 Rn. 34; Widmann/Mayer/*Rieger* § 78 Rn. 29.

[289] Böttcher/Habighorst/Schulte/*Habighorst* § 78 Rn. 14; Kallmeyer/*Marsch-Barner* § 78 Rn. 9; Kölner Kommentar-UmwG/*Simon* § 78 Rn. 16; Semler/Stengel/*Perlitt* § 78 Rn. 24.

[290] Kölner Kommentar-UmwG/*Simon* § 3 Rn. 28.

[291] MünchKommAktG/*Oechsler/Mihaylova* Vor. Art. 1 SE-VO Rn. 17, 19; MünchKommAktG/ *Schäfer* Art. 66 SE-VO Rn. 1; Spindler/Stilz/*Casper* Art. 3 SE-VO Rn. 33; *Kuhlmann/Ahnis* Rn. 937; *Marsch-Barner* FS Happ 2006, S. 165, 173.

[292] Für den Meinungsstand siehe Lutter/Hommelhoff/Teichmann/*Schmidt* Art. 66 SE-VO Rn. 6 mwN.

normative Mindestvorgaben handelt, wonach gewährleistet werden soll, dass jeder SE zumindest dieser Weg der Rückumwandlung in eine AG qua Formwechsel offen bleibt; ein *numerus clausus* der Umwandlungsvorgänge soll hiermit demgegenüber nicht statuiert werden.[293] Auch der Zweck des Art. 66 SE-VO, der darin besteht, den Missbrauch der Rechtsform der SE zum Zwecke einer identitätswahrenden (grenzüberschreitenden) Sitzverlegung und einer hiermit etwa einhergehenden Verkürzung von nationalen Mitbestimmungsrechten zu verhindern, wird nicht dadurch ausgehöhlt, dass weitere Umwandlungsformen zugelassen werden.[294] Darüber hinaus deutet auch die **Entstehungsgeschichte** der Vorschrift darauf hin, dass die Beteiligung einer SE an nationalen Verschmelzungsvorgängen nicht verboten sein soll.[295]

153 Eine weitere Frage in diesem Zusammenhang ist, ob Art. 66 Abs. 1 S. 2 SE-VO, wonach eine Rückumwandlung einer SE in eine AG erst zwei Jahre nach der Eintragung oder nach der Genehmigung (dh der Feststellung) der ersten beiden Jahresabschlüsse beschlossen werden darf, auch auf den Fall der Verschmelzung einer deutschen SE auf eine aufnehmende AG nach dem deutschen UmwG Anwendung findet und somit die **Zweijahressperrfrist** auch insoweit zu beachten ist. Vor dem Hintergrund, dass die übertragende SE mit Wirksamwerden der Verschmelzung erlischt, erscheint eine **analoge Anwendung** des Art. 66 Abs. 1 S. 2 SE-VO mit Blick auf den auch in dieser Konstellation Geltung beanspruchenden Schutzzweck der Missbrauchsvermeidung sachgerecht.[296] Als höherrangige Rechtsnorm verdrängt Art. 66 Abs. 1 S. 2 SE-VO auch eine (alternative oder ergänzende analoge) Anwendung der Parallelregelung des § 76 UmwG (→ Rn. 153 ff.) bzw. es fehlt für eine analoge Anwendung dieser Norm mit Blick auf den beschriebenen Normvorrang bereits an einer erforderlichen Regelungslücke.[297]

154 **b) Die SE als übernehmender Rechtsträger.** Fungiert die SE im Rahmen einer Verschmelzung zur Aufnahme als übernehmender Rechtsträger, steht diesem Vorgehen Art. 66 Abs. 1 SE-VO nicht entgegen, denn die SE besteht in diesem Fall nach Vollzug der Verschmelzung fort.[298]

3. Verschmelzung durch Neugründung

155 **a) Die SE als übertragender Rechtsträger.** Sofern das Ergebnis der Verschmelzung keine neu gegründete SE ist, ist die Beteiligung einer deutschen SE an einer solchen Verschmelzung zur Neugründung als übertragender Rechtsträger gemäß § 2 Nr. 2 UmwG unproblematisch.[299] Insoweit gilt das vorstehend zur Verschmelzung zur Aufnahme Gesagte entsprechend, da auch in diesem Szenario die SE als Rechtsträger mit Wirksamwerden der Verschmelzung erlischt.

---

[293] OLG Frankfurt a. M., Beschl. v. 2.12.2010 – 5 Sch 3/10, NZG 2012, 351, 352; Habersack/Drinhausen/*Drinhausen* Art. 66 SE-VO Rn. 40; Kölner Kommentar-AktG/*Maul* Art. 3 SE-VO Rn. 16; Lutter/Hommelhoff/Teichmann/*J. Schmidt* Art. 66 SE-VO Rn. 4, 7, 8; Spindler/Stilz/*Casper* Art. 3 SE-VO Rn. 36; *Marsch-Barner* FS Happ 2006, S. 165, 173.

[294] Kölner Kommentar-AktG/*Maul* Art. 3 SE-VO Rn. 16.

[295] Kölner Kommentar-AktG/*Maul* Art. 3 SE-VO Rn. 16.

[296] Vgl. hierzu auch Kölner Kommentar-AktG/*Maul* Art. 3 SE-VO Rn. 17; Spindler/Stilz/*Casper* Art. 3 SE-VO Rn. 38; *Marsch-Barner* FS-Happ 2006, S. 165, 174. Siehe auch MünchKommAktG/ Oechsler/Mihaylova Vor. Art. 1 SE-VO Rn. 18; aA Habersack/Drinhausen/*Drinhausen* Art. 66 SE-VO Rn. 39; Lutter/Hommelhoff/Teichmann/*J.Schmidt* Art. 66 SE-VO Rn. 9.

[297] AA *Kossmann/Heinrich* ZIP 2007, 167 (für alleinige Anwendung); *Marsch-Barner* FS Happ 2006, S, 174 (für ergänzende Anwendung).

[298] MünchKommAktG/*Oechsler/Mihaylova* Vor. Art. 1 SE-VO Rn. 19; Spindler/Stilz/*Casper* Art. 3 SE-VO Rn. 36; *Marsch-Barner* FS Happ 2006, S. 165, 173.

[299] Vgl. hierzu näher Habersack/Drinhausen/*Drinhausen* Art. 66 SE-VO Rn. 39; Kölner Kommentar-AktG/*Maul* Art. 3 SE-VO Rn. 18; MünchKommAktG/*Oechsler/Mihaylova* Vor. Art. 1 SE-VO Rn. 19; *Marsch-Barner* FS Happ 2006, S. 165, 175.

b) Die SE als neuer Rechtsträger. Dagegen scheidet die Beteiligung einer SE an einer **156** Verschmelzung durch Neugründung nach dem UmwG aus, wenn die SE den neu gegründeten Rechtsträger darstellt. Ein solches Vorgehen nach den Bestimmungen des nationalen UmwG ist nicht zulässig, da sich die Neugründung einer SE durch Verschmelzung ausschließlich nach den Vorgaben des höherrangigen Art. 2 Abs. 1 SE-VO richtet.[300]

4. Beteiligungsfähigkeit einer ausländischen SE an grenzüberschreitenden Verschmelzungsvorgängen nach dem UmwG

Die Frage der Beteiligungsfähigkeit einer SE an Verschmelzungsvorgängen nach dem **157** UmwG betrifft nicht nur deutsche, sondern auch ausländische SE in Fällen einer grenzüberschreitenden Verschmelzung, die nach Art. 9 Abs. 1 lit. c ii SE-VO dem Recht eines anderen Mitgliedstaates unterliegen. In Bezug auf die **Beteiligungsfähigkeit einer ausländischen SE** an einer grenzüberschreitenden Verschmelzung nach § 122a UmwG ist auf die Entscheidung des EuGH in der Rechtssache SEVIC zu verweisen.[301] Die unterschiedliche Behandlung einer ausländischen SE gegenüber einer deutschen SE, und im Ergebnis damit auch gegenüber einer deutschen AG (vgl. Art. 10 SE-VO), wäre mit der **europäischen Niederlassungsfreiheit** nicht zu vereinbaren.[302] Art. 66 SE-VO darf also auch im Hinblick auf eine grenzüberschreitende Verschmelzung bei primärrechtskonformer Betrachtung nicht als abschließende Regelung erachtet werden.[303] Bei einer solchen grenzüberschreitenden Umwandlungsmaßnahme gelten für die deutsche SE die §§ 122a ff. UmwG während auf die SE mit Sitz im Ausland die Vorschriften des jeweiligen nationalen Umwandlungsrechts Anwendung finden. Im Übrigen gelten die Ausführungen zur Beteiligung einer SE an nationalen Umwandlungsvorgängen entsprechend (→ Rn. 153 ff.).

B. GmbH

Schrifttum: *Berninger,* Die Unternehmergesellschaft (haftungsbeschränkt) – Sachkapitalerhöhungsverbot und Umwandlungsrecht, GmbHR 2010, 63; *Enneking/Heckschen,* Gesellschafterhaftung beim down-stream-merger, DB 2006, 1099; *Hennrichs,* Die UG (haftungsbeschränkt) – Reichweite des Sacheinlageverbots und gesetzliche Rücklage – Sacheinlage, Sachkapitalerhöhung, Umwandlung, Zuzahlungen und Rücklagen bei der UG, NZG 2009, 1161; *Keller/Klett,* Die sanierende Verschmelzung – Die Rolle des Anteilsverzichts bei der Verschmelzung überschuldeter Rechtsträger –, DB 2010, 1220; *Priester,* Kapitalschutz beim Down-stream-merger, FS Spiegelberger, 2009, S. 890; *Priester,* Anteilsgewährung und sonstige Leistungen bei Verschmelzung und Spaltung, ZIP 2013, 2033; *Priester,* Teileingezahlte GmbH-Anteile bei Umwandlungsvorgängen, Beilage zu ZIP 22/2016, 57; *Rousseau/Hoyer,* Die Unternehmergesellschaft (haftungsbeschränkt) als aufnehmender Rechtsträger im Rahmen einer Verschmelzung ohne Durchführung einer Kapitalerhöhung, GmbHR 2016, 1023; *Schwetlik,* Umwandlung überschuldeter Unternehmen auf haftungsbeschränkte Gesellschaften, GmbHR 2011, 130; *Weiler,* Grenzen des Verzichts auf die Anteilsgewährung im Umwandlungsrecht – Kritische Betrachtung der §§ 54 I 3, 68 I 3 UmwG n. F. und mögliche Mechanismen zum Schutz von Minderheitsgesellschaftern, NZG 2008, 527.

---

[300] Spindler/Stilz/*Casper* Art. 3 SE-VO Rn. 34, 36; *Marsch-Barner* FS Happ 2006, S. 165, 175; Kölner Kommentar-AktG/*Maul* Art. 3 SE-VO Rn. 18; MünchKommAktG/*Oechsler/Mihaylova* Vor. Art. 1 SE-VO Rn. 19.

[301] EuGH, Urteil v. 13.12.2005 in der Rs. C-411/03 („SEVIC"), Slg. 2005, I-10805.

[302] EuGH, Urteil v. 13.12.2005 in der Rs. C-411/03 („SEVIC"), Slg. 2005, I-10805, Rn. 23. Siehe auch Habersack/Drinhausen/*Drinhausen* Art. 66 SE-VO Rn. 36; Henssler/Strohn/*Polley* § 122a Rn. 3; Kölner Kommentar-AktG/*Maul* Art. 3 SE-VO Rn. 16; MünchKommAktG/*Oechsler/Mihaylova* Vor. Art. 1 SE-VO Rn. 19b; MünchKommAktG/*Schäfer* Art. 66 SE-VO Rn. 1; *Kuhlmann/Ahnis* Rn. 928 ff.

[303] Habersack/Drinhausen/*Drinhausen* Art. 66 SE-VO Rn. 38; MünchKommAktG/*Oechsler/Mihaylova* Vor. Art. 1 SE-VO Rn. 19b; MünchKommAktG/*Schäfer* Art. 66 SE-VO Rn. 1.

I. Einführung

1. Regelungssystematik

158 Die §§ 46 bis 59 UmwG enthalten **besondere Vorschriften** für Verschmelzungen unter **Beteiligung von Gesellschaften mit beschränkter Haftung**. Sie ergänzen und modifizieren die allgemeinen Vorschriften der §§ 2 bis 38 UmwG[304] und sind im Grundsatz immer dann anzuwenden, wenn eine GmbH an einer Verschmelzung beteiligt ist. Dabei spielt es keine Rolle, ob an der betreffenden Verschmelzung lediglich Rechtsträger in der Rechtsform der GmbH beteiligt sind oder ob es sich um eine so genannte Mischverschmelzung im Sinne des § 3 Abs. 4 2. Alt. UmwG handelt, die durch die Beteiligung von Rechtsträgern verschiedener Rechtsformen gekennzeichnet ist.[305] Die §§ 46 bis 55 UmwG beziehen sich auf die **Verschmelzung durch Aufnahme** (→ Rn. 164 ff.), die §§ 56 bis 59 UmwG auf die **Verschmelzung durch Neugründung** (→ Rn. 283 ff.).

2. Verschmelzungsfähigkeit der Vor-GmbH

159 § 3 Abs. 1 Nr. 2 UmwG geht hinsichtlich der Verschmelzungsfähigkeit von einer bereits in das Handelsregister eingetragenen GmbH aus.[306] Gleichwohl kann eine mit dem Abschluss des notariell beurkundeten Gesellschaftsvertrags entstehende **Vor-GmbH**[307] am **Abschluss eines Verschmelzungsvertrags** beteiligt sein und es kann auch bereits ein Verschmelzungsbeschluss der Vor-GmbH gefasst werden.[308] Die Verschmelzung darf jedoch erst in das Register eingetragen werden, nachdem die betreffende GmbH in das Handelsregister eingetragen worden ist.[309]

3. Verschmelzungsfähigkeit der UG (haftungsbeschränkt)

160 Die **UG (haftungsbeschränkt)** ist keine eigenständige Rechtsform, sondern eine **Variante der GmbH**.[310] Ihre Verschmelzungsfähigkeit ergibt sich deshalb im Grundsatz aus § 3 Abs. 1 Nr. 2 UmwG. Zweifel an dieser Verschmelzungsfähigkeit ergeben sich im Einzelfall jedoch im Hinblick auf die für die UG (haftungsbeschränkt) geltende Vorschrift des § 5a Abs. 2 S. 2 GmbHG, der zufolge **Sacheinlagen ausgeschlossen** sind. Die Frage der Verschmelzungsfähigkeit der UG (haftungsbeschränkt) ist für die Fälle der Beteiligung als übertragender Rechtsträger, als übernehmender Rechtsträger und als neuer Rechtsträger gesondert zu beurteilen.

161 Das Sacheinlageverbot des § 5a Abs. 2 S. 2 GmbHG kann bei einem übertragenden Rechtsträger keine Rolle spielen. Es ist deshalb zu Recht allgemein anerkannt, dass eine **UG (haftungsbeschränkt) als übertragender Rechtsträger** an einer Verschmelzung beteiligt sein kann.[311]

162 Für die Beantwortung der Frage, ob eine **UG (haftungsbeschränkt) als übernehmender Rechtsträger** an einer Verschmelzung beteiligt sein kann, ist zunächst danach zu unterscheiden, ob das Stammkapital der UG (haftungsbeschränkt) zur Durchführung der Verschmelzung erhöht werden soll oder nicht. Außerdem ist in Bezug auf einen möglichen Verstoß gegen das Sacheinlageverbot des § 5a Abs. 2 S. 2 GmbHG zu berücksichtigen, dass

---

[304] Widmann/Mayer/*Mayer* Vor §§ 46–59 UmwG Rn. 1.
[305] Widmann/Mayer/*Mayer* Vor §§ 46–59 UmwG Rn. 2.
[306] Kallmeyer/*Marsch-Barner* § 3 UmwG Rn. 10.
[307] Siehe hierzu: MünchHdb. GesR III/*Gummert* § 16 Rn. 1.
[308] Kallmeyer/*Marsch-Barner* § 3 UmwG Rn. 10; MünchHdb. GesR III/*Mayer* § 73 Rn. 6 (der verlangt, dass der Verschmelzungsvertrag mit der Vor-GmbH aufschiebend bedingt auf den Zeitpunkt der Entstehung der GmbH durch Eintragung in das Handelsregister abgeschlossen wird); Semler/Stengel/*Stengel* § 3 UmwG Rn. 48.
[309] Kallmeyer/*Marsch-Barner* § 3 UmwG Rn. 10; Semler/Stengel/*Stengel* § 3 UmwG Rn. 48.
[310] BT-Drucks. 16/6140, S. 31 („Rechtsformvariante").
[311] Kallmeyer/*Marsch-Barner* § 3 UmwG Rn. 9; Lutter/*Drygala* § 3 UmwG Rn. 12; Lutter/*Winter/Vetter* § 46 UmwG Rn. 4; Semler/Stengel/*Stengel* § 3 UmwG Rn. 20a.

eine **Kapitalerhöhung zur Durchführung der Verschmelzung** gemäß § 55 Abs. 1 UmwG stets eine **Sachkapitalerhöhung** ist, bei der die Vermögen der übertragenden Rechtsträger Gegenstand der zu erbringenden Einlagen sind (→ Rn. 246). Eine UG (haftungsbeschränkt) kann als übernehmender Rechtsträger an einer Verschmelzung beteiligt sein, wenn ihr **Stammkapital** in den Fällen des § 54 UmwG **nicht erhöht** wird[312], da ein Verstoß gegen § 5a Abs. 2 S. 2 GmbHG hier nicht in Betracht kommt. Die Frage, ob eine UG (haftungsbeschränkt) als übernehmender Rechtsträger an einer Verschmelzung beteiligt sein kann, wenn ihr Stammkapital zur Durchführung der Verschmelzung erhöht werden soll, wird teilweise strikt verneint[313], bisweilen aber auch pauschal mit dem Argument bejaht, dass sich § 5a Abs. 2 S. 2 GmbHG lediglich auf die Sachgründung, nicht aber auf die Sachkapitalerhöhung beziehe.[314] Nach überzeugender Ansicht gilt § 5a Abs. 2 S. 2 GmbHG grundsätzlich auch bei der Erhöhung des Stammkapitals einer UG (haftungsbeschränkt) zur Durchführung einer Verschmelzung. Anders ist dies allerdings, wenn das Stammkapital der UG (haftungsbeschränkt) zur Durchführung der Verschmelzung **auf mindestens 25.000 Euro erhöht** wird.[315] Gemäß § 5a Abs. 5 GmbHG finden die Absätze 1 bis 4 dieser Vorschrift nämlich keine Anwendung mehr, wenn die Gesellschaft ihr Stammkapital so erhöht, dass es den Betrag des Mindeststammkapitals nach § 5 Abs. 1 GmbHG erreicht oder übersteigt.

Eine **UG (haftungsbeschränkt)** kann angesichts des Sacheinlageverbots des § 5a Abs. 2 S. 2 GmbHG, das gemäß § 36 Abs. 2 S. 1 UmwG bei einer Verschmelzung durch Neugründung anwendbar ist, **nicht als neuer Rechtsträger** an einer Verschmelzung durch Neugründung beteiligt sein.[316]

II. Verschmelzung durch Aufnahme (§§ 46 bis 55 UmwG)[317]

1. Inhalt des Verschmelzungsvertrags (§ 46 UmwG)

a) **Einleitung.** Die Voraussetzungen in Bezug auf den Abschluss und die Form eines Verschmelzungsvertrags richten sich bei einer Verschmelzung unter Beteiligung von Gesellschaften mit beschränkter Haftung nach den allgemeinen Vorschriften der §§ 4 und 6 UmwG (→ § 8 Rn. 5 ff. und 21 ff.). Der **Mindestinhalt eines Verschmelzungsvertrags** ergibt sich im Ausgangspunkt aus der allgemeinen Vorschrift des § 5 UmwG (→ § 8

---

[312] *Berninger*, GmbHR 2010, 63, 68 f.; Lutter/*Drygala* § 3 UmwG Rn. 13; MünchHdb. GesR III/ *Mayer* § 73 Rn. 5; *Rousseau/Hoyer*, GmbHR 2016, 1023, 1024 f.; Schmitt/Hörtnagl/Stratz/*Stratz* § 3 UmwG Rn. 19; Semler/Stengel/*Stengel* § 3 UmwG Rn. 20a; a. A. wohl Henssler/Strohn/*Schäfer* § 5a GmbHG Rn. 6 und 32.

[313] MünchHdb. GesR III/*Mayer* § 73 Rn. 5.

[314] *Hennrichs*, NZG 2009, 1161, 1163; Kallmeyer/*Marsch-Barner* § 3 UmwG Rn. 9.

[315] *Berninger*, GmbHR 2010, 63, 68; Lutter/*Winter/Vetter* § 46 UmwG Rn. 6 ff.; *Rousseau/Hoyer*, GmbHR 2016, 1023, 1024; Schmitt/Hörtnagl/Stratz/*Stratz* § 3 UmwG Rn. 19; Semler/Stengel/ *Stengel* § 3 UmwG Rn. 20a. So auch: BGH II ZB 25/10, NJW 2011, 1881 (für eine reguläre Kapitalerhöhung). Dem folgend (auch für das Volleinzahlungsgebot des § 5a Abs. 2 S. 1 GmbHG): OLG München 31Wx 475/11, NZG 2012, 104; OLG Stuttgart 8 W 341/11, GmbHR 2011, 1275; OLG Hamm 27 W 24/11, GmbHR 2011, 655.

[316] BGH II ZB 9/10, NJW 2011, 1883 Rn. 11 ff. (für eine Abspaltung zur Neugründung); Kallmeyer/*Marsch-Barner* § 3 UmwG Rn. 9; *Rousseau/Hoyer*, GmbHR 2016, 1023, 1024; Schmitt/Hörtnagl/Stratz/*Stratz* § 3 UmwG Rn. 20; Semler/Stengel/*Stengel* § 3 UmwG Rn. 20a; a. A. *Hennrichs*, NZG 2009, 1161, 1163 f.

[317] An einer Verschmelzung durch Aufnahme können gemäß § 2 Nr. 1 UmwG ein Rechtsträger oder mehrere Rechtsträger als übertragender bzw. übertragende Rechtsträger beteiligt sein. Entsprechend der Legaldefinition in § 2 Nr. 1 UmwG beziehen sich die folgenden Ausführungen zur Vereinfachung der Darstellung oftmals auf „übertragende Rechtsträger". Die entsprechenden Ausführungen gelten auch für Einzelverschmelzungen unter Beteiligung eines übertragenden Rechtsträgers, sofern sich nicht aus dem jeweiligen Kontext eindeutig ergibt, dass nur Mehrfachverschmelzungen unter Beteiligung mehrerer übertragender Rechtsträger gemeint sind.

Rn. 41 ff.). Ist eine **GmbH als übernehmender Rechtsträger** an einer Verschmelzung beteiligt, so wird § 5 UmwG **durch § 46 UmwG ergänzt**. Diese Vorschrift kommt jedoch nur zum Tragen, wenn im Zuge einer solchen Verschmelzung Anteile gewährt werden.[318]

165 **b) Nennbeträge der zu gewährenden Geschäftsanteile (§ 46 Abs. 1 UmwG). aa) Zuordnung der Geschäftsanteile.** Gemäß § 46 Abs. 1 S. 1 UmwG hat der Verschmelzungsvertrag oder sein Entwurf zusätzlich für jeden Anteilsinhaber eines übertragenden Rechtsträgers den Nennbetrag des Geschäftsanteils zu bestimmen, den die übernehmende GmbH ihm zu gewähren hat. Die Vorschrift ergänzt § 5 Abs. 1 Nr. 3 UmwG, der verlangt, dass der Verschmelzungsvertrag oder sein Entwurf das Umtauschverhältnis der Anteile und gegebenenfalls die Höhe der baren Zuzahlung oder Angaben über die Mitgliedschaft bei dem übernehmenden Rechtsträger enthält. Sie soll den Anteilsinhabern eines übertragenden Rechtsträgers nach dem Wirksamwerden der Verschmelzung den Nachweis ihrer Beteiligung an der übernehmenden GmbH erleichtern.[319]

166 Nach allgemeiner Ansicht ist es im Rahmen der von § 46 Abs. 1 S. 1 UmwG verlangten Zuordnung der zu gewährenden Geschäftsanteile grundsätzlich erforderlich, sämtliche Anteilsinhaber eines übertragenden Rechtsträgers **namentlich zu benennen**.[320] Ist eine AG oder eine KGaA als übertragender Rechtsträger an einer Verschmelzung beteiligt, ermöglicht § 35 S. 1 UmwG die **Bezeichnung unbekannter Aktionäre** durch die Angabe des insgesamt auf sie entfallenden Teils des Grundkapitals der Gesellschaft und der auf sie nach der Verschmelzung entfallenden Anteile, soweit deren Anteile zusammen den zwanzigsten Teil des Grundkapitals der übertragenden Gesellschaft nicht überschreiten. Für die Fälle unbekannter Anteilsinhaber eines übertragenden Rechtsträgers, der nicht in der Rechtsform einer AG oder KGaA organisiert ist, wird eine analoge Anwendung des § 35 S. 1 UmwG diskutiert.[321]

167 § 46 Abs. 1 S. 1 UmwG hindert einen im Verschmelzungsvertrag namentlich benannten Anteilsinhaber eines übertragenden Rechtsträgers nicht daran, seinen **Anteil an dem übertragenden Rechtsträger** zwischen dem Abschluss des Verschmelzungsvertrags und der Eintragung der Verschmelzung in das Handelsregister der übernehmenden GmbH zu **veräußern**.[322] Eine Änderung des Verschmelzungsvertrags ist in diesem Fall nicht erforderlich.[323] Der Erwerber des Anteils an dem übertragenden Rechtsträger wird mit Eintragung der Verschmelzung in das Handelsregister der übernehmenden GmbH gemäß § 20 Abs. 1 Nr. 3 S. 1 Hs. 1 UmwG deren Gesellschafter.

168 Das OLG Frankfurt a. M. entnimmt § 46 Abs. 1 S. 1 UmwG bei einer Verschmelzung mehrerer übertragender Rechtsträger (sog. **Mehrfachverschmelzung**), deren Anteilsinhaber zumindest teilweise identisch sind, auf eine GmbH das Erfordernis, dass für jede Beteiligung an einem übertragenden Rechtsträger ein **gesonderter Geschäftsanteil an**

---

[318] Kallmeyer/*Kocher* § 46 UmwG Rn. 1.
[319] Kallmeyer/*Kocher* § 46 UmwG Rn. 2; Semler/Stengel/*Reichert* § 46 UmwG Rn. 1.
[320] Hensler/Strohn/*Haeder* § 46 UmwG Rn. 4; Kallmeyer/*Kocher* § 46 UmwG Rn. 2; Lutter/ Winter/Vetter § 46 UmwG Rn. 19; Schmitt/Hörtnagl/Stratz/*Stratz* § 46 UmwG Rn. 3; Semler/ Stengel/*Reichert* § 46 UmwG Rn. 2; Widmann/Mayer/*Mayer* § 46 UmwG Rn. 9.
[321] Für eine solche Analogie wohl: Semler/Stengel/*Reichert* § 46 UmwG Rn. 2; Widmann/Mayer/ *Mayer* § 46 UmwG Rn. 9 (beide für die Fälle einer Personengesellschaft oder GmbH als übertragender Rechtsträger). Ähnlich („Lösung in Anlehnung an § 35 UmwG"): Lutter/*Winter/Vetter* § 46 UmwG Rn. 21 (für die Fälle grenzüberschreitender Verschmelzungen ausländischer Kapitalgesellschaften). Dagegen: Hensler/Strohn/*Haeder* § 46 UmwG Rn. 4 (für Fälle, in denen bei einer übertragenden Personengesellschaft oder GmbH Anteile zwar nicht namentlich, wohl aber anderweitig zugeordnet werden können).
[322] Lutter/*Winter/Vetter* § 46 UmwG Rn. 25 (in Rn. 27 auch zum Ausschluss eines Anteilsinhabers und zur Einziehung von GmbH-Geschäftsanteilen); Semler/Stengel/*Reichert* § 46 UmwG Rn. 4.
[323] Lutter/*Winter/Vetter* § 46 UmwG Rn. 25; Semler/Stengel/*Reichert* § 46 UmwG Rn. 4.

der **übernehmenden GmbH** gewährt wird.[324] Diese Entscheidung wird von der zutreffenden allgemeinen Auffassung im Schrifttum abgelehnt.[325] Die von § 46 Abs. 1 S. 1 UmwG bezweckte Erleichterung des Nachweises der Beteiligung an der übernehmenden GmbH wird auch dann nicht in Frage gestellt, wenn einem Anteilsinhaber, der an mehreren übertragenden Rechtsträgern beteiligt ist, für seine im Zuge der Verschmelzung untergehenden Anteile an den übertragenden Rechtsträgern ein einziger Geschäftsanteil an der übernehmenden GmbH gewährt wird. Eine solche Zusammenlegung von Anteilen erfordert jedoch die Zustimmung des betroffenen Anteilsinhabers.[326]

Bei der Bildung zu gewährender Geschäftsanteile im Wege einer Kapitalerhöhung zur Durchführung der Verschmelzung gemäß § 55 Abs. 1 UmwG stellt sich die Frage, ob der **Verschmelzungsvertrag Angaben zur** Durchführung und zur Höhe der **Kapitalerhöhung** enthalten muss.[327] Das UmwG verlangt dies nicht ausdrücklich. Die von § 5 Abs. 1 UmwG geforderten Angaben zu den Einzelheiten für die Übertragung der Anteile des übernehmenden Rechtsträgers (§ 5 Abs. 1 Nr. 4 UmwG) und dem Zeitpunkt, von dem an diese Anteile gewinnberechtigt sind (§ 5 Abs. 1 Nr. 5 UmwG), lassen sich indes kaum plausibel darstellen, ohne auf eine durchzuführende Kapitalerhöhung und deren Höhe einzugehen. In der Praxis ist es deshalb üblich, Angaben zur Durchführung und zur Höhe einer Kapitalerhöhung in den Verschmelzungsvertrag aufzunehmen. Diese Vorgehensweise empfiehlt sich nicht zuletzt zur Vermeidung von Beanstandungen seitens der für die Eintragung der Verschmelzung zuständigen Registergerichte. **169**

bb) Festsetzung der Nennbeträge. Hinsichtlich der **Höhe der Nennbeträge** der zu gewährenden Geschäftsanteile beschränkt sich § 46 Abs. 1 UmwG auf die Aussagen, dass der Nennbetrag abweichend von dem Betrag festgesetzt werden kann, der auf die Aktien einer übertragenden AG oder KGaA als anteiliger Betrag ihres Grundkapitals entfällt (**§ 46 Abs. 1 S. 2 UmwG**) und dass er auf volle Euro lauten muss (**§ 46 Abs. 1 S. 3 UmwG**). **170**

Bei der **Ermittlung der Nennbeträge** der zu gewährenden Geschäftsanteile ist zu beachten, dass sich eine **Verschmelzung** grundsätzlich **nicht auf die Höhe des Vermögens** von Anteilsinhabern an der Verschmelzung beteiligter Rechtsträger **auswirken** darf (→ § 8 Rn. 48). Der Wert des Geschäftsanteils an der übernehmenden GmbH, der dem Anteilsinhaber eines übertragenden Rechtsträgers gewährt wird, muss daher prinzipiell dem Wert seiner im Zuge der Verschmelzung untergehenden Beteiligung an dem übertragenden Rechtsträger entsprechen.[328] Es sind aber auch **disproportionale Verschmelzungen** möglich, die dadurch gekennzeichnet sind, dass einem Anteilsinhaber eines übertragenden Rechtsträgers ein Geschäftsanteil an der übernehmenden GmbH gewährt wird, dessen Wert hinter dem Wert seiner untergehenden Beteiligung an dem übertragenden Rechtsträger zurückbleibt.[329] Eine solche Verschmelzung lässt sich in der Regel freilich nicht gegen den Willen des betroffenen Anteilsinhabers umsetzen (→ Rn. 209 ff. und 226). **171**

---

[324] OLG Frankfurt a. M. 20 W 60/98, NJW-RR 1999, 185 (vgl. auch → Rn. 249).
[325] Henssler/Strohn/*Haeder* § 46 UmwG Rn. 7; Kallmeyer/*Kocher* § 46 UmwG Rn. 5; Lutter/*Winter/Vetter* § 46 UmwG Rn. 23; Schmitt/Hörtnagl/Stratz/*Stratz* § 46 UmwG Rn. 8; Semler/Stengel/*Reichert* § 46 UmwG Rn. 3; Widmann/Mayer/*Mayer* § 46 UmwG Rn. 9.1.
[326] Henssler/Strohn/*Haeder* § 46 UmwG Rn. 7; Lutter/*Winter/Vetter* § 46 UmwG Rn. 23. Zu der weiterführenden Frage, ob zur Ermöglichung einer dinglichen Surrogation gemäß § 20 Abs. 1 Nr. 3 S. 2 UmwG der auf jeden übertragenden Rechtsträger entfallende Nennbetrag eines gewährten einheitlichen Geschäftsanteils anzugeben ist, siehe: LG Frankfurt a. M. 3–16 T 37/04, GmbHR 2005, 940; Kallmeyer/*Kocher* § 46 UmwG Rn. 5 (beide bejahend); Widmann/Mayer/*Mayer* § 46 UmwG Rn. 9.1 (ablehnend).
[327] Dafür: BeckOGK UmwG/*v. Hinden*, § 46 UmwG Rn. 36; Lutter/*Winter/Vetter* § 46 UmwG Rn. 48. Dagegen: Kallmeyer/*Kocher* § 46 UmwG Rn. 3; Schmitt/Hörtnagl/Stratz/*Stratz* § 46 UmwG Rn. 4; Semler/Stengel/*Reichert* § 46 UmwG Rn. 16.
[328] Schmitt/Hörtnagl/Stratz/*Stratz* § 46 UmwG Rn. 5.
[329] Lutter/*Winter/Vetter* § 46 UmwG Rn. 30.

172 Es ist allgemein anerkannt, dass der die Fälle der Verschmelzung einer AG oder KGaA auf eine GmbH regelnde **§ 46 Abs. 1 S. 2 UmwG lediglich klarstellende Bedeutung** hat.[330] Folglich ist es auch bei der Verschmelzung einer GmbH auf eine andere GmbH nicht erforderlich, dass der – nicht mit dem wirtschaftlichen Wert eines Geschäftsanteils identische[331] – Nennbetrag des Geschäftsanteils an der übernehmenden GmbH, der einem Gesellschafter der übertragenden GmbH gewährt wird, dem Nennbetrag des Geschäftsanteils dieses Gesellschafters an der übertragenden GmbH entspricht. Eine andere Betrachtungsweise hätte in aller Regel zur Folge, dass der Wert der zu gewährenden Geschäftsanteile an der übernehmenden GmbH von dem anhand der Wertverhältnisse der an der Verschmelzung beteiligten Gesellschaften mit beschränkter Haftung ermittelten Umtauschverhältnis der Anteile (→ Rn. 171) abweicht. Dies würde die Durchführung der betreffenden Verschmelzungen signifikant erschweren.[332] So wäre beispielsweise ein Teilverzicht sämtlicher Gesellschafter der übertragenden GmbH erforderlich, wenn der Wert der ihnen zu gewährenden Geschäftsanteile an der übernehmenden GmbH angesichts der Nennbetragsidentität hinter dem Wert ihrer jeweiligen Beteiligung an der übertragenden GmbH zurückbleibt (→ Rn. 226).

173 Die **Stückelung** der zu **gewährenden Geschäftsanteile** kann unter Beachtung des Erfordernisses, dass deren Nennbetrag gemäß § 46 Abs. 1 S. 3 UmwG auf volle Euro lauten muss, sowie des sich daraus ergebenden **Mindestnennbetrags von einem Euro** grundsätzlich zwischen den Beteiligten **vereinbart werden**.[333] § 46 Abs. 1 S. 1 UmwG spricht zwar im Singular von dem „Nennbetrag des Geschäftsanteils". Aus den §§ 55 Abs. 4, 5 Abs. 2 S. 2 GmbHG ergibt sich indes, dass einem Anteilsinhaber eines übertragenden Rechtsträgers **mehrere Geschäftsanteile** gewährt werden können.[334] Einem Anteilsinhaber, der mehrere Anteile an einem übertragenden Rechtsträger hält, sind im Rahmen des Möglichen die gleiche oder eine höhere Anzahl von Geschäftsanteilen an der übernehmenden GmbH zu gewähren, da ansonsten die Fungibilität seines Anteilsbesitzes eingeschränkt würde.[335] Die Gewährung einer **geringeren Anzahl von Geschäftsanteilen** erfordert die Zustimmung des betreffenden Anteilsinhabers, es sei denn, eine solche Zusammenlegung ist erforderlich, damit die zu gewährenden Geschäftsanteile den Mindestnennbetrag von einem Euro erreichen.[336]

174 c) **Sonderrechte und -pflichten bei Kapitalerhöhung (§ 46 Abs. 2 UmwG).** Sollen die zu gewährenden Geschäftsanteile im Wege der Kapitalerhöhung geschaffen und mit anderen Rechten und Pflichten als sonstige Geschäftsanteile der übernehmenden GmbH ausgestattet werden, so sind gemäß **§ 46 Abs. 2 UmwG** auch die Abweichungen im Verschmelzungsvertrag oder in seinem Entwurf festzusetzen.

175 Die Vorschrift des § 46 Abs. 2 UmwG ist einschlägig, wenn die im Zuge der Kapitalerhöhung geschaffenen Geschäftsanteile mit **Sonderrechten bzw. -pflichten** ausgestattet werden sollen.[337] Den von § 46 Abs. 2 UmwG geforderten Festsetzungen kommt eine Warnfunktion zu. Die Adressaten der Warnung sind bei der Gewährung von Sonderrechten diejenigen Anteilsinhaber der an der Verschmelzung beteiligten Rechtsträger, denen die jeweiligen Sonderrechte nicht gewährt werden sollen, und bei der Belastung mit Sonderpflichten die von dieser Belastung betroffenen Anteilsinhaber eines übertragenden Rechts-

---

[330] Kallmeyer/*Kocher* § 46 UmwG Rn. 7; Lutter/*Winter*/*Vetter* § 46 UmwG Rn. 29; Semler/Stengel/*Reichert* § 46 UmwG Rn. 6.
[331] Lutter/Hommelhoff/*Bayer* § 14 GmbHG Rn. 8.
[332] Vgl. Kallmeyer/*Kocher* § 46 UmwG Rn. 7; Lutter/*Winter*/*Vetter* § 46 UmwG Rn. 29; Semler/Stengel/*Reichert* § 46 UmwG Rn. 6.
[333] Lutter/*Winter*/*Vetter* § 46 UmwG Rn. 33; Widmann/Mayer/*Mayer* § 46 UmwG Rn. 9.
[334] Lutter/*Winter*/*Vetter* § 46 UmwG Rn. 33; Widmann/Mayer/*Mayer* § 46 UmwG Rn. 9.
[335] Kallmeyer/*Kocher* § 46 UmwG Rn. 6; Lutter/*Winter*/*Vetter* § 46 UmwG Rn. 43.
[336] Lutter/*Winter*/*Vetter* § 46 UmwG Rn. 43 f.; Semler/Stengel/*Reichert* § 46 UmwG Rn. 9 f.
[337] Zu Beispielen für solche Sonderrechte und -pflichten siehe: Lutter/*Winter*/*Vetter* § 46 UmwG Rn. 55 f.

trägers.[338] Die Entstehung der entsprechenden Sonderrechte bzw. -pflichten setzt neben dem **Kapitalerhöhungsbeschluss**[339] der Gesellschafter der übernehmenden GmbH eine **Änderung des Gesellschaftsvertrags** der übernehmenden GmbH voraus, die gemäß § 54 Abs. 3 GmbHG erst mit Eintragung in das Handelsregister wirksam wird.[340]

§ 46 Abs. 2 UmwG ist **entsprechend anwendbar**, wenn Anteilsinhaber eines übertragenden Rechtsträgers schon vorhandene Geschäftsanteile an der übernehmenden GmbH erhalten sollen (→ Rn. 177), die im Zuge der Verschmelzung durch eine Änderung des Gesellschaftsvertrags der übernehmenden GmbH mit Sonderrechten bzw. -pflichten ausgestattet werden sollen.[341] Zumindest im Falle von Sonderpflichten dürfte dies auch dann gelten, wenn die zu gewährenden Geschäftsanteile bereits vor der Durchführung der Verschmelzung mit den entsprechenden Sonderpflichten ausgestattet sind.[342]

d) **Gewährung schon vorhandener Geschäftsanteile (§ 46 Abs. 3 UmwG).** Sollen Anteilsinhaber eines übertragenden Rechtsträgers schon vorhandene Geschäftsanteile der übernehmenden Gesellschaft erhalten, so müssen die Anteilsinhaber und die Nennbeträge der Geschäftsanteile, die sie erhalten sollen, gemäß **§ 46 Abs. 3 UmwG** im Verschmelzungsvertrag oder in seinem Entwurf besonders bestimmt werden. § 35 S. 1 UmwG (→ Rn. 166) ist auch in diesem Fall anwendbar.[343] Nach wohl allgemeiner Auffassung im Schrifttum ist zusätzlich anzugeben, ob die zu gewährenden Geschäftsanteile an der übernehmenden GmbH von dieser selbst, von dem bzw. einem namentlich zu bezeichnenden übertragenden Rechtsträger oder von einem namentlich zu bezeichnenden Dritten (→ Rn. 242 und 244) gehalten werden.[344]

2. Verschmelzungsprüfung (§ 48 UmwG)

Nach **§ 48 S. 1 UmwG** ist der Verschmelzungsvertrag oder sein Entwurf für eine GmbH nach den §§ 9 bis 12 UmwG zu prüfen, wenn dies einer ihrer Gesellschafter innerhalb einer Frist von einer Woche verlangt, nachdem er die in § 47 UmwG genannten Unterlagen erhalten hat. Die Kosten der Prüfung trägt gemäß **§ 48 S. 2 UmwG** die Gesellschaft. Der Geltungsbereich des § 48 UmwG erstreckt sich auf jede **GmbH**, die als **übertragender oder als übernehmender Rechtsträger** an einer Verschmelzung beteiligt ist. § 48 S. 1 UmwG betrifft lediglich die Frage, ob eine Verschmelzungsprüfung bei einer GmbH stattfindet, die an einer Verschmelzung beteiligt ist. Ist eine solche Prüfung durchzuführen, so richten sich deren **Modalitäten nach den §§ 9 bis 12 UmwG** (→ § 10 Rn. 28 f.).[345]

Eine Verschmelzungsprüfung kann **von jedem Gesellschafter verlangt** werden, auch von Gesellschaftern, die lediglich stimmrechtslose Geschäftsanteile halten.[346] Im Grundsatz ist allerdings gemäß § 16 Abs. 1 S. 1 GmbHG erforderlich, dass der jeweilige Gesellschafter als solcher in der im Handelsregister aufgenommenen **Gesellschafterliste eingetragen** ist.

---

[338] Vgl. Kallmeyer/*Kocher* § 46 UmwG Rn. 9; Lutter/*Winter/Vetter* § 46 UmwG Rn. 57; Semler/Stengel/*Reichert* § 46 UmwG Rn. 18.

[339] Zu den erforderlichen Beschlussmehrheiten für die Verschmelzungsbeschlüsse der Anteilsinhaberversammlungen der an der Verschmelzung beteiligten Rechtsträger und den Kapitalerhöhungsbeschluss der Gesellschafter der übernehmenden GmbH in den hier in Rede stehenden Fällen siehe: Semler/Stengel/*Reichert* § 46 UmwG Rn. 21 ff.

[340] Lutter/*Winter/Vetter* § 46 UmwG Rn. 62; Semler/Stengel/*Reichert* § 46 UmwG Rn. 20.

[341] Lutter/*Winter/Vetter* § 46 UmwG Rn. 61; Semler/Stengel/*Reichert* § 46 UmwG Rn. 19; Widmann/Mayer/*Mayer* § 46 UmwG Rn. 22.

[342] Vgl. Kallmeyer/*Kocher* § 46 UmwG Rn. 10 (auch zu weiteren möglichen Fällen einer analogen Anwendung des § 46 Abs. 2 UmwG).

[343] Schmitt/Hörtnagl/Stratz/*Stratz* § 46 UmwG Rn. 18.

[344] Kallmeyer/*Kocher* § 46 UmwG Rn. 13; Lutter/*Winter/Vetter* § 46 UmwG Rn. 51; Semler/Stengel/*Reichert* § 46 UmwG Rn. 25; Widmann/Mayer/*Mayer* § 46 UmwG Rn. 14.

[345] Zur Prüfung der Angemessenheit einer anzubietenden Barabfindung gemäß § 30 Abs. 2 UmwG (→ § 13 Rn. 360 ff.).

[346] Lutter/*Winter/Vetter* § 48 UmwG Rn. 11; Semler/Stengel/*Reichert* § 48 UmwG Rn. 8.

Das Verlangen ist innerhalb einer **Frist von einer Woche**, nachdem der betreffende Gesellschafter die in § 47 UmwG genannten Unterlagen erhalten hat, **gegenüber der Gesellschaft** zu erklären. Gemäß § 35 Abs. 2 S. 2 GmbHG genügt die Erklärung gegenüber einem einzelnen Geschäftsführer.[347] Der Erhalt der in § 47 UmwG genannten Unterlagen ist gleichbedeutend mit deren **Zugang** im Sinne des § 130 Abs. 1 BGB.[348] Eine Verschmelzungsprüfung ist gemäß §§ 9 Abs. 3, 8 Abs. 3 UmwG nicht erforderlich, wenn alle Anteilsinhaber aller beteiligten Rechtsträger in notariell beurkundeter Form auf diese **verzichten**.[349] Verzichtet ein einzelner Gesellschafter in notariell beurkundeter Form auf eine Verschmelzungsprüfung, verlangt dann aber gleichwohl deren Durchführung, so ist dieses Verlangen regelmäßig rechtsmissbräuchlich.[350]

3. Einberufung und Vorbereitung der Gesellschafterversammlung (§§ 47, 49 UmwG)

180 a) **Allgemeines.** Die **§§ 47 und 49 UmwG** gelten für jede GmbH, die als **übertragender oder als übernehmender Rechtsträger** an einer Verschmelzung beteiligt ist. Sie enthalten Vorschriften, die im Zusammenhang mit der Einberufung derjenigen Gesellschafterversammlung der jeweiligen GmbH stehen, die gemäß § 13 Abs. 1 UmwG über die Zustimmung zum Verschmelzungsvertrag beschließen soll.

181 Insbesondere bei **konzerninternen Verschmelzungen** wird der Verschmelzungsbeschluss der Gesellschafterversammlung einer an der Verschmelzung beteiligten GmbH häufig in einer **Universalversammlung** im Sinne des § 51 Abs. 3 GmbHG gefasst.[351] Eine Universalversammlung ist dadurch gekennzeichnet, dass sämtliche Gesellschafter anwesend oder wirksam vertreten und mit der Abhaltung der Gesellschafterversammlung zum Zwecke der Beschlussfassung einverstanden sind. Das Einverständnis kann auch konkludent erteilt werden. Die Abhaltung einer Universalversammlung hat zur Folge, dass alle **etwaigen Einberufungsmängel geheilt** werden.[352] Die Heilung erstreckt sich auf mögliche Verstöße gegen die §§ 47, 49 Abs. 1 und 2 UmwG.[353] Trotzdem entspricht es **gängiger Praxis**, im Rahmen einer Universalversammlung **explizit** auf die Einhaltung der genannten Vorschriften zu **verzichten**. Ergänzt wird ein solcher Verzicht häufig durch notariell beurkundete Verzichtserklärungen bezüglich der Erstattung eines Verschmelzungsberichts (vgl. § 8 Abs. 3 UmwG), einer Verschmelzungsprüfung (vgl. §§ 9 Abs. 3, 8 Abs. 3 UmwG), eines Verschmelzungsprüfungsberichts (vgl. §§ 12 Abs. 3, 8 Abs. 3 UmwG) und einer Klage gegen die Wirksamkeit des jeweiligen Verschmelzungsbeschlusses (vgl. § 16 Abs. 2 S. 2 UmwG).

182 Für die **Einberufung der Gesellschafterversammlung** einer GmbH, die gemäß § 13 Abs. 1 UmwG über die Zustimmung zum Verschmelzungsvertrag beschließen soll, gelten vorbehaltlich besonderer Regelungen des UmwG die **allgemeinen Vorschriften des GmbH-Rechts**.[354] Dies bedeutet im Grundsatz, der insbesondere in dem soeben geschil-

---

[347] Semler/Stengel/*Reichert* § 48 UmwG Rn. 7.

[348] Kölner Kommentar-UmwG/*Simon/Nießen* § 48 UmwG Rn. 15. Vgl. auch Kallmeyer/*Lanfermann* § 48 UmwG Rn. 5; Lutter/*Winter/Vetter* § 48 UmwG Rn. 26; a. A. Widmann/Mayer/*Mayer* § 48 UmwG Rn. 11 (maßgeblich soll der unter den normalen Umständen zu erwartende Zugang sein).

[349] Die Entbehrlichkeit einer Verschmelzungsprüfung kann sich ferner aus § 9 Abs. 2 UmwG ergeben.

[350] Schmitt/Hörtnagl/Stratz/*Stratz* § 48 UmwG Rn. 3; Semler/Stengel/*Reichert* § 48 UmwG Rn. 5. Lutter/*Winter/Vetter* § 48 UmwG Rn. 8 halten den individuellen Verzicht eines einzelnen Gesellschafters für möglich.

[351] Vgl. MünchHdb. GesR III/*Mayer* § 73 Rn. 149.

[352] Siehe zum Ganzen: BGH II ZR 98/08, NZG 2009, 385 Rn. 2; Lutter/Hommelhoff/*Bayer* § 51 GmbHG Rn. 31 ff.; MünchHdb. GesR III/*Wolff* § 39 Rn. 11 f.

[353] Lutter/*Winter/Vetter* § 49 UmwG Rn. 15 (bzgl. § 49 Abs. 2 UmwG); Schmitt/Hörtnagl/Stratz/*Stratz* § 49 UmwG Rn. 5 (bzgl. §§ 47, 49 Abs. 1 UmwG).

[354] MünchHdb. GesR III/*Mayer* § 73 Rn. 149 f.

derten Fall einer Universalversammlung sowie im Fall abweichender Regelungen im Gesellschaftsvertrag der betreffenden GmbH[355] durchbrochen wird, dass die **Geschäftsführer**[356] (§ 49 Abs. 1 GmbHG) die Einberufung durch **Einladung der Gesellschafter** mittels **eingeschriebener Briefe** unter Beachtung einer **Frist von mindestens einer Woche** zu bewirken haben (§ 51 Abs. 1 GmbHG). Diese nach den §§ 187 Abs. 1, 188 Abs. 2 BGB zu berechnende Frist beginnt nach h. M. mit dem Zeitpunkt, in dem normalerweise mit einem Zugang des Schreibens bei dem letzten Adressaten zu rechnen ist.[357] Der eigentliche **Zugang** des Schreibens ist dagegen **keine Voraussetzung** für eine wirksame Einberufung.[358] Die **Ankündigung der Tagesordnung** soll nach § 51 Abs. 2 GmbHG bereits bei Einberufung der Gesellschafterversammlung erfolgen, kann jedoch – wie sich aus § 51 Abs. 4 GmbHG ergibt – mindestens drei Tage vor der Gesellschafterversammlung in der für die Einberufung der Gesellschafterversammlung vorgeschriebenen Weise nachgeholt werden.[359]

b) Ankündigung der Verschmelzung als Gegenstand der Beschlussfassung (§ 49 Abs. 1 UmwG). § 49 Abs. 1 UmwG bestimmt in Abweichung zu § 51 Abs. 2 und 4 GmbHG, dass die Geschäftsführer in der Einberufung der Gesellschafterversammlung, die gemäß § 13 Abs. 1 UmwG über die Zustimmung zum Verschmelzungsvertrag beschließen soll, die Verschmelzung als Gegenstand der Beschlussfassung anzukündigen haben. Diese Ankündigung muss also **zwingend in der Einberufung** selbst erfolgen.[360] Es empfiehlt sich, auch die an der Verschmelzung beteiligten Rechtsträger in der Ankündigung zu benennen.[361]

c) Übersendung von Verschmelzungsunterlagen (§ 47 UmwG). Nach § 47 UmwG sind der Verschmelzungsvertrag oder sein Entwurf und der Verschmelzungsbericht den Gesellschaftern spätestens zusammen mit der Einberufung der Gesellschafterversammlung, die gemäß § 13 Abs. 1 UmwG über die Zustimmung beschließen soll, zu übersenden. Ein **Verschmelzungsbericht** ist selbstverständlich nicht zu übersenden, wenn dieser gemäß § 8 Abs. 3 UmwG entbehrlich ist. Die Unterlagen sind **sämtlichen Gesellschaftern** zu übersenden, auch solchen, die lediglich stimmrechtslose Geschäftsanteile halten.[362] Es wird vertreten, dass bei der Übersendung die Form der Einberufung zu wahren und deshalb grundsätzlich eine Übersendung durch eingeschriebenen Brief erforderlich ist.[363] Da § 47 UmwG sich nicht zur **Form** der Übersendung verhält, sprechen gute Gründe gegen ein solches Erfordernis.[364] Es ist jedoch zu berücksichtigen, dass die

---

[355] Siehe hierzu: Lutter/Hommelhoff/*Bayer* § 49 GmbHG Rn. 8 und § 51 GmbHG Rn. 35 f.
[356] Die Einberufungskompetenz kommt auch bei Vorhandensein mehrerer lediglich gesamtvertretungsberechtigter Geschäftsführer jedem einzelnen Geschäftsführer zu, siehe: Baumbach/Hueck/*Zöllner/Noack* § 49 GmbHG Rn. 3; Lutter/Hommelhoff/*Bayer* § 49 GmbHG Rn. 2; MünchHdb. GesR III/*Wolff* § 39 Rn. 13.
[357] BGH II ZR 180/86, NJW 1987, 2580, 2581; Baumbach/Hueck/*Zöllner/Noack* § 51 GmbHG Rn. 19 f.; Lutter/Hommelhoff/*Bayer* § 51 GmbHG Rn. 13 f.; MünchHdb. GesR III/*Wolff* § 39 Rn. 45.
[358] BGH II ZR 103/93, DStR 1994, 1543, 1545; Rowedder/Schmidt-Leithoff/*Koppensteiner/Gruber* § 51 GmbHG Rn. 10.
[359] Baumbach/Hueck/*Zöllner/Noack* § 51 GmbHG Rn. 18, 22; MünchHdb. GesR III/*Wolff* § 39 Rn. 46.
[360] Schmitt/Hörtnagl/Stratz/*Stratz* § 49 UmwG Rn. 5; Semler/Stengel/*Reichert* § 49 UmwG Rn. 5.
[361] Kallmeyer/*Kocher* § 49 UmwG Rn. 2; Semler/Stengel/*Reichert* § 49 UmwG Rn. 4. Widmann/Mayer/*Mayer* § 49 UmwG Rn. 6 hält deren Benennung sogar für erforderlich.
[362] Schmitt/Hörtnagl/Stratz/*Stratz* § 47 UmwG Rn. 1; Semler/Stengel/*Reichert* § 47 UmwG Rn. 9.
[363] Lutter/*Winter/Vetter* § 47 UmwG Rn. 16. Tendenziell auch: Semler/Stengel/*Reichert* § 47 UmwG Rn. 12; Widmann/Mayer/*Mayer* § 47 UmwG Rn. 8.
[364] Vgl. Kallmeyer/*Kocher* § 47 UmwG Rn. 3 und Kölner Kommentar-UmwG/*Simon/Nießen* § 47 UmwG Rn. 13, die z. B. eine Übersendung per E-Mail für ausreichend halten.

Wochenfrist des § 48 S. 1 UmwG erst mit dem Zugang der gemäß § 47 UmwG zu übersendenden Unterlagen – der für eine ordnungsgemäße Übersendung selbst keine Voraussetzung ist[365] – zu laufen beginnt (→ Rn. 179). Um den **Zugang nachweisen** zu können, empfiehlt es sich, diese Unterlagen zumindest durch eingeschriebenen Brief zu übermitteln (→ Rn. 186).[366] Die Übersendung im Sinne des § 47 UmwG muss **spätestens** zusammen **mit der Einberufung** der Gesellschafterversammlung erfolgen, sodass die für die Einberufung der jeweiligen Gesellschafterversammlung geltende Mindestfrist (→ Rn. 182) zu beachten ist.

185 Der h. M. in der Literatur zufolge ist in analoger Anwendung des § 47 UmwG auch ein im Rahmen einer Verschmelzungsprüfung erstellter **Verschmelzungsprüfungsbericht zu übersenden**.[367] Für die Praxis empfiehlt es sich aus Gründen der Rechtssicherheit, dieser Meinung zu folgen und einen Verschmelzungsprüfungsbericht entsprechend den Vorgaben des § 47 UmwG zu übersenden.

186 Wie bereits ausgeführt, löst erst der Zugang der nach § 47 UmwG zu übersendenden Unterlagen bei dem jeweiligen Gesellschafter die **Wochenfrist** für das Prüfungsverlangen gemäß **§ 48 S. 1 UmwG** aus (→ Rn. 179 und 184). Daher sollten Maßnahmen ergriffen werden, um eine **Verzögerung des Verschmelzungsprozesses** – wie etwa die Vertagung einer bereits einberufenen Gesellschafterversammlung[368] – zu **vermeiden**, wenn nicht ausgeschlossen werden kann, dass ein Gesellschafter eine Verschmelzungsprüfung verlangt.[369] Falls es in Betracht kommt, dass sämtliche Anteilsinhaber aller an der Verschmelzung beteiligten Rechtsträger bereit sind, auf eine Verschmelzungsprüfung zu verzichten, sollte versucht werden, entsprechende notariell beurkundete Verzichtserklärungen gemäß §§ 9 Abs. 3, 8 Abs. 3 UmwG einzuholen. Ferner sollten die gemäß § 47 UmwG zu übersendenden Unterlagen möglichst frühzeitig – ggf. bereits vor der Einberufung der Gesellschafterversammlung – und in einer Art und Weise übermittelt werden, die einen Zugangsnachweis ermöglicht.[370]

187 **d) Auslegung von Unterlagen (§ 49 Abs. 2 UmwG).** Gemäß **§ 49 Abs. 2 UmwG** sind von der Einberufung an in dem Geschäftsraum der Gesellschaft die Jahresabschlüsse und die Lageberichte der an der Verschmelzung beteiligten Rechtsträger für die letzten drei Geschäftsjahre zur Einsicht durch die Gesellschafter auszulegen. Die Pflicht zur Auslegung besteht prinzipiell nur während der **gewöhnlichen Geschäftszeiten**[371] im Zeitraum **zwischen** dem Zeitpunkt, zu dem unter normalen Umständen mit dem **Zugang der Einberufungsunterlagen** bei dem ersten Gesellschafter zu rechnen ist[372] und dem **Ende der Gesellschafterversammlung**, die über die Zustimmung zum Verschmelzungsvertrag beschließen soll.[373] Die Gesellschafter sind berechtigt, auf eigene Kosten **Kopien der**

---

[365] Lutter/*Winter/Vetter* § 47 UmwG Rn. 18; Semler/Stengel/*Reichert* § 47 UmwG Rn. 13.

[366] Kölner Kommentar-UmwG/*Simon/Nießen* § 47 UmwG Rn. 13.

[367] Henssler/Strohn/*Haeder* § 47 UmwG Rn. 3; Kallmeyer/*Kocher* § 47 UmwG Rn. 1; Kölner Kommentar-UmwG/*Simon/Nießen* § 47 UmwG Rn. 7; Lutter/*Winter/Vetter* § 47 UmwG Rn. 10; Schmitt/Hörtnagl/Stratz/*Stratz* § 47 UmwG Rn. 1; Semler/Stengel/*Reichert* § 47 UmwG Rn. 8; a. A. Widmann/Mayer/*Mayer* § 47 UmwG Rn. 4 der ein Auskunfts- und Einsichtsrecht der Gesellschafter bzgl. des Verschmelzungsprüfungsberichts gemäß § 51a GmbHG bejaht, dies aber offenbar nur, wenn das Prüfungsverlangen bereits vor der Einberufung der Gesellschafterversammlung gestellt wurde; Limmer/*Limmer* Rn. 976.

[368] Siehe hierzu: Böttcher/Habighorst/Schulte/*Kleindiek* § 48 UmwG Rn. 11; Lutter/*Winter/Vetter* § 48 UmwG Rn. 31 f.

[369] Siehe zum Ganzen: Lutter/*Winter/Vetter* § 48 UmwG Rn. 33.

[370] Zur Beweislast für den Zugang bei der Versendung von Schreiben in den verschiedenen Formen des Einschreibens siehe: Palandt/*Ellenberger* § 130 BGB Rn. 21.

[371] Kallmeyer/*Kocher* § 49 UmwG Rn. 4; Lutter/*Winter/Vetter* § 49 UmwG Rn. 40; Schmitt/Hörtnagl/Stratz/*Stratz* § 49 UmwG Rn. 6.

[372] Kallmeyer/*Kocher* § 49 UmwG Rn. 4; Lutter/*Winter/Vetter* § 49 UmwG Rn. 36.

[373] Semler/Stengel/*Reichert* § 49 UmwG Rn. 6.

ausliegenden Dokumente anzufertigen.[374] Hat eine GmbH **mehrere Geschäftsräume**, so genügt nach h. M. in der Literatur eine Auslegung im Geschäftsraum am Satzungssitz.[375] Befindet sich der Verwaltungssitz einer GmbH an einem anderen Ort als deren Satzungssitz, so sollten die Unterlagen allerdings vorsichtshalber auch im Geschäftsraum am Verwaltungssitz ausgelegt werden.[376] Nach zutreffender Auffassung genügt die **Auslegung von Kopien**.[377] Es ist erforderlich, aber auch ausreichend, dass für jeden an der Verschmelzung beteiligten Rechtsträger die **Jahresabschlüsse und Lageberichte für diejenigen letzten drei Geschäftsjahre** ausgelegt werden, für die im Zeitpunkt der Einberufung der Gesellschafterversammlung der betreffenden GmbH Jahresabschlüsse und Lageberichte nach den maßgeblichen bilanzrechtlichen Vorschriften vorliegen müssen oder bereits (vor Ablauf der entsprechenden Fristen) erstellt wurden.[378] Für die Auslegungspflicht eines Jahresabschlusses kommt es nach zutreffender Ansicht nicht auf dessen Aufstellung[379], sondern auf dessen Feststellung an.[380] Liegt im Zeitpunkt der Einberufung der Gesellschafterversammlung bereits ein aufgestellter Jahresabschluss eines an der Verschmelzung beteiligten Rechtsträgers vor, empfiehlt es sich in der Praxis gleichwohl, diesen aufgestellten Jahresabschluss zusätzlich zu den festgestellten Jahresabschlüssen für die drei vorangegangenen Geschäftsjahre des jeweiligen Rechtsträgers auszulegen.

e) Auskunftsrecht (§ 49 Abs. 3 UmwG). Nach **§ 49 Abs. 3 UmwG** haben die Geschäftsführer jedem Gesellschafter auf Verlangen jederzeit Auskunft auch über alle für die Verschmelzung wesentlichen Angelegenheiten der anderen beteiligten Rechtsträger zu geben.

Ein **Auskunftsrecht** bezüglich der an einer Verschmelzung beteiligten **GmbH selbst** ergibt sich für deren Gesellschafter aus dem Auskunfts- und Einsichtsrecht des § 51a Abs. 1 GmbHG.[381] Dieses Recht findet seine Grenze in dem Auskunftsverweigerungsrecht des § 51a Abs. 2 GmbHG.[382]

§ 49 Abs. 3 UmwG erweitert das Auskunftsrecht des § 51a Abs. 1 GmbHG auf die gesellschaftsrechtlichen und wirtschaftlichen Verhältnisse der **anderen an der Verschmelzung beteiligten Rechtsträger**.[383] Der Anspruch richtet sich gegen die Geschäftsführer der eigenen GmbH, die aus einem vorvertraglichen Schuldverhältnis aufgrund der Aufnahme der Verhandlungen über den Verschmelzungsvertrag ein entsprechendes Auskunftsrecht gegen die anderen an der Verschmelzung beteiligten Rechtsträger haben.[384] Das Auskunftsrecht gemäß § 49 Abs. 3 UmwG wird durch ein **Auskunftsverweigerungs-**

---

[374] Kallmeyer/*Kocher* § 49 UmwG Rn. 4; Lutter/*Winter*/*Vetter* § 49 UmwG Rn. 42; Semler/Stengel/*Reichert* § 49 UmwG Rn. 8; a. A. Schmitt/Hörtnagl/Stratz/*Stratz* § 49 UmwG Rn. 6.
[375] Böttcher/Habighorst/Schulte/*Kleindiek* § 49 UmwG Rn. 16; Kallmeyer/*Kocher* § 49 UmwG Rn. 4; Lutter/*Winter*/*Vetter* § 49 UmwG Rn. 37.
[376] Lutter/*Winter*/*Vetter* § 49 UmwG Rn. 37.
[377] Lutter/*Winter*/*Vetter* § 49 UmwG Rn. 39; Widmann/Mayer/*Mayer* § 49 UmwG Rn. 16.1.
[378] Vgl. Lutter/*Winter*/*Vetter* § 49 UmwG Rn. 31; Semler/Stengel/*Reichert* § 49 UmwG Rn. 7; Widmann/Mayer/*Mayer* § 49 UmwG Rn. 15.
[379] So aber: Kallmeyer/*Kocher* § 49 UmwG Rn. 3a; Lutter/*Winter*/*Vetter* § 49 UmwG Rn. 32.
[380] OLG Hamburg 11 U 215/02, NZG 2003, 539, 541 f. (zu § 327c Abs. 3 Nr. 2 AktG). So wohl auch: Henssler/Strohn/*Haeder* § 49 UmwG Rn. 3. Zu § 63 UmwG: Kallmeyer/*Marsch-Barner* § 63 UmwG Rn. 3; Lutter/*Grunewald* § 63 UmwG Rn. 5; Widmann/Mayer/*Rieger* § 63 UmwG Rn. 13.1.
[381] Schmitt/Hörtnagl/Stratz/*Stratz* § 49 UmwG Rn. 7; Semler/Stengel/*Reichert* § 49 UmwG Rn. 9. Zu diesem Auskunfts- und Einsichtsrecht siehe: MünchHdb. GesR III/*Diekmann*/*Marsch-Barner* § 45 Rn. 31 ff.
[382] Schmitt/Hörtnagl/Stratz/*Stratz* § 49 UmwG Rn. 7; Semler/Stengel/*Reichert* § 49 UmwG Rn. 10.
[383] Schmitt/Hörtnagl/Stratz/*Stratz* § 49 UmwG Rn. 8; Semler/Stengel/*Reichert* § 49 UmwG Rn. 13 f. (mit Beispielen in Rn. 14).
[384] BeckOGK UmwG/*v. Hinden*, § 49 UmwG Rn. 34; Schmitt/Hörtnagl/Stratz/*Stratz* § 49 UmwG Rn. 9; Semler/Stengel/*Reichert* § 49 UmwG Rn. 15.

recht, das sich aus einer entsprechenden Anwendung der §§ 131 Abs. 3 S. 1 Nr. 1 AktG, 8 Abs. 2 UmwG ergibt, begrenzt. Dieses Auskunftsverweigerungsrecht ermöglicht eine weiter reichende Auskunftsverweigerung als § 51a Abs. 2 GmbHG, um einem schutzwürdigen Interesse der anderen an der Verschmelzung beteiligten Rechtsträger in einer Situation Rechnung zu tragen, in der die Durchführung der Verschmelzung noch nicht feststeht.[385]

4. Verschmelzungsbeschluss (§§ 50, 51 UmwG)

191 **a) Beschluss der Gesellschafterversammlung (§ 50 Abs. 1 UmwG).** Der Verschmelzungsbeschluss der Gesellschafterversammlung bedarf gemäß **§ 50 Abs. 1 S. 1 UmwG** einer Mehrheit von mindestens drei Vierteln der abgegebenen Stimmen. Gemäß **§ 50 Abs. 1 S. 2 UmwG** kann der Gesellschaftsvertrag eine größere Mehrheit und weitere Erfordernisse bestimmen. Die Vorschriften des § 50 Abs. 1 UmwG gelten für jede **GmbH, die als übertragender oder als übernehmender Rechtsträger** an einer Verschmelzung beteiligt ist. § 50 Abs. 1 UmwG ergänzt § 13 Abs. 1 UmwG. § 13 Abs. 1 S. 1 UmwG regelt allgemein, dass der Verschmelzungsvertrag nur wirksam wird, wenn die Anteilsinhaber der beteiligten Rechtsträger ihm durch Beschluss – der als **Verschmelzungsbeschluss legaldefiniert** wird – zustimmen. § 13 Abs. 1 S. 2 UmwG bestimmt, dass der Verschmelzungsbeschluss nur in einer Versammlung der Anteilsinhaber gefasst werden kann (→ § 11 Rn. 12). Soweit das UmwG keine Sonderregelungen enthält, richtet sich die Durchführung (einschließlich der Beschlussfassung) der Gesellschafterversammlung einer GmbH, in der ein Verschmelzungsbeschluss gefasst werden soll, nach den **allgemeinen GmbH-rechtlichen Regelungen**.[386]

192 Aus § 13 Abs. 1 S. 2 UmwG folgt, dass der Verschmelzungsbeschluss einer GmbH **zwingend in** einer **Gesellschafterversammlung** zu fassen ist. Dies bedeutet insbesondere, dass ein solcher Beschluss nicht im schriftlichen Verfahren gemäß § 48 Abs. 2 GmbHG gefasst und dass die Befugnis zur Beschlussfassung nicht auf ein anderes Gremium übertragen werden kann.[387] Befindet sich das gesamte Stammkapital einer übertragenden GmbH in der Hand einer übernehmenden AG oder KGaA, so ist ein Verschmelzungsbeschluss der Gesellschafterversammlung der übertragenden GmbH gemäß (§ 78 S. 1 i. V. m.) § 62 Abs. 4 S. 1 UmwG nicht erforderlich (→ Rn. 15).

193 Bei der Ermittlung der gemäß § 50 Abs. 1 S. 1 UmwG erforderlichen Mehrheit von mindestens drei Vierteln der abgegebenen Stimmen werden nach allgemeinen GmbH-rechtlichen Grundsätzen lediglich die abgegebenen gültigen **Ja- und Nein-Stimmen**, nicht aber Enthaltungen berücksichtigt.[388] Nach zutreffender allgemeiner Meinung findet das Stimmverbot des **§ 47 Abs. 4 S. 2 GmbHG** auf Verschmelzungsbeschlüsse keine Anwendung.[389] Allerdings soll **§ 181 BGB** nach verbreiteter Ansicht auf Verschmelzungsbeschlüsse anwendbar sein.[390] Der Verschmelzungsbeschluss der Gesellschafterversammlung einer GmbH, die als übertragender oder als übernehmender Rechtsträger an einer Verschmelzung beteiligt ist, bedarf nach vorzugswürdiger Ansicht angesichts des durch das

---

[385] Lutter/*Winter*/Vetter § 49 UmwG Rn. 56; Semler/Stengel/*Reichert* § 49 UmwG Rn. 17.

[386] Vgl. Böttcher/Habighorst/Schulte/*Kleindiek* § 50 UmwG Rn. 6; Kallmeyer/*Zimmermann* § 50 UmwG Rn. 2; Schmitt/Hörtnagl/Stratz/*Stratz* § 50 UmwG Rn. 2, 4. Zur Beschlussfassung und Durchführung der Gesellschafterversammlung einer GmbH siehe: MünchHdb. GesR III/*Wolff* § 39 Rn. 1 ff.

[387] Lutter/*Winter*/Vetter § 50 UmwG Rn. 10; Semler/Stengel/*Reichert* § 50 UmwG Rn. 4.

[388] Kallmeyer/*Zimmermann* § 50 UmwG Rn. 7; Lutter/*Winter*/Vetter § 50 UmwG Rn. 20; Semler/Stengel/*Reichert* § 50 UmwG Rn. 13.

[389] LG Arnsberg 2 O 410/93, AG 1995, 334; Kallmeyer/*Zimmermann* § 50 UmwG Rn. 14; Lutter/*Winter*/Vetter § 50 UmwG Rn. 24 f.; Schmitt/Hörtnagl/Stratz/*Stratz* § 50 UmwG Rn. 5; Semler/Stengel/*Reichert* § 50 UmwG Rn. 15. Siehe auch: Begr. RegE, BT-Drucks. 12/6699, S. 100.

[390] Kallmeyer/*Zimmermann* § 50 UmwG Rn. 13; Lutter/*Winter*/Vetter § 50 UmwG Rn. 26; Semler/Stengel/*Reichert* § 50 UmwG Rn. 17.

UmwG gewährleisteten Minderheitenschutzes **keiner sachlichen Rechtfertigung**.[391] Zu beachten sind indes die aus der **Treuepflicht** und dem **Gleichbehandlungsgrundsatz** resultierenden allgemeinen Schranken.[392]

194 § 50 Abs. 1 S. 2 UmwG eröffnet die Möglichkeit, durch gesellschaftsvertragliche Regelungen eine **größere Mehrheit und weitere Erfordernisse** zu bestimmen. Beispiele hierfür sind eine größere Mehrheit bis hin zur Einstimmigkeit, die Zustimmung eines bestimmten Gesellschafters oder ein bestimmtes Quorum.[393] Enthält der Gesellschaftsvertrag einer GmbH höhere Anforderungen in diesem Sinne für **satzungsändernde Beschlüsse**, so wird eine Auslegung des Gesellschaftsvertrags in der Regel zu dem Ergebnis führen, dass diese Anforderungen auch für einen Verschmelzungsbeschluss gelten sollen, da eine Verschmelzung oftmals weiter reichende Auswirkungen hat als eine Satzungsänderung.[394]

195 Der Verschmelzungsbeschluss der Gesellschafterversammlung einer GmbH bedarf gemäß § 13 Abs. 3 S. 1 UmwG der **notariellen Beurkundung**. Im Hinblick auf die Einzelheiten der notariellen Beurkundung sowie die weiteren Regelungen des § 13 Abs. 3 S. 2 und 3 UmwG wird auf die diesbezüglichen Ausführungen verwiesen (→ § 11 Rn. 50 ff.). Hinsichtlich etwaiger **Mängel des Verschmelzungsbeschlusses** wird auf die Ausführungen zu Beschlussmängeln verwiesen (→ § 14).

196 b) Zustimmungserfordernisse (§§ 50 Abs. 2, 51 UmwG). Bei Verschmelzungen unter Beteiligung von Gesellschaften mit beschränkter Haftung sind in einer Reihe von Fällen **besondere Zustimmungserfordernisse** zu beachten. Neben dem Erfordernis der Zustimmung von Inhabern vinkulierter Anteile an einem übertragenden Rechtsträger gemäß **§ 13 Abs. 2 UmwG** (→ § 11 Rn. 32) betrifft dies vor allem die in den §§ 50 Abs. 2, 51 UmwG geregelten Sachverhalte. Diese Zustimmungserfordernisse haben Zustimmungserklärungen einzelner Anteilsinhaber im Sinne des § 13 Abs. 3 S. 1 UmwG oder besondere Mehrheitserfordernisse für die Fassung des betreffenden Verschmelzungsbeschlusses zum Gegenstand.

197 aa) Zustimmung von Sonderrechtsinhabern (§ 50 Abs. 2 UmwG). Werden durch die Verschmelzung auf dem Gesellschaftsvertrag beruhende Minderheitsrechte eines einzelnen Gesellschafters einer übertragenden Gesellschaft oder die einzelnen Gesellschaftern einer solchen Gesellschaft nach dem Gesellschaftsvertrag zustehenden besonderen Rechte in der Geschäftsführung der Gesellschaft, bei der Bestellung der Geschäftsführer oder hinsichtlich eines Vorschlagsrechts für die Geschäftsführung beeinträchtigt, so bedarf der Verschmelzungsbeschluss dieser übertragenden Gesellschaft gemäß **§ 50 Abs. 2 UmwG** der Zustimmung dieser Gesellschafter. Die Vorschrift des § 50 Abs. 2 UmwG ist anwendbar, wenn eine **GmbH als übertragender Rechtsträger** an einer Verschmelzung beteiligt ist. Sie trägt dem Umstand Rechnung, dass gesellschaftsvertraglich begründete **Sonderrechte**, die mit Geschäftsanteilen an einer übertragenden GmbH verbunden oder dem Gesellschafter einer übertragenden GmbH zugewiesen sind, **untergehen**, wenn die übertragende GmbH mit Eintragung der Verschmelzung in das Register des übernehmenden Rechtsträgers gemäß § 20 Abs. 1 Nr. 2 S. 1 UmwG erlischt.[395]

---

[391] Kallmeyer/*Zimmermann* § 50 UmwG Rn. 10; Lutter/*Winter*/*Vetter* § 50 UmwG Rn. 39. Siehe auch: LG Arnsberg 2 O 410/93, AG 1995, 334, 335 (für eine GmbH als übertragender Rechtsträger). Zur sachlichen Rechtfertigung von Gesellschafterbeschlüssen siehe: MünchHdb. GesR III/*Schiessl*/ *Böhm* § 32 Rn. 31.

[392] Lutter/*Winter*/*Vetter* § 50 UmwG Rn. 38; Semler/Stengel/*Reichert* § 50 UmwG Rn. 21.

[393] Schmitt/Hörtnagl/Stratz/*Stratz* § 50 UmwG Rn. 3. Weitere Beispiele bei: Lutter/*Winter*/*Vetter* § 50 UmwG Rn. 32.

[394] Kallmeyer/*Zimmermann* § 50 UmwG Rn. 9; MünchHdb. GesR III/*Mayer* § 73 Rn. 154; Schmitt/Hörtnagl/Stratz/*Stratz* § 50 UmwG Rn. 7; Semler/Stengel/*Reichert* § 50 UmwG Rn. 10.

[395] Vgl. Lutter/*Winter*/*Vetter* § 50 UmwG Rn. 40 f.; Schmitt/Hörtnagl/Stratz/*Stratz* § 50 UmwG Rn. 9; Widmann/Mayer/*Mayer* § 50 UmwG Rn. 82.

198 § 50 Abs. 2 UmwG bezieht sich zum einen auf Minderheitsrechte (1. Alt.), zum anderen auf Sonderrechte betreffend die Geschäftsführung der Gesellschaft (2. Alt.). § 50 Abs. 2 1. Alt. UmwG betrifft nur solche Minderheitsrechte, die auf dem **Gesellschaftsvertrag beruhen** und einzelnen Gesellschaftern als **Individualrecht** zustehen.[396] Dazu gehören etwa **Mehrstimmrechte** und **Vetorechte** gegen Gesellschafterbeschlüsse.[397] Die Vorschrift soll allerdings auch dann gelten, wenn bestimmte gesellschaftsvertragliche Rechte, wie z. B. ein Vorkaufsrecht, sämtlichen Gesellschaftern als Individualrecht zugeordnet sind.[398] **Nicht** erfasst werden demgegenüber **Vermögensrechte** wie z. B. Gewinnvorzüge[399] sowie **Rechte**, die sich wie die Minderheitsrechte des § 50 GmbHG erst aus einer **bestimmten Beteiligungsquote** ergeben[400] oder die **rein schuldrechtlicher Natur** sind.[401] Bei den in § 50 Abs. 2 2. Alt. UmwG geregelten Sonderrechten betreffend die Geschäftsführung der Gesellschaft[402] handelt es sich ebenfalls nur um gesellschaftsvertraglich begründete Individualrechte.[403]

199 Die Zustimmung gemäß § 50 Abs. 2 UmwG ist eine **Zustimmungserklärung einzelner Anteilsinhaber** im Sinne des § 13 Abs. 3 S. 1 UmwG (→ Rn. 215). Sie ist entbehrlich, wenn der Gesellschaftsvertrag der übernehmenden Gesellschaft dem betroffenen Gesellschafter der übertragenden GmbH **gleichwertige Rechte** einräumt.[404] Handelt es sich bei dem übernehmenden Rechtsträger um eine GmbH, so bedarf eine solche Einräumung von Sonderrechten regelmäßig der Festsetzung im Verschmelzungsvertrag gemäß § 46 Abs. 2 UmwG (→ Rn. 174 ff.).

200 bb) Zustimmungserfordernisse in Sonderfällen (§ 51 UmwG). § 51 UmwG sieht in drei verschiedenen Fällen, die in Abs. 1 S. 1 und 2, Abs. 1 S. 3 bzw. Abs. 2 dieser Vorschrift geregelt sind, besondere Zustimmungserfordernisse vor.

201 **(1) Offene Einlagen bei übernehmender GmbH (§ 51 Abs. 1 S. 1 und 2 UmwG).** Ist an der Verschmelzung eine GmbH, auf deren Geschäftsanteile nicht alle zu leistenden Einlagen in voller Höhe bewirkt sind, als übernehmender Rechtsträger beteiligt, so bedarf der Verschmelzungsbeschluss eines übertragenden Rechtsträgers gemäß **§ 51 Abs. 1 S. 1 UmwG** der Zustimmung aller bei der Beschlussfassung anwesenden Anteilsinhaber dieses Rechtsträgers. Ist der übertragende Rechtsträger eine Personenhandelsgesellschaft, eine Partnerschaftsgesellschaft oder eine GmbH, so bedarf der Verschmelzungsbeschluss nach **§ 51 Abs. 1 S. 2 UmwG** auch der Zustimmung der nicht erschienenen Gesellschafter. § 51 Abs. 1 S. 1 UmwG ist anwendbar, wenn eine **GmbH als übernehmender Rechtsträger** an einer Verschmelzung beteiligt ist. Die Vorschrift bezweckt den Schutz der Anteilsinhaber eines übertragenden Rechtsträgers vor einer möglichen Ausfallhaftung für nicht erbrachte Einlagen auf die Geschäftsanteile an der übernehmenden GmbH gemäß **§ 24 GmbHG**.[405] Einer möglichen Haftung gemäß § 24 GmbHG sind freilich nur solche Gesellschafter eines übertragenden Rechtsträgers ausgesetzt, die mit Eintragung der Verschmelzung in das Handelsregister der übernehmenden GmbH deren Gesellschafter werden.

---

[396] Semler/Stengel/*Reichert* § 50 UmwG Rn. 27 f.; Widmann/Mayer/*Mayer* § 50 UmwG Rn. 84.
[397] Kallmeyer/*Zimmermann* § 50 UmwG Rn. 21; Lutter/*Winter*/*Vetter* § 50 UmwG Rn. 53 (mit weiteren Beispielen).
[398] Kallmeyer/*Zimmermann* § 50 UmwG Rn. 21; Lutter/*Winter*/*Vetter* § 50 UmwG Rn. 46.
[399] Begr. RegE, BT-Drucks. 12/6699, S. 100; Semler/Stengel/*Reichert* § 50 UmwG Rn. 31.
[400] Begr. RegE, BT-Drucks. 12/6699, S. 100.
[401] Lutter/*Winter*/*Vetter* § 50 UmwG Rn. 45.
[402] Zu Einzelheiten bzgl. dieser Rechte siehe: Lutter/*Winter*/*Vetter* § 50 UmwG Rn. 55 ff.
[403] Kallmeyer/*Zimmermann* § 50 UmwG Rn. 22; Schmitt/Hörtnagl/Stratz/*Stratz* § 50 UmwG Rn. 11 f.
[404] MünchHdb. GesR III/*Mayer* § 73 Rn. 155; Schmitt/Hörtnagl/Stratz/*Stratz* § 50 UmwG Rn. 10; Semler/Stengel/*Reichert* § 50 UmwG Rn. 40, 46.
[405] Schmitt/Hörtnagl/Stratz/*Stratz* § 51 UmwG Rn. 4; Semler/Stengel/*Reichert* § 51 UmwG Rn. 8, 10.

Eine Zustimmung nach § 51 Abs. 1 S. 1 UmwG ist nicht nur bei noch **nicht vollständig bewirkten Bareinlagen** erforderlich, sondern auch in anderen Fällen, die das Risiko einer Ausfallhaftung der Gesellschafter einer übernehmenden GmbH gemäß § 24 GmbHG begründen. Dies gilt für eine **Differenzhaftung** gemäß § 9 GmbHG bei der Erbringung von Sacheinlagen, die den Nennbetrag der dafür gewährten Geschäftsanteile nicht erreichen, offene Einlageforderungen im Zusammenhang mit einer **verdeckten Sacheinlage** oder einem **Hin- und Herzahlen** sowie eine **Unterbilanzhaftung** für eine bei Eintragung der betreffenden GmbH in das Handelsregister bestehende Unterdeckung des Stammkapitals.[406]

202

Das Zustimmungserfordernis des § 51 Abs. 1 S. 1 UmwG erstreckt sich auf alle bei der Beschlussfassung anwesenden Anteilsinhaber des betroffenen übertragenden Rechtsträgers. Dies bedeutet zunächst, dass der **Verschmelzungsbeschluss einstimmig** gefasst werden muss.[407] Stimmenthaltungen wirken wie Nein-Stimmen, hindern also eine einstimmige Beschlussfassung.[408] Hinzu kommt, dass alle in der Versammlung anwesenden Inhaber stimmrechtsloser Anteile – die kein Stimmrecht haben und deshalb nicht bei der Fassung des Verschmelzungsbeschlusses mitwirken können[409] – dem Verschmelzungsbeschluss zustimmen müssen.[410] Bei diesen Zustimmungen handelt es sich, im Gegensatz zu dem zuvor genannten Einstimmigkeitserfordernis, um **Zustimmungserklärungen einzelner Anteilsinhaber** im Sinne des § 13 Abs. 3 S. 1 UmwG (→ Rn. 215).[411]

203

Ist der übertragende Rechtsträger eine **Personenhandelsgesellschaft**, eine **Partnerschaftsgesellschaft** oder eine **GmbH**, so müssen gemäß § 51 Abs. 1 S. 2 UmwG zusätzlich die nicht in der Versammlung erschienenen Gesellschafter, einschließlich der Inhaber stimmrechtsloser Anteile, dem Verschmelzungsbeschluss zustimmen.[412] Diese Zustimmungen sind **Zustimmungserklärungen einzelner Anteilsinhaber** im Sinne des § 13 Abs. 3 S. 1 UmwG (→ Rn. 215).[413]

204

(2) Offene Einlagen bei übertragender GmbH (§ 51 Abs. 1 S. 3 UmwG). Wird eine GmbH, auf deren Geschäftsanteile nicht alle zu leistenden Einlagen in voller Höhe bewirkt sind, von einer GmbH durch Verschmelzung aufgenommen, bedarf der Verschmelzungsbeschluss gemäß **§ 51 Abs. 1 S. 3 UmwG** der Zustimmung aller Gesellschafter der übernehmenden Gesellschaft. § 51 Abs. 1 S. 3 UmwG ist bei Verschmelzungen anwendbar, an denen eine **GmbH als übertragender Rechtsträger** und eine **andere GmbH als übernehmender Rechtsträger** beteiligt ist. Er bezweckt den Schutz der Gesellschafter der übernehmenden GmbH vor einer möglichen Ausfallhaftung für nicht erbrachte Einlagen auf die Geschäftsanteile an der übertragenden GmbH gemäß **§ 24 GmbHG**.[414] Dem liegt die Vorstellung zugrunde, dass die Gesellschafter der übernehmenden GmbH mit dem Wirksamwerden der Verschmelzung einer solchen Haftung ausgesetzt sein können.[415] Das Zustimmungserfordernis gemäß § 51 Abs. 1 S. 3 UmwG besteht, wenn bei der über-

205

---

[406] Kallmeyer/*Zimmermann* § 51 UmwG Rn. 8; Lutter/*Winter/Vetter* § 51 UmwG Rn. 17 ff.
[407] Lutter/*Winter/Vetter* § 51 UmwG Rn. 21; Schmitt/Hörtnagl/Stratz/*Stratz* § 51 UmwG Rn. 5.
[408] Kallmeyer/*Zimmermann* § 51 UmwG Rn. 2; Schmitt/Hörtnagl/Stratz/*Stratz* § 51 UmwG Rn. 5.
[409] Kallmeyer/*Zimmermann* § 13 UmwG Rn. 4 (für GmbH, AG und KGaA, anders jedoch für Personenhandelsgesellschaften); Semler/Stengel/*Reichert* § 51 UmwG Rn. 12; Widmann/Mayer/*Mayer* § 51 UmwG Rn. 11.
[410] Semler/Stengel/*Reichert* § 51 UmwG Rn. 12; Widmann/Mayer/*Mayer* § 51 UmwG Rn. 11.
[411] Semler/Stengel/*Reichert* § 51 UmwG Rn. 12; Widmann/Mayer/*Mayer* § 51 UmwG Rn. 11.
[412] Schmitt/Hörtnagl/Stratz/*Stratz* § 51 UmwG Rn. 6; Semler/Stengel/*Reichert* § 51 UmwG Rn. 13.
[413] Lutter/*Winter/Vetter* § 51 UmwG Rn. 26; Schmitt/Hörtnagl/Stratz/*Stratz* § 51 UmwG Rn. 6.
[414] Semler/Stengel/*Reichert* § 51 UmwG Rn. 8.
[415] Begr. RegE, BT-Drucks. 12/6699, S. 100; Semler/Stengel/*Reichert* § 51 UmwG Rn. 8, 20; Widmann/Mayer/*Mayer* § 51 UmwG Rn. 22. Berechtigterweise kritisch: Lutter/*Winter/Vetter* § 51 UmwG Rn. 28; *Priester*, Beilage zu ZIP 22/2016, 57, 59.

tragenden GmbH **Einlagen offen** sind. Diesbezüglich sind die gleichen Kriterien wie bei § 51 Abs. 1 S. 1 UmwG (→ Rn. 202) maßgeblich.

206 § 51 Abs. 1 S. 3 UmwG ist für den Fall der Verschmelzung einer 100%-igen, als GmbH verfassten Tochtergesellschaft mit offenen Einlageforderungen auf ihre ebenfalls als GmbH verfasste Muttergesellschaft **teleologisch zu reduzieren**, weil die gegen die Muttergesellschaft gerichteten Einlageforderungen mit dem Wirksamwerden der Verschmelzung durch Konfusion erlöschen, sodass der Anknüpfungspunkt für eine Ausfallhaftung gemäß § 24 GmbHG entfällt.[416] Eine Zustimmung gemäß § 51 Abs. 1 S. 3 UmwG ist hier also nicht erforderlich. Demgegenüber ist die Frage umstritten, ob ein Zustimmungserfordernis in analoger Anwendung des § 51 Abs. 1 S. 3 UmwG im Fall von **Mischverschmelzungen** besteht, bei denen ein nicht als GmbH verfasster übertragender Rechtsträger mit offenen Einlageforderungen auf eine GmbH verschmolzen wird.[417]

207 In den soeben dargestellten Fällen kann es sich in der Praxis anbieten, **vorsichtshalber** eine **Zustimmung** gemäß § 51 Abs. 1 S. 3 UmwG **einzuholen**. Das Erfordernis der Einholung einer solchen Zustimmung lässt sich generell vermeiden, wenn die **Einlageforderungen** eines übertragenden Rechtsträgers **vollumfänglich erfüllt** werden, bevor der Verschmelzungsbeschluss der Gesellschafterversammlung der übernehmenden GmbH gefasst wird.[418]

208 Das Zustimmungserfordernis des § 51 Abs. 1 S. 3 UmwG bezieht sich auf alle Gesellschafter der übernehmenden GmbH. Dies bedeutet, dass der **Verschmelzungsbeschluss einstimmig** gefasst werden muss (→ Rn. 203). Zudem müssen sämtliche Inhaber stimmrechtsloser Geschäftsanteile sowie alle stimmberechtigten Gesellschafter, die nicht in der Gesellschafterversammlung anwesend sind, dem Verschmelzungsbeschluss zustimmen. Diese Zustimmungen sind, im Gegensatz zu dem Einstimmigkeitserfordernis bezüglich der Fassung des Verschmelzungsbeschlusses, **Zustimmungserklärungen einzelner Anteilsinhaber** im Sinne des § 13 Abs. 3 S. 1 UmwG (→ Rn. 215).[419]

209 **(3) Abweichende Festsetzung der Nennbeträge (§ 51 Abs. 2 UmwG).** Wird der Nennbetrag der Geschäftsanteile nach § 46 Abs. 1 S. 2 UmwG abweichend vom Betrag der Aktien festgesetzt, so muss der Festsetzung gemäß **§ 51 Abs. 2 UmwG** jeder Aktionär zustimmen, der sich nicht mit seinem gesamten Anteil beteiligen kann. Die Vorschrift des § 51 Abs. 2 UmwG knüpft an die Regelung des § 46 Abs. 1 S. 2 UmwG (→ Rn. 170 ff.) an und ist folglich anwendbar, wenn eine **AG oder KGaA auf eine GmbH verschmolzen** wird.

210 Das Zustimmungserfordernis nach § 51 Abs. 2 UmwG setzt voraus, dass der **Nennbetrag** der zu gewährenden Geschäftsanteile an der übernehmenden GmbH **abweichend** von dem Betrag **festgesetzt** wird, der auf die Aktien der übertragenden Gesellschaft als anteiliger Betrag ihres Grundkapitals entfällt, und dass ein Aktionär **infolgedessen** einen **Beteiligungsverlust** erleidet, weil er sich nicht in einem Umfang an der übernehmenden GmbH beteiligen kann, der dem Wert seiner Beteiligung an der übertragenden Gesellschaft entspricht.[420] Es spielt insoweit keine Rolle, ob der betreffende Aktionär sich überhaupt nicht an der übernehmenden GmbH beteiligen kann, weil der Wert seiner Beteiligung an

---

[416] Henssler/Strohn/*Haeder* § 51 UmwG Rn. 4; Lutter/*Winter*/*Vetter* § 51 UmwG Rn. 32; *Priester*, Beilage zu ZIP 22/2016, 57, 59 f.

[417] Dafür: Schmitt/Hörtnagl/Stratz/*Stratz* § 51 UmwG Rn. 10; Semler/Stengel/*Reichert* § 51 UmwG Rn. 22 f. Dagegen: BeckOGK UmwG/*v. Hinden*, § 51 UmwG Rn. 32; Henssler/Strohn/*Haeder* § 51 UmwG Rn. 4; Lutter/*Winter*/*Vetter* § 51 UmwG Rn. 36 f.; Widmann/Mayer/*Mayer* § 51 UmwG Rn. 22. Zur Frage der analogen Anwendung des § 51 Abs. 1 S. 3 UmwG auf eine andere übertragende GmbH siehe: Lutter/*Winter*/*Vetter* § 51 UmwG Rn. 33 f.

[418] Schmitt/Hörtnagl/Stratz/*Stratz* § 51 UmwG Rn. 8.

[419] Siehe zum Ganzen: Kallmeyer/*Zimmermann* § 51 UmwG Rn. 6; Semler/Stengel/*Reichert* § 51 UmwG Rn. 21.

[420] Kallmeyer/*Zimmermann* § 51 UmwG Rn. 9; Kölner Kommentar-UmwG/*Simon*/*Nießen* § 51 UmwG Rn. 32; Lutter/*Winter*/*Vetter* § 51 UmwG Rn. 62.

der übertragenden Gesellschaft dem Wert eines Geschäftsanteils an der übernehmenden GmbH entspricht, dessen Nennbetrag unterhalb des festgesetzten Nennbetrags liegt oder ob er sich nur mit einem Teil seiner Beteiligung an der übertragenden Gesellschaft (sog. **Spitzen**) nicht an der übernehmenden GmbH beteiligen kann.[421] Das **Zustimmungserfordernis entfällt** allerdings, wenn der Beteiligungsverlust in einer Konstellation eintritt, in welcher der festgesetzte Nennbetrag der zu gewährenden Geschäftsanteile bereits dem gesetzlichen Mindestnennbetrag von einem Euro (vgl. § 46 Abs. 1 S. 3 UmwG) entspricht.[422]

Aktionäre einer übertragenden AG oder KGaA, die sich überhaupt nicht oder nur mit **211** einem Teil ihrer Beteiligung an der übernehmenden GmbH beteiligen können, haben – unabhängig davon, ob im konkreten Fall ein Zustimmungserfordernis gemäß § 51 Abs. 2 UmwG besteht oder ob dieses aufgrund der soeben dargestellten Ausnahme entfällt – einen Anspruch auf eine entsprechende **Barabfindung**.[423] Die zu leistenden Zahlungen fallen unter die **10 %-Grenze** des § 54 Abs. 4 UmwG (→ Rn. 263 ff.).[424]

§ 51 Abs. 2 UmwG ist **nicht analog anzuwenden**, wenn Anteilsinhaber eines über- **212** tragenden Rechtsträgers, der nicht als AG oder KGaA verfasst ist, den in Frage stehenden Beteiligungsverlust erleiden. Die Festsetzung des Nennbetrags der zu gewährenden Geschäftsanteile auf einen höheren Betrag als den gesetzlichen Mindestnennbetrag stellt in der Regel einen **treuwidrigen Eingriff** in die Rechtsposition der Anteilsinhaber eines übertragenden Rechtsträgers dar, die sich infolgedessen nicht in einem dem Wert ihrer Beteiligung an dem übertragenden Rechtsträger entsprechenden Umfang an der übernehmenden GmbH beteiligen können. Die Anteilsinhaber eines nicht als AG oder KGaA verfassten übertragenden Rechtsträgers sind in einem solchen Fall somit hinreichend dadurch geschützt, dass sie wegen Treuepflichtverletzung eine **Klage gegen die Wirksamkeit des Verschmelzungsbeschlusses** der Anteilsinhaberversammlung des übertragenden Rechtsträgers erheben[425] können.[426]

Die Zustimmung gemäß § 51 Abs. 2 UmwG ist eine **Zustimmungserklärung einzel-** **213** **ner Anteilsinhaber** im Sinne des § 13 Abs. 3 S. 1 UmwG (→ Rn. 215). Sie ist auch dann erforderlich, wenn ein Inhaber stimmrechtsloser Aktien betroffen ist.[427] § 51 Abs. 2 UmwG verlangt, dass der betroffene Aktionär der Festsetzung des Nennbetrags zustimmt. Die Zustimmung zum Verschmelzungsbeschluss der Hauptversammlung genügt jedoch, da dieser die Festsetzung des Nennbetrags einschließt.[428]

cc) Statutarische Nebenleistungspflichten bei übernehmender GmbH. Es wird **214** lebhaft diskutiert, ob der Verschmelzungsbeschluss der Anteilsinhaberversammlung eines übertragenden Rechtsträgers der **Zustimmung sämtlicher Anteilsinhaber** bedarf, wenn eine Verschmelzung auf eine GmbH mit einer Vermehrung von Leistungspflichten einhergeht, weil deren **Gesellschaftsvertrag (höhere) Nebenleistungspflichten**, wie beispielsweise Nachschusspflichten oder ein Wettbewerbsverbot, vorsieht. Diese Frage wird, ge-

---

[421] Lutter/*Winter*/*Vetter* § 51 UmwG Rn. 63; Semler/Stengel/*Reichert* § 51 UmwG Rn. 25.
[422] Kallmeyer/*Zimmermann* § 51 UmwG Rn. 10; Lutter/*Winter*/*Vetter* § 51 UmwG Rn. 61, 65.
[423] Vgl. Kallmeyer/*Zimmermann* § 51 UmwG Rn. 10; Kölner Kommentar-UmwG/*Simon*/*Nießen* § 51 UmwG Rn. 34, 36; Lutter/*Winter*/*Vetter* § 46 UmwG Rn. 42, § 51 UmwG Rn. 63, 66; Semler/Stengel/*Reichert* § 51 UmwG Rn. 28.
[424] Lutter/*Winter*/*Vetter* § 51 UmwG Rn. 67; Semler/Stengel/*Reichert* § 51 UmwG Rn. 31.
[425] Die statthafte Klageart hängt von der Rechtsform des jeweiligen übertragenden Rechtsträgers ab.
[426] Siehe zum Ganzen: Lutter/*Winter*/*Vetter* § 51 UmwG Rn. 69 f.; Semler/Stengel/*Reichert* § 51 UmwG Rn. 32; Widmann/Mayer/*Mayer* § 51 UmwG Rn. 30.1. Zu dem vergleichbaren Fall der Festsetzung des Nennbetrags der im Zuge einer Kapitalerhöhung gebildeten neuen Aktien einer AG, deren Grundkapital gleichzeitig auf null Aktien herabgesetzt wird, siehe: BGH II ZR 126/98, NJW 1999, 3197.
[427] Lutter/*Winter*/*Vetter* § 51 UmwG Rn. 64; Semler/Stengel/*Reichert* § 51 UmwG Rn. 26.
[428] Semler/Stengel/*Reichert* § 51 UmwG Rn. 27. Vgl. auch Lutter/*Winter*/*Vetter* § 51 UmwG Rn. 64. Anders wohl Kallmeyer/*Zimmermann* § 51 UmwG Rn. 11.

stützt auf eine analoge Anwendung des § 53 Abs. 3 GmbHG, überwiegend bejaht[429], obwohl eine Übernahme des in dieser Vorschrift enthaltenen Rechtsgedankens in das UmwG in der Gesetzesbegründung als nicht zweckmäßig bezeichnet wird.[430] In der Praxis kann es sich in einem solchen Fall empfehlen, vorsichtshalber die entsprechenden Zustimmungserklärungen einzuholen oder den Gesellschaftsvertrag der übernehmenden GmbH dahin zu ändern, dass die Nebenleistungspflichten gestrichen bzw. auf den Umfang der Nebenleistungspflichten herabgesenkt werden, die in dem Gesellschaftsvertrag des betreffenden übertragenden Rechtsträgers enthalten sind.

215 **dd) Erteilung der Zustimmung einzelner Anteilsinhaber (§ 13 Abs. 3 S. 1 UmwG).** Die Zustimmungserklärungen einzelner Anteilsinhaber im Sinne des § 13 Abs. 3 S. 1 UmwG sind **empfangsbedürftige Willenserklärungen**, die **vor, bei oder nach** der Fassung des **Verschmelzungsbeschlusses gegenüber** dem jeweiligen **Rechtsträger** abzugeben sind.[431] Die zustimmende Stimmabgabe bei der Fassung des Verschmelzungsbeschlusses ist jedenfalls regelmäßig zugleich als **konkludente Zustimmung** im Sinne des § 13 Abs. 3 S. 1 UmwG zu bewerten.[432] Nach der Fassung des Verschmelzungsbeschlusses kann das Vertretungsorgan des Rechtsträgers die betroffenen Anteilsinhaber unter Fristsetzung zur Erklärung der **Zustimmung auffordern**. Eine Zustimmung gilt analog §§ 108 Abs. 2 S. 2 Hs. 2, 177 Abs. 2 S. 2 Hs. 2 BGB als verweigert, wenn sie nicht innerhalb der Frist erklärt wird.[433] Werden sämtliche Zustimmungen fristgerecht erklärt, wird der bis dahin **schwebend unwirksame Verschmelzungsbeschluss** rückwirkend auf den Zeitpunkt der Beschlussfassung wirksam.[434] Die Zustimmungserklärungen bedürfen gemäß § 13 Abs. 3 S. 1 UmwG der **notariellen Beurkundung** (→ § 11 Rn. 50). Eine Zustimmung im Sinne des § 13 Abs. 3 S. 1 UmwG ist entbehrlich, wenn die betroffenen Anteilsinhaber in notariell beurkundeter Form auf ihr **Zustimmungsrecht verzichten**.[435]

5. Anteilsgewährung (§§ 20 Abs. 1 Nr. 3 S. 1, 54, 55 Abs. 1 UmwG)

216 **a) Einleitung.** Die **Gewährung von Anteilen** des übernehmenden Rechtsträgers an die Anteilsinhaber der übertragenden Rechtsträger als Gegenleistung für die Übertragung des Vermögens der übertragenden Rechtsträger ist ein **Grundprinzip der Verschmelzung** (vgl. § 2 UmwG).[436] Die **§§ 54, 55 Abs. 1 UmwG** enthalten Regelungen bezüglich der Anteilsgewährung für Verschmelzungen unter Beteiligung von Gesellschaften mit beschränkter Haftung. Sie ergänzen die allgemeine Vorschrift des § 20 Abs. 1 Nr. 3 S. 1 UmwG und sind anwendbar, wenn eine **GmbH als übernehmender Rechtsträger** an einer Verschmelzung beteiligt ist. Im Hinblick auf die Gewährung von Geschäftsanteilen an einer übernehmenden GmbH stellt sich zunächst die Frage, ob überhaupt eine **Pflicht zur Anteilsgewährung** besteht oder ob **Ausnahmen von dieser Pflicht** einschlägig sind (→ Rn. 217 ff.). Besteht eine solche Pflicht, fragt es sich zudem, **woher** die zu gewährenden **Geschäftsanteile stammen** (→ Rn. 231 ff.) und **auf welchem Wege** die Anteilsinhaber der übertragenden Rechtsträger die zu gewährenden **Geschäftsanteile erwerben** (→

---

[429] Kallmeyer/*Zimmermann* § 13 UmwG Rn. 26; Lutter/*Winter*/*Vetter* § 51 UmwG Rn. 38 ff. (siehe auch Rn. 48 ff. zur Verschmelzung auf eine GmbH, deren Gesellschaftsvertrag eine Schiedsklausel enthält); Semler/Stengel/*Reichert* § 51 UmwG Rn. 15 ff.; a. A. Widmann/Mayer/*Mayer* § 50 UmwG Rn. 109 ff.

[430] Begr. RegE, BT-Drucks. 12/6699, S. 86.

[431] Kallmeyer/*Zimmermann* § 13 UmwG Rn. 27 (der auch eine Erklärung gegenüber dem Versammlungsleiter für möglich hält); Widmann/Mayer/*Mayer* § 50 UmwG Rn. 67, 70, 73.

[432] Vgl. Kallmeyer/*Zimmermann* § 13 UmwG Rn. 28; Lutter/*Winter*/*Vetter* § 50 UmwG Rn. 66.

[433] Kallmeyer/*Zimmermann* § 13 UmwG Rn. 29; Semler/Stengel/*Reichert* § 50 UmwG Rn. 47.

[434] Kallmeyer/*Zimmermann* § 13 UmwG Rn. 29; Semler/Stengel/*Reichert* § 50 UmwG Rn. 47.

[435] Lutter/*Winter*/*Vetter* § 50 UmwG Rn. 7, § 51 UmwG Rn. 12 (jeweils zu einem Verzicht im Vorhinein).

[436] Lutter/*Winter*/*Vetter* § 54 UmwG Rn. 6.

§ 15 Rechtsformspezifische Besonderheiten der Verschmelzung 217–221 § 15

Rn. 246 ff. und 257 ff.).[437] Schließlich können sich Fragestellungen in Bezug auf **bare Zuzahlungen** gemäß § 54 Abs. 4 UmwG (→ Rn. 263 ff.) und **Verstöße** im Zusammenhang mit den §§ **54, 55 Abs. 1 UmwG** (→ Rn. 269 ff.) ergeben.

b) Pflicht zur Anteilsgewährung und Ausnahmen. Eine übernehmende GmbH ist **217** im **Grundsatz** dazu verpflichtet, sämtlichen Anteilsinhabern der an der Verschmelzung beteiligten übertragenden Rechtsträger **Geschäftsanteile zu gewähren**. Der Wert der zu gewährenden Geschäftsanteile muss dabei prinzipiell dem Wert der jeweiligen Beteiligung an einem übertragenden Rechtsträger entsprechen (→ Rn. 171). Es gibt allerdings einige **Ausnahmen** von dieser Pflicht. Dies sind zum einen die in § 20 Abs. 1 Nr. 3 S. 1 Hs. 2 UmwG geregelten Fälle (→ § 13 Rn. 154 ff.), die in den **Kapitalerhöhungsverboten des § 54 Abs. 1 S. 1 Nr. 1 und 2 (i. V. m. Abs. 2) UmwG** ihre Entsprechung finden (→ Rn. 218 ff.). Zum anderen ist dies der **Verzicht** der Anteilsinhaber eines übertragenden Rechtsträgers gemäß § 54 Abs. 1 S. 3 UmwG (→ Rn. 225 ff.). Ein weiterer Fall, der dadurch gekennzeichnet ist, dass Anteilsinhaber eines übertragenden Rechtsträgers nicht oder nicht in einem dem Wert ihrer Beteiligung an dem übertragenden Rechtsträger entsprechenden Umfang an der übernehmenden GmbH beteiligt werden, ist der **Beteiligungsverlust infolge einer abweichenden Festsetzung des Nennbetrags** der zu gewährenden Geschäftsanteile (→ Rn. 209 ff.). Demgegenüber besteht im Falle des Kapitalerhöhungsverbots gemäß § 54 Abs. 1 S. 1 Nr. 3 (i. V. m. Abs. 2) UmwG (→ Rn. 232 ff.) sowie in den Fällen der in § 54 Abs. 1 S. 2 (i. V. m. Abs. 2) UmwG geregelten Kapitalerhöhungswahlrechte (→ Rn. 238 ff.) keine Ausnahme von der Pflicht zur Anteilsgewährung.

aa) Kapitalerhöhungsverbote gemäß § 54 Abs. 1 S. 1 Nr. 1 und 2 UmwG. Nach **218** § 54 Abs. 1 S. 1 UmwG darf die übernehmende Gesellschaft zur Durchführung der Verschmelzung ihr Stammkapital nicht erhöhen, soweit sie Anteile eines übertragenden Rechtsträgers innehat (**Nr. 1**) oder soweit ein übertragender Rechtsträger eigene Anteile innehat (**Nr. 2**). Die Vorschriften korrespondieren mit § 20 Abs. 1 Nr. 3 S. 1 Hs. 2 1. Alt. bzw. 2. Alt. UmwG, denen zufolge die Anteilsinhaber der übertragenden Rechtsträger insoweit keine Anteile an dem übernehmenden Rechtsträger erwerben. Sie sollen verhindern, dass die übernehmende GmbH im Zuge einer Kapitalerhöhung eigene Anteile erwirbt, was mit dem Gebot realer Kapitalaufbringung unvereinbar wäre.[438] **Soweit** an dem betreffenden übertragenden Rechtsträger auch **Dritte** beteiligt sind, die nicht von § 54 Abs. 2 UmwG (→ Rn. 222 ff.) erfasst werden, besteht jedoch eine Pflicht zur Anteilsgewährung, sodass ggf. eine **Kapitalerhöhung durchgeführt** werden muss.[439]

Ein häufiger praktischer Anwendungsfall des § 54 Abs. 1 S. 1 Nr. 1 UmwG ist der sog. **219 Upstream Merger** einer 100 %-igen Tochtergesellschaft auf ihre als GmbH verfasste Muttergesellschaft.[440]

Das Kapitalerhöhungsverbot des § 54 Abs. 1 S. 1 Nr. 2 UmwG besteht unabhängig **220** davon, ob die eigenen Anteile des übertragenden Rechtsträgers vollständig eingezahlt sind oder nicht.[441]

Der **maßgebliche Zeitpunkt** für das Vorliegen der Voraussetzungen der Kapitalerhö- **221** hungsverbote gemäß § 54 Abs. 1 S. 1 Nr. 1 und 2 UmwG ist die Eintragung der Verschmelzung in das Handelsregister der übernehmenden GmbH.[442] Die in diesem Zeitpunkt

---
[437] Vgl. MünchHdb. GesR III/*Mayer* § 73 Rn. 52.
[438] Kallmeyer/*Kocher* § 54 UmwG Rn. 1; Lutter/*Winter*/*Vetter* § 54 UmwG Rn. 4, 17, 23.
[439] Kallmeyer/*Kocher* § 54 UmwG Rn. 5; Widmann/Mayer/*Mayer* § 54 UmwG Rn. 17 f.
[440] Kallmeyer/*Kocher* § 54 UmwG Rn. 5; Lutter/*Winter*/*Vetter* § 54 UmwG Rn. 19; Semler/Stengel/*Reichert* § 54 UmwG Rn. 6; Widmann/Mayer/*Mayer* § 54 UmwG Rn. 18.
[441] Kallmeyer/*Kocher* § 54 UmwG Rn. 8; Lutter/*Winter*/*Vetter* § 54 UmwG Rn. 24; Semler/Stengel/*Reichert* § 54 UmwG Rn. 7.
[442] Böttcher/Habighorst/Schulte/*Kleindiek* § 54 UmwG Rn. 8, 11; Kallmeyer/*Kocher* § 54 UmwG Rn. 5 (zu § 54 Abs. 1 S. 1 Nr. 1 UmwG); Kölner Kommentar-UmwG/*Simon*/*Nießen* § 54 UmwG

bestehenden und für die genannten Kapitalerhöhungsverbote relevanten Beteiligungsverhältnisse müssen allerdings bereits im Verschmelzungsvertrag berücksichtigt werden, soweit dies erforderlich ist, um den Anforderungen des § 46 UmwG an die Bezeichnung der zu gewährenden Geschäftsanteile (→ Rn. 165 ff.) zu genügen.[443]

222 bb) **Erweiterung des § 54 Abs. 1 S. 1 Nr. 1 und 2 UmwG durch § 54 Abs. 2 UmwG.** Gemäß **§ 54 Abs. 2 UmwG** gilt § 54 Abs. 1 UmwG entsprechend, wenn Inhaber der dort bezeichneten Anteile ein Dritter ist, der im eigenen Namen, jedoch in einem Fall des § 54 Abs. 1 S. 1 Nr. 1 UmwG oder des § 54 Abs. 1 S. 2 Nr. 1 UmwG für Rechnung der übernehmenden Gesellschaft oder in einem der anderen Fälle des § 54 Abs. 1 UmwG für Rechnung des übertragenden Rechtsträgers handelt.

223 Die mit § 54 Abs. 2 UmwG verbundene Erweiterung des Anwendungsbereichs der Kapitalerhöhungsverbote gemäß § 54 Abs. 1 S. 1 Nr. 1 und 2 UmwG um im eigenen Namen, aber für Rechnung der übernehmenden GmbH bzw. eines übertragenden Rechtsträgers gehaltene Anteile ist einschlägig, wenn die fraglichen Anteile **treuhänderisch** oder im Rahmen einer **mittelbaren Stellvertretung** für die übernehmende GmbH bzw. einen übertragenden Rechtsträger gehalten werden.[444]

224 § 54 Abs. 2 UmwG gelangt dagegen **nicht zur Anwendung**, wenn die übernehmende GmbH oder ein übertragender Rechtsträger Geschäftsanteile als **Mitberechtigter** im Sinne des § 18 GmbHG hält oder wenn **Anteile von einem abhängigen Unternehmen** der übernehmenden GmbH oder eines übertragenden Rechtsträgers gehalten werden.[445] Der Fall, dass Anteile von einer 100%-igen Tochtergesellschaft gehalten werden, wird folglich nicht von § 54 Abs. 2 UmwG erfasst, sodass die Verschmelzung einer Enkelgesellschaft auf ihre als GmbH verfasste Muttergesellschaft nicht unter § 54 Abs. 1 S. 1 Nr. 1, Abs. 2 UmwG subsumiert werden kann.[446]

225 cc) **Verzicht auf Anteilsgewährung (§ 54 Abs. 1 S. 3 UmwG). (1) Allgemeines.** Die übernehmende Gesellschaft darf gemäß **§ 54 Abs. 1 S. 3 UmwG** von der Gewährung von Geschäftsanteilen absehen, wenn alle Anteilsinhaber eines übertragenden Rechtsträgers darauf verzichten; die Verzichtserklärungen sind notariell zu beurkunden.[447] § 54 Abs. 1 S. 3 UmwG betrifft im Ausgangspunkt den Fall, dass eine Gewährung von Geschäftsanteilen an der übernehmenden GmbH aufgrund entsprechender Verzichtserklärungen insgesamt entbehrlich ist. Soweit nicht eine anderweitige Ausnahme von der Pflicht zur Anteilsgewährung einschlägig ist (→ Rn. 217), setzt eine **vollständige Entbehrlichkeit der Anteilsgewährung** den Verzicht sämtlicher Anteilsinhaber (einschließlich der Inhaber stimmrechtsloser Anteile[448]) aller an der Verschmelzung beteiligten übertragenden Rechtsträger voraus.[449] § 54 Abs. 1 S. 3 UmwG ist zwar in das Regelungsgefüge des § 54 UmwG

Rn. 19; Lutter/*Winter*/*Vetter* § 54 UmwG Rn. 43 (die in Rn. 152 dagegen grundsätzlich auf die Beschlussfassung über die Kapitalerhöhung abstellen, aber bis zur Eintragung eintretende Umstände berücksichtigen möchten). Siehe auch: BGH II ZR 29/03, NZG 2005, 722, 723, zum maßgeblichen Zeitpunkt für das Gebot der Kontinuität der Mitgliedschaft beim Formwechsel.

[443] Lutter/*Winter*/*Vetter* § 54 UmwG Rn. 44.
[444] Schmitt/Hörtnagl/Stratz/*Stratz* § 54 UmwG Rn. 16; Semler/Stengel/*Reichert* § 54 UmwG Rn. 33.
[445] Kallmeyer/*Kocher* § 54 UmwG Rn. 24 f.; Lutter/*Winter*/*Vetter* § 54 UmwG Rn. 110 ff., 114; Semler/Stengel/*Reichert* § 54 UmwG Rn. 34 ff.
[446] Kallmeyer/*Kocher* § 54 UmwG Rn. 5; Lutter/*Winter*/*Vetter* § 54 UmwG Rn. 21, 111 ff.; Widmann/Mayer/*Mayer* § 54 UmwG Rn. 18. Sofern Kapitalerhaltungsvorschriften nicht entgegenstehen, mag es in dieser Konstellation im Einzelfall ratsam sein, dass die Tochtergesellschaft zur Vermeidung einer Überkreuzbeteiligung auf die Gewährung von Geschäftsanteilen an der Muttergesellschaft verzichtet.
[447] Siehe Semler/Stengel/*Reichert* § 54 UmwG Rn. 19 ff. zu dem vor Einfügung des § 54 Abs. 1 S. 3 UmwG geführten Streit über die Möglichkeit eines Verzichts auf die Anteilsgewährung.
[448] Schmitt/Hörtnagl/Stratz/*Stratz* § 54 UmwG Rn. 15.
[449] Kallmeyer/*Kocher* § 54 UmwG Rn. 18.

eingebettet, dessen amtliche Überschrift „Verschmelzung ohne Kapitalerhöhung" lautet. Er gilt seinem Wortlaut entsprechend aber nicht nur für den Verzicht auf die Gewährung von im Zuge einer Kapitalerhöhung gebildeten Geschäftsanteilen, sondern für den **Verzicht auf jegliche Form der Anteilsgewährung**.[450]

(2) Teilverzicht. Es ist allgemein anerkannt, dass § 54 Abs. 1 S. 3 UmwG auch einen **Teilverzicht ermöglicht**. Ein Teilverzicht kann zunächst in der Form erfolgen, dass alle Anteilsinhaber eines übertragenden Rechtsträgers teilweise auf die Gewährung von Geschäftsanteilen an der übernehmenden GmbH verzichten, der Wert der ihnen gewährten Geschäftsanteile an der übernehmenden GmbH also hinter dem Wert ihrer jeweiligen Beteiligung an dem übertragenden Rechtsträger zurückbleibt.[451] Eine weitere Möglichkeit besteht darin, dass einzelne Anteilsinhaber eines übertragenden Rechtsträgers vollständig auf die Gewährung von Geschäftsanteilen an der übernehmenden GmbH verzichten. Nach vorzugswürdiger Ansicht ist in diesem Fall lediglich der Verzicht derjenigen Anteilsinhaber des übertragenden Rechtsträgers erforderlich, die von der Anteilsgewährung ausgenommen werden sollen.[452] Als Mischform der beiden dargestellten Varianten eines Teilverzichts können schließlich einzelne Anteilsinhaber eines übertragenden Rechtsträgers teilweise auf die Gewährung von Geschäftsanteilen an der übernehmenden GmbH verzichten.[453] Richtigerweise ist hier wiederum nur der Verzicht der betroffenen Anteilsinhaber erforderlich.

(3) Praktische Bedeutung und Grenzen des Verzichts. Besondere praktische Bedeutung hat der Verzicht auf die Anteilsgewährung bei der **Verschmelzung von Schwestergesellschaften**, an denen die gleichen Anteilsinhaber mit den gleichen Beteiligungsquoten beteiligt sind, sodass eine Erhöhung des Stammkapitals der übernehmenden GmbH nicht erforderlich ist, um sicherzustellen, dass die Anteilsinhaber der übertragenden Rechtsträger nach der Eintragung der Verschmelzung in das Handelsregister der übernehmenden GmbH wertadäquat an dieser beteiligt sind.[454] Ferner ermöglicht der Verzicht auf die Anteilsgewährung bisweilen eine **sanierende Verschmelzung**, bei der ein überschuldeter Rechtsträger auf eine finanziell gesunde GmbH verschmolzen wird (zu den Grenzen → Rn. 228).[455] Eine solche Verschmelzung wäre nicht möglich, wenn die übernehmende GmbH ihr Stammkapital erhöhen würde, da die Sacheinlage in Form des Vermögens des übertragenden Rechtsträgers keinen Wert hat und damit nicht geeignet ist, den Nennbetrag neu gebildeter Geschäftsanteile zu decken (vgl. → Rn. 249). Der Verzicht gemäß § 54 Abs. 1 S. 3 UmwG kann schließlich auch im **Zusammenhang mit einer baren Zuzahlung** gemäß § 54 Abs. 4 UmwG (→ Rn. 263 ff.) eine Rolle spielen.[456] Im Hinblick auf mögliche **steuerliche Implikationen** eines Verzichts auf die Anteilsgewährung wird auf die diesbezüglichen Ausführungen verwiesen (→ § 48 Rn. 83).

In einigen Fällen stellt sich die Frage nach den **Grenzen** für die Durchführung einer Verschmelzung unter **Verzicht auf eine Anteilsgewährung** gemäß § 54 Abs. 1 S. 3

---

[450] Kallmeyer/*Kocher* § 54 UmwG Rn. 18; Lutter/*Winter*/*Vetter* § 54 UmwG Rn. 63.
[451] Böttcher/Habighorst/Schulte/*Kleindiek* § 54 UmwG Rn. 28; Kallmeyer/*Kocher* § 54 UmwG Rn. 21; Kölner Kommentar-UmwG/*Simon*/*Nießen* § 54 UmwG Rn. 48; Lutter/*Winter*/*Vetter* § 54 UmwG Rn. 91.
[452] Böttcher/Habighorst/Schulte/*Kleindiek* § 54 UmwG Rn. 27 f.; Kallmeyer/*Kocher* § 54 UmwG Rn. 21; Kölner Kommentar-UmwG/*Simon*/*Nießen* § 54 UmwG Rn. 49; Lutter/*Winter*/*Vetter* § 54 UmwG Rn. 92 ff.; a. A. Widmann/Mayer/*Mayer* § 54 UmwG Rn. 51.2, der einen Verzicht bzw. eine Zustimmung aller Anteilsinhaber des übertragenden Rechtsträgers verlangt.
[453] Böttcher/Habighorst/Schulte/*Kleindiek* § 54 UmwG Rn. 27 f.
[454] Kallmeyer/*Kocher* § 54 UmwG Rn. 18; Lutter/*Winter*/*Vetter* § 54 UmwG Rn. 66.
[455] Kallmeyer/*Kocher* § 54 UmwG Rn. 22; Kölner Kommentar-UmwG/*Simon*/*Nießen* § 54 UmwG Rn. 50 f.; Lutter/*Winter*/*Vetter* § 54 UmwG Rn. 67. Vgl. auch OLG Stuttgart 8 W 426/05, NZG 2006, 159, zur Verschmelzung einer überschuldeten GmbH auf ihre Alleingesellschafterin gemäß §§ 2, 120 UmwG.
[456] Siehe außerdem Kallmeyer/*Kocher* § 54 UmwG Rn. 23 zur Verschmelzung einer GmbH & Co. KG, deren Komplementär-GmbH keinen Kapitalanteil hält, auf eine GmbH.

UmwG.[457] Dies betrifft vor allem die soeben dargestellte sanierende Verschmelzung (→ Rn. 227). Es wird vertreten, dass eine solche Verschmelzung wegen eines Verstoßes gegen § 30 Abs. 1 GmbHG unzulässig ist, wenn ihre Durchführung das zur Erhaltung des Stammkapitals der übernehmenden GmbH erforderliche Vermögen angreifen würde.[458] Sofern eine sanierende Verschmelzung die Überschuldung oder Zahlungsunfähigkeit der übernehmenden GmbH zur Folge hätte, ergibt sich ihre Unzulässigkeit regelmäßig daraus, dass ihre Durchführung einen Verstoß gegen § 826 BGB unter dem Gesichtspunkt eines **existenzvernichtenden Eingriffs** bedeuten würde.[459] Eine sanierende Verschmelzung führt dazu, dass sich der Wert der übernehmenden GmbH und damit auch der Wert der Geschäftsanteile an dieser Gesellschaft verringert. Etwaige Minderheitsgesellschafter der übernehmenden GmbH, die bei der Fassung des Verschmelzungsbeschlusses überstimmt werden, können den **Verschmelzungsbeschluss** deshalb abhängig vom jeweiligen Einzelfall **wegen Treuepflichtverletzung anfechten**.[460]

229 **(4) Erklärung des Verzichts.** Bei den Verzichtserklärungen handelt es sich um **empfangsbedürftige Willenserklärungen**, die **gegenüber der übernehmenden GmbH** abzugeben sind, der **notariellen Beurkundung** bedürfen und entweder anlässlich der Fassung des Verschmelzungsbeschlusses oder in einer gesonderten Urkunde abgegeben werden können.[461] Die zustimmende Stimmabgabe bei der Fassung des Verschmelzungsbeschlusses kann zugleich als **konkludente Verzichtserklärung** zu bewerten sein.[462] So dürfte eine solche zustimmende Stimmabgabe in Bezug auf einen Verschmelzungsvertrag, der ein Umtauschverhältnis vorsieht, das dazu führt, dass der Wert der den Anteilsinhabern eines übertragenden Rechtsträgers gewährten Geschäftsanteile hinter dem Wert ihrer jeweiligen Beteiligung an dem übertragenden Rechtsträger zurückbleibt, oftmals als **konkludenter Teilverzicht** der betroffenen Anteilsinhaber zu qualifizieren sein.[463] Aus Gründen der Vorsicht sollten jedoch zumindest bei einem vollständigen Verzicht einzelner oder aller Anteilsinhaber eines übertragenden Rechtsträgers ausdrückliche Verzichtserklärungen notariell beurkundet werden.

230 **(5) Absehen von der Anteilsgewährung.** Nach § 54 Abs. 1 S. 3 UmwG „darf" die übernehmende GmbH von der Gewährung von Geschäftsanteilen „absehen", wenn alle Anteilsinhaber eines übertragenden Rechtsträgers darauf verzichten. Die Vorschrift räumt der übernehmenden GmbH bei einem Verzicht also ein **Wahlrecht** ein, ob sie Geschäftsanteile gewährt oder nicht.[464] Es ist jedoch zu berücksichtigen, dass der Verschmelzungsvertrag im Falle der Anteilsgewährung unter anderem die von § 46 UmwG geforderten Angaben bezüglich der zu gewährenden Geschäftsanteile (→ Rn. 165 ff.) enthalten muss. Die Entscheidung über die Aufnahme dieser Angaben in den Verschmelzungsvertrag kann die übernehmende GmbH naturgemäß nicht einseitig treffen. Vielmehr bedarf der Verschmelzungsvertrag unter anderem der Zustimmung der Anteilsinhaberversammlungen der

---

[457] Eine umfassende Darstellung hierzu findet sich bei Lutter/Winter/Vetter § 54 UmwG Rn. 98 ff.

[458] Keller/Klett, DB 2010, 1220, 1222; Lutter/Winter/Vetter § 54 UmwG Rn. 82; Schwetlik, GmbHR 2011, 130, 133.

[459] Keller/Klett, DB 2010, 1220, 1222; Lutter/Winter/Vetter § 54 UmwG Rn. 83; Schwetlik, GmbHR 2011, 130, 134.

[460] Vgl. Kölner Kommentar-UmwG/Simon/Nießen § 54 UmwG Rn. 51 ff.; Weiler, NZG 2008, 527, 530 f.

[461] Vgl. Lutter/Winter/Vetter § 54 UmwG Rn. 86 f.

[462] Vgl. Kallmeyer/Kocher § 54 UmwG Rn. 19; Kölner Kommentar-UmwG/Simon/Nießen § 54 UmwG Rn. 56. Zurückhaltender BeckOGK UmwG/v. Hinden, § 54 UmwG Rn. 60; Lutter/Winter/Vetter § 54 UmwG Rn. 88; Widmann/Mayer/Mayer § 54 UmwG Rn. 51.1 („allenfalls ausreichend, wenn der Verzichtswille des Gesellschafter anderweitig in der Verschmelzungsdokumentation eindeutig zum Ausdruck kommt").

[463] Vgl. Kallmeyer/Kocher § 54 UmwG Rn. 21.

[464] Kölner Kommentar-UmwG/Simon/Nießen § 54 UmwG Rn. 58; Lutter/Winter/Vetter § 54 UmwG Rn. 65.

beteiligten übertragenden Rechtsträger. Daher kann das in Frage stehende Wahlrecht im Ergebnis **nicht ohne die Mitwirkung dieser Anteilsinhaberversammlungen** ausgeübt werden.[465] Die Mitwirkung einzelner Minderheitsgesellschafter eines übertragenden Rechtsträgers ist demgegenüber nicht erforderlich. Sie können deshalb unter Umständen Gesellschafter der übernehmenden GmbH werden, obwohl sie auf eine Anteilsgewährung verzichtet haben.[466]

c) Herkunft der zu gewährenden Geschäftsanteile. Soweit keine der soeben dargestellten **Ausnahmen** (→ Rn. 217 ff.) einschlägig ist, hat eine übernehmende GmbH sämtlichen Anteilsinhabern der an der Verschmelzung beteiligten übertragenden Rechtsträger **Geschäftsanteile zu gewähren**. Die zu gewährenden Geschäftsanteile können grundsätzlich **im Wege einer Kapitalerhöhung** gebildet werden (→ Rn. 236). In der Praxis ist dies der übliche Weg. Eine Kapitalerhöhung steht jedoch nicht als Mittel zur Beschaffung der zu gewährenden Geschäftsanteile zur Verfügung, soweit das Kapitalerhöhungsverbot des § 54 Abs. 1 S. 1 Nr. 3 (i. V. m. Abs. 2) UmwG eingreift (→ Rn. 232 ff.). Die Alternative zur Bildung neuer Geschäftsanteile besteht in der **Gewährung schon vorhandener Geschäftsanteile** (→ Rn. 237 ff.). Die Möglichkeit hierzu besteht, soweit die Kapitalerhöhungswahlrechte des § 54 Abs. 1 S. 2 (i. V. m. Abs. 2) UmwG einschlägig sind (→ Rn. 238 ff.) oder ein Dritter Geschäftsanteile an der übernehmenden GmbH zur Verfügung stellt (→ Rn. 244).

aa) Vorfrage: Kapitalerhöhungsverbot gemäß § 54 Abs. 1 S. 1 Nr. 3 UmwG? Nach **§ 54 Abs. 1 S. 1 Nr. 3 UmwG** darf die übernehmende Gesellschaft zur Durchführung der Verschmelzung ihr Stammkapital nicht erhöhen, soweit ein übertragender Rechtsträger Geschäftsanteile dieser Gesellschaft innehat, auf welche die Einlagen nicht in voller Höhe bewirkt sind. Die Vorschrift soll nach überwiegender Auffassung verhindern, dass die übernehmende GmbH im Zuge der Verschmelzung nicht voll eingezahlte eigene Anteile erwirbt.[467] Dies hätte zur Folge, dass die Einlageforderung der übernehmenden GmbH durch Konfusion erlischt.[468] Im Fall des § 54 Abs. 1 S. 1 Nr. 3 UmwG besteht **keine Ausnahme von der Pflicht zur Anteilsgewährung**, da diese Vorschrift, anders als die Kapitalerhöhungsverbote nach § 54 Abs. 1 S. 1 Nr. 1 und 2 UmwG (→ Rn. 218), keine Entsprechung in § 20 Abs. 1 Nr. 3 S. 1 Hs. 2 UmwG findet.

§ 54 Abs. 1 S. 1 Nr. 3 UmwG enthält seinem Wortlaut nach lediglich ein Kapitalerhöhungsverbot. Es ist allerdings anerkannt, dass eine **Verschmelzung** auf eine übernehmende GmbH auch dann **unzulässig** ist, wenn ein übertragender Rechtsträger nicht voll eingezahlte Geschäftsanteile an der übernehmenden GmbH hält, eine Kapitalerhöhung zur Durchführung der Verschmelzung aber nicht erforderlich ist, weil beispielsweise schon vorhandene Geschäftsanteile an der übernehmenden GmbH zur Anteilsgewährung zur Verfügung stehen. Dies wird zumeist damit begründet, dass **§ 33 Abs. 1 GmbHG** – dem zufolge eine GmbH eigene Geschäftsanteile, auf welche die Einlagen noch nicht vollständig geleistet sind, nicht erwerben kann – auch auf einen Erwerb im Wege der Gesamtrechtsnachfolge anwendbar sei und damit auch für einen Erwerb im Wege der Verschmelzung gelte.[469] Eine **Verschmelzung** ist deshalb **insgesamt unzulässig**, wenn ein **übertragen-**

---

[465] Kölner Kommentar-UmwG/*Simon/Nießen* § 54 UmwG Rn. 58; Lutter/*Winter/Vetter* § 54 UmwG Rn. 65.

[466] Kölner Kommentar-UmwG/*Simon/Nießen* § 54 UmwG Rn. 58; Lutter/*Winter/Vetter* § 54 UmwG Rn. 65.

[467] Henssler/Strohn/*Haeder* § 54 UmwG Rn. 2; Lutter/*Winter/Vetter* § 54 UmwG Rn. 33; Schmitt/Hörtnagl/Stratz/*Stratz* § 54 UmwG Rn. 5; Semler/Stengel/*Reichert* § 54 UmwG Rn. 8; a. A. Kölner Kommentar-UmwG/*Simon/Nießen* § 54 UmwG Rn. 9 (Regelung ist vor dem Hintergrund der Kapitalaufbringung zu sehen).

[468] Semler/Stengel/*Reichert* § 54 UmwG Rn. 8.

[469] Kallmeyer/*Kocher* § 54 UmwG Rn. 9; Lutter/*Winter/Vetter* § 54 UmwG Rn. 35 f. (die dazu tendieren, dass sich ein solches Verbot auch aus § 54 Abs. 1 S. 1 Nr. 3 UmwG ergeben kann); Semler/Stengel/*Reichert* § 54 UmwG Rn. 11.

der Rechtsträger nicht voll eingezahlte Geschäftsanteile an der übernehmenden GmbH hält.[470] Dass das Kapitalerhöhungsverbot gemäß § 54 Abs. 1 S. 1 Nr. 3 UmwG seinem Wortlaut nach lediglich eingreift, **soweit** ein übertragender Rechtsträger solche Geschäftsanteile hält, spielt aus diesem Grund praktisch keine Rolle.[471]

234 Bei der Durchführung einer Verschmelzung auf eine übernehmende GmbH ist im Zusammenhang mit dem Fragenkomplex „Herkunft der zu gewährenden Geschäftsanteile" vor diesem Hintergrund zunächst zu **prüfen, ob ein übertragender Rechtsträger nicht voll eingezahlte Geschäftsanteile an der übernehmenden GmbH hält** und, sofern dies der Fall ist, **wie dieser Zustand beseitigt werden kann**.[472] Hierzu gibt es verschiedene Ansätze. Es bietet sich oftmals an, die ausstehenden Einlageforderungen vollständig zu erfüllen.[473] Dies führt zum Eingreifen des Kapitalerhöhungswahlrechts gemäß § 54 Abs. 1 S. 2 Nr. 2 UmwG (→ Rn. 238 ff.). Ferner können die nicht voll eingezahlten Geschäftsanteile an der übernehmenden GmbH unter Umständen zur Anteilsgewährung verwendet werden. Da die Anteilsinhaber der übertragenden Rechtsträger grundsätzlich einen Anspruch auf die Gewährung voll eingezahlter Geschäftsanteile an der übernehmenden GmbH haben, ist dies nur möglich, wenn die betroffenen Anteilsinhaber der übertragenden Rechtsträger zustimmen[474] oder wenn eine zumindest gleich hohe Einlageforderung bezüglich ihrer Beteiligung an dem jeweiligen übertragenden Rechtsträger besteht.[475] Die nicht voll eingezahlten Geschäftsanteile an der übernehmenden GmbH können schließlich auch an einen Dritten, der nicht in den Anwendungsbereich des § 54 Abs. 2 UmwG fällt, veräußert werden.

235 In Hinsicht auf den **maßgeblichen Zeitpunkt** für das Vorliegen der Voraussetzungen des Kapitalerhöhungsverbots gemäß § 54 Abs. 1 S. 1 Nr. 3 UmwG sowie auf die Erweiterung von dessen Anwendungsbereich gemäß § 54 Abs. 2 UmwG gelten die Ausführungen zu den Kapitalerhöhungsverboten nach § 54 Abs. 1 S. 1 Nr. 1 und 2 UmwG entsprechend (→ Rn. 221 und 222 ff.).

236 **bb) Kapitalerhöhung (§ 55 Abs. 1 UmwG).** Die zu gewährenden Geschäftsanteile können im Wege einer Kapitalerhöhung gebildet werden, sofern etwaige Fragen im Zusammenhang mit § 54 Abs. 1 S. 1 Nr. 3 UmwG (→ Rn. 232 ff.) gelöst und die Voraussetzungen für die Durchführung einer Kapitalerhöhung beachtet werden (→ Rn. 246 ff.).

237 **cc) Gewährung schon vorhandener Geschäftsanteile an der übernehmenden GmbH.** In bestimmten Fällen können (wiederum vorbehaltlich der Lösung etwaiger Fragen im Zusammenhang mit § 54 Abs. 1 S. 1 Nr. 3 UmwG (→ Rn. 232 ff.)) schon vorhandene Geschäftsanteile an der übernehmenden GmbH für die Anteilsgewährung verwendet werden. Dies betrifft einerseits die Kapitalerhöhungswahlrechte des § 54 Abs. 1 S. 2 (i. V. m. Abs. 2) UmwG (→ Rn. 238 ff.), andererseits den Fall, dass ein Dritter Geschäftsanteile an der übernehmenden GmbH zur Verfügung stellt (→ Rn. 244). Der Verschmelzungsvertrag muss die von § 46 Abs. 3 UmwG verlangten Angaben enthalten (→ Rn. 177), wenn schon vorhandene Geschäftsanteile an der übernehmenden GmbH gewährt werden sollen.

---

[470] Kallmeyer/*Kocher* § 54 UmwG Rn. 9. Vgl. auch Lutter/*Winter*/*Vetter* § 54 UmwG Rn. 34.
[471] Kallmeyer/*Kocher* § 54 UmwG Rn. 9.
[472] Zumindest theoretisch können sich diese Fragen auch in einem Szenario stellen, in dem eine Pflicht zur Anteilsgewährung (etwa aufgrund eines entsprechenden Verzichts) überhaupt nicht besteht.
[473] Dies empfehlen Lutter/*Winter*/*Vetter* § 54 UmwG Rn. 40 und *Priester*, Beilage zu ZIP 22/2016, 57, 59.
[474] Lutter/*Winter*/*Vetter* § 54 UmwG Rn. 39 (die entsprechend §§ 8 Abs. 3 S. 2, 9 Abs. 3, 13 Abs. 3, 54 Abs. 1 S. 3 UmwG eine notarielle Beurkundung der Zustimmung verlangen).
[475] Kallmeyer/*Kocher* § 54 UmwG Rn. 9; Kölner Kommentar-UmwG/*Simon*/*Nießen* § 54 UmwG Rn. 29; Lutter/*Winter*/*Vetter* § 54 UmwG Rn. 38 (auch zur Ansicht, nach der in diesem Fall auch der übertragende Rechtsträger eine GmbH sein muss).

(1) Kapitalerhöhungswahlrechte gemäß § 54 Abs. 1 S. 2 (i. V. m. Abs. 2) 238
UmwG. § 54 Abs. 1 S. 2 UmwG bestimmt, dass die übernehmende Gesellschaft ihr Stammkapital nicht zu erhöhen braucht, soweit sie eigene Geschäftsanteile innehat (**Nr. 1**) oder soweit ein übertragender Rechtsträger Geschäftsanteile dieser Gesellschaft innehat, auf welche die Einlagen bereits in voller Höhe bewirkt sind (**Nr. 2**). In diesen Fällen können schon vorhandene Geschäftsanteile an der übernehmenden GmbH für die Anteilsgewährung verwendet werden.

Die übernehmende GmbH hat in den Fällen des § 54 Abs. 1 S. 2 UmwG im Grundsatz 239 ein **Wahlrecht**, eine Kapitalerhöhung zur Anteilsgewährung durchzuführen oder schon vorhandene Geschäftsanteile zur Anteilsgewährung zu verwenden und insoweit von einer Kapitalerhöhung abzusehen.[476] In letzterem Fall muss allerdings zusätzlich eine Kapitalerhöhung durchgeführt werden, soweit die zur Anteilsgewährung verwendeten schon vorhandenen Geschäftsanteile nicht ausreichen, um die Pflicht zur Anteilsgewährung zu erfüllen.[477] Dieses Wahlrecht wird **dadurch eingeschränkt**, dass die von § 46 UmwG geforderten Angaben bezüglich der zu gewährenden Geschäftsanteile (→ Rn. 165 ff. und Rn. 177) in den Verschmelzungsvertrag aufgenommen werden müssen, der unter anderem der Zustimmung der Anteilsinhaberversammlungen der beteiligten übertragenden Rechtsträger bedarf.[478]

Sind die schon vorhandenen Geschäftsanteile an der übernehmenden GmbH **mit Rech-** 240 **ten Dritter belastet**, können sie nur zur Anteilsgewährung verwendet werden, wenn die betroffenen Anteilsinhaber eines übertragenden Rechtsträgers zustimmen oder wenn ihre Anteile an dem übertragenden Rechtsträger in gleicher Weise belastet sind.[479]

In Bezug auf den **maßgeblichen Zeitpunkt** für das Vorliegen der Voraussetzungen der 241 Kapitalerhöhungswahlrechte sowie auf die Erweiterung von deren Anwendungsbereich gemäß § 54 Abs. 2 UmwG gelten die Ausführungen zu den Kapitalerhöhungsverboten nach § 54 Abs. 1 S. 1 Nr. 1 und 2 UmwG entsprechend (→ Rn. 221 und 222 ff.). Hinsichtlich möglicher **steuerlicher Implikationen** der Ausübung eines Kapitalerhöhungswahlrechts wird auf die diesbezüglichen Ausführungen verwiesen (→ § 48 Rn. 83).

Bei dem Kapitalerhöhungswahlrecht des **§ 54 Abs. 1 S. 2 Nr. 2 UmwG** ergeben sich 242 einige **Besonderheiten**. Die Geschäftsanteile, die ein übertragender Rechtsträger an der übernehmenden GmbH hält, gehen als Teil des Vermögens des übertragenden Rechtsträgers grundsätzlich gemäß § 20 Abs. 1 Nr. 1 UmwG mit Eintragung der Verschmelzung in das Handelsregister der übernehmenden GmbH auf diese über. Werden solche Geschäftsanteile für die Anteilsgewährung verwendet, gehen sie jedoch **ohne Durchgangserwerb der übernehmenden GmbH** unmittelbar auf die betreffenden Anteilsinhaber eines übertragenden Rechtsträgers über.[480] Daraus folgt, dass ein sog. **Downstream Merger** in Form der Verschmelzung einer Muttergesellschaft auf ihre 100 %-ige, als GmbH verfasste Tochtergesellschaft ohne Kapitalerhöhung grundsätzlich zulässig ist. Da die Anteilsinhaber der Muttergesellschaft die Geschäftsanteile an der übernehmenden GmbH in diesem Fall unmittelbar erwerben, hält die übernehmende GmbH zu keinem Zeitpunkt sämtliche Anteile an sich selbst, sodass eine unzulässige **Kein-Mann-GmbH** nicht entsteht.[481]

---

[476] Lutter/*Winter*/*Vetter* § 54 UmwG Rn. 47; Schmitt/Hörtnagl/Stratz/*Stratz* § 54 UmwG Rn. 10; Semler/Stengel/*Reichert* § 54 UmwG Rn. 13.
[477] Lutter/*Winter*/*Vetter* § 54 UmwG Rn. 45; Schmitt/Hörtnagl/Stratz/*Stratz* § 54 UmwG Rn. 11; Semler/Stengel/*Reichert* § 54 UmwG Rn. 13; Widmann/Mayer/*Mayer* § 54 UmwG Rn. 44.
[478] Kallmeyer/*Kocher* § 54 UmwG Rn. 10; Lutter/*Winter*/*Vetter* § 54 UmwG Rn. 47.
[479] Vgl. Kallmeyer/*Kocher* § 54 UmwG Rn. 12; Kölner Kommentar-UmwG/*Simon*/*Nießen* § 54 UmwG Rn. 36.
[480] Schmitt/Hörtnagl/Stratz/*Stratz* § 54 UmwG Rn. 11; Semler/Stengel/*Reichert* § 54 UmwG Rn. 15; Widmann/Mayer/*Mayer* § 54 UmwG Rn. 48.
[481] Kallmeyer/*Kocher* § 54 UmwG Rn. 11; Lutter/*Winter*/*Vetter* § 54 UmwG Rn. 53 f.; Schmitt/Hörtnagl/Stratz/*Stratz* § 54 UmwG Rn. 11; Semler/Stengel/*Reichert* § 54 UmwG Rn. 16.

243 Bei dem **Downstream Merger** einer Muttergesellschaft auf ihre als GmbH verfasste Tochtergesellschaft ohne Kapitalerhöhung kann im Grundsatz auch **negatives Vermögen übertragen** werden. Hierzu kann es unter Umständen leicht kommen, da die von der Muttergesellschaft gehaltenen Geschäftsanteile an der übernehmenden GmbH bei der Bewertung des im Zuge der Verschmelzung übergehenden Vermögens unberücksichtigt bleiben.[482] Auch die Überschuldung der übertragenden Muttergesellschaft steht der Durchführung einer solchen Verschmelzung nicht per se entgegen. Wie im ähnlich gelagerten Fall einer sanierenden Verschmelzung unter Verzicht auf die Anteilsgewährung (→ Rn. 227 f.) stellt sich die Frage nach möglichen **Grenzen für die Übertragung negativen Vermögens** im Zuge eines Downstream Mergers ohne Kapitalerhöhung mit einer GmbH als übernehmendem Rechtsträger.[483] Die Frage stellt sich auch vor dem Hintergrund, dass in diesem Szenario Minderheitsgesellschafter an der übernehmenden GmbH beteiligt sein können. Der überwiegenden Ansicht zufolge ist ein solcher Downstream Merger wegen eines Verstoßes gegen **§ 30 Abs. 1 GmbHG** unzulässig, wenn seine Durchführung das zur Erhaltung des Stammkapitals der übernehmenden GmbH erforderliche Vermögen angreifen würde.[484] Sofern er die Überschuldung oder Zahlungsunfähigkeit der übernehmenden GmbH zur Folge hätte, ergibt sich seine Unzulässigkeit regelmäßig daraus, dass seine Durchführung einen **existenzvernichtenden Eingriff** gemäß § 826 BGB darstellen würde.[485] Die Übertragung negativen Vermögens zieht eine Verringerung des Werts der übernehmenden GmbH und damit auch des Werts der Geschäftsanteile an dieser Gesellschaft nach sich. Etwaige Minderheitsgesellschafter der übernehmenden GmbH, die bei der Fassung des Verschmelzungsbeschlusses überstimmt werden, können den **Verschmelzungsbeschluss** deshalb abhängig vom jeweiligen Einzelfall **wegen Treuepflichtverletzung anfechten**.[486]

244 **(2) Gewährung von Geschäftsanteilen durch Dritte.** Es ist anerkannt, dass schon vorhandene Geschäftsanteile an der übernehmenden GmbH auch in der Art und Weise gewährt werden können, dass nicht unter § 54 Abs. 2 UmwG fallende **Dritte** diese **Geschäftsanteile zur Verfügung stellen**.[487] Eine solche Anteilsgewährung kann in der Form erfolgen, dass der Dritte die Geschäftsanteile vor der Eintragung der Verschmelzung in das Handelsregister der übernehmenden GmbH an diese abtritt.[488] Dies ist indes nur unter Beachtung der Vorschriften über den Erwerb eigener Anteile gemäß § 33 GmbHG möglich. Nach zutreffender Auffassung ist es zudem möglich, dass der Dritte die schon vorhandenen Geschäftsanteile an der übernehmenden GmbH direkt an die jeweiligen Anteilsinhaber eines übertragenden Rechtsträgers abtritt (→ Rn. 261).[489]

---

[482] Die Geschäftsanteile an der übernehmenden GmbH werden nicht berücksichtigt, weil sie auf die Anteilsinhaber der Muttergesellschaft übertragen werden oder zwar auf die übernehmende GmbH übergehen, dann aber nicht zur Kapitaldeckung herangezogen werden können. Siehe hierzu: Kallmeyer/*Kocher* § 54 UmwG Rn. 15 f., § 55 UmwG Rn. 11.

[483] Ausführlich hierzu: Kallmeyer/*Kocher* § 54 UmwG Rn. 13 ff.

[484] BeckOGK UmwG/*v. Hinden*, § 54 UmwG Rn. 40; Kallmeyer/*Kocher* § 54 UmwG Rn. 16; Lutter/*Winter/Vetter* § 54 UmwG Rn. 55 f.; MünchHdb. GesR III/*Mayer* § 73 Rn. 99 ff.; Semler/Stengel/*Schröer* § 54 UmwG Rn. 135; Widmann/Mayer/*Mayer* § 5 UmwG Rn. 40.1; a. A. *Enneking*/Heckschen, DB 2006, 1099, 1100; Schmitt/Hörtnagl/Stratz/*Stratz* § 54 UmwG Rn. 11.

[485] *Enneking*/Heckschen, DB 2006, 1099, 1100 f.; Lutter/*Winter/Vetter* § 54 UmwG Rn. 57; Schmitt/Hörtnagl/Stratz/*Stratz* § 54 UmwG Rn. 11; Semler/Stengel/*Schröer* § 5 UmwG Rn. 135; Widmann/Mayer/*Mayer* § 5 UmwG Rn. 40.1.

[486] Vgl. Kallmeyer/*Kocher* § 54 UmwG Rn. 15; Lutter/*Winter/Vetter* § 54 UmwG Rn. 58; *Priester*, FS Spiegelberger, 2009, S. 890, 898.

[487] Kallmeyer/*Kocher* § 54 UmwG Rn. 17; Lutter/*Winter/Vetter* § 54 UmwG Rn. 61; MünchHdb. GesR III/*Mayer* § 73 Rn. 116.

[488] Kallmeyer/*Kocher* § 54 UmwG Rn. 17; Lutter/*Winter/Vetter* § 54 UmwG Rn. 62; MünchHdb. GesR III/*Mayer* § 73 Rn. 118.

[489] Kallmeyer/*Kocher* § 54 UmwG Rn. 17; Lutter/*Winter/Vetter* § 54 UmwG Rn. 62; MünchHdb. GesR III/*Mayer* § 73 Rn. 118.

(3) Teilungserleichterungen (§ 54 Abs. 3 UmwG). Soweit zur Durchführung der 245 Verschmelzung Geschäftsanteile der übernehmenden Gesellschaft, die sie selbst oder ein übertragender Rechtsträger innehat, geteilt werden müssen, um sie den Anteilsinhabern eines übertragenden Rechtsträgers gewähren zu können, sind Bestimmungen des Gesellschaftsvertrags, welche die Teilung der Geschäftsanteile der übernehmenden Gesellschaft ausschließen oder erschweren, gemäß **§ 54 Abs. 3 S. 1 UmwG** nicht anzuwenden; jedoch muss der Nennbetrag jedes Teils der Geschäftsanteile auf volle Euro lauten. Nach **§ 54 Abs. 3 S. 2 UmwG** gilt § 54 Abs. 3 S. 1 UmwG entsprechend, wenn Inhaber der Geschäftsanteile ein Dritter ist, der im eigenen Namen, jedoch für Rechnung der übernehmenden Gesellschaft oder eines übertragenden Rechtsträgers handelt. Die Vorschriften des § 54 Abs. 3 UmwG erleichtern die Durchführung der Anteilsgewährung, falls im Rahmen der **Kapitalerhöhungswahlrechte** gemäß § 54 Abs. 1 S. 2 UmwG schon vorhandene Geschäftsanteile an der übernehmenden GmbH gewährt werden.[490] § 54 Abs. 3 S. 1 UmwG erfasst neben gesellschaftsvertraglichen Regelungen, die eine Teilung der Geschäftsanteile an der übernehmenden GmbH[491] ausschließen oder erschweren, auch **mittelbare Teilungserschwerungen**[492], zu denen überwiegend Vorerwerbsrechte gezählt werden.[493] Aus § 54 Abs. 3 S. 2 UmwG ergibt sich, dass die in § 54 Abs. 3 S. 1 UmwG geregelten Teilungserleichterungen auch dann gelten, wenn die schon vorhandenen Geschäftsanteile an der übernehmenden GmbH in den Fällen des § 54 Abs. 1 S. 2 UmwG von einem **Dritten im Sinne des § 54 Abs. 2 UmwG** gehalten werden. Diese Teilungserleichterungen gelten über den Wortlaut des § 54 Abs. 3 UmwG hinaus zudem, wenn ein **nicht unter § 54 Abs. 2 UmwG fallender Dritter** Geschäftsanteile an der übernehmenden GmbH zur Anteilsgewährung zur Verfügung stellt.[494]

d) Kapitalerhöhung (§ 55 Abs. 1 UmwG) und Erwerb neu gebildeter Geschäfts- 246 **anteile. aa) Allgemeines.** Erhöht die übernehmende Gesellschaft zur Durchführung der Verschmelzung ihr Stammkapital, so sind § 55 Abs. 1, §§ 56a, 57 Abs. 2, Abs. 3 Nr. 1 GmbHG gemäß **§ 55 Abs. 1 UmwG** nicht anzuwenden. Eine Kapitalerhöhung zur Durchführung der Verschmelzung im Sinne dieser Vorschrift ist **stets eine Sachkapitalerhöhung**, bei der die als Gegenleistung für die neuen Geschäftsanteile zu erbringenden Einlagen in Form der Vermögen der übertragenden Rechtsträger nicht von Anteilsinhabern der übertragenden Rechtsträger als zukünftigen Gesellschaftern der übernehmenden GmbH, sondern von den übertragenden Rechtsträgern selbst geleistet werden.[495] Auf eine Kapitalerhöhung zur Durchführung der Verschmelzung gemäß § 55 Abs. 1 UmwG gelangen grundsätzlich die **GmbH-rechtlichen Vorschriften der §§ 55 ff. GmbHG** über die Erhöhung des Stammkapitals zur Anwendung.[496] In Anbetracht der mit einer Kapitalerhöhung zur Durchführung der Verschmelzung verbundenen Besonderheiten erklärt § 55 Abs. 1 UmwG jedoch eine Reihe dieser Vorschriften für unanwendbar.[497] Zwischen einer Kapitalerhöhung zur Durchführung der Verschmelzung und der jeweiligen Verschmelzung besteht eine **konditionale Verknüpfung**. Die Kapitalerhöhung wird, wie sich aus § 20 Abs. 1 Nr. 3 S. 1 Hs. 1 UmwG ergibt, mit Eintragung der Verschmelzung in das Handelsregister der übernehmenden GmbH wirksam. Umgekehrt treten die in § 20 UmwG bezeichneten Wirkungen der Eintragung der Verschmelzung nicht ohne die Eintragung der Kapitalerhöhung in das Handelsregister der übernehmen-

---

[490] Semler/Stengel/*Reichert* § 54 UmwG Rn. 37.
[491] Zur Teilung von Geschäftsanteilen siehe: MünchHdb. GesR III/*Jasper* § 24 Rn. 6 ff.
[492] Kallmeyer/*Kocher* § 54 UmwG Rn. 26; Lutter/*Winter/Vetter* § 54 UmwG Rn. 119; Semler/Stengel/*Reichert* § 54 UmwG Rn. 37.
[493] Lutter/*Winter/Vetter* § 54 UmwG Rn. 119; Semler/Stengel/*Reichert* § 54 UmwG Rn. 37; a. A. Kölner Kommentar-UmwG/*Simon/Nießen* § 54 UmwG Rn. 66.
[494] Semler/Stengel/*Reichert* § 54 UmwG Rn. 39.
[495] Vgl. Kallmeyer/*Kocher* § 55 UmwG Rn. 1; Lutter/*Winter/Vetter* § 55 UmwG Rn. 1, 24.
[496] Zu den §§ 55 ff. GmbHG siehe: MünchHdb. GesR III/*Wegmann* § 53 Rn. 1 ff.
[497] Semler/Stengel/*Reichert* § 55 UmwG Rn. 2.

den GmbH ein. Deshalb darf die Verschmelzung gemäß § 53 UmwG erst eingetragen werden, nachdem die Kapitalerhöhung im Handelsregister eingetragen worden ist (→ Rn. 280 ff.).[498]

247 **bb) Anwendbare Vorschriften des GmbHG. (1) Kapitalerhöhungsbeschluss.** Eine Kapitalerhöhung zur Durchführung der Verschmelzung gemäß § 55 Abs. 1 UmwG setzt einen **Kapitalerhöhungsbeschluss** der Gesellschafter der übernehmenden GmbH voraus.[499] Dieser Beschluss und der entsprechende **Verschmelzungsbeschluss** werden regelmäßig in der gleichen Gesellschafterversammlung der übernehmenden GmbH gefasst. Da eine Kapitalerhöhung zur Durchführung der Verschmelzung **mit einer Satzungsänderung verbunden** ist, bedarf der Kapitalerhöhungsbeschluss gemäß § 53 Abs. 2 S. 1 GmbHG der notariellen Beurkundung und einer Mehrheit von drei Vierteln der abgegebenen Stimmen.[500] Aus dem **Kapitalerhöhungsbeschluss muss sich ergeben**, dass die neu gebildeten Geschäftsanteile an der übernehmenden GmbH den Anteilsinhabern der übertragenden Rechtsträger als Gegenleistung für die Übertragung der Vermögen der übertragenden Rechtsträger auf die übernehmende GmbH im Wege der Verschmelzung durch Aufnahme gewährt werden.[501] Es ist empfehlenswert und üblich, auch die **Nennbeträge der neuen Geschäftsanteile** und die **Namen der Anteilsinhaber** der übertragenden Rechtsträger, denen diese Geschäftsanteile gewährt werden, in den Kapitalerhöhungsbeschluss aufzunehmen. Dies ist aber jedenfalls dann nicht zwingend erforderlich, wenn der Kapitalerhöhungsbeschluss den Verschmelzungsvertrag in Bezug nimmt, der diese Angaben gemäß § 46 Abs. 1 S. 1 UmwG enthalten muss (→ Rn. 165 ff. und 170 ff.).[502] Der **Nennbetrag der Kapitalerhöhung**, der zumeist genau festgelegt wird, kann auch nur mit einer Höchstgrenze („bis zu …") angegeben und bei der Anmeldung der Kapitalerhöhung zur Eintragung in das Handelsregister exakt beziffert werden.[503] Eine Kapitalerhöhung zur Durchführung der Verschmelzung kann auch unter **Ausnutzung eines genehmigten Kapitals** gemäß § 55a GmbHG erfolgen, wenn der Nennbetrag des genehmigten Kapitals ausreicht (vgl. § 55a Abs. 1 S. 2 GmbHG) und die entsprechende Ermächtigung eine Kapitalerhöhung gegen Sacheinlagen vorsieht, § 55a Abs. 3 GmbHG.[504] Übersteigt der Wert der Vermögen der übertragenden Rechtsträger den Nennbetrag der Kapitalerhöhung zuzüglich etwaiger barer Zuzahlungen, so ist die Differenz unabhängig von einer entsprechenden Festsetzung im Kapitalerhöhungsbeschluss in die **Kapitalrücklage (§ 272 Abs. 2 Nr. 1 HGB)** der übernehmenden GmbH einzustellen.[505]

248 **(2) Kapitaldeckung.** Bei einer Kapitalerhöhung zur Durchführung der Verschmelzung im Sinne des § 55 Abs. 1 UmwG sind das **Gebot der realen Kapitalaufbringung** und das **Verbot der Unterpari-Emission** zu beachten.[506] Im Falle einer **Einzelverschmelzung** muss der Wert des Vermögens des übertragenden Rechtsträgers daher zumindest den

---

[498] Siehe zu dieser konditionalen Verknüpfung: Böttcher/Habighorst/Schulte/*Kleindiek* § 55 UmwG Rn. 1; Kallmeyer/*Kocher* § 55 UmwG Rn. 2; Lutter/*Winter*/*Vetter* § 55 UmwG Rn. 8 ff.

[499] Eine detaillierte Darstellung der Berechnung einer Kapitalerhöhung findet sich bei Schmitt/Hörtnagl/Stratz/*Stratz* § 55 UmwG Rn. 14 ff.

[500] Lutter/*Winter*/*Vetter* § 55 UmwG Rn. 14; Semler/Stengel/*Reichert* § 55 UmwG Rn. 3. Zu den allgemeinen Voraussetzungen eines Kapitalerhöhungsbeschlusses und dazu, dass der Gesellschaftsvertrag gemäß § 53 Abs. 2 S. 2 GmbHG größere Mehrheiten vorsehen kann, siehe: MünchHdb. GesR III/*Wegmann* § 53 Rn. 4 ff., 13.

[501] Vgl. Kallmeyer/*Kocher* § 55 UmwG Rn. 4; Lutter/*Winter*/*Vetter* § 55 UmwG Rn. 25; Semler/Stengel/*Reichert* § 55 UmwG Rn. 7.

[502] Vgl. Schmitt/Hörtnagl/Stratz/*Stratz* § 55 UmwG Rn. 13; Widmann/Mayer/*Mayer* § 55 UmwG Rn. 33.

[503] Kallmeyer/*Kocher* § 55 UmwG Rn. 5; Semler/Stengel/*Reichert* § 55 UmwG Rn. 5 f. (mit Beispiel).

[504] Kallmeyer/*Kocher* § 55 UmwG Rn. 5; Lutter/*Winter*/*Vetter* § 55 UmwG Rn. 20 ff.

[505] Kallmeyer/*Kocher* § 55 UmwG Rn. 5; Lutter/*Winter*/*Vetter* § 55 UmwG Rn. 15.

[506] Lutter/*Winter*/*Vetter* § 55 UmwG Rn. 26.

Nennbetrag der Kapitalerhöhung zuzüglich etwaiger barer Zuzahlungen erreichen.[507] Insoweit kommt es nicht auf den Buchwert, sondern auf den **„wahren" Wert** des übergehenden Vermögens an.[508] Wenn der übertragende Rechtsträger ein Unternehmen betreibt, ist der nach allgemeinen Grundsätzen ermittelte Unternehmenswert zugrunde zu legen.[509]

Bei einer **Mehrfachverschmelzung**, die das UmwG als einheitlichen Vorgang behandelt, genügt es, wenn das saldierte Vermögen aller übertragenden Rechtsträger zumindest den Nennbetrag der Kapitalerhöhung zuzüglich etwaiger barer Zuzahlungen erreicht.[510] Daher kann prinzipiell auch ein **überschuldeter übertragender Rechtsträger** an einer Mehrfachverschmelzung mit einer übernehmenden GmbH beteiligt sein, die zur Durchführung der Verschmelzung ihr Stammkapital erhöht.

Es ist umstritten, auf **welchen Zeitpunkt** für die Beurteilung der Frage abzustellen ist, ob der Nennbetrag der Kapitalerhöhung zuzüglich etwaiger barer Zuzahlungen durch den Wert der Vermögen der übertragenden Rechtsträger gedeckt wird. Einer Ansicht zufolge kommt es auf die Eintragung der Verschmelzung in das Handelsregister der übernehmenden GmbH an, da die Vermögen der übertragenden Rechtsträger gemäß § 20 Abs. 1 Nr. 1 UmwG erst in diesem Zeitpunkt auf die übernehmende GmbH übergingen.[511] Nach einer anderen Auffassung ist demgegenüber auf die Anmeldung der Kapitalerhöhung zur Eintragung in das Handelsregister abzustellen.[512] Die an einer Verschmelzung beteiligten Rechtsträger können die Eintragung in das Handelsregister, die den Vermögensübergang im Sinne des § 20 Abs. 1 Nr. 1 UmwG auslöst, naturgemäß nicht selbst vornehmen. Deshalb ist es angebracht, auf die Anmeldung der Kapitalerhöhung zur Eintragung in das Handelsregister abzustellen, wenn die an der Verschmelzung beteiligten Rechtsträger alles getan haben, was von ihnen bei Anlegung eines sachgerechten Sorgfaltsmaßstabs erwartet werden kann, um sicherzustellen, dass die Verschmelzung in das Handelsregister der übernehmenden GmbH eingetragen wird.[513] Insoweit dürfte es beispielsweise oftmals unschädlich sein, wenn eine Negativerklärung gemäß § 16 Abs. 2 S. 1 UmwG nachgereicht wird.

(3) Anwendbarkeit der Vorschriften über die Differenzhaftung? Die Frage, ob bei einer Kapitalerhöhung zur Durchführung der Verschmelzung gemäß § 55 Abs. 1 UmwG die **Vorschriften über die Differenzhaftung (§§ 56 Abs. 2, 9 GmbHG)** anwendbar sind, ist umstritten. Im Ausgangspunkt ist zu berücksichtigen, dass § 55 Abs. 1 UmwG die Anwendbarkeit des § 56 Abs. 2 GmbHG, der seinerseits § 9 GmbHG für entsprechend anwendbar erklärt, nicht ausschließt.

Die **überwiegende Ansicht im Schrifttum** bejaht eine Haftung der Anteilsinhaber des übertragenden Rechtsträgers[514], falls der Wert des Vermögens des übertragenden

---

[507] Böttcher/Habighorst/Schulte/*Kleindiek* § 55 UmwG Rn. 10; Kallmeyer/*Kocher* § 55 UmwG Rn. 10; Semler/Stengel/*Reichert* § 55 UmwG Rn. 8.
[508] Kallmeyer/*Kocher* § 55 UmwG Rn. 12; Semler/Stengel/*Reichert* § 55 UmwG Rn. 10.
[509] Lutter/*Winter*/*Vetter* § 55 UmwG Rn. 31; Semler/Stengel/*Reichert* § 55 UmwG Rn. 10.
[510] Böttcher/Habighorst/Schulte/*Kleindiek* § 55 UmwG Rn. 10; Kallmeyer/*Kocher* § 55 UmwG Rn. 10; Widmann/Mayer/*Mayer* § 55 UmwG Rn. 60; a. A. OLG Frankfurt a. M. 20 W 60/98, NJW-RR 1999, 185, 186 (→ Rn. 168).
[511] Böttcher/Habighorst/Schulte/*Kleindiek* § 55 UmwG Rn. 12; Semler/Stengel/*Reichert* § 55 UmwG Rn. 8. So im Grundsatz auch Widmann/Mayer/*Mayer* § 55 UmwG Rn. 71 ff.
[512] Kallmeyer/*Kocher* § 55 UmwG Rn. 10; Kölner Kommentar-UmwG/*Simon*/*Nießen* § 55 UmwG Rn. 41; Lutter/*Winter*/*Vetter* § 55 UmwG Rn. 27.
[513] Ähnlich Widmann/Mayer/*Mayer* § 55 UmwG Rn. 73, der zwar grundsätzlich auf die Eintragung der Verschmelzung in das Handelsregister der übernehmenden GmbH abstellt, dem zufolge sich Wertverluste zwischen Anmeldung der Verschmelzung bei der übernehmenden GmbH und ihrer Eintragung aber nicht negativ auswirken sollten, wenn die Verzögerung allein in der Sphäre der beteiligten Registergerichte liegt.
[514] Die folgenden Ausführungen beziehen sich auf eine Einzelverschmelzung. Zu diesbezüglichen Sonderfragen bei einer Mehrfachverschmelzung siehe: Lutter/*Winter*/*Vetter* § 55 UmwG Rn. 44 ff.; Semler/Stengel/*Reichert* § 55 UmwG Rn. 12.

Rechtsträgers hinter dem Nennbetrag der Kapitalerhöhung zuzüglich etwaiger barer Zuzahlungen zurückbleibt.[515] Der maßgebliche Zeitpunkt für die Beurteilung dieser Frage wird zumeist in der Anmeldung der Kapitalerhöhung zur Eintragung in das Handelsregister gesehen.[516] Der Differenzhaftung sollen grundsätzlich alle Anteilsinhaber des übertragenden Rechtsträgers unterliegen, allerdings nicht als Gesamtschuldner, sondern lediglich pro rata ihrer Beteiligung.[517] Adressaten der Haftung sind demzufolge auch die Anteilsinhaber des übertragenden Rechtsträgers, die gegen die Verschmelzung gestimmt haben. Diese Anteilsinhaber sollen jedoch im Innenverhältnis einen Ausgleichsanspruch gegen ihre Mitgesellschafter haben.[518] Im Übrigen werden die Anteilsinhaber des übertragenden Rechtsträgers auf eine Klage gegen die Wirksamkeit des Verschmelzungsbeschlusses verwiesen.[519] Diese Ansicht wird insbesondere damit begründet, dass die Anteilsinhaber des übertragenden Rechtsträgers die neuen Geschäftsanteile an der übernehmenden GmbH als Gegenleistung für die Übertragung des Vermögens des übertragenden Rechtsträgers erhielten, sodass es gerechtfertigt sei, ihnen die Kapitalaufbringungsverantwortung zuzuweisen.[520]

253 Der **BGH lehnt eine Differenzhaftung im Parallelfall der Verschmelzung zweier Aktiengesellschaften** mit Kapitalerhöhung der übernehmenden AG **ab**.[521] Er begründet dies damit, dass § 69 Abs. 1 S. 1 UmwG unter anderem § 188 Abs. 2 AktG für nicht anwendbar erkläre, womit auch dessen Verweisung auf § 36a Abs. 2 S. 3 AktG als Grundlage für eine Differenzhaftung entfalle. Zudem schließe § 69 Abs. 1 S. 1 UmwG die Anwendung des § 185 AktG aus, der den Zeichnungsschein als Grundlage für eine Einlageverpflichtung des zeichnenden Aktionärs betreffe. Eine Kapitaldeckungszusage der Aktionäre, die als Grundlage für eine Differenzhaftung erforderlich wäre, sei auch nicht in den Verschmelzungsbeschlüssen der an der Verschmelzung beteiligten Rechtsträger oder in dem Kapitalerhöhungsbeschluss der Hauptversammlung der übernehmenden AG enthalten. Der BGH **lässt allerdings ausdrücklich offen, ob § 9 GmbHG bei einer GmbH-Verschmelzung mit Kapitalerhöhung entsprechend anwendbar ist**, weil § 55 UmwG seine Anwendung nicht ausdrücklich ausschließt.

254 Die soeben dargestellte Entscheidung des BGH beruht maßgeblich auf der Überlegung, dass eine Differenzhaftung eine **Kapitaldeckungszusage** der betreffenden Aktionäre **als Verpflichtungsgrund** voraussetzt. Erhöht eine übernehmende GmbH ihr Stammkapital zur Durchführung einer Verschmelzung, ist nichts für eine Kapitaldeckungszusage der Erwerber der neu gebildeten Geschäftsanteile ersichtlich. Die Anteilsinhaber eines übertragenden Rechtsträgers, denen die neu gebildeten Geschäftsanteile an der übernehmenden GmbH gewährt werden, geben keine Übernahmeerklärung ab. § 55 Abs. 1 GmbHG, der bei einer regulären Kapitalerhöhung die Abgabe einer solchen Erklärung voraussetzt, ist gemäß § 55 Abs. 1 UmwG bei einer Kapitalerhöhung zur Durchführung der Verschmelzung nicht anwendbar. Der Anteilserwerb findet seine Grundlage folglich nicht in einer Erklärung der einzelnen Gesellschafter, der sich eine Kapitaldeckungszusage entnehmen ließe, sondern in dem Verschmelzungsvertrag, dem die Anteilsinhaberversammlungen der an der Ver-

---

[515] Henssler/Strohn/*Haeder* § 55 UmwG Rn. 8; Kallmeyer/*Kocher* § 55 UmwG Rn. 13 f.; Lutter/Winter/*Vetter* § 55 UmwG Rn. 35 ff.; Schmitt/Hörtnagl/Stratz/*Stratz* § 55 UmwG Rn. 5 f.; Semler/Stengel/*Reichert* § 55 UmwG Rn. 11 ff.; Widmann/Mayer/*Mayer* § 55 UmwG Rn. 80 ff.

[516] Kallmeyer/*Kocher* § 55 UmwG Rn. 13; Lutter/Winter/*Vetter* § 55 UmwG Rn. 35; Widmann/Mayer/*Mayer* § 55 UmwG Rn. 81; a. A. Henssler/Strohn/*Haeder* § 55 UmwG Rn. 8 (Eintragung der Kapitalerhöhung).

[517] Kallmeyer/*Kocher* § 55 UmwG Rn. 13; Lutter/Winter/*Vetter* § 55 UmwG Rn. 39, 43; Schmitt/Hörtnagl/Stratz/*Stratz* § 55 UmwG Rn. 6; Semler/Stengel/*Reichert* § 55 UmwG Rn. 11.

[518] Lutter/Winter/*Vetter* § 55 UmwG Rn. 39 (die hierfür eine schuldhafte Treuepflichtverletzung fordern); Semler/Stengel/*Reichert* § 55 UmwG Rn. 11.

[519] Kallmeyer/*Kocher* § 55 UmwG Rn. 13 f., 15; Lutter/Winter/*Vetter* § 55 UmwG Rn. 39; Schmitt/Hörtnagl/Stratz/*Stratz* § 55 UmwG Rn. 6.

[520] Lutter/Winter/*Vetter* § 55 UmwG Rn. 42; Semler/Stengel/*Reichert* § 55 UmwG Rn. 11.

[521] BGH II ZR 302/05, NZG 2007, 513.

schmelzung beteiligten Rechtsträger zugestimmt haben.[522] Hinzu kommt, dass § 9 GmbHG auf den „Nennbetrag des dafür übernommenen Geschäftsanteils" abstellt, also die Abgabe einer Übernahmeerklärung voraussetzt.[523] Wie soeben dargestellt, werden solche Erklärungen bei einer Kapitalerhöhung zur Durchführung der Verschmelzung gemäß § 55 Abs. 1 UmwG gerade nicht abgegeben. Nach alledem ist der Argumentation des BGH in seiner Entscheidung zur AG-Verschmelzung, dass eine Differenzhaftung eine Kapitaldeckungszusage der Erwerber der neu gebildeten Anteile voraussetzt, zu folgen und **eine Differenzhaftung** bei einer **Verschmelzung unter Beteiligung einer übernehmenden GmbH**, die zur Durchführung der Verschmelzung ihr Stammkapital erhöht, **abzulehnen**.[524]

cc) Unanwendbare und zu modifizierende Vorschriften des GmbHG. § 55 Abs. 1 UmwG erklärt **eine Reihe GmbH-rechtlicher Vorschriften** über die Erhöhung des Stammkapitals für **nicht anwendbar**. Dies betrifft zunächst **§ 55 Abs. 1 GmbHG**, sodass Übernahmeerklärungen von Anteilsinhabern eines übertragenden Rechtsträgers entbehrlich sind. Der Grund hierfür ist, dass der Verschmelzungsvertrag, dem die Anteilsinhaberversammlungen der an der Verschmelzung beteiligten Rechtsträger zugestimmt haben, bei einer Kapitalerhöhung zur Durchführung der Verschmelzung die Grundlage für den Anteilserwerb bildet.[525] Folgerichtig ist auch **§ 57 Abs. 3 Nr. 1 GmbHG** nicht anwendbar, der bestimmt, dass die Übernahmeerklärungen der Handelsregisteranmeldung der Kapitalerhöhung beizufügen sind. Stattdessen verlangt § 55 Abs. 2 UmwG die Beifügung des Verschmelzungsvertrags und der Niederschriften der Verschmelzungsbeschlüsse. Nicht anwendbar sind zudem **§ 56a GmbHG**, der in Verbindung mit § 7 Abs. 3 GmbHG voraussetzt, dass Sacheinlagen vor der Anmeldung der Kapitalerhöhung zur Eintragung in das Handelsregister bewirkt werden, und **§ 57 Abs. 2 GmbHG**, dem zufolge in der genannten Anmeldung zu versichern ist, dass die Sacheinlagen nach § 7 Abs. 3 GmbHG bewirkt sind. Der Ausschluss der Anwendbarkeit dieser Vorschriften trägt dem Umstand Rechnung, dass die Vermögen der übertragenden Rechtsträger zwangsläufig nach der Anmeldung der Kapitalerhöhung zur Eintragung in das Handelsregister auf die übernehmende GmbH übergehen. Die Eintragung der Verschmelzung in das Handelsregister der übernehmenden GmbH, die diesen Übergang gemäß § 20 Abs. 1 Nr. 1 UmwG bewirkt, darf gemäß § 53 UmwG nämlich erst erfolgen, nachdem die Kapitalerhöhung im Handelsregister eingetragen worden ist.

Einige **weitere GmbH-rechtliche Vorschriften** über die Erhöhung des Stammkapitals sind bei einer Kapitalerhöhung zur Durchführung der Verschmelzung **nur modifiziert anwendbar**. § 55 Abs. 2 GmbHG ist insoweit zu modifizieren, als die neu gebildeten Geschäftsanteile nur den Anteilsinhabern der übertragenden Rechtsträger gewährt werden können.[526] Ein Anteilsinhaber eines übertragenden Rechtsträgers, der bereits einen Geschäftsanteil an der übernehmenden GmbH hält, erwirbt nicht zwingend einen weiteren Geschäftsanteil hinzu. Entgegen **§ 55 Abs. 3 GmbHG** kann grundsätzlich auch der Nennbetrag seines bestehenden Geschäftsanteils aufgestockt werden.[527] Nach **§ 56 Abs. 1 S. 1 GmbHG** müssen der Gegenstand der Sacheinlage und der Nennbetrag des Geschäfts-

---

[522] Widmann/Mayer/*Mayer* § 55 UmwG Rn. 80.
[523] Kölner Kommentar-UmwG/*Simon/Nießen* § 55 UmwG Rn. 24.
[524] Vgl. Kölner Kommentar-UmwG/*Simon/Nießen* § 55 UmwG Rn. 22 ff. Einige Vertreter der Ansicht, die eine Differenzhaftung im vorliegenden Fall bejahen, halten es für naheliegend, dass der BGH eine Differenzhaftung auch hier ablehnt. So oder ähnlich: Kallmeyer/*Kocher* § 55 UmwG Rn. 13; Lutter/*Winter/Vetter* § 55 UmwG Rn. 41; Semler/Stengel/*Reichert* § 55 UmwG Rn. 11b; Widmann/Mayer/*Mayer* § 55 UmwG Rn. 80.
[525] Kallmeyer/*Kocher* § 55 UmwG Rn. 6; Lutter/*Winter/Vetter* § 55 UmwG Rn. 50.
[526] Kölner Kommentar-UmwG/*Simon/Nießen* § 55 UmwG Rn. 16; Widmann/Mayer/*Mayer* § 55 UmwG Rn. 51.
[527] Kölner Kommentar-UmwG/*Simon/Nießen* § 55 UmwG Rn. 18; Widmann/Mayer/*Mayer* § 55 UmwG Rn. 50. Die Möglichkeit einer Aufstockung des Nennbetrags ist freilich auch bei der regulären Kapitalerhöhung anerkannt. Siehe nur: Lutter/Hommelhoff/*Bayer* § 55 GmbHG Rn. 17.

anteils, auf den sich die Sacheinlage bezieht, im Kapitalerhöhungsbeschluss festgesetzt werden. Bei einer Kapitalerhöhung zur Durchführung der Verschmelzung ist eine Festsetzung der Nennbeträge der neuen Geschäftsanteile im Kapitalerhöhungsbeschluss abweichend von dieser Vorschrift nicht zwangsläufig erforderlich (→ Rn. 247).[528]

257 **dd) Erwerb der neu gebildeten Geschäftsanteile.** Die betroffenen Anteilsinhaber der übertragenden Rechtsträger erwerben die im Zuge der Kapitalerhöhung zur Durchführung der Verschmelzung gebildeten Geschäftsanteile gemäß § 20 Abs. 1 Nr. 3 S. 1 Hs. 1 UmwG mit Eintragung der Verschmelzung in das Handelsregister der übernehmenden GmbH.

258 **e) Erwerb schon vorhandener Geschäftsanteile. aa) Erwerb eigener bzw. von einem übertragenden Rechtsträger gehaltener Geschäftsanteile.** Schon vorhandene Geschäftsanteile an der übernehmenden GmbH, die von dieser selbst oder von einem übertragenden Rechtsträger gehalten werden, können im Rahmen der Kapitalerhöhungswahlrechte gemäß § 54 Abs. 1 S. 2 Nr. 1 bzw. 2 UmwG (→ Rn. 238 ff.) zur Anteilsgewährung verwendet werden. Die betroffenen Anteilsinhaber der übertragenden Rechtsträger erwerben die Geschäftsanteile in diesem Fall gemäß § 20 Abs. 1 Nr. 3 S. 1 Hs. 1 UmwG mit Eintragung der Verschmelzung in das Handelsregister der übernehmenden GmbH.[529] Wie bereits ausgeführt, findet im Fall des § 54 Abs. 1 S. 2 Nr. 2 UmwG kein Durchgangserwerb der übernehmenden GmbH statt (→ Rn. 242).

259 **bb) Erwerb von Dritten gehaltener Geschäftsanteile.** Schon vorhandene Geschäftsanteile an der übernehmenden GmbH, die ein Dritter hält, können in zwei Fällen zur Anteilsgewährung verwendet werden. Zum einen, wenn sie im Rahmen der Kapitalerhöhungswahlrechte gemäß § 54 Abs. 1 S. 2 Nr. 1 bzw. 2 UmwG (→ Rn. 238 ff.) von einem Dritten im Sinne des § 54 Abs. 2 UmwG gehalten werden. Zum anderen, wenn sie von einem sonstigen Dritten gehalten werden (→ Rn. 244). Beide Fälle unterscheiden sich hinsichtlich der Art und Weise des Erwerbs solcher Geschäftsanteile durch Anteilsinhaber eines übertragenden Rechtsträgers nicht.

260 Der Dritte kann die **Geschäftsanteile** an der übernehmenden GmbH vor dem Wirksamwerden der Verschmelzung **an die übernehmende GmbH abtreten**. Dies setzt die Beachtung der Vorschriften über den Erwerb eigener Anteile gemäß § 33 GmbHG voraus. Die betroffenen Anteilsinhaber der übertragenden Rechtsträger erwerben die Geschäftsanteile in diesem Fall gemäß § 20 Abs. 1 Nr. 3 S. 1 Hs. 1 UmwG mit der Eintragung der Verschmelzung in das Handelsregister der übernehmenden GmbH.

261 Nach zutreffender Ansicht ist es auch möglich, dass der Dritte die **Geschäftsanteile** an der übernehmenden GmbH unter der aufschiebenden Bedingung der Eintragung der Verschmelzung in das Handelsregister der übernehmenden GmbH direkt **an die betroffenen Anteilsinhaber der übertragenden Rechtsträger abtritt**.[530] Es erscheint am sichersten, eine solche Abtretung in den Verschmelzungsvertrag aufzunehmen, da die Vereinbarungen bezüglich der Anteilsgewährung (§§ 5 Abs. 1 Nr. 2 bis 5, 46 UmwG) ein zentraler Bestandteil des Verschmelzungsvertrags sind. Dies setzt freilich voraus, dass der Dritte und die betroffenen Anteilsinhaber der übertragenden Rechtsträger Parteien des Verschmelzungsvertrags werden.[531] Eine solche Abtretung dürfte ferner zumindest dann in einem gesonderten Vertrag notariell beurkundet werden können, wenn der Verschmelzungsvertrag diesen gemäß § 13a BeurkG in Bezug nimmt.[532]

262 In jedem Fall muss die Art und Weise des Erwerbs der von dem Dritten gehaltenen Geschäftsanteile **im Verschmelzungsvertrag dargestellt werden**, soweit dies erforder-

---

[528] Vgl. Böttcher/Habighorst/Schulte/*Kleindiek* § 55 UmwG Rn. 8.
[529] Siehe nur: MünchHdb. GesR III/*Mayer* § 73 Rn. 90.
[530] Kallmeyer/*Kocher* § 54 UmwG Rn. 17f.; Lutter/*Winter/Vetter* § 54 UmwG Rn. 62; MünchHdb. GesR III/*Mayer* § 73 Rn. 118; Semler/Stengel/*Reichert* § 54 UmwG Rn. 18.
[531] Vgl. Kallmeyer/*Kocher* § 54 UmwG Rn. 17a.
[532] Vgl. Kallmeyer/*Kocher* § 54 UmwG Rn. 17a, der eine solche Abtretung in einem gesonderten Vertrag offenbar ohne Weiteres für möglich hält.

lich ist, um den Anforderungen des § 46 Abs. 3 UmwG an die Bezeichnung schon vorhandener Geschäftsanteile an der übernehmenden GmbH, die zur Anteilsgewährung verwendet werden sollen (→ Rn. 177), zu genügen.

f) Bare Zuzahlungen (§ 54 Abs. 4 UmwG). Nach § 54 Abs. 4 UmwG dürfen im 263 Verschmelzungsvertrag festgesetzte bare Zuzahlungen nicht den zehnten Teil des Gesamtnennbetrags der gewährten Geschäftsanteile der übernehmenden Gesellschaft übersteigen. Die Vorschrift steht im Zusammenhang mit § 5 Abs. 1 Nr. 3 UmwG, dem zufolge der Verschmelzungsvertrag gegebenenfalls die Höhe der baren Zuzahlung enthalten muss. Trotz ihrer Stellung in § 54 UmwG ist sie **auch bei Verschmelzungen mit Kapitalerhöhung** gemäß § 55 UmwG **anwendbar**.[533]

Bare Zuzahlungen sind erforderlich, wenn sich Anteilsinhaber eines übertragenden 264 Rechtsträgers angesichts des vereinbarten Umtauschverhältnisses mit einem Teil ihrer Beteiligung an dem übertragenden Rechtsträger (sog. **Spitzen**) **nicht** an der übernehmenden GmbH **beteiligen können**.[534] Die Vereinbarung barer Zuzahlungen ist außerdem möglich, wenn Anteilsinhaber eines übertragenden Rechtsträgers **teilweise** auf die Gewährung von Geschäftsanteilen an der übernehmenden GmbH **verzichten** (→ Rn. 226) und der baren Zuzahlung zustimmen.[535]

Der Anwendungsbereich des § 54 Abs. 4 UmwG erstreckt sich nicht nur auf bare 265 „Zuzahlungen", sondern auch auf **reine Barabfindungen**, die statt der Gewährung von Geschäftsanteilen an der übernehmenden GmbH gezahlt werden. So haben Anteilsinhaber eines übertragenden Rechtsträgers, die sich angesichts des vereinbarten Umtauschverhältnisses **überhaupt nicht** an der übernehmenden GmbH **beteiligen können** (vgl. → Rn. 211 f.), einen Anspruch auf eine reine Barabfindung.[536] Darüber hinaus können reine Barabfindungen einzelner Anteilsinhaber eines übertragenden Rechtsträgers richtigerweise vereinbart werden, wenn die betroffenen Anteilsinhaber **vollständig** auf die Gewährung von Geschäftsanteilen an der übernehmenden GmbH **verzichten** und der reinen Barabfindung zustimmen.[537]

Bare Zuzahlungen können mit Zustimmung der betreffenden Anteilsinhaber eines über- 266 tragenden Rechtsträgers auch in Form von **Darlehen** gewährt werden.[538] Eine Gewährung in Form von **Sachleistungen** wird dagegen zumeist für unzulässig gehalten.[539]

---

[533] Kallmeyer/*Kocher* § 54 UmwG Rn. 27; Lutter/*Winter/Vetter* § 54 UmwG Rn. 125 f.; Schmitt/Hörtnagl/Stratz/*Stratz* § 54 UmwG Rn. 20.

[534] Kallmeyer/*Kocher* § 54 UmwG Rn. 27; Semler/Stengel/*Reichert* § 54 UmwG Rn. 40.

[535] Kallmeyer/*Kocher* § 54 UmwG Rn. 28; Lutter/*Winter/Vetter* § 54 UmwG Rn. 137 ff. (die im Hinblick auf den Gleichbehandlungsgrundsatz bei einer nicht zwingend durch das Umtauschverhältnis vorgegebenen Ungleichbehandlung bei der Art der Gegenleistung die Zustimmung der übrigen Gesellschafter des jeweiligen übertragenden Rechtsträgers für erforderlich halten).

[536] Böttcher/Habighorst/Schulte/*Kleindiek* § 54 UmwG Rn. 43. Vgl. auch Lutter/*Winter/Vetter* § 54 UmwG Rn. 132 ff. und Semler/Stengel/*Reichert* § 54 UmwG Rn. 44 f. (jeweils für den Fall der Festsetzung der zu gewährenden Geschäftsanteile auf den gesetzlichen Mindestnennbetrag).

[537] Kölner Kommentar-UmwG/*Simon/Nießen* § 54 UmwG Rn. 75 f.; Lutter/*Winter/Vetter* § 54 UmwG Rn. 137 ff. (die im Hinblick auf den Gleichbehandlungsgrundsatz bei einer nicht zwingend durch das Umtauschverhältnis vorgegebenen Ungleichbehandlung bei der Art der Gegenleistung die Zustimmung der übrigen Gesellschafter des jeweiligen übertragenden Rechtsträgers für erforderlich halten); *Priester*, ZIP 2013, 2033, 2036 f.; a. A. Schmitt/Hörtnagl/Stratz/*Stratz* § 54 UmwG Rn. 21; Semler/Stengel/*Reichert* § 54 UmwG Rn. 44; Widmann/Mayer/*Mayer* § 54 UmwG Rn. 60.

[538] BeckOGK UmwG/*v. Hinden*, § 54 UmwG Rn. 86; Kallmeyer/*Kocher* § 54 UmwG Rn. 30; Lutter/*Winter/Vetter* § 54 UmwG Rn. 144 ff. (die im Hinblick auf den Gleichbehandlungsgrundsatz bei einem verzinslichen Darlehen die Zustimmung der übrigen Gesellschafter des jeweiligen übertragenden Rechtsträgers, die einen Anspruch auf eine bare Zuzahlung haben, für erforderlich halten); *Priester*, ZIP 2013, 2033, 2035 ff.; a. A. Semler/Stengel/*Reichert* § 54 UmwG Rn. 42; Widmann/Mayer/*Mayer* § 54 UmwG Rn. 64.

[539] Lutter/*Winter/Vetter* § 54 UmwG Rn. 142; Semler/Stengel/*Reichert* § 54 UmwG Rn. 42; Widmann/Mayer/*Mayer* § 54 UmwG Rn. 63; a. A. Kallmeyer/*Kocher* § 54 UmwG Rn. 30; *Priester*,

267 Die **10 %-Grenze**, die nach überwiegender Auffassung zwingend ist[540], bezieht sich auf die Summe der Nennbeträge sämtlicher Geschäftsanteile an der übernehmenden GmbH, die den Anteilsinhabern der übertragenden Rechtsträger gewährt werden, unabhängig davon, ob es sich um schon vorhandene oder im Zuge einer Kapitalerhöhung gebildete Geschäftsanteile handelt.[541] Sie gilt indes nicht für bare Zuzahlungen gemäß § 15 UmwG und Barabfindungen gemäß § 29 UmwG.[542]

268 Die baren Zuzahlungen dürfen nicht zu einer **verdeckten Unterpari-Emission** führen, d. h. die Summe der baren Zuzahlungen und der Nennbeträge der insgesamt gewährten Geschäftsanteile an der übernehmenden GmbH darf nicht höher sein als der Wert der übertragenden Rechtsträger.[543]

269 **g) Rechtsfolgen von Verstößen im Zusammenhang mit den §§ 54, 55 Abs. 1 UmwG. aa) Verstöße im Zusammenhang mit § 54 UmwG.** Ein **Kapitalerhöhungsbeschluss**, der **unter Verstoß gegen ein Kapitalerhöhungsverbot** gemäß § 54 Abs. 1 S. 1 (i. V. m. Abs. 2) UmwG gefasst wird, ist analog § 241 Nr. 3 AktG nichtig. Im Falle eines Verstoßes gegen § 54 Abs. 1 S. 1 (i. V. m. Abs. 2) UmwG dürfen weder die Kapitalerhöhung noch die Verschmelzung in das Register eingetragen werden. Bei einer gleichwohl erfolgenden Eintragung der Verschmelzung in das Handelsregister der übernehmenden GmbH werden die entsprechenden Mängel der Kapitalerhöhung und der Verschmelzung nach § 20 Abs. 2 UmwG geheilt. Die übernehmende GmbH ist verpflichtet, eigene Geschäftsanteile, die sie mit dieser Eintragung erwirbt, unverzüglich zu veräußern.[544]

270 Der **Nennbetrag** der zu gewährenden Geschäftsanteile an der übernehmenden GmbH ist gemäß § 46 Abs. 1 UmwG im Verschmelzungsvertrag festzusetzen. Lautet er entgegen §§ 46 Abs. 1 S. 3, 54 Abs. 3 S. 1 Hs. 2 UmwG **nicht auf volle Euro**, ist die entsprechende Regelung im Verschmelzungsvertrag gemäß § 134 BGB nichtig. Dies kann nach § 139 BGB die Nichtigkeit des gesamten Verschmelzungsvertrags nach sich ziehen. Die Verschmelzung darf nicht in das Register eingetragen werden. Wird sie trotzdem in das Handelsregister der übernehmenden GmbH eingetragen, führt dies zur Heilung des Mangels gemäß § 20 Abs. 2 UmwG.[545] Die vorstehenden Ausführungen zur Nennbetragsfestsetzung gelten entsprechend, wenn im Verschmelzungsvertrag **bare Zuzahlungen** unter **Verstoß gegen die 10 %-Grenze** (→ Rn. 267) oder das **Verbot der Unterpari-Emission** (→ Rn. 268) vereinbart werden.[546]

271 **bb) Verstöße im Zusammenhang mit § 55 Abs. 1 UmwG.** Der **Kapitalerhöhungsbeschluss** der Gesellschafter einer übernehmenden GmbH kann zunächst nach **allgemeinen Grundsätzen anfechtbar oder nichtig** sein.[547] Darüber hinaus ergeben sich bei einer Kapitalerhöhung zur Durchführung der Verschmelzung gemäß § 55 Abs. 1

ZIP 2013, 2033, 2036 f. (jeweils unter der Voraussetzung der Zustimmung der betroffenen Anteilsinhaber).

[540] Lutter/*Winter*/*Vetter* § 54 UmwG Rn. 130; Semler/Stengel/*Reichert* § 54 UmwG Rn. 50; Widmann/Mayer/*Mayer* § 54 UmwG Rn. 75; a. A. *Priester*, ZIP 2013, 2033, 2036 f. (Überschreitung der 10 %-Grenze mit Zustimmung der Betroffenen möglich).

[541] Kallmeyer/*Kocher* § 54 UmwG Rn. 29; Semler/Stengel/*Reichert* § 54 UmwG Rn. 42.

[542] Kallmeyer/*Kocher* § 54 UmwG Rn. 29; Semler/Stengel/*Reichert* § 54 UmwG Rn. 42.

[543] Schmitt/Hörtnagl/Stratz/*Stratz* § 54 UmwG Rn. 23; Semler/Stengel/*Reichert* § 54 UmwG Rn. 43.

[544] Siehe zum Ganzen: Kallmeyer/*Kocher* § 54 UmwG Rn. 31; Schmitt/Hörtnagl/Stratz/*Stratz* § 54 UmwG Rn. 26 f.; Semler/Stengel/*Reichert* § 54 UmwG Rn. 46 f.

[545] Siehe zum Ganzen: Kallmeyer/*Kocher* § 54 UmwG Rn. 32; Semler/Stengel/*Reichert* § 54 UmwG Rn. 49.

[546] Siehe zum Ganzen: Kallmeyer/*Kocher* § 54 UmwG Rn. 33; Semler/Stengel/*Reichert* § 54 UmwG Rn. 50 (jeweils auch mit Ausführungen zur Frage des Umgangs mit den baren Zuzahlungen nach Eintritt der Heilung).

[547] Kallmeyer/*Kocher* § 55 UmwG Rn. 16; Lutter/*Winter*/*Vetter* § 55 UmwG Rn. 78. Siehe zu diesen allgemeinen Grundsätzen: MünchHdb. GesR III/*Wolff* § 40 Rn. 1 ff., 11 ff., 36 ff.

UmwG folgende Besonderheiten. Nach überwiegender Ansicht können die Gesellschafter der übernehmenden GmbH den Kapitalerhöhungsbeschluss mit der Behauptung anfechten, das **Umtauschverhältnis** der Anteile sei zu ihrem Nachteil **unrichtig bemessen** worden.[548] Das **Freigabeverfahren** gemäß § 16 Abs. 3 UmwG erstreckt sich nach nahezu einhelliger Auffassung auf Klagen gegen die Wirksamkeit des Kapitalerhöhungsbeschlusses[549], wobei zumeist angenommen wird, dass dies auch dann gilt, wenn nur der Kapitalerhöhungsbeschluss und nicht auch der Verschmelzungsbeschluss angegriffen wird.[550] Wenn die Verschmelzung in das Handelsregister der übernehmenden GmbH eingetragen wird, nachdem die Kapitalerhöhung in das Handelsregister eingetragen worden ist, erstreckt sich die **Heilungswirkung des § 20 Abs. 2 UmwG** im Grundsatz auf sämtliche Mängel der Kapitalerhöhung (→ Rn. 282).[551]

6. Besonderheiten bezüglich Registeranmeldung und -eintragung (§§ 52, 53, 55 Abs. 2 UmwG)

Bei Verschmelzungen unter Beteiligung von Gesellschaften mit beschränkter Haftung gibt es diverse Besonderheiten hinsichtlich der Anmeldungen der Verschmelzung und einer etwaigen Kapitalerhöhung zur Eintragung in das Register sowie hinsichtlich der entsprechenden Registereintragungen.

a) Anmeldung der Verschmelzung (§ 52 UmwG). Bei der Anmeldung der Verschmelzung zur Eintragung in das Register haben die Vertretungsorgane der an der Verschmelzung beteiligten Rechtsträger gemäß **§ 52 S. 1 UmwG** im Falle des § 51 Abs. 1 UmwG auch zu erklären, dass dem Verschmelzungsbeschluss jedes der übertragenden Rechtsträger alle bei der Beschlussfassung anwesenden Anteilsinhaber dieses Rechtsträgers und, sofern der übertragende Rechtsträger eine Personenhandelsgesellschaft, eine Partnerschaftsgesellschaft oder eine GmbH ist, auch die nicht erschienenen Gesellschafter dieser Gesellschaft zugestimmt haben. Wird eine GmbH, auf deren Geschäftsanteile nicht alle zu leistenden Einlagen in voller Höhe bewirkt sind, von einer GmbH durch Verschmelzung aufgenommen, so ist nach **§ 52 S. 2 UmwG** auch zu erklären, dass alle Gesellschafter dieser Gesellschaft dem Verschmelzungsbeschluss zugestimmt haben.

§ 52 UmwG ergänzt die allgemeinen Vorschriften der §§ 16 und 17 UmwG über die Anmeldung der Verschmelzung zur Eintragung in das Register (→ § 12). **§ 52 S. 1 UmwG** bezieht sich auf § 51 Abs. 1 S. 1 und 2 UmwG (→ Rn. 201 ff.) und ist anwendbar, wenn eine **GmbH als übernehmender Rechtsträger** an einer Verschmelzung beteiligt ist. **§ 52 S. 2 UmwG**, der sich auf § 51 Abs. 1 S. 3 UmwG (→ Rn. 205 ff.) bezieht, ist bei Verschmelzungen anwendbar, an denen **eine GmbH als übertragender Rechtsträger und eine andere GmbH als übernehmender Rechtsträger** beteiligt ist.[552] In den von

---

[548] Kallmeyer/*Kocher* § 55 UmwG Rn. 16; Lutter/*Winter*/*Vetter* § 55 UmwG Rn. 79; Semler/Stengel/*Reichert* § 55 UmwG Rn. 27; Widmann/Mayer/*Mayer* § 55 UmwG Rn. 106; a.A. Schmitt/Hörtnagl/Stratz/*Stratz* § 55 UmwG Rn. 29 (nur Anfechtung des Verschmelzungsbeschlusses möglich).

[549] OLG Frankfurt a.M. 5 AktG 4/11, ZIP 2012, 766, 767 (zur AG); Böttcher/Habighorst/Schulte/*Kleindiek* § 55 UmwG Rn. 30; Kallmeyer/*Kocher* § 55 UmwG Rn. 16; Kölner Kommentar-UmwG/*Simon*/*Nießen* § 55 UmwG Rn. 45; Lutter/*Winter*/*Vetter* § 55 UmwG Rn. 81; Semler/Stengel/*Reichert* § 55 UmwG Rn. 28; Widmann/Mayer/*Mayer* § 55 UmwG Rn. 107; a.A. wohl Lutter/*Decher* § 16 UmwG Rn. 31.

[550] Böttcher/Habighorst/Schulte/*Kleindiek* § 55 UmwG Rn. 30; Kallmeyer/*Kocher* § 55 UmwG Rn. 16; Kölner Kommentar-UmwG/*Simon*/*Nießen* § 55 UmwG Rn. 45; Lutter/*Winter*/*Vetter* § 55 UmwG Rn. 81; Semler/Stengel/*Reichert* § 55 UmwG Rn. 28; a.A. Kallmeyer/*Marsch-Barner* § 16 UmwG Rn. 38, 55.

[551] Kallmeyer/*Kocher* § 55 UmwG Rn. 17; Kölner Kommentar-UmwG/*Simon*/*Nießen* § 55 UmwG Rn. 46; Semler/Stengel/*Reichert* § 55 UmwG Rn. 29; Widmann/Mayer/*Mayer* § 55 UmwG Rn. 107.1.

[552] Zur Frage der entsprechenden Anwendung des § 52 S. 2 UmwG auf Mischverschmelzungen siehe: Schmitt/Hörtnagl/Stratz/*Stratz* § 52 UmwG Rn. 4.

§ 52 UmwG geregelten Fällen haben die **Vertretungsorgane aller an der Verschmelzung beteiligten Rechtsträger** zu erklären, dass sämtliche Zustimmungen vorliegen, die in der jeweiligen Variante des § 51 Abs. 1 UmwG erforderlich sind.[553] Die Erklärungen sind „bei" der Anmeldung, also nicht zwingend in der Anmeldung des jeweiligen Rechtsträgers abzugeben.[554] Es ist zumindest zweckmäßig, nicht in der Anmeldung enthaltene Erklärungen schriftlich abzugeben.[555] Die Pflicht zur Abgabe der Erklärungen trifft in Anbetracht der Strafvorschrift des § 313 Abs. 2 UmwG nach allgemeiner Ansicht **sämtliche Mitglieder des jeweiligen Vertretungsorgans persönlich**, sodass eine Bevollmächtigung ausgeschlossen ist.[556]

275 Falls im Zuge der Verschmelzung Geschäftsanteile an der übernehmenden GmbH gewährt werden, hat der die Verschmelzung beurkundende Notar gemäß § 40 Abs. 2 GmbHG unverzüglich nach der Eintragung der Verschmelzung in das Handelsregister der übernehmenden GmbH eine **berichtigte Gesellschafterliste** dieser Gesellschaft zum Handelsregister einzureichen.[557]

276 **b) Anmeldung der Kapitalerhöhung (§ 55 Abs. 2 UmwG).** Nach § 55 Abs. 2 UmwG sind der Anmeldung der Kapitalerhöhung zum Register außer den in § 57 Abs. 3 Nr. 2 und 3 GmbHG bezeichneten Schriftstücken der Verschmelzungsvertrag und die Niederschriften der Verschmelzungsbeschlüsse in Ausfertigung oder öffentlich beglaubigter Abschrift beizufügen. Die Vorschrift ergänzt die allgemeinen Anforderungen des GmbHG bezüglich der Anmeldung einer Kapitalerhöhung zur Eintragung in das Handelsregister[558] und ist anwendbar, wenn eine **GmbH als übernehmender Rechtsträger** an einer Verschmelzung beteiligt ist.

277 Eine Kapitalerhöhung zur Durchführung der Verschmelzung und die damit verbundene Satzungsänderung sind gemäß §§ 54 Abs. 1, 57 Abs. 1 GmbHG zur Eintragung in das Handelsregister der übernehmenden GmbH anzumelden.[559] Es ist grundsätzlich möglich, die **Anmeldungen der Kapitalerhöhung, der Satzungsänderung und der Verschmelzung** in einer Handelsregisteranmeldung der übernehmenden GmbH zusammen zu fassen.[560] Die Anmeldung der Kapitalerhöhung ist gemäß §§ 78, 57 Abs. 1 GmbHG von **sämtlichen Geschäftsführern der übernehmenden GmbH** zu unterzeichnen. Nach überwiegender Ansicht ist eine Unterzeichnung aufgrund Vollmacht im Hinblick auf die Strafbarkeit falscher Angaben gemäß § 82 Abs. 1 Nr. 3 GmbHG – die sich nicht nur auf die im Falle einer Kapitalerhöhung zur Durchführung der Verschmelzung nach § 55 Abs. 1 UmwG entbehrliche Versicherung gemäß § 57 Abs. 2 GmbHG beziehen soll – nicht möglich.[561]

278 Der Anmeldung der Kapitalerhöhung sind zunächst die in § 55 Abs. 2 UmwG vorgesehenen **Unterlagen beizufügen**. Erforderlich ist danach die Beifügung des Verschmelzungsvertrags und der Niederschriften der Verschmelzungsbeschlüsse (auch derjenigen der Anteilsinhaberversammlungen der übertragenden Rechtsträger) in Ausfertigung oder öffentlich beglaubigter Abschrift. Außerdem muss eine Liste der Übernehmer im

---

[553] Kallmeyer/*Zimmermann* § 52 UmwG Rn. 2; Lutter/*Winter*/*Vetter* § 52 UmwG Rn. 10 f.
[554] Kallmeyer/*Zimmermann* § 52 UmwG Rn. 5; Semler/Stengel/*Reichert* § 52 UmwG Rn. 6.
[555] Kallmeyer/*Zimmermann* § 52 UmwG Rn. 5. Lutter/*Winter*/*Vetter* § 52 UmwG Rn. 18 verlangen im Hinblick auf § 12 Abs. 2 HGB die Einhaltung der Schriftform.
[556] Kallmeyer/*Zimmermann* § 52 UmwG Rn. 5; Lutter/*Winter*/*Vetter* § 52 UmwG Rn. 14 f.; Semler/Stengel/*Reichert* § 52 UmwG Rn. 6; Widmann/Mayer/*Mayer* § 52 UmwG Rn. 4.
[557] Ausführlich hierzu: Kallmeyer/*Zimmermann* § 52 UmwG Rn. 9 ff.; Lutter/*Winter*/*Vetter* § 52 UmwG Rn. 23 ff.
[558] Zu diesen allgemeinen Anforderungen siehe: MünchHdb. GesR III/*Wegmann* § 53 Rn. 55 ff.
[559] Kallmeyer/*Zimmermann* § 53 UmwG Rn. 5.
[560] Kallmeyer/*Zimmermann* § 53 UmwG Rn. 2.
[561] Böttcher/Habighorst/Schulte/*Kleindiek* § 55 UmwG Rn. 21; Kallmeyer/*Zimmermann* § 53 UmwG Rn. 3; Kölner Kommentar-UmwG/*Simon/Nießen* § 55 UmwG Rn. 30; Lutter/*Winter*/*Vetter* § 55 UmwG Rn. 59; a. A. Widmann/Mayer/*Mayer* § 55 UmwG Rn. 87.

§ 15 Rechtsformspezifische Besonderheiten der Verschmelzung   279   § 15

Sinne des § 57 Abs. 3 Nr. 2 GmbHG beigefügt werden.⁵⁶² Die Verweisung des § 55 Abs. 2 UmwG auf § 57 Abs. 3 Nr. 3 GmbHG hat keine gesonderte Bedeutung, da die dort genannten Festsetzungsverträge bei der Kapitalerhöhung zur Durchführung der Verschmelzung durch den Verschmelzungsvertrag ersetzt werden.⁵⁶³ Darüber hinaus sind der Anmeldung der Kapitalerhöhung zur Durchführung der Verschmelzung – wie im Falle der Anmeldung einer regulären Kapitalerhöhung⁵⁶⁴ – die notariell beurkundeten Beschlüsse der Gesellschafter über die Kapitalerhöhung⁵⁶⁵ und die damit verbundene Satzungsänderung sowie der geänderte Gesellschaftsvertrag nebst notarieller Bescheinigung gemäß § 54 Abs. 1 S. 2 GmbHG beizufügen.⁵⁶⁶ Nicht abschließend geklärt ist die Frage, ob der Anmeldung der Kapitalerhöhung zusätzliche Unterlagen beizufügen sind, aus denen sich die Werthaltigkeit der Vermögen der übertragenden Rechtsträger ergibt (→ Rn. 279).

Das **Registergericht prüft** die Ordnungsmäßigkeit der Anmeldung und der Beschlüsse   **279** der Gesellschafter über die Kapitalerhöhung und die damit verbundene Satzungsänderung sowie die Wirksamkeitsvoraussetzungen der Verschmelzung (vgl. §§ 57a, 9c Abs. 1 S. 1 GmbHG), da die Eintragung der Verschmelzung in das Handelsregister der übernehmenden GmbH Voraussetzung für das Wirksamwerden der Kapitalerhöhung ist (→ Rn. 246).⁵⁶⁷ Weiterhin prüft das Registergericht, ob der Wert der Vermögen der übertragenden Rechtsträger in dem hierfür maßgeblichen Zeitpunkt (→ Rn. 250) zumindest den Nennbetrag der Kapitalerhöhung zuzüglich etwaiger barer Zuzahlungen erreicht (vgl. §§ 57a, 9c Abs. 1 S. 2 GmbHG).⁵⁶⁸ Im Falle einer nicht unwesentlichen Unterdeckung ist die Eintragung abzulehnen.⁵⁶⁹ Zuvor muss das Registergericht der übernehmenden GmbH jedoch durch eine Zwischenverfügung die Gelegenheit geben, dafür zu sorgen, dass die Differenz in bar ausgeglichen wird.⁵⁷⁰ In Anbetracht der registergerichtlichen Prüfung nach §§ 57a, 9c Abs. 1 S. 2 GmbHG stellt sich die Frage, ob der Anmeldung der Kapitalerhöhung zur Durchführung der Verschmelzung **Unterlagen über die Werthaltigkeit der Vermögen der übertragenden Rechtsträger** beizufügen sind.⁵⁷¹ Bei der

---

⁵⁶² Böttcher/Habighorst/Schulte/*Kleindiek* § 55 UmwG Rn. 22; Kallmeyer/*Zimmermann* § 53 UmwG Rn. 9; Kölner Kommentar-UmwG/*Simon/Nießen* § 55 UmwG Rn. 32; Widmann/Mayer/ *Mayer* § 55 UmwG Rn. 90 f.; a. A. Lutter/*Winter/Vetter* § 55 UmwG Rn. 64; Semler/Stengel/*Reichert* § 55 UmwG Rn. 22 (die allerdings eine Beifügung empfehlen). Zur Liste der Übernehmer siehe: MünchHdb. GesR III/*Wegmann* § 53 Rn. 66.
⁵⁶³ Böttcher/Habighorst/Schulte/*Kleindiek* § 55 UmwG Rn. 24; Kallmeyer/*Kocher* § 55 UmwG Rn. 9; Kölner Kommentar-UmwG/*Simon/Nießen* § 55 UmwG Rn. 33.
⁵⁶⁴ Siehe zu den nachfolgend genannten Dokumenten: MünchHdb. GesR III/*Wegmann* § 53 Rn. 63 f.
⁵⁶⁵ Alternativ ggf. der Beschluss der Geschäftsführung über die Ausnutzung des genehmigten Kapitals gemäß § 55a GmbHG, vgl. Kallmeyer/*Zimmermann* § 53 UmwG Rn. 7.
⁵⁶⁶ Böttcher/Habighorst/Schulte/*Kleindiek* § 55 UmwG Rn. 22; Kallmeyer/*Kocher* § 55 UmwG Rn. 9; Kölner Kommentar-UmwG/*Simon/Nießen* § 55 UmwG Rn. 35 f.
⁵⁶⁷ Kallmeyer/*Zimmermann* § 53 UmwG Rn. 13; Lutter/*Winter/Vetter* § 53 UmwG Rn. 10. Vgl. zur Prüfung bei der regulären Kapitalerhöhung: Baumbach/Hueck/*Zöllner/Fastrich* § 57a GmbHG Rn. 3 ff.
⁵⁶⁸ Böttcher/Habighorst/Schulte/*Kleindiek* § 55 UmwG Rn. 10, 27; Lutter/*Winter/Vetter* § 55 UmwG Rn. 68, 76.
⁵⁶⁹ Böttcher/Habighorst/Schulte/*Kleindiek* § 55 UmwG Rn. 27; Kallmeyer/*Zimmermann* § 53 UmwG Rn. 17.
⁵⁷⁰ Böttcher/Habighorst/Schulte/*Kleindiek* § 55 UmwG Rn. 27; Kallmeyer/*Zimmermann* § 53 UmwG Rn. 17; Lutter/*Winter/Vetter* § 55 UmwG Rn. 73 ff (mit ausführlicher Darstellung).
⁵⁷¹ Bei der Kapitalerhöhung einer GmbH zur Durchführung der Verschmelzung wird eine solche Pflicht offenbar allgemein bejaht. Siehe nur: Kallmeyer/*Zimmermann* § 53 UmwG Rn. 11; Kölner Kommentar-UmwG/*Simon/Nießen* § 55 UmwG Rn. 37; Lutter/*Winter/Vetter* § 55 UmwG Rn. 67 (mit Ausführungen zu geeigneten Unterlagen in Rn. 69 ff.). Im Parallelfall der Sachkapitalerhöhung einer GmbH ist diese Frage dagegen umstritten. Gegen eine solche Pflicht: Bork/Schäfer/*Arnold/Born* § 57 GmbHG Rn. 12; Henssler/Strohn/*Gummert* § 57 GmbHG Rn. 19; Rowedder/Schmidt-Leit-

Sachgründung einer GmbH sind der Anmeldung gemäß § 8 Abs. 1 Nr. 5 GmbHG Unterlagen darüber beizufügen, dass der Wert der Sacheinlagen den Nennbetrag der dafür übernommenen Geschäftsanteile erreicht. Für den Fall der Kapitalerhöhung zur Durchführung der Verschmelzung nach § 55 Abs. 1 UmwG (wie auch für den Parallelfall der Sachkapitalerhöhung einer GmbH) fehlt es demgegenüber an einer entsprechenden Regelung. Es ist allerdings zu berücksichtigen, dass das Registergericht – ungeachtet der fraglichen Pflicht zur Beifügung von Unterlagen – im Rahmen seiner Prüfung gemäß §§ 57a, 9c Abs. 1 S. 2 GmbHG grundsätzlich ein weites Ermessen bezüglich der Anforderung von Unterlagen über die Werthaltigkeit der Vermögen der übertragenden Rechtsträger hat.[572] In der Praxis genügt es in der Regel, der Anmeldung der Kapitalerhöhung zur Durchführung der Verschmelzung eine entsprechende Werthaltigkeitsbescheinigung eines Wirtschaftsprüfers beizufügen.[573]

280   **c) Eintragung von Kapitalerhöhung und Verschmelzung (§ 53 UmwG).** Erhöht die übernehmende Gesellschaft zur Durchführung der Verschmelzung ihr Stammkapital, so darf die Verschmelzung gemäß **§ 53 UmwG** erst eingetragen werden, nachdem die Erhöhung des Stammkapitals im Register eingetragen worden ist.

281   § 53 UmwG ist anwendbar, wenn eine **GmbH als übernehmender Rechtsträger** an einer Verschmelzung beteiligt ist. Er soll sicherstellen, dass die neuen Geschäftsanteile, die Anteilsinhabern der übertragenden Rechtsträger gewährt werden, mit Eintragung der Verschmelzung in das Handelsregister der übernehmenden GmbH existieren (→ Rn. 246).[574] Die Vorschrift ergänzt § 19 Abs. 1 S. 1 UmwG, der bestimmt, dass die Verschmelzung erst in das Register des Sitzes des übernehmenden Rechtsträgers eingetragen werden darf, nachdem sie im Register des Sitzes jedes der übertragenden Rechtsträger eingetragen worden ist. Nach überwiegender Ansicht bezieht sich § 53 UmwG lediglich auf die **Reihenfolge der Eintragung von Kapitalerhöhung und Verschmelzung in das Handelsregister der übernehmenden GmbH**. Die deklaratorische Eintragung der Verschmelzung in die Register der übertragenden Rechtsträger kann demnach auch schon vor der Eintragung der Kapitalerhöhung in das Handelsregister der übernehmenden GmbH erfolgen.[575]

282   Die **Kapitalerhöhung** zur Durchführung der Verschmelzung wird **mit Eintragung der Verschmelzung** in das Handelsregister der übernehmenden GmbH **wirksam** (→ Rn. 246). Scheitert diese Eintragung endgültig, so ist die Eintragung der Kapitalerhöhung und der damit verbundenen Satzungsänderung gemäß § 395 Abs. 1 FamFG von Amts wegen zu löschen.[576] Wird die Kapitalerhöhung in das Handelsregister eingetragen, nachdem die Verschmelzung in das Handelsregister der übernehmenden GmbH eingetragen worden ist, treten die in § 20 UmwG genannten Wirkungen erst mit Eintragung der Kapitalerhöhung ein.[577] Die Heilungswirkung des § 20 Abs. 2 UmwG erstreckt sich auch

---

hoff/*Schnorbus* § 57 GmbHG Rn. 18. Dafür: Lutter/Hommelhoff/*Bayer* § 57 GmbHG Rn. 14; MünchKommGmbHG/*Lieder* § 57 GmbHG Rn. 26; Scholz/*Priester* § 57 GmbHG Rn. 22.

[572] Vgl. OLG Köln 3 U 98/95, NJW-RR 1996, 1250, 1251 (zu einer regulären Sachkapitalerhöhung); Kölner Kommentar-UmwG/*Simon/Nießen* § 55 UmwG Rn. 40; Schmitt/Hörtnagl/Stratz/*Stratz* § 55 UmwG Rn. 26.

[573] In bestimmten Fällen wird auch die Beifügung der Schlussbilanz des übertragenden Rechtsträgers im Sinne des § 17 Abs. 2 UmwG für ausreichend gehalten. Siehe hierzu: Kallmeyer/*Zimmermann* § 53 UmwG Rn. 11, 14; Lutter/*Winter/Vetter* § 55 UmwG Rn. 69. Im Einzelfall kann sich auch eine entsprechende Abstimmung mit dem für die übernehmende GmbH zuständigen Registergericht empfehlen.

[574] Lutter/*Winter/Vetter* § 53 UmwG Rn. 1; Semler/Stengel/*Reichert* § 53 UmwG Rn. 2.

[575] Kallmeyer/*Zimmermann* § 53 UmwG Rn. 18; Lutter/*Winter/Vetter* § 53 UmwG Rn. 15; Widmann/Mayer/*Mayer* § 53 UmwG Rn. 7 ff.; a. A. wohl Widmann/Mayer/*Fronhöfer* § 19 UmwG Rn. 46.

[576] Kallmeyer/*Zimmermann* § 53 UmwG Rn. 19; Lutter/*Winter/Vetter* § 53 UmwG Rn. 21.

[577] Kallmeyer/*Zimmermann* § 53 UmwG Rn. 19; Lutter/*Winter/Vetter* § 53 UmwG Rn. 24.

bei dieser Eintragungsreihenfolge grundsätzlich auf sämtliche Mängel der Kapitalerhöhung (→ Rn. 271).

III. Verschmelzung durch Neugründung (§§ 56 bis 59 UmwG)

1. Anzuwendende Vorschriften (§ 56 UmwG)

Nach **§ 56 UmwG** sind auf die Verschmelzung durch Neugründung die Vorschriften des Ersten Unterabschnitts (§§ 46 bis 55 UmwG) mit Ausnahme der §§ 51 bis 53, 54 Abs. 1 bis 3 UmwG sowie des § 55 UmwG entsprechend anzuwenden. § 56 UmwG ist anwendbar, wenn bei einer Verschmelzung durch Neugründung entweder ungeachtet der Rechtsform des neuen Rechtsträgers zumindest eine **GmbH als übertragender Rechtsträger** beteiligt ist **oder** übertragende Rechtsträger beliebiger Rechtsform mit einer **GmbH als neuem Rechtsträger** verschmolzen werden.[578] Die gemäß § 56 UmwG entsprechend anwendbaren rechtsformspezifischen Vorschriften für Verschmelzungen unter Beteiligung von Gesellschaften mit beschränkter Haftung ergänzen und modifizieren die allgemeinen Vorschriften der §§ 36 bis 38 UmwG (→ § 6 Rn. 14 ff.) über die Verschmelzung durch Neugründung.[579]

Auf eine **GmbH**, die **als übertragender Rechtsträger** an einer Verschmelzung durch Neugründung beteiligt ist, sind die nicht von § 56 UmwG ausgenommenen Vorschriften der §§ 46 bis 55 UmwG **entsprechend anwendbar**, soweit ein übertragender Rechtsträger Adressat dieser Normen ist. Dies trifft auf die **§§ 47 bis 50 UmwG** (→ Rn. 178 f., 180 ff., 191 ff. und 197 ff.) zu.[580]

Bei einer Verschmelzung durch Neugründung mit einer **GmbH als neuem Rechtsträger** ist zunächst zu berücksichtigen, dass gemäß § 36 Abs. 1 S. 2 UmwG der neue Rechtsträger an die Stelle des übernehmenden Rechtsträgers tritt. Im Ausgangspunkt sind somit die nicht von § 56 UmwG ausgenommenen Vorschriften der §§ 46 bis 55 UmwG entsprechend auf die neue GmbH anwendbar, soweit ein übernehmender Rechtsträger Adressat dieser Normen ist. **Entsprechend anwendbar** in diesem Sinne sind zunächst **§ 46 Abs. 1 und 2 UmwG** (→ Rn. 165 ff. und 174 ff.).[581] § 46 Abs. 2 UmwG bezieht sich insoweit auf Sonderrechte und -pflichten, die nicht für alle Anteilsinhaber der übertragenden Rechtsträger in gleicher Weise gelten.[582] Ferner ist **§ 54 Abs. 4 UmwG** (→ Rn. 263 ff.) entsprechend anwendbar.[583] Demgegenüber sind einige Vorschriften der §§ 46 bis 55 UmwG **nicht entsprechend** auf die neue GmbH **anwendbar**, obwohl ihre Anwendbarkeit nicht von § 56 UmwG ausgeschlossen wird und ihr Adressat ein übernehmender Rechtsträger ist. Dies betrifft zum einen **§ 46 Abs. 3 UmwG** (→ Rn. 177), da eine Gewährung schon vorhandener Geschäftsanteile an der neuen GmbH nicht in Betracht kommt.[584] Zum anderen betrifft dies die **§§ 47 bis 50 UmwG** (→ Rn. 178 f., 180 ff., 191 ff. und 197 ff.), da eine Gesellschafterversammlung, in der ein Verschmelzungsbeschluss gefasst wird, bei der neuen GmbH nicht durchgeführt wird.[585] Nach einer **verbreiteten Ansicht** sollen **§ 51 Abs. 1 S. 3 und Abs. 2 UmwG** (→ Rn. 205 ff. und 209 ff.) bei einer

---

[578] Lutter/*Winter*/*Vetter* § 56 UmwG Rn. 1; Semler/Stengel/*Reichert* § 56 UmwG Rn. 1.
[579] Widmann/Mayer/*Mayer* § 56 UmwG Rn. 1.
[580] Kallmeyer/*Kocher* § 56 UmwG Rn. 1; Semler/Stengel/*Reichert* § 56 UmwG Rn. 5.
[581] Lutter/*Winter*/*Vetter* § 56 UmwG Rn. 12 ff.; Semler/Stengel/*Reichert* § 56 UmwG Rn. 7; a. A. bzgl. § 46 Abs. 2 UmwG Schmitt/Hörtnagl/Stratz/*Stratz* § 56 UmwG Rn. 2.
[582] Kallmeyer/*Kocher* § 56 UmwG Rn. 3; Lutter/*Winter*/*Vetter* § 56 UmwG Rn. 15.
[583] Kallmeyer/*Kocher* § 56 UmwG Rn. 6; Lutter/*Winter*/*Vetter* § 56 UmwG Rn. 16 (der in Rn. 17 zutreffend eine bisweilen angenommene zusätzliche Beschränkung auf 10 % des Gesamtnennbetrags der den Anteilinhabern jedes einzelnen übertragenden Rechtsträgers gewährten Geschäftsanteile ablehnt).
[584] Lutter/*Winter*/*Vetter* § 56 UmwG Rn. 11; Semler/Stengel/*Reichert* § 56 UmwG Rn. 7.
[585] Kölner Kommentar-UmwG/*Simon*/*Nießen* § 56 UmwG Rn. 14; Schmitt/Hörtnagl/Stratz/ *Stratz* § 56 UmwG Rn. 22.

Verschmelzung durch Neugründung mit einer GmbH als neuem Rechtsträger **entsprechend anwendbar** sein[586], obwohl § 56 UmwG die Anwendbarkeit des § 51 UmwG bei einer Verschmelzung durch Neugründung explizit ausschließt.

2. Besondere Vorschriften für als GmbH organisierten neuen Rechtsträger (§§ 57 bis 59 UmwG)

286 a) **Einleitung.** Die **§§ 57 bis 59 UmwG** sind anwendbar, wenn im Zuge einer Verschmelzung durch Neugründung eine **GmbH als neuer Rechtsträger** gegründet werden soll.[587] Sie ergänzen und modifizieren die allgemeinen Vorschriften der §§ 36 bis 38 UmwG (→ § 6 Rn. 14 ff.) über die Verschmelzung durch Neugründung sowie die allgemeinen GmbH-rechtlichen Gründungsvorschriften.[588]

287 b) **Anwendung der GmbH-rechtlichen Gründungsvorschriften (§ 36 Abs. 2 UmwG).** Die GmbH-rechtlichen Gründungsvorschriften der **§§ 1 bis 11 GmbHG**[589] sind nach § 36 Abs. 2 S. 1 UmwG auf die Gründung einer GmbH als neuem Rechtsträger anwendbar, soweit sich aus den §§ 2 bis 122l UmwG nichts anderes ergibt. Den Gründern stehen gemäß § 36 Abs. 2 S. 2 UmwG die übertragenden Rechtsträger gleich. Wie bereits ausgeführt, werden die GmbH-rechtlichen Gründungsvorschriften **durch die §§ 57 bis 59 UmwG ergänzt und modifiziert** (→ Rn. 288 ff.). Im Folgenden werden einige **weitere praktisch bedeutsame Modifikationen** der §§ 1 bis 11 GmbHG bei der Gründung einer GmbH als neuem Rechtsträger skizziert.[590] In Bezug auf **§ 5 Abs. 4 S. 1 GmbHG** genügt die Angabe im Gesellschaftsvertrag, dass die Einlagen auf die Geschäftsanteile durch die Übertragung der Vermögen der übertragenden Rechtsträger im Wege der Verschmelzung durch Neugründung erbracht worden sind.[591] Entgegen **§§ 7 Abs. 1, 78 GmbHG** ist die neue GmbH gemäß § 38 Abs. 2 UmwG von den Vertretungsorganen aller übertragenden Rechtsträger zur Eintragung in das Handelsregister anzumelden. Es genügt jeweils eine Mitwirkung von Organmitgliedern in vertretungsberechtigter Anzahl.[592] Die **§§ 7 Abs. 3 und 8 Abs. 2 GmbHG** sind nicht anwendbar, da die Vermögen der übertragenden Rechtsträger gemäß §§ 36 Abs. 1, 20 Abs. 1 Nr. 1 UmwG erst mit Eintragung der neuen GmbH in das Handelsregister und damit zwangsläufig nach der Anmeldung der neuen GmbH zur Eintragung in das Handelsregister auf die neue GmbH übergehen (→ Rn. 246). Im Hinblick auf die in § 8 Abs. 1 GmbHG vorgesehenen Anlagen zur Anmeldung der neuen GmbH ist insbesondere zu berücksichtigen, dass die in **§ 8 Abs. 1 Nr. 4 1. Alt. GmbHG** genannten Festsetzungsverträge durch den Verschmelzungsvertrag ersetzt werden,[593] und dass es umstritten ist, ob **§ 8 Abs. 1 Nr. 5 GmbHG** anwendbar ist, dem zufolge Unterlagen darüber beizufügen sind, dass der Wert der Sacheinlagen den Nennbetrag der dafür übernommenen Geschäftsanteile erreicht.[594]

288 c) **Inhalt des Gesellschaftsvertrags (§ 57 UmwG).** In den Gesellschaftsvertrag sind gemäß **§ 57 UmwG** Festsetzungen über Sondervorteile, Gründungsaufwand, Sacheinlagen und Sachübernahmen, die in den Gesellschaftsverträgen, Partnerschaftsverträgen oder Sat-

---

[586] Kallmeyer/*Kocher* § 56 UmwG Rn. 4; Lutter/*Winter*/*Vetter* § 56 UmwG Rn. 20 ff.; a. A. BeckOGK UmwG/*Benz*, § 56 UmwG Rn. 13; Kölner Kommentar-UmwG/*Simon*/*Nießen* § 56 UmwG Rn. 13.
[587] Lutter/*Winter*/*Vetter* § 56 UmwG Rn. 4.
[588] Widmann/Mayer/*Mayer* § 56 UmwG Rn. 4.
[589] Lutter/*Winter*/*Vetter* § 56 UmwG Rn. 1; Semler/Stengel/*Bärwaldt* § 36 UmwG Rn. 29. Ausführlich zur Gründung einer GmbH: MünchHdb. GesR III/*Riemenschneider*/*Freitag* § 4 Rn. 1 ff.
[590] Ausführlich hierzu: Lutter/*Winter*/*Vetter* § 56 UmwG Rn. 28 ff.
[591] Lutter/*Winter*/*Vetter* § 56 UmwG Rn 38.
[592] Lutter/*Winter*/*Vetter* § 56 UmwG Rn 43; MünchKommGmbHG/*Herrler* § 78 GmbHG Rn. 15.
[593] Kölner Kommentar-UmwG/*Simon*/*Nießen* § 36 UmwG Rn. 43.
[594] Dagegen: Böttcher/Habighorst/Schulte/*Kleindiek* § 56 UmwG Rn. 12; Lutter/*Winter*/*Vetter* § 56 UmwG Rn. 45. Dafür: Kölner Kommentar-UmwG/*Simon*/*Nießen* § 36 UmwG Rn. 43.

zungen übertragender Rechtsträger enthalten waren, zu übernehmen. Die Vorschrift soll sicherstellen, dass die sich aus den genannten Festsetzungen ergebenden Rechte fortbestehen und an der Registerpublizität des Gesellschaftsvertrags der neuen GmbH teilhaben.[595]

§ 57 UmwG bezieht sich ausschließlich auf **historische Festsetzungen obligatorischer Art**. Es werden also weder fakultative Festsetzungen noch solche Festsetzungen erfasst, die sich lediglich auf die neue GmbH beziehen, weil sie anlässlich der Verschmelzung in deren Gesellschaftsvertrag aufgenommen werden sollen.[596] Die **Beibehaltungsfristen** für Festsetzungen im Sinne des § 57 UmwG laufen mit Eintragung der neuen GmbH nicht neu an, sondern werden (nach wie vor) ab der Eintragung des entsprechenden übertragenden Rechtsträgers in das für ihn zuständige Register berechnet.[597] Ist eine solche Beibehaltungsfrist im Zeitpunkt der Eintragung der neuen GmbH in das Handelsregister bereits abgelaufen, so muss die betreffende Festsetzung nicht in den Gesellschaftsvertrag der neuen GmbH aufgenommen werden.[598] Im Sinne der Klarheit empfiehlt es sich, die **übernommenen Festsetzungen** im Gesellschaftsvertrag der neuen GmbH als solche **kenntlich zu machen**, indem sie beispielsweise in einem gesonderten Abschnitt zusammengefasst werden.[599]

Bei einer **übertragenden AG** bezieht sich § 57 UmwG auf Festsetzungen über Sondervorteile (§ 26 Abs. 1 AktG), die Übernahme von Gründungsaufwand (§ 26 Abs. 2 AktG), Sacheinlagen (§ 27 Abs. 1 S. 1 1. Alt. AktG) und Sachübernahmen (§ 27 Abs. 1 S. 1 2. Alt. AktG) in deren Satzung.[600] Solche Festsetzungen können gemäß §§ 26 Abs. 5 bzw. 27 Abs. 5 AktG erst beseitigt werden, wenn die AG dreißig Jahre im Handelsregister eingetragen ist und die den Festsetzungen zugrundeliegenden Rechtsverhältnisse seit mindestens fünf Jahren abgewickelt sind.

Bei einer **übertragenden GmbH** bezieht sich § 57 UmwG auf Festsetzungen über Sacheinlagen und Sachübernahmen (§ 5 Abs. 4 S. 1 GmbHG) sowie über Sondervorteile und die Übernahme von Gründungsaufwand (§ 26 Abs. 1 bzw. Abs. 2 AktG analog) in deren Gesellschaftsvertrag. Die Beibehaltungsfrist für Festsetzungen über Sacheinlagen, Sachübernahmen und die Übernahme von Gründungsaufwand beträgt zehn Jahre ab Eintragung der GmbH in das Handelsregister. Festsetzungen über Sondervorteile können dagegen beseitigt werden, sobald die entsprechenden Sondervorteile weggefallen sind.[601]

Für **Personenhandelsgesellschaften**, **Partnerschaftsgesellschaften** und **eingetragene Vereine** sieht das geltende Recht obligatorische statutarische Festsetzungen über Sondervorteile, Gründungsaufwand, Sacheinlagen oder Sachübernahmen nicht vor. Daher ist § 57 UmwG hinsichtlich dieser Rechtsträger derzeit nicht relevant.[602]

Nach überwiegender Auffassung besteht bei einem **Verstoß gegen § 57 UmwG** ein Eintragungshindernis, das auf eine Zwischenverfügung des Registergerichts hin beseitigt werden kann.[603] Wird eine neue GmbH trotz eines (nicht behobenen) Verstoßes gegen § 57 UmwG in das Handelsregister eingetragen, so ist je nach Art des Verstoßes zu

---

[595] Semler/Stengel/*Reichert* § 57 UmwG Rn. 3; Widmann/Mayer/*Mayer* § 57 UmwG Rn. 2.
[596] Semler/Stengel/*Reichert* § 57 UmwG Rn. 2; Widmann/Mayer/*Mayer* § 57 UmwG Rn. 1.
[597] Lutter/*Winter*/*Vetter* § 57 UmwG Rn 18; Semler/Stengel/*Reichert* § 57 UmwG Rn. 4.
[598] Lutter/*Winter*/*Vetter* § 57 UmwG Rn 18; Semler/Stengel/*Reichert* § 57 UmwG Rn. 4.
[599] Vgl. Lutter/*Winter*/*Vetter* § 57 UmwG Rn 17; Semler/Stengel/*Reichert* § 57 UmwG Rn. 4.
[600] Böttcher/Habighorst/Schulte/*Kleindiek* § 57 UmwG Rn. 8; Semler/Stengel/*Reichert* § 57 UmwG Rn. 5.
[601] Siehe zum Ganzen: Böttcher/Habighorst/Schulte/*Kleindiek* § 57 UmwG Rn. 9; Semler/Stengel/*Reichert* § 57 UmwG Rn. 8 f.
[602] Böttcher/Habighorst/Schulte/*Kleindiek* § 57 UmwG Rn. 7; Widmann/Mayer/*Mayer* § 57 UmwG Rn. 3 (beide auch zur Bedeutung des § 57 UmwG, wenn die Satzung einer übertragenden Genossenschaft gemäß § 7a Abs. 3 GenG Sacheinlagen als Einzahlungen auf den Geschäftsanteil zulässt).
[603] Böttcher/Habighorst/Schulte/*Kleindiek* § 57 UmwG Rn. 10; Kallmeyer/*Kocher* § 57 UmwG Rn. 5; Kölner Kommentar-UmwG/*Simon*/*Nießen* § 57 UmwG Rn. 27; Lutter/*Winter*/*Vetter* § 57

differenzieren. Die unterlassene Übernahme bereits vollständig abgewickelter Festsetzungen in den Gesellschaftsvertrag der neuen GmbH hat keine Konsequenzen.[604] Bei einer unterlassenen Übernahme von Festsetzungen über Sondervorteile gehen die entsprechenden Rechte unter.[605] Noch nicht erfüllte Verpflichtungen von Anteilsinhabern eines übertragenden Rechtsträgers im Zusammenhang mit Festsetzungen bestehen trotz unterlassener Übernahme der entsprechenden Festsetzungen in den Gesellschaftsvertrag der neuen GmbH nach dem Wirksamwerden der Verschmelzung gegenüber der neuen GmbH fort, da die korrespondierenden Forderungen gemäß §§ 36 Abs. 1 S. 1, 20 Abs. 1 Nr. 1 UmwG auf die neue GmbH übergehen.[606]

294 **d) Sachgründungsbericht (§ 58 UmwG).** Gemäß **§ 58 Abs. 1 UmwG** sind in dem Sachgründungsbericht (§ 5 Abs. 4 GmbHG) auch der Geschäftsverlauf und die Lage der übertragenden Rechtsträger darzulegen. Nach **§ 58 Abs. 2 UmwG** ist ein Sachgründungsbericht nicht erforderlich, soweit eine Kapitalgesellschaft oder eine eingetragene Genossenschaft übertragender Rechtsträger ist.

295 Bei einer Verschmelzung durch Neugründung mit einer GmbH als neuem Rechtsträger ist – soweit nicht § 58 Abs. 2 UmwG einschlägig ist – gemäß §§ 36 Abs. 2 S. 1 UmwG i. V. m. 5 Abs. 4 S. 2 GmbHG ein **Sachgründungsbericht zu erstellen**. Zur Erstellung des Berichts sind die **übertragenden Rechtsträger** verpflichtet, die nach § 36 Abs. 2 S. 2 UmwG den Gründern gleichstehen. Der Sachgründungsbericht bedarf der **Schriftform**[607] und ist angesichts der Strafvorschrift des § 82 Abs. 1 Nr. 2 GmbHG von **sämtlichen Mitgliedern des Vertretungsorgans** eines übertragenden Rechtsträgers zu unterzeichnen.[608] Eine Unterzeichnung durch Bevollmächtigte ist ausgeschlossen. Der Sachgründungsbericht ist gemäß §§ 36 Abs. 2 S. 1 UmwG i. V. m. 8 Abs. 1 Nr. 4 GmbHG der **Anmeldung** der neuen GmbH zur Eintragung in das Handelsregister **beizufügen**. Es ist **nicht möglich**, auf die Erstellung des Sachgründungsberichts **zu verzichten**.[609]

296 Nach §§ 36 Abs. 2 S. 1 UmwG i. V. m. 5 Abs. 4 S. 2 GmbHG sind in dem Sachgründungsbericht die für die **Angemessenheit der Leistungen für Sacheinlagen wesentlichen Umstände** darzulegen und beim Übergang eines Unternehmens auf die Gesellschaft die **Jahresergebnisse der beiden letzten Geschäftsjahre** anzugeben.[610] Darüber hinaus verlangt § 58 Abs. 1 UmwG die **Darlegung des Geschäftsverlaufs und der Lage der übertragenden Rechtsträger.** Die Begriffe „Geschäftsverlauf" und „Lage des Rechtsträgers" entstammen den Vorschriften über den Lagebericht (vgl. § 289 Abs. 1 S. 1 HGB). [611] Der Geschäftsverlauf ist im Grundsatz für das bei Anmeldung der neuen GmbH laufende Geschäftsjahr und für die letzten beiden vollen Geschäftsjahre darzulegen.[612] Nach einer verbreiteten Ansicht sind zudem **Angaben über die voraussichtliche Entwicklung** des von einem übertragenden Rechtsträger betriebenen Unternehmens

---

UmwG Rn 20; Widmann/Mayer/*Mayer* § 57 UmwG Rn. 13.1; a. A. wohl Schmitt/Hörtnagl/Stratz/*Stratz* § 57 UmwG Rn. 2 („Verstoß gegen § 57 verhindert die Eintragung der neuen GmbH").

[604] Böttcher/Habighorst/Schulte/*Kleindiek* § 57 UmwG Rn. 10; Kallmeyer/*Kocher* § 57 UmwG Rn. 5.

[605] Semler/Stengel/*Reichert* § 57 UmwG Rn. 12; Widmann/Mayer/*Mayer* § 57 UmwG Rn. 14.

[606] Kallmeyer/*Kocher* § 57 UmwG Rn. 5; Lutter/*Winter/Vetter* § 57 UmwG Rn 24.

[607] Kallmeyer/*Kocher* § 58 UmwG Rn. 1; Kölner Kommentar-UmwG/*Simon/Nießen* § 58 UmwG Rn. 6; Schmitt/Hörtnagl/Stratz/*Stratz* § 58 UmwG Rn. 2.

[608] Kallmeyer/*Kocher* § 58 UmwG Rn. 1; Kölner Kommentar-UmwG/*Simon/Nießen* § 58 UmwG Rn. 5; Schmitt/Hörtnagl/Stratz/*Stratz* § 58 UmwG Rn. 2; Semler/Stengel/*Reichert* § 58 UmwG Rn. 4; Widmann/Mayer/*Mayer* § 58 UmwG Rn. 5.

[609] Kallmeyer/*Kocher* § 58 UmwG Rn. 5; Lutter/*Winter/Vetter* § 58 UmwG Rn 4.

[610] Ausführlich zu diesen Kriterien: MünchHdb. GesR III/*Freitag/Riemenschneider* § 9 Rn. 40 f.

[611] Lutter/*Winter/Vetter* § 58 UmwG Rn 11.

[612] Böttcher/Habighorst/Schulte/*Kleindiek* § 58 UmwG Rn. 6; Kallmeyer/*Kocher* § 58 UmwG Rn. 3; Widmann/Mayer/*Mayer* § 58 UmwG Rn. 15.

erforderlich.⁶¹³ Der Sachgründungsbericht muss ein den **tatsächlichen Verhältnissen entsprechendes Bild** vermitteln.⁶¹⁴

Sind an einer Verschmelzung durch Neugründung mit einer GmbH als neuem Rechtsträger **lediglich Kapitalgesellschaften oder eingetragene Genossenschaften als übertragende Rechtsträger** beteiligt, so ist ein Sachgründungsbericht gemäß § 58 Abs. 2 UmwG insgesamt entbehrlich. Sind **daneben übertragende Rechtsträger anderer Rechtsform** beteiligt, haben diese übertragenden Rechtsträger einen Sachgründungsbericht zu erstellen, der sich auf die Darlegung beschränkt, dass der Wert der Vermögen dieser übertragenden Rechtsträger den Nennbetrag der ihren Anteilsinhabern gewährten Geschäftsanteile an der neuen GmbH zuzüglich etwaiger barer Zuzahlungen erreicht.⁶¹⁵

Wenn der Anmeldung der neuen GmbH zur Eintragung in das Handelsregister ein **erforderlicher Sachgründungsbericht** entgegen §§ 36 Abs. 2 S. 1 UmwG i. V. m. 8 Abs. 1 Nr. 4 GmbHG **nicht beigefügt wird**, kann das Registergericht diesen durch eine **Zwischenverfügung** anfordern. Die Anmeldung kann zurückgewiesen werden, wenn der Sachgründungsbericht auf die Zwischenverfügung hin nicht erstellt wird. Im Falle **inhaltlicher Mängel eines Sachgründungsberichts** gelten die vorstehenden Ausführungen entsprechend. Das Registergericht hat ungeachtet der Erstellung eines (ordnungsgemäßen) Sachgründungsberichts ein **weites Ermessen bezüglich der Anforderung von Unterlagen** über die Werthaltigkeit der Vermögen der übertragenden Rechtsträger (→ Rn. 279). Das Fehlen oder inhaltliche Mängel eines Sachgründungsberichts haben **keine Auswirkungen auf die Wirksamkeit der Sachgründung**, wenn die **neue GmbH** in das **Handelsregister eingetragen** worden ist.⁶¹⁶

e) **Verschmelzungsbeschlüsse (§ 59 UmwG).** Nach § 59 S. 1 UmwG wird der Gesellschaftsvertrag der neuen Gesellschaft nur wirksam, wenn ihm die Anteilsinhaber jedes der übertragenden Rechtsträger durch Verschmelzungsbeschluss zustimmen. Dies gilt gemäß **§ 59 S. 2 UmwG** entsprechend für die Bestellung der Geschäftsführer und der Mitglieder des Aufsichtsrats der neuen Gesellschaft, soweit sie von den Anteilsinhabern der übertragenden Rechtsträger zu wählen sind.

aa) **Zustimmung zum Gesellschaftsvertrag (§ 59 S. 1 UmwG).** Der **Gesellschaftsvertrag der neuen GmbH** wird entgegen § 2 Abs. 1 S. 2 GmbHG nicht von sämtlichen Gesellschaftern unterzeichnet. Er muss gemäß § 37 UmwG im **Verschmelzungsvertrag enthalten** sein oder festgestellt werden,⁶¹⁷ der von den **Vertretungsorganen der übertragenden Rechtsträger abgeschlossen** wird.⁶¹⁸ Um den Einfluss der künftigen Gesellschafter der neuen GmbH auf den Inhalt des Gesellschaftsvertrags sicherzustellen, bestimmt § 59 S. 1 UmwG, dass der Gesellschaftsvertrag der neuen GmbH nur wirksam wird, wenn ihm die Anteilsinhaber jedes der übertragenden Rechtsträger durch Verschmelzungsbeschluss zustimmen.⁶¹⁹

Die Zustimmung zum Gesellschaftsvertrag unterliegt demnach den Voraussetzungen für die Fassung eines Verschmelzungsbeschlusses. Ein **gesonderter Zustimmungsbeschluss**

---

⁶¹³ Kölner Kommentar-UmwG/*Simon/Nießen* § 58 UmwG Rn. 12; Lutter/*Winter/Vetter* § 58 UmwG Rn 11; Semler/Stengel/*Reichert* § 58 UmwG Rn. 9.

⁶¹⁴ Kallmeyer/*Kocher* § 58 UmwG Rn. 3; Lutter/*Winter/Vetter* § 58 UmwG Rn 10.

⁶¹⁵ Böttcher/Habighorst/Schulte/*Kleindiek* § 58 UmwG Rn. 9 f.; Kölner Kommentar-UmwG/*Simon/Nießen* § 58 UmwG Rn. 17; Lutter/*Winter/Vetter* § 58 UmwG Rn 15 (jeweils auch zur Möglichkeit der freiwilligen Erstellung eines „Gesamtsachgründungsberichts" unter Einbeziehung der übertragenden Kapitalgesellschaften bzw. eingetragenen Genossenschaften).

⁶¹⁶ Siehe zum Ganzen: Kallmeyer/*Kocher* § 58 UmwG Rn. 6; Kölner Kommentar-UmwG/*Simon/Nießen* § 58 UmwG Rn. 13 ff.; Lutter/*Winter/Vetter* § 58 UmwG Rn 16 f.; Widmann/Mayer/*Mayer* § 58 UmwG Rn. 6.

⁶¹⁷ Siehe hierzu: Lutter/*Grunewald* § 37 UmwG Rn. 5.

⁶¹⁸ Kallmeyer/*Marsch-Barner* § 36 UmwG Rn. 4.

⁶¹⁹ Lutter/*Winter/Vetter* § 59 UmwG Rn 1; Semler/Stengel/*Reichert* § 59 UmwG Rn. 3.

ist allerdings **nicht erforderlich**.[620] Vielmehr enthält die Zustimmung zum Verschmelzungsvertrag – dessen notwendiger Bestandteil der Gesellschaftsvertrag der neuen GmbH ist (vgl. § 37 UmwG) – jedenfalls im Zweifel auch die Zustimmung zum Gesellschaftsvertrag.[621] Der Verschmelzungsbeschluss eines übertragenden Rechtsträgers kann nach §§ 36 Abs. 1 S. 1, 13 Abs. 1 S. 2 UmwG nur in einer Versammlung der Anteilsinhaber gefasst werden und bedarf gemäß §§ 36 Abs. 1 S. 1, 13 Abs. 3 S. 1 UmwG der notariellen Beurkundung. Darüber hinaus sind bei der Fassung eines Verschmelzungsbeschlusses rechtsformspezifische Besonderheiten zu beachten, die sich bei einer GmbH als übertragendem Rechtsträger aus §§ 56, 50 Abs. 1 UmwG (vgl. → Rn. 191 ff.) ergeben.[622]

302 Die Verschmelzungsbeschlüsse der übertragenden Rechtsträger können sich auch auf einen **Entwurf des Verschmelzungsvertrags** beziehen (§§ 36 Abs. 1 S. 1, 4 Abs. 2 UmwG), der den Entwurf des Gesellschaftsvertrags enthält. Der Gesellschaftsvertrag der neuen GmbH wird in diesem Fall erst mit notarieller Beurkundung des Verschmelzungsvertrags wirksam.[623]

303 Mit dem Wirksamwerden des Verschmelzungsvertrags (hierfür ist insbesondere die notarielle Beurkundung des Verschmelzungsvertrags und der Verschmelzungsbeschlüsse der übertragenden Rechtsträger erforderlich) entsteht eine **Vor-GmbH**.[624]

304 **bb) Zustimmung zur Organbestellung (§ 59 S. 2 UmwG). (1) Bestellung von Geschäftsführern.** Die ersten Geschäftsführer der neuen GmbH müssen **vor der Anmeldung der neuen GmbH** zur Eintragung in das Handelsregister bestellt werden, da das Registergericht eine Gesellschaft ohne handlungsfähiges Vertretungsorgan nicht eintragen darf.[625]

305 Die **Bestellung** erfolgt grundsätzlich **durch die übertragenden Rechtsträger**, die gemäß § 36 Abs. 2 S. 2 UmwG den Gründern gleichstehen, **im Verschmelzungsvertrag**.[626] Um zu gewährleisten, dass die künftigen Gesellschafter der neuen GmbH die Zusammensetzung der Geschäftsführung beeinflussen können, verlangt § 59 S. 2 1. Alt. UmwG, dass die **Anteilsinhaber** jedes der übertragenden Rechtsträger dieser Bestellung durch Verschmelzungsbeschluss **zustimmen**.[627] Für diese Zustimmung gilt das zur Zustimmung zum Gesellschaftsvertrag gemäß § 59 S. 1 UmwG Gesagte entsprechend (→ Rn. 301).[628] Das Zustimmungserfordernis gemäß § 59 S. 2 1. Alt. UmwG besteht nur, soweit die Geschäftsführer von den Anteilsinhabern der übertragenden Rechtsträger zu wählen sind. Soweit ein Anteilsinhaber aufgrund eines **Sonderrechts** zur Bestellung von Geschäftsführern berechtigt ist, muss dieser Anteilsinhaber die betreffenden Geschäftsführer vor Anmeldung der neuen GmbH zur Eintragung in das Handelsregister bestellen.[629]

306 Nach überwiegender Auffassung ist es – als Alternative zur Bestellung der Geschäftsführer durch die übertragenden Rechtsträger im Verschmelzungsvertrag – auch möglich, dass die

---

[620] Kallmeyer/*Zimmermann* § 59 UmwG Rn. 1; Kölner Kommentar-UmwG/*Simon/Nießen* § 59 UmwG Rn. 6; Semler/Stengel/*Reichert* § 59 UmwG Rn. 4.
[621] Kölner Kommentar-UmwG/*Simon/Nießen* § 59 UmwG Rn. 6; Semler/Stengel/*Reichert* § 59 UmwG Rn. 4; Widmann/Mayer/*Mayer* § 59 UmwG Rn. 5.
[622] Lutter/*Winter/Vetter* § 59 UmwG Rn 7 f.; Semler/Stengel/*Reichert* § 59 UmwG Rn. 5.
[623] Böttcher/Habighorst/Schulte/*Kleindiek* § 59 UmwG Rn. 8; Semler/Stengel/*Reichert* § 59 UmwG Rn. 6.
[624] Kallmeyer/*Zimmermann* § 59 UmwG Rn. 3; Lutter/*Winter/Vetter* § 56 UmwG Rn 6 f.; Semler/Stengel/*Reichert* § 59 UmwG Rn. 6.
[625] Kallmeyer/*Zimmermann* § 59 UmwG Rn. 6; Semler/Stengel/*Reichert* § 59 UmwG Rn. 9; Widmann/Mayer/*Mayer* § 59 UmwG Rn. 12.
[626] Kallmeyer/*Zimmermann* § 59 UmwG Rn. 6; Lutter/*Winter/Vetter* § 59 UmwG Rn 13.
[627] Kallmeyer/*Zimmermann* § 59 UmwG Rn. 6.
[628] Vgl. Böttcher/Habighorst/Schulte/*Kleindiek* § 59 UmwG Rn. 9; Kölner Kommentar-UmwG/*Simon/Nießen* § 59 UmwG Rn. 11.
[629] Vgl. Kölner Kommentar-UmwG/*Simon/Nießen* § 59 UmwG Rn. 15; Lutter/*Winter/Vetter* § 59 UmwG Rn 17.

Gesellschafter der (bereits entstandenen) **Vor-GmbH** (→ Rn. 303) die **Geschäftsführer** durch einen mit einfacher Mehrheit zu fassenden Beschluss (vgl. § 47 Abs. 1 GmbHG) **bestellen**.[630]

Die Bestellung der Geschäftsführer unterliegt im Übrigen den **Vorgaben der §§ 36 Abs. 2 S. 1 UmwG, 6 GmbHG**.[631] Die Verweisung des § 36 Abs. 2 S. 1 UmwG auf die GmbH-rechtlichen Gründungsvorschriften erstreckt sich auch auf § 8 Abs. 3 GmbHG, sodass die **neu bestellten Geschäftsführer** eine **Versicherung** nach Maßgabe dieser Vorschrift[632] **abgeben** müssen. Die Versicherung kann auch außerhalb der Anmeldung der neuen GmbH zur Eintragung in das Handelsregister abgegeben werden, wenn sie nur der Anmeldung beigefügt wird.[633]

(2) Bestellung von Aufsichtsratsmitgliedern. Es gibt keine gesetzlichen Vorschriften, aus denen sich das Erfordernis ergibt, die Mitglieder des Aufsichtsrats einer im Wege der Verschmelzung durch Neugründung zu gründenden GmbH bereits vor Eintragung dieser GmbH in das Handelsregister zu bestellen.[634] Die **übertragenden Rechtsträger** können die **Anteilseignervertreter in** einem solchen **Aufsichtsrat** allerdings bereits vor Eintragung der neuen GmbH **im Verschmelzungsvertrag bestellen**.[635] Die **Anteilsinhaber** jedes der übertragenden Rechtsträger müssen dieser Bestellung gemäß § 59 S. 2 2. Alt. UmwG durch Verschmelzungsbeschluss **zustimmen**. Dadurch soll der Einfluss der künftigen Gesellschafter der neuen GmbH auf die Zusammensetzung des Aufsichtsrats sichergestellt werden.[636] Für diese Zustimmung gilt das zur Zustimmung zum Gesellschaftsvertrag gemäß § 59 S. 1 UmwG Gesagte entsprechend (→ Rn. 301).

Es wird bisweilen vertreten, dass § 59 S. 2 2. Alt. UmwG nur für die **Bestellung eines fakultativen Aufsichtsrats** gilt.[637] Nach vorzugswürdiger Ansicht kann die Vorschrift dagegen auch bei der **Bestellung von Anteilseignervertretern in einem obligatorischen Aufsichtsrat** zur Anwendung gelangen.[638] Die Bildung eines mitbestimmten Aufsichtsrats einer neuen GmbH nach Maßgabe des DrittelbG oder des MitbestG setzt zwar die Durchführung eines Statusverfahrens entsprechend §§ 97 ff. AktG voraus, das erst eingeleitet werden kann, nachdem die GmbH mit Eintragung in das Handelsregister entstanden ist.[639] Es bestehen jedoch keine Bedenken dagegen, dass die übertragenden Rechtsträger die Anteilseignervertreter in einem solchen Aufsichtsrat aufschiebend bedingt durch die erfolgreiche Durchführung des Statusverfahrens im Verschmelzungsvertrag bestellen und die Anteilsinhaber der übertragenden Rechtsträger dieser Bestellung gemäß § 59 S. 2 2. Alt. UmwG zustimmen.[640] Für eine solche Vorgehensweise kann beispielsweise dann ein praktisches Bedürfnis bestehen, wenn es bei einer neuen GmbH mit großem Gesellschafter-

---

[630] Kallmeyer/*Zimmermann* § 59 UmwG Rn. 6; Lutter/*Winter*/*Vetter* § 59 UmwG Rn 15 f.; Semler/Stengel/*Reichert* § 59 UmwG Rn. 11; Widmann/Mayer/*Mayer* § 59 UmwG Rn. 12; a. A. Kölner Kommentar-UmwG/*Simon*/*Nießen* § 59 UmwG Rn. 12 f.
[631] Lutter/*Winter*/*Vetter* § 56 UmwG Rn 42. Siehe zu § 6 GmbHG: MünchHdb. GesR III/*Riemenschneider*/*Freitag* § 6 Rn. 21 ff. und MünchHdb. GesR III/*Diekmann*/*Marsch-Barner* § 42 Rn. 1 ff.
[632] Siehe zu § 8 Abs. 3 GmbHG: MünchHdb. GesR III/*Diekmann*/*Marsch-Barner* § 42 Rn. 11 f.
[633] Lutter/*Winter*/*Vetter* § 56 UmwG Rn 48.
[634] Vgl. Lutter/*Winter*/*Vetter* § 59 UmwG Rn. 18; Semler/Stengel/*Reichert* § 59 UmwG Rn. 7; Widmann/Mayer/*Mayer* § 59 UmwG Rn. 17.
[635] Kallmeyer/*Zimmermann* § 59 UmwG Rn. 7; Lutter/*Winter*/*Vetter* § 59 UmwG Rn. 18.
[636] Kallmeyer/*Zimmermann* § 59 UmwG Rn. 7; Lutter/*Winter*/*Vetter* § 59 UmwG Rn. 18.
[637] Semler/Stengel/*Reichert* § 59 UmwG Rn. 8.
[638] Böttcher/Habighorst/Schulte/*Kleindiek* § 59 UmwG Rn. 12; Kölner Kommentar-UmwG/*Simon*/*Nießen* § 59 UmwG Rn. 18 ff.; Lutter/*Winter*/*Vetter* § 59 UmwG Rn. 21 ff; Widmann/Mayer/*Mayer* § 59 UmwG Rn. 18.
[639] Kölner Kommentar-UmwG/*Simon*/*Nießen* § 59 UmwG Rn. 19 f.; Lutter/*Winter*/*Vetter* § 59 UmwG Rn. 22.
[640] Kölner Kommentar-UmwG/*Simon*/*Nießen* § 59 UmwG Rn. 21; Lutter/*Winter*/*Vetter* § 59 UmwG Rn. 24; Widmann/Mayer/*Mayer* § 59 UmwG Rn. 18.

kreis vermieden werden soll, nach erfolgreicher Durchführung des Statusverfahrens eine Gesellschafterversammlung abzuhalten, um die Anteilseignervertreter im Aufsichtsrat zu bestellen.[641]

310 Das Zustimmungserfordernis nach § 59 S. 2 2. Alt. UmwG besteht nur, soweit die Aufsichtsratsmitglieder von den Anteilsinhabern der übertragenden Rechtsträger zu wählen sind. Die Vorschrift ist deshalb insbesondere **nicht anwendbar**, soweit die **Wahl von Arbeitnehmervertretern** in einem mitbestimmten Aufsichtsrat in Frage steht oder soweit **Anteilseignervertreter durch Entsendung bestellt** werden.[642] Nach Eintragung der neuen GmbH in das Handelsregister ist § 59 S. 2 2. Alt. UmwG nicht mehr anwendbar. Die Anteilseignervertreter im Aufsichtsrat werden nach diesem Zeitpunkt grundsätzlich durch einen **Beschluss der Gesellschafter** der neuen GmbH bestellt.[643]

C. Eingetragene Genossenschaft (eG)

Schrifttum: *Korte*, Die Europäische Genossenschaft (SCE) – Analyse der mangelnden Verbreitung dieser supranationalen Rechtsform, in: Baudenbacher/Kokott (Hrsg.): Aktuelle Entwicklungen des Europäischen und Internationalen Wirtschaftsrechts, Bd. 14 (2012), S. 319.

I. Einführung und praktische Relevanz

1. Möglichkeiten der Verschmelzung

311 Eingetragene Genossenschaften können in unterschiedlichen Konstellationen Beteiligte einer Verschmelzung durch Aufnahme oder Neugründung sein. Gemäß § 3 UmwG können Genossenschaften sowohl übertragende, als auch aufnehmende oder neu zu gründende Rechtsträger bei einer Verschmelzung sein. Es besteht die Möglichkeit einer Verschmelzung unter Beteiligung mehrerer Genossenschaften, aber auch zwischen einer Genossenschaft und Rechtsträgern anderer Rechtsform (Mischverschmelzung). Übertragende Genossenschaft kann gem. § 3 Abs. 3 UmwG auch eine aufgelöste Genossenschaft sein, falls ihre Fortsetzung beschlossen werden könnte.

312 Auf Verschmelzungen unter Beteiligung einer eG findet der Erste (allgemeine) Teil des Zweiten Buches des UmwG (§§ 2–38), ergänzt und teilweise variiert durch rechtsformspezifische Vorschriften im Fünften Abschnitt des Zweiten Teils (§§ 79–98), Anwendung. Soweit an der Verschmelzung Rechtsträger anderer Rechtsform beteiligt sind, finden darüber hinaus die für diese gültigen besonderen Vorschriften Anwendung.

313 **Nicht möglich** sind hingegen:
- die Verschmelzung einer übertragenden Genossenschaft auf einen übernehmenden eingetragenen Verein (§ 99 Abs. 2 UmwG),
- die Verschmelzung einer Genossenschaft mit einem genossenschaftlichen Prüfungsverband (§ 105 UmwG), mit einem VVaG (§ 109 UmwG) oder mit einem kleineren Verein iSd § 53 VAG (§ 118 iVm § 109 UmwG),
- die Verschmelzung einer übertragenden Genossenschaft auf eine PartG (§ 45 UmwG) und
- die Verschmelzung von Genossenschaftsbanken mit öffentlich-rechtlichen Sparkassen. Letztere sind als Körperschaften des öffentlichen Rechts keine gem. § 3 UmwG (numerus clausus) verschmelzungsfähigen Rechtsträger.[644]

---

[641] Kölner Kommentar-UmwG/*Simon/Nießen* § 59 UmwG Rn. 21; Lutter/*Winter/Vetter* § 59 UmwG Rn. 24.
[642] Kölner Kommentar-UmwG/*Simon/Nießen* § 59 UmwG Rn. 22.
[643] Kallmeyer/*Zimmermann* § 59 UmwG Rn. 7; Lutter/*Winter/Vetter* § 59 UmwG Rn. 18f.; Semler/Stengel/*Reichert* § 59 UmwG Rn. 8.
[644] Lutter/*Drygala* § 3 Rn. 7; Lutter/*Bayer* § 79 Rn. 5; *Beuthien*, WM 2003, 1883f.

§ 15 Rechtsformspezifische Besonderheiten der Verschmelzung

Ausdrücklich ausgeschlossen ist auch die **grenzüberschreitende Verschmelzung** einer 314 Genossenschaft durch Aufnahme gem. § 122b Abs. 2 Nr. 1 UmwG. Nach dem Inkrafttreten des SCE-EinführungsG[645] besteht jedoch die Möglichkeit der grenzüberschreitenden Verschmelzung durch **Gründung einer Europäischen Genossenschaft (SCE)**.[646] Die SCE hat allerdings in der Praxis keine nennenswerte Bedeutung erlangt.[647]

2. Verschmelzung zweier Genossenschaften

Der häufigste Fall der Verschmelzung zwischen Genossenschaften ist die **Verschmel-** 315 **zung zweier Genossenschaften durch Aufnahme**. Praktische Bedeutung hat die Verschmelzung von Genossenschaften insbesondere im **Bankenbereich**. Allein im Jahr 2016 wurden bundesweit – bedingt durch die aufsichtsrechtlichen und wirtschaftlichen Rahmenbedingungen – 47 Verschmelzungen von Volks- und Raiffeisenbanken durchgeführt. Hierbei handelte es sich überwiegend um Zweierfusionen, aber auch vereinzelt um Dreierfusionen. Es ist davon auszugehen, dass auch in den nächsten Jahren vermehrt Volks- und Raiffeisenbanken verschmelzen werden. Daneben ist aufgrund der Entwicklung des EEG mit vermehrten Verschmelzungen der zahlreichen **Energiegenossenschaften** zu rechnen. Nach dem Boom der Neugründungen ist mit einer Phase der Konsolidierung durch Verschmelzung zu rechnen.

3. Verschmelzung 100%iger Tochtergesellschaften

Eine Vielzahl von Verschmelzungen findet ferner zwischen Genossenschaften und ihren 316 100%igen Tochtergesellschaften statt. Diese Verschmelzungen stellen das **Spiegelbild zu den ebenfalls typischen vollständigen oder teilweisen Ausgliederungen des operativen Geschäfts** der Genossenschaft auf Tochtergesellschaften dar. So gab es in der Vergangenheit etwa eine Phase, in der Genossenschaftsbanken ihr Immoblien- und Versicherungsgeschäft in Tochtergesellschaften auslagerten. Bei den übernehmenden Tochtergesellschaften handelte es sich in aller Regel um 100%ige Tochter-GmbHs. Die gegenläufigen Verschmelzungen im Mutter-Tochter-Verhältnis sind die typischen Fälle, in denen sowohl die Regelungen über die Verschmelzung von Genossenschaften aus dem Fünften Abschnitt des Zweiten Teils des Zweiten Buches als auch die Sonderregelungen über die Verschmelzung von GmbHs aus dem Zweiten Abschnitt des Zweiten Teils des Zweiten Buches zur Anwendung kommen.

II. Die Verschmelzung eingetragener Genossenschaften durch Aufnahme

1. Verschmelzungsvertrag

Der Verschmelzungsvertrag unter Beteiligung einer Genossenschaft muss mindestens die 317 in **§ 5 Abs. 1 UmwG aufgeführten Angaben** enthalten. Im Regelfall der Verschmelzung durch Aufnahme wird die allgemeine Regelung des § 5 Abs. 1 Nr. 3 UmwG zum Umtauschverhältnis durch die besonderen Regelungen in § 80 und § 87 UmwG ergänzt und präzisiert.

Darüber hinaus ergeben sich aus der gesellschaftsrechtlichen Besonderheit der Genossen- 318 schaft als Mischform zwischen wirtschaftlichem Verein und Kapitalgesellschaft **weitere Besonderheiten**, die eine vertragliche Regelung erfordern.[648] Für das Mitgliedschaftsverhältnis gilt, soweit der Verschmelzungsvertrag keine besonderen Regelungen vorsieht, mit Wirksamwerden der Verschmelzung die Satzung der übernehmenden Genossenschaft.

---

[645] Gesetz zur Einführung der Europäischen Genossenschaft und zur Änderung des GenG v. 14. August 2006, BGBl. I, S. 1911.
[646] Semler/Stengel/*Scholderer* § 79 Rn. 5.
[647] Dazu näher *Korte* in: Baudenbacher/Kokott (Hrsg.): Aktuelle Entwicklungen des Europäischen und Internationalen Wirtschaftsrechts, Bd. 14 (2012), S. 319 ff.
[648] Vgl. Pöhlmann/Fandrich/Bloehs/*Fandrich* § 1 GenG Rn. 1 f.; *Bauer* § 1 GenG Rn. 2 f.

319 **a) Geschäftsanteil.** Maßgeblich für die zukünftige Beteiligung des Mitglieds an der fusionierten Genossenschaft ist die Regelung in der Satzung der übernehmenden Genossenschaft. Bei der Genossenschaftsbeteiligung ist zwischen dem **Geschäftsanteil**,[649] dh dem gezeichneten Anteil, und dem **Geschäftsguthaben**,[650] dh dem auf den Geschäftsanteil eingezahlten Betrag, zu unterscheiden. Gem. § 7 GenG muss die Satzung der Genossenschaft eine Regelung darüber enthalten, wie hoch der Geschäftsanteil ist, mit dem sich ein Mitglied beteiligen muss, und welche Zahlung (Geschäftsguthaben) darauf zu leisten ist. Gem. § 7a GenG kann die Satzung die Beteiligung mit mehreren Geschäftsanteilen zulassen und diese Beteiligung auch zahlenmäßig begrenzen. Gem. § 7 Nr. 1 GenG kann die Satzung bestimmen, dass ein Mitglied auf den Geschäftsanteil lediglich eine **Pflichteinzahlung** von mindestens 10 % des Betrages des Geschäftsanteils sofort zu leisten hat. Die Beteiligung mit weiteren Geschäftsanteilen darf jedoch gem. § 15b GenG außer im Fall der Pflichtbeteiligung gem. § 7a GenG nicht zugelassen werden, bevor alle Geschäftsanteile des Mitgliedes – bis auf den letzten neu übernommenen Geschäftsanteil – voll eingezahlt sind.

320 Daraus folgt, dass der Verschmelzungsvertrag gem. § 80 UmwG Regelungen im Hinblick auf die Beteiligung des Mitglieds bei der aufnehmenden Genossenschaft sowohl zur **Anzahl und Höhe der Geschäftsanteile** als auch zur **Höhe des Geschäftsguthabens** enthalten muss.

321 Der Vertrag muss danach eine Regelung enthalten, derzufolge das Mitglied nach der Verschmelzung bei der übernehmenden Genossenschaft mit einem Geschäftsanteil beteiligt ist, soweit die Satzung der übernehmenden Genossenschaft eine Beteiligung mit mehreren Geschäftsanteilen nicht zulässt (§ 80 Abs. 1 Nr. 1 UmwG). Ist nach der Satzung der übernehmenden Genossenschaft eine Beteiligung mit mehreren Geschäftsanteilen zulässig, kann der Vertrag auch die Regelung enthalten, dass das Mitglied bei der übernehmenden Genossenschaft mit so vielen Geschäftsanteilen beteiligt ist, wie durch Anrechnung seines Geschäftsguthabens bei der übertragenden Genossenschaft als voll eingezahlt anzusehen sind (§ 80 Abs. 1 Nr. 2 UmwG). Dieses **Nominalwertprinzip** ist der gesetzliche **Regelfall**. Der Vertrag kann von diesem gesetzlichen Muster auch abweichen und ein anderes Umtauschverhältnis festlegen. Maximal erhält das Mitglied die in der Satzung der übernehmenden Genossenschaft festgesetzte Höchstzahl der Geschäftsanteile.[651]

322 Formulierungsbeispiele:[652]

Beispiel 1:

„Jedes Mitglied der übertragenden Genossenschaft ist mit mindestens einem und im Übrigen mit so vielen Geschäftsanteilen bei der übernehmenden Genossenschaft beteiligt, wie durch Anrechnung seines Geschäftsguthabens bei der übertragenden Genossenschaft als voll eingezahlt anzusehen sind; im Übrigen hat es gem. § 87 Abs. 2 S. 1 UmwG einen Anspruch auf Auszahlung seines übersteigenden Geschäftsguthabens."

Für den Fall, dass nach der Satzung der übernehmenden Genossenschaft der Geschäftsanteil EUR 200 beträgt, die Anzahl der möglichen Geschäftsanteile nicht begrenzt ist, die Geschäftsanteile voll einzuzahlen sind und das Mitglied der übertragenden Genossenschaft über ein Geschäftsguthaben von EUR 500 verfügt, erhält dieses Mitglied im Zuge der Verschmelzung zwei Geschäftsanteile sowie eine Auszahlung von EUR 100.

---

[649] Lang/Weidmüller/*Holthaus/Lehnhoff* § 7 GenG Rn. 2 f.
[650] Lang/Weidmüller/*Holthaus/Lehnhoff* § 7 GenG Rn. 5 f.; Widmann/Mayer/*Fronhöfer* § 80 Rn. 24 f.
[651] Widmann/Mayer/*Fronhöfer* § 80 Rn. 29.
[652] Musterverschmelzungsvertrag Deutscher Genossenschafts- und Raiffeisenverband (DGRV); Widmann/Mayer/*Fronhöfer* § 80 Rn. 30.

Beispiel 2:

„Jedes Mitglied der übertragenden Genossenschaft ist mit mindestens einem und im Übrigen mit so vielen Geschäftsanteilen bei der übernehmenden Genossenschaft beteiligt, wie durch Anrechnung seines Geschäftsguthabens bei der übertragenden Genossenschaft als voll eingezahlt anzusehen sind; zusätzlich einem weiteren Geschäftsanteil für ein etwa verbleibendes Geschäftsguthaben."

Für den Fall, dass nach der Satzung der übernehmenden Genossenschaft der Geschäfts- **323** anteil EUR 200 und die Pflichteinzahlung EUR 100 beträgt und das Mitglied der übertragenden Genossenschaft über ein Geschäftsguthaben von EUR 500 verfügt, erhält dieses Mitglied im Zuge der Verschmelzung zwei voll eingezahlte Geschäftsanteile sowie einen Geschäftsanteil mit einem Geschäftsguthaben von EUR 100.

Für den Fall dagegen, dass nach der Satzung der übernehmenden Genossenschaft der **324** Geschäftsanteil EUR 200 und die Pflichteinzahlung EUR 100 beträgt und das Mitglied der übertragenden Genossenschaft über ein Geschäftsguthaben von nur EUR 450 verfügt, erhält dieses Mitglied im Zuge der Verschmelzung nur zwei voll eingezahlte Geschäftsanteile. Für einen dritten Geschäftsanteil fehlt die erforderlich Pflichteinzahlung in Höhe von EUR 100, da nur ein Restgeschäftsguthaben in Höhe von EUR 50 vorhanden ist. Die Genossenschaftssatzungen enthalten jedoch üblicherweise eine Regelung nach der die beschlossene Dividende dem Geschäftsguthaben solange gutgeschrieben wird, bis der Geschäftsanteil erreicht ist. Da der Anspruch auf die Pflichteinzahlung zwar sofort fällig ist, aber nach § 22 Abs. 6 GenG in zehn Jahren verjährt, kann man hier in aller Regel auch den dritten Geschäftsanteil gewähren, wenn aufgrund der jährlichen Gutschrift der Dividende die Pflichteinzahlung innerhalb der Verjährungsfrist erreicht wird. Anderenfalls ist der verbleibende Betrag auszuzahlen.

Beispiel 3: **325**

„Jedes Mitglied der übertragenden Genossenschaft ist mit (...) Geschäftsanteilen bei der übernehmenden Genossenschaft beteiligt, im Übrigen hat es gem. § 87 Abs. 2 S. 1 UmwG einen Anspruch auf Auszahlung seines übersteigenden Geschäftsguthabens."

Ist das Mitglied der übertragenden Genossenschaft bereits an der übernehmenden Genos- **326** senschaft beteiligt, werden die durch die Verschmelzung unter Anrechnung des Geschäftsguthaben erworbenen Geschäftsanteile und die bereits bei der übernehmenden Genossenschaft vorhandenen Geschäftsanteile in der Weise berechnet, dass die Geschäftsguthaben addiert und durch die betragsmäßige Höhe des Geschäftsanteils der übernehmenden Genossenschaft dividiert werden. Soweit dadurch die satzungsmäßige Höchstzahl überschritten wird, hat das Mitglied lediglich einen Auszahlungsanspruch gem. § 87 Abs. 2. S. 1 UmwG.

Für den Fall, dass der Geschäftsanteil der übertragenden Genossenschaft EUR 500 und **327** die Pflichtbeteiligung EUR 250 beträgt, der Geschäftsanteil der übernehmenden Genossenschaft EUR 300 beträgt und sofort voll einzuzahlen ist und die Anzahl der zulässigen Geschäftsanteile nicht begrenzt ist, ergibt sich für ein Mitglied, das bei der übertragenden Genossenschaft drei Geschäftsanteile hält, wobei der letzte Geschäftsanteil nur in Höhe der Pflichtbeteiligung eingezahlt ist, und bei der übernehmenden Genossenschaft zwei Geschäftsanteile hält, Folgendes: Das Mitglied verfügt bei der übertragenden Genossenschaft über ein Geschäftsguthaben von EUR 1.250 (= 2 x EUR 500 + EUR 250) und bei der übernehmenden Genossenschaft über ein Geschäftsguthaben von EUR 600 (= 2 x EUR 300), insgesamt also EUR 1.850 bei beiden Genossenschaften zusammen. Im Zuge der Verschmelzung erhält das Mitglied bei der übernehmenden Genossenschaft sechs voll eingezahlte Geschäftsanteile sowie eine Auszahlung von EUR 50.

b) Pflichtbeteiligung/Pflichteinzahlung. Nach § 7a Abs. 2 GenG kann die Satzung **328** bestimmen, dass sich ein Mitglied mit mehreren Geschäftsanteilen beteiligen muss (**Pflichtbeteiligung**). Diese Regelung findet sich insbesondere in Satzungen gewerblicher oder ländlicher Genossenschaften. Die Zahl der Geschäftsanteile, mit denen sich ein Mitglied beteiligen muss, richtet sich in der Regel nach dem Umsatz, den das Mitglied mit der Genossenschaft macht.

Althanns

329 Mit Wirksamwerden der Verschmelzung gilt für das Mitgliedschaftsverhältnis die Satzung der übernehmenden Genossenschaft. Soweit diese Pflichtbeteiligungen vorsieht, ist das Mitglied unabhängig von Regelungen im Verschmelzungsvertrag zur Zeichnung von Pflichtbeteiligungen gem. § 15b GenG durch Beitrittserklärung verpflichtet.

330 Von der Pflichtbeteiligung ist die **Pflichteinzahlung** gem. § 7 Nr. 1 GenG zu unterscheiden. Bei ihr handelt es sich um den Mindestbetrag, den das Mitglied auf den Geschäftsanteil einzuzahlen hat. Dabei ist zu beachten, dass außer im Fall der Pflichtbeteiligung weitere Geschäftsanteile erst gezeichnet werden können, wenn die vorhergehenden voll eingezahlt sind. Sieht die Satzung eine Pflichtbeteiligung vor, kann es sein, dass ein Mitglied mehrere Geschäftsanteile zeichnen muss (Pflichtbeteiligung), aber auf jeden Geschäftsanteil nur eine Pflichteinzahlung zu leisten ist (§§ 7a Abs. 2, 15b GenG). Die Pflichteinzahlung beträgt gem. § 7 Nr. 1 GenG mindestens 10 % des Nennbetrages des Geschäftsanteils. Soweit das Geschäftsguthaben des Mitglieds der übertragenden Genossenschaft für die Pflichteinzahlung nicht ausreicht, hat es den Fehlbetrag aufgrund der Satzung der übernehmenden Genossenschaft auszugleichen.

331 Die **Höchstzahl der möglichen Geschäftsanteile** bestimmt die Satzung der übernehmenden Genossenschaft. Ggf. kann es aufgrund der Höhe der Geschäftsguthaben der Mitglieder der übertragenden Genossenschaft im Einzelfall ratsam sein, diese Satzung entsprechend anzupassen. Sollen die Beteiligungsmöglichkeiten für den Zeitpunkt nach der Verschmelzung geändert werden, muss die Satzung der übernehmenden Genossenschaft geändert werden. Dies kann und sollte in der Verschmelzungsversammlung der übernehmenden Genossenschaft beschlossen werden und muss ggf. als eigener Tagesordnungspunkt angekündigt werden (→ Rn. 385 ff.).

332 Derjenige **Teilbetrag** des Geschäftsguthabens, der den Betrag übersteigt, mit dem das Geschäftsguthaben den möglichen Geschäftsanteilen angerechnet werden kann, ist gem. § 87 Abs. 2 UmwG nach Ablauf von sechs Monaten seit dem Tag, an dem die Eintragung der Verschmelzung in das Register des Sitzes der übernehmenden Genossenschaft bekannt gemacht worden ist, **auszuzahlen**.

333 Ungeachtet der Fälligkeit darf der Betrag jedoch nicht ausgezahlt werden, bevor die **Gläubiger**, die sich gem. § 22 UmwG gemeldet haben, befriedigt oder sichergestellt sind (§ 87 Abs. 2 S. 1 Hs. 2 UmwG). Eine **vorzeitige unzulässige Auszahlung** entgegen § 87 Abs. 2 UmwG berechtigt nicht zur Rückforderung, sondern führt zur Haftung der handelnden Organe der beteiligten Rechtsträger gem. § 34 GenG gegenüber der Genossenschaft und gem. § 823 Abs. 2 BGB gegenüber den geschädigten Gläubigern, da § 87 Abs. 2 S. 1 UmwG ein Schutzgesetz zugunsten der Gläubiger darstellt.[653]

334 **c) Verzicht auf Gewährung von Geschäftsanteilen.** § 2 UmwG geht grds. von einer Anteilsgewährung durch den übernehmenden Rechtsträger aus. Nach § 54 Abs. 1 S. 3 und § 68 Abs. 1 S. 3 UmwG kann jedoch eine übernehmende Kapitalgesellschaft von der Gewährung neuer Geschäftsanteile bzw. Aktien absehen, wenn alle Anteilsinhaber des übertragenden Rechtsträgers in notarieller Form auf die Gewährung verzichten. Eine entsprechende Regelung für die Genossenschaft findet sich im Gesetz nicht.

335 Geregelt ist die Verzichtsmöglichkeit nach § 54 Abs. 1 S. 3 und § 68 Abs. 1 S. 3 UmwG nicht in den allgemeinen Verschmelzungsvorschriften, sondern in den besonderen Vorschriften für Verschmelzungen unter Beteiligung von GmbHs bzw. Aktiengesellschaften. Daraus folgt, dass der Verzicht auch nur bei einer aufnehmenden Kapitalgesellschaft möglich ist.[654] Es ist **keine** durch Analogie zu schließenden **planwidrige Regelungslücke** anzunehmen, da das UmwG den Mitgliedern der übertragenden Genossenschaft die **Möglichkeit der Ausschlagung** der Anteile und Mitgliedschaft nach §§ 90–94 UmwG zur Verfügung stellt und insofern eine besondere Regelung trifft. Diese Besonderheit entspricht

---

[653] Lutter/*Bayer* § 87 Rn. 31; *Bauer* § 87 UmwG Rn. 14.
[654] Widmann/Mayer/*Fronhöfer* § 80 Rn. 18.1.

dem Charakter der Genossenschaftsbeteiligung, bei der es sich eben nicht nur um eine finanzielle Beteiligung handelt, sondern auch um eine persönliche Mitgliedschaft.
In praktischer Hinsicht würde ein Verzicht auf die Gewährung von Anteilen analog § 54 Abs. 1 S. 3 und § 68 Abs. 1 S. 3 UmwG überdies in aller Regel an dem Erfordernis der Zustimmung aller Anteilsinhaber scheitern, da die meisten Genossenschaften für eine allseitige Verzichtserklärung eine zu große Mitgliederzahl haben.

d) Umtauschverhältnisse und Wertausgleich. Der gesetzliche Regelfall sieht vor, dass einem Mitglied der übertragenden Genossenschaft so viele Geschäftsanteile an der übernehmenden Genossenschaft gewährt werden, wie sich durch Anrechnung seines Geschäftsguthabens als voll eingezahlt errechnen und die Satzung zulässt (§ 80 UmwG). Die Höhe der Geschäftsguthaben berechnet sich aus der Schlussbilanz (§ 87 Abs. 3 UmwG). Die Höhe des Geschäftsguthabens berücksichtigt aber nicht die wertmäßigen Unterschiede, die sich bei gleichen Geschäftsguthaben aus den jeweiligen Vermögensverhältnissen der beteiligten Genossenschaften ergeben können (zB aufgrund von Rücklagen oder stiller Reserven).[655]

Umstritten ist, ob dieser Wertunterschied auszugleichen ist.[656] Ein solcher **Wertausgleich** kann etwa durch **Abschläge oder Zuschläge auf das in der Schlussbilanz ermittelte Geschäftsguthaben** erfolgen. Darüber hinaus besteht auch die Möglichkeit, im Vorfeld der Verschmelzung **Rücklagen und stille Reserven in den zulässigen Grenzen aufzulösen und den Geschäftsguthaben zuzuschreiben**. Eine solche Auflösung und Zuschreibung kann im Einzelfall sinnvoll sein, um einen Vermögensausgleich zwischen den an der Verschmelzung beteiligten Rechtsträgern sowie deren Anteilsinhabern herbeizuführen. Dies gilt insbesondere im Hinblick auf das gesetzliche Leitbild der Umtauschverhältnisse gem. § 80 UmwG. Andererseits besteht bei einer Zuschreibung die Gefahr des Kapitalabflusses, da es sich bei Geschäftsguthaben um kündbares Eigenkapital handelt. Hat die Genossenschaft keine Pflichtbeteiligung, kann das Mitglied einzelne Geschäftsanteile kündigen (§ 67b GenG), ohne seine Mitgliedschaft im Ganzen zu kündigen oder auszuschlagen, und das Geschäftsguthaben fließt ab. So kann sich das Mitglied die Vorteile der Mitgliedschaft erhalten, aber gleichzeitig die Genossenschaft finanziell schwächen.

Schließlich besteht in den Grenzen des § 87 UmwG die Möglichkeit **barer Zuzahlungen**.[657] Danach dürfen die im Verschmelzungsvertrag festgelegten baren Zuzahlungen 10 % des Gesamtbetrages der gewährten Geschäftsanteile der übernehmenden Genossenschaft nicht übersteigen. Solche Zuzahlungen können sowohl von Mitgliedern der übertragenden Genossenschaft an die übernehmende Genossenschaft, als auch umgekehrt von der übernehmenden Genossenschaft an die Mitglieder der übertragenden Genossenschaft erfolgen.[658]

Richtigerweise besteht im Rahmen der Verschmelzung **keine Pflicht zum Wertausgleich**. Dem Wesen der Genossenschaft ist es vielmehr immanent, dass das Mitglied außerhalb der Liquidation keinen Zugriff auf das Vermögen und die Rücklagen der Genossenschaft mit Ausnahme einer satzungsmäßig eigens dafür zu bildenden Ergebnisrücklage (Beteiligungsfonds → Rn. 444) hat. Dies sichert die Kapitalgrundlage der Genossenschaft und damit den Förderauftrag der Genossenschaft gegenüber allen Mitgliedern, auch wenn einzelne Mitglieder ausscheiden. Das ausscheidende Mitglied hat allenfalls Anspruch auf

---

[655] Widmann/Mayer/*Fronhöfer* § 87 Rn. 27 ff.
[656] So die wohl hM; statt vieler Beuthien/*Wolff* §§ 2 ff. UmwG Rn. 74; Semler/Stengel/*Scholderer* § 87 UmwG Rn. 54, jeweils mwN.
[657] Lutter/*Bayer* § 87 Rn. 36; Widmann/Mayer/*Fronhöfer* § 87 Rn. 31 ff.; *Bauer* § 87 UmwG Rn. 17.
[658] Lutter/*Bayer* § 87 Rn. 36; aA *Bauer* § 87 UmwG Rn. 21, der die Vereinbarung von Zuzahlungen durch die Mitglieder der übernehmenden Genossenschaft für unzulässig hält.

Auszahlung seines tatsächlich eingezahlten Geschäftsguthabens (§ 73 Abs. 2 GenG), partizipiert dagegen nicht am inneren Wert der Gesellschaft.

341 Eine Pflicht zum Wertausgleich lässt sich auch nicht aus dem genossenschaftlichen Gleichbehandlungsgrundsatz ableiten, da die Mitglieder der übertragenden und die Mitglieder der übernehmenden Genossenschaft keine einheitliche Gruppe darstellen.[659] Ein Wertausgleich kann jedoch für eine erfolgreiche Verschmelzung **im Einzelfall taktisch sinnvoll** sein, um die Mitglieder der beteiligten Genossenschaften zur Zustimmung zu motivieren.[660]

342 Von baren Zuzahlungen zu unterscheiden ist die Erhebung eines **Eintrittsgeldes**. Für die Mitglieder der übertragenden Genossenschaft kann auch bei einer entsprechenden Grundlage in der Satzung der übernehmenden Genossenschaft kein Eintrittsgeld erhoben werden, da es sich im Fall der Verschmelzung um keinen Beitritt zur Genossenschaft handelt, sondern um den Erwerb der Mitgliedschaft im Wege der Gesamtrechtsnachfolge (→ Rn 422 ff.). Für die Durchführung eines Wertausgleichs ist das Eintrittsgeld das falsche Instrumentarium und kann daher auch nicht im Verschmelzungsvertrag vereinbart werden.[661]

343 **e) Mischverschmelzung.** Ist bei einer Verschmelzung mit einer Genossenschaft der übertragende Rechtsträger eine Gesellschaft anderer Rechtsform, so muss der Verschmelzungsvertrag gem. § 80 Abs. 1 S. 2 UmwG für jeden Anteilsinhaber dieses Rechtsträgers die Höhe des Geschäftsguthabens und die Anzahl der Geschäftsanteile angeben, mit denen er bei der übernehmenden Genossenschaft beteiligt wird.[662] Dabei kann Maßstab für die zu gewährenden Geschäftsanteile und Geschäftsguthaben nicht wie bei der reinen Genossenschaftsverschmelzung das Geschäftsguthaben sein; vielmehr ist auf den **inneren Wert der Beteiligung an dem übertragenden Rechtsträger** abzustellen. Es hat eine für die Rechtsform übliche Bewertung der Beteiligung entsprechend der Bewertung bei einem Verkauf der Beteiligung zu erfolgen. Daher sind die Anzahl der Geschäftsanteile sowie die Höhe des Geschäftsguthabens für jeden Anteilsinhaber des übertragenden Rechtsträgers im Verschmelzungsvertrag **ausdrücklich anzugeben**.[663]

344 § 88 UmwG konkretisiert für die Verschmelzung zwischen einer übernehmenden Genossenschaft und einer übertragenden Kapitalgesellschaft oder einem Verein die allgemeine Regelung in § 80 Abs. 1 S. 2 UmwG. Wird eine **Kapitalgesellschaft auf eine Genossenschaft verschmolzen**, so kann die Höhe der Beteiligung der Anteilsinhaber der Kapitalgesellschaft nicht aus einem bereits bestehenden festgestellten Geschäftsguthaben abgeleitet werden. Das für eine reine Genossenschaftsverschmelzung geltende Nominalwertprinzip kann für die Bewertung bei einer Mischverschmelzung nicht gelten. Gem. § 88 Abs. 1 UmwG wird jedem Anteilsinhaber der übertragenden Kapitalgesellschaft der Wert seines Geschäftsanteils oder seiner Aktie als Geschäftsguthaben bei der übernehmenden Genossenschaft gutgeschrieben. Es finden für die Bewertung die allgemeinen Vorschriften über die Anteilsbewertungen bei Kapitalgesellschaften Anwendung. Anders als bei der reinen Genossenschaftsverschmelzung werden die Anteilsinhaber der übertragenden Kapitalgesellschaft also am Vermögen und inneren Wert ihrer Gesellschaft beteiligt.[664]

345 Ist ein **eingetragener Verein übertragender Rechtsträger**, verhält es sich ähnlich wie bei einer reinen Genossenschaftsverschmelzung, da auch das Vereinsmitglied nicht am

---

[659] Widmann/Mayer/*Fronhöfer* § 87 Rn. 31 ff.
[660] Widmann/Mayer/*Fronhöfer* § 87 Rn. 31 ff.; *Bauer* § 87 UmwG Rn. 18; Lang/Weidmüller/*Holthaus/Lehnhoff* § 87 UmwG Rn. 11; Semler/Stengel/*Scholderer* § 87 Rn. 55; aA Lutter/*Bayer* § 87 Rn. 32 ff.
[661] Widmann/Mayer/*Fronhöfer* § 87 Rn. 44; Lang/Weidmüller/*Holthaus/Lehnhoff* § 87 UmwG Rn. 13.
[662] Beuthien/*Wolff* §§ 2 ff. UmwG Rn. 10a; Widmann/Mayer/*Fronhöfer* § 80 Rn. 43 ff.
[663] Widmann/Mayer/*Fronhöfer* § 80 Rn. 45; Beuthien/*Wolff* §§ 2 ff. UmwG Rn. 10a.; Lutter/*Bayer* § 80 Rn. 26.
[664] Lutter/*Bayer* § 88 Rn. 3.

Vermögen des Vereins beteiligt ist. Ausschlaggebend für die Höhe des zuzuweisenden Geschäftsguthabens bei der übernehmenden Genossenschaft ist gem. § 88 Abs. 2 UmwG der Nennbetrag der Beteiligung am Verein. Dieser Nennbetrag ist dann maßgebend für die Anrechnung als Geschäftsguthaben auf die Geschäftsanteile und ggf. die Auszahlung überschießender Beträge.

Die Ausführungen zur **Auszahlung, Pflichtbeteiligung und Pflichteinzahlung** gelten für die **Mischverschmelzung** auch unter Beteiligung von **Kapitalgesellschaften** und **Vereinen** entsprechend. 346

§ 80 UmwG enthält keine Bestimmung für die Konstellation, dass bei einer Mischverschmelzung die Genossenschaft übertragender Rechtsträger ist. Insoweit gelten die besonderen Regelungen für die jeweilige Rechtsform des aufnehmenden Rechtsträgers.[665] 347

f) Verschmelzungsstichtag. Nach § 80 Abs. 2 UmwG hat der Verschmelzungsvertrag bzw. sein Entwurf für jede übertragende Genossenschaft den **Stichtag der Schlussbilanz** anzugeben. Der Stichtag der Schlussbilanz ist der Verschmelzungsstichtag, dh der Zeitpunkt, ab dem die Handlungen des übertragenden Rechtsträgers für Rechnung des übernehmenden Rechtsträgers gelten. Grds. ist dieser Stichtag frei vereinbar. Am üblichsten und praktikabelsten ist es dabei, den Stichtag der Schlussbilanz der übertragenden Genossenschaft auf das Ende des abgelaufenen Geschäftsjahres zu bestimmen.[666] Die Schlussbilanz muss zur Eintragung der Verschmelzung dem Register vorgelegt werden und darf nicht älter als acht Monate sein (§ 17 Abs. 2 UmwG). Bei Aufstellung des Entwurfs oder Abschluss des Verschmelzungsvertrages muss die Schlussbilanz noch nicht vorliegen.[667] 348

Umstritten ist, ob die **Schlussbilanz zum Zeitpunkt der Zustimmungsbeschlüsse** der General- bzw. Vertreterversammlung **vorliegen** muss.[668] Dem Gesetzeswortlaut lässt sich dazu nichts entnehmen. Sowohl § 82 als auch 83 UmwG stellen nur auf die nach § 63 Abs. 1 UmwG auszulegenden Unterlagen ab, zu denen die Schlussbilanz nicht gehört. Dennoch ist die Vorlage der Schlussbilanz für die Beschlussfassung unverzichtbar. Dies ergibt sich aus der besonderen Bedeutung der Schlussbilanz im Rahmen der besonderen Rechtsform der Genossenschaft.[669] 349

Die Schlussbilanz hat bei der Verschmelzung von Genossenschaften eine wesentlich größere **Bedeutung** als bei Rechtsträgern anderer Rechtsform. Die finanzielle Beteiligung der Mitglieder wird nicht durch die Nennbeträge der Geschäftsanteile ausgedrückt, sondern durch das auf die Geschäftsanteile eingezahlte Geschäftsguthaben als veränderliche Größe. Das Geschäftsguthaben wiederum ist Eigenkapital und bei den Genossenschaftsbanken hartes Kernkapital (Art. 25 CRR). Anders als es bei Kapitalgesellschaften der Fall ist, hat die Genossenschaft kein festes Grund- oder Stammkapital. Die Bilanz bildet bei der Verschmelzung von Genossenschaften die Grundlage für die Ermittlung der Geschäftsguthaben der Mitglieder bei der übertragenden Genossenschaft (§ 87 Abs. 3 UmwG) ebenso wie für die Bestimmung des Auseinandersetzungsguthabens im Fall der Ausschlagung durch die Mitglieder der übertragenden Genossenschaft (§ 93 Abs. 1 S. 2 UmwG). Soweit der Vertrag bei der Regelung der Umtauschverhältnisse von der gesetzlichen Vorgabe gem. § 80 Abs. 1 UmwG in zulässiger Weise abweicht, ist die Schlussbilanz auch unverzichtbare Grundlage für die Ermittlung des tatsächlichen Wertes der Beteiligung des Mitgliedes an der übertragenden Genossenschaft.[670] 350

---

[665] Widmann/Mayer/*Fronhöfer* § 80 Rn. 46.
[666] Semler/Stengel/*Scholderer* § 80 Rn. 46.
[667] So die Begr des RegE zu § 80 UmwG (BT-Drs. 12/6699 S. 107 [l. Sp.]).
[668] Widmann/Mayer/*Fronhöfer* § 80 Rn. 62 f.; Lutter/*Bayer* § 80 Rn. 28 f. setzt sich mit der Argumentation in der Literatur ausführlich auseinander; **aA** LG Kassel Rpfleger 2007, 668 f.; Beuthien/*Wolff* §§ 2 ff. UmwG Rn. 55a m. umfangr. Nachw.; Pöhlmann/Fandrich/Bloehs/*Fandrich* § 5 UmwG Rn. 10; Semler/Stengel/*Scholderer* § 80 UmwG Rn. 48.
[669] Lutter/*Bayer* § 80 Rn. 27 f.; Widmann/Mayer/*Fronhöfer* § 80 Rn. 64 f.
[670] Widmann/Mayer/*Fronhöfer* § 80 Rn. 59.

351 Darüber hinaus ist die Schlussbilanz in der Praxis die wesentliche **Prüfungsgrundlage für das Prüfungsgutachten des Prüfungsverbandes** (→ Rn 328). Das Prüfungsgutachten muss gem. §§ 82, 83 UmwG von der Einberufung der General- bzw. Vertreterversammlung an sowie in der Versammlung selbst ausliegen. Liegt die Schlussbilanz nicht vor, wird das Prüfungsgutachten ua auf der Basis der Vorjahresbilanz erstellt. Im Ergebnis muss daher der General- bzw. Vertreterversammlung die Schlussbilanz im Zeitpunkt der Beschlussfassung vorliegen, um die tatsächlichen wirtschaftlichen Verhältnisse der Genossenschaft bei der Entscheidung über die Verschmelzung beurteilen zu können.[671]

352 Soweit als Verschmelzungsstichtag ein unterjähriges Datum gewählt wird, ist eine **unterjährige Zwischenbilanz als Schlussbilanz** zu erstellen, die nicht testiert sein muss, aber ebenfalls der General- bzw. Vertreterversammlung bei der Beschlussfassung vorliegen muss und dem Registergericht innerhalb der Frist des § 17 Abs. 2 UmwG zur Eintragung der Verschmelzung einzureichen ist.

353 **g) Regelungen zur künftigen Vertreterversammlung.** Mit der Verschmelzung zweier Genossenschaften erlöschen die Organe der übertragenden Genossenschaft (→ Rn 414). Hat die übernehmende Genossenschaft eine Generalversammlung, wächst die Generalversammlung der übertragenden Genossenschaft dieser gleichsam zu, da in der Generalversammlung alle Mitglieder vertreten sind. Hat die übernehmende Genossenschaft jedoch aufgrund ihrer großen Mitgliederzahl von über 1.500 Mitgliedern von der gesetzlichen Möglichkeit Gebrauch gemacht, durch die Satzung eine Vertreterversammlung als Mitgliederversammlung einzuführen (§ 43a GenG), sind die Mitglieder der übertragenden Genossenschaft dort zunächst nicht repräsentiert. Ebenso verhält es sich, wenn beide an der Verschmelzung beteiligten Genossenschaften eine Vertreterversammlung haben. Denn im Zuge der Verschmelzung erlischt die Vertreterversammlung der übertragenden Genossenschaft. Das Gesetz enthält keine Regelung dazu, ob und inwieweit die Mitglieder der übertragenden Genossenschaft in der Vertreterversammlung der übernehmenden Genossenschaft vertreten sind bzw. etwaige Vertreter für die Mitglieder der übertragenden Genossenschaft hinzuzuwählen sind.

354 Um die Mitgliederinteressen der übertragenden Genossenschaft im Rahmen der Verschmelzung zu wahren, sollte eine vertragliche Regelung darüber aufgenommen werden, inwieweit die Mitglieder der übertragenden Genossenschaft in der Vertreterversammlung zu repräsentieren sind. In Betracht kommt hierfür zum einen, nach der Eintragung der Verschmelzung für die Mitglieder der übertragenden Genossenschaft eine **Zuwahl zur Vertreterversammlung** der übernehmenden Genossenschaft für die verbleibende Amtszeit zu vereinbaren. Zum anderen kann die **gesamte Vertreterversammlung neu gewählt** werden.

Die Genossenschaft ist nicht gehindert, schon vor Ablauf der regulären Amtszeit eine Neuwahl der Vertreterversammlung durchzuführen. Das Amt der Vertreter endet dann vorzeitig.[672]

355 Maßgebend für die Zu- bzw. Neuwahl sind die für die Vertreterversammlung der übernehmenden Genossenschaft geltende Satzungsregelung und **Wahlordnung**. Die Zahl der zu wählenden Vertreter richtet sich also nach demjenigen Verhältnis zwischen Mitgliederzahl und zu wählenden Vertretern, das in Satzung und Wahlordnung der übernehmenden Genossenschaft festgelegt ist. Es ist ein Wahlausschuss zu bilden, bzw. ein bestehender Wahlausschuss ist um Mitglieder der übertragenden Genossenschaft zu ergänzen.

356 In diesem Zusammenhang stellt sich oft die Frage der **Größe der Vertreterversammlung** aufgrund der Zahl der ergänzend zu wählenden Vertreter. Soll die Gesamtzahl der Vertreter bei der neuen Vertreterversammlung unverändert bleiben, muss das Verhältnis

---

[671] Widmann/Mayer/*Fronhöfer* § 80 Rn. 63 f.; Lutter/*Bayer* § 80 Rn. 27; aA mittlerweile Semler/Stengel/*Scholderer* 4. Aufl. § 80 Rn. 48 (noch anders *ders.* in der 3. Aufl.).
[672] *Bauer* § 43a UmwG Rn. 79, achter Spiegelstrich; Lang/Weidmüller/*Holthaus/Lehnhoff* § 43a GenG Rn. 52; vgl. auch § 26f Abs. 3 der Mustersatzung für Volksbanken und Raiffeisenbanken.

zwischen Mitglieder- und Vertreterzahl in der Satzung und der Wahlordnung der übernehmenden Genossenschaft geändert werden. Dies kann nur für die gesamte Vertreterversammlung einheitlich erfolgen. Eine Differenzierung zwischen dem Verhältnis für die Vertreter der übernehmenden Genossenschaft einerseits und für die Vertreter der übertragenden Genossenschaft andererseits ist unzulässig und verstößt gegen das genossenschaftliche Gleichbehandlungsgebot. Denn in diesem Fall wären nicht alle Mitglieder der verschmolzenen Genossenschaft gleichermaßen repräsentiert. Werden Satzung und Wahlordnung im Hinblick auf das Verhältnis zwischen Mitglieder- und Vertreterzahl geändert, muss eine Neuwahl stattfinden. Eine Zuwahl nach den neuen Satzungsregelungen ist unzulässig, da in diesem Fall die (Alt-)Vertreter der übernehmenden Genossenschaft nach einem anderen Verhältnis zwischen Mitglieder- und Vertreterzahl gewählt wären als die (zugewählten) Vertreter von der übertragenden Genossenschaft hinzukommenden Mitglieder.

Beispiel 1: 357

Die übertragende Genossenschaft hat 10.000 Mitglieder, nach ihrer Satzung und Wahlordnung ist je 100 Mitglieder ein Vertreter zu wählen, und die Vertreterversammlung besteht aus 100 Vertretern. Die übertragende Genossenschaft hat 1.000 Mitglieder und eine Generalversammlung. Nach der Verschmelzung findet eine Zuwahl für die Mitglieder der übertragenden Genossenschaft zur Vertreterversammlung statt. Die Vertreterversammlung besteht nach der Zuwahl aus 110 Vertretern.

Beispiel 2:

Soll die Vertreterversammlung auch nach der Verschmelzung nur aus 100 Vertretern bestehen, müssen Satzung und Wahlordnung der übernehmenden Genossenschaft in der Vertreterversammlung, die über den Verschmelzungsvertrag beschließt, dahingehend geändert werden, dass je 110 Mitglieder ein Vertreter zu wählen ist. Sodann hat nach Wirksamwerden der Verschmelzung eine Neuwahl der gesamten Vertreterversammlung stattzufinden.

Die Satzungsänderung sowie die Änderung der Wahlordnung, die Nominierung der 358 Wahlausschussmitglieder der übertragenden Genossenschaft sowie die Wahl der Wahlausschussmitglieder der übernehmenden Genossenschaft sind als eigene Tagesordnungspunkte bei den General- bzw. Vertreterversammlungen anzukündigen, die über den Verschmelzungsvertrag beschließen (→ Rn. 385 ff.).

h) Regelungen zum künftigen Aufsichtsrat. Mit Wirksamwerden der Verschmel- 359 zung enden die Organämter der Aufsichtsratsmitglieder des übertragenden Rechtsträgers. Auf den Aufsichtsrat der übernehmenden Genossenschaft hat die Verschmelzung dagegen keine Auswirkungen. Gem. § 36 Abs. 1 GenG besteht der Aufsichtsrat der Genossenschaft, soweit die Satzung keine höhere Zahl festlegt, aus drei Mitgliedern. Anders als bei den Kapitalgesellschaften (§ 95 Abs. 1 AktG; § 52 GmbHG) muss die Genossenschaftssatzung dabei keine bestimmte **Mitgliederzahl** festlegen, sondern kann sich auf die Angabe einer Mindest- und/oder Höchstzahl beschränken. Ist nur eine Höchstzahl angegeben, folgt die Mindestzahl von drei Mitgliedern unmittelbar aus § 36 Abs. 1 GenG. Im Rahmen einer in der Satzung angegebenen Mindest- und Höchstzahl obliegt die Bestimmung der konkreten Anzahl der Aufsichtsratsmitglieder der General- bzw. Vertreterversammlung.[673]

Da das Gelingen einer Verschmelzung nicht zuletzt auch vom Aufsichtsrat abhängt, sollte 360 der Verschmelzungsvertrag auch **Bestimmungen über die zukünftige Zusammensetzung des Aufsichtsrates der übernehmenden Genossenschaft** enthalten. In aller Regel wird der Aufsichtsrat zunächst addiert. Dh, der Aufsichtsrat der fusionierten Genossenschaft setzt sich aus den bisherigen Aufsichtsratsmitgliedern der übernehmenden Genossenschaft und denjenigen des übertragenden Rechtsträgers zusammen. Vertraglich wird dies

---

[673] Lang/Weidmüller/*Holthaus/Lehnhoff* § 36 GenG Rn. 9; die DRV-Mustersatzungen für ländliche Genossenschaften sehen für den Aufsichtsrat lediglich die Mindestzahl von drei Mitgliedern vor; die Mustersatzungen des Bundesverbandes der Deutschen Volksbanken und Raiffeisenbanken (BVR) für Volksbanken und Raiffeisenbanken sehen dieselbe Mindestzahl und eine offene Höchstzahl für die Mitglieder des Aufsichtsrates vor.

durch eine Sollvorschrift geregelt, da die Aufsichtsratsmitglieder des übertragenden Rechtsträgers in der Verschmelzungsversammlung der übernehmenden Genossenschaft für den Fall des Wirksamwerdens der Verschmelzung zugewählt werden müssen. Sollte die Gesamt der Aufsichtsratsmitglieder dadurch die in der Satzung angegebene zulässige Höchstzahl für die Aufsichtsratsmitglieder der übernehmenden Genossenschaft übersteigen, muss die Satzung entsprechend geändert werden. Sowohl die Zuwahl als auch die Satzungsänderung sind als eigene Tagesordnungspunkte für die Verschmelzungsversammlung der übernehmenden Genossenschaft anzukündigen (→ Rn. 385 ff.).

361 Gem. § 9 Abs. 2 GenG müssen die Aufsichtsratsmitglieder selbst Mitglieder der Genossenschaft sein. Bei der Zuwahl der zukünftigen Aufsichtsratsmitglieder der übertragenden Genossenschaft in den Aufsichtsrat der übernehmenden Genossenschaft für den Zeitpunkt des Wirksamwerdens der Verschmelzung in der Verschmelzungsversammlung der übernehmenden Genossenschaft sind diese Aufsichtsratsmitglieder allerdings regelmäßig noch keine Mitglieder der übernehmenden Genossenschaft. Sie erwerben die Mitgliedschaft vielmehr erst mit Wirksamwerden der Verschmelzung. Dies steht einer Wahl jedoch nicht entgegen, da das Aufsichtsratsmitglied nicht zwingend bereits im Zeitpunkt der Wahl, sondern spätestens im Zeitpunkt der Aufnahme der Aufsichtsratstätigkeit Mitglied der Genossenschaft sein muss.[674] Die konstituierende Sitzung des (neuen) Aufsichtsrates der übernehmenden Genossenschaft findet erst nach Wirksamwerden der Verschmelzung statt.

362 Der Verschmelzungsvertrag sollte im Fall der Addition der Aufsichtsräte ergänzend eine Regelung dahingehend enthalten, dass die Zahl der Aufsichtsratsmitglieder in den darauffolgenden Jahren – und sei es durch altersbedingtes Ausscheiden – reduziert wird. Fehlt diese Ergänzung, kann möglicherweise später ein Anspruch auf Beibehaltung der Zusammensetzung des Aufsichtsrates aufgrund der vertraglichen Regelung geltend gemacht werden.

2. Prüfungsgutachten

363 Die Erstellung des Prüfungsgutachtens durch den Prüfungsverband stellt eine spezielle vorrangige Regelung für die Verschmelzung unter Beteiligung einer oder mehrerer Genossenschaften gegenüber den allgemeinen Vorschriften der §§ 9–12 UmwG dar. Der Grund liegt in der gesetzlichen, rechtsformspezifischen Sonderregelung der Pflichtmitgliedschaft und turnusmäßigen gesetzlichen Pflichtprüfung der Genossenschaft durch einen Prüfungsverband.[675]

364 **a) Grundlage und Gegenstand des Prüfungsgutachtens.** Das Prüfungsgutachten dient dem **Schutz der Mitglieder und der Gläubiger** und hat daher die Vereinbarkeit der Verschmelzung mit den Belangen der Mitglieder und Gläubiger zu beleuchten. Ein Vetorecht gegen die Verschmelzung hat der Prüfungsverband in seinem Prüfungsgutachten nicht.[676]

365 Das Prüfungsgutachten wird von dem zuständigen Prüfungsverband, bei dem die Genossenschaft Mitglied ist, in schriftlicher Form erstellt. Die **Schriftform** ist zwar gesetzlich nicht ausdrücklich vorgeschrieben, ergibt sich aber daraus, dass das Gutachten vor und in der General- bzw. Vertreterversammlung, die über die Verschmelzung beschließt, auszulegen und zu verlesen ist (§§ 82, 83 UmwG). Der Prüfungsverband bedient sich dazu seiner angestellten Prüfer. In der Regel wird das der Prüfer sein, der in dem betreffenden Jahr auch die gesetzliche Prüfung der Genossenschaft durchführt. Der Prüfer kann vom Vorstand die erforderlichen Unterlagen und Einsichten verlangen (§ 11 Abs. 1 UmwG, § 57 Abs. 1 GenG analog). Der Aufsichtsrat ist, anders als bei der Jahresabschlussprüfung, nicht einzubinden.

---

[674] Lang/Weidmüller/*Holthaus/Lehnhoff* § 9 GenG Rn. 15.
[675] Semler/Stengel/*Scholderer* § 81 Rn. 1; Lutter/*Bayer* § 81 Rn. 1; Widmann/Mayer/*Fronhöfer* § 81 Rn. 7.
[676] Semler/Stengel/*Scholderer* § 81 Rn. 5.

Das Prüfungsgutachten hat das „**Für und Wider**" **der Verschmelzung**, insbesondere 366 die **wirtschaftlichen Verhältnisse der beteiligten Rechtsträger**, zu beleuchten. Dabei spielen für die Mitglieder die Frage des Förderauftrags, die Umtauschverhältnisse der Anteile, mögliche bare Zuzahlungen und ein möglicher Wertausgleich, Regelungen zur Mitgliedschaft und Satzungsänderungen eine Rolle, während für die Gläubiger die Auswirkungen auf die Zahlungsfähigkeit der verschmolzenen Genossenschaft und etwaige Nachschusspflichten der Mitglieder im Vordergrund stehen.[677] Das Prüfungsgutachten hat sich daher insbesondere mit den Festlegungen in den Schlussbilanzen der beteiligten Genossenschaften zu den Geschäftsguthaben sowie bei reinen Genossenschaftsverschmelzungen zu einem eventuellen Wertausgleich bei unterschiedlicher Vermögens- oder Ertragslage (→ Rn. 337 ff.) zu äußern[678]. Bei Mischverschmelzungen hat der Prüfer im Gutachten dazu Stellung zu nehmen, ob die für den anderen Rechtsträger ermittelten Wertansätze zutreffen.[679]

Eine Besonderheit der Genossenschaft ist der in § 1 Abs. 1 GenG verankerte **Förder-** 367 **zweck**. Danach ist der Zweck der Genossenschaft darauf gerichtet, den Erwerb oder die Wirtschaft ihrer Mitglieder oder deren soziale oder kulturelle Belange durch gemeinschaftlichen Geschäftsbetrieb zu fördern. Im Prüfungsgutachten ist daher insbesondere darauf einzugehen, ob die Verschmelzung Auswirkungen auf den statutarischen Förderzweck der Genossenschaft hat, was bei fehlender Zweckänderung vor allem die Finanzkraft und sonstige Leistungsfähigkeit einer übernehmenden Genossenschaft betrifft. Bei der Verschmelzung von Genossenschaftsbanken ist hier insbesondere die Auswirkung auf die Betriebsgröße oder die Struktur des Filialnetzes sowie die Steigerung der Leistungsfähigkeit zu erwähnen.[680]

Das **Umtauschverhältnis** der Geschäftsanteile spielt im gesetzlichen Regelfall (§ 80 368 Abs. 1 S. 1 Nr. 2 UmwG), in dem die Geschäftsguthaben bei der übertragenden Genossenschaft von der übernehmenden Genossenschaft zum Nennwert übernommen und so viele Geschäftsanteile gewährt werden, wie danach als voll eingezahlt anzusehen sind, keine Rolle. Das Prüfungsgutachten muss sich in diesem Fall nicht mit der Frage der Angemessenheit der Umtauschverhältnisse auseinandersetzen.[681] Etwas anderes gilt, wenn der Verschmelzungsvertrag vom gesetzlichen Regelmodell (Nominalwertprinzip) abweicht.[682]

Für das **Prüfungsgutachten** gilt § 57 GenG analog, der das Prüfungsverfahren der 369 regelmäßigen gesetzlichen Prüfung der Genossenschaft regelt. Als Grundlage für das **Prüfungsgutachten** können daher folgende Unterlagen herangezogen werden:[683]

– Verschmelzungskonzept
– Verschmelzungsvertrag bzw. sein Entwurf
– Verschmelzungsbericht(e)
– Satzungen der beteiligten Genossenschaften und anderer Rechtsträger
– Jahresabschlüsse und Lageberichte der beteiligten Genossenschaften und ggf. anderer Rechtsträger
– Schlussbilanz der übertragenden Genossenschaft
– ggf. Zwischenbilanzen
– Prüfungsberichte der beteiligten Genossenschaften und ggf. anderer Rechtsträger
– Weitere Unterlagen, die der Prüfer für eine sorgfältige Prüfung benötigt, und auf die sich entsprechend § 11 Abs. 1 UmwG, § 57 Abs. 1 GenG sein Auskunftsrecht erstreckt

---

[677] Lutter/*Bayer* § 81 Rn. 12 ff.; Widmann/Mayer/*Fronhöfer* § 81 Rn. 16.
[678] Lutter/*Bayer* § 81 Rn. 12.
[679] Lutter/*Bayer* § 81 Rn. 12.
[680] Semler/Stengel/*Scholderer* § 81 Rn. 24; Lang/Weidmüller/*Holthaus/Lehnhof* § 81 UmwG Rn. 4b; Beuthien/*Wolff* §§ 2 ff. UmwG Rn. 24.
[681] Semler/Stengel/*Scholderer* § 81 Rn. 26; Lang/Weidmüller/*Holthaus/Lehnhof* § 81 UmwG Rn. 4b.
[682] Lutter/*Bayer* § 81 Rn. 12.
[683] Semler/Stengel/*Scholderer* § 81 Rn. 6 ff.; Widmann/Mayer/*Fronhöfer* § 81 Rn. 12.

370 **b) Gemeinsames Prüfungsgutachten.** Gem. § 81 Abs. 1 S. 2 UmwG kann das **Prüfungsgutachten für mehrere Genossenschaften auch gemeinsam** erstellt werden. Dies gilt jedoch nur für das Gutachten über die Verschmelzung. Zu unterscheiden ist insofern zwischen der Erstellung des Prüfungsgutachtens für die Verschmelzung und der Erstellung des **Prüfungsberichts für jede einzelne Genossenschaft im Rahmen der gesetzlichen Prüfung**. Denn die an der Verschmelzung beteiligten Genossenschaften unterliegen unabhängig von der Verschmelzung der gesetzlichen Prüfung durch den zuständigen Prüfungsverband. Diese Prüfung wird für jede Genossenschaft isoliert durch den zuständigen Prüfungsverband durchgeführt, für den der jeweils zuständige angestellte Prüfer handelt. Dies gilt auch dann, wenn die beteiligten Genossenschaften demselben Prüfungsverband angehören.[684]

371 Neben diesem üblichen Prüfungsbericht im Rahmen der gesetzlichen Prüfung erstellt der zuständige Prüfungsverband das Prüfungsgutachten nach § 81 UmwG zur anstehenden Verschmelzung. Letzteres Gutachten kann für mehrere beteiligte Genossenschaften gemeinsam erstattet werden. Sind die beteiligten Genossenschaften Mitglieder desselben Prüfungsverbandes, wird dieser das gemeinsame Prüfungsgutachten erstellen. Sind die beteiligten Genossenschaften Mitglieder unterschiedlicher Prüfungsverbände, wie es sich insbesondere aus der regionalen Struktur der Prüfungsverbände ergeben kann, so stellt sich die Frage der **Zuständigkeit des Prüfungsverbandes**. Das Gesetz beantwortet diese Frage nicht. In der Praxis einigen sich die Prüfungsverbände in der Regel dahingehend, dass der Prüfungsverband, bei dem die übernehmende Genossenschaft Mitglied ist, das Prüfungsgutachten erstellt. Hintergrund dieser Praxis ist die Tatsache, dass dieser Prüfungsverband im Anschluss an die Verschmelzung auch für die gesetzliche Prüfung der fusionierten Genossenschaft zuständig ist.

372 **c) Mischverschmelzungen.** Im genossenschaftlichen Bereich kommt es immer wieder zu vollständigen oder teilweisen Ausgliederungen des operativen Geschäfts auf 100%ige Tochter-GmbHs sowie umgekehrt zu (Rück-)Mischverschmelzungen 100%iger Tochter-GmbHs auf die Genossenschaft (→ Rn. 316). Gem. § 9 Abs. 2 UmwG entfällt in letzterer Konstellation die Prüfung der Verschmelzung für die GmbH, da sich alle Anteile des übertragenden Rechtsträgers in der Hand des übernehmenden Rechtsträgers befinden. Die Prüfung gem. § 81 UmwG als Spezialregelung für Genossenschaften entfällt dadurch jedoch nicht, so dass ein Prüfungsgutachten für die übernehmende Genossenschaft zu erstellen ist.[685]

373 Ein **Verzicht** auf das **Prüfungsgutachten** durch die Anteilsinhaber der beteiligten Genossenschaften analog § 9 Abs. 3, § 12 Abs. 3 UmwG ist **nicht zulässig**.[686] § 81 UmwG ist insofern lex specialis und aus Gründen des Gläubigerschutzes **nicht dispositiv**.

374 **d) Rechtsfolgen bei Fehlen oder Fehlern des Prüfungsgutachtens.** Das Prüfungsgutachten ist gesetzlich zwingend erforderlich, und zwar sowohl als Voraussetzung für den Beschluss der General- bzw. Vertreterversammlung über die Verschmelzung (§§ 82, 83 UmwG) als auch als Eintragungsvoraussetzung der Verschmelzung beim Registergericht (§ 17 Abs. 1 UmwG). Das fehlende Gutachten stellt damit einen **Anfechtungsgrund** für den General- bzw. Vertreterversammlungsbeschluss[687] und ein **Eintragungshindernis** dar.

375 Aufgrund der gesetzlichen Mitwirkungspflicht besteht aus dem Mitgliedschaftsverhältnis zwischen Genossenschaft und Prüfungsverband ein **Anspruch auf Erstellung des Prüfungsgutachtens**. Es besteht jedoch kein Anspruch auf ein positives Prüfungsgutachten. Ebenso wenig ist die General- bzw. Vertreterversammlung an ein negatives Prüfungsgutachten gebunden. Sie ist in ihrer Entscheidung frei.[688]

---

[684] Semler/Stengel/*Scholderer* § 81 Rn. 31 ff.; Lutter/*Bayer* § 81 Rn. 4 ff.
[685] Lutter/*Bayer* § 81 Rn. 1; Widmann/Mayer/*Fronhöfer* § 81 Rn. 29.
[686] Semler/Stengel/*Scholderer* § 81 Rn. 4.
[687] Lutter/*Bayer* § 81 Rn. 19; Semler/Stengel/*Scholderer* § 81 Rn. 37.
[688] Semler/Stengel/*Scholderer* § 81 Rn. 39.

Da es sich um ein Prüfungsgutachten des genossenschaftlichen Prüfungsverbandes han- 376
delt, gelten die Bestimmungen des GenG für Prüfungsgutachten analog, so dass der
Prüfungsverband ggf. auch analog § 62 GenG für eine gewissenhafte und unparteiische
Prüfung sowie für die Einhaltung der Verschwiegenheit **haftet**. Wer diese Pflicht vorsätzlich oder fahrlässig verletzt, haftet der Genossenschaft für den daraus entstehenden
Schaden; bei fahrlässiger Verletzung begrenzt auf EUR 1 Mio. für eine Prüfung. § 62
GenG sieht **keine Haftung gegenüber Mitgliedern und Gläubigern** vor. Eine solche
Haftung kann sich nur unter dem Gesichtspunkt eines Vertrages mit Schutzwirkung
zugunsten Dritter ergeben.[689] Teilweise wird eine Haftung gegenüber den Mitgliedern mit
einer Analogie zu § 11 Abs. 2 UmwG begründet,[690] für die aber aufgrund der Spezialregelung des § 81 UmwG kein Raum ist. Darüber hinaus wird § 81 UmwG zugunsten der
Gläubiger als Schutzgesetz iSd § 823 Abs. 2 BGB qualifiziert,[691] was der Systematik der
Haftung gem. § 62 GenG für die genossenschaftliche Prüfung entgegensteht.

3. General- bzw. Vertreterversammlung (Verschmelzungsversammlung)

Für die Wirksamkeit der Verschmelzung ist gem. § 13 UmwG ein Verschmelzungs- 377
beschluss der Anteilsinhaber der beteiligten Rechtsträger erforderlich. Bei der Genossenschaft ist daher die Generalversammlung zuständig. Soweit eine Genossenschaft mit einer
Mitgliederzahl von über 1.500 Mitgliedern von der gesetzlichen Möglichkeit Gebrauch
gemacht hat, die Generalversammlung in Form der Vertreterversammlung einzuführen, ist
diese zuständig (§ 43a GenG). Dabei handelt es sich um keine Abweichung in der Zuständigkeit; vielmehr stellt die Vertreterversammlung eine „verkleinerte" Mitglieder- bzw. Generalversammlung dar. Die Übertragung der Zuständigkeit für den Verschmelzungsbeschluss auf
ein anderes Organ der Genossenschaft oder ein Zustimmungserfordernis zugunsten eines
anderen Organs oder eines Dritten kann auch nicht durch die Satzung bestimmt werden. So
kann die Zuständigkeit für den Verschmelzungsbeschluss nicht auf Vorstand oder Aufsichtsrat
übertragen und der Beschluss nicht von der Zustimmung des Prüfungsverbandes abhängig
gemacht werden. Eine solche Satzungsregelung wäre nichtig.[692]

Der Verschmelzungsbeschluss kann gem. § 13 UmwG nur in der Versammlung gefasst 378
werden. Dies gilt selbst dann, wenn die Satzung der Genossenschaft grds. die Stimmabgabe
in schriftlicher oder elektronischer Form[693] vorsieht (§ 43 Abs. 7 S. 1 GenG).[694] Der
Verschmelzungsbeschluss kann sowohl in der ordentlichen General- bzw. Vertreterversammlung als auch in einer außerordentlichen General- bzw. Vertreterversammlung gefasst
werden, die ausschließlich für die Abstimmung über die Verschmelzung einberufen wird.

a) Einberufung. Das UmwG sieht für die Einladung zur Versammlung, die über den 379
Verschmelzungsvertrag beschließt, **keine besonderen Regelungen** vor, so dass die Einladung gem. § 44 ff. GenG iVm den jeweiligen Satzungsbestimmungen für die ordentliche
oder außerordentliche General- bzw. Vertreterversammlung erfolgt. Die Satzung kann dazu
beispielsweise unterschiedliche Fristen vorsehen.

Die ordentliche General- bzw. Vertreterversammlung wird vom Vorstand einberufen, 380
soweit die Satzung nichts anderes bestimmt. Die Mitglieder bzw. Vertreter werden in der
durch die Satzung festgelegten Weise mit einer Frist von mindestens zwei Wochen unter
Bekanntgabe der Tagesordnung geladen. Bei der Vertreterversammlung ist die Tagesordnung allen Mitgliedern bekannt zu geben. Dies kann durch Veröffentlichung in den

---

[689] Lang/Weidmüller/*Holthaus/Lehnhoff* § 62 Rn. 16.
[690] Semler/Stengel/*Scholderer* § 81 Rn. 42.
[691] Lutter/*Bayer* § 81 Rn. 20.
[692] Beuthien/*Wolff* §§ 2 ff. UmwG Rn. 35; Lutter/*Bayer* § 84 Rn. 1 ff.; Widmann/Mayer/*Fronhöfer*
§ 84 Rn. 1 ff.; Semler/Stengel/*Scholderer* § 84 Rn. 3 ff.
[693] Die statutarische Möglichkeit der schriftlichen oder elektronischen Abstimmung wurde mit der
GenG-Reform 2006 eingeführt.
[694] Beuthien/*Wolff* §§ 2 ff. UmwG Rn. 35; *Bauer* § 13 UmwG Rn. 5.

Genossenschaftsblättern, im Internet oder durch unmittelbare schriftliche Benachrichtigung der Mitglieder erfolgen.

381 Die Mustersatzungen der genossenschaftlichen Verbände[695] sehen ein Wahlrecht für die **Ladung durch Vorstand oder Aufsichtsrat** vor. In Hinblick auf die **Form** sehen die Mustersatzungen eine Wahlmöglichkeit zwischen unmittelbarer Benachrichtigung der Mitglieder und öffentlicher Bekanntmachung in den satzungsmäßigen Veröffentlichungsblättern (regionale Presse) vor. Bei der Vertreterversammlung erhält regelmäßig jeder Vertreter eine schriftlich Ladung. Die satzungsmäßige Ladungsfrist entspricht üblicherweise der gesetzlichen Mindestfrist von zwei Wochen.

382 Einzuladen sind im Fall der Generalversammlung alle Mitglieder der Genossenschaft. Ist ein **Mitglied verstorben**, so ist dessen Erbe zu laden, da gem. § 77 GenG die Mitgliedschaft mit dem Tod zunächst auf den Erben übergeht. Die Mitgliedschaft endet mit dem Schluss des Geschäftsjahres in dem der Erbfall eingetreten ist, es sei denn, die Satzung regelt etwas anderes (Fortsetzungsklausel). Ist ein **Vertreter verstorben**, ist nicht sein Erbe, sondern der Ersatzvertreter zu laden.[696]

Beispiel:

Mitglied A verstirbt im September 2016, Mitglied B im Februar 2017. Die Verschmelzungsversammlung findet im Juni 2017 mit Verschmelzungsstichtag 1. Januar 2017 statt, entsprechend dem Ende bzw. Beginn des Geschäftsjahres. Zur Versammlung ist der Erbe des A nicht einzuladen, da die Mitgliedschaft zwar zunächst auf den Erben übergeht, die Mitgliedschaft des Erben aber zum Jahresende 2016 endet. Der Erbe von B ist dagegen einzuladen, da er bis zum Ablauf des Geschäftsjahres 2017 Mitglied ist.

383 Einzuladen sind auch Mitglieder oder Vertreter, die zwar **gekündigt** haben, deren Mitgliedschaft aber noch nicht beendet ist. Nicht einzuladen sind hingegen Mitglieder oder Vertreter, die ihr Geschäftsguthaben im Laufe des Geschäftsjahres übertragen haben und dadurch aus der Genossenschaft **ausgeschieden** sind (§ 76 GenG). **Ausgeschlossene** Mitglieder oder Vertreter sind ab dem Zeitpunkt der Versendung des Beschlusses über den Ausschluss nicht zu laden (§ 68 Abs. 2 GenG). Im Fall eines ausgeschlossenen Vertreters ist der Ersatzvertreter einzuladen.[697]

384 Soweit die Satzung darüber hinaus weitere Anforderungen an die Einberufung stellt, gelten diese mangels anderweitiger Regelungen auch für die Verschmelzungsversammlung.

385 **b) Tagesordnung.** Mit der Einberufung ist gem. § 46 GenG auch die Tagesordnung bekannt zu geben. Die Tagesordnung muss die **Beschlussgegenstände ankündigen**. Über Gegenstände, die nicht mindestens eine Woche vor der Versammlung in der von der Satzung vorgesehenen Weise angekündigt sind, kann in der General- bzw. Vertreterversammlung kein Beschluss gefasst werden (§ 46 Abs. 2 GenG).

386 In den Verschmelzungsversammlungen werden neben den Verschmelzungsbeschlüssen in aller Regel **weitere für die Verschmelzung notwendige Beschlüsse** (zB zur Änderung der Satzung) zu fassen und Wahlen (zB zum Aufsichtsrat oder zum Wahlausschuss) durchzuführen sein. Soweit die Verschmelzungsbeschlüsse in der ordentlichen General- bzw. Vertreterversammlung gefasst werden, kommen noch **weitere Tagesordnungspunkte** wie die Feststellung des Jahresabschlusses, die Gewinnverwendung, die Entlastung von Vorstand und Aufsichtsrat sowie turnusmäßige Aufsichtsratswahlen hinzu. Jeder dieser Beschlussgegenstände muss in der Tagesordnung **konkret angekündigt** sein.[698] Eine Be-

---

[695] Mustersatzung für Volksbanken und Raiffeisenbanken mit Generalversammlung (ohne Warengeschäft) DG Verlag 101 130 und (mit Warengeschäft) DG Verlag 101 030; Mustersatzung für Volksbanken und Raiffeisenbanken mit Vertreterversammlung (mit Warengeschäft) DG Verlag 101 230 und (ohne Warengeschäft) DG Verlag 101 330.
[696] Lang/Weidmüller/*Holthaus/Lehnhoff* § 44 GenG Rn. 24.
[697] Lang/Weidmüller/*Holthaus/Lehnhoff* § 43a GenG Rn. 70.
[698] Widmann/Mayer/*Fronhöfer* § 82 UmwG Rn. 13.

schlussfassung unter „Verschiedenes" ist unzulässig. Für die Ankündigung der Beschlüsse sieht das Gesetz keine besondere Form vor. Der Beschlussgegenstand muss jedoch in seiner Tragweite für das Mitglied oder den Vertreter ersichtlich sein. Ein Tagesordnungspunkt „Satzungsänderungen" ohne Angabe, welche Paragraphen geändert werden, reicht daher beispielsweise nicht aus.[699]

Mängel der Einberufung oder der Ankündigung der Beschlussgegenstände führen grds. zur Anfechtbarkeit, bei schwerwiegenden Fehlern zur Nichtigkeit der dennoch gefassten Beschlüsse (§ 51 GenG).[700]

c) Auszulegende Unterlagen. § 82 UmwG regelt die Vorbereitung der Generalversammlung und ist auf die Vorbereitung der Vertreterversammlung entsprechend anzuwenden. Ab dem Zeitpunkt der Ladung zur General- bzw. Vertreterversammlung sind danach die in § 63 Abs. 1 Nr. 1 bis 4 UmwG bezeichneten Unterlagen in den Geschäftsräumen zur Einsicht der Mitglieder auszulegen. Das Gesetz **verweist** damit weitgehend **auf die Regelung zur Hauptversammlung der AG.** Auszulegen sind:
– der Verschmelzungsvertrag oder sein Entwurf;
– die Jahresabschlüsse und die Lageberichte der an der Verschmelzung beteiligten Rechtsträger für die letzten drei Jahre;
– falls sich der letzte Jahresabschluss auf ein Geschäftsjahr bezieht, das mehr als sechs Monate vor dem Abschluss des Verschmelzungsvertrages oder der Aufstellung des Entwurfs abgelaufen ist, eine Bilanz auf einen Stichtag, der nicht vor dem ersten Tag des dritten Monats liegt, der dem Abschluss oder der Aufstellung des Entwurfs vorausgeht (Zwischenbilanz);
– die nach § 8 UmwG erstatteten Verschmelzungsberichte sowie
– die (oder das gemeinsame) **Prüfungsgutachten** des genossenschaftlichen Prüfungsverbandes gem. § 81 UmwG (anstelle des in der AG-Hauptversammlung gem. § 63 Abs. 1 Nr. 5 UmwG vorzulegenden Berichts über die Verschmelzungsprüfung).

In Hinblick auf die Auslegung der **Jahresabschlüsse** verlangt das Gesetz nicht, dass der jüngste Jahresabschluss bereits festgestellt ist, sondern es kann der noch nicht festgestellte Jahresabschluss für das abgelaufene Geschäftsjahr ausgelegt und in derselben Versammlung festgestellt werden, die auch über den Verschmelzungsvertrag beschließt.[701]

Soweit es sich um eine **Mischverschmelzung** handelt, ergibt sich eine **Regelungslücke**: § 82 Abs. 1 UmwG verweist ausdrücklich nicht auf § 63 Abs. 1 Nr. 5 UmwG, so dass nach dem Gesetzeswortlaut der Bericht über die Verschmelzungsprüfung des anderen Rechtsträgers nicht ausliegen müsste. Andererseits sollen gerade durch den Prüfungsbericht die Anteilsinhaber jedes beteiligten Rechtsträgers informieren werden. Die Regelungslücke ist daher dahingehend zu schließen, dass **alle Prüfungsberichte und -gutachten der beteiligten Rechtsträger auszulegen** sind.[702]

Die Unterlagen sind **in den Geschäftsräumen** jeder beteiligten Genossenschaft **auszulegen**. Ausreichend hierfür ist die Auslegung in der Hauptniederlassung zu den üblichen Geschäftszeiten; eine Auslegung in jeder Zweigstelle ist nicht erforderlich.[703] Um die Einsichtnahme nicht unzumutbar zu erschweren, sollten mehrere Exemplare zur Verfügung stehen.[704] Mangels eines Verweises in § 82 UmwG auf § 63 Abs. 4 UmwG reicht ein Einstellen der Unterlagen auf die Internetseite der Genossenschaft nicht aus.[705] Da die Rechte aus § 82 UmwG jedem Mitglied zustehen, ist auch **jedem Mitglied Einsicht zu**

---

[699] Lang/Weidmüller/*Holthaus/Lehnhoff* § 46 GenG Rn. 17.
[700] Widmann/Mayer/*Fronhöfer* § 82 Rn. 14.
[701] Lutter/*Bayer* § 82 Rn. 15; Semler/Stengel/*Scholderer* § 82 Rn. 9.
[702] Lutter/*Bayer* § 82 Rn. 31 ff.; Widmann/Mayer/*Fronhöfer* § 82 Rn. 24 ff.; Semler/Stengel/*Scholderer* § 82 Rn. 32.
[703] Lutter/*Bayer* § 82 Rn. 29; Widmann/Mayer/*Fronhöfer* § 82 Rn. 33; Semler/Stengel/*Scholderer* § 82 Rn. 33.
[704] Lutter/*Bayer* § 82 Rn. 29; Semler/Stengel/*Scholderer* § 82 Rn. 38.
[705] Semler/Stengel/*Scholderer* § 82 Rn. 33; Widmann/Mayer/*Fronhöfer* § 82 Rn. 39.1.

gewähren, selbst wenn eine Vertreterversammlung besteht.[706] Dies gilt nicht zuletzt deshalb, weil für das Mitglied aus der Verschmelzung persönliche Rechte und Pflichten resultieren (zB Zuzahlungen, Pflichtbeteiligungen, Pflichteinzahlungen) und es möglicherweise von seinem Recht der Ausschlagung Gebrauch machen will.[707]

392 Das Gesetz schreibt einen **Hinweis auf den Ort der Auslegung** zwar nicht vor; jedoch empfiehlt es sich, in die Tagesordnung der General- bzw. Vertreterversammlung einen solchen Hinweis aufzunehmen.[708] Die Tagesordnung muss gem. § 46 GenG auch bei Bestehen einer Vertreterversammlung allen Mitgliedern durch Veröffentlichung in den Genossenschaftsblättern, im Internet unter der Adresse der Genossenschaft oder durch direkte schriftliche Benachrichtigung bekanntgemacht werden. Hierdurch ist sichergestellt, dass jedes Mitglied von den Beschlussgegenständen der Vertreterversammlung und im Fall der Verschmelzung auch von dem Auslegungsort Kenntnis erhält.

393 d) **Abschriftenerteilung.** Jedem Mitglied sind auf Verlangen unverzüglich die **auszulegenden Unterlagen** kostenlos in Kopie unter Übernahme auch der Versandkosten durch die Genossenschaft **zu übersenden**.[709] Der Anspruch besteht jedoch nur bis zum Beginn der Generalversammlung, da dann die Rechte aus § 82 UmwG durch die Rechte aus § 83 UmwG abgelöst werden.[710] Im Fall der Vertreterversammlung ist zu differenzieren: Den Vertretern steht in der Vertreterversammlung das Auskunftsrecht nach § 83 UmwG zu. Da das Mitglied jedoch kein Teilnahme- und Auskunftsrecht in der Vertreterversammlung hat, wird man ihm das Recht auf Abschriftenerteilung auch mit Beginn der Vertreterversammlung nicht verwehren können.

394 e) **Durchführung.** Der Ablauf der General- bzw. Vertreterversammlung richtet sich grds. nach den §§ 43, 43a GenG iVm den Satzungsbestimmungen der Genossenschaft. § 83 UmwG modifiziert und ergänzt diese Bestimmungen lediglich um **erweiterte Informationsrechte** der Mitglieder und Vertreter in Hinblick auf die weitreichende Entscheidung über die Verschmelzung. Dabei knüpft § 83 UmwG insofern an § 82 UmwG an, indem die vor der Versammlung auszulegenden Unterlagen auch in der Versammlung auszulegen sind. Die Unterlagen haben in ausreichender Zahl auszuliegen, so dass die Mitglieder bzw. Vertreter auch die tatsächliche Möglichkeit der Kenntnisnahme haben.[711] Ein Recht auf Erteilung von Abschriften entsprechend § 82 Abs. 2 UmwG besteht in der General- bzw. Vertreterversammlung nicht mehr. An seine Stelle tritt das besondere Auskunftsrecht gem. § 83 Abs. 1 S. 3 iVm § 64 Abs. 2 UmwG[712] (→ Rn. 397).

395 f) **Erläuterung des Verschmelzungsvertrages.** Kernstück der General- bzw. Vertreterversammlung, die über den Verschmelzungsvertrag beschließt, ist die Erläuterung des Verschmelzungsvertrages durch den Vorstand. Da der Verschmelzungsbericht nicht verlesen wird, muss sich die Erläuterung des Verschmelzungsvertrages am Verschmelzungsbericht orientieren und die wesentlichen Inhalte wiedergeben und zusammenfassen. Insbesondere hat der Vorstand die **wirtschaftliche und rechtliche Bedeutung der Verschmelzung darzustellen**.[713] Darüber hinaus ist die zwischenzeitlich eingetretene Geschäftsentwicklung nach Erstellung des Verschmelzungsvertrages zu erläutern.[714]

---

[706] Lutter/*Bayer* § 82 Rn. 29; Semler/Stengel/*Scholderer* § 82 Rn. 37.
[707] Lutter/*Bayer* § 82 Rn. 29.
[708] *Bauer* § 82 UmwG Rn. 20.
[709] Lutter/*Bayer* § 82 Rn. 30; Semler/Stengel/*Scholderer* § 82 Rn. 39 ff.; Widmann/Mayer/*Fronhöfer* § 82 Rn. 38 ff.
[710] Lutter/*Bayer* § 82 Rn. 30; Widmann/Mayer/*Fronhöfer* § 82 Rn. 39 f.; *Bauer* § 82 UmwG Rn. 23.
[711] Widmann/Mayer/*Fronhöfer* § 83 Rn. 11; Semler/Stengel/*Scholderer* § 83 Rn. 8; Lutter/*Bayer* § 83 Rn. 4; *Bauer* § 83 UmwG Rn. 3.
[712] Widmann/Mayer/*Fronhöfer* § 83 Rn. 11; Semler/Stengel/*Scholderer* § 83 Rn. 8; Lutter/*Bayer* § 83 Rn. 4; *Bauer* § 83 UmwG Rn. 3.
[713] Lutter/*Bayer* § 83 Rn. 5; Beuthien/*Wolff* §§ 2 ff. UmwG Rn. 32.
[714] Widmann/Mayer/*Fronhöfer* § 83 Rn. 12; Beuthien/*Wolff* § 2 ff. UmwG Rn. 32.

Die **Grenzen der Erläuterungspflicht** sind in entsprechender Anwendung des § 8 **396** Abs. 2 UmwG zu ziehen. Ein Verzicht auf den Verschmelzungsbericht gem. § 8 Abs. 3 UmwG entbindet den Vorstand nicht von seiner Pflicht zur Erläuterung des Verschmelzungsvertrages. Ein Verzicht, der einstimmig erfolgen müsste, ist aufgrund der meist großen Mitgliederzahl bei Genossenschaften die Ausnahme und kommt nur bei kleinen Genossenschaften in Betracht.[715]

g) Auskunftsrecht der Mitglieder. Die Erläuterungspflicht des Vorstandes korrespon- **397** diert mit dem **erweiterten Auskunftsrecht** der Mitglieder gem. § 83 Abs. 1 S. 3 UmwG iVm § 64 Abs. 2 UmwG.[716] Jedes Mitglied hat in der Generalversammlung und jeder Vertreter in der Vertreterversammlung zunächst ein Recht auf Auskunft über die Angelegenheiten der Genossenschaft, das sich aus dem gesellschaftsrechtlichen Verhältnis zwischen der Genossenschaft und dem Mitglied sowie dem Wesen der Mitgliedschaft und dem Förderzweck der Genossenschaft gegenüber dem Mitglied ergibt.[717] Hierzu bedarf es auch keines besonderen Tagesordnungspunktes.[718] Der Auskunftsanspruch aus § 64 Abs. 2 UmwG geht darüber hinaus. Danach hat das Mitglied bzw. der Vertreter auch einen Anspruch auf Auskunft über die wesentlichen Angelegenheiten der anderen beteiligten Rechtsträger und auch über verbundene Unternehmen.[719]

Auskunftsverpflichtet ist der Vorstand, nicht der Aufsichtsrat oder ein von der Ver- **398** sammlung benannter Dritter. Der Vorstand ist daher verpflichtet, sich die nötigen Informationen zu beschaffen; Vertreter der beteiligten Unternehmen können ihm dabei als Hilfspersonen zur Verfügung stehen. Die **Grenzen der Auskunftspflicht** liegen in den tatsächlichen Möglichkeiten der Informationsbeschaffung[720] und in den üblichen Schranken der Informationspflicht, wenn die Auskünfte Persönlichkeitsrechte verletzen würden, dazu geeignet sind, der Genossenschaft und/oder den beteiligten Unternehmen einen nicht unerheblichen Schaden zuzufügen[721] oder wenn ein Auskunftsverweigerungsrecht vorliegt.[722] Wird die Auskunft zu Unrecht verweigert, ist der Zustimmungsbeschluss zum Verschmelzungsvertrag unter den weiteren Voraussetzungen des § 51 GenG anfechtbar.[723]

h) Verlesung des Prüfungsgutachtens. Gem. § 83 Abs. 2 S. 1 UmwG ist das nach **399** § 81 UmwG zu erstellende Prüfungsgutachten in der General- bzw. Vertreterversammlung zu verlesen. Eine bloße Erläuterung – wie sie das Gesetz für den Verschmelzungsvertrag vorsieht – oder die Verlesung des zusammengefassten Prüfungsergebnisses – wie es bei dem Prüfungsbericht über die gesetzliche Prüfung des Prüfungsverbandes üblich ist – ist unzureichend.[724] Wurde von der Möglichkeit Gebrauch gemacht, bei der reinen Genossenschaftsverschmelzung gem. § 81 Abs. 1 S. 2 UmwG ein gemeinsames Prüfungsgutachten anzufertigen, so ist dieses in beiden Versammlungen wortgleich zu verlesen.[725] Das Gesetz

---

[715] Widmann/Mayer/*Fronhöfer* § 83 Rn. 13 ff.
[716] Beuthien/*Wolff* §§ 2 ff. UmwG Rn. 32; Widmann/Mayer/*Fronhöfer* § 83 Rn. 15; Lutter/*Bayer* § 83 Rn. 9.
[717] Lang/Weidmüller/*Holthaus/Lehnhoff* § 43 GenG Rn. 31; die Mustersatzungen für Volksbanken und Raiffeisenbanken sowie die Mustersatzungen des DRV für Warengenossenschaften enthalten in § 34 eine satzungsmäßige Grundlage für den Auskunftsanspruch.
[718] Lang/Weidmüller/*Holthaus/Lehnhoff* § 43 GenG Rn. 33 (gerechtfertigtes Unterrichtungsbedürfnis uU auch außerhalb der Tagesordnung).
[719] Widmann/Mayer/*Fronhöfer* § 83 Rn. 15; Lutter/*Bayer* § 83 Rn. 9; Semler/Stengel/*Scholderer* § 83 Rn. 26 ff.
[720] Widmann/Mayer/*Fronhöfer* § 83 Rn. 17; aA Lutter/*Bayer* § 83 Rn. 10.
[721] Widmann/Mayer/*Fronhöfer* § 83 Rn. 17; Lutter/*Bayer* § 83 Rn. 11; Semler/Stengel/*Scholderer* § 83 Rn. 30.
[722] *Bauer* § 83 UmwG Rn. 11; Semler/Stengel/*Scholderer* § 83 Rn. 30 unter analoger Heranziehung des § 131 Abs. 3 AktG.
[723] *Bauer* § 83 UmwG Rn. 12; Lutter/*Bayer* § 83 Rn. 12 ff.
[724] Lutter/*Bayer* § 83 Rn. 16; Semler/Stengel/*Scholderer* § 83 Rn. 22.
[725] Lutter/*Bayer* § 83 Rn. 16; Semler/Stengel/*Scholderer* § 83 Rn. 22.

schreibt nicht vor, wer das Prüfungsgutachten zu verlesen hat. Der Vorstand kann es verlesen; in aller Regel wird jedoch ein **Vertreter des genossenschaftlichen Prüfungsverbandes** die Verlesung übernehmen.[726] Das Prüfungsergebnis hat keinerlei Auswirkungen auf die Wirksamkeit des Zustimmungsbeschlusses zum Verschmelzungsvertrag; die General- bzw. Vertreterversammlung ist an das Prüfungsergebnis nicht gebunden.

400 Die Mitglieder können auf die Verlesung des Prüfungsgutachtens **nicht verzichten**. Unterbleibt die Verlesung, ist der Zustimmungsbeschluss unter den weiteren Voraussetzungen des § 51 GenG anfechtbar.[727]

401 **i) Teilnahmerecht des Prüfungsverbandes.** Der zuständige Prüfungsverband hat gem. § 83 Abs. 2 S. 2 UmwG das Recht, an der General- bzw. Vertreterversammlung beratend teilzunehmen. Dies dient nicht der Kontrolle, sondern der **zusätzlichen Information** der Mitglieder bzw. Vertreter. Aus diesem Grund kann sich der Prüfungsverband zu allen Fragen umfassend äußern, auch wenn sie über das Prüfungsgutachten hinausgehen.[728] Er hat jedoch weder ein Antrags- noch ein Stimmrecht. Die Literatur geht noch weiter und leitet aus dem Recht zur Teilnahme aufgrund der vereinsrechtlichen Betreuungspflichten eine Pflicht zur Teilnahme ab.[729] Der teilnehmende Vertreter des Prüfungsverbandes verliest in aller Regel auch das Prüfungsgutachten (→ Rn. 399).

402 **j) Verschmelzungsbeschluss. Gegenstand** des Verschmelzungsbeschlusses ist der **Verschmelzungsvertrag** oder sein Entwurf, der auch während der Versammlung ausliegt und vom Vorstand zu erläutern ist. Unzulässig wäre es daher, die Verschmelzung nur allgemein zu beschließen oder nur die wirtschaftlichen und rechtlichen Eckpunkte festzulegen und im Übrigen die vertragliche Ausgestaltung des Verschmelzungsvertrages dem Vorstand zu überlassen.[730]

403 § 84 UmwG ist die rechtsformspezifische Ergänzung des § 13 UmwG für die Genossenschaft und bestimmt, dass **für die Fassung des Verschmelzungsbeschlusses eine Dreiviertelmehrheit** erforderlich ist. Die Satzung kann eine größere Mehrheit und weitere Erfordernisse bestimmen. Eine Absenkung des Mehrheitserfordernisses dagegen kann in der Satzung ebenso wenig vorgesehen werden wie ein allgemeiner Ausschluss von Verschmelzungen.

404 In älteren Satzungen ländlicher und gewerblicher Genossenschaften finden sich insbesondere die Regelungen, dass der Verschmelzungsbeschluss einer 90%-Mehrheit oder sogar Einstimmigkeit bedarf, zwei Drittel aller Mitglieder anwesend sein müssen oder die Versammlung speziell zu diesem Zweck einberufen sein muss. Besondere Erfordernisse für Satzungsänderungen, die sich in den Satzungen finden, gelten nicht entsprechend für den Verschmelzungsbeschluss, sondern lediglich für die im Zusammenhang mit der Verschmelzung bei der übernehmenden Genossenschaft durchzuführenden Satzungsänderungen.[731]

405 Grds. hat jedes Genossenschaftsmitglied eine Stimme. Seit der GenG-Novelle von 2006 besteht jedoch die Möglichkeit Mitgliedern unter den Voraussetzungen des § 43 GenG in der Generalversammlung **Mehrstimmrechte** einzuräumen; für Vertreter besteht diese Möglichkeit nicht. Die Mehrstimmrechte sind gem. § 43 Abs. 3 Nr. 1 GenG bei Beschlüssen, für die eine Dreiviertelmehrheit erforderlich ist, grds. nicht zu beachten. Etwas anderes

---

[726] *Bauer*/ § 83 UmwG Rn. 15; Beuthien/ *Wolff* 2 ff. UmwG Rn. 36.
[727] *Bauer* § 83 UmwG Rn. 18; Semler/Stengel/ *Scholderer* § 83 Rn. 24.
[728] Widmann/Mayer/ *Fronhöfer* § 83 Rn. 24.
[729] Beuthien/ *Wolff* §§ 2 ff. UmwG Rn. 34; Widmann/Mayer/ *Fronhöfer* § 83 Rn. 23; Semler/Stengel/ *Scholderer* § 83 Rn. 39.
[730] Widmann/Mayer/ *Fronhöfer* § 84 Rn. 11; Beuthien/ *Wolff* § 2 ff. UmwG Rn. 35; Semler/Stengel/ *Scholderer* § 84 Rn. 6; aA Lang/Weidmüller/ *Holthaus/Lehnhoff* § 13 UmwG Rn. 2.
[731] *Bauer* § 84 UmwG Rn. 6; Lang/Weidmüller/ *Holthaus/Lehnhoff* § 84 UmwG Rn. 1; Lutter/ *Bayer* § 84 Rn. 10; differenzierend Semler/Stengel/ *Scholderer* § 84 Rn. 18 ff.; Beuthien/ *Wolff* §§ 2 ff. UmwG Rn. 36; aA Widmann/Mayer/ *Fronhöfer* § 84 Rn. 17 ff.

gilt gem. § 43 Abs. 3 Nr. 2 GenG bei sog. **Unternehmergenossenschaften**, bei denen mindestens drei Viertel der Mitglieder Unternehmer iSd § 14 BGB sind. Auch bei diesen Genossenschaften darf das einzelne Mitglied mit seinen Mehrstimmrechten jedoch höchstens 10 % der in der Generalversammlung anwesenden Stimmen ausüben. Mehrstimmrechte in unbegrenzter Zahl und ohne Abstimmungsbeschränkungen können bei sog. **Zentralgenossenschaften**, bei denen die Mitglieder überwiegend oder ausschließlich Genossenschaften sind, gem. § 43 Abs. 3 Nr. 3 GenG vergeben werden. In der Praxis finden sich Unternehmer- und Zentralgenossenschaften sowohl als Zusammenschluss von Landwirten und landwirtschaftlichen Genossenschaften als auch als Zusammenschluss von Gewerbetreibenden, Freiberuflern und Genossenschaften unter Beteiligung von Berufsgruppen (zB Erzeugergenossenschaften, Einkaufs- und Weiterverarbeitungsgenossenschaften).

Darüber hinaus wurde mit der GenG-Novelle von 2006 die Möglichkeit eröffnet, **406 investierende Mitglieder** aufzunehmen. Bei diesen handelt es sich um Mitglieder, die nicht am Förderzweck der Genossenschaft teilnehmen, sondern dieser Kapital gegen Zinsen oder Dividende zur Verfügung stellen. Die Satzung hat jedoch sicher zu stellen, dass die Stimmen der investierenden Mitglieder Beschlüsse, für die eine qualifizierte Mehrheit erforderlich ist, nicht verhindern können (§ 8 Abs. 2 GenG).

Entscheidende Bezugsgröße der gem. § 84 GenG erforderlichen Dreiviertelmehrheit **407** sind die abgegebenen Stimmen. **Nicht mitgerechnet** werden daher **Stimmenthaltungen** und **ungültige Stimmen**. Zulässige Verfahren für die Stimmauszählung sind das Additions- und das Subtraktionsverfahren. Die Abstimmung kann offen per Handzeichen oder Stimmkarte, aber auch geheim mittels Stimmzettel erfolgen.[732] Die Entscheidung über eine **offene oder geheime Abstimmung** muss entsprechend der Satzungsregelung erfolgen. In den Satzungen werden üblicherweise die Voraussetzungen für die Art der Abstimmung geregelt.[733] Die Auffassung, eine geheime Abstimmung sei selbst dann unzulässig, wenn die Satzung eine solche vorsehe und regele, weil eine Gegenstimme gegen den Verschmelzungsvertrag Voraussetzung für die spätere Ausschlagung der Mitgliedschaft bei der übernehmenden Genossenschaft sei und dies nur bei offener Abstimmung nachvollziehbar sei[734], überzeugt nicht. Das Mitglied kann durchaus die Verschmelzung als positiv für die Belange der Genossenschaft und der Mehrzahl der Mitglieder beurteilen und ihr zustimmen, aber für sich persönlich im Fall der Verschmelzung die Mitgliedschaft in der übernehmenden Genossenschaft als nicht mehr sinnvoll ansehen.[735]

Scheitert der Verschmelzungsbeschluss in der ersten Abstimmung an der erforderlichen **408** Mehrheit, kann durchaus in derselben General- bzw. Vertreterversammlung weiter über die Verschmelzung verhandelt und **erneut abgestimmt** werden.[736] Der Versammlungsleiter muss das Abstimmungsergebnis formell feststellen und den Inhalt des Verschmelzungsbeschlusses verkünden. Erst mit der Feststellung und Bekanntgabe durch den Versammlungsleiter wird der Verschmelzungsbeschluss wirksam.[737] Der Verschmelzungsbeschluss ist gem. § 13 UmwG notariell zu beurkunden. Mit der Wirksamkeit des zustimmenden Verschmelzungsbeschlusses wird der zunächst schwebend unwirksame Verschmelzungsvertrag wirksam (§ 184 Abs. 1 BGB).

---

[732] Semler/Stengel/*Scholderer* § 84 Rn. 7.
[733] § 33 Abs. 1 Mustersatzung BVR und DRV.
[734] *Schmitz-Riol,* Der Formwechsel der eG in eine Kapitalgesellschaft, 1998, S. 133.
[735] Semler/Stengel/*Scholderer* § 84 Rn. 7; Semler/Stengel/*Bonow* § 282 UmwG Rn. 23 (unter wohl unzutreffender Charakterisierung des Meinungsbildes in der nicht genossenschaftsrechtlichen Literatur); Lutter/*Bayer* § 84 Rn. 6; Widmann/Mayer/*Fronhöfer* § 84 Rn. 6; Lang/Weidmüller/*Holthaus/Lehnhoff* § 84 UmwG Rn. 2.
[736] Semler/Stengel/*Scholderer* § 84 Rn. 12; *Bauer* § 84 UmwG Rn. 3; aA Lutter/*Bayer* § 84 Rn. 6.
[737] Lang/Weidmüller/*Holthaus/Lehnhoff* § 43 GenG Rn. 56.

4. Anfechtung der Verschmelzungsbeschlüsse

409 Für die Anfechtung des Verschmelzungsbeschlusses gelten die **allgemeinen Regeln der Anfechtung von Beschlüssen der General- und Vertreterversammlung**. Dies bedeutet insbesondere, dass die zur General- bzw. Vertreterversammlung ordnungsgemäß geladenen Mitglieder und Vertreter Widerspruch zur Niederschrift erklären müssen, um den Beschluss anfechten zu können. Andernfalls besteht ein Anfechtungsrecht nur dann, wenn die Mitglieder bzw. Vertreter nicht ordnungsgemäß geladen waren oder die Ankündigung der Tagesordnung mangelhaft war. Bei Bestehen einer Vertreterversammlung hat das Mitglied kein Anfechtungsrecht.[738]

III. Eintragung der Verschmelzung

410 Für die Eintragung der Verschmelzung unter Beteiligung von Genossenschaften gelten die **allgemeinen Regeln der §§ 16 ff. UmwG**. Die Vorstände der beteiligten Genossenschaften haben die Verschmelzung mit den gem. § 16 UmwG erforderlichen Erklärungen und den in § 17 UmwG genannten Anlagen beim Genossenschaftsregister ihres Sitzes anzumelden.

1. Ergänzende Unterlagen zur Anmeldung

411 § 86 UmwG ergänzt ausdrücklich die für die Anmeldung beim Registergericht „sonst erforderlichen" Unterlagen um die gem. § 81 UmwG vorzulegenden **Prüfungsgutachten**. Danach hat jede anmeldende Genossenschaft das für sie erstellte Prüfungsgutachten in Urschrift oder öffentlich beglaubigter Abschrift vorzulegen. Ferner hat der übernehmende Rechtsträger, unabhängig von seiner Rechtsform, beim Registergericht seines Sitzes jedes andere für eine übertragende Genossenschaft erstattete Prüfungsgutachten in Urschrift oder öffentlich beglaubigter Abschrift beizufügen. Im Ergebnis sind daher bei den beteiligten Registergerichten alle Prüfungsgutachten aller beteiligten Genossenschaften beizufügen. Ist ein gemeinsames Prüfungsgutachten gem. § 81 Abs. 1 S. 2 UmwG erstellt, so ist dieses bei beiden Registergerichten einzureichen.[739]

412 Gem. § 17 Abs. 2 UmwG ist der Anmeldung die **Schlussbilanz** des übertragenden Rechtsträgers beizufügen. Sie darf nicht älter als acht Monate sein, und für sie gelten die Vorschriften über die Jahresbilanz und deren Prüfung entsprechend. Die Schlussbilanz der übertragenden Genossenschaft muss festgestellt sein. Der Feststellungsbeschluss der General- bzw. Vertreterversammlung muss bei Einreichung der Schlussbilanz beim Registergericht vorliegen. Ein späterer rückwirkender Beschluss ist nicht ausreichend.[740]

2. Wirkung der Eintragung

413 Mit der Eintragung der Verschmelzung in das Register des Sitzes der übernehmenden Genossenschaft erlischt gem. § 20 UmwG die übertragende Genossenschaft und ggf. weitere übertragende Rechtsträger anderer Rechtsform; die Mitglieder der übertragenden Genossenschaft und ggf. die Anteilsinhaber weiterer übertragender Rechtsträger anderer Rechtsform werden Mitglieder der übernehmenden Genossenschaft, und etwaige Formmängel werden geheilt.

414 **a) Organe.** Mit dem Erlöschen der übertragenden Genossenschaft erlöschen auch die dortigen Organmitgliedschaften der Mitglieder von Vorstand, Aufsichtsrat und Vertreterversammlung. In aller Regel werden zum Gelingen einer Verschmelzung in den Verschmelzungsvertrag Regelungen hinsichtlich der Zusammensetzung der zukünftigen Organe des übernehmenden Genossenschaft aufgenommen (→ Rn. 414 ff.).

---

[738] Lang/Weidmüller/*Holthaus/Lehnhoff* § 51 GenG Rn. 28 ff.; Semler/Stengel/*Scholderer* § 84 Rn. 26 ff.; mit Begründung auch im Hinblick auf § 90 UmwG: Beuthien/*Beuthien* § 51 GenG Rn. 29.

[739] Lutter/*Bayer* § 86 Rn. 19.

[740] Beuthien/*Wolff* §§ 2 ff. UmwG Rn. 55b.

Die **Vorstands- und Aufsichtsratsdienstverträge** bleiben trotz Beendigung der Or- 415
ganstellung unverändert bestehen, soweit diese nicht unter einer auflösenden Bedingung
stehen. Sie gehen im Wege der Gesamtrechtnachfolge auf den übernehmenden Rechtsträger über. Dies gilt insbesondere für die Vergütungs- und Pensionszusagen. Ein außerordentliches Kündigungsrecht aufgrund der Verschmelzung seitens der übernehmenden
Genossenschaft besteht nicht, da der Wegfall der Beschäftigungsmöglichkeit der Organmitglieder grds. in deren wirtschaftliches Risiko fällt.[741] Ein außerordentliches Kündigungsrecht des Organmitglieds kann gegeben sein, wenn es nicht wieder als Organ bestellt wird
und sich seine dienstliche Stellung wesentlich ändert.[742]

Zusagen an Vorstände oder Aufsichtsräte hinsichtlich ihrer zukünftigen Organ- 416
stellung oder besonderer geldwerter Vorteile sind als Sondervorteile gem. § 5 Abs. 1
Nr. 8 UmwG im Verschmelzungsvertrag zu benennen. Eine außerhalb des Verschmelzungsvertrages getroffene Zusage nimmt nicht an der Heilung nach § 20 Abs. 1 Nr. 4
UmwG oder § 20 Abs. 2 UmwG teil.[743] In Hinblick auf den Verschmelzungsvertrag ergibt
sich die Besonderheit, dass die Verschmelzung zu ihrer Wirksamkeit nach dem von den
Rechtsträgern geschlossenen Vertrag der Zustimmung der Anteilsinhaber bedarf (§ 13
UmwG). Eine Heilung kann danach nur eintreten, soweit die Nebenabreden der Beschlussfassung der General- bzw. Vertreterversammlung unterlagen. Zusatzabreden, die der Versammlung nicht vorlagen, sind von der Heilung durch Eintragung nicht erfasst und werden
demnach auch nicht wirksam.[744]

Hat die General- bzw. Vertreterversammlung der übertragenden Genossenschaft es ver- 417
säumt, die Organmitglieder vor Wirksamwerden der Verschmelzung zu **entlasten**, kann sie
dies nicht nachholen. Vielmehr erfolgt die Entlastung aufgrund der Gesamtrechtsnachfolge
durch die General- bzw. Vertreterversammlung der übernehmenden Genossenschaft. Dasselbe gilt für die Entlastung der Organmitglieder für den Zeitraum zwischen Verschmelzungsstichtag und Wirksamwerden der Verschmelzung.[745]

b) Verträge. Mit Eintragung der Verschmelzung in das Registergericht des überneh- 418
menden Rechtsträgers wird dieser Rechtsnachfolger des übertragenden Rechtsträgers. Er
tritt damit in alle Rechte und Pflichten des übertragenden Rechtsträgers ein. Verträge
zwischen dem übertragenden Rechtsträger und Dritten gehen auf die übernehmende
Genossenschaft über.[746]

Die Verschmelzung begründet per se weder ein außerordentliches Kündigungsrecht noch 419
einen Wegfall der Geschäftsgrundlage. Dies gilt insbesondere auch für etwaige zugunsten
der übertragenden Genossenschaft bestellte Drittsicherheiten und mit ihr bestehende Kreditverträge. Anderslautende Gerichtsentscheidungen[747] stellen einzelne Sonderfälle dar, in
denen besondere Umstände die außerordentliche Kündigung rechtfertigten.[748]

c) Beteiligungen der übertragenden Genossenschaft. Die **Mitgliedschaft der** 420
übertragenden Genossenschaft in einer dritten Genossenschaft (zB Zentralgenossen-
schaft) endet gem. § 77a GenG mit dem Schluss des Geschäftsjahres, in dem die Eintragung
der Verschmelzung in das Registergericht der übertragenden Genossenschaft erfolgt. Bis
zum Ausscheiden geht die Mitgliedschaft auf die übernehmende Genossenschaft über. Will

---

[741] Beuthien/*Wolff* §§ 2 ff. UmwG Rn. 63.
[742] Beuthien/*Wolff* §§ 2 ff. UmwG Rn. 63.
[743] Widmann/Mayer/*Mayer* § 5 Rn. 75.
[744] LAG Nürnberg 2 Sa 463/02, ZIP 2005, 398 = BeckRS 2004, 41744; LG Weiden 12 O 169/11 (unveröff.).
[745] Lang/Weidmüller/*Holthaus/Lehnhoff* § 20 UmwG Rn. 15; Beuthien/*Wolff* §§ 2 ff. UmwG Rn. 63a.
[746] Ausführlich zu verschiedensten Vertragstypen *Bauer* § 20 UmwG Rn. 22 ff..
[747] ZB OLG Karlsruhe 9 U 143/00, WM 2001, 1803 = NJW-RR 2002, 720 (Ls.).
[748] *Bauer* § 20 UmwG Rn. 20; weniger streng wohl Semler/Stengel/*Leonard* § 21 UmwG Rn. 11 („gewichtige Gründe").

die übernehmende Genossenschaft die Mitgliedschaft fortsetzen, besteht die Möglichkeit der Übertragung des Geschäftsguthabens gem. § 76 GenG.[749] Ist die übertragende Genossenschaft Mitglied der übernehmenden Genossenschaft, geht die Mitgliedschaft durch Konfusion unter. Das Geschäftsguthaben fällt dann in das Vermögen der übernehmenden Genossenschaft.[750]

421 **Beteiligungen der übertragenden Genossenschaft an anderen Gesellschaften** (OHG, KG, AG, GmbH, stille Gesellschaft) gehen grds. auf den übernehmenden Rechtsträger über. Die Mitgliedschaft der übertragenden Genossenschaft im Prüfungsverband dagegen erlischt mit Wirksamwerden der Verschmelzung und geht nicht auf die übernehmende Genossenschaft über.[751] Die genossenschaftlichen Prüfungsverbände bestehen in der Rechtsform des eingetragenen Vereins (§ 63b GenG), auf die § 77a GenG nicht entsprechend anwendbar ist.

IV. Mitgliedschaft in der übernehmenden Genossenschaft

1. Erwerb der Mitgliedschaft

422 Mit Wirksamwerden der Verschmelzung werden die Anteilsinhaber des übertragenden Rechtsträgers Mitglieder der übernehmenden Genossenschaft. Es bedarf **keines Beitritts zur Genossenschaft**. Der Erwerb der Mitgliedschaft erfolgt stattdessen **im Wege der Gesamtrechtsnachfolge** gem. § 20 UmwG. Aus diesem Grund gelten auch nicht die satzungsmäßigen Voraussetzungen für den Beitritt zur Genossenschaft. Die Genossenschaft kann die Mitgliedschaft nicht ablehnen und auch trotz möglicherweise satzungsmäßiger Regelung kein Eintrittsgeld verlangen.[752] Jedes auf diese Weise hinzukommende Mitglied ist gem. § 89 UmwG in die **Mitgliederliste** einzutragen. Die Eintragung in die Mitgliederliste ist deklaratorisch. Unbenommen bleibt es der Genossenschaft, ein Mitglied, das die Satzungsvoraussetzungen nicht erfüllt, gem. § 68 GenG aus der Genossenschaft auszuschließen.

423 Da der übertragende Rechtsträger mit Wirksamwerden der Verschmelzung erlischt, richtet sich die Ausgestaltung des Mitgliedschaftsverhältnisses ausschließlich nach der Satzung der übernehmenden Genossenschaft. Dies gilt sowohl für die Zeichnungs-, Einzahlungs- und Haftungspflichten als auch für die Verbindlichkeit der Entscheidungen der Organe der übernehmenden Genossenschaft.[753]

424 Mitglieder einer übertragenden Genossenschaft, die bereits Mitglieder der übernehmenden Genossenschaft sind, erhalten **keine Doppelmitgliedschaft**. Vielmehr werden sie Mitglied in der übernehmenden Genossenschaft, das Geschäftsguthaben wird addiert und gemäß Verschmelzungsvertrag den Geschäftsanteilen zugewiesen oder gem. § 87 Abs. 2 UmwG ausgezahlt[754] (→ Rn. 319 ff.).

425 Mitglieder der übertragenden Genossenschaft, die ihre **Mitgliedschaft gekündigt** haben oder **ausgeschlossen** wurden, aber noch nicht ausgeschieden sind, werden ebenfalls Mitglied der übernehmenden Genossenschaft, scheiden dort aber mit Ablauf der Kündigungsfrist bzw. beim Ausschluss zum Ende des Geschäftsjahres der übertragenden Genossenschaft aus. Maßgebend für die Frist und den Zeitpunkt des Ausscheidens ist die Regelung bei der übertragenden Genossenschaft, weil der übernehmende Rechtsträger auch insofern gem. § 20 Abs. 1 UmwG in die Rechtsstellung der übertragenden Genos-

---

[749] Lang/Weidmüller/*Holthaus/Lehnhoff* § 20 UmwG Rn. 19; *Bauer* § 20 UmwG Rn. 33.
[750] Lang/Weidmüller/*Holthaus/Lehnhoff* § 20 UmwG Rn. 21.
[751] Lang/Weidmüller/*Holthaus/Lehnhoff* § 20 UmwG Rn. 22; Beuthien/*Wolff* §§ 2 ff. UmwG Rn. 64; Widmann/Mayer/*Fronhöfer* § 87 Rn. 10; *Bauer* § 20 UmwG Rn. 32.
[752] Widmann/Mayer/*Fronhöfer* § 87 Rn. 16; Lutter/*Bayer* § 87 Rn. 15; Semler/Stengel/*Scholderer* § 87 Rn. 5 ff. Beuthien/*Wolff* §§ 2 ff. UmwG Rn. 68.
[753] Widmann/Mayer/*Fronhöfer* § 87 Rn. 16 ff.; Semler/Stengel/*Scholderer* § 87 Rn. 5 ff.; Beuthien/*Wolff* §§ 2 ff. UmwG Rn. 68 ff.
[754] Lutter/*Bayer* § 87 Rn. 17; Beuthien/*Wolff* §§ 2 ff. UmwG Rn. 71.

senschaft eintritt. Dies gilt auch, wenn die Kündigungsfrist oder das Geschäftsjahr beider Verschmelzungspartner voneinander abweichen.⁷⁵⁵

Mitglieder, die zwischen dem Stichtag der Schlussbilanz und dem Wirksamwerden der Verschmelzung der übertragenden Genossenschaft beitreten, werden gem. § 20 Abs. Nr. 3 UmwG im Wege der Gesamtrechtsnachfolge Mitglieder der übernehmenden Genossenschaft. § 87 Abs. 3 UmwG bestimmt, dass für die Berechnung des Geschäftsguthabens, das dem Mitglied der übertragenden Genossenschaft zugestanden und danach bei der übernehmenden Genossenschaft gutgeschrieben wird, die Feststellungen in der Schlussbilanz maßgebend sind. Das Geschäftsguthaben des Mitglieds, das der übertragenden Genossenschaft nach dem Stichtag der Schlussbilanz beigetreten ist, wird nicht in der Schlussbilanz der übertragenden Genossenschaft festgestellt. Dennoch hat dieses Mitglied aber zumindest einen Geschäftsanteil gezeichnet und auch zumindest eine Pflichteinzahlung geleistet. Dieses Geschäftsguthaben ist diesem Mitglied bei der übernehmenden Genossenschaft gemäß dem Verschmelzungsvertrag aufgrund der Gesamtrechtsnachfolge anzurechnen. § 87 UmwG enthält insoweit eine Regelungslücke.⁷⁵⁶ 426

2. Benachrichtigung

Die übernehmende Genossenschaft hat gem. § 89 Abs. 1 UmwG jedes neue Mitglied nach Wirksamwerden der Verschmelzung unverzüglich in die **Mitgliederliste** einzutragen und darüber zu benachrichtigen. Darüber hinaus hat die übernehmende Genossenschaft gem. § 89 Abs. 2 UmwG jedes neue Mitglied **über die Höhe seiner Beteiligung und die damit verbundenen wirtschaftlichen Verpflichtungen in Textform zu informieren**. Bei Bankenfusionen erfolgt die Information in aller Regel über den Kontoauszug. Die Benachrichtigung hat den Zweck, das Mitglied über seine Rechtsposition zu informieren und ihm die Möglichkeit der Ausschlagung zu eröffnen.⁷⁵⁷ 427

Die Information der Mitglieder hat Angaben zu enthalten über: 428
- den Betrag des Geschäftsguthabens bei der übernehmenden Genossenschaft,
- den Betrag des Geschäftsanteils bei der übernehmenden Genossenschaft,
- die Zahl der Geschäftsanteile, mit denen das Mitglied bei der übernehmenden Genossenschaft beteiligt ist,
- den Betrag der von dem Mitglied nach Anrechnung seines Geschäftsguthabens noch zu leistenden Einzahlungen oder den Betrag, der ihm nach § 87 Abs. 2 UmwG oder nach § 88 Abs. 1 UmwG auszuzahlen ist, sowie
- den Betrag der Haftsumme der übernehmenden Genossenschaft, sofern deren Mitglieder Nachschüsse bis zur Haftsumme zu leisten haben.

Die **Eintragung in die Mitgliederliste** nach § 30 GenG ist deklaratorisch. Einzutragen sind alle Anteilsinhaber des übertragenden Rechtsträgers, die zum Verschmelzungsstichtag noch nicht ausgeschieden sind. Dh, es sind auch Mitglieder einer übertragenden Genossenschaft einzutragen, wenn sie zwar gekündigt haben oder ausgeschlossen sind, aber noch nicht ausgeschieden sind. Ebenfalls einzutragen sind Mitglieder, die ihre Mitgliedschaft ausgeschlagen oder sich durch Widerspruch zur Niederschrift die Möglichkeit der Ausschlagung noch offen gehalten haben. Dies ergibt sich schon aus der gesetzlichen Pflicht zur Eintragung der Ausschlagung gem. § 92 UmwG.⁷⁵⁸ 429

3. Ausschlagung

Die Ausschlagung gem. § 90 UmwG entspricht dem genossenschaftsrechtlichen außerordentlichen Kündigungsrecht aus §§ 67a, 73 GenG aufgrund besonderer Satzungsänderungen, die das Mitgliedschaftsverhältnis oder den Unternehmenszweck betreffen. Da das 430

---

⁷⁵⁵ Beuthien/*Wolff* §§ 2 ff. Rn. 69; Lutter/*Bayer* § 87 Rn. 18.
⁷⁵⁶ Mit ausführlicher Begründung und gleichem Ergebnis: Beuthien/*Wolff* § 2 ff. UmwG Rn. 70.
⁷⁵⁷ Lutter/*Bayer* § 86 Rn. 2.
⁷⁵⁸ Lutter/*Bayer* § 89 Rn. 7.

Kündigungsrecht nur für die Genossenschaft gilt und im Umwandlungsrecht auch der Fall der Verschmelzung einer übertragenden Genossenschaft auf einen anderen Rechtsträger zu regeln ist, sind die §§ 90 ff. UmwG rechtsformneutral formuliert.[759]

431 Zunächst bestimmt § 90 Abs. 1 UmwG, dass die **§§ 29 bis 34 UmwG keine Anwendung auf die Mitglieder der übertragenden Genossenschaft** finden. Die Bemessung einer Barabfindung für den übertragenen Anteil gem. § 29 UmwG widerspricht der genossenschaftsrechtlichen Regelung, nach der der Auseinandersetzungsanspruch gem. § 73 GenG auf den Nominalbetrag der Geschäftsguthaben begrenzt ist und das Mitglied keinen Anspruch auf das Vermögen und die Rücklagen der Genossenschaft mit Ausnahme eigens dazu gebildeter Rücklagen hat (§ 73 Abs. 3 GenG).

432 Das Recht zur Ausschlagung hat jedes Mitglied einer übertragenden Genossenschaft, wenn es in der Generalversammlung oder als Vertreter in der Vertreterversammlung, die gem. § 13 Abs. 1 UmwG über die Zustimmung zum Verschmelzungsvertrag beschließen soll, entweder (i) erscheint und gegen den Verschmelzungsbeschluss Widerspruch zur Niederschrift erklärt oder (ii) nicht erscheint, sofern es zu der Versammlung zu Unrecht nicht zugelassen oder die Versammlung nicht ordnungsgemäß einberufen oder der Gegenstand der Beschlussfassung nicht ordnungsgemäß bekanntgemacht wurde. Wird der Verschmelzungsbeschluss einer übertragenden Genossenschaft von einer Vertreterversammlung gefasst, so steht das Recht zur Ausschlagung auch jedem anderen Mitglied dieser Genossenschaft zu, das im Zeitpunkt der Beschlussfassung nicht Vertreter ist.

433 Mitglieder der übertragenden Genossenschaft, die bereits Mitglied der übernehmenden Genossenschaft sind (**Doppelmitgliedschaft**), können ein berechtigtes Interesse daran haben, ihre Beteiligung bei der übernehmenden Genossenschaft nicht durch die Verschmelzung zu erhöhen, so dass auch sie ein Ausschlagungsrecht haben.[760] Mitglieder der übertragenden Genossenschaft, die ihre **Mitgliedschaft gekündigt** haben oder die **ausgeschlossen** sind, jedoch noch nicht ausgeschieden sind, können ihre Mitgliedschaft beim übernehmenden Rechtsträger unabhängig davon ausschlagen.[761] Die Ausschlagung einzelner Geschäftsanteile hingegen ist nicht zulässig, da eine solche Teilung der Geschäftsanteile nicht die Entscheidung über den Übergang der Mitgliedschaft betrifft sondern die Höhe der Beteiligung. Die Frage der Beteiligungshöhe aber unterliegt den allgemeinen Kündigungs- oder Übertragungsregelungen (§§ 67b, 76 GenG) und ist nicht Gegenstand der Ausschlagung.[762] Die Mitglieder der übernehmenden Genossenschaft haben kein Ausschlagungsrecht, da sich ihr Mitgliedschaftsverhältnis nicht ändert.[763]

434 Das erschienene Mitglied bzw. der Vertreter muss **Widerspruch zur Niederschrift** erklären, um zur Ausschlagung berechtigt zu sein. Eine Nein-Stimme oder eine Enthaltung reichen als solche nicht.[764] Umstritten ist, ob aufgrund von Kapitalerhaltungsgesichtspunkten nur derjenige einen Widerspruch erklären kann, der auch gegen den Verschmelzungsvertrag gestimmt hat[765] (→ Rn 407). Im Ergebnis kann es auf das Stimmverhalten aber nicht ankommen, da ein Mitglied durchaus im Interesse der Mehrheit der Mitglieder und der Genossenschaft die Verschmelzung befürworten kann, persönlich aber dennoch ausscheiden will.[766]

---

[759] Widmann/Mayer/*Fronhöfer* § 90 Rn. 1 ff.; Schmitt/Hörtnagl/Stratz/*Stratz* § 90 Rn. 1 ff.

[760] Lutter/*Bayer* § 90 Rn. 10; Beuthien/*Wolff* §§ 2 ff. UmwG Rn. 111; aA Lang/Weidmüller/*Holthaus/Lehnhoff* § 90 UmwG Rn. 5.

[761] *Bauer* § 90 UmwG Rn. 30 ff.

[762] Beuthien/*Wolff* §§ 2 ff. UmwG Rn. 111a; aA Lang/Weidmüller/*Holthaus/Lehnhoff* § 90 UmwG Rn. 2a.

[763] Lang/Weidmüller/*Holthaus/Lehnhoff* § 90 UmwG Rn. 5.

[764] Semler/Stengel/*Scholderer* § 90 UmwG Rn. 16.

[765] Bejahend: Beuthien/*Wolff* § 90 2 ff UmwG Rn. 113; Pöhlmann/Fandrich/*Bloehs* § 90 UmwG Rn. 3; Semler/Stengel/*Scholderer* § 90 UmwG Rn. 14 mwN. Verneinend: Schmitt/Hörtnagl/Stratz/*Stratz* § 29 Rn. 15; Widmann/Mayer/*Fronhöfer* § 90 UmwG Rn. 21.

[766] AA Lutter/*Bayer* § 90 Rn. 20 f. mwN.

Ebenfalls umstritten ist, ob der Widerspruch ausdrücklich zu erklären ist oder ob es **435** genügt, wenn die Ausführungen des Mitglieds bzw. Vertreters lediglich darauf schließen lassen.[767] Richtigerweise muss es genügen, dass der Protokollführer den Widerspruch als einen solchen erkennen kann und sich verpflichtet fühlt, die Äußerung als Widerspruch ins Protokoll aufzunehmen.[768] Dennoch sollte der Protokollführer in einem solchen Fall schon wegen der Beweislage vor der Protokollierung nachfragen, ob die Äußerung als Widerspruch in das Protokoll aufgenommen werden soll. Der Widerspruch kann während der gesamten General- bzw. Vertreterversammlung erklärt werden. Er muss nicht vom Notar protokolliert werden. Da bei der Versammlung nur der Verschmelzungsbeschluss notariell protokolliert werden muss und der Widerspruch während der gesamten Versammlung erklärt werden kann, ist es in der Praxis nicht unüblich, dass der Notar nicht während der gesamten Versammlung anwesend ist.[769] Der Widerspruch kann auch von dem dann weiter protokollierenden Schriftführer aufgenommen werden.

Die Ausschlagung ist **gegenüber dem übernehmenden Rechtsträger unbedingt** **436** **und schriftlich innerhalb von sechs Monaten** nach Bekanntmachung der Eintragung der Verschmelzung in das Registergericht des übertragenden Rechtsträgers zu erklären. Die Erklärung des Widerspruchs zur Niederschrift, auch wenn er protokolliert ist, ersetzt die schriftliche Ausschlagung nicht.[770]

Mit der Eintragung der Verschmelzung in das Register des übernehmenden Rechts- **437** trägers gehen die Mitgliedschaften und Anteile der übertragenden Genossenschaft auf den übernehmenden Rechtsträger über. Aufgrund der Ausschlagung als einer einseitigen empfangsbedürftigen Willenserklärung wird diese Wirkung ex tunc beseitigt. Die **Mitgliedschaft gilt** dann **als nicht erworben**. Die Ausschlagung wird mit Zugang beim übernehmenden Rechtsträger wirksam und ist unverzüglich in die Mitgliederliste einzutragen. In der Zeit zwischen Wirksamwerden der Verschmelzung und der Ausschlagung entsteht zunächst die Beteiligung des Mitglieds der übertragenden Genossenschaft an dem übernehmenden Rechtsträger. Durch den rückwirkenden Wegfall der Beteiligung durch die Ausschlagung soll nach dem Willen des Gesetzgebers auch keinerlei Belastung für das Mitglied aus der ungewollten Beteiligung entstehen. Demnach sind ggf. gewährte Leistungen bereicherungsrechtlich auszugleichen.[771]

Bei der **Verschmelzung einer Genossenschaft auf eine Kapitalgesellschaft** wird im **438** Rahmen der Verschmelzung regelmäßig das Grundkapital der Kapitalgesellschaft um das übertragene Geschäftsguthaben erhöht. Das Mitglied der übertragenden Genossenschaft erwirbt dann zunächst die Beteiligung an der Kapitalgesellschaft, verliert diese aber im Zeitpunkt des Zugangs der Ausschlagungserklärung aufgrund der gesetzlichen Fiktion des Nichterwerbs. Die betroffenen Anteile der Kapitalgesellschaft können aktien- bzw. GmbH-rechtlich jedoch nicht verfallen; sie gehen vielmehr als eigene Anteile auf die übernehmende Kapitalgesellschaft über. Es gelten die allgemeinen Regelungen für eigene Anteile (§§ 71 ff. AktG, § 33 GmbHG).[772]

Beschlüsse innerhalb des übernehmenden Rechtsträgers, an denen das Mitglied zwischen **439** Wirksamwerden der Verschmelzung und Ausschlagung beteiligt war (zB Generalversammlungsbeschlüsse), bleiben in ihrer Wirksamkeit unberührt.[773]

Das Mitglied trifft in der Insolvenz, auch wenn diese zwischen Wirksamwerden der **440** Verschmelzung und Ausschlagung eröffnet wird, **keine Nachschusspflicht** nach § 105

---

[767] Nach OLG Hamm 8 U 47/84 ZIP 1985, 741 (742) soll ein Widerspruch bereits vorliegen, wenn jemand in der Diskussion zu erkennen gibt, sich gegen einen Beschluss „rechtlich zu verwahren".
[768] So die im Schrifttum oft wiederholte Formulierung von Lang/Weidmüller/*Holthaus/Lehnhoff* § 90 UmwG Rn. 4.
[769] AA Widmann/Mayer/*Bayer* § 90 Rn. 20.
[770] Semler/Stengel/*Scholderer* § 91 Rn. 5.
[771] Lutter/*Bayer* § 90 Rn. 13; Beuthien/*Wolff* §§ 2 ff. UmwG Rn. 118.
[772] Widmann/Mayer/*Fronhöfer* § 90 Rn. 44 ff.; Beuthien/*Wolff* §§ 2 ff. UmwG Rn. 118.
[773] Lutter/*Bayer* § 90 Rn. 15; *Bauer* § 90 UmwG Rn. 28; Beuthien/*Wolff* §§ 2 ff. UmwG Rn. 118.

Abs. 1 und § 115b GenG, da die Mitgliedschaft gem. § 90 Abs. 2 UmwG als nicht erworben gilt und das Mitglied nicht ausgeschieden ist.[774] Bei der Ausschlagung besteht auch im Fall der Auflösung der übernehmenden Genossenschaft keine Fortdauer der Mitgliedschaft. § 75 GenG ist mangels Ausscheiden des Mitgliedes nicht anwendbar.[775]

441 Da es sich bei der Ausschlagung um eine einseitige empfangsbedürftige Willenserklärung handelt, die mit Zugang wirksam wird, ist eine **Rücknahme** oder ein **Widerruf** nur zeitgleich möglich. Die Ausschlagung ist jedoch nach den allgemeinen Regelungen der § 119 ff. BGB anfechtbar.[776]

4. Auseinandersetzungsanspruch

442 Das Mitglied der übertragenden Genossenschaft hat im Fall der Ausschlagung gem. § 93 UmwG einen Auseinandersetzungsanspruch, der sich nach § 73 GenG richtet. Danach hat das Mitglied einen Anspruch auf sein **in der Schlussbilanz festgestelltes Geschäftsguthaben**. Der Anspruch kann sich gem. § 93 Abs. 2 UmwG iVm § 73 Abs. 3 GenG erhöhen, umgekehrt ist gem. § 93 Abs. 3 UmwG eine Nachschusspflicht nicht ausgeschlossen[777]. Eine Teilhabe an den Rücklagen und dem sonstigen Vermögen ist ausgeschlossen. Das frühere Mitglied hat keinen Anspruch auf Ausschüttung des Gewinns der übertragenden Genossenschaft bzw. darauf, dass eine entstandener Verlust nicht von den Geschäftsguthaben abgeschrieben, sondern aus vorhandenen Rücklagen oder durch Aufdeckung stiller Reserven gedeckt wird.[778] Werden hingegen vor dem Verschmelzungsstichtag Rücklagen aufgelöst und den Geschäftsguthaben zugeschrieben, erhöht sich auch das Geschäftsguthaben des ausscheidenden Mitglieds mit der Folge, dass sich auch dessen Auseinandersetzungsanspruch erhöht.[779]

443 Für die **Gewinnverwendung der übertragenden Genossenschaft bis zum Verschmelzungsstichtag** gelten weiterhin die Satzungsregelungen der übertragenden Genossenschaft. Gewinne oder Verluste, die nach dem Verschmelzungs- bzw. Bilanzstichtag entstanden sind, bleiben unberücksichtigt. Das frühere Mitglied hat einen Anspruch auf die beschlossene Dividende; soweit diese laut Satzung dem Geschäftsanteil bis zur Volleinzahlung gutgeschrieben wird, hat es mangels verbleibender Mitgliedschaft einen Anspruch auf Barauszahlung.[780] Dies entspricht im Ergebnis dem gesetzlichen Auseinandersetzungsanspruch des Mitglieds im Fall des Ausscheidens durch Kündigung oder Ausschluss.

5. Beteiligungsfonds

444 § 73 Abs. 3 GenG eröffnet Genossenschaften die Möglichkeit, ihren Mitgliedern über das Geschäftsguthaben hinaus einen Anteil an einem ausschließlich dafür geschaffenen Vermögen einzuräumen.[781] Voraussetzung ist eine ausdrückliche Satzungsregelung über die Bildung des Beteiligungsfonds, der als solcher in der Bilanz auszuweisen ist. Neben den Mindestanforderungen gem. § 73 Abs. 3 GenG kann die Satzung weitere Voraussetzungen bestimmen. Der Anspruch auf Auszahlung von Guthaben im Beteiligungsfonds entsteht aufgrund Ausschlagung und entspricht dem Anspruch beim Ausscheiden eines Mitglieds.

6. Fälligkeit und Verjährung des Auseinandersetzungsanspruchs

445 Der Auseinandersetzungsanspruch ist **binnen sechs Monaten nach Zugang der Ausschlagungserklärung zu erfüllen**, nicht jedoch bevor Gläuber, die sich nach § 22 GenG gemeldet haben, befriedigt oder sichergestellt sind, und nicht vor Ablauf von sechs Mona-

---

[774] *Bauer* § 90 UmwG Rn. 29 mwN.
[775] *Bauer* § 90 UmwG Rn. 29 mwN.
[776] Semler/Stengel/*Scholderer* § 91 Rn. 7, 8; Lutter/*Bayer* § 91 Rn. 5 ff.
[777] Schmitt/Hörtnagl/Stratz/*Stratz* § 93 Rn. 1.
[778] Lutter/*Bayer* § 93 Rn. 5, 6.
[779] Lutter/*Bayer* § 93 Rn. 10.
[780] Lutter/*Bayer* § 93 Rn 7.
[781] *Bauer* § 73 GenG Rn. 24.

ten, seit dem Tag der Bekanntmachung der Eintragung beim Registergericht des übernehmenden Rechtsträgers. Der Anspruch **verjährt** gem. § 199 BGB **in drei Jahren** ab Schluss des Kalenderjahres, in dem er entstanden ist und das Mitglied davon Kenntnis erlangt hat. Dies ist regelmäßig mit Abgabe der Ausschlagungserklärung der Fall. Der Anspruch ist abtretbar (§ 398 BGB), pfändbar (§§ 829, 835 ZPO) und verpfändbar (§§ 1279, 1280 BGB). Die übertragende Genossenschaft und der übernehmende Rechtsträger können mit fälligen Ansprüchen sowohl aus der Mitgliedschaft als auch aus der Kundenbeziehung gegen den Auseinandersetzungsanspruch aufrechnen. Der Auseinandersetzungsanspruch des Mitglieds richtet sich nicht gegen die übertragende Genossenschaft, sondern gegen den Rechtsnachfolger, also den übernehmenden Rechtsträger. Dieser wiederum vereinigt durch Rechtsnachfolge sowohl die Ansprüche der übertragenden Genossenschaft als auch eigene Ansprüche gegen das frühere Mitglied. Das Mitglied kann mit fälligen Ansprüchen gegenüber dem übernehmenden Rechtsträger aufrechnen.[782]

V. Fortdauer der Nachschusspflicht

1. Die Nachschusspflicht als besondere Haftungsform bei Genossenschaften

Die Satzung der Genossenschaft muss gem. § 6 Nr. 3 GenG eine Bestimmung darüber **446** enthalten, ob die Mitglieder für den Fall, dass Gläubiger im Insolvenzverfahren über das Vermögen der Genossenschaft nicht befriedigt werden, Nachschüsse zur Insolvenzmasse unbeschränkt, beschränkt auf eine bestimmte Summe (Haftsumme) oder überhaupt nicht zu leisten haben. Die Mustersatzung des Bundesverbandes der Deutschen Volksbanken und Raiffeisenbanken (BVR) und des Deutschen Raiffeisenverbandes (DRV)[783] sehen **regelmäßig** eine **Nachschusspflicht begrenzt auf eine Haftsumme** vor. Der sich aus der Satzung ergebende Betrag der Haftsumme darf nicht niedriger sein als der Geschäftsanteil; eine Grenze nach oben besteht nicht. Der Betrag muss grds. für alle Mitglieder gleich sein; die Bemessungsgrundlage muss also identisch sein. In der Regel ist die Haftsumme an den Geschäftsanteil gekoppelt, so dass die Nachschusspflicht im Ergebnis für jedes Mitglied aufgrund unterschiedlicher Zahl an Geschäftsanteilen unterschiedlich hoch sein kann.[784]

Beispiel: Die typische Formulierung in den Satzungen lautet:
„Die Nachschusspflicht der Mitglieder ist auf die Haftsumme beschränkt. Die Haftsumme für jeden Geschäftsanteil beträgt EUR [X]."
Hält ein Mitglied drei Geschäftsanteile, so beiträgt seine Nachschusspflicht 3 x EUR [X]. Dagegen beträgt die Nachschusspflicht eines anderen Mitglieds, das sechs Geschäftsanteile hält, 6 x EUR [X] Euro und fällt damit doppelt so hoch aus.

In der Praxis verliert die Haftsumme zunehmend an Bedeutung. Bei den Volks- und **447** Raiffeisenbanken spielt sie als tatsächliche Haftung der Mitglieder aufgrund der Institutssicherung der Sicherungseinrichtung des BVR, der die Volks- und Raiffeisenbanken angehören, keine Rolle. Aufgrund der Eigenkapitalkriterien nach Basel III hat der Haftsummenzuschlag für die Berechnung des Eigenkapitals der Banken auch eine immer geringere Bedeutung. Im Bereich der gewerblichen und ländlichen Genossenschaften finden sich in den Satzungen immer noch Nachschusspflichten. Bei Neugründungen wird aber in aller Regel von der Möglichkeit Gebrauch bemacht, eine Nachschusspflicht auszuschließen.

2. Die Nachschusspflicht bei der Verschmelzung

Die gesetzliche **fortdauernde Nachschusspflicht** (§ 95 Abs. 1 S. 1 UmwG) dient dem **448** Schutz der Gläubiger der übertragenden Genossenschaft, sofern sie sich nach § 22 UmwG

---

[782] Lutter/*Bayer* § 93 Rn. 21.
[783] Mustersatzung für Volksbanken und Raiffeisenbanken mit Generalversammlung (ohne Warengeschäft) DG Verlag 101 130 und (mit Warengeschäft) DG Verlag 101 030; Mustersatzung für Volksbanken und Raiffeisenbanken mit Vertreterversammlung (mit Warengeschäft) DG Verlag 101 230 und (ohne Warengeschäft) DG Verlag 101 330.
[784] Lang/Weidmüller/*Holthaus/Lehnhoff* § 119 GenG Rn. 2 ff.

gemeldet haben und wegen ihrer Forderungen keine Befriedigung oder Sicherstellung auch aus den von den Mitgliedern des übernehmenden Rechtsträgers eingezogenen Nachschüssen erlangen konnten. Dieser Schutz besteht jedoch nur, wenn das Insolvenzverfahren über das Vermögen des übernehmenden Rechtsträgers binnen zwei Jahren nach dem Tag der Bekanntmachung der Verschmelzung durch das Registergericht am Sitz des übernehmenden Rechtsträgers gem. § 19 Abs. 3 UmwG eröffnet wird (§ 95 Abs. 2 UmwG).

449 Eine Nachschusspflicht besteht danach
- bei **reinen Genossenschaftsverschmelzungen**, wenn die Haftsumme bei der übernehmenden Genossenschaft geringer ist als bei der übertragenden Genossenschaft. Hierbei ist die Haftsumme für jedes Mitglied individuell festzustellen. Abzustellen ist dabei auf den Verschmelzungsstichtag. Wird die Haftsumme nachträglich herabgesetzt, greift § 120 GenG.[785]
- bei **Mischverschmelzungen**, wenn den Gläubigern des übernehmenden Rechtsträgers gegenüber nicht alle Gesellschafter persönlich haften. Dies bedeutet, dass eine Nachschusspflicht nur bei einer Verschmelzung auf eine OHG entfällt.

450 Die Nachschusspflicht aus § 95 UmwG ist eine **Subsidiärhaftung**, die erst greift, wenn die Gläubiger sich weder aus dem Vermögen des übernehmenden Rechtsträgers, noch aus dem Privatvermögen persönlich haftender Gesellschafter befriedigen können.[786] § 95 Abs. 1 S. 2 UmwG verweist für die Nachschusspflicht der Mitglieder einer übernehmenden Genossenschaft auf die §§ 105–115a GenG. Daraus ist zu schließen, dass die Nachschusspflicht nur für Mitglieder der übernehmenden Genossenschaft greift. Mitglieder der übertragenden Genossenschaft, die die Mitgliedschaft an der übernehmenden Genossenschaft ausgeschlagen haben, haften daher nicht gem. § 95 UmwG.[787]

451 Darüber hinaus sind die **Haftungsvorschriften für die ausgeschiedenen Anteilsinhaber des übernehmenden Rechtsträgers** einschlägig. Bei einer Genossenschaft als übernehmendem Rechtsträger sind dies die subsidiäre Nachschusspflicht gem. 115b GenG für ausgeschiedene Mitglieder und die Nachschusspflicht gem. §§ 75, 101 GenG.[788]

3. Verfahren und Höhe der Nachschusspflicht

452 Das Verfahren richtet sich nach §§ 105–115a GenG (§ 95 Abs. 1 S. 2 UmwG). Die Nachschusspflicht stellt eine Verbindlichkeit des Mitglieds gegenüber dem übernehmenden Rechtsträger dar. Sie kann nur **im Insolvenzverfahren des übernehmenden Rechtsträgeres** und nur durch den Insolvenzverwalter geltend gemacht werden. Die Gläubiger der übertragenden Genossenschaft haben keinen direkten Anspruch gegen das Mitglied.[789]

453 Die Mitglieder der übertragenden Genossenschaft haben Nachschüsse bis zur Höhe ihrer Haftsumme nach der Satzung der übertragenden Genossenschaft zu leisten, wobei die aufgrund der Satzung der übernehmenden Genossenschaft zu leistenden Nachschüsse anzurechnen sind.[790]

VI. Die Verschmelzung durch Neugründung einer eG

1. Praktische Bedeutung der Verschmelzung durch Neugründung

454 Bei der Verschmelzung durch Neugründung entsteht ein neuer Rechtsträger, dessen Gründer zwei oder mehrere beteiligte Rechtsträger – nicht deren Vertretungsorgane – sind. Die an der Verschmelzung beteiligten Rechtsträger können durch die Verschmelzung eine Genossenschaft gründen; sie selber müssen nicht Genossenschaften sein, sondern können auch Rechtsträger anderer Rechtsform sein (§ 3 Abs. 4 2. Var. UmwG). Die verschmelzungs-

---

[785] Lutter/Bayer § 95 Rn. 6.
[786] Lutter/Bayer § 95 Rn. 8.
[787] Lutter/Bayer § 95 Rn. 9.
[788] Lutter/Bayer § 95 Rn. 10.
[789] Bauer § 95 UmwG Rn. 16.
[790] Bauer § 95 UmwG Rn. 15.

fähigen Rechtsträger sind in § 3 UmwG abschließend genannt. Mit Wirksamwerden der Neugründung erlöschen die übertragenden Rechtsträger.

Praktische Bedeutung hat die Verschmelzung durch Neugründung fast ausschließlich aus psychologischen Gründen, da im Fall der Neugründung keiner der beteiligten Rechtsträger untergeht. Es findet eine „Fusion auf Augenhöhe" statt; ein „Übernahmestigma" wird vermieden.[791]

Wirtschaftlich ist die Verschmelzung durch Neugründung in aller Regel die teuerste Variante der Verschmelzung. Da es sich bei der Verschmelzung durch Neugründung um (mindestens) zwei Übertragungsakte aufgrund Gesamtrechtsnachfolge handelt, fällt für jeden der beteiligten Rechtsträger Grunderwerbsteuer an, wenn – wie in den meisten Fällen – Immobilienvermögen vorhanden ist. Hinzu kommen die Gründungskosten, insbesondere die Kosten der Gründungsprüfung gem. § 11 GenG.[792]

2. Rechtliche Besonderheiten gegenüber der Verschmelzung durch Aufnahme

Für die Gründung einer Genossenschaft durch Verschmelzung gelten die allgemeinen Gründungsvorschriften für Genossenschaften (§§ 1–16 GenG) iVm den Besonderheiten für Neugründungen im Zuge einer Verschmelzung gem. §§ 37, 38, 97 und 98 UmwG.[793]

a) Mindestmitgliederzahl. Gem. § 36 UmwG sind die Gründungsvorschriften für Genossenschaften anwendbar und daher in den Verschmelzungsvorgang zu integrieren. Eine Ausnahme besteht danach für die Mindestzahl der Gründungsmitglieder. Gem. § 4 GenG müsste die Zahl der Mitglieder mindestens drei betragen; § 36 Abs. 2 Satz 3 UmwG erklärt jedoch die Vorschriften, die eine Mindestzahl an Gründern vorsehen, bei der Verschmelzung durch Neugründung für nicht anwendbar. Dies bedeutet, dass auch nur zwei Rechtsträger durch Verschmelzung eine Genossenschaft gründen können. Diese ist wirksam gegründet und kann als solche auch ins Genossenschaftsregister eingetragen werden.

Sie braucht dann jedoch umgehend ein drittes Mitglied, damit sie nicht von Amts wegen wieder aufzulösen ist. Dies stellt in der Praxis in aller Regel kein Problem dar. Zum einen müssen die Mitglieder des Vorstandes und des Aufsichtsrates gem. § 9 Abs. 2 Satz 1 GenG grds. Mitglieder der Genossenschaft sein. Selbst bei Genossenschaften, die satzungsmäßige Hürden in Form besonderer persönlicher Voraussetzungen für die Mitgliedschaft festgesetzt haben, oder als Vorstands- und Aufsichtsratsmitglieder aufgrund der Ausnahme nach § 9 Abs. 2 Satz 2 GenG nicht Mitglied der Genossenschaft sein müssen, kann die Satzung Ausnahmen für Organmitglieder zulassen, so dass das Vorstands- oder Aufsichtsratsmitglieder dennoch Mitglied der Genossenschaft werden können.

Das gleiche gilt bei sog. „kleinen Genossenschaften" mit einer Mitgliederzahl unter 20, einem Vorstand und ohne Aufsichtsrat. In dem Fall muss der Bevollmächtigte, der den Aufsichtsrat ersetzt (§ 57 Abs. 5 GenG), Mitglied der Genossenschaft werden. Im Ergebnis muss daher bei der Gestaltung der Satzung die erforderliche Mindestmitgliederzahl im Blick behalten werden.

b) Verschmelzungsvertrag. Die beteiligten Rechtsträger schließen den Verschmelzungsvertrag. Nur sie sind Parteien des Vertrages, hingegen weder die neu zu gründende Genossenschaft noch die Vertretungsorgane der beteiligten Rechtsträger. Der Vertrag enthält zumindest die Pflichtangaben nach § 5 Abs. 1 und 2 UmwG sowie die nach § 80 Abs. 1 S. 1 UmwG erforderlichen Regelungen des Anteilstausches und ggf. der Barabfindung bei Beteiligung von Rechtsträgern anderer Rechtsform (§ 80 Abs. 1 S. 2 UmwG), ferner die Angabe der Bilanzstichtage der Schlussbilanzen jeder übertragenden Genossenschaft (§ 80 Abs. 2 UmwG).

---

[791] Semler/Stengel/*Scholderer* § 96 Rn. 2.
[792] Semler/Stengel/*Scholderer* § 96 Rn. 3.
[793] Semler/Stengel/*Scholderer* § 96 Rn. 1.

Gem. § 37 UmwG muss der Verschmelzungsvertrag bei einer Verschmelzung durch Neugründung den Gesellschaftsvertrag oder die Satzung des neuen Rechtsträgers enthalten. Anders als bei der Verschmelzung durch Aufnahme, bei der bereits der Gesellschaftsvertrag oder die Satzung des übernehmenden Rechtsträgers vorhanden ist, werden bei Neugründung einer Genossenschaft die Rechte und Pflichten der Mitglieder sowie die Organisation der Genossenschaft durch die Satzung erst neu bestimmt. Die Satzung muss den Voraussetzungen des GenG entsprechen und den inhaltlichen Anforderungen der §§ 6 und 7 GenG genügen. Sie ist mit dem Verschmelzungsvertrag zu beurkunden.[794]

458 **c) Gründungsgutachten.** § 75 UmwG, der Gründungsbericht und Gründungsprüfung regelt, findet auf die Verschmelzung durch Neugründung keine Anwendung.[795] Für die durch die Verschmelzung neu gegründete Genossenschaft finden vielmehr die Gründungsvorschriften des GenG Anwendung. Die Genossenschaft unterliegt gem. § 54 GenG der **Pflichtmitgliedschaft** in einem **Prüfungsverband**. Mit der Anmeldung der Genossenschaft zum Registergericht ist gem. § 11 Abs. 2 Nr. 3 GenG die Bescheinigung des Prüfungsverband**es** einzureichen, dass die Genossenschaft zum Beitritt zugelassen ist, ferner eine gutachterliche Äußerung des Prüfungsverbandes dazu, ob nach den persönlichen oder wirtschaftlichen Verhältnissen, insbesondere der Vermögenslage der Genossenschaft, eine Gefährdung der Belange der Mitglieder oder der Gläubiger der Genossenschaft zu besorgen ist (**Gründungsgutachten**). Diese Besorgnis kann z. B. bei Fehlen des erforderlichen Eigenkapitals begründet sein;[796] das Gutachten sollte sich, um aussagekräftig zu sein, auf die wirtschaftlichen und persönlichen Verhältnisse der Genossenschaft erstrecken und je nach Geschäftszweck (zB Finanzdienstleistungen) auch die Zuverlässigkeit (die etwa bei Vorstrafen wegen Insolvenzdelikten fehlen kann) und die fachliche Eignung der Vorstands- und Aufsichtsratsmitglieder einbeziehen.[797]

3. Pflichten der Vertretungsorgane der beteiligten Rechtsträger

459 Neben der Beachtung der allgemeinen Bestimmungen zur Verschmelzung haben die Mitglieder der Vertretungsorgane die besonderen Pflichten aus § 97 UmwG, da bei der Verschmelzung durch Neugründung eine neue Genossenschaft entsteht, die den genossenschaftsrechtliche Gründungsprozess durchlaufen muss. Das bedeutet insbesondere die Erstellung einer neuen Satzung, die Bestellung der Organmitglieder der neuen Genossenschaft, die Beantragung der Mitgliedschaft in einem Prüfungsverband, verbunden mit der Beantragung des Gründungsgutachtens (→ Rn. 458) und die Anmeldung der Eintragung beim Registergericht.

460 **a) Unterzeichnung der Satzung.** Die Satzung ist gem. § 97 Abs. 1 UmwG von sämtlichen Mitgliedern der Vertretungsorgane der beteiligten Rechtsträger zu unterzeichnen. Die Unterzeichnung tritt an die Stelle der Unterzeichnung aller Gründungsmitglieder der Satzung gem. § 11 Abs. 2 Nr. 1 GenG bei der Registeranmeldung der Neugründung einer Genossenschaft. Verweigert ein Mitglied eines Vertretungsorgans die Unterschrift, so ist die Satzung der neuen Genossenschaft nicht wirksam errichtet.[798] Der Mangel wird jedoch durch Eintragung der Genossenschaft geheilt (§ 20 Abs. 2 UmwG).[799]

461 **b) Bestellung des ersten Aufsichtsrates.** Bei der Neugründung einer Genossenschaft wird deren erster Aufsichtsrat in der Gründungsversammlung durch die Gründungsmitglieder gewählt. Da bei der Verschmelzung durch Neugründung die übertragenden Rechtsträger den Gründungsmitgliedern gleichstehen, haben die Mitglieder der Vertretungsorgane der beteiligten Rechtsträger gem. § 97 Abs. 2 UmwG den ersten Aufsichtsrat

---

[794] Beuthien/*Wolff* §§ 2 ff. Rn. 134.
[795] Semler/Stengel/*Scholderer* § 96 Rn. 14 (unter versehentlichem Hinweis auf § 75 GenG).
[796] Lang/Weidmüller/*Holthaus/Lehnhoff* § 11 GenG Rn. 12.
[797] Pöhlmann/Fandrich/Bloehs/*Fandrich* § 11 GenG Rn. 7.
[798] Beuthien/*Wolff* § 2 ff. UmwG Rn. 137.
[799] Lang/Weidmüller/*Holthaus/Lehnhoff* § 97 UmwG Rn. 2.

zu bestellen. Für den Aufsichtsrat gelten die Bestimmung des GenG und der Satzung. Das DrittelbG sowie das MitbestG 1976 sind auf den ersten Aufsichtsrat nicht anwendbar.[800] Die Bestellung erfolgt mangels anderweitiger Regelung mit einfacher Mehrheit. Der Aufsichtsrat muss vor den **Verschmelzungsbeschlüssen** bestellt sein, da seine Bestellung gem. § 98 UmwG erst durch die zustimmenden **Verschmelzungsbeschlüsse** wirksam wird. Über die Bestellung ist eine Urkunde anzufertigen (Bestellungsurkunde), die gem. § 11 Abs. 2 Nr. 2 GenG mit der Anmeldung beim Registergericht einzureichen ist.

c) Bestellung des ersten Vorstandes. Gem. § 97 Abs. 2 Satz 2 UmwG haben die Mitglieder der Vertretungsorgane der beteiligten Rechtsträger auch den ersten Vorstand zu bestellen. Dabei geht das UmwG zunächst vom gesetzlichen Regelfall des § 24 Abs. 2 GenG aus, nach dem der Vorstand von der General-/Vertreterversammlung gewählt wird. Der Vorstand muss **vor den Verschmelzungsbeschlüssen** bestellt sein, da seine Bestellung gem. § 98 UmwG erst durch die zustimmenden **Verschmelzungsbeschlüsse** wirksam wird. Über die Bestellung ist eine Urkunde anzufertigen (Bestellungsurkunde), die gem. § 11 Abs. 2 Nr. 2 GenG mit der Anmeldung beim Registergericht einzureichen ist.

Soweit die Satzung vom gesetzlichen Regelfall abweicht, ist bei der Neugründung durch Verschmelzung das satzungsmäßig zuständige Organ auch für die Bestellung des ersten Vorstandes zuständig. In aller Regel ist für die Bestellung des Hauptamtlichen Vorstandes der Aufsichtsrat zuständig, die General-/Vertreterversammlung hingegen nur für die Wahl der ehrenamtlichen Vorstände. So sehen es auch die Mustersatzungen des BVR und des DRV vor. Der Aufsichtsrat kann im erwähnten Regelfall den Vorstand erst bestellen, wenn seine eigene Bestellung durch die **Verschmelzungsbeschlüsse** aller beteiligten Rechtsträger wirksam geworden ist.[801] Das heißt, die Bestellung des Vorstandes hat nach Beschlussfassung über die Verschmelzung, aber vor Anmeldung der Verschmelzung zum Registergericht zu erfolgen, da die Bestellungsurkunde des Vorstandes der Anmeldung zum Registergericht gem. § 11 Abs. 2 Nr. 2 GenG beizufügen ist.[802]

4. Verschmelzungsbeschlüsse

Die Anteilsinhaber jedes beteiligten Rechtsträgers müssen der neuen Satzung, der Bestellung des ersten Aufsichtsrates und des ersten Vorstandes, wenn er von der General-/Vertreterversammlung zu wählen ist, in den **Verschmelzungsbeschlüssen** zustimmen. Bis zur Zustimmung durch die Anteilsinhaber sind die Satzung sowie die Bestellung der Gremien schwebend unwirksam.

VII. Die Verschmelzung genossenschaftlicher Prüfungsverbände

1. Rechtsformbesonderheit der genossenschaftlichen Prüfungsverbände

Gem. § 63b GenG soll der **Prüfungsverband** die **Rechtsform** des eingetragenen Vereins haben. Es handelt sich dabei zwar um eine „Sollbestimmung" und kein zwingendes Recht.[803] Dennoch hat sich die Aufsichtsbehörde daran zu halten und das Prüfungsrecht nur an **Prüfungsverbände** in der Rechtsform des e. V. zu verleihen, es sei denn, für die Wahl einer anderen Rechtsform bestehen wichtige sachliche Gründe.[804] (Zum Sonderfall des nicht eingetragenen Vereins → Rn. 473.) Es handelt sich bei der staatlichen Verleihung des Prüfungsrechts um eine rechtsformbezogene öffentlich-rechtliche Genehmigung, die nicht durch Verschmelzung auf einen Träger anderer Rechtsform übergehen kann. Diese

---

[800] Semler/Stengel/*Scholderer* § 97 Rn. 14 mit Verweis auf § 30 Abs. 2 AktG analog.
[801] Semler/Stengel/*Scholderer* § 97 UmwG Rn. 17.
[802] Semler/Stengel/*Scholderer* § 97 UmwG Rn. 23.
[803] Beuthien/*Beuthien* § 63b GenG Rn. 1. So bereits § 137 RefE vom 23.2.1962 für ein (nicht realisiertes) neues GenG, abgedr. in *Beuthien/Hüsken*, Materialien zum Genossenschaftsgesetz, Bd. 3 Parlamentarische und sonstige Materialien (1923–1969), 1990.
[804] *Bauer* § 63b Rn. 1.

restriktive Handhabung des eingeschränkten Anwendungsbereichs der Umwandlungsmöglichkeit dient der Abwehr unerwünschter Kommerzialisierung der kraft[805] staatlicher Verleihung (§ 63a GenG) ausgeübter Prüfungstätigkeit aufgrund der faktischen Monopolstellung der **Prüfungsverbände**.

Für den Prüfungsverband als **eingetragenen Verein** gelten die Vorschriften der §§ 63b ff. GenG und ergänzend die vereinsrechtlichen Bestimmungen des BGB (§§ 21, 55 ff. BGB). § 63b Abs. 4 GenG definiert den **Zweck** des genossenschaftlichen Prüfungsverbandes. § 63b Abs. 1 GenG stellt im Zusammenhang mit § 63b Abs. 4 S. 2 GenG klar, dass der Prüfungsverband als eingetragener Verein keine wirtschaftlichen Zwecke verfolgen darf, er also kein wirtschaftlicher Verein i. S. d. § 22 BGB ist.[806] Auch in der vereinsrechtlichen Literatur wird ein genossenschaftlicher Prüfungsverband gem. § 63b Abs. 1 GenG ausdrücklich als Idealverein (Verein ohne wirtschaftlichen Geschäftsbetrieb) angesehen.[807]

465 Unverzichtbares Merkmal eines genossenschaftlichen Prüfungsverbandes ist das **Prüfungsrecht**, das ihm von der zuständigen Aufsichtsbehörde nach §§ 63, 63a GenG verliehen wird. Der Prüfungsverband unterliegt gem. § 64 GenG auch während seiner Tätigkeit der Staatsaufsicht durch die Aufsichtsbehörde. In der Regel ist diese das Wirtschafts- oder Landwirtschaftsministerium. Die Landesregierung kann jedoch gem. § 63 Satz 2 GenG durch Rechtsverordnung die Zuständigkeit auf eine andere Behörde übertragen. Die bayerische Landesregierung hat beispielsweise von dieser Möglichkeit Gebrauch gemacht und die Regierung von Oberbayern zur Aufsichtsbehörde bestimmt.[808]

Die Genossenschaftsverbände unterscheiden sich nach Umfang und Spezialisierung ihres Prüfungsrechts. Das Prüfungsrecht einer **Prüfungsverbände** erstreckt sich sich auf alle Genossenschaften einschließlich der Kreditgenossenschaften. Darüber hinaus gibt es spezielle Prüfungsverbände für die Wohnungsgenossenschaften sowie Prüfungsverbände im Bereich des Handels und Gewerbes. Neben diesen klassischen **branchen-** bzw. **fachbezogenen** und den **regionalen** Prüfungsverbänden haben sich in den letzten Jahren eine Reihe weiterer (zB lokaler und kommunaler) Prüfungsverbände gegründet.

466 Neben dem Prüfungsrecht kann der Prüfungsverband gem. § 63b GenG auch die **Vertretung der Mitgliederinteressen** zum Zweck haben. Durch diese Regelung kommt die „**Doppelnatur**" der Prüfungsverbände als Prüfungs- und Betreuungsverband zum Ausdruck, die neben der Prüfung die Interessen ihrer Mitglieder bündeln und gegenüber Dritten vertreten, ihre Mitglieder betreuen, schulen und letztendlich prüfen.[809]

467 Dachorganisation der meisten – freilich nicht aller – Prüfungsverbände ist der Deutsche Genossenschafts- und Raiffeisenverband e. V. (DGRV).

2. Möglichkeiten der Verschmelzung

468 Gem. § 105 UmwG können genossenschaftliche Prüfungsverbände **nur miteinander** verschmolzen werden. Zulässig ist die Verschmelzung sowohl durch Aufnahme als auch zur Neugründung unter Beteiligung zweier, aber auch mehrerer Prüfungsverbände. Ein Prüfungsverband kann darüber hinaus als übernehmender Verband einen rechtsfähigen Verein aufnehmen, dessen Mitglieder ausschließlich Genossenschaften oder Unternehmen sind, die sich ganz oder überwiegend in genossenschaftlicher Hand befinden oder dem Genossenschaftswesen dienen. Voraussetzung ist die Zustimmung der Aufsichtsbehörde. Im Ergebnis ist daher nur eine reine Verschmelzung unter rechtsfähigen Vereinen zulässig. **Mischverschmelzungen** sind **unzulässig**.

---

[805] Widmann/Mayer/*Vossius* § 105 Rn. 8, 9.
[806] *Bauer* § 63b, Rn. 2; Beuthien/*Wolff* § 63b Rn 1; Pöhlmann/Fandrich/*Bloehs*, § 63b Rn. 1.
[807] Stöber/*Otto* Forderungspfändung, Rn. 79 Nr. 16.
[808] § 13 der „Verordnung zur Änderung der Verordnung zum Vollzug wirtschaftlicher Vorschriften" (752-2-W) der Bayerischen Staatsregierung vom 4.1.2011.
[809] Lang/Weidmüller/*Holthaus*/*Lehnhoff* § 63b Rn. 6.

§ 15 Rechtsformspezifische Besonderheiten der Verschmelzung   469–473 § 15

Auf die **Verschmelzung von Prüfungsverbänden** finden die allgemeinen Vorschriften über die Verschmelzung durch Aufnahme gem. §§ 4 ff. UmwG sowie ergänzend die §§ 101–103 ff. UmwG Anwendung, die den §§ 82–84 UmwG nachgebildet sind.

3. Vorbereitung und Durchführung der Mitgliederversammlung

Gem. § 13 UmwG beschließt über die Verschmelzung die **Versammlung der Anteils-** 469 **eigner**. Bei den Prüfungsverbänden ist dies die **Mitgliederversammlung** gem. § 32 BGB, die auch in Form einer **Vertreterversammlung** bestehen kann, wenn die Satzung des Prüfungsverbandes dies vorsieht.[810] Es besteht auch die Möglichkeit, dass die Satzung des Prüfungsverbandes zwar eine Vertreterversammlung vorsieht, aber für die Beschlussfassung über eine Verschmelzung eine Restzuständigkeit bei der Mitgliederversammlung belässt.[811]

Form und **Frist** der **Einladung zur Mitglieder-/Vertreterversammlung** ergeben 470 sich aus der Satzung des Prüfungsverbandes (§ 58 Nr. 4 BGB). Die auszulegende Unterlagen sind nach den §§ 106, 101 Abs. 1 Satz 1, 63 Abs. 1 Nr. 2 UmwG die Jahresabschlüsse und Lageberichte der letzten drei Geschäftsjahre der beteiligten Prüfungsverbände sowie nach den §§ 106, 101 Abs. 1 Satz 1, 63 Abs. 1 Nr. 4 UmwG der gemeinsame Verschmelzungsbericht. Es gilt insoweit § 8 UmwG.

Ausdrücklich von der Verweisung ausgenommen ist § 100 UmwG (Verschmelzungs- 471 prüfung). § 9 Abs. 1 UmwG sieht eine Verschmelzungsprüfung nur vor, wenn das UmwG selber sie ausdrücklich vorschreibt. Danach ist bei der Verschmelzung unter der Beteiligung von Prüfungsverbänden nach dem Wortlaut des Gesetzes **kein Prüfungsbericht erforderlich**. In der Literatur wird dies teilweise als Gesetzeslücke interpretiert und dennoch ein Prüfungsgutachten verlangt.[812] Diese Auffassung findet aber keine Legitimation im Gesetz. Auf einen Prüfungsbericht wurde bewusst verzichtet, da Mitglieder der Prüfungsverbände ausschließlich Genossenschaften bzw. Unternehmen sind, deren Organvertreter in der Lage sind, die Reichweite der Entscheidung zu erkennen und Interessen der Verbandsmitglieder wahrzunehmen.[813]

Im Übrigen gelten die Ausführungen zur Durchführung der Versammlungen in den §§ 101–103 UmwG entsprechend.

4. Anmelde und Benachrichtigungspflichten der Vorstände

Anders als zB bei der Verschmelzung zweier Genossenschaften, bei der jeder Vorstand für 472 seine beteiligte Genossenschaft die Eintragung bei seinem zuständigen Registergericht beantragt, haben die **Vorstände beider beteiligter Prüfungsverbände** die Eintragung der Verschmelzung gemeinsam bei beiden Registergerichten **anzumelden**. Ausreichend ist es dabei, dass die Anmeldung von den Vorständen in vertretungsberechtigter Anzahl unterzeichnet wird. Die gegenseitige Mitwirkungspflicht folgt aus § 107 UmwG, ist einklagbar und nach § 894 ZPO vollstreckbar.[814] Es sind die in §§ 17 UmwG aufgeführten Unterlagen beizufügen.

Ist ein beteiligter **Prüfungsverband** ein **nicht eingetragener Verein** (was wegen § 63b 473 Abs. 1 GenG in der Praxis kaum je vorkommen dürfte, → Rn. 464), dann gilt § 104 UmwG entsprechend, und an die Stelle der Registeranmeldung tritt die Bekanntmachung der Verschmelzung im elektronischen Bundesanzeiger. Auch diese Bekanntmachung im elektronischen Bundesanzeiger hat durch die Vorstände der beteiligten **Prüfungsverbände** gemeinsam zu erfolgen und tritt an die Stelle der Eintragung im Register.

---

[810] Lutter/*Bayer* § 106 Rn. 23.
[811] So z. B. in der Satzung des Genossenschaftsverbandes Bayern e. V.
[812] Widmann/Mayer/ *Vossius* § 105 Rn. 10 ff.
[813] RegEBegr BR-Drs 75/94 zu § 106. So auch Semler/Stengel/*Katschinki* § 106 Rn. 3; Schmitt/Hörtnagl/*Stratz* § 108 Rn. 5; Lutter/*Bayer* § 106 Rn. 12,13.
[814] Schmitt/Hörtnagl/*Stratz* 3 107 Rn. 6; Semler/Stengel/*Katschinsky* § 108 Rn. 2 m. w. N..

Sie ist mit einem Vermerk zu versehen, dass die Verschmelzung erst mit der Eintragung im Register des Sitzes des übernehmenden Rechtsträgers wirksam wird.[815]

474 Die Vorstände haben darüber hinaus die **für die Verleihung des Prüfungsrechtes zuständige oberste Landesbehörde** zu informieren. Dies gilt jedenfalls dann, wenn die oberste Landesbehörde auch die **Aufsichtsbehörde** ist. Gem. § 63 Satz 2 GenG sind die Landesregierungen ermächtigt, durch Rechtsverordnung die Zuständigkeit der obersten Landesbehörde (Aufsichtsbehörde) für die Verleihung des Prüfungsrechts auf eine **andere Behörde** zu übertragen. Soweit dies erfolgt ist, muss auch – abweichend vom Wortlaut des UmwG – **dieser Behörde als Aufsichtsbehörde** die Verschmelzung der **Prüfungsverbände** durch die Vorstände gemeinsam angezeigt werden. Das UmwG enthält insoweit eine Regelungslücke, weil es mit der Gesetzesänderung des GenG im Jahr 2009[816] nicht angepasst wurde.[817]

475 Letztendlich haben die Vorstände des übernehmenden Prüfungsverbandes ihre **Mitglieder** über die Eintragung der Verschmelzung zu **informieren** (§ 107 Abs. 3 UmwG). Hier kann nur die Eintragung in das Vereinsregister des übernehmenden Prüfungsverbandes gemeint sein, da mit dieser Eintragung die Verschmelzung wirksam wird. Zu informieren sind alle Mitglieder, das heißt sowohl die ursprünglichen als auch die neu hinzugekommenen Mitglieder des übernehmenden Prüfungsverbandes.[818]

476 Die herrschende Meinung in der Literatur[819] fordert mit der Benachrichtigung über die Eintragung auch die Information an die Mitglieder über die Möglichkeit des Austritts nach § 108 UmwG. Diese Auffassung ist zunächst vom Wortlaut des § 107 Abs. 3 UmwG nicht gedeckt, der nur von der Benachrichtigung über die Eintragung spricht. Wenn diese Meinung zuträfe, müsste zumindest in der Information zwischen den ursprünglichen und den neuen Mitgliedern in der Information unterschieden werden, da nur die Mitglieder des übertragenden Prüfungsverbandes nach dem Wortlaut des § 108 UmwG ein Sonderaustrittsrecht haben. Der Erwerb der Mitgliedschaft im Fall der Verschmelzung zweier Prüfungsverbände ist aufgrund des Übergangs der Mitgliedschaft und des Sonderaustrittsrechts vergleichbar mit der Verschmelzung zweier Genossenschaften, hier verbunden mit dem Ausschlagungsrecht. Der insoweit maßgebliche § 89 Abs. 2 UmwG listet abschließend die Inhalte der Pflichtmitteilungen an die Mitglieder der übertragenden Genossenschaft auf. Eine Information über das Ausschlagungsrecht ist nicht vorgeschrieben. Analog § 89 UmwG ist daher auch **keine Informationspflicht** des übernehmenden Verbandes gegenüber seinen Mitgliedern **über den ausdrücklichen Wortlaut des § 107 UmwG hinaus** zu fordern.[820]

5. Austritt der Mitglieder

477 Mit Wirksamwerden der Verschmelzung werden die Mitglieder des übertragenden Prüfungsverbandes im Wege der Gesamtrechtsnachfolge Mitglieder des übernehmenden Prüfungsverbandes und es gilt für sie die Satzung des übernehmenden Prüfungsverbandes.

§ 108 UmwG räumt den Mitgliedern des übertragenden Prüfungsverbandes, die mit der Verschmelzung Mitglieder des übernehmenden Prüfungsverbandes geworden sind, ein **Sonderkündigungsrecht** insofern ein, als die Mitglieder nicht an eine satzungsmäßige

---

[815] Lutter/*Bayer* § 107 Rn. 3.
[816] § 63 Satz 2 GenG wurde geändert durch Art. 10 Nr. 9b) des Bilanzrechtsmodernisierungsgesetz (BilMoG) vom 25.5.2009, BGBl. I 2009, S. 1102.
[817] Im Ergebnis ebenso Beuthien/*Wolff* § 105 ff. UmwG; die übrige umwandlungsrechtliche Literatur geht einheitlich auf diese Regelungslücke nicht ein, sondern zitiert lediglich den Gesetzestext des § 107 Abs. 2 UmwG.
[818] Beuthien/*Wolff* §§ 105 ff. UmwG Rn. 5; Lutter/*Bayer* § 107 Rn. 6; Semler/Stengel/*Katschinski* § 107 Rn. 5 m. w. N., auch zu a. A.
[819] Lutter/*Bayer* § 107 UmwG Rn. 6; Semler/Stengel/*Katschinski* § 107 UmwG Rn. 5 f.; Widmann/Mayer/*Vossius* § 107 UmwG Rn. 40.
[820] A. A. die h. M., so Semler/Stengel/*Katschinski* § 108 Rn. 5 m. w. N.

Kündigungsfrist des übernehmenden Prüfungsverbandes gebunden sind, wenn diese länger als bis zum Ende des Geschäftsjahres wirkt. Daher kann ein Mitglied des übertragenden Prüfungsverbandes seine Mitgliedschaft beim übernehmenden Prüfungsverband **zum Geschäftsjahresende** kündigen.

Das Gesetz lässt die Frage offen, ob diese **Sonderkündigungsrecht nur im ersten Geschäftsjahr** nach der Verschmelzung oder dauerhaft gelten soll. Vom Regelungszusammenhang und Regelungszweck ausgehend kann das Sonderkündigungsrecht nur für einen Austrittswillen wegen der Verschmelzung und von daher nur zum Ende des ersten Geschäftsjahres nach dem Verschmelzungsstichtag gelten.[821] Die Kündigung ist formfrei gegenüber dem Vorstand zu erklären. Bereits ausgesprochene, aber noch nicht wirksame Kündigungen gegenüber dem übertragenden Prüfungsverband werden entsprechend der Kündigungsfrist des übertragenden Prüfungsverbandes wirksam.[822]

Mit Wirksamwerden der Kündigung zum Ende des Geschäftsjahres **endet die Mitgliedschaft** in dem übernehmenden Prüfungsverband. Anders als im Fall der Ausschlagung der Mitgliedschaft bei einer übernehmenden Genossenschaft durch ein Mitglied der übertragenden Genossenschaft ordnet § 108 UmwG **keine Rückwirkung** an. Es wird gesetzlich nicht fingiert, dass die Mitgliedschaft beim übernehmenden Prüfungsverband als nicht erworben gilt. Die Mitgliedschaft endet vielmehr ex nunc mit Wirksamkeit der Kündigung. Dies bedeutet, dass das Mitglied bis zu diesem Zeitpunkt alle mitgliedschaftlichen Rechte und Pflichten hat.[823] Beiderseits erbrachte Leistungen sind daher nicht rückwirkend auszugleichen oder rückabzuwickeln, da sie aufgrund eines bis zum Wirksamwerden der Kündigung bestehenden Mitgliedschaftsverhältnisses erbracht wurden. 478

In der Vergangenheit hatte § 108 UmwG jedoch –anders als die Ausschlagung bei der Verschmelzung von Genossenschaften – wegen der Pflichtmitgliedschaft gem. § 54 GenG, der starken Regionalverbände und der branchenspezifischen Prüfungsverbände mangels echter Alternativen auch und gerade nach Verschmelzungen keine große praktische Bedeutung. 479

D. Eingetragener Verein (e. V.)

Schrifttum: *Böhringer*, Die Fusion von Vereinen aus rechtlicher Sicht, BWNotZ 1990, 5; *Hadding/Hennrichs*, Zur Verschmelzung unter Beteiligung rechtsfähiger Vereine nach dem neuen Umwandlungsgesetz, FS Boujong, 1996, S. 203; *Hager*, Die Verschmelzung von eingetragenen Vereinen miteinander aus notarieller Sicht, RNotZ 2011, 565; *Katschinski*, Die Verschmelzung von Vereinen, 1999; *Neumayer/Schulz*, Die Verschmelzung von rechtsfähigen Vereinen, DStR 1996, 872; *Wiedemann/Thüsing*, Gewerkschaftsfusionen nach dem Umwandlungsgesetz, WM 1999, 2237 und 2277.

I. Einführung

Verschmelzungen eingetragener Vereine kommen zunehmend vor. So sind im Jahre 2001 fünf Gewerkschaften zur neugegründeten Vereinten Dienstleistungsgewerkschaft ver.di e. V. verschmolzen worden. Die beteiligten Gewerkschaften hatten vor der Verschmelzung sämtlich die Rechtsform des eingetragenen Vereins angenommen, um nach dem UmwG verschmolzen werden zu können[824]. Verschmelzungen, an denen **ausschließlich** eingetragene Vereine beteiligt sind, sind in der Praxis der Regelfall. Verschmelzungen von eingetragenen Vereinen mit Rechtsträgern **anderer Rechtsform** sind demgegenüber seltener. Aus diesem Grund wird auf die reine Vereinsverschmelzung nachfolgend schwerpunktmäßig eingegangen. 480

---

[821] Lutter/*Bayer* § 108 Rn. 3 m. w. N. auch zu a. A..
[822] Beutien/*Wolff* §§ 105 ff. UmwG Rn. 6.
[823] Lutter/*Bayer* § 108 Rn. 5.
[824] Semler/Stengel/*Katschinski* § 99 Rn. 41.

1. Umwandlungsrechtliche Gestaltungsmöglichkeiten

481 **a) Inhalt und Systematik des UmwG.** Zur Verschmelzung unter Beteiligung rechtsfähiger Vereine gibt es besondere Vorschriften im sechsten Abschnitt des zweiten Teils des UmwG (§§ 99 bis 104a UmwG). Soweit diese keine abweichenden Regelungen enthalten, sind nachrangig nach diesen die allgemeinen Vorschriften zur Verschmelzung (§§ 2 bis 35 UmwG) und zur Verschmelzung zur Neugründung (§§ 36 bis 38 UmwG) heranzuziehen. Im Falle der Verschmelzung zur Neugründung eines Vereins sind wegen § 36 Abs. 2 UmwG auch die allgemeinen Gründungsvorschriften für einen Verein (§§ 57 ff. BGB) zu beachten[825].

482 Nach § 3 Abs. 1 Nr. 4 UmwG kann ein **eingetragener Verein** als übertragender, übernehmender oder neuer Rechtsträger an einer Verschmelzung beteiligt sein. § 99 Abs. 2 UmwG schränkt dies jedoch dahingehend ein, dass ein eingetragener Verein Rechtsträger, die kein eingetragener Verein sind, nicht aufnehmen und durch die Verschmelzung von Rechtsträgern, die kein eingetragener Verein sind, nicht gegründet werden darf[826]. Demgegenüber können aber Rechtsträger mit anderer Rechtsform einen eingetragenen Verein aufnehmen. Ein eingetragener Verein kann somit auf einen anderen schon eingetragenen Verein zur Aufnahme und gemeinsam mit einem oder mehreren anderen eingetragenen Vereinen auf einen neu einzutragenden Verein zur Neugründung verschmelzen[827]. Er kann aber auch auf einen Rechtsträger anderer Rechtsform zur Aufnahme, gemeinsam mit einem oder mehreren anderen eingetragenen Vereinen auf einen Rechtsträger anderer Rechtsform zur Neugründung und als Mischverschmelzung mit einem oder mehreren anderen Rechtsträger auf einen anderen Rechtsträger zur Neugründung verschmolzen werden[828].

483 **b) Sonderfälle.** Soweit ein bereits **aufgelöster Verein** als übertragender Rechtsträger ein Verschmelzungsvorhaben durchführen möchte, ist ihm dies nach § 3 Abs. 3 UmwG möglich, wenn seine Fortsetzung unter Beibehaltung seiner Rechtsfähigkeit noch beschlossen werden könnte[829]. Eine Fortführung eines Vereins scheidet aus, wenn dieser vollbeendet ist. Bei Vereinen, deren Vermögen gemäß § 46 BGB an den Fiskus fällt, tritt eine Vollbeendigung bereits mit der Beschlussfassung über die Auflösung ein[830]. Soweit das Vereinsvermögen gemäß § 45 Abs. 1 BGB nicht an den Fiskus fällt, sondern an eine andere in der Satzung bezeichnete Person, kommt es erst mit der vollständigen Vermögensauskehr an den Berechtigten und der damit verbundenen Beendigung der Liquidation gemäß §§ 47 ff. BGB zur Vollbeendigung des Vereins[831]. Soweit mit der Auskehrung des Vereinsvermögens im Rahmen der Liquidation bereits begonnen, diese aber noch nicht beendet wurde, hindert dies nach zutreffender und herrschender Auffassung[832] die Verschmelzungsfähigkeit des Vereins nicht, da die Vorschriften des § 274 Abs. 1 S. 1 AktG und des § 79a Abs. 1 S. 1 GenG für den Verein nicht herangezogen werden können. Bei einem aufgelösten Verein als übertragendem Rechtsträger wird davon ausgegangen, dass in dem Verschmelzungsbeschluss der Mitgliederversammlung konkludent der erforderliche Fortsetzungsbeschluss[833] beinhaltet ist. Soweit jedoch ein aufgelöster eingetragener Verein als übernehmender Rechtsträger fungieren soll, muss dieser nach herrschender und auch richtiger Auffassung erst seine Fortsetzung durch Mitgliederversammlungsbeschluss wirksam beschließen[834].

---

[825] Zur Gesetzessystematik MünchHdb. GesRV/*Pathe* § 53 Rn. 1 f.
[826] Kölner Kommentar-UmwG/*Leuering* § 99 Rn. 21; BeckOK BGB/*Schöpflin* § 41 Rn. 24.
[827] Lutter/*Hennrichs* § 99 Rn. 16; MünchKommBGB/*Arnold* § 41 Rn. 11.
[828] Limmer/*Limmer* Teil 2 Rn. 1299 f; Widmann/Mayer/*Vossius* § 99 Rn. 36 f.
[829] *Reichert* Rn. 4430.
[830] *Katschinski* S. 46; *Reichert* Rn. 4389.
[831] *Reichert* Rn. 4389; Lutter/*Hennrichs* § 99 Rn. 14.
[832] *Hadding/Hennrichs* S. 207 f.; Kölner Kommentar-UmwG/*Leuering* § 99 Rn. 29.
[833] Vgl. zum Fortsetzungsbeschluss: BeckOK BGB/*Schöpflin* § 41 Rn. 20.
[834] Semler/Stengel/*Katschinski* § 99 Rn. 49; vgl. zur GmbH OLG Naumburg 10 Wx 1–97, NJW-RR 1998, 178.

Ein **Verein mit Verwaltungssitz außerhalb der Bundesrepublik Deutschland** ist 484 gemäß § 1 Abs. 1 UmwG kein verschmelzungsfähiger Rechtsträger[835]. Auch die Vorschriften zur grenzüberschreitenden Verschmelzung von Kapitalgesellschaften in §§ 122a bis 122l UmwG führen zu keinem anderen Ergebnis, da diese für den Verein nicht zur Anwendung kommen[836]. Eine andere Bewertung kann sich auch nicht aus den Art. 49 und 54 des Vertrags über die Arbeitsweise der Europäischen Union ergeben, da sich eingetragene Vereine nicht auf die in ihnen geregelte Niederlassungsfreiheit berufen können[837]. Soweit *Hennrichs*[838] dies mit einem Verweis auf die Unverhältnismäßigkeit eines Versagens von grenzüberschreitenden Vereinsverschmelzungen unter Bezugnahme auf die Rechtsprechung des EuGH[839] anders bewertet, kann dies vielleicht für den Fall der Mischverschmelzung überzeugen, aber aus dem vorgenannten Grund nicht für eine reine Vereinsverschmelzung. Ein sog. **Vorverein**[840] ist mangels Rechtsfähigkeit nicht verschmelzungsfähig[841].

2. Alternative vereinsrechtliche Gestaltungsmöglichkeiten

Neben der Verschmelzung von Vereinen nach dem UmwG besteht die Möglichkeit, 485 diese durch Auflösung, Einzelübertragung der Vermögenswerte und Mitgliederaufnahme zur Aufnahme oder Neugründung **vereinsrechtlich** zu **fusionieren**[842]. Der Verein, der nicht weiter bestehen soll, beschließt in einer Mitgliederversammlung zunächst, die Vermögensanfallberechtigung (§ 45 Abs. 1 BGB) in seiner Satzung zugunsten des Rechtsträgers, der bestehen bleiben soll, zu ändern, und seine Auflösung (§ 41 BGB). Nach Beendigung der Liquidation wird dann das Restvermögen des nicht bestehen bleibenden Vereins durch Einzelübertragungsakte entsprechend der vorgenannten Anfallberechtigung übertragen und anschließend das Erlöschen des Vereins zum Vereinsregister angemeldet[843]. In Ergänzung hierzu ist es möglich, dass die Vorstände der beteiligten Vereine durch einen **Fusionsvertrag**[844] die wesentlichen Aspekte ihres Vorhabens regeln. Typischerweise beinhaltet er bei reinen Vereinsfusionen die Übertragung des gesamten Vermögens (Aktiva und Passiva) des aufzulösenden Vereins an den verbleibenden Verein, den Übertritt der Mitglieder des aufzulösenden Vereins in den verbleibenden Verein und ggf. erforderliche Vorstands- und Satzungsänderungen bei dem verbleibenden Verein. Der Fusionsvertrag bedarf regelmäßig wegen § 311b Abs. 3 BGB der notariellen Beurkundung[845]. Innerhalb der vereinsrechtlichen Fusion zweier oder mehrerer Vereine stellt das Problem des **Transfers der Mitglieder** des wegfallenden Vereins in den bestehen bleibenden Verein mangels einer Vorschrift wie § 20 Abs. 1 Nr. 3 UmwG zumeist die größte Schwierigkeit dar[846].

3. Bedeutung der Satzungen der beteiligten Vereine

a) Ausdrückliche oder sinngemäße Untersagung der Verschmelzung. Nach § 99 486 Abs. 1 Alt. 1 UmwG darf die Satzung des eingetragenen Vereins der Verschmelzung nicht entgegenstehen[847]. Eine **ausdrückliche Untersagung** einer Verschmelzung wird zunächst

---

[835] *Reichert* Rn. 4431; Widmann/Mayer/*Vossius* § 99 Rn. 10.
[836] Vgl. Kölner Kommentar-UmwG/*Leuering* § 99 Rn. 13; Semler/Stengel/*Katschinski* § 99 Rn. 57.
[837] Widmann/Mayer/*Vossius* § 99 Rn. 10.
[838] Lutter/*Hennrichs* § 99 Rn. 3.
[839] EuGH C-411/03, NJW 2006, S. 425.
[840] Vgl. zu diesem Begriff: BeckOK BGB/*Schöpflin* § 21 Rn. 112.
[841] Semler/Stengel/*Katschinski* § 99 Rn. 53 f.; Lutter/*Hennrichs* § 99 Rn. 15.
[842] Semler/Stengel/*Katschinski* § 99 Rn. 7; *Otto* Rn. 818; *Reichert* Rn. 4535 ff.
[843] Hierzu eingehend: *Böhringer* BWNotZ 1990, S. 5 f.; *Reichert* Rn. 4528 ff.; Hadding/Hennrichs FS Boujong, 1996, S. 203 f.
[844] Ein Muster mit Erläuterungen findet sich bei *Böhringer* BWNotZ 1990, S. 11.
[845] *Böhringer* BWNotZ 1995, 5, 12; *Reichert* Rn. 4534.
[846] Vgl. zu diesem Hauptproblem der Fusion *Böhringer* BWNotZ 1990, 5, 12; *Otto* Rn. 819; *Reichert* Rn. 4426.
[847] BT-Drucks. 12/6699, S. 111, vgl. hierzu Schmitt/Hörtnagl/Stratz/*Stratz* § 99 Rn. 1.

selten anzutreffen sein[848]. Es ist jedoch immer zu prüfen, ob nicht die **Auslegung einer Satzungsregelung** ergibt, dass diese von ihrem Sinn und Zweck her die Verschmelzung untersagt[849]. Hierbei ist anerkannt, dass eine Satzungsregelung hinreichend konkrete Anhaltspunkte hierfür aufweisen muss[850].

487 Für die Praxis ist insbesondere die Frage relevant, ob eine aufgrund des **Grundsatzes der Vermögensbindung** gemäß §§ 55 Abs. 1 Nr. 4, 61 AO[851] bei steuerbegünstigen Vereinen fast immer anzutreffende Satzungsbestimmung, nach der das Vermögen des Vereins bei dessen Auflösung einer anderen Person als dessen Mitgliedern und dem aufnehmenden Verein anfällt, einer Verschmelzung entgegensteht.

Katschinski[852] und andere[853] nehmen dies an, wenn der übernehmende Rechtsträger – anders als der übertragende – nicht steuerbegünstigt im Sinne der §§ 51 ff. AO ist, da das Vermögen des übertragenden Vereins der steuerlichen Vermögensbindung entzogen wird, die mit der Benennung eines Anfallberechtigten in der Satzung gemäß § 61 Abs. 1 AO eigentlich gewährleistet werden sollte. Sie vertreten dies aber auch im Falle eines steuerbegünstigten übernehmenden Vereins, wenn die Mitglieder des übertragenden Vereins das Anfallrecht zum Gegenstand von dessen Satzung gemacht haben, um zu gewährleisten, dass das Vereinsvermögen auch nach Auflösung des Vereins für seine Zwecke und Ziele weiter und ausschließlich eingesetzt wird. Soweit die Satzungsbestimmung zur Anfallberechtigung jedoch allein dazu dient, eine steuerliche Begünstigung des Vereins gemäß §§ 51 ff. AO zu gewährleisten, verneinen die Vertreter dieser Auffassung eine der Verschmelzung entgegenstehende Satzungsregelung.

Die Gegenauffassung[854] sieht durch eine solche Satzungsregelung richtigerweise in keinem Falle eine Verschmelzung gehindert, da ein möglicher rückwirkender Wegfall der Steuerbegünstigung des Vereins wegen mangelnder Vermögensbindung kein zivilrechtliches Verschmelzungshindernis begründet und darüber hinaus die Gesamtrechtsnachfolge des übernehmenden Rechtsträgers bei einer Verschmelzung keinen Vermögensanfall nach Auflösung im Sinne des § 45 Abs. 1 BGB darstellt. Aufgrund der zweifelhaften Rechtslage sollte der sicherste Weg gegangen werden und im Fall der Benennung eines anderweitigen Anfallberechtigten in der Satzung des übertragenden Vereins eine Änderung dahingehend erfolgen, dass der aufnehmende Rechtsträger Anfallberechtigter wird[855].

488 Eine weitere für die Praxis relevante Frage ist, ob unterschiedliche **Satzungszwecke** der Vereine deren Verschmelzung entgegenstehen können, worauf später noch im Rahmen der erforderlichen Beschlussmehrheit gemäß § 103 UmwG eingegangen wird. Weiter können auch Satzungsregelungen der Verschmelzung entgegenstehen, die nicht den Verhältnissen entsprechen, die durch den Vollzug der Verschmelzung entstehen[856]. *Otto*[857] bildet hierzu das Beispiel, dass die Satzung des übernehmenden Vereins beinhaltet, dass nur Angehörige einer besonderen Personengruppe (z. B. Absolventen einer bestimmten Universität) berechtigt sind, Mitglied dieses Vereins zu werden, und dass die Mitglieder des übertragenden Vereins nicht zu dieser Personengruppe gehören.

489 **b) Zeitpunkt der Satzungsänderung und sonstige die Verschmelzung behindernde Satzungsregelungen.** Soweit die Satzung eines Vereins Regelungen enthält, die dessen Verschmelzung gemäß § 99 Abs. 1 Alt. 1 UmwG entgegenstehen, müssen diese **vor** der Verschmelzung geändert werden. Nach § 33 Abs. 1 S. 1 BGB ist hierfür

---

[848] Widmann/Mayer/*Vossius* § 99 Rn. 21; Semler/Stengel/*Katschinski* § 99 Rn. 20.
[849] Semler/Stengel/*Katschinski* § 99 Rn. 20; *Hadding/Hennrichs* FS Boujong, 1996, S. 209.
[850] Kölner Kommentar-UmwG/*Leuering* § 99 Rn. 16.
[851] Vgl. *Sauter/Schweyer/Waldner* Rn. 467 und 483.
[852] Semler/Stengel/*Katschinski* § 99 Rn. 21 f.
[853] Kölner Kommentar-UmwG/*Leuering* § 99 Rn. 17.
[854] Lutter/*Hennrichs* § 99 Rn. 11; Widmann/Mayer/*Vossius* § 99 Rn. 26.
[855] Semler/Stengel/*Katschinski* § 99 Rn. 23.
[856] *Katschinski* S. 32.
[857] *Otto* Rn. 773.

ohne abweichende Satzungsregelung genauso wie für den Verschmelzungsbeschluss nach § 103 Abs. 1 S. 1 UmwG eine Dreiviertelmehrheit der abgegebenen Stimmen erforderlich. Es ist anerkannt, dass die Beschlüsse über die Verschmelzung und über die Satzungsänderung in **derselben** Mitgliederversammlung, die entsprechenden Anmeldungen zum Vereinsregister in **einer** Anmeldung und die Eintragung der Satzungsänderung und der Verschmelzung **gleichzeitig** erfolgen können[858]. Es ist jedoch überlegenswert, die Satzungsänderung bereits vorab in einer gesonderten Mitgliederversammlung zu beschließen und hierbei auch andere Satzungsregelungen zu ändern, die mit der Verschmelzung nicht in unmittelbarem Zusammenhang stehen, den Verschmelzungsvorgang aber erschweren können. Probleme beim reibungslosen Ablauf der Mitgliederversammlung, die den Verschmelzungsbeschluss fassen soll, entstehen oftmals durch außergewöhnliche Satzungsregelungen etwa zu deren Einberufung, Beschlussfähigkeit und Leitung.

c) **Entgegenstehende landesrechtliche Vorschriften.** Derzeit sind der Verschmelzung gemäß § 99 Abs. 1 Alt. 2 UmwG entgegenstehende landesrechtliche Vorschriften für eingetragene Vereine nicht bekannt[859]. 490

II. Verschmelzungsvertrag

Die an der Verschmelzung beteiligten Vereine schließen den Verschmelzungsvertrag vertreten durch ihre Vorstände in vertretungsberechtigter Anzahl. Nach § 26 Abs. 2 S. 1 BGB wird der Verein durch die Mehrheit der Vorstandsmitglieder vertreten, soweit die Satzung keine von dieser gesetzlichen Bestimmung abweichende Regelung beinhaltet[860]. Die Beschränkungen des § 181 BGB und entsprechende Befreiungen durch die Satzung oder durch Mitgliederversammlungsbeschluss auf Basis einer entsprechenden Satzungsgrundlage[861] sind insbesondere dann zu berücksichtigen, wenn eine Person in mehreren an der Verschmelzung beteiligten Rechtsträgern ein Vorstandsamt bekleidet. 491

1. Obligatorischer Inhalt

Innerhalb der §§ 99 ff. UmwG finden sich keine Besonderheiten zum Inhalt des Verschmelzungsvertrages[862]. Bei den Pflichtinhalten des § 5 UmwG sind jedoch bei einer Verschmelzung unter Beteiligung eines oder mehrerer eingetragener Vereine **Besonderheiten** gegenüber der Gestaltung von Verschmelzungsverträgen zwischen Rechtsträgern anderer Rechtsformen zu beachten, die insbesondere daher rühren, dass diese Normen vom Gesetzgeber primär auf Verschmelzungen von Handels- und Kapitalgesellschaften zugeschnitten wurden[863], auf die nachfolgend eingegangen wird. 492

a) **§ 5 Abs. 1 Nr. 3 UmwG.** Hinsichtlich der nach § 5 Abs. 1 Nr. 3 UmwG erforderlichen Angaben, ist zu unterscheiden, ob es sich um eine **reine Vereinsverschmelzung** oder um eine sogenannte **Mischverschmelzung** handelt. 493

aa) **Reine Vereinsverschmelzungen.** Soweit eine **reine Vereinsverschmelzung** vorliegt, sind entsprechend § 5 Abs. 1 Nr. 3 UmwG allein Angaben zum Inhalt der **neuen Mitgliedschaft** bei dem übernehmenden Verein aufzunehmen, da es zu einem Umtausch von Anteilen nicht kommt[864]. 494
Vertragsgestaltungsleitlinie bei der Festlegung der Inhalte der Mitgliedschaften ist die **Gleichbehandlung der Mitgliedschaften** der an der Verschmelzung beteiligten Ver-

---
[858] Kölner Kommentar-UmwG/*Leuering* § 99 Rn. 15; Lutter/*Hennrichs* § 99 Rn. 10.
[859] Semler/Stengel/*Katschinski* § 99 Rn. 18.
[860] Widmann/Mayer/*Vossius* § 99 Rn. 54.
[861] Vgl. *Reichert* Rn. 2492 f.
[862] Semler/Stengel/*Katschinski* § 99 Rn. 64.
[863] *Wiedemann/Thüsing*, WM 1999, S. 2237, 2243.
[864] *Reichert* Rn. 4443; Kölner Kommentar-UmwG/*Leuering* § 99 Rn. 34; MünchHdb. GesR V/ *Pathe* § 53 Rn. 11.

§ 15   495   2. Kapitel. Verschmelzung

eine[865]. Die Mitgliedschaften in dem übernehmenden Verein müssen denen in dem übertragenden Verein entsprechen. Es ist zu gewährleisten, dass weder die Mitglieder des übertragenden noch des übernehmenden Vereins ungerechtfertigte Vorteile erhalten und/oder Nachteilen ausgesetzt sind[866]. Dies gilt hinsichtlich ihrer Mitverwaltungs- und Wertrechte[867] und auch ihrer Pflichten[868] gegenüber dem Verein. Die Angaben im Verschmelzungsvertrag gemäß § 5 Abs. 1 Nr. 3 UmwG hierzu müssen den Mitgliedern die Prüfung ermöglichen, ob diesen Anforderungen Genüge getan wird[869]. Deshalb muss der Verschmelzungsvertrag besondere Benutzungs-, Teilhabe- und Leistungsrechte sowie Verpflichtungen – insbesondere die Beitragszahlungspflicht – der Mitglieder des übernehmenden Vereins beinhalten, soweit diese von den gesetzlichen Regelungen abweichen[870]. Besonderes Augenmerk ist hierbei auf die häufig vorkommenden **unterschiedlichen Mitgliedsarten** in den beteiligten Vereinen (z. B. Unterscheidung aktives und passives Mitglied oder Abteilungsmitgliedschaften)[871] und deren Zusammenführung in dem übernehmenden Verein zu richten[872]. Es ist in diesem Zusammenhang empfehlenswert, dem Verschmelzungsvertrag auch bei einer Verschmelzung zur Aufnahme die Satzung des übernehmenden Vereins beizufügen, da sich aus dieser die Organschafts- und Wertrechte der einzelnen Mitglieder ergeben[873]. In der Regel enthält jedoch die Satzung nicht die konkrete **Höhe des Mitgliedsbeitrags**; dieser wird vielmehr auf der Grundlage einer Satzungsregelung durch Mitgliederversammlungs- oder Vorstandsbeschluss bestimmt[874]. In diesem Fall sollte aus dem Verschmelzungsvertrag auch im Falle der Beifügung der Vereinssatzung die Höhe des Mitgliedsbeitrags als die wesentliche Verpflichtung der Mitglieder hervorgehen bzw. bei einer Verschmelzung zur Neugründung in dem Verschmelzungsvertrag geregelt werden.

Soweit sich die Rechte und Pflichten der Mitglieder durch die Verschmelzung ihrer Vereine nicht ändern – weil sich z. B. alle beteiligten Vereine allein am **gesetzlichen Leitbild** des eingetragenen Vereins orientieren –, ist es ausreichend, im Verschmelzungsvertrag auszuführen, dass die Mitglieder des übertragenden Vereines Mitglieder des übernehmenden Vereins werden[875].

495   **(1) Mitverwaltungsrechte und -pflichten der Mitglieder.** Insoweit sich die **allgemeinen Mitverwaltungsrechte und -pflichten** der Mitglieder des übertragenden Vereins in dem übernehmenden Verein verschlechtern, ist dies für die Gestaltung des Verschmelzungsvertrages unproblematisch, da der Zustimmungsbeschluss zur Verschmelzung nach § 103 UmwG genau wie der Beschluss über eine Satzungsänderung nach § 33 Abs. 1 BGB generell einer Mehrheit von drei Vierteln der abgegebenen Stimmen bedarf. Die für den Verschmelzungsbeschluss erforderliche Mehrheit ist somit regelmäßig ausreichend, um in dem übertragenden Verein eine Satzungsänderung hinsichtlich der allgemeinen Mitverwaltungsrechte herbeizuführen[876]. In dem Beschluss wird somit zumindest eine konkludente Zustimmung der Mitglieder liegen, ihre allgemeinen Mitverwaltungsrechte und ihre Pflichten entsprechend den Regelungen in dem Verschmelzungsvertrag zu modifizieren[877].

---

[865] Semler/Stengel/*Katschinski* S. 81 ff.
[866] Semler/Stengel/*Katschinski* § 99 Rn. 67 ff.
[867] Vgl. zu diesem Begriff *Reichert* Rn. 798 ff.
[868] Vgl. zu den Mitgliederpflichten *Sauter/Schweyer/Waldner* Rn. 347 f.
[869] Kölner Kommentar-UmwG/*Leuering* § 99 Rn. 35.
[870] Limmer/*Limmer* Teil 2 Rn. 1382; Semler/Stengel/*Katschinski* § 99 Rn. 68.
[871] Vgl. hierzu *Reichert* Rn. 739 ff.
[872] *Reichert* Rn. 4443.
[873] Kölner Kommentar-UmwG/*Leuering* § 99 Rn. 35; Semler/Stengel/*Katschinski* § 99 Rn. 68.
[874] Vgl. *Reichert* Rn. 894 ff.; BeckOK BGB/*Schöpflin* § 58 Rn. 5.
[875] Lutter/*Hennrichs* § 99 Rn. 23; Widmann/Mayer/*Vossius* § 99 Rn. 59; MünchHdb. GesR V/*Pathe* § 53 Rn. 11.
[876] Semler/Stengel/*Katschinski* § 99 Rn. 70.
[877] Semler/Stengel/*Katschinski* § 99 Rn. 70; Kölner Kommentar-UmwG/*Leuering* § 99 Rn. 36.

Anders stellt sich jedoch die Situation beim Bestehen von **Sonderrechten** im Sinne von § 35 BGB dar. Entweder verzichten die Sonderrechtsinhaber im Rahmen ihrer Zustimmung zum Verschmelzungsvertrag auf diese, oder die Sonderrechte werden in die Satzung des übernehmenden Vereins übernommen[878]. Bei der zweiten Alternative ist jedoch die Zustimmung aller Vereinsmitglieder des übernehmenden Vereins für eine entsprechende Satzungsregelung erforderlich. Diese Zustimmung wird, insbesondere bei mitgliederstarken Vereinen, schwer zu erreichen sein.

(2) Wertrechte. Hinsichtlich der **allgemeinen Wertrechte** der Mitglieder ist zu prüfen, ob das Vermögen der an der Verschmelzung beteiligten Vereine im Verhältnis zu ihrer jeweiligen Mitgliederzahl in einem zumindest ansatzweise ausgeglichenen Verhältnis steht[879]. Soweit sich die Vermögenslage wesentlich unterscheidet, besteht Handlungsbedarf im Verschmelzungsvertrag, da sich sonst für die Mitglieder des weniger Vermögen aufweisenden Vereins die vermögensrechtliche Position verbessert und für die Mitglieder des vermögenderen Vereins verschlechtert. Als Gestaltungsmöglichkeit wird empfohlen, einen Ausgleich dahingehend vorzunehmen, dass die Mitglieder des weniger vermögenderen Vereins in einer Übergangszeit einen höheren Beitrag als die Mitglieder des vermögenderen Vereins oder einen einmaligen Sonderbeitrag zahlen[880].

Handlungsbedarf besteht auch in den seltenen Fällen, in denen eine Vereinssatzung einzelnen Mitgliedern **besondere Wertrechte** einräumt (z. B. Abfindungsrecht für einzelne Mitglieder im Falle von deren Ausscheiden)[881]. Solche Regelungen können in die Satzung des übernehmenden Vereins übernommen werden[882], oder es kann ein Wertausgleich für den Verlust des besonderen Wertrechts derart vereinbart werden, dass auch hier unterschiedliche Beiträge oder ein einmaliger Sonderbeitrag gezahlt werden[883].

(3) Doppelmitgliedschaft. Weiter muss Gegenstand der Überlegungen zum Verschmelzungsvertrag sein, ob eines der Vereinsmitglieder der an der Verschmelzung beteiligten Vereine Mitglied in mehreren an der Verschmelzung beteiligten Vereinen, z. B. im übertragenden und übernehmenden, ist. Dieses kann keine weitere Mitgliedschaft im übernehmenden Verein erhalten, da es vereinsrechtlich allgemein anerkannt ist, dass sog. Doppelmitgliedschaften unzulässig sind[884]. Umstritten ist jedoch, ob und welchen Ausgleich ein Mitglied in einer solchen Konstellation für den ersatzlosen Verlust seiner Mitgliedschaft in dem übertragenden Verein erhalten muss. *Hennrichs*[885] sieht in keinem Fall eine Veranlassung, einem solchen Mitglied einen Ausgleich für den Verlust seiner zweiten Mitgliedschaft zu gewähren. Nach richtiger Auffassung ist zu differenzieren[886]. Das Mitglied erhält keinen Ausgleich für den ersatzlosen Verlust seiner Mitgliedschaft in dem übertragenden Verein, wenn seine Mitgliedschaft in diesem dem **gesetzlichen Leitbild** entspricht und ihm keine besonderen Wertrechte eingeräumt wurden. Soweit dem Mitglied jedoch solche Rechte zustehen, kann, soweit kein entsprechender Wert in dem übernehmenden Verein eingeräumt wird, ein Ausgleich erfolgen durch die Einräumung eines Sonderrechts gemäß § 35 BGB, eine temporäre Beitragsreduzierung oder durch die Zahlung einer Abfindung analog § 29 UmwG[887]. Dieser Auffassung ist zuzustimmen, da die Mitgliedschaft in dem übernehmenden Verein bei einer Gestaltung der Mitgliedschafts-

---

[878] Lutter/*Hennrichs* § 99 Rn. 24.
[879] Hadding/*Hennrichs* FS Boujong, 1996, S. 213; *Katschinski* S. 84.
[880] Lutter/*Hennrichs* § 99 Rn. 23; *Wiedemann/Thüsing*, WM 1999, S. 2237, 2244.
[881] *Reichert* Rn. 4443; *Katschinski* S. 85.
[882] *Katschinski* S. 85 mit konkreten Hinweisen zur Ermittlung der Höhe der besonderen Wertrechte.
[883] *Reichert* Rn. 4443.
[884] Kölner Kommentar-UmwG/*Leuering* § 99 Rn. 34; *Reichert* Rn. 720; Limmer/*Limmer* Teil 2 Rn. 1307.
[885] Lutter/*Hennrichs* § 99 Rn. 25.
[886] Semler/Stengel/*Katschinski* § 99 Rn. 73; Kölner Kommentar-UmwG/*Leuering* § 99 Rn. 41/42.
[887] Kölner Kommentar-UmwG/*Leuering* § 99 Rn. 41/42.

rechte im übertragenden und -nehmenden Verein alleine nach dem gesetzlichen Leitbild durch die Übernahme des Vermögens des übertragenden Vereins angereichert und damit der ersatzlose Verlust der Mitgliedschaft in dem übertragenden Verein ausgeglichen wird. Daher besteht kein Bedürfnis für einen weiteren Ausgleich[888].

498 a) **Mischverschmelzungen.** Bei einer Verschmelzung eines eingetragenen Vereins auf andere Rechtsträger, wie z. B. Kapital- oder Personengesellschaften, gelten die allgemeinen Grundsätze. Es findet somit ein Umtausch von Mitgliedschaften gegen Anteile an dem übernehmenden Rechtsträger statt, so dass Angaben über das Umtauschverhältnis der Anteile zu machen sind[889]. Bei der Berechnung des Umtauschverhältnisses gestaltet sich die Zurechnung des Vereinsvermögens auf die einzelnen Mitglieder schwierig[890], wobei regelmäßig das Vereinsvermögen den einzelnen Mitgliedern nach Köpfen zuzuordnen sein wird[891].

499 b) **§ 5 Abs. 1 Nr. 5 UmwG.** Da eingetragene Vereine ihren Mitgliedern keinen Anteil am Bilanzgewinn gewähren, ist die durch § 5 Abs. 1 Nr. 5 UmwG vorgegebene Angabe des Zeitpunktes, von dem an die Mitglieder einen Anspruch darauf erhalten, für **reine Vereinsverschmelzungen** vom Wortlaut her nicht passend[892]. Vielmehr ist der Zeitpunkt zu nennen, ab dem den Mitgliedern des übertragenden Vereins die Vermögensrechte an dem übernehmenden Verein zustehen[893].

500 c) **§ 5 Abs. 1 Nr. 7 UmwG.** Nach § 5 Abs. 1 Nr. 7 UmwG sind Angaben zu **Sonderrechten**, die der übernehmende Rechtsträger einzelnen Anteilsinhabern sowie den Inhabern von besonderen Rechten im Sinne des § 23 UmwG gewährt, oder die für diese Personen vorgesehenen Maßnahmen zum Gegenstand des Verschmelzungsvertrages zu machen. Trotz des Wortlauts der Vorschrift, der anders als § 5 Abs. 1 Nrn. 2 bis 5 UmwG alleinig von der Gewährung von Sonderrechten an Anteilsinhaber und nicht an Mitglieder spricht, ist sie nach ihrem Sinn und Zweck, allen Mitgliedern die Einhaltung des Gleichbehandlungsgrundsatzes im Verhältnis zu Sonderrechtsinhabern zu ermöglichen, nach allgemeiner Meinung auch auf **reine Vereinsverschmelzungen** heranzuziehen[894]. Anzugeben sind insbesondere einem oder einzelnen Mitgliedern gewährte Sonderrechte gemäß § 35 BGB[895], die z. B. zum Ausgleich des Verlusts der Mitgliedschaft in dem übertragenden Verein aufgrund einer bereits bestehenden Mitgliedschaft in dem übernehmenden Verein oder für die Mitglieder des übertragenden Vereins wegen deren Verlusts eines Sonderrechts (z. B. eine als Sonderrecht ausgestaltete Ehrenmitgliedschaft[896]) oder eines besonderen Wertrechts gewährt werden, und Vorteilsrechte, wie z. B. das Recht auf Teilnahme an sportlichen Wettkämpfen[897].

501 d) **§ 5 Abs. 1 Nr. 8 UmwG.** Im Verschmelzungsvertrag ist gemäß § 5 Abs. 1 Nr. 8 UmwG **jeder besondere Vorteil** anzugeben, der einem Vertretungsorganmitglied der an der Verschmelzung beteiligten Vereine gewährt wird, d. h. den Mitgliedern des geschäftsführenden Vorstands gemäß § 26 BGB[898] oder anderen in der Vorschrift genannten Personen. Aufgrund des vom Gesetzgeber mit dieser Vorschrift verfolgten Zieles, dass die

---

[888] Vgl. Semler/Stengel/*Katschinski* § 99 Rn. 73.
[889] MünchHdb. GesR V/*Pathe* § 53 Rn. 12.
[890] Widmann/Mayer/*Vossius* § 99 Rn. 60; *Katschinski* S. 91 f; MünchHdb. GesR V/*Pathe* § 53 Rn. 13 f.
[891] Limmer/*Limmer* Teil 2 Rn. 1308.
[892] *Reichert* Rn. 4443; Lutter/*Hennrichs* § 99 Rn. 33; *Wiedemann/Thüsing* WM 1999, S. 2237, 2244.
[893] Semler/Stengel/*Katschinski* § 99 Rn. 81; Lutter/*Hennrichs* § 99 Rn. 33.
[894] *Katschinski*, S. 98.
[895] Widmann/Mayer/*Vossius* § 99 Rn. 72 f.; Kölner Kommentar-UmwG/*Leuering* § 99 Rn. 53.
[896] *Reichert* Rn. 774.
[897] *Reichert* Rn. 4443; vgl. zum Begriff der Vorteilsrechte derselbe Rn. 804.
[898] Semler/Stengel/*Katschinski* § 99 Rn. 84.

wesentlichen Umstände der Verschmelzung zur Information der Vereinsmitglieder öffentlich gemacht werden[899], ist auch anzugeben, welche Vorteile im Verschmelzungsvertrag anderen Personen gewährt wurden, die an der Verschmelzung beteiligt sind. Hierunter fallen jedoch nicht die üblichen Honorare der erforderlichen Beteiligten[900]. Anzugeben sind alle aus Anlass der Verschmelzung erfolgenden Vergünstigungen, z. B. lebenslange Mitgliedschaft im Vorstand des übernehmenden Vereins oder die Zahlung einer Abfindung für den Verlust eines Vorstandsamts[901].

e) § 5 Abs. 1 Nr. 9 UmwG. Soweit ein an der Verschmelzung beteiligter Verein 502 Arbeitnehmer beschäftigt, sind nach § 5 Abs. 1 Nr. 9 UmwG die individual- und kollektivrechtlichen Folgen der Verschmelzung für sie und ihre Vertretungen sowie die insoweit vorgesehenen Maßnahmen im Verschmelzungsvertrag anzugeben[902].

In diesem Zusammenhang ist gerade bei Verschmelzungen unter Beteiligung von eingetragenen Vereinen zu eruieren, ob ein Verein **Arbeitnehmer im Sinne des § 5 Abs. 1 Nr. 9 UmwG** beschäftigt, da hier der Erfahrung nach oft nicht eindeutige Fälle vorliegen. Unter einem Arbeitnehmer ist unter Heranziehung der Rechtsprechung des BAG eine Person zu verstehen, die aufgrund eines privatrechtlichen Vertrags über entgeltliche Dienste für eine andere in persönlicher Abhängigkeit tätig ist[903]. Für die Definition der Arbeitnehmereigenschaft werden zahlreiche Einzelmerkmale verwendet, anhand derer zu bewerten ist, ob eine solche persönliche Abhängigkeit vorliegt. Hierbei ist es generell irrelevant, dass die Arbeitsleistung nur nebenberuflich erbracht wird[904]. Bei einer nebenberuflichen Tätigkeit wird jedoch häufig keine persönliche Abhängigkeit vorliegen, sodass eine Arbeitnehmereigenschaft ausscheidet[905]. Es können aber auch Trainer[906], Sportler des Vereins[907], Hausmeister[908] oder Geschäftsstellenmitarbeiter Arbeitnehmer des Vereins im vorgenannten Sinne sein. Wenn die Bewertung der Arbeitnehmereigenschaft zu keinem eindeutigen Ergebnis kommt, sollten Angaben über die Folgen der Verschmelzung für die vorgenannten Personengruppen in den Verschmelzungsvertrag aufgenommen werden. Soweit sie mangels Arbeitnehmereigenschaft der betroffenen Personen gemäß § 5 Abs. 1 Nr. 9 UmwG nicht erforderlich sind, sind sie als fakultative Angaben im Verschmelzungsvertrag in jedem Fall zulässig. Insbesondere wenn Sportler und/oder Trainer des Vereins Arbeitnehmer sind, wird anzugeben sein, wie sich die Verschmelzung auf ihre Arbeitsvertragsverhältnisse auswirkt (Zusammenlegung mehrerer Mannschaften, Rückzug einer Mannschaft aus einer Spielklasse, Veränderung des Trainings- und Spielorts etc.). Wenn keiner der beteiligten Vereine Arbeitnehmer beschäftigt, ist dies ausdrücklich aufzunehmen; weitere Angaben nach § 5 Abs. 1 Nr. 9 UmwG können dann natürlich unterbleiben[909].

f) Barabfindungsangebot, Vereinsaustritt und Mitgliedschaftsverzicht. Auch hier 503 ist zwischen einer reinen **Vereinsverschmelzung** und einer **Mischverschmelzung** zu unterscheiden.

---

[899] Kölner Kommentar-UmwG/*Leuering* § 99 Rn. 54.
[900] Kölner Kommentar-UmwG/*Leuering* § 99 Rn. 54; Semler/Stengel/*Katschinski* § 99 Rn. 84.
[901] *Reichert* Rn. 4443.
[902] Lutter/*Hennrichs* § 99 Rn. 33.
[903] Vgl. *Hausch* RNotZ 2007, S. 308, 318. Vgl. zum Arbeitnehmerdefinition des BAG: BAG 5 AZR 31/08, NZA-RR 2010, S. 172.
[904] BAG 7 ABR 19/91 NZA 1992, S. 407 = NJW 1992, S. 2110 (nur Leitsatz).
[905] Streitig, vgl. BAG 7 AZR 31/91, NZA 1992, S. 1125 ff. mwN.
[906] LAG Hamburg 6 Sa 85/06 BeckRS 2008, 51177 = SpuRt 2007, S. 217 („freie Übungsleiterin ist keine Arbeitnehmerin"); LAG Hamm 2 Ta 598/04, SpuRt 2006, S. 127 f. („Tennislehrer ist Arbeitnehmer").
[907] LAG Rheinland-Pfalz 5 Sa 896/02, BeckRS 2013, 70263(„Vertragsamateure"); LAG Nürnberg 7 Ta 187/94, NZA-RR 1996, S. 1 ff. (Eishockeyspieler Arbeitnehmereigenschaft verneinend).
[908] OLG Köln 11 W 38/93, NJW-RR 1994, S. 192 (verneinend wegen mangelnder Abhängigkeit).
[909] *Krafka/Kühn*, Rn. 2216; Kölner Kommentar-UmwG/*Leuering* § 99 Rn. 55.

504 **aa) Reine Vereinsverschmelzung.** In der Praxis spielt bei einer reinen Vereinsverschmelzung ein Barabfindungsangebot im Verschmelzungsvertrag nach § 29 UmwG kaum eine Rolle[910]. Dies beruht darauf, dass § 29 Abs. 1 S. 1 UmwG mangels Beteiligung eines Rechtsträgers einer anderen Rechtsform nicht einschlägig ist und die Voraussetzungen des auf den ersten Blick als anwendbar anzunehmenden S. 2 regelmäßig nicht vorliegen. Die Nichtanwendbarkeit des S. 2 beruht auf der vereinsrechtlichen Besonderheit, dass nach § 38 BGB ohne abweichende Satzungsregelung (§ 40 BGB) die Vereinsmitgliedschaft gerade **nicht übertragbar** ist[911]. Fälle, in denen eine Satzung eines Vereins abweichend vom gesetzlichen Leitbild eine Übertragbarkeit der Mitgliedschaft vorsieht, kommen jedoch praktisch kaum vor. Im Ergebnis erhält das Mitglied des übertragenden Vereins somit regelmäßig eine Mitgliedschaft im übernehmenden Verein, die genauso wie die bisherige im übertragenden Verein nach § 38 BGB nicht übertragbar ist. Hier und auch im Falle von identischen Nichtübertragbarkeitsregelungen in der Satzung der beteiligten Vereine ist es unstreitig, dass S. 2 entgegen seinem Wortlaut nach seinem Sinn und Zweck nicht zur Anwendung kommt, da identische gesetzliche und auch satzungsrechtliche Verfügungsbeschränkungen für das Mitglied keinerlei Nachteile mit sich bringen[912]. Nur in den seltenen Fällen, in denen im übertragenden Verein eine Übertragungsmöglichkeit hinsichtlich der Mitgliedschaft besteht und in dem übernehmenden Verein eine Nichtübertragbarkeit der Mitgliedschaft oder in dem übertragenden Verein eine andere Vinkulierung hinsichtlich der Mitgliedschaft als im übernehmenden Verein vorliegt, ist § 29 Abs. 1 S. 2 UmwG nach einhelliger Auffassung somit direkt oder im zweiten Fall analog anwendbar[913].

505 In den wenigen Fällen, in denen hiernach noch ein Barabfindungsangebot gemäß § 29 Abs. 1 S. 1 UmwG in den Verschmelzungsvertrag aufzunehmen wäre, ist mit § 104a UmwG für von der Körperschaftsteuer nach § 5 Abs. 1 Nr. 9 KStG befreite Vereine ein weiterer Ausschlusstatbestand zu beachten, der dem Schutz des Gemeinnützigkeitsstatus der beteiligten Vereine gemäß §§ 51 ff. AO dient. Ein Verein gilt auch dann als gemeinnützig, wenn er einen wirtschaftlichen Geschäftsbetrieb betreibt und seine Gemeinnützigkeit aus diesem Grund nach §§ 14, 64 AO teilweise ausgeschlossen ist[914]. Nach einhelliger Auffassung ist die gesetzgeberisch wenig geglückte Sondervorschrift des § 104a UmwG von ihrem Sinn und Zweck her nur auf Verschmelzungen anwendbar, bei denen ein oder mehrere gemeinnützige Vereine auf einen anderen gemeinnützigen Rechtsträger verschmelzen[915]. Die Gemeinnützigkeit muss hierbei im Zeitpunkt des Wirksamwerdens der Verschmelzung nach § 20 Abs. 1 UmwG vorliegen, d. h. bei Eintragung der Verschmelzung in das Vereinsregister des übernehmenden Vereins[916]. Da das Registergericht später die Gemeinnützigkeit zu prüfen hat, ist es empfehlenswert, vom zuständigen Finanzamt eine Gemeinnützigkeitsbescheinigung einzuholen und diese der Vereinsregisteranmeldung beizufügen[917].

506 Soweit ein Barabfindungsangebot erfolgen müsste, ist ein Verzicht der Mitglieder des übertragenden Vereins auf ein solches rechtlich möglich. Dieses scheidet bei Verschmelzungen von eingetragenen Vereinen miteinander aber faktisch aus, da alle Mitglieder des übertragenden Vereins auf die Aufnahme eines Abfindungsangebots in den Verschmelzungsvertrag in notariell beurkundeter Form verzichten müssten[918]. Soweit im absoluten Ausnahmefall doch ein Barabfindungsangebot gemäß § 29 Abs. 1 S. 2 UmwG in den

---

[910] Lutter/*Hennrichs* § 99 Rn. 30; Widmann/Mayer/*Vossius* § 99 Rn. 80.
[911] *Reichert* Rn. 4443.
[912] Limmer/*Limmer* Teil 2 Rn. 1311; Semler/Stengel/*Katschinski* § 99 Rn. 90; Lutter/*Hennrichs* § 99 Rn. 30.
[913] Kölner Kommentar-UmwG/*Leuering* § 99 Rn. 65.
[914] Lutter/*Hennrichs* § 104a Rn. 25; Kölner Kommentar-UmwG/*Leuering* § 104a Rn. 3.
[915] Semler/Stengel/*Katschinski* § 104a Rn. 3.
[916] Widmann/Mayer/*Vossius* § 104a Rn. 9; Lutter/*Hennrichs* § 104a Rn. 2.
[917] Kölner Kommentar-UmwG/*Leuering* § 104a Rn. 4; Lutter/*Hennrichs* § 104a Rn. 3.
[918] Lutter/*Hennrichs* § 99 Rn. 32.

Verschmelzungsvertrag aufgenommen werden muss, errechnet sich die **Höhe der Abfindung** bei Verschmelzungen von Vereinen miteinander nach einhelliger Meinung nach dem Wert des Vereinsvermögens abzüglich des Anteils des Vermögens, das durch Zuwendungen Dritter gebildet wurde[919].

Natürlich können die Mitglieder der an der Verschmelzung beteiligten Vereine unter Zugrundelegung der einschlägigen Satzungsregelungen zum Austritt oder im Falle von deren Fehlen nach § 39 BGB ihren **Austritt** erklären[920]. Die Verschmelzung eines Vereins begründet nach richtiger Auffassung nur in besonders gelagerten Einzelfällen ein außerordentliches Austrittsrecht der Mitglieder der beteiligten Vereine[921]. Die Mitglieder des übertragenden Vereins haben jedoch nach wohl herrschender und zutreffender Auffassung in entsprechender Anwendung von § 128 UmwG die Möglichkeit, auf ihre Mitgliedschaft in dem übertragenden Verein **entschädigungslos zu verzichten**[922].

bb) **Mischverschmelzung.** Nach § 29 Abs. 1 S. 1 UmwG ist bei Mischverschmelzungen von Vereinen generell ein Barabfindungsangebot in den Verschmelzungsvertrag aufzunehmen[923]. Dies gilt auch dann, wenn die Mitgliedschaft in dem übertragenen Verein keinen wirtschaftlichen Wert verkörpert[924]. Hierzu ist die Abfindung anhand des anteilig auf das Mitglied entfallenden Werts des Vereinsvermögens zu bestimmen. Hierbei gelten dieselben Grundsätze wie für die Bewertung der Mitgliedschaft zur Bestimmung des Umtauschverhältnisses nach § 5 Abs. 1 Ziffer 3 UmwG[925].

g) **Verschmelzung zur Neugründung: §§ 36 Abs. 2, 37 UmwG und Bestellung des ersten Vorstands.** Soweit eine Verschmelzung auf einen **neu gegründeten Verein** erfolgt, die aufgrund der eingeschränkten Verschmelzungsfähigkeit gemäß § 99 Abs. 2 UmwG nur dadurch erfolgen kann, dass zwei oder mehr eingetragene Vereine auf diesen verschmelzen, muss die Satzung des neu gegründeten Vereins gemäß § 37 UmwG Bestandteil des Verschmelzungsvertrages sein und bedarf mit ihm der notariellen Beurkundung[926]. Üblicherweise wird die Satzung dem Verschmelzungsvertrag nach § 9 Abs. 1 S. 2 BeurkG als Anlage beigefügt und auf sie im Verschmelzungsvertrag verwiesen[927]. Der Inhalt der Satzung richtet sich nach §§ 57 und 58 BGB, wobei gemäß § 36 Abs. 2 S. 2 UmwG die Vorgaben des § 56 BGB hinsichtlich der Zahl von zumindest sieben Gründern und des § 59 Abs. 3 BGB hinsichtlich der Satzungsunterzeichnung durch mindestens sieben Mitglieder nicht zur Anwendung kommen[928]. In jedem Fall muss die Satzung des neuen Vereins den vorgenannten Anforderungen der §§ 57 und 58 BGB und auch den übrigen vereinsrechtlichen Vorgaben für eine Vereinssatzung genügen[929]. Das Vereinsregister hat bei seiner Prüfung der Anmeldung der Verschmelzung die gesetzlichen Voraussetzungen für die Eintragung des neuen Vereins zu beachten und eine diesbezügliche Prüfungskompetenz[930], sodass bei Nichtbeachtung der gesetzlichen Vorgaben für die Vereinssatzung die Verschmelzung hieran scheitern kann.

---

[919] Semler/Stengel/*Katschinski* § 99 Rn. 93 mwN.
[920] Lutter/*Hennrichs* § 104a Rn. 6; *Reichert* Rn. 4472.
[921] Widmann/Mayer/*Vossius* § 104a Rn. 21; Semler/Stengel/*Katschinski* § 104a Rn. 10; *Reichert* Rn. 4472 mit Beispielen; a. A. Wiedemann/*Thüsing*, S. 2278 für Verschmelzungen von Gewerkschaften.
[922] Semler/Stengel/*Katschinski* § 104a Rn. 10 mwN und unter Nennung der Vertreter der Gegenauffassung.
[923] *Katschinski* S. 103; Widmann/Mayer/*Vossius* § 39 Rn. 76.
[924] Limmer/*Limmer* Teil 2 Rn. 1310.
[925] Vgl. hierzu im Detail *Katschinski* S. 107 f.
[926] MünchHdb. GesRV/*Pathe*, § 53 Rn. 115; Lutter/*Hennrichs* § 99 Rn. 33; *Reichert* Rn. 4510.
[927] Stratz, Schmitt/Hörtnagl/*Stratz*, § 37 Rn 3 mwN.
[928] MünchHdb. GesRV/*Pathe*, § 53 Rn. 114; *Reichert* Rn. 4509.
[929] Vgl. zu den Anforderungen an die Satzung: *Reichert* Rn. 401 ff. *Sauter/Schweyer/Waldner* Rn. 32 ff.
[930] Krafka/*Kühn* Rn 1188 für die GmbH.

510 Bei einer Verschmelzung zur Neugründung sollte der **erste Vorstand** des neu gegründeten Vereins (§ 26 BGB) innerhalb des Verschmelzungsvertrages und damit vor Wirksamwerden der Verschmelzung bestellt werden[931]. Es besteht auch die Möglichkeit, die ersten Vorstandsmitglieder in der Satzung zu bestimmen[932], was jedoch den Nachteil hat, dass die Satzung bei späteren personellen Änderungen innerhalb des Vorstands nicht mehr zutreffend ist. Die Bestellung des Vorstands des neu gegründeten Vereins bedarf im Rahmen der Mitgliederversammlungen, die den Verschmelzungsbeschluss gemäß § 13 Abs. 1 UmwG fassen sollen, wegen der Inkongruenz der übertragenden Vereine als Gründer und sämtlicher Mitglieder der übertragenden Vereine als zukünftige Mitglieder des neu gegründeten Vereins der Zustimmung der übertragenden Vereine durch entsprechende Beschlussfassung[933]. Wirksam wird die Bestellung erst mit Wirksamwerden der Verschmelzung gemäß § 20 Abs. 1 UmwG und dem damit verbundenen Entstehen des neu gegründeten Vereins. Nach zutreffender Auffassung ist es nicht möglich, dass eine vor Vereinsregistereintragung des neu gegründeten Vereins und der damit verbundenen Wirksamkeit der Verschmelzung einberufene Mitgliederversammlung des neu gegründeten Vereins, bestehend aus den Mitgliedern der übertragenden Vereine, dessen ersten Vorstand bestellt[934].

2. Fakultativer Inhalt

511 Neben dem gesetzlich vorgeschriebenen Inhalt können weitere Regelungen in den Verschmelzungsvertrag aufgenommen werden. Denkbar ist, dass bei einer Verschmelzung zur Aufnahme Regelungen zur zukünftigen personellen Zusammensetzung des geschäftsführenden Vorstands des übernehmenden Vereins aufgenommen werden, die dann durch die Mitgliederversammlung des übernehmenden Vereins, die der Verschmelzung zustimmen soll, durch entsprechende Wahl umgesetzt werden[935]. Auch eine Verpflichtung zur Satzungsänderung in dem übernehmenden Verein kann vereinbart werden. Der Verschmelzungsvertrag kann hierbei auch unter die aufschiebende Bedingung eines Satzungsänderungsbeschlusses oder einer Vorstandswahl gestellt werden. Das mit der Vereinbarung einer solchen Bedingung verfolgte Ziel der Abhängigkeit der Verschmelzung von Veränderungen im übernehmenden Verein zugunsten des übertragenden Vereins und seiner Mitglieder kann auch durch die Vereinbarung eines Rücktrittsrechts erreicht werden[936].

III. Verschmelzungsbericht

512 Es ist kaum eine Verschmelzung von Vereinen denkbar, bei der kein Verschmelzungsbericht nach § 8 Abs. 1 UmwG zu erstellen ist, da die in § 8 Abs. 3 UmwG geregelten Ausnahmetatbestände so gut wie nie einschlägig sein werden[937]. Auch dessen Alt. 1 scheidet zumeist aus, da es bei Vereinen zumeist nicht möglich sein wird, von allen Mitgliedern in notariell beglaubigter Form eine Erklärung zu erhalten, dass auf die Berichterstattung gemäß § 8 Abs. 1 UmwG verzichtet wird[938].

Es reicht nach der Rechtsprechung des BGH zur Wahrung des Schriftformerfordernisses aus, dass der Verschmelzungsbericht durch Vorstandsmitglieder des jeweiligen Vereins in vertretungsberechtigter Anzahl **unterzeichnet** wird[939]. Zur Dokumentation der internen Willensbildung des Vorstands sollten aber möglichst alle seine Mitglieder unterzeichnen. Es

---

[931] Limmer/*Limmer* Teil 2 Rn. 1340; Kölner Kommentar-UmwG/*Leuering* § 99 Rn. 97.
[932] *Reichert* Rn. 2081.
[933] Semler/Stengel/*Katschinski* § 99 Rn. 127; Limmer/*Limmer* Teil 2 Rn. 1341.
[934] Semler/Stengel/*Katschinski* § 99 Rn. 129; a. A. wohl Widmann/Mayer/*Vossius* § 99 Rn. 110.
[935] Widmann/Mayer/*Vossius* § 99 Rn. 82, 104 f..
[936] *Katschinski* S. 122 mit weiteren möglichen Regelungsinhalten; Widmann/Mayer/*Vossius* § 99 Rn. 81, 105.
[937] *Katschinski* S. 126.
[938] OLG Bamberg 6 W 26/12, NZG 2012, 1269.
[939] BGH II ZR 266/04, DNotZ 2008, S. 143 f.; Schmitt/Hörtnagl/Stratz/*Stratz* § 8 Rn 6 mwN.

ist unstreitig möglich und sicher auch sinnvoll, dass die beteiligten Rechtsträger einen gemeinsamen Verschmelzungsbericht erstellen[940].

Bei der Erstellung des Verschmelzungsberichts ist zunächst als allgemeine Gestaltungsleitlinie dessen **Sinn und Zweck** heranzuziehen. Er dient dem Schutz der Mitglieder, indem er sie auf die Mitgliederversammlung und die dort bestehende Möglichkeit, weitere Auskünfte zu verlangen, vorbereiten soll, ihnen aber schon davor eine sachgerechte „Vorentscheidung" darüber ermöglichen soll, ob sie der Verschmelzung zustimmen[941]. Ausgehend hiervon muss der Verschmelzungsbericht konkrete rechtliche wie tatsächliche Ausführungen zur Verschmelzung allgemein, dem Verschmelzungsvertrag oder seinem Entwurf und vor allem bei der reinen Vereinsverschmelzung über die zukünftige Mitgliedschaft im übernehmenden Verein beinhalten[942]. Hierbei sind den Mitgliedern die Motive für die Verschmelzung, deren Konsequenzen und mögliche Alternativen vor Augen zu führen[943].

Der Verschmelzungsbericht bei einer **reinen Vereinsverschmelzung** kann wie folgt gestaltet werden: Im ersten Teil werden die augenblickliche Situation und Lage der beteiligten Vereine dargestellt und im zweiten Teil die Motive für die Verschmelzung, die mit ihr verfolgten Ziele, deren Konsequenzen und möglichen Alternativen erläutert. Der dritte Teil geht auf den Verschmelzungsvertrag ein[944]. Nachfolgend wird im vierten und wichtigsten Teil die **Satzung** des übernehmenden bzw. neu gegründeten Vereins erörtert und wesentliche Unterschiede zur Satzung des übertragenden Vereins aufgezeigt. Hierbei werden schwerpunktmäßig die Details der Mitgliedschaft im übernehmenden Verein und die Angemessenheit dieser Mitgliedschaft unter vergleichender Heranziehung der Mitgliedschaft in dem übertragenden Verein erörtert[945]. Die allgemeinen Rechte und Pflichten der Mitglieder müssen nicht angesprochen werden[946]. Der Verschmelzungsbericht sollte in jedem Fall Ausführungen zu den **Vereinsbeiträgen** machen, insbesondere zu deren Höhe und Art und Weise von deren Festlegung; soweit aus den oben genannten Gründen für eine Übergangszeit unterschiedliche Beitragshöhen oder eine Abfindung vereinbart werden, sollten diese erläutert und die Gründe im Detail dargestellt werden[947]. Auch ist hier auf ggf. bestehende oder neu entstehende Sonderrechte gemäß § 35 BGB einzugehen[948].

IV. Verschmelzungsprüfung

Abweichend von der in § 9 UmwG generell angeordneten Prüfungspflicht besteht bei eingetragenen Vereinen nach § 100 S. 2 UmwG eine grundsätzliche Prüfungsfreiheit, sodass es bei einer **reinen Vereinsverschmelzung** nur selten zu einer Verschmelzungsprüfung kommen wird[949]. Eine Prüfung nach den §§ 9 bis 12 UmwG ist bei einer reinen Vereinsverschmelzung nach § 100 S. 2 UmwG nur dann erforderlich, wenn 10 % der Mitglieder des jeweiligen Vereins dies schriftlich (§§ 126, 126a BGB[950]) verlangen. Das Prüfungsverlangen muss gemäß § 26 Abs. 2 S. 2 BGB zumindest einem der Mitglieder des jeweiligen Vorstands zugehen. Wie viele Mitglieder erforderlich sind, um die 10-%-Schwelle zu erreichen, bemisst sich anhand der vorhandenen Mitglieder des jeweiligen

---

[940] Vgl. Lutter/*Hennrichs* § 99 Rn. 34; MünchHdb. GesR V/*Pathe*, § 53 Rn. 28.
[941] OLG Hamm 8 W 11/99, NJW-RR 1999, 973; Kölner Kommentar-UmwG/*Leuering* § 99 Rn. 68.
[942] Semler/Stengel/*Katschinski* § 99 Rn. 97.
[943] *Wiedemann/Thüsing* WM 1999, S. 2237, 2244.
[944] *Katschinski*, S. 125.
[945] Kölner Kommentar-UmwG/*Leuering* § 99 Rn. 69; MünchHdb. GesR V/*Pathe* § 53 Rn. 20 f.
[946] *Katschinski*, S. 125.
[947] Semler/Stengel/*Katschinski* § 99 Rn. 97; Lutter/*Hennrichs* § 99 Rn. 34
[948] Kölner Kommentar-UmwG/*Leuering* § 99 Rn. 69.
[949] *Neumayer/Schulz*, DStR 1996, S. 872, 873; *Wiedemann/Thüsing* WM 1999, S. 2237, 2247.
[950] Vgl. zum Schriftformerfordernis: Widmann/Mayer/*Vossius* § 100 Rn. 11 ff.; Kölner Kommentar-UmwG/*Leuering* § 100 Rn. 10; Semler/Stengel/*Katschinski* § 100 Rn. 9; MünchHdb. GesR V/*Pathe* § 53 Rn. 33.

Vereins im Zeitpunkt des Zuganges des Verlangens und nicht anhand der Mitglieder, die z. B. bei der Mitgliederversammlung erscheinen[951]. Die Mitglieder haben einen Anspruch gegenüber dem Vorstand, dass dieser ihnen sämtliche Mitglieder samt Anschriften mitteilt, damit ein Informationsaustausch und eine Abstimmung zwischen den Mitgliedern über das Prüfungsverlangen erfolgen kann[952].

516 § 100 S. 2 UmwG sieht anders als die Parallelvorschriften der §§ 44 und 48 UmwG, in die eine Frist zur Geltendmachung des Prüfungsverlangens durch die Gesellschafter aufgenommen wurde, eine solche nicht vor. Daher ist die Frage, bis zu welchem Zeitpunkt das Prüfungsverlangen gestellt werden kann, weiterhin **umstritten**[953]. Die herrschende Meinung ist der Auffassung, dass die Mitglieder bis zum Zeitpunkt der Beschlussfassung über den Verschmelzungsvertrag (§ 13 UmwG) die Verschmelzungsprüfung verlangen können[954]. Der herrschenden Auffassung ist hierbei bewusst, dass ein ggf. erst unmittelbar vor dem Verschmelzungsbeschluss erfolgendes Prüfungsverlangen unweigerlich zu einer Verzögerung des Verschmelzungsprozesses führt, da in diesem Fall die Beschlussfassung über die Verschmelzung unweigerlich auf eine spätere Mitgliederversammlung vertagt werden muss, um die Durchführung der Verschmelzungsprüfung zu ermöglichen[955]. Nur *Vossius*[956] vertritt abweichend hiervon die Meinung, dass die in §§ 44 und 48 genannte Wochenfrist im Falle einer Verschmelzung von Vereinen entsprechend heranzuziehen sei, da deren Nichtaufnahme in § 100 S. 2 UmwG ein Redaktionsversehen des Gesetzgebers sei. Der Auffassung von *Vossius* ist jedoch entgegenzuhalten, dass der Bundesrat im Gesetzgebungsverfahren ausdrücklich vorgeschlagen hatte, die in §§ 44 und 48 UmwG aufgenommene Frist auf den Verein und weitere Rechtsformen auszudehnen[957] und dieser Vorschlag bewusst nicht aufgegriffen wurde[958]. Folglich liegt keine planwidrige Regelungslücke vor und es besteht somit auch kein Raum für eine analoge Anwendung der in §§ 44 und 48 UmwG genannten Frist[959].

517 Um eine zeitliche Verzögerung des Verschmelzungsvorhabens zu vermeiden, wird vorgeschlagen, die Mitglieder vor der Mitgliederversammlung schriftlich auf ihr Recht, eine Verschmelzungsprüfung verlangen zu können, **hinzuweisen**, ihnen dieses Recht gleichzeitig eingehend zu erläutern und ihnen eine angemessene Frist[960] zur Ausübung des Verlangens nach § 100 S. 2 UmwG zu setzen, innerhalb derer sie sich über die Verschmelzungsprüfung und ihr Recht nach § 100 S. 2 UmwG informieren können[961]. Hierbei sind den Mitgliedern vorzeitig die in § 101 UmwG genannten Unterlagen zugänglich zu machen. Hierdurch soll erreicht werden, dass ein Prüfungsverlangen, das erst nach Ablauf der gesetzten Frist gestellt wird, aufgrund eines Verstoßes gegen die mitgliedschaftlichen Treuepflichten rechtlich unbeachtlich ist[962]. *Heckschen* und *Stratz*[963] halten diese Vorgehensweise

---

[951] Widmann/Mayer/*Vossius* § 100 Rn. 15 ff.
[952] OLG Saarbrücken 1 U 450/07–142, BeckRS 2008, 09167; Kölner Kommentar-UmwG/*Leuering* § 100 Rn. 9.
[953] Vgl. Widmann/Mayer/*Vossius* § 100 Rn. 21 ff.; Kölner Kommentar-UmwG/*Leuering* § 100 Rn. 11 ff.
[954] *Wiedemann/Thüsing* WM 1999, S. 2237, 2247; *Katschinski*, S. 130; Limmer/*Limmer*, Teil 2 Rn. 1316.
[955] Limmer/*Limmer*, Teil 2 Rn. 1316; Kölner Kommentar-UmwG/*Leuering* § 100 Rn. 11.
[956] Widmann/Mayer/*Vossius* § 100 Rn. 22/23.
[957] BR-Drucks. 548/1/06, 4 Ziffer 6.
[958] BT-Drucks. 16/2919, 27 Anlage 3.
[959] Lutter/*Hennrichs* § 100 Rn. 6 mwN.
[960] Vgl. eingehend: Lutter/*Hennrichs* § 100 Rn. 8; Semler/Stengel/*Katschinski* § 100 Rn. 15. Als ausreichende Frist werden hier Zeiträume zwischen einer Woche (in Anlehnung an §§ 44 und 48) und einem Monat genannt.
[961] *Neumayer/Schulz* DStR 1996, S. 872, 873; Lutter/*Hennrichs* § 100 Rn. 7/8; Limmer/*Limmer* Teil 2 Rn. 1316.
[962] Widmann/Mayer/*Vossius* § 100 Rn. 24.
[963] *Heckschen* DNotZ 2007, S. 444, 449; Schmitt/Hörtnagl/Stratz/*Stratz* § 44 Rn. 4.

seit der vorgenannten Aufnahme der Wochenfrist in die §§ 44 und 48 UmwG und die damit gleichzeitig bewusst erfolgte Nichtaufnahme dieser Frist in § 100 S. 2 UmwG zu Unrecht für unzulässig. Der Gesetzgeber hat die Aufnahme einer Frist entsprechend der Frist in §§ 44 und 48 UmwG in § 100 S. 2 UmwG für entbehrlich gehalten und die dort aufgenommene Frist von einer Woche für Vereine als zu kurz angesehen[964]. *Heckschen* und *Stratz* ist so entgegenzuhalten, dass der Gesetzgeber gerade nicht die vorgenannte Vorgehensweise, die ihren Ursprung nicht im Umwandlungsrecht hat, sondern in der allgemein anerkannten mitgliedschaftlichen Treuverpflichtung[965], in Frage gestellt hat. Man wird jedoch die Bewertung der Fristfrage durch den Gesetzgeber bei der Gestaltung der Länge der Frist für das Prüfungsverlangen zu berücksichtigen haben. Da die Anforderungen an die Zulässigkeit einer solchen Fristsetzung und auch der hiermit verbundene Aufwand für den Verein hoch sind, eine Verschmelzungsprüfung trotz wirksamer Fristsetzung aufgrund neuer entscheidungserheblicher Tatsachen, die sich z. B. im Rahmen der Verschmelzungsversammlung ergeben können, verlangt werden kann[966] und schlussendlich auch deren rechtliche Zulässigkeit teilweise bestritten wird, ist sie in der Praxis nicht zu empfehlen.

Als weiteres Gestaltungsmittel kommt ein **Verzicht** auf das Prüfungsverlangen in Betracht. Dieser scheidet jedoch bei Vereinen mit einer üblichen Anzahl von Mitgliedern praktisch aus. Er würde bis zur Fassung des Verschmelzungsbeschlusses nach zutreffender herrschender Meinung gemäß §§ 9 Abs. 3, 12 Abs. 3 i. V. m. § 8 Abs. 3 UmwG auch der notariellen Beurkundung bedürfen[967]. Bei und nach der Verschmelzungsbeschlussfassung ist der Verzicht jedoch unstreitig ohne Einhaltung einer Form ausdrücklich und auch konkludent möglich, z. B. durch vorbehaltlose Zustimmung zur Verschmelzung[968]. Dies löst jedoch die vorgenannte Problematik des späten Prüfungsverlangens nicht.

Wenn eine Prüfung zu erfolgen hat, richtet sich diese nach den §§ 9 bis 12 UmwG[969].

V. Beschlussfassung der Mitgliederversammlungen

Für die Mitgliederversammlungen, die über die Verschmelzung Beschluss fassen sollen, treffen die §§ 101 bis 103 UmwG besondere Regelungen. Im Übrigen sind die allgemeinen Vorschriften des UmwG zur Verschmelzung und die des Vereinsrechts zu beachten[970].

Nach § 13 Abs. 1 UmwG sind die der Verschmelzung zustimmenden Beschlüsse zwingend in Mitgliederversammlungen der beteiligten Vereine zu fassen. Eine Übertragung der Beschlussfassungskompetenz auf ein **anderes Vereinsorgan** als die Mitgliederversammlung ist wegen des Grundsatzes der Gesetzesstrenge in § 1 Abs. 3 UmwG unzulässig[971]. Es ist jedoch abweichend hiervon allgemein anerkannt, dass eine bei größeren Vereinen oft anzutreffende **Delegierten- oder Vertreterversammlung**[972] trotz des entgegenstehenden Wortlauts der §§ 13 Abs. 1 S. 2 und 101 Abs. 1 UmwG die Kompetenz haben kann, einen Verschmelzungsbeschluss zu fassen. Im Detail ist jedoch umstritten, inwieweit es für eine solche Beschlussfassungskompetenz der Delegiertenversammlung einer besonderen Satzungsermächtigung bedarf[973].

---

[964] BT-Drucks. 16/2919, 27 Anlage 3.
[965] Vgl. *Reichert* Rn. 961 ff. mwN.
[966] Lutter/*Hennrichs* § 100 Rn. 9; Widmann/Mayer/*Vossius* § 100 Rn. 28.
[967] Kölner Kommentar-UmwG/*Leuering* § 100 Rn. 14 mwN; A. A. Widmann/Mayer/*Vossius*, § 100 Rn. 29.
[968] Semler/Stengel/*Katschinski* § 100 Rn. 4 mwN.
[969] Lutter/*Hennrichs* § 100 Rn. 2 und 14; Widmann/Mayer/*Vossius* § 100 Rn. 32; Katschinski, S. 129 ff.
[970] Vgl. Lutter/*Hennrichs* § 99 Rn. 36, § 102 Rn. 2.
[971] Lutter/*Hennrichs* § 103 Rn. 5.
[972] Vgl. zu Delegiertenversammlungen: *Reichert* Rn. 5743 ff.; MünchKommBGB/*Arnold* § 32 Rn. 74 ff. mwN.
[973] Hierzu ausführlich: Semler/Stengel/*Katschinski* § 103 Rn. 4; Lutter/*Hennrichs* § 99 Rn. 36, § 102 Rn. 5; Rn. 783; LG Frankenthal 1 T 100/07, RNotZ 2007, S. 478, 479 f.

§ 15 522–525   2. Kapitel. Verschmelzung

522   Die an dem Verschmelzungsvorhaben beteiligten Vereine können räumlich und zeitlich **gemeinsam** ihre Mitgliederversammlungen, die den Verschmelzungsbeschluss fassen sollen, durchführen, soweit die rechtliche Selbstständigkeit der Mitgliederversammlung eines jeden Vereins gewährleistet bleibt[974]. Dies bedeutet, dass jede Mitgliederversammlung gemäß den für sie geltenden Satzungsregelungen (Einberufung, Beschlussfähigkeit, Sitzungsleitung etc.) einberufen und durchgeführt werden muss. Insbesondere bei der **Beschlussfassung** gemäß §§ 103, 13 UmwG muss darauf geachtet werden, dass diese **getrennt** voneinander erfolgen, deutlich als Beschluss des jeweiligen Vereins bezeichnet werden und die Satzungsvorgaben des jeweiligen Vereins hinsichtlich der Beschlussfassungsvoraussetzungen, der Stimmberechtigung und der Bekanntgabe des Abstimmungsergebnisses beachtet werden[975]. Praktisch lässt sich dies dadurch erreichen, dass der Sitzungssaal in zwei Hälften geteilt und diese den jeweiligen Vereinen zugewiesen und den Mitgliedern unterschiedliche farbliche Stimmkarten ausgehändigt werden. Weiter sollten die Mitglieder des jeweiligen anderen Vereins anfangs als Gäste der jeweils anderen Mitgliederversammlung zugelassen werden. Die Entscheidung hierüber trifft generell die Mitgliederversammlung, wobei sie diese dem Versammlungsleiter überlassen kann[976].

523   In der Praxis wird häufig der Wunsch nach einer sog. **Gründungsversammlung** des neu gegründeten und vereinzelt auch des aufnehmenden Vereins geäußert, die unmittelbar nach den Verschmelzungsbeschlüssen gemäß § 13 Abs. 1 UmwG, aber noch vor dem Wirksamwerden der Verschmelzung nach § 20 Abs. 1 UmwG durchgeführt werden soll. Diesbezüglich sollte gerade in Bezug auf mögliche Beschlussfassungen in dieser Versammlung darauf hingewiesen werden, dass das Umwandlungsrecht nach herrschender Auffassung keinen werdenden Verein kennt. Die an der Verschmelzung beteiligten Vereine bestehen bis zur Eintragung der Verschmelzung in das Vereinsregister des übernehmenden bzw. bis zur Eintragung des neu gegründeten Vereins in das Vereinsregister gemäß §§ 20 Abs. 1, 19 Abs. 1 UmwG unverändert fort, ohne dass ein Vorverein entsteht[977]. Gerade der im Rahmen der Verschmelzung neu gegründete Verein, dessen Gründer die übertragenden Vereine und nicht dessen Mitglieder sind, entsteht erst mit seiner Eintragung in das Vereinsregister und kann somit vorher nach überwiegender Auffassung auch keine Mitgliederversammlung durchführen[978].

1. Einberufung der Mitgliederversammlungen

524   Die Einberufung der Mitgliederversammlung, die den Verschmelzungsbeschluss fassen soll, richtet sich mangels besonderer umwandlungsrechtlicher Regelungen nach den §§ 32 ff. BGB[979]. Zuständig für die Einberufung sind nach herrschender Auffassung, soweit die Satzung nichts anderes bestimmt, die Vorstandsmitglieder des Vereins in vertretungsberechtigter Anzahl[980].

525   Die bei der Einberufung einzuhaltende **Form** wird sich wegen deren Satzungssollinhalts nach § 58 Nr. 4 BGB fast immer aus der Satzung ergeben, während die zu berücksichtigende **Einberufungsfrist** umstritten ist. Die überwiegende und zutreffende Auffassung[981] geht davon aus, dass sich die Frist für die Einberufung einer Mitgliederversammlung, die den Verschmelzungsbeschluss nach § 13 Abs. 1 UmwG fassen soll, zunächst nach der

---

[974] Vgl. Limmer/*Limmer* Teil 2 Rn. 1324; *Otto* Rn. 777.
[975] Limmer/*Limmer* Teil 2 Rn. 1324.
[976] *Reichert* Rn. 1625; *Sauter/Schweyer/Waldner* Rn. 196.
[977] Semler/Stengel/*Katschinski* § 99 Rn. 129.
[978] Semler/Stengel/*Katschinski* § 99 Rn. 129; a. A. Widmann/Mayer/*Vossius* § 99 Rn. 110.
[979] Kölner Kommentar-UmwG/*Leuering* § 101 Rn. 2.
[980] *Sauter/Schweyer/Waldner* Rn. 157; Limmer/*Limmer* Teil 2 Rn. 1317; BeckOK BGB/*Schöpflin* § 32 Rn. 3.
[981] LG Frankenthal 1 T 100/07, RNotZ 2007, S. 478; Semler/Stengel/*Katschinski* § 102 Rn. 3; *Terner* RNotZ 2007, S. 480, 482. Vgl. zur Einberufungsfrist: *Reichert* Rn. 1369 ff.; *Sauter/Schweyer/Waldner* Rn. 173.

Satzung richtet. Nur wenn die hier geregelte Frist unangemessen kurz sei, müsse der Vorstand eine von der Satzung abweichende längere Einberufungsfrist wählen. Die in Vereinssatzungen oft anzutreffende Einberufungsfrist von zwei Wochen wird man meines Erachtens als angemessen ansehen müssen, eine Einberufungsfrist von nur einer Woche aber als unangemessen kurz. Dies ergibt sich aus einer Heranziehung des § 51 Abs. 1 S. 2 GmbHG, der eine Frist von einer Woche, und des § 46 Abs. 1 S. 1 GenG, der eine Frist von zwei Wochen als gesetzliche Mindestfrist für die Einberufung der Gesellschafter- bzw. Generalversammlung vorsieht[982]. Die in § 51 Abs. 1 S. 2 GmbHG geregelte Mindestfrist von einer Woche kann für eine Mitgliederversammlung eines Vereins, die einen Verschmelzungsbeschluss gemäß § 13 Abs. 1 UmwG treffen soll, nicht als angemessen gelten, da die meist zahlreichen Mitglieder des Vereins anders als die GmbH-Gesellschafter die wesentlichen schriftlichen Informationen über das Verschmelzungsvorhaben nach § 101 UmwG nur einsehen oder anfordern können und nicht wie GmbH-Gesellschafter nach § 47 UmwG übersandt bekommen[983]. Somit ist wegen der Vergleichbarkeit zwischen Verein und Genossenschaft in Bezug auf die Vorbereitung der Mitglieder- bzw. Generalversammlung (§ 101 Abs. 1 UmwG und § 82 Abs. 1 UmwG) hier § 46 Abs. 1 S. 1 GenG mit seiner Zweiwochenfrist heranzuziehen. Nur wenn die Satzung des Vereins eine Einberufungsfrist nicht regelt, soll nach der herrschenden Meinung in Anlehnung an § 123 Abs. 1 AktG richtigerweise eine Frist von 30 Tagen eingehalten werden[984].

Demgegenüber vertritt *Hennrichs*[985] die Auffassung, dass in jedem Fall die 30-Tages-Frist des § 123 Abs. 1 AktG bei der Einberufung der Mitgliederversammlung einzuhalten sei. Er begründet dies damit, dass der Verschmelzungsbeschluss gemäß § 13 Abs. 1 UmwG ein Gegenstand von außerordentlicher Tragweite sei und die Vorschriften der §§ 101 und 102 UmwG an die Vorschriften des UmwG zur AG anknüpfen und es so konsequent sei, auch bei der Einberufungsfrist an das Recht der AG anzuknüpfen. *Hennrichs* verkennt jedoch, dass die Vereinsmitgliederversammlung trotz der Anknüpfung in den §§ 101 und 102 UmwG nicht mit der Hauptversammlung einer Aktiengesellschaft vergleichbar ist. Die §§ 123 ff. AktG, z. B. das Verfahren bei Anträgen von Aktionären nach §§ 126 und 127 AktG, sehen für die Hauptversammlung einer Aktiengesellschaft zahlreiche Regelungen vor, die für die Mitgliederversammlung eines Vereins gerade nicht einschlägig sind.

In keinem Fall vernachlässigt werden sollte bei der Einberufung der Mitgliederversammlung die gesetzliche Vorgabe in § 32 Abs. 1 S. 2 BGB, dass der **Gegenstand der vorgesehenen Beschlussfassung** bei der Einberufung bezeichnet werden muss[986]. Die vorgesehenen Beschlüsse müssen in der Tagesordnung zwar nicht wörtlich benannt worden, aber zumindest so bestimmt sein, dass die Mitglieder über die Notwendigkeit ihrer Teilnahme entscheiden, sich sachgerecht vorbereiten können und vor Überraschungen bei der Mitgliederversammlung geschützt sind[987]. Im Zweifel sollte eher eine ausführlichere Beschreibung der vorgesehenen Beschlüsse erfolgen[988]. Wenn dies ohne ein satzungsgemäßes Außerkraftsetzen der Ankündigungspflicht des § 32 Abs. 1 S. 2 BGB unterbleibt, führt dies nach der Rechtsprechung des BGH regelmäßig zur **Nichtigkeit** des späteren Verschmelzungsbeschlusses[989]. Soweit eine Verschmelzung zur Neugründung erfolgt, ist meines Erachtens auch zwingend anzugeben, dass die Satzung und ggf. auch die Bestellung des ersten Vor-

---

[982] LG Frankenthal1 T 100/07, RNotZ 2007, S. 478; *Terner*, RNotZ, 2007, S. 480, 482; *Katschinski*, S. 137.
[983] Vgl. *Reichert* Rn. 1369/1370.
[984] *Semler/Stengel/Katschinski* § 102 Rn. 3; *Sauter/Schweyer/Waldner* Rn. 172; *Reichert* Rn. 1369 f.
[985] *Lutter/Hennrichs* § 102 Rn. 2.
[986] Kölner Kommentar-UmwG/*Leuering* § 102 Rn. 2. Die Vereinssatzung kann dies auch abweichend regeln: *Reichert* Rn. 1384 ff.; *Sauter/Schweyer/Waldner* Rn. 178.
[987] BGH II ZR 111/05, NJW 2008, S. 69, 72 f.; BeckOK BGB/*Schöpflin*, § 32 Rn. 15 ff.
[988] *Sauter/Schweyer/Waldner* Rn. 178.
[989] BGH II ZR 111/05, NJW 2008, S. 69, 72 f.; *Reichert* Rn. 1405; zu Ausnahmen *Katschinski*, S. 138.

stands des neu gegründeten Vereins Gegenstand des Verschmelzungsbeschlusses ist. Soweit **weitere Beschlüsse** in der Mitgliederversammlung erfolgen sollen, z. B. Satzungsänderungen, sind diese ebenfalls in der Tagesordnung der Einberufung der Mitgliederversammlung entsprechend zu bezeichnen[990]. Weiter sollte explizit auf die Modalitäten der Auslegung der Unterlagen nach §§ 101 i. V.m. 64 Abs. 1 UmwG hingewiesen werden (Auslegungsort, Zeiten und Information über kostenlose Erteilung einer Abschrift der Unterlagen).

527 Bei der Planung der Mitgliederversammlung und der Erstellung der Tagesordnung ist auch zu beachten, dass nach herrschender Auffassung eine **Entlastung der Vorstandsmitglieder** des übertragenden Vereins nach der Eintragung der Verschmelzung in das Vereinsregister des übernehmenden Vereins (§ 20 Abs. 1 UmwG) weder von der Mitgliederversammlung des übertragenden Vereins noch von der des übernehmenden bzw. neu gegründeten Vereins erfolgen kann[991]. Oft wird der Vorstand des übertragenden Vereins gerade für sein letztes Amtsjahr Entlastung wünschen, sodass dieser Beschluss auch in der Tagesordnung vorzusehen ist, soweit eine Entlastung satzungsgemäß zum Zeitpunkt der Mitgliederversammlung, die den Verschmelzungsbeschluss nach § 13 Abs. 1 UmwG fassen soll, möglich ist[992].

2. Auslegungspflichten

528 § 101 Abs. 1 UmwG sieht besondere Informationspflichten gegenüber den Vereinsmitgliedern im Vorfeld der Mitgliederversammlung durch Auslegung des nach § 100 UmwG ggf. erforderlichen Prüfungsberichts und der in § 63 Abs. 1 Nrn. 1 bis 4 UmwG genannten Unterlagen in den Geschäftsräumen jedes beteiligten Vereins vor. Hierbei handelt es sich zunächst um den Verschmelzungsvertrag bzw. seinen Entwurf und den Verschmelzungsbericht, die definitorisch genauso wie ein etwaiger Prüfungsbericht keine Probleme mit sich bringen, was hier jedoch nicht für die nach § 63 Abs. 1 Nr. 2 UmwG geforderten Jahresabschlüsse und Lageberichte und die nach Nr. 3 geforderte Zwischenbilanz gilt, worauf nachfolgend im Detail eingegangen wird. Die Verpflichtung zur Auslegung und damit auch zur Erteilung von Abschriften nach § 101 Abs. 2 UmwG **beginnt** mit der Einberufung der Mitgliederversammlung und **endet** mit deren Beendigung; mit deren Beginn erfolgt die Auslegung jedoch nach § 102 UmwG im Sitzungssaal der Mitgliederversammlung[993]. Die Auslegung muss nach § 101 S. 1 UmwG in den Geschäftsräumen des Vereins erfolgen. Soweit ein Verein keine eigentlichen Geschäftsräume, z. B. in Form einer Geschäftsstelle hat, muss die Auslegung dort erfolgen, wo die Geschäfte des Vereins geführt werden. Dies kann ein Vereinsheim oder die Wohnung eines vertretungsberechtigten Vorstandsmitglieds sein[994]. Soweit ein Mitglied die Übersendung der vorgenannten Unterlagen schriftlich oder mündlich verlangt, sind ihm die Unterlagen unverzüglich und kostenlos zu übersenden[995], wobei eine elektronische Übersendung bei Einverständnis des Mitglieds, die konkludent in einer elektronisch erfolgenden Anforderung der Unterlagen zu sehen ist, zulässig ist[996].

3. Exkurs: § 63 Abs. 1 Nrn. 2 und 3 UmwG und § 17 Abs. 2 UmwG

529 Ein besonderes Problem bringen die gesetzlichen Regelungen in § 101 S. 2 i. V. m. § 64 Abs. 1 Nrn. 2 und 3 UmwG (Auslegung von Jahresabschlüssen und Lageberichten und ggf.

---

[990] Vgl. *Sauter/Schweyer/Waldner* Rn. 178.
[991] OLG München 7 U 3916/00, NZG 2001, S. 616; a. A. hinsichtlich der Möglichkeit der Entlastung durch die Mitgliederversammlung des neugegründeten Vereins u. a. Schmitt/Hörtnagl/Stratz/*Stratz* § 20 Rn. 8 mwN.
[992] Vgl. zur Entlastung des Vorstands: *Sauter/Schweyer/Waldner* Rn. 289 mwN.
[993] Vgl. Semler/Stengel/*Katschinski* § 102 Rn. 10; Lutter/*Hennrichs* § 102 Rn. 6.
[994] Kölner Kommentar-UmwG/*Leuering* §§ 101, 102, Rn. 12; Widmann/Mayer/*Vossius* § 101 Rn. 10 ff. mwN.
[995] *Wiedemann/Thüsing*, WM 1999, S. 2237, 2248; MünchHdb. GesR V/*Pathe*, § 53 Rn. 62.
[996] Kölner Kommentar-UmwG/*Leuering* §§ 101, 102 Rn. 15.

einer Zwischenbilanz) und § 17 Abs. 2 (Beifügung der Schlussbilanz zur Vereinsregisteranmeldung des übertragenden Vereins) für die Verschmelzung von Vereinen aufgrund der innerhalb dieser genutzten Begriffe „**Jahresabschlüsse und Lageberichte**", „**Zwischenbilanz**" und „**Schlussbilanz**" mit sich. Dies beruht darauf, dass eingetragene Vereine mangels Erreichens der Größenmerkmale des § 141 Abs. 1 AO und mangels Kaufmannseigenschaft nach §§ 1 ff., 242 HGB[997] zumeist weder steuer- noch handelsrechtlich zur Erstellung von Jahresabschlüssen und Lageberichten verpflichtet sind[998] und diese auch freiwillig regelmäßig nicht aufstellen. Es stellt sich somit die Frage, ob die §§ 63 Abs. 1 Nrn. 2 und 3 UmwG und 17 Abs. 2 UmwG eine **zwingende Verpflichtung** des bisher nicht bilanzierenden Vereins begründen, Jahresabschlüsse und Lageberichte, Zwischenbilanzen und Schlussbilanzen aufzustellen, um damit den vorgenannten Verpflichtungen nachzukommen.

Es besteht nach richtiger und herrschender Auffassung zunächst entgegen dem Wortlaut des § 63 Abs. 1 Nr. 2 UmwG **keine Verpflichtung** für Vereine, für die drei letzten Geschäftsjahre **Jahresabschlüsse und Lageberichte** im Sinne der §§ 242 Abs. 3 und 289 HGB aufzustellen, soweit sie hierzu keine gesetzliche Verpflichtung traf oder sie diese nicht freiwillig aufgestellt haben[999]. Nur *Vossius*[1000] verlangt von solchen Vereinen die Auslegung von Jahresabschlüssen und begründet dies mit dem Wortlaut der Vorschrift. Seine Auffassung geht jedoch trotz dieses Arguments fehl, da § 101 i. V. m. § 63 Abs. 1 Nr. 2 UmwG eine Verpflichtung zur Erstellung eines Jahresabschlusses nur voraussetzt, was durch die systematische Stellung des § 63 UmwG innerhalb des Unterabschnitts „Verschmelzung unter Beteiligung von Aktiengesellschaften" und die bei einer AG bestehende Bilanzierungspflicht (§§ 242, 264 HGB) deutlich wird. Eine solche Verpflichtung soll gerade nicht unabhängig von den einschlägigen Vorschriften im HGB und in der AO selbstständig begründet werden[1001].

530

Hinsichtlich der Beifügungsverpflichtung der Schlussbilanz zur Vereinsregisteranmeldung gemäß § 17 Abs. 2 UmwG ist es zunächst unstreitig, dass gesetzlich zur Bilanzierung verpflichtete oder auch freiwillig oder aufgrund verbandsrechtlicher Vorgaben bilanzierende Vereine der Anmeldung eine Schlussbilanz beifügen müssen[1002]. Die herrschende Meinung nimmt jedoch im Ergebnis zutreffend an, dass der Verein, der nicht unter die vorgenannten Fälle fällt, keine Schlussbilanz beifügen muss, wenn er nicht auf einen **anderen bilanzierungspflichtigen Rechtsträger** verschmolzen wird, wobei sich die Begründungen hierfür unterscheiden[1003]. U. a. *Vossius*[1004] verlangt immer die Vorlage einer Schlussbilanz im Sinne des § 242 Abs. 1 HGB. *Vossius* begründet dies zum einen u. a. erneut mit dem Wortlaut des § 17 Abs. 2 UmwG. Zum anderen verweist er auch auf den Sinn und Zweck der Norm. Die Schlussbilanz des übertragenden Vereins diene dessen Gläubigern als Wertnachweis und Informationsgrundlage für ihre möglichen Ansprüche nach §§ 22 ff. UmwG. Der Auffassung von *Vossius* und anderen ist jedoch entgegenzuhalten, dass der Schlussbilanz eines übertragenden Vereins keine wesentliche Schutzfunktion in Bezug auf dessen Gläubiger zuzusprechen ist. *Hennrichs*[1005] führt hierzu zutreffend aus, dass nicht ersichtlich sei, wie die Gläubiger des übertragenden Vereins aus dessen Schlussbilanz ersehen sollen, ob sie verschmelzungsbedingt eine Sicherheitsleistung nach § 22 Abs. 1 UmwG verlangen sollten

531

---

[997] Reichert Rn. 2651.
[998] Vgl. Semler/Stengel/*Katschinski* § 102 Rn. 5.
[999] Limmer/*Limmer* Teil 2 Rn. 1320.
[1000] Widmann/Mayer/*Vossius* § 101 Rn. 18, § 99 Rn. 115 ff; MünchHdb. GesR V/*Pathe*, § 53 Rn. 262.
[1001] Limmer/*Limmer* Teil 2 Rn. 1320.
[1002] Kölner Kommentar-UmwG/*Leuering* § 99 Rn. 81.
[1003] Vgl. nur Semler/Stengel/*Katschinski* § 99 Rn. 115; *Krafka/Kühn* Rn. 2217; Lutter/*Hennrichs* § 99 Rn. 39.
[1004] Widmann/Mayer/*Vossius* § 99 Rn. 115 ff.
[1005] Lutter/*Hennrichs* § 99 Rn. 41.

oder nicht. Eine Gefährdung ihrer Forderungen durch die Verschmelzung im Sinne des § 22 Abs. 1 S. 1 UmwG könnten diese nur der Schlussbilanz des übernehmenden Vereins entnehmen. Die Gläubiger des übertragenden Vereins können dessen Schlussbilanz nur entnehmen, ob ihre Forderung verschmelzungsunabhängig bereits gefährdet ist, und gerade nicht, ob durch die Verschmelzung eine Gefährdung eintritt. Weiter ist nicht ersichtlich, warum eine ordnungsgemäß erstellte Einnahmen-Ausgaben-Rechnung und Vermögensaufstellung hier weniger tauglich zur Information der Gläubiger sein soll als eine Schlussbilanz.

532 Statt der Jahresabschlüsse und Lageberichte sind die Vereine verpflichtet, ihre nach Vereins- und Steuerrecht aufzustellenden **Rechnungsunterlagen** auszulegen[1006] und nach § 17 Abs. 2 UmwG der Vereinsregisteranmeldung statt der Schlussbilanz die vorgenannten Unterlagen beizufügen[1007], wie sie der Mitgliederversammlung in den Vorjahren vorgelegt wurden, um den Mitgliedern eine Information über die Vermögens- und Finanzlage der an der Verschmelzung beteiligten Vereine zu geben. Hierbei wird es sich zumeist um eine **Einnahme-Überschuss-Rechnung** sowie ein **Verzeichnis des Anlagenvermögens** handeln, die der Verein in der Erfüllung seiner Verpflichtungen nach §§ 8 Abs. 1 KStG i. V. m. § 4 Abs. 3 EStG aufgestellt hat, und um Rechenschaftsberichte des Vorstands nach § 27 Abs. 3 BGB i. V. m. §§ 666, 259 BGB[1008]. So handhaben dies auch *Krafka/Kühn*[1009] als registergerichtliches Standardwerk und schlagen vor, dies dem Registergericht in der Vereinsregisteranmeldung vorsorgend zu erläutern.

533 Soweit eine **Zwischenbilanz** im Sinne des § 61 Abs. 1 Nr. 3 i. V. m. Abs. 2 UmwG aufgestellt werden muss, gilt hinsichtlich deren inhaltlicher Ausgestaltung das oben zu § 63 Abs. 1 Nr. 2 UmwG Ausgeführte, sodass bei Vereinen, die mangels gesetzlicher Verpflichtung auch nicht freiwillig einen Jahresabschluss aufgestellt haben, nur eine fortgeschriebene Vermögensaufstellung im Sinne der vorgenannten Rechnungsunterlagen erforderlich ist[1010].

4. Durchführung der Mitgliederversammlung

534 Für die Durchführung der Mitgliederversammlung gelten mit Ausnahme des § 102 UmwG die Regelungen der Vereinssatzung und im Falle von deren Fehlen die gesetzlichen Vorgaben des Vereinsrechts[1011]. § 102 S. 1 UmwG besagt, dass die in Ziffer 2 genannten Unterlagen und ein etwaiger Prüfungsbericht auch während der Mitgliederversammlung auszulegen sind. Die Unterlagen sollten in ausreichender Anzahl im Sitzungssaal ausgelegt werden, da die Zulässigkeit einer Auslegung in einem Vorraum umstritten ist[1012].

535 Nach § 102 S. 2 UmwG i. V. m. § 64 Abs. 1 S. 2 UmwG hat der Vereinsvorstand den Verschmelzungsvertrag oder seinen Entwurf zu Beginn der Mitgliederversammlung zunächst mündlich zu erläutern. § 64 Abs. 1 S. 2 UmwG und die neu eingefügten Sätze 3 und 4 beinhalten seit dem 15. Juli 2011 bekanntlich eine Nachberichtspflicht für Verschmelzung unter Beteiligung von AG, KGaA und SE. Nach dem Wortlaut der Neufassung des § 64 Abs. 1 S. 2 UmwG hat der Vereinsvorstand somit nun auch über jede wesentliche Veränderung des Vermögens des eigenen Vereins zu unterrichten, die seit dem Abschluss des Verschmelzungsvertrages bzw. dessen Aufstellung eingetreten ist. § 102 S. 2 UmwG verweist jedoch nicht auf die gleichzeitig neu eingefügten Sätze 3 und 4 des § 64 Abs. 1 UmwG.

Deshalb besteht nach dem Wortlaut des § 102 S. 2 UmwG **keine Verpflichtung** des Vorstandes, den Vorstand der **anderen** an der Verschmelzung beteiligten Vereine über

---

[1006] Kölner Kommentar-UmwG/*Leuering* §§ 101, 102 Rn. 9; Lutter/*Hennrichs* § 102 Rn. 5.
[1007] *Krafka/Kühn* Rn. 2217.
[1008] *Reichert* Rn. 4456; Kölner Kommentar-UmwG/*Leuering* §§ 101, 102 Rn. 8.
[1009] *Krafka/Kühn* Rn. 2223 unter konkreter Benennung eines Formulierungsvorschlages.
[1010] Lutter/*Hennrichs* § 102 Rn. 5.
[1011] Widmann/Mayer/*Vossius* § 101 Rn. 7, § 102 Rn. 6.
[1012] Lutter/*Hennrichs* § 102 Rn. 7; MünchHdb. GesRV/*Pathe*, § 53 Rn. 64.

wesentliche Vermögensveränderungen beim eigenen Verein zu informieren, und keine Verpflichtung bzw. tatsächlich mangels entsprechender Information hierüber auch keine Möglichkeit des Vorstands, seine Mitglieder über wesentliche Veränderungen des Vermögens der anderen an der Verschmelzung beteiligten Vereine zu informieren. Die Verweisung in § 102 S. 2 UmwG wird man aufgrund der vorgenannten Entscheidung des Gesetzgebers, die vorgenannten Nachinformationspflichten nur für Verschmelzungen unter Beteiligung einer AG, KGaA und SE ins UmwG aufzunehmen[1013], dahingehend auslegen müssen, dass nur auf § 64 Abs. 1 S. 2 1. Halbsatz UmwG verwiesen wird und somit für die Verschmelzung von Vereinen alles beim Alten bleibt. Hierfür spricht, dass der Gesetzgeber sich ausdrücklich gegen eine rechtsformübergreifende Verankerung der nun in § 64 Abs. 1 UmwG geregelten Nachinformationspflichten entschieden hat und eine solche wohl auch nicht für Verschmelzungen von Vereinen miteinander gesetzlich anordnen wollte[1014]. Aufgrund der bestehenden Rechtsunsicherheit und vor allem aufgrund der bereits vor der Neufassung des § 64 Abs. 1 UmwG allgemein anerkannten Verpflichtung zur Erläuterung von Änderungen im Vergleich zum vorliegenden Verschmelzungsbericht[1015] ist es jedoch empfehlenswert, dass die Vereine den Verpflichtungen in § 64 Abs. 1 UmwG vollumfänglich nachkommen und diese in der Niederschrift über die Mitgliederversammlung entsprechend dokumentieren.

Der Vorstand hat den Mitgliedern somit die Inhalte des Verschmelzungsberichts noch **536** einmal komprimiert zu erläutern und ggf. die darin enthaltenen Informationen zu aktualisieren[1016]. Eine reine Verlesung des Verschmelzungsberichts reicht nicht aus, um der Verpflichtung nach § 64 Abs. 1 S. 2 1. Halbsatz UmwG nachzukommen[1017]. Der Verein kann sich jedoch einer professionellen Hilfsperson für diese Erläuterungspflicht bedienen, z. B. des hinzugezogenen Notars[1018].

Weiter hat der Vorstand gemäß § 102 S. 2 UmwG i. V. m. § 64 Abs. 2 UmwG und aufgrund des allgemeinen Auskunftsrechts der Vereinsmitglieder jedem Mitglied auf Verlangen Auskunft über alle für die Verschmelzung wesentlichen Angelegenheiten zu geben, insbesondere über die des oder der anderen beteiligten Vereine[1019].

5. Beschlussfassung und deren notarielle Beurkundung

Die Beschlussfähigkeit der Mitgliederversammlung, das Stimmrecht der Mitglieder und **537** die Formalien des Beschlussfassungsverfahrens bestimmen sich nach den allgemeinen Vorschriften des Vereinsrechts[1020]. Soweit die Satzung besondere Regelungen zur **Beschlussfähigkeit** einer Mitgliederversammlung vorsieht, die über eine Satzungsänderung oder die Auflösung des Vereins entscheiden soll, gelten diese allgemein auch für die, die den Verschmelzungsbeschluss fassen soll[1021].

Stimmberechtigt sind generell alle Mitglieder des Vereins, wobei die Satzung vorsehen **538** kann, dass einzelne Mitglieder, z. B. minderjährige oder sog. passive Mitglieder, kein Stimmrecht haben[1022]. Nach § 38 S. 2 BGB kann das Stimmrecht nur durch das Mitglied selbst ausgeübt werden. Die Stimmrechtsausübung durch einen Stellvertreter kann jedoch durch die Satzung des Vereins zugelassen werden (§ 40 S. 1 BGB)[1023]. Das Stimmrechtsverbot des § 34 BGB ist aufgrund des rechtlichen Charakters des Verschmelzungsbeschlus-

---

[1013] *Heckschen* NJW 2011, S. 2390, 2393.
[1014] Vgl. *Leitzen* DNotZ 2011, S. 526, 529.
[1015] Vgl. Kölner Kommentar-UmwG/*Leuering* §§ 101, 102 Rn. 18.
[1016] Lutter/*Hennrichs* § 102 Rn. 8.
[1017] Widmann/Mayer/*Vossius* § 102 Rn. 10; MünchHdb. GesRV/*Pathe*, § 53 Rn. 28
[1018] Lutter/*Hennrichs* § 102 Rn. 8; Semler/Stengel/*Katschinski* § 102 Rn. 14.
[1019] Vgl. Semler/Stengel/*Katschinski* § 102 Rn. 15 mwN.
[1020] MünchHdb. GesRV/*Pathe*, § 53 Rn. 72; Lutter/*Hennrichs* § 103 Rn. 2.
[1021] Limmer/*Limmer* Teil 2 Rn. 1334; Semler/Stengel/*Katschinski* § 103 Rn. 10.
[1022] *Reichert* Rn. 1548; Sauter/Schweyer/Waldner Rn. 345.
[1023] Im Detail streitig, vgl. *Reichert* Rn. 1516 ff.; Sauter/Schweyer/Waldner Rn. 199 mwN.

ses als organschaftlicher Akt nicht anwendbar, sodass auch ein übernehmender Rechtsträger, der Mitglied des übertragenden Verein ist, und ein Mitglied, das gleichzeitig Mitglied eines anderen am Verschmelzungsvorhaben beteiligten Rechtsträgers ist, stimmberechtigt sind[1024].

539 Eine **Wiederholung der Beschlussfassung** über die Verschmelzung kann in derselben oder einer weiteren Mitgliederversammlung ohne weiteres erfolgen, soweit der Zustimmungsbeschluss nach außen noch nicht wirksam geworden ist[1025]. Eine solche Wirksamkeit tritt im Falle eines Zustimmungsbeschlusses zu einem bereits abgeschlossenen Verschmelzungsvertrag unmittelbar mit der Beschlussfassung und zu einem Entwurf erst mit Abschluss des Verschmelzungsvertrages ein. Im Falle der Verweigerung der Zustimmung zu einem bereits abgeschlossenen Verschmelzungsvertrag stellt ein späterer zustimmender Beschluss die Erteilung der Vollmacht zum Neuabschluss eines solchen Verschmelzungsvertrages dar. Wenn hingegen einem vorliegenden Entwurf zunächst die Zustimmung verweigert wurde, gibt die später erfolgende Zustimmung dem Vorstand die Vollmacht zum Abschluss des Verschmelzungsvertrages.

540 Nach § 103 S. 1 UmwG müssen die Verschmelzungsbeschlüsse generell mit einer **Dreiviertelmehrheit** der abgegebenen Stimmen gefasst werden. Bei der Ermittlung des Abstimmungsergebnisses werden Stimmenthaltungen und ungültige Stimmen nicht berücksichtigt[1026]. Das Mehrheitserfordernis entspricht somit den für den Auflösungsbeschluss gemäß § 41 S. 2 BGB und eine Satzungsänderung gemäß § 33 Abs. 1 S. 1 BGB vorgesehenen Mehrheiten. Soweit die Satzung für den Verschmelzungsbeschluss eine größere Mehrheit oder weitere Erfordernisse vorsieht, müssen diese nach dessen S. 2 beachtet werden. Anders als beim Auflösungs- und Satzungsänderungsbeschluss darf die Satzung jedoch **keine Erleichterungen** vorsehen[1027]. Eine solche zusätzliche Satzungsanforderung kann z. B. die Berechnung der Mehrheit anhand aller und nicht nur der erschienenen Mitglieder sein oder eines Bestätigungsbeschlusses durch eine weitere Mitgliederversammlung oder ein anderes Gremium[1028]. Die Satzung wird solche **ausdrücklichen** weiteren Erfordernisse hinsichtlich einer Verschmelzung jedoch eher selten beinhalten.

541 In der Praxis wird so häufig zu ermitteln sein, ob einzelne Satzungsregelungen, insbesondere solche zur Auflösung und zur Satzungsänderung, nach ihrem **Sinn und Zweck** dahingehend auszulegen sind, dass sie eine Regelung im Sinne des § 103 S. 2 UmwG darstellen. U. a. *Waldner*[1029] ist, ohne dies näher zu begründen, der Auffassung, dass satzungsmäßige Erschwerungen für die Auflösung und Satzungsänderung nicht dahingehend ausgelegt werden können, dass sie auch für die Verschmelzung zu berücksichtigen sind. Demgegenüber vertritt die herrschende und richtige Auffassung die Meinung, dass qualifizierte Satzungsvorgaben (z. B. erhöhtes Mehrheitserfordernis) für Auflösungs- und sämtliche Satzungsänderungsbeschlüsse in jedem Fall auch für die Verschmelzung beachtet werden müssen. Dies wird damit begründet, dass die Auflösung des übertragenden Vereins ein Wesenselement der Verschmelzung sei[1030] und eine Verschmelzung einen stärken Eingriff in die Rechtsposition der Mitglieder darstelle als eine Satzungsänderung[1031]. Soweit nur für einzelne Satzungsänderungen Erschwerungen vorgesehen sind, ist durch Auslegung zu ermitteln, ob diese auch für den Verschmelzungsbeschluss beachtet werden müssen[1032]. Im Zweifel wird man qualifizierte Satzungsanforderungen für die Auflösung und die Änderung der Satzung auch für die Verschmelzung heranziehen müssen.

[1024] Semler/Stengel/*Katschinski* § 103 Rn. 9; Kölner Kommentar-UmwG/*Leuering* § 103 Rn. 2.
[1025] Eingehend hierzu *Katschinski* S. 148 ff.
[1026] Lutter/*Hennrichs* § 103 Rn. 3.
[1027] Semler/Stengel/*Katschinski* § 103 Rn. 11.
[1028] Kölner Kommentar-UmwG/*Leuering* § 103 Rn. 6; Lutter/*Hennrichs* § 103 Rn. 9.
[1029] *Sauter/Schweyer/Waldner* Rn. 397.
[1030] Semler/Stengel/*Katschinski* § 103 Rn. 13; Widmann/Mayer/*Vossius* § 103 Rn. 20.
[1031] Kölner Kommentar-UmwG/*Leuering* § 103 Rn. 5.
[1032] Vgl. Semler/Stengel/*Katschinski* § 103 Rn. 14; Lutter/*Hennrichs* § 103 Rn. 7.

Weiter ist es für die Bestimmung der erforderlichen Beschlussmehrheit relevant, ob es 542
durch die Verschmelzung zu einer **Zweckänderung** bei einem der beteiligten Vereine
kommt, für die nach § 33 Abs. 1 S. 2 BGB die Zustimmung aller – auch der nicht
erschienenen – Mitglieder erforderlich ist. Eine solche Zweckänderung ist gegeben, wenn
der bisherige **oberste Leitsatz des Vereins** gegen einen anderen ausgetauscht oder
wesentlich verändert wird[1033]. Die Änderung muss so wesentlich sein, dass die Mitgliedschaft einen gänzlich anderen Charakter annimmt. Eine Zweckänderung liegt beispielsweise dann vor, wenn die Gewichtung zwischen mehreren Vereinszwecken geändert wird, neue Vereinszwecke eingeführt oder einer von mehreren Vereinszwecken aufgegeben wird[1034].

Bei einer verschmelzungsbedingten Zweckänderung beim **übernehmenden** Verein ist es unstreitig, dass die Voraussetzungen des § 33 Abs. 1 S. 1 BGB zu beachten sind. In diesem Fall kommt es im Regelfall zu einer einheitlichen Abstimmung über die Verschmelzung als solche und über die Zweckänderung, bei der die gesetzlichen Voraussetzungen für die Verschmelzungs- und Zweckänderungsbeschlussfassung zu beachten sind[1035].

Es ist jedoch höchst streitig, welche Auswirkungen es hat, wenn **der übernehmende** bzw. **neu gegründete** Verein einen anderen Zweck als der übertragende Verein verfolgt[1036].

Das OLG Hamm[1037], *Hennrichs*, *Vossius* und andere[1038] nehmen **keine Zweckänderung** im Sinne des § 33 Abs. 1 S. 2 BGB und somit auch kein entsprechendes Zustimmungserfordernis aller Mitglieder des **übertragenden** Vereins an. Sie begründen dies damit, dass der übertragende Verein durch die Verschmelzung nach § 20 Abs. 1 Nr. 2 UmwG erlischt und nicht fortbesteht, wie dies bei dem von der anderen Auffassung herangezogenen § 275 Abs. 1 UmwG der Fall sei. Somit liege ein der Auflösung entsprechender Fall vor, für den nach § 41 S. 2 BGB eine Dreiviertelmehrheit ausreichend sei, und somit bestehe auch kein Erfordernis, von der in § 103 S. 1 geregelten Dreiviertelmehrheit abzuweichen.

Katschinski und andere[1039] wenden in diesem Fall richtigerweise die Vorschrift des § 275 Abs. 1 UmwG zum Formwechsel rechtsfähiger Vereine analog an, sodass hier die **Zustimmung aller anwesenden und nicht anwesenden Mitglieder** des **übertragenden** Vereins erforderlich ist. Die analoge Heranziehung des § 275 Abs. 1 UmwG begründet sich damit, dass das Fehlen einer § 275 Abs. 1 UmwG entsprechenden Regelung in den §§ 99 ff. UmwG eine planwidrige Regelungslücke darstellt. § 275 Abs. 1 UmwG ist aufgrund des allgemein anerkannten Rechtsgedankens des § 33 Abs. 1 S. 2 BGB, dass Vereinsmitglieder eine Zweckänderung nur dann hinnehmen müssen, wenn sie dieser ausdrücklich zugestimmt haben, für eine Situation, die mit der Verschmelzung von Vereinen vergleichbar ist, auch in das UmwG übernommen worden[1040]. Die Vergleichbarkeit ergibt sich daraus, dass die Mitglieder des übertragenden Vereins im Falle der Verschmelzung trotz dessen Erlöschens nach § 20 Abs. 1 Nr. 3 UmwG Mitglieder des übernehmenden oder neu gegründeten Vereins werden und somit von dieser Zweckänderung und der damit verbundenen grundlegenden Charakteränderung des Vereins unmittelbar betroffen sind. Wichtig ist hierbei, dass aufgrund der analogen Anwendung des § 275 Abs. 1 UmwG, der gerade nicht auf den nach § 40 S. 1 BGB nachgiebigen § 33 Abs. 1 S. 2 BGB verweist, das Erfordernis der Zustimmung aller Vereinsmitglieder nicht durch Satzungsregelung abdingbar ist[1041].

[1033] Limmer/*Limmer* Teil 2 Rn. 1333.
[1034] Zur Zweckänderung: BeckOK BGB/*Schöpflin* § 33 Rn. 7.
[1035] Semler/Stengel/*Katschinski* § 103 Rn. 18, Kölner Kommentar-UmwG/*Leuering* § 103 Rn. 9.
[1036] Vgl. hierzu eingehend MünchHdb. GesR V/*Pathe*, § 53 Rn. 74.
[1037] OLG Hamm 8 AktG 2/12, RNotZ 2013, 186.
[1038] Lutter/*Hennrichs* § 103 Rn. 11; Widmann/Mayer/*Vossius* § 103 Rn. 18 und § 99 Rn. 92 ff.
[1039] Semler/Stengel/*Katschinski* § 103 Rn. 19.
[1040] Kölner Kommentar-UmwG/*Leuering* § 103 Rn. 9.
[1041] Kölner Kommentar-UmwG/*Leuering* § 103 Rn. 9.

Aufgrund der – trotz der vorgenannten Entscheidung des OLG Hamm – unsicheren Rechtslage kann man bei einer Zweckänderung im vorgenannten Sinne nicht ausschließen, dass diese der Zustimmung aller anwesenden und abwesenden Mitglieder des übertragenden Vereins bedarf. Dies kann eine Verschmelzung erschweren und im schlimmsten Fall praktisch unmöglich machen.

543 In Einzelfällen kann die **Zustimmung einzelner Mitglieder** erforderlich sein, wobei diese der notariellen Beurkundung bedarf[1042]. Soweit **Sonderrechte** einzelner Mitglieder bestehen und diese durch die Verschmelzung beeinträchtigt werden, ist die Zustimmung dieser Mitglieder nach § 35 BGB erforderlich. Wenn im übernehmenden oder neu gegründeten Verein neue Sonderrechte für einzelne Mitglieder begründet werden sollen, ist die Zustimmung aller Mitglieder – auch derer, die die Sonderrechte erhalten sollen – erforderlich[1043].

544 Der Verschmelzungsbeschluss bedarf nach § 13 Abs. 3 S. 1 UmwG der notariellen Beurkundung. Unabhängig von der Beurkundungsform[1044] ist darauf zu achten, dass die Einhaltung der vorstehend erläuterten Verpflichtungen des Vorstands nach § 102 S. 1 UmwG i. V. m. § 63 Abs. 1 Nrn. 1 bis 4 UmwG und § 102 S. 2 UmwG i. V. m. § 64 Abs. 1 S. 2 und Abs. 2 UmwG zumindest stichpunktartig dokumentiert wird. Im Übrigen sollte sich die Beurkundung an den vereinsrechtlichen Vorgaben für das Versammlungsprotokoll orientieren[1045]. Nach § 13 Abs. 3 S. 2 UmwG ist der Verschmelzungsvertrag bzw. sein Entwurf beizufügen, wobei der Verschmelzungsbericht und auch der Verschmelzungsvertrag auch bei einer Beurkundung gemäß §§ 8 ff. BeurkG nicht nach §§ 9 Abs. 1 S. 2, 13 Abs. 1 S. 1 BeurkG verlesen werden müssen[1046]. Eine Anwesenheitsliste muss nicht, kann aber mit zur Urkunde genommen werden[1047].

VI. Anmeldung und Eintragung der Verschmelzung

1. Anmeldung

545 Nach § 16 Abs. 1 S. 1 UmwG hat der Vorstand eines jeden an der Verschmelzung beteiligten Vereins die Verschmelzung zur Eintragung in sein Vereinsregister anzumelden[1048]. Die Anmeldung muss in öffentlich beglaubigter Form (§ 77 BGB) durch die Vorstandsmitglieder in vertretungsberechtigter Anzahl erfolgen[1049]. Es ist dem Vorstand des übernehmenden Vereins nach § 16 Abs. 1 S. 2 UmwG erlaubt, auch die Verschmelzung zur Eintragung in das Vereinsregister des übertragenden Vereins anzumelden[1050]. Gegenstand der Anmeldung ist die **Verschmelzung als solche**, sodass anzumelden ist, wer auf wen auf welchem Wege (Aufnahme bzw. Neugründung) verschmolzen ist[1051]. Bei der Anmeldung der Verschmelzung haben die anmeldenden Vorstandsmitglieder nach § 16 Abs. 2 S. 1 UmwG zu erklären, dass eine **Klage gegen die Wirksamkeit des Ver-**

[1042] Lutter/*Hennrichs* § 113 Rn. 9.
[1043] MünchHdb. GesR V/*Pathe* § 53 Rn. 77; Widmann/Mayer/*Vossius* § 103 Rn. 11.
[1044] Muster für **Mitgliederversammlungsniederschriften** finden sich bei Limmer/*Limmer* Teil 2 Rn. 1349 (Verschmelzung zur Aufnahme); Hoffmann-Becking/Rawert/*Beckhaus* XI. 16. (Verschmelzung zur Aufnahme); BeckOK-Formulare/*Schervier* 7.13.3.2 (Verschmelzung zur Neugründung).
[1045] Limmer/*Limmer* Teil 2 Rn. 1327 f. Vgl. allgemein zum Versammlungsprotokoll: *Sauter/Schweyer/Waldner* Rn. 127; *Reichert* Rn. 1910 ff., 1933 mit einer sehr guten Übersicht über die erforderlichen Inhalte.
[1046] Katschinski S. 161.
[1047] Limmer/*Limmer* Teil 2 Rn. 1330; *Reichert* Rn. 1943.
[1048] MünchHdb. GesR V/*Pathe* § 53 Rn. 85; Lutter/*Hennrichs* § 99 Rn. 38. – Muster für **Vereinsregisteranmeldungen** einer Verschmelzung zur **Aufnahme** finden sich bei Krafka/*Kühn* Rn. 2222; Limmer/*Limmer* Teil 2 Rn. 1351 f.; Hoffmann-Becking/Rawert/*Beckhaus* XI. 17/18.
[1049] Widmann/Mayer/*Vossius* § 99 Rn. 113; *Reichert* Rn. 4481 f.; MünchHdb. GesR V/*Pathe*, § 53 Rn. 86.
[1050] Semler/Stengel/*Katschinski* § 99 Rn. 106 mwN.
[1051] Semler/Stengel/*Katschinski* § 99 Rn. 107.

schmelzungsbeschlusses nicht oder nicht fristgerecht erhoben wurde oder eine solche Klage rechtskräftig abgewiesen oder zurückgenommen worden ist. Diese Erklärung kann regelmäßig erst nach Ablauf der für Klagen bestimmten Monatsfrist des § 14 Abs. 1 UmwG wirksam getätigt werden, sodass in der Praxis der Ablauf der Monatsfrist bis zur Anmeldung zum Vereinsregister abgewartet werden muss. Außer bei kleinen Vereinen wird es praktisch nicht möglich sein, die Monatsfrist dadurch zu umgehen, dass alle Vereinsmitglieder in notariell beurkundeter Form auf eine Klage gegen die Wirksamkeit des Verschmelzungsbeschlusses verzichten[1052]. Soweit auch Satzungsänderungen im Rahmen der Mitgliederversammlungen beschlossen wurden, können diese mit der Vereinsregisteranmeldung nach § 16 Abs. 1 UmwG angemeldet werden[1053].

Der Anmeldung sind zunächst die in § 17 Abs. 1 UmwG genannten **Unterlagen** beizufügen. Nach § 17 Abs. 2 UmwG ist der Anmeldung zum Register jedes übertragenden Vereins auch dessen **Schlussbilanz** beizufügen, in der Form wie sie vorstehend erläutert wurde. Diese darf auf einen höchstens acht Monate vor der Anmeldung liegenden Stichtag ausgestellt sein[1054]. Anlage der Vereinsregisteranmeldung sind, soweit vorliegend, auch der Prüfungsbericht in Urschrift oder Abschrift, ein Nachweis über die rechtzeitige Zuleitung des Verschmelzungsvertrages oder seines Entwurfs an den Betriebsrat und etwaig erforderliche Zustimmungserklärungen von einzelnen Vereinsmitgliedern in Ausfertigung oder öffentlich beglaubigter Form.

Bei einer **Verschmelzung zur Neugründung**[1055] haben die Vorstände der übertragenden Vereine jeweils die Verschmelzung in ihr jeweiliges Vereinsregister (§ 38 Abs. 1 UmwG) und gemeinsam den neu gegründeten Verein (§ 38 Abs. 2 UmwG) samt dessen erstem Vorstand zum Vereinsregister anzumelden[1056]. Der Vorstand des neu gegründeten Vereins kann hierbei nicht mitwirken[1057]. Als Bestandteil des Verschmelzungsvertrages bzw. des Verschmelzungsbeschlusses sind auch die Satzung des neuen Vereins und die Urkunde zur Bestellung von dessen erstem Vorstand beizufügen[1058].

2. Verbandsrechtliche Fragestellungen

Mit der Eintragung der Verschmelzung in das Vereinsregister des übernehmenden Vereins wird die Verschmelzung gemäß § 20 Abs. 1 UmwG wirksam und es treten die allgemeinen, bei Verschmelzung von Vereinen keine Besonderheiten aufweisenden Wirkungen des § 20 Abs. 1 Nr. 1 bis 4 UmwG ein. Ein in der Praxis wichtiges Problem ist, ob im Rahmen der Gesamtrechtsnachfolge auch **Mitgliedschaften** des übertragenden Vereins in einem **dritten Verein** (z. B. einem Dachverband) übergehen. Während eine Auffassung[1059] dies bejaht, nimmt die überwiegende Meinung[1060] zutreffenderweise wegen § 38 S. 1 BGB an, dass solche Vereinsmitgliedschaften ohne vom § 38 S. 1 BGB abweichende Satzungsregelung im Fall einer Gesamtrechtsnachfolge nicht übergehen. In jedem Fall sollten die Beteiligten mit ihrem etwaigen Dachverband aus diesem Grund die Verschmelzung und deren verbandsrechtliche Wirkungen vorab abzustimmen.

[1052] Vgl. zu § 16 Abs. 2: Schmitt/Hörtnagl/Stratz/*Stratz* § 16 Rn. 18 ff.
[1053] Semler/Stengel/*Katschinski* § 99 Rn. 107.
[1054] Vgl. allgemein Hörtnagl, Schmitt/Hörtnagl/*Stratz* § 17 Rn. 8 ff. mwN.
[1055] Muster für **Vereinsregisteranmeldungen** einer Verschmelzung zur **Neugründung** finden sich bei Limmer/*Limmer* Teil 2 Rn. 1354/1355; BeckOK-Formulare/*Schervier* 7.13.3.3.
[1056] Semler/Stengel/*Katschinski* § 99 Rn. 130.
[1057] Kölner Kommentar-UmwG/*Leuering* § 99 Rn. 98.
[1058] *Katschinski* S. 188.
[1059] Lutter/*Hennrichs* § 99 Rn. 44; *Reichert* Rn. 4500.
[1060] AG Kaiserslautern 3 C 915/04, NZG 2005, S. 285; Semler/Stengel/*Katschinski* § 99 Rn. 123.

E. Versicherungsverein auf Gegenseitigkeit (VVaG)

Schrifttum: *Benkel*, Der Versicherungsverein auf Gegenseitigkeit, 2002; *Biewer*, Die Umwandlung eines Versicherungsvereins auf Gegenseitigkeit in eine Aktiengesellschaft, 1998; *Entzian/Schleifenbaum*, Bestandsübertragung und neues Umwandlungsgesetz, ZVersW 1996, 521; *Gerner*, Demutualisierung eines VVaG, 2003; *Louven*, Umsetzung der Verschmelzungsrichtlinie, ZIP 2006, 2021; *Martiensen*, Fusionen von Versicherungsvereinen auf Gegenseitigkeit, 2006; *Peiner/Görg*, Zukunftsorientierte Umstrukturierung von Versicherungsvereinen auf Gegenseitigkeit (VVaG), FS Richter, 2001, S. 267; *Petersen*, Versicherungsunternehmensrecht, 2003; *Scherzberg*, Ausgliederung der Versicherungsbestände nach unten, verbunden mit Restmitgliedschaft im Versicherungsverein auf Gegenseitigkeit, FS Gothaer Versicherungsbank, 1995, S. 231; *Weber-Rey/Guinomet*, Umstrukturierungsbedarf bei den Versicherungsvereinen auf Gegenseitigkeit (VVaG), AG 2002, 278.

I. Grundlagen

549 Für den Versicherungsverein auf Gegenseitigkeit (VVaG) sieht das Umwandlungsrecht für die Verschmelzung in den §§ 109 bis 119 UmwG besondere Regelungen vor, die den ansonsten geltenden allgemeinen Vorschriften zur Verschmelzung gemäß §§ 2 ff. UmwG vorgehen. Dies ist im Wesentlichen den Besonderheiten dieser Rechtsform geschuldet.

1. Rechtsnatur des Versicherungsvereins auf Gegenseitigkeit

550 Das Recht des VVaG ist in den §§ 171 bis 210 des VAG niedergelegt und verweist in weiten Teilen der gesellschaftsrechtlichen Regelungen auf das Aktienrecht. Bei einem VVaG handelt es sich um eine Sonderform des rechtsfähigen wirtschaftlichen Vereins mit dem Zweck, seine Mitglieder auf der Grundlage der Gegenseitigkeit zu versichern[1061]. Eine Ausprägung dieses Gedankens der Gegenseitigkeit besteht darin, dass die Mitglieder des Vereins zugleich ein **Versicherungsverhältnis** zum Verein begründen müssen beziehungsweise ein Versicherungsnehmer durch Abschluss einer Versicherung in der Regel zugleich Vereinsmitglied wird[1062]. Dabei sind die Mitglieder am Überschuss zu beteiligen[1063] und die Versicherung von Nichtmitgliedern darf nur Nebenzweck sein[1064]. Der Versicherungsverein ist damit das rechtliche Gewand einer der Ursprünge des Versicherungswesens, nämlich der auf Gegenseitigkeit beruhenden Gefahrengemeinschaft[1065]. Die Verbindung von Mitgliedschaft und Versicherung spiegelt dies deutlich wieder und verlangt im Rahmen von Umwandlungsmaßnahmen nach einer sachgerechten Regelung.

551 Ebenso wie die Versicherungs-AG[1066] ist der VVaG eine juristische Person des Privatrechts. Er erlangt seine **Rechtsfähigkeit** nicht durch Eintragung ins Register, sondern dadurch, dass ihm die **Aufsichtsbehörde erlaubt**, als Versicherungsverein auf Gegenseitigkeit Geschäfte zu betreiben[1067]. Das heißt, dass diese Rechtsform nur für den Betrieb des Erst- oder Rückversicherungsgeschäfts einsetzbar ist.[1068]

552 Die gesellschaftsrechtliche Struktur weicht insofern vom normalen Verein ab, als dass die „**oberste Vertretung**" nicht zwingend eine Mitgliederversammlung sein muss. Die Mitgliederversammlung kann durch eine Versammlung von Vertretern der Mitglieder ersetzt

---

[1061] Prölss/Weigel, Vor § 15 Rn. 22 ff.; einführend dazu Petersen, Versicherungsunternehmensrecht, 2003, Rn. 45 ff.; vertiefend u. a.: Benkel, Der Versicherungsverein auf Gegenseitigkeit, 2002.
[1062] § 176 Satz 2 VAG. Prölss/Weigel, Vor § 15 Rn. 23.
[1063] § 194 VAG. Siehe auch Semler/Stengel/Niemeyer, § 109 Rn. 14; Böttcher/Habighorst/Schulte/Kammerer-Galahn, § 109 Rn. 9.
[1064] Prölss/Weigel, § 15 Rn. 7.
[1065] Prölss/Weigel, Vor § 15 Rn. 36.
[1066] Eine Versicherungs-AG ist eine AG, die Versicherungsgeschäfte iSd. § 7 Nr. 33 VAG betreibt, Legaldefinition in § 109 Satz 2 UmwG. Siehe auch Prölss/Weigel, Vor § 15 Rn. 14 ff.
[1067] Vgl. § 171 VAG.
[1068] Prölss/Weigel, § 15 Rn. 1.

werden[1069], was zumindest bei großen Versicherungsvereinen regelmäßig der Fall ist. Häufig werden die Mitglieder dieser **Vertreterversammlung** im sogenannten Kooptationsverfahren auf Vorschlag der Verwaltung von der Vertreterversammlung selbst gewählt[1070]. Die Verwaltungsorgane eines VVaG sind denen der AG nachempfunden, nämlich Aufsichtsrat und Vorstand. Anders als bei der AG erfolgt die anfängliche Kapitalaufbringung beim VVaG nicht durch die Zeichnung von Grundkapital, sondern über einen sog. **Gründungsstock**, der von den Garanten, die Mitglieder des VVaG sein können, aber nicht müssen, dem VVaG zur freien Verfügung gestellt wird[1071]. Der Gründungsstock hat die Kosten der Vereinserrichtung zu decken sowie als Gewähr- und Betriebsstock zu dienen, also zur Deckung der Anlaufkosten und von Versicherungsansprüchen. Anders als das Grundkapital ist der Gründungsstock vom VVaG zu tilgen, also zurückzuzahlen[1072]. Getilgt wird der Gründungsstock aus den Jahreseinnahmen in dem Umfang, in dem die Verlustrücklage[1073] angewachsen ist, bis die Verlustrücklage vollständig den Gründungsstock ersetzt[1074].

Die Rechtsform des Vereins ist unternehmerisch nicht unproblematisch, da das Versicherungsaufsichtsrecht spezifische Anforderungen stellt: Versicherungsunternehmen dürfen nicht alle Versicherungssparten in der gleichen juristischen Person zusammenfassen. Insbesondere die Lebens- und Krankenversicherung darf nicht zusammen mit der Sachversicherung betrieben werden (Prinzip der **Spartentrennung**). Möchte ein Versicherer sein Geschäft entsprechend diversifizieren, muss er folglich jeweils separate rechtliche Einheiten schaffen. Eine Konzernierung von mehreren VVaG unter einem einheitlichen Dach, die jeweils eine andere Versicherungssparte betreiben, scheitert jedoch naturgemäß an der vereinsrechtlichen Mitgliedschaftsstruktur. Neben dem fehlenden Zugang der Versicherungsvereine zu den Kapitalmärkten kann auch darin eine Motivation für Umwandlungsmaßnahmen gesehen werden, um z. B. den Versicherungsbetrieb einer bestimmten Sparte durch eine Tochter-AG ausüben zu lassen, wobei dem VVaG dann häufig nur noch die Funktion einer Gruppenspitze mit rudimentärem Versicherungsgeschäft zukommt[1075].

Jede Umwandlung von Versicherungsunternehmen, also auch die Verschmelzung von Versicherungsvereinen, bedarf der **Genehmigung** durch die zuständige **Aufsichtsbehörde**[1076]. Einzelheiten zum Genehmigungserfordernis und -ablauf und besondere aufsichtsrechtliche Anforderungen werden in → § 65 Rn. 5 ff. behandelt.

2. Verschmelzungsfähige Rechtsträger

An einer Verschmelzung eines VVaG können nur VVaG selbst oder Versicherungs-AG beteiligt sein. Diese **Begrenzung** der verschmelzungsfähigen Rechtsträger folgt aus den unterschiedlichen betroffenen Regelungsgebieten. Zum einen können eingetragene Vereine per se keine Rechtsträger anderer Rechtsformen aufnehmen[1077]. Zum anderen lässt das Versicherungsaufsichtsrecht nur die AG, die Europäische Aktiengesellschaft (SE), den VVaG sowie Körperschaften und Anstalten des öffentlichen Rechts als Versicherungsunternehmen zu.[1078] Da der Betrieb des Versicherungsgeschäfts eine Erlaubnis voraus-

---

[1069] Vgl. § 184 VAG.
[1070] Prölss/Weigel, § 29 Rn. 12; Semler/Stengel/Niemeyer, § 109 Rn. 14; Böttcher/Habighorst/Schulte/Kammerer-Galahn, § 109 Rn. 9.
[1071] § 178 VAG.
[1072] Vgl. § 178 VAG; zur Tilgung Prölss/Weigel, § 22 Rn. 22; Widmann/Mayer/Vossius, § 109 Rn. 90.
[1073] § 193 VAG.
[1074] § 178 Abs. 4 VAG; Petersen, Versicherungsunternehmensrecht, 2003, Rn. 117 ff.
[1075] RegBegr. in Ganske (Hrsg.), UmwR, S. 141; siehe auch Weber-Rey/Guinomet, AG 2002, 278; Peiner/Görg, FS Richter, 2001, S. 270 ff.
[1076] § 14 VAG für Erstversicherer und § 166 Abs. 3 VAG für Rückversicherer.
[1077] Vgl. § 99 Abs. 2 UmwG, → § 7 Rn. 29.
[1078] § 8 Abs. 2 VAG; Umsetzung des Art. 8 I a) der Richtlinie 73/239/EWG, Erste Schadensrichtlinie vom 24.7.1973, ABl. Nr. L 228 S. 3 und des Art. 8 I a) der Richtlinie 79/267/EWG, Erste Lebensrichtlinie vom 5.3.1979, ABl. Nr. L 63 S. 1.

setzt[1079], muss der aufnehmende Rechtsträger notwendigerweise eine solche erhalten können. Deshalb scheiden z. B. die GmbH, KG oder der normale eingetragene Verein als aufnehmende Rechtsträger aus, weil in diesen Rechtsformen kein Versicherungsgeschäft betrieben werden darf. Auch Versicherungsunternehmen, die als **Rückversicherungsvereine** ausschließlich die Rückversicherung betreiben[1080], können gem. §§ 109 ff. UmwG verschmolzen werden; es gilt für diese die gleiche Begrenzung der verschmelzungsfähigen Rechtsträger[1081].

556 Die grundsätzlich auch Versicherungsunternehmen offenstehende Körperschaft oder Anstalt des öffentlichen Rechts (z. B. Brand- und Feuerkassen, Kommunalversicherer) kommt als beteiligter Rechtsträger nicht in Betracht, weil diese Rechtsform nicht verschmelzungsfähig ist[1082]. Somit bleibt die Frage nach der **Europäischen Aktiengesellschaft (SE)**, die in § 109 UmwG nicht ausdrücklich erwähnt ist, allerdings eine zulässige Rechtsform für Versicherungsunternehmen als Sonderform einer AG darstellt[1083]. Daher ist es konsequent und im Hinblick auf die Verweisung aus der SE-VO auf das nationale Recht der AG folgerichtig, dass auch eine SE aufnehmender Rechtsträger einer Verschmelzung sein kann[1084].

557 Verschmelzungsfähig sind auch sog. **kleinere Vereine**, also Versicherungsvereine, die bestimmungsgemäß einen sachlich, örtlich oder dem Personenkreis nach eng begrenzten Wirkungskreis haben. Ob ein solcher kleinerer Verein vorliegt, entscheidet die BaFin[1085]; diese unterliegen nur eingeschränkt den Regelungen zum VVaG[1086] und erfahren in den §§ 118 und 119 UmwG entsprechende Sonderregelungen (→ § 15 Rn. 596 ff.). Hingegen können Versicherungsvereine, die aufgrund der Art der betriebenen Geschäfte durch die BaFin von der Versicherungsaufsicht freigestellt sind[1087], nicht verschmolzen werden[1088], solange die Freistellung besteht[1089]. Schließlich ist der Pensions-Sicherungs-Verein nach § 14 BetrAVG ein beliehener, mit öffentlich-rechtlicher Beitragshoheit versehener VVaG kraft gesetzlicher Fiktion[1090], für den die §§ 109 ff. UmwG vollständig Anwendung finden[1091].

3. Verschmelzungsmöglichkeiten

558 Folge des *numerus clausus* der Rechtsträger ist, dass die Verschmelzungsmöglichkeiten für einen VVaG stark eingegrenzt sind: Versicherungsvereine können – so der Gesetzeswortlaut – nur entweder miteinander verschmolzen[1092] oder durch eine Versicherungs-AG (**Mischverschmelzung**) aufgenommen werden[1093]. Trotz dieses engen Wortlauts ist an-

---

[1079] § 8 Abs. 1 VAG.
[1080] §§ 7 Nr. 33, 8 Abs. 1 VAG.
[1081] Semler/Stengel/*Niemeyer*, § 109 Rn. 10.
[1082] § 3 UmwG. Semler/Stengel/*Niemeyer*, § 109 Rn. 6, hält das Verbot der Verschmelzung von Versicherungsvereinen und Körperschaften oder Anstalten des öffentlichen Rechts durch Neugründung einer Versicherungs-AG für unbegründet.
[1083] § 8 Abs. 2 VAG.
[1084] Lutter/*Wilm*, § 109 Rn. 8.
[1085] § 210 Abs. 4 VAG. Zum Ermessen der BaFin siehe Prölss/*Weigel*, § 53 Rn. 7. Der Status als kleinerer Verein kann durch Entscheidung der BaFin auch wieder entzogen werden, wenn sich der begrenzte Wirkungskreis ändert.
[1086] § 210 Abs. 1 VAG.
[1087] Siehe zu den Voraussetzungen der Freistellung Prölss/*Kollhosser*, § 157a Rn. 2 f., 7 und Reg-Begr. zum Entwurf eines Gesetzes zur Änderung des Gesetzes über die Beaufsichtigung der privaten Versicherungsunternehmen und Bausparkassen, BT-Drucks. 7/100 S. 9 f.
[1088] § 5 Abs. 2, letzter Halbsatz VAG.
[1089] Widmann/Mayer/*Vossius*, § 109 Rn. 13.
[1090] Widmann/Mayer/*Vossius*, § 109 Rn. 15; Prölss/*Weigel*, Vor § 15 Rn. 29 b.
[1091] Vgl. Widmann/Mayer/*Vossius*, § 109 Rn. 15.
[1092] § 109 Satz 1 UmwG. Auch Mehrfachverschmelzungen sind zulässig, vgl. Kölner Kommentar-UmwG/*Beckmann*, § 109 Rn. 9; Semler/Stengel/*Niemeyer*, § 109 Rn. 24.
[1093] § 109 Satz 2 UmwG.

§ 15 Rechtsformspezifische Besonderheiten der Verschmelzung

erkanntermaßen auch die Verschmelzung von mehreren VVaG durch Neugründung sowie von VVaG mit einer Versicherungs-AG durch Neugründung einer Versicherungs-AG möglich, schließlich setzen die anschließenden Regelungen für die Verschmelzungen im Wege der Aufnahme[1094] oder durch Neugründung[1095] diese Möglichkeit voraus[1096]. Eine Kapitalgesellschaft im Wege der Aufnahme mit dem Vermögen des VVaG zu verschmelzen ist nur zulässig, wenn alle Anteile an der Kapitalgesellschaft vom VVaG gehalten werden[1097]; eine Verschmelzung einer Versicherungs-AG mit Drittaktionären auf einen VVaG ist hingegen nicht möglich, nicht nur weil dem der Gedanke des § 99 UmwG entgegensteht, sondern auch weil die Mitgliedschaft im VVaG ein Versicherungsverhältnis voraussetzt[1098].

Ob **grenzüberschreitende Verschmelzungen** von VVaG möglich sind, ist umstritten. Nach dem EuGH ist die Beschränkung der Anwendbarkeit des UmwG auf Rechtsträger mit Sitz im Inland[1099] nicht mit der europäischen Niederlassungsfreiheit nach Art. 49, 54 AEUV (vormals Art. 43, 48 EGV) zu vereinbaren, solange eine entsprechende Verschmelzung von Gesellschaften mit Sitz in demselben Mitgliedstaat grundsätzlich möglich ist[1100]. In der Folgezeit wurde die europäische Richtlinie zur Verschmelzung von Kapitalgesellschaften aus verschiedenen Mitgliedstaaten[1101] durch das Zweite Gesetz zur Änderung des UmwG in deutsches Recht umgesetzt[1102]. Diese Regelungen stehen aber nach § 122b UmwG ausdrücklich nur AG, KGaA und GmbH offen, so dass wohl mehrheitlich eine grenzüberschreitende Verschmelzung eines VVaG für zwar wünschenswert, aber nicht möglich gehalten wird[1103]. Von anderen wird angeführt, ein VVaG lasse sich als Gesellschaft im Sinne von Art. 2 Nr. 1b) der europäischen Richtlinie zur Verschmelzung von Kapitalgesellschaften verstehen, also eine „Gesellschaft, die Rechtspersönlichkeit besitzt und über gesondertes Gesellschaftskapital verfügt, das allein für die Verbindlichkeiten der Gesellschaft haftet"[1104]. Mit Blick auf Nachschuss- und Beitragspflichten beim VVaG wird dies bezweifelt[1105]. Indes können Nachschüsse in der Satzung ausgeschlossen werden (ähnlich wie sie bei der GmbH zugelassen werden können[1106]); diese und die Beitragspflicht sind verbandsspezifische Besonderheit, die das Prinzip der Ausgabendeckung und das Versicherungsverhältnis spiegeln[1107]. Der Wortlaut des UmwG schließt ferner ausdrücklich nur die Genossenschaft von der Beteiligung an einer grenzüberschreitenden Verschmelzung aus[1108]. Diese Rechtsunsicherheit gebietet jedenfalls, grenzüberschreitende Verschmelzungen unter Beteiligung von Versicherungsvereinen mit dem zuständigen Registergericht und der BaFin im Vorfeld abzustimmen.

559

[1094] §§ 110 bis 113 UmwG.
[1095] §§ 114 bis 117 UmwG.
[1096] Kölner Kommentar-UmwG/*Beckmann*, § 109 Rn. 10; Heidelberger Kommentar-UmwG/*Findeisen*, § 109 Rn. 9; Böttcher/Habighorst/Schulte/*Kammerer-Galahn*, § 109 Rn. 21; Semler/Stengel/*Niemeyer*, § 109 Rn. 5; Widmann/Mayer/*Vossius*, § 109 Rn. 20.
[1097] Semler/Stengel/*Niemeyer*, § 109 Rn. 9.
[1098] Lutter/*Wilm*, § 109 Rn. 10.
[1099] § 1 Abs. 1 UmwG.
[1100] EuGH ZIP 2005, 2311 ff. (SEVIC Systems AG); Anträge des Generalanwalts *Tizzano* DB 2005, 1510 ff.
[1101] Richtlinie 2005/56/EG des Europäischen Parlaments und des Rates vom 26.10.2005.
[1102] Zweites Gesetz zur Änderung des UmwG vom 19.4.2007, BGBl. I 2007, S. 542.
[1103] Schmitt/Hörtnagl/Stratz/*Hörtnagl*, § 122b Rn. 6; Böttcher/Habighorst/Schulte/*Kammerer-Galahn*, § 109 Rn. 6 f., 25 ff.; *Louven* ZIP 2006, 2021, 2024.
[1104] Semler/Stengel/*Niemeyer*, § 109 Rn. 12; *Lüttringhaus* VersR 2008, 1036 ff.; Widmann/Mayer/*Vossius*, § 109 Rn. 1, 48 ff.; vgl. aber auch *Louven* ZIP 2006, 2021, 2024; zurückhaltend Lutter/*Wilm*, § 109 Rn. 27.
[1105] § 179 VAG; Böttcher/Habighorst/Schulte/*Kammerer-Galahn*, § 109 Rn. 27.
[1106] § 26 GmbHG.
[1107] Dazu *Petersen*, Versicherungsunternehmensrecht, 2003, Rn. 64 ff.; Prölss/*Weigel*, § 24 Rn. 1 ff.
[1108] § 122b Abs. 2 Nr. 1 UmwG.

560 Auf Verschmelzungen unter Beteiligung von Rechtsträgern eines **außereuropäischen Staates** lassen sich diese Überlegungen übertragen, wenn ein völkerrechtliches Diskriminierungsverbot gegenüber dem betreffenden Staat besteht, wie dies z. B. gegenüber den USA der Fall ist.[1109] Dies dürfte ermöglichen, etwa den über eine US-Niederlassung gezeichneten US-Versicherungsbestand eines inländischen Rechtsträgers auf einen Rechtsträger in den USA zu verschmelzen bzw. zu spalten (sog. *Domestication*)[1110], wobei auch hierzu klare gesetzliche Vorgaben fehlen, was auch die steuerlichen Folgen schwierig einschätzbar macht.

4. Alternativen zur Verschmelzung

561 Das Umwandlungsrecht stellt mit der Spaltung unter Beteiligung von Versicherungsvereinen nach § 151 UmwG, die in § 29 → Rn. 328 ff. behandelt wird, und der Vermögensübertragung nach den §§ 175 ff. UmwG weitere Gestaltungsmöglichkeiten zur Verfügung, mit denen ein der Verschmelzung vergleichbares Ergebnis erzielt werden kann. Insbesondere gilt dies für die Vollübertragung unter Auflösung des übertragenden Rechtsträgers, die jedoch praktisch keine Bedeutung erlangt hat[1111]. Dies liegt daran, dass speziell für Erst- und Rückversicherungsunternehmen Wege außerhalb des Umwandlungsrechts offenstehen, das Versicherungsgeschäft sowohl wirtschaftlich als auch rechtlich von einem Rechtsträger auf einen anderen Rechtsträger zu übertragen.

562 a) **Bestandsübertragung.** Eine häufig in der Versicherungswirtschaft genutzte Art der dauerhaften Umstrukturierung des Versicherungsgeschäfts ist die **Bestandsübertragung**. Mit dieser kann ein Versicherer alle oder eine Teilmenge der Versicherungsverträge mit seinen Versicherungsnehmern auf einen anderen Versicherer übertragen[1112]. Grundlegende Norm ist § 13 VAG mit Sondervorschriften für die Übertragung von Beständen von ausländischen Versicherungsunternehmen[1113], von Rückversicherern[1114] und von Versicherungsvereinen[1115]. Durch eine Bestandsübertragung vom Mutterunternehmen auf eine ggf. neu gegründete Tochtergesellschaft lassen sich auch Strukturen erzielen, die das Umwandlungsrecht nicht ermöglicht, wie namentlich die Ausgliederung von Versicherungsverträgen[1116].

563 Ursprünglich war die Bestandsübertragung als Instrument der **Sanierung** gedacht[1117]. Ein wirtschaftlich angeschlagener Versicherer kann seinen Versicherungsbestand auf ein anderes, finanziell stabiles Versicherungsunternehmen übertragen[1118]. Dies dient einerseits dem Schutz der Versicherten, weil die Risikotragfähigkeit gesichert wird, und andererseits ermöglicht es dem übertragenden Versicherer, sich von einem unrentablen Bestand zu trennen. Die Bestandsübertragung wird jedoch auch allgemein zur **Umstrukturierung** genutzt, um auf verschiedene Produkte zurückgehende Versicherungsportfolios zu bereinigen oder um Konzernstrukturen zu bilden[1119], was sich insbesondere für den VVaG anbietet, der sonst aufgrund der Spartentrennung[1120] nicht alle Versicherungssparten unter

---

[1109] Widmann/Mayer/*Vossius*, § 109 Rn. 54.
[1110] So Semler/Stengel/*Niemeyer*, § 109 Rn. 13.
[1111] Semler/Stengel/*Niemeyer*, Anh. § 119 Rn. 6.
[1112] Allgemein zur Bestandsübertragung etwa Bähr/*Rüdt*, Versicherungsaufsichtsrecht, 2011, § 14; *Petersen*, Versicherungsunternehmensrecht, 2003, § 19; Semler/Stengel/*Niemeyer*, Anh. § 119.
[1113] §§ 63 und 73 VAG.
[1114] § 166 VAG.
[1115] §§ 200, 201 VAG.
[1116] Vgl. § 151 Satz 2 VAG; verneinend zur Ausstrahlungswirkung des Umwandlungsrechts in die Bestandsübertragung Semler/Stengel/*Niemeyer*, Anh. § 119 Rn. 8.
[1117] So z. B. *Benkel*, Der Versicherungsverein auf Gegenseitigkeit, 2002, S. 307; Semler/Stengel/*Niemeyer*, Anh. § 119 Rn. 1.
[1118] Prölss/*Präve*, § 14 Rn. 18 f.
[1119] Vgl. Semler/Stengel/*Niemeyer*, Anh. § 119 Rn. 9.
[1120] § 8 Abs. 4 VAG.

einem Dach betreiben könnte[1121]. Für einen VVaG kann auch der Zugang zum Kapitalmarkt durch Übertragung eines Versicherungsportfolios auf eine Versicherungs-AG als Tochterunternehmen ein Motiv sein.

Die Regelungen zur Bestandsübertragung ermöglichen speziell auch die Übertragung von **grenzüberschreitenden** Versicherungsverhältnissen[1122]. Es wird interessant zu beobachten sein, ob diese europarechtlich harmonisierte Verfahrensweise[1123] im Vorfeld des Austritts Großbritanniens aus der Europäischen Union häufiger genutzt werden wird, etwa um im Dienstleistungsverkehr oder über eine Niederlassung aufgebaute grenzüberschreitende Bestände von Verträgen mit Versicherungsnehmern in Großbritannien auf einen dortigen Versicherer oder umgekehrt Versicherungsverträge britischer Versicherer mit EU-Versicherungsnehmern in die EU hinein zu übertragen, um damit dem drohenden Verlust der Geschäftserlaubnis auf Basis des sogenannten Europäischen Passes[1124] zuvorzukommen.

Ein großer Vorteil der Bestandsübertragung besteht in der vereinfachten praktischen Abwicklung: Im Gegensatz zur normalen Vertragsübernahme bedarf es bei einer Bestandsübertragung nicht der **Genehmigung** seitens der Gläubiger gemäß § 415 BGB, also jedes einzelnen Versicherungsnehmers, die ja sehr zahlreich sein können, sondern nur der Zustimmung der Aufsichtsbehörde[1125]. Der Versicherungsnehmer hat kein Mitspracherecht, sondern die Aufsichtsbehörde prüft im Rahmen des Genehmigungsprozesses, ob seine Interessen gewahrt und die Verpflichtungen aus den Versicherungen als dauernd erfüllbar dargetan sind[1126]. Auf diese Voraussetzungen rekurriert auch das Genehmigungserfordernis bei Umwandlungsmaßnahmen, so dass vergleichbare Maßstäbe gelten[1127]. Für einen Schutz der Versicherungsnehmer als Gläubiger eines an einer Verschmelzung beteiligten Rechtsträgers nach § 22 UmwG besteht daher ebenfalls kein Bedürfnis[1128]. Beim VVaG bedarf die Bestandsübertragung zusätzlich eines Beschlusses der obersten Vertretung, der einer Mehrheit von drei Vierteln der abgegebenen Stimmen bedarf, wenn die Satzung nichts anderes bestimmt[1129].

Verlieren durch die Bestandsübertragung Mitglieder eines VVaG ganz oder zum Teil ihre Rechte als Vereinsmitglied, darf die Genehmigung nur erteilt werden, wenn der Bestandsübertragungsvertrag ein **angemessenes Entgelt** vorsieht, es sei denn, das übernehmende Versicherungsunternehmen ist ein VVaG und die von der Bestandsübertragung betroffenen Mitglieder des übertragenden Vereins werden Mitglieder des übernehmenden Vereins[1130]. Werden die Versicherungsnehmer also Mitglied im übernehmenden VVaG, erhalten sie nach dem Gesetzeswortlaut keinen weiteren Ausgleich. Da die Mitglieder eines VVaG einen gesetzlichen Anspruch auf Beteiligung am Jahresüberschuss und am Liquidationserlös[1131] haben, der nicht alleinig von ihrem Versicherungsverhältnis abhängt, sondern von der Wirtschaftslage des VVaG insgesamt und damit ein über den Versicherungsvertrag

---

[1121] *Scherzberg*, FS Gothaer Versicherungsbank, 1995, S. 231; Semler/Stengel/*Niemeyer*, Anh. § 119 Rn. 3.
[1122] Vgl. §§ 13 Abs. 2, 63, 73 und 166 Abs. 2 VAG; dazu auch Semler/Stengel/*Niemeyer*, Anh. § 119 Rn. 13 ff.
[1123] Art. 39 Richtlinie 2009/138/EG (Solvency II-Richtlinie). Zu den kollisionsrechtlichen Aspekten Semler/Stengel/*Niemeyer*, Anh. § 119 Rn. 12.
[1124] Der sog. Europäische Pass ermöglicht, dass Versicherer aus EU bzw. EWR-Staaten nur in ihrem Herkunftsstaat zugelassen sein müssen und dann in anderen EU/EWR-Staaten im Dienstleistungsverkehr oder über eine Niederlassung Versicherungsgeschäft betreiben dürfen, ohne dort jeweils Zulassungsverfahren durchlaufen zu müssen, vgl. Abschnitt 7 (§§ 57 ff.) des VAG. Dazu Bähr/*Zeides*, Versicherungsaufsichtsrecht, 2011, § 6 Rn. 7 ff.
[1125] §§ 13 Abs. 5, 166 Abs. 1 Satz 4 Hs. 2 VAG.
[1126] Vgl. § 13 Abs. 1 Satz 2 VAG; Böttcher/Habighorst/Schulte/*Kammerer-Galahn*, § 109 Rn. 49.
[1127] Siehe dazu § 65 Rn. 9.
[1128] Semler/Stengel/*Niemeyer*, Anh. § 119 Rn. 10.
[1129] § 200 Satz 2 VAG.
[1130] § 13 Abs. 3 VAG.
[1131] §§ 194 Abs. 1 Satz 1, 205 Abs. 2 Satz 1 VAG.

hinausgehendes wirtschaftliches Interesse besteht, erscheint dieses Ergebnis verfassungsrechtlich bedenklich[1132]. Augenfällig ist dies bei einer Teilbestandsübertragung eines etablierten VVaG auf einen neugegründeten Verein. Daher wird ein (zusätzlicher) Anspruch auf eine Barabfindung gefordert, der für die Betroffenen den Unterschied zum Wert der verlorenen Mitgliedschaft ausgleichen soll[1133]. Die Gegenansicht legt die Berücksichtigung solcher Wertunterschiede in die Hände der Aufsichtsbehörde, die ggf. die Genehmigung verweigern soll, ohne dass ein Ausgleichsanspruch bestünde[1134].

567　Bei Verlust der Mitgliedschaft – etwa bei einer Bestandsübertragung auf eine Versicherungs-AG –, steht dem Mitglied für diesen Verlust eine angemessene Barabfindung zu[1135]. Wie die Angemessenheit des Entgelts bzw. der Abfindung, die der übertragende Versicherungsverein schuldet[1136], zu bestimmen ist, lässt der Gesetzgeber offen[1137]; sie muss lediglich die Verhältnisse des Vereins zum Zeitpunkt der Beschlussfassung über die Bestandsübertragung berücksichtigen[1138]. Ferner kann der Verein beschließen, dass dieser Anspruch auf Mitglieder beschränkt wird, die dem Verein seit mindestens drei Monaten vor dem Zustimmungsbeschluss zu dem Bestandsübertragungsvertrag angehören[1139], was Missbräuche vermeiden soll[1140] und eine Parallele zur umwandlungsrechtlichen Vermögensübertragung darstellt[1141].

568　Sobald die Bestandsübertragung wirksam geworden ist, hat das übernehmende Versicherungsunternehmen die Versicherungsnehmer über Anlass, Ausgestaltung und Folgen der Bestandsübertragung zu **informieren**[1142]. Die Wirksamkeit tritt mit Rechtskraft der Entscheidung ein[1143]; mit ihr gehen im Wege der partiellen Gesamtrechtsnachfolge die Rechte und Pflichten aus den Versicherungsverträgen des übertragenen Versicherungsbestands auf den Erwerber über[1144]. Führt die Bestandsübertragung zu einer Änderung der für die Finanzaufsicht zuständigen Behörde, kann der Versicherungsnehmer den Vertrag innerhalb eines Monats nach Zugang der Mitteilung des Versicherers mit sofortiger Wirkung kündigen[1145].

569　Bei der Übertragung eines Versicherungsbestands eines VVaG muss ein **Restversicherungsbestand** an Versicherungsverhältnissen beim VVaG verbleiben, denn Mitglied eines VVaG kann nur sein, wer ein Versicherungsverhältnis mit dem Verein begründet[1146]. Der alte Rechtsträger bleibt also bestehen und es gehen nicht alle Vermögensgegenstände und Verträge über, die für die Fortsetzung des Versicherungsgeschäfts beim Übernehmer notwendig wären, wie z. B. die die Versicherungsverbindlichkeiten bedeckenden Vermögenswerte oder Rückversicherungsverträge, die jeweils einzeln übertragen werden müssen[1147].

[1132] Vgl. Semler/Stengel/*Niemeyer*, Anh. § 119 Rn. 57. Eine vergleichbare Problematik stellt sich auch bei den Umwandlungsmaßnahmen → § 15 Rn. 576.
[1133] Semler/Stengel/*Niemeyer*, Anh. § 119 Rn. 57.
[1134] Fahr/Kaulbach/Bähr/Pohlmann/*Kaulbach*, VAG, 5. Aufl. 2012, § 14 Rn. 28; auf krasse Missverhältnisse beschränkend: Lutter/*Wilm*, Anh. 1 nach § 189 Rn. 59, Fn. 2.
[1135] § 201 Abs. 1 Satz 1 VAG.
[1136] Semler/Stengel/*Niemeyer*, Anh. § 119 Rn. 57 m. w. N.
[1137] Auch die Gesetzesbegründung verhält sich dazu nicht, vgl. BT-Drucks. 16/6518 S. 13 f. Zur Barabfindung Semler/Stengel/*Niemeyer*, Anh. § 119 Rn. 58 ff.
[1138] § 201 Abs. 1 Satz 2 VAG.
[1139] § 201 Abs. 2 VAG.
[1140] BT-Drucks. 16/6518 S. 14.
[1141] Vgl. § 181 Abs. 2 UmwG.
[1142] § 13 Abs. 7 Satz 2 VAG.
[1143] Bähr/*Rüdt*, Versicherungsaufsichtsrecht, 2011, § 14 Rn. 92.
[1144] Bähr/*Rüdt*, Versicherungsaufsichtsrecht, 2011, § 14 Rn. 92 f.; Semler/Stengel/*Niemeyer*, Anh. § 119 Rn. 65; auch OLG Köln, Urteil vom 20. Januar 2012 – I-20 U 102/11, VersR 2013, 313 f.
[1145] § 13 Abs. 7 Satz 3 VAG.
[1146] § 176 Satz 2 VAG.
[1147] Bähr/*Rüdt*, Versicherungsaufsichtsrecht, 2011, § 14 Rn. 66; Böttcher/Habighorst/Schulte/*Kammerer-Galahn*, § 109 Rn. 55; Semler/Stengel/*Niemeyer*, Anh. § 119 Rn. 65; Lutter/*Wilm*, Anh. 1 nach § 189 Rn. 4 und Rn. 22.

Im Hinblick auf die **Arbeitnehmer** ist § 613a BGB zu beachten, weil je nach Ausgestaltung in der Bestandsübertragung ein (Teil-)Betriebsübergang gesehen werden kann, mit der Folge, dass auch die diesbezüglichen Arbeitsverhältnisse übergehen[1148].

b) Rückversicherung. Ein weiteres Instrument, eine mit Verschmelzungs- oder Spaltungsmaßnahmen vergleichbare wirtschaftliche Wirkung zu erzielen, ist die **Rückversicherung**. Bei der Rückversicherung übernimmt ein Rückversicherungsunternehmen das Versicherungsrisiko des Erstversicherers gegen Weitergabe eines Teils des Versicherungsbeitrags. Aufgrund der sehr freien Gestaltungsmöglichkeiten solcher Rückversicherungsverträge kann der Erst- oder Vorversicherer einzelne Versicherungsrisiken (fakultative Rückversicherung) bis hin zu ganzen Versicherungsbeständen (obligatorische Rückversicherung) wirtschaftlich übertragen. Diese Weitergabe des Versicherungsrisikos kann vollständig oder nur quotal (proportionale bzw. Quotenrückversicherung) oder nur in Bezug auf bestimmte Schadenshöhen (Exzedentenrückversicherung) erfolgen[1149].

Anders als bei Umwandlungsmaßnahmen oder der Bestandsübertragung bleibt dabei allerdings der abgebende Versicherer für die Vertragsbeziehungen zum Versicherungsnehmer weiterhin verantwortlich. Es handelt sich somit nicht um eine Rechtsnachfolge, sondern um eine rein **wirtschaftliche Weitergabe**, die in noch abstrakterer Form auch im Wege des sogenannten alternativen Risikotransfers möglich ist, etwa über am Kapitalmarkt gehandelte Verbriefungen.

II. Besonderheiten bei den Rechtsfolgen

Eine Verschmelzung unter Beteiligung eines VVaG hat die allgemeinen **Rechtsfolgen** der Verschmelzung gem. § 20 Abs. 1 Nr. 1 bis 4 UmwG, also Universalsukzession, Erlöschen des übertragenden Rechtsträgers, ggf. Erwerb von Mitgliedschaftsrechten bzw. Aktien am übernehmenden Rechtsträger und Heilung von Formmängeln. Ein Anspruch auf **Sicherheitsleistung** gemäß § 22 Abs. 1 UmwG hat die Gläubigergruppe der Versicherten jedoch nicht, denn Erstversicherungsunternehmen mit Sitz in Deutschland haben ein Sicherungsvermögen zu bilden[1150], dass der Bedeckung aller Leistungsansprüche der Versicherten dient[1151]. Als Konsequenz wird den Forderungen der Versicherten Vorrang vor allen übrigen Insolvenzgläubigern eingeräumt[1152]. Sie sind damit als bevorrechtigte Gläubiger iSd. § 22 Abs. 2 UmwG anzusehen.[1153]

Hinsichtlich der Ansprüche von Versicherungsnehmern auf Überschussbeteiligung ist zu differenzieren. Zum einen existieren verschiedene Versicherungsprodukte, die eine vertragliche Überschussbeteiligung vorsehen, wie z. B. die Lebensversicherung[1154]. Ob ein solcher vertraglicher Anspruch als **Sonderrecht** gem. § 23 UmwG zu qualifizieren ist, wird unterschiedlich beurteilt[1155]. Die Besonderheit sei u. a., dass die Höhe des Anspruchs in Zukunft von der Ertragskraft des übernehmenden Rechtsträgers abhänge, was eine analoge Anwendung rechtfertige[1156]. Dem lässt sich die schuldrechtliche Rechtsgrundlage

---

[1148] Böttcher/Habighorst/Schulte/*Kammerer-Galahn*, § 109 Rn. 57.
[1149] Weiterführend z.B: *Lüer/Schwepcke*, Rückversicherungsrecht, 1. Auflage 2013.
[1150] § 125 VAG.
[1151] Sieh auch Bähr/*Heitmann*, Versicherungsaufsichtsrecht, 2011, § 17 Rn. 12; Prölss/*Lipowsky*, § 66 Rn. 2, 5a.
[1152] § 315 VAG.
[1153] Semler/Stengel/*Niemeyer*, § 109 Rn. 44; Böttcher/Habighorst/Schulte/*Kammerer-Galahn*, § 109 Rn. 41.
[1154] Vgl. § 153 VVG.
[1155] So Semler/Stengel/*Niemeyer*, § 109 Rn. 45; *Entzian/Schleifenbaum* ZVersW 1996, 521, 538; *Gerner*, Demutualisierung eines VVaG, 2003, S. 31; *Martiensen*, Fusionen von VVaG, 2006, S. 146; wohl auch Kölner Kommentar-UmwG/*Beckmann*, § 109 Rn. 12; a. A. *Biewer*, Umwandlung eines VVaG, 1998, S. 126; Böttcher/Habighorst/Schulte/*Kammerer-Galahn*, § 109 Rn. 43; Widmann/Mayer/*Vossius*, § 109 Rn. 115; Henssler/Strohn/*Wardenbach*, § 109 Rn. 5; Lutter/*Wilm*, § 109 Rn. 26.
[1156] Vgl. Kölner Kommentar-UmwG/*Beckmann*, § 109 Rn. 12

entgegenhalten[1157] und auch, dass es auch andere Ansprüche gibt, die von vergleichbaren Parametern abhängen, wie z. B. erfolgsabhängige Vergütungen, die aber unter § 22 UmwG fallen. Zum anderen haben Mitglieder eines VVaG einen separaten Anspruch auf den sich nach der Bilanz ergebenden Überschuss[1158], der nicht schuldrechtlicher, sondern mitgliedschaftlicher Natur ist[1159]. Soweit die Mitgliedschaft nach der Satzung kein Stimmrecht in der obersten Vertretung vermittelt, weil – wie üblich – als oberste Vertretung nicht die Mitglieder-, sondern die Vertreterversammlung vorgesehen ist, kann man diesen Anspruch auf den Überschuss als stimmrechtloses Sonderrecht gem. § 23 UmwG beurteilen[1160].

574 Besonderes Augenmerk erfordert auch die Behandlung des **Gründungsstocks** (zur Bedeutung des Gründungsstocks → § 15 Rn. 552), der in der Bilanz an Stelle des Eigenkapitals geführt wird[1161], soweit dieser noch nicht vollständig getilgt ist. Besteht der Gründungsstock bei dem übertragenden VVaG, werden die Rechte der Garanten auf Tilgung nach h. M. als Sonderrechte nach § 23 UmwG eingeordnet[1162]. Die Tilgung ist fortzusetzen, wenn der übernehmende Rechtsträger ebenfalls ein VVaG ist; ob eine Sondertilgung möglich ist, bemisst sich nach der Höhe der dann zusammenzurechnenden Verlustrücklagen beider Vereine und müsste in der Satzung vorgesehen sein. Sollte der übernehmende VVaG ebenfalls noch einen Gründungsstock haben, wären Bestimmungen zum Verhältnis der jeweiligen Tilgung in dessen Satzung zu treffen.[1163] Bei der Verschmelzung auf eine Versicherungs-AG wandelt sich die Tilgungspflicht in eine Verpflichtung mit Fremdkapitalcharakter[1164], die im Verschmelzungsvertrag zu regeln wäre[1165].

III. Umsetzungsbesonderheiten
1. Verschmelzungsvertrag

575 Der Inhalt des Verschmelzungsvertrags richtet sich nach den allgemeinen Vorschriften, mit rechtsformspezifischen Abweichungen. Sind nur Versicherungsvereine an der Verschmelzung beteiligt, sind einige Angaben im Verschmelzungsvertrag entbehrlich[1166], wenn auch nicht verboten[1167].

576 Angaben über das Umtauschverhältnis, zur Übertragung der Mitgliedschaftsrechte und zu den Details der Beteiligung am Bilanzgewinn nach § 5 Abs. 1 Nr. 3 bis 5 UmwG sind nicht erforderlich, weil die Mitgliedschaft nicht von Kapitalanteilen, Nennbeträgen oder Stückzahlen abhängt[1168]. Da die Mitgliedschaft jedoch **vermögensrechtlichen Charakter** hat[1169]

[1157] Z. B. Lutter/*Wilm*, § 109 Rn. 26; Böttcher/Habighorst/Schulte/*Kammerer-Galahn*, § 109 Rn. 43; Widmann/Mayer/*Vossius*, § 109 Rn. 115

[1158] § 194 VAG.

[1159] *Petersen*, Versicherungsunternehmensrecht, 2003, Rn. 124.

[1160] Semler/Stengel/*Niemeyer*, § 109 Rn. 45; Böttcher/Habighorst/Schulte/*Kammerer-Galahn*, § 109 Rn. 42; Henssler/Strohn/*Wardenbach*, § 109 Rn. 5; a. A. Kölner Kommentar-UmwG/*Beckmann*, § 109 Rn. 12; *Martiensen*, Fusionen von VVaG, 2006, S. 146; Lutter/*Wilm*, § 109 Rn. 26; auch noch Semler/Stengel/*Koerfer*, § 109 Rn. 47.

[1161] Siehe z. B. Widmann/Mayer/*Vossius*, § 109 Rn. 88 ff.

[1162] Semler/Stengel/*Niemeyer*, § 109 Rn. 49; Widmann/Mayer/*Vossius*, § 109 Rn. 94; a. A. Schmitt/Hörtnagl/Stratz/*Stratz*, § 112 Rn. 4.

[1163] Widmann/Mayer/*Vossius*, § 109 Rn. 94 ff; Semler/Stengel/*Niemeyer*, § 109 Rn. 49 ff.; Böttcher/Habighorst/Schulte/*Kammerer-Galahn*, § 109 Rn. 44, 45.

[1164] Widmann/Mayer/*Vossius*, § 109 Rn. 100; Semler/Stengel/*Niemeyer*, § 109 Rn. 52.

[1165] Nach Widmann/Mayer/*Vossius*, § 109 Rn. 100 gem. § 5 Abs. 1 Nr. 7 UmwG.

[1166] § 110 UmwG: Die Angaben nach § 5 Abs. 1 Nr. 3 bis 5 und 7 UmwG braucht der Vertrag nicht zu enthalten.

[1167] Semler/Stengel/*Niemeyer*, § 110 Rn. 5; Widmann/Mayer/*Vossius*, 110 Rn. 5; vgl. auch Lutter/*Wilm*, § 110 Rn. 5.

[1168] Kölner Kommentar-UmwG/*Beckmann*, § 110 Rn. 4; Semler/Stengel/*Niemeyer*, § 110 Rn. 2.

[1169] Böttcher/Habighorst/Schulte/*Kammerer-Galahn*, § 110 Rn. 2; *Martiensen*, Fusionen von VVaG, 2006, S. 191 ff.; Semler/Stengel/*Niemeyer*, § 110 Rn. 3.

– so haben die Mitglieder eines VVaG einen gesetzlichen Anspruch auf Beteiligung am Jahresüberschuss und am Liquidationserlös[1170] –, ist lediglich der Erwerb einer Mitgliedschaft im übernehmenden Rechtsträger keine ausreichende Gegenleistung[1171]. Haben die beteiligten Rechtsträger einen unterschiedlichen Unternehmenswert, müsste vor dem Hintergrund des **Gleichbehandlungsgrundsatzes**[1172] den Mitgliedern des vermögenderen VVaG ein Ausgleich durch bare Zuzahlung oder einen anderen satzungsmäßigen Verteilungsschlüssel für den Überschuss und den Liquidationserlös gewährt werden[1173]. Nach § 110 UmwG sind ferner bei Verschmelzungen unter ausschließlicher Beteiligung von Versicherungsvereinen Angaben gemäß § 5 Abs. 1 Nr. 7 UmwG über Sonderrechte entbehrlich. Begreift man die gesetzliche[1174] oder auch die vertragliche[1175] Überschussbeteiligung als ein Sonderrecht, geht diese Erleichterung indes zu weit[1176].

Bei Verschmelzungen auf eine **Versicherungs-AG** sind die Angaben nach § 5 Abs. 1 Nr. 3 bis 5 und 7 UmwG obligatorisch. In jedem Fall der Verschmelzung muss der Verschmelzungsvertrag die üblichen Angaben über den Namen oder die Firma und den Sitz der beteiligten Rechtsträger, eine Vereinbarung über die Übertragung des Vermögens jedes übertragenden Rechtsträgers als Ganzes, den Verschmelzungsstichtag, die Folgen und Maßnahmen der Verschmelzung in Bezug auf die Arbeitnehmer und jeden besonderen Vorteil, der einem Mitglied eines Vertretungsorgans, eines Aufsichtsorgans oder Prüfers gewährt wird, beinhalten.[1177] Bei letztgenannten Vorteilen ist bei einem aufnehmenden VVaG daran zu denken, in den Verschmelzungsvertrag ggf. Zusagen über die Zusammensetzung der Vertreterversammlung aufzunehmen[1178]. Da die Verschmelzung von Versicherungsvereinen der Genehmigung der Aufsichtsbehörde gemäß § 14 VAG bedarf (für Einzelheiten des Verfahrens → § 65 Rn. 5 ff.), sollte ein Vorbehalt der aufsichtsrechtlichen Genehmigung in den Vertrag aufgenommen werden[1179].

Der Verschmelzungsvertrag, der bei einer Verschmelzung durch Neugründung auch die Satzung des neuen Rechtsträgers enthalten muss[1180], ist **notariell zu beurkunden**[1181]. Spätestens einen Monat vor der Versammlung der obersten Vertretung zur Beschlussfassung über den Verschmelzungsvertrag müssen der Verschmelzungsvertrag und die Satzung des neuen Rechtsträgers den **Betriebsräten** der beteiligen Rechtsträger zugeleitet werden[1182].

Ein **Abfindungsangebot** nach § 29 UmwG an Mitglieder, die gegen den Verschmelzungsbeschluss Widerspruch erheben, ist bei Verschmelzungen unter ausschließlicher Beteiligung von Versicherungsvereinen nicht erforderlich. Die gesetzlichen Verfügungsbeschränkungen[1183] beim übernehmenden VVaG entsprechen denen des übertragenden

---

[1170] §§ 194 Abs. 1 Satz 1, 205 Abs. 2 Satz 1 VAG.
[1171] Semler/Stengel/*Niemeyer*, § 110 Rn. 3; restriktiv aber: Lutter/*Wilm*, § 110 Rn. 3, 4.
[1172] § 177 Abs. 1 VAG.
[1173] Böttcher/Habighorst/Schulte/*Kammerer-Galahn*, § 110 Rn. 2; Semler/Stengel/*Niemeyer*, § 110 Rn. 4; vermittelnd Lutter/*Wilm*, § 110 Rn. 5; siehe § 113 Rn. 7 f.
[1174] Böttcher/Habighorst/Schulte/*Kammerer-Galahn*, § 109 Rn. 42; Semler/Stengel/*Niemeyer*, § 109 Rn. 45; Henssler/Strohn/*Wardenbach*, § 109 Rn. 5.
[1175] *Entzian/Schleifenbaum* ZVersW 1996, 521, 538; *Gerner*, Demutualisierung eines VVaG, 2003, S. 31; *Martiensen*, Fusionen von VVaG, 2006, S. 146; Semler/Stengel/*Niemeyer*, § 109 Rn. 45; wohl auch Kölner Kommentar-UmwG/*Beckmann*, § 109 Rn. 12.
[1176] Kölner Kommentar-UmwG/*Beckmann*, § 110 Rn. 5 und Semler/Stengel/*Niemeyer*, § 110 Rn. 13 vermuten eine versehentliche gesetzgeberische Regelungslücke. Zur Problematik → § 15 Rn. 573.
[1177] §§ 110, 5 Abs. 1 Nr. 1, 2, 6, 8 und 9 UmwG.
[1178] Solche Zusagen werden zumindest beim Kooptationsverfahren für zulässig gehalten, vgl. Semler/Stengel/*Niemeyer*, § 111 Rn. 16.
[1179] Semler/Stengel/*Niemeyer*, § 110 Rn. 20.
[1180] § 37 UmwG.
[1181] § 6 UmwG.
[1182] §§ 5 Abs. 3, 37 UmwG.
[1183] § 176 VAG.

VVaG[1184]. Bei Mischverschmelzungen auf eine Versicherungs-AG ist diesen Mitgliedern grundsätzlich ein Abfindungsangebot zu machen, weil eine Aktionärsposition nicht mit der eines VVaG-Mitglieds vergleichbar ist[1185]. Beim insoweit vergleichbaren Formwechsel eines Versicherungsvereins ist daher ein Barabfindungsangebot an widersprechende Mitglieder zu unterbreiten[1186]. Wird der Verschmelzungsbeschluss jedoch – wie häufig – von einer Vertreterversammlung, statt von einer Mitgliederversammlung gefasst, ergibt sich die Verfahrenshürde, dass für die Mitglieder mangels Teilnahme an der Beschlussfassung keine Gelegenheit zum **Widerspruch** besteht. Für diese Fälle bietet sich eine analoge Anwendung der Formwechselvorschriften an, also ein Widerspruch durch eingeschriebenen Brief[1187].

2. Bekanntmachungen

580 Zu der Vorbereitung der Beschlussfassung der obersten Vertretung muss der Verschmelzungsvertrag bzw. sein Entwurf vom jeweiligen Vorstand des beteiligten VVaG zum **Register** eingereicht werden[1188]. Dies muss vor der Einberufung der obersten Vertretung erfolgen und entspricht der Regelung zur Verschmelzung von AG[1189]. Bei fehlender oder verspäteter Einreichung des Verschmelzungsvertrags bzw. dessen Entwurfs, ist der von der obersten Vertretung gefasste Verschmelzungsbeschluss **anfechtbar**[1190], falls er auf diesem Mangel beruht. Die Anfechtung wäre ein Eintragungshindernis[1191].

581 Hinsichtlich der **Form- und Fristvorschriften** für die Einberufung der obersten Vertretung verweisen die Regeln des VVaG umfangreich auf das Aktienrecht[1192]. Während das Prozedere der Einberufung der Mitgliederversammlung dem der AG entspricht, ergeben sich bei der Einberufung der Vertreterversammlung Abweichungen. Bei der Mischverschmelzung von Versicherungsvereinen mit Vertreterversammlung statt Mitgliederversammlung nimmt das einzelne Mitglied nicht an der Beschlussfassung über den Verschmelzungsvertrag teil. Insofern die Einberufung der Vertreterversammlung durch eingeschriebenen Brief[1193] erfolgt, wäre eine Bekanntmachung gem. § 121 Abs. 4 Satz 1 AktG nicht erforderlich, so dass die Vereinsmitglieder von der bevorstehenden Beschussfassung nichts erführen. Jedes Vereinsmitglied muss jedoch vor der Beschlussfassung durch die Vertreterversammlung[1194] selbst **Widerspruch** erheben, wenn es bei Mischverschmelzungen den Abfindungsanspruch gem. § 29 UmwG einfordern möchte[1195]. Damit ist die Bekanntmachung durch das Gericht auf die Möglichkeit zur Einsichtnahme nach Einreichung[1196] für die Mitglieder, die dem Verschmelzungsbeschluss widersprechen wollen, ein wichtiger

---

[1184] Semler/Stengel/*Niemeyer*, § 110 Rn. 9; siehe auch Kölner Kommentar-UmwG/*Simon*, § 29 Rn. 23; Lutter/*Grunewald*, § 29 Rn. 9.

[1185] Semler/Stengel/*Niemeyer*, § 110 Rn. 10; wohl auch Böttcher/Habighorst/Schulte/*Kammerer-Galahn*, § 110 Rn. 5.

[1186] §§ 300, 270 Abs. 1, 207 Abs. 1 Satz 1 UmwG.

[1187] Lutter/*Wilm*, § 110 Rn. 11; Semler/Stengel/*Niemeyer*, § 110 Rn. 11; a. A. wohl Böttcher/Habighorst/Schulte/*Kammerer-Galahn*, § 110 Rn. 5.

[1188] § 111 UmwG.

[1189] § 61 UmwG.

[1190] § 191 VAG, § 243 AktG.

[1191] § 16 Abs. 2 Satz 2 UmwG.

[1192] § 191 Sätze 1 bis 3 VAG: Für die oberste Vertretung gelten entsprechend die für die Hauptversammlung geltenden Vorschriften der §§ 118, 119 Abs. 1 Nr. 1 bis 3, 5, 7 und 8 sowie Abs. 2, von § 120 Abs. 1 bis 3 und § 121 Abs. 1 bis 4, 5 Satz 1 und Abs. 6, der §§ 122 und 123 Abs. 1, der §§ 124 bis 127, 129 Abs. 1 und 4, des § 130 Abs. 1 Satz 1 und 2 sowie Abs. 2 bis 5, der §§ 131 bis 133 und 134 Abs. 4 sowie der §§ 136, 142 bis 149, 241 bis 253 und 257 bis 261 AktG. § 256 AktG gilt entsprechend. Ist die oberste Vertretung die Mitgliederversammlung, so gilt auch § 134 Abs. 3 AktG entsprechend.

[1193] § 191 VAG, § 121 Abs. 4 Satz 2 AktG.

[1194] Analog §§ 300, 270 Abs. 1 Satz 1, 207 Abs. 1 Satz 1 UmwG.

[1195] §§ 300, 270 Abs. 1, 207 Abs. 1 Satz 1 UmwG; → § 15 Rn. 579.

[1196] § 111 Satz 2 UmwG.

Hinweis. In der Konsequenz könnte auf die Einreichung zum Register nur mit Zustimmung sämtlicher Mitglieder verzichtet werden[1197], was allerdings häufig unpraktisch sein dürfte; die Zustimmung lediglich der Mitglieder der Vertreterversammlung reichte nicht aus, wenn man den Vereinsmitgliedern ein Widerspruchsrecht einräumt. Aus dem gleichen Grund ist bei einer Vertreterversammlung für eine Mischverschmelzung eine Bekanntmachung gem. § 191 VAG, § 121 Abs. 4 Satz 1 AktG erforderlich, die eine Fristberechnung[1198] auf den Tag der Beschlussfassung erlaubt[1199]. Zudem ist in diesen Fällen die grundsätzlich zulässige Beschlussfassung durch eine Vertreterversammlung ohne Einhaltung von Einberufungsfristen[1200] nicht möglich[1201].

3. Beschlussfassung

Den Verschmelzungsbeschluss, in dem über den Verschmelzungsvertrag oder dessen Entwurf abgestimmt wird, fasst die oberste Vertretung[1202]. Mit der Einberufung der Versammlung der obersten Vertretung sind in dem Geschäftsraum am Sitz des Versicherungsvereins die in § 63 Abs. 1 UmwG bezeichneten Unterlagen zur **Einsicht** der Mitglieder auszulegen[1203]. Dies sind der Verschmelzungsvertrag (bzw. sein Entwurf), die Jahresabschlüsse und die Lageberichte der beteiligten Rechtsträger für die letzten drei Geschäftsjahre, ggf. eine Zwischenbilanz[1204] sowie die Verschmelzungs- und Prüfungsberichte[1205]. Damit können sich die Mitglieder vor der Beschlussfassung der obersten Vertretung über die Einzelheiten der Verschmelzung informieren, was auch noch während der Versammlung möglich bleibt, in der diese Unterlagen weiter auszuliegen haben[1206]. Anders als nach früherer Rechtslage haben die Mitglieder aufgrund des fehlenden Verweises auf § 63 Abs. 3 UmwG keinen Anspruch auf Erteilung von Abschriften der ausgelegten Unterlagen. Dies wurde vom Gesetzgeber damit begründet, dass schwerpunktmäßig der Versicherungsvertrag die Stellung der Mitglieder eines VVaG bestimme[1207]. Im Hinblick auf die betroffenen mitgliedschaftlichen Vermögensrechte (Beteiligung am Jahresüberschuss und am Liquidationserlös) und im Vergleich zum Formwechsel eines VVaG und der Verschmelzung von Genossenschaften und Vereinen, wo jeweils eine Abschrift verlangt werden kann[1208], erscheint dies nicht sachgerecht[1209].

Im Verschmelzungsbericht über eine Verschmelzung unter ausschließlicher Beteiligung von Versicherungsvereinen ist das **Umtauschverhältnis** nicht Gegenstand der Erläuterungen, denn die Mitglieder des übertragenden VVaG werden ohne Festsetzung eines Umtauschverhältnisses Mitglieder des übernehmenden VVaG mit Mitgliedschaftsrechten entsprechend der Satzung des übernehmenden VVaG[1210]. Das Gesetz sieht daher für diese

---

[1197] Kölner Kommentar-UmwG/*Beckmann*, § 111 Rn. 4; Semler/Stengel/*Niemeyer*, § 111 Rn. 23.
[1198] Analog § 270 Abs. 1 Satz 1 UmwG.
[1199] Semler/Stengel/*Niemeyer*, § 111 Rn. 9; dahingehend Lutter/*Wilm*, § 111 Fn. 3.
[1200] § 191 VAG, § 121 Abs. 6 AktG.
[1201] Semler/Stengel/*Niemeyer*, § 111 Rn. 10.
[1202] §§ 111 Satz 1 bzw. § 112 Abs. 1 Satz 1, 13 Abs. 1 UmwG.
[1203] § 112 UmwG.
[1204] Zu den Problemen bei Rückversicherungsvereinen, die aufgrund des Geschäftsmodells gem. § 341a Abs. 5 HGB eine verlängerte Aufstellungsfrist von zehn Monaten haben, siehe Semler/Stengel/*Niemeyer*, § 112 Rn. 13.
[1205] §§ 112 Abs. 1 Satz 1, 63 Abs. 1 UmwG.
[1206] § 112 Abs. 2 Satz 1 UmwG.
[1207] RegBegr. in Ganske (Hrsg.), UmwR, S. 142. Vgl. Kölner Kommentar-UmwG/*Beckmann*, § 112 Rn. 4; Semler/Stengel/*Niemeyer*, § 112 Rn. 3 ff.
[1208] §§ 292 Abs. 1, 230 Abs. 2 Satz 2 bzw. § 82 Abs. 2 bzw. § 101 Abs. 2 UmwG.
[1209] Mit z. T. unterschiedlicher Begründung Kölner Kommentar-UmwG/*Beckmann*, § 112 Rn. 4; Heidelberger Kommentar-UmwG/*Findeisen*, § 112 Rn. 6; Semler/Stengel/*Niemeyer*, § 112 Rn. 5 ff.; Widmann/Mayer/*Vossius*, § 112 Rn. 16 ff.; Lutter/*Wilm*, § 112 Rn. 6; a. *Martiensen*, Fusionen von VVaG, 2006, S. 177; Schmitt/Hörtnagl/Stratz/*Stratz*, § 112 Rn. 5.
[1210] Kölner Kommentar-UmwG/*Beckmann*, § 110 Rn. 4; Semler/Stengel/*Niemeyer*, § 110 Rn. 2 und § 112 Rn. 14.

Konstellation auch keine Verschmelzungsprüfung vor[1211], wozu nach wohl h. M. mangels Festsetzung eines Umtauschverhältnisses oder einer Barabfindung auch kein Bedürfnis gesehen wird[1212]. Bedenkt man, dass die beteiligten VVaG durchaus unterschiedliche Unternehmenswerte haben können, denen durch Anpassung des satzungsmäßigen Verteilungsmaßstabs für den Überschuss und den Liquidationserlös oder durch Barausgleich Rechnung getragen werden müsste, lässt sich diese Haltung bezweifeln[1213].

584 Bei einer Mischverschmelzung stellt sich diese Frage nicht. Eine **Verschmelzungsprüfung** hat zu erfolgen, über diese ist auch ein Verschmelzungsprüfungsbericht für den VVaG zu erstatten und auszulegen[1214]. Da ein Umtauschverhältnis festgesetzt werden muss, ist die Verschmelzungsprüfung sowohl bei der Versicherungs-AG als auch bei dem beteiligten VVaG notwendig[1215]. Soweit bei der Mischverschmelzung ein Barabfindungsangebot gem. § 29 UmwG erforderlich ist, ergibt sich die Pflicht zur Prüfung bereits aus § 30 Abs. 2 Satz 1 UmwG[1216].

585 Den Vorstand des VVaG trifft eine **Informations- und Erläuterungspflicht** in der Versammlung der obersten Vertretung. Er hat den Verschmelzungsvertrag mündlich zu erläutern und ggf. über zwischenzeitliche Veränderungen des Vermögens der Gesellschaft zu unterrichten[1217]. Dazu muss er den wesentlichen Vertragsinhalt, die Gründe sowie die rechtlichen und wirtschaftlichen Folgen der Verschmelzung umfassend erläutern[1218]. Der Vorstand hat bei einer Mischverschmelzung über das konkrete Umtauschverhältnis sowie die Ermittlung des Barabfindungsangebots zu berichten[1219]. Dabei müssen die wesentlichen, der Ermittlung zugrunde gelegten Faktoren und Methoden sowie bewertungsrelevanten Themen angesprochen werden[1220]. Bei einer Verschmelzung unter ausschließlicher Beteiligung von Versicherungsvereinen sind die Unternehmensbewertungen der Rechtsträger sowie der sich daraus ergebende Ausgleich durch **Änderung des Verteilungsmaßstabs** für den Liquidationserlös und die Überschussbeteiligung oder durch bare Zuzahlung darzulegen[1221].

586 Die einzelnen Mitglieder oder bei Vertreterversammlungen die Mitgliedervertreter haben ein **Auskunftsrecht** über alle für die Verschmelzung wesentlichen Angelegenheiten des VVaG und die anderen an der Verschmelzung beteiligten Rechtsträger[1222], sofern dies zur sachgemäßen Beurteilung der Verschmelzung erforderlich ist[1223]. Der Umfang des Auskunftsrechts bestimmt sich grundsätzlich nach § 131 AktG[1224], muss also einer gewissenhaf-

---

[1211] § 112 UmwG verweist nicht auf § 60 UmwG.
[1212] Widmann/Mayer/*Vossius*, § 112 Rn. 7; Lutter/*Wilm*, § 112 Rn. 4.
[1213] *Martiensen*, Fusionen von VVaG, 2006, S. 220 ff.; Semler/Stengel/*Niemeyer*, § 112 Rn. 14 und 17; ähnlich Böttcher/Habighorst/Schulte/*Kammerer-Galahn*, § 112 Rn. 6; siehe auch § 110 Rn. 4, 17, § 113 Rn. 7.
[1214] Gem. §§ 60 Abs. 1, 9 bis 12 UmwG; Böttcher/Habighorst/Schulte/*Kammerer-Galahn*, § 112 Rn. 6; Semler/Stengel/*Niemeyer*, § 112 Rn. 20; Widmann/Mayer/*Vossius*, § 112 Rn. 7; Lutter/*Wilm*, § 112 Rn. 5; a. A. Schmitt/Hörtnagl/Stratz/*Stratz*, § 112 Rn. 6, der nur für die beteiligte Versicherungs-AG eine Verschmelzungsprüfung für notwendig erachtet.
[1215] Böttcher/Habighorst/Schulte/*Kammerer-Galahn*, § 112 Rn. 6; Semler/Stengel/*Niemeyer*, § 112 Rn. 20; Widmann/Mayer/*Vossius*, § 112 Rn. 7; Lutter/*Wilm*, § 112 Rn. 5.
[1216] Semler/Stengel/*Niemeyer*, § 112 Rn. 21.
[1217] § 112 Abs. 2 Satz 2 iVm. § 64 Abs. 1 Satz 2 UmwG.
[1218] Böttcher/Habighorst/Schulte/*Kammerer-Galahn*, § 112 Rn. 7; Semler/Stengel/*Niemeyer*, § 112 Rn. 27; Widmann/Mayer/*Vossius*, § 112 Rn. 7; Lutter/*Wilm*, § 112 Rn. 5.
[1219] § 29 UmwG.
[1220] Lutter/*Wilm*, § 112 Rn. 8; Semler/Stengel/*Niemeyer*, § 112 Rn. 28.
[1221] Böttcher/Habighorst/Schulte/*Kammerer-Galahn*, § 112 Rn. 7; Semler/Stengel/*Niemeyer*, § 112 Rn. 29; Lutter/*Wilm*, § 112 Rn. 9.
[1222] §§ 112 Abs. 2 Satz 2, 64 Abs. 2 UmwG.
[1223] § 191 VAG, § 131 Abs. 1 AktG.
[1224] RegBegr. in Ganske (Hrsg.), UmwR, S. 111 zur Geltung des Auskunftsverweigerungsrechts nach § 131 Abs. 3 AktG.

ten und getreuen Rechenschaft entsprechen[1225]. Das Auskunftsverlangen kann ggf. gem. § 191 VAG, § 132 AktG durchgesetzt werden. Wird der Beschluss durch eine Vertreterversammlung gefasst, können die einfachen Mitglieder an dieser nicht teilnehmen und damit ihr Auskunftsrecht nicht geltend machen. Dadurch wird den Mitgliedern eine Informationsmöglichkeit abgeschnitten, die für die Beurteilung von Abfindungsansprüchen bei Mischverschmelzungen oder der baren Zuzahlung oder der Anpassung der Überschussbeteiligung und des Liquidationserlöses bei reinen Verschmelzungen von VVaG relevant sein kann. Daher wird teilweise ein Auskunftsanspruch des einzelnen Mitglieds auch **außerhalb der Versammlung** gefordert[1226]. Dem wird entgegengehalten, dass die Struktur des VVaG eine Vertreterversammlung erlaube und es somit hinzunehmen sei, dass die Entscheidungskompetenz bei dieser liege; die einfachen Mitglieder hätten über die Unterlagen eine Informationsgrundlage, was die Bedeutung der Erteilung von Abschriften hervorhebe[1227].

Wie bei der Verschmelzung einer GmbH[1228] oder AG[1229] bedarf der **Verschmelzungs-** **587** **beschluss** der obersten Vertretung nach § 112 Abs. 3 Satz 1 UmwG einer Mehrheit von drei Vierteln der abgegebenen Stimmen, also ohne Enthaltungen mitzuzählen[1230]. Der Verweis auf die „oberste Vertretung" erlaubt Beschlussfassungen nicht nur durch die Mitgliederversammlung, sondern auch durch die Vertreterversammlung[1231]. Die Satzung des VVaG kann eine größere Mehrheit und weitere Erfordernisse bestimmen, wie z. B. ein bestimmtes Quorum[1232]. Satzungsmäßig verankerte höhere Mehrheiten für allgemeine Satzungsänderungen sind daher ebenso beachtlich, wie solche für Auflösungsbeschlüsse[1233], wenn man bedenkt, dass die Verschmelzung eine Auflösung (wenn auch ohne Abwicklung) bedingt[1234]. Können sich die Mitglieder bei der Versammlung vertreten lassen[1235], ist dies bei Beschlussfassung durch eine Vertreterversammlung nicht möglich[1236].

Teilweise wird gefordert, dass die Änderung des Mitgliedschaftsrechts bei Mischver- **588** schmelzungen mit derjenigen bei einem Formwechsel vergleichbar sei und eine analoge Anwendung von § 293 UmwG rechtfertige. Der Verschmelzungsbeschluss bedürfe daher einer Mehrheit von neun Zehnteln der abgegebenen Stimmen, wenn bis zum Ablauf des dritten Tags vor der Versammlung wenigstens hundert Mitglieder der Verschmelzung schriftlich widersprochen hätten.[1237] Zwar ist eine Inkonsistenz in der Behandlung dieser Umwandlungsmaßnahmen erkennbar, die aber aufgrund des Charakters von § 293 UmwG als Sondervorschrift nicht sogleich auf eine planwidrige Regelungslücke schließen lässt[1238].

[1225] Lutter/*Wilm*, § 112 Rn. 11.
[1226] So Semler/Stengel/*Niemeyer*, § 112 Rn. 31 f.
[1227] Lutter/*Wilm*, § 112 Rn. 12; Kölner Kommentar-UmwG/*Beckmann*, § 112 Rn. 10; Böttcher/Habighorst/Schulte/*Kammerer-Galahn*, § 112 Rn. 8; zur Erteilung von Abschriften auch Semler/Stengel/*Niemeyer*, § 122 Rn. 3 ff.
[1228] § 50 Abs. 1 UmwG.
[1229] § 65 Abs. 1 UmwG.
[1230] Widmann/Mayer/*Vossius*, § 112 Rn. 25.
[1231] Semler/Stengel/*Niemeyer*, § 112 Rn. 36; Böttcher/Habighorst/Schulte/*Kammerer-Galahn*, § 112 Rn. 9.
[1232] § 112 Abs. 3 Satz 1 UmwG.
[1233] §§ 198, 199 VAG.
[1234] Kölner Kommentar-UmwG/*Beckmann*, § 112 Rn. 13; Widmann/Mayer/*Vossius*, § 112 Rn. 26; Lutter/*Wilm*, § 112 Rn. 16.
[1235] § 191 Satz 3 VAG, § 134 Abs. 3 AktG.
[1236] Prölss/*Weigel*, § 36 Rn. 9; Böttcher/Habighorst/Schulte/*Kammerer-Galahn* § 112 Rn. 10; Semler/Stengel/*Niemeyer*, § 112 Rn. 38; siehe auch § 43a Abs. 3 Satz 2 GenG.
[1237] Heidelberger Kommentar-UmwG/*Findeisen*, § 112 Rn. 11; Semler/Stengel/*Niemeyer*, § 112 Rn. 34; a. A. Böttcher/Habighorst/Schulte/*Kammerer-Galahn*, § 112 Rn. 9; Widmann/Mayer/*Vossius*, § 112 Rn. 27; Lutter/*Wilm*, § 112 Rn. 14.
[1238] Vgl. auch Böttcher/Habighorst/Schulte/*Kammerer-Galahn*, § 112 Rn. 9; Widmann/Mayer/*Vossius*, § 112 Rn. 27; Lutter/*Wilm*, § 112 Rn. 14.

Daher ist auch bei der Frage Zurückhaltung geboten, ob auf Basis einer analogen Anwendung von § 294 Abs. 1 Satz 2 UmwG Mitglieder ausgeschlossen werden können, die dem Versicherungsverein weniger als drei Jahre angehört haben[1239].

4. Gerichtliche Überprüfung

589 Der Verschmelzungsbeschluss kann nach den allgemeinen Vorschriften **angefochten** werden[1240]. Da nur das in der Versammlung anwesende Mitglied anfechtungsbefugt ist, das Widerspruch gegen den Beschluss zur Niederschrift erklärt hat[1241], besteht bei einer Beschlussfassung durch eine Vertreterversammlung keine Anfechtungsbefugnis des einzelnen Mitglieds. Das Mitglied ist in diesem Fall auf sein Widerspruchsrecht und die damit verbundene Barabfindung verwiesen[1242]. Nach dem Beschluss **neu hinzukommende Mitglieder** sind an den Verschmelzungsbeschluss gebunden, ohne dass dies die Durchführung der Verschmelzung beeinflusst[1243].

590 Sind nur VVaG an der Verschmelzung beteiligt, findet eine gerichtliche Nachprüfung des **Umtauschverhältnisses** der Mitgliedschaften nicht statt[1244]. Dies ergibt sich bereits aus dem Umstand, dass bei einer Verschmelzung unter ausschließlicher Beteiligung von Versicherungsvereinen im Verschmelzungsvertrag kein Umtauschverhältnis festgesetzt wird, was überprüft werden könnte. Grund dafür sei das Leitbild, dass die versicherungsvertragliche Beziehung im Vordergrund stehe, die unverändert bleibe und lediglich die Mitgliedschaft im übertragenden VVaG gegen die im übernehmenden VVaG ausgetauscht würde[1245]. Um unterschiedlichen Unternehmenswerten der beteiligten Versicherungsvereine und den Auswirkungen auf die Beteiligung am Überschuss und Liquidationserlös gerecht zu werden, wäre ein Ausgleich im Verschmelzungsvertrag oder in der Satzung des übernehmenden VVaG vorzusehen. Da ein solcher Ausgleich kein Umtauschverhältnis sei, soll der Ausschluss der gerichtlichen Nachprüfung für derartige Ausgleichsregelungen nicht eingreifen[1246], wäre aber wohl den allgemeinen Beschränkungen der §§ 14, 15 UmwG unterworfen[1247]. In diesem Zusammenhang ist auch zu berücksichtigen, dass die zur Wirksamkeit erforderliche Genehmigung der Aufsichtsbehörde nach § 14 VAG nur erteilt werden darf, wenn die Belange der Versicherten gewahrt sind[1248], was einen gewissen Schutz der Mitglieder als Versicherungsnehmer mit sich bringt[1249]. Bei der Verschmelzung eines VVaG auf eine Versicherungs-AG bleibt es bei der gerichtlichen Nachprüfung des Umtauschverhältnisses im Wege des Spruchverfahrens[1250].

IV. Sondervorschriften für die Neugründung

591 Bei einer Verschmelzung durch Neugründung findet nach § 36 Abs. 2 UmwG das **Gründungsrecht der AG** bzw. des VVaG Anwendung, letzteres verweist wiederum umfangreich auf das Aktienrecht. Davon abweichende oder ergänzende Regelungen sieht

---

[1239] So Semler/Stengel/*Niemeyer*, § 112 Rn. 37.
[1240] § 191 VAG, §§ 243 ff. AktG.
[1241] § 191 VAG, § 245 Nr. 1 AktG.
[1242] §§ 300, 270 Abs. 1, 207 Abs. 1 Satz 1 UmwG, → § 15 Rn. 579.
[1243] Böttcher/Habighorst/Schulte/*Kammerer-Galahn*, § 112 Rn. 11; Semler/Stengel/*Niemeyer*, § 112 Rn. 45; Widmann/Mayer/*Vossius*, § 112 Rn. 28.
[1244] § 113 UmwG.
[1245] Vgl. Lutter/*Wilm*, § 113 Rn. 2 f.; gegen diesen Begründungsansatz Widmann/Mayer/*Vossius*, § 113 Rn. 6 ff.
[1246] Kölner Kommentar-UmwG/*Beckmann*, § 113 Rn. 2; Böttcher/Habighorst/Schulte/*Kammerer-Galahn*, § 113 Rn. 4; Semler/Stengel/*Niemeyer*, § 113 Rn. 2; a. A. Lutter/*Wilm*, § 113 Rn. 3, der auf Treuepflichtverletzung und Organhaftung verweist.
[1247] Kölner Kommentar-UmwG/*Beckmann*, § 113 Rn. 2; Semler/Stengel/*Niemeyer*, § 113 Rn. 9.
[1248] §§ 14 Abs. 1, 13 Abs. 1 Satz 2 VAG.
[1249] Vgl. Widmann/Mayer/*Vossius*, § 113 Rn. 8 ff.
[1250] Lutter/*Wilm*, § 113 Rn. 4.

§ 15 Rechtsformspezifische Besonderheiten der Verschmelzung

das Umwandlungsrecht für VVaG als übertragende oder aufnehmende Rechtsträger in §§ 114 bis 117 UmwG vor. Die Vorstände der übertragenden Versicherungsvereine bestellen unter notarieller Beurkundung den ersten **Aufsichtsrat** des neuen Rechtsträgers sowie den Abschlussprüfer[1251], denn eine oberste Vertretung des aufnehmenden VVaG besteht noch nicht[1252]. Der erste Aufsichtsrat bestellt sodann den ersten Vorstand[1253]. Dadurch wird sichergestellt, dass die Handlungsfähigkeit des neu gegründeten VVaG im Zeitpunkt seines Entstehens gegeben ist[1254]. Die Satzung des neuen Rechtsträgers und die Bestellung seiner Aufsichtsratsmitglieder bedürfen der **Zustimmung** der obersten Vertretungen der übertragenden Vereine im Rahmen der Verschmelzungsbeschlüsse[1255], was deren Bestellung legitimiert und den gleichen Mehrheitserfordernissen wie der Verschmelzungsbeschluss unterliegt[1256]. Im Gegensatz dazu ist bei der Bestellung des Abschlussprüfers die Zustimmung der obersten Vertretung nicht erforderlich[1257].

Um das Informationsbedürfnis der Mitglieder des übertragenden Vereins zu bedienen, ist in der Tagesordnung für die Versammlung der obersten Vertretung des übertragenden Vereins der wesentliche Inhalt des Verschmelzungsvertrags und damit auch die neue Satzung bekanntzumachen[1258]. In der **Bekanntmachung** haben der Vorstand und der Aufsichtsrat Vorschläge zur Beschlussfassung zu machen und – wie es heißt – „zur Wahl von Aufsichtsratsmitgliedern und Prüfern"[1259]. Dies erweckt den Anschein, als ob die oberste Vertretung den Aufsichtsrat und die Prüfer des neuen aufnehmenden Rechtsträgers wählen könnte, was aber nicht der Fall ist; Vorgeschlagen wird lediglich, den von den übertragenden Rechtsträgern bereits bestellten Mitgliedern des Aufsichtsrats zuzustimmen[1260], während die Vorschläge zu Abschlussprüfern gänzlich ins Leere gehen[1261].

Hinsichtlich der **Arbeitnehmervertreter** im ersten Aufsichtsrat des aufnehmenden Vereins verweist § 189 Abs. 3 Satz 1 VAG nur auf § 30 Abs. 2 AktG, so dass Mitbestimmungsvorschriften keine Anwendung finden. Die Regelung des § 31 Abs. 1 AktG, nach der bei der Sachgründung nur ein aus Mitgliedervertretern bestehender Rumpfaufsichtsrat zu bestellen ist, wäre demnach nicht anwendbar. Grund dafür sei, dass eine Sachgründung eines VVaG ausscheidet, weil der Gründungsstock zwingend in bar (bzw. Äquivalenten) zu leisten ist[1262]. Der Vorschlag in der Tagesordnung für die Versammlung der obersten Vertretung zur Wahl von Aufsichtsratsmitgliedern bedarf im mitbestimmten Aufsichtsrat nur der Mehrheit der Stimmen der Aufsichtsratsmitglieder der Mitglieder des Vereins[1263]. Die Rechte der Arbeitnehmer werden durch Zuwahl von Aufsichtsratsmitgliedern in dem neu gegründeten aufnehmenden Rechtsträger gewahrt[1264].

[1251] § 115 Satz 1 UmwG; Lutter/*Wilm*, § 116 Rn. 5.
[1252] Semler/Stengel/*Niemeyer*, § 115 Rn. 7; Widmann/Mayer/*Vossius*, § 115 Rn. 7.
[1253] § 115 Satz 2 UmwG.
[1254] Semler/Stengel/*Niemeyer*, § 115 Rn. 2; Lutter/*Wilm*, § 115 Rn. 1.
[1255] § 116 Abs. 1 Satz 1 UmwG.
[1256] § 116 Abs. 1 Satz 2 UmwG; die Verweisung ist nur klarstellender Natur, da sich dies bereits aus § 114 UmwG ergibt; vgl. z. B. Lutter/*Wilm*, § 165 Rn. 3, Fn. 1.
[1257] *Martiensen*, Fusionen von VVaG, 2006, S. 333; Semler/Stengel/*Niemeyer*, § 115 Rn. 18 und § 116 Rn. 10.
[1258] § 116 Abs. 2 Satz 1 UmwG.
[1259] § 116 Abs. 2 Satz 2 UmwG.
[1260] Vgl. Semler/Stengel/*Niemeyer*, § 116 Rn. 9; Widmann/Mayer/*Vossius*, § 116 Rn. 7, Fn. 1; Lutter/*Wilm*, § 116 Rn. 6.
[1261] Kölner Kommentar-UmwG/*Beckmann*, § 116 Rn. 9; Semler/Stengel/*Niemeyer*, § 116 Rn. 10. Nach Böttcher/Habighorst/Schulte/*Kammerer-Galahn*, § 116 Rn. 6, sei die Regelung einschlägig, wenn die Bestellung nicht nach § 115 UmwG bereits erfolgt ist.
[1262] § 178 Abs. 2 Satz 1 VAG; siehe Semler/Stengel/*Niemeyer*, § 115 Rn. 11 f. zur Frage, ob die in einer Verschmelzung zu sehende Sachgründung § 31 AktG anwendbar macht.
[1263] § 116 Abs. 2 Satz 3 UmwG; Semler/Stengel/*Niemeyer*, § 116 Rn. 11; Widmann/Mayer/*Vossius*, § 116 Rn. 12; differenzierend anhand des Beschlussgegenstands Lutter/*Wilm*, § 116 Rn. 7.
[1264] Widmann/Mayer/*Vossius*, § 116 Rn. 12.

594 Der **Bestellungszeitraum** der Mitglieder des ersten Aufsichtsrats läuft längstens bis zur Beendigung der Hauptversammlung bzw. der Versammlung des obersten Organs, in der über die Entlastung für das erste Voll- oder Rumpfgeschäftsjahr beschlossen wird[1265]. Der Abschluss der Anstellungsverträge mit den Vorstandsmitgliedern erfolgt mit dem VVaG, vertreten durch den Aufsichtsrat[1266], und kann vor der Beschlussfassung über den Verschmelzungsvertrag geschehen[1267]. An die **persönlichen Voraussetzungen** der neu zu bestellenden Beteiligten stellt das Versicherungsaufsichtsrecht spezielle Anforderungen zusätzlich zu den allgemeinen Vorschriften[1268]. Die Mitglieder von Verwaltungs- oder Aufsichtsorganen müssen zuverlässig und zur Wahrnehmung der Kontrollfunktion sowie zur Beurteilung und Überwachung der Geschäfte, die das Unternehmen betreibt, fachlich geeignet sein[1269]. Auch für die Abschlussprüfer gelten besondere Vorschriften[1270].

595 Entgegen der Regel, dass ein neuer VVaG durch sämtliche Vorstands- und Aufsichtsratsmitglieder anzumelden ist, wird der neue Rechtsträger bei der Verschmelzung durch Neugründung nur durch die Vorstände der übertragenden Versicherungsvereine angemeldet[1271]. Mit seiner **Eintragung** in das Register entsteht der aufnehmende VVaG[1272]. Damit weicht das Umwandlungsrecht von den Regelungen des VVaG im VAG ab, nach denen ein VVaG mit der aufsichtsbehördlichen Erlaubnis rechtsfähig wird[1273]. Dies ist insofern beachtlich, weil bereits zu diesem frühen Zeitpunkt im Namen des Versicherungsvereins als nichtrechtsfähiger Verein gemäß § 54 BGB[1274] gehandelt werden kann. Dann haftet der Handelnde persönlich[1275] unmittelbar und ggf. neben dem neuen Rechtsträger, wenn der Handelnde Vertretungsmacht hatte. Mehrere Handelnde haften als Gesamtschuldner[1276]. Eine konkludente Beschränkung der Vertretungsmacht auf das Vereinsvermögen[1277] dürfte den Schutz des Rechtsverkehrs gefährden[1278]. Im Übrigen gelten die zu § 41 AktG entwickelten Grundsätze[1279].

V. Verschmelzung kleinerer Vereine

596 Sogenannte kleinere Vereine nach § 210 VAG, also Versicherungsvereine, die bestimmungsgemäß einen sachlich, örtlich oder dem Personenkreis nach eng **begrenzten Wirkungskreis** haben, werden nicht im Handelsregister eingetragen[1280]. Diesen Umstand greifen daher die Sonderregelungen der §§ 118 und 119 UmwG für die Anmeldung und Bekanntmachung der Verschmelzung von kleineren Vereinen auf. An die Stelle des zuständigen Handelsregisters tritt die **Aufsichtsbehörde**[1281]. Dies ist im Regelfall die Ba-

---

[1265] § 189 Abs. 3 Satz 1 VAG, § 30 Abs. 3 Satz 1 AktG.
[1266] § 189 Abs. 3 VAG, § 112 AktG.
[1267] Semler/Stengel/*Niemeyer*, § 115 Rn. 25. Auf eine sinnvolle Ausgestaltung der Wirksamkeitsbedingung ist zu achten.
[1268] Für den Aufsichtsrat § 189 Abs. 3 VAG, § 100 AktG, für den Vorstand § 188 Abs. 1 VAG, § 76 Abs. 3 AktG.
[1269] § 24 Abs. 1 VAG, Art. 273 Abs. 3 Delegierte Verordnung (EU) 2015/35; Einzelheiten → § 65 Rn. 13.
[1270] Vgl. §§ 341k Abs. 1 Satz 2, 319 Abs. 1 Satz 1, Abs. 2 und 3 HGB.
[1271] § 38 Abs. 1 UmwG.
[1272] § 117 Satz 1 UmwG.
[1273] § 171 VAG. Vgl. Lutter/*Wilm*, § 116 Rn. 1.
[1274] Böttcher/Habighorst/Schulte/*Kammerer-Galahn*, § 117 Rn. 1; Semler/Stengel/*Niemeyer*, § 117 Rn. 1; Widmann/Mayer/*Vossius*, § 117 Rn. 8.
[1275] § 117 Satz 2 UmwG.
[1276] § 117 Satz 2, 2. Halbs. UmwG.
[1277] So *Martiensen*, Fusionen von VVaG, 2006, S. 366.
[1278] Widmann/Mayer/*Vossius*, § 117 Rn. 10.
[1279] Vgl. Böttcher/Habighorst/Schulte/*Kammerer-Galahn*, § 117 Rn. 3; Semler/Stengel/*Niemeyer*, § 117 Rn. 8.
[1280] § 210 Abs. 1 Satz 1 VAG verweist nicht auf § 187 Abs. 1 VAG.

Fin[1282], jedoch kann der Bundesminister der Finanzen bei kleineren Vereinen mit geringer wirtschaftlicher Bedeutung auf Antrag der BaFin die Zuständigkeit auf die Landesaufsichtsbehörde übertragen[1283].

Der Verschmelzungsvertrag oder sein Entwurf ist vor der Einberufung der Mitgliederversammlung, die über die Zustimmung zum Verschmelzungsvertrag beschließen soll[1284], bei der Aufsichtsbehörde einzureichen[1285]. Wenn auch nicht ausdrücklich in § 118 f. UmwG angeordnet, hat die Aufsichtsbehörde die Einreichung des Verschmelzungsvertrags durch einen Hinweis bekannt zu machen[1286]. Ein Verstoß gegen die **Bekanntmachung** führt zur Nichtigkeit des Verschmelzungsbeschlusses[1287]. Die Mitgliederversammlung wird bei kleineren Vereinen nach den Regelungen in der Satzung des Vereins einberufen[1288]. Auch Verstöße gegen § 112 UmwG ziehen die Nichtigkeit des Verschmelzungsbeschlusses nach sich.[1289] Ferner ist zu beachten, dass die Erleichterungen des § 32 BGB nicht anwendbar sind, so dass der Verschmelzungsbeschluss gemäß § 13 Abs. 1 UmwG durch die Mitgliederversammlung (und nicht schriftlich) zu fassen ist[1290].

Der **Antrag auf Genehmigung** an die Aufsichtsbehörde[1291] ersetzt die Anmeldung zur Eintragung in das Handelsregister[1292]. An die Stelle der Eintragung in das Handelsregister und ihrer Bekanntmachung tritt die Bekanntmachung durch die zuständige Aufsichtsbehörde im Bundesanzeiger[1293]. Die Bekanntmachung erfolgt, sobald die Verschmelzung von allen beteiligten Aufsichtsbehörden genehmigt worden ist[1294], und löst die Rechtsfolgen des § 20 UmwG aus[1295].

F. Personengesellschaften (einschließlich PartG)

Schrifttum: *Altmeppen*, Kernbereichslehre, Bestimmtheitsgrundsatz und Vertragsfreiheit in der Personengesellschaft, NJW 2015, 2065; *Farian/Furs*, Anteilsgewährung bei der Verschmelzung von beteiligungsidentischen Kommanditgesellschaften, GmbHR 2016, 1298; *Kallmeyer*, Die GmbH & Co. KG im Umwandlungsrecht, GmbHR 2000, 418; *Müller*, OLG Hamm: Unzulässigkeit der Verschmelzung einer die Komplementärfunktion wahrnehmenden GmbH auf die KG, Anm zu OLG Hamm v. 24.6.2010 I-15 Wx 360/09, BB 2010, 2465; *Meilicke u.a.*, Partnerschaftsgesellschaftsgesetz, 3. Aufl. 2015; *Melchior*, Vollmachten bei Umwandlungsvorgängen – Vertretungshindernisse und Interessenkollisionen, GmbHR 1999, 520; *Nelißen*, Augen auf bei konzerninternen Verschmelzungen!, NZG 2010, 1291; *Posegga*, Die Partnerschaftsgesellschaft mit beschränkter Berufshaftung als neue Organisationsform – Überblick und erste Bewertung des Referentenentwurfs zur Einführung einer PartG mbB, DStR 2012, 611; *Priester*, Personengesellschaften im Umwandlungsrecht – Praxisrelevante Fragen und

---

[1281] §§ 118, 119 UmwG.
[1282] § 320 VAG.
[1283] § 321 VAG.
[1284] § 13 Abs. 1 UmwG, § 184 VAG.
[1285] Semler/Stengel/*Niemeyer*, § 118 Rn. 9.
[1286] §§ 118 Satz 2, 119 analog, 111 Satz 2 UmwG; vgl. Semler/Stengel/*Niemeyer*, § 118 Rn. 5 und 9 mit dem Hinweis, dass die Mitglieder der kleineren Vereine nach den allgemeinen verwaltungsrechtlichen Vorschriften das Recht auf Einsichtnahme nach § 29 VwVfG haben.
[1287] Böttcher/Habighorst/Schulte/*Kammerer-Galahn*, § 111 Rn. 7; Semler/Stengel/*Niemeyer*, § 111 Rn. 27; Henssler/Strohn/*Wardenbach*, § 111 Rn. 1; vgl. auch BGHZ 59, 369; BGH NJW 1975, 2101; a. A. Widmann/Mayer/*Vossius*, § 111 Rn. 23.
[1288] § 58 Nr. 4 BGB.
[1289] Semler/Stengel/*Niemeyer*, § 112 Rn. 42, § 111 Rn. 27.
[1290] Kölner Kommentar-UmwG/*Beckmann*, § 118 Rn. 5; Semler/Stengel/*Niemeyer*, § 118 Rn. 10.
[1291] Nach § 14 VAG, → § 65 Rn. 5 ff.
[1292] Vgl. § 118 Satz 2 UmwG.
[1293] §§ 118 Satz 2, 119 UmwG; www.bundesanzeiger.de.
[1294] § 119 UmwG.
[1295] Kölner Kommentar-UmwG/*Beckmann*, § 119 Rn. 4; Böttcher/Habighorst/Schulte/*Kammerer-Galahn*, § 119 Rn. 4; Semler/Stengel/*Niemeyer*, § 119 Rn. 7; Widmann/Mayer/*Vossius*, § 119 Rn. 11.

offene Posten, DStR 2005, 788; *Schlüter,* Unzulässigkeit der Verschmelzung einer Komplementär-GmbH auf die KG, Anm. zu OLG Hamm v. 24.6.2010 I-15 Wx 360/09, EWiR 2010, 799; *Tillmann,* Die Verschmelzung von Schwestergesellschaften unter Beteiligung von GmbH und GmbH & Co. KG, GmbHR 2003, 740; *Wachter,* Umwandlung insolventer Gesellschaften, NZG 2015, 858.

I. Grundsätzliches

599 Seit Inkrafttreten des UmwG am 1.1.1995 steht grundsätzlich auch Personengesellschaften die Beteiligung an einer Verschmelzung als gesellschaftsrechtliche Strukturmaßnahme zur Verfügung. Ihre Einbeziehung in den Kreis der verschmelzungsfähigen Rechtsträger ergibt sich aus der (wegen § 1 Abs. 2 UmwG abschließenden) Aufzählung in § 3 Abs. 1 Nr. 1 UmwG. Die dort gewählte Bezeichnung als „Personenhandelsgesellschaft" verdeutlicht allerdings bereits eine Eingrenzung der verschmelzungsfähigen Personengesellschaften.

600 Im Jahr 1998 wurde auch die Partnerschaftsgesellschaft, in der sich auf Grundlage des PartGG natürliche Personen als Angehörige freier Berufe zusammenschließen können, in die Liste der verschmelzungsfähigen Rechtsträger aufgenommen. Die Einbeziehung erfolgte zum 1.8.1998 durch das Gesetz zur Änderung des UmwG, des PartGG und anderer Gesetze.[1296]

601 Die in den §§ 2 bis 38 UmwG geregelten allgemeinen Vorschriften zur Verschmelzung durch Aufnahme und durch Neugründung finden grundsätzlich auch auf die Verschmelzung unter Beteiligung von Personenhandelsgesellschaften und Partnerschaftsgesellschaften Anwendung.[1297] Sie werden jedoch durch die rechtsformspezifischen Vorschriften der §§ 39 bis 45 UmwG (Personenhandelsgesellschaften) und §§ 45a bis 45e UmwG (Partnerschaftsgesellschaften) modifiziert.

II. Verschmelzungsfähigkeit von Personengesellschaften

1. Erfasste Personengesellschaften

602 Die Verschmelzungsfähigkeit von Personenhandelsgesellschaften, namentlich **OHG** und **KG**, ist bereits ipso iure durch § 3 Abs. 1 Nr. 1 UmwG anerkannt. Für die Einordnung als Personenhandelsgesellschaft gilt grundsätzlich unabhängig von einer Handelsregistereintragung ein objektiver Maßstab, der sich danach richtet, ob ein **Handelsgewerbe** iSv § 1 Abs. 2 HGB betrieben wird.[1298] Formal bedarf es angesichts der Eintragung der Verschmelzung in das Handelsregister jedoch auch der Eintragung der beteiligten Rechtsträger.[1299] Ist der Betrieb eines Handelsgewerbes als materielle Voraussetzung nicht erfüllt, genügt auch eine (dann **konstitutive**) Eintragung in das Handelsregister, durch die jegliche (Außen-) GbR zur OHG werden kann (§ 105 Abs. 2 S. 1 HGB).[1300]

603 Die abschließende Auflistung der verschmelzungsfähigen Rechtsträger in § 3 Abs. 1 UmwG verdeutlicht, dass die **GbR** trotz Anerkennung ihrer Teilrechtsfähigkeit durch die höchstrichterliche Rechtsprechung[1301] nicht Beteiligte eines Verschmelzungsvorgangs sein kann. Einer Analogie steht das Verbot aus § 1 Abs. 2 UmwG entgegen. Die bloße Gesellschafterstellung einer GbR bei der zu verschmelzenden OHG oder KG ist dagegen für die Verschmelzungsfähigkeit einer Personenhandelsgesellschaft unschädlich.[1302] Durch die je-

---

[1296] BGBl. 1998 I S. 1878.

[1297] Zur grenzüberschreitenden Verschmelzung unter Beteiligung von Personenhandelsgesellschaften vgl. die Ausführungen Lutter/*Drygala* § 1 Rn. 12 ff.

[1298] Semler/Stengel/*Stengel* § 3 Rn. 15; Schmitt/Hörtnagl/Stratz/*Stratz* § 3 Rn. 7; Widmann/Mayer/*Fronhöfer* § 3 Rn. 9.

[1299] Böttcher/Habighorst/Schulte/*Böttcher* § 3 Rn. 3; Kölner Kommentar-UmwG/*Simon* § 3 Rn. 19.

[1300] Semler/Stengel/*Stengel* § 3 Rn. 15; Kölner Kommentar-UmwG/*Simon* § 3 Rn. 11.

[1301] BGH II ZR 331/00, BGHZ 146, 341 = NJW 2001, 1056.

[1302] OLG Brandenburg 6 U 86/05, NZG 2007, 458; LG Berlin 102 T 6/03, ZIP 2003, 1201; Schmitt/Hörtnagl/Stratz/*Stratz* § 3 Rn. 8.

derzeit für die Gesellschafter bestehende Möglichkeit zur Eintragung der GbR in das Handelsregister wird das praktische Bedürfnis für eine Einbeziehung der GbR in den Katalog des § 3 Abs. 1 Nr. 1 UmwG erheblich abgeschwächt. Die fehlende praktische Notwendigkeit, die GbR in die Liste verschmelzungsfähiger Rechtsträger einzubeziehen, war auch maßgebliches Kriterium des Gesetzgebers.[1303] Auch wenn Umwandlungen nach dem UmwG für die GbR ausgeschlossen sind, besteht die Möglichkeit, Maßnahmen außerhalb des UmwG durchzuführen; zu erwähnen sind hier insbesondere die Anwachsung auf den dann verbliebenen Gesellschafter (§ 738 Abs. 1 S. 1 BGB) oder Einzelübertragungen von Wirtschaftsgütern.[1304]

Eine **Kapitalgesellschaft & Co. KG** unterfällt § 3 Abs. 1 Nr. 1 UmwG, weil die Gesellschaft rechtlich als KG zu bewerten ist. Die Kapitalgesellschaft & Co. KG ist damit ohne weiteres verschmelzungsfähig.[1305] Bedenken bestehen allerdings bei der „**In-sich-Verschmelzung**" einer Komplementär-GmbH auf die KG, sofern nur ein Kommanditist an der KG beteiligt ist, der zugleich Alleingesellschafter der Komplementärin ist. Das OLG Hamm lehnt die Verschmelzung der Komplementär-GmbH auf die KG ab, weil das Umwandlungsrecht voraussetze, dass der übernehmende Rechtsträger nach Abschluss der Umwandlungsmaßnahme fortbestehe.[1306] Bei einer Verschmelzung der Komplementärin auf die KG würde diese allerdings aufgrund des dann einzig verbliebenen Gesellschafters erlöschen mit der Folge, dass das Gesellschaftsvermögen dem einzigen Gesellschafter anwachse. In der Literatur wird teilweise eine gegenteilige Auffassung vertreten.[1307] Aus Vorsichtsgründen empfiehlt sich jedoch die Wahl des einfachen oder erweiterten Anwachsungs-Modells anstelle einer Verschmelzung nach dem UmwG.[1308] 604

Für den Fall der Verschmelzung zweier **beteiligungsidentischer Kommanditgesellschaften** ist bislang nicht geklärt, ob aus Gläubigerschutzgesichtspunkten eine Erhöhung der Hafteinlage der Kommanditisten bei der übernehmenden KG erfolgen muss. Diese Überlegungen erfolgen vor dem Hintergrund, dass etwa bei der übernehmenden KG das Haftkapital geringer ausgestaltet sein kann als in der übertragenden KG. Allerdings bedarf es insbesondere mangels Kapitalerhaltungsvorschriften bei Personengesellschaften und der bei der übernehmenden KG bereits bestehenden Hafteinlage des Kommanditisten trotz möglicher Risiken für die Gläubiger einer solchen – im Gesetz nicht vorgesehenen – Erhöhung des Haftkapitals nicht.[1309] 605

Die **Partnerschaftsgesellschaft** ist ebenfalls verschmelzungsfähiger Rechtsträger (§ 3 Abs. 1 Nr. 1 UmwG). Sie hat im Abschnitt der besonderen Vorschriften in den §§ 45a bis 45e UmwG separate Regelungen erfahren, die allerdings auf Teile der besonderen Vorschriften für Personenhandelsgesellschaften verweisen (§ 45e UmwG). Die im Jahr 2013 neu eingeführte **Partnerschaftsgesellschaft mit beschränkter Berufshaftung** stellt gegenüber der PartG keine eigene Rechtsform dar, sondern bildet einen Unterfall.[1310] Auch sie zählt damit zu den verschmelzungsfähigen Rechtsträgern.[1311] Die Vorgabe des PartGG, dass Gesellschafter einer PartG nur natürliche Personen sein können, die einen freien Beruf ausüben (§ 1 Abs. 1 S. 3 PartGG, § 1 Abs. 2 PartGG) setzt im Fall der PartG als übernehmendem Rechtsträger zwingend voraus, dass alle Anteilsinhaber der übertragen- 606

[1303] Vgl. Ganske S. 91.
[1304] Lutter/*Drygala* § 1 Rn. 51, 52.
[1305] *Kallmeyer* GmbHR 2000, 418, 541 ordnet die GmbH & Co. KG als Rechtsform sui generis ein und plädiert dafür, das UmwG im Wege einer Analogie anzuwenden.
[1306] OLG Hamm 15 Wx 360/09, NZG 2010, 1309, 1310; Lutter/*H. Schmidt* § 39 Rn 19; Schmitt/Hörtnagl/Stratz/*Stratz* § 40 Rn. 5; *Müller* BB 2010, 2465.
[1307] *Neließen* NZG 2010, 1291, 1293; *Schlüter* EWiR 2010, 799, 800.
[1308] Zum erweiterten Anwachsungsmodell OLG München 31 Wx 91/10, ZIP 2010, 2147.
[1309] So auch *Tillmann* GmbHR 2003, 740, 749; *Farian/Furs* GmbHR 2016, 1298, 1299; Widmann/Mayer/*Mayer* § 5 Rn. 24.2; Kölner Kommentar-UmwG/*Dauner-Lieb/Tettinger* § 40 Rn. 24.
[1310] *Posegga* DStR 2012, 611, 612.
[1311] Lutter/*Drygala* § 3 Rn. 9;

den Rechtsträger ebenfalls natürliche Personen sein müssen, die einen freien Beruf ausüben (§ 45a S. 1 UmwG).[1312]

607 Die **Europäische Wirtschaftliche Interessenvereinigung (EWIV)** stellt trotz fehlender Auflistung im Katalog des § 3 Abs. 1 UmwG einen verschmelzungsfähigen Rechtsträger dar. Sie gilt ausweislich § 1 EWIV-AusfG als Handelsgesellschaft iSd HGB und unterfällt den Regeln für eine OHG. Das Analogieverbot aus § 1 Abs. 2 UmwG steht einer Anwendung der Verschmelzungsregeln auf eine EWIV daher nicht entgegen.[1313]

2. Beteiligung von aufgelösten Rechtsträgern

608 **a) Anwendungsbereich von § 3 Abs. 3 UmwG und § 39 UmwG.** Von Gesetzes wegen besteht die Möglichkeit, dass sich bereits **aufgelöste Rechtsträger** als übertragende Rechtsträger an einer Verschmelzung beteiligen (§ 3 Abs. 3 UmwG), vorausgesetzt, die Fortsetzung des jeweiligen Rechtsträgers könnte beschlossen werden. Diese allgemeine Vorschrift erfasst grundsätzlich auch die hier besprochenen Personengesellschaften, wird aber durch § 39 UmwG (für Partnerschaftsgesellschaften iVm § 45e UmwG) ergänzt (→ Rn. 15).

609 Die Anwendung von § 3 Abs. 3 UmwG ist immer dann ausgeschlossen, wenn auch die Fortsetzung der Personengesellschaft ausgeschlossen ist. Dies ist der Fall, wenn bereits **Vollbeendigung** der Personengesellschaft aufgrund von **Vermögenslosigkeit** eingetreten ist.[1314] Anders als bei Kapitalgesellschaften bedarf es zur Vollbeendigung nicht noch zusätzlich der Eintragung der Liquidation in das Handelsregister, weil dieser Handelsregistereintragung ausschließlich deklaratorische Bedeutung zukommt.[1315] Ein **Insolvenzverfahren** steht einer Fortsetzung des Rechtsträgers seit Inkrafttreten des ESUG allerdings nicht mehr entgegen. Durch die Einführung von § 225a Abs. 3 InsO ist nunmehr geregelt, dass im Rahmen eines Insolvenzplans jede gesellschaftsrechtlich zulässige Regelung, insbesondere also auch die Fortsetzung einer aufgelösten Gesellschaft, getroffen werden kann.[1316]

610 Der Anwendungsbereich von § 3 Abs. 3 UmwG ist für Personengesellschaften de facto begrenzt: Erfasst werden nur solche Personengesellschaften, deren Fortsetzung an besondere Voraussetzungen geknüpft ist, etwa bei einer Auflösung der Gesellschaft aufgrund von behördlicher oder gerichtlicher Entscheidung.[1317] Für alle anderen Fälle bedarf es § 3 Abs. 3 UmwG rechtstechnisch nicht, weil die Gesellschafter einer Personengesellschaft jederzeit ihre in Abwicklung befindliche Gesellschaft wieder in eine werbende Gesellschaft wandeln können.[1318]

611 Der Gesetzeswortlaut von § 3 Abs. 3 UmwG verdeutlicht, dass grundsätzlich kein ausdrücklicher **Fortsetzungsbeschluss** gefasst werden muss; ausreichend ist vielmehr die reine Möglichkeit zur Fortsetzung der Gesellschaft. Umstritten ist, ob dies zugleich bedeutet, dass es für den Verschmelzungsvorgang auf etwaige (von dem Verschmelzungsbeschluss abweichende) Form- oder Mehrheitserfordernisse für einen Fortsetzungsbeschluss nicht mehr ankommt.[1319] Dagegen richtet sich die wohl hM: Für den Fall, dass für einen Fortsetzungsbeschluss strengere Voraussetzungen gelten, könne der Wille zur Fortsetzung nicht aus dem Verschmelzungsbeschluss entnommen werden; es bedürfe vielmehr eines separaten Fortsetzungsbeschlusses, der den an ihn gestellten (Form-)Anforderungen genügt.[1320]

[1312] Widmann/Mayer/*Fronhöfer* § 3 Rn. 13.
[1313] Schmitt/Hörtnagl/Stratz/*Stratz* § 3 Rn. 11.
[1314] Kallmeyer/*Marsch-Barner* § 3 Rn. 23; Widmann/Mayer/*Fronhöfer* § 3 Rn. 47; Semler/Stengel/ *Stengel* § 3 Rn. 37; Kölner Kommentar-UmwG/*Simon* § 3 Rn. 53.
[1315] Baumbach/Hopt/*Roth* § 157 Rn. 3; Meilicke u. a./*Hoffmann* § 10 Rn. 33.
[1316] Kallmeyer/*Marsch-Barner* § 3 Rn. 27; Lutter/*Drygala* § 3 Rn. 27; *Wachter* NZG 2015, 858, 860.
[1317] Semler/Stengel/*Ihrig* § 39 Rn. 6.
[1318] MünchKommHGB/*Schmidt* § 145 Rn. 71; Kölner Kommentar-UmwG/*Dauner-Lieb/Tettinger* § 39 Rn. 17.
[1319] Widmann/Mayer/*Fronhöfer* § 3 Rn. 52.
[1320] Widmann/Mayer/*Vossius* § 39 Rn. 39; Kallmeyer/*Kocher* § 39 Rn. 6; Lutter/*H. Schmidt* § 39 Rn. 15; Semler/Stengel/*Ihrig*, § 39 Rn. 15; Böttcher/Habighorst/Schulte/*Burg* § 39 Rn. 9.

Angesichts der Rechtsprechung des II. Zivilsenats des BGH zur **Aufgabe des Be-** 612 **stimmtheitsgrundsatzes**[1321] bei statutarischen Mehrheitsklauseln könnte die Frage eines separaten Fortsetzungsbeschlusses allerdings an Bedeutung verlieren. Diese Rechtsprechung dürfte die vorangegangenen Entscheidungen des Senats zur Notwendigkeit eines einstimmigen Fortsetzungsbeschlusses für den Fall einer fehlenden ausdrücklichen statutarischen Regelung zur Mehrheitsentscheidung über einen Fortsetzungsbeschluss[1322] haben gegenstandslos werden lassen. Nach der neuen höchstrichterlichen Rechtsprechung trägt eine **allgemeine Mehrheitsklausel** – bei entspr. Auslegungsmöglichkeit – auch Mehrheitsentscheidungen zu ungewöhnlichen Geschäften oder zu Grundlagengeschäften.[1323] Die Rechtsprechung trennt zwischen der formellen Legitimation, die bereits aus der statutarisch vorgesehenen Mehrheitsentscheidung folge und der materiellen Legitimation, die erst auf der zweiten Stufe durch eine inhaltliche Prüfung der gesellschafterlichen Treuepflicht der Mehrheit gegenüber der Minderheit festgestellt werden könne. Daraus folgt, dass man nunmehr nicht ohne Weiteres von einem Einstimmigkeitserfordernis für einen Fortsetzungsbeschluss ausgehen kann, wenn die Satzung dazu keine ausdrückliche Mehrheitsklausel, dafür jedoch (wie wohl regelmäßig) eine allgemeine Mehrheitsklausel vorsieht. Angesichts des den Gerichten nunmehr stärker überantworteten Prüfungsspielraums[1324] sollte in der Praxis im Zweifel – soweit möglich – ein einstimmiger separater Fortsetzungsbeschluss gefasst werden.

§ 39 UmwG (bei der Partnerschaftsgesellschaft anwendbar über § 45e S. 1 UmwG) 613 ergänzt § 3 Abs. 3 UmwG durch ein Verbot der Beteiligung aufgelöster Personenhandelsgesellschaften, wenn diese eine andere **Art der Auseinandersetzung** als Abwicklung oder Verschmelzung vereinbart haben.[1325] Zielsetzung des Verbots ist es, eine Verschmelzung zu verhindern, wenn das Vermögen des übertragenden Rechtsträgers bereits verteilt und somit als Gegenstand der Verschmelzung nicht mehr zur Verfügung steht.[1326] Inhaltlich knüpft § 39 UmwG an die den Gesellschaftern durch § 145 Abs. 1 HGB gewährte Möglichkeit an, eine Art der Auseinandersetzung abweichend vom gesetzlichen Leitbild der Liquidation zu wählen. Dies kann entweder bereits gesellschaftsvertraglich festgelegt oder aber von den Gesellschaftern ad hoc vereinbart werden.[1327] Mögliche andere Arten der Auseinandersetzung iSv § 145 Abs. 1 HGB sind etwa die Übernahme des Handelsgeschäfts durch einen Gesellschafter, die Einbringung in einen anderen Rechtsträger oder eine Realteilung.[1328] Die Wahl der abweichenden Auseinandersetzungsart kann durch Gesellschafterbeschluss wiederum aufgehoben werden. Insbesondere ein einstimmig gefasster Verschmelzungsbeschluss kann die Art der Auseinandersetzung entsprechend abändern, auch wenn sich der Verschmelzungsbeschluss dazu nicht ausdrücklich verhält.[1329] Ob ein (nur) mit einer Mehrheitsentscheidung gefasster Verschmelzungsbeschluss eine früher getroffene Vereinbarung über eine andere Art der Auseinandersetzung aufheben kann, hängt von den gesellschaftsvertraglichen Regelungen ab.

Schutzwirkung zugunsten der Minderheitsgesellschafter kann § 39 UmwG entfalten, 614 wenn unterschiedliche Mehrheitserfordernisse hinsichtlich des Beschlusses über eine andere Art der Auseinandersetzung einerseits und des Verschmelzungsbeschlusses andererseits

---

[1321] BGH II ZR 84/13, BGHZ 203, 77, 82 = NJW 2015, 859; vgl. auch BGH II ZR 116/08, BGHZ 179, 13 = NJW 2009, 669 und BGH II ZR 245/05, BGHZ 170, 283 = NJW 2007, 1685.
[1322] BGH II ZR 260/51, BGHZ 8, 35 = NJW 1953, 102, bestätigt durch BGH II ZR 181/06, DStR 2007, 2012.
[1323] BGH II ZR 84/13, BGHZ 203, 77, 82, 85 = NJW 2015, 859, 862.
[1324] *Altmeppen* NJW 2015, 2065, 2066.
[1325] Schmitt/Hörtnagl/Stratz/*Stratz* § 39 Rn. 1.
[1326] Schmitt/Hörtnagl/Stratz/*Stratz* § 39 Rn. 2; Widmann/Mayer/*Vossius* § 39 Rn. 1; Lutter/*H. Schmidt* § 39 Rn. 8; Semler/Stengel/*Ihrig* § 39 Rn. 1.
[1327] Baumbach/Hopt/*Roth* § 145 Rn. 8.
[1328] Widmann/Mayer/*Vossius* § 39 Rn. 46; Lutter/*H. Schmidt* § 39 Rn. 17.
[1329] Kallmeyer/*Kocher* § 39 Rn. 6; Lutter/*H. Schmidt* § 39 Rn. 15.

bestehen: Wurde die andere Art der Auseinandersetzung mit einer größeren Mehrheit gefasst als sie für einen Verschmelzungsbeschluss erforderlich ist, kann den Minderheitsgesellschaftern ohne ihre Zustimmung die durch das gewählte Auflösungsverfahren erlangte Rechtsposition mit Blick auf Vermögenswerte ihrer Gesellschaft nicht genommen werden, da eine Verschmelzung an § 39 UmwG scheitert. Unterliegen dagegen Verschmelzungsbeschluss und Bestimmung der Auseinandersetzungsart dem gleichen Mehrheitserfordernis, ergibt sich für die Minderheitsgesellschafter kein besonderer Schutz aus § 39 UmwG.[1330] Auch an dieser Stelle wird die bereits besprochene Rechtsprechungsänderung in Bezug auf allgemeine Mehrheitsklauseln (→ Rn. 612) relevant. Fehlt es im Gesellschaftsvertrag an einer Regelung des Mehrheits- bzw. Einstimmigkeitserfordernisses hinsichtlich eines Beschlusses nach § 145 Abs. 1 HGB, könnte – je nach Auslegung – eine im Gesellschaftsvertrag geregelte allgemeine Mehrheitsklausel dazu führen, dass für einen solchen Beschluss anstelle von Einstimmigkeit bereits eine Mehrheitsentscheidung ausreicht.

615   **b) Folgen eines Verstoßes.** Aus einem Verstoß gegen die §§ 3 Abs. 3, 39 UmwG folgt die **Nichtigkeit** des Verschmelzungsbeschlusses und des Verschmelzungsvertrags.[1331] Das Registergericht prüft im Eintragungsverfahren, ob verschmelzungsfähige Rechtsträger an der einzutragenden Verschmelzung beteiligt sind.[1332] Wurde ein Gesellschafter bei der Beschlussfassung über die Verschmelzung überstimmt und liegt eine andere Art der Auseinandersetzung iSv § 39 UmwG vor, sollte der Gesellschafter zwecks Erkennbarkeit für das Registergericht darauf hinwirken, dass der Notar diesen Umstand in seine Niederschrift aufnimmt.[1333] Eine Heilung ist allerdings dergestalt möglich, dass die Gesellschafter der in Auflösung befindlichen Gesellschaft die Vereinbarung über die andere Art der Auseinandersetzung aufheben. Anderenfalls kann die Verschmelzung nur mittels Heilungswirkung über § 20 Abs. 2 UmwG wirksam werden, wenn sie trotz Nichtigkeit des Verschmelzungsbeschlusses in das Handelsregister eingetragen wird.[1334]

616   **c) Beteiligung als übernehmender Rechtsträger.** Für die Beteiligung **aufgelöster Rechtsträger als Übernehmer** enthält § 3 Abs. 3 UmwG keine Regelung. Unproblematisch dürfte dies nur dann möglich sein, wenn der aufgelöste Rechtsträger spätestens zum Zeitpunkt des Verschmelzungsbeschlusses tatsächlich einen Fortsetzungsbeschluss fasst und der Rechtsträger somit wieder werbend tätig wird.[1335] Der Fortsetzungsbeschluss kann auch konkludent im Verschmelzungsbeschluss enthalten sein.[1336] Soll der als Übernehmer vorgesehene Rechtsträger dagegen im Auflösungsstadium verbleiben, ist nach Ansicht der obergerichtlichen Rechtsprechung eine Beteiligung an der Verschmelzung nicht möglich,[1337] und zwar, weil der Gesetzgeber klargestellt hat, dass § 3 Abs. 3 UmwG (nur) Sanierungsfusionen erleichtern soll;[1338] die Erleichterung von Abwicklungsfusionen war dagegen nicht Zielsetzung des Gesetzgebers.[1339] Um vor diesem Hintergrund in der Praxis Streit über die Frage zu verhindern, ob der Verschmelzungsbeschluss zugleich konkludent zur Fortsetzung des übernehmenden Rechtsträgers führt, empfiehlt sich ein ausdrücklicher Beschluss der Fortsetzung.[1340]

[1330] Semler/Stengel/*Ihrig* § 39 Rn. 2.

[1331] Kallmeyer/*Kocher* § 39 Rn. 8; Lutter/*H. Schmidt* § 39 Rn. 20.

[1332] OLG Naumburg 10 Wx 1/97, GmbHR 1997, 1152, 1153.

[1333] Kölner Kommentar-UmwG/*Dauner-Lieb*/*Tettinger* § 39 Rn. 32.

[1334] BGH V ZR 186/00, ZIP 2001, 2006, 2006.

[1335] Schmitt/Hörtnagl/Stratz/*Stratz* § 3 Rn. 48; Kallmeyer/*Marsch-Barner* § 3 Rn. 26.

[1336] Kallmeyer/*Marsch-Barner* § 3 Rn. 26.

[1337] OLG Brandenburg 7 W 118/14, DStR 2015, 1262, 1263; OLG Naumburg 10 Wx 1–97, NJW-RR 1998, 178, 180.

[1338] Ganske S. 47; aA Kallmeyer/*Marsch-Barner* § 3 Rn. 26 für den Fall, dass keine Gläubiger vorhanden sind.

[1339] So auch Semler/Stengel/*Stengel* § 3 Rn. 46; Lutter/*Drygala* § 3 Rn. 31; Maulbetsch/Klumpp/Rose/*Schäffler* § 3 Rn. 18.

[1340] Widmann/Mayer/*Fronhöfer* § 3 Rn. 73; Schmitt/Hörtnagl/Stratz/*Stratz* § 3 Rn. 48.

3. Beteiligung von fehlerhaften Gesellschaften

Eine **fehlerhafte Personengesellschaft** kann Beteiligte einer Verschmelzung sein, ohne dass es einer besonderen gesetzlichen Regelung bedürfte.[1341] In ständiger Rechtsprechung handelt es sich bei einer fehlerhaften Gesellschaft um eine sowohl nach innen als auch nach außen voll wirksame Gesellschaft.[1342] Voraussetzung dafür ist, dass ein fehlerhafter Gesellschaftsvertrag vorliegt, die Gesellschaft in Vollzug gesetzt wurde und gegen die Wirksamkeit der Gesellschaft keine vorrangigen Schutzinteressen sprechen.[1343]

III. Besonderheiten im Hinblick auf das Verschmelzungsverfahren

Die besonderen Vorschriften enthalten im ersten Abschnitt sowohl für Personenhandelsgesellschaften (§§ 39 bis 45 UmwG) als auch für Partnerschaftsgesellschaften (§§ 45a bis 45e UmwG) modifizierende Regelungen zu den allgemeinen Vorschriften.

1. Verschmelzungsvertrag

Erfolgt die Verschmelzung zur Aufnahme oder im Wege der Neugründung einer Personenhandelsgesellschaft, erweitern die besonderen Vorschriften zur Verschmelzung unter Beteiligung von Personenhandelsgesellschaften in § 40 Abs. 1 UmwG die nach § 5 Abs. 1 UmwG allgemein notwendigen **Angaben im Verschmelzungsvertrag** (bzw. seinem Entwurf, § 4 Abs. 2 UmwG; zu den Angaben aus § 5 UmwG → § 8 Rn. 41 ff.). Der Verschmelzungsvertrag hat nach § 40 Abs. 1 S. 1 UmwG für jeden Anteilsinhaber des übertragenden Rechtsträgers zu bestimmen, ob ihm nach der Verschmelzung die Rolle eines **Kommanditisten** zukommen soll. Diese Regelung zielt nicht nur auf solche Gesellschafter ab, denen bislang bereits die Stellung eines Kommanditisten zukommt, sondern ausweislich der Gesetzesbegründung insbesondere auch auf die Gesellschafter juristischer Personen, die bislang naturgemäß keiner persönlichen unbeschränkten Haftung unterliegen.[1344] Voraussetzung für den Verschmelzungsvorgang ist jedoch, dass mindestens ein Gesellschafter die persönliche unbeschränkte Haftung übernimmt. Ist dies bei einer Verschmelzung zur Neugründung voraussichtlich nicht der Fall, sollte ein persönlich haftender Gesellschafter bereits vor dem Verschmelzungsvorgang einem der übertragenden Rechtsträger beitreten, weil ein Beitritt im Moment der Verschmelzung von Teilen der Literatur als unzulässig angesehen wird.[1345] Im Einzelfall empfiehlt sich eine Abstimmung mit dem zuständigen Handelsregister.[1346]

In den Verschmelzungsvertrag ist zusätzlich aufzunehmen, welche **Einlage** der einzelne Anteilsinhaber zu leisten hat (§ 40 Abs. 1 S. 2 UmwG). Handelt es sich um eine Verschmelzung zur Neugründung enthält bereits der nach § 37 UmwG beizufügende Gesellschaftsvertrag die notwendigen Angaben zur Höhe der Einlage. Zusätzlich ist für diejenigen Anteilsinhaber, die beim übernehmenden Rechtsträger eine Kommanditistenstellung einnehmen, die jeweilige **Haftsumme** (§ 172 Abs. 1 HGB) im Verschmelzungsvertrag zu bestimmen, auch wenn dies im Wortlaut von § 40 Abs. 1 S. 2 UmwG nicht unmittelbar zum Ausdruck kommt.[1347] Mit Blick auf die Haftsumme sollte sichergestellt werden, dass sie dem dem Kommanditisten zuzurechnenden Anteil des nach § 20 Abs. 1 Nr. 1 UmwG übergehenden Vermögens des übertragenden Rechtsträgers entspricht oder dessen Wert unterschreitet. Anderenfalls haftet der Kommanditist im übernehmenden Rechtsträger bis

---

[1341] Semler/Stengel/*Stengel* § 3 Rn. 17; Schmitt/Hörtnagl/Stratz/*Stratz* § 3 Rn. 10.
[1342] BGH II ZR 188/52, NJW 1954, 231; BGH II ZR 212/90, NJW 1992, 1501, 1502.
[1343] Baumbach/Hopt/*Roth* § 105 Rn. 75; MünchKommHGB/*K. Schmidt* § 105 Rn. 236.
[1344] Ganske S. 92.
[1345] Widmann/Mayer/*Vossius* § 40 Rn. 3.1; Lutter/*Drygala* § 5 Rn. 23; aA Lutter/*H. Schmidt* § 40 Rn. 14; Böttcher/Habighorst/Schulte/*Burg* § 40 Rn. 25 mit Lösungsmöglichkeit über ein Treuhandmodell.
[1346] Lutter/*H. Schmidt* § 40 Rn. 14.
[1347] Kölner Kommentar-UmwG/*Dauner-Lieb/Tettinger* § 40 Rn. 23.

zur Höhe der Haftsumme unmittelbar (§ 171 Abs. 1 HGB). Maßgeblich ist der Verkehrswert des übertragenen Vermögens.[1348] Ob insoweit eine Verpflichtung der Mehrheit besteht, die Kommanditeinlage so festzulegen, dass der Wert des übertragenden Vermögens die Haftsumme abdeckt, ist umstritten.[1349]

621 Sowohl hinsichtlich der Stellung als persönlich haftender Gesellschafter oder Kommanditist als auch hinsichtlich der Höhe der Einlage ist jeder Anteilsinhaber im Verschmelzungsvertrag oder einer in Bezug genommenen Anlage eindeutig zu bezeichnen; zur Sicherheit empfiehlt sich eine namentliche Bezeichnung der einzelnen Anteilsinhaber. Jedenfalls aber müssen die Angaben für jeden Anteilsinhaber ohne zusätzliche Hilfsmittel erkennbar sein.[1350]

622 Ist entweder der übertragende Rechtsträger Gesellschafter der übernehmenden Personenhandelsgesellschaft oder umgekehrt die übernehmende Personenhandelsgesellschaft Gesellschafter des übertragenden Rechtsträgers entfällt eine Anteilsgewährung an den jeweiligen Rechtsträger, weil ein Halten **eigener Anteile** nicht möglich ist (§ 20 Abs. 1 Nr. 3 UmwG); im ersten Fall sind die Anteile den Anteilsinhabern des übertragenden Rechtsträgers zu gewähren, im zweiten Fall muss keine Bestimmung nach § 40 Abs. 1 UmwG getroffen werden.[1351]

623 § 40 Abs. 2 S. 1 UmwG sieht als gesetzlichen Regelfall vor, dass diejenigen Anteilsinhaber des übertragenden Rechtsträgers, die bislang keiner persönlich unbeschränkten Haftung unterlagen, Kommanditisten des übernehmenden Rechtsträgers werden. Eine Abweichung von dieser Vorgabe bedarf nach § 40 Abs. 2 S. 2 UmwG der Zustimmung des jeweils betroffenen Anteilsinhabers zum Verschmelzungsbeschluss. Die Zustimmungserklärung stellt eine empfangsbedürftige Willenserklärung dar, die nach § 13 Abs. 3 UmwG notariell zu beurkunden ist.[1352] In der Praxis empfiehlt es sich aus Gründen der Rechtssicherheit, jeweils eine eigenständige Erklärung beurkunden zu lassen und nicht bereits die Zustimmung zum ebenfalls zu beurkundenden Verschmelzungsbeschluss als ausreichend anzusehen.[1353] Zu den Anteilsinhabern, die im übertragenden Rechtsträger nicht gemäß §§ 128, 130 HGB haften, zählen auch Kommanditisten, die wegen nicht geleisteter Einlage bis zu deren Höhe nach § 171 Abs. 1 HGB unmittelbar haften.[1354]

624 Der Schutz der nur beschränkt haftenden Anteilsinhaber des übertragenden Rechtsträgers wird durch § 43 Abs. 2 S. 3 Hs. 1 UmwG flankiert, der ein **Widerspruchsrecht** zugunsten der persönlich unbeschränkt haftenden Anteilsinhaber des übertragenden Rechtsträgers gegen die Verschmelzung vorsieht. Im Fall eines solchen Widerspruchs ist ihnen im Rahmen der Verschmelzung beim übernehmenden Rechtsträger die Stellung eines Kommanditisten zu gewähren. Ein entsprechendes Recht billigt § 43 Abs. 2 S. 3 Hs. 2 UmwG auch den persönlich haftenden Anteilsinhabern des übernehmenden Rechtsträgers zu. Durch das Widerspruchsrecht kann der (bislang) persönlich haftende Gesellschafter sein Risiko aus der von ihm abgelehnten Verschmelzung zumindest verringern.[1355]

625 Der Widerspruch des persönlich haftenden Gesellschafters nach § 43 Abs. 2 S. 3 UmwG stellt eine **empfangsbedürftige Willenserklärung** dar, die gegenüber zumindest einem vertretungsberechtigten Gesellschafter oder dem Leiter der Gesellschafterversammlung abzugeben ist.[1356] Der Widerspruch ist **formlos** möglich und kann sich auch aus den

---

[1348] Widmann/Mayer/*Vossius* § 40 Rn. 18.
[1349] *Priester* DStR 2005, 788, 790; Kallmeyer/*Kocher* § 40 Rn. 9.
[1350] Böttcher/Habighorst/Schulte/*Burg* § 40 Rn. 5; Kölner Kommentar-UmwG/*Dauner-Lieb*/Tettinger § 40 Rn. 10.
[1351] Kallmeyer/*Kocher* § 40 Rn. 4; Lutter/*H. Schmidt* § 40 Rn. 20; Semler/Stengel/*Ihrig* § 40 Rn. 11.
[1352] Semler/Stengel/*Ihrig* § 40 Rn. 23; Böttcher/Habighorst/Schulte/*Burg* § 40 Rn. 23.
[1353] Böttcher/Habighorst/Schulte/*Burg* § 40 Rn. 23.
[1354] Lutter/*H. Schmidt* § 40 Rn. 8.
[1355] Schmitt/Hörtnagl/Stratz/*Stratz* § 43 Rn. 12; Semler/Stengel/*Ihrig* § 43 Rn. 3.
[1356] Semler/Stengel/*Ihrig* § 43 Rn. 38.

Umständen ergeben, insbesondere dann, wenn der Anteilsinhaber gegen die Verschmelzung stimmt.[1357] Zeitlich kann der Widerspruch sowohl im Vorfeld der über die Verschmelzung beschließenden Gesellschafterversammlung als auch im Laufe der Versammlung abgegeben werden.[1358] Mangelt es allerdings an einer ordnungsgemäßen Ladung eines Anteilsinhabers und nimmt dieser deshalb nicht an der Gesellschafterversammlung teil, wird man ihm eine Widerspruchsmöglichkeit bis zum Zeitpunkt seiner Kenntnisnahme vom Verschmelzungsbeschluss zubilligen müssen.[1359]

Der Widerspruch führt zur Notwendigkeit einer erneuten Beschlussfassung – entweder **626** über einen geänderten oder abweichend beurkundeten Entwurf des Verschmelzungsvertrags oder über einen Nachtrag zum bereits beurkundeten Verschmelzungsvertrag.[1360] Eine erneute Beschlussfassung kann nur dann entfallen, wenn die Anteilsinhaber bereits im Verschmelzungsbeschluss zusätzlich einer konkret ausformulierten Abänderung des Verschmelzungsvertrags zustimmen.[1361]

Die nunmehrige Beteiligung eines Anteilsinhabers als Kommanditist (sei es wegen § 40 **627** Abs. 2 S. 1 UmwG oder wegen eines Widerspruchs nach § 43 Abs. 2 S. 3 UmwG) führt bei einer übernehmenden OHG zu einer **Änderung der Rechtsform** hin zu einer KG, ohne dass es separater Beschlüsse oder Vereinbarungen zur Änderung der Rechtsform bedürfte.[1362] Handelt es sich bei dem übernehmenden Rechtsträger um eine PartG, besteht dagegen mangels Möglichkeit einer Kommanditistenstellung einzig ein Austrittsrecht nach § 29 UmwG oder ein Veräußerungsrecht nach § 33 UmwG.[1363]

Umstritten ist, ob die Haftungsregelung aus § 176 HGB auch für Kommanditisten gilt, **628** die diese Stellung im Rahmen der Verschmelzung erlangen. Relevant ist insoweit § 176 Abs. 2 HGB, der die Haftung eines nachträglich eintretenden Kommanditisten für solche Geschäfte statuiert, die nach seinem Eintritt in die Gesellschaft, aber vor seiner Eintragung in das Handelsregister getätigt werden. Zu beachten ist jedoch, dass der Kommanditist seine Stellung erst zusammen mit Eintragung der Verschmelzung in das Handelsregister erlangt. Es mangelt daher bereits am erforderlichen Zeitraum, in dem Verbindlichkeiten begründet werden könnten, für die er persönlich unbeschränkt haften müsste.[1364] Daran ändert auch eine Bestimmung eines über § 5 Abs. 1 Nr. 5 oder Nr. 6 UmwG vorzuverlegenden Zeitpunkts nichts, weil der insoweit zu bestimmende Verschmelzungsstichtag nur der Ergebnisabgrenzung dient, nicht aber zu einer Haftungsbegründung führen kann.[1365]

Ein Verstoß gegen § 40 Abs. 2 UmwG, also die Benennung eines Anteilsinhabers im **629** Verschmelzungsvertrag als persönlich haftender Gesellschafter ohne seine notwendige Zustimmung nach § 40 Abs. 2 S. 2 UmwG, führt zur Unwirksamkeit des Verschmelzungsvertrags. Dies wiederum bedingt die Nichtigkeit des Verschmelzungsbeschlusses und führt dazu, dass die Verschmelzung vom Registergericht nicht eingetragen werden darf.[1366] Gleiches gilt für fehlende Angaben nach § 40 Abs. 1 UmwG im Verschmelzungsbericht.[1367] Zur Klagemöglichkeit eines Anteilsinhabers nach § 14 Abs. 1 UmwG → Rn. 633. Erleidet ein Anteilsinhaber einen Schaden durch eine fehlerhafte Bezeichnung als persönlich haftender Gesellschafter, indem er einem Dritten gegenüber haften muss, steht ihm ein Schadensersatzanspruch über § 25 Abs. 1 UmwG zu.

[1357] Lutter/*H. Schmidt* § 43 Rn. 18; Semler/Stengel/*Ihrig* § 43 Rn. 38.
[1358] Semler/Stengel/*Ihrig* § 43 Rn. 39.
[1359] Widmann/Mayer/*Vossius* § 43 Rn. 135; Lutter/*H. Schmidt* § 43 Rn. 18; Semler/Stengel/*Ihrig* § 43 Rn. 39.
[1360] Widmann/Mayer/*Vossius* § 43 Rn. 141, 143; Semler/Stengel/*Ihrig* § 43 Rn. 41.
[1361] Widmann/Mayer/*Vossius* § 43 Rn. 142; Semler/Stengel/*Ihrig* § 43 Rn. 42.
[1362] Lutter/*H. Schmidt* § 40 Rn. 13; Böttcher/Habighorst/Schulte/*Burg* § 40 Rn. 8.
[1363] Schmitt/Hörtnagl/Stratz/*Stratz* § 43 Rn. 12.
[1364] Kallmeyer/*Kocher* § 40 Rn. 7.
[1365] Böttcher/Habighorst/Schulte/*Burg* § 40 Rn. 18.
[1366] Böttcher/Habighorst/Schulte/*Burg* § 40 Rn. 27; Widmann/Mayer/*Vossius* § 40 Rn. 57.
[1367] Kallmeyer/*Kocher* § 40 Rn. 15.

630 Ist eine **Partnerschaftsgesellschaft** an der Verschmelzung als übernehmender Rechtsträger beteiligt, ergeben sich zusätzliche Anforderungen an den Verschmelzungsvertrag bzw. seinen Entwurf aus § 45b UmwG. Für jeden Anteilsinhaber ist nach § 45b Abs. 1 UmwG zusätzlich Name, Vorname sowie der jeweilige Beruf aufzunehmen. Diese Angaben dienen dazu, sicherzustellen, dass alle Pflichtangaben zum Partnerschaftsgesellschaftsvertrag enthalten sind.[1368] Veränderungen des Namens oder des Wohnorts nach Abschluss des Verschmelzungsvertrags oder dem Beschluss über seinen Entwurf sind unschädlich.[1369] Aus der Notwendigkeit, den (freien) Beruf anzugeben, folgt auch der Ausschluss von § 35 UmwG durch § 45b Abs. 2 UmwG.[1370]

2. Verschmelzungsbericht

631 Nach § 41 UmwG ist der ansonsten wegen § 8 UmwG erforderliche **Verschmelzungsbericht** ausschließlich bei solchen Personenhandelsgesellschaften **entbehrlich**, bei denen alle Gesellschafter zur Geschäftsführung berechtigt sind. Ein ansonsten zu erstattender Verschmelzungsbericht wäre reiner Formalismus, da die darin enthaltenen Informationen für die Geschäftsführer jederzeit verfügbar sind.[1371] Entscheidend ist die tatsächliche Geschäftsführungsbefugnis der Gesellschafter, die durch gesellschaftsvertragliche Regeln von dem gesetzlichen Leitbild abweichen kann.[1372] So kann entgegen des gesetzlichen Leitbildes bei der OHG die Geschäftsführungsbefugnis einzelner Gesellschafter ausgeschlossen (§ 114 Abs. 2 HGB) und bei der KG einzelnen Kommanditisten Geschäftsführungsbefugnis entgegen § 164 HGB zugebilligt werden. Bei der PartG (§ 45c UmwG) können abweichend von dem über § 6 Abs. 3 PartGG anwendbaren § 114 HGB einzelne Partner von der Geschäftsführung ausgeschlossen werden (§ 6 Abs. 2 PartGG). Bislang gerichtlich nicht geklärt ist die Frage, ob bei der GmbH & Co. KG eine mittelbare Geschäftsführungsbefugnis aller Kommanditisten vermittels der Komplementärin ausreichend ist.[1373] Ist in einem solchen Fall geplant, keinen Verschmelzungsbericht zu erstellen, sollte dies aus Vorsichtsgründen vorab mit dem zuständigen Handelsregister abgestimmt werden.[1374]

632 Neben § 41 UmwG bleibt die **Verzichtsmöglichkeit** nach § 8 Abs. 3 S. 1 Alt. 1 UmwG weiterhin anwendbar. Bedeutung erlangt dies, wenn neben Personenhandelsgesellschaften, in denen sämtliche Gesellschafter zur Geschäftsführung berechtigt sind, weitere Rechtsträger an der Verschmelzung beteiligt sind. Ein Verzicht ist dann möglich, wenn alle Anteilsinhaber aller beteiligten Rechtsträger auf die Erstattung des Verschmelzungsberichts verzichten. Angesichts des eindeutigen Wortlauts von § 8 Abs. 3 S. 1 Alt. 1 UmwG schließt dies auch die Anteilsinhaber derjenigen Personenhandelsgesellschaften ein, die über § 41 UmwG von der Erstattung des Verschmelzungsberichts befreit sind.[1375] Im Gegensatz zu § 41 UmwG setzt ein Verzicht nach § 8 Abs. 3 S. 1 Alt. 1 UmwG dessen notarielle Beurkundung voraus (§ 8 Abs. 3 S. 2 UmwG).

[1368] Semler/Stengel/*Ihrig* § 45b Rn. 1.
[1369] Semler/Stengel/*Ihrig* § 45b Rn. 9.
[1370] Semler/Stengel/*Ihrig* § 45b Rn. 10.
[1371] Schmitt/Hörtnagl/Stratz/*Stratz* § 41 Rn. 2.
[1372] Böttcher/Habighorst/Schulte/*Burg* § 41 Rn. 4; Schmitt/Hörtnagl/Stratz/*Stratz* § 41 Rn. 2; Lutter/*H. Schmidt* § 41 Rn. 4; Semler/Stengel/*Ihrig* § 41 Rn. 8.
[1373] Dafür Semler/Stengel/*Ihrig* § 41 Rn. 10; Maulbetsch/Klumpp/Rose/*Haggeney* § 41 Rn. 5; dagegen Schmitt/Hörtnagl/Stratz/*Stratz* § 41 Rn. 3; Lutter/*H. Schmidt* § 41 Rn. 5; Kallmeyer/*Kocher* § 41 Rn. 2. Widmann/Mayer/*Vossius* § 41 Rn. 27 geht von einem konkludenten Verzicht nach § 8 Abs. 3 UmwG aus, der allerdings eine notarielle Beurkundung der Verzichtserklärung im Rahmen des Verschmelzungsbeschlusses erfordert – zu beachten ist allerdings, dass *alle Anteilsinhaber aller beteiligten Rechtsträger* auf die Erstattung verzichten müssen.
[1374] Semler/Stengel/*Ihrig* § 41 Rn. 10.
[1375] Semler/Stengel/*Ihrig* § 41 Rn. 6; Lutter/*H. Schmidt* § 41 Rn. 6; aA Widmann/Mayer/*Vossius* § 41 Rn. 12; Kölner Kommentar-UmwG/*Dauner-Lieb*/*Tettinger* § 41 Rn. 10.

Wird auf die Erstattung eines Verschmelzungsberichts verzichtet, obwohl weder die 633 Voraussetzungen von § 41 UmwG noch von § 8 Abs. 3 UmwG vorliegen, ist der Verschmelzungsbeschluss nichtig.[1376] Eine Klage gegen den Verschmelzungsbeschluss muss allerdings binnen eines Monats nach seiner Beschlussfassung erhoben werden (§ 14 Abs. 1 UmwG), anderenfalls ist der Kläger präkludiert.[1377] Wird die Verschmelzung bereits vor Ablauf der Klagefrist eingetragen, heilt § 20 Abs. 2 UmwG den Mangel des Verschmelzungsbeschlusses. Ist die Klage bereits erhoben, tritt die Registersperre nach § 16 Abs. 2 S. 2 UmwG ein; dem Kläger ist in diesem Fall zu empfehlen, das Registergericht auf die Klageerhebung hinzuweisen,[1378] weil § 20 Abs. 2 UmwG auch die Registersperre überwindet.[1379]

Ist eine **Partnerschaftsgesellschaft** an der Verschmelzung beteiligt, ist ein Ver- 634 schmelzungsbericht nur dann erforderlich, wenn ein Partner gemäß § 6 Abs. 2 PartGG von der Geschäftsführung ausgeschlossen ist (§ 45c S. 1 UmwG). Wie § 41 UmwG dient auch § 45c UmwG der ausreichenden Information derjenigen Partner, die mangels Geschäftsführungsbefugnis nicht per se Zugriff auf alle für die Verschmelzung notwendigen Informationen besitzen.[1380] Für die Frage der Geschäftsführungsbefugnis kommt es auf die Regelung im Partnerschaftsgesellschaftsvertrag an.[1381] Die Information der nicht geschäftsführungsbefugten Partner richtet sich nach § 42 UmwG (§ 45c S. 2 UmwG).

3. Beteiligung der Gesellschafter

a) Vorbereitung der Beschlussfassung. Der Verschmelzungsbeschluss, also die Zu- 635 stimmung der Anteilsinhaber zum Verschmelzungsvertrag bzw. seinem Entwurf, bedarf nach §§ 43, 13 Abs. 1 UmwG der Beschlussfassung in einer **Gesellschafterversammlung**. Ein rein schriftliches Umlaufverfahren genügt diesen Anforderungen nicht, selbst wenn es gesellschaftsvertraglich vorgesehen ist.[1382] Während § 43 UmwG insbesondere die Mehrheitserfordernisse für die Beschlussfassung regelt, sichert § 42 UmwG die Information derjenigen Anteilsinhaber im Vorfeld der Beschlussfassung, die von der Geschäftsführung ausgeschlossen sind.

Da die Gesellschafterversammlung als Institution dem Recht der Personengesellschaften 636 unbekannt ist, fehlen auch gesetzliche Vorgaben zu ihrer Vorbereitung und Durchführung.[1383] Enthält der Gesellschaftsvertrag der beteiligten Personenhandelsgesellschaft zur Abhaltung einer entsprechenden Gesellschafterversammlung allerdings Vorgaben, sind diese zwingend einzuhalten.[1384] Anderenfalls finden grundsätzlich die **aktien- und GmbH-rechtlichen Vorschriften** zur Einberufung und Durchführung von Anteilseignerversammlungen Anwendung.[1385]

Die **Frist** zur Einberufung der Gesellschafterversammlung orientiert sich an der Monats- 637 frist des § 123 Abs. 1 AktG, kann allerdings auch in angemessener Weise verkürzt werden.[1386] Maßgeblich dürfte die Gesamtzahl der zu ladenden Gesellschafter sein, wobei allerdings auch bei einer sehr kleinen Zahl die Wochenfrist des § 51 Abs. 1 S. 2 GmbHG

[1376] Semler/Stengel/*Ihrig* § 41 Rn. 12.
[1377] Semler/Stengel/*Gehling* § 14 Rn. 26.
[1378] Schmitt/Hörtnagl/Stratz/*Stratz* § 14 Rn. 2.
[1379] Widmann/Mayer/*Fronhöfer* § 16 Rn. 65.
[1380] Semler/Stengel/*Ihrig* § 45c Rn. 1.
[1381] Semler/Stengel/*Ihrig* § 45c Rn. 5.
[1382] Semler/Stengel/*Ihrig* § 43 Rn. 10; Böttcher/Habighorst/Schulte/*Burg* § 43 Rn. 4; aA Maulbetsch/Klumpp/Rose/*Haggeney* § 43 Rn. 5.
[1383] Schmitt/Hörtnagl/Stratz/*Stratz* § 42 Rn. 1.
[1384] Schmitt/Hörtnagl/Stratz/*Stratz* § 42 Rn. 2.
[1385] Schmitt/Hörtnagl/Stratz/*Stratz* § 42 Rn. 3.
[1386] Schmitt/Hörtnagl/Stratz/*Stratz* § 42 Rn. 2.

die zeitliche Untergrenze bildet.[1387] Es muss gewährleistet sein, dass allen Gesellschaftern die Teilnahme mit dem gebotenen Vorlauf ermöglicht wird.[1388]

638 Zur Vorbereitung der Anteilsinhaber auf die anstehende Beschlussfassung in der Gesellschafterversammlung sind der Verschmelzungsvertrag oder sein Entwurf sowie ein eventuell vorliegender Verschmelzungsbericht denjenigen Anteilsinhabern, die von der Geschäftsführung ausgeschlossen sind, spätestens zusammen mit der Einberufung zu übersenden (§ 42 UmwG). Für die Anteilsinhaber einer OHG stellt § 42 UmwG eine Ausprägung ihres gesetzlich verankerten Kontrollrechts (§ 118 Abs. 1 HGB) dar, während die Vorschrift für Kommanditisten zu einer Erweiterung ihrer gesetzlichen Einsichtsbefugnisse (§ 166 Abs. 2 HGB) führt.[1389] Aus dem Wortlaut ergibt sich, dass auch eine Versendung der **Verschmelzungsunterlagen** vor Einberufung zulässig ist.[1390] Angesichts des sich nach diesen Unterlagen richteten Fristbeginns für ein ergänzendes Prüfungsverlangen nach § 44 UmwG ist eine vorherige Übersendung auch sinnvoll, um eine Vertagung und neuerliche Einberufung der bereits einberufenen Gesellschafterversammlung zu vermeiden.[1391] Umstritten ist die Frage, welche Seite das **Zugangsrisiko** trägt: Während ein Teil der Literatur davon ausgeht, dass die Gesellschaft mit der Absendung der Unterlagen alles Notwendige getan hat,[1392] setzen andere für eine ordnungsgemäße Information zusätzlich den Zugang des Einberufungsschreibens beim Empfänger voraus.[1393] Aus Sicht des Rechtsträgers empfiehlt es sich daher aus Vorsichtsgründen, einen Zustellungsnachweis sicherzustellen.

639 Ohne gesellschaftsvertragliche Regelung bedarf es der Übersendung der Unterlagen in **einfacher Abschrift oder Kopie**, auch durch Telefax.[1394] Im Gesellschaftsvertrag kann dagegen bspw. auch die Übersendung per E-Mail vorgesehen werden; zu beachten ist dabei jedoch (ebenso wie beim Telefax) angesichts der Unklarheit über das Zugangsrisiko der fehlende Zustellungsnachweis.[1395]

640 **b) Beschlussfassung durch die Gesellschafter.** Nach § 43 Abs. 1 UmwG bedarf ein Verschmelzungsbeschluss in der Gesellschafterversammlung der beteiligten Personenhandelsgesellschaft der Zustimmung **aller Gesellschafter**, sowohl der in der Versammlung anwesenden als auch der nicht erschienenen Gesellschafter. Der **Einstimmigkeitsgrundsatz** erfasst auch solche Gesellschafter, deren Stimmrecht ausgeschlossen ist oder deren Anteil kein Stimmrecht vermittelt.[1396] Die wirksame Stimmabgabe durch einen Bevollmächtigten setzt die Zulässigkeit einer entsprechenden Bevollmächtigung durch gesellschaftsvertragliche Regelung oder durch eine ad hoc erteilte Zustimmung aller Gesellschafter voraus.[1397] Angesichts der Prüfungskompetenz des Registergerichts empfiehlt sich die Vorlage mindestens schriftlicher Vollmachten,[1398] auch wenn die Vollmacht grundsätzlich wegen § 167 Abs. 2 BGB formfrei erteilt werden kann. Eine Ausnahme zu diesem Grundsatz stellt jedenfalls die zur Neugründung einer Kapitalgesellschaft führende Verschmelzung dar, deren Gründungsvorschriften eine notariell beglaubigte Vollmacht voraus-

---

[1387] Baumbach/Hopt/*Roth* § 119 Rn. 29; Schmitt/Hörtnagl/Stratz/*Stratz* § 42 Rn. 2; Lutter/*H. Schmidt* § 42 Rn. 7; ähnlich Semler/Stengel/*Ihrig* § 42 Rn. 12; Kallmeyer/*Kocher* § 42 Rn. 6.
[1388] Baumbach/Hopt/*Roth* § 119 Rn. 29.
[1389] Semler/Stengel/*Ihrig* § 42 Rn. 1; Lutter/*H. Schmidt* § 42 Rn. 1; Kölner Kommentar-UmwG/*Dauner-Lieb/Tettinger* § 42 Rn 1.
[1390] Semler/Stengel/*Ihrig* § 42 Rn. 12.
[1391] Lutter/*H. Schmidt* § 42 Rn. 7.
[1392] Semler/Stengel/*Ihrig* § 42 Rn. 13; Lutter/*H. Schmidt* § 42 Rn. 9.
[1393] Widmann/Mayer/*Vossius* § 42 Rn. 12; vermittelnd Kölner Kommentar-UmwG/*Dauner-Lieb/Tettinger* § 42 Rn. 10.
[1394] Semler/Stengel/*Ihrig* § 42 Rn. 11; Widmann/Mayer/*Vossius* § 42 Rn. 13.
[1395] Widmann/Mayer/*Vossius* § 42 Rn. 13.
[1396] Schmitt/Hörtnagl/Stratz/*Stratz* § 43 Rn. 5; Böttcher/Habighorst/Schulte/*Burg* § 43 Rn. 6; Lutter/*H. Schmidt* § 43 Rn. 11.
[1397] Böttcher/Habighorst/Schulte/*Burg* § 43 Rn. 7; Kallmeyer/*Zimmermann* § 43 Rn. 16.
[1398] Widmann/Mayer/*Vossius* § 43 Rn. 36; Böttcher/Habighorst/Schulte/*Burg* § 43 Rn. 7.

setzen.¹³⁹⁹ Ob darüber hinaus die Vollmacht auch notariell zu beurkunden ist, wenn sie zu einer von § 13 Abs. 3 UmwG erfassten Erklärung bevollmächtigt, ist umstritten.¹⁴⁰⁰ Es empfiehlt sich, diese Frage vorab mit dem zuständigen Registergericht abzuklären und im Zweifel eine notariell beurkundete Vollmacht beizubringen. Neben einer Stellvertretung ist auch die Überbringung einer Stimmbotschaft zulässig.¹⁴⁰¹

Die Zustimmungserklärung eines **nicht erschienenen Gesellschafters** (§ 43 Abs. 1 Hs. 2 UmwG) bedarf der notariellen Beurkundung und muss der Gesellschaft auch in eben dieser Form zugehen.¹⁴⁰² Um den Nachweis des Zugangs zu vereinfachen, bietet es sich an, dem die Verschmelzung beurkundenden Notar im Verschmelzungsvertrag eine Empfangsvollmacht für die Zustimmungserklärungen zu erteilen.¹⁴⁰³ Da auch die Zustimmung als Einwilligung bereits im Vorfeld der eigentlichen Beschlussfassung über den Verschmelzungsvertrag zulässig ist,¹⁴⁰⁴ sollte in einem solchen Fall die Bezugnahme auf den Verschmelzungsvertrag oder seinen Entwurf durch eine Anlage zur Zustimmungserklärung verdeutlicht werden.¹⁴⁰⁵ Die vollständige Kenntnis des Einwilligenden von dem zur Entscheidung stehenden Beschlussinhalt ist Voraussetzung für die Wirksamkeit der Einwilligung.¹⁴⁰⁶ 641

Für das Zustandekommen des Verschmelzungsbeschlusses ist in erster Linie die Abstimmung der anwesenden Anteilsinhaber in der Gesellschafterversammlung wesentlich. Finden der Verschmelzungsvertrag bzw. sein Entwurf dort nicht die notwendige Zustimmung, ist der Beschluss endgültig nicht zustande gekommen.¹⁴⁰⁷ Eine **Schwebelage** bis zum Zugang der ausstehenden Erklärungen aller in der Gesellschafterversammlung nicht erschienenen Anteilsinhaber existiert dann nicht. Eine solche Schwebelage kann nur entstehen, wenn der Verschmelzungsbeschluss einstimmig in der Gesellschafterversammlung gefasst worden ist. Der Verschmelzungsbeschluss ist dann so lange schwebend unwirksam, bis die letzte Zustimmungserklärung zugegangen ist.¹⁴⁰⁸ 642

Es empfiehlt sich, im Rahmen des Verschmelzungsbeschlusses den nicht zur Gesellschafterversammlung erschienenen Anteilsinhabern eine angemessene **Frist** für die Zustimmung zu setzen und im Fall ihres fruchtlosen Ablaufs die noch ausstehende Zustimmung als Ablehnung zu behandeln.¹⁴⁰⁹ Sowohl die Anteilsinhaber, die ihre Stimme in der Gesellschafterversammlung abgegeben haben, als auch diejenigen, deren Zustimmung der Gesellschaft bereits zugegangen sind, sind bis zum endgültigen Zustandekommen oder Scheitern des Verschmelzungsbeschlusses an ihre Stimmabgabe gebunden.¹⁴¹⁰ Dagegen ist ein Widerruf der Einwilligung bis zu dem Zeitpunkt der Beschlussfassung in der Gesellschafterversammlung möglich.¹⁴¹¹ 643

Abweichend von § 43 Abs. 1 UmwG kann der Gesellschaftsvertrag auch eine **Mehrheitsentscheidung der Gesellschafter** für den Verschmelzungsbeschluss zulassen (§ 43 644

---

¹³⁹⁹ Widmann/Mayer/*Vossius* § 43 Rn. 32.
¹⁴⁰⁰ Für Formfreiheit: Semler/Stengel/*Ihrig* § 43 Rn. 13; Böttcher/Habighorst/Schulte/*Burg* § 43 Rn. 7; Widmann/Mayer/*Vossius* § 43 Rn. 33; *Melchior* GmbHR 1999, 520, 521; für das Erfordernis der notariellen Beurkundung: Schmitt/Hörtnagl/Stratz/*Stratz* § 43 Rn. 8.
¹⁴⁰¹ Widmann/Mayer/*Vossius* § 43 Rn. 41.1.
¹⁴⁰² Semler/Stengel/*Ihrig* § 43 Rn. 14; Schmitt/Hörtnagl/Stratz/*Stratz* § 43 Rn. 6; Böttcher/Habighorst/Schulte/*Burg* § 43 Rn. 8.
¹⁴⁰³ Böttcher/Habighorst/Schulte/*Burg* § 43 Rn. 8.
¹⁴⁰⁴ Semler/Stengel/*Ihrig* § 43 Rn. 22.
¹⁴⁰⁵ Widmann/Mayer/*Vossius* § 43 Rn. 64; Böttcher/Habighorst/Schulte/*Burg* § 43 Rn. 9.
¹⁴⁰⁶ Semler/Stengel/*Ihrig* § 43 Rn. 22.
¹⁴⁰⁷ Semler/Stengel/*Ihrig* § 43 Rn. 23.
¹⁴⁰⁸ Semler/Stengel/*Ihrig* § 43 Rn. 23; Lutter/*H. Schmidt* § 43 Rn. 10.
¹⁴⁰⁹ Semler/Stengel/*Ihrig* § 43 Rn. 24; Böttcher/Habighorst/Schulte/*Burg* § 43 Rn. 10; Lutter/*H. Schmidt* § 43 Rn. 10; Kölner Kommentar-UmwG/*Dauner-Lieb/Tettinger* § 43 Rn. 19.
¹⁴¹⁰ Semler/Stengel/*Ihrig* § 43 Rn. 25; Böttcher/Habighorst/Schulte/*Burg* § 43 Rn. 11; Lutter/*H. Schmidt* § 43 Rn. 10.
¹⁴¹¹ Semler/Stengel/*Ihrig* § 43 Rn. 26.

§ 15   645–648   2. Kapitel. Verschmelzung

Abs. 2 S. 1 UmwG). Das in § 43 Abs. 2 S. 2 UmwG genannte Quorum von drei Vierteln der abgegebenen Stimmen stellt ein Mindestquorum dar und kann gesellschaftsintern auch restriktiver ausgestaltet werden.[1412] Die gesellschaftsvertragliche Regelung, die das Mehrheitserfordernis statuiert, muss nicht ausdrücklich eine Verschmelzung als umfasste Einzelmaßnahme benennen. Angesichts der Aufgabe des Bestimmtheitsgrundsatzes in seiner bekannten Form reicht es aus, wenn sich alleine aus einer Auslegung der Mehrheitsklausel ergibt, dass Verschmelzungsmaßnahmen umfasst sein sollen (zur Aufgabe des Bestimmtheitsgrundsatzes bereits oben → Rn. 612).[1413]

645 Bestehen keine abweichenden gesellschaftsvertraglichen Regelungen, ist nach Köpfen abzustimmen.[1414] Dabei werden grundsätzlich Stimmenthaltungen nicht mitgezählt, weil es auf die Anzahl der abgegebenen Stimmen ankommt.[1415]

646 Ist eine **PartG** an der Verschmelzung beteiligt, richtet sich die Zustimmungspflicht der Partner in der Partnerversammlung nach § 45d Abs. 1 UmwG. Die Regelung entspricht § 43 Abs. 1 UmwG und setzt grundsätzlich die Zustimmung aller Partner zum Verschmelzungsbeschluss voraus. § 45d Abs. 2 UmwG eröffnet die Möglichkeit, gesellschaftsvertraglich eine Mehrheitsklausel für die Verschmelzung vorzusehen, die eine Zustimmungspflicht von mindestens drei Vierteln der abgegebenen Stimmen vorsehen muss. Hierzu kann grundsätzlich auf die obigen Ausführungen zu § 43 UmwG (→ Rn. 640 ff.) verwiesen werden. Einzig die im vergleichbaren Fall durch § 43 Abs. 2 S. 3 UmwG eröffnete Möglichkeit, im übernehmenden Rechtsträger die Stellung eines Kommanditisten einzunehmen, besteht bei der PartG naturgemäß nicht. Es verbleibt für die Partner damit bei den allgemeinen Möglichkeiten, namentlich dem Austritt nach § 29 UmwG und der Veräußerung nach § 33 UmwG.[1416]

4. Prüfung der Verschmelzung

647 Für Personenhandelsgesellschaften sieht das UmwG keine Pflichtprüfung des Verschmelzungsberichts vor. § 44 UmwG regelt einzig die Möglichkeit einer **Antragsprüfung** für den Fall, dass der Gesellschaftsvertrag der Personenhandelsgesellschaft die Mehrheitsentscheidung über den Verschmelzungsbeschluss zulässt. Dies verdeutlicht den **Schutzcharakter** der Regelung zugunsten der überstimmbaren Minderheitsgesellschafter.[1417] Setzt der Verschmelzungsbeschluss dagegen Einstimmigkeit voraus, bedarf es bereits deshalb keiner gesetzlichen Regelung, weil jeder Gesellschafter seine Zustimmung mit dem Verlangen verbinden kann, den Verschmelzungsbericht prüfen zu lassen. Auch ohne das Verlangen eines Gesellschafters sind die Geschäftsführer dazu berechtigt, eine **freiwillige Prüfung** des Verschmelzungsberichts vornehmen zu lassen. Dies bietet sich etwa an, wenn Verzögerungen durch ein späteres Verlangen nach § 44 UmwG vermieden werden sollen oder bei einem der weiteren beteiligten Rechtsträger gesetzlich eine Pflichtprüfung vorgesehen ist.[1418]

648 **Antragsberechtigt** ist jeder Gesellschafter, unabhängig davon, wie hoch sein Gesellschaftsanteil ist und ob er seine Zustimmung zum Verschmelzungsbeschluss bereits erklärt oder verweigert hat.[1419] Der Verlangende muss im Zeitpunkt seines Prüfungsverlangens Gesellschafter sein.[1420] Das Prüfungsverlangen stellt eine empfangsbedürftige Willenserklärung dar, die gegenüber der Gesellschaft, also gegenüber ihren vertretungsberechtigten

---

[1412] Semler/Stengel/*Ihrig* § 43 Rn. 27; Widmann/Mayer/*Vossius* § 43 Rn. 129; Böttcher/Habighorst/Schulte/*Burg* § 43 Rn. 11.
[1413] Vgl. auch Widmann/Mayer/*Vossius* § 43 Rn 114 mwN.
[1414] Semler/Stengel/*Ihrig* § 43 Rn. 29; Widmann/Mayer/*Vossius* § 43 Rn. 129.
[1415] Semler/Stengel/*Ihrig* § 43 Rn. 29.
[1416] Semler/Stengel/*Ihrig* § 45d Rn. 3.
[1417] Böttcher/Habighorst/Schulte/*Burg* § 44 Rn. 2.
[1418] Semler/Stengel/*Ihrig* § 44 Rn. 8.
[1419] Semler/Stengel/*Ihrig* § 44 Rn. 10; Böttcher/Habighorst/Schulte/*Burg* § 44 Rn. 5.
[1420] Böttcher/Habighorst/Schulte/*Burg* § 44 Rn. 5.

Personen, zu erklären ist. Zwar ist das Prüfungsverlangen **formlos** möglich, aus Beweisgründen empfiehlt sich jedoch ein Zugangsnachweis.[1421]

Das Prüfungsverlangen muss spätestens **innerhalb einer Woche** nach Zugang der Verschmelzungsunterlagen beim verlangenden Gesellschafter gestellt werden. Ein Gesellschafter kann eine Prüfung allerdings auch schon vor Erhalt der Verschmelzungsunterlagen verlangen. Verlangt ein Gesellschafter fristgemäß die Prüfung, muss die zur Beschlussfassung vorgesehene Gesellschafterversammlung vertagt werden. Regelmäßig empfiehlt sich daher, die Gesellschafterversammlung erst nach Ablauf der Wochenfrist einzuberufen.[1422] Um für die Gesellschaft den Nachweis des Fristbeginns zu ermöglichen, sollte die Zustellung der Verschmelzungsunterlagen etwa mittels Bote erfolgen.[1423]

Verlangt mehr als ein Gesellschafter die Prüfung, bedarf es nur einer einzigen Verschmelzungsprüfung. Ähnliches gilt bei einer durch die Geschäftsführer in Auftrag gegebenen freiwilligen Prüfung: Auch die freiwillige Prüfung ersetzt spätere Prüfungsverlangen der Gesellschafter. Einzige Auswirkung eines Prüfungsverlangens aus dem Kreis der Gesellschafter ist der Verlust der Verfügungsbefugnis der Geschäftsführung über die freiwillige Prüfung; der Auftrag kann dann nicht mehr durch die Geschäftsführung zurückgenommen werden.

Das Prüfungsverfahren richtet sich nach den allgemeinen Regelungen der §§ 9 bis 14 UmwG. Der **Verschmelzungsprüfer** wird auf Antrag des vertretungsberechtigten Organs der Personenhandelsgesellschaft gerichtlich bestellt (§ 10 Abs. 1 S. 1 UmwG). Sofern auch bei anderen beteiligten Rechtsträgern eine Prüfung erfolgen soll, können gemeinsame Verschmelzungsprüfer bestellt werden (§ 10 Abs. 1 S. 2 UmwG). Die **Kosten** der Verschmelzungsprüfung trägt die Gesellschaft (§ 44 S. 2 UmwG). Die fehlende Abdingbarkeit dieser Kostentragungspflicht hält die Geschäftsführung zu einer gewissenhaften Vorbereitung und ausreichenden Information der Gesellschafter an.

§ 44 UmwG ist zwingend und kann deshalb durch gesellschaftsvertragliche Regelungen weder abbedungen noch geändert werden.[1424] Nach allgemeinen Regeln ist allerdings ein Verzicht sämtlicher Anteilsinhaber aller beteiligten Rechtsträger auf die Verschmelzungsprüfung möglich (§ 9 Abs. 3 iVm § 8 Abs. 3 UmwG). Sind zu diesem Zeitpunkt alle Tatsachen, die der anstehenden Beschlussfassung über die Verschmelzung zugrunde liegen, bekannt, kann damit auf die Prüfung verzichtet werden.[1425]

Rechtsfolge einer unterlassenen Verschmelzungsprüfung oder der nicht rechtzeitigen Übersendung des Prüfungsberichts ist die Nichtigkeit des Verschmelzungsbeschlusses.[1426] Es besteht allerdings die Möglichkeit der Heilung über § 20 Abs. 2 UmwG, wenn das Registergericht die Verschmelzung trotz des Mangels beim übernehmenden Rechtsträger einträgt. Der ehemals die Prüfung verlangende Gesellschafter kann über § 14 Abs. 1 UmwG Klage gegen die Gesellschaft auf Feststellung der Nichtigkeit des Verschmelzungsbeschlusses erheben. Wurde die Verschmelzung bereits eingetragen, kommen Schadensersatzansprüche nach § 25 UmwG in Betracht.

Ist eine **PartG** an der Verschmelzung beteiligt, findet die Möglichkeit zur Verschmelzungsprüfung aus § 44 UmwG über § 45e S. 2 UmwG Anwendung, wenn ein mehrheitlicher Verschmelzungsbeschluss (§ 45d Abs. 2 UmwG) zugelassen ist. Die obigen Ausführungen (→ Rn. 647 ff.) gelten insoweit entsprechend.

5. Haftung von Gesellschaftern

§ 45 UmwG begrenzt die **Haftung** der zuvor persönlich unbeschränkt haftenden Anteilsinhaber einer übertragenden Personenhandelsgesellschaft vergleichbar § 160 HGB,

---

[1421] Semler/Stengel/*Ihrig* § 44 Rn. 12; Böttcher/Habighorst/Schulte/*Burg* § 44 Rn. 6.
[1422] Semler/Stengel/*Ihrig* § 44 Rn. 15.
[1423] Schmitt/Hörtnagl/*Stratz* § 44 Rn. 4; Böttcher/Habighorst/Schulte/*Burg* § 44 Rn. 7.
[1424] Böttcher/Habighorst/Schulte/*Burg* § 44 Rn. 8.
[1425] Böttcher/Habighorst/Schulte/*Burg* § 44 Rn. 8.
[1426] Henssler/Strohn/*Decker* § 44 Rn. 5.

vorausgesetzt, die Anteilsinhaber des übernehmenden Rechtsträgers haften nur beschränkt. Erfasst werden damit Verschmelzungen einer OHG, KG oder EWIV auf eine AG, GmbH, eG, KG oder KGaA. Im Fall der letzten beiden übernehmenden Rechtsträger allerdings nur unter der Voraussetzung, dass ein Anteilsinhaber der übertragenden Personenhandelsgesellschaft in der übernehmenden KG oder KGaA die Stellung eines Kommanditisten erhält.[1427] § 45 Abs. 1 UmwG beschränkt den Zeitraum für das Fortbestehen der persönlich unbeschränkten Haftung auf fünf Jahre. Es handelt sich nicht um einen Verjährungstatbestand, sondern um eine Ausschlussfrist, die als rechtsvernichtende Einwendung im Prozess von Amts wegen zu berücksichtigen ist.[1428]

656 Die fortgeltende Haftung erfasst solche Verbindlichkeiten, die bereits vor Wirksamwerden der Verschmelzung (§ 20 UmwG) **begründet** worden sind.[1429] Ausreichend ist dafür der Abschluss eines Vertrags oder die Verwirklichung des anspruchsbegründenden Tatbestands eines gesetzlichen Schuldverhältnisses.[1430] Zusätzlich muss die jeweilige Verbindlichkeit vor Ablauf des Fünfjahres-Zeitraums **fällig** werden.[1431] Der haftungsbedrohte Anteilsinhaber kann sich auf eine für ihn günstige Vereinbarung zwischen der übertragenden Personenhandelsgesellschaft oder dem übernehmenden Rechtsträger einerseits und dem Gläubiger andererseits über eine Verschiebung des Fälligkeitszeitpunkts oder die Nichtgeltendmachung bis zu einem bestimmten zukünftigen Zeitpunkt berufen.[1432] Zusätzlich zur Fälligkeit ist notwendig, dass ein Anspruch gegen den Anteilsinhaber in einer in § 197 Abs. 1 Nr. 3 bis 5 BGB bezeichneten Art festgestellt ist oder eine gerichtliche oder behördliche Vollstreckungshandlung vorgenommen oder beantragt wird; bei öffentlich-rechtlichen Verbindlichkeiten genügt der Erlass eines Verwaltungsakts (§ 45 Abs. 1 UmwG).

657 Die Enthaftung nach § 45 Abs. 1 UmwG tritt nur bei demjenigen Anteilsinhaber ein, in dessen Person die Voraussetzungen erfüllt sind. Unterschiede können sich etwa durch Klageerhebung eines Gläubigers nur gegen einzelne der ehemals unbeschränkt persönlich haftenden Anteilsinhaber ergeben. Für den Regress der Anteilsinhaber untereinander ist Folgendes zu beachten: Ein Rückgriff auf einen Anteilsinhaber, der wegen § 45 Abs. 1 UmwG im Außenverhältnis von der Haftung befreit ist, ist nur dann möglich, wenn einer der weiteren Anteilsinhaber vor dem Zeitpunkt der Enthaftung in Anspruch genommen worden ist.[1433]

658 Die Fünfjahres-**Frist** beginnt nach § 45 Abs. 2 S. 1 UmwG mit dem Tag, an dem die Eintragung der Verschmelzung in das Register des übernehmenden Rechtsträgers nach § 19 Abs. 3 UmwG bekannt gemacht worden ist. Die Fristberechnung richtet sich nach den §§ 187 ff. BGB. Bei der Berechnung des Fristbeginns bleibt der Tag der Bekanntmachung außer Acht (§ 187 Abs. 1 BGB).[1434] Das Fristende berechnet sich nach §§ 188, 193 BGB.[1435]

659 Der Fristablauf kann nach § 45 Abs. 2 S. 2 UmwG unter den (entsprechend anwendbaren) Voraussetzungen der für die Verjährung geltenden §§ 204, 206, 210, 211 und 213 Abs. 2, 3 BGB gehemmt werden. Diese Aufzählung ist abschließend, weshalb weitere Hemmungstatbestände aus den §§ 203 ff. BGB keine Anwendung finden.[1436]

[1427] Böttcher/Habighorst/Schulte/*Burg* § 45 Rn. 4.
[1428] Schmitt/Hörtnagl/*Stratz* § 45 Rn. 20; Böttcher/Habighorst/Schulte/*Burg* § 45 Rn. 1, 2.
[1429] Schmitt/Hörtnagl/*Stratz* § 45 Rn. 4.
[1430] Böttcher/Habighorst/Schulte/*Burg* § 45 Rn. 9 mit Erläuterungen zu einzelnen Arten von Verbindlichkeiten.
[1431] Böttcher/Habighorst/Schulte/*Burg* § 45 Rn. 15.
[1432] Böttcher/Habighorst/Schulte/*Burg* § 45 Rn. 16.
[1433] Böttcher/Habighorst/Schulte/*Burg* § 45 Rn. 17, 18.
[1434] Semler/Stengel/*Ihrig* § 45 Rn. 35; Böttcher/Habighorst/Schulte/*Burg* § 45 Rn. 19; aA Schmitt/Hörtnagl/*Stratz* § 45 Rn. 18.
[1435] Semler/Stengel/*Ihrig* § 45 Rn. 36.
[1436] Böttcher/Habighorst/Schulte/*Burg* § 45 Rn. 20.

Ist an der Verschmelzung eine **PartG** als übertragender Rechtsträger beteiligt, findet § 45 **660**
UmwG über § 45e S. 1 UmwG Anwendung. Auch für die ansonsten wegen § 8 Abs. 1
PartGG persönlich unbeschränkt haftenden Partner gilt damit die Haftungsbegrenzung auf
den Fünfjahreszeitraum nach Eintragung der Verschmelzung in das Register des übernehmenden Rechtsträgers. In der Literatur wird eine analoge Anwendung von § 45 UmwG
auf die Fälle diskutiert, in denen übernehmender Rechtsträger eine PartG mbB ist.[1437]

G. Natürliche Personen

Schrifttum: *Bärwaldt/Schabacker*, Ein Dauerbrenner: Die Verschmelzung einer Kapitalgesellschaft mit
dem Vermögen ihres Alleingesellschafters, NJW 1997, 93; *Bayer*, 1000 Tage neues Umwandlungsrecht
– eine Zwischenbilanz, ZIP 1997, 1613; *Behme*, Rechtsformwahrende Sitzverlegung und Formwechsel
von Gesellschaften über die Grenze, 2015; *Oplustil/Schneider*, Zur Stellung der Europäischen Aktiengesellschaft im Umwandlungsrecht, NZG 2003, 13; *Rust*, Die Beteiligung von Minderjährigen im
Gesellschaftsrecht – Vertretung, familien-/vormundschaftsgerichtliche Genehmigung und Haftung des
Minderjährigen (Teil I), DStR 2005, 1942.

I. Grundsätzliches

Auch natürliche Personen fallen unter den in § 1 UmwG eingeführten Begriff des **661**
„Rechtsträgers".[1438] Daher ist zumindest nicht von vornherein ausgeschlossen, dass sie
sich an Umwandlungsvorgängen nach dem UmwG beteiligen können. Dies gilt aber nur
mit erheblichen Einschränkungen: So verfügen natürliche Personen als solche beispielsweise
nicht über eine „Rechtsform", die sie identitätswahrend wechseln könnten. Bei Verschmelzungen ist zu differenzieren:

Eine natürliche Person kommt von vornherein nicht als **übertragender Rechtsträger** **662**
in Betracht, da sie nicht gem. § 20 Abs. 1 Nr. 2 UmwG erlöschen kann. Will eine
natürliche Person ihr gesamtes Vermögen zu Lebzeiten auf einen anderen Rechtsträger
(eine andere natürliche Person oder eine Gesellschaft) übertragen, kann sie sich hierzu nur
durch einen gem. § 311b Abs. 3 BGB notariell beurkundungsbedürftigen Vertrag verpflichten.[1439] Eine Vermögensübertragung im Wege der Gesamtrechtsnachfolge ist ausgeschlossen, vielmehr sind auf dinglicher Ebene alle Vermögensgegenstände einzeln nach
Maßgabe der einschlägigen Vorschriften und unter Beachtung des sachenrechtlichen Bestimmtheitsgrundsatzes zu übertragen.

Ebenfalls denklogisch ausgeschlossen ist die Entstehung einer neuen natürlichen Person **663**
im Rahmen einer **Verschmelzung zur Neugründung**. Dagegen ist eine **Verschmelzung zur Aufnahme**, bei der das Vermögen eines anderen umwandlungsfähigen Rechtsträgers im Wege der Gesamtrechtsnachfolge auf eine natürliche Person übergeht, grundsätzlich denkbar. Das UmwG lässt allerdings eine solche Verschmelzung zur Aufnahme mit
einer natürlichen Person als übernehmendem Rechtsträger nur in dem Sonderfall zu, dass
eine natürliche Person als **Alleingesellschafter einer Kapitalgesellschaft** deren Vermögen übernimmt (§ 3 Abs. 2 Nr. 2 UmwG). Besondere Bestimmungen für diese besondere Form der Verschmelzung zur Aufnahme enthalten die §§ 120 bis 122 UmwG.

[1437] Lutter/*H. Schmidt* § 45e Rn. 6.
[1438] Siehe zum Begriff des „Rechtsträgers" Henssler/Strohn/*Decker* § 1 UmwG Rn. 9; Semler/
Stengel/*J. Semler* § 1 UmwG Rn. 18 ff., insb. Rn. 25.
[1439] Zum Verhältnis zwischen § 311b Abs. 3 BGB siehe MünchKommBGB/*Krüger* § 311b
Rn. 105.

II. Verschmelzung von Kapitalgesellschaften mit dem Vermögen eines Alleingesellschafters (§§ 120–122 UmwG)

664 Die Möglichkeit der Verschmelzung von Kapitalgesellschaften mit dem Vermögen eines Alleingesellschafters unterscheidet sich in doppelter Hinsicht von sonstigen im UmwG geregelten Verschmelzungsvorgängen: Zum einen handelt es sich terminologisch nicht um eine Verschmelzung des übertragenden Rechtsträgers „mit" dem übernehmenden Rechtsträger, sondern mit dessen **Vermögen**. Zum anderen können die Anteilsinhaber des übertragenden Rechtsträgers nicht Anteilsinhaber des übernehmenden Rechtsträgers (= natürliche Person) werden, weshalb § 120 UmwG die Verschmelzung nur dann zulässt, wenn der übernehmende Rechtsträger **Alleingesellschafter** des übertragenden Rechtsträgers ist.[1440]

1. Rechtstechnische Alternativen zur Verschmelzung nach den §§ 120 ff. UmwG

665 Anstelle einer Verschmelzung nach §§ 120 ff. UmwG kann der Alleingesellschafter schlicht die **Auflösung** der Kapitalgesellschaft beschließen und deren Vermögensgegenstände im Rahmen des Liquidationsverfahrens kaufen; der Veräußerungserlös (abzüglich Steuern und Kosten) kann dann als Liquidationserlös an ihn ausgeschüttet werden.[1441] Dieser Weg kann in der Praxis allenfalls dann empfohlen werden, wenn die Gesellschaft nur über sehr wenige Vermögensgegenstände verfügt. Anderenfalls ist er schon deshalb kaum praktikabel, weil er eine Einzelübertragung aller erworbenen Vermögensgegenstände erfordert und eine Gesamtrechtsnachfolge nicht stattfindet; zudem ist er steuerlich mangels Anwendbarkeit von § 11 Abs. 2 UmwStG nicht attraktiv.

666 Daneben kann das mit der Verschmelzung nach §§ 120 ff. UmwG bezweckte Ergebnis – Übergang des Vermögens einer Kapitalgesellschaft auf ihren Alleingesellschafter – auch durch ein **Anwachsungsmodell** realisiert werden. Dabei überträgt der Alleingesellschafter einen Anteil (ggf. treuhänderisch) an einen Dritten, mit dem gemeinsam er sodann den Formwechsel der Kapitalgesellschaft in eine Personengesellschaft beschließt; anschließend überträgt der Dritte den Anteil (an der nunmehrigen Personengesellschaft) an den früheren Alleingesellschafter zurück mit der Konsequenz, dass die Personengesellschaft erlischt und ihr Vermögen auf den Alleingesellschafter übergeht. Diese Möglichkeit ist praktisch vor allem dann bedeutsam, wenn der Alleingesellschafter aufgrund seiner Rechtsform auch im Rahmen einer Verschmelzung nach §§ 120 ff. UmwG nicht als aufnehmender Rechtsträger in Betracht kommt.[1442]

2. Voraussetzungen

667 **a) Übertragender Rechtsträger.** Als übertragende Rechtsträger kommen im Rahmen von § 120 UmwG nur **Kapitalgesellschaften** in Betracht. Der Begriff der Kapitalgesellschaft ist in § 3 Abs. 1 Nr. 2 UmwG definiert und umfasst Gesellschaften mit beschränkter Haftung (einschließlich der UG (haftungsbeschränkt))[1443], Aktiengesellschaften und Kommanditgesellschaften auf Aktien.[1444] Ist ein Gesellschafter als Alleingesellschafter an mehreren Kapitalgesellschaften beteiligt, können nach den §§ 120 ff. UmwG sämtliche Kapitalgesellschaften in einem einheitlichen Verschmelzungsvorgang mit dem Vermögen ihres gemeinsamen Alleingesellschafters verschmolzen werden. Dies gilt auch dann, wenn es sich um Kapitalgesellschaften unterschiedlicher Rechtsform handelt (§ 3 Abs. 4 UmwG).[1445]

668 Auch bei der **Societas Europaea (SE)** handelt es sich um eine Kapitalgesellschaft; sie ist daher umwandlungsrechtlich aufgrund der Verweisung in Art. 9 Abs. 1 lit. c ii bzw. Art. 10

[1440] Vgl. Lutter/*Karollus* § 120 UmwG Rn. 12; Semler/Stengel/*Seulen* § 120 UmwG Rn. 1.
[1441] Semler/Stengel/*Seulen* § 120 UmwG Rn. 7.
[1442] Semler/Stengel/*Seulen* § 120 UmwG Rn. 8.
[1443] Lutter/*Karollus* § 120 UmwG Rn. 18; Semler/Stengel/*Seulen* § 120 UmwG Rn. 9.
[1444] AA *Bärwaldt/Schabacker*, NJW 1997, 93, 94, denen zufolge die Verschmelzung einer KGaA nach §§ 120 ff. UmwG nicht möglich sein soll.
[1445] Lutter/*Karollus* § 120 UmwG Rn. 22; Semler/Stengel/*Seulen* § 120 UmwG Rn. 14.

SE-VO auf das Recht des Sitzstaates der SE einer nach nationalem Recht gegründeten Aktiengesellschaft gleichzustellen.[1446] Art. 66 SE-VO steht dem nicht entgegen, da dieser nach richtiger Auffassung eine abschließende Regelung nur für die (Rück-)Umwandlung der SE in eine Aktiengesellschaft nationalen Rechts enthält, im Übrigen der SE aber nicht grundsätzlich die Umwandlungsfähigkeit abspricht.[1447] Daraus folgt, dass auch die Verschmelzung der SE mit dem Vermögen ihres Alleingesellschafters nach § 120 UmwG grundsätzlich denkbar ist. Allerdings ist auch im Rahmen der Verschmelzung nach § 120 UmwG die Regelung des Art. 66 Abs. 1 Satz 2 SE-VO, wonach der Umwandlungsbeschluss erst zwei Jahre nach Eintragung der SE oder nach Genehmigung der ersten beiden Jahresabschlüsse gefasst werden darf, analog anzuwenden.[1448] Praktisch wird eine solche Verschmelzung allerdings nur selten vorkommen, da kaum eine SE über eine einzelne natürliche Person als Alleingesellschafter verfügen dürfte.[1449]

Gem. § 3 Abs. 3 UmwG kommen als übertragende Rechtsträger auch bereits **aufgelöste Kapitalgesellschaften** in Betracht. Insoweit bestehen keine Besonderheiten gegenüber sonstigen Formen der Verschmelzung unter Beteiligung von Kapitalgesellschaften. Voraussetzung ist nach dem Gesetzeswortlaut, dass noch die **Fortsetzung** der betreffenden Kapitalgesellschaft beschlossen werden könnte.[1450] Dies ist nicht mehr der Fall, wenn bereits mit der Verteilung ihres Vermögens an die Gesellschafter begonnen worden ist. Für die AG folgt dies unmittelbar aus § 274 Abs. 1 Satz 1 AktG; für die KGaA aus § 278 Abs. 3 i. V. m. § 274 Abs. 1 Satz 1 AktG; für die GmbH ist die Vorschrift entsprechend anwendbar.[1451] Auch wenn bei Einmann-Kapitalgesellschaften an sich nichts dagegen sprechen würde, eine Verschmelzung auf den Alleingesellschafter auch nach Beginn der Verteilung des Vermögens noch zuzulassen,[1452] steht dem der klare Wortlaut von § 3 Abs. 3 UmwG entgegen; für Aktiengesellschaften folgt innerhalb des Anwendungsbereichs der Verschmelzungsrichtlinie[1453] aus deren Art. 3 Abs. 2, dass die Mitgliedstaaten nur solche aufgelösten Gesellschaften als übertragende Rechtsträger zulassen dürfen, die noch nicht mit der Verteilung ihres Vermögens an ihre Aktionäre begonnen haben.

Auch hinsichtlich der Eignung der **Einmann-Vorgesellschaft** als übertragender Rechtsträger bestehen gegenüber sonstigen Verschmelzungen keine Besonderheiten. Nach ganz überwiegender Auffassung soll eine Kapitalgesellschaft als solche erst nach ihrer Entstehung, d. h. nach erfolgter Eintragung, verschmelzungsfähig sein; die Vorgesellschaft soll aber bereits einen Verschmelzungsvertrag abschließen können.[1454] Diese Sichtweise ist mit guten Gründen kritisiert worden.[1455] Jedenfalls für den Sonderfall der Verschmelzung mit dem Vermögen des Alleingesellschafters der Vorgesellschaft ist ihr allerdings schon deshalb zu folgen, weil für eine solche Verschmelzung – anders als für die Beteiligung der Vorgesellschaft an „normalen" Verschmelzungen – **kein praktischer Bedarf** besteht: Wird nämlich die Eintragungsabsicht aufgegeben oder der Eintragungsantrag zurückgenommen, fällt das

---

[1446] Henssler/Strohn/*Heidinger* § 3 UmwG Rn. 14; Kölner Kommentar-UmwG/*Simon* § 3 Rn. 27.
[1447] MünchKommAktG/*Schäfer* Art. 66 SE-VO Rn. 14; Spindler/Stilz/*Casper* Art. 66 SE-VO Rn. 1.
[1448] Wie hier Lutter/*Karollus* § 120 UmwG Rn. 18; siehe allgemein zu Umwandlungsvorgängen jenseits von Art. 66 SEVO MünchKommAktG/*Schäfer* Art. 66 SE-VO Rn. 14; ferner *Oplustil/Schneider*, NZG 2003, 13, 15 f.
[1449] Zutreffend Lutter/*Karollus* § 120 UmwG Rn. 18; Kölner Kommentar-UmwG/*Simon* § 120 Rn. 18.
[1450] BayObLG 3Z BR 462-97, NZG 1998, 465; unscharf Henssler/Strohn/*Wardenbach* § 120 UmwG Rn. 1 („Die Kapitalgesellschaft darf nicht aufgelöst sein.")
[1451] Lutter/*Karollus* § 120 UmwG Rn. 19a; Semler/Stengel/*Stengel* § 3 UmwG Rn. 38.
[1452] Semler/Stengel/*Seulen* § 120 UmwG Rn. 11.
[1453] Richtlinie 2011/35/EU des Europäischen Parlaments und des Rates vom 5. April 2011 über die Verschmelzung von Aktiengesellschaften, ABl. EU L 110, S. 1.
[1454] Schmitt/Hörtnagl/Stratz/*Stratz* § 3 UmwG Rn. 22 f.
[1455] *Bayer* ZIP 1997, 1613, 1614.

auf die Einmann-Vorgesellschaft übertragene Vermögen ohne weiteres wieder auf den Alleingesellschafter zurück;[1456] dies entspricht dem Ergebnis, das auch bei einer Verschmelzung der Vorgesellschaft mit dem Vermögen ihres Alleingesellschafters entstünde. Die Verschmelzung einer Kapitalgesellschaft auf ihren Alleingesellschafter nach §§ 120 ff. UmwG kommt demnach erst dann in Betracht, wenn die Kapitalgesellschaft bereits im Handelsregister eingetragen ist.

671 **b) Aufnehmender Rechtsträger. aa) Alleingesellschafter.** Aufnehmender Rechtsträger ist der **Alleingesellschafter der Kapitalgesellschaft**. Alleingesellschafter ist, wer rechtlicher Inhaber sämtlicher ausgegebener Geschäftsanteile oder Aktien ist. Bei einer KGaA genügt die Inhaberschaft sämtlicher Aktien; die Verschmelzung nach §§ 120 ff. UmwG setzt nicht voraus, dass der Alleingesellschafter zugleich persönlich haftender Gesellschafter der KGaA ist.[1457] Nicht entscheidend ist, wer wirtschaftlich Berechtigter ist; wurden die Anteile an einen **Treuhänder** übertragen, ist Alleingesellschafter daher der Treuhänder.[1458] Durch eine **Verpfändung** der Anteile oder die Bestellung eines **Nießbrauchs** wird die Stellung als Alleingesellschafter nicht berührt.[1459] Gleiches gilt für die Ausgabe von Genussrechten, Wandelschuldverschreibungen, Optionsscheinen oder sonstigen Bezugsrechten.[1460]

672 Befinden sich **eigene Anteile** in der Hand der Kapitalgesellschaft, so werden sie gem. § 120 Abs. 2 UmwG dem Alleingesellschafter zugerechnet; sie bleiben also bei der Beurteilung der Stellung als Alleingesellschafter außer Betracht.[1461] Die Zurechnungsvorschrift ist **eng auszulegen**. Anteile, die nicht von der Kapitalgesellschaft selbst, sondern etwa von einer Tochtergesellschaft oder einem Treuhänder gehalten werden, können dem Alleingesellschafter nicht nach § 120 Abs. 2 UmwG zugerechnet werden.[1462]

673 **bb) Keine Möglichkeit einer Verschmelzung nach den Vorschriften des Ersten bis Achten Abschnitts.** Eine Verschmelzung der Kapitalgesellschaft mit dem Vermögen ihres Alleingesellschafters gem. §§ 120 ff. UmwG kommt nur dann in Betracht, wenn eine Verschmelzung nach den Vorschriften des Ersten bis Achten Abschnitts nicht möglich ist. Sie kommt daher nicht in Betracht, wenn es sich bei dem Alleingesellschafter um eine Personenhandelsgesellschaft, eine andere Kapitalgesellschaft oder eine eingetragene Genossenschaft handelt, da in diesen Fällen eine Verschmelzung nach den allgemeinen und rechtsformspezifischen Vorschriften des 2. Buches des UmwG ohne weiteres möglich ist. Handelt es sich bei dem Alleingesellschafter um einen **eingetragenen Verein**, einen **genossenschaftlichen Prüfungsverband** oder einen **Versicherungsverein auf Gegenseitigkeit,** da scheitert zwar eine Verschmelzung der Kapitalgesellschaft auf den jeweiligen Alleingesellschafter nach den Vorschriften des Ersten bis Achten Abschnitts des 2. Buches an den dort statuierten rechtsformspezifischen Verschmelzungsverboten;[1463] diese würden

---

[1456] BGH II ZR 383/96, NZG 1999, 960, 961; Lutter/*Karollus* § 120 UmwG Rn. 19; Semler/Stengel/*Seulen* § 120 UmwG Rn. 10; Kölner Kommentar-UmwG/*Simon* § 120 Rn. 19; krit. Baumbach/Hueck/*Fastrich* § 11 GmbHG Rn. 43.
[1457] Semler/Stengel/*Seulen* UmwG § 120 Rn. 29; a. A. Henssler/Strohn/*Wardenbach* UmwG § 120 Rn. 1.
[1458] Lutter/*Karollus* UmwG § 120 Rn. 32; Semler/Stengel/*Seulen* UmwG § 120 Rn. 27; Schmitt/Hörtnagl/Stratz/*Stratz* UmwG § 120 Rn. 8.
[1459] Ausführlich Lutter/*Karollus* UmwG § 120 Rn. 33; Semler/Stengel/*Seulen* UmwG § 120 Rn. 34 ff.
[1460] Ausführlich Lutter/*Karollus* UmwG § 120 Rn. 36; Semler/Stengel/*Seulen* UmwG § 120 Rn. 32; Schmitt/Hörtnagl/Stratz/*Stratz* UmwG § 120 Rn. 8.
[1461] S. zur Terminologie Lutter/*Karollus* UmwG § 120 Rn. 34.
[1462] Lutter/*Karollus* UmwG § 120 Rn. 35; Semler/Stengel/*Seulen* § 120 UmwG Rn. 30.
[1463] Für den Verein gilt § 99 Abs. 2 UmwG, wonach ein eingetragener Verein im Wege der Verschmelzung Rechtsträger anderer Rechtsform nicht aufnehmen darf. Die Vorschrift gilt auch für den genossenschaftlichen Prüfungsverband, da dieser gem. § 63b GenG die Rechtsform eines eingetragenen Vereins haben soll. Für Versicherungsvereine auf Gegenseitigkeit gilt § 109 UmwG, wonach

allerdings leerlaufen, würde man in solchen Fällen die Zulässigkeit einer Verschmelzung nach den §§ 120 ff. UmwG bejahen.[1464]

Daraus folgt, dass eine Verschmelzung der Kapitalgesellschaft mit dem Vermögen ihres **674** Alleingesellschafters gem. §§ 120 ff. UmwG im Ergebnis nur dann in Betracht kommt, wenn es sich bei dem Alleingesellschafter um eine **natürliche Person** handelt.[1465] Zugleich ergibt sich aus § 3 Abs. 2 Nr. 2 UmwG, dass natürliche Personen (nur) dann an einer Verschmelzung beteiligt sein können, wenn sie als Alleingesellschafter einer Kapitalgesellschaft deren Vermögen übernehmen; dementsprechend bedarf dieser Sonderfall in §§ 120 ff. UmwG einer eigenständigen Regelung. Für die Gesellschaft bürgerlichen Rechts und auch für Personengemeinschaften wie die Bruchteilsgemeinschaft oder die Erbengemeinschaft fehlt es an einer § 3 Abs. 2 Nr. 2 UmwG vergleichbaren Regelung; sie sind daher auch im Rahmen der Verschmelzung nach §§ 120 ff. UmwG nicht verschmelzungsfähig.[1466]

Weitere Anforderungen an die Person des Alleingesellschafters bestehen nicht; weder **675** muss er bereits in das **Handelsregister** eingetragen sein (vgl. § 122 Abs. 1 UmwG) noch muss er einer **unternehmerischen Tätigkeit** nachgehen.[1467] Allerdings wird für den Fall der **Überschuldung des Alleingesellschafters** (nicht hingegen für den Fall der Überschuldung der übertragenden Kapitalgesellschaft)[1468] mit Recht in Übertragung der Wertung des § 152 S. 2 UmwG ein Verschmelzungshindernis angenommen.[1469]

Ist der Alleingesellschafter **minderjährig**, bedarf der Verschmelzungsvertrag **der Zu- 676 stimmung der gesetzlichen Vertreter** (§§ 107, 108 BGB); dies sind gem. §§ 1629 Abs. 1, 1626 Abs. 1 BGB seine Eltern. Teilweise wird vertreten, für den Verschmelzungsvertrag sei darüber hinaus eine **vormundschaftsgerichtliche Genehmigung** erforderlich. Dies ergibt sich jedenfalls nicht aus § 1822 Nr. 10 BGB,[1470] da diese Vorschrift auf den gesetzlichen Vertreter keine Anwendung findet; sie ist von der Verweisung in § 1643 Abs. 1 BGB ausdrücklich nicht erfasst. Aber auch in Fällen, in denen der Alleingesellschafter unter Vormundschaft oder Betreuung steht, ist eine vormundschaftsgerichtliche Genehmigung nicht erforderlich: Die Gesamtrechtsnachfolge führt nämlich gerade nicht zur „Übernahme einer fremden Verbindlichkeit" iSv § 1822 Nr. 10 BGB, da die Verbindlichkeiten der Kapitalgesellschaft nicht als wirtschaftlich fremde, sondern als **eigene** übernommen werden.[1471] Der bloße Verweis auf die (mögliche) Übernahme eines unternehmerischen Risikos[1472] greift zur Begründung des Genehmigungserfordernisses zu kurz. Überdies wird der Minderjährige durch die in § 1629a BGB statuierte Haftungsbeschränkung hinreichend geschützt.[1473]

Gehören die Anteile an der Kapitalgesellschaft zu einem Nachlass, für den **Testaments- 677 vollstreckung** angeordnet wurde, werden die Stimmrechte in der Kapitalgesellschaft durch

---

diese nur miteinander verschmolzen werden können. Für die Zulässigkeit der Verschmelzung nach § 120 UmwG in diesem Fall aber Semler/Stengel/*Seulen* § 120 UmwG Rn. 18.

[1464] Wie hier im Ergebnis Lutter/*Karollus* § 120 UmwG Rn. 23; Schmitt/Hörtnagl/Stratz/*Stratz* § 120 UmwG Rn. 7.

[1465] OLG Schleswig 2 W 145/00, NZG 2001, 418; *Bärwaldt/Schabacker*, NJW 1997, 93, 96; Lutter/ *Karollus* § 120 UmwG Rn. 23; Schmitt/Hörtnagl/Stratz/*Stratz* § 120 UmwG Rn. 1; Henssler/ Strohn/*Wardenbach* § 120 UmwG Rn. 1.

[1466] Lutter/*Karollus* § 120 UmwG Rn. 24; Semler/Stengel/*Seulen* § 120 UmwG Rn. 20; Schmitt/ Hörtnagl/Stratz/*Stratz* § 120 UmwG Rn. 6.

[1467] Lutter/*Karollus* § 120 UmwG Rn. 28; Semler/Stengel/*Seulen* § 120 UmwG Rn. 25.

[1468] OLG Stuttgart 8 W 426/05, NZG 2006, 159.

[1469] Lutter/*Karollus* § 120 UmwG Rn. 30; Semler/Stengel/*Seulen* § 120 UmwG Rn. 26.

[1470] So aber Semler/Stengel/*Seulen* § 120 UmwG Rn. 23.

[1471] Zur Beschränkung der Anwendung von § 1822 Nr. 10 BGB auf Fälle der „Subsidiärhaftung" s. MünchKommBGB/*Kroll-Ludwigs* § 1822 Rn. 62; *Rust*, DStR 2005, 1942, 1943.

[1472] Lutter/*Karollus* § 120 UmwG Rn. 31.

[1473] Wie hier Schmitt/Hörtnagl/Stratz/*Stratz* § 120 UmwG Rn. 5.

den Testamentsvollstrecker ausgeübt. Einer Mitwirkung des Erben (Alleingesellschafters) bei der Beschlussfassung in der Kapitalgesellschaft bedarf es nicht.[1474] Er wird dadurch ausreichend geschützt, dass er selbst in eigenem Namen den Verschmelzungsvertrag schließt.[1475]

3. Verfahren

678 § 121 UmwG stellt klar, dass auf die **übertragende Kapitalgesellschaft** die für ihre Rechtsform geltenden Vorschriften des Ersten und Zweiten Teils (betreffend die Verschmelzung zur Aufnahme) anzuwenden sind. Die Verweisung erfasst im Ausgangspunkt die allgemeinen Vorschriften der §§ 2 bis 35 UmwG sowie die rechtsformspezifischen Vorschriften der §§ 46 bis 55 UmwG (für die GmbH), §§ 60 bis 72 UmwG (für die Aktiengesellschaft) und § 78 UmwG (für die KGaA). Für den Alleingesellschafter als natürliche Person existieren keine „rechtsformspezifischen" Vorschriften im UmwG. Der Gesetzgeber hielt umwandlungsrechtliche Schutzmechanismen zu seinen Gunsten für entbehrlich, „weil ein Alleingesellschafter über hinreichend geschäftliche Erfahrung verfügt, um bei einer durch ihn allein entschiedenen Fusion seine Interessen wahrzunehmen."[1476] Auf den Alleingesellschafter sind allerdings die Vorschriften des Ersten Teils anzuwenden, sofern sie inhaltlich auf natürliche Personen passen.[1477]

679 Wie bei jeder anderen Verschmelzung auch, ist bei einer Verschmelzung nach §§ 120 ff. UmwG der **Abschluss eines Verschmelzungsvertrags** (§§ 4 bis 7 UmwG) erforderlich, dessen Parteien die übertragende Kapitalgesellschaft und ihr Alleingesellschafter sind. Auf der Ebene der Kapitalgesellschaft ist sodann ein **Verschmelzungsbeschluss** erforderlich, mit dem der Alleingesellschafter in dieser Funktion über die Zustimmung zu dem Verschmelzungsvertrag beschließt (§ 13 Abs. 1 UmwG). Auf der Ebene des Alleingesellschafters ist ein solcher Beschluss mangels Anteilsinhabern entbehrlich.[1478] Schließlich ist die Verschmelzung zum **Handelsregister** der übertragenden Kapitalgesellschaft und – sofern der Alleingesellschafter bereits im Handelsregister eingetragen ist oder im Zuge der Verschmelzung in das Handelsregister eingetragen werden muss bzw. soll (→ Rn. 23) – zum Handelsregister des Alleingesellschafters anzumelden.

680 Die kraft Verweisung anwendbaren Vorschriften des Ersten Teils enthalten an mehreren Stellen **verfahrenstechnische Sonderregelungen** für den Fall, dass sich alle Anteile eines übertragenden Rechtsträgers in der Hand des übernehmenden Rechtsträgers befinden (§§ 5 Abs. 2, 8 Abs. 3 S. 1 Var. 2, 9 Abs. 2 UmwG). Diese Vorschriften tragen dem Umstand Rechnung, dass bei Gesellschaften mit nur einem Anteilsinhaber kein ausgeprägtes Bedürfnis nach umwandlungsrechtlichem Gesellschafterschutz besteht. Sie greifen ihrem Wortlaut nach nicht nur in dem von §§ 120 ff. UmwG adressierten Sonderfall, dass es sich bei dem Alleingesellschafter um eine natürliche Person handelt, sondern in allen Fällen, in denen eine Gesellschaft über nur einen Gesellschafter verfügt, unabhängig von dessen Rechtsform. Gem. § 5 Abs. 2 UmwG hat der Verschmelzungsvertrag keine Angaben über den Umtausch der Anteile zu enthalten. Gem. § 8 Abs. 3 S. 1 Var. 2 UmwG ist ein **Verschmelzungsbericht** nicht erforderlich; gem. § 9 Abs. 2 UmwG ist eine **Prüfung** der Verschmelzung nicht erforderlich. Nicht von Bedeutung sind ferner die §§ 14, 15 sowie §§ 27 bis 35 UmwG.[1479]

681 Soweit die kraft Verweisung anwendbaren Vorschriften des Zweiten Teils entweder das Vorhandensein mehrerer Gesellschafter voraussetzen oder sich auf die entbehrlichen Ele-

---

[1474] So aber Kölner Kommentar-UmwG/*Simon* § 120 Rn. 37.
[1475] Lutter/*Karollus* § 120 UmwG Rn. 32; Semler/Stengel/*Seulen* § 120 UmwG Rn. 24.
[1476] BT-Drucks. 12/6699, S. 115.
[1477] Lutter/*Karollus* § 121 UmwG Rn. 2; Kölner Kommentar-UmwG/*Simon* § 120 Rn. 3.
[1478] LG Dresden 45 T 60/96, GmbHR 1997, 175; Lutter/*Karollus* § 121 UmwG Rn. 11; Schmitt/Hörtnagl/Stratz/*Stratz* § 121 UmwG Rn. 1; Henssler/Strohn/*Wardenbach* § 121 UmwG Rn. 1.
[1479] Semler/Stengel/*Seulen* § 121 UmwG Rn. 2; Schmitt/Hörtnagl/Stratz/*Stratz* § 121 UmwG Rn. 1.

mente des Verschmelzungsverfahrens – Verschmelzungsbericht und -prüfung – beziehen, finden sie auf die Verschmelzung nach §§ 121 UmwG **keine Anwendung**. Dies betrifft bei der GmbH die §§ 46, 48, 51, 53 bis 55 UmwG sowie bei der Aktiengesellschaft und der KGaA die §§ §§ 60, 62, 66 bis 69, 71 und 72 UmwG.[1480]

4. Wirkungen

Die Wirkungen der Verschmelzung richten sich nach **§ 20 Abs. 1 UmwG** mit Ausnahme von dessen Nr. 3. Das bedeutet, dass das Vermögen der Kapitalgesellschaft einschließlich der Verbindlichkeiten auf den Alleingesellschafter übergeht (Nr. 1) und die Kapitalgesellschaft erlischt, ohne dass es einer besonderen Lösung bedarf (Nr. 2); ein Mangel der notariellen Beurkundung des Verschmelzungsvertrags wird geheilt (Nr. 4.). Gem. **§ 20 Abs. 2 UmwG** lassen Mängel der Verschmelzung die Wirkungen der Eintragung unberührt; das bedeutet, dass die Verschmelzung auch dann wirksam wird, wenn die Voraussetzungen des § 120 UmwG nicht vorlagen (etwa, weil tatsächlich mehrere Gesellschafter an der Kapitalgesellschaft beteiligt waren).[1481]

Maßgeblicher **Zeitpunkt** für den Eintritt der Wirkungen der Verschmelzung ist grundsätzlich **die Eintragung der Verschmelzung in das Register des Alleingesellschafters**, sofern dieser bereits im Handelsregister eingetragen ist. Ist der Alleingesellschafter noch nicht in das Handelsregister eingetragen (weil er bisher kein Handelsgewerbe betrieben hat), ist er gem. § 122 Abs. 1 UmwG nach den Vorschriften des Handelsgesetzbuchs in das Handelsregister einzutragen. Der Verweis auf die Vorschriften des Handelsgesetzbuches bedeutet, dass er nur dann einzutragen ist, wenn entweder (i) das auf ihn übergehende Unternehmen der Kapitalgesellschaft ein Handelsgewerbe i. S. v. § 1 Abs. 2 HGB betreibt und er damit zum sog. Ist-Kaufmann wird, oder (ii) das auf ihn übergehende Unternehmen der Kapitalgesellschaft ein Kleingewerbe betreibt und sich der Alleingesellschafter gem. § 2 HGB freiwillig[1482] in das Handelsregister eintragen lässt. Alle anderen Fälle, in denen etwa die Kapitalgesellschaft von vornherein kein Gewerbe betreibt oder sich der Alleingesellschafter bei einem Kleingewerbe gem. § 2 HGB gegen die Eintragung entscheidet, sind solche, in denen gem. § 122 Abs. 2 UmwG eine Eintragung nicht in Betracht kommt; in diesem Fall treten die Wirkungen kraft ausdrücklicher gesetzlicher Anordnung durch die Eintragung der Verschmelzung in das Register des Sitzes der übertragenden Kapitalgesellschaft ein.

5. Sachverhalte mit Auslandsbezug

Der unproblematische Anwendungsfall der §§ 120 ff. UmwG ist der einer deutschen Kapitalgesellschaft mit einer natürlichen Person als Alleingesellschafter, deren Wohnsitz sich in Deutschland befindet. Ebenso unproblematisch ist der Fall einer ausländischen Kapitalgesellschaft mit einem Alleingesellschafter, dessen Wohnsitz sich im Ausland befindet: Hier bestehen von vornherein keine Anknüpfungspunkte für die Anwendung deutschen Umwandlungsrechts. Problematisch ist (i) der Fall einer **ausländischen Kapitalgesellschaft** mit einem Alleingesellschafter, dessen Wohnsitz sich in Deutschland befindet, und (ii) der Fall einer deutschen Kapitalgesellschaft mit einem **Alleingesellschafter, dessen Wohnsitz sich im Ausland befindet**.

a) Verschmelzung einer ausländischen Kapitalgesellschaft mit dem Vermögen ihres (deutschen) Alleingesellschafters. Ob die Verschmelzung einer **ausländischen Kapitalgesellschaft** als übertragender Rechtsträger mit dem Vermögen ihres (deutschen) Alleingesellschafters möglich ist, richtet sich im Ausgangspunkt nach § 1 Abs. 1 UmwG, wonach das UmwG nur Anwendung auf Rechtsträger „mit Sitz im Inland" findet. Ge-

---

[1480] Semler/Stengel/*Seulen* § 121 UmwG Rn. 2.
[1481] S. dazu Lutter/*Karollus* § 120 UmwG Rn. 42.
[1482] Zum Erhalt des entsprechenden Wahlrechts trotz missverständlicher Gesetzesformulierung („Kommt eine Eintragung nicht in Betracht...") Semler/Stengel/*Seulen* UmwG § 122 Rn. 10; Schmitt/Hörtnagl/Stratz/*Stratz* UmwG § 122 Rn. 4.

meint ist damit der Satzungssitz,[1483] der sich bei Gesellschaften ausländischen Rechts praktisch nie in Deutschland befinden wird. Die Verschmelzung einer ausländischen Kapitalgesellschaft mit dem Vermögen ihres Alleingesellschafters nach §§ 120 ff. UmwG ist damit (unabhängig vom Wohnsitz ihres Alleingesellschafters) ausgeschlossen.

686 Diese Ausgangsrechtslage wird in Fällen ausländischer Kapitalgesellschaften mit Sitz in einem Mitgliedstaat der EU bzw. des EWR durch die Niederlassungsfreiheit (Art. 49, 54 AEUV bzw. – inhaltsgleich – Art. 31, 34 EWR-Abkommen) überlagert. Diese gebietet im Ausgangspunkt die Anerkennung ausländischer Gesellschaften, die nach dem Recht ihres Herkunftsstaates wirksam gegründet worden sind und existieren.[1484] Ferner ist nach der Rechtsprechung des EuGH aus der Niederlassungsfreiheit eine Verpflichtung der Mitgliedstaaten abzuleiten, ausländische Gesellschaften (im Rahmen von grenzüberschreitenden Umwandlungsvorgängen) nicht schlechter zu behandeln als vergleichbare inländische Gesellschaften (im Rahmen von inländischen Umwandlungsvorgängen).[1485] Die Verschmelzung nach §§ 120 ff. UmwG nur nach deutschem Recht gegründeten Gesellschaften zu ermöglichen, würde daher in EU-/EWR-Sachverhalten gegen die Niederlassungsfreiheit verstoßen.

687 Eine andere Frage ist, ob der Herkunftsstaat einer ausländischen Kapitalgesellschaft seinerseits unionsrechtlich dazu verpflichtet ist, die Verschmelzung einer nach seinem nationalen Recht gegründeten Gesellschaft mit dem Vermögen ihres deutschen Alleingesellschafters zuzulassen. Dafür sprechen insbesondere die Erwägungen des EuGH in der Rechtssache **Cartesio**, wonach die gesellschaftsrechtliche Anknüpfungsautonomie des Herkunftsstaates nicht rechtfertigen kann, dass er eine Gesellschaft dadurch, dass er ihre Auflösung und Liquidation verlangt, daran hindert, sich in eine Gesellschaft nach dem nationalen Recht des Aufnahmestaates (hier: Deutschland) umzuwandeln, soweit dies nach diesem Recht möglich ist. Ein solches Hemmnis für die tatsächliche Umwandlung, ohne vorherige Auflösung und Liquidation, einer solchen Gesellschaft in eine Gesellschaft des nationalen Rechts des Aufnahmestaates stelle eine Beschränkung der **Niederlassungsfreiheit** der betreffenden Gesellschaft dar, die, wenn sie nicht zwingenden Gründen des Allgemeininteresses entspricht, nach Art. 43 EG (jetzt: Art. 49 AEUV) verboten ist.[1486] Zwar bezieht sich die zitierte Passage ausdrücklich nur auf die Umwandlung einer Gesellschaft in eine (andere) **Gesellschaft** nach dem nationalen Recht des Aufnahmestaates, also auf den grenzüberschreitenden Formwechsel. Es spricht aber viel dafür, die ihnen zugrundeliegende Anerkennungs-Logik (→ § 38 Rn. 16 ff.)[1487] auf andere Formen der Hinaus-Umwandlung wie die Hinaus-Verschmelzung zu übertragen.[1488] Danach wäre auch die Verschmelzung im grenzüberschreitenden Kontext gegenüber Beschränkungen durch das Recht des Herkunftsstaates der verschmelzungswilligen Gesellschaft von der Niederlassungsfreiheit geschützt; und zwar sowohl die „normale" Verschmelzung (auch jenseits des Anwendungsbereichs der §§ 122a ff. UmwG) als auch die „besondere" Verschmelzung nach §§ 120 ff. UmwG. Das nationale Recht des Herkunftsstaates der betreffenden ausländischen Gesellschaft würde dann deren Niederlassungsfreiheit beschränken, wenn es entweder eine solche Verschmelzung untersagt oder an strengere Beschränkungen knüpft als die §§ 120 ff. UmwG.

[1483] Semler/Stengel/*Drinhausen* Einl. C Rn. 20; MünchKommBGB/*Kindler*, IntGesR Rn. 863, jeweils mwN.

[1484] Zur Interpretation der Niederlassungsfreiheit im Sinne eines Prinzips der gegenseitigen Anerkennung siehe grundlegend EuGH C-208/00, NJW 2002, 3614 – Überseering; EuGH C-167/01, NJW 2003, 3331 – Inspire Art; *Behme*, Rechtsformwahrende Sitzverlegung und Formwechsel von Gesellschaften über die Grenze, 2015, S. 65 ff.

[1485] EuGH C-378/10, ZIP 2012, 1394 – Vale, Rn. 36; s. mit Blick auf die grenzüberschreitende Verschmelzung bereits EuGH C-411/03, Slg. 2005, I – 10805 – SEVIC.

[1486] EuGH C-210/06, Slg. 2008, I – 9641 – Cartesio, Rn. 111 ff.

[1487] S. ausführlich *Behme*, S. 136 ff.

[1488] Semler/Stengel/*Drinhausen* Einl. C Rn. 30.

Daraus folgt, dass zwar die Verschmelzung einer ausländischen Gesellschaft mit dem 688 Vermögen ihres Alleingesellschafters sowohl aus der Perspektive des Herkunftsstaates der betreffenden Gesellschaft als auch aus deutscher Perspektive von der Niederlassungsfreiheit geschützt ist und damit im Ergebnis rechtlich zulässig sein muss; in der Praxis werden derartige, in ihren Einzelheiten noch nicht erprobte Restrukturierungsmaßnahmen aber häufig an der **Kooperation der beteiligten Registergerichte** im Herkunfts- und Aufnahmestaat scheitern. Insbesondere Kleinunternehmern, die ihr Unternehmen in der Rechtsform einer britischen Limited betreiben und sich im Kontext der allgemeinen Verunsicherung aufgrund des **Brexit** der britischen Rechtsform entledigen möchten, wird ein solches Vorgehen daher regelmäßig nicht empfohlen werden können.[1489]

b) Verschmelzung einer (deutschen) Kapitalgesellschaft mit dem Vermögen 689 **ihres ausländischen Alleingesellschafters.** Auch für den Fall der Verschmelzung einer deutschen Kapitalgesellschaft mit dem Vermögen ihres ausländischen Alleingesellschafters folgt bereits aus § 1 Abs. 1 UmwG, dass die **Staatsangehörigkeit** des Alleingesellschafters keine Rolle spielen kann[1490] (abgesehen davon, dass es zumindest bei EU-/EWR-Sachverhalten gegen das in Art. 18 AEUV bzw. Art. 4 EWR-Abkommen verankerte Verbot von Diskriminierungen aus Gründen der Staatsangehörigkeit verstoßen würde, die Möglichkeit der Verschmelzung an die deutsche Staatsangehörigkeit zu knüpfen). Im Übrigen ist nach ganz herrschender und zutreffender Auffassung aber auch nicht erforderlich, dass der Alleingesellschafter seinen „Sitz" im Inland hat (worunter bei natürlichen Personen nur der **Wohnsitz** verstanden werden könnte). Wo sich der Wohnsitz des Alleingesellschafters befindet, ist schon deshalb irrelevant, weil nach §§ 120 ff. UmwG nicht etwa der Alleingesellschafter aufnehmender Rechtsträger ist, sondern die Verschmelzung der Kapitalgesellschaft lediglich mit dessen Vermögen stattfindet. § 1 Abs. 1 UmwG ist daher auf den Alleingesellschafter nicht anwendbar.[1491]

Die Verschmelzung einer deutschen Kapitalgesellschaft mit dem Vermögen ihres Allein- 690 gesellschafters ist unabhängig von dessen Wohnsitz ein rein innerstaatlicher Vorgang, der sich allein nach deutschem Umwandlungsrecht beurteilt. Dementsprechend spielt es keine Rolle, ob das nationale Umwandlungsrecht des Herkunftsstaates des Alleingesellschafters eine derartige Verschmelzungsmöglichkeit ebenfalls kennt oder nicht.[1492]

[1489] Optimistischere Einschätzung offenbar bei Lutter/*Karollus* § 120 UmwG Rn. 20.
[1490] Insoweit zutreffend Lutter/*Karollus* § 120 UmwG Rn. 27; Semler/Stengel/*Seulen* § 120 Rn. 21 UmwG; Kölner Kommentar-UmwG/*Simon* § 120 Rn. 35.
[1491] Semler/Stengel/*Seulen* § 120 UmwG Rn. 21.
[1492] Ebenso aus dem Blickwinkel des österreichischen Rechts OGH 6 Ob 283/02i, ZIP 2003, 1086; zutreffend auch Semler/Stengel/*Seulen* § 120 UmwG Rn. 22.

§ 16 Konzernverschmelzungen

Übersicht

	Rdnr.		Rdnr.
I. Formen der Verschmelzung im Konzern	1–10	a) Einreichung des Verschmelzungsvertrags zum Handelsregister (§ 62 Abs. 3 Satz 2 Hs 1 UmwG)	56, 57
1. Konzerninterne Verschmelzung nach allgemeinem Verschmelzungsrecht	2–4	b) Auslage von Unterlagen (§ 62 Abs. 3 Satz 1 UmwG)	58, 59
2. Konzernverschmelzung nach § 62 Abs. 1–4 UmwG	5–8	c) Zuleitung von Unterlagen (§ 62 Abs. 3 Satz 6 UmwG)	60, 61
3. Konzernverschmelzung bei Gründung einer SE	9, 10	d) Ad hoc-Mitteilung bei börsennotierter übernehmender Gesellschaft	62
II. Anwendungsbereich des § 62 Abs. 1–4 UmwG	11–40	4. Information des Betriebsrats	63, 64
1. Verschmelzung und Spaltung zur Aufnahme	12, 13	5. Einberufungsverlangen (§ 62 Abs. 2 UmwG)	65–79
2. AG, KGaA und SE als übernehmender Rechtsträger	14–16	a) Quorum von 5 %	67–69
3. Kapitalgesellschaft als übertragender Rechtsträger	17–20	b) Form und Adressat	70–72
4. Feststellung der 90 %- bzw. 100 %-Beteiligung	21–36	c) Frist	73–76
a) Ermittlung des Stamm- bzw. Grundkapitals des übertragenden Rechtsträgers	22–27	d) Prüfungspflicht des Vorstands und gerichtliches Verfahren bei Missachtung des Einberufungsverlangens (§ 122 Abs. 3 AktG analog)	77, 78
b) Beteiligung des übernehmenden Rechtsträgers	28–33	e) Rücknahme und Verzicht	79
c) Vorheriger Beteiligungsauf- und -umbau	34–36	6. Besonderheiten der Handelsregisteranmeldung	80–89
5. Zeitlicher Anknüpfungspunkt für die Anwendungsvoraussetzungen	37–40	a) Nachweis über die Hinweisbekanntmachung	81, 82
III. Notwendigkeit eines Verschmelzungsbeschlusses nur beim übertragenden Rechtsträger (mindestens 90 %-Beteiligung)	41–89	b) Erklärung zum Einberufungsverlangen	83–87
		c) Negativerklärung	88, 89
1. Verschmelzungsbeschluss der übertragenden Gesellschaft	42, 43	IV. Entbehrlichkeit des Verschmelzungsbeschlusses sowohl beim übertragenden als auch beim übernehmenden Rechtsträger (100 %-Beteiligung)	90–99
2. Hinweisbekanntmachung (§ 62 Abs. 3 Satz 2 Hs 1 UmwG)	44–55	1. Eckpfeiler und Fristen des Verfahrens	91–97
a) Verantwortlichkeit der übernehmenden AG	45	2. Weitere Verfahrensvereinfachungen	98, 99
b) Inhalt der Hinweisbekanntmachung	46, 47	V. Planung einer Konzernverschmelzung	100–107
		1. Zeitpunkt	100–102
c) Frist und Fristberechnung der Hinweisbekanntmachung	48–54	2. Weitere Besonderheiten bei Notwendigkeit einer HV-Einbindung	103–105
d) Verzichtsmöglichkeit eines Alleinaktionärs	55	3. Stern- und Kettenverschmelzung	106, 107
3. Weitere Information der Aktionäre	56–62	VI. Fehlerfolgen und Wirkung der Eintragung im Handelsregister	108–111

Schrifttum: *Bayer/Schmidt*, BB-Gesetzgebungs- und Rechtsprechungsreport zum Europäischen Unternehmensrecht 2010/2011, BB 2012, 3; *Florstedt*, Die Grenzen der Gestaltungsfreiheit beim verschmelzungsrechtlichen Squeeze-out, NZG 2015 1212; *Freytag*, Der Regierungsentwurf zur Änderung des Umwandlungsrechts, BB 2011, 2839; *Freytag*, Neues zum Recht der Konzernverschmelzung und des Squeeze-out, BB 2010, 1611; *Habersack*, Umwandlung der AG ohne Mitwirkung der Hauptversammlung – eine Studie zu § 62 UmwG, FS Horn, 2006, S. 337, *Heckschen*, Das Dritte Gesetz zur Änderung des Umwandlungsgesetzes in der Fassung des Regierungsentwurfs, NZG 2010, 1041; *Henze*, Die „zweistufige" Konzernverschmelzung, AG 1993, 341, *Ising*, Wegfall des Umwandlungsbeschlusses im Konzern – Probleme der Praxis, NZG 2011, 1368; *Ising*, Umwandlungen im Konzern – Verzicht auf Hauptversammlungsbeschluss, NZG 2010, 1403; *Kraft/Redenius-Hövermann*, Fristberechnung in der Konzernverschmelzung, ZIP 2013, 961; *Leitzen,* Die Änderungen des Umwandlungsgesetzes durch das Dritte Gesetz zur Änderung des Umwandlungsrechts, DNotZ 2011, 526; *Neye/ Kraft,* Neuigkeiten beim Umwandlungsrecht, NZG 2011, 681; *Pfeiffer,* Auswirkungen der geplanten Notarkostenreform auf gesellschaftsrechtliche Vorgänge und M&A-Transaktionen, NZG 2013, 244; *Priester,* Das neue Verschmelzungsrecht, NJW 1983, 1459; *Schmahl,* Zur Informationspflicht des Vorstands der Muttergesellschaft bei der vereinfachten Konzernverschmelzung, NJW 1991, 2610; *Wagner,* Der Regierungsentwurf für ein Drittes Gesetz zur Änderung des Umwandlungsgesetzes, DStR 2010, 1629; *Widmann,* Das Wertpapierdarlehen und der verschmelzungsspezifische Squeeze-out, AG 2014, 189.

I. Formen der Verschmelzung im Konzern

Verschmelzungen im Konzernverbund kennzeichnet, dass es keine oder **wenige Minderheitsgesellschafter** gibt, die **Interessen der Gläubiger** häufig nicht beeinträchtigt werden und kein Interessenausgleich mit einem unabhängigen Vertragspartner herbeigeführt werden muss. Sie dienen der Änderung der Konzernstruktur, um z. B. **Verwaltungskosten einzusparen** oder den Konzern steuerlich zu optimieren. Auch stellen Sie eine Alternative zu der ordentlichen Liquidation einer GmbH oder AG dar, bei denen das zwingende Sperrjahr nach § 73 Abs. 1 GmbHG, § 272 Abs. 1 AktG und zahlreiche zwingend zu erstellende Rechnungslegungsunterlagen recht hohe Hürden schaffen. Aus den Besonderheiten der Konzernlage folgt, dass Vorschriften des allgemeinen Umwandlungs- bzw. Verschmelzungsrechts, die dem Minderheitenschutz oder dem Schutz des Vertragspartners dienen, bei Konzernverschmelzungen regelmäßig entweder bereits nicht einschlägig sind oder jedenfalls abbedungen werden und damit nicht zur Anwendung kommen.

1. Konzerninterne Verschmelzung nach allgemeinem Verschmelzungsrecht

Die besondere Interessenlage, die sich aus der Konzernsituation ergibt, greift der allgemeine Teil des Verschmelzungsrechts (§§ 2–38 UmwG) auf. Dort finden sich – unabhängig von der Rechtsform der beteiligten Rechtsträger – etliche Vereinfachungen für konzerninterne Verschmelzungen mit 100 %-Tochtergesellschaften:

– Wird eine 100 %-Tochtergesellschaft auf ihre unmittelbare Muttergesellschaft verschmolzen (sog. *upstream*-Verschmelzung), sind von Gesetzes wegen ein **Verschmelzungsbericht**, eine **Verschmelzungsprüfung** und ein **Prüfungsbericht** entbehrlich (§§ 8 Abs. 3 Satz 1 Alt. 2, 9 Abs. 3, 12 Abs. 3 UmwG). Im Übrigen, insbesondere bei Verschmelzungen auf eine Schwester- oder Tochtergesellschaft (sog. *sidestream-* und *downstream*-Verschmelzungen), kann dieses Ergebnis durch notariell beglaubigte Verzichtserklärungen aller Gesellschafter der beteiligten Rechtsträger erreicht werden (§§ 8 Abs. 3 Satz 1 Alt. 1, 9 Abs. 3, 12 Abs. 3 UmwG) (→ §§ 9 Rn. 58 ff., 10 Rn. 35 ff., 123).
– Eine **Kapitalerhöhung** – und damit die Gewährung einer Gegenleistung für die übergehenden Vermögensgegenstände durch den übernehmenden Rechtsträger – ist entweder unzulässig (§§ 54 Abs. 1 Nr. 1, 68 Abs. 1 Nr. 1 UmwG) oder verzichtbar (§§ 54 Abs. 1 Satz 2 und 3, 68 Abs. 1 Satz 2 und 3 UmwG) (§ 6 Rn. 34, 38).
– Auch die formelle Einberufung einer Gesellschafterversammlung oder einer Hauptversammlung, die über die Verschmelzung beschließt, nebst deren Information über die Strukturmaßnahme (§§ 49, 63 UmwG) sind bei sog. Vollversammlungen entbehrlich (→ § 11 Rn. 16).
– Die Anmeldung der Verschmelzung zum Handelsregister schließlich kann der Notar, der den Verschmelzungsvertrag beurkundet, aufgrund der Ermächtigungsfiktion gemäß **§ 378 Abs. 2 FamFG** im eigenen Namen für die ansonsten anmeldeverpflichteten Geschäftsführer erklären (→ § 70 Rn. 30 ff.). Ein höchstpersönliches Tätigwerden der Geschäftsführer ist in der Praxis häufig nicht erforderlich, da – anstelle eines sog. Negativattests der Geschäftsführer (§ 16 Abs. 2 Satz 1 UmwG) – dem Registergericht regelmäßig ein notariell beurkundeter Verzicht der Gesellschafter auf Klagen gegen die Ver-

schmelzungsbeschlüsse vorgelegt werden kann (§ 16 Abs. 2 Satz 2 UmwG) (zu einer Ausnahme → Rn. 86). Zahlreiche Registergerichte akzeptieren es im Fall des Fehlens eines Betriebsrats zudem, dass der Notar selbst eine entsprechende Erklärung hierzu abgibt. Da die kollektivarbeitsrechtliche Sachlage bereits im Verschmelzungsvertrag erläutert wird und das Gesetz ausdrücklich lediglich einen Nachweis über die rechtzeitige Zuleitung des Verschmelzungsvertrags zum Betriebsrat verlangt (§ 17 Abs. 1 UmwG), kann dies den gesetzlichen Anforderungen bereits genügen.

3 Zwingend zu beachtende Grenzen folgen bei einer konzerninternen Verschmelzung – insoweit wie bei jeder Verschmelzung – aus dem Arbeitnehmerschutz. Die Zuleitung des Verschmelzungsvertrags oder seines Entwurfs zum Betriebsrat (§ 5 Abs. 3 UmwG, → § 12 Rn. 38 ff.) und die Information der Arbeitnehmer der übertragenden Gesellschaft (§ 613a BGB, → § 8 Rn. 104 ff.) sind bei der Planung der Konzernverschmelzung zu berücksichtigen.

4 Infolge der vorstehend skizzierten Vereinfachungen kann eine konzerninterne Verschmelzung mit **geringem Aufwand** und zumeist in recht **kurzer Zeit** realisiert werden. Ferner verringern sich die Notarkosten, wenn der Verschmelzungsvertrag, sämtliche Verschmelzungsbeschlüsse und die Verzichtserklärungen in einer Urkunde aufgenommen werden.[1] Ertragsteuerlich können die in der Sphäre des übertragenden Rechtsträgers entstehenden Verschmelzungskosten als Betriebsausgabe bei der übertragenden Gesellschaft verbucht werden.[2]

2. Konzernverschmelzung nach § 62 Abs. 1–4 UmwG

5 Bei einer aufnehmenden **AG, KGaA oder SE**, deren Aktien – wie regelmäßig bei einer börsennotierten Obergesellschaft einer Unternehmensgruppe – zu großen Teilen im Streubesitz sind, wird ein Verschmelzungsbeschluss – ohne, aber auch mit den genannten Vereinfachungen – erheblichen Aufwand generieren. Denn die Vorbereitung und Durchführung einer Hauptversammlung mit Verschmelzungsbeschluss ist insbesondere bei einer börsennotierten Gesellschaft als aufnehmendem Rechtsträger aufwändig, wohingegen die wirtschaftlichen Auswirkungen der Maßnahme auf Aktionäre und Gläubiger häufig gering sind.[3] Vor diesem Hintergrund bezweckt § 62 Abs. 1–4 UmwG, die Verwaltungslasten bei Konzernverschmelzungen zu reduzieren,[4] um so letztlich die **Vereinfachung von Konzernstrukturen** weiter zu **privilegieren**.

6 Nach dieser Vorschrift muss in der Hauptversammlung einer AG (zur Anwendung auf KGaA und SE mit Satzungssitz in Deutschland → Rn. 14) als aufnehmender Gesellschaft kein Verschmelzungsbeschluss gefasst werden, wenn die übertragende Tochtergesellschaft zu **90 %** unmittelbar im Eigentum der Mutter steht (§ 62 Abs. 1 UmwG) (zur etwaigen Notwendigkeit einer Hauptversammlungsentscheidung aus anderen Rechtsgründen → § 62 Rn. 94.). Stattdessen erhalten die Aktionäre Mitteilungs- und Informationsrechte, sowie das Recht, die Einberufung einer Hauptversammlung zu verlangen (§ 62 Abs. 2 und 3 UmwG). Hält die aufnehmende Gesellschaft **100 %** der Anteile an der übertragenden Gesellschaft, ist auch ein Verschmelzungsbeschluss der Gesellschafterversammlung dieser übertragenden Gesellschaft entbehrlich (§ 62 Abs. 2 und 3 UmwG).

7 § 62 UmwG knüpft hinsichtlich der Entbehrlichkeit des Verschmelzungsbeschlusses der aufnehmenden Gesellschaft in Abs. 1, Abs. 2 sowie Abs. 3 Satz 1 an **§ 352b Abs. 1 AktG a. F.** an. Bereits die Vorgängernorm nutzte einen von Art. 25, 27 der RL 78/855/

---

[1] *Pfeiffer* NZG 2013, 244, 245 f.
[2] BFH I R 83/96, BStBl 1998 II S. 698 = NZG 1998, 867. Abweichend ordnet die Finanzverwaltung die Kosten der übernehmenden Gesellschaft zu, sofern die Kosten nach dem steuerlichen Übertragungsstichtag anfallen (BMF 11.11.11 Rn. 04.34).
[3] Erwägungsgrund 10 der RL 2009/109/EG; Kölner Kommentar-UmwG/*Simon* § 62 Rn. 4.
[4] BT-Drs. 17/3122, S. 1.

EWG eröffneten gesetzgeberischen Spielraum für die Einführung eben dieser Erleichterung aus.[5]

Im Zuge der umfassenden Neuregelung des Umwandlungsrechts im Jahr 2000 entschied sich der Gesetzgeber erneut für die Entbehrlichkeit des Verschmelzungsbeschlusses bei der aufnehmenden Gesellschaft, „um den Schwierigkeiten, welche die Einberufung von Hauptversammlungen mit sich bringen kann, möglichst zu begegnen".[6] Es wurden indes Abs. 3 Satz 2 bis 6 zur verfahrensrechtlichen Absicherung von Aktionärsrechten eingefügt.[7] Im Jahr 2011 wurde § 62 UmwG zudem für den Fall von 100%-Beteiligungen um die Entbehrlichkeit des Verschmelzungsbeschlusses der übertragenden Gesellschaft gemäß Abs. 4 erweitert,[8] da der zwischenzeitlich geänderte Art. 25 der RL 78/855/EWG dies nunmehr zwingend vorschrieb.[9]

3. Konzernverschmelzung bei Gründung einer SE

Eine weitere Sonderregelung zur Konzernverschmelzung besteht für die Gründung einer SE durch Verschmelzung im Wege der Aufnahme auf eine Muttergesellschaft, die 100% der stimmberechtigten Anteile hält (Art. 31 Abs. 1 SE-VO). Nach ganz h. M. ist § 62 Abs. 1–4 UmwG auf eine solche SE-gründende Verschmelzung **nicht anwendbar**, so dass ein Beschluss der Anteilseigner der Muttergesellschaft weiterhin erforderlich ist.[10] Zwar verweist Art. 31 Abs. 1 Satz 2 SE-VO auf die jeweiligen einzelstaatlichen Vorschriften, denen die einzelnen sich verschmelzenden Gesellschaften unterliegen und die für die Verschmelzungen von Aktiengesellschaften maßgeblich sind. Nach wohl h. M. können damit grundsätzlich zusätzliche Erleichterungen aus dem nationalen Recht ebenfalls auf die SE-Gründung angewandt werden.[11] Allerdings umfasst dies nicht die Regeln zur Konzernverschmelzung nach UmwG, da die Aktionäre der – zugleich in eine SE formwechselnden – Muttergesellschaft nicht nur, wie in § 62 Abs. 1–4 UmwG vorgesehen, über eine Verschmelzung entscheiden.

§ 62 UmwG ist nach h. M. auch nicht bei Gründung einer SE durch Verschmelzung im Wege der Aufnahme auf eine 90%-Muttergesellschaft (Art. 31 Abs. 2 SE-VO) heranzuziehen.[12]

II. Anwendungsbereich des § 62 Abs. 1–4 UmwG

Im Folgenden wird näher behandelt, bei welchen Umwandlungsvorgängen ein Hauptversammlungsbeschluss über die Verschmelzung nach § 62 Abs. 1–4 AktG entbehrlich ist (dazu 1.), wer als übernehmender Rechtsträger (dazu 2.) und übertragender Rechtsträger (dazu 3.) fungieren darf und wie sich die erforderliche Beteiligung des übernehmenden Rechtsträgers von 90% bzw. 100% ermittelt (dazu 4.).

---

[5] Gesetz zur Durchführung der Dritten Richtlinie des Rates der Europäischen Gemeinschaften zur Koordinierung des Gesellschaftsrechts (Verschmelzungsrichtlinie-Gesetz), BGBl 1982 I, 1425 ff.; Rechtsausschuss BT-Drs. 9/1785, S. 12; siehe auch *Priester* NJW 1983, 1459, 1465.
[6] BT-Drs. 75/94, S. 103.
[7] Zur Gesetzgebungslücke ohne den § 62 Abs. 3 Satz 2 bis 6 siehe *Schmahl* NJW 1991, 2610.
[8] Dritten Gesetzes zur Änderung des Umwandlungsgesetzes, BGBl 2011 I, S. 1338 ff.
[9] BT-Drs. 17/3122, S. 12; Neufassung durch Art. 2 Nr. 9 RL 2009/109/EG; die Verschmelzungsrichtlinie wurde zwischenzeitlich konsolidiert in RL 2011/35/EU. Dazu *Bayer/Schmidt* BB 2012, 3, 7; *Freytag* BB 2010, 1611, 1612.
[10] Habersack/Drinhausen/*Marsch-Barner* Art. 31 SE-VO Rn. 13; MünchKommAktG/*Schäfer* Art. 31 SE-VO Rn. 7; Spindler/Stilz/*Casper* Art. 31 SE-VO Rn. 5.
[11] Habersack/Drinhausen/*Marsch-Barner* Art. 31 SE-VO Rn. 10 m. w. N (auch zur abweichenden wortlautgetreuen Auffassung, wonach umgekehrt die Vereinfachungen nach Art. 31 Abs. 1 Satz 1 SE-VO unter dem Vorbehalt einer strengeren nationalen Regelung stehen).
[12] Spindler/Stilz/*Casper* Art. 31 SE-VO Rn. 6.

1. Verschmelzung und Spaltung zur Aufnahme

12 Die Erleichterungen des § 62 UmwG stehen nur bei der **Verschmelzung zur Aufnahme**, nicht aber bei der Verschmelzung zur Neugründung zur Verfügung.[13] Zwar erklärt § 73 UmwG grundsätzlich die Regelungen zur Aufnahme für entsprechend anwendbar, und nimmt davon explizit nur §§ 66, 67, 68 Abs. 1 und 2 und § 69 UmwG aus. Indes setzt der Wortlaut des § 62 Abs. 1 und 4 UmwG bereits die Verschmelzung zur Aufnahme voraus. Es wird somit die Konzernvereinfachung, nicht aber der Konzernaufbau privilegiert.

13 Die Sonderregelung des § 62 ist über den Verweis des § 125 Satz 1 UmwG auch auf die **Spaltung** anwendbar.[14] § 125 Satz 1 UmwG umfasst nicht nur die allgemeinen Erleichterungen für Konzernumstrukturierungen der §§ 2–38 UmwG, sondern auch die spezielle Regelung des § 62 Abs. 1–4 UmwG. Wie bei der Verschmelzung umfasst die entsprechende Anwendung lediglich die „Konzernspaltung" zur Aufnahme, nicht aber zur Neugründung.[15] Beim **Formwechsel** greift § 62 UmwG nicht, da dessen Tatbestandsvoraussetzungen notwendig nicht erfüllt werden können.

2. AG, KGaA und SE als übernehmender Rechtsträger

14 § 62 UmwG ist seinem Wortlaut nach ausschließlich dann anwendbar, wenn der übernehmende Rechtsträger eine AG ist. § 78 Satz 1 UmwG erweitert diesen Anwendungsbereich auf die KGaA. Da die SE nach Art. 9 Abs. 1 lit. c) ii) der SE-VO einer AG gleichsteht, soweit keine spezielleren Regelungen einschlägig sind, kann auch die SE mit Sitz im Inland von den Privilegierungen Gebrauch machen.[16] Eine SE kann als aufnehmender Rechtsträger an einer Konzernverschmelzung auch dann beteiligt sein, wenn die zweijährige Sperrfrist des Art. 66 Abs. 1 Satz 2 SE-VO – diese bezieht sich nur auf den Formwechsel der SE in eine AG – noch nicht abgelaufen ist.

15 Da die Konzernverschmelzung anders als der aktienrechtliche Squeeze-out nicht für übernehmende Gesellschaften anderer Rechtsformen zur Verfügung steht, ist es denkbar, der Konzernverschmelzung einen **Formwechsel** etwa einer GmbH in eine AG, KGaA oder SE vorzuschalten. Diese Kombination der – isoliert unzweifelhaft rechtmäßigen – Maßnahmen ist ebenso wie bei dem umwandlungsrechtlichen Squeeze-out (→ § 17 Rn. 20) zurecht **zulässig**.

16 Bei einer *inbound*-**Verschmelzung** einer **ausländischen** Gesellschaft auf eine deutsche AG, KGaA oder SE kann gemäß § 122a Abs. 2 UmwG nach zutreffender allgemeiner Meinung § 62 Abs. 1 bis 3 UmwG für die deutsche aufnehmende Gesellschaft herangezogen werden, so dass der Verschmelzungsbeschluss des übernehmenden Rechtsträgers entbehrlich ist.[17] Diese entsprechende Anwendung der Vorschrift über die Konzernverschmelzung setzt voraus, dass der übertragende Rechtsträger funktional einer deutschen Kapitalgesellschaft entspricht. Inwiefern die Verschmelzung eines Verschmelzungsbeschlusses des übertragenden Rechtsträgers bedarf, richtet sich entsprechend den allgemeinen Regeln nach dem jeweiligen ausländischen Recht.

---

[13] Widmann/Mayer/*Rieger* § 62 Rn. 5.
[14] Kölner Kommentar-UmwG/*Simon* § 62 Rn. 3; Semler/Stengel/*Diekmann* § 62 Rn. 3; Widmann/Mayer/*Rieger* § 62 Rn. 6. So bereits in Erwägungsgrund 10 der RL 2009/109/EG vorgesehen. Zum europarechtlichen Hintergrund *Bayer/Schmidt* BB 2012, 3, 7.
[15] Widmann/Mayer/*Rieger* § 62 Rn. 5.
[16] Widmann/Mayer/*Rieger* § 62 Rn. 5; Böttcher/Habighorst/Schulte/*Habighorst*, § 62 Rn. 6.
[17] Beck'sches Handbuch Umwandlungen international/*Krüger* Rn. 412; Semler/Stengel/*Drinhausen* § 122g Rn. 16; Schmitt/Hörtnagl/Stratz/*Hörtnagl* § 122g Rn. 14; Widmann/Mayer/*Heckschen* § 122a UmwG, Rn. 7, 154; Habersack/Drinhausen/*Kiem* § 122g Rn. 18; Kallmeyer/*Zimmermann* § 122g Rn. 18; Lutter/*Bayer* § 122g Rn. 26 (der insbesondere die Richtlinienkonformität dieser entsprechenden Anwendung bejaht).

3. Kapitalgesellschaft als übertragender Rechtsträger

§ 62 UmwG setzen ferner voraus, dass der übertragende Rechtsträger eine **Kapitalge-** 17
sellschaft ist. Damit ist begrifflich auf die Legaldefinition des **§ 3 Abs. 1 Nr. 2 UmwG**
verwiesen, die u. a. AG, KGaA, SE mit Sitz im Inland und die GmbH (einschließlich der
UG) umfasst (→ § 7). Ist die SE übertragender Rechtsträger, sollte der Anwendungsbereich
der Sperrfrist des Art. 66 Abs. 1 Satz 2 SE-VO im Einzelfall genau geprüft werden, da Teile
der Literatur ihn zum Schutz des SE-Mitbestimmungsniveaus über den Formwechsel
hinaus auch auf Verschmelzungsvorgänge, an denen die SE als übertragender Rechtsträger
beteiligt ist, ausdehnen möchten (→ § 7 Rn. 26).

Es ist **zulässig**, den übertragenden Rechtsträger durch einen vorgeschalteten **Form-** 18
wechsel z. B. von einer **Personengesellschaft** in eine Kapitalgesellschaft umzuwandeln.
Die teils im Zusammenhang mit dem verschmelzungsrechtlichen Squeeze-out (bezogen auf
den übernehmenden Rechtsträger) vorgetragenen Bedenken (→ § 17 Rn. 21) werden zu
Recht im Kontext der Konzernverschmelzung nicht weiter aufgegriffen. Die Gestaltungsmöglichkeiten des Umwandlungsgesetzes stehen nebeneinander und dürfen entsprechend
kombiniert werden. Entgegenstehende Gläubiger-, Arbeitnehmer- oder Minderheiten-
schutzinteressen bestehen nicht bzw. werden abschließend durch die Schutzregeln adressiert, die bei den einzelnen Umwandlungsvorgängen jeweils einschlägig sind.

Im Fall einer *outbound*-**Verschmelzung** einer deutschen Gesellschaft auf eine **auslän-** 19
dische Gesellschaft ist ein Verschmelzungsbeschluss des übertragenden inländischen
Rechtsträgers nach **§ 122g Abs. 2 UmwG** entbehrlich, sofern die ausländische Muttergesellschaft an diesem zu 100 % beteiligt ist (→ § 18 Rn. 19). Die Anwendung des § 62
Abs. 4 UmwG ist somit obsolet.

Inwiefern die *outbound*-Verschmelzung eines Verschmelzungsbeschlusses des überneh- 20
menden Rechtsträgers bedarf, richtet sich entsprechend allgemeinen Regeln nach dem
jeweiligen ausländischen Recht. Da die übrigen EU/EWR-Rechtsordnungen auf Grundlage des Art. 15 Abs. 1 der Verschmelzungsrichtlinie 2005/56/EG eine entsprechende
Regelung für die Obergesellschaft enthalten, kann eine grenzüberschreitende Verschmelzung ohne jeglichen Verschmelzungsbeschluss und damit ohne jegliche Beteiligung der
Gesellschafter abgewickelt werden.[18] Diese Kombination von § 62 UmwG und der ausländischen Befreiungsnorm ist in der RL 2005/56/EG angelegt, und somit nicht zu beanstanden. Deren Art. 9 Abs. 3 erlaubt es nämlich den Mitgliedstaaten ausdrücklich, auch auf
eine Zustimmung der Gesellschafterversammlung der übernehmenden Gesellschaft zu verzichten, wenn die Bedingungen des Art. 8 der RL 78/855/EWG (Dritte Richtlinie
betreffend die Verschmelzung von Aktiengesellschaften; inzwischen als RL 2011/35/EU
(Fusionsrichtlinie) neu kodifiziert) erfüllt sind. § 62 UmwG beruht zwar auf Art. 25, 27
dieser RL 78/855/EWG; diese entsprechen aber inhaltlich dem Art. 8 der RL 78/855/
EWG.[19]

4. Feststellung der 90 %- bzw. 100 %-Beteiligung

Der Anwendungsbereich der § 62 Abs. 1–3 UmwG ist nur eröffnet, wenn die über- 21
nehmende Gesellschaft mindestens 90 % des Stamm- bzw. Grundkapitals des übertragenden
Rechtsträgers hält. Im Rahmen des § 62 Abs. 4 UmwG ist überdies eine 100 %-Betei-
ligung Voraussetzung. Im Folgenden wird dargestellt, worin genau die Bezugsgröße besteht
(dazu a) und welche Rechtsposition der übernehmende Rechtsträger (dazu b) zu welchem
Zeitpunkt (dazu c und d) innehaben muss.

a) Ermittlung des Stamm- bzw. Grundkapitals des übertragenden Rechtsträ- 22
gers. Bezugsgröße der erforderlichen 90 %- oder 100 %-Beteiligung ist im Ausgangspunkt
das **satzungsmäßige Stamm- bzw. Grundkapital** des übertragenden Rechtsträgers. Bei

---

[18] Vgl. Beck'sches Handbuch Umwandlungen international/*Krüger* Rn. 412; Semler/Stengel/*Drin-hausen* § 122g Rn. 16; Schmitt/Hörtnagl/Stratz/*Hörtnagl* § 122g Rn. 14.

[19] Dazu ausführlich Lutter/*Bayer*, § 122g Rn. 26.

der GmbH ist somit die Höhe des gesamten Stammkapitals, wie es in der Satzung ausgewiesen ist, ins Verhältnis zu der Höhe der dem übernehmenden Rechtsträger zuzurechnenden Nennbeträge der Geschäftsanteile zu setzen. Entsprechend wird bei der AG der Betrag des satzungsmäßigen Grundkapitals in Bezug zu den Nennbeträgen der Aktien gesetzt; bei der AG mit Stückaktien ist die satzungsmäßige Zahl der Aktien die relevante Ausgangsgröße.[20] Dabei sind auch stimmrechtslose Aktien bzw. Vorzugsaktien einzuberechnen, wohingegen Mehrstimmrechte nicht mehrfach zählen, da es auf die Kapitalbeteiligung und nicht auf eine Stimmrechtsmehrheit des übernehmenden Rechtsträgers ankommt.[21]

23 Von dem satzungsmäßigen Stamm- bzw. Grundkapital sind gemäß § 62 Abs. 1 Satz 2 UmwG **eigene Anteile** der übertragenden Gesellschaft und Anteile, die einem anderen für Rechnung dieser Gesellschaft gehören, abzusetzen. Hauptanwendungsfall für die letztgenannte Fallgruppe ist, dass die übertragende Gesellschaft als Treugeberin mit einem Dritten eine Treuhandvereinbarung abgeschlossen hat.[22] Die Regelung des § 62 Abs. 1 Satz 2 UmwG entspricht dem Wortlaut der §§ 16 Abs. 2 Satz 2 und 3, 320 Abs. 1 Satz 2 AktG. Sie ist auch systematisch folgerichtig, da nach § 71b AktG eigene Anteile keine Rechte verleihen[23] und somit den Kapitalbeteiligungen der übrigen Aktionäre ein höheres Gewicht beizumessen ist.[24]

24 Dieser systematische Gleichlauf mit § 71b AktG soll allerdings nach der wohl allgemeinen Auffassung nicht dazu führen, dass § 62 Abs. 1 Satz 2 UmwG in vollem Umfang wie die aktienrechtlichen Pendants auszulegen ist. Anteile des übertragenden Rechtsträgers, die im **Eigentum von Tochtergesellschaften** der übertragenden Gesellschaft bzw. deren Treuhänder stehen, sollen nach allgemeiner Meinung nicht bei der Ermittlung des Stamm- bzw. Grundkapitals berücksichtigt werden, obwohl diese im allgemeinen Aktienrecht nach §§ 71b, 71d Satz 2 und 3 AktG keine Rechte verleihen.[25] Bei einer Konzernverschmelzung werden damit – neben den ausdrücklich im Gesetz genannten Fallgruppen – keine weiteren Abzüge vom satzungsmäßigen Stamm- bzw. Grundkapital des übertragenden Rechtsträgers zugelassen. In der Praxis ist diese Auffassung der Planung und Durchführung einer Konzernverschmelzung zugrunde zu legen.

25 Überzeugender erscheint allerdings, §§ 71b, 71d Satz 2 und 3 AktG auf die Konzernverschmelzung entsprechend anzuwenden. Es entspricht der heutigen h. M., dass für die Zwecke des Konzernrechts nach § 16 Abs. 2 Satz 2 AktG ein Abzug der von § 71d AktG „infizierten" Aktien vom Grundkapital zu erfolgen hat.[26] Bei einem aktienrechtlichen Squeeze-out wird ebenso verfahren, da dessen § 327a Abs. 2 AktG für die Feststellung des Anteilsbesitzes auf § 16 Abs. 2 AktG verweist.[27] Diese Auslegungsdifferenz zwischen dem aktienrechtlichen Squeeze-out und der Konzernverschmelzung trifft beim verschmelzungsrechtlichen Squeeze-out aufeinander, ohne dass dies auf Grundlage der h. M. systematisch stimmig aufgelöst werden könnte. Soweit bei der Eingliederung nach § 320 Abs. 1 Satz 2 AktG ein weiterer Abzug der von § 71d Satz 2 und 3 AktG „infizierten"

---

[20] Zu § 16 Abs. 2 AktG MünchKommAktG/*Bayer* § 16 Rn. 29.
[21] Kallmeyer/*Marsch-Barner* § 62 Rn. 13.
[22] Zu § 16 Abs. 2 AktG Hüffer/*Koch* § 16 Rn. 9; MünchKommAktG/*Bayer* § 16 Rn. 32.
[23] Zur entsprechenden Rechtslage bei der GmbH Roth/Altmeppen/*Altmeppen* § 33 Rn. 31.
[24] Vgl. auf Kapitalbeteiligung abstellend Schmitt/Hörtnagl/Stratz/*Stratz* § 62 Rn. 5; Widmann/Mayer/*Rieger* § 62 Rn. 9.
[25] Schmitt/Hörtnagl/Stratz/*Stratz* § 62 Rn. 5; Semler/Stengel/*Diekmann* § 62 Rn. 10; Kallmeyer/*Marsch-Barner* § 62 Rn. 11; Lutter/*Grunewald* § 62 Rn. 5; Kölner Kommentar-UmwG/*Simon* § 62 Rn. 14; Widmann/Mayer/*Rieger* § 62 Rn. 10; Böttcher/Habighorst/Schulte/*Habighorst*, § 62 Rn. 11.
[26] Hüffer/*Koch* § 16 Rn. 9; MünchKommAktG/*Bayer* § 16 Rn. 34; Spindler/Stilz/*Schall* § 16 Rn. 15; anders noch KK-AktG/*Koppensteiner* § 16 Rn. 25.
[27] Spindler/Stilz/*Singhof* § 327a Rn. 16; Hüffer/*Koch* § 327a Rn. 17 i. V. m. § 16 Rn. 9.

Aktien vom Grundkapital nach h. M. abgelehnt wird,[28] mag dies darin begründet sein, dass die Eingliederung rechtsfolgenseitig zur Vereinigung aller Anteile in der Hand der Hauptgesellschaft führt (§ 320a AktG), jedoch erklärt dies nicht, warum der aktienrechtliche Squeeze-out – auch dort findet ein Anteilsübergang kraft Gesetzes statt – anders behandelt werden sollte. Die in der Literatur angeführte Begründung, es gehe nicht um die Ausübung von Mitgliedsrechten, sondern „nur" um die Festsetzung einer Beteiligungsquote,[29] kann die Differenz zum aktienrechtlichen Squeeze-out nicht erklären und überzeugt daher nicht.

Allenfalls ließe sich anführen, dass bei der Verschmelzung (ebenso wie bei der Eingliederung) eine Zurechnung der von Tochtergesellschaften gehaltenen Aktien zur übertragenden Gesellschaft systematisch generell nicht erfolgt. Nach §§ 54 Abs. 1 Satz 1 Nr. 2, 68 Abs. 1 Satz 1 Nr. 2 UmwG besteht ein Kapitalerhöhungsverbot, wenn der übertragende Rechtsträger eigene Anteile innehat. Dem steht nach §§ 54 Abs. 2, 68 Abs. 2 UmwG ein Dritter gleich, der im eigenen Namen, aber für Rechnung des übertragenden Rechtsträgers handelt. Tochtergesellschaften fallen nach allgemeiner Meinung nicht darunter.[30] Praktisch müsste, sieht man das im Rahmen der Konzernverschmelzung anders, die übernehmende Gesellschaft folgerichtig eine Kapitalerhöhung für die Anteile der Tochtergesellschaft durchführen, es sei denn, ein Verzicht nach §§ 54 Abs. 1 Satz 3, 68 Abs. 1 Satz 3 UmwG kommt in Betracht. Indes ist ein Gleichlauf der Zurechnungen bei der Konzernverschmelzung mit den Kapitalerhöhungsvorschriften nicht zwingend, da die Schutzrichtung unterschiedlich ist. Bei der Konzernverschmelzung steht die wirtschaftliche Identifizierung außenstehender Dritter und nicht der Schutz des gezeichneten Kapitals im Fokus. Wirtschaftlich betrachtet kann dagegen die übertragende Gesellschaft über Anteile im Sinne des § 71d Satz 2 AktG wie über eigene verfügen. **26**

Berechnungsbeispiel: Bei einer GmbH mit einem Stammkapital von 30.000 EUR, von denen ein Geschäftsanteil im Nennbetrag von 5.000 EUR der GmbH als eigener Anteil gehört und ein weiterer Geschäftsanteil im Nennbetrag von 5.000 EUR von deren 100%-Tochtergesellschaft gehalten wird, ist für die Zwecke der Konzernverschmelzung auf Grundlage der h. M. von Folgendem auszugehen: Das für § 62 UmwG relevante Stammkapital beläuft sich auf 25.000 EUR (30.000 EUR – 5.000 EUR eigene Anteile). Davon müssen mindestens 90% der übernehmenden AG zuzuordnen sein, was Geschäftsanteilen von in Summe 22.500 EUR entspricht. Bevor eine Konzernverschmelzung zulässig ist, muss ein Geschäftsanteil im Nennbetrag von mindestens 2.500 EUR von der 100%-Tochtergesellschaft auf die übernehmende AG übertragen werden (oder alternativ eine Kapitalerhöhung des Stammkapitals in einer Höhe erfolgen, welche die gewünschte Beteiligungsquoten herbeiführt). **27**

b) Beteiligung des übernehmenden Rechtsträgers. Der übernehmende Rechtsträger muss im Ausgangspunkt selbst unmittelbar und dinglich **Eigentümer** von mindestens 90% bzw. 100% des Stamm- bzw. Grundkapitals des übertragenden Rechtsträgers sein.[31] **28**

Die Beteiligung ist nach allgemeiner Auffassung formal zu bestimmen, da Rechtsklarheit und der Minderheitenschutz im Vordergrund stehen.[32] Damit folgt die Ermittlung der Beteiligungsposition bei der Konzernverschmelzung im Grundsatz den zu §§ 327a, 319, 320 AktG entwickelten Regeln (zu Unterschieden → Rn. 33). Unerheblich ist, ob die **29**

---

[28] Gegen analoge Anwendung des § 71d AktG Hüffer/*Koch* § 320 Rn. 3; MünchKommAktG/*Grunewald* § 320 Rn. 3; Emmerich/Habersack/*Habersack* § 320 Rn. 9; Spindler/Stilz/*Singhof* § 320 Rn. 6; MHdB GesR VI/*Krieger* § 74 Rn. 24. Für analoge Anwendung KK-AktG/*Koppensteiner* § 320 Rn. 4f.

[29] Hüffer/*Koch* § 320 Rn. 3; MünchKommAktG/*Grunewald* § 320 Rn. 3.

[30] Schmitt/Hörtnagl/Stratz/*Stratz* § 54 Rn. 16, § 68 Rn. 14; Semler/Stengel/*Reichert* §§ 54 Rn. 35; Semler/Stengel/*Diekmann* § 68 Rn. 18; Lutter/Winter/*Vetter* § 54 Rn. 111 (a. A. noch *Grunewald* in 3. Aufl.).

[31] Vgl. Schmitt/Hörtnagl/Stratz/*Stratz* § 62 Rn. 4; Semler/Stengel/*Diekmann* § 62 Rn. 11; Lutter/*Grunewald* § 62 Rn. 4; Widmann/Mayer/*Rieger* § 62 Rn. 11.

[32] Semler/Stengel/*Diekmann* § 62 Rn. 11; Lutter/*Grunewald* § 62 Rn. 4.

Anteile mit Stimmrechten belegt sind oder nicht, da es nur auf die **Kapitalmehrheit** ankommt.[33]

30   Folglich bleibt negativ gewendet jegliche **schuldrechtliche Rechtsposition** des übernehmenden Rechtsträgers außer Betracht. Hält ein Dritter Anteile an dem übertragenden Rechtsträgers für Rechnung des übernehmenden Rechtsträgers, genügt dies für die Zwecke der Konzernverschmelzung nicht. Ebenso sind schuldrechtliche Erwerbsrechte (z. B. Push- oder Pull-Optionen, aus einem Kaufvertrag bzw. SPA) nicht zu berücksichtigen.[34]

31   Bei **Namensaktien** stellt sich in diesem Zusammenhang die Frage, ob der übernehmende Rechtsträger mit Blick auf § 67 Abs. 2 AktG zwingend selbst im Aktienregister eingetragen sein muss. Im Falle der Legitimationsübertragung wird ein Dritter (regelmäßig ein Kreditinstitut) in das Aktienregister eingetragen, der als Fremdbesitzer nach § 185 BGB die Stimmrechte im eigenen Namen ausübt. Der Hintermann bleibt allerdings im Verhältnis zu Dritten sowohl rechtlich (Volleigentum) wie wirtschaftlich Berechtigter. Die Lage ist insoweit wie beim aktienrechtlichen Squeeze-out zu beurteilen, wo es nur auf das zivilrechtliche Volleigentum ankommt.[35] Denn hier wie dort ist der Mindestbesitz Tatbestandsvoraussetzung für die Strukturmaßnahme insgesamt und nicht für die Ausübung konkreter Rechte im Verhältnis zur Gesellschaft.

32   Umgekehrt ist auch jeglicher schuldrechtlicher „Makel" der dinglichen Eigentumsposition irrelevant, wenn es darum geht, die Beteiligung von 90 % bzw. 100 % am Stamm- bzw. Grundkapital des übertragenden Rechtsträgers zu bestimmen. Zu Recht wird daher vertreten, dass **auflösend bedingtes** Eigentum ausreicht.[36] Auch ist unerheblich, ob schuldrechtlich gebundenes **Sicherungseigentum** besteht, die Geschäftsanteile **verpfändet** sind oder bereits auf Grundlage eines Kaufvertrags Erwerbsrechte eines Dritten bestehen.[37] Ferner ist ein Erwerb der Beteiligung durch ein **Wertpapierdarlehen** i. S. v. § 607 BGB für die Konzernverschmelzung ausreichend. Dies ist für den aktienrechtlichen Squeeze-out höchstrichterlich anerkannt[38] und wird zu Recht auch im Rahmen des verschmelzungsrechtlichen Squeeze-out nach § 62 Abs. 5 UmwG befürwortet (→ § 17 Rn. 25). Nichts anderes kann für Konzernverschmelzung nach § 62 Abs. 1–4 UmwG gelten. Hintergrund ist, dass das Wertpapierdarlehen eine dingliche Eigentumsposition verleiht, die lediglich schuldrechtlichen Rückforderungsansprüchen ausgesetzt ist. Schließlich ist aus dem gleichen Grund unerheblich, ob ein sog. **Repo-Geschäft** besteht,[39] bei dem die übernehmende Gesellschaft zeitlich den Kauf der Anteile und deren Rückverkauf mit einem Dritten (einschließlich der entsprechenden dinglichen Übertragungsvereinbarungen) vereinbart. Ein mit Nießbrauch belegtes Eigentum der Aktien dürfte indes nicht ausreichen, wenn der Inhaber des Nießbrauchs verfügungsbefugt ist.

33   Die allgemeine Meinung geht darüber hinaus davon aus, dass bei der Konzernverschmelzung der übernehmende Rechtsträger die Anteile **unmittelbar halten**, also selbst Eigentümer der Anteile sein muss. Von dessen Tochtergesellschaften gehaltene Anteile werden dem übernehmenden Rechtsträger nach wohl einhelliger Auffassung angesichts des Fehlens einer ausdrücklichen Zurechnungsanordnung im Interesse der Rechtssicherheit[40] nicht

---

[33] Kölner Kommentar-UmwG/*Simon* § 62 Rn. 13; Widmann/Mayer/*Rieger* § 62 Rn. 13 f.

[34] Semler/Stengel/*Diekmann* § 62 Rn. 11; Lutter/*Grunewald* § 62 Rn. 4; Widmann/Mayer/*Rieger* § 62 Rn. 12.1.

[35] Siehe etwa MünchKomm AktG/*Grunewald*, § 327a Rn. 6.

[36] Lutter/*Grunewald* § 62 Rn. 4. Zu § 327a AktG ebenso Spindler/Stilz/*Singhof* § 327a Rn. 16 mwN.

[37] Zur Eingliederung und zum aktienrechtlichen Squeeze-out vgl. Hüffer/*Koch* § 319 Rn. 4b; MünchKommAktG/*Grunewald* § 319 Rn. 13; Spindler/Stilz/*Singhof* § 327a Rn. 16 mwN.

[38] BGH II ZR 302/06, DNotZ 2009, 695 Rn. 8 (zum Squeeze-out); kritisch *Florstedt* NZG 2015 1212 ff., 1218; *Widmann* AG 2014, 189, 197.

[39] Spindler/Stilz/*Singhof* § 327a Rn. 16 zum Squeeze-out.

[40] Lutter/*Grunewald* § 62 Rn. 4.

nach § 16 Abs. 4 AktG analog zugerechnet.[41] Dies entspricht auch dem Meinungsbild zur Parallelnorm bei der Eingliederung.[42] Es besteht allerdings ein Widerspruch zur Rechtslage beim aktienrechtlichen Squeeze-out, für den § 327a Abs. 2 AktG – freilich ausdrücklich – die entsprechende Anwendung des § 16 Abs. 4 AktG anordnet. Auch bei der Konzernverschmelzung wäre es – im Sinne eines *petitum de lege ferenda* – wünschenswert, es könnte auf ein teures „Umhängen" von Beteiligungen verzichtet werden. Diese Unstimmigkeiten kommen konzentriert beim verschmelzungsrechtlichen Squeeze-out zum Tragen (→ § 17 Rn. 15).

c) Vorheriger Beteiligungsauf- und -umbau. Da der übertragende Rechtsträger eine 34 unmittelbare 90 % bzw. 100 %-Beteiligung erst im Registerverfahren nachweisen muss (→ Rn. 38), ist es unerheblich, wann und auf welcher Grundlage er Anteile erworben hat.[43] Insbesondere ist eine vorherige konzerninterne **Umhängung** von Anteilen, die bislang von einer Tochtergesellschaft des aufnehmenden Rechtsträgers gehalten wurden, auf die übernehmende Gesellschaft **zulässig**; dies ist vor allem vor dem Hintergrund sachgerecht, dass nach allgemeiner Meinung die von der Tochtergesellschaft gehaltenen Anteile dem übernehmenden Rechtsträger gerade nicht nach § 16 Abs. 4 AktG analog zugerechnet werden (→ Rn. 33). Auch ist ein erst sehr kurz vor der Konzernverschmelzung erfolgendes sog. *stakebuilding* zulässig.

Ferner geht die heute h. M. zu Recht davon aus, dass eine sog. **zweistufige Konzern-** 35 **verschmelzung** nicht zu beanstanden ist.[44] Dabei führt üblicherweise in der ersten Stufe die übertragende Gesellschaft eine (Sach-)Kapitalerhöhung mit Bezugsrechtsausschluss aus, wobei die übernehmende Gesellschaft für die neuen Anteile bezugsberechtigt ist und dadurch erst die 90 %-Schwelle erreicht. Im zweiten Schritt vollzieht die übernehmende Gesellschaft zeitnah die Konzernverschmelzung. Richtigerweise ist grundsätzlich auch die Kombination von Maßnahmen, die für sich genommen zulässig sind, insgesamt zulässig[45], und zwar gerade auch unter dem Blickwinkel des Schutzes der Aktionäre der aufnehmenden Aktiengesellschaft (Beteiligungserhöhung führt zur Entbehrlichkeit der HV-Einbindung).[46]

Auf Ebene des übertragenden Rechtsträgers ist zu berücksichtigen, dass die **vorgeschal-** 36 **tete (Sach-)Kapitalerhöhung mit Bezugsrechtsausschluss** bei einer übertragenden Aktiengesellschaft der sachlichen Rechtfertigung nach den Kali+Salz-Grundsätzen des

---

[41] Semler/Stengel/*Diekmann* § 62 Rn. 11; Kölner Kommentar-UmwG/*Simon* § 62 Rn. 11, 12; Widmann/Mayer/*Rieger* § 62 Rn. 12.

[42] Emmerich/Habersack/*Habersack* § 320 Rn. 9; Hüffer/*Koch* § 320 Rn. 3; Spindler/Stilz/*Singhof* § 320 Rn. 5; MünchKommAktG/*Grunewald* § 319 Rn. 12; MHdB GesR VI/*Krieger* § 74 Rn. 24.

[43] Schmitt/Hörtnagl/Stratz/*Stratz* § 62 Rn. 7; Maulbetsch//Klumpp/Rose/*Rose* § 62 Rn. 9; Kallmeyer/*Marsch-Barner* § 62 Rn. 8, 9; vgl. Lutter/*Grunewald* § 62 Rn. 6; Widmann/Mayer/*Rieger* § 62 Rn. 22. Kritisch für Missbrauchsschranke im Rahmen des verschmelzungsrechtlichen Squeeze-Out *Florstedt* NZG 2015 1212, 1218.

[44] Schmitt/Hörtnagl/Stratz/*Stratz* § 62 Rn. 7; Maulbetsch//Klumpp/Rose/*Rose* § 62 Rn. 9; Kallmeyer/Marsch-Barner § 62 Rn. 8, 9; vgl. Lutter/*Grunewald* § 62 Rn. 6; Kölner Kommentar-UmwG/*Simon* § 62 Rn. 19; Widmann/Mayer/*Rieger* § 62 Rn. 21; Semler/Stengel/*Diekmann* § 62 Rn. 16.

[45] Semler/Stengel/*Diekmann* § 62 Rn. 16.

[46] *Henze*, AG 1993, 341, 3345 f. Nicht verallgemeinerungsfähig ist der in diesem Zusammenhang häufig für eine gegenteilige Sicht angeführte „Südzucker"-Fall, in dem das OLG Karlsruhe 1991 einen vorbereitenden Sachkapitalerhöhungsbeschluss beim aufnehmenden Rechtsträger wegen vermeintlicher Schutzlücken für nichtig erklärte, s. OLG Karlruhe, ZIP 1991, 1145 ff. Die Sachkapitalerhöhung diente unter verschmelzungsrechtlichem Blickwinkel gerade nicht – wie sonst häufig – der Beteiligungsaufstockung auf über 90 % bei der kapitalerhöhenden Südzucker AG, sie verfolgte vielmehr das Ziel, durch Leistung der Sacheinlage (Übertragung von GmbH-Geschäftsanteilen) die Südzucker AG, die bereits mehrheitlich an der GmbH beteiligt war, zur Alleingesellschafterin der GmbH zu machen (und somit eine anschließende privilegierte Verschmelzung der GmbH auf die Südzucker AG zu ermöglichen).

BGH bedarf.[47] Danach muss verkürzt gesprochen das Interesse der Gesellschaft an der Gewinnung des neuen Aktionärs (bzw. der Aufstockung seiner Beteiligung) und der von ihm erbrachten Sacheinlage mit guten Gründen das Interesse der Altaktionäre daran, weder eine Quoten- noch eine Wertverwässerung ihrer Anteile zu erleiden, übersteigen. Zudem wird der Vorstand in seinem Bericht über den Bezugsrechtsausschluss (§ 186 Abs. 4 Satz 2 AktG) die Konzernverschmelzung bereits thematisieren müssen, sofern diese bereits hinreichend konkret geplant ist,[48] und den Aktionären steht damit korrespondierend ein Fragerecht auch betreffend die Konzernverschmelzung aus § 131 AktG zu. Bei der GmbH mit Minderheitsgesellschaftern werden im Fall einer zweistufigen Konzernverschmelzung die vorstehenden Grundsätze im Grundsatz ebenfalls gelten; zwar fehlt eine dem § 186 AktG entsprechende Regelung im GmbH-Recht, doch werden ähnliche Ergebnisse unter Anwendung der gesellschaftsrechtlichen Treuepflicht erzielt.[49]

5. Zeitlicher Anknüpfungspunkt für die Anwendungsvoraussetzungen

37 In zeitlicher Hinsicht ist in der Literatur umstritten, ob und bis wann der übertragende Rechtsträger seine 90 %- bzw. 100 %-Beteiligung vorweisen muss. Nach e. A. muss diese Beteiligung zu dem Zeitpunkt bestehen, zu dem die Gesellschafterversammlung der übertragenden Gesellschaft den **Verschmelzungsbeschluss** fasst.[50] In diesem Zeitpunkt trete die Bindung an den Verschmelzungsvertrag ein, so dass die Rechtsklarheit für die Gesellschafter der übertragenden Gesellschaft im Vordergrund stehe.[51] Nach a. A. muss weitergehend die Beteiligung ab dem Verschmelzungsbeschluss der übertragenden Gesellschaft bis zum **Wirksamwerden** der Konzernverschmelzung beibehalten werden.[52] Beide Auffassungen gehen ins Leere, wenn bei einer 100 %-Beteiligung nach § 62 Abs. 4 UmwG kein Verschmelzungsbeschluss der übertragenden Gesellschaft erforderlich ist. Als zeitlicher Anknüpfungspunkt, der für alle Formen der Konzernverschmelzung nutzbar gemacht werden könnte, sollte somit allenfalls die Bekanntmachung gemäß § 62 Abs. 3 Satz 1 (ggf. i. V. m. Abs. 4 Satz 3) UmwG dienen.

38 Vorzugswürdig ist die heute wohl herrschende Auffassung, nach der die Beteiligung des übertragenden Rechtsträgers – theoretisch – erst und nur im Zeitpunkt der **Eintragung im Handelsregister** der übertragenden Gesellschaft vorliegen muss.[53] Wird die Konzernverschmelzung zum Handelsregister angemeldet, ohne dass eine ausreichende Beteiligung nachgewiesen werden kann, wird eine Zwischenverfügung ergehen, mit der für die Behebung des Mangels eine Frist gesetzt wird.[54] Somit muss die Beteiligung – praktisch – mit Ablauf der Frist aus der Zwischenverfügung nachgewiesen werden können. Hintergrund ist, dass es sich um eine materielle Eintragungsvoraussetzung handelt, die grundsätzlich erst im Zeitpunkt der Registereintragung vorliegen muss.[55] Es ist daher nicht zwingend erforderlich, dass die 90 %- bzw. 100 %-Beteiligung durchgehend von der Handelsregisteranmeldung (oder gar von der Bekanntmachung nach § 62 Abs. 3 UmwG oder einer etwaigen Beschlussfassung) bis zur Eintragung nachgewiesen wird.[56] Anders als bei der

---

[47] BGH II ZR 142/76, BGHZ 71, 40, 46 = NJW 1978, 1316.
[48] Semler/Stengel/*Diekmann* § 62 Rn. 16.
[49] Vgl. etwa zum Meinungsbild Baumbach/Hueck/Zöllner/Fastrich GmbHG, § 55 Rn. 20 ff.
[50] Schmitt/Hörtnagl/Stratz/*Stratz* § 62 Rn. 7; Lutter/*Grunewald* § 62 Rn. 8.
[51] Schmitt/Hörtnagl/Stratz/*Stratz* § 62 Rn. 7; Lutter/*Grunewald* § 62 Rn. 8.
[52] Maulbetsch/Klumpp/Rose/*Rose* § 62 Rn. 10.
[53] Semler/Stengel/*Diekmann* § 62 Rn. 20; Kölner Kommentar-UmwG/*Simon* § 62 Rn. 23; Widmann/Mayer/*Rieger* § 62 Rn. 24; *Leitzen* DNotZ 2011, 526, 534; *Habersack*, FS Horn, 2006, 337, 345; *Henze*, AG 1993, 341, 343. Zur Sonderfrage, ob und inwieweit ein beim übertragenden Rechtsträger gefasster Zustimmungsbeschluss bei einem späteren Überschreiten der 90 %-Schwelle nach Beschlussfassung rechtlich unbeachtlich wird, vgl. *Habersack*, FS Horn, 2006, 337, 346 f.
[54] Henssler/Strohn/*Junker*, § 62 Rn. 6.
[55] Kölner Kommentar-UmwG/*Simon* § 62 Rn. 23.
[56] Dies fordert Kallmeyer/*Marsch-Barner* § 62 Rn. 9.

Eingliederung fehlt es zudem – wie auch beim aktienrechtlichen Squeeze-out – bei der Konzernverschmelzung an einer mit § 327 Abs. 1 Nr. 3 AktG vergleichbaren Sonderregelung, wonach die Eingliederung endet, wenn sich nicht mehr alle Aktien der eingegliederten Gesellschaft in der Hand der Hauptgesellschaft befinden.[57]

Die Erfüllung eines Verschmelzungsvertrags, der vor dem Erwerb der unmittelbaren Beteiligung abgeschlossen wird, wird unmöglich, wenn der geplante spätere Anteilserwerb (aus welchen Gründen auch immer) noch scheitern sollte. Insoweit empfiehlt es sich, den Verschmelzungsvertrag aufschiebend bedingt auf den Vollzug des noch erforderlichen Beteiligungsaufbaus abzuschließen, so dass ein etwaiger Verschmelzungsbeschluss der übertragenden Gesellschaft auf diese Bedingung Bezug nimmt.[58] Es wird zudem vertreten, dass auf diese Konstellation schon in der Bekanntmachung nach § 62 Abs. 3 UmwG und einem ggf. erstellten Verschmelzungs- und Prüfungsbericht zwingend hinzuweisen ist.[59]

In der Literatur bislang wenig behandelt ist bei der Konzernverschmelzung, wann die übertragende Gesellschaft die Rechtsform der Kapitalgesellschaft und der übernehmende Rechtsträger AG, SE oder KGaA sein muss. Zurückgegriffen werden kann auf die allgemeinen Grundsätze zur sog. Kettenumwandlung (→ § 6 Rn. 48 ff.), also insbesondere zur häufig anzutreffenden Kombination von vorgeschaltetem Formwechsel und nachfolgender Verschmelzung. Danach kann das Verschmelzungsverfahren bereits vor Abschluss des Formwechsels durchlaufen werden; auf das parallel zum Formwechsel laufende Verschmelzungsverfahren finden dann bereits die verschmelzungsbezogenen Bestimmungen des UmwG Anwendung.[60] Dementsprechend empfiehlt es sich, dass die Gesellschafterversammlung der Untergesellschaft, in der sowohl über den Formwechsel in eine Aktiengesellschaft als auch über die Konzernverschmelzung beschlossen werden soll, auch den Regeln der jeweiligen aktienrechtlichen Zielrechtsform und den §§ 63 ff. UmwG folgt; ferner sind bei der Obergesellschaft, falls dort ein Formwechsel erfolgt, im Vorgriff hierauf die Informationspflichten nach § 62 Abs. 3 und 4 UmwG zu beachten. In der Praxis wird sich regelmäßig eine Vorabstimmung mit dem Registergericht empfehlen.

III. Notwendigkeit eines Verschmelzungsbeschlusses nur beim übertragenden Rechtsträger (mindestens 90 %-Beteiligung)

Da im Fall einer Beteiligung von mindestens 90 % gem. § 62 Abs. 1 UmwG ein Hauptversammlungsbeschluss über die Verschmelzung beim übernehmenden Rechtsträger entbehrlich ist, wird der Schutz der Minderheitsaktionäre durch andere Verfahrensschritte, die bei „üblichen" Verschmelzungen unbekannt sind, ergänzt. Daraus resultiert wiederum, dass sich Anknüpfungspunkte für Fristen verschieben, wie im Folgenden gezeigt werden soll.

1. Verschmelzungsbeschluss der übertragenden Gesellschaft

Eckpfeiler des Verfahrens ist bei einer 90 %-Konzernverschmelzung der Verschmelzungsbeschluss der übertragenden Gesellschaft. Dieser ist Anknüpfungspunkt für die Veröffentlichungsfrist der Hinweisbekanntmachung (→ Rn. 44 ff.) und der sonstigen Informationen (→ Rn. 56 ff.).

Die Anforderungen an den Verschmelzungsbeschluss folgen aus den **allgemeinen Regeln** der §§ 13, 50 f., 65, 78 UmwG,[61] so dass dieser u. a. der notariellen Beurkundung bedarf. Zudem sind – ebenfalls nach allgemeinen Regelungen der Verschmelzungsbericht der Geschäftsführung (§ 8 UmwG), die Verschmelzungsprüfung (§ 9 UmwG) und der Prüfungsbericht (§ 12 UmwG) zu erstellen und – je nach Rechtsform der Untergesellschaft

---

[57] Hüffer/*Koch* § 319 Rn. 4b.
[58] Kallmeyer/*Marsch-Barner* § 62 Rn. 9.
[59] Widmann/Mayer/*Rieger* § 62 Rn. 25.
[60] Vgl. Kölner Kommentar-UmwG/*Simon* § 2 Rn 207 ff.; Heckschen/Simon/*Simon* UmwR, § 5 Rn. 85 ff.
[61] Kallmeyer/*Marsch-Barner* § 62 Rn. 14.

– vor und während der Gesellschafterversammlung auszulegen bzw. zugänglich zu machen und zu veröffentlichen. Ein Verzicht auf diese Unterlagen ist bei einer 90%-Verschmelzung jedenfalls im börsennotierten Umfeld regelmäßig ausgeschlossen, da dieser der Zustimmung der Gesellschafter aller beteiligten Rechtsträger bedürfte (→ § 9 Rn. 58 ff., 10 Rn. 35 ff., 123).

2. Hinweisbekanntmachung (§ 62 Abs. 3 Satz 2 Hs 1 UmwG)

44 Der frühzeitigen Information der Aktionäre der übernehmenden AG dient primär die sog. Hinweisbekanntmachung nach § 62 Abs. 3 Satz 2 Hs 1 UmwG, die in den Gesellschaftsblättern der AG zu veröffentlichen ist. Damit ist nach § 25 AktG eine Veröffentlichung im **Bundesanzeiger** zwingend, neben den je nach Ausgestaltung der Satzung weitere Medien treten können.[62]

45 **a) Verantwortlichkeit der übernehmenden AG.** Die Hinweisbekanntmachung ist durch den Vorstand der übernehmenden AG zu veranlassen. Dementsprechend ist vor der Hinweisbekanntmachung ein Vorstandsbeschluss (sei es im Rahmen einer Präsenzsitzung, sei es als Umlaufbeschluss) einzuholen. In der Praxis wird dies insoweit regelmäßig keine Probleme bereiten, da das Verschmelzungsvorhaben insgesamt Gegenstand der Beschlussfassung von Vorstand und ggf. auch Aufsichtsrat sein wird.

46 **b) Inhalt der Hinweisbekanntmachung.** Zwingender Inhalt der Hinweisbekanntmachung ist zweierlei:
– ein Hinweis auf die **bevorstehende Verschmelzung**, wobei die beteiligten Rechtsträger konkret zu benennen sind, und
– ein Hinweis auf das **Recht der Aktionäre** der übernehmenden AG auf Einberufung einer Hauptversammlung nach § 62 Abs. 3 Satz 3 UmwG.

47 Darüber hinaus hat sich in der Praxis ein weitergehender **Marktstandard** entwickelt, nach dem zweckmäßigerweise ergänzend folgende Informationen in der Hinweisbekanntmachung enthalten sind:
– ein Hinweis, nach welcher Vorschrift ein Verschmelzungsbeschluss der AG nicht erforderlich ist (bei 100%-Verschmelzung auch der des übertragenden Rechtsträgers);
– in vielen Fällen eine Frist von mindestens einem Monat (→ Rn. 53, 73 ff.), innerhalb derer das Recht der Aktionäre der Obergesellschaft auf Einberufung einer Hauptversammlung ausgeübt werden kann, nebst Kontaktangaben der AG;
– ein Hinweis, wo die bei dem übernehmenden Rechtsträger auszulegenden Unterlagen (→ Rn. 58, 59) aufzufinden sind;
– Kennzeichnung, dass die Hinweisbekanntmachung vom Vorstand stammt.

48 **c) Frist der Hinweisbekanntmachung.** Die Hinweisbekanntmachung muss bei einer 90%-Konzernverschmelzung mindestens **einen Monat** vor dem Tage der Gesellschafterversammlung oder der Hauptversammlung der übertragenden Gesellschaft, bei der die Verschmelzung beschlossen werden soll, veröffentlicht werden (§ 62 Abs. 3 Satz 2 Hs 1 i. V. m. Satz 1 UmwG). Dabei handelt es sich um eine Mindestfrist, so dass eine frühere, nicht aber eine spätere Veröffentlichung zulässig ist.[63]

49 Die Fristermittlung erfordert eine **rückwärtige Fristberechnung** nach **BGB**, so dass nach h. M. §§ 187 Abs. 1, 188 Abs. 2 BGB analog anzuwenden sind.[64] Da folglich nicht auf die mit dem UMAG im Jahr 2005[65] eingeführten aktienrechtliche Sonderregelung für

---

[62] Kallmeyer/*Marsch-Barner* § 62 Rn. 16.
[63] Widmann/Mayer/*Rieger* § 62 Rn. 53.
[64] Semler/Stengel/*Diekmann* § 62 Rn. 23; Kallmeyer/*Marsch-Barner* § 62 Rn. 15; Lutter/*Grunewald* § 62 Rn. 11; Maulbetsch/Klumpp/Rose/*Rose* § 62 Rn. 14; Kölner Kommentar-UmwG/*Simon* § 62 Rn. 40; Widmann/Mayer/*Rieger* § 62 Rn. 55; *Kraft/Redenius-Hövermann* ZIP 2013, 961, 963.
[65] Gesetz zur Unternehmensintegrität und Modernisierung des Anfechtungsrechts (UMAG) vom 22.9.2005, BGBl I, Nr. 60, S. 2802.

Rückwärtsberechnungen (§ 121 Abs. 7 AktG) rekurriert werden soll,[66] setzen sich die alten aktienrechtlichen Streitfragen zur Fristberechnung teils fort.

Umstritten ist, ob der Tag der Haupt- bzw. Gesellschafterversammlung der übertragen- 50 den Gesellschaft mit eingerechnet wird oder nicht.[67] Gemäß § 187 Abs. 1 BGB analog liegt bei konsequenter Rückwärtsrechnung (der „folgende" Tag „beginnt" dann um 24:00 Uhr) der Fristbeginn beim Ende des Tages unmittelbar vor der Haupt- bzw. Gesellschafterversammlung. Dementsprechend ist dann nach § 188 Abs. 2 BGB analog Fristende genau einen Monat **vor dem Tag der Versammlung** um **0:00 Uhr** (als dem „Ende" dieses Tages bei rückwärtsgerichteter Betrachtung).[68]

Ferner ist hinsichtlich des Endes der Frist die Anwendung des **§ 193 BGB**, wonach 51 Sonn- und Feiertage sowie Sonnabende unberücksichtigt bleiben, streitig mit der Folgefrage – bei unterstellter analoger Anwendung – ob insoweit auf den letzten Tag der Frist oder auf den zeitlich unmittelbar vorangehenden Tag (als dem letzten Tag der fristgemäßen Handlungsvornahme) abzustellen ist. Unmittelbar einschlägig ist diese Norm zwar nicht, da weder eine Willenserklärung abzugeben noch eine Leistung zu bewirken ist.[69] Faktisch ist allerdings die Bekanntmachung im Bundesanzeiger an Sonn- und Feiertagen sowie Sonnabenden unmöglich, so dass sich jedenfalls faktisch das Fristende auf den vorhergehenden Werktag verschieben muss.[70]

In der Praxis ist es infolge der Arbeitszeiten des zwingenden Veröffentlichungsmediums, 52 des Bundesanzeigers, schlicht unmöglich, anders zu verfahren. Neben der zurückzurechnenden Monatsfrist sind **Fristen des Bundesanzeigers** nach dessen AGB hinzuzurechnen. Wird die Hinweisbekanntmachung zum Bundesanzeiger an einem Werktag bis 14:00 Uhr hochgeladen, kann nach derzeitigem Stand eine Veröffentlichung zwei Werktage später erfolgen.

Ist die Rückwärtsfrist für die Veröffentlichung der Hinweisbekanntmachung errechnet, 53 ist zugleich die **Vorwärtsfrist** von mindestens einem Monat, die in der **Hinweisbekanntmachung** für die Ausübung des Rechts nach § 62 Abs. 2 Satz 1 UmwG gesetzt werden sollte (→ Rn. 65 f.), in den Blick zu nehmen. Nur sofern beide Fristen zutreffend berücksichtigt sind, kann das Verfahren nach § 62 Abs. 3 UmwG ordnungsgemäß abgewickelt werden.

Berechnungsbeispiel: Ist die Gesellschafterversammlung der übertragenden Gesellschaft für Mon- 54 tag, den 24.7.2017 vorgesehen, beginnt die Frist am Sonntag, den 23.7.2017 (24:00 Uhr). Die zurückzurechnende Monatsfrist endet somit am Samstag, den 24.6.2017 (0:00 Uhr). Berücksichtigt man das ausschließlich werktägliche Erscheinen und die Veröffentlichungsfrist des Bundesanzeigers von zwei Werktagen, muss die Hinweisbekanntmachung spätestens am Mittwoch, den 28.6.2017 (14:00 Uhr) hochgeladen werden. Zur Berechnung der in der Hinweisbekanntmachung zu setzenden Frist → Rn. 73 ff.).

d) Verzichtsmöglichkeit eines Alleinaktionärs. Ein Verzicht auf die Hinweisbe- 55 kanntmachung ist nach wohl h. M. selbst dann nicht möglich, wenn die übernehmende AG lediglich von einem einzigen Aktionär gehalten wird.[71] Auch in dem Fall, dass der **Allein-**

---

[66] Kallmeyer/*Marsch-Barner* § 62 Rn. 15.
[67] Für die AG analog § 123 Abs. 1 Satz 2 AktG: Kallmeyer/*Marsch-Barner* § 62 Rn. 15; ebenso Widmann/Mayer/*Rieger* § 62 Rn. 55; ausweislich des Bsp.A Lutter/*Grunewald* § 62 Rn. 11; *Kraft/ Redenius-Hövermann* ZIP 2013, 961, 963.
[68] *Kraft/Redenius-Hövermann* ZIP 2013, 961, 963.
[69] Semler/Stengel/*Diekmann* § 62 Rn. 23; Kallmeyer/*Marsch-Barner* § 62 Rn. 15; Maulbetsch/ Klumpp/Rose/*Rose* § 62 Rn. 14; Kölner Kommentar-UmwG/*Simon* § 62 Rn. 40; Widmann/Mayer/*Rieger* § 62 Rn. 56; *Kraft/Redenius-Hövermann* ZIP 2013, 961, 963; a. A. Lutter/*Grunewald* § 62 Rn. 11.
[70] Kölner Kommentar-UmwG/*Simon* § 62 Rn. 41; Widmann/Mayer/*Rieger* § 62 Rn. 56.
[71] Semler/Stengel/*Diekmann* § 62 Rn. 22; Lutter/*Grunewald* § 62 Rn. 12; a. A. Böttcher/Habighorst/Schulte/*Habighorst*, § 62 Rn. 23; *Ising* NZG 2010, 1403, 1404 f.

aktionär in die Konzernverschmelzung eng eingebunden ist oder sie betreibt, soll eine Ausnahme nicht in Betracht kommen, da die Hinweisbekanntmachung auch dem Schutz der Öffentlichkeit dienen soll.[72] Ob die Schutzfunktion der Hinweisbekanntmachung tatsächlich auf Dritte erweitert ist, ist systematisch sehr fraglich. Zu Recht verweist die Gegenauffassung auf die gelebte Praxis zur Zuleitungspflicht nach § 5 Abs. 3 UmwG, auf die der Betriebsrat als geschützte Institution verzichten darf, obwohl das Gesetz dies nicht explizit gestattet.[73] Nichtsdestotrotz empfiehlt es sich in der Praxis, angesichts des Meinungsstandes eine Hinweisbekanntmachung zu veröffentlichen.

3. Weitere Information der Aktionäre

56 **a) Einreichung des Verschmelzungsvertrags zum Handelsregister (§ 62 Abs. 3 Satz 2 Hs 1 UmwG).** Flankierend zur Hinweisbekanntmachung sieht § 62 Abs. 3 Satz 2 Hs 1 UmwG vor, dass der Vorstand den bereits abgeschlossenen Verschmelzungsvertrag oder seinen Entwurf zum Handelsregister der übernehmenden AG einzureichen hat. Dabei handelt es sich um eine Sonderregelung zu § 61 Satz 1 UmwG (→ § 15 Rn. 7 ff.), da als zeitliche Anknüpfung nicht mehr die Einberufung der Hauptversammlung der AG dient, sondern der Verschmelzungsbeschluss der übertragenden Gesellschaft heranzuziehen ist. In zeitlicher Hinsicht hat die Einreichung **einen Monat** vor Fassung des Verschmelzungsbeschlusses der übertragenden Gesellschaft zu erfolgen, wobei für die Fristberechnung auf die zur Hinweisbekanntmachung geschilderten Grundsätze zu verweisen ist (→ Rn. 49 ff.). Nach zutreffender Auffassung ist es zulässig, dass das Registergericht einseitig auf die Einreichung verzichtet, da diese lediglich dem Schutz der registerlichen Prüfung dienen soll.[74]

57 Der Vorstand erfüllt seine Pflichten mit der **Einreichung** beim Handelsregister. Auf die **Veröffentlichung** des Registergerichts nach §§ 62 Abs. 3 Satz 2 Hs 2, § 61 Satz 2 UmwG, § 10 HGB kommt es nicht an, da deren zeitliche Planung außerhalb der Einflussssphäre des Vorstands liegt. Soweit der Gesetzeswortlaut des § 62 Abs. 3 Satz 1, 2 UmwG vorsieht, dass die Hinweisbekanntmachung und die Einreichung „gleichzeitig" zu erfolgen haben, handelt es sich nach Sinn und Zweck lediglich um eine gleichlaufende Mindestfrist; ein tatsächlicher Gleichlauf bei früherer Erfüllung ist nicht gefordert.[75]

58 **b) Auslage von Unterlagen (§ 62 Abs. 3 Satz 1 UmwG).** Überdies sind **einen Monat** vor dem Tage der Gesellschafterversammlung der übertragenden Gesellschaft, in der über die Verschmelzung beschlossen werden soll, die in § 63 Abs. 1 UmwG benannten Unterlagen (→ § 15 Rn. 16 ff.) in dem Geschäftsraum der übernehmenden AG zur Einsicht der Aktionäre auszulegen. Die Auslagepflicht entfällt gemäß § 62 Abs. 3 Satz 8 UmwG, wenn die Unterlagen auf der **Internetseite** der übernehmenden AG zugänglich sind. Üblicherweise wird dafür eine separate Unterseite im Bereich Investor Relations geschaffen, auf der die Unterlagen verlinkt und damit abrufbar sind.[76] Dabei ist zu beachten, dass der Aktionär die Unterlagen auch ausdrucken können muss.[77]

59 Die Option der rein elektronischen Veröffentlichung auf der Internetseite wird inzwischen häufig genutzt, etwa um die etwaig aufwendige Organisation der physischen Zuleitung der Unterlagen zu vermeiden. Da nicht von der Gesellschaft zu vertretende Störungen des Internets die ordnungsgemäße Erfüllung dieser Verpflichtung nicht hindern,[78] sind auch technikbedingte Nichteintragungs- oder Anfechtungsrisiken gering. Selbst unternehmensseitig veranlasste Wartungen sind zulässig, sofern sie turnusbedingt

---

[72] Lutter/*Grunewald* § 62 Rn. 12.
[73] *Ising* NZG 2010, 1403, 1405.
[74] Böttcher/Habighorst/Schulte/*Habighorst*, § 62 Rn. 23; *Ising* NZG 2010, 1403, 1404.
[75] Widmann/Mayer/*Rieger* § 62 Rn. 53.
[76] Zur Definition von zugänglich machen s. Schmitt/Hörtnagl/Stratz/*Stratz* § 62 Rn. 14.
[77] Lutter/*Grunewald* § 62 Rn. 13.
[78] Semler/Stengel/*Diekmann* § 62 Rn. 25b; Lutter/*Grunewald* § 62 Rn. 15; Widmann/Mayer/*Rieger* § 62 Rn. 45.2.

oder im Rahmen des üblichen sind.[79] Die Alternative der rein physischen Auslage und Zuleitung ist aber im Einzelfall auf das Unternehmen angepasst zu erwägen.

c) Zuleitung von Unterlagen (§ 62 Abs. 3 Satz 6 UmwG). Schließlich ist jedem 60 Aktionär der übernehmenden AG gemäß § 62 Abs. 3 Satz 6 UmwG auf dessen Verlangen unverzüglich und kostenlos eine Abschrift der in § 63 Abs. 1 UmwG benannten Unterlagen zu erteilen. Parallel zur Regelung der Auslage von Unterlagen entfällt diese Pflicht nach § 62 Abs. 3 Satz 8 UmwG, wenn die Unterlagen auf der **Internetseite** der übernehmenden AG zugänglich sind.

Als (mit Blick auf § 30b Abs. 3 WpHG) eher selten genutzte weitere Option ist es 61 denkbar, dass statt der physischen Zuleitung dem Aktionär die Unterlagen mit dessen Einwilligung auf dem Wege **elektronischer Kommunikation** übermittelt werden (§ 62 Abs. 3 Satz 7 UmwG). Dies ermöglicht – bei vorheriger Zustimmung des Aktionärs nach § 183 BGB –[80] die Übermittlung der finalen pdfs per E-Mail.[81] Die Satzung der übernehmenden AG kann nähere Regelungen zur Art und Weise der Einwilligungserteilung enthalten.[82] Von einem konkludenten Einverständnis kann ausgegangen werden, wenn der Aktionär die Unterlagen selbst per E-Mail anfordert;[83] allerdings nur soweit nicht ausdrücklich eine physische Zuleitung gewünscht wird.

d) Ad hoc-Mitteilung bei börsennotierter übernehmender Gesellschaft. Allenfalls 62 in **Sonderkonstellationen** wird bei der börsennotierten AG neben der Hinweisbekanntmachung eine Ad hoc-Mitteilung nach Art. 17 MAR erforderlich sein. Bei der Übernahme einer bereits im Konzernabschluss vollkonsolidierten und kontrollierten Tochtergesellschaft (meist zu Buchwerten) dürften weder den Zahlen- noch den Struktureffekten Kursbeeinflussungspotential beizumessen sein. Diese pauschale Betrachtung ist dennoch im Einzelfall auf etwaige besondere Umstände zu überprüfen (z. B. anderweitige Markterwartung, erhebliche Bilanzauswirkungen bei Ansatz von Anschaffungskosten).

4. Information des Betriebsrats

Für die Konzernverschmelzung gilt ebenso wie bei sonstigen Verschmelzungen, dass der 63 abgeschlossene Verschmelzungsvertrag oder sein Entwurf spätestens einen Monat vor dem Tage der Haupt- oder Gesellschafterversammlung, in der der Verschmelzungsbeschluss gefasst werden soll, dem zuständigen Betriebsrat nach § 5 Abs. 3 UmwG zugeleitet werden muss (→ § 98 Rn. 104 ff.). Diese Frist knüpft im Allgemeinen für jeden der beteiligten Rechtsträger gesondert an.

Daraus folgt für den übertragenden Rechtsträger einer 90%-Konzernverschmelzung 64 unproblematisch, dass diese Frist nach den zu § 5 Abs. 3 UmwG entwickelten Regeln zu berechnen und einzuhalten ist. Da es indes an einem Verschmelzungsbeschluss des übernehmenden Rechtsträgers fehlt, entfällt insoweit der Anknüpfungspunkt, um die Frist der Überleitungsverpflichtung an dessen Betriebsrat zu ermitteln. Stattdessen ist – im Gleichlauf mit der Hinweisbekanntmachung, der Einreichung des Verschmelzungsvertrags zum Handelsregister sowie der weiteren Veröffentlichungspflichten zugunsten der Aktionäre – die **Gesellschafterversammlung der übertragenden Gesellschaft** als Anknüpfungspunkt zu nutzen.[84] Die Betriebsräte der beteiligten Rechtsträger werden somit bei der Konzernverschmelzung regelmäßig gleichzeitig informiert.

---

[79] Lutter/*Grunewald* § 62 Rn. 15; Widmann/Mayer/*Rieger* § 62 Rn. 45.2 (weitergehend dies gelte für nicht vorsätzliche Unterbrechungen, die nicht an mehreren aufeinanderfolgenden Tagen erfolgen).
[80] Schmitt/Hörtnagl/Stratz/*Stratz* § 62 Rn. 13; Kallmeyer/*Marsch-Barner* § 62 Rn. 17.
[81] Schmitt/Hörtnagl/Stratz/*Stratz* § 62 Rn. 13; Kallmeyer/*Marsch-Barner* § 62 Rn. 17.
[82] Schmitt/Hörtnagl/Stratz/*Stratz* § 62 Rn. 13.
[83] Schmitt/Hörtnagl/Stratz/*Stratz* § 62 Rn. 13; kritisch zu dem Vorgehen Widmann/Mayer/*Rieger* § 62 Rn. 45.0 (nur nach nochmaliger Nachfrage der Gesellschaft); ähnlich Semler/Stengel/*Diekmann* § 62 Rn. 25.
[84] *Freytag* BB 2010, 1611, 1614; *Neye/Kraft* NZG 2011, 681, 682.

5. Einberufungsverlangen (§ 62 Abs. 2 UmwG)

65 Die beschriebenen Informationspflichten zugunsten der Aktionäre dienen dem Zweck, das Recht der Aktionäre aus § 62 Abs. 2 UmwG, einen Hauptversammlungsbeschluss der übernehmenden AG einzufordern, verfahrenstechnisch abzusichern. Danach dürfen Aktionäre, die zusammen mit mindestens 5 % am Grundkapital der übernehmenden AG beteiligt sind, die Einberufung einer Hauptversammlung verlangen, in der über die Zustimmung zu der Konzernverschmelzung beschlossen wird.

66 Systematisch gleicht diese Regelung dem allgemeinen Einberufungsverlangen nach § 122 Abs. 1 AktG, so dass bei der Auslegung zahlreiche Wertungsparallelen gezogen werden können; aus dem unterschiedlichen Wortlaut folgen allerdings Unterschiede im Detail, die insgesamt zu einem breiteren Anwendungsfeld des Einberufungsverlangens aus § 62 Abs. 2 UmwG führen.

67 **a) Quorum von 5 %.** Die Minderheitsaktionäre müssen das Quorum von 5 % entweder alleine oder gemeinsam erreichen. Auf die Feststellung dieses Quorums finden nach allgemeiner Auffassung die zu **§ 122 Abs. 1 AktG** entwickelten Grundsätze entsprechende Anwendung.[85] So müssen demnach die Aktien im Eigentum der Minderheitsaktionäre stehen; eine Zurechnung des Eigentums Dritter findet nicht statt.[86] Hält die übernehmende AG eigene Aktien, sind diese für die Zwecke des Einberufungsverlangens nicht vom Grundkapital abzusetzen[87]. Im Falle von bedingtem Kapital soll die Ausgabe der Bezugsaktien genügen, ohne dass es auf die anschließende (deklaratorische) Eintragung im Handelsregister ankäme.[88] Auch Vorzugsaktien ohne Stimmrecht sollen hinzuzuzählen sein.[89] Soweit die Satzung gemäß § 62 Abs. 2 Satz 2 UmwG geringere, aber keine höheren Quoren vorsehen darf, wird davon in der Praxis regelmäßig kein Gebrauch gemacht.

68 Das Quorum muss im **Zeitpunkt des Wirksamwerdens** des Einberufungsverlangens (Zugang bei der AG) bestehen. Eine **Vor- und Nachbesitzzeit** ist – anders als gemäß § 122 Abs. 1 Satz 3 AktG bei aktienrechtlichen Einberufungsverlangen – nicht ausdrücklich in § 62 Abs. 2 UmwG vorgesehen. Im Rahmen des § 122 Abs. 1 AktG müssen die Antragsteller nachweisen, dass sie seit mindestens 90 Tagen vor dem Tag des Zugangs des Verlangens Inhaber der Aktien sind, und dass sie die Aktien bis zur Entscheidung des Vorstands über den Antrag halten. Eine solche Rechtsmissbrauchsschranke fehlt im Umwandlungsrecht, so dass jedenfalls eine Vorbesitzzeit nicht verlangt wird.[90] Bei der Nachbesitzzeit geht die h. M. davon aus, dass das Quorum bis zur Einberufung der Hauptversammlung durch den Vorstand (bzw. der gerichtlichen Ermächtigung der Aktionäre durch das Gericht dazu) fortbestehen muss.[91] Diese Einschränkung ist zur Vermeidung von missbräuchlichen punktuellen Zukäufen zutreffend.

69 Die Antragsteller müssen auch im Rahmen des § 62 Abs. 2 UmwG ihr Quorum in geeigneter Weise **nachweisen**.[92] Während bei Namensaktien vor dem Hintergrund des § 67 Abs. 2 AktG die Eintragung im Aktienregister maßgeblich ist, wird bei Inhaberaktien

---

[85] Kölner Kommentar-UmwG/*Simon* § 62 Rn. 28; Kallmeyer/*Marsch-Barner* § 62 Rn. 22; Semler/Stengel/*Diekmann* § 62 Rn. 27.
[86] Kölner Kommentar-UmwG/*Simon* § 62 Rn. 28. Eine Bevollmächtigung durch Dritte soll genügen, Kallmeyer/*Marsch-Barner* § 62 Rn. 22.
[87] Kölner Kommentar-UmwG/*Simon* § 62 Rn. 28; Maulbetsch/Klumpp/Rose/*Rose* § 62 Rn. 15; Widman/Mayer/*Rieger* § 62 Rn. 26.
[88] Widman/Mayer/*Rieger* § 62 Rn. 26.
[89] Widman/Mayer/*Rieger* § 62 Rn. 27.
[90] Semler/Stengel/*Diekmann* § 62 Rn. 27.
[91] Kölner Kommentar-UmwG/*Simon* § 62 Rn. 35; Kallmeyer/*Marsch-Barner* § 62 Rn. 22; Lutter/*Grunewald* § 62 Rn. 17; Maulbetsch/Klumpp/Rose/*Rose* § 62 Rn. 15; Semler/Stengel/*Diekmann* § 62 Rn. 27; a. A. dies sei de lege ferenda wünschenswert gebe aber der Wortlaut nicht her Widman/Mayer/*Rieger* § 62 Rn. 29.2.
[92] Kölner Kommentar-UmwG/*Simon* § 62 Rn. 32; Kallmeyer/*Marsch-Barner* § 62 Rn. 22; Maulbetsch/Klumpp/Rose/*Rose* § 62 Rn. 15.

der Nachweis üblicherweise durch eine Depotbescheinigung oder Depotauszüge der depotführenden Bank erbracht.[93] Soweit für das Quorum eine Nachbesitzzeit besteht, (→ Rn. 68) muss sich notwendig der Nachweis bei Inhaberaktien auch darauf erstrecken, dass das Quorum in dem erforderlichen Zeitraum vorliegt, wofür bei depotverwahrten Aktien etwa ein Sperrvermerk[94] geeignet ist.

b) Form und Adressat. Das Einberufungsverlangen bedarf nach allgemeiner Auffassung 70 weder einer besonderen Form[95] noch einer Begründung.[96] Dies ist vor dem Hintergrund, dass der Wortlaut des § 62 Abs. 2 UmwG – anders als § 122 Abs. 1 Satz 1 AktG – keine ausdrücklichen Formvorgaben enthält, zutreffend. **Mündliche** Einberufungsverlangen sind danach theoretisch zulässig, allerdings in der Praxis erstens von einer unbeachtlichen Scherzerklärung nach § 118 BGB abzugrenzen und zweitens regelmäßig mangels Nachweises über das Quorum von 5 % unbeachtlich.

Das Einberufungsverlangen ist **an die Gesellschaft** zu richten, so dass es grundsätzlich 71 dem **Vorstand** als dem gesetzlichen Vertreter der AG (§ 78 AktG) zugehen muss, wohingegen der Aufsichtsrat kein tauglicher Adressat ist.[97] Zum Zugang gelten die für empfangsbedürftige Willenserklärungen zu § 130 BGB entwickelten Grundsätze.

Wird in der Hinweisbekanntmachung statt des Vorstands die IR- oder Rechtsabteilung 72 als Adressat angegeben, ist davon auszugehen, dass der Vorstand die dahinterstehenden Personen zum Empfang des Einberufungsverlangens autorisiert hat (zumindest im Wege der Anscheinsvollmacht). Zudem wird dort häufig eine E-Mail-, Fax- und/oder Postadresse benannt, die vom Minderheitsaktionär in jedem Fall als zulässiger Übermittlungsweg genutzt werden darf.

c) Frist. § 62 Abs. 2 UmwG enthält keine zeitlichen Vorgaben. Damit dürfen Aktionäre 73 das Einberufungsverlangen nach allgemeiner Auffassung **bis zur Anmeldung zum Handelsregister**[98] der übernehmenden AG wirksam stellen. Dieser breite zeitliche Anwendungsbereich ist indes nicht nur für die Transaktionssicherheit ungünstig, sondern auch systematisch nicht zwingend. Denn das Einberufungsverlangen kann damit über die Monatsfrist hinaus, die für die Auslage der Unterlagen gemäß § 62 Abs. 3 Satz 1 UmwG – und damit für die Prüfung durch die Aktionäre – normiert ist, gestellt werden.

Folglich entspricht es der zutreffenden allgemeinen Auffassung, dass **in der Hinweisbe-** 74 **kanntmachung** eine **Frist gesetzt** werden kann,[99] die mindestens **einen Monat** betragen muss.[100] Eine solche Fristsetzung empfiehlt sich in der Praxis regelmäßig. Sie ist als Ausschlussfrist zu verstehen, so dass das Einberufungsverlangen verspätet ist, wenn es der

---

[93] Vgl. Kölner Kommentar-UmwG/*Simon* § 62 Rn. 32; Maulbetsch/Klumpp/Rose/*Rose* § 62 Rn. 15.
[94] Semler/Stengel/*Diekmann* § 62 Rn. 29.
[95] Schmitt/Hörtnagl/Stratz/*Stratz* § 62 Rn. 9; Kölner Kommentar-UmwG/*Simon* § 62 Rn. 31; Kallmeyer/*Marsch-Barner* § 62 Rn. 20; Lutter/*Grunewald* § 62 Rn. 20; Semler/Stengel/*Diekmann* § 62 Rn. 30; Widman/Mayer/*Rieger* § 62 Rn. 30.
[96] Schmitt/Hörtnagl/Stratz/*Stratz* § 62 Rn. 9; Kallmeyer/*Marsch-Barner* § 62 Rn. 20; Lutter/*Grunewald* § 62 Rn. 20; Semler/Stengel/*Diekmann* § 62 Rn. 30; Widman/Mayer/*Rieger* § 62 Rn. 30.
[97] Kölner Kommentar-UmwG/*Simon* § 62 Rn. 30. A. A. wohl Kallmeyer/*Marsch-Barner* § 62 Rn. 20 (kann auch an die Gesellschaft gerichtet werden); ebenso Semler/Stengel/*Diekmann* § 62 Rn. 30; Widman/Mayer/*Rieger* § 62 Rn. 30.
[98] Kölner Kommentar-UmwG/*Simon* § 62 Rn. 33; Kallmeyer/*Marsch-Barner* § 62 Rn. 26; Lutter/*Grunewald* § 62 Rn. 19; Maulbetsch/Klumpp/Rose/*Rose* § 62 Rn. 18; Semler/Stengel/*Diekmann* § 62 Rn. 30; Widman/Mayer/*Rieger* § 62 Rn. 29.1 (nur wenn Anmeldung vollständig ist).
[99] Kölner Kommentar-UmwG/*Simon* § 62 Rn. 34; Maulbetsch/Klumpp/Rose/*Rose* § 62 Rn. 14; Kallmeyer/*Marsch-Barner* § 62 Rn. 26; Lutter/*Grunewald* § 62 Rn. 19; Semler/Stengel/*Diekmann* § 62 Rn. 30; Widman/Mayer/*Rieger* § 62 Rn. 29.1.
[100] Kölner Kommentar-UmwG/Simon § 62 Rn. 34; Maulbetsch/Klumpp/Rose/*Rose* § 62 Rn. 14; Kallmeyer/*Marsch-Barner* § 62 Rn. 26; Lutter/*Grunewald* § 62 Rn. 19; Semler/Stengel/*Diekmann* § 62 Rn. 30; Widman/Mayer/*Rieger* § 62 Rn. 29.1; *Freytag* BB 2010, 1611, 1612.

75 Die in der Hinweisbekanntmachung gesetzte Monatsfrist muss nicht zwingend identisch mit der Monatsfrist des § 62 Abs. 3 Satz 1 UmwG sein, da diese Frist **vorwärts** und nicht rückwärts berechnet wird. Wie bei der Monatsfrist des § 62 Abs. 3 Satz 1 UmwG sollte im Ausgangspunkt nicht auf §§ 122 Abs. 1 Satz 4, 121 Abs. 7 AktG analog, sondern auf **§§ 187 ff. BGB analog** zurückgegriffen werden. Daraus folgt, dass die Frist nach § 187 Abs. 1 BGB am Tag nach ordnungsgemäßer Veröffentlichung der Hinweisbekanntmachung beginnt und einen Monat nach dieser Veröffentlichung nach § 188 Abs. 2 BGB endet. Da mit dem Einberufungsverlangen eine Willenserklärung oder zumindest geschäftsähnliche Erklärung abzugeben ist, kann das Ende der Frist nicht auf einen Sonntag, Feiertag oder Sonnabend fallen; **§ 193 BGB** ist – anders als im Kontext der Monatsfrist der Hinweisbekanntmachung gemäß § 62 Abs. 3 Satz 1 UmwG (→ Rn. 51) – daher anzuwenden.

Gesellschaft nach Ablauf der Frist zugeht.[101] Dies gilt nur, soweit die Hinweisbekanntmachung nach § 62 Abs. 3 Satz 2 UmwG auch ordnungsgemäß in den Gesellschaftsblättern veröffentlicht wird, um den Aktionären die Gelegenheit zur Kenntnisnahme zu geben.

76 **Berechnungsbeispiel:** Veröffentlichung der Hinweisbekanntmachung, in der eine Monatsfrist gesetzt wird, ordnungsgemäß im Bundesanzeiger am Freitag, den 23.6.2017. Dann ist Beginn der Monatsfrist für das Einberufungsverlangen am Samstag, den 24.6.2017 (0:00 Uhr). Ende ist wegen § 193 BGB nicht am Sonntag, den 23.7.2017 (24:00 Uhr), sondern am Montag, den 24.7.2017 (24:00 Uhr). Daher darf die Gesellschafterversammlung der übertragenden Gesellschaft frühestens für Dienstag, den 25.7.2017, vorgesehen werden.

77 **d) Prüfungspflicht des Vorstands und gerichtliches Verfahren bei Missachtung des Einberufungsverlangens (§ 122 Abs. 3 AktG analog).** Geht der übernehmenden AG ein Einberufungsverlangen zu, muss dessen Vorstand prüfen, ob die Voraussetzungen eines ordnungsgemäßen Einberufungsverlangens vorliegen. Ihm steht – in entsprechender Anwendung der zu § 122 Abs. 1 AktG entwickelten Grundsätze – ein **formales Prüfungsrecht** zu. Dieses erstreckt sich insbesondere darauf, das Quorum und die Einhaltung der in der Hinweisbekanntmachung benannten Ausschlussfrist zu prüfen.

78 Ruft der Vorstand trotz ordnungsgemäßem Einberufungsverlangen eine Hauptversammlung nach der Prüfungsfrist nicht ein, ist **§ 122 Abs. 3 AktG** nach allgemeiner Auffassung entsprechend anwendbar.[102] Ein Gericht kann somit die Aktionäre, die das Verlangen gestellt haben, ermächtigen, die Hauptversammlung einzuberufen. Auf die gerichtliche Ermächtigung muss bei der Einberufung analog § 122 Abs. 3 Satz 3 AktG hingewiesen werden. Gibt der Vorstand nach Eingang des Einberufungsverlangens die Konzernverschmelzung auf, fehlt für das gerichtliche Verfahren das Rechtsschutzbedürfnis.[103] Auch ist ein gerichtliches Verfahren unzulässig, sofern der Antragsteller oder ein quorumerheblicher Teil der Antragsteller ihr Einberufungsverlangen zurücknehmen.

79 **e) Rücknahme und Verzicht.** Das Eintragungsverlangen kann jederzeit formlos zurückgenommen werden, so dass etwa eine bereits einberufene Hauptversammlung im Fall der Rücknahme abgesagt werden kann.[104] Ebenso können sämtliche Anteilsinhaber auf eine Beschlussfassung verzichten.[105]

6. Besonderheiten der Handelsregisteranmeldung

80 Die Konzernverschmelzung wird im Ausgangspunkt nach den allgemeinen Vorschriften zum Handelsregister der übertragenden und der übernehmenden Gesellschaft angemeldet

---

[101] Ungenau insoweit Widman/Mayer/*Rieger* § 62 Rn. 29.1 a. E.

[102] Schmitt/Hörtnagl/Stratz/*Stratz* § 62 Rn. 9; Kallmeyer/*Marsch-Barner* § 62 Rn. 21; Lutter/*Grunewald* § 62 Rn. 22; Widman/Mayer/*Rieger* § 62 Rn. 31.

[103] Kallmeyer/*Marsch-Barner* § 62 Rn. 21; Lutter/*Grunewald* § 62 Rn. 22; Widman/Mayer/*Rieger* § 62 Rn. 32.1.

[104] Lutter/*Grunewald* § 62 Rn. 16; Kölner Kommentar-UmwG/*Simon* § 62 Rn. 36; Widmann/Mayer/*Rieger* § 62 Rn. 30.1.

[105] Semler/Stengel/*Diekmann* § 62 Rn. 31.

(→ § 12). Ergänzend sind bei der Handelsregisteranmeldung der übernehmenden AG die im Folgenden erläuterten drei Besonderheiten zu beachten.

a) **Nachweis über die Hinweisbekanntmachung.** Zum einen ist der Handelsregisteranmeldung der übernehmenden AG gemäß § 62 Abs. 3 Satz 4 UmwG ein Nachweis über die ordnungsgemäße Hinweisbekanntmachung i. S. d. § 62 Abs. 3 Satz 2 UmwG beizufügen. Dieser Nachweis besteht in einem **Ausdruck** der elektronischen Veröffentlichung der Hinweisbekanntmachung im Bundesanzeiger.[106] Sofern die Satzung der übernehmenden AG weitere Gesellschaftsblätter definiert, sind auch von den Veröffentlichungen in diesen Medien Ausdrucke, Kopien oder Zeitungsausschnitte beizufügen.[107]

Obwohl der Wortlaut des § 62 Abs. 3 Satz 4 UmwG die Nachweispflicht nicht ausdrücklich auf die übernehmende AG beschränkt, ist davon bei systematischer Auslegung auszugehen; die **übertragende Gesellschaft** hat demnach ihrer Handelsregisteranmeldung keinen Nachweis über die Hinweisbekanntmachung beizufügen.[108] Auf der Ebene der übertragenden Gesellschaft wird bei einer 90%-Verschmelzung das übliche Verschmelzungsverfahren angewendet. Die Nachweispflicht dient dagegen lediglich der Absicherung der Minderheitsaktionärsrechte aus § 62 Abs. 2, 3 UmwG und deren Registerkontrolle. Die Nachweispflicht ist letztlich ein Annex zur Pflicht zur Hinweisbekanntmachung selbst. Insgesamt gehört die Nachweispflicht zum Ersatzsystem, das erst den Verschmelzungsbeschluss auf der Ebene der übernehmenden AG entbehrlich macht.

b) **Erklärung zum Einberufungsverlangen.** Ferner muss der Vorstand der übernehmenden AG bei der Handelsregisteranmeldung erklären, ob ein Einberufungsverlangen gestellt wurde (§ 62 Abs. 3 Satz 5 UmwG). Im Regelfall wird diese Versicherung somit beinhalten, dass ein **Einberufungsverlangen nicht gestellt** wurde. In der Praxis wird – sofern die übernehmende AG von einem Alleinaktionär gehalten wird – häufig zur Schaffung von absoluter Rechtsklarheit ergänzend eine Erklärung des **Alleinaktionärs** in schriftlicher Form beigefügt, wonach dieser von dem Recht auf Einberufung der Hauptversammlung keinen Gebrauch macht; zwingend ist diese Erklärung indes mangels Gesetzesanordnung nicht.

Haben Minderheitsaktionäre ein Einberufungsverlangen gemäß § 62 Abs. 2 UmwG gestellt, hat der Vorstand anzugeben, dass ein **Einberufungsverlangen gestellt** wurde. Über den reinen Wortlaut des § 62 Abs. 3 Satz 5 UmwG hinaus muss er in diesem Fall zudem nach allgemeinen Regeln den Verschmelzungsbeschluss der übernehmenden AG zum Handelsregister einreichen (§ 17 Abs. 1 UmwG)[109] oder dem Handelsregister erläutern, warum das Einberufungsverlangens unbeachtlich war.[110] Erst diese ergänzenden Angaben versetzen das Registergericht in die Lage, zu prüfen, ob das Verfahren nach § 62 Abs. 2 UmwG eingehalten ist.

Die Erklärung zum Einberufungsverlangen muss von den Vorstandsmitgliedern der übernehmenden AG in **vertretungsberechtigter Zahl**[111] abgegeben werden. Insoweit gelten die beiden Grundsätze wie im allgemeinen Verschmelzungsrecht zur sogenannten Negativerklärung, dass keine (nicht rechtskräftig abgewiesene) Klage gegen einen Verschmelzungsbeschluss vorliegt, § 16 Abs. 2 UmwG. Dort ist allgemein anerkannt, dass für die Erklärung des Vertretungsorgans gegenüber dem Registergericht ein Handeln der Organmitglieder in vertretungsberechtigter Zahl ausreicht.[112]

---

[106] Vgl. Kölner Kommentar-UmwG/*Simon* § 62 Rn. 50; Kallmeyer/*Marsch-Barner* § 62 Rn. 19; Widman/*Mayer*/*Rieger* § 62 Rn. 47.
[107] Vgl. Kölner Kommentar-UmwG/*Simon* § 62 Rn. 50; Kallmeyer/*Marsch-Barner* § 62 Rn. 19.
[108] Widman/Mayer/*Rieger* § 62 Rn. 49.
[109] Kallmeyer/*Marsch-Barner* § 62 Rn. 19.
[110] Kallmeyer/*Marsch-Barner* § 62 Rn. 19.
[111] Kölner Kommentar-UmwG/*Simon* § 62 Rn. 51; Kallmeyer/*Marsch-Barner* § 62 Rn. 19; Widman/*Mayer*/*Rieger* § 62 Rn. 48.
[112] Semler/Stengel/*Schwanna* § 16 Rn. 18; Lutter/*Decker* § 16 Rn. 13 m. w. N..

86 Da das Risiko besteht, dass diese Erklärung höchstpersönlicher Natur ist, sollten die Vorstandsmitglieder diese Erklärung **persönlich in notariell beglaubigter Form** – etwa im Rahmen der Handelsregisteranmeldung – abgeben. Dementsprechend ist die Bevollmächtigung eines Dritten, die Handelsregisteranmeldung abzugeben, oder eine Vertretung durch den beurkundenden Notar nach § 378 Abs. 2 FamFG nicht zu empfehlen. Es ist allerdings denkbar, dass (etwa aus logistischen Gründen) die Erklärung zum Einberufungsverlangen gesondert notariell beglaubigt und der von dem beurkundenden Notar unterzeichneten Handelsregisteranmeldung beigefügt wird; dies ermöglicht der Wortlaut der Bestimmung („bei der" und nicht „in der" Handelsregisteranmeldung).

87 Entgegenzutreten ist der Ansicht, der Vorstand der übernehmenden AG müsse im Falle der Einstellung von Unterlagen im Internet nach § 62 Abs. 3 Satz 7 UmwG überdies ausdrücklich erklären, die Internetveröffentlichung sei ordnungsgemäß durchgeführt worden ist.[113] Für eine solche Erklärungspflicht findet sich im Gesetz keine Stütze (zum allgemeinen Prüfungsrecht des Registergerichts (→ § 12 Rn. 52 ff.).

88 **c) Negativerklärung.** Schließlich ist bei der Konzernverschmelzung die im Rahmen des allgemeinen Verschmelzungsrechts erforderliche **Erklärung gemäß § 16 Abs. 2 Satz 1 UmwG**, dass eine Klage gegen die Wirksamkeit eines Verschmelzungsbeschlusses nicht oder nicht fristgemäß erhoben wurde (→ § 12 Rn. 14 ff.), in der Handelsregisteranmeldung der übernehmenden AG grundsätzlich **entbehrlich**. An die Stelle dieser sog. Negativerklärung tritt die Erklärung des Vorstands über das Einberufungsverlangen, da es an einem Verschmelzungsbeschluss der übernehmenden AG regelmäßig fehlen wird.[114]

89 Hat indes die Hauptversammlung der übernehmenden AG infolge eines erfolgreichen Einberufungsverlangens gemäß § 62 Abs. 2 UmwG einen Verschmelzungsbeschluss gefasst, bedarf es auch einer Negativerklärung in der Handelsregisteranmeldung der übernehmenden AG.

IV. Entbehrlichkeit des Verschmelzungsbeschlusses sowohl beim übertragenden als auch beim übernehmenden Rechtsträger (100 %-Beteiligung)

90 Hält die übernehmende AG 100 % der Anteile an der übertragenden Gesellschaft, ermöglicht § 62 Abs. 4 Satz 1 UmwG das Verfahren der Konzernverschmelzung weiter zu vereinfachen. Ein Verschmelzungsbeschluss der übertragenden Gesellschaft ist dann ebenfalls entbehrlich.

1. Eckpfeiler und Fristen des Verfahrens

91 Die weitere Vereinfachung hat zur Folge, dass das Verfahren der Konzernverschmelzung modifiziert werden muss. Während bei einer 90 %-Konzernverschmelzung der Verschmelzungsbeschluss der übertragenden Gesellschaft als Eckpfeiler des Verfahrens für die Veröffentlichungs-, Bekanntmachungs- und Hinweisfristen des § 62 Abs. 3 UmwG dient (→ Rn. 42), steht dieser Beschluss bei einer 100 %-Konzernverschmelzung nicht mehr zur Verfügung. An dessen Stelle tritt infolgedessen gemäß § 62 Abs. 4 Satz 3 UmwG der **Abschluss – d. h. die notarielle Beurkundung – des Verschmelzungsvertrags**.

92 Folglich werden in zeitlicher Hinsicht sämtliche Schutzvorschriften, die das Fehlen des Verschmelzungsbeschlusses der übernehmenden AG kompensieren sollen (§ 62 Abs. 3 UmwG), durch den Abschluss des Verschmelzungsvertrags ausgelöst.

93 Nach Abschluss des Verschmelzungsvertrags ist somit
– die Hinweisbekanntmachung zu veröffentlichen und der abgeschlossene[115] Verschmelzungsvertrag zum Handelsregister einzureichen, § 62 Abs. 3 Satz 2, Abs. 4 Satz 3 UmwG,

---

[113] Semler/Stengel/*Diekmann* § 62 Rn. 25c.
[114] Kölner Kommentar-UmwG/*Simon* § 62 Rn. 51.
[115] *Leitzen* DNotZ 2011, 526, 535. A. A. es könne auch der Entwurf weiterhin verwertet werden *Ising* NZG 2011, 1368, 1370.

– der Satz an Unterlagen einschließlich des abgeschlossenen Verschmelzungsvertrags nach § 62 Abs. 3 Satz 1, Abs. 4 Satz 3 UmwG auszulegen bzw. auf der Internetseite des Unternehmens zugänglich zu machen sowie
– dem Betriebsrat der abgeschlossene Verschmelzungsvertrag gemäß §§ 5 Abs. 3, 62 Abs. 4 Satz 4 UmwG zuzuleiten. Dem Betriebsrat kann ausweislich des Wortlauts von § 5 Abs. 3 UmwG alternativ auch im Vorfeld der Beurkundung des Verschmelzungsvertrags dessen Entwurf zugeleitet werden, womit bereits die Monatsfrist des § 5 Abs. 3 UmwG in Lauf gesetzt wird.[116]

Gemäß § 62 Abs. 4 Satz 3 UmwG darf die Konzernverschmelzung erst **einen Monat** nach Erfüllung dieser Pflichten im Handelsregister eingetragen werden.[117] Entgegen der Gesetzesbegründung[118] müssen die Veröffentlichungen gemäß § 62 Abs. 3 UmwG nach h. M. weder gleichzeitig mit Abschluss des Verschmelzungsvertrags erfolgen noch ist der Verschmelzungsvertrag Auslöser für die Monatsfrist im Sinne einer **Ereignisfrist** nach § 187 Abs. 1 BGB.[119] Stattdessen wird die Monatsfrist nach der heute ganz h. M. richtigerweise erst mit der Veröffentlichung der Hinweisbekanntmachung im Bundesanzeiger und (der regelmäßig gleichzeitig erfolgenden) Auslage der Unterlagen in den Geschäftsräumen bzw. deren Einstellung auf der Homepage der übernehmenden AG ausgelöst.[120]

Der Praxis ermöglicht diese Auffassung, die Hinweisbekanntmachung nach Abschluss des Verschmelzungsvertrags zum Bundesanzeiger hochzuladen, die dann nach den AGB des Bundesanzigers regelmäßig innerhalb von zwei Werktagen veröffentlicht wird. Müsste dagegen die Veröffentlichung bereits bei bzw. kurz nach Abschluss des Verschmelzungsvertrags vorliegen, wäre die übernehmende AG vor Schaffung finaler Tatsachen zum Hochladen der Hinweisbekanntmachung zum Bundesanzeiger und demnach ggf. zu Korrekturen gezwungen.[121] Dass die Veröffentlichungen nach § 62 Abs. 3 UmwG die Monatsfrist auslösen, steht auch mit dem Wortlaut des § 62 Abs. 4 Satz 3 UmwG im Einklang, da die Frist nur „nach" und nicht etwa mit Abschluss des Verschmelzungsvertrags ausgelöst werden soll. Wäre der Verschmelzungsvertrag zwingender Auslöser der Monatsfrist könnte man schlussfolgern, dass eine spätere Veröffentlichung sogar zu einem endgültigen Eintragungshindernis führt[122] oder diskutieren, ob selbst ein unwirksamer Verschmelzungsvertrag den Fristlauf auslöst.[123] Dies ist indes nicht sachgerecht. Vielmehr entspricht es dem Sinn und Zweck der Vorschrift, dass die in § 62 Abs. 3 UmwG benannten Informationen vor Eintragung der Verschmelzung für die Dauer von einem Monat bereitgestellt werden.

Die Monatsfrist gemäß § 62 Abs. 4 UmwG muss nicht zwingend identisch mit der Monatsfrist des § 62 Abs. 3 Satz 1 UmwG sein, da diese Frist **vorwärts** und nicht rückwärts berechnet wird. Wie bei der Monatsfrist des § 62 Abs. 3 Satz 1 UmwG sollte allerdings im Ausgangspunkt nicht auf §§ 122 Abs. 1 Satz 4, 121 Abs. 7 AktG analog, sondern auf **§§ 187 ff. BGB analog** zurückgegriffen werden. Daraus folgt, dass die Frist nach § 187 Abs. 1 BGB am Tag nach ordnungsgemäßer Veröffentlichung der Hinweisbe-

---

[116] *Ising* NZG 2011, 1368, 1369, 1372.
[117] *Widman/Mayer/Rieger* § 62 Rn. 77; wohl a. A. *Kallmeyer/Marsch-Barner* § 62 Rn. 31 (muss bei Handelsregisteranmeldung vorliegen).
[118] BR Drs. 485/10, S. 10; so auch noch *Freytag* BB 2010, 1611, 1613; *Heckschen* NZG 2010, 1041, 1043. Zur Gesetzgebungshistorie *Freytag* BB 2011, 2839, 2840 f.
[119] *Lutter/Grunewald* § 62 Rn. 28; *Kallmeyer/Marsch-Barner* § 62 Rn. 31, 32; *Widman/Mayer/Rieger* § 62 Rn. 77 ff.; *Kraft/Redenius-Hövermann* ZIP 2013, 961, 965; *Leitzen* DNotZ 2011, 526, 535 f.; *Wagner*, DStR 2010, 1629, 1630; *Ising* NZG 2011, 1368, 1370 ff.
[120] *Lutter/Grunewald* § 62 Rn. 28; *Kallmeyer/Marsch-Barner* § 62 Rn. 31, 32; *Widman/Mayer/Rieger* § 62 Rn. 77 ff.; *Kraft/Redenius-Hövermann* ZIP 2013, 961, 965; *Leitzen* DNotZ 2011, 526, 535 f.; *Wagner*, DStR 2010, 1629, 1630; *Ising* NZG 2011, 1368, 1370 ff. (der allerdings zu Unrecht auch eine Auslegung der Unterlagen vor Beurkundung des Verschmelzungsvertrags für zulässig hält).
[121] *Lutter/Grunewald* § 62 Rn. 28.
[122] So noch *Freytag* BB 2010, 1611, 1614.
[123] *Heckschen* NZG 2010, 1041, 1043.

kanntmachung und sämtlicher Unterlagen nach § 62 Abs. 3 UmwG beginnt und gemäß § 188 Abs. 2 BGB einen Monat nach dem Tag der Veröffentlichungen. Da keine Willenserklärung abzugeben ist, kann das Ende der Frist auch auf einen Sonntag, Feiertag oder Sonnabend fallen; **§ 193 BGB** ist – ebenso wie im Kontext der Monatsfrist des § 62 Abs. 3 Satz 1 UmwG (→ Rn. 51) – nicht anzuwenden.

97 **Berechnungsbeispiel:** Die von § 62 Abs. 3 UmwG verlangte Veröffentlichung erfolgte ordnungsgemäß am Freitag, den 23.6.2017. Dann ist Beginn der Monatsfrist am Samstag, den 24.6.2017 (0:00 Uhr). Ende ist zum Sonntag, den 23.7.2017 (24:00 Uhr). Die Handelsregisteranmeldung darf bereits am Montag, den 24.7.2017, erfolgen.

2. Weitere Verfahrensvereinfachungen

98 In der Praxis wird zudem bei einer 100%-Konzernverschmelzung – in Einklang mit der allgemeinen Auffassung[124] und §§ 8 Abs. 3 Satz 1 Alt. 2, 9 Abs. 3, 12 Abs. 3 UmwG – grundsätzlich von der Anfertigung eines **Verschmelzungsberichts** und einer **Prüfung nebst Prüfungsbericht** abgesehen, weshalb auch keine Auslage dieser Unterlagen gem. § 62 Abs. 4 Satz 3, § 62 Abs. 3 Satz 1, § 63 Abs. 1 Nr. 4 und 5 UmwG erforderlich ist. Zudem ist eine **Kapitalerhöhung** der übernehmenden AG nach § 68 Abs. 1 Satz 1 Nr. 1 UmwG in Gänze unzulässig. Schließlich ist bei der Handelsregisteranmeldung der übertragenden Gesellschaft mangels Verschmelzungsbeschlusses eine **Negativerklärung** nach § 16 Abs. 2 Satz 1 UmwG entbehrlich.

99 Im Ergebnis beschränkt sich das Verfahren einer 100%-Konzernverschmelzung auf den Abschluss des Verschmelzungsvertrags, die Veröffentlichungen nach § 62 Abs. 3 UmwG sowie die Handelsregisteranmeldung, weswegen diese Form der Konzernverschmelzung überaus zügig und kostengünstig durchgeführt werden kann.

V. Planung einer Konzernverschmelzung

1. Zeitpunkt

100 Insbesondere bei der börsennotierten AG als Obergesellschaft empfiehlt sich eine frühzeitige Planung der Konzernverschmelzung, die mit der Frage beginnt, wie die Konzernverschmelzung in das **Geschäftsjahr** der übertragenden und übernehmenden Gesellschaft eingetaktet wird. Dabei ist zu beachten, dass die zeitliche Abfolge der Konzernverschmelzung im Kern von dem Gesellschafterbeschluss der übertragenden Gesellschaft (bei 90%) oder vom Abschluss des Verschmelzungsvertrages (bei 100%) zurück- oder vorzurechnen ist; diese Ereignisse bilden die Anknüpfung für die Berechnung wesentlicher Fristen (→ Rn. 48 ff., 73 ff., 94 ff.).

101 In diesem Zusammenhang ist die Frist des § 17 Abs. 2 UmwG zu berücksichtigen, wonach die zum Handelsregister einzureichende Schlussbilanz **des übertragenden Rechtsträgers** nicht älter als 8 Monate sein darf (§ 12 Rn. 21). In der Praxis wird häufig angestrebt, die letzte Jahresbilanz der übertragenden Gesellschaft als Schlussbilanz für die Konzernverschmelzung zu verwenden. Denn anderenfalls müsste eigens für die Verschmelzung eine unterjährige Zwischenbilanz aufgestellt werden, die festgestellt und (außer bei kleinen Kapitalgesellschaften) nach § 316 HGB geprüft werden müsste (→ § 12 Rn. 33). Aus diesem Zusammenhang folgt, dass die Bekanntmachung nach § 62 Abs. 3 UmwG noch innerhalb der ersten 7 Monate des Geschäftsjahres und die Einreichung der Anmeldung zum Handelsregister vor dem Ablauf des 8. Monats des Geschäftsjahrs erfolgen muss. Die vorstehend skizzierte zeitliche Taktung steht nicht nur im Fall der 100%igen Beteiligung zur Verfügung (dann gem. § 62 Abs. 4 Satz 1 UmwG keine Hauptversammlungseinbindung bei der Untergesellschaft), sondern auch in den anderen Fällen der Konzernverschmelzung i. S. v. § 62 UmwG. Voraussetzung ist dann nur, dass der Hauptversammlungsbeschluss der Untergesellschaft vor Ablauf der 8 Monate gefasst wird, so dass auch die

---

[124] Kallmeyer/*Marsch-Barner* § 62 Rn. 30; Widman/Mayer/*Rieger* § 62 Rn. 57.

Anmeldung zum Handelsregister nebst Einreichung des Hauptversammlungsbeschlusses noch vor deren Ablauf erfolgen kann. Dass der Hauptversammlungsbeschluss ggf. noch angefochten werden kann, ist – wie sich mittelbar auch aus § 16 Abs. 2 Satz 2 UmwG ergibt – insoweit unschädlich.[125]

Dem Bundesanzeiger lässt sich der empirische Befund entnehmen, dass die Bekanntmachung nach § 62 Abs. 3 Satz 2 (i. V. m. § 62 Abs. 4 Satz 3 UmwG) überwiegend in den **drei Monaten nach** der ordentlichen Hauptversammlung der übernehmenden Gesellschaft erfolgt, die ihrerseits meist im vierten oder fünften Monat des Geschäftsjahres stattfindet. Im Anschluss an die Bekanntmachung muss gem. § 62 Abs. 3 Satz 1 UmwG (ggf. i. V. m. § 62 Abs. 4 Satz 3 UmwG) mindestens ein Monat verstreichen, bevor (soweit erforderlich) die Beschlussfassung bei der Untergesellschaft herbeigeführt und das Registerverfahren eingeleitet werden kann (→ Rn. 53, 73 ff.).

2. Weitere Besonderheiten bei Notwendigkeit einer HV-Einbindung

Der zuvor skizzierte zeitliche Ablauf lässt sich nur dann realisieren, wenn ein Hauptversammlungsbeschluss beim **übernehmenden** Rechtsträger entbehrlich ist. Abgesehen von einem Einberufungsverlangen nach § 62 Abs. 2 UmwG kann sich die Notwendigkeit einer Hauptversammlungsbefassung aus **allgemeinen aktienrechtlichen Gründen** ergeben, etwa falls der satzungsmäßige Unternehmensgegenstand der aufnehmenden Gesellschaft den (unmittelbaren) Betrieb des Geschäfts des aufzunehmenden Rechtsträgers nicht erfasst.[126] Keine („ungeschriebene") Notwendigkeit einer HV-Befassung lässt sich hingegen richtigerweise nach h. M. aus den „Holzmüller/Gelatine"-Rechtsprechungsgrundsätzen des BGH[127] herleiten. Zum einen führt eine upstream-Verschmelzung gerade nicht zu einer materiellen Verkürzung der Rechte der Aktionäre der Obergesellschaft (im Gegenteil!), zum anderen entfaltet die gesetzgebende Entscheidung, über § 62 Abs. 1 UmwG Dispens von der Einbindung der HV der Obergesellschaft zu erteilen, eine Sperrwirkung gegenüber den ergänzenden Rechtsprechungsgrundsätzen.[128] Erforderlich kann hingegen die Beteiligung der HV zur Schaffung einer notwendigen Gegenleistung werden. So kann – sofern der übernehmende Rechtsträger zwar mindestens 90%, aber nicht 100% an dem übertragenden Rechtsträger hält und ein genehmigtes Kapital nicht zur Verfügung steht – eine (von der Hauptversammlung zu beschließende) **ordentliche oder bedingte Kapitalerhöhung** bei dem übernehmenden Rechtsträger vorzunehmen sein, um den Minderheitsgesellschaftern des übertragenden Rechtsträgers Aktien als Gegenleistung zur Verfügung stellen zu können. Allerdings lässt ein solcher Direktbeschluss der Hauptversammlung des übernehmenden Rechtsträgers über eine Kapitalerhöhung die Privilegierungen von § 62 Abs. 1–4 UmwG im Ergebnis wirkungslos werden. Denn es kommt zu einer Hauptversammlung, die mittelbar die Verschmelzung zum Gegenstand hat und in der – wegen der Sachnähe zur Verschmelzung – auch der Verschmelzungsvertrag und ggf. erstellte Verschmelzungs- und Prüfungsberichte vorzulegen sind.

Keiner Einbindung der Hauptversammlung der Obergesellschaft zur Schaffung der Gegenleistung bedarf es nach ganz h. M., wenn die aufnehmende Aktiengesellschaft zur Durchführung der Verschmelzung gestützt auf **§ 71 Abs. 1 Nr. 3 AktG eigene Aktien** erwirbt.[129] § 71 Abs. 1 Nr. 3 AktG nennt als Erwerbszweck zwar nur die (üblicherweise in

---

[125] Vgl. etwa Schmitt/Hörtnagl/Stratz/*Hörtnagel* § 17 Rn. 44 ff..
[126] Kölner Kommentar-UmwG/*Simon* § 62 Rn. 26.
[127] BGHZ 83, 122 ff.; BGH, ZIP 2004, 953,1001.
[128] Im Ergebnis ebenso etwa Lutter/*Grunewald* § 62 Rn. 8; Semler/Stengel/*Diekmann* § 62 Rn. 5; Kallmeyer/*Marsch-Barner* § 62 Rn. 3; *Habersack*, FS Horn, 2006, 337, 343; Böttcher/Habighorst/ Schulte/*Habighorst*, § 62 Rn. 9.
[129] Kallmeyer/*Marsch-Barner* § 62 Rn. 5; MünchKommAktG/*Oechsler* § 71 Rdn. 157; Spindler/ Stilz/*Cahn* § 71 Rn. 72; Hüffer/*Koch* § 71 Rn. 15; MHdB GesR VI/*Rieckers* § 15 Rn. 15; Kölner KommAktG/*Lutter/Drygala* § 71 Rdn. 94; K. Schmidt/Lutter/*T. Bezzenberger* § 71 Rdn. 42.; a. A. Großkomm AktG/*Merkt* § 71 Rn. 211.

bar erfolgende) Abfindung nach § 29 UmwG (nicht jedoch die Beschaffung der Anteile am übernehmenden Rechtsträger zugunsten der Anteilsinhaber des übertragenden Rechtsträgers). Dabei handelt es sich aber – wie auch der Vergleich mit dem in § 71 Abs. 1 Nr. 3 genannten § 320b AktG (Abfindung in Aktien bei der Mehrheitseingliederung) zeigt – um ein Versehen des Gesetzgebers.[130] In der Praxis wird man – soweit möglich – auf ein genehmigtes Kapital oder eine Ermächtigung zum Erwerb und Verwendung eigener Aktien nach § 71 Abs. 1 Nr. 8 AktG zurückgreifen, wobei man bei letzterem allerdings durch die 10%-Grenze beschränkt ist.

105 Auf Ebene des **übertragenden** Rechtsträgers ist bei Vorhandensein von Minderheitsgesellschaftern ein Gesellschafterbeschluss unter Beachtung der vom UmwG hierfür vorgesehenen Kautelen unentbehrlich. Zumal wenn es sich um eine börsennotierte Aktiengesellschaft handelt, ist hierbei der zeitliche Vorlauf einzuplanen, den die Ermittlung des Umtauschverhältnisses (Beauftragung eines Bewertungsgutachters; Prüfung durch den gerichtlich bestellten Verschmelzungsprüfer) und die Erstellung der erforderlichen Berichte an die Hauptversammlung noch vor Einberufung der Hauptversammlung und der Hinweisbekanntmachung nebst Unterlagenauslegung nach § 62 Abs. 3 UmwG erfordern.

3. Stern- und Kettenverschmelzung

106 Sollen mehrere Gesellschaften auf eine aufnehmende Gesellschaft verschmolzen werden (sog. **Sternverschmelzung**), geht die herrschende Auffassung in der Literatur davon aus, dass die Privilegierungen der Konzernverschmelzung für alle Teilverschmelzungen nur dann verfügbar seien, wenn bei **jeder einzelnen** übertragenden Gesellschaft die Voraussetzungen der Konzernverschmelzung vorliegen, da die Maßnahme eine Einheit bilde.[131] Die Gegenauffassung geht gestützt auf den Wortlaut[132] – u. E. zutreffend – davon aus, dass die jeweiligen **Verschmelzungsvorgänge grds. gesondert** zu betrachten sind. § 62 Abs. 1 UmwG befreit somit den übernehmenden Rechtsträger insoweit von einem Hauptversammlungsbeschluss, als die Aufnahme des die Voraussetzungen des § 62 Abs. 1 UmwG erfüllenden Rechtsträgers in Rede steht.[133] Diese Sichtweise ist – formal gesehen – auch dann zutreffend, falls die Verschmelzungen als Einheit betrachtet werden sollten, weil alle Verschmelzungsmaßnahmen nach dem Parteiwillen miteinander stehen und fallen.[134] Jedoch werden in einem solchen Fall in Anlehnung an die „Hosch/Hogovens"-Grundsätze des BGH[135] unter Informationsgesichtspunkten auch diejenigen Verschmelzungsverträge der Hauptversammlung der übernehmenden AG vorzulegen sein, über die nach hier vertretener Auffassung formal nicht abzustimmen ist, so dass wirtschaftlich im Ergebnis die Gesamttransaktion zum Beschlussgegenstand wird.

107 Bei einer **Kettenverschmelzung**, bei der üblicherweise sämtliche Verschmelzungsverträge und -beschlüsse am selben Tag beurkundet werden, sind drei Konstellationen zu unterscheiden:

– § 62 Abs. 3 und 4 UmwG finden ohne weiteres Anwendung, sofern alle Verschmelzungen in der Kette den gleichen vereinfachten Vorschriften unterliegen. Die Informationspflichten aus § 62 Abs. 3 UmwG können dann einheitlich entweder durch den

---

[130] Kallmeyer/*Marsch-Barner* § 62 Rn. 5; MünchKommAktG/*Oechsler* § 71 Rdn. 157; Spindler/Stilz/*Cahn* § 71 Rn. 72; Hüffer/*Koch* § 71 Rn. 15; MHdB GesR VI/*Rieckers* § 15 Rn. 15; Kölner KommAktG/*Lutter/Drygala* § 71 Rdn. 94; K. Schmidt/Lutter/*T. Bezzenberger AktG* § 71 Rdn. 42.; a. A. Großkomm AktG/*Merkt* § 71 Rn. 211.
[131] Semler/Stengel/*Diekmann* § 62 Rn. 13; Kallmeyer/*Marsch-Barner* § 62 Rn. 12; Lutter/*Grunewald* § 62 Rn. 10; Widmann/Mayer/*Rieger* § 62 Rn. 16 f.; Böttcher/Habighorst/Schulte/*Habighorst*, § 62 Rn. 13.
[132] Schmitt/Hörtnagl/Stratz/*Stratz* § 62 Rn. 6.
[133] Schmitt/Hörtnagl/Stratz/*Stratz* § 62 Rn. 6; Maulbetsch/Klumpp/Rose/*Rose* § 62 Rn. 8.
[134] Lutter/*Grunewald* § 62 Rn. 10.
[135] BGH NJW 1982, 933.

Abschluss des Verschmelzungsvertrags (bei 100 %-Verschmelzung) oder die Beschlussfassung der übertragenden Gesellschaft (bei 90 %-Verschmelzung) ausgelöst werden.
– Richtet sich indes eine Verschmelzung in der Kette nach § 62 Abs. 3 UmwG, wohingegen bei einer anderen § 62 Abs. 4 UmwG anwendbar ist, ergeben sich Probleme bei der Fristberechnung für die Dauer der Unterlagenauslage und den Zeitpunkt der Hinweisbekanntmachung.[136] Rückwärts- und Vorwärtsberechnung sind nunmehr zu kombinieren (→ Rn. 48 ff., 73 ff., 91 ff.). Bis zu einer höchstrichterlichen Klärung kann es sich empfehlen, bezogen auf alle Verschmelzungsvorgänge einen Beschluss der übertragenden Gesellschaft herbeizuführen.[137] Alternativ sollte für die Hinweisbekanntmachung und die Einreichung zum Handelsregister auf den frühesten Zeitpunkt abgestellt werden und sollten die Auslagepflichten für den gesamten Zeitraum, der sich aus einer kumulativen Vorwärts- und Rückwärtsberechnung ergibt, erfüllt werden. So wird dem Sinn und Zweck der Informationspflichten umfassend Rechnung getragen.
– Ist bei einer Verschmelzung in der Kette § 62 UmwG nicht anwendbar, empfiehlt es sich bei der Planung den zeitlichen Doppelaufwand einzuberechnen, der insbesondere durch die frühere Zuleitung des Verschmelzungsvertragsentwurfs zum Betriebsrat entsteht.
– Die Kettenverschmelzung lässt sich auch mit einem parallel eingeleiteten Formwechsel kombinieren. Insoweit gelten die allgemeinen Grundsätze zur sog. Kettenumwandlung (vgl. bereits → Rn. 40). Insbesondere bei komplexen Kettenverschmelzungen wird sich regelmäßig eine Vorabstimmung mit dem Registergericht empfehlen.

VI. Fehlerfolgen und Wirkung der Eintragung im Handelsregister

108 Werden die in § 62 Abs. 1–4 UmwG genannten Voraussetzungen bei einer Konzernverschmelzung nicht eingehalten, besteht ein **Eintragungshindernis**, da es dann mangels Eingreifens der Privilegierungen an einem Verschmelzungsbeschluss der übernehmenden AG bzw. einem Verschmelzungsbeschluss der übertragenden Gesellschaft fehlt.[138] Dies gilt für die Fälle, in denen
– die übernehmende AG die erforderliche Beteiligung an der übertragenden Gesellschaft verfehlt,
– die Veröffentlichungspflichten des § 62 Abs. 3, 4 UmwG nicht eingehalten werden oder
– der Vorstand der übernehmenden AG einem ordnungsgemäß gestellten Einberufungsverlangen nach § 63 Abs. 2 UmwG nicht nachgekommen ist.

109 Die Einhaltung dieser Elemente ist eine formelle Voraussetzung der Konzernverschmelzung, die das Registergericht prüfen darf.

110 Sollte die Konzernverschmelzung trotz eines Eintragungshindernisses im Handelsregister beider beteiligter Rechtsträger eingetragen werden, ist die Verschmelzung nach zutreffender Ansicht gemäß **§ 20 Abs. 2 UmwG** wirksam.[139] Soweit vertreten wird, dass die Verschmelzung jedenfalls bei Nichterreichen des 90 %-Quorums trotz Eintragung unwirksam ist,[140] da „die Grenzen des § 20 Abs. 2 UmwG überschritten sind", ist dem nicht zu folgen. Eine Durchbrechung der durch die Eintragung ausgelösten Wirkungen gem. § 20 Abs. 1 UmwG ist grundsätzlich nicht vorgesehen (→ § 13). Hiervon zu unterscheiden ist die Reichweite der Mängelheilung nach § 20 Abs. 1 Nr. 4 UmwG. Der Verschmelzungsvertrag als solcher ist fehlerbehaftet und daher nicht wirksam. Dies ändert aber nichts an den von § 20 Abs. 1 Nr. 1–3 UmwG angeordneten Eintragungswirkungen, die von Mängeln der Verschmelzung (also auch des Verschmelzungsvertrags) unberührt bleiben. Eine andere Frage ist, ob seitens der Aktionäre der übernehmenden AG ausnahmsweise An-

---

[136] Böttcher/Habighorst/Schulte/*Habighorst* § 62 Rn. 22.
[137] Böttcher/Habighorst/Schulte/*Habighorst* § 62 Rn. 22.
[138] Kölner Kommentar-UmwG/*Simon* § 62 Rn. 52 ff.
[139] Kölner Kommentar-UmwG/*Simon* § 62 Rn. 54 ff.
[140] Semler/Stengel/*Diekmann* § 62 Rn. 34; Maulbetsch/Klumpp/Rose/*Rose* § 62 Rn. 21.

sprüche auf Rückabwicklung bestehen, zumal kein Hauptversammlungsbeschluss als Angriffspunkt vorliegt. Dabei ist zu berücksichtigen, dass das Gesetz einer Rückabwicklung im Gewand des Schadensersatzes ausweislich § 16 Abs. 3 Satz 10 UmwG sehr zurückhaltend gegenübersteht.

111 Ferner wird eine **Schadensersatzpflicht** des Vorstands der übernehmenden AG für möglich gehalten, wenn dieser seinen Informationspflichten aus § 62 Abs. 3, 4 UmwG nicht ordnungsgemäß nachgekommen ist.[141] Eine Schadensersatzpflicht des Vorstands gegenüber der übernehmenden AG gemäß § 93 AktG wird praktisch allerdings nur selten gegeben sein. Denn ein Schaden der Gesellschaft wird sich – gerade bei 100%igen Beteiligungsverhältnissen – meist kaum darlegen lassen.

§ 17 Verschmelzungsrechtlicher Squeeze-out

Übersicht

	Rdnr.		Rdnr.
I. Funktion und Wirkungsweise des verschmelzungsrechtlichen Squeeze-out	1–4	a) Verschmelzungsvertrag	33–38
II. Anwendungsbereich des verschmelzungsrechtlichen Squeeze-out	5–25	b) Übertragungs- und Verschmelzungsbericht	39–41
		c) Bankgewährleistung	42, 43
1. AG, KGaA und SE als Hauptaktionär und übernehmende Gesellschaft	6	5. Information der Aktionäre	44–52
		a) Aktionäre der übernehmenden AG	44–47
2. AG, KGaA oder SE als übertragende Gesellschaft	7	b) Aktionäre der übertragenden AG	48–52
3. Verschmelzungspartner mit Sitz im Ausland	8–11	6. Information des Betriebsrats und der Arbeitnehmer	53
4. Feststellung der 90%-Beteiligung	12–15	7. Durchführung der Hauptversammlung bei der übertragenden Gesellschaft	54–57
a) Ermittlung des Stamm- bzw. Grundkapitals des übertragenden Rechtsträgers	12, 13	a) Gegenstand der Beschlussfassung	54
b) Beteiligung des übernehmenden Rechtsträgers	14, 15	b) Auslage von Unterlagen während der Hauptversammlung	55
5. Maßgeblicher Beurteilungszeitpunkt	16–18	c) Anfechtungsklage und Spruchverfahren	56, 57
a) Rechtsform	16, 17	8. Anmeldung des verschmelzungsrechtlichen Squeeze-out zum Handelsregister	58–62
b) Beteiligungsquote	18	a) Anmeldung bei der übertragenden Gesellschaft	58–61
6. Gestaltungsgrenzen?	19–25	b) Anmeldung bei der übernehmenden Gesellschaft	62
a) Vorgeschalteter Formwechsel	20, 21	IV. Fehlerfolgen und Eintragung im Handelsregister	63–70
b) Verwendung eines Akquisitionsvehikels	22	1. Verfahrensfehler und Rechtsschutz	63–65
c) Zweckverfehlung bei vorheriger Schaffung einer zusätzlichen Konzernebene	23, 24	2. Wirksamwerden des verschmelzungsrechtlichen Squeeze-out infolge Eintragung in das Handelsregister	66, 67
d) Aktienleihe	25	3. Rechtsfolgen der Eintragung für Aktionäre der übertragenden AG	68, 69
III. Ablauf des verschmelzungsrechtlichen Squeeze-out-Verfahrens	26–62	4. Rechtsfolgen der Eintragung für schuldrechtliche Rechtspositionen an der übertragenden AG	70
1. Verfahrensschritte im Überblick	26		
2. Squeeze-out-Verlangen (§ 62 Abs. 5 Satz 8 UmwG, § 327a Abs. 1 AktG)	27–29		
3. Bewertungsgutachten und gerichtlich bestellter Sachverständiger (§ 62 Abs. 5 Satz 8 UmwG, § 327c Abs. 2 AktG)	30–32		
4. Squeeze-out- und Verschmelzungsdokumentation	33–43		

---

[141] Kölner Kommentar-UmwG/*Simon* § 62 Rn. 57; Semler/Stengel/*Diekmann* § 62 Rn. 37; Maulbetsch/Klumpp/Rose/*Rose* § 62 Rn. 21.

Schrifttum: *Austmann*, Der verschmelzungsrechtliche Squeeze-out nach dem 3. UmwÄndG 2011, NZG 2011, 684; *Arens*, Die Behandlung von bedingten Aktienbezugsrechten beim verschmelzungsrechtlichen Squeeze-out, WM 2014, 682; *Bungert/Wettich*, Der neue verschmelzungsspezifische Squeeze-out nach § 62 Abs. 5 UmwG n. F., DB 2011, 1500; *Bungert/Wettich*, Der verschmelzungsspezifische Squeeze-out: Neue Gestaltungsmöglichkeiten für die Praxis, DB 2010, 2545; *Fisch,* Der verschmelzungsrechtliche Squeeze-out, 2015; *Florstedt*, Die Grenzen der Gestaltungsfreiheit beim verschmelzungsrechtlichen Squeeze-out, NZG 2015, 1212; *Freytag/Müller-Etienne*, Das Dritte Gesetz zur Änderung des Umwandlungsgesetzes: Herabsetzung der Squeeze-out Schwelle auf 90% kommt, BB 2011, 1731; *Freytag*, Neues zum Recht der Konzernverschmelzung und des Squeeze-out, BB 2010, 1611; *Göthel*, Der verschmelzungsrechtliche Squeeze out, ZIP 2011, 1541; *Heckschen*, Das Dritte Gesetz zur Änderung des Umwandlungsgesetzes in der Fassung des Regierungsentwurfs, NZG 2010, 1041; *Hofmeister*, Der verschmelzungsrechtliche Squeeze-out – Wichtige Aspekte und Besonderheiten der Verschmelzung, NZG 2012, 688; *Kiefner/Brügel*, Der umwandlungsrechtliche Squeeze-out – Verfahren, Einsatzmöglichkeiten, Rechtsschutzfragen, AG 2011, 525; *Klie/Wind/Rödter*, Praxisfragen des umwandlungsrechtlichen Squeeze-out, DStR 2011, 1668; *Leitzen*, Die Änderungen des Umwandlungsgesetzes durch das Dritte Gesetz zur Änderung des Umwandlungsrechts, DNotZ 2011, 526; *Mayer*, Praxisfragen des verschmelzungsrechtlichen Squeeze-out-Verfahrens, NZG 2012, 561; *Neye/Kraft*, Neuigkeiten beim Umwandlungsrecht, NZG 2011, 681; *Packi*, Inhaltliche Kontrollmöglichkeiten bei Durchführung des umwandlungsrechtlichen Squeeze-out, ZGR 2011, 776; *Rieder*, (Kein) Rechtsmissbrauch beim Squeeze-out, ZGR 2009, 981; *Schockenhoff/Lumpp*, Der verschmelzungsrechtliche Squeeze out in der Praxis, ZIP 2013, 749; *Schröder/Wirsch*, Formwechsel und anschließender Squeeze-out, ZGR 2012, 660; *Stephanblome*, Gestaltungsmöglichkeiten beim verschmelzungsrechtlichen Squeeze-out, AG 2012, 814; *Süßmann*, Die Behandlung von Options- und Wandelrechten in den einzelnen Squeeze-out-Verfahren, AG 2013, 158; *Wagner*, Der Regierungsentwurf für ein Drittes Gesetz zur Änderung des Umwandlungsgesetzes, DStR 2010, 1629; *Widmann*, Die Verschmelzung unter Ausschluss der Minderheitsaktionäre der übertragenden Aktiengesellschaft gemäß § 62 Abs. 5 UmwG, 2016; *Widmann*, Das Wertpapierdarlehen und der verschmelzungsspezifische Squeeze-out, AG 2014, 189.

I. Funktion und Wirkungsweise des verschmelzungsrechtlichen Squeeze-out

Gemäß § 62 Abs. 5 Satz 1 i. V. m. Abs. 1 UmwG kann im Zusammenhang mit der Verschmelzung zweier Aktiengesellschaften ein Verfahren zum Ausschluss der Minderheitsaktionäre gemäß §§ 327a ff. AktG durchgeführt werden, wenn der übernehmenden Aktiengesellschaft mindestens 90% des Grundkapitals der übertragenden AG unmittelbar gehören und deren Hauptversammlung innerhalb von drei Monaten nach Abschluss des Verschmelzungsvertrags die Übertragung der Aktien der Minderheitsaktionäre auf den Hauptaktionär gegen Gewährung einer angemessenen Barabfindung beschließt. Die Verschmelzung wird mit Eintragung in das Handelsregister des Sitzes der übertragenden Gesellschaft wirksam. Die Eintragung der Verschmelzung in beide Handelsregister erfolgt wiederum aufgrund einer im Verschmelzungsvertrag vorzusehenden aufschiebenden Bedingung erst, wenn der Übertragungsbeschluss mit dem Vorbehaltsvermerk des § 62 Abs. 5 Satz 7 UmwG mit der Verschmelzung in das Handelsregister des Sitzes der übertragenden Gesellschaft eingetragen ist. Zeitgleich werden folglich Übertragungsbeschluss und Verschmelzung wirksam. 1

Mit diesem sog. verschmelzungsrechtlichen Squeeze-out steht für Aktiengesellschaften seit dem 15.7.2011[1] eine neue Sonderform des Squeeze-out zur Verfügung, die neben dem aktienrechtlichen (§§ 327a ff. AktG) und dem übernahmerechtlichen Squeeze-out (§§ 39a f. WpÜG) steht. Sie weist gegenüber den beiden anderen Formen die Besonderheit auf, die zwangsweise Übertragung der Aktien von Minderheitsaktionären auf den Hauptaktionär nicht erst ab einem Quorum des Hauptaktionärs von 95%, sondern bereits ab 90% zuzulassen. Diese europarechtlich bedingte[2] Herabsetzung der Squeeze-out-Schwelle soll dadurch legitimiert sein, dass der Squeeze-out gemäß § 62 Abs. 5 UmwG notwendig 2

---

[1] Dritte Gesetz zur Änderung des Umwandlungsgesetzes, BGBl. I 2011 Nr. 35 v. 14.7.2011, 1338.
[2] Dazu etwa *Widmann*, S. 49 ff.; *Kiefner/Brügel* AG 2011, 525, 525 f.; *Freytag* BB 2010, 1611, 1615 f.

mit einer Verschmelzung der AG auf ihren Hauptaktionär einhergeht und somit der **Vereinfachung der Konzernstruktur** dient.³

3   In der Praxis hat sich der verschmelzungsrechtliche Squeeze-out zum häufigen Schlussstein eines „Public to Private"-Prozesses entwickelt, der in seiner Bedeutung dem aktienrechtlichen Squeeze-out nicht nachsteht. Die Maßnahme kommt nicht nur im Rahmen eines bereits lange bestehenden Konzernverhältnisses zur Anwendung, sondern auch als Abschluss eines (gestreckten) Erwerbsprozesses, in dem eine Beteiligung gerade zu dem Zweck (ggf. sukzessive) auf mindestens 90% aufgestockt wird, um die Aktien der Minderheitsaktionäre auf den Hauptaktionär zu übertragen (sog. *stakebuilding*). Im Gegensatz zur **reinen Konzernverschmelzung,** (bei der die Minderheitsaktionäre allenfalls ein Austrittsrecht gegen Barabfindung gem. § 29 Abs. 1 Alt. 2 UmwG haben), werden die Minderheitsaktionäre der übertragenden AG beim verschmelzungsrechtlichen Squeeze-out gerade nicht Gesellschafter des übernehmenden Rechtsträgers. Vielmehr werden Minderheitsaktionäre ausschließlich in bar abgefunden, was gerade für privat gehaltene Holdinggesellschaften von großer Bedeutung ist.⁴

4   Bei der Auswahl der Transaktionsform ist zu berücksichtigen, dass bei einem verschmelzungsrechtlichen Squeeze-out, anders als bei einem aktienrechtlichen Squeeze-out, nicht zu vermeiden ist, dass für vom übertragenden Rechtsträger gehaltene Immobilien **Grunderwerbsteuer** anfällt und steuerliche **Verlustvorträge** des übertragenden Rechtsträger untergehen (→ §§ 52, Rn. 14). Steht Grunderwerbsteuer im Raum, sollte ein vorheriger Anteilserwerb auf über 95% an der übertragenden Gesellschaft vor Durchführung der Transaktion vermieden werden, da andernfalls nicht auszuschließen ist, dass der Anfall von Grunderwerbsteuer zweifach ausgelöst wird.⁵ Zu bedenken ist schließlich, dass infolge der Verschmelzung höchstpersönliche Rechte des übertragenden Rechtsträgers (wie bestimmte Genehmigungen, Erlaubnisse u. ä.) verlustig gehen können.⁶

II. Anwendungsbereich des verschmelzungsrechtlichen Squeeze-out

5   Der verschmelzungsrechtliche Squeeze-out nach § 62 Abs. 5 AktG setzt voraus, dass
– sowohl übernehmende als auch übertragende Gesellschaft die Rechtsform einer AG, KGaA oder SE haben (→ Rn. 6 und → Rn. 7) und
– die übernehmende Gesellschaft als Hauptaktionär mindestens 90% unmittelbar an der übertragenden Gesellschaft hält (→ Rn. 12 ff.).

1. AG, KGaA und SE als Hauptaktionär und übernehmende Gesellschaft

6   Da § 62 Abs. 5 Satz 1 UmwG eine Rechtsgrundverweisung auf § 62 Abs. 1 UmwG enthält („*In Fällen des Absatz 1*"), muss die übernehmende Gesellschaft zwingend eine Aktiengesellschaft sein. Gleichgestellt sind die Rechtsform einer KGaA (§ 78 Satz 1 UmwG) oder einer SE mit Sitz im Inland (Art. 9 Abs. 1 lit. c) ii) SE-VO).⁷ Terminologisch schlägt § 62 Abs. 5 Satz 1 UmwG eine Brücke zwischen der Konzernverschmelzung und dem Squeeze-out, indem er die übernehmende Gesellschaft zugleich als Hauptaktionär im Sinne eines Squeeze-outs nach §§ 327a ff. AktG qualifiziert.

2. AG, KGaA oder SE als übertragende Gesellschaft

7   Bei einem verschmelzungsrechtlichen Squeeze-out darf nach dem ausdrücklichen Wortlaut des § 62 Abs. 5 Satz 1 UmwG – anders als bei einer Konzernverschmelzung (→ § 16

---
³ BT-Drs. 17/312, 13.
⁴ Vgl. zu der Abwägung der verschiedenen Formen *Kiefner/Brügel* AG 2011, 525, 527; *Bungert/ Wettich* DB 2010, 2545, 2547; *Freytag* BB 2010, 1611, 1617.
⁵ *Kiefner/Brügel* AG 2011, 525, 527; *Bungert/Wettich* DB 2010, 2545, 2547.
⁶ *Kiefner/Brügel* AG 2011, 525, 527; *Bungert/Wettich* DB 2010, 2545, 2547.
⁷ Semler/Stengel/*Diekmann* § 62 Rn. 32d; Schmitt/Hörtnagl/Stratz/*Stratz* § 62 Rn. 18; Kallmeyer/*Marsch-Barner* § 62 Rn. 36; Lutter/*Grunewald* § 62 Rn. 32; Widmann/Mayer/*Rieger* § 62 Rn. 104.

Rn. 17 ff.) – der übertragende Rechtsträger ausschließlich eine AG sein. Gleichgestellt sind nach § 78 Satz 1 UmwG eine KGaA oder gemäß Art. 9 Abs. 1 lit. c) ii) SE-VO eine SE mit Satzungssitz im Inland.[8]

3. Verschmelzungspartner mit Sitz im Ausland

Soll eine **deutsche** Gesellschaft **auf** eine **ausländische** Gesellschaft verschmolzen und zugleich die Aktien der Minderheitsaktionäre auf den ausländischen Hauptaktionär übertragen werden (*outbound* **verschmelzungsrechtlicher Squeeze-out**), findet § 62 Abs. 5 UmwG über § 122a Abs. 2 UmwG auf die übertragende Gesellschaft entsprechende Anwendung.[9] Dies setzt voraus, dass der übernehmende Rechtsträger funktional einer deutschen AG, KGaA oder SE entspricht.[10] Für die Konzernverschmelzung ist die entsprechende Anwendung des § 62 UmwG in grenzüberschreitenden Konstellationen anerkannt (→ § 16 Rn. 19, 20). Für den verschmelzungsrechtlichen Squeeze-out kann nichts anderes gelten; die Frage, welche Gegenleistung die Aktionäre der übertragenden Gesellschaft erhalten, wird allein durch das deutsche Umwandlungsrecht geregelt. 8

Ein **Verschmelzungsbeschluss** der übertragenden Gesellschaft ist nach §§ 122a Abs. 2, 62 Abs. 4 Satz 2 UmwG entbehrlich und wird durch den Squeeze-out Beschluss nach §§ 122a Abs. 2, 62 Abs. 5 Satz 1 UmwG, § 327a Abs. 1 Satz 1 AktG ersetzt.[11] In den **Verschmelzungsplan** nach § 122c UmwG sind die besonderen Angaben des § 62 Abs. 5 Satz 2 UmwG aufzunehmen. Die Bekanntmachung nach § 61 UmwG wird durch § 122d UmwG ersetzt. Die Anforderungen an den **Verschmelzungsbericht** und die **Verschmelzungsprüfung** richten sich nach §§ 122e, f UmwG (→ § 18 Rn. 153 ff., 167 ff.). Da nach diesen Normen §§ 8 Abs. 3, 9 Abs. 3 UmwG nicht anwendbar sind, sind – anders als beim rein nationalen verschmelzungsrechtlichen Squeeze-out (→ Rn. 31, 40) – Verschmelzungsbericht und Verschmelzungsprüfung nicht entbehrlich. Inwiefern die Verschmelzung eines Verschmelzungsbeschlusses des übertragenden Rechtsträgers bedarf, bestimmt sich nach dem Verschmelzungsrecht des jeweiligen ausländischen Rechts. Die Eintragung der Verschmelzung ist – wie üblich (→ § 18 Rn. 284) – nach § 122k Abs. 2 Satz 3 UmwG mit dem Vermerk zu versehen, dass die grenzüberschreitende Verschmelzung unter den Voraussetzungen des Rechts des Staates, dem die übernehmende oder neue Gesellschaft unterliegt, wirksam wird. Zugleich ist die Eintragung des Übertragungsbeschlusses mit dem Vermerk nach § 62 Abs. 5 Satz 7 UmwG zu versehen (→ Rn. 58 f.). Als **Verschmelzungsbescheinigung des deutschen Registers** gilt gemäß § 122k Abs. 2 Satz 2 UmwG die Nachricht über die Eintragung der Verschmelzung im Register, so dass das ausländische Registergericht im Kern lediglich die Voraussetzungen bei der übernehmenden Gesellschaft zu prüfen hat (→ § 18 Rn. 286).[12] 9

In der Praxis ist ein outbound-grenzüberschreitender verschmelzungsrechtlicher Squeeze-out, soweit ersichtlich, noch nicht durchgeführt worden. Dies wird mit den **Transaktionsrisiken** zusammenhängen, die sich daraus ergeben, dass nicht alle Registergerichte in Europa mit der grenzüberschreitenden Verschmelzung umfassend vertraut sind und derartige Kombinationen – jedenfalls ohne umfangreiche Vorabsprachen – in der Umsetzung risikobehaftet sind. 10

Bei einem *inbound*-**verschmelzungsrechtlichen Squeeze-out** einer ausländischen Gesellschaft auf eine deutsche AG, KGaA oder SE richtet es sich nach ausländischem Recht, ob die Kombination von Verschmelzung und Squeeze-out zulässig ist. Das deutsche Recht regelt allein, wann bei der deutschen übernehmenden Gesellschaft gemäß § 122a 11

---

[8] Lutter/*Grunewald* § 62 Rn. 32; Widmann/Mayer/*Rieger* § 62 Rn. 96.
[9] Kallmeyer/*Marsch-Barner* § 62 Rn. 37; Widmann/Mayer/*Rieger* § 62 Rn. 112; *Kiefner/Brügel* AG 2011, 525, 532 f.; *Mayer* NZG 2012, 561, 564.
[10] Vgl. Widmann/Mayer/*Rieger* § 62 Rn. 112 (nur zur AG).
[11] Kallmeyer/*Marsch-Barner* § 62 Rn. 37; *Kiefner/Brügel* AG 2011, 525, 533.
[12] Kallmeyer/*Marsch-Barner* § 62 Rn. 37; *Kiefner/Brügel* AG 2011, 525, 533.

Abs. 2 UmwG i. V. m. § 62 Abs. 1 bis 3 UmwG der Verschmelzungsbeschluss des übernehmenden Rechtsträgers entbehrlich ist.[13]

4. Feststellung der 90 %-Beteiligung

12 **a) Ermittlung des Stamm- bzw. Grundkapitals des übertragenden Rechtsträgers.** Ein verschmelzungsrechtlicher Squeeze-out kann nur durchgeführt werden, wenn der Hauptaktionär unmittelbar mindestens 90 % an der übertragenden AG hält. Bezugsgröße des erforderlichen Quorums ist im Ausgangspunkt das **satzungsmäßige Grundkapital** der übertragenden AG. Da sich dies aus der Rechtsgrundverweisung des § 62 Abs. 5 Satz 1 UmwG auf § 62 Abs. 1 UmwG ergibt, kann für die näheren Einzelheiten auf die Ausführungen zur Konzernverschmelzung verwiesen werden (§ 16 Rn. 22 ff.).[14]

13 Auch im Kontext des verschmelzungsrechtlichen Squeeze-out ist – wie im Rahmen der Konzernverschmelzung (→ § 16 Rn. 23 ff.) – bei der Transaktionsstrukturierung mit der ganz h. M. davon auszugehen, das **eigene Aktien** nur dann bei der Ermittlung der Beteiligungsquote in Abzug zu bringen sind, wenn diese von der **übertragenden** AG **unmittelbar** gehalten werden;[15] demgegenüber werden Anteile an dem übertragenden Rechtsträger, die im **Eigentum von Tochtergesellschaften** der übertragenden Gesellschaft bzw. deren Treuhänder stehen, auch dann nicht bei der Ermittlung des Stamm- bzw. Grundkapitals berücksichtigt, wenn diese gemäß §§ 71b, 71d Satz 2 und 3 AktG ebenfalls keine Rechte verleihen. Überzeugender erscheint es, §§ 71b, 71d Satz 2 und 3 AktG auf den verschmelzungsrechtlichen Squeeze-out ebenso wie auf die Konzernverschmelzung (→ § 16 Rn. 25) entsprechend anzuwenden; die dort vorgetragenen Argumente gelten insoweit entsprechend.

14 **b) Beteiligung des übernehmenden Rechtsträgers.** Die übernehmende AG muss selbst dinglich **Eigentümerin** von mindestens 90 % des Grundkapitals der übertragenden AG sein. Infolge der Rechtsgrundverweisung des § 62 Abs. 5 Satz 1 UmwG auf § 62 Abs. 1 UmwG kann für die Ermittlung des Quorums auf die Ausführungen zur Konzernverschmelzung verwiesen werden (→ § 16 Rn. 28 ff.).

15 Insbesondere geht die allgemeine Meinung davon aus, dass der übernehmende Rechtsträger – wie bei der Konzernverschmelzung (→ § 16 Rn. 33) – die Anteile **unmittelbar halten** muss.[16] Insofern besteht ein Widerspruch zur Rechtslage beim aktienrechtlichen Squeeze-out, für den § 327a Abs. 2 AktG – freilich ausdrücklich – die entsprechende Anwendung des § 16 Abs. 4 AktG anordnet. Auch bei dem verschmelzungsrechtlichen Squeeze-out wäre es – im Sinne eines *petitum de lege ferenda* – wünschenswert, es könnte auf ein „Umhängen" von Beteiligungen verzichtet werden.

5. Maßgeblicher Beurteilungszeitpunkt

16 **a) Rechtsform.** Die Voraussetzungen betreffend die Rechtsform sowohl des übernehmenden als auch des übertragenden Rechtsträgers (jeweils AG, KGaA oder SE) müssen nach h. M. im Zeitpunkt des Übertragungsbeschlusses des übertragenden Rechtsträgers vorliegen.[17]

---

[13] Beck'sches Handbuch Umwandlungen international/*Krüger* Rn. 412; Selmer/Stengel/*Drinhausen* § 122g Rn. 16; Schmitt/Hörtnagl/Stratz/*Hörtnagl* § 122g Rn. 14; Widmann/Mayer/*Heckschen* § 122a UmwG, Rn. 7, 154; Habersack/Drinhausen/*Kiem* § 122g Rn. 18; Kallmeyer/*Zimmermann* § 122g Rn. 18; Lutter/*Bayer* § 122g Rn. 26 (der insbesondere die Richtlinienkonformität dieser entsprechenden Anwendung bejaht).

[14] Lutter/*Grunewald* § 62 Rn. 34; Widmann/Mayer/*Rieger* § 62 Rn. 113.

[15] Widmann/Mayer/*Rieger* § 62 Rn. 113.

[16] Semler/Stengel/*Diekmann* § 62 Rn. 32d; Widmann/Mayer/*Rieger* § 62 Rn. 115; Bungert/Wettich DB 2010, 2545, 2547; Freytag BB 2010, 1611, 1618; *Kiefner/Brügel* AG 2011, 525, 533; Klie/Wind/Rödter DStR 2011, 1668; Mayer NZG 2012, 561, 564.

[17] Kallmeyer/*Marsch-Barner* § 62 Rn. 36, 40; Lutter/*Grunewald* § 62 Rn. 32, 34; Mayer NZG 2012, 561, 563; Göthel ZIP 2011, 1541, 1544; Fisch S. 40.

§ 17 Verschmelzungsrechtlicher Squeeze-out

Zutreffend erscheint, zwischen der Squeeze-out-Komponente und der Verschmelzungskomponente zu unterscheiden. Entsprechend der Rechtslage zum aktienrechtlichen Squeeze-out ist es erforderlich, dass es sich bereits bei der **Untergesellschaft** im Zeitpunkt des Übertragungsbeschlusses um eine AG handelt und die Eigenschaft als AG bis zum Vollzug des Squeeze-out fortbesteht. Die aktienrechtlichen Bestimmungen der §§ 327a ff. AktG gehen ferner davon aus, dass es sich bei der vom Squeeze-out betroffenen Gesellschaft auch bereits zum Zeitpunkt der Einberufung der Gesellschafterversammlung (= Hauptversammlung) um eine AG handelt. Hiervon zu trennen ist der Verschmelzungsvorgang und damit insbesondere auch die Frage von Rechtsform und relevantem Zeitpunkt für die Obergesellschaft. Insoweit gilt zunächst entsprechend den Ausführungen zur Konzernverschmelzung, dass beide Rechtsträger nicht zwingend bereits im Zeitpunkt des Abschlusses des Verschmelzungsvertrags (der zwingend vor dem Zeitpunkt des Übertragungsbeschlusses und in der Praxis auch vor der Einberufung der Hauptversammlung liegt, → Rn. 36) die Form der AG, KGaA oder SE haben müssen und stattdessen auf den Verschmelzungsvertrag quasi prospektiv die Vorschriften über die Verschmelzung zweier AGs angewendet und der Vertrag unter die aufschiebende Bedingung des Formwechsels gestellt wird.[18] Dies entspricht den zur Kettenumwandlung entwickelten Regeln[19] und ist somit umwandlungsrechtlich konsistent. Für die **Obergesellschaft** folgt darüber hinaus – insoweit allerdings entgegen der wohl h. M. –, dass entsprechend der im Zug der „regulären" Konzernverschmelzung vertretenen Auffassung (→ § 16 Rn. 40) das Vorliegen einer Aktiengesellschaft als übernehmendem Rechtsträger erst im Registerverfahren ausreichend ist, sofern im Vorgriff auf den Vollzug des Formwechsels zuvor die Verfahrensregeln zur Konzernverschmelzung eingehalten worden sind.

b) Beteiligungsquote. In Bezug auf die Beteiligungsquote wird vertreten, dass diese bereits im Zeitpunkt des Übertragungsverlangens (ausdrücklich oder konkludent durch Aufnahme der Verhandlungen über den Verschmelzungsvertrag → Rn. 27) vorliegen müsse.[20] Nach a. A. kommt es erst auf den Zeitpunkt des Übertragungsbeschlusses an.[21] Richtigerweise ist diese Frage wie beim aktienrechtlichen Squeeze-out im Sinne der dort h. M. zu entscheiden, wonach das Quorum sowohl im Zeitpunkt eines etwaigen Übertragungsverlangens[22] als auch im Zeitpunkt der Beschlussfassung,[23] nicht mehr jedoch danach vorliegen muss.[24] Denn abgesehen von der Mindestbeteiligungshöhe bezweckt der verschmelzungsrechtliche Squeeze-out in zeitlicher Hinsicht keine Erleichterungen oder Verschärfungen gegenüber dem aktienrechtlichen Squeeze-out. Umwandlungsrechtliche Gesichtspunkte stehen diesem Befund nicht entgegen. Denn für verschmelzungsrechtliche Zwecke wird der Vorgang – wie § 62 Abs. 4 Satz 2 UmwG belegt – als 100%-Verschmelzung behandelt, ausgehend von der Vorstellung, dass mit den Registereintragungen Squeeze-out und Verschmelzung zusammenfallen. Ein „zwischenzeitliches" Absinken der Beteiligungsquote auf unter 90% nach dem Übertragungsbeschluss ist dementsprechend unschädlich.

---

[18] Widmann/Mayer/*Rieger* § 62 Rn. 100, 106 (bzgl. übertragender und übernehmender AG); *Göthel* ZIP 2011, 1541, 1544; *Mayer* NZG 2012, 561, 563.
[19] *Fisch* S. 40.
[20] Vgl. *Göthel* ZIP 2011, 1541, 1544 f.
[21] Widmann/Mayer/*Rieger* § 62 Rn. 118; *Mayer* NZG 2012, 561, 564; *Schockenhoff/Lumpp* ZIP 2013, 749, 753; *Fisch* S. 54.
[22] BGH NZG 2011, 669, 672; Münchener Kommentar-AktG/*Grunewald* § 327a Rn. 10 m. w. N.
[23] OLG Düsseldorf ZIP 2004, 359, 362; LG München I AG 2008, 904, 906; Hüffer/*Koch* Rn. 11; Münchener Kommentar-AktG/*Grunewald* § 327a Rn. 9 m. w. N.
[24] Für den aktienrechtlichen Squeeze-out: OLG München NZG 2009, 506, 508; K. Schmidt/Lutter/*Schnorbus* § 327a Rn. 15; Münchener Kommentar-AktG/*Grunewald* § 327a Rn. 9; a.A: Emmerich/Habersack/*Habersack* § 327a Rn. 18; Spindler/Stilz/*Singhof* § 327a Rn. 18. Im Kontext des verschmelzungsrechtlichen Squeeze-out ausdrücklich Lutter/*Grunewald* § 62 Rn. 3. A. A. Kallmeyer/Marsch-Barner, § 62 Rn. 40, *Göthel* ZIP 2011, 1541, 1545; *Fisch* S. 55.

6. Gestaltungsgrenzen?

19 Der allgemeine umwandlungsrechtliche Grundsatz, wonach die Maßnahmen des Umwandlungsrechts – ein ordnungsgemäßes Verfahren unterstellt – ihre Rechtfertigung in sich selbst tragen und daher keiner allgemeinen gerichtlichen Inhaltskontrolle unterliegen, gilt nach h. M. auch für den verschmelzungsrechtlichen Squeeze-out.[25] Insoweit ist die Lage wie beim aktienrechtlichen Squeeze-out, für den anerkannt ist, dass eine materielle Beschlusskontrolle entbehrlich ist.[26] Inwieweit beim verschmelzungsrechtlichen Squeeze-out eine Missbrauchskontrolle eingreift, wird vornehmlich unter den nachfolgend geschilderten Fallgruppen diskutiert.

20 **a) Vorgeschalteter Formwechsel.** Da der verschmelzungsrechtliche Squeeze-out – anders als der aktienrechtliche Squeeze-out – nur für Hauptaktionäre in der Rechtsform einer AG, KGaA oder SE zur Verfügung steht, stellt sich die Frage, ob **Hauptaktionäre** anderer Rechtsform dem verschmelzungsrechtlichen Squeeze-out einen **Formwechsel** in eine AG, KGaA oder SE vorschalten können. Diese **Kombination** der – isoliert unzweifelhaft rechtmäßigen – Maßnahmen ist nach heute h. M. genauso wie bei der Konzernverschmelzung (→ § 16 Rn. 15) richtigerweise **zulässig**.[27] § 62 Abs. 5 UmwG definiert gerade nicht die Art und Weise der Entstehung des Hauptaktionärs.[28] Im Gegenteil stehen die verschiedenen umwandlungsrechtlichen Maßnahmen generell nebeneinander und tragen ihre Rechtfertigung in sich.[29] Insoweit ist für einen Rechtsmissbrauch kein Raum.

21 Ein **Formwechsel** des **übertragenden** Rechtsträgers von einer GmbH in eine AG kurz vor der Transaktion wird im Rahmen des § 62 Abs. 5 UmwG von der h. M. ebenfalls zu Recht für zulässig gehalten,[30] wohingegen eine andere Auffassung den Formwechselbeschluss einer Treuepflichtkontrolle unterziehen möchte.[31] Diese Konstellation ist auch beim aktienrechtlichen Squeeze-out umstritten, da der Formwechsel bei der GmbH mit den Stimmen des Hauptaktionärs erzwungen werden kann.[32] Wie beim aktienrechtlichen Squeeze-out gilt auch hier, dass der formwechselnde Beschluss als Maßnahme des UmwG seine Rechtfertigung bereits in sich trägt und es keinen Gestaltungsmissbrauch darstellt, dem Formwechsel einen Squeeze-out nachfolgen zu lassen.[33] Unproblematisch zulässig ist der Fall einer Personengesellschaft, deren Formwechsel die Gesellschafter nach § 217 Abs. 1 UmwG sämtlich zustimmen müssen. Beide Streitfragen sind angesichts der parallelen Strukturen gleich zu behandeln.

22 **b) Verwendung eines Akquisitionsvehikels.** Keinen Gestaltungsmissbrauch stellt es dar, wenn es sich bei der übernehmenden Aktiengesellschaft um ein Akquisitionsvehikel

---

[25] OLG Hamburg NZG 2012, 944, 945 f.; *Bungert/Wettich* DB 2010, 2545, 2549; *Goslar/Mense* GWR 2011, 275, 277; *Kiefner/Brügel* AG 2011, 525, 533 f.; *Mayer* NZG 2012, 561, 568; *Packi* ZGR 2011, 776, 789 f.; *Stephanblome* AG 2012, 814; *Fisch* S. 208 ff.

[26] BVerfG, NJW 2007, 3268, 3270; BGH NZG 2009, 585, 586.

[27] OLG Hamburg 11 AktG 1/12, NZG 2012, 944, 946; Selmer/Stengel/*Diekmann* § 62 Rn. 32d; Widmann/Mayer/*Rieger* § 62 Rn. 108; Schmitt/Hörtnagl/Stratz/*Stratz* § 62 Rn. 18; *Packi* ZGR 2011, 776, 801; *Kiefner/Brügel* AG 2011, 525, 534; *Mayer* NZG 2012, 561, 563; *Bungert/Wettich* DB 2010, 2545, 2550; *Freytag/Müller-Etienne* BB 2011, 1731, 1734; *Göthel* ZIP 2011, 1541, 1549; *Mayer* NZG 2012, 561, 563; *Klie/Wind/Rödter* DStR 2011, 1668, 1672; *Stephanblome* AG 2012, 814, 822. A. A. *Wagner* DStR 2010, 1629, 1634; *Packi* ZGR 2011, 776, 801; vgl. *Florstedt* NZG 2015 1212 ff.

[28] *Kiefner/Brügel* AG 2011, 525, 534.

[29] *Schröder/Wirsch* ZGR 2012, 660, 663 f.; *Kiefner/Brügel* AG 2011, 525, 533; eingehend mit weiteren Argumenten *Stephanblome* AG 2012, 814, 817 ff.

[30] Widmann/Mayer/*Rieger* § 62 Rn. 102 f.

[31] *Schröder/Wirsch* ZGR 2012, 660, 693 ff.; wohl auch Lutter/*Grunewald* § 62 Rn. 41, wenn der Formwechsel kein anderes Ziel hat, als den Ausschluss vorzubereiten.

[32] Dazu Lutter/*Grunewald* § 62 Rn. 41; ausführlich m. w. N. *Schröder/Wirsch* ZGR 2012, 660, 665 f.

[33] *Kiefner/Brügel* AG 2011, 525, 533.

handelt, welches z. B. auch für eine vorgeschaltete öffentliche Übernahme genutzt wurde.[34] Insbesondere verfängt hier von vornherein nicht der Einwand, es werde ohne unternehmerischen Grund eine zusätzliche Konzernebene eingezogen, die durch den verschmelzungsrechtlichen Squeeze-out wieder beseitigt wird (vgl. hierzu nachfolgend → Rn. 23f). Die Nutzung von Akquisitionsvehikeln erfolgt regelmäßig aus Gründen der Finanzierungs-, Steuer- und Haftungsstrukturierung.[35] Steht ein verschmelzungsrechtlicher Squeeze-out als künftige Gestaltungsoption im Raum, besteht die Besonderheit lediglich darin, dass das Akquisitionsvehikel die Rechtsform einer AG (und nicht einer GmbH) hat.

c) Zweckverfehlung bei vorheriger Schaffung einer zusätzlichen Konzernebene? In aller Regel wird auch kein Gestaltungsmissbrauch vorliegen, wenn durch vorgeschaltete Maßnahmen (Anteilsübertragung auf eine Zwischenholding) erst eine zusätzliche Konzernebene geschaffen wird, die durch den verschmelzungsrechtlichen Squeeze-out dann wieder eliminiert wird.[36]

Die Gegenauffassung, wonach ein verschmelzungsrechtlicher Squeeze-out rechtsmissbräuchlich sein kann, wenn die Konzernstruktur nach der Transaktion mit Ausnahme der Minderheitsaktionäre genauso aussieht wie zuvor,[37] findet keine Stütze im Gesetzeswortlaut; die Art und Weise der Entstehung des Hauptaktionärs wird gerade nicht geregelt.[38] Es ist zwar richtig, dass dem Leitbild der Konzernvereinfachung nicht entsprochen wird. Daraus ergibt sich aber gerade nicht zwingend eine Rechtsmissbräuchlichkeit, da umwandlungsrechtliche Maßnahmen – wie bereits mehrfach betont – generell ihre Rechtfertigung in sich tragen und eben gerade keiner sachlichen Rechtfertigung bedürfen.[39] Der Gesetzgeber hat insoweit abgewogen und die Konzernvereinfachung gerade nicht zum Tatbestandsmerkmal erhoben.[40] Soweit vermittelnd vertreten wird, dass abseits des Ausschlusses von Minderheitsaktionären zumindest (weitere) sachliche Erwägungen für die Strukturierung vorliegen müssen,[41] dürfte dies im Ergebnis regelmäßig zu deren generellen Zulässigkeit führen. Die Anforderungen an das Vorliegen einer sachlichen Erwägung sind dabei richtigerweise niedrig, denn anderenfalls würde der Grundsatz, dass eben keine Inhaltskontrolle stattfindet, leerlaufen.[42] Häufig wird eine sachliche Erwägung sein, dass die ursprüngliche Aktionärin lediglich eine Holdingfunktion innehat (und dies aus konzernorganisatorischen Gründen auch so bleiben soll) und eine Untergesellschaft mit operativem Geschäft daher auf eine AG mit (ggf. erst vorgesehener) operativer Tätigkeit verschmolzen werden soll. Einen anderen Grund mag darstellen, dass die zu übertragende AG mithilfe der zusätzlichen Konzernebene einer (ggf. neuen) Konzernsparte zugeteilt wird. Auch steuerliche Gründe, Gründe der Corporate Governance und die Einpassung in einen größeren Gesamtplan können in Betracht kommen.[43]

d) Aktienleihe. Nicht zu beanstanden ist, wenn der Erwerb des zivilrechtlichen Eigentums in einer Höhe, die zum verschmelzungsrechtlichen Squeeze-out berechtigt, über ein **Wertpapierdarlehen** i. S. v. § 607 BGB erfolgt. Dies ist für den aktienrechtlichen Squee-

---

[34] *Austmann* NZG 2011, 684, 690; *Kiefner/Brügel* AG 2011, 525, 534; *Packi* ZGR 2011, 766, 804; *Stephanblome* AG 2012, 814, 822. Vgl. Semler/Stengel/*Diekmann* § 62 Rn. 32d; Kallmeyer/*Marsch-Barner* § 62 Rn. 36; Widmann/Mayer/*Rieger* § 62 Rn. 111;
[35] *Kiefner/Brügel* AG 2011, 525, 535.
[36] Semler/Stengel/*Diekmann* § 62 Rn. 32d; Kallmeyer/*Marsch-Barner* § 62 Rn. 36; Widmann/Mayer/*Rieger* § 62 Rn. 111; *Kiefner/Brügel* AG 2011, 525, 534; *Klie/Wind/Rödter* DStR 2011, 1668, 1672; *Leitzen* DNotZ 2011, 526, 539; *Mayer* NZG 2012, 561, 564; *Stephanblome* AG 2012, 814, 822; *Fisch* S. 243 ff.
[37] Lutter/*Grunewald* § 62 Rn. 53.
[38] *Kiefner/Brügel* AG 2011, 525, 534.
[39] *Bungert/Wettich* DB 2010, 2545, 2549 f.
[40] *Bungert/Wettich* DB 2010, 2545, 2549 f.
[41] Kallmeyer/*Marsch-Barner* § 62 Rn. 36.
[42] Ähnlich *Kiefner/Brügel* AG 2011, 525, 535.
[43] *Kiefner/Brügel* AG 2011, 525, 535.

ze-out höchstrichterlich anerkannt[44] und wird zu Recht ebenso im Rahmen des § 62 Abs. 5 UmwG ganz überwiegend befürwortet.[45] Dies ergibt sich daraus, dass die Betrachtung der Beteiligungshöhe rein formal erfolgt. Somit ist auch formal Eigentum ausreichend, auch wenn dieses mit einem „schuldrechtlichen Makel" belegt ist (→ § 16 Rn. 32). Inwiefern der Untergang der Aktien infolge der Verschmelzungskomponente eine Pflichtverletzung im Rahmen des Darlehensverhältnisses darstellt, muss im Rahmen des § 62 Abs. 5 UmwG keine Rolle spielen. Insofern kann ein Ausgleich nach allgemeinem Schuldrecht erfolgen.[46]

III. Ablauf des verschmelzungsrechtlichen Squeeze-out-Verfahrens

1. Verfahrensschritte im Überblick

26   Der verschmelzungsrechtliche Squeeze-out verzahnt die Abläufe einer Konzernverschmelzung und eines aktienrechtlichen Squeeze-outs, was nicht zuletzt durch die verschiedenen Rechtsquellen im UmwG und AktG anspruchsvoll ist, sich aber in der Praxis gut handhaben lässt. Zusammenfassend wird sich häufig die folgende Abfolge der einzelnen Verfahrensschritte anbieten:[47]

– **Vorbereitungsphase**
 – Vorstands- und Aufsichtsratsbeschluss des Hauptaktionärs über die geplante Transaktion;
 – Vorsorglich Übermittlung des Squeeze-out-Verlangens durch den Hauptaktionär an übertragende AG (→ Rn. 27);
 – Ad hoc-Mitteilung der übertragenden AG (sofern börsennotiert) über die geplante Transaktion (→ Rn. 48);
 – Antrag auf gerichtliche Bestellung des Übertragungs- und vorsorglich des (personenidentischen) Verschmelzungsprüfers beim zuständigen Gericht (→ Rn. 30);
 – Überlassung der vom Vorstand und Aufsichtsrat verabschiedeten Unternehmensplanung der übertragenden AG an den privat beauftragten Bewertungsgutachter des Hauptaktionärs;
 – Prüfung der Unternehmensbewertung durch den gerichtlich bestellten Übertragungsprüfer;
 – Vorstands- und Aufsichtsratsbeschluss des Hauptaktionärs über die Höhe der Barabfindung;
 – Vorsorglich Übermittlung des konkretisierten Squeeze-out-Verlangens durch den Hauptaktionär an die übertragende AG unter Bezifferung der Barabfindung (→ Rn. 29);
 – Ad hoc-Mitteilung der übertragenden AG (sofern börsennotiert) über die Höhe der Barabfindung (→ Rn. 48).
– **Unterzeichnungs- und Veröffentlichungsphase**
 – Notarielle Beurkundung des Verschmelzungsvertrags (→ Rn. 33);
 – Zeitgleich Unterzeichnung des Übertragungsberichts und ggf. vorsorglich des Verschmelzungsberichts sowie des Prüfungsberichts und des ggf. vorsorglich erstellten Verschmelzungsprüfungsberichts (→ Rn. 30 ff., 39 ff.);
 – Zugleich Zuleitung des Verschmelzungsvertrags zum Betriebsrat und ggf. der Schreiben nach § 613a BGB;
 – Ausstellung der Bankgewährleistung (→ Rn. 42);

---

[44] BGH II ZR 302/06, DNotZ 2009, 695 Rn. 8 (zum Squeeze-out).
[45] Schmitt/Hörtnagl/Stratz/*Stratz* § 62 Rn. 18 (einschränkend „grundsätzlich"); Kallmeyer/*Marsch-Barner* § 62 Rn. 39; Lutter/*Grunewald* § 62 Rn 52; *Rieder* ZGR 2009, 981. Kritisch *Widmann* AG 2014, 189; *Florstedt* NZG 2015 1212 ff., 1218; *Fisch* S. 228 ff.
[46] Vgl. Kallmeyer/*Marsch-Barner* § 62 Rn. 39.
[47] Vgl. *Bungert/Wettich* DB 2011, 1500, 1501 f.

– Veröffentlichung der Hinweisbekanntmachung beider AGs (→ Rn. 44, Rn. 49) und der Einladung zur Hauptversammlung der übertragenden AG (→ Rn. 50) im Bundesanzeiger;
– Zugleich Übersendung des Verschmelzungsvertrags zum zuständigen Handelsregister (→ Rn. 44);
– Zugleich Auslage der Squeeze-out-Dokumentation in den Geschäftsräumen der übertragenden AG bzw. deren Veröffentlichung im Internet (→ Rn. 50);
– Zugleich Auslage der Verschmelzungsdokumentation (vorsorglich einschl. Verschmelzungsbericht und Verschmelzungsprüfungsbericht) in den Geschäftsräumen der AGs bzw. deren Veröffentlichung im Internet (→ Rn. 45, → Rn. 49).
– **Schlussphase**
– Durchführung der Squeeze-out-Hauptversammlung der übertragenden AG (→ Rn. 54);
– Einreichung der Handelsregisteranmeldungen (→ Rn. 58 ff.);
– Banktechnische Abwicklung des Squeeze-out.

2. Squeeze-out-Verlangen (§ 62 Abs. 5 Satz 8 UmwG, § 327a Abs. 1 AktG)

Gemäß § 327a Abs. 1 Satz 1 AktG hat der Hauptaktionär die Übertragung von Aktien der Minderheitsaktionäre auf ihn gegen Gewährung einer angemessenen Barabfindung von der Gesellschaft zu verlangen. Ob ein solches **Squeeze-out-Verlangen** vermittelt über die Vorschrift des § 62 Abs. 5 Satz 8 UmwG auch im Fall eines verschmelzungsrechtlichen Squeeze-out erforderlich ist, ist höchstrichterlich nicht geklärt. Mit guten Gründen wird von der h. M. angenommen, dass ein solches Verlangen **entbehrlich** ist wegen der zwingenden Angabe im Verschmelzungsvertrag, dass im Zusammenhang mit der Verschmelzung ein Ausschluss der Minderheitsaktionäre erfolgen soll.[48] Diese Auffassung berücksichtigt insbesondere, dass der verschmelzungsrechtliche Squeeze-out anders als der aktienrechtliche nicht einseitig erzwungen werden kann, sondern in Gestalt des Verschmelzungsvertrags eine zweiseitige Vereinbarung erfordert. 27

In der **Praxis** empfiehlt es sich mit Blick auf die nicht abschließend geklärte Rechtslage, der übertragenden AG vorsorglich ein ausdrückliches Squeeze-out-Verlangen zu übermitteln.[49] Hierfür spricht auch, dass in der Folge rechtssicher die **Mitwirkungspflichten** des Vorstands der übertragenden AG und spiegelbildlich das **Informationsrecht** der übernehmenden AG gem. § 327b Abs. 1 Satz 2 AktG i. V. m. § 62 Abs. 5 Satz 8 UmwG ausgelöst werden, ohne dass man andere Rechtsgrundlagen (etwa Nebenpflichten des Verschmelzungsvertrags; konkludentes Verlangen durch Aufnahme der Verhandlungen) heranziehen muss. Das Informationsrecht ermöglicht es dem Hauptaktionär, die für die Unternehmensbewertung erforderlichen Planungen und sonstige Unterlagen einzusehen und somit die Barabfindung zu ermitteln und zu bestimmen. Auch wenn man in der Übersendung des Entwurfs des Verschmelzungsvertrags (mit der darin enthaltenen Verknüpfung mit einem Squeeze-out) ein Übertragungsverlangen erblicken kann,[50] bietet sich in der Praxis ein zeitlich vorgelagertes gesondertes Verlangen (noch ohne Nennung der Barabfindung) an, um parallel zur Erstellung der Vertragsdokumentation mit der häufig zeitintensiven Unternehmensbewertung beginnen zu können. 28

Aus dieser zeitlichen Staffelung folgt zugleich, dass der Hauptaktionär wie beim aktienrechtlichen Squeeze-out nach Abschluss der Unternehmensbewertung die Höhe der Bar- 29

---

[48] Lutter/*Grunewald* § 62 Rn. 36; *Göthel* ZIP 2011, 1541, 1545; *Wagner* DStR 2010, 1629, 1633; *Austmann* NZG 2011, 684, 689; *Kiefner/Brügel* AG 2011, 525, 537; *Mayer* NZG 2012, 561, 567. A. A. *Schockenhoff/Lumpp* ZIP 2013, 749, 753.
[49] Vgl. Kallmeyer/*Marsch-Barner* § 62 Rn. 41; *Bungert/Wettich* DB 2011, 1500, 1501; *Mayer* NZG 2012, 561, 567; *Schockenhoff/Lumpp* ZIP 2013, 749, 753.
[50] *Schockenhoff/Lumpp* ZIP 2013, 749, 753.

abfindung festlegt und diese dann dem Vorstand der übertragenden AG bekanntgibt.[51] Dies erfolgt in der Praxis wie beim aktienrechtlichen Squeeze-out in einem sog. **konkretisierten Squeeze-out-Verlangen**, welches dem Abschluss des Verschmelzungsvertrags und der Einberufung der Squeeze-out-Hauptversammlung vorgelagert ist.

3. Bewertungsgutachten und gerichtlich bestellter Sachverständiger (§ 62 Abs. 5 Satz 8 UmwG, § 327c Abs. 2 AktG)

30 Die Angemessenheit der Barabfindung ist gemäß § 327c Abs. 2 Satz 2 bis 4 AktG i. V. m. § 62 Abs. 5 Satz 8 UmwG durch einen auf Antrag des Hauptaktionärs gerichtlich ausgewählten und bestellten Prüfer zu prüfen. Dieser berichtet gemäß § 293e Abs. 1 AktG, § 327c Abs. 2 Satz 4 AktG, § 62 Abs. 5 Satz 8 UmwG schriftlich über das Ergebnis seiner Prüfung; der **Squeeze-out-Prüfungsbericht** ist mit einer Erklärung darüber abzuschließen, ob die vom Hauptaktionär festgelegte Barabfindung angemessen ist. Ebenso wie beim aktienrechtlichen Squeeze-out beauftragt der Hauptaktionär daneben in der Praxis einen Bewertungsgutachter, der die Unternehmensbewertung vorbereitet und ein privates **Bewertungsgutachten** verfasst, welches sich der Hauptaktionär im Rahmen seiner Berichterstattung über die Angemessenheit der angebotenen Barabfindung im Übertragungsbericht zu eigen macht.

31 Dagegen ist es nach ganz überwiegender Auffassung **nicht erforderlich**, daneben auch den Verschmelzungsvertrag prüfen zu lassen und einen **Prüfungsbericht zur Verschmelzung** zu erstellen.[52] Dies folgt daraus, dass es sich letztlich um eine 100 % Verschmelzung handelt, für die nach §§ 12 Abs. 3, 9 Abs. 3, 8 Abs. 3 Satz 1 Alt. 2 UmwG Erleichterungen vorgesehen sind. Denn der der Squeeze-out wird nach zutreffender Ansicht zeitgleich mit der der Verschmelzung wirksam.[53] Nichts anderes folgt daraus, dass § 62 Abs. 4 Satz 3, Abs. 3 UmwG hinsichtlich der zu veröffentlichenden Informationen auf § 63 Abs. 1 UmwG verweist, der seinerseits den Verschmelzungsprüfungsbericht aufführt. Denn § 63 UmwG wird in den Fällen des § 8 Abs. 3 UmwG generell notwendig systematisch und damit einschränkend ausgelegt. Diese Norm begründet keine Berichts-, sondern nur Offenlegungspflichten. Ein Prüfungsbericht wäre vor allem neben dem ausführlichen Squeeze-out-Prüfungsbericht funktionslos,[54] denn der Verschmelzungsvertrag enthält keine – für die Minderheitsaktionäre wesentlichen – Angaben zur Barabfindung (→ Rn. 35). Die vorstehende Sichtweise ist mit Blick auf die Vorgaben der Verschmelzungsrichtlinie auch europarechtlich zwingend.[55]

32 In der **Praxis** beantragen indes die beiden beteiligten Rechtsträger gemeinsam in Ermangelung einer etablierten Rechtsprechung auch die gerichtliche Bestellung eines Verschmelzungsprüfers, so dass ein **Prüfungsbericht zur Verschmelzung erstellt** wird.[56] Diese sehr vorsichtige Sicht speist sich aus der Sorge um Anfechtungsgründe, die bei der – in der Praxis entsprechend anders behandelten – 100 %-Konzernverschmelzung mangels jeglicher Beschlussfassung auf Ebene der Tochter nicht auftreten können. Zudem ist der zusätzliche Aufwand begrenzt, da die Anträge auf Bestellung von Übertragungsprüfer und Verschmel-

---

[51] *Mayer* NZG 2012, 561, 567. Zum Erfordernis die Höhe der Barabfindung im Übertragungsverlangen zu benennen s. auch Lutter/*Grunewald* § 62 Rn. 36.

[52] Lutter/*Grunewald* § 62 Rn. 43; Schmitt/Hörtnagl/Stratz/*Stratz* § 62 Rn. 23; *Freytag* BB 2010, 1611, 1617; *Göthel* ZIP 2011, 1541, 1546; *Hofmeister* NZG 2012, 688, 693; *Kiefner/Brügel* AG 2011, 525, 529; *Klie/Wind/Rödter* DStR 2011, 1668, 1670; *Mayer* NZG 2012, 561, 573; *Schockenhoff/Lumpp* ZIP 2013, 749, 757. **A. A.** wohl *Neye/Kraft* NZG 2011, 681, 683; wohl auch mit Verweis auf § 63 UmwG Kallmeyer/*Marsch-Barner* § 62 Rn. 41; Lutter/*Grunewald* § 62 Rn. 40.

[53] *Kiefner/Brügel* AG 2011, 525, 528; *Mayer* NZG 2012, 561, 574; *Austmann* NZG 2011, 684, 688. **A. A.** juristische Sekunde zuvor *Göthel* ZIP 2011, 1541, 1547; Kallmeyer/*Marsch-Barner* § 62 Rn. 46; Widmann/Mayer/*Rieger* § 62 Rn. 196.

[54] *Göthel* ZIP 2011, 1541, 1546; *Kiefner/Brügel* AG 2011, 525, 529; *Mayer* NZG 2012, 561, 573.

[55] Für die Einzelheiten vgl. *Kiefner/Brügel* AG 2011, 525, 529.

[56] S. Empfehlung *Mayer* NZG 2012, 561, 573; vgl. auch *Schockenhoff/Lumpp* ZIP 2013, 749, 758.

zungsprüfer regelmäßig zusammengefasst werden und regelmäßig die gleiche Person als Prüfer für beide Vorgänge bestellt und der Verschmelzungsprüfungsbericht kurz gehalten wird.

4. Squeeze-out- und Verschmelzungsdokumentation

a) Verschmelzungsvertrag. Eine wesentliche Grundlage des verschmelzungsrechtlichen Squeeze-out ist der Verschmelzungsvertrag. Dieser wird nach § 4 Abs. 1 UmwG durch die Vertretungsorgane der an der Verschmelzung beteiligten Rechtsträger oder deren Bevollmächtigte in notariell beurkundeter Form (§ 6 UmwG) geschlossen. 33

Der Verschmelzungsvertrag wird vom **Vorstand der abhängigen übertragenden AG** unterzeichnet, der (außerhalb einer Vertragskonzernierung) daher nach allgemeinen Grundsätzen und unter Anerkennung eines weiten unternehmerischen Ermessens prüfen muss, ob die beabsichtigte Verschmelzung unter Ausschluss der Minderheitsaktionäre im Unternehmensinteresse der AG liegt (§ 93 AktG). 34

Zum Inhalt des Verschmelzungsvertrags sind folgende Besonderheiten zu beachten: 35
– Der Verschmelzungsvertrag oder sein Entwurf muss nach § 62 Abs. 5 Satz 2 UmwG die Angabe enthalten, dass im Zusammenhang mit der Verschmelzung ein Ausschluss der Minderheitsaktionäre der übertragenden Gesellschaft erfolgen soll.
– Angaben i. S. d. § 5 Abs. 2 UmwG zum **Umtausch der Anteile** sind nicht erforderlich, da der Squeeze-out nach richtiger Auffassung zeitgleich mit der Verschmelzung wirksam wird und es sich damit rechtstechnisch um eine 100%-Konzernverschmelzung handelt.[57]
– Ein **Barabfindungsangebot** nach § 29 UmwG ist deswegen ebenfalls nicht aufzunehmen, zumal die Barabfindung im Rahmen des Squeeze-out vorrangig geregelt ist.[58]
– Ein **rollierender Stichtag** ist zulässig und kann angesichts der Komplexität der Transaktion sinnvoll sein;[59] denn sollte sich die Eintragung der Maßnahme über ein Jahr verzögern und der verschmelzungsrechtliche und handelsrechtliche Stichtag blieben unverändert, so würde die rückwirkende Buchung in der Rechnungslegung meistens nur schwer möglich sein, insbesondere mit Blick auf zwischenzeitlich bereits festgestellte Jahresabschlüsse. Aus ähnlichen Erwägungen kann auch eine Rücktrittsregelung zulässig und zweckmäßig sein.[60]
– Auch ist eine **aufschiebende Bedingung**, dass der Verschmelzungsvertrag nur mit Eintragung des Squeeze-out wirksam ist, zulässig[61] und empfehlenswert. Sie sorgt für den Fall vor, dass der Übertragungsbeschluss der Hauptversammlung der übertragenden AG erfolgreich angefochten wird und auch durch ein Freigabeverfahren eine Überwindung der Registersperre nicht erreicht wird.

Die **Beurkundung des Verschmelzungsvertrags** ist in verfahrensrechtlicher Hinsicht der zentrale **Meilenstein**. Gemäß § 62 Abs. 5 Satz 1 UmwG „kann" die Squeeze-out-Hauptversammlung der übertragenden AG innerhalb von **drei Monaten** nach Vertragsschluss stattfinden. Daraus folgert die allgemeine Auffassung zu Recht, dass der Verschmelzungsvertrag **spätestens** bei Fassung des Squeeze-out-Beschlusses der übertragenden Gesellschaft abgeschlossen sein muss. Die Hauptversammlung darf also nicht vorher statt- 36

---

[57] Lutter/Grunewald § 62 Rn. 38; Kallmeyer/Marsch-Barner § 62 Rn. 38; Bungert/Wettich DB 2011, 1500, 1502; Göthel ZIP 2011, 1541, 1543; Hofmeister NZG 2012, 688, 689; Mayer NZG 2012, 561, 566; Fisch S. 130 f. A. A. wohl Neye/Kraft NZG 2011, 681, 683; Heckschen NZG 2010, 1041, 1045 (allerdings noch mit Blick auf den Regierungsentwurf, wonach die Verschmelzung auch bei Scheitern des Squeeze-out zur Eintragung gelangen könnte).
[58] Lutter/Grunewald § 62 Rn. 39; Kallmeyer/Marsch-Barner § 62 Rn. 38; Mayer NZG 2012, 561, 566.
[59] Hofmeister NZG 2012, 688, 689.
[60] Hofmeister NZG 2012, 688, 689 f.
[61] Austmann NZG 2011, 684, 687; Hofmeister NZG 2012, 688, 689; Bungert/Wettich DB 2010, 1629, 1633; Mayer NZG 2012, 561, 567.

finden.[62] Der Wortlaut des § 62 Abs. 5 Satz 1 UmwG („*kann*") soll lediglich zum Ausdruck bringen, dass die Hauptversammlung trotz abgeschlossenem Verschmelzungsvertrag nicht verpflichtet ist, der Transaktion zuzustimmen.[63] Umgekehrt muss der Verschmelzungsvertrag nicht bereits zwingend bei Veröffentlichung der Hauptversammlungseinladung abgeschlossen sein,[64] da nach § 62 Abs. 5 Satz 5 UmwG im Zuge der Vorbereitung der Hauptversammlung zur Einsicht der Aktionäre nach § 327c Abs. 3 AktG auch ein Entwurf ausgelegt werden darf.

37 Indes wird es in der **Praxis** regelmäßig zweckmäßig sein, den Verschmelzungsvertrag **bereits früher** abzuschließen.[65] Denn daran sind zugleich die Fristen für die Informationspflichten aus § 62 Abs. 3 UmwG (→ Rn. 45, 49) geknüpft, deren Lauf regelmäßig früher beginnen soll. Überdies mag es insbesondere aus Kommunikationsgesichtspunkten vorteilhaft sein, mit der Veröffentlichung der Hauptversammlungseinladung sämtliche Informationspflichten „auf einen Schlag" zu erfüllen. Ferner vermeidet dieses Vorgehen rechtliche Risiken, die mit etwaigen Abweichungen zwischen Entwurf und endgültiger Version einhergehen.[66] Im Ergebnis fungiert die Beurkundung des Verschmelzungsvertrags damit in der Praxis häufig als „Startschuss" für die Veröffentlichung der Hauptversammlungseinladung und der Detailinformation der Aktionäre.

38 Die Frist von drei Monaten, innerhalb derer die Squeeze-out-Hauptversammlung nach Abschluss des Verschmelzungsvertrags stattfinden muss, berechnet sich nach §§ 187 ff. **BGB**.[67] Zur Fristberechnung können die zu § 62 Abs. 4 UmwG entwickelten Grundsätze herangezogen werden (→ § 16 Rn. 94 ff.).

39 **b) Übertragungs- und Verschmelzungsbericht.** Der Hauptaktionär muss einen Squeeze-out-Bericht nach § 62 Abs. 5 Satz 8 UmwG i. V. m. § 327c Abs. 2 AktG erstellen, dem in der Praxis regelmäßig das Bewertungsgutachten als Anlage als integraler Berichtsbestandteil beigefügt wird. Zu Recht wird darauf hingewiesen, dass sich der Bericht auf die **Voraussetzungen und Rechtsfolgen des Squeeze-out** und die **Angemessenheit der Barabfindung** konzentrieren kann, während die Verschmelzung nicht im Fokus steht.[68] Denn der Übertragungsbericht richtet sich an die Minderheitsaktionäre der übertragenden Gesellschaft, für die das Verfahren im Kern die gleichen Rechtsfolgen wie ein rein aktienrechtlicher Squeeze-out hat. Selbstredend ist die Mechanik des verschmelzungsrechtlichen Squeeze-out (unter Berücksichtigung der verschmelzungsrechtlichen Besonderheiten) ebenso darzulegen, wie es im Fall eines aktienrechtlichen Squeeze-out der Fall wäre.

40 Dagegen ist ein **Verschmelzungsbericht** gemäß § 8 Abs. 3 Satz 1 Var. 2 UmwG nicht **erforderlich**.[69] Dafür sprechen die gleichen Argumente, die eine Bestellung eines Verschmelzungsprüfers und einen Verschmelzungsprüfungsbericht nach UmwG obsolet machen (→ Rn. 31).

41 Indes verfährt die **Praxis** in Ermangelung einer etablierten Rechtsprechung auch hier bislang vorsorglich so, dass die Vorstände der beteiligten AGs einen (üblicherweise gemein-

---

[62] *Bungert/Wettich* DB 2011, 1500, 1502; *Göthel* ZIP 2011, 1541, 1542; *Schockenhoff/Lumpp* ZIP 2013, 749, 757.
[63] *Göthel* ZIP 2011, 1541, 1542.
[64] *Göthel* ZIP 2011, 1541, 1542; *Schockenhoff/Lumpp* ZIP 2013, 749, 757.
[65] *Bungert/Wettich* DB 2011, 1500, 1502.
[66] Vgl. *Göthel* ZIP 2011, 1541, 1542 (Versionen müssten identisch sein).
[67] *Göthel* ZIP 2011, 1541, 1545.
[68] *Bungert/Wettich* DB 2010, 2545, 2546; *Göthel* ZIP 2011, 1541, 1545.
[69] *Lutter/Grunewald* § 62 Rn. 43; *Schmitt/Hörtnagl/Stratz/Stratz* § 62 Rn. 23; *Bungert/Wettich* DB 2010, 2545, 2546; *Fisch* S. 135; *Freytag* BB 2010, 1611, 1617; *Göthel* ZIP 2011, 1541, 1546; *Hofmeister* NZG 2012, 688, 693; *Kiefner/Brügel* AG 2011, 525, 528 f.; *Klie/Wind/Rödter* DStR 2011, 1668, 1670; *Mayer* NZG 2012, 561, 573; *Schockenhoff/Lumpp* ZIP 2013, 749, 757. A. A. wohl *Neye/Kraft* NZG 2011, 681, 683.

samen) Verschmelzungsbericht erstellen,[70] um Anfechtungsrisiken für den Übertragungsbeschluss auf der Ebene der übertragenden Gesellschaft zu minimieren.

c) Bankgewährleistung. Der Hauptaktionär muss dem Vorstand der übertragenden 42 Gesellschaft vor der Einberufung der Hauptversammlung gemäß § 327b Abs. 3 AktG i. V. m. § 62 Abs. 5 Satz 8 UmwG eine Bankgewährleistung übermitteln. Mit dieser Bankgewährleistung übernimmt ein **Kreditinstitut** die **Gewährleistung** für die Erfüllung der Verpflichtung des Hauptaktionärs, den Minderheitsaktionären nach Wirksamwerden des Übertragungsbeschlusses (§ 62 Abs. 5 Satz 7 UmwG) unverzüglich die festgelegte Barabfindung für die übergegangenen Aktien zu zahlen.

Anders als in den Fällen des aktienrechtlichen Squeeze-out wird der Übertragungs- 43 beschluss gemäß § 62 Abs. 5 Satz 7 UmwG nicht bereits mit seiner Eintragung im Handelsregister, sondern erst mit der Eintragung der Verschmelzung im Register des Sitzes der übernehmenden AG wirksam. Folglich entsteht auch die Verpflichtung des Hauptaktionärs zur Zahlung der festgelegten Barabfindung erst zu diesem Zeitpunkt. Abweichend von dem Wortlaut des § 327b Abs. 3 AktG muss sich deshalb auch die Gewährleistungserklärung nicht auf den Zeitpunkt der Eintragung, sondern auf den **Zeitpunkt des Wirksamwerdens** des – mit dem Vorbehaltsvermerk des § 62 Abs. 5 Satz 7 UmwG eingetragenen – Übertragungsbeschlusses beziehen.[71]

5. Information der Aktionäre

a) Aktionäre der übernehmenden AG. Nach dem Abschluss des Verschmelzungs- 44 vertrags hat der Vorstand der übernehmenden AG gemäß § 62 Abs. 5 Satz 3, Abs. 3 Satz 2 UmwG einen **Hinweis auf die bevorstehende Verschmelzung** in den Gesellschaftsblättern der übernehmenden Gesellschaft bekannt zu machen und den Verschmelzungsvertrag zum Register der übernehmenden Gesellschaft einzureichen. Darin ist insbesondere ein Hinweis aufzunehmen, dass die Minderheitsaktionäre der übernehmenden AG gemäß § 62 Abs. 2 UmwG ein Recht haben, auf eine Hauptversammlung der übernehmenden AG hinzuwirken. Siehe ausführlich zur Hinweisbekanntmachung (Inhalt, Fristsetzung mit Blick auf § 62 Abs. 2 UmwG, Verzicht auf das Recht aus § 62 Abs. 2 UmwG etc.) bei der Konzernverschmelzung (→ § 16 Rn. 44 ff.).

Gleichzeitig sind – ebenso wie bei der 100 %-Konzernverschmelzung – für die Dauer 45 eines Monats nach §§ 62 Abs. 5 Satz 3, Abs. 3 Satz 3, 63 Abs. 1 UmwG in dem **Geschäftsraum der übernehmenden Gesellschaft** folgende Unterlagen zur Einsicht der Aktionäre auszulegen (→ § 16 Rn. 58 ff.):
– der Verschmelzungsvertrag oder sein Entwurf (in der Praxis meist der abgeschlossene Vertrag),
– die Jahresabschlüsse und die Lageberichte der an der Verschmelzung beteiligten Rechtsträger für die letzten drei Geschäftsjahre;
– falls sich der letzte Jahresabschluss auf ein Geschäftsjahr bezieht, das mehr als sechs Monate vor dem Abschluss des Verschmelzungsvertrags oder der Aufstellung seines Entwurfs abgelaufen ist und seit dem letzten Jahresabschluss kein Halbjahresfinanzbericht gemäß § 37 WpHG veröffentlicht wurde, eine Zwischenbilanz nach näherer Maßgabe des § 63 Abs. 1 Nr. 3, Abs. 2 UmwG;
– die ggf. von den an der Verschmelzung beteiligten Rechtsträgern – auch gemeinsam – freiwillig bzw. vorsorglich (→ § 17 Rn. 40) erstatteten Verschmelzungsberichte nach § 8 UmwG und
– die ggf. von den oder dem gerichtlich ausgewählten und bestellten sachverständigen Prüfer erstatteten Verschmelzungsprüfungsbericht nach § 60 UmwG i. V. m. § 12 UmwG, die von den Beteiligten freiwillig bzw. vorsorglich initiiert wurden (→ Rn. 31 f.).

---

[70] Siehe Empfehlung *Mayer* NZG 2012, 561, 573; vgl. *Schockenhoff/Lumpp* ZIP 2013, 749, 758.
[71] *Mayer* NZG 2012, 561, 568; *Schockenhoff/Lumpp* ZIP 2013, 749, 756.

46 Auf Verlangen ist jedem Aktionär der übernehmenden Gesellschaft unverzüglich und kostenlos eine **Abschrift dieser Unterlagen** zu erteilen (§ 62 Abs. 3 Satz 6 UmwG). Gemäß § 62 Abs. 5 Satz 3, Abs. 3 Satz 8 UmwG entfällt auch diese Pflicht zur Übersendung der Unterlagen, wenn sie für denselben Zeitraum über die **Internetseite** der übernehmenden Gesellschaft zugänglich sind (→ § 16 Rn. 58 f.).

47 Ferner ist der Verschmelzungsvertrag zum **Handelsregister** der übernehmenden AG zu übermitteln (§ 62 Abs. 5 Satz 3, Abs. 3 Satz 2 AktG) (→ § 16 Rn. 56 ff.).

48 **b) Aktionäre der übertragenden AG.** Ist die übertragende AG börsennotiert, muss sie regelmäßig unmittelbar nach Erhalt des Squeeze-out-Verlangens (bzw. des Erhalt des Verschmelzungsvertragsentwurfs) eine **Ad-hoc-Mitteilung** nach Art. 17 MAR veröffentlichen.[72] Denn die Information wird regelmäßig Spekulationen über die Abfindung auslösen. Bedeutung kommt der zeitgerechten Bekanntgabe des Transaktionsvorhabens auch deshalb zu, weil mit der Veröffentlichung nach der Rechtsprechung des BGH der Referenzzeitraum für den Börsendurchschnittskurs endet, der als Untergrenze der Festlegung der Barabfindung zugrunde zu legen ist, sofern zwischen der Bekanntgabe und der Hauptversammlung kein „längerer Zeitraum" (d. h. mehr als sechs Monate) liegt.[73] Eine weitere Ad hoc-Mitteilung wird regelmäßig nach Erhalt des konkretisierten Squeeze-out-Verlangens erforderlich werden, in dem der Abfindungspreis genannt ist.

49 Nach Abschluss des Verschmelzungsvertrags übermittelt der Vorstand der übertragenden AG in der Praxis regelmäßig vorsorglich eine **Hinweisbekanntmachung** nach § 62 Abs. 3 Satz 2 UmwG (analog) an den Bundesanzeiger. Eine entsprechende Pflicht wird in der Literatur – wenig überzeugend – teils daraus entnommen, dass § 62 Abs. 5 Satz 3 UmwG pauschal auf § 62 Abs. 3 UmwG verweist, so dass die Informationspflichten nicht nur durch die übernehmende AG, sondern auch durch die übertragende Gesellschaft zu erfüllen seien.[74] Dies trifft indes nicht zu.[75] Systematisch steht die Hinweisbekanntmachung im Zusammenhang mit dem Recht der Minderheitsaktionäre der übernehmenden AG aus § 62 Abs. 2 UmwG. Sie hat keinen Bezug zur übertragenden AG. Dennoch wird in der Praxis höchstvorsorglich die Veröffentlichung der Vertragsunterlagen nach § 62 Abs. 3 UmwG bei der übertragende AG veranlasst.

50 Ab der Einberufung der Squeeze-out-Hauptversammlung hat die übertragende AG in ihren **Geschäftsräumen folgende Unterlagen auszulegen** bzw. im Internet zu veröffentlichen (§ 62 Abs. 5 Satz 8 UmwG i. V. m. § 327c Abs. 3–5 AktG):

– den Entwurf des Übertragungsbeschlusses;
– die Jahresabschlüsse und die Lageberichte der an der Verschmelzung beteiligten Rechtsträger für die letzten drei Geschäftsjahre;
– den Übertragungsbericht;
– den Prüfungsbericht zum Squeeze-out;
– den Verschmelzungsvertrag oder seinen Entwurf (§ 62 Abs. 5 Satz 5 UmwG i. V. m. § 327c Abs. 3 AktG);
– die ggf. von den an der Verschmelzung beteiligten Rechtsträgern – auch gemeinsam – freiwillig bzw. vorsorglich (→ Rn. 40 f.) erstatteten Verschmelzungsberichte nach § 8 UmwG und
– die ggf. von den oder dem gerichtlich ausgewählten und bestellten sachverständigen Prüfer erstatteten Verschmelzungsprüfungsbericht nach § 60 UmwG i. V. m. § 12 UmwG, die von den Beteiligten freiwillig bzw. vorsorglich initiiert wurden (→ Rn. 31 f.).

51 Auf Verlangen ist jedem Aktionär unverzüglich und kostenlos eine Abschrift dieser Unterlagen zu erteilen (§ 327c Abs. 4 AktG i. V. m. § 62 Abs. 5 Satz 1 UmwG). Die

---

[72] *Schockenhoff/Lumpp* ZIP 2013, 749, 759. A. A. *Mayer* NZG 2012, 561, 567 (ab Einigung über Transaktion).
[73] BGH II ZR 302/06, DB 2009, 1004 – Stollwerck.
[74] So wohl Lutter/*Grunewald* § 62 Rn. 40; *Mayer* NZG 2012, 561, 569.
[75] *Schockenhoff/Lumpp* ZIP 2013, 749, 759.

Pflicht zur Auslegung und Übersendung dieser Unterlagen entfällt, wenn sie für denselben Zeitraum über die Internetseite der Gesellschaft zugänglich sind (§ 327c Abs. 5 AktG i. V. m. § 62 Abs. 5 Satz 8 UmwG).

Schließlich muss die übertragende AG nach allgemeinen Regeln den Verschmelzungsvertrag nach § 61 UmwG zum Handelsregister einreichen.[76]

6. Information des Betriebsrats und der Arbeitnehmer

Dem Betriebsrat ist der Verschmelzungsvertrag spätestens nach dessen Beurkundung zu übermitteln (§ 62 Abs. 5 Satz 4 UmwG). Zudem kann es sich empfehlen, zeitnah die Informationsschreiben nach § 613a BGB zu versenden.

7. Durchführung der Hauptversammlung bei der übertragenden Gesellschaft

a) Gegenstand der Beschlussfassung. Die Hauptversammlung der übertragenden AG muss innerhalb von drei Monaten nach dem Abschluss des Verschmelzungsvertrages einen **Übertragungsbeschluss** nach § 327a Abs. 1 Satz 1 AktG über die Übertragung der Aktien der Minderheitsaktionäre auf den Hauptaktionär gegen Barabfindung fassen. Dagegen ist die Verschmelzung selbst nicht Beschlussgegenstand, da die übertragende Gesellschaft insofern bereits als 100%-Tochtergesellschaft im Sinne des § 62 Abs. 4 UmwG gilt, bei der ein Verschmelzungsbeschluss generell entbehrlich ist. Dies wird in § 62 Abs. 4 Satz 2 UmwG ausdrücklich klargestellt, um dem Einwand vorzubauen, im Zeitpunkt der Beschlussfassung der übertragenden Gesellschaft sei der Squeeze-out noch nicht vollzogen und dementsprechend Minderheitsaktionäre noch vorhanden.[77] Dementsprechend können Minderheitsaktionäre der übertragenden AG auch nicht über § 122 AktG oder über § 62 Abs. 2 UmwG (der ohnehin nur den Aktionären der übernehmenden AG mit Blick auf eine Hauptversammlungsbefassung dort offensteht) eine Beschlussfassung der übertragenden AG über die Verschmelzung erzwingen.[78]

b) Auslage von Unterlagen während der Hauptversammlung. Die vor der Hauptversammlung bereits zugänglich gemachten Unterlagen (→ Rn. 49, 50) sind gemäß § 327d Satz 1 AktG i. V. m. § 62 Abs. 5 Satz 8 UmwG auch in der Hauptversammlung der Gesellschaft zugänglich zu machen. Dies umfasst in der Praxis zur Risikovermeidung auch die Verschmelzungsdokumentation nach § 62 Abs. 3 UmwG.

c) Anfechtungsklage und Spruchverfahren. Gegen den Squeeze-out-Beschluss der übertragenden AG bestehen **Anfechtungsrechte nach allgemeinem Aktienrecht** und nicht nach dem UmwG. Damit entsprechen die Schutzrechte der Minderheitsgesellschafter gegen den verschmelzungsrechtlichen Squeeze-out-Beschluss denen bei einem aktienrechtlichen Squeeze-out. Diese Rechte werden nicht durch das umwandlungsrechtliche Verfahren erweitert, denn den Minderheitsaktionären der übertragenden AG stehen mangels persönlicher Betroffenheit keine Rechtsbehelfe wie z. B. Unterlassungs- bzw. Feststellungsklage gegen die Verschmelzung zu.[79] Auch werden formale Fehler des Verschmelzungsverfahrens im Anfechtungsprozess keinen Erfolg haben, da ihnen regelmäßig die Relevanz für den Squeeze-out fehlen wird.[80]

In der Praxis hat die Bedeutung der Anfechtungsklage vor dem Hintergrund des reformierten Freigabeverfahrens seit Inkrafttreten des ARUG[81] im Jahr 2009 abgenommen. Regelmäßig ist aber ein Spruchverfahren über die Angemessenheit der Barabfindung zu erwarten. Nach § 4 Abs. 1 Satz 1 Nr. 3 SpruchG beginnt die **Antragsfrist zur Einleitung eines Spruchverfahrens** mit der Bekanntmachung der Eintragung des Übertragungsbeschlusses im Handelsregister (vgl. § 327e Abs. 3 AktG). Diese Regelung passt nicht

---
[76] *Mayer* NZG 2012, 561, 567.
[77] *Bungert/Wettich* DB 2011, 1500; *Hofmeister* NZG 2012, 688, 690.
[78] *Lutter/Grunewald* § 62 Rn. 42; *Hofmeister* NZG 2012, 688, 691.
[79] *Kiefner/Brügel* AG 2011, 525, 538.
[80] Vgl. *Kiefner/Brügel* AG 2011, 525, 538.
[81] Gesetz zur Umsetzung der Aktionärsrechterichtlinie (ARUG) v. 30.7.2009 (BGBl. I S. 2479).

in der Konstellation des verschmelzungsrechtlichen Squeeze-out, da dieser – anders als der aktienrechtliche Squeeze-out – nicht bereits mit der Eintragung im Handelsregister wirksam wird, sondern erst mit der Eintragung der Verschmelzung im Handelsregister der übernehmenden Gesellschaft. Nach dem Sinn und Zweck ist die Verweisungskette der § 62 Abs. 5 Satz 8 UmwG i. V. m. § 327f AktG und § 4 Abs. 1 Satz 1 Nr. 3 SpruchG beim verschmelzungsrechtlichen Squeeze-out daher so zu lesen, dass die Antragsfrist zur Einleitung eines Spruchverfahrens zwar grundsätzlich mit der Bekanntmachung der Eintragung des Übertragungsbeschlusses im Handelsregister beginnt, frühestens aber mit der Eintragung der Verschmelzung im Handelsregister der übernehmenden Gesellschaft.[82]

8. Anmeldung des verschmelzungsrechtlichen Squeeze-out zum Handelsregister

58 **a) Anmeldung bei der übertragenden Gesellschaft.** Bei der übertragenden Gesellschaft sind einerseits die Verschmelzung und andererseits der Squeeze-out anzumelden, wobei jeweils die allgemeinen Regeln zu berücksichtigen sind. Dabei besteht die Besonderheit, dass beantragt wird, den **Übertragungsbeschluss mit dem Vermerk** einzutragen, dass er erst gleichzeitig mit der Eintragung der Verschmelzung im Register des Sitzes der übernehmenden AG wirksam wird (§ 62 Abs. 5 S. 7 UmwG). Eine Negativerklärung nach § 16 Abs. 2 Satz 1 UmwG entfällt (→ § 16 Rn. 88); es kann ein Hinweis beigefügt werden, dass Klagen mangels Verschmelzungsbeschlüsse auch nicht erhoben werden können.

59 Teils wird vertreten, dass zunächst der Sperrvermerk nach § 62 Abs. 5 Satz 7 UmwG im Handelsregister der übertragenden Gesellschaft eingetragen sein muss, bevor die Verschmelzung angemeldet werden kann.[83] Dies ist unzutreffend[84] und wird in der Praxis anders gehandhabt. Unproblematisch können der **Squeeze-out und die Verschmelzung zeitgleich** in einer Handelsregisteranmeldung dem Handelsregister übermittelt werden; dies erfolgt mit der Anweisung und der Maßgabe, die Verschmelzung bei der übertragenden AG erst nach dem Squeeze-out samt Sperrvermerk einzutragen.[85]

60 Der Verschmelzungsvertrag ist der Anmeldung beizufügen (§ 62 Abs. 5 Satz 6 UmwG) und nicht der Entwurf; der anderslautende Gesetzeswortlaut beruht auf einem Redaktionsversehen.[86] Auch ist nach allgemeinen Regeln die Schlussbilanz des übertragenden Rechtsträgers beizufügen, die nicht älter als acht Monate sein darf (§ 17 Abs. 2 UmwG).

61 Die Eintragung in das Handelsregister der übertragenden AG darf – entsprechend der Rechtslage beim aktienrechtlichen Squeeze-out – nur und erst dann erfolgen, wenn der Vorstand erklärt, dass eine (Anfechtungs- oder Nichtigkeits-)Klage gegen den Übertragungsbeschluss nicht oder nicht fristgemäß erhoben wurde (bzw. rechtskräftig abgewiesen oder zurückgenommen wurde (sog. Negativattest), oder im Fall einer Klage durch ein Freigabeverfahren festgestellt wird, dass die Erhebung der Klage der Eintragung nicht entgegensteht, § 62 Abs. 5 Satz 8 UmwG i. V. m. §§ 327e Abs. 2, 319 Abs. 5 und 6 AktG. Der **Anmeldereife** (nicht Eintragungsreife) für den verschmelzungsrechtlichen Squeeze-out und die Verschmelzung und damit der Beachtung der 8-Monats-Vorgabe für die Schlussbilanz gem. § 17 Abs. 2 UmwG steht die Erhebung einer Klage gegen den Übertragungsbeschluss nicht entgegen.[87]

62 **b) Anmeldung bei der übernehmenden Gesellschaft.** Mit der Handelsregisteranmeldung der übernehmenden AG ist die Verschmelzung durch Aufnahme gemäß §§ 2 Nr. 1, 4 ff. i. V. m. §§ 60 ff. UmwG nach allgemeinen Regeln vom Vorstand anzumelden.

---

[82] *Schockenhoff/Lumpp* ZIP 2013, 749, 756.
[83] *Kallmeyer/Marsch-Barner* § 62 Rn. 45; *Mayer* NZG 2012, 561, 574.
[84] *Kiefner/Brügel* AG 2011, 525, 532; *Bungert/Wettich* DB 2010, 2545, 2546; *Mayer* NZG 2012, 561, 571.
[85] *Bungert/Wettich* DB 2010, 2545, 2546; *Kiefner/Brügel* AG 2011, 525, 531 f.
[86] *Kallmeyer/Marsch-Barner* § 62 Rn. 43; *Bungert/Wettich* DB 2010, 2545, 2546.
[87] *Kiefner/Brügel* AG 2011, 525, 531, 537.

Zur Negativerklärung nach § 62 Abs. 3 Satz 5 UmwG siehe bei der Konzernverschmelzung § 16 Rn. 88.

IV. Fehlerfolgen und Eintragung im Handelsregister

1. Verfahrensfehler und Rechtsschutz

Wird gegen die Vorschriften des Verschmelzungsverfahrens nach § 62 Abs. 5 UmwG 63 verstoßen, stellt dies ein **Eintragungshindernis** dar, das das Registergericht – zum Schutz der Aktionäre der Obergesellschaft – von Amts wegen prüft. Indes können Aktionäre der Untergesellschaft Mängel des Verschmelzungsverfahrens nicht mit der Anfechtungsklage geltend machen, denn Gegenstand der Beschlussfassung ist alleine der Squeeze-out, und der verschmelzungsrechtliche Squeeze-out ist unter verschmelzungsrechtlichem Blickwinkel als 100%-Verschmelzung konzipiert, in der es beim übertragenden Rechtsträger keine schutzwürdigen Minderheitsgesellschafter gibt.[88] Umgekehrt können die Aktionäre der Obergesellschaft nicht gegen Fehler des Squeeze-out-Verfahrens vorgehen. Den Aktionären der Untergesellschaft steht wie beim aktienrechtlichen Squeeze-out die Anfechtungsklage gegen den Übertragungsbeschluss offen, wobei die Bewertungsrüge ausschließlich Gegenstand des nachgelagerten Spruchverfahrens ist (→ Rn. 56 f.). Daneben ist – entsprechend der Rechtslage beim aktienrechtlichen Squeeze-out[89] – auch das Registergericht von Amts wegen berechtigt, die formelle und materielle Rechtmäßigkeit des Übertragungsbeschlusses zu überprüfen und ggf. die Eintragung zu verweigern; ausgeklammert ist auch hier die Überprüfung der Angemessenheit der Barabfindung, die allein im Spruchverfahren erfolgt.

Eine Klage entweder gegen einen (nach § 62 Abs. 2 UmwG erzwungenen) Verschmel- 64 zungsbeschluss der Obergesellschaft oder gegen den Squeeze-out-Beschluss der Untergesellschaft löst eine **Registersperre** aus, was sich für die Verschmelzung aus § 16 UmwG und den Squeeze-out aus § 62 Abs. 5 Satz 8 UmwG i. V. m. §§ 327e Abs. 2, 319 Abs. 5 Satz 2 AktG ergibt.[90] Dies ist vor dem Hintergrund der weitreichenden Rechtsfolge der Registereintragung (→ Rn. 62 ff.) folgerichtig. Diese Registersperre kann durch die jeweilige AG in einem **Freigabeverfahren** als spezielles Eilverfahren überwunden werden, wobei für den Squeeze-out-Beschluss der Untergesellschaft die aktienrechtliche Regelung der §§ 327e Abs. 2 i. V. m. 319 Abs. 6 AktG und für den Verschmelzungsbeschluss der Obergesellschaft § 16 Abs. 3 UmwG greifen.

Ein erfolgreiches Freigabeverfahren und die daran anknüpfenden Handelsregistereintra- 65 gungen (Wirksamwerden des Ausschlusses der Minderheitsaktionäre) führen nicht dazu, dass den (dann ehemaligen) Aktionären der Untergesellschaft die Klagebefugnis für die Anfechtungsklage fehlt bzw. diese entfällt.[91] Wird das Hauptsacheverfahren gewonnen, findet keine Rückabwicklung des verschmelzungsrechtlichen Squeeze-out statt, was sich zum einen aus § 20 Abs. 2 UmwG und zum anderen aus den in Bezug genommenen Grundsätzen zum aktienrechtlichen Squeeze-out (Bestandskraft des Squeeze-out; auch kein Schadensersatz in Gestalt der Naturalrestitution, § 62 Abs. 5 Satz 8 UmwG i. V. m. §§ 327e Abs. 2, 319 Abs. 6 Satz 10 und 11 AktG) ableitet.[92]

2. Wirksamwerden des verschmelzungsrechtlichen Squeeze-out infolge Eintragung in das Handelsregister

Das Registergericht der übertragenden AG trägt infolge der Anmeldung zunächst den 66 Squeeze-out mit Sperrvermerk nach § 62 Abs. 5 Satz 7 UmwG und die Verschmelzung ein; erst dann erfolgt die Eintragung der Verschmelzung bei der übernehmenden Gesellschaft. Mit Eintragung der Maßnahme bei der übernehmenden Gesellschaft wird – nach

---

[88] *Kiefner/Brügel* AG 2011, 525, 538 f.; *Fisch* S. 181.
[89] Münchener Kommentar-AktG/*Grunewald* § 327a Rn. 4.
[90] Für den Squeeze-out Kallmeyer/*Marsch-Barner* § 62 Rn. 41.
[91] *Kiefner/Brügel* AG 2011, 525, 539.
[92] *Kiefner/Brügel* AG 2011, 525, 539.

wohl inzwischen h. M. und in Übereinstimmung mit dem Wortlaut **gleichzeitig** – sowohl der Squeeze-out als auch die Verschmelzung **wirksam**.[93] Mit Wirksamwerden der Verschmelzung erlischt die übertragende AG als eigenständiger Rechtsträger (§ 20 Abs. 1 Nr. 2 Satz 1 UmwG) und ihr Vermögen geht als Ganzes im Wege der Gesamtrechtsnachfolge auf die übernehmende über (§ 20 Abs. 1 Nr. 1 UmwG) (→ § 13).

67 Wird der verschmelzungsrechtliche Squeeze-out **trotz Eintragungshindernis** eingetragen, greift die **Heilungsvorschrift** des § 20 Abs. 2 UmwG. Auch der Squeeze-out ist von **§ 20 Abs. 2 UmwG** erfasst,[94] da andernfalls z. B. nachträglich Aktien der übernehmenden AG ausgegeben werden müssten.[95] Die Vorschrift will indes gerade verhindern, dass eine praktisch nahezu unmögliche Rückabwicklung erfolgt. Die Minderheitsaktionäre sind damit auf Sekundäransprüche verwiesen.

3. Rechtsfolgen der Eintragung für Aktionäre der übertragenden AG

68 Mit Wirksamwerden des Übertragungsbeschlusses gehen die Aktien der Minderheitsaktionäre der übertragenden AG gemäß § 62 Abs. 5 Satz 8 UmwG i. V. m. § 327e Abs. 3 Satz 1 AktG auf die übernehmende AG als Hauptaktionär über. Zu diesem Zeitpunkt verlieren die Minderheitsaktionäre ihre **Rechtsstellung als Aktionäre** und damit alle ihnen bisher als Aktionäre der übertragenden AG zustehenden Mitgliedschaftsrechte kraft Gesetzes. **Gleichzeitig** gehen infolge des parallelen Wirksamwerdens der aufsteigenden Verschmelzung sämtliche Aktien an der übertragenden AG unter.[96]

69 Die Minderheitsaktionäre erhalten im Gegenzug nach § 62 Abs. 5 Satz 8 UmwG, §§ 327a ff. AktG den Anspruch auf Zahlung einer angemessenen Barabfindung durch den Hauptaktionär. Der Anspruch der Minderheitsaktionäre auf die von dem Hauptaktionär festgelegte Barabfindung entsteht ebenfalls mit dem Wirksamwerden des Übertragungsbeschlusses. Die **Aktienurkunden** verbriefen dann gem. § 62 Abs. 5 Satz 8 UmwG i. V. m. § 327e Abs. 3 Satz 2 AktG keine Mitgliedschaftsrechte mehr, sondern ausschließlich den Anspruch der Minderheitsaktionäre auf Zahlung der angemessenen Barabfindung. Die **Barabfindung** ist von der gerichtlichen Bekanntmachung der Eintragung des Übertragungsbeschlusses in das Handelsregister des Amtsgerichts in dem von der Landesjustizverwaltung bestimmten elektronischen Informations- und Kommunikationssystem unter www.handelsregisterbekanntmachungen.de an, nicht jedoch vor dem Zeitpunkt der Eintragung der Verschmelzung in das Handelsregister der übernehmenden AG, mit jährlich fünf Prozentpunkten über dem jeweiligen Basiszinssatz nach § 247 BGB zu **verzinsen** (vgl. § 62 Abs. 5 Satz 8 UmwG i. V. m. § 327b Abs. 2 Hs. 1 AktG).

4. Rechtsfolgen der Eintragung für schuldrechtliche Rechtspositionen an der übertragenden AG

70 Inhaber von **Wandel- und Optionsrechten** haben nach ganz h. M. – entsprechend der Rechtslage beim aktienrechtlichen Squeeze-out – ebenfalls ein Recht auf angemessene **Abfindung** gegen den Hauptaktionär.[97] Dies überzeugt, da der umwandlungsrechtliche Squeeze-out im Kern ein aktienrechtlicher Squeeze-out mit Modifikationen ist.[98] Soweit

---

[93] *Austmann* NZG 2011, 684, 688; *Hofmeister* NZG 2012, 688, 693; *Kiefner/Brügel* AG 2011, 525, 528; *Mayer* NZG 2012, 561, 574; *Fisch* S. 179; **aA** *Göthel* ZIP 2011, 1541, 1547 (juristische Sekunde zuvor); *Kallmeyer/Marsch-Barner* § 62 Rn. 46; *Widmann/Mayer/Rieger* § 62 Rn. 196. Die Gleichzeitigkeit ist vor allem aus steuerlichen Gründen bedeutsam (kein doppelter Anfall von Grunderwerbsteuer), vgl. *Austmann* NZG 2011, 684, 688; *Fisch* S. 179; *Kiefner/Brügel* AG 2011, 525, 528.

[94] *Lutter/Grunewald* § 62 Rn. 49; vgl. *Kallmeyer/Marsch-Barner* § 62 Rn. 46.

[95] *Lutter/Grunewald* § 62 Rn. 49.

[96] *Austmann* NZG 2011, 684, 688; *Hofmeister* NZG 2012, 688, 693; *Kiefner/Brügel* AG 2011, 525, 528; *Mayer* NZG 2012, 561, 574; *Fisch* S. 179. A. A. *Kallmeyer/Marsch-Barner* § 62 Rn. 46; *Widmann/Mayer/Rieger* § 62 Rn. 196 (erst juristische Sekunde nach Übertragung auf die Obergesellschaft).

[97] *Schmitt/Hörtnagl/Stratz/Stratz* § 62 Rn. 18; *Süßmann* AG 2013, 158, 159.

[98] *Schmitt/Hörtnagl/Stratz/Stratz* § 62 Rn. 18.

dagegen vertreten wird, die Wandel- und Optionsrechte setzten sich vielmehr als bedingte Rechte zum Bezug von Aktien der übernehmenden AG fort,[99] ist dem entgegenzuhalten, dass es gerade Sinn und Zweck war, eine Möglichkeit für Konzerne zu schaffen, das Geschäft der übertragenden AG ohne Minderheiten fortzusetzen. Dieser Zweck würde indes nicht erreicht, wenn schuldrechtliche Rechtspositionen in die übernehmende AG eingebracht würden. § 23 UmwG wird somit durch § 62 Abs. 5 UmwG i. V. m. § 327a ff. AktG verdrängt.

§ 18 Grenzüberschreitende Verschmelzung

Übersicht

	Rdnr.
A. Allgemeines	1–23
I. Europarechtliche Vorgaben	6–13
1. Zehnte gesellschaftsrechtliche Richtlinie als Grundlage	6–10
2. Vorgaben aus Art. 49, 54 AEUV	11–13
II. Verschmelzungsformen	14–19
III. Anwendbare Vorschriften	20–23
B. Anwendungsbereich	24–47
I. Anwendung auf den inländischen Rechtsträger	28, 29
II. Verschmelzungsfähige Rechtsträger	30–41
III. Ausnahmen	42–44
IV. Anwendbares Recht für ausländische Rechtsträger	45–47
C. Verschmelzungsverfahren	48–318
I. Zeitrahmen	48, 49
II. Beteiligung der Arbeitnehmer	50–64
III. Verschmelzungsplan	65–152
1. Allgemeines	65–72
2. Aufstellung	73–75
3. Inhalt	76–106
a) Beteiligte Gesellschaften	77–79
b) Anteilsgewährung	80–85
c) Voraussichtliche Auswirkungen auf die Beschäftigung	86, 87
d) Stichtag der Gewinnberechtigung	88
e) Verschmelzungsstichtag	89, 90
f) Sonderrechte	91
g) Sondervorteile	92, 93
h) Satzung der übernehmenden/neuen Gesellschaft	94–96
i) Mitbestimmungsmodell	97, 98
j) Angaben zur Bewertung des zu übertragenen Aktiv- und Passivvermögens	99, 100
k) Stichtage der Bilanzen	101–105
l) Weitergehende Planbestandteile	106
4. Abfindungsangebot	107–128
5. Form	129–131
6. Einreichung und Bekanntgabe	132–151
7. Unterrichtung des Betriebsrats	152
IV. Verschmelzungsbericht	153–166
V. Verschmelzungsprüfung	167–179

	Rdnr.
VI. Zustimmungsbeschluss	180–224
1. Allgemeines	180–185
2. Beschlussfassung bei der AG, KGaA und SE	186–201
a) Vorbereitung	186–194
b) Beschluss	195–201
3. Beschlussfassung bei GmbH und UG	202–212
a) Vorbereitung	202–204
b) Beschluss	205–212
4. Vorbehalt in Bezug auf die Mitbestimmungsform	213–219
5. Konzernverschmelzung	220–224
VII. Verbesserung des Umtauschverhältnisses	225–231
VIII. Gläubigerschutz in der übertragenden Gesellschaft	232–250
1. Allgemeines	232–234
2. Verstoß gegen die Richtlinie	235, 236
3. Anwendungsbereich	237–239
4. Voraussetzungen des Anspruchs auf Sicherheitsleitung	240–246
5. Ausnahmen, Erfüllung und strafbewehrte Versicherung	247–250
IX. Eintragung und Wirksamkeit der Verschmelzung	251–318
1. Allgemeines	251–255
2. Herausverschmelzung	256–290
a) Anmeldung	256–258
b) Erklärungen	259–267
c) Beizufügende Unterlagen	268–278
d) Prüfung des Registergerichts	279–281
e) Verschmelzungsbescheinigung	282–290
3. Hereinverschmelzung	291–318
a) Anmeldung	291–294
b) Erklärungen	295–299
c) Beizufügende Unterlagen	300–308
d) Prüfung des Registergerichts	309–315
e) Eintragung und Wirksamwerden der grenzüberschreitenden Verschmelzung	316–318

---

[99] *Arens* WM 2014, 682 ff.

Schrifttum: *Bayer/J. Schmidt,* Die neue Richtlinie über die grenzüberschreitende Verschmelzung von Kapitalgesellschaften, NJW 2006, 401; *dies.*, Gläubigerschutz bei grenzüberschreitenden Verschmelzungen, ZIP 2016, 841; *Brandes,* Mitbestimmungsvermeidung mittels grenzüberschreitender Verschmelzungen, ZIP 2008, 2193; *Drinhausen/Keinath,* Referentenentwurf eines Zweiten Gesetzes zur Änderung des Umwandlungsgesetzes – Erleichterung grenzüberschreitender Verschmelzungen für deutsche Kapitalgesellschaften, BB 2006, 725; *dies.*, Mitbestimmung bei grenzüberschreitender Verschmelzung mitbestimmungsfreier Gesellschaften, AG 2010, 398; *Ege/Grzimek/Schwarzfischer,* Der Zementierungseffekt bei der Mitbestimmung bei Gründung einer SE und grenzüberschreitender Verschmelzung, DB 2011, 1205; *Frenzel,* Grenzüberschreitende Verschmelzung von Kapitalgesellschaften: Zur Umsetzung der Zehnten Gesellschaftsrechtlichen Richtlinie in deutsches Recht, 2008; *Freundorfer/Festner,* Praxisempfehlungen für die grenzüberschreitende Verschmelzung, GmbHR 2010, 195; *Frischhut,* Grenzüberschreitende Verschmelzungen von Kapitalgesellschaften – ein Überblick über die Zehnte gesellschaftsrechtliche Richtlinie, EWS 2006, 55; *Grunewald,* Der Gläubigerschutz bei grenzüberschreitenden Verschmelzungen nach dem Entwurf eines zweiten Gesetzes zur Änderung des UmwG, Der Konzern 2007, 106; *Handelsrechtsausschuss des Deutschen Anwaltvereins,* Stellungnahme zum Regierungsentwurf eines zweiten Gesetzes zur Änderung des Umwandlungsgesetzes, NZG 2006, 737; *Heckschen,* Die Reform des Umwandlungsrechts, DNotZ 2007, 444; *Heuschmid,* Unternehmensmitbestimmung nach der Richtlinie zur grenzüberschreitenden Verschmelzung von Kapitalgesellschaften, AuR 2006, 184; *Holzborn/Mayston,* Grenzüberschreitender „Downstream Merger" bei Streubesitz und Börsenhandel, ZIP 2012, 2380; *Kiem,* Aktuelle Probleme des Kreditsicherungsrechts – Entwicklungslinien und Tendenzen, WM 2006, 1091; *ders.* Die Regelung der grenzüberschreitenden Verschmelzung im deutschen Umwandlungsgesetz, WM 2006, 1091; *Kiem/Mensel/Wind,* Praxisfragen der grenzüberschreitenden Verschmelzung, Der Konzern 2010, 541; *Klein,* Grenzüberschreitende Verschmelzung von Kapitalgesellschaften, RNotZ 2007, 565; *Kleinsorge,* Mitbestimmung bei grenzüberschreitender Verschmelzung von Kapitalgesellschaften, NWB 2007, 1877; *Krauel/Mense/Wind,* Praxisfragen der grenzüberschreitenden Verschmelzungen, Der Konzern 2010, 541; *Krause/Kulpa,* Grenzüberschreitende Verschmelzungen, ZHR 171 (2007), 38; *Kruse/Kruse,* Grenzüberschreitende Konzernverschmelzungen – Vorgaben und Vereinfachungen der §§ 122a ff. UmwG, BB 2010, 3023; *Louven,* Umsetzung der Verschmelzungsrichtlinie, ZIP 2006, 2021; *Lutz,* Hinweise für den Vertragsgestalter bei einer grenzüberschreitenden Verschmelzung unter dem besonderen Gesichtspunkt der Hinausverschmelzung, BWNotZ 2010, 23; *Meilicke/Rabback,* Die EuGH-Entscheidung in der Rechtssache Sevic und die Folgen für das deutsche Umwandlungsrecht nach Handels- und Steuerrecht, GmbHR 2006, 123; *H. F. Müller,* Die grenzüberschreitende Verschmelzung nach dem Referentenentwurf des Bundesjustizministeriums, NZG 2006, 286; *ders.*, Der Schutz der Minderheitsgesellschafter bei der grenzüberschreitenden Verschmelzung, Der Konzern 2007, 81; *ders.*, Internationalisierung des deutschen Umwandlungsrechts: Die Regelung der grenzüberschreitenden Verschmelzung, ZIP 2007, 1081; *Müller-Bonanni/Müntefering,* Grenzüberschreitende Verschmelzung ohne Arbeitnehmerbeteiligung? – Praxisfragen zum Anwendungsbereich und Beteiligungsverfahren des MgVG, NJW 2009, 2347; *Nießen,* Die internationale Zuständigkeit im Spruchverfahren, NZG 2006, 441; *Nikoleyczik/Führ,* Mitbestimmungsgestaltung im grenzüberschreitenden Konzern – Unter besonderer Berücksichtigung der SE und grenzüberschreitender Verschmelzungen, DStR 2010, 1743; *Oechsler,* Die Richtlinie 2005/56/EG über die Verschmelzung von Kapitalgesellschaften aus verschiedenen Mitgliedstaaten, NZG 2006, 161; *ders.*, Die Zulässigkeit grenzüberschreitender Verschmelzungen – Die Sevic-Entscheidung, NJW 2006, 812; *Rosner,* Ausstehende Einlagen nach Verschmelzung von Aktiengesellschaften, AG 2011, 5; *Schubert,* Die Mitbestimmung der Arbeitnehmer bei grenzüberschreitender Verschmelzung, RdA 2007, 9; *Spahlinger/Wegen,* Deutsche Gesellschaften in grenzüberschreitenden Umwandlungen nach „SEVIC" und der Verschmelzungsrichtlinie in der Praxis, NZG 2006, 721; *Vetter,* Die Regelung der grenzüberschreitenden Verschmelzung im UmwG, AG 2006, 613; *Winter,* Planung und Vorbereitung einer grenzüberschreitenden Verschmelzung, Der Konzern 2007, 24.

A. Allgemeines

1 Die §§ 122a ff. UmwG sind durch Gesetz vom 19.4.2007[1] als neu geschaffener X. Abschnitt in das UmwG eingefügt worden und setzen die Richtlinie über die Verschmel-

---

[1] BGBl. I S. 542.

zung von Kapitalgesellschaften aus verschiedenen (EU-)Mitgliedstaaten um.[2] Durch die Vorschriften wird erstmals ein (weitgehend) rechtssicheres Verfahren für grenzüberschreitende Verschmelzungen von Kapitalgesellschaften innerhalb der EU bzw. des EWR[3] (ohne die Schweiz)[4] bereitgestellt.

Durch die Regelung in § 1 Abs. 1 UmwG („Sitz im Inland") waren **vor der Reform** 2 grenzüberschreitende Verschmelzungen unter dem UmwG nicht möglich. Auf Grund des umwandlungsrechtlichen numerus clausus (§ 1 Abs. 2 UmwG) und Analogieverbots (§ 1 Abs. 3 S. 1 UmwG) bestand außerhalb der SE-Gründung durch Verschmelzung (Art. 2 Abs. 1 SE-VO) keine rechtssichere Möglichkeit, unter Kapitalgesellschaften eine Gesamtrechtsnachfolge unter Beteiligung eines ausländischen Rechtsträgers zu vollziehen. Die Praxis hatte sich daher unter Ausklammerung des UmwG mit personengesellschaftsrechtlichen Anwachsungsgestaltungen, mit Verschmelzungen unter Beteiligung einer SE[5] oder mit asset- und share-Deals geholfen.[6]

Der international-privatrechtliche Hintergrund des Regelungskonzepts der §§ 122a ff. 3 UmwG ist die sog. **Vereinigungstheorie** (auch: Kombinationstheorie).[7] Danach sind die Vorschriften einer jeden anwendbaren Rechtsordnung zu beachten. Welche Rechtsordnungen in diesem Sinne beteiligt sind, bestimmt sich nach dem **Gesellschaftsstatut**[8] der an der Verschmelzung beteiligten Gesellschaften. Die zweistufige Verfahrensweise stellt eine Verbindung zwischen den Rechtsordnungen her und sichert deren jeweiligen Regelungsanspruch.

Von den §§ 122a ff. UmwG geht keine Sperrwirkung gegenüber Gestaltungen aus, die 4 ein wirtschaftlich ähnliches Ergebnis zur Folge haben, wie etwa Anwachsungsgestaltungen (§ 738 Abs. 1 S. 1 BGB). Eine etwaige „Ausstrahlungswirkung" besteht ebenso wenig wie bei § 1 Abs. 2 UmwG für nationale Sachverhalte.[9]

Die §§ 122a ff. UmwG gelten nicht in Bezug auf internationale Verschmelzungen unter 5 Beteiligung von Gesellschaften außerhalb von EU und EWR (Drittstaaten). Als Drittstaaten in diesem Sinne sind auch lediglich assoziierte Hoheitsgebiete und überseeische Länder der EU anzusehen (Anh. II AEUV).[10] Daher wird von Verschmelzungen mit Drittstaaten generell abgeraten.[11] Dies gilt auch angesichts des Freundschafts-, Handels- und Schifffahrtsvertrags vom 29.10.1954[12] für das Verhältnis zu den USA. Selbst wenn man aus dessen Art. XXV Abs. 5 S. 2 zu Recht die Anwendbarkeit der Gründungstheorie[13] und – dem

---

[2] Zehnte gesellschaftsrechtliche Richtlinie, Richtlinie 2005/56/EG vom 26.10.2005, ABl. EU. Nr. 310, 1; soweit in diesem § 18 die Begriffe „Richtlinie" oder „RL" ohne genauere Beschreibung verwendet werden, beziehen sie sich auf diese Richtlinie.
[3] EWR-Abkommen, Anhang 22, Nr. 10e.
[4] Hinsichtlich der Schweiz gelten mangels Ratifikation des EWR-Abkommens bilaterale Verträge, welche eine Einbeziehung der RL bisher nicht vorsehen. Sie ist daher trotz EFTA-Mitgliedschaft als Drittstaat anzusehen.
[5] Vgl. Art. 17 Abs. 1, 2 Abs. 1 SE-VO (Neugründung).
[6] Widmann/Mayer/*Heckschen* vor §§ 122a ff. Rn. 4; vgl. auch *Winter* Der Konzern 2007, 24, 30.
[7] Widmann/Mayer/*Heckschen* § 1 Rn. 266 ff.; Lutter/*Bayer* § 122a Rn. 5. Zur Terminologie vgl. auch OLG Frankfurt am Main, Beschl. v. 3.1.2017 – 20 W 88/15; Widmann/Mayer/*Heckschen* § 1 Rn. 195.
[8] Lutter/*Bayer* § 122a Rn. 23; Schmitt/Hörtnagl/Stratz/*Hörtnagl* § 122a Rn. 7; Henssler/Strohn/*Polley* UmwG § 122a Rn. 8a; Semler/Stengel/*Drinhausen* § 122a Rn. 10.
[9] BGH II ZR 124/99, NJW 2001, 1277, 1279 (Gesamtanalogie der Vorinstanz – OLG Frankfurt am Main, NZG 1999, 887 – ablehnend); Henssler/Strohn/*Decker* UmwG § 1 Rn. 27; Schmitt/Hörtnagl/Stratz/*Hörtnagl* § 1 Rn. 69 ff.; Widmann/Mayer/*Heckschen* Vor §§ 122a ff. Rn. 142–144; aA Lutter/*Drygala* § 1 Rn. 60.
[10] Grabitz/Hilf/Nettesheim/*Jaeckel* AEUV Art. 355 Rn. 17; Calliess/Ruffert/*Schmalenbach* AEUV Art. 355 Rn. 6; Streinz/*Kokott* Art. 355 AEUV Rn. 6.
[11] Widmann/Mayer/*Heckschen* § 122b Rn. 80–82.
[12] BGBl. II S. 487.
[13] BGH VIII ZR 155/02, NJW 2003, 1607.

folgend – eine Sitzverlegungsfreiheit ableitet,[14] so ist eine grenzüberschreitende Verschmelzung mit einer Sitzverlegung nicht vergleichbar[15], da es an den entscheidenden Strukturmerkmalen (liquidationsloses Erlöschen und Gesamtrechtsnachfolge; → Rn. 14) fehlt.[16]

I. Europarechtliche Vorgaben
1. Zehnte gesellschaftsrechtliche Richtlinie als Grundlage

6 Anlass und Grundlage der §§ 122a ff. UmwG ist die Richtlinie. Die Richtlinie dient der Erleichterung grenzüberschreitender Verschmelzungen von Kapitalgesellschaften innerhalb der EU. Sie war schon vor dem richtungsweisenden Urteil des EuGH[17] in Sachen „SEVIC" auf den Weg gebracht worden und nahm den Richterspruch (für Kapitalgesellschaften)[18] vorweg.

7 Die Richtlinie gilt nur für Mitgliedstaaten der EU (Art. 1 RL) sowie des EWR[19], nicht aber in Bezug zu Drittstaaten (→ Rn. 5).

8 Wesentlicher Inhalt der §§ 122a ff. UmwG ist die wegen § 1 UmwG erforderliche Klarstellung der Möglichkeit grenzüberschreitender Herein- und Herausverschmelzungen von Kapitalgesellschaften innerhalb der EU sowie die partielle[20] Harmonisierung des Verfahrensablaufs. Die Richtlinie gibt ein Grundgerüst von Verfahrensschritten vor, belässt den Mitgliedstaaten daneben aber auch einen Regelungsspielraum, sofern die Richtlinie nicht (explizit) etwas anderes bestimmt (vgl. Art. 4 Abs. 1 lit. b RL). Aufgrund der Ausklammerung von Personengesellschaften (Art. 2 Nr. 1 RL)[21] – einschließlich der EWiV[22] – sind diese weiterhin auf alternative Gestaltungen angewiesen (→ Rn. 2).

9 Zu Fragen der unternehmerischen Mitbestimmung verweist Art. 16 Abs. 2 RL auf die Regelungen der Richtlinie zur Ergänzung der Europäischen Gesellschaft hinsichtlich der Beteiligung der Arbeitnehmer.[23]

10 Es hat im Zuge der Umsetzung nicht an Einwänden gegen die Richtlinienkonformität der §§ 122a ff. UmwG gefehlt.[24]

2. Vorgaben aus Art. 49, 54 AEUV

11 Das europäische Primärrecht verpflichtet die Mitgliedstaaten in Art. 49, 54 AEUV zur Anerkennung von wirksam im EU-Ausland gegründeten Gesellschaften, unabhängig davon, wo deren effektiver Verwaltungssitz[25] liegt. Diese als **Gründungstheorie** bezeichnete Art der international-privatrechtlichen Anknüpfung ist innerhalb der EU durch die Grundsatzentscheidungen des EuGH in Sachen Centros, Überseering und Inspire Art[26] seit einiger Zeit ausgeurteilt. Die deutsche Rechtsprechung hat sich dem angeschlossen.[27] In

---

[14] MünchKommBGB/*Kindler* IntGesR Rn. 339 f.
[15] Vgl. Widmann/Mayer/*Heckschen* § 122b Rn. 81; Semler/Stengel/*Drinhausen* § 122b Rn. 9; Schmitt/Hörtnagl/Stratz/*Hörtnagl* § 122b Rn. 8; aA *Kiem* WM 2006, 1091, 1093.
[16] Lutter/*Bayer* § 122b Rn. 11; Kallmeyer/*Marsch-Barner* § 122b Rn. 5a; *Winter* Der Konzern 2007, 24, 28.
[17] EuGH C 411/03, NJW 2006, 425 – SEVIC Systems AG.
[18] Zum weitergehenden Inhalt des SEVIC-Urteils → Rn. 12.
[19] Beschluss des gemeinsamen EWR-Ausschusses Nr. 127/2006 v. 22.9.2006, ABl. EU L 333, 59.
[20] Lutter/*Bayer* § 122a Rn. 6; *Bayer/J. Schmidt* NJW 2006, 401, 402.
[21] Vgl. Lutter/*Bayer* § 122a Rn. 15; Kallmeyer/*Marsch-Barner* § 122a Rn. 6; Semler/Stengler/*Drinhausen* § 122b Rn. 4; Schmitt/Hörtnagl/Stratz/*Hörtnagl* § 122a Rn. 16; Henssler/Strohn/*Polley* UmwG § 122a Rn. 6.
[22] Vgl. Widmann/Mayer/*Heckschen* § 122b Rn. 39.
[23] RL 2001/86/EG vom 8.10.2001, ABl. EU L 204, 22.
[24] Ein Überblick findet sich bei Widmann/Mayer/*Heckschen* Vor §§ 122a ff. Rn. 101 ff.
[25] Zum Begriff: BGH X ZR 14/15, GRUR 2016, 1204, 1205.
[26] EuGH C-167/01, NJW 2003, 3331 – Inspire Art; EuGH C-208/00, NJW 2002, 3614 – Überseering; EuGH C-212/97, NJW 1999, 2027 – Centros.
[27] BGH VII ZR 370/98, NJW 2003, 1461.

der Folge sind solche Gesellschaften nunmehr als juristische Personen parteifähig (§ 50 ZPO) und können ihren Sitz innerhalb der EU frei verlegen (Eintragungsfähigkeit).

Anknüpfend an diese Rechtsprechung stellte der EuGH darüber hinaus unter Bezug- **12** nahme auf die Niederlassungsfreiheit im **SEVIC**-Urteil[28] klar, dass ein Mitgliedstaat eine Hereinverschmelzung nicht durch Hinweis auf sein nationales Umwandlungsgesetz ablehnen darf. Dadurch wurde die Hereinverschmelzungsfreiheit für Zuzugsfälle abgesichert. Durch die Terminologie des EuGH („Gesellschaftsumwandlungen") wurde zudem angelegt, dass andere Umwandlungsarten von dieser Rechtsprechung nicht ausgeschlossen sein dürften.[29] Nicht eindeutig geklärt ist aber der spiegelverkehrte Fall, ob ein Mitgliedstaat den eigenen Gesellschaften die Herausverschmelzung verbieten darf. Dies ist mit Blick auf die „**Geschöpftheorie**"[30] des EuGH, welche in den Entscheidungen in Sachen Cartesio[31] und Vale[32] hervortrat, nicht selbstverständlich.[33] Der Cartesio-Entscheidung kann immerhin der Hinweis entnommen werden, dass eine grenzüberschreitende Umwandlung nicht durch die Anordnung der Liquidation an der Grenze behindert werden darf, wenn das Recht des Zuzugsstaats eine Hereinverschmelzung zulässt.[34] Dabei ist allerdings die Einschränkung unter Hinweis auf die Zulassung der Hereinverschmelzung unverständlich und inhaltsleer, ist doch nach SEVIC klar, dass der Zuzugsstaat die Hereinverschmelzung zulassen muss. Auf Grund der verbleibenden Unsicherheiten bleibt daher abzuwarten, bis auch diese Fallkonstellation höchstrichterlich entschieden worden ist. Das OLG Frankfurt am Main[35] hat mittlerweile zumindest einen Herausformwechsel (analog §§ 190 ff. UmwG) mit Hinweis auf die Niederlassungsfreiheit für zulässig erachtet.

Trotz der Klarstellung im SEVIC-Urteil und dem Erlass der RL bleibt die Diskussion **13** über die Reichweite der Niederlassungsfreiheit weiter für die Herausumwandlung sowie internationaler Umwandlungsfähigkeit von Rechtsträgern, die nicht von Art. 1, 2 Nr. 1 RL und § 122b UmwG erfasst werden (insbesondere Personengesellschaften), relevant. Im Schrifttum hat sich seit SEVIC eine hM dahingehend gebildet, dass auch Personengesellschaften innerhalb der EU verschmelzungsfähig seien.[36]

II. Verschmelzungsformen

Der Verschmelzungsbegriff ergibt sich aus Art. 2 Nr. 2 RL, § 2 UmwG und weist als **14** unabdingbare **Wesensmerkmale** das liquidationslose Erlöschen eines oder mehrerer Rechtsträger und den Übergang von dessen bzw. deren gesamten Vermögen (Gesamtrechtsnachfolge) auf einen anderen Rechtsträger auf. Ob die Anteilsgewährung – wie teilweise vertreten wird[37] – ebenfalls hierzu zu zählen ist, lässt die RL offen. Einerseits sieht sie in Art. 2 Nr. 2 lit. c eine Umwandlung ohne Anteilsgewährung vor, andererseits hat sie

---

[28] EuGH C 411/03, NJW 2006, 425 – SEVIC Systems AG; Zweifel an der Zuständigkeit des EuGH mit Blick auf die verabschiedete RL bei *Oechsler* NJW 2006, 812.
[29] Vgl. dazu Widmann/Mayer/*Heckschen* Vor § 122a ff. Rn. 15; *Krause/Kulpa* ZHR 171 (2007), 38, 45; *Meilicke/Rabback* GmbHR 2006, 123, 126.
[30] Zur Terminologie vgl. MünchKommBGB/*v. Hein* EGBGB Art. 3 Rn. 99; Widmann/Mayer/ *Heckschen* § 1 Rn. 195.
[31] EuGH C-210/06, NZG 2009, 61 – Cartesio.
[32] EuGH C-378/10, NZI 2012, 937 – VALE Epitési kft.
[33] Zum Streitstand: MünchKommBGB/*Kindler* IntGesR Rn. 847 ff.; Widmann/Mayer/*Heckschen* § 1 Rn. 251.
[34] EuGH C-378/10, NZI 2012, 937 – VALE Epitési kft; EuGH C-210/06, NZG 2009, 61, 67 – Cartesio.
[35] OLG Frankfurt am Main 20 W 88/15, NZG 2017, 423.
[36] *Spahlinger/Wegen* NZG 2006, 721, 727; Lutter/*Bayer* § 122a Rn. 12; krit. zum Zurückbleiben von RL und Umsetzung hinter den Vorgaben aus der Niederlassungsfreiheit: *Handelsrechtsausschuss DAV*, NZG 2006, 737, 740.
[37] Widmann/Mayer/*Mayer* § 122c Rn. 67 mit Blick auf die Problematik der Übertragung rein negativen Vermögens zu Lasten von Minderheitsgesellschaftern.

hierfür eine eigene Variante geschaffen. Insofern zeigt sich das europäische Recht diesbezüglich ambivalent, weshalb es dem nationalen Gesetzgeber überlassen bleibt, etwaige Verzichtsmöglichkeiten zu eröffnen (vgl. §§ 54 Abs. 1 S. 3, 68 Abs. 1 S. 3 UmwG).

15 §§ 122a ff. UmwG gelten nicht für die Spaltung (§ 125 S. 1 UmwG), die Vermögensübertragung (§§ 174 ff. UmwG) und den Formwechsel (§ 190 UmwG). Die Holding-Bildung gem. Art. 32 ff. SE-VO ist keine Verschmelzung, da es am liquidationslosen Erlöschen eines Rechtsträgers fehlt.[38]

16 Wie sich aus Art. 2 Nr. 2 lit. a, lit. b RL ergibt, sind Verschmelzungen möglich, bei denen mehrere Gesellschaften als übertragende beteiligt sind (**mehrseitige Verschmelzung**). Umgekehrt hingegen ist eine Verschmelzung mit mehr als einer Zielgesellschaft (verschmelzende Spaltung) ausgeschlossen. Dies folgt aus dem Dogma der vollständigen (d. h. nicht partiellen) Gesamtrechtsnachfolge, an der es in dieser Konstellation fehlt, und aus dem Element der Spaltung, für welche die Richtlinie (Art. 1, 2) und § 122a Abs. 2 UmwG gerade nicht gelten (§ 125 S. 1 UmwG). Diese Möglichkeit ist auch nicht durch das Sekundärrecht[39] verpflichtend vorgegeben.[40]

17 Verschmelzungen lassen sich weiter nach der Art der Zielgesellschaft differenzieren. Erfasst sind Verschmelzungen zur Aufnahme (Art. 2 Nr. 2 lit. a RL, § 2 Nr. 1 UmwG) sowie zur Neugründung (Art. 2 Nr. 2 lit. b RL, § 2 Nr. 2 UmwG).

18 Je nach Richtung der Gesamtrechtsnachfolge lassen sich weiter Verschmelzungen auf eine Inlandsgesellschaft (Hereinverschmelzung) oder EU/EWR-Auslandsgesellschaft (Herausverschmelzung) unterscheiden.

19 Verschmelzungen innerhalb eines Konzerns können auf die Muttergesellschaft (upstream) oder auf eine Tochtergesellschaft (downstream) erfolgen. Die Vorschriften zur (grenzüberschreitenden) Verschmelzung bezwecken primär den Schutz der Anteilsinhaber, daneben aber auch den der Gesellschaftsgläubiger und Arbeitnehmer. Soweit ein Schutzbedürfnis der direkt beteiligten[41] Anteilsinhaber im Rahmen einer Konzernverschmelzung entfällt oder sich die Anteilseigner des entsprechenden Schutzes begeben, sehen die Richtlinie und/oder UmwG bestimmte Vereinfachungen des Verfahrens vor. Im Einzelnen sind dies

– die **Verzichtsmöglichkeiten** in Bezug auf
  – die Anteilsgewährung (§§ 122a Abs. 2, 54 Abs. 1 S. 3, 68 Abs. 1 S. 3 UmwG) (→ Rn. 84);
  – die Verschmelzungsprüfung (§§ 122f S. 1, 9 Abs. 3, 8 Abs. 3 S. 1 Var. 1 UmwG) (→ Rn. 176); sowie
– die **Vereinfachungen** bzw. das **Entfallen** von Verfahrensschritten
  – den Verschmelzungsbeschluss der übernehmenden Gesellschaft (§§ 122a Abs. 2, 62 Abs. 1 S. 1 UmwG);
  – die Angaben im Verschmelzungsplan (§ 122c Abs. 3 UmwG);
  – die Verschmelzungsprüfung (§§ 122f S. 1, 9 Abs. 3, 8 Abs. 3 S. 1 Var. 2 UmwG) (→ Rn. 176 f.);
  – den Verschmelzungsbeschluss der übertragenden Gesellschaft (§ 122g Abs. 2 UmwG); und
    einen grenzüberschreitenden, verschmelzungsrechtlichen Squeeze-out,[42] der sowohl im Hinblick auf die entsprechenden Verweisungen im UmwG als auch mit Blick auf

---

[38] So auch Widmann/Mayer/*Heckschen* Vor §§ 122a ff. Rn. 85.
[39] Eine andere Frage ist es, ob die Niederlassungsfreiheit (Art. 49, 54 AEUV) eine Umwandlungsfreiheit hinsichtlich jeglicher national vorgesehenen Umwandlungsformen verbürgt, wie dies im SEVIC-Urteil des EuGH angeklungen ist (→ Rn. 85).
[40] Widmann/Mayer/*Heckschen* § 122a Rn. 52.
[41] Die Vereinfachungen gelten nicht bei mittelbaren Mehrheitsbeteiligungen (etwa zweistufige, mittelbare 100%- Enkelbeteiligung); für § 122g Abs. 2 UmwG zB: Widmann/Mayer/*Heckschen* § 122g Rn. 144; aA Schmitt/Hörtnagl/Stratz/*Hörtnagl* § 122g Rn. 12.
[42] Widmann/Mayer/*Rieger* § 62 Rn. 112; Kallmeyer/*Marsch-Barner* § 62 Rn. 37.

die Herausverschmelzungsfreiheit (SEVIC) zulässig sein muss[43] (§§ 122a Abs. 2, 62 Abs. 5 UmwG).

Weitere nicht primär konzern-relevante Vereinfachungen ergeben sich im Hinblick auf:
- die Übermittlung von Unterlagen im Vorfeld zur HV (§§ 122a Abs. 2, 62 Abs. 3 S. 7 UmwG);
- die Entbehrlichkeit einer Zwischenbilanz (§§ 122a Abs. 2, 63 Abs. 2 S. 5, S. 6 UmwG); und
- die Gründungsprüferbestellung (§§ 122a Abs. 2, 69 Abs. 1 S. 4, 75 Abs. 1 S. 2 UmwG).

III. Anwendbare Vorschriften

Der Verweis in § 122a Abs. 2 UmwG bezieht sich auf §§ 2 bis 38, 46 bis 59 und 60 bis 78 UmwG, ausgespart werden damit § 1 UmwG,[44] Verschmelzungen unter Beteiligung von Personengesellschaften sowie die Verschmelzung auf den Alleingesellschafter (§ 120 UmwG)[45].

Soweit §§ 122a ff. UmwG speziellere Regelungen vorsehen, gehen diese den allgemeinen Vorschriften des UmwG vor. Aus dieser gesetzgeberischen Technik und der Konkurrenz von UmwG und sonstigem Gesellschaftsrecht ergeben sich im Detail Abgrenzungsfragen (→ Rn. 154 und 199).

Bei der Durchführung einer grenzüberschreitenden Verschmelzung sind zahlreiche Rechtsquellen auch außerhalb des UmwG und der Richtlinie ggf. zu beachten.

In nationaler Hinsicht sind insbesondere zu erwähnen:
- Aktiengesetz (AktG);[46]
- Gesetz betreffend die Gesellschaften mit beschränkter Haftung (GmbHG);[47]
- Gesetz zur Ausführung der Verordnung (EG) Nr. 2157/2001 des Rates vom 08. Oktober 2001 über das Statut der Europäischen Gesellschaft (SE) (SEAG);[48]
- Gesetz über gesellschaftsrechtliche Spruchverfahren (SpruchG);[49]
- Umsetzung durch das Gesetz über die Mitbestimmung der Arbeitnehmer bei einer grenzüberschreitenden Verschmelzung (MgVG);[50]
- Gesetz über die Beteiligung der Arbeitnehmer in einer Europäischen Gesellschaft (SEBG);[51]
- Gesetz über die Drittelbeteiligung der Arbeitnehmer im Aufsichtsräten und Vorständen der Unternehmen des Bergbaus und der Eisen und Stahl erzeugenden Industrie (DrittelbG);[52]
- Gesetz über die Mitbestimmung der Arbeitnehmer (MitbestG);[53]
- Gesetz über die Mitbestimmung der Arbeitnehmer in den Aufsichtsräten (Montan-MitbestimmungsG);[54]
- Handelsgesetzbuch (HGB);[55] und

---

[43] EuGH, C-411/03, NJW 2006, 425 – SEVIC Systems AG.
[44] *Krause/Kulpa* ZHR 171 (2007), 38, 53 f.; Widmann/Mayer/*Heckschen* § 122a Rn. 29: „rechtspraktisch folgenlos".
[45] Dieser muss nach dort hM eine natürliche Person sein, vgl. Henssler/Strohn/*Wardenbach* UmwG § 120 Rn. 1; Semler/Stengel/*Maier-Reimer/Seulen* § 120 Rn. 15.
[46] Vom 6.9.1965, BGBl. I S. 1089.
[47] Vom 20.4.1892, RGBl. S. 477.
[48] Vom 22.12.2004, BGBl. I S. 3675.
[49] Vom 12.6.2003, BGBl. I S. 838.
[50] Vom 21.12.2006, BGBl. I S. 3332.
[51] Vom 22.12.2004, BGBl. I S. 3675, 3686.
[52] Vom 18.5.2004, BGBl. I S. 642.
[53] Vom 4.5.1976, BGBl. III 801-8.
[54] Vom 21.5.1951, BGBl. I S. 347.
[55] Vom 10.5.1897, RGBl. S. 219.

– Umwandlungssteuergesetz (UmwStG).[56]

Auf europäischer Ebene sind insbesondere zu erwähnen:
– Verordnung über das Statut der Europäischen Gesellschaft (SE);[57]
– Verordnung über die gerichtliche Zuständigkeit und die Anerkennung und Vollstreckung von Entscheidungen in Zivil- und Handelssachen;[58]
– Richtlinie zur Ergänzung des Status der Europäischen Gesellschaft hinsichtlich der Beteiligung der Arbeitnehmer;[59]
– Richtlinie über die Verschmelzung von Aktiengesellschaften;[60]
– Richtlinie zur Koordinierung der Schutzbestimmungen, die in den Mitgliedstaaten den Gesellschaften im Sinne des Artikels 48 Absatz 2 des Vertrags im Interesse der Gesellschafter sowie Dritter vorgeschrieben sind, um diese Bestimmungen gleichwertig zu gestalten;[61]
– Richtlinie zur Koordinierung der Rechts- und Verwaltungsvorschriften betreffend bestimmte Organismen für gemeinsame Anlagen in Wertpapieren (OGAW);[62] und
– Richtlinie zur Koordinierung der Schutzbestimmungen, die in den Mitgliedstaaten den Gesellschaften im Sinne des Artikels 54 Absatz 2 des Vertrags über die Arbeitsweise der Europäischen Union im Interesse der Gesellschafter sowie Dritter für die Gründung der Aktiengesellschaft sowie für die Erhaltung und Änderung ihres Kapitals vorgeschrieben sind, um diese Bestimmungen gleichwertig zu gestalten.[63]

23 Daneben gelten in- und ausländische Genehmigungsvorbehalte im Zusammenhang mit grenzüberschreitenden Verschmelzungen. Insbesondere zu nennen sind:
– die europäische und deutsche Fusionskontrolle nach der EG-Fusionskontrollverordnung[64] und §§ 35 GWB;[65]
– die sektorübergreifende und sektorspezifische Investitionskontrolle nach §§ 55 ff. AWV[66] und §§ 60 ff. AWV;
– Erlaubnisse nach Kreditwesengesetz nach §§ 32, 43 KWG[67]; und
– Genehmigungen von Umwandlungen nach § 14 Abs. 1 S. 1 VAG.[68]

B. Anwendungsbereich

24 In zeitlicher Hinsicht gelten die §§ 122a ff. UmwG seit dem Inkrafttreten am 25.4.2007.[69]
25 Sachlich setzen §§ 122a ff. UmwG eine grenzüberschreitende Verschmelzung voraus (→ Rn. 14).
26 **Grenzüberschreitenden** Charakter hat eine Verschmelzung, wenn mindestens eine Gesellschaft aus einem anderen EU-/EWR-Mitgliedstaats beteiligt ist (§ 122a Abs. 1

---

[56] Vom 7.12.2006, BGBl. I S. 2791.
[57] VO (EG) Nr. 2157/2001 vom 8.10.2001, ABl. EU L 294, 1.
[58] VO (EU) Nr. 1215/2012 vom 12.12.2012, ABl. EU L 351, 1.
[59] → Fn. 23.
[60] RL 2011/35/EU vom 5.4.2011, ABl. EU L 110, 1.
[61] RL 2009/101/EG vom 16.9.2009, ABl. EU L 258, 11.
[62] RL 2009/65/EG vom 13.7.2009, ABl. EU L 302, 32.
[63] RL 2012/30/EU vom 25.10.2012, ABl. EU L 315, 74.
[64] Verordnung über die Kontrolle von Unternehmenszusammenschlüssen, VO (EG) Nr. 139/2004, ABl. EU L 24/1.
[65] Vom 26.6.2013 BGBl. S. 1750, 3245.
[66] Vom 2.8.2013, BGBl. I S. 2865; vgl. Beisel/Klumpp/*Beisel* § 7 Rn. 6: Verschmelzung als „Erwerb".
[67] Vom 9.9.1998, BGBl. I S. 2776; vgl. Widmann/Mayer/*Vossius* § 122l Rn. 14 Fn. 4.
[68] Vom 1.4.2015, BGBl. I S. 434.
[69] Zu übergangsrechtlichen Fragen, vgl. Widmann/Mayer/*Heckschen* Vor §§ 122a ff. Rn. 66 ff.

UmwG). Maßgeblich ist das Gesellschaftsstatut (→ Rn. 3), welches nach der Gründungstheorie bestimmt wird (→ Rn. 11). Bei Verschmelzungen zur Neugründung wird teilweise davon ausgegangen, dass die RL diese Verschmelzungen nicht erfasse, wenn nur die neue Gesellschaft einer anderen Rechtsordnung unterliegt.[70] Insoweit gehe § 122a Abs. 1 UmwG über den Umsetzungsauftrag hinaus.[71] Diese Auslegung des Art. 1 RL ist überspitzt. In der Substanz kann kein Zweifel bestehen, dass auch eine neu entstehende Kapitalgesellschaft an der Verschmelzung beteiligter Rechtsträger ist. Zudem wird in Hs. 2 klargestellt, dass „Gesellschaften" (nicht wie in Hs. 1: „Kapitalgesellschaften") dem Recht eines anderen Mitgliedstaates unterliegen müssen und dies kann – in Neugründungsfällen – auch die neue Gesellschaft sein. Im Ergebnis ergeben sich ohnehin keine Abweichungen, da die Einbeziehung nach einhelliger Ansicht neuzugründender ausländische Kapitalgesellschaften jedenfalls durch § 122b Abs. 1 UmwG bestimmt wird.[72]

Wie es nicht selten bei Selbstverständlichkeiten der Fall ist, stellt § 122a Abs. 1 UmwG **27** nicht eindeutig klar, dass die §§ 122a ff. UmwG nicht gelten, wenn keine Inlandsgesellschaft beteiligt ist. Da § 122a UmwG den Inlandsbezug, den eigentlich § 1 UmwG herstellt, aushebelt, wäre diese Klarstellung angezeigt gewesen. Die §§ 122a ff. UmwG sind gleichwohl entsprechend teleologisch auf Fälle der Beteiligung einer Inlandsgesellschaft zu reduzieren.[73] Zum Teil wird dies mittelbar schon aus dem Wortlaut („anderen Mitgliedstaats") gefolgert.[74]

I. Anwendung auf den inländischen Rechtsträger

Durch die §§ 122a ff. UmwG füllt der deutsche Gesetzgeber den durch Art. 4 Abs. 1 lit. **28** b RL eröffneten Regelungsspielraum aus. Die Kollision mindestens zweier Rechtsordnungen bei einer grenzüberschreitenden Verschmelzung bringt es mit sich, dass die beteiligten Rechtsordnungen jeweils nur die Verhältnisse der ihrem Recht unterliegenden Gesellschaften regeln können (→ Rn. 3). Demgemäß gelten §§ 122a ff. UmwG nur für übertragende Inlandsgesellschaften (Herausverschmelzung) bzw. übernehmende oder neue[75] Inlandsgesellschaften (Hereinverschmelzung).[76]

Alle Rechtsfragen, die Auslandsrechtsträger betreffen, sind nach Maßgabe der auf sie **29** anwendbaren Vorschriften zu lösen (→ Rn. 45 ff.).

II. Verschmelzungsfähige Rechtsträger

Gem. § 122b Abs. 1 UmwG sind nur Kapitalgesellschaften grenzüberschreitend ver- **30** schmelzungsfähig. Es existieren teilweise rechtsformspezifische Beschränkungen der Verschmelzungsfähigkeit, welche im Einzelfall beachtet werden müssen. Grundsätzlich sind die AG, die KGaA, die SE mit Sitz im Inland[77] (für Neugründung einer SE → Rn. 31) und die GmbH (einschließlich UG) erfasst.[78] Der (gesetzgebungstechnisch misslungene) mehrgliedrige Verweis in § 122b Abs. 1 UmwG, Art. 2 Nr. 1 RL auf die Publizitätsrichtlinie

---

[70] Lutter/*Bayer* § 122a Rn. 25; Widmann/Mayer/*Heckschen* § 122a Rn. 6.
[71] Widmann/Mayer/*Heckschen* § 122a Rn. 6; *Spahlinger/Wegen* NZG 2006, 721, 722.
[72] Lutter/*Bayer* § 122a Rn. 26; *Müller* NZG 2006, 286f; *Frischhut* EWS 2006, 55, 56.
[73] So schon der *Handelsrechtsausschuss DAV*, NZG 2006, 737, 740; Widmann/Mayer/*Heckschen* § 122a Rn. 66; Semler/Stengel/*Drinhausen* § 122a Rn. 7; Schmitt/Hörtnagl/Stratz/*Hörtnagl* § 122a Rn. 7.
[74] Lutter/*Bayer* § 122a Rn. 22.
[75] In diesem § 18 zusammenfassend als „übernehmende" Gesellschaft bezeichnet.
[76] Vgl. Widmann/Mayer/*Heckschen* § 122a Rn. 17; Semler/Stengel/*Drinhausen* § 122a Rn. 8; Kallmeyer/*Marsch-Barner* § 122a Rn. 5; Lutter/*Bayer* § 122a Rn. 16.
[77] Gem. Art. 9 Abs. 1 lit. c, iii, 10 SE-VO sind sie einer nationalen Aktiengesellschaft gleichgestellt, soweit die SE-VO keine besonderen Regelungen vorsehen.
[78] Vgl. Begr. RegE, BT-Drucks. 16/2919, S. 14.

1968 ist wegen deren Neufassung auf die Publizitätsrichtlinie 2009 zu beziehen.[79] Implizit ausgeschlossen ist hierdurch der VVaG.[80]

31 Bei der Verschmelzung auf eine neu entstehende SE werden die §§ 122a ff. UmwG durch die SE-VO verdrängt. Nach hM gelten die §§ 122a ff. UmwG nicht für internationale Verschmelzungen, aus denen eine neue SE hervorgeht, da Art. 2 Abs. 1, 17 ff. SE-VO hierbei vorrangige leges speciales sind.[81] Dieser Vorrang der SE-VO gilt sowohl für Fälle der Verschmelzung zur Aufnahme gem. Art. 2 Abs. 1, 17 Abs. 2 lit. a) SE-VO als auch Verschmelzung zur Neugründung gem. Art. 2 Abs. 1, 17 Abs. 2 lit. b). SE-VO, sofern die übernehmende Gesellschaft nach der Verschmelzung erstmals als SE firmiert. Insofern wäre die Aussage, die SE-VO sei vorrangig, sofern am Ende der Verschmelzung eine SE stünde, ungenau, denn die Verschmelzung mehrerer bestehender SE zur Aufnahme stellt keinen gründungsrelevanten Tatbestand im Sinne von Art. 2 Abs. 1 SE-VO dar.[82] Insoweit ist Art. 2 Abs. 1 SE-VO nach hM[83] teleologisch zu reduzieren, weil es am formwechselnden Moment des Vorgangs, dem Verlassen einer nationalen Gesellschaftsform, fehlt, den die Vorschrift eigentlich betrifft. Der Vorrang der SE-VO kann daher wie folgt eingegrenzt werden: (1) jede Verschmelzung zur Neugründung einer SE sowie (2) Verschmelzungen zur Aufnahme auf eine Nicht-SE, die im Zuge der Umwandlung zur SE wird.

32 Ist eine SE mit Sitz im Inland als übertragende Gesellschaft beteiligt, ist streitig, ob Art. 66 Abs. 1 S. 2 SE-VO Anwendung findet.[84] Richtigerweise ist dies zu verneinen, weil die Vorschrift einen Formwechsel[85] und nicht etwa eine Verschmelzung betrifft. Es besteht auch keine gleich schwerwiegende Umgehungs- bzw. Missbrauchsgefahr, die eine analoge Anwendung[86] des präventiven Verbots rechtfertigen würde. Formwechsel und Verschmelzung betreffen verschiedene Sachverhalte, für die frei von Wertungswidersprüchen abweichende Regelungen gelten können. Eine Umgehung der Nachgründungsvorschriften ist schon deshalb nicht zu befürchten, weil die Nachgründungsvorschriften auch in der grenzüberschreitenden Verschmelzung nach §§ 122a, 67, 76 UmwG gelten. In Bezug auf die Mitbestimmung sind Umgehungsgestaltungen zwar denkbar, aber hier besteht für grenzüberschreitende Verschmelzungen der besondere Schutz des MgVG. Mithin fehlt es für grenzüberschreitende Verschmelzungen schon an einer Regelungslücke für eine analoge Anwendung von Art. 66 Abs. 1 S. 2 SE-VO. Primärziel von Art. 66 SE-VO ist ohnehin, die Renationalisierung einer SE im Wege des Formwechsels offen zu halten, auch wenn der Sitzstaat eine solche Umwandlung nicht vorsieht.[87]

33 Die UG kann wegen des Sacheinlageverbots § 5a Abs. 2 S. 2 GmbHG, welches auch für Kapitalerhöhungen[88] gilt, nicht als übernehmende Gesellschaft beteiligt sein.[89] Teilweise wird eine solche Verschmelzung aber zugelassen, wenn das Stammkapital im Zuge der Verschmelzung das Mindestkapital gem. § 5 Abs. 1 GmbHG erreicht.[90] Technisch betrach-

---

[79] Lutter/*Bayer* § 122b Rn. 4 (Fn. 3); Henssler/Strohn/*Polley* UmwG § 122b Rn. 2.

[80] Widmann/Mayer/*Heckschen* § 122b Rn. 73; *Louven* ZIP 2006, 2021, 2024.

[81] Widmann/Mayer/*Heckschen* § 122b Rn. 72; *Drinhausen/Keinath* BB 2006, 725, 726; abweichend differenzierend *Louven* ZIP 2006, 2021, 2024.

[82] So aber *Louven* ZIP 2006, 2021, 2024.

[83] Nachweise bei Spindler/Stilz/*Casper* SE-VO Art. 3 Rn. 34.

[84] Dafür: Semler/Stengel/*Drinhausen* § 122b Rn. 5; Kallmeyer/*Marsch-Barner* § 122b Rn. 3; **aA** Widmann/Mayer/*Heckschen* § 122b Rn. 62; MünchKommAktG/*Schäfer* Art. 66 SE-VO Rn. 14.

[85] Vgl. Spindler/Stilz/*Casper* SE-VO Art. 66 Rn. 1 f.; MünchKommAktG/*Schäfer* Art. 66 SE-VO Rn. 1 f.

[86] *Louven* ZIP 2006, 2021, 2024.

[87] Spindler/Stilz/*Casper* SE-VO Art. 66 Rn. 35; MünchKommAktG/*Schäfer* Art. 66 SE-VO Rn. 1.

[88] Lutter/Hommelhoff/*Kleindiek* § 5a Rn. 69; implizit auch BGH II ZB 25/10, NJW 2011, 1881.

[89] Lutter/Hommelhoff/*Kleindiek* § 5a Rn. 69; vgl. BGH II ZB 9/10, NZI 2011, 551 (Neugründung einer UG durch Abspaltung unzulässig).

[90] Habersack/Drinhausen/*Kiem* UmwG § 122b Rn. 6 mwN.

tet ist dann die GmbH übernehmende Gesellschaft, da das formale Erreichen des Mindestkapitals automatisch[91] zum Übergang in die GmbH führt.

Streitig ist, ob auch **Vor-Kapitalgesellschaften** deutschen Rechts ab ihrer Rechtsfähigkeit an einer grenzüberschreitenden Verschmelzung beteiligt sein können. Dies wird in der Literatur vereinzelt bejaht.[92] Überzeugender erscheint es, Vorgesellschaften nicht in den Anwendungsbereich der grenzüberschreitenden Verschmelzung einzubeziehen.[93] Hierfür spricht zunächst Art. 2 Nr. 1 RL, wonach nur Gesellschaften erfasst sind, welche den kapitalgesellschaftsrechtlichen Publizitätsvorschriften unterliegen. Eine Vorgesellschaft unterliegt – da für diese §§ 13 Abs. 3 GmbHG, 3 Abs. 1 AktG noch nicht gelten – noch nicht der (generellen) Pflicht zur Aufstellung eines Jahresabschlusses (§ 242 HGB)[94] und fällt deshalb nicht ausnahmslos unter das von Art. 2 Nr. 1 lit. b RL in Bezug genommene Publizitätsregime. Die Beteiligung einer **Vor-AG** als übertragender Rechtsträger ist schon wegen der Einschränkung aus §§ 122a Abs. 2, 76 Abs. 1 UmwG faktisch ausgeschlossen. Die Norm gilt dem Wortlaut nach zwar nur für die eingetragene AG, jedoch erscheint es fernliegend, dass die Vor-AG insoweit bessergestellt sein könnte, als die eingetragene AG. Für die übrigen Fälle von **GmbH-Vorgesellschaften** fehlt es bei der Herausverschmelzung an der die Vorgesellschaft tragende Annahme der Eintragungsabsicht: Die Gesellschaft würde im Zuge der Verschmelzung erlöschen und gerade nicht als werbende Gesellschaft weiterbestehen. Nach alledem sind Vorgesellschaften nicht als grenzüberschreitend verschmelzungsfähig anzusehen. 34

Auch an der grenzüberschreitenden Verschmelzung können nach §§ 122a Abs. 2, 3 Abs. 4 UmwG verschiedene Kapitalgesellschaftsformen beteiligt sein. 35

Die beteiligten Gesellschaften müssen innerhalb der EU bzw. des EWR **wirksam gegründet** worden sein (§ 122b Abs. 1 UmwG). Aufgrund der Maßgeblichkeit der Gründungstheorie (→ Rn. 11) ist ein abweichender, effektiver Verwaltungssitz irrelevant. 36

Gemäß Art. 2 Nr. 1 lit. b RL wären ggf. auch **künftig** neu geschaffene Kapitalgesellschaftsformen international verschmelzungsfähig. 37

Die sowohl Inlands- als auch Auslandsgesellschaften treffende Anforderung eines **Sitzes**, einer Hauptverwaltung oder Hauptniederlassung **innerhalb der EU/EWR** („modifizierte Gründungstheorie") nach § 122b Abs. 1 UmwG ist richtlinienkonform.[95] Dies folgt daraus, dass die Niederlassungsfreiheit selbst hieran anknüpft (Art. 54 S. 1 AEUV).[96] 38

Aufgelöste Kapitalgesellschaften können unter den Voraussetzungen der §§ 122a, 3 Abs. 3 UmwG an einer grenzüberschreitenden Verschmelzung als übertragende Rechtsträger beteiligt sein. Hierbei wird aus Gründen der Vorsicht die Fassung des Fortsetzungsbeschlusses schon vor Aufnahme des Verschmelzungsverfahrens empfohlen, weil sich zur Frage, ob der Verschmelzungsbeschluss zugleich als Fortsetzungsbeschluss zu deuten ist, noch keine gefestigte hM gebildet hat.[97] Aufgelöste Gesellschaften können aber – wie schon bei nationalen Verschmelzungen[98] – keine übernehmenden Gesellschaften sein. 39

Nicht grenzüberschreitend verschmelzungsfähig sind ferner Gesellschaften, über deren Vermögen das **Insolvenzverfahren** eröffnet wurde.[99] Dies wird (bei nationalen Verschmelzungen) damit begründet, dass jedenfalls während des Insolvenzverfahrens eine Fortsetzung 40

---

[91] Lutter/Hommelhoff/*Kleindiek* § 5a Rn. 71; MünchKommGmbHG/*Rieder* § 5a Rn. 37.
[92] Widmann/Mayer/*Heckschen* § 122b Rn. 26 f.
[93] So auch Lutter/*Bayer* § 122b Rn. 9; *Lutz* BWNotZ 2010, 23, 27.
[94] Vgl. MünchKommBilanzR/*Kleindiek* § 242 Rn. 23; Koller/Kindler/Roth/Morck/*Morck* § 242 Rn. 1 („spätestens" mit Eintragung).
[95] Widmann/Mayer/*Heckschen* § 122b Rn. 11.
[96] Lutter/*Bayer* § 122b Rn. 10; Henssler/Strohn/*Polley* UmwG § 122b Rn. 9.
[97] Widmann/Mayer/*Heckschen* § 122b Rn. 56; Schmitt/Hörtnagl/Stratz/*Stratz* § 3 Rn. 48.
[98] OLG Brandenburg 7 W 118/14, DStR 2015,1262; Semler/Stengel/*Stengel* § 3 Rn. 46 f.
[99] Widmann/Mayer/*Heckschen* § 122b Rn. 46.

nicht beschlossen werden kann.[100] Nach Beendigung des Insolvenzverfahrens ist nach der Art der Beendigung zu differenzieren, weil die Möglichkeit eines Fortsetzungsbeschlusses davon abhängt.[101]

41 Generell von der Beteiligung an grenzüberschreitenden Verschmelzungen nach § 122a UmwG ausgeschlossen sind **Personengesellschaften**, einschließlich der **EWiV**, sowie der **VVaG**.

III. Ausnahmen

42 Bestimmte Rechtsträger sind gem. § 122b Abs. 2 UmwG von einer Beteiligung an einer grenzüberschreitenden Verschmelzung explizit **ausgeschlossen**. So sind gem. § 122b Abs. 2 Nr. 1 UmwG Genossenschaften (§ 1 Abs. 1 GenG), auch solche mit einem Mindestkapital (§ 8a GenG) sowie Genossenschaften EU/EWR-ausländischen Rechts keine nach § 122a UmwG grenzüberschreitend verschmelzungsfähigen Rechtsträger. Der Ausschluss fremder Genossenschaften durch den nationalen Gesetzgeber ist mit Blick auf Art. 3 Abs. 2 RL richtlinienkonform.[102] Diese sind auf die Möglichkeit der grenzüberschreitenden Umwandlung nach der SCE-VO verwiesen.[103]

43 Ferner sind gem. § 122b Abs. 2 Nr. 2 UmwG folgende Publikumsgesellschaften von einer Beteiligung an einer grenzüberschreitenden Verschmelzung nach §§ 122a UmwG ausgeschlossen:
 - Vermögensanlagegesellschaften im Sinne von Art. 1 Abs. 1 der OGAW-RL 2009[104] (für sie gelten die spezielleren Art. 38 ff. OGAW-RL 2009); und
 - Investmentaktiengesellschaften nach §§ 108 ff. KAGB.[105]

44 Nicht von diesem Ausschluss erfasst sind Kapitalverwaltungsgesellschaften im Sinne von §§ 17, 92 ff. KAGB.[106]

IV. Anwendbares Recht für ausländische Rechtsträger

45 Alle beteiligten Kapitalgesellschaften müssen **nach ihrem jeweiligen Recht** aktiv/passiv für die gewählte Verschmelzungskombination verschmelzungsfähig sein (Art. 4 Abs. 1 lit. a RL).[107]

46 Vom dem Grundsatz, dass das Registergericht nur die Verhältnisse der jeweiligen Inlandsgesellschaften prüft, gibt es vereinzelt **Ausnahmen** in Bezug auf
 - die Gründung sowie den Satzungssitz innerhalb EU/EWR in Bezug auf jede beteiligte Gesellschaft nach § 122b Abs. 1 UmwG (→ Rn. 38);
 - den Satzungsumfang der ausländischen Gesellschaft nach § 122c Abs. 2 Nr. 9 UmwG; und
 - die Vertretungsbefugnis der Vertretungsorgane übertragender Gesellschaften bei der Anmeldung einer Verschmelzung zur Neugründung nach § 122l Abs. 1 S. 1 UmwG.

47 Bei **Drittstaaten**-Kapitalgesellschaften ist, sofern kein Abkommen mit dem beteiligten Staat besteht, die Geltung der Verwaltungssitztheorie des BGH[108] zu beachten (→ Rn. 5).

---

[100] Widmann/Mayer/*Fronhöfer* § 3 Rn. 55; aA: Lutter/*Drygala* § 3 Rn. 26 f.
[101] Widmann/Mayer/*Fronhöfer* § 3 Rn. 56 f.; aA: Lutter/*Drygala* § 3 Rn. 26 f.
[102] Widmann/Mayer/*Heckschen* § 122b Rn. 97; Schmitt/Hörtnagl/Stratz/*Hörtnagl* § 122b Rn. 14.
[103] Widmann/Mayer/*Heckschen* § 122b Rn. 97; Semler/Stengel/*Drinhausen* § 122b Rn. 11.
[104] → Fn. 62.
[105] Lutter/*Bayer* § 122b Rn. 16; Schmitt/Hörtnagl/Stratz/*Hörtnagl* § 122b Rn. 15
[106] Lutter/*Bayer* § 122b Rn. 16; Henssler/Strohn/*Polley* UmwG § 122b Rn. 11.
[107] Lutter/*Bayer* § 122b Rn. 2, 14; Widmann/Mayer/*Heckschen* § 122b Rn. 78 ff.
[108] BGH II ZR 158/06, BB 2009, 14.

C. Verschmelzungsverfahren
I. Zeitrahmen

Allgemeingültige Aussagen zum konkreten Zeitrahmen einer grenzüberschreitenden 48
Verschmelzung sind nicht möglich, weil die konkrete Dauer maßgeblich von den Umständen des Einzelfalls bestimmt wird. Dieser Befund wird stark geprägt durch die der Richtlinie zugrundeliegende Vereinigungstheorie nach der bei grenzüberschreitenden Verschmelzungen neben deutschen auch die Vorschriften mindestens eines weiteren Mitgliedstaats zur Anwendung kommen, was im Einzelfall zu zeitlichen Verwerfungen führen kann. Aus den deutschen Vorschriften heraus beschleunigt das Verschmelzungsverfahren erheblich, wenn die beteiligten Rechtsträger keine Arbeitnehmer haben, weil dann das Beteiligungsverfahren nach dem MgVG (→ Rn. 50 ff.) entfallen kann. Auch können die Geschäftsleitungen zur Abkürzung des Verfahrens die Auffangregelung gem. § 23 Abs. 1 S. 1 Nr. 3 MgVG beschließen (→ Rn. 61).

Vereinfacht lässt sich der zeitliche Ablauf einer grenzüberschreitenden Verschmelzung 49
wie folgt darstellen:

II. Beteiligung der Arbeitnehmer

Die **unternehmerische**[109] **Mitbestimmung** wird bei grenzüberschreitenden Ver- 50
schmelzungen – in Umsetzung von Art. 16 RL – vom **MgVG** (vgl. § 1 Abs. 1 S. 1)
geregelt und betrifft nur den Inlandsrechtsträger (§ 4 MgVG).

Das MgVG sieht eine **Verhandlungs- und Auffanglösung** vor. Nach dem gesetzlichen 51
Leitbild wird ein besonderes Verhandlungsgremium (im Folgenden: „BVG") gebildet
(§§ 6 ff. MgVG), welches mit den Leitungen der beteiligten Gesellschaften eine Vereinbarung über die Mitbestimmung aushandelt (§§ 13 ff. MgVG). Diese hat den in § 22
MgVG festgelegten Inhalt. Führen die Verhandlungen innerhalb der Frist von § 21 MgVG
zu keinem Ergebnis (§ 23 Abs. 1 S. 1 Nr. 2 MgVG) oder beschließen die Leitungen der
Gesellschaften das Eingreifen der Auffanglösung (§ 23 Abs. 1 S. 1 Nr. 3 MgVG), so greifen
die §§ 24 ff. MgVG unter bestimmten weiteren Voraussetzungen ein (→ Rn. 62). Kernelement ist dabei, dass die weitestgehende Mitbestimmungsquote bei einer übertragenden
Gesellschaft, die vor der Eintragung bestand, nunmehr auch (dauerhaft) für die übernehmende Gesellschaft gilt (§ 24 Abs. 1 S. 2 MgVG). Kommt es nicht zum Eingreifen dieser
Auffanglösung, so gilt das sonstige nationale Mitbestimmungsrecht (DrittelbG, MitbestG,
MontanMitbestG).

Herausverschmelzungen werden wegen des (in § 3 Abs. 1 S. 1 MgVG positivierten) 52
Territorialitätsgrundsatzes nicht erfasst. In diesen Fällen ist das ausländische Mitbestimmungsrecht, sofern ein solches existiert, einschlägig. Art. 16 Abs. 2 bis 4 RL verpflichtet
die Mitgliedstaaten sicherzustellen, dass einmal erworbene Mitbestimmungsrechte nach
Art. 16 Abs. 7 RL für einen Zeitraum von 3 Jahren im Falle nachfolgender innerstaatlicher
Verschmelzungen erhalten werden. Die deutsche Umsetzung hiervon findet sich (für die
Hereinverschmelzung) in §§ 5, 30 S. 2 MgVG.

Gem. § 3 Abs. 1 S. 2 MgVG gilt das MgVG für im Inland beschäftigte Arbeitnehmer 53
einer **ausländischen Gesellschaft**. Relevanz hat dies für die Wahl der auf das Inland
entfallenden Vertreter des BVG (vgl. § 10 Abs. 3, 4 MgVG).[110]

Bei **Hereinverschmelzungen** ist grundsätzlich das inländische Mitbestimmungsrecht 54
(§ 4 MgVG), mithin DrittelbG, MitbestG sowie MontanMitbestG, anwendbar. In den
Fällen des § 5 MgVG gilt hingegen vorrangig als lex specialis das MgVG und dessen

---

[109] Die betriebliche Mitbestimmung richtet sich nach dem BetrVG, vgl. *Schubert* RdA 2007, 9.
[110] *Müller-Bonanni/Müntefering* NJW 2009, 2347 f.

Vereinbarungs- und Auffanglösung gem. §§ 22, 23 ff. MgVG. Hierin liegt kein Mitbestimmungsstatutenwechsel[111], da § 5 MgVG keine Kollisionsnorm ist. Vielmehr wird für den speziellen Fall der internationalen Hereinverschmelzung die Geltung des MgVG und damit der Ausschluss des sonstigen Mitbestimmungsrechts angeordnet, um etwa die Möglichkeit der Erhaltung einer besseren Mitbestimmungsquote (vgl. § 24 Abs. 1 S. 2 MgVG) zu ermöglichen.

55 Im Einzelnen erfasst § 5 MgVG folgende Fälle:
– Eine der beteiligten Gesellschaften hatte in den 6 Monaten vor Veröffentlichung des Verschmelzungsplans durchschnittlich mehr als 500 Arbeitnehmer und bei ihr bestand ein System der Mitbestimmung im Sinne einer Einflussnahme auf die Angelegenheiten der Gesellschaft durch rechtliche Einflussnahme der Arbeitnehmer auf die Bestellung eines Teils der Mitglieder eines Anfechtungs- oder Verwaltungsorgans (§ 5 Nr. 1 MgVG; zur Berechnung der Arbeitnehmerzahl → Rn. [56]).
– Das Mitbestimmungssystem verschlechtert sich durch die Verschmelzung gegenüber der für die Arbeitnehmer günstigsten vor der Verschmelzung bei einem der beteiligten Rechtsträger bestehenden Mitbestimmung (§ 5 Nr. 2 MgVG).
– Das Mitbestimmungssystem für Arbeitnehmer in Betrieben, welche sich im Ausland befinden, verschlechtert sich gegenüber der für sie zuvor geltenden Mitbestimmung (§ 5 Nr. 3 MgVG).

Unklarheit besteht bei § 5 Nr. 3 MgVG darüber, ob sich aus der generellen Nichtberücksichtigung ausländischer Arbeitnehmer bei der Stimmrechtsausübung eine schlechthin stets anzunehmende abstrakt-generelle Diskriminierung ergibt. Diese führt – auch bei arbeitnehmerloser Auslandsgesellschaft – nach einer Ansicht zum ausnahmslosen Eingreifen der Norm.[112] Der Wortlaut legt diese Auslegung zwar nahe, jedoch würde dadurch die Systematik der §§ 4, 5 MgVG hinfällig. Auch der Zweck von Art. 16 RL und des MgVG, der Erhalt tatsächlich erworbener Mitbestimmungsrechte, spricht gegen ein solches Verständnis. Sachgerecht erscheint es daher (teleologisch reduzierend) darauf abzustellen, ob konkrete Mitbestimmungsrechte durch die Verschmelzung beeinträchtigt werden.[113] Daran fehlt es, wenn die übertragenden Gesellschaften über keine Arbeitnehmer verfügen oder die Rechtsordnungen der übertragenden Gesellschaften generell keine Mitbestimmung vorsehen.

56 Es ist streitig, ob bei § 5 Nr. 1 MgVG Arbeitnehmer von **Tochterunternehmen** der an der Verschmelzung beteiligten Gesellschaft **zuzurechnen** sind.[114] Gegen die Zurechnung der Arbeitnehmer von Tochtergesellschaften spricht, dass das MgVG die Differenzierung zwischen unmittelbar beteiligten Rechtsträgern und Tochterunternehmen ausdrücklich in § 2 Abs. 2, 3 anspricht und deshalb für die Auslegung des MgVG davon ausgegangen werden muss, dass der Gesetzgeber die diesbezüglich von ihm vorgesehene Terminologie bewusst gewählt hat. Auch aus den Gesetzesmaterialien zum MgVG folgt nichts anderes. Der dort angesprochene Gleichlauf der Schwellenwerte von Art. 16 Abs. 2 RL und § 1 Abs. 1 S. 1 Nr. 1 DrittelbG führt nur „regelmäßig"[115] und nicht notwendig zur Anwendung des MgVG. Der Gesetzesbegründung ist deshalb – wenn überhaupt – eher ein Argument gegen die Zurechnung aller Arbeitnehmer einer Tochtergesellschaft zu entnehmen, denn nach § 2 Abs. 2 DrittelbG werden für die Drittelmitbestimmung Arbeitnehmer nur im Rahmen eines Beherrschungsvertrags mit der Tochtergesellschaft oder einer Eingliederung derselben zugerechnet. Daher ist die Nichtberücksichtigung der inhaltlich

---

[111] So aber Ulmer/Habersack/Henssler MitbestR/*Habersack* § 5 MgVG Rn. 1; ähnlich *Brandes* ZIP 2008, 2193, 2195: „europäisches Mitbestimmungsregime".
[112] *Kleinsorge* NWB 2007, 1877, 1880; *Brandes* ZIP 2008, 2193, 2196.
[113] *Drinhausen/Keinath* AG 2010, 398, 402.
[114] Dafür: *Müller-Bonanni/Müntefering* NJW 2009, 2347, 2350; aA Ulmer/Habersack/Henssler MitbestR/*Habersack* § 5 MgVG Rn. 2; *Brandes* ZIP 2008, 2193, 2197 f.
[115] BT-Drucks. 540/06, S. 31.

durchaus Unterschiede aufweisenden § 2 Abs. 2 DrittelbG, § 5 MitbestG und § 1 Abs. 4 MontanMitbestG nicht als Redaktionsversehen anzusehen.[116]

In der juristischen Literatur wird z. T. erwogen, die **Relevanzschwelle** des § 5 Nr. 1 MgVG von durchschnittlich mehr als 500 Arbeitnehmern auch auf die Alternativen Nr. 2 und Nr. 3 anzuwenden.[117] Eine solche Analogie ist allerdings abzulehnen. Es fehlt dabei schon an einer begründbaren planwidrigen Regelungslücke. Allgemeine teleologische Erwägung zum Schutz kleinerer und mittlerer Unternehmen können eine solche Auslegung contra legem nicht stützen, zumal das MgVG nicht primär deren, sondern die Gewährleistung der Arbeitnehmermitbestimmung zum Zweck hat. 57

Die Beteiligung der Arbeitnehmer erfolgt **verfahrensmäßig** durch die **Information** der Arbeitnehmervertretung bzw. – in Ermangelung einer solchen – der Arbeitnehmer selbst spätestens unverzüglich nach Offenlegung (§ 122d S. 1 UmwG) des Verschmelzungsplans, § 6 Abs. 2 S. 3 MgVG. Die Leitung fordert dabei zur Bildung des BVG auf (§§ 6 Abs. 1 S. 1, 7 ff. MgVG). Für diese gilt eine 10-wöchige Soll-Frist (§ 13 Abs. 1 S. 1 MgVG). 58

Die Verhandlungen dauern grundsätzlich **6 Monate** (§ 21 Abs. 1 S. 1 MgVG) und können auf 1 Jahr verlängert werden (§ 21 Abs. 2 Abs. 2 MgVG). 59

Ist die Bildung eines BVG erforderlich, so wird zur Vermeidung einer später erneut erforderlich werdenden BVG-Bildung empfohlen, einen abstrakten Verteilungsschlüssel der Sitzverteilung unter den Mitgliedstaaten für die Zukunft zu beschließen.[118] 60

Die Leitungen der Gesellschaften können zur **Abkürzung des Verfahrens** die Auffangregelung gem. § 23 Abs. 1 S. 1 Nr. 3 MgVG beschließen. Ob dies die Bildung eines BVG entbehrlich macht, ist streitig.[119] Dagegen wurde vorgebracht, dass das BVG bei vorhandenen Mitbestimmungssystemen bestimmte Kompetenzen wahrzunehmen hat (u. a. §§ 23 Abs. 1 S. 2 Nr. 2, Abs. 2, 25 Abs. 2 MgVG), auch wenn über die Mitbestimmung selbst nicht verhandelt werden muss.[120] Eine Entbehrlichkeit wird daher teils erst für den Fall befürwortet, dass die Tätigkeit des BVG sich auf die Sitzverteilung gem. § 25 Abs. 1 MgVG beschränken würde.[121] Eine völlige Entbehrlichkeit kann daher nur für den Fall fehlender Mitbestimmung sowie bei Verschmelzung arbeitnehmerloser Gesellschaften angenommen werden, bei denen auch die genannten Kompetenzen nicht zur Geltung kommen können. 61

Kommt keine Vereinbarung zustande oder wird die Auffanglösung von den Leitungen der Gesellschaften beschlossen (§ 23 Abs. 1 S. 1 Nr. 2, Nr. 3 MgVG), so gelten §§ 24 ff. MgVG, sofern zusätzlich einer der Unterfälle des § 23 Abs. 1 S. 2 MgVG vorliegt. § 23 Abs. 1 S. 2 Nr. 1 MgVG ist – entgegen der hieran geübten Kritik[122] – nicht richtlinienwidrig. Art. 16 Abs. 3 lit. e RL erlaubt das Anheben der in der SE-RL (Art. 7 Abs. 2 lit. b) vorgesehenen Schwelle von 25 % auf 1/3. Liegt keiner der beiden Tatbestände aus § 23 Abs. 1 S. 2 MgVG vor, so gilt gem. Art. 16 Abs. 1 RL, § 4 MgVG das sonstige deutsche Mitbestimmungsrecht (DrittelbG, MitbestG oder MontanMitbestG). 62

Bestimmt sich die Mitbestimmungsquote gem. § 24 Abs. 1 MgVG, so richtet diese sich im Ergebnis nach der vormals für die Arbeitnehmer günstigsten Mitbestimmungsform (§ 24 Abs. 1 S. 2 MgVG). Sie gilt auch für die Zukunft („**Zementierungseffekt**")[123], 63

---

[116] Damit erledigt sich die Folgefrage, ob bei einer etwaigen Zurechnung (aus deutsch-rechtlicher Sicht) auch Arbeitnehmer jenseits der Grenze zu berücksichtigen wären. Dies lehnt die hM zum nationalen Recht ab, vgl. MünchKommAktG/*Gach* MitbestG § 3 Rn. 19.
[117] *Schubert* RdA 2007, 9, 11 f.; **aA** *Heuschmid* AuR 2006, 184, 187.
[118] *Müller-Bonanni/Müntefering* NJW 2009, 2347, 2352 f.
[119] Dafür: *Brandes* ZIP 2008, 2193, 2197.
[120] *Müller-Bonanni/Müntefering* NJW 2009, 2347, 2352; *Schubert* RdA 2007, 9, 14.
[121] *Müller-Bonanni/Müntefering* NJW 2009, 2347, 2352.
[122] *Habersack/Drinhausen/Thüsing/Forst* MgVG § 23 Rn. 8.
[123] Wortwahl bei *Ege/Grzimek/Schwarzfischer* DB 2011, 1205, 1211; im Erg. auch *Nikoleyczik/Führ* DStR 2010, 1743, 1749.

etwa für den Fall des Erwerbs von Tochtergesellschaften, die über Arbeitnehmer verfügen, oder für schlichtes organisches Wachstum.

64 Das nach dem MgVG[124] schließlich anwendbare Mitbestimmungsmodell darf gem. Art. 16 Abs. 7 RL für einen Zeitraum von 3 Jahren nicht durch nationale Folgeumwandlungen abgeschafft werden. Die Mitgliedstaaten haben geeignete Vorkehrungen hierfür zu treffen. Das deutsche Recht setzt dies in § 30 S. 2 MgVG um. Vereinzelt wurde am Automatismus dieser Norm (anstelle einer möglichen Verhandlungsverfahrens) Kritik geübt.[125] Zweifel an der Richtlinienkonformität sind dadurch jedoch nicht begründet.

III. Verschmelzungsplan
1. Allgemeines

65 Das **Erfordernis** eines Verschmelzungsplans folgt aus Art. 5 RL, § 122c Abs. 1 UmwG. Es handelt sich um eine bewusste terminologische Abgrenzung zum Verschmelzungsvertrag (§§ 4ff. UmwG). § 122c UmwG verdrängt insoweit § 5 UmwG. Es wird empfohlen, im Verschmelzungsplan das Moment der Gesamtrechtsnachfolge (vgl. § 5 Abs. 1 Nr. 2 UmwG) klarzustellen.[126]

66 Der Verschmelzungsplan wird im Hinblick auf seine Rechtsnatur überwiegend als **gesellschaftsrechtlicher Organisationsakt**[127] ohne unmittelbar rechtsändernde Wirkung angesehen, weshalb erst hinzutretende Nebenabreden eine auch schuldrechtliche Wirkung entfalten können. Nur vereinzelt wird eine schuldrechtliche Wirkung bereits der zwingenden Planbestandteile selbst angenommen.[128] Soweit sich die Gesellschaften im Vorfeld der Planaufstellung im Rahmen eines Business Combination Agreements auf die Durchführung einer grenzüberschreitenden Verschmelzung einigen, ist die Reichweite der Verpflichtungen im Auge zu behalten, um eine Unwirksamkeit wegen eines etwaigen Zustimmungserfordernisses (§§ 122a Abs. 2, 13 Abs. 1 S. 1 UmwG) zu vermeiden. Gegebenenfalls kann das Business Combination Agreement aufschiebend bedingt (§ 158 Abs. 1 BGB) auf den Verschmelzungsbeschluss abgeschlossen werden,[129] wenn dies denn mit den wirtschaftlichen Interessen der Parteien vereinbar ist.

67 Der Verschmelzungsplan hat den Zweck, die Gesellschafter der beteiligten Gesellschaften im Vorfeld des zu fassenden Verschmelzungsbeschlusses über die Details der Verschmelzung zu informieren und die variablen Verschmelzungsregelungen wie das Umtauschverhältnis festzulegen. Er kann **gemeinsam** von allen beteiligten Gesellschaften errichtet werden. Dabei ist die Zusammenfassung in einer Urkunde zwingend, nicht hingegen absoluter Gleichlaut der Fassungen unterschiedlicher Sprachen, da sprachliche Divergenzen nicht vollständig auszuschließen sind. Es empfiehlt sich die Festlegung einer maßgeblichen (Sprach-)Fassung (Konfliktklausel). Typischerweise ist dies die Fassung in der Sprache der übernehmenden Gesellschaft.[130] Eine deutsche Übersetzung ist wegen § 184 S. 1 GVG stets erforderlich.

---

[124] Vereinbarungs- und Auffangslösung (§§ 22, 23 ff. MgVG); nicht: sonstiges Mitbestimmungsrecht (DrittelbG, MitbestG, MontanMitbestG).

[125] Ulmer/Habersack/Henssler MitbestR/*Habersack* § 30 MgVG Rn. 2 f.; Schubert RdA 2007, 9, 16.

[126] Widmann/Mayer/*Mayer* § 122c Rn. 51; Kölner Kommentar-UmwG/*Simon*/*Rubner* § 122c Rn. 12 f.

[127] Widmann/Mayer/*Mayer* § 122c Rn. 15; Lutter/*Bayer* § 122c Rn. 3.

[128] Kölner Kommentar-UmwG/*Simon*/*Rubner* § 122c Rn. 6.

[129] Zum Parallelproblem bei der SE: Spindler/Stilz/*Casper* SE-VO Art. 20 Rn. 4; *Schwarz* SE-VO Art. 20 Rn. 13 f.

[130] *Freundorfer*/*Festner* GmbHR 2010, 195, 198; Widmann/Mayer/*Mayer* § 122c Rn. 24.

Anders als § 122c Abs. 2 Var. 2 UmwG erwähnt Art. 5 RL die Möglichkeit eines **68** **Entwurfs** des Verschmelzungsplans nicht. Die Richtlinienkonformität der deutschen Umsetzung wird aus der Verschmelzungsrichtlinie (→ Rn. 22, Fn. 60) gefolgert.[131]

Ein **Verstoß** gegen die zwingende Vorschrift § 122c UmwG führt zur Nichtigkeit des **69** Verschmelzungsplans.

Die **Änderung** des Verschmelzungsplans steht der Neuaufstellung gleich. Betrifft die **70** Änderung darüber hinaus eine Tatsache im Sinne von § 122d S. 2 UmwG, ist diese erneut bekanntzumachen.[132]

Die **Aufhebung** des einmal aufgestellten Verschmelzungsplans ist möglich. Wurde noch **71** kein Verschmelzungsbeschluss der Anteilsinhaber gefasst, kann die Leitung der Gesellschaft die Verschmelzung noch selbst aufhalten. Haben die Anteilsinhaber hingegen die Verschmelzung beschlossen, so ist die Geschäftsleitung der Gesellschaft bis zur Aufhebung dieses Beschlusses zu dessen Durchführung verpflichtet (für die AG ausdrücklich § 83 Abs. 2 AktG). Manche verlangen dabei die Wahrung derselben Mehrheit, die für die Aufstellung erforderlich war.[133] Das überzeugt jedoch nicht, weil die Zustimmungsmehrheiten (§§ 50 Abs. 1, 65 Abs. 1 UmwG) dem Wortlaut nach nicht auch die Aufhebung erfassen und eine Analogie hierzu nicht geboten ist. Dies folgt daraus, dass diese Vorschriften eine besondere Hürde für das Fassen des strukturändernden Beschlusses vorsehen. Bei der Aufhebung wird aber nur der status quo erhalten. Es besteht ferner nicht die Gefahr, dass sich eine Minderheit zu Lasten der Mehrheit durchsetzt, denn wenn bereits eine Mehrheit für die Aufhebung stimmt, entfällt notwendig die für die Zustimmung zur Verschmelzung qualifizierte Mehrheit. Aus denselben Gründen bedarf der Aufhebungsbeschluss grundsätzlich[134] keiner **notariellen Beurkundung**.[135] § 122c Abs. 4 UmwG gilt nur für die Aufstellung des Verschmelzungsplans und eine Analogie zu §§ 122a Abs. 2, 13 Abs. 3 S. 1 UmwG ist auch hier nicht angezeigt, denn Aufstellung und Aufhebung sind keine vergleichbaren Sachverhalte.

Zur Frage, ob nach erteilter Verschmelzungsbescheinigung eine Aufhebungsmöglichkeit **72** besteht → Rn. 282.

2. Aufstellung

Der Verschmelzungsplan wird gem. § 122c Abs. 1 UmwG vom „Vertretungsorgan" **73** aufgestellt. Bei der GmbH ist dies die Geschäftsführung, bei der AG der Vorstand und bei der KGaA der Komplementär. Insoweit bereitet die Terminologie in Art. 5 RL, die von „Leitungs- oder Verwaltungsorgane" spricht, keine Probleme. Anders ist dies bei der **monistisch verfassten SE**, deren Vertretung durch den geschäftsführenden Direktor erfolgt (§ 41 Abs. 1 SEAG), während die Leitung dem Verwaltungsrat obliegt (Art. 43 Abs. 1 SE-VO). Nach hM[136] wird wegen der grundlegenden Bedeutung des Verschmelzungsplans der Verwaltungsrat als zuständig angesehen.

Bei **Kollegialorganen** ist die Aufstellung in satzungsmäßig vertretungsberechtigter An- **74** zahl vorzunehmen.

Die **Rechtsgeschäftliche Vertretung** soll bei der Aufstellung – unter Anwendbarkeit **75** des § 167 Abs. 2 BGB – möglich sein.[137] Da es sich bei der Aufstellung des Verschmelzungsplans, anders als beim Abschluss des Verschmelzungsvertrags, nicht um eine empfangs-

---

[131] Widmann/Mayer/*Mayer* § 122c Rn. 32; Schmitt/Hörtnagl/Stratz/*Hörtnagl* § 122c Rn. 7.
[132] Widmann/Mayer/*Mayer* § 122c Rn. 169.
[133] Widmann/Mayer/*Mayer* § 122c Rn. 167; aA zum Verschmelzungsvertrag: Lutter/*Drygala* § 4 Rn. 27.
[134] Für die börsennotierte AG/KGaA ist die Formfrage wegen § 130 Abs. 1 Satz 1 AktG nicht relevant.
[135] AA Widmann/Mayer/*Mayer* § 122c Rn. 167; vgl. zum Parallelproblem beim Verschmelzungsvertrag: ablehnend wie hier Lutter/*Drygala* § 4 Rn. 27.
[136] Widmann/Mayer/*Mayer* § 122c Rn. 22; Lutter/*Bayer* § 122c Rn. 6; aA *Frenzel* S. 213 f.
[137] Widmann/Mayer/*Mayer* § 122c Rn. 23, § 4 Rn. 40 f.

bedürftige Willenserklärung handelt, sind Vertretungsregeln nur analog anwendbar. Dagegen spricht aber auch nichts. Eine höchstpersönliche Zuordnung der Aufstellungskompetenz ist weder Art. 5 RL noch § 122c UmwG zu entnehmen. Zur Vertretung bei der Einreichung gem. § 122d UmwG → Rn. 133.

3. Inhalt

76 Der notwendige Inhalt des Verschmelzungsplans ergibt sich aus § 122c Abs. 2 UmwG, welcher § 5 UmwG insoweit verdrängt. Soweit von einer Vereinfachungen Gebrauch gemacht wird (zB § 122c Abs. 3 UmwG) oder eine Angabe aufgrund der Umstände gegenstandslos wäre[138], ist ein entsprechender Hinweis aufzunehmen.[139]

77 **a) Beteiligte Gesellschaften.** Nach § 122c Abs. 2 Nr. 1 UmwG sind anzugeben Rechtsform, Firma und Sitz der beteiligten Rechtsträger. Sitz im Sinne der Vorschrift meint den Satzungssitz.

78 Empfohlen wird, die Firma und den Rechtsformzusatz optisch oder sprachlich zu separieren.[140] Bei **Rechtsformzusätzen** ist ein Hinweis auf das Gründungsstatut zweckmäßig, da durch die Geltung der Gründungstheorie der Satzungssitz (ausländischer Gesellschaften)[141] nicht notwendig in deren Gründungsstaat liegen muss.

79 Eine Umfirmierung im Zuge der Verschmelzung sollte zur Klarstellung erläutert werden (zB als Klammerzusatz).

80 **b) Anteilsgewährung.** § 122c Abs. 2 Nr. 2, 3 und 5 UmwG betreffen das Umtauschverhältnis und die Anteilsgewährung an die Gesellschafter des übertragenden Rechtsträgers. Der gesetzliche Regelfall geht von einer Anteilsgewährung an die Gesellschafter der übertragenden Gesellschaften aus. Eine Anteilsgewährung an Dritte ist nicht möglich (vgl. §§ 122a Abs. 2, 20 Abs. 1 Nr. 3 UmwG). Die Anteilsgewährung vollzieht sich – wie bei nationalen Verschmelzungen[142] – durch die Eintragung selbst und nicht durch einen separaten rechtsgeschäftlichen Übertragungsakt.[143] Die zu gewährenden Anteile müssen aber vor Eintragung (zB als eigene Anteile beim übernehmenden Rechtsträger) bestehen und identifiziert werden (vgl. § 46 Abs. 3 UmwG) oder im Zuge der Verschmelzung durch Gründung oder Kapitalerhöhung entstehen. Obwohl dies gesetzlich nicht geregelt ist, soll auch ein Erwerb von Anteilen Dritter (Konzerngesellschaften) möglich sein.[144] Im Übrigen gelten rechtsformspezifische Besonderheiten wie schon bei nationalen Verschmelzungen (§§ 46, 71 f. UmwG). Teilweise wird empfohlen, darauf hinzuweisen, dass gewährte Anteile aus einer Kapitalerhöhung stammen.[145]

81 Überwiegend wird das **Verfahrens gem. §§ 71 f. UmwG** nur in Fällen der Herausverschmelzung für anwendbar gehalten.[146] Vereinzelt wird eine Erstreckung auch auf Hereinverschmelzungen befürwortet.[147] Dies ist jedoch abzulehnen, weil die §§ 122a ff. UmwG grundsätzlich nur für den Inlandsrechtsträger gelten und die wertpapiermäßige

---

[138] ZB Angaben zur Beschäftigung (§ 122c Abs. 2 Nr. 4 UmwG) bei arbeitnehmerlosen Gesellschaften.
[139] Vgl. Widmann/Mayer/*Mayer* § 122c Rn. 91.
[140] Henssler/Strohn/*Polley* UmwG § 122c Rn. 12; Schmitt/Hörtnagl/Stratz/*Hörtnagl* § 122c Rn. 12.
[141] Deutsche Kapitalgesellschaften haben ihren Satzungssitz stets im Inland, vgl. §§ 4a GmbHG, 5 AktG.
[142] Semler/Stengel/*Schröer* § 122c Rn. 18, § 5 Rn. 35 ff.; Henssler/Strohn/*Polley* UmwG § 122c Rn. 14.
[143] Semler/Stengel/*Schröer* § 5 Rn. 35; Henssler/Strohn/*Heidinger* UmwG § 5 Rn. 19.
[144] Widmann/Mayer/*Mayer* § 122c Rn. 74 ff.
[145] Widmann/Mayer/*Mayer* § 122c Rn. 91.
[146] Lutter/*Bayer* § 122c Rn. 17; Semler/Stengel/*Drinhausen* § 122c Rn. 19; Kallmeyer/*Marsch-Barner* § 122a Rn. 14.
[147] Widmann/Mayer/*Mayer* § 122c Rn. 93.

§ 18 Grenzüberschreitende Verschmelzung

Abwicklung an die Anteilsinhaber übertragender Auslandsgesellschaften dem Recht der Auslandsgesellschaft folgt.

Integraler Bestandteil des Verschmelzungsplans ist ferner die Angabe des **Umtausch-** **82** **verhältnisses** im Verschmelzungsplan.

Etwaige bare Zuzahlungen sind zwingend in Geld festzusetzen. Bei der **Hereinver-** **83** **schmelzung** gilt für diese eine **Grenze von 10 %** des Nennbetrages bzw. rechnerischen Anteils am Grundkapital der gewährten Anteile (§§ 122a Abs. 2, 54 Abs. 4 bzw. 68 Abs. 3 UmwG). Die Begrenzung dient jedenfalls dem Schutz der Kapitalgrundlage des übernehmenden Rechtsträgers und ist mit Blick auf den Spielraum Art. 4 Abs. 1 lit. b S. 1 RL richtlinienkonform. Streitig ist allerdings, ob dies auch bei **Herausverschmelzungen** Geltung beansprucht. Es wird vertreten, dass die Grenze nicht gilt, wenn das Recht des Aufnahmestaats eine höhere Zuzahlung erlaubt.[148] Dies folge daraus, dass die Grenze nur die Liquidität der übernehmenden Gesellschaft schützen solle. Andere unterstellen der Regelung auch eine Schutzwirkung zu Gunsten von Gesellschaftern gegen einen „Ausverkauf" ihrer Beteiligung.[149] Es fragt sich also letztlich, welche Zwecksetzung der Begrenzung barer Zuzahlungen zugrunde liegt. Die Gesetzesbegründung spricht dies nicht ausdrücklich an, sondern stellt lediglich fest, dass die baren Zuzahlungen in Grenzen zugelassen werden, um Umtauschverhältnisse zu vermeiden, die eine Verschmelzung u. U. unmöglich gemacht hätten.[150] Es handelt sich mithin um eine Ausnahme vom Prinzip der Beteiligungskontinuität, dass bei Inkrafttreten des Umwandlungsgesetzes nicht einmal die heute bestehenden Verzichtsmöglichkeiten in §§ 54 Abs. 1 S. 3, 68 Abs. 1 S. 3 UmwG versah. Dass dieses Prinzip ausschließlich die Liquidität der übernehmenden Gesellschaft und nicht auch die Gesellschafter des übertragenden Rechtsträgers schützt, ist eher fernliegend.[151] Insofern sprechen die besseren Argumente dafür, dass die Grenze von 10 % des Nennbetrags bzw. rechnerischer Anteil am Grundkapital der gewährten Anteile auch für Herausverschmelzungen gilt.

Die hM bejaht die Möglichkeit eines **Verzichts** auf die Anteilsgewährung (§§ 122a **84** Abs. 2, 54 Abs. 1 S. 3 bzw. 68 Abs. 1 S. 3 UmwG). Soweit hieran Kritik geäußert wird, wird diese mit den aus der Übertragung rein negativen Vermögens verbundenen Wertverwässerungsrisiken für die Minderheitsaktionäre des übernehmenden Rechtsträgers begründet.[152] Dies ist aber kein spezifisches Thema grenzüberschreitender Verschmelzungen, sondern stellt sich in gleicher Weise bei nationalen Verschmelzungen. Für diese hat der Gesetzgeber mit §§ 54 Abs. 1 S. 3 und 68 Abs. 1 S. 3 UmwG aber im Zweiten Gesetz zur Änderung des Umwandlungsgesetzes[153] bewusst die Verzichtsmöglichkeiten geschaffen, die deshalb über die Verweisung in § 122a UmwG auch auf die grenzüberschreitende Verschmelzung Anwendung finden müssen.[154]

Eine Anteilsgewährung entfällt ipso iure bei Verschmelzungen der Tochter auf die 100 %- **85** ige Muttergesellschaft (§ 122c Abs. 3 UmwG) wegen des Verbots der Kapitalerhöhung (§ 122a Abs. 2 UmwG iVm § 54 Abs. 1 S. 1 Nr. 1 UmwG (GmbH) bzw. § 68 Abs. 1 S. 2 Nr. 1 UmwG (AG)). Maßgeblich für die 100 %-ige Beteiligung ist der Eintragungszeitpunkt.[155]

---

[148] Lutter/*Bayer* § 122c Rn. 16; Kallmeyer/*Lanfermann* § 122c Rn. 13; Schmitt/Hörtnagl/Stratz/ *Hörtnagl* § 122c Rn. 15.
[149] Kölner Kommentar-UmwG/*Simon/Rubner* § 122c Rn. 15; Widmann/Mayer/*Mayer* § 122c Rn. 88.
[150] BT-Drucks. 8/3908, S. 80.
[151] Vgl. Semler/Stengel/*Diekmann* § 68 Rn. 20; Kölner Kommentar-UmwG/*Simon* § 68 Rn. 62.
[152] Widmann/Mayer/*Mayer* § 122c Rn. 67.
[153] Vom 19.4.2007, BGBl. I S. 542.
[154] Minderheitsaktionäre des übernehmenden Rechtsträgers sind aber anderweitig vor den Risiken der Übertragung negativen Vermögens im Wege der Verschmelzung geschützt, vgl. Kallmeyer/*Marsch-Barner* § 3 Rn. 22.
[155] Lutter/*Bayer* § 122c Rn. 32; Semler/Stengel/*Drinhausen* § 122c Rn. 41; Kallmeyer/*Willemsen* § 122c Rn. 39.

86 **c) Voraussichtliche Auswirkungen auf die Beschäftigung.** § 122c Abs. 2 Nr. 4 UmwG verlangt Angaben zu den voraussichtlichen Auswirkungen der Verschmelzung auf die Beschäftigung und ist damit lex specialis zu § 5 Abs. 1 Nr. 9 UmwG. Hervorzuheben ist die abgeschwächte Wortwahl in § 122c UmwG („voraussichtliche" Veränderungen). Zudem sind nur Auswirkungen auf die Beschäftigung, nicht aber auf die Arbeitnehmervertretungen zu erläutern. Ob diese Veränderungen beabsichtigt bzw. geplant sind, ist gleichgültig. Es genügt, dass sie wahrscheinlich sind.

87 Zwar dient der Verschmelzungsplan den Anteilsinhabern, für die Ausführungen zur Beschäftigung regelmäßig von geringerem Interesse sein dürften. Gleichwohl wird wegen der unterschiedlichen Registerpraxis von einer insbesondere gegenüber den Angaben nach § 5 Abs. 1 Nr. 9 UmwG zu stark verringerten Erläuterungsdichte abgeraten und auch die Aufnahme von Auswirkungen bei anderen beteiligten Rechtsträgern empfohlen.[156]

88 **d) Stichtag der Gewinnberechtigung.** Nach § 122c Abs. 2 Nr. 5 UmwG ist der Stichtag der Gewinnberechtigung anzugeben. Dieser ist – in den Grenzen der entsprechenden Kapitalerhöhungsvorschriften – frei wählbar und auch variabel möglich.[157] Er kann vom Verschmelzungsstichtag abweichen.

89 **e) Verschmelzungsstichtag.** Der Verschmelzungsstichtag im Sinne von § 122c Abs. 2 Nr. 6 UmwG dient der bilanziellen Ergebnisabgrenzung. Bei übertragenden Inlandsgesellschaften ist dies in der Regel der Tag der Schlussbilanz. Dieser Stichtag sollte mit dem gem. Nr. 5 abgestimmt werden.[158] Eine Rückbeziehung wirkt nicht dinglich.[159]

90 Die Festlegung hat insbesondere steuerliche Relevanz.[160]

91 **f) Sonderrechte.** Nach § 122c Abs. 2 Nr. 7 UmwG sind die Rechte, die den mit Sonderrechten ausgestatteten Gesellschaftern und den Inhabern von anderen Wertpapieren als Geschäftsanteile gewährt werden bzw. die für diese Personen vorgesehenen Maßnahmen anzugeben. Erfasst sind alle Sonderrechte (etwa Mehrstimmrechte, Benennungs- und Vorschlagsrechte, Rechte auf Geschäftsführung), die Inhabern von Sonderrechten in einer übertragenden Gesellschaft im Austausch für bestehende Sonderrechte gewährt werden[161] und zwar abweichend von § 5 Abs. 1 Nr. 7 UmwG auch dann, wenn die Sonderrechte allen Gesellschaftern zustehen.[162] Voraussetzung ist somit stets, dass die Rechte bereits vor der Verschmelzung bestanden haben. Daher sind im Zuge der Verschmelzung neu geschaffene Sonderrechte nicht aufzunehmen. Gleichwohl ist ein Hinweis auf auch solche Rechte schon wegen der rechtspolitischen Fragwürdigkeit dieser Beschränkung angezeigt.[163] Bestehen keine Sonderrechte, ist ein Negativattest (zur Erleichterung der Registerprüfung) zweckmäßig, wenngleich nicht zwingend.

92 **g) Sondervorteile.** Nach § 122c Abs. 2 Nr. 8 UmwG müssen alle Sondervorteile, die dem Verschmelzungsprüfer oder Mitgliedern der Leitungs- und/oder Aufsichtsorgane gewährt werden, offengelegt werden. Dies erfasst auch fakultative Organe.[164]

---

[156] Kallmeyer/*Willemsen* § 122c Rn. 17; Widmann/Mayer/*Mayer* § 122c Rn. 98.
[157] Widmann/Mayer/*Mayer* § 122c Rn. 101; Semler/Stengel/*Drinhausen* § 122c Rn. 24.
[158] Kallmeyer/*Lanfermann* § 122c Rn. 23; Semler/Stengel/*Drinhausen* § 122c Rn. 24; vgl. Lutter/*Bayer* § 122c Rn. 22.
[159] Henssler/Strohn/*Polley* UmwG § 122c Rn. 17; Widmann/Mayer/*Mayer* § 122c Rn. 103.
[160] Zur Möglichkeit der Entstehung „weißer Einkünfte" vgl. Widmann/Mayer/*Mayer* § 122c Rn. 105.1.
[161] Semler/Stengel/*Drinhausen* § 122c Rn. 26; Schmitt/Hörtnagl/Stratz/*Hörtnagl* § 122c Rn. 24.
[162] Kallmeyer/*Marsch-Barner* § 122 Rn. 24; Semler/Stengel/*Drinhausen*, § 122c Rn. 26.
[163] Kölner Kommentar-UmwG/*Simon/Rubner* § 122c Rn. 18; Lutter/*Bayer* § 122c Rn. 23; aA Widmann/Mayer/*Mayer* § 122c Rn. 113 f.
[164] Schmitt/Hörtnagl/Stratz/*Hörtnagl* § 122c Rn. 25; Widmann/Mayer/*Mayer* § 122c Rn. 116.

Eine Erstreckung auf den Abschlussprüfer wird einhellig abgelehnt.¹⁶⁵ Vereinzelt wird **93** aber eine Aufnahme gefordert, wenn deutlich überhöhte Honorare gezahlt werden.¹⁶⁶ Derartige Ausnahmen sind abzulehnen, weil sie im Gesetz keine Stütze finden und aufgrund ihrer Unbestimmtheit nicht praktikabel sind. Eine Konkretisierung müsste der Gesetzgeber anordnen.

h) Satzung der übernehmenden/neuen Gesellschaft. Der Verschmelzungsplan hat **94** gemäß § 122c Abs. 2 Nr. 9 UmwG die Satzung der (bestehenden oder neuzugründenden) Gesellschaft zu enthalten. Bei Hereinverschmelzungen zur Neugründung sind auch Angaben im Sinne §§ 57, 74, 78 UmwG mitzuteilende Satzungsbestandteile. Handelt es sich um eine Herausverschmelzung, ist hingegen die fremde Rechtsordnung und deren Verständnis vom Satzungsumfang maßgeblich.

Die Angaben nach § 122c Abs. 2 Nr. 9 UmwG informieren die Anteilsinhaber der **95** beteiligten Gesellschaften über die Verfassung der übernehmenden Gesellschaft. Entscheidend ist deshalb die Fassung, die infolge der Verschmelzung gelten wird.¹⁶⁷ Diese Angabe ist erforderlich, auch wenn diese Satzungsfassung einer bereits vor der Verschmelzung gültigen entsprechen sollte.¹⁶⁸

Problematisch ist das Wechselspiel zwischen Planaufstellung und dem Beteiligungsverfahren **96** nach dem MgVG. Regelmäßig wird ein Verhandlungsergebnis über die Mitbestimmung zum Zeitpunkt der Planaufstellung fehlen. Um eine Neuaufstellung des Verschmelzungsplans, eine erneute Bekanntmachung (§ 122d S. 2 UmwG) und Beschlussfassung zu vermeiden, wird vorgeschlagen, dass die Anteilsinhaberversammlung die Leitung der Gesellschaft ermächtigen könne, die ggf. erforderliche Anpassung der Satzung vor der Anmeldung selbst vorzunehmen.¹⁶⁹ Mit Blick auf die Möglichkeit des Vorbehalts gem. § 122g Abs. 1 UmwG¹⁷⁰ ist es für die Praxis jedenfalls angezeigt, mit dem Handelsregister frühzeitig abzustimmen, ob es diese Lösung mitträgt.

i) Mitbestimmungsmodell. Nach § 122c Abs. 2 Nr. 10 UmwG ist eine abstrakte Darstellung **97** des Verfahrens über die Festlegung der Mitbestimmungsrechte in den Verschmelzungsplan aufzunehmen. Wird ein MgVG-Verfahren durchgeführt, sind das Verfahren zur Bildung des BVG (§§ 6 ff. MgVG), der Ablauf der Verhandlungen (§§ 13 ff. MgVG), mögliche Verhandlungsergebnisse (§ 22 MgVG) sowie die Auffangregelungen (§§ 24 ff. MgVG) darzustellen.¹⁷¹ Teilweise wird eine Erläuterung der Bildung des BVG für entbehrlich gehalten.¹⁷² Die Unklarheit über den Umfang hat ihre Ursache darin, dass der Begriff des „Verfahren[s]" in Nr. 10 mehrdeutig ist und man hierunter sowohl das gesamte MgVG-Verfahren als auch das Verhandlungsverfahren verstehen kann. Aus der Formulierung („gegebenenfalls") folgt, dass Angaben entbehrlich sind, wenn ein mitbestimmungsrechtliches Verfahren nicht stattfindet.¹⁷³ In solchen Fällen ist eine Negativerklärung zweckmäßig.¹⁷⁴

---

¹⁶⁵ Kallmeyer/*Marsch-Barner* § 122c Rn. 25; Semler/Stengel/*Drinhausen* § 122c Rn. 29.
¹⁶⁶ Widmann/Mayer/*Mayer* § 122c Rn. 117.
¹⁶⁷ Widmann/Mayer/*Mayer* § 122c Rn. 120, der auch die Beifügung der aktuellen Satzung empfiehlt.
¹⁶⁸ *Heckschen*, DNotZ 2007, 444, 456; Lutter/*Bayer* § 122c Rn. 25; Kallmeyer/*Marsch-Barner* § 122c Rn. 26.
¹⁶⁹ Widmann/Mayer/*Mayer* § 122c Rn. 123; Semler/Stengel/*Drinhausen* § 122g Rn. 13; zweifelnd für AG/KGaA/SE: Lutter/*Bayer* § 122g Rn. 29; generell ablehnend Habersack/Drinhausen/*Kiem* UmwG § 122g Rn. 16.
¹⁷⁰ Zwar würde auch dann ein erneuter Beschluss erforderlich sein (Bestätigungsbeschluss). Jedoch handelt es sich dabei um einen einfachen Beschluss, für den die Formalia eines Verschmelzungsbeschlusses (vgl. § 122d UmwG) nicht gelten (→ Rn. 204).
¹⁷¹ Kölner Kommentar-UmwG/*Simon/Rubner* § 122c Rn. 21 ff.; Henssler/Strohn/*Polley* UmwG § 122c Rn. 21; Widmann/Mayer/*Mayer* § 122c Rn. 135 f.
¹⁷² Kallmeyer/*Willemsen* § 122c Rn. 28; Semler/Stengel/*Drinhausen* § 122c Rn. 31.
¹⁷³ Dies ist insbesondere der Fall, wenn keine Arbeitnehmer bei den Gesellschaften beschäftigt werden oder die Auffanglösung beschlossen wurde.
¹⁷⁴ Vgl. Semler/Stengel/*Drinhausen* § 122c Rn. 31; Henssler/Strohn/*Polley* UmwG § 122c Rn. 21.

98 Liegt ein Verhandlungsergebnis bei Planaufstellung ausnahmsweise bereits vor, ist eine kurze Erläuterung dazu aufzunehmen.[175]

j) Angaben zur Bewertung des zu übertragenen Aktiv- und Passivvermögens.
99 Gemäß § 122c Abs. 2 Nr. 11 UmwG müssen im Verschmelzungsplan Angaben zur Bewertung des zu übertragenen Aktiv- und Passivvermögens gemacht werden. Diese Formulierung ist mehrdeutig. Gefordert ist die Angabe mit welchem handelsrechtlichen Wertansatz (Buch-, Zwischen- oder Zeitwert) das Vermögen übertragen wird.[176] Eine konkrete Bewertung von Vermögensgegenständen ist deshalb nicht erforderlich. Erfasst ist nach dem Wortlaut auch nur die Bewertung des von den übertragenden Gesellschaften übergehenden Vermögens.

100 Ob die Angaben zu einer Festlegung der Wertansätze führen, ist streitig. Teilweise wird eine entsprechende Bindung angenommen.[177] Eine andere Ansicht lehnt diese ab,[178] wobei eine Ausnahme dann bestehen soll, wenn die Gesellschaft nach dem auf sie anwendbaren Recht ohnehin eine bestimmte Methode fortführen muss und kein Wahlrecht mehr besteht.[179] Besteht keine Bindung, genügt nach dieser Ansicht die Angabe, das eine Festlegung noch nicht getroffen worden sei.

101 **k) Stichtage der Bilanzen.** § 122c Abs. 2 Nr. 12 UmwG verlangt die Angabe der Stichtage der Bilanzen aller beteiligten Gesellschaften, die zur Festlegung der Bedingungen der Verschmelzung verwendet werden. Auch die Formulierung und der Sinngehalt dieser Vorschrift erschließen sich nicht unmittelbar.[180] Sie setzt Art. 5 lit. l der Richtlinie 2005/56/EG um, dessen Hintergrund seinerseits in den Besonderheiten des französischen Verschmelzungsrechts liegt.[181]

102 Für die Auslegung des Merkmals der Verwendung der Bilanzen für die Festlegung der Bedingungen der Verschmelzung ist zunächst die Bedeutung der Bilanzstichtage der beteiligten Rechtsträger zu klären. Diese liegt ggf. in der Bestimmung der bei dem übernehmenden Rechtsträger bilanziell anzusetzenden Werte (im Fall der Buchwertfortführung), sowie in der Abgrenzung der Rechnungslegung und Gewinnberechtigung. Das Umtauschverhältnis wird hingegen anhand einer Ermittlung von Unternehmenswerten im Ertragswertverfahren festgelegt, wo die Bilanzen nur von untergeordneter, mittelbarer Bedeutung sind.[182]

103 Vor diesem Hintergrund wird klar, dass für den **übertragenden Rechtsträger** vor allem der Stichtag der Schlussbilanz relevant ist, als der Tag, der in der Praxis wegen § 2 Abs. 1 S. 1 UmwStG dem Verschmelzungsstichtag meist unmittelbar vorausgeht,[183] ab dem wiederum die übertragenden Rechtsträger für Rechnung des übernehmenden Rechtsträgers handeln.[184] Zwingend ist die unmittelbare Anknüpfung des Verschmelzungsstichtags an den Stichtag der Schlussbilanz jedoch nicht, sodass ggf. sowohl der Stichtag der Schlussbilanz, als auch ein hiervon losgelöster Verschmelzungsstichtag relevant sein können.

104 Für den **übernehmenden Rechtsträger** ist ebenfalls der Verschmelzungsstichtag anzugeben, und zwar sowohl im Fall der Verschmelzung zur Aufnahme als auch im Fall der

---

[175] Semler/Stengel/*Drinhausen* § 122c Rn. 31; Widmann/Mayer/*Mayer* § 122c Rn. 135; Henssler/Strohn/*Polley* UmwG § 122c Rn. 21.
[176] Semler/Stengel/*Drinhausen* § 122c Rn. 35.
[177] Semler/Stengel/*Drinhausen* § 122c Rn. 36 mwN.
[178] Widmann/Mayer/*Mayer* § 122 c. Rn. 138; Schmitt/Hörtnagl/Stratz/*Hörtnagl* § 122c Rn. 32.
[179] Zu dieser Einschränkung vgl. Schmitt/Hörtnagl/Stratz/*Hörtnagl* § 122c Rn. 32.
[180] Kallmeyer/*Lanfermann* § 122c Rn. 36.
[181] *Vetter*, AG 2006, 613; *Louven*, ZIP 2006, 2021; Kölner Kommentar-UmwG/*Simon/Rubner* § 122c Rn. 32.
[182] Kallmeyer/*Lanfermann* § 122c Rn. 36; Habersack/Drinhausen/*Kiem* UmwG § 122c Rn. 39; Schmitt/Hörtnagl/Stratz/*Hörtnagl* § 122c Rn. 34; Lutter/*Bayer* § 122c Rn. 29.
[183] Kölner Kommentar-UmwG/*Simon/Rubner* § 122c Rn. 32; Schmitt/Hörtnagl/Stratz/*Hörtnagl* § 122c Rn. 34.
[184] Kallmeyer/*Lanfermann* § 122c Rn. 38; Schmitt/Hörtnagl/Stratz/*Hörtnagl* § 122c Rn. 34.

Verschmelzung zur Neugründung.[185] Bei der Verschmelzung zur Aufnahme bildet dieser den Stichtag, zu dem das übertragene Vermögen des übertragenden Rechtsträgers in die Buchführung des übernehmenden Rechtsträgers übernommen wird, sobald die Verschmelzung wirksam wird. Bei der Verschmelzung zur Neugründung bildet dieser den Stichtag der Eröffnungsbilanz des neuzugründenden Rechtsträgers. Ggf. können daneben die Stichtage anzugeben sein, die für die Beteiligung der Anteilsinhaber der übertragenden Rechtsträger am Gewinn des übernehmenden Rechtsträgers (§ 122c Abs. 2 Nr. 5 UmwG), sowie für etwaige besondere Vorteile im Sinne von § 122c Abs. 2 Nr. 8 UmwG relevant sind.

Nicht überzeugend ist hingegen der teilweise vertretene Vorschlag[186], für den übernehmenden Rechtsträger bei einer Verschmelzung zur Aufnahme den Stichtag des Jahresabschlusses anzugeben, der auf die Wirksamkeit der Verschmelzung folgt. Zwar schlägt sich im nächsten Jahresabschluss des übernehmenden Rechtsträgers zum ersten Mal für Außenstehende sichtbar die unterjährig vorgenommene buchhalterische Übernahme des Vermögens des übertragenden Rechtsträgers zum Verschmelzungsstichtag nieder. Für die Festlegung der Bedingungen der Verschmelzung ist ein nach der Wirksamkeit der Verschmelzung liegender Stichtag jedoch denknotwendig nicht relevant und daher auch nicht nach § 122c Abs. 2 Nr. 12 UmwG anzugeben.[187] Zudem steht der Stichtag des nächsten Jahresabschlusses bei der Aufstellung des Verschmelzungsplans noch gar nicht unumstößlich fest.[188]

Anzugeben sind ausweislich des Wortlauts nur die Stichtage der Bilanzen. Eine Aufnahme 105 der Bilanzen ist nicht angezeigt.

l) **Weitergehende Planbestandteile.** Aus § 122c UmwG („mindestens") folgt, dass im 106 Verschmelzungsplan auch weitere Bestandteile enthalten sein können. So wird aus Vorsichtsgründen empfohlen,– soweit einschlägig – Angaben im Sinne von § 46 UmwG aufzunehmen.[189] Angaben zu den Kosten der Verschmelzung sind, da sie gesetzlich nicht gefordert sind, fakultativ.

4. Abfindungsangebot

Nicht jeder Anteilsinhaber einer übertragenden Gesellschaft will an einer Auslandsgesell- 107 schaft beteiligt sein. Art. 4 Abs. 2 S. 2 RL eröffnet den Mitgliedstaaten für diese Fälle einen Regelungsspielraum für einen entsprechenden Minderheitenschutz. Hiervon hat der Gesetzgeber bei der Schaffung von § 122i UmwG in **richtlinienkonformer** Weise[190] Gebrauch gemacht.

§ 122i Abs. 1 UmwG regelt die Abfindung in der **Herausverschmelzung** abschließend 108 und ersetzt den allgemeinen Verweis (§§ 122 Abs. 2, 29 UmwG) durch eine spezielle Regelung in § 122i Abs. 1 S. 3 UmwG.[191]

Hingegen gelten bei **Hereinverschmelzungen** grundsätzlich die allgemeinen Regeln 109 (§ 122a Abs. 2, 29 UmwG), insbesondere auch bei mehrseitigen Verschmelzungen unter Beteiligung auch fremder übertragender Gesellschaften.[192] Eine Ausnahme vom Grundsatz

---

[185] Kölner Kommentar-UmwG/*Simon/Rubner* § 122c Rn. 33; Schmitt/Hörtnagl/Stratz/*Hörtnagl* § 122c Rn. 34.
[186] Widmann/Mayer/*Mayer* § 122c Rn. 140; ähnlich auch Schmitt/Hörtnagl/Stratz/*Hörtnagl* § 122c Rn. 34.
[187] Kallmeyer/*Lanfermann* § 122c Rn. 37; Kölner Kommentar-UmwG/*Simon/Rubner* § 122c Rn. 33.
[188] Kölner Kommentar-UmwG/*Simon/Rubner* § 122c Rn. 33; vgl. auch Habersack/Drinhausen/*Kiem* UmwG § 122c Rn. 39.
[189] Lutter/*Bayer* § 122c Rn. 31; Widmann/Mayer/*Mayer* § 122c Rn. 157, 159.
[190] Widmann/Mayer/*Vossius* § 122i Rn. 3; Kallmeyer/*Marsch-Barner* § 122i Rn. 1; Lutter/*Bayer* § 122i Rn. 81; **aA** *Louven* ZIP 2006, 2021, 2025 (Verortung im Verschmelzungsplan richtlinienwidrig).
[191] Vgl. Lutter/*Bayer* § 122i Rn. 7 f.; Hensler/Strohn/*Polley* UmwG § 122i Rn. 3.
[192] Widmann/Mayer/*Vossius* § 122i Rn. 6; Lutter/*Bayer* § 122i Rn. 8 (keine Sperrwirkung).

findet sich in § 122i Abs. 2 S. 2 UmwG, welcher auch für spezielle Fälle der Hereinverschmelzungen ein prozessuales Antragsrecht für ein Spruchverfahren vorsieht (→ Rn. 128).

110 Die in den Verschmelzungsplan aufzunehmenden Angaben zur Barabfindung umfassen **inhaltlich** die Voraussetzungen für eine Abfindung sowie die hierfür zuständige Anlaufstelle.

111 Teilweise wird eine **teleologische Reduktion** von § 122i Abs. 1 UmwG befürwortet, wenn die übernehmende/neue Gesellschaft **börsennotiert** ist.[193] Eines besonderen Austrittsrechts bedürfe es in diesen Fällen wegen der bestehenden Austrittsmöglichkeit über die Börse nicht. Andere widersprechen[194] und weisen darauf hin, dass es an einer entsprechenden Ausnahme auch bei § 29 UmwG fehle und der Börsenwert nicht notwendig dem wahren Wert des Anteils entsprechen müsste. Auch hat der Gesetzgeber Detailfragen der rechtswechselnden Verschmelzung grundsätzlich berücksichtigt, wie sich zB in § 78 S. 3 UmwG zeigt. Auch wenn nicht zu verkennen ist, dass die Attraktivität der grenzüberschreitenden Verschmelzung wegen des damit verbundenen, in seinem Ausmaß nicht vorhersehbaren Liquiditätsabflusses ganz erheblich beeinträchtigt wird[195] und die Praxis allein wegen des Abfindungsangebots häufig auf andere Transaktionsstrukturen ausweichen wird, dürfte deshalb für eine korrigierende Auslegung kein Raum sein.

112 Weitere Voraussetzung ist, dass der Anteilsinhaber **Widerspruch** zum Verschmelzungsbeschluss erklärt hat bzw. ein solcher entbehrlich war (§§ 122i Abs. 1 S. 3, 29 Abs. 2 UmwG). Streitig ist, ob ein wirksamer Widerspruch voraussetzt, dass der Anteilsinhaber zuvor gegen die Verschmelzung gestimmt hat.[196] In praktischer Hinsicht lässt sich diese Problematik lösen, in dem der Zustimmungsbeschluss unter die Bedingung gestellt wird, dass nicht mehr als eine bestimmte Zahl von Anteilseignern Widerspruch zur Niederschrift erklärt.

113 Das Barabfindungsangebot ist im Verschmelzungsplan oder dessen Entwurf (§ 122i Abs. 1 S. 1 UmwG) aufzuführen und muss **im Wortlaut** wiedergegeben werden (§§ 122i Abs. 1 S. 3, 29 Abs. 1 S. 4 UmwG).

114 Der dissentierende Anteilsinhaber kann das Angebot nur innerhalb von **zwei Monaten** ab Eintragung der Verschmelzung (§§ 122i Abs. 1 S. 3, 31 S. 1 UmwG) annehmen (Ausschlussfrist). Bei der grenzüberschreitenden Verschmelzung soll die Anwendung von § 31 UmwG bei Herausverschmelzungen zu einer Lücke führen, weil sich die für die Eintragung zuständige Stelle nicht im Inland befinde. Zum ähnlichen Problem des **Zinsbeginns** bei der Verbesserung des Umtauschverhältnisses (→ Rn. 228) wird eine analoge Anwendung von § 6 Abs. 3 S. 1 SEAG befürwortet.[197] Weder dort noch an dieser Stelle ist eine solche Rechtsfortbildung erforderlich. Dies folgt daraus, dass § 31 UmwG gem. § 122i Abs. 1 S. 3 UmwG ohnehin nur **entsprechend** anzuwenden ist und deshalb vor dem Hintergrund der Grenzüberschreitung nur die Bekanntmachung der Verschmelzung in das Register am Sitz der übernehmenden Gesellschaft gemeint sein kann.

115 Ob die Annahme **vor Wirksamwerden** der Verschmelzung möglich ist, ist schon für nationale Verschmelzungen strittig.[198] Für die grenzüberschreitende Verschmelzung ist dies zu bejahen. Hierfür spricht zunächst, dass § 122i Abs. 1 S. 2 UmwG den Erwerb eigener Anteile durch den übertragenden deutschen Rechtsträger ausdrücklich frei gibt und die Norm komplett sinnentleert wäre, wenn die widersprechenden Anteilsinhaber nicht wenigstens irgendeine Handlung in Bezug auf das Abfindungsangebot vornehmen können, weil die Durchführung des Abfindungsangebots ohnehin erst nach Wirksamwerden der

---

[193] *Handelsrechtsausschuss des DAV*, NZG 2006, 737, 741; Lutter/*Bayer* § 122i Rn. 6; Kallmeyer/*Marsch-Barner* § 122i Rn. 2.
[194] *H. F. Müller* Der Konzern 2007 81, 87.
[195] Habersack/Drinhausen/*Kiem* UmwG § 122i Rn. 3: „Giftpille".
[196] Dafür Habersack/Drinhausen/*Kiem* UmwG § 122i Rn. 5; Lutter/*Bayer* § 122i Rn. 9; dagegen Semler/Stengel/*Drinhausen* § 122i Rn. 5.
[197] Lutter/*Bayer* § 122i Rn. 14.
[198] Nachweise bei Semler/Stengel/*Drinhausen* § 122i Rn. 9.

Verschmelzung in Betracht kommt. Zudem deutet auch §§ 122i Abs. 1 S. 3, 33 UmwG auf dieses Ergebnis hin: Ist der Gesellschafter im Zeitraum zwischen Verschmelzungsbeschluss und Ablauf der Frist aus § 31 UmwG von Verfügungsbeschränkungen befreit, spricht dies dafür, dass er sich in diesem Zeitraum auch für die Abfindungslösung entscheiden kann. In praktischer Hinsicht würde man hierdurch das Problem des für den Anteilsinhaber nicht bekannten Fristenbeginns (→ Rn. 114) weitgehend vermeiden, da dieser nach Beschlussfassung vorsorglich die Annahme erklären könnte. Wegen des Erfordernisses des Widerspruchs bzw. dessen Entbehrlichkeit wäre unmittelbar nach dem Verschmelzungsbeschluss der **frühestmögliche** Zeitpunkt für die Annahmeerklärung.

Über den Zeitpunkt der konstitutiven Eintragung der Verschmelzung werden nur die **116** beteiligten Register speziell unterrichtet (vgl. Art. 13 S. 2 RL, § 122k Abs. 4 UmwG). Daher muss jeder austrittswillige Anteilsinhaber grundsätzlich und regelmäßig den Stand des ausländischen Registerverfahrens mitverfolgen, um sich die volle Frist von 2 Monaten zu erhalten. Wenn man, wie hier, eine Annahme des Abfindungsangebots bereits vor Eintragung der Verschmelzung für möglich hält (o. Rn. 114), wird die Ungewissheit über den genauen Fristbeginn weitgehend entschärft.

Wird der austrittswillige Anteilsinhaber nicht ordnungsgemäß zur Haupt- bzw. Gesell- **117** schafterversammlung eingeladen und versäumt dieser infolgedessen die Zweimonatsfrist (§§ 122i Abs. 1 S. 3, 31 S. 1 UmwG), kann die entgangene Abfindungsmöglichkeit notfalls über die Haftung der Leitungsorgane liquidiert werden, § 25 UmwG. Dabei werden sich regelmäßig Probleme bei der Schadensberechnung stellen, insbesondere die Vorteilsanrechnung bzgl. der erhaltenen Anteile an der anderen Gesellschaft, etwaige Wertsteigerungen und die Wertbemessung des Austrittsrechts.

Der Abfindungsanspruch ist **aufschiebend** auf die Eintragung **bedingt**[199], sodass im **118** Falle des Scheiterns der Verschmelzung kein Überhang eigener Anteile entstehen kann.

Die **Höhe** der Abfindung ist durch Verschmelzungsprüfung zu ermitteln (§§ 122i, 30 **119** Abs. 2 S. 1 UmwG). Hierbei ist allerdings nicht dieselbe Betrachtung wie beim Umtauschverhältnis anzustellen, vielmehr ist die übertragende Gesellschaft isoliert zu bewerten („*stand alone*"- Betrachtung).[200] Maßgebliche für die Bewertung sind – wie bei allen Abfindungsangeboten in gesellschaftsrechtlichen Strukturmaßnahmen – die Verhältnisse der übertragenden Gesellschaft im **Zeitpunkt der Beschlussfassung** (§§ 122i Abs. 1 S. 3, 30 Abs. 1 S. 1 UmwG).[201]

Ein **Verzicht** auf die Überprüfung des Abfindungsangebots ist möglich (§§ 122i Abs. 1 **120** S. 3, 30 Abs. 2 S. 2, 12 Abs. 3, 8 Abs. 3 UmwG). Die Verzichtserklärungen sind notariell zu beurkunden (§ 8 Abs. 3 S. 2 UmwG).

Anders als der Barabfindungsanspruch nach § 29 UmwG richtet sich der Anspruch auf **121** Barabfindung gegen Anteilsrückgabe in der grenzüberschreitenden Verschmelzung zunächst gegen die übertragende Inlandsgesellschaft als **Schuldnerin** und geht mit Wirksamwerden der Verschmelzung durch Gesamtrechtsnachfolge auf die Zielgesellschaft über.[202]

Über den Regelungsgehalt von **§ 122i Abs. 1 S. 2 UmwG** besteht **Unklarheit**. Nach **122** dem Wortlaut wird zunächst die Anwendbarkeit der Vorschriften über den Erwerb eigener Anteile bei AG und GmbH explizit („entsprechend") angeordnet, jedoch gleichzeitig eine Ausnahme von den Rechtsfolgen (§§ 71 Abs. 4 S. 2 AktG, 33 Abs. 2 S. 3 Hs. 2 GmbHG) statuiert. Die Gesetzesbegründung führt hierzu aus, die „Übernahme der Anteile"[203] stelle bei AG bzw. GmbH einen grundsätzlich verbotenen Erwerb eigener Anteile dar. Dies

---

[199] *H. F. Müller* Der Konzern 2007, 81, 86.
[200] Zur nationalen Verschmelzung: OLG Düsseldorf I-26 W 8/10, NZG 2012, 1260, 1261.
[201] Vgl. Lutter/*Bayer* § 122i Rn. 13; Schmitt/Hörtnagl/Stratz/*Hörtnagl* § 122i Rn. 10; Kölner Kommentar-UmwG/*Simon/Rubner* § 122i Rn. 10.
[202] Kölner Kommentar-UmwG/*Simon/Rubner* § 122i Rn. 6; Lutter/*Bayer* § 122i Rn. 15; Schmitt/ Hörtnagl/Stratz/*Hörtnagl* § 122i Rn. 6.
[203] RegE BT-Drucks.16/2919, S. 16.

überrascht in zweierlei Hinsicht: Erstens sind AktG und GmbHG selbstverständlich auch ohne besondere Anordnung durch das UmwG anwendbar[204], eine Sperrwirkung des UmwG wird – soweit ersichtlich – nicht vertreten. Zweitens kann es zu einem Erwerb eigener Anteile nicht kommen, weil der Abfindungsanspruch (Zug um Zug gegen Anteilsrückgabe) erst nach Wirksamwerden der Verschmelzung fällig und durchsetzbar ist. Zu diesem Zeitpunkt besteht die übertragende Inlandsgesellschaft aber nicht mehr, weshalb es auch nicht zum Erwerb eigener Anteile kommen kann. Eine Erstreckung der Normen auf die Auslandsgesellschaft ist ebenfalls ausgeschlossen.[205] Es verbleibt damit die Überlegung, ob die Suspension nur davor bewahren soll, dass dem Verschmelzungsplan selbst als Rechtsgeschäft im Vorfeld des Erwerbs gem. §§ 71 Abs. 4 S. 2 AktG, 33 Abs. 3 S. 3 GmbHG die Nichtigkeit droht. Gegen ein solches Verständnis spricht indes der Wortlaut der Gesetzesbegründung. Dort ist von der „Übernahme" der Anteile die Rede, nicht aber von einer „Verpflichtung zur Übernahme". Zudem begründet der Verschmelzungsplan ohnehin keine schuldrechtliche Pflicht zur Durchführung der Verschmelzung (zur Rechtsnatur → Rn. 66).

123 Gem. §§ 122i Abs. 1 S. 3, 33 UmwG kann ein Anteilsinhaber der übertragenden Inlandsgesellschaft seinen Anteil zwischen Verschmelzungsbeschluss und Ablauf der Frist aus §§ 122i Abs. 1 S. 3, 31 UmwG unbeschadet etwaiger **Verfügungsbeschränkungen** veräußern.

124 Der Abfindungsanspruch ist in Höhe von 5 Prozentpunkten über dem Basiszinssatz (§ 247 BGB) zu **verzinsen** (§§ 122i Abs. 1 S. 3, 30 Abs. 1 S. 2, 15 Abs. 2 S. 1 UmwG).

125 Bliebe es bei dem allgemeinen Verweis in § 122a Abs. 2 UmwG auf **§§ 32, 34 UmwG** könnte ein Anteilsinhaber einer übertragenden Inlandsgesellschaft den Verschmelzungsbeschluss nicht mit der Begründung anfechten, das Barabfindungsangebot sei unangemessen niedrig. Diesen Ausschluss schränkt § 122i Abs. 2 S. 1 UmwG ein, weil die Abfindungsverpflichtung mit Eintragung der Verschmelzung auf die übernehmende Auslandsgesellschaft übergeht. Damit der Anteilsinhaber bei Durchsetzung seiner Abfindungsansprüche nicht auf das Fehlen eines ausländischen Spruchverfahrens stößt, wird die Anwendbarkeit von §§ 32, 34 UmwG auf die Fälle beschränkt, in denen die Anteilsinhaber aller beteiligten ausländischen Gesellschaften, deren Gesellschaftsrecht ein Spruchverfahren nicht vorsehen, der Durchführung eines Spruchverfahrens durch Zustimmung zum Verschmelzungsplan ausdrücklich zustimmen. Hinsichtlich der Mehrheit, die für die Zustimmung erforderlich ist, wird vertreten, dass hierfür das ausländische Recht maßgeblich sei.[206] Andere stellen auf die für den Verschmelzungsbeschluss erforderliche Mehrheit ab.[207] Die Frage dürfte keine praktische Bedeutung haben, weil die Zustimmung in der Regel[208] im Verschmelzungsbeschluss erfolgt und daher eine Zustimmung mit 75 % der abgegebenen Stimmen erreichen muss.

126 Der Ausschluss des Anfechtungsrechts und die Verweisung von Bewertungsrügen in das Spruchverfahren nach §§ 32, 34 UmwG sind auch dann anwendbar, wenn die Rechtsordnungen der ausländischen beteiligten Rechtsträger allesamt ein Spruchverfahren vorsehen.[209] Dies findet zwar in § 122i Abs. 2 UmwG **keine Stütze** und auch ein Rückgriff auf den allgemeinen Verweis auf das allgemeine Verschmelzungsrecht (§§ 122a Abs. 2, 32,

---

[204] Vgl. Kallmeyer/*Marsch-Barner* § 122i Rn. 5.

[205] Vgl. *H. F. Müller* Der Konzern 2007, 81, 87; zweifelnd Lutter/*Bayer* § 122i Rn. 18; sowie Kallmeyer/*Marsch-Barner* § 122i Rn. 5.

[206] Widmann/Mayer/*Vossius* § 122i Rn. 32.

[207] Lutter/*Bayer* § 122i Rn. 22; Kölner Kommentar-UmwG/*Simon/Rubner* § 122i Rn. 13; Kallmeyer/*Marsch-Barner* § 122i Rn. 7.

[208] Abweichend vom Wortlaut des § 122i UmwG kann der Beschluss über die Anwendung des Spruchverfahrens auch gesondert gefasst werden; vgl. Habersack/Drinhausen/*Kiem* UmwG § 122h Rn. 8; Schmidt/Hörtnagl/Stratz/*Hörtnagl* § 122h Rn. 7; aA Widmann/Mayer/*Heckschen* § 122h Rn. 46.

[209] Semler/Stengel/*Drinhausen* § 122i Rn. 3 f.

34 UmwG) erscheint ausgeschlossen, denn § 122i Abs. 2 S. 1 UmwG regelt dem Wortlaut nach abschließend die Klage- und Überprüfungsmöglichkeiten hinsichtlich der Barabfindungshöhe bei der übertragenden (Inlands-) Gesellschaft. Dennoch muss, wenn alle Rechtsordnungen ein Spruchverfahren vorsehen, selbstverständlich der Klageausschluss im Ergebnis eingreifen,[210] weil dem Sinn und Zweck von § 122i UmwG dann vollständig Rechnung getragen ist. Auch wäre die Durchführung eines Spruchverfahrens sonst sinnwidrig und von einer erfolgreichen Beschlussanfechtung im Ausland bedroht. Methodisch lässt sich dies über eine **Analogie** zu § 122i Abs. 2 S. 1 UmwG lösen, welcher auch dann anzuwenden ist, wenn alle übrigen Rechtsordnungen ein Spruchverfahren vorsehen. Zu beachten ist dabei, dass ein „Vorsehen" nur dann vorliegt, wenn das ausländische Spruchverfahren gerade auch für den Fall einer grenzüberschreitenden Verschmelzung und nicht bloß für inländische Verschmelzungen vorgesehen ist.[211]

Soweit ein Klageausschluss nicht in Betracht kommt, können sich die Anteilsinhaber eines übertragenden Rechtsträgers gegen ein zu niedriges Angebot durch **Beschlussanfechtung** zur Wehr setzen. Umgekehrt können sich die Anteilseigner eines deutschen übernehmenden Rechtsträgers gegen ein zu hohes Abfindungsangebot durch die Anfechtung des Zustimmungsbeschlusses ihrer Gesellschaft wehren.[212]

Für den Fall der **Hereinverschmelzung** besteht aus Inlandssicht grundsätzlich kein Bedürfnis zur gesonderten Regelung der Klage- und Kontrollmöglichkeiten hinsichtlich des Abfindungsangebots. Gleichwohl gewährt § 122i Abs. 2 S. 2 UmwG ein **prozessuales Antragsrecht**[213] für ein Spruchverfahren der Anteilsinhaber ausländischer Gesellschaften und ermöglicht damit eine Konzentration vor deutschen Gerichten. Voraussetzung ist, dass diese international zuständig sind. Diese wird teils aus Art. 7 Nr. 1 lit. a Brüssel Ia-VO[214] und teils aus Art. 24 Nr. 2 Brüssel Ia-VO[215] abgeleitet.

5. Form

Die Richtlinie setzt für den Verschmelzungsplan keine besondere Form voraus. § 122c Abs. 4 UmwG hingegen ordnet eine **notarielle Beurkundung** (§ 128 BGB) an. Dies ist mit Blick auf Art. 4 Abs. 1 lit. b RL (innerstaatliche Formalität) richtlinienkonform.

In der Praxis wird damit in aller Regel das deutsche Recht mit den strengsten Formerfordernissen die Form des Verschmelzungsplans vorgeben. Eine Folgefrage ist, ob die Inlandsbeurkundung durch eine Auslandsbeurkundung nach den aus dem IPR bekannten Maßstäben des BGH[216] („**Gleichwertigkeit**") ersetzt werden kann. Vereinzelt wird dies mit dem Hinweis darauf, dass für eine ordnungsgemäße Beurkundung vertiefte inländische Gesetzeskenntnis erforderlich ist, die der ausländischen Stelle in aller Regel fehlen wird, generell verneint.[217] Andere gehen von der grundsätzlichen Möglichkeit der Substitution aus, halten aber Doppelbeurkundungen in vielen Fällen für unausweichlich.[218] Bis zur höchstrichterlichen Klärung ist deshalb aus Vorsichtsgründen eine Inlandsbeurkundung zu empfehlen.

---

[210] Semler/Stengel/*Drinhausen* § 122i Rn. 11; Henssler/Strohn/*Polley* UmwG § 122i Rn. 10; beide jedoch ohne dogmatische Herleitung/Analogie.
[211] Lutter/*Bayer* § 122i Rn. 21; vgl. zur Parallelvorschrift § 122h UmwG: Schmitt/Hörtnagl/Stratz/*Hörtnagl* § 122h Rn. 6.
[212] Widmann/Mayer/*Vossius* § 122i Rn. 46.
[213] Lutter/*Bayer* § 122i Rn. 30.
[214] Kallmeyer/*Marsch-Barner* § 122i Rn. 8; zur Vorläufernorm Art. 5 Nr. 1a EuGVVO: Widmann/Mayer/*Heckschen* § 122h Rn. 62; Schmitt/Hörtnagl/Stratz/*Hörtnagl* § 122h Rn. 12; Nießen NZG 2006, 441, 443.
[215] Lutter/*Bayer* § 122h Rn. 22.
[216] BGH II ZB 6/13, DNotI-Report 2014, 28.
[217] Widmann/Mayer/*Mayer* § 122c Rn. 202 ff.
[218] Lutter/*Bayer* § 122c Rn. 8; Henssler/Strohn/*Polley* UmwG § 122c Rn. 29.

131 Für einen **Entwurf** des Verschmelzungsplans gilt § 122c Abs. 4 UmwG nicht. Auch wenn das UmwG hierzu schweigt, geht die wohl hM davon aus, dass für ihn Schriftform erforderlich ist.[219] Der Entwurf ist spätestens für die Anmeldung notariell zu beurkunden (sog. „**Nachbeurkundung**").[220]

6. Einreichung und Bekanntgabe

132 Die Einreichung und Bekanntgabe des Verschmelzungsplans im Vorfeld der Verschmelzungsbeschlussfassung (§ 122d UmwG) dient der Erfüllung des gesteigerten Informationsbedürfnisses der Anteilsinhaber und Gläubiger (§ 122d S. 2 Nr. 4 UmwG) bei grenzüberschreitenden Verschmelzungen. In seinem Anwendungsbereich verdrängt § 122d UmwG den für die AG, die KGaA (über § 78 UmwG) und die SE geltenden § 61 UmwG.

133 Zur **Einreichung** ist das Vertretungsorgan berufen, welches sich nach allgemeinen Regeln (§§ 164 ff. BGB) vertreten lassen kann. Wegen § 12 Abs. 1 S. 2 HGB ist die Vollmacht entgegen § 167 Abs. 2 BGB notariell zu beglaubigen und (elektronisch) beizufügen (§ 12 Abs. 2 HGB).

134 **Zuständig** ist grundsätzlich das Amtsgericht als Registergericht am Sitz des LG, in dessen Bezirk der Satzungssitz der Gesellschaft liegt (§§ 376 Abs. 1, 473 Nr. 1 FamFG, § 23a Abs. 1 Nr. 2, Abs. 2 Nr. 3 GVG). Zu beachten ist, dass Landesrecht eine andere Zuständigkeit (insb. als Konzentration) vorsehen kann (§ 376 Abs. 2 FamFG).[221]

135 Die **Einreichungspflicht** umfasst nur den Verschmelzungsplan bzw. dessen Entwurf, welche die Mindestbestandteile aus § 122c Abs. 2 UmwG aufweisen müssen.

136 Die Bekanntgabe hat Bedeutung für die **Monatsfrist** (§ 122d S. 1 UmwG) im Vorfeld der Beschlussfassung über die Zustimmung zu der Verschmelzung. In der Anknüpfung an die Einreichung (statt Bekanntgabe) liegt nach einhelliger Meinung ein Richtlinienverstoß (Art. 6 Abs. 1 RL), weil die Voraus-Frist dadurch um den Zeitraum zwischen Einreichung und Bekanntgabe verkürzt wird. Eine Korrektur im Wege richtlinienkonformer Auslegung wird mit Hinweis auf die Geringfügigkeit der Abweichung gleichwohl nicht für erforderlich gehalten.[222] Von einer Ausreizung der Frist ist vor dem Hintergrund, dass damit nur 1–2 Tage gewonnen werden, abzuraten und deshalb in der praktischen Anwendung auf den Bekanntmachungszeitpunkt abzustellen. Insbesondere für AG, KGaA und SE sind länger laufende Einberufungsfristen parallel zu beachten. Die Richtlinie steht dem, da sie nur eine Mindestvorbereitungszeit vorgibt, nicht entgegen.[223]

137 Ferner hat die Bekanntmachung Bedeutung für Gläubigerschutzrechte gem. § 122j UmwG. Zum einen setzt sie die **Zwei-Monatsfrist** für die Anmeldung des Anspruchs auf Sicherheitsleistung (§ 122j Abs. 1 S. 2 UmwG) in Gang. Zum anderen begrenzt sie den Umfang der ggf. zu sichernden Forderungen (§ 122j Abs. 2 UmwG).

138 Die **Bekanntmachung** erfasst die folgenden Mindestangaben:
– den Hinweis auf Einreichung des Verschmelzungsplans bzw. des Entwurfs desselben (§ 122d S. 2 Nr. 1 UmwG);
– die Rechtsform, Firma und den Sitz der beteiligten Gesellschaften (§ 122d S. 2 Nr. 2 UmwG);
– das Register und die Registernummer der Eintragung der beteiligten Gesellschaften (§ 122d S. 2 Nr. 3 UmwG);
– Hinweise zu Minderheits- und Gläubigerschutzrechten (§ 122d S. 2 Nr. 4 UmwG).

139 Über den Wortlaut des § 122d S. 2 Nr. 2 UmwG hinausgehend wird teilweise befürwortet, dass auch die **Rolle der Beteiligung** (übertragender, übernehmender bzw. neu-

---

[219] Widmann/Mayer/*Mayer* § 122c Rn. 211; Schmitt/Hörtnagl/Stratz/*Stratz* § 6 Rn. 3.
[220] Lutter/*Bayer* § 122c Rn. 9; Widmann/Mayer/*Mayer* § 122c Rn. 211.
[221] Vgl. MünchKommFamFG/*Krafka* § 376 Rn. 2 f.
[222] Widmann/Mayer/*Mayer* § 122d Rn. 8; wohl auch Lutter/*Bayer* § 122d Rn. 7 (legislatorische Korrektur geboten); Kallmeyer/*Marsch-Barner* § 122d Rn. 1 („keine praktischen Schwierigkeiten").
[223] Vgl. Erwägungsgrund Nr. 5 der RL.

§ 18 Grenzüberschreitende Verschmelzung

zugründender Rechtsträger) bekannt gemacht wird.[224] Zwingend ist dies jedoch nicht, da es hierfür keine Stütze im Gesetz gibt und die Bekanntmachung dieser Angaben mit Blick auf das Einsichtsrecht (§ 9 HGB) und die Bekanntmachung der Informationen nach § 122d S. 2 Nr. 4 UmwG nicht notwendig ist.

140 Obwohl § 122d S. 2 Nr. 3 UmwG dies nicht anordnet, wird empfohlen, bei Verschmelzung zur Neugründung auch Angaben zur **neuen Gesellschaft** zu machen.[225]

141 Der **Gläubigerbegriff** in § 122d S. 2 Nr. 4 UmwG ist im Wege der Auslegung zu bestimmen.[226] Gesellschaftsrechtlich begründete Ansprüche können unter §§ 122a Abs. 2, 22 UmwG fallen und damit eine Gläubigerstellung begründen, aber nur, wenn sie konkret als schuldrechtliche Ansprüche entstanden sind.[227] Zum Teil wird unter Verweis auf Art. 4 Abs. 2 S. 1 RL vertreten, dass Anleihegläubiger und Sonderrechtsinhaber keine Gläubiger iSv § 122d S. 2 Nr. 4 UmwG seien.[228] Das überzeugt aber funktional kaum, weil kein sachliches Argument ersichtlich ist, Anteilsgläubiger schlechter als andere Kreditgeber zu behandeln. **Minderheitsgesellschafter** im Sinne von § 122d S. 2 Nr. 4 UmwG ist jeder Anteilsinhaber, der weniger als 50 % der Anteile hält.[229]

142 Es ist streitig, ob Angaben im Sinne von § 122d S. 2 Nr. 4 UmwG nur hinsichtlich übertragender Inlandsgesellschaften zu machen sind[230] oder – wortlautgemäß – in Bezug auf **alle beteiligten Gesellschaften**.[231] Die Gesetzesbegründung verweist hinsichtlich Nr. 4 darauf, dass der deutsche Gesetzgeber lediglich Art. 6 Abs. 2 lit. a bis c RL umsetzen wollte. Der Wortlaut von Art. 6 Abs. 2 lit. c RL („jede der sich verschmelzenden Gesellschaften") legt nahe, dass aus der Sicht der deutschen Umsetzung über die besonderen Rechte von Gläubigern und Minderheitsgesellschaftern aller beteiligten Rechtsträger aufgeklärt werden muss. Die deutsche Umsetzung übernimmt dieselbe Normreichweite. Die Information ist für die Anteilsinhaber auch nicht generell wertlos oder etwa zu allgemein, da die Schutzmechanismen fremder Rechtsordnungen erläutert werden, die im Verschmelzungsverfahren u. U. eine Rolle spielen können. Auch tendiert der EuGH eher zu einer weiten Auslegung des Unionsrechts, sodass eine – hinsichtlich Nr. 4 – auf die Inlandsgesellschaft gemünzte Bekanntmachung unzureichend sein sollte. Über § 122d S. 3 UmwG folgt daraus die Pflicht der einreichenden Gesellschaft, sich über Schutzvorschriften fremder beteiligter Rechtsordnungen zu informieren und diese dem Register mitzuteilen.[232]

143 Hinsichtlich der **Minderheitsgesellschafter** ist auf das Barabfindungsangebot (§ 122i UmwG) sowie ggf. das Verfahren zur Verbesserung des Umtauschverhältnisses (§ 122h UmwG) einzugehen.

144 Die **Gläubiger** sind insbesondere auf die Identität des neuen Schuldners aufmerksam zu machen.[233]

145 Ferner ist eine **Auskunftsstelle** zu benennen. Möglich und zweckmäßig kann die Benennung einer Stelle für jede Rechtsordnung sein.[234] Die weiteren Details sind bisher

---

[224] Widmann/Mayer/*Mayer* § 122d Rn. 11.
[225] Lutter/*Bayer* § 122d Rn. 11; an einer Register-Nr. wird es in diesen Fällen regelmäßig fehlen, weshalb dessen Angabe entfällt; Kölner Kommentar-UmwG/*Simon/Rubner* § 122d Rn. 9.
[226] Lutter/*Bayer* § 122d Rn. 14.
[227] Vgl. Semler/Stengel/*Maier-Reimer/Seulen* § 22 Rn. 6.
[228] Widmann/Mayer/*Mayer* § 122d Rn. 16; aA Lutter/*Bayer* § 122d Rn. 14, der die Nennung der Anleihegläubiger in Art. 4 Abs. 2 Satz 1 RL nicht zum Anlass für einen Umkehrschluss nimmt.
[229] Widmann/Mayer/*Mayer* § 122d Rn. 31.
[230] Lutter/*Bayer* § 122d Rn. 14.
[231] Kölner Kommentar-UmwG/*Simon/Rubner* § 122d Rn. 11; Widmann/Mayer/*Mayer* § 122d Rn. 14; Schmitt/Hörtnagl/Stratz/*Hörtnagl* § 122d Rn. 17.
[232] Semler/Stengel/*Drinhausen* § 122d Rn. 18.
[233] Semler/Stengel/*Drinhausen* § 122d Rn. 19; aA Schmitt/Hörtnagl/Stratz/*Hörtnagl* § 122d Rn. 18.
[234] Vgl. Schmitt/Hörtnagl/Stratz/*Hörtnagl* § 122d Rn. 22; Semler/Stengel/*Drinhausen* § 122d Rn. 18.

ungeklärt. Es finden sich jedoch zunehmend Stimmen, die die Angabe einer **Internetadresse** für ausreichend erachten.[235] Der Begriff „Anschrift" deutet dagegen auf einen physischen Standort hin,[236] auch wenn in heutiger Zeit eine Internetpräsenz die Funktion gleichermaßen erfüllen könnte. Hierfür hat sich der Gesetzgeber aber nicht entschieden, obwohl er an anderer Stelle eine solche Verfahrensweise ermöglicht hat (§§ 62 Abs. 3 S. 8, 63 Abs. 4 UmwG).

146 Nach § 122d S. 3 UmwG sind dem Register die bekannt zu machenden Angaben gesondert **mitzuteilen**, auch wenn diese sich aus dem Verschmelzungsplan ergeben.[237] Angaben zu § 122d S. 2 Nr. 1 UmwG werden teilweise für entbehrlich gehalten, weil sich dies für das Registergericht bereits aus der Einreichung ergibt (§ 122d S. 1 UmwG).[238]

147 Jede **Änderung** des Verschmelzungsplans ist erneut anzumelden. Nach hM muss vollständige Identität des bekannt gemachten und des beschlossenen Verschmelzungsplans bestehen.[239] Andere gehen davon aus, dass eine erneute Einreichungs- und Bekanntmachungspflicht nur dann ausgelöst wird, wenn die Änderungen Angaben gem. § 122d S. 2 UmwG[240] oder Minderheiten- bzw. Gläubigerrechte[241] betreffen. Eine Verengung auf die Angaben gem. § 122d S. 2 UmwG überzeugt nur auf den ersten Blick, weil die Publizität nicht nur die dortigen Angaben, sondern auch bei Register hinterlegte Dokumente (§ 9 HGB) erfasst. Daher wäre eine Bekanntmachung auch bei Änderung solcher Unterlagen nicht redundant. Das Abstellen auf Minderheiten- bzw. Gläubigerrechte hingegen verträgt sich nicht mit dem Zweck der Norm, Anteilsinhabern das Letztentscheidungsrecht in Kenntnis aller relevanten Umstände zu bewahren.

148 Ist ein oder jeglicher Beschluss der Anteilsinhaber entbehrlich (vgl. §§ 122a Abs. 2, 62 UmwG, § 122g Abs. 2 UmwG, „**beschlusslose Verschmelzung**") fragt sich, ob und wann die Bekanntmachung gem. § 122d S. 1 UmwG zweckmäßigerweise erfolgen sollte. Dass eine Einreichung auch bei beschlusslosen Verschmelzungen generell erforderlich ist, folgt daraus, dass Einreichung und Bekanntgabe Eintragungsvoraussetzungen darstellen, welche das Register in jedem Fall überprüft. Hierfür wird teils auf den Beschlusszeitpunkt anderer beteiligter Gesellschaften[242] und teils auf die Aufstellung des Verschmelzungsplans oder seines Entwurfs (§ 62 Abs. 4 S. 3 UmwG analog)[243] zurückgegriffen. Letzterem ist in Ermangelung eines anderen gleich geeigneten Anknüpfungspunktes zuzustimmen.

149 Gem. § 12 Abs. 2 HGB gilt beim Inlandsregister zwingend die elektronische **Form**.[244] Bei notariell beurkundetem Plan ist ein elektronisches Zeugnis nach § 39a BeurkG erforderlich.[245]

150 Ein **Verzicht** auf die Monatsfrist (§ 122d S. 1 UmwG) ist zulässig.[246] Hingegen ist ein Verzicht auf die Bekanntmachung selbst – anders als etwa bei § 61 UmwG – nicht möglich.[247]

---

[235] Schmitt/Hörtnagl/Stratz/*Hörtnagl* § 122d Rn. 22 mwN.; aA Lutter/*Bayer* § 122d Rn. 16; *Grunewald* Der Konzern 2007, 106, 107.
[236] Lutter/*Bayer* UmwG, § 122d Rn. 16; Kallmeyer/*Marsch-Barner* § 122d Rn. 2.
[237] Semler/Stengel/*Drinhausen* § 122d Rn. 21 (Verweisungsverbot); Schmitt/Hörtnagl/Stratz/*Hörtnagl* § 122d Rn. 23.
[238] Lutter/*Bayer* § 122d Rn. 4; aA (ohne Begründung) Widmann/Mayer/*Mayer* § 122d Rn. 32.
[239] Schmitt/Hörtnagl/Stratz/*Hörtnagl* § 122d Rn. 6; Henssler/Strohn/*Polley* UmwG § 122d Rn. 4.
[240] Widmann/Mayer/*Mayer* § 122d Rn. 23.
[241] *Krauel/Mense/Wind* Der Konzern 2010, 541, 542 f.
[242] Widmann/Mayer/*Mayer* § 122d Rn. 27; Schmidt/Hörtnagl/Stratz/*Hörtnagl* § 122d Rn. 7.
[243] Semler/Stengel/*Drinhausen* § 122d Rn. 8.
[244] Kölner Kommentar-UmwG/*Simon/Rubner* § 122d Rn. 20; bei Einreichung eines Verschmelzungsplanentwurfs ist eine einfache elektronische Aufzeichnung ausreichend, vgl. Widmann/Mayer/*Mayer* § 122d Rn. 28.
[245] Schmitt/Hörtnagl/Stratz/*Hörtnagl* § 122d Rn. 5; Lutter/*Bayer* § 122d Rn. 5.
[246] Widmann/Mayer/*Mayer* § 122d Rn. 30 mwN.
[247] Lutter/*Bayer* § 122d Rn. 17 mwN.

Verstöße gegen die Einreichungs- oder Bekanntmachungspflicht aus § 122d UmwG **151** machen den gleichwohl befassten Beschluss **anfechtbar**, wobei die Anforderungen an die Kausalität im Detail streitig sind.[248] Ferner folgt aus der fehlerhaften Bekanntmachung ein Eintragungshindernis für die Verschmelzung insgesamt.

7. Unterrichtung des Betriebsrats

Die Arbeitnehmer(-vertretungen) der Inlandsgesellschaft werden über den Verschmel- **152** zungsplan nicht unterrichtet. Zwar wäre eine Zuleitungspflicht gem. §§ 122a Abs. 2, 5 Abs. 3 UmwG konstruktiv denkbar. Jedoch wird von der hM angenommen, dass § 122e UmwG insoweit vorrangig ist (lex specialis) und eine Zuleitung **unterbleiben** kann.[249] Das Informationsbedürfnis der Arbeitnehmer(-vertretungen) wird bereits durch den Verschmelzungsbericht (→ Rn. 155) erfüllt.

IV. Verschmelzungsbericht

Die Vorschrift des § 122e UmwG **modifiziert** den Generalverweis auf das Recht inner- **153** deutscher Verschmelzungen in §§ 122a Abs. 2, 8 UmwG für den Verzicht auf den Verschmelzungsbericht durch die Anteilseigner, ohne ihn vollständig zu verdrängen. Einigkeit besteht darüber, dass jedenfalls § 8 Abs. 3 UmwG wegen der ausdrücklichen Anordnung in § 122e S. 3 UmwG keine Anwendung finden kann (→ Rn. 164).

Konkurrenzthemen bestehen bei der Beteiligung einer AG, KGaA oder SE, da die **154** Informationspflicht aus §§ 122a Abs. 2, 63 Abs. 1 UmwG, etwa in Bezug auf beteiligte Auslandsgesellschaften, teils weitergeht als § 122e S. 2 UmwG.[250] Abweichungen bestehen auch bei der Publikationsform: Zugänglichmachen einerseits (§ 122e S. 2 UmwG), Auslegung in dem Geschäftsraum andererseits (§ 63 Abs. 1 UmwG). Vor diesem Hintergrund wird eine Spezialität des § 122e UmwG für diese Fallgruppen teilweise abgelehnt.[251]

Der Bericht dient dem **Zweck**, nicht nur die Anteilsinhaber, sondern insbesondere auch **155** die **Arbeitnehmer(-vertretungen)** zu informieren. Dagegen wird nur vereinzelt angenommen, dass der Verschmelzungsbericht auch der Information der Gläubiger dient, weil § 122e S. 1 UmwG diese zu den inhaltlichen Adressaten zählt.[252] Ein Gläubigerschutz wird hieraus dennoch nicht abgeleitet.[253]

Für Aufstellung ist das „Vertretungsorgan" der Gesellschaft (§§ 122a Abs. 2, 8 Abs. 1 **156** UmwG) **zuständig**. Zu den Besonderheiten bei einer monistisch verfassten SE → Rn. 73.

Die Abfassung eines **gemeinsamen Berichts** mehrerer/aller beteiligten Gesellschaften **157** ist, da die RL hierzu nichts vorgibt, möglich, soweit keine beteiligte, nationale Rechtsordnung dem entgegensteht (Art. 4 Abs. 1 lit. b S. 1 RL).[254]

Der notwendige **Inhalt** des Verschmelzungsberichts ergibt sich aus §§ 122a Abs. 2, 8 **158** Abs. 1 sowie 122e S. 1 UmwG:

– Nach § 8 Abs. 1 UmwG sind die Verschmelzung, der Verschmelzungsplan, das Umtauschverhältnis, die Höhe einer etwaigen Barabfindung, besondere Schwierigkeiten bei der Bewertung eines Rechtsträgers sowie ggf. wesentliche Angelegenheiten verbundener Unternehmen rechtlich und wirtschaftlich zu erläutern und zu begründen.

---

[248] Widmann/Mayer/*Mayer* § 122d Rn. 40 (Einreichung), Rn. 43 (Bekanntmachung).
[249] Widmann/Mayer/*Mayer* § 122c Rn. 29 ff.; Schmitt/Hörtnagl/Stratz/*Hörtnagl* § 122c Rn. 38; Semler/Stengel/*Drinhausen* § 122c Rn. 44; Kallmeyer/*Willemsen* § 122c Rn. 18.
[250] Widmann/Mayer/*Heckschen* § 122g Rn. 39 ff.; Lutter/*Bayer* § 122g Rn. 6 ff.; Henssler/Strohn/ Polley UmwG § 122g Rn. 3.
[251] Lutter/*Bayer* § 122g Rn. 8; Kölner Kommentar-UmwG/*Simon/Rubner* § 122g Rn. 17.
[252] Widmann/Mayer/*Mayer* § 122e Rn. 4.
[253] Widmann/Mayer/*Mayer* § 122e Rn. 4; Kallmeyer/*Marsch-Barner* § 122e Rn. 1; Kölner Kommentar-UmwG/*Simon/Rubner* § 122e Rn. 4.
[254] Lutter/*Bayer* § 122e Rn. 4; Widmann/Mayer/*Mayer* § 122e Rn. 35.

– Nach § 122e S. 1 UmwG sind auch die Auswirkungen auf die Gläubiger (Schuldneridentität, Haftungsverfassung, Gläubigerrechte und Haftungsmasse) und die Arbeitnehmer (individual- sowie kollektivrechtliche Auswirkungen) der Gesellschaft zu erläutern.

159 Der Verschmelzungsbericht ist wegen des Wortlauts von § 122e S. 1 UmwG („der […] beteiligten Gesellschaft") grundsätzlich nur auf die Gesellschaft bezogen, für den sie erstellt wird, es sei denn es wird ein **gemeinsamer Bericht** erstellt; dann sind die Angaben auf die an der gemeinsamen Berichterstattung beteiligten Gesellschaften zu beziehen.[255]

160 Soweit Auswirkungen auf die **Gläubiger** zu erläutern sind, meint dies sowohl solche der der übertragenden als auch übernehmenden Gesellschaft. Die Gläubiger der übernehmenden Gesellschaft verlieren zwar keinen Schuldner. Jedoch besteht auch für sie ein Informationsbedürfnis, weil sie sich den Haftungsfonds nach der Verschmelzung mit weiteren Gläubigern teilen müssen.[256] Insbesondere ist auf die **Organhaftung** aus §§ 122a Abs. 2, 25 UmwG hinzuweisen.[257] Auch ist zu empfehlen, auf schuldrechtliche Nebenabreden (Business Combination Agreement) hinzuweisen.[258]

161 Zur Frage, ob auch Verschmelzungsberichte **ausländischer Rechtsträger** über §§ 122a Abs. 2, 63 Abs. 1 Nr. 4, 8 UmwG auszulegen sind → Rn. 186, 203.

162 Der Verschmelzungsbericht ist gem. §§ 122e S. 2, 63 Abs. 1 Nr. 4 UmwG in den Geschäftsräumen der Inlandsgesellschaft **zugänglich zu machen**. Dies hat Bedeutung für die **Frist**. Mit der Zugänglichmachung beginnt die **Mindestfrist** von einem Monat (§ 122e S. 2 UmwG) vor der Versammlung der Anteilsinhaber, die über die Zustimmung zur Verschmelzung beschließen soll, zu laufen. Die Beschlussfassung über die Verschmelzung markiert das Ende der Auslegungspflicht.[259] Ist ein Beschluss entbehrlich, so ist auf die zu § 122d UmwG entwickelte Lösung zurückzugreifen (→ Rn. 148).[260]

163 **Form**vorgaben existieren nicht. Daher ist die Auslage von Abschriften ausreichend.[261]

164 Wegen § 122e S. 3 UmwG ist ein **Verzicht** auf den Verschmelzungsbericht gem. §§ 122a Abs. 2, 8 Abs. 3 UmwG nicht möglich. Auch im Angesicht des klaren Wortlauts gibt es zu Recht Stimmen, die eine teleologische Reduktion des Verzichtsausschlusses für den Fall befürworten, dass auch alle Arbeitnehmer/-vertretungen dem zustimmen.[262] Verzichten alle Begünstigten auf den Verschmelzungsbericht, besteht an der Durchsetzung von dessen Erstellung kein schutzwürdiges Interesse. Wegen des klaren Wortlauts sollte in den seltenen Fällen, in denen solche (notariell beurkundete) Verzichtserklärungen (§ 8 Abs. 3 S. 2 UmwG) eingeholt werden können, eine frühzeitige Vorababstimmung mit dem Registergericht erfolgen, damit keine unnötigen Kosten in Kauf genommen werden.

165 Einhellig wird hingegen ein **Verzicht auf die Monatsfrist** in § 122e S. 2 UmwG für möglich gehalten.[263] Dem ist, da die Einschränkung der Möglichkeit, auf den Verschmelzungsbericht zu verzichten, nur die Information, nicht aber eine besondere Vorbereitung verbürgt, zuzustimmen. Dabei ist – wie schon bei § 8 Abs. 3 UmwG[264] – vollmachtlose Vertretung mit der Erleichterung aus § 167 Abs. 2 BGB möglich.

Von den Fällen des Verzichts sind die der **Entbehrlichkeit** eines Verschmelzungsberichts zu unterscheiden. Da dem Bericht nach überwiegender Ansicht nur schützende Funktion gegenüber den Zuleitungsempfängern, d. h. den Anteilsinhabern und dem Betriebsrat bzw.

---

[255] Lutter/*Bayer* § 122e Rn. 7; zur Zulässigkeit eines solchen gemeinsamen Berichts: Kölner Kommentar-UmwG/*Simon/Rubner* § 122e Rn. 9.
[256] Vgl. Widmann/Mayer/*Mayer* § 122e Rn. 31; Schmitt/Hörtnagl/Stratz/*Hörtnagl* § 122e Rn. 9.
[257] Schmitt/Hörtnagl/Stratz/*Hörtnagl* § 122e Rn. 8; Widmann/Mayer/*Mayer* § 122e Rn. 33.
[258] Habersack/Drinhausen/*Kiem* UmwG § 122e Rn. 13; Widmann/Mayer/*Mayer* § 122e Rn. 26.
[259] Anders: Lutter/*Bayer* § 122e Rn. 19 (Beginn der Gesellschafter-/Hauptversammlung).
[260] Vgl. Widmann/Mayer/*Mayer* § 122e Rn. 12; Schmitt/Hörtnagl/Stratz/*Hörtnagl* § 122e Rn. 19.
[261] Widmann/Mayer/*Mayer* § 122e Rn. 17.
[262] Lutter/*Bayer* § 122e Rn. 13; ähnlich Widmann/Mayer/*Mayer* § 122e Rn. 38.
[263] *Krauel/Mense/Wind*, Der Konzern 2010, 541, 545; Widmann/Mayer/*Mayer* § 122e Rn. 38.
[264] So die dort hM: Henssler/Strohn/*Heidinger* UmwG § 8 Rn. 12; aA Widmann/Mayer/*Heckschen* § 13 Rn. 114.1 (notarielle Beglaubigung).

den Arbeitnehmern zukommt, erscheint es gerechtfertigt, das Erfordernis entfallen zu lassen, wenn keine der beiden Gruppen ein Informationsbedürfnis aufweist. Dies ist allerdings nur bei der Verschmelzung einer arbeitnehmerlosen, übertragenden Inlandsgesellschaft auf die 100%ige Muttergesellschaft (§ 122g Abs. 2 UmwG) der Fall. Die Entbehrlichkeit beträfe dann allerdings nur die Inlandsgesellschaft, da das Berichtserfordernis für jede beteiligte Gesellschaft gesondert gilt.

Verstöße gegen § 122e UmwG machen einen gleichwohl gefassten Verschmelzungsbeschluss **anfechtbar**, § 243 Abs. 1 AktG.[265] Zudem begründet ein Fehler bei der Erstellung und der Zugänglichmachung des Verschmelzungsberichts ein **Eintragungshindernis**, da er eine notwendige Anlage zur Registeranmeldung ist (§§ 122k Abs. 1 S. 2, 17 Abs. 1 UmwG).[266] **166**

V. Verschmelzungsprüfung

Zur Ermittlung des wirtschaftlichen Werts der Gesellschaften ist grundsätzlich eine Verschmelzungsprüfung vorzunehmen (§§ 122f, 9 bis 12 UmwG). Sie hat Bedeutung für die Ermittlung eines angemessenen Umtauschverhältnisses und ggf. barer Zuzahlungen (§ 122c Abs. 2 Nr. 2 UmwG) sowie für die Höhe des Barabfindungsangebots (§ 122i UmwG, vgl. o. Rn. 118). Sie dient damit zugleich dem **Zweck**, einen vorgelagerten Schutz der Anteilseigner der beteiligten Gesellschaften vor einer Wertverwässerung sicherzustellen und die Anteilsinhaber der beteiligten Gesellschaften über das Ergebnis der Prüfung zu informieren.[267] **167**

§ 122f S. 1 UmwG **verdrängt** den Generalverweis auf das Recht innerdeutscher Verschmelzungen in § 122a Abs. 2 UmwG und legt den Verweisungsumfang selbst fest.[268] Insbesondere ist die Verschmelzungsprüfung auch bei der **GmbH** generell erforderlich und nicht vom Verlangen eines Gesellschafters abhängig (§§ 122f S. 1 Hs. 2, 48 UmwG). **168**

Die **Bestellung** erfolgt auf Antrag des Vertretungsorgans (§§ 122f S. 1, 10 Abs. 1 S. 1 UmwG; zur monistisch verfassten SE→ Rn. 73). Das hierfür **zuständige Gericht** ist das LG, in dessen Bezirk der Sitz des übertragenden (Inlands-)Rechtsträgers liegt (§§ 122f S. 1, 10 Abs. 2 S. 1 UmwG). Der Verweis funktioniert im Fall der Herausverschmelzung, geht aber im Fall der Hereinverschmelzung ins Leere, weil es kein Landgericht gibt, in dessen Bezirk der ausländische übertragende Rechtsträger seinen Sitz hat. Daher wird einhellig eine Korrektur dahingehend befürwortet, dass bei grenzüberschreitenden Verschmelzungen § 10 Abs. 2 UmwG auch für inländische übernehmende Gesellschaften gilt, sofern keine Inlandsgesellschaft als übertragende Gesellschaft beteiligt ist.[269] **169**

Wird ein Prüfer im Inland bestellt, so ergeben sich die **Anforderungen** an dessen **Person** aus §§ 122f S. 1, 11 Abs. 1 UmwG, §§ 319 ff. HGB.[270] Die Richtlinie überlässt die genauen Anforderungen dem jeweiligen Mitgliedstaat (Art. 8 Abs. 1 RL: „unabhängiger Sachverständiger"), weshalb die Konkretisierung im nationalen Recht europarechtlich unbedenklich ist. **170**

Eine **gemeinsame Verschmelzungsprüfung** ist möglich, wenn alle beteiligten Rechtsordnungen dies wie §§ 122f S. 1, 10 Abs. 1 S. 2 UmwG zulassen. Wegen der Verankerung auf Richtlinienebene (Art. 8 Abs. 2 RL) sollten auch in allen anderen EU/EWR-Mitgliedstaaten entsprechende Vorschriften gelten. Bezüglich der Anforderungen an die gemeinsame Prüfung wird überwiegend vertreten, dass hinsichtlich des Inhalts der Prüfung die Anforderungen aller Rechtsordnungen kumulativ gelten; hinsichtlich der **171**

---

[265] Kölner Kommentar-UmwG/*Simon/Rubner* § 122e Rn. 20; Widmann/Mayer/*Mayer* § 122e Rn. 39; Lutter/*Bayer* § 122f Rn. 1.
[266] Habersack/Drinhausen/*Kiem* UmwG § 122k Rn. 12.
[267] Widmann/Mayer/*Mayer* § 122f Rn. 4; Henssler/Strohn/*Polley* UmwG § 122f Rn. 1.
[268] Vgl. Lutter/*Bayer* § 122f Rn. 1; Widmann/Mayer/*Mayer* § 122f Rn. 1.
[269] Lutter/*Bayer* § 122f Rn. 5 mwN.; Widmann/Mayer/*Mayer* § 122f Rn. 14.
[270] Widmann/Mayer/*Mayer* § 122f Rn. 15; Kallmeyer/*Lanfermann* § 122f Rn. 12.

Person des Prüfers aber das Recht des Antragsorts maßgeblich sei.[271] Vereinzelt wird ein „Wahlrecht" betreffend den Prüfungsumfang angenommen.[272] Die Differenzierung der hM überzeugt. Dies gilt mit Blick auf die inhaltlichen Anforderungen vor allem wegen des nationalen Regelungsspielraums, den die RL an verschiedenen Stellen eröffnet (vgl. Art. 4 Abs. 1 lit. b, Abs. 2, 6 Abs. 2, 14 Abs. 3 RL). Sieht etwa eine ausländische Rechtsordnung kein Barabfindungsangebot vor, so müsste dessen Prüfung ersatzlos entfallen, wenn der Antrag auf Prüferbestellung an einem Ort gestellt wird, dessen Rechtsordnung ein solches Angebot nicht kennt. Eine solche Verfahrensweise widerspräche zudem der Vereinigungstheorie als dogmatischer Grundlage des Rechts grenzüberschreitender Verschmelzungen (→ Rn. 3) und widerspräche dem Schutz der Anteilsinhaber[273], die an der Bestellung nicht mitwirken. Dasselbe gilt allerdings nicht auch für die Person des Prüfers, weil Art. 8 Abs. 2 RL die Möglichkeit einer Bestellung durch eine ausländische Stelle ausdrücklich zulässt und nicht zu vermuten ist, dass diese Stelle alle beteiligten Rechtsordnungen nach dem jeweiligen Recht des Verschmelzungsprüfers hin untersucht.[274] Dies widerspräche auch dem verfahrensmäßigen Grundkonzept der Richtlinie, nach dem jedes Register nur inländisches Recht zu berücksichtigen hat und an fremde Vorabbescheinigungen gebunden ist (Art. 10 Abs. 1 RL).

172 Die Verschmelzungsprüfung umfasst folgende Punkte:
– den Verschmelzungsplan bzw. -entwurf (§§ 122f S. 1, 9 Abs. 1 UmwG), insbesondere
– die Angemessenheit des Umtauschverhältnisses (§ 122c Abs. 2 Nr. 2 UmwG); und
– die Richtigkeit der Bewertung des Aktiv- und Passivvermögens (§ 122c Abs. 2 Nr. 11 UmwG); und
– ggf. die Angemessenheit eines Barabfindungsangebots (§§ 122i Abs. 1 S. 3, 30 UmwG).

Nach einer Ansicht „sollte"[275] die Verschmelzungsprüfung auch Stellung zur Richtigkeit des Verschmelzungsberichts (§ 122e UmwG) nehmen. Die Frage wird auch schon vor Einfügung der §§ 122a ff. UmwG für das nationale Verschmelzungsrecht diskutiert.[276] Wie auch dort erstreckt sich die Verschmelzungsprüfung nicht auf den Verschmelzungsbericht. Dies ergibt sich aus dem eindeutigen Wortlaut (§§ 122f S. 1, 9 Abs. 1 UmwG) und der klaren Systematik der Richtlinien (Art. 8 Abs. 3 RL iVm Art. 10 Abs. 2 Richtlinie über die Verschmelzungen von Aktiengesellschaften[277]). Zudem liegt der Schwerpunkt beim Verschmelzungsbericht auf juristischen Bewertungs- und Zweckmäßigkeitsfragen, zu denen ein Verschmelzungsprüfer ohnehin nur sehr begrenzt Stellung nehmen könnte. Auf zahlenmäßige, bewertungstechnische Expertise kommt es, anders als etwa bei der Ermittlung des Umtauschverhältnisses, nicht an. Daher ist die Gegenansicht wohl auch eher als Vorschlag de lege ferenda einzustufen, worauf auch die Wortwahl der sie vertretenden Autoren hinweist („sollte").

173 Bei der Verschmelzungsprüfung handelt es sich um eine **formelle** wie auch **materielle Prüfung**. Deshalb ist nicht nur das Vorhandensein der Mindestangaben (§ 122c Abs. 2 UmwG), sondern auch die inhaltliche Richtigkeit zu prüfen.[278]

174 Der Verschmelzungsprüfungsbericht ist in **deutscher Sprache** abzufassen.[279] Dies folgt daraus, dass der Verschmelzungsprüfungsbericht bei der Anmeldung der Verschmelzung

---

[271] Semler/Stengel/*Drinhausen* § 122f Rn. 5; Schmitt/Hörtnagl/Stratz/*Hörtnagl* § 122f Rn. 3; Henssler/Strohn/*Polley* UmwG § 122f Rn. 4; Holzborn/Mayston ZIP 2012, 2380, 2385.
[272] Lutter/*Bayer* § 122f Rn. 3.
[273] Vgl. Semler/Stengel/*Drinhausen* § 122f Rn. 5; Widmann/Mayer/*Mayer* § 122f Rn. 11.
[274] H. F. Müller NZG 2006, 286, 288 f.; Widmann/Mayer/*Mayer* § 122f Rn. 12.
[275] So die Formulierung bei: Widmann/Mayer/*Mayer* § 122f Rn. 18; Lutter/*Bayer* § 122f Rn. 10.
[276] Vgl. Lutter/*Drygala* § 9 Rn. 13.
[277] → Fn. 60.
[278] Vgl. Widmann/Mayer/*Mayer* § 122f Rn. 19; Maulbetsch/Klumpp/Rose/*Becker* § 122f Rn. 2.
[279] HM: Lutter/*Bayer* § 122f Rn. 12 mwN., Henssler/Strohn/*Polley* UmwG § 122f Rn. 5.

zum Handelsregister beigefügt werden muss[280] und die Gerichtssprache deutsch ist (§ 184 S. 1 GVG).

Eine Verschmelzungsprüfung und eine entsprechende Berichterstattung ist bei der Verschmelzung auf eine 100%-Muttergesellschaft **entbehrlich** (§§ 122f S. 1, 9 Abs. 2 UmwG). Ein Prüfungserfordernis kann gleichwohl nach dem Recht einer beteiligten Auslandsgesellschaft bestehen.[281]

Es besteht ferner die Möglichkeit eines **Verzichts** der Verschmelzungsprüfung (§§ 122f S. 1, 9 Abs. 3, 8 Abs. 3 UmwG). Denkbar ist ferner der **isolierte Verzicht** auf die Erstellung eines Verschmelzungsprüfungs**berichts**.[282] In diesen Fällen genügt eine mündliche Unterrichtung der Anteilsinhaber. Eine kostenintensivierende Verschriftlichung kann hierdurch vermieden werden.[283] Ein spezieller Nachweis gegenüber dem Register, dass eine Prüfung (ohne Bericht) stattgefunden hat, ist nicht erforderlich. Es genügt, dass die Vertretungsorgane dies bei der Anmeldung angeben. Eine eidesstattliche Versicherung ist nicht notwendig.[284]

Strittig ist, ob die Verzichtserklärungen von Anteilsinhabern **ausländischer Gesellschaften** vom inländischen **Beurkundungserfordernis** erfasst sind, wie der einschränkungslose Wortlaut von § 8 Abs. 3 S. 2 UmwG zunächst zu implizieren scheint. Einige gehen dementsprechend davon aus, dass das Beurkundungserfordernis auch die Auslandsgesellschaften erfasst, lassen jedoch eine Beurkundung vor einem dort ansässigen Notar ausreichen.[285] Andere lassen die Ortsform genügen[286] und leiten aus § 8 UmwG keine erhöhten Anforderungen für Auslandsgesellschaften ab. Bei der Verzichtsmöglichkeit handelt es sich um ein spezifisches Recht des Anteilsinhabers. Daher folgt es dem jeweiligen Gesellschaftsstatut. Aus der Gründungstheorie (→ Rn. 11) folgt, dass der nationale Gesetzgeber die EU/EWR-Auslandsgesellschaft umfänglich anzuerkennen hat, was ihre Gesellschafterrechte einschließt. Vor diesem Hintergrund ist es dem nationalen Gesetzgeber verwehrt, Formvorschriften für Rechte an Auslandsgesellschaften vorzuschreiben (→ Rn. 28f.). Dies ändert auch Art. 4 Abs. 1 lit. b RL nicht, weil die Vorschrift nur einen Spielraum für die erweiterte Regulierung von **Inlands**gesellschaften erlaubt. Zudem bestand bei Schaffung des § 8 Abs. 3 S. 2 UmwG die Möglichkeit einer grenzüberschreitenden Verschmelzung noch nicht, weshalb der Gesetzgeber eine entsprechende Ausnahme für Auslandsgesellschaften nicht vorsehen musste.[287] Schließlich mildern die Vertreter der Gegenauffassung ihre Auslegung selbst ab, wenn sie nicht nur eine Beurkundung vor einem ausländischen Notar zulassen, sondern darüber hinaus auf das allgemeine Kriterium der Gleichwertigkeit[288] verzichten. Es ist nach alledem überzeugender Art. 4 Abs. 1 lit. b, 8 Abs. 4 RL, §§ 122f S. 1, 8 Abs. 3 S. 2 UmwG nur auf Verzichtserklärungen im Hinblick

---

[280] Für die übertragende Inlandsgesellschaft folgt dies aus §§ 122k Abs. 1 Satz 2, 17 Abs. 1 UmwG, für die übernehmende Inlandsgesellschaft aus §§ 122a Abs. 2, 17 Abs. 1 UmwG. Zur Anwendbarkeit von § 122a Abs. 2 UmwG neben § 122f UmwG bei der Hereinverschmelzung: Schmitt/Hörtnagl/Stratz/*Hörtnagl* § 122l Rn. 8.

[281] Vgl. Widmann/Mayer/*Mayer* § 122f Rn. 26. Art. 8 Abs. 4 RL regelt nur den Fall des Verzichts, nicht jedoch den der Entbehrlichkeit. Gem. Art. 15 Abs. 2 RL ist dies nationalen Bestimmungen überlassen.

[282] Schmitt/Hörtnagl/Stratz/*Hörtnagl* § 122f Rn. 7; Henssler/Strohn/*Polley* UmwG § 122f Rn. 9.

[283] Zur nationalen Verschmelzung: Schmitt/Hörtnagl/Stratz/*Stratz* § 12 Rn. 28.

[284] Zum ähnlich gelagerten Problem der Zuleitung des Verschmelzungsvertrags an den Betriebsrat: AG Duisburg 23 HRB 4942, 5935, GmbHR 1996, 372; aA Schmitt/Hörtnagl/Stratz/*Hörtnagl* § 12 Rn. 6.

[285] Dafür: Schmitt/Hörtnagl/Stratz/*Hörtnagl* § 122f Rn. 7; Semler/Stengel/*Drinhausen* § 122f Rn. 7; Henssler/Strohn/*Polley*, UmwG § 122f Rn. 9.

[286] *H. F. Müller* Der Konzern 2007, 81, 83; Kallmeyer/*Lanfermann* § 122f Rn. 4; Maulbetsch/Klumpp/Rose/*Becker* § 122f Rn. 11; sympathisierend Lutter/*Bayer* § 122f Rn. 17.

[287] Vgl. Kallmeyer/*Lanfermann* § 122f Rn. 4: Kölner Kommentar-UmwG/*Simon/Rubner* § 122f Rn. 13.

[288] Explizit: Semler/Stengel/*Drinhausen* § 122f Rn. 7; Kallmeyer/*Lanfermann* § 122f Rn. 4.

auf Anteile an Inlandsgesellschaften zu beziehen. § 8 Abs. 3 S. 2 UmwG ist insoweit teleologisch zu reduzieren.

178 Die Prüfer **haften**, sofern sie im Inland bestellt wurden, aus §§ 122f S. 1, 11 Abs. 2 UmwG, § 323 HGB. Diese Haftung kann bei gemeinsamer Prüfung auch hinsichtlich beteiligter Auslandsgesellschaften bestehen. Gem. §§ 122a Abs. 2, 314f. UmwG unterliegen sie auch **strafrechtlicher** Verantwortlichkeit.

179 Fehlt es an einer erforderlichen Verschmelzungsprüfung bzw. Prüfberichterstattung – denkbar auch als Mangel in der Person des Prüfers –, so besteht ein **Eintragungshindernis** (§§ 122k, 122l UmwG).[289] Ein **versagtes oder eingeschränktes Testat** hingegen führt grundsätzlich nur zur Anfechtbarkeit des gleichwohl ergehenden Verschmelzungsbeschlusses.[290] Durch Eintragung der Verschmelzung tritt **Heilung** ein, §§ 122a Abs. 2, 20 Abs. 1 UmwG.

VI. Zustimmungsbeschluss
1. Allgemeines

180 Das **Erfordernis** eines Verschmelzungsbeschlusses ergibt sich formell aus §§ 122a Abs. 2, 13 UmwG und sachlich aus dem Charakter der Verschmelzung als Grundlagengeschäft. § 122g Abs. 1 UmwG regelt (über §§ 122a Abs. 2, 13 UmwG hinausgehend), dass die Zustimmung der Anteilsinhaber zu der Verschmelzung unter den Vorbehalt ihrer Zustimmung zu dem sich aus dem MgVG-Verfahren resultierenden Mitbestimmungsmodell gestellt werden darf. In § 122g Abs. 2 UmwG findet sich eine verfahrensmäßige Erleichterung für Verschmelzungen 100%-iger Tochterunternehmen im Konzern.

181 Auch jede **Änderung** des Verschmelzungsplans/-entwurfs oder Änderung der Satzung des übernehmenden Rechtsträgers bedarf der erneuten Zustimmung der Anteilsinhaber durch Beschluss.[291]

182 Für den Verschmelzungsbeschluss sind die Gesellschafterversammlungen der jeweiligen Rechtsträger zuständig, d.h. bei der AG, der KGaA und der SE die Hauptversammlung und bei der GmbH die Gesellschafterversammlung. Eine **Delegation** ist unzulässig, weil der Verschmelzungsbeschluss eine Grundlagenentscheidung darstellt.[292]

183 Für die Vorbereitung, Einberufung und Durchführung dieser Gesellschafterversammlungen gelten neben den nachfolgend dargestellten Abweichungen und Ergänzungen die entsprechenden Regelungen für innerdeutsche Verschmelzungen und die rechtsformspezifischen Vorgaben. Gleiches gilt für die Beschlussfassung.

184 Der Verschmelzungsbeschluss ist **notariell zu beurkunden**, §§ 122a Abs. 2, 13 Abs. 3 S. 1 UmwG. Gem. §§ 122a Abs. 2, 13 Abs. 3 S. 2 UmwG ist einem etwaigen Zustimmungsbeschluss der Verschmelzungsplan/-entwurf als Anlage beizufügen.[293]

185 Die Anteilseigner können den Verschmelzungsbeschluss im Wege von Anfechtungs- und Nichtigkeitsklagen angreifen (§§ 243 ff. AktG[294]). Eingeschränkt wird die Anfechtungsmöglichkeit in den Fällen, in denen die Klage auf die Unangemessenheit des Umtauschverhältnisses (§§ 122h Abs. 1, 14 Abs. 2 UmwG, → Rn. 224 ff.) oder die Höhe des Barabfindungsangebots (§§ 122a Abs. 2, 32, 34 UmwG, → Rn. 125) gestützt wird und den Anteilseignern das Spruchverfahren zur Durchsetzung der Verbesserung des Umtauschverhältnisses bzw. Barabfindungsangebots zusteht. Andere Anfechtungsgründe bleiben von

---

[289] Widmann/Mayer/*Mayer* § 122f Rn. 32; Kallmeyer/*Lanfermann* § 122f Rn. 14.
[290] Widmann/Mayer/*Mayer* § 122f Rn. 32.
[291] Kölner Kommentar-UmwG/*Simon*/*Rubner* § 122g Rn. 12; Widmann/Mayer/*Heckschen* § 122g Rn. 105.
[292] Lutter/*Bayer* § 122g Rn. 4; Widmann/Mayer/*Heckschen* § 122g Rn. 69.
[293] Widmann/Mayer/*Heckschen* § 122g Rn. 103; *Klein* RNotZ 2007, 565, 597.
[294] Für die GmbH gelten diese nach einhelliger Ansicht analog, vgl. MünchKommGmbHG/*Wertenbruch* § 47 Rn. 1; Lutter/*Bayer* § 122i Rn. 23.

dieser Einschränkung des Klagerechts generell unberührt.²⁹⁵ Fristgerechte Klagen gegen den Verschmelzungsbeschluss stehen bis zu ihrer rechtskräftigen Abweisung der Abgabe der für die Anmeldung der Verschmelzung notwendigen Versicherung nach § 16 Abs. 2 UmwG entgegen. Eine fehlende Versicherung kann durch eine obsiegende Entscheidung im Freigabeverfahren nach § 16 Abs. 3 und 4 UmwG überwunden werden.

Daneben findet eine gerichtliche **Rechtmäßigkeitsüberprüfung** regelmäßig im **Registerverfahren** statt (→ Rn. 253 ff.).

2. Beschlussfassung bei der AG, KGaA und SE

a) **Vorbereitung.** Für die Vorbereitung der **Hauptversammlung einer AG** bzw. **SE** 186 zur Beschlussfassung über eine grenzüberschreitende Verschmelzung sind spätestens ab deren Einberufung²⁹⁶ auszulegen:

- der Verschmelzungsplan/-entwurf (§§ 122a Abs. 2, 63 Abs. 1 Nr. 1 UmwG);
- Jahresabschlüsse und Lageberichte aller Gesellschaften (letzte 3 Geschäftsjahre) (§§ 122a Abs. 2, 63 Abs. 1 Nr. 2 UmwG);
- falls sich der letzte Jahresabschluss auf ein Geschäftsjahr bezieht, das mehr als sechs Monate vor der Aufstellung des Verschmelzungsplans oder des Entwurfs abgelaufen ist, eine Bilanz auf einen Stichtag, der nicht vor dem ersten Tag des dritten Monats liegt, der der Aufstellung vorausgeht (Zwischenbilanz; §§ 122a Abs. 2, 63 Abs. 1 Nr. 3 UmwG);
- die Verschmelzungsberichte aller an der Verschmelzung beteiligten Gesellschaften (§§ 122e S. 2, 122a Abs. 2, 63 Abs. 1 Nr. 4 UmwG; (→ Rn. 153 ff.));
- die Verschmelzungsprüfungsberichte für alle an der Verschmelzung beteiligten Gesellschaften bzw. der gemeinsame Verschmelzungsprüfungsbericht (§§ 122f, 122a Abs. 2, 63 Abs. 1 Nr. 5 UmwG; (→ Rn. 167 ff.)), sowie
- ggf. der Nachgründungsbericht des Aufsichtsrats/Verwaltungsrats (§§ 122a Abs. 2, 67 UmwG).

Soweit auch Dokumente ausländischer Gesellschaften oder gemeinsame Dokumente aus- 187 zulegen sind, müssen diese nach überwiegender Ansicht in die deutsche **Sprache** übersetzt werden.²⁹⁷

In Bezug auf den Verschmelzungsbericht decken sich die Verpflichtungen aus § 122e 188 S. 2 UmwG über das Zugänglichmachen des Verschmelzungsberichts und speziell für die AG, die KGaA und die SE aus §§ 122a Abs. 2, 63 Abs. 1 Nr. 4 UmwG über die Auslegung (statt: Zugänglichmachen) der Verschmelzungsberichte aller beteiligten Gesellschaften nicht vollständig. Das Auslegungserfordernis ist in kollisionsrechtlicher Hinsicht nicht unproblematisch (vgl. ähnliche Problematik → Rn. 154). Im Ergebnis bereitet es aber keine Probleme, steht die Auslegungsverpflichtung doch im Einklang mit Art. 11 Abs. 1 lit. d der Richtlinie über die Verschmelzung von Aktiengesellschaften²⁹⁸.²⁹⁹ Darüber hinaus muss nach Art. 7 RL ein Verschmelzungsbericht stets existieren und daher wird keiner fremden Rechtsordnung dessen Abfassung (allein) durch § 63 Abs. 1 Nr. 4 UmwG aufgegeben.

Ebenso sind auch die Verschmelzungsprüfungsberichte der anderen Rechtsträger den 189 Anteilseignern zugänglich zu machen (vgl. Art. 11 Abs. 1 lit. d Richtlinie über die Verschmelzung von Aktiengesellschaften³⁰⁰ sowie → Rn. 186).

---

²⁹⁵ Vgl. Widmann/Mayer/*Mayer* § 122c Rn. 152; Lutter/*Bayer* § 122i Rn. 23.
²⁹⁶ Semler/Stengel/*Diekmann* § 63 Rn. 6, 24a; Henssler/Strohn/*Junker* UmwG § 63 Rn. 2; Lutter/ *Grunewald* § 63 Rn. 2.
²⁹⁷ Lutter/*Bayer* § 122g Rn. 15 mwN., Widmann/Mayer/*Heckschen* § 122g Rn. 44, 53, 58, 63 (aus Vorsichtsgründen); **a.A.** *Louven* ZIP 2006, 2021, 2027 (Originalsprache).
²⁹⁸ → Fn. 60.
²⁹⁹ Lutter/*Bayer* § 122g Rn. 8; Schmitt/Hörtnagl/Stratz/*Hörtnagl* § 122g Rn. 4, 18; Widmann/ Mayer/*Heckschen* § 122g Rn. 62 (ggf. mit Übersetzung → Rn. 63).
³⁰⁰ → Fn. 60.

190 In Bezug auf den Nachgründungsbericht des Aufsichtsrats/Verwaltungsrats empfiehlt die hM[301] zu § 52 AktG eine **Auslegung des Berichts** vor der Beschlussfassung, auch wenn dies durch § 52 Abs. 2 S. 2 AktG nicht ausdrücklich angeordnet wird. Entsprechendes müsste für die grenzüberschreitende Verschmelzung gelten, auch wenn § 67 UmwG nicht auf § 52 Abs. 2 AktG verweist, denn es handelt sich schon aus nationaler Sicht um eine **analoge** Anwendung, um den Informationszweck des Berichts zu gewährleisten. Nicht auslegungspflichtig ist hingegen der Nachgründungsprüfungsbericht. Dieser Bericht ist ausschließlich dem Gericht und dem Vorstand auszuhändigen. Der Vorstand hat aber im Verschmelzungsbericht über den wesentlichen Inhalt des Nachgründungsprüfungsberichts Auskunft zu geben.[302]

191 Im Hinblick auf die Nachgründung ist streitig, ob es für den Ablauf des Zeitraums der **Zwei-Jahres-Frist** des § 67 S. 1 UmwG auf die Beurkundung des Verschmelzungsplans[303] oder den Zeitpunkt des Verschmelzungsbeschlusses[304] ankommt. Angesichts der ausdrücklich durch § 122a Abs. 2 UmwG angeordneten entsprechenden Anwendung von § 67 S. 1 UmwG, der wiederum ausdrücklich auf den Abschluss des Verschmelzungsvertrags verweist, könnte sich ein abweichender zeitlicher Bezugspunkt allenfalls aus funktional gravierenden Unterschieden zwischen Verschmelzungsvertrag und -plan ergeben. Dies ist jedoch nicht der Fall, denn beide Vereinbarungstypen haben eine identische Funktion und weitgehend vergleichbare Zustimmungs- und Eintragungsprozesse zu durchlaufen bevor sie letztendlich vollständige Wirkung entfalten. Insofern ist auch bei der grenzüberschreitenden Verschmelzung der Zeitpunkt der Beurkundung des Verschmelzungsplans maßgeblich.

192 Es liegt nach einhelliger Meinung ein **Richtlinienverstoß** insofern vor, als dass bei Beteiligung einer AG bzw. SE gem. §§ 122a Abs. 2, 63 Abs. 1 UmwG, § 123 Abs. 1 S. 1 AktG für bestimmte auszulegende Dokumente eine Frist von 30 Tagen vorgesehen ist, obwohl Art. 11 Abs. 1 der Richtlinie über die Verschmelzung von Aktiengesellschaften[305] eine Monatsfrist vorgibt. In Fällen der Entbehrlichkeit eines Beschlusses läge zudem ein Verstoß gegen Art. 27 lit. a Richtlinie über die Verschmelzung von Aktiengesellschaften[306] vor, da dessen Bedingungen nicht erfüllt wären. Dies ist dahingehend richtlinienkonform zu korrigieren, dass die jeweils längere Frist maßgeblich ist (→ Rn. 136). Andere stellen generell auf die Monatsfrist ab, ohne die Fallgruppe des weniger als 30 Tage umfassenden Monats zu kommentieren.[307] De lege ferenda wäre eine Vereinfachung zu Gunsten einer einheitlichen Monatsfrist gleichwohl begrüßenswert.

193 Eine beteiligte **KGaA** ist grundsätzlich wie eine AG bzw. SE zu behandeln (§§ 122a Abs. 2, 78 UmwG). Obwohl die KGaA von Art. 2 RL, Art. 1 Abs. 1 Richtlinie über die Verschmelzung von Aktiengesellschaften[308] nicht erfasst wird und deshalb kein Richtlinienverstoß hinsichtlich der Auslegungsfristen entstehen kann, wird vertreten, sie **analog** zu den **Kapitalgesellschaften** im Sinne der Richtlinie über die Verschmelzung von Aktiengesellschaften[309] zu behandeln.[310] Dies überzeugt, weil der Gesetzgeber die Einbeziehung der KGaA in den §§ 122a ff. UmwG aus Anlass der RL vorgenommen und dabei keine rechtsformspezifische Differenzierung angeordnet hat.

194 Rechtsformspezifisch ordnen §§ 122a Abs. 2, 76 Abs. 1 UmwG ein **Verschmelzungsbeschlussverbot** betreffend eine übertragende AG, KGaA und SE für die ersten **zwei Jahre** nach deren Eintragung an.

---

[301] Spindler/Stilz/*Heidinger* § 52 Rn. 64 mwN.
[302] Semler/Stengel/*Diekmann* § 67 Rn. 21; Lutter/*Grunewald* § 67 Rn. 15.
[303] Widmann/Mayer/*Mayer* § 122c Rn. 162.
[304] Lutter/*Bayer* § 122g Rn. 16 (entsprechend § 76 Abs. 1 UmwG).
[305] → Fn. 60.
[306] → Fn. 60.
[307] Lutter/*Bayer* § 122g Rn. 9; Habersack/Drinhausen/*Kiem* § 122g Rn. 7.
[308] → Fn. 60.
[309] → Fn. 60.
[310] Lutter/*Bayer* § 122g Rn. 11; Widmann/Mayer/*Heckschen* § 122g Rn. 68.

b) Beschluss. Der Beschluss über die Zustimmung zu der grenzüberschreitenden Verschmelzung bedarf bei der **AG** einer **Mehrheit von 75 %** des bei der Beschlussfassung vertretenen Kapitals sowie der einfachen Mehrheit der abgegebenen Stimmen (§§ 122a Abs. 2, 65 Abs. 1 UmwG, 133 AktG). Soweit die Satzung höhere Mehrheiten erfordert, gelten diese höheren Mehrheiten.

Sind **mehrere Aktiengattungen** ausgegeben, können ggf. mehrere Beschlüsse erforderlich sein (§§ 122a Abs. 2, 65 Abs. 2 UmwG).

Auch bei der **KGaA** bedarf der Beschluss über die Zustimmung zu der grenzüberschreitenden Verschmelzung seitens der Aktionäre einer **Mehrheit von 75 %** des bei der Beschlussfassung vertretenen Kapitals sowie der einfachen Mehrheit der abgegebenen Stimmen (§§ 122a Abs. 2, 78 S. 1, 65 Abs. 1 UmwG, 278 Abs. 3, 133 AktG). Soweit die Satzung höhere Mehrheiten erfordert, gelten diese höheren Mehrheiten. Bei mehreren Aktiengattungen können wie bei der AG ggf. Sonderbeschlüsse erforderlich werden. Zusätzlich bedarf die grenzüberschreitende Verschmelzung der **Zustimmung der persönlich haftenden Gesellschafter** (§§ 122a Abs. 2, 78 S. 3 UmwG). Existieren mehrere Komplementäre, so kann die Satzung eine Mehrheitsentscheidung unter diesen vorsehen.

Wie bei der AG bedarf der Beschluss über die Zustimmung zu der grenzüberschreitenden Verschmelzung bei der **SE** einer **Mehrheit von 75 %** des bei der Beschlussfassung vertretenen Kapitals (§§ 122a Abs. 2, 65 Abs. 1 UmwG).

Bezüglich der erforderlichen **Stimmenmehrheit** ist umstritten, ob diese zwei Drittel (Art. 59 Abs. 1 SE-VO)[311] oder 75 %[312] beträgt. Dies ist letztlich die nicht umwandlungsrechtsspezifische Streitfrage wie sich die Kapitalmehrheiten des deutschen Aktienrechts zu den Stimmmehrheiten der SE-VO verhalten. Die Stimmen, die eine Mehrheit von 75 % befürworten, berufen sich im Kern darauf, dass Kapitalmehrheiten dem der SE-VO immanenten Gleichlauf von Aktien und Stimme (*one share one vote*) zuwider laufen und deshalb nach Art 57 SE-VO keine Gültigkeit beanspruchen könnten. Der vom Gesetzgeber beabsichtigten Minderheitenschutz sei gleichwohl in der Form zu berücksichtigen, die geforderte Kapitalmehrheit in eine Stimmmehrheit zu „übersetzen" sei und diese dann als größere Mehrheit im Sinne Art 57 SE-VO gelte.[313] Vorzugswürdig scheint es dagegen, entsprechend dem aktienrechtlichen Verständnis die Kapitalmehrheitserfordernisse neben den Stimmmehrheitserfordernissen anzuwenden, weil die Kapitalmehrheit die unerwünschten Effekte von Mehr- und Höchststimmrechten nivelliert.[314] Damit ist dann auch der in der SE-VO grundsätzlich angelegte Gleichlauf mit der Aktiengesellschaft gewahrt.[315] Damit verbleibt es bei der Stimmenmehrheit von zwei Dritteln (Art. 59 SE-VO).[316] Bei mehreren Aktiengattungen können wie bei der AG ggf. Sonderbeschlüsse erforderlich werden.

Abweichend vom Recht der AG und der KGaA darf die Satzung einer SE keine höhere Mehrheit für die Zustimmung zu einer grenzüberschreitenden Verschmelzung vorsehen (Art. 57 SE-VO: „… das im Sitzstaat der SE für Aktiengesellschaften maßgebliche Recht nicht eine größere Mehrheit…").[317]

Der Zustimmungsbeschluss bedarf der notariellen Beurkundung (§§ 122a Abs. 2, 13 Abs. 3 S. 1 UmwG).

3. Beschlussfassung bei GmbH und UG

a) Vorbereitung. Zur Vorbereitung einer Gesellschafterversammlung einer GmbH bzw. UG zur Beschlussfassung über eine grenzüberschreitende Verschmelzung sind folgende

---

[311] So Lutter/*Bayer* § 122g Rn. 22.
[312] So MünchKommAktG/*Kubis* Art. 58 SE-VO Rn. 7 mwN.
[313] MünchKommAktG/*Kubis* Art. 58 SE-VO Rn. 7 mwN.
[314] Kölner Kommentar-AktG/*Kiem* SE-VO Art. 57 Rn. 37.
[315] Habersack/Drinhausen/*Bücker* SE-VO Art. 57 Rn. 27.
[316] Habersack/Drinhausen/*Kiem* UmwG § 122g Rn. 9.
[317] Spindler/Stilz/*Eberspächer* SE-VO Art. 57 Rn. 29.

Unterlagen spätestens mit deren Einberufung und im Fall des Verschmelzungsberichts spätestens einen Monat vor der Gesellschafterversammlung auszulegen (vgl. §§ 49 Abs. 2, 122e UmwG) bzw. zu übersenden (vgl. § 47 UmwG):
- der Verschmelzungsplan/-entwurf (§§ 122a Abs. 2, 47 UmwG);
- die Jahresabschlüsse und Lageberichte aller beteiligter Rechtsträger der letzten drei Geschäftsjahre (§§ 122a Abs. 2, 49 Abs. 2 UmwG);
- der Verschmelzungsbericht <u>allein</u> der beteiligten GmbH (§§ 122e S. 2, 122a Abs. 2, 47 UmwG; → Rn. 153 ff.); und
- ggf. der Verschmelzungsprüfungsbericht, sofern eine Prüfung stattgefunden hat (§ 122a Abs. 2 UmwG iVm § 47 UmwG analog; → Rn. 167 ff.).

Auch bei der GmbH sind auszulegende Dokumente ggf. in die deutsche Sprache zu übersetzen.

203 Meinungsverschiedenheiten bestehen zur Frage, ob bei der GmbH – wie bei der AG – die Verschmelzungsberichte **aller beteiligten Gesellschaften** auszulegen sind (vgl. §§ 47, 63 Abs. 1 Nr. 4 UmwG).[318] Dies ist richtigerweise zu verneinen.[319] Dies ergibt sich bereits aus §§ 122a Abs. 2, 47, 49 UmwG, insbesondere § 49 Abs. 3 UmwG verpflichtet die Geschäftsführung der Gesellschafter auf anderem Wege Auskunft zu den wesentlichen Angelegenheiten der anderen beteiligten Rechtsträger zu geben. Eine Gleichbehandlung mit der AG ist zudem weder der RL noch dem UmwG zu entnehmen. Die Richtlinie über die Verschmelzung von Aktiengesellschaften[320], welche ein solches Vorgehen für die AG und die SE europarechtlich begründet, ist auf die GmbH nicht anwendbar[321] und anders als bei der KGaA wollte der nationale Gesetzgeber zwischen AG und GmbH durchaus differenzieren.

204 Die hM zur nationalen Verschmelzung fordert über den Wortlaut des § 47 UmwG hinausgehend, dass auch ein etwaiger Verschmelzungsprüfungsbericht zu übersenden ist.[322] Sofern man dies nicht schon aus dem nationalen Recht folgern will, wird zu Recht darauf hingewiesen[323], dass dies bei grenzüberschreitenden Verschmelzungen jedenfalls aus Art. 8 Abs. 2 RL folge („ein für die Gesellschafter bestimmter Bericht"). Die insoweit defizitäre nationale Umsetzung ist richtlinienkonform durch einen Analogieschluss zu §§ 122a Abs. 2, 47 UmwG zu komplettieren.

205 **b) Beschluss.** Der Beschluss über die Zustimmung zu der grenzüberschreitenden Verschmelzung bedarf bei der **GmbH** einer **Mehrheit von 75 %** der abgegebenen Stimmen (§§ 122a Abs. 2, 50 Abs. 1 S. 1 UmwG). Soweit der Gesellschaftsvertrag höhere Mehrheiten oder weitere Erfordernisse bestimmt, gelten diese höheren Mehrheiten und weiteren Erfordernisse (§§ 122a Abs. 2, 50 Abs. 1 S. 2 UmwG).

206 Darüber hinaus können folgende besondere Zustimmungserfordernisse bestehen:
- Zustimmung bei Vinkulierung zu Gunsten eines Anteilsinhabers (§§ 122a, 13 Abs. 2 UmwG; → Rn. 207);
- Zustimmung eines Inhabers von Sonderrechten bei der GmbH/UG (§§ 122a, 50 Abs. 2 UmwG; → Rn. 208); sowie
- Zustimmung bei nicht voll eingezahlten Geschäftsanteilen der GmbH (§§ 122a, 51 Abs. 1 S. 1, S. 3 UmwG; → Rn. 209 ff.).

207 In Bezug auf § 13 Abs. 2 UmwG ergeben sich keine Besonderheiten gegenüber nationalen Verschmelzungen. Ist die Übertragung von Anteilen des übertragenden Rechtsträgers

---

[318] Kallmeyer/*Zimmermann* § 122g Rn. 7; Widmann/Mayer/*Heckschen* § 122g Rn. 55.
[319] Widmann/Mayer/*Heckschen* § 122g Rn. 55 f.; Kallmeyer/*Zimmermann* § 122g Rn. 7.
[320] → Fn. 60.
[321] Art. 1 Abs. 1 Sp.-Strich 5 AG-Verschmelzungsrichtlinie.
[322] Henssler/Strohn/*Haeder* UmwG § 47 Rn. 3; Semler/Stengel/*Reichert* § 47 Rn. 8; Schmitt/Hörtnagl/Stratz/*Stratz* § 47 Rn. 1.
[323] Widmann/Mayer/*Heckschen* § 122g Rn. 57; Lutter/*Bayer* § 122g Rn. 13.

von der Zustimmung einzelner Gesellschafter abhängig, bedarf die Verschmelzung deren Zustimmung. Das gilt selbst dann, wenn die Zustimmung mehrerer oder auch aller einzelnen Gesellschafter erforderlich ist, nicht dagegen, wenn die Übertragung der Anteile von der Zustimmung eines Organs der übertragenden Gesellschaft einschließlich deren Gesellschafterversammlung abhängig ist.[324]

Auch in Bezug auf das Zustimmungserfordernis nach § 50 Abs. 2 UmwG bestehen **208** gegenüber der nationalen Verschmelzung keine Besonderheiten. Gewährt der Gesellschaftsvertrag einzelnen Gesellschaftern die durch § 50 Abs. 2 UmwG geschützten Individualrechte und werden diese durch die Verschmelzung beeinträchtigt, ist für die Wirksamkeit des Verschmelzungsbeschlusses ihre Zustimmung erforderlich. Werden dem betroffenen Gesellschafter durch den Gesellschaftsvertrag des übernehmenden Rechtsträgers funktional-äquivalente Rechte eingeräumt, liegt keine Beeinträchtigung vor[325] und eine Zustimmung des Gesellschafters zum Verschmelzungsbeschluss ist nicht erforderlich.[326]

§ 51 Abs. 1 UmwG regelt Zustimmungserfordernisse für den Sonderfall, dass bei einer **209** an der Verschmelzung beteiligten GmbH die zu leistende Einlage noch nicht vollständig bewirkt wurde. Ist bei einer übernehmenden GmbH die Einlage noch nicht vollständig geleistet, müssen gemäß § 51 Abs. 1 S. 1 UmwG alle anwesenden Gesellschafter der übertragenden Gesellschaft dem Verschmelzungsbeschluss zustimmen. Ist die Einlage bei einer übertragenden GmbH noch nicht vollständig bewirkt, so sieht § 51 Abs. 1 S. 3 UmwG ein Zustimmungserfordernis für die Gesellschafter der sie übernehmenden GmbH vor. Diese Regelung soll jedem Gesellschafter der übertragenden Gesellschaft bzw. der übernehmenden GmbH die Möglichkeit geben, der (subsidiären) Mithaftung für die ausstehenden Einlagen nach § 24 GmbHG zu entgehen, da die Mithaftung nach der Verschmelzung fortbestehen und sich auch auf die Gesellschafter des bislang nicht von der Nichteinzahlung der Stammlage betroffenen Rechtsträgers beziehen würde.[327] Über § 24 GmbHG hinausgehend sind nach hM im Rahmen von § 51 Abs. 1 S. 1 UmwG auch Fälle der Unterbilanzhaftung von § 51 Abs. 1 S. 1 UmwG erfasst.[328]

Die Zustimmungserfordernisse des § 51 Abs. 1 UmwG sind im Ausgangspunkt auf **210** nationale Verschmelzungen zugeschnitten. Bei der – z. T. auch noch streitigen – Anwendung auf grenzüberschreitende Verschmelzungen sind deshalb einige Besonderheiten zu beachten.[329]

Im Fall der grenzüberschreitenden **Hereinverschmelzung** ist § 51 Abs. 1 S. 1 UmwG **211** nicht anwendbar, denn das Zustimmungserfordernis für den übertragenden Rechtsträger würde sich auf einen einem fremden Gesellschaftsstatut unterliegenden Rechtsträger beziehen und für diesen steht dem deutschen Gesetzgeber nach der Vereinigungstheorie keine Regelungskompetenz zu (→ Rn. 3). Allein für den Fall, dass im Rahmen einer mehrseitigen internationalen Verschmelzung (→ Rn. 16) auch eine inländische übertragende Gesellschaft beteiligt ist, muss von dessen Anwendbarkeit für die inländische Gesellschaft ausgegangen werden. Bei einer **Herausverschmelzung** wäre Grundvoraussetzung einer zumindest analogen Anwendung des Zustimmungserfordernisses, dass in der Zielgesellschaft eine dem § 24 GmbHG vergleichbare Haftung droht. Auch wenn dies gegeben sein sollte, wird in der Literatur vereinzelt argumentiert, dass die Gesellschafter des inländischen übertragenden Rechtsträgers keines Schutzes bedürften, weil sie die Möglichkeit hätten,

---

[324] Lutter/*Drygala* § 13 Rn. 28, 30; Schmitt/Hörtnagl/Stratz/*Stratz* § 13 Rn. 62; Semler/Stengel/ *Gehling* § 13 Rn. 35 ff.; bei AG, KGaA und SE ist dieses Zustimmungserfordernis wegen § 68 Abs. 2 AktG nicht einschlägig, Kallmeyer/*Zimmermann* § 13 Rn. 23.
[325] Henssler/Strohn/*Haeder* UmwG § 50 Rn. 5; Lutter/*Winter/Vetter* § 50 Rn. 59;
[326] Kallmeyer/*Zimmermann* § 50 Rn. 23; Widmann/Mayer/*Mayer* § 50 Rn. 92.
[327] Henssler/Strohn/*Haeder* UmwG § 51 Rn. 1; Semler/Stengel/*Reichert* § 51 Rn. 8.
[328] Lutter/*M. Winter/J. Vetter* § 51 Rn. 19; Widmann/Mayer/*Mayer* § 51 Rn. 10.
[329] Widmann/Mayer/*Heckscher* § 122g Rn. 95 ff.; Kölner Kommentar-UmwG/*Simon/Rubner* § 122g Rn. 8 ff.

die Abfindung nach § 122i UmwG zu wählen.[330] Die wohl überwiegende Gegenauffassung[331] überzeugt, weil sich aus dem systematischen Wechselspiel von §§ 51 Abs. 1 S. 1, 29 Abs. 1 UmwG ergibt, dass der Gesetzgeber auch in Fällen, in denen eine Abfindung gem. § 29 Abs. 1 UmwG möglich wäre, das Einstimmigkeitserfordernis statuierte und gerade keine Ausnahme für diese Fälle schuf. Das ist auch in materieller Hinsicht richtig, sind doch die Schutzwirkungen von Zustimmung und Abfindung grundverschieden.

212 § 51 Abs. 1 S. 3 UmwG schützt die Gesellschafter der übernehmenden Gesellschaft und kann deshalb bei **Herausverschmelzungen** nicht gelten, weil deren Schutz nach der Vereinigungstheorie dem Schutz dem fremden Gesellschaftsstatut obliegt (→ Rn. 3).[332] Auf eine **Hereinverschmelzung** kann die Norm hingegen entsprechend anwendbar sein. Dies aber nur unter den Voraussetzungen, dass das Recht einer übertragenden Gesellschaft eine § 24 GmbHG entsprechende Haftung kennt, ein Übergang nach dem dortigen Gesellschaftsrecht auf die inländische GmbH denkbar erscheint und der übernehmende Rechtsträger eine inländische GmbH ist.[333] Bei Mischverschmelzungen genügt für die Anwendbarkeit von § 51 Abs. 1 S. 3 UmwG, dass eine Ausfallhaftung bei einer übertragenden GmbH oder entsprechenden Auslandsrechtsform besteht.

4. Vorbehalt in Bezug auf die Mitbestimmungsform

213 Bei Ablauf der Monatsfrist des § 122d S. 1 UmwG ist das zwischen Geschäftsleitung und besonderen Verhandlungsgremien durchzuführende Beteiligungsverfahren nach dem MgVG regelmäßig noch nicht abgeschlossen und die Anteilsinhaber können daher noch keine endgültige Entscheidung auch über das Mitbestimmungsmodell treffen. Vor diesem Hintergrund eröffnet § 122g Abs. 1 UmwG die Möglichkeit eines Verschmelzungsbeschlusses mit Vorbehalt. Vielmehr ist nach Abschluss des mitbestimmungsrechtlichen Verfahrens dann ein Bestätigungsbeschluss über die Mitbestimmung und ggf. erforderliche Satzungsänderungen zu fassen.[334] In der Praxis werden die Anteilsinhaber häufig gleichwohl den Ausgang des MgVG-Verfahrens abwarten[335], um den Bestätigungsbeschluss zu vermeiden. Eine weitere Alternative besteht darin, dass die Leitungsorgane von vornherein die Auffanglösung beschließen (§ 23 Abs. 1 S. 1 Nr. 3 MgVG).

214 Vereinzelt wird eine **Delegation** des Bestätigungsbeschlusses auf andere Organe (Beirat, Aufsichtsrat) für möglich gehalten.[336] Begründet wird dies damit, dass die Anteilsinhaber von der Möglichkeit des Vorbehalts nach § 122g UmwG keinen Gebrauch machen müssen und auf den Bestätigungsbeschluss ganz verzichten können. Daher müsse erst recht eine Delegation möglich sein. Die überwiegende Ansicht[337] verneint eine solche Möglichkeit mit Blick darauf, dass es sich um ein Grundlagengeschäft handelt, das zwingend der Entscheidungskompetenz der Anteilsinhaberversammlung zuzuordnen ist. Der Vergleich mit der Verzichtsmöglichkeit überzeugt nicht, weil diese mit einer Dritten erteilten Entscheidungsbefugnis nicht vergleichbar ist. Beim Verzicht ist klar, dass die Verschmelzung durchgeführt werden soll.

215 Zur **Einberufung anlässlich eines etwaigen Bestätigungsbeschlusses** gelten die allgemeinen umwandlungsrechtlichen Vorschriften[338] gem. § 122a Abs. 2 UmwG iVm den jeweils rechtsformspezifischen Regelungen. Die Anteilsinhaber sind im Vorfeld der Be-

---

[330] Widmann/Mayer/*Hecksehen* § 122a Rn. 97.
[331] Kölner Kommentar-UmwG/*Simon/Rubner* § 122g Rn. 10; Schmitt/Hörtnagl/Stratz/*Hörtnagl* § 122g Rn. 5.
[332] Kölner Kommentar-UmwG/*Simon/Rubner* § 122g Rn. 9.
[333] Widmann/Mayer/*Mayer* § 122g Rn. 98.
[334] Kallmeyer/*Zimmermann* § 122g Rn. 18; Lutter/*Bayer* § 122g Rn. 32.
[335] Kölner Kommentar-UmwG/*Simon/Rubner* § 122g Rn. 14; vgl. auch Lutter/*Bayer* § 122g Rn. 2.
[336] Kölner Kommentar-UmwG/*Simon/Rubner* § 122g Rn. 18.
[337] Widmann/Mayer/*Hecksehen* § 122g Rn. 132f. mwN.
[338] Vgl. Widmann/Mayer/*Hecksehen* § 122g Rn. 115.

schlussfassung über das Mitbestimmungsmodell sowie etwaige Satzungsänderungen bzw. Änderungen des Gesellschaftsvertrags zu unterrichten.

Wird von der Vorbehaltsmöglichkeit gem. § 122g Abs. 1 UmwG Gebrauch gemacht, **216** fragt sich welche **Mehrheit für den Bestätigungsbeschluss** erforderlich ist. Die überwiegende Auffassung unterwirft den Bestätigungsbeschluss dem qualifizierten Mehrheitserfordernis der §§ 122a, 50, 65 UmwG,[339] während die Gegenauffassung davon ausgeht, dass eine einfache Mehrheit genügt.[340] Richtigerweise ist eine qualifizierte Mehrheit erforderlich. Der Bestätigungsvorbehalt komplettiert den Zustimmungsbeschluss, sodass der Bestätigungsbeschluss folgerichtig auch dem gleichen Mehrheitserfordernis unterliegen muss.[341] Dem Argument der Gegenauffassung, dass über die Verschmelzung als Grundlagenentscheidung schon mit qualifizierter Mehrheit beschlossen wurde[342], ist entgegenzuhalten, dass die Wirksamkeit des Verschmelzungsbeschluss von der Erteilung der Bestätigung abhängt.[343] Für den Fall, dass es aufgrund des MgVG-Beteiligungsverfahrens zu Anpassungen der Satzung kommt, ist ohnehin die Änderung des Verschmelzungsplans erforderlich.[344] Die Änderung des Verschmelzungsplans bedarf dann stets einer qualifizierten Mehrheit nach §§ 122a, 50, 65 UmwG. Der Zustimmungsbeschluss zu der Verschmelzung darf entgegen einer verschiedentlich vertretenen Auffassung[345] auch keine geringere Mehrheit für den Bestätigungsbeschluss bestimmen, denn wenn die Notwendigkeit einer qualifizierten Mehrheit aus der Vervollständigung des Verschmelzungsbeschlusses und mithin aus §§ 122a, 50, 65 UmwG abgeleitet wird, steht diese wegen §§ 50 Abs. S. 2, 65 Abs. 1 S. 2 UmwG nicht zur Disposition der Gesellschafter.

Auch für die Form des **Bestätigungsbeschlusses** fragt sich, ob er wie der Verschmel- **217** zungsbeschluss der notariellen Beurkundung nach §§ 122a, 13 Abs. 3 S. 1 UmwG bedarf oder nur rechtsformspezifischen Anforderungen an „einfache" Gesellschafterbeschlüsse genügen muss. Sieht man richtigerweise in dem Bestätigungsbeschluss die Vervollständigung des Verschmelzungsbeschlusses (→ Rn. 216), ist es nur konsequent an diesen die gleichen Formerfordernisse wie für den Zustimmungsbeschluss selbst zu stellen.[346]

Vereinzelt wird für möglich gehalten, dass der Bestätigungsbeschluss im Falle einer **218** Herausverschmelzung zeitlich auch **nach Antragstellung** gem. § 122k UmwG erfolgen kann.[347] Dies wird daraus gefolgert, dass die Beteiligung der Arbeitnehmer im zweistufig ausgestalteten Verfahren der grenzüberschreitenden Verschmelzung (vgl. Art. 10, 11 RL) erst auf der zweiten Stufe geprüft würde. Dieser Schluss überzeugt indes nicht. Zwar trifft es zu, dass nur Art. 11 Abs. 1 S. 2 RL das Vorliegen einer Mitbestimmungsregelung erwähnt, während Art. 10 RL dies nicht tut. Jedoch hat das die Vorabbescheinigung ausstellende Registergericht das Vorliegen eines endgültigen und vorbehaltslosen Verschmelzungsbeschlusses zu prüfen. Da dies auch die Prüfung nationalen Gesellschaftsrechts (Einberufung, Abstimmung, Mehrheits- und Zustimmungserfordernisse) beinhaltet, kann dies nicht der für die Eintragung der Verschmelzung im Ausland zuständige Stelle überlassen werden. Sie wäre hierzu auch nicht berufen, weil nach Art. 10 Abs. 2 RL („Rechtshandlungen und Formalitäten") die Prüfung dem Register der übertragenden Gesellschaft obliegt.

---

[339] Henssler/Strohn/*Polley* UmwG § 122g Rn. 6 mwN.
[340] Lutter/*Bayer* § 122g Rn. 33; Semler/Stengel/*Drinhausen* § 122g Rn. 11.
[341] Henssler/Strohn/*Polley* UmwG § 122g Rn. 6; RegE BT-Drucks. 16/2919 S. 16, in dem von einer Miteinbeziehung der Regelungen zur Arbeitnehmermitbestimmung gesprochen wird.
[342] Semler/Stengel/*Drinhausen* § 122g Rn. 11.
[343] Kallmeyer/*Zimmermann* § 122g Rn. 17; Schmitt/Hörtnagl/Stratz/*Hörtnagl* § 122g Rn. 10.
[344] Widmann/Mayer/*Heckschen* § 122g Rn. 114, 137; Henssler/Strohn/*Polley* UmwG § 122g Rn. 6.
[345] Kölner Kommentar-UmwG/*Simon/Rubner* § 122g Rn. 19; *Müller*, ZIP 2007, 1081, 1085.
[346] Kallmeyer/*Zimmermann* § 122g Rn. 23; Widmann/Mayer/*Heckschen* § 122g Rn. 138.
[347] Widmann/Mayer/*Heckschen* § 122g Rn. 127.

5. Konzernverschmelzung

219 Der Verschmelzungsbeschluss ist bei bestimmten Konzernverschmelzungen **entbehrlich**: Beim übertragenden Inlandsrechtsträger, wenn dieser auf die Alleingesellschafterin verschmolzen wird (§ 122g Abs. 2 UmwG) sowie bei einer übernehmenden inländischen AG, KGaA oder SE, wenn diese 90 % oder mehr am übertragenden Rechtsträger hält (§§ 122a Abs. 2, 62 Abs. 1 S. 1 UmwG) und nicht Aktionäre mit einer Beteiligung von mindestens 5 % des Grundkapitals eine Beschlussfassung verlangen (→ Rn. 19). Europarechtliche Bedenken bestehen auch im letztgenannten Fall mit Blick auf den durch Art. 9 Abs. 3 RL[348] iVm Art. 27 die Richtlinie über die Verschmelzung von Aktiengesellschaften[349] eröffneten Regelungsspielraums nicht.[350]

220 Für die Anteilsquote sind **mittelbare Beteiligungen** sowie über **Treuhand** vermittelte Beteiligungen nicht zu berücksichtigen.[351] Umgekehrt ist **unschädlich**, wenn an den Anteilen, die die Muttergesellschaft hält, Unterbeteiligungen oder stille Gesellschaftsverhältnisse bestehen.[352] Auch bei Stimmbindungsverträgen ist die Inhaberschaft an den Anteilen entscheidend.[353]

221 Fraglich ist, was der **maßgebliche Zeitpunkt** für die Privilegierungsvorschriften (§§ 62 Abs. 1 S. 1, 122g Abs. 2 UmwG) ist. In der Rechtsprechung wurde zu der früheren Vorschrift des § 352b Abs. 1 S. 1 AktG a. F. vertreten, dass es auf den Zeitpunkt des Verschmelzungsbeschlusses ankomme.[354] Im Schrifttum wird abweichend auf die Stellung des Antrags auf die Verschmelzungsbescheinigung bzw. Anmeldung der Verschmelzung zur Eintragung im Handelsregister (§§ 122k, 122l UmwG) abgestellt.[355] Noch genauer wäre es, auf den jeweiligen Eintragungszeitpunkt abzustellen. Dies ergibt sich aus dem Prüfungsmaßstab des Registergerichts. Dieses kontrolliert, ob die Voraussetzungen der Eintragung vorliegen und nimmt diese sodann unverzüglich vor. Es ist im Ergebnis gleichwohl empfehlenswert, die Voraussetzungen zum Zeitpunkt der Stellung des Antrags auf die Verschmelzungsbescheinigung bzw. Anmeldung der Verschmelzung zur Eintragung im Handelsregister zu erfüllen, um unnötige Verzögerungen zu vermeiden. Für den Eintragungszeitpunkt ist dabei nach übertragender (§ 122k Abs. 2 UmwG) und übernehmender Gesellschaft (§ 122l UmwG) zu differenzieren. Hinsichtlich der Verschmelzungsbescheinigung ist anzumerken, dass nach deren Erteilung das Entfallen der Privilegierung unschädlich ist, weil die Bescheinigung den Schlusspunkt des inländischen Verfahrens darstellt und durch die übertragende Gesellschaft im weiteren Sinne (Geschäftsleitung, Gesellschafter, Rechtsnachfolger) nicht mehr verhindert werden kann. Deshalb schaden Veränderungen nach Eintragung (iSd. Vorabbescheinigung) nicht. Für die Eintragung der Verschmelzung (2. Stufe) ist dies in Art. 17 RL, §§ 122a Abs. 2, 20 Abs. 2 UmwG explizit angeordnet.

222 Teilweise wird eine Rückausnahme von der Entbehrlichkeit des Zustimmungsbeschlusses des übernehmenden inländischen Rechtsträgers nach den Grundsätzen der **Holzmüller/Gelatine**-Rechtsprechung befürwortet.[356] Dies kann nicht überzeugen, weil der Gesetzgeber in §§ 62 Abs. 1 S. 1, 122g Abs. 2 UmwG eine klare Regelung unter Abwägung der berührten Interessen etwaiger Minderheitsgesellschafter getroffen hat. Für ein davon abweichendes Beschlusserfordernis ist daher kein Raum.

---

[348] Der Verweis ist auf die Nachfolge-RL 2011/35/EU zu beziehen (→. Rn. 50).
[349] → Fn. 60.
[350] Vgl. Lutter/*Bayer* § 122g Rn. 36.
[351] Widmann/Mayer/*Heckschen* § 122g Rn. 144 (mittelbare Beteiligung), Rn. 145 (Treuhand); Henssler/Strohn/*Polley* UmwG § 122g Rn. 9.
[352] Widmann/Mayer/*Heckschen* § 122g Rn. 146.
[353] Widmann/Mayer/*Heckschen* § 122g Rn. 152.
[354] OLG Karlsruhe 15 U 127/90, ZIP 1991, 1145 Rn. 57; Vorinstanz: LG Mannheim 24 O 124/88, AG 1991, 110.
[355] Widmann/Mayer/*Heckschen* § 122g Rn. 156; Kallmeyer/*Zimmermann* § 122g Rn. 31.
[356] Widmann/Mayer/*Heckschen* § 122g Rn. 174.

Abweichend von der innerdeutschen Verschmelzung wird das Arbeitnehmerbeteiligungs- 223
verfahren nach dem MgVG häufig eine Satzungsänderung beim übernehmenden Rechtsträger erforderlich machen, für deren Umsetzung wiederum ein Beschluss der Hauptversammlung notwendig ist.[357] In diesen Fällen kann anzuraten sein, von der Privilegierung der Konzernverschmelzung keinen Gebrauch zu machen, da dann das Freigabeverfahren zur Überwindung möglicher Klagen gegen den Verschmelzungsbeschluss zur Verfügung stünde.

VII. Verbesserung des Umtauschverhältnisses

§ 122h UmwG regelt die Rahmenbedingungen einer möglichen Verbesserung des 224
Umtauschverhältnisses (Art. 2 Nr. 2 lit. a RL, § 122c Abs. 2 Nr. 2 UmwG) und sieht hierfür in eingeschränkterem Umfang als bei inländischen Verschmelzungen das Spruchverfahren vor (§§ 122h, 14 Abs. 2, 15 UmwG, §§ 1 Nr. 4, 3 Nr. 3 SpruchG). Soweit das Spruchverfahren zur Verfügung steht, können die Anteilseigner der übertragenden Gesellschaft darin die Verbesserung des Umtauschverhältnisses durch eine bare Zuzahlung geltend machen. Den Anteilsinhabern der übernehmenden Gesellschaft steht diese Möglichkeit nicht zur Verfügung. Sie müssen den Verschmelzungsbeschluss anfechten, um das Umtauschverhältnis anzugreifen.[358] Insbesondere an dieser Ungleichbehandlung sowie der fehlenden Möglichkeit einer Anpassung des Umtauschverhältnisses zu Lasten der Antragsteller und dem Liquiditätsrisiko für die übernehmende Gesellschaft entzündet sich berechtigte **rechtspolitische Kritik**.[359]

Da vielen ausländischen Rechtsordnungen das Spruchverfahren unbekannt ist, **be-** 225
schränkt § 122h UmwG die Anwendbarkeit dieses Verfahrens auf die Fälle,
– dass die beteiligte **fremde Rechtsordnung** ein Spruchverfahren für den speziellen Fall einer grenzüberschreitenden Verschmelzung vorsieht (zB Österreich[360]) oder
– dass die Anteilsinhaber der ausländischen Gesellschaften der Durchführung eines deutschrechtlichen Spruchverfahrens im Verschmelzungsbeschluss ausdrücklich **zustimmen**.

Nach dem Wortlaut von § 122h Abs. 1 UmwG ist diese Zustimmung „im Verschmel- 226
zungsbeschluss" zu erteilen. Gemeint ist damit – wie sich aus Art. 10 Abs. 3 S. 1 RL („bei der Zustimmung") ergibt – eine Beschlussfassung im engen zeitlichen und sachlichen Zusammenhang mit dem Verschmelzungsbeschluss, d. h. eine Zustimmung in derselben Versammlung und mit derselben Mehrheit wie der Verschmelzungsbeschluss.[361] Die für den Zustimmungsbeschluss erforderliche **Mehrheit** ergibt sich aus dem anwendbaren ausländischen Recht.[362]

Steht das Spruchverfahren nicht zu Verfügung, so können auch die Anteilsinhaber der 227
übertragenden Gesellschaft den Verschmelzungsbeschluss nur mittels **Anfechtungsklage** angreifen.[363] Ein wahlweise daneben durchzusetzender Anspruch auf bare Zuzahlung besteht nicht.

Soweit ein Anspruch auf bare Zuzahlung begründet ist, ist er gem. §§ 122h, 15 Abs. 2 228
S. 1 UmwG zu **verzinsen**. Hinsichtlich des Zinsbeginns wird die Ansicht vertreten, es gäbe eine Gesetzeslücke, weil § 19 Abs. 3 UmwG auf grenzüberschreitende Verschmel-

---

[357] Zum Vorschlag diesbezüglich das Statusverfahren nutzbar zu machen Semler/Stengel/*Drinhausen* § 122g Rn. 13.
[358] Widmann/Mayer/*Heckschen* § 122h Rn. 39.
[359] Lutter/*Bayer* § 122h Rn. 3 f.; Widmann/Mayer/*Heckschen* § 122h Rn. 47 ff.
[360] Lutter/*Bayer* § 122h Rn. 10.
[361] So Lutter/*Bayer* § 122h Rn. 11; Schmitt/Hörtnagl/Stratz/*Hörtnagl* Rn. 7; Henssler/Strohn/*Polley* UmwG § 122h Rn. 3; Kallmeyer/*Marsch-Barner* § 122h Rn. 3; aA Widmann/Mayer/*Heckschen* § 122h Rn. 46.
[362] Lutter/*Bayer* § 122h Rn. 11; Kallmeyer/*Marsch-Barner* § 122h Rn. 3.
[363] Henssler/Strohn/*Polley* UmwG § 122h Rn. 9; Lutter/*Bayer* § 122h Rn. 9.

zungen nicht zugeschnitten sei.³⁶⁴ Wie bei der Verzinsung des Abfindungsangebots (→ Rn. 114) ist maßgeblich, dass § 122a Abs. 2 UmwG eine entsprechende Anwendung anordnet, wonach die ausländische Stelle gemeint sein muss, die die Verschmelzung einträgt.

229 Soweit die Anteilseigner übertragender ausländischer Gesellschaften nach § 122h Abs. 2 UmwG ein Spruchverfahren einleiten dürfen, wenn diese Gesellschaft dem Recht eines Mitgliedstaats der EU oder des EWR unterliegt, das Recht dieses Staates ein Verfahren zur Kontrolle und Änderung des Umtauschverhältnisses vorsieht und die deutschen Gerichte für die Durchführung dieses Verfahrens zuständig sind, wird kein materieller Anspruch auf Zuzahlung, sondern lediglich ein **prozessuales Antragsrecht** für das Spruchverfahren begründet.³⁶⁵ Das Bestehen des Anspruchs auf bare Zuzahlung richtet sich nach dem Recht der ausländischen Gesellschaft. Zur gerichtlichen Zuständigkeit → Rn. 128.

230 Soweit eine **teleologische Reduktion** von § 122h Abs. 2 UmwG dahingehend befürwortet wird, dass mindestens eine übertragende Inlandgesellschaft beteiligt ist,³⁶⁶ so folgt das Ergebnis nach hiesiger Ansicht schon daraus, dass §§ 122a ff. UmwG generell nur anwendbar sind, wenn eine Inlandsgesellschaft beteiligt ist (→ Rn. 27).

VIII. Gläubigerschutz in der übertragenden Gesellschaft
1. Allgemeines

231 Für die grenzüberschreitende Verschmelzung regelt § 122j den Schutz der Gläubiger eigenständig. ³⁶⁷ Gegenüber dem für nationalen Verschmelzungen geltenden § 22 UmwG wird der Gläubigerschutz durch die Verpflichtung zur Sicherheitsleistung in den Zeitraum vor dem Wirksamwerden der Verschmelzung vorverlagert und zusätzlich dadurch abgesichert, dass die Verschmelzungsbescheinigung nur ausgestellt werden darf, wenn die gesetzlichen Vertreter einer übertragenden inländischen Gesellschaft strafbewehrt versichert haben, dass allen Gläubigern, die einen Anspruch auf die Sicherheitsleitung haben, eine angemessene Sicherheit geleistet wurde (§ 122k Abs. 1 S. 2 UmwG). Damit bezweckt der Gesetzgeber, dass die Gläubiger ihre Rechte noch im Inland geltend machen können.

232 Rechtspolitisch überzeugend ist dieses Konzept nicht.³⁶⁸ Ist nämlich streitig, ob ein Anspruch auf Sicherheitsleitung besteht, wird die Geschäftsführung des übertragenden Rechtsträgers sowohl aufgrund der wegen des Streits möglichen Verzögerung bei der Erteilung der Verschmelzungsbescheinigung als auch wegen der strafbewehrten Versicherung über die Sicherheitsleitung im Zweifel eher geneigt sein, Sicherheiten auch dann zu stellen, wenn der Anspruch zweifelhaft ist. Dies eröffnet ein gewisses Missbrauchspotential („**räuberische Gläubiger**").

233 Wie schon für § 22 UmwG im Rahmen nationaler Verschmelzungen wird auch für § 122j UmwG zum Teil vertreten, dass die Norm ein Schutzgesetz im Sinne von § 823 Abs. 2 BGB sei.³⁶⁹ Das ist nicht frei von Zweifeln, ist die Norm doch Anspruchsgrundlage, die typischerweise keine Schutzgesetze sind. Darüber hinaus sind die möglichen Deliktstäter – die Mitglieder des Leitungsorgans des übertragenden Rechtsträgers – auch gar nicht Adressaten der Verpflichtung.³⁷⁰ Der übertragende Rechtsträger wiederum haftet für die Nicht- oder Schlechterfüllung seiner Verpflichtungen. Für Extremfälle ist zudem über § 25

---

³⁶⁴ Lutter/*Bayer* § 122h Rn. 19.
³⁶⁵ Kallmeyer/*Marsch-Barner* § 122h Rn. 7; Lutter/*Bayer* § 122h Rn. 27 (mit Hinweis auf die Gesetzesbegründung).
³⁶⁶ Kallmeyer/*Marsch-Barner* § 122h Rn. 9; Lutter/*Bayer* § 122h Rn. 31.
³⁶⁷ Henssler/Strohn/*Polley* UmwG § 122i Rn. 3; Lutter/*Bayer* § 122i Rn. 3.
³⁶⁸ *Grunewald* Der Konzern 2007, 106, 107; Lutter/*Bayer* § 122j Rn. 4 f.
³⁶⁹ Widmann/Mayer/*Vossius* § 122j Rn. 37; Henssler/Strohn/*Polley* UmwG § 122f Rn. 1; Kallmeyer/*Marsch-Barner* § 122j Rn. 1; zur Parallelnorm § 22 UmwG: Schmitt/Hörtnagl/Stratz/*Stratz* § 22 Rn. 22.
³⁷⁰ Zur Parallelnorm § 22 UmwG: Semler/Stengel/*Maier-Reimer/Seulen* § 22 Rn. 67.

Abs. 1 UmwG ein hinreichendes Schutzniveau auch gegenüber der Geschäftsleitung des übertragenden Rechtsträgers verbürgt.

2. Verstoß gegen die Richtlinie

234 Da Vorschriften über die Sicherheitsleistung bei grenzüberschreitenden Verschmelzungen von denen für die nationale Verschmelzung abweichen und dies noch dazu verschärfend, fragt sich, ob diese Ausgestaltung noch richtlinienkonform ist. Denn nach Art. 4 Abs. 1 lit. b, Abs. 2 S. 1 der RL sollen unter anderem die bestehenden Vorschriften über den Schutz der Gläubiger für nationale Verschmelzungen auch für grenzüberschreitenden Verschmelzungen gelten und zwar unter Berücksichtigung des grenzüberschreitenden Charakters dieser Verschmelzungen. Versteht man die Bezugnahme auf die Berücksichtigung des grenzüberschreitenden Charakter als ausfüllungsfähige Ermächtigung an die nationalen Gesetzgeber, wäre der deutsche Sonderweg zu halten.[371] Tut man dies nicht – und dafür spricht zum einen der Wortlaut der Richtlinie, in dem unmittelbar auf die fragliche Stelle eine ausdrückliche Ermächtigung in Bezug auf andere Punkte folgt, als auch die Entstehungsgeschichte,[372] wäre dem grenzüberschreitenden Charakter durch Auslegung der bestehenden Vorschriften Rechnung zu tragen, insbesondere bei dem Tatbestandsmerkmal der Erfüllungsgefährdung.[373] Der EuGH hat diese Frage jüngst in der KA Finanz Entscheidung dahin beantwortet, dass den nationalen Gesetzgebern in Bezug auf den Gläubigerschutz keine ausfüllungsfähige Ermächtigung zum Erlass spezieller Regelungen für grenzüberschreitende Verschmelzungen zusteht.[374] Die Verpflichtungen zur Sicherheitsleistung nach § 122j UmwG und zur Abgabe einer Versicherung in Bezug auf die Sicherheitsleistung nach § 122k Abs. 1 S. 3 UmwG verstoßen mithin gegen die Richtlinie. Wegen des Vorrangs des Unionsrechts[375] gilt deshalb auch für grenzüberschreitende Verschmelzungen ausschließlich die Verpflichtung zur Sicherheitsleistung nach § 22 UmwG.[376]

235 Bis zur gebotenen formalen Aufhebung beider Vorschriften[377] wird die Praxis damit leben müssen, dass die Regelungen nach wie vor im UmwG stehen und deshalb das Risiko bergen, weiter von Registergerichten angewendet zu werden. Es empfiehlt sich, dies möglichst frühzeitig mit dem Registergericht abzuklären.

3. Anwendungsbereich

236 Die Verpflichtung zur Sicherheitsleitung nach § 122j UmwG gilt nur für Fälle der Herausverschmelzung. Der übertragende Rechtsträger muss eine inländische Gesellschaft sein und der übernehmende Rechtsträger eine ausländische Gesellschaft, wobei letzteres nur für die mehrseitige grenzüberschreitende Verschmelzung Bedeutung hat. Für alle übrigen Fälle gilt die Verpflichtung zur Sicherheitsleistung nach §§ 122a Abs. 2, 22 UmwG.

237 Unter dem Stichwort sog. **Scheinauslandsgesellschaften** wird teilweise eine teleologische Reduktion von § 122j UmwG für den Fall befürwortet, dass der Verwaltungssitz trotz Verschmelzung ins Ausland im Inland verbleibt. Dann bliebe der Inhalt des Anspruchs unverändert und im Inland wäre stets ein Gerichtsstand begründet.[378] Ein inländischer Gerichtsstand mag Teile der Bedenken ausräumen, die den Gesetzgeber zur gesonderten Regelung des Gläubigerschutzes für grenzüberschreitende Verschmelzungen veranlasst haben. Nur haben auch ausländische Gesellschaften häufig inländische Gerichtsstände und das insbesondere auch als Folge der grenzüberschreitenden Verschmelzung einer inländischen

---

[371] *H. F. Müller*, NZG 2006, 286, 289; *Krause/Kulpa* ZHR 171 (2007), 38, 75.
[372] *Bayer/J. Schmidt* ZIP 2016, 841, 846 f.
[373] Lutter/*Bayer* § 122j Rn. 6; Semler/Stengel/*Drinhausen* § 122j Rn. 3 und Fn. 5.
[374] EuGH C-483/14, NZG 2016, 513, 516.
[375] Calliess/Ruffert/*Ruffert* AEUV Art. 288 Rn. 47 ff. mwN.
[376] *Bayer/J. Schmidt* ZIP 2016, 841, 847.
[377] Kallmeyer/*Marsch-Barner* § 122j Rn. 3; *Bayer/J. Schmidt* ZIP 2016, 841, 847.
[378] Lutter/*Bayer* § 122j Rn. 9; Widmann/Mayer/*Vossius* § 122j Rn. 19.

Gesellschaft auf die ausländische Gesellschaft. Der Umstand eines inländischen Gerichtsstands allein vermag deshalb eine Einschränkung des Anwendungsbereichs der Vorschrift nicht zu rechtfertigen. Hinzu kommen praktische Probleme. Während es einfach festzustellen ist, welchem Recht eine Gesellschaft unterliegt, kann die Feststellung, ob ein Verwaltungssitz noch im Inland begründet ist durchaus schwieriger zu beurteilen sein und ist deshalb als Anknüpfungspunkt im Registerverfahren ungeeignet. § 122j UmwG gilt mithin auch für sog. Scheinauslandsgesellschaften.[379]

238 Unter dem Stichwort sog. **Scheininlandsgesellschaft** wird vereinzelt eine Analogie für den umgekehrten Fall einer Verschmelzung auf eine deutsche Gesellschaft, die ihren Verwaltungssitz in das Ausland verlegt hat, erwogen.[380] Angesichts des Verstoßes von § 122j UmwG gegen Art. 4 Abs. 1 lit. b, Abs. 2 S. 1 der RL kann die Vorschrift kaum analogiefähig sein. Auch fehlt es für eine Analogie an hinreichend deckungsgleichen Interessenlagen, kann doch die Scheininlandsgesellschaft an ihrem inländischen Satzungssitz verklagt werden.

4. Voraussetzungen des Anspruchs auf Sicherheitsleitung

239 Im Hinblick auf die sicherungsfähigen Gläubigerrechte ist § 122j UmwG weitgehend identisch zu § 22 UmwG formuliert, sodass davon auszugehen ist, dass § 122j UmwG dieselben Gläubigerrechte schützt wie § 22 UmwG.[381] Daher gilt § 122j UmwG für alle schuldrechtlichen Ansprüche.[382] Ob Einschränkungen bei dinglichen Ansprüchen gerechtfertigt sind, ist bereits bei nationalen Verschmelzungen streitig (→ § 13 Rn. 195).[383] Im Ergebnis schützt § 122j UmwG daher dieselben Gläubigerrechte wie § 22 UmwG.[384]

240 Der Anspruch muss vor oder bis zu **15 Tage** nach Bekanntmachung des Verschmelzungsplans bzw. dessen Entwurfs entstanden sein.

241 Weitere Voraussetzung ist, dass der angemeldete Anspruch zum maßgeblichen Zeitpunkt noch **nicht fällig** sein darf. Im UmwG nicht angesprochen ist, zu welchem Zeitpunkten die fehlende Fälligkeit vorliegen muss. Teils wird auf die Anmeldefrist nach § 122j Abs 1 S. 2 UmwG für die zu sichernden Ansprüche von zwei Monaten abgestellt, bis zu deren Ablauf der betreffende Anspruch nicht fällig geworden sein darf.[385] Teils wird die fehlende Fälligkeit als kontinuierliche Voraussetzung bis zur Erfüllung des Anspruchs auf Sicherheitsleistung gesehen.[386] Sobald geklagt werden kann, genügen die prozessualen Mittel insbesondere nach §§ 918 ff., 935 ff. ZPO zur Sicherung, was auch mit der Ratio des § 122j Abs. 1 S. 1 UmwG im Einklang stünde. Insofern darf der zu sichernde Anspruch bis zur Erfüllung des Anspruchs auf Sicherheitsleistung nicht fällig geworden sein.

242 Der Gläubiger hat die Forderung nach Grund und Höhe in **Schriftform** (§ 126 BGB)[387] beim übertragenden Rechtsträger **anzumelden**. Andere nehmen auf § 253 Abs. 2 Nr. 2 ZPO Bezug.[388]

243 Für die Anmeldung der zu sichernden Ansprüche gilt eine materielle **Ausschlussfrist** von 2 Monaten (§ 122j Abs. 2 S. 2 UmwG), die mit Bekanntmachung des Verschmel-

---

[379] Kallmeyer/*Marsch-Barner* § 122j Rn. 4; Schmitt/Hörtnagl/Stratz/*Hörtnagl* § 122j Rn. 4; Henssler/Strohn/*Polley* UmwG § 122j Rn. 3.

[380] Widmann/Mayer/*Vossius* § 122j Rn. 20; **aA** die hM Schmitt/Hörtnagl/Stratz/*Hörtnagl* § 122j Rn. 4; Lutter/*Bayer* § 122j Rn. 10; Kallmeyer/*Marsch-Barner* § 122i Rn. 4.

[381] Semler/Stengel/*Drinhausen* § 122j Rn. 5; vgl. auch Schmitt/Hörtnagl/Stratz/*Hörtnagl* § 122j Rn. 5.

[382] So auch Henssler/Strohm/*Polley* UmwG § 122j Rn. 4; Schmitt/Hörtnagl/Stratz/*Hörtnagl* § 122j Rn. 5, § 22 Rn. 5.

[383] Widmann/Mayer/*Vossius* § 122j Rn. 29 iVm (Stand Mai 2016) § 22 Rn. 16 f.; Lutter/*Grunewald* § 22 Rn. 4.

[384] Semler/Stengel/*Drinhausen* § 122j Rn. 5.

[385] Schmitt/Hörtnagl/Stratz/*Hörtnagl* § 122j Rn. 5.

[386] Henssler/Strohn/*Polley* UmwG § 122j Rn. 4 („fällige Forderungen [sind] geltend zu machen").

[387] Lutter/*Bayer* § 122j Rn. 12; Semler/Stengel/*Drinhausen* § 122j Rn. 7.

[388] Widmann/Mayer/*Vossius* § 122j Rn. 26.

zungsplans bzw. dessen Entwurfs (§ 122d S. 2 UmwG, § 10 HGB) beginnt. Ein Rückgriff auf die längere Frist in § 22 UmwG ist nicht möglich, da § 122j UmwG dessen Anwendbarkeit ausschließt[389] (→ Rn. 231).

Ferner ist eine **Gefährdung** der Erfüllung des Anspruchs **glaubhaft zu machen** (vgl. § 294 Abs. 1 ZPO). Als Beispiele für anerkannte Gefährdungsgründe werden in den Materialien[390] sowie in der Literatur[391] genannt: Vermögensverschiebungen ins Ausland, erhebliche Bilanzverluste eines beteiligten Rechtsträgers, längere durchschnittliche Prozessdauer im Heimatstaat des übernehmenden Rechtsträgers und fehlende Erstattungsfähigkeit von Prozesskosten bei Obsiegen im Heimatstaat des übernehmenden Rechtsträgers. 244

Der Anspruch aus § 122j Abs. 1 S. 1 UmwG **entsteht** mit Anmeldung durch den Gläubiger nach Bekanntmachung des Verschmelzungsplans bzw. dessen Entwurfs und **vor Wirksamwerden** der Verschmelzung. Er wird mangels spezieller Regelung im UmwG – in Abweichung zu § 22 UmwG[392] – sofort fällig (§ 271 Abs. 1 BGB). 245

5. Ausnahmen, Erfüllung und strafbewehrte Versicherung

In Bezug auf Ausnahmen von der Verpflichtung zur Sicherheitsleistung wird vereinzelt der Ausschluss des Sicherungsrechts durch die Anwendung des Ausschlusstatbestandes §§ 122a Abs. 2, 22 Abs. 2 UmwG auch für die Herausverschmelzung für möglich gehalten.[393] Dies ist mit der überwiegenden Auffassung[394] abzulehnen, da § 122j UmwG die Vorschrift des § 22 UmwG verdrängt und keine Hinweise vorliegen, dass der Gesetzgeber den Ausnahmetatbestand versehentlich nicht in § 122j UmwG übernommen hat. Allerdings wird zu hinterfragen sein, ob in diesen Fällen eine Gefährdung der Erfüllung des Gläubigerrechts zu befürchten ist. 246

Das Recht auf Sicherheitsleistung besteht nicht, wenn dem Gläubiger bereits anderweitig Sicherheit geleistet worden ist.[395]

Die **Erfüllung** des Anspruchs auf Sicherheitsleistung richtet sich nach §§ 232 ff. BGB. 247

Sofern Eintragung zu Unrecht vor Stellung der Sicherheiten erfolgt, bspw. bei fehlerhafter Erklärung gem. § 122k Abs. 1 S. 3 UmwG, geht der Anspruch auf Sicherheitsleistung auf den übernehmenden Rechtsträger über. 248

Die Vertretungsorgane der übertragenden Gesellschaft haben bei der Anmeldung der Verschmelzung zum Zwecke der Erteilung einer Verschmelzungsbescheinigung u. a. auch zu versichern, dass allen Gläubigern, die einen Anspruch auf die Sicherheitsleitung haben, eine angemessene Sicherheit geleistet wurde (§ 122k Abs. 1 S. 3 UmwG). Über die Strafbewehrung dieser Versicherung nach § 314a UmwG wird das Recht auf Sicherheitsleistung weiter abgesichert. 249

IX. Eintragung und Wirksamkeit der Verschmelzung

1. Allgemeines

Für die Eintragung und das Wirksamwerden einer grenzüberschreitenden Verschmelzung sehen Art. 10 bis 12 RL ein **zweistufiges Verfahren** durch Einholung einer Vorabbescheinigung über das Vorliegen der Verschmelzungsvoraussetzungen und die anschließende 250

---

[389] Kölner Kommentar-UmwG/*Simon/Rubner* § 122j Rn. 10; Widmann/Mayer/*Vossius* § 122j Rn. 22; Semler/Stengel/*Drinhausen* § 122j Rn. 4.
[390] BT-Drucks. 15/3405, S. 35.
[391] Vgl. Lutter/*Bayer* § 122j Rn. 14; Widmann/Mayer/*Vossius* § 122j Rn. 31 f.: Kallmeyer/*Marsch-Barner* § 122j Rn. 7.
[392] Vgl. Semler/Stengel/*Maier-Reimer/Seulen* § 22 Rn. 42.
[393] Lutter/*Bayer* § 122j Rn. 18; vgl. auch *Louven* ZIP 2006, 2021, 2028.
[394] Semler/Stengel/*Drinhausen* § 122j Rn. 14 mwN.
[395] Kallmeyer/*Marsch-Barner* § 122j Rn. 3; Semler/Stengel/*Drinhausen* § 122j Rn. 15.

Eintragung der grenzüberschreitenden Verschmelzung vor.[396] Beide Schritte werden durch Anmeldungen zum Handelsregister eingeleitet.

251 Nach Art. 10 RL holen die beteiligten Rechtsträger bei der zuständigen Stelle ihres jeweiligen Heimatstaats eine Vorabbescheinigung ein. Dies ist in Deutschland in § 122k UmwG umgesetzt, nach dem inländische übertragende Rechtsträger für Herausverschmelzungen eine Verschmelzungsbescheinigung einholen können. Für die Hereinverschmelzungen ist eine gesonderte Vorabbescheinigung für die übernehmende Gesellschaft nicht erforderlich, wie sich aus §§ 122k, 122l UmwG ergibt. Darin liegt kein Verstoß gegen Art. 10 Abs. 2 RL, denn da wäre sinnloser Formalismus, wenn das Registergericht erst eine Bescheinigung „für sich selbst"[397] ausstellen müsste, bevor es dann die Verschmelzung eintragen darf. Die Zweistufigkeit ist auch dann gewahrt, weil erst die Vorabbescheinigungen der übertragenden Rechtsträger eingeholt werden (1. Stufe) und dann die grenzüberschreitende Verschmelzung im Heimatstaat des übernehmenden Rechtsträgers angemeldet und eingetragen wird (2. Stufe). Darin mag eine formale Abweichung zu Art. 10 RL liegen, die aber jedenfalls mangels substantieller Abweichung keinen Richtlinienverstoß bedeutet.[398]

252 Haben **mehrere Gesellschaften** denselben Heimatstaat, sind gleichwohl getrennte Vorabbescheinigungen erforderlich. Eine **Verfahrenskonzentration oder -verbindung** ist im Gesetz nicht vorgesehen.[399]

253 Nach Art. 11, 12 RL werden bei der zuständigen Stelle im Heimatstaat des übernehmenden Rechtsträgers die Vorabbescheinigungen und sonst erforderlichen Dokumente vorgelegt und weiter notwendigen Erklärungen abgegeben, woraufhin die Verschmelzung im Zielstaat **eingetragen** und **wirksam** wird. Dies ist in Deutschland in § 122l UmwG umgesetzt, nach dem für Hereinverschmelzungen der inländische übernehmende Rechtsträger die grenzüberschreitende Verschmelzung zur Eintragung im Handelsregister anmeldet und das Handelsregister die grenzüberschreitende Verschmelzung einträgt.

254 Nach der Eintragung der Verschmelzung meldet die zuständig Stelle des übernehmenden Rechtsträgers den Stellen, die für die Ausstellung der Vorabbescheinigung bei den übertragenden Rechtsträgern zuständig waren, das Wirksamwerden der Verschmelzung (Art. 13 S. 2 RL, §§ 122k Abs. 4, 122l Abs. 3 UmwG). Daraufhin wird bei den Registern der übertragenden Rechtsträger der (nur noch deklaratorische) **Verschmelzungsvermerk** eingetragen.

2. Herausverschmelzung

255 **a) Anmeldung.** Das Vorliegen der Voraussetzungen der grenzüberschreitenden Verschmelzung ist durch die übertragende Gesellschaft beim Handelsregister an ihrem (Satzungs-)Sitz anzumelden. Sie wird dabei von ihrem Vertretungsorgan vertreten. Abweichend von der innerdeutschen Verschmelzung darf das Vertretungsorgan der ausländischen übernehmenden Gesellschaft die Anmeldung beim Handelsregister des übertragenden inländischen Rechtsträgers nicht vornehmen, weil § 122k Abs. 1 S. 2 UmwG abschließend nur auf die Abs. 2 und 3 von § 16 UmwG verweist, aber nicht auf dessen Abs. 1.[400] Bei **Kollegialorganen** ist die Vertretung in vertretungsberechtigter Anzahl sowie unechte Gesamtvertretung denkbar.[401]

256 Gegenstand der Anmeldung des übertragenden Rechtsträgers ist nicht wie bei den entsprechenden innerdeutschen Vorgängen „die Verschmelzung", sondern dass Vorliegen der Voraussetzungen für die grenzüberschreitende Verschmelzung beim übertragenden

---

[396] Widmann/Mayer/*Vossius* § 122k Rn. 3 f., 6; Lutter/*Bayer* § 122k Rn. 1.
[397] Lutter/*Bayer* § 122k Rn. 6 mwN.
[398] Lutter/*Bayer* § 122k Rn. 6.
[399] Widmann/Mayer/*Vossius* § 122k Rn. 5; Kölner Kommentar-UmwG/*Simon/Rubner* § 122k Rn. 4.
[400] Lutter/*Bayer*§ 122k Rn. 8; Kallmeyer/*Zimmermann* § 122k Rn. 3.
[401] Widmann/Mayer/*Vossius* § 122k Rn. 8 mwN.

§ 18 Grenzüberschreitende Verschmelzung

Rechtsträger. Daneben bietet es sich an, ausdrücklich die Erteilung der Verschmelzungsbescheinigung zu beantragen.[402]

Für die **Form der Anmeldung** gilt § 12 Abs. 1 S. 1 HGB.[403] Dies bedeutet in der Praxis, dass die schriftliche Anmeldung zunächst **notariell beglaubigt** (§ 129 Abs. 1 S. 1 BGB) und dann gem. § 39a BeurkG elektronisch erfasst wird.[404]

b) Erklärungen. Bei Anmeldung des Vorliegens der Voraussetzungen der Verschmelzung sind Erklärungen zu Klagen gegen den Verschmelzungsbeschluss und Leistung von Sicherheiten an die Gläubiger der Gesellschaft abzugeben und zwar immer bezogen auf die inländische übertragende Gesellschaft. Insbesondere für die Abgabe der Erklärung über die Sicherheitsleistung ist streitig, ob bei **Kollegialorganen** die Abgabe der Erklärung in der satzungsmäßigen Personenzahl ausreichend ist[405] oder sie von allen Mitgliedern des Vertretungsorgans abgegeben werden muss.[406] Auch wenn der Wortlaut von § 122k Abs. 1 S. 3 UmwG nahezulegen scheint, dass alle Mitglieder des Vertretungsorgans die Erklärung zu Sicherheitsleistung abzugeben haben, streiten weder deren Rechtsnatur als Wissenserklärung noch deren Strafbewehrung für dieses Verständnis. Dafür ist erforderlich, aber auch ausreichend, dass Mitglieder des Vertretungsorgans eine richtige Erklärung abgeben und diesbezüglich die strafrechtliche Verantwortung übernehmen. Es ist daher nicht ersichtlich, weshalb der Gesetzgeber gerade für § 122k Abs. 1 S. 3 UmwG von allgemeinen Regeln der Organvertretung abweichen wollte.

Im Hinblick auf mögliche Klagen gegen den Verschmelzungsbeschluss ist nach §§ 122k Abs. 1 S. 2, 16 Abs. 2 UmwG zu versichern, dass eine Klage gegen dessen Wirksamkeit nicht oder nicht fristgemäß erhoben worden oder rechtskräftig abgewiesen bzw. zurückgenommen worden ist.

Klagen gegen die Wirksamkeit des Verschmelzungsbeschlusses können nach §§ 122a Abs. 2, 14 Abs. 1 UmwG binnen eines Monats nach der Beschlussfassung erhoben werden. Nach der Rechtsprechung des BGH zur Parallelvorschrift für den Formwechsel in § 195 Abs. 1 UmwG ist die Abgabe der Erklärung erst **nach Ablauf** der die Klage betreffende **Ausschlussfrist** wirksam möglich.[407] Aufgrund der Vergleichbarkeit der Konstellationen ist auch bei der grenzüberschreitenden Verschmelzung das Abwarten der Ausschlussfrist anzuraten.

Kann die Erklärung wegen anhängiger Klage nicht abgegeben werden, ist es möglich, die Erklärung durch Vorlage eines im **Freigabeverfahren** ergangenen gerichtlichen Beschlusses zu ersetzen (§§ 122k Abs. 1 S. 2, 16 Abs. 3 UmwG, § 247 AktG).

Die Erklärung ist **entbehrlich,** wenn kein Beschluss über die grenzüberschreitende Verschmelzung erforderlich ist (§ 122g Abs. 2 UmwG), alle Anteilsinhaber der Verschmelzung zugestimmt haben oder alle Anteilseigner auf die Anfechtung formgültig auf die Anfechtung verzichtet haben (§ 16 Abs. 2 S. 2 UmwG).[408] In diesen Fällen genügt die Beifügung von Unterlagen, aus denen diese Umstände ersichtlich sind bzw. bei Entbehrlichkeit des Verschmelzungsbeschlusses ein entsprechender Hinweis.[409]

Nach § 122k Abs. 1 S. 3 UmwG haben die Mitglieder des Vertretungsorgans ferner zu versichern, dass allen Gläubigern, die gem. § 122j UmwG einen Anspruch auf Sicherheits-

---

[402] Kallmeyer/*Zimmermann* § 122k Rn. 5; Widmann/Mayer/*Vossius* § 122k Rn. 26 und Muster in Rn. 42.
[403] Henssler/Strohn/*Polley* UmwG § 122k Rn. 4; Lutter/*Bayer* § 122k Rn. 17.
[404] Vgl. MünchKommHGB/*Krafka* § 12 Rn. 13, 15.
[405] Lutter/*Bayer* § 122k Rn. 15; Widmann/Mayer/*Vossius* § 122k Rn. 30.
[406] Kallmeyer/*Zimmermann* § 122k Rn. 8.
[407] BGH III ZR 283/05, NZG 2006, 956 (zur Parallelnorm § 195 Abs. 1 UmwG).
[408] Henssler/Strohn/*Polley* UmwG § 122k Rn. 6; Kallmeyer/*Zimmermann* § 122k Rn. 7; Lutter/ *Bayer* § 122k Rn. 14.
[409] Lutter/*Bayer* § 122k Rn. 14.

leitung haben, angemessene Sicherheit geleistet worden ist.[410] Aus dem Wortlaut des § 122k Abs. 1 S. 3 UmwG („einen Anspruch [...] haben") folgt im Zusammenspiel mit § 122j Abs. 1 S. 2 UmwG, dass nur solchen Gläubigern Sicherheit geleistet werden muss, die ihre Ansprüche auch tatsächlich angemeldet und glaubhaft gemacht haben (→ Rn. 242, 244).

264 Im Hinblick auf die zeitliche Abfolge wird überwiegend angenommen, dass die Erklärung erst **nach Ablauf** der **Zweimonatsfrist** abgegeben werden kann.[411] Andere lassen zu, dass die Erklärung auch schon vorher abgegeben werden kann[412], teils mit dem Hinweis darauf, dass sie auf Verlangen zu wiederholen sei.[413] Praktisch wird sich diese Frage in der Regel nur stellen, wenn das Beteiligungsverfahren nach dem MgVG und/oder Verschmelzungsbeschlusses nach § 122g Abs. 2 UmwG entfallen kann. In materieller Hinsicht ist die Ausgangslage aber der bei der Negativerklärung zu Klagen gegen den Verschmelzungsbeschluss zu vergleichen. Insbesondere ist nicht zu erwarten, dass die Rechtsprechung bei der Erklärung zur Bestellung von Sicherheiten gem. § 122k Abs. 1 S. 3 UmwG grundsätzlich andere Maßstäbe anlegen wird, wie bei der bei nationalen Verschmelzungen erforderlichen Negativerklärung gem. § 16 Abs. 2, Abs. 3 UmwG. Wesentliche funktionale Unterschiede zwischen den Erklärungen sind in dieser Beziehung nicht erkennbar, insbesondere geht beiden eine den Verschmelzungsvorgang verlängernde „Wartefrist" voraus. Hiervon unberührt ist die Möglichkeit der **Nachreichung** der Erklärung.[414]

265 Neben den ausdrücklich vom Gesetz geforderten Erklärungen und Unterlagen ist es ratsam dem Registergericht für die Erteilung der Verschmelzungsbescheinigung die Informationen freiwillig zur Verfügung zu stellen, die ihm die Prüfung des Vorliegens der Verschmelzungsvoraussetzungen vereinfachen. Dies sind in erster Linie Nachweise bzw. Hinweise auf die Zuleitung des Verschmelzungsberichts an die Anteilsinhaber und den Betriebsrat (bzw. die Arbeitnehmer, wenn ein solcher nicht existiert), auf das Vorliegen eines Spruchverfahrens (§ 122k Abs. 2 S. 5 UmwG) sowie ggf. darauf, dass eine Beteiligungsvereinbarung nach dem MgVG nicht erforderlich war.[415]

266 Die **Erklärungen des Vertretungsorgans** sind nicht formgebunden.[416] Werden sie in die Anmeldung integriert, so sind sie von § 12 Abs. 1 S. 1 HGB erfasst. Sie können aber auch getrennt von der Anmeldung eingereicht werden.[417] Dann genügt gem. § 12 Abs. 2 S. 2 Hs. 1 HGB eine einfach elektronische Aufzeichnung.

267 **c) Beizufügende Unterlagen.** Nach §§ 122k Abs. 1 S. 2, 17 UmwG sind der Anmeldung zum Handelsregister der übertragenden inländischen Gesellschaft die folgenden Unterlagen zum Nachweis des beantragten Vorliegens der Verschmelzungsvoraussetzungen beizufügen:
– der Verschmelzungsplan (§ 122c UmwG);[418]
– der Verschmelzungsbeschluss der Anteilsinhaber des übertragenden Rechtsträgers ggf. einschließlich notwendiger Sonderbeschlüsse und des Bestätigungsbeschlusses nach § 122g Abs. 1 UmwG, soweit nicht eine Konzernverschmelzung im Sinne von § 122g Abs. 2 UmwG vorliegt und ein Verschmelzungsbeschluss entbehrlich ist;

---

[410] Die Vorschrift ist wegen Verstoßes gegen die Richtlinie nicht anzuwenden (→ Rn. 234), was aber nicht heißt, dass Registergerichte ihre Einhaltung nicht einfordern, bis die Unwirksamkeit ausdrücklich festgestellt oder die Vorschrift aufgehoben worden ist.
[411] Schmitt/Hörtnagl/Stratz/*Hörtnagl* § 122k Rn. 11; Lutter/*Bayer* § 122k Rn. 15.
[412] Widmann/Mayer/*Vossius* § 122k Rn. 31; Kruse/*Kruse* BB 2010, 3035, 3038.
[413] Widmann/Mayer/*Vossius* § 122k Rn. 31.
[414] Lutter/*Bayer* § 122k Rn. 15; Kallmeyer/*Zimmermann* § 122k Rn. 8.
[415] Kallmeyer/*Zimmermann* § 122k Rn. 10.
[416] Lutter/*Bayer* § 122k Rn. 17; Widmann/Mayer/*Vossius* § 122k Rn. 30.
[417] Henssler/Strohn/*Heidinger* UmwG § 17 Rn. 4; Kallmeyer/*Zimmermann* § 122k Rn. 6.
[418] In praktischer Hinsicht reicht die Einreichung des Verschmelzungsbeschlusses aus, wenn der Verschmelzungsplan formgerecht dem Verschmelzungsbeschluss des übertragenden Rechtsträgers beigefügt ist (§§ 122a, 13, Abs. 3 S. 2 UmwG).

– der Verschmelzungsbericht der übertragenden inländischen Gesellschaft (§ 122e UmwG) bzw. im Fall eines auch angesichts § 122e S. 3 UmwG ausnahmsweise wirksamen Verzichts (→ Rn. 164) die Nachweise über die Voraussetzungen des Verzichts;
– sinnvollerweise ein Nachweis über das rechtzeitige Zugänglichmachen des Verschmelzungsberichts an die Anteilseigner und den Betriebsrat (bzw. die Arbeitnehmer, wenn ein Betriebsrat nicht besteht) bzw. im Fall der Verkürzung oder des Verzichts auf die Frist von einem Monat vor der Anteilseignerversammlung (→ Rn. 165) die Nachweise über die Voraussetzungen der Verkürzung oder des Verzichts;[419]
– der Verschmelzungsprüfungsbericht der übertragenden inländischen Gesellschaft (§ 122f UmwG) bzw. im Fall eines Verzichts auf die Prüfung des Verschmelzungsplans (§§ 122a Abs. 2, 9 Abs. 3 UmwG; → Rn. 176) oder die Erstellung eines Verschmelzungsberichts (§§ 122a Abs. 2, 12 Abs. 3 UmwG; → Rn. 176) die Nachweise über die Voraussetzungen dieser Verzichte für alle beteiligten Rechtsträger;
– die der Verschmelzung zugrundeliegende festgestellte Bilanz der übertragenden Gesellschaft, deren Stichtag höchstens 8 Monate vor dem Tag der Anmeldung der Verschmelzung liegen darf;
– ggf. erforderliche Zustimmungserklärungen einzelner Anteilseigner (→ Rn. 206 ff.) auch soweit sie nicht an der Beschlussfassung teilgenommen haben; sowie
– ggf. die Nachweise über die Entbehrlichkeit der Versicherung über Klagen gegen den Verschmelzungsbeschluss nach §§ 122k Abs. 1 S. 2, § 16 Abs. 2 UmwG (→ Rn. 262).

Die Bekanntmachung des Verschmelzungsplans (§ 122d UmwG) wird ohnehin schon durch Einreichung beim Handelsregister vorgenommen, sodass diesbezüglich keine Nachweise zu erbringen sind. **268**

Da sich die Verschmelzungsbescheinigung nur auf das Vorliegen der Voraussetzungen **269** der Verschmelzung beim übertragenden inländischen Rechtsträger beziehen, sind der Verschmelzungsbeschluss, der Verschmelzungsbericht und der Verschmelzungsprüfungsbericht des übernehmenden ausländischen Rechtsträgers nicht beizufügen, es sei denn, die Berichte sind als gemeinsame Berichte auch für den übertragenden inländischen Rechtsträger erstellt worden (→ Rn. 159 und 171). Soweit vereinzelt gefordert wird, dass auch Nachweise zur Existenz und den Vertretungsverhältnissen ausländischer Gesellschaften erbracht werden müssten,[420] ist dem nicht zuzustimmen. Auch wenn nicht zu verkennen ist, dass ein nicht existierender Rechtsträger keine Partei eines Verschmelzungsplans sein kann, sind die Verhältnisse der übernehmenden ausländischen Gesellschaften für die Ausstellung der Verschmelzungsbescheinigung nicht unmittelbar von Belang. Im Sinne der internationalen Arbeitsteilung bei der Prüfung der grenzüberschreitenden Verschmelzung ist es systemimmanent und sachgerecht, die Prüfung dieser Umstände der zuständige Stelle des Heimatstaats des übernehmenden Rechtsträgers zu überlassen (Art. 11 Abs. 1 RL).

Die Geschäftsleitung des übertragenden inländischen Rechtsträgers ist ebenfalls nicht **270** verpflichtet, die Beteiligungsvereinbarung nach dem MgVG der Anmeldung des Vorliegens der Voraussetzungen der Verschmelzung beizufügen. Das Zustandekommen eines bestimmten Mitbestimmungsmodells wird erst auf zweiter Stufe durch die zuständige Stelle im Zielstaat geprüft. Daher ist aus Sicht der übertragenden Gesellschaft nicht erforderlich, eine

---

[419] Ein Nachweis über die Zuleitung des Verschmelzungsberichts (§§ 17 Abs. 1 (a. E.), 5 Abs. 3 UmwG) ist nach hM nicht erforderlich, da die Unterrichtung durch Zugänglichmachen gem. § 122e Satz 2 UmwG und nicht durch Zuleitung (§ 5 Abs. 3 UmwG) erfolgt; Lutter/*Bayer* § 122k Rn. 11; Semler/Stengel/*Drinhausen* § 122k Rn. 10; **aA** wohl Widmann/Mayer/*Vossius* § 122k Rn. 17. Der Rückgriff auf §§ 122a Abs. 2, 5 Abs. 3 UmwG wird insofern durch § 122e Satz 2 UmwG gesperrt. Das Zugänglichmachen kann grundsätzlich durch Versicherung seitens des Vertretungsorgans bei der Anmeldung nachgewiesen werden; zum Parallelfall bei der Hereinverschmelzung Schmitt/Hörtnagl/Stratz/*Hörtnagl* § 122l Rn. 11.
[420] Widmann/Mayer/*Vossius* § 122k Rn. 14, 44.

im Anmeldungszeitpunkt vorliegende, konkrete Mitbestimmungsvereinbarung vorzulegen.[421]

271 Zum Teil findet sich der Hinweis, dass der Anmeldung zum Handelsregister ggf. erforderliche staatliche Genehmigungen beizufügen sein sollen.[422] Andere vertreten hingegen die Ansicht, dass zumindest im Hinblick auf die übertragende Gesellschaft wegen ihres Erlöschens generell keine Genehmigungen vorzulegen seien.[423] Hierbei ist zwischen Genehmigungen, die den allgemeinen Geschäftsbetrieb betreffen (zB §§ 32, 43 KWG) und solchen, die den Zusammenschluss zum Gegenstand haben (zB Fusionskontrollfreigaben nach der FKVO oder dem GWB), zu differenzieren.

272 Operative Genehmigungen sind nur durch die übernehmende Gesellschaft vorzulegen, weil diese das Gewerbe fortführt. Für die Erteilung der Verschmelzungsbescheinigung einer übertragenden Gesellschaft ist dies ohne Belang. Bestehende Genehmigungen gehen, soweit sie personenbezogen sind, allerdings im Zuge der Verschmelzung unter,[424] sodass der übernehmende Rechtsträger sie erneut einholen muss.

273 Genehmigungen des Zusammenschlusses gehören (aus Inlandssicht) ebenfalls nicht zu den Formalitäten der Verschmelzung. Dies ergibt sich aus der Reform von § 17 Abs. 1 UmwG im Zuge des ARUG[425] im Jahr 2009, durch die eine entsprechende Pflicht gestrichen wurde.[426] Dadurch sollte das Genehmigungsverfahren parallel zum Registerverfahren laufen können, um eine Straffung des Vorgangs zu ermöglichen. Hieraus folgt, dass die Zurückweisung der Eintragung nicht hierauf gestützt werden kann.

274 Für die **Form** der beizufügenden Unterlagen ist zu differenzieren. In notarieller Ausfertigung oder öffentlich beglaubigter Abschrift jeweils mit anschließender Herstellung eines elektronischen Zeugnisses sind einzureichen der Verschmelzungsplan (§ 122c Abs. 4 UmwG); die Niederschrift über Verschmelzungsbeschlüsse des übertragende inländischen Rechtsträgers sowie ggf. die Zustimmungserklärungen bestimmter Anteilsinhaber (§§ 122a Abs. 2, 13 Abs. 3 S. 1 UmwG); die Verzichtserklärungen bzgl. des Verschmelzungsberichts und des Verzichts bzgl. der Verkürzung der Frist für die Vorlage des Verschmelzungsberichts vor der Versammlung der Anteilseigner (§§ 122f S. 1, 8 Abs. 3 S. 2 UmwG) und die Verzichtserklärungen bzgl. der Durchführung der Verschmelzungsprüfung und bzgl. der Erstellung des Prüfungsberichts (§§ 122f S. 1, 9 Abs. 3, 8 Abs. 3 S. 2 UmwG).

275 In Urschrift mit beglaubigter Abschrift mit anschließender Herstellung eines elektronischen Zeugnisses ist die Schlussbilanz einzureichen. Die Schlussbilanz ist von allen Mitgliedern des Leistungsorgans zu unterschreiben. Ein Fehlen der Unterschrift soll sie jedoch nicht unwirksam machen.[427]

276 In Urschrift oder einfacher Abschrift mit anschließender einfacher elektronischer Aufzeichnung sind einzureichen der Verschmelzungsbericht und der Verschmelzungsprüfbericht. Auch der Verschmelzungsbericht ist von allen Mitgliedern des Leistungsorgans zu unterzeichnen. Das Fehlen der Unterschriften soll dessen Wirksamkeit wiederum nicht beeinträchtigen.[428]

---

[421] Lutter/*Bayer* § 122k Rn. 13 mwN.; aA Widmann/Mayer/*Vossius* § 122k Rn. 22 (Zustimmung auf Seiten der übertragenden Gesellschaft müsse vom Register geprüft werden).
[422] Lutter/*Bayer* § 122k Rn. 11.
[423] Widmann/Mayer/*Vossius* § 122k Rn. 37.
[424] Henssler/Strohn/*Heidinger* UmwG § 20 Rn. 36 mwN.
[425] BGBl. 2009 I, S. 2879 (S. 2489).
[426] Die einzige Ausnahme soll hierbei die Genehmigung gem. § 43 Abs. 1 KWG darstellen, vgl. zur Rechtslage bei nationalen Verschmelzungen Schmitt/Hörtnagl/Stratz/*Hörtnagl* § 17 Rn. 4; Semler/Stengel/*Schwanna* § 17 Rn. 3. Für die grenzüberschreitende Verschmelzung hat dies nur Einfluss auf die Rechtslage bei der Hereinverschmelzung, da nur dann die Zielgesellschaft inländischem Aufsichtsrecht unterläge.
[427] Kallmeyer/*Zimmermann* § 122k Rn. 11.
[428] KG 23 U 234/03, AG 2005, 205.

Vorgesellschaften sind nach hier vertretener Auffassung nicht international verschmel- 277
zungsfähig (→ Rn. 34). Daher erübrigen sich problematische Folgefragen betreffend das
Registerverfahren.

d) Prüfung des Registergerichts. Nach § 122k Abs. 2 S. 1 UmwG prüft das Regis- 278
tergericht, ob für die übertragende inländische Gesellschaft die Voraussetzungen der grenzüberschreitenden Verschmelzung vorliegen. Spiegelbildlich zur Anmeldung und abweichend ist die Prüfung der Voraussetzungen der grenzüberschreitenden Verschmelzung mithin auf die entsprechenden Maßnahmen der übertragenden inländischen Gesellschaft
beschränkt.

Das **Gericht prüft** deshalb **in Bezug auf die übertragende inländische Gesellschaft** 279
(i) deren Existenz, Vertretung und Verschmelzungsfähigkeit, (ii) Aufstellung eines § 122c
UmwG entsprechenden Verschmelzungsplans (→ Rn. 73 ff.), (iii) die Bekanntmachung
nach § 122d UmwG (→ Rn. 132 ff.), (iv) die Erstattung des Verschmelzungsberichts einschließlich dessen fristgerechter Zugänglichmachung bzw. die entsprechenden Verzichtserklärungen (→ Rn. 153 ff.), (v) die Durchführung der Verschmelzungsprüfung und Erstattung des Verschmelzungsprüfungsberichts bzw. die entsprechenden Verzichtserklärungen
(→ Rn. 167 ff.), (vi) die Fassung des Zustimmungsbeschlusses der Anteilsinhaber ggf. einschließlich notwendiger Sonderbeschlüsse und des Bestätigungsbeschlusses nach § 122g
Abs. 1 UmwG (→ Rn. 180 ff.), (vii) die ggf. notwendigen Zustimmungen einzelner Anteilsinhaber (→ Rn. 206 ff.), (viii) das Vorliegen der Negativerklärung zu Klagen gegen den
Verschmelzungsbeschluss nach §§ 122k Abs. 1 S. 2, 16 Abs. 2 UmwG (→ Rn. 259 ff.), (ix)
das Vorliegen der Erklärung über die Sicherheitsleistung nach §§ 122k Abs. 1 S. 3 UmwG
(→ Rn. 263 f.) (x) die Anhängigkeit eines Spruchverfahrens (§ 122k Abs. 2 S. 5 UmwG)
und (xi) die Einhaltung der 8-monatigen Frist zwischen Stichtag der Verschmelzungsbilanz
und Anmeldung des Vorliegens der Voraussetzung der Verschmelzung.

Da es sich um eine Registersache handelt (§ 374 Nr. 1 FamFG), gilt grundsätzlich der 280
Amtsermittlungsgrundsatz (§ 26 FamFG). Gleichwohl besteht für das Registergericht
grundsätzlich nur eine Pflicht zur **formalen** Prüfung. Das Registergericht darf die inhaltliche Richtigkeit der Anmeldung und der beigefügten Unterlagen unterstellen und ist nur
in begründeten Zweifelsfällen gehalten, Nachforschungen anzustellen.[429] Die inhaltliche
Richtigkeit, insbesondere wirtschaftliche Rahmendaten, werden im Rahmen der Rechtmäßigkeitskontrolle nicht überprüft.[430] Bei Unvollständigkeit der Anmeldung kann das
Gericht durch Zwischenverfügung die Vorlage fehlender Dokumente unter Fristsetzung
anordnen (vgl. § 382 Abs. 4 FamFG).[431]

e) Verschmelzungsbescheinigung. Liegen die Voraussetzungen für die Erteilung vor, 281
wird vom Registergericht unverzüglich eine **Verschmelzungsbescheinigung** ausgestellt.
Deutsche Registergerichte stellen gem. § 122k Abs. 2 S. 2 UmwG nur eine „Nachricht
über die Eintragung" aus, welche kraft Fiktion als Verschmelzungsbescheinigung gilt.[432]
Um Missverständnisse hierüber mit ausländischen Registern zu vermeiden, ist es zweckmäßig, in der Anmeldung anzuregen, dass auf der Eintragungsnachricht vermerkt wird, dass
es sich um die **Vorabbescheinigung** im Sinne von Art. 10 der RL handelt.[433] In diesem

---

[429] Schmitt/Hörtnagl/Stratz/*Hörtnagl* § 122k Rn. 14; Habersack/Drinhausen/*Kiem* UmwG § 122k Rn. 13.
[430] Lutter/*Bayer* § 122k Rn. 19; Schmitt/Hörtnagl/Stratz/*Hörtnagl* § 122k Rn. 14; Widmann/Mayer/*Vossius* § 122k Rn. 49.
[431] In der Rechtsprechung der OLG ist ungeklärt, ob es sich um eine (ausnahmsweise anfechtbare) Verfügung handelt oder um einen Beschluss, vgl. OLG Düsseldorf I-3 Wx 200/11, NZG 2012, 957. (Beschlussform); aA MünchKommFamFG/*Krafka* § 382 Rn. 18 mwN.
[432] Dieses Verfahren kann zu unnötigen Verkomplizierungen des Verschmelzungsverfahrens führen; kritisch auch Schmitt/Hörtnagl/Stratz/*Hörtnagl* § 122k Rn. 16.
[433] Vgl. Kallmeyer/*Zimmermann* § 122k Rn. 15; zu europarechtlichen Bedenken zur § 122k Abs. 2 Satz 2 UmwG und der deutschen Praxis, grundsätzlich nur Eintragungsnachrichten auszustellen, vgl. Lutter/*Bayer* § 122k Rn. 21.

Zusammenhang wird dem Registergericht vereinzelt empfohlen, für die Erteilung der Verschmelzungsbescheinigung die **Beschlussform** zu wählen.[434] Ob letzteres zur Akzeptanz erteilter Verschmelzungsbescheinigungen beiträgt, erscheint zweifelhaft. Entscheidend ist, dass sich aus der Eintragungsnachricht zweifelsfrei ergibt, dass es sich um die Vorabbescheinigung in Bezug auf die übertragende Gesellschaft handelt.

282 Die übertragende inländische Gesellschaft kann eine einmal erteilte **Verschmelzungsbescheinigung** und die entsprechende Eintragung mangels eines hierfür vorgesehenen Verfahrens **nicht** mehr **aufheben** (Verschmelzungsbescheinigung) bzw. **löschen** (Eintragung) lassen. Zwar wäre nach entsprechender Beschlussfassung beim übertragenden Rechtsträger zumindest denkbar, wegen des Wegfalls einer Verschmelzungsvoraussetzung einen Antrag auf Aufhebung der Bescheinigung und Löschung der Eintragung zu stellen. Jedoch sieht die Richtlinie hierfür keinen Spielraum vor. Auch wäre eine solche Möglichkeit, das Verschmelzungsverfahren noch aufzuhalten, in der Sache problematisch, weil sich die im Ausland zuständige Stelle auf eine einmal ausgestellte Vorabbescheinigung verlassen und nicht deren Fortbestehen überprüfen soll. Deshalb ist davon auszugehen, dass – auch wenn der Verschmelzungsplan selbst keine Verpflichtung zur Durchführung der Verschmelzung begründet – eine ordnungsgemäß zustande gekommene Verschmelzungsbescheinigung nicht mehr zurückgenommen bzw. die entsprechende Eintragung nicht mehr gelöscht werden kann.

283 Sofern die Eintragung der Verschmelzung – wie bei internationalen Verschmelzungen in aller Regel – nicht am gleichen Tag erfolgt, enthält die Verschmelzungsbescheinigung einen **Wirksamkeitsvorbehalt** gem. § 122k Abs. 2 S. 3 UmwG, welcher (deklaratorisch)[435] klarstellt, dass der Zeitpunkt des Wirksamwerdens der Verschmelzung vom ausländischen Recht der Zielgesellschaft abhängt. Streitfragen über die Entbehrlichkeit des Vorbehalts in speziellen Fällen[436] oder die Pflicht des Registers der übertragenden Gesellschaft, den Vorbehalt auch bei gesonderter Verschmelzungsbescheinigung, die nicht lediglich in der Eintragungsnachricht besteht, aufzunehmen[437], haben keine erkennbare praktische Relevanz.

284 Für den Fall, dass die ausländische Stelle die Nachricht über die Eintragung nicht akzeptieren sollte, besteht Einigkeit im Schrifttum, dass ein **Anspruch auf gesonderte Verschmelzungsbescheinigung** besteht.[438]

285 Die Verschmelzungsbescheinigung entfaltet **Bindungswirkung** gegenüber der zuständigen ausländischen Stelle der zweiten Verfahrensstufe.[439] Dies ergibt sich zwar nicht unmittelbar aus dem Wortlaut von Art. 11 RL, jedoch aus der systematischen Trennung der Verfahrensstufen. Relevanz hat sie allerdings lediglich für die zuständige Stelle der übernehmenden Gesellschaft. Ist dies im Rahmen einer mehrseitigen Verschmelzung eine Inlandsgesellschaft, stellt sich die Frage, ob auch ein Inlandsregister an die Bewertung eines anderen Inlandsregisters gebunden wäre (→ Rn. 309).

286 Die Verschmelzungsbescheinigung ist von der übertragenden Gesellschaft innerhalb von **sechs Monaten** (§ 122k Abs. 3 UmwG, Art. 11 Abs. 2 RL) der zuständigen Stelle der zweiten Verfahrensstufe (Art. 11 Abs. 1 RL) vorzulegen. Die Rechtsfolgen einer verspäteten Vorlage sind nach dem Heimatrecht der ausländischen Gesellschaft zu beurteilen.[440]

---

[434] Widmann/Mayer/*Vossius* § 122k Rn. 52 ff.

[435] Auch ohne diesen Vorbehalt käme entsprechend §§ 122a Abs. 2, 20 Abs. 1 UmwG nur die Eintragung durch die Stelle der übernehmenden/neuen Gesellschaft als Wirksamkeitszeitpunkt in Frage.

[436] Lutter/*Bayer* § 122k Rn. 26.

[437] Für zweckmäßig haltend: Widmann/Mayer/*Vossius* § 122k Rn. 60 (in Fn. 30); aA Kölner Kommentar-UmwG/*Simon/Rubner* § 122k Rn. 25.

[438] Lutter/*Bayer* § 122k Rn. 20; Schmitt/Hörtnagl/Stratz/*Hörtnagl* § 122k Rn. 16.

[439] Zur Hereinverschmelzung Lutter/*Bayer* § 122l Rn. 19; Semler/Stengel/*Drinhausen* § 122l Rn. 10.

[440] Semler/Stengel/*Drinhausen* § 122k Rn. 21; Schmitt/Hörtnagl/Stratz/*Hörtnagl* § 122k Rn. 21.

Kommt es hingegen dennoch zur Eintragung, ist die Verschmelzung gleichwohl wirksam, denn obwohl die RL selbst die Sechsmonats-Frist vorsieht (Art. 11 Abs. 2 RL), statuiert sie hierfür keine Ausnahme in Art. 17 RL. Zutreffend wird daher darauf hingewiesen, dass das deutsche Recht diese Frist nicht zwingend durchsetzen kann.[441] Eine erneute Ausstellung der Verschmelzungsbescheinigung nach Fristablauf ist nur nach erneuter Anmeldung des Vorliegens der Voraussetzungen der grenzüberschreitenden Verschmelzung zulässig,[442] da andernfalls die Frist ad absurdum geführt würde. Wegen der Höchstfrist von 8 Monaten vom Stichtag der Schlussbilanz bis zur Anmeldung wird die (erneute) Anmeldung in der Regel inhaltliche Anpassungen in Verschmelzungsdokumentation erfordern.

Der **Zeitpunkt des Wirksamwerdens** der Herausverschmelzung unterliegt gem. Art. 12 RL dem Recht des Mitgliedstaates der übernehmenden Gesellschaft, wobei der Abschluss der Rechtmäßigkeitskontrolle auf der zweiten Verfahrensstufe (Art. 11 RL) den frühesten Zeitpunkt für das Wirksamwerden darstellt (Art. 12 S. 2 RL). 287

Die Vorgaben für die **Rechtsfolgen** ergeben sich aus Art. 14 RL und entsprechen weitestgehend § 20 Abs. 1 UmwG. Für die Herausverschmelzung ist die einfachgesetzliche Umsetzung dem Recht des Zielstaates zu entnehmen. 288

Gem. § 122k Abs. 4 UmwG **vermerkt** das Registergericht den Tag des Wirksamwerdens der Verschmelzung im Handelsregister und **übermittelt** die bei ihm aufbewahrten elektronischen Dokumente der übertragenden inländischen Gesellschaft an für die übernehmende Gesellschaft zuständige Register. 289

3. Hereinverschmelzung

a) **Anmeldung.** Für die Anmeldung einer Hereinverschmelzung beim Handelsregister ist hinsichtlich der **Anmeldeberechtigung** (§ 122l Abs. 1 UmwG) zwischen der Verschmelzung zur Aufnahme und der Verschmelzung zur Neugründung zu unterscheiden. Bei einer Verschmelzung zur Aufnahme meldet das Vertretungsorgan der übernehmenden Gesellschaft die Hereinverschmelzung an. Bei der Verschmelzung zur Neugründung ist dies das Vertretungsorgan der übertragenden Gesellschaft. Bei Kollegialorganen genügt, wie schon bei der Herausverschmelzung (→ Rn. 255), die Anmeldung in vertretungsberechtigter Anzahl der Organmitglieder. Ebenso ist die unechte Gesamtvertretung bei der Anmeldung der Hereinverschmelzung zulässig.[443] Soweit Organe ausländischer Gesellschaften diese bei der Verschmelzung zur Neugründung vertreten, muss das Inlandsregister die Vertretung der ausländischen Gesellschaft prüfen,[444] ggf. durch Beweiserhebung (§§ 30 Abs. 1 FamFG, 293 ZPO), sollten trotz Vorlage entsprechender Dokumente Zweifel bestehen. 290

Adressat der Anmeldung ist das Registergericht am Sitz der übernehmenden bzw. neuen Inlandsgesellschaft (§ 122l Abs. 1 S. 1 UmwG). 291

Gegenstand der Anmeldung der übernehmenden Gesellschaft ist bei der Verschmelzung zur Aufnahme „die Verschmelzung" als solche und bei der Verschmelzung zur Neugründung die neue Gesellschaft (§ 122l Abs. 1 S. 1 UmwG).[445] Wird für die Durchführung einer Verschmelzung zur Aufnahme das Kapital der übernehmenden Gesellschaft erhöht, ist auch die Kapitalerhöhung anzumelden. Werden Verschmelzung und Kapitalerhöhung gleichzeitig angemeldet bietet es sich an, die Reihenfolge der Eintragungen nach §§ 122a Abs. 2, 53 bzw. 66 UmwG zum Gegenstand der Anmeldung zu machen.[446] Bei der Verschmelzung zur Neugründung richten sich die notwendigen Angaben für die neue 292

---

[441] Semler/Stengel/*Drinhausen* § 122k Rn. 21 (Fn. 56).
[442] Habersack/Drinhausen/*Kiem* UmwG § 122k Rn. 15; Widmann/Mayer/*Vossius* § 122k Rn. 60.
[443] Widmann/Mayer/*Vossius* § 122l Rn. 6.
[444] Lutter/*Bayer* § 122l Rn. 4; Semler/Stengel/*Drinhausen* § 122l Rn. 4.
[445] Lutter/*Bayer* § 122l Rn. 6; Schmitt/Hörtnagl/Stratz/*Hörtnagl* § 122l Rn. 5.
[446] Kallmeyer/*Zimmermann* § 122l Rn. 9; Lutter/ *Bayer* § 122l Rn. 6, § 16 Rn. 8.

Gesellschaft nach dem Gründungsrecht für die entsprechende Rechtsform (§§ 122a Abs. 2, 36 Abs. 2 UmwG).[447]

293 Die **Anmeldung** ist nach § 12 Abs. 1 S. 1 HGB **notariell zu beglaubigen**. Findet die öffentliche Beglaubigung im Ausland statt, ist darüber hinaus eine Apostille notwendig,[448] sofern Staatsverträge keine Befreiung vorsehen. Letzteres gilt insbesondere auch für den Nachweis der **Vertretungsberechtigung** der Vertretungsorgane ausländischer Gesellschaften, sofern diese – wie dies bei der Verschmelzung zur Neugründung der Fall ist – anmeldeberechtigt sind.

294 b) **Erklärungen.** Wie bei der Hinausverschmelzung ist gem. §§ 122a Abs. 2, 16 Abs. 2 UmwG zu versichern, dass in Bezug auf den Verschmelzungsbeschluss der übernehmenden Gesellschaft eine Klage nicht oder nicht fristgemäß erhoben oder rechtskräftig abgewiesen bzw. zurückgenommen worden ist (§§ 122a Abs. 2, 16 Abs. 2 UmwG). Die Erklärung kann bei anhängiger Klage auch bei der Hereinverschmelzung durch einen gerichtlichen Beschluss im **Freigabeverfahren** (§§ 122a Abs. 2, 16 Abs. 3 UmwG, § 247 AktG) ersetzt werden. Ferner ist die Negativerklärung wie bei der Hinausverschmelzung **entbehrlich**, wenn kein Beschluss über die grenzüberschreitende Verschmelzung erforderlich ist (für die Hereinverschmelzung §§ 122g Abs. 2 UmwG und 122a Abs. 2, 62 Abs. 1 UmwG), alle Anteilsinhaber der Verschmelzung zugestimmt haben oder alle Anteilseigner formgültig auf die Anfechtung verzichtet haben (§ 16 Abs. 2 S. 2 UmwG; → Rn. 262).[449] In diesen Fällen genügt wiederum die Beifügung von Unterlagen, aus denen diese Umstände ersichtlich sind bzw. bei Entbehrlichkeit des Verschmelzungsbeschlusses ein entsprechender Hinweis. Bei Verschmelzungen zur **Neugründung** entfällt natürlich das Erfordernis einer Negativerklärung, da ein Verschmelzungsbeschluss der zu gründenden Gesellschaft nicht gefasst wird.

295 Durch § 122l Abs. 1 S. 3 Hs. 2 UmwG wird klargestellt, dass §§ 16, 17 UmwG **keine Anwendung** auf übertragende Rechtsträger finden. Das ist mit Blick auf die Regelungskompetenz des deutschen Gesetzgebers selbstverständlich. Die Vorschrift bringt damit systematisch korrekt zum Ausdruck, dass sich abzugebende Negativerklärungen lediglich auf die **inländische** Zielgesellschaft beziehen.[450]

296 Vereinzelt wird auch eine Negativerklärung über ein möglicherweise anhängiges **Spruchverfahren** in Bezug auf einen übertragenden Rechtsträger für zweckmäßig gehalten.[451] Selbst in den seltenen Fällen, dass eine ausländische Rechtsordnung ein dem Spruchverfahren vergleichbares Verfahren vorsieht, welches auch in Anspruch genommen wird, erscheint dies nicht zielführend, weil vom Gesetz schlicht nicht gefordert und auch zweckgerichtet ein echter Mehrwert nicht erkennbar ist.

297 Wie bei der Herausverschmelzung ist es ratsam neben den ausdrücklich vom Gesetz geforderten Erklärungen und Unterlagen dem Registergericht für die Eintragung der Verschmelzung die Informationen freiwillig zur Verfügung zu stellen, die ihm die Prüfung des Vorliegens der Verschmelzungsvoraussetzungen vereinfachen. Dies sind in erster Linie Nachweise bzw. Hinweise auf die Zuleitung des Verschmelzungsberichts an die Anteilsinhaber und den Betriebsrat (bzw. die Arbeitnehmer, wenn ein solcher nicht existiert), auf das Vorliegen eines Spruchverfahrens (§ 122k Abs. 2 S. 5 UmwG) sowie ggf. darauf, dass eine Beteiligungsvereinbarung nach dem MgVG nicht erforderlich war.[452]

298 Für die **Form** der Erklärungen gelten die Ausführungen zur Herausverschmelzung entsprechend (→ Rn. 266).

---

[447] Henssler/Strohn/*Polley* UmwG § 122l Rn. 6; Kölner Kommentar-UmwG/*Simon/Rubner* § 122l Rn. 5.
[448] Kallmeyer/*Zimmermann* § 122l Rn. 8; Widmann/Mayer/*Vossius* § 122l Rn. 16.
[449] Kallmeyer/*Zimmermann* § 122k Rn. 8.
[450] Lutter/*Bayer* § 122l Rn. 10 mwN.
[451] Widmann/Mayer/*Vossius* § 122l Rn. 12; Kallmeyer/*Zimmermann* § 122l Rn. 13.
[452] Kallmeyer/*Zimmermann* § 122l Rn. 13.

c) Beizufügende Unterlagen. Nach §§ 122l Abs. 1 S. 2, 17 UmwG sind der Anmel- **299** dung zum Handelsregister der übernehmenden inländischen Gesellschaft bei der Verschmelzung zur Aufnahme die folgenden Unterlagen zum Nachweis der Voraussetzungen für die Eintragung der grenzüberschreitenden Verschmelzung beizufügen:
– der Verschmelzungsplan (§ 122c UmwG);[453]
– der Verschmelzungsbeschluss der Anteilsinhaber des übernehmenden Rechtsträgers ggf. einschließlich notwendiger Sonderbeschlüsse und des Bestätigungsbeschlusses nach § 122g Abs. 1 UmwG, soweit nicht eine Konzernverschmelzung im Sinne von § 122g Abs. 2 UmwG vorliegt und ein Verschmelzungsbeschluss entbehrlich ist;
– der Verschmelzungsbericht der übernehmenden inländischen Gesellschaft (§ 122e UmwG) bzw. im Fall eines auch angesichts § 122e S. 3 UmwG ausnahmsweise wirksamen Verzichts (→ Rn. 164) die Nachweise über die Voraussetzungen des Verzichts;
– sinnvollerweise ein Nachweis über das rechtzeitige Zugänglichmachen des Verschmelzungsberichts an die Anteilseigner und den Betriebsrat (bzw. die Arbeitnehmer, wenn ein Betriebsrat nicht besteht) bzw. im Fall der Verkürzung oder des Verzichts auf die Frist von einem Monat vor der Anteilseignerversammlung (→ Rn. 165) die Nachweise über die Voraussetzungen der Verkürzung oder des Verzichts;[454]
– der Verschmelzungsprüfungsbericht der übernehmenden inländischen Gesellschaft (§ 122e UmwG) bzw. im Fall eines Verzichts auf die Prüfung des Verschmelzungsplans (§§ 122a Abs. 2, 9 Abs. 3 UmwG; → Rn. 176) oder die Erstellung eines Verschmelzungsberichts (§§ 122a Abs. 2, 12 Abs. 3 UmwG; → Rn. 176) die Nachweise über die Voraussetzungen dieser Verzichte für alle beteiligten Rechtsträger;
– die Verschmelzungsbescheinigung(en) der übertragenden Gesellschaften (→ Rn. 281 ff.);
– die Vereinbarung über die Beteiligung der Arbeitnehmer (→ Rn. 50 ff.) bzw. eine Erläuterung, weshalb die Vereinbarung nach dem MgVG nicht erforderlich war (→ Rn. 297);
– ggf. die Verschmelzungsbeschlüsse der Anteilsinhaber der übertragenden Gesellschaften;
– ggf. erforderliche Zustimmungserklärungen einzelner Anteilseigner (→ Rn. 206 ff.) auch soweit sie nicht an der Beschlussfassung teilgenommen haben; sowie
– ggf. die Nachweise über die Entbehrlichkeit der Versicherung über Klagen gegen den Verschmelzungsbeschluss nach §§ 122k Abs. 1 S. 2, § 16 Abs. 2 UmwG (→ Rn. 294).

Wird für die Durchführung einer Verschmelzung zur Aufnahme das **Kapital** der über- **300** nehmenden Gesellschaft **erhöht**, sind die entsprechenden Unterlagen nach den für die jeweilige Rechtsform gültigen Bestimmungen beizufügen (§§ 55 ff. GmbHG bzw. §§ 182 ff. AktG).

Die Bekanntmachung des Verschmelzungsplans (§ 122d UmwG) wird ohnehin durch **301** Einreichung beim Handelsregister vorgenommen, sodass darüber kein Nachweis zu führen ist.

Nach §§ 122l Abs. 1 S. 2, 17 UmwG sind der Anmeldung zum Handelsregister der **302** übernehmenden inländischen Gesellschaft bei der Verschmelzung zur Neugründung die folgenden Unterlagen zum Nachweis der Voraussetzungen für die Eintragung der grenzüberschreitenden Verschmelzung beizufügen:

---

[453] In praktischer Hinsicht reicht die Einreichung des Verschmelzungsbeschlusses aus, wenn der Verschmelzungsplan formgerecht dem Verschmelzungsbeschluss des übertragenden Rechtsträgers beigefügt ist (§§ 122a, 13, Abs, 3 S. 2 UmwG).
[454] Ein Nachweis über die Zuleitung des Verschmelzungsberichts (§§ 17 Abs. 1 (a. E.), 5 Abs. 3 UmwG) ist nach hM nicht erforderlich, da die Unterrichtung durch Zugänglichmachen gem. § 122e Satz 2 UmwG auch nicht durch Zuleitung (§ 5 Abs. 3 UmwG) erfolgt; für die Herausverschmelzung Lutter/*Bayer* § 122k Rn. 11; Semler/Stengel/*Drinhausen* § 122k Rn. 10; aA wohl Widmann/Mayer/*Vossius* § 122k Rn. 17. Der Rückgriff auf §§ 122a Abs. 2, 5 Abs. 3 UmwG wird insofern durch § 122e Satz 2 UmwG gesperrt. Das Zugänglichmachen kann grundsätzlich durch Versicherung seitens des Vertretungsorgans bei der Anmeldung nachgewiesen werden; Schmitt/Hörtnagl/Stratz/*Hörtnagl* § 122l Rn. 11.

- der (gemeinsame) Verschmelzungsplan mit der Satzung der neuen Gesellschaft (§ 122c UmwG);[455]
- die Verschmelzungsbescheinigung(en) der übertragenden Gesellschaften mit Legalisierung bspw. durch Apostille, soweit keine Staatsverträge einfachere Anerkennung vorsehen und deutscher Übersetzung (→ Rn. 281 ff.);
- die Vereinbarung über die Beteiligung der Arbeitnehmer (→ Rn. 50 ff.) bzw. eine Erläuterung, weshalb die Vereinbarung nach dem MgVG nicht erforderlich war (→ Rn. 297); sowie
- ggf. die Verschmelzungsbeschlüsse der Anteilsinhaber der übertragenden Gesellschaften.

303 Außerdem sind die nach dem für die jeweilige Rechtsform geltenden **Gründungsrecht** (§ 36 Abs. 2 UmwG) sowie den entsprechenden besonderen Vorschriften des Umwandlungsrechts erforderlichen Unterlagen (§§ 56 ff. UmwG für die GmbH und §§ 73 ff. UmwG für die AG) einzureichen.

304 Nach § 122l Abs. 1 S. 3 UmwG ist § 17 UmwG auf die übertragenden Rechtsträger nicht anzuwenden, sodass sowohl bei der Verschmelzung zur Aufnahme als auch zur Neugründung insbesondere der Verschmelzungsbericht und der Verschmelzungsprüfungsbericht des übertragenden Rechtsträgers nicht beizufügen sind, es sei denn, die Berichte sind als gemeinsame Berichte auch für den übernehmenden inländischen Rechtsträger erstellt worden (→ Rn. 159 und 171).[456] Das ist auch sachgerecht, weil diese Unterlagen bereits durch die für die (ausländischen) übertragenden Gesellschaften zuständigen Stellen geprüft wurden, was dem Handelsregister durch Vorlage der Verschmelzungsbescheinigung nachgewiesen wird.

305 Auch die der Verschmelzung zugrundeliegende festgestellte Bilanz der übertragenden Gesellschaft braucht der Anmeldung der grenzüberschreitenden Verschmelzung bei der übernehmenden Gesellschaft nicht beigefügt werden. Dies entspricht schon der Rechtslage bei der nationalen Verschmelzung.[457]

306 Für die **Form** der beizufügenden Unterlagen gelten die Ausführungen zur Herausverschmelzung entsprechend (→ Rn. 274 ff.). Danach sind in notarieller Ausfertigung oder öffentlich beglaubigter Abschrift jeweils mit anschließender Herstellung eines elektronischen Zeugnisses einzureichen der Verschmelzungsplan (§ 122c Abs. 4 UmwG); die Niederschrift über Verschmelzungsbeschlüsse des übernehmenden Rechtsträgers sowie ggf. die Zustimmungserklärungen bestimmter Anteilsinhaber (§§ 122a Abs. 2, 13 Abs. 3 S. 1 UmwG); die Verzichtserklärungen bzgl. des Verschmelzungsberichts und des Verzichts bzgl. der Verkürzung der Frist für die Vorlage des Verschmelzungsberichts vor der Versammlung der Anteilseigner (§§ 122f S. 1, 8 Abs. 3 S. 2 UmwG) und die Verzichtserklärungen bzgl. der Durchführung Verschmelzungsprüfung und bzgl. der Erstellung des Prüfungsberichts (§§ 122f S. 1, 9 Abs. 3, 8 Abs. 3 S. 2 UmwG).

307 In Urschrift oder einfacher Abschrift mit anschließender einfacher elektronischer Aufzeichnung sind einzureichen der Verschmelzungsbericht und der Verschmelzungsprüfbericht. Der Verschmelzungsbericht ist von allen Mitgliedern des Leitungsorgans zu unterzeichnen. Das Fehlen der Unterschriften soll dessen Wirksamkeit nicht beeinträchtigen.[458] Ebenfalls in Urschrift oder einfacher Abschrift mit anschließender einfacher elektronischer Aufzeichnung ist die **Verschmelzungsbescheinigung** einzureichen. Da sie in aller Regel im Ausland erstellt sein wird[459], ist sie – soweit nicht bilaterale staatsvertragliche Erleichte-

---

[455] In praktischer Hinsicht reicht die Einreichung des Verschmelzungsbeschlusses aus, wenn der Verschmelzungsplan formgerecht dem Verschmelzungsbeschluss des übertragenden Rechtsträgers beigefügt ist (§§ 122a, 13, Abs, 3 S. 2 UmwG).
[456] Zu den Verschmelzungsbeschlüssen des übertragenden Rechtsträger → Rn. 270.
[457] Kallmeyer/*Zimmermann* § 122l Rn. 16.
[458] KG 23 U 234/03, AG 2005, 205.
[459] Bei mehrseitigen Verschmelzungen unter Beteiligung einer übertragenden Inlandsgesellschaft kann das Erfordernis einer Apostille in Bezug auf diese Gesellschaft ausnahmsweise entfallen.

rungen zur Verfügung stehen – in legalisierter oder apostillierter Form in deutscher Übersetzung einzureichen.[460]

d) Prüfung des Registergerichts. Das Registergericht prüft bei der Hereinverschmelzung zunächst das Vorliegen der formellen und materiellen Verschmelzungsvoraussetzungen bei der übernehmenden Gesellschaft.[461] Das kommt im Wortlaut von § 122l Abs. 2 UmwG nicht zum Ausdruck, ergibt sich aber systematisch aus der Zuständigkeit des Registers auf der zweiten Verfahrensstufe zur Prüfung der Verschmelzungsmaßnahmen der übernehmenden Gesellschaft. Die Prüfung entspricht im Grundsatz derjenigen auf der ersten Verfahrensstufe für die übertragende Gesellschaft, nur ist sie eben bezogen auf die übernehmende Gesellschaft.[462] Die Verschmelzungsvoraussetzungen bei der übertragenden Gesellschaft sind auf der ersten Verfahrensstufe von der für sie zuständigen (ausländischen) Stelle geprüft worden und werden durch deren Verschmelzungsbescheinigung nachgewiesen. Aus dieser Verfahrensteilung folgt eine Bindung des Registergerichts der übernehmenden Gesellschaft an die Verschmelzungsbescheinigung. Ihm ist eine eigenständige Prüfung der Verschmelzungsvoraussetzungen der übertragenden Gesellschaft verwehrt. Seine Prüfung ist darauf beschränkt, ob die Verschmelzungsbescheinigung von der sachlich zuständigen Stelle ausgestellt wurde, es sich um eine **formal vollständige** Vorabbescheinigung handelt (Art. 10 Abs. 2 RL) und die Verschmelzungsbescheinigung innnerhalb der 6-Monats-Frist des § 122l Abs. 1 S. 3 HS. 1 UmwG vorgelegt wurde.[463] Darüber hinaus wird erwogen, bei gravierenden bzw. offensichtlichen Mängeln der Vorabbescheinigung eine **Ausnahme** von der Bindungswirkung zuzulassen.[464] Solche Fälle sind bisher allerdings weder aus der Rechtsprechung noch aus der Beratungspraxis bekannt geworden.

Da die §§ 122a ff. UmwG auch gelten, wenn mehrere Gesellschaften derselben Rechtsordnung unterliegen,[465] stellt sich bei der mehrseitigen Verschmelzung im Hinblick auf die **Bindungswirkung** der Verschmelzungsbescheinigung bei Beteiligung inländischer übertragender Gesellschaften die Sonderfrage, ob das inländische Registergericht der übernehmenden Gesellschaft an eine Prüfung durch ein anderes inländisches Register gebunden wäre. In diesem Fall entfällt die der Richtlinie auf Grundlage der Vereinigungstheorie zugrundeliegende internationale Arbeitsteilung. Beide Registergerichte haben per se die gleiche Sachkompetenz. Wenn aber per se sowohl die Erkenntnismöglichkeiten als auch die Sachkompetenz beider Registergerichte nicht voneinander abweichen, gibt es auch keinen nachhaltigen Grund von der der Richtlinie zugrundeliegenden Arbeitsteilung abzuweichen. Insofern ist auch bei der mehrseitigen Verschmelzung bei Beteiligung deutscher übertragender und übernehmender Gesellschaften das jeweilige Registergericht grundsätzlich nur für die Prüfung der inhaltlichen Voraussetzungen in Bezug auf „seine" Gesellschaft zuständig. Auch in diesen Fällen bleibt die Verschmelzungsbescheinigung für das Registergericht des übernehmenden Rechtsträgers bindend.

Nach § 322 Abs. 2 S. 1 UmwG erstreckt sich die Prüfung des Registergerichts außerdem darauf, ob die die Anteilsinhaber aller an der grenzüberschreitenden Verschmelzung beteiligten Gesellschaften einen gemeinsamen, gleichlautenden Verschmelzungsplan zugestimmt haben und ob ggf. eine Vereinbarung über die Beteiligung der Arbeitnehmer geschlossen worden ist.

In Verschmelzungsbescheinigungen wird der Verschmelzungsplan regelmäßig nur durch die Angabe des Aufstellungsdatums identifiziert. Aus der Verschmelzungsbescheinigung

---

[460] Widmann/Mayer/*Vossius* § 122k Rn. 62 f.
[461] Lutter/*Bayer* § 122l Rn. 16 mwN.
[462] Kallmeyer/*Zimmermann* § 122l Rn. 16; Habersack/Drinhausen/*Kiem* UmwG § 122l Rn. 8.
[463] Schmitt/Hörtnagl/Stratz/*Hörtnagl* § 122l Rn. 13; Kallmeyer/*Zimmermann* § 122l Rn. 16; undeutlich Habersack/Drinhausen/*Kiem* UmwG § 122l Rn. 8, der die Prüfung von Art 10 Abs. 2 der Richtlinie für unzulässig hält, weil damit eine „inhaltliche Prüfung" verbunden wäre.
[464] Widmann/Mayer/*Vossius* § 122k Rn. 84, 44.
[465] Semler/Stengel/*Drinhausen* § 122a Rn. 5; Schmitt/Hörtnagl/Stratz/*Hörtnagl* § 122a Rn. 8.

ergibt sich dann nicht mit Sicherheit, dass die Anteilseigner der übertragenden Gesellschaft einem **gemeinsamen, gleichlautenden** Verschmelzungsplan zugestimmt haben. Da § 122l Abs. 2 UmwG dieser Prüfung durch die explizite Nennung einen hohen Stellenwert zumisst und der erforderliche **Grad der Überzeugung** wesentlich durch die anzuwendende Vorschrift geprägt wird[466], darf sich das Inlandsregister nicht auf eine bloße Datumsangabe verlassen. Es ist in diesen Fällen, aber auch nur dann[467], zu einer weitergehenden Prüfung verpflichtet.[468] Diese Nachforschungspflicht wird es in der Regel durch Prüfung der Niederschriften über die Verschmelzungsbeschlüsse, denen der Verschmelzungsplan beizufügen ist (§ 13 Abs. 3 S. 2 UmwG), erfüllen können.[469] Im Übrigen ist das Register auch bei der Prüfung des gemeinsamen Verschmelzungsplans der übernehmenden inländischen Gesellschaft an die Verschmelzungsbescheinigung gebunden. Ihm ist deshalb insbesondere eine Prüfung des ordnungsgemäßen Zustandekommens des Verschmelzungsbeschlusses der ausländischen übertragenden Gesellschaft verwehrt. Die Bindungswirkung geht aber nicht so weit, dass das inländische Handelsregister den Verschmelzungsplan nicht mehr eigenständig für die übertragende inländische Gesellschaft prüfen dürfte und zwar selbst dann nicht, wenn der Fehler im Verschmelzungsplan bereits zur Verweigerung der Verschmelzungsbescheinigung hätte führen müssen.

312 Die Formulierung des weiteren Prüfungspunkts, „ob ggf. eine Vereinbarung über die Beteiligung der Arbeitnehmer geschlossen worden ist", bringt den konkreten Prüfungsauftrag an das Registergericht weniger klar zum Ausdruck. Zum Teil wird dies – den Wortlaut deutlich strapazierend – dahingehend verstanden, dass zu prüfen ist, ob eine Verhandlungspflicht nach dem MgVG bestand und ob das Verfahren ordnungsgemäß durchgeführt und abgeschlossen wurde oder in anderen Worten, ob die Beteiligungsrechte der Arbeitnehmer nach dem MgVG gewahrt wurden.[470] Andere wollen aus der Formulierung ableiten, dass das Registergericht die Überprüfung darauf beschränken müsse, ob auf Basis summarischer Prüfung das „äußere Bild" einer Beteiligungsvereinbarung vorliege. Eine Prüfung ihres Zustandekommens oder der Zulässigkeit ihres Inhalts komme nicht in Betracht.[471] Die Formulierung des Prüfungsauftrags bezieht sich abstrakt auf die Beteiligungsvereinbarung als Abschluss des Beteiligungsverfahrens nach dem MgVG. Hätte der Gesetzgeber auch die Durchführung und den Inhalt der Vereinbarung zum Gegenstand der Registerprüfung machen wollen, hätte er das mit einfachen Mitteln klarer zum Ausdruck bringen können und müssen. Andererseits brächte die ausschließliche Prüfung, ob eine Beteiligungsvereinbarung vorliegt, keinen sachlichen Mehrwert. Deshalb hat das Registergericht zu prüfen, ob das Beteiligungsverfahren formal ordnungsgemäß abgeschlossen worden ist, sei es durch Abschluss der Beteiligungsvereinbarung oder auf andere Weise.[472]

313 Wird für die Durchführung einer Verschmelzung zur Aufnahme das **Kapital** der übernehmenden Gesellschaft **erhöht**, prüft das Registergericht auch das Vorliegen von deren Voraussetzungen. Das Register hat eine Kapitalerhöhung zur Durchführung einer Verschmelzung zwingend vor der Verschmelzung einzutragen (§§ 122a Abs. 2, 53 bzw. 66 UmwG).

314 Bei der **Verschmelzung zur Neugründung** prüft das Registergericht auch das Vorliegen der **Gründungsvoraussetzungen** nach den für die jeweilige Rechtsform geltenden Vorschriften. Der Generalverweis in § 122a Abs. 2 UmwG erfasst für die Gründung auch die Ausnahmevorschriften der §§ 58 Abs. 2, 75 Abs. 2 UmwG, nach denen bei der Ver-

---

[466] Vgl. hierzu MünchKommFamFG/*Ulrici* § 37 Rn. 14.
[467] Kallmeyer/*Zimmermann* § 122l Rn. 21.
[468] Semler/Stengel/*Drinhausen* § 122l Rn. 8; ähnlich Henssler/Strohn/*Polley* UmwG § 122l Rn. 15.
[469] Semler/Stengel/*Drinhausen* § 122l Rn. 8; Kallmeyer/*Zimmermann*, § 122l Rn. 21.
[470] Lutter/*Bayer* § 122l Rn. 15; Habersack/Drinhausen/*Kiem* UmwG § 122l Rn. 11.
[471] Kallmeyer/*Zimmermann* § 122l Rn. 22; Widmann/Mayer/*Vossius* § 122l Rn. 30.
[472] Schmitt/Hörtnagl/Stratz/*Hörtnagl* § 122a Rn. 12; Maulbetsch/Klumpp/Rose/*Becker* § 122l Rn. 9.

schmelzung zur Neugründung ein Gründungsbericht und bei der AG auch die Gründungsprüfung nicht erforderlich sind. Einzige Voraussetzung neben der Verschmelzung zur Neugründung ist hierfür, dass der übertragende Rechtsträger eine Kapitalgesellschaft und das ist bei der grenzüberschreitenden Verschmelzung notwendig der Fall (→ Rn. 30). Der Ausnahmevorschrift liegt die Erwägung zugrunde, dass bei (deutschen) Kapitalgesellschaften das einmal aufgebrachte Kapital durch die (deutschen) Kapitalerhaltungsvorschriften geschützt wird und dies zum Schutz der Gläubiger ausreichend sei.[473] Diese Erwägung gilt nicht in derselben Weise für ausländische Kapitalgesellschaften. Denn während die Richtlinie 2012/30/EU (2. gesellschaftsrechtliche Richtlinie) [474] für Aktiengesellschaften die Kapitalaufbringungs- und -erhaltungsregeln harmonisiert, fehlt ein entsprechender Mindeststandard für andere Kapitalgesellschaften in der EU. Gleichwohl wird man zu akzeptieren haben, dass die Richtlinie die Kapitalgesellschaften der Mitgliedstaaten als gleichwertig behandelt und deshalb, trotz der bestehenden Bedenken, die §§ 58 Abs. 2, 75 Abs. 2 UmwG auch im Fall der Hereinverschmelzung ausländischer Kapitalgesellschaften ohne weitere Differenzierung Anwendung finden müssen.[475]

e) Eintragung und Wirksamwerden der grenzüberschreitenden Verschmelzung. 315
Liegen auch bei der übernehmenden Gesellschaft alle Voraussetzungen der grenzüberschreitenden Verschmelzung vor und führt die Prüfung des Registergerichts auch sonst zu keinen Beanstandungen, trägt das Registergericht diese ein (§ 122l Abs. 2 UmwG). Bei der Verschmelzung zur Aufnahme ist wie bei ihrem nationalen Pendent „die Verschmelzung" einzutragen und zwar mit Angabe der beteiligten Gesellschaften, der Daten der Aufstellung des Verschmelzungsplans, der Verschmelzungsbescheinigung(en) und des Verschmelzungsbeschlusses der übernehmenden Gesellschaft. Bei der Verschmelzung zur Neugründung wird die neue Gesellschaft eingetragen. [476] Die Angaben zu der grenzüberschreitenden Verschmelzung werden in der Spalte „Rechtsverhältnisse" eingetragen, wobei gegenüber der Verschmelzung zur Aufnahme die Angabe zum nicht existierenden Verschmelzungsbeschluss der übernehmenden Gesellschaft entfällt, dafür aber anzugeben ist, dass die Gesellschaft durch Verschmelzung entstanden ist.[477]

Mit der Eintragung beim Handelsregister der übernehmenden/neuen Gesellschaft wird 316
die grenzüberschreitende Verschmelzung **wirksam** (§§ 122a Abs. 2, 20 Abs. 1 UmwG). Die Wirkungen der Eintragung richten sich nach §§ 122a Abs. 2, 20 UmwG (→ § 13 Rn. 9 ff.). Mit der Eintragung genießt die grenzüberschreitende Verschmelzung gem. §§ 122a Abs. 2, 20 Abs. 2 UmwG absoluten **Bestandsschutz**. Auch bei der grenzüberschreitenden Verschmelzung ist eine Rückabwicklung damit ausgeschlossen.[478]

Das Handelsregister hat die Eintragung nach § 10 HGB bekannt zu machen (§§ 122a 317
Abs. 2, 19 Abs. 3 UmwG). Nach § 122l Abs. 3 UmwG hat das Handelsregister den Tag der Eintragung der Verschmelzung von Amts wegen jedem Register mitzuteilen, bei dem eine der übertragenden Gesellschaften ihre Unterlage zu hinterlegen hat. Da die Bedeutung des Tags der Eintragung insbesondere darin liegt, dass die grenzüberschreitende Verschmelzung wirksam geworden ist, was sich nach deutschem Recht richtet, sollte auch dies mitgeteilt werden.[479] Ist bei einer mehrseitigen Verschmelzung eine inländische Gesellschaft als übertragender Rechtsträger beteiligt, hat ihr Registergericht nach der Mitteilung der Eintragung durch das Registergericht der übernehmenden Gesellschaft den Tag des Wirk-

---

[473] Begr. RegE BT-Drucks. 12/6699, S. 102, 105.
[474] Vom 25.10.2012, ABl. EU L 315/74.
[475] Lutter/*Bayer* § 122l Rn. 18; Semler/Stengel/*Drinhausen* § 122l Rn. 9; aA Oechsler, NZG 2006, 161, 163 f.
[476] Vgl. Eintragungstext bei Widmann/Mayer/*Vossius* § 122l Rn. 31.
[477] Kallmeyer/*Zimmermann* § 122l Rn. 25.
[478] Lutter/*Bayer* § 122a Rn. 26; Kölner Kommentar-UmwG/*Simon/Rubner* § 122l Rn. 21.
[479] Semler/Stengel/*Drinhausen* § 122l Rn. 15; Habersack/Drinhausen/*Kiem* UmwG § 122l Rn. 16.

samwerdens im Register zu vermerken und die bei ihm aufbewahrten elektronischen Dokumente an das Register der übernehmenden Gesellschaft zu übermitteln (§ 122k Abs. 4 UmwG).[480]

§ 19 SE-Gründung durch Verschmelzung

Übersicht

	Rdnr.		Rdnr.
I. Allgemeines	1–12	a) Zuleitung an den Betriebsrat	86
1. Arten der Verschmelzung	5–7	b) Zustimmungsbeschlüsse der Hauptversammlungen	87–97
2. Beteiligte Rechtsträger	8–10	aa) Einberufung der Hauptversammlung	88–91
3. Mehrstaatlichkeit	11, 12	bb) Durchführung der Hauptversammlung	92
II. Verschmelzungsverfahren	13–113	cc) Verschmelzungsbeschlüsse	93–97
1. Vorbereitungsphase	14–84	c) Bestellung der Organmitglieder und des Abschlussprüfers	98–101
a) Schlussbilanz und Zwischenbilanz	15, 16	d) Rechtmäßigkeitskontrolle; Registerverfahren	102–109
b) Unternehmensbewertung	17, 18	aa) Erste Stufe: Ebene der einzelnen Gründungsgesellschaft	103–106
c) Verschmelzungsplan	19–43	bb) Zweite Stufe: Ebene der SE	107–109
aa) Zuständigkeit, Form und Verfahren	20–25	e) Rechtswirkung der Verschmelzung	110, 111
bb) Inhalt des Verschmelzungsplans	26–43	f) Verschmelzung innerhalb eines Konzerns	112, 113
d) Verschmelzungsbericht	44–51	III. Schutz der Minderheitsaktionäre	114–127
e) Verschmelzungsprüfung	52–59	1. Verfahrens-, Informations- und Anfechtungsrechte	115, 116
f) Bekanntmachung des Verschmelzungsplans	60–62	2. Verbesserung des Umtauschverhältnisses	117–121
g) Arbeitnehmerbeteiligung	63–84	3. Barabfindungsangebot	122–127
aa) Information durch die Leitungsorgane	64–66	IV. Gläubigerschutz	128–134
bb) Bildung und Zusammensetzung des besonderen Verhandlungsgremiums	67, 68	1. SE mit Sitz im Inland	130–132
cc) Verhandlungsverfahren	69–72	2. SE mit Sitz in anderem Mitgliedstaat	133, 134
dd) Quoren für die Beschlussfassung	73–75		
ee) Abschluss einer Vereinbarung	76–79		
ff) Beteiligung der Arbeitnehmer kraft Gesetzes	80–84		
2. Gründungsphase	85–113		

I. Allgemeines

1 Seit Inkrafttreten der Verordnung über das Statut der Europäischen Gesellschaft (**SE-VO**) am 8. Oktober 2004 besteht in allen Mitgliedstaaten der EU und des EWR die Möglichkeit, eine europäische Aktiengesellschaft (Societas Europaea; SE) zu gründen. Soweit nicht die SE-VO gilt, sind auf eine SE mit Sitz im Inland und auf die an der Gründung einer SE beteiligten Gesellschaften mit Sitz im Inland die Vorschriften des SE-Ausführungsgesetzes (**SEAG**) anzuwenden.[1] Hinsichtlich der Beteiligung der Arbeitnehmer ist außerdem das SE-Beteiligungsgesetz (**SEBG**) einschlägig.[2] Das SEBG gilt für SE mit Sitz im Inland und für Arbeitnehmer einer SE, die im Inland beschäftigt sind, sowie für beteiligte Gesellschaften, betroffene Tochtergesellschaften und betroffene Betriebe mit Sitz im Inland (§ 3 Abs. 1 SEBG).

---

[480] Kallmeyer/*Zimmermann* § 122l Rn. 28.
[1] BGBl. I 2004, 3675 ff.
[2] BGBl. I 2004, 3675 ff., 3686 ff.

Die Rechtsform der SE erfreut sich heute großer Beliebtheit. Die Zahl der SE-Neugründungen steigt in fast schon exponentiellem Ausmaß.[3] Hierfür sind verschiedene Gründe ausschlaggebend: 2

- Der **Firmenzusatz** „SE" wird als **modern** wahrgenommen. Schon in der Firma wird außerdem die internationale Ausrichtung des Unternehmens zum Ausdruck gebracht.
- Die **Corporate Governance** der SE weist einige Besonderheiten auf: So kann eine SE, auch wenn sie ihren Sitz im Inland hat, ein monistisches Verwaltungssystem wählen, in welchem (anders als im dualistischen Verwaltungssystem) die Leitungs- und Aufsichtsfunktion nicht auf verschiedene Organe aufgeteilt, sondern von einem einheitlichen Verwaltungsorgan wahrgenommen wird.[4] Des Weiteren können die Gründer der SE mit den Arbeitnehmern privat-autonome Vereinbarungen zur **Mitbestimmung** treffen. Grenzüberschreitend tätigen Unternehmen eröffnet die Rechtsform der SE schließlich die Möglichkeit, für sämtliche „Landesgesellschaften" eine einheitliche Rechtsform mit identischen Governance-Regeln vorzusehen und hierdurch den Aufwand, der mit der Steuerung der „Landesgesellschaften" einhergeht, zu minimieren.
- Ein weiterer Vorteil der Gesellschaftsform besteht darin, dass bei der SE eine **identitätswahrende Sitzverlegung** ins Ausland möglich ist.

Eine SE kann unter anderem durch Verschmelzung gegründet werden (Art. 2 Abs. 1 SE-VO). Diese Gründungsform stellt das gesetzliche Leitbild der SE-VO dar[5] und ist auch in der Praxis relevant.[6] Die SE-Gründung durch Verschmelzung hat in Art. 17 bis 31 SE-VO eine ausführliche Regelung erfahren. In den von diesen Vorschriften nicht erfassten Bereichen sowie in den nicht erfassten Teilbereichen eines von diesen Vorschriften nur teilweise abgedeckten Bereichs sind bei der Gründung einer SE durch Verschmelzung auf jede Gründungsgesellschaft die mit der Richtlinie 78/855/EWG in Einklang stehenden, für die Verschmelzung von Aktiengesellschaften geltenden Rechtsvorschriften des Mitgliedstaats anzuwenden, dessen Recht sie unterliegt (Art. 18 SE-VO). Auf eine deutsche Aktiengesellschaft findet damit jedenfalls das Verschmelzungsrecht des UmwG subsidiär Anwendung. Auf eine ausländische Aktiengesellschaft mit Verwaltungssitz in Deutschland bleibt demgegenüber deren **Gründungsrecht** anwendbar, soweit dieses nicht auf das Recht am Verwaltungssitz der Gesellschaft zurückverweist. Daneben kann aber auch deutsches Gesellschaftsrecht zur Anwendung kommen.[7] 3

Das Verschmelzungsverfahren nach der SE-VO weist viele Parallelen zum deutschen Umwandlungsrecht auf, ist aufgrund der verschiedenen zu beachtenden Rechtsordnungen jedoch deutlich komplexer als dieses.[8] 4

1. Arten der Verschmelzung

Die SE-Gründung erfolgt entweder im Wege der Verschmelzung durch **Aufnahme** oder der Verschmelzung durch **Gründung einer neuen Gesellschaft** (Art. 17 Abs. 2 SE-VO). 5

Der Verschmelzung durch Aufnahme entspricht im deutschen Recht die Verschmelzung nach § 2 Nr. 1 UmwG. Ein oder mehrere Rechtsträger übertragen ihr Vermögen als Ganzes auf einen anderen **bestehenden Rechtsträger** gegen Gewährung von Aktien an diesem. Dabei wird die aufnehmende Gesellschaft in eine SE umgewandelt (Art. 17 Abs. 2 lit. a SE-VO). Der Sitz dieser SE als Gesamtrechtsnachfolgerin entspricht dem Sitz der 6

---

[3] 2.125 im März 2014, European Trade Union Institute for Research, http://www.worker-participation.eu/European-Company-SE/Facts-Figures/Total-number-of-registered-European-Companies-SEs.
[4] Zu den Gestaltungsmöglichkeiten: Lutter/Hommelhoff/*Seibt* S. 72 ff.
[5] Binder/Jünemann/Merz/Sinewe/*Jünemann* § 2 Rn. 44.
[6] European Trade Union Institute for Research, http://www.worker-participation.eu/European-Company-SE/Facts-Figures/Total-number-of-registered-European-Companies-SEs.
[7] MünchKommAktG/*Schäfer* Art. 18 SE-VO Rn. 1.
[8] Jannott/Frodermann/*Jannott* 3. Kapitel Rn. 28; Van Hulle/Maul/Drinhausen/*Teichmann* 4. Abschnitt § 2 Rn. 1, 3.

aufnehmenden Gesellschaft.⁹ Eine Sitzverlegung ist aufgrund der umfassenden Sitzwahlfreiheit jedoch möglich.¹⁰

7 Bei der Verschmelzung durch Gründung einer neuen Gesellschaft, der im deutschen Recht die Verschmelzung nach § 2 Nr. 2 UmwG entspricht, erlöschen alle am Verfahren beteiligten Gesellschaften liquidationslos und die **neu gegründete Gesellschaft** erwirbt unmittelbar die Rechtsform der SE. Sie ist Gesamtrechtsnachfolgerin der verschmolzenen Rechtsträger. Die beteiligten Gesellschaften können entweder einen ihrer bestehenden Sitze oder einen neuen Sitz in einem Drittstaat bestimmen.¹¹ In der Praxis wird diese Verschmelzungsart häufig gewählt, wenn die Verschmelzungspartner in einem ausgewogenen Verhältnis zueinander stehen und durch die Gründung einer neuen Gesellschaft nach außen kenntlich gemacht werden soll, dass es sich um einen „merger of equals" handelt.

2. Beteiligte Rechtsträger

8 Die an der Verschmelzung **beteiligten Rechtsträger** müssen **Aktiengesellschaften** im Sinne des Anhangs I der SE-VO sein (Art. 2 Abs. 1 SE-VO). Dazu zählen deutsche Aktiengesellschaften und ihre Äquivalente in ausländischen Rechtsordnungen. Auch die SE selbst gilt als Aktiengesellschaft (Art. 3 Abs. 1 SE-VO) und ist demnach als übertragende Gesellschaft verschmelzungsfähig. Streitig ist, ob die KGaA eine Aktiengesellschaft in diesem Sinne ist.¹² Dafür spricht zum einen der Wortlaut des § 278 Abs. 3 AktG, der die Vorschriften des Aktiengesetzes über die Aktiengesellschaft auf die KGaA für anwendbar erklärt und zum anderen der Umkehrschluss aus Anhang II der SE-VO, in welchem die KGaA nicht aufgelistet wird.¹³

9 Nachdem dies unmittelbar nach der Verabschiedung der SE-VO umstritten war, ist mittlerweile anerkannt, dass auch **konzerninterne Verschmelzungen** wie zum Beispiel zwischen Mutter- und Tochtergesellschaft zulässig sind.¹⁴ Dies belegt nicht zuletzt Art. 31 SE-VO, der Verfahrensvereinfachungen für konzerninterne Verschmelzungen vorsieht und andernfalls keinen Anwendungsbereich hätte.

10 Ferner müssen die Gründungsgesellschaften ihren **Sitz** und ihre **Hauptverwaltung** in der Gemeinschaft haben (Art. 2 Abs. 1 SE-VO).

3. Mehrstaatlichkeit

11 Mindestens zwei der zu verschmelzenden Aktiengesellschaften müssen dem Recht verschiedener Mitgliedstaaten unterliegen (Art. 2 Abs. 1 SE-VO).

12 In der Praxis wird dem Erfordernis der **Mehrstaatlichkeit** freilich häufig durch die Einschaltung einer **Vorrats-SE** entsprochen. Sogar die Beteiligung von nationalen Vorratsgesellschaften auf beiden Seiten ist möglich, solange sie unterschiedlichen Rechtsordnungen unterliegen. In der SE-VO findet sich kein Anhaltspunkt dafür, dass die an der Verschmelzung beteiligten Rechtsträger schon für einen bestimmten Zeitraum wirtschaftlich tätig gewesen sein müssen. Die Gründung einer Vorratsgesellschaft muss lediglich nach der jeweiligen nationalen Rechtsordnung zulässig sein.¹⁵ Bei einer Verschmelzung zweier Vorratsgesellschaften stellt sich die Frage, ob und ggf. auf welche Weise ein Arbeitnehmerbe-

---

⁹ Jannott/Frodermann/*Jannott* 3. Kapitel Rn. 5; Spindler/Stilz/*Casper* SE-VO Art. 17 Rn. 2, 7; MünchKommAktG/*Schäfer* SE-VO Art. 17 Rn. 10.
¹⁰ Lutter/Hommelhoff/Teichmann/*Bayer* Art. 17 SE-VO Rn. 4; Habersack/Drinhausen/*Marsch-Barner* Art. 17 SE-VO Rn. 4; *Schwarz* Art. 17 Rn. 14.
¹¹ *Lutter* BB 2002, 1, 4; Jannott/Frodermann/*Jannott* 3. Kapitel Rn. 5.
¹² Dafür: MünchHdB GesR IV/*Austmann* § 84 Rn. 1; MünchKommAktG/*Oechsler/Mihaylova* Art. 2 SE-VO Rn. 24; Spindler/Stilz/*Casper* SE-VO Art. 3 Rn. 7; aA MünchKommAktG/*Schäfer* Art. 17 SE-VO Rn. 8; KölnKommAktG/*Veil* Art. 2 SE-VO Rn. 14; Lutter/Hommelhoff/Teichmann/*Bayer* Art. 2 SE-VO Rn. 8.
¹³ MünchKommAktG/*Oechsler/Mihaylova* Art. 2 SE-VO Rn. 24.
¹⁴ Van Hulle/Maul/Drinhausen/*Teichmann* 4. Abschnitt § 2 Rn. 23; MünchKommAktG/*Schäfer* SE-VO Art. 17 Rn. 4; Lutter/Hommelhoff/Teichmann/*Bayer* Art. 17 SE-VO Rn. 7.
¹⁵ Spindler/Stilz/*Casper* SE-VO Art. 3 Rn. 27.

teiligungsverfahren durchzuführen ist. Nach deutschem Recht ist das Verhandlungsgremium grundsätzlich mit mindestens zehn Arbeitnehmern zu besetzen (Art. 12 Abs. 2 SE-VO, § 5 Abs. 1 SEBG). Diese Regelung ist nach überwiegender Auffassung jedoch teleologisch zu reduzieren, wenn es keine oder zu wenige Arbeitnehmer zur rechtmäßigen Durchführung des Arbeitnehmerbeteiligungsverfahrens gibt. Der intendierte Schutz der Arbeitnehmer geht dann ins Leere. In einem solchen Fall müssen die Gründungsgesellschaften vor dem Registergericht versichern, dass keine der beteiligten Gesellschaften zehn oder mehr Arbeitnehmer beschäftigen.[16] Wenn die Vorrats-SE später aktiviert wird, sind für deutsche Gesellschaften die Grundsätze über die wirtschaftliche Neugründung anzuwenden.[17]

II. Verschmelzungsverfahren

Das Verfahren zur Gründung einer SE durch Verschmelzung kann in eine Vorbereitungs- 13
(→ Rn. 14 ff.) und eine Gründungsphase (→ Rn. 83 ff.) unterteilt werden. Für konzerninterne Verschmelzungen sieht die SE-VO zahlreiche Verfahrenserleichterungen vor
(→ Rn. 17, 30, 33, 35, 110).

1. Vorbereitungsphase

In der Vorbereitungsphase ist so früh wie möglich ein **genauer Zeitplan** zu erstellen, in 14
dem alle erforderlichen Maßnahmen aufgeführt und die jeweiligen Zuständigkeiten festgelegt werden. Die Gründungsgesellschaften müssen sich auf eine der beiden Verschmelzungsarten (→ Rn. 5 ff.) einigen. Die Schlussbilanz und ggf. eine Zwischenbilanz sind aufzustellen (→ Rn. 15) und für sämtliche Gründungsgesellschaften ist jeweils eine Unternehmensbewertung durchzuführen (→ Rn. 17 f.). Der Verschmelzungsplan (→ Rn. 19 ff.) und der Verschmelzungsbericht (→ Rn. 44 ff.) müssen entworfen und eine Verschmelzungsprüfung durch Sachverständige durchgeführt (→ Rn. 51 ff.) werden. Der Verschmelzungsplan ist rechtzeitig beim Handelsregister bekannt zu machen (→ Rn. 59). Schließlich muss das Arbeitnehmerbeteiligungsverfahren eingeleitet und durchgeführt werden (→ Rn. 62 ff.).

a) Schlussbilanz und Zwischenbilanz. Deutsche Gründungsgesellschaften müssen 15
der Anmeldung zum Handelsregister eine **Schlussbilanz** beifügen (Art. 18 SE-VO, § 17 Abs. 2 UmwG). Diese muss auf einen höchstens acht Monate vor der Anmeldung liegenden Stichtag aufgestellt worden sein (Art. 18 SE-VO, § 17 Abs. 2 S. 4 UmwG).

Falls sich der letzte Jahresabschluss auf ein Geschäftsjahr bezieht, das mehr als sechs 16
Monate vor der Erstellung des Verschmelzungsplans oder der Aufstellung seines Entwurfs abgelaufen ist, müssen am Verschmelzungsverfahren beteiligte deutsche Aktiengesellschaften zusätzlich eine **Zwischenbilanz** auf einen Stichtag aufstellen, der nicht vor dem ersten Tag des dritten Monats liegt, der der Erstellung des Verschmelzungsplans oder der Aufstellung des Entwurfs vorausgeht (Art. 18 SE-VO, § 63 Abs. 1 Nr. 3 UmwG). Als erstellt gilt der Verschmelzungsplan bzw. sein Entwurf, wenn sich die Vertretungsorgane in allen beteiligten Gründungsgesellschaften über den Inhalt als Grundlage der Verschmelzung geeinigt haben.[18] Die Zwischenbilanz ist dann in den Geschäftsräumen der Aktiengesellschaften von der Einberufung der Hauptversammlung an zur Einsicht der Aktionäre auszulegen (Art. 18 SE-VO, § 63 Abs. 1 Nr. 3 UmwG).

b) Unternehmensbewertung. Sämtliche Gründungsgesellschaften müssen bewertet 17
werden. Diese Unternehmensbewertung bildet die Grundlage für das Umtauschverhältnis der Aktien und die Höhe möglicher Ausgleichsleistungen. Auch die Festsetzung einer angemessenen Barabfindung der Aktionäre, die der Verschmelzung widersprechen, knüpft an die Unternehmensbewertung an. Bei einer Verschmelzung von einer 100%igen Toch-

---

[16] MünchKommAktG/*Jacobs* § 3 SEBG Rn. 2a; Spindler/Stilz/*Casper* SE-VO Art. 3 Rn. 28.
[17] MünchKommAktG/*Oechsler/Mihaylova* Art. 2 SE-VO Rn. 49.
[18] Lutter/*Grunewald* § 63 Rn. 6.

tergesellschaft auf ihre Muttergesellschaft kann eine Unternehmensbewertung unterbleiben, da eine Kapitalerhöhung bei der aufnehmenden Gesellschaft nicht erforderlich (Art. 31 Abs. 1 S. 1 SE-VO) und damit auch die Bestimmung des Umtauschverhältnisses entbehrlich ist.[19]

18   Die SE-VO enthält keine Vorgaben zur anzuwendenden **Bewertungsmethode**. In der deutschen Praxis wird in der Regel auf das **Ertragswertverfahren** gemäß **IDW S 1**[20] zurückgegriffen, das weitgehend zu den gleichen Ergebnissen gelangt wie die international verbreitetere Discounted-Cash-Flow-Methode.[21] Grundsätzlich markiert der **Börsenkurs** die Untergrenze des Aktienwerts. Diese Grundsätze finden auf alle deutschen Gründungsgesellschaften Anwendung (Art. 18 SE-VO).[22] Problematisch ist, wenn das Recht ausländischer Gründungsgesellschaften diese Bewertungsregeln nicht anerkennt. Denn zur Bestimmung des Umtauschverhältnisses der Aktien müssen die Unternehmenswerte der verschiedenen Gründungsgesellschaften zueinander ins Verhältnis gesetzt werden. Eine solche vergleichende Unternehmensbewertung führt indes nur dann zu sachgerechten Ergebnissen, wenn jedes beteiligte Unternehmen nach denselben Methoden bewertet wird (Grundsatz der **Methodengleichheit**).[23] In einem solchen Fall muss deshalb eine Bewertungsmethode gewählt werden, die von den nationalen Rechtsvorschriften aller Gründungsgesellschaften akzeptiert wird.[24] Steht eine solche Bewertungsmethode nicht zur Verfügung und führen die in den nationalen Rechtsordnungen der verschiedenen Gründungsgesellschaften jeweils anwendbaren Bewertungsmethoden zu unterschiedlichen Ergebnissen, ist die Gründung einer SE im Wege der Verschmelzung nicht möglich.[25]

19   **c) Verschmelzungsplan.** Die sich verschmelzenden Gesellschaften müssen einen Verschmelzungsplan aufstellen (Art. 20 Abs. 1 S. 1 SE-VO). Nach einem Blick auf wesentliche Zuständigkeits-, Form- und Verfahrensvorschriften (→ Rn. 20 ff.) soll der Inhalt des Verschmelzungsplans beleuchtet werden (→ Rn. 26 ff.). In der Praxis stellt sich ferner häufig die Frage, ob der Verschmelzungsplan durch ein sog. Business Combination Agreement flankiert werden soll (→ Rn. 42 ff.).

20   **aa) Zuständigkeit, Form und Verfahren.** Die Zuständigkeit für die Aufstellung des Verschmelzungsplans liegt bei den **Leitungs- oder Verwaltungsorganen**. Leitungsorgan ist im deutschen Recht der Vorstand, bei einer beteiligten SE mit monistischem System der Verwaltungsrat und die geschäftsführenden Direktoren.[26]

21   Teilweise wird diskutiert, ob jede Gesellschaft einen **eigenen Verschmelzungsplan** aufstellen kann oder ob die beteiligten Gründungsgesellschaften in Zusammenarbeit einen Verschmelzungsplan aufstellen müssen. Da die zuständige Behörde kontrolliert, ob die sich verschmelzenden Gesellschaften einem gleich lautenden Verschmelzungsplan zugestimmt haben (§ 26 Abs. 3 SE-VO), ist eine vorherige Abstimmung unumgänglich und deshalb eine **gemeinsame Aufstellung** geboten.[27]

22   Wenn Gründungsgesellschaften aus unterschiedlichen Sprachräumen beteiligt sind, ist der Verschmelzungsplan in den jeweils verbindlichen **Sprachfassungen** zu erstellen. Den Aktionären der deutschen Gründungsgesellschaften und dem deutschen Handelsregister ist

---

[19] Binder/Jünemann/Merz/*Sinewe*/*Jünemann* § 2 Rn. 56.
[20] IDW Standard: Grundsätze zur Durchführung von Unternehmensbewertungen (IDW S 1), Stand: 4.2.2008, abgedruckt in IDW-Fachnachrichten 2008, 271 ff.
[21] MünchHdB GesR IV/*Austmann* § 84 Rn. 10.
[22] MünchHdB GesR IV/*Austmann* § 84 Rn. 10.
[23] MünchHdB GesR IV/*Austmann* § 84 Rn. 11.
[24] MünchHdB GesR IV/*Austmann* § 84 Rn. 11.
[25] MünchHdB GesR IV/*Austmann* § 84 Rn. 11.
[26] Van Hulle/Maul/Drinhausen/*Teichmann* 4. Abschnitt § 2 Rn. 31; Jannott/Frodermann/*Jannott* 3. Kapitel Rn. 36; Spindler/Stilz/*Casper* SE-VO Art. 20 Rn. 5.
[27] Van Hulle/Maul/Drinhausen/*Teichmann* 4. Abschnitt § 2 Rn. 30; Jannott/Frodermann/*Jannott* 3. Kapitel Rn. 36.

die deutsche Fassung oder eine fremdsprachige Fassung samt beglaubigter Übersetzung vorzulegen.[28]

Der Verschmelzungsplan ist bei (Mit-)Aufstellung durch eine deutsche Aktiengesellschaft notariell zu beurkunden (Art. 18 SE-VO, § 6 UmwG). Zwar handelt es sich nicht um einen Verschmelzungsvertrag. Der Zweck des § 6 UmwG, den Inhalt des Vertrags beweiskräftig festzulegen und die Verschmelzungswirkungen für alle Beteiligten erkennbar zu dokumentieren, ist indes auch dann relevant, wenn die konkreten Wirkungen der Verschmelzung durch einen Verschmelzungsplan festgeschrieben werden.[29] Die **notarielle Beurkundung** kann vor oder nach der Hauptversammlung erfolgen, in welcher dem Verschmelzungsplan zugestimmt wird (Art. 18 SE-VO, § 4 Abs. 2 UmwG). Sieht auch die Rechtsordnung einer anderen beteiligten Gründungsgesellschaft ein Beurkundungserfordernis vor, ist nach umstrittener Ansicht eine doppelte Beurkundung erforderlich.[30] Eine doppelte Beurkundung lässt sich hiernach nur vermeiden, wenn ein Notar beide Verschmelzungspläne beurkundet und die Rechtsordnung, in der nicht beurkundet wurde, diese Auslandsbeurkundung als gleichwertig anerkennt.[31]

Die **Hauptversammlung** jeder der sich verschmelzenden Gesellschaften muss dem Verschmelzungsplan zustimmen (→ Rn. 85 ff.).

Der Verschmelzungsplan ist schließlich spätestens einen Monat vor der Hauptversammlung, die über die Zustimmung zur Verschmelzung beschließt, dem **Betriebsrat** der Gesellschaft zuzuleiten (→ Rn. 84).

bb) **Inhalt des Verschmelzungsplans.** Das Gesetz unterscheidet zwischen dem zwingenden (Art. 20 Abs. 1 S. 2 lit. a) bis i) SE-VO) und dem fakultativen Inhalt des Verschmelzungsplans (Art. 20 Abs. 2 SE-VO).

(1) **Firma und Sitz der beteiligten Rechtsträger.** Zunächst sind die **Firma** und der **Sitz** der sich verschmelzenden Gesellschaften sowie die für die SE vorgesehene Firma und ihr geplanter Sitz anzugeben. Der Zusatz „SE" ist der Firma beizufügen (Art. 11 Abs. 1 SE-VO). Im Übrigen ist für die in Deutschland zu errichtende SE das deutsche Firmenrecht des HGB anwendbar (Art. 15 Abs. 1 SE-VO, §§ 17 ff. HGB). Der Satzungssitz für die in Deutschland zu errichtende SE muss in dem Mitgliedstaat liegen, in dem sich der Hauptverwaltungssitz der SE befindet (Art. 7 SE-VO).

(2) **Umtauschverhältnis, Ausgleichsleistung.** Der Verschmelzungsplan muss das **Umtauschverhältnis** regeln, also wie viele Aktien der SE auf eine Aktie des übertragenden Rechtsträgers entfallen. Wie das Umtauschverhältnis zu bestimmen ist, richtet sich nach nationalem Recht (Art. 18 SE-VO; → Rn. 18 f.).

Der Verschmelzungsplan muss außerdem „**die Höhe der Ausgleichsleistung**" enthalten. Ausgleichsleistung meint in erster Linie den Ausgleich von Spitzenbeträgen bei der Berechnung des Umtauschverhältnisses. Nach herrschender Ansicht kann die Ausgleichsleistung auch **unbare Komponenten** enthalten, wenn dies nach nationalem Recht zulässig ist. Im deutschen Recht sind unbare Zuzahlungen nicht vorgesehen, so dass Aktionäre einer deutschen Gründungsgesellschaft auf eine bare Zuzahlung beschränkt sind.[32]

Im Verschmelzungsplan muss keine Information bezüglich des Umtauschverhältnisses und der Ausgleichsleistung erfolgen, wenn eine Muttergesellschaft ihre 100%ige Tochtergesellschaft durch Aufnahme auf sich verschmilzt (Art. 31 Abs. 1 S. 1 SE-VO).

---

[28] MünchHdB GesR IV/*Austmann* § 84 Rn. 7; Binder/Jünemann/Merz/*Sinewe*/*Jünemann* § 2 Rn. 59.
[29] MünchKommAktG/*Schäfer* SE-VO Art. 20 Rn. 6; MünchHdB GesR IV/*Austmann* § 84 Rn. 9; Van Hulle/Maul/Drinhausen/*Teichmann* 4. Abschnitt § 2 Rn. 47.
[30] Spindler/Stilz/*Casper* SE-VO Art. 20 Rn. 6 mit Nachweisen zur Gegenansicht.
[31] Spindler/Stilz/*Casper* SE-VO Art. 20 Rn. 6 mit Nachweisen zur Gegenansicht.
[32] Spindler/Stilz/*Casper* Art. 20 Rn. 8; MünchKommAktG/*Schäfer* SE-VO Art. 20 Rn. 14; Schmitt/Hörtnagl/Stratz/*Hörtnagl* SE-VO Art. 20 Rn. 9.

31 **(3) Einzelheiten der Übertragung der Aktien.** Weiterhin wird die Angabe von **Einzelheiten zur Übertragung der Aktien** gefordert. Dies meint hauptsächlich die Kosten des Anteilstauschs sowie die Herkunft der neuen Aktien, also ob sie aus einer Kapitalerhöhung stammen oder eigene Anteile der übernehmenden Gesellschaft sind.[33]

32 Zudem ist die etwaige Abwicklung über einen **Treuhänder** anzugeben.[34] Jede übertragende Gesellschaft, die dem deutschen Recht unterliegt, hat einen Treuhänder für den Empfang der zu gewährenden Aktien und Zuzahlungen zu bestellen (Art. 18 SE-VO, § 71 UmwG). Die Aktionäre sollen so davor bewahrt werden, dass ihre Gesellschaft mitsamt allen Mitgliedschaften erlischt, bevor sie die Anteile an der übernehmenden Gesellschaft, also die Aktien der SE, erhalten haben.[35] Zugleich wird die übernehmende Gesellschaft davor geschützt, dass ihre Aktien schon ausgehändigt werden, bevor die Verschmelzungsgründung wirksam wird.[36] Art. 18 SE-VO, § 71 UmwG finden auf ausländische Gründungsgesellschaften keine Anwendung.[37]

33 Bezüglich der Einzelheiten der Übertragung muss keine Information erfolgen, wenn eine Muttergesellschaft ihre 100%ige Tochtergesellschaft durch Aufnahme auf sich verschmilzt (Art. 31 Abs. 1 S. 1 SE-VO).

34 **(4) Zeitpunkt des Beginns der Gewinnberechtigung.** Im Verschmelzungsplan ist der Zeitpunkt, ab dem die **Gewinnberechtigung** beginnt, anzugeben. Dieser Zeitpunkt kann von den beteiligten Rechtsträgern frei festgelegt werden. Meistens wird auf den Beginn des Geschäftsjahrs des übernehmenden Rechtsträgers abgestellt, das auf den Stichtag der letzten Jahresbilanz des übertragenden Rechtsträgers folgt, womit eine nahtlose Fortführung der Gewinnberechtigung sichergestellt ist, wenn beide Rechtsträger ein identisches Geschäftsjahr haben.[38] Es ist auch möglich, einen **variablen Stichtag** für den Übergang der Gewinnberechtigung festzulegen. In der Praxis finden sich insoweit insbesondere Regelungen, wonach sich der Stichtag automatisch um ein Jahr verschiebt, wenn die Verschmelzung nicht bis zu einem bestimmten Zeitpunkt vollzogen worden ist.[39]

35 Die Angabe zum Beginn der Gewinnberechtigung ist entbehrlich, wenn eine 100%ige Tochtergesellschaft auf ihre Muttergesellschaft verschmolzen wird (Art. 31 Abs. 1 S. 1 SE-VO).

36 **(5) Verschmelzungsstichtag.** Ferner muss im Verschmelzungsplan der Verschmelzungsstichtag festgelegt werden. Der Verschmelzungsstichtag bezeichnet den Zeitpunkt, ab dem die Handlungen der Gründungsgesellschaften im Rahmen der Rechnungslegung als für Rechnung der neu gegründeten SE vorgenommen gelten. Auch der **Verschmelzungsstichtag** kann grundsätzlich **frei bestimmt** werden. Er darf aber nicht vor dem Übergang der Gewinnberechtigung liegen und muss grundsätzlich an den Stichtag der Schlussbilanz anknüpfen.[40] Auch hinsichtlich des Verschmelzungsstichtags kann eine variable Regelung getroffen werden, um unvorhergesehenen Verzögerungen des Wirksamwerdens der Verschmelzung zu begegnen.

37 **(6) Sonderrechte.** Die Rechte, die den mit **Sonderrechten** ausgestatteten Aktionären der Gründungsgesellschaften sowie den **Inhabern anderer Wertpapiere** von der SE gewährt werden, sind im Verschmelzungsplan anzugeben. Hierdurch sollen die Aktionäre in die Lage versetzt werden, sich über die Einhaltung des Gleichberechtigungsgrundsatzes

---

[33] Binder/Jünemann/Merz/Sinewe/*Jünemann* § 2 Rn. 65; Spindler/Stilz/*Casper* SE-VO Art. 20 Rn. 8.
[34] Schmitt/Hörtnagl/Stratz/*Hörtnagl* SE-VO Art. 20 Rn. 10; El Mahi, S. 40.
[35] MünchKommAktG/*Schäfer* SE-VO Art. 20 Rn. 16.
[36] MünchKommAktG/*Schäfer* SE-VO Art. 20 Rn. 16.
[37] MünchKommAktG/*Schäfer* SE-VO Art. 20 Rn. 16.
[38] Semler/Stengel/*Schröer* UmwG § 5 Rn. 43.
[39] Lutter/Hommelhoff/Teichmann/*Bayer* Art. 17 SE-VO Rn. 21.
[40] BeckFormB Zivilrecht/*Herfs/Schwander* L.I.7; Binder/Jünemann/Merz/Sinewe/*Jünemann* § 2 Rn. 71.

zu vergewissern.[41] „Sonderrechte" liegen insbesondere vor, wenn einzelne Aktionäre hinsichtlich der Stimmrechtsausübung oder der Gewinnverwendung anders gestellt werden als die übrigen Aktionäre.[42] Zu den „anderen Wertpapieren" werden insbesondere **Schuldverschreibungen** und **Genussrechte** gezählt.[43] Die Gewährung von **Vorzugsaktien** an Aktionäre, die schon in der Gründungsgesellschaft Vorzugsaktien hielten, ist nach herrschender Ansicht ebenfalls anzugeben.[44]

(7) **Vorteile für bestimmte Personengruppen.** Vorteile, die bestimmten Personengruppen gewährt werden, sind ebenfalls im Verschmelzungsplan bekannt zu machen. Dies betrifft insbesondere **Vergünstigungen für Organmitglieder** oder **Sachverständige, die den Verschmelzungsplan** prüfen. Die Kosten der Verschmelzungsprüfung sind bei Üblichkeit nicht angabepflichtig, wohl aber Abfindungszahlungen an ausscheidende Organmitglieder.[45] Die Aktionäre sollen beurteilen können, ob die verantwortlichen Organmitglieder und Prüfer auf Grund von Sonderzuwendungen in ihrer Objektivität beeinträchtigt sind.[46] 38

(8) **Satzung der SE.** Die Satzung der zukünftigen SE muss im Verschmelzungsplan enthalten sein; sie ist mit diesem gemeinsam **notariell zu beurkunden**. Dies gilt – anders als nach deutschem Umwandlungsrecht (§§ 37, 74 UmwG) – auch dann, wenn es sich um eine Verschmelzung durch Aufnahme handelt. Für die Zwecke der SE-VO bezeichnet der Ausdruck „Satzung der SE" zugleich die Gründungsurkunde und, falls sie Gegenstand einer getrennten Urkunde ist, die Satzung der SE im eigentlichen Sinne (Art. 6 SE-VO). Welchen Inhalt sie haben muss, ergibt sich hauptsächlich aus der SE-VO sowie aus nationalem Recht. Über Art. 15 SE-VO sind für deutsche Gesellschaften vor allem die §§ 23 ff. AktG und § 74 UmwG zu beachten und somit insbesondere der Grundsatz der Satzungsstrenge. Schließlich darf die Satzung nicht im Widerspruch zum ausgehandelten bzw. auffangweise eingreifenden **Mitbestimmungsmodell** stehen (Art. 12 Abs. 2 SE-VO); ggf. ist die Satzung entsprechend zu ändern (Art. 3 Abs. 1 SE-RL). 39

(9) **Arbeitnehmerbeteiligungsverfahren.** Der Verschmelzungsplan muss Angaben zu dem Verfahren, nach dem die Vereinbarung über die Beteiligung der Arbeitnehmer geschlossen wird, enthalten. Das Arbeitnehmerbeteiligungsverfahren ist in Deutschland im **SEBG** geregelt. Da die Verhandlungen über die Arbeitnehmerbeteiligung erst nach Offenlegung des Verschmelzungsplans beginnen (Art. 3 Abs. 1 SE-RL), kann im Plan selbst nur die **Rechtslage** sowie das **geplante Vorgehen** geschildert werden.[47] Somit sind insbesondere auch die **Auffangregeln** für den Fall des Scheiterns einer einvernehmlichen Lösung zu benennen.[48] Hingegen brauchen die Folgen der Verschmelzung für die Arbeitnehmer und ihre Vertretungen nicht beschrieben zu werden. § 5 Abs. 1 Nr. 9 UmwG findet keine 40

---

[41] MünchKommAktG/*Schäfer* SE-VO Art. 20 Rn. 18.
[42] Schmitt/Hörtnagl/Stratz/*Hörtnagl* SE-VO Art. 20 Rn. 13; Lutter/Hommelhoff/Teichmann/*Bayer* Art. 20 SE-VO Rn. 23.
[43] Habersack/Drinhausen/*Marsch-Barner* Art. 20 SE-VO Rn. 22; Schmitt/Hörtnagl/Stratz/*Hörtnagl* SE-VO Art. 20 Rn. 13.
[44] Binder/Jünemann/Merz/Sinewe/*Jünemann* § 2 Rn. 72; Habersack/Drinhausen/*Marsch-Barner* Art. 20 SE-VO Rn. 22; Lutter/Hommelhoff/Teichmann/*Bayer* Art. 20 SE-VO Rn. 23. Überzeugender erscheint nach hier vertretener Ansicht indes, Vorzugsaktien nicht als Sonderrecht zu qualifizieren (→ § 27 Rn. 218).
[45] Binder/Jünemann/Merz/Sinewe/*Jünemann* § 2 Rn. 73; Lutter/Hommelhoff/Teichmann/*Bayer* Art. 20 SE-VO Rn. 24.
[46] MünchKommAktG/*Schäfer* SE-VO Art. 20 Rn. 19.
[47] Spindler/Stilz/*Casper* SE-VO Art. 20 Rn. 9; Binder/Jünemann/Merz/Sinewe/*Jünemann* § 2 Rn. 76.
[48] Lutter/Hommelhoff/Teichmann/*Bayer* Art. 20 SE-VO Rn. 26; Binder/Jünemann/Merz/Sinewe/*Jünemann* § 2 Rn. 76.

§ 19   41–46   2. Kapitel. Verschmelzung

Anwendung, weil Art. 20 Abs. 1 S. 2 lit. i SE-VO die Pflicht zur Erläuterung von Angelegenheiten der Arbeitnehmer abschließend regelt.[49]

41 **(10) Barabfindungsangebot.** Art. 24 Abs. 2 SE-VO ermächtigt zum Erlass von Vorschriften zum **Schutz von „Minderheitsaktionären**, die sich gegen die Verschmelzung ausgesprochen haben". Auf dieser Grundlage sieht das deutsche Recht vor, dass der Verschmelzungsplan zwingend um ein **Barabfindungsangebot** an widersprechende Aktionäre der übertragenden (deutschen) Gründungsgesellschaft zu ergänzen ist, wenn die SE ihren Sitz im Ausland haben soll und es sich aus Sicht der deutschen Gründungsgesellschaft um einen Wegzugsfall handelt (§ 7 Abs. 1 SEAG). Die Aktionäre der übertragenden Gründungsgesellschaft erhalten in diesem Falle somit ein **außerordentliches Austrittsrecht** (→ Rn. 119 ff.).

42 **(11) Fakultativer Inhalt; Business Combination Agreement.** Die sich verschmelzenden Gesellschaften können auch Angaben, die nicht im Gesetz gefordert werden, in den Verschmelzungsplan mit aufnehmen (Art. 20 Abs. 2 SE-VO). Zu denken ist insoweit in erster Linie an **schuldrechtliche Abreden** sowie **vollzugsbegleitende Regelungen** (zum Beispiel Bedingungen, Befristungen und Rücktrittsklauseln).

43 Abreden, die die Eintragung überdauern sollen, stoßen insoweit an natürliche Grenzen, als die Verschmelzungspartner nach der Eintragung (teilweise) nicht mehr existieren.[50][51]

44 **d) Verschmelzungsbericht.** Die SE-VO verpflichtet die Gründungsgesellschaften nicht, ihren Aktionären die Hintergründe und Einzelheiten der Verschmelzungsgründung in einem Bericht zu erläutern.[52] Deutsche Gründungsgesellschaften haben jedoch nach einhelliger Meinung gemäß Art. 18 SE-VO, § 8 UmwG einen Verschmelzungsbericht zu erstellen.[53]

45 Der Verschmelzungsbericht soll den Aktionären ermöglichen, sich im Vorfeld der Hauptversammlung mit den wesentlichen Grundlagen der Verschmelzung vertraut zu machen. Die Aktionäre sollen über eine zuverlässige **Beurteilungsgrundlage** verfügen und sich ein Bild machen können, ob die Verschmelzung wirtschaftlich zweckmäßig ist und den gesetzlichen Anforderungen genügt.[54] Umfang und Ausführlichkeit des Berichts müssen in einem angemessenen Verhältnis zum **Informationsinteresse** der Aktionäre stehen.[55] Es muss nicht jedes Detail dargelegt werden.[56]

46 Der Bericht ist vom **Vorstand** schriftlich zu erstatten und muss von allen Vorstandsmitgliedern eigenhändig unterschrieben werden.[57] Es kann auch ein gemeinsamer Verschmelzungsbericht für alle Gründungsgesellschaften aufgestellt werden, der dann den Anforderungen aller anwendbaren Rechtsordnungen entsprechen und in die Sprachen der jeweiligen Rechtsordnungen übersetzt werden muss.[58]

---

[49] MünchHdB GesR IV/*Austmann* § 84 Rn. 8.
[50] Spindler/Stilz/*Casper* SE-VO Art. 20 Rn. 3.
[51] MünchHdB GesR IV/*Austmann* § 84 Rn. 9; Spindler/Stilz/*Casper* SE-VO Art. 20 Rn. 3; Schmitt/Hörtnagl/Stratz/*Hörtnagl* SE-VO Art. 20 Rn. 2.
[52] MünchHdB GesR IV/*Austmann* § 84 Rn. 15.
[53] MünchHdB GesR IV/*Austmann* § 84 Rn. 15.
[54] Semler/Stengel/*Gehling* UmwG § 8 Rn. 2.
[55] Jannott/Frodermann/*Jannott* 3. Kapitel Rn. 57.
[56] Binder/Jünemann/Merz/Sinewe/*Jünemann* § 2 Rn. 87.
[57] Lutter/Hommelhoff/Teichmann/*Bayer* Art. 20 SE-VO Rn. 31; Habersack/Drinhausen/*Marsch-Barner* Art. 20 SE-VO Rn. 42; für das Erfordernis der Unterschrift aller Vorstandsmitglieder: Jannott/Frodermann/*Jannott* 3. Kapitel Rn. 56; Binder/Jünemann/Merz/Sinewe/*Jünemann* § 2 Rn. 85; tendenziell gegen dieses Erfordernis: BGH II ZR 266/04 NZG 2007, 714, 716.
[58] Binder/Jünemann/Merz/Sinewe/*Jünemann* § 2 Rn. 86; Van Hulle/Maul/Drinhausen/*Teichmann* 4. Abschnitt § 2 Rn. 50.

Ein besonderer Fokus des Verschmelzungsberichts sollte auf den Angaben liegen, die 47
etwaige Veränderungen der Rechte der Aktionäre betreffen.[59] Darzulegen sind hiernach
insbesondere

- das **Umtauschverhältnis** der Aktien,
- mögliche **Änderungen der Beteiligungsstrukturen**,
- eine etwaige **Barabfindung**,
- der **Inhalt des Verschmelzungsplans**,
- die **wirtschaftlichen und rechtlichen Hintergründe** der Verschmelzung, sowie
- die **Vor- und Nachteile** des Verschmelzungsvorgangs.[60]

Auch die Satzung der SE ist im Verschmelzungsbericht zu erläutern. Daneben sollte auch 48
auf das Verfahren zur **Arbeitnehmerbeteiligung** und **verbundene Unternehmen** eingegangen werden.[61]

Der Verschmelzungsbericht ist von der Einberufung der Hauptversammlung an in den 49
Geschäftsräumen der Gesellschaft zur Einsicht der Aktionäre auszulegen (Art. 18 SE-VO,
§ 63 UmwG).

Ein Verschmelzungsbericht für die Aktionäre der deutschen Gründungsgesellschaften ist 50
entbehrlich, wenn diese Aktionäre alle in notarieller Form auf seine Erstattung verzichten
(Art. 18 SE-VO, § 8 Abs. 3 UmwG). Dies gilt unabhängig davon, ob auch die betroffenen
ausländischen Rechtsordnungen eine **Verzichtsmöglichkeit** vorsehen und ob die Aktionäre der ausländischen Gründungsgesellschaften ebenfalls ihren Verzicht erklären. Denn der
Verschmelzungsbericht dient ausschließlich den Informationsinteressen der Aktionäre der
deutschen Gründungsgesellschaften.[62]

Ein Verschmelzungsbericht ist ferner nicht erforderlich, wenn sich alle Anteile des über- 51
tragenden Rechtsträgers in der Hand des übernehmenden Rechtsträgers befinden (Art. 18
SE-VO, § 8 Abs. 3 UmwG).

e) Verschmelzungsprüfung. Der Verschmelzungsplan bzw. sein Entwurf ist durch 52
einen oder mehrere sachverständige Prüfer (**Verschmelzungsprüfer**) zu prüfen (Art. 18
SE-VO, § 9 Abs. 1 UmwG).

Der Prüfer wird auf Antrag des Vorstands vom Gericht ausgewählt und bestellt (Art. 18 53
SE-VO, § 10 Abs. 1 S. 1 UmwG). Ein oder mehrere **unabhängige Sachverständige**
können auf gemeinsamen Antrag der Gründungsgesellschaften von einem Gericht oder
einer Verwaltungsbehörde des Mitgliedstaats, dessen Recht eine der Gründungsgesellschaften oder die künftige SE unterliegt, dazu bestellt werden, den Verschmelzungsplan zu
prüfen und einen für alle Aktionäre bestimmten **einheitlichen Bericht** zu erstellen
(Art. 22 SE-VO).

Die Prüfer müssen unabhängige Sachverständige sein. Die Unabhängigkeit setzt voraus, 54
dass der Sachverständige nicht als Aktionär, Organ, Arbeitnehmer oder in sonstiger Weise
mit dem zu prüfenden Unternehmen verbunden ist. Für deutsche Gründungsgesellschaften
kann der Verschmelzungsprüfer nur ein Wirtschaftsprüfer oder eine Wirtschaftsprüfungsgesellschaft sein (Art. 18 SE-VO, § 11 Abs. 1 S. 1 UmwG, § 319 Abs. 1 S. 1 HGB).

Prüfungsgegenstand ist nach deutschem Recht der Verschmelzungsplan oder sein Ent- 55
wurf. Geprüft wird die **Vollständigkeit des Plans, die Richtigkeit** der in ihm enthaltenen Angaben sowie die **Angemessenheit des Umtauschverhältnisses**. Bei der Gründung einer SE mit Sitz außerhalb Deutschlands muss außerdem die **Angemessenheit des
Abfindungsangebots** überprüft werden (§ 7 Abs. 3 SEAG). Empfehlenswert ist insoweit
eine gemeinsame Prüfung von Verschmelzungsplan und Abfindungsangebot, da das Um-

---

[59] Binder/Jünemann/Merz/Sinewe/*Jünemann* § 2 Rn. 87.
[60] Van Hulle/Maul/Drinhausen/*Teichmann* 4. Abschnitt § 2 Rn. 50; Theisen/Wenz/*Neun* S. 101 f.
[61] BeckNotar-HdB/*Heckschen* D. IV.3 Rn. 15; Schmitt/Hörtnagl/Stratz/*Stratz* § 8 Rn. 40; Binder/
Jünemann/Merz/Sinewe/*Jünemann* § 2 Rn. 87.
[62] MünchHdB GesR IV/*Austmann* § 84 Rn. 17.

tauschverhältnis und die Abfindung nach den gleichen Kriterien festzulegen sind.⁶³ **Nicht erforderlich** ist dagegen eine **Prüfung der Verschmelzung auf Zweckmäßigkeit**.⁶⁴

56 Die Sachverständigen haben das Recht, von jeder Gründungsgesellschaft alle **Auskünfte** zu verlangen, die sie zur Erfüllung ihrer Aufgabe für erforderlich halten (Art. 22 SE-VO).

57 Über das Ergebnis der Verschmelzungsprüfung ist ein schriftlicher Bericht zu erstatten, der von den Prüfern unterzeichnet werden muss. Der **Prüfungsbericht** muss mit einer Erklärung darüber abschließen, ob das vorgeschlagene Umtauschverhältnis der Anteile – gegebenenfalls die Höhe der baren Zuzahlung oder die Mitgliedschaft bei dem übernehmenden Rechtsträger – als Gegenwert angemessen ist (Art. 18 SE-VO, § 12 Abs. 2 S. 1 UmwG). Des Weiteren ist anzugeben, nach welchen Methoden das vorgeschlagene Umtauschverhältnis ermittelt worden ist, aus welchen Gründen die Anwendung dieser Methoden angemessen ist und welches Umtauschverhältnis oder welcher Gegenwert sich bei der Anwendung verschiedener Methoden, sofern mehrere angewandt worden sind, jeweils ergeben würde sowie welches Gewicht den verschiedenen Methoden bei der Bestimmung des vorgeschlagenen Umtauschverhältnisses oder des Gegenwerts und der ihnen zugrundeliegenden Werte beigemessen worden ist und welche besonderen Schwierigkeiten bei der Bewertung der Rechtsträger aufgetreten sind (Art. 18 SE-VO, § 12 Abs. 2 S. 2 UmwG).

58 Wenn die Verschmelzungsprüfung für alle Gründungsgesellschaften gemeinsam erfolgt, muss sie die gesetzlichen Vorgaben aller beteiligten Mitgliedstaaten erfüllen. Der schriftliche Bericht muss dann für alle Aktionäre einheitlich erstellt werden. Dabei sollte er in die Sprachen der jeweils anwendbaren Rechtsordnungen übersetzt werden.⁶⁵

59 Auf die Verschmelzungsprüfung und den Prüfbericht kann verzichtet werden, wenn die Aktionäre aller Gründungsgesellschaften in notariell beurkundeter Form zustimmen oder sich alle Anteile des übertragenden Rechtsträgers in der Hand des übernehmenden Rechtsträgers befinden (Art. 31 SE-VO, §§ 8 Abs. 3, 9 Abs. 3, 12 Abs. 3 UmwG).

60 **f) Bekanntmachung des Verschmelzungsplans**⁶⁵ᵃ. Der Verschmelzungsplan oder sein Entwurf sind vor der Einberufung der Hauptversammlung, die über die Zustimmung zur Verschmelzung beschließen soll, zum **Handelsregister** einzureichen (Art. 18 SE-VO, § 61 UmwG). Das Gericht gibt in der Bekanntmachung nach § 10 HGB einen Hinweis darauf, dass der Vertrag oder sein Entwurf beim Handelsregister eingereicht worden ist (Art. 18 SE-VO, § 61 UmwG). Zudem muss jede Gründungsgesellschaft im Amtsblatt desjenigen Mitgliedstaats, dessen Recht sie unterliegt, Angaben zu folgenden Umständen machen (Art. 21 SE-VO):

- Rechtsform, Firma und Sitz der sich verschmelzenden Gesellschaften,
- Register, bei dem die in Artikel 3 Absatz 2 der Richtlinie 68/151/EWG genannten Urkunden für jede der sich verschmelzenden Gesellschaften hinterlegt worden sind, sowie Nummer der Eintragung in das Register,
- Modalitäten für die Ausübung der Rechte der Minderheitsaktionäre der betreffenden Gesellschaft gemäß Art. 24 SE-VO sowie die Anschrift, unter der erschöpfende Auskünfte über diese Modalitäten kostenlos eingeholt werden können, sowie
- für die SE vorgesehene Firma und ihren künftigen Sitz.

61 Die Bekanntmachung dient Gläubigern und Aktionären der Gesellschaften, um sich über das Verschmelzungsverfahren und ihre Rechte zu informieren.⁶⁶

62 Ein Zeitpunkt für die Bekanntmachung des Verschmelzungsplans beim Registergericht ist nicht vorgegeben. Es erscheint aber zweckmäßig, die Bekanntmachung so zeitig vor-

---

⁶³ Binder/Jünemann/Merz/Sinewe/*Jünemann* § 2 Rn. 99.
⁶⁴ Theisen/Wenz/*Neun* S. 110; Lutter/Hommelhoff/Teichmann/*Bayer* Art. 22 SE-VO Rn. 14.
⁶⁵ Schwarz Art. 22 Rn. 29.
⁶⁵ᵃ Vgl. → § 6 Rn. 26 ff.
⁶⁶ *Teichmann* ZGR 2002, 382, 422.

zunehmen, dass die Aktionäre und Gläubiger auf der Grundlage des Verschmelzungsplans über ihr weiteres Vorgehen entscheiden können.[67]

g) Arbeitnehmerbeteiligung[67a]. Ein wesentlicher Meilenstein auf dem Weg zur SE-Gründung durch Verschmelzung ist das Arbeitnehmerbeteiligungsverfahren, das im deutschen Recht im **SEBG** geregelt wird. Das Ziel des Gesetzes besteht darin, in einer SE die **erworbenen Rechte der Arbeitnehmer auf Beteiligung an Unternehmensentscheidungen zu sichern** (§ 1 Abs. 1 S. 2 SEBG). Die Eintragung der neu gegründeten SE kann erst erfolgen, wenn das Arbeitnehmerbeteiligungsverfahren abgeschlossen wurde (Art. 12 Abs. 2 SE-VO).

aa) Information durch die Leitungsorgane. Das Arbeiternehmerbeteiligungsverfahren wird in Gang gesetzt, indem die Leitungsorgane die Arbeitnehmervertretungen und Sprecherausschüsse in den beteiligten Gesellschaften, betroffenen Tochtergesellschaften und betroffenen Betrieben über das Gründungsvorhaben informieren (§ 4 Abs. 2 S. 1 SEBG). Besteht keine Arbeitnehmervertretung, erfolgt die Information unmittelbar gegenüber den Arbeitnehmern (§ 4 Abs. 2 S. 2 SEBG).

Die Information erfolgt **unaufgefordert und unverzüglich** nach Offenlegung des Verschmelzungsplans (§ 4 Abs. 2 S. 3 SEBG). Es ist über sämtliche Gesichtspunkte zu informieren, die für die ordnungsgemäße Bildung des Verhandlungsgremiums ausschlaggebend sind.[68] Dies umfasst jedenfalls

- die **Identität** und **Struktur** der Gründungsgesellschaften, ihrer Tochtergesellschaften und betroffenen Betriebe und deren Verteilung auf die Mitgliedstaaten,
- die in diesen Gesellschaften und Betrieben bestehenden **Arbeitnehmervertretungen**,
- die **Zahl** der in diesen Gesellschaften und Betrieben jeweils **beschäftigten Arbeitnehmer** sowie die daraus zu errechnende **Gesamtzahl** der in einem Mitgliedstaat **beschäftigten Arbeitnehmer**, und
- die Zahl der Arbeitnehmer, denen **Mitbestimmungsrechte in den Organen** dieser Gesellschaften zustehen (§ 4 Abs. 3 SEBG).

Maßgeblicher Zeitpunkt für die Ermittlung der Zahl der Arbeitnehmer ist der Zeitpunkt der Information durch die Leitungsorgane (§ 4 Abs. 4 SEBG).

bb) Bildung und Zusammensetzung des besonderen Verhandlungsgremiums. Nach erfolgter Information sollen die Leitungsorgane die Arbeitnehmervertretungen **unverzüglich** dazu aufrufen, das besondere Verhandlungsgremium, in dem die Arbeitnehmer entsprechend ihrer Aufteilung in den verschiedenen Mitgliedstaaten repräsentiert sind, zu bilden (§§ 4 ff. SEBG). Die deutschen Mitglieder werden dabei durch ein besonderes **Wahlgremium** geheim und unmittelbar gewählt (§ 8 Abs. 1 S. 1 SEBG). Bei der Wahl müssen mindestens 2/3 der Mitglieder des Wahlgremiums, die mindestens 2/3 der Arbeitnehmer vertreten, anwesend sein (§ 10 Abs. 1 S. 1 SEBG). Die Mitglieder des Wahlgremiums haben jeweils so viele Stimmen, wie sie Arbeitnehmer vertreten (§ 10 Abs. 1 S. 2 SEBG). Die Wahl erfolgt mit einfacher Mehrheit der abgegebenen Stimmen (§ 10 Abs. 1 S. 3 SEBG).

Die Wahl der Mitglieder des besonderen Verhandlungsgremiums soll innerhalb von zehn Wochen nach der Information durch die Leitungsorgane erfolgen (§ 11 Abs. 1 S. 1 SEBG).

cc) Verhandlungsverfahren. Die Leitungen laden unverzüglich nach Benennung der Mitglieder des besonderen Verhandlungsgremiums oder, wenn die Arbeitnehmer die Überschreitung der Frist zu vertreten haben, nach Ablauf der 10-Wochenfrist zur konstituierenden Sitzung des besonderen Verhandlungsgremiums ein und informieren die örtlichen Betriebs- und Unternehmensleitungen (§ 12 Abs. 1 S. 1 SEBG).

---

[67] Binder/Jünemann/Merz/Sinewe/*Jünemann* § 2 Rn. 110.
[67a] Vgl. → § 56 Rn. 5 ff.
[68] Binder/Jünemann/Merz/Sinewe/*Rößler* § 2 Rn. 647.

70 Ziel der Verhandlungen ist der Abschluss einer Vereinbarung über die Beteiligung der Arbeitnehmer in der SE (§ 13 Abs. 1 S. 1 SEBG). Zur Erreichung dieses Ziels sollen das besondere Verhandlungsgremium und die Leitungen vertrauensvoll zusammenarbeiten (§ 13 Abs. 1 S. 2 SEBG). Hieraus folgt, dass die Parteien etwaige streitige Fragen mit dem ernstlichen Willen zur Einigung behandeln müssen.[69] Es besteht allerdings weder eine Verhandlungspflicht der Parteien noch ein Verhandlungsanspruch, der gegen die jeweils andere Partei durchgesetzt werden könnte. Auch ein Einigungszwang kann aus § 13 Abs. 1 S. 2 SEBG nicht abgeleitet werden.[70] Die Leitungen haben dem besonderen Verhandlungsgremium rechtzeitig alle erforderlichen Auskünfte zu erteilen und die erforderlichen Unterlagen zur Verfügung zu stellen (§ 13 Abs. 2 S. 1 SEBG). Rechtzeitig ist die Auskunft nur erteilt, wenn das besondere Verhandlungsgremium in einer gesonderten Sitzung über die erhaltenen Informationen beraten kann, bevor es in die Verhandlungen mit den Leitungen geht.[71] Zu den Informationen, die dem besonderen Verhandlungsgremium nicht nur vor Beginn der ersten Verhandlung, sondern fortlaufend bis zum Abschluss des Verhandlungsverfahrens und im Übrigen unaufgefordert zur Verfügung gestellt werden müssen, gehören insbesondere solche über das Gründungsvorhaben und den Verlauf des Verfahrens bis zur Eintragung der SE (§ 13 Abs. 2 S. 2 SEBG).[72] Jedes Mitglied des besonderen Verhandlungsgremiums muss die Informationen verstehen können; ggf. ist deshalb eine Übersetzung der Informationen in andere Sprachen vorzusehen.[73]

71 **Zeitpunkt, Häufigkeit** und **Ort** der Verhandlungen sind zwischen den Leitungen und dem besonderen Verhandlungsgremium einvernehmlich festzulegen (§ 13 Abs. 2 S. 3 SEBG). Die durch die Tätigkeit des besonderen Verhandlungsgremiums entstehenden erforderlichen Kosten tragen dabei die **beteiligten Gesellschaften** und nach ihrer Gründung die SE als **Gesamtschuldner** (§ 19 S. 1 SEBG). Insbesondere sind für die Sitzungen in erforderlichem Umfang Räume, sachliche Mittel, Dolmetscher und Büropersonal zur Verfügung zu stellen sowie die erforderlichen Reise- und Aufenthaltskosten der Mitglieder des besonderen Verhandlungsgremiums zu tragen (§ 19 S. 2 SEBG).

72 Die Verhandlungen beginnen mit der Einsetzung des besonderen Verhandlungsgremiums und können bis zu sechs Monate dauern (§ 20 Abs. 1 S. 1 SEBG). Einsetzung bezeichnet den Tag, zu dem die Leitungen zur konstituierenden Sitzung des besonderen Verhandlungsgremiums eingeladen haben (§ 20 Abs. 1 S. 2 SEBG). Die Parteien können einvernehmlich beschließen, die Verhandlungen über diesen Zeitraum hinaus bis zu insgesamt einem Jahr ab der Einsetzung des besonderen Verhandlungsgremiums fortzusetzen (§ 20 Abs. 2 SEBG).

73 **dd) Quoren für die Beschlussfassung.** Das besondere Verhandlungsgremium beschließt grundsätzlich mit der Mehrheit seiner Mitglieder, in der zugleich die Mehrheit der vertretenen Arbeitnehmer enthalten sein muss (§ 15 Abs. 2 S. 1 SEBG). Von diesem Grundsatz gibt es im Zusammenhang mit der SE-Gründung durch Verschmelzung indes zwei Ausnahmen:

74 Hätten die Verhandlungen eine **Minderung der Mitbestimmungsrechte** zur Folge und erstreckt sich die Mitbestimmung auf mindestens **25 % der Gesamtzahl der Arbeitnehmer** der beteiligten Gesellschaften und der betroffenen Tochtergesellschaften, so ist für einen Beschluss zur Billigung einer solchen Vereinbarung eine Mehrheit von 2/3 der Mitglieder des besonderen Verhandlungsgremiums erforderlich, die mindestens 2/3 der Arbeitnehmer in mindestens zwei Mitgliedstaaten vertreten (§ 15 Abs. 3 S. 1, S. 2 Nr. 1 SEBG). Minderung der Mitbestimmungsrechte bedeutet, dass der Anteil der Arbeitnehmervertreter im Aufsichts- oder Verwaltungsorgan der SE geringer ist als der höchste in

---

[69] MünchKommAktG/*Jacobs* SEBG § 13 Rn. 3.
[70] MünchKommAktG/*Jacobs* SEBG § 13 Rn. 3.
[71] MünchKommAktG/*Jacobs* SEBG § 13 Rn. 4.
[72] MünchKommAktG/*Jacobs* SEBG § 13 Rn. 4.
[73] MünchKommAktG/*Jacobs* SEBG § 13 Rn. 4.

§ 19 SE-Gründung durch Verschmelzung   75–82   § 19

den beteiligten Gesellschaften bestehende Anteil oder das Recht, Mitglieder des Aufsichts- oder Verwaltungsorgans der Gesellschaft zu wählen, zu bestellen, zu empfehlen oder abzulehnen, beseitigt oder eingeschränkt wird (§ 15 Abs. 4 SEBG).

Wenn das besondere Verhandlungsgremium beschließt, keine Verhandlungen aufzunehmen oder bereits aufgenommene Verhandlungen abzubrechen, dann ist für diesen Beschluss eine Mehrheit von 2/3 der Mitglieder erforderlich, die mindestens 2/3 der Arbeitnehmer in mindestens zwei Mitgliedstaaten vertreten (§ 16 Abs. 1 S. 1, 2 SEBG). 75

ee) **Abschluss einer Vereinbarung.** Die Verhandlung kann in dem Abschluss einer schriftlichen Vereinbarung zwischen den Leitungen und dem besonderen Verhandlungsgremium münden. Für den Inhalt dieser Vereinbarung gilt der Grundsatz der **Privatautonomie**. Das Gesetz schreibt jedoch folgenden Mindestinhalt vor (§ 21 Abs. 1 SEBG): 76

- Geltungsbereich der Vereinbarung, einschließlich der außerhalb des Hoheitsgebietes der Mitgliedstaaten liegenden Unternehmen und Betriebe, sofern diese in den Geltungsbereich einbezogen werden;
- Zusammensetzung des SE-Betriebsrats, die Anzahl seiner Mitglieder und die Sitzverteilung, einschließlich der Auswirkungen wesentlicher Änderungen der Zahl der in der SE beschäftigten Arbeitnehmer;
- Befugnisse und das Verfahren zur Unterrichtung und Anhörung des SE-Betriebsrats;
- Häufigkeit der Sitzungen des SE-Betriebsrats; sowie
- die für den SE-Betriebsrat bereitzustellenden finanziellen und materiellen Mittel;
- Zeitpunkt des Inkrafttretens der Vereinbarung und ihre Laufzeit; ferner die Fälle, in denen die Vereinbarung neu ausgehandelt werden soll und das dabei anzuwendende Verfahren.

Wenn kein SE-Betriebsrat gebildet wird, haben die Parteien die Durchführungsmodalitäten des Verfahrens oder der Verfahren zur Unterrichtung und Anhörung festzulegen (§ 21 Abs. 2 SEBG). 77

Für den Fall, dass die Parteien eine Vereinbarung über die Mitbestimmung treffen, ist deren Inhalt festzulegen. Dann soll insbesondere Folgendes vereinbart werden (§ 21 Abs. 3 SEBG): 78

- die **Zahl der Mitglieder des Aufsichts- oder Verwaltungsorgans** der SE, welche die Arbeitnehmer wählen oder bestellen oder deren Bestellung sie empfehlen oder ablehnen können;
- das **Verfahren**, nach dem die Arbeitnehmer diese Mitglieder wählen oder bestellen oder deren Bestellung empfehlen oder ablehnen können, und
- die **Rechte dieser Mitglieder**.

In der Vereinbarung soll des Weiteren festgelegt werden, dass auch vor strukturellen Änderungen der SE Verhandlungen über die Beteiligung der Arbeitnehmer in der SE aufgenommen werden (§ 21 Abs. 1 SEBG). 79

ff) **Beteiligung der Arbeitnehmer kraft Gesetzes.** Die gesetzlichen **Auffangregelungen** kommen zur Anwendung, wenn die Leitungsorgane und das besondere Verhandlungsgremium dies vereinbaren oder ihre Verhandlungen scheitern (§§ 34 Abs. 1, 22 Abs. 1 SEBG). 80

Zur Sicherung des Rechts auf Unterrichtung und Anhörung in der SE ist zunächst ein **SE-Betriebsrat** zu errichten. Dieser setzt sich aus Arbeitnehmern der SE, ihrer Tochtergesellschaften und Betriebe zusammen. Die Einzelheiten ergeben sich aus §§ 22 bis 26 SEBG. 81

Die Mitbestimmung kraft Gesetzes kommt bei der SE-Gründung durch Verschmelzung zur Anwendung, wenn vor der Eintragung der SE in einer oder mehreren der beteiligten Gesellschaften bereits ein **Mitbestimmungsmodell** bestand und dieses Mitbestimmungsmodell sich auf mindestens **25 % der Gesamtzahl der Arbeitnehmer** aller beteiligten Gesellschaften und betroffenen Tochtergesellschaften erstreckte (§ 34 Abs. 1 Nr. 2 lit. a 82

Larisch   745

SEBG). Ist nur ein kleinerer Anteil der Arbeitnehmer betroffen, kann das besondere Verhandlungsgremium einen Beschluss zur Anwendbarkeit der gesetzlichen Auffangregelungen fassen (§ 34 Abs. 1 Nr. 2 lit. b SEBG).

83 Liegen diese Voraussetzungen vor, haben die Arbeitnehmer der SE, ihrer Tochtergesellschaften und Betriebe oder ihr Vertretungsorgan das Recht, einen Teil der Mitglieder des Aufsichts- oder Verwaltungsorgans der SE zu wählen oder zu bestellen (sog. **Repräsentationsmodell**) oder deren Bestellung zu empfehlen oder abzulehnen (sog. **Kooptationsmodell**). Das Kooptationsmodell wird zurzeit allerdings in keinem Mitgliedstaat angewandt.[74] Die Zahl der Arbeitnehmervertreter im Aufsichts- oder Verwaltungsorgan der SE bemisst sich nach dem höchsten Anteil an Arbeitnehmervertretern, der in den Organen der beteiligten Gesellschaften vor der Eintragung der SE bestanden hat (§ 35 Abs. 2 SEBG). Entscheidend ist eine rein formale Betrachtung nach quantitativen Merkmalen.[75] In den beteiligten Gesellschaften ist das Verhältnis der Arbeitnehmerköpfe in deren Aufsichts- und Verwaltungsorganen im Verhältnis zur Anteilseignerseite zu ermitteln. Das Verhältnis in der Gesellschaft, in welcher der höchste Anteil an Arbeitnehmervertretern besteht, ist für das Aufsichts- oder Verwaltungsorgan der SE maßgeblich. Damit bewirkt § 35 Abs. 2 S. 2 SEBG, dass das höchste Mitbestimmungsniveau in die SE „importiert" wird.[76] Nicht garantiert wird indes die bisherige Zahl von Sitzen für die Arbeitnehmervertreter im Aufsichts- oder Verwaltungsorgan. Die Gesamtzahl der Sitze des Verwaltungs- oder Aufsichtsorgans wird vielmehr in der Satzung festlegt. Ist also eine dem MitbestG unterliegende deutsche Gesellschaft an der Gründung beteiligt und setzt sich das Verwaltungs- oder Aufsichtsorgan der SE zur Hälfte aus Arbeitnehmervertretern zusammen, so ist der Satzungsgeber nicht an die Vorgaben des § 7 Abs. 1 MitbestG gebunden; er muss zwar eine gerade und durch drei teilbare Zahl von Sitzen vorsehen, die jedoch unter den Höchstzahlen der §§ 17 Abs. 1, 23 Abs. 1 SEAG liegen kann.[77]

84 Der SE-Betriebsrat verteilt die Zahl der Sitze im Aufsichtsrat oder Verwaltungsrat entsprechend dem jeweiligen Anteil der in den einzelnen Mitgliedstaaten beschäftigten Arbeitnehmer der SE, ihrer Tochtergesellschaften und Betriebe auf die Mitgliedstaaten (§ 36 Abs. 1 SEBG). Die Arbeitnehmervertreter werden durch ein aus den Arbeitnehmervertretungen der SE, ihrer Tochtergesellschaften und Betriebe zusammengesetztes Wahlgremium ermittelt (§ 36 Abs. 3 SEBG). Die so ermittelten Arbeitnehmervertreter werden der Hauptversammlung zur Bestellung vorgeschlagen, die an die Vorschläge gebunden ist (§ 36 Abs. 4 SEBG).

2. Gründungsphase

85 In der Gründungsphase stellen die Zuleitung des Verschmelzungsplans oder seines Entwurfs an die zuständigen Betriebsräte (→ Rn. 84), die Zustimmung zum Verschmelzungsplan durch die Hauptversammlungen der Gründungsgesellschaften (→ Rn. 85 ff.), die Bestellung der ersten Organmitglieder und des Abschlussprüfers der neuen SE (→ Rn. 95 ff.) sowie die Rechtmäßigkeitsprüfung (→ Rn. 99 ff.) und die hieran anknüpfende Eintragung der Verschmelzung ins Register (→ Rn. 105 ff.) wesentliche Meilensteine dar.

86 **a) Zuleitung an den Betriebsrat.** Dem Betriebsrat deutscher Gründungsgesellschaften ist der Verschmelzungsplan oder sein Entwurf spätestens **einen Monat vor der Hauptversammlung** zuzuleiten (Art. 18 SE-VO, § 5 Abs. 3 UmwG). Ein Nachweis der rechtzeitigen Zuleitung muss der Anmeldung zum Handelsregister beigefügt werden (Art. 18 SE-VO, § 17 Abs. 1 UmwG). Welcher Betriebsrat (Einzel-, Gesamt- oder Konzernbetriebsrat) im Einzelfall zuständig ist, richtet sich nach den Vorschriften des BetrVG.[78] Da

---

[74] MünchKommAktG/*Jacobs* SEBG § 2 Rn. 24.
[75] MünchKommAktG/*Jacobs* SEBG § 35 Rn. 11.
[76] MünchKommAktG/*Jacobs* SEBG § 35 Rn. 11.
[77] Ulmer/Habersack/Henssler/*Habersack* SEBG § 35 Rn. 11.
[78] Semler/Stengel/*Simon* UmwG § 5 Rn. 142.

die Zuleitung an einen unzuständigen Betriebsrat die Eintragung hindern kann, empfiehlt es sich im Zweifel, den Verschmelzungsplan oder seinen Entwurf vorsorglich allen in Betracht kommenden Arbeitnehmervertretungen zuzuleiten, insbesondere wenn die Betriebsratsstrukturen betriebs- bzw. unternehmensübergreifend sind.[79] Der Betriebsrat kann auf die Einhaltung der Monatsfrist verzichten, da sie ausschließlich seinem Schutz dient.[80]

b) Zustimmungsbeschlüsse der Hauptversammlungen. Die Hauptversammlung 87 jeder der sich verschmelzenden Gesellschaften muss dem Verschmelzungsplan zustimmen (Art. 23 Abs. 1 SE-VO).

aa) Einberufung der Hauptversammlung. Die Hauptversammlung der deutschen 88 Gründungsgesellschaften ist mangels Regelung in der SE-VO wie im deutschen Aktienrecht einzuberufen, also durch den **Vorstand** und mindestens **dreißig Tage vor dem Tag der Hauptversammlung** (§ 123 Abs. 1 AktG). Die **Einberufung** und die **Tagesordnung** müssen im **Bundesanzeiger** bekannt gemacht werden (§ 121 Abs. 4 S. 1 AktG). Dabei ist zusätzlich zur Tagesordnung auch der Verschmelzungsplan (bei Verschmelzung ins Ausland einschließlich des Wortlauts des Barabfindungsangebots) bekanntzumachen (§ 7 Abs. 1 S. 3 SEAG).

Von der Einberufung der Hauptversammlung an sind 89
- der **Verschmelzungsplan** oder sein **Entwurf,**
- die **Jahresabschlüsse** und die **Lageberichte** der an der Verschmelzung beteiligten Rechtsträger für die letzten drei Geschäftsjahre,
- soweit erforderlich die **Zwischenbilanz** (→ Rn. 16) sowie
- die **Verschmelzungsberichte** und die **Prüfungsberichte** der Verschmelzungsprüfer

in dem Geschäftsraum der Gesellschaft zur Einsicht der Aktionäre auszulegen und den 90 Aktionären auf ihr Verlangen hin unverzüglich und kostenlos zuzusenden (Art. 18 SE-VO, § 63 Abs. 1, 3 UmwG). Alternativ können die Unterlagen für denselben Zeitraum über die Internetseite der Gesellschaft zugänglich gemacht werden (Art. 18 SE-VO, § 63 Abs. 4 UmwG).

Weitere Pflichten zur Bekanntmachung ergeben sich aus Art. 18 SE-VO, § 61 UmwG 91 sowie Art. 21 SE-VO (→ Rn. 59 ff.).

bb) Durchführung der Hauptversammlung. Für die Durchführung der Hauptver- 92 sammlung der deutschen Gründungsgesellschaften ist das **deutsche Aktienrecht** maßgebend. In der Hauptversammlung sind die Unterlagen, die schon in der Einberufungszeit einzusehen sind (→ Rn. 87), auszulegen (Art. 18 SE-VO, § 64 Abs. 1 S. 1 UmwG). Zusätzlich muss der Vorstand den Verschmelzungsplan mündlich erläutern, wobei den Aktionären ein erweitertes Auskunftsrecht zusteht (§ 64 Abs. 1 S. 2, Abs. 2 UmwG). Der Vorstand sollte sich auf diese Befragung angemessen vorbereiten und auch kompetente Vertreter der anderen Gründungsgesellschaften einladen, um Fragen beantworten zu können.[81] Schon im Vorhinein sollte geklärt werden, welche Auskunftsrechte in den Rechtsordnungen der anderen beteiligten Gesellschaften bestehen.[82]

cc) Verschmelzungsbeschlüsse. Der Verschmelzungsbeschluss richtet sich auf die Zu- 93 stimmung zum Verschmelzungsplan (Art. 23 Abs. 1 SE-VO). Für die Beschlussfassung ist eine **Mehrheit von 3/4** des bei der Beschlussfassung vertretenen Grundkapitals erforderlich; die Satzung kann eine größere Kapitalmehrheit und weitere Erfordernisse bestimmen (Art. 18 SE-VO, § 65 Abs. 1 UmwG). Der Beschluss muss notariell beurkundet werden (Art. 18 SE-VO, § 13 Abs. 3 S. 1 UmwG).

---

[79] Binder/Jünemann/Merz/Sinewe/*Jünemann* § 2 Rn. 107; Semler/Stengel/*Simon* UmwG § 5 Rn. 143.
[80] Semler/Stengel/*Simon* UmwG § 5 Rn. 145.
[81] Van Hulle/Maul/Drinhausen/*Teichmann* 4. Abschnitt § 2 Rn. 62.
[82] Van Hulle/Maul/Drinhausen/*Teichmann* 4. Abschnitt § 2 Rn. 62.

94 Da zum Zeitpunkt der Hauptversammlung das Arbeitnehmerbeteiligungsverfahren ggf. noch nicht beendet ist und somit das **Mitbestimmungsmodell** ggf. noch nicht feststeht, können sich die Hauptversammlungen die Genehmigung der Vereinbarung über die Arbeitnehmerbeteiligung vor der Handelsregistereintragung der SE vorbehalten (Art. 23 Abs. 2 SE-VO). Dies ist allerdings nicht praktikabel, da eine zweite Hauptversammlung durchgeführt werden müsste, wodurch eine weitere zeitliche Verzögerung auf dem Weg zur SE-Gründung eintritt.[83] Verzichtet man auf den Genehmigungsvorbehalt, muss darauf geachtet werden, dass **kein Widerspruch zwischen dem ausgehandelten Mitbestimmungsmodell und der im Verschmelzungsplan enthaltenen Satzung** besteht. Dies würde ein Eintragungshindernis darstellen (Art. 12 Abs. 4 S. 1 SE-VO), für dessen Beseitigung wiederum ein Hauptversammlungsbeschluss erforderlich wäre.

95 Die Verschmelzung zur Neugründung darf in deutschen Gründungsgesellschaften erst beschlossen werden, wenn jede übertragende Aktiengesellschaft mindestens zwei Jahre im Handelsregister eingetragen ist (Art. 18 SE-VO, § 76 Abs. 1 UmwG).

96 Im Zusammenhang mit der Verschmelzung ist regelmäßig eine **Kapitalerhöhung** in der übernehmenden Gesellschaft erforderlich, um die Aktien zu schaffen, welche die Aktionäre der übertragenden Gesellschaft als Gegenleistung erhalten. Für deutsche Gründungsgesellschaften ist ein vereinfachtes Verfahren vorgesehen. Die Regelungen über ausstehende Einlagen, Zeichnung neuer Aktien und über das Bezugsrecht sind nicht anzuwenden (Art. 18 SE-VO, § 69 Abs. 1 UmwG). Auch die Prüfung der Sacheinlage muss nur durchgeführt werden, wenn das Registergericht Zweifel hat, ob der Wert der Sacheinlage den geringsten Ausgabebetrag der dafür zu gewährenden Aktien erreicht (Art. 18 SE-VO, § 69 Abs. 1 UmwG). Bei einer deutschen Gründungsgesellschaft ist für die Kapitalerhöhung eine Mehrheit von 3/4 des bei der Beschlussfassung vertretenen Grundkapitals erforderlich (§ 182 Abs. 1 AktG). Eine Kapitalerhöhung kann in der übernehmenden Gesellschaft auch erforderlich sein, um das Grundkapital der SE auf den Mindestbetrag von 120.000 Euro zu erhöhen (Art. 4 Abs. 2 SE-VO).

97 Der Hauptversammlungsbeschluss ist nach den allgemeinen aktienrechtlichen Regeln **anfechtbar**. Für die Geltendmachung der **Unangemessenheit des Umtauschverhältnisses** oder der **Barabfindung** besteht zwar das **gesonderte Spruchverfahren** (§§ 6 Abs. 4, 7 Abs. 7 SEAG). Das Spruchverfahren findet allerdings nur Anwendung, wenn die anderen Gründungsgesellschaften aus Mitgliedstaaten, in denen ein derartiges Verfahren nicht besteht, bei der Zustimmung zu dem Verschmelzungsplan ausdrücklich akzeptieren, dass die Aktionäre auf ein solches Verfahren zurückgreifen können (Art. 25 Abs. 3 SE-VO). Ergeht ein entsprechender Zustimmungsbeschluss hinsichtlich der Anwendbarkeit des Spruchverfahrens nicht, können die Aktionäre eine **Anfechtungsklage** auf etwaige Mängel des Umtauschverhältnisses oder der Barabfindung stützen.[84]

98 c) **Bestellung der Organmitglieder und des Abschlussprüfers.** Welche Organmitglieder in der neuen SE zu bestellen sind, hängt von deren Verwaltungsstruktur ab. In einer **dualistisch strukturierten SE** sind die Mitglieder des ersten Aufsichtsrats jedenfalls bei der Verschmelzung durch Neugründung, regelmäßig aber auch bei der Verschmelzung durch Aufnahme neu zu bestellen.[85] Sollte eine **monistische SE** gegründet werden, müssen die Mitglieder des ersten Verwaltungsrats bestellt werden.

99 Die Bestellung der Mitglieder des ersten Aufsichts- bzw. Verwaltungsorgans kann in der Satzung erfolgen, also durch die Beschlussfassung über den Verschmelzungsplan (Art. 40

---

[83] MünchHdB GesR IV/*Austmann* § 84 Rn. 24.
[84] Van Hulle/Maul/Drinhausen/*Teichmann* 4. Abschnitt § 2 Rn. 63.
[85] Jannott/Frodermann/*Jannott* 3. Kapitel Rn. 86. Nach der Auffassung von Spindler/Stilz/*Eberspächer* SE-VO Art. 40 Rn. 8 soll hingegen eine Amtskontinuität bei der Gründung durch Verschmelzung zur Aufnahme möglich sein, wenn sich ausnahmsweise die Bildung und Zusammensetzung des Kontrollorgans in keiner Weise ändert; dies komme jedoch allenfalls bei mitbestimmungsfreien Gesellschaften in Betracht.

Abs. 2 S. 2, 43 Abs. 3 S. 2 SE-VO). Sollten zum Zeitpunkt des Beschlusses die Verhandlungen über die Arbeitnehmerbeteiligung noch nicht abgeschlossen worden sein, sind die Arbeitnehmer im ersten Aufsichts- oder Verwaltungsrat noch nicht vertreten. Die Arbeitnehmervertreter rücken vielmehr mit Abschluss des Arbeitnehmerbeteiligungsverfahrens (aufgrund der Vereinbarung oder aufgrund eines entsprechenden Hauptversammlungsbeschlusses) in den Aufsichtsrat ein. Ein **Statusverfahren** (§§ 25 ff. SEAG) muss nach herrschender Ansicht bei der Bestellung des ersten Verwaltungs- bzw. Aufsichtsorgans nicht durchgeführt werden. Die ordnungsgemäße Mitbestimmung wird vielmehr schon dadurch gesichert, dass die SE erst im Handelsregister eingetragen werden darf, wenn das Registergericht von dem Abschluss des Arbeitnehmerbeteiligungsverfahrens überzeugt ist und die Satzung an das Verhandlungsergebnis angepasst wurde (Art 12 Abs. 2, 4 SE-VO).[86]

In der dualistischen SE hat der Aufsichtsrat die ersten Mitglieder des Vorstands zu bestellen (Art. 39 Abs. 2 SE-VO). In der monistischen SE bestellt der Verwaltungsrat die geschäftsführenden Direktoren (§ 40 Abs. 1 SEAG). **100**

Des Weiteren wird der erste Abschlussprüfer von den sich verschmelzenden Gesellschaften als Gründer bestellt (Art. 15 Abs. 1 SE-VO, § 36 Abs. 2 S. 2 UmwG, 30 Abs. 1 AktG). Die Bestellung bedarf notarieller Beurkundung. Regelmäßig wird die Bestellung des Abschlussprüfers mit in den Verschmelzungsplan aufgenommen.[87] **101**

d) Rechtmäßigkeitskontrolle; Registerverfahren. Für die SE-Gründung ist eine zweistufige Rechtmäßigkeitskontrolle vorgesehen, und zwar sowohl auf der Ebene der einzelnen Gründungsgesellschaft (Art. 25 SE-VO) als auch auf der Ebene der in Gründung befindlichen SE (Art. 26 SE-VO). Das **Fehlen der Rechtmäßigkeitskontrolle** (auf der ersten und/oder der zweiten Ebene) kann einen Grund für die **Auflösung** der SE darstellen (Art. 30 S. 2 SE-VO). **102**

aa) Erste Stufe: Ebene der einzelnen Gründungsgesellschaft. Die Rechtmäßigkeit der Verschmelzung wird, was die die einzelnen Gründungsgesellschaften betreffenden Verfahrensabschnitte anbelangt, nach den für die Verschmelzung von Aktiengesellschaften geltenden Rechtsvorschriften des Mitgliedstaats kontrolliert, dessen Recht die jeweilige Gründungsgesellschaft unterliegt (Art. 25 Abs. 1 SE-VO). Die inhaltlichen Anforderungen für eine in Deutschland ansässige Gründungsgesellschaft ergeben sich demzufolge aus §§ 16, 17 UmwG. Allein aus der Tatsache, dass die aufnehmende Gesellschaft eine SE ist, ergeben sich für die Auslegung der nationalen Verschmelzungsprüfung keine Besonderheiten.[88] **103**

Der Vorstand jeder[89] deutschen Gründungsgesellschaft hat die SE-Gründung durch Verschmelzung zur Eintragung in das Handelsregister des Sitzes der Gesellschaft anzumelden (Art. 25 Abs. 1 SE-VO, § 16 Abs. 1 UmwG). Das Registergericht prüft sodann, ob alle Voraussetzungen für die Gründung der SE durch Verschmelzung erfüllt sind, insbesondere das Vorliegen: **104**

- der Rechtsform als AG;
- eines Verschmelzungsplans;
- des Verschmelzungsberichts oder der entsprechenden Verzichtserklärungen;
- der Verschmelzungsprüfung und des Prüfberichts;
- der Zuleitung des Verschmelzungsplans an den Betriebsrat;
- der Schlussbilanz;
- der ordnungsgemäßen Einberufung und Durchführung der Hauptversammlung mit entsprechendem Mehrheitsbeschluss;
- der Versicherung der Vorstandsmitglieder der übertragenden Gesellschaften, dass berechtigten Gläubigern Sicherheit geleistet wurde, wenn der Sitz der SE nicht in Deutschland liegt;

---

[86] Habersack/Drinhausen/*Verse* § 25 SEAG Rn. 4 mwN.
[87] Theisen/Wenz/*Neun* S. 122.
[88] Spindler/Stilz/*Casper* SE-VO Art. 25 Rn. 3.
[89] Spindler/Stilz/*Casper* SE-VO Art. 25 Rn. 4.

- der Eintragung möglicher Kapitalerhöhungen der übernehmenden Gesellschaft sowie
- der Erklärung des Vorstands, dass eine Klage gegen die Wirksamkeit des Verschmelzungsbeschlusses nicht erhoben wurde oder dass ein rechtskräftiger gerichtlicher Freigabebeschluss vorliegt.[90]

105 Das Registergericht prüft auf der ersten Stufe ferner, ob der Verschmelzungsplan und der Verschmelzungsbeschluss die Mindestanforderungen nach Art. 20 bis 24 SE-VO erfüllen. Des Weiteren werden die **Gründerfähigkeit** und **Gemeinschaftszugehörigkeit** der Gründungsgesellschaft, die Erstellung eines ordnungsgemäßen Verschmelzungsberichts, die ordnungsgemäße Sachverständigenprüfung, die Rechtmäßigkeit der Verschmelzungsbeschlüsse, die Beachtung von Sonderrechten sowie die Anzeige des bestellten Treuhänders, dass sich die Aktien und die im Verschmelzungsplan festgesetzte bare Zuzahlung in seinem (mittelbaren) Besitz befindet, inhaltlich überprüft.[91] Nicht überprüft wird, ob das Umtauschverhältnis angemessen oder die Verschmelzung zweckmäßig ist.[92]

106 Bei zufriedenstellender Prüfung stellt das jeweils zuständige Registergericht für die deutschen Gründungsgesellschaften eine Bescheinigung aus, aus der zweifelsfrei hervorgeht, dass die der Verschmelzung vorangehenden Rechtshandlungen und Formalitäten durchgeführt wurden (Art. 25 Abs. 2 SE-VO).

107 **bb) Zweite Stufe: Ebene der SE.** Die Rechtmäßigkeit der Verschmelzung wird, was den Verfahrensabschnitt der Durchführung der Verschmelzung und der Gründung der SE anbelangt, von dem/der im künftigen Sitzstaat der SE für die Kontrolle dieses Aspekts der Rechtmäßigkeit der Verschmelzung von Aktiengesellschaften zuständigen Gericht, Notar oder sonstigen Behörde kontrolliert (Art. 26 Abs. 1 SE-VO).

108 Hierzu hat jede Gründungsgesellschaft dieser zuständigen Behörde die in Artikel 25 Abs. 2 SE-VO genannte Bescheinigung binnen sechs Monaten nach ihrer Ausstellung sowie eine Ausfertigung des Verschmelzungsplans, dem sie zugestimmt hat, vorzulegen (Art. 26 Abs. 2 SE-VO). Diese Behörde überprüft anschließend, ob die Gründungsgesellschaften einem gleichlautenden Verschmelzungsplan zugestimmt haben, ob eine rechtmäßige Vereinbarung über die Arbeitnehmerbeteiligung geschlossen wurde und ob die Gründung der SE den Vorgaben des Rechts des Sitzstaats genügt (Art. 26 Abs. 3, 4 SE-VO). Die Eintragung der Gründung ist bei offenkundigen Verfahrensfehlern zu verweigern.[93]

109 Bei Erfüllung aller Voraussetzungen wird die Verschmelzung mit Eintragung im künftigen Sitzstaat wirksam. Ist ihr Gründungsstaat Deutschland, muss die neue gegründete SE in das für ihren Sitz zuständige Handelsregister beim Amtsgericht eingetragen werden (Art. 27, 12 SE-VO). Sollte die SE eingetragen werden, obwohl das Verschmelzungsverfahren mangelhaft war, ist die Verschmelzung gleichwohl wirksam, d. h. nach der Eintragung kann die Verschmelzung nicht mehr für nichtig erklärt werden (Art. 30 S. 1 SE-VO). Die Verschmelzung ist offenzulegen, für deutsche Gründungsgesellschaften nach Maßgabe der §§ 8 ff. HGB (Art. 28 SE-VO).

110 **e) Rechtswirkung der Verschmelzung.** Die Verschmelzung hat insbesondere folgende Rechtswirkungen (Art. 16, 29 SE-VO):
- das gesamte **Aktiv- und Passivvermögen** jeder übertragenden bzw. sich verschmelzenden Gesellschaft geht im Wege der **Gesamtrechtsnachfolge**[94] auf die übernehmende Gesellschaft bzw. die SE über; hiervon werden sämtliche Vermögensgegenstände, Rechte

---

[90] Habersack/Drinhausen/*Marsch-Barner* Art. 25 SE-VO Rn. 6; Binder/Jünemann/Merz/Sinewe/*Jünemann* § 2 Rn. 143.
[91] Binder/Jünemann/Merz/Sinewe/*Jünemann* § 2 Rn. 144.
[92] Lutter/Hommelhoff/Teichmann/*Bayer* Art. 25 SE-VO Rn. 7.
[93] Van Hulle/Maul/Drinhausen/*Teichmann* 4. Abschnitt § 2 Rn. 66; MünchHdB GesR IV/*Austmann* § 84 Rn. 32.
[94] Schmitt/Hörtnagl/Stratz/*Hörtnagl* SE-VO Art. 29 Rn. 2.

und Pflichten sowie ganze Vertragsverhältnisse entsprechend der zu § 20 Abs. 1 Nr. 1 UmwG entwickelten Grundsätze erfasst[95];
- die Aktionäre der übertragenden bzw. sich verschmelzenden Gesellschaft werden **Aktionäre der übernehmenden Gesellschaft** bzw. der SE;
- die übertragende Gesellschaft bzw. sich verschmelzende Gesellschaft erlischt;
- der **Formwechsel** der übernehmenden Gesellschaft in die SE wird vollzogen (Verschmelzung durch Aufnahme, Art. 29 Abs. 1 lit. d SE-VO) bzw. die SE erwirbt ihre Rechtspersönlichkeit als juristische Person (Verschmelzungen durch Neugründung, Art. 16 Abs. 1 SE-VO) und
- die zum Zeitpunkt der Eintragung aufgrund der einzelstaatlichen Rechtsvorschriften und Gepflogenheiten sowie aufgrund individueller Arbeitsverträge oder Arbeitsverhältnisse bestehenden Rechte und Pflichten der beteiligten Gesellschaften hinsichtlich der **Beschäftigungsbedingungen** gehen auf die SE über (Art. 29 Abs. 4 SE-VO).

Fraglich ist, welche Folgen die Verschmelzung für **eigene Aktien** der übertragenden 111 Gesellschaft sowie für Aktien, die die aufnehmende Gesellschaft an den übertragenden Rechtsträgern hält, hat. Art. 15 SE-VO verweist insoweit auf das nationale Recht des Sitzstaates der SE, sofern Art. 31 Abs. 1 S. 1 SE-VO keine abschließende Regelung enthält. Nach Art. 31 Abs. 1 S. 1 SE-VO findet Art. 29 Abs. 1 lit. b SE-VO bei der sog. vereinfachten Mutter-Tochterverschmelzung keine Anwendung. Damit soll das Entstehen eigener Aktien vermieden werden. Hierin ist nach herrschender Auffassung aber keine abschließende Regelung zu sehen, so dass für eine in Deutschland ansässige SE eigene Aktien sowie Aktien, die die aufnehmende Gesellschaft an übertragenden Gesellschaften hält, jeweils erlöschen (Art. 15 SE-VO, § 20 Abs. 1 Nr. 3 S. 1 UmwG).[96] **Dingliche Rechte Dritter** (wie Nießbrauch oder Pfandrecht) bestehen hingegen weiter (Art. 15 SE-VO, § 20 Abs. 1 Nr. 3 S. 2 UmwG).[97]

f) Verschmelzung innerhalb eines Konzerns. Art. 31 Abs. 1 S. 1 SE-VO schafft 112 Verfahrenserleichterungen, wenn eine **100%ige Tochtergesellschaft** auf die Muttergesellschaft verschmolzen wird. Hierauf ist bereits verschiedentlich hingewiesen worden (→ Rn. 17, 30, 33, 35).

Art. 31 Abs. 2 Unterabs. 1 SE-VO gestattet **Erleichterungen** bereits dann, wenn der 113 Muttergesellschaft mindestens 90% der Aktien bei der Tochtergesellschaft gehören bzw. ihr 90% der Stimmrechte bei der Tochtergesellschaft zustehen. Voraussetzung für das Eingreifen der Erleichterung ist jedoch, dass das nationale Verschmelzungsrecht solche Erleichterungen vorsieht. Der Sache nach handelt es sich also um eine Spezialverweisung ins nationale Umwandlungsrecht, die Art. 18 SE-VO vorgeht.[98] Hintergrund dieser Vorschrift bildet Art. 28 Verschmelzungsrichtlinie, der die Mitgliedstaaten zu solchen Erleichterungen im allgemeinen Umwandlungsrecht ermächtigt. Deutschland hat hiervon jedoch keinen Gebrauch gemacht, mit der Folge, dass die Regelung in Deutschland leer läuft.[99]

III. Schutz der Minderheitsaktionäre

Minderheitsaktionäre werden bei der SE-Gründung durch Verschmelzung in dreifacher 114 Hinsicht geschützt: Durch Verfahrens-, Informations- und Anfechtungsrechte (→ Rn. 112 ff.), ferner durch Anspruch auf Zuzahlung bei unangemessenem Umtauschverhältnis (→ Rn. 114) und schließlich durch das Recht zum Austritt gegen Barabfindung für den Fall, dass die neugegründete SE ihren Sitz im Ausland hat (→ Rn. 119).

---

[95] MünchKommAktG/*Schäfer* Art. 29 SE-VO Rn. 2.
[96] Spindler/Stilz/*Casper* Art. 29 SE-VO Rn. 4.
[97] MünchKommAktG/*Schäfer* Art. 29 SE-VO Rn. 4 f; MünchHdB GesR IV/*Austmann* § 84 Rn. 35.
[98] Spindler/Stilz/*Casper* SE-VO Art. 31 Rn. 6.
[99] Spindler/Stilz/*Casper* SE-VO Art. 31 Rn. 6 f.

1. Verfahrens-, Informations- und Anfechtungsrechte

115 Ein Schutz der Minderheitsaktionäre einer deutschen Gründungsgesellschaft ergibt sich zunächst daraus, dass der Verschmelzungsbeschluss eine **3/4-Mehrheit in der Hauptversammlung** erfordert (Art. 18 SE-VO, 65 Abs. 1 S. 1 UmwG). Verstärkt wird dieser Schutz durch die von Amts wegen erfolgende Rechtmäßigkeitskontrolle (→ Rn. 99 ff.) sowie die Möglichkeit der Aktionäre zur Anfechtung des Beschlusses (§§ 243 ff. AktG) bzw. zur Erhebung einer Nichtigkeitsklage (§ 249 AktG).

116 In der Vorbereitungsphase und während der Hauptversammlung ist zum Schutz der Aktionäre des Weiteren eine ausreichende Informationsgrundlage zu schaffen, damit sie beurteilen können, ob das Umtauschverhältnis und eine etwaige Barabfindung angemessen sind und Minderheitsrechte ausgeübt werden können. **Verschmelzungsplan, Verschmelzungsbericht und die Prüfberichte** müssen im Laufe des Verschmelzungsverfahrens offengelegt werden (→ Rn. 22, 44, 57). Weiterhin muss ein Hinweis auf die Modalitäten für die Ausübung der Rechte der Minderheitsaktionäre der betreffenden Gesellschaft sowie die Anschrift, unter der erschöpfende Auskünfte über diese Modalitäten kostenlos eingeholt werden können, erfolgen (Art. 21 lit. d SE-VO).

2. Verbesserung des Umtauschverhältnisses

117 Jeder Mitgliedstaat kann in Bezug auf die sich verschmelzenden Gesellschaften, die seinem Recht unterliegen, Vorschriften erlassen, um einen angemessenen Schutz der Minderheitsaktionäre, die sich gegen die Verschmelzung ausgesprochen haben, zu gewährleisten (Art. 24 Abs. 2 SE-VO). Der deutsche Gesetzgeber hat von dieser Ermächtigung u. a. durch § 6 SEAG Gebrauch gemacht. Hiernach steht den Minderheitsaktionären gegen die SE ein Anspruch auf bare Zuzahlung zu, sofern das Umtauschverhältnis nicht angemessen ist (§ 6 Abs. 2 SEAG). Für die Beurteilung der Angemessenheit des Umtauschverhältnisses sind – in entsprechender Anwendung des § 7 Abs. 2 S. 1 SEAG – die Verhältnisse der Gesellschaft im Zeitpunkt der Beschlussfassung über die Verschmelzung maßgebend.[100]

118 Der Ausgleichsanspruch ist nicht davon abhängig, dass sich der jeweilige Aktionär gegen die Verschmelzung wendet.[101] Weder ein Widerspruch in der Hauptversammlung noch eine Anfechtungsklage sind erforderlich.[102]

119 Bei der Leistung des **Barausgleichs** sind die **Kapitalerhaltungsregeln** des deutschen Aktienrechts (§ 57 AktG) zu beachten, wenn die SE deutschem Recht unterliegt. Der Ausgleich darf daher nur aus ungebundenem Vermögen bedient werden. Reicht dieses nicht aus, erlischt der Ausgleichsanspruch nicht; er ist jedoch bis zur „Wiederauffüllung" des ungebundenen Vermögens nicht durchsetzbar.[103]

120 Die bare Zuzahlung ist nach Ablauf des Tages, an dem die Verschmelzung im Sitzstaat der SE nach den dort geltenden Vorschriften eingetragen und bekannt gemacht worden ist, mit jährlich 5 Prozentpunkten über dem jeweiligen Basiszinssatz (§ 247 BGB) zu **verzinsen** (§ 6 Abs. 3 S. 1 SEAG). Die Geltendmachung eines weiteren Schadens ist nicht ausgeschlossen (§ 6 Abs. 3 S. 2 SEAG).

121 Der **Anspruch auf bare Zuzahlung** ist im **Spruchverfahren** durchzusetzen. Die Frage der Angemessenheit des Umtauschverhältnisses soll hingegen nicht im Wege der Anfechtungsklage gerügt werden können (§ 6 Abs. 1 SEAG). Dies gilt allerdings nur, wenn die Aktionäre der ausländischen Gründungsgesellschaften der Inanspruchnahme des Spruchverfahrens nach dem SpruchG zur Überprüfung des Umtauschverhältnisses der Aktien durch die Aktionäre der deutschen Gründungsgesellschaft zugestimmt haben (Art. 25

---

[100] Habersack/Drinhausen/*Marsch-Barner* Art. 24 SE-VO Rn. 31.
[101] MünchHdB GesR IV/*Austmann* § 84 Rn. 40.
[102] Habersack/Drinhausen/*Marsch-Barner* Art. 24 SE-VO Rn. 28.
[103] Habersack/Drinhausen/*Marsch-Barner* Art. 24 SE-VO Rn. 29 (dort auch zum möglichen Vorrang des Kapitalerhaltungsrechts, wenn die SE dem Recht eines anderen Mitgliedstaats unterliegt).

Abs. 3 Satz 1 SE-VO). Ist dies nicht der Fall, soll es bei der Anfechtungsmöglichkeit verbleiben.[104]

3. Barabfindungsangebot

Sofern die neu gegründete SE ihren Sitz im Ausland haben soll, hat eine übertragende deutsche Gründungsgesellschaft im Verschmelzungsplan oder in seinem Entwurf jedem Aktionär, der gegen den Verschmelzungsbeschluss der Gesellschaft Widerspruch zur Niederschrift erklärt, den Erwerb seiner Aktien gegen eine **angemessene Barabfindung** anzubieten (§ 7 Abs. 1 S. 1 SEAG). Über den Wortlaut der Vorschrift hinaus soll ferner den Aktionären einer aufnehmenden deutschen Gründungsgesellschaft eine Barabfindung anzubieten sein, wenn die neue SE in einem anderen Mitgliedstaat ansässig sein soll.[105] 122

Die Verpflichtung zum Angebot trifft zunächst die übertragende deutsche Gründungsgesellschaft, geht im Rahmen der Gesamtrechtsnachfolge jedoch auf die ausländische SE über (Art. 29 Abs. 1 lit. a, Abs. 2 lit. a SE-VO).[106] 123

Die Barabfindung ist im Verschmelzungsplan oder seinem Entwurf anzubieten (§ 7 Abs. 1 S. 1 SEAG). Die Bekanntmachung des Verschmelzungsplans als Gegenstand der Beschlussfassung muss den Wortlaut dieses Angebots enthalten (§ 7 Abs. 1 S. 3 SEAG). Gemeint ist die Bekanntmachung zur Vorbereitung der Hauptversammlung nach § 124 Abs. 2 S. 2 AktG.[107] Diese ist von der Bekanntmachung zu unterscheiden, die die Gesellschaft auf Grund des Art. 21 SE-VO vorzunehmen hat (→ Rn. 59 f.). In der Praxis können beide Bekanntmachungen jedoch miteinander verbunden werden.[108] 124

Im Gegensatz zum Anspruch auf Verbesserung des Umtauschverhältnisses steht der **Abfindungsanspruch** nur Aktionären zu, die dem **Verschmelzungsbeschluss widersprochen** haben (§ 7 Abs. 1 S. 1 SEAG). Wurde der Aktionär unberechtigt nicht zur Hauptversammlung zugelassen oder wurde der Gegenstand der Beschlussfassung nicht ordnungsgemäß bekannt gemacht, ist der Widerspruch ausnahmsweise entbehrlich (§§ 7 Abs. 1 S. 5 SEAG, 29 Abs. 2 UmwG). 125

Die Barabfindung muss die Verhältnisse der Gesellschaft im Zeitpunkt der Beschlussfassung über die Verschmelzung berücksichtigen (§ 7 Abs. 2 S. 1 SEAG). Dies erfordert eine **Unternehmensbewertung** (→ Rn. 17 f.). Die Barabfindung ist nach Ablauf des Tages, an dem die Verschmelzung im Sitzstaat der SE nach den dort geltenden Vorschriften eingetragen und bekannt gemacht worden ist, mit jährlich 5 Prozentpunkten über dem jeweiligen Basiszinssatz (§ 247 BGB) zu verzinsen (§ 7 Abs. 2 S. 2 SEAG). Die Geltendmachung eines weiteren Schadens ist nicht ausgeschlossen (§ 7 Abs. 2 S. 3 SEAG). 126

Auch die Barabfindung bei Austritt kann durch ein **gerichtliches Spruchverfahren** überprüft werden und zu einer zusätzlichen **baren Abfindung** führen (§ 7 Abs. 5 bis 7 SEAG), allerdings wiederum nur unter den Voraussetzungen des Art. 25 Abs. 3 Satz 1 SE-VO (→ Rn. 118). Soweit die Rechtsordnungen der ausländischen übertragenden Gesellschaften ein solches Verfahren nicht kennen und deren Aktionäre der Durchführung des deutschen Verfahrens im Verschmelzungsbeschluss nicht zustimmen, müssen die Aktionäre der deutschen übertragenden Gesellschaft mithin Anfechtungsklage gegen den Verschmelzungsbeschluss erheben, wenn sie das Barabfindungsangebot als unangemessen betrachten.[109] 127

IV. Gläubigerschutz

Die Gläubiger der Gründungsgesellschaften sind bei der SE-Gründung durch Verschmelzung in verschiedener Hinsicht **schutzbedürftig**: 128

---

[104] Nomos-BR/*Timm-Wagner* SEAG § 6 Rn. 2.
[105] Habersack/Drinhausen/*Marsch-Barner* Art. 24 SE-VO Rn. 48.
[106] Habersack/Drinhausen/*Marsch-Barner* Art. 24 SE-VO Rn. 45.
[107] Nomos-BR/*Timm-Wagner* SEAG § 7 Rn. 7.
[108] Nomos-BR/*Timm-Wagner* SEAG § 7 Rn. 7.
[109] MünchHdB GesR IV/*Austmann* § 84 Rn. 43.

- Die Gläubiger der übertragenden Gesellschaft sind schutzbedürftig, weil das gesamte Vermögen ihres Schuldners infolge der umwandlungsrechtlichen Gesamtrechtsnachfolge (Art. 29 Abs. 1 lit. a SE-VO) völlig ohne ihre Mitwirkung auf die SE übergeht.[110]
- Das Schutzbedürfnis der Gläubiger der aufnehmenden Gesellschaft ergibt sich daraus, dass die mit der umwandlungsrechtlichen Gesamtrechtsnachfolge einhergehende Haftung der aufnehmenden Gesellschaft für die Verbindlichkeiten der übertragenden Gesellschaft die Konkurrenz der Gläubiger um liquide Haftungsmasse erhöht.[111]
- Zu diesen allgemeinen Risiken einer Verschmelzung kann bei der SE-Gründung darüber hinaus die Besonderheit hinzukommen, dass der Schuldner ins Ausland abwandert, sofern nämlich die SE dort ihren Sitz haben soll.[112]

129 Vor diesem Hintergrund ist für den Gläubigerschutz nach deutschem Recht danach zu differenzieren, ob die SE ihren Sitz in Deutschland oder im Ausland haben soll.

1. SE mit Sitz im Inland

130 Nach der SE-VO findet das Recht des Mitgliedstaats, das jeweils für die sich verschmelzenden Gesellschaften gilt, wie bei einer Verschmelzung von Aktiengesellschaften zum Schutz der Interessen der Gläubiger, der Anleihegläubiger und der Inhaber von mit Sonderrechten ausgestatteten Wertpapieren unter Berücksichtigung des grenzüberschreitenden Charakters der Verschmelzung Anwendung (Art. 24 Abs. 1 SE-VO). Wird eine **SE mit Sitz in Deutschland** gegründet, gelten hinsichtlich der deutschen Gründungsgesellschaften mithin die **gläubigerschützenden Vorschriften des UmwG** ähnlich wie bei rein nationalen Verschmelzungen.[113]

131 Den Gläubigern und den Anleihegläubigern steht demnach gegen die SE ein Anspruch auf Sicherheitsleistung zu, wenn sie ihre Forderung binnen einer Frist von sechs Monaten nach dem Tag der Bekanntmachung der Durchführung der Verschmelzung (Art. 28 SE-VO)[114] anmelden, innerhalb dieser Frist keine Befriedigung verlangen können und eine Gefährdung ihrer Forderung durch die Verschmelzung glaubhaft machen (§ 22 UmwG).

132 **Inhaber von Sonderrechten** haben einen Anspruch auf die **Gewährung gleichwertiger Sonderrechte** gegen die SE (§ 23 UmwG). Allein aus der Tatsache, dass es sich bei der verpflichteten Gesellschaft um eine SE und nicht um eine deutsche Aktiengesellschaft handelt, ergibt sich für die Anwendung des § 23 UmwG keine Besonderheiten.[115]

2. SE mit Sitz in anderem Mitgliedstaat

133 Noch weiter reicht der Schutz der Gläubiger einer deutschen Gründungsgesellschaft, wenn der Sitz der künftigen SE in einem anderen Mitgliedstaat liegen soll. Nach UmwG können die Gläubiger erst *nach* der Durchführung der Verschmelzung Sicherheitsleistung verlangen (→ Rn. 128), so dass sie ihren Anspruch auf Sicherheitsleistung im Ausland durchsetzen müssten. Ein solcher nachgeordneter Schutz wird den Interessen der Gläubiger indes nicht gerecht. Wenn der Sitz der künftigen SE in einem anderen Mitgliedstaat liegen soll, haben die Gläubiger daher Anspruch auf Sicherheitsleistung schon *vor* der Durchführung der Verschmelzung und somit bereits gegen die deutsche Gründungsgesellschaft, wenn die Forderung rechtzeitig angemeldet und die Gefährdung der Erfüllung durch die Abwanderung ins Ausland glaubhaft gemacht wird (§§ 8 S. 1, 13 SEAG). Die Tatsache,

---

[110] MünchKommAktG/*Schäfer* SE-VO Art. 2.
[111] MünchKommAktG/*Schäfer* SE-VO Art. 2.
[112] MünchKommAktG/*Schäfer* SE-VO Art. 3.
[113] Habersack/Drinhausen/*Marsch-Barner* Art. 24 SE-VO Rn. 48.
[114] Habersack/Drinhausen/*Marsch-Barner* Art. 24 SE-VO Rn. 5. Nach anderer Ansicht (Spindler/Stilz/*Casper* SE-VO Art. 24 Rn. 6) ist auf die Bekanntmachung des Verschmelzungsplans (Art. 21 SE-VO) und nach wieder anderer Ansicht (Schmitt/Hörtnagl/Stratz/*Hörtnagl* SE-VO Art. 24 Rn. 6) auf die Bekanntmachung der SE-Eintragung (Art. 15 Abs. 2 SE-VO) abzustellen.
[115] Spindler/Stilz/*Casper* SE-VO Art. 24 Rn. 6.

dass die SE ihren Sitz im Ausland haben wird, reicht für eine Gefährdung der Gläubigerinteressen allein allerdings nicht aus.[116]

Die **Erfüllung der Sicherheitsleistung** ist von dem zuständigen Registergericht in der **Rechtmäßigkeitsbescheinigung** nach Art. 25 Abs. 2 SE-VO (→ Rn. 103) zu bestätigen (§ 8 S. 2 SEAG). Nur unter diesen Voraussetzungen kann die Verschmelzung vollzogen werden und die SE entstehen.

---

[116] Nomos-BR/*Timm-Wagner* SEAG § 8 Rn. 3.

3. Kapitel. Spaltung

§ 20 Spaltungsarten

Übersicht

	Rdnr.		Rdnr.
A. Allgemeines	1–10	2. Ausgliederung außerhalb des UmwG	16
I. Gegenstand und Wesen der Spaltung	1–6	IV. Die Unterschiede zwischen Aufspaltung, Abspaltung und Ausgliederung im Überblick	17
1. Rechtsgeschäft	3		
2. Übertragung von Vermögensteilen	4	V. Kombination von Spaltungsvorgängen	18–21
3. Partielle Universalsukzession	5	1. Kombination von Spaltung zur Aufnahme und zur Neugründung	18
4. Gewährung von Anteilen oder Mitgliedschaften	6		
II. Wirtschaftliche Motive für eine Spaltung	7	2. Kombination verschiedener Spaltungsformen von einem Rechtsträger	19, 20
III. Unionsrechtlicher Rahmen	8, 9		
IV. Historische Entwicklung der Spaltung im deutschen Recht	10	3. Mehrere übertragende Rechtsträger?	21
B. Spaltungsarten	11–21	C. Verhältniswahrende und nicht verhältniswahrende Spaltung	22–25
I. Aufspaltung	12		
II. Abspaltung	13		
III. Ausgliederung	14–16	D. Spaltung im Konzern	26
1. Ausgliederung gem. § 123 Abs. 3 UmwG	14, 15		

Schrifttum *Aha*, Einzel- oder Gesamtrechtsnachfolge bei der Ausgliederung?, AG 1997, 345; *Bayer*, Privatisierung und Restrukturierung volkseigener und genossenschaftlicher Unternehmen durch Umwandlung, ZGR-Sonderheft 14 (1998), 22; *Feddersen/Kiem*, Die Ausgliederung zwischen „Holzmüller" und neuem Umwandlungsrecht, ZIP 1994, 1078; *Grunewald/Royla/Vetter*, Die Mini-Ausgliederung – ein Regelungsvorschlag, AG 2012, 324; *Heckschen*, Aktuelle Probleme des Spaltungsrechts – Eine Betrachtung nach 20 Jahren, GmbHR 2015, 897; *Ihrig*, Verschmelzung und Spaltung ohne Gewährung neuer Anteile?, ZHR 160 (1996), 317; *Ittner*, Die Spaltung nach dem neuen Umwandlungsrecht, MittRhNotK 1997, 106; *Kallmeyer*, Die Auswirkungen des neuen Umwandlungsrechts auf die mittelständische GmbH, GmbHR 1993, 461; *ders.*, Kombination von Spaltungsarten nach dem neuen Umwandlungsgesetz, DB 1995, 81; *Lieder*, Die rechtsgeschäftliche Sukzession, 2015; Lutter, Zur Reform von Umwandlung und Fusion, ZGR 1990, 392; *Mayer*, Erste Zweifelsfragen bei der Unternehmensspaltung, DB 1995, 861; *Priester*, Mitgliederwechsel im Umwandlungszeitpunkt, DB 1997, 560; *K. Schmidt*, Gesetzliche Gestaltung und dogmatisches Konzept eines neuen Umwandlungsgesetzes, ZGR 1990, 580; *ders.*, Universalsukzession kraft Rechtsgeschäfts, AcP 191 (1991), 495; *H. Schwarz*, Das neue Umwandlungsrecht, DStR 1994, 1694; *Simon*, Verschmelzung und Spaltung unter Verzicht auf Anteilsgewährung – Rechtliche, steuerliche und bilanzielle Überlegungen zu §§ 54 Abs. 1 Satz 3, 68 Abs. 1 Satz 3 UmwG, FS Schaumburg, 2009, S. 1341; *Weiler*, Die „Spaltung zu Null" als Mittel der Umstrukturierung von Unternehmen. Nicht-verhältniswahrende Spaltungen im Lichte der Anteilsgewährungspflicht, NZG 2013, 1326; *Werner*, Bereinigung des Umwandlungsrechts, WM 1993, 1178; *Winter*, Die Anteilsgewährung – zwingendes Prinzip des Verschmelzungsrechts?, FS Lutter, 2000, S. 1279; *Zöllner*, Bemerkungen zu allgemeinen Fragen des Referentenentwurfs eines Umwandlungsgesetzes, ZGR 1993, 334.

A. Allgemeines

I. Gegenstand und Wesen der Spaltung

Die **Spaltung** ist ein Rechtsgeschäft (→ Rn. 3), durch das ein Rechtsträger sein Vermögen ganz oder zum Teil (→ Rn. 4) im Wege der partiellen Universalsukzession (→ Rn. 5) gegen Gewährung von Anteilen oder Mitgliedschaften (→ Rn. 6) auf einen oder mehrere übernehmende oder neu gegründete Rechtsträger (→ Rn. 12 ff.) überträgt.

In gewissem Sinne lässt sich die Spaltung als **„Spiegelbild" zur Verschmelzung**[1] verstehen: Bei der Verschmelzung wird das Vermögen mehrerer Rechtsträger vereint, bei der Spaltung wird das Vermögen eines Rechtsträgers auf mindestens zwei Rechtsträger aufgeteilt. Konsequenterweise sind Verfahren und Schutzinstrumentarien für Verschmelzung und Spaltung weitgehend parallel ausgestaltet: § 125 S. 1 UmwG ordnet die entsprechende Anwendung der meisten Vorschriften des Verschmelzungsrechts an; §§ 126 ff. UmwG normieren dann nur den Spezifika der Spaltung Rechnung tragende Sonderregelungen. Genau genommen liegt echte Spiegelbildlichkeit allerdings nur bei der Aufspaltung (→ Rn. 12) und Abspaltung (→ Rn. 13) vor; denn bei der Ausgliederung werden die Anteile am übernehmenden Rechtsträger nicht den Anteilsinhabern des übertragenden Rechtsträgers, sondern diesem selbst gewährt (→ Rn. 14).[2]

1. Rechtsgeschäft

Die Spaltung ist als **Rechtsgeschäft** zu qualifizieren: Obgleich die Wirkungen der Spaltung erst mit der Registereintragung eintreten (vgl. § 131 Abs. 1 UmwG), erfolgt die partielle Universalsukzession (→ Rn. 5) auf privatautonomer Grundlage, nämlich auf Basis des Spaltungsvertrags bzw. -plans (→ § 22).[3] Wie der Gesetzgeber in § 324 UmwG explizit klargestellt hat, scheitert deshalb auch die Anwendung des § 613a BGB nicht am Fehlen eines Rechtsgeschäfts.[4]

2. Übertragung von Vermögensteilen

Das UmwG macht **keine Vorgaben zu Wert und Umfang** der übertragenen Vermögensteile.[5] Nach heute ganz h. M. kann auch nur ein einzelner Gegenstand (z. B. ein Grundstück) übertragen werden.[6] Zulässig ist ferner auch, dass lediglich Verbindlichkeiten oder Gegenstände mit negativem Wert übertragen werden.[7]

3. Partielle Universalsukzession

Charakteristisch für die Spaltung ist die partielle Universalsukzession: Die Vermögensteile werden gerade nicht einzeln übertragen, sondern gehen *uno actu* und *ipso iure* auf den/die

---

[1] Vgl. Widmann/Mayer/*Fronhöfer* § 125 Rn. 1; Kallmeyer/*Sickinger* § 125 Rn. 2; vgl. auch BegrRegE z. UmwG, BT-Drucks. 12/6699, S. 71: „Gegenstück".
[2] Vgl. Schmitt/Hörtnagl/Stratz/*Hörtnagl* § 123 Rn. 2; Lutter/*Teichmann* § 123 Rn. 1, 26.
[3] Vgl. *Lieder,* Die rechtsgeschäftliche Sukzession, 2015, S. 723; Widmann/Mayer/*Schwarz* § 123 Rn. 4.1.1; Lutter/*Teichmann* § 123 Rn. 5; grundlegend und nachdrücklich *K. Schmidt* AcP 191 (1991), 495 ff.
[4] Vgl. BAG 8 AZR 416/99, NZG 2000, 1115, 1117; Lutter/*Joost* § 324 Rn. 1 ff.; MünchKommBGB/*Müller-Glöge* § 613a Rn. 63 m. w. N.
[5] Die anfangs in § 123 Abs. 5 UmwG-RefE vorgesehene Sperrklausel, wonach bei der Spaltung „nicht im Wesentlichen nur ein einzelner Gegenstand übertragen oder eine einzelne Verbindlichkeit übergeleitet werden kann", wurde gerade nicht Gesetz.
[6] Vgl. BegrRegE z. UmwG, BT-Drucks. 12/6699, S. 116; Schmitt/Hörtnagl/Stratz/*Hörtnagl* § 123 Rn. 5; Kallmeyer/*Sickinger* § 123 Rn. 1; Semler/Stengel/*Stengel* § 123 Rn. 6; Kölner Kommentar-UmwG/*Simon* § 123 Rn. 11; Lutter/*Teichmann* § 123 Rn. 9; Henssler/Strohn/*Wardenbach* § 123 Rn. 8.
[7] Vgl. Kallmeyer/*Sickinger* § 123 Rn. 1; Kölner Kommentar-UmwG/*Simon* § 123 Rn. 10; Semler/Stengel/*Stengel* § 123 Rn. 6.

übernehmenden bzw. neu gegründeten Rechtsträger über („als Gesamtheit"); anders als bei der Verschmelzung (oder auch im Erbfall) geht aber nicht das gesamte Vermögen im Wege der Universalsukzession über, sondern nur Vermögensteile – daher **„partielle" Universalsukzession** (bzw. „partielle" Gesamtrechtsnachfolge).[8]

4. Gewährung von Anteilen oder Mitgliedschaften

6 Die Übertragung der Vermögensteile erfolgt bei allen Arten der Spaltung gegen Gewährung von Anteilen oder Mitgliedschaften an dem/den übernehmenden bzw. neuen Rechtsträger(n). Empfänger sind bei der Auf- und Abspaltung die Anteilsinhaber des übertragenden Rechtsträgers (→ Rn. 12 f.), bei der Ausgliederung ist es der übertragende Rechtsträger selbst (→ Rn. 14). Die **Anteilsgewährung** ist nach heute h. M. allerdings zwar ein charakteristisches, aber kein wesensnotwendiges Merkmal der Spaltung[9]; vielmehr bestehen zahlreiche Ausnahmen (→ § 22 Rn. 13 ff.).

II. Wirtschaftliche Motive für eine Spaltung

7 Wirtschaftliche **Motive** für eine Spaltung können insbesondere sein:[10]
- Schaffung kleinerer selbstständiger Einheiten, speziell Tochterunternehmen (ggf. auch zur Vorbereitung eines Börsengangs);
- Vorbereitung der Veräußerung von Unternehmensteilen (sog. carve-out);
- Isolierung von Haftungsrisiken (speziell bei Entwicklung neuer Produkte);
- Betriebsaufspaltungen;
- Umwandlung eines gewerblichen Unternehmens in eine Holding oder Teilholding;
- Trennung von operativem und nicht betriebsnotwendigem Vermögen;
- Auseinandersetzung unter Mitinhabern wie Aktionärsgruppen oder Familienstämmen;
- Vorwegnahme oder Vorbereitung von Erbauseinandersetzungen;
- Umstrukturierung von Konzernen;
- Spaltung als Instrument zur Sanierung im Insolvenzverfahren auf der Basis von § 225a Abs. 3 InsO;
- Entflechtungsmaßnahmen;
- Privatisierung von Unternehmen der öffentlichen Hand.

III. Unionsrechtlicher Rahmen

8 Das Recht der **nationalen Spaltung** von Aktiengesellschaften ist unionsrechtlich durch Titel II Kapitel III GesRRh (früher: SpRL)[11] harmonisiert. Die SpRL regelt jedoch nur die Aufspaltung, nicht dagegen die Abspaltung und Ausgliederung i. S. d. deutschen Rechts.[12]

---

[8] Näher und m. w. N.: Lutter/*Teichmann* § 123 Rn. 9; s. BeckOGK/*Verse* § 123 Rn. 4; s. ferner insbes. auch *Lieder*, Die rechtsgeschäftliche Sukzession, 2015, S. 719.

[9] Vgl. OLG Hamburg 11 Wx 10/06, BeckRS 2011, 05886; *Ihrig* ZHR 160 (1996), 317, 326 ff.; Lutter/*Priester* § 126 Rn. 26; *Priester* DB 1997, 560, 563 ff.; Semler/Stengel/*Schröer* § 126 Rn. 31; *Simon* FS Schaumburg, 2009, S. 1341 ff.; *Winter* FS Lutter, 2000, S. 1279 ff.

[10] Vgl. BegrRegE z. UmwG, BT-Drucks. 12/6699, S. 74; Lutter/*Teichmann* § 123 Rn. 33 ff.

[11] RL (EU) 2017/1132 des EP und des Rates v. 14.6.2017 über bestimmte Aspekte des Gesellschaftsrechts (Kodifizierter Text), ABlEU v. 30.6.2017, L 169/46. Titel II Kapitel III GesRRL entspricht der früheren SpRL (Sechste RL 82/891/EWG des Rates v. 17.12.1982 gemäß Artikel 54 Absatz 3 Buchstabe g) des Vertrages betreffend die Spaltung von Aktiengesellschaften, ABl. 1982, L 378, 47). Dazu ausf. *Lutter/Bayer/J. Schmidt*, Europäisches Unternehmens- und Kapitalmarktrecht, 6. Aufl. 2017, § 21.

[12] Vgl. *Lutter/Bayer/J. Schmidt*, Europäisches Unternehmens- und Kapitalmarktrecht, 5. Aufl. 2012, § 22 Rn. 19 f., BeckOGK/*Verse* § 123 Rn. 13, 13.1.

Grenzüberschreitende Spaltungen sind nach ganz h. M. durch die Niederlassungs- 9
freiheit (Art. 49, 54 AEUV) geschützt.[13] Bislang existiert für sie allerdings kein spezieller
EU-Rechtsrahmen. Die Kommission hat jedoch für Ende 2017 eine Initiative zu grenzüberschreitenden Spaltungen angekündigt.[14] Ausf. zum Ganzen → § 30.

IV. Historische Entwicklung der Spaltung im deutschen Recht

In Deutschland gab es lange Zeit keine gesetzliche Regelung zur Spaltung. Erst im 10
Gefolge der deutschen Wiedervereinigung wurde die Spaltung zumindest für bestimmte
Sonderfälle zugelassen: Durch **§§ 1 ff.** SpTrUG[15] für Treuhandhandunternehmen in der
Rechtsform der AG oder GmbH und durch **§§ 4 ff.** LAnpG[16] für landwirtschaftliche
Produktionsgenossenschaften.[17] Im Kontext der Konsolidierung des gesamten Umwandlungsrechts im **UmwG 1994**[18] entschloss sich der Gesetzgeber dann, die Spaltung generell
zuzulassen.[19] Eine spezielle Regelung zu grenzüberschreitenden Spaltungen fehlt indes bis
heute → § 30 Rn. 5.

B. Spaltungsarten

Es gibt drei Arten der Spaltung: Aufspaltung (→ Rn. 12), Abspaltung (→ Rn. 13) und 11
Ausgliederung (→ Rn. 14). Alle drei können entweder zur Aufnahme oder zur Neugründung erfolgen (→ Rn. 12 ff.) Außerdem können die verschiedenen Spaltungsarten auch
miteinander kombiniert werden (→ Rn. 19).

I. Aufspaltung

Charakteristisch für die **Aufspaltung (§ 123 Abs. 1 UmwG)** ist, dass ein Rechtsträger 12
sein ganzes Vermögen im Wege der partiellen Universalsukzession auf mindestens zwei
andere Rechtsträger überträgt. Diese anderen Rechtsträger können entweder bereits bestehen (sog. Aufspaltung zur Aufnahme) oder erst im Zuge der Aufspaltung neu gegründet
werden (Aufspaltung zur Neugründung). Sie können auch eine andere Rechtsform haben
als der übertragende Rechtsträger (zu den zulässigen Möglichkeiten → § 21 Rn. 3 ff.). Der
übertragende Rechtsträger wird ohne Abwicklung aufgelöst. Den Anteilsinhabern des
übertragenden Rechtsträgers werden Anteile oder Mitgliedschaften an den übernehmenden
bzw. neu gegründeten Rechtsträgern gewährt.

---

[13] Vgl. *Bayer/J. Schmidt* ZHR 173 (2009), 735, 768; *Lutter/Drygala* § 1 Rn. 20; *Decher* Der Konzern 2006, 805, 810; *Doralt* IPRax 2006, 572, 576; *Hansen* EBLR 2007, 181, 195; *Herrler* EuZW 2007, 295, 299 f.; *Kallmeyer/Kappes* AG 2006, 224, 234 ff.; *Kleba* RNotZ 2016, 273, 275 f.; *Krause/Kulpa* ZHR 171 (2007), 38, 46 f.; *Leible/Hoffmann* RIW 2006, 161, 165; Kallmeyer/*Marsch-Barner* Vorbem. §§ 122 a ff. Rn. 11; *Meilicke/Rabback* GmbHR 2006, 123, 126; *Papadopoulos* (2011) 36 E. L. Rev. 71, 83 f.; *Roelofs* (2010) 7 ECL 142, 144; *Rønfeldt/Werlauff* (2006) 3 ECL 125, 127; *J. Schmidt*, Cross-border mergers and divisions, transfers of seat: Is there a need to legislate?, PE 559.960, S. 11; Kölner Kommentar-UmwG/*Simon/Rubner* Vor §§ 122 a ff. Rn. 53; *Storm* (2006) 3 ECL, 130, 134; BeckOGK/*Verse* § 123 Rn. 24. *Vossestein* (2006) 3 ECL 177, 179.

[14] Vgl. COM(2016) 710 annex 1, S. 3.

[15] Gesetz über die Spaltung der von der Treuhandanstalt verwalteten Unternehmen (SpTrUG) v. 5.4.1991, BGBl. I S. 854.

[16] Gesetz über die strukturelle Anpassung der Landwirtschaft an die soziale und ökologische Marktwirtschaft in der Deutschen Demokratischen Republik, Neubekanntmachung: BGBl. 1991 I S. 1418.

[17] Vgl. dazu auch *Bayer*, Privatisierung und Restrukturierung volkseigener und genossenschaftlicher Unternehmen durch Umwandlung, in: Hommelhoff u. a. (Hrsg.), Gesellschafts- und Umwandlungsrecht in der Bewährung, ZGR-Sonderheft 14 (1998), S. 22 ff.

[18] Umwandlungsgesetz (UmwG) v. 28.10.1994, BGBl. I, 3210.

[19] Vgl. Widmann/Mayer/*Mayer* Einf UmwG Rn. 104; *H. Schwarz* DStR 1994, 1694, 1697.

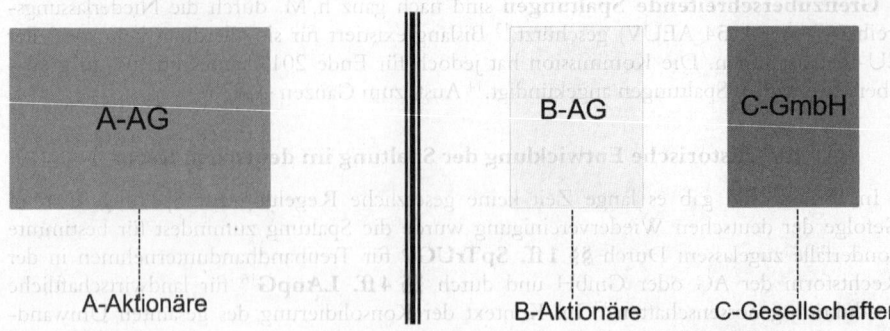

Abbild. 1: Aufspaltung zur Neugründung

II. Abspaltung

13 Bei der **Abspaltung (§ 123 Abs. 2 UmwG)** überträgt ein Rechtsträger nicht sein ganzes, sondern nur einen Teil seines Vermögens im Wege der partiellen Universalsukzession auf einen oder mehrere andere Rechtsträger. Diese anderen Rechtsträger können entweder bereits bestehen (sog. Abspaltung zur Aufnahme) oder erst im Zuge der Abspaltung neu gegründet werden (Abspaltung zur Neugründung). Sie können auch eine andere Rechtsform haben als der übertragende Rechtsträger (zu den zulässigen Möglichkeiten → § 21 Rn. 3 ff.). Den Anteilsinhabern des übertragenden Rechtsträgers werden Anteile oder Mitgliedschaften an den übernehmenden bzw. neugegründeten Rechtsträgern gewährt.

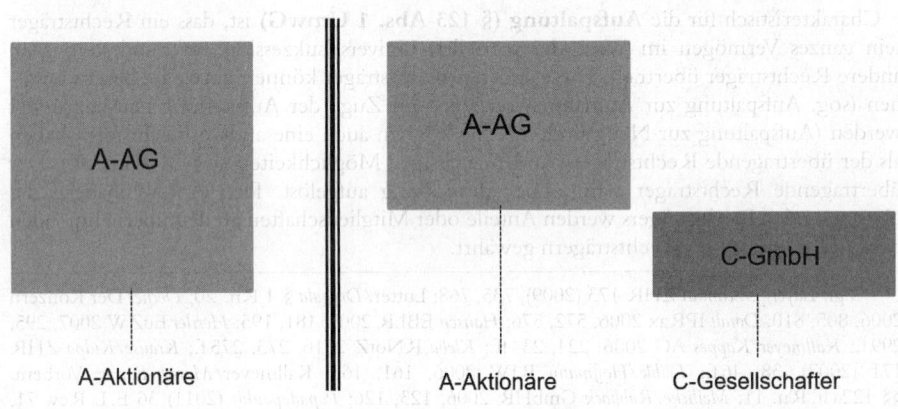

Abbild. 2: Abspaltung zur Neugründung

III. Ausgliederung

1. Ausgliederung gem. § 123 Abs. 3 UmwG

14 Bei der **Ausgliederung gem. § 123 Abs. 3 UmwG** überträgt ein Rechtsträger einen Teil seines Vermögens oder auch sein ganzes Vermögen (sog. Totalausgliederung)[20] im

---

[20] Vgl. BAG 6 AZR 556/11, NZA 2013, 1079 Rn. 20; OLG Hamm 2 U 98/09, [BeckRS 2010, 08022]; Böttcher/Habighorst/Schulte/*Fischer* § 123 Rn. 22; Schmitt/Hörtnagl/Stratz/*Hörtnagl* § 123 Rn. 22; *Ittner* MittRhNotK 1997, 106; Kallmeyer/*Sickinger* § 123 Rn. 12; Kölner Kommentar-UmwG/*Simon* § 123 Rn. 27; Semler/Stengel/*Stengel* § 123 Rn. 17; Lutter/*Teichmann* § 123 Rn. 25; BeckOGK/*Verse* § 123 Rn. 73; a. A. *Mayer* DB 1995, 861, 862.

Wege der partiellen Universalsukzession auf einen oder mehrere andere Rechtsträger. Diese anderen Rechtsträger können entweder bereits bestehen (sog. Ausgliederung zur Aufnahme) oder erst im Zuge der Ausgliederung neu gegründet werden (Ausgliederung zur Neugründung). Sie können auch eine andere Rechtsform haben als der übertragende Rechtsträger (zu den zulässigen Möglichkeiten → § 21 Rn. 3 ff.). Der übertragende Rechtsträger besteht – ebenso wie bei der Abspaltung (→ Rn. 13), aber anders als bei der Aufspaltung (→ Rn. 12) – fort. Charakteristisch für die Ausgliederung – und wesentlicher Unterschied zur Auf- und Abspaltung (→ Rn. 12, 13) – ist, dass die Anteile/Mitgliedschaften an dem/den übernehmenden/neu gegründeten Rechtsträgern nicht den Anteilsinhabern des übertragenden Rechtsträgers gewährt werden, sondern dem übertragenden Rechtsträger selbst. Es findet also letztlich nur eine Vermögensumschichtung statt (Anteile am übernehmenden/neuen Rechtsträger statt Sachwerte)[21], der übertragende Rechtsträger wird zur Muttergesellschaft (Holding) der übernehmenden/neuen Rechtsträger[22]. Rechtsdogmatisch unterscheidet sich die Ausgliederung damit wesentlich von Auf- und Abspaltung und wird daher teilweise als eigenständiges Rechtsinstitut qualifiziert[23].

Die Idee einer vereinfachten **Mini-Ausgliederung** von unwesentlichen Vermögensteilen, die schon im UmwG-DiskE[24] und dann erneut im Kontext der Aktienrechtsnovelle 2016[25] vorgeschlagen wurde, konnte sich bislang **nicht** durchsetzen.

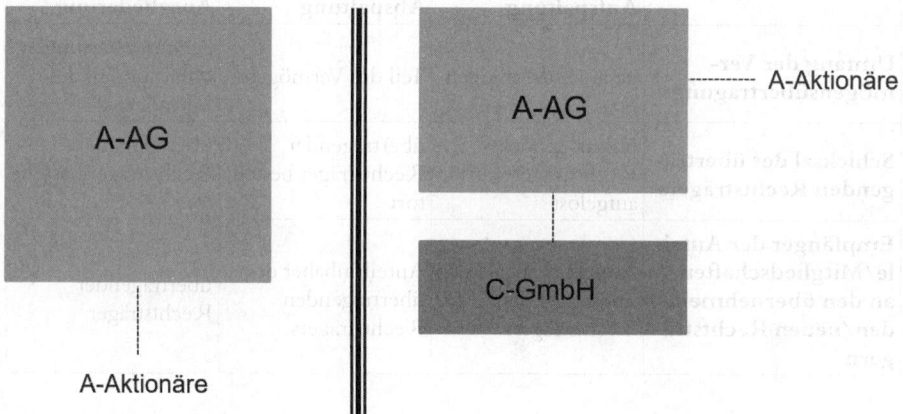

Abbild. 3: Ausgliederung zur Neugründung

2. Ausgliederung außerhalb des UmwG

Eine Ausgliederung kann jedoch weiterhin auch außerhalb des UmwG, d. h. im Wege der Einzelrechtsnachfolge stattfinden; § 123 Abs. 3 UmwG ist insofern nicht abschließend, d. h. die Beteiligten haben ein Wahlrecht[26]. Gegenstand heftiger Kontroversen war und ist jedoch die Frage, ob bestimmte umwandlungsrechtliche Vorschriften auf die Ausgliederung

---

[21] Vgl. Kölner Kommentar-UmwG/*Simon* § 123 Rn. 26; Semler/Stengel/*Stengel* § 123 Rn. 16; Lutter/*Teichmann* § 123 Rn. 26.
[22] Vgl. Kallmeyer/*Sickinger* § 123 Rn. 12; Semler/Stengel/*Stengel* § 123 Rn. 17.
[23] Vgl. *Teichmann* ZGR 1993, 396, 400; Lutter/*Teichmann* § 123 Rn. 27; Henssler/Strohn/*Wardenbach* § 123 Rn. 7.
[24] Gem. § 204 Abs. 1 S. 1 UmwG-DiskE sollte ein Hauptversammlungsbeschluss der übertragenden AG nicht erforderlich sein, wenn die Ausgliederung weniger als 10 % des Gesellschaftsvermögens oder Grundkapitals der übertragenden AG betrifft. Kritisch dazu *Krieger* ZGR 1990, 517, 526 f.; *Lutter* ZGR 1990, 392, 402 f.
[25] Vgl. *Grunewald/Royla/Vetter* AG 2012, 324 ff., die aber als Schwellenwert 25 % der Bilanzsumme vorschlugen.
[26] Vgl. BegrRegE z. UmwG, BT-Drucks. 12/6699, S. 80.

im Wege der Einzelrechtsnachfolge entsprechend anwendbar sind. § 252 DiskE-UmwG und §§ 137, 141 RefE UmwG hatten dies noch ausdrücklich für bestimmte Fälle vorgesehen; nach heftiger Kritik aus Praxis[27] und Schrifttum[28] wurde jedoch in der endgültigen Gesetzesfassung von derartigen Regelungen abgesehen. Einzelne Instanzgerichte[29] sprachen sich indes gleichwohl für eine **analoge Anwendung bestimmter umwandlungsrechtlichen Vorschriften** auch auf die Ausgliederung im Wege der Einzelrechtsnachfolge aus. Die heute **ganz h. M. lehnt dies** jedoch zu Recht **ab** (differenzierend → § 4 Rn. 61 ff.).[30] Denn angesichts des Umstands, dass der Gesetzgeber sich bewusst gegen die entsprechende Anwendung der umwandlungsrechtlichen Vorschriften entschieden hat, fehlt es bereits an einer planwidrigen Regelungslücke als Grundvoraussetzung jeder Analogie.[31] So ist insbesondere ein Beschluss der Haupt- bzw. Gesellschafterversammlung nur dann erforderlich, wenn ein „Holzmüller/Gelatine"-Fall[32] vorliegt.[33]

IV. Die Unterschiede zwischen Aufspaltung, Abspaltung und Ausgliederung im Überblick

17 Die wesentlichen **Unterschiede** zwischen Aufspaltung, Abspaltung und Ausgliederung lassen sich wie folgt zusammenfassen:

	Aufspaltung	Abspaltung	Ausgliederung
Umfang der Vermögensübertragung	gesamtes Vermögen	Teil des Vermögens	gesamtes Vermögen oder nur Teil des Vermögens
Schicksal des übertragenden Rechtsträgers	übertragender Rechtsträger wird aufgelöst	übertragender Rechtsträger besteht fort	übertragender Rechtsträger besteht fort
Empfänger der Anteile/Mitgliedschaften an den übernehmenden/neuen Rechtsträgern	Anteilsinhaber des übertragenden Rechtsträgers	Anteilsinhaber des übertragenden Rechtsträgers	übertragender Rechtsträger

---

[27] Vgl. *Handelsrechtsausschuss des DAV*, WM-Sonderbeilage 2/1993, Rn. 88 ff.
[28] Vgl. *Kallmeyer* GmbHR 1993, 461, 465; *K. Schmidt* ZGR 1990, 580, 586 ff.; *Werner* WM 1993, 1178; *Zöllner* ZGR 1993, 334, 338.
[29] Vgl. LG Karlsruhe O 43/97 KfH I, NZG 1998, 393 – Badenwerk-AG; LG Frankfurt 3/5 O 162/95, ZIP 1997, 1697, 1702 – Altana/Milupa.
[30] Vgl. LG München I 5 HK O 5025/06, NZG 2006, 873 – Infineon; *Aha* AG 1997, 345, 356; Böttcher/Habighorst/Schulte/*Fischer* § 123 Rn. 11; Schmitt/Hörtnagl/Stratz/*Hörtnagl* § 123 Rn. 24; Kölner Kommentar-UmwG/*Simon* § 123 Rn. 12; Semler/Stengel/*Stengel* § 123 Rn. 4; Lutter/*Teichmann* § 123 Rn. 28 f.; Henssler/Strohn/*Wardenbach* § 123 Rn. 9; s. ferner auch bereits Feddersen/*Kiem* ZIP 1994, 1078, 1079, 1087.
[31] Vgl. LG München I 5 HK O 5025/06, NZG 2006, 873, 874 – Infineon; *Aha* AG 1997, 345, 356; Schmitt/Hörtnagl/Stratz/*Hörtnagl* § 123 Rn. 24; Lutter/*Teichmann* § 123 Rn. 28 f.; Henssler/Strohn/*Wardenbach* § 123 Rn. 9.
[32] Grundlegend: BGH II ZR 174/80, NJW 1982, 1703 – Holzmüller; BGH II ZR 154/02, NZG 2005, 575 – Gelatine I; BGH II ZR 155/02, NZG 2004, 571 – Gelatine II; ausf. zum Ganzen etwa Schmidt/Lutter/*Spindler* § 119 Rn. 26 ff. m. w. N.
[33] Vgl. LG München I 5 HK O 5025/06, NZG 2006, 873, 875 – Infineon; Schmitt/Hörtnagl/Stratz/*Hörtnagl* § 123 Rn. 24; Kallmeyer/*Sickinger* § 123 Rn. 19; Lutter/*Teichmann* § 123 Rn. 28; Henssler/Strohn/*Wardenbach* § 123 Rn. 10.

V. Kombination von Spaltungsvorgängen

1. Kombination von Spaltung zur Aufnahme und zur Neugründung

Im Interesse größtmöglichen Spielraums für die Unternehmensträger[34] lässt § 123 Abs. 4 UmwG ausdrücklich eine Kombination von Spaltung zur Aufnahme und Spaltung zur Neugründung zu. Ein Rechtsträger kann sich also z. B. aufspalten und den einen Teil seines Vermögens auf einen bereits bestehenden und den anderen Teil auf einen im Zuge der Aufspaltung neu gegründeten Rechtsträger übertragen.

2. Kombination verschiedener Spaltungsformen von einem Rechtsträger

Nach ganz h. M. ist es jedoch darüber hinaus auch möglich, verschiedene Spaltungsarten miteinander zu kombinieren, soweit deren Wesen miteinander vereinbar ist. Zulässig ist insbesondere die **Kombination von Abspaltung und Ausgliederung**.[35] Dies kann zum einen derart geschehen, dass ein Rechtsträger (R) einen Teil seines Vermögens auf einen anderen Rechtsträger (X) abspaltet und einen weiteren Teil seines Vermögens auf einen dritten Rechtsträger (Y) ausgliedert.[36] Zum anderen ist es aber auch zulässig, dass ein Rechtsträger (R) einen Teil seines Vermögens auf nur einen anderen Rechtsträger (Z) überträgt und im Gegenzug Anteile von Z teilweise dem übertragenden Rechtsträger (R) selbst (Ausgliederung) und teilweise dessen Anteilsinhabern (Abspaltung) gewährt werden.[37]

Eine **Aufspaltung** kann hingegen **nicht mit** einer **Abspaltung oder Ausgliederung kombiniert** werden, da der übertragende Rechtsträger bei der Aufspaltung zwingend erlischt, bei Abspaltung und Ausgliederung hingegen fortbesteht (→ Rn. 12).[38]

3. Mehrere übertragende Rechtsträger?

Eine gleichzeitige Beteiligung mehrerer übertragender Rechtsträger an *einem* Spaltungsvorgang ist **unzulässig**.[39] Dies ergibt sich zum einen aus dem klaren Wortlaut der § 123 Abs. 1–3 UmwG („ein Rechtsträger")[40], zum anderen aus der Gesetzeshistorie: Die in §§ 138 Abs. 2, 167 Abs. 2 UmwG-DiskE bzw. § 123 Abs. 3 UmwG-RefE enthaltenen Regelungen betreffend eine „verschmelzende Spaltung" sind gerade nicht Gesetz gewor-

---

[34] Vgl. BegrRegE z. UmwG, BT-Drucks. 12/6699, S. 116.
[35] Vgl. Schmitt/Hörtnagl/Stratz/*Hörtnagl* § 123 Rn. 14 ff.; *Kallmeyer* DB 1995, 81 ff.; Widmann/Mayer/*Schwarz* § 123 Rn. 7.2; Kallmeyer/*Sickinger* § 123 Rn. 13; Kölner Kommentar-UmwG/*Simon* § 123 Rn. 29 ff.; Semler/Stengel/*Stengel* § 123 Rn. 20; Lutter/*Teichmann* § 123 Rn. 30; Henssler/Strohn/*Wardenbach* § 123 Rn. 11.
[36] Vgl. Schmitt/Hörtnagl/Stratz/*Hörtnagl* § 123 Rn. 16 f.; *Ittner* MittRhNotK 1997, 106; Kölner Kommentar-UmwG/*Simon* § 123 Rn. 30 ff.; Semler/Stengel/*Stengel* § 123 Rn. 20; Lutter/*Teichmann* § 123 Rn. 30; BeckOGK/*Verse* § 123 Rn. 88.
[37] Vgl. *Kallmeyer* DB 1995, 81, 83; *Mayer* DB 1995, 861; Widmann/Mayer/*Schwarz* § 123 Rn. 7.2; Kölner Kommentar-UmwG/*Simon* § 123 Rn. 31 ff.; Lutter/*Teichmann* § 123 Rn. 30; a. A. Schmitt/Hörtnagl/Stratz/*Hörtnagl* § 123 Rn. 17; BeckOGK/*Verse* § 123 Rn. 89.
[38] Vgl. Böttcher/Habighorst/Schulte/*Fischer* § 123 Rn. 25; *Mayer* DB 1995, 861 f.; Widmann/Mayer/*Schwarz* § 123 Rn. 7.1, 7.3; Semler/Stengel/*Stengel* § 123 Rn. 20; Lutter/*Teichmann* § 123 Rn. 30; Henssler/Strohn/*Wardenbach* § 123 Rn. 11.
[39] Vgl. Böttcher/Habighorst/Schulte/*Fischer* § 123 Rn. 28; Schmitt/Hörtnagl/Stratz/*Hörtnagl* § 123 Rn. 18; *Ittner* MittRhNotK 1997, 106; Widmann/Mayer/*Schwarz* § 123 Rn. 9; Kölner Kommentar-UmwG/*Simon* § 123 Rn. 36; Semler/Stengel/*Stengel* § 123 Rn. 19; Lutter/*Teichmann* § 123 Rn. 32; BeckOGK/*Verse* § 123 Rn. 90.
[40] Vgl. Böttcher/Habighorst/Schulte/*Fischer* § 123 Rn. 28; Schmitt/Hörtnagl/Stratz/*Hörtnagl* § 123 Rn. 18; Widmann/Mayer/*Schwarz* § 123 Rn. 9; Kölner Kommentar-UmwG/*Simon* § 123 Rn. 36; Semler/Stengel/*Stengel* § 123 Rn. 19; BeckOGK/*Verse* § 123 Rn. 90.

den[41]. Möglich ist jedoch, mehrere Spaltungsvorgänge zeitlich aufeinander abzustimmen und schuldrechtlich miteinander zu verknüpfen.[42]

C. Verhältniswahrende und nicht verhältniswahrende Spaltung

22 Das UmwG gestattet sowohl die **verhältniswahrende als auch** die **nicht verhältniswahrende** Spaltung. In Betracht kommt eine nicht verhältniswahrende Spaltung aber nur im Falle der Auf- und Abspaltung, denn im Falle der Ausgliederung erhält der übertragende Rechtsträger ohnehin sämtliche Anteile an dem/den übernehmenden/neu gegründeten Rechtsträger(n).[43]

23 Bei der **nicht verhältniswahrenden Spaltung** verschieben sich die Beteiligungsquoten. Maßgeblich ist insoweit bei der Spaltung zur Neugründung ein Vergleich der rechnerischen Beteiligungsquote am übertragenden Rechtsträger mit den rechnerischen Beteiligungsquoten an den neuen Rechtsträgern; bei der Spaltung zur Aufnahme ist Vergleichsmaßstab dagegen die rechnerische Quote an den vom übernehmenden Rechtsträger als Gegenleistung für das übertragene Vermögen gewährten Anteilen.[44]

24 Zulässig ist auch die sog. „**Spaltung zu Null**", bei der ein oder mehrere Anteilsinhaber des übertragenden Rechtsträgers an einem übernehmenden oder neuen Rechtsträger überhaupt nicht beteiligt werden.[45]

25 Dem mit solchen nicht-verhältniswahrenden Spaltungen verbundenen Eingriff in die Rechte der (Minderheits-)Anteilsinhaber trägt das Gesetz zum einen durch **spezielle Transparenzregeln** in Form der Angabe des Aufteilungsmaßstabs im Spaltungsvertrag bzw. -plan (§§ 126 Abs. 1 Nr. 10, 136 S. 2 UmwG, → § 22 Rn. 8) und seiner Erläuterung im Spaltungsbericht (§ 127 S. 1 UmwG, → § 23 Rn. 20 ff.) Rechnung. Zum anderen verlangt § 128 S. 1 UmwG beim übertragenden Rechtsträger einen **einstimmigen Beschluss**, räumt den Minderheitsaktionären also ein Vetorecht ein (vgl. → § 24 Rn. 4). Das deutsche Recht geht insoweit in zulässiger Weise über den Mindestschutzstandard von Art. 139 Abs. 2 GesRRh (≙ Art. 5 Abs. 2 S. 1 SpRL) hinaus[46]; der deutsche Gesetzgeber erachtete ein Sell-out-Recht nicht für ausreichend, weil die Minderheitsgesellschafter auch dann noch Gefahr laufen würden, aus der Gesellschaft herausgedrängt zu werden.[47]

---

[41] Vgl. Böttcher/Habighorst/Schulte/*Fischer* § 123 Rn. 28; Widmann/Mayer/*Schwarz* § 123 Rn. 9; Kölner Kommentar-UmwG/*Simon* § 123 Rn. 36; Lutter/*Teichmann* § 123 Rn. 32; BeckOGK/*Verse* § 123 Rn. 90.

[42] Vgl. Böttcher/Habighorst/Schulte/*Fischer* § 123 Rn. 28; Schmitt/Hörtnagl/Stratz/*Hörtnagl* § 123 Rn. 21; Widmann/Mayer/*Schwarz* § 123 Rn. 9; Kölner Kommentar-UmwG/*Simon* § 123 Rn. 36; Semler/Stengel/*Stengel* § 123 Rn. 19; Lutter/*Teichmann* § 123 Rn. 32; BeckOGK/*Verse* § 123 Rn. 90.

[43] Vgl. nur Schmitt/Hörtnagl/Stratz/*Hörtnagl* § 128 Rn. 1.

[44] Vgl. Schmitt/Hörtnagl/Stratz/*Hörtnagl* § 128 Rn. 2; Kallmeyer/*Sickinger* § 128 Rn. 2 f.; Widmann/Mayer/*Mayer* § 128 Rn. 27; Lutter/*Priester* § 128 Rn. 8 f.; Semler/Stengel/*Schröer* § 128 Rn. 5; BeckOGK/*Verse* § 128 Rn. 9 f.; Henssler/Strohn/*Wardenbach* § 128 Rn. 5.

[45] Vgl. OLG München 31 Wx 131/13, NZG 2013, 951; LG Essen 42 T 1/02, NZG 2002, 736; LG Konstanz 1 HTH 6/97, NZG 1998, 827; Böttcher/Habighorst/Schulte/*Fischer* § 123 Rn. 14; *Heckschen* GmbHR 2015, 897, 898 ff.; Schmitt/Hörtnagl/Stratz/*Hörtnagl* § 128 Rn. 12; Kallmeyer/*Sickinger* § 128 Rn. 4; Lutter/*Priester* § 128 Rn. 13; Semler/Stengel/*Schröer* § 128 Rn. 6; Henssler/Strohn/*Wardenbach* § 128 Rn. 6; *Weiler* NZG 2013, 1326 ff.

[46] Vgl. Lutter/Bayer/*J. Schmidt*, Europäisches Unternehmens- und Kapitalmarktrecht, 21.85 ff. m. w. N.

[47] Vgl. BegrRegE z. UmwG, BT-Drucks. 12/6699, S. 120.

D. Spaltung im Konzern

Besonderheiten gelten bei der **Spaltung im Konzern**. Hier kommt es in bestimmten Fällen nicht zu einer Anteilsgewährung (→ § 22 Rn. 14). Zudem ist in bestimmten Fällen der Spaltungsbeschluss entbehrlich (→ § 25 Rn. 2). 26

§ 21 Spaltungsfähige Rechtsträger

Übersicht

	Rdnr.		Rdnr.
A. Allgemeines	1, 2	2. Beschränkung auf Beteiligung als übertragender Rechtsträger	13–16
B. Spaltungsfähige Rechtsträger	3–16	a) Beschränkung auf Beteiligung als übertragender Rechtsträger bei allen Spaltungsarten	13
I. Tabellarische Übersichten	3, 4		
1. Spaltungsfähige Rechtsträger	3		
2. Mögliche Spaltungskombinationen	4		
II. Grundsätzlich uneingeschränkt spaltungsfähige Rechtsträger bei allen Spaltungsarten	5–9	b) Beschränkung auf Beteiligung als übertragender Rechtsträger bei Ausgliederungen	14–16
III. Eingeschränkt spaltungsfähige Rechtsträger	10–16	C. Spaltung unter Beteiligung aufgelöster und insolventer Rechtsträger	17
1. Einschränkungen bzgl. der zulässigen Spaltungskombinationen	10–12	D. Mischspaltung	18

Schrifttum *Geck,* Die Spaltung von Unternehmen nach dem neuen Umwandlungsrecht, DStR 1995, 416; *Priester,* Kapitalbildung bei der UG (haftungsbeschränkt) – einer GmbH mit ernst zu nehmenden Sonderregeln, in Festschrift G. Roth, 2011, S. 573; *ders.,* Keine Neugründung einer UG durch Abspaltung, EWiR 2011, 419.

A. Allgemeines

Welche Rechtsträger spaltungsfähig sind, wird in **§ 124 UmwG abschließend**[1] festgelegt. Die Norm differenziert dabei zwischen der Beteiligung an Aufspaltungen und Abspaltungen einerseits und der Beteiligung an Ausgliederungen anderseits. Außerdem werden bestimmte Rechtsträger nur als übertragende Rechtsträger zugelassen. 1

Für bestimmte Rechtsträger werden darüber hinaus aber in den Besonderen Vorschriften des Dritten Buchs noch weitergehende **rechtsformspezifische Einschränkungen** statuiert (§§ 147, 149 Abs. 2, 150, 151, 152, 161 und 168 UmwG, → § 29 Rn. 244, 247, 308, 314 ff., 328 ff., 341 ff., 391 ff., 444 ff., 502 ff.). 2

---

[1] Vgl. Kölner Kommentar-UmwG/*Simon* § 124 Rn. 1.

B. Spaltungsfähige Rechtsträger

I. Tabellarische Übersichten

1. Spaltungsfähige Rechtsträger

3

	nur übertragender Rechtsträger	übertragender, übernehmender oder neuer Rechtsträger
Aufspaltung und Abspaltung	wirtschaftliche Vereine	oHG KG PartG PartGmbH EWIV GmbH AG SE KGaA eG SCE eV genossenschaftliche Prüfungsverbände VVaG
Ausgliederung	wirtschaftliche Vereine Einzelkaufleute Stiftungen Gebietskörperschaften Zusammenschlüsse von Gebietskörperschaften, die nicht Gebietskörperschaften sind	

2. Mögliche Spaltungskombinationen

4

übertragender Rechtsträger	übernehmender oder neuer Rechtsträger						
	oHG, KG, EWIV, PartG, PartmbH	GmbH	AG, KGaA, SE[2]	eG, SCE[3]	eV	Gen. Prüfungsverbände	VVaG
oHG, KG, EWIV, PartG, PartmbH	§§ 124, 125, 135 UmwG	§§ 124, 125, 135, 138–140 UmwG	§§ 124, 125, 135, 141–146 UmwG	§§ 124, 125, 135, 147, 148 UmwG	(–)	(–)	(–)
GmbH	§§ 124, 125, 135, 138–140 UmwG	§§ 124, 125, 135, 138–140 UmwG	§§ 124, 125, 135, 138–140, 141–146 UmwG	§§ 124, 125, 135, 138–140, 147, 148 UmwG	(–)	(–)	(–)

---

[2] Beachte jedoch Rn. 8.
[3] Beachte jedoch Rn. 9.

übertragender Rechtsträger	übernehmender oder neuer Rechtsträger						
	oHG, KG, EWIV, PartG, PartmbH	GmbH	AG, KGaA, SE[4]	eG, SCE[5]	eV	Gen. Prüfungsverbände	VvaG
AG, KGaA, SE	§§ 124, 125, 135, 141–146 UmwG	§§ 124, 125, 135, 138–140, 141–146 UmwG	§§ 124, 125, 135, 141–146 UmwG	§§ 124, 125, 135, 141–146, 147, 148 UmwG	(–)	(–)	(–)
eG, SCE	§§ 124, 125, 135, 147, 148 UmwG	§§ 124, 125, 135, 138–140, 147, 148 UmwG	§§ 124, 125, 135, 141–146, 147, 148 UmwG	§§ 124, 125, 135, 147, 148 UmwG	(–)	(–)	(–)
e. V., wirtschaftliche Vereine	§§ 124, 125, 135 UmwG	§§ 124, 125, 135 UmwG	§§ 124, 125, 135 UmwG	§§ 124, 125, 135 UmwG	§§ 124, 125, 135, 149 UmwG	(–)	(–)
Gen. Prüfungsverbände	(–)	§§ 124, 125, 135, 138–140, 150 UmwG (nur Ausgliederung)	§§ 124, 125, 135, 141–146, 150 UmwG (nur Ausgliederung)	(–)	(–)	§§ 124, 125, 135, 150 UmwG	(–)
VVaG	(–)	§§ 124, 125, 135, 138–140, 151 UmwG (nur Ausgliederung)	§§ 124, 125, 135, 141–146, 151 UmwG (nur Ausgliederung)	(–)	(–)	(–)	§§ 124, 125, 135, 151 UmwG (nur Auf- oder Abspaltung)
Einzelkaufmann	§§ 124, 125, 135, 152–160 UmwG (nur Ausgliederung)	§§ 124, 125, 135, 138–140, 152–160 UmwG (nur Ausgliederung)	§§ 124, 125, 135, 141–146, 152–160 UmwG (nur Ausgliederung)	§§ 124, 125, 135, 147, 148, 152–160 UmwG (nur Ausgliederung)	(–)	(–)	(–)

---

[4] Beachte jedoch Rn. 8.
[5] Beachte jedoch Rn. 9.

übertragender Rechtsträger	übernehmender oder neuer Rechtsträger						
	oHG, KG, EWIV, PartG, PartmbH	GmbH	AG, KGaA, SE[6]	eG, SCE[7]	eV	Gen. Prüfungsverbände	VvaG
Stiftungen	§§ 124, 125, 135, 161–167 UmwG (nur Ausgliederung)	§§ 124, 125, 135, 138–140, 161–167 UmwG (nur Ausgliederung)	§§ 124, 125, 135, 141–146, 161–167 UmwG (nur Ausgliederung)	(–)	(–)	(–)	(–)
Gebietskörperschaften	§§ 124, 125, 135, 168–173 UmwG (nur Ausgliederung)	§§ 124, 125, 135, 138–140, 168–173 UmwG (nur Ausgliederung)	§§ 124, 125, 135, 141–146, 168–173 UmwG (nur Ausgliederung)	§§ 124, 125, 135, 147–148, 168–173 UmwG (nur Ausgliederung)	(–)	(–)	(–)

II. Grundsätzlich uneingeschränkt spaltungsfähige Rechtsträger bei allen Spaltungsarten

5 **OHG, KG, PartG und PartGmbB** sind bei allen Arten der Spaltung uneingeschränkt beteiligungsfähig als übertragender, aufnehmender oder neuer Rechtsträger (§ 124 Abs. 1 i. V. m. § 3 Abs. 1 Nr. 1 UmwG). Dies gilt aufgrund von § 1 EWIVAG entsprechend auch für die **EWIV**.[8] Nicht auf- und abspaltungsfähig ist dagegen die GbR.[9]

6 **GmbH** sind bei allen Arten der Spaltung ebenfalls uneingeschränkt beteiligungsfähig als übertragender, aufnehmender oder neuer Rechtsträger (§ 124 Abs. 1 i. V. m. § 3 Abs. 1 Nr. 2 UmwG). Beim Subtyp der **UG** ergeben sich jedoch aus dem Sacheinlageverbot des § 5a Abs. 2 S. 1 GmbHG Restriktionen.[10] Es hat zur Konsequenz, dass eine Neugründung einer UG durch Spaltung ausgeschlossen ist.[11] Eine Beteiligung einer UG als übernehmender Rechtsträger lässt § 5a Abs. 2 S. 1 GmbHG nur dann zu, wenn entweder keine

---

[6] Beachte jedoch Rn. 8.
[7] Beachte jedoch Rn. 9.
[8] Vgl. Schmitt/Hörtnagl/Stratz/*Hörtnagl* § 124 Rn. 3.
[9] Vgl. Schmitt/Hörtnagl/Stratz/*Hörtnagl* § 124 Rn. 3; Henssler/Strohn/*Wardenbach* § 124 Rn. 5.
[10] Näher zu dessen Geltung auch für Entstehung einer UG durch Umwandlung Michalski/Heidinger/Leible/J. Schmidt/*J. Schmidt* § 5a Rn. 46 m. w. N.
[11] Vgl. BGH II ZB 9/10, NZG 2011, 666; OLG Frankfurt 20 W 7/10, NZG 2010, 1429; Baumbach/Hueck/*Fastrich* § 5a Rn. 17; BeckOK GmbHG/*Miras* § 5a Rn. 12; Ulmer/Habersack/Löbbe/*Paura* § 5a Rn. 68; *Priester* FS G. Roth, 2011, S. 573, 579; *ders.* EWiR 2011, 419, 420; MünchKommGmbHG/*Rieder* § 5a Rn. 51; Michalski/Heidinger/Leible/J. Schmidt/*J. Schmidt* § 5a Rn. 47; Lutter/*Teichmann* § 124 Rn. 2; BeckOGK/*Verse* § 124 Rn. 13.

Kapitalerhöhung stattfindet[12] (bei der Auf- oder Abspaltung gem. §§ 125 S. 1, 54 UmwG) oder durch die Übertragung (ggf. i. V. m. einer weiteren Kapitalerhöhung) die Mindestkapitalgrenze des § 5 Abs. 1 GmbHG (= 25.000 EUR) überschritten wird[13]. Uneingeschränkt zulässig ist hingegen die Beteiligung einer UG als übertragender Rechtsträger.[14]

Uneingeschränkt beteiligungsfähig an jeder Art von Spaltung sind weiterhin **AG** und **KGaA** (§ 124 Abs. 1 i. V. m. § 3 Abs. 1 Nr. 2 UmwG).

Gem. Art. 9 Abs. 1 lit. c sublit. ii SE-VO i. V. m. § 124 Abs. 1 i. V. m. § 3 Abs. 1 Nr. 2 UmwG sind grundsätzlich auch **SE** uneingeschränkt beteiligungsfähig an jeder Art von Spaltung. Aufgrund des *numerus clausus* der Gründungsmöglichkeiten einer SE in Art. 2 f. SE-VO ist allerdings eine Spaltung zur Neugründung einer SE unzulässig.[15]

An jeder Art der Spaltung uneingeschränkt beteiligungsfähig sind ferner **eG** (§ 124 Abs. 1 i. V. m. § 3 Abs. 1 Nr. 3 UmwG). Dies gilt qua Art. 8 Abs. 1 lit. c sublit. ii SCE-VO grundsätzlich auch für **SCE**. Aufgrund des *numerus clausus* der Gründungsmöglichkeiten einer SCE in Art. 2 Abs. 1 SCE-VO ist allerdings eine Spaltung zur Neugründung einer SCE unzulässig.[16]

III. Eingeschränkt spaltungsfähige Rechtsträger

1. Einschränkungen bzgl. der zulässigen Spaltungskombinationen

Ein **eV** kann zwar grundsätzlich bei allen Spaltungsarten übertragender, übernehmender oder neuer Rechtsträger sein (§ 124 Abs. 1 i. V. m. § 3 Abs. 1 Nr. 4 UmwG). § 149 Abs. 2 UmwG schließt allerdings Mischspaltungen (→ Rn. 18) eines Rechtsträgers anderer Rechtsform auf einen e. V. aus (→ § 29 Rn. 314).

Genossenschaftliche Prüfungsverbände können ebenfalls grundsätzlich bei allen Spaltungsarten übertragender, übernehmender oder neuer Rechtsträger sein (§ 124 Abs. 1 i. V. m. § 3 Abs. 1 Nr. 5 UmwG). § 150 UmwG beschränkt allerdings signifikant die zulässigen Spaltungskombinationen: Bei Auf- und Abspaltung ist eine Mischspaltung (→ Rn. 18) gänzlich unzulässig, bei der Ausgliederung können übernehmender bzw. neuer Rechtsträger neben anderen genossenschaftlichen Prüfungsverbänden nur Kapitalgesellschaften sein (→ § 29 Rn. 308).

Auch **VVaG** können grundsätzlich bei allen Spaltungsarten übertragender, übernehmender oder neuer Rechtsträger sein (§ 124 Abs. 1 i. V. m. § 3 Abs. 1 Nr. 6 UmwG). § 151 UmwG schränkt die zulässigen Spaltungskombinationen jedoch ebenfalls signifikant ein: Bei Auf- oder Abspaltung eines VVaG können übernehmender oder neuer Rechtsträger nur andere VVaG, Versicherungs-AG oder -SE sein (S. 1); zulässig ist außerdem eine Ausgliederung eines Vermögensteils eines VVaG auf eine GmbH oder AG als übernehmen-

---

[12] Vgl. Baumbach/Hueck/*Fastrich* § 5a Rn. 18; Lutter/*Drygala* § 3 Rn. 13; Lutter/Hommelhoff/ Lutter/*Kleindiek* § 5a Rn. 14; BeckOK-GmbHG/*Miras* § 5a Rn. 15; Ulmer/Habersack/Löbbe/*Paura* § 5a Rn. 67; MünchKommGmbHG/*Rieder* § 5a Rn. 52; Henssler/Strohn/*Schäfer* § 5a GmbHG Rn. 32; Michalski/Heidinger/Leible/J. Schmidt/*J. Schmidt* § 5a Rn. 48; Lutter/*Winter/Vetter*, UmwG § 54 Rn. 12.

[13] Vgl. Lutter/*Drygala* § 3 Rn. 13; Lutter/Hommelhoff/*Lutter/Kleindiek* § 5a Rn. 14; MünchKommGmbHG/*Rieder* § 5a Rn. 52; Michalski/Heidinger/Leible/J. Schmidt/*J. Schmidt* § 5a Rn. 48; Lutter/*Teichmann* § 124 Rn. 2; BeckOGK/*Verse* § 124 Rn. 13; Lutter/*Winter/Vetter* § 54 Rn. 12.

[14] Vgl. Lutter/*Drygala* § 3 Rn. 12; Baumbach/Hueck/*Fastrich* § 5a Rn. 19; Lutter/Hommelhoff/ Lutter/*Kleindiek* § 5a Rn. 14; Ulmer/Habersack/Löbbe/*Paura* § 5a Rn. 63; MünchKommGmbHG/ *Rieder* § 5a Rn. 50; Michalski/Heidinger/Leible/J. Schmidt/*J. Schmidt* § 5a Rn. 49; Lutter/*Teichmann* § 124 Rn. 2; BeckOGK/*Verse* § 124 Rn. 14.

[15] Vgl. Schmitt/Hörtnagl/Stratz/*Hörtnagl* § 124 Rn. 13; Lutter/Bayer/*J. Schmidt*, Europäisches Unternehmens- und Kapitalmarktrecht, 6. Aufl. 2017, 45.148; Rn. 178; Kölner Kommentar-UmwG/ *Simon* § 124 Rn. 5; Lutter/*Teichmann* § 124 Rn. 7; BeckOGK/*Verse* § 124 Rn. 17.

[16] Vgl. Schmitt/Hörtnagl/Stratz/*Hörtnagl* § 124 Rn. 17; Kölner Kommentar-UmwG/*Simon* § 124 Rn. 6; BeckOGK/*Verse* § 124 Rn. 13.

den bzw. neuen Rechtsträger, sofern damit keine Übertragung von Versicherungsverträgen verbunden ist (S. 2 → § 29 Rn. 328 f.).

2. Beschränkung auf Beteiligung als übertragender Rechtsträger

13 **a) Beschränkung auf Beteiligung als übertragender Rechtsträger bei allen Spaltungsarten. Wirtschaftliche Vereine** können bei allen Spaltungsarten nur übertragender Rechtsträger sein (§ 124 Abs. 1 UmwG). Der Gesetzgeber wollte ihre Vergrößerung oder Entstehung durch einen Spaltungsvorgang nicht begünstigen, da sie rechtspolitisch nur ausnahmsweise als Unternehmensträger in Betracht kommen.[17]

14 **b) Beschränkung auf Beteiligung als übertragender Rechtsträger bei Ausgliederungen. Einzelkaufleute** können nur übertragender Rechtsträger bei Ausgliederungen sein (§ 124 Abs. 1 UmwG). Das ergibt sich als logische Konsequenz aus der Struktur der Spaltungsarten: Da Einzelkaufleute keine Anteile an sich gewähren können, können sie von vornherein nicht übernehmender oder neuer Rechtsträger sein[18]; aber auch eine Beteiligung als übertragender Rechtsträger kommt nur bei einer Ausgliederung in Frage, da der Einzelkaufmann bestehen bleibt (daher keine Aufspaltung) und die Anteile an dem/den übernehmenden/neuen Rechtsträger(n) denknotwendig ihm selbst zufallen (daher nur Ausgliederung und nicht Abspaltung)[19].

15 **Stiftungen** können ebenfalls nur übertragender Rechtsträger bei Ausgliederungen sein (§ 124 Abs. 1 UmwG). Auf- und Abspaltungen scheiden bei ihnen ebenfalls bereits denknotwendig aus, weil sie keine Anteilsinhaber haben.[20] Der Gesetzgeber hat Stiftungen zudem ganz bewusst auf die Rolle als übertragender Rechtsträger beschränkt, weil diese Rechtsform ursprünglich nicht als Träger von Unternehmen gedacht gewesen sei und ihre Eignung dafür Bedenken begegne.[21] Gem. § 161 UmwG ist zudem auch nur die Ausgliederung zur Aufnahme durch Personenhandelsgesellschaften oder Kapitalgesellschaften sowie die Ausgliederung zur Neugründung von Kapitalgesellschaften zulässig (→ § 29 Rn. 341 ff.).

16 **Gebietskörperschaften** oder Zusammenschlüsse von Gebietskörperschaften, die nicht Gebietskörperschaften sind, können ebenfalls nur übertragender Rechtsträger bei Ausgliederungen sein (§ 124 Abs. 1 UmwG). Auf- oder Abspaltungen scheitern bei ihnen ebenfalls schon daran, dass die dafür erforderliche Anteilsgewährung nicht möglich ist.[22] Der Gesetzgeber wollte aber ganz bewusst zumindest eine Beteiligung als übertragender Rechtsträger bei Ausgliederungen ermöglichen, um so die Privatisierung von Regie- und Eigenbetrieben.[23] Gem. § 168 UmwG können aber nur Unternehmen ausgegliedert werden und auch der Kreis der übernehmenden/neuen Rechtsträger ist eingeschränkt (→ § 29 Rn. 502 ff.).

C. Spaltung unter Beteiligung aufgelöster und insolventer Rechtsträger

17 Gem. § 124 Abs. 2 i. V. m. § 3 Abs. 3 UmwG können an der Spaltung als **übertragender Rechtsträger** auch **aufgelöste** Rechtsträger beteiligt sein, wenn die Fortsetzung dieser Rechtsträger beschlossen werden könnte. Dadurch sollen Sanierungen erleichtert werden.[24] Ausreichend ist die Möglichkeit eines Fortsetzungsbeschlusses nach dem all-

---

[17] Vgl. BegrRegE z. UmwG, BT-Drucks. 12/6699, S. 116.
[18] Vgl. Semler/Stengel/*Stengel* § 124 Rn. 6; Lutter/*Teichmann* § 124 Rn. 3.
[19] Vgl. BegrRegE z. UmwG, BT-Drucks. 12/6699, S. 116; Schmitt/Hörtnagl/Stratz/*Hörtnagl* § 124 Rn. 44; Semler/Stengel/*Stengel* § 124 Rn. 6.
[20] Vgl. Semeler/Stengel/*Stengel* § 124 Rn. 6, § 161 Rn. 5.
[21] Vgl. BegrRegE z. UmwG, BT-Drucks. 12/6699, S. 116.
[22] Vgl. Lutter/*H. Schmidt* Vor § 168 Rn. 4.
[23] Vgl. BegrRegE z. UmwG, BT-Drucks. 12/6699, S. 116; Lutter/*H. Schmidt* Vor § 168 Rn. 4.
[24] Vgl. BegrRegE z. UmwG, BT-Drucks. 12/6699, S. 82 (zu § 3 Abs. 3 UmwG).

gemeinen Recht des jeweiligen Rechtsträgers[25]; der Spaltungsbeschluss trägt dann konkludent auch den Fortsetzungsbeschluss in sich[26]. Seit dem ESUG[27] ist auch die Beteiligung von sich im **Insolvenzverfahren** befindlichen (und damit aufgelösten[28]) Rechtsträgern als übertragender Rechtsträger an einer Spaltung wesentlich leichter möglich: Wenn und soweit nach § 225a Abs. 3 InsO im Insolvenzplan die Fortsetzung beschlossen werden kann, sind sie potentiell fortsetzungsfähig.[29]

D. Mischspaltung

Gem. § 124 Abs. 2 i. V. m. § 3 Abs. 4 UmwG können Spaltungen grundsätzlich nicht **18** nur unter gleichzeitiger Beteiligung von Rechtsträgern derselben Rechtsform, sondern auch unter gleichzeitiger Beteiligung von Rechtsträgern unterschiedlicher Rechtsform (sog. **Mischspaltung**) erfolgen. Übertragender und übernehmender/neuer Rechtsträger können also unterschiedliche Rechtsformen haben; ebenso ist es aber auch zulässig, dass mehrere übernehmende/neue Rechtsträger unterschiedliche Rechtsformen haben.[30] Für bestimmte Rechtsträger finden sich in den Besonderen Vorschriften des Dritten Buchs jedoch Einschränkungen der zulässigen Spaltungskombinationen (→ Rn. 10, 11, 12).

§ 22 Spaltungsvertrag/-plan

Übersicht

	Rdnr.		Rdnr.
A. Allgemeines	1, 2	cc) Umtauschverhältnis, bare Zuzahlung, Angaben über die Mitgliedschaft (Nr. 3)	21–27
B. Der Spaltungsvertrag bei der Spaltung zur Aufnahme	3–99		
I. Rechtsnatur	3		
II. Abschluss des Spaltungsvertrags	4–6	dd) Einzelheiten für die Übertragung der Anteile (Nr. 4)	28–30
1. Abschlusskompetenz	4		
2. Einheitliches Vertragswerk	5	ee) Zeitpunkt der Gewinnberechtigung (Nr. 5)	31, 32
3. Zeitpunkt des Vertragsschlusses	6		
III. Inhalt	7–89	ff) Spaltungsstichtag (Nr. 6)	33
1. Obligatorischer Mindestinhalt	7–77	gg) Sonderrechte (Nr. 7)	34–36
a) Obligatorischer Mindestinhalt für alle Spaltungsverträge gem. § 126 Abs. 1 UmwG	8–71	hh) Sondervorteile (Nr. 8)	37, 38
		ii) Bezeichnung der zu übertragenden Vermögensgegenstände (Nr. 9)	39–66
aa) Name, Firma und Sitz der beteiligten Rechtsträger (Nr. 1)	9		
bb) Vereinbarung über Vermögensübergang gegen Anteilsgewährung (Nr. 2)	10–20	jj) Aufteilung der Anteile (Nr. 10)	67–69
		kk) Arbeitsrechtliche Folgen (Nr. 11)	70, 71

---

[25] Vgl. Schmitt/Hörtnagl/Stratz/*Hörtnagl* § 124 Rn. 55; Semler/Stengel/*Stengel* § 124 Rn. 11; a. A. *Geck* DStR 1995, 416, 418.
[26] Vgl. Schmitt/Hörtnagl/Stratz/*Hörtnagl* § 124 Rn. 55; Kallmeyer/*Sickinger* § 124 Rn. 4.
[27] Gesetz zur weiteren Erleichterung der Sanierung von Unternehmen v. 7.12.2011, BGBl. I S. 2582.
[28] Vgl. etwa §§ 262 Abs. 1 Nr. 3 AktG, 60 Abs. 1 Nr. 4 GmbHG, 131 Abs. 1 Nr. 3 HGB, 101 GenG.
[29] Vgl. *Becker* ZInsO 2013, 1885, 1887 f.; *Brünkmans* ZInsO 2014, 2533, 2534; *Kahlert/Gehrke* DStR 2013, 975; *Madaus* ZIP 2012, 2133, 2134; *Simon/Brünkmans* ZIP 2014, 657, 659 f.; enger wohl Schmitt/Hörtnagl/Stratz/*Hörtnagl* § 124 Rn. 57; s. ferner zur Verschmelzung auch OLG Brandenburg 7 W 118/14, NZI 2015, 565 m. Anm. *Madaus;* Lutter/*Drygala* § 3 Rn. 27; *Wachter* NZG 2015, 858, 860.
[30] Vgl. Kallmeyer/*Sickinger* § 124 Rn. 8.

	Rdnr.		Rdnr.
b) Weitere obligatorische Inhalte	72–77	1. Bindungswirkung	95
aa) Abfindungsangebot	72	2. Durchsetzung	96
bb) Rechtsformspezifische weitere obligatorische Inhalte	73–77	3. Mängel	97–99
		C. Der Spaltungsplan bei der Spaltung zur Neugründung	100–112
		I. Rechtsnatur	100, 101
2. Fakultativer Inhalt	78–89	II. Aufstellung des Spaltungsplans	102–104
a) Gestaltungsfreiheit	78	1. Aufstellungskompetenz	102
b) Ausgewählte fakultative Inhalte	79–89	2. Einheitliches Dokument	103
		3. Zeitpunkt der Aufstellung	104
IV. Auslegung	90	III. Inhalt	105–110
V. Form	91–93	IV. Form	111
VI. Zuleitung an den Betriebsrat	94	V. Zuleitung an den Betriebsrat	112
VII. Bindung, Durchsetzung, Mängel	95–99		

Schrifttum *Bahnsen*, Die Übertragung von Versorgungsverbindlichkeiten bei Unternehmensspaltungen, NJW 2005, 3328; *Bandehzadeh*, Verschmelzungen unter Beteiligung von Aktiengesellschaften: Bestellung eines Treuhänders bei unverbrieften Aktien (§ 71 Abs. 1 UmwG)?, DB 2007, 1514; *Blasche*, Die Bezeichnung von Grundstücken, unvermessenen Teilflächen und Rechten an Grundstücken im Spaltungs- und Übernahmevertrag, NZG 2016, 328; *Bungert/Lange*, Bezeichnungserfordernisse des Grundbuchrechts bei Abspaltungen von Dienstbarkeiten nach dem UmwG, DB 2009, 103; *dies.*, Übertragung von Grundstücken und Rechten an Grundstücken im Wege der Spaltung nach dem UmwG, DB 2010, 547; *Fisch*, Der Übergang ausländischen Vermögens bei Verschmelzungen und Spaltungen – Eine Analyse aus der Sicht der Praxis, NZG 2016, 448; *Geck*, Die Spaltung von Unternehmen nach dem neuen Umwandlungsrecht, DStR 1995, 416; *Heckschen*, Aktuelle Probleme des Spaltungsrechts – Eine Betrachtung nach 20 Jahren, GmbHR 2015, 897; *ders.*, Die Pflicht zur Anteilsgewährung im Umwandlungsrecht, DB 2008, 1363; *Heidenhain*, Spaltungsvertrag und Spaltungsplan, NJW 1995, 2873; *Ihrig*, Gläubigerschutz durch Kapitalaufbringung bei Verschmelzung und Spaltung nach neuem Umwandlungsrecht, GmbHR 1995, 622; *ders.*, Verschmelzung und Spaltung ohne Gewährung neuer Anteile?, ZHR 160 (1996), 317; *Kleindiek*, Vertragsfreiheit und Gläubigerschutz im künftigen Spaltungsrecht, ZGR 1992, 513; *Kollmorgen/Feldhaus*, Probleme der Übertragung von Vermögen mit Auslandsbezug nach dem Umwandlungsgesetz, BB 2007, 2189; *Mayer*, Erste Zweifelsfragen bei der Unternehmensspaltung, DB 1995, 861; *Meister*, Übergang von Unternehmensverträgen bei der Spaltung der herrschenden Gesellschaft, DStR 1999, 1741; *Pickhardt*, Die Abgrenzung des spaltungsrelevanten Vermögensteils als Kernproblem der Spaltung, DB 1999, 729; *Priester*, Mitgliederwechsel im Umwandlungszeitpunkt, DB 1997, 560; *ders.*, Anteilsgewährung und sonstige Leistungen bei Verschmelzung und Spaltung, ZIP 2013, 2033; *Rieble*, Verschmelzung und Spaltung von Unternehmen und ihre Folgen für Schuldverhältnisse mit Dritten, ZIP 1997, 301; *K. Schmidt*, Gläubigerschutz bei Umstrukturierungen, ZGR 1993, 366; *Schöne*, Die Spaltung unter Beteiligung von GmbH gem. §§ 123 ff. UmwG, 1998; *Simon*, Verschmelzung und Spaltung unter Verzicht auf Anteilsgewährung – Rechtliche, steuerliche und bilanzielle Überlegungen zu §§ 54 Abs. 1 Satz 3, 68 Abs. 1 Satz 3 UmwG, FS Schaumburg, 2009, S. 1341; *Teichmann*, Die Spaltung von Rechtsträgern als Akt der Vermögensübertragung, ZGR 1993, 396; *Thiele/König*, Die Anforderungen an die Bezeichnung der zu übertragenden Gegenstände des Aktiv- und Passivvermögens gem. § 126 I Nr. 9 UmwG, NZG 2015, 178; *Vólmer*, Vollzugsprobleme bei Spaltungen – Grundbuchvollzug und vollstreckbare Urkunde, WM 2002, 428; *Vossius*, Unternehmensvertrag und Umwandlung, FS Widmann, 2000, S. 133; *Weiler*, Zum Eigentumsübergang von ganzen Grundstücken oder Teilflächen daraus im Falle einer Spaltung, MittBayNot 2008, 310; *Wiesner*, Dauerschuldverhältnisse in der Aufspaltung, ZHR-Beiheft 68 (1999), 168; *Wilken*, Zur Gründungsphase bei der Spaltung zur Neugründung, DStR 1999, 677.

A. Allgemeines

1   Grundlage des Spaltungsverfahrens ist im Falle der Spaltung zur Aufnahme der **Spaltungsvertrag** (→ Rn. 3 ff.), im Falle der Spaltung zur Neugründung der **Spaltungsplan** (→ Rn. 36 ff.), in dem die wesentlichen Bedingungen der Spaltung und des Spaltungsverfahrens festgehalten werden.

§ 22 Spaltungsvertrag/-plan   2–4 § 22

Unionsrechtliche Grundlage ist **Art. 137 GesRRL** (≙ **Art. 3 SpRL**) betreffend den 2
Spaltungsplan.¹ Der deutsche Gesetzgeber hat sich mit Blick auf die den Mitgliedstaaten
insoweit zukommenden Spielräume entschieden, auch für die Spaltung durch Aufnahme
das traditionelle deutsche Modell eines Vertrags zu übernehmen (vgl. § 126 UmwG).² Bei
der Spaltung zur Neugründung kommt ein Vertrag hingegen konzeptionell nicht in
Betracht, da der neue Rechtsträger erst im Zuge der Spaltung entsteht; deshalb gibt es dort
stattdessen einen Spaltungsplan (vgl. § 136 UmwG).³

B. Der Spaltungsvertrag bei der Spaltung zur Aufnahme

I. Rechtsnatur

Der Spaltungsvertrag ist einerseits **gesellschaftsrechtlicher Organisationsakt**, enthält 3
aber auch **schuldrechtliche Elemente**; dingliche Wirkung kommt ihm hingegen nicht zu.⁴

II. Abschluss des Spaltungsvertrags

1. Abschlusskompetenz

Zuständig für den Abschluss des Spaltungsvertrags sind die **Vertretungsorgane** der betei- 4
ligten Gesellschaften (§ 125 S. 1 i. V. m. § 4 Abs. 1 S. 1 UmwG). Ausreichend ist ein Handeln
in vertretungsberechtigter Zahl.⁵ Im Falle unechter Gesamtvertretung können Prokuristen
mitwirken.⁶ Ein Prokurist als solcher kann den Spaltungsvertrag jedoch nicht abschließen, da
es sich bei der Spaltung um ein Grundlagengeschäft handelt.⁷ Die Vertretungsorgane können
anderen Personen Vollmacht zum Abschluss des Spaltungsvertrags erteilen⁸; diese ist zwar an
sich formlos (§ 167 Abs. 2 BGB), zwecks Nachweis ggü. dem Registergericht ist jedoch
Schriftform anzuraten⁹. Im Falle von Personenidentität der vertragsschließenden Vertretungs-
organmitglieder ist § 181 BGB zu beachten¹⁰; die Befreiung hiervon kann aber noch im
Rahmen des Zustimmungsbeschlusses zum Spaltungsvertrag erfolgen¹¹.

---

¹ Ausf. dazu *Lutter/Bayer/J. Schmidt*, Europäisches Unternehmens- und Kapitalmarktrecht, 6. Aufl. 2017, 21.26 ff. m. w. N.
² Vgl. BegrRegE z. UmwG, BT-Drucks. 12/6699, S. 118; *Lutter/Bayer/J. Schmidt*, Europäisches Unternehmens- und Kapitalmarktrecht.
³ Vgl. BegrRegE z. UmwG, BT-Drucks. 12/6699, S. 123.
⁴ Vgl. Schmitt/Hörtnagl/Stratz/*Hörtnagl* § 126 Rn. 6; Widmann/Mayer/*Mayer* § 126 Rn. 17; Lutter/*Priester* § 126 Rn. 7; Semler/Stengel/*Schröer* § 126 Rn. 6; Kölner Kommentar-UmwG/*Simon* § 126 Rn. 8; Henssler/Strohn/*Wardenbach* § 126 Rn. 3.
⁵ Vgl. *Geck* DStR 1995, 416, 421; *Heidenhain* NJW 1995, 2873 f.; Schmitt/Hörtnagl/Stratz/*Hörtnagl* § 126 Rn. 11; Widmann/Mayer/*Mayer* § 126 Rn. 29; Lutter/*Priester* § 126 Rn. 12; Semler/Stengel/*Schröer* § 126 Rn. 7; Kölner Kommentar-UmwG/*Simon* § 126 Rn. 10; BeckOGK/*Verse* § 126 Rn. 4; Henssler/Strohn/*Wardenbach* § 126 Rn. 5.
⁶ Vgl. Schmitt/Hörtnagl/Stratz/*Hörtnagl* § 126 Rn. 11; Widmann/Mayer/*Mayer* § 126 Rn. 29; Lutter/*Priester* § 126 Rn. 12; Semler/Stengel/*Schröer* § 126 Rn. 7; Kölner Kommentar-UmwG/*Simon* § 126 Rn. 10; Henssler/Strohn/*Wardenbach* § 126 Rn. 5.
⁷ Vgl. Widmann/Mayer/*Mayer* § 126 Rn. 34; Lutter/*Priester* § 126 Rn. 12; BeckOGK/*Verse* § 126 Rn. 4; Henssler/Strohn/*Wardenbach* § 126 Rn. 5.
⁸ Vgl. Schmitt/Hörtnagl/Stratz/*Hörtnagl* § 126 Rn. 11; Widmann/Mayer/*Mayer* § 126 Rn. 35; Lutter/*Priester* § 126 Rn. 13; Kölner Kommentar-UmwG/*Simon* § 126 Rn. 10; BeckOGK/*Verse* § 126 Rn. 4; Henssler/Strohn/*Wardenbach* § 126 Rn. 5.
⁹ Vgl. Schmitt/Hörtnagl/Stratz/*Hörtnagl* § 126 Rn. 11; Widmann/Mayer/*Mayer* § 126 Rn. 35; Lutter/*Priester* § 126 Rn. 13; Kölner Kommentar-UmwG/*Simon* § 126 Rn. 10; Henssler/Strohn/*Wardenbach* § 126 Rn. 5.
¹⁰ Vgl. Widmann/Mayer/*Mayer* § 126 Rn. 30; Lutter/*Priester* § 126 Rn. 12; Henssler/Strohn/*Wardenbach* § 126 Rn. 5.
¹¹ Vgl. Schmitt/Hörtnagl/Stratz/*Hörtnagl* § 126 Rn. 11; Widmann/Mayer/*Mayer* § 126 Rn. 30; Lutter/*Priester* § 126 Rn. 12; Henssler/Strohn/*Wardenbach* § 126 Rn. 5.

2. Einheitliches Vertragswerk

5   Auch bei Beteiligung mehrerer aufnehmender Rechtsträger ist zwingend ein **einheitliches Vertragswerk** erforderlich; denn die Anteilsinhaber müssen bei ihrer Entscheidung den gesamten Vorgang kennen und das Umtauschverhältnis kann nur einheitlich für den ganzen Vorgang bestimmt werden.[12] Im Falle einer Kombination von Spaltung zur Aufnahme und Spaltung zur Neugründung ist der Spaltungsplan (→ Rn. 36 ff.) mit in den Spaltungsvertrag aufzunehmen.[13]

3. Zeitpunkt des Vertragsschlusses

6   Der Spaltungsvertrag kann **vor oder nach dem Spaltungsbeschluss** (→ § 25) erfolgen; wird er erst danach geschlossen, so erfolgt die Beschlussfassung auf der Grundlage eines Entwurfs des Spaltungsvertrags (§ 125 S. 1 i. V. m. § 4 Abs. 2 UmwG). Eine Beschlussfassung nur über einen Entwurf kann zur Vermeidung von Beurkundungskosten insbesondere dann sinnvoll sein, wenn Zweifel bestehen, ob die notwendige Beschlussmehrheit erreicht werden wird.[14] Wenn die Beschlussfassung nur über einen Entwurf erfolgt, ist im Falle nachfolgender Änderungen eine neue Beschlussfassung erforderlich.[15]

III. Inhalt

1. Obligatorischer Mindestinhalt

7   Der Mindestinhalt des Spaltungsvertrags ist in **§ 126 Abs. 1 UmwG** normiert (→ Rn. 8 ff.). Darüber hinaus ist in den Spaltungsvertrag ggf. ein Abfindungsangebot aufzunehmen (→ Rn. 72). Ferner ergeben sich ggf. aus den Vorschriften des **Besonderen Teils** weitere rechtsformspezifische obligatorische Inhalte (→ Rn. 73 ff.).

8   **a) Obligatorischer Mindestinhalt für alle Spaltungsverträge gem. § 126 Abs. 1 UmwG.** Die Mindestinhalte für alle Spaltungsverträge gem. § 126 Abs. 1 Nr. 1–8 und Nr. 11 UmwG entsprechen denjenigen für Verschmelzungsverträge gem. § 5 Abs. 1 Nr. 1–9 UmwG (→ § 8 Rn. 41 ff.). Nr. 9 und Nr. 10 normieren weitere spaltungsspezifische Mindestinhalte.[16] Bei der Umsetzung der Vorgaben des Art. 137 Abs. 2 GesRRL (≙ Art. 3 Abs. 2 SpRL)[17] ist der Gesetzgeber bewusst über den Mindeststandard der RL hinausgegangen: **§ 126 Abs. 1 UmwG** fordert im Interesse eines Gleichlaufs mit der Verschmelzung in Nr. 2, 7, 8 und 11 die gleichen zusätzlichen Angaben wie § 5 Abs. 1 Nr. 2, 7, 8 und 9 UmwG für den Verschmelzungsvertrag (→ § 8 Rn. 41 ff.).[18]

9   **aa) Name, Firma und Sitz der beteiligten Rechtsträger (Nr. 1).** Gem. § 126 Abs. 1 Nr. 1 UmwG muss der Spaltungsvertrag zunächst die ganz grundlegenden Informationen zu **Name oder Firma** sowie **Sitz** (= Satzungssitz[19]) der an der Spaltung beteiligten

---

[12] Vgl. BegrRegE z. UmwG, BT-Drucks. 12/6699, S. 117.
[13] Vgl. *Heidenhain* NJW 1995, 2873, 2874; Schmitt/Hörtnagl/Stratz/*Hörtnagl* § 136 Rn. 7; Lutter/*Priester* § 126 Rn. 9; Semler/Stengel/*Schröer* § 136 Rn. 15; Kölner Kommentar-UmwG/*Simon* § 136 Rn. 7.
[14] Vgl. *Heidenhain* NJW 1995, 2873, 2874; Schmitt/Hörtnagl/Stratz/*Hörtnagl* § 126 Rn. 7; Lutter/*Priester* § 126 Rn. 11; Semler/Stengel/*Schröer* § 126 Rn. 8; Kölner Kommentar-UmwG/*Simon* § 126 Rn. 13; BeckOGK/*Verse* § 126 Rn. 7.
[15] Vgl. Lutter/*Priester* § 126 Rn. 11; Kölner Kommentar-UmwG/*Simon* § 126 Rn. 13; Henssler/Strohn/*Wardenbach* § 126 Rn. 6; vgl. zur Vermögensübertrag nach § 363 AktG a. F.: BGH II ZR 150/80, NJW 1982, 933, 935 f. – Hoesch/Hoogovens.
[16] Vgl. BegrRegE z. UmwG, BT-Drucks. 12/6699, S. 117.
[17] Dazu näher *Lutter/Bayer/J. Schmidt*, Europäisches Unternehmens- und Kapitalmarktrecht, 6. Aufl. 2017, 21.28 ff. m. w. N.
[18] Vgl. BegrRegE z. UmwG, BT-Drucks. 12/6699, S. 117, 119; *Lutter/Bayer/J. Schmidt*, Europäisches Unternehmens- und Kapitalmarktrecht, 6. Aufl. 2017, 21.34; BeckOGK/*Verse*, § 126 Rn. 20.
[19] Vgl. Widmann/Mayer/*Mayer* § 126 Rn. 49; BeckOGK/*Verse*, § 126 Rn. 21.

Rechtsträger enthalten. Die Angaben müssen den aktuellen Eintragungen im Handelsregister der beteiligten Gesellschaften entsprechen.[20]

bb) Vereinbarung über Vermögensübergang gegen Anteilsgewährung (Nr. 2).
Herzstück des Spaltungsvertrags ist die sog. **Spaltungsklausel** (§ 126 Abs. 1 Nr. 2 UmwG): die Vereinbarung über die Übertragung der Teile des Vermögens des übertragenden Rechtsträgers jeweils als Gesamtheit gegen Gewährung von Anteilen oder Mitgliedschaften an den übernehmenden Rechtsträgern.

(1) **Vermögensübertragung.** Die Formulierung „Teile des Vermögens ... jeweils als Gesamtheit" akzentuiert die partielle Gesamtrechtsnachfolge (→ § 20 Rn. 5).[21] Die Vermögensübertragung ist beim aufnehmenden Rechtsträger eine **Kapitalerhöhung gegen Sacheinlage**.[22] Welche Vermögensgegenstände konkret an welchen Rechtsträger übertragen werden, ergibt sich aus den Angaben gem. Nr. 9 (→ Rn. 8).

(2) **Anteilsgewährung. (aa) Grundsatz.** Die Übertragung der Vermögensteile erfolgt bei allen Arten der Spaltung grundsätzlich gegen **Gewährung von Anteilen oder Mitgliedschaften** an dem/den übernehmenden Rechtsträger(n) (→ § 20 Rn. 6).

(bb) Ausnahmen. Erstens scheidet eine Anteilsgewährung aus, soweit der übertragende Rechtsträger **eigene Anteile** innehat (§ 125 S. 1 UmwG i. V. m. §§ 54 Abs. 1 S. 1 Nr. 2, 68 Abs. 1 S. 1 Nr. 2 UmwG; § 131 Abs. 1 Nr. 3 UmwG).

Zweitens werden im Falle einer **Auf- oder Abspaltung auf die Muttergesellschaft** keine Anteile gewährt (§ 125 S. 1 UmwG i. V. m. §§ 54 Abs. 1 S. 1 Nr. 1, 68 Abs. 1 S. 1 Nr. 1 UmwG; § 131 Abs. 1 Nr. 3 UmwG).

Drittens kommt es zu keiner Anteilsgewährung, soweit der übertragende Rechtsträger **nicht voll eingezahlte Anteile** des übernehmenden Rechtsträgers besitzt (§ 125 S. 1 UmwG i. V. m. §§ 54 Abs. 1 S. 1 Nr. 3, 68 Abs. 1 S. 1 Nr. 3 UmwG).

Viertens erfolgt bei der **Spaltung zu Null** (→ § 20 Rn. 24, → § 25 Rn. 22, → § 27 Rn. 99) keine Anteilsgewährung.

Fünftens scheidet eine Anteilsgewährung wegen des Verbots der Mehrfachbeteiligung[23] an einer **Personengesellschaft** aus, wenn ein Anteilsinhaber des übertragenden Rechtsträgers schon Gesellschafter einer übernehmenden Personengesellschaft war.[24] Der Ausgleich hat hier durch Aufstockung der betreffenden Gesellschafterkonten zu erfolgen.[25]

Sechstens ist ein **Verzicht aller Anteilseigner** durch notariell beurkundete Erklärungen auf die Anteilsgewährung zulässig. Dies ist für Kapitalgesellschaften als übertragender Rechtsträger ausdrücklich geregelt (§ 125 S. 1 UmwG i. V. m. §§ 54 Abs. 1 S. 3, 68 Abs. 1 S. 3 UmwG), dieser allgemeine Rechtsgedanke gilt jedoch nach überzeugender h. M. auch bei anderen Rechtsformen als übertragendem Rechtsträger.[26]

Nach h. M. ist zudem auch ein **Verzicht einzelner Anteilseigner** auf eine Beteiligung an einem der übernehmenden Rechtsträger möglich.[27]

---

[20] Vgl. für die Verschmelzung: OLG Hamm 15 W 377/05, DNotZ 2006, 378, 379.
[21] Vgl. Widmann/Mayer/*Mayer* § 126 Rn. 53; Semler/Stengel/*Schröer* § 126 Rn. 27; BeckOGK/*Verse*, § 126 Rn. 25.
[22] Vgl. Widmann/Mayer/*Mayer* § 126 Rn. 53; Semler/Stengel/*Schröer* § 126 Rn. 27.
[23] Dazu etwa MünchKommHGB/*K. Schmidt* § 105 Rn. 77 m. w. N.
[24] Vgl. Widmann/Mayer/*Mayer* § 126 Rn. 124; Semler/Stengel/*Schröer* § 126 Rn. 29; vgl. mit krit. Tendenz auch Lutter/*Priester* § 126 Rn. 25.
[25] Vgl. Widmann/Mayer/*Mayer* § 126 Rn. 124; Lutter/*Priester* § 126 Rn. 25; Semler/Stengel/*Schröer* § 126 Rn. 29.
[26] Vgl. *Heckschen* DB 2008, 1363, 1369; Schmitt/Hörtnagl/Stratz/*Hörtnagl* § 126 Rn. 49; *Priester* ZIP 2013, 2033, 2034; Semler/Stengel/*Schröer* § 126 Rn. 29; Kölner Kommentar-UmwG/*Simon* § 126 Rn. 29; BeckOGK/*Verse*, § 126 Rn. 32; a. A. Widmann/Mayer/*Mayer* § 126 Rn. 86.
[27] Vgl. LG Essen 42 T 1/02, NZG 2002, 736, 737; *Priester* DB 1997, 560, 562 ff.; Semler/Stengel/*Schröer* § 126 Rn. 29, § 128 Rn. 6; Kölner Kommentar-UmwG/*Simon* § 128 Rn. 17; a. A. *Schöne*, Die Spaltung unter Beteiligung von GmbH gem. §§ 123 ff. UmwG, 1998, S. 149 Fn. 155.

20 Umstritten ist der Fall einer **Ausgliederung von der Mutter auf eine 100%ige Tochter**. Ein Teil der Literatur hält hier zwingend eine Anteilsgewährung für erforderlich, weil die §§ 54, 68 UmwG in § 125 S. 1 UmwG gerade von der Verweisung ausgenommen sind.[28] Die Gegenmeinung wendet die Verzichtsmöglichkeit gem. §§ 54 Abs. 1 S. 1 Nr. 3, 68 Abs. 1 S. 1 Nr. 3 UmwG gleichwohl analog an.[29] Dem ist zuzustimmen. Denn die Anteilsgewährung ist bei der Spaltung nicht wesensnotwendig (→ § 20 Rn. 6). Zudem sind bei der Ausgliederung primär die Belange der Anteilseigner betroffen, so dass auch der Gläubigerschutz nicht zwingend eine Anteilsgewährung gebietet.[30] In der Praxis kann sich die Anteilsgewährung jedoch aus Gründen der Rechtssicherheit und mit Blick auf §§ 20, 24 UmwStG gleichwohl empfehlen.[31]

21 cc) **Umtauschverhältnis, bare Zuzahlung, Angaben über die Mitgliedschaft (Nr. 3)**. Bei der **Auf- und Abspaltung** ist grundsätzlich das Umtauschverhältnis der Anteile (→ Rn. 22) und ggf. die Höhe der baren Zuzahlung anzugeben (→ Rn. 24). Soweit Rechtsträger beteiligt sind, bei denen statt Beteiligungen Mitgliedschaften bestehen, sind stattdessen **Angaben über die Mitgliedschaft** bei den übernehmenden Rechtsträgern zu machen (→ Rn. 26). Bei der **Ausgliederung** ist die Gegenleistung festzulegen (→ Rn. 27).

22 (1) **Auf- und Abspaltung. (aa) Umtauschverhältnis**. Das **Umtauschverhältnis** ist die Angabe, wie viele Einheiten von Anteilen am übernehmenden Rechtsträger für eine bestimmte Einheit von Anteilen am übertragenden Rechtsträger gewährt werden.[32] Es ist im Spaltungsvertrag nur **anzugeben**, die Erläuterung ist dem Spaltungsbericht (→ § 23 Rn. 20 ff.) vorbehalten.[33] Die Angabe hat bei Kapitalgesellschaften als Zahlrelation zu erfolgen (Bsp.: 1:5).[34]

23 Für die Anteilsinhaber der beteiligten Rechtsträger ist das Umtauschverhältnis von ganz **essentieller Bedeutung**: Das Umtauschverhältnis determiniert die Höhe der Kompensation für den Verlust (Aufspaltung) bzw. die Wertminderung (Abspaltung)[35] der Anteile am übertragenden Rechtsträger.[36] Maßgebend für das Umtauschverhältnis ist der tatsächliche Wert des übertragenen Vermögens im Verhältnis zum Wert des übernehmenden Rechtsträgers.[37] Ein in diesem Sinne angemessenes Umtauschverhältnis ist jedoch nicht zwingend, sondern steht zur Disposition der beteiligten Rechtsträger bzw. deren Anteilsinhaber, d. h. alle oder einzelne Anteilsinhaber können auf die Festlegung eines angemessenen Um-

---

[28] Vgl. Widmann/Mayer/*Mayer* § 126 Rn. 99; *Mayer/Weiler* DB 2007, 1235, 1238 f.; Kölner Kommentar-UmwG/*Simon* § 126 Rn. 30; *Simon* FS Schaumburg, 2009, S. 1341, 1356 f.

[29] Vgl. Schmitt/Hörtnagl/Stratz/*Hörtnagl* § 126 Rn. 47; *Ihrig* ZHR 160 (1996) 317, 326 ff.; Kallmeyer/*Sickinger* § 126 Rn. 6; Lutter/*Priester* § 126 Rn. 26; Semler/Stengel/*Schröer* § 126 Rn. 30; BeckOGK/*Verse*, § 126 Rn. 35.

[30] Vgl. Lutter/*Priester* § 126 Rn. 26; Semler/Stengel/*Schröer* § 126 Rn. 30.

[31] Vgl. Schmitt/Hörtnagl/Stratz/*Hörtnagl* § 126 Rn. 47; Kallmeyer/*Sickinger* § 126 Rn. 6; Henssler/Strohn/*Wardenbach* § 126 Rn. 10.

[32] Vgl. Schmitt/Hörtnagl/Stratz/*Hörtnagl* § 126 Rn. 21; Kallmeyer/*Lanfermann* § 126 Rn. 8.

[33] Vgl. Widmann/Mayer/*Mayer* § 126 Rn. 126; Semler/Stengel/*Schröer* § 126 Rn. 35; Henssler/Strohn/*Wardenbach* § 126 Rn. 11.

[34] Vgl. Lutter/*Priester* § 126 Rn. 33; Semler/Stengel/*Schröer* § 126 Rn. 38; Henssler/Strohn/*Wardenbach* § 126 Rn. 11.

[35] Genau genommen gibt es bei der Abspaltung kein Umtauschverhältnis i. e. S., da hier kein echter Anteilstausch erfolgt, sondern die gewährten Anteile kompensieren den Wertverlust an den nominal unveränderten Anteilen am übertragenden Rechtsträger, vgl. Schmitt/Hörtnagl/Stratz/*Hörtnagl* § 126 Rn. 20; Widmann/Mayer/*Mayer* § 126 Rn. 129; Semler/Stengel/*Schröer* § 126 Rn. 35; Kallmeyer/*Lanfermann* § 126 Rn. 9.

[36] Vgl. Schmitt/Hörtnagl/Stratz/*Hörtnagl* § 126 Rn. 19, 22; Widmann/Mayer/*Mayer* § 126 Rn. 126; Lutter/*Priester* § 126 Rn. 32; Semler/Stengel/*Schröer* § 126 Rn. 37.

[37] Vgl. Schmitt/Hörtnagl/Stratz/*Hörtnagl* § 126 Rn. 19, 26, 34; Widmann/Mayer/*Mayer* § 126 Rn. 127; Lutter/*Priester* § 126 Rn. 32; Kölner Kommentar-UmwG/*Simon* § 126 Rn. 37.

tauschverhältnisses verzichten.[38] Im Falle mehrerer übernehmender Umtauschverhältnis ist dies für jeden übernehmenden Rechtsträger gesondert zu ermitteln und anzugeben.[39]

(bb) Ggf. Höhe der baren Zuzahlung. Anzugeben sind ferner etwaige **bare Zuzahlungen**. Sie können insbesondere zum Ausgleich krummer Beträge („Spitzen") erforderlich sein[40]; sind aber (im Rahmen des Gleichbehandlungsgrundsatzes) auch dann zulässig, wenn sie dazu nicht notwendig sind[41]. Zu beachten ist allerdings die 10%-Grenze bei AG und SE[42], KGaA[43], GmbH[44] und Genossenschaft[45]. 24

Umstritten ist, ob anstelle von baren Zuzahlungen auch **Darlehen** gewährt werden dürfen. Ein Teil der Literatur will dies generell zulassen, da nur eine zeitlich aufgeschobene Barleistung vorliege.[46] Andere halten eine Darlehensgewährung hingegen für generell unvereinbar mit der umwandlungsrechtlichen Grundsystematik, nach der die Anteilsinhaber einen Anspruch auf Anteile oder (innerhalb bestimmter Grenzen, → Rn. 24) bare Zuzahlung haben.[47] Dies trifft zwar zu, es gibt jedoch keinen zwingenden Grund, warum die betroffenen Anteilsinhaber nicht auf die mit der sofortigen Barzahlung im Vergleich mit einer bloßen Darlehensgewährung verbundenen Vorteile verzichten können sollten. Zu folgen ist daher der vermittelnden Ansicht, die eine Darlehensgewährung zumindest dann zulässt, wenn alle **betroffenen Anteilsinhaber zustimmen**.[48] 25

(2) Bestimmte Rechtsträger: Angaben über die Mitgliedschaft. Soweit Rechtsträger beteiligt sind, bei denen statt Beteiligungen Mitgliedschaften bestehen d. h. **eG, eV, genossenschaftliche Prüfungsverbände, VVaG, wirtschaftliche Vereine,** sind stattdessen **Angaben über die Mitgliedschaft** bei den übernehmenden Rechtsträgern zu machen, d. h. es sind die satzungsmäßigen Rechte und Pflichten der Mitglieder des übernehmenden Rechtsträgers anzugeben[49]. 26

(3) Ausgliederung. Bei der Ausgliederung sind nach dem eindeutigen Wortlaut der Norm zwar keine Angaben zum Umtauschverhältnis etc. zu machen, da hier ja kein „Anteiltausch" auf Gesellschafterebene stattfindet, sondern der übertragende Rechtsträger als Gegenleistung selbst alle Anteile an den/dem übernehmenden Rechtsträger(n) erhält.[50] Nach überzeugender ganz h. M. sind aber dennoch **Angaben zur Gegenleistung** zu machen, d. h. es ist anzugeben, welche und wie viele Anteile der übertragende Rechtsträger 27

---

[38] Vgl. Schmitt/Hörtnagl/Stratz/*Hörtnagl* § 126 Rn. 19; *Ittner* MittRhNotK 1997, 106, 109; Lutter/*Priester* § 126 Rn. 32; Semler/Stengel/*Schröer* § 126 Rn. 37; Kölner Kommentar-UmwG/*Simon* § 126 Rn. 38.
[39] Vgl. Lutter/*Priester* § 126 Rn. 32; Kölner Kommentar-UmwG/*Simon* § 126 Rn. 37.
[40] Vgl. Schmitt/Hörtnagl/Stratz/*Hörtnagl* § 126 Rn. 51; Widmann/Mayer/*Mayer* § 126 Rn. 133; Semler/Stengel/*Schröer* § 126 Rn. 41; BeckOGK/*Verse,* § 126 Rn. 46; Henssler/Strohn/*Wardenbach* § 126 Rn. 12.
[41] Vgl. Schmitt/Hörtnagl/Stratz/*Hörtnagl* § 126 Rn. 51; *Ihrig* GmbHR 1995, 622, 630 f.; Lutter/*Priester* § 126 Rn. 35; Semler/Stengel/*Schröer* § 126 Rn. 41.
[42] § 125 S. 1 i. V. m. § 68 Abs. 3 UmwG.
[43] § 125 S. 1 i. V. m. §§ 68 Abs. 3, 78 S. 1UmwG.
[44] § 125 S. 1 i. V. m. § 54 Abs. 4 UmwG.
[45] § 125 S. 1 i. V. m. § 87 Abs. 2 S. 2 UmwG.
[46] Vgl. *Priester* ZIP 2013, 2033, 2035 f.; Lutter/*Priester* § 126 Rn. 35.
[47] Vgl. Widmann/Mayer/*Mayer* § 126 Rn. 139, 141; *Mayer* DB 1995, 861, 863 f.; Henssler/Strohn/*Wardenbach* § 126 Rn. 13; für die Parallelproblematik bei der Verschmelzung: Semler/Stengel/*Reichert* § 54 Rn. 42.
[48] Vgl. Schmitt/Hörtnagl/Stratz/*Hörtnagl* § 126 Rn. 53; BeckOGK/*Vetter,* § 126 Rn. 50; für die Parallelproblematik bei der Verschmelzung: Kallmeyer/*Kocher* § 54 Rn. 30; Lutter/*Winter/Vetter* § 126 Rn. 144 ff.
[49] Vgl. Schmitt/Hörtnagl/Stratz/*Hörtnagl* § 126 Rn. 55; Lutter/*Priester* § 126 Rn. 31; Semler/Stengel/*Schröer* § 126 Rn. 43; a. A. Henssler/Strohn/*Wardenbach* § 126 Rn. 11.
[50] Vgl. Schmitt/Hörtnagl/Stratz/*Hörtnagl* § 126 Rn. 36; Widmann/Mayer/*Mayer* § 126 Rn. 125; Lutter/*Priester* § 126 Rn. 34; BeckOGK/*Verse,* § 126 Rn. 38, 53.

erhält.[51] Da bei der Ausgliederung die §§ 54 Abs. 4, 68 Abs. 3, 87 Abs. 2 S. 2 UmwG nicht gelten, können hier bare Zuzahlungen in unbegrenzter Höhe[52] oder auch Darlehensgewährungen[53] festgesetzt werden.

28 **dd) Einzelheiten für die Übertragung der Anteile (Nr. 4).** Bei **Aufspaltung** und **Abspaltung** sind im Spaltungsvertrag zudem die Einzelheiten für die Übertragung der Anteile der übernehmenden Rechtsträger oder – soweit Rechtsträger beteiligt sind, bei denen statt Beteiligungen Mitgliedschaften bestehen (→ Rn. 26) – über den Erwerb der Mitgliedschaft bei den übernehmenden Rechtsträgern anzugeben. Hervorzuheben ist, dass hier lediglich die technische **Abwicklung** gemeint ist[54] – denn der Erwerb der Anteile/Mitgliedschaft erfolgt gem. § 131 Abs. 1 Nr. 3 UmwG *ipso iure* (→ § 20 Rn. 5, § 27 Rn. 98 ff.).

29 Erforderlich sind zunächst Angaben zur **Herkunft der Anteile** (z. B. Bestand eigener Anteile, Kapitalerhöhung)[55]. Zudem ist anzugeben, **wie** die Anteile **übertragen** werden sollen und wem die **Kosten** zur Last fallen.[56] Bei AG, SE und KGaA bedarf es grundsätzlich der Bestimmung eines Treuhänders (§§ 125 S. 1, 71, 73, 78 S. 1 UmwG).[57] Ein solcher ist jedoch nicht erforderlich, wenn die Aktien unverbrieft sind und keine baren Zuzahlungen geleistet werden.[58]

30 Die **Ausgliederung** ist zwar in Nr. 4 nicht aufgeführt, Einzelheiten zur Übertragung der Anteile sind daher nicht zwingend erforderlich.[59] Empfehlenswert sind sie jedoch gleichwohl, denn auch hier stellt sich natürlich gleichermaßen die Frage nach der technischen Abwicklung.[60]

31 **ee) Zeitpunkt der Gewinnberechtigung (Nr. 5).** Anzugeben ist weiterhin der **Zeitpunkt der Gewinnberechtigung**, d. h. ab wann die Anteile oder die Mitgliedschaft einen Anspruch auf einen Anteil am Bilanzgewinn gewähren. Dieser Zeitpunkt wird häufig mit

---

[51] Vgl. Schmitt/Hörtnagl/Stratz/*Hörtnagl* § 126 Rn. 36; Kallmeyer/*Lanfermann* § 126 Rn. 10; Lutter/*Priester* § 126 Rn. 34; Semler/Stengel/*Schröer* § 126 Rn. 36; BeckOGK/*Verse*, § 126 Rn. 53; Henssler/Strohn/*Wardenbach* § 126 Rn. 11; s. ferner auch Kölner Kommentar-UmwG/*Simon* § 126 Rn. 41.

[52] Vgl. OLG München 31 Wx 482/11, NZG 2012, 229, 230; Schmitt/Hörtnagl/Stratz/*Hörtnagl* § 126 Rn. 52; Widmann/Mayer/*Mayer* § 126 Rn. 143; Lutter/*Priester* § 126 Rn. 35; BeckOGK/*Verse*, § 126 Rn. 56.

[53] Vgl. OLG München 31 Wx 482/11, NZG 2012, 229, 230; Schmitt/Hörtnagl/Stratz/*Hörtnagl* § 126 Rn. 52; Widmann/Mayer/*Mayer* § 126 Rn. 143; Lutter/*Priester* § 126 Rn. 35; BeckOGK/*Verse*, § 126 Rn. 57; *Wienecke* EWiR 2012, 223, 224.

[54] Vgl. Widmann/Mayer/*Mayer* § 126 Rn. 148, 150; Lutter/*Priester* § 126 Rn. 36; Henssler/Strohn/*Wardenbach* § 126 Rn. 14; s. ferner auch Kölner Kommentar-UmwG/*Simon* § 126 Rn. 44.

[55] Vgl. Widmann/Mayer/*Mayer* § 126 Rn. 148; Kallmeyer/*Sickinger* § 126 Rn. 13; Kölner Kommentar-UmwG/*Simon* § 126 Rn. 42; BeckOGK/*Verse*, § 126 Rn. 58.

[56] Vgl. Semler/Stengel/*Schröer* § 126 Rn. 44; Kallmeyer/*Sickinger* § 126 Rn. 13; Kölner Kommentar-UmwG/*Simon* § 126 Rn. 42; BeckOGK/*Verse*, § 126 Rn. 58 f.; Henssler/Strohn/*Wardenbach* § 126 Rn. 14.

[57] Vgl. Widmann/Mayer/*Mayer* § 126 Rn. 151; Lutter/*Priester* § 126 Rn. 36; Kallmeyer/*Sickinger* § 126 Rn. 13; ; BeckOGK/*Verse*, § 126 Rn. 61; Henssler/Strohn/*Wardenbach* § 126 Rn. 14.

[58] Vgl. *Bandehzadeh* DB 2007, 1514 ff.; Schmitt/Hörtnagl/Stratz/*Hörtnagl* § 126 Rn. 56; Widmann/Mayer/*Mayer* § 126 Rn. 151; Lutter/*Priester* § 126 Rn. 36; Kallmeyer/*Sickinger* § 126 Rn. 13; BeckOGK/*Verse*, § 126 Rn. 61; a. A. zur Verschmelzung Lutter/*Grunewald* § 71 Rn. 7.

[59] Vgl. Schmitt/Hörtnagl/Stratz/*Hörtnagl* § 126 Rn. 56; Widmann/Mayer/*Mayer* § 126 Rn. 146; Lutter/*Priester* § 126 Rn. 36; Semler/Stengel/*Schröer* § 126 Rn. 44; Kallmeyer/*Sickinger* § 126 Rn. 13; BeckOGK/*Verse*, § 126 Rn. 53; Henssler/Strohn/*Wardenbach* § 126 Rn. 14; a. A. Kölner Kommentar-UmwG/*Simon* § 126 Rn. 43.

[60] Vgl. Lutter/*Priester* § 126 Rn. 37; Kallmeyer/*Sickinger* § 126 Rn. 13; BeckOGK/*Verse*, § 126 Rn. 53; Henssler/Strohn/*Wardenbach* § 126 Rn. 14; s. ferner auch Schmitt/Hörtnagl/Stratz/*Hörtnagl* § 126 Rn. 56.

dem Spaltungsstichtag (→ Rn. 33) zusammenfallen.[61] Dies ist jedoch keineswegs zwingend; die Parteien sind vielmehr völlig frei in der Wahl des Zeitpunkts der Gewinnberechtigung.[62] Zulässig ist auch ein rückwirkender[63] oder späterer[64] Zeitpunkt der Gewinnberechtigung. Dies kann insbesondere dann sinnvoll sein, wenn die beteiligten Rechtsträger unterschiedliche Geschäftsjahre haben[65] oder zur Korrektur eines sonst ungünstigen Umtauschverhältnisses[66]. Zulässig ist ferner auch ein variabler Zeitpunkt der Gewinnberechtigung, speziell für den Fall einer Verzögerung der Eintragung.[67]

Zudem müssen alle **Besonderheiten** in Bezug auf den Anspruch auf Gewinnberechtigung angegeben werden. Solche können sich etwa aus Sonderrechten einzelner Anteilsinhaber (z. B. Vorzugsgewinnanteil, Mehrdividende) oder aufgrund eines statutarischen Gewinnverteilungsschlüssels ergeben.[68]

ff) Spaltungsstichtag (Nr. 6). Festzulegen ist außerdem der Zeitpunkt, von dem an die Handlungen des übertragenden Rechtsträgers – hinsichtlich der übertragenen Vermögensteile[69] – als für Rechnung jedes der übernehmenden Rechtsträger vorgenommen gelten (sog. **Spaltungsstichtag**). Dieser ist nach h. M. mit dem Stichtag der Schlussbilanz der übertragenden Gesellschaft i. S. d. § 17 Abs. 2 UmwG identisch.[70] Zulässig ist auch die Festlegung eines variablen Stichtags.[71] Ferner muss der übernehmende Rechtsträger zum Spaltungsstichtag noch nicht existieren.[72] Ab dem Spaltungsstichtag ist sicherzustellen, dass die für Rechnung des übernehmenden Rechtsträgers geführten Geschäfte in einem eigenen Buchungskreis erfasst werden.[73]

gg) Sonderrechte (Nr. 7). Im Spaltungsvertrag sind weiterhin alle Rechte anzugeben, welche **einzelnen Anteilsinhabern** (des übertragenden oder eines übernehmenden Rechtsträgers[74]) gewährt werden, oder die für diese vorgesehenen Maßnahmen. Der Gesetzeswortlaut erfasst zwar nur von den übernehmenden Rechtsträgern gewährte Rechte.

---

[61] Vgl. Schmitt/Hörtnagl/Stratz/*Hörtnagl* § 126 Rn. 57; Widmann/Mayer/*Mayer* § 126 Rn. 158; Lutter/*Priester* § 126 Rn. 61; Semler/Stengel/*Schröer* § 126 Rn. 45; Kallmeyer/*Sickinger* § 126 Rn. 15; Kölner Kommentar-UmwG/*Simon* § 126 Rn. 45; BeckOGK/*Verse*, § 126 Rn. 64; Henssler/Strohn/*Wardenbach* § 126 Rn. 15.
[62] Vgl. Schmitt/Hörtnagl/Stratz/*Hörtnagl* § 126 Rn. 57; Widmann/Mayer/*Mayer* § 126 Rn. 159; Lutter/*Priester* § 126 Rn. 38; Kallmeyer/*Sickinger* § 126 Rn. 15; Kölner Kommentar-UmwG/*Simon* § 126 Rn. 45; BeckOGK/*Verse*, § 126 Rn. 64; Henssler/Strohn/*Wardenbach* § 126 Rn. 15.
[63] Vgl. Semler/Stengel/*Schröer* § 126 Rn. 45.
[64] Vgl. Widmann/Mayer/*Mayer* § 126 Rn. 159; Lutter/*Priester* § 126 Rn. 38; Semler/Stengel/*Schröer* § 126 Rn. 45; Kallmeyer/*Sickinger* § 126 Rn. 14.
[65] Vgl. Lutter/*Priester* § 126 Rn. 38; Semler/Stengel/*Schröer* § 126 Rn. 45.
[66] Vgl. Widmann/Mayer/*Mayer* § 126 Rn. 159; Lutter/*Priester* § 126 Rn. 38; Semler/Stengel/*Schröer* § 126 Rn. 45; Kallmeyer/*Sickinger* § 126 Rn. 66.
[67] Vgl. zur Verschmelzung: BGH II ZR 17/12, NZG 2013, 233; zur Spaltung: Widmann/Mayer/*Mayer* § 126 Rn. 159; Lutter/*Priester* § 126 Rn. 38; Semler/Stengel/*Schröer* § 126 Rn. 45; Henssler/Strohn/*Wardenbach* § 126 Rn. 15.
[68] Vgl. zur Verschmelzung: Kallmeyer/*Marsch-Barner* § 5 Rn. 27.
[69] Vgl. Schmitt/Hörtnagl/Stratz/*Hörtnagl* § 126 Rn. 58; Lutter/*Priester* § 126 Rn. 39; Semler/Stengel/*Schröer* § 126 Rn. 47; Kölner Kommentar-UmwG/*Simon* § 126 Rn. 46.
[70] Vgl. Schmitt/Hörtnagl/Stratz/*Hörtnagl* § 126 Rn. 58; Ittner MittRhNotK 1997, 106, 113; Lutter/*Priester* § 126 Rn. 39; Semler/Stengel/*Schröer* § 126 Rn. 48; BeckOGK/*Verse*, § 126 Rn. 66; Henssler/Strohn/*Wardenbach* § 126 Rn. 16; a. A. Widmann/Mayer/*Mayer* § 126 Rn. 161.
[71] Vgl. Widmann/Mayer/*Mayer* § 126 Rn. 166; Lutter/*Priester* § 126 Rn. 40; Semler/Stengel/*Schröer* § 126 Rn. 48; BeckOGK/*Verse*, § 126 Rn. 66.; Henssler/Strohn/*Wardenbach* § 126 Rn. 17.
[72] Vgl. Schmitt/Hörtnagl/Stratz/*Hörtnagl* § 126 Rn. 58; Lutter/*Priester* § 126 Rn. 39; BeckOGK/*Verse*, § 126 Rn. 66.; vgl. zur Verschmelzung: Ulrich/Böhle GmbHR 2006, 644 f.
[73] Vgl. Schmitt/Hörtnagl/Stratz/*Hörtnagl* § 126 Rn. 58; Kallmeyer/*Lanfermann* § 126 Rn. 16; s. ferner auch Kölner Kommentar-UmwG/*Simon* § 126 Rn. 47; BeckOGK/*Verse*, § 126 Rn. 67.
[74] Vgl. Semler/Stengel/*Schröer* § 126 Rn. 50; Kölner Kommentar-UmwG/*Simon* § 126 Rn. 49; Henssler/Strohn/*Wardenbach* § 126 Rn. 18.

Die Ratio der Norm, Transparenz im Hinblick auf Sonderrechte zu schaffen[75], greift jedoch im Falle von Abspaltung und Ausgliederung gleichermaßen, wenn vom übertragenden Rechtsträger Sonderrechte gewährt werden; solche sind daher ebenfalls anzugeben.[76] Erfasst sind aber nur mit den beteiligten Rechtsträgern vereinbarte Sonderrechte gesellschaftsrechtlicher oder schuldrechtlicher Art, nicht hingegen zwischen den einzelnen Anteilsinhabern schuldrechtlich vereinbarte.[77] Anzugeben sind sowohl Sonderrechte, die erst anlässlich der Spaltung gewährt werden, als auch solche, die bereits vorher bestanden.[78] Sonderrechte können z. B. sein: Mehrstimmrechte[79], Gewinnvorzüge[80], Bestellungs- und Entsendungsrechte[81], Vorerwerbsrechte[82], Zustimmungsvorbehalte[83], Exit-Regelungen[84], Put- oder Call-Optionsrechte aufgrund bestimmter Umstände[85] etc.

35 Anzugeben sind ferner auch alle Rechte, welche die übernehmenden Rechtsträger den **Inhabern besonderer Rechte** gewähren, oder die für diese vorgesehenen Maßnahmen. Das Gesetz nennt beispielhaft die Inhaber von Anteilen ohne Stimmrecht, Vorzugsaktien, Mehrstimmrechtsaktien, Schuldverschreibungen oder Genussrechten. Im Interesse systematischer Kohärenz wird man den Begriff „Inhaber von Sonderrechten" hier aber ebenso definieren müssen wie in § 23 UmwG (→ § 13 Rn. 285 ff.).[86]

36 Wenn keine Sonderrechte gewährt werden, ist eine „**Negativerklärung**" zwar nicht zwingend erforderlich[87], in der Praxis schon aus Transparenzgründen aber gleichwohl zu empfehlen[88].

37 **hh) Sondervorteile (Nr. 8).** Anzugeben ist weiterhin jeder besondere Vorteil, der einem **Mitglied eines Vertretungs- oder Aufsichtsorgans** der an der Spaltung beteiligten Rechtsträger, einem **geschäftsführenden Gesellschafter**, einem **Partner**, einem **Abschlussprüfer** oder einem **Spaltungsprüfer** gewährt wird. Die Vorschrift dient ebenfalls dem Schutz der Anteilsinhaber durch Information über solche Sondervorteile und die sich daraus potentiell ergebenden Interessenkonflikte.[89] Entsprechend dieser Ratio sind nicht nur obligatorische, sondern auch fakultative Organe (z. B. auch Beiräte, Gesellschaf-

---

[75] Vgl. Semler/Stengel/*Schröer* § 126 Rn. 49; Kölner Kommentar-UmwG/*Simon* § 126 Rn. 48.
[76] Vgl. Schmitt/Hörtnagl/Stratz/*Hörtnagl* § 126 Rn. 59.
[77] Vgl. Semler/Stengel/*Schröer* § 126 Rn. 49; Henssler/Strohn/*Wardenbach* § 126 Rn. 18.
[78] Vgl. Schmitt/Hörtnagl/Stratz/*Hörtnagl* § 126 Rn. 59; Widmann/Mayer/*Mayer* § 126 Rn. 167; Lutter/*Priester* § 126 Rn. 42; Semler/Stengel/*Schröer* § 126 Rn. 49; Kallmeyer/*Sickinger* § 126 Rn. 17; BeckOGK/*Verse,* § 126 Rn. 71.
[79] Vgl. Widmann/Mayer/*Mayer* § 126 Rn. 167; Lutter/*Priester* § 126 Rn. 41; Semler/Stengel/*Schröer* § 126 Rn. 49; BeckOGK/*Verse,* § 126 Rn. 72.
[80] Vgl. Lutter/*Priester* § 126 Rn. 41; Semler/Stengel/*Schröer* § 126 Rn. 49; BeckOGK/*Verse,* § 126 Rn. 72.
[81] Vgl. Widmann/Mayer/*Mayer* § 126 Rn. 167; Lutter/*Priester* § 126 Rn. 41; Semler/Stengel/*Schröer* § 126 Rn. 49; BeckOGK/*Verse,* § 126 Rn. 72; Henssler/Strohn/*Wardenbach* § 126 Rn. 34.
[82] Vgl. Widmann/Mayer/*Mayer* § 126 Rn. 167; Lutter/*Priester* § 126 Rn. 41; Semler/Stengel/*Schröer* § 126 Rn. 49.
[83] Vgl. Henssler/Strohn/*Wardenbach* § 126 Rn. 18.
[84] Vgl. Henssler/Strohn/*Wardenbach* § 126 Rn. 18.
[85] Vgl. Henssler/Strohn/*Wardenbach* § 126 Rn. 18.
[86] Vgl. *Heidenhain* NJW 1995, 2873, 2875; Widmann/Mayer/*Mayer* § 126 Rn. 168; Semler/Stengel/*Schröer* § 126 Rn. 50; Kölner Kommentar-UmwG/*Simon* § 126 Rn. 49.
[87] Vgl. OLG Frankfurt 20 W 466/10, NZG 2011, 1278 (zur Verschmelzung); Schmitt/Hörtnagl/Stratz/*Hörtnagl* § 126 Rn. 59; Widmann/Mayer/*Mayer* § 126 Rn. 169; Lutter/*Priester* § 126 Rn. 41; Semler/Stengel/*Schröer* § 126 Rn. 52; Henssler/Strohn/*Wardenbach* § 126 Rn. 20.
[88] Vgl. *Heidenhain* NJW 1995, 2873, 2875; Schmitt/Hörtnagl/Stratz/*Hörtnagl* § 126 Rn. 59; Widmann/Mayer/*Mayer* § 126 Rn. 169; Lutter/*Priester* § 126 Rn. 41; Semler/Stengel/*Schröer* § 126 Rn. 52; Kallmeyer/*Sickinger* § 126 Rn. 17; Henssler/Strohn/*Wardenbach* § 126 Rn. 20.
[89] Vgl. Widmann/Mayer/*Mayer* § 126 Rn. 170; Lutter/*Priester* § 126 Rn. 44; Semler/Stengel/*Schröer* § 126 Rn. 54; Kölner Kommentar-UmwG/*Simon* § 126 Rn. 50; BeckOGK/*Verse,* § 126 Rn. 73.

terausschüsse etc.) erfasst.[90] „Besonderer Vorteil" ist jede Art von Vergünstigung, die anlässlich der Spaltung gewährt wird und nicht Gegenleistung für eine erbrachte Tätigkeit ist.[91] Beispiele: finanzielle Vorteile (z. B. Abfindungszahlungen)[92], Zusage bestimmter Ämter[93], Ruhestandsoption für Organmitglied[94], Entschädigungszahlung für Verzicht auf Option[95]; nicht dagegen etwa die üblichen Sachverständigenhonorare[96].

Wenn keine Sondervorteile gewährt werden, ist eine „**Negativerklärung**" zwar nicht zwingend erforderlich[97], in der Praxis schon aus Transparenzgründen aber gleichwohl zu empfehlen[98]. **38**

ii) Bezeichnung der zu übertragenden Vermögensgegenstände (Nr. 9). (1) Allgemeines. Von **essentieller Bedeutung** ist die Festlegung, welche konkreten Gegenstände des Aktiv- und Passivvermögens des übertragenden Rechtsträgers gem. § 131 Abs. 1 Nr. 1 UmwG im Wege der partiellen Gesamtrechtsnachfolge (→ § 20 Rn. 5) auf welchen übernehmenden Rechtsträger übergehen. Denn anders als bei der Verschmelzung geht bei der Spaltung nicht das gesamte, sondern nur ein Teil des Vermögens des übertragenden Rechtsträgers auf einen oder mehrere übernehmende Rechtsträger über und es muss **eindeutig klar** sein, welche Vermögensteile überhaupt übertragen werden und an welche(n) Rechtsträger.[99] § 126 Abs. 1 Nr. 9 UmwG verlangt deshalb die genaue Bezeichnung und Aufteilung (→ Rn. 42 ff.) der Gegenstände des Aktiv- und Passivvermögens (→ Rn. 40), die an jeden der übernehmenden Rechtsträger übertragen werden, sowie der übergehenden Betriebe und Betriebsteile (→ Rn. 41) unter Zuordnung zu den übernehmenden Rechtsträgern (→ Rn. 53 ff.). **39**

(2) Gegenstände des Aktiv- und Passivvermögens. Der Begriff „Gegenstand" ist im zivilrechtlichen Sinne zu verstehen, gemeint ist also die einzelne Sache oder das einzelne Recht.[100] „Rechte" sind etwa dingliche Rechte, Forderungen[101], Verträge[102], Immaterialgüterrechte[103], sonstige Vermögensrechte[104] als Gegenstände des Aktivvermögens; ebenso **40**

---

[90] Vgl. Widmann/Mayer/*Mayer* § 126 Rn. 170; Lutter/*Priester* § 126 Rn. 44; Semler/Stengel/*Schröer* § 126 Rn. 53; Kallmeyer/*Sickinger* § 126 Rn. 18; Henssler/Strohn/*Wardenbach* § 126 Rn. 21.

[91] Vgl. Semler/Stengel/*Schröer* § 126 Rn. 54; Henssler/Strohn/*Wardenbach* § 126 Rn. 21; vgl. zur Verschmelzung auch Lutter/*Bayer* § 122c Rn. 24.

[92] Vgl. Lutter/*Priester* § 126 Rn. 44; Semler/Stengel/*Schröer* § 126 Rn. 54; Kallmeyer/*Sickinger* § 126 Rn. 18; BeckOGK/*Verse*, § 126 Rn. 74.

[93] Vgl. Lutter/*Priester* § 126 Rn. 44; Semler/Stengel/*Schröer* § 126 Rn. 54; BeckOGK/*Verse*, § 126 Rn. 74.

[94] Vgl. LAG Nürnberg 2 Sa 463/02, ZIP 2005, 398, 399 f. (zur Verschmelzung).

[95] Vgl. OLG Hamburg 11 U 11/03, NZG 2004, 729, 731 (zur Verschmelzung).

[96] Vgl. Widmann/Mayer/*Mayer* § 126 Rn. 170; Lutter/*Priester* § 126 Rn. 44; Kallmeyer/*Sickinger* § 126 Rn. 18; BeckOGK/*Verse*, § 126 Rn. 74; Henssler/Strohn/*Wardenbach* § 126 Rn. 21.

[97] Vgl. OLG Frankfurt 20 W 466/10, NZG 2011, 1278 (zur Verschmelzung); Schmitt/Hörtnagl/Stratz/*Hörtnagl* § 126 Rn. 59; Widmann/Mayer/*Mayer* § 126 Rn. 170; Lutter/*Priester* § 126 Rn. 41, 44; BeckOGK/*Verse*, § 126 Rn. 73; Henssler/Strohn/*Wardenbach* § 126 Rn. 21.

[98] Vgl. Schmitt/Hörtnagl/Stratz/*Hörtnagl* § 126 Rn. 59; Widmann/Mayer/*Mayer* § 126 Rn. 170; Kallmeyer/*Sickinger* § 126 Rn. 18; BeckOGK/*Verse*, § 126 Rn. 74.

[99] Vgl. Schmitt/Hörtnagl/Stratz/*Hörtnagl* § 126 Rn. 60, 62; Widmann/Mayer/*Mayer* § 126 Rn. 172 ff.; Semler/Stengel/*Schröer* § 126 Rn. 55; Kölner Kommentar-UmwG/*Simon* § 126 Rn. 52.

[100] Vgl. BegrRegE z. UmwG, BT-Drucks. 12/6699, S. 118; Schmitt/Hörtnagl/Stratz/*Hörtnagl* § 126 Rn. 65 f.; Widmann/Mayer/*Mayer* § 126 Rn. 174.1; Semler/Stengel/*Schröer* § 126 Rn. 56; Kallmeyer/*Sickinger* § 126 Rn. 19.

[101] Vgl. Schmitt/Hörtnagl/Stratz/*Hörtnagl* § 126 Rn. 66; Widmann/Mayer/*Mayer* § 126 Rn. 174.1; Kallmeyer/*Sickinger* § 126 Rn. 19; BeckOGK/*Verse*, § 126 Rn. 77.

[102] Vgl. BGH XII ZR 50/02, NZG 2003, 1172, 1173; Schmitt/Hörtnagl/Stratz/*Hörtnagl* § 126 Rn. 69; Widmann/Mayer/*Mayer* § 126 Rn. 174.1; Lutter/*Priester* § 126 Rn. 47; Kallmeyer/*Sickinger* § 126 Rn. 19; Kölner Kommentar-UmwG/*Simon* § 126 Rn. 53.

[103] Vgl. Schmitt/Hörtnagl/Stratz/*Hörtnagl* § 126 Rn. 66; Widmann/Mayer/*Mayer* § 126 Rn. 174.1; Kallmeyer/*Sickinger* § 126 Rn. 19; BeckOGK/*Verse*, § 126 Rn. 77.

[104] Vgl. Schmitt/Hörtnagl/Stratz/*Hörtnagl* § 126 Rn. 66; Widmann/Mayer/*Mayer* § 126 Rn. 174.1; Kallmeyer/*Sickinger* § 126 Rn. 19.

aber auch Verbindlichkeiten des übertragenden Rechtsträgers[105] und sonstige Rechte gegen diesen[106] als Gegenstände des Passivvermögens. Die bilanzielle Aktivierungs- oder Passivierungsfähigkeit ist irrelevant.[107]

41 **(3) Betrieb, Betriebsteil.** Die Begriffe „**Betrieb**" und „**Betriebsteil**" sind im arbeitsrechtlichen Sinne (→ § 57 Rn. 6 ff.) zu verstehen.[108] Denn die Angabepflicht beruht gerade auf dem Hintergrund der arbeitsrechtlichen Relevanz der Übertragung eines Betriebs oder Betriebsteils speziell für § 613a BGB (→ § 57 Rn. 1 ff.) sowie für den Interessenausgleich gem. § 323 Abs. 2 UmwG (→ § 57 Rn. 94 ff.). Die arbeitsrechtlichen Rechtsfolgen treten indes nur ein, wenn tatsächlich ein „Betrieb" oder „Betriebsteil" im arbeitsrechtlichen Sinne vorliegt; die bloße (fehlerhafte) Bezeichnung als solcher im Spaltungsvertrag ist irrelevant.[109]

42 **(4) Bestimmtheit. (aa) Grundsätze.** Hinsichtlich der Bestimmtheit der Bezeichnung gilt – ebenso wie bei der Einzelrechtsnachfolge – der **sachenrechtliche Bestimmtheitsgrundsatz**.[110] Ausreichend ist die Bestimmbarkeit der zu übertragenden Vermögensteile anhand des Spaltungsvertrags und ggf. anhand der Anlagen (vgl. § 126 Abs. 2 S. 3 UmwG).[111] Die Anforderungen dürfen insoweit nicht überspannt werden; ausreichend ist, wenn die an der Spaltung Beteiligten oder ein sachkundiger Dritter in der Lage sind, eine einwandfreie Zuordnung vorzunehmen.[112] Zulässig sind insbesondere auch sog. „**All-Klauseln**".[113] Möglich sind ferner auch Negativabgrenzungen (Bsp.: „alle Forderungen aus Mietverträgen außer ...").[114] Nicht ausreichend sind hingegen bloße Wert-, Mengen- oder Quotenangaben (Bsp.: 25 % des Lagers).[115]

---

[105] Vgl. Widmann/Mayer/*Mayer* § 126 Rn. 174.1; Kallmeyer/*Sickinger* § 126 Rn. 19.

[106] Vgl. Schmitt/Hörtnagl/Stratz/*Hörtnagl* § 126 Rn. 67.

[107] Vgl. BegrRegE z. UmwG, BT-Drucks. 12/6699, S. 118; Schmitt/Hörtnagl/Stratz/*Hörtnagl* § 126 Rn. 68; Widmann/Mayer/*Mayer* § 126 Rn. 174.1; Lutter/*Priester* § 126 Rn. 47; Semler/Stengel/*Schröer* § 126 Rn. 56; Kallmeyer/*Sickinger* § 126 Rn. 19; Kölner Kommentar-UmwG/*Simon* § 126 Rn. 53; BeckOGK/*Verse,* § 126 Rn. 77.

[108] Vgl. Böttcher/Habighorst/Schulte/*Fischer* § 126 Rn. 49; Schmitt/Hörtnagl/Stratz/*Hörtnagl* § 126 Rn. 72; Widmann/Mayer/*Mayer* § 126 Rn. 258; Lutter/*Priester* § 126 Rn. 48; Semler/Stengel/*Schröer* § 126 Rn. 57.

[109] Vgl. BegrRegE z. UmwG, BT-Drucks. 12/6699, S. 118; Schmitt/Hörtnagl/Stratz/*Hörtnagl* § 126 Rn. 75.

[110] Vgl. BGH V ZR 74/07, NZG 2008, 436 Rn. 31; OLG Köln 7 U 179/15 [BeckRS 2016, 15818], Rn. 27 f.; OLG Hamburg 11 U 145/01, AG 2002, 460, 463; LG Essen 42 T 1/02, NZG 2002, 736, 737; Widmann/Mayer/*Mayer* § 126 Rn. 202; BeckOGK/*Verse,* § 126 Rn. 82; vgl. ferner auch BegrRegE z. UmwG, BT-Drucks. 12/6699, S. 119; OLG Celle 9 U 22/15, NZG 2015, 1238 f.; Kallmeyer/*Sickinger* § 126 Rn. 19; Henssler/Strohn/*Wardenbach* § 126 Rn. 22.

[111] Vgl. OLG Köln 7 U 179/15 [BeckRS 2016, 15818], Rn. 27 f.; OLG Hamm 2 U 98/09 [BeckRS 2010, 08022]; OLG Hamburg 11 U 145/01, AG 2002, 460, 463; LG Essen 42 T 1/02, NZG 2002, 736, 737; vgl. ferner auch BegrRegE z. UmwG, BT-Drucks. 12/6699, S. 119; Kölner Kommentar-UmwG/*Simon* § 126 Rn. 57.

[112] Vgl. OLG Köln 7 U 179/15 [BeckRS 2016, 15818], Rn. 27 f.; OLG Hamm 2 U 98/09 [BeckRS 2010, 08022]; Böttcher/Habighorst/Schulte/*Fischer* § 126 Rn. 28; Widmann/Mayer/*Mayer* § 126 Rn. 202; Lutter/*Priester* § 126 Rn. 43; Semler/Stengel/*Schröer* § 126 Rn. 61; Kölner Kommentar-UmwG/*Simon* § 126 Rn. 57.

[113] Vgl. OLG Köln 7 U 179/15 [BeckRS 2016, 15818], Rn. 28 f.; OLG Hamm 2 U 98/09 [BeckRS 2010, 08022]; Böttcher/Habighorst/Schulte/*Fischer* § 126 Rn. 29; Schmitt/Hörtnagl/Stratz/*Hörtnagl* § 126 Rn. 78; Widmann/Mayer/*Mayer* § 126 Rn. 202; Lutter/*Priester* § 126 Rn. 43; Semler/Stengel/*Schröer* § 126 Rn. 61; Kallmeyer/*Sickinger* § 126 Rn. 19; Kölner Kommentar-UmwG/*Simon* § 126 Rn. 58; *Thiele/König* NZG 2015, 178, 184; BeckOGK/*Verse,* § 126 Rn. 85; s. ferner auch OLG Schleswig 2 W 241/08, NJW-RR 2010, 592.

[114] Vgl. Böttcher/Habighorst/Schulte/*Fischer* § 126 Rn. 29; Schmitt/Hörtnagl/Stratz/*Hörtnagl* § 126 Rn. 78; Widmann/Mayer/*Mayer* § 126 Rn. 202; Kallmeyer/*Sickinger* § 126 Rn. 19; Kölner Kommentar-UmwG/*Simon* § 126 Rn. 59; *Thiele/König* NZG 2015, 178, 181, 184 f.

[115] Vgl. Schmitt/Hörtnagl/Stratz/*Hörtnagl* § 126 Rn. 79; Lutter/*Priester* § 126 Rn. 50.

§ 22 Spaltungsvertrag/-plan

Soweit für die Übertragung von Gegenständen im Falle der Einzelrechtsnachfolge in den allgemeinen Vorschriften eine **besondere Art der Bezeichnung** bestimmt ist, sind diese Regelungen gem. § 126 Abs. 2 S. 1 UmwG auch für die Bezeichnung im Spaltungsvertrag anzuwenden. § 126 Abs. 2 S. 2 UmwG stellt klar, dass § 28 GBO zu beachten ist (→ Rn. 45 f.). **43**

(bb) Einzelfälle. (i) Bewegliche Sachen. Bewegliche Sachen sind so zu bezeichnen, dass sie eindeutig identifizierbar sind.[116] Dies kann auch durch Listen/Tabellen/Verzeichnisse geschehen[117] oder durch die Festlegung, dass das gesamte Warenlager in einem bestimmten Gebäude übertragen werden soll[118]. In den Spaltungsvertrag sind auch solche beweglichen Sachen aufzunehmen, die aufgrund eines Eigentumsvorbehalts oder einer Sicherungsübereignung nicht im Eigentum des übertragenden Rechtsträgers stehen; übertragen werden kann dann aber freilich nur das Anwartschaftsrecht bzw. die Rechtsposition aus der Sicherungsübereignung.[119] **44**

(ii) Grundstücke und Rechte an Grundstücken. Bei **Grundstücken** sind gem. § 126 Abs. 2 S. 2 UmwG die Vorgaben des **§ 28 GBO** zu beachten, d. h. das Grundstück ist übereinstimmend mit dem Grundbuch oder durch Hinweis auf das Grundbuchblatt zu bezeichnen. Damit wollte der Gesetzgeber vor dem Hintergrund, dass sich der Rechtsübergang im Wege der partiellen Universalsukzession außerhalb des Grundbuchs vollzieht, Rechtssicherheit schaffen.[120] Diese Ratio greift gleichermaßen bei **Rechten an Grundstücken**; auch für sie gilt deshalb § 28 GBO.[121] **45**

Umstritten sind die **Rechtsfolgen eines Verstoßes** gegen die Anforderungen des § 28 GBO. In der Literatur wird verbreitet die Auffassung vertreten, dass das Eigentum dennoch übergeht, wenn das Grundstück so bezeichnet ist, dass es – ggf. durch Auslegung – individuell bestimmt werden kann.[122] § 126 Abs. 2 S. 2 UmwG sei eine bloße formale Verfahrensvorschrift[123]; zudem wird auf § 131 Abs. 3 UmwG verwiesen.[124] Nach der Rechtsprechung[125], der auch Teile der Literatur[126] folgen, gehen das Eigentum an einem Grundstück bzw. Rechte an einem Grundstück hingegen nur dann mit der Registerein- **46**

---

[116] Vgl. Böttcher/Habighorst/Schulte/*Fischer* § 126 Rn. 30; Schmitt/Hörtnagl/Stratz/*Hörtnagl* § 126 Rn. 85; Semler/Stengel/*Schröer* § 126 Rn. 62.

[117] Vgl. Böttcher/Habighorst/Schulte/*Fischer* § 126 Rn. 30; Kölner Kommentar-UmwG/*Simon* § 126 Rn. 59.

[118] Vgl. Schmitt/Hörtnagl/Stratz/*Hörtnagl* § 126 Rn 78; *Thiele/König* NZG 2015, 178, 179; Widmann/Mayer/*Mayer* § 126 Rn. 216.

[119] Vgl. Schmitt/Hörtnagl/Stratz/*Hörtnagl* § 126 Rn. 86; Lutter/*Priester* § 126 Rn. 53; Semler/Stengel/*Schröer* § 126 Rn. 62.

[120] Vgl. BegrRegE z. UmwG, BT-Drucks. 12/6699, S. 119.

[121] Vgl. KG 1 W 213/14, NZG 2015, 602; OLG Schleswig 2 W 241/08, NJW-RR 2010, 592; OLG Hamm 15 W 452/10, NZG 2011, 393; *Blasche* NZG 2016, 328, 334; Böttcher/Habighorst/Schulte/*Fischer* § 126 Rn. 31; *Heckschen* GmbHR 2015, 897, 902; Kölner Kommentar-UmwG/*Simon* § 126 Rn. 60; Henssler/Strohn/*Wardenbach* § 126 Rn. 25; a. A. *Bungert/Lange* DB 2009, 103, 104 f.; *dies.* DB 2010, 547, 548 ff.

[122] Vgl. Schmitt/Hörtnagl/Stratz/*Hörtnagl* § 126 Rn. 81; *Limmer* DNotZ 2008, 471, 475 f.; Widmann/Mayer/*Mayer* § 126 Rn. 212; *Priester* EWiR 2008, 223, 224; Lutter/*Priester* § 126 Rn. 53; *Volmer* WM 2002, 428 ff.

[123] Vgl. *Limmer* DNotZ 2008, 471, 475; Widmann/Mayer/*Mayer* § 126 Rn. 212; *Priester* EWiR 2008, 223, 224.

[124] Vgl. Widmann/Mayer/*Mayer* § 126 Rn. 212; *Priester* EWiR 2008, 223, 224; Lutter/*Priester* § 126 Rn. 53.

[125] BGH V ZR 79/07, NZG 2008, 436; KG 1 W 213/14, NZG 2015, 602; OLG Schleswig 2 W 241/08, NJW-RR 2010, 592.

[126] Vgl. *Blasche* NZG 2016, 328, 329 ff.; Böttcher/Habighorst/Schulte/*Fischer* § 126 Rn. 31; *Heckschen* GmbHR 2015, 897, 901; Semler/Stengel/*Schröer* § 126 Rn. 64; Kölner Kommentar-UmwG/*Simon* § 126 Rn. 60; *Thiele/König* NZG 2015, 178, 184; Henssler/Strohn/*Wardenbach* § 126 Rn. 25; *Weiler* MittBayNot 2008, 310, 311.

tragung der Spaltung auf den übernehmenden Rechtsträger über, wenn das Grundstück im Spaltungsvertrag entsprechend § 28 GBO bezeichnet ist. Dies überzeugt, denn andernfalls wäre die vom Gesetzgeber mit der Vorschrift des § 126 Abs. 2 S. 2 UmwG intendierte Rechtssicherheit gerade nicht gewährleistet[127]. Nicht ganz unproblematisch ist insofern die Auffassung des OLG Schleswig[128], wonach eine Ausnahme gelten soll, wenn die zu übertragenden Rechte im Spaltungsvertrag für jedermann klar und eindeutig bestimmt sind (konkret: „All-Klausel").[129]

47 **(iii) Forderungen.** Bei **Forderungen** muss grundsätzlich Art, Grund, Höhe und Person des Schuldners angegeben werden.[130] Zulässig ist aber eine Zusammenfassung dahingehend, dass alle Forderungen aus einem bestimmten Geschäftsbetrieb, aus einer bestimmten Art von Geschäften oder aus einem bestimmten Zeitraum übertragen werden.[131]

48 **(iv) Beteiligungen.** Bei **Beteiligungen** sind Firma, Sitz und ggf. Registernummer des Rechtsträgers sowie Art und Höhe der Beteiligung anzugeben.[132]

49 **(v) Verbindlichkeiten.** Bzgl. der Individualisierung von **Verbindlichkeiten** gelten dieselben Grundsätze wie für Forderungen (→ Rn. 47).[133]

50 **(vi) Vertragsverhältnisse.** Bei **Vertragsverhältnissen** ist zur Individualisierung grundsätzlich die Angabe von Vertragsart, Person des Vertragspartners und Datum des Vertragsschlusses erforderlich.[134] Bei **Unternehmensverträgen** sind die Art des Unternehmensvertrags, die beteiligten Rechtsträger, Vertragsdatum und Datum der Handelsregistereintragung anzugeben.[135]

51 **(vii) Öffentlich-rechtliche Rechtspositionen.** An bestimmte Gegenstände gebundene **öffentlich-rechtliche Rechtspositionen** gehen automatisch mit diesen über und brauchen daher im Spaltungsvertrag nicht näher spezifiziert werden.[136] Personengebundene öffentlich-rechtliche Rechtspositionen sind regelmäßig schon gar nicht übertragbar.[137]

52 **(cc) „Vergessene" Gegenstände.** Zu „vergessenen" Gegenständen → § 27 Rn. 88 ff.

53 **(5) Zuordnung. (aa) Grundsätze.** Das UmwG gewährt für die Aufteilung des Vermögens des übertragenden Rechtsträgers **erhebliche Freiheit**.[138] Grundsätzlich können die Beteiligten jeden Gegenstand jedem beliebigen Rechtsträger zuweisen.[139] Bei bestimmten Gegenständen gelten jedoch **Einschränkungen** (→ Rn. 54 ff.).

---

[127] Vgl. BGH V ZR 79/07, NZG 2008, 436 Rn. 23 f.; KG 1 W 213/14, NZG 2015, 602 Rn. 14; *Weiler* MittBayNot 2008, 310, 311.
[128] Vgl. OLG Schleswig 2 W 241/08, NJW-RR 2010, 592.
[129] Vgl. kritisch auch *Blasche* NZG 2016, 328, 329 f.
[130] Vgl. Böttcher/Habighorst/Schulte/*Fischer* § 126 Rn. 35; Schmitt/Hörtnagl/Stratz/*Hörtnagl* § 126 Rn. 88; Widmann/Mayer/*Mayer* § 126 Rn. 218; Semler/Stengel/*Schröer* § 126 Rn. 67.
[131] Vgl. OLG Köln 7 U 179/15 [BeckRS 2016, 15818], Rn. 27 f.; OLG Hamm 2 U 98/09 [BeckRS 2010, 08022]; Böttcher/Habighorst/Schulte/*Fischer* § 126 Rn. 35; Schmitt/Hörtnagl/Stratz/*Hörtnagl* § 126 Rn. 88; Lutter/*Priester* § 126 Rn. 43; Semler/Stengel/*Schröer* § 126 Rn. 67.
[132] Vgl. Böttcher/Habighorst/Schulte/*Fischer* § 126 Rn. 34; Widmann/Mayer/*Mayer* § 126 Rn. 221; Lutter/*Priester* § 126 Rn. 53; Semler/Stengel/*Schröer* § 126 Rn. 66.
[133] Vgl. Schmitt/Hörtnagl/Stratz/*Hörtnagl* § 126 Rn. 93; Semler/Stengel/*Schröer* § 126 Rn. 68; Henssler/Strohn/*Wardenbach* § 126 Rn. 29.
[134] Vgl. Böttcher/Habighorst/Schulte/*Fischer* § 126 Rn. 40; Schmitt/Hörtnagl/Stratz/*Hörtnagl* § 126 Rn. 97; Widmann/Mayer/*Mayer* § 126 Rn. 225; Semler/Stengel/*Schröer* § 126 Rn. 72.
[135] Vgl. Böttcher/Habighorst/Schulte/*Fischer* § 126 Rn. 45; Schmitt/Hörtnagl/Stratz/*Hörtnagl* § 126 Rn. 92; Henssler/Strohn/*Wardenbach* § 126 Rn. 27.
[136] Vgl. Böttcher/Habighorst/Schulte/*Fischer* § 126 Rn. 46; Schmitt/Hörtnagl/Stratz/*Hörtnagl* § 126 Rn. 99; Semler/Stengel/*Schröer* § 126 Rn. 77; Henssler/Strohn/*Wardenbach* § 126 Rn. 32.
[137] Vgl. Böttcher/Habighorst/Schulte/*Fischer* § 126 Rn. 46; Widmann/Mayer/*Mayer* § 126 Rn. 236.4; Semler/Stengel/*Schröer* § 126 Rn. 77; Henssler/Strohn/*Wardenbach* § 126 Rn. 32.
[138] Vgl. BegrRegE z. UmwG, BT-Drucks. 12/6699, S. 118.
[139] Vgl. BegrRegE z. UmwG, BT-Drucks. 12/6699, S. 118.

(bb) Einzelfälle. (i) Bewegliche Sachen. Bewegliche Sachen können, soweit mög- 54
lich, real geteilt und auf verschiedene Rechtsträger aufgeteilt werden.[140] Möglich ist auch,
das Eigentum einem Rechtsträger zu belassen bzw. zuzuweisen, und einem anderen
Rechtsträger ein dingliches oder obligatorisches Nutzungsrecht einzuräumen.[141]

(ii) Grundstücke. Wenn **Teilflächen von Grundstücken** übertragen werden sollen, ist 55
zumindest die Bezugnahme auf einen genehmigten Veränderungsnachweis, der die übertragene Teilfläche katastermäßig bezeichnet, erforderlich.[142] Der Eigentumsübergang erfolgt
jedoch erst mit der grundbuchmäßigen Erfassung; bis dahin ist er schwebend unwirksam.[143]
Zu beachten ist ferner, dass im Einzelfall ggf. eine Teilungsgenehmigung nach Landesrecht
erforderlich sein kann.[144] Möglich ist aber auch, einem Rechtsträger das Eigentum und einem
anderen Rechtsträger ein dingliches oder obligatorisches Nutzungsrecht zuzuweisen.[145]

(iii) Forderungen. Eine **Teilung** einer Forderung ist zulässig, wenn die Forderung 56
ihrem Gegenstand nach teilbar ist.[146]

Die **Übertragung** einer Forderung im Wege der partiellen Universalsukzession im 57
Rahmen einer Spaltung bedarf nicht der Zustimmung des Schuldners.[147] Eine Übertragung
ist auch dann möglich, wenn ein Abtretungsverbot vereinbart wurde; § 399 Alt. 2 BGB gilt
bei der partiellen Universalsukzession im Rahmen einer Spaltung nicht.[148] Denn diese die
Einzelrechtsnachfolge betreffende Vorschrift ist nicht auf die Besonderheiten der Universalsukzession zugeschnitten[149]; zudem hat der Gesetzgeber mit der Streichung des § 132
UmwG a. F. gerade zum Ausdruck gebracht, dass Beschränkungen der Einzelrechtsnachfolge im Umwandlungsrecht nicht zur Anwendung kommen sollen[150].

Akzessorische Sicherungsrechte (z. B. Hypothek, Pfandrecht) sowie unselbstständige 58
Nebenrechte i. S. d. § 401 BGB können nicht von der Forderung abgetrennt werden,
sondern gehen mit der Forderung automatisch auf den betreffenden Rechtsträger über.[151]

(iv) Verbindlichkeiten. Für die Übertragung von Verbindlichkeiten im Wege der 59
Spaltung ist – anders als im Rahmen der Einzelrechtsfolge (§§ 414, 415 BGB) – **keine
Zustimmung des Gläubigers** erforderlich.[152]

---

[140] Vgl. Lutter/*Priester* § 126 Rn. 60; Kallmeyer/*Sickinger* § 126 Rn. 22.
[141] Vgl. Lutter/*Priester* § 126 Rn. 60; Kallmeyer/*Sickinger* § 126 Rn. 22.
[142] Vgl. BGH V ZR 79/07, NZG 2008, 436 Rn. 25 f.; *Blasche* NZG 2016, 328, 331; Böttcher/Habighorst/Schulte/*Fischer* § 126 Rn. 33; Schmitt/Hörtnagl/Stratz/*Hörtnagl* § 126 Rn. 81; Kölner Kommentar-UmwG/*Simon* § 126 Rn. 61.
[143] Vgl. BGH V ZR 79/07, NZG 2008, 436 Rn. 25 f.; Böttcher/Habighorst/Schulte/*Fischer* § 126 Rn. 33; *Heckschen* GmbHR 2015, 897, 901 f.; Schmitt/Hörtnagl/Stratz/*Hörtnagl* § 126 Rn. 81; Widmann/Mayer/*Mayer* § 126 Rn. 213; Lutter/*Priester* § 126 Rn. 61; Semler/Stengel/*Schröer* § 126 Rn. 64; Kölner Kommentar-UmwG/*Simon* § 126 Rn. 67.
[144] So etwa nach § 8 BauO NRW, § 24 LWaldG BW.
[145] Vgl. Kallmeyer/*Sickinger* § 126 Rn. 23.
[146] Vgl. *Heidenhain* NJW 1995, 2873, 2877; Schmitt/Hörtnagl/Stratz/*Hörtnagl* § 126 Rn. 35; Kallmeyer/*Sickinger* § 126 Rn. 24; BeckOGK/*Verse*, § 126 Rn. 98.
[147] Vgl. OLG Dresden 8 U 65/08, BKR 2008, 377; Henssler/Strohn/*Wardenbach* § 131 Rn. 17.
[148] Vgl. BGH VII ZR 298/14, NJW 2017, 71 Rn. 28 f.; Schmitt/Hörtnagl/Stratz/*Hörtnagl* § 131 Rn. 31; Kallmeyer/*Sickinger* § 126 Rn. 24; Kölner Kommentar-UmwG/*Simon* § 131 Rn. 27.
[149] Vgl. BGH VII ZR 298/14, NJW 2017, 71 Rn. 28.
[150] Vgl. BGH VII ZR 298/14, NJW 2017, 71 Rn. 29; vgl. auch BegrRegE z. 2. UmwÄndG, BT-Drucks. 16/2919, S. 19.
[151] Vgl. Böttcher/Habighorst/Schulte/*Fischer* § 126 Rn. 36; *Heidenhain* NJW 1995, 2873, 2877; Schmitt/Hörtnagl/Stratz/*Hörtnagl* § 131 Rn. 30, 68; Semler/Stengel/*Schröer* § 126 Rn. 67; Kölner Kommentar-UmwG/*Simon* § 126 Rn. 64; Kallmeyer/*Sickinger* § 126 Rn. 24; BeckOGK/*Verse*, § 126 Rn. 101.
[152] Vgl. Böttcher/Habighorst/Schulte/*Fischer* § 126 Rn. 36; *Heidenhain* NJW 1995, 2873, 2877; Schmitt/Hörtnagl/Stratz/*Hörtnagl* § 126 Rn. 30, 68; Lutter/*Priester* § 126 Rn. 62; Semler/Stengel/*Schröer* § 126 Rn. 67; Kölner Kommentar-UmwG/*Simon* § 126 Rn. 64; Kallmeyer/*Sickinger* § 126 Rn. 24; Widmann/Mayer/*Mayer* § 126 Rn. 243.

60 Nach der Gesetzesbegründung zum UmwG soll eine **Aufteilung** einer einzelnen Verbindlichkeit auf verschiedene übernehmende Rechtsträger nicht möglich sein, weil das deutsche Recht dies nicht kenne.[153] Ähnlich sehen dies auch einige Stimmen in der Literatur.[154] Dies vermag jedoch nicht zu überzeugen. Denn zum einen ist es durchaus möglich, eine Verbindlichkeit mit Zustimmung des Gläubigers zu teilen[155]; bei der Spaltung bedarf es zur Übertragung einer Verbindlichkeit aber noch nicht einmal der Zustimmung des Gläubigers (→ Rn. 59)[156]. Zum anderen besteht häufig ein legitimes wirtschaftliches Bedürfnis für die Aufteilung von Verbindlichkeiten, da andernfalls miteinander verbundene Rechtsverhältnisse auseinandergerissen werden müssten (Bsp.: Aufteilung eines Betriebsgrundstücks auf mehrere Rechtsträger und entsprechende Aufteilung der durch das Grundstück gesicherten Darlehen).[157] Die schutzwürdigen Interessen der Gläubiger sind im Übrigen durch die gesamtschuldnerische Haftung gem. § 133 UmwG (→ § 27 Rn. 114 ff.) hinreichend gewahrt.[158] Zu folgen ist daher der ganz h. L., wonach eine Aufteilung von Verbindlichkeiten **zulässig** ist, sofern die Ansprüche ihrem Inhalt nach teilbar sind.[159] Beschränkungen ergeben sich schließlich auch nicht aus § 133 Abs. 1 S. 2 i. V. m. § 25 HGB.[160] Denn mit der Verweisung ist nur gemeint, dass die Haftung aus § 25 HGB unberührt bleibt, d. h. ggf. kumulativ mit der aus § 133 UmwG greift.[161] Dass eine Verbindlichkeit nur demjenigen Rechtsträger zugewiesen werden dürfte, der hierfür nach § 25 HGB haftet, lässt sich daraus nicht ableiten.[162]

61 In Bezug auf **Finanzverbindlichkeiten** wird vereinzelt die Auffassung vertreten, dass bei den übernehmenden Rechtsträgern in etwa die gleichen Kapitalstrukturen und Verschuldungsquoten anzustreben seien wie beim übertragenden Rechtsträger.[163] Ein solcher „Grundsatz der gerechten Lastenverteilung" lässt sich jedoch aus dem Gesetz nicht herleiten.[164] Es kann vielmehr wirtschaftlich legitime Gründe für eine anderweitige Aufteilung geben.[165]

62 Bei **Pensionsverpflichtungen** steht es den Beteiligten frei, diese entweder dem übertragenden oder einem übernehmenden Rechtsträger zuzuordnen.[166] Die Übertragung von Pensionsverbindlichkeiten im Wege der Spaltung bedarf weder der Zustimmung des Versorgungsempfängers noch des Pensions-Sicherungs-Vereins; §§ 414, 415 BGB und § 4 BetrAVG sind im Rahmen der partiellen Universalsukzession nach dem UmwG nicht anwendbar.[167] Die Verletzung der arbeitsvertraglichen Nebenpflicht zur ausreichenden

---

[153] Vgl. BegrRegE z. UmwG, BT-Drucks. 12/6699, S. 118.

[154] Vgl. *Ittner* MittRhNotK 1997, 106, 114; *Rieble* ZIP 1997, 301, 310 f.; s. ferner auch *Kleindiek* ZGR 1992, 513, 518.

[155] Vgl. Lutter/*Priester* § 126 Rn. 63; Semler/Stengel/*Schröer* § 126 Rn. 69.

[156] Vgl. *Heidenhain* NJW 1995, 2873, 2877; Widmann/Mayer/*Mayer* § 126 Rn. 243; Lutter/*Priester* § 126 Rn. 63; Semler/Stengel/*Schröer* § 126 Rn. 69.

[157] Vgl. Widmann/Mayer/*Mayer* § 126 Rn. 243 ff.

[158] Vgl. *Heidenhain* NJW 1995, 2873, 2877; Widmann/Mayer/*Mayer* § 126 Rn. 248.

[159] Vgl. Böttcher/Habighorst/Schulte/*Fischer* § 126 Rn. 38; *Heidenhain* NJW 1995, 2873, 2877; Schmitt/Hörtnagl/Stratz/*Hörtnagl* § 126 Rn. 47; Widmann/Mayer/*Mayer* § 126 Rn. 248; Lutter/*Priester* § 126 Rn. 63; Semler/Stengel/*Schröer* § 126 Rn. 69; Kallmeyer/*Sickinger* § 126 Rn. 25; Kölner Kommentar-UmwG/*Simon* § 126 Rn. 62; BeckOGK/*Verse*, § 126 Rn. 109.

[160] So aber *K. Schmidt* ZGR 1993, 366, 386; Semler/Stengel/*Schroer* § 126 Rn. 71.

[161] Vgl. Widmann/Mayer/*Mayer* § 126 Rn. 249; Kallmeyer/*Sickinger* § 126 Rn. 31.

[162] Vgl. Widmann/Mayer/*Mayer* § 126 Rn. 249; Kallmeyer/*Sickinger* § 126 Rn. 31; Kölner Kommentar-UmwG/*Simon* § 126 Rn. 65.

[163] Vgl. *Pickhardt* DB 1999, 729, 730 ff.

[164] Vgl. Lutter/*Priester* § 126 Rn. 63; Kallmeyer/*Sickinger* § 126 Rn. 28; Semler/Stengel/*Schröer* § 128 Rn. 70; Henssler/Strohn/*Wardenberg* § 126 Rn. 30.

[165] Vgl. Kallmeyer/*Sickinger* § 126 Rn. 28; Semler/Stengel/*Schröer* § 126 Rn. 70.

[166] Vgl. BAG 3 AZR 358/06, NZA 2009, 790 Rn. 17; BAG 3 AZR 499/03, NZA 2005, 639; Kölner Kommentar-UmwG/*Simon* § 126 Rn. 69 ff.

[167] Vgl. BAG 3 AZR 358/06, NZA 2009, 790 Rn. 18 f.; BAG 3 AZR 499/03, NZA 2005, 639; Schmitt/Hörtnagl/Stratz/*Hörtnagl* § 126 Rn. 108c; Widmann/Mayer/*Mayer* § 126 Rn. 253.8; Lutter/*Priester* § 126 Rn. 50; Kölner Kommentar-UmwG/*Simon* § 126 Rn. 71, 75.

§ 22 Spaltungsvertrag/-plan   63, 64   § 22

Ausstattung einer „Rentnergesellschaft" führt zwar nicht zur Unwirksamkeit der partiellen Universalsukzession[168], kann allerdings zu einem Schadensersatzanspruch gegen den übertragenden Rechtsträger nach §§ 280 Abs. 1 S. 1, 241 Abs. 2, 31, 278 BGB führen.[169]

(v) Vertragsverhältnisse. Ob ein einzelnes **Vertragsverhältnis** – insbesondere ein 63 Dauerschuldverhältnis – im Wege der Spaltung auf mehrere Rechtsträger **aufgeteilt** werden kann, wird kontrovers beurteilt. Ein Teil der Literatur verneint dies generell.[170] Aus einem Vertragsverhältnis könne sich ein „dichtes Geflecht von Treu- und Nebenpflichten ergeben", das eine Aufspaltung auf mehrere Rechtsträger einfach nicht vertrage.[171] Diese restriktive Auffassung vermag jedoch letztlich nicht zu überzeugen. Angesichts des allgemeinen Grundsatzes der Zuordnungsfreiheit (→ Rn. 53) und der Tatsache, dass sowohl eine Aufteilung von Forderungen (→ Rn. 56) als auch von Verbindlichkeiten (→ Rn. 60) grundsätzlich zulässig ist, ist kein zwingender Grund ersichtlich, warum es bei einem Vertrag als „Bündel von Forderungen und Verbindlichkeiten" anders sein soll.[172] Zumal hierfür ein erhebliches praktisches Bedürfnis besteht.[173] Den schutzwürdigen Interessen des anderen Vertragspartners wird durch die gesamtschuldnerische Haftung gem. § 133 UmwG (→ § 27 Rn. 114 ff.) und ein ggf. bestehendes Kündigungsrecht aus wichtigem Grund[174] hinreichend Rechnung getragen.[175] Mit der h. L. ist daher von der **Zulässigkeit** der Aufteilung eines einzelnen Vertragsverhältnisses im Wege der Spaltung auszugehen.[176]

(vi) Unternehmensverträge. Bei Unternehmensverträgen ist zu differenzieren. Wenn 64 der übertragende Rechtsträger **herrschendes Unternehmen** ist, kann er den Unternehmensvertrag zusammen mit der Beteiligung auf einen übernehmenden Rechtsträger übertragen.[177] Die Zustimmung der abhängigen Gesellschaft ist nicht erforderlich; §§ 293, 295 AktG gelten insoweit nicht (auch nicht analog).[178]

---

[168] Vgl. BAG 3 AZR 358/06, NZA 2009, 790 Rn. 56; vgl. weiter auch BAG 3 AZR 298/13, DStR 2014, 2350 Rn. 57; Schmitt/Hörtnagl/Stratz/*Hörtnagl* § 126 Rn. 108c; Kölner Kommentar-UmwG/*Simon* § 126 Rn. 71, 75; BeckOGK/*Verse,* § 126 Rn. 108. Abw. jedoch *Bahnsen* NJW 2005, 3328, 3330; Lutter/*Priester* § 126 Rn. 51.

[169] Vgl. BAG 3 AZR 358/06, NZA 2009, 790 Rn. 56; vgl. auch BAG 3 AZR 298/13, DStR 2014, 2350 Rn. 57; Schmitt/Hörtnagl/Stratz/*Hörtnagl* § 126 Rn. 108c; Widmann/Mayer/*Mayer* § 126 Rn. 253.9; Kölner Kommentar-UmwG/*Simon* § 126 Rn. 72, 75; BeckOGK/*Verse,* § 126 Rn. 108.

[170] Vgl. *Rieble* ZIP 1997, 301; *Teichmann* ZGR 1993, 396, 413; BeckOGK/*Verse,* § 126 Rn. 111 ff.; Henssler/Strohn/*Wardenbach* § 126 Rn. 31; *Wiesner* ZHR-Beiheft 68 (1999), S. 168, 173.

[171] Vgl. *Teichmann* ZGR 1993, 396, 413.

[172] Vgl. auch Böttcher/Habighorst/Schulte/*Fischer* § 126 Rn. 41.

[173] Vgl. Böttcher/Habighorst/Schulte/*Fischer* § 126 Rn. 41; Widmann/Mayer/*Mayer* § 126 Rn. 227; Semler/Stengel/*Schröer* § 126 Rn. 72.

[174] Ein solches ergibt sich entweder aus den Vorschriften des jeweiligen Vertragsverhältnisses bzw. aus § 314 BGB.

[175] Vgl. Böttcher/Habighorst/Schulte/*Fischer* § 126 Rn. 42; Schmitt/Hörtnagl/Stratz/*Hörtnagl* § 131 Rn. 53, 55; Widmann/Mayer/*Mayer* § 126 Rn. 228; Semler/Stengel/*Schröer* § 126 Rn. 72.

[176] Vgl. Böttcher/Habighorst/Schulte/*Fischer* § 126 Rn. 41 f.; *Heidenhain* NJW 1995, 2873, 2877; Schmitt/Hörtnagl/Stratz/*Hörtnagl* § 131 Rn. 53 ff.; Widmann/Mayer/*Mayer* § 126 Rn. 228; Lutter/*Priester* § 126 Rn. 64; Semler/Stengel/*Schröer* § 126 Rn. 72; Kölner Kommentar-UmwG/*Simon* § 131 Rn. 30 f.; s. ferner auch Kallmeyer/*Sickinger* § 126 Rn. 25.

[177] Vgl. Emmerich/Habersack/*Emmerich* § 297 Rn. 46; Böttcher/Habighorst/Schulte/*Fischer* § 131 Rn. 34; *Heidenhain* NJW 1995, 2873, 2877; Schmitt/Hörtnagl/Stratz/*Hörtnagl* § 131 Rn. 59; Widmann/Mayer/*Mayer* § 126 Rn. 232; *Meister* DStR 1999, 1741, 1743; Lutter/*Priester* § 126 Rn. 65; Semler/Stengel/*Schröer* § 126 Rn. 74; Kallmeyer/*Sickinger* § 126 Rn. 26; Kölner Kommentar-UmwG/*Simon* § 131 Rn. 24; *Vossius,* FS Widmann, 2000, S. 133, 152; Henssler/Strohn/*Wardenbach* § 131 Rn. 11; *Wilken* DStR 1999, 677, 680.

[178] Vgl. Emmerich/Habersack/*Emmerich* § 297 Rn. 46; Böttcher/Habighorst/Schulte/*Fischer* § 131 Rn. 34; Schmitt/Hörtnagl/Stratz/*Hörtnagl* § 131 Rn. 59; Widmann/Mayer/*Mayer* § 126 Rn. 232; Kölner Kommentar-UmwG/*Simon* § 131 Rn. 24; a. A. Kallmeyer/*Sickinger* § 126 Rn. 26; Henssler/Strohn/*Wardenbach* § 131 Rn. 11; differenzierend (Zustimmungserfordernis nur bei der Spaltung zur Aufnahme): Lutter/*Priester* § 126 Rn. 65.

65 Ist der übertragende Rechtsträger **abhängiges Unternehmen**, so kann ein Unternehmensvertrag nicht im Wege der **Spaltung zur Aufnahme** auf einen bestehenden Rechtsträger übertragen werden.[179] Denn es kann nicht einfach davon ausgegangen werden, dass der übernehmende Rechtsträger insgesamt in die Rolle einer abhängigen Gesellschaft schlüpfen will.[180] Hierfür bedarf es vielmehr eines Neuabschlusses des Unternehmensvertrags.[181] Ansonsten bleibt bei Abspaltung und Ausgliederung allein der übertragende Rechtsträger aus dem Unternehmensvertrag verpflichtet[182]; im Falle der Aufspaltung erlischt der Unternehmensvertrag[183]. Bei der **Spaltung zur Neugründung** erstreckt sich der Unternehmensvertrag hingegen aufgrund der wirtschaftlichen Identität der Vermögensmassen automatisch auf jeden übernehmenden Rechtsträger.[184]

66 **Betriebspacht- und Betriebsüberlassungsverträge** können hingegen aufgrund ihrer schuldrechtlichen Natur grundsätzlich frei übertragen werden[185] (allg. zur Übertragung von Vertragsverhältnissen → Rn. 50).

67 jj) **Aufteilung der Anteile (Nr. 10).** Bei **Aufspaltung** und **Abspaltung** sind die Aufteilung der Anteile oder Mitgliedschaften der beteiligten Rechtsträger auf die Anteilsinhaber des übertragenden Rechtsträgers sowie der Maßstab für die Aufteilung anzugeben. Bei der Ausgliederung bedarf es solcher Angaben hingegen nicht, da hier kein Anteilstausch stattfindet (→ § 20 Rn. 14).[186]

68 Im Falle einer **verhältniswahrenden Auf- oder Abspaltung** (→ § 20 Rn. 22) genügt die Angabe, dass sich die Aufteilung der Anteile oder Mitgliedschaften nach dem bisherigen Beteiligungsverhältnis beim übertragenden Rechtsträger richtet.[187]

69 Im Falle einer **nicht verhältniswahrenden Auf- oder Abspaltung** (→ § 20 Rn. 23, → § 25 Rn. 22 ff.) muss zum einen der Aufteilungsmaßstab abstrakt angegeben werden.[188] Dazu gehören auch etwaige Festsetzungen über Ausgleichsleistungen der Anteilsinhaber

---

[179] Vgl. Emmerich/Habersack/*Emmerich* § 297 Rn. 47; Böttcher/Habighorst/Schulte/*Fischer* § 131 Rn. 35; *Heidenhain* NJW 1995, 2873, 2877; Schmitt/Hörtnagl/Stratz/*Hörtnagl* § 131 Rn. 62; Lutter/*Priester* § 126 Rn. 65; Kallmeyer/*Sickinger* § 126 Rn. 26; Kölner Kommentar-UmwG/*Simon* § 131 Rn. 25; Hensler/Strohn/*Wardenbach* § 131 Rn. 13; a. A. Widmann/Mayer/*Mayer* § 126 Rn. 233.

[180] Vgl. Semler/Stengel/*Schröer* § 126 Rn. 74; Kölner Kommentar-UmwG/*Simon* § 131 Rn. 25; s. ferner auch Lutter/*Priester* § 126 Rn. 65.

[181] Vgl. Emmerich/Habersack/*Emmerich* § 297 Rn. 47; Böttcher/Habighorst/Schulte/*Fischer* § 131 Rn. 35; Lutter/*Priester* § 126 Rn. 65; Kallmeyer/*Sickinger* § 126 Rn. 26; Kölner Kommentar-UmwG/*Simon* § 131 Rn. 25; Hensler/Strohn/*Wardenbach* § 131 Rn. 13.

[182] Vgl. Emmerich/Habersack/*Emmerich* § 297 Rn. 47; Böttcher/Habighorst/Schulte/*Fischer* § 131 Rn. 35; *Heidenhain* NJW 1995, 2873, 2877; Schmitt/Hörtnagl/Stratz/*Hörtnagl* § 131 Rn. 62; Lutter/*Priester* § 126 Rn. 65; Semler/Stengel/*Schröer* § 126 Rn. 74.

[183] Vgl. Emmerich/Habersack/*Emmerich* § 297 Rn. 47; Böttcher/Habighorst/Schulte/*Fischer* § 126 Rn. 35; *Heidenhain* NJW 1995, 2873, 2877; Schmitt/Hörtnagl/Stratz/*Hörtnagl* § 131 Rn. 62; Lutter/*Priester* § 126 Rn. 65; Semler/Stengel/*Schröer* § 126 Rn. 74.

[184] Vgl. Emmerich/Habersack/*Emmerich* § 297 Rn. 47; Böttcher/Habighorst/Schulte/*Fischer* § 131 Rn. 36; Semler/Stengel/*Schröer* § 126 Rn. 74; Kallmeyer/*Sickinger* § 126 Rn. 26; s. ferner auch Hensler/Strohn/*Wardenbach* § 131 Rn. 13; Kölner Kommentar-UmwG/*Simon* § 131 Rn. 25; gegen eine automatische Erstreckung, aber zumindest für Möglichkeit der Übertragung: Schmitt/Hörtnagl/Stratz/*Hörtnagl* § 131 Rn. 61; Widmann/Mayer/*Mayer* § 126 Rn. 233; generell für das Erfordernis eines Neuabschlusses: Lutter/*Priester* § 126 Rn. 65.

[185] Vgl. *Heidenhain* NJW 1995, 2873, 2877; Schmitt/Hörtnagl/Stratz/*Hörtnagl* § 131 Rn. 63; Widmann/Mayer/*Mayer* § 126 Rn. 235; Lutter/*Priester* § 126 Rn. 65; Kallmeyer/*Sickinger* § 126 Rn. 26.

[186] Vgl. Schmitt/Hörtnagl/Stratz/*Hörtnagl* § 126 Rn. 101; Widmann/Mayer/*Mayer* § 126 Rn. 273.

[187] Vgl. Böttcher/Habighorst/Schulte/*Fischer* § 126 Rn. 56; Schmitt/Hörtnagl/Stratz/*Hörtnagl* § 126 Rn. 102; Lutter/*Priester* § 126 Rn. 73; Semler/Stengel/*Schröer* § 126 Rn. 83; Kallmeyer/*Sickinger* § 126 Rn. 41; Kölner Kommentar-UmwG/*Simon* § 126 Rn. 76; BeckOGK/*Verse*, § 126 Rn. 118; Hensler/Strohn/*Wardenbach* § 126 Rn. 35.

[188] Vgl. Böttcher/Habighorst/Schulte/*Fischer* § 126 Rn. 58; Schmitt/Hörtnagl/Stratz/*Hörtnagl* § 126 Rn. 103; Widmann/Mayer/*Mayer* § 126 Rn. 280; Kallmeyer/*Sickinger* § 126 Rn. 42.

des übertragenden Rechtsträgers untereinander.[189] Zum anderen ist die konkrete Aufteilung der Anteile auf die einzelnen, individualisierten Anteilsinhaber anzugeben.[190] Durch die Änderung der Vorschrift durch das 1. UmwÄndG[191] („beteiligten" statt „übernehmenden") wurde klargestellt, dass Beteiligungsänderungen auch beim übertragenden Rechtsträger vorgenommen werden können.[192]

kk) Arbeitsrechtliche Folgen (Nr. 11). Anzugeben sind schließlich die Folgen der Spaltung für die Arbeitnehmer und ihre Vertretungen sowie die insoweit vorgesehenen Maßnahmen. Nach der Gesetzesbegründung zur Parallelregelung in § 5 Abs. 1 Nr. 9 UmwG (→ § 8 Rn. 95) sind die eintretenden **individual- und kollektivarbeitsrechtlichen Änderungen** aufzuzeigen.[193] Entgegen einer teilweise vertretenen Auffassung sind aber nur die **unmittelbaren** Auswirkungen anzugeben, nicht hingegen bloß mittelbare (z. B. anschließend geplante Betriebsstilllegung).[194] 70

Erforderlich sind insbesondere **Angaben zu folgenden Aspekten:**[195] 71
- Tarifvertragssituation der Arbeitnehmer (→ § 57 Rn. 126 f.);
- Unternehmensmitbestimmung (→ § 57 Rn. 151 ff.);
- Existenz und Fortbestand des Betriebsrats (→ § 57 Rn. 114 ff.);
- Übergangsmandate des Betriebsrats nach § 21a BetrVG (→ § 57 Rn. 117);
- Entstehung eines gemeinsamen Betriebsrats gem. § 322 UmwG;
- Mitbestimmungsbeibehaltung gem. § 325 Abs. 1 UmwG (→ § 57 Rn. 151 ff.);
- Fortgeltung von Rechten gem. § 325 Abs. 2 UmwG (→ § 57 Rn. 120);
- besonderer Kündigungsschutz gem. § 323 UmwG (→ § 57 Rn. 111 ff.);
- Haftung gem. § 134 UmwG bei Betriebsaufspaltung (→ § 27 Rn. 159 ff., § 57 Rn. 136).

b) Weitere obligatorische Inhalte. aa) Abfindungsangebot. Gem. § 125 S. 1 72 i. V. m. § 29 Abs. 1 S. 1 bzw. S. 2 UmwG ist in den Spaltungsvertrag in folgenden drei Konstellationen ein Barabfindungsangebot aufzunehmen:
- der übernehmende Rechtsträger hat eine andere Rechtsform als der übertragende Rechtsträger (sog. Mischspaltung, § 125 S. 1 i. V. m. § 29 Abs. 1 S. 1 Alt. 1 UmwG);
- Spaltung eines börsennotierten Rechtsträgers auf einen nicht börsennotierten Rechtsträger (sog. „kaltes Delisting", § 125 S. 1 i. V. m. § 29 Abs. 1 S. 1 Alt. 2 UmwG);
- die Anteile am übernehmenden Rechtsträger sind Verfügungsbeschränkungen unterworfen (§ 125 S. 1 i. V. m. § 29 Abs. 1 S. 2 UmwG).

Ausf. zum Anspruch auf Barabfindung → § 27 Rn. 230 ff.

bb) Rechtsformspezifische weitere obligatorische Inhalte. Wenn eine **Personenhandelsgesellschaft** übernehmender Rechtsträger ist, muss im Spaltungsvertrag für jeden Anteilsinhaber bestimmt werden, ob ihm in der übernehmenden Personenhandelsgesellschaft die Stellung eines persönlich haftenden Gesellschafters oder eines Kommanditisten gewährt wird; dabei ist der Betrag der Einlage jedes Gesellschafters festzusetzen (§ 125 S. 1 i. V. m. § 40 UmwG). Zum Fall einer AG, KGaA oder SE als übertragendem Rechtsträger in einer solchen Konstellation → Rn. 76. 73

---

[189] Vgl. Böttcher/Habighorst/Schulte/*Fischer* § 126 Rn. 58; Schmitt/Hörtnagl/Stratz/*Hörtnagl* § 126 Rn. 106.
[190] Vgl. Böttcher/Habighorst/Schulte/*Fischer* § 126 Rn. 58; Schmitt/Hörtnagl/Stratz/*Hörtnagl* § 126 Rn. 103; Kallmeyer/*Sickinger* § 126 Rn. 42; BeckOGK/*Verse,* § 126 Rn. 119.
[191] Gesetz zur Änderung des Umwandlungsgesetzes, des Partnerschaftsgesellschaftsgesetzes und anderer Gesetze v. 22.7.1998, BGBl. I S. 1878.
[192] Vgl. BegrRegE z. 1. UmwÄndG, BT-Drucks. 13/8808, S. 15.
[193] Vgl. BegrRegE z. UmwG, BT-Drucks. 12/6699, S. 82.
[194] Vgl. Lutter/*Priester* § 126 Rn. 78; ausf. und überzeugend zur Parallelregelung in § 5 Abs. 1 Nr. 9 UmwG: Lutter/*Drygala* § 5 Rn. 105 ff.
[195] Vgl. Lutter/*Priester* § 126 Rn. 78.

74 Ist übernehmender Rechtsträger eine **GmbH**, so sind im Spaltungsvertrag für jeden Anteilsinhaber des übertragenden Rechtsträgers der Nennbetrag der gewährten Geschäftsanteile und die mit ihnen verbundenen Rechte und Pflichten anzugeben (§ 125 S. 1 i. V. m. § 46 UmwG, → § 29 Rn. 152 ff.). Zum Fall einer AG oder KGaA als übertragendem Rechtsträger in einer solchen Konstellation → Rn. 76.

75 Wenn übernehmender Rechtsträger eine **eG** ist, so ist § 125 S. 1 i. V. m. § 80 UmwG zu beachten, → § 29 Rn. 269 ff. Zum Fall einer AG, KGaA oder SE als übertragendem Rechtsträger in einer solchen Konstellation → Rn. 76.

76 Wenn in den in → Rn. 73 ff. genannten Fällen übertragender Rechtsträger eine **AG, KGaA oder SE** ist und nicht alle Aktionäre bekannt sind, so genügt für unbekannte Aktionäre die Angabe des insgesamt auf sie entfallenden Teils des Grundkapitals und der auf sie nach der Spaltung entfallenden Anteile (§ 125 S. 1 i. V. m. § 35 S. 1 UmwG). Diese Form der Bezeichnung wurde 2007 durch das 2. UmwÄndG[196] eingeführt, weil die vormals erforderliche Angabe der Aktienurkunden in der Praxis Schwierigkeiten bereitet hatte.[197] Um Missbräuche zu verhindern[198], ist diese Form der Bezeichnung aber nur für Anteilsinhaber möglich, deren Aktien max. 5 % des Grundkapitals umfassen.

77 Bei Beteiligungen von **VVaG** sind bestimmte Angaben gem. § 125 S. 1 i. V. m. § 110 UmwG entbehrlich.

2. Fakultativer Inhalt

78 a) **Gestaltungsfreiheit.** Den Parteien steht es frei, über den gesetzlich vorgeschriebenen Inhalt hinaus weitere Regelungen in den Spaltungsvertrag aufzunehmen (vgl. § 126 Abs. 1 UmwG: „mindestens"), sofern nicht ausnahmsweise andere gesetzliche Regelungen entgegenstehen.[199] In der Praxis wird es regelmäßig sinnvoll sein, von dieser weitgehenden **Gestaltungsfreiheit** Gebrauch zu machen, um eine für die spezifischen Besonderheiten der jeweiligen Transaktion „maßgeschneiderte" Vertragsgrundlage zu schaffen.

79 b) **Ausgewählte fakultative Inhalte.** Sinnvoll wird es regelmäßig insbesondere sein, **Garantien und Gewährleistungen** betreffend die Richtigkeit und Vollständigkeit der bewertungsrelevanten Umstände (z. B.: buchmäßiges Eigenkapital, stille Reserven, Nachhaltigkeit der Erträge, Folgeinvestitionen, etc.) aufzunehmen.[200]

80 Aufgrund einer Spaltung werden häufig **Satzungsänderungen** erforderlich sein, z. B. bzgl. Firma, Sitz, Unternehmensgegenstand, Organkompetenzen, etc.[201] Darüber hinaus können aber insbesondere auch **Kapitalerhöhungen bzw. -herabsetzungen** erforderlich sein.[202] Dann kann es interessengerecht sein, hierzu bereits im Spaltungsvertrag Regelungen zu treffen, z. B. ggf. auch eine Verpflichtung aufzunehmen, solche Satzungsänderungen inner-

---

[196] Zweites Gesetz zur Änderung des Umwandlungsgesetzes v. 19.4.2007, BGBl. I S. 542.
[197] Vgl. BegrRegE z. 2. UmwÄndG, BT-Drucks. 16/2919, S. 13.
[198] Vgl. BegrRegE z. 2. UmwÄndG, BT-Drucks. 16/2919, S. 13.
[199] Vgl. Lutter/*Priester* § 126 Rn. 86; Semler/Stengel/*Schröer* § 126 Rn. 94; Kölner Kommentar-UmwG/*Simon* § 126 Rn. 86; BeckOGK/*Verse* § 126 Rn. 135; Henssler/Strohn/*Wardenbach* § 126 Rn. 45.
[200] Vgl. Böttcher/Habighorst/Schulte/*Fischer* § 126 Rn. 66; Widmann/Mayer/*Mayer* § 126 Rn. 354.1; Lutter/*Priester* § 126 Rn. 90 ff.; Semler/Stengel/*Schröer* § 126 Rn. 95; BeckOGK/*Verse* § 126 Rn. 136; Henssler/Strohn/*Wardenbach* § 126 Rn. 48; ausf.: Kallmeyer/*Sickinger* § 126 Rn. 44 ff.
[201] Vgl. Böttcher/Habighorst/Schulte/*Fischer* § 126 Rn. 68; Widmann/Mayer/*Mayer* § 126 Rn. 299; Lutter/*Priester* § 126 Rn. 87; Semler/Stengel/*Schröer* § 126 Rn. 97; Kallmeyer/*Sickinger* § 126 Rn. 62.
[202] Vgl. Böttcher/Habighorst/Schulte/*Fischer* § 126 Rn. 68; Widmann/Mayer/*Mayer* § 126 Rn. 354.5; Lutter/*Priester* § 126 Rn. 87; Semler/Stengel/*Schröer* § 126 Rn. 98; Kallmeyer/*Sickinger* § 126 Rn. 60 f.

§ 22 Spaltungsvertrag/-plan

halb einer bestimmten Frist durchzuführen.[203] Die Vornahme der Satzungsänderung erfolgt dann nach den allgemeinen Vorschriften, häufig geschieht dies im Spaltungsbeschluss.[204]

Zweckmäßig sind weiterhin **Regelungen zur Haftung**. So kann etwa im Hinblick auf die gesamtschuldnerische Haftung gem. § 133 Abs. 1 S. 1, Abs. 3 UmwG (→ § 27 Rn. 114 ff.) festgelegt werden, dass derjenige Rechtsträger, dem eine Verbindlichkeit zugewiesen ist, die anderen im Innenverhältnis von der Haftung freizustellen hat.[205] Im Falle einer KG als übertragendem Rechtsträger ist zu erwägen, den Kommanditisten im Innenverhältnis von der u. U. nach § 172 Abs. 4 HGB wiederauflebenden Haftung freizustellen.[206] 81

Zudem wird es häufig sinnvoll sein, Bestimmungen zu den **Organmitgliedern** der beteiligten Gesellschaften aufzunehmen, z. B. ob die Organmitglieder des übertragenden Rechtsträgers ihre Stellung behalten[207], ob sie (auch) Organmitglieder bei einem übernehmenden Rechtsträger werden[208], sowie ggf. auch das Schicksal der Anstellungsverträge bzw. Regelungen zu den neuen Anstellungsverträgen[209]. Derartige Bestimmungen im Spaltungsvertrag entbinden freilich nicht von der Bestellung nach den allgemeinen Regeln.[210] 82

Aus steuerrechtlichen Erwägungen kann es sinnvoll sein, **Veräußerungsbeschränkungen** in den Spaltungsvertrag aufzunehmen. Denn gem. § 15 Abs. 2 UmwStG kommt es zu einer Aufdeckung stiller Reserven, wenn innerhalb von 5 Jahren nach dem steuerlichen Übertragungsstichtag Anteile an einer an der Spaltung beteiligten Körperschaft, die mehr als 20% der vor Wirksamwerden der Spaltung an der Körperschaft bestehenden Anteile ausmachen, veräußert werden. Dies lässt sich dadurch verhindern, dass entweder die Anteile vinkuliert werden oder sämtliche Anteilsinhaber sich schuldrechtlich verpflichten, ihre Anteile innerhalb dieses Zeitraums nur mit Zustimmung einer Clearingstelle zu veräußern.[211] Hierfür bedarf es allerdings der Zustimmung sämtlicher Anteilsinhaber.[212] 83

Weiterhin ist zu empfehlen, Vorsorge für den Fall etwaiger Verzögerungen zu treffen.[213] Dies kann zum einen durch die Festlegung eines variablen Spaltungsstichtags geschehen 84

---

[203] Vgl. Böttcher/Habighorst/Schulte/*Fischer* § 126 Rn. 68; Widmann/Mayer/*Mayer* § 126 Rn. 300; Lutter/*Priester* § 126 Rn. 87; Semler/Stengel/*Schröer* § 126 Rn. 97; Kallmeyer/*Sickinger* § 126 Rn. 62.

[204] Vgl. Böttcher/Habighorst/Schulte/*Fischer* § 126 Rn. 68; Widmann/Mayer/*Mayer* § 126 Rn. 299; Lutter/*Priester* § 126 Rn. 87; Semler/Stengel/*Schröer* § 126 Rn. 97; Kallmeyer/*Sickinger* § 126 Rn. 62; BeckOGK/*Verse* § 126 Rn. 141.

[205] Vgl. Böttcher/Habighorst/Schulte/*Fischer* § 126 Rn. 67; Widmann/Mayer/*Mayer* § 126 Rn. 322 f.; Lutter/*Priester* § 126 Rn. 91; Semler/Stengel/*Schröer* § 126 Rn. 96; Kallmeyer/*Sickinger* § 126 Rn. 58; BeckOGK/*Verse* § 126 Rn. 139.

[206] Vgl. Böttcher/Habighorst/Schulte/*Fischer* § 126 Rn. 67; Lutter/*Priester* § 126 Rn. 91; *Naraschewski* DB 1995, 1265 ff.; Semler/Stengel/*Schröer* § 126 Rn. 96; Kallmeyer/*Sickinger* § 126 Rn. 58.

[207] Vgl. Widmann/Mayer/*Mayer* § 126 Rn. 306; Lutter/*Priester* § 126 Rn. 88; Kallmeyer/*Sickinger* § 126 Rn. 63.

[208] Vgl. Böttcher/Habighorst/Schulte/*Fischer* § 126 Rn. 69; Schmitt/Hörtnagl/Stratz/*Hörtnagl* § 126 Rn. 111; Widmann/Mayer/*Mayer* § 126 Rn. 304; Lutter/*Priester* § 126 Rn. 88; Semler/Stengel/*Schröer* § 126 Rn. 99; Kallmeyer/*Sickinger* § 126 Rn. 63.

[209] Vgl. Böttcher/Habighorst/Schulte/*Fischer* § 126 Rn. 69; Lutter/*Priester* § 126 Rn. 88; Kallmeyer/*Sickinger* § 126 Rn. 63.

[210] Vgl. Böttcher/Habighorst/Schulte/*Fischer* § 126 Rn. 69; Widmann/Mayer/*Mayer* § 126 Rn. 304; Lutter/*Priester* § 126 Rn. 88; Semler/Stengel/*Schröer* § 126 Rn. 99; Kallmeyer/*Sickinger* § 126 Rn. 63.

[211] Vgl. Böttcher/Habighorst/Schulte/*Fischer* § 126 Rn. 70; Lutter/*Priester* § 126 Rn. 92; Semler/Stengel/*Schröer* § 126 Rn. 100; Kallmeyer/*Sickinger* § 126 Rn. 53; Henssler/Strohn/*Wardenbach* § 126 Rn. 50.

[212] Vgl. Böttcher/Habighorst/Schulte/*Fischer* § 126 Rn. 70; Semler/Stengel/*Schröer* § 126 Rn. 100; Kallmeyer/*Sickinger* § 126 Rn. 53.

[213] Vgl. Böttcher/Habighorst/Schulte/*Fischer* § 126 Rn. 72; Semler/Stengel/*Schröer* § 126 Rn. 101; Kallmeyer/*Sickinger* § 126 Rn. 57a.

(→ Rn. 33). In Betracht kommt darüber hinaus die Vereinbarung eines **Kündigungs- oder Rücktrittsrechts**[214] oder einer auflösenden **Bedingung**[215].

85 Sofern die Spaltung einer **behördlichen Genehmigung** oder der **Zustimmung eines sonstigen Dritten** unterliegt, sollte in den Spaltungsvertrag die Verpflichtung aufgenommen werden, sich um die Erteilung zu bemühen (sog. Bemühensklausel).[216] Weiterhin kann festgelegt werden, dass die Anmeldung zum Handelsregister erst nach Erteilung der Genehmigung/Zustimmung erfolgen soll.[217] In jedem Fall sollte auch geregelt werden, was passieren soll, wenn die Genehmigung/Zustimmung endgültig nicht zu erlangen ist.[218]

86 Soweit die Spaltung fusionskontrollrechtlich relevant ist, empfiehlt sich die Aufnahme einer aufschiebenden Bedingung für die Freigabe durch die zuständigen Fusionskontrollbehörden (**Fusionskontrollvorbehalt** bzw. Kartellvorbehalt).[219]

87 Soweit die Spaltung **Vermögen mit Auslandsbezug** erfasst, kann sich u. U. das Problem ergeben, dass das anwendbare ausländische Recht die partielle Gesamtrechtsnachfolge nicht anerkennt; daher sollte vorsichtshalber eine Verpflichtung in den Spaltungsvertrag aufgenommen werden, ggf. an einer Einzelübertragung mitzuwirken.[220]

88 Empfehlenswert ist ferner die Aufnahme von **Auffangregelungen** für den Fall, dass die Übertragung einzelner Vermögensgegenstände fehlschlägt.[221] In Betracht kommen z. B. Pflichten zur Einzelübertragung, Treuhandabreden, Untermietverhältnisse, Nutzungsverhältnisse oder eine Erfüllungsübernahme.[222]

89 Zweckmäßig sind zudem Regelungen dazu, wer die **Kosten** der Spaltung trägt.[223]

IV. Auslegung

90 Ein Spaltungsvertrag unterliegt der Auslegung nach den Grundsätzen der **§§ 133, 157 BGB**.[224] Dies kann insbesondere im Hinblick auf die Zuordnung von Vermögensgegenständen bzw. im Hinblick auf „vergessene" Vermögensgegenstände (→ § 27 Rn. 88 ff.) relevant werden.

---

[214] Vgl. Böttcher/Habighorst/Schulte/*Fischer* § 126 Rn. 72; Semler/Stengel/*Schröer* § 126 Rn. 101; Kallmeyer/*Sickinger* § 126 Rn. 57a.

[215] Vgl. Böttcher/Habighorst/Schulte/*Fischer* § 126 Rn. 72; Semler/Stengel/*Schröer* § 126 Rn. 101; Kallmeyer/*Sickinger* § 126 Rn. 57a.

[216] Vgl. Böttcher/Habighorst/Schulte/*Fischer* § 126 Rn. 71; Widmann/Mayer/*Mayer* § 126 Rn. 354.4; Lutter/*Priester* § 126 Rn. 89; Semler/Stengel/*Schröer* § 126 Rn. 102; Kallmeyer/*Sickinger* § 126 Rn. 55.

[217] Vgl. Böttcher/Habighorst/Schulte/*Fischer* § 126 Rn. 71; Widmann/Mayer/*Mayer* § 126 Rn. 354.4; Lutter/*Priester* § 126 Rn. 89; Semler/Stengel/*Schröer* § 126 Rn. 102; Kallmeyer/*Sickinger* § 126 Rn. 55.

[218] Vgl. Böttcher/Habighorst/Schulte/*Fischer* § 126 Rn. 71; Widmann/Mayer/*Mayer* § 126 Rn. 354.4; Lutter/*Priester* § 126 Rn. 89; Semler/Stengel/*Schröer* § 126 Rn. 102; Kallmeyer/*Sickinger* § 126 Rn. 55.

[219] Vgl. Böttcher/Habighorst/Schulte/*Fischer* § 126 Rn. 71; Schmitt/Hörtnagl/Stratz/*Hörtnagl* § 126 Rn. 111; Widmann/Mayer/*Mayer* § 126 Rn. 344; Semler/Stengel/*Schröer* § 126 Rn. 103; Henssler/Strohn/*Wardenbach* § 126 Rn. 52.

[220] Näher Fisch NZG 2016, 448 ff.; Kollmorgen/Feldhaus BB 2007, 2189 ff.; s. ferner auch Böttcher/Habighorst/Schulte/*Fischer* § 126 Rn. 73; Widmann/Mayer/*Mayer* § 126 Rn. 353; Lutter/*Priester* § 126 Rn. 93; Kallmeyer/*Sickinger* § 126 Rn. 56.

[221] Vgl. Böttcher/Habighorst/Schulte/*Fischer* § 126 Rn. 73; Lutter/*Priester* § 126 Rn. 93; Kallmeyer/*Sickinger* § 126 Rn. 57; BeckOGK/*Verse* § 126 Rn. 138.

[222] Vgl. Lutter/*Priester* § 126 Rn. 93; Semler/Stengel/*Schröer* § 126 Rn. 104; Kallmeyer/*Sickinger* § 126 Rn. 57.

[223] Vgl. Böttcher/Habighorst/Schulte/*Fischer* § 126 Rn. 74; Widmann/Mayer/*Mayer* § 126 Rn. 329; Lutter/*Priester* § 126 Rn. 95; Semler/Stengel/*Schröer* § 126 Rn. 105; BeckOGK/*Verse* § 126 Rn. 145; Henssler/Strohn/*Wardenbach* § 126 Rn. 53.

[224] BGH V ZR 79/07, NZG 2008, 436 Rn. 14; BGH XII ZR 50/02, NZG 2003, 1172, 1174; Lutter/*Teichmann* § 126 Rn. 14 m. w. N.

V. Form

Der Spaltungsvertrag bedarf der **notariellen Beurkundung** (§ 125 S. 1 i. V. m. § 6 UmwG). Der Gesetzgeber begründet dies damit, dass der Spaltungsvertrag sachlich eine noch größere Bedeutung habe als der Verschmelzungsvertrag, weil sein Inhalt für die Zuweisung der Vermögensbestandteile des übertragenden Rechtsträgers an die verschiedenen übernehmenden Rechtsträger sowie für die Aufteilung der Anteile maßgeblich ist; zudem könnten sonst die allgemeinen Vorschriften, die für die Übertragung bestimmter Vermögensgegenstände (insbesondere Grundstücke) eine notarielle Beurkundung vorsehen, unterlaufen werden.[225] 91

Die Beurkundungspflicht umfasst alle Vereinbarungen der beteiligten Rechtsträger, die miteinander „stehen und fallen" sollen[226], d. h. auch sämtliche **Nebenabreden**[227] und **Anlagen**[228]. Speziell mit Blick auf Anlagen ist aber an die beurkundungstechnischen Erleichterungen der §§ 13a, 14 BeurkG zu denken. 92

Gegenstand kontroverser Diskussionen ist die Frage der Zulässigkeit einer **Auslandsbeurkundung**; insofern ergibt sich diese Problematik wie beim Verschmelzungsvertrag, → 8 Rn. 16 ff. 93

VI. Zuleitung an den Betriebsrat

Gem. § 126 Abs. 3 UmwG ist der Spaltungsvertrag oder sein Entwurf spätestens einen Monat vor dem Tag der Versammlung der Anteilsinhaber jedes beteiligten Rechtsträgers, der gem. § 125 S. 1 i. V. m. § 13 Abs. 1 UmwG über die Zustimmung zum Spaltungs- und Übernahmevertrag beschließen soll, dem zuständigen **Betriebsrat** dieses Rechtsträgers **zuzuleiten**. Näher → § 56 Rn. 41 ff. 94

VII. Bindung, Durchsetzung, Mängel

1. Bindungswirkung

Der Spaltungsvertrag wird erst mit der **Zustimmung der Anteilsinhaberversammlungen** der beteiligten Rechtsträger wirksam (§ 125 S. 1 i. V. m. § 13 Abs. 1 UmwG). Bis dahin ist er schwebend unwirksam.[229] Ab Zustimmung der Anteilsinhaberversammlung ist der jeweilige Rechtsträger an den Spaltungsvertrag gebunden, solange unter normalen Umständen mit einer Annahme des darin liegenden Angebots gerechnet werden kann.[230] 95

2. Durchsetzung

Sobald der Spaltungsvertrag wirksam geworden ist (→ Rn. 95), hat jeder der beteiligten **Rechtsträger** gegen die anderen einen **Anspruch** darauf, alle zum Wirksamwerden der Spaltung durch Registereintragung (§§ 130, 131 UmwG) erforderlichen Handlungen vorzunehmen.[231] Zudem hat jeder beteiligte Rechtsträger gegen die anderen einen Auskunftsanspruch im Hinblick darauf, ob in Bezug auf die jeweils anderen die Voraussetzung für die 96

---

[225] Vgl. BegrRegE z. UmwG, BT-Drucks. 12/6699, S. 119.
[226] Vgl. Heidenhain NJW 1995, 2873, 2874; Schmitt/Hörtnagl/Stratz/*Hörtnagl* § 126 Rn. 12; Widmann/Mayer/*Mayer* § 126 Rn. 356; Lutter/*Priester* § 126 Rn. 13.
[227] Vgl. Heidenhain NJW 1995, 2873, 2874; Schmitt/Hörtnagl/Stratz/*Hörtnagl* § 126 Rn. 12; Semler/Stengel/*Schröer* § 126 Rn. 10; Widmann/Mayer/*Mayer* § 126 Rn. 356; Lutter/*Priester* § 126 Rn. 13; Henssler/Strohn/*Wardenbach* § 126 Rn. 4.
[228] Vgl. Schmitt/Hörtnagl/Stratz/*Hörtnagl* § 126 Rn. 12; Lutter/*Priester* § 126 Rn. 13; Semler/Stengel/*Schröer* § 126 Rn. 11; Henssler/Strohn/*Wardenbach* § 126 Rn. 4.
[229] Vgl. Lutter/*Priester* § 126 Rn. 96; Semler/Stengel/*Schröer* § 126 Rn. 13; Henssler/Strohn/*Wardenbach* § 126 Rn. 55.
[230] Vgl. Lutter/*Priester* § 126 Rn. 96; Semler/Stengel/*Schröer* § 126 Rn. 13.
[231] Vgl. Lutter/*Priester* § 126 Rn. 99; Semler/Stengel/*Schröer* § 126 Rn. 16; Kölner Kommentar-UmwG/*Simon* § 126 Rn. 16.

Abgabe einer Negativerklärung i. S. v. § 125 S. 1 i. V. m. § 16 Abs. 2 UmwG vorliegen.[232] Die Anteilsinhaber der beteiligten Rechtsträger können hingegen aus dem Spaltungsvertrag weder unmittelbar noch nach den Grundsätzen des Vertrags mit Schutzwirkung zugunsten Dritter Ansprüche gegen die anderen beteiligten Rechtsträger herleiten.[233]

3. Mängel

97 Wenn der Spaltungsvertrag nicht ordnungsgemäß notariell beurkundet wurde (→ Rn. 91), ist er gem. § 125 S. 1 BGB wegen **Formmangels** nichtig. Der Mangel wird allerdings gem. § 131 Abs. 1 Nr. 4 UmwG mit Eintragung der Spaltung ins Register des Sitzes des übertragenden Rechtsträgers geheilt.

98 Weiterhin kann der Spaltungsvertrag aufgrund von **Inhaltsmängeln** nach allgemeinen zivilrechtlichen Regeln (z. B. gem. §§ 134, 138 BGB) nichtig sein. Wird die Spaltung trotzdem eingetragen, werden solche Mängel jedoch geheilt (§ 131 Abs. 2 UmwG). In Betracht kommen jedoch Schadensersatzansprüche, → § 28 Rn. 66 ff.

99 Wenn ggf. erforderliche **Zustimmungserklärungen** betroffener Gesellschafter (z. B. gem. § 128 UmwG, → § 25 Rn. 22 ff.) fehlen, ist der Spaltungsvertrag schwebend unwirksam.[234] Wird die Spaltung gleichwohl eingetragen, so werden diese Mängel jedoch gem. § 131 Abs. 1 Nr. 4 UmwG geheilt.

C. Der Spaltungsplan bei der Spaltung zur Neugründung

I. Rechtsnatur

100 Der Spaltungsplan ist eine **einseitige, nicht empfangsbedürftige Willenserklärung**.[235] Es gelten daher die allgemeinen Regeln in Bezug auf solche Willenserklärungen, inkl. deren Auslegung.[236]

101 Als solche kann er jederzeit frei **widerrufen** werden.[237] Dazu genügt grundsätzlich eine formfreie Erklärung des Vertretungsorgans[238]. Sofern die Anteilsinhaberversammlung den Spaltungsplan jedoch bereits beschlossen hat, ist ein Widerruf nur durch einen Beschluss mit derselben Mehrheit möglich.[239]

II. Aufstellung des Spaltungsplans

1. Aufstellungskompetenz

102 Zuständig für die Aufstellung des Spaltungsplans sind die **Vertretungsorgane** des übertragenden Rechtsträgers gem. § 136 UmwG. Ausreichend ist ein Handeln in vertretungs-

---

[232] Vgl. Semler/Stengel/*Schröer* § 126 Rn. 16; Kölner Kommentar-UmwG/*Simon* § 126 Rn. 17.
[233] Vgl. Lutter/*Priester* § 126 Rn. 99; Semler/Stengel/*Schröer* § 126 Rn. 18.
[234] Vgl. Lutter/*Priester* § 126 Rn. 100.
[235] Vgl. Böttcher/Habighorst/Schulte/*Fischer* § 136 Rn. 2; *Heidenhain* NJW 1995, 2873; Schmitt/Hörtnagl/Stratz/*Hörtnagl* § 136 Rn. 3; Widmann/Mayer/*Mayer* § 136 Rn. 7; Lutter/*Priester* § 126 Rn. 7; Semler/Stengel/*Schröer* § 136 Rn. 3; Kallmeyer/*Sickinger* § 136 Rn. 1; Kölner Kommentar-UmwG/*Simon* § 136 Rn. 4; Henssler/Strohn/*Wardenbach* § 136 Rn. 2.
[236] Vgl. Böttcher/Habighorst/Schulte/*Fischer* § 136 Rn. 2; Schmitt/Hörtnagl/Stratz/*Hörtnagl* § 136 Rn. 5; Widmann/Mayer/*Mayer* § 136 Rn. 7 f., 11; Lutter/*Priester* § 136 Rn. 4; Semler/Stengel/*Schröer* § 126 Rn. 3; Kallmeyer/*Sickinger* § 136 Rn. 1; Kölner Kommentar-UmwG/*Simon* § 136 Rn. 4; Henssler/Strohn/*Wardenbach* § 136 Rn. 5.
[237] Vgl. Schmitt/Hörtnagl/Stratz/*Hörtnagl* § 136 Rn. 3; Widmann/Mayer/*Mayer* § 136 Rn. 58; Lutter/*Priester* § 126 Rn. 7; Kölner Kommentar-UmwG/*Simon* § 136 Rn. 10.
[238] Vgl. Kölner Kommentar-UmwG/*Simon* § 136 Rn. 11; Widmann/Mayer/*Mayer* § 136 Rn. 58.
[239] Vgl. Schmitt/Hörtnagl/Stratz/*Hörtnagl* § 136 Rn. 3; Widmann/Mayer/*Mayer* § 136 Rn. 58; Lutter/*Priester* § 126 Rn. 7; Kölner Kommentar-UmwG/*Simon* § 136 Rn. 11; Henssler/Strohn/*Wardenbach* § 136 Rn. 3.

berechtigter Zahl.²⁴⁰ Im Falle unechter Gesamtvertretung können Prokuristen mitwirken.²⁴¹ Ein Prokurist als solcher kann den Spaltungsplan jedoch nicht aufstellen, da es sich bei der Spaltung um ein Grundlagengeschäft handelt.²⁴² Die Vertretungsorgane können anderen Personen Vollmacht zur Aufstellung des Spaltungsplans erteilen.²⁴³ Da der Spaltungsplan die Satzung des neuen Rechtsträgers enthält (→ Rn. 108), bedarf die Vollmacht jedoch bei AG, KGaA und GmbH als neuem Rechtsträger der notariellen Beurkundung oder Beglaubigung (vgl. §§ 23 Abs. 1 S. 2, 278 Abs. 3 AktG, § 2 Abs. 2 GmbHG).²⁴⁴ Im Übrigen ist sie – wie beim Spaltungsvertrag (→ Rn. 4) – zwar formfrei²⁴⁵ (§ 167 Abs. 2 BGB), zwecks Nachweis ggü. dem Registergericht ist jedoch Schriftform anzuraten²⁴⁶. Da es sich um eine einseitige, nicht empfangsbedürftige Willenserklärung handelt (→ Rn. 100), ist eine Aufstellung durch einen Vertreter ohne Vertretungsmacht nicht möglich.²⁴⁷

2. Einheitliches Dokument

Auch im Falle einer Spaltung zur Neugründung mehrerer Rechtsträger ist zwingend ein **103** **einheitliches Dokument** erforderlich; denn die Anteilsinhaber müssen bei ihrer Entscheidung den gesamten Vorgang kennen und das Umtauschverhältnis kann nur einheitlich für den ganzen Vorgang bestimmt werden.²⁴⁸ Im Falle einer Kombination von Spaltung zur Aufnahme und Spaltung zur Neugründung ist der Spaltungsplan (→ Rn. 100 ff.) mit in den Spaltungsvertrag aufzunehmen.²⁴⁹

3. Zeitpunkt der Aufstellung

Streitig ist, ob – wie beim Spaltungsvertrag (→ Rn. 6) – zunächst nur über einen Entwurf **104** des Spaltungsplans Beschluss gefasst werden kann. Hiergegen werden teilweise Bedenken vorgebracht, weil § 135 S. 1 UmwG die Anwendung des § 4 Abs. 2 UmwG gerade ausschließt.²⁵⁰ Die h. L. nimmt jedoch mit guten Gründen an, dass es sich insoweit nur um ein Redaktionsversehen handelt und kein zwingender Grund ersichtlich ist, warum nicht auch nur über den Entwurf des Spaltungsplans Beschluss gefasst werden könnte.²⁵¹

---

²⁴⁰ Vgl. Böttcher/Habighorst/Schulte/*Fischer* § 136 Rn. 3; Schmitt/Hörtnagl/Stratz/*Hörtnagl* § 136 Rn. 6; Widmann/Mayer/*Mayer* § 136 Rn. 13; Lutter/*Priester* § 136 Rn. 5; Semler/Stengel/*Schröer* § 136 Rn. 3 i. V. m. § 126 Rn. 7; Kölner Kommentar-UmwG/*Simon* § 136 Rn. 4; Henssler/Strohn/ *Wardenbach* § 136 Rn. 3.
²⁴¹ Vgl. Widmann/Mayer/*Mayer* § 136 Rn. 13; Henssler/Strohn/*Wardenbach* § 136 Rn. 3.
²⁴² Vgl. Widmann/Mayer/*Mayer* § 136 Rn. 14; Henssler/Strohn/*Wardenbach* § 136 Rn. 3.
²⁴³ Vgl. Schmitt/Hörtnagl/Stratz/*Hörtnagl* § 136 Rn. 6; Widmann/Mayer/*Mayer* § 136 Rn. 15; Lutter/*Priester* § 136 Rn. 6; Henssler/Strohn/*Wardenbach* § 136 Rn. 5.
²⁴⁴ Vgl. Schmitt/Hörtnagl/Stratz/*Hörtnagl* § 136 Rn. 6; Widmann/Mayer/*Mayer* § 136 Rn. 15; Lutter/*Priester* § 136 Rn. 6; Kölner Kommentar-UmwG/*Simon* § 136 Rn. 4; Henssler/Strohn/*Wardenbach* § 136 Rn. 5.
²⁴⁵ Vgl. *Heidenhain* NJW 1995, 2873, 2874; Schmitt/Hörtnagl/Stratz/*Hörtnagl* § 136 Rn. 6; Widmann/Mayer/*Mayer* § 136 Rn. 16; Lutter/*Priester* § 136 Rn. 6; Henssler/Strohn/*Wardenbach* § 136 Rn. 5.
²⁴⁶ Vgl. Schmitt/Hörtnagl/Stratz/*Hörtnagl* § 136 Rn. 6; Widmann/Mayer/*Mayer* § 136 Rn. 16; Lutter/*Priester* § 136 Rn. 6; strenger offenbar: Kölner Kommentar-UmwG/*Simon* § 136 Rn. 4 („muss"); Henssler/Strohn/*Wardenbach* § 136 Rn. 5 („nötig").
²⁴⁷ Vgl. Widmann/Mayer/*Mayer* § 136 Rn. 15; Lutter/*Priester* § 136 Rn. 5; Semler/Stengel/*Schröer* § 136 Rn. 3; Kölner Kommentar-UmwG/*Simon* § 136 Rn. 4; Henssler/Strohn/*Wardenbach* § 136 Rn. 3.
²⁴⁸ Vgl. Widmann/Mayer/*Mayer* § 136 Rn. 5; Lutter/*Priester* § 136 Rn. 6; Semler/Stengel/*Schröer* § 136 Rn. 15; Kölner Kommentar-UmwG/*Simon* § 136 Rn. 7.
²⁴⁹ Vgl. *Heidenhain* NJW 1995, 2873, 2874; Schmitt/Hörtnagl/Stratz/*Hörtnagl* § 136 Rn. 7; Lutter/ *Priester* § 126 Rn. 9; Semler/Stengel/*Schröer* § 136 Rn. 15; Kölner Kommentar-UmwG/*Simon* § 136 Rn. 7.
²⁵⁰ Vgl. Kölner Kommentar-UmwG/*Simon* § 136 Rn. 6.
²⁵¹ Vgl. Böttcher/Habighorst/Schulte/*Fischer* § 136 Rn. 4; Schmitt/Hörtnagl/Stratz/*Hörtnagl* § 135 Rn. 8; Widmann/Mayer/*Mayer* § 136 Rn. 6; Lutter/*Priester* § 136 Rn. 6; Semler/Stengel/*Schröer* § 136 Rn. 5.

III. Inhalt

105 Der Spaltungsplan tritt gem. § 136 S. 2 UmwG an die Stelle des **Spaltungsvertrags** und muss grundsätzlich dieselben Angaben enthalten wie dieser (vgl. §§ 135 Abs. 1 S. 1, 136 i. V. m. § 126 Abs. 1 UmwG). Es gelten jedoch folgende **Besonderheiten**:

106 Angaben zum **Umtauschverhältnis** (§ 126 Abs. 1 Nr. 3 UmwG) sind nicht erforderlich, denn bei der Spaltung zur Neugründung bekommen die Anteilsinhaber des übertragenden Rechtsträgers alle Anteile an dem neuen Rechtsträger.[252]

107 Stattdessen sind nur Angaben über die **Höhe der Beteiligung** am neuen Rechtsträger zu machen.[253] Die Höhe des Nominalkapitals des neuen Rechtsträgers kann von den Beteiligten grundsätzlich frei bestimmt werden.[254] Es müssen aber natürlich die jeweiligen gesetzlichen Mindestkapitalerfordernisse erfüllt werden.[255] Zudem muss das Nominalkapital durch das übertragene Vermögen gedeckt sein, denn bei der Spaltung zur Neugründung handelt es sich um eine Sachgründung.[256]

108 Der Spaltungsplan muss den **Gesellschaftsvertrag bzw. die Satzung des neuen Rechtsträgers** enthalten (§§ 135, 125 S. 1, 37 UmwG). Insoweit gelten die inhaltlichen Anforderungen der jeweiligen Rechtsform[257]; zudem sind etwaige umwandlungsspezifische Besonderheiten (→ § 29 Rn. 1 ff.) zu beachten.

109 Aufgrund von §§ 135, 125 S. 1, 59 S. 2, 76 Abs. 2 S. 2, 98 S. 2 UmwG sollten im Spaltungsplan auch die **Organe** des neuen Rechtsträgers **bestellt** werden.[258]

110 Umstritten ist die Zulässigkeit eines **Beitritts Dritter**. Ein Teil der Literatur lehnt dies ab, weil die Systematik des UmwG die Spaltung nur im Kreis der bisher schon Beteiligten zulasse.[259] Die h. L. lässt einen solchen Beitritt hingegen zu Recht zu.[260] Denn zum einen schließt das UmwG den Beitritt Dritter nirgends ausdrücklich aus[261]; zum anderen stehen auch die schutzwürdigen Interessen der Gläubiger und Anteilsinhaber des übertragenden Rechtsträgers dem nicht entgegen[262]. Im Übrigen hat der BGH den Beitritt Dritter jedenfalls für den Formwechsel (wenn auch nur *obiter*) ausdrücklich anerkannt[263]; es ist nicht ersichtlich, weshalb für die Spaltung zur Neugründung etwas anderes gelten sollte[264]. Der

---

[252] Vgl. Böttcher/Habighorst/Schulte/*Fischer* § 136 Rn. 8; Schmitt/Hörtnagl/Stratz/*Hörtnagl* § 136 Rn. 9; Widmann/Mayer/*Mayer* § 136 Rn. 21; Lutter/*Priester* § 136 Rn. 8; Semler/Stengel/*Schröer* § 136 Rn. 11; Kölner Kommentar-UmwG/*Simon* § 136 Rn. 19.

[253] Vgl. Böttcher/Habighorst/Schulte/*Fischer* § 136 Rn. 8; Widmann/Mayer/*Mayer* § 136 Rn. 21; Lutter/*Priester* § 136 Rn. 8; Semler/Stengel/*Schröer* § 136 Rn. 11; Kölner Kommentar-UmwG/*Simon* § 136 Rn. 19.

[254] Vgl. Schmitt/Hörtnagl/Stratz/*Hörtnagl* § 136 Rn. 11; Lutter/*Priester* § 136 Rn. 10; Semler/Stengel/*Schröer* § 136 Rn. 11; Kölner Kommentar-UmwG/*Simon* § 136 Rn. 19.

[255] Vgl. Semler/Stengel/*Schröer* § 136 Rn. 11; Kölner Kommentar-UmwG/*Simon* § 136 Rn. 19.

[256] Vgl. Schmitt/Hörtnagl/Stratz/*Hörtnagl* § 136 Rn. 11; Lutter/*Priester* § 136 Rn. 10; Semler/Stengel/*Schröer* § 136 Rn. 11; Kölner Kommentar-UmwG/*Simon* § 136 Rn. 19.

[257] Vgl. Schmitt/Hörtnagl/Stratz/*Hörtnagl* § 136 Rn. 15; Lutter/*Priester* § 136 Rn. 12; Semler/Stengel/*Schröer* § 136 Rn. 12.

[258] Vgl. Böttcher/Habighorst/Schulte/*Fischer* § 136 Rn. 9; Widmann/Mayer/*Mayer* § 136 Rn. 30; Lutter/*Priester* § 136 Rn. 15; Semler/Stengel/*Schröer* § 136 Rn. 14; Kölner Kommentar-UmwG/*Simon* § 136 Rn. 23.

[259] Vgl. Schmitt/Hörtnagl/Stratz/*Hörtnagl* § 136 Rn. 14; Widmann/Mayer/*Mayer* § 136 Rn. 33.

[260] Vgl. *Priester* DB 1997, 560, 566; Lutter/*Priester* § 136 Rn. 15; Kallmeyer/*Sickinger* § 135 Rn. 17; Kölner Kommentar-UmwG/*Simon* § 136 Rn. 8; zur Verschmelzung: Semler/Stengel/*Bärwaldt* § 36 Rn. 70; Lutter/*Grunewald* § 36 Rn. 15; Henssler/Strohn/*Müller* § 36 Rn. 7.

[261] Vgl. zur Verschmelzung: Semler/Stengel/*Bärwaldt* § 36 Rn. 70; Lutter/*Grunewald* § 36 Rn. 15; Henssler/Strohn/*Müller* § 36 Rn. 7.

[262] Vgl. zur Verschmelzung: Semler/Stengel/*Bärwaldt* § 36 Rn. 70; Lutter/*Grunewald* § 36 Rn. 15; Henssler/Strohn/*Müller* § 36 Rn. 7.

[263] Vgl. BGH II ZR 29/03, NZG 2005, 722, 723.

[264] Vgl. Lutter/*Priester* § 136 Rn. 14; Kallmeyer/*Sickinger* § 135 Rn. 17.

Dritte ist im Spaltungsvertrag zu benennen und muss ihm in notariell beurkundeter Form zustimmen (§ 13 Abs. 3, 221 UmwG analog).[265]

IV. Form

Der Spaltungsplan bedarf – ebenso wie der Spaltungsvertrag (→ Rn. 91) – der **notariellen Beurkundung** (§ 125 S. 1 i. V. m. § 6 UmwG). Zum Umfang der Beurkundungspflicht sowie zur Problematik der Auslandsbeurkundung gilt das Gleiche wie beim Spaltungsvertrag (→ Rn. 92, 93). **111**

V. Zuleitung an den Betriebsrat

Ebenso wie der Spaltungsvertrag ist auch der Spaltungsplan dem Betriebsrat zuzuleiten (→ Rn. 94). **112**

§ 23 Spaltungsbericht

Übersicht

	Rdnr.		Rdnr.
I. Zweck des Spaltungsberichts	1–5	6. Hinweis auf die Folgen für die Beteiligung der Anteilsinhaber	28–31
II. Inhaltliche Anforderungen	6–34	7. Hinweis auf besondere Schwierigkeiten bei der Bewertung	32
1. Grundsätze	6–9		
2. Erläuterung und Begründung der Spaltung	10–15	8. Angaben über für die Spaltung wesentliche Angelegenheiten verbundener Unternehmen	33, 34
3. Erläuterung und Begründung des Spaltungsvertrags bzw. Vertragsentwurfs	16–19	III. Berichtspflichtige und Form	35–37
4. Erläuterung und Begründung des Umtauschverhältnisses der Anteile	20–26	IV. Grenzen der Berichtspflicht	38–41
		V. Entbehrlichkeit des Spaltungsberichts	42–50
5. Erläuterung und Begründung der Angaben über Mitgliedschaften bei den übernehmenden Rechtsträgern	27	1. Verzicht	45–48
		2. Alleiniger Besitz am übertragenden Rechtsträger	49, 50
		VI. Mängel des Spaltungsberichts	51–53

Schrifttum: *Fuhrmann,* Gesetzliche Formerfordernisse von Vorstandsberichten, AG 2004, 135; *Lutter,* Zur Vorbereitung und Durchführung von Grundlagenbeschlüssen in Aktiengesellschaften, FS Fleck, 1988, S. 169; *Müller,* Unterzeichnung des Verschmelzungsberichts, NJW 2000, 2001; *Schöne,* Die Spaltung unter Beteiligung von GmbH, 1998; *Schöne,* Das Aktienrecht als „Maß aller Dinge" im neuen Umwandlungsrecht?, GmbHR 1995, 325; *Trölitzsch,* Aktuelle Tendenzen im Umwandlungsrecht, DStR 1999, 764; *Veil,* Aktuelle Probleme im Ausgliederungsrecht, ZIP 1998, 361.

I. Zweck des Spaltungsberichts

Grundsätzliches Erfordernis einer jeden Spaltung ist der Spaltungsbericht nach § 127 UmwG, der zum Ziel hat, die hinreichende **Information der Anteilsinhaber** über die beabsichtigte Spaltung sicherzustellen und ihnen im Vorfeld eine sachgerechte Vorbereitung auf die Beschlussfassung über das Spaltungsvorhaben zu ermöglichen. Der Spaltungsbericht stellt das funktionale Äquivalent zum Verschmelzungsbericht gem. § 8 UmwG (→ § 9) dar, beinhaltet allerdings erweiterte Berichtspflichten.[1] Ein Rückgriff auf die Erkenntnisse zu Funktion und Inhalt des Verschmelzungsberichts bleibt aber möglich.[2] Mittelbar hält die Berichtspflicht die berichtspflichtigen Vertretungsorgane dazu an, ein überzeugendes Kon- **1**

---

[265] Vgl. *Priester* DB 1997, 560, 566; *Lutter/Priester* § 136 Rn. 14; *Kallmeyer/Sickinger* § 135 Rn. 17; Kölner Kommentar-UmwG/*Simon* § 136 Rn. 8.
[1] *Widmann/Mayer/Mayer* § 127 Rn. 6; *Böttcher/Habighorst/Schulte/Fischer* § 127 Rn. 1.
[2] *Widmann/Mayer/Mayer* § 127 Rn. 2.

zept für die Spaltung zu entwickeln.[3] Gläubiger oder Arbeitnehmer werden durch den Spaltungsbericht dagegen nicht geschützt.[4]

2 Systematisch befindet sich § 127 UmwG im Abschnitt über die Spaltung zur Aufnahme, ist aber aufgrund entsprechender Verweisung auch bei der Spaltung zur Neugründung (§ 135 Abs. 1 UmwG) anwendbar. Im Fall der Neugründung unterliegt allerdings naturgemäß nur der bereits bestehende übertragende Rechtsträger der Berichtspflicht.[5] Europarechtliche Grundlage des Spaltungsberichts bildet Art. 7 RL 82/891/EWG vom 17.12.1982.[6] Der Gesetzgeber hat die Richtlinie überschießend umgesetzt, da sich die Richtlinie ausschließlich auf Auf- und Abspaltungen einer AG bezieht.[7]

3 Der von den zuständigen Organen erstattete Spaltungsbericht muss sich inhaltlich daran messen lassen, ob er den Anteilsinhabern eine **Plausibilitätskontrolle** ermöglicht. Für die Anteilsinhaber muss aus der Perspektive eines „**verständigen Gesellschafters**" (→ Rn. 7) nachvollziehbar sein, ob das Spaltungsvorhaben wirtschaftlich sinnvoll und gesetzmäßig ist; nicht erforderlich ist dagegen, dass die Anteilsinhaber sämtliche Einzelheiten der Spaltung nachvollziehen können.[8] Das Informationsrecht der Anteilsinhaber findet seine Grenze im Schutz der beteiligten Rechtsträger vor nicht unerheblichen Nachteilen (§ 127 S. 2 iVm § 8 Abs. 2 UmwG). Um eine frühzeitige Informationsmöglichkeit sicherzustellen, ist der Spaltungsbericht – im Falle einer Personenhandelsgesellschaft oder GmbH als beteiligtem Rechtsträger – den Anteilsinhabern spätestens mit Einberufung zur Gesellschafterversammlung zu übersenden (§ 125 S. 1 iVm § 42 bzw. § 47 UmwG). Für eine AG bestehen angesichts der zumeist um ein Vielfaches größeren Zahl von Anteilsinhabern Erleichterungen: Zugunsten der Aktionäre besteht nur ein Anspruch auf unverzügliche und kostenlose Übersendung des Spaltungsberichts, sofern dies vom einzelnen Aktionär verlangt wird (§ 125 S. 1 iVm § 63 Abs. 3 S. 1 UmwG). Sollte die AG den Spaltungsbericht auf ihrer **Internetseite** zur Verfügung stellen, entfällt der Übersendungsanspruch der Aktionäre (§ 125 S. 1 iVm § 63 Abs. 4 UmwG).

4 Die Berichtspflicht besteht grundsätzlich bei allen spaltungsfähigen Rechtsträgern (einschließlich der GmbH)[9] und allen Formen der Spaltung (Aufspaltung, Abspaltung, Ausgliederung). Ausnahmen bzw. gesonderte Vorgaben bestehen für den Einzelkaufmann (§§ 152, 158 UmwG), die Ausgliederung aus dem Vermögen rechtsfähiger Stiftungen (§ 162 Abs. 1 UmwG) sowie aus dem Vermögen von Gebietskörperschaften (§ 169 UmwG). Ein Verzicht auf den Spaltungsbericht ist nur in engen Grenzen zulässig (→ Rn. 45 ff.).

5 Nach bislang höchstrichterlich nicht bestätigter Instanz- und obergerichtlicher Rechtsprechung besteht auch bei Ausgliederungen im Wege der **Einzelrechtsnachfolge** aufgrund einer vergleichbaren Interessenlage analog § 127 UmwG die Pflicht zur Erstattung eines Spaltungsberichts.[10] Maßgeblich für die Berichtspflicht ist die Frage, ob die zu übertragenden Vermögensgegenstände für den übertragenden Rechtsträger derart wesentlich sind, dass deren Übertragung eine ungeschriebene Zuständigkeit der Hauptversammlung bzw. Gesellschafterversammlung auslösen würde.[11] Aus gesellschaftsrechtlicher Sicht wird an dieser Stelle der Zusammenhang zur „**Holzmüller**"-Rechtsprechung deutlich: Ent-

---

[3] Widmann/Mayer/*Mayer* § 127 Rn. 5.
[4] Henssler/Strohn/*Wardenbach* § 127 UmwG Rn. 1; Widmann/Mayer/*Mayer* § 127 Rn. 5.2.
[5] Kallmeyer/*Sickinger* § 127 Rn. 2; Semler/Stengel/*Gehling* § 127 Rn. 2.
[6] Abl. L 378, 47.
[7] Böttcher/Habighorst/Schulte/*Fischer* § 127 Rn. 3; Semler/Stengel/*Gehling* § 127 Rn. 4.
[8] Henssler/Strohn/*Wardenbach* § 127 UmwG Rn. 1.
[9] Lutter/*Schwab* § 127 Rn. 1.
[10] OLG Frankfurt 5 U 193/97, AG 1999, 378, 379 f.; LG Frankfurt 3/5 O 162/95, NJW-RR 1997, 1464, 1466; ablehnend LG Hamburg 402 O 122/96, AG 1997, 238; Böttcher/Habighorst/Schulte/ *Fischer* § 127 Rn. 4; Kölner Kommentar-UmwG/*Simon* § 127 Rn. 3; *Trölitzsch* DStR 1999, 764, 765; Widmann/Mayer/*Mayer* § 127 Rn. 3.
[11] LG Karlsruhe O 43/97 KfH I, NZG 1998, 393, 395; LG Frankfurt 3/5 O 162/95, NJW-RR 1997, 1464, 1466; vgl. ferner *Lutter* FS Fleck, 1988, S. 169, 177.

sprechend der aus dem Jahr 1982 stammenden Entscheidung des Bundesgerichtshofs,[12] die im Jahr 2004 durch die „Gelatine"-Entscheidung[13] konkretisiert wurde, unterliegt ein Eingriff in die Mitgliedschaftsrechte der Aktionäre und deren im Anteilseigentum verkörperten Vermögensinteressen – im konkreten Fall die Übertragung des wertvollsten Betriebszweigs einer AG – der Zustimmungspflicht der Hauptversammlung. Als Orientierungswert für den von der Rechtsprechung nicht näher spezifizierten „wertvollsten Betriebszweig" wird in der Literatur ein Anteil in Höhe von 70% bis 80% des Gesellschaftsvermögens diskutiert.[14] Angesichts der ausschließlichen Anwendbarkeit umwandlungsrechtlicher Bestimmungen auf die im UmwG geregelten Vorgänge erscheint eine Analogie auf ansonsten berichtsfreie Rechtsvorgänge außerhalb des UmwG allerdings nur schwer begründbar. Wesentliches Argument gegen eine analoge Anwendung der umwandlungsrechtlichen Berichtspflicht auf aktienrechtliche Vorgänge dürfte sein, dass das AktG zustimmungspflichtige Maßnahmen kennt – z. B. § 179a AktG –, denen keine korrespondierenden Berichtspflichten vorgehen.[15] Erreicht der Wert der Ausgliederung im Wege der Einzelrechtsnachfolge den o. g. Orientierungswert, kann sich in der Praxis allerdings aus Vorsichtsgründen im Einzelfall bis zur abschließenden Klärung dieser Thematik die Erstattung eines Berichts (auch als **„Holzmüller"-Bericht** bezeichnet) entsprechend den Anforderungen des § 127 UmwG anbieten.[16]

II. Inhaltliche Anforderungen

1. Grundsätze

Angesichts der Bedeutung einer Spaltung für die Anteilsinhaber sollen diese durch eine 6 *ausführliche schriftliche* **Informationsgrundlage** in die Lage versetzt werden, **Chancen und Risiken** des Spaltungsvorgangs zu bewerten und gegen mögliche Alternativen abzuwägen. Voraussetzung dafür ist, dass den Anteilsinhabern einerseits eine breite Informationsbasis zur Verfügung gestellt wird, andererseits jedoch keine (willkürliche) Informationsschwemme den Blick auf die wesentlichen Umstände versperrt.[17] Diesen Programmsatz zu konkretisieren, fällt angesichts der Einzelfallabhängigkeit naturgemäß schwer, zumal die gesetzlichen Vorgaben bzgl. des konkreten (Mindest-)Inhalts und Umfangs weitgehend konturlos sind.[18] Daraus resultiert ein inhaltlicher **Darstellungsspielraum** der Vertretungsorgane.[19] Grenze dieses Darstellungsspielraums ist das Erfordernis der Möglichkeit einer **Plausibilitätskontrolle** durch die Anteilsinhaber – ist diese nicht mehr möglich, werden die Anforderungen an den Mindestinhalt unter- und damit die Grenze des Darstellungsspielraums überschritten.

Maßstab der Plausibilitätskontrolle ist die Sicht eines „**verständigen Gesellschafters**".[20] 7 Entsprechend § 131 Abs. 2 AktG hat der Bericht den Grundsätzen einer gewissenhaften und getreuen Rechenschaft zu folgen.[21] Im Vergleich zur Verschmelzung sind die Sachverhalte bei Spaltungen dabei vielgestaltiger, wodurch Umfang und Gegenstand der Berichtspflicht im größeren Maße einzelfallabhängig sind.[22]

Die Berichtspflicht umfasst den Spaltungsvorgang in seiner Gesamtheit mit der Folge, 8 dass grundsätzlich keine Beschränkung auf Teilbereiche der übertragenen Vermögensteile,

---

[12] BGH II ZR 174/80, BGHZ 83, 122 = NJW 1982, 1703.
[13] BGH II ZR 154/02, NZG 2004, 575.
[14] Spindler/Stilz/*Hoffmann* § 119 Rn. 27.
[15] So auch Semler/Stengel/*Gehling* § 127 Rn. 3.
[16] So auch Semler/Stengel/*Gehling* § 127 Rn. 3.
[17] Lutter/*Schwab* § 127 Rn. 17.
[18] Widmann/Mayer/*Mayer* § 127 Rn. 12.
[19] Semler/Stengel/*Gehling* § 127 Rn. 11; Widmann/Mayer/*Mayer* § 127 Rn. 12.
[20] Böttcher/Habighorst/Schulte/*Fischer* § 127 Rn. 9.
[21] Semler/Stengel/*Gehling* § 127 Rn. 13.
[22] Semler/Stengel/*Gehling* § 127 Rn. 10.

wie etwa Betriebsteile, Geschäftsbereiche, Filialen oder ähnliches zulässig ist. Die Anteilsinhaber der involvierten Rechtsträger sollen sich für die Beurteilung des Spaltungsvorhabens einen Überblick über die Gesamtsituation verschaffen können. Dazu zwingt aus Sicht des übernehmenden Rechtsträgers schon die gesamtschuldnerische Haftung aus § 133 UmwG.[23] Aus Sicht des übertragenden Rechtsträgers wird man aber differenzieren müssen: Zwar muss den Anteilsinhabern eine hinreichende Information über die Positionierung des von der Spaltung betroffenen Teilbereichs innerhalb des Gesamtunternehmens vermittelt werden; eine identische Informationsdichte für alle Teilbereiche wird aber keinesfalls zu fordern sein. Entscheidend sind vielmehr die Positionen, auf die das Vorhaben einen wesentlichen Einfluss haben wird.[24]

9   In der Praxis folgt die **Darstellung im Spaltungsbericht** nach einer kurzen Einleitung regelmäßig folgendem Grundaufbau:[25]
– Ausgangslage des bisherigen Konzerns bzw. der bisherigen Gesellschaft;
– Beweggründe für die Spaltung, deren rechtliche Umsetzung sowie die entstehenden Kosten;
– Finanz- und Vermögenslage der nach dem Spaltungsvorgang bestehenden Rechtsträger, einschl. bilanzieller und steuerlicher Auswirkungen der Spaltung;
– zukünftige Tätigkeit und Aufstellung der Rechtsträger nach der Spaltung;
– Beziehungen der Rechtsträger zueinander nach erfolgter Spaltung und
– weitere Auswirkungen der Spaltung, etwa auf die Arbeitnehmer.

Zusätzlich ist im Spaltungsbericht der Spaltungsvertrag oder sein Entwurf zu erläutern.

2. Erläuterung und Begründung der Spaltung

10   Das Spaltungsvorhaben ist in seiner **Gesamtheit rechtlich sowie wirtschaftlich** zu begründen und zu erläutern. Pauschale Behauptungssätze und abstrakte, formelartige Umschreibungen sind dabei nicht ausreichend,[26] gleichzeitig dürfen jedoch auch keine überzogenen Anforderungen an die Berichterstattung gestellt werden.[27] Bei der Darstellung des Gesamtüberblicks bietet sich ein **Dreischritt**[28] an: Zuerst wird die Ausgangslage der beteiligten Rechtsträger („Ist-Situation") dargestellt. Anschließend werden die Auswirkungen der Spaltung und die damit angestrebte Zielsituation („Soll-Situation") erläutert. Im letzten Schritt werden sodann die Vor- und Nachteile des Spaltungsvorhabens abgewogen.

11   Die „**Ist-Situation**" der an der Spaltung beteiligten Rechtsträger betrifft grundlegende Ausführungen zu den gesellschaftsrechtlichen Strukturen einschl. der Gesellschafter der beteiligten Rechtsträger sowie den Gesellschaftsorganen. Ferner ist die gegenwärtige wirtschaftliche Situation unter Verwendung von Kenndaten[29] zu beschreiben. Dazu gehören insbesondere Angaben zur Geschäftstätigkeit, zu den Umsätzen, der Kapitalstruktur, der Mitarbeiterstruktur und mitbestimmungsrechtlichen Einrichtungen.[30] Darüber hinaus bietet sich eine kurze Zusammenfassung der jüngeren Unternehmensgeschichte und Geschäftsentwicklung an. Sonstige arbeitnehmerbezogene Informationen sind hingegen nicht in den Bericht aufzunehmen, da der Spaltungsbericht nicht dem Informationsinteresse der Arbeitnehmer dient.[31]

---

[23] Keßler/Kühnberger/*Gündel* § 127 Rn. 14; Schmitt/Hörtnagl/Stratz/*Hörtnagl* § 127 Rn. 16; Widmann/Mayer/*Mayer* § 127 Rn. 21.2.
[24] Keßler/Kühnberger/*Gündel* § 127 Rn. 14; Schmitt/Hörtnagl/Stratz/*Hörtnagl* § 127 Rn. 16; aA Lutter/*Schwab* § 127 Rn. 20.
[25] Vgl. etwa die Spaltungsberichte Siemens/OSRAM, Bayer/Lanxess und E.ON/Uniper.
[26] Semler/Stengel/*Gehling* § 127 Rn. 16.
[27] Widmann/Mayer/*Mayer* § 127 Rn. 17.
[28] Vgl. Widmann/Mayer/*Mayer* § 127 Rn. 18; Kallmeyer/*Sickinger* § 127 Rn. 5.
[29] Lutter/*Schwab* § 127 Rn. 19.
[30] Böttcher/Habighorst/Schulte/*Fischer* § 127 Rn. 10; Kallmeyer/*Sickinger* § 127 Rn. 5.
[31] Lutter/*Schwab* § 127 Rn. 19.

Die **„Soll-Situation"** der beteiligten Rechtsträger kann unter Beschreibung der gesell- 12
schaftsrechtlichen, steuerrechtlichen, bilanziellen und finanzwirtschaftlichen Auswirkungen
und deren Chancen und Risiken erläutert werden.[32] Darzustellen sind dabei auch die
rechtlichen und wirtschaftlichen Gründe der Spaltung, wie etwa erwartete Synergieeffekte.[33] Im Vergleich zur Verschmelzung sind Auswirkungen einer Spaltung dabei oftmals
vielfältiger und komplexer, sodass deren Erläuterung einen höheren Stellenwert einnimmt.[34] Vor allem die Zuweisung der Gegenstände des Aktiv- und Passivvermögens ist im
Rahmen der Spaltung zu erläutern.[35] Handelt es sich um die Abspaltung eines bestimmten
Geschäftsbereichs, empfiehlt es sich in der Praxis oftmals nicht zuletzt aus Vereinfachungsgründen, die abzuspaltenden Wirtschaftsgüter vorher in einer eigenen rechtlichen Einheit
zu bündeln, deren Anteile anschließend abgespalten werden können.

Auch die **Haftungssituation** der beteiligten Rechtsträger ist darzustellen.[36] Durch die 13
Gläubigerschutzvorschriften der §§ 133, 134 UmwG wird eine (zeitlich befristete) gesamtschuldnerische Haftung der beteiligten Rechtsträger im Außenverhältnis begründet. Der
Bericht hat daher auf den Umstand der Ausfallhaftung und das damit verbundene Risiko
einzugehen: Um eine Prognose über die Leistungsfähigkeit des Hauptschuldners und die
Inanspruchnahme des Mithafters darstellen zu können, ist zunächst auf die Zuordnung der
Verbindlichkeit im Innenverhältnis einzugehen.[37] Die Haftungsprognose selbst stellt dar, ob
die zugeordnete Verbindlichkeit vom Hauptschuldner auch bedient werden kann, was
neben einer Gegenüberstellung des Aktiv- und Passivvermögens auch dessen zukünftig
erwartete Ertragskraft beinhaltet.[38] Die Ausführlichkeit der Darstellung wird sich daran
orientieren können, ob es sich jeweils um den Hauptschuldner oder (nur) um den Mithaftenden handelt. Zwar ist umstritten, ob allgemeine Hinweise auf die gesetzliche Verpflichtung zur Sicherheitsleistung (§ 133 Abs. 1 S. 2 Hs. 2 UmwG) im Rahmen des
Berichts notwendig sind; aus Vorsichtsgründen empfiehlt sich jedoch eine kurze Darstellung der rechtlichen Situation.[39]

Sofern für das Spaltungsvorhaben Kapitalmaßnahmen wie etwa eine Kapitalherabsetzung 14
beim übertragenden oder Kapitalerhöhung beim übernehmenden Rechtsträger erforderlich
sind, sind auch diese zu erläutern und zu begründen.[40] Im letzteren Falle ist auf die
Einhaltung der Kapitalaufbringungsvorschriften einzugehen, wobei die Darstellung der
wesentlichen Ergebnisse ausreicht.[41]

Im **dritten Schritt** folgt die Abwägung der Vor- und Nachteile des Spaltungsvor- 15
habens.[42] Dabei ist auch auf die in Erwägung gezogenen Alternativen zur Spaltung einzugehen.[43] Es ist (kurz) zu erläutern, warum andere Handlungsformen verworfen wurden
und die Spaltung die geeignete Maßnahme iSd Unternehmensinteresses darstellt.[44] Aus der

---

[32] Böttcher/Habighorst/Schulte/*Fischer* § 127 Rn. 11; Semler/Stengel/*Gehling* § 127 Rn. 17; Widmann/Mayer/*Mayer* § 127 Rn. 17.
[33] Widmann/Mayer/*Mayer* § 127 Rn. 17.
[34] Semler/Stengel/*Gehling* § 127 Rn. 15.
[35] Böttcher/Habighorst/Schulte/*Fischer* § 127 Rn. 11; Semler/Stengel/*Gehling* § 127 Rn. 18.
[36] Böttcher/Habighorst/Schulte/*Fischer* § 127 Rn. 12; Semler/Stengel/*Gehling* § 127 Rn. 19; Schmitt/Hörtnagl/Stratz/*Hörtnagl* § 127 Rn. 11; Widmann/Mayer/*Mayer* § 127 Rn. 19; Lutter/*Schwab* § 127 Rn. 21.
[37] Böttcher/Habighorst/Schulte/*Fischer* § 127 Rn. 12; Schmitt/Hörtnagl/Stratz/*Hörtnagl* § 127 Rn. 11; Widmann/Mayer/*Mayer* § 127 Rn. 19.
[38] Vgl. Schmitt/Hörtnagl/Stratz/*Hörtnagl* § 127 Rn. 11; Lutter/*Schwab* § 127 Rn. 22 f.
[39] Widmann/Mayer/*Mayer* § 127 Rn. 20; Semler/Stengel/*Gehling* § 127 Rn. 19; aA Schmitt/Hörtnagl/Stratz/*Hörtnagl* § 127 Rn. 11.
[40] Böttcher/Habighorst/Schulte/*Fischer* § 127 Rn. 13; Semler/Stengel/*Gehling* § 127 Rn. 20.
[41] Semler/Stengel/*Gehling* § 127 Rn. 20; Widmann/Mayer/*Mayer* § 127 Rn. 21.
[42] Semler/Stengel/*Gehling* § 127 Rn. 23; Widmann/Mayer/*Mayer* § 127 Rn. 18; Lutter/*Schwab* § 127 Rn. 25.
[43] Einschränkend Kallmeyer/*Sickinger* § 127 Rn. 5.
[44] Semler/Stengel/*Gehling* § 127 Rn. 23; Widmann/Mayer/*Mayer* § 127 Rn. 21.1.

Abwägung muss sich schlüssig ergeben, warum die Spaltung letztlich zur Beschlussfassung vorgeschlagen wurde.[45] Bei börsennotierten Aktiengesellschaften sind auch die erwarteten kapitalmarktrechtlichen Auswirkungen zu erwähnen.[46]

3. Erläuterung und Begründung des Spaltungsvertrags bzw. Vertragsentwurfs

16 Der Spaltungsvertrag (→ § 22) ist den Anteilsinhabern so zu erläutern, dass sie einerseits den **wesentlichen Sinngehalt** der rechtlichen Regelungen nachvollziehen und andererseits die sich daraus ergebenden **wirtschaftlichen Folgen** abschätzen können.[47] Der Erläuterung eines Spaltungsvertrags kommt im Vergleich zu seinem Äquivalent im Rahmen einer Verschmelzung mangels vergleichbarer Standardisierung regelmäßig größere Bedeutung zu.[48] Als Maßstab gilt wie bei der Erläuterung der Spaltungsmaßnahme die Prämisse der Erläuterung für einen verständigen Anteilsinhaber.[49] Daher müssen typische Standardregelungen, wie etwa Angaben zur Firma und zum Sitz des Unternehmens oder die Bedeutung der gesetzlichen Regelungen im Einzelnen, nicht erklärt werden.[50]

17 Speziell die im Spaltungsvertrag zu benennenden Folgen der Spaltung für die Arbeitnehmer und ihre Vertretungen (§ 126 Abs. 1 Nr. 11 UmwG) bedürfen regelmäßig mangels wirtschaftlicher oder unternehmerischer Auswirkungen auf den betroffenen Rechtsträger keiner Erläuterung.[51] Es dürfte sich jedoch anbieten, im Rahmen der Erläuterung insoweit auf die entsprechenden darstellenden Teile des Spaltungsberichts zu verweisen.

18 Zum Zwecke der Übersichtlichkeit bietet es sich an, den Inhalt und die Auswirkungen der einzelnen Ziffern des Spaltungsvertrags ihrer Gliederung folgend zu erläutern. Es empfiehlt sich, den Spaltungsvertrag als **Anlage** zum Spaltungsbericht zu nehmen, damit der Vertragstext nicht in den Text des Spaltungsberichts eingefügt werden muss. Anlässlich der Spaltung wird bei umfangreichen Umstrukturierungsmaßnahmen regelmäßig ein sog. **Grundlagen- oder Rahmenvertrag** zwischen den beteiligten Rechtsträgern geschlossen, der vielfältige Fragen etwa bezogen auf steuerliche Themen, die Aufteilung der Innenhaftung oder etwaige Freistellungsverpflichtungen regelt. Mit Blick auf diese Themenbereiche fällt der Spaltungsvertrag entsprechend kurz aus, wodurch sich die Gewichtung zwischen Spaltungsvertrag und seinen Anlagen häufig in Richtung der letzteren verschiebt. Die Anforderungen an den Spaltungsvertrag gelten jedoch auch – gerade im Fall umfangreicher inhaltlicher Regelungen – für seine Anlagen.

19 Anstelle einer Erläuterung des bereits abgeschlossenen Spaltungsvertrags ist es ausweislich § 127 S. 1 UmwG auch ausreichend, dessen Entwurf zu erläutern. Dies bedingt jedoch, dass der später abgeschlossene Spaltungsvertrag inhaltlich nicht von dem erläuterten Entwurf abweicht. Anderenfalls wird eine erneute Erläuterungspflicht ausgelöst, deren Nichteinhaltung eine mögliche Anfechtbarkeit des gefassten Zustimmungsbeschlusses nach § 243 Abs. 1 AktG ergeben kann (→ § 28 Rn. 14 ff.).

4. Erläuterung und Begründung des Umtauschverhältnisses der Anteile

20 Angesichts seiner Bedeutung für die Anteilsinhaber ist das **Umtauschverhältnis** der Anteile im Spaltungsbericht bei Auf- und Abspaltung schwerpunktmäßig zu erläutern.[52] Der Spaltungsvorgang führt beim jeweiligen Anteilsinhaber zu einer Veränderung seiner Beteiligungsstruktur, die bei einer Auf- oder Abspaltung Beteiligungen an zwei separierten Rechtsträgern zur Folge hat. Da den Anteilsinhabern durch einen solchen Spaltungsvorgang unmittelbar Anteile am übernehmenden Rechtsträger gewährt werden, besteht für sie

---

[45] Lutter/*Schwab* § 127 Rn. 26.
[46] Lutter/*Schwab* § 127 Rn. 25.
[47] Semler/Stengel/*Gehling* § 127 Rn. 24; Widmann/Mayer/*Mayer* § 127 Rn. 22.
[48] Semler/Stengel/*Gehling* § 127 Rn. 24.
[49] Vgl. Widmann/Mayer/*Mayer* § 127 Rn. 22 f.; Lutter/*Schwab* § 127 Rn. 27.
[50] Vgl. Semler/Stengel/*Gehling* § 127 Rn. 24; Widmann/Mayer/*Mayer* § 127 Rn. 23.
[51] Lutter/*Schwab* § 127 Rn. 27; aA Henssler/Strohn/*Wardenbach* § 127 UmwG Rn. 5.
[52] Widmann/Mayer/*Mayer* § 127 Rn. 24; Kallmeyer/*Sickinger* § 127 Rn. 7.

ein wesentliches Informationsinteresse an den für die Zuteilung der Anteile maßgeblichen Unternehmensbewertungen der beteiligten Rechtsträger.[53] Eine Ausnahme dazu bildet die verhältniswahrende Spaltung, bei der eine Erläuterung auch ohne Unternehmensbewertung möglich ist (→ Rn. 22). Gegenüber dem Verschmelzungsrecht sieht § 127 S. 1 UmwG auch die Verpflichtung vor, den Maßstab für die Aufteilung der insgesamt als Gegenleistung zu gewährenden Anteile zu erläutern.

Die Darstellungstiefe der Berichtspflicht hat sich an dem Kriterium der Plausibilitätskontrolle durch die Anteilsinhaber zu orientieren; diese müssen die dem Umtauschverhältnis und dem Aufteilungsmaßstab zugrunde liegenden Unternehmensbewertungen und deren Stichhaltigkeit nachvollziehen können, was jedoch nicht bedeutet, dass anhand der Angaben etwa eine eigenständige Unternehmensbewertung durch den Anteilsinhaber möglich sein muss.[54] Der konkrete Umfang der Berichtspflicht ist wiederum vom Einzelfall abhängig.[55] Maßgeblich wird er unter anderem auch davon abhängen, ob im konkreten Fall eine verhältniswahrende oder nicht-verhältniswahrende Spaltung vorliegt,[56] und sich ferner danach richten müssen, ob der Kreis der Anteilsinhaber bei den beteiligten Rechtsträgern verschieden oder identisch ist. 21

Bei einer **verhältniswahrenden Spaltung**, bei der den Anteilsinhabern des übertragenden Rechtsträgers diejenige Anzahl an Anteilen am übernehmenden Rechtsträger zugeteilt wird, die quotal der vorherigen Beteiligung am abzuspaltenden Wirtschaftsgut entspricht, genügt grundsätzlich die Angabe, dass der zukünftige Beteiligungsstand den bisherigen Beteiligungsverhältnissen entspricht.[57] Nur wenn bspw. Sonderrechte der Anteilsinhaber verloren gehen oder erworben werden, sind zusätzliche Erläuterungen notwendig.[58] 22

Bei der **nicht-verhältniswahrenden Spaltung**, also einer asymmetrischen Zuteilung der zu gewährenden Anteile entgegen der bisherigen Beteiligungsquote (vgl. § 128 UmwG), sind hingegen regelmäßig weitergehende Erläuterungen und Begründungen des Umtauschverhältnisses und des Aufteilungsmaßstabs erforderlich.[59] Zunächst ist die Angemessenheit der Wertrelation zwischen Vermögensübertragung und Anteilsgewährung insgesamt zu erläutern.[60] Dafür und für die Erläuterung des Aufteilungsmaßstabs kommt den Unternehmensbewertungen wesentliche Bedeutung zu.[61] Im Einzelnen ist darauf einzugehen, warum sich eine abweichende Zuweisung entweder nicht auf den Gesamtwert der Beteiligung der einzelnen Anteilsinhaber auswirkt,[62] oder im Falle der Veränderung der Wertverhältnisse, welche Gründe dafür sprechen.[63] 23

Nach dem Wortlaut von § 127 UmwG sind Angaben über das Umtauschverhältnis und den Aufteilungsmaßstab nur bei Auf- und Abspaltungen, nicht jedoch bei **Ausgliederungen** in den Spaltungsbericht aufzunehmen.[64] Systematisch lässt sich dies erklären, solange ausschließlich der übertragende Rechtsträger Anteile am übernehmenden Rechtsträger 24

---

[53] Widmann/Mayer/*Mayer* § 127 Rn. 24.
[54] Böttcher/Habighorst/Schulte/*Fischer* § 127 Rn. 17; Semler/Stengel/*Gehling* § 127 Rn. 26; Lutter/*Schwab* § 127 Rn. 33; zur Verschmelzung OLG Karlsruhe 15 U 76/88, WM 1989, 1134; OLG Hamm 8 U 329/87, ZIP 1988, 1051.
[55] Böttcher/Habighorst/Schulte/*Fischer* § 127 Rn. 18; Semler/Stengel/*Gehling* § 127 Rn. 27.
[56] Böttcher/Habighorst/Schulte/*Fischer* § 127 Rn. 18.
[57] Böttcher/Habighorst/Schulte/*Fischer* § 127 Rn. 19; Schmitt/Hörtnagl/Stratz/*Hörtnagl* § 127 Rn. 6; Widmann/Mayer/*Mayer* § 127 Rn. 24; Semler/Stengel/*Gehling* § 127 Rn. 29; Lutter/*Schwab* § 127 Rn. 30.
[58] Böttcher/Habighorst/Schulte/*Fischer* § 127 Rn. 19; Schmitt/Hörtnagl/Stratz/*Hörtnagl* § 127 Rn. 6; Lutter/*Schwab* § 127 Rn. 31; Widmann/Mayer/*Mayer* § 127 Rn. 24.
[59] Widmann/Mayer/*Mayer* § 127 Rn. 25.
[60] Semler/Stengel/*Gehling* § 127 Rn. 32, 34.
[61] Widmann/Mayer/*Mayer* § 127 Rn. 25; Lutter/*Schwab* § 127 Rn. 32.
[62] Schmitt/Hörtnagl/Stratz/*Hörtnagl* § 127 Rn. 7; Widmann/Mayer/*Mayer* § 127 Rn. 25.
[63] Schmitt/Hörtnagl/Stratz/*Hörtnagl* § 127 Rn. 8; Widmann/Mayer/*Mayer* § 127 Rn. 25.
[64] Vgl. RegEBegr. BR-Drs. 75/94, S. 119.

erhält und es folglich auf Ebene der Anteilsinhaber am übertragenden Rechtsträger nicht zu einer Änderung der unmittelbaren Beteiligungsstruktur kommt. In diesem Fall ist es ausreichend, die Gründe für die Ausgliederung im Spaltungsbericht zu erläutern.[65] Sofern allerdings am übernehmenden Rechtsträger zur Aufnahme neben dem übertragenden Rechtsträger weitere Personen Anteile halten, droht den Anteilsinhabern am übertragenden Rechtsträger eine Verwässerung ihrer Beteiligung: Erhält der übertragende Rechtsträger für das Ausgliederungsobjekt eine wertmäßig geringere Gegenleistung, schlägt dieses Ungleichgewicht mittelbar auf die Beteiligung der Anteilsinhaber am übertragenden Rechtsträger durch.[66] In einem solchen Fall sind mit der einhelligen Literaturauffassung, die bislang gerichtlich nicht zur Entscheidung gelangt ist, Angaben zum Umtauschverhältnis auch bei einer Ausgliederung notwendig.[67]

25   Die von Teilen des Schrifttums[68] zusätzlich geforderte Berichtspflicht im Falle einer Ausgliederung mit sich anschließender Übertragung der Anteile am übernehmenden Rechtsträger auf einen Dritten lässt sich nur schwer begründen. Zwar kann ein entsprechender Vorgang im Ergebnis mit einer nicht-verhältniswahrenden Abspaltung vergleichbar sein; gleichzeitig würde jedoch die Verfügung über Gesellschaftsanteile zusätzlichen umwandlungsrechtlichen Voraussetzungen unterworfen, **ohne** dass hierfür eine **Notwendigkeit** erkennbar wäre. Zum einen wäre die mindestens zwischen Aufgliederung und Verfügung erforderliche Zeitspanne kaum rechtssicher zu bestimmen, zum anderen würde eine solche Lösung auf die Fiktion eines Umgehungswillens hinauslaufen.[69] Sollte sich ein entsprechender Wille zur Umgehung der Berichtspflicht tatsächlich nachweisen lassen, wäre die Anwendung allgemeiner Schutzinstrumente gegen Rechtsmissbrauch ausreichend.

26   Ist nach §§ 125 S. 1, 29 UmwG eine **Barabfindung** anzubieten, muss im Spaltungsbericht deren Höhe, wirtschaftliche Angemessenheit und Übereinstimmung mit den gesetzlichen Vorschriften erläutert und begründet werden. Besonderheiten im Vergleich zum Verschmelzungsbericht bestehen hierbei nicht.[70] Erforderlich ist auch die Angabe, warum eine Barabfindung angeboten wurde[71]. Zusätzlich ist ratsam – wenn auch nicht zwingend – einen Hinweis auf die Ausschlussfristen des § 31 UmwG[72] aufzunehmen.

5. Erläuterung und Begründung der Angaben über Mitgliedschaften bei den übernehmenden Rechtsträgern

27   Die Rechtsform des übernehmenden Rechtsträgers (z. B. bei Genossenschaften oder Vereinen) kann dazu führen, dass anstelle von Anteilen **Mitgliedschaften** gewährt werden. In diesem Fall hat der Spaltungsbericht bei Auf- und Abspaltungen Angaben über die zu gewährenden Mitgliedschaften, auch über ihre rechtliche Ausgestaltung, zu enthalten.[73] Entsprechende Darstellungen sind auch für die bereits vorhandenen Mitgliedschaften aufzunehmen.[74] Insoweit ist das vom Wortlaut des § 127 S. 1 UmwG vorgegebene Alternativ-

---

[65] Kallmeyer/*Sickinger* § 127 Rn. 7.
[66] So auch Semler/Stengel/*Gehling* § 127 Rn. 36; Widmann/Mayer/*Mayer* § 127 Rn. 24.
[67] Böttcher/Habighorst/Schulte/*Fischer* § 127 Rn. 16; Henssler/Strohn/*Wardenbach* § 127 UmwG Rn. 6; Kallmeyer/*Sickinger* § 127 Rn. 7 (Redaktionsversehen); Lutter/*Schwab* § 127 Rn. 29; Schmitt/Hörtnagl/Stratz/*Hörtnagl* § 127 Rn. 9 f.; Semler/Stengel/*Gehling* § 127 Rn. 36; Widmann/Mayer/*Mayer* § 127 Rn. 24; *Veil* ZIP 1998, 361, 363.
[68] Maulbetsch/Klumpp/Rose/*Raible* § 127 Rn. 31; Lutter/*Schwab* § 127 Rn. 29; Henssler/Strohn/*Wardenbach* § 127 UmwG Rn. 6; einschränkend Widmann/Mayer/*Mayer* § 127 Rn. 24.
[69] Vgl. auch Kölner Kommentar-UmwG/*Simon* § 127 Rn. 21.
[70] Semler/Stengel/*Gehling* § 127 Rn. 38.
[71] Widmann/Mayer/*Mayer* § 8 Rn. 28; Schmitt/Hörtnagl/Stratz/*Stratz* § 8 Rn. 24; aA Semler/Stengel/*Gehling* § 127 Rn. 38.
[72] Widmann/Mayer/*Mayer* § 8 Rn. 28; Kallmeyer/*Marsch-Barner* § 8 Rn. 22; Schmitt/Hörtnagl/Stratz/*Stratz* § 8 Rn. 24.
[73] Böttcher/Habighorst/Schulte/*Fischer* § 127 Rn. 22; Semler/Stengel/*Gehling* § 127 Rn. 37.
[74] Lutter/*Schwab* § 127 Rn. 35.

verhältnis zwischen der Erläuterung des Umtauschverhältnisses der Anteile *oder* der Mitgliedschaften bei den übernehmenden Rechtsträgern im Spaltungsbericht ohne weiteres umzusetzen. Gewährt der übernehmende Rechtsträger allerdings Anteile mit modifizierten Mitgliedschaftsrechten, etwa aufgrund einer Vinkulierung, besteht aus Sicht derjenigen, denen die Anteile gewährt werden, nicht nur ein Interesse an Informationen über das Umtauschverhältnis, sondern auch an den mit der Gewährung einhergehenden Beschränkungen. In einem solchen Fall sollten – auch entgegen dem Wortlaut von § 127 S. 1 UmwG – sowohl Angaben zum Umtauschverhältnis als auch zu den Mitgliedschaftsrechten in den Spaltungsbericht aufgenommen werden.[75]

6. Hinweis auf die Folgen für die Beteiligung der Anteilsinhaber

Im Spaltungsbericht ist auf die Folgen der gewählten Spaltungsart auf die bestehende Beteiligung am übertragenden Rechtsträger sowie auf die entstehende Beteiligung am übernehmenden Rechtsträger hinzuweisen: Zu erläutern ist, wie sich die Rechtsstellung der Anteilsinhaber und deren Beteiligungsquote durch den Spaltungsvorgang verändert.[76] 28

Mit Blick auf die bisher bestehende Beteiligung am übertragenden Rechtsträger ist bei einer Aufspaltung darauf hinzuweisen, dass diese Beteiligung **untergeht**.[77] Bei einer Ausgliederung ist den Anteilsinhabern speziell der **Mediatisierungseffekt** der Spaltung zu erläutern. Einzig bei der Abspaltung bestehen hinsichtlich der Beteiligung am übertragenden Rechtsträger keine weitergehenden Informationspflichten. 29

Mit Blick auf die **neu entstehende Beteiligung** am übernehmenden Rechtsträger können die Erläuterungspflichten dagegen umfangreicher sein. Reicht bei einer verhältniswahrenden Spaltung noch die allgemeine Erläuterung, dass die Beteiligungsquote am übernehmenden Rechtsträger derjenigen am übertragenden Rechtsträger entspricht,[78] sind bei nicht-verhältniswahrenden Spaltungen ausführliche Erläuterungen notwendig. Neben einer Erläuterung der sich ändernden Beteiligungsquote sind auch Angaben dazu erforderlich, welche Änderungen sich in den Stimmrechtsverhältnissen ergeben; dies betrifft etwa Sperrminoritäten oder Mehrheitsbeteiligungen unabhängig davon, ob diese entstehen oder untergehen.[79] 30

Zusätzliche Angaben sind ferner bei rechtsqualitativen Veränderungen der Mitgliedschaften durch eine rechtsformwechselnde Spaltung erforderlich,[80] sofern solche Änderungen nicht schon im Rahmen der Erläuterungen der Mitgliedschaften am übernehmenden Rechtsträger dargestellt wurden (→ Rn. 27). Zu differenzieren ist außerdem nach personalistischer oder kapitalistischer Inhaberstruktur des übertragenden Rechtsträgers. Während bei ersterem die Erläuterungen konkret auf jeden einzelnen Anteilsinhaber bezogen sein sollten,[81] ist bei letzterem einzig eine abstrakte Erläuterung der Veränderungen sinnvoll und ausreichend.[82] 31

---

[75] Unter Hinweis auf ein Redaktionsversehen Lutter/*Schwab* § 127 Rn. 39; Widmann/Mayer/*Mayer* § 127 Rn. 41; als Angabe über die Folgen für den Beteiligungsinhaber Kallmeyer/*Sickinger* § 127 Rn. 9; Henssler/Strohn/*Wardenbach* § 127 UmwG Rn. 7; als Teil der Angaben zum Umtauschverhältnis Semler/Stengel/*Gehling* § 127 Rn. 37.
[76] Semler/Stengel/*Gehling* § 127 Rn. 41.
[77] Anders Widmann/Mayer/*Mayer* § 127 Rn. 49 (kein Hinweis wegen allgemeiner Kenntnis der Anteilsinhaber).
[78] Widmann/Mayer/*Mayer* § 127 Rn. 48; Lutter/*Schwab* § 127 Rn. 37.
[79] Widmann/Mayer/*Mayer* § 127 Rn. 48.
[80] Böttcher/Habighorst/Schulte/*Fischer* § 127 Rn. 27; Kallmeyer/*Sickinger* § 127 Rn. 12.
[81] Semler/Stengel/*Gehling* § 127 Rn. 41; Widmann/Mayer/*Mayer* § 127 Rn. 49; strenger hingegen Lutter/*Schwab* § 127 Rn. 37 („hat sich […] konkret zu äußern"); Kallmeyer/*Sickinger* § 127 Rn. 12 („erforderlich").
[82] Widmann/Mayer/*Mayer* § 127 Rn. 49; Lutter/*Schwab* § 127 Rn. 39.

7. Hinweis auf besondere Schwierigkeiten bei der Bewertung

32 Treten im Rahmen der Unternehmensbewertung einer der an der Spaltung beteiligten Rechtsträger besondere Schwierigkeiten auf, ist auf diese nach §§ 127 S. 2, 8 Abs. 1 S. 2 UmwG innerhalb des Spaltungsberichts im Rahmen der Erläuterung des Umtauschverhältnisses hinzuweisen.[83] Zwar dürfte der Anwendungsbereich dieser Norm im Regelfall überschaubar sein, in speziellen Fallgruppen kann ein entsprechender Hinweis aber leicht erforderlich werden. Dazu zählen etwa **Sanierungsfälle** oder **Start-Ups**.[84] Treten Bewertungsschwierigkeiten auf, ist darzulegen, wie das Umtauschverhältnis trotz des bestehenden Hindernisses gleichwohl zutreffend ermittelt werden konnte.[85]

8. Angaben über für die Spaltung wesentliche Angelegenheiten verbundener Unternehmen

33 Entsprechend der Berichtspflicht im Rahmen eines Verschmelzungsvorgangs ist im Fall einer Spaltung gem. §§ 127 S. 2, 8 Abs. 1 S. 3 UmwG auch über die wesentlichen Angelegenheiten von mit den beteiligten Rechtsträgern **verbundenen Unternehmen** zu berichten. Die Berichtspflicht bezieht sich etwa auf das herrschende Mutterunternehmen oder abhängige Tochtergesellschaften. Minderheitsbeteiligungen sind dagegen nicht umfasst.[86] Um einer möglichen Ausuferung der Berichtspflicht zu begegnen, müssen die entsprechenden „Angelegenheiten" jedoch dergestalt **umwandlungsrelevant** sein, dass ein **Unmittelbarkeitszusammenhang** besteht.[87] Ein solcher unmittelbarer Einfluss auf die Spaltung liegt nur dann vor, wenn sie für die Beurteilung der Spaltung und der an ihr beteiligten Rechtsträger selbst von Bedeutung sind.[88] Umwandlungsrelevanz kommt daher insbes. der Spaltung eines konzernbeherrschenden Mutterunternehmens zu: Erläuterungsbedürftig sind in diesem Fall die Auswirkungen der Spaltung auf den Konzern in Gänze.[89] Hierzu gehören auch Ausführungen zur bestehenden Konzernstruktur und ihrer Veränderung durch das Spaltungsvorhaben. Zu berichten ist auch über relevante (gesellschaftsrechtliche) Leistungspflichten innerhalb des Konzerns, wie etwa Verlustausgleichspflichten nach § 302 AktG oder eine gesamtschuldnerische Haftung nach § 322 AktG. Im Grundsatz erstreckt sich der Unmittelbarkeitszusammenhang auf die jeweils direkt nachgeordnete Gesellschaftsebene, während Enkelgesellschaften nur noch ausnahmsweise bei wesentlicher Bedeutung für den Spaltungsvorgang erfasst werden. Die Berichtspflicht über Angelegenheiten verbundener Unternehmen wird durch die **Geheimhaltungsinteressen** des jeweils verbundenen Unternehmens begrenzt. Der Bericht erstattende Rechtsträger kann die Geheimhaltungsinteressen wie eigene im Rahmen seiner Berichterstattung vorbringen (→ Rn. 38 ff.).[90]

34 Mit der Berichtspflicht korrespondieren gleichlaufende **Informationsbeschaffungspflichten** der Vertretungsorgane der beteiligten Rechtsträger. Die Organe müssen die für den Spaltungsbericht notwendigen Informationen von den abhängigen Gesellschaften beschaffen. Bestehen diesbezüglich keine gesellschaftsrechtlich vermittelten Auskunftsansprüche sind die Organe angehalten, ihre (tatsächlichen) Einwirkungsmöglichkeiten zu nutzen; Unmögliches kann jedoch von ihnen nicht verlangt werden.

---

[83] So auch Böttcher/Habighorst/Schulte/*Fischer* § 127 Rn. 26; Semler/Stengel/*Gehling* § 127 Rn. 39.
[84] Böttcher/Habighorst/Schulte/*Fischer* § 127 Rn. 26.
[85] Widmann/Mayer/*Mayer* § 127 Rn. 51.
[86] Lutter/*Schwab* § 127 Rn. 41.
[87] Semler/Stengel/*Gehling* § 127 Rn. 43; Schmitt/Hörtnagl/Stratz/*Hörtnagl* § 127 Rn. 18; Widmann/Mayer/*Mayer* § 127 Rn. 55; Lutter/*Schwab* § 127 Rn. 41.
[88] Widmann/Mayer/*Mayer* § 127 Rn. 55.
[89] Schmitt/Hörtnagl/Stratz/*Hörtnagl* § 127 Rn. 18; Widmann/Mayer/*Mayer* § 127 Rn. 55; Lutter/*Schwab* § 127 Rn. 44 ff.
[90] Widmann/Mayer/*Mayer* § 127 Rn. 53.

III. Berichtspflichtige und Form

Berichtspflichtig sind die Vertretungsorgane jedes der an der Spaltung beteiligten 35
Rechtsträger. Umstritten und für die Spaltung bislang nicht höchstrichterlich geklärt ist die
Frage, ob jedes einzelne Mitglied des Vertretungsorgans oder nur solche in vertretungsberechtigter Anzahl den Spaltungsbericht unterzeichnen müssen. Mit Blick auf die Erwägungen des II. BGH-Senats zum Verschmelzungsbericht wird man entgegen einiger Literaturstimmen[91] davon ausgehen können, dass eine Unterzeichnung in **vertretungsberechtigter Anzahl** ausreichend ist.[92] Die Gesamtverantwortung aller Organmitglieder bleibt von dieser Frage unberührt, ein (Mehrheits-)Beschluss innerhalb des Organs bleibt ebenso notwendig.[93] Bei der an der Spaltung beteiligten Personenhandelsgesellschaft ist der Bericht von den vertretungsberechtigten Gesellschaftern zu unterzeichnen. Eine Vertretung durch den zur organschaftlichen Gesamtvertretung ermächtigten Prokuristen genügt den Anforderungen des § 127 UmwG nicht.[94]

Nach § 127 Abs. 1 S. 1 Hs. 2 UmwG besteht für an der Spaltung beteiligte Rechtsträger 36
die Möglichkeit, einen **gemeinsamen Spaltungsbericht** zu erstellen. Dabei werden zutreffend auch Kombinationen für möglich erachtet dergestalt, dass einzelne beteiligte Rechtsträger einen gemeinsamen Bericht erstatten, während andere einen Einzelbericht erstellen; innerhalb des gemeinsamen Berichts muss jedoch immer deutlich erkennbar sein, an die Anteilsinhaber welches Rechtsträgers sich die Ausführungen richten.[95] Für die gemeinsame Erstattung sprechen insbesondere Kostengründe, aber auch die Möglichkeit, den Bericht anhand einer übereinstimmenden inhaltlichen Linie zu erstatten. Die gemeinsame Berichterstattung führt allerdings nicht zu einer gemeinsamen Verantwortlichkeit der Vertretungsorgane gegenüber den beteiligten Rechtsträgern. Das jeweilige Vertretungsorgan bleibt nur gegenüber seinem eigenen Rechtsträger verantwortlich.[96]

Der Spaltungsbericht bedarf der **Schriftform**. Ausreichend ist die Existenz eines ein- 37
zigen eigenhändig unterschriebenen Exemplars. Für alle weiteren Exemplare ist eine Faksimileunterschrift oder ein Unterzeichnungshinweis ausreichend.[97]

IV. Grenzen der Berichtspflicht

Die Berichtspflicht findet ihre Grenze nach §§ 127 S. 2, 8 Abs. 2 UmwG in solchen 38
Angaben, die dem **Geheimhaltungsinteresse** der beteiligten Rechtsträger unterliegen. Es können danach solche Tatsachen aus dem Spaltungsbericht ausgeklammert werden, deren Bekanntwerden geeignet ist, einem der beteiligten Rechtsträger oder einem verbundenen Unternehmen einen **nicht unerheblichen Nachteil** zuzufügen. Insbesondere Bewertungsfaktoren, deren Bekanntmachung die Wettbewerbsfähigkeit des berichtspflichtigen Rechtsträgers gefährden könnten, z.B. die Offenlegung der internen Kalkulation und Preispolitik oder einzelner Ertragsquellen, können darunter fallen.[98] Ausreichend ist die „Eignung" der Tatsachen zur Nachteilszufügung; es muss nicht etwa ein Schaden iSd §§ 249 ff. BGB nachgewiesen werden, sondern es genügt jede einigermaßen gewichtige

---

[91] Kallmeyer/*Sickinger* § 127 Rn. 4; Lutter/*Schwab* § 127 Rn. 10, 11; Maulbetsch/Klumpp/Rose/ Raible § 127 Rn. 9.
[92] BGH II ZR 266/04, NJW-RR 2007, 1409, Rn. 27; so auch Böttcher/Habighorst/Schulte/ *Fischer* § 127 Rn. 7; Henssler/Strohn/*Wardenbach* § 127 UmwG Rn. 3; Schmitt/Hörtnagl/Stratz/ *Hörtnagl* § 127 Rn. 3; Semler/Stengel/*Gehling* § 127 Rn. 7; Widmann/Mayer/*Mayer* § 127 Rn. 10; Fuhrmann AG 2004, 135, 138; zur Verschmelzung *Müller* NJW 2000, 2002.
[93] Schmitt/Hörtnagl/Stratz/*Hörtnagl* § 127 Rn. 3.
[94] Lutter/*Schwab* § 127 Rn. 13.
[95] Lutter/*Schwab* § 127 Rn. 14, 15.
[96] Widmann/Mayer/*Mayer* § 127 Rn. 11.
[97] Widmann/Mayer/*Mayer* § 127 Rn. 10.
[98] Vgl. Widmann/Mayer/*Mayer* § 127 Rn. 56 f.

Beeinträchtigung der Interessen eines beteiligten Rechtsträgers.[99] Da sich die Regelung an § 131 Abs. 3 Nr. 1 AktG anlehnt, sind die dazu entwickelten Grundsätze entsprechend anwendbar.[100] Auch die weiteren Auskunftsverweigerungsrechte nach § 131 Abs. 3 Nr. 2 bis 6 AktG sind anwendbar, da diese einen Unterfall der Generalklausel aus § 131 Abs. 3 Nr. 1 AktG darstellen.[101] Bei der Bestimmung des unerheblichen Nachteils sind in diesem Rahmen ausschließlich die **Vor- und Nachteile der Gesellschaft** zu berücksichtigen; Vor- oder Nachteile der Anteilsinhaber fließen dagegen nicht mit ein.[102] Der aktienrechtliche Maßstab gilt rechtsformunabhängig.[103] Weitergehende rechtsformabhängige Informationsansprüche (z. B. § 51a GmbHG) bleiben davon unberührt und können mit der wohl hM außerhalb des Berichts erfüllt werden.[104]

39 Teilweise wird mit Verweis auf europarechtliche Vorgaben gefordert, im Wege einer einschränkenden Auslegung die Auskunftsverweigerung bei **aktienrechtlichen Berichten** nur bei wirklich gewichtigen Nachteilen und damit nur in äußersten **Ausnahmefällen** zuzulassen: Dies ergebe sich aus der Konzeption der einschlägigen Richtlinie (→ Rn. 2), die die Informationsbedürfnisse der Anteilsinhaber in den Vordergrund rücke und dabei keine entsprechende Befreiungsmöglichkeit vorsehe.[105] Einzelne Stimmen fordern insoweit eine Vorlage an den EuGH.[106] Eine solche enge Auslegung würde allerdings zu einer **Interessenabwägung** zwischen dem Informationsinteresse der Anteilsinhaber und dem Geheimhaltungsinteresse der Gesellschaft führen,[107] die den Grundsätzen von § 131 Abs. 3 AktG widersprechen würde. Mangels gerichtlicher Klärung sollte die Problematik zumindest bei Beteiligung einer AG im Hinterkopf behalten werden. Aufgrund der fehlenden Anwendbarkeit der Richtlinie auf andere Rechtsformen dürfte die Problematik für diese nicht in gleichem Maße gelten.

40 Die Gründe für die Geheimhaltung sind nach §§ 127 S. 2, 8 Abs. 2 S. 2 UmwG soweit wie möglich im Bericht schriftlich darzulegen und müssen zumindest eine Plausibilitätsprüfung ermöglichen. Die **Grenze** des Begründungserfordernisses ist jedoch erreicht, wenn die Angabe von Gründen nicht ohne Offenlegung der geheimhaltungsbedürftigen Tatsachen möglich ist.[108] Eine (mündliche) Nachholung der Begründung, etwa in der Anteilsinhaberversammlung, ist nicht ausreichend.[109] In der Praxis ist zu beachten, dass die Begrenzung der Berichtspflicht eine Ausnahme von der generellen Berichtspflicht darstellt und angerufene Gerichte die Tatbestandsvoraussetzungen regelmäßig eher eng denn weit auslegen dürften.[110]

41 Bei einer **Änderung** bestimmter im Spaltungsbericht dargelegter **Umstände** nach Beschlussfassung der Anteilsinhaber stellt sich die Frage, ob der jeweils berichterstattende Rechtsträger dazu verpflichtet ist, die Anteilsinhaber über die Änderung zu informieren.

---

[99] Widmann/Mayer/*Mayer* § 127 Rn. 58.
[100] Semler/Stengel/*Gehling* § 127 Rn. 47; Widmann/Mayer/*Mayer* § 127 Rn. 57; Henssler/Strohn/*Wardenbach* § 127 UmwG Rn. 11.
[101] Widmann/Mayer/*Mayer* § 127 Rn. 57.
[102] Vgl. Semler/Stengel/*Bärwaldt* § 192 Rn. 17; Lutter/*Drygala* § 8 Rn. 50; Maulbetsch/Klumpp/Rose/*Schäffler* § 8 Rn. 52; zu § 131 AktG MünchKommAktG/*Kubis* § 131 Rn. 111; Schmidt-Lutter/*Spindler* § 131 Rn. 76.
[103] Lutter/*Drygala* § 8 Rn. 51; Schmitt/Hörtnagl/Stratz/*Stratz* § 8 Rn. 29.
[104] Lutter/*Drygala* § 8 Rn. 51; Widmann/Mayer/*Mayer* § 8 Rn. 50; Maulbetsch/Klumpp/Rose/*Schäffler* § 8 Rn. 54; Kallmeyer/*Marsch-Barner* § 8 Rn. 30.
[105] Vgl. Lutter/*Schwab* § 127 Rn. 47; *Schöne* S. 347 mit Fn. 300; im Ergebnis ebenfalls zustimmend Böttcher/Habighorst/Schulte/*Fischer* § 127 Rn. 30.
[106] *Schöne* S. 347 mit Fn. 300; Lutter/*Schwab* § 127 Rn. 47 mit Fn. 2.
[107] Vgl. zum Umwandlungsbericht im Ergebnis (allerdings ohne Begründung bzw. europarechtliche Überlegungen) auch Kallmeyer/*Meister/Klöcker* § 192 Rn. 32; Kölner Kommentar-UmwG/*Petersen* § 192 Rn. 20.
[108] Kallmeyer/*Sickinger* § 127 Rn. 15.
[109] Widmann/Mayer/*Mayer* § 127 Rn. 61.
[110] Böttcher/Habighorst/Schulte/*Fischer* § 127 Rn. 30; Lutter/*Schwab* § 127 Rn. 47.

Eine solche Pflicht wird man allerdings bereits mit Blick auf den maßgeblichen **Erstattungszeitpunkt** des Spaltungsberichts ablehnen können: Die Berichtspflicht bezieht sich auf eine korrekte Darstellung der Sachlage aus einer ex-ante-Perspektive.[111] Die Berichtigung im Spaltungsbericht dargestellter Umstände ex-post ist daher nicht notwendig. Eine solche nachträgliche Berichtspflicht könnte auch der mit dem Spaltungsbericht bezweckten Information der Anteilsinhaber nicht gerecht werden, weil der Spaltungsbeschluss zu diesem Zeitpunkt bereits gefasst wurde. Die Anteilsinhaber sind daher auf die aus anderen Rechtsgründen zu veröffentlichenden (Kapitalmarkt-)Informationen verwiesen.

V. Entbehrlichkeit des Spaltungsberichts

Die Erstattung des Spaltungsberichts kann aus verschiedenen Gründen **entbehrlich** sein. 42 Neben Verzicht (→ Rn. 45 ff.) und Konzernkonstellationen (→ Rn. 49 ff.) bestehen rechtsformspezifische Ausnahmeregelungen. Über die generelle Verweisung ins Verschmelzungsrecht nach § 125 UmwG entfällt die Berichtspflicht bei Personenhandelsgesellschaften (§ 41 UmwG) sowie Partnerschaftsgesellschaften (§ 45c UmwG), sofern alle Gesellschafter bzw. Partner die Geschäfte führen. Dieser Rechtsgedanke kann auch auf andere Gesellschaften mit personalistischer Struktur (GmbH) übertragen werden, bei denen alle Gesellschafter zugleich Geschäftsführer sind.[112]

Ungeklärt ist, ob sich aus dem Zusammenspiel von § 8 Abs. 3 und § 41 UmwG ergibt, 43 dass bei Gesellschaften, bei denen nicht alle Gesellschafter geschäftsführungsbefugt sind, nur die von der **Geschäftsführung ausgeschlossenen**[113] oder aber alle Gesellschafter[114] auf den Bericht **verzichten** müssen. In der Praxis sollte angesichts des recht eindeutigen Wortlauts von § 8 Abs. 3 UmwG („*alle Anteilsinhaber*") grundsätzlich nur bei Verzicht aller Gesellschafter vom Bericht abgesehen werden; ein anderweitiges Vorgehen sollte vorab mit dem zuständigen Handelsregister abgestimmt werden.[115] Zur gleichgelagerten Problematik beim Formwechsel → § 33 Rn. 40.

Die Berichtspflicht entfällt auch bei Ausgliederungen aus dem Vermögen eines Einzel- 44 kaufmanns (§ 153 UmwG), einer rechtsfähigen Stiftung (sofern sie nicht einer staatlichen Genehmigung bedarf, § 163 Abs. 1 UmwG) und einer Gebietskörperschaft (§ 169 UmwG).

1. Verzicht

Der Spaltungsbericht ist nach §§ 127 S. 2, 8 Abs. 3 S. 1 1. Alt. UmwG entbehrlich, 45 wenn die **Anteilsinhaber aller beteiligten Rechtsträger** auf ihn **verzichten**. Die Verzichtserklärungen bedürfen der **notariellen Form** (§§ 127 S. 2, 8 Abs. 3 S. 2 UmwG). Auf die Grundzüge zum Verzicht auf den Verschmelzungsbericht kann hier verwiesen werden (→ § 9 Rn. 58 ff.).

In der Praxis wird die Verzichtsmöglichkeit nur bei Rechtsträgern mit überschaubarem 46 Anteilsinhaberkreis relevant; bei größeren Publikumsgesellschaften ist ein Verzicht aller Anteilsinhaber dagegen mit angemessenem Aufwand kaum durchführbar und scheitert bereits an einem einzelnen Anteilsinhaber, der sich dem Verzicht verweigert.[116] Der – als Gestaltungsrecht bedingungsfeindliche – Verzicht erfolgt durch Erklärung gegenüber dem

---

[111] Zur Verschmelzung Kölner Kommentar-UmwG/*Simon* § 8 Rn. 67.
[112] Vgl. Semler/Stengel/*Gehling* § 127 Rn. 2; Widmann/Mayer/*Mayer* § 127 Rn. 74.
[113] Vgl. Henssler/Strohn/*Decker* § 41 UmwG Rn. 1; Kallmeyer/*Kocher* § 41 Rn. 3; Widmann/Mayer/*Vossius* § 41 Rn. 13.
[114] Vgl. Maulbetsch/Klumpp/Rose/*Haggeney* § 41 Rn. 8; Semler/Stengel/*Ihrig* § 41 Rn. 6; Lutter/*H. Schmidt* § 41 Rn. 6.
[115] Vgl. Kallmeyer/*Blasche* § 215 Rn. 6.
[116] Böttcher/Habighorst/Schulte/*Fischer* § 127 Rn. 31; Semler/Stengel/*Gehling* § 127 Rn. 50; Widmann/Mayer/*Mayer* § 127 Rn. 67.

jeweiligen Vertretungsorgan. Eine Stellvertretung ist insoweit möglich.[117] Ein einstimmiger Spaltungsbeschluss ersetzt einen fehlenden Verzicht nicht.[118]

47 Für ihre Wirksamkeit muss sich die Verzichtserklärung auf ein **konkretes Spaltungsvorhaben** beziehen, was einen generellen Verzicht „auf Vorrat", etwa in einer Satzung, ausschließt.[119] Uneinigkeit besteht hierbei darüber, ob für eine hinreichende Konkretisierung des Spaltungsvorhabens schon ein Entwurf des Spaltungsvertrags oder Spaltungsplans vorliegen muss. Letzteres wird man nicht fordern müssen, soweit aus der Verzichtserklärung die Bezugnahme auf ein konkretes Spaltungsvorhaben anderweitig, insbes. durch die Bezeichnung der beteiligten Rechtsträger, hervorgeht.[120]

48 Maßgeblicher Zeitpunkt für das Vorliegen wirksamer Verzichtserklärungen ist die Anmeldung der Spaltung zum Handelsregister des übernehmenden Rechtsträgers.

2. Alleiniger Besitz am übertragenden Rechtsträger

49 Ein Spaltungsbericht ist auch dann nicht erforderlich, wenn sich **alle Anteile** des übertragenden Rechtsträgers in der Hand des übernehmenden Rechtsträgers befinden (§§ 127 S. 2, 8 Abs. 3 S. 1 2. Alt. UmwG).[121] Dies kommt namentlich bei der Ausgliederung zur Aufnahme in einer (Konzern-) Situation in Betracht. Hier wäre die Erstattung eines Spaltungsberichts **reine Formalität**, weil der eigentliche Informationszweck des Berichts aufgrund der bestehenden Kenntnisse beim alleinigen Anteilsinhaber nicht erreicht werden kann.[122] Ein Teil der Literatur befürwortet allerdings im Wege teleologischer Reduktion eine Berichtspflicht auch für den Fall einer solchen „upstream"-Spaltung: Das im Konzern greifende „Haftungsschott" gegenüber den Anteilsinhabern der Muttergesellschaft werde durch § 133 UmwG umgangen und eine Haftung der Anteilsinhaber für Verbindlichkeiten der Tochtergesellschaft begründet, weshalb eine vorherige Information der Anteilsinhaber notwendig sei.[123] Diese Sichtweise verkennt allerdings, dass – zumindest mittelbar – bereits eine Haftung der Anteilsinhaber für die Tochtergesellschaft gerade aufgrund der Konzernkonstellation besteht. Durch den Spaltungsvorgang erhalten die Anteilsinhaber unmittelbaren Zugriff auf Vermögenswerte der Tochtergesellschaft, der vorher ebenfalls bloß ein mittelbarer gewesen ist. Aus unmittelbarem Zugriff folgt die unmittelbare Haftung.

50 Aufgrund des eindeutigen Wortlauts des § 8 Abs. 3 Satz 1 2. Alt. UmwG sind „**downstream**"-Spaltungen von der Mutter- auf die Tochtergesellschaft von der Berichtspflicht nicht ausgenommen (→ § 9 Rn. 61).[124]

---

[117] Vgl. Widmann/Mayer/*Mayer* § 127 Rn. 66.
[118] Semler/Stengel/*Gehling* § 127 Rn. 49, mit Hinweis darauf, dass es bei Einigkeit aller Anteilsinhaber mangels folgender Wirksamkeitsklage gleichwohl zur Eintragung der Spaltung in das Handelsregister kommt.
[119] Böttcher/Habighorst/Schulte/*Fischer* § 127 Rn. 32; Semler/Stengel/*Gehling* § 127 Rn. 48; Lutter/*Schwab* § 127 Rn. 52.
[120] Böttcher/Habighorst/Schulte/*Fischer* § 127 Rn. 32; Semler/Stengel/*Gehling* § 127 Rn. 48; aA Lutter/*Schwab* § 127 Rn. 52 (Vertrag bzw. Entwurf regelmäßig Voraussetzung für Wirksamkeit).
[121] Böttcher/Habighorst/Schulte/*Fischer* § 127 Rn. 33 (Wortlaut betrifft nur Ausgliederung, Abspaltung aber auch umfasst); Semler/Stengel/*Gehling* § 127 Rn. 51 (Übertragung Vermögensteile auf Muttergesellschaft); Schmitt/Hörtnagl/Stratz/*Hörtnagl* § 127 Rn. 21 (Abspaltung und Ausgliederung); Widmann/Mayer/*Mayer* § 127 Rn. 73 (neben Abspaltung und Ausgliederung auch Aufspaltung); Kallmeyer/*Sickinger* § 127 Rn. 16 (Abspaltung und Ausgliederung); Kölner Kommentar-UmwG/*Simon* § 127 Rn. 36 (Abspaltung und Ausgliederung); Henssler/Strohn/*Wardenbach* § 127 UmwG Rn. 12 (Spaltung zur Aufnahme); aA Lutter/*Schwab* § 127 Rn. 53 (Wortlaut betrifft nur Ausgliederung).
[122] So auch Widmann/Mayer/*Mayer* § 127 Rn. 73 unter Hinweis auf die Haftungskonstellation.
[123] Lutter/*Schwab* § 127 Rn. 54.
[124] Anders Sagasser/Bula/Brünger/*Sagasser* § 18 Rn. 162, 183 (ratio legis).

VI. Mängel des Spaltungsberichts

Der Spaltungsbericht verstößt gegen § 127 UmwG, wenn er aus Sicht eines verständigen Anteilsinhabers keine geeignete Informationsgrundlage darstellt.[125] Da Sinn und Zweck des § 127 UmwG in der Vorabinformation liegt, kommt eine Heilung durch (mündliche) Nachholung fehlender Informationen in der beschließenden Anteilsinhaberversammlung nicht in Betracht.[126] Bei Kapitalgesellschaften können Berichtsmängel zur **Anfechtbarkeit** ergangener Spaltungsbeschlüsse führen, bei Personenhandelsgesellschaften zu deren **Nichtigkeit** (zu beachten ist insofern aber § 14 UmwG, der auch auf die Personenhandelsgesellschaft Anwendung findet).[127] Voraussetzung für eine Anfechtbarkeit ist die hinreichende Relevanz des Mangels für die Beschlussfassung: Die Rechtsprechung des BGH stellt dabei tendenziell geringe Anforderungen an das Vorliegen der Relevanz bei Informationsmängeln und sieht diese bereits als gegeben an, wenn zur Beurteilung des Beschlussgegenstandes „erforderliche" Information vorenthalten und dadurch Teilnahme- und Mitwirkungsrechte des Anteilsinhabers verletzt wurden.[128]

51

Soweit im Bericht fehlende Informationen in anderen der beschlussfassenden Versammlung vorzulegenden Unterlagen enthalten waren, kann die Fehlerhaftigkeit des Berichts nicht gerügt werden.[129] Eine fehlende Einsichtnahme durch die Anteilsinhaber schließt eine Anfechtbarkeit wiederum nicht aus.[130]

52

Im Übrigen sind die Grundsätze zum fehlerhaften Verschmelzungsbericht heranzuziehen[131] (→ § 9 Rn. 63 ff.). Zu beachten ist ferner die strafrechtliche Relevanz unrichtiger Angaben nach § 313 Abs. 1 Nr. 1 UmwG.[132]

53

§ 24 Spaltungsprüfung

Übersicht

	Rdnr.		Rdnr.
I. Zweck der Spaltungsprüfung	1, 2	b) Befugnisse des Gerichts	18–20
II. Anwendbare Bestimmungen	3–7	c) Verfahren	21–23
1. Verweis auf die Bestimmungen zur Verschmelzung	3	d) Fehlerhafte Bestellung	24, 25
		2. Stellung und Verantwortlichkeit	26–36
2. Rechtsformspezifische Bestimmungen	4–7	a) Auswahl des Spaltungsprüfers	26–32
		aa) Auswahlvoraussetzungen	26–28
III. Prüfung der Spaltung	8–14	bb) Allgemeine und besondere Ausschlussgründe	29–31
1. Prüfungsgegenstand und -umfang	8–11	cc) Rechtsfolgen eines Verstoßes gegen Auswahlvoraussetzungen und Ausschlussgründe	32
2. Verzicht gem. § 125 S. 1 iVm § 9 Abs. 3, § 8 Abs. 3 S. 1 1. Alt. UmwG	12	b) Auskunftsrecht	33
3. Entbehrlichkeit der Spaltungsprüfung	13, 14	c) Verantwortlichkeit	34–36
IV. Spaltungsprüfer	15–36	V. Form, Inhalt und Aufbau des Prüfungsberichts	37–39
1. Bestellung der Spaltungsprüfer	15–25		
a) Allgemeines	15–17		

---

[125] Widmann/Mayer/*Mayer* § 127 Rn. 78; Henssler/Strohn/*Wardenbach* § 127 UmwG Rn. 14.
[126] Widmann/Mayer/*Mayer* § 127 Rn. 80; Lutter/*Schwab* § 127 Rn. 56; Henssler/Strohn/*Wardenbach* § 127 UmwG Rn. 14.
[127] Widmann/Mayer/*Mayer* § 127 Rn. 75; Lutter/*Schwab* § 127 Rn. 57 f.; Henssler/Strohn/*Wardenbach* § 127 UmwG Rn. 14.
[128] BGH II ZR 250/02, BGHZ 160, 385 = AG 2005, 87; Widmann/Mayer/*Mayer* § 127 Rn. 77; Lutter/*Schwab* § 127 Rn. 57; Henssler/Strohn/*Wardenbach* § 127 UmwG Rn. 14.
[129] OLG Jena 6 W 288/08, AG 2009, 582, 583; Henssler/Strohn/*Wardenbach* § 127 UmwG Rn. 14.
[130] Widmann/Mayer/*Mayer* § 127 Rn. 82.
[131] Semler/Stengel/*Gehling* § 127 Rn. 53.
[132] Böttcher/Habighorst/Schulte/*Fischer* § 127 Rn. 36; Widmann/Mayer/*Mayer* § 127 Rn. 79.

Schrifttum: *Bayer*, 1000 Tage neues Umwandlungsrecht – eine Zwischenbilanz, ZIP 1997, 1613; *Büchel*, Neuordnung des Spruchverfahrens, NZG 2003, 793; *Drygala*, Keine inhaltlichen Anweisungen des Gerichts an von ihm bestellten sachverständigen Prüfer einer gesellschaftsrechtlichen Strukturmaßnahme, EWiR 2016, 233; *Geck*, Die Spaltung von Unternehmen nach dem neuen Umwandlungsrecht, DStR 1995, 416; *Kort*, Bedeutung und Reichweite des Bestandsschutzes von Umwandlungen, AG 2010, 230; *Leuering*, Die parallele Angemessenheitsprüfung durch den gerichtlich bestellten Prüfer, NZG 2004, 606; *Lutter/Bezzenberger*, Für eine Reform des Spruchverfahrens im Aktien- und Umwandlungsrecht, AG 2000, 433; *Thiele/König*, Die Anforderungen an die Bezeichnung der zu übertragenden Gegenstände des Aktiv- und Passivvermögens gem. § 126 I Nr. 9 UmwG, NZG 2015, 178.

I. Zweck der Spaltungsprüfung

1   **Zweck** der Spaltungsprüfung ist ausschließlich der **Schutz der Anteilsinhaber**. Seit der Reform des UmwG im Jahr 1994 gelten die Vorschriften zur Spaltungsprüfung nicht mehr ausschließlich für AG und KGaA, sondern rechtsformunabhängig. Eine Spaltungsprüfung ist damit grundsätzlich bei allen spaltungsfähigen Rechtsträgern durchzuführen.[1]

2   Die Spaltungsprüfung ist neben dem Spaltungsbericht das zweite wesentliche **Informationsinstrument für die Anteilsinhaber**. Ziel ist, den Anteilsinhabern vor ihrer Beschlussfassung alle relevanten Informationen zu Wirtschaftlichkeit und Gesetzmäßigkeit des Spaltungsvorhabens zugänglich zu machen.[2] Im Mittelpunkt der Spaltungsprüfung steht die **Kontrolle des festgelegten Anteils- und Umtauschverhältnisses** zwischen den Anteilen des übertragenden und der übernehmenden Rechtsträger. Die Bestellung eines unabhängigen Spaltungsprüfers gewährleistet eine sachverständige und neutrale Prüfung.[3] Die **Unabhängigkeit** der Spaltungsprüfung ist für die Anteilsinhaber wesentlich, da ihnen eine eigenständige Prüfung nur selten möglich sein wird. Speziell solche Tatsachen, deren Bekanntwerden geeignet sind, einem der beteiligten Rechtsträger oder einem verbundenen Unternehmen einen nicht unerheblichen Nachteil zuzufügen, können den Anteilsinhabern jedoch vorenthalten werden (§ 12 Abs. 3 iVm § 8 Abs. 2 S. 1 UmwG). Der Spaltungsprüfer hat demgegenüber umfangreiche Auskunfts- und Einsichtsrechte, um seine Prüfung auf umfassender Tatsachengrundlage durchzuführen.[4]

II. Anwendbare Bestimmungen

1. Verweis auf die Bestimmungen zur Verschmelzung

3   Über die Generalverweisung in § 125 S. 1 UmwG sind die Vorschriften zur Verschmelzungsprüfung (§§ 9–12 UmwG) grundsätzlich auch auf die Spaltungsprüfung anwendbar. Eine Ausnahme davon macht § 125 S. 2 UmwG für den Fall der Ausgliederung, da dort kein Anteilstausch stattfindet. Der Anwendungsbereich der Spaltungsprüfung beschränkt sich somit auf Aufspaltung (§ 123 Abs. 1 UmwG) und Abspaltung (§ 123 Abs. 2 UmwG). Wiederum ausgenommen ist die verhältniswahrende Spaltung zur Neugründung (§ 143 UmwG).

2. Rechtsformspezifische Bestimmungen

4   Die Durchführung der Spaltungsprüfung setzt einen **rechtsformspezifischen Prüfungsbefehl** für den betroffenen Rechtsträger voraus (§ 125 S. 1 iVm § 9 Abs. 1 UmwG). Einen solchen Prüfungsbefehl enthalten §§ 44, 45e, 48, 60, 78, 81 und 100 UmwG.[5] Das Umwandlungsrecht kennt drei Formen der Einleitung der Spaltungsprüfung: **Antragsprüfung**, **Pflichtprüfung mit Verzichtsmöglichkeit** und **Pflichtprüfung ohne Verzichtsmöglichkeit**. Bei personalistisch strukturierten Gesellschaften findet die Spaltungs-

---

[1] Lutter/*Drygala* § 9 Rn. 1; Böttcher/Habighorst/Schulte/*Böttcher* § 9 Rn. 2.
[2] Kallmeyer/*Lanfermann* § 9 Rn. 2; Schmitt/Hörtnagl/Stratz/*Stratz* § 9 Rn. 1.
[3] Schmitt/Hörtnagl/Stratz/*Stratz* Vor §§ 9 ff. Rn. 2.
[4] Semler/Stengel/*Zeidler* § 9 Rn. 2.
[5] Zum Einzelnen Widmann/Mayer/*Fronhöfer* § 125 Rn. 35 ff.

prüfung grundsätzlich als Antragsprüfung statt. § 48 UmwG regelt dies für die GmbH. Für Personenhandelsgesellschaften bedarf es hingegen keiner Antragsbefugnis; Hintergrund ist das **Einstimmigkeitserfordernis** für den Spaltungsbeschluss (→ § 25 Rn. 5), das bereits durch die „Vetomacht" des Einzelnen im Rahmen der beschlussfassenden Anteilsinhaberversammlung (§ 43 Abs. 1 UmwG) eine Spaltungsprüfung entbehrlich macht. Ist die erforderliche Beschlussmehrheit allerdings durch den Gesellschaftsvertrag abgesenkt, verpflichtet § 44 S. 1 UmwG zur Prüfung, falls ein Gesellschafter dies verlangt. Diese Vorschrift wird für die Partnerschaftsgesellschaften (§ 45e UmwG) entsprechend angewendet. Eine Spaltungsprüfung erfolgt damit nur, wenn ein Gesellschafter dies fristgerecht binnen Wochenfrist beantragt. Der Fristlauf beginnt in allen Fällen mit der gesetzmäßigen Unterrichtung der Anteilsinhaber (§§ 44 S. 1, 48 S. 1 UmwG). § 100 S. 2 UmwG enthält eine Sondervorschrift für den eingetragenen Verein, wonach eine Prüfung nur erforderlich wird, wenn mindestens 10 % der Mitglieder sie schriftlich verlangen.

Eine Pflichtprüfung mit Verzichtsmöglichkeit (§ 9 Abs. 3 iVm § 8 Abs. 3 UmwG) ist **5** nach § 60 UmwG für die AG und nach § 78 UmwG für die KGaA vorgesehen. Einzig bei Beteiligung einer eingetragenen Genossenschaft nach § 81 UmwG entfällt die Verzichtsmöglichkeit, weil eine Prüfung durch den jeweils zuständigen Prüfungsverband zwingend ist.[6]

Soweit Vorschriften des UmwG einen Prüfungsbefehl für die Spaltung vorsehen, ergibt **6** sich die Pflicht zur Prüfung einer im Rahmen des Spaltungsvorgangs vorgesehenen **Barabfindung** bereits aus § 125 S. 1 iVm § 9 Abs. 1 UmwG. § 30 Abs. 2 S. 1 UmwG legt daneben gesondert (und damit auch für die Fälle, in denen mangels Prüfungsbefehls keine Spaltungsprüfung vorgesehen ist) den Grundsatz fest, dass eine Barabfindung stets durch den Spaltungsprüfer zu prüfen ist.[7] Grund hierfür ist das gesteigerte Schutzbedürfnis des möglicherweise ausscheidenden Anteilsinhabers. Dieses zeigt sich auch darin, dass nach § 30 Abs. 2 S. 3 UmwG ein Verzicht des berechtigten Anteilsinhabers auf die Prüfung zwar möglich ist, jedoch der notariellen Beurkundung bedarf. Berechtigter Anteilsinhaber ist, wer in der beschlussfassenden Anteilsinhaberversammlung Widerspruch zu Protokoll erklärt hat.[8] Aufgrund der fehlenden Vorhersehbarkeit von Widersprüchen wird es sich im Zweifel empfehlen, bereits vorsorglich eine Spaltungsprüfung zu veranlassen.[9]

Eine Spaltungsprüfung ist ohne bestehenden Prüfungsbefehl auch auf **freiwilliger Basis** **7** auf Veranlassung der Vertretungsorgane oder Anteilsinhaber möglich.[10]

III. Prüfung der Spaltung

1. Prüfungsgegenstand und –umfang

Nach § 125 S. 1 iVm § 9 Abs. 1 UmwG ist **Prüfungsgegenstand** der Spaltungsprüfung **8** der **Spaltungsvertrag** oder sein **Entwurf**, nicht aber der Spaltungsbericht.[11] Spaltungsbericht und Spaltungsprüfung stellen vielmehr zwei **separate Schutzinstrumente** für die Anteilsinhaber dar. Deutlich wird dies auch an den unterschiedlichen Sanktionsmechanismen: Während § 11 Abs. 2 UmwG die Verantwortlichkeit des Spaltungsprüfers statuiert, sehen §§ 25 ff. UmwG die Verantwortlichkeit der zuständigen Vertretungsorgane für die Spaltung (und mithin auch den Spaltungsbericht) vor.[12] Der Spaltungsbericht wird zwar faktisch als Erkenntnisquelle für die Prüfung herangezogen, weil dort ua wesentliche

---

[6] Semler/Stengel/*Scholderer* § 81 Rn. 4.
[7] Lutter/*Drygala* § 9 Rn. 6 ff.; Kallmeyer/*Lanfermann* § 9 Rn. 7.
[8] Lutter/*Drygala* § 9 Rn. 7; Böttcher/Habighorst/Schulte/*Böttcher* § 9 Rn. 9.
[9] Lutter/*Drygala* § 9 Rn. 7; Böttcher/Habighorst/Schulte/*Böttcher* § 9 Rn. 9.
[10] Kallmeyer/*Lanfermann* § 9 Rn. 8.
[11] Widmann/Mayer/*Mayer* § 9 Rn. 18, 33; Schmitt/Hörtnagl/Stratz/*Stratz* § 9 Rn. 5; Lutter/*Drygala* § 9 Rn. 13; Kallmeyer/*Lanfermann* § 9 Rn. 11; Henssler/Strohn/*Heidinger* § 9 UmwG Rn. 5; Semler/Stengel/*Zeidler* § 9 Rn. 18 ff; Stoye-Benk/*Cutura* S. 239 Rn. 36.
[12] Schmitt/Hörtnagl/Stratz/*Stratz* § 9 Rn. 6.

Informationen über das Umtauschverhältnis der Anteile enthalten sind. Eine umfassende juristische Bewertung des Spaltungsberichts liegt jedoch außerhalb der Sachkompetenz des Spaltungsprüfers.[13] Gegen die vereinzelt gebliebene Meinung, den Spaltungsbericht ebenfalls der Spaltungsprüfung zu unterstellen,[14] spricht auch der Wille des Gesetzgebers, der § 9 Abs. 1 UmwG in Kenntnis des bereits bestehenden Streits über die Einbeziehung des Spaltungsberichts formuliert hat.[15]

9 Die Spaltungsprüfung ist **parallel** zur Erstellung des Spaltungsberichts möglich:[16] Die zum Spruchverfahrensrecht entwickelte Gegenansicht[17] findet keine Stütze im Gesetz. Aufgrund der Unabhängigkeit der Spaltungsprüfung vom Spaltungsbericht dürfte selbst eine Spaltungsprüfung vor Erstattung des Spaltungsberichts zulässig sein.[18]

10 Das Vorgehen bei **Änderungen** des Spaltungsvertrags oder des Entwurfs nach erfolgter Prüfung wird im UmwG nicht geregelt, insbesondere ist keine Nachtragsprüfung iSv § 316 Abs. 3 HGB vorgesehen. Zumindest in den Fällen eines ausdrücklichen Prüfungsbefehls wird man bei solchen nachträglichen Änderungen aber von dem Erfordernis auch ihrer Prüfung ausgehen müssen, da „der Vertrag" iSv § 9 Abs. 1 UmwG in seiner endgültigen Fassung nicht geprüft wurde. Eine weitere Spaltungsprüfung ist zudem notwendig, wenn der Spaltungsvertrag inhaltlich abweichend vom geprüften Entwurf abgeschlossen wird;[19] dies hindert den Spaltungsprüfer allerdings nicht, auf den weiterhin richtigen Teilen seines Prüfungsergebnisses aufzusetzen und ggf. erforderliche Änderungen ausschließlich in den abweichenden Teilen vorzunehmen.

11 Der Spaltungsprüfer ist ausschließlich für die Überprüfung der Rechtmäßigkeit des Spaltungsvorgangs zuständig.[20] Inhaltlich überprüft er dabei, ob insbesondere die **Mindestangaben** nach § 126 UmwG im Spaltungsvertrag enthalten und korrekt sind.[21] Eine **Zweckmäßigkeitskontrolle** aus wirtschaftlicher und geschäftspolitischer Sicht obliegt allein den Anteilsinhabern, die insoweit auf die im Spaltungsbericht enthaltenen Ausführungen zur Zweckmäßigkeit des Spaltungsvorhabens zurückgreifen können. Eine objektive Zweckmäßigkeitsprüfung durch den Spaltungsprüfer muss schon daran scheitern, dass es sich bei Zweckmäßigkeitserwägungen um individuelle Umstände handelt, die jeden Anteilsinhaber unterschiedlich betreffen und deshalb individuell beurteilt werden müssen.[22] Kern der Spaltungsprüfung ist – wie sich aus § 125 S. 1 iVm § 12 Abs. 2 UmwG ergibt –, das vorgeschlagene Umtauschverhältnis der Anteile von übertragendem und übernehmendem Rechtsträger sowie ggf. die Höhe der baren Zuzahlung oder die Mitgliedschaft bei den übernehmenden Rechtsträgern auf ihre Angemessenheit zu untersuchen. Der Spaltungsprüfer nimmt keine neue Bewertung vor, sondern überprüft ausschließlich die Plausibilität der bereits erfolgten Prüfung anhand der vorgelegten Materialien. Prüfungsmaßstab ist die Vertretbarkeit der angewandten Methoden der Unternehmensbewertung sowie der getroffenen Prognose- und Wertentscheidungen unter Beachtung des bestehenden Bewertungsspielraums.[23]

---

[13] Lutter/*Drygala* § 9 Rn. 13.
[14] *Bayer* ZIP 1997, 1613, 1621.
[15] Widmann/Mayer/*Mayer* § 9 Rn. 18.
[16] Zur Zulässigkeit der Parallelprüfung beim Squeeze-Out BGH II ZR 225/04, NZG 2006, 905, 906; OLG Köln 18 U 48/04, NZG 2005, 931, 933; OLG Stuttgart 20 W 6/03, NZG 2004, 146, 148; Böttcher/Habighorst/Schulte/*Böttcher* § 9 Rn. 14; *Leuering* NZG 2004, 606, 608.
[17] Zum Spruchverfahren *Büchel* NZG 2003, 793, 801; ebenfalls kritisch zur Rolle des Prüfers Lutter/ *Bezzenberger* AG 2000, 433, 439.
[18] So auch Kallmeyer/*Lanfermann* § 9 Rn. 11; Lutter/*Drygala* § 9 Rn. 15; Semler/Stengel/*Zeidler* § 9 Rn. 22.
[19] Kallmeyer/*Lanfermann* § 9 Rn. 16; Semler/Stengel/*Zeidler* § 9 Rn. 24.
[20] Widmann/Mayer/*Mayer* § 9 Rn. 22; Schmitt/Hörtnagl/Stratz/*Stratz* § 9 Rn. 7.
[21] Zu den Anforderungen aus § 126 Abs. 1 Nr. 9 UmwG *Thiele/König* NZG 2015, 178.
[22] Lutter/*Drygala* § 9 Rn. 10; Böttcher/Habighorst/Schulte/*Böttcher* § 9 Rn. 18.
[23] Lutter/*Drygala* § 9 Rn. 11; Böttcher/Habighorst/Schulte/*Böttcher* § 9 Rn. 17.

2. Verzicht gem. § 125 S. 1 iVm § 9 Abs. 3, § 8 Abs. 3 S. 1 1. Alt. UmwG

Nach § 125 S. 1 iVm §§ 9 Abs. 3, 8 Abs. 3 S. 1 Alt. 1 UmwG kann auf die Spaltungsprüfung durch Erklärung aller Anteilsinhaber **verzichtet** werden. Der durch Gesetz gewährte Schutz der Anteilsinhaber ist insoweit abdingbar.[24] Ein ausreichendes Schutzniveau wird trotz des in der Praxis häufig vorkommenden Verzichts durch das Erfordernis der **notariellen Beurkundung** desselben gewahrt (§ 8 Abs. 3 S. 2 UmwG, § 17 BeurkG).[25]

3. Entbehrlichkeit der Spaltungsprüfung

Bei **Ausgliederungen** entfällt die Spaltungsprüfung bereits von Gesetzes wegen (§ 125 S. 2 UmwG), weil kein Anteilstausch stattfindet. Das Leitungsorgan des ausgliedernden Rechtsträgers hat allerdings im Rahmen seiner Sorgfaltspflicht auf die Angemessenheit der Gegenleistung für die übergehenden Werte zu achten.[26]

Bislang gerichtlich nicht geklärt ist, ob bei **konzerninternen Spaltungen** vergleichbar der von § 9 Abs. 2 UmwG geregelten Konstellation eine Spaltungsprüfung entbehrlich ist. Dagegen spricht grundsätzlich der Ausschluss von § 9 Abs. 2 UmwG durch § 125 S. 1 UmwG. Nach § 9 Abs. 2 UmwG findet bei einer Verschmelzung von Tochter- auf Muttergesellschaft (Upstream merger) keine Verschmelzungsprüfung statt, da keine schutzwürdigen außenstehenden Anteilsinhaber vorhanden sind und keine Anteilsgewährung stattfindet.[27] Diese Möglichkeit für die Spaltung nicht zu gewähren scheint aber wenig nachvollziehbar und eine entsprechende Anwendung im Rahmen der Spaltung sinnvoll.[28] Bei einer konzerninternen Spaltungskonstellation wäre eine Anteilsgewährung als unzulässige Kapitalerhöhung bei der Mutter wegen § 125 S. 1 iVm § 54 Abs. 1 S. 1 Nr. 1 UmwG (GmbH) bzw. iVm § 68 Abs. 1 S. 1 Nr. 1 UmwG (AG) ausgeschlossen. Um die Unwirksamkeit der Spaltung zu verhindern, bedürfte es in diesen Fällen eines Verzichts auf die Verpflichtung zur Anteilsgewährung, sodass kein Anteilstausch stattfindet. Eine Spaltungsprüfung, deren Hauptzweck in der Prüfung des Umtauschverhältnisses liegt, wäre damit überflüssig.[29] Folgte man dagegen grundsätzlich dem Gesetzeswortlaut, so fällt auf, dass § 8 Abs. 3 S. 1 Alt 2. UmwG *de lege lata* eine dem § 9 Abs. 2 UmwG gleichlautende Ausnahme von der Spaltungsprüfung ermöglicht. Man wird dann wohl entweder § 9 Abs. 3 UmwG nur als Verweis auf § 8 Abs. 3 S. 1 Alt. 1 UmwG verstehen oder den Ausschluss aus § 125 S. 1 UmwG auch auf § 8 Abs. 3 S. 1 Alt. 2 UmwG erstrecken müssen.[30] Festzuhalten bleibt vor diesem unklaren Hintergrund, dass die für die Praxis einzig **rechtssichere Variante** der Verzicht auf eine Spaltungsprüfung nach § 125 S. 1 iVm § 9 Abs. 3, § 8 Abs. 3 S. 1 Alt. 1 UmwG sein dürfte. Angesichts der Konzernkonstellation hält sich der dafür notwendige Beurkundungsaufwand in Grenzen.

IV. Spaltungsprüfer

1. Bestellung der Spaltungsprüfer

a) Allgemeines. Der Spaltungsprüfer wird nach § 125 S. 1 iVm § 10 Abs. 1 S. 1 UmwG auf **Antrag des Vertretungsorgans** vom Gericht ausgewählt und bestellt. Die

---

[24] Lutter/*Drygala* § 9 Rn. 4.
[25] Schmitt/Hörtnagl/Stratz/*Stratz* § 9 Rn. 12 ff.
[26] RegEBegr. BR-Drs. 75/94, S. 117.
[27] Widmann/Mayer/*Mayer* § 9 Rn. 35; Lutter/*Drygala* § 9 Rn. 17.
[28] Sagasser/Bula/Brünger/*Sagasser* § 18 Rn. 164; Widmann/Mayer/*Fronhöfer* § 125 Rn. 45; Widmann/Mayer/*Mayer* § 9 Rn. 7; Schmitt/Hörtnagl/Stratz/*Hörtnagl* § 125 Rn. 13 f; für Verzichtsmöglichkeit Kallmeyer/*Sickinger* § 125 Rn. 9; aA *Geck* DStR 1995, 416, 418.
[29] Widmann/Mayer/*Fronhöfer* § 125 Rn. 44 ff.; Schmitt/Hörtnagl/Stratz/*Hörtnagl* § 125 Rn. 13 f.
[30] Schmitt/Hörtnagl/Stratz/*Hörtnagl* § 125 Rn. 14.

gerichtliche Bestellung soll eine Parteinähe der Prüfer verhindern und die Akzeptanz der Prüfungsergebnisse durch die Anteilsinhaber stärken.[31]

16 Die ausschließliche Zuständigkeit liegt nach § 125 S. 1 iVm § 10 Abs. 2 S. 1 UmwG und § 71 Abs. 2 Nr. 4 lit. d GVG beim Landgericht, in dessen Bezirk der übertragende Rechtsträger seinen Sitz hat. **Funktional** entscheidet nach § 10 Abs. 2 S. 2 UmwG für den Fall einer eingerichteten **Kammer für Handelssachen** deren Vorsitzender anstelle der Kammer. Ein ausdrücklicher Antrag auf Befassung der KfH durch das Vertretungsorgan entsprechend § 96 Abs. 1 GVG ist aufgrund der gesetzlichen Zuweisung unnötig.[32] Über § 71 Abs. 2 Nr. 4 lit. d iVm Abs. 4 GVG kann die Zuständigkeit durch Rechtsverordnung auf einzelne Landgerichte **konzentriert** werden.[33] Die Zuständigkeit für die **Beschwerde** gegen eine gerichtliche Entscheidung nach § 10 Abs. 1 UmwG kann nach § 10 Abs. 5 UmwG von der jeweiligen Landesregierung durch Rechtsverordnung für mehrere Bezirke auf ein Oberlandesgericht konzentriert werden.[34]

17 In der Praxis empfiehlt es sich, dem Gericht eine Auswahl von mehreren Spaltungsprüfern vorzuschlagen. Zwar trifft das Gericht die Entscheidung nach freiem Ermessen,[35] regelmäßig wird es aber (sofern kein Ausschlussgrund zulasten der vorgeschlagenen Person vorliegt, § 11 Abs. 1 UmwG iVm § 319 HGB) eine der auf der Liste enthaltenen Personen bzw. Gesellschaften als Spaltungsprüfer auswählen.[36] Nach § 10 Abs. 1 S. 2 UmwG können auf gemeinsamen Antrag der Vertretungsorgane auch **gemeinsame Spaltungsprüfer** für mehrere oder alle beteiligten Rechtsträger bestellt werden. Gegen die Entscheidung des Gerichts, dem Antrag auf gemeinsame Bestellung nicht zu folgen, können die Rechtsträger allerdings nicht im Wege der Beschwerde nach § 10 Abs. 4 UmwG vorgehen.[37]

18 **b) Befugnisse des Gerichts.** Schon aus dem engen Wortlaut von § 10 Abs. 1 S. 1 UmwG ergibt sich, dass die Aufgabe des Gerichts auf die **Auswahl** und den **Bestellungsakt** als solchen beschränkt ist.[38] Es hat keine Befugnis, auf die inhaltliche Arbeit des Spaltungsprüfers – etwa durch spezifische Weisungen im Rahmen des Bestellungsbeschlusses – Einfluss zu nehmen. Inhaltliche Weisungen wären vielmehr der Neutralität des Spaltungsprüfers abträglich.[39] Zwar berufen sich die Gerichte in der Praxis auf positive Auswirkungen hinsichtlich Effektivität und Schnelligkeit späterer Spruchverfahren durch detaillierte Vorgaben für den Prüfungsbericht. Diese Praxis ist jedoch nicht mit der Gesetzessystematik vereinbar: Der Gesetzgeber hat die Kompetenzen des Gerichts abschließend geregelt. Neben der formellen Auswahl und Bestellung obliegt dem Gericht nach § 10 Abs. 1 S. 3 UmwG iVm § 318 Abs. 5 HGB nur die Festsetzung einer angemessenen Vergütung und eines angemessenen Auslagenersatzes.[40] Es handelt sich beim Spaltungsprüfer gerade nicht um einen gerichtlich bestellten Sachverständigen, dem das Gericht nach

---

[31] Henssler/Strohn/*Heidinger* § 10 UmwG Rn. 3; Böttcher/Habighorst/Schulte/*Böttcher* § 10 Rn. 2.

[32] Böttcher/Habighorst/Schulte/*Böttcher* § 10 Rn. 6.

[33] Auflistung erfolgter Zuständigkeitskonzentrationen bei Böttcher/Habighorst/Schulte/*Böttcher* § 10 Rn. 7.

[34] So etwa geschehen in NRW durch § 2 iVm. § 1 Nr. 2 Konzentrationsverordnung NRW.

[35] Widmann/Mayer/*Fronhöfer* § 10 Rn. 2.1, 11.5; Semler/Stengel/*Zeidler* § 10 Rn. 8; Kallmeyer/*Lanfermann* § 10 Rn. 13, 16.

[36] Zur dennoch bestehenden Unabhängigkeit eines vorgeschlagenen Prüfers OLG Hamm 8 W 6/05, AG 2005, 361.

[37] Schmitt/Hörtnagl/Stratz/*Stratz* § 10 Rn. 10.

[38] Maulbetsch/Klumpp/Rose/*Maulbetsch* § 10 Rn. 5; Lutter/*Drygala* § 10 Rn. 13; Kallmeyer/*Lanfermann* § 10 Rn. 15; Semler/Stengel/*Zeidler* § 10 Rn. 4; OLG Düsseldorf I-26 W 13/15, NZG 2016, 151 [Rn. 17].

[39] OLG Düsseldorf I-26 W 13/15, NZG 2016, 151 f. [Rn. 18].

[40] OLG Düsseldorf I-26 W 13/15, NZG 2016, 151, 152 [Rn. 19].

§ 404a Abs. 1 ZPO Weisungen erteilen kann. Es besteht vielmehr ein werkvertragsähnliches gesetzliches Schuldverhältnis zwischen Prüfer und Rechtsträger(n).[41]

Unzulässige Weisungen sind allerdings von **bloßen Hinweisen** an die Spaltungsprüfer zu unterscheiden. Dabei handelt es sich um allgemeine oder klarstellende Anregungen des Gerichts, die zur Effizienz eines sich ggf. anschließenden Spruchverfahrens beitragen ohne den gerichtlichen Kompetenzrahmen zu überschreiten.[42] Als bloßen Hinweis an den Spaltungsprüfer lässt sich bspw. die gerichtliche Anmerkung verstehen, Ort, Zeitraum, Art und Weise der Prüfung sowie Details zu den Bewertungsparametern und Bewertungsmethoden im Prüfungsbericht anzugeben.[43] 19

Erteilt das Gericht **unzulässige Weisungen** an den Spaltungsprüfer, muss für den betroffenen Rechtsträger die Möglichkeit bestehen, im Wege der Beschwerde nach § 10 Abs. 4 UmwG **ausschließlich die Weisungen anzugreifen**, die Bestellung des Spaltungsprüfers dagegen unangetastet zu lassen. Die Weisungen bilden einen eigenständigen Gegenstand gerichtlicher Entscheidung, weshalb sie auch isoliert angegriffen werden können.[44] 20

c) **Verfahren.** Auf die Bestellung des Spaltungsprüfers als **nicht streitiges Antragsverfahren** sind nach §§ 125 S. 1, 10 Abs. 3 UmwG die §§ 1 bis 85 FamFG anzuwenden, sofern sich aus § 10 Abs. 4 und 5 UmwG nichts Abweichendes ergibt. Dies betrifft ua die örtliche Zuständigkeit nach §§ 2, 5 FamFG, die Ablehnung und Ausschließung von Richtern nach § 6 FamFG und die Form der Antragstellung nach §§ 23, 25 FamFG.[45] 21

Mangels Anwaltszwangs[46] kann der **Antrag** auf Bestellung eines Spaltungsprüfers nach § 25 Abs. 1 FamFG schriftlich oder zur Niederschrift der Geschäftsstelle abgegeben werden. Zu beachten ist, dass „schriftlich" im Zusammenhang mit verfahrenseinleitenden Anträgen nicht zwingend (wenn auch aus Sicherheitsgründen empfehlenswert) eine handschriftliche Unterzeichnung des Antrags voraussetzt; ausreichend ist es, wenn der Aussteller identifizierbar ist.[47] **Antragsberechtigt** sind die jeweiligen Vertretungsorgane der beteiligten Rechtsträger. Ausreichend ist Handeln in vertretungsberechtigter Zahl,[48] somit auch unter Einbeziehung von Prokuristen bei unechter Gesamtvertretung. Der Antrag „soll" nach § 23 Abs. 1 Satz 1 FamFG begründet werden; in der Praxis ist dringend zu einer Begründung zu raten, schon um eine Verfahrensverzögerung zu vermeiden. Zusätzlich zur Sachverhaltsschilderung sollten – soweit verfügbar – weitere Unterlagen vorgelegt werden, wie etwa bei Antragsprüfung oder freiwilliger Spaltungsprüfung das Prüfungsverlangen der Anteilsinhaber.[49] Eine **Antragsfrist** ist gesetzlich nicht normiert, mittelbar gibt jedoch die Acht-Monats-Frist aus § 17 Abs. 2 S. 4 UmwG einen Zeitrahmen vor.[50] 22

Der auf den Antrag ergehende **Bestellungsbeschluss** ist unanfechtbar und bedarf deshalb keiner Begründung – selbst wenn ein anderer als die vorgeschlagenen Prüfer bestellt wird.[51] 23

d) **Fehlerhafte Bestellung.** Wird ein Spaltungsprüfer auf „Bestellung" einer der beteiligten Rechtsträger und nicht des Gerichts tätig, ist der Spaltungsprüfer **fehlerhaft bestellt**. Folge des Bestellungsmangels ist, dass die dennoch durchgeführte Spaltungsprüfung formal 24

---

[41] Lutter/*Drygala* § 10 Rn. 14; Schmitt/Hörtnagl/Stratz/*Stratz* § 10 Rn. 34; Widmann/Mayer/*Fronhöfer* § 10 Rn. 16.2; Kallmeyer/*Lanfermann* § 10 Rn. 19 spricht von einem kraft Gesetzes entstehenden Schuldverhältnis mit dem Inhalt eines Prüfungsvertrages.
[42] *Drygala* EWiR 2016, 233, 234.
[43] OLG Düsseldorf I-26 W 13/15, NZG 2016, 151, 152 [Rn. 21].
[44] OLG Düsseldorf I-26 W 13/15, BeckRS 2015, 19042[Rn. 21].
[45] Ausführlich Schmitt/Hörtnagl/Stratz/*Stratz* § 10 Rn. 14 ff.
[46] Widmann/Mayer/*Fronhöfer* § 10 Rn. 11.2.
[47] Keidel/*Sternal* § 25 Rn. 11, 12.
[48] Schmitt/Hörtnagl/*Stratz* § 10 Rn. 18.
[49] Schmitt/Hörtnagl/*Stratz* § 10 Rn. 19; vgl. auch Widmann/Mayer/*Fronhöfer* § 10 Rn. 11.3 f.
[50] Schmitt/Hörtnagl/*Stratz* § 10 Rn. 20.
[51] Lutter/*Drygala* § 10 Rn. 11.

nicht ordnungsgemäß erfolgen kann. Offenbart sich der Mangel noch vor Fassung des Spaltungsbeschlusses, kann er durch eine dann ordnungsgemäße gerichtliche Bestellung des Spaltungsprüfers geheilt werden, falls das Gericht den bereits tätig gewordenen Prüfer zum Spaltungsprüfer bestellt.[52] Zwingend ist dies angesichts des gerichtlichen Auswahlermessens allerdings nicht. Ist die bislang tätig gewordene Person als Spaltungsprüfer ungeeignet, scheitert die Heilung, weil zwangsläufig ein neuer Spaltungsprüfer bestellt werden muss. Nach Fassung des Spaltungsbeschlusses ist eine Heilung durch Nachholung dagegen ausgeschlossen, weil nicht auszuschließen ist, dass die Anteilsinhaber bei Kenntnis des Mangels anders abgestimmt hätten.[53]

25 Trägt das Registergericht die Spaltung trotz fehlerhafter Bestellung des Spaltungsprüfers beim übernehmenden Rechtsträger ein, beeinträchtigt die fehlerhafte Bestellung die Wirksamkeit der Spaltung nicht mehr (§ 131 Abs. 2 UmwG) – unabhängig von Art und Schwere des Fehlers.[54] Erkennt das Registergericht allerdings die fehlerhafte Bestellung vor Eintragung, hat es die nicht ordnungsgemäß durchgeführte Spaltungsprüfung zu beanstanden und darf die Spaltung nicht nach § 130 UmwG in das Handelsregister eintragen.[55]

2. Stellung und Verantwortlichkeit

26 **a) Auswahl des Spaltungsprüfers. aa) Auswahlvoraussetzungen.** Die Auswahl möglicher Spaltungsprüfer wird über §§ 125 S. 1, 11 Abs. 1 S. 1 UmwG iVm § 319 Abs. 1 HGB **je nach Größe der beteiligten Rechtsträger** begrenzt. Nach § 11 Abs. 1 S. 3 UmwG finden die aus dem Bilanzrecht bekannten Größenklassen (§ 267 HGB – kleine, mittelgroße und große Kapitalgesellschaften) Anwendung, die an bestimmte Kennzahlen (Bilanzsumme, Umsatzerlöse und Arbeitnehmerzahl) anknüpfen. Ist ein beteiligter Rechtsträger kapitalmarktorientiert (§ 264d HGB), gilt er – unabhängig von den Kennzahlen – nach § 267 Abs. 3 S. 2 HGB als große Kapitalgesellschaft. Je nach Klassifizierung des jeweils beteiligten Rechtsträgers können grundsätzlich Wirtschaftsprüfer und Wirtschaftsprüfungsgesellschaften, ausnahmsweise auch vereidigte Buchprüfer oder Buchprüfungsgesellschaften, als Spaltungsprüfer bestellt werden. Über § 11 Abs. 1 S. 2 UmwG finden die Vorschriften auch auf solche Rechtsträger Anwendung, die nicht der eigentlich vom HGB vorausgesetzten Pflicht zur Jahresabschlussprüfung unterliegen.

27 Weitere Auswahlvoraussetzung ist eine Eintragung des Prüfers in das Berufsregister nach § 38 WPO (§ 319 Abs. 1 S. 3 HGB). Die Eintragung ersetzt seit dem 17.6.2016 das Beibringen einer Bescheinigung über die Teilnahme des Prüfers an einer Qualitätskontrolle nach § 57a WPO.

28 Für eingetragene Genossenschaften gilt § 81 UmwG als Spezialvorschrift: Angesichts der Pflichtmitgliedschaft der Genossenschaft im jeweils regional zuständigen Prüfungsverband erstellt dieser aufgrund seiner Sachnähe ein sog. „Prüfungsgutachten".[56] Inhaltlicher Schwerpunkt des Gutachtens ist die Frage, ob die Spaltung mit den Belangen der Mitglieder und der Gläubiger der Genossenschaft vereinbar ist (§ 81 Abs. 1 S. 1 UmwG).

29 **bb) Allgemeine und besondere Ausschlussgründe.** Der Bestellung als Spaltungsprüfer können sowohl **allgemeine** (§§ 319 Abs. 2 bis 4, 319b Abs. 1 HGB) als auch **besondere** (§ 319a Abs. 1 HGB) **Ausschlussgründe** entgegenstehen, die das Gericht von Amts wegen berücksichtigt. Während die allgemeinen Ausschlussgründe für jeden Spaltungsvorgang gelten, gelten die besonderen Ausschlussgründe ausschließlich für Spaltungs-

---

[52] Lutter/*Drygala* § 10 Rn. 16; Henssler/Strohn/*Heidinger* § 10 UmwG Rn. 6; Kallmeyer/*Lanfermann* § 10 Rn. 23; Maulbetsch/Klumpp/Rose/*Maulbetsch* § 10 Rn. 11.

[53] Lutter/*Drygala* § 10 Rn. 16.

[54] BGH III ZR 283/05, NJW 2007, 224, 226; OLG Hamburg 11 U 277/05, RNotZ 2008, 37, 40; *Kort* AG 2010, 230, 231.

[55] Lutter/*Drygala* § 10 Rn. 15; Kallmeyer/*Lanfermann*, § 10 Rn. 23; aA Maulbetsch/Klumpp/Rose/*Maulbetsch* § 10 Rn. 9 f., wonach allein die Anteilseigner die Fehlerhaftigkeit geltend machen können und das Registergericht an deren Entscheidung gebunden ist.

[56] Semler/Stengel/*Scholderer* § 81 Rn. 1.

vorgänge, an denen kapitalmarktorientierte Rechtsträger (§ 264d HGB) beteiligt sind. Bei der Bestellung eines gemeinsamen Spaltungsprüfers gelten die jeweils strengsten Ausschlussgründe;[57] die weiteren Rechtsträger werden über die gemeinsame Spaltungsprüfung somit mittelbar von diesen Ausschlussgründen erfasst.

Allgemeine Ausschlussgründe sind die Besorgnis der Befangenheit (§ 319 Abs. 2 HGB) sowie näher aufgelistete gegenteilige Interessen der zu bestellenden Person, einer mit ihr beruflich verbundenen Person oder des Ehepartners der zu bestellenden Person (§ 319 Abs. 3 HGB). § 319 Abs. 4 HGB erstreckt diese Ausschlüsse unter bestimmten Voraussetzungen auf die hinter der Person stehende Gesellschaft. Der als Teil des BilMoG im Jahr 2009 neu aufgenommene § 319b HGB erweitert die Ausschlussgründe auf Personen, die über ein Netzwerk (dazu § 319b Abs. 1 S. 3 HGB) miteinander verbunden sind. Anhaltspunkte für ein Netzwerk sind etwa Gewinn- und Kostenteilung, gemeinsames Eigentum, gemeinsame Kontrolle oder gemeinsame Geschäftsführung.[58] Trotz Beteiligung am Netzwerk kann zum Spaltungsprüfer bestellt werden, wer nachweisen kann, dass das grundsätzlich ausgeschlossene Netzwerkmitglied keinen Einfluss auf das Ergebnis der Spaltungsprüfung nehmen kann (§ 319b Abs. 1 S. 1 Hs. 2 HGB).

Für kapitalmarktorientierte Unternehmen iSv § 264d HGB gelten zusätzlich die **besonderen Ausschlussgründe** entsprechend § 319a HGB. Als Spaltungsprüfer ist danach ausgeschlossen, wer in einem bestimmten Zeitraum Rechts- oder Steuerberatungsleistungen in näher bezeichnetem Umfang erbracht hat (Abs. 1 Nr. 2) oder Bewertungsleistungen in näher bezeichnetem Umfang erbracht hat (Abs. 1 Nr. 3). Über § 319a Abs. 1 S. 2 bis 4 HGB werden die Ausschlussgründe in bestimmten Fällen auf weitere Personen erstreckt. Anders als bei § 319b HGB werden die Ausschlussgründe bei § 319a HGB unwiderleglich vermutet.[59]

cc) **Rechtsfolgen eines Verstoßes gegen Auswahlvoraussetzungen und Ausschlussgründe.** Die **Rechtsfolgen** unterscheiden sich danach, ob gegen eine Auswahlvoraussetzung nach § 319 Abs. 1 HGB oder einen der in den §§ 319 Abs. 2 bis 4, 319a, 319b HGB geregelten Ausschlussgründe verstoßen wurde. Ein Verstoß gegen die Auswahlvoraussetzungen führt zur **Nichtigkeit** des gerichtlichen Bestellungsaktes und damit auch zur Nichtigkeit der Spaltungsprüfung.[60] Das Registergericht ist berechtigt, den Eintragungsantrag hinsichtlich des Spaltungsvorgangs zurückzuweisen. Ein Verstoß gegen einen der Ausschlussgründe führt dagegen nicht zur Nichtigkeit, sondern zur **Anfechtbarkeit** eines auf Grundlage der Spaltungsprüfung gefassten Spaltungsbeschlusses nach (AG) bzw. entsprechend (GmbH) § 243 Abs. 1 AktG. Trägt das Registergericht die Spaltung beim übernehmenden Rechtsträger ein, greift – unabhängig davon, ob ein Verstoß gegen die Auswahlvoraussetzungen oder einen der Ausschlussgründe vorliegt – § 131 Abs. 2 UmwG mit der Folge, dass die Spaltung wirksam ist.

b) **Auskunftsrecht.** Dem Spaltungsprüfer steht nach § 125 S. 1 iVm § 11 Abs. 1 S. 4 UmwG ein Auskunftsrecht gegenüber **allen an der Spaltung beteiligten Rechtsträgern** und – ein faktisches oder vertragliches Konzernverhältnis vorausgesetzt[61] – auch gegenüber herrschenden und abhängigen Unternehmen **innerhalb des Konzerns** zu. Somit sind alle an der Spaltung beteiligten Rechtsträger sowie mit diesen verbundene Unternehmen iSv § 15 AktG zur Auskunft verpflichtet.[62] Das Auskunftsrecht umfasst nach § 320 Abs. 1 S. 2 und Abs. 2 S. 1 und 2 HGB die Einsicht in alle die Spaltung betreffenden Unterlagen sowie umfassende Aufklärung und Nachweise durch die Vertretungsorgane. Das Auskunftsrecht wird jedoch dadurch begrenzt, dass die Auskunft für die sorgfältige Spaltungsprüfung

---

[57] Lutter/*Drygala* § 11 Rn. 4.
[58] Lutter/*Drygala* § 11 Rn. 4.
[59] Baumbach/Hopt/*Hopt/Merkt* § 319a Rn. 1.
[60] Widmann/Mayer/*Mayer* § 11 Rn. 22.
[61] Lutter/*Drygala* § 11 Rn. 6; Semler/Stengel/*Zeidler* § 11 Rn. 12.
[62] Maulbetsch/Klumpp/Rose/*Maulbetsch* § 11 Rn. 18.

zweckmäßig sein muss.[63] Um sich der Vollständigkeit seiner Informationsgrundlage zu vergewissern, wird sich der Spaltungsprüfer in der Praxis regelmäßig von den Vertretungsorganen eine Vollständigkeitserklärung ausstellen lassen.[64]

34 c) **Verantwortlichkeit.** Der Spaltungsprüfer, seine Gehilfen sowie an der Prüfung mitwirkende gesetzliche Vertreter einer Prüfungsgesellschaft **haften** entsprechend § 323 HGB (§ 11 Abs. 2 S. 1 UmwG). Wer Spaltungsprüfer ist, bestimmt sich nach der gerichtlichen Bestellung. Ist anstelle einer natürlichen Person eine Prüfungsgesellschaft bestellt, haftet die Gesellschaft; im Fall einer Sozietät ihre Sozien, die die Qualifikation als Spaltungsprüfer erfüllen.[65] Gehilfen sind solche, die qualifizierte Mitarbeit bei der Prüfung leisten, selber jedoch keine Qualifikation als Wirtschaftsprüfer oder vereidigter Buchprüfer aufweisen müssen.[66] Ist eine Prüfungsgesellschaft beauftragt, zählen auch die gesetzlichen Vertreter zu den haftenden Personen, wenn sie an der Prüfung mitgewirkt haben; ausreichend für eine „Mitwirkung" ist bspw. auch eine rein beaufsichtigende Funktion ohne unmittelbare Tätigkeit am Prüfungsvorgang.[67]

35 Die Haftung des Spaltungsprüfers besteht aufgrund der Spezialregelung in § 11 Abs. 2 S. 2 UmwG nur gegenüber den an der Spaltung beteiligten Rechtsträgern und deren Anteilsinhabern. Die Vorschrift überlagert die in § 323 Abs. 1 S. 3 HGB vorgesehene Haftung gegenüber verbundenen Unternehmen.[68]

36 Die Prüfer sind zur **gewissenhaften** und **unparteiischen Prüfung** sowie zur Verschwiegenheit verpflichtet und dürfen nicht unbefugt Geschäfts- und Betriebsgeheimnisse verwerten. Weitere Pflichten ergeben sich aus den Berufsgrundsätzen der Wirtschaftsprüferordnung, z.B. der Grundsatz der Unbefangenheit aus § 49 WPO.[69] Zusätzlich sind die relevanten – rechtlich allerdings nicht bindenden – Standards wie etwa die „Grundsätze zur Durchführung von Unternehmensbewertungen" des IDW zu beachten.[70] Wird gegen eine dieser Pflichten nicht nur fahrlässig, sondern vorsätzlich verstoßen, drohen zusätzlich zu einem Schadensersatzanspruch auch strafrechtliche Konsequenzen nach §§ 314, 315 UmwG. Nur für den Fall fahrlässiger Pflichtverletzung gilt eine Haftungshöchstsumme von EUR 1 Million (§ 323 Abs. 2 S. 1 HGB); handelt es sich bei dem geschädigten Rechtsträger um eine AG, deren Aktien zum Handel im regulierten Markt zugelassen sind, erhöht sich die Haftungssumme auf EUR 4 Millionen (§ 323 Abs. 2 S. 2 HGB). Gibt es mehrere Schuldner, haften sie den geschädigten Rechtsträgern als Gesamtschuldner.[71] Dies gilt auch für den Fall mehrerer Spaltungsprüfer, die nach § 10 Abs. 1 S. 2 UmwG zur gemeinsamen Prüfung bestellt worden sind.[72]

V. Form, Inhalt und Aufbau des Prüfungsberichts

37 Aus § 125 S. 1 iVm § 12 Abs. 1 S. 1 UmwG ergibt sich für den Spaltungsprüfer die Pflicht, über das Ergebnis der Spaltungsprüfung **schriftlich** zu berichten. Die Spaltungsprüfer können sich gem. § 12 Abs. 1 S. 2 UmwG nach freiem Ermessen auch für eine gemeinsame Erstattung des Prüfungsberichts entscheiden, was auch der regelmäßigen Praxis entspricht.

---

[63] Widmann/Mayer/*Mayer* § 11 Rn. 26.
[64] Semler/Stengel/*Zeidler* § 11 Rn. 10; Maulbetsch/Klumpp/Rose/*Maulbetsch* § 11 Rn. 17.
[65] Kallmeyer/*Lanfermann* § 11 Rn. 14.
[66] Kallmeyer/*Lanfermann* § 11 Rn. 14.
[67] Kallmeyer/*Lanfermann* § 11 Rn. 14.
[68] Widmann/Mayer/*Mayer* § 11 Rn. 33; Lutter/*Drygala* § 11 Rn. 8; Semler/Stengel/*Zeidler* § 11 Rn. 16; Henssler/Strohn/*Heidinger* § 11 UmwG Rn. 12; Maulbetsch/Klumpp/Rose/*Maulbetsch* § 11 Rn. 19; kritisch Kallmeyer/*Lanfermann* § 11 Rn. 19.
[69] Widmann/Mayer/*Mayer* § 11 Rn. 32.
[70] Lutter/*Drygala* § 11 Rn. 7; Kallmeyer/*Lanfermann* § 11 Rn. 15.
[71] Kallmeyer/*Lanfermann* § 11 Rn. 23.
[72] Kallmeyer/*Lanfermann* § 11 Rn. 23.

Die **inhaltlichen Mindestanforderungen** an den Prüfungsbericht ergeben sich aus 38
§ 12 Abs. 2 UmwG. Demnach liegt der Kern des Berichts in der Erklärung über die Angemessenheit des vorgeschlagenen Umtauschverhältnisses der Anteile, der Höhe der baren Zuzahlung oder der Mitgliedschaft bei den übernehmenden Rechtsträgern als Gegenwert. Anzugeben ist, nach welchen Methoden das vorgeschlagene Umtauschverhältnis ermittelt worden ist (§ 12 Abs. 2 S. 2 Nr. 1 UmwG), aus welchen Gründen die Anwendung dieser Methoden angemessen ist (§ 12 Abs. 2 S. 2 Nr. 2 UmwG) sowie – bei Anwendung verschiedener Bewertungsmethoden – insbesondere die sich ergebenden unterschiedlichen Umtauschverhältnisse und besondere Bewertungsschwierigkeiten (§ 12 Abs. 2 S. 2 Nr. 3 UmwG). Damit unterscheidet sich der ergebnisbezogene Prüfungsbericht vom Spaltungsbericht, in dem das Umtauschverhältnis ausführlich erläutert und begründet werden muss. Aus dem Zweck der Prüfung ergibt sich, dass der Prüfungsbericht auch Angaben zur Vollständigkeit und Richtigkeit des Spaltungsvertrags enthalten muss. Die Anforderungen an den Spaltungsvertrag ergeben sich aus § 126 UmwG.[73]

Der Prüfungsbericht ist im Wesentlichen ein **Ergebnisbericht**. Zwar ist er neben dem 39
Spaltungsbericht ein weiteres Informationsinstrument der Anteilsinhaber über das Spaltungsvorhaben. Der Prüfungsbericht hat jedoch weniger erklärenden, sondern viel eher berichtenden Charakter. Sind bestimmte Angaben jedoch im Spaltungsbericht nicht enthalten, die für das Verständnis des Prüfungsberichts notwendig sind, müssen sie in den Prüfungsbericht aufgenommen werden. Umfangreicher muss der Prüfungsbericht auch dann ausfallen, wenn er dem Spaltungsbericht vorgeht, weil dieser bei Erstattung des Prüfungsberichts noch nicht erstellt ist.[74]

§ 25 Spaltungsbeschluss

Übersicht

	Rdnr.		Rdnr.
I. Anwendungsbereich und Ausnahmen	1, 2	1. Formanforderung	15, 16
II. Beschlussverfahren	3–8	2. Auslandsbeurkundung	17
1. Versammlungszwang und Mehrheitserfordernisse	3–6	3. Erteilung von Abschriften	18
2. Gegenanträge	7	V. Bindungswirkung	19–21
3. Stimmrechtsausschluss	8	VI. Sonderregelung für die nicht-verhältniswahrende Spaltung	22–25
III. Besondere Zustimmungserfordernisse	9–14	VII. Materielle Inhaltskontrolle	26
IV. Notarielle Beurkundung	15–18	VIII. Kosten	27–30

Schrifttum: *Böhringer*, Der Minderjährige als Beteiligter an Umwandlungen nach dem UmwG, NotBZ 2014, 121; *Leitzen*, Die Änderungen des Umwandlungsgesetzes durch das Dritte Gesetz zur Änderung des Umwandlungsrechts, DNotZ 2011, 526; *Melchior*, Vollmachten bei Umwandlungsvorgängen – Vertretungshindernisse und Interessenkollisionen, GmbHR 1999, 520; *Neye/Kraft*, Neuigkeiten beim Umwandlungsrecht, NZG 2011, 681; *Neye/Jäckel*, Umwandlungsrecht zwischen Brüssel und Berlin, AG 2010, 237; *Pfeiffer*, Auswirkungen der geplanten Notarkostenreform auf gesellschaftsrechtliche Vorgänge und M&A-Transaktionen, NZG 2013, 244; *Rubner/Fischer*, Möglichkeiten einer nicht-verhältniswahrenden Spaltung von Kapitalgesellschaften im Lichte des § 128 UmwG, NZG 2014, 761; *Weiler*, Die „Spaltung zu Null" als Mittel der Umstrukturierung von Unternehmen, NZG 2013, 1326.

---

[73] Lutter/*Drygala* § 12 Rn. 3.
[74] Schmitt/Hörtnagl/Stratz/*Stratz* § 12 Rn. 17; Lutter/*Drygala* § 12 Rn. 7; Widmann/Mayer/*Mayer* § 12 Rn. 14; differenzierend Kallmeyer/*Lanfermann* § 12 UmwG Rn. 6 f., wonach der Inhalt des Prüfungsberichts im Einzelfall abhängig vom Inhalt des Spaltungsberichts ist.

I. Anwendungsbereich und Ausnahmen

1 Der Spaltungsvertrag wird nur mit Zustimmung der Anteilsinhaber aller beteiligten Rechtsträger wirksam. Diese kann sowohl als (vorherige) Einwilligung aber auch als (nachträgliche) Genehmigung erfolgen.[1] Bis zum Zustimmungsbeschluss ist der bereits geschlossene Spaltungsvertrag schwebend unwirksam.[2] Nach § 125 S. 1 UmwG findet die Regelung zum Verschmelzungsbeschluss (§ 13 UmwG) entsprechende Anwendung auf den Spaltungsbeschluss. Grundsätzlich kann daher auf die Ausführungen zum Verschmelzungsbeschluss verwiesen werden (→ § 11).

2 Die reine Spaltung zur Neugründung bedarf in Anbetracht des erst entstehenden Rechtsträgers allein eines Beschlusses des übertragenden Rechtsträgers. Bei der Spaltung zur Aufnahme ist **ausnahmsweise** dann **kein Spaltungsbeschluss** einer übernehmenden AG (bzw. KGaA, SE) erforderlich, wenn das Stammkapital oder Grundkapital der übertragenden Kapitalgesellschaft zu mindestens **neun Zehnteln** in der Hand der übernehmenden AG liegt (Konzernspaltung, § 62 Abs. 1 UmwG).[3] Wegen § 62 Abs. 4 UmwG gilt ähnliches auf Ebene der Tochtergesellschaft: Ein Spaltungsbeschluss bei der übertragenden Kapitalgesellschaft ist nicht notwendig, wenn sich das **gesamte** Stamm- oder Grundkapital der übertragenden Kapitalgesellschaft in der Hand einer übernehmenden AG (bzw. KGaA, SE) befindet.[4] Durch das Zusammenspiel beider Normen kann ein Spaltungsbeschluss sowohl auf Mutter- als auch auf Tochtergesellschaftsebene entbehrlich sein. Keine Anwendung auf die Spaltung findet wegen § 125 S. 1 UmwG der umwandlungsrechtliche Squeeze-Out (§ 62 Abs. 5 UmwG).

II. Beschlussverfahren

1. Versammlungszwang und Mehrheitserfordernisse

3 Für das Beschlussverfahren gilt **Versammlungszwang** (§ 13 Abs. 1 S. 2 UmwG); einzig zulässige Art der Beschlussfassung ist damit diejenige in einer Versammlung der Anteilsinhaber. Andere Arten der Beschlussfassung, etwa im schriftlichen Verfahren, genügen den gesetzlichen Anforderungen dagegen nicht.[5] Soweit die jeweilige Satzung des Rechtsträgers im Einklang mit rechtsformspezifischen Regelungen eine Teilnahme an der Versammlung ohne physische Präsenz ermöglicht, etwa auf dem Wege elektronischer Kommunikation (§ 118 Abs. 1 S. 2 AktG), genügt eine solche Teilnahme den Anforderungen an den Versammlungszwang.[6] Die Zuständigkeit der Anteilsinhaber kann weder durch Gesellschaftsvertrag noch durch Satzung auf gesellschaftsinterne oder -externe Dritte übertragen werden.[7] Dies umfasst auch das Delegieren eines Gestaltungsermessens an die Vertretungsorgane eines beteiligten Rechtsträgers. Konkrete Handlungsanweisungen der Anteilsinhaber an die Vertretungsorgane sind jedoch zulässig.[8]

4 Die Durchführung der Versammlung richtet sich nach den rechtsformspezifischen und gesellschaftsvertraglichen Regelungen des jeweiligen Rechtsträgers.[9] Gesetzlich festgeschrieben ist daneben das Zuleitungserfordernis an den Betriebsrat jedes beteiligten Rechtsträgers (§ 126 Abs. 3 UmwG), dem der Vertrag oder sein Entwurf spätestens einen Monat vor dem Tag der Versammlung der Anteilsinhaber zugehen muss.

---

[1] Schmitt/Hörtnagl/Stratz/*Stratz* § 13 Rn. 17.
[2] Kallmeyer/*Zimmermann* § 13 Rn. 2.
[3] Neye/Kraft NZG 2011, 681, 682.
[4] Widmann/Mayer/*Heckschen* § 13 Rn. 3; Schmitt/Hörtnagl/Stratz/*Stratz* § 13 Rn. 76; *Leitzen* DNotZ 2011, 526, 534; *Neye/Jäckel* AG 2010, 237, 239.
[5] Lutter/*Drygala* § 13 Rn. 9.
[6] Kölner Kommentar-UmwG/*Simon* § 13 Rn. 11.
[7] Saenger/Aderhold/Lenkaitis/Speckmann/*Kessler* S. 1258 Rn. 110.
[8] Böttcher/Habighorst/Schulte/*Böttcher* § 13 Rn. 20.
[9] Maulbetsch/Klumpp/Rose/*Maulbetsch* § 13 UmwG Rn. 40.

Je nach Rechtsform unterliegt die Zustimmung unterschiedlichen **Mehrheitserforder-** 5
nissen, die sich den (entsprechend anwendbaren) rechtsformspezifischen Vorschriften für die Verschmelzung (§§ 43, 50, 65, 78, 84, 103, 106, 112, 118 UmwG) sowie den gesellschaftsvertraglichen Regelungen entnehmen lassen. Bei Personengesellschaften ist grundsätzlich die Zustimmung aller Gesellschafter erforderlich (§ 43 Abs. 1 UmwG), sofern der Gesellschaftsvertrag nicht die Möglichkeit zur Mehrheitsentscheidung eröffnet. In diesem Fall muss das Quorum mindestens ¾ der abgegebenen Stimmen betragen (§ 43 Abs. 2 S. 2 UmwG). Diese qualifizierte Mehrheit gilt im Übrigen als Grundsatz bei allen anderen Rechtsformen, wobei sich das Erfordernis einer qualifizierten Mehrheit bei der Aktiengesellschaft auf das bei der Beschlussfassung vertretene Grundkapital bezieht (§ 65 Abs. 1 UmwG). Weitergehende Anforderungen an den Spaltungsbeschluss können gesellschaftsvertraglich vereinbart werden, sei es in Form einer größeren Mehrheit oder eines sonstigen Erfordernisses.[10] Sieht der Gesellschaftsvertrag nur für eine Satzungsänderung eine größere Mehrheit vor, verhält sich jedoch nicht ausdrücklich zu Umwandlungsmaßnahmen, kann es im Einzelfall ratsam sein, die strengeren Maßstäbe der Satzungsänderung an den Spaltungsbeschluss anzulegen.[11]

Eine **Stellvertretung** im Rahmen der beschlussfassenden Anteilsinhaberversammlung ist 6
zulässig. Mangels spezieller umwandlungsrechtlicher Vorgaben zur Stellvertretung richtet sich diese nach den jeweiligen (gesellschafts-)rechtlichen Vorgaben des Rechtsträgers. Zu beachten ist, dass das grundsätzliche **Verbot des Insichgeschäfts** nach § 181 BGB Anwendung findet, wenn sich ein Anteilsinhaber durch einen anderen Anteilsinhaber vertreten lassen möchte, weil insoweit ein potentieller Interessenkonflikt durch die gleichzeitige Vertretung eigener und fremder Anteile angenommen wird.[12] Gleiches gilt bei einer Mehrfachvertretung durch einen dritten Anteilsinhaber.[13] Die Befreiung vom Verbot des Insichgeschäfts kann jedoch nicht nur ausdrücklich, sondern auch konkludent erfolgen.[14] Speziell bei der Vollmachtserteilung eines einzelnen Anteilsinhabers an einen weiteren Anteilsinhaber wird regelmäßig von einer konkludenten Befreiung auszugehen sein.[15]

2. Gegenanträge

Angesichts des detailliert ausgeformten Prüfungsregimes (§§ 8 bis 12 UmwG) stellen sich 7
bei **Gegenanträgen** im Rahmen der (aktienrechtlich) beschlussfassenden Anteilsinhaberversammlung insbesondere zwei Fragen: Sind Gegenanträge, die eine (teilweise) Abweichung vom bekannt gemachten Beschlussvorschlag bedeuten, zulässig? Und kann sich die Verwaltung von ihrem bekannt gemachten Beschlussvorschlag lösen und einen abweichenden Antrag zur Beschlussfassung stellen? Mit diesen Fragen hat sich das OLG Hamm in Bezug auf einen Gegenantrag des Mehrheitsaktionärs einer AG befasst, dem sich die Verwaltung angeschlossen hatte.[16] Lässt man die primär aktienrechtlich geprägte Problemstellung der generellen Abweichungsbefugnis der Verwaltung von den bekanntgemachten Beschlussvorschlägen außer vor,[17] bestünde mittels Gegenantrag im Extremfall die Möglichkeit, Spaltungsbericht und Spaltungsprüfung zur Makulatur werden zu lassen. Notwendig ist deshalb eine Abgrenzung zulässiger Änderungen von solchen, die eine Umgehung der gesetzlich vorgesehenen Prüfungs- und Schutzmechanismen bedeuten. Das OLG Hamm musste sich zu den abstrakten Leitlinien einer solchen Abgrenzung nicht äußern,

---

[10] Lutter/*Drygala* § 13 Rn. 27; Kölner Kommentar-UmwG/*Simon* § 13 Rn. 23.
[11] Zur Verschmelzung Lutter/*Drygala* § 13 Rn. 27; zur einzelfallabhängigen Auslegung tendierend Kölner Kommentar-UmwG/*Simon* § 13 Rn. 23.
[12] BGH II ZR 318/87, NJW 1989, 168, 169.
[13] Kölner Kommentar-UmwG/*Simon* § 13 Rn. 21.
[14] Schmitt/Hörtnagl/Stratz/*Stratz* § 13 Rn. 51; Böttcher/Habighorst/Schulte/*Böttcher* § 13 Rn. 17.
[15] Kallmeyer/*Zimmermann* § 13 Rn. 14.
[16] OLG Hamm 8 W 6/05, AG 2005, 361.
[17] Dazu etwa Hüffer/Koch/*Koch* § 124 Rn. 17.

weil es in den konkreten Umständen einen jedenfalls ausreichenden Abweichungsgrund sah. Die in der Literatur vertretene Orientierung am Katalog der Vertragsinhalte[18] (§ 126 UmwG) dürfte nicht zielführend sein, weil es sich dabei nicht durchgängig um wesentliche Vertragsbestandteile handelt.[19] Jedenfalls ist eine Grenze aber dort zu ziehen, wo von Umständen abgewichen wird, die vom Spaltungsprüfer zu prüfen oder im Spaltungsbericht zu behandeln sind.[20] In einem solchen Fall bedürfte es einer erneuten Spaltungsprüfung bzw. eines geänderten Spaltungsberichts, um eine ausreichende Information der Anteilsinhaber gewährleisten zu können.

3. Stimmrechtsausschluss

8   Speziell bei einer GmbH als übertragendem Rechtsträger stellt sich die Frage, ob bei einer Beteiligung der übertragenden GmbH am übernehmenden Rechtsträger für diese der **Stimmrechtsausschluss** nach § 47 Abs. 4 S. 2 GmbHG eingreift. Dies wird zu Recht von der hM abgelehnt: Als Organisationsakt unterfällt die Beschlussfassung über eine Umwandlungsmaßnahme bereits nicht dem Stimmverbot.[21] Die Unanwendbarkeit eines solchen Stimmverbots wird auch aus der Struktur des Umwandlungsrechts erkennbar, das etwa in § 62 UmwG vorsieht, dass bei einer mindestens 90%igen Konzernbeteiligung Erleichterungen im Hinblick auf die Beschlussfassung gewährt werden. Die Abstimmungsbefugnis des übertragenden Rechtsträgers wird insoweit vorausgesetzt.[22] Auch das umfangreiche Schutzregime zugunsten der Minderheitsgesellschafter lässt einen Stimmrechtsausschluss nicht notwendig erscheinen.[23] Gleiches gilt für den Stimmrechtsausschluss beim eingetragenen Verein (§ 34 BGB).

III. Besondere Zustimmungserfordernisse

9   Wird in Satzung oder Gesellschaftsvertrag die **Abtretung** der Anteile eines übertragenden Rechtsträgers von der Genehmigung bestimmter einzelner Anteilsinhaber abhängig gemacht, bedarf der Spaltungsbeschluss des betroffenen Rechtsträgers entsprechend § 13 Abs. 2 UmwG ergänzend der **Zustimmung dieser Anteilsinhaber**. Die Zustimmungserklärungen unterliegen nicht dem Versammlungszwang.[24] Bis zum Vorliegen der Zustimmung sind ein bereits gefasster Spaltungsbeschluss und ein bereits abgeschlossener Spaltungsvertrag schwebend unwirksam.[25] Die Regelung ist Ausdruck des über § 35 BGB hinaus verallgemeinerungsfähigen Rechtsgedankens, dass einem einzelnen Anteilsinhaber gewährte Sonderrechte auch nur mit seiner Zustimmung geändert werden können.[26] Während § 13 Abs. 2 UmwG für die AG mangels möglicher Sonderrechte zugunsten eines einzelnen Aktionärs gegenstandslos ist, hat die Vorschrift für Personengesellschaften und Gesellschaften mit beschränkter Haftung eine erhebliche Bedeutung. Dies gilt etwa für familiengeführte GmbHs, die regelmäßig von der Vinkulierungsmöglichkeit nach § 15 Abs. 5 GmbHG Gebrauch machen.

10 Handelt es sich bei der Beteiligung des Anteilsinhabers um sein ganzes Vermögen und befindet er sich im **gesetzlichen Güterstand der Zugewinngemeinschaft**, ist – je nach Spaltungsart – § 1365 Abs. 1 S. 1 BGB zu beachten, der die **Einwilligung des Ehegatten** für Verfügungen über das ganze Vermögen voraussetzt.[27] Auch ein einzelner Vermögens-

---

[18] Kölner Kommentar-UmwG/*Simon* § 13 Rn. 41.
[19] Lutter/*Drygalla* § 13 Rn. 16.
[20] Lutter/*Drygalla* § 13 Rn. 16.
[21] LG Arnsberg 2 O 410/93, ZIP 1994, 536, 537.
[22] Kölner Kommentar-UmwG/*Simon* § 13 Rn. 15.
[23] Kölner Kommentar-UmwG/*Simon* § 13 Rn. 17.
[24] Kölner Kommentar-UmwG/*Simon* § 13 Rn. 13.
[25] Böttcher/Habighorst/Schulte/*Böttcher* § 13 Rn. 30; Schmitt/Hörtnagl/Stratz/*Stratz* § 13 Rn. 66.
[26] Semler/Stengel/*Gehling* § 13 Rn. 6; Kölner Kommentar-UmwG/*Simon* § 13 Rn. 45.
[27] Böttcher/Habighorst/Schulte/*Böttcher* § 13 Rn. 32.

gegenstand wird von der Vorschrift erfasst, wenn er wertmäßig 85 % bis 90 % des Gesamtvermögens ausmacht.[28] Bei der Anwendbarkeit auf die verschiedenen Spaltungsarten zeigt sich ein differenziertes Bild: Die Ausgliederung bedarf insoweit wohl keiner Einwilligung des Ehegatten, weil sich die Anteilsinhaberschaft nicht unmittelbar ändert. Es ist allerdings zu überlegen, ob die Auslagerung von Vermögenswerten auf eine Tochtergesellschaft des übertragenden Rechtsträgers dann der Einwilligung bedarf, wenn eine erhebliche Mediatisierung der Beteiligungsrechte (Holzmüller, → § 23 Rn. 5) eintritt. Im Gegensatz dazu dürfte im Fall einer Aufspaltung die Einwilligung des Ehegatten eines Anteilsinhabers des übertragenden Rechtsträgers notwendig sein, weil der bisherige Rechtsträger und damit auch die Beteiligung an ihm untergeht.[29] Auch bei der Abspaltung dürfte nur der Anteilsinhaber am übertragenden Rechtsträger einer Einwilligung seines Ehegatten bedürfen, weil nur bei diesem ein unmittelbarer Vermögensabfluss stattfindet; die neu an ihn ausgegebenen Anteile am übernehmenden Rechtsträger können dagegen nicht saldiert werden, weil eine Gegenleistung im Rahmen von § 1365 Abs. 1 S. 1 BGB grundsätzlich unbeachtlich ist.[30]

Bei der Spaltung zur Neugründung ist im Falle eines minderjährigen Gesellschafters (anders als bei der Spaltung zur Aufnahme) die familiengerichtliche Genehmigung nach § 1822 Nr. 3 BGB einzuholen.[31]

Als Sonderrecht iSv § 13 Abs. 2 UmwG gilt nicht nur dasjenige Recht, das **bestimmten einzelnen Anteilsinhabern** gewährt wird, sondern auch ein Abtretungszustimmungsvorbehalt zugunsten aller Anteilsinhaber; dann kann jeder Anteilsinhaber durch seine fehlende Zustimmung die Unwirksamkeit des Spaltungsbeschlusses herbeiführen.[32] **Nicht umfasst** sind dagegen Zustimmungsvorbehalte, die etwa der Gesellschaft selber oder einem ihrer Organe gewährt werden.[33] Dass dies in der Praxis je nach Formulierung der Vinkulierungsklausel zu unerwünschten Ergebnissen führen kann, ändert nichts an der eindeutigen gesetzlichen Konzeption.[34]

Die vom Anteilsinhaber dem Rechtsträger zu erteilende Zustimmungserklärung kann bereits in der beschlussfassenden Anteilsinhaberversammlung vom Notar beurkundet werden. Eine Bevollmächtigung zur Zustimmungserteilung ist grundsätzlich formlos möglich, sollte dann aber aus Nachweisgründen für das Handelsregister zumindest in Textform erteilt werden.[35]

Konzerninterne Zustimmungsvorbehalte, beispielhaft solche des AG-Aufsichtsrats nach § 111 Abs. 4 S. 2 AktG, sind rein interne Organisationsakte, deren Verletzung auf die Wirksamkeit eines Spaltungsbeschlusses keine Auswirkung haben.[36] Ein abstrakter Zustimmungsvorbehalt zugunsten der Konzernobergesellschaft besteht nicht.[37]

IV. Notarielle Beurkundung

1. Formanforderung

Der Spaltungsbeschluss ist notariell zu beurkunden (§ 13 Abs. 3 S. 1 UmwG). Dem Beurkundungserfordernis unterliegen auch die gesetzlich notwendigen Zustimmungserklä-

---

[28] BGH V ZR 227/62, BGHZ 43, 174 = NJW 1965, 909.
[29] Widmann/Mayer/*Heckschen* § 13 Rn. 135 mwN.
[30] BGH V ZR 227/62, BGHZ 43, 174, 176 = NJW 1965, 909, 910; V ZB 17/60, BGHZ 35, 135, 145 = NJW 1961, 1301, 1304.
[31] *Böhringer* NotBZ 2014, 121, 123; Lutter/*Winter*/*Vetter* § 59 Rn. 10.
[32] Semler/Stengel/*Gehling* § 13 Rn. 38.
[33] Lutter/*Drygala* § 13 Rn. 29.
[34] So auch Lutter/*Drygala* § 13 Rn. 30.
[35] So auch Böttcher/Habighorst/Schulte/*Böttcher* § 13 Rn. 31; *Melchior* GmbHR 1999, 520, 521; für notarielle Beglaubigung Widmann/Mayer/*Heckschen* § 13 Rn. 113, 114.
[36] Kölner Kommentar-UmwG/*Simon* § 13 Rn. 67; Böttcher/Habighorst/Schulte/*Böttcher* § 13 Rn. 39.
[37] Böttcher/Habighorst/Schulte/*Böttcher* § 13 Rn. 39.

rungen einzelner Anteilsinhaber, auch wenn diese zur Versammlung nicht erscheinen. Der Spaltungsvertrag bzw. sein Entwurf sind dem Beschluss als Anlage beizufügen (§ 13 Abs. 3 S. 2 UmwG).

16 Verpflichten sich Anteilsinhaber, im Rahmen einer späteren Anteilsinhaberversammlung einen Spaltungsbeschluss zu fassen, bedarf diese Verpflichtung bereits einer notariellen Beurkundung nach § 13 Abs. 3 UmwG.[38] Nach einer Entscheidung des LG Paderborn gilt Gleiches für eine in diesem Zusammenhang vereinbarte Break-up-fee, die über den Ersatz des bloßen Vertrauensschadens hinausgeht.[39] Diese bislang höchstrichterlich nicht bestätigte Entscheidung findet Widerspruch in der Literatur: So möchte etwa *Gehling* eine „angemessene" Break-up-fee (1 bis 2 % des Marktwerts des Unternehmens) nicht dem Beurkundungsbedürfnis unterwerfen, weil diese die Entscheidungsfreiheit der Anteilsinhaber nicht wesentlich beeinträchtigen könne.[40] Dem dürfte insoweit zuzustimmen sein, dass eine pauschale Beurkundungsbedürftigkeit einer Break-up-fee unnötig erscheint, wenngleich in der Praxis angesichts der Entscheidung des LG Paderborn Rechtsunsicherheit verbleibt.

2. Auslandsbeurkundung

17 Noch nicht vollständig geklärt, durch die mit der Begrenzung des Geschäftswerts einhergehende Drosselung der Notargebühren aber zumindest entschärft, ist der Streit um die Zulässigkeit einer **Auslandsbeurkundung**. Der insoweit bestehende Problemkreis umfasst mehrere Punkte: Zum einen muss es wegen des Versammlungszwangs möglich sein, die beschlussfassende Versammlung der Anteilsinhaber im Ausland abzuhalten. Zum anderen muss die Beurkundung durch einen ausländischen Notar der Beurkundung durch einen deutschen Notar gleichstehen. Im Grundsatz dürfte die Möglichkeit einer **Versammlung im Ausland** anerkannt sein; jedenfalls, wenn dies durch Satzung zugelassen ist und feststeht, dass die Teilnahme an der Versammlung für die Anteilsinhaber nicht erschwert wird.[41] Dies gilt inzwischen nicht nur für die GmbH, sondern auch für die AG: Nach höchstrichterlicher Rechtsprechung verstößt es nicht gegen das Aktienrecht, eine Hauptversammlung jedenfalls in angrenzenden Ländern abzuhalten, deren Städte oder Regionen ebenso schnell und leicht erreichbar sind wie Orte in Deutschland oder der Satzungssitz.[42] Im jeweiligen Versammlungsland muss dann aber auch die Beurkundung durch einen ansässigen Notar der eines deutschen Notars gleichwertig sein. Gleichwertigkeit besteht dann, wenn die ausländische Urkundsperson nach Vorbild und Stellung im Rechtsleben eine der Tätigkeit des deutschen Notars entsprechende Funktion ausübt und für die Errichtung der Urkunde ein Verfahrensrecht zu beachten hat, das den tragenden Grundsätzen des deutschen Beurkundungsrechts entspricht.[43] Mangels entsprechender Judikatur herrschen mahnende Stimmen vor, die im Wesentlichen Bedenken gegen die materielle Richtigkeitsgewähr durch ausländische Notare hegen.[44] Angesichts dieser unklaren Rechtslage empfiehlt es sich, im Einzelfall mit dem Registerrichter zu klären, ob aus dessen Sicht eine Auslandsbeurkundung ausreichend ist; mit erfolgter Eintragung würde ein eventueller Mangel über § 131 Abs. 2 UmwG geheilt.

---

[38] Zur Verschmelzung LG Paderborn 2 O 132/00, NZG 2000, 899, 900.
[39] LG Paderborn 2 O 132/00, NZG 2000, 899, 900; Widmann/Mayer/*Heckschen* § 13 Rn. 231.1.
[40] Semler/Stengel/*Gehling* § 13 Rn. 51; Böttcher/Habighorst/Schulte/*Böttcher* § 13 Rn. 43.
[41] BGH II ZR 79/84, WM 1985, 567, 568; II ZR 330/13, BGHZ 203, 68 = WM 2015, 50; OLG Düsseldorf 3 Wx 21/89, NJW 1989, 2200, 2201 („grenznahes Ausland").
[42] BGH II ZR 330/13, NZG 2015, 18, 19; anders noch OLG Hamburg 2 Wx 55/91, NJW-RR 1993, 1317 hinsichtlich der Schweiz.
[43] BGH II ZB 8/80, BGHZ 80, 76, 78 = NJW 1981, 1160; bestätigt durch BGH II ZB 6/13, BGHZ 199, 270 = NJW 2014, 2026; kritisch AG Berlin-Charlottenburg 99 AR 9466/15, GmbHR 2016, 223, 226.
[44] Böttcher/Habighorst/Schulte/*Böttcher* § 13 Rn. 16; Kallmeyer/*Zimmermann* § 13 Rn. 11; Lutter/*Drygala* § 6 Rn. 10; Semler/Stengel/*Schröer* § 6 Rn. 17.

3. Erteilung von Abschriften

Jedem Anteilsinhaber steht das Recht zu, auf seine Kosten neben einer Abschrift des Spaltungsvertrags bzw. -entwurfs auch eine Niederschrift des Spaltungsbeschlusses zu erhalten (§ 13 Abs. 3 S. 3 UmwG). Jeder Rechtsträger ist dabei ausschließlich seinen eigenen Anteilsinhabern gegenüber verpflichtet.[45] Die Abschrift ist unverzüglich, also ohne schuldhaftes Zögern, zu erteilen. Anders als im Fall des § 63 Abs. 4 UmwG sieht § 13 Abs. 3 UmwG für die AG keine Möglichkeit vor, die Dokumente elektronisch im Internet zur Verfügung zu stellen. *Drygala* geht deshalb von einer analogen Anwendbarkeit der Norm aus,[46] die interessengerecht ist.

V. Bindungswirkung

Zwar wird der Spaltungsbeschluss erst mit Eintragung in das Handelsregister wirksam, er erzeugt allerdings auch vor Eintragung Bindungswirkungen. **Gesellschaftsintern** sind die Vertretungsorgane vor Beschlussfassung dazu verpflichtet, eine ordnungsgemäße Beschlussfassung der Anteilsinhaber herbeizuführen. Diese Verpflichtung besteht auch gegenüber den weiteren beteiligten Rechtsträgern aufgrund eines vorvertraglichen Schuldverhältnisses.[47] Im Anschluss an den Spaltungsbeschluss der Anteilsinhaber sind die Organe verpflichtet, für eine beschlussgemäße Umsetzung des Spaltungsvorhabens zu sorgen.[48] Erfüllen sie diese Pflicht nicht, können sie sich schadensersatzpflichtig machen. Die Grenze der internen Bindungswirkung kann allerdings erreicht sein, wenn eine beschlussgemäße Umsetzung aufgrund nach Beschlussfassung eingetretener Umstände zu einem wesentlichen Schaden für die Gesellschaft führen würde.

Gesellschaftsextern entsteht eine Bindungswirkung mit Zustimmungserteilung, sofern der Spaltungsvertrag bereits vor Beschlussfassung der Anteilsinhaber notariell beurkundet worden ist oder im Anschluss an den Spaltungsbeschluss beurkundet wird, nicht aber wenn der Vertrag bislang nur im Entwurfsstadium existierte.[49] Unklar ist bislang, ob Voraussetzung der externen Bindungswirkung auch ist, dass bereits sämtliche beteiligten Rechtsträger den Spaltungsbeschluss gefasst haben.[50] Sofern ein Rechtsträger die externe Bindungswirkung nicht bereits alleine durch den eigenen Zustimmungsbeschluss auslösen möchte, sollte der Spaltungsbeschluss in der Praxis daher in Form einer Nebenbestimmung ausdrücklich vorsehen, dass die Bindungswirkung gegenüber den weiteren beteiligten Rechtsträgern erst mit deren (wirksamen) Spaltungsbeschlüssen einsetzt. Eine wortwörtliche Übereinstimmung des später abgeschlossenen Spaltungsvertrags mit dem beschlossenen Entwurf ist (bis auf die Ausbesserung von Schreibfehlern) zwingend, anderenfalls ist der Spaltungsvertrag mangels Zustimmung schwebend unwirksam; ein neuerlicher Zustimmungsbeschluss wäre notwendig.[51] Eine Aufhebung oder Änderung des Spaltungsvertrags ist im Fall externer Bindung grundsätzlich nur mit Zustimmung der anderen beteiligten Rechtsträger zulässig.[52] Ausnahmsweise kann sich ein Rechtsträger auch ohne Mitwirkung der weiteren beteiligten Rechtsträger wieder vom Spaltungsvertrag lösen, wenn deren Anteilsinhaberschaft nicht innerhalb angemessener Frist zustimmt.[53] Man wird in diesem Fall allerdings aus Gründen der Rechtssicherheit eine vorherige Aufforderung analog §§ 108 Abs. 2, 177 Abs. 2 und 1829 Abs. 2 BGB ver-

---

[45] Kölner Kommentar-UmwG/*Simon* § 13 Rn. 82.
[46] Lutter/*Drygala* § 13 Rn. 22.
[47] Zum Umfang der Verpflichtung Semler/Stengel/*Schröer* § 4 Rn. 45.
[48] Lutter/*Drygala* § 13 Rn. 24.
[49] Semler/Stengel/*Gehling* § 13 Rn. 66; Kallmeyer/*Zimmermann* § 13 Rn. 17.
[50] Kölner Kommentar-UmwG/*Simon* § 13 Rn. 90.
[51] Böttcher/Habighorst/Schulte/*Böttcher* § 13 Rn. 28.
[52] Semler/Stengel/*Gehling* § 13 Rn. 66.
[53] Kallmeyer/*Zimmermann* § 13 Rn. 18.

langen müssen.[54] Die darin zu bestimmende Frist muss aufgrund des Versammlungszwangs, der einen gewissen zeitlichen Vorlauf vor einer Zustimmung erfordert, ausreichend lang bemessen sein.[55]

21 Außer bei der Ausgliederung ist § 29 Abs. 1 UmwG zu beachten, der Anteilsinhabern die Möglichkeit eröffnet, aufgrund der qualitativen Änderung ihrer Beteiligung gegen angemessene Barabfindung ihre Anteile an den beschließenden Rechtsträger zu veräußern. Der in die notarielle Niederschrift über den Spaltungsbeschluss aufzunehmende Widerspruch hat keine Auswirkungen auf die Bindungswirkung des Spaltungsbeschlusses.

VI. Sonderregelung für die nicht-verhältniswahrende Spaltung

22 § 128 UmwG enthält eine Sonderregelung für den Fall einer **nicht-verhältniswahrenden** Auf- oder Abspaltung. Danach bedarf es eines **einstimmigen** Zustimmungsbeschlusses der Anteilsinhaber des übertragenden Rechtsträgers (§ 128 S. 1 UmwG), wenn die Anteile oder Mitgliedschaften der übernehmenden Rechtsträger den Anteilsinhabern des übertragenden Rechtsträgers nicht in dem Verhältnis zugeteilt werden, das ihrer Beteiligung an dem übertragenden Rechtsträger entspricht – bis hin zu einer Spaltung zu Null.[56] Entscheidend für die Anwendbarkeit der Norm ist die Veränderung der quotalen Beteiligung.[57] Erfasst ist dabei sowohl die Spaltung zur Aufnahme wie auch zur Neugründung; Letztere über § 135 Abs. 1 UmwG.

23 Zweck des § 128 UmwG ist es, Anteilsinhaber vor Mehrheitsentscheidungen zu schützen, durch die sie mittelbar aus „ihrem" Rechtsträger hinausgedrängt werden. Anderenfalls bestünde die Möglichkeit, bestimmten Anteilsinhabern gegen ihren Willen eine wertmäßig geringere Beteiligung an dem übernehmenden Rechtsträger zuzuweisen. Aus diesem Zweck folgt, dass nicht nur stimmberechtigte Anteilsinhaber, sondern auch solche ohne Stimmrecht zustimmen müssen.[58] Ebenfalls erforderlich ist die Zustimmung Dritter, die am Anteil durch Nießbrauch oder Pfandrecht dinglich berechtigt sind.[59] Da § 128 UmwG einzig die Behandlung der Anteilsinhaber des übertragenden Rechtsträgers regelt, sind die Anteilsinhaber des übernehmenden Rechtsträgers im Fall einer Quotenverschiebung auf den Schutz durch § 125 S. 1 iVm §§ 14 Abs. 2, 15 UmwG verwiesen.

24 Die erforderliche Zustimmung aller Anteilsinhaber des übertragenden Rechtsträgers modifiziert das reguläre Mehrheitserfordernis des Spaltungsbeschlusses; ein separater Zustimmungsbeschluss ist dagegen nicht erforderlich. Nehmen Anteilsinhaber an der beschlussfassenden Versammlung nicht teil, muss ihre Zustimmungserklärung nach §§ 125 S. 1, 13 Abs. 3 S. 1 UmwG notariell beurkundet werden. Das Zustimmungserfordernis bietet zwangsläufig Verhandlungspotential für die benachteiligten Anteilsinhaber hinsichtlich möglicher Ausgleichszahlungen durch die Begünstigten. Dabei handelt es sich nicht um bare Zuzahlungen iSv §§ 54 Abs. 4, 68 Abs. 3 UmwG, sodass Ausgleichszahlungen ohne betragsmäßige oder prozentuale Beschränkung zulässig sind. Angesichts des klaren Wortlauts erscheinen Bestrebungen, das Zustimmungserfordernis auf tatsächlich benachteiligte Anteilsinhaber zu begrenzen, wenig aussichtsreich, auch

---

[54] Schmitt/Hörtnagl/Stratz/*Stratz* § 13 Rn. 10; Kölner Kommentar-UmwG/*Simon* § 13 Rn. 92; aA Semler/Stengel/*Gehling* § 13 Rn. 68.
[55] Schmitt/Hörtnagl/Stratz/*Stratz* § 13 Rn. 11.
[56] OLG München 31 Wx 131/13, NZG 2013, 951; *Weiler* NZG 2013, 1326, 1329.
[57] Zu den unterschiedlichen Erscheinungsformen der nicht-verhältniswahrenden Spaltung vgl. Lutter/*Priester*, § 128 Rn. 12 ff.
[58] Lutter/*Priester* § 128 Rn. 18.
[59] *Stoye-Benk*/*Cutura* S. 239 Rn. 39; Kallmeyer/*Sickinger* § 128 Rn. 5; Kölner Kommentar-UmwG/*Simon* § 128 Rn. 26, allerdings im Wege einer Analogie von § 128 UmwG; Rubner/Fische NZG 2014, 761.

wenn dem bezweckten Anteilsinhaberschutz damit hinreichend Rechnung getragen würde.[60]

Grundsätzlich liegt das „Ob" der Zustimmung im freien Ermessen der einzelnen Anteilsinhaber. Eine Pflicht zur Zustimmung kann sich jedoch ausnahmsweise aus der gesellschaftlichen Treuepflicht bzw. bei dinglich Berechtigten aus der Rücksichtnahmepflicht ergeben.[61] Kommt der Anteilsinhaber dieser Pflicht nicht nach, muss Klage auf Abgabe der Zustimmung erhoben werden.[62]

VII. Materielle Inhaltskontrolle

Im umwandlungsrechtlichen Schrifttum wird diskutiert, ob (Verschmelzungs-)Beschlüsse einer **materiellen Inhaltskontrolle** unterliegen und folglich eine **sachliche Rechtfertigung** für ihre Durchführung vorliegen muss.[63] Diese Diskussion betrifft den Spaltungsbeschluss in gleichem Maße wie den Verschmelzungsbeschluss, weil auch insoweit eine Mehrheitsentscheidung vorliegt, die wesentliche Auswirkungen auf die Mitgliedschaft des einzelnen Anteilsinhabers haben kann. Eines zusätzliches Erfordernisses einer sachlichen Rechtfertigung bedarf es jedoch bereits deshalb nicht, weil die qualifizierte Mehrheitsentscheidung die erforderliche Rechtfertigung in sich trägt.[64] Die unterliegende Minderheit ist ausreichend durch das ausdifferenzierte Schutzregime des UmwG geschützt und der Gesetzgeber hat ausdrücklich auf eine sachliche Rechtfertigung verzichtet.[65] Eine über das formale Mehrheitserfordernis hinausgehende gerichtliche Kontrollmöglichkeit besteht jedoch dann, wenn der Spaltungsbeschluss (ausnahmsweise) gegen die gesellschaftsrechtliche Treuepflicht verstößt.[66]

VIII. Kosten

Die Höhe der Notarkosten für die Beurkundung des Spaltungsbeschlusses richtet sich nach den Vorschriften des GNotKG. Der Geschäftswert des Zustimmungsbeschlusses richtet sich wegen § 108 Abs. 3 S. 1 UmwG grundsätzlich nach dem in der Schlussbilanz des übertragenden Rechtsträgers ausgewiesenen Aktivvermögen ohne Abzug der Verbindlichkeiten (Schuldenabzugsverbot, § 38 GNotKG),[67] bei Abspaltungen und Ausgliederungen ist allerdings der Wert des übergehenden Vermögens maßgeblich (§ 108 Abs. 3 S. 2 UmwG). Der Geschäftswert ist im Höchstbetrag auf EUR 5 Millionen begrenzt (§ 108 Abs. 5 GNotKG). Nach Nr. 21100 KV GNotKG fällt eine zweifache Gebühr an.

Bei mehreren Beschlüssen zum selben Beschlussgegenstand bleibt es nach § 109 GNotKG bei einem einheitlichen Geschäftswert. Bei Spaltungsbeschlüssen bietet es sich wegen § 109 Abs. 2 Nr. 4 lit. g GNotKG an, die Spaltungsbeschlüsse verschiedener Rechtsträger zu einem Spaltungsvertrag im Rahmen einer notariellen Urkunde zu beurkunden. Es bleibt bei der Geschäftswert-Obergrenze von EUR 5 Millionen.

Für die im Rahmen des besonderen Zustimmungserfordernisses (§ 13 Abs. 2 UmwG) zu beurkundenden **Zustimmungserklärungen** einzelner Anteilsinhaber fällt eine einfache Gebühr nach Nr. 21200 KV GNotKG an. Grundsätzlich entspricht der Geschäftswert für

---

[60] So aber Kölner Kommentar-UmwG/*Simon* § 128 Rn. 30; zur Kritik insgesamt Semler/Stengel/*Schröer* § 128 Rn. 3; *Stoye-Benk/Cutura* S. 239 Rn. 38; Kölner Kommentar-UmwG/*Simon* § 128 Rn. 28 ff.
[61] Maulbetsch/Klumpp/Rose/*Raible* § 128 Rn. 16.
[62] Kallmeyer/*Sickinger* § 128 Rn. 6.
[63] Vgl. etwa Schmitt/Hörtnagl/Stratz/*Stratz* § 13 Rn. 43; Lutter/*Drygala* § 13 Rn. 38 ff.
[64] Vgl. auch LG Arnsberg 2 O 410/93, ZIP 1994, 536, 537.
[65] Vgl. RegEBegr. BT-Drs. 12/6699, S. 86; Kölner Kommentar-UmwG/*Simon* § 13 Rn. 96, 97; anders Lutter/*Drygala* § 13 Rn. 38.
[66] Kölner Kommentar-UmwG/*Simon* § 13 Rn. 98 ff.
[67] Böttcher/Habighorst/Schulte/*Böttcher* § 13 Rn. 59; Semler/Stengel/*Schröer* § 6 Rn. 20; *Pfeiffer* NZG 2013, 244, 247.

eine solche Zustimmungserklärung wegen § 98 Abs. 1 GNotKG der Hälfte des Geschäftswerts für die Beurkundung desjenigen Geschäfts, dem zugestimmt wird; nach § 98 Abs. 4 GNotKG greift eine Deckelung auf EUR 1 Million. Der Geschäftswert bezogen auf den einzelnen Anteilsinhaber bestimmt sich nach dem Anteil seiner Beteiligung (§ 98 Abs. 2 S. 2 UmwG). Bei gemeinsamer Beurkundung mit dem Spaltungsvertrag liegt derselbe Beurkundungsgegenstand vor.

30 Die Kosten der gesamten Beurkundung trägt der Rechtsträger.[68]

§ 26 Registerverfahren

Übersicht

	Rdnr.		Rdnr.
I. Überblick	1	e) Sonstige Erklärungen	17, 18
II. Anmeldungen	2–18	III. Anlagen	19–31
1. Erforderliche Anmeldungen	2, 3	1. Allgemeines	19–24
2. Zuständiges Gericht	4	2. Schlussbilanz	25–27
3. Anmeldeberechtigte	5–10	3. Zuleitung an Betriebsrat	28
a) Organschaftliche Vertreter	5–8	4. Gesellschafterlisten	29, 30
b) Rechtsgeschäftliche Vertreter	9	5. Sonstige Unterlagen	31
c) Notar	10	IV. Behebung von Mängeln	32
4. Inhalt der Anmeldung	11–18	V. Registerverfahren	33–40
a) Inhalt	11–13	1. Prüfungsumfang	33, 34
b) Negativerklärung	14	2. Eintragungsverfahren	35–38
c) Form	15	3. Wirkung der Eintragung	39
d) Zeitpunkt	16	4. Bekanntmachung	40

Literatur: *Ising*, Handelsregisteranmeldungen durch den beurkundenden Notar, NZG 2012, 289; *Heidtkamp*, Die umwandlungsrechtliche Schlussbilanz – praxisrelevante Zweifelsfragen, NZG 2013, 852; *Mayer*, Probleme rund um die Gesellschafterliste (Teil II), MittBayNot 2014, 114; *Schmidt/Heinze*, Schlussbilanzen bei Spaltungen, DB 2008, 2696; *Stindt*, Ausgliederung bei Unterbilanz der übertragenden GmbH – zur Erklärung gem. § 140 UmwG, NZG 2017, 174.

I. Überblick

1 Die Spaltung bedarf wie die Verschmelzung der Anmeldung zum Register der jeweiligen Rechtsträger, § 16 Abs. 1 S. 1 UmwG iVm § 125 S. 1 UmwG.[1] Zur Prüfung der Ordnungsmäßigkeit der Spaltung durch das jeweilige Amtsgericht sind der Anmeldung verschiedene Unterlagen beizufügen. Auch bei der Spaltung ist ein besonderes Augenmerk auf die Acht-Monats-Frist des § 17 Abs. 2 S. 4 UmwG zu legen. Mit der Eintragung im Register am Sitz des übertragenden Rechtsträgers wird die Spaltung wirksam, § 131 Abs. 1 UmwG. Das Registerverfahren ist in § 130 UmwG geregelt, der an die Stelle von § 19 Abs. 1 und Abs. 2 UmwG tritt.

II. Anmeldungen

1. Erforderliche Anmeldungen

2 Die Vertretungsorgane der beteiligten Rechtsträger der Spaltung haben die Spaltung jeweils bei dem für ihren Sitz zuständigen Registergericht anzumelden, § 16 Abs. 1 S. 1 UmwG. Erforderlich sind Anmeldungen für jeden übernehmenden und jeden übertragen-

---

[68] Schmitt/Hörtnagl/Stratz/*Stratz* § 13 Rn. 79; Böttcher/Habighorst/Schulte/*Böttcher* § 13 Rn. 63; Semler/Stengel/*Gehling* § 13 Rn. 57.

[1] § 125 S. 1 UmwG enthält für die Spaltung – mit einigen wenigen Ausnahmen – eine allgemeine Normweisung auf die Vorschriften der Verschmelzung im Zweiten Buch des UmwG. Auf eine gesonderte Zitierung dieser Verweisungsvorschrift wird daher im Folgenden aus Gründen der Lesbarkeit verzichtet.

den Rechtsträger. Zur **Anmeldepflicht** und einer etwaigen **Schadensersatzpflicht** der beteiligten Rechtsträger und ihrer Organe wird auf die Ausführungen zur Verschmelzung hingewiesen.[2]

Erfolgt für die Durchführung der Spaltung eine **Kapitalerhöhung**, so ist vor der Spaltung die Kapitalerhöhung zunächst zum Register des übernehmenden Rechtsträgers anzumelden und dort einzutragen, §§ 53, 66 UmwG. Dies gilt gleichermaßen, wenn bei Abspaltung oder Ausgliederung eine **Kapitalherabsetzung** einer übertragenden Gesellschaft erfolgt, § 139 S. 2 UmwG, § 145 S. 2 UmwG.[3] Die Mitteilung über die notwendige Voreintragung erfolgt nicht von Amts wegen, sodass durch die Anmeldenden dies beim Register des übertragenden Rechtsträgers durch einen beglaubigten Registerauszug oder eine notarielle Registerbescheinigung[4] selbst nachzuweisen ist. Der Eintragungsnachweis kann aber der Anmeldung beim übertragenden Rechtsträger zeitlich nachfolgen.[5]

2. Zuständiges Gericht

Hinsichtlich der für die Anmeldungen jeweils **zuständigen Gerichte** und zur Pflicht der elektronischen Übermittlung kann auf das Registerverfahren bei der Verschmelzung verwiesen werden.[6] Auch bei einer **Spaltung zur Neugründung** ist der neue Rechtsträger bei dem Gericht anzumelden, dass für dessen Sitz zuständig ist, § 138 Abs. 1 UmwG.

3. Anmeldeberechtigte

a) Organschaftliche Vertreter. Grundsätzlich haben die **Vertretungsorgane** sämtlicher an der Spaltung beteiligten Rechtsträger die Spaltung zur Eintragung in das Register (Handelsregister, Partnerschaftsregister, Genossenschaftsregister oder Vereinsregister) des Sitzes ihres Rechtsträgers anzumelden (§ 16 Abs. 1 S. 1 UmwG). Aus Gründen der Verfahrensbeschleunigung ist darüber hinaus auch das Vertretungsorgan jedes der **übernehmenden Rechtsträger** zur Anmeldung bei einer Spaltung zur Aufnahme beim übertragenden Rechtsträgers berechtigt, § 129 UmwG.[7] Eine Vertretung bei der Anmeldung bei den übrigen übernehmenden Rechtsträgern ist hingegen nicht möglich.[8]

Es genügt grundsätzlich die Anmeldung der Spaltung durch **Vertretungsorgane in vertretungsberechtigter Zahl**, bei Zulässigkeit gemäß Satzung bzw. Gesellschaftsvertrag auch im Wege unechter Gesamtvertretung mit einem Prokuristen.[9] Zu den rechtsformspezifischen Besonderheiten der organschaftlichen Vertretung bei der Anmeldung wird auf die Ausführungen zur Verschmelzung verwiesen;[10] dies gilt gleichermaßen für die Anmeldebefugnis einer **Kapitalerhöhung**, die zur Durchführung einer Spaltung erfolgt.[11]

Soweit im Rahmen einer Abspaltung bzw. Ausgliederung eine (ggf. vereinfachte) **Kapitalherabsetzung** beim übertragenden Rechtsträger nach § 139 UmwG bzw. § 145 UmwG erfolgt,[12] ist die – auch die vereinfachte – Kapitalherabsetzung bei der GmbH

---

[2] → § 12 Rn. 2.
[3] Vgl. zur Kapitalherabsetzung zur Durchführung einer Abspaltung oder Ausgliederung → § 29 Rn. 74 ff., 189 ff.
[4] Vgl. hierzu → § 70 Rn. 49.
[5] Semler/Stengel/*Kübler* § 130 UmwG Rn. 8 ff.; Kallmeyer/*Zimmermann* § 130 UmwG Rn. 11; Lutter/*Priester* § 130 UmwG Rn. 10.
[6] → § 12 Rn. 4.
[7] Bei einer Spaltung zur Neugründung ist § 137 Abs. 1, 2 UmwG zu beachten; Vgl. → Rn. 8.
[8] Semler/Stengel/*Schwanna* § 129 UmwG Rn. 5; Kallmeyer/*Zimmermann* § 129 UmwG Rn. 3; Lutter/*Priester* § 129 UmwG Rn. 3.
[9] Semler/Stengel/*Schwanna* § 129 UmwG Rn. 3; Lutter/*Priester* § 129 UmwG Rn. 3.
[10] → § 12 Rn. 6. Siehe auch Semler/Stengel/*Schwanna* § 129 UmwG Rn. 2.
[11] → § 12 Rn. 7.
[12] Näher hierzu → § 29 Rn. 86 ff., 202 ff.

durch sämtliche Geschäftsführer anzumelden, § 78 Hs. 2 GmbHG analog.[13] Bei der AG ist der Beschluss über die Kapitalherabsetzung durch den Vorstand in vertretungsberechtigter Zahl und den Aufsichtsratsvorsitzenden anzumelden, §§ 229 Abs. 3, 223 AktG. Für die Anmeldung der Durchführung der Kapitalherabsetzung genügt dann die Anmeldung durch die Vorstandsmitglieder in vertretungsberechtigter Zahl, §§ 229 Abs. 3, 227 Abs. 1 AktG.[14]

8   Bei einer **Spaltung zur Neugründung**[15] ist zu beachten, dass nach § 135 Abs. 2 UmwG die für die jeweilige Rechtsform geltenden **Gründungsvorschriften** zu beachten sind. Für die Anmeldung der Spaltung bestimmt § 137 Abs. 1 UmwG eine besondere Anmeldebefugnis der Vertretungsorgane des übertragenden Rechtsträgers. Die Vertretungsorgane des neugegründeten Rechtsträgers sind daher von der Vertretung bei der Anmeldung ausgeschlossen.[16] Dies gilt jedoch nicht für die bei der Gründung von Kapitalgesellschaften[17] erforderlichen persönlichen Versicherungen der Geschäftsführer (§ 8 Abs. 3 GmbHG) bzw. des Vorstands (§ 37 Abs. 2 AktG). Diese sind gesondert in notariell beglaubigter Form abzugeben.[18]

9   **b) Rechtsgeschäftliche Vertreter.** Eine **Vertretung durch einen Bevollmächtigten** ist grundsätzlich möglich, soweit keine persönlichen Wissenserklärungen oder strafbewehrte Erklärungen abzugeben sind. Die Vollmacht bedarf öffentlich beglaubigter Form, § 12 Abs. 1 S. 2 HGB. Eine rechtsgeschäftliche Vertretung ist jedoch nicht möglich, wenn in der Registeranmeldung eine **Negativerklärung** nach § 16 Abs. 2 S. 1 UmwG enthalten ist[19] oder der Geschäftsführer einer übertragenden GmbH nach § 140 UmwG eine Erklärung abzugeben hat. Die Negativerklärung ist keine Willenserklärung, vielmehr bloße **Wissenserklärung**.[20] Hinsichtlich der Erklärung nach § 140 UmwG scheidet eine Vertretung wegen der Strafbewehrung aus.[21]

10 **c) Notar.** Wie bei der Verschmelzung kann auch bei Spaltungsvorgängen der beurkundende bzw. beglaubigende Notar die beteiligten Rechtsträger bei der Anmeldung der Spaltung nach § 378 Abs. 2 FamFG vertreten.[22] Dies setzt voraus, dass im Rahmen der Anmeldung keine höchstpersönlichen Versicherungen abzugeben sind.[23] Solche Versicherungen können jedoch ggf. getrennt von der Anmeldung durch den Notar durch die erklärungspflichtigen Organe abgegeben und gesondert eingereicht werden.

4. Inhalt der Anmeldung

11 **a) Inhalt.** In der Anmeldung ist die Spaltung selbst anzumelden, und zwar unter Angabe von Firma und Sitz der beteiligten Rechtsträger. Aufgrund der Besonderheiten der unterschiedlichen Spaltungsarten sollte in der Anmeldung angegeben werden, um welche Form

---

[13] So zutreffend Widmann/Mayer/*Mayer* § 139 UmwG Rn. 55 f.; Semler/Stengel/*Schwanna* § 129 UmwG Rn. 2; aA für die vereinfachte Kapitalherabsetzung Lutter/*Priester* § 129 UmwG Rn. 3; Kallmeyer/*Zimmermann* § 129 UmwG Rn. 4: Anmeldung durch Geschäftsführer in vertretungsberechtigter Zahl genüge.

[14] Kallmeyer/*Zimmermann* § 129 UmwG Rn. 4.

[15] Eingehend zu den Besonderheiten bei der Spaltung zur Neugründung → § 20 Rn. 12 ff. Zu den Besonderheiten bei einer Ausgliederung eines eingetragenen Kaufmanns zur Neugründung vgl. → § 29 Rn. Text fehlt nach 391–440.

[16] Kallmeyer/*Zimmermann* § 137 UmwG Rn. 3.

[17] Zu den rechtsformspezifischen Besonderheiten einer Spaltung zur Neugründung einer GmbH, vgl. → § 29 Rn. 228 ff. zur Neugründung einer AG, vgl. → § 29 Rn. 100 ff.

[18] Semler/Stengel/*Schwanna* § 137 UmwG Rn. 2 Fn. 4; Lutter/*Priester* § 137 UmwG Rn. 12; Kallmeyer/*Zimmermann* § 137 UmwG Rn. 3.

[19] Die Negativerklärung kann jedoch formfrei in einer gesonderten Anlage erklärt werden, vgl. → Rn. 17.

[20] Kölner Kommentar-UmwG/*Simon* § 16 UmwG Rn. 6, 22.

[21] Kölner Kommentar-UmwG/*Simon*/*Nießen* § 140 UmwG Rn. 19; Schmitt/Hörtnagl/Stratz/*Hörtnagl* § 140 Rn. 3; Lutter/*Priester* § 140 UmwG Rn. 8.

[22] Vgl. *Ising* NZG 2012, 289.

[23] Eingehend → § 70 Rn. 33.

der Spaltung es sich handelt. Auch wenn weitere Angaben nicht vorgeschrieben sind, ist es zweckmäßig, in die Anmeldung eine kurze Bezeichnung des **übertragenen Vermögensteils** aufzunehmen.[24]

Bei einer **Kapitalerhöhung** ist beim übernehmenden Rechtsträger anzumelden, dass die Kapitalerhöhung zur Durchführung der Spaltung erfolgt. Die Anmeldung der Kapitalerhöhung kann mit der Anmeldung der Spaltung beim übernehmenden Rechtsträger in einer Urkunde verbunden werden.[25] Eine Versicherung, dass die Einlagen endgültig bewirkt und sich der Gegenstand der Leistung endgültig zur freien Verfügung des Vertretungsorgans der Gesellschaft befindet, ist nicht erforderlich, § 55 Abs. 1 S. 1 UmwG bzw. § 69 Abs. 1 S. 1 UmwG.[26]

Im Falle einer **Kapitalherabsetzung** bei einer Abspaltung bzw. Ausgliederung nach § 139 UmwG bzw. § 145 UmwG beim übertragenden Rechtsträger kann diese ebenfalls mit der Anmeldung der Spaltung verbunden werden.[27] Zu den rechtsformspezifischen Besonderheiten bei der Anmeldung von Spaltungen wird auf die gesonderten Darstellungen verwiesen.[28]

b) Negativerklärung. Bei Anmeldung einer Spaltung ist zu erklären, dass eine Klage gegen die Wirksamkeit der Spaltungsbeschlüsse der beteiligten Rechtsträger nicht bzw. nicht fristgemäß erhoben oder eine solche Klage abgewiesen oder zurückgenommen wurde, § 16 Abs. 2 S. 1 UmwG (**Negativerklärung**). Bis zur Vorlage der Erklärung darf die Spaltung nicht in den beteiligten Registern eingetragen werden. Diese Registersperre kann durch einen Unbedenklichkeitsbeschluss im **Freigabeverfahren** nach § 16 Abs. 3 UmwG überwunden werden. Die Erklärung kann formlos nachgereicht werden; rechtsgeschäftliche Vertretung bei der Abgabe der Erklärung ist nicht möglich. Im Übrigen wird auf die Ausführungen zur Negativerklärung bei einer Verschmelzung verwiesen.[29]

c) Form. Die Registeranmeldungen der Spaltung sind in öffentlich beglaubigter Form vorzunehmen, § 12 Abs. 1 HGB.[30] Dies gilt gleichermaßen für Vollmachten, § 12 Abs. 1. S. 2 HGB. Besonderheiten gegenüber der Form der Anmeldung für eine Verschmelzung bestehen nicht.[31]

d) Zeitpunkt. Für die Anmeldungen der Spaltung zu den Registern des übertragenden und des übernehmenden Rechtsträgers ist eine bestimmte Reihenfolge nicht vorgeschrieben.[32] Lediglich für die Eintragungen ist eine gesetzliche Reihenfolge vorgegeben.[33] Wie bei der Verschmelzung ist aufgrund der **Acht-Monats-Frist** des § 17 Abs. 2 S. 4 UmwG die Spaltung beim übertragenden Rechtsträger binnen acht Monaten nach dem Bilanzstichtag einzureichen.[34] Maßgeblich ist der fristgemäße Eingang beim Registergericht. Diese Anmeldefrist gilt nicht für die Anmeldung beim übernehmenden Rechtsträger.[35]

e) Sonstige Erklärungen. Bei einer **übertragenden Kapitalgesellschaft** ist ferner in der Registeranmeldung einer Abspaltung oder Ausgliederung durch sämtliche Geschäftsführer einer GmbH nach § 140 UmwG bzw. der Vorstand einer AG nach § 146 Abs. 1

---

[24] Kallmeyer/Zimmermann § 129 Rn. 5; bei der Eintragung der Spaltung kann dies in das jeweilige Register eingetragen werden, vgl. Krafka/Kühn Rn. 1195.
[25] Limmer, Unternehmensumwandlung, Teil 3 Rn. 367.
[26] Semler/Stengel/Schwanna § 129 UmwG Rn. 8
[27] Semler/Stengel/Schwanna § 129 UmwG Rn. 2.
[28] → § 29.
[29] → § 12 Rn. 14 ff.
[30] → § 70 Rn. 29.
[31] → § 12 Rn. 19.
[32] Limmer, Unternehmensumwandlung, Teil 3 Rn. 362; Semler/Stengel/Schwanna § 129 UmwG Rn. 16.
[33] → Rn. 37.
[34] Semler/Stengel/Schwanna § 129 UmwG Rn. 16.
[35] Vgl. auch → § 12 Rn. 21.

UmwG zu versichern, dass die durch Gesetz und Satzung vorgesehenen Voraussetzungen für die Gründung im Zeitpunkt der Anmeldung vorliegen, dh insb. der Nennbetrag des Stamm- bzw. Grundkapitals durch das (verbliebene) Reinvermögen gedeckt ist.[36] Die Erklärung ist strafbewehrt (§ 313 Abs. 2 UmwG) und daher einer Vertretung nicht zugänglich.[37] Alternativ ist es auch möglich, die Erklärung gesondert abzugeben. Eine notarielle Beglaubigung ist dann nicht erforderlich.[38]

18 Auch im Rahmen einer Spaltung sind die rechtsformspezifischen Erklärungen bzw. Versicherungen abzugeben, etwa bei nicht voll eingezahlten Geschäftsanteilen (§ 52 UmwG),[39] bei Konzernspaltungen (§ 62 Abs. 3 S. 5, Abs. 4 S. 3 UmwG)[40] oder bei Spaltungen auf eine übernehmende AG oder KGaA (§§ 71 Abs. 1, 78 UmwG)[41].

III. Anlagen
1. Allgemeines

19 Infolge der Verweisung des § 125 S. 1 UmwG sind auch bei Spaltungen verschiedene Anlagen gemäß § 17 Abs. 1, 2 UmwG den Anmeldungen beizufügen.[42]

20 Bei einer Spaltung zur Aufnahme sind folgende **Anlagen** zusammen mit der Anmeldung in **Ausfertigung** oder **öffentlich beglaubigter Abschrift** einzureichen:
- Spaltungsvertrag (§ 126 iVm. § 6 UmwG);
- Niederschriften der Spaltungsbeschlüsse der Versammlungen der Anteilsinhaber (§ 13 Abs. 1 iVm. Abs. 3 S. 1 UmwG; § 65 Abs. 2 UmwG);
- ggf. erforderliche Zustimmungserklärungen einzelner Anteilsinhaber (§§ 13 Abs. 2, 40 Abs. 2 S. 2, 50 Abs. 2, 51 Abs. 1 f., 78 S. 3 UmwG jeweils iVm § 13 Abs. 3 S. 1 UmwG);
- ggf. Zustimmungserklärungen der bei der Beschlussfassung über die Verschmelzung nicht erschienener Anteilsinhaber (§§ 43 Abs. 1, 45d Abs. 1, 51 Abs. 1 S. 2 f. UmwG jeweils iVm § 13 Abs. 3 S. 1 UmwG);
- ggf. Verzichtserklärungen aller Anteilsinhaber sämtlicher beteiligter Rechtsträger auf einen Spaltungsbericht (§ 8 Abs. 3 S. 1 Alt. 1, S. 2 UmwG), die Unterrichtung über wesentliche Vermögensveränderungen (§ 8 Abs. 3 S. 1 Alt. 1, S. 2 UmwG), auf die Prüfung des Spaltungsvertrags (§ 9 Abs. 3 i. V. m. § 8 Abs. 3 S. 1 Alt. 1, S. 2 UmwG)[43], auf den Prüfungsbericht (§ 12 Abs. 3 i. V. m. § 8 Abs. 3 S. 1 Alt. 1, S. 2 UmwG) und auf die Erstellung einer Zwischenbilanz gemäß § 63 Abs. 1 Nr. 3 UmwG (§ 63 Abs. 2 S. 5 UmwG iVm § 8 Abs. 3 S. 1 Alt. 1, S. 2 UmwG);
- ggf. die Verzichtserklärungen der Anteilsinhaber des übertragenden Rechtsträgers hinsichtlich einer Gewährung von Geschäftsanteilen bzw. Aktien am übernehmenden Rechtsträger gemäß § 54 Abs. 1 S. 3 bzw. § 68 Abs. 1 S. 3 UmwG;
- ggf. Verzicht auf die Klage gegen die Wirksamkeit des Spaltungsbeschlusses (§ 16 Abs. 2 S. 2 Hs. 2 UmwG).[44]

21 In **Urschrift** oder als **einfache Abschrift** sind je nach Einzelfall einzureichen:

---

[36] Zur Formulierung der Erklärung bei einer Unterbilanz, *Stindt*, NZG 2017, 174. Ausführlich zur Erklärung nach § 140 UmwG → § 29 Rn. 230 ff.
[37] Vgl. → Rn. 9.
[38] So Semler/Stengel/*Reichert* § 140 UmwG Rn. 7; Kallmeyer/*Zimmermann* § 140 UmwG Rn. 6; Lutter/*Priester* § 140 UmwG Rn. 11; Widmann/Mayer/*Mayer* § 140 UmwG Rn. 11.
[39] Zu diesen rechtsformspezifischen Erklärungen bei der Anmeldung → § 15 Rn. 273 f.
[40] Zu diesen rechtsformspezifischen Erklärungen bei der Anmeldung → § 16 Rn. 83 ff.
[41] Zu diesen rechtsformspezifischen Erklärungen bei der Anmeldung → § 29 Rn. 139.
[42] Zur notwendigen Form der Dokumente → § 12 Rn. 24.
[43] Zu beachten ist, dass bei einer Ausgliederung eine Prüfung nicht erforderlich ist, § 125 S. 2 UmwG.
[44] Semler/Stengel/*Schwanna* § 17 UmwG Rn. 2.

– Spaltungsbericht (§ 8 Abs. 1 und 2 UmwG) und Spaltungsprüfungsbericht (§ 12 UmwG), soweit nicht darauf verzichtet wurde oder sie entbehrlich sind gemäß § 8 Abs. 3 S. 1, § 12 Abs. 3 UmwG; eine Spaltungsprüfung findet ferner nicht bei einer Ausgliederung statt, § 125 S. 2 UmwG;
– Nachweis über die Zuleitung des Spaltungsvertrags oder seines Entwurfs an den Betriebsrat;[45]
– bei Beteiligung einer AG (oder KGaA) der Nachweis der Bekanntmachung[46] über die bevorstehende Spaltung, die privatschriftliche Anzeige des bestellten Treuhänders über den Erhalt der Aktien und der baren Zuzahlungen (§ 71 UmwG) sowie ggf. Nachweis des Anteilsbesitzes bei beschlussloser Konzernspaltung (§ 62 Abs. 1, 4 UmwG).

Für jeden übertragenden Rechtsträger ist ferner eine Bilanz des Rechtsträgers beizufügen (**Schlussbilanz**), § 17 Abs. 2 S. 1 UmwG, die auf einen Stichtag aufgestellt sein muss, der höchstens acht Monate vor der Anmeldung liegt.[47] Mit zu übersenden sind schließlich etwaige **Vollmachten** im Falle einer rechtsgeschäftlichen Vertretung bei der Anmeldung, § 12 Abs. 1 S. 2 HGB. Die **Negativerklärung** nach § 16 Abs. S. 1 UmwG kann entweder in der Anmeldung selbst erklärt oder als Anlage übersandt bzw. nachgereicht werden.

Erhöht der übernehmende Rechtsträger zur Durchführung der Spaltung sein Kapital (**Kapitalerhöhung**), sind je nach Rechtsform weitere Unterlagen, insbesondere Werthaltigkeitsnachweise, mit der Anmeldung einzureichen.[48] Bei einer **Kapitalherabsetzung** beim übertragenden Rechtsträger sind ferner der Anmeldung die Niederschrift über den Kapitalherabsetzungsbeschluss sowie der vollständige Wortlaut der Satzung mit notarieller Satzungsbescheinigung beizufügen.[49] Soweit der Spaltungsvertrag unter aufschiebenden oder auflösenden **Bedingungen** steht,[50] sind deren Eintritt bzw. Nichteintritt mitzuteilen und ggf. schriftlich nachzuweisen.[51] Bei einer **Spaltung zur Neugründung** sind zusätzlich die Anlagen beizufügen, die nach dem Gründungsrecht des neuen Rechtsträgers notwendig sind.[52]

Staatliche Genehmigungsurkunden sind grundsätzlich nicht mehr vorzulegen.[53] Bei einer **kombinierten Spaltung** nach § 123 Abs. 4 UmwG, also der gleichzeitigen Übertragung von Vermögen auf bestehende und auf neue Rechtsträger,[54] sind auch beim Register am Sitz des neuen Rechtsträgers auch die nach § 17 UmwG erforderlichen Unterlagen einzureichen, die den aufnehmenden Rechtsträger betreffen. Auf diese Weise ist sichergestellt, dass das Registergericht die Wirksamkeit des gesamten Spaltungsvorgangs einheitlich prüfen kann.[55]

2. Schlussbilanz

Wie bei der Verschmelzung ist bei sämtlichen Arten der Spaltung eine **Schlussbilanz** des übertragenden Rechtsträgers aufzustellen und der Anmeldung zum Register des übertragenden Rechtsträgers beizufügen, § 17 Abs. 2 S. 1 HGB. Wegen der Einzelheiten der Schlussbilanz kann auf die Ausführungen bei der Verschmelzung verwiesen werden.[56]

---

[45] Hierzu näher → Rn. 28.
[46] Eingehend zur Bekanntmachung des Spaltungsvertrags bei Beteiligung einer AG bzw. KGaA → § 15 Rn. 7 ff.
[47] Einzelheiten und Zweifelsfragen bei *Heidtkamp* NZG 2013, 852.
[48] Hierzu und zu weiteren rechtsformspezifischen Anlagen der Anmeldung → § 29.
[49] Näher → § 29 Rn. 202 ff.
[50] Vgl. → § 22 Rn. 84.
[51] Zum Nachweis durch eine notarielle Umwandlungsbescheinigung → § 70 Rn. 49.
[52] Vgl. → § 29.
[53] → § 12 Rn. 30.
[54] Ausführlich hierzu → § 20 Rn. 18 ff.
[55] Semler/Stengel/*Schwanna* § 137 UmwG Rn. 13.
[56] → § 12 Rn. 31 ff.

26 Umstritten ist, ob bei einer Spaltung eine (Gesamt-)Schlussbilanz des übertragenden Rechtsträgers ausreicht, oder ob ggf. zwei **Teilbilanzen** für die zurückbleibenden Vermögensteile und die zu übertragenden Vermögensteile erforderlich sind.[57] Für Letzteres spricht, dass bei einer Spaltung grundsätzlich der übertragende Rechtsträger nicht erlischt, und der Aufwand für die Aufstellung, Feststellung und ggf. Prüfung einer Schlussbilanz jedenfalls bei einer Spaltung von vielleicht nur wenigen Vermögensgegenständen einen unverhältnismäßig hohen Aufwand bedeutet.[58] Nach dem Wortlaut des § 17 Abs. 2 S. 1 UmwG ist jedoch eine (Gesamt-)Schlussbilanz zwingend erforderlich, sodass nach hM eine Vorlage von Teilbilanzen nicht zulässig ist.[59] De lege ferenda wäre eine entsprechende Klarstellung in § 125 S. 1 UmwG wünschenswert.

27 Von der beizufügenden Schlussbilanz zu unterscheiden ist die sog. **Spaltungsbilanz**, die zusätzlich aufgestellt werden und etwa zur Definition des übergehenden Vermögens nach § 126 Abs. 1 Nr. 9, Abs. 3 UmwG dienen kann.[60] Eine solche Spaltungsbilanz kann insbesondere auch beim übernehmenden Rechtsträger als Nachweis der Werthaltigkeit verwendet werden.[61] Eine solche Spaltungsbilanz stellt jedoch keine Schlussbilanz iSd § 17 Abs. 2 S. 1 UmwG dar.

3. Zuleitung an Betriebsrat

28 Auch bei einer Spaltung ist der Anmeldung ein Nachweis über die **Zuleitung des Spaltungsvertrages** an den Betriebsrat nach § 126 Abs. 3 UmwG beizufügen. Besonderheiten gegenüber der Handhabung der der Anmeldung von Verschmelzungen bestehen keine.[62]

4. Gesellschafterlisten

29 Soweit im Rahmen einer Spaltung eine Kapitalerhöhung oder auch Kapitalherabsetzung durchgeführt wird, ist nach Wirksamwerden der entsprechenden Kapitalmaßnahmen eine notariell bescheinigte **Gesellschafterliste** nach § 40 Abs. 2 GmbHG vom Notar zu erstellen und beim Registergericht einzureichen. Auf die Ausführungen zur Einreichung von Gesellschafterlisten bei Verschmelzungen kann daher verwiesen werden.[63] Im Falle der Spaltung von GmbH-Geschäftsanteilen liegt nach der für die Verschmelzung entsprechend geltenden Rechtsprechung eine mittelbare Mitwirkung des Notars vor, sodass der Notar bei der betroffenen GmbH eine bescheinigte Gesellschafterliste nach § 40 Abs. 2 GmbHG einzureichen hat.[64]

30 Im Falle einer **Spaltung zur Neugründung** sind hingegen der bzw. die Geschäftsführer in vertretungsberechtigter Zahl verpflichtet, zum zuständigen Gericht am Sitz des neuen Rechtsträgers eine Gesellschafterliste einzureichen, § 135 Abs. 2 S. 1 UmwG iVm § 8 Abs. 1 Nr. 3 UmwG.[65]

---

[57] So Widmann/Mayer/*Widmann* § 24 UmwG Rn. 163. Ausführlich hierzu *Heitkamp* NZG 2013, 852, 856 f.

[58] Zustimmend daher Semler/Stengel/*Schwanna* § 17 UmwG Rn. 23, der jedoch eine vorherige Abstimmung mit dem Registergericht empfiehlt. Befürwortend auch Kallmeyer/*Sickinger* § 125 UmwG Rn. 23. Zu beachten ist allerdings, dass bejahendenfalls auch eine solche Teilbilanz der Aufstellung, Feststellung und Prüfung bedarf, → § 12 Rn. 34 ff.

[59] Hörtnagl/Schmidt/Stratz/*Hörtnagl* § 17 UmwG Rn. 50; Kallmeyer/*Sickinger* § 125 UmwG Rn. 23; Lutter/*Priester* § 134 UmwG Rn. 2; *Schmidt/Heinze* DB 2008, 2696 ff.; kritisch *Heitkamp* NZG 2013, 852, 856.

[60] Münch.Hdb. GesR III/*Dr. Mayer/Weiler* § 73 Rn. 549.

[61] Hörtnagl/Schmidt/Stratz/*Hörtnagl* § 17 UmwG Rn. 50 mwN.

[62] Näher daher zum Nachweis der Zuleitung und Verzicht auf die Monatsfrist durch den Betriebsrat → § 12 Rn. 40 ff.

[63] → § 12 Rn. 44.

[64] OLG Hamm 15 W 304/09, DNotZ 2010, 214; aA *Mayer* MittBayNot 2014, 114, 116; ausführlich → § 70 Rn. 46.

[65] *Roth* RNotZ 2014, 470, 476; Semler/Stengel/*Maier-Reimer/Seulen* § 160 UmwG Rn. 5; zweifelnd Lutter/*Karollus* § 160 UmwG Rn. 4.

5. Sonstige Unterlagen

Wie bei der Verschmelzung sind auch bei der Spaltung ggf. weitere **rechtsformspezi-** 31
fische Erklärungen und **Nachweise**[66] sowie Unterlagen im Falle einer **Kapitalerhöhung** beim aufnehmenden Rechtsträger (Schlussbilanz des übertragenden Rechtsträgers bzw. sonstige Werthaltigkeitsnachweise, Übernehmerliste, ggf. Sachgründungsbericht)[67] einzureichen.[68]

IV. Behebung von Mängeln

Bei unvollständigen Anmeldungen oder Anmeldungen mit behebbaren Mängeln ist der 32
Gesellschaft eine Frist zur Abhilfe unter angemessener Fristsetzung vom Registergericht zu gewähren, § 382 Abs. 4 S. 1 FamFG. Im Detail umstritten ist die Frage der Behebung solcher Mängel nach Ablauf der Acht-Monats-Frist des § 17 Abs. 2 S. 4 UmwG. Besonderheiten für Spaltungsvorgänge bestehen nicht, sodass auf die Ausführungen zur Verschmelzung verwiesen wird.[69]

V. Registerverfahren

1. Prüfungsumfang

Das Registergericht hat bei der Spaltung ein eigenes **Prüfungsrecht** und hat daher die 33
Vollständigkeit und Ordnungsmäßigkeit des Vorgangs zu prüfen.[70] Zum Umfang des Prüfungsrechts kann auf die Ausführungen zur Verschmelzung verwiesen werden.[71]

Vor Eintragung der Spaltung hat das Registergericht insbesondere auch zu prüfen, ob die 34
notwendigen Voreintragungen bei den übernehmenden Rechtsträgern wirksam sind. Insoweit ist das Registergericht an die Entscheidungen und Eintragungen des anderen Registergerichts gebunden.[72] Hat etwa das eine Registergericht einer übernehmenden Gesellschaft die Kapitalerhöhung eingetragen, ist das Registergericht der übertragenden Gesellschaft daran gebunden. Dies gilt gleichermaßen für die Eintragung einer Spaltung in das Register des übernehmenden Rechtsträgers.[73]

2. Eintragungsverfahren

Das Verfahren der Eintragung entspricht grundsätzlich demjenigen bei der Verschmel- 35
zung,[74] allerdings in umgekehrter Reihenfolge. Anders als die Verschmelzung wird die Spaltung nicht mit Eintragung beim übernehmenden Rechtsträger, sondern mit Eintragung in das Register des Sitzes des **übertragenden Rechtsträgers** wirksam, § 131 Abs. 1 UmwG. Die Eintragung der Spaltung beim übernehmenden Rechtsträger erfolgt daher zunächst mit einem **Wirksamkeitsvorbehalt**, § 130 Abs. 1 S. 2 UmwG, sofern nicht die Eintragungen bei allen Registern am selben Tag erfolgen. Nach Eintragung beim Gericht des Sitzes des übertragenden Rechtsträgers hat daher dieses von Amts wegen dem Gericht des Sitzes jedes der übernehmenden Rechtsträger den Tag der Eintragung der Spaltung mitzuteilen, einen Registerauszug sowie eine beglaubigte Abschrift des Gesellschaftsvertrags (oder vergleichbar) des übertragenden Rechtsträgers zu übersenden. Nach Eingang der Unterlagen ist sodann beim Registergericht jedes übernehmenden Rechtsträgers der Tag der Eintragung der Spaltung im Register des übertragenden Rechtsträgers zu vermerken,

---

[66] → § 29.
[67] → § 29 Rn. 173 ff.
[68] Zu den Besonderheiten bei Anmeldung einer grenzüberschreitenden Spaltung → § 30.
[69] → § 12 Rn. 47 ff.
[70] Eingehend Widmann/Mayer/*Fronhöfer* § 130 UmwG Rn. 8 ff.
[71] → § 12 Rn. 52 ff.
[72] Lutter/*Priester* § 130 UmwG Rn. 7; Kallmeyer/*Zimmermann* § 130 UmwG Rn. 11.
[73] *Limmer*, Unternehmensumwandlung, Teil 3 Rn. 360; Lutter/*Priester* § 130 UmwG Rn. 7.
[74] → § 12 Rn. 57.

§ 130 Abs. 2 UmwG.[75] Sowohl dieser Vermerk, als auch der Wirksamkeitsvorbehalt sind sodann zu röten.[76] Eine genaue Bezeichnung der im Rahmen der Spaltung übergehenden Vermögensgegenstände ist im UmwG nicht vorgesehen. In der Registerpraxis werden jedoch häufig bei Eintragung der Spaltung sowohl bei den übertragenden als auch den übernehmenden Rechtsträgern die betroffenen Vermögensgegenstände oder Vermögensgesamtheiten schlagwortartig charakterisiert.[77]

36 Im Falle einer **Kapitalherabsetzung** zur Durchführung der Abspaltung oder Ausgliederung darf diese erst im Register des übertragenden Rechtsträgers eingetragen werden, nachdem die Herabsetzung des Stammkapitals bzw. Grundkapitals eingetragen worden ist, § 139 S. 2 UmwG bzw. § 145 S. 2 UmwG. Auch bei einer Kapitalerhöhung zur Durchführung der Spaltung beim übernehmenden Rechtsträger ist diese vor der Spaltung in dessen Register einzutragen, § 53 UmwG bzw. § 66 UmwG.

37 Für eine Spaltung ergibt sich damit folgender **Ablauf des Eintragungsverfahrens**:[78]
1. Anmeldung der Spaltung zu den Registern der übertragenden Rechtsträger (§§ 16 f. UmwG);
2. Anmeldung der Spaltung und ggf. Kapitalerhöhung zum Register der übernehmenden Rechtsträger (§§ 16 f. UmwG, in der Regel gleichzeitig mit der Anmeldung bei den übertragenden Rechtsträgern);
3. Übernehmende Rechtsträger
   – Eintragung der Kapitalerhöhung zum Zwecke der Spaltung (falls erforderlich);
   – Eintragung der Spaltung, ggf. mit Wirksamkeitsvorbehalt, § 130 Abs. 1 S. 2 UmwG;
4. Übertragende Rechtsträger
   – Eintragung der Kapitalherabsetzung zum Zwecke der Spaltung (falls erforderlich);
   – Eintragung der Spaltung (Wirksamkeitszeitpunkt nach § 131 UmwG);
5. Übernehmender Rechtsträger
   – Eintragung des Eintritts der Wirksamkeit nach § 130 Abs. 2 S. 2 UmwG.

38 Die Reihenfolge der Eintragung ist bei der **Spaltung zur Neugründung** identisch mit derjenigen bei der Spaltung zur Aufnahme (§§ 137 Abs. 3, 130 UmwG) – mit der Besonderheit, dass die neuen Rechtsträger zunächst mit einem **Vorläufigkeitsvermerk** eingetragen werden. Die Registergerichte der neuen Rechtsträger haben dem Register des übertragenden Rechtsträgers die Eintragung der neuen Rechtsträger von Amts wegen mitzuteilen, § 137 Abs. 3 UmwG. Erst die Eintragung der Spaltung bei dem übertragenden Rechtsträger wirkt dann konstitutiv für die Spaltung selbst sowie für die Entstehung des neuen Rechtsträgers. Folgt der Eintragung des Rechtsträgers keine Eintragung der Spaltung beim übertragenden Rechtsträger nach, entsteht der neue Rechtsträger nicht wirksam und ist von Amts wegen zu löschen.[79] Unter den entsprechenden Voraussetzungen kann gleichwohl eine fehlerhaft wirksame Gesellschaft vorliegen.

3. Wirkung der Eintragung

39 Mit der Eintragung beim **übertragenden Rechtsträger** geht das Vermögen des übertragenden Rechtsträgers, bei Abspaltung und Ausgliederung der abgespaltene oder ausgegliederte Teil oder die abgespaltenen oder ausgegliederten Teile des Vermögens einschließlich der Verbindlichkeiten entsprechend der im Spaltungsvertrag vorgesehenen Aufteilung jeweils als Gesamtheit auf die übernehmenden Rechtsträger über (**partielle Gesamtrechtsnachfolge**; § 131 Abs. 1 Nr. 1 UmwG).[80] Die Eintragung ist damit konstitutiv für die Wirksamkeit der Spaltung. Bei der Aufspaltung erlischt der übertragende

---

[75] Eingehend zum Verfahren Widmann/Mayer/*Fronhöfer* § 130 UmwG Rn. 24 ff.
[76] *Krafka/Kühn* Rn. 1193.
[77] *Krafka/Kühn* Rn. 1195.
[78] Nach *Krafka/Kühn* Rn. 1194; vgl. auch Widmann/Mayer/*Fronhöfer* § 130 UmwG Rn. 20.
[79] Widmann/Mayer/*Fronhöfer* § 137 UmwG Rn. 72 mwN.
[80] Ausführlich zu den Wirkungen der Eintragung → § 27.

Rechtsträger, ohne dass es einer besonderen Löschung bedarf (§ 131 Abs. 1 Nr. 2 UmwG). Bei Aufspaltung und Abspaltung werden die Anteilsinhaber des übertragenden Rechtsträgers entsprechend der im Spaltungs- und Übernahmevertrag vorgesehenen Aufteilung Anteilsinhaber der beteiligten Rechtsträger, § 131 Abs. 1 Nr. 3 UmwG. Bei Spaltung von Grundbesitz ist das jeweilige Grundbuch zu berichtigen; soweit Gesellschaftsbeteiligungen im Wege der Spaltung übertragen werden, ist das jeweilige Register (bei Personenhandelsgesellschaften), die Gesellschafterliste einer GmbH bzw. das Grundbuch (bei GbR mit Grundbesitz) zu berichtigen.[81]

4. Bekanntmachung

Die Eintragungen der Spaltungen in den Registern sind gemäß dem entsprechend anwendbaren § 19 Abs. 3 UmwG bekannt zu machen. Für die Bekanntmachung gilt damit das gleiche wie bei einer Verschmelzung, insbesondere ist in der Bekanntmachung auch der Gläubigerhinweis nach § 22 UmwG zu veröffentlichen.[82] **40**

§ 27 Rechtsfolgen der Spaltung

Übersicht

	Rdnr.		Rdnr.
I. Allgemeines	1–6	2. „Vergessene Vermögensgegenstände"	88–92
II. Vermögensübergang	7–92	III. Korporationsrechtliche Folgen	93–110
1. Partielle Gesamtrechtsnachfolge	7–87	1. Erlöschen des übertragenden Rechtsträgers bei der Aufspaltung	94–96
a) Allgemeines	7–10	2. Anteilsgewährung	97–110
b) Grundsatz der Spaltungsfreiheit	11	a) Gesetzlicher Anteilserwerb	98–102
c) Einschränkungen	12–24	b) Ausnahmen	103, 104
aa) Vermögen im Ausland	14	c) Rechte Dritter	105–110
bb) Höchstpersönliche Rechtspositionen	15–17	IV. Schutz der Gläubiger und der Inhaber von Sonderrechten	111–229
cc) Fehlende Trennbarkeit von Vermögensgegenständen	18–20	1. Allgemeines	111–113
dd) Missbrauchsverbot; keine „immanenten Schranken"	21–24	2. Gesamtschuldnerische Haftung der beteiligten Rechtsträger	114–183
d) Einzelne Vermögensgegenstände bzw. Rechtspositionen	25–87	a) Hauptschuldner und Mithafter	115, 116
aa) Gesellschaftsanteile	26–31	b) Altverbindlichkeiten	117–131
bb) Genossenschaftsanteile	32	aa) Maßgeblicher Zeitpunkt	118
cc) Vereinsmitgliedschaft	33, 34	bb) Begründung der Verbindlichkeit	119–130
dd) Firma	35, 36	cc) „Vergessene Verbindlichkeiten"	131
ee) Beherrschungs- und Gewinnabführungsverträge	37–40	c) Haftung auf Erfüllung, Einstandspflicht	132–142
ff) Grundstücke und Rechte an Grundstücken	41–49	aa) Inanspruchnahme nach freiem Belieben des Gläubigers	133
gg) Forderungen	50	bb) Sachleistungsansprüche	134
hh) Verbindlichkeiten	51	cc) Unterlassungsansprüche	135
ii) Sicherheiten	52–55	dd) Einreden und Einwendungen	136–142
jj) Vertragsverhältnisse	56–58	d) Innenausgleich	143–145
jj) Auftrag und Vollmacht	59	aa) Verhältnis Hauptschuldner und Mithafter	144
kk) Arbeitsverhältnisse und Organstellungen	60–73	bb) Verhältnis der Mithafter untereinander	145
ll) Schwebende Rechtspositionen	74, 75	e) Enthaftung des Mithafters	146–158
mm) Öffentlich-rechtliche Rechtspositionen	76–79		
nn) Prozessrechtsverhältnisse	80–84		
oo) Immaterialgüterrechte	85, 86		
pp) Daten	87		

---

[81] Näher zur Berichtigung in öffentlichen Registern und Titeln → § 70 Rn. 50 ff.
[82] Widmann/Mayer/*Fronhöfer* § 130 UmwG Rn. 23; vgl. zur Bekanntmachung bei Verschmelzung → § 12 Rn. 62 f.

	Rdnr.
aa) Enthaftung mangels Fälligkeit	148
bb) Enthaftung wegen fehlender Klage oder Zwangsvollstreckung	149–155
cc) Akzessorische Sicherheiten	156–158
f) Besonderer Gläubigerschutz der Arbeitnehmer	159–168
aa) Anwendungsbereich	161–168
g) Voraussetzungen	169–176
aa) Übertragung der betriebsnotwendigen Vermögensteile	170, 171
bb) Beschränkung auf Verwaltung	172, 173
cc) Nutzungsüberlassung	174
dd) Gesellschafteridentität	175
ee) Mehrere Anlagegesellschaften	176
h) Rechtsfolgen	177–183
aa) Betriebsverfassungsrechtliche Ansprüche	178, 179
bb) Versorgungsansprüche	180–182
cc) Erlöschen der Haftung	183
3. Sicherheitsleistung	184–206
a) Voraussetzungen	186–195
aa) Noch nicht fällige Altverbindlichkeit	187–189
bb) Konkrete Gefährdung des Anspruchs	190, 191
cc) Glaubhaftmachung	192
dd) Form- und fristgerechte Anmeldung	193–195
b) Inhalt des Anspruchs	196–199
c) Fälligkeit	200
d) Durchsetzung	201, 202
e) Ausschluss	203–206
aa) Vorzugsweise Befriedigung aus staatlich überwachter Deckungsmasse	204
bb) Anderweitig ausreichende Sicherheit	205
cc) Wegfall der Gefährdung	206
4. Inhaber von Sonderrechten	207–229
a) Schutzsubjekte	208, 209
b) Betroffene Rechte	210–218
aa) Schuldverschreibungen und Optionen	210–212
bb) Aktienähnliche Genussrechte	213
cc) Partiarisch ausgestaltete schuldrechtliche Beteiligungen und Tantiemen	214, 215
dd) Stille Gesellschaft	216
ee) Stimmrechtslose Anteile	217, 218
c) Schuldner	219–221
d) Rechtsfolgen	222–226
aa) Gewährung gleichwertiger Rechte	222–224
bb) Mischspaltung	225, 226
e) Verjährung	227
f) Durchsetzung	228, 229
V. Schutz der Minderheitsgesellschafter	230–275
1. Allgemeines	230–232
2. Voraussetzungen des Anspruchs auf Barabfindung	233–266
a) Mischspaltung	234–248
aa) Spaltung einer börsennotierten auf eine nicht börsennotierte AG	238–240
bb) Verfügungsbeschränkungen	241–244
cc) Widerspruch zur Niederschrift und gleichgestellte Umstände	245–248
b) Inhalt des Anspruchs auf Barabfindung	249, 250
c) Verzinsung und weiterer Schaden	251–253
d) Prüfung der Barabfindung	254–257
e) Annahme des Angebots	258–264
aa) Frist	259–261
bb) Form	262–264
f) Abwicklung	265
g) Rechtsstellung im übernehmenden Rechtsträger	266
3. Kostenübernahme	267
4. Erweiterungen des zulässigen Erwerbs eigener Anteile	268–270
5. Analoge Anwendung des § 29 UmwG?	271–275

Schrifttum: *Heckschen*, Inhalt und Umfang der Gesamtrechtsnachfolge – sog. Vertrauensstellung und Mitgliedschaften, GmbHR 2014, 626.

I. Allgemeines

1   Die Rechtsfolgen der Spaltung können stichwortartig mit den Begriffen

- Vermögensübergang,
- Anteilsgewährung (und ggf. Erlöschen des übertragenden Rechtsträgers),
- Schutz der Gläubiger und Inhaber von Sonderrechten sowie
- Schutz der Minderheitsgesellschafter

zusammengefasst werden. Während es für die ersten vier Regelungsgegenstände spezielle umwandlungsrechtliche Vorschriften gibt, sind die Vertragspartner der an der Spaltung beteiligten Rechtsträger auf die Behelfe des allgemeinen Schuldrechts verwiesen, wenn sie einer aus der Spaltung resultierenden möglichen Verschlechterung ihrer Rechtsposition begegnen wollen.

Der Vermögensübergang ist in § 131 Abs. 1 Nr. 1, Abs. 3 UmwG geregelt. Die **par-** 2
tielle Gesamtrechtsnachfolge, die in diesen Vorschriften angeordnet wird, gibt der
Spaltung ihre spezifische Prägung (→ Rn. 7 ff.).

Als Gegenleistung für das übertragene Vermögen werden in der Regel Anteile an dem 3
übernehmenden Rechtsträger gewährt (§§ 123 Abs. 1 bis 3, 131 Abs. 1 Nr. 3 S. 1 und 3
UmwG). Bei der Aufspaltung erlischt der übertragende Rechtsträger, ohne dass es einer
besonderen Löschung bedarf (§ 131 Abs. 1 Nr. 2 UmwG; zu den sog. korporationsrechtlichen Folgen der Spaltung → Rn. 93 ff.).

Das Umwandlungsrecht sieht einen speziellen **Schutz der Gläubiger** und der Inhaber 4
von **Sonderrechten** für den Fall einer Spaltung vor. Einschlägig sind insoweit §§ 133 f.,
125, 22 UmwG. Hiernach haften die an der Spaltung beteiligten Rechtsträger **gesamtschuldnerisch** für einen Zeitraum von fünf Jahren bzw. zehn Jahren für vor der Spaltung
begründete Verbindlichkeiten des übertragenden Rechtsträgers gegenüber dessen Gläubigern (→ Rn. 114 ff.). Gläubiger können ferner unter bestimmten Voraussetzungen **Sicherheitsleistung** verlangen (→ Rn. 184 ff.). Inhaber von Sonderrechten werden dadurch geschützt, dass ihnen gleichwertige Rechte zu gewähren sind (→ Rn. 207 ff.). Schließlich
besteht ein besonderer Schutz für die Arbeitnehmer der an der Spaltung beteiligten Rechtsträger im Falle einer **Betriebsaufspaltung** (→ Rn. 159 ff.).

Der Schutz der Minderheitsgesellschafter wird bei der Spaltung dadurch bewirkt, dass 5
ihnen ein **Abfindungsangebot** in Bezug auf ihre Anteile unterbreitet werden muss
(§§ 125, 29 bis 31 UmwG, → Rn. 230 ff.).

Schließlich bleibt es den Vertragspartnern der an der Spaltung beteiligten Rechtsträger 6
unbenommen, auf die **Behelfe des allgemeinen Schuldrechts** zurückzugreifen. In Betracht kommen insoweit insbesondere eine Kündigung aus wichtigem Grund (§ 314 BGB)
bzw. eine Anpassung des Vertrags (§ 313 BGB). Allerdings sind die Voraussetzungen dieser
Tatbestände bei einer Spaltung nur in besonderen Ausnahmesituationen erfüllt. Der spaltungsbedingte Vermögensübergang als solcher ist kein Umstand, der dem Vertragspartner ein Festhalten an dem Vertrag unzumutbar bzw. eine Vertragsanpassung erforderlich macht. Denn die
Wertungen des Umwandlungsrechts (insbesondere die partielle Gesamtrechtsnachfolge als
Strukturmerkmal der Spaltung sowie der **Grundsatz der Spaltungsfreiheit**) dürfen durch
einen Rückgriff auf die Behelfe des allgemeinen Schuldrechts nicht unterlaufen werden.

II. Vermögensübergang

1. Partielle Gesamtrechtsnachfolge

a) Allgemeines. Die **Eintragung** der Spaltung **im Register am Sitz des übertra-** 7
genden Rechtsträgers führt dazu, dass die im Spaltungs- und Übernahmevertrag bezeichneten Gegenstände (Sachen, Rechte und Verbindlichkeiten) im Wege der partiellen Gesamtrechtsnachfolge vom übertragenden auf den übernehmenden Rechtsträger übergehen
(§ 131 Abs. 1 Nr. 1 UmwG).

Das Wesen der Gesamtrechtsnachfolge liegt darin, dass das Vermögen des übertragenden 8
Rechtsträgers **ohne besondere Übertragungsakte kraft Gesetzes** umfassend auf den übernehmenden Rechtsträger übergeht. Die Gesamtrechtsnachfolge ermöglicht, das Vermögen
des übertragenden Rechtsträgers zusammenzuhalten und als organische Einheit auf den übernehmenden Rechtsträger zu überführen.[1] Der übernehmende Rechtsträger tritt – grundsätzlich **ohne bei der Einzelrechtsnachfolge etwaig erforderliche Zustimmungen
Dritter** – in die Rechtsstellung des übertragenden Rechtsträgers ein, und zwar in der Art und
Weise, wie sie beim übertragenden Rechtsträger im Zeitpunkt der Rechtsnachfolge bestand.[2]

---

[1] Kölner Kommentar-UmwG/*Simon*, § 2 Rn. 42.
[2] Kölner Kommentar-UmwG/*Simon*, § 2 Rn. 39; Widmann/Mayer/Vossius, § 131 Rn. 23; entsprechend auch Widmann/Mayer/*Vossius*, § 20 Rn. 26; teilw. auch *Heckschen* GmbHR 2014, 626,
627; a. A. Lutter/*Teichmann*, § 131 Rn. 6; Henssler/Strohn/*Wardenbach*, § 131 UmwG Rn. 3; Kall-
meyer/*Sickinger*, § 131 Rn. 2.

9 Von einer *partiellen* Gesamtrechtsnachfolge spricht man, weil – anders als bei der Verschmelzung – nicht das gesamte Vermögen des übertragenden Rechtsträgers, sondern lediglich der im Spaltungs- und Übernahmevertrag bezeichnete Teil des Vermögens als Gesamtheit auf den übernehmenden Rechtsträger übergeht; der andere Teil verbleibt beim übertragenden Rechtsträger (Abspaltung oder Ausgliederung) oder wird auf einen anderen übernehmenden Rechtsträger übertragen (Aufspaltung).[3]

10 Durch die Gesamtrechtsnachfolge ist ein **gutgläubiger Erwerb ausgeschlossen**; dieser ist nach herrschender Dogmatik vielmehr nur bei rechtsgeschäftlichen Erwerbsvorgängen möglich.[4]

11 **b) Grundsatz der Spaltungsfreiheit.** Es gilt der **Grundsatz der Spaltungsfreiheit**, d. h. die beteiligten Rechtsträger können frei gestalten, welche Gegenstände übergehen und wie sie unter den beteiligten Rechtsträgern aufgeteilt werden sollen.[5] Bei Zweifeln im Hinblick auf den Umfang der Spaltung können die Regelungen des Spaltungs- und Übernahmevertrags (ergänzend) ausgelegt werden (§§ 133, 157, 242 BGB).[6] Bei **grundstücksbezogenen Vertragsbestimmungen** ist allerdings die Verweisung in § 126 Abs. 2 S. 2 UmwG auf § 28 GBO zu berücksichtigen, wonach das Eigentum mit der Registereintragung nur dann auf den übernehmenden Rechtsträger übergeht, wenn das Grundstück im Spaltungs- und Übernahmevertrag den Bestimmungen der Grundbuchordnung entsprechend bezeichnet worden ist.[7] Für eine Auslegung ist insoweit kein Raum.

12 **c) Einschränkungen.** Das Rechtsinstitut der partiellen Gesamtrechtsnachfolge und der Grundsatz der Spaltungsfreiheit beschreiben zwei zentrale Wertungen des Spaltungsrechts. Bei der Anwendung und Auslegung der §§ 123 ff. UmwG bzw. von Spaltungs- und Übernahmeverträgen sollte diesen Wertungen zu größtmöglicher Wirkung verholfen werden. Für eine „spaltungsfreundliche" Tendenz des Gesetzgebers spricht u. a. der Umstand, dass der frühere § 132 UmwG im Jahre 2007[8] aufgehoben wurde. § 132 UmwG besagte, dass allgemeine Vorschriften, welche die Übertragbarkeit eines bestimmten Gegenstandes ausschlossen oder an bestimmte Voraussetzungen knüpften oder nach denen die Übertragung eines bestimmten Gegenstandes einer staatlichen Genehmigung bedurfte, durch die Wirkungen der Eintragung nach § 131 UmwG unberührt blieben. Diese Vorschrift führte zu erheblicher Rechtsunsicherheit; sie wurde in Wissenschaft und Praxis deshalb auch als **„Spaltungsbremse"** bezeichnet.[9] Denn bei wortlautgetreuer Auslegung verhinderte sie eine Abspaltung oder Ausgliederung von Forderungen und Verträgen, für die vertragliche Abtretungsverbote oder gesetzliche **Übertragungshindernisse** bestanden. Die partielle Gesamtrechtsnachfolge hatte bei dieser Lesart keine ins Gewicht fallenden Vorteile im Vergleich zur Einzelrechtsübertragung.[10] Auch eine restriktive Auslegung der weit gefassten Norm verhalf nicht zu mehr Rechtssicherheit.[11] Mit der Aufhebung des § 132 UmwG beabsichtigte der Gesetzgeber, die Gesamtrechtsnachfolge bei Spaltung und Verschmelzung denselben Grundsätzen zu unterwerfen. Dieses Regelungskonzept ist treffend als **„Rechtsfolgenlösung"** bezeichnet worden: Ein Vermögensgegenstand soll gemäß der Zuweisung

---

[3] Kölner Kommentar-UmwG/*Simon*, § 131 Rn. 9; Semler/Stengel/*Kübler*, § 131 Rn. 7.

[4] Henssler/Strohn/Wardenbach, § 131 UmwG Rn. 2; Semler/Stengel/Kübler, § 131 Rn. 8; Kallmeyer/Sickinger, § 131 Rn. 5; Widmann/Mayer/Vossius, § 131 Rn. 25; entsprechend auch Lutter/Grunewald, § 20 Rn. 10 und Schmitt/Hörtnagl/Stratz/Stratz, § 20 Rn. 32.

[5] Sagasser/Bula/Brünger/Sagasser/Bultmann, § 18 Rn. 50; sinngemäß auch Semler/Stengel/Schröer, § 131 Rn. 17.

[6] BGH XII ZR 50/02, NJW-RR 2004, 123, 124.

[7] Henssler/Strohn/*Wardenbach*, § 126 UmwG Rn. 25.

[8] Zweite Gesetz zur Änderung des Umwandlungsgetzes vom 19. April 2007 (BGBl. I 2007, 542, 546).

[9] BT-Drucks. 16/2919, S. 19; Widmann/Mayer/*Mayer*, § 132 Rn. 5; Kölner Kommentar-UmwG/ Simon, § 131 Rn. 6.

[10] Schmitt/Hörtnagl/Stratz/*Hörtnagl*, 4. Aufl 2006, § 132 Rn. 2.

[11] Widmann/Mayer/*Mayer*, § 132 Rn. 5.

im Spaltungs- und Übernahmevertrag ungeachtet etwaiger für die Einzelrechtsübertragung geltenden Beschränkungen auf den übernehmenden Rechtsträger übergehen. Rechte Dritter, die mit der Spaltung in Berührung kommen, sollen nicht die Übertragung hindern, sondern ggf. Kündigungs- bzw. Rücktrittsrechte oder Anpassungsansprüche nach den allgemeinen zivilrechtlichen Vorschriften begründen.[12] Der partiellen Gesamtrechtsnachfolge wird m. a. W. im Grundsatz der Vorrang vor etwaigen Übertragungshindernissen eingeräumt.

Ungeachtet dieser gesetzlichen Wertung unterliegt die partielle Gesamtrechtsnachfolge 13 indes gewissen Schranken, die nachfolgend näher beleuchtet werden sollen. Dies betrifft neben ausländischem Vermögen des übertragenden Rechtsträgers (→ Rn. 14) vor allem **höchstpersönliche Rechtspositionen** (→ Rn. 15 ff.). Ferner kann die etwaig fehlende Trennbarkeit von Vermögensgegenständen bzw. Rechtspositionen auch nicht im Wege der Spaltung überwunden werden (→ Rn. 18 ff.). Eine Einschränkung des Rechtsinstituts der partiellen Gesamtrechtsnachfolge kann sich schließlich in seltenen Ausnahmefällen unter dem Gesichtspunkt des Rechtsmissbrauchs ergeben (→ Rn. 21 ff.).

aa) Vermögen im Ausland. Häufig besitzt der übertragende Rechtsträger auch im 14 Ausland belegenes Vermögen. Dann stellt sich die Frage, ob auch dieses Auslandsvermögen im Wege der partiellen Gesamtrechtsnachfolge gemäß § 131 Abs. 1 Nr. 1 UmwG auf den übernehmenden Rechtsträger übergeht. Ob für den Übergang ausländischen Vermögens die *lex rei sitae* oder das **Gesellschaftsstatut** des übertragenden Rechtsträgers maßgeblich ist, wird kontrovers diskutiert.[13] In der Praxis ist jedenfalls zu beachten, dass das jeweilige ausländische Recht den Vermögensübergang möglicherweise nicht anerkennt, entweder weil ihm das Prinzip der partiellen Gesamtrechtsnachfolge fremd ist oder weil es besondere Förmlichkeiten für den Übergang bestimmter Vermögensgegenstände vorsieht. In einem solchen Fall sollten die betroffenen Gegenstände aus Vorsichtsgründen nach der jeweils geltenden Rechtsordnung im Wege der Einzelrechtsnachfolge übertragen werden.[14] Im Fall der Aufspaltung muss dies vor dem Wirksamwerden der Aufspaltung erfolgen, da der übertragende Rechtsträger mit der Eintragung der Spaltung im Register des Sitzes des übertragenden Rechtsträgers erlischt (§ 131 Abs. 1 Nr. 2 UmwG).

bb) Höchstpersönliche Rechtspositionen. Nach der Vorstellung des Gesetzgebers[15] 15 und der herrschenden Auffassung in der Literatur[16] sind höchstpersönliche Rechtspositionen von der partiellen Gesamtrechtsnachfolge ausgenommen. Die Frage, unter welchen Voraussetzungen eine Rechtsposition als „höchstpersönlich" zu qualifizieren ist, ist indes nicht abschließend geklärt. Diskutiert wird dies u. a. für

- Urheberrechte (→ Rn. 85);
- Anteile persönlich haftender Gesellschafter einer Personengesellschaft (→ Rn. 30 f.);
- Mitgliedschaften in einem Verein (→ Rn. 33 f.);
- Mitgliedschaften in einem Arbeitgeberverband (→ Rn. 65);
- die Position als Wohnungsverwalter nach WEG (→ Rn. 56) sowie
- personenbezogene behördliche Genehmigungen und Erlaubnisse (→ Rn. 76 f.).

---

[12] BT-Drucks. 16/2919, S. 19; Kölner Kommentar-UmwG/*Simon*, § 131 Rn. 13.
[13] Vgl. die ausführliche Darstellung bei Kölner Kommentar-UmwG/*Simon*, § 2 Rn. 65 ff.
[14] Henssler/Strohn/*Wardenbach*, § 131 UmwG Rn. 2; ähnlich Kallmeyer/*Sickinger*, § 131 Rn. 4; *Heckschen* GmbHR 2014, 626, 627; auf die Spaltung übertragbar Lutter/*Grunewald*, § 20 Rn. 11; ebenso Schmitt/Hörtnagl/Stratz/*Stratz*, § 20 Rn. 33; Widmann/Mayer/*Vossius*, § 20 Rn. 38 ff.; Böttcher/Habighorst/Schulte/*Schulte*, § 20 Rn. 7, 15 und Semler/Stengel/*Kübler*, § 20 Rn. 10.
[15] BT-Drucks. 16/2919, S. 19.
[16] Kallmeyer/*Sickinger*, § 131 Rn. 2; Henssler/Strohn/*Wardenbach*, § 131 UmwG Rn. 3; a. A. Kölner Kommentar-UmwG/*Simon*, § 2 Rn. 63, § 131 Rn. 16, wonach höchstpersönliche Rechtspositionen durch Gesamtrechtsnachfolge übertragbar und betroffene Dritte auf die Behelfe des allgemeinen Schuldrechts verwiesen sind.

16 Nach einer im Vordringen befindlichen Auffassung kommen höchstpersönliche Rechtsbeziehungen im Regelfall allerdings nur bei natürlichen Personen in Betracht, während es bei juristischen Personen und rechtsfähigen Personengesellschaften von der Natur der Sache her an der erforderlichen **Personenbezogenheit** fehlt.[17] Diese Einschränkung überzeugt. Wer eine Rechtsbeziehung mit einer juristischen Person bzw. rechtsfähigen Personengesellschaft unterhält, nimmt in Kauf, dass es zu Veränderungen in der Geschäftsführung, bei den Mitarbeitern oder im Gesellschafterkreis kommen kann. Dann handelt es sich bei der betreffenden Rechtsbeziehung aber nicht um eine höchstpersönliche, „die sich nicht von der Person des Trägers lösen lässt und sich in diesem persönlichen Bezug erschöpft".[18] Soweit Veränderungen in der Geschäftsführung, bei den Mitarbeitern oder im Gesellschafterkreis für den betroffenen Dritten schlechterdings unzumutbar sind, stehen ihm die Behelfe des allgemeinen Schuldrechts (insbesondere Kündigung aus wichtigem Grund gemäß § 314 BGB sowie Anpassung des Vertrags gemäß § 313 BGB) zur Verfügung. Eine Einschränkung der Reichweite der partiellen Gesamtrechtsnachfolge lässt sich aufgrund dieser Erwägungen nicht rechtfertigen.

17 Werden im Spaltungs- und Übernahmevertrag höchstpersönliche Rechtspositionen unter Missachtung der vorgenannten Beschränkungen dem übernehmenden Rechtsträger zugeordnet, wird dadurch die Spaltung selbst nicht unwirksam.[19] Es scheitert vielmehr nur die Übertragung der betreffenden höchstpersönlichen Rechtsposition, die in den Fällen der Abspaltung und Ausgliederung beim übertragenden Rechtsträger verbleibt und im Fall der Aufspaltung erlischt.[20]

18 cc) **Fehlende Trennbarkeit von Vermögensgegenständen.** Nach dem Grundsatz der Spaltungsfreiheit können die beteiligten Rechtsträger frei gestalten, welche Gegenstände übergehen und wie sie unter den beteiligten Rechtsträgern aufgeteilt werden sollen. Allerdings sind bestimmte Vermögensgegenstände bzw. Rechtspositionen untrennbar miteinander verbunden und bilden eine strukturelle Einheit. Solche Vermögensgegenstände bzw. Rechtspositionen können auch im Rahmen der Spaltung nicht verschiedenen Rechtsträgern zugewiesen werden.

19 Als Beispiele für die fehlende Trennbarkeit von Vermögensgegenständen bzw. Rechtspositionen werden genannt:

- Grundstücke und deren wesentliche Bestandteile;[21]
- Forderungen und ihnen zugeordnete akzessorische Sicherungsrechte (→ Rn. 53);[22]
- Immaterialgüterrechte und ihrem Schutz dienende Beseitigungs- und Unterlassungsansprüche;[23]
- Vertragsverhältnisse und akzessorische Neben- und Gestaltungsrechte (wie z. B. Anfechtung, Kündigung und Gewährleistungsrechte);[24]
- Betriebe bzw. Betriebsteile und die ihnen zugeordneten Arbeitsverhältnisse (→ Rn. 60);
- Arbeitsverträge und die entsprechenden Versorgungsansprüche aktiver Arbeitnehmer (→ Rn. 60 f.);
- Vermögenswerte (z. B. Grundstücke) und die mit ihnen verbundenen Erlaubnisse (z. B. Bauerlaubnis)[25] sowie

---

[17] BGH V ZR 164/13, ZIP 2014, 776, 778; BVerwG 7 C 3/05, NVwZ 2006, 928, 931; *Heckschen* GmbHR 2014, 626, 627.
[18] BVerwG 7 C 3/05, NVwZ 2006, 928, 931.
[19] *Schröer* in: FS Maier-Reimer, 2010, S. 657, 659.
[20] Schmitt/Hörtnagl/Stratz/Hörtnagl, § 131 Rn. 33; Kallmeyer/Sickinger, § 131 Rn. 3.
[21] *Schröer* in: FS Maier-Reimer, 2010, S. 657, 660.
[22] *Schröer* in: FS Maier-Reimer, 2010, S. 657, 660.
[23] *Schröer* in: FS Maier-Reimer, 2010, S. 657, 661.
[24] Schmitt/Hörtnagl/Stratz/Hörtnagl, § 131 Rn. 33, 68; Böttcher/Habighorst/Schulte/Fischer, § 131 Rn. 9; Henssler/Strohn/Wardenbach, § 131 UmwG Rn. 3; Semler/Stengel/Schröer, § 131 Rn. 14; Sagasser/Bula/Brünger/Sagasser/Bultmann, § 18 Rn. 51.
[25] *Schröer* in: FS Maier-Reimer, 2010, 657, 661.

- Anteile an einer abhängigen Gesellschaft und die Position des herrschenden Unternehmens als Vertragspartei eines Beherrschungs- und Gewinnabführungsvertrags (→ Rn. 39).

Überwiegend wird angenommen, dass das untergeordnete Recht in diesen Fällen zwingend das Schicksal des übergeordneten Rechts teilt und dem Rechtsträger zugewiesen wird, dem auch das übergeordnete Recht zugewiesen wird, selbst wenn der Spaltungs- und Übernahmevertrag etwas anderes vorsehen sollte.[26] Ist ein **Über- und Unterordnungsverhältnis** nicht feststellbar, muss durch (ergänzende) Auslegung des Spaltungs- und Übernahmevertrags (§§ 133, 157, 242 BGB) ermittelt werden, welchem Rechtsträger nach dem Willen der Parteien die nicht trennbaren Vermögensgegenstände gemeinsam am ehesten zuzuweisen sind.[27]

dd) Missbrauchsverbot; keine „immanenten Schranken". Das Missbrauchsverbot ist ein allgemeines Rechtsprinzip, das auch bei Spaltungsvorgängen zu beachten ist.[28] Mit Blick auf die Wertungen des Umwandlungsrechts findet es nach zutreffender Auffassung **indes nur in seltenen Ausnahmefällen** Anwendung. In der Literatur werden insoweit vor allem zwei Fallkonstellationen diskutiert:

In der ersten Fallkonstellation wird (im Wesentlichen) **nur ein Gegenstand bzw. eine Verbindlichkeit** im Wege der Spaltung übertragen, wodurch die bei einer Einzelübertragung des Gegenstands bzw. der Verbindlichkeit erforderliche Zustimmungsbedürftigkeit „umgangen" wird.[29] Auf den ersten Blick liegt es nahe, hier einen Rechtsmissbrauch anzunehmen mit der Folge, dass der betreffende Gegenstand bzw. die betreffende Verbindlichkeit *nicht* durch partielle Gesamtrechtsnachfolge auf den übernehmenden Rechtsträger übergeht. In der Literatur wird in dieser Fallkonstellation ein Rechtsmissbrauch indes teilweise mit der Begründung verneint, dass der um sein Zustimmungsrecht Gebrachte den Schutz der gesetzlichen Sicherungsrechte (§§ 125, 22, 133 UmwG) genieße und zudem seine Rechtsbeziehung zum übernehmenden Rechtsträger außerordentlich kündigen könne, wenn ihm deren Fortführung unzumutbar sei. Eine Einschränkung der Gesamtrechtsnachfolge wegen Rechtsmissbrauchs sei vor diesem Hintergrund nicht erforderlich.[30] Diese Ansicht überzeugt. Die partielle Gesamtrechtsnachfolge unterliegt eigenen Beschränkungen, zu denen diejenigen der Einzelrechtsnachfolge nicht hinzugefügt werden müssen.[31] Bedenken hinsichtlich eines unzureichenden Gläubigerschutzes greifen nicht durch, weil die gesamtschuldnerische Haftung insoweit ausreichend Sicherheit bietet.

In der zweiten Fallkonstellation werden bestimmte Verbindlichkeiten auf einen Rechtsträger übertragen, ohne diesen mit den notwendigen Aktiva auszustatten, wobei geplant ist oder zumindest in Kauf genommen wird, dass das ausgegliederte Unternehmen insolvent wird.[32] Auch in dieser Fallkonstellation kann das Vorliegen eines Rechtsmissbrauchs aber mit überzeugenden Gründen verneint werden. So werden der Übertragung von Verbindlichkeiten durch die Erfordernisse der Kapitalaufbringung bereits Grenzen gesetzt; ein darüber hinausgehendes gesetzliches Gebot, ein **Gleichgewicht zwischen übertragenen Aktiva und Passiva** herzustellen, existiert demgegenüber nicht.[33] Schließlich ist es auch mit Blick auf die Rechtssicherheit geboten, die Grenzen der partiellen Gesamtrechtsnachfolge (und damit die dingliche Zuordnung der abgespaltenen Vermögensgegenstände) auf

---

[26] Stellvertretend Semler/Stengel/Schröer, § 131 Rn. 14.
[27] Semler/Stengel/Schröer, § 131 Rn. 14.
[28] Kölner Kommentar-UmwG/Simon, § 131 Rn. 19; Böttcher/Habighorst/Schulte/Fischer, § 131 Rn. 10.
[29] *Heidenhain* ZHR 2004, 468, 480.
[30] Grundlegend *Schröer* in: FS Maier-Reimer, 2010, S. 657, 665.
[31] Semler/Stengel/Schröer, § 131 Rn. 16.
[32] Lutter/*Teichmann* § 131 Rn. 18; LAG Köln 6 Sa 1149/05, AE 2007, 133.
[33] Grundlegend *Schröer* in: FS Maier-Reimer, 2010, S. 657, 665.

eindeutig bestimmbare rechtliche Kriterien zu stützen und nicht wirtschaftlich zu ermitteln.[34]

24 Entgegen anders lautender Stimmen in der Literatur sind darüber hinausgehende Schranken der partiellen Gesamtrechtsnachfolge nicht anzuerkennen. Abzulehnen ist insbesondere die in der Literatur teilweise vertretene Auffassung, wonach die partielle Gesamtrechtnachfolge **„immanenten Schranken"** unterliege und im Wege einer **Rechtsgüterabwägung** ermittelt werden müsse, ob die im Spaltungs- und Übernahmevertrag vorgesehene Zuweisung der Vermögensgegenstände in unvereinbarer Weise mit Rechten Dritter oder anderen Rechtswerten kollidiert.[35] Dies ist bereits im Ansatz zu unbestimmt, um eine Abweichung von den im UmwG zum Ausdruck gekommenen gesetzgeberischen Wertungen zu rechtfertigen.[36] Die Reichweite der partiellen Gesamtrechtnachfolge von einer Rechtsgüterabwägung im Einzelfall abhängig zu machen, wäre auch unter dem Gesichtspunkt der Rechtssicherheit nicht befriedigend. Eine hinreichend belastbare Planung und Strukturierung von Spaltungsmaßnahmen wäre in der Praxis kaum mehr möglich. Dies stünde im Widerspruch zum Willen des Gesetzgebers, durch die Schaffung des Umwandlungsgesetzes die Umstrukturierung von Unternehmen zu erleichtern, um eine Anpassung an geänderte Rahmenbedingungen des Wirtschaftslebens zu ermöglichen.[37] Gegen die Lehre von den „immanenten Schranken" der Gesamtrechtsnachfolge spricht schließlich, dass den Interessen Dritter sowohl durch die gesetzlichen Sicherungsrechte (§§ 125, 22, 133 UmwG) als auch durch den möglichen Rückgriff auf die Behelfe des allgemeinen Schuldrechts (§§ 313, 314 BGB) hinreichend Rechnung getragen wird.[38]

25 **d) Einzelne Vermögensgegenstände bzw. Rechtspositionen.** Nachfolgend sollen die Auswirkungen der partiellen Gesamtrechtsnachfolge für einzelne Vermögensgegenstände bzw. Rechtspositionen dargestellt werden.

26 **aa) Gesellschaftsanteile.** Hinsichtlich der partiellen Gesamtrechtsnachfolge in Beteiligungen an Gesellschaften ist zwischen Anteilen an **Kapitalgesellschaften** (→ Rn. 27 f.) und solchen an **Personengesellschaften** (→ Rn. 29 ff.) zu differenzieren. Unabhängig von den umwandlungsrechtlichen Rechtsfolgen kann der Wechsel der Anteilsinhaberschaft vom übertragenden auf den übernehmenden Rechtsträger dazu führen, dass (gesellschafts-)vertragliche **Change-of-Control** Klauseln anwendbar sind. Die Rechtsfolgen solcher *Change-of-Control* Klauseln sind sehr unterschiedlich; häufig begründen sie außerordentliche Kündigungsrechte, vereinzelt auch Andienungspflichten bzw. Vorkaufsrechte.[39]

27 **(1) Kapitalgesellschaften.** Anteile an Kapitalgesellschaften (GmbH, AG, KGaA oder SE) gehen entsprechend der Zuordnung im Spaltungs- und Übernahmevertrag auf den übernehmenden Rechtsträger über. Das gilt auch für den Fall, dass die Anteile vinkuliert sind.[40] Denn die **Vinkulierung** ist nach herrschender Auffassung bei der partiellen Gesamtrechtsnachfolge nicht anwendbar.[41] Dies steht im Einklang mit dem allgemeinen Grundsatz, dass Übertragungshindernisse, die für die Einzelrechtsnachfolge gelten, im Rahmen der partiellen Gesamtrechtsnachfolge gerade keine Berücksichtigung finden sollen.[42]

---

[34] Semler/Stengel/Schröer, § 131 Rn. 17.
[35] So aber Lutter/*Teichmann*, § 131 Rn. 10 ff.
[36] Kölner Kommentar-UmwG/Simon, § 131 Rn. 43.
[37] BR-Drucks. 75/94, S. 71.
[38] Semler/Stengel/Schröer, § 131 Rn. 16 f.; Kölner Kommentar-UmwG/Simon, § 131 Rn. 16, ablehnend im Hinblick auf die immanenten Schranken; Widmann/Mayer/Vossius, § 131 Rn. 23.
[39] Lutter/*Teichmann*, § 131 RN. 13; Heckschen GmbHR 2014, 626, 634.
[40] OLG Hamm I-8 U 82/13, ZIP 2014, 1479, 1481 Kölner Kommentar-UmwG/*Simon*, § 131 Rn. 21; Kallmeyer/*Sickinger*, § 131 Rn. 15; a. A. Lutter/*Teichmann*, § 131 Rn. 71.
[41] Henssler/Strohn/*Wardenbach*, § 131 UmwG Rn. 6.
[42] OLG Hamm I-8 U 82/13, ZIP 2014, 1479, 1481; Semler/Stengel/*Schröer*, § 131 Rn. 26; Böttcher/Habighorst/Schulte/*Fischer*, § 131 Rn. 30.

Zu berücksichtigen ist, dass eine anderweitige Stückelung der Anteile, als sie das AktG 28
oder GmbHG zulässt, auch im Rahmen der Spaltung nicht möglich ist.[43] So sind z. B.
einzelne Aktien unteilbar (§ 8 Abs. 5 AktG). Es besteht aber die Möglichkeit, dass eine
Aktie mehreren Berechtigten zusteht (§ 69 AktG). Möglich ist auch, verschiedene Aktien
auf unterschiedliche Rechtsträger zu übertragen.[44] Die Aufteilung eines GmbH-Anteils auf
verschiedene Rechtsträger ist zulässig, bedarf allerdings eines Gesellschafterbeschlusses (§ 46
Nr. 4 GmbHG). Ein GmbH-Anteil kann auf verschiedene Rechtsträger übertragen und
jeweils eine Mitberechtigung daran begründet werden (§ 18 GmbHG).

(2) Personengesellschaften. Es ist allgemein anerkannt, dass **Kommanditanteile** und 29
stille Beteiligungen durch partielle Gesamtrechtsnachfolge auf den übernehmenden
Rechtsträger übertragen werden können, es sei denn dies ist im Gesellschaftsvertrag ausdrücklich ausgeschlossen worden.[45] Das entspricht dem Willen des Gesetzgebers, der diese
Anteile als grundsätzlich übertragbar ausgestaltet hat (§§ 177, 243 Abs. 2 HGB).

Anders verhält es sich bei der Beteiligung eines **persönlich haftenden Gesellschafters** 30
einer Personengesellschaft (BGB-Gesellschaft; OHG; KG). Diese Beteiligungen werden
überwiegend als höchstpersönliche und damit nicht übertragbare Rechtspositionen angesehen, die von der partiellen Gesamtrechtsnachfolge ausgeschlossen sind, es sei denn, die
Übertragung ist im Gesellschaftsvertrag ausdrücklich vorgesehen.[46] Zur Begründung für
den höchstpersönlichen Charakter dieser Rechtspositionen wird auf die Regelungen in
§§ 131 Abs. 3 Nr. 1, 161 Abs. 2 HGB bzw. § 727 Abs. 1 BGB verwiesen, wonach der Tod
eines persönlich haftenden Gesellschafters zu dessen Ausscheiden (OHG; KG) bzw. sogar
zur Auflösung der Gesellschaft (BGB-Gesellschaft) führt.

Im Ergebnis vermag die herrschende Auffassung nicht vollends zu überzeugen. Der Tod 31
einer natürlichen Person kann mit dem spaltungsbedingten Wechsel der Rechtsinhaber-
schaft an den Gesellschaftsanteilen nicht gleichgesetzt werden.[47] Jedenfalls für Personengesellschaften, an denen (neben natürlichen Personen auch) Kapitalgesellschaften oder andere
Personengesellschaften beteiligt sind, sollte eine partielle Gesamtrechtsnachfolge in die
betreffenden Anteile anerkannt werden. Denn solche Personengesellschaften weisen gerade
keine dezidiert personalistische Struktur auf, wie sie für Personengesellschaften, an
denen nur natürliche Personen beteiligt sind, typisch ist.[48] Durch die Zulassung von Verbänden als Gesellschaftern haben diese Personengesellschaften vielmehr dokumentiert, dass
ein Wechsel der Personen, die letztlich für die einzelnen Gesellschafter handeln und Entscheidungen treffen, akzeptiert wird. Der Schutz der übrigen Gesellschafter wird insoweit
hinreichend über ein etwaiges **außerordentliches Kündigungsrecht** sowie über die
allgemeinen gesetzlichen Sicherungsrechte (§§ 125, 22, 133 UmwG) gewährleistet.[49]

bb) Genossenschaftsanteile. Die Mitgliedschaft in einer Genossenschaft geht zwar 32
zunächst auf den übernehmenden Rechtsträger im Wege der partiellen Gesamtrechtsnachfolge über, erlischt allerdings mit dem Schluss des Geschäftsjahres. Dies ergibt sich aus **§ 77a
S. 2 GenG**, der nach herrschender Auffassung auf Spaltungsmaßnahmen entsprechend

---

[43] Semler/Stengel/*Schröer*, § 131 Rn. 26.
[44] Schmitt/Hörtnagl/Stratz/*Hörtnagl*, § 131 Rn. 41.
[45] Semler/Stengel/*Schröer*, § 131 Rn. 26; Schmitt/Hörtnagl/Stratz/*Hörtnagl*, § 131 Rn. 38; Kall-
meyer/*Sickinger*, § 131 Rn. 15; Henssler/Strohn/*Wardenbach*, § 131 UmwG Rn. 7; Böttcher/Habig-
horst/Schulte/*Fischer*, § 131 Rn. 29; Kölner Kommentar-UmwG/*Simon*, § 131 Rn. 22.
[46] Semler/Stengel/*Schröer*, § 131 Rn. 26; Schmitt/Hörtnagl/Stratz/*Hörtnagl*, § 131 Rn. 38; Henss-
ler/Strohn/*Wardenbach*, § 131 UmwG Rn. 7; Böttcher/Habighorst/Schulte/*Fischer*, § 131 Rn. 28;
Kallmeyer/*Sickinger*, § 131 Rn. 14; Maulbetsch/Klumpp/Rose/*Raible*, § 131 Rn. 48; a. A. Kölner
Kommentar-UmwG/*Simon*, § 131 Rn. 22 und Widmann/Mayer/*Vossius*, § 131 Rn. 74, die von
einer Übertragbarkeit auch dieser Anteile ausgehen.
[47] Für die Verschmelzung Kölner Kommentar-UmwG/*Simon*, § 2 Rn. 49.
[48] Für die Verschmelzung Kölner Kommentar-UmwG/*Simon*, § 2 Rn. 50.
[49] Für die Verschmelzung Kölner Kommentar-UmwG/*Simon*, § 2 Rn. 50.

anzuwenden ist.[50] Diese gesetzliche Regelung wird teilweise mit dem höchstpersönlichen Charakter der Mitgliedschaft in einer Genossenschaft begründet, teilweise mit der Absicht, Doppelmitgliedschaften zu verhindern. Diese können entstehen, wenn der übernehmende Rechtsträger selbst Mitglied in der Genossenschaft ist und durch den Übergang in eine weitere Mitgliedstellung eintreten würde.[51] Der Fortbestand bis zum Schluss des Geschäftsjahres dient der erleichterten Auseinandersetzung, da eine unterjährige Stichtagsbilanz hierdurch entbehrlich ist.[52] Ist das Erlöschen der Mitgliedschaft nicht gewollt, sollte die Mitgliedschaft mithin beim übertragenden Rechtsträger belassen werden.[53]

33   cc) **Vereinsmitgliedschaft.** Die Mitgliedschaft in einem Verein ist nicht übertragbar, es sei denn in der Satzung ist etwas anderes bestimmt (§§ 38, 40 BGB). Nach herrschender Auffassung statuiert § 38 S. 1 BGB ein gesetzliches **Übertragungshindernis**, das auch die partielle Gesamtrechtsnachfolge in eine Vereinsmitgliedschaft ausschließt.[54] Ein „Übergang" der Vereinsmitgliedschaft kann hiernach nur durch Austritt des übertragenden Rechtsträgers aus dem Verein sowie Antrag des übernehmenden Rechtsträgers auf Aufnahme in den Verein erreicht werden.

34   Nach anderer Auffassung in der Literatur können auch Vereinsmitgliedschaften durch partielle Gesamtrechtsnachfolge übertragen werden.[55] Dieser Auffassung ist jedenfalls dann zu folgen, wenn (auch) juristische Personen bzw. rechtsfähige Personengesellschaften Vereinsmitglieder sind und die Nachfolge in die Mitgliedschaft in der Vereinssatzung nicht ausdrücklich ausgeschlossen wird.[56] Denn in diesem Fall ist die Vereinsmitgliedschaft nicht als höchstpersönliche Rechtsposition anzusehen.[57]

35   dd) **Firma.** Bei der Aufspaltung darf der übernehmende Rechtsträger die Firma des übertragenden Rechtsträgers, dessen Handelsgeschäft er durch die Aufspaltung erwirbt, mit oder ohne Beifügung eines das Nachfolgeverhältnis andeutenden Zusatzes fortführen (§§ 125, 18 UmwG).

36   Bei Abspaltung und Ausgliederung gelten für die Firmenfortführung die zusätzlichen Voraussetzungen der §§ 22 ff. HGB, d. h. bei Erwerb des Handelsgeschäfts die Zustimmung des bisherigen Geschäftsinhabers oder bei Ausscheiden eines Gesellschafters, dessen Name in der Firma enthalten ist, seine Einwilligung.[58]

37   ee) **Beherrschungs- und Gewinnabführungsverträge.** Die Spaltung von Beherrschungs- und Gewinnabführungsverträgen (§ 291 AktG) wirft eine Reihe von Fragen auf,

---

[50] Schmitt/Hörtnagl/Stratz/*Hörtnagl*, § 131 Rn. 38; Kallmeyer/*Sickinger*, § 131 Rn. 15; Kölner Kommentar-UmwG/*Simon*, § 131 Rn. 23; Böttcher/Habighorst/Schulte/*Fischer*, § 131 Rn. 27; Semler/Stengel/*Schröer*, § 131 Rn. 25.

[51] *Beuthien*, § 77a Rn. 1.

[52] *Beuthien*, § 77a Rn. 2.

[53] Semler/Stengel/*Schröer*, § 131 Rn. 25; Schmitt/Hörtnagl/Stratz/*Hörtnagl*, § 131 Rn. 38.

[54] Kallmeyer/*Sickinger*, § 131 Rn. 15; Semler/Stengel/*Schröer*, § 131 Rn. 24; Böttcher/Habighorst/Schulte/*Fischer*, § 131 Rn. 26; Schmitt/Hörtnagl/Stratz/*Hörtnagl*, § 131 Rn. 39; Henssler/Strohn/ *Wardenbach*, § 131 UmwG Rn. 9; a. A. Kölner Kommentar-UmwG/*Simon*, § 131 Rn. 23, der von einer Übertragbarkeit der Mitgliedschaft ausgeht und Lutter/*Teichmann*, § 131 Rn. 69, der ein Übergang annimmt, wenn der übernehmende Rehtsträger die Voraussetzungen der Vereinsmitgliedschaft erfüllt.

[55] *Heckschen* GmbHR 2014, 626, 634 ff.

[56] *Heckschen* GmbHR 2014, 626, 635.

[57] Siehe oben Rn. 16. Richtigerweise steht diesem Ansatz auch § 38 S. 1 BGB nicht entgegen. Der Umstand, dass der Gesetzgeber die Begriffe „vererblich" und „übertragbar" nebeneinander gestellt hat, spricht dafür, dass mit „übertragbar" nur Fälle der Einzelrechtsnachfolge gemeint sind. Würde der Begriff „übertragbar" auch die Gesamtrechtsnachfolge umfassen, wäre die Bezugnahme auf den Begriff „vererblich" entbehrlich gewesen.

[58] Schmitt/Hörtnagl/Stratz/*Hörtnagl*, § 131 Rn. 42; Böttcher/Habighorst/Schulte/*Fischer*, § 131 Rn. 32; Semler/Stengel/*Schröer*, § 131 Rn. 44; Lutter/*Teichmann*, § 131 Rn. 68.

die in der Literatur durchaus kontrovers diskutiert werden. Überwiegend wird insoweit wie folgt differenziert:

Ist der **übernehmende Rechtsträger** Partei eines Beherrschungs- und Gewinnabführungsvertrags, bleibt dieser von der Spaltung unberührt.[59] **38**

Handelt es sich bei dem **übertragenden Rechtsträger** um das **herrschende Unternehmen**, kann der Beherrschungs- und Gewinnabführungsvertrag zusammen mit den Anteilen an der abhängigen Gesellschaft auf den übernehmenden Rechtsträger übertragen werden.[60] Entgegen einer in der Literatur vertretenen Meinung[61] bedarf es dafür nicht der Zustimmung der abhängigen Gesellschaft. Eine Zustimmungspflicht könnte sich allenfalls aus §§ 293, 295 AktG ergeben. Die unmittelbare Anwendung von § 293 AktG scheidet aus, weil der Beherrschungs- und Gewinnabführungsvertrag im Falle einer Spaltung nicht neu abgeschlossen wird. Für eine analoge Anwendung des § 293 AktG ist nach der Aufhebung des § 132 UmwG kein Raum; es fehlt an einer Regelungslücke, weil der Schutz der Anteilsinhaber der beteiligten Rechtsträger im UmwG abschließend geregelt ist.[62] Die Zustimmung der Hauptversammlung ist auch nicht etwa nach § 295 AktG erforderlich. Eine Vertragsänderung im Sinne des § 295 AktG liegt zwar auch bei einem gewillkürten Parteiwechsel vor. Der Parteiwechsel kraft Gesetzes, zu dem auch die spaltungsbedingte partielle Gesamtrechtsnachfolge gezählt wird, stellt nach herrschender Auffassung demgegenüber keine Vertragsänderung im Sinne des § 295 AktG dar.[63] **39**

Erfolgt die Übertragung des Beherrschungs- und Gewinnabführungsvertrags durch das **abhängige Unternehmen**, ist wiederum zwischen der Spaltung zur Aufnahme und der Spaltung zur Neugründung zu differenzieren. Bei der *Spaltung zur Aufnahme* würde der Status des übernehmenden Rechtsträgers grundlegend geändert, wenn er die Rolle als abhängiges Unternehmen übernehmen würde. Hinzu kommt, dass sich bei der Spaltung zur Aufnahme das vorhandene Vermögen des übernehmenden Rechtsträgers mit dem übertragenen Vermögen des übertragenden Rechtsträgers vermischt. Aus der Sicht des (am Spaltungsvorgang nicht beteiligten) herrschenden Unternehmens kann diese Vermögensvermischung im Hinblick auf die **Verlustausgleichspflicht** gemäß § 302 AktG zu einer Risikoerhöhung führen. Daher geht im Rahmen der Spaltung zur Aufnahme der Beherrschungs- und Gewinnabführungsvertrag nicht auf den übernehmenden Rechtsträger über, sondern verbleibt beim übertragenden Rechtsträger.[64] Soll der Beherrschungs- und Gewinnabführungsvertrag auf den übernehmenden Rechtsträger erstreckt werden, muss ein neuer Vertrag abgeschlossen werden.[65] Anders ist die Situation im Fall der *Spaltung zur Neugründung*, bei der die neu gegründete Gesellschaft noch vermögenslos ist. Aufgrund der wirtschaftlichen Identität des übertragenden Rechtsträgers und der neu gegründeten, übernehmenden Gesellschaft sowie des Umstands, dass bei der neu gegründeten, übernehmenden Gesellschaft noch kein Vermögen vorhanden ist, das sich mit anderen Vermögensmassen vermischt, ist die Übertragung des Beherrschungs- und Gewinnabführungsvertrags einschließlich der Rechtsposition des abhängigen Unternehmens in diesem Fall möglich.[66] **40**

---

[59] Semler/Stengel/*Schröer*, § 131 Rn. 29; Kölner Kommentar-UmwG/*Simon*, § 131 Rn. 26.

[60] Schmitt/Hörtnagl/Stratz/*Hörtnagl*, § 131 Rn. 59; Kölner Kommentar-UmwG/*Simon*, § 131 Rn. 24.

[61] Lutter/*Teichmann*, § 131 Rn. 75; vgl auch Lutter/*Teichmann*, § 132 Rn. 53 (2. Auflage 2000).

[62] Kölner Kommentar-UmwG/*Simon*, § 131 Rn. 24; Böttcher/Habighorst/Schulte/*Fischer*, § 131 Rn. 34; Schmitt/Hörtnagl/Stratz/*Hörtnagl*, § 131 Rn. 59; *Fedke* Der Konzern 2008, 533, 535; a. A. Henssler/Strohn/*Wardenbach*, § 131 UmwG Rn. 11; Lutter/*Teichmann*, § 131 Rn. 75.

[63] Hüffer/Koch/*Hüffer* § 295 Rn. 6; Großkomm-AktG/*Mülbert*, § 295 Rn. 24; Kölner Kommentar-AktG/*Koppensteiner*, § 295 Rn. 8; *Fedke*, Der Konzern 2008, 533, 537.

[64] Schmitt/Hörtnagl/Stratz/*Hörtnagl*, § 131 Rn. 62; Kölner Kommentar-UmwG/*Simon*, § 131 Rn. 25.

[65] Emmerich/Habersack/*Emmerich*, § 297 Rn. 47; Böttcher/Habighorst/Schulte/*Fischer*, § 131 Rn. 35; Lutter/*Teichmann*, § 131 Rn. 77; Kölner Kommentar-UmwG/*Simon*, § 131 Rn. 25.

[66] Henssler/Strohn/*Wardenbach*, § 131 UmwG Rn. 13; Semler/Stengel/*Schröer* § 131 Rn. 28; Böttcher/Habighorst/Schulte/*Fischer*, § 131 Rn. 36; Lutter/*Teichmann*, § 131 Rn. 77.

41 **ff) Grundstücke und Rechte an Grundstücken. (1) Grundstücke, Erbbaurechte, Wohnungseigentum.** Das Eigentum an Grundstücken geht nach Maßgabe der Aufteilung im Spaltungs- und Übernahmevertrag mit Wirksamwerden der Spaltung vom übertragenden auf den übernehmenden Rechtsträger über. Der Eigentumswechsel vollzieht sich „außerhalb des Grundbuchs", d. h. ohne Eintragung der Rechtsänderung im Grundbuch.[67] Das Grundbuch ist lediglich zu berichtigen.[68] Voraussetzung für die Berichtigung sind ein entsprechender Antrag, der Nachweis des Vollzugs der Spaltung durch Handelsregisterauszug der übertragenden Gesellschaft sowie die Vorlage des Spaltungs- und Übernahmevertrags, jeweils in öffentlich beglaubigter Form.[69] Bei Abspaltungen und Ausgliederungen kann die **Grundbuchberichtigung** auch mittels einer Berichtigungsbewilligung nebst Zustimmung des übernehmenden Rechtsträgers durchgeführt werden (§ 22 Abs. 2 GBO).[70]

42 Seit der Aufhebung des § 132 UmwG a. F. ist anerkannt, dass **öffentlich-rechtliche Genehmigungen**, die bei der Einzelrechtsübertragung von Grundvermögen zu beachten sind, die partielle Gesamtrechtsnachfolge in das Grundstückseigentum nicht hindern.[71]

43 Wie sich aus dem Verweis in § 126 Abs. 2 S. 2 UmwG auf § 28 GBO ergibt, ist Voraussetzung für den Rechtsübergang, dass das **Grundstück** im Spaltungs- und Übernahmevertrag anhand von Grundbuch und Grundbuchblatt **hinreichend bestimmt bezeichnet** ist. Nach Rechtsprechung des BGH hindert die fehlende Bezeichnung i. S. d. § 28 GBO den Eigentumswechsel, da sich daraus eine nicht hinnehmbare Unsicherheit ergibt, welche Grundstücke außerhalb des Grundbuchs auf den übernehmenden Rechtsträger übergegangen sind.[72] Möglich ist auch die Übertragung nur einer **Teilfläche** eines Grundstücks. Insoweit muss das Teilgrundstück allerdings erst entstehen, bevor es durch Spaltung übergehen kann. Es können auch **Miteigentumsanteile** auf verschiedene Rechtsträger übertragen werden.[73]

44 Das zuvor Gesagte gilt entsprechend für die Spaltung von **grundstücksgleichen Rechten** (insbesondere Teil- und Wohnungseigentumsrechten sowie Erbbaurechten). Insbesondere hindern etwaige Zustimmungsvorbehalte nach § 12 Abs. 1 WEG oder § 5 ErbbauRG bzw. aufgrund schuldrechtlicher Vereinbarung die partielle Gesamtrechtsnachfolge in diese Rechte nicht.

45 **(2) Nutzungsrechte.** Nach §§ 1059a Abs. 1 Nr. 1, 1092 Abs. 2 BGB setzt eine Gesamtrechtsnachfolge in einen Nießbrauch bzw. eine beschränkte persönliche Dienstbarkeit voraus, dass der betreffende **Nießbrauch** bzw. die betreffende **beschränkte persönliche Dienstbarkeit** einer juristischen Person zusteht, das Vermögen der juristischen Person im Wege der Gesamtrechtsnachfolge auf einen anderen übergeht und der Übergang des Nießbrauchs bzw. der beschränkten persönlichen Dienstbarkeit nicht ausdrücklich ausgeschlossen ist. Bei ausdrücklichem Ausschluss des Übergangs verbleibt das Recht bei Ausgliederung und Abspaltung beim übertragenden Rechtsträger, im Falle der Aufspaltung erlischt es.[74]

46 Teilweise wird vertreten, dass für die Ausgliederung und Abspaltung zusätzlich die Voraussetzungen des § 1059a Abs. 1 Nr. 2 BGB erfüllt sein müssen, wonach der Nießbrauch dem übergehenden Unternehmensteil dienen und dies behördlich bestätigt werden

---

[67] Schmitt/Hörtnagl/Stratz/*Hörtnagl*, 131 Rn. 13.
[68] BGH V ZR 79/07, WM 2008, 607, 609; Kallmeyer/*Sickinger*, § 131 Rn. 7.
[69] Henssler/Strohn/*Wardenbach*, § 131 UmwG Rn. 15; Kallmeyer/*Sickinger*, § 131 Rn. 7.
[70] Kölner Kommentar-UmwG/*Simon*, § 131 Rn. 32; Kallmeyer/*Sickinger*, § 131 Rn. 7.
[71] Schmitt/Hörtnagl/Stratz/*Hörtnagl*, 131 Rn. 14.
[72] BGH V ZR 79/07, WM 2008, 607, 609.
[73] Kölner Kommentar-UmwG/*Simon*, § 131 Rn. 32; Lutter/*Teichmann*, § 131 Rn. 32 f.; Böttcher/Habighorst/Schulte/*Fischer*, § 131 Rn. 15.
[74] Schmitt/Hörtnagl/Stratz/*Hörtnagl*, § 131 Rn. 17.

muss.⁷⁵ Dem ist mit der herrschenden Lehre nicht zu folgen.⁷⁶ Das Gesetz unterscheidet klar zwischen Fällen der Gesamtrechtsnachfolge (§ 1059a Abs. 1 Nr. 1 BGB) und sonstigen Übertragungen (§ 1059a Abs. 1 Nr. 2 BGB). Nach dem Willen des Gesetzgebers soll die partielle Gesamtrechtsnachfolge bei der Spaltung denselben Regeln folgen wie die Gesamtrechtsnachfolge bei der Verschmelzung. Vor diesem Hintergrund wäre es systemwidrig, wenn bei Ausgliederung und Abspaltung für den Übergang eines Nießbrauchs bzw. einer beschränkten persönlichen Dienstbarkeit zusätzlich die Voraussetzungen des § 1059a Abs. 1 Nr. 2 BGB erfüllt sein müssten.

(3) Grundpfandrechte und Vorkaufsrecht. Grundpfandrechte können im Wege 47 der partiellen Gesamtrechtsnachfolge auf den übernehmenden Rechtsträger übertragen werden.⁷⁷ Das Grundbuch wird unrichtig und ist zu berichtigen.

Hypotheken gehen wegen ihrer Akzessorietät auf den Rechtsträger über, dem die 48 gesicherte Forderung im Spaltungs- und Übernahmevertrag zugewiesen wird. Das gilt mangels Akzessorietät nicht für **Grundschulden** und **Rentenschuldforderungen**. Eine isolierte Übertragung von Grundschuld und gesicherter Forderung ist also möglich.⁷⁸ Zum Wirksamwerden des Übergangs einer Briefgrundschuld bedarf es nicht der Übergabe des Briefs.⁷⁹

Auf das **dingliche Vorkaufsrecht** finden über § 1098 Abs. 3 BGB die §§ 1059a ff. 49 BGB entsprechende Anwendung, sodass auch dieses im Wege der partiellen Gesamtrechtsnachfolge gem. § 1059a Abs. 1 Nr. 1 BGB auf den übernehmenden Rechtsträger übertragen werden kann.

gg) Forderungen. Forderungen gehen gemäß der Zuweisung im Spaltungs- und Über- 50 nahmevertrag auf den übernehmenden Rechtsträger über. Übertragungshindernisse, die sich aus § 399 BGB ergeben, finden nach der Aufhebung des § 132 UmwG a. F. auf die Spaltung keine Anwendung.⁸⁰ Ist Gegenstand der Forderung eine teilbare Leistung, kommt auch eine Aufteilung auf mehrere Rechtsträger in Betracht.⁸¹

hh) Verbindlichkeiten. Die partielle Gesamtrechtsnachfolge in Verbindlichkeiten ist 51 uneingeschränkt möglich. Eine Zustimmung der Gläubiger nach §§ 414, 415 ist hierfür nicht erforderlich.⁸² Die Gläubiger sind durch die gesamtschuldnerische Haftung (§ 133 Abs. 1 S. 1 UmwG) und das Recht, Sicherheitsleistung zu verlangen (§§ 125 S. 1, 22 UmwG), hinreichend geschützt. Ist die Verbindlichkeit teilbar, kommt auch eine Aufteilung auf mehrere Rechtsträger in Betracht. Darin ist kein Verstoß gegen das Teilungsverbot des § 266 BGB zu sehen, da es sich nicht um eine Teilleistung, sondern um die **Teilung der Verbindlichkeit** selbst handelt. Auch bereits entstandene Steuerverbindlichkeiten des

---

⁷⁵ Semler/Stengel/*Schröer*, § 131 Rn. 42; Lutter/*Teichmann*, § 131 Rn. 38.
⁷⁶ MünchKommBGB/*Pohlmann*, § 1059a Rn. 5; Henssler/Strohn/*Wardenbach*, § 131 UmwG Rn. 16; Schmitt/Hörtnagl/Stratz/*Hörtnagl*, § 131 Rn. 17.
⁷⁷ Nach Lutter/*Teichmann*, § 131 Rn. 37 und Kallmeyer/*Sickinger* § 131 Rn. 8 gilt das nur, wenn sie entsprechend den Anforderungen des § 28 GBO im Spaltungs- und Übernahmevertrag hinreichend bestimmt bezeichnet wurde.
⁷⁸ Lutter/*Teichmann*, § 131 Rn. 37; Kallmeyer/*Sickinger*, § 131 Rn. 8.
⁷⁹ Schmitt/Hörtnagl/Stratz/*Hörtnagl*, § 131 Rn. 22 f.; Semler/Stengel/*Schröer*, § 131 Rn. 34.
⁸⁰ Henssler/Strohn/*Wardenbach*, § 131 UmwG Rn. 17; Kölner Kommentar-UmwG/*Simon*, § 131 Rn. 27; Böttcher/Habighorst/Schulte/*Fischer*, § 131 Rn. 20; Widmann/Mayer/*Vossius*, § 20 Rn. 196 über den Verweis in § 131 Rn. 87; a. A. Lutter/*Teichmann*, § 131 Rn. 46, der einen Forderungsübergang für die Fälle der Abspaltung und Ausgliederung im Anwendungsbereich des § 399 BGB für ausgeschlossen hält, sofern nicht ein Betrieb- oder Betriebsteil übertragen wird, in dessen Bereich die Forderung begründet worden ist.
⁸¹ Semler/Stengel/*Schröer*, § 131 Rn. 32; Böttcher/Habighorst/Schulte/*Fischer*, § 131 Rn. 19; Lutter/*Teichmann*, § 131 Rn. 45.
⁸² Lutter/*Teichmann*, § 131 Rn. 49; Widmann/Mayer/*Vossius*, § 20 Rn. 296 über den Verweis in § 131 Rn. 159.

übertragenden Rechtsträgers können nach herrschender Lehre dem übernehmenden Rechtsträger im Spaltungs- und Übernahmevertrag zugewiesen werden.[83]

52 **ii) Sicherheiten.** Hinsichtlich der Reichweite der partiellen Gesamtrechtsnachfolge ist zwischen akzessorischen und abstrakten Sicherheiten zu unterscheiden.

53 **Akzessorische Sicherheiten,** die Dritte für Verbindlichkeiten des übertragenden Rechtsträgers bestellt haben, teilen das Schicksal der besicherten Verbindlichkeit. Wenn die betreffende Verbindlichkeit im Spaltungs- und Übernahmevertrag dem übernehmenden Rechtsträger zugewiesen ist, sichert die akzessorische Sicherheit den Anspruch gegen den übernehmenden Rechtsträger. § 418 BGB, der für die Schuldübernahme das Erlöschen von akzessorischen Sicherheiten anordnet, findet bei der partiellen Gesamtrechtsnachfolge keine Anwendung.[84] Aus der fehlenden Trennbarkeit von akzessorischer Sicherheit und besicherter Verbindlichkeit folgt, dass die Sicherheit selbst dann den Anspruch gegen den Rechtsträger sichert, dem auch die Verbindlichkeit zugewiesen wird, wenn der Spaltungs- und Übernahmevertrag etwas anderes vorsehen sollte.[85]

54 **Abstrakte Sicherheiten,** wie Grundschuld oder Garantie, können unabhängig von der besicherten Forderung übertragen werden. Insoweit ist die Zuordnung im Spaltungs- und Übernahmevertrag maßgeblich.

55 Sowohl für akzessorische als auch für abstrakte Sicherheiten, die Dritte für Forderungen gegen den übertragenden Rechtsträger bestellt haben, gilt, dass bei einem Übergang der Verbindlichkeit auf den übernehmenden Rechtsträger die **Haftung des Sicherungsgebers nicht erweitert** wird, sondern auf den Umfang bei Wirksamwerden der Spaltung beschränkt bleibt.[86]

56 **jj) Vertragsverhältnisse.** Verträge sind im Rahmen der Spaltung frei übertragbar und gehen grundsätzlich mit sämtlichen Ansprüchen, Rechten, Verbindlichkeiten und sonstigen Rechtspositionen auf den übernehmenden Rechtsträger über.[87] Das gilt auch für **Dauerschuldverhältnisse** wie z. B. Miet- oder Kreditverträge.[88] Eine Einschränkung der Spaltungsfreiheit wird teilweise für Vertragsverhältnisse angenommen, bei denen dem Vertragspartner ein **besonderes Vertrauen** entgegen gebracht wird. Als Beispiel hierfür wird die Stellung als WEG-Verwalter angeführt.[89] Soweit das Amt des Verwalters von einer juristischen Person ausgeübt wird, kann indes nicht von einer höchstpersönlichen Rechtsposition ausgegangen werden; die partielle Gesamtrechtsnachfolge in die Stellung als WEG-Verwalter ist insoweit möglich.[90] Dem Vertragspartner kommt der Schutz der allgemeinen Vorschriften zugute, aus denen ihm ein Recht zur **Vertragsanpassung** oder ein Recht zur

---

[83] Lutter/*Teichmann*, § 131 Rn. 49; Schmitt/Hörtnagl/Stratz/*Hörtnagl*, § 131 Rn. 45; Tipke/Kruse/*Drüen*, § 45 Rn. 5; Lippross/Seibel/*Krömker*, § 45 Rn. 2; eingeschränkt: Koenig/*Koenig*, § 45 Rn. 2 wegen des Urteils des BFH DStRE 2005, 855, in der der BFH für den Fall der Ausgliederung keine Gesamtrechtsnachfolge annimmt; Hübschmann/Hepp/Spitaler/*Boeker*, § 45 Rn. 13, der keine Gesamtrechtsnachfolge für die Fälle der Abspaltung und Ausgliederung annimmt wegen des zuvor genannten Urteils sowie des Urteils des BFH NZG 2010, 518, 519, der § 45 AO eingeschränkt auslegt und demnach die partielle Gesamtrechtsnachfolge nicht der Gesamtrechtsnachfolge nach § 45 AO unterfällt, allerdings noch unter Geltung des § 132 a. F.

[84] Semler/Stengel/*Schröer*, § 131 Rn. 34; Schmitt/Hörtnagl/Stratz/*Hörtnagl*, § 131 Rn. 67; Kölner Kommentar-UmwG/*Simon*, § 131 Rn. 28.

[85] Vgl. ausführlich unter Rn. 19 f.

[86] Lutter/*Teichmann*, § 131 Rn. 56; Semler/Stengel/*Schröer*, § 131 Rn 34; Widmann/Mayer/*Vossius*, § 20 Rn. 269.

[87] Böttcher/Habighorst/Schulte/*Fischer*, § 131 Rn. 23.

[88] Henssler/Strohn/*Wardenbach*, § 131 UmwG Rn. 20; Lutter/*Teichmann*, § 131 Rn. 57; Kölner Kommentar-UmwG/*Simon*, § 131 Rn. 30.

[89] Lutter/*Teichmann*, § 131 Rn. 58 f., der eine Abwägung der Rechtsgüter vorschlägt für den Fall, dass eine natürliche Person das Amt innehat.

[90] BGH ZIP 2014, 776, 777; *Heckschen* GmbHR 2014, 626, 630.

außerordentlichen Kündigung zustehen kann.[91] Sind Vertragsübernahmen gesetzlich angeordnet gehen diese der Zuweisung im Spaltungs- und Übernahmevertrag vor. Als Beispiel hierfür dient § 566 BGB.[92]

Von besonderer praktischer Bedeutung ist die Frage, ob Vertragsverhältnisse im Zuge der Spaltung **auf verschiedene Rechtsträger aufgeteilt** werden können. Insoweit kommen verschiedene Fallkonstellationen in Betracht: 57

- Ohne Weiteres zulässig ist es, Leistung und Gegenleistung sowie einzelne Ansprüche und Verbindlichkeiten aus dem Vertragsverhältnis verschiedenen Rechtsträgern zuzuordnen.[93]
- Überwiegend wird es auch für möglich gehalten, einheitliche Vertragspflichten mehreren Rechtsträgern zuzuordnen. So kann zum Beispiel ein Mietvertrag sowohl dem übertragenden als auch dem übernehmenden Rechtsträger zugewiesen werden. Beide Rechtsträger sind dann als Gesamtschuldner bzw. -gläubiger des einheitlichen Rechtsverhältnisses anzusehen.[94]
- Umstritten ist, ob eine reale Aufteilung in der Weise möglich ist, dass aus einem einheitlichen Vertragsverhältnis mehrere selbstständige Vertragsverhältnisse mit den jeweils an der Spaltung beteiligten Rechtsträgern werden. Dies wird teilweise pauschal verneint.[95] Nach anderer Ansicht ist eine solche „horizontale Vervielfachung" eines Vertragsverhältnis demgegenüber möglich, wenn hierdurch die Pflichten des Vertragspartners nicht erweitern werden.[96] Dies zuletzt genannte Ansicht ist mit Blick auf den Grundsatz der Spaltungsfreiheit vorzugswürdig.

Nicht möglich ist die Trennung einer akzessorischen Sicherheit von der ihr zugrundeliegenden Forderung. Zur Möglichkeit der Aufteilung einzelner Verbindlichkeiten → Rn. 51. 58

jj) Auftrag und Vollmacht. Ist der übertragende Rechtsträger **Auftragnehmer**, geht der Auftrag unabhängig davon, ob man § 673 BGB für einschlägig hält oder nicht, auf den übernehmenden Rechtsträger über. Nach hier vertretener Ansicht handelt es sich bei dem Auftrag nicht um ein höchstpersönliches Rechtsverhältnis, wenn eine juristische Person Auftragnehmer ist. Denn dann steht die persönliche Leistungserbringung einer natürlichen Person nicht im Vordergrund.[97] Auch die dem übertragenden Rechtsträger erteilte **Vollmacht** kann auf den übernehmenden Rechtsträger übertragen werden mit der Folge, dass der übernehmende Rechtsträger die Vertretung übernimmt. Das ist aber nur möglich, wenn mit der Vollmacht auch das ihr zugrundeliegende Rechtsverhältnis übertragen wird.[98] Aufträge oder Vollmachten, die der übertragende Rechtsträger (als **Auftrag- bzw. Vollmachtgeber**) erteilt hat, gehen auf den übernehmenden Rechtsträger über, soweit das ihnen zugrunde liegende Rechtsverhältnis übertragen wird. **Prokura** oder **Handlungsvollmacht** gehen nicht mit über. Sie müssen vom übernehmenden Rechtsträger neu erteilt werden.[99] 59

kk) Arbeitsverhältnisse und Organstellungen. (1) Arbeitsverträge. Grundsätzlich können Arbeitsverhältnisse im Spaltungs- und Übernahmevertrag frei entweder dem übertragenden oder dem übernehmenden Rechtsträger zugeordnet werden. Einschränkungen 60

---

[91] Schmitt/Hörtnagl/Stratz/*Hörtnagl*, § 131 Rn. 49.
[92] Kallmeyer/*Sickinger*, § 131 Rn. 10.
[93] Schmitt/Hörtnagl/Stratz/*Hörtnagl*, § 131 Rn. 52.
[94] Semler/Stengel/*Schröer*, § 131 Rn. 38.
[95] Kölner Kommentar-UmwG/*Simon*, § 131 Rn. 31; Lutter/*Teichmann*, § 131 Rn. 61; Schmitt/Hörtnagel/Stratz/*Hörtnagel*, § 131 Rn. 52 ff.; a. A. Böttcher/Habighorst/Schulte/*Fischer*, § 131 Rn. 25.
[96] Kölner Kommentar-UmwG/*Simon*, § 131 Rn. 31.
[97] Mit anderer Begründung Schmitt/Hörtnagl/Stratz/*Hörtnagl*, § 131 Rn. 76; Lutter/*Grunewald*, § 20 Rn. 24.
[98] Lutter/*Teichmann*, § 131 Rn. 63; Schmitt/Hörtnagl/Stratz/*Hörtnagl*, § 131 Rn. 76; Widmann/Mayer/*Vossius*, § 20 Rn. 303 über den Verweis in § 131 Rn. 167.
[99] Kallmeyer/*Sickinger*, § 131 Rn. 13; Lutter/*Teichmann*, § 131 Rn. 63.

ergeben sich, wenn im Rahmen der Spaltung ein **Betrieb** oder ein **Betriebsteil** übertragen wird. Aus §§ 324 UmwG, 613a Abs. 1 S. 1 BGB ergibt sich, dass die dem jeweiligen Betrieb oder Betriebsteil zugeordneten Arbeitsverhältnisse nicht von diesem getrennt übertragen werden können. § 613a Abs. 6 BGB gibt den Arbeitnehmern ein Widerspruchsrecht bezüglich des Übergangs ihres Arbeitsverhältnisses. Übt ein Arbeitnehmer sein **Widerspruchsrecht** aus, führt das bei der Abspaltung und Ausgliederung dazu, dass das Arbeitsverhältnis zunächst mit dem übertragenden Rechtsträger bestehen bleibt. Im Falle der Aufspaltung führt es zum Erlöschen des Arbeitsverhältnisses.[100]

61 **(2) Versorgungs- und Pensionsverpflichtungen.** Versorgungs- und Pensionsverpflichtungen, die gegenüber **aktiven Arbeitnehmern** bestehen, sind untrennbar mit deren Arbeitsverhältnissen verbunden und gehen mit dem Betrieb oder Betriebsteil auf den übernehmenden Rechtsträger über (§§ 324 UmwG, 613a Abs. 1 S. 1 BGB). Eine Trennung der Versorgungs- und Pensionsverpflichtungen vom Arbeitsverhältnis ist nicht möglich.[101]

62 Anders stellt sich die Rechtslage hinsichtlich der gegenüber **Pensionären oder ausgeschiedenen Arbeitnehmern** bestehenden Versorgungs- und Pensionsverpflichtungen dar. Es ist anerkannt, dass die beteiligten Rechtsträger im Spaltungs- und Übernahmevertrag frei entscheiden können, wem diese Versorgungs- und Pensionsverpflichtungen zugewiesen werden sollen.[102]

63 Nach der Rechtsprechung des BAG kann das gegenüber Pensionären oder ausgeschiedenen Arbeitnehmern bestehende Versorgungsverhältnis im Wege der partiellen Gesamtrechtsnachfolge insbesondere auch auf eine sog. **Rentnergesellschaft** (d. h. eine Gesellschaft, die ausschließlich oder überwiegend der Abwicklung betrieblicher Altersversorgung dient) übergehen.[103] Das BAG hat insoweit klargestellt, dass dem Versorgungsempfänger kein Widerspruchsrecht nach §§ 324 UmwG, 613a BGB zusteht und der Übergang auch nicht die Zustimmung des Versorgungsempfängers oder des Pensions-Sicherungs-Vereins voraussetzt. Weder §§ 414, 415 BGB noch § 4 BetrAVG sind (unmittelbar oder entsprechend) anwendbar.[104] Eine unzureichende Kapitalausstattung der Rentnergesellschaft führt nicht zur Unwirksamkeit der partiellen Gesamtrechtsnachfolge.[105] Den bisher versorgungspflichtigen Rechtsträger trifft jedoch eine vertragliche Nebenpflicht zur hinreichenden Ausstattung des die Versorgungsverbindlichkeiten übernehmenden Rechtsträgers. Der nach der Umwandlung versorgungspflichtige Rechtsträger ist nach der Rechtsprechung des BAG nur dann ausreichend ausgestattet, wenn er bei einer realistischen betriebswirtschaftlichen Betrachtung genügend leistungsfähig ist. Dies ist der Fall, wenn

- bei der Bewertung der Versorgungsverbindlichkeiten die Sterbetabellen der Versicherungswirtschaft zu Grunde gelegt werden;
- beim Rechnungszinsfuß von der auf einer vernünftigen kaufmännischen Beurteilung beruhenden Bandbreite der Zinssätze ausgegangen und wegen der gebotenen Bewertungsvorsicht die Untergrenze der Brandbreite zu Grunde gelegt wird;
- im Zeitpunkt der Eintragung der Umwandlung ins Handelsregister die Finanzierung der betrieblichen Altersversorgung langfristig gesichert ist; und
- die Ausstattung der versorgungspflichtigen Gesellschaft auch für Anpassungen nach § 16 BetrAVG ausreicht.[106]

---

[100] Böttcher/Habighorst/Schulte/*Fischer*, § 131 Rn. 48.
[101] Kölner Kommentar-UmwG/*Simon*, § 126 Rn. 69 über den Verweis in § 131 Rn. 29.
[102] Widmann/Mayer/*Vossius*, § 131 Rn. 63.
[103] Grundlegend BAG 3 AZR 358/06, BeckRS 2008, 56704.
[104] BAG 3 AZR 358/06, BeckRS 2008, 56704; Widmann/Mayer/*Vossius*, § 131 Rn. 63; Lutter/*Teichmann*, § 131 Rn. 50; Semler/Stengel/*Simon*, § 131 Rn. 49; Kölner Kommentar-UmwG/*Simon*, § 131 Rn. 29.
[105] BAG 3 AZR 358/06, BeckRS 2008, 56704.
[106] BAG 3 AZR 358/06, BeckRS 2008, 56704.

Die Verletzung dieser arbeitsvertraglichen Nebenpflicht zur ausreichenden Ausstattung der Rentnergesellschaft kann zu einem **Schadensersatzanspruch der Versorgungsempfänger** gegen den übertragenden Rechtsträger führen (§§ 280 Abs. 1 S. 1, 241 Abs. 2, 31, 278 BGB).[107] 64

(3) Tarifverträge. Hinsichtlich der partiellen Gesamtrechtsnachfolge in Tarifverträge ist danach zu unterscheiden, ob der übertragende Rechtsträger an einen Verbands- oder einen Firmentarifvertrag gebunden ist. 65

Nach einhelliger Auffassung ist eine partielle Gesamtrechtsnachfolge in einen **Verbandstarifvertrag** ausgeschlossen.[108] Zur Begründung wird angeführt, dass der Verbandstarifvertrag an die Mitgliedschaft des übertragenden Rechtsträgers im Arbeitgeberverband anknüpft, diese Mitgliedschaft wegen ihres höchstpersönlichen Charakters aber nicht im Wege der partiellen Gesamtrechtsnachfolge übertragen werden könne.[109] Nach hier vertretener Auffassung ist an der These von der mangelnden Übertragbarkeit von Vereinsmitgliedschaften nicht festzuhalten (→ Rn. 34). Konsequenterweise müsste dann auch eine partielle Gesamtrechtsnachfolge in einen Verbandstarifvertrag möglich sein. Bis auf Weiteres ist in der Praxis indes mit der herrschenden Auffassung von folgenden Grundsätzen auszugehen[110]: 66

- Bei einer Aufspaltung erlischt der übertragende Rechtsträger und die Mitgliedschaft im Arbeitgeberverband endet.
- Bei einer Abspaltung oder Ausgliederung bleibt die Mitgliedschaft des übertragenden Rechtsträgers im Arbeitgeberverband bestehen. Ein Verbandstarifvertrag gilt beim übertragenden Rechtsträger kollektivrechtlich fort (§ 3 Abs. 1 TVG).
- Weder die Mitgliedschaft des übertragenden Rechtsträgers im Arbeitgeberverband noch die Stellung des übertragenden Rechtsträgers als Partei des Verbandstarifvertrags gehen durch partielle Gesamtrechtsnachfolge auf den übernehmenden Rechtsträger über. Eine kollektivrechtliche Fortgeltung des Verbandstarifvertrags beim übernehmenden Rechtsträger kommt daher nur in Betracht, wenn dieser dem betreffenden Arbeitgeberverband angehört bzw. beitritt oder der Tarifvertrag allgemeinverbindlich ist (§ 5 TVG). Andernfalls richtet sich die Fortgeltung der Regelungen des Verbandstarifvertrags nach §§ 324 UmwG, 613a Abs. 1 S. 2 BGB (sog. Transformation in das Arbeitsverhältnis).

Anders gestaltet sich die Rechtslage hinsichtlich etwaiger im Unternehmen des übertragenden Unternehmens geltender **Firmentarifverträge**. Nach herrschender Auffassung können die beteiligten Rechtsträger im Spaltungs- und Übernahmevertrag festlegen, wem der Firmentarifvertrag zugewiesen werden soll.[111] Wird der Firmentarifvertrag dem übertragenden Rechtsträger zugewiesen, bleibt dieser kollektivrechtlich an den Firmentarifvertrag gebunden. Beim übernehmenden Rechtsträger richtet sich die Fortgeltung nach §§ 324 UmwG, 613a Abs. 1 S. 2 bis 4 BGB.[112] Weist der Spaltungs- und Übernahmevertrag den Firmentarifvertrag hingegen dem übernehmenden Rechtsträger zu, gilt der Firmentarifvertrag bei diesem kollektivrechtlich fort. Der übertragende Rechtsträger ist dann nicht mehr Partei des Firmentarifvertrags. Allerdings soll in diesem Fall – aufgrund der Vergleichbarkeit mit einem Wegfall der Tarifbindung durch Verbandsaustritt – § 3 Abs. 3 TVG analog angewendet werden mit der Folge, dass die Tarifbindung aufrechterhalten wird, bis der Tarifvertrag endet.[113] Bei der Aufspaltung gelten die vorgenannten 67

---

[107] BAG 3 AZR 358/06, BeckRS 2008, 56704.
[108] Kallmeyer/*Willemsen*, Vor § 322, Rn. 84; Kölner Kommentar-UmwG/*Hohenstatt/Schramm*, § 324 Rn. 50; Willemsen/Hohenstatt/Schweibert/Seibt/*Hohenstatt*, E Rn. 109; *Müller-Bonanni/Mehrens*, ZIP 2012, 1217, 1219.
[109] *Müller-Bonanni/Mehrens*, ZIP 2012, 1217, 1218.
[110] *Müller-Bonanni/Mehrens*, ZIP 2012, 1217, 1218.
[111] Willemsen/Hohenstatt/Schweibert/Seibt/*Hohenstatt*, E Rn. 111.
[112] *Müller-Bonanni/Mehrens*, ZIP 2012, 1217, 1219.
[113] Willemsen/Hohenstatt/Schweibert/Seibt/*Hohenstatt*, E Rn. 111.

Grundsätze entsprechend mit der Besonderheit, dass eine Fortgeltung des Tarifvertrags beim übertragenden Rechtsträger von vornherein ausgeschlossen ist, weil dieser mit dem Wirksamwerden der Aufspaltung erlischt.[114]

68 Nach herrschender Auffassung kann die Stellung als Partei eines Firmentarifvertrags im Spaltungs- und Übernahmevertrag nicht mehreren Rechtsträgern zugewiesen und damit vervielfältigt werden.[115] Der **mehrgliedrige Tarifvertrag**, der durch eine solche Vervielfältigung entstünde, würde den Rechtscharakter des Tarifvertrags verändern, was über den Regelungszweck der partiellen Gesamtrechtsnachfolge hinausgehen würde.[116]

69 **(4) Betriebsvereinbarungen.** Eine partielle Gesamtrechtsnachfolge in **Einzelbetriebsvereinbarungen** des übertragenden Rechtsträgers findet statt, wenn im Rahmen der Spaltung ein Betrieb als Ganzes bzw. ein Betriebsteil unter Wahrung seiner Identität auf den übernehmenden Rechtsträger übertragen wird. In diesem Fall gelten die betreffenden Betriebsvereinbarungen beim übernehmenden Rechtsträger kollektivrechtlich fort.[117] Bislang ging die herrschende Auffassung davon aus, dass es an der Wahrung der Betriebsidentität fehlt, wenn der übertragene Betrieb bzw. Betriebsteil in einen bereits bestehenden Betrieb des übernehmenden Rechtsträgers eingegliedert oder mit einem anderen Betrieb des übernehmenden Rechtsträgers zu einem neuen Betrieb zusammengeschlossen wird.[118] Die neuere arbeitsgerichtliche Rechtsprechung scheint demgegenüber dazu zu tendieren, bereits die Wahrung einer Teilidentität für die kollektivrechtliche Fortgeltung von Betriebsvereinbarungen ausreichen zu lassen.[119] Trotz Beibehaltung der Betriebsidentität kann eine kollektivrechtliche Fortgeltung von Betriebsvereinbarungen ausnahmsweise u. a. dann ausgeschlossen sein, wenn beim übernehmenden Rechtsträger bezüglich des gleichen Regelungsgegenstands eine tarifvertragliche Regelung bzw. Gesamt- oder Konzernbetriebsratsvereinbarung in Kraft ist.[120]

70 Noch etwas komplexer stellt sich die Rechtslage hinsichtlich der partiellen Gesamtrechtsnachfolge in **Gesamtbetriebsvereinbarungen** dar. Die Rechtsprechung des BAG, die in der Literatur durchaus kontrovers beurteilt wird[121], verfolgt insoweit folgende Linie:

- Werden sämtliche Betriebe des übertragenden Rechtsträgers auf den bislang arbeitnehmerlosen übernehmenden Rechtsträger übertragen, gelten die Gesamtbetriebsvereinbarungen beim übernehmenden Rechtsträger kollektivrechtlich fort.[122]
- Werden mehrere, aber nicht sämtliche Betriebe des übertragenden Rechtsträgers auf den übernehmenden Rechtsträger übertragen, gelten die Gesamtbetriebsvereinbarungen sowohl beim übertragenden als auch beim übernehmenden Rechtsträger kollektivrechtlich fort.[123] Sind in dieser Konstellation auch beim übernehmenden Rechtsträger Gesamtbetriebsvereinbarungen in Kraft, sollen die verschiedenen Gesamtbetriebsvereinbarungen parallel gelten, d. h. die Gesamtbetriebsvereinbarungen des übertragenden Rechtsträgers für die übertragenen Betriebe und die Gesamtbetriebsvereinbarungen des übernehmenden Rechtsträgers für die „Bestandsbetriebe".[124]
- Wird nur ein einzelner Betrieb bzw. Betriebsteil des übertragenden Rechtsträgers auf den übernehmenden Rechtsträger übertragen und von diesem selbstständig fortgeführt, gelten die Gesamtbetriebsvereinbarungen als solche beim übertragenden Rechtsträger fort,

---

[114] *Müller-Bonanni/Mehrens*, ZIP 2012, 1217, 1220.
[115] BAG 4 AZR 85/11, NZA 2013, 512, 514; Kölner Kommentar-UmwG/*Hohenstatt/Schramm*, § 324 Rn. 52; Böttcher/Habighorst/Schulte/*Röger*, § 324 Rn. 28.
[116] *Müller-Bonanni/Mehrens*, ZIP 2012, 1217, 1220.
[117] Willemsen/Hohenstatt/Schweibert/Seibt/*Hohenstatt*, E Rn. 8.
[118] Willemsen/Hohenstatt/Schweibert/Seibt/*Hohenstatt*, E Rn. 8.
[119] Ausführlich hierzu Willemsen/Hohenstatt/Schweibert/Seibt/*Hohenstatt*, E Rn. 21.
[120] Willemsen/Hohenstatt/Schweibert/Seibt/*Hohenstatt*, E Rn. 13, 18.
[121] Grundlegende Kritik bei Willemsen/Hohenstatt/Schweibert/Seibt/*Hohenstatt*, E Rn. 58 ff.
[122] Willemsen/Hohenstatt/Schweibert/Seibt/*Hohenstatt*, E Rn. 62.
[123] Willemsen/Hohenstatt/Schweibert/Seibt/*Hohenstatt*, E Rn. 62.
[124] Kölner Kommentar-UmwG/*Hohenstatt/Schramm*, § 324 Rn. 33.

während sie beim übernehmenden Rechtsträger als Einzelbetriebsvereinbarung kollektivrechtliche Wirkung entfalten.[125]

Für **Konzernbetriebsvereinbarungen** ergibt sich folgendes Bild: 71
- Konzernbetriebsvereinbarungen gelten kollektivrechtlich fort, wenn auch der übernehmende Rechtsträger zum Konzern des übertragenden Rechtsträgers gehört.[126]
- Wird ein einzelner Betrieb unter Wahrung seiner Identität übertragen, gilt die Konzernbetriebsvereinbarung kollektivrechtlich als Einzelbetriebsvereinbarung beim übernehmenden Rechtsträger fort, sofern nicht der Regelungsgegenstand zwingend eine weitere Zugehörigkeit zum Konzern voraussetzt.[127] Bei der Übertragung mehrerer Betriebe ergibt sich dementsprechend eine kollektivrechtliche Fortgeltung als Gesamtbetriebsvereinbarung.[128]

Sofern eine kollektivrechtliche Fortgeltung der Betriebsvereinbarungen nach dem zuvor 72 Gesagten ausscheidet, findet § 613a Abs. 1 S. 2 bis 4 BGB Anwendung, d. h. Rechte und Pflichten aus einer Betriebsvereinbarung werden **Inhalt des Arbeitsverhältnisses** zwischen dem übernehmenden Rechtsträger und dem Arbeitnehmer und dürfen nicht vor Ablauf eines Jahres nach dem Zeitpunkt des Übergangs zum Nachteil des Arbeitnehmers geändert werden (es sei denn die Rechte und Pflichten werden bei dem übernehmenden Rechtsträger durch Rechtsnormen einer anderen Betriebsvereinbarung geregelt). Vor Ablauf der 1-Jahresfrist können die Rechte und Pflichten geändert werden, wenn die Betriebsvereinbarung nicht mehr gilt.

(5) **Organstellungen.** Die partielle Gesamtrechtsnachfolge umfasst nicht Organstellun- 73 gen beim übertragenden Rechtsträger. Im Rahmen der Aufspaltung fallen mit Erlöschen des übertragenden Rechtsträgers dessen Organe weg. Bei Abspaltung und Ausgliederung verbleibt die Organstellung beim übertragenden Rechtsträger, sodass die Organe ihre Stellung behalten. Sofern die Anstellungsverhältnisse von Organmitgliedern dem übernehmenden Rechtsträger zugeordnet werden, gehen damit nicht auch die Organstellungen über. Diese müssen beim übernehmenden Rechtsträger neu begründet werden.[129]

ll) **Schwebende Rechtspositionen.** Es ist auch eine partielle Gesamtrechtsnachfolge in 74 schwebende Rechtspositionen (insbesondere bedingte oder zukünftige Rechte oder Verbindlichkeiten) denkbar.[130] Voraussetzung für den Übergang ist allerdings, dass der übertragende Rechtsträger alles seinerseits Erforderliche getan hat, damit diese Rechtsposition entsteht. Beispiele hierfür sind **Gestaltungsrechte** oder Ansprüche aus **ungerechtfertigter Bereicherung**, die dadurch entstehen, dass der Rechtsgrund nachträglich wegfällt.[131]

Das zuvor Gesagte gilt auch für schwebende Rechtspositionen im öffentlichen Recht 75 und zwar nicht nur für die **Zustandspflicht**, sondern auch für die **abstrakte Polizeipflicht**, zu deren Konkretisierung es noch eines Verwaltungsaktes bedarf.[132]

mm) **Öffentlich-rechtliche Rechtspositionen.** Von dem Grundsatz, dass öffentlich- 76 rechtliche Rechtspositionen im Wege der Spaltung auf einen anderen Rechtsträger übertragen werden können, gibt es einige Ausnahmen. Entscheidend für die Übertragbarkeit von öffentlich-rechtlichen Rechtspositionen ist, ob es sich um personenbezogene oder sachbezogene Rechtspositionen handelt.

---

[125] Willemsen/Hohenstatt/Schweibert/Seibt/*Hohenstatt*, E Rn. 62.
[126] Kölner Kommentar-UmwG/*Hohenstatt/Schramm*, § 324 Rn. 36.
[127] Kölner Kommentar-UmwG/*Hohenstatt/Schramm*, § 324 Rn. 36.
[128] Kölner Kommentar-UmwG/*Hohenstatt/Schramm*, § 324 Rn. 36.
[129] Henssler/Strohn/*Wardenbach*, § 131 UmwG Rn. 26; Kallmeyer/*Sickinger*, § 131 Rn. 12; Böttcher/Habighorst/Schulte/*Fischer*, § 131 Rn. 52 f.
[130] Lutter/*Teichmann*, § 131 Rn. 64.
[131] Lutter/*Teichmann*, § 131 Rn. 66 mit weiteren Beispielen.
[132] BVerwG 7 C 3/05, NVwZ 2006, 928, 931; Lutter/*Teichmann*, § 131 Rn. 80.

77 Nicht übertragen werden können **personenbezogene Genehmigungen**, die an persönliche Fähigkeiten oder Verhältnisse einer natürlichen Person anknüpfen, die der übernehmende Rechtsträger nicht erfüllt. Diese bleiben bei Abspaltung und Ausgliederung beim übertragenden Rechtsträger, sofern dieser weiterhin die Voraussetzungen erfüllt. Anderenfalls, ebenso wie im Falle der Aufspaltung, erlöschen sie.[133] Beispiele für personenbezogene Genehmigungen sind die Börsenzulassung (§ 32 BörsG)[134], die Gaststättenerlaubnis (§ 2 GastG) oder die Erlaubnis zum Führen eines selbstständigen Handwerks (§ 1 HwO), die Genehmigung zur Errichtung einer Privatkrankenanstalt (§ 30 GewO), die Genehmigung zum gewerbsmäßigen Zurschaustellen von Personen mit nicht überwiegend künstlerischem, sportlichem oder akrobatischem Charakter (§ 33a GewO), die Genehmigung zum Aufstellen von Glücksspielautomaten (§ 33c GewO) oder anderen Spielen mit Gewinnmöglichkeit (§ 33d GewO) oder dem Betreiben einer Spielhalle (§ 33i GewO), die Genehmigung als Pfandleiher (§ 34 GewO), die Genehmigung zum Betrieb eines Bewachungsgewerbes (§ 34a GewO), die Genehmigung zum Handeln als Versteigerer (§ 34b GewO), Makler, Bauträger oder Baubetreuer (§ 34c GewO), Versicherungsvermittler (§ 34d GewO) oder Versicherungsberater (§ 34e GewO), der Waffenschein (§ 4 WaffG), die Erlaubnis zum Führen des Geschäftsbetriebs einer Bank (§ 32 KWG), die Erlaubnis zur Personenbeförderung (§ 3 PBefG) oder zur Beförderung von Personen oder Sachen im Flugverkehr (§ 20 LuftVG).

78 Genehmigungen, die an eine **bestimmte Rechtsform** gebunden sind, können nicht auf einen Rechtsträger anderer (der gesetzlich vorgeschriebenen Rechtsform nicht entsprechenden) Rechtsform übertragen werden.[135] So kann zum Beispiel eine Apotheke nur in der Rechtsform einer GbR oder OHG (§ 8 ApoG), eine Versicherung nur in der Rechtsform einer AG, SE, eines VVaG oder einer Körperschaft oder Anstalt des öffentlichen Rechts (§ 8 Abs. 2 VAG) oder eine private Bausparkasse nur in der Form einer AG betrieben werden (§ 2 Abs. 2 BausparkG).

79 Genehmigungen, die mit einem **bestimmten Gegenstand oder Vermögenswert** verbunden sind, gehen nur gemeinsam mit dem Gegenstand über.[136] Beispiele dafür sind Baugenehmigungen (z. B. nach § 75 BauO NRW) oder die Erlaubnis zur Benutzung eines Gewässers (§ 8 WHG), die Genehmigung zum Einleiten von Wasser in öffentliche Abwasseranlagen (§ 58 WHG) oder bundesimissionsschutzrechtliche Genehmigungen (§ 4 BImSchG). Eine getrennte Zuweisung im Spaltungsplan ist nicht möglich. Für Verpflichtungen gelten die gleichen Grundsätze. Verpflichtungen, die sich aus einem früheren Verhalten des Adressaten ergeben, sind höchstpersönlich und verbleiben beim übertragenden Rechtsträger bzw. erlöschen. Beziehen sich diese aber auf einen zu übertragenden Gegenstand, gehen sie mit über.[137]

80 **nn) Prozessrechtsverhältnisse.** Eine partielle **Gesamtrechtsnachfolge** in Prozessrechtsverhältnisse ist **nicht möglich**, da sie vom Vermögensbegriff des Umwandlungsrechts nicht umfasst sind. Selbstverständlich bleibt es den Parteien unbenommen, im Spaltungs- und Übernahmevertrag schuldrechtliche Vereinbarungen zu treffen, welchem Rechtsträger die Chancen und Risiken aus einzelnen Prozessrechtsverhältnissen zugeordnet werden sollen.

81 Wird im Zuge einer Abspaltung oder Ausgliederung ein streitbefangener Gegenstand oder ein streitbefangenes Recht auf den übernehmenden Rechtsträger übertragen, bleibt das Prozessrechtsverhältnis im Falle eines Aktivprozesses bestehen (§ 265 ZPO). Der über-

---

[133] Semler/Stengel/*Schröer*, § 131 Rn. 43; Lutter/*Teichmann*, § 131 Rn. 79.
[134] Widmann/Mayer/*Vossius*, § 20 Rn. 251.1 über den Verweis in § 131 Rn. 127; Kallmeyer/*Sickinger*, § 131 Rn. 17.
[135] Semler/Stengel/*Schröer*, § 131 Rn. 43.
[136] Semler/Stengel/*Schröer*, § 131 Rn. 43; Lutter/*Teichmann*, § 131 Rn. 79.
[137] Kallmeyer/*Sickinger*, § 131 Rn. 17; Semler/Stengel/*Schröer*, § 131 Rn. 43; Lutter/*Teichmann*, § 131 Rn. 79.

tragende Rechtsträger führt den Prozess als Prozessstandschafter fort, wobei der Klageantrag auf Leistung an den übernehmenden Rechtsträger umzustellen ist. Der übernehmende Rechtsträger kann den Rechtsstreit nur mit Zustimmung des Beklagten als Partei fortführen (§ 265 Abs. 2 S. 2 ZPO). Das Gericht kann die Zustimmung des Beklagten nicht durch Feststellung der Sachdienlichkeit ersetzen.[138] Ist die Parteiauswechslung nicht erfolgt und bleibt es bei einer **Prozessstandschaft** des übertragenden Rechtsträgers, erstreckt sich die Rechtskraft auch auf den übernehmenden Rechtsträger (§ 325 ZPO). Der Titel kann auf den übernehmenden Rechtsträger umgeschrieben werden, sofern die Rechtsnachfolge bei dem Gericht offenkundig ist oder durch öffentliche oder öffentlich beglaubigte Urkunden nachgewiesen wird (§ 727 Abs. 1 ZPO).

Bei der Aufspaltung erlischt der übertragende Rechtsträger, sodass eine Weiterführung 82 des Prozesses durch den übertragenden Rechtsträger als Prozessstandschafter des übernehmenden Rechtsträgers nicht in Betracht kommt. Das Prozessrechtsverhältnis geht in diesem Fall vielmehr kraft **gesetzlichen Parteiwechsels** auf den übernehmenden Rechtsträger über. § 239 ZPO ist mit der Maßgabe anzuwenden, dass der Prozess ohne Unterbrechung fortgeführt wird.[139]

Wird der Streitgegenstand auf mehrere Rechtsträger übertragen und stimmt der Beklagte 83 dem Parteiwechsel zu, bilden die übernehmenden Rechtsträger eine **einfache Streitgenossenschaft** (§§ 59 ff. ZPO).

Beim Passivprozess findet bei der Aufspaltung ebenso wie beim Aktivprozess ein **gesetz-** 84 **licher Parteiwechsel** statt.[140] In den Fällen der Abspaltung oder Ausgliederung bleibt der übertragende Rechtsträger Partei; § 265 ZPO findet entsprechende Anwendung, sodass der übertragende Rechtsträger als **Prozessstandschafter** des übernehmenden Rechtsträgers auftritt.[141] Ein Beitritt des übernehmenden Rechtsträgers als **Nebenintervenient** ist möglich (§ 265 Abs. 2 S. 3 ZPO).

oo) Immaterialgüterrechte. Immaterialgüterrechte wie Patente, Marken, Gebrauchs- 85 muster oder Geschmacksmuster können grundsätzlich frei im Spaltungs- und Übernahmevertrag zugeordnet werden und gehen mit Eintragung der Spaltung auf den übernehmenden Rechtsträger über.[142] Gleiches gilt für Lizenzrechte an solchen Rechten.[143] Zu beachten ist, dass diese Rechte nicht geteilt, wohl aber mehreren Rechtsträgern zur **gemeinsamen Ausübung** übertragen werden können.[144] Etwaige öffentlich-rechtliche Voraussetzungen für die Übertragbarkeit sind zu beachten. Wird das zu übertragende Recht in einem Register geführt, wird das **Register** mit Eintragung der Spaltung unrichtig und ist zu **berichtigen**.[145]

Eine partielle Gesamtrechtsnachfolge in ein **Urheberrecht** ist ausgeschlossen, da es sich 86 um ein höchstpersönliches Recht handelt. Möglich ist nur die Einräumung oder Übertragung von **Nutzungsrechten** an dem Urheberrecht (§§ 31, 34 Abs. 1, 3 UrhG). Da die Übertragung von Nutzungsrechten ohne Zustimmung des Urhebers erfolgen kann, kann der Urheber das Nutzungsrecht zurückrufen, wenn ihm die Ausübung des Nutzungsrechts durch den Erwerber nach Treu und Glauben nicht zuzumuten ist oder sich die Beteiligungsverhältnisse am Unternehmen des Inhabers des Nutzungsrechts wesentlich ändern (§ 34 Abs. 3 S. 2, 3 UrhG).[146]

---

[138] BGH IX ZR 324/95, NJW 1996, 2799, 2799.
[139] Lutter/*Teichmann*, § 131 Rn. 84; Böttcher/Habighorst/Schulte/*Fischer*, § 131 Rn. 43.
[140] Kölner Kommentar-UmwG/*Simon*, § 131 Rn. 38; Lutter/*Teichmann*, § 131 Rn. 86.
[141] Kölner Kommentar-UmwG/*Simon*, § 131 Rn. 38; Lutter/*Teichmann*, § 131 Rn. 86.
[142] Henssler/Strohn/*Wardenbach*, § 131 UmwG Rn. 14.
[143] Schmitt/Hörtnagl/Stratz/*Hörtnagl*, § 131 Rn. 42.
[144] Böttcher/Habighorst/Schulte/*Fischer*, § 131 Rn. 40; Schmitt/Hörtnagl/Stratz/*Hörtnagl*, § 131 Rn.
[145] Kallmeyer/*Sickinger*, § 131 Rn. 16; Böttcher/Habighorst/Schulte/*Fischer*, § 131 Rn. 38; Schmitt/Hörtnagel/Stratz/*Hörtnagel*, § 131 Rn. 43.
[146] Schmitt/Hörtnagl/Stratz/*Hörtnagl*, § 131 Rn. 42; Lutter/*Teichmann*, § 131 Rn. 44.

87 **pp) Daten.** Umfasst die Spaltung auch Vertragsverhältnisse, gehen damit auch gleichzeitig die dazugehörigen Daten mit auf den übernehmenden Rechtsträger über und können ohne Zustimmung des Vertragspartners verwendet werden. Ein Verstoß gegen das **BDSG** ist darin nicht zu sehen.[147] Ausgeschlossen ist die Nutzung der Daten zu einem anderen als dem ursprünglich vereinbarten Zweck. Sobald die Nutzung für die Durchführung der übertragenen Rechtsbeziehung nicht mehr erforderlich ist, müssen die Daten gelöscht werden.[148]

2. „Vergessene Vermögensgegenstände"

88 § 131 Abs. 3 UmwG regelt im Rahmen der Aufspaltung, was mit Vermögensgegenständen geschieht, die vergessen und daher keinem Rechtsträger zugewiesen worden sind. Bei Abspaltung und Ausgliederung bleibt der übertragende Rechtsträger bestehen, sodass „vergessene" Gegenstände bei diesem verbleiben.[149] Allgemein anerkannt ist allerdings, dass auch in diesem Fall vorrangig eine Auslegung des Spaltungs- und Übernahmevertrags erfolgen soll.[150] Die Regelung greift im Übrigen nur ein, sofern im Spaltungs- und Übernahmevertrag – entgegen der üblichen Praxis – keine Auffangregelung getroffen wurde. Außerdem erfasst die Regelung nur Aktiva, nicht aber auch Passiva.[151]

89 Fand bei der Aufspaltung die Zuordnung eines Vermögensgegenstandes nicht statt, ist eine **dreistufige Prüfung** vorzunehmen. Zunächst ist im Wege der **ergänzenden Vertragsauslegung** zu überprüfen, ob der Gegenstand einem Rechtsträger zugeordnet werden kann. Das kann z. B. dann zum Erfolg führen, wenn einem übernehmenden Rechtsträger ein (Teil-)Betrieb zugewiesen wurde, dem der Gegenstand angehört oder wenn der Gegenstand denklogisch zusammen mit anderen, vom Spaltungs- und Übernahmevertrag erfassten, Gegenständen übertragen würde.[152]

90 Hat die ergänzende Vertragsauslegung keinen Erfolg, ist der Gegenstand anteilig allen übernehmenden Rechtsträgern zuzuweisen. Entscheidend für die **anteilige Zuweisung** ist die wertmäßige Verteilung des Reinvermögens des übertragenden Rechtsträgers auf die übernehmenden Rechtsträger gemäß der Zuweisung im Spaltungs- und Übernahmevertrag. Maßgeblich für die Ermittlung des Reinvermögens ist die Schlussbilanz des übertragenden Rechtsträgers.[153] Ist der Gegenstand nicht teilbar, führt die Zuweisung zum Entstehen einer Gesamtberechtigung.[154] Umstritten ist, ob diese in Form einer Gesamthands- oder einer Bruchteilgemeinschaft entsteht.[155]

91 Ist der betroffene Gegenstand nicht teilbar, ist der Wert zwischen den übernehmenden Rechtsträgern aufzuteilen. Das kann entweder dadurch geschehen, dass der Gegenstand veräußert und der Erlös anteilig auf die Rechtsträger aufgeteilt wird, oder aber dass einer der übernehmenden Rechtsträger den Gegenstand behält und die übrigen übernehmenden Rechtsträger ausbezahlt.[156]

---

[147] Kallmeyer/ *Sickinger*, § 131 Rn. 20; Semler/Stengel/*Schröer*, § 131 Rn. 40.
[148] Kölner Kommentar-UmwG/*Simon*, § 131 Rn. 41; Kallmeyer/*Sickinger*, § 131 Rn. 20.
[149] Kölner Kommentar-UmwG/*Simon*, § 131 Rn. 63.
[150] Böttcher/Habighorst/Schulte/*Fischer*, § 131 Rn. 72; Semler/Stengel/*Kübler*, § 131 Rn. 71; Kallmeyer/ *Sickinger*, § 131 Rn. 30; Kölner Kommentar-UmwG/*Simon*, § 131 Rn. 63.
[151] Kölner Kommentar-UmwG/*Simon*, § 131 Rn. 61; Semler/Stengel/*Kübler*, § 131 Rn. 69.
[152] Böttcher/Habighorst/Schulte/*Fischer*, § 131 Rn. 68; Kölner Kommentar-UmwG/*Simon*, § 131 Rn. 64; Schmitt/Hörtnagl/Stratz/*Hörtnagl*, § 131 Rn. 102.
[153] Widmann/Mayer/*Vossius*, § 131 Rn. 209; Semler/Stengel/*Kübler*, § 131 Rn. 70; Kölner Kommentar-UmwG/*Simon*, § 131 Rn. 65.
[154] Nach anderer Ansicht soll bei mangelnder Teilbarkeit die Auffangregelung des § 131 Abs. 3, 2. Hs. UmwG zur Anwendung kommen, vgl. Kölner Kommentar-UmwG/*Simon*, § 131 Rn. 67.
[155] Kallmeyer/*Sickinger*, § 131 Rn. 30; Lutter/*Teichmann*, § 131 Rn. 109; Schmitt/Hörtnagl/Stratz/ *Hörtnagl* § 131 Rn. 103 ff. nimmt eine Differenzierung je nach Art des Gegenstandes vor, verneint aber in jedem Falle eine Gesamthandsgemeinschaft; ebenso Widmann/Mayer/*Vossius*, § 131 Rn. 212 f.
[156] Kölner Kommentar-UmwG/*Simon*, § 131 Rn. 68; Böttcher/Habighorst/Schulte/*Fischer*, § 131 Rn. 71; Schmitt/Hörtnagl/Stratz/*Hörtnagl*, § 131 Rn. 107.

§ 27 Rechtsfolgen der Spaltung

Die Auffangregelung des § 131 Abs. 3 UmwG findet keine Anwendung auf **Ver-** 92 **bindlichkeiten**. Für den Fall der Abspaltung und Ausgliederung bleiben diese beim übertragenden Rechtsträger. Für die Aufspaltung greift die gesamtschuldnerische Haftung nach § 133 Abs. 1 S. 1 UmwG ein, allerdings ohne die Enthaftungsmöglichkeit des Abs. 3.[157]

III. Korporationsrechtliche Folgen

Mit dem Begriff der korporationsrechtlichen Folgen der Spaltung werden gemeinhin drei 93 Regelungskomplexe zusammengefasst, die nachfolgend näher beleuchtet werden sollen: Erstens das Erlöschen des übertragenden Rechtsträgers bei der Aufspaltung (→ Rn. 94 ff.), zweitens die Gewährung von Anteilen an die Anteilsinhaber des übertragenden Rechtsträgers (Auf- und Abspaltung) oder an den übertragenden Rechtsträger selbst (Ausgliederung) bzw. den Verzicht hierauf (→ Rn. 97 ff.) sowie drittens das Schicksal der Rechte Dritter an Anteilen des übertragenden Rechtsträgers (→ Rn. 105 ff.).

1. Erlöschen des übertragenden Rechtsträgers bei der Aufspaltung

Die Eintragung der Aufspaltung im Register des Sitzes des übertragenden Rechtsträgers 94 führt automatisch, d. h. ohne weitere Rechtsakte oder Registereintragungen, zum Erlöschen des übertragenden Rechtsträgers (§ 131 Abs. 1 Nr. 2 UmwG). Die Durchführung eines **Liquidationsverfahrens** ist nicht erforderlich.[158]

Mit dem Erlöschen des übertragenden Rechtsträgers erlöschen auch die Ämter ihrer 95 Leitungsorgane (Vorstand, Geschäftsführer, Aufsichtsrat, aber auch Prokura und Handlungsvollmacht); damit endet auch die **organschaftliche Vertretungsmacht**.[159] Es ist daher z. B. nicht mehr möglich, Gesellschafterbeschlüsse zu fassen.[160] Bereits gefasste Beschlüsse, die der Eintragung im Handelsregister bedürfen, können nach Eintragung der Spaltung nicht mehr angemeldet und eingetragen werden.[161]

Für den Fall, dass sich die Organmitglieder des übertragenden Rechtsträgers im Zu- 96 sammenhang mit der Aufspaltung schadensersatzpflichtig gemacht haben, wird ausnahmsweise das **Fortbestehen** des Rechtsträgers **fingiert** (§§ 125 S. 1, 25 Abs. 1, 2 UmwG).

2. Anteilsgewährung

Spaltungsmaßnahmen gehen mit der Gewährung von Anteilen an dem übernehmenden 97 Rechtsträger einher (→ Rn. 98 ff.). Die Anteilsgewährung ist indes in bestimmten Konstellationen ausgeschlossen bzw. verzichtbar (→ Rn. 103 f.). Hinsichtlich der Rechte Dritter an den Anteilen des übertragenden Rechtsträgers sieht das UmwG eine **dingliche Surrogation** vor (→ Rn. 105 ff.).

a) Gesetzlicher Anteilserwerb. Die Gewährung von Anteilen an dem übernehmen- 98 den Rechtsträger stellt die **primäre Gegenleistung** für die Übertragung des Vermögens vom übertragenden auf den übernehmenden Rechtsträger dar. Der Anteilserwerb vollzieht sich mit Eintragung der Spaltung kraft Gesetzes, ohne dass es eines Übertragungsaktes bedarf. In den Fällen der Auf- und Abspaltung erhalten die Anteilsinhaber des übertragenden Rechtsträgers die zu gewährenden Anteile (§§ 123 Abs. 1 und 2, 131 Abs. 1 Nr. 3 S. 1, 1. Hs. UmwG), im Fall der Ausgliederung der übertragende Rechtsträger selbst (§§ 123 Abs. 3, 131 Abs. 1 Nr. 3 S. 3 UmwG).

Werden bei Auf- oder Abspaltung die Anteile oder Mitgliedschaften des übernehmenden 99 Rechtsträgers den Anteilsinhabern des übertragenden Rechtsträgers nicht in dem Verhältnis

---

[157] Widmann/Mayer/*Vossius*, § 131 Rn. 220.
[158] Böttcher/Habighorst/Schulte/*Fischer*, § 131 Rn. 54.
[159] Schmitt/Hörtnagl/Stratz/*Langner*, Vorbem. zu §§ 322–325 Rn. 101.
[160] Kölner Kommentar-UmwG/*Simon*, § 20 Rn. 37 über den Verweis in § 131 Rn. 43; Semler/Stengel/*Kübler*, § 131 Rn. 58.
[161] Kölner Kommentar-UmwG/*Simon*, § 20 Rn. 38 über den Verweis in § 131 Rn. 43.

zugeteilt, das ihrer Beteiligung an dem übertragenden Rechtsträger entspricht, liegt eine sog. **nicht-verhältniswahrende Spaltung** vor.[162] Der Spaltungs- und Übernahmevertrag wird in einem solchen Fall nur wirksam, wenn ihm alle Anteilsinhaber des übertragenden Rechtsträgers zustimmen (§ 128 UmwG). Eine nicht-verhältniswahrende Zuteilung von Anteilen am übernehmenden Rechtsträger kommt insbesondere vor als

- bloße Quotenverschiebung, bei der die Anteilseigner des übertragenden Rechtsträgers am übernehmenden Rechtsträger nicht im genau gleichen Verhältnis beteiligt sind wie beim übertragenden Rechtsträger,
- sog. Spaltung zu Null, bei der einzelne Anteilseigner des übertragenden Rechtsträgers an einem übernehmenden oder neuen Rechtsträger gar nicht beteiligt werden, dafür an einem anderen aber in umso größerem Umfang; sowie
- Spaltung zu Null mit vollständigem Verzicht einzelner oder sämtlicher[163] Anteilseigner des übertragenden Rechtsträgers auf eine Beteiligung an irgendeinem der übernehmenden Rechtsträger.[164]

100 Als nicht-verhältniswahrende Spaltung ist auch die umgekehrte Konstellation zu behandeln, in der im Zuge einer Abspaltung die **Beteiligungsquoten am übertragenden Rechtsträger** geändert werden.[165]

101 Die nicht-verhältniswahrende Spaltung kann schließlich auch so gestaltet werden, dass **anderen Anteilsinhabern** als den bisherigen die Anteile zugewiesen werden.[166]

102 Der Abschluss des Spaltungs- und Übernahmevertrags bewirkt **keine Veräußerungssperre**. Bis zur Eintragung der Spaltung sind die Anteile daher frei übertragbar.[167] Die Anteile gehen bei der Aufspaltung bzw. Abspaltung mithin auf denjenigen Rechtsträger über, der im Zeitpunkt der Eintragung Anteilsinhaber des übertragenden Rechtsträgers ist.[168]

103 **b) Ausnahmen.** Ein gesetzlicher Anteilserwerb findet nicht statt, soweit der übernehmende Rechtsträger oder ein Dritter, der im eigenen Namen, jedoch für Rechnung dieses Rechtsträgers handelt, Anteilsinhaber des übertragenden Rechtsträgers ist oder der übertragende Rechtsträger eigene Anteile innehat oder ein Dritter, der im eigenen Namen, jedoch für Rechnung dieses Rechtsträgers handelt, dessen Anteilsinhaber er ist (§ 131 Abs. 1 Nr. 3 S. 1 Hs. 2 UmwG). Durch diese Regelung soll verhindert werden, dass bei Auf- und Abspaltung beim übernehmenden Rechtsträger **eigene Anteile** entstehen; sie verfolgt mithin dasselbe Ziel wie die Kapitalerhöhungsverbote, die für die GmbH und die AG gelten (§ 125 S. 1 i. V. m. §§ 54 Abs. 1 Nr. 1, 68 Abs. 1 Nr. 1 UmwG).

104 Auf den Erwerb der Anteile am übernehmenden Rechtsträger kann verzichtet werden (§§ 125 S. 1, 54 Abs. 1 S. 3, 68 Abs. 1 S. 3 UmwG). Der **Verzicht** ist im Spaltungs- und Übernahmevertrag zu regeln und bedarf der notariell beurkundeten Zustimmung aller Anteilsinhaber des übertragenden Rechtsträgers, für die der Verzicht eine Einbuße bewirkt.[169] Nach dem Gesetzeswortlaut ist für den Fall der Ausgliederung ein solcher Verzicht nicht möglich, da in § 125 S. 1 UmwG die Ausgliederung von dem Verweis auf §§ 54, 68 UmwG ausgenommen ist. Dennoch wird im Fall der Ausgliederung eines Vermögensteils einer Muttergesellschaft auf eine 100 %-ige Tochtergesellschaft nach wohl herrschender

---

[162] Lutter/*Teichmann*, § 131 Rn. 89.
[163] a. A. Widmann/Mayer/*Mayer*, § 128 Rn. 29.
[164] Semler/Stengel/*Schröer*, § 128 Rn. 6.
[165] Semler/Stengel/*Schröer*, § 128 Rn. 7.
[166] Schmitt/Hörtnagl/Stratz/*Hörtnagl*, § 131 Rn. 86; Lutter/*Teichmann*, § 131 Rn. 89.
[167] Böttcher/Habighorst/Schulte/*Fischer*, § 131 Rn. 58; Semler/Stengel/*Kübler*, § 131 Rn. 59; Lutter/*Teichmann*, § 131 Rn. 90.
[168] Schmitt/Hörtnagl/Stratz/*Hörtnagl*, § 131 Rn. 86.
[169] Semler/Stengel/*Kübler*, § 131 Rn. 61, sogar ohne das Erfordernis der notariellen Beurkundung; Kallmeyer/*Sickinger*, § 131 Rn. 25; Schmitt/Hörtnagl/Stratz/*Hörtnagl*, § 131 Rn. 90; Böttcher/Habighorst/Schulte/*Fischer*, § 131 Rn. 61.

Lehre die Möglichkeit des Verzichts auf die Anteilsgewährung von Anteilen an der Tochtergesellschaft angenommen.[170] Gegen die Verzichtsmöglichkeit können insbesondere nicht Gründe des Gläubigerschutzes angeführt werden, da die Gläubiger durch §§ 125 S. 1, 22 UmwG ausreichend geschützt werden.[171]

c) Rechte Dritter. Die Rechte Dritter an den Anteilen oder Mitgliedschaften des übertragenden Rechtsträgers bestehen an den an ihre Stelle tretenden Anteilen oder Mitgliedschaften der übernehmenden Rechtsträger fort (sog. **dingliche Surrogation**, § 131 Abs. 1 Nr. 3 S. 2 UmwG). 105

Nach dem Gesetzeswortlaut knüpft die dingliche Surrogation mithin an einen Anteilstausch als Folge der Spaltungsmaßnahme an. Diese Voraussetzung ist bei der **Aufspaltung** unzweifelhaft erfüllt. Denn bei der Aufspaltung verlieren die Anteilsinhaber des übertragenden Rechtsträgers mit dessen Erlöschen ihre Anteile an diesem und erhalten im Gegenzug Anteile am übernehmenden Rechtsträger. An diesen neuen Anteilen setzen sich die Rechte Dritter daher fort.[172] 106

Weniger eindeutig liegt der Fall bei der Abspaltung. Da die Anteile am übertragenden Rechtsträger bei der Abspaltung fortbestehen, ist durchaus zweifelhaft, ob die Anteile am übernehmenden Rechtsträger „an ihre Stelle treten" und der vom Gesetzeswortlaut verlangte Anteilstausch vorliegt. Allerdings erleiden die Anteilsinhaber des übertragenden Rechtsträgers mit der Übertragung des Vermögens einen Wertverlust, für den sie mit Anteilen am übernehmenden Rechtsträger entschädigt werden. Durch diesen Wertverlust sind auch die Rechte Dritter betroffen, da ihre Rechte an den Anteilen ebenfalls weniger wert sind. Bei einer teleologischen Auslegung des § 131 Abs. 1 Nr. 3 S. 2 UmwG sprechen daher gute Gründe für die Annahme, dass die Rechte Dritter bei der **Abspaltung** *auch* an den Anteilen am übernehmenden Rechtsträger begründet werden (d. h. die Sicherungsrechte bestehen dann sowohl an den Anteilen am übertragenden als auch an den Anteilen am übernehmenden Rechtsträger).[173] 107

Bei der **Ausgliederung** tritt kein Wertverlust im Hinblick auf die Anteile am übertragenden Rechtsträger ein, da der übertragende Rechtsträger selbst im Gegenzug für die Vermögensübertragung die Anteile am übernehmenden Rechtsträger erhält. Die Rechte Dritter werden dadurch nicht beeinträchtigt, so dass diese sich an den Anteilen am übernehmenden Rechtsträger nicht fortsetzen.[174] 108

In Fällen, in denen **kein Anteilserwerb** stattfindet, weil ein Ausnahmetatbestand eingreift bzw. ein Verzicht auf die Anteilsgewährung vorliegt, ist eine dingliche Surrogation nicht möglich. Vielmehr entfallen die Rechte Dritter.[175] Zu Gunsten der Betroffenen kommen in solchen Fällen Schadensersatzansprüche aus der Verletzung der Sicherungsabrede oder Ansprüche auf Bereicherungsausgleich in Betracht.[176] 109

Von der dinglichen Surrogation werden nur dingliche Rechte (inbesondere **Nießbrauch** oder **Pfandrechte**) erfasst. Schuldrechtliche Vereinbarungen und damit auch Treuhandverhältnisse setzen sich nicht an den zu gewährenden Anteilen fort. Sollen auch diese weiterhin bestehen bleiben, kann dies im Spaltungs- und Übernahmevertrag geregelt 110

---

[170] Schmitt/Hörtnagl/Stratz/*Hörtnagl*, § 126 Rn. 47; Lutter/*Priester*, § 126 Rn. 26; Henssler/Strohn/*Wardenbach*, § 126 UmwG Rn. 10; Semler/Stengel/*Kübler*, § 126 Rn. 31 sowie Kallmeyer/*Sickinger*, § 126 Rn. 6 nehmen das auch für den umgekehrten Fall der Ausgliederung einer Tochter- auf die Muttergesellschaft an; a. A. Kölner Kommentar-UmwG/*Simon*, § 131 Rn. 51 und Widmann/Mayer/*Mayer*, § 126 Rn. 99, die in dem Fall der Ausgliederung keine Möglichkeit des Verzichts anerkennen.
[171] Semler/Stengel/*Kübler*, § 20 Rn. 79 über den Verweis in § 131 Rn. 61.
[172] Kölner Kommentar-UmwG/*Simon*, § 131 Rn. 53.
[173] Semler/Stengel/*Kübler*, § 131 Rn. 62a; Kölner Kommentar-UmwG/*Simon*, § 131 Rn. 54.
[174] Semler/Stengel/*Kübler*, § 131 Rn. 62a; Kölner Kommentar-UmwG/*Simon*, § 131 Rn. 55.
[175] Semler/Stengel/*Kübler*, § 131 Rn. 62; Kölner Kommentar-UmwG/*Simon*, § 131 Rn. 56.
[176] Semler/Stengel/*Kübler*, § 131 Rn. 62.

werden, wobei ein dahingehender Parteiwille gegebenenfalls auch durch Auslegung ermittelt werden kann.[177]

IV. Schutz der Gläubiger und der Inhaber von Sonderrechten

1. Allgemeines

111 Nach dem Grundsatz der Spaltungsfreiheit können die beteiligten Rechtsträger frei gestalten, wie sie die Aktiva und Passiva des übertragenden Rechtsträgers unter den beteiligten Rechtsträgern aufteilen. Der Spaltungsfreiheit werden insoweit lediglich durch die Erfordernisse der Kapitalaufbringung und (in seltenen Ausnahmefällen) den Grundsatz des Rechtsmissbrauchs Grenzen gesetzt; ein darüber hinausgehendes gesetzliches Gebot, ein Gleichgewicht zwischen übertragenen Aktiva und Passiva herzustellen, existiert demgegenüber nicht.[178]

112 Als Korrelat zur Spaltungsfreiheit enthält das UmwG eine Reihe von Vorschriften, die Gläubigern bzw. Inhabern von Sonderrechten besonderen Schutz gewähren. Prägend sind insoweit

- die gesamtschuldnerische Haftung sämtlicher an der Spaltung beteiligter Rechtsträger für Altverbindlichkeiten des übertragenden Rechtsträgers (→ Rn. 114 ff.),
- das Recht der Gläubiger auf Sicherheitsleistung für ihre Forderungen (→ Rn. 184 ff.) sowie
- der Anspruch der Inhaber von Sonderrechten auf Gewährung gleichwertiger Rechtspositionen (→ Rn. 207 ff.).

113 Der umwandlungsrechtliche **Gläubigerschutz** ist nicht abschließend. Vielmehr können im Zusammenhang mit einer Spaltung weitere Haftungstatbestände zum Tragen kommen, die den Gläubigern zusätzliche Haftungsmasse erschließen. Zu denken ist insoweit etwa an Fälle, in denen bei dem übertragenden Rechtsträger persönlich haftende Gesellschafter vorhanden sind.[179] Darüber hinaus kann eine Haftung der beteiligten Rechtsträger wegen Firmenfortführung (§§ 25, 26, 28 HGB)[180], für Steuerschulden (§ 75 AO) oder wegen Verunreinigung des Erdreichs (§ 4 BBodSchG) bestehen.[181]

2. Gesamtschuldnerische Haftung der beteiligten Rechtsträger

114 Für die Verbindlichkeiten des übertragenden Rechtsträgers, die vor dem Wirksamwerden der Spaltung begründet worden sind, haften die an der Spaltung beteiligten Rechtsträger für einen Zeitraum von fünf bzw. zehn Jahren als **Gesamtschuldner** (§ 133 Abs. 1 S. 1, Abs. 3 UmwG). Diese gesamtschuldnerische Haftung[182] stellt ein Kernelement des umwandlungsrechtlichen Gläubigerschutzes dar.

115 **a) Hauptschuldner und Mithafter.** Obwohl die Haftung nach § 133 Abs. 1 S. 1, Abs. 3 UmwG eine gesamtschuldnerische ist, wird zwischen Hauptschuldner und sog. Mithaftern unterschieden. Als **Hauptschuldner** wird derjenige Rechtsträger bezeichnet, dem die jeweilige Verbindlichkeit im Spaltungs- und Übernahmevertrag zugeordnet wurde.[183] **Mithafter** sind demgegenüber diejenigen Rechtsträger, auf die nach dem Spaltungs- und Übernahmevertrag die Verbindlichkeit nicht übergehen soll, die aber nach § 133 Abs. 1 i. V. m. Abs. 3 UmwG zeitlich beschränkt auf fünf bzw. zehn Jahre als Gesamtschuldner mithaften.[184]

---

[177] Schmitt/Hörtnagl/Stratz/*Hörtnagl*, § 131 Rn. 94; Lutter/*Teichmann*, § 131 Rn. 96.
[178] Grundlegend *Schröer* in: FS Maier-Reimer, 2010, S. 657, 665.
[179] Kölner Kommentar-UmwG/*Simon*, § 133 Rn. 5.
[180] Kölner Kommentar-UmwG/*Simon*, § 133 Rn. 69.
[181] Kölner Kommentar-UmwG/*Simon*, § 133 Rn. 70.
[182] Kölner Kommentar-UmwG/*Simon*, § 133 Rn. 17.
[183] Böttcher/Habighorst/Schulte/*Fischer*, § 133 Rn. 10; Semler/Stengel/*Maier-Reimer/Seulen*, § 133 Rn. 27; Schmitt/Hörtnagl/Straz/*Hörtnagl*, § 133 Rn. 7.
[184] Lutter/*Schwab*, § 133 Rn. 19.

Diese Unterscheidung ist in verschiedener Hinsicht von Bedeutung: So steht der Anspruch auf Sicherheitsleistung den Gläubigern nur gegenüber dem Hauptschuldner zu (§§ 125 S. 1, 22 UmwG). Ferner erlischt nur die Haftung der Mithafter nach fünf bzw. zehn Jahren (§ 133 Abs. 3 UmwG), während die Haftung des Hauptschuldners auch über die Fünf- bzw. Zehnjahresfrist hinaus besteht. Schließlich ist die Unterscheidung zwischen Hauptschuldner und Mithaftern für den Innenausgleich zwischen den beteiligten Rechtsträgern maßgeblich (→ Rn. 143 ff.).[185]   **116**

b) Altverbindlichkeiten. Die gesamtschuldnerische Haftung der beteiligten Rechtsträger betrifft sog. **Altverbindlichkeiten**, d. h. Verbindlichkeiten des übertragenden Rechtsträgers, die vor dem Wirksamwerden der Spaltung begründet worden sind (§ 133 Abs. 1 S. 1 UmwG). Da die Gläubiger des übertragenden Rechtsträgers bis zum Ablauf der Fünf- bzw. Zehnjahresfrist so gestellt werden sollen, als hätte keine Spaltung stattgefunden,[186] wird der Begriff der Altverbindlichkeiten sehr weit ausgelegt. Die gesamtschuldnerische Haftung hat demzufolge einen größeren Anwendungsbereich als der Gesetzeswortlaut auf den Blick nahelegt.   **117**

aa) Maßgeblicher Zeitpunkt. Nach dem Wortlaut des Gesetzes ist das „Wirksamwerden der Spaltung" der maßgebliche Abgrenzungszeitpunkt für die gesamtschuldnerische Haftung. Die Spaltung wird mit Eintragung im Register des übertragenden Rechtsträgers wirksam (§ 131 Abs. 1 UmwG). Entgegen einer in der Literatur vertretenen Meinung ist dieser Zeitpunkt auch im Zusammenhang mit der gesamtschuldnerischen Haftung maßgeblich, während es nicht darauf ankommt, dass die Handelsregistereintragung auch bekannt gemacht wurde.[187] Der Gesetzeswortlaut ist insoweit eindeutig. Bei den sog. Altverbindlichkeiten handelt es sich mithin um solche, die bis zur Eintragung der Spaltung im Register des übertragenden Rechtsträgers begründet wurden.[188] Zwar besteht die Möglichkeit, dass zwischen Eintragung und Bekanntmachung der Spaltung neue Verbindlichkeiten begründet werden. Dabei handelt es sich aber schon um sog. **Neuverbindlichkeiten**, die nicht dem Anwendungsbereich des § 133 UmwG unterfallen.[189]   **118**

bb) Begründung der Verbindlichkeit. Für die Zwecke der gesamtschuldnerischen Haftung nach § 133 Abs. 1 S. 1 UmwG gilt eine Verbindlichkeit als begründet, wenn der **Rechtsgrund** für sie gelegt wurde. Auf das Entstehen oder die Fälligkeit des Anspruchs kommt es nicht an.[190] Nachfolgend soll für einige praxisrelevante Fallgruppen (vertragliche Ansprüche; Vertragsangebote; bedingte Verbindlichkeiten; Drittsicherheiten; Ansprüche aus unerlaubten Handlungen; dingliche Ansprüche; öffentlich-rechtliche Beseitigungs- und Unterlassungsansprüche) näher beleuchtet werden, wann die jeweilige Verbindlichkeit als begründet anzusehen ist.   **119**

---

[185] Schmitt/Hörtnagl/Stratz/*Hörtnagl*, § 133 Rn. 16; Semler/Stengel/*Maier-Reimer/Seulen*, § 133 Rn. 27.
[186] Nachfolgend wird mit der herrschenden Lehre die Einordnung als Gesamtschuld zugrunde gelegt (vgl. etwa Kölner Kommentar-UmwG/*Simon*, § 133 Rn. 19 f.; Henssler/Strohn/*Wardenbach*, § 133 UmwG Rn. 3; Schmitt/Hörtnagl/Stratz/*Hörtnagl*, § 133 Rn. 2; Semler/Stengel/*Maier-Reimer/Seulen*, § 133 Rn. 31 ff.); nach a. A. haften die Mithafter im Verhältnis zum Hauptschuldner akzessorisch, während die Mithafter untereinander den Regelungen der Gesamtschuld unterliegen (Widmann/Mayer/*Vossius*, § 133 Rn. 25 ff.; Böttcher/Habighorst/Schulte/*Fischer*, § 133 Rn. 25; Lutter/*Schwab*, § 133 Rn. 23 ff.; Kallmeyer/*Sickinger*, § 133 Rn. 3).
[187] Böttcher/Habighorst/Schulte/*Fischer*, § 133 Rn. 12; Lutter/*Schwab*, § 133 Rn. 81; Kölner Kommentar-UmwG/*Simon*, § 133 Rn. 25; Widmann/Mayer/*Vossius*, § 133 Rn. 20; Schmitt/Hörtnagl/Stratz/*Hörtnagl*, § 133 Rn. 10; a. A. Semler/Stengel/*Maier-Reimer/Seulen*, § 133 Rn. 11; Henssler/Strohn/*Wardenbach*, § 133 UmwG Rn. 4.
[188] Böttcher/Habighorst/Schulte/*Fischer*, § 133 Rn. 12; Lutter/*Schwab*, § 133 Rn. 81.
[189] Böttcher/Habighorst/Schulte/*Fischer*, § 133 Rn. 12; Lutter/*Schwab*, § 133 Rn. 83.
[190] BGH VII ZR 90/14, NZG 2015, 1277, 1280; Widmann/Mayer/*Vossius*, § 133 Rn. 21; Schmitt/Hörtnagl/Stratz/*Hörtnagl*, § 133 Rn. 12; Henssler/Strohn/*Wardenbach*, § 133 UmwG Rn. 5; Maulbetsch/Klumpp/Rose/*Raible*, § 133 Rn. 5.

120 **(1) Vertragliche Ansprüche.** Vertragliche Ansprüche werden mit **Vertragsschluss** begründet. Das gilt auch für Dauerschuldverhältnisse. Einzelne aus dem Dauerschuldverhältnis resultierende Verbindlichkeiten werden demnach mit Vertragsschluss begründet und von der gesamtschuldnerischen Haftung umfasst, auch wenn sie ggf. erst viele Jahre nach Vertragsschluss bzw. Wirksamwerden der Spaltung fällig werden.[191]

121 Auch etwaige **Sekundäransprüche** aus dem Vertragsverhältnis gelten als mit Abschluss des Vertrags „begründet" und sind demnach von der gesamtschuldnerischen Haftung umfasst. Dies gilt auch dann, wenn die Sekundäransprüche erst nach Wirksamwerden der Spaltung aufgrund weiterer Rechtshandlungen entstehen.[192] Etwaige nach Wirksamwerden der Spaltung entstehende Ansprüche wegen **Nichterfüllung, Schlechtleistung oder Unmöglichkeit** sowie vereinbarte **Vertragsstrafen** sind mithin von der Haftung umfasst, wenn der zugrundeliegende Vertrag vor Wirksamwerden der Spaltung abgeschlossen wurde.[193]

122 Ansprüche aufgrund etwaiger, nach Wirksamwerden der Spaltung vereinbarter **Vertragsänderungen** sind von der Haftung als Gesamtschuldner dagegen nicht erfasst.[194] Wird das Schuldverhältnis hingegen durch Ausübung eines Gestaltungsrechtes (z. B. durch Rücktritt) verändert, greift für die daraus resultierenden Ansprüche die gesamtschuldnerische Haftung ein.[195]

123 Umstritten ist, ob die gesamtschuldnerische Haftung auch Ansprüche aus der Verletzung einer **Nebenpflicht** mit einschließt. Nach wohl herrschender Lehre ist dies zu bejahen, da auch der Rechtsgrund der Nebenpflicht mit Vertragsschluss gelegt wurde.[196]

124 **(2) Vertragsangebote.** Verbindlichkeiten aus Vertragsverhältnissen, für die der Gläubiger dem übertragenden Rechtsträger vor Wirksamwerden der Spaltung ein Vertragsangebot unterbreitet hat, das erst nach Wirksamwerden der Spaltung angenommen wird, zählen ebenfalls zu den Altverbindlichkeiten.[197] Zur Begründung wird angeführt, dass der Gläubiger schutzbedürftig sei, weil er sich einen anderen Rechtsträger als Vertragspartner ausgesucht habe und ihm durch die Spaltung Haftungsmasse entzogen worden sei.[198]

125 Im umgekehrten Fall, in dem der übertragende Rechtsträger einem Gläubiger vor Wirksamwerden der Spaltung ein Angebot zum Vertragsschluss gemacht hat und der Gläubiger dieses Angebot erst nach Wirksamwerden der Spaltung annimmt, liegt keine Alt-, sondern vielmehr eine Neuverbindlichkeit vor.[199] Denn hier ist der Gläubiger **nicht schutzwürdig**, da er vor Annahme des Angebots die Möglichkeit hat, die Bonität seines zukünftigen Vertragspartners zu überprüfen.[200]

126 **(3) Bedingte Verbindlichkeiten.** Das zuvor Gesagte gilt auch für auflösend oder aufschiebend bedingte Verbindlichkeiten. Maßgeblich ist auch insoweit allein der Zeitpunkt

---

[191] BGH VII ZR 90/14, NZG 2015, 1277, 1280; Schmitt/Hörtnagl/Stratz/*Hörtnagl*, § 133 Rn. 11; Maulbetsch/Klumpp/Rose/*Raible*, § 133 Rn. 7; Kallmeyer/*Sickinger*, § 133 Rn. 8.
[192] Kölner Kommentar-UmwG/*Simon*, § 133 Rn. 22; Böttcher/Habighorst/Schulte/*Fischer*, § 133 Rn. 15.
[193] Schmitt/Hörtnagl/Stratz/*Hörtnagl*, § 133 Rn. 13.
[194] Schmitt/Hörtnagl/Stratz/*Hörtnagl*, § 133 Rn. 11.
[195] Schmitt/Hörtnagl/Stratz/*Hörtnagl*, § 133 Rn. 13; Maulbetsch/Klumpp/Rose/*Raible*, § 133 Rn. 6.
[196] Maulbetsch/Klumpp/Rose/*Raible*, § 133 Rn. 6; Schmitt/Hörtnagl/Stratz/*Hörtnagl*, § 133 Rn. 13; Böttcher/Habighorst/Schulte/*Fischer*, § 133 Rn. 15; a. A. Semler/Stengel/*Maier-Reimer/Seulen*, § 133 Rn. 13, der auf den Zeitpunkt der Verletzungshandlung abstellt.
[197] Semler/Stengel/*Maier-Reimer/Seulen*, § 133 Rn. 14; Maulbetsch/Klumpp/Rose/*Raible*, § 133 Rn. 7; Kölner Kommentar-UmwG/*Simon*, § 133 Rn. 24.
[198] Schmitt/Hörtnagl/Stratz/*Hörtnagl*, § 133 Rn. 11; Lutter/*Schwab*, § 133 Rn. 82.
[199] Semler/Stengel/*Maier-Reimer/Seulen*, § 133 Rn. 14; Schmitt/Hörtnagl/Stratz/*Hörtnagl*, § 133 Rn. 11; Maulbetsch/Klumpp/Rose/*Raible*, § 133 Rn. 7; Kölner Kommentar-UmwG/*Simon*, § 133 Rn. 24.
[200] Lutter/*Schwab*, § 133 Rn. 82.

der Begründung der Verbindlichkeit (in der Regel durch Abschluss des Vertrags), während es auf den Zeitpunkt des **Bedingungseintritts** nicht ankommt.[201]

(4) Drittsicherheit. Die Sicherheiten, die ein Dritter vor Wirksamwerden der Spaltung für Verbindlichkeiten des übertragenden Rechtsträgers gestellt hat, bleiben bestehen, da die Verbindlichkeit identisch bleibt, auch wenn sie einem anderen Rechtsträger übertragen wurde.[202] Der **Sicherungsgeber** findet für den Fall seiner Inanspruchnahme in der gesamtschuldnerischen Haftung der an der Spaltung beteiligten Rechtsträger ausreichenden Schutz.[203]

(5) Unerlaubte Handlungen. Ansprüche aus unerlaubter Handlung oder Gefährdungshaftung gehören zu den Altverbindlichkeiten, wenn das **haftungsbegründende Verhalten** vor dem Wirksamwerden der Spaltung liegt.[204] Es ist also ausreichend, dass die Schädigungshandlung vor dem Wirksamwerden der Spaltung vorgenommen oder das fehlerhafte Produkt vor diesem Zeitpunkt in den Verkehr gebracht wurde. Auf den Zeitpunkt des Schadenseintritts kommt es dann nicht an.[205]

(6) Dingliche Ansprüche. Bei dinglichen Ansprüchen, die eine gegenwärtige und damit eine noch nicht im Zeitpunkt des Wirksamwerdens der Spaltung bestehende Beziehung zu einer Sache voraussetzen, handelt es sich nicht um Altverbindlichkeiten. Ansprüche des Eigentümers auf **Herausgabe** oder auf **Unterlassung** einer fortgesetzten Störung können sich nur gegen den jeweiligen **Besitzer** oder **Störer** richten, also gegen denjenigen Beteiligten, dem der Besitz bzw. die Störungsquelle zugewiesen ist. Die anderen Beteiligten haften dafür nicht gesamtschuldnerisch. Wird eine herauszugebende Sache nach dem maßgebenden Zeitpunkt von demjenigen, dem sie zugewiesen wurde, veräußert oder zerstört, beruhen die daraus folgenden Ansprüche auf der Verletzung des Eigentums und nicht auf der Verletzung der Herausgabepflicht. Diese Ansprüche begründen daher ebenfalls Neuverbindlichkeiten.[206]

(7) Öffentlich-rechtliche Beseitigungs- und Unterlassungsansprüche. Im Einklang mit der zuvor beschriebenen Wertung für dingliche Ansprüche handelt es sich bei dem öffentlich-rechtlichen Unterlassungsanspruch gegen einen aktuellen Störer nicht um eine Altverbindlichkeit. Wurde die **störende Handlung** und damit die Ursache für den Anspruch allerdings vor dem Wirksamwerden der Spaltung vorgenommen, stellt der öffentlich-rechtliche Beseitigungs- und Unterlassungsanspruch eine Altverbindlichkeit dar.[207]

cc) „**Vergessene Verbindlichkeiten**". Hinsichtlich der Haftung für vergessene Verbindlichkeiten ist zunächst durch Auslegung des Spaltungs- und Übernahmevertrags zu ermitteln, ob die Verbindlichkeit einem der beteiligten Rechtsträger zugeordnet wurde. Kommt die Auslegung zu keinem Ergebnis, muss zwischen Aufspaltung sowie Abspaltung und Ausgliederung unterschieden werden. Bei **Abspaltung** und **Ausgliederung** bleibt der übertragende Rechtsträger bestehen, sodass die vergessene Verbindlichkeit bei ihm verbleibt.[208] Der übertragende Rechtsträger ist als Hauptschuldner anzusehen, die anderen beteiligten Rechtsträger als Mithafter.[209] Im Fall der **Aufspaltung** erlischt der übertragende

---

[201] Semler/Stengel/*Maier-Reimer/Seulen*, § 133 Rn. 15.
[202] Semler/Stengel/*Maier-Reimer/Seulen*, § 133 Rn. 17; Maulbetsch/Klumpp/Rose/*Raible*, § 133 Rn. 8.
[203] Maulbetsch/Klumpp/Rose/*Raible*, § 133 Rn. 8.
[204] Semler/Stengel/*Maier-Reimer/Seulen*, § 133 Rn. 18; Kallmeyer/*Sickinger*, § 133 Rn. 9; Schmitt/Hörtnagl/Stratz/*Hörtnagl*, § 133 Rn. 14; Kölner Kommentar-UmwG/*Simon*, § 133 Rn. 23.
[205] Böttcher/Habighorst/Schulte/*Fischer*, § 133 Rn. 18; Schmitt/Hörtnagl/Stratz/*Hörtnagl*, § 133 Rn. 14; Kallmeyer/*Sickinger*, § 133 Rn. 9; Lutter/*Schwab*, § 133 Rn. 84.
[206] Semler/Stengel/*Maier-Reimer/Seulen*, § 133 Rn. 19.
[207] Semler/Stengel/*Maier-Reimer/Seulen*, § 133 Rn. 20.
[208] Maulbetsch/Klumpp/Rose/*Raible*, § 133 Rn. 19; Lutter/*Schwab*, § 133 Rn. 87.
[209] Kallmeyer/*Sickinger*, § 133 Rn. 17; Böttcher/Habighorst/Schulte/*Fischer*, § 133 Rn. 20; Kölner-Kommentar-UmwG/*Simon*, § 133 Rn. 26.

Rechtsträger, sodass die übernehmenden Rechtsträger alle als Hauptschuldner für die Altverbindlichkeit gesamtschuldnerisch haften.[210]

132 **c) Haftung auf Erfüllung, Einstandspflicht.** Nachfolgend soll ein Blick auf Inhalt und Umfang der gesamtschuldnerischen Haftung (→ Rn. 133 ff.) sowie auf die den Gesamtschuldnern zustehenden Einreden und Einwendungen (→ Rn. 136 ff.) geworfen werden.

133 **aa) Inanspruchnahme nach freiem Belieben des Gläubigers.** Hauptschuldner und Mithafter haften gegenüber dem Gläubiger im gleichen Umfang auf Erfüllung.[211] Es obliegt dem Gläubiger zu wählen, welchen der Schuldner er in Anspruch nehmen möchte (§ 421 BGB). Er hat auch das **Wahlrecht** im Hinblick darauf, ob er einen Rechtsträger ganz oder bei einer teilbaren Leistung mehrere Rechtsträger nur teilweise in Anspruch nehmen möchte. Eine Pflicht zur vorrangigen Inanspruchnahme des Hauptschuldners besteht nicht.[212] Die gesamtschuldnerisch haftenden Rechtsträger werden im **Außenverhältnis** erst mit der Erfüllung von ihrer Haftung befreit (§ 422 S. 1 BGB).

134 **bb) Sachleistungsansprüche.** Auch im Fall einer Sachleistungspflicht haften die Mithafter grundsätzlich auf Erfüllung. Problematisch kann die Haftung auf Erfüllung dann sein, wenn der Gläubiger einen Rechtsträger in Anspruch nimmt, dem die zur Erfüllung der **Sachleistungspflicht** notwendigen Gegenstände nicht durch den Spaltungs- und Übernahmevertrag zugewiesen wurden. Der haftende Rechtsträger ist im Verhältnis zum Gläubiger dadurch nicht automatisch von seiner **Erfüllungspflicht** befreit.[213] Ihm steht jedoch gegen denjenigen Rechtsträger, dem die Gegenstände zugewiesen wurden, ein Freistellungsanspruch auf Leistung an den Gläubiger zu.[214] Ist dieser Anspruch nicht oder nicht rechtzeitig durchsetzbar, kann dem Gläubiger ein Anspruch auf Schadensersatz zustehen. Handelt es sich bei dem in Anspruch genommenen Rechtsträger um den übertragenden Rechtsträger, liegt ein Fall der **nachträglichen Unmöglichkeit** (§ 283 BGB) vor. Der übertragende Rechtsträger hat die Unmöglichkeit auch zu vertreten (§ 280 Abs. 1 S. 2 BGB), da er durch den Spaltungs- und Übernahmevertrag seine Unmöglichkeit herbeigeführt hat. Handelt es sich bei dem in Anspruch genommenen Rechtsträger um den übernehmenden Rechtsträger, liegt ein Fall der **anfänglichen Unmöglichkeit** (§ 311a BGB) vor, da auch ihm mit Unterzeichnung des Spaltungs- und Übernahmevertrags bewusst war, nicht alle Verbindlichkeiten, die aus dem Vertragsschluss resultieren, erfüllen zu können.[215] Die Unmöglichkeit hat **Einzelwirkung** (§ 425 Abs. 2 BGB), sodass ein Schadensersatzanspruch nur gegen diejenigen Rechtsträger in Betracht kommt, bei denen die Voraussetzungen gegeben sind.

135 **cc) Unterlassungsansprüche.** Die gesamtschuldnerische Haftung umfasst nicht Unterlassungsansprüche aus Wettbewerbsverboten. Denn nur derjenige Rechtsträger, dem der betroffene Unternehmensteil im Spaltungs- und Übernahmevertrag zugewiesen wurde, ist in der Lage, das **Wettbewerbsverbot** einzuhalten. Es haftet also nur der Hauptschuldner auf Erfüllung. Den Mithaftern kommt keine eigene Unterlassungsverpflichtung zu. Sie

---

[210] Semler/Stengel/*Maier-Reimer/Seulen*, § 133 Rn. 37; Maulbetsch/Klumpp/Rose/*Raible*, § 133 Rn. 19; Böttcher/Habighorst/Schulte/*Fischer*, § 133 Rn. 20; Kölner Kommentar-UmwG/*Simon*, § 133 Rn. 26; Henssler/Strohn/*Wardenbach*, § 133 UmwG Rn. 6.

[211] Semler/Stengel/*Maier-Reimer/Seulen*, § 133 Rn. 40; Maulbetsch/Klumpp/Rose/*Raible*, § 133 Rn. 15; Schmitt/Hörtnagl/Stratz/*Hörtnagl*, § 133 Rn. 7.

[212] Schmitt/Hörtnagl/Stratz/*Hörtnagl*, § 133 Rn. 7; Maulbetsch/Klumpp/Rose/*Raible*, § 133 Rn. 15; Lutter/*Schwab*, § 133 Rn. 28; Böttcher/Habighorst/Schulte/*Fischer*, § 133 Rn. 21.

[213] Semler/Stengel/*Maier-Reimer/Seulen*, § 133 Rn. 41.

[214] Böttcher/Habighorst/Schulte/*Fischer*, § 133 Rn. 34; Semler/Stengel/*Maier-Reimer/Seulen*, § 133 Rn. 41; Maulbetsch/Klumpp/Rose/*Raible*, § 133 Rn. 16.

[215] Semler/Stengel/*Maier-Reimer/Seulen*, § 133 Rn. 41; Maulbetsch/Klumpp/Rose/*Raible*, § 133 Rn. 17.

können indes sekundär auf Schadensersatz in Anspruch genommen werden, wenn der Hauptschuldner seine Unterlassungspflicht verletzt.²¹⁶

dd) Einreden und Einwendungen. Nach allgemeinem Schuldrecht entfalten Erfüllung, Leistung an Erfüllungs statt, Hinterlegung, Aufrechnung, Erlass und Gläubigerverzug grundsätzlich für alle Gesamtschuldner Wirkung, während andere Tatsachen nur für und gegen den Gesamtschuldner, in dessen Person sie eintreten, wirken (§§ 422 bis 425 BGB). Den Besonderheiten der umwandlungsrechtlichen Gesamtschuld ist bei der Anwendung der §§ 422 bis 425 BGB jedoch, wie nachfolgend beschrieben, Rechnung zu tragen. **136**

(1) Tatsachen mit Gesamtwirkung bzw. Einzelwirkung. Allen Einwendungen und Einreden, die bereits vor dem Wirksamwerden der Spaltung entstanden sind, kommt **Gesamtwirkung** zu, d. h. sie kommen auch den anderen Gesamtschuldnern zugute.²¹⁷ Anders verhält es sich bei Einwendungen und Einreden, die erst nach dem Wirksamwerden der Spaltung entstanden sind. Diesen kommt Gesamtwirkung nur in den durch Gesetz (§§ 422 bis 425 BGB) oder durch das Schuldverhältnis angeordneten Fällen zu.²¹⁸ Auch für den Fall der Beendigungskündigung kann Gesamtwirkung angenommen werden. Der von § 425 Abs. 2 BGB erfasste und damit der Einzelwirkung unterliegende Fall der Kündigung betrifft nur den Fall der Fälligkeitskündigung.²¹⁹ **137**

(2) Aufrechnungsmöglichkeit. Einer vor dem Wirksamwerden der Spaltung erklärten **Aufrechnung** kommt Gesamtwirkung zu (§ 422 Abs. 1 S. 2 BGB). Wurde die Aufrechnung vor dem Wirksamwerden der Spaltung noch nicht erklärt, bestand zu diesem Zeitpunkt aber bereits eine Aufrechnungslage, nach der der Hauptschuldner mit einer Gegenforderung aufrechnen konnte, können sich die Mithafter darauf berufen und die Leistung verweigern, solange dem Hauptschuldner die Aufrechnung noch möglich ist.²²⁰ Der Grund hierfür liegt darin, dass der Gläubiger sich auch schon vor der Spaltung der Aufrechnung gegenübersah und durch die Spaltung nicht besser stehen darf als ohne. Ist die Aufrechnungslage allerdings erst nach dem Wirksamwerden der Spaltung entstanden, können sich die übrigen an der Spaltung beteiligten Rechtsträger nicht auf sie berufen.²²¹ **138**

(3) Gestaltungsrechte. Gestaltungsrechte hängen untrennbar mit dem Vertrag zusammen und können daher nur von demjenigen Rechtsträger ausgeübt werden, dem der betreffende Vertrag im Spaltungs- und Übernahmevertrag zugewiesen wurde. Allerdings können sich auch die Mithafter auf die Gestaltungsrechte des Hauptschuldners berufen. Ihnen steht eine **Einrede** gegen den Gläubiger zu (§§ 129 Abs. 2 HGB, 770 Abs. 1 BGB analog).²²² **139**

---

²¹⁶ Kölner Kommentar-UmwG/*Simon*, § 133 Rn. 30; Lutter/*Schwab*, § 133 Rn. 46; Böttcher/Habighorst/Schulte/*Fischer*, § 133 Rn. 36; Semler/Stengel/*Maier-Reimer/Seulen*, § 133 Rn. 44 geht sogar davon aus, dass die Mithafter dazu verpflichtet sind, im Falle einer Verletzung auf den Hauptschuldner einzuwirken, seine Unterlassungspflicht einzuhalten; a. A. Schmitt/Hörtnagl/Stratz/*Hörtnagl*, § 131 Rn. 64, der zumindest bei Dauerverpflichtungen die Unterlassungspflicht nur des Hauptschuldners nicht für ausreichend erachtet.
²¹⁷ Lutter/*Schwab*, § 133 Rn. 60; Semler/Stengel/*Maier-Reimer/Seulen*, § 133 Rn. 50; Böttcher/Habighorst/Schulte/*Fischer*, § 133 Rn. 23; Kölner Kommentar-UmwG/*Simon*, § 133 Rn. 31; Maulbetsch/Klumpp/Rose/*Raible*, § 133 Rn. 17.
²¹⁸ Lutter/*Schwab*, § 133 Rn. 61; Kölner Kommentar-UmwG/*Simon*, § 133 Rn. 32.
²¹⁹ Semler/Stengel/*Maier-Reimer/Seulen*, § 133 Rn. 49; MünchKommBGB/*Bydlinski*, § 425 Rn. 4; Palandt/*Grüneberg*, § 425 Rn. 3.
²²⁰ Böttcher/Habighorst/Schulte/*Fischer*, § 133 Rn. 29; Lutter/*Schwab*, § 133 Rn. 67; Maulbetsch/Klumpp/Rose/*Raible*, § 133 Rn. 17; Semler/Stengel/*Maier-Reimer/Seulen*, § 133 Rn. 51 sogar weitergehend, er sieht in dem Spaltungsvertrag eine Ermächtigung zur Aufrechnung.
²²¹ Semler/Stengel/*Maier-Reimer/Seulen*, § 133 Rn. 52; Maulbetsch/Klumpp/Rose/*Raible*, § 133 Rn. 17; Böttcher/Habighorst/Schulte/*Fischer*, § 133 Rn. 29; weiter allerdings Kölner Kommentar-UmwG/*Simon*, § 133 Rn. 36, der auch für das nachträgliche Entstehen der Aufrechnungslage beim Hauptschuldner annimmt, dass die Mithafter sich darauf berufen können.
²²² Semler/Stengel/*Maier-Reimer/Seulen*, § 133 Rn. 53; Böttcher/Habighorst/Schulte/*Fischer*, § 133 Rn. 27; Kölner Kommentar-UmwG/*Simon*, § 133 Rn. 36.

140 **(4) Verjährung.** Die Verjährung, ebenso wie deren Neubeginn, Hemmung und Ablaufhemmung, läuft gegen die an der Spaltung beteiligten Rechtsträger **getrennt** (§ 425 Abs. 2 BGB). Deren Wirkung tritt also nur bei demjenigen Rechtsträger ein, bei dem die Voraussetzungen vorliegen. Dementsprechend können sich Mithafter nicht darauf berufen, dass die Forderung gegen den Hauptschuldner verjährt ist.

141 **(5) Einwendungsverzicht.** Verzichtet einer der beteiligten Rechtsträger auf Einwendungen oder Einreden, kommt dem Verzicht nur **Einzelwirkung** zu.[223]

142 **(6) Prozessuale Folgen der Spaltung.** Für die prozessualen Folgen der Spaltung kann auf → Rn. 80 ff. verwiesen werden. Rechtsstreitigkeiten, die erst nach dem Wirksamwerden der Spaltung anhängig werden, haben nur **Einzelwirkung** (§ 425 BGB). Die Rechtskraft des Urteils erstreckt sich mithin nur auf den Gesamtschuldner, der Partei des Prozesses ist.[224]

143 **d) Innenausgleich.** Erfüllt ein an der Spaltung beteiligter Rechtsträger (in seiner Eigenschaft als Gesamtschuldner) eine Verbindlichkeit des übertragenden Rechtsträgers, die vor dem Wirksamwerden der Spaltung begründet worden ist, stellt sich die Frage, ob dieser Rechtsträger bei den anderen beteiligten Rechtsträgern Regress nehmen kann.

144 **aa) Verhältnis Hauptschuldner und Mithafter.** Gesamtschuldner sind im Verhältnis zueinander zu gleichen Anteilen verpflichtet, soweit nicht ein anderes bestimmt ist (§ 426 Abs. 1 S. 1 BGB). Die Zuweisung einer Verbindlichkeit im Spaltungs- und Übernahmevertrag an den Hauptschuldner stellt indes eine solche anderweitige Bestimmung dar, weswegen dem Hauptschuldner **kein Rückgriffsanspruch** gegen die Mithafter zusteht.[225] Umgekehrt steht dem Mithafter, der in Anspruch genommen werden soll, gegen den Hauptschuldner bei drohender Inanspruchnahme ein **Freistellungsanspruch** zu.[226] Wurde der Mithafter in Anspruch genommen und hat dieser geleistet, kann er von dem Hauptschuldner Ausgleichung verlangen (§ 426 Abs. 1 und 2 BGB).[227]

145 **bb) Verhältnis der Mithafter untereinander.** Begleicht ein Mithafter die Verbindlichkeit und ist die Durchsetzung des Regressanspruchs gegen den Hauptschuldner nicht möglich (z. B. mangels hinreichender Solvenz des Hauptschuldners), kann der Mithafter auch bei den anderen Mithaftern **Rückgriff** nehmen (§ 426 Abs. 1 BGB). Überwiegend wird die Ansicht vertreten, dass die anderen Mithafter nach Kopfteilen haften, soweit der Spaltungs- und Übernahmevertrag nicht ausdrücklich eine abweichende Regelung enthält.[228] Nach anderer Ansicht ist der Spaltungs- und Übernahmevertrag in der Regel dahingehend auszulegen, dass das Haftungsverhältnis unter den Mithaftern nach dem Verhältnis des ihnen jeweils zugewiesenen Reinvermögens zu bestimmen ist.[229] Teleologisch überzeugender ist die zuletzt genannte Ansicht, da der Grund für die gesamtschuldnerische Haftung der Mithafter darin liegt, dass ihnen Vermögen des spaltenden Rechtsträgers übertragen oder Vermögen bei ihnen belassen wurde. In der Praxis empfiehlt sich freilich, diese Frage ausdrücklich im Spaltungs- und Übernahmevertrag zu regeln.

---

[223] Semler/Stengel/Maier-Reimer/*Seulen*, § 133 Rn. 57; Böttcher/Habighorst/Schulte/*Fischer*, § 133 Rn. 32.

[224] Semler/Stengel/Maier-Reimer/*Seulen*, § 133 Rn. 59; Palandt/*Grüneberg*, § 425 Rn. 8; MünchKommBGB/*Bydlinski*, § 425 Rn. 29.

[225] Schmitt/Hörtnagl/Stratz/*Hörtnagl*, § 133 Rn. 16; Semler/Stengel/*Maier-Reimer/Seulen*, § 133 Rn. 66; Böttcher/Habighorst/Schulte/*Fischer*, § 133 Rn. 37; Kölner Kommentar-UmwG/*Simon*, § 133 Rn. 63; Maulbetsch/Klumpp/Rose/*Raible*, § 133 Rn. 13.

[226] Lutter/*Schwab*, § 133 Rn. 147; Böttcher/Habighorst/Schulte/*Fischer*, § 133 Rn. 38; Kallmeyer/*Müller*, § 133 Rn. 11.

[227] Lutter/*Schwab*, § 133 Rn. 147; Kölner Kommentar-UmwG/*Simon*, § 133 Rn. 63.

[228] Lutter/*Schwab*, § 133 Rn. 150; Schmitt/Hörtnagl/Stratz/*Hörtnagl*, § 133 Rn. 16; Kallmeyer/*Müller*, § 133 Rn. 12.

[229] Dafür: Semler/Stengel/*Maier-Reimer/Seulen*, § 133 Rn. 67; Kölner Kommentar-UmwG/*Simon*, § 133 Rn. 65; dagegen: Schmitt/Hörtnagl/Stratz/*Hörtnagl*, § 133 Rn. 16.

§ 27 Rechtsfolgen der Spaltung

e) Enthaftung des Mithafters. Die gesamtschuldnerische Haftung der Mithafter ist 146 zeitlich begrenzt. Sie gilt nur für Altverbindlichkeiten, die vor Ablauf von fünf Jahren nach der Spaltung fällig werden und daraus Ansprüche gegen die Mithafter in einer in § 197 Abs. 1 Nr. 3 bis 5 BGB bezeichneten Art festgestellt sind oder eine gerichtliche oder behördliche **Vollstreckungshandlung** vorgenommen oder beantragt wird; bei öffentlich-rechtlichen Verbindlichkeiten genügt der Erlass eines **Verwaltungsakts** (§ 133 Abs. 3 S. 1 UmwG). Für Ansprüche aufgrund des **Betriebsrentengesetzes** tritt die Enthaftung erst nach zehn Jahren ein (§ 133 Abs. 3 S. 2 UmwG). Die Frist beginnt jeweils mit der Bekanntmachung der Eintragung der Spaltung im Register des übernehmenden Rechtsträgers (§ 133 Abs. 4 UmwG).

Zugunsten des Hauptschuldners tritt keine Enthaftung ein. Er haftet vielmehr auch nach 147 fünf bzw. zehn Jahren fort.

aa) Enthaftung mangels Fälligkeit. Wird die Verbindlichkeit nicht innerhalb von fünf 148 Jahren (bzw. zehn Jahren bei Ansprüchen aufgrund des Betriebsrentengesetzes) nach der Spaltung fällig, sondern erst nach Ablauf dieser Frist, trifft den Mithafter im Unterschied zum Hauptschuldner keine Haftung mehr. Das gilt unabhängig von dem Rechtsgrund der Verbindlichkeit.[230] Es ist also unerheblich, ob es sich um Dauerschuldverhältnisse oder kurzfristige Verträge oder Schadensersatzansprüche handelt. Für die Enthaftung ist maßgebend, ob der einzelne Anspruch innerhalb dieser Frist fällig wird.[231] Auf die Bezifferbarkeit des Anspruchs innerhalb der Frist kommt es nicht an.[232] Der partielle Verweis auf die Regelungen über die Hemmung der Verjährung in § 133 Abs. 4 S. 2 UmwG ist auf die Fälligkeit nicht anwendbar, sodass dadurch die Frist nicht verlängert wird.[233]

bb) Enthaftung wegen fehlender Klage oder Zwangsvollstreckung. Der Anspruch 149 muss nicht nur fällig sein, sondern vom Gläubiger auch innerhalb der Fünfjahresfrist (bzw. Zehnjahresfrist bei Ansprüchen aufgrund des Betriebsrentengesetzes) gegen den jeweiligen Mithafter gelten gemacht werden.

(1) Vollstreckbarer Titel; Hemmung. Erwirkt der Gläubiger innerhalb der Fünf- 150 jahresfrist (bzw. Zehnjahresfrist bei Ansprüchen aufgrund des Betriebsrentengesetzes) einen **vollstreckbaren Titel** im Sinne des § 197 Abs. 1 Nr. 3 bis 5 BGB (d. h. eine rechtskräftige gerichtliche Entscheidung, einen vollstreckbaren Vergleich bzw. eine vollstreckbare Urkunde oder eine vollstreckbare Feststellung im Insolvenzverfahren), tritt die Enthaftung des Mithafters nicht ein.

Die Fünfjahresfrist (bzw. Zehnjahresfrist bei Ansprüchen aufgrund des Betriebsrenten- 151 setzes) ist gehemmt, wenn der Gläubiger vor Ablauf der Frist **Maßnahmen der Rechtsverfolgung** im Sinne des § 204 Abs. 1 BGB gegen den Mithafter vornimmt (§§ 133 Abs. 4 S. 2 UmwG, 204 BGB). Ausreichend für die Hemmung des Anspruchs ist, dass er bereits vor dem Wirksamwerden der Spaltung im Klagewege gegen den Mithafter anhängig gemacht wurde, auch wenn der Titel erst nach dem Wirksamwerden der Spaltung vorliegt. Das betrifft den Fall, dass der Gläubiger den übertragenden Rechtsträger bereits verklagt hatte, dieser aber nach der Spaltung durch Übertragung der Verbindlichkeit zum Mithafter geworden ist.[234]

---

[230] Lutter/*Schwab*, § 133 Rn. 105; Böttcher/Habighorst/Schulte/*Fischer*, § 133 Rn. 60; Semler/Stengel/*Maier-Reimer/Seulen*, § 133 Rn. 79; Kölner Kommentar-UmwG/*Simon*, § 133 Rn. 43.
[231] Maulbetsch/Klumpp/Rose/*Raible*, § 133 Rn. 23; Semler/Stengel/*Maier-Reimer/Seulen*, § 133 Rn. 79.
[232] Semler/Stengel/*Maier-Reimer/Seulen*, § 133 Rn. 79.
[233] Semler/Stengel/*Maier-Reimer/Seulen*, § 133 Rn. 81; Böttcher/Habighorst/Schulte/*Fischer*, § 133 Rn. 60; Maulbetsch/Klumpp/Rose/*Raible*, § 133 Rn. 23; Kölner Kommentar-UmwG/*Simon*, § 133 Rn. 42.
[234] Kölner Kommentar-UmwG/*Simon*, § 133 Rn. 48; Lutter/*Schwab*, § 133 Rn. 111; Semler/Stengel/*Maier-Reimer/Seulen*, § 133 Rn. 91.

152 Zu beachten ist, dass § 203 BGB von dem Verweis in § 133 Abs. 4 S. 2 UmwG ausgenommen ist. Es tritt also **keine Hemmung durch Verhandlungen** zwischen dem Gläubiger und dem Mithafter ein.[235]

153 (2) **Vollstreckungsmaßnahmen.** Auch die Vornahme oder Beantragung einer behördlichen oder gerichtlichen **Vollstreckungsmaßnahme** verhindert die Enthaftung, wenn der Anspruch innerhalb von fünf Jahren (bzw. zehn Jahren bei Ansprüchen aufgrund des Betriebsrentengesetzes) fällig geworden ist.[236] Auf die Vollstreckungshandlung kommt es insbesondere an, wenn ein Titel schon vor der Spaltung erwirkt, die Forderung indes erst nach dem Wirksamwerden der Spaltung fällig wurde.[237] Wird der Antrag auf Zwangsvollstreckung zurückgenommen oder aufgehoben oder wird ihm nicht stattgegeben, tritt Enthaftung ein (§§ 133 Abs. 4 S. 2 UmwG, 212 Abs. 2, Abs. 3 BGB).[238]

154 (3) **Verwaltungsakt.** Ist die Verbindlichkeit **öffentlich-rechtlicher Natur**, ist es ausreichend, dass die Behörde einen Verwaltungsakt erlässt und dieser dem Mithafter innerhalb der Fünfjahresfrist zugeht.[239] Wird der Verwaltungsakt zurückgenommen oder aufgehoben, tritt Enthaftung ein (§§ 133 Abs. 4 S. 2 UmwG, 212 Abs. 2, Abs. 3 BGB).[240]

155 (4) **Anerkenntnis.** Zur Verhinderung der Enthaftung ist ferner ein vom Mithafter schriftlich abgegebenes **Anerkenntnis** ausreichend (§ 133 Abs. 5 UmwG). Eine schriftliche Bestätigung des Anspruchs ist dafür ausreichend und auch unabhängig von § 350 HGB erforderlich.[241] Das Anerkenntnis wirkt aber nur gegenüber demjenigen Mithafter, der es abgegeben hat. Es entfaltet keine Wirkung gegenüber den anderen Mithaftern (§ 425 BGB).[242]

156 cc) **Akzessorische Sicherheiten.** Im Falle der Enthaftung eines Mithafters stellt sich die Frage, welche Auswirkungen dies auf Sicherheiten hat, die für die in Rede stehende Verbindlichkeit gestellt wurden.

157 Sicherheiten, die der übertragende Rechtsträger gestellt hat, bestehen unstreitig fort.[243] Andernfalls hätte es der übertragende Rechtsträger in der Hand, sich durch die Spaltung der gestellten Sicherheit zu entledigen.[244]

158 Für Sicherheiten, die Dritte gestellt haben, wird in der Literatur teilweise eine entsprechende Anwendung des § 418 BGB befürwortet mit der Folge, dass im Zeitpunkt der Enthaftung auch die Sicherheit entfallen würde.[245] Die überzeugt indes nicht, da der

---

[235] Lutter/*Schwab*, § 133 Rn. 106; Kölner Kommentar-UmwG/*Simon*, § 133 Rn. 50.
[236] Semler/Stengel/*Maier-Reimer/Seulen*, § 133 Rn. 85; Böttcher/Habighorst/Schulte/*Fischer*, § 133 Rn. 63.
[237] Böttcher/Habighorst/Schulte/*Fischer*, § 133 Rn. 63; Kölner Kommentar-UmwG/*Simon*, § 133 Rn. 53; Maulbetsch/Klumpp/Rose/*Raible*, § 133 Rn. 25.
[238] Böttcher/Habighorst/Schulte/*Fischer*, § 133 Rn. 63; Kölner Kommentar-UmwG/*Simon*, § 133 Rn. 54; Maulbetsch/Klumpp/Rose/*Raible*, § 133 Rn. 23; Lutter/*Schwab*, § 133 Rn. 109.
[239] Maulbetsch/Klumpp/Rose/*Raible*, § 133 Rn. 26; Kölner Kommentar-UmwG/*Simon*, § 133 Rn. 55; Semler/Stengel/*Maier-Reimer/Seulen*, § 133 Rn. 86; Böttcher/Habighorst/Schulte/*Fischer*, § 133 Rn. 65.
[240] Maulbetsch/Klumpp/Rose/*Raible*, § 133 Rn. 26; Kölner Kommentar-UmwG/*Simon*, § 133 Rn. 55; Semler/Stengel/*Maier-Reimer/Seulen*, § 133 Rn. 86; Böttcher/Habighorst/Schulte/*Fischer*, § 133 Rn. 65.
[241] Kölner Kommentar-UmwG/*Simon*, § 133 Rn. 52; Böttcher/Habighorst/Schulte/*Fischer*, § 133 Rn. 66; Semler/Stengel/*Maier-Reimer/Seulen*, § 133 Rn. 87; Maulbetsch/Klumpp/Rose/*Raible*, § 133 Rn. 27.
[242] Lutter/*Schwab*, § 133 Rn. 118; Böttcher/Habighorst/Schulte/*Fischer*, § 133 Rn. 66.
[243] Lutter/*Schwab*, § 133 Rn. 117; Semler/Stengel/*Maier-Reimer/Seulen*, § 133 Rn. 101; Schmitt/Hörtnagl/Stratz/*Hörtnagl*, § 133 Rn. 39; Kölner Kommentar-UmwG/*Simon*, § 133 Rn. 61; Böttcher/Habighorst/Schulte/*Fischer*, § 133 Rn. 70.
[244] Kölner Kommentar-UmwG/*Simon*, § 133 Rn. 61.
[245] Lutter/*Schwab*, § 133 Rn. 116 f.

Gläubiger der privaten **Schuldübernahme** zustimmen muss, was bei der Spaltung aber gerade nicht der Fall ist.[246]

f) Besonderer Gläubigerschutz der Arbeitnehmer. In den Fällen der Betriebsaufspaltung sieht das Gesetz einen besonderen Schutz der Arbeitnehmer vor.[247] Eine Betriebsaufspaltung liegt vor, wenn durch die Spaltung einerseits eine **Anlagegesellschaft** und andererseits eine **Betriebsgesellschaft** entsteht. Anlagegesellschaft ist die Gesellschaft, der das betriebsnotwendige Vermögen zugewiesen wird. Betriebsgesellschaft ist hingegen die Gesellschaft, die den Betrieb führt, ohne über das dafür notwendige Vermögen zu verfügen (§ 134 Abs. 1 S. 1 UmwG). Für die Arbeitnehmer der Betriebsgesellschaft bedeutet dies, dass sie nach der Spaltung einen Vertragspartner mit geschmälerter Haftungsmasse haben.[248]

Zum Schutz der Arbeitnehmer wird die gesamtschuldnerische Haftung aus § 133 UmwG deshalb durch § 134 UmwG ergänzt. Hiernach trifft die Anlagegesellschaft gegenüber den Arbeitnehmern für die in §§ 111 bis 113 BetrVG genannten Ansprüche sowie für Ansprüche aus Versorgungsanwartschaften, die nach der Spaltung begründet wurden, eine gesamtschuldnerische Haftung.[249]

aa) Anwendungsbereich. (1) Sachlich. § 134 UmwG ist unstreitig auf die **Abspaltung** anwendbar (und zwar sowohl in dem Fall, dass das Anlagevermögen auf einen übernehmenden Rechtsträger abgespalten wird und dadurch die Anlagegesellschaft entsteht, als auch in dem Fall, dass der Betrieb auf die zukünftige Betriebsgesellschaft abgespalten wird).

Auch die **Ausgliederung** ist von der Vorschrift umfasst.[250] Im Unterschied zur Abspaltung werden bei der Ausgliederung zwar nicht die Gesellschafter des übertragenden Rechtsträgers, sondern dieser selbst Anteilsinhaber an der übernehmenden Gesellschaft. Vor diesem Hintergrund erscheint zweifelhaft, ob „an den an der Spaltung beteiligten Rechtsträgern im wesentlichen dieselben Personen beteiligt" sind, wie § 134 Abs. 1 S. 1 UmwG verlangt. Überwiegend wird jedoch eine mittelbare Beteiligungsidentität für ausreichend erachtet.[251] Diese ist dann gegeben, wenn die Gesellschafter an dem übertragenden Rechtsträger nach der Spaltung im Wesentlichen identisch sind.

Umstritten ist die Anwendung von § 134 UmwG bei einer **Aufspaltung**. Der Wortlaut der Norm geht von einem Fortbestehen des übertragenden Rechtsträgers aus, was bei der Aufspaltung aber gerade nicht der Fall ist. Teilweise wird in der Literatur daher die Auffassung vertreten, dass die Aufspaltung nicht vom Schutzzweck der Norm erfasst wird.[252] Aber auch im Fall der Aufspaltung kann es dazu kommen, dass das Vermögen auf eine Anlage- und eine Betriebsgesellschaft aufgeteilt wird. Auch in diesem Fall besteht durch die Trennung des Anlagevermögens von den Arbeitsverhältnissen ein Schutzbedürfnis der Arbeitnehmer, da ihnen Haftungsmasse entzogen wird. Auf die Aufspaltung ist

---

[246] Semler/Stengel/*Maier-Reimer/Seulen*, § 133 Rn. 101; Schmitt/Hörtnagl/Stratz/*Hörtnagl*, § 133 Rn. 39; Kölner Kommentar-UmwG/*Simon*, § 133 Rn. 62; Böttcher/Habighorst/Schulte/*Fischer*, § 133 Rn. 70.
[247] BR-Drucks 75/94 S. 122; Maulbetsch/Klumpp/Rose/*Raible*, § 134 Rn. 1.
[248] BR-Drucks 75/94 S. 122.
[249] Schmitt/Hörtnagl/Stratz/*Hörtnagl*, § 134 Rn. 2; BR-Drucks 75/94 S. 122.
[250] Schmitt/Hörtnagl/Stratz/*Hörtnagl*, § 134 Rn. 20; Kallmeyer/*Willemsen*, § 134 Rn. 5; Sagasser/Bula/Brünger/*Sagasser/Bultmann*, § 18 Rn. 109; Maulbetsch/Klumpp/Rose/*Raible*, § 134 Rn. 8; Henssler/Strohn/*Wardenbach*, § 134 UmwG Rn. 2; Semler/Stengel/*Maier-Reimer/Seulen*, § 134 Rn. 34; Kölner Kommentar-UmwG/*Hohenstatt/Schramm*, § 134 Rn. 4; Lutter/*Schwab*, § 134 Rn. 67.
[251] Schmitt/Hörtnagl/Stratz/*Hörtnagl*, § 134 Rn. 20; Kallmeyer/*Willemsen*, § 134 Rn. 5; Sagasser/Bula/Brünger/*Sagasser/Bultmann*, § 18 Rn. 109; Henssler/Strohn/*Wardenbach*, § 134 UmwG Rn. 2; Semler/Stengel/*Maier-Reimer/Seulen*, § 134 Rn. 34; Kölner Kommentar-UmwG/*Hohenstatt/Schramm*, § 134 Rn. 4; Lutter/*Schwab*, § 134 Rn. 67.
[252] Widmann/Mayer/*Vossius*, § 134 Rn. 5; Kölner Kommentar-UmwG/*Hohenstatt/Schramm*, § 134 Rn. 4; Schmitt/Hörtnagl/Stratz/*Hörtnagl*, § 134 Rn. 18.

§ 134 UmwG daher analog anzuwenden, sofern die Voraussetzungen der Norm im Übrigen erfüllt sind.[253]

164 (2) **Persönlich.** Geschützt werden unstreitig Arbeitnehmer der Betriebsgesellschaft, die zum **Zeitpunkt des Wirksamwerdens der Spaltung** mit dem übertragenden Rechtsträger in einem Anstellungsverhältnis standen.[254]

165 Fraglich ist, ob sich der Schutz des § 134 UmwG auch auf Arbeitnehmer erstreckt, die erst nach der Spaltung einen Anstellungsvertrag mit der Betriebsgesellschaft abgeschlossen haben, soweit ihre Ansprüche gegen die Betriebsgesellschaft innerhalb der Fünfjahresfrist begründet werden. Der Wortlaut der Vorschrift legt dies nahe. Die teleologische Auslegung spricht indes gegen eine Anwendung des § 134 UmwG auf diese Arbeitnehmer.[255] Die Vorschrift bezweckt den Schutz von Arbeitnehmern, deren Vertragspartner sich seines Vermögens entledigt und dadurch die den Arbeitnehmern zur Verfügung stehende Haftungsmasse reduziert hat. Arbeitnehmer, die bereits vor der Spaltung in einem Anstellungsverhältnis zum übertragenden Rechtsträger standen, können diese Verschlechterung ihrer Rechtsstellung nicht verhindern und bedürfen deshalb besonderen Schutzes. Dieses Schutzbedürfnis besteht bei „neuen" Arbeitnehmern dagegen nicht. Die Vermögenssituation ihres Vertragspartners hat sich im Vergleich zum Zeitpunkt der Begründung des Arbeitsverhältnisses nicht verschlechtert.[256] § 134 UmwG findet auf diesen Personenkreis daher keine Anwendung.

166 Überwiegend wird vertreten, dass **leitende Mitarbeiter** und **Organmitglieder**[257] sowie **persönlich haftende Gesellschafter** von Personengesellschaften[258] nicht in den Anwendungsbereich des § 134 UmwG fallen.

167 Schließlich können sich auch **Arbeitnehmer der Anlagegesellschaft** nicht auf § 134 UmwG berufen.[259] Ihnen bleibt nur der Rückgriff auf die allgemeine gesamtschuldnerische Haftung gemäß § 133 UmwG.

168 (3) **Zeitlich.** Zeitlich erstreckt sich der Anwendungsbereich des § 134 Abs. 1 S. 1 UmwG auf Forderungen der Arbeitnehmer gegen die Betriebsgesellschaft, die innerhalb von fünf Jahren nach dem Wirksamwerden der Spaltung begründet werden. Wurden die Ansprüche schon vor der Spaltung begründet, richtet sich die Haftung der beteiligten Rechtsträger nach § 133 UmwG.[260]

169 g) **Voraussetzungen.** Die erweiterte gesamtschuldnerische Haftung nach § 134 UmwG setzt voraus, dass erstens die zur Führung des Betriebs notwendigen Vermögensteile im Wesentlichen auf die Anlagegesellschaft übertragen wurden (→ Rn. 170 f.), zweitens die

---

[253] Lutter/*Schwab*, § 134 Rn. 65; Semler/Stengel/*Maier-Reimer/Seulen*, § 134 Rn. 34; Maulbetsch/Klumpp/Rose/*Raible*, § 134 Rn. 8; Sagasser/Bula/Brünger/*Sagasser/Bultmann*, § 18 Rn. 108; Kallmeyer/*Willemsen*, § 134 Rn. 4; Böttcher/Habighorst/Schulte/*Fischer*, § 134 Rn. 9.

[254] Schmitt/Hörtnagl/Stratz/*Hörtnagl*, § 134 Rn. 4; Henssler/Strohn/*Wardenbach*, § 134 UmwG Rn. 11; Semler/Stengel/*Maier-Reimer/Seulen*, § 134 Rn. 3.

[255] Schmitt/Hörtnagl/Stratz/*Hörtnagl*, § 134 Rn. 4; Kölner Kommentar-UmwG/*Hohenstatt/Schramm*, § 134 Rn. 21; Maulbetsch/Klumpp/Rose/*Raible*, § 134 Rn. 41; Kallmeyer/*Willemsen*, § 134 Rn. 17; Widmann/Mayer/*Vossius*, § 134 Rn. 89; a. A. Lutter/*Schwab*, § 134 Rn. 74, der auch Arbeitnehmer erfasst, deren Ansprüche innerhalb von fünf Jahren seit der Spaltung begründet worden sind.

[256] Sinngem. Semler/Stengel/*Maier-Reimer/Seulen*, § 134 Rn. 37; Henssler/Strohn/*Wardenbach*, § 134 UmwG Rn. 11; Maulbetsch/Klumpp/Rose/*Raible*, § 134 Rn. 1.

[257] Schmitt/Hörtnagl/Stratz/*Hörtnagl*, § 134 Rn. 5; Semler/Stengel/*Maier-Reimer/Seulen*, § 134 Rn. 42a, 43; Maulbetsch/Klumpp/Rose/*Raible*, § 134 Rn. 48; Böttcher/Habighorst/Schulte/*Fischer*, § 134 Rn. 25; Widmann/Mayer/*Vossius*, § 134 Rn. 85.

[258] Schmitt/Hörtnagl/Stratz/*Hörtnagl*, § 134 Rn. 5; Böttcher/Habighorst/Schulte/*Fischer*, § 134 Rn. 25; Lutter/*Schwab*, § 134 Rn. 71; Widmann/Mayer/*Vossius*, § 134 Rn. 85.

[259] Lutter/*Schwab*, § 134 Rn. 71; Widmann/Mayer/*Vossius*, § 134 Rn. 84.

[260] Böttcher/Habighorst/Schulte/*Fischer*, § 134 Rn. 24; Maulbetsch/Klumpp/Rose/*Raible*, § 134 Rn. 40.

§ 27 Rechtsfolgen der Spaltung

Tätigkeit der Anlagegesellschaft im Wesentlichen auf die Verwaltung der übertragenen Vermögensteile beschränkt ist (→ Rn. 172 f.), drittens die zur Führung des Betriebs notwendigen Vermögensteile der Betriebsgesellschaft von der Anlagegesellschaft zur Nutzung überlassen werden (→ Rn. 174) und viertens im Wesentlichen dieselben Personen an den an der Spaltung beteiligten Rechtsträgern beteiligt sind (→ Rn. 175).

aa) Übertragung der betriebsnotwendigen Vermögensteile. Der übertragende **170** Rechtsträger muss die zur Führung des Betriebs notwendigen Vermögensteile auf die Anlagegesellschaft übertragen (§ 134 Abs. 1 S. 1 UmwG). Der Begriff des Betriebs deckt sich mit dem arbeitsrechtlichen Begriff. Es muss sich demnach um eine „organisatorische Einheit" handeln, „innerhalb derer ein Arbeitgeber alleine oder in Gemeinschaft mit seinen Arbeitnehmern bestimmte arbeitstechnische Zwecke fortgesetzt verfolgt".[261] Dieser **Betriebszweck** ist auch entscheidend für die Notwendigkeit der zu übertragenden Vermögensteile.[262] Es sind nämlich nur solche Vermögensgegenstände notwendig, deren Vorhandensein für den Ablauf in dem konkreten Betrieb zur Erreichung seines Zwecks unerlässlich sind.[263] Darunter kann das materielle und immaterielle **Anlagevermögen** fallen (z. B. Grundstücke, Gebäude, Produktionsanlagen, gewerbliche Schutzrechte, Software oder Beteiligungen an anderen Unternehmen).[264] Aber auch Teile des **Umlaufvermögens**, die zur Erreichung des Zwecks erforderlich sind, können davon erfasst sein.[265] Das Umlaufvermögen ist zwar überwiegend kurzfristig angelegt und zum Austausch bestimmt. Allerdings besteht auch insoweit die Möglichkeit, dass einzelne Gegenstände des Umlaufvermögens zur Führung des Betriebes notwendig sind und zur Nutzung überlassen werden können.[266] Die Vorschrift ist auch anwendbar, wenn zwar nicht der einzelne Vermögensgegenstand unerlässlich, wohl aber eine Gruppe von Vermögensgegenständen in ihrer Gesamtheit erforderlich ist, um den Betriebszweck zu erreichen.[267] Nicht erfasst sind reine Finanzanlagen, die zur Erreichung des Betriebszwecks keinen Beitrag leisten, mit Ausnahme von Betrieben, die gerade auf diese Produkte ausgerichtet sind.[268]

Die zur Führung des Betriebes notwendigen Vermögensteile müssen nicht in Gänze, **171** sondern nur „im Wesentlichen" auf den übernehmenden Rechtsträger übertragen werden. Mit Blick auf den Schutzzweck des § 134 UmwG, die Arbeitnehmer vor dem Entzug ihrer

---

[261] Palandt/*Weidenkaff*, Einf v § 611 Rn. 14; Staudinger/*Richardi/Fischinger*, § 611 Rn. 251; MünchKommBGB/*Müller-Glöge*, § 611 Rn. 239; Schmitt/Hörtnagl/Stratz/*Hörtnagl*, § 134 Rn. 9; Semler/Stengel/*Maier-Reimer/Seulen*, § 134 Rn. 11; Böttcher/Habighorst/Schulte/*Fischer*, § 134 Rn. 12; Kallmeyer/*Willemsen*, § 134 Rn. 7; Kölner Kommentar-UmwG/*Hohenstatt/Schramm*, § 134 Rn. 7.
[262] Kallmeyer/*Willemsen*, § 134 Rn. 7; Kölner Kommentar-UmwG/*Hohenstatt/Schramm*, § 134 Rn. 7; Schmitt/Hörtnagl/Stratz/*Hörtnagl*, § 134 Rn. 11; Böttcher/Habighorst/Schulte/*Fischer*, § 134 Rn. 13; Maulbetsch/Klumpp/Rose/*Raible*, § 134 Rn. 12; Sagasser/Bula/Brünger/*Sagasser/Bultmann*, § 18 Rn. 110; a. A. Lutter/*Schwab*, § 134 Rn. 30 ff., der auf eine typisierende Betrachtung abstellt und z. B. zwischen Produktions- und Dienstleistungsunternehmen unterscheidet; Semler/Stengel/*Maier-Reimer/Seulen*, § 134 Rn. 12 stellt pauschal auf das materielle und immaterielle Anlagevermögen ab und Widmann/Mayer/*Vossius*, § 134 Rn. 40 verlangt, dass die übertragenen Vermögensteile eine funktionsfähige Einheit bilden.
[263] Böttcher/Habighorst/Schulte/*Fischer*, § 134 Rn. 13; Schmitt/Hörtnagl/Stratz/*Hörtnagl*, § 134 Rn. 13; Sagasser/Bula/Brünger/*Sagasser/Bultmann*, § 18 Rn. 110.
[264] Böttcher/Habighorst/Schulte/*Fischer*, § 134 Rn. 13; Semler/Stengel/*Maier-Reimer/Seulen*, § 134 Rn. 12.
[265] Sagasser/Bula/Brünger/*Sagasser/Bultmann*, § 18 Rn. 110; Kölner Kommentar-UmwG/*Hohenstatt/Schramm*, § 134 Rn. 7 f.; Kallmeyer/*Willemsen*, § 134 Rn. 7; Sagasser/Bula/Brünger/*Sagasser/Bultmann*, § 18 Rn. 110; a. A. Henssler/Strohn/*Wardenbach*, § 134 UmwG Rn. 4; Semler/Stengel/*Maier-Reimer/Seulen*, § 134 Rn. 12.
[266] Maulbetsch/Klumpp/Rose/*Raible*, § 134 Rn. 12, der als Beispiel ein Ersatzteillager anführt.
[267] Kölner Kommentar-UmwG/*Hohenstatt/Schramm*, § 134 Rn. 8.
[268] Kallmeyer/*Willemsen*, § 134 Rn. 10; Böttcher/Habighorst/Schulte/*Fischer*, § 134 Rn. 13; Kölner Kommentar-UmwG/*Hohenstatt/Schramm*, § 134 Rn. 7.

Haftungsmasse zu schützen, ist eine einzelfallbezogene wertmäßige Betrachtung anzustellen.[269] Als Orientierung können die von der Rechtsprechung zu § 1365 BGB entwickelten Grundsätze herangezogen werden, nach denen mindestens 85% bis 90% des Vermögens übertragen werden müssen.[270] Entscheidend ist der **Verkehrswert** zum Zeitpunkt des Wirksamwerdens der Spaltung.

172 **bb) Beschränkung auf Verwaltung.** Die Tätigkeit der Anlagegesellschaft muss im Wesentlichen auf die Verwaltung der übertragenen Vermögensteile beschränkt sein (§ 134 Abs. 1 S. 1 UmwG). Unter Verwaltung sind Maßnahmen zur Erhaltung der übertragenen Vermögensteile (einschließlich der Ersetzung einzelner Teile durch neue) zu verstehen.[271]

173 Teilweise wird vertreten, dass § 134 UmwG keine Anwendung findet, wenn die Anlagegesellschaft eigene, mehr als nur geringfügige, **operative Tätigkeiten** aufnimmt.[272] Dies ist indes mit Blick auf den Schutzzweck des § 134 UmwG, die Arbeitnehmer vor einer Reduzierung der Haftungsmasse ihres Vertragspartners zu schützen, fragwürdig.[273] Vor diesem Hintergrund sollte für die Anwendung des § 134 UmwG unerheblich sein, ob die Anlagegesellschaft noch andere, operative Tätigkeiten wahrnimmt, solange sie ihre Tätigkeit in Bezug auf das übertragene Vermögen, das dem konkreten Betrieb zugeordnet ist, auf das Verwalten beschränkt.[274]

174 **cc) Nutzungsüberlassung.** Die für die Führung des Betriebs notwendigen Vermögensteile müssen der Betriebsgesellschaft von der Anlagegesellschaft zur Nutzung überlassen werden.[275] Eine Weitergabe an Dritte oder eine Nutzung in einem anderen Betrieb ist nicht ausreichend, um die Haftung aus § 134 UmwG zu begründen.[276] Die Art der **Nutzungsüberlassung** – ob auf schuldrechtlicher, dinglicher oder auch nur faktischer Grundlage, ob entgeltlich oder unentgeltlich – ist indes unerheblich.[277]

---

[269] Schmitt/Hörtnagl/Stratz/*Hörtnagl*, § 134 Rn. 15; Sagasser/Bula/Brünger/*Sagasser/Bultmann*, § 18 Rn. 111; Maulbetsch/Klumpp/Rose/*Raible*, § 134 Rn. 14; Semler/Stengel/*Maier-Reimer/Seulen*, § 134 Rn. 14; a. A. Kölner Kommentar-UmwG/*Hohenstatt/Schramm*, § 134 Rn. 12, der das Merkmal als bedeutungslos ansieht, da es auf eine operativ-funktionale Betrachtungsweise ankomme, die schon unter der Notwendigkeit geprüft werde; Lutter/*Schwab*, § 134 Rn. 35 stellt darauf ab, dass nicht das Vermögen im Wesentlichen übertragen wurde, wenn die Betriebsgesellschaft mit Gewissheit zehn Jahre nach der Spaltung überleben wird.

[270] Schmitt/Hörtnagl/Stratz/*Hörtnagl*, § 134 Rn. 16; Henssler/Strohn/*Wardenbach*, § 134 UmwG Rn. 5; Sagasser/Bula/Brünger/*Sagasser/Bultmann*, § 18 Rn. 111; Semler/Stengel/*Maier-Reimer/Seulen*, § 134 Rn. 14; Böttcher/Habighorst/Schulte/*Fischer*, § 134 Rn. 15; Maulbetsch/Klumpp/Rose/*Raible*, § 134 Rn. 15; a. A. Kallmeyer/*Willemsen*, § 134 Rn. 11, der schon zwei Drittel des Vermögens ausreichen lässt.

[271] Maulbetsch/Klumpp/Rose/*Raible*, § 134 Rn. 18; Schmitt/Hörtnagl/Stratz/*Hörtnagl*, § 134 Rn. 22; Kölner Kommentar-UmwG/*Hohenstatt/Schramm*, § 134 Rn. 13; Lutter/*Schwab*, § 134 Rn. 43.

[272] Kallmeyer/*Willemsen*, § 134 Rn. 15; Schmitt/Hörtnagl/Stratz/*Hörtnagl*, § 134 Rn. 23; Henssler/Strohn/*Wardenbach*, § 134 UmwG Rn. 6, die aber das Verwalten weiterer eigener Vermögens zulassen, sofern es nicht einen erheblichen Umfang darstellt.

[273] Lutter/*Schwab*, § 134 Rn. 46 ff.; Kölner Kommentar-UmwG/*Hohenstatt/Schramm*, § 134 Rn. 14; Maulbetsch/Klumpp/Rose/*Raible*, § 134 Rn. 20.

[274] Kölner Kommentar-UmwG/*Hohenstatt/Schramm*, § 134 Rn 14; Maulbetsch/Klumpp/Rose/*Raible*, § 134 Rn. 20; Lutter/*Schwab*, § 134 Rn. 46 f.; Böttcher/Habighorst/Schulte/*Fischer*, § 134 Rn. 16; Sagasser/Bula/Brünger/*Sagasser/Bultmann*, § 18 Rn. 112.

[275] Semler/Stengel/*Maier-Reimer/Seulen*, § 134 Rn. 17; Schmitt/Hörtnagl/Stratz/*Hörtnagl*, § 134 Rn. 24; Maulbetsch/Klumpp/Rose/*Raible*, § 134 Rn. 21.

[276] Schmitt/Hörtnagl/Stratz/*Hörtnagl*, § 134 Rn. 24; Lutter/*Schwab*, § 134 Rn. 42; Böttcher/Habighorst/Schulte/*Fischer*, § 134 Rn. 17; Henssler/Strohn/*Wardenbach*, § 134 UmwG Rn. 7.

[277] Schmitt/Hörtnagl/Stratz/*Hörtnagl*, § 134 Rn. 24; Semler/Stengel/*Maier-Reimer/Seulen*, § 134 Rn. 18; Böttcher/Habighorst/Schulte/*Fischer*, § 134 Rn. 17; Maulbetsch/Klumpp/Rose/*Raible*, § 134 Rn. 21; Kölner Kommentar-UmwG/*Hohenstatt/Schramm*, § 134 Rn. 15; Henssler/Strohn/*Wardenbach*, § 134 UmwG Rn. 7; Kallmeyer/*Willemsen*, § 134 Rn. 12.

dd) Gesellschafteridentität. Die Anwendung des § 134 Abs. 1 S. 1 UmwG setzt **175** schließlich voraus, dass an den an der Spaltung beteiligten Rechtsträgern *im Wesentlichen* dieselben Personen beteiligt sind. Es ist nicht erforderlich, dass dieselben Personen mit derselben Quote an den Rechtsträgern beteiligt sind (kein Erfordernis der Beteiligungsidentität).[278] Ausreichend ist vielmehr **Beherrschungsidentität**.[279] Die beteiligten Personen müssen also sowohl in der Betriebs- als auch in der Anlagegesellschaft herrschenden Einfluss ausüben können.[280]

ee) Mehrere Anlagegesellschaften. Nach dem Gesetzeswortlaut ist es möglich, dass **176** die zur Führung eines Betriebs notwendigen Vermögensteile auf verschiedene Anlagegesellschaften übertragen werden.[281] Daraus ergibt sich aber nicht automatisch eine gesamtschuldnerische Haftung aller Anlagegesellschaften. Der gesamtschuldnerischen Haftung unterliegt vielmehr nur diejenige Anlagegesellschaft, die alle Tatbestandsvoraussetzungen des § 134 UmwG erfüllt, sich also bezüglich der übertragenen Vermögensteile auf die Verwaltung beschränkt und diese dem übertragenden Rechtsträger als Betriebsgesellschaft zur Nutzung überlässt.[282]

h) Rechtsfolgen. Liegen die zuvor beschriebenen Voraussetzungen vor, haften Betriebs- **177** und Anlagegesellschaft als Gesamtschuldner, wobei die Anlagegesellschaft als Mithafter und die Betriebsgesellschaft als Hauptschuldner anzusehen ist.[283] Die gesamtschuldnerische Haftung betrifft zum einen Ansprüche gemäß §§ 111 bis 113 BetrVG und zum anderen Ansprüche aus betrieblicher Altersversorgung aufgrund des Betriebsrentengesetzes.

aa) Betriebsverfassungsrechtliche Ansprüche. Der gesamtschuldnerischen Haftung **178** gemäß § 134 UmwG unterliegen insbesondere Ansprüche aus einem **Sozialplan** (§ 1 12 BetrVG) sowie auf **Nachteilsausgleich** (§ 113 BetrVG).[284] Werden solche Ansprüche *vor* dem Wirksamwerden der Spaltung begründet, fallen sie bereits in den Anwendungsbereich der allgemeinen gesamtschuldnerischen Haftung nach § 133 UmwG. § 134 UmwG erweitert die gesamtschuldnerischen Haftung auf Ansprüche gemäß §§ 111 bis 113 BetrVG, die innerhalb von fünf Jahren *nach* dem Wirksamwerden der Spaltung begründet werden.[285] Hierbei reicht es aus, dass der Rechtsgrund für den Anspruch, also die Durchführung der sozialplanpflichtigen oder zum Nachteilsausgleich verpflichtenden Betriebsänderung, die z. B. bei Massenentlassungen oder Betriebsstilllegungen vorliegt, innerhalb dieses Zeitraums gelegt wurde.[286]

---

[278] Böttcher/Habighorst/Schulte/*Fischer*, § 134 Rn. 19; Maulbetsch/Klumpp/Rose/*Raible*, § 134 Rn. 23.
[279] Maulbetsch/Klumpp/Rose/*Raible*, § 134 Rn. 30; Böttcher/Habighorst/Schulte/*Fischer*, § 134 Rn. 19; Schmitt/Hörtnagl/Stratz/*Hörtnagl*, § 134 Rn. 26; Kölner Kommentar-UmwG/*Hohenstatt/Schramm*, § 134 Rn. 17.
[280] Schmitt/Hörtnagl/Stratz/*Hörtnagl*, § 134 Rn. 27; Maulbetsch/Klumpp/Rose/*Raible*, § 134 Rn. 24; Böttcher/Habighorst/Schulte/*Fischer*, § 134 Rn. 19.
[281] Schmitt/Hörtnagl/Stratz/*Hörtnagl*, § 134 Rn. 37; Semler/Stengel/*Maier-Reimer/Seulen*, § 134 Rn. 19.
[282] Schmitt/Hörtnagl/Stratz/*Hörtnagl*, § 134 Rn. 37; Semler/Stengel/*Maier-Reimer/Seulen*, § 134 Rn. 19; Maulbetsch/Klumpp/Rose/*Raible*, § 134 Rn. 35.
[283] Maulbetsch/Klumpp/Rose/*Raible*, § 134 Rn. 43; Böttcher/Habighorst/Schulte/*Fischer*, § 134 Rn. 28.
[284] Maulbetsch/Klumpp/Rose/*Raible*, § 134 Rn. 40; Schmitt/Hörtnagl/Stratz/*Hörtnagl*, § 134 Rn. 38.
[285] Maulbetsch/Klumpp/Rose/*Raible*, § 134 Rn. 40; Schmitt/Hörtnagl/Stratz/*Hörtnagl*, § 134 Rn. 38.
[286] Semler/Stengel/*Maier-Reimer/Seulen*, § 134 Rn. 36; Kölner Kommentar-UmwG/*Hohenstatt/Schramm*, § 134 Rn. 22; Maulbetsch/Klumpp/Rose/*Raible*, § 134 Rn. 40; Henssler/Strohn/*Wardenbach*, § 134 UmwG Rn. 10; Kallmeyer/*Willemsen*, § 134 Rn. 17; Schmitt/Hörtnagl/Stratz/*Hörtnagl*, § 134 Rn. 38.

179 In diesem Kontext wird die Frage des „**Bemessungsdurchgriffs**" sehr kontrovers diskutiert, also ob es hinsichtlich der Ausstattung des Sozialplans nur auf die wirtschaftlichen Verhältnisse der Betriebsgesellschaft ankommt oder ob das **Vermögen der Anlagegesellschaft** ebenfalls zu berücksichtigen ist. Weder § 134 UmwG noch andere Vorschriften des Umwandlungsrechts geben hierauf eine Antwort. Teilweise wird in der Literatur ein Bemessungsdurchgriff abgelehnt, weil Hauptschuldner des Anspruchs aus dem Sozialplan die **Betriebsgesellschaft** sei, so dass die Anlagegesellschaft bei der Betriebsgesellschaft wieder Regress nehmen könne. Außerdem gebe es weder im Arbeits- noch im Gesellschaftsrecht eine Grundlage für den Durchgriff.[287] Nach herrschender Auffassung soll ein Bemessungsdurchgriff hingegen möglich sein. Denn wenn es bei der Bemessung der Sozialplananspräche nur auf die vermögenslose Betriebsgesellschaft ankäme, würde der Schutzzweck der Haftung unterlaufen.[288] Die Betriebsgesellschaft könne keinen Sozialplan aufstellen, der den Belangen der Arbeitnehmer gerecht werde.[289] Der Umfang der Haftung müsse sich demnach nicht nur nach den finanziellen Verhältnissen der Betriebsgesellschaft, sondern auch nach dem Leistungsvermögen der Anlagegesellschaft richten, begrenzt durch das Vermögen, das der Betriebsgesellschaft durch die Spaltung entzogen wurde.[290] Anderenfalls kann kein ausreichender Schutz für die Arbeitnehmer der Betriebsgesellschaft garantiert werden. Diese sollen bei der Bemessung der Ansprüche aus dem Sozialplan aufgrund der Spaltung keine Verschlechterung erfahren. Nach hier vertretener Ansicht ist es daher interessengerecht, bei der Berechnung der Sozialplanleistung auch die Leistungsfähigkeit der Anlagegesellschaft zu berücksichtigen.

180 bb) **Versorgungsansprüche.** § 134 Abs. 2 UmwG sieht vor, dass die gesamtschuldnerische Haftung nach § 134 Abs. 1 UmwG auch für vor dem Wirksamwerden der Spaltung begründete Versorgungsverpflichtungen auf Grund des Betriebsrentengesetzes gilt. In der bis 25.4.2007 geltenden Fassung des Umwandlungsgesetzes hatte § 134 Abs. 2 UmwG die Funktion, die Haftung der Anlagegesellschaft für Versorgungsverpflichtungen der Betriebsgesellschaft gegenüber der allgemeinen Enthaftungsfrist von fünf Jahren auf zehn Jahre zu verlängern. Da nunmehr die zehnjährige Enthaftungsfrist für Versorgungsverpflichtungen bei allen Spaltungsfällen gilt, hat die Vorschrift keine Funktion mehr. Sie behält ihre Bedeutung lediglich für **Altfälle**.[291]

181 Versorgungsansprüche sind begründet, wenn ihr **Rechtsgrund gelegt** ist, also wenn die Versorgungszusage erteilt wurde.[292]

182 Die Haftung umfasst die Versorgungsansprüche, die bis zum Ende der Enthaftungsfrist fällig und festgestellt oder anerkannt werden. Sie gilt für die Ansprüche in der Höhe, wie sie sich innerhalb dieses Zeitraums auf der Grundlage der im maßgebenden Zeitpunkt bestehenden vertraglichen Lage ergeben.[293] Allerdings ist umstritten, ob nur die **Betriebszugehörigkeit** zur Anlagegesellschaft maßgeblich ist[294] oder es zusätzlich auch auf die bei

---

[287] Kölner Kommentar-UmwG/*Hohenstatt/Schramm*, § 134 Rn. 23; Maulbetsch/Klumpp/Rose/Raible, § 134 Rn. 44; Kallmeyer/*Willemsen*, § 134 Rn. 19; Schmitt/Hörtnagl/Stratz/*Hörtnagl*, § 134 Rn. 41.

[288] Semler/Stengel/*Maier-Reimer/Seulen*, § 134 Rn. 41.

[289] BAG 1 ABR 97/09, NZA 2011, 1112, 1115.

[290] BAG 1 ABR 97/09, NZA 2011, 1112, 1115; Semler/Stengel/*Maier-Reimer/Seulen*, § 134 Rn. 41; Böttcher/Habighorst/Schulte/*Fischer*, § 134 Rn. 31; Lutter/*Schwab*, § 134 Rn. 83.

[291] Schmitt/Hörtnagl/Stratz/*Hörtnagl*, § 134 Rn. 42; Böttcher/Habighorst/Schulte/*Fischer*, § 134 Rn. 32; Semler/Stengel/*Maier-Reimer/Seulen*, § 134 Rn. 42; Maulbetsch/Klumpp/Rose/Raible, § 134 Rn. 47.

[292] Kölner Kommentar-UmwG/*Hohenstatt/Schramm*, § 134 Rn. 24; Maulbetsch/Klumpp/Rose/Raible, § 134 Rn. 49; Semler/Stengel/*Maier-Reimer/Seulen*, § 134 Rn. 46; Lutter/*Schwab*, § 134 Rn. 90.

[293] Semler/Stengel/*Maier-Reimer/Seulen*, § 134 Rn. 47.

[294] Kölner Kommentar-UmwG/*Hohenstatt/Schramm*, § 134 Rn. 24.

der Betriebsgesellschaft **abgeleisteten Dienstjahre** ankommt[295], soweit diese für die Berechnung der Versorgungsansprüche relevant sind.

cc) Erlöschen der Haftung. Die gesamtschuldnerische Haftung nach § 134 Abs. 1 **183** und 2 UmwG erlischt zehn Jahre nach der Bekanntmachung der Spaltung im Register des übernehmenden Rechtsträgers (§§ 134 Abs. 3, 133 Abs. 3 S. 1, Abs. 4 und Abs. 5 UmwG).

3. Sicherheitsleistung

Der umwandlungsrechtliche Gläubigerschutz wird durch das Recht der Gläubiger auf **184** Sicherheitsleistung, das selbstständig neben die gesamtschuldnerische Haftung tritt, komplettiert. Das Recht auf Sicherheitsleistung steht den Gläubigern *aller* an der Spaltung beteiligten Rechtsträger zu (§§ 133 Abs. 1 S. 2, 125, 22 UmwG). Im Unterschied zur gesamtschuldnerischen Haftung, die nur den Gläubigern des übertragenden Rechtsträgers zugute kommt, können also auch die Gläubiger des übernehmenden Rechtsträgers Sicherheit verlangen.[296]

Zur Sicherheitsleistung ist indes nur der an der Spaltung beteiligte Rechtsträger ver- **185** pflichtet, gegen den sich der Anspruch richtet (§ 133 Abs. 1 S. 2 Hs. 2 UmwG). Das ist der Rechtsträger, dem die Verbindlichkeit im Spaltungs- und Übernahmevertrag zugewiesen wurde, d. h. der **Hauptschuldner**.[297] Diese Beschränkung erklärt sich aus dem Umstand, dass das Gesetz die Mithafter – anders als den Hauptschuldner – nach Ablauf der Fünf- bzw. Zehnjahresfrist aus der gesamtschuldnerischen Haftung entlässt. Wären auch die Mithafter zur Sicherheitsleistung verpflichtet, würde diese **Enthaftungsmöglichkeit** konterkariert.[298]

a) Voraussetzungen. Das Recht zur Sicherheitsleistung setzt eine noch nicht fällige **186** Altverbindlichkeit (→ Rn. 187 ff.), eine konkrete Gefährdung der Erfüllung der Altverbindlichkeit (→ Rn. 191 f.), die glaubhaft zu machen ist (→ Rn. 192), sowie die form- und fristgerechte Anmeldung des zu sichernden Anspruchs des Gläubigers (→ Rn. 193 ff.) voraus (§§ 133 Abs. 1 S. 2 Hs. 2, 22 UmwG).

aa) Noch nicht fällige Altverbindlichkeit. Sicherheit ist Gläubigern nur zu leisten, **187** „soweit sie nicht Befriedigung verlangen können" (§ 22 Abs. 1 S. 1 UmwG). Hieraus wird zweierlei abgeleitet:

Es muss sich erstens um eine **Altverbindlichkeit** handeln (→ Rn. 117 ff.).

Zweitens darf der Anspruch noch **nicht fällig** sein. Steht dem Gläubiger bei Wirk- **188** samwerden der Spaltung ein fälliger Anspruch zu und kann er also Befriedigung verlangen, besteht kein Bedürfnis nach einer Sicherheitsleistung. Im vorliegenden Zusammenhang reicht es aus, dass der Anspruch bereits gegenüber einem von mehreren Gesamtschuldnern fällig ist.[299] Gläubiger, die es selbst in der Hand haben, die Fälligkeit herbeizuführen, etwa bei einer Zug-um-Zug zu erbringenden Leistung oder wenn dem Schuldner gegen den Gläubiger ein Zurückbehaltungsrecht zusteht, dass der Gläubiger durch eigene Handlung zu Fall bringen kann, haben nicht das Recht, Sicherheit zu verlangen.[300]

---

[295] Semler/Stengel/*Maier-Reimer/Seulen*, § 134 Rn. 47; Lutter/*Schwab*, § 134 Rn. 91; Schmitt/Hörtnagl/Stratz/*Hörtnagl*, § 134 Rn. 44.
[296] Böttcher/Habighorst/Schulte/*Schulte*, § 22 Rn. 1.
[297] Kölner Kommentar-UmwG/*Simon*, § 133 Rn. 74.
[298] Kölner Kommentar-UmwG/*Simon*, § 133 Rn. 74.
[299] Kölner Kommentar-UmwG/*Simon*, § 22 Rn. 36; Schmitt/Hörtnagl/Stratz/*Stratz*, § 22 Rn. 17; Maulbetsch/Klumpp/Rose/*Maulbetsch*, § 22 Rn. 35; a. A. Lutter/*Grunewald*, § 22 Rn. 9.
[300] Lutter/*Grunewald*, § 22 Rn. 9; Maulbetsch/Klumpp/Rose/*Maulbetsch*, § 22 Rn. 35; Kallmeyer/Marsch-Barner, § 22 Rn. 8; Schmitt/Hörtnagl/Stratz/*Stratz*, § 22 Rn. 17; Semler/Stengel/*Maier-Reimer/Seulen*, § 22 Rn. 36.

189 Unerheblich ist der **Inhalt des Anspruchs**, solange er einen Vermögenswert zum Gegenstand hat; es muss sich also nicht um einen Anspruch auf Geldleistung handeln.[301] Grundsätzlich ist auch nicht maßgeblich, ob der Anspruch auf gesetzlicher oder vertraglicher Grundlage besteht. Ausgenommen sind nach herrschender Lehre allerdings dingliche Ansprüche, da sie entweder sofort fällig werden oder durch das dingliche Recht selbst gesichert sind.[302] Ansprüche aus dem Gesellschaftsverhältnis werden ebenfalls nicht von § 22 UmwG erfasst, es sei denn, diese Ansprüche haben sich bereits zu einem Gläubigerrecht entwickelt, wie z. B. der beschlossene aber noch nicht fällige Anspruch auf die Zahlung einer Dividende.[303] Grundsätzlich haben nämlich die Anteilsinhaber das Risiko der Spaltung zu tragen. Ebenfalls von dem Anspruch auf Sicherheitsleistung ausgenommen sind Gläubiger, denen Sonderrechte zustehen und die deswegen durch § 23 UmwG geschützt sind. Allerdings gilt der Ausschluss nicht, wenn ihnen keine gleichwertigen Sonderrechte gewährt werden können, etwa weil der verpflichtete Rechtsträger dazu nicht in der Lage ist.[304]

190 **bb) Konkrete Gefährdung des Anspruchs.** Das Recht auf Sicherheitsleistung setzt des Weiteren voraus, dass der dem Gläubiger zustehende Anspruch gefährdet ist (§ 22 Abs. 1 S. 2 UmwG). Der Spaltungsvorgang als solcher ist hierfür nicht ausreichend. Jedoch muss die **Spaltung für die Gefährdung kausal** sein.[305] Eine solche Gefährdung kann sich z. B. durch eine Substanz- oder Liquiditätsminderung aufgrund von Barzuzahlungen oder Abfindungen ergeben (dies gilt auch für Abfindungen, die aufgrund eines Spruchverfahrens zu leisten sind).[306] Außerdem kann es durch die Spaltung zu Strukturveränderungen kommen. Zu denken ist in diesem Zusammenhang etwa an Fälle, in denen infolge der Spaltung der bisherige Kapitalschutz entfällt (z. B. durch Abspaltung oder Ausgliederung eines Vermögensteils von einer Kapitalgesellschaft auf eine Personengesellschaft) oder nur noch auf geringerem Niveau fortbesteht (z. B. durch die Übertragung von einer AG auf eine GmbH).[307] Außerdem kann sich durch die gesamtschuldnerische Haftung eine Gefährdung gerade für die Gläubiger des übernehmenden Rechtsträgers ergeben, da auch die übernehmenden Rechtsträger für fünf bzw. zehn Jahre für die Altverbindlichkeiten des übertragenden Rechtsträgers haften. Schließlich kann sich auch aus den Regelungen der Enthaftung ein Grund für eine Gefährdung ergeben. Wird der betreffende Anspruch erst nach der fünf- bzw. zehnjährigen Frist fällig, die die gesamtschuldnerische Haftung der Mithafter zeitlich begrenzt, und erfolgte im Rahmen der Spaltung eine disproportionale Verteilung der Aktiva und Passiva zwischen Hauptschuldner und Mithaftern, kann es dazu kommen, dass das Vermögen des Hauptschuldners nicht mehr ausreicht, um die Forderung

---

[301] Maulbetsch/Klumpp/Rose/*Maulbetsch*, § 22 Rn. 6; Schmitt/Hörtnagl/Stratz/*Stratz*, § 22 Rn. 6.

[302] Böttcher/Habighorst/Schulte/*Schulte*, § 22 Rn. 5; Schmitt/Hörtnagl/Stratz/*Stratz*, § 22 Rn. 5; Semler/Stengel/*Maier-Reimer/Seulen*, § 22 Rn. 6; Maulbetsch/Klumpp/Rose/*Maulbetsch*, § 22 Rn. 7; a. A. Lutter/*Grunewald*, § 22 Rn. 4; differenzierend Kallmeyer/*Marsch-Barner*, § 22 Rn. 2 und Kölner Kommentar-UmwG/*Simon*, § 22 Rn. 15, die z. B. einen Anspruch auf Herausgabe von § 22 UmwG erfasst sehen, im Übrigen aber auch dingliche Ansprüche ausschließen.

[303] Semler/Stengel/*Maier-Reimer/Seulen*, § 22 Rn. 6; Maulbetsch/Klumpp/Rose/*Maulbetsch*, § 22 Rn. 6; Lutter/*Grunewald*, § 22 Rn. 5; Kölner Kommentar-UmwG/*Simon*, § 22 Rn. 10; Henssler/Strohn/*Müller*, § 22 UmwG Rn. 6; Kallmeyer/*Marsch-Barner*, § 22 Rn. 2; Böttcher/Habighorst/Schulte/*Schulte*, § 22 Rn. 6.

[304] Henssler/Strohn/*Müller*, § 22 UmwG Rn. 6; Kölner Kommentar-UmwG/*Simon*, § 22 Rn. 14; Lutter/*Grunewald*, § 22 Rn. 6; i. E. wohl auch Maulbetsch/Klumpp/Rose/*Maulbetsch*, § 22 Rn. 7; a. A. Semler/Stengel/*Maier-Reimer/Seulen*, § 22 Rn. 6.

[305] Maulbetsch/Klumpp/Rose/*Maulbetsch*, § 22 Rn. 11; Kölner Kommentar-UmwG/*Simon*, § 22 Rn. 42.

[306] Semler/Stengel/*Maier-Reimer/Seulen*, § 22 Rn. 30; Lutter/*Grunewald*, § 22 Rn. 13.

[307] Semler/Stengel/*Maier-Reimer/Seulen*, § 22 Rn. 23; Henssler/Strohn/*Müller*, § 22 UmwG Rn. 10; Widmann/Mayer/*Vossius*, § 22 Rn. 29 ff.

zu begleichen.[308] War die Erfüllung des Anspruchs schon vor der Spaltung gefährdet, muss es durch die Spaltung zu einer Vertiefung der Gefährdung gekommen sein, um einen Anspruch auf Sicherheitsleistung zu erhalten.[309]

Weiterhin muss die Gefährdung konkret sein, d. h. es muss durch die Spaltung zu einer Risikosteigerung in dem Sinne kommen, dass der Ausfall der Forderung nicht ausgeschlossen ist.[310] Maßgeblich für die konkrete Gefährdung sind die Verhältnisse des Hauptschuldners, also seine Vermögensausstattung und seine Finanz- und Ertragslage.[311] Dabei sind potenzielle Ansprüche anderer Gläubiger auf Sicherheitsleistung nach § 22 UmwG nach herrschender Lehre außer Acht zu lassen. Zur Begründung wird insoweit darauf verwiesen, dass andernfalls eine „Sicherungslawine" losgetreten und damit der **Sicherungsgrund** durch das **Sicherungsinstrument** selbst (und nicht, wie von § 22 UmwG vorausgesetzt, durch die Spaltung als solche) geschaffen würde.[312]

cc) Glaubhaftmachung. Das Recht auf Sicherheitsleistung ist ferner daran geknüpft, dass die Gefährdung des Anspruchs nach Maßgabe des § 294 ZPO glaubhaft gemacht wird (§ 22 Abs. 1 S. 2 UmwG). Es muss also eine überwiegende Wahscheinlichkeit bestehen, dass der Anspruch gefährdet ist. Als Mittel zur Glaubhaftmachung können alle präsenten **Beweismittel** herangezogen werden sowie die **Versicherung an Eides** statt. Die Glaubhaftmachung bezieht sich nur auf die Gefährdung des Anspruchs, sie ist nicht ausreichend für dessen Begründetheit. Diese muss voll bewiesen werden.[313]

dd) Form- und fristgerechte Anmeldung. Der Anspruch auf Sicherheitsleistung ist schließlich schriftlich unter Angabe von Grund und Höhe des Anspruchs geltend zu machen (§ 22 Abs. 1 S. 1 UmwG). Steht die Höhe des Anspruchs noch nicht fest, sind die Umstände anzugeben, aus denen sich die Höhe ermitteln lässt oder eine erste Schätzung erfolgen kann.[314] Ein zu hoch angemeldeter Anspruch schadet nicht, sondern gilt als Anmeldung des tatsächlich bestehenden Anspruchs.[315] Bezüglich des Grundes des Anspruchs ist eine so bestimmte Umschreibung erforderlich, dass der Hauptschuldner ohne weitere Nachforschungen die Forderung individualisieren kann.[316] **Erklärungsempfänger** ist der Hauptschuldner. Sollte der Anspruch ausnahmsweise an einen Mithafter adressiert sein, soll die Anmeldung gleichwohl als fristwahrend anerkannt werden.[317] Zur Begründung wird zu Recht darauf hingewiesen, dass für den Gläubiger bei der Spaltung nicht ohne Weiteres erkennbar ist, wem die betreffende Verbindlichkeit im Spaltungs- und Übernahmevertrag zugewiesen wurde.[318]

---

[308] Semler/Stengel/*Maier-Reimer/Seulen*, § 133 Rn. 121 f. und § 22 Rn. 33; Lutter/*Schwab*, § 133 Rn. 92.
[309] Kölner Kommentar-UmwG/*Simon*, § 22 Rn. 32; Schmitt/Hörtnagl/Stratz/*Stratz*, § 22 Rn. 13.
[310] Henssler/Strohn/*Müller*, § 22 UmwG Rn. 10; Kölner Kommentar-UmwG/*Simon*, § 22 Rn. 25.
[311] Kölner Kommentar-UmwG/*Simon*, § 22 Rn. 29; Kallmeyer/*Marsch-Barner*, § 22 Rn. 7; Lutter/*Schwab*, § 133 Rn. 92.
[312] Semler/Stengel/*Maier-Reimer/Seulen*, § 22 Rn. 31; Kölner Kommentar-UmwG/*Simon*, § 22 Rn. 31; Maulbetsch/Klumpp/Rose/*Maulbetsch*, § 22 Rn. 16; Henssler/Strohn/*Müller*, § 22 UmwG Rn. 10.
[313] Semler/Stengel/*Maier-Reimer/Seulen*, § 22 Rn. 35; Lutter/*Schwab*, § 133 Rn. 92; Schmitt/Hörtnagl/Stratz/*Stratz*, § 22 Rn. 13 f.; Maulbetsch/Klumpp/Rose/*Maulbetsch*, § 22 Rn. 17; Kallmeyer/*Marsch-Barner*, § 22 Rn. 7; Kölner Kommentar-UmwG/*Simon*, § 22 Rn. 48.
[314] Lutter/*Grunewald*, § 22 Rn. 18; Maulbetsch/Klumpp/Rose/*Maulbetsch*, § 22 Rn. 19; Kölner Kommentar-UmwG/*Simon*, § 22 Rn. 44.
[315] Kölner Kommentar-UmwG/*Simon*, § 22 Rn. 44.
[316] Schmitt/Hörtnagl/Stratz/*Stratz*, § 22 Rn. 9; Widmann/Mayer/*Vossius*, § 22 Rn. 51.
[317] Lutter/*Grunewald*, § 22 Rn. 18; Maulbetsch/Klumpp/Rose/*Maulbetsch*, § 22 Rn. 19; Henssler/Strohn/*Müller*, § 22 UmwG Rn. 11; Kölner Kommentar-UmwG/*Simon*, § 133 Rn. 73.
[318] Kölner Kommentar-UmwG/*Simon*, § 133 Rn. 73.

194 Der Anspruch ist innerhalb von sechs Monaten ab der Bekanntmachung der Eintragung der Spaltung im Register des Hauptschuldners schriftlich anzumelden (§ 22 Abs. 1 S. 1 UmwG). Dabei handelt es sich um eine **Ausschlussfrist**, die der Wiedereinsetzung in den vorherigen Stand nicht zugänglich ist.[319] Die Frist kann durch den Spaltungs- und Übernahmevertrag nicht verkürzt, nach überwiegender Ansicht jedoch im Rahmen eines Vertrags zugunsten Dritter verlängert werden.[320] Eine Anmeldung des Anspruchs vor Fristbeginn ist möglich.[321] Erfolgt die Anmeldung erst nach Fristablauf, besteht kein Anspruch auf Sicherheitsleistung mehr. Der Gläubiger wird auch nicht mit dem Einwand gehört, dass er die Frist unverschuldet versäumt hat.[322]

195 Das Registergericht hat die Gläubiger in der Bekanntmachung der jeweiligen Eintragung der Spaltung auf das Recht zur Geltendmachung der Sicherheitsleistung hinzuweisen (§ 22 Abs. 1 S. 3 UmwG). Erfolgt dieser Hinweis nicht oder ist er fehlerhaft, hat das keinen Einfluss auf den Fristbeginn, da die Gläubiger durch die Eintragung hinreichend gewarnt werden.[323] Bei fehlendem oder fehlerhaftem Hinweis kann sich aber ein Schadensersatzanspruch des Gläubigers aus **Amtshaftung** gegen das Registergericht ergeben.

196 **b) Inhalt des Anspruchs.** Die **Art der Sicherheitsleistung** bestimmt sich nach den §§ 232 ff. BGB. Es kommen also unter anderem Hinterlegung, Hypothek oder subsidiär eine selbstschuldnerische Bürgschaft in Betracht. Dem Schuldner steht insoweit ein Wahlrecht zu.[324] Betreibt der Gläubiger allerdings schon die Zwangsvollstreckung aus der Forderung, geht das Wahlrecht entsprechend § 264 BGB auf ihn über.[325]

197 Die **Höhe der Sicherheitsleistung** bemisst sich nach dem Wert der zu sichernden Forderung einschließlich eventuell bestehender Nebenansprüche wie z. B. Zinsforderungen.[326] Ausfallrisiken, die unabhängig von der Spaltung bestehen, werden nicht abgesichert.[327] Das ergibt sich aus dem Zweck der Sicherheitsleistung, den Gläubiger vor drohenden, durch die Spaltung bedingten Rechtsnachteilen zu schützen.[328] Nachteile, die unabhängig von der Spaltung bestehen, können daher im Rahmen der Sicherheitsleistung, die gerade auf umwandlungsrechtliche Folgen beschränkt ist, keine Berücksichtigung finden.

---

[319] Schmitt/Hörtnagl/Stratz/*Stratz*, § 22 Rn. 12; Semler/Stengel/*Maier-Reimer/Seulen*, § 22 Rn. 39; Böttcher/Habighorst/Schulte/*Schulte*, § 22 Rn. 13 f.

[320] Böttcher/Habighorst/Schulte/*Schulte*, § 22 Rn. 15; Lutter/*Grunewald*, § 22 Rn. 19; Kallmeyer/*Marsch-Barner*, § 22 Rn. 5; Semler/Stengel/*Maier-Reimer/Seulen*, § 22 Rn. 39; a. A. Schmitt/Hörtnagl/Stratz/*Stratz*, § 22 Rn. 12, der eine Verlängerung der Frist für ausgeschlossen hält.

[321] Lutter/*Grunewald*, § 22 Rn. 20.

[322] Kallmeyer/*Marsch-Barner*, § 22 Rn. 5; Lutter/*Grunewald*, § 22 Rn. 20.

[323] Schmitt/Hörtnagl/Stratz/*Stratz*, § 22 Rn. 11; Lutter/*Grunewald*, § 22 Rn. 20; Kölner Kommentar-UmwG/*Simon*, § 22 Rn. 46; Kallmeyer/*Marsch-Barner*, § 22 Rn. 6; a. A. Böttcher/Habighorst/Schulte/*Schulte*, § 22 Rn. 16, der darin eine unzulässige Einschränkung des Gläubigerschutzes sieht.

[324] Kölner Kommentar-UmwG/*Simon*, § 22 Rn. 53; Böttcher/Habighorst/Schulte/*Fischer*, § 22 Rn. 19; Maulbetsch/Klumpp/Rose/*Maulbetsch*, § 22 Rn. 23; Kallmeyer/*Marsch-Barner*, § 22 Rn. 12; Schmitt/Hörtnagl/Stratz/*Stratz*, § 22 Rn. 20.

[325] Maulbetsch/Klumpp/Rose/*Maulbetsch*, § 22 Rn. 23; Kölner Kommentar-UmwG/*Simon*, § 22 Rn. 53; Kallmeyer/*Marsch-Barner*, § 22 Rn. 12; Schmitt/Hörtnagl/Stratz/*Stratz*, § 22 Rn. 20; Semler/Stengel/*Maier-Reimer/Seulen*, § 22 Rn. 52.

[326] Kölner Kommentar-UmwG/*Simon*, § 22 Rn. 50; Maulbetsch/Klumpp/Rose/*Maulbetsch*, § 22 Rn. 24; Böttcher/Habighorst/Schulte/*Schulte*, § 22 Rn. 20; Lutter/*Grunewald*, § 22 Rn. 24; Kallmeyer/*Marsch-Barner*, § 22 Rn. 12; Palandt/*Ellenberger*, Überbl. § 232 Rn. 1; a. A. Semler/Stengel/*Marsch-Barner*, § 22 Rn. 48; Schmitt/Hörtnagl/Stratz/*Stratz*, § 22 Rn. 21; Widmann/Mayer/*Vossius*, § 22 Rn. 50.1.

[327] Kölner Kommentar-UmwG/*Simon*, § 22 Rn. 50; Maulbetsch/Klumpp/Rose/*Maulbetsch*, § 22 Rn. 24; a. A. Semler/Stengel/*Maier-Reimer/Seulen*, § 22 Rn. 48, der nur auf die Höhe der Forderung abstellt und eine damit u. U. erfolgte Besserstellung in Kauf nimmt.

[328] Palandt/*Ellenberger*, Überbl. § 232 Rn. 1.

Die **Höhe der Sicherheitsleistung** wird von dem Schutzbedürfnis des Gläubigers 198
bestimmt.[329] Andere Sicherheiten, die dem Gläubiger in Bezug auf seinen Anspruch
zustehen, sind also im Rahmen seines Schutzbedürfnisses zu berücksichtigen.[330] Weiterhin
ist im Rahmen eines gegenseitigen Austauschverhältnisses die vom Gläubiger noch zu
erbringende Gegenleistung zu berücksichtigen, sofern diese von dem Gläubiger nicht mehr
erbracht wird und ihm deshalb verbleibt.[331]

Auch für Dauerschuldverhältnisse ist auf die Umstände des Einzelfalls abzustellen, um das 199
konkrete **Schutzbedürfnis** des Gläubigers zu bestimmen.[332] Eine Addition aller noch
ausstehenden Ansprüche kommt insoweit regelmäßig nicht in Betracht.[333] Eine Eingrenzung unter zeitlichen Gesichtspunkten besteht im Rahmen von Dauerschuldverhältnissen
nicht. Es kann nicht auf den Zeitpunkt der nächsten Kündigungsmöglichkeit abgestellt
werden, da der Gläubiger keine Gewähr dafür hat, dass der Schuldner das Verhältnis auch
tatsächlich zu dem erstmöglichen Zeitpunkt kündigt; auf den Zeitpunkt der Kündigungsmöglichkeit durch den Gläubiger kann nicht abgestellt werden, da er gerade nicht gezwungen werden soll, infolge der Spaltung das Vertragsverhältnis zu kündigen.[334]

c) Fälligkeit. Mit dem Wirksamwerden der Spaltung entsteht der Anspruch auf Sicher- 200
heitsleistung und wird **sofort fällig**.[335] Kommt der Rechtsträger mit der Bestellung der
Sicherheit in Verzug, macht er sich unter Verzugsgesichtspunkten schadensersatzpflichtig
(§§ 280, 286 BGB).[336] Nach herrschender Lehre kann ein Anspruch auf Schadensersatz
nicht aus § 823 Abs. 2 BGB hergeleitet werden, da § 22 UmwG die Qualität als Schutzgesetz abgesprochen wird.[337]

d) Durchsetzung. Der Gläubiger kann auf Leistung der Sicherheit klagen. Der Antrag 201
muss dahin lauten, den Beklagten zur Sicherheitsleistung in bestimmter Höhe in einer der
in § 232 BGB vorgeschriebenen Arten nach Wahl des Beklagten zu verurteilen.[338] Es
obliegt dem Gläubiger, den bestrittenen Anspruch zu beweisen, da es sich um eine für ihn
günstige Tatsache handelt. Im Hinblick auf den Sicherungsgrund, d. h. die spaltungsbedingte Gefährdung der Erfüllung der Forderung, genügt allerdings die schlüssige Darlegung und
Glaubhaftmachung der zugrundeliegenden Tatsachen.[339]

Teilweise wird vertreten, dass zur Absicherung des Anspruchs auf Sicherheitsleistung 202
ergänzend auf die **Ausschüttungssperre,** die im Rahmen einer Kapitalherabsetzung bei
Kapitalgesellschaften gilt (§§ 58 Abs. 1 Nr. 3, 30 GmbHG; § 225 AktG), zurückgegriffen
werden müsse. Dies sei immer dann der Fall, wenn sich die konkrete Erfüllungsgefährdung

---

[329] Kölner Kommentar-UmwG/*Simon*, § 22 Rn. 50; Lutter/*Grunewald*, § 22 Rn. 24; Böttcher/
Habighorst/Schulte/*Schulte*, § 22 Rn. 20; Maulbetsch/Klumpp/Rose/*Maulbetsch*, § 22 Rn. 24;
Schmitt/Hörtnagl/Stratz/*Stratz*, § 22 Rn. 21; Semler/Stengel/*Maier-Reimer/Seulen*, § 22 Rn. 20;
BGH II ZR 299/94, AG 1996, 321, 322 nimmt in seiner Entscheidung eine Begrenzung auf das
Schutzbedürfnis im Rahmen von Dauerschuldverhältnis an.

[330] Maulbetsch/Klumpp/Rose/*Maulbetsch*, § 22 Rn. 25.

[331] Kölner Kommentar-UmwG/*Simon*, § 22 Rn. 52; Semler/Stengel/*Maier-Reimer/Seulen*, § 22
Rn. 50; Kallmeyer/*Marsch-Barner*, § 22 Rn. 12.

[332] BGH II ZR 299/94, AG 1996, 321, 322; Lutter/*Grunewald*, § 22 Rn. 24.

[333] Lutter/*Grunewald*, § 22 Rn. 24.

[334] Maulbetsch/Klumpp/Rose/*Maulbetsch*, § 22 Rn. 25; Lutter/*Grunewald*, § 22 Rn. 24.

[335] Kölner Kommentar-UmwG/*Simon*, § 22 Rn. 49; Maulbetsch/Klumpp/Rose/*Maulbetsch*, § 22
Rn. 22; Semler/Stengel/*Maier-Reimer/Seulen*, § 22 Rn. 42.

[336] Semler/Stengel/*Maier-Reimer/Seulen*, § 22 Rn. 42.

[337] Henssler/Strohn/*Müller*, § 22 UmwG Rn. 14; Lutter/*Grunewald*, § 22 Rn. 31; Kölner Kommentar-UmwG/*Simon*, § 22 Rn. 62; Semler/Stengel/*Maier-Reimer/Seulen*, § 22 Rn. 67; Maulbetsch/
Klumpp/Rose/*Maulbetsch*, § 22 Rn. 4; a. A. Widmann/Mayer/*Vossius*, § 22 Rn. 4 ff.; Kallmeyer/
Marsch-Barner, § 22 Rn. 13; Böttcher/Habighorst/Schulte/*Schulte*, § 22 Rn. 23; Schmitt/Hörtnagl/
Stratz/*Stratz*, § 22 Rn. 22.

[338] Semler/Stengel/*Maier-Reimer/Seulen*, § 22 Rn. 53.

[339] Schmitt/Hörtnagl/Stratz/*Stratz*, § 22 Rn. 14 f.; Maulbetsch/Klumpp/Rose/*Maulbetsch*, § 22
Rn. 28.

aus der Freisetzung von Kapital in Verbindung mit der danach zulässig gewordenen Ausschüttung ergebe; die Ausschüttung freigesetzten Kapitals dürfe nicht erfolgen, solange den Gläubigern, die ihre Forderungen angemeldet haben, keine Sicherheit geleistet worden sei.[340] Die herrschende Lehre lehnt eine Übertragung dieser Grundsätze auf die Spaltung indes ab, da sich das Risiko der Spaltung nicht ausschließlich aus der Ausschüttung von Kapital, sondern aus anderen, allgemeinen wirtschaftlichen Gründen ergibt.[341] Der herrschenden Lehre ist nach hier vertretener Ansicht zu folgen, da es sowohl an einer planwidrigen Regelungslücke als auch an einer vergleichbaren Sach- und Interessenlage fehlt.

203 e) **Ausschluss.** Der Anspruch auf Sicherheitsleistung ist ausgeschlossen, wenn den Gläubigern eine staatlich überwachte Deckungsmasse (→ Rn. 204) oder eine anderweitige ausreichende Sicherheit (→ Rn. 205) zur Verfügung steht oder der Sicherungsgrund nachträglich wieder entfällt (→ Rn. 206).

204 aa) **Vorzugsweise Befriedigung aus staatlich überwachter Deckungsmasse.** Gläubigern, die im Fall der Insolvenz ein Recht auf vorzugsweise Befriedigung aus einer nach gesetzlicher Vorschrift zu ihrem Schutz errichteten und **staatlich überwachten Deckungsmasse** haben, steht kein Anspruch auf Sicherheitsleistung zu (§ 22 Abs. 2 UmwG).

205 bb) **Anderweitig ausreichende Sicherheit.** Der Anspruch auf Sicherheitsleistung ist ferner ausgeschlossen, soweit **andere Sicherheiten** zur Verfügung stehen, die in ihrem Umfang ausreichen, um den Anspruch abzusichern. Die Sicherheit kann sich entweder aus einem anderen, nach Art des § 232 BGB bestehenden Sicherungsmittel ergeben oder aber auch durch eine wirtschaftlich gleichwertige Sicherheit.[342] Möglich ist auch, dass bereits durch einen Dritten eine Sicherheit für den Anspruch gestellt wurde. Auch in diesem Fall soll dem Gläubiger kein Anspruch auf Sicherheitsleistung nach § 22 UmwG mehr zustehen.[343] Denn die Gläubiger sollen durch § 22 UmwG davor geschützt werden, in die Insolvenz zu verfallen. Dieses Risiko besteht aber nicht, wenn ihr Anspruch bereits ausreichend besichert ist. Ist die anderweitige Sicherheit in ihrem Wert nicht ausreichend, können die betroffenen Gläubiger eine zusätzliche Sicherheit verlangen.[344]

206 cc) **Wegfall der Gefährdung.** Fällt die Gefährdung nachträglich weg, entfällt auch der Anspruch auf Sicherheitsleistung. Eine bereits geleistete Sicherheit kann aus Bereicherungsrecht wieder zurückgefordert werden (§ 812 Abs. 1 S. 2 Alt. 1 BGB).[345]

4. Inhaber von Sonderrechten

207 Neben den Gläubigern sind insbesondere die Inhaber von Rechten in einem übertragenden Rechtsträger, die **kein Stimmrecht** gewähren, insbesondere die Inhaber von Anteilen ohne Stimmrecht, von Wandelschuldverschreibungen, von Gewinnschuldverschreibungen und von Genussrechten, durch die Spaltung betroffen und schutzbedürftig. Ihnen sind daher gleichwertige Rechte zu gewähren. Anders als bei der Verschmelzung können die beteiligten Rechtsträger im Spaltungs- und Übernahmevertrag frei bestimmen, in welchem (übernehmenden oder übertragenden) Rechtsträger diese Rechte gewährt werden sollen (§§ 133 Abs. 2 S. 2, 125 S. 1, 23 UmwG). Möglich ist auch, im Spaltungs-

---

[340] Semler/Stengel/*Maier-Reimer/Seulen*, § 22 Rn. 57.
[341] Maulbetsch/Klumpp/Rose/*Maulbetsch*, § 22 Rn. 30.
[342] Semler/Stengel/*Maier-Reimer/Seulen*, § 22 Rn. 60; Böttcher/Habighorst/Schulte/*Schulte*, § 22 Rn. 22.
[343] Semler/Stengel/*Maier-Reimer/Seulen*, § 22 Rn. 60; Maulbetsch/Klumpp/Rose/*Maulbetsch*, § 22 Rn. 34; Kölner Kommentar-UmwG/*Simon*, § 22 Rn. 41; Kallmeyer/*Marsch-Barner*, § 22 Rn. 12; a. A. Lutter/*Grunewald*, § 22 Rn. 28, da der Gläubiger gute Gründe dafür haben könne, den Dritten nicht in Anspruch zu nehmen.
[344] Maulbetsch/Klumpp/Rose/*Maulbetsch*, § 22 Rn. 33; Lutter/*Grunewald*, § 22 Rn. 27.
[345] Lutter/*Grunewald*, § 22 Rn. 30; Semler/Stengel/*Maier-Reimer/Seulen*, § 22 Rn. 64; Maulbetsch/Klumpp/Rose/*Maulbetsch*, § 22 Rn. 36.

§ 27 Rechtsfolgen der Spaltung   208–212 § 27

und Übernahmevertrag gleichwertige Rechte in mehreren Rechtsträgern zu gewähren.[346] Für die Erfüllung der Verpflichtung zur Gewährung gleichwertiger Rechte haften die an der Spaltung beteiligten Rechtsträger als Gesamtschuldner (§§ 133 Abs. 2 S. 1, 125 S. 1, 23 UmwG).

a) Schutzsubjekte. Besonderer Schutz kommt nur den Inhabern von Rechten, die kein 208
Stimmrecht gewähren, zugute (§§ 133 Abs. 2, 125 S. 1, 23 UmwG). Das Gesetz nennt ausdrücklich Wandel- und Gewinnschuldverschreibungen sowie Genussrechte. Diese Aufzählung ist indes nicht abschließend. Erfasst werden vielmehr alle Inhaber von mitgliedschaftsähnlichen Rechtspositionen, mit denen kein Stimmrecht verbunden ist. Auf eine wertpapiermäßige Verbriefung der Rechte kommt es nicht an.[347]

Gewöhnliche Gläubiger werden nicht besonders geschützt, da ihnen nicht Rechte in 209
dem übertragenden Rechtsträger zustehen, sondern Rechte gegen ihn.[348] Entgegen dem weit gefassten Wortlaut sind von § 23 UmwG auch nicht die Inhaber von **Mitverwaltungsrechten** erfasst, da die Vorschrift dem Verwässerungsschutz dient, der indes nur bei Vermögensrechten relevant ist.[349]

b) Betroffene Rechte. aa) Schuldverschreibungen und Optionen. Zu den ge- 210
schützten Sonderrechten gehören insbesondere

- **Wandelschuldverschreibungen**, d. h. Schuldverschreibungen, bei denen dem Gläubiger ein Umtausch- oder Bezugsrecht auf Aktien eingeräumt wird (§ 221 Abs. 1 S. 1 AktG);
- **Gewinnschuldverschreibungen**, d. h. Schuldverschreibungen, bei denen die Rechte der Gläubiger mit Gewinnanteilen von Aktionären in Verbindung gebracht werden (§ 221 Abs. 1 S. 1 AktG);[350] sowie
- Optionen, die ein **Recht auf Umtausch oder Bezug von Gesellschaftsanteilen** gewähren.[351]

Diese Rechte müssen weder **wertpapiermäßig verbrieft** sein noch ist eine größere 211
Zahl an Berechtigungen erforderlich, um den Anspruch auf eine gleichwertige Rechtsposition entstehen zu lassen.[352] § 23 UmwG gilt dabei nicht nur für die AG, sondern ist auch auf vergleichbare Rechte in anderen Rechtsformen wie der GmbH oder Personengesellschaften anwendbar.[353]

Nicht zu den geschützten Sonderrechten gezählt werden insbesondere 212

- **Inhaberschuldverschreibungen**, da bei diesen ein fester Zins zugesagt ist, sodass es an einem über die normale Gläubigerstellung hinausgehenden Recht in der Gesellschaft fehlt;[354]

---

[346] Kölner Kommentar-UmwG/*Simon*, § 133 Rn. 77.
[347] Maulbetsch/Klumpp/Rose/*Maulbetsch*, § 23 Rn. 7; Semler/Stengel/*Kalss*, § 23 Rn. 4.
[348] Lutter/*Grunewald*, § 23 Rn. 2,4; Semler/Stengel/*Kalss*, § 23 Rn. 4; Kölner Kommentar-UmwG/*Simon*, § 23 Rn. 5; Kallmeyer/*Marsch-Barner*, § 23 Rn. 2 f.; Böttcher/Habighorst/Schulte/*Böttcher*, § 23 Rn. 4,6; Maulbetsch/Klumpp/Rose/*Maulbetsch*, § 23 Rn. 6 ff; Henssler/Strohn/*Müller*, § 23 UmwG Rn. 2.
[349] Kölner Kommentar-UmwG/*Simon*, § 23 Rn. 6; Lutter/*Grunewald*, § 23 Rn. 2; Böttcher/Habighorst/Schulte/*Böttcher*, § 23 Rn. 5; Maulbetsch/Klumpp/Rose/*Maulbetsch*, § 23 Rn. 2; Henssler/Strohn/*Müller*, § 23 UmwG Rn. 2.
[350] Durch den Dividendenbezug liegt das für § 23 UmwG erforderliche Recht in dem übertragenden Rechtsträger vor, vgl. Maulbetsch/Klumpp/Rose/*Maulbetsch*, § 23 Rn. 14.
[351] Maulbetsch/Klumpp/Rose/*Maulbetsch*, § 23 Rn. 14; Lutter/*Grunewald*, § 23 Rn. 14.
[352] Lutter/*Grunewald*, § 23 Rn. 14,19; Maulbetsch/Klumpp/Rose/*Maulbetsch*, § 23 Rn. 12, 14.
[353] Kölner Kommentar-UmwG/*Simon*, § 23 Rn. 13; Lutter/*Grunewald*, § 23 Rn. 14; i. E. auch Henssler/Strohn/*Müller*, § 23 UmwG Rn. 3.
[354] Böttcher/Habighorst/Schulte/*Böttcher*, § 23 Rn. 10; Kallmeyer/*Marsch-Barner*, § 23 Rn. 6; Maulbetsch/Klumpp/Rose/*Maulbetsch*, § 23 Rn. 14; Semler/Stengel/*Kalss*, § 23 Rn. 5.

- Optionsrechte, die zum **Bezug von Anteilen eines anderen Rechtsträgers** berechtigen, da es sich hierbei ebenfalls nicht um eine Rechtsstellung in der Gesellschaft handelt;[355] sowie
- **Optionen**, die zwar zum Bezug von Rechten an dem übertragenden Rechtsträger berechtigen, aber nicht von diesem, sondern **von einem Dritten** ausgestellt wurden, da es sich dabei nicht um Ansprüche gegen den übertragenden Rechtsträger handelt, sondern um Ansprüche gegen Dritte.[356]

213 **bb) Aktienähnliche Genussrechte. Genussrechte**, die mitgliedschaftsähnliche Rechtspositionen vermitteln, stellen ebenfalls Sonderrechte im Sinne des § 23 UmwG dar.[357] Das ist z. B. der Fall, wenn sie zum Erhalt eines Anteils am Gewinn berechtigen oder ein Recht zum Bezug von Anteilen gewähren.[358] Auch bei den Genussrechten kommt es auf eine Verbriefung nicht an.[359]

214 **cc) Partiarisch ausgestaltete schuldrechtliche Beteiligungen und Tantiemen.** Bei **partiarisch ausgestalteten schuldrechtlichen Beteiligungen** handelt es sich um solche, bei denen die Vergütung für die versprochene Leistung nicht betragsmäßig festgelegt ist, sondern erfolgsbezogen anhand des Anteils an den vom anderen Teil erwirtschafteten Umsatz oder Gewinn ausgestaltet ist.[360] Die Beteiligungen sind also mit den Gewinnanteilen eines Gesellschafters vergleichbar oder damit verknüpft oder im Falle der Insolvenz nachrangig gestellt und damit von den geschützen Sonderrechten umfasst, da sie über die reine schuldrechtliche Rechtsstellung hinausgehen.[361]

215 **Tantiemen** hingegen stellen (auch wenn sie als rein gewinnabhängige Ansprüche gestaltet sind) schuldrechtliche Gläubigerrechte dar, die nicht von § 23 UmwG umfasst sind.[362]

216 **dd) § 213 Rn. 299 Stille Gesellschaft.** Umstritten ist, ob Rechte eines stillen Gesellschafters am übertragenden Rechtsträger von dem Schutz des § 23 UmwG umfasst sind. Das ist mit der herrschenden Lehre zu bejahen, da ihre Beteiligung derjenigen eines Inhabers der im Gesetz ausdrücklich aufgeführten Rechte ähnelt.[363] Erfasst sind sowohl die typische als auch die atypische stille Beteiligung. Die typische stille Beteiligung vermittelt ein Recht in der Gesellschaft, nämlich eine vom Ergebnis abhängige Vergütung. Die atypische Beteiligung gewährt dem Inhaber Teilhabe an den stillen Reserven und in der Regel auch zusätzliche gesellschaftsrechtliche Mitwirkungsbefugnisse.[364]

---

[355] Semler/Stengel/*Kalss*, § 23 Rn. 5; Kölner Kommentar-UmwG/*Simon*, § 23 Rn. 17.

[356] Semler/Stengel/*Kalss*, § 23 Rn. 5; Lutter/*Grunewald*, § 23 Rn. 4; Kölner Kommentar-UmwG/*Simon*, § 23 Rn. 17.

[357] Semler/Stengel/*Kalss*, § 23 Rn. 6; Maulbetsch/Klumpp/Rose/*Maulbetsch*, § 23 Rn. 15 f.; Kölner Kommentar-UmwG/*Simon*, § 23 Rn. 14.

[358] Maulbetsch/Klumpp/Rose/*Maulbetsch*, § 23 Rn. 16; Böttcher/Habighorst/Schulte/*Böttcher*, § 23 Rn. 12; Schmitt/Hörtnagl/Stratz/*Stratz*, § 23 Rn. 14; Lutter/*Grunewald*, § 23 Rn. 23; Kölner Kommentar-UmwG/*Simon*, § 23 Rn. 14.

[359] Maulbetsch/Klumpp/Rose/*Maulbetsch*, § 23 Rn. 17; Böttcher/Habighorst/Schulte/*Böttcher*, § 23 Rn. 12; Lutter/*Grunewald*, § 23 Rn. 23.

[360] MünchKommBGB/*Ulmer/Schäfer*, § 705 Rn. 107.

[361] Maulbetsch/Klumpp/Rose/*Maulbetsch*, § 23 Rn. 18; Semler/Stengel/*Kalss*, § 23 Rn. 7; Kölner Kommentar-UmwG/*Simon*, § 23 Rn. 15; a. A. Kallmeyer/*Marsch-Barner*, § 23 Rn. 3; Lutter/*Grunewald*, § 23 Rn. 21.

[362] Lutter/*Grunewald*, § 23 Rn. 21; Kölner Kommentar-UmwG/*Simon*, § 23 Rn. 5; Schmitt/Hörtnagl/Stratz/*Stratz*, § 23 Rn. 8; Maulbetsch/Klumpp/Rose/*Maulbetsch*, § 23 Rn. 20; Böttcher/Habighorst/Schulte/*Böttcher*, § 23 Rn. 6; Kallmeyer/*Marsch-Barner*, § 23 Rn. 3.

[363] Lutter/*Grunewald*, § 23 Rn. 20; Böttcher/Habighorst/Schulte/*Böttcher*, § 23 Rn. 19; Schmitt/Hörtnagl/Stratz/*Stratz*, § 23 Rn. 8; Maulbetsch/Klumpp/Rose/*Maulbetsch*, § 23 Rn. 19; Kölner Kommentar-UmwG/*Simon*, § 23 Rn. 16; Semler/Stengel/*Kalss*, § 23 Rn. 7; a. A. Kallmeyer/*Marsch-Barner*, § 23 Rn. 3; Widmann/Mayer/*Vossius*, § 23 Rn. 11.

[364] Maulbetsch/Klumpp/Rose/*Maulbetsch*, § 23 Rn. 19; Schmitt/Hörtnagl/Stratz/*Stratz*, § 23 Rn. 8.

ee) § 13 Rn. 288 Stimmrechtslose Anteile. Vom Wortlaut des § 23 UmwG genannt 217
sind Inhaber von **Anteilen ohne Stimmrecht**. Darunter fallen zum Beispiel GmbH-
Gesellschafter oder Gesellschafter von Personengesellschaften, Aktionäre, Partner oder Mitglieder eines Vereins im übertragenden Rechtsträger, denen kein Stimmrecht zusteht.[365] Als
Ausgleich dafür, dass ihnen nicht die Möglichkeit zusteht, über die Spaltung mitzuentscheiden, soll ihre Position geschützt werden.[366]

Ob auch **stimmrechtslose Vorzugsaktien** Sonderrechte im Sinne des § 23 UmwG 218
darstellen, wird in der Literatur kontrovers beurteilt.[367] Der Normzweck des § 23 UmwG
besteht darin, einen Ausgleich dafür zu schaffen, dass den Inhabern von Sonderrechten
nicht die Möglichkeit zusteht, über die Spaltung mitzuentscheiden und sie deshalb nicht
beeinflussen können, ob ihnen in dem übernehmenden Rechtsträger ein gleichwertiges
Vorzugsrecht gewährt wird. Eine vergleichbare Gefahrensituation besteht für Vorzugsaktionäre nicht. Denn stimmrechtslose Vorzugsaktien sind Mitgliedschaftsrechte, für die der
allgemeine Grundsatz der Mitgliedschaftsperpetuierung gilt, d. h. Vorzugsaktionäre eines
übertragenden Rechtsträgers werden ohne weiteres Zutun auch Vorzugsaktionäre des übernehmenden Rechtsträgers (§ 131 Abs. 1 Nr. 3 S. 1 UmwG).[368] Für den Fall, dass Vorzugsaktionäre eines übertragenden Rechtsträger in dem übernehmenden Rechtsträger kein
oder ein schlechteres Vorzugsrecht gewährt werden soll, müssen sie der Spaltung durch
Sonderbeschluss zustimmen (§ 141 Abs. 1 AktG). Auch in dieser Konstellation fehlt es
mithin an einem die Anwendung des § 23 UmwG erfordernden Schutzbedürfnis der
Vorzugsaktionäre.[369]

c) Schuldner. Entscheidend dafür, bei welchem Rechtsträger die gleichwertigen Rech- 219
te einzuräumen sind, ist die **Zuweisung im Spaltungs- und Übernahmevertrag**.[370] Es
steht den beteiligten Rechtsträgern frei, die Gewährung der Rechte dem übernehmenden
oder dem übertragenden Rechtsträger zuzuweisen; etwas anderes gilt nur für die Aufspaltung (§ 133 Abs. 2 S. 2 UmwG). Möglich ist auch die Zuweisung der gleichwertigen
Rechte an mehrere Rechtsträger.[371] Derjenige Rechtsträger, dem die Gewährung der
Rechte zugewiesen wurde, ist als Hauptschuldner anzusehen und die übrigen Rechtsträger
als Mithafter.[372]

Kommt der Hauptschuldner seiner Verpflichtung nicht nach, können die Mithafter nur 220
darauf in Anspruch genommen werden, auf den Hauptschuldner einzuwirken, dass dieser
leistet.[373] Denn dadurch, dass die Schuld im Spaltungs- und Übernahmevertrag dem
Hauptschuldner zugewiesen worden ist, ist auch nur dieser in der Lage, den Anspruch zu
erfüllen. Rechte an Mithaftern können mangels Zuweisung im Spaltungs- und Über-

---

[365] Kallmeyer/*Marsch-Barner*, § 23 Rn. 4; Semler/Stengel/*Kalss*, § 23 Rn. 9; Widmann/Mayer/ *Vossius*, § 23 Rn. 11 f.; Maulbetsch/Klumpp/Rose/*Maulbetsch*, § 23 Rn. 10; a. A. Kölner Kommen- tar-UmwG/*Simon*, § 23 Rn. 9; Böttcher/Habighorst/Schulte/*Böttcher*, § 23 Rn. 7, die darin voll- wertige Anteile, sehen die von dem Grundsatz der Mitgliedschaftsperpetuierung erfasst seien.
[366] Semler/Stengel/*Kalss*, § 23 Rn. 9.
[367] Dafür: Kallmeyer/*Marsch-Barner*, § 23 Rn. 4; Schmitt/Hörtnagl/Stratz/*Stratz*, § 23 Rn. 6; Lut- ter/*Grunewald*, § 23 Rn. 10; Widmann/Mayer/*Vossius*, § 23 Rn. 11 f.; Maulbetsch/Klumpp/Rose/ *Maulbetsch*, § 23 Rn. 11; a. A. Kölner Kommentar-UmwG/*Simon*, § 23 Rn. 10; Böttcher/Habig- horst/Schulte/*Böttcher*, § 23 Rn. 8; Semler/Stengel/*Kalss*, § 23 Rn. 10.
[368] Semler/Stengel/*Kalss*, § 23 Rn. 10.
[369] Semler/Stengel/*Kalss*, § 23 Rn. 10.
[370] Semler/Stengel/*Maier-Reimer/Seulen*, § 133 Rn. 73; Kölner Kommentar-UmwG/*Simon*, § 133 Rn. 76 f.; Schmitt/Hörtnagl/Stratz/*Hörtnagl*, § 133 Rn. 28; Böttcher/Habighorst/Schulte/*Fischer*, § 133 Rn. 51.
[371] Schmitt/Hörtnagl/Stratz/*Hörtnagl*, § 133 Rn. 30; Henssler/Strohn/*Wardenbach*, § 133 UmwG Rn. 14.
[372] Lutter/*Schwab*, § 133 Rn. 129; Böttcher/Habighorst/Schulte/*Fischer*, § 133 Rn. 51.
[373] Semler/Stengel/*Maier-Reimer/Seulen*, § 133 Rn. 73; Lutter/*Schwab*, § 133 Rn. 133; a. A. Schmitt/Hörtnagl/Stratz/*Hörtnagl*, § 133 Rn. 28; Maulbetsch/Klumpp/Rose/*Raible*, § 133 Rn. 39, die auch die Mithafter auf Erfüllung haften lassen wollen.

nahmevertrag nicht verlangt werden und sind deshalb auch nicht geschuldet; sie würden ein *aliud* darstellen.[374] Hat das Einwirken auf den Hauptschuldner keinen Erfolg, haften die Mithafter auf **Schadensersatz wegen Unmöglichkeit**.[375]

221   Ist die Zuweisung im Spaltungs- und Übernahmevertrag unterblieben, hat der Gläubiger ein Wahlrecht, welchen Rechtsträger er in Anspruch nehmen will. Der Gläubiger kann in diesem Fall also von jedem beteiligten Rechtsträger Erfüllung verlangen.[376]

222   **d) Rechtsfolgen. aa) Gewährung gleichwertiger Rechte.** Den Inhabern von Sonderrechten müssen nach der Spaltung ihren Rechten entsprechende gleichwertige Rechte an einem der beteiligten Rechtsträger gewährt werden. Es kommt für die Ermittlung der Gleichwertigkeit auf eine **wirtschaftliche Betrachtungsweise** an.[377] Die Gewährung gleichwertiger Rechte stellt nur ein Mindesterfordernis dar; es ist auch möglich, höherwertige Rechte zu gewähren.[378] Die Gewährung gleichartiger Rechte ist nicht zwingend notwendig.[379] Sie hat aber den Vorteil geringerer Streitanfälligkeit gegenüber der Gewährung andersartiger Rechte. Denn im zuletzt genannten Fall bereitet die Feststellung der Wertäquivalenz wegen der Verschiedenheit der Rechte möglicherweise größere Schwierigkeiten.[380]

223   Bei Gewinnschuldverschreibungen, Wandelschuldverschreibungen, Umtausch- und Bezugsrechte sowie anderen gewinnabhängigen Rechten kann zur Herstellung der Gleichwertigkeit an das **Umtauschverhältnis**, das der Spaltung zugrunde gelegt wurde, angeknüpft werden.[381]

224   Dem Sonderrechtsinhaber steht ein individueller Anspruch gegen den Hauptschuldner auf **wertäquivalente Anpassung** seines Rechts zu.[382] Die Anpassung erfolgt nicht im Spaltungs- und Übernahmevertrag selbst, sondern obliegt der individuellen Vereinbarung zwischen dem Sonderrechtsinhaber und Hauptschuldner.[383] Entscheidend für die Art und Weise sowie Form der Rechtsanpassung ist das zugrundeliegende Rechtsverhältnis.[384]

225   **bb) Mischspaltung.** Bei der Mischspaltung sind übertragender und übernehmender Rechtsträger Gesellschaften unterschiedlicher Rechtsformen. In diesem Fall ist zunächst zu versuchen, eine Umstellung der Rechte nach den oben genannten Regeln vorzunehmen.[385]

226   Bestehen Umtausch- und Bezugsrechte in einer AG, so sind diese in der Regel durch bedingtes Kapital abgesichert. Damit die Gewährung der Rechte gleichwertig ist, müssen

---

[374] Kölner Kommentar-UmwG/*Simon*, § 133 Rn. 79 f.
[375] Kölner Kommentar-UmwG/*Simon*, § 133 Rn. 80; Lutter/*Schwab*, § 133 Rn. 133; Semler/Stengel/*Maier-Reimer/Seulen*, § 133 Rn. 73; Böttcher/Habighorst/Schulte/*Fischer*, § 133 Rn. 53.
[376] Maulbetsch/Klumpp/Rose/*Raible*, § 133 Rn. 40; Schmitt/Hörtnagl/Stratz/*Hörtnagl*, § 133 Rn. 27; Semler/Stengel/*Maier-Reimer/Seulen*, § 133 Rn. 74; Böttcher/Habighorst/Schulte/*Fischer*, § 133 Rn. 54.
[377] Semler/Stengel/*Kalss*, § 23 Rn. 12; Schmitt/Hörtnagl/Stratz/*Stratz*, § 23 Rn. 9; Böttcher/Habighorst/Schulte/*Böttcher*, § 23 Rn. 16; Kölner Kommentar-UmwG/*Simon*, § 23 Rn. 18; Henssler/Strohn/*Müller*, § 23 UmwG Rn. 4; Maulbetsch/Klumpp/Rose/*Maulbetsch*, § 23 Rn. 21.
[378] BR-Drucks. 75/94 S. 93; Schmitt/Hörtnagl/Stratz/*Stratz*, § 23 Rn. 9; Maulbetsch/Klumpp/Rose/*Maulbetsch*, § 23 Rn. 21; Kallmeyer/*Marsch-Barner*, § 23 Rn. 8.
[379] Semler/Stengel/*Kalss*, § 23 Rn. 12; Böttcher/Habighorst/Schulte/*Böttcher*, § 23 Rn. 16; Kölner Kommentar-UmwG/*Simon*, § 23 Rn. 19; Maulbetsch/Klumpp/Rose/*Maulbetsch*, § 23 Rn. 21; Kallmeyer/*Marsch-Barner*, § 23 Rn. 8.
[380] Kölner Kommentar-UmwG/*Simon*, § 23 Rn. 20; Böttcher/Habighorst/Schulte/*Böttcher*, § 23 Rn. 16.
[381] Semler/Stengel/*Kalss*, § 23 Rn. 13; Maulbetsch/Klumpp/Rose/*Maulbetsch*, § 23 Rn. 26; Schmitt/Hörtnagl/Stratz/*Hörtnagl*, § 23 Rn. 13; Kölner Kommentar-UmwG/*Simon*, § 23 Rn. 22; Lutter/*Grunewald*, § 23 Rn. 22.
[382] Kölner Kommentar-UmwG/*Simon*, § 23 Rn. 26.
[383] Böttcher/Habighorst/Schulte/*Böttcher*, § 23 Rn. 18.
[384] Kölner Kommentar-UmwG/*Simon*, § 23 Rn. 26.
[385] Schmitt/Hörtnagl/Stratz/*Stratz*, § 23 Rn. 11; Kallmeyer/*Marsch-Barner*, § 23 Rn. 11.

diese auch in dem jeweiligen Rechtsträger wieder entsprechend abgesichert werden. Bei der Spaltung aus einer AG auf eine GmbH oder Personengesellschaften bereitet dies indes Schwierigkeiten, da bei diesen kein bedingtes Kapital existiert.[386] In diesem Fall (und vergleichbaren Fallkonstellationen) steht den Inhabern von Sonderrechten daher ein **Austrittsrecht** entsprechend § 29 UmwG zu.[387] Infolge des Austritts ist dem Sonderrechtsinhaber eine Barabfindung in Höhe des Wertes des Umtausch- oder Bezugsrechts zu leisten.[388]

e) **Verjährung.** Die Ansprüche der Sonderrechtsinhaber auf Gewährung gleichwertiger 227 Rechte verjähren in fünf Jahren ab dem Tage, mit dem die Eintragung der Spaltung in das Register des Sitzes des übertragenden Rechtsträgers bekannt gemacht wurde (§ 133 Abs. 6 S. 1 f., Abs. 4 S. 1 UmwG). Für die Ansprüche *aus* den Sonderrechten gelten die allgemeinen Vorschriften über die Verjährung.[389]

f) **Durchsetzung.** § 23 UmwG gibt dem Sonderrechtsinhaber einen klagbaren An- 228 spruch auf Gewährung gleichwertiger Rechte. Der Sonderrechtsinhaber kann also Feststellungsklage oder Leistungsklage erheben. Klagegegner ist der Hauptschuldner, also derjenige Rechtsträger, dem die Gewährung der gleichwertigen Rechte im Spaltungs- und Übernahmevertrag zugewiesen worden ist. Im Rahmen der Leistungsklage ist zu beachten, dass die Klage auf den geänderten Vertragsinhalt gerichtet sein muss, der Gläubiger also die Vertragsklausel so auszuformulieren hat, dass ein stattgebendes Urteil gem. § 894 ZPO vollstreckt werden kann.[390]

Eine Durchsetzung des Anspruchs im Spruchverfahren kommt nicht in Betracht, da 229 dieses auf die Gewährung der gleichwertigen Rechte nicht anwendbar ist (§§ 1, 3 SpruchG).[391] Die Sonderrechte sind weder vom Anwendungsbereich des Gesetzes erfasst, noch zählen die Sonderrechtsinhaber zum anspruchsberechtigten Personenkreis.

V. Schutz der Minderheitsgesellschafter

1. Allgemeines

Auch Minderheitsgesellschafter erfahren durch das Umwandlungsrecht besonderen 230 Schutz (§§ 125 S. 1, 29 bis 34 UmwG). So ist Anteilsinhabern, die gegen den Spaltungs- und Übernahmevertrag Widerspruch zur Niederschrift erklärt haben, in den Fällen des § 29 Abs. 1 UmwG ein Angebot zum Erwerb ihrer Anteile gegen **Barabfindung** zu unterbreiten. Nehmen die Anteilsinhaber das Angebot an, scheiden sie aus der Gesellschaft aus.[392] Sie haben also die Wahl, das Angebot anzunehmen und aus der Gesellschaft auszuscheiden oder den ihnen gebotenen Anteil am übernehmenden Rechtsträger zu behalten und in der Gesellschaft zu verbleiben.[393] Anteilsinhaber, die keinen Widerspruch erklärt

---

[386] Maulbetsch/Klumpp/Rose/*Maulbetsch*, § 23 Rn. 25; Lutter/*Grunewald*, § 23 Rn. 17.
[387] Lutter/*Grunewald*, § 23 Rn. 17; Semler/Stengel/*Kalss*, § 23 Rn. 15; Kallmeyer/*Marsch-Barner*, § 23 Rn. 11; a. A. Böttcher/Habighorst/Schulte/*Böttcher*, § 23 Rn. 21; Kölner Kommentar-UmwG/*Simon*, § 23 Rn. 23, die einen Anspruch auf Schadensersatz wegen Unmöglichkeit als ausreichend erachten.
[388] Kallmeyer/*Marsch-Barner*, § 23 Rn. 11.
[389] Semler/Stengel/*Maier-Reimer/Seulen*, § 133 Rn. 76.
[390] Maulbetsch/Klumpp/Rose/*Maulbetsch*, § 23 Rn. 31; Böttcher/Habighorst/Schulte/*Böttcher*, § 23 Rn. 20; Lutter/*Grunewald*, § 23 Rn. 8; Semler/Stengel/*Kalss*, § 23 Rn. 17.
[391] Maulbetsch/Klumpp/Rose/*Maulbetsch*, § 23 Rn. 33; Böttcher/Habighorst/Schulte/*Böttcher*, § 23 Rn. 21; Kölner Kommentar-UmwG/*Simon*, § 23 Rn. 29; a. A. Kallmeyer/*Marsch-Barner*, § 23 Rn. 13, der das im Spaltungs- und Übernahmevertrag festgelegte Umtauschverhältnis im Wege des Spruchverfahrens überprüfen lassen will.
[392] Schmitt/Hörtnagl/Stratz/*Stratz*, § 29 Rn. 1.
[393] Schmitt/Hörtnagl/Stratz/*Stratz*, § 29 Rn. 1.

haben, können das Angebot nicht annehmen.³⁹⁴ Der Anspruch des ausgeschiedenen Anteilsinhabers nach § 29 UmwG ist übertragbar und vererblich.³⁹⁵

231 Der Anspruch auf Ausscheiden gegen Barabfindung besteht aber nur bei Auf- und Abspaltung. Die **Ausgliederung** ist von dem Verweis in § 125 S. 1 UmwG nicht umfasst, da der durch die Ausgliederung bewirkte bilanzielle Tauschvorgang keinen Eingriff in die Minderheitsrechte der Anteilsinhaber des übertragenden Rechtsträgers darstellt.³⁹⁶

232 Kein Barabfindungsanspruch steht ferner den Mitgliedern einer übertragenden **Genossenschaft** (§§ 125 S. 1, 90 Abs. 1 UmwG) sowie den Mitgliedern eines eingetragenen Vereins, der nach § 5 Abs. 1 Nr. 9 KStG von der Körperschaftsteuer befreit ist (§§ 125 S. 1, 104a UmwG), zu. Persönlich haftende Gesellschafter einer Personengesellschaft haben bei einem Widerspruch gegen den Spaltungs- und Übernahmevertrag die Möglichkeit, bei der übernehmenden Gesellschaft in die Stellung eines Kommanditisten zu wechseln (§ 125 S. 1 i. V. m. § 43 Abs. 2 S. 3 UmwG). Dieses Recht lässt den Anspruch auf Barabfindung aus § 29 UmwG jedoch unberührt.³⁹⁷

2. Voraussetzungen des Anspruchs auf Barabfindung

233 Eine angemessene Barabfindung ist den Minderheitsgesellschaftern anzubieten, wenn eine Mischspaltung (→ Rn. 234 ff.) oder ein „kaltes Delisting" (→ Rn. 238 ff.) vorliegt oder die Spaltung zu einer anderweitigen Einschränkung der Handelbarkeit der Anteile führt (→ Rn. 241 ff.).

234 **a) Mischspaltung.** Eine angemessene Barabfindung ist den Minderheitsgesellschaftern zunächst anzubieten, wenn der übernehmende Rechtsträger eine **andere Rechtsform** als der übertragende Rechtsträger hat (§§ 125 S. 1, 29 Abs. 1 S. 1, 1. Fall UmwG). Das Schutzbedürfnis der Minderheitsgesellschafter ergibt sich in diesem Fall daraus, dass eine Veränderung der Rechtsform auch erhebliche Änderungen der Mitgliedschaftsrechte bedingen kann.³⁹⁸

235 OHG und KG werden für die Zwecke der §§ 125 S. 1, 29 UmwG als unterschiedliche Rechtsformen betrachtet.³⁹⁹ Handelt es sich allerdings bei dem übertragenden Rechtsträger um eine KG und bei dem übernehmenden Rechtsträger um eine OHG, ist die Zustimmung aller Gesellschafter zur Ab- bzw. Aufspaltung erforderlich (§§ 125 S. 1, 40 Abs. 2 S. 2 UmwG), weshalb diese Variante für § 29 UmwG keine Bedeutung hat.⁴⁰⁰

236 AG und KGaA gelten hingegen nicht als unterschiedliche Rechtsformen (§§ 125 S. 1, 78 S. 4 UmwG).⁴⁰¹ Auch bei der inländischen SE handelt es sich um eine der AG gleichgestellte Rechtsform (Art. 10 SE-VO).⁴⁰²

---

³⁹⁴ Böttcher/Habighorst/Schulte/*Burg*, § 29 Rn. 1.
³⁹⁵ Kölner Kommentar-UmwG/*Simon*, § 29 Rn. 2; Böttcher/Habighorst/Schulte/*Burg*, § 29 Rn. 2; Semler/Stengel/*Kalss*, § 29 Rn. 1.
³⁹⁶ Kölner Kommentar-UmwG/*Simon*, § 29 Rn. 8; Böttcher/Habighorst/Schulte/*Burg*, § 29 Rn. 4; Semler/Stengel/*Kalss*, § 29 Rn. 5.
³⁹⁷ Semler/Stengel/*Kalss*, § 29 Rn. 5; Kölner Kommentar-UmwG/*Simon*, § 29 Rn. 7; Böttcher/Habighorst/Schulte/*Burg*, § 29 Rn. 5; Schmitt/Hörtnagl/Stratz/*Stratz*, § 29 Rn. 3; Kallmeyer/*Marsch-Barner*, § 29 Rn. 3.
³⁹⁸ Lutter/*Grunewald*, § 29 Rn. 2; Kölner Kommentar-UmwG/*Simon*, § 29 Rn. 11; ähnlich Schmitt/Hörtnagl/Stratz/*Stratz*, § 29 Rn. 7; Maulbetsch/Klumpp/Rose/*Stockburger*, § 29 Rn. 14.
³⁹⁹ Semler/Stengel/*Kalss*, § 29 Rn. 6; Kölner Kommentar-UmwG/*Simon*, § 29 Rn. 12; Kallmeyer/*Marsch-Barner*, § 29 Rn. 4; Lutter/*Grunewald*, § 29 Rn. 2; Schmitt/Hörtnagl/Stratz/*Stratz*, § 29 Rn. 8.
⁴⁰⁰ Schmitt/Hörtnagl/Stratz/*Stratz*, § 29 Rn. 3; Maulbetsch/Klumpp/Rose/*Stockburger*, § 29 Rn. 15; Böttcher/Habighorst/Schulte/*Burg*, § 29 Rn. 16.
⁴⁰¹ Lutter/*Grunewald*, § 29 Rn. 2; Kallmeyer/*Marsch-Barner*, § 29 Rn. 4; Henssler/Strohn/*Müller*, § 29 UmwG Rn. 4; Schmitt/Hörtnagl/Stratz/*Stratz*, § 29 Rn. 8; Kölner Kommentar-UmwG/*Simon*, § 29 Rn. 13; Widmann/Mayer/*Wälzholz*, § 29 Rn. 12.1.
⁴⁰² Kölner Kommentar-UmwG/*Simon*, § 29 Rn. 14; Kallmeyer/*Marsch-Barner*, § 29 Rn. 4; Böttcher/Habighorst/Schulte/*Burg*, § 29 Rn. 17.

§ 27 Rechtsfolgen der Spaltung 237–240 § 27

Eine GmbH und eine UG (haftungsbeschränkt) sind keine unterschiedlichen Rechts- 237
formen, sodass auch insoweit § 29 UmwG keine Anwendung findet.[403]

aa) § 13 Rn. 336 f Spaltung einer börsennotierten auf eine nicht börsennotierte 238
AG. Eine angemessene Barabfindung ist den Minderheitsgesellschaftern ferner anzubieten,
wenn es sich bei dem übertragenden Rechtsträger um eine börsennotierte, bei dem übernehmenden Rechtsträger hingegen um eine nicht börsennotierte AG handelt (sog. **kaltes**
Delisting, §§ 125 S. 1, 29 Abs. 1 S. 1, 2. Fall UmwG). In diesem Fall sind die Minderheitsgesellschafter schutzwürdig, weil die fehlende Börsennotierung des übernehmenden
Rechtsträgers die Verkehrsfähigkeit der Anteile faktisch erheblich beeinträchtigt.[404] Handelt
es sich nicht um eine AG, sondern um eine KGaA, besteht das gleiche Schutzbedürfnis,
sodass § 29 UmwG entsprechend anzuwenden ist.[405] Nicht vom Schutzzweck erfasst ist
indes der Fall, dass eine nicht börsennotierte AG Vermögensteile auf eine börsennotierte
AG überträgt.[406]

Eine AG ist börsennotiert, wenn die Aktien zum regulierten Markt im Sinne der §§ 32 ff. 239
BörsG zugelassen sind (§ 3 Abs. 2 AktG). Ein Handel der Aktien im Freiverkehr ist nicht
ausreichend.[407] Demnach findet § 29 UmwG keine Anwendung, wenn die Aktien des
übertragenden Rechtsträgers im Freiverkehr und die Aktien des übernehmenden Rechtsträgers überhaupt nicht gehandelt werden.[408] § 29 UmwG ist schließlich auch nicht bei
einem „**Teil-Delisting**", bei welchem die Aktien nach der Spaltung statt an mehreren
Börsen nur noch an einer Börse gehandelt werden, oder einem Wechsel in ein anderes
Börsensegment anzuwenden.[409]

Für die Beurteilung, ob es sich bei dem übernehmenden Rechtsträger um eine börsen- 240
notierte AG handelt, ist grundsätzlich auf den Zeitpunkt des Wirksamwerdens der Spaltung
abzustellen.[410] Ist die Börsennotierung zu diesem Zeitpunkt noch nicht erfolgt, hat der
übernehmende Rechtsträger jedoch seinerseits alles Erforderliche für die Börsenzulassung
getan, sodass die vorübergehend fehlende Börsennotierung allein technisch bedingt ist, liegt
nach zutreffender Ansicht kein „**kaltes Delisting**" im Sinne des § 29 UmwG vor (teleologische Reduktion).[411] Nach einer noch weitergehenden Ansicht soll § 29 UmwG ferner
unanwendbar sein, wenn der übernehmende Rechtsträger durch den Spaltungs- und Übernahmevertrag verpflichtet ist, die Börsennotierung zu beantragen. Wenn die Börsenzulassung in diesem Fall fehlschlage, stehe den Aktionären gegen den übernehmenden Rechtsträger ein Schadensersatzansprüche zu; einer zusätzlichen Absicherung über ein Barabfindungsangebot bedürfe es daher nicht.[412] Es ist in der Tat nicht erkennbar, warum eine bloß
temporäre Hinderung der Aktionäre ihre Aktien zu handeln dazu führen soll, dass der
übernehmenden Gesellschaft eine umfassende Abfindungsverpflichtung auferlegt wird.
Hinreichender Schutz steht den Aktionären über den Schadensersatzanspruch zu.

---

[403] Widmann/Mayer/*Wälzholz*, § 29 Rn. 12.1; Henssler/Strohn/*Müller*, § 29 UmwG Rn. 4.
[404] BT-Drucks 16/2919, S. 13; Schmitt/Hörtnagl/Stratz/*Stratz*, § 29 Rn. 9; Kallmeyer/*Marsch-Barner*, § 29 Rn. 4a; Maulbetsch/Klumpp/Rose/*Stockburger*, § 29 Rn. 17.
[405] Schmitt/Hörtnagl/Stratz/*Stratz*, § 29 Rn. 9; Henssler/Strohn/*Müller*, § 29 UmwG Rn. 6; Kallmeyer/*Marsch-Barner*, § 29 Rn. 4a; Lutter/*Grunewald*, § 29 Rn. 4; Widmann/Mayer/*Wälzholz*, § 29 Rn. 13.2.
[406] Kallmeyer/*Marsch-Barner*, § 29 Rn. 4a; Widmann/Mayer/*Wälzholz*, § 29 Rn. 13.2.
[407] Kallmeyer/*Marsch-Barner*, § 29 Rn. 4b; Henssler/Strohn/*Müller*, § 29 UmwG Rn. 6; Widmann/Mayer/*Wälzholz*, § 29 Rn. 13.1.
[408] Kallmeyer/*Marsch-Barner*, § 29 Rn. 4b; Henssler/Strohn/*Müller*, § 29 UmwG Rn. 6; Lutter/*Grunewald*, § 29 Rn. 3; Widmann/Mayer/*Wälzholz*, § 29 Rn. 13.1.
[409] Kallmeyer/*Marsch-Barner*, § 29 Rn. 4b; Widmann/Mayer/*Wälzholz*, § 29 Rn. 13.1.
[410] Schmitt/Hörtnagl/Stratz/*Stratz*, § 29 Rn. 9; Widmann/Mayer/*Wälzholz*, § 29 Rn. 15.
[411] Schmitt/Hörtnagl/Stratz/*Stratz*, § 29 Rn. 9; Henssler/Strohn/*Müller*, § 29 UmwG Rn. 7; Widmann/Mayer/*Wälzholz*, § 29 Rn. 14.
[412] Kölner Kommentar-UmwG/*Simon*, § 29 Rn. 27; Böttcher/Habighorst/Schulte/*Burg*, § 29 Rn. 25; Lutter/*Grunewald*, § 29 Rn. 4 und Kallmeyer/*Marsch-Barner*, § 29 Rn. 4c.

241 bb) § 13 Rn. 342 f **Verfügungsbeschränkungen.** Auch ohne **Rechtsformwechsel** kann es durch die Spaltung zu einer Einschränkung der Handelbarkeit der Anteile kommen. Daher ist auch für den Fall, dass die Anteile am übernehmenden Rechtsträger Verfügungsbeschränkungen unterworfen sind, ein Abfindungsangebot zu unterbreiten (§§ 125 S. 1, 29 Abs. 1 S. 2 UmwG). Im Grundsatz soll dies auch dann gelten, wenn bereits die Anteile am übertragenden Rechtsträger Verfügungsbeschränkungen unterlagen.[413] Dieser Grundsatz erfährt indes eine Einschränkung, wenn die Anteilsinhaber nach der Spaltung rechtlich unter keinen Umständen schlechter gestellt sind als zuvor.[414] Eine solche Schlechterstellung liegt z. B. bei der Abspaltung oder Aufspaltung auf zwei identische Schwestergesellschaften nicht vor, wenn deren Anteile denselben Verfügungsbeschränkungen unterliegen wie die Anteile des übertragenden Rechtsträgers.[415]

242 Erfasst sind neben gesetzlichen **Verfügungsbeschränkungen** auch solche aus dem **Gesellschaftsvertrag** bzw. der **Satzung**.[416] Unter einer Verfügungsbeschränkung ist jede Erschwerung sowie jedes Verbot der Anteilsübertragung zu verstehen, unabhängig davon, ob die Verfügung gesetzlich ausgeschlossen ist oder von der Zustimmung anderer Anteilsinhaber, des übernehmenden Rechtsträgers oder sogar Dritter abhängt.[417] Möglich ist auch, dass nicht sämtliche Anteile Verfügungsbeschränkungen unterliegen. In diesem Fall haben nur die Anteilsinhaber ein Austrittsrecht, deren Anteile von der Verfügungsbeschränkung betroffen sind.[418] § 29 UmwG findet auch dann Anwendung, wenn nur bestimmte Verfügungen von der Beschränkung betroffen sind.[419] Eine Verfügungsbeschränkung ergibt sich für den Verein z. B. aus §§ 38, 40 BGB, wenn die Übertragbarkeit der Mitgliedschaft nicht in der Satzung geregelt ist.[420] Sind die Aktien einer AG vinkuliert (§ 68 Abs. 2 AktG), handelt es sich dabei um eine Verfügungsbeschränkung, die dem Schutz des § 29 UmwG unterfällt. Haben die Anteilsinhaber von Personengesellschaften die Unübertragbarkeit der Anteile in der Satzung nicht abbedungen, ist bei jeder Übertragung des Vermögens auf eine Personengesellschaft der Anwendungsbereich von § 29 UmwG eröffnet.[421]

243 § 29 UmwG setzt allerdings voraus, dass die Verfügungsbeschränkung nicht allein schuldrechtliche Wirkung entfaltet. Vielmehr muss bei einem Verstoß gegen die Verfügungs-

---

[413] Schmitt/Hörtnagl/Stratz/*Stratz*, § 29 Rn. 10; Henssler/Strohn/*Müller*, § 29 UmwG Rn. 10; Semler/Stengel/*Kalss*, § 29 Rn. 11; Lutter/*Grunewald*, § 29 Rn. 9; Maulbetsch/Klumpp/Rose/*Stockberger*, § 29 Rn. 23; Kallmeyer/*Marsch-Barner*, § 29 Rn. 9; Henssler/Strohn/*Müller*, § 29 UmwG Rn. 10.

[414] Schmitt/Hörtnagl/Stratz/*Stratz*, § 29 Rn. 10; Henssler/Strohn/*Müller*, § 29 UmwG Rn. 10; Kölner Kommentar-UmwG/*Simon*, § 29 Rn. 23; Semler/Stengel/*Kalss*, § 29 Rn. 12; Maulbetsch/Klumpp/Rose/*Stockburger*, § 29 Rn. 23; Kallmeyer/*Marsch-Barner*, § 29 Rn. 10; Henssler/Strohn/*Müller*, § 29 UmwG Rn. 10.

[415] Henssler/Strohn/*Müller*, § 29 UmwG Rn. 10; Lutter/*Grunwald*, § 29 Rn. 10; Maulbetsch/Klumpp/Rose/*Stockberger*, § 29 Rn. 23.

[416] Schmitt/Hörtnagl/Stratz/*Stratz*, § 29 Rn. 11; Semler/Stengel/*Kalss*, § 29 Rn. 10; Böttcher/Habighorst/Schulte/*Burg*, § 29 Rn. 18.

[417] Schmitt/Hörtnagl/Stratz/*Stratz*, § 29 Rn. 11; Semler/Stengel/*Kalss*, § 29 Rn. 9; Kölner Kommentar-UmwG/*Simon*, § 29 Rn. 16; Maulbetsch/Klumpp/Rose/*Stockberger*, § 29 Rn. 24; eingeschränkt Lutter/*Grunewald*, § 29 Rn. 7, die eine Erschwerung der Veräußerbarkeit nicht als Verfügungsbeschränkung ansieht.

[418] Semler/Stengel/*Kalss*, § 29 Rn. 9; Lutter/*Grunewald*, § 29 Rn. 5; Kallmeyer/*Marsch-Barner*, § 29 Rn. 5.

[419] Kölner Kommentar-UmwG/*Simon*, § 29 Rn. 16; Lutter/*Grunewald*, § 29 Rn. 5; Kallmeyer/*Marsch-Barner*, § 29 Rn. 5; Maulbetsch/Klumpp/Rose/*Stockberger*, § 29 Rn. 24; Böttcher/Habighorst/Schulte/*Burg*, § 29 Rn. 20.

[420] Kölner Kommentar-UmwG/*Simon*, § 29 Rn. 20; Maulbetsch/Klumpp/Rose/*Stockberger*, § 29 Rn. 29; Böttcher/Habighorst/Schulte/*Burg*, § 29 Rn. 23.

[421] Böttcher/Habighorst/Schulte/*Burg*, § 29 Rn. 23; Henssler/Strohn/*Müller*, § 29 UmwG Rn. 9; Widmann/Mayer/*Wälzholz*, § 29 Rn. 21.

beschränkung auch das **dingliche Rechtsgeschäft** unwirksam sein.[422] Daher unterfallen Vorkaufsrechte, Optionen und sonstige Verpflichtungen in Bezug auf die Übertragung der Anteile nicht dem Barabfindungsangebot.[423]

§ 29 UmwG findet des Weiteren keine Anwendung auf die Einschränkung oder den Ausschluss der Vererblichkeit;[424] die gesetzlich angeordnete Unteilbarkeit der Anteile (z. B. § 8 Abs. 5 AktG);[425] Nachschusspflichten, Wettbewerbsverbote oder sonstige mitgliedschaftliche Nebenpflichten;[426] sowie Erschwerungen, die sich aus einzuhaltenden Formvorschriften ergeben.[427]

cc) § 13 Rn. 382 Widerspruch zur Niederschrift und gleichgestellte Umstände.
Nur Anteilsinhabern, die gegen den Spaltungs- und Übernahmebeschluss beim übertragenden Rechtsträger **Widerspruch zur Niederschrift** erklärt haben, steht ein Anspruch auf die Barabfindung zu (§§ 125 S. 1, 29 Abs. 1 S. 1 UmwG). Der Widerspruch muss also in der Versammlung, in welcher über den Spaltungs- und Übernahmevertrag beschlossen wurde, erklärt worden sein.[428] Ein im Vorhinein oder nachträglich erklärter Widerspruch ist nicht ausreichend.[429] Der Widerspruch kann durch den Anteilsinhaber selbst oder durch einen bevollmächtigten Vertreter erklärt werden.[430]

An den **Inhalt des Widerspruchs** sind keine besonderen Anforderungen zu stellen; er muss insbesondere nicht mit einer Begründung versehen werden.[431] Sollte ein Widerspruch nicht in die Niederschrift aufgenommen worden sein, berührt dies den Anspruch auf die Barabfindung nicht, solange der Anteilsinhaber beweisen kann, dass er den Widerspruch erklärt hat.[432]

Der Anspruch auf die Barabfindung setzt neben der Abgabe eines Widerspruchs voraus, dass der Anteilsinhaber in der Haupt- oder Gesellschafterversammlung gegen den Spaltungs-

---

[422] Lutter/*Grunewald*, § 29 Rn. 6; Kölner Kommentar-UmwG/*Simon*, § 29 Rn. 17; Semler/Stengel/*Kalss*, § 29 Rn. 8; Maulbetsch/Klumpp/Rose/*Stockberger*, § 29 Rn. 25; Widmann/Mayer/*Wälzholz*, § 29 Rn. 19; Böttcher/Habighorst/Schulte/*Burg*, § 29 Rn. 21; a. A. Kallmeyer/*Marsch-Barner*, § 29 Rn. 7; Henssler/Strohn/*Müller*, § 29 UmwG Rn. 12.
[423] Maulbetsch/Klumpp/Rose/*Stockburger*, § 29 Rn. 25; Kölner Kommentar-UmwG/*Simon*, § 29 Rn. 17; Widmann/Mayer/*Wälzholz*, § 29 Rn. 20.2; Böttcher/Habighorst/Schulte/*Burg*, § 29 Rn. 21.
[424] Semler/Stengel/*Kalss*, § 29 Rn. 9; Kölner Kommentar-UmwG/*Simon*, § 29 Rn. 19; Widmann/Mayer/*Wälzholz*, § 29 Rn. 20.6; Kallmeyer/*Marsch-Barner*, § 29 Rn. 8; Böttcher/Habighorst/Schulte/*Burg*, § 29 Rn. 22.
[425] Semler/Stengel/*Kalss*, § 29 Rn. 9; Schmitt/Hörtnagl/Stratz/*Stratz*, § 29 Rn. 4; Kölner Kommentar-UmwG/*Simon*, § 29 Rn. 22; Maulbetsch/Klumpp/Rose/*Stockberger*, § 29 Rn. 27; Böttcher/Habighorst/Schulte/*Burg*, § 29 Rn. 18; Henssler/Strohn/*Müller*, § 29 UmwG Rn. 9.
[426] Kallmeyer/*Marsch-Barner*, § 29 Rn. 6; Maulbetsch/Klumpp/Rose/*Stockburger*, § 29 Rn. 26; Kölner Kommentar-UmwG/*Simon*, § 29 Rn. 18; Böttcher/Habighorst/Schulte/*Burg*, § 29 Rn. 22; Widmann/Mayer/*Wälzholz*, § 29 Rn. 20.6; Henssler/Strohn/*Müller*, § 29 UmwG Rn. 12.
[427] Kölner Kommentar-UmwG/*Simon*, § 29 Rn. 18; Kallmeyer/*Marsch-Barner*, § 29 Rn. 6; Lutter/*Grunewald*, § 29 Rn. 7; Böttcher/Habighorst/Schulte/*Burg*, § 29 Rn. 22; Henssler/Strohn/*Müller*, § 29 UmwG Rn. 12; Widmann/Mayer/*Wälzholz*, § 29 Rn. 20.6.
[428] Semler/Stengel/*Kalss*, § 29 Rn. 22; Kölner Kommentar-UmwG/*Simon*, § 29 Rn. 28; Maulbetsch/Klumpp/Rose/*Stockburger*, § 29 Rn. 19; Kallmeyer/*Marsch-Barner*, § 29 Rn. 12.
[429] Semler/Stengel/*Kalss*, § 29 Rn. 22; Kölner Kommentar-UmwG/*Simon*, § 29 Rn. 29; Böttcher/Habighorst/Schulte/*Burg*, § 29 Rn. 27; Schmitt/Hörtnagl/Stratz/*Stratz*, § 29 Rn. 16; Kallmeyer/*Marsch-Barner*, § 29 Rn. 12.
[430] Böttcher/Habighorst/Schulte/*Burg*, § 29 Rn. 27; Kölner Kommentar-UmwG/*Simon*, § 29 Rn. 29; Schmitt/Hörtnagl/Stratz/*Stratz*, § 29 Rn. 16; Lutter/*Grunewald*, § 29 Rn. 13; Kallmeyer/*Marsch-Barner*, § 29 Rn. 12.
[431] Semler/Stengel/*Kalss*, § 29 Rn. 21; Henssler/Strohn/*Müller*, § 29 UmwG Rn. 13; Maulbetsch/Klumpp/Rose/*Stockburger*, § 29 Rn. 20; Schmitt/Hörtnagl/Stratz/*Stratz*, § 29 Rn. 16; Lutter/*Grunewald*, § 29 Rn. 12; Kallmeyer/*Marsch-Barner*, § 29 Rn. 12.
[432] Kölner Kommentar-UmwG/*Simon*, § 29 Rn. 29; Böttcher/Habighorst/Schulte/*Burg*, § 29 Rn. 26; Maulbetsch/Klumpp/Rose/*Stockburger*, § 29 Rn. 21; Kallmeyer/*Marsch-Barner*, § 29 Rn. 12.

und Übernahmevertrag gestimmt hat.⁴³³ Die Stimmabgabe allein ist nicht ausreichend, um den Widerspruch zu ersetzen.⁴³⁴ Denn sie rechtfertigt nicht in jedem Fall die Annahme, dass der Anteilsinhaber gegen Barabfindung aus der Gesellschaft ausscheiden möchte. Vielmehr ist es möglich, dass er aus anderen Gründen gegen den Spaltungs- und Übernahmevertrag gestimmt hat, etwa weil ihm das Umtauschverhältnis missfällt.⁴³⁵ Der übernehmende Rechtsträger soll aber in die Lage versetzt werden, die maximale Anzahl der Barabfindungen und damit seinen maximalen Liquiditätsabfluss zu kalkulieren.⁴³⁶ Dieses Ziel wird indes nur erreicht, wenn durch den Widerspruch unmissverständlich dokumentiert wird, dass der Anteilsinhaber gegen Barabfindung aus der Gesellschaft ausscheiden möchte.

248 Ausnahmsweise ist der **Widerspruch entbehrlich**, wenn der Anteilsinhaber daran gehindert war, an der Haupt- oder Gesellschaftsversammlung teilzunehmen, etwa weil er zu unrecht nicht zugelassen, die Versammlung nicht ordnungsgemäß einberufen oder der Gegenstand der Tagesordnung nicht ordnungsgemäß bekannt gemacht wurde (§§ 125 S. 1, 29 Abs. 2 UmwG). Der Verfahrensmangel muss aber ursächlich für den ausgebliebenen Widerspruch gewesen sein. Daran fehlt es, wenn der Anteilsinhaber trotz fehlerhafter oder unterbliebener Einberufung oder Bekanntmachung an der Versammlung teilgenommen hat.⁴³⁷ § 29 Abs. 2 UmwG ist darüber hinaus entsprechend anzuwenden auf Fälle, in denen die Ursache für die Nichtausübung des Widerspruchs aus der Sphäre des übertragenden Rechtsträgers stammt, etwa bei einer Täuschung des Versammlungsleiters über die Erforderlichkeit des Widerspruchs.⁴³⁸

249 b) **Inhalt des Anspruchs auf Barabfindung.** Sind die zuvor beschriebenen Voraussetzungen erfüllt, hat der übernehmende Rechtsträger den Anteilsinhabern des übertragenden Rechtsträgers, die gegen den Spaltungsbeschluss Widerspruch zur Niederschrift erklärt haben, ein Angebot zum Erwerb ihrer Anteile gegen angemessene Barabfindung zu unterbreiten (§§ 125 S. 1, 29 Abs. 1 S. 1 UmwG). Das Angebot zur Barabfindung muss in den Spaltungs- und Übernahmevertrag aufgenommen werden (§§ 125 S. 1, 29 Abs. 1 S. 1 UmwG). Inhaltlich muss es so bestimmt sein, dass der jeweilige Anteilsinhaber nur noch die Annahme erklären muss.⁴³⁹ Dafür ist erforderlich, dass der Kreis der berechtigten Anteilsinhaber sowie die Höhe der Barabfindung festgelegt und der Umstand beschrieben wird, dass die Abfindung nur gegen Übertragung der Anteile oder – wenn der übernehmende Rechtsträger keine eigenen Anteile erwerben kann – gegen Ausscheiden aus der Gesellschaft gezahlt wird.⁴⁴⁰ Die Abfindung muss in bar angeboten werden.⁴⁴¹ Bei anderen

---

⁴³³ Semler/Stengel/*Kalss*, § 29 Rn. 22; Kölner Kommentar-UmwG/*Simon*, § 29 Rn. 28; Böttcher/Habighorst/Schulte/*Burg*, § 29 Rn. 26; Maulbetsch/Klumpp/Rose/*Stockburger*, § 29 Rn. 19; Henssler/Strohn/*Müller*, § 29 UmwG Rn. 14; a. A.; Kallmeyer/*Marsch-Barner*, § 29 Rn. 13.

⁴³⁴ Kölner Kommentar-UmwG/*Simon*, § 29 Rn. 29; Maulbetsch/Klumpp/Rose/*Stockburger*, § 29 Rn. 19; Lutter/*Grunewald*, § 29 Rn. 12.

⁴³⁵ Kölner Kommentar-UmwG/*Simon*, § 29 Rn. 29; Böttcher/Habighorst/Schulte/*Burg*, § 29 Rn. 27.

⁴³⁶ Semler/Stengel/*Kalss*, § 29 Rn. 21; Kölner Kommentar-UmwG/*Simon*, § 29 Rn. 28; Henssler/Strohn/*Müller*, § 29 UmwG Rn. 14; Böttcher/Habighorst/Schulte/*Burg*, § 29 Rn. 26; Maulbetsch/Klumpp/Rose/*Stockburger*, § 29 Rn. 20; Kallmeyer/*Marsch-Barner*, § 29 Rn. 11.

⁴³⁷ Kölner Kommentar-UmwG/*Simon*, § 29 Rn. 30; Böttcher/Habighorst/Schulte/*Burg*, § 29 Rn. 28; Henssler/Strohn/*Müller*, § 29 UmwG Rn. 15; Schmitt/Hörtnagl/Stratz/*Stratz*, § 29 Rn. 17.

⁴³⁸ Henssler/Strohn/*Müller*, § 29 UmwG Rn. 13; Schmitt/Hörtnagl/Stratz/*Stratz*, § 29 Rn. 17; Böttcher/Habighorst/Schulte/*Burg*, § 29 Rn. 29; Kölner Kommentar-UmwG/*Simon*, § 29 Rn. 31; Lutter/*Grunewald*, § 29 Rn. 16.

⁴³⁹ Semler/Stengel/*Kalss*, § 29 Rn. 23; Kölner Kommentar-UmwG/*Simon*, § 29 Rn. 34; Henssler/Strohn/*Müller*, § 29 UmwG Rn. 16; Böttcher/Habighorst/Schulte/*Burg*, § 29 Rn. 31.

⁴⁴⁰ Kölner Kommentar-UmwG/*Simon*, § 29 Rn. 34; Semler/Stengel/*Kalss*, § 29 Rn. 23; Böttcher/Habighorst/Schulte/*Burg*, § 29 Rn. 31.

⁴⁴¹ Kölner Kommentar-UmwR/*Simon*, § 29 Rn. 35; Semler/Stengel/*Kalss*, § 29 Rn. 24; Böttcher/Habighorst/Schulte/*Burg*, § 29 Rn. 31; Lutter/*Grunewald*, § 29 Rn. 24; Schmitt/Hörtnagl/Stratz/*Stratz*, § 30 Rn. 7; Maulbetsch/Klumpp/Rose/*Stockburger*, § 30 Rn. 10.

Angeboten liegt nur dann eine schuldbefreiende Leistung vor, wenn der Anspruchsinhaber sie an Erfüllung statt annimmt.[442]

Die angebotene Barabfindung muss angemessen sein (§§ 125 S. 1, 29 Abs. 1 S. 1 UmwG). Insoweit sind die Verhältnisse des übertragenden Rechtsträgers im Zeitpunkt der Beschlussfassung über den Spaltungs- und Übernahmevertrag zu berücksichtigen (§§ 125 S. 1, 30 Abs. 1 UmwG). Für die Bewertung der Angemessenheit kann auf die zu § 305 AktG entwickelten Grundsätze zurückgegriffen werden, da sich auch beim Beherrschungs- und Gewinnabführungsvertrag das Problem der **Angemessenheit der Barabfindung** stellt.[443] Im Ausgangspunkt herrscht Einvernehmen, dass der Minderheitsgesellschafter wirtschaftlich voll entschädigt werden soll. Die Abfindung muss demnach wertmäßig seiner bisherigen Beteiligung an dem Unternehmen entsprechen.[444] Entscheidend ist der wahre Wert des übertragenden Rechtsträgers, also der Wert der Anteile, wie er sich unter Einschluss aller stillen Reserven und des Geschäfts- oder Firmenwerts ergibt.[445] Diese Bewertung kann anhand verschiedener Methoden vorgenommen werden. In der Praxis ist die Ertragswertmethode prägend.[446] Außerdem ist der Vermögensverlust des Minderheitsgesellschafters zu berücksichtigen, der sich bei einer AG anhand des Verkehrswerts der Aktie, der mit dem Börsenkurs identisch ist, ermitteln lässt.[447] Der Verkehrswert stellt also die Untergrenze der wirtschaftlich vollen Entschädigung dar.[448] Der Börsenkurs wird anhand eines gewichteten Durchschnittskurses innerhalb einer dreimonatigen Referenzperiode vor Bekanntmachung der Maßnahme ermittelt.[449] Bei der Ermittlung der angemessenen Barabfindung werden Synergieeffekte, die sich durch die nachvertragliche Kooperation mit dem übernehmenden Rechtsträger ergeben, nicht berücksichtigt.[450] Es gilt vielmehr das „stand-alone"-Prinzip, d. h. die Minderheitsgesellschafter partizipieren nicht an Entwicklungen, die ohne die Spaltung nicht eingetreten wären.[451]

c) Verzinsung und weiterer Schaden. Die Barabfindung ist mit Ablauf des Tages der Bekanntmachung der Eintragung der Spaltung am Register des übernehmenden Rechtsträgers jährlich mit **fünf Prozentpunkten über dem Basiszinssatz** zu verzinsen (§§ 125 S. 1, 30 Abs. 1 S. 2, 15 Abs. 2 S. 1 UmwG). Hintergrund der Regelung ist, dass es den Anteilsinhabern offensteht, die Angemessenheit der Barabfindung im Spruchverfahren überprüfen zu lassen (§ 34 UmwG). Um den Anteilseigner, der das Angebot zur Übertragung seiner Anteile gegen Barabfindung angenommen hat, vor Verzögerungen durch das (regelmäßig ohnehin langwierige) Spruchverfahren zu schützen, ist die Abfindung zu verzinsen.[452]

---

[442] Kölner Kommentar-UmwR/*Simon*, § 29 Rn. 35; Semler/Stengel/*Kalss*, § 29 Rn. 24; Schmitt/Hörtnagl/Stratz/*Stratz*, § 30 Rn. 7; Maulbetsch/Klumpp/Rose/*Stockburger*, § 30 Rn. 10.
[443] Henssler/Strohn/*Müller*, § 30 UmwG Rn. 2.
[444] BVerfG 1 BvL 16/60, NJW 1962, 1667, 1669; Semler/Stengel/*Zeidler*, § 30 Rn. 6; Kölner Kommentar-UmwG/*Simon*, § 30 Rn. 5; Böttcher/Habighorst/Schulte/*Burg*, § 30 Rn. 4; Schmitt/Hörtnagl/Stratz/*Stratz*, § 30 Rn. 3; Maulbetsch/Klumpp/Rose/*Stockburger*, § 30 Rn. 11.
[445] Semler/Stengel/*Zeidler*, § 30 Rn. 7; Schmitt/Hörtnagl/Stratz/*Stratz*, § 30 Rn. 10.
[446] Semler/Stengel/*Zeidler*, § 30 Rn. 7; Kölner Kommentar-UmwG/*Simon*, § 30 Rn. 8; Böttcher/Habighorst/Schulte/*Burg*, § 30 Rn. 6; Schmitt/Hörtnagl/Stratz/*Stratz*, § 30 Rn. 10; Maulbetsch/Klumpp/Rose/*Stockburger*, § 30 Rn. 14; Kallmeyer/*Müller*, § 30 Rn. 5.
[447] Semler/Stengel/*Zeidler*, § 30 Rn. 8; Kölner Kommentar-UmwG/*Simon*, § 30 Rn. 5; Maulbetsch/Klumpp/Rose/*Stockburger*, § 30 Rn. 15.
[448] Semler/Stengel/*Zeidler*, § 30 Rn. 8; Kölner Kommentar-UmwG/*Simon*, § 30 Rn. 5; Böttcher/Habighorst/Schulte/*Burg*, § 30 Rn. 5; Maulbetsch/Klumpp/Rose/*Stockburger*, § 30 Rn. 15.
[449] Semler/Stengel/*Zeidler*, § 30 Rn. 11; Kallmeyer/*Müller*, § 30 Rn. 12.
[450] Semler/Stengel/*Zeidler*, § 30 Rn. 15 f.; Böttcher/Habighorst/Schulte/*Burg*, § 30 Rn. 9; Maulbetsch/Klumpp/Rose/*Stockburger*, § 30 Rn. 16; Kallmeyer/*Müller*, § 30 Rn. 9.
[451] Semler/Stengel/*Zeidler*, § 30 Rn. 16; Kölner Kommentar-UmwG/*Simon*, § 30 Rn. 11; Kallmeyer/*Müller*, § 30 Rn. 8 f.
[452] Semler/Stengel/*Zeidler*, § 30 Rn. 21; Kölner Kommentar-UmwG/*Simon*, § 30 Rn. 17; Böttcher/Habighorst/Schulte/*Burg*, § 30 Rn. 15.

252 Die Barabfindung ist unabhängig von dem Zeitpunkt der Annahme des Angebotes zu verzinsen. Möglich ist, dass zwischen Annahme und Auszahlung der Abfindung **Dividenden** ausgezahlt werden. Dem Minderheitsgesellschafter soll aber nicht kumulativ ein Anspruch auf die Verzinsung und auf die Dividende zustehen. Der Zinsanspruch verringert sich demnach um den Wert der ausgezahlten Dividende, er ist also mit der Dividende zu verrechnen.[453] Sollte die Dividende höher sein als der Wert der Zinsen, darf der Minderheitsgesellschafter den den Zinswert übersteigenden Teil der Dividende behalten.[454] Dividenden, die vor der Annahme des Anteilsinhabers an diesen ausgezahlt wurden, darf der Anteilsinhaber behalten und muss sich auch nicht auf den Zinsanspruch anrechnen lassen.[455]

253 Dem Anteilsinhaber bleibt die Geltendmachung eines weiteren Schadens unbenommen, wenn die Voraussetzungen einer auf **Schadensersatz** gerichteten Anspruchsgrundlage erfüllt sind. §§ 125 S. 1, 30 Abs. 1 S. 2, 15 Abs. 2 S. 2 UmwG stellen keine eigene Anspruchsgrundlage dar.[456]

254 **d) Prüfung der Barabfindung.** Die Überprüfung der Angemessenheit der Barabfindung erfolgt durch den **Spaltungsprüfer** (§§ 125 S. 1, 30 Abs. 2 S. 1 UmwG). Zum Spaltungsprüfer kann ein Wirtschaftsprüfer oder eine Wirtschaftsprüfungsgesellschaft bestellt werden (§§ 125 S. 1, 30 Abs. 2 S. 2, 11 Abs. 1 S. 1 UmwG, § 319 Abs. 1 S. 1 HGB). Handelt es sich bei dem übertragenden Rechtsträger nicht um eine AG oder eine Kapitalgesellschaft i. S. d. § 267 HGB, kann statt eines Wirtschaftsprüfers bzw. einer Wirtschaftsprüfungsgesellschaft auch ein vereidigter Buchprüfer oder eine Buchprüfungsgesellschaft die Prüfung durchführen (§§ 125 S. 1, 30 Abs. 2 S. 2, 11 Abs. 1 S. 1 UmwG, § 319 Abs. 1 S. 2 HGB). Findet ohnehin eine Spaltungsprüfung statt, kann diese zusammen mit der Prüfung der Barabfindung erfolgen, ansonsten ist eine separate Überprüfung der Angemessenheit der Barabfindung erforderlich.[457]

255 Über das Ergebnis der Prüfung ist schriftlich **Bericht** zu erstatten (§§ 125 S. 1, 30 Abs. 2 S. 2, 12 Abs. 1 S. 1 UmwG).

256 Die **Bestellung der Prüfer** erfolgt nicht wie bei der Jahresabschlussprüfung durch die Organe der Gesellschaft, sondern auf deren Antrag durch das Gericht (§§ 125 S. 1, 30 Abs. 2 S. 2, 10 Abs. 1 S. 1 UmwG).

257 Die Anteilsinhaber des übertragenden Rechtsträgers, die aus der Gesellschaft ausscheiden wollen, können durch notariell beurkundete Erklärung auf die Durchführung der Prüfung oder den Prüfungsbericht **verzichten** (§§ 125 S. 1, 30 Abs. 2 S. 3 UmwG). Problematisch dabei ist, dass sich der Kreis der berechtigten Anteilsinhaber erst in der Versammlung, in der über den Spaltungs- und Übernahmevertrag entschieden wird, offenbart, da die Anteilsinhaber, die aus der Gesellschaft ausscheiden wollen, gegen den Vertrag stimmen und Widerspruch einlegen müssen (→ oben Rn. 245). Die Prüfung der Angemessenheit der Barabfindung erfolgt aber bereits vor dem Beschluss über den Spaltungs- und Übernahmevertrag, sodass die Vorschrift keinen Anwendungsbereich zu haben scheint.[458] Daher sollte allen Anteilsinhabern die Möglichkeit eingeräumt werden, schon vor der Beschlussfassung über den Spaltungs- und Übernahmevertrag auf die Prüfung zu verzichten, unabhängig

---

[453] BGH II ZR 284/01, NJW 2002, 3467, 3469; Semler/Stengel/*Zeidler*, § 30 Rn. 23; Lutter/*Grunewald*, § 30 Rn. 3; Kölner Kommentar-UmwG/*Simon*, § 30 Rn. 22; a. A. Kallmeyer/*Müller*, § 30 Rn. 14, der eine Verrechnung mit der Barabfindung befürwortet.
[454] BGH II ZR 284/01, NJW 2002, 3467, 3469; Semler/Stengel/*Zeidler*, § 30 Rn. 23.
[455] BGH II ZR 85/02, ZIP 2003, 1600, 1603; Kölner Kommentar-UmwG/*Simon*, § 30 Rn. 21; Böttcher/Habighorst/Schulte/*Burg*, § 30 Rn. 17.
[456] Lutter/*Grunewald*, § 30 Rn. 4; Schmitt/Hörtnagl/Stratz/*Stratz*, § 30 Rn. 12; Kallmeyer/*Müller*, § 30 Rn. 15.
[457] Kallmeyer/*Müller*, § 30 Rn. 17; Lutter/*Grunewald*, § 30 Rn. 5; Maulbetsch/Klumpp/Rose/*Stockburger*, § 30 Rn. 24.
[458] Lutter/*Grunewald*, § 30 Rn. 6; Kallmeyer/*Müller*, § 30 Rn. 20; Schmitt/Hörtnagl/Stratz/*Stratz*, § 30 Rn. 13; Maulbetsch/Klumpp/Rose/*Stockburger*, § 30 Rn. 30.

davon, ob dieses Recht später durch ein entsprechendes Stimm- und Widerspruchsverhalten entsteht.[459]

e) Annahme des Angebots. Das Angebot muss frist- und formgerecht angenommen werden.

aa) Frist. (1) Schlichte Eintragung der Spaltung. Das Angebot auf Barabfindung kann innerhalb von zwei Monaten nach dem Tag, an dem die Eintragung der Spaltung in das Register des übernehmenden Rechtsträgers bekannt gemacht worden ist, angenommen werden (§§ 125 S. 1, 31 S. 1 UmwG). Bei der Annahmeerklärung handelt es sich um eine empfangsbedürftige Willenserklärung, deren Zugang nicht entbehrlich ist.[460] Die Frist berechnet sich nach §§ 187 Abs. 2 S. 1, 188 Abs. 2, 2. Alt., 193 BGB. Es handelt sich um eine **Ausschlussfrist**, die einer Wiedereinsetzung nicht zugänglich ist.[461] Wurde die Frist verpasst, besteht allerdings die Möglichkeit, durch Einleitung eines Spruchverfahrens, das innerhalb von drei Monaten eingelegt werden muss (§ 4 Abs. 1 S. 1 Nr. 4 SpruchG), einen neuen Fristenlauf herbeizuführen (§§ 125 S. 1, 31 S. 2 UmwG).[462]

(2) Gerichtliche Entscheidung über die Barabfindung. Ist eine gerichtliche Entscheidung über die Barabfindung ergangen, haben die Anteilsinhaber innerhalb von **zwei Monaten** nach dem Tag, an dem die Entscheidung im Bundesanzeiger bekannt gemacht worden ist, die Möglichkeit, das Angebot anzunehmen (§§ 125 S. 1, 31 S. 2 UmwG). Das gilt unabhängig davon, ob der jeweilige Anteilsinhaber beim Spruchverfahren beteiligt war, ob das Gericht eine Änderung der Barabfindung vorgenommen hat oder ob die Anträge sogar vom Gericht als unzulässig abgewiesen wurden.[463]

Die Beendigung des Spruchverfahrens kann allerdings nicht nur durch **gerichtliche Entscheidung**, sondern auch durch **Vergleich** erfolgen, sodass sich die Frage stellt, ob auch in diesem Fall die Frist des § 31 S. 2 UmwG Anwendung findet. Ein Vergleich wirkt grundsätzlich nur *inter partes* und nicht wie eine Entscheidung *erga omnes* (§ 13 SpruchG). Schließt aber ein gemeinsam bestellter Vertreter den Vergleich, findet § 31 S. 2 UmwG entsprechende Anwendung, da Sinn dieser Verfahrensbeendigung ist, den außenstehenden Berechtigten einen über die bisherige Abfindung hinausgehenden Vorteil zukommen zu lassen.[464] Erfolgt eine Bekanntmachung des Vergleichs im Bundesanzeiger, beginnt die Frist mit Ablauf des Tages der Bekanntmachung, andernfalls mit Ablauf des Tages des Vergleichsschlusses.[465]

---

[459] Böttcher/Habighorst/Schulte/*Burg*, § 30 Rn. 21; Kölner Kommentar-UmwG/*Simon*, § 30 Rn. 30; Lutter/*Grunewald*, § 30 Rn. 8; Kallmeyer/*Müller*, § 30 Rn. 20; i. E. wohl auch Schmitt/Hörtnagl/Stratz/*Stratz*, § 30 Rn. 14.
[460] Lutter/*Grunewald*, § 31 Rn. 2; Schmitt/Hörtnagl/Stratz/*Stratz*, § 31 Rn. 4; Semler/Stengel/*Kalss*, § 31 Rn. 2; Kallmeyer/*Marsch-Barner*, § 31 Rn. 4; Widmann/Mayer/*Wälzholz*, § 31 Rn. 4.3; Kölner Kommentar-UmwG/*Simon*, § 31 Rn. 6.
[461] Henssler/Strohn/*Müller*, § 31 UmwG Rn. 4; Schmitt/Hörtnagl/Stratz/*Stratz*, § 31 Rn. 3; Lutter/*Grunewald*, § 31 Rn. 2; Semler/Stengel/*Kalss*, § 31 Rn. 2; Kölner Kommentar-UmwG/*Simon*, § 31 Rn. 8; Böttcher/Habighorst/Schulte/*Burg*, § 31 Rn. 6; Kallmeyer/*Marsch-Barner*, § 31 Rn. 3.
[462] Henssler/Strohn/*Müller*, § 31 UmwG Rn. 4.
[463] Henssler/Strohn/*Müller*, § 31 UmwG Rn. 5; Schmitt/Hörtnagl/Stratz/*Stratz*, § 31 Rn. 6 f.; Semler/Stengel/*Kalss*, § 31 Rn. 2; eingeschränkt Widmann/Mayer/*Wälzholz*, § 31 Rn. 8.1 und Lutter/*Grunewald*, § 31 Rn. 2, die eine Entscheidung des Gerichts aufgrund der Unzulässigkeit der Anträge nicht als ausreichend erachten.
[464] Schmitt/Hörtnagl/Stratz/*Stratz*, § 31 Rn. 7; Henssler/Strohn/*Müller*, § 31 UmwG Rn. 5; Kölner Kommentar-UmwG/*Simon*, § 31 Rn. 12; Böttcher/Habighorst/Schulte/*Burg*, § 31 Rn. 12.
[465] Schmitt/Hörtnagl/Stratz/*Stratz*, § 31 Rn. 7; Semler/Stengel/*Kalss*, § 31 Rn. 2; eingeschränkt Lutter/*Grunewald*, § 31 Rn. 2 und Kallmeyer/*Marsch-Barner*, § 31 Rn. 9, die einen Fristbeginn nur im Falle der Bekanntmachung annehmen; Widmann/Mayer/*Wälzholz*, § 31 Rn. 8.2 nimmt einen Fristbeginn mit Zustellung an.

262 **bb) Form.** Im Hinblick auf die Annahmeerklärung besteht **kein besonderes Formerfordernis**. Es muss lediglich der Wille erkennbar sein, das Angebot anzunehmen oder aus der Gesellschaft auszutreten.[466] Bei der Annahmeerklärung handelt es sich um eine einseitige Willenserklärung, die **bedingungsfeindlich** ist.[467]

263 Die Übertragung des Anteils kann hingegen **formgebunden** sein. Wegen des Abstraktionsprinzips schlägt ein Formerfordernis für die Verfügung grundsätzlich nicht auf die Verpflichtung durch (möglich ist natürlich, dass das Gesetz auch für die Verpflichtung eine bestimmte Form vorsieht, wie das z. B. bei § 15 Abs. 4 GmbHG der Fall ist).[468]

264 Hielt der Anteilsinhaber mehrere Anteile, kann er das Abfindungsangebot auch nur **teilweise** annehmen, also nur bezüglich eines Teils seiner Anteile den Austritt erklären.[469] Das gilt auch dann, wenn er durch die Spaltung am übernehmenden Rechtsträger nunmehr nur noch einen Anteil hält.[470]

265 **f) Abwicklung.** Der Austritt aus der Gesellschaft erfolgt **Zug-um-Zug** gegen Gewährung der Abfindung.[471] Die Barabfindung muss frei von Belastungen, also so ausgestaltet sein, dass der Anteilsinhaber sie behalten kann und für ihn keine zusätzlichen Belastungen damit verbunden sind.[472] Das ist nicht der Fall, wenn die Auszahlung nicht mit den Regelungen über die Erhaltung des Stammkapitals im Einklang steht und sich ein Rückzahlungsanspruch aus §§ 30, 31 GmbHG ergibt.[473]

266 **g) Rechtsstellung im übernehmenden Rechtsträger.** Obwohl der Anteilsinhaber aus der Gesellschaft ausscheiden will, wird er durch die Spaltung zunächst (d. h. bis zur Abwicklung der Barangebots) Gesellschafter des übernehmenden Rechtsträgers mit allen Mitgliedschaftsrechten.[474] Hat der Anteilsinhaber seinen Austrittswunsch kommuniziert, ist er im Rahmen seiner gesellschaftsrechtlichen **Treuepflicht** gehalten, bei Abstimmungen oder der Ausübung seiner Rechte Zurückhaltung zu üben, da die Entscheidungen Fragen betreffen werden, die ihn nicht mehr berühren.[475]

3. Kostenübernahme

267 Der übernehmende Rechtsträger hat die Kosten der Übertragung zu tragen (§§ 125 S. 1, 29 Abs. 1 S. 5 UmwG). Davon umfasst sind die Kosten für die Übereignung und sämtliche

---

[466] Lutter/*Grunewald*, § 31 Rn. 3; Kölner Kommentar-UmwG/*Simon*, § 31 Rn. 3; Semler/Stengel/*Kalss*, § 31 Rn. 5; Schmitt/Hörtnagl/Stratz/*Stratz*, § 31 Rn. 4; Kallmeyer/*Marsch-Barner*, § 31 Rn. 4; Böttcher/Habighorst/Schulte/*Burg*, § 31 Rn. 1.

[467] Kölner Kommentar-UmwG/*Simon*, § 31 Rn. 3; Semler/Stengel/*Kalss*, § 31 Rn. 5; Kallmeyer/*Marsch-Barner*, § 31 Rn. 5; Böttcher/Habighorst/Schulte/*Burg*, § 31 Rn. 1.

[468] Lutter/*Grunewald*, § 31 Rn. 3; Semler/Stengel/*Kalss*, § 31 Rn. 5; Böttcher/Habighorst/Schulte/*Burg*, § 31 Rn. 1; Widmann/Mayer/*Wälzholz*, § 31 Rn. 3; a. A. Schmitt/Hortnagl/Stratz/*Stratz*, § 31 Rn. 4.

[469] Lutter/*Grunewald*, § 31 Rn. 4; Semler/Stengel/*Kalss*, § 31 Rn. 5; Kölner Kommentar-UmwG/*Simon*, § 31 Rn. 5; Böttcher/Habighorst/Schulte/*Burg*, § 31 Rn. 4; Henssler/Strohn/*Müller*, § 31 UmwG Rn. 3; Widmann/Mayer/*Wälzholz*, § 31 Rn. 6.

[470] Lutter/*Grunewald*, § 31 Rn. 4; Kölner Kommentar-UmwG/*Simon*, § 31 Rn. 5; Semler/Stengel/*Kalss*, § 31 Rn. 5; Henssler/Strohn/*Müller*, § 31 UmwG Rn. 3; Widmann/Mayer/*Wälzholz*, § 31 Rn. 6.

[471] Böttcher/Habighorst/Schulte/*Burg*, § 31 Rn. 13; Semler/Stengel/*Kalss*, § 31 Rn. 6; Henssler/Strohn/*Müller*, § 31 UmwG Rn. 6; Lutter/*Grunewald*, § 31 Rn. 5 ff.; Kölner Kommentar-UmwG/*Simon*, § 31 Rn. 13.

[472] Böttcher/Habighorst/Schulte/*Burg*, § 31 Rn. 14; Semler/Stengel/*Kalss*, § 31 Rn. 7; Kölner Kommentar-UmwG/*Simon*, § 31 Rn. 13.

[473] Henssler/Strohn/*Müller*, § 31 UmwG Rn. 6; Semler/Stengel/*Kalss*, § 31 Rn. 7; Böttcher/Habighorst/Schulte/*Burg*, § 31 Rn. 15; Kölner Kommentar-UmwG/*Simon*, § 31 Rn. 15.

[474] Lutter/*Grunewald*, § 31 Rn. 9; Semler/Stengel/*Kalss*, § 31 Rn. 8.

[475] Semler/Stengel/*Kalss*, § 31 Rn. 8; Lutter/*Grunewald*, § 31 Rn. 10.

damit einhergehende Vertragskosten.[476] Nicht zu den Vertragskosten zählen die den Anteilsinhabern im Zusammenhang mit der Spaltung entstandenen Beratungskosten.[477]

4. Erweiterungen des zulässigen Erwerbs eigener Anteile

Die Annahme des Barangebots führt dazu, dass der betreffende Anteilsinhaber des übertragenden Rechtsträgers dem übernehmenden Rechtsträger seine Anteile übertragen muss. Bei Kapitalgesellschaften ist der **Erwerb eigener Anteile** aber an strenge Voraussetzungen geknüpft.[478] Zur Erleichterung ordnet § 29 Abs. 1 S. 1, 2. Hs. UmwG an, dass § 74 Abs. 4 S. 2 AktG und § 33 Abs. 2 S. 3, 2. Hs., 1. Alt. GmbHG keine Anwendung finden.

Handelt es sich bei dem übernehmenden Rechtsträger um eine **AG**, ist der Erwerb eigener Anteile nach den §§ 71 ff. AktG eingeschränkt. Grundsätzlich ist der Erwerb eigener Aktien aufgrund von § 29 UmwG zulässig (§ 71 Abs. 1 Nr. 3 AktG). Allerdings dürfen die erworbenen Aktien zusammen mit anderen Aktien des übernehmenden Rechtsträgers, die dieser bereits zuvor erworben hat und noch besitzt, nicht mehr als 10 % des Grundkapitals umfassen (§ 71 Abs. 2 S. 1 UmwG). Darüber hinaus ist der Erwerb nur zulässig, wenn der übernehmende Rechtsträger im Zeitpunkt des Erwerbs eine Rücklage in Höhe der Aufwendungen für den Erwerb bilden könnte, ohne das Grundkapital oder eine nach Gesetz oder Satzung zu bildende Rücklage zu mindern, die nicht zur Zahlung an die Aktionäre verwandt werden darf (§ 71 Abs. 2 S. 2 AktG).[479] Sofern schon vor oder bei der Beschlussfassung über den Spaltungs- und Übernahmevertrag ersichtlich ist, dass diese Voraussetzungen nicht eingehalten werden können, ist der Spaltungs- und Übernahmevertrag rechtswidrig.[480] Allerdings hat ein Verstoß keine praktische Auswirkung, da § 29 Abs. 1 S. 1, 2. Hs. UmwG die Anwendbarkeit von § 74 Abs. 4 S. 2 AktG ausschließt und demnach nicht nur das dingliche, sondern auch das schuldrechtliche Rechtsgeschäft trotz des Verstoßes wirksam bleibt. Die Übernahme der Anteile Zug-um-Zug gegen Zahlung der Abfindung kann also trotzdem erfolgen.[481] Zu beachten sind in diesem Fall die Regelungen in § 71c AktG.[482] Das Verbot der Einlagenrückgewähr des § 57 Abs. 1 S. 1 AktG findet im Rahmen des § 29 UmwG keine Anwendung.[483] Der Erwerb der eigenen Aktien ist in § 71 Abs. 1 Nr. 3 AktG ausdrücklich zugelassen, weswegen § 57 Abs. 1 S. 2 AktG die Zahlung des Erwerbspreises nicht als Rückgewähr qualifiziert. Etwas anderes kann nur dann gelten, wenn die Barabfindung höher als der Erwerbspreis der Aktie ist,

---

[476] Böttcher/Habighorst/Schulte/*Burg*, § 29 Rn. 35; Widmann/Mayer/*Wälzholz*, § 29 Rn. 57; Schmitt/Hörtnagl/Stratz/*Stratz*, § 29 Rn. 23; Kallmeyer/*Marsch-Barner*, § 29 Rn. 29; Kölner Kommentar-UmwG/*Simon*, § 29 Rn. 40.

[477] Böttcher/Habighorst/Schulte/*Burg*, § 29 Rn. 35; Henssler/Strohn/*Müller*, § 29 UmwG Rn. 20; Kölner Kommentar-UmwG/*Simon*, § 29 Rn. 40; Schmitt/Hörtnagl/Stratz/*Stratz*, § 29 Rn. 23; Kallmeyer/*Marsch-Barner*, § 29 Rn. 29.

[478] Kölner Kommentar-UmwG/*Simon*, § 29 Rn. 41.

[479] Nach einer in der Literatur vertretenen Ansicht sollen diese Einschränkungen im Rahmen des § 29 UmwG keine Anwendung finden. Die herrschende Lehre weist demgegenüber zu Recht darauf hin, dass der Gesetzgeber in § 29 Abs. 1 S. 1, 2. Hs. UmwG nur die Anwendung des § 74 Abs. 4 S. 2 AktG ausgeschlossen hat. Aus dem Gesetzeswortlaut ergibt sich also eindeutig, dass die anderen Einschränkungen auch im Rahmen des § 29 UmwG Anwendung finden sollen. Vgl. Henssler/Strohn/*Müller*, § 29 UmwG Rn. 22; Semler/Stengel/*Kalss*, § 29 Rn. 33; Lutter/*Grunewald*, § 29 Rn. 25.

[480] Henssler/Strohn/*Müller*, § 29 UmwG Rn. 22; Semler/Stengel/*Kalss*, § 29 Rn. 33; Lutter/*Grunewald*, § 29 Rn. 25; Kallmeyer/*Marsch-Barner*, § 29 Rn. 26 f.; Maulbetsch/Klumpp/Rose/*Stockburger*, § 29 Rn. 39.

[481] Henssler/Strohn/*Müller*, § 29 UmwG Rn. 22; Lutter/*Grunewald*, § 29 Rn. 27; Kölner Kommentar-UmwG/*Simon*, § 29 Rn. 44.

[482] Kallmeyer/*Marsch-Barner*, § 29 Rn. 26; Maulbetsch/Klumpp/Rose/*Stockburger*, § 29 Rn. 41.

[483] Böttcher/Habighorst/Schulte/*Burg*, § 29 Rn. 43; Lutter/*Grunewald*, § 29 Rn. 28; Kölner Kommentar-UmwG/*Simon*, § 29 Rn. 48; Maulbetsch/Klumpp/Rose/*Stockburger*, § 29 Rn. 42.

sodass hinsichtlich des den Wert der Aktie übersteigenden Betrags eine verdeckte Einlagenrückgewähr liegen kann.[484]

270 Handelt es sich bei dem übernehmenden Rechtsträger um eine **GmbH**, ist der Erwerb eigener Geschäftsanteile zur Abfindung von Gesellschaftern nach § 29 Abs. 1 UmwG zulässig, sofern der Erwerb binnen sechs Monaten nach dem Wirksamwerden der Umwandlung oder nach der Rechtskraft der gerichtlichen Entscheidung erfolgt und die Gesellschaft im Zeitpunkt des Erwerbs eine Rücklage in Höhe der Aufwendungen für den Erwerb bilden könnte, ohne das Stammkapital oder eine nach dem Gesellschaftsvertrag zu bildende Rücklage zu mindern, die nicht zur Zahlung an die Gesellschafter verwandt werden darf (§ 33 Abs. 3 GmbHG). Es gelten die gleichen Grundsätze wie zur AG mit dem Unterschied, dass der Erwerb der eigenen Anteile nur innerhalb einer sechsmonatigen Frist möglich ist. Durch die trotzdem eingetragene Spaltung ist die Gesellschaft zum Erwerb ihrer Anteile verpflichtet.[485] Ebenso wie bei der AG ist nämlich auch bei der GmbH das schuldrechtliche und das dingliche Rechtsgeschäft wirksam, da § 33 Abs. 2 S. 3, 2. HS, 1. Alt. GmbHG keine Anwendung findet, § 29 Abs. 1 S. 1, 2. HS UmwG. Den Gesellschafter trifft auch keine Haftung nach §§ 30, 31 GmbHG, sodass eine Rückabwicklung ausscheidet.[486]

5. Analoge Anwendung des § 29 UmwG?

271 Wenn an der Spaltung eine (bislang unabhängige) börsennotierte Gesellschaft als übernehmender Rechtsträger beteiligt ist, kann die Spaltung zu einem **Kontrollerwerb** im Sinne des § 29 Abs. 2 WpÜG führen. Dies ist der Fall, wenn ein Anteilsinhaber infolge der Spaltung mindestens 30 % der Stimmrechte beim übernehmenden Rechtsträger hält. Den Anteilsinhabern des übernehmenden Rechtsträgers ist dann ein Pflichtangebot zu unterbreiten (§ 35 Abs. 2 WpÜG).[487]

272 Umstritten sind die Rechtsfolgen in folgender Konstellation:
- Beim übernehmenden börsennotierten Rechtsträger hielt bereits vor der Spaltung ein Anteilseigner mindestens 30 % der Stimmrechte; diese übernahmerechtliche Kontrollsituation (§ 29 Abs. 2 WpÜG) bleibt auch nach der Spaltung erhalten.
- Beim übertragenden börsennotierten Rechtsträger bestand *vor* der Spaltung hingegen keine übernahmerechtliche Kontrollsituation (§ 29 Abs. 2 WpÜG).

273 In dieser Konstellation stellt sich die Frage, ob den Anteilsinhabern des übertragenden Rechtsträgers, die sich nach der Spaltung in der übernehmenden Gesellschaft erstmals einem kontrollierenden Anteilsinhaber gegenübersehen, ein **Pflichtangebot** unterbreitet werden muss.[488] Vom Wortlaut des § 35 Abs. 2 WpÜG wird diese Konstellation nicht erfasst, da niemand „unmittelbar oder mittelbar die Kontrolle über eine Zielgesellschaft erlangt". Die Kontrollsituation bei den beteiligten Rechtsträgern bleibt vielmehr unverändert. Teilweise wird in der Literatur – unter erweiternder Auslegung des § 35 WpÜG – eine Pflicht zur Abgabe eines Pflichtangebots befürwortet, wobei zur Begründung auf den Zweck des § 35 WpÜG verwiesen wird, dem Minderheitsaktionär die Möglichkeit zum Ausscheiden aus der Gesellschaft zu bieten.[489] Eine über den Wortlaut der Vorschrift hinausgehende Auslegung dürfte indes schon deshalb nicht in Betracht kommen, weil die Pflicht zur Abgabe eines Übernahmeangebotes bußgeldbewehrt ist (§ 60 Abs. 1 WpÜG).[490]

---

[484] Kölner Kommentar-UmwG/*Simon*, § 29 Rn. 48; Böttcher/Habighorst/Schulte/*Burg*, § 29 Rn. 43.

[485] Lutter/*Grunewald*, § 29 Rn. 31.

[486] Lutter/*Grunewald*, § 29 Rn. 31; Kallmeyer/*Marsch-Barner*, § 29 Rn. 26.

[487] Kölner Kommentar-UmwG/*Simon*, § 29 Rn. 50; Böttcher/Habighorst/Schulte/*Burg*, § 29 Rn. 7.

[488] Kölner Kommentar-UmwG/*Simon*, § 29 Rn. 51; Böttcher/Habighorst/Schulte/*Burg*, § 29 Rn. 8.

[489] Haarmann/Schüppen/*Hommelhoff/Witt*, § 35 Rn. 64.

[490] Kölner Kommentar-UmwG/*Simon*, § 29 Rn. 54; Böttcher/Habighorst/Schulte/*Burg*, § 29 Rn. 9.

Eine analoge Anwendung des § 29 UmwG scheidet ebenfalls aus, weil die Voraussetzungen für eine Analogie nicht vorliegen.[491] Es fehlt bereits eine planwidrige Regelungslücke. Als der Gesetzgeber im Jahr 2007 den Fall des kalten Delistings nachträglich in das Gesetz aufgenommen hat, war die Kontroverse über die Rechtsfolgen der vorliegenden Konstellation bekannt. Dass der Gesetzgeber in Kenntnis dieser Streitfrage – anders als beim **kalten Delisting** – von einer gesetzlichen Regelung absah, spricht mithin für einen bewussten Regelungsverzicht.[492] Darüber hinaus besteht auch keine vergleichbare Interessenlage, da sich nicht die Rechtsform, sondern lediglich der Aktionärskreis ändert.[493] Die Veräußerbarkeit der Anteile der Anteilsinhaber des übertragenden Rechtsträgers wird auch nicht erschwert, sodass die von § 29 UmwG vorausgesetzte Verschlechterung der Rechtsposition nicht gegeben ist.[494] 274

Den Anteilsinhabern des übertragenden Rechtsträgers bleibt unbenommen, bei Vorliegen eines **wichtigen Grundes** nach den allgemeinen Regeln aus der Gesellschaft auszutreten.[495] Der bloße Umstand, dass der übernehmende Rechtsträger kontrolliert wird, stellt indes keinen zum Austritt berechtigenden wichtigen Grund dar. Es muss vielmehr für den betreffenden Anteilsinhaber unzumutbar sein, in dem übernehmenden Rechtsträger zu verbleiben, etwa weil er sich Belastungen wie Wettbewerbsverboten und Nachschusspflichten gegenübersieht, mit denen er bei Begründung seiner Mitgliedschaft am übertragenden Rechtsträger nicht rechnen musste.[496] 275

§ 28 Beschlussmängel

Übersicht

	Rdnr.		Rdnr.
I. Vorbemerkung	1, 2	ee) Bewertungsrügen bei Ausgliederung	33–38
II. Rechtsschutzsystem	3–5	ff) Kapitalschutzvorschriften	39
III. Beschlussmängelverfahren	6–57	c) Ausschluss der Bewertungsrüge	40–43
1. Übersicht	7–10	3. Zulässigkeit und Begründetheit	44–50
2. Beschlussmängel	11–43	a) Rügeausschluss	45
a) Verfahrensfehler	13–20	b) Aktiv- und Passivlegitimation	46, 47
aa) Spaltungsbericht	14–16	c) Ausschlussfrist	48, 49
bb) Prüfungsbericht	17	d) Beschlussmangel	50
cc) Übersendung, Bekanntmachung und Auslegung von Unterlagen	18	4. Wirkung der Eintragung auf Beschlussmängelverfahren	51–57
dd) Auskunftspflichten	19, 20	a) Modifikation des Rechtsschutzinteresses	52, 53
b) Inhaltliche Fehler	21–39	b) Modifikation des Beschlussmängelverfahrens	54–57
aa) Spaltungsvertrag	22–26	IV. Freigabeverfahren	58–69
bb) Sachliche Rechtfertigung	27	1. Funktion und Anwendungsbereich	59–62
cc) Treuepflicht und Gleichbehandlungsgebot	28, 29	2. Begründetheit	63–65
dd) Bewertungsrüge bei Auf- und Abspaltung	30–32	3. Schadensersatzpflicht	66–68

---

[491] Kölner Kommentar-UmwG/*Simon*, § 29 Rn. 56; Böttcher/Habighorst/Schulte/*Burg*, § 29 Rn. 10; Henssler/Strohn/*Müller*, § 29 UmwG Rn. 24.
[492] Kallmeyer/*Marsch-Barner*, § 29 Rn. 31; Kölner Kommentar-UmwG/*Simon*, § 29 Rn. 56.
[493] Lutter/Grunewald, § 29 Rn. 32; Böttcher/Habighorst/Schulte/*Burg*, § 29 Rn. 10; Kölner Kommentar-UmwG/*Simon*, § 29 Rn. 57.
[494] Kallmeyer/*Marsch-Barner*, § 29 Rn. 31; Böttcher/Habighorst/Schulte/*Burg*, § 29 Rn. 10.
[495] Lutter/*Grunewald*, § 29 Rn. 33; Kallmeyer/*Marsch-Barner*, § 29 Rn. 31; Henssler/Strohn/*Müller*, § 29 UmwG Rn. 24; Semler/Stengel/*Kalss*, § 29 Rn. 20; a. A. Kölner Kommentar-UmwG/*Simon*, § 29 Rn. 60 und Böttcher/Habighorst/Schulte/*Burg*, § 29 Rn. 12, die darin eine vergleichbare Situation zu § 35 Abs. 2 WpÜG analog sehen.
[496] Lutter/*Grunewald*, § 29 Rn. 33.

	Rdnr.		Rdnr.
4. Analoge Anwendung für Kapitalmaßnahmen	69	4. Begründetheit	75–81
V. Spruchverfahren	70–84	a) Barabfindung	76–78
1. Funktion	71	b) Umtauschverhältnis	79–81
2. Verfahren	72, 73	5. Gerichtliche Bestimmung der Kompensation	82
3. Zulässigkeit	74	6. Bewertungsfragen	83, 84

Schrifttum: *Lutter*, Aktienerwerb von Rechts wegen: Aber welche Aktien?, Festschrift für Ernst-Joachim Mestmäcker, 1996, S. 943; *Stöber*, Die Auswirkungen einer Umwandlung nach dem Umwandlungsgesetz auf einen laufenden Zivilprozess, NZG 2006, 574

I. Vorbemerkung

1   Das Beschlussmängelrecht im Fall der Spaltung entspricht strukturell und inhaltlich überwiegend dem **Beschlussmängelrecht bei der Verschmelzung** (→ § 14). Die nachstehenden Ausführungen beschränken sich daher darauf, die wesentlichen Grundzüge des Beschlussmängelrechts bei der Spaltung darzustellen und etwaige Abweichungen zur Rechtslage bei der Verschmelzung zu erläutern. Im Übrigen gelten die Ausführungen zur Verschmelzung entsprechend.

2   Die nachstehende Darstellung orientiert sich sowohl inhaltlich als auch terminologisch an dem Fall der **Aufspaltung, Abspaltung und Ausgliederung zur Aufnahme** (§§ 126 ff. UmwG) mit einem übertragenden und einem übernehmenden Rechtsträger bzw. im Fall der Aufspaltung zwei übernehmenden Rechtsträgern. Die Ausführungen gelten aber entsprechend für den Fall der **Spaltung zur Neugründung** (§§ 135 ff. UmwG) sowie der Beteiligung **mehrerer Rechtsträger**.

II. Rechtsschutzsystem

3   Bei der Spaltung ist das Rechtsschutzsystem für die Lösung von **Konflikten zwischen Minderheit und Mehrheit der Anteilsinhaber** geprägt von einem Zusammenspiel von **Beschlussmängel-, Freigabe- und Spruchverfahren**. Die Erläuterungen zum Rechtsschutzsystem im Fall der Verschmelzung gelten für die **Auf- und Abspaltung** nach § 123 Abs. 1 und 2 UmwG entsprechend (→ § 14 Rn. 3 ff.). Wie im Fall der Verschmelzung entbehrt die Asymmetrie der Rechtsbehelfe für die Anteilsinhaber des übernehmenden und übertragenden Rechtsträgers einer sachlogischen Rechtfertigung, aber ist *de lege lata* hinzunehmen (→ § 14 Rn. 12 ff.).

4   Demgegenüber stellt sich der Rechtsschutz im Fall der **Ausgliederung** nach § 123 Abs. 3 UmwG anders dar. Die Anteilsinhaber des übertragenden Rechtsträgers können wegen einer Bewertungsrüge im Fall der Ausgliederung **kein Spruchverfahren** anstrengen. Der maßgebliche Grund hierfür liegt nach der Gesetzesbegründung darin, dass nicht die Anteilsinhaber, sondern der **übertragende Rechtsträger selbst** die Anteile an dem übernehmenden Rechtsträger erhält.[1] In der Folge können nach überwiegender Ansicht die Anteilsinhaber des übertragenden Rechtsträgers – wie die Anteilsinhaber des übernehmenden Rechtsträgers – eine Unwirksamkeitsklage gegen den Ausgliederungsbeschluss auf eine Bewertungsrüge stützen (→ Rn. 33 ff.).

5   Rechtspolitisch ist der Ausschluss des Spruchverfahrens für die Ausgliederung nicht überzeugend.[2] Da sich für die Anteilsinhaber des übertragenden Rechtsträgers eine nachteilige Bewertung bei der Ausgliederung wirtschaftlich in vergleichbarer Weise wie eine nachteilige Bewertung bei der Auf- und Abspaltung auswirkt (→ Rn. 36 f.), besteht kein Grund dafür, unterschiedliche Rechtsbehelfe vorzusehen.

---

[1] Vgl. BT-Drucks. 12/6699, S. 117.
[2] Vgl. OLG Stuttgart 20 W 32/01, AG 2003, 456, 457; Kölner Kommentar-UmwG/*Simon* § 125 Rn. 15; Schmitt/Hörtnagl/Stratz/*Hörtnagl* § 125 Rn. 17.

III. Beschlussmängelverfahren

Die nachstehenden Ausführungen zum Beschlussmängelverfahren behandeln Beschluss- 6
mängelklagen im Sinne der §§ 14, 125 S. 1 UmwG (sog. **Unwirksamkeitsklagen**) von
Anteilsinhabern und klageberechtigten Organen bzw. Organträgern gegen die Spaltungsbeschlüsse der beteiligten Rechtsträger nach §§ 13 Abs. 1 S. 1, 125 S. 1 UmwG. Die
Darstellung beschränkt sich auf die verhältniswahrende Spaltung, da im Fall der nicht-
verhältniswahrenden Spaltung nach § 128 S. 1 UmwG ohnehin die Zustimmung aller
Anteilsinhaber erforderlich ist.[3]

1. Übersicht

Gegenstand eines Beschlussmängelverfahrens ist bei der Spaltung die richterliche Klärung 7
der **Nichtigkeit eines Spaltungsbeschlusses** nach §§ 13 Abs. 1 S. 1, 125 S. 1 UmwG.
Das betrifft den Spaltungsbeschluss sowohl des übertragenden als auch des übernehmenden
Rechtsträgers. Das Beschlussmängelverfahren gibt insbesondere den überstimmten Anteilsinhabern die Möglichkeit, den Spaltungsbeschluss mit der Rüge der Verletzung des Gesetzes oder der Satzung bzw. des Gesellschaftsvertrags anzugreifen.

Das Verfahren richtet sich im Grundsatz nach dem für den betreffenden Rechtsträger 8
nach Gesetz und Satzung bzw. Gesellschaftsvertrag **anwendbaren Beschlussmängelrecht**.[4] Abhängig von der betreffenden Rechtsform ist insbesondere danach zu differenzieren, ob als Rechtsbehelf die **Anfechtungs- und Nichtigkeitsklage** zur Verfügung steht
oder die **allgemeine Feststellungsklage** gemäß § 256 ZPO statthaft ist (→ § 14
Rn. 23 f.).

Das UmwG selbst regelt rechtsformübergreifend nur bestimmte Einzelaspekte des Be- 9
schlussmängelverfahrens. Das betrifft namentlich die **Ausschlussfrist** von einem Monat
nach §§ 14 Abs. 1, 125 S. 1 UmwG sowie den **Ausschluss von Bewertungsrügen** gegen
den Spaltungsbeschluss des übertragenden Rechtsträgers im Fall der Auf- und Abspaltung
nach §§ 14 Abs. 2, 32, 125 S. 1 UmwG (→ Rn. 45, 48 f.).

Die Erhebung einer Unwirksamkeitsklage gegen den Spaltungsbeschluss steht grund- 10
sätzlich der Eintragung der Spaltung bei dem betreffenden Rechtsträger entgegen, §§ 16
Abs. 2 S. 1 Hs. 1, 125 S. 1 UmwG. Diese sogenannte **Registersperre** verhindert damit
das Wirksamwerden der Spaltung nach § 131 Abs. 1 UmwG. Zur Überwindung der
Registersperre kann der betreffende Rechtsträger einen **Freigabeantrag** nach §§ 16
Abs. 3 S. 1, 125 S. 1 UmwG stellen (→ Rn. 58 ff.). Ist der Antrag erfolgreich, entfällt die
durch die betreffende Unwirksamkeitsklage ausgelöste Registersperre. Wird die Spaltung in
der Folge eingetragen, ist sie nach § 131 Abs. 2 UmwG **bestandskräftig** (→ § 14 Rn. 10,
128). Gleichwohl führt die Eintragung der Spaltung nicht zur Erledigung des Beschlussmängelverfahrens (→ Rn. 52 f.).

2. Beschlussmängel

Im Beschlussmängelverfahren kommt es für die Frage der Begründetheit der Klage 11
entscheidend darauf an, ob der Spaltungsbeschluss nach §§ 13 Abs. 1 S. 1, 125 S. 1 UmwG
an einem Mangel leidet. Unter welchen Voraussetzungen ein Beschlussmangel besteht,
richtet sich nach dem **rechtsformspezifischen Beschlussmängelrecht**. Bei den Rechtsformen, die Anfechtungs- und Nichtigkeitsklage als Rechtsbehelfe vorsehen, sind Mängel
danach zu unterscheiden, ob sie zur Anfechtbarkeit oder Nichtigkeit des Beschlusses
führen. Demgegenüber ist bei Personengesellschaften sowie Vereinen nach überwiegender
Ansicht ein mangelhafter Beschluss stets nichtig (→ § 14 Rn. 29 ff.).

Vorbehaltlich besonderer rechtsformspezifischer Anforderungen setzt ein Mangel eine 12
Verletzung des Gesetzes oder der Satzung bzw. des Gesellschaftsvertrags voraus.

---

[3] Sagasser/Bula/Brünger/*Sagasser/Bultmann* § 18 Rn. 48, 164; Hensler/Strohn/*Wardenbach* § 128
UmwG Rn. 7.
[4] Mehrbrey/*Uhlendorf/Schumacher* § 128 Rn. 14.

Die nachstehende Darstellung orientiert sich an der üblichen Unterscheidung zwischen Verfahrensfehlern und inhaltlichen Fehlern und behandelt abschließend den Ausschluss von Bewertungsrügen nach §§ 14 Abs. 2, 32, 125 S. 1 UmwG.

13 **a) Verfahrensfehler.** Bei Verfahrensfehlern handelt es sich um Verletzungen des Gesetzes oder der Satzung bzw. des Gesellschaftsvertrags, die das **Zustandekommen des Spaltungsbeschlusses** nach §§ 13 Abs. 1 S. 1, 125 S. 1 UmwG regeln. Darunter fallen insbesondere Mängel bei der Vorbereitung und Durchführung der Versammlung, Informationsmängel sowie Mängel bei Feststellung des Beschlussergebnisses, die jeweils rechtsformspezifischen Anforderungen unterliegen. Abhängig von der jeweiligen Rechtsform begründet aber nicht jeder Verfahrensfehler die Angreifbarkeit des Beschlusses, sondern es ist regelmäßig ein **Zurechnungszusammenhang** zwischen Verfahrensfehler und Beschlussergebnis erforderlich (→ § 14 Rn. 33). Die nachstehenden Erläuterungen beschränken sich auf ausgewählte spaltungsspezifische Verfahrensfehler.

14 **aa) Spaltungsbericht.** Der Spaltungsbericht nach § 127 UmwG soll die Anteilsinhaber in die Lage versetzen, eine sachgerechte Entscheidung über die Spaltung treffen zu können.[5] Der Bericht muss eine **Plausibilitätskontrolle** ermöglichen; es ist hingegen nicht erforderlich, dass die Anteilsinhaber auf der Grundlage des Berichts die Spaltung im Einzelnen prüfen können.[6] Ein Verfahrensfehler liegt vor, wenn der Spaltungsbericht **fehlt** oder nicht die **Anforderungen nach §§ 127, 8 UmwG** erfüllt (→ § 14 Rn. 36 f.).[7] Die Heilung eines Verfahrensfehlers durch mündliche Auskunft in der Anteilsinhaberversammlung kommt nicht in Betracht (→ § 14 Rn. 40).[8]

15 Ist der Spaltungsbericht fehlerhaft, so kann es abhängig von den rechtsformspezifischen Anforderungen gleichwohl an einem formellen Beschlussmangel fehlen, wenn kein ausreichender **Zurechnungszusammenhang** zwischen Berichtsfehler und Beschlussergebnis besteht (→ § 14 Rn. 38 f.). Das kann insbesondere dann der Fall sein, wenn der Bericht trotz bestehender Mängel in seiner Gesamtheit den Anteilsinhabern eine sachgerechte Entscheidung über die Spaltung ermöglicht.

16 Da die Anteilsinhaber des **übertragenden Rechtsträgers** im Fall der Auf- oder Abspaltung im Beschlussmängelverfahren **keine Bewertungsrügen nach §§ 14 Abs. 2, 32, 125 S. 1 UmwG** geltend machen können, stellt sich die Frage, ob sie sich auf Mängel des Spaltungsberichts in Bezug auf **bewertungsrelevante Angaben** berufen können. Das hängt nach überwiegender Ansicht davon ab, ob die mangelhaften Angaben die Barabfindung oder das Umtauschverhältnis betreffen (→ Rn. 42): Die Geltendmachung von bewertungsrelevanten Informationsmängeln ist nur in Bezug auf die **Barabfindung**, aber nicht in Bezug auf das **Umtauschverhältnis** ausgeschlossen.

17 **bb) Prüfungsbericht.** Im Fall der Aufspaltung und der Abspaltung ist der Spaltungsvertrag zu prüfen und über das Ergebnis ein schriftlicher Bericht zu erstatten, §§ 9 Abs. 1, 12, 125 S. 1 UmwG. Im Fall der Ausgliederung findet keine Prüfung statt, § 125 S. 2 UmwG.[9] Ein Verfahrensfehler liegt nach überwiegender Ansicht nur im Fall der **Verletzung formaler Gesichtspunkte** vor, namentlich wenn der Prüfungsbericht fehlt oder die gesetzlichen Vorgaben der §§ 12 Abs. 2, 30 Abs. 2, 125 S. 1 UmwG nicht erfüllt sind (unvollständiger Prüfungsbericht). Inhaltliche Mängel und andere Unzulänglichkeiten des Prüfungsberichts begründen demgegenüber keinen Beschlussmangel (→ § 14 Rn. 43 f.). Stellt der Prüfer die Unangemessenheit des Umtauschverhältnisses fest und erfolgt gleich-

---

[5] Vgl. OLG Hamburg 11 U 145/01, AG 2002, 460, 463.
[6] Henssler/Strohn/*Wardenbach* § 127 UmwG Rn. 1; Kallmeyer/*Sickinger* § 127 Rn. 8; Fleischer/Hüttemann/*Bungert* § 20 Rn. 87.
[7] Vgl. KG 23 U 15/09, NZG 2010, 462; OLG Hamburg 11 U 145/01, AG 2002, 460, 463; Lutter/*Schwab* § 127 Rn. 56 ff.; vgl. Semler/Stengel/*Gehling* § 127 Rn. 53.
[8] Lutter/*Schwab* § 127 Rn. 56; Henssler/Strohn/*Wardenbach* § 127 UmwG Rn. 4.
[9] Kölner Kommentar-UmwG/*Simon* § 125 Rn. 11; Semler/Stengel/*Stengel* § 125 Rn. 9.

§ 28 Beschlussmängel 18–23 § 28

wohl keine Anpassung, kann dies unter Umständen einen Beschlussmangel begründen (→ § 14 Rn. 45, 108 f.).

cc) Übersendung, Bekanntmachung und Auslegung von Unterlagen. Eine Vielzahl von verschmelzungsrechtlichen Vorschriften, die nach § 125 S. 1 UmwG ebenfalls bei der Spaltung Anwendung finden, ordnen an, dass Unterlagen den Anteilsinhabern **vor oder bei der Beschlussfassung** über die Spaltung zur Verfügung zu stellen sind (→ § 14 Rn. 46 f.). Eine Verletzung dieser Pflichten begründet grundsätzlich einen Verfahrensfehler. 18

dd) Auskunftspflichten. Im UmwG finden sich nur **vereinzelt Regelungen** zu Auskunftspflichten (→ § 14 Rn. 48). Im Übrigen finden die **allgemeinen rechtsformspezifischen Regeln** zu den Auskunftspflichten Anwendung. Die Verletzung von Auskunftspflichten in Bezug auf die Spaltung begründet grundsätzlich einen Verfahrensfehler.[10] Zu beachten ist allerdings, dass ein formeller Beschlussmangel einen hinreichenden **Zurechnungszusammenhang** erfordert, dessen Einzelheiten sich nach der jeweiligen Rechtsform richten. Für das Aktienrecht findet sich in § 243 Abs. 4 S. 1 AktG eine ausdrückliche Regelung hierzu. 19

Mit Blick auf den **Ausschluss von Bewertungsrügen** nach §§ 14 Abs. 2, 32, 125 S. 1 UmwG für die Anteilsinhaber des **übertragenden Rechtsträgers im Fall der Auf- und Abspaltung** stellt sich die Frage, ob sie eine Unwirksamkeitsklage auf die Verletzung einer Auskunftspflicht in Bezug auf **bewertungsrelevante Informationen** stützen können (→ Rn. 42). Nach der überwiegenden Ansicht ist die Geltendmachung von Informationsmängeln in Bezug auf die **Barabfindung** (§§ 32, 125 S. 1 UmwG), aber nicht in Bezug auf das **Umtauschverhältnis** (§§ 14 Abs. 2, 125 S. 1 UmwG) ausgeschlossen. Allerdings unterfallen Auskunftspflichtverletzungen auch hinsichtlich des Umtauschverhältnisses im **Aktienrecht** dem separaten Anfechtungsausschluss nach § 243 Abs. 4 S. 2 AktG. 20

b) Inhaltliche Fehler. Ein inhaltlicher Fehler liegt vor, wenn der Spaltungsbeschluss gemäß §§ 13 Abs. 1 S. 1, 125 S. 1 UmwG seinem Inhalt nach gegen das Gesetz oder die Satzung bzw. den Gesellschaftsvertrag verstößt. Bei inhaltlichen Fehlern kommt es – im Gegensatz zur Situation bei Verfahrensfehlern – zur Begründung eines Beschlussmangels **nicht auf einen Zurechnungszusammenhang an** (→ § 14 Rn. 51). Die nachstehenden Erläuterungen beschränken sich auf ausgewählte spaltungsspezifische inhaltliche Fehler. 21

aa) Spaltungsvertrag. Der Spaltungsbeschluss ist fehlerhaft, wenn dieser sich nicht auf einen konkreten Spaltungsvertrag bezieht, der entweder bereits abgeschlossen ist oder zumindest als schriftlicher Entwurf aufgestellt ist, §§ 4 Abs. 2, 125 S. 1 UmwG (→ § 14 Rn. 53).[11] 22

Da der Spaltungsbeschluss den Spaltungsvertrag zum Gegenstand hat, **schlagen Vertragsfehler grundsätzlich auf den Beschluss durch** (→ § 14 Rn. 54). Vertragsfehler können den **Vertragsabschluss**, wie zum Beispiel Formfehler, Willensmängel oder das Fehlen erforderlicher Zustimmungs- oder Verzichtserklärungen, oder den **Inhalt des Vertrags** betreffen.[12] Inhaltsfehler des Vertrags liegen insbesondere vor, wenn der Vertrag die **Anforderungen nach § 126 UmwG** nicht erfüllt, weil er unvollständig oder unrichtig ist (→ § 14 Rn. 55 f.). Erfüllt der Spaltungsvertrag beispielsweise nicht die Anforderungen an eine ausreichende Bezeichnung der zu übertragenden Gegenstände nach § 126 Abs. 1 Nr. 9 UmwG, liegt ein Mangel vor, der grundsätzlich einen Inhaltsfehler des Spaltungsbeschlusses begründet.[13] Im Fall der Teilnichtigkeit des Vertrags nach § 139 BGB, ist der 23

---

[10] Vgl. KG 23 U 15/09, NZG 2010, 462.
[11] Lutter/*Priester* § 126 Rn. 11.
[12] Vgl. Lutter/*Priester* § 126 Rn. 100; Mehrbrey/*Uhlendorf/Schumacher* § 128 Rn. 24.
[13] OLG Hamburg 11 U 145/01, AG 2002, 460, 463 (einen Verstoß im konkreten Fall ablehnend).

Beschluss mangelhaft. Ob hieraus die Gesamtnichtigkeit oder nur eine teilweise Nichtigkeit des Beschlusses folgt, bestimmt sich wiederum nach Maßgabe von § 139 BGB, der auf den Beschluss entsprechend anzuwenden ist (→ § 14 Rn. 57).

25 Streitig ist die Frage, ob fehlende, unvollständige oder unrichtige **arbeitsrechtliche Angaben** im Spaltungsvertrag nach § 126 Abs. 1 Nr. 11 UmwG einen Beschlussmangel begründen (→ § 14 Rn. 58 f.).[14] Da die Anteilsinhaber nicht Schutzadressaten dieser Bestimmung sind, kommt es nach hiesiger Ansicht darauf an, ob sich die Anteilsinhaber nach dem rechtsformspezifischen Beschlussmängelrecht auf die Verletzung von Normen ohne persönliche Betroffenheit berufen können.

26 Die vorstehenden Erläuterungen gelten für einen **Spaltungsplan** im Fall einer Spaltung zur Neugründung entsprechend. Darüber hinaus liegt im Fall einer Spaltung zur Neugründung ebenfalls ein Inhaltsfehler vor, wenn die Satzung oder der Gesellschaftsvertrag, die nach §§ 37, 125 S. 1, 135 Abs. 1 S. 1 UmwG im Spaltungsplan enthalten sind, an einem Mangel leiden.

27 **bb) Sachliche Rechtfertigung.** Nach überzeugender herrschender Meinung bedarf der Spaltungsbeschluss **keiner sachlichen Rechtfertigung** (→ § 14 Rn. 60 ff.).[15]

28 **cc) Treuepflicht und Gleichbehandlungsgebot.** Der Spaltungsbeschluss ist ferner in den Fällen einer Verletzung der Treuepflicht oder des Gleichbehandlungsgebots mangelhaft. Eine Verletzung der Treuepflicht liegt insbesondere bei einem **Missbrauch der Mehrheitsmacht** vor, etwa wenn die Mehrheitsanteilsinhaber die **Spaltung funktionswidrig einsetzen**, um die Rechtsstellung der übrigen Anteilsinhaber zu schmälern (→ § 14 Rn. 66 ff.). Im Fall einer Ausgliederung eines Geschäftsbereichs auf eine gemeinnützige Gesellschaft liegt nach einer Entscheidung des Kammergerichts eine treuwidrige Ausübung der Mehrheitsmacht, wenn die Ausgliederung bewirken würde, dass die Minderheitsanteilsinhaber nicht mehr an der Entwicklung des Ertragswerts teilnehmen.[16] Ein Verstoß gegen das **Gleichbehandlungsgebot** besteht beispielsweise in der Gewährung von Sondervorteilen an einzelne Anteilsinhaber ohne hinreichenden sachlichen Grund (→ § 14 Rn. 73).

29 Die zur Verschmelzung diskutierten Fälle einer Verletzung der Treuepflicht und des Gleichbehandlungsgebots (→ § 14 Rn. 63 ff.) finden in gleicher Weise auf die Abspaltung und Aufspaltung zur Aufnahme Anwendung, da diese ihrer Struktur nach der Verschmelzung ähnlich sind.

30 **dd) Bewertungsrüge bei Auf- und Abspaltung.** Die Anteilsinhaber des **übernehmenden Rechtsträgers** können im Fall der **Auf- und Abspaltung zur Aufnahme** nach § 123 Abs. 1 und 2 UmwG ihre Unwirksamkeitsklage auf eine Bewertungsrüge stützen.[17] Sie können rügen, dass zugunsten der Anteilsinhaber des übertragenden Rechtsträgers das **Umtauschverhältnis**[18] zu hoch bemessen sei oder die Mitgliedschaft bei dem übernehmenden Rechtsträger einen zu hohen Wert habe sowie dass eine etwaige **Barabfindung** zu hoch bemessen sei (→ § 14 Rn. 74 ff.).

31 Nach hiesiger Ansicht liegt ein Beschlussmangel dann vor, wenn das Umtauschverhältnis bzw. die Barabfindung **nicht angemessen** sind. Zur Bestimmung der Angemessenheit sind dieselben Kriterien wie im Fall des **Spruchverfahrens** zur Verbesserung des Umtauschverhältnisses und zur Erhöhung der Barabfindung zugunsten der Anteilsinhaber des übertragenden Rechtsträgers anzuwenden (→ § 14 Rn. 75 ff.). Danach erfüllt eine **Bandbreite** von Umtauschverhältnissen und Barabfindungen das Kriterium der Angemessenheit. Ein

---

[14] Lutter/*Priester* § 126 Rn. 79 m. w. N.
[15] Vgl. OLG Hamburg 11 U 71/99, NZG 2000, 549, 551; Kallmeyer/*Sickinger* § 125 Rn. 19.
[16] KG 23 U 15/09, NZG 2010, 462.
[17] Kölner Kommentar-UmwG/*Simon* § 126 Rn. 39.
[18] Terminologisch ist der Begriff „Umtauschverhältnis" im Fall der Abspaltung nicht sachgerecht, da die Anteilsinhaber des übertragenden Rechtsträgers ihre Anteile nicht „umtauschen", sondern weiterhin halten, Kallmeyer/*Lanfermann* § 126 Rn. 9.

Beschlussmangel liegt dann vor, wenn das Umtauschverhältnis bzw. die Barabfindung zum Nachteil der Anteilsinhaber des übernehmenden Rechtsträgers außerhalb dieser Bandbreite liegt (→ § 14 Rn. 79, 81).

Auf Seiten der Anteilsinhaber des **übertragenden Rechtsträgers** sind die umgekehrten Bewertungsrügen nach §§ 14 Abs. 2, 32, 125 S. 1 UmwG ausgeschlossen (→ Rn. 40). Sie sind insoweit auf das Spruchverfahren verwiesen. Eine Ausnahme besteht nur für die Bewertungsrüge, dass die angebotene **Barabfindung zu hoch** sei (→ Rn. 41). Für diese Rüge gilt derselbe Maßstab wie auf Seiten der Anteilsinhaber des übernehmenden Rechtsträgers. 32

ee) Bewertungsrügen bei Ausgliederung. Bei der Ausgliederung erhalten nicht die Anteilsinhaber des übertragenden Rechtsträgers, sondern der übertragende Rechtsträger selbst Anteile an dem übernehmenden Rechtsträger, § 123 Abs. 3 UmwG. In diesem Fall können die Anteilsinhaber des **übernehmenden Rechtsträgers** bei einer Ausgliederung zur Aufnahme im Wege der Unwirksamkeitsklage rügen, dass der Wert des ausgegliederten Vermögensteils hinter dem Wert der gewährten Beteiligung zurückbleibt und die Anteilsinhaber des übernehmenden Rechtsträgers daher unangemessen verwässert werden. Für diese Rüge gelten dieselben Kriterien wie im Fall der Auf- oder Abspaltung (→ Rn. 30 f.), da es aus Sicht der Anteilsinhaber des übernehmenden Rechtsträgers keinen relevanten Unterschied macht, ob der übertragende Rechtsträger oder seine Anteilsinhaber Anteile des übernehmenden Rechtsträgers erhalten. Daher kommt es für einen Beschlussmangel darauf an, ob die Bewertung des ausgegliederten Vermögensteils das **Angemessenheitskriterium** erfüllt. 33

Nach überwiegender Ansicht können die Anteilsinhaber des **übertragenden Rechtsträgers** ebenfalls eine **Bewertungsrüge** insoweit erheben, als bei einer Ausgliederung zur Aufnahme der Wert der gewährten Beteiligung hinter dem Wert des ausgegliederten Vermögensteils zurückbleibt.[19] Der Rügeausschluss nach §§ 14 Abs. 2, 32 UmwG steht der Geltendmachung eines unangemessenen Wertverhältnisses nicht entgegen. Denn der Verweis in § 125 S. 1 UmwG nimmt für die Ausgliederung diese Bestimmungen aus, da es auf Seiten der Anteilsinhaber an einem Anteilserwerb fehlt.[20] 34

Unter welchen Voraussetzungen eine Wertdifferenz einen Mangel des Ausgliederungsbeschlusses begründet, ist im UmwG nicht bestimmt und bisher wenig beleuchtet. Das OLG Stuttgart stellt in diesem Zusammenhang auf die **Treuebindung des Mehrheitsanteilsinhabers** ab.[21] Er dürfe einer Ausgliederung nicht zustimmen, wenn diese zu einer Verschleuderung von Gesellschaftsvermögen führe, weil die Gegenleistung für das ausgegliederte Gesellschaftsvermögen nicht angemessen sei.[22] Erfolge die Bestimmung des Wertverhältnisses auf der Grundlage einer Unternehmensbewertung durch selbstständige Wirtschaftsprüfer, soll ein Treuepflichtverstoß nur vorliegen, wenn ein objektiv urteilender Mehrheitsanteilsinhaber Fehler der Bewertung oder der Prüfung hätte erkennen können.[23] 35

Nach hiesiger Ansicht ist ein Rückgriff auf die Treuepflicht eines Mehrheitsanteilsinhabers nicht angezeigt. Vielmehr ist wie im Fall der Auf- und Abspaltung auf das **objektive Kriterium der Angemessenheit** abzustellen, auf das es im Spruchverfahren ankommt (→ Rn. 76 ff.). Für ein einheitliches Kriterium im Spaltungsrecht spricht die strukturelle **Vergleichbarkeit der Ausgliederung mit der Auf- und Abspaltung**. Bei einer un- 36

---

[19] OLG Stuttgart 20 U 3/03, NZG 2004, 463, 467; 20 W 32/01, AG 2003, 456, 457; Kölner Kommentar-UmwG/*Simon* § 125 Rn. 16; Schmitt/Hörtnagl/Stratz/*Hörtnagl* § 126 Rn. 40; Sagasser/Bula/Brünger/*Sagasser/Bultmann* § 18 Rn. 183; vgl. BT-Drucks. 12/6699, S. 119; a. A. Semler/Stengel/*Stengel* § 125 Rn. 9.
[20] BT-Drucks. 12/6699, S. 117.
[21] OLG Stuttgart 20 U 3/03, NZG 2004, 463, 465; 20 W 32/01, AG 2003, 456, 457.
[22] OLG Stuttgart 20 W 32/01, AG 2003, 456, 457.
[23] Vgl. OLG Stuttgart 20 U 3/03, NZG 2004, 463, 467 f.

angemessenen Anteilsgewährung erleiden die Anteilsinhaber sowohl bei der Auf- und Abspaltung als auch bei der Ausgliederung einen vergleichbaren **Vermögensnachteil**: im Fall der Auf- und Abspaltung aufgrund eines **unzureichenden Werts der erhaltenen Anteile** an dem übernehmenden Rechtsträger und im Fall der Ausgliederung aufgrund einer **Wertminderung der Anteile** an dem übertragenden Rechtsträger[24].

37   Für die Anwendung des Kriteriums der Angemessenheit spricht zudem der **Gleichbehandlungsgrundsatz** der Anteilsinhaber der beteiligten Rechtsträger.[25] Die Anteilsinhaber des **übernehmenden Rechtsträgers** können einen Beschlussmangel geltend machen, wenn das Wertverhältnis zwischen dem ausgegliederten Vermögensteil und den erhaltenen Anteilen an dem übernehmenden Rechtsträger das Angemessenheitskriterium nicht erfüllt (→ Rn. 33). Daher sollten die Anteilsinhaber des **übertragenden Rechtsträgers** ihre Bewertungsrüge ebenfalls auf eine mangelnde Angemessenheit der Bewertung zu ihren Lasten stützen können.

38   Eine Bewertungsrüge bei einer **Ausgliederung zur Neugründung** kommt nicht in Betracht, da ein unangemessenes Wertverhältnis nicht denkbar ist. Ferner ist auch eine Bewertungsrüge hinsichtlich einer **Barabfindung** ausgeschlossen, da diese gemäß der Ausklammerung von §§ 29 bis 34 UmwG im Verweis des § 125 S. 1 UmwG nicht geschuldet ist.[26]

39   **ff) Kapitalschutzvorschriften.** Ein Spaltungsbeschluss leidet grundsätzlich dann an einem Inhaltsfehler, wenn bereits zum Beschlusszeitpunkt erkennbar ist, dass die Erfüllung von Kompensationsansprüchen, insbesondere des Anspruchs auf Barabfindung, zu einer Verletzung von Kapitalschutzvorschriften führen würde (→ § 14 Rn. 84).

40   **c) Ausschluss der Bewertungsrüge.** Die Anteilsinhaber des **übertragenden Rechtsträgers** können im Fall der **Auf- und Abspaltung** eine Unwirksamkeitsklage gegen den Spaltungsbeschluss nicht auf Bewertungsrügen stützen. Der Rügeausschluss betrifft zum einen das **Umtauschverhältnis** bzw. den Wert der erhaltenen Mitgliedschaft nach §§ 14 Abs. 2, 125 S. 1 UmwG sowie die **Barabfindung** nach §§ 32, 125 S. 1 UmwG (näher → § 14 Rn. 85 ff.). Dieser Rügeausschluss ist im Fall der Ausgliederung nicht anwendbar (→ Rn. 34).

41   Nach hiesiger Ansicht umfasst der Rügeausschluss nicht den Fall, dass die Anteilsinhaber des übertragenden Rechtsträgers ein **zu hohes Umtauschverhältnis** oder eine **zu hohe Barabfindung** geltend machen. Allerdings liegt im Fall eines zu hohen Umtauschverhältnisses aus Sicht des übertragenden Rechtsträgers **keine Gesetzesverletzung** vor, da das Angemessenheitserfordernis nur im Fall eines zu niedrigen Umtauschverhältnisses nicht erfüllt wird (→ § 14 Rn. 90 f.). Im Fall einer zu hohen Barabfindung liegt hingegen eine Gesetzesverletzung vor, da die Anteilsinhaber, die nicht gegen eine Abfindung ausscheiden, ein berechtigtes Interesse daran haben, dass die Abfindung nicht zu ihrem Nachteil zu hoch ausfällt (→ § 14 Rn. 92 ff.).

42   Ob der Rügeausschluss nach §§ 14 Abs. 2, 32, 125 S. 1 UmwG ebenfalls die Geltendmachung von **Verfahrensfehlern in Bezug auf bewertungsrelevante Informationen** umfasst, wird intensiv diskutiert. Der derzeitige Stand der Rechtsentwicklung zur Handhabung bewertungsrelevanter Informationsmängel stellt sich zusammengefasst wie folgt dar (ausführlich → § 14 Rn. 95 ff.): Bewertungsrelevante Informationsmängel in Bezug auf die **Barabfindung** unterliegen nach herrschender Meinung dem Rügeausschluss nach §§ 32, 125 S. 1 UmwG. Demgegenüber ist streitig, ob der Rügeausschluss nach §§ 14 Abs. 2, 125 S. 1 UmwG ebenfalls bewertungsrelevante Informationsmängel in Bezug auf das **Umtauschverhältnis** umfasst. Die überwiegende Lehre geht davon aus, dass §§ 14 Abs. 2, 125

---

[24] Vgl. Schmitt/Hörtnagl/Stratz/*Hörtnagl* § 126 Rn. 40.
[25] S. zur Verschmelzung: Zur Gleichbehandlung Kallmeyer/*Marsch-Barner* § 5 Rn. 7; Lutter/*Drygala* § 5 Rn. 27; *Lutter* FS Mestmäcker, 1996, S. 943, 949; Böttcher/Habighorst/Schulte/*Böttcher* § 5 Rn. 17.
[26] Fleischer/Hüttemann/*Bungert* § 20 Rn. 105.

§ 28 Beschlussmängel

S. 1 UmwG die Geltendmachung von Informationsmängeln nicht ausschließt. Soweit es sich allerdings bei dem übertragenden Rechtsträger um eine **AG oder KGaA** handelt, greift der **Anfechtungsausschluss nach § 243 Abs. 4 S. 2 AktG** für bestimmte bewertungsrelevante Informationsmängel in Bezug auf das Umtauschverhältnis ein.

Der Rügeausschluss findet nach überzeugender Ansicht im Fall eines **Rechtsmissbrauchs** keine Anwendung (→ § 14 Rn. 106 ff.). 43

3. Zulässigkeit und Begründetheit

Die Zulässigkeit und Begründetheit der Unwirksamkeitsklage richtet sich nach den **rechtsformspezifischen Voraussetzungen** (→ § 14 Rn. 110). Entscheidend ist insoweit insbesondere die einschlägige Klageart, namentlich Anfechtungsklage, Nichtigkeitsklage oder allgemeine Feststellungsklage. 44

a) Rügeausschluss. Bewertungsrügen von Anteilsinhabern des **übertragenden Rechtsträgers** sind im Fall der **Auf- und Abspaltung** grundsätzlich nach §§ 14 Abs. 2, 32, 125 S. 1 UmwG ausgeschlossen. Ist die Klage ausschließlich auf solche Bewertungsrügen gestützt, ist sie nicht statthaft und daher unzulässig (→ § 14 Rn. 111). 45

b) Aktiv- und Passivlegitimation. Die Aktivlegitimation bestimmt sich nach den **rechtsformspezifischen Anforderungen**. Zu den Anforderungen im Einzelnen sowie zu den Folgen des Verlusts der Anteilsinhaberstellung während des Beschlussmängelverfahrens wird auf die Ausführungen zur Verschmelzung verwiesen (→ § 14 Rn. 112 f.). 46

Die Passivlegitimation ist sowohl bei dem übernehmenden Rechtsträger als auch bei dem übertragenden Rechtsträger von der Rechtsform sowie den einschlägigen Bestimmungen der Satzung bzw. des Gesellschaftsvertrags abhängig. Passivlegitimiert sind entweder der **Rechtsträger** selbst oder die **anderen Anteilsinhaber** (→ § 14 Rn. 114). 47

c) Ausschlussfrist. Für die Erhebung einer Unwirksamkeitsklage besteht eine **materiellrechtliche Ausschlussfrist von einem Monat** nach der Beschlussfassung, §§ 14 Abs. 1, 125 S. 1 UmwG (→ § 14 Rn. 115). Die Frist findet auf Unwirksamkeitsklagen, also Anfechtungs- und Nichtigkeitsklagen wie auch allgemeine Feststellungsklagen, der Anteilsinhaber sowohl des übertragenden als auch des übernehmenden Rechtsträgers Anwendung (näher zum Anwendungsbereich → § 14 Rn. 116). Die Fristberechnung richtet sich nach **§§ 187 ff. BGB** (näher zur Fristberechnung → § 14 Rn. 117 ff.). 48

Klageerhebungen nach Ablauf der Frist sind als **unbegründet** – nicht unzulässig – abzuweisen, da es sich um eine materiellrechtliche Ausschlussfrist handelt. Ist die Klage fristgemäß erhoben, kann der Kläger nach Fristablauf keine neuen Unwirksamkeitsgründe vorbringen; ein **Nachschieben neuer Unwirksamkeitsgründe** ist nicht zulässig. Die Klage ist auf solche Unwirksamkeitsgründe beschränkt, die sich auf den fristgemäß vorgetragenen Lebenssachverhalt stützen lassen (näher → § 14 Rn. 123).[27] 49

d) Beschlussmangel. Zentrale Voraussetzung der Begründetheit der Unwirksamkeitsklage ist, dass der Spaltungsbeschluss an einem Mangel leidet (ausführlich hierzu → Rn. 11 ff.). Steht bei dem betreffenden Rechtsträger als Rechtsbehelf die Anfechtungs- bzw. Nichtigkeitsklage zur Verfügung, ist zwischen Anfechtbarkeit und Nichtigkeit des Beschlusses zu differenzieren. Soweit die allgemeine Feststellungsklage statthaft ist, führt jeder Mangel zur Nichtigkeit des Beschlusses. 50

4. Wirkung der Eintragung auf Beschlussmängelverfahren

Die nachstehenden Erläuterungen behandeln die Folgen der Eintragung der Spaltung auf das Beschlussmängelverfahren gegen einen Spaltungsbeschluss. 51

a) Modifikation des Rechtsschutzinteresses. Mit der Eintragung der Spaltung ändert sich das Rechtsschutzinteresse der Unwirksamkeitsklage. Vor der Eintragung besteht ein Rechtsschutzinteresse für eine Unwirksamkeitsklage dahingehend, durch die Feststellung 52

---

[27] LG München I 5 HKO 10136/03, AG 2005, 623, 626.

der Nichtigkeit bzw. die Nichtigerklärung des Spaltungsbeschlusses die **Spaltung zu verhindern**. Erfolgt **trotz der Registersperre eine Eintragung** der Spaltung, insbesondere aufgrund eines Freigabebeschlusses nach §§ 16 Abs. 3 S. 1, 125 S. 1 UmwG, wird die Spaltung **wirksam**, § 131 Abs. 1 UmwG. Eine Rückgängigmachung der Spaltung im Fall einer erfolgreichen Unwirksamkeitsklage kommt grundsätzlich nicht in Betracht; die Spaltung ist nach § 131 Abs. 2 UmwG **bestandskräftig**.[28]

53 Das Wirksamwerden der Spaltung führt weder zu einer **Erledigung der Unwirksamkeitsklage** noch zu einem **Wegfall des Rechtsschutzinteresses**. Vielmehr besteht insoweit ein Rechtsschutzinteresse, als die Begründetheit der Unwirksamkeitsklage einen Schadensersatzanspruch des Klägers gegen den betreffenden Rechtsträger nach §§ 16 Abs. 3 S. 10 Hs. 1, 125 S. 1 UmwG auslöst (→ Rn. 66 ff.).[29] Das gilt auch für die Erhebung einer Unwirksamkeitsklage nach Eintragung der Spaltung (näher → § 14 Rn. 130).[30]

54 **b) Modifikation des Beschlussmängelverfahrens.** Jenseits der Modifikation des Rechtsschutzinteresses hat die Eintragung einer **Abspaltung und einer Ausgliederung keinen Einfluss** auf die jeweiligen Beschlussmängelverfahren gegen den Spaltungsbeschluss des **übertragenden und übernehmenden Rechtsträgers**. Darüber hinaus hat die **Eintragung der Aufspaltung keinen Einfluss** auf das Beschlussmängelverfahren gegen den Spaltungsbeschluss des **übernehmenden Rechtsträgers** (→ § 14 Rn. 142).

55 Demgegenüber wirkt sich die **Eintragung einer Aufspaltung** auf das Beschlussmängelverfahren gegen den **übertragenden Rechtsträger** aus. Denn der übertragende Rechtsträger erlischt mit Wirksamwerden der Aufspaltung, § 131 Abs. 1 Nr. 2 UmwG. In diesem Fall geht die Passivlegitimation auf alle übernehmenden Rechtsträger über,[31] soweit der Aufspaltungsvertrag das Beschlussmängelverfahren nicht einem bestimmten übernehmenden Rechtsträger zuteilt. Die übernehmenden Rechtsträger bzw. der betreffende übernehmende Rechtsträger, dem das Beschlussmängelverfahren zugeteilt wird, treten an die Stelle des übertragenden Rechtsträgers. Das folgt aus der partiellen Gesamtrechtsnachfolge nach § 131 Abs. 1 Nr. 1 UmwG sowie aus der entsprechenden Anwendung von §§ 28, 125 S. 1 UmwG (näher → § 14 Rn. 134). Aufgrund dieses Beklagtenwechsels sind nach überzeugender Auffassung die Vorschriften zur Unterbrechung und Aussetzung nach §§ 239, 246 Abs. 1 ZPO analog anzuwenden (näher → § 14 Rn. 135).[32]

56 In Bezug auf die Vertretungsregeln sind die für den übernehmenden Rechtsträger geltenden Vorschriften anzuwenden (näher → § 14 Rn. 136). Das Verfahren richtet sich aber nach den Bestimmungen, die **vor dem Wirksamwerden der Aufspaltung** auf das Beschlussmängelverfahren anwendbar waren (ausführlich → § 14 Rn. 137 f.). Dementsprechend bestimmt sich nach hiesiger Ansicht die örtliche Zuständigkeit des Gerichts auch nach Wirksamwerden der Aufspaltung nach dem erloschenen übertragenden Rechtsträger und nicht nach den übernehmenden Rechtsträgern.

57 Ist die Unwirksamkeitsklage hingegen im Fall der Aufspaltung gegen **andere Anteilsinhaber des übertragenden Rechtsträgers** gerichtet, hat die Eintragung der Aufspaltung keinen Einfluss auf das Beschlussmängelverfahren (näher → § 14 Rn. 140 f.).

---

[28] Lutter/*Teichmann* § 131 Rn. 100, 102; Kallmeyer/*Sickinger* § 131 Rn. 28; Schmitt/Hörtnagl/Stratz/*Hörtnagl* § 131 Rn. 96 zu den hierzu diskutierten etwaigen Ausnahmen.
[29] OLG Stuttgart 20 U 3/03, NZG 2004, 463, 464 f.; Henssler/Strohn/*Wardenbach* § 131 UmwG Rn. 33; Schmitt/Hörtnagl/Stratz/*Hörtnagl* § 131 Rn. 99; a. A. entgegen der herrschenden Meinung im Fall der Verschmelzung: Lutter/*Teichmann* § 131 Rn. 101; Kallmeyer/*Sickinger* § 131 Rn. 28.
[30] Schmitt/Hörtnagl/Stratz/*Hörtnagl* § 131 Rn. 99.
[31] Vgl. Kölner Kommentar-UmwG/*Simon* § 131 Rn. 38.
[32] Stöber NZG 2006, 574 f.; Semler/Stengel/*Kübler* § 131 Rn. 10 (Fn. 39); a. A. Schmitt/Hörtnagl/Stratz/*Hörtnagl* § 131 Rn. 74; Kallmeyer/*Sickinger* § 131 Rn. 19; Lutter/*Teichmann* § 131 Rn. 84.

IV. Freigabeverfahren

Im Freigabeverfahren entscheidet das zuständige Oberlandesgericht auf Antrag des betreffenden Rechtsträgers über die **Freigabe der Eintragung** der Spaltung trotz anhängiger Unwirksamkeitsklage gegen den Spaltungsbeschluss, §§ 16 Abs. 3, 125 S. 1 UmwG. Das Freigabeverfahren für die Spaltung entspricht strukturell und inhaltlich dem Freigabeverfahren für die Verschmelzung. Daher lässt sich auf die Erläuterungen zur Verschmelzung grundsätzlich verweisen (→ § 14 Rn. 143 ff.). Die nachstehende Darstellung beschränkt sich auf eine kurze Beschreibung der Funktion und des Anwendungsbereichs des Freigabeverfahrens sowie auf ausgewählte spaltungsspezifische Besonderheiten bei der Begründetheit, der Schadensersatzpflicht sowie der analogen Anwendung des Freigabeverfahrens für Kapitalmaßnahmen. 58

1. Funktion und Anwendungsbereich

Im Grundsatz führt eine Unwirksamkeitsklage gegen einen Spaltungsbeschluss dazu, dass die Eintragung der Spaltung bei dem betreffenden Rechtsträger solange unterbleibt, bis die Klage rechtskräftig abgewiesen oder zurückgenommen wird (sog. **Registersperre**). Denn die Eintragung setzt nach §§ 16 Abs. 2 S. 1 Hs. 1, 125 S. 1 UmwG eine Negativerklärung des Vertretungsorgans des betreffenden Rechtsträgers voraus (→ Rn. 10). 59

Da die Spaltung nach § 131 Abs. 1 UmwG erst mit Eintragung wirksam wird, kann die durch die Unwirksamkeitsklage bedingte – bisweilen langwierige – Verzögerung der Eintragung zu **wirtschaftlichen Nachteilen** führen oder gar die **Spaltung vereiteln**. Daher haben die Rechtsträger bzw. die Mehrheit ihrer Anteilsinhaber ein Interesse an einer Eintragung der Spaltung vor Abschluss des Beschlussmängelverfahrens. Auf der anderen Seite haben die klagenden Minderheitsanteilsinhaber ein Interesse daran, dass die Spaltung nicht vor Abschluss des Beschlussmängelverfahrens eingetragen wird. Denn mit der Eintragung wird die Spaltung **bestandskräftig** nach § 131 Abs. 2 UmwG und lässt sich grundsätzlich nicht mehr rückgängig machen (→ Rn. 10). 60

Das Freigabeverfahren schafft einen Ausgleich zwischen dem **Vollzugsinteresse** der Rechtsträger bzw. der Mehrheit der Anteilsinhaber und dem **Aussetzungsinteresse** der klagenden Minderheit der Anteilsinhaber: Es erlaubt die Eintragung nur, wenn ein **Freigabegrund** besteht, und gewährt im Fall der Eintragung den Klägern des Beschlussmängelverfahrens einen **Anspruch auf Schadensersatz**, wenn sich nachträglich die Begründetheit ihrer Unwirksamkeitsklage herausstellt, §§ 16 Abs. 3 S. 3 und 10, 125 S. 1 UmwG. 61

Das Freigabeverfahren ist für den **übertragenden** und **übernehmenden** Rechtsträger bei **allen Spaltungsarten**, einschließlich der Ausgliederung,[33] eröffnet. 62

2. Begründetheit

Der Freigabeantrag ist begründet, wenn einer der in §§ 16 Abs. 3 S. 3, 125 S. 1 UmwG genannten Freigabegründe erfüllt ist: mangelnde Erfolgsaussichten der Unwirksamkeitsklage (Nr. 1), Unterschreiten des Bagatellquorums (Nr. 2) oder ein vorrangiges Vollzugsinteresse (Nr. 3). Die Freigabegründe der fehlenden Erfolgsaussichten und des Bagatellquorums weisen keine spaltungsspezifischen Besonderheiten auf (→ § 14 Rn. 180 ff., 189 ff.). 63

In Hinblick auf das vorrangige Vollzugsinteresse kommen bei einer Spaltung auf Seiten der Rechtsträger bzw. ihrer Anteilsinhaber und auf Seiten der klagenden Anteilsinhaber die Nachteile wie im Fall der Verschmelzung (→ § 14 Rn. 208 ff.) nur dann in Betracht, wenn es sich um eine **Spaltung zur Aufnahme** handelt. Die Übertragung eines Vermögensteils auf den übernehmenden Rechtsträger entspricht wirtschaftlich der Situation einer Verschmelzung. Daher sind mögliche Nachteile beispielsweise auf Seiten der Rechtsträger das 64

---

[33] Vgl. Limmer/*Limmer* Teil 3 Rn. 394; Kallmeyer/*Sickinger* § 125 Rn. 17.

zwischenzeitliche Ausbleiben von Synergieeffekten[34] und auf Seiten der klagenden Anteilsinhaber die Verwässerung ihrer Beteiligung.

65 Darüber hinaus sind insbesondere auf Seiten des übertragenden Rechtsträgers spaltungsspezifische Nachteile denkbar. Das betrifft vor allem das Ausbleiben der positiven Effekte einer Spaltung, wie die Isolierung von Haftungsrisiken, die Vorbereitung eines Joint-Venture oder einer Veräußerung von Unternehmensteilen, organisatorische Vorzüge und steuerliche Vorteile.[35]

3. Schadensersatzpflicht

66 Ist der Freigabeantrag des Rechtsträgers erfolgreich und wird die Spaltung eingetragen, haben die klagenden Anteilsinhaber einen Schadensersatzanspruch gegen den Rechtsträger nach §§ 16 Abs. 3 S. 10 Hs. 1, 125 S. 1 UmwG, soweit sich ihre **Unwirksamkeitsklagen als begründet** erweisen.

67 Als Schaden für die Anteilsinhaber des **übernehmenden Rechtsträgers** kommt im Fall der **Auf- und Abspaltung** insbesondere ein zu hohes Umtauschverhältnis und eine zu hohe Barabfindung in Betracht. Die Anteilsinhaber des **übertragenden Rechtsträgers** können einen Schadensersatzanspruch wegen eines zu niedrigen Umtauschverhältnisses sowie einer zu niedrigen Barabfindung grundsätzlich nur insoweit geltend machen, als ihr Schaden über die im **Spruchverfahren zu gewährende Kompensation** hinausgeht. Im Übrigen kommen als Schaden insbesondere die Kosten des Freigabeverfahrens in Betracht. Die übrigen Erläuterungen zur Schadensersatzpflicht bei der Verschmelzung gelten entsprechend (→ § 14 Rn. 235 ff.).

68 Im Fall der **Ausgliederung** können die Anteilsinhaber sowohl des übernehmenden Rechtsträgers als auch des übertragenden Rechtsträgers als Schaden die zu hohe bzw. zu niedrige Bewertung des ausgegliederten Vermögensteils geltend machen. Die **Schadensersatzpflicht des übertragenden Rechtsträgers** gegenüber seinen Anteilsinhabern ist **konstruktiv verfehlt**: Alle Anteilsinhaber des übertragenden Rechtsträgers sind **in gleicher Weise** von einer zu niedrigen Bewertung des ausgegliederten Vermögensteils betroffen. Strengen nur einige dieser Anteilsinhaber eine Unwirksamkeitsklage an und machen nach einem Freigabebeschluss erfolgreich einen Schadensersatzanspruch gegen den übertragenden Rechtsträger geltend, so sind die nicht klagenden Anteilsinhaber zusätzlich wirtschaftlich durch diesen Schadensersatzanspruch belastet, der den Wert des übertragenden Rechtsträgers – über die zu niedrige Bewertung des ausgegliederten Vermögensteils hinaus – schmälert. Erheben hingegen alle Anteilsinhaber des übertragenden Rechtsträgers eine Unwirksamkeitsklage und machen einen Schadensersatzanspruch geltend, bewirkt die Leistung von Schadensersatz für sie **keinen effektiven Vermögenszufluss**. Denn der Vorteil der Schadensersatzzahlung wird durch die entsprechende Wertminderung der Beteiligung an dem übertragenden Rechtsträger aufgrund der Schadensersatzleistung neutralisiert. Eine interessengerechte Regelung müsste demgegenüber die Pflicht zur Kompensationsleistung dem übernehmenden Rechtsträger (bzw. seinen Anteilsinhabern) zuweisen, da die Anteilsinhaber des übernehmenden Rechtsträgers die Profiteure der zu niedrigen Bewertung sind. Das dürfte sich allerdings de lege lata nicht begründen lassen.

4. Analoge Anwendung für Kapitalmaßnahmen

69 Bei den **spaltungsbedingten Kapitalmaßnahmen**, sei es eine Kapitalherabsetzung bei dem übertragenden Rechtsträger (bspw. nach § 139 UmwG) oder eine Kapitalerhöhung bei dem übernehmenden Rechtsträger (bspw. nach §§ 55, 125 S. 1 UmwG), ist nach überzeugender Ansicht eine **analoge Anwendung des Freigabeverfahrens** nach §§ 16 Abs. 3, 125 S. 1 UmwG geboten. Denn ansonsten würde die vom Gesetzgeber intendierte Möglichkeit einer zügigen Entscheidung über das Wirksamwerden der Spaltung im Freigabeverfahren leerlaufen (zum Meinungsstreit bei der Verschmelzung → § 14 Rn. 242 f.).

---

[34] OLG Stuttgart 20 W 32/01, AG 2003, 456, 460.
[35] Limmer/*Limmer* Teil 3 Rn. 3 ff.; Sagasser/Bula/Brünger/*Sagasser* § 17 Rn. 3 f.

V. Spruchverfahren

Das Spruchverfahren ist für die Anteilsinhaber des **übertragenden Rechtsträgers** im Fall der **Auf- und Abspaltung** eröffnet und hat die Überprüfung des Umtauschverhältnisses sowie der Barabfindung zum Gegenstand, §§ 15, 34, 125 S. 1 UmwG. Da das Spruchverfahren im Fall der Spaltung strukturell und inhaltlich dem Spruchverfahren im Fall der Verschmelzung entspricht, lässt sich auf die Erläuterungen zur Verschmelzung grundsätzlich verweisen (→ § 14 Rn. 244 ff.). Die nachstehende Darstellung beschränkt sich auf eine kurze Beschreibung der Funktion des Spruchverfahrens sowie auf ausgewählte spaltungsspezifische Besonderheiten.

1. Funktion

Das Spruchverfahren hat die Überprüfung des **Umtauschverhältnisses** sowie der **Barabfindung** zum Gegenstand. Es entlastet damit das Beschlussmängelverfahren von der aufwendigen und langwierigen Behandlung von Bewertungsrügen. Insoweit dient es dem Interesse der Mehrheitsanteilsinhaber daran, dass die beschlossene Spaltung nicht durch **lang andauernde Beschlussmängelverfahren** faktisch blockiert wird. Gleichzeitig gewährt das Spruchverfahren den Minderheitsanteilsinhabern einen **effektiven Rechtsschutz** zur Wahrnehmung ihres Anspruchs auf ein angemessenes Umtauschverhältnis bzw. eine angemessene Barabfindung. Im Übrigen gelten die Erläuterungen zum Spruchverfahren bei der Verschmelzung entsprechend (→ § 14 Rn. 246 ff.).

2. Verfahren

In Bezug auf den Anwendungsbereich besteht bei der Spaltung die Besonderheit, dass das Spruchverfahren für die Anteilsinhaber des **übertragenden Rechtsträgers** nur im Fall der **Auf- und Abspaltung** eröffnet ist. Sie können verlangen, dass das Gericht bei einem zu niedrigen Umtauschverhältnis eine angemessene Zuzahlung sowie eine angemessene Barabfindung, soweit nach §§ 29, 125 S. 1 UmwG geschuldet, bestimmt, §§ 15, 34, 125 S. 1 UmwG. Die Anteilsinhaber können im Fall der Aufspaltung gegen **jeden übernehmenden Rechtsträger** ein Spruchverfahren in Bezug auf das ihn betreffende Umtauschverhältnis bzw. die ihn betreffende Barabfindung anstrengen. Für die Anteilsinhaber des **übernehmenden Rechtsträgers** ist das Spruchverfahren im Fall der **Auf- und Abspaltung** nicht eröffnet. Sie können ein zu hohes Umtauschverhältnis sowie eine zu hohe Barabfindung im Wege der Unwirksamkeitsklage rügen (→ Rn. 30 f.).

Im Fall der **Ausgliederung** ist das Spruchverfahren für die Anteilsinhaber **weder des übertragenden noch des übernehmenden Rechtsträgers** eröffnet. Für die Anteilsinhaber des übertragenden Rechtsträgers ergibt sich das daraus, dass der Verweis in § 125 S. 1 UmwG die §§ 15, 34 UmwG für die Ausgliederung ausnimmt. Der Grund hierfür liegt in dem fehlenden Anteilserwerb auf Seiten der Anteilsinhaber.[36] Im Übrigen gelten die Ausführungen zum Verfahren im Fall der Verschmelzung entsprechend (→ § 14 Rn. 250 ff.).

3. Zulässigkeit

Die Ausführung zur Zulässigkeit eines Antrags auf Einleitung eines Spruchverfahrens im Fall der Verschmelzung gelten entsprechend (→ § 14 Rn. 282 ff.). In Bezug auf die Antragsberechtigung ist lediglich zu berücksichtigen, dass die Anteilsinhaber des **übertragenden Rechtsträgers** wegen der soeben dargestellten Beschränkung des Anwendungsbereichs nur im Fall der **Auf- und Abspaltung**, aber **nicht im Fall der Ausgliederung** antragsberechtigt sind, §§ 3 S. 1 Nr. 3, 1 Nr. 4 SpruchG i. V. m. §§ 15, 34, 125 S. 1 UmwG.

---

[36] BT-Drucks. 12/6699, S. 117.

4. Begründetheit

75 Die Begründetheit des Antrags richtet sich in Bezug auf die Barabfindung nach §§ 34, 125 S. 1 UmwG und in Bezug auf das Umtauschverhältnis nach §§ 15 Abs. 1 S. 1, 125 S. 1 UmwG. Die Ausführungen zu den hierbei bestehenden **verfassungsrechtlichen Mindestanforderungen nach Art. 14 GG** im Fall der Verschmelzung gelten entsprechend (→ § 14 Rn. 305 ff.).

76 a) **Barabfindung.** Der Antrag ist begründet, wenn die angebotene Barabfindung zu niedrig bemessen ist oder nicht oder nicht ordnungsgemäß angeboten worden ist, §§ 34, 29, 125 S. 1 UmwG. Für die Erhebung der Rüge eines **fehlenden Angebots** nach §§ 34 S. 2 1. Alt., 125 S. 1 UmwG ist Voraussetzung, dass eine Barabfindung geschuldet ist. Das ist der Fall bei einer **Mischspaltung**, bei einer teilweisen **Notierungsbeendigung**[37] sowie bei **Verfügungsbeschränkungen** (→ § 14 Rn. 309).[38] Bei einer Aufspaltung ist für die Übertragung jedes Vermögensteils auf einen übernehmenden Rechtsträger gesondert zu beurteilen, ob ein Abfindungsangebot zu unterbreiten ist.

77 Darüber hinaus ist der Antrag begründet, wenn die angebotene Barabfindung nicht angemessen, sondern **zu niedrig** bemessen ist, §§ 34 S. 1, 125 S. 1 UmwG. Die Barabfindung ist angemessen, wenn ein ausscheidender Anteilsinhaber durch die Barabfindung **wirtschaftlich voll entschädigt** wird. Das ist bei einer Barabfindung der Fall, die dem quotalen Anteil an dem Verkehrswert des übertragenen Vermögensteils entspricht (→ § 14 Rn. 310 ff.). Hierfür ist die Bewertung des übertragenen Vermögensteils erforderlich. Die Bewertung erfolgt auf *stand alone* Basis (näher hierzu → § 14 Rn. 315 f.). Der Stichtag für die Bewertung ist der Tag des Spaltungsbeschlusses des übertragenden Rechtsträgers, §§ 30 Abs. 1 S. 1, 125 S. 1 UmwG. Da ein einziger „richtiger" Unternehmenswert nicht existiert, besteht nach herrschender Meinung eine **Bandbreite** von angemessenen Unternehmenswerten (→ § 14 Rn. 425 ff.). Hieraus folgt eine Bandbreite von angemessenen Barabfindungen. Liegt die angebotene Abfindung unterhalb dieser Bandbreite, ist sie zu niedrig.

78 Schließlich ist der Antrag begründet, wenn die Barabfindung **nicht ordnungsgemäß angeboten** worden ist, §§ 34 S. 2 2. Alt., 125 S. 1 UmwG (→ § 14 Rn. 317).

79 b) **Umtauschverhältnis.** In Bezug auf das Umtauschverhältnis ist der Antrag im Fall einer **verhältniswahrenden Auf- oder Abspaltung** begründet, wenn das **Umtauschverhältnis zu niedrig** bemessen ist oder die Mitgliedschaft bei dem übernehmenden Rechtsträger kein ausreichender Gegenwert ist, §§ 15 Abs. 1 S. 1, 125 S. 1 UmwG. Zur Prüfung der Angemessenheit ist auf das **Verhältnis zwischen dem Wert des übertragenen Vermögensteils und dem Wert des übernehmenden Rechtsträgers** abzustellen.[39] Es ist demgegenüber nicht richtig, die Angemessenheit danach zu kontrollieren, ob die gewährten Anteile am aufnehmenden Rechtsträger dem Wert des übertragenen Vermögensteils entsprechen (→ § 14 Rn. 322).[40] Ansonsten würden die Anteilsinhaber des übertragenden Rechtsträgers beispielsweise nicht an Werterhöhungen aufgrund von Synergieeffekten partizipieren.

80 Zur Bestimmung des Umtauschverhältnisses ist eine Bewertung sowohl des übertragenen Vermögensteils als auch des übernehmenden Rechtsträgers erforderlich (→ § 14 Rn. 320). Die Bewertung erfolgt auf *stand alone* Basis (ausführlich zur Behandlung von Synergieeffekten → § 14 Rn. 324 ff.). Bewertungsstichtag ist der Tag des Spaltungsbeschlusses des übertragenden Rechtsträgers (→ § 14 Rn. 329).[41]

---

[37] Vgl. OLG Düsseldorf I-19 W 1/04 AktE, AG 2005, 480.
[38] Vgl. Kölner Kommentar-UmwG/*Simon* § 126 Rn. 81.
[39] Vgl. Lutter/*Priester* § 126 Rn. 32; Kölner Kommentar-UmwG/*Simon* § 126 Rn. 37.
[40] So aber Widmann/Mayer/*Mayer* § 126 Rn. 129.
[41] Widmann/Mayer/*Mayer* § 126 Rn. 132.

Im Fall einer Auf- oder Abspaltung zur Neugründung kommt bei einer verhältniswah- 81
renden Spaltung ein zu niedriges Umtauschverhältnis nicht in Betracht.[42]

5. Gerichtliche Bestimmung der Kompensation

Ist der Antrag begründet, bestimmt das Gericht eine angemessene Barabfindung nach 82
§§ 34, 125 S. 1 UmwG (→ § 14 Rn. 331 ff.) bzw. im Fall eines zu niedrigen Umtauschverhältnisses eine angemessene Zuzahlung nach §§ 15 Abs. 1 S. 2, 125 S. 1 UmwG
(→ § 14 Rn. 338 ff.). Der jeweilige Anspruch ist mit 5 Prozentpunkten über dem Basiszinssatz zu verzinsen, §§ 15 Abs. 2 S. 1, 30 Abs. 1 S. 2, 125 S. 1 UmwG (→ § 14 Rn. 348 ff.).

6. Bewertungsfragen

In Bezug auf die Bewertungsfragen gelten die Ausführungen zur Verschmelzung ent- 83
sprechend (→ § 14 Rn. 352 ff.). Es besteht insoweit der Unterschied, dass auf Seiten des
übertragenden Rechtsträgers nicht dieser selbst, sondern der jeweils **übertragene Vermögensteil** zu bewerten ist.[43] Welche **Bewertungsmethode** hierfür geeignet ist, hängt
insbesondere von der Natur des Vermögensteils ab.

Bei der Bewertung dürfte die **Börsenkursrechtsprechung** des Bundesverfassungs- 84
gerichts **praktisch kaum Anwendung finden**.[44] Nach dieser Rechtsprechung bildet der
Börsenkurs des übertragenden Rechtsträgers die Untergrenze für die Barabfindung, soweit
der Kurs den Verkehrswert der Aktie abbildet (→ § 14 Rn. 378 f.). Das gilt zwar im
Grundsatz auch für die Spaltung. Jedoch dürfte regelmäßig nicht ersichtlich sein, welcher
Anteil an dem Börsenkurs des übertragenden Rechtsträgers auf den übertragenen Vermögensteil entfällt. Im Fall der **Aufspaltung** eines börsennotierten Rechtsträgers müsste
bei entsprechender Anwendung der Börsenrechtsprechung allerdings die **Summe der
Barabfindungen** für die jeweiligen übertragenen Vermögensteile den relevanten Börsenkurs erreichen.

§ 29 Rechtsformspezifische Besonderheiten der Spaltung

Übersicht

	Rdnr.		Rdnr.
A. Aktiengesellschaft, KGaA und SE	1–146	2. Spaltung mit Kapitalerhöhung; Spaltungsbericht	30–43
I. Allgemeines	1–9	a) Allgemeines	30–33
II. Spaltung unter Beteiligung von Aktiengesellschaften und Kommanditgesellschaften auf Aktien	10–141	b) Einzelerläuterungen	34–41
		aa) Prüfung der Sacheinlagen (§ 142 Abs. 1 UmwG)	34–39
1. Ausschluss der Spaltung	10–29	bb) Verpflichtung zum Hinweis auf den Bericht über die Prüfung (§ 142 Abs. 2 UmwG)	40, 41
a) Allgemeines	10, 11		
b) Anwendungsbereich	12–18		
aa) Spaltung zur Aufnahme und zur Neugründung	12–15	c) Rechtsfolge von Verfahrensverstößen	42, 43
bb) Ausgliederung zur Neugründung	16–18	3. Verhältniswahrende Spaltung zur Neugründung	44–53
c) Einzelerläuterungen	19–26	a) Allgemeines	44
aa) Spaltungsverbot	19–22	b) Voraussetzungen	45–48
bb) Berechnung der Zweijahresfrist	23–26	c) Rechtsfolgen	49–53
d) Rechtsfolge von Verfahrensverstößen	27–29		

---

[42] Vgl. Schmitt/Hörtnagl/Stratz/*Hörtnagl* § 128 Rn. 28, 35.
[43] Demgegenüber ist nach Widmann/Mayer/*Mayer* § 126 Rn. 131 zunächst der übertragende Rechtsträger insgesamt zu bewerten und hieraus der Wert des übertragenen Vermögensteils abzuleiten. Ein solches zweistufiges Verfahren dürfte regelmäßig nicht erforderlich sein.
[44] Weitergehend Fleischer/Hüttemann/*Bungert* § 20 Rn. 94, wonach eine Anwendung denklogisch ausscheide.

	Rdnr.		Rdnr.
aa) Entbehrlichkeit des Spaltungsberichts und der Spaltungsprüfung	49, 50	II. Voraussetzungen und Verfahren	150–239
		1. Spaltungsvertrag und Spaltungsplan	150–163
		a) Inhalt	150–158
bb) Keine Auslage von Zwischenbilanz, Spaltungsbericht und Prüfungsbericht	51	b) Aufstellungskompetenz und Form	159–162
		c) Vermögensübertragung	163
cc) Rechtsfolge bei Nichteinhaltung der Voraussetzungen	52, 53	2. Anwendung des Sachgründungsrechts und Sachgründungsbericht	164–188
4. Gründungsbericht und Gründungsprüfung	54–73	a) Allgemeines	164–166
a) Allgemeines	54–58	b) Sachgründung	167–169
b) Anwendungsbereich	59	c) Anwendungsbereich	170–172
c) Einzelerläuterungen	60–71	d) Sachgründungsbericht	173–179
aa) Verfahrensfragen	60–67	aa) Inhaltliche Anforderungen	173–176
bb) Voraussetzungen der Gründungsprüfung	68–71	bb) Formale Anforderungen	177–179
d) Rechtsfolgen eines Verstoßes	72, 73	e) Mängel des Sachgründungsberichts und Differenzhaftung	180–183
5. Herabsetzung des Grundkapitals	74–99	f) Haftung, Strafbewehrung	184–188
a) Allgemeines	74–78	3. Herabsetzung des Stammkapitals	189–211
b) Erforderlichkeit der Kapitalherabsetzung	79–85	a) Allgemeines	189–194
		b) Erforderlichkeit der Kapitalherabsetzung	195–201
c) Durchführung der Kapitalherabsetzung	86–90	c) Durchführung der Kapitalherabsetzung	202–205
d) Rechtsfolgen der Kapitalherabsetzung	91–93	d) Rechtsfolgen der Kapitalherabsetzung	206–210
e) Kapitalherabsetzung bei der Ausgliederung	94, 95	e) Voreintragung der Kapitalherabsetzung	211
f) Voreintragung der Kapitalherabsetzung	96–99	4. Spaltungsbericht	212–214
6. Anmeldung der Abspaltung oder der Ausgliederung	100–121	5. Spaltungsprüfung	215
		6. Spaltungsbeschluss	216–227
a) Allgemeines	100–103	a) Allgemeines	216
b) Voraussetzungen der Erklärungspflicht	104	b) Vorbereitung der Beschlussfassung	217–219
c) Solidaritätserklärung (§ 146 Abs. 1 UmwG)	105–115	c) Zustimmungsbeschluss	220–227
aa) Inhalt	105–108	7. Anmeldung und Eintragung	228–232
bb) Maßgeblicher Zeitpunkt	109	8. Rechtswirkungen der Eintragung	233–239
cc) Formulierung der Erklärung	110–112	a) Partielle Gesamtrechtsnachfolge	233
dd) Formale Voraussetzungen	113–115	b) Organhaftung	234–239
d) Gerichtliche Prüfung	116	C. Eingetragene Genossenschaften (eG) und genossenschaftliche Prüfungsverbände	240–312
e) Weitere Anlagen der Anmeldung (§ 146 Abs. 2 UmwG)	117, 118	I. Die Spaltung unter Beteiligung eingetragener Genossenschaften	240–303
f) Rechtsfolge eines Verstoßes	119–121	1. Einführung und Gesetzessystematik	241–246
7. Verfahren der Spaltung unter Beteiligung einer AG oder KGaA	122–141	2. Praktische Relevanz	247–251
		3. Ausgliederung des operativen Geschäfts gegen Beteiligungen	252–255
a) Spaltungsvertrag bzw. Spaltungsplan	123–126	a) Förderzweck	253
b) Spaltungsbericht	127–130	b) Dividendengenossenschaften	254
c) Spaltungsprüfung	131–133	c) Zulässigkeit nach KAGB	255
d) Spaltungsbeschluss	134–137	4. Satzung der Genossenschaft	256–266
e) Anmeldung und Eintragung der Spaltung	138–141	a) Unternehmensgegenstand und Förderzweck	263–265
III. Spaltung unter Beteiligung einer SE	142–146	b) Beitritt, Beteiligungen, Einzahlungsverpflichtungen und Haftung	266
B. GmbH	147–239		
I. Allgemeines	147–149		

	Rdnr.
5. Spaltungsvertrag, Spaltungsplan	267–274
a) Umtauschverhältnisse (§ 126 Abs. 1 Nr. 3 UmwG)	268–273
b) Spaltungsstichtag	274
6. Spaltungsbericht	275
7. Prüfungsgutachten des Prüfungsverbandes	276–278
8. General- bzw. Vertreterversammlung, Spaltungsbeschluss	279
9. Ausschlagungsrecht	280–282
10. Anmeldung zum Registergericht	283–300
a) Anmeldung von Satzungsänderungen	287
b) Besonderheiten bei der Anmeldung zur Neugründung einer Genossenschaft	288–294
c) Erklärung des Vorstands	295–300
11. Nachschusspflicht	301–303
II. Die Spaltung unter Beteiligung eines Prüfungsverbandes	304–312
1. Rechtsformbesonderheit der genossenschaftlichen Prüfungsverbände	304–307
2. Spaltungsmöglichkeiten der genossenschaftlichen Prüfungsverbände	308, 309
3. Durchführung und Rechtsfolgen der Spaltung	310–312
D. Eingetragener Verein (e. V.)	313–327
I. Einführung	313–318
1. Inhalt und Systematik des UmwG	313, 314
2. Spaltungsfähigkeit von Vereinen	315, 316
3. Bedeutung der Vereinssatzung und entgegenstehende landesrechtliche Vorschriften	317, 318
II. Besonderheiten bei der Spaltung unter Beteiligung von Vereinen	319–327
1. Spaltungsvertrag bzw. Spaltungsplan	319–322
2. Spaltungsbericht und Spaltungsprüfung	323, 324
3. Beschlussfassungen der Mitgliederversammlungen über die Spaltung	325, 326
4. Anmeldung und Eintragung der Spaltung	327
E. Versicherungsverein auf Gegenseitigkeit (VVaG)	328–340
I. Begrenzung der Spaltungsmöglichkeiten	328–330
II. Besonderheiten bei der Anwendung der allg. Vorschriften	331–340
1. Gewährung von Anteilen oder Mitgliedschaften und Zustimmungserfordernisse	333–335
2. Weitere Abweichungen	336–340
F. Personengesellschaften (einschließlich PartG)	341–364
I. Einführung	341
II. Spaltung unter Beteiligung von Personalhandelsgesellschaften	342, 355
1. Anwendbare Vorschriften und Spaltungsfähigkeit	342, 343

	Rdnr.
2. Spaltung zur Aufnahme	344–351
a) Spaltungs- und Übernahmevertrag	344–346
b) Spaltungsbericht, Unterrichtung der Gesellschafter, Prüfung der Spaltung und Spaltungsbeschluss	347, 348
c) Nachhaftung und Gläubigerschutz	349–351
3. Spaltung zur Neugründung	352–355
III. Spaltung unter Beteiligung von PartG	356–364
1. Anwendbare Vorschriften, Spaltungsfähigkeit und Möglichkeit der Spaltung	356–358
2. Spaltung zur Aufnahme	359–361
3. Spaltung zur Neugründung	362–364
G. Natürliche Personen	365–392
I. Grundsätzliches	365–367
II. Ausgliederung aus dem Vermögen eines Einzelkaufmannes (§§ 152–160 UmwG)	368–392
1. Rechtstechnische Alternativen zur Ausgliederung nach den §§ 152 ff. UmwG	368, 369
2. Voraussetzungen	370–381
a) Übertragender Rechtsträger	370–375
aa) Einzelkaufmann	370–372
bb) Überschuldung des Einzelkaufmannes als Ausgliederungshindernis	373–375
b) Übernehmender Rechtsträgertragender Rechtsträger	376–378
c) Kombination mehrerer Ausgliederungsvorgänge	379–381
3. Verfahren	382, 383
4. Wirkungen	384–386
5. Sachverhalte mit Auslandsbezug	387–392
a) Ausgliederung aus dem Vermögen eines ausländischen Einzelkaufmannes in einen Rechtsträger mit Sitz im Inland	388–391
b) Ausgliederung aus dem Vermögen eines (deutschen) Einzelkaufmannes in einen Rehtsträgermit Sitz im Ausland	392
H. Stiftung	393–450
I. Grundlagen	393–395
II. Ausgliederungsfähiger Rechtsträger	396–400
1. Rechtsfähige bürgerlichrechtliche Stiftung	396–399
2. Eintragung im Handelsregister	400
III. Gegenstand der Ausgliederung	401–404
1. Unternehmen	402
2. Unternehmensteil	403, 404
IV. Stiftungsrechtliche Ausgliederungsschranken	405–409
1. Finanzierungsbetrieb	406
2. Zweckverwirklichungsbetrieb	407–409
V. Verfahren der Ausgliederung	410–439
1. Ausgliederung zur Aufnahme	410–435

	Rdnr.		Rdnr.
a) Übernehmende Rechtsträger	410	I. Spaltungen unter Beteiligung der öffentlichen Hand	451–482
b) Ausgliederungsvertrag	411–414	I. §§ 168 ff. UmwG: Ausgliederungen aus dem Vermögen von Gebietskörperschaften	454–479
c) Ausgliederungsbericht	415–420	1. Beteiligungsfähige Rechtsträger	455–462
d) Zuleitung an Betriebsräte	421	a) Übertragende Rechtsträger	456
e) Ausgliederungsbeschluss	422–427	b) Übernehmende Rechtsträger	457–462
f) Genehmigung der Ausgliederung	428–432	aa) Ausgliederung zur Neugründung	458, 459
g) Anmeldung und Eintragung	433–435	bb) Ausgliederung zur Aufnahme	460–462
2. Ausgliederung zur Neugründung	436–439	2. Ausgliederungsgegenstand	463–466
a) Kapitalgesellschaften	436	3. Kein entgegenstehendes Bundes- oder Landesrecht	467, 468
b) Ausgliederungsplan	437	4. Besonderheiten im Ausgliederungsverfahren	469–477
c) Gründungsberichte	438, 439	a) Sondervorschriften	469–472
VI. Rechtsfolgen der Ausgliederung	440–447	b) Ungeschriebene Besonderheiten aus der „Natur der Sache"	473–476
1. Partielle Universalsukzession	440	c) Heilung	477
2. Firma und Firmenfortführung	441	5. Gläubigerschutz	478, 479
3. Heilung von Umwandlungsmängeln	442	II. Spaltungsvorgänge der öffentlichen Hand außerhalb des UmwG	480–482
4. Haftung der Stiftung	443–447		
VII. Strukturmaßnahmen außerhalb des UmwG	448–450		
1. Einzelübertragung	448		
2. Zweckänderung	449		
3. Zusammenlegung und Zulegung	450		

A. Aktiengesellschaft, KGaA und SE

Schrifttum: *Bayer/J. Schmidt*, Der Referentenentwurf zum 3. UmwÄndG: Vereinfachungen bei Verschmelzungen und Spaltungen und ein neuer verschmelzungsspezifischer Squeeze out, ZIP 2010, 953; *Breschendorf/Wallner*, Neues im Umwandlungsrecht durch das Dritte Gesetz zur Änderung des UmwG, GWR 2011, 511; *Drinhausen*, Regierungsentwurf eines Zweiten Gesetzes zur Änderung des Umwandlungsgesetzes – ein Gewinn für die Praxis, BB 2006, 2313; *Engelmeyer*, Das Spaltungsverfahren bei der Spaltung von Aktiengesellschaften, AG 1996, 193; *Groß*, Deckung eines Spaltungsverlustes bei einer Aktiengesellschaft durch Auflösung nach § 150 III und IV AktG gebundener Rücklagen?, NZG 2010, 770; *Harrer/Carbonare/Fritsche*, Börsennotierung nach Abspaltung als Handlungsalternative zum klassischen Börsengang, BKR 2013, 309; *Harrer/Fritsche*, Börsengang nach Abspaltung als attraktive Handlungsvariante, Börsen Zeitung Spezial vom 23. Juli 2015; *Kossmann/Heinrich*, Möglichkeiten der Umwandlung einer bestehenden SE, ZIP 2007, 164; *Marsch-Barner*, Die Rechtsstellung der Europäischen Gesellschaft (SE) im Umwandlungsrecht, Liber amicorum Wilhelm Happ, S. 165; *Mayer/Weiler*, Neuregelungen durch das Zweite Gesetz zur Änderung des Umwandlungsgesetzes (Teil II), DB 2007, 1291; *Schlitt/Ries*, Spin-off – Ein Instrument für alle Fälle?, Platow Recht 2012, Nr. 126, S. 7; *Wagner*, Der Regierungsentwurf für ein Drittes Gesetz zu Änderung des Umwandlungsgesetzes, DStR 2010, 1629; *Zeidler*, Rechtliche Probleme bei der Deckung des Spaltungsverlusts einer Aktiengesellschaft, WPg 2004, 324

I. Allgemeines

1   Die Spaltung hat auch für AGs und KGaAs bei Konzernumstrukturierungen ihren festen Platz gehabt, auch wenn Konzerngesellschaften wegen der insoweit günstigeren Corporate Governance ganz überwiegend in der Rechtsform der GmbH organisiert sind. Gleichermaßen eignet sich die Spaltung aber auch zu anderen Zwecken, wie der Vorbereitung der Veräußerung von Unternehmensteilen oder der Auseinandersetzung unter Mitinhabern bzw. Trennung von Familienstämmen. Mit gewissen Einschränkungen eignet sich die Spaltung auch zur Sanierung im Sinne der Ausgleichung einer Unterbilanz.[1]

---

[1] Ausführlich Buth/Hermanns/*Hermanns* § 17 Rn. 47.

In den letzten Jahren ist bei börsennotierten Großkonzernen die Verselbständigung von Geschäftsbereichen in ihrerseits börsennotierten Gesellschaften wieder vermehrt in das Blickfeld gerückt, was die Fälle Bayer/Covestro, E.ON/Uniper, RWE/Innogy, Siemens/Osram und METRO/CECONOMY zeigen. Allen diesen Fällen gemeinsam war dabei die Zielrichtung dieser Unternehmensrestrukturierungen, nämlich die **organisatorische Trennung unterschiedlicher Geschäftsfelder** der bisherigen börsennotierten Konzernmutter.

Den nach wie vor klassischen Weg stellt hierbei die organisatorische Überführung des Geschäftsbereichs in eine Tochtergesellschaft dar, deren Anteile anschließend über die Börse veräußert werden.[2] Beispielhaft hierfür ist die ehemalige Bayer-Tochter Covestro. Diese war bereits vorher als Bayer Material Science AG organisatorisch selbständig. Nach einer Umfirmierung in Covestro AG wurde sie an der Börse platziert. Hintergrund der Transaktion war, dass Bayer sich von seiner konjunkturabhängigen Kunststoffsparte trennen wollte.[3]

Dieser oft als „Equity Carve-Out" bezeichnete Prozess kann auf unterschiedlichem Wege verfolgt werden.[4] Insbesondere für den Fall, dass der Geschäftsbereich noch nicht organisatorisch selbständig ist, bietet das Spaltungsrecht mit der Ausgliederung gem. § 123 Abs. 3 UmwG eine attraktive Handlungsoption. Bei einer Ausgliederung überträgt ein Rechtsträger einen Teil seiner Vermögensmasse auf einen (zu gründenden oder bereits bestehenden) anderen Rechtsträger im Wege der partiellen Gesamtrechtsnachfolge.[5] Als Gegenleistung für die Übertragung der Vermögenswerte erhält der abgebende Rechtsträger Anteile am aufnehmenden Rechtsträger. Der neue Rechtsträger wird infolgedessen eine Tochtergesellschaft der bisherigen Konzernmutter.[6] Der anschließende Börsengang der Tochtergesellschaft führt zu einem Mittelzufluss bei der Muttergesellschaft, gleichwohl ist der Erfolg des IPO von der Verfassung des Marktumfeldes abhängig.[7]

Die Hauptalternative ist die Abspaltung gem. § 123 Abs. 2 UmwG.[8] Bei der Abspaltung (oft auch untechnisch als „Spin-off"[9] bezeichnet) geht, wie bei der Ausgliederung, ein Teil der Vermögensmasse des abgebenden Rechtsträgers im Wege der teilweisen Universalsukzession auf einen anderen (zu gründenden oder bereits bestehenden) Rechtsträger über. Als Gegenleistung erhalten jedoch die Aktionäre des abgebenden Unternehmensträgers die Anteile am aufnehmenden Unternehmensträger.[10]

Vorteilhaft an dieser Struktur ist, dass die abspaltende Muttergesellschaft keinem Platzierungsrisiko ausgesetzt ist, da die Aktien der neuen Gesellschaft automatisch den eigenen Aktionären ins Depot gebucht werden.[11] Des Weiteren kann die Muttergesellschaft den Geschäftsbereich in einem Schritt abstoßen.[12] Gegen eine Abspaltung spricht allerdings die häufig hohe Komplexität der Transaktion und die damit einhergehende lange Laufzeit. Ferner müssen die Hauptversammlungen der Gesellschaften zustimmen, was auch das

---

[2] Vgl. *Harrer/Carbonare/Fritsche* BKR 2013, 309 ff.
[3] Wirtschaftswoche, Online-Artikel vom 28. Juli 2015: „Covestro vor Abspaltung – Bayer wird zum reinen Life-Science-Konzern".
[4] *Harrer/Fritsche* Börsen Zeitung Spezial vom 23. Juli 2015; Übersicht zur Terminologie bei Habersack/Mülbert/Schlitt/*Grosse/Wilczek* § 5 Rn. 51.
[5] Semler/Stengel/*Stengel* § 123 Rn. 14 ff.
[6] Henssler/Strohn/*Wardenbach* UmwG § 123 Rn. 7.
[7] *Harrer/Carbonare/Fritsche* BKR 2013, 309, 310.
[8] Habersack/Mülbert/Schlitt/*Grosse/Wilczek* § 5 Rn. 45; vgl. *Harrer/Carbonare/Fritsche* BKR 2013, 309 ff.
[9] Übersicht zur Terminologie bei Habersack/Mülbert/Schlitt/*Grosse/Wilczek*, § 5 Rn. 51.
[10] Semler/Stengel/*Stengel* § 123 Rn. 14.
[11] Habersack/Mülbert/Schlitt/*Grosse/Wilczek*, § 5 Rn. 59; *Schlitt/Ries* Platow Recht 2012, Nr. 126, S. 7.
[12] *Harrer/Carbonare/Fritsche* BKR 2013, 309, 310.

Risiko von Anfechtungsklagen mit sich bringt.[13] Darüber hinaus fließen den Gesellschaften keine liquiden Mittel zu, die damit einhergehende abnehmende Marktkapitalisierung der Muttergesellschaft kann sich auf deren Indexzugehörigkeit auswirken.[14]

7   In jüngerer Vergangenheit hat sich beispielsweise die E.ON SE entschlossen, aufgrund der mit der Energiewende verbundenen Herausforderungen ihr traditionelles Energiegeschäft abzugeben.[15] Dazu hat sie in einem ersten Schritt alle Teilbereiche des klassischen Geschäfts in der Uniper SE gebündelt. In einem nächsten Schritt hat die E.ON SE eine ihrer beiden Zwischenholdings, die Aktien an der Uniper SE hielten, auf die Uniper SE abgespalten. Als Gegenleistung haben die Aktionäre der E.ON SE die durch Kapitalerhöhung bei der Uniper SE geschaffenen Aktien erhalten.[16]

8   Allein diese aktuellen prominenten Beispiele zeigen die Bedeutung der Spaltung zur Umorganisation des Geschäfts der AG, KGaA und SE, um die gesellschaftsrechtlichen Strukturen einem diversifizierten Geschäftsmodell anzupassen, in einem sich wandelnden wirtschaftlichen Umfeld.

9   Die Normen betreffend die Spaltung der AG und KGaA in §§ 141 bis 146 UmwG bauen dabei auf den allgemeinen Vorschriften zur Spaltung in §§ 123–137 UmwG auf, welche wiederum, der Verweisungstechnik des UmwG folgend, weite Teile der Regelungen zur Verschmelzung für entsprechend anwendbar erklären. Die Vorschriften in §§ 141 bis 146 UmwG enthalten somit ausschließlich die speziell für AG und KGaA geltenden Regelungen.[17] Vorschriften betreffend die SE sind darin hingegen nicht ausdrücklich enthalten; dazu → Rn. 142 ff.

II. Spaltung unter Beteiligung von Aktiengesellschaften und Kommanditgesellschaften auf Aktien

1. Ausschluss der Spaltung

10 **a) Allgemeines.** Gemäß § 141 UmwG kann eine AG oder KGaA, die noch nicht zwei Jahre im Handelsregister eingetragen ist, außer zur Ausgliederung zur Neugründung nicht gespalten werden.

Mit dieser Bestimmung wollte der Gesetzgeber verhindern, dass eine AG bzw. KGaA schon in der Nachgründungsperiode des § 52 AktG einen großen Teil ihres Vermögens abgibt. Dabei sah der Gesetzgeber in der Spaltung eine besondere Gefährdung der Aktionäre und der Gläubiger des übertragenden Rechtsträgers, welcher nur durch ein absolutes Spaltungsverbot zu begegnen war.[18]

11 Für die Nachgründungsperiode, dh für den Zeitraum von zwei Jahren ab der Eintragung der Gesellschaft im Handelsregister, konstituiert das in § 141 UmwG enthaltene Spaltungsverbot somit einen besonders weitreichenden Umgehungsschutz der Nachgründungsvorschriften des § 52 AktG.[19] Dieses Regelungskonzept lag bereits bei § 353 Abs. 2 AktG a. F., der seinerseits ein absolutes Verbot für die Verschmelzung vorsah, zugrunde. Diese Vorschrift diente als Vorbild und wurde in § 141 UmwG inhaltlich übernommen. Dies geht über die europarechtlichen Vorgaben hinaus. Weder der dem § 52 AktG zugrundeliegende

---

[13] Harrer/Carbonare/Fritsche BKR 2013, 309, 311.
[14] Schlitt/Ries Platow Recht 2012, Nr. 126, S. 7.
[15] S. Einleitung des gemeinsamen Spaltungsberichts der Vorstände der E.ON SE und der Uniper SE, abrufbar unter: https://www.eon.com/content/dam/eon/eon-com/investors/spin-off-uniper/EON_Spaltungsbericht_mit_Anlagen_DE.pdf.
[16] Vgl. Harrer/Fritsche Börsen Zeitung Spezial vom 23. Juli 2015.
[17] Lutter/Schwab § 141 Rn. 1.
[18] Begr. RegE BR-Drucks. 75/94 S. 126.
[19] Schmitt/Hörtnagl/Stratz/Hörtnagl, § 141 Rn. 1; Henssler/Strohn/Wardenbach UmwG § 141 Rn. 3.

Art. 11 der zweiten gesellschaftsrechtlichen (Kapital-) Richtlinie[20], noch die sechste (Spaltungs-) Richtlinie[21] schreibt ein solches Spaltungsverbot vor.

b) Anwendungsbereich. aa) Spaltung zur Aufnahme und zur Neugründung. 12
Das Spaltungsverbot gemäß § 141 UmwG bezieht sich nach ihrem klaren Wortlaut auf den **übertragenden Rechtsträger** („kann [...] nicht gespalten werden") und gilt zunächst für die **neu gegründete** AG oder KGaA.

Angesichts des Normzwecks des Spaltungsverbots (→ Rn. 10) muss das Spaltungsverbot 13 gleichermaßen für AG oder KGaA gelten, die durch **Formwechsel einer Personenhandelsgesellschaft** entstanden sind. Für diese Gesellschaften ist gemäß §§ 197, 220 Abs. 3 S. 2 UmwG nämlich die Nachgründungsvorschrift des § 52 AktG ebenfalls zu beachten.[22]

Anders liegt dies beim Formwechsel von Kapitalgesellschaften, da das Zweite Gesetz zur 14 Änderung des UmwG[23] die Anwendbarkeit der Nachgründungsregeln in den Fällen des Formwechsels einer Kapitalgesellschaft in die Rechtsform der AG oder der KGaA eingeschränkt hat. Weil für einen Schutz vor Umgehung des Nachgründungsverfahrens kein Platz ist, wenn die Nachgründung nicht anwendbar ist, müssen sich die entsprechenden Beschränkungen konsequenterweise auf die Anwendbarkeit des Spaltungsverbots gemäß § 141 UmwG auswirken. Demnach gilt das Spaltungsverbot im Fall des **Formwechsels einer GmbH** in die Rechtsform der AG oder KGaA nur, sofern die GmbH vor dem Wirksamwerden des Formwechsels nicht bereits zwei Jahre im Handelsregister eingetragen war, § 245 Abs. 1 UmwG (→ § 38 Rn. 155). Im Fall des **Formwechsels einer AG oder KGaA** in die jeweils andere Rechtsform ist gemäß § 245 Abs. 2 und 3 UmwG die Anwendbarkeit des Nachgründungsverbots nach § 52 AktG ausgeschlossen, was allerdings nur bedeutet, dass die Frist des § 52 AktG durch den Formwechsel nicht neu zu laufen beginnt (→ § 38 Rn. 188). Dementsprechend gilt das Spaltungsverbot des § 141 UmwG auch im Falle des Formwechsels einer AG oder KGaA in die jeweils andere Rechtsform, sofern seit der Ersteintragung der Gesellschaft im Handelsregister nicht bereits zwei Jahre vergangen sind.[24]

Nachdem in der aktienrechtlichen Literatur inzwischen anerkannt ist, dass das Nach- 15 gründungsverbot gemäß § 52 AktG auch im Falle der **wirtschaftlichen Neugründung** einer Vorrats- oder Mantelgesellschaft gilt[25], muss konsequenterweise auch das Spaltungsverbot gemäß § 141 UmwG in diesem Falle gelten. Denn die Rechtsprechung des BGH zur Anwendung der Gründungsvorschriften auf die wirtschaftliche Neugründung ist von dem Gedanken getragen, dass die wirtschaftliche Neugründung die Gefahr der Umgehung der Gründungsvorschriften birgt mit der Folge, dass die Kapitalausstattung bei Aufnahme der wirtschaftlichen Tätigkeit gegebenenfalls nicht gewährleistet ist.[26] Die Nachgründung und das Spaltungsverbot des § 141 UmwG schützen diese Kapitalausstattung für die der Gründung nachfolgenden zwei Jahre, sodass die Rationale der Anwendung der Gründungsvorschriften auf die wirtschaftliche Neugründung auch für das Spaltungsverbot zutrifft (→ Rn. 10).

bb) Ausgliederung zur Neugründung. Um den Aufbau sinnvoller Holdingstrukturen 16 zu ermöglichen, wurde die Ausgliederung zur Neugründung (§ 123 Abs. 3 Nr. 2 UmwG) durch das Zweite Gesetz zur Änderung des UmwG von dem Anwendungsbereich des

---

[20] Richtlinie 77/91/EWG, ABl. EG 1977 Nr. L 26 S. 1.
[21] Richtlinie 82/891/EWG, ABl. EG 1982 Nr. L 378 S. 47.
[22] Vgl. Lutter/*Vetter* § 141 Rn. 10; Schmitt/Hörtnagl/Stratz/*Hörtnagl* § 141 Rn. 1.
[23] BGBl. I S. 542.
[24] Vgl. Böttcher/Habighorst/Schulte/*Burg* § 141 Rn. 6.
[25] MünchKommAktG/*Pentz* § 23 Rn. 114; Spindler/Stilz/*Heidinger* § 52 Rn. 45; Grigoleit/*Vedder* Vor § 23 Rn. 19.
[26] Vgl. BGH II ZB 4/02, NJW 2003, 3198.

§ 141 UmwG ausgenommen.[27] Der Gesetzgeber ging davon aus, dass bei der Ausgliederung zur Neugründung eine Gefährdung des Vermögens der übertragenden AG oder KGaA nicht bestehe, weil diese im Zuge der Ausgliederung die Anteile an dem neuen, übernehmenden Rechtsträger erhalte, in denen wiederum das ausgegliederte Vermögen verkörpert sei. Bei der Ausgliederung zur Aufnahme, dh auf einen bereits bestehenden Rechtsträger droht nach Auffassung des Gesetzgebers hingegen eine Gefahr eines Vermögensverlustes, etwa weil der übernehmende Rechtsträger überschuldet ist oder weil dessen Anteile nicht vollständig dem übertragenden Rechtsträger gehören und das Umtauschverhältnis unzutreffend festgesetzt wird.[28]

17 Es wird vertreten, dass diese Ausnahme nicht weit genug geht und darüber hinaus auch der Fall der Ausgliederung zur Aufnahme auf eine 100%ige Tochtergesellschaft des übertragenden Rechtsträgers von dem Anwendungsbereich des § 141 UmwG ausgenommen werden sollte, da auch in diesem Fall keine Gefahr des Vermögensverlustes bestehe.[29] Nun lässt sich nicht bestreiten, dass in den in der Gesetzesbegründung zur Ausgliederung zur Aufnahme genannten Fällen tatsächlich ein Verlust eintreten würde. Vielmehr handelt es sich dabei nicht um einen in der Spaltung angelegten Verlust, sondern schlicht um eine für die spaltende Gesellschaft wirtschaftlich nachteilige Durchführung der Spaltung und mithin um ein Risiko, dem die Gesellschaft auch bei anderen Geschäften ausgesetzt sein kann. Dies ändert aber nichts daran, dass der Gesetzgeber – wenn auch möglicherweise nicht aus den besten Gründen – eine bewusste Entscheidung getroffen hat, nur die Spaltung zur Neugründung vom Spaltungsverbot auszunehmen. Diese Entscheidung hat der Rechtsanwender zu akzeptieren. Auch bringt das Fortbestehen des Spaltungsverbots für den Fall der Ausgliederung zur Aufnahme in der Praxis keine allzu großen Schwierigkeiten mit sich, da sich der Mehraufwand einer Ausgliederung zur Neugründung gegenüber der Ausgliederung zur Aufnahme auf einen bestehenden Rechtsträger in Grenzen hält.[30]

18 Umgekehrt wird vertreten, dass durch die Ausnahme für die Ausgliederung zur Neugründung eine Schutzlücke in den Fällen bestehe, in denen der übernehmende Rechtsträger nicht seinerseits dem Nachgründungsverbot des § 52 AktG unterliegt. Nach dieser Auffassung hätte diese Ausnahme dahingehend beschränkt werden müssen, dass die Ausgliederung nur auf eine AG zulässig ist.[31] Diese Argumentation vernachlässigt aber, dass die Einschränkung des Spaltungsverbots in § 141 UmwG durch das Zweite Gesetz zur Änderung des UmwG bewusst Erleichterungen zum Aufbau von Holdingstrukturen einführen sollte. Demgegenüber würde eine Beschränkung dieser Ausnahme auf die Fälle einer Ausgliederung zur Neugründung auf eine AG dieser Zielsetzung nur sehr eingeschränkt genügen. Denn für Holdingstrukturen innerhalb eines Konzerns wird, da sich die GmbH aufgrund ihrer Organisationsverfassung nach dem GmbHG für eine Einbindung in einen Konzern in der Regel besser eignet als die AG,[32] meist die Rechtsform der GmbH und nur sehr selten die Rechtsform der AG gewählt. Insofern bietet die Ausnahme des § 141 UmwG für die Ausgliederung zur Neugründung einen sinnvollen Interessenausgleich.

19 **c) Einzelerläuterungen. aa) Spaltungsverbot.** Während der sog. Nachgründungsphase enthält § 141 UmwG ein **absolutes Spaltungsverbot**.
Rechtspolitisch wird die **Erforderlichkeit** dieses absoluten Spaltungsverbots **bezweifelt**. Denn zum einen werde dem Gläubigerschutz bereits durch die gesamtschuldnerische Haftung der an der Spaltung beteiligten Rechtsträger nach § 133 UmwG genüge getan. Zum anderen schütze das Erfordernis der Dreiviertelmehrheit für den Spaltungsbeschluss gemäß § 125 iVm §§ 13 Abs. 1, 65, 73 (für die KGaA iVm § 78) UmwG die Aktionärs-

---

[27] BGBl. I S. 542.
[28] Begr. RegE BT-Drucks. 16/2919 S. 19.
[29] Mayer/Weiler DB 2007, 1291, 1293.
[30] Drinhausen BB 2006, 2313, 2316.
[31] Lutter/Schwab § 141 Rn. 6.
[32] Emmerich/Habersack/Habersack Anh. § 318 Rn. 4.

interessen.³³ Der Gesetzgeber sah in Spaltungsvorgängen gleichwohl eine besondere Gefährdung des Gesellschaftsvermögens und hat sich daher bewusst für ein absolutes Spaltungsverbot entschieden.³⁴ Auf anderem Wege als einem absoluten Spaltungsverbot hätte der aus seiner Sicht erforderliche zusätzliche Schutz des Gesellschaftsvermögens auch gar nicht erfolgen können, da die Spaltung nach §§ 123 ff. UmwG – vergleichbar mit den Regeln zur Nachgründung gemäß § 52 AktG – ohnehin schon ein Verfahren aus Werthaltigkeitsprüfung sowie Information und Abstimmung der Aktionäre vorsieht.

Umstritten ist, inwiefern das Spaltungsverbot gemäß § 141 UmwG auch **die Einzelschritte der Spaltung vor der Eintragung** erfasst. Nach der liberalsten Ansicht kommt es alleine darauf an, dass die Spaltung nicht vor dem Ablauf der Zweijahresfrist in das Handelsregister eingetragen werden darf. Danach dürfen die erforderlichen Einzelschritte zur Durchführung der Spaltung (Abschluss des Spaltungsvertrags bzw. Aufstellung des Spaltungsplans, Aufstellung des Spaltungsberichts, Beschluss der Hauptversammlung) bereits vor dem Ablauf der Zweijahresfrist vorgenommen werden.³⁵ Nach ähnlicher, aber etwas engerer Ansicht ist erforderlich, dass in den vorbereitenden Maßnahmen deutlich wird, dass sie auf eine Spaltung nach Ablauf der Zweijahresfrist abzielen³⁶, bzw. der Spaltungsvertrag aufschiebend bedingt ist³⁷. Zudem soll zwischen der Spaltung zur Aufnahme und der Spaltung zur Neugründung zu unterscheiden sein, wobei in dem letztgenannten Fall wegen §§ 135 Abs. 1, 125, 76 Abs. 1 UmwG der Spaltungsbeschluss erst nach Ablauf der Zweijahresfrist gefasst werden dürfe.³⁸ Nach anderer Ansicht kommt es darauf an, dass der Spaltungsstichtag außerhalb des Zweijahreszeitraums liegt, im Übrigen dürften vorbereitende Maßnahmen auch bereits vor dem Ablauf der Frist durchgeführt werden.³⁹ Nach wieder anderer Ansicht darf der Spaltungsbeschluss erst nach dem Ende der Zweijahresfrist erfolgen, vorher seien der Spaltungsbeschluss und ebenso alle anderen vorbereitenden Maßnahmen untersagt.⁴⁰

Der Wortlaut des § 141 UmwG bietet bei der Frage, welche konkreten Einzelhandlungen vom Spaltungsverbot erfasst werden, keine Hilfestellung, weil er anders als der Wortlaut des § 76 Abs. 1 UmwG keinen konkreten Bezugspunkt nennt. Ein direkter Rückgriff auf § 76 Abs. 1 UmwG über die Verweisung des § 125 UmwG verbietet sich, weil der Regelungsgegenstand, das Verbot der entsprechenden Umwandlungsmaßnahme, bereits durch § 141 UmwG geregelt wird und sich insofern aus den Spaltungsregelungen eine eigene Regelung ergibt. Das Verschmelzungsverbot des § 76 UmwG gibt aber insofern eine Orientierungshilfe, als das Verschmelzungs- und das Spaltungsverbot in diesem Punkt unterschiedlich formuliert worden sind. Daraus ist zu schlussfolgern, dass der Gesetzgeber dann auch unterschiedliche Regelungen beabsichtigt haben wird.⁴¹ Die genauere Zielrichtung wird man vom Zweck der Vorschrift, eine Minderung des Gesellschaftsvermögens der übertragenden Aktiengesellschaft durch eine Spaltung in den ersten beiden Jahren ihrer Existenz zu verhindern (→ Rn. 10), her entwickeln werden müssen. Unter diesem Gesichtspunkt sind der Spaltungsstichtag, die Aufstellung des Spaltungsplans bzw. der Abschluss des Spaltungs- und Übernahmevertrags und die entsprechenden Beschlüsse der Hauptversammlung alles notwendige Zwischenschritte, aber die Wirksamkeit der Spaltung und damit die Minderung des Gesellschaftsvermögens tritt nach § 131 UmwG (ggf. iVm § 135 Abs. 1 UmwG) erst mit der Eintragung im Handelsregister des über-

---

³³ Semler/Stengel/*Reichert* § 141 Rn. 3.
³⁴ Kölner Kommentar-UmwG/*Simon* § 141 Rn. 6.
³⁵ Böttcher/Habighorst/Schulte/*Burg* § 141 Rn. 8, 9; Kallmeyer/*Sickinger* § 141 Rn. 2; Widmann/Mayer/*Rieger* § 141 Rn. 12.
³⁶ Lutter/*Schwab* § 141 Rn. 17 ff.
³⁷ Schmitt/Hörtnagl/Stratz/*Hörtnagl* § 141 Rn. 3, 4.
³⁸ Lutter/*Schwab* § 141 Rn. 20 ff.
³⁹ Henssler/Strohn/*Wardenbach* UmwG § 141 Rn. 6, 7.
⁴⁰ Semler/Stengel/*Diekmann* § 141 Rn. 15 ff.
⁴¹ Widmann/Mayer/*Rieger* § 141 Rn. 9.

tragenden Rechtsträgers ein. Daher ist die erstgenannte Ansicht vorzugswürdig. Gleichwohl ist es ratsam, den Spaltungs- und Übernahmevertrag aufschiebend auf den Ablauf des Spaltungsverbots zu bedingen und dem Vorstand in der Vollzugsanweisung vorzugeben, die Spaltung erst nach dem Ablauf der Zweijahresfrist bei dem Handelsregister zur Eintragung anzumelden.[42] Geschieht dies nicht, muss das Handelsregister gleichwohl die Eintragung bis zum Ablauf der Frist des § 141 UmwG aussetzen, darf sie aber nicht endgültig verweigern.[43] Da entsprechende Rechtsprechung fehlt, ist zusätzlich zu empfehlen, das Vorgehen vorab mit dem Handelsregister abzustimmen.

22 Für die **Einzelübertragung von Vermögenswerten** gilt § 141 UmwG nicht, sodass insoweit eine gewisse Möglichkeit besteht, wirtschaftlich das gleiche Ergebnis zu erreichen, ohne gegen § 141 UmwG zu verstoßen. Das bedeutet allerdings einen größeren Aufwand und mag deshalb in manchen Fällen nicht praktikabel sein.

23 **bb) Berechnung der Zweijahresfrist.** Für die Berechnung der Zweijahresfrist gelten die allgemeinen zivilrechtlichen Grundsätze gemäß §§ 187 Abs. 1, 188 Abs. 2 BGB.

24 Die Zweijahresfrist beginnt bei der neu gegründeten AG oder KGaA mit der erstmaligen Eintragung in das Handelsregister gemäß §§ 39, 41 AktG (für KGaA iVm §§ 278, 282 AktG) zu laufen.

25 Im Falle des Formwechsels einer Personenhandelsgesellschaft (→ Rn. 13) knüpft die Zweijahresfrist an das Wirksamwerden des Formwechsels durch Eintragung im Handelsregister gemäß § 220 Abs. 3 S. 2 UmwG an. Beim Formwechsel einer GmbH (→ Rn. 14) kommt es auf die Ersteintragung der GmbH im Handelsregister gemäß § 245 Abs. 1 S. 3 UmwG an. Entsprechendes gilt für den Fall des Formwechsels einer AG oder KGaA in die jeweils andere Rechtsform (→ Rn. 14).

26 Im Fall der **wirtschaftlichen Neugründung** ist in der aktienrechtlichen Literatur inzwischen weitgehend anerkannt, dass für den Beginn der Frist des § 52 AktG der Zeitpunkt maßgeblich ist, zu dem die wirtschaftliche Neugründung gegenüber dem Handelsregister angezeigt wird, oder die Gesellschaft nach der wirtschaftlichen Neugründung erstmals nach außen auftritt, je nachdem, was zuerst geschieht.[44] Dasselbe muss dann auch für den Beginn des Zweijahreszeitraums gemäß § 141 UmwG gelten.

27 **d) Rechtsfolge von Verfahrensverstößen.** Ein Verstoß gegen § 141 UmwG führt gemäß § 134 BGB zur Nichtigkeit des Spaltungsvertrags bzw. des Spaltungsplans und des Spaltungsberichts.[45]

28 Ein gegen § 141 UmwG verstoßender Beschluss der Hauptversammlung ist gemäß § 241 Nr. 3 AktG nichtig, weil § 141 UmwG in erster Linie der Kapitalerhaltung und somit dem Gläubigerschutz dient (→ Rn. 10).[46]

29 Ein Verstoß führt zu einem Eintragungshindernis. Wird die Spaltung dennoch eingetragen, wird der Verstoß jedoch gemäß § 131 Abs. 2 UmwG geheilt.[47]

2. Spaltung mit Kapitalerhöhung; Spaltungsbericht

30 **a) Allgemeines.** § 142 UmwG betrifft die Spaltung zur Aufnahme und dort die ggf. notwendige Kapitalerhöhung durch eine übernehmende AG oder KGaA. Der übernehmende Rechtsträger hat im Zuge der Spaltung als Gegenleistung für die Vermögensübertragung Aktien der übernehmenden AG oder KGaA zu gewähren. Diese Aktien erhalten im Fall der Aufspaltung oder der Abspaltung zur Aufnahme nach § 123 Abs. 1 Nr. 1 oder Abs. 2 Nr. 1 UmwG die Gesellschafter des übertragenden Rechtsträgers und im Fall der

---

[42] Böttcher/Habighorst/Schulte/*Burg* § 141 Rn. 9.
[43] Widmann/Mayer/*Rieger* § 141 Rn. 14.
[44] Vgl. BGH II ZR 56/10, NJW 2012, 1875; MünchKommAktG/*Pentz* § 23 Rn. 109; Spindler/Stilz/*Limmer* § 23 Rn. 45a.
[45] Schmitt/Hörtnagl/Stratz/*Hörtnagl* § 141 Rn. 5.
[46] Lutter/*Schwab* § 141 Rn. 22.
[47] Lutter/*Schwab* § 141 Rn. 23.

Ausgliederung zur Aufnahme nach § 123 Abs. 3 Nr. 1 UmwG der übertragende Rechtsträger. Diese müssen in aller Regel im Zusammenhang mit der Spaltung noch durch eine Kapitalerhöhung geschaffen werden.

Für die entsprechende Kapitalerhöhung bei der Verschmelzung sieht § 69 UmwG, der **31** über die Verweisung in § 125 UmwG auch für die Spaltung gilt, verschiedene Erleichterungen in Bezug auf die Kapitalerhöhungsvorschriften der §§ 182 ff. AktG vor. § 142 UmwG modifiziert diese Regelung für die Spaltung zur Aufnahme dahingehend, dass eine Sacheinlageprüfung unabänderlich durchzuführen ist. Damit soll zum Schutz der Gläubiger wie auch der Altaktionäre des übernehmenden Rechtsträgers sichergestellt werden, dass das im Wege der Spaltung übertragene Vermögen grundsätzlich werthaltig ist.[48] Auf die Rechtsform des übertragenden Rechtsträgers kommt es dabei nicht an.[49]

Der Wert des zu übertragenden Vermögens ist deshalb in doppelter Hinsicht zu prüfen **32** und zwar einerseits im Rahmen der Spaltungsprüfung nach §§ 125, 9 UmwG und andererseits im Rahmen der Prüfung der Sacheinlage gemäß §§ 142 Abs. 1, 69 UmwG iVm §§ 183 Abs. 3, 34 Abs. 1 Nr. 2 AktG. Das scheint auf ersten Blick doppelter Aufwand, rechtfertigt sich aber aus den unterschiedlichen Zielrichtungen der Prüfungen. So soll die Spaltungsprüfung im Interesse der Gesellschafter des übertragenden Rechtsträgers bzw. des übertragenden Rechtsträgers im Fall der Ausgliederung zur Aufnahme die Angemessenheit des Umtauschverhältnisses sicherstellen. Die Prüfung der Sacheinlage im Rahmen der Kapitalerhöhung soll dagegen im Interesse der Aktionäre und der Gläubiger der übernehmenden AG oder KGaA sicherstellen, dass die zu übertragenden Vermögenswerte nicht überbewertet werden und das entsprechende Grundkapital durch werthaltige Vermögensgegenstände gedeckt ist.[50]

§ 142 UmwG wird flankiert durch §§ 125, 68 UmwG, die mit dem Ziel der Verhin- **33** derung der Entstehung eigener Aktien bzw. der Erleichterung des Abbaus etwaiger Bestände an eigenen Aktien die Möglichkeiten zur Erhöhung des Grundkapitals der übernehmenden AG bzw. KGaA einschränken[51] (ausführlich zur Verschmelzung → § 15 Rn. 60 ff.).

b) Einzelerläuterungen. aa) Prüfung der Sacheinlagen (§ 142 Abs. 1 UmwG). Die Prüfung der Sacheinlage folgt gemäß §§ 142 Abs. 1, 125, 69 UmwG iVm § 183 **34** Abs. 3 AktG den für die Sachgründung geltenden Regeln, dh § 33 Abs. 3 bis 5 und §§ 34, 35 AktG.

§ 142 Abs. 1 UmwG ordnet kompromisslos an, dass für die Kapitalerhöhung einer AG **35** oder KGaA als übernehmender Rechtsträger einer Spaltung zur Aufnahme eine Prüfung der Sacheinlagen stets zu erfolgen hat und schließt damit die Möglichkeit aus, auf Basis der aktienrechtlichen Erleichterungen §§ 183a, 33a AktG **von der externen Prüfung der Sacheinlagen abzusehen**.[52]

Der Prüfer für die Sacheinlage wird auf Antrag des Vorstands bzw. der Geschäftsleitung **36** durch das Amtsgericht, in dessen Bezirk die betreffende übernehmende AG oder KGaA ihren Satzungssitz hat, bestellt. Das Gericht bestellt den Prüfer im pflichtgemäßen Ermessen.[53] Nach § 69 Abs. 1 S. 4 UmwG ist es zulässig, den Spaltungsprüfer auch zum Prüfer der Sacheinlage zu bestellen. Die unterschiedlichen Blickwinkel dieser beiden Prüfungen (→ Rn. 32) stehen dem nicht entgegen, sofern der Prüfer in seiner Person die entsprechen-

---

[48] Begr. RegE BR-Drucks. 75/94 S. 126; Lutter/*Schwab* § 142 Rn. 5; Böttcher/Habighorst/Schulte/*Burg* § 142 Rn. 1.
[49] Kallmeyer/*Sickinger* § 142 Rn. 1.
[50] *Breschendorf/Wallner* GWR 2011, 511; vgl. auch *Bayer/J. Schmidt* ZIP 2010, 953, die jedoch der Ansicht sind, dass Spaltungsprüfung und Prüfung der Sacheinlagen gleichwertig sind.
[51] Vgl. Kallmeyer/*Marsch-Barner* § 68 Rn. 1.
[52] Semler/Stengel/*Diekmann* § 142 Rn. 6a; Schmitt/Hörtnagl/Stratz/*Hörtnagl* § 142 Rn. 1.
[53] Hüffer/*Koch* § 33 Rn. 7 und § 183 Rn. 17; die Pflicht des Gerichts zur Anhörung der Industrie- und Handelskammer besteht seit dem TransPuG 2002 (BGBl. I S. 2681) nicht mehr.

de Eignung gemäß § 33 Abs. 4 und 5 AktG aufweist. In praktischer Hinsicht ist die Bestellung eines Prüfers für beide Prüfungen in aller Regel schon aus Effizienzgründen zu bevorzugen.

37 **Gegenstand der Prüfung** ist nach §§ 142 Abs. 1, 125, 69 UmwG iVm §§ 183 Abs. 3, 34 Abs. 1 Nr. 2 AktG die Frage, ob der Wert des im Wege der Spaltung zu übertragenden Vermögens den geringsten Ausgabebetrag (dh den Nennbetrag oder bei Stückaktien den auf die einzelnen Aktien entfallenden anteiligen Betrag des Grundkapitals, § 9 Abs. 1 AktG) der hierfür zu gewährenden Aktien insgesamt erreicht.[54] In der aktienrechtlichen Literatur ist mit Blick auf den durch Art. 10 Abs. 2 der Kapitalrichtlinie[55] gebotenen Schutz der Altaktionäre weitgehend anerkannt, dass sich die Prüfung der Sacheinlagen bei der Kapitalerhöhung gemäß §§ 183 Abs. 3, 34 Abs. 1 Nr. 2 AktG darüber hinaus auch darauf erstrecken muss, ob der Wert der Sacheinlagen einen etwaigen **höheren Ausgabebetrag** (Agio) abdeckt, allerdings nur sofern es sich dabei um ein sog. gesellschaftsrechtliches Agio handelt.[56] Dieser höhere Ausgabebetrag wird allein durch den Kapitalerhöhungsbeschluss der übernehmenden AG oder KGaA festgelegt. Werden die neuen Aktien – wie es in der Praxis meistens der Fall ist – dagegen zum geringsten Ausgabebetrag ausgegeben und mit der Anordnung, einen überschießenden Wert der Sacheinlage in die Kapitalrücklage zu buchen, verbunden, verbleibt es für die Prüfung der Sacheinlage im Zusammenhang mit der Spaltung bei der Prüfung, ob der Wert des zu übertragenden Vermögens den geringsten Ausgabebetrag abdeckt. Dass das als Sacheinlage einzubringende Vermögen häufig einen höheren Wert hat, führt nicht zu einer Veränderung des Umfangs der Prüfung nach §§ 142 Abs. 1, 69 UmwG iVm §§ 183 Abs. 3, 34 Abs. 1 Nr. 2 AktG (zur ähnlichen Frage bei der Verschmelzung → § 15 Rn. 100).

38 Von einem höheren Ausgabebetrag im Rahmen der Kapitalerhöhung ist bei der Spaltung ein möglicher **Spaltungsgewinn** beim übernehmenden Rechtsträger zu unterscheiden. Ein Spaltungsgewinn kann sich aus der Differenz zwischen dem bilanziellen Wertansatz des zu übertragenden Vermögens beim übernehmenden Rechtsträger und dem Nennwert bzw. dem Anteil am Grundkapital der im Wege der Kapitalerhöhung zu schaffenden Gegenleistungsaktien ergeben. Dieser Differenzbetrag stellt keinen höheren Ausgabebetrag im Sinne der §§ 183 Abs. 3, 34 Abs. 1 Nr. 2 AktG dar, sondern resultiert allein aus der Ausübung des Wahlrechts des übernehmenden Rechtsträgers hinsichtlich des Wertansatzes des zu übertragenden Vermögens gemäß § 24 UmwG iVm § 125 UmwG und dementsprechender Anwendung handelsrechtlicher Bilanzierungsgrundsätze. Diese Einschätzung ändert sich auch nicht dadurch, dass der Wertansatz beim übertragenden Rechtsträger in der Praxis häufig bereits im Spaltungsvertrag bzw. dem Spaltungsplan festgelegt wird.

39 Der Sacheinlageprüfer hat über die Prüfung gemäß § 34 Abs. 2 AktG einen **Bericht** zu erstatten. In dem Bericht hat er das zu übertragende Vermögen zu beschreiben und die angewandten Bewertungsmethoden darzulegen. Der Bericht muss in Schriftform (§ 126 BGB) abgegeben werden, dh von dem Sacheinlageprüfer eigenhändig unterzeichnet werden.[57] Der Sacheinlageprüfer hat den Bericht gemäß § 34 Abs. 3 S. 1 AktG beim Handelsregister und beim Vorstand der übernehmenden AG oder KGaA einzureichen.

40 **bb) Verpflichtung zum Hinweis auf den Bericht über die Prüfung (§ 142 Abs. 2 UmwG).** Nach § 142 Abs. 2 UmwG ist in dem Spaltungsbericht (§ 127 UmwG) auf den Bericht über die Sacheinlageprüfung hinzuweisen, sowie auf das Handelsregister, bei dem dieser hinterlegt ist. Diese Hinweispflicht besteht nach dem Wortlaut des § 142 Abs. 2 UmwG nur „gegebenenfalls", dh sofern ein Spaltungsbericht erstellt wird, anderenfalls

---

[54] § 183 Abs. 3 AktG in der Fassung des ARUG (BGBl. I S. 2479) verweist auch auf § 34 Abs. 1 AktG, sodass ein Rückgriff auf den Regelungszweck des § 142 UmwG insoweit nicht mehr erforderlich ist.
[55] Richtlinie 77/91/EWG, ABl. EG 1977 Nr. L 26 S. 1.
[56] Dazu ausführlich Kölner Kommentar-AktG/*Ekkenga* § 183 Rn. 222 ff.
[57] Hüffer/*Koch* § 34 Rn. 4.

entfällt diese Pflicht.⁵⁸ Die Bezugnahme nur auf die „übernehmende AG" ist dagegen nur als redaktionelles Versehen aufzufassen, und die Hinweispflicht erstreckt sich gleichermaßen auf die übernehmende KGaA.⁵⁹

Der Bericht über die Sacheinlageprüfung gehört jedoch nicht zu den gemäß §§ 123, 63 **41** UmwG in den Geschäftsräumen auszulegenden Unterlagen. Gegebenenfalls kann es sich aber anbieten, den Bericht über die Sacheinlage freiwillig auszulegen bzw. auf der Internetseite des übernehmenden Rechtsträgers zur Verfügung zu stellen, da sich damit grundlegende Fragen seitens der Aktionäre in der Hauptversammlung von vornherein vermeiden lassen.

c) Rechtsfolge von Verfahrensverstößen. Ein Verstoß gegen die nach § 142 Abs. 1 **42** UmwG erforderliche Sacheinlageprüfung stellt ein Eintragungshindernis dar. Wird die Spaltung dennoch eingetragen, wird der Verstoß jedoch gemäß § 131 Abs. 2 UmwG geheilt.⁶⁰

Da die Hinweispflicht nach § 142 Abs. 2 UmwG dazu dient, es den Aktionären zu **43** ermöglichen, beim Handelsregister Einsicht in den Bericht über die Sacheinlageprüfung zu nehmen, führt ein Verstoß zur Anfechtbarkeit des Beschlusses der Hauptversammlung der übernehmenden AG bzw. KGaA über die Verschmelzung gemäß § 243 Abs. 4 S. 1 AktG.⁶¹

3. Verhältniswahrende Spaltung zur Neugründung

a) Allgemeines. § 143 UmwG hat durch das Dritte Gesetz zur Änderung des Um- **44** wandlungsgesetzes⁶² einen völlig neuen Inhalt erhalten. Zuvor regelte § 143 UmwG besondere Informationspflichten des Vorstands gegenüber den Aktionären über wesentliche Änderungen des Vermögens der betreffenden AG oder KGaA während der Zeit zwischen dem Abschluss des Spaltungsvertrags und dem Beschluss der Hauptversammlung. Nachdem diese Informationspflicht in § 63 UmwG (→ § 15 Rn. 16) verschoben wurde, der über § 125 UmwG auch für die Spaltung gilt, wurde der freigewordene § 143 UmwG zur Umsetzung des durch die Richtlinie 2009/109/EG neu gefassten Art. 22 Abs. 5 der Spaltungsrichtlinie⁶³ genutzt. Danach dürfen die Mitgliedstaaten weder einen Spaltungsbericht noch eine Spaltungsprüfung noch die Auslegung einer Zwischenbilanz im Vorfeld der Hauptversammlung zwingend vorschreiben, wenn die Aktien jeder der neu zu gründenden übernehmenden Gesellschaften den Aktionären der gespaltenen Gesellschaft im Verhältnis zu ihren Rechten am Kapital dieser Gesellschaft gewährt werden, dh im Falle der verhältniswahrenden Spaltung zur Neugründung. ⁶⁴ Denn bei dieser Form der Spaltung bleiben die Gesellschafter des übertragenden Rechtsträgers in gleicher Weise an dem übertragenen Vermögen beteiligt, wie vor der Spaltung. Für die Erstellung eines Spaltungsberichts, die Durchführung einer Spaltungsprüfung und die Aufstellung einer Zwischenbilanz besteht daher grundsätzlich kein Bedürfnis.⁶⁵

b) Voraussetzungen. § 143 UmwG ist nur anwendbar, wenn **alle an der Spaltung** **45** **beteiligten Rechtsträger AGs** sind. Durch das Erfordernis der ausschließlichen Beteiligung von AGs ist sichergestellt, dass die Informationsbedürfnisse der Aktionäre einer übertragenden AG vollumfänglich erfüllt werden, wenn sie infolge der Spaltung Anteile an einer Gesellschaft anderer Rechtsform erhalten sollen.⁶⁶ Das gilt auch im Hinblick auf eine Beteiligung von KGaAs. Dies ist im Verhältnis zur AG allein insofern sinnvoll, als bei der

---

⁵⁸ Lutter/*Schwab* § 142 Rn. 6.
⁵⁹ Kölner Kommentar-UmwG/*Simon* § 142 Rn. 12; Böttcher/Habighorst/Schulte/*Burg* § 142 Rn. 2.
⁶⁰ Semler/Stengel/*Diekmann* § 142 Rn. 10.
⁶¹ Kölner Kommentar-UmwG/*Simon* § 142 Rn. 14.
⁶² BGBl. I S. 1338.
⁶³ Richtlinie 82/891/EWG, ABl. EG Nr. L 378/47.
⁶⁴ Art. 3 Nr. 8b) der Richtlinie 2009/109/EG, ABl. EU Nr. L 259/14.
⁶⁵ Lutter/*Schwab* § 143 Rn. 3.
⁶⁶ Lutter/*Schwab* § 143 Rn. 5.

KGaA neben den Kommanditaktionären mindestens auch ein persönlich haftender Gesellschafter beteiligt sein muss, für den es bei der AG keine Entsprechung gibt. Es ist aber auch im Verhältnis von KGaAs untereinander sinnvoll, weil der persönlich haftende Gesellschafter eine Kapitalbeteiligung an der KGaA halten kann. Dann ist die von § 143 UmwG geforderte Gewährung einer verhältniswahrenden Zahl von Kommanditaktien der übernehmenden KGaA aber nicht zwingend gleichbedeutend mit einer verhältniswahrenden Beteiligung am Gesamtkapital der KGaA.

46 Darüber hinaus gilt § 143 UmwG nur bei der **Aufspaltung zur Neugründung** (§ 123 Abs. 1 Nr. 2 UmwG) und der **Abspaltung zur Neugründung** (§ 123 Abs. 2 Nr. 2 UmwG). Hintergrund der Beschränkung auf Spaltungen zur Neugründung ist, dass an einer bestehenden AG bereits andere Aktionäre beteiligt sind und eine verhältniswahrende Gewährung von Aktien an die Aktionäre der übertragenden AG daher – zumindest im Regelfall – nicht möglich ist. Möglich wäre dies nur, wenn an allen an der Spaltung beteiligten Rechtsträgern dieselben Aktionäre mit denselben Beteiligungsverhältnissen beteiligt sind. In diesem seltenen Fall könnte man über eine analoge Anwendung der Erleichterungen nachdenken. Da der Gesetzgeber mit § 143 UmwG aber Art. 22 Abs. 5 der Spaltungsrichtlinie[67] umsetzen wollte, der ebenfalls nur auf Spaltungsvorgänge zur Neugründung anzuwenden ist, dürfte es an der notwendigen planwidrigen Regelungslücke fehlen.[68]

47 Die Beschränkung auf die Aufspaltung und die Abspaltung ist naturgemäß vorgegeben, da im Falle der Ausgliederung (§ 123 Abs. 2 UmwG) nicht die Aktionäre der übertragenden AG, sondern die AG selbst die Anteile an der übernehmenden AG erhält. Auch gelten die Vorschriften bezüglich der Verschmelzungsprüfung gemäß §§ 9 bis 12 UmwG nach § 125 S. 2 UmwG ohnehin nur für die Aufspaltung und die Abspaltung, nicht aber für die Ausgliederung.

48 Außerdem muss die Gewährung von Aktien an der übernehmenden AG **verhältniswahrend** erfolgen, dh die Aktionäre müssen an dem Grundkapital der übernehmenden AG im gleichen Verhältnis beteiligt werden, wie sie auch an dem Grundkapital der übertragenden AG beteiligt waren. Dabei kommt es auf das tatsächliche Grundkapital an. Insofern sind auch außerhalb der Satzung erfolgte Kapitalerhöhungen aus bedingtem Kapital zu berücksichtigen[69]. Hat die übertragende AG Vorzugsaktien ausgegeben, ist auch dies zu berücksichtigen, dh es kommt nicht nur auf die quantitative Höhe, sondern auch auf die rechtliche Qualität der Beteiligung an[70]. Hingegen kommt es für die Anwendbarkeit des § 143 UmwG nicht darauf an, ob die übertragende AG bzw. die übernehmende AG börsennotiert sind[71]. In diesem letzten Fall lässt sich ein fehlendes Informationsbedürfnis der Aktionäre der übertragenden AG durchaus bezweifeln. Eine einschränkende Auslegung dürfte aber gleichwohl nicht in Betracht kommen, da § 141 UmwG europarechtliche Vorgaben umsetzt, die entsprechende Einschränkungen ebenfalls nicht enthalten.

49 **c) Rechtsfolgen. aa) Entbehrlichkeit des Spaltungsberichts und der Spaltungsprüfung.** Nach § 143 UmwG finden die Vorschriften der §§ 8 bis 12 UmwG über den Verschmelzungsbericht und die Verschmelzungsprüfung keine Anwendung, sodass beim Vorliegen der Voraussetzungen des § 143 UmwG ein Spaltungsbericht und eine Spaltungsprüfung nicht erforderlich sind.

50 Dem steht nicht entgegen, dass § 143 UmwG nicht auch die Nichtanwendbarkeit von § 127 UmwG anordnet, der speziell für die Spaltung das Erfordernis eines Spaltungsberichts regelt. Da die Nichtanwendung von § 8 UmwG andernfalls gegenstandslos wäre und auch eine Gefährdung der Interessen der Aktionäre der übertragenden AG bei der

---

[67] Richtlinie 82/891/EWG, ABl. EG Nr. L 378/47.
[68] Lutter/*Schwab* § 143 Rn. 6.
[69] *Wagner* DStR 2010, 1629, 1631.
[70] Lutter/*Schwab* § 143 Rn. 9.
[71] Lutter/*Schwab* § 143 Rn. 8; *Wagner* DStR 2010, 1629, 1631.

verhältniswahrenden Spaltung ohnehin nicht gegeben ist (→ Rn. 44), wird die fehlende Erwähnung von § 127 UmwG allgemein als Redaktionsversehen aufgefasst.[72]

bb) Keine Auslage von Zwischenbilanz, Spaltungsbericht und Prüfungsbericht. Beim Vorliegen der Voraussetzungen des § 143 UmwG ist auch § 63 Abs. 1 Nr. 3 bis 5 UmwG nicht anzuwenden, nach dem ggf. eine Zwischenbilanz sowie der Spaltungs- und der Prüfungsbericht auszulegen wären. Damit ist auch die Erstellung und Auslegung einer Zwischenbilanz entbehrlich.[73] 51

cc) Rechtsfolge bei Nichteinhaltung der Voraussetzungen. Liegen die Voraussetzungen des § 143 UmwG nicht vor und wird dennoch von einem Spaltungsbericht und einer Spaltungsprüfung abgesehen oder werden die in § 63 Abs. 1 Nr. 3 bis 5 UmwG genannten Dokumente nicht ordnungsgemäß ausgelegt, sind die Beschlüsse der Hauptversammlung sowohl der übertragenden als auch der übernehmenden AG über die Spaltung gemäß § 243 Abs. 1 AktG anfechtbar.[74] 52

Für die Aktionäre der übertragenden AG, die im Zuge der Spaltung als Ausgleich Anteile des übernehmenden Rechtsträgers erhalten, ist die Einschränkung des § 243 Abs. 4 S. 2 AktG zu beachten, wonach die Geltendmachung eines Verstoßes gegen Informationspflichten in Bezug auf die Bemessung des Umtauschverhältnisses nur in einem – bei verhältniswahrender Ausgabe von Aktien einer neu gegründeten Aktiengesellschaft wenig aussichtsreichen – Spruchverfahren statthaft ist.[75] 53

4. Gründungsbericht und Gründungsprüfung

a) Allgemeines. § 144 UmwG schreibt für die Spaltung zur Neugründung einer AG oder KGaA vor, dass **stets ein Gründungsbericht zu erstellen** ist und **eine Gründungsprüfung stattzufinden** hat. Damit ist § 144 UmwG das Pendant zu § 142 UmwG, der für den Fall der Spaltung zur Aufnahme unter Erhöhung des Grundkapitals der übernehmenden AG oder KGaA stets eine Sacheinlageprüfung verlangt (→ Rn. 30 ff.). 54

Damit weicht das Verfahren bei der Spaltung zur Neugründung von dem bei der Verschmelzung zur Neugründung ab. Bei letzterer ist gemäß § 75 Abs. 2 UmwG ein Gründungsbericht und eine -prüfung nicht erforderlich, wenn der übertragende Rechtsträger eine Kapitalgesellschaft oder eine Genossenschaft ist. Dieser Erleichterung für die Verschmelzung liegt der Gedanke zugrunde, dass die Aufbringung des Kapitals der neu zu gründenden übernehmenden AG ohnehin dadurch sichergestellt ist, dass der übertragende Rechtsträger seinerseits bereits Kapitalerhaltungsvorschriften unterliegt. Diese Erleichterungen nach § 75 Abs. 2 UmwG, die über die Verweisungen in §§ 135 Abs. 1, 125 UmwG ansonsten auch bei der Spaltung anzuwenden wären, hebt § 144 UmwG wieder auf. 55

Das ist konzeptionell auch sinnvoll, denn eine Spaltung bezieht sich in aller Regel auf einen Teil des Vermögens des übertragenden Rechtsträgers, sodass auch bei übertragenden Kapitalgesellschaften die für sie geltenden Kapitalerhaltungsvorschriften keine Gewähr dafür bieten, dass die Kapitalaufbringung der neu gegründeten übernehmenden AG oder KGaA sichergestellt ist. Insofern stellen der nach § 144 UmwG stets erforderliche Gründungsbericht und die Gründungsprüfung (wie in den Fällen der Gründung) auch zum Schutz der Aktionäre und Gläubiger der zu gründenden übernehmenden AG oder KGaA sicher, dass die Kapitalaufbringung in Form des im Wege der Spaltung zu übertragenden Vermögens gewährleistet ist. 56

Dies führt ebenso wie bei § 142 UmwG zu einer doppelten Prüfung des Werts des zu übertragenden Vermögens einerseits im Rahmen der Spaltungsprüfung und andererseits im 57

---

[72] Lutter/*Schwab* § 143 Rn. 4; Schmitt/Hörtnagl/Stratz/*Hörtnagl* § 143 Rn. 4; Kallmeyer/*Sickinger* § 143 Rn. 3; *Wagner* DStR 2010, 1629,1631.
[73] Schmitt/Hörtnagl/Stratz/*Hörtnagl* § 143 Rn. 5.
[74] Semler/Stengel/*Diekmann* § 143 Rn. 7.
[75] Kölner Kommentar-UmwG/*Simon* § 143 Rn. 20.

Rahmen der Gründungsprüfung, was aber angesichts der unterschiedlichen Zielrichtungen dieser beiden Prüfungen hinzunehmen ist (ausführlich → Rn. 32).

58 Die Anwendbarkeit des § 75 Abs. 1 UmwG über §§ 125, 135 UmwG bleibt jedoch unberührt, wonach der Gründungsbericht um Ausführungen zu dem Geschäftsverlauf und der Lage des übertragenden Rechtsträgers zu erweitern ist.[76]

59 **b) Anwendungsbereich.** § 144 UmwG gilt für alle Fälle der Spaltung zur Neugründung einer AG oder KGaA sowie für eine im Zuge einer kombinierten Spaltung gemäß § 123 Abs. 4 UmwG neu zu gründende AG oder KGaA.

60 **c) Einzelerläuterungen. aa) Verfahrensfragen.** Der **Gründungsbericht** folgt im Wesentlichen den Vorgaben des § 32 AktG, mit punktuellen Konkretisierungen durch das UmwG.

61 **Verantwortlich** für die Aufstellung des Gründungsberichts ist der übertragende Rechtsträger, der gemäß § 135 Abs. 2 S. 2 UmwG als Gründer der im Wege der Spaltung neuzugründenden AG oder KGaA gilt.

62 Inhaltlich muss der Gründungsbericht nach § 32 Abs. 1 AktG die **Angaben über den Hergang der Gründung** enthalten. Für die Neugründung im Wege der Spaltung bedeutet dies, dass die entsprechenden Festlegungen des Spaltungsplans wiederzugeben sind, insbesondere: der Tag der Aufstellung des Spaltungsplans mit dem die Satzung der neuzugründenden AG oder KGaA festgestellt wird bzw. der Tag der Feststellung der Satzung (falls dies in einem separaten Akt erfolgt, vgl. §§ 125, 37 UmwG), das Grundkapital und dessen Einteilung in Nennbetrags- oder Stückaktien, Angaben zur Übernahme der neuen Aktien nach Maßgabe des im Spaltungsplan festgelegten Umtauschverhältnisses, Angaben zur Bestellung der ersten Organe und des Prüfers für das erste Voll- oder Rumpfgeschäftsjahr, etc.[77]

63 Zentral sind die Angaben nach § 32 Abs. 2 AktG, wonach der Gründungsbericht die wesentlichen Umstände darlegen muss, die für die **Beurteilung der Angemessenheit der Leistungen für die Sacheinlagen** relevant sind, dh die Werthaltigkeit des im Wege der Spaltung zu übertragenden Vermögens betreffen. Nach §§ 135 Abs. 1, 125, 75 Abs. 1 S. 1 UmwG sind außerdem der Geschäftsverlauf und die Lage des übertragenden Rechtsträgers darzustellen.

64 Der Gründungsbericht muss gemäß § 32 Abs. 1 AktG **schriftlich** im Sinne von § 126 BGB erstattet werden, dh eigenhändig unterschrieben sein. Dabei wird der übertragende Rechtsträger als Gründer durch das vertretungsberechtigte Organ, bzw. dessen Mitglieder in vertretungsberechtigter Zahl vertreten; eine rechtsgeschäftliche Vertretung, beispielsweise durch Prokuristen oder aufgrund rechtsgeschäftlicher Vollmacht ist unzulässig.[78]

65 Im Anschluss an den Gründungsbericht erfolgt die **Gründungsprüfung** gemäß §§ 33 ff. AktG.

Die **Bestellung des Gründungsprüfers** erfolgt gemäß § 33 Abs. 3 S. 2 AktG durch das Amtsgericht, in dessen Bezirk der Satzungssitz der neuzugründenden AG oder KGaA liegen wird.[79] **Antragsberechtigt** sind der übertragende Rechtsträger als Gründer (§ 135 Abs. 2 S. 2 AktG) oder der Vorstand der neuzugründen AG oder KGaA.[80] Das Gericht bestellt den Prüfer nach pflichtgemäßem Ermessen.[81] Nach §§ 135, 125, 75 Abs. 1 S. 2 UmwG ist es zulässig, den Spaltungsprüfer auch zum Gründungsprüfer zu bestellen.[82] In

---

[76] *Engelmeyer* AG 1996, 193, 206.
[77] Vgl. Hüffer/*Koch* § 32 Rn. 3; Spindler/Stilz/*Gerber* § 32 Rn. 6; ausführlich zum Ablauf der Neugründung im Rahmen einer Spaltung *Engelmeyer*, AG 1996, 193, 205 ff.
[78] Vgl. MünchKommAktG/*Pentz* § 32 Rn. 6; Hüffer/*Koch* § 32 Rn. 2.
[79] Hüffer/*Koch* § 33 Rn. 7.
[80] Spindler/Stilz/*Gerber* § 33 Rn. 16.
[81] Hüffer/*Koch* § 33 Rn. 7; die Pflicht des Gerichts zur Anhörung der Industrie- und Handelskammer besteht seit dem TransPuG 2002 (BGBl. I S. 2681) nicht mehr.
[82] Lutter/*Schwab* § 144 Rn. 12; Kallmeyer/*Sickinger* § 144 Rn. 3.

praktischer Hinsicht ist die Bestellung eines Prüfers für beide Prüfungen in aller Regel schon aus Effizienzgründen zu bevorzugen.

Nach § 34 Abs. 1 Nr. 1 AktG ist ein **Gegenstand der Gründungsprüfung**, die 66 Richtigkeit und Vollständigkeit der Angaben des übertragenden Rechtsträgers hinsichtlich der Einlagen auf das Grundkapital und die Festsetzungen nach §§ 26, 27 AktG zu prüfen. Der in der Praxis in aller Regel noch bedeutendere Gegenstand der Gründungsprüfung ist, ebenso wie bei der Spaltung zur Aufnahme unter Erhöhung des Grundkapitals der übernehmenden AG oder KGaA, gemäß § 34 Abs. 1 Nr. 2 AktG die Bewertung, ob der Wert des im Wege der Spaltung zu übertragenden Vermögens den geringsten Ausgabebetrag (dh den Nennbetrag oder bei Stückaktien den auf die einzelnen Aktien entfallenden anteiligen Betrag des Grundkapitals, § 9 Abs. 1 AktG) der hierfür zu gewährenden Aktien sowie ein gesellschaftsrechtliches Agio insgesamt erreicht (ausführlich → Rn. 37).

Über die Gründungsprüfung ist gemäß § 34 Abs. 2 AktG ein **Bericht** zu erstatten. 67 Dieser ist schriftlich im Sinne von § 126 BGB zu erstatten. Der Gründungsprüfer hat den Bericht gemäß § 34 Abs. 3 S. 1 AktG sowohl bei dem für die übernehmende AG zuständigen Handelsregister als auch beim Vorstand der übernehmenden AG oder KGaA einzureichen. Es besteht keine gesetzliche Verpflichtung, den Bericht über die Gründungsprüfung zusätzlich bei dem übertragenden Rechtsträger als Gründer einzureichen. Gleichwohl empfiehlt sich dies.[83]

bb) Voraussetzungen der Gründungsprüfung. Teilweise wird vertreten, dass eine 68 Gründungsprüfung nur dann erforderlich sein soll, wenn ein Fall des § 33 Abs. 2 AktG vorliegt, insbesondere, wenn es sich um eine Sachgründung im Sinne des § 33 Abs. 2 Nr. 4 AktG handelt, weil bei der Spaltung Sachen, Rechte, Sachgesamtheiten, etc. übertragen werden sollen. Bei der reinen Übertragung von Barmitteln im Wege der Spaltung zur Neugründung soll eine Gründungsprüfung hingegen entbehrlich sein, da Art. 22 Abs. 4 der Spaltungsrichtlinie[84] a. F. sich nur auf „Einlagen, die nicht Bareinlagen sind" bezog.[85]

Nach der Regierungsbegründung sollten auch lediglich die Vorgaben der Spaltungsricht- 69 linie umgesetzt werden.[86] Mit der Streichung von Art. 22 Abs. 4 der Spaltungsrichtlinie durch die Richtlinie 2009/109/EG[87] ist die Begründung der teleologischen Reduktion des Anwendungsbereichs der Vorschrift allerdings hinfällig geworden. Der Gesetzgeber hat das Erfordernis der Gründungsprüfung trotz des Wegfalls der entsprechenden europäischen Vorgabe beibehalten. Vor diesem Hintergrund, und angesichts des eindeutigen Wortlauts der Norm, dürfte für eine einschränkende Auslegung kein Raum bestehen.[88]

Der einschränkenden Auslegung ist darüber hinaus die Grundlage entzogen, wenn man 70 mit der Rechtsprechung und Literatur zur Parallelnorm des § 138 UmwG betreffend die GmbH davon ausgeht, dass die Spaltung zur Neugründung einer AG stets eine Sachgründung darstellt[89] (dazu ausführlich → Rn. 167). Diese Frage wird man für die AG und die GmbH nur einheitlich beurteilen können, weil die Kapitalaufbringung bei beiden Rechtsformen weitgehend vergleichbaren Prinzipien folgt. Für die Sachgründung einer AG ist ein Gründungsbericht nach § 33 Abs. 2 Nr. 4 AktG aber immer erforderlich.

---

[83] Vgl. MünchKommAktG/*Pentz* § 34 Rn. 23; in der umwandlungsrechtlichen Kommentarliteratur wird offengelassen, ob es sich um eine bloße Empfehlung handelt oder um eine Verpflichtung, vgl. Kölner Kommentar-UmwG/*Simon* § 144 Rn. 9; Lutter/*Schwab* § 144 Rn. 5; Semler/Stengel/*Diekmann* § 144 Rn. 6; Böttcher/Habighorst/Schulte/*Burg* § 144 Rn. 9.

[84] Richtlinie 82/891/EWG, ABl. EG Nr. L 378/47.

[85] Lutter/*Schwab* § 144 Rn. 11; Semler/Stengel/*Diekmann* § 144 Rn. 7.

[86] Begr. RegE BR-Drucks. 75/94 S. 127.

[87] ABl. EU Nr. L 259/14.

[88] Im Ergebnis ebenso, allerdings mit anderer Begründung Kölner Kommentar-UmwG/*Simon* § 144 Rn. 11.

[89] Vgl. schon *Engelmeyer* AG 1996, 193, 206, generalisierend im Zusammenhang mit der Übertragung von Sachwerten.

71 Für die AG ist die praktische Bedeutung dieser Frage gering, da eine Spaltung sich in aller Regel nicht auf eine reine Übertragung von Barmitteln beschränkt.[90]

72 **d) Rechtsfolgen eines Verstoßes.** Fehlen der Gründungsbericht oder der Bericht über die Gründungsprüfung, oder sind diese fehlerhaft, hat das Registergericht durch Zwischenverfügung die Behebung dieses Fehlers zu ermöglichen und, sofern dies nicht erfolgt, die Eintragung grundsätzlich abzulehnen.[91] Da die Spaltung als solche gemäß § 137 Abs. 3 UmwG erst nach der Eintragung der neuzugründenden AG bzw. KGaA in das Handelsregister des übertragenden Rechtsträgers eingetragen wird, führt dies zu einer Verzögerung des gesamten Spaltungsvorgangs.[92]

73 Wird die AG bzw. KGaA dennoch eingetragen, ist die Gesellschaft jedoch wirksam entstanden,[93] und die aus den Mängeln des Gründungsberichts bzw. des Berichts über die Gründungsprüfung resultierende Fehlerhaftigkeit der Spaltung wird gemäß § 131 Abs. 2 UmwG geheilt.

5. Herabsetzung des Grundkapitals

74 **a) Allgemeines.** Wird im Zuge der Abspaltung oder Ausgliederung mehr Aktivvermögen übertragen als Passivvermögen, kommt es also **bei dem übertragenden Rechtsträger zu einem Vermögensabfluss**, kann es erforderlich werden, das Kapital des übertragenden Rechtsträgers herabzusetzen. Dem trägt § 145 UmwG Rechnung.[94] Die Vorschrift gilt für die AG bzw. KGaA, die als übertragender Rechtsträger an einer Abspaltung oder Ausgliederung beteiligt ist. Die Aufspaltung ist vom Anwendungsbereich nicht umfasst, da bei dieser Spaltungsform der übertragende Rechtsträger erlischt (§ 123 Abs. 1 UmwG) und daher eine Korrektur des Grundkapitals von vornherein nicht in Betracht kommt.

75 Auf die Rechtsform des übernehmenden Rechtsträgers kommt es für die Anwendung der Vorschrift nicht an. In der Praxis dürfte die Vorschrift auch unabhängig von der Rechtsform des übernehmenden Rechtsträgers gleichermaßen relevant sein, da in der überwiegenden Zahl der Fälle funktionsfähige und damit mit Eigenkapital ausgestattete Unternehmensbereiche übertragen werden.[95] Wird im Rahmen einer Spaltung das Kapital einer Kapitalgesellschaft aufgebracht oder erhöht, kommt es aufgrund der Kapitalaufbringungsvorschriften bei der übernehmenden Kapitalgesellschaft bei der übertragenden AG bzw. KGaA zwingend zu einem Vermögensabfluss.

76 § 145 UmwG beinhaltet zwei Regelungsgegenstände: Zum einen wird angeordnet, dass eine Kapitalherabsetzung bei einer übertragenden AG oder KGaA unter bestimmten Voraussetzungen nach dem erleichterten Verfahren einer vereinfachten Kapitalherabsetzung gemäß §§ 229 ff. AktG erfolgen kann. Zum anderen wird die Reihenfolge der Eintragungen im Handelsregister vorgegeben.

77 Nach der Gesetzesbegründung, die insoweit schlicht auf die Begründung zum gleichlautenden § 139 UmwG betreffend die GmbH verweist, dient die Zulassung der **vereinfachten Kapitalherabsetzung** gemäß §§ 229 AktG dem Ausgleich zwischen dem praktischen Bedürfnis nach einer einfachen und zügigen Durchführung der Spaltung einerseits und dem Gläubigerschutz andererseits.[96] Mit Blick auf die zügige Durchführung der Spaltung ist der Verweis auf die Gesetzesbegründung zu § 139 UmwG insofern zu hinterfragen, als sich die entsprechenden Kapitalherabsetzungsprocedere bei der AG bzw. KGaA und der GmbH unterscheiden. Bei der GmbH gilt die einjährige Sperrfrist gemäß § 58 Abs. 1 Nr. 3 GmbHG, die die Eintragung der Kapitalherabsetzung und damit wegen § 138 S. 2

---

[90] Kölner Kommentar-UmwG/*Simon* § 144 Rn. 11.
[91] Hüffer/*Koch* § 38 Rn. 16; MünchKommAktG/*Pentz* § 38 Rn. 52 ff.
[92] Kölner Kommentar-UmwG/*Simon* § 144 Rn. 6.
[93] Hüffer/*Koch* § 39 Rn. 5, § 37 Rn. 18; MünchKommAktG/*Pentz* § 37 Rn. 76.
[94] Kölner Kommentar-UmwG/*Simon* § 145 Rn. 2.
[95] A. A. Lutter/*Schwab* § 145 Rn. 2.
[96] Vgl. Begr. RegE BR-Drucks. 75/94 S. 127, 125.

UmwG die Spaltung erheblich verzögern würde. Bei der AG bzw. der KGaA gilt zwar die sechsmonatige Auszahlungssperre des § 225 Abs. 2 S. 1 AktG, diese steht aber der Eintragung der Kapitalherabsetzung bei der AG bzw. KGaA nicht entgegen, sodass sich aus dem § 138 S. 2 UmwG entsprechenden § 145 S. 2 UmwG kein Eintragungshindernis für die Spaltung ergibt. Bei der Abspaltung lässt aber die Eintragung der Spaltung die Vermögensübertragung auf den übernehmenden Rechtsträger und die Ausgabe der neuen Anteile am übernehmenden Rechtsträger an die Aktionäre der übertragenden AG bzw. KGaA wirksam werden. Das wirkt wirtschaftlich wie ein Äquivalent einer Zahlung an die Aktionäre der übertragenden AG bzw. KGaA. Folgerichtig muss dann § 225 Abs. 2 S. 1 AktG der Eintragung der Spaltung vor Ablauf der sechsmonatigen Frist entgegenstehen. Deshalb käme es auch bei der AG und KGaA zu Verzögerungen in der Spaltung und diese Grunderwägung der Gesetzesbegründung trifft auch auf die AG bzw. die KGaA zu. Dem Gläubigerschutz dient die Verpflichtung, mindestens die Vorschriften über die vereinfachte Kapitalherabsetzung mitsamt ihrer Gläubigerschutzmechanismen einhalten zu müssen. Damit soll verhindert werden, dass insbesondere über den Umweg einer Abspaltung auf eine Kapitalgesellschaft mit erheblich niedrigerem Grund- bzw. Stammkapital oder auf eine Gesellschaftsform ohne vergleichbaren Kapitalschutz Ausschüttungen ermöglicht werden, die beim übertragenden Rechtsträger nicht zulässig wären. Damit würde die zur Verfügung stehende Haftmasse insgesamt verkürzt, was auch den Gläubigerschutz durch die gesamtschuldnerische Haftung gemäß § 133 UmwG aushöhlen würde. Dieser Gedanke trifft auf eine AG bzw. KGaA ebenso zu wie auf eine GmbH. Durch die Zulassung der vereinfachten Kapitalherabsetzung geht den Gläubigern aber das neben den Sperrfristen zweite Standbein der ordentlichen Kapitalherabsetzung nämlich der Anspruch auf Befriedigung oder Sicherstellung nach § 58 Abs. 1 Nr. 2 GmbHG bzw. Sicherheitsleistung nach § 225 Abs.1 AktG verloren.[97] Aufgrund der Spaltung besteht eine Verpflichtung zur Sicherheitsleistung bereits gemäß §§ 133 Abs. 1 S. 2, 125 S. 1, 22 UmwG, jedoch nur unter der zusätzlichen Voraussetzung der Glaubhaftmachung, dass durch die Spaltung die Erfüllung der entsprechenden Forderung gefährdet wird.

Die außerdem in § 145 UmwG enthaltene Anordnung der **Reihenfolge der Eintragung von Kapitalherabsetzung und Spaltung** dient dem Schutz des Rechtsverkehrs, indem die Kapitalherabsetzung aufgrund des Vermögensabflusses im Wege der Spaltung öffentlich bekanntgemacht wird, bevor die Spaltung wirksam wird.[98]

b) Erforderlichkeit der Kapitalherabsetzung. Nach § 145 UmwG kommt eine vereinfachte Kapitalherabsetzung in Betracht, wenn die Herabsetzung des Grundkapitals zur Durchführung der Spaltung erforderlich ist.

Im Ausgangspunkt hat die übertragende AG oder KGaA ihr Kapital herabzusetzen, wenn das verbleibende Nettovermögen, dh das Aktivvermögen abzüglich Passiva ohne Eigenkapitalpositionen, das satzungsmäßige Grundkapital nicht mehr deckt.[99]

Gesetzlich nicht geregelt ist, inwieweit zunächst etwaige **Kapital- oder Gewinnrücklagen aufzulösen** sind, um einen mit der Spaltung einhergehenden Vermögensverlust zu decken, bevor die Erforderlichkeit der vereinfachten Kapitalherabsetzung im Sinne von § 145 UmwG angenommen werden kann. Dabei ist zu unterscheiden zwischen **freien Rücklagen** (sonstige Kapitalrücklagen, § 272 Abs. 2 Nr. 4 HGB und andere Gewinnrücklagen, § 366 Abs. 3 A. III. Nr. 4. HGB) sowie Gewinnvorträgen (§ 266 Abs. 3 A. IV HGB) einerseits und nach § 150 Abs. 3 und 4 AktG besonders **gebundenen Rücklagen** (gebundene Kapitalrücklage, § 272 Abs. 2 Nr. 1 bis 3 HGB und gesetzliche Rücklage, § 150 Abs. 1 und 2 AktG) andererseits.

Es kann kein Zweifel daran bestehen, dass zunächst die freien Rücklagen aufzulösen sind. Auch überrascht es nicht, dass über die Notwendigkeit auch die gebundenen Rücklagen

---

[97] Vgl. MünchHdb. GesR IV/*Scholz* § 62 Rn. 1.
[98] Begr. RegE BR-Drucks. 75/94 S. 127, 125.
[99] *Groß* NZG 2010, 770; Winkeljohann/Försche/Deubert/*Klingberg* I. Rn. 76.

auflösen zu müssen, unterschiedliche Auffassungen bestehen. Nach einer Ansicht ist eine vereinfachte Kapitalherabsetzung im Sinne von § 145 UmwG erforderlich, wenn die (vollständige) Auflösung der freien Rücklagen und die Auflösung der gebundenen Rücklagen bis zur Grenze von 10 % des ursprünglichen Grundkapitals des übertragenden Rechtsträgers im Sinne von § 229 AktG nicht ausreicht, den Vermögensverlust auszugleichen, sodass das Nettovermögen des übertragenden Rechtsträgers zum Spaltungsstichtag das satzungsmäßige Grundkapital deckt.[100] Diese Ansicht stellt in den Vordergrund, dass in §§ 150 und 229 AktG das gesetzgeberische Konzept eines dreistufigen Gläubigerschutzes bei der AG bzw. KGaA durch freie Rücklagen, gebundene Rücklagen und zuletzt durch das Grundkapital zum Ausdruck kommt. Nach anderer Auffassung ist die vereinfachte Kapitalherabsetzung schon dann erforderlich, wenn die (vollständige) Auflösung der freien Rücklagen des ursprünglichen Grundkapitals des übertragenden Rechtsträgers nicht ausreicht, den Vermögensverlust auszugleichen.[101] Diese Ansicht legt den Schwerpunkt darauf, dass die gebundenen Rücklagen nach § 150 AktG nicht zur Ausschüttung an die Aktionäre verwendet werden dürfen und die Spaltung wirtschaftlich wie ein Äquivalent einer Zahlung an die Aktionäre wirkt. Der Unterschied zwischen beiden Auffassungen ist in praktischer Hinsicht freilich gering, weil im einen Fall die gebundenen Rücklagen und im anderen Fall das Grundkapital reduziert wird, sich aber der Gesamtbetrag des entweder als Grundkapital oder gebundene Rücklagen geschützten Eigenkapitals nicht verändert. Die Ansicht, die die gebundenen Rücklagen unangetastet lassen will, stößt in ihrer Praktikabilität dann an Grenzen, wenn der Spaltungsverlust geringer als der Betrag des geschützten Eigenkapitals ist, aber höher als das Grundkapital. Dann müsste erst das Grundkapital über eine nach § 150 Abs. 4 Nr. 3 AktG zulässige Kapitalerhöhung aus Gesellschaftsmitteln erhöht werden, um dann die vereinfachte Kapitalherabsetzung nach § 145 UmwG für die Spaltung durchführen zu können. Es darf bezweifelt werden, ob dies der mit § 145 UmwG angestrebten Vereinfachung und Beschleunigung dienlich ist. In der Praxis umfassen die freien Rücklagen häufig sehr hohe Beträge, sodass diese Frage nur selten relevant wird. Dies zeigt sich auch daran, dass es – soweit ersichtlich – zu dieser, in der Literatur bereits seit mittlerweile fast 20 Jahren diskutierten Frage nach wie vor keine Rechtsprechung gibt.

83 Keine eindeutige Antwort gibt der Wortlaut auf die Frage, ob § 145 UmwG auch Anwendung findet, wenn das Nettovermögen des übertragenden Rechtsträgers **bereits vor der Spaltung nicht ausgereicht** hat, um das satzungsmäßige Grundkapital zu decken. Sofern die Spaltung dennoch mit den aktien- und insolvenzrechtlichen Vorgaben (insbesondere das Unternehmensinteresse gewahrt ist und keine Überschuldung im Sinne des § 19 InsO eintritt) im Einklang steht, ist kein Grund ersichtlich, wieso die Unterdeckung ein Spaltungshindernis darstellen sollte, das zunächst durch vorgelagerte Kapitalerhöhung ausgeräumt werden müsste.[102] Vielmehr erscheint es mit Blick auf den Sinn und Zweck der Norm, eine einfache und zügige Durchführung der Spaltung zu ermöglichen, vorzugswürdig, § 145 UmwG auch dann anzuwenden, wenn die mangelnde Deckung des Grundkapitals im Zuge der Spaltung nicht begründet, sondern **vertieft** wird.[103]

84 Folgt man dieser Auffassung, stellt sich die **Anschlussfrage**, ob die AG bzw. KGaA in einem solchen Fall eine den **Gesamtbetrag** umfassende, einheitliche Kapitalherabsetzung durchführen kann, oder ob der Vorgang formal in zwei separate Kapitalherabsetzungen aufgeteilt werden muss. Die Kriterien für die Zulässigkeit der jeweiligen vereinfachten Kapitalherabsetzungen (Erforderlichkeit zur Durchführung der Spaltung gemäß § 145

---

[100] *Zeidler* WPg 2004, 324, mit ausführlicher dogmatischer Begründung; *Groß* NZG 2010, 770; Sagasser/Bula/Brünger/*Sagasser*/*Bultmann* § 18 Rn. 96; Schmitt/Hörtnagl/Stratz/*Hörtnagl* § 145 Rn. 4.
[101] Kölner Kommentar-UmwG/*Simon* § 145 Rn. 3; Lutter/*Schwab* § 145 Rn. 17, 18; Kallmeyer/*Zimmermann* § 145 Rn. 1; Semler/Stengel/*Diekmann* § 145 Rn. 5.
[102] So aber Lutter/*Schwab* § 145 Rn. 11.
[103] Kölner Kommentar-UmwG/*Simon* § 145 Rn. 6; Semler/Stengel/*Diekmann* § 145 Rn. 6.

UmwG bzw. Deckung sonstiger Verluste gemäß § 229 AktG) sind materiell ähnlich, knüpfen aber dogmatisch an unterschiedliche Situationen an. Um die Prüfung durch das Registergericht nicht zu verkomplizieren, und um das Anfechtungsrisiko und damit das Risiko für die Durchführung der Spaltung zu minimieren ist es ratsam, diese dogmatische Unterscheidung durch zwei separate, gleichzeitig erfolgende Kapitalherabsetzungen, die sich jeweils gesondert auf ihre Voraussetzungen prüfen lassen, nachzuvollziehen.[104]

Neben der vereinfachten Kapitalherabsetzung besteht immer auch die Möglichkeit zur Durchführung einer ordentlichen Kapitalerhöhung. 85

c) Durchführung der Kapitalherabsetzung. Um die Voraussetzungen für die Kapitalherabsetzung zu schaffen, müssen zunächst die Rücklagen nach den obigen Grundsätzen (→ Rn. 82) aufgelöst werden. **Technisch** setzt dies grundsätzlich der Vorstand durch Umbuchungen in der Bilanz um. Ein besonderer Abschluss muss nicht aufgestellt werden. Jedoch ist die Entscheidung über die Auflösung von Gewinnrücklagen und die Verwendung des Gewinnvortrags gemäß §§ 119 Abs. 1 Nr. 1, 174 Abs. 1 AktG der **Hauptversammlung** vorbehalten. Insoweit muss vorab ein entsprechender Hauptversammlungsbeschluss herbeigeführt werden. Gleiches gilt für die Auflösung etwaiger satzungsmäßig gebildeter Rücklagen.[105] 86

Gemäß § 145 UmwG iVm §§ 229 Abs. 3, 222 Abs. 1 AktG wird die Kapitalherabsetzung mit einer **qualifizierten Mehrheit** durch die Hauptversammlung des übertragenden Rechtsträgers beschlossen. Dieser Beschluss kann in derselben Hauptversammlung gefasst werden wie der Beschluss über die Auflösung von Gewinnrücklagen bzw. die Verwendung eines Gewinnvortrags, muss diesem aber **zeitlich nachfolgen**.[106] Aus dem Kapitalherabsetzungsbeschluss muss hervorgehen, dass die Kapitalherabsetzung zur Durchführung der Spaltung erfolgt.[107] 87

In dem Hauptversammlungsbeschluss muss gemäß § 145 UmwG iVm §§ 229 Abs. 3, 222 Abs. 4 AktG angegeben werden, in welcher Weise die Kapitalherabsetzung erfolgt. Dabei wird bei Nennbetragsaktien der Nennbetrag der Aktien herabgesetzt, bei Stückaktien sinkt der anteilige Betrag am Grundkapital. Soweit der Nennbetrag, oder bei Stückaktien der anteilige Betrag am herabgesetzten Grundkapital den Mindestbetrag von einem Euro (§ 8 Abs. 2 bzw. Abs. 3 AktG) nicht mehr erreichen würde, sind im Zuge der Kapitalherabsetzung Aktien zusammenzulegen.[108] 88

Der Beschluss über und die Durchführung der Kapitalherabsetzung sind gemäß § 145 UmwG iVm §§ 229 Abs. 3, 223, 227 AktG bei dem Handelsregister **zur Eintragung anzumelden**. 89

Es spricht nichts dagegen, die Möglichkeit zuzulassen, die vereinfachte Kapitalherabsetzung im Zusammenhang mit einer Spaltung auch **mit einer Kapitalerhöhung** gemäß §§ 182 ff. AktG zu **kombinieren**.

Eine bestimmte zeitliche Reihenfolge von Kapitalherabsetzungsbeschluss und Spaltungsbeschluss lässt sich dem Gesetz nicht entnehmen. Es ist davon auszugehen, dass der Kapitalherabsetzungsbeschluss vor oder nach Abschluss des Spaltungs- und Übernahmevertrags sowie vor oder nach Fassung des Spaltungsbeschlusses gefasst werden kann.[109] In der Praxis werden die Kapitalherabsetzung und die Spaltung in derselben Hauptversammlung beschlossen. 90

d) Rechtsfolgen der Kapitalherabsetzung. Die vereinfachte Kapitalherabsetzung nach § 145 UmwG iVm §§ 229 ff. AktG dient nur dazu, die durch den Vermögensabfluss im Zuge der Spaltung begründete Unterdeckung zu kompensieren. Ein **etwaiger Diffe-** 91

---

[104] Im Ergebnis ebenso Schmitt/Hörtnagl/Stratz/*Hörtnagl* § 145 Rn. 6, § 139 Rn. 5.
[105] MünchKommAktG/*Oechsler* § 229 Rn. 43.
[106] Vgl. MünchHdb. GesR IV/*Scholz* § 62 Rn. 13.
[107] Henssler/Strohn/*Wardenbach* UmwG § 145, Rn. 6.
[108] MünchHdb. GesR IV/*Scholz* § 61 Rn. 5 ff.
[109] Widmann/Mayer/*Rieger* § 145 Rn. 18.

§ 29 92, 93 3. Kapitel. Spaltung

renzbetrag, der sich ggf. daraus ergibt, dass der Vermögensabfluss durch die Spaltung geringer ausfällt, als bei der Kapitalherabsetzung zunächst angenommen, ist gemäß § 145 UmwG iVm § 232 AktG in die den Restriktionen des § 150 Abs. 3 und 4 AktG unterliegende Kapitalrücklage einzustellen.[110] Dies stellt einen zentralen Aspekt des Gläubigerschutzes dar (→ Rn. 77).

92 Gemäß § 145 UmwG iVm § 233 AktG unterliegt die **Ausschüttung von Gewinnen nach der Kapitalherabsetzung** gewissen Beschränkungen. Nach § 233 Abs. 1 AktG müssen die gesetzliche Rücklage und die Kapitalrücklage bis zu einem Betrag aufgefüllt werden, der einem Anteil von 10 % des Grundkapitals entspricht, bevor Gewinnausschüttungen zulässig sind. Mit Blick auf § 229 Abs. 2 AktG kann dies insbesondere dann in Betracht kommen, wenn die 10 %-Grenze schon vor der Kapitalherabsetzung nicht erreicht war. Sollte die 10 %-Grenze bereits vor Ablauf des zweiten Geschäftsjahres nach der Kapitalherabsetzung erreicht sein, dürfen Gewinne nach Maßgabe von § 233 Abs. 2 AktG nur teilweise ausgeschüttet werden. Diese Beschränkungen sind auch bei der vereinfachten Kapitalherabsetzung im Zusammenhang mit der Spaltung zu beachten. Zwar geht es in diesem Fall nicht um den Schutz eines gerade erst sanierten Unternehmens vor einer unvorsichtigen Gewinnausschüttungspolitik, die Interessenlage ist aber dennoch vergleichbar, da es insoweit keinen Unterschied macht, ob die angespannte Vermögenslage durch Verluste verursacht oder durch den Vermögensabfluss im Zuge einer Spaltung herbeigeführt wird.[111]

93 Nicht anwendbar ist hingegen die bei der (selbständigen) vereinfachten Kapitalherabsetzung durch § 234 AktG eröffnete Möglichkeit der **Rückwirkung der Kapitalherabsetzung**. Diese Möglichkeit dient der Erleichterung der Sanierung und führt zu einer Durchbrechung des handelsrechtlichen Stichtagsprinzips gemäß § 252 Abs. 1 Nr. 3 HGB[112], indem gezeichnetes Kapital sowie Kapital- und Gewinnrücklagen in dem Jahresabschluss für das vor dem Kapitalherabsetzungsbeschluss abgelaufene Geschäftsjahr in der Höhe ausgewiesen werden können, wie sie nach der Kapitalherabsetzung bestehen sollen. Der eigentlich im abgelaufenen Geschäftsjahr eingetretene, anschließend durch die vereinfachte Kapitalherabsetzung kompensierte Verlust wird somit nicht unmittelbar in der Bilanz sichtbar, sondern zeigt sich nur in der Gewinn- und Verlustrechnung gemäß §§ 240, 158 AktG.[113] Diese Situation ist nicht vergleichbar mit der Situation bei der vereinfachten Kapitalherabsetzung im Zusammenhang mit einer Spaltung, bei der als Spaltungsstichtag aus steuerlichen Gründen (§ 2 Abs. 1 S. 1 UmwStG) üblicherweise der Tag gewählt wird, der auf den Abschlussstichtag der Schlussbilanz folgt. Als Schlussbilanz wird dabei in den allermeisten Fällen die im Rahmen der regulären Rechnungslegung aufgestellte Bilanz zum Ende des Geschäftsjahres verwendet. Es fehlt damit in der Regel an dem über den betreffenden Abschlussstichtag hinwegreichenden Zusammenhang. Selbst wenn der Spaltungsstichtag ausnahmsweise einmal losgelöst von dem Stichtag der Schlussbilanz gewählt werden sollte, ist die Rückwirkung gesetzlich von vornherein begrenzt auf einen Zeitraum von maximal acht Monaten, da der Stichtag der Schlussbilanz gemäß §§ 125, 17 Abs. 2 UmwG nicht mehr als acht Monate vor dem Zeitpunkt der Anmeldung der Spaltung liegen darf. Würde man eine Rückwirkung gemäß § 234 AktG auf den Jahresabschluss für das vorangegangene Geschäftsjahr zulassen, könnte dies, je nach der zeitlichen Abfolge also dazu führen, dass dieser Jahresabschluss zwar schon die Kapital-

---

[110] Schmitt/Hörtnagl/Stratz/*Hörtnagl* § 145 Rn. 6, § 139 Rn. 29; Semler/Stengel/*Diekmann* § 145 Rn. 13; Böttcher/Habighorst/Schulte/*Burg* § 145 Rn. 8.
[111] Im Ergebnis ebenso Schmitt/Hörtnagl/Stratz/*Hörtnagl* § 145 Rn. 6, § 139 Rn. 29; Böttcher/Habighorst/Schulte/*Burg* § 145 Rn. 8; Semler/Stengel/*Diekmann* § 145 Rn. 13; a. A. Kölner Kommentar-UmwG/*Simon* § 145 Rn. 12, § 139 Rn. 32.
[112] Hüffer/*Koch* § 234 Rn. 1.
[113] MünchKommAktG/*Oechsler* § 234 Rn. 1.

herabsetzung reflektiert, nicht aber die Spaltung, zu deren Durchführung die Kapitalherabsetzung erfolgt.[114]

e) Kapitalherabsetzung bei der Ausgliederung. Bei der Ausgliederung, bei der der übertragende Rechtsträger im Gegenzug für die Vermögensübertragung selbst die Anteile an dem übernehmenden Rechtsträger erhält (§ 123 Abs. 3 UmwG), ist eine Kapitalherabsetzung zur Durchführung der Spaltung im Regelfall nicht erforderlich, da es sich hier um einen **reinen Aktivtausch** handelt – das zu übertragende Vermögen wird ersetzt durch die Anteile an dem übernehmenden Rechtsträger. Daher hat § 145 UmwG bei dieser Form der Spaltung nur eine geringe praktische Relevanz. 94

Ein kleiner Anwendungsbereich verbleibt aber für den Fall, dass der Wert der Geschäftsanteile an dem übernehmenden Rechtsträger, die dem übertragenden Rechtsträger im Zuge der Ausgliederung zugeteilt werden, nicht dem Wert des ausgegliederten Vermögens entspricht.[115]

Hingegen ist der Fall, dass unmittelbar nach der Spaltung eine **Abschreibung** auf die als Gegenleistung gewährten Geschäftsanteile an dem übernehmenden Rechtsträger vorgenommen werden muss, **nicht** von dem Anwendungsbereich des § 145 UmwG erfasst. Eine möglicherweise hierdurch erforderlich werdende Kapitalherabsetzung richtet sich vielmehr allein nach aktienrechtlichen Regeln.[116] 95

f) Voreintragung der Kapitalherabsetzung. Gemäß § 145 S. 2 UmwG darf die Abspaltung oder Ausgliederung erst eingetragen werden, nachdem die **Durchführung der Kapitalherabsetzung im Handelsregister eingetragen** ist. 96

Entgegen dieses eindeutigen Wortlauts wird mit guten Gründen vertreten, dass nicht die Eintragung der Durchführung der Kapitalherabsetzung (§ 227 AktG) für die anschließende Eintragung der Abspaltung oder Ausgliederung entscheidend ist, sondern die Eintragung des Kapitalherabsetzungsbeschlusses (§ 224 AktG).[117] Denn Sinn und Zweck der Norm ist die Offenlegung der Kapitalherabsetzung gegenüber dem Rechtsverkehr noch vor der Eintragung und somit der Wirksamkeit der Spaltung, um den Rechtsverkehr vor dem damit einhergehenden Vermögensabfluss zu warnen.[118] Die Kapitalherabsetzung wird jedoch gemäß § 224 AktG bereits mit der Eintragung des Kapitalherabsetzungsbeschlusses wirksam. Diese Information ist dementsprechend für den Rechtsverkehr von entscheidendem Interesse. Die anschließende Information über die Techniken der Durchführung der Kapitalherabsetzung ist ohnehin nur in dem Fall relevant, dass zur Herabsetzung des Grundkapitals eine Zusammenlegung von Aktien erforderlich ist.[119] In der Regel wird das Registergericht die Eintragung der Spaltung dennoch erst vornehmen, wenn die Durchführung der Kapitalherabsetzung eingetragen ist. 97

Scheitert die Spaltung wird die Kapitalherabsetzung automatisch unwirksam und der Kapitalherabsetzungsbeschluss ist von Amts wegen **zu löschen**.[120] Auch aus diesem Grund wäre es sinnvoll, die Eintragung der Spaltung nur der Eintragung des Kapitalherabsetzungsbeschlusses abhängig zu machen und die Kapitalherabsetzung erst durchzuführen, wenn auch die Spaltung eingetragen ist. Die vorgelagerte Durchführung der Kapitalherabsetzung kehrt das Wirkungsverhältnis zwischen Kapitalherabsetzung und Spaltung um und führt ggf. dazu, dass die bereits durchgeführte Kapitalherabsetzung wieder rückgängig 98

---

[114] Ausführlich Kölner Kommentar-UmwG/*Simon* § 145 Rn. 13, § 139 Rn. 33; a. A. Lutter/*Schwab* § 145 Rn. 27.
[115] Sagasser/Bultmann/Brünger/*Sagasser/Bultmann* § 18 Rn. 88.
[116] Offenlassend Henssler/Strohn/*Wardenbach* UmwG § 145 Rn. 1.
[117] Kölner Kommentar-UmwG/*Simon* § 145 Rn. 14 ff., mit ausführlicher Begründung.
[118] Begr. RegE BR-Drucks. 75/94 S. 127, 125.
[119] Andernfalls sind gesonderte Maßnahmen zur Durchführung der Kapitalherabsetzung nicht erforderlich, bzw. kann die Eintragung verbunden werden mit der Eintragung des Kapitalherabsetzungsbeschlusses, vgl. Grigoleit/*Rieder* § 227 Rn. 1, 7.
[120] Widmann/Mayer/*Rieger* § 145 Rn. 23; Henssler/Strohn/*Wardenbach* UmwG § 145, Rn. 9.

gemacht werden muss, indem etwa bereits zusammengelegte Aktien wieder geteilt werden müssen.

99 Mit Blick auf den Gesetzeszweck ist die von § 145 S. 2 UmwG vorgegebene Eintragungsreihenfolge **nicht** auf den Fall zu erstrecken, dass im zeitlichen Zusammenhang mit der Spaltung, aber ansonsten davon unabhängig eine **ordentliche Kapitalherabsetzung** gemäß § 222 AktG durchgeführt wird.[121] Denn in diesem Fall fehlt es gerade an der unmittelbaren Verknüpfung zwischen Spaltung und Kapitalherabsetzung, sodass auch keine besondere Information des Rechtsverkehrs vor Eintragung der Spaltung erfolgen müsste.

6. Anmeldung der Abspaltung oder der Ausgliederung

100 **a) Allgemeines.** Bei der Anmeldung einer Abspaltung oder einer Ausgliederung zur Eintragung im Handelsregister einer übertragenden AG oder KGaA haben der Vorstand bzw. die vertretungsberechtigten persönlich haftenden Gesellschafter gemäß § 146 Abs. 1 UmwG auch zu erklären, dass die durch Gesetz und Satzung vorgesehenen Voraussetzungen für die Gründung der AG bzw. KGaA auch unter Berücksichtigung der Abspaltung bzw. Ausgliederung vorliegen. Darüber hinaus sind bei der Anmeldung bestimmte zusätzliche Unterlagen vorzulegen.

101 Sinn und Zweck dieser Vorschrift ist es, sicherzustellen, dass die AG bzw. KGaA auch nach der Spaltung noch den gesetzlichen und satzungsmäßigen Anforderungen entspricht. Die Vorlage der zusätzlichen Unterlagen dient der Nachprüfbarkeit bei möglichen Zweifeln.[122]

102 Nach dem eindeutigen Wortlaut ist § 146 UmwG auch bei der Ausgliederung anwendbar, obwohl bei dieser Form der Spaltung der übertragende Rechtsträger im Gegenzug für die Vermögensübertragung Gesellschaftsanteile an dem übernehmenden Rechtsträger erhält (§ 123 Abs. 3 UmwG) und es sich somit grundsätzlich um einen reinen Aktivtausch handelt, der die Vermögensverhältnisse nicht wesentlich verändert. Dennoch ist die Erstreckung des Anwendungsbereichs auch auf die Ausgliederung sinnvoll, da der Wert der Geschäftsanteile an dem übernehmenden Rechtsträger unter Umständen nicht zwingend dem Wert des im Wege der Ausgliederung zu übertragenden Vermögens entsprechen muss (dazu → Rn. 94). Somit kann es auch im Rahmen der Ausgliederung zu einem Vermögensabfluss kommen, sodass die Anwendung des § 146 UmwG auch bei der Ausgliederung gerechtfertigt ist.[123]

103 Bei der Aufspaltung (§ 123 Abs. 1 UmwG) ist § 146 UmwG hingegen schon nach seinem Wortlaut nicht anwendbar, da der übertragende Rechtsträger bei dieser Form der Spaltung gemäß § 131 Abs. 1 Nr. 2 UmwG erlischt und somit keine Gesellschaft mehr existiert, bei der die Einhaltung der Gründungsvoraussetzungen sichergestellt werden müsste.

104 **b) Voraussetzungen der Erklärungspflicht.** Die Erklärungspflicht gemäß § 146 Abs. 1 UmwG besteht, wenn eine AG oder KGaA als übertragender Rechtsträger an einer Abspaltung oder Ausgliederung beteiligt ist.

Auf die Rechtsform des übernehmenden Rechtsträgers kommt es nicht an; ebenso wenig darauf, ob die Spaltung zur Aufnahme oder zur Neugründung erfolgt.

105 **c) Soliditätserklärung (§ 146 Abs. 1 UmwG). aa) Inhalt.** Nach dem Wortlaut des § 146 Abs. 1 UmwG haben der Vorstand einer AG bzw. die vertretungsberechtigten persönlich haftenden Gesellschafter einer KGaA zu erklären, dass die durch Gesetz oder Satzung vorgesehenen Voraussetzungen für die Gründung der übertragenden AG bzw. KGaA auch nach der Spaltung (Abspaltung bzw. Ausgliederung) noch vorliegen. § 313

---

[121] Kölner Kommentar-UmwG/*Simon* § 145 Rn. 20 ff.; a. A. Lutter/*Schwab* § 145 Rn. 30; Schmitt/Hörtnagl/Stratz/*Hörtnagl* § 145 Rn. 8.
[122] Begr. RegE BR-Drucks. 75/94 S. 127.
[123] Ausführlich Kölner Kommentar-UmwG/*Simon* § 146 Rn. 6.

Abs. 2 UmwG knüpft an diese Erklärung an und stellt darin gemachte falsche Angaben über die Deckung des Grundkapitals der übertragenden Gesellschaft unter Strafe.

Aus dem Zusammenspiel dieser beiden Normen ergibt sich zunächst die Frage, welche **106** Betrachtungsweise im Hinblick auf die **Kapitalausstattung der Gesellschaft** anzustellen ist. Denn für die Beurteilung der Kapitalaufbringung im Rahmen der Gründung, auf welche sich der Wortlaut des § 146 Abs. 1 UmwG bezieht, kommt es darauf an, dass der tatsächliche Zeitwert der Vermögensgegenstände das Grundkapital deckt.[124] Hingegen ist im Rahmen der Kapitalerhaltung, auf welche sich der Wortlaut des § 313 Abs. 2 UmwG mit den Worten „Deckung des ... Grundkapitals" bezieht, eine bilanzielle Betrachtung anzustellen.[125] Um einen Gleichlauf zwischen Erklärungsinhalt und Strafbewehrung zu gewährleisten, ist nach zutreffender allgemeiner Meinung die bilanzielle Betrachtung maßgeblich, dh es ist zu erklären, dass das Nettobuchvermögen, ohne Berücksichtigung etwaiger stiller Reserven, das satzungsmäßige Grundkapital der übertragenden AG bzw. KGaA deckt.[126]

Darüber hinaus hat sich die Solidtätserklärung im Zusammenhang mit der Kapitalaus- **107** stattung der AG bzw. KGaA auch darauf zu erstrecken, dass weiterhin ein Mindestgrundkapital von EUR 50.000 ausgewiesen wird (§ 7 AktG) und die Anforderungen an den Nennbetrag der einzelnen Aktien bzw. bei Stückaktien die Anforderungen an den anteiligen Betrag am Grundkapital (§ 8 Abs. 2 und 3 AktG) erfüllt sind.[127] In der Praxis können diese Punkte tangiert sein, wenn mit der Spaltung eine Herabsetzung des Grundkapitals verbunden ist.

Aus dem Zusammenspiel des § 146 Abs. 1 UmwG und des § 313 Abs. 2 UmwG ergibt **108** sich weiterhin die Frage, ob es mit den beschriebenen Angaben in Bezug auf die Kapitalausstattung der Gesellschaft sein Bewenden hat, oder ob sich die Erklärung darüber hinaus auch auf die **sonstigen Gründungsvoraussetzungen** beziehen muss. Obwohl der Wortlaut des § 146 UmwG und die Gesetzesbegründung sich auf die Gründungsvoraussetzungen, ohne Einschränkung auf die Kapitalausstattung, beziehen, sind mit der herrschenden Meinung keine Erklärungen zu den sonstigen Gründungsvoraussetzungen erforderlich.[128] Denn hinsichtlich etwaiger weitergehender Angaben kommen nur diejenigen in Betracht, die nach § 37 AktG im Rahmen der Gründung der Gesellschaft bei der Anmeldung zum Handelsregister zu machen sind. Abgesehen von den Angaben zur Kapitalausstattung der AG bzw. KGaA werden die übrigen in § 37 AktG geforderten Angaben durch die Spaltung jedoch nicht tangiert. Es ist nicht anzunehmen, dass im Rahmen der Spaltung eine weitergehende, im Zusammenhang mit der Spaltung aber irrelevante Prüfungs- und Erklärungspflicht seitens des Vorstands bzw. der vertretungsberechtigten persönlich haftenden Gesellschafter angeordnet werden sollte.

bb) Maßgeblicher Zeitpunkt. Gemäß § 146 Abs. 1 UmwG muss sich die Erklärung **109** auf den Zeitpunkt der Anmeldung der Spaltung beziehen, unter Zugrundelegung der Situation, wie sie bei Wirksamkeit der Spaltung erwartet wird. Änderungen, die zwischen der Anmeldung und der Eintragung der Spaltung eintreten, führen nach allgemeiner Meinung nicht zu einer Aktualisierungspflicht.[129]

---

[124] MünchKommAktG/*Pentz* § 27 Rn. 37.
[125] BGH II ZR 102/07, NJW 2009, 850.
[126] Kallmeyer/*Zimmermann* § 146 Rn. 3; Lutter/*Schwab* § 146 Rn. 9; Widmann/Mayer/*Rieger* § 146 Rn. 10 f.
[127] Schmitt/Hörtnagl/Stratz/*Hörtnagl* § 146 Rn. 4.
[128] Lutter/*Schwab* § 146 Rn. 9; Böttcher/Habighorst/Schulte/*Burg* § 146 Rn. 7; Kallmeyer/*Zimmermann* § 146 Rn. 3; a. A. Kölner Kommentar-UmwG/*Simon* § 146 Rn. 10, mit Verweis auf *Simon/Nießen* § 140 Rn. 14, 15.
[129] Lutter/*Schwab* § 146 Rn. 11; Schmitt/Hörtnagl/Stratz/*Hörtnagl* § 146 Rn. 6; Böttcher/Habighorst/Schulte/*Burg* § 146 Rn. 12.

110 cc) **Formulierung der Erklärung.** In der Praxis wird die Erklärung nach § 146 Abs. 1 UmwG meist auf eine **Wiedergabe des Gesetzeswortlauts** beschränkt, dh es wird lediglich die Aussage getroffen, dass im Zeitpunkt der Anmeldung der Spaltung die durch Gesetz und in der Satzung vorgesehenen Voraussetzungen für die Gründung der Gesellschaft unter Berücksichtigung der Abspaltung bzw. Ausgliederung vorliegen.

111 Diese kurze Versicherung ist auch ausreichend. Insbesondere ist nicht, wie teilweise vorgeschlagen wird, eine möglichst exakte Ausformulierung der Erklärung[130] zu fordern. Da eine exakte Ausformulierung der Kapitalausstattung gesetzlich nicht gefordert ist, ist bereits zweifelhaft, ob das Registergericht eine solche Erklärung überhaupt akzeptieren würde. Mit Blick auf die Stichtagsbezogenheit der Soliditätserklärung auf den Zeitpunkt der Anmeldung der Spaltung wäre eine detaillierte Ausformulierung der Kapitalausstattung unter Bezugnahme auf einzelne Bilanzposten meist auch gar nicht möglich, da diese in aller Regel gewissen Schwankungen unterworfen sind. Der Versuch, die Details der Kapitalausstattung in der Erklärung nach § 146 Abs. 1 UmwG exakt zu erläutern, würde somit häufig größere Risiken bergen als die reine Wiedergabe des Gesetzeswortlauts.

112 Indes ist die Formulierung unter bloßer Wiedergabe des Wortlauts nicht geeignet, die Strafbewehrung insgesamt zu umgehen.[131] Denn § 313 Abs. 2 UmwG nimmt auf § 146 Abs. 1 UmwG Bezug und geht explizit davon aus, dass im Rahmen dieser Erklärung eine Aussage zur Deckung des Grundkapitals getroffen wird. Für die Strafbarkeit erfordert § 313 Abs. 2 UmwG aber gerade nicht zwingend, dass ausdrücklich unrichtige Angaben zur Grundkapitalabdeckung gemacht werden, sondern lässt es bereits genügen, wenn die Erklärung abgegeben wird, obwohl das Grundkapital nicht im Sinne der §§ 146 Abs. 1, 313 Abs. 2 UmwG abgedeckt ist.[132] Die Bezugnahme in § 313 Abs. 2 UmwG auf § 146 Abs. 1 UmwG zeigt gerade, dass einer bloßen Wiedergabe des Wortlauts auch Angaben zur Grundkapitaldeckung immanent sind, die ggf. zu einer Strafbarkeit führen können.

113 dd) **Formale Voraussetzungen.** Die Erklärung nach § 146 Abs. 1 UmwG ist durch **sämtliche Mitglieder des Vorstands**, bzw. durch **sämtliche persönlich haftende Gesellschafter** gemeinsam abzugeben.[133] Denn aus der Gesetzesbegründung geht hervor, dass das Vertretungsorgan die Verantwortung für den Fortbestand der Gründungsvoraussetzungen auch nach der Spaltung übernehmen soll. Diese Verantwortlichkeit schlägt sich auch in der Strafandrohung des § 313 Abs. 2 UmwG nieder. Es handelt sich also nicht um eine Erklärung in Vertretung der Gesellschaft, sondern um eine eigene Erklärung der Vorstandsmitglieder bzw. der persönlich haftenden Gesellschafter als solche. Eine Abgabe der Erklärung nur in vertretungsberechtigter Zahl[134] oder in unechter Gesamtvertretung[135] oder gar durch einen Dritten aufgrund rechtsgeschäftlicher Vollmacht[136] genügt daher nicht.

114 Aus demselben Grund verbietet sich auch eine Abgabe der Erklärung durch das Vertretungsorgan des übernehmenden Rechtsträgers im Zuge einer Anmeldung nach § 129 UmwG.[137] Dies zeigt sich auch in dem Wortlaut des § 146 Abs. 1 UmwG, der explizit eine Erklärung durch den Vorstand bzw. die persönlich haftenden Gesellschafter der übertragenden AG bzw. KGaA verlangt. In dem Fall, dass die Anmeldung nach § 129 UmwG durch das Vertretungsorgan des übernehmenden Rechtsträgers erfolgt, ist die Erklärung nach § 146 Abs. 1 UmwG dort als Anlage beizufügen.[138]

---

[130] So Schmitt/Hörtnagl/Stratz/*Hörtnagl* § 146 Rn. 7, § 140 Rn. 11.
[131] Entgegen Widmann/Mayer/*Rieger* § 146 Rn. 15, 12; Semler/Stengel/*Diekmann* § 146 Rn. 12.
[132] Kölner Kommentar-UmwG/*Simon* § 146 Rn. 9.
[133] Kölner Kommentar-UmwG/*Simon* § 146 Rn. 11; Böttcher/Habighorst/Schulte/*Burg* § 146 Rn. 10; Kallmeyer/*Zimmermann* § 146 Rn. 4.
[134] So Semler/Stengel/*Diekmann* § 146 Rn. 5; Schmitt/Hörtnagl/Stratz/*Hörtnagl* § 146 Rn. 2.
[135] So Lutter/*Schwab* § 146 Rn. 6.
[136] Zweifelnd Lutter/*Schwab* § 146 Rn. 6.
[137] A. A. Schmitt/Hörtnagl/Stratz/*Hörtnagl* § 146 Rn. 3.
[138] Kölner Kommentar-UmwG/*Simon* § 146 Rn. 12.

Nur in diesem Fall, dass die Erklärung nach § 146 Abs. 1 UmwG als Anlage einer **115** Anmeldung der Spaltung durch das Vertretungsorgan des übernehmenden Rechtsträgers beigefügt ist, wird die Frage nach der **Form der Erklärung** praktisch relevant. Anderenfalls, dh wenn die Anmeldung durch das Vertretungsorgan des übertragenden Rechtsträgers erfolgt, ist die Erklärung nach § 146 Abs. 1 UmwG in der Regel unmittelbar in der Anmeldung enthalten, welche nach § 12 Abs. 1 HGB ohnehin öffentlich zu beglaubigen ist. Zwingend vorgeschrieben ist dieses Vorgehen aber nicht. Vielmehr ist der Wortlaut des § 146 Abs. 1 UmwG („Bei der Anmeldung") nach zutreffender Ansicht dahingehend zu verstehen, dass die Erklärung lediglich zusammen mit der Anmeldung eingereicht werden muss, mit der Folge, dass § 12 Abs. 2 HGB gilt, der für sonstige, der Anmeldung beizufügende Unterlagen keine besondere Form vorschreibt.[139] Hierfür spricht schon die Abweichung von dem Wortlaut des § 37 AktG, nach dem die dort geregelten Erklärungen und Versicherungen „[i]n der Anmeldung" enthalten sein müssen. Dementsprechend ist auch für die Erklärung gemäß § 146 Abs. 1 UmwG rechtlich keine besondere Form zu beachten. Da sie aber dem Handelsregister vorgelegt werden muss, wird sie in der Praxis unweigerlich schriftlich abgegeben, was gerade auch mit Blick auf die Strafandrohung zu empfehlen ist.

d) Gerichtliche Prüfung. Nach allgemeiner Meinung darf sich das Registergericht **116** angesichts der Strafbewehrung gemäß § 313 Abs. 2 UmwG auf die Richtigkeit der Erklärung gemäß § 146 Abs. 1 UmwG durch den Vorstand bzw. die persönlich haftenden Gesellschafter verlassen, sodass diese Erklärung eine umfassende Prüfung des Vorliegens der Gründungsvoraussetzungen durch das Registergericht ersetzt. Es bleibt aber bei der auf dem Amtsermittlungsgrundsatz gemäß § 26 FamFG fußenden Prüfung auf Plausibilität und offensichtliche Unrichtigkeiten. Bestehen danach begründete Zweifel an der Richtigkeit der Erklärung, ist das Registergericht befugt, die erforderlichen Informationen und Nachweise anzufordern.[140]

e) Weitere Anlagen der Anmeldung (§ 146 Abs. 2 UmwG). § 146 Abs. 2 UmwG **117** ordnet an, dass bei der Anmeldung der Abspaltung oder Ausgliederung zusätzlich zu den ohnehin beizufügenden Unterlagen auch der Spaltungsbericht nach § 127 UmwG sowie im Falle der Abspaltung außerdem der Prüfungsbericht nach §§ 125, 12 UmwG beizufügen ist. Diese Unterlagen sind aber ohnehin bei der Anmeldung gemäß §§ 125, 17 UmwG als Anlage beizufügen, sodass die Regelung des § 146 Abs. 2 UmwG überflüssig ist.

Umgekehrt ist diese erneute Regelung auch nicht dahingehend zu verstehen, dass **118** Spaltungsbericht und ggf. Prüfungsbericht auch zu erstellen und beizufügen sind, wenn auf diese Dokumente gemäß §§ 127 S. 2, 8 Abs. 3 UmwG bzw. §§ 125, 12 Abs. 3 UmwG wirksam verzichtet wurde.[141] Auch die Möglichkeit zum Verzicht ist durch die Bezugnahme auf die betreffenden Vorschriften in § 146 Abs. 2 UmwG dort wiederholt.

f) Rechtsfolge eines Verstoßes. Machen die Vorstandsmitglieder bzw. persönlich haf- **119** tenden Gesellschafter der übertragenden Gesellschaft in der Erklärung gemäß § 146 Abs. 1 UmwG unrichtige Angaben über die Deckung des Grundkapitals, bzw. legen sie dieser Erklärung unrichtige Angaben zugrunde, ist dies gemäß § 313 Abs. 2 UmwG **strafbar**.

Zudem können die Mitglieder des Vorstands bzw. die persönlich haftenden Gesell- **120** schafter gemäß § 823 Abs. 2 BGB iVm § 313 Abs. 2 UmwG gegenüber den Aktionären

---

[139] Kallmeyer/*Zimmermann* § 146 Rn. 5; Lutter/*Schwab* § 146 Rn. 12; Schmitt/Hörtnagl/Stratz/*Hörtnagl* § 146 Rn. 7; a. A. Kölner Kommentar-UmwG/*Simon* § 146 Rn. 12 (Schriftform); Böttcher/Habighorst/Schulte/*Burg* § 146 Rn. 11 (öffentliche Beglaubigung).
[140] Kallmeyer/*Zimmermann* § 146 Rn. 7; Lutter/*Schwab* § 146 Rn. 3, 4; Böttcher/Habighorst/Schulte/*Burg* § 146 Rn. 3.
[141] Schmitt/Hörtnagl/Stratz/*Hörtnagl* § 146 Rn. 9; Böttcher/Habighorst/Schulte/*Burg* § 146 Rn. 14; Semler/Stengel/*Diekmann* § 146 Rn. 10.

und den Gläubigern der übertragenden Gesellschaft zum **Schadensersatz** verpflichtet sein.[142]

121 Fehlt die Erklärung nach § 146 Abs. 1 UmwG, stellt dies ein **Eintragungshindernis** dar. Sie kann – ggf. nach Herabsetzung des Grundkapitals oder Einzahlung weiterer Mittel in die freie Kapitalrücklage – nachgeholt werden. Wird trotz fehlender oder unrichtiger Erklärung eingetragen, lässt der Mangel die Wirksamkeit der Spaltung unberührt gemäß § 131 Abs. 2 UmwG.[143]

7. Verfahren der Spaltung unter Beteiligung einer AG oder KGaA

122 Über die Verweisung in §§ 125 und 135 UmwG sind für die Spaltung unter Beteiligung einer AG bzw. KGaA auch eine ganze Reihe der allgemeinen und der rechtsformspezifischen Vorschriften über die Verschmelzung anzuwenden. Für das Verfahren der Spaltung unter Beteiligung einer AG bzw. KGaA ergeben sich daraus folgende Besonderheiten:

123 a) **Spaltungsvertrag bzw. Spaltungsplan.** Im Hinblick auf den Spaltungsvertrag bzw. den Spaltungsplan gelten auch für die Spaltung unter Beteiligung einer AG bzw. KGaA zunächst die allgemeinen Vorschriften (→ § 22).

124 Bei dem Abschluss des Spaltungsvertrags wird die AG durch den Vorstand in vertretungsberechtigter Zahl seiner Mitglieder (§ 78 Abs. 1 AktG) und die KGaA durch die vertretungsberechtigten persönlich haftenden Gesellschafter (§ 278 Abs. 2 AktG iVm §§ 125 ff., 161 Abs. 2 HGB) **vertreten**. Eine Vertretung durch Dritte ist zulässig.[144] Ebenso zulässig ist die unechte Gesamtvertretung mit einem Prokuristen, nicht aber die alleinige Vertretung durch Prokuristen oder durch Handlungsbevollmächtigte, da der Abschluss eines Spaltungsvertrags bzw. die Aufstellung eines Spaltungsplans als Grundlagengeschäft nicht von der gesetzlichen Vertretungsmacht umfasst ist.[145]

125 Im Fall der Spaltung zur **Neugründung einer AG** ist in dem Spaltungsplan gemäß §§ 125, 135, 37 UmwG die **Satzung** der neuzugründenden AG aufzustellen. Gemäß §§ 125, 135, 74 UmwG sind in die Satzung etwaige, ggf. in der Satzung des übertragenden Rechtsträgers enthaltene Festsetzungen über Sondervorteile, Gründungsaufwand, Sacheinlagen und Sachübernahmen in die Satzung der neuzugründenden AG bzw. KGaA zu übernehmen. Über § 135 UmwG sind zudem die Formvorschriften des § 23 AktG zu beachten. Dem Erfordernis der notariellen Beurkundung ist dabei ohnehin gemäß §§ 125, 6 UmwG genüge getan. Im Falle einer Vertretung aufgrund rechtsgeschäftlicher Vollmacht ist darüber hinaus jedoch auch § 23 Abs. 1 S. 2 AktG zu beachten, wonach die Vollmacht ebenfalls der notariellen Beglaubigung bedarf.[146]

126 Wird der Spaltungsvertrag in den **ersten zwei Jahren nach der Eintragung der übernehmenden AG** bzw. KGaA geschlossen, so sind über §§ 125, 67 S. 1 UmwG die Regelungen des § 52 Abs. 3, 4, 6–9 AktG zur Nachgründung anzuwenden, es sei denn, dass im Zuge der Spaltung nur Aktien bis höchstens 10 % des Grundkapitals gewährt werden. Nach den aktiengesetzlichen Regelungen hat der Aufsichtsrat den Spaltungsvertrag zu prüfen und einen schriftlichen Bericht zu erstatten, der den Anforderungen des § 32 Abs. 2 und 3 AktG zu genügen hat. Zudem muss eine der Gründungsprüfung entsprechende Prüfung unter sinngemäßer Berücksichtigung der §§ 33 Abs. 3–5, 34, 35 AktG stattfinden. Bei der Anmeldung der Spaltung sind die zusätzlichen Dokumente gemäß § 52 Abs. 6 AktG einzureichen.[147]

127 b) **Spaltungsbericht.** Für den Spaltungsbericht gilt § 127 UmwG als spezielle Vorschrift, die über § 135 UmwG auch auf die Spaltung zur Neugründung anzuwenden ist.

---

[142] Vgl. Lutter/*Kuhlen* § 313 Rn. 6, 7; Kallmeyer/*Marsch-Barner* § 313 Rn. 2.
[143] Kölner Kommentar-UmwG/*Simon* § 146 Rn. 16.
[144] *Engelmeyer* AG 1996, 193, 194.
[145] Semler/Stengel/*Schröer* § 4 Rn. 8; Kallmeyer/*Marsch-Barner* § 4 Rn. 5.
[146] Vgl. *Heidenhain* NJW 1995, 2873, 2874.
[147] Kallmeyer/*Marsch-Barner* § 67 Rn. 7.

Für die AG ist der Spaltungsbericht durch den Vorstand als **Gesamtorgan**, dh durch 128
sämtliche Mitglieder des Vorstands zu erstatten.[148] Entsprechendes gilt gemäß § 278 Abs. 2
AktG iVm §§ 125 ff., 161 Abs. 2 HGB für die persönlich haftenden Gesellschafter der
KGaA.

Speziell für die verhältniswahrende Spaltung zur Neugründung unter ausschließlicher 129
Beteiligung von AGs gilt die Ausnahmevorschrift des § 143 UmwG, wonach in diesem Fall
ein Spaltungsbericht entbehrlich ist (→ Rn. 44 ff.).

Darüber hinaus ist ein Spaltungsbericht gemäß §§ 125, 8 Abs. 3 UmwG entbehrlich, 130
wenn alle Anteilsinhaber aller beteiligten Rechtsträger notariell ihren Verzicht erklärt
haben. Für die AG als Rechtsform mit typischerweise größerem Aktionärskreis kommt
diese Ausnahme in der Praxis jedoch weniger häufig zum Tragen.

c) **Spaltungsprüfung.** Grundsätzlich ist gemäß §§ 125, 60 UmwG auch eine Spal- 131
tungsprüfung nach den §§ 9 bis 12 UmwG erforderlich. Speziell für den Fall der Ausgliederung ordnet § 125 UmwG jedoch an, dass die Spaltungsprüfung nach §§ 9 bis 12
UmwG keine Anwendung findet.

Darüber hinaus besteht auch im Hinblick auf die Spaltungsprüfung die Möglichkeit des 132
Verzichts durch notarielle Erklärung aller Anteilsinhaber aller beteiligten Rechtsträger
gemäß §§ 125, 9 Abs. 3, 8 Abs. 3 UmwG, wobei dies bei der AG bzw. der KGaA in der
Praxis weniger häufig in Betracht kommt.

Über die Spaltungsprüfung ist gemäß §§ 125, 12 UmwG ein Bericht zu erstatten, es sei 133
denn, es liegt ein Verzicht gemäß §§ 125, 12 Abs. 3, 8 Abs. 3 UmwG vor. In dem Fall, dass
eine AG als übernehmender Rechtsträger an der Spaltung beteiligt ist und im Zuge der
Spaltung eine Kapitalerhöhung durchgeführt wird, müssen in den Spaltungsbericht die
zusätzlichen Angaben gemäß § 142 Abs. 2 UmwG aufgenommen werden (→ Rn. 40 f.).

d) **Spaltungsbeschluss.** Die Wirksamkeit des Spaltungsvertrags bzw. des Spaltungsplans 134
bedarf gemäß §§ 125, 13 UmwG der **Zustimmung** der Anteilsinhaber der beteiligten
Rechtsträger bzw., im Fall der Spaltung zur Neugründung, des übertragenden Rechtsträgers.

Der Zustimmungsbeschluss muss gemäß §§ 125, 13 Abs. 1 S. 2 UmwG in einer **Ver-** 135
sammlung gefasst werden und bedarf gemäß §§ 125, 65 Abs. 1 S. 1 UmwG einer **Mehr-**
heit von drei Vierteln des bei der Beschlussfassung vertretenen Grundkapitals. Sind
mehrere Aktiengattungen vorhanden, bedarf der Schluss der Zustimmung der stimmberechtigten Aktionäre jeder Gattung, die einen entsprechenden Sonderbeschluss zu fassen
haben. Bei der KGaA ist gemäß §§ 125, 78 auch die Zustimmung der **persönlich**
haftenden Gesellschafter erforderlich. Nur in den Ausnahmefällen der §§ 125, 62 ist ein
Spaltungsbeschluss entbehrlich.

Vor Einberufung der Hauptversammlung einer an der Spaltung beteiligten AG bzw. 136
KGaA muss der Spaltungsvertrag bzw. der Spaltungsplan oder dessen Entwurf gemäß
§§ 125, 61 S. 1 UmwG bei dem **Handelsregister eingereicht** werden.

Ab der Einberufung der Hauptversammlung einer an der Spaltung beteiligten AG bzw. 137
KGaA sind gemäß §§ 125, 63 UmwG der Spaltungsvertrag bzw. der Spaltungsplan oder
dessen Entwurf, die Jahresabschlüsse der an der Spaltung beteiligten Rechtsträger für die
letzten drei Geschäftsjahre, ggf. eine Zwischenbilanz, der Spaltungsbericht und der Bericht
über die Spaltungsprüfung in den Geschäftsräumen der AG bzw. KGaA **auszulegen**, bzw.
über die **Internetseite** der Gesellschaft zugänglich zu machen. Auf Verlangen ist jedem
Aktionär eine **Abschrift** der Unterlagen zu erteilen. Gemäß §§ 125, 64 UmwG sind die
Unterlagen **in der Hauptversammlung zugänglich** zu machen und hat der Vorstand,
bzw. die persönlich haftenden Gesellschafter den Spaltungsvertrag bzw. den Spaltungsplan
zu erläutern und über jede wesentliche Änderung des Vermögens der Gesellschaft zu
unterrichten, die seit dem Abschluss des Spaltungsvertrags bzw. der Aufstellung des Spal-

---

[148] Semler/Stengel/*Gehling* § 127 Rn. 5, § 8 Rn. 5.

tungsplans eingetreten ist. Auf Verlangen ist den Aktionären darüber hinaus **Auskunft** über alle für die Spaltung wesentlichen Angelegenheiten der anderen beteiligten Rechtsträger zu geben.

138 e) **Anmeldung und Eintragung der Spaltung.** Für die Eintragung der Spaltung ist im Falle der Beteiligung einer AG als übernehmender Rechtsträger und Durchführung einer Kapitalerhöhung die **Eintragungsreihenfolge** gemäß §§ 125, 66 UmwG zu beachten, wonach zuerst die Durchführung der Kapitalerhöhung eingetragen werden muss, bevor die Spaltung eingetragen werden darf.

139 Darüber hinaus ist außer im Fall der Ausgliederung auch § 71 UmwG zu beachten, der ebenfalls über § 125 UmwG Anwendung findet. Danach muss im Falle der Beteiligung einer AG bzw. KGaA als übernehmender Rechtsträger an einer Aufspaltung oder Abspaltung ein **Treuhänder** bestellt werden für den Emfpang der Aktien und einer baren Zuzahlung. Die Eintragung der Spaltung darf erst erfolgen, wenn der Treuhänder dem Gericht **angezeigt** hat, dass er im Besitz der Aktien ist und eine ggf. im Spaltungsvertrag festgesetzten baren Zuzahlung erhalten hat.

140 Im Falle des Abschlusses des Spaltungsvertrags in den **ersten zwei Jahren nach der Eintragung** der übernehmenden AG bzw. KGaA sind bei der Anmeldung grundsätzlich die nach §§ 125, 67 UmwG iVm § 52 Abs. 3, 4 AktG zu erstellenden Dokumente **einzureichen** (→ Rn. 126).

141 Im Übrigen gelten für die Anmeldung und Eintragung der Spaltung unter Beteiligung einer AG bzw. KGaA die allgemeinen Regeln (→ § 26).

III. Spaltung unter Beteiligung einer SE

142 Im UmwG ist die Möglichkeit der Teilnahme der SE an der Spaltung nicht angesprochen, insbesondere ist die SE nicht als spaltungsfähiger Rechtsträger in §§ 124, 3 Abs. 1 UmwG genannt. Dies bedeutet jedoch nicht, dass eine SE an einer Spaltung nicht beteiligt sein darf. Vielmehr bestimmt sich die Frage der Beteiligung einer SE an einer Spaltung nach den allgemeinen Regeln in Art. 9 Abs. 1 lit. c) ii), 10 SE-VO. Danach sind für die SE mit Sitz in Deutschland die Vorschriften betreffend die Aktiengesellschaft entsprechend anzuwenden, soweit nicht die SE-VO, die Satzung oder das SEAG eigenständige Regelungen treffen.[149]

143 Insoweit ist für eine bestehende SE Art. 66 SE-VO zu nennen, der ausdrücklich ausschließlich die sog. „Renationalisierung", dh den Formwechsel der SE in eine nationale AG betrifft und diese erst zwei Jahre nach Eintragung der SE bzw. nach Genehmigung der ersten beiden Jahresabschlüsse zulässt. Für eine neu zu gründende SE sind die Gründungsvorschriften der Art. 2, 3 SE-VO relevant.

144 Im Hinblick auf Art. 66 SE-VO darf inzwischen als gesicherte Erkenntnis gelten, dass die Regelung des Formwechsels der SE in eine nationale AG (Art. 66 Abs. 1 S. 1 SE-VO) nicht als abschließende Regelung in dem Sinne zu verstehen ist, dass sie die Teilnahme der SE an anderen Formen der Umwandlung und damit auch der Spaltung ausschließen würde. Vielmehr soll die Norm lediglich als Mindestvorschrift sicherstellen, dass die Rückkehr zur nationalen Aktiengesellschaft stets möglich ist, selbst wenn entsprechende nationale Vorschriften fehlen (ausführlich dazu → § 15 Rn. 152).[150] Dementsprechend kann eine **SE mit Sitz in Deutschland** nach zutreffender ganz herrschender Meinung grundsätzlich an einer Spaltung teilnehmen (zur **grenzüberschreitenden Spaltung** ausführlich → § 30).

145 Außerdem stellt sich – ähnlich wie bereits im Zusammenhang mit der Verschmelzung (→ § 15 Rn. 153) – noch die Frage, ob die **zweijährige Sperrfrist** des Art. 66 Abs. 1 S. 2

---

[149] Kallmeyer/*Marsch-Barner* Anh. I Rn. 125.
[150] OLG Frankfurt am Main 5 Sch 3/10, NZG 2012, 351; ausführlich Semler/Stengel/*Drinhausen* Einl. C Rn. 55 ff.; Lutter/Hommelhoff/*J. Schmidt* Art. 66 SE-VO Rn. 6, 7; ebenso Kallmeyer/*Marsch-Barner* Anh. I Rn. 127; Spindler/Stilz/*Casper* SE-VO Art. 66 Rn. 1, *Kossmann/Heinrich* ZIP 2007, 164.

SE-VO analog auf andere umwandlungsrechtliche Maßnahmen als den Formwechsel nach Art. 66 Abs. 1 S. 1 SE-VO anzuwenden ist. Da Art. 66 Abs. 1 S. 2 SE-VO dem Zweck dient, missbräuchliche Gestaltungen zu verhindern, die sich durch das Verlassen der Rechtsform der SE realisieren, stellt sich diese Frage genauer gefasst nur für die Spaltung des übertragenden Rechtsträgers. Die SE kann auch während der Sperrfrist jederzeit aufnehmender Rechtsträger einer Spaltungsmaßnahme sein.[151] Da sich der mögliche Gestaltungsmissbrauch auch durch andere Umwandlungsmaßnahmen als den in Art. 66 Abs. 1 S. 1 SE-VO genannten Formwechsel herbeiführen lasse, befürwortet ein Teil der Literatur für die SE als übertragenden Rechtsträger die Anwendung der Sperrfrist auch auf andere Umwandlungsformen einschließlich von Spaltungen.[152] Die Gegenauffassung betont, dass die Sperrfrist die spezifischen Missbrauchsmöglichkeiten des Formwechsels adressiere, und will die Sperrfrist deshalb insgesamt nicht auf andere Umwandlungsvorgänge übertragen.[153] Soweit für die entsprechende Anwendung auf eine mögliche Umgehung der Nachgründungsvorschriften verwiesen wird, vermag dies nicht zu überzeugen, denn die entsprechenden Schutzvorschriften des Aktien- und Umwandlungsrechts bleiben selbstverständlich über Art. 9 Abs. 1 lit. c) ii) SE-VO anwendbar.[154] Der Hinweis auf die mögliche Umgehung mitbestimmungsrechtlicher Anforderungen ist berechtigter, nur ist der Grad, in dem die Mitbestimmung notwendig betroffen ist, geringer. Viele Umwandlungsmaßnahmen lassen die Mitbestimmung auch im übertragenden Rechtsträger gerade bei der Spaltung unberührt, so dass durchaus zu hinterfragen ist, ob ein präventives Verbot die angemessene Regelung ist. Der Rechtsanwender sollte aber frühzeitig mit dem Registergericht abstimmen, ob es diese Vorgehensweise toleriert, um Überraschungen am Ende des Spaltungsprozesses zu vermeiden.

Im Hinblick auf die Beteiligung einer SE als **übernehmender Rechtsträger an einer** 146 **Spaltung zur Neugründung** (dh für die Gründung einer SE im Zuge der Spaltung) sind die Gründungsvorschriften nach Art. 2 und 3 SE-VO zu beachten (dazu ausführlich → § 31).

B. GmbH

Schrifttum: *Berninger*, Neugründung einer UG (haftungsbeschränkt) durch Abspaltung verstößt gegen das Sacheinlagenverbot nach § 5a II 2 GmbHG, GWR 2011, 258; *Engelhardt*, Die GmbH in der Umwandlung – aktuelle Fallstricke, GmbHR 2013, R225; *Engelmeyer,* Das Spaltungsverfahren bei der Spaltung von Aktiengesellschaften, AG 1996, 193; *Happ,* Kapitalerhöhung mit Sacheinlagen im GmbH-Recht und „Sacherhöhungsbericht", BB 1985, 1927; *Heidenhain,* Spaltungsvertrag und Spaltungsplan, NJW 1995, 2873; *Herrler*, Neues aus Karlsruhe zur Gesellschafterliste, NZG 2011, 536; *Ihrig,* Gläubigerschutz durch Kapitalaufbringung bei Verschmelzung und Spaltung nach neuem Umwandlungsrecht, GmbHR 1995, 622; *Ittner,* Die Spaltung nach dem neuen Umwandlungsrecht, MittRhNotK 1997, 106; *Kallmeyer,* Differenzhaftung bei Verschmelzung mit Kapitalerhöhung und Verschmelzung im Wege der Neugründung, GmbHR 2007, 1121; *Klasen*, Recht der Sacheinlage: Rechtliche Rahmenbedingungen – Neuerungen durch MoMiG und ARUG, BB 2008, 2694; *Pöllath/Philipp,* Unternehmenskauf und Verschmelzung: Pflichten und Haftung von Vorstand und Geschäftsführer, DB 2005, 1503; *Priester,* Das neue Umwandlungsrecht aus notarieller Sicht, DNotZ 1995, 427; *ders.*, Kapitalschutz bei der übertragenden Gesellschaft in Spaltungsfällen, Festschrift für Helmut Schippel, 1996, 487; *Reichert,* Folgen der Anteilsvinkulierung für Umstrukturierungen von Gesellschaften mit beschränkter Haftung und Aktiengesellschaften nach dem Umwandlungsgesetz 1995,

---

[151] Böttcher/Habighorst/Schulte/*Jaspers* Umwandlungsrecht der Europäischen Aktiengesellschaft Rn. 144.
[152] Semler/Stengel/*Drinhausen* Einl. C Rn. 57; Kallmeyer/*Marsch-Barner* Anh. I Rn. 128; *Schwarz* SE-VO Art. 66 Rn. 31; *Marsch-Barner* Liber amicorum Happ, S. 165, 176.
[153] Lutter/Hommelhoff/*J. Schmidt* Art. 66 SE-VO Rn. 9; Kölner Kommentar-AktG/*Kiem* Art. 66 SE-VO Rn. 12; *Lutter/Bayer/J. Schmidt* § 41 Rn. 177 f.
[154] Lutter/Hommelhoff/*J. Schmidt* Art. 66 SE-VO Rn. 9

GmbHR 1995, 176; *Schnorbus*, Grundlagen der persönlichen Haftung von Organmitgliedern nach § 25 Abs. 1 UmwG, ZHR 2003, 666; *ders.*, Die Spaltung unter Beteiligung von GmbH gem. §§ 123 UmwG ff., 1998; *Schöne*, Die Spaltung unter Beteiligung von GmbH, 1998; *Wachter*, Sacheinlagen bei der Unternehmergesellschaft (haftungsbeschränkt), NJW 2011, 2620; *Wälzholz*, Aktuelle Probleme der Unterbilanz- und Differenzhaftung bei Umwandlungsvorgängen, AG 2006, 469.

I. Allgemeines

147   Der ganz überwiegende Teil der Kapitalgesellschaften in Deutschland ist nach wie vor in der Rechtsform der GmbH organisiert. Aufgrund ihrer insbesondere im Vergleich zur AG flexiblen Corporate Governance ist sie häufig die Konzerngesellschaft der Wahl. In Konzernumstrukturierungen hat die Spaltung von GmbHs deshalb ihren festen Platz.[155] Durch die partielle Gesamtrechtsfolge und die damit einhergehende Möglichkeit der Überleitung von Vertragsverhältnissen ohne die Zustimmung der Vertragspartner eignet sich die Spaltung insbesondere, um Risikoabschirmungen im Konzern umzusetzen;[156] dies wegen der gesamtschuldnerischen Haftung nach § 133 UmwG aber nur mit langfristigem Horizont. Aber auch zur Umsetzung von Betriebsaufspaltungen ist sie ein probates Mittel.[157]

148   Gleichermaßen eignet sich die Spaltung auch zu anderen Zwecken, wie der Vorbereitung der Veräußerung von Unternehmensteilen und des Börsengangs einer Tochtergesellschaft, zur Einbringung in ein Joint Venture oder der Auseinandersetzung unter Mitinhabern bzw. Trennung von Familienstämmen.[158]

149   Die Normen betreffend die Spaltung der GmbH in §§ 138 bis 140 UmwG bauen dabei auf den allgemeinen Vorschriften zur Spaltung in §§ 123–137 UmwG auf, welche wiederum, der Verweisungstechnik des UmwG folgend, weite Teile der Regelungen zur Verschmelzung für entsprechend anwendbar erklären. Die Vorschriften in §§ 138 bis 140 UmwG enthalten somit ausschließlich die speziell für die GmbH geltenden Regelungen.

II. Voraussetzungen und Verfahren

1. Spaltungsvertrag und Spaltungsplan

150   **a) Inhalt.** Die Regelungen in Bezug auf den Spaltungsvertrag bzw. den Spaltungsplan setzen sich auch bei Beteiligung einer GmbH zusammen aus den allgemeinen Regelungen betreffend den Inhalt des Spaltungsvertrags bzw. des Spaltungsplans, insbesondere §§ 126, 136 UmwG, und den allgemeinen Regelungen des Verschmelzungsrechts in §§ 4 ff, 36, 37 UmwG, die über § 125 UmwG grundsätzlich auch für die Spaltung entsprechende Anwendung finden, soweit sich nicht aus den speziellen Vorschriften zur Spaltung etwas anderes ergibt. Zu diesen allgemeinen Anforderungen an den Spaltungsvertrag bzw. den Spaltungsplan → § 22.

151   Bei der **Spaltung zur Aufnahme unter Beteiligung einer GmbH** sind **darüber hinaus** die besonderen Vorschriften der **§§ 46 ff UmwG** zu beachten, die ebenfalls über § 125 UmwG entsprechend anzuwenden sind, soweit sich nicht aus dem Spaltungsrecht etwas anderes ergibt.

152   Gemäß § 46 Abs. 1 S. 3 UmwG ist in dem Spaltungsvertrag für jeden Anteilsinhaber des übertragenden Rechtsträgers der **Nennbetrag** des Geschäftsanteils zu bestimmen, den ihm die übernehmende GmbH zu gewähren hat. Der Nennbetrag muss dabei gemäß § 46 Abs. 1 S. 3 UmwG auf volle Euro lauten.

153   Sollen die zu gewährenden Geschäftsanteile im Wege einer **Kapitalerhöhung** neu geschaffen und mit anderen Rechten und Pflichten als sonstige Geschäftsanteile der übernehmenden GmbH ausgestattet werden, müssen auch diese Abweichungen gemäß § 46

---

[155] *Engelhardt*, GmbHR 2013, R225.
[156] Sagasser/Bula/Brünger/*Sagasser* § 17 Rn. 4; MünchHdb. GesR III/*Mayer* § 73 Rn. 489 f.
[157] Limmer/*Limmer* Teil 3 Kap. 1 Rn. 17; Sagasser/Bula/Brünger/*Sagasser* § 17 Rn. 4.
[158] Limmer/*Limmer* Teil 3 Kap. 1 Rn. 3.

Abs. 2 UmwG im Spaltungsvertrag festgesetzt werden. Die Nummerierung der Geschäftsanteile muss hingegen nicht bereits im Spaltungsvertrag festgelegt werden, sondern kann gemäß § 40 GmbHG nachträglich in der Gesellschafterliste erfolgen.[159]
Alternativ können auch **bereits vorhandene Geschäftsanteile** gewährt werden. In diesem Fall müssen gemäß § 46 Abs. 3 UmwG die Anteilsinhaber des übertragenden Rechtsträgers und die Nennbeträge der Geschäftsanteile, die sie jeweils erhalten sollen, im Verschmelzungsvertrag bestimmt werden.

Bei der **Spaltung zur Neugründung einer GmbH** muss in dem Spaltungsplan, der gemäß § 136 S. 2 UmwG an die Stelle des Spaltungsvertrags tritt, neben dem allgemeinen Inhalt des Spaltungsvertrags **außerdem** der **Gesellschaftsvertrag** der neuzugründenden GmbH aufgestellt werden (§§ 125, 37 UmwG). Der übertragende Rechtsträger gilt dabei gemäß § 135 Abs. 2 S. 2 UmwG als Gründer.

Im Hinblick auf die Aufstellung des Gesellschaftsvertrags der neuzugründenden GmbH sind zum einen die Vorschriften des GmbHG zum **Mindestinhalt des Gesellschaftsvertrags (§§ 3 bis 5 GmbHG)** einzuhalten. Dabei ist insbesondere zu beachten, dass die Neugründung im Wege der Spaltung eine Sachgründung darstellt (→ Rn. 167), sodass auch die Angaben gemäß § 5 Abs. 4 GmbHG erforderlich sind. Es muss also in dem Gesellschaftsvertrag angegeben werden, dass die Einlage dadurch geleistet wird, dass das im Spaltungsplan bezeichnete Vermögen auf Basis der Schlussbilanz und der daraus entwickelten Spaltungsbilanz (Eröffnungsbilanz) im Wege der Spaltung übertragen wird.[160]

Daneben sind auch die umwandlungsrechtlichen Vorgaben in §§ 125, 57 UmwG zu beachten. Danach sind **Festsetzungen über Sondervorteile, Gründungsaufwand, Sacheinlagen und Sachübernahmen**, die in dem Gesellschaftsvertrag des übertragenden Rechtsträgers ggf. bereits enthalten waren, grundsätzlich auch in den Gesellschaftsvertrag der neuzugründen GmbH **zu übernehmen** (dazu ausführlich → § 15 Rn. 288).

Darüber hinaus bietet es sich an, bereits in dem Spaltungsplan die **ersten Geschäftsführer** der im Wege der Spaltung neuzugründenden GmbH gemäß § 6 Abs. 3 S. 2 GmbHG zu bestellen.[161]

b) Aufstellungskompetenz und Form. Parteien des **Spaltungsvertrags** bei der Spaltung zur Aufnahme sind die an der Spaltung beteiligten Rechtsträger.

Dabei gelten für die Beteiligung der GmbH als übertragender und/oder übernehmender Rechtsträger die allgemeinen Grundsätze: Die GmbH wird durch ihre **Geschäftsführer in vertretungsberechtigter Zahl** vertreten. Sieht der Gesellschaftsvertrag eine **unechte Gesamtvertretung** durch Geschäftsführer gemeinsam mit Prokuristen vor, können Prokuristen bei dem Vertragsschluss mitwirken. Auch die **Vertretung durch Dritte** aufgrund entsprechender General- oder Spezialvollmacht ist zulässig. Die Vertretung durch **Prokuristen** allein aufgrund der erteilten Prokura (dh ohne hinzutretende rechtsgeschäftliche Vollmacht) ist hingegen nicht möglich, da es sich bei dem Abschluss des Spaltungsvertrags um ein Grundlagengeschäft handelt, welches von der Prokura nicht umfasst ist.[162] Die Beglaubigung oder notarielle Beurkundung der Vollmacht ist nicht erforderlich (§ 167 Abs. 2 BGB). Eine anschließende Genehmigung eines durch einen vollmachtlosen Vertreter geschlossenen Spaltungsvertrags durch die Geschäftsführer in vertretungsberechtigter Zahl ist möglich (§ 184 Abs. 1 BGB).[163]

Hingegen handelt es sich bei dem **Spaltungsplan** im Falle der Spaltung zur Neugründung um ein einseitiges Rechtsgeschäft, sodass hier die anschließende Genehmigung eines zunächst durch einen vollmachtlosen Vertreter aufgestellten Spaltungsplans unzulässig ist

---

[159] Lutter/*Priester* Vor § 138 Rn. 4; *Herrler* NZG 2011, 536.
[160] MünchHdb. GesR III/*Mayer* § 73 Rn. 705.
[161] *Heidenhain* NJW 1995, 2873, 2876; Lutter/*Priester* § 136 Rn. 15.
[162] Sagasser/Bula/Brünger/*Sagasser/Luke* § 9 Rn. 66; Lutter/*Priester* § 126 Rn. 12.
[163] MünchHdb. GesR III/*Mayer* § 73 Rn. 521, 522.

(§ 180 S. 1 BGB).[164] Im Übrigen gelten auch hier die zuvor dargestellten allgemeinen Vertretungsregeln. Da in dem Spaltungsplan zugleich auch der Gesellschaftsvertrag aufgestellt wird, gilt allerdings auch die Formvorschrift gemäß § 135 UmwG iVm § 2 Abs. 2 GmbHG, wonach die Vertretung durch einen Bevollmächtigten nur aufgrund einer notariell errichteten oder notariell beglaubigten Vollmacht zulässig ist.

162 Spaltungsvertrag bzw. Spaltungsplan müssen gemäß §§ 125, 6 UmwG **notariell beurkundet** werden. Im Falle des Spaltungsplans ist damit auch zugleich das Beurkundungserfordernis im Hinblick auf den Gesellschaftsvertrag gemäß § 135 UmwG iVm § 2 Abs. 1 S. 1 GmbHG erfüllt. Das Erfordernis, dass der Gesellschaftsvertrag gemäß § 2 Abs. 1 S. 2 GmbHG durch alle Gesellschafter unterzeichnet werden muss, ist bei der Spaltung zur Neugründung stets durch das Beurkundungserfordernis mit erfüllt, da hier der übertragende Rechtsträger an die Stelle der Gründer tritt.

163 c) **Vermögensübertragung.** Im Hinblick auf die Bestimmung der zu übertragenden Aktiva und Passiva im Spaltungsvertrag bzw. dem Spaltungsplan gelten auch im Falle der Beteiligung einer GmbH die allgemeinen Grundsätze, insbesondere der Bestimmtheitsgrundsatz (→ § 22).

2. Anwendung des Sachgründungsrechts und Sachgründungsbericht

164 a) **Allgemeines.** § 135 Abs. 2 UmwG schreibt bereits als allgemeine Vorschrift für Spaltungen zur Neugründung vor, dass für die Gründung des übernehmenden Rechtsträgers die für die jeweilige Rechtsform geltenden **Gründungsvorschriften** anzuwenden sind, soweit sich aus den Vorschriften des UmwG zur Spaltung nichts anderes ergibt.

165 Für die Spaltung zur Neugründung einer GmbH stellt § 138 UmwG als rechtsformspezifische Vorschrift nochmals explizit klar, dass ein **Sachgründungsbericht** nach § 5 Abs. 4 GmbHG **stets erforderlich** ist. Dies gilt unabhängig von der Rechtsform des übertragenden Rechtsträgers. Diese Vorschrift bildet das Gegenstück zu dem für die Neugründung einer AG geltenden § 144 UmwG. Die Norm ist eine Gegenausnahme zu der verschmelzungsrechtlichen Vorschrift des § 58 Abs. 2 UmwG, der anderenfalls über die Verweisung in § 125 UmwG auch bei der Spaltung anwendbar wäre. Nach § 58 Abs. 2 UmwG ist bei der Verschmelzung in bestimmten Fällen, abhängig von der Rechtsform des übertragenden Rechtsträgers (konkret: Kapitalgesellschaft oder eingetragene Genossenschaft), ein Sachgründungsbericht ausnahmsweise nicht erforderlich.

166 Bei der Spaltung geht – anders als bei der Verschmelzung – nicht zwingend das gesamte Vermögen des übertragenden Rechtsträgers auf den übernehmenden Rechtsträger über. Deshalb ist die Gefährdungslage für die Gläubiger der neuzugründenden übernehmenden GmbH erheblicher, weil sie nicht mittelbar durch die Kapitalerhaltungsvorschriften geschützt werden, die im Fall der Verschmelzung im Ergebnis sicherstellen, dass kein negatives Gesamtvermögen übertragen wird. Bei der Spaltung zur Neugründung bestimmt dagegen der übertragende Rechtsträger das zu übertragende Vermögen, wobei der Gesamtwert dieser Vermögensgegenstände ggf. auch negativ sein könnte. Dieser Gefährdung soll durch einen stets zu erstellenden Sachgründungsbericht begegnet werden.[165] Der **Schutz der Gläubiger** der übernehmenden GmbH macht deshalb das abweichende Verfahren bei der Spaltung gegenüber dem bei der Verschmelzung notwendig.

167 b) **Sachgründung.** Aus § 138 UmwG folgern Rechtsprechung und die Literatur zugleich, dass die Spaltung zur Neugründung einer GmbH begriffslogisch **stets eine Sachgründung** ist, selbst wenn im Wege der Spaltung ausnahmsweise nur Barmittel übertragen werden sollten. Dies hat auch zur Folge, dass wegen des Verbots der Sacheinlage aus § 5a Abs. 2 S. 2 GmbHG (der seinerseits über § 135 Abs. 2 UmwG Anwendung findet) auch in einem solchen Fall, in dem nur Barmittel übertragen werden sollen, eine Spaltung zur

---

[164] MünchHdb. GesR III/*Mayer* § 73 Rn. 521, 523; Lutter/*Priester* § 136 Rn. 5.
[165] Begr. RegE BR-Drucks. 75/94, S. 125.

Neugründung einer UG ausgeschlossen sein soll.¹⁶⁶ Die Begründung, wonach § 138 UmwG diese Auffassung der Rechtsprechung und Literatur verdeutlichen würde, weil danach stets ein Sachgründungsbericht erforderlich ist, erscheint dabei allerdings recht formalistisch.

Dennoch kann man in der Praxis mit diesem Verständnis gut leben. Denn zum einen **168** werden nur selten ausschließlich Barmittel im Wege der Spaltung übertragen, sodass sich diese Frage meist gar nicht erst stellt. Zum anderen geht mit der Spaltung gemäß § 133 UmwG eine **fünfjährige Mithaftung** der an der Spaltung beteiligten Rechtsträger für solche Verbindlichkeiten des übertragenden Rechtsträgers einher, die bereits vor der Spaltung begründet waren. Auch wenn diese Mithaftung in der Praxis häufig durch eine Haftungsfreistellung durch den übertragenden Rechtsträger zugunsten des übernehmenden Rechtsträgers kompensiert wird, kann sich diese Mithaftung ggf. auf die Kapitaldeckung der neuzugründen GmbH auswirken, wenn die Werthaltigkeit der Haftungsfreistellung beeinträchtigt ist, beispielsweise aufgrund schlechterer Ertragsaussichten des übertragenden Rechtsträgers. Somit rechtfertigt die Mithaftung gemäß § 133 UmwG bereits für sich genommen die Befassung mit der Kapitalausstattung der neuzugründenden Gesellschaft im Rahmen eines Sachgründungsberichts.¹⁶⁷

Im Hinblick auf die Parallelvorschrift für die AG (§ 144 UmwG) bedeutet dies zugleich, **169** dass kein Raum ist für den dort teilweise vorgebrachten Vorschlag einer teleologischen Reduktion des § 144 UmwG dahingehend, dass bei einer ausschließlichen Übertragung von Barmitteln ein Gründungsbericht und eine Gründungsprüfung entbehrlich sein sollen (dazu → Rn. 68 ff.).

c) Anwendungsbereich. § 138 UmwG bezieht sich auf die Gründung einer GmbH **170** und ist damit in allen Fällen der **Spaltung zur Neugründung einer GmbH** anwendbar, unabhängig von der Rechtsform des übertragenden Rechtsträgers.¹⁶⁸

Hingegen ist nach zutreffender herrschender Meinung § 138 UmwG **nicht** auf den Fall **171** der **Spaltung zur Aufnahme** durch eine bereits **bestehende GmbH** unter Erhöhung des Stammkapitals anzuwenden in dem Sinne, dass ein Sacheinlagebericht als „**Kapitalerhöhungsbericht**" erforderlich wäre.¹⁶⁹ Ein solcher Sacheinlagebericht ist schon bei der regulären Kapitalerhöhung nach dem GmbHG nicht vorgesehen und nach der überwiegenden Meinung zu § 56 GmbHG auch nicht erforderlich.¹⁷⁰ Es besteht auch kein Anlass zu der Annahme, der Gesetzgeber habe den Fall der Spaltung zur Aufnahme unter Erhöhung des Stammkapitals der GmbH schlicht übersehen, sodass die für eine analoge Anwendung der Vorschrift notwendige planwidrige Regelungslücke fehle. Denn für die AG enthält das UmwG mit § 142 UmwG eine Vorschrift zu den Formalitäten einer Kapitalerhöhung im Zusammenhang mit einer Spaltung zur Aufnahme (→ Rn. 30 ff.). Diese sehen im Einklang mit den dort in Bezug genommenen aktienrechtlichen Vorschriften aber ebenfalls keinen Sacheinlagebericht vor.

Das **Registergericht** kann jedoch im Rahmen der Amtsermittlung gemäß § 12 FGG **172** ausführliche Auskünfte und Nachweise, und ggf. sogar die Einreichung eines Sacheinlageberichts **verlangen**¹⁷¹, sodass für die Praxis situationsabhängig zu empfehlen sein kann,

---

¹⁶⁶ BGH II ZB 9/10, NJW 2011, 1883 (Bestätigung der Vorinstanz OLG Frankfurt/Main 20 W 7/10, GmbHR 2010, 920); Lutter/*Priester* § 138 Rn. 3; Henssler/Strohn/*Wardenbach* UmwG § 138 Rn. 3; Schmitt/Hörtnagl/Stratz/*Hörtnagl* § 138 Rn. 1; Semler/Stengel/*Reichert* § 138 Rn. 2; *Priester* DNotZ 1995, 427, 447; *Wachter* NJW 2011, 2620, 2621; *Berninger*, GWR 2011, 258.
¹⁶⁷ Vgl. Kallmeyer/*Sickinger* § 133 Rn. 16; so wohl auch *Ihrig* GmbHR 1995, 622, 637.
¹⁶⁸ Böttcher/Habighorst/Schulte/*Fischer* § 138 Rn. 2, 4.
¹⁶⁹ Kölner Kommentar-UmwG/*Simon/Nießen* § 138 Rn. 6; Schmitt/Hörtnagl/Stratz/*Hörtnagl* § 138 Rn. 3; Böttcher/Habighorst/Schulte/*Fischer* § 138 Rn. 5; a. A. Lutter/*Priester* § 138 Rn. 8.
¹⁷⁰ OLG Köln 3 U 98/95, NJW-RR 1996, 1250; MünchKommGmbHG/*Lieder* § 56 Rn. 111, 112; *Happ* BB 1985, 1927; *Klasen* BB 2008, 2694, 2696; a. A. Scholz/*Priester* § 56 Rn. 38 ff. mit ausführlicher Darstellung des Meinungsstands.
¹⁷¹ Michalski/*Hermanns* § 56 Rn. 64.

das Vorgehen vorab mit dem zuständigen Registergericht abzustimmen, um unnötige Verzögerungen zu vermeiden.[172]

173   d) **Sachgründungsbericht. aa) Inhaltliche Anforderungen.** Gemäß § 138 UmwG iVm § 5 Abs. 4 S. 2 GmbHG muss der Sachgründungsbericht zunächst die Umstände darlegen, die für die Angemessenheit des im Wege der Spaltung einzubringenden Vermögens wesentlich sind. Es sind **fundierte Informationen** zu den **wertbildenden Faktoren** anzugeben, sodass das Registergericht prüfen kann, ob die Geschäftsanteile der neuzugründenden GmbH durch das übergehende Vermögen gedeckt sind.[173]

174   Wird ein **gesamtes Unternehmen** übertragen, verlangt § 138 UmwG iVm § 5 Abs. 4 S. 2 GmbHG, dass in dem Sachgründungsbericht die **Jahresergebnisse** der letzten beiden Geschäftsjahre anzugeben sind. Dabei meint das Gesetz mit „Jahresergebnisse" die nach den Grundsätzen ordnungsmäßiger Buchführung zu ermittelnden Jahresüberschüsse oder -fehlbeträge gem. § 275 Abs. 2 Nr. 17 bzw. Abs. 3 Nr. 16 HGB.[174] Maßgeblicher Zeitpunkt für die Bestimmung der relevanten Geschäftsjahre des zu übertragenden Vermögens ist die Anmeldung der neuzugründenden GmbH gemäß § 137 UmwG.[175] Wenn das zu übertragende Unternehmen noch nicht so lange besteht, reduziert sich die Verpflichtung entsprechend.[176] Wird lediglich ein Unternehmensteil übertragen, der aber selbständig fortgeführt werden kann, sind die für diesen Unternehmensteil maßgeblichen Jahresergebnisse anzugeben.[177]

175   Spaltungsrechtlich ist gemäß §§ 125, 58 Abs. 1 UmwG außerdem erforderlich, den **Geschäftsverlauf und die Lage** des übertragenden Rechtsträgers darzustellen. Da bei der Spaltung, anders als bei der Verschmelzung, nicht das gesamte Vermögen übertragen wird, ist im Rahmen der nach § 125 UmwG vorgesehenen entsprechenden Anwendung des § 58 Abs. 1 UmwG diese Regelung dahingehend zu verstehen, dass sich die Darstellung des Geschäftsverlaufs und der Lage des übertragenden Rechtsträgers nur auf das zu übertragende Vermögen bezieht. Soweit allerdings der Geschäftsverlauf und die Lage des übertragenden Rechtsträgers in seiner Gesamtheit relevant ist für das Verständnis im Hinblick auf das zu übertragende Vermögen, sind auch entsprechende Ausführungen erforderlich.[178]

176   Neben dem Sachgründungsbericht sind bei der Anmeldung der neuzugründenden GmbH zur Eintragung in das Handelsregister gemäß § 135 Abs. 2 UmwG iVm § 8 Abs. 1 Nr. 5 GmbHG auch Unterlagen darüber einzureichen, dass der Wert des zu übertragenden Vermögens das Stammkapital erreicht. Dies soll zusammen mit dem Sachgründungsbericht die Prüfung der Kapitaldeckung durch das Registergericht ermöglichen.[179]

177   **bb) Formale Anforderungen.** Der Sachgründungsbericht muss gemäß § 135 Abs. 2 UmwG iVm § 8 Abs. 1 Nr. 4 GmbHG der **Anmeldung** der neuzugründenden GmbH zur Eintragung in das Handelsregister **beigefügt** werden.

178   Daraus schließt die Literatur, dass der Sachgründungsbericht gemäß § 138 UmwG iVm § 5 Abs. 4 GmbHG, die selbst keine Vorgaben in Bezug auf die Form des Berichts machen, **schriftlich** abzufassen ist.[180] Notarielle Beurkundung ist hingegen nicht erforderlich.[181]

179   Aufzustellen ist der Sachgründungsbericht durch den **übertragenden Rechtsträger**, der gemäß § 135 Abs. 2 S. 2 UmwG als Gründer der neuzugründenden GmbH gilt,

---

[172] Böttcher/Habighorst/Schulte/*Fischer* § 138 Rn. 5.
[173] MünchKommGmbHG/*Schwandtner* § 5 Rn. 248 ff.
[174] Vgl. Michalski/*Zeidler* § 5 Rn. 152.
[175] Kölner Kommentar-UmwG/*Simon*/*Nießen* § 138 Rn. 10.
[176] Lutter/Hommelhoff/*Bayer* § 5 Rn. 33.
[177] Scholz/*Veil* § 5 Rn. 105.
[178] Kölner Kommentar-UmwG/*Simon*/*Nießen* § 138 Rn. 15 ff.
[179] MünchKommGmbHG/*Herrler* § 8 Rn. 30.
[180] MünchKommGmbHG/*Schwandtner* § 5 Rn. 247; Michalski/*Zeidler* § 5 Rn. 152.
[181] Lutter/*Priester* § 138 Rn. 5; Böttcher/Habighorst/Schulte/*Fischer* § 138 Rn. 7.

vertreten durch die Mitglieder des Vertretungsorgans in **vertretungsberechtigter Zahl**. Diese haben den Sachgründungsbericht **persönlich** zu unterzeichnen.[182] Denn aufgrund der Gleichstellung des übertragenden Rechtsträgers mit dem Gründungsgesellschafter gemäß § 135 Abs. 2 UmwG gilt auch die **Strafbewehrung** gemäß § 82 Abs. 1 Nr. 2 GmbHG iVm § 14 StGB, sodass eine unechte Gesamtvertretung gemeinsam mit Prokuristen und erst recht eine Vertretung durch Dritte aufgrund rechtsgeschäftlicher Vollmacht ausscheidet.[183] Maßgeblicher Zeitpunkt für die Organstellung ist dabei die Einreichung des Sachgründungsberichts mit der Anmeldung der neuzugründenden GmbH zur Eintragung in das Handelsregister.[184]

e) Mängel des Sachgründungsberichts und Differenzhaftung. Fehlt der Sachgründungsbericht, entspricht dieser nicht den formalen oder inhaltlichen Anforderungen, oder ist das zu übertragende Vermögen nicht nur unwesentlich überbewertet, hat das Registergericht gemäß § 135 Abs. 2 UmwG iVm § 9c Abs. 1 UmwG die **Eintragung** der neuzugründenden GmbH **abzulehnen**. Da die Eintragung der Spaltung gemäß § 137 Abs. 3 UmwG erst erfolgen kann, wenn die Eintragung aller neuzugründenden übernehmenden Rechtsträger erfolgt ist, führt dies dazu, dass der Eintragungsvorgang der **Spaltung insgesamt aufgehalten** wird.[185]

Inhaltliche oder **formale Mängel** des Sachgründungsberichts kann der übertragende Rechtsträger nachträglich beseitigen und dadurch die Eintragung der neuzugründenden GmbH herbeiführen. Dies lässt die Wirksamkeit der ursprünglichen Anmeldung unberührt, was praktisch relevant ist im Hinblick auf den Stichtag der Schlussbilanz, der gemäß §§ 125, 17 Abs. 2 UmwG nicht mehr als acht Monate vor der Anmeldung liegen darf.[186]

Liegt der Mangel in einer Überbewertung des zu übertragenden Vermögens und damit einhergehender **Unterdeckung des Stammkapitals** der neuzugründenden GmbH, bestehen grundsätzlich zwei Möglichkeiten zur Beseitigung dieses Eintragungshindernisses: Der übertragende Rechtsträger kann eine bare Zuzahlung leisten, um die Unterdeckung auszugleichen und eine dem § 8 Abs. 2 GmbHG entsprechende Versicherung gegenüber dem Handelsregister abgeben. Aus GmbH-rechtlicher Sicht besteht daneben auch die Möglichkeit, den Gesellschaftsvertrag zu ändern und das Stammkapital um den entsprechenden Betrag herabzusetzen (sofern der Mindestbetrag von EUR 25.000 gemäß § 5 Abs. 1 GmbHG gewahrt bleibt).[187] Speziell bei der Spaltung, wo damit eine Änderung des Spaltungsplans, in dem der Gesellschaftsvertrag enthalten ist, einhergeht und die Änderung des Gesellschaftsvertrags zudem gemäß §§ 125, 59 UmwG die Zustimmung der Anteilsinhaber des übertragenden Rechtsträgers erfordert, wird dieser Weg jedoch häufig nicht auf viel Gegenliebe treffen. Mit Blick auf den Stichtag der Schlussbilanz gemäß §§ 125, 17 Abs. 2 UmwG sprechen auch hier in beiden Fällen gute Gründe dafür, dass es sich weiterhin um denselben Anmeldevorgang handelt, da kein neuer Spaltungsplan aufgestellt wird, sondern dieser ggf. nur angepasst wird, um den Bedenken des Registergerichts an der Bewertung des zu übertragenden Vermögens Rechnung zu tragen.[188]

---

[182] Kölner Kommentar-UmwG/*Simon*/*Nießen* § 138 Rn. 9; Böttcher/Habighorst/Schulte/*Fischer* § 138 Rn. 7; Kallmeyer/*Sickinger* § 138 Rn. 2; a. A. Lutter/*Priester* § 138 Rn. 5; Henssler/Strohn/*Wardenbach* UmwG § 138 Rn. 5; Semler/Stengel/*Reichert* § 138 Rn. 9 (Zulässigkeit der unechten Gesamtvertretung, nicht aber der rechtsgeschäftlichen Vollmacht).
[183] Kölner Kommentar-UmwG/*Simon*/*Nießen* § 138 Rn. 9; vgl. auch Scholz/*Veil* § 5 Rn. 100.
[184] Kölner Kommentar-UmwG/*Simon*/*Nießen* § 138 Rn. 9; Lutter/*Priester* § 138 Rn. 5.
[185] Kölner Kommentar-UmwG/*Simon*/*Nießen* § 138 Rn. 19; Böttcher/Habighorst/Schulte/*Fischer* § 138 Rn. 12.
[186] Kölner Kommentar-UmwG/*Simon*/*Nießen* § 138 Rn. 19.
[187] MünchKommGmbHG/*Schwandtner* § 9 Rn. 32; Michalski/*Tebben* § 9c Rn. 26.
[188] Ausdrücklich offengelassen, aber offenbar mit gewisser Tendenz, dies als neuen Anmeldevorgang zu qualifizieren OLG Frankfurt 20 W 160/13 NJW-RR 2016, 414.

183 Fehlt der Sachgründungsbericht oder ist dieser mangelhaft und wird die Gesellschaft dennoch eingetragen, lässt dies die Wirksamkeit der Eintragung nach § 131 Abs. 2 UmwG unberührt.[189]

184 **f) Haftung, Strafbewehrung.** Im Falle einer Unterdeckung des Stammkapitals der neuzugründenden Gesellschaft, etwa weil eine nicht nur unwesentliche Überbewertung des zu übertragenden Vermögens (vgl. § 135 Abs. 2 UmwG iVm § 9c Abs. 1 S. 2 GmbHG) dem Registergericht nicht aufgefallen ist, unterliegt der übertragende Rechtsträger, der gemäß § 135 Abs. 2 S. 2 UmwG als Gründer gilt, der **Differenzhaftung** gemäß § 135 Abs. 2 UmwG iVm § 9 GmbHG. Er hat deshalb die Unterdeckung durch eine entsprechende Einlage in Geld auszugleichen. Maßgeblicher Zeitpunkt für die Ermittlung des Differenzbetrags ist dabei der Zeitpunkt der Handelsregisteranmeldung.[190]

185 Im Falle der **Ausgliederung** zur Neugründung (§ 123 Abs. 3 Nr. 2 UmwG) unterliegt naturgemäß ausschließlich der übertragende Rechtsträger dieser Differenzhaftung, da der übertragende Rechtsträger zugleich auch die Geschäftsanteile an der neuzugründenden GmbH erhält und somit deren Gesellschafter wird.

186 Hingegen erhalten in den Fällen der **Aufspaltung** bzw. der **Abspaltung** zur Neugründung (§ 123 Abs. 2 Nr. 2 UmwG) die Anteilsinhaber des übertragenden Rechtsträgers die Geschäftsanteile an der neuzugründen GmbH, sodass sich hier die Frage stellt, ob sie als deren Gesellschafter gemäß § 135 Abs. 2 UmwG iVm § 9 GmbHG ihrerseits im Wege der Differenzhaftung haften. Obwohl der BGH eine derartige Haftung für die AG als übernehmenden Rechtsträger ausdrücklich abgelehnt hat,[191] geht die ganz herrschende Meinung in der Literatur mit guten Gründen dennoch von einer Haftung der Anteilsinhaber aus, da die Differenzhaftung aus der Überbewertung des zu übertragenden Vermögens resultiert und die Vermögensübertragung wiederum in engem Zusammenhang steht mit der Gewährung der Geschäftsanteile an der neuzugründenden GmbH.[192] Im Fall der Aufspaltung, bei der der übertragende Rechtsträger erlischt, haften dann die Anteilsinhaber allein. Im Fall der Abspaltung treten die Anteilsinhaber als Haftende neben den übertragenden Rechtsträger, wobei im Innenverhältnis der übertragende Rechtsträger primär verpflichtet ist.[193] Je nach Fallgestaltung mag daher ein gewisses Risiko bestehen, dass ein Gericht – trotz der eindeutigen Rechtsprechung des BGH – im Fall einer Ab- oder Aufspaltung eine Haftung der Anteilsinhaber des übertragenden Rechtsträgers annimmt.

187 Daneben tritt die verschuldensabhängige **Gründerhaftung** gemäß § 135 Abs. 2 UmwG iVm § 9a GmbHG. Diese trifft jedoch nur den übertragenden Rechtsträger, da nur dieser gemäß § 135 Abs. 2 S. 2 UmwG als Gründer gilt.

188 Neben der zivilrechtlichen Haftung steht eine **Strafbarkeit** der Mitglieder des Vertretungsorgans des übertragenden Rechtsträgers gemäß § 135 Abs. 2 UmwG iVm § 82 Abs. 1 Nr. 2 GmbHG iVm § 14 StGB wegen falscher Angaben im Sachgründungsbericht.

3. Herabsetzung des Stammkapitals

189 **a) Allgemeines.** Die Vermögensübertragung im Wege der Spaltung kann dazu führen, dass das verbleibende Nettovermögen das **Stammkapital** einer übertragenden GmbH **nicht mehr deckt**, wenn bei der Spaltung mehr Aktivvermögen als Passivvermögen übertragen wird.

---

[189] Michalski/*Tebben* § 9c Rn. 52; Böttcher/Habighorst/Schulte/*Fischer* § 138 Rn. 13.
[190] Kallmeyer/*Kocher* § 55 Rn. 10; Lutter/*Priester* § 138 Rn. 10; offenlassend Henssler/Strohn/Wardenbach UmwG § 138 Rn. 7; a. A. *Ihrig* GmbHR 1995, 622, 628: Eintragung der Gesellschaft.
[191] BGH II ZR 302/05, NJW-RR 2007, 1487.
[192] *Kallmeyer* GmbHR 2007, 1121, 1122; Baumbach/Hueck/*Fastrich* § 9 Rn. 1; MünchKommGmbHG/*Schwandtner* § 9 Rn. 4a; Michalski/*Tebben* § 9c Rn. 3.
[193] *Ihrig* GmbHR 1995, 622, 638; Lutter/*Priester* § 138 Rn. 10; offenlassend Henssler/Strohn/Wardenbach UmwG § 138 Rn. 7; Schmitt/Hörtnagl/Stratz/*Hörtnagl* § 138 Rn. 7; Böttcher/Habighorst/Schulte/*Fischer* § 138 Rn. 13; dazu auch *Wälzholz* AG 2006, 469, 472.

Dieser Fall kann insbesondere bei der **Abspaltung** (§ 123 Abs. 2 UmwG) eintreten, wo 190 nicht der übertragende Rechtsträger, sondern dessen Anteilsinhaber im Gegenzug für die Vermögensübertragung Geschäftsanteile an dem übernehmenden Rechtsträger erhalten. In diesem Zusammenhang sind im Falle einer GmbH als übertragender Rechtsträger insbesondere auch die **Kapitalerhaltungsvorschriften** der §§ 30, 31 GmbHG zu beachten, da die Gewährung der Geschäftsanteile an dem übernehmenden Rechtsträger im Ergebnis wie eine Ausschüttung an die Gesellschafter der übertragenden GmbH wirkt. Eine solche Ausschüttung ist nach § 30 GmbHG aber nur aus ungebundenem Vermögen möglich und darf nicht zu einer Unterbilanz führen.[194]

Aber auch bei der **Ausgliederung** (§ 123 Abs. 3 UmwG), wo der übertragende Rechts- 191 träger selbst die Geschäftsanteile erhält und sich die Spaltung somit im Regelfall als reiner Aktivtausch darstellt, kann es ausnahmsweise zu einer Unterdeckung des Stammkapitals kommen, wenn der Wert der Geschäftsanteile an dem übernehmenden Rechtsträger hinter dem Wert des zu übertragenden Vermögens zurückbleibt (zur Zulässigkeit eines solchen „Missverhältnisses" zwischen dem zu übertragenden Vermögen und den im Gegenzug gewährten Geschäftsanteilen bei der Ausgliederung → Rn. 94).

Hingegen führt die Aufspaltung (§ 123 Abs. 1 UmwG) zum Erlöschen des übertragen- 192 den Rechtsträgers, sodass eine Deckung des Stammkapitals in diesem Fall von vornherein keine Rolle spielt.

Für die Fälle, in denen eine GmbH als übertragender Rechtsträger an einer Abspaltung 193 oder Ausgliederung beteiligt ist, und zur Durchführung der Spaltung eine Kapitalherabsetzung erforderlich ist, sieht die spezielle Vorschrift des § 139 S. 1 UmwG die Möglichkeit vor, die **Kapitalherabsetzung** in **vereinfachter** Form nach §§ 58a ff. GmbHG durchzuführen. Damit soll ausweislich der Gesetzesbegründung ein Ausgleich geschaffen werden zwischen dem **Gläubigerschutz** und dem Bedürfnis einer **zügigen Durchführung der Spaltung**. Dem Gläubigerschutz dienen dabei die bei der vereinfachten Kapitalherabsetzung geltenden Kapitalbindungen, während die Durchführung der Spaltung insbesondere dadurch erleichtert wird, dass bei der vereinfachten Kapitalherabsetzung kein Gläubigeraufruf gemäß § 58 Abs. 1 Nr. 1 GmbHG erforderlich ist und das sog. Sperrjahr gemäß § 58 Abs. 1 Nr. 3 GmbHG nicht gilt.[195] Auch die Befriedigung und Sicherheitsstellung gemäß § 58 Abs. 1 Nr. 2 GmbHG entfällt. Es bleibt aber bei der spaltungsrechtlichen Sicherheitsleistung gemäß §§ 133 Abs. 2 2 UmwG, die aber anders als die Sicherstellung nach § 58 Abs. 1 Nr. 2 GmbHG davon abhängig ist, dass die Gläubiger glaubhaft machen, dass durch die Spaltung die Erfüllung ihrer Forderung gefährdet wird.

Daneben sieht § 139 S. 2 UmwG eine **Eintragungsreihenfolge** dergestalt vor, dass 194 zunächst die Kapitalherabsetzung in das Handelsregister eingetragen werden muss, bevor die Spaltung eingetragen werden darf. Dies soll dem Schutz des Rechtsverkehrs dienen, indem zunächst die durch den Vermögensabfluss erforderlich werdende Kapitalherabsetzung **öffentlich bekannt gemacht** wird, bevor das Vermögen im Zuge der Spaltung tatsächlich abfließt.[196]

b) Erforderlichkeit der Kapitalherabsetzung. Gemäß § 139 S. 1 UmwG kann die 195 Kapitalherabsetzung, die zur Durchführung der Abspaltung oder Ausgliederung **erforderlich** ist, in vereinfachter Form vorgenommen werden.

Eine vereinfachte Kapitalherabsetzung zur Durchführung einer Abspaltung oder Aus- 196 gliederung kommt damit nur zur **Deckung eines Spaltungsverlusts** in Betracht. Dabei stellt sich die Frage, ob es sich bei dem Verweis auf die §§ 58a ff. GmbHG um einen Rechtsgrund- oder einen Rechtsfolgenverweis handelt, dh die Voraussetzungen des § 58a GmbHG ebenfalls gelten. Relevant ist dies in erster Linie für die Frage, ob die Kapital- und Gewinnrücklagen sowie etwaige Gewinnvorträge (vgl. § 266 Abs. 3 A. HGB) voll-

---

[194] Lutter/*Priester* § 139 Rn. 3; Semler/Stengel/*Reichert* § 139 Rn. 3.
[195] Begr. RegE BR-Drucks. 75/94, S. 125.
[196] Begr. RegE BR-Drucks. 75/94, S. 125.

ständig aufzulösen sind oder nur unter Berücksichtigung verbleibender Kapital- oder Gewinnrücklagen in Höhe von 10% des Grundkapitals nach § 58a Abs. 2 GmbHG, bevor die vereinfachte Kapitalherabsetzung durchgeführt werden kann, um die durch den Vermögensabfluss im Zuge der Spaltung eingetretene Unterdeckung des Stammkapitals auszugleichen. Da ausschließlich die Zuweisungen der Vermögensgegenstände im Spaltungsvorgang über die absolute Höhe des der übertragenden GmbH verbleibenden Eigenkapitals entscheiden, geht es bei dieser Frage letztlich allein um die zukünftige Gliederung von deren bilanziellem Eigenkapital. Verbleibt der übertragenden GmbH beispielsweise nach der Spaltung ein Eigenkapital von EUR 110.000, so wären im Fall der Rechtsfolgenverweisung in der Kapitalherabsetzung die gesamten EUR 110.000 dem Stammkapital zuzuweisen, weil alle Kapital- und Gewinnrücklagen sowie etwaige Gewinnvorträge vorher aufzulösen wären. Im Fall der Rechtsgrundverweisung könnten EUR 10.000 in der Kapital- oder Gewinnrücklage verbleiben und das Stammkapital würde dann EUR 100.000 betragen.

Als ein Argument gegen einen Rechtsgrundverweis wird verbreitet vorgebracht, dass der Spaltungsverlust im Zeitpunkt der Kapitalherabsetzung noch nicht eingetreten ist.[197] Dies ist jedoch deshalb nicht entscheidend, als Kapitalherabsetzung und die Spaltungsmaßnahme eng miteinander verflochten sind und die Kapitalherabsetzung im Handelsregister wieder zu löschen ist, wenn die Spaltungsmaßnahme scheitert. Die Unterdeckung durch den Vermögensabfluss in der Spaltung steht deshalb in einem ausreichenden sachlichen und zeitlichen Zusammenhang mit der Kapitalherabsetzung, als dass er zu berücksichtigen sein sollte. Dies gilt insbesondere vor dem Hintergrund, dass bereits die herrschende Meinung[198] im Rahmen des § 58a GmbHG drohende Verluste ausreichen lässt, wenn sie rückstellungsfähig sind, und darüber hinaus mit guten Gründen vertreten wird, dass auch andere drohende Verluste ausreichen, wenn sie nur sicher genug eintreten[199].

197 Im Vergleich zu der entsprechenden Situation bei der AG (→ Rn. 81 f.) ist festzustellen, dass bei der GmbH – anders als bei der AG – keine gesetzliche Rücklage in Höhe von 10% des Stammkapitals zu bilden ist, deren Ausschüttung grundsätzlich gesperrt wäre. Vielmehr ist den Gesellschaftern einer GmbH grundsätzlich erlaubt, auf das das Stammkapital übersteigende Eigenkapital Zugriff zu nehmen. Dementsprechend ist die Kapitalerhaltung bei der GmbH gemäß § 30 GmbHG nur auf das Stammkapital beschränkt, wohingegen bei der AG gemäß § 57 AktG jede nicht ausdrücklich zugelassene Einlagenrückgewähr (im Sinne irgendeiner wertmäßigen Minderung des Vermögens der AG zugunsten einzelner oder aller Aktionäre, die einem Drittvergleich nicht standhält[200]) verboten ist.

198 Für die Sanierung einer in der Krise befindlichen GmbH durch eine vereinfachte Kapitalherabsetzung, dh in einer Situation in der sich dieser im Vergleich zur AG geringere Gläubigerschutz materialisiert, sieht § 58a Abs. 2 GmbHG auch für die GmbH die Möglichkeit vor, Eigenkapital in Form von Kapital- oder Gewinnrücklagen in einem Betrag von 10% zusätzlich zum herabgesetzten Stammkapital vorzuhalten. Dieser ist dann über § 58d GmbHG für einen Zeitraum von fünf Jahren nach der Kapitalherabsetzung auch besonders vor Ausschüttungen an die Gesellschafter geschützt. Insoweit ist für diese besondere Situation der Gläubigerschutz bei der GmbH an denjenigen bei der AG angelehnt.[201]

199 Diese Anlehnung an den Gläubigerschutz der AG ist für die GmbH im Grundsatz aber systemwidrig, weil das Recht der GmbH – außerhalb der Spezialvorschrift des § 58d Abs. 1

---

[197] So Böttcher/Habighorst/Schulte/*Fischer* § 139 Rn. 7, 8; Lutter/*Priester* § 139 Rn. 5; Semler/Stengel/*Reichert* § 139 Rn. 6; Kölner Kommentar-UmwG/*Simon/Nießen* § 139 Rn. 13.
[198] BGH II ZR 172/91, NJW 1993,57, 60; Henssler/Strohn/*Vetter* GmbHG § 58a Rn. 2; Lutter/Hommelhoff/*Lutter/Kleindiek* § 58a Rn. 12; Baumbach/Hueck/*Zöllner/Haas* § 58a Rn. 11.
[199] MünchKommGmbHG/*Vetter* § 58a Rn. 28; Michalski/*Waldner* § 58a Rn. 7.
[200] Siehe dazu ausführlich MünchKommAktG/*Bayer* § 57 Rn. 8, 54, 55.
[201] Vgl. auch Begr. RegE BT-Drucks. 12/3803, S. 88.

GmbHG – eine gesetzlich zu bildende und vor Ausschüttungen geschützte gesetzliche Rücklage nicht kennt, sondern grundsätzlich das Stammkapital den Schwellenwert für Ausschüttungen darstellt. Da die Höhe des verbleibenden Eigenkapitals durch die Aufteilung der Vermögensgegenstände in der Spaltungsmaßnahme entschieden wird (→ Rn. 196), würde die Zulassung der Einstellung von Eigenkapital in Kapital- oder Gewinnrücklagepositionen in Höhe von 10% des Stammkapitals in der vereinfachten Kapitalherabsetzung latent den Gläubigerschutz unterminieren. Denn diese Eigenkapitalpositionen könnten nach Ablauf des Fünfjahreszeitraums des § 58d Abs. 1 GmbHG ausgeschüttet werden. Da diese, wenn auch nur latent wirkende Verkürzung der Haftungsmasse der Gläubiger auch nicht gleichwertig durch die speziellen Gläubigerschutzmechanismen des Umwandlungsrechts, insbesondere die gesamtschuldnerische Haftung der an der Spaltung beteiligten Rechtsträger nach § 133 UmwG und die Sicherheitsleistung nach §§ 125, 22 UmwG aufgefangen wird, besteht bei zweckgerichteter Auslegung kein vernünftiger Grund, § 139 S. 1 GmbHG als Rechtsgrundverweisung zu verstehen.[202] Hingegen ist eine **Kapitalrücklage für Nachschusskapital** (§ 42 Abs. 2 S. 3 GmbHG) nach einhelliger Auffassung **nicht** aufzulösen. Gleiches galt auch für Rücklagen für eigene Anteile.[203] Letzteres hat sich seit dem BilMoG 2009[204] überholt, da eigene Anteile nunmehr nicht zu aktivieren sind und folglich auf der Passivseite auch keine entsprechende Rücklage zu bilden ist.[205]

Eine bereits **vor der Spaltung bestehende Unterbilanz** steht der Spaltung nach herrschender Meinung nicht grundsätzlich entgegen. Die vereinfachte Kapitalherabsetzung nach § 139 S. 1 UmwG iVm §§ 58a ff. GmbHG ist aber auf den Betrag beschränkt, der erforderlich ist, um den Vermögensabfluss im Rahmen der Spaltung abzudecken. Der Ausgleich einer bereits zuvor bestehenden Unterbilanz hat nach den allgemeinen Regeln des GmbHG zu erfolgen. Soll der Ausgleich nicht durch Zuschüsse seitens der Gesellschafter erfolgen, sondern auch insoweit eine Kapitalherabsetzung durchgeführt werden, wird diese aber in der Regel ebenfalls in Form der vereinfachten Kapitalherabsetzung gemäß §§ 58a ff. GmbHG erfolgen können.[206]

Umgekehrt ist der **Umfang der Kapitalherabsetzung** nicht begrenzt durch das bei dem übernehmenden Rechtsträger zu bildende bzw. zu erhöhende Kapital. Zwar hatte der Gesetzgeber bei der Schaffung des § 139 UmwG gerade auch die Möglichkeit der Umgehung der Kapitalbindung bei der übertragenden GmbH im Blick, indem durch die Spaltung auf einen Rechtsträger mit niedrigerer Kapitalziffer oder einer Rechtsform ohne entsprechenden Kapitalschutz Vermögen ausschüttungsfähig wird, das bei der übertragenden GmbH nicht hätte ausgeschüttet werden können. Diesen Umgehungsschutz sah der Gesetzgeber jedoch bereits durch die bei der vereinfachten Kapitalherabsetzung geltenden Kapitalbindungen als gewährleistet an.[207] Weder der Gesetzesbegründung, noch dem Wortlaut der Norm lassen sich Anhaltspunkte dafür entnehmen, dass darüber hinaus die Kapital-

---

[202] Kölner Kommentar-UmwG/*Simon/Nießen* § 139 Rn. 13, 16; Lutter/*Priester* § 139 Rn. 6; Kallmeyer/*Sickinger* § 139 Rn. 2; Böttcher/Habighorst/Schulte/*Fischer* § 139 Rn. 9; Semler/Stengel/*Reichert* § 139 Rn. 6; a. A. MünchHdb. GesR III/*Mayer* § 73 Rn. 683; Schmitt/Hörtnagl/Stratz/*Hörtnagl* § 139 Rn. 8.
[203] Dazu ausführlich Schmitt/Hörtnagl/Stratz/*Hörtnagl* § 139 Rn. 9; Kölner Kommentar-UmwG/*Simon/Nießen* § 139 Rn. 14.
[204] BGBl. 2009 I, S. 1102.
[205] Vgl. dazu ausführlich MünchKommGmbHG/*Ekkenga* § 30 Rn. 103.
[206] Schmitt/Hörtnagl/Stratz/*Hörtnagl* § 139 Rn. 5; Kölner Kommentar-UmwG/*Simon/Nießen* § 139 Rn. 118; Lutter/*Priester* § 139 Rn. 9; a. A. *Priester* FS Schippel 1996, 487, 502 (bereits zuvor bestehende Unterbilanz als „Spaltungs-Blocker"); *Ittner* MittRhNotK 1997, 106, 108; MünchHdb. GesR III/*Mayer* § 73 Rn. 687; mittlerweile aber wohl anderer Meinung: Widmann/Mayer/*Mayer* § 139 Rn. 21 ff.
[207] Begr. RegE BR-Drucks. 75/94, S. 125.

herabsetzung von vornherein nur in dem Umfang möglich wäre, wie Nennkapital bei dem übernehmenden Rechtsträger geschaffen wird.[208]

202   c) **Durchführung der Kapitalherabsetzung.** Über die vereinfachte Kapitalherabsetzung im Zusammenhang mit der Spaltung gemäß § 139 UmwG iVm § 58a GmbHG haben die Gesellschafter der übertragenden GmbH einen entsprechenden **Kapitalherabsetzungsbeschluss** zu fassen. § 58a Abs. 5 GmbHG stellt nochmals klar, dass es sich dabei um eine Änderung des Gesellschaftsvertrags handelt, sodass gemäß § 53 Abs. 2 GmbHG eine **Dreiviertelmehrheit** erforderlich ist und der Beschluss **notariell zu beurkunden** ist.[209] Gemäß § 58a Abs. 3 GmbHG sind in dem Beschluss die Nennbeträge der Geschäftsanteile an das herabgesetzte Stammkapital anzupassen. Außerdem muss sich aus dem Beschluss ergeben, dass es sich um eine vereinfachte Kapitalherabsetzung handelt, sowie der Betrag und der Zweck der Kapitalherabsetzung.[210] In der Praxis wird der Kapitalherabsetzungsbeschluss häufig mit dem Beschluss über die Spaltung verbunden.

203   Die **Auflösung** der Kapital- und Gewinnrücklagen sowie etwaiger Gewinnvorträge erfordert ebenfalls einen entsprechenden **Gesellschafterbeschluss**.[211] Dieser muss **vor** dem Beschluss über die vereinfachte Kapitalherabsetzung gefasst werden, da ansonsten die vereinfachte Kapitalherabsetzung unzulässig ist (→ Rn. 199).

204   Die vereinfachte Kapitalherabsetzung ist gemäß §§ 58a Abs. 5, 54 GmbHG bei dem Handelsregister zur Eintragung **anzumelden.** Nach herrschender Meinung ist § 78 Hs 2 GmbHG entsprechend anzuwenden, sodass **alle Geschäftsführer** gemeinsam die Kapitalherabsetzung anmelden müssen; eine Anmeldung nur in vertretungsberechtigter Zahl genügt nicht.[212] Dabei sind eine Ausfertigung oder beglaubigte Abschrift der notariellen Urkunde über den Herabsetzungsbeschluss und der vollständige geänderte Satzungswortlaut mit Notarbescheinigung beizufügen.[213] Die Anmeldung ist wie üblich gemäß § 12 Abs. 1 S. 1 HGB öffentlich zu beglaubigen.

205   Genügt der Beschluss über die Kapitalherabsetzung nicht den dargestellten Anforderungen, führt dies zur Anfechtbarkeit des Beschlusses. Die Eintragung des Beschlusses im Handelsregister muss jedoch unterbleiben, sodass die Fehlerhaftigkeit des Beschlusses faktisch wie eine Nichtigkeit wirkt.[214] Wird der Beschluss trotz des Fehlers eingetragen, ist die Kapitalherabsetzung wirksam.[215]

206   d) **Rechtsfolgen der Kapitalherabsetzung.** Da der Gesetzgeber mit dem Verweis auf die vereinfachte Kapitalherabsetzung gerade auch einen Schutz der Gläubiger bezweckte, und dieser unter anderem durch die Kapitalbindungsvorschriften der §§ 58b, 58c und 58d GmbHG bezweckt wird, muss die Anwendung dieser Vorschriften auch für die vereinfachte Kapitalherabsetzung im Zusammenhang mit einer Spaltung erwogen werden, unter Berücksichtigung der spaltungsrechtlichen Besonderheiten.[216]

207   **§ 58b Abs. 1 GmbHG** stellt dabei klar, dass die im Wege der Kapitalherabsetzung freigewordenen Mittel nicht ausgeschüttet werden dürfen. Dieser Gedanke macht für die

---

[208] Ebenso Kölner Kommentar-UmwG/*Simon*/*Nießen* § 139 Rn. 23; Kallmeyer/*Sickinger* § 139 Rn. 3; MünchHdb. GesR III/*Mayer* § 73 Rn. 686; Schmitt/Hörtnagl/Stratz/*Hörtnagl* § 139 Rn. 12; Böttcher/Habighorst/Schulte/*Fischer* § 139 Rn. 13, 14; a. A. AG Charlottenburg 99 AR 3278/08, GmbHR 2008, 993; Lutter/*Priester* § 139 Rn. 10, 11; Semler/Stengel/*Reichert* § 139 Rn. 10.
[209] Michalski/*Waldner* § 58a Rn. 9.
[210] Böttcher/Habighorst/Schulte/*Fischer* § 139 Rn. 18.
[211] MünchKommGmbHG/*Vetter* § 58a Rn. 40 mwN.
[212] MünchKommGmbHG/*Vetter* § 58a Rn. 82; Henssler/Strohn/*Gummert* GmbHG § 58a Rn. 18; Baumbach/Hueck/Zoellner/*Haas* § 58a Rn. 30; a. A. Michalski/*Waldner* § 58a Rn. 21; MünchHdb. GesR III/*Wegmann* § 54 Rn. 41.
[213] MünchKommGmbHG/*Vetter* § 58a Rn. 80.
[214] Michalski/*Waldner* § 58a Rn. 25; Henssler/Strohn/*Gummert* GmbHG § 58a Rn. 10; Semler/Stengel/*Reichert* § 139 Rn. 11.
[215] Michalski/*Waldner* § 58a Rn. 25.
[216] Kölner Kommentar-UmwG/*Simon*/*Nießen* § 139 Rn. 24.

Abspaltung keinen Sinn soweit die Gesellschafter der übertragenden GmbH mit den Anteilen am übertragenden Rechtsträger auch das wirtschaftliche Substrat des Vermögens erhalten, zu dessen Übertragung im Wege der Abspaltung das Kapital herabgesetzt werden muss. Ansonsten läuft die Vorschrift aber leer, weil für die Durchführung einer Kapitalherabsetzung im Zuge der Spaltung ohnehin alle Kapital- und Gewinnrücklagen und Gewinnverträge aufgelöst werden müssen und das dann verbleibende Stammkapital nicht ausschüttungsfähig ist. Gleiches gilt auch für die Möglichkeit der Bildung einer Kapitalrücklage gemäß **§ 58a Abs. 2 und 3 GmbHG**. Die teilweise vertretene **entsprechende Anwendung** von § 58a Abs. 2 und 3 GmbHG auf den **übernehmenden Rechtsträger** dergestalt, dass die Bildung ausschüttungsfähiger Rücklagen im Rahmen einer Spaltung mit vereinfachter Kapitalherabsetzung auch bei diesem unzulässig wäre[217], ist **abzulehnen**.[218] § 139 UmwG bezieht sich ausschließlich auf die Kapitalausstattung des übertragenden Rechtsträgers und es sind keine Anhaltspunkte ersichtlich für eine Erstreckung auch auf den übernehmenden Rechtsträger. Der Gesetzgeber hat nämlich insoweit andere Gläubigerschutzkonzepte wie die gesamtschuldnerische Haftung beider an der Spaltung beteiligten Rechtsträger nach § 133 UmwG und die Sicherheitsleistung nach §§ 125, 22 UmwG umgesetzt.

§ 58c GmbHG enthält ein Ausschüttungsverbot für freigewordene Beträge aufgrund **208** einer Kapitalherabsetzung in zu großem Umfang, etwa wegen Nichteintritts ursprünglich angenommener Verluste. Bei der Spaltung kann eine solche Situation trotz des Merkmals der Erforderlich eintreten, weil sich die Bilanzsituation des übertragenden Rechtsträgers in dem Zeitraum zwischen der Beschlussfassung über die Kapitalherabsetzung und der Eintragung von Kapitalherabsetzung und Spaltung kontinuierlich fortentwickelt und daher die voraussichtliche spaltungsbedingte Unterbilanz zunächst nur näherungsweise antizipiert werden kann. Zuviel freiwerdende Beträge sind gemäß **§ 58c S. 1 GmbHG** in die Kapitalrücklage einzustellen.[219] Im Hinblick auf die Ausschüttungsbeschränkungen gemäß **§ 58c S. 2 iVm § 58b Abs. 3 GmbHG** wird allerdings teilweise vertreten, dass diese nicht gelten sollen, weil sie auf den Sanierungsfall zugeschnitten wären, nicht auf den Fall, dass willentlich im Wege der Spaltung eines – jedenfalls in der Regel – gesunden Unternehmens eine Unterbilanz herbeigeführt wird.[220] Das Argument ist im Ansatz sicher richtig und vermag im Hinblick auf andere Bestimmungen deren Nichtanwendbarkeit zu begründen (→ Rn. 199). Im vorliegenden Zusammenhang wäre aber die Kapitalherabsetzung zu hoch ausgefallen, dh Kapital hätte bei voller Kenntnis aller Umstände im Zeitpunkt der Eintragung nur um einen geringeren Betrag herabgesetzt werden dürfen. Den Gläubigern hätte dementsprechend ein entsprechend höheres Stammkapital als Haftungsmasse zur Verfügung gestanden. Dass diese prozessbedingten Unwägbarkeiten der Spaltung auf die Haftungsmasse der Gläubiger durchschlagen sollen, ist mit Blick auf den auch bei der Spaltung gebotenen Gläubigerschutz nicht recht zu erklären. Umgekehrt gilt dies aber natürlich nur insoweit, als der Differenzbetrag den Herabsetzungsbetrag nicht überschreitet. In diesem Fall wäre bei zutreffender Antizipierung der Auswirkungen der Spaltung keine Herabsetzung des Stammkapitals erforderlich gewesen und wäre die Haftungsmasse in Gestalt des Stammkapitals unverändert geblieben. Auch wenn dies im Wortlaut des § 58c GmbHG nicht zum Ausdruck kommt und im direkten Anwendungsbereich der vereinfachten Kapitalherabsetzung aus praktischen Gründen kaum je als Frage aufkommen wird, können dergestalt überschüssige Beträge ausgeschüttet werden, da sich die zuvor bestehende, gesicherte Haftungsmasse der Gläubiger nicht verkürzt. Die Interessenlage gebietet deshalb die Anwendung der Ausschüttungsbeschränkungen gemäß § 58c S. 2 iVm § 58b

---

[217] So Lutter/*Priester* § 139 Rn. 14.
[218] Ebenso Kölner Kommentar-UmwG/*Simon/Nießen* § 139 Rn. 27, 28, 29.
[219] Kölner Kommentar-UmwG/*Simon/Nießen* § 139 Rn. 30.
[220] Kölner Kommentar-UmwG/*Simon/Nießen* § 139 Rn. 31.

Abs. 3 GmbHG,[221] mit der Beschränkung auf die Höhe des urspünglich vorhandenen Stammkapitals.

209 Der Grundgedanke des Arguments vermag aber die Nichtanwendbarkeit der Beschränkungen von Gewinnausschüttungen nach § 58d GmbHG zu begründen. Ebenso wie der zehnprozentige Kapital- und Gewinnrücklagenpuffer des § 58a Abs. 2 sind die Beschränkungen von Gewinnausschüttungen nach § 58d GmbHG eher ein Fremdkörper im Recht der GmbH, das grundsätzlich den Gesellschaftern den Zugriff auf das das Stammkapital übersteigende Eigenkapital erlaubt (→ Rn. 199). Die Beschränkungen finden ihre Berechtigung darin, dass der GmbH in der (regulären) vereinfachten Kapitalherabsetzung erlaubt wird, die formale Haftungsmasse in Form des Betrags des Stammkapitals zu Sanierungszwecken der tatsächlich noch vorhandenen Haftungsmasse anzupassen, ohne, dass die Schutzmechanismen der regulären Kapitalherabsetzung Anwendung finden würden. Als Ausgleich zugunsten der Gläubiger der zu sanierenden GmbH bleiben dann Erhöhungen der tatsächlichen Haftungsmasse über die Gewinnausschüttungsbeschränkungen in den Grenzen des § 58d GmbHG dem Zugriff der Gesellschafter entzogen. Da sich das Umwandlungsrecht mit der gesamtschuldnerischen Haftung der an der Spaltung beteiligten Rechtsträger nach § 133 UmwG und der Sicherheitsleistung §§ 125 Abs. 1, 22 UmwG für andere Mechanismen des Gläubigerschutzes entschieden hat, bleibt für die – per se für die GmbH systemwidrigen – Gewinnausschüttungsbeschränkungen des § 58d GmbHG im Zusammenhang mit einer spaltungsbedingten vereinfachten Kapitalherabsetzung kein Raum. § 58d GmbHG findet deshalb keine Anwendung auf GmbHs, deren Stammkapital zur Durchführung einer Spaltung nach § 139 S. 1 GmbH vereinfacht herabgesetzt worden ist.[222]

210 Ebenfalls nicht anwendbar ist die Möglichkeit nach **§ 58e GmbHG**, die Kapitalherabsetzung unter Durchbrechung des Stichtagsprinzips bereits in dem Jahresabschluss für das letzte vor dem Kapitalherabsetzungsbeschluss abgelaufene Geschäftsjahr zu reflektieren.[223] Insoweit wird auf die Ausführungen zu der entsprechenden Frage bei der AG verwiesen (→ Rn. 93), die gleichermaßen auch für die GmbH gelten. Entsprechendes gilt für **§ 58f GmbHG**.[224]

211 **e) Voreintragung der Kapitalherabsetzung.** § 139 Abs. 2 UmwG bestimmt eine **Eintragungsreihenfolge** dergestalt, dass zunächst die Kapitalherabsetzung in dem Handelsregister des übertragenden Rechtsträgers einzutragen ist und erst danach die Abspaltung bzw. die Ausgliederung.

Da die Kapitalherabsetzung nach allgemeiner Meinung unter der ungeschriebenen aufschiebenden Bedingung steht, dass die Spaltung wirksam ist, wird die Kapitalherabsetzung trotz der Voreintragung erst wirksam, wenn auch die Eintragung der Spaltung erfolgt ist. Scheitert die Spaltung, ist die bereits erfolgte Eintragung der Kapitalherabsetzung von Amts wegen zu löschen.[225]

4. Spaltungsbericht

212 Gemäß § 127 UmwG haben die Vertretungsorgane jedes an der Spaltung beteiligten Rechtsträgers einen schriftlichen Bericht zu erstatten, in dem die Spaltung, der Spaltungs-

---

[221] Wie hier Böttcher/Habighorst/Schulte/*Fischer* § 139 Rn. 17; Lutter/*Priester* § 139 Rn. 15 Semler/Stengel/*Reichert* § 139 Rn. 15t.

[222] Lutter/*Priester* § 139 Rn. 16; Kölner Kommentar-UmwG/*Simon/Nießen* § 139 Rn. 32; Kallmeyer/*Zimmermann* § 139 Rn. 6; Böttcher/Habighorst/Schulte/*Fischer* § 139 Rn. 18; a. A. Schmitt/Hörtnagl/Stratz/*Hörtnagl* § 139 Rn. 29; Widmann/Mayer/*Mayer* § 139 Rn. 75.

[223] Schmitt/Hörtnagl/Stratz/*Hörtnagl* § 139 Rn. 30; Böttcher/Habighorst/Schulte/*Fischer* § 139 Rn. 18; Kölner Kommentar-UmwG/*Simon/Nießen* § 139 Rn. 33; a. A. Lutter/*Priester* § 139 Rn. 17.

[224] Böttcher/Habighorst/Schulte/*Fischer* § 139 Rn. 18; Kölner Kommentar-UmwG/*Simon/Nießen* § 139 Rn. 33.

[225] Kölner Kommentar-UmwG/*Simon/Nießen* § 139 Rn. 39; Kallmeyer/*Sickinger* § 139 Rn. 7; Henssler/Strohn/*Wardenbach* UmwG § 139 Rn. 11.

vertrag bzw. der Spaltungsplan und in den Fällen der Aufspaltung und der Abspaltung das Umtauschverhältnis und dessen Ermittlung, sowie die Höhe einer gegebenenfalls anzubietenden Barabfindung rechtlich und wirtschaftlich zu erläutern und zu begründen sind.

Für eine an der Spaltung beteiligte GmbH ist dieser Bericht durch die Geschäftsführer zu erstellen. Diese handeln dabei nicht in Vertretung der GmbH, sondern in ihrer Eigenschaft als Vertretungsorgane. Daher haben alle Geschäftsführer persönlich mitzuwirken. Eine Mitwirkung nur in vertretungsberechtigter Zahl genügt nicht, ebenso wenig können sich die Geschäftsführer bei der Beschlussfassung über den Bericht rechtsgeschäftlich vertreten lassen. Die tatsächliche Erstellung des Berichts kann aber auf Hilfspersonen delegiert werden.[226]

Im Übrigen gelten für den Spaltungsbericht bei Beteiligung einer GmbH die allgemeinen Grundsätze (dazu ausführlich → § 23).

5. Spaltungsprüfung

Bei Beteiligung einer GmbH an der Spaltung hat eine Spaltungsprüfung zu erfolgen, wenn einer der Gesellschafter dies verlangt gemäß §§ 125, 48 UmwG. In diesem Fall gelten für die Prüfung die allgemeinen Vorschriften gemäß §§ 125, 9 bis 12 UmwG (dazu ausführlich → § 24).

Im Fall der Ausgliederung ist eine Spaltungsprüfung von vornherein ausgeschlossen gemäß § 125 S. 2 UmwG.

6. Spaltungsbeschluss

a) Allgemeines. Gemäß §§ 135, 13 UmwG bedarf der Spaltungsvertrag bzw. der Spaltungsplan zu seiner Wirksamkeit der Zustimmung durch Beschluss der Anteilsinhaber der beteiligten Rechtsträger, bei der GmbH also durch deren Gesellschafter.

b) Vorbereitung der Beschlussfassung. Die **Einberufung** der Gesellschafterversammlung der an der Spaltung beteiligten GmbH folgt im Wesentlichen den allgemeinen Regeln gemäß §§ 49, 51, 51a GmbHG und etwaigen Vorgaben des Gesellschaftsvertrags sowie punktuellen Konkretisierungen durch das UmwG.

So sind gemäß §§ 125, 47 UmwG über das allgemeine Einsichts- und Informationsrecht gemäß § 51a GmbHG hinaus der Spaltungsvertrag bzw. der Spaltungsplan und der Spaltungsbericht den Gesellschaftern spätestens zusammen mit der Einberufung zu der Gesellschafterversammlung **zu übersenden**. Sollte der Spaltungsvertrag bzw. Spaltungsplan zu diesem Zeitpunkt noch nicht unterzeichnet sein, kann dieser im Entwurf übersandt werden.[227]

Außerdem muss gemäß §§ 125, 49 Abs. 1 UmwG der Gegenstand der Beschlussfassung über die Spaltung in der Einberufung **angekündigt** werden. Ab dem Zeitpunkt der Einberufung müssen gemäß §§ 125, 49 Abs. 2 UmwG die Jahresabschlüsse und die Lageberichte der an der Spaltung beteiligten Rechtsträger für die letzten drei Geschäftsjahre zur Einsicht durch die Gesellschafter in den Geschäftsräumen der Gesellschaft **ausgelegt** werden. Die Geschäftsführer haben gemäß §§ 125, 49 Abs. 3 UmwG auf Verlangen jedem Gesellschafter jederzeit **Auskunft** über alle für die Spaltung wesentlichen Angelegenheiten der anderen beteiligten Rechtsträger zu geben.

c) Zustimmungsbeschluss. Die Beschlussfassung muss gemäß §§ 125, 13 UmwG zwingend in einer **Gesellschafterversammlung** erfolgen, eine ggf. nach dem Gesellschaftsvertrag ansonsten erlaubte Beschlussfassung im Wege eines schriftlichen Umlaufbeschlusses ist für den Spaltungsbeschluss nicht möglich.

Gemäß §§ 125, 13, 50 Abs. 1 UmwG bedarf der Spaltungsbeschluss der Gesellschafter einer an der Spaltung beteiligten GmbH, sei es als übertragender oder als übernehmender Rechtsträger, grundsätzlich einer Mehrheit von **drei Vierteln** der abgegebenen Stimmen.

---

[226] Vgl. zur Verschmelzung Kallmeyer/*Marsch-Barner* § 8 Rn. 2.
[227] MünchHdb. GesR III/*Mayer* § 73 Rn. 650.

Der Gesellschaftsvertrag kann eine größere Mehrheit oder weitere Erfordernisse bestimmen, eine Herabsetzung des Mehrheitserfordernisses ist hingegen nicht möglich.

222 In verschiedenen Fällen sind über die Dreiviertelmehrheit hinaus **zusätzliche Zustimmungserfordernisse** zu beachten:

223 Dies betrifft zunächst die verschiedenen Formen der, bei der GmbH häufig vorkommenden, **Vinkulierung**. Enthält der Gesellschaftsvertrag einer übertragenden GmbH das Erfordernis der Zustimmung **einzelner** Gesellschafter zu der Übertragung von Geschäftsanteilen, müssen diese Gesellschafter gemäß §§ 125, 13 Abs. 2 UmwG auch der Spaltung zustimmen. Obwohl von dem Wortlaut nicht unmittelbar erfasst, ist dieser Rechtsgedanke auch auf den Fall zu übertragen, dass der Gesellschaftsvertrag für die Übertragung von Geschäftsanteilen die Zustimmung **aller** Gesellschafter vorsieht, sodass in diesem Fall auch für den Spaltungsbeschluss die Zustimmung aller Gesellschafter erforderlich ist.[228] Hingegen ist der Fall, dass der Gesellschaftsvertrag die Zustimmung der **Gesellschaft oder eines Gesellschaftsorgans** (Geschäftsführer, Beirat, etc.) zu der Anteilsübertragung vorsieht, nicht von §§ 125, 13 UmwG erfasst, weil die Vinkulierung in diesem Fall kein Sonderrecht einzelner Gesellschafter darstellt.[229]

224 Werden auf dem Gesellschaftsvertrag beruhende **Minderheitenrechte** einzelner Gesellschafter einer übertragenden GmbH, einschließlich Sonderrechten im Hinblick auf die Geschäftsführung, die Bestellung von Geschäftsführern oder ein Vorschlagsrecht für die Bestellung von Geschäftsführern beeinträchtigt, bedarf der Spaltungsbeschluss gemäß §§ 125, 50 Abs. 2 UmwG der Zustimmung dieser Gesellschafter. Auch derartige Minderheitenrechte sind bei der GmbH vergleichsweise verbreitet.

225 Ist an der Spaltung eine GmbH beteiligt, auf deren Geschäftsanteile nicht alle zu leistenden Einlagen in voller Höhe bewirkt sind, schreiben §§ 125, 51 UmwG weitere Zustimmungserfordernisse vor. Sind die Einlagen bei einer **GmbH als übernehmender Rechtsträger** nicht vollständig bewirkt, bedarf der Zustimmungsbeschluss des übertragenden Rechtsträgers (unabhängig von dessen Rechtsform) der Zustimmung aller bei der Beschlussfassung anwesenden Anteilsinhaber. Dadurch soll sichergestellt werden, dass die Gesellschafter des übertragenden Rechtsträgers nur mit ihrer Zustimmung der Ausfallhaftung gemäß § 24 GmbHG bei der übernehmenden GmbH ausgesetzt sind.[230] Handelt es sich bei dem übertragenden Rechtsträger ebenfalls um eine GmbH (oder eine Personenhandels- oder Partnerschaftsgesellschaft), bedarf der Zustimmungsbeschluss darüber hinaus auch der Zustimmung der bei der Beschlussfassung nicht anwesenden Gesellschafter. Sind die Einlagen bei einer **GmbH als übertragender Rechtsträger** nicht vollständig bewirkt, bedarf der Spaltungsbeschluss für eine rechtsformwahrende Spaltung, bei der also auch der übernehmende Rechtsträger eine GmbH ist, der Zustimmung aller Gesellschafter des übernehmenden Rechtsträgers.[231]

226 Im Falle einer **nicht verhältniswahrenden Auf- oder Abspaltung** ist auf Seiten des übertragenden Rechtsträgers gemäß § 128 UmwG die Zustimmung aller Anteilsinhaber erforderlich.

227 Der Spaltungsbeschluss muss gemäß §§ 125, 13 Abs. 3 UmwG **notariell beurkundet** werden, ebenso wie die Zustimmungserklärungen nicht anwesender Gesellschafter.

7. Anmeldung und Eintragung

228 Gemäß §§ 125, 16 UmwG ist die Spaltung durch die Vertretungsorgane der beteiligten Rechtsträger bei dem jeweiligen Handelsregister zur Eintragung **anzumelden**. Zur Verfahrensbeschleunigung ist das Vertretungsorgan des übernehmenden Rechtsträgers berechtigt, die Anmeldung auch für den übertragenden Rechtsträger vorzunehmen.

---

[228] *Reichert* GmbHR 1995, 176, 179; *Schöne* S. 180.
[229] *Reichert* GmbHR 1995, 176, 180; *Schöne* S. 180, 181.
[230] *Schöne* S. 204.
[231] Vgl. dazu auch *Schöne* S. 206 ff.

§ 29 Rechtsformspezifische Besonderheiten der Spaltung   229–235   § 29

Für eine an der Spaltung beteiligte GmbH erfolgt die Anmeldung zum Handelsregister 229
durch die Geschäftsführer in vertretungsberechtigter Zahl.

Über die allgemeinen Vorschriften bezüglich der Anmeldung der Spaltung hinaus 230
(→ § 26 Rn. 2 ff.) verlangt § 140 UmwG speziell für die als übertragender Rechtsträger an
einer Abspaltung oder Ausgliederung beteiligte GmbH, dass die Geschäftsführer bei der
Anmeldung auch erklären, dass die durch Gesetz und Gesellschaftsvertrag vorgesehenen
Voraussetzungen für die Gründung der GmbH im Zeitpunkt der Anmeldung unter
Berücksichtigung der Spaltung vorliegen.

Zweck dieser Regelung ist die **Sicherung der Kapitalausstattung** der übertragenden 231
GmbH. Es soll sichergestellt sein, dass die Spaltung nicht zu einem Vermögensabfluss unter
die gesellschaftsvertraglich festgelegte Stammkapitalziffer ohne entsprechende Korrektur des
Stammkapitals durch eine Kapitalherabsetzung führt.[232] Ebenso wie für die AG ersetzt dabei
die Erklärung der Geschäftsführer die Prüfung durch das Registergericht, weshalb die
Erklärung gemäß § 313 Abs. 2 UmwG strafbewehrt ist.

§ 140 UmwG ist praktisch wortgleich mit der entsprechenden Vorschrift zur AG in 232
§ 146 UmwG, sodass im Hinblick auf den Inhalt der Erklärung, den relevanten Bezugszeitpunkt und die Formalia auf die Ausführungen zur AG verwiesen werden kann
(→ Rn. 105 ff.).

8. Rechtswirkungen der Eintragung

a) Partielle Gesamtrechtsnachfolge. Für die allgemeinen Rechtsfolgen der Spaltung, 233
insbesondere im Hinblick auf den Übergang des von der Spaltung umfassten Vermögens als
Ganzes im Wege der partiellen Gesamtrechtsnachfolge wird auf die allgemeinen Ausführungen verwiesen (→ § 27).

b) Organhaftung. Gemäß §§ 125, 25 UmwG haften die Mitglieder des **Vertretungs-** 234
organs und, soweit vorhanden, des **Aufsichtsorgans des übertragenden Rechtsträgers**
als Gesamtschuldner gegenüber dem übertragenden Rechtsträger, dessen Anteilsinhabern
und den Gläubigern für den Schaden, den sie durch die Spaltung erleiden. Damit statuieren
§§ 125, 25 UmwG neben der ohnehin bestehenden Binnenhaftung auch eine weitreichende **unmittelbare Außenhaftung**.

Für den Fall, dass eine GmbH als übertragender Rechtsträger an der Spaltung beteiligt ist, 235
haften deren Geschäftsführer und die Mitglieder eines nach dem DrittelbG oder den
Mitbestimmungsgesetzen ggf. gebildeten Aufsichtsrats. In Betracht kommt grundsätzlich
auch die Haftung eines freiwillig gebildeten Gremiums (Beirat, Verwaltungsrat, o. ä.), es sei
denn, dieses hat keine Aufsichts- sondern lediglich beratende Funktion.[233]

Aus der Exkulpationsmöglichkeit gemäß §§ 125, 25 S. 2 UmwG, wonach Mitglieder der
Organe, die bei der Prüfung der Vermögenslage der Rechtsträger und dem Abschluss des
Spaltungsvertrags bzw. der Aufstellung des Spaltungsplans ihre Sorgfaltspflicht beachtet
haben, von der Ersatzpflicht befreit sind, lässt sich spiegelbildlich zugleich auch der **Haftungsmaßstab** entnehmen.[234] Demnach gilt der Sorgfaltsmaßstab des **§ 43 GmbHG**,
einschließlich des aus dem Aktienrecht abgeleiteten Geschäftsleiterermessens (sog. business
judgement rule). Dieser Sorgfaltsmaßstab gilt einheitlich sowohl gegenüber der Gesellschaft
(in welchem Verhältnis dieser Maßstab ohnehin gilt), als auch gegenüber den Gesellschaftern und den Gläubigern. § 25 S. 2 UmwG konkretisiert die Prüfungspflichten der Organmitglieder dahingehend, dass sie die **Vermögenslage der an der Spaltung beteiligten**
Rechtsträger sorgfältig zu prüfen haben. Ggf. muss dazu eine sog. Due Diligence unter
Hinzuziehung externer Berater durchgeführt werden. Außerdem haben sie im Rahmen des
Abschlusses des Spaltungsvertrags bzw. der Aufstellung des Spaltungsplans das **Umtausch-**

---

[232] Böttcher/Habighorst/Schulte/*Fischer* § 140 Rn. 2.
[233] Kallmeyer/*Marsch-Barner* § 25 Rn. 3, 4.
[234] Vgl. *Schnorbus* ZHR 2003, 666, 680 (zur Haftung der Mitglieder der Organe einer AG im Falle
der Verschmelzung); ebenso *Pöllath/Philipp* DB 2005, 1503, 1505.

verhältnis sorgfältig zu prüfen und festzulegen. Über die in § 25 S. 2 UmwG genannten Prüfungsgegenstände hinaus sind die Organmitglieder allgemein verpflichtet, die **wirtschaftliche Sinnhaftigkeit der Umstrukturierungsmaßnahme** zu prüfen.

236 Speziell die Prüfung der Vermögenslage der an der Spaltung beteiligten Rechtsträger ist dabei im Rahmen der entsprechenden Anwendung des § 25 UmwG nicht etwa aufgrund der gesamtschuldnerischen Haftung der beteiligten Rechtsträger gemäß § 133 UmwG obsolet. Denn die gesamtschuldnerische Haftung ändert nichts daran, dass das als Haftungsmasse zur Verfügung stehende Vermögen (bzw. die betreffenden Vermögensteile) insbesondere bei einer Spaltung zur Aufnahme „vergemeinschaftet" wird und es auf Seiten des übernehmenden Rechtsträgers zugleich auch dem Zugriff durch dessen Gläubiger ausgesetzt ist.

237 **Ersatzfähig** ist der durch die Spaltung entstandene **Schaden**. Die Spaltung muss also wirksam geworden, insbesondere eingetragen sein.[235] Ersatzfähig ist jeder Vermögensnachteil, der im Zusammenhang mit der Spaltung aufgrund der Sorgfaltspflichtwidrigkeit eingetreten ist.[236] Die Spaltung als solche stellt allerdings keinen ersatzfähigen Schaden dar; eine Rückabwicklung der Spaltung als Schadensersatz in Form der Naturalrestitution kommt mit Blick auf § 131 Abs. 2 UmwG nicht in Betracht.[237]

238 **Schuldner** des Schadensersatzanspruchs aus §§ 125, 25 UmwG sind die Personen, die zum Zeitpunkt der schädigenden Handlung ein Amt in dem betreffenden Organ innehatten.[238] Aus § 25 Abs. 1 S. 2 UmwG ergibt sich, dass dabei der Abschluss des Spaltungsvertrags bzw. die Aufstellung des Spaltungsplans der maßgebliche Zeitpunkt ist. Dies ist auch insofern folgerichtig, als ein Verstoß gegen die Sorgfaltspflichten der Organmitglieder (→ Rn. 235) sich in aller Regel in dem Spaltungsvertrag bzw. dem Spaltungsplan niederschlägt. Die spätere Eintragung der Spaltung lässt zwar erst den Schaden entstehen, stellt aber nicht die schadensursächliche Pflichtverletzung dar.[239]

239 Im Hinblick auf eine etwaige Haftung der Organmitglieder des übertragenden Rechtsträgers ergibt sich aus § 125 UmwG auch eine entsprechende Anwendung von § 27 UmwG. Anders als § 25 UmwG statuiert § 27 UmwG jedoch keine eigene Anspruchsgrundlage, sondern knüpft an Schadensersatzansprüche an, die sich aus anderen Rechtsnormen ergeben, und schreibt für diese eine Verjährung von fünf Jahren vor.[240] Für eine an der Spaltung als übertragender Rechtsträger beteiligte GmbH kommt als Anspruchsgrundlage vor allem § 43 GmbHG in Betracht, für den ohnehin eine Verjährungsfrist von fünf Jahren gilt (§ 43 Abs. 4 GmbHG). Somit kommt §§ 125, 27 UmwG hier nur eine untergeordnete Bedeutung zu. Praktisch relevant ist die Verjährungsregel des § 27 UmwG vor allem für die – selten gegebenen – Schadensersatzansprüche aus unerlaubter Handlung.

C. Eingetragene Genossenschaften (eG) und genossenschaftliche Prüfungsverbände

Schrifttum: *Korte,* Die Europäische Genossenschaft (SCE) – Analyse der mangelnden Verbreitung dieser supranationalen Rechtsform, in: Baudenbacher/Kokott (Hrsg.): Aktuelle Entwicklungen des Europäischen und Internationalen Wirtschaftsrechts, Bd. 14 (2012), S. 319; *Wirth,* Spaltung einer eingetragenen Genossenschaft, 1998.

---

[235] Kallmeyer/*Marsch-Barner* § 25 Rn. 5.
[236] Vgl. Böttcher/Habighorst/Schulte/*Burg* § 25 Rn. 10.
[237] Vgl. *Schnorbus* ZHR 2003, 666, 691, 692; ebenso *Pöllath/Philipp* DB 2005, 1503; 1507.
[238] Widmann/Mayer/*Vossius* § 25 Rn. 15; Semler/Stengel/*Kübler* § 25 Rn. 6.
[239] Widmann/Mayer/*Vossius* § 25 Rn. 22; vgl. auch Lutter/*Grunewald* § 25 Rn. 8; Kallmeyer/*Marsch-Barner* § 25 Rn. 6.
[240] Kallmeyer/*Marsch-Barner* § 27 Rn. 2.

I. Die Spaltung unter Beteiligung eingetragener Genossenschaften

Die Möglichkeit der Spaltung unter Beteiligung einer Genossenschaft wurde mit dem UmwG 1995 eingeführt. Die Genossenschaft kann sowohl als aufnehmender und ggf. neu zu gründender Rechtsträger als auch als übertragender Rechtsträger an **allen drei Arten der Spaltung** (Aufspaltung, Abspaltung und Ausgliederung) beteiligt sein. § 124 UmwG verweist insoweit ohne Einschränkungen auf § 3 UmwG. Die Genossenschaft kann danach auch an **Mischspaltungen** beteiligt sein. Sie kann Vermögensteile auf einen Rechtsträger anderer Rechtsform ab- und aufspalten sowie ausgliedern, aber auch Vermögensteile anderer Rechtsträger aufnehmen. 240

1. Einführung und Gesetzessystematik

Die besonderen Regelungen zur Spaltung unter Beteiligung der Genossenschaft (§§ 147 ff. UmwG) ergänzen und verdrängen als lex specialis teilweise die allgemeinen Vorschriften zur Spaltung (§§ 123 ff. UmwG). Über §§ 123 ff. UmwG wiederum gelangen §§ 3–38 UmwG sowie §§ 79–98 UmwG zur Anwendung. Für eine Spaltung zur Neugründung gelten gem. § 135 UmwG die §§ 126 ff. UmwG (mit Ausnahme der §§ 129 und 130 Abs. 2 UmwG) sowie die nach § 125 entsprechend anzuwendenden §§ 4, 7, 16 Abs. 1 und 27 UmwG. Soweit es sich um Mischspaltungen handelt, gelten für den beteiligten Rechtsträger anderer Rechtsform neben den allgemeinen Normen ferner die für die jeweilige andere Rechtsform einschlägigen speziellen Spaltungsregeln. 241

Gem. § 124 Abs. 1 UmwG kann eine **Genossenschaft als übertragender Rechtsträger** eine Spaltung auf folgende bestehende oder neu zu gründende Rechtsträger vornehmen: 242

– Personenhandelsgesellschaft (OHG, KG, EWIV) oder PartG
– Kapitalgesellschaft (GmbH, AG, KGaA)
– eG

Auf eine **Genossenschaft als aufnehmender oder neu zu gründender Rechtsträger** können folgende Rechtsträger gespalten werden: 243

– Personenhandelsgesellschaften (OHG, KG, EWIV) oder PartG
– Kapitalgesellschaft (GmbH, AG, KGaA)
– eG, e. V. und wirtschaftlicher Verein.

Lediglich **ausgliedern auf eine Genossenschaft** können: 244

– Einzelkaufleute (§ 152 UmwG)
– Gebietskörperschaften oder deren Zusammenschlüsse (§ 168 UmwG)

Es besteht auch die Möglichkeit, **aufgelöste Genossenschaften** zu spalten, solange noch ihre Fortsetzung beschlossen werden kann. Diese Voraussetzung ist nach § 79a GenG erfüllt, wenn die Genossenschaft durch Beschluss der General- bzw. Vertreterversammlung oder durch Zeitablauf aufgelöst wurde, noch nicht mit der Verteilung des nach Berichtigung der Schulden verbleibenden Vermögens unter die Mitglieder begonnen wurde und die Mitglieder nicht zu Nachschusszahlungen gem. § 87a Abs. 2 GenG herangezogen worden sind. Darüber hinaus darf die Genossenschaft noch nicht im Genossenschaftsregister gelöscht sein.[241] 245

Die Spaltung einer **Vor-Genossenschaft** ist hingegen nicht möglich, da das Gesetz in § 3 Abs. 1 Nr. 3 UmwG nur eingetragene Genossenschaften erwähnt. Eine Spaltung einer Vor-Genossenschaft unter aufschiebender Bedingung der Eintragung ist zwar grds. möglich, erscheint aber praxisfern.[242] 246

---

[241] Lutter/*Bayer* § 147 Rn. 5 mwN.
[242] Widmann/Mayer/*Fronhöfer* vor § 147 Rn. 25.

2. Praktische Relevanz

247 Die Spaltung einer Genossenschaft ist in einigen typischen Konstellationen sinnvoll:

248 **Beispiel 1:** Die 520 Mitglieder einer eG wollen die eG an einen Investor verkaufen. Die Mitglieder haben unterschiedlich viele Geschäftsanteile gezeichnet und unterschiedlich hohes Geschäftsguthaben eingezahlt.

Rechtlich stellt sich hier das Problem, dass der Investor keine 520 Kaufverträge über unterschiedlich hohe Beteiligungen abschließen und der Genossenschaft beitreten will. Hinzukommt, dass die Genossenschaft mindestens drei Mitglieder haben muss (§ 4 GenG), um nicht von Amts wegen aufgelöst zu werden.

Durchgeführt werden kann die Transaktion mit Hilfe einer Ausgliederung: Die eG gliedert dabei ihr gesamtes operatives Geschäft auf eine bestehende oder neu zu gründende GmbH gegen Gewährung der 100%-Beteiligung an der GmbH aus und verkauft die GmbH-Geschäftsanteile anschließend an den Investor. Die Mitgliedschaft verbleibt in der eG, und der Erlös aus dem Verkauf der Geschäftsanteile fließt der eG zu. Schließlich wird die eG liquidiert und der Erlös an die Mitglieder verteilt.

249 **Beispiel 2:** Eine Erzeugergenossenschaft möchte einen operativen Geschäftszweig auf ein anderes Unternehmen übertragen und außerhalb der eG in einem selbständigen Unternehmen betreiben. Die Erzeuger wollen aber weiterhin den Rohstoff an die eG liefern. Diese bündelt den Rohstoff und liefert ihn an das Unternehmen.

Dieser Plan kann insbesondere im landwirtschaftlichen Bereich steuerliche Gründe haben. Wenn das Nichtmitgliedergeschäft der eG 10% übersteigt, weil für das operative Geschäft der Rohstoffzukauf von Nichtmitgliedern erforderlich ist, kann die Steuerfreiheit der eG nach § 5 Abs. 1 KStG verloren gehen.

Als Lösungswege in Betracht kommen hier sowohl eine Ausgliederung als auch eine Abspaltung: Die eG überträgt dabei ihr operatives Geschäft auf eine bestehende oder neu zu gründende Gesellschaft gegen Gewährung von Anteilen an die eG (Ausgliederung) bzw. an die Mitglieder (Abspaltung). Die Mitglieder verbleiben in der eG. Die eG bzw. deren Mitglieder halten die Beteiligungen an der operativen Gesellschaft.

250 **Beispiel 3:** Eine Raiffeisenbank betreibt neben dem Bankgeschäft auch ein Warengeschäft. Die Bank möchte das Warengeschäft in Zukunft außerhalb der Bank betreiben. Zu diesem Zweck gliedert sie das Warengeschäft auf eine Tochter-GmbH aus und erhält im Gegenzug die Geschäftsanteile an der GmbH.

Denkbar ist hierbei sowohl eine Ausgliederung auf eine bestehende als auch auf eine neu gegründende Tochter-GmbH der Bank. Es besteht darüber hinaus die Möglichkeit der Ausgliederung auf eine Gesellschaft unter Beteiligung weiterer Raiffeisenbanken als Gesellschafter, die ebenfalls ihr Warengeschäft ausgliedern.

251 An den Beispielen ist ersichtlich, dass **vor allem Ausgliederungen aus einer Genossenschaft** praktisch relevant sind. Soweit eine Abspaltung in Betracht kommt, erweist sich häufig die große Mitgliederzahl von Genossenschaften als problematisch. Denn im Fall der Abspaltung würden sämtliche Mitglieder der Genossenschaft Mitgliedschaften bzw. Beteiligungen an dem übernehmenden Rechtsträger erhalten. Dies ist in den meisten Fällen aus Praktikabilitätsgründen nicht gewollt.

3. Ausgliederung des operativen Geschäfts gegen Beteiligungen

252 Die teilweise oder vollständige Ausgliederung des operativen Geschäfts einer Genossenschaft kann zur Folge haben, dass die Genossenschaft lediglich Beteiligungen hält. Dies kann in mehrerer Hinsicht Probleme aufwerfen:

253 **a) Förderzweck.** Die Genossenschaft ist die einzige Gesellschaftsform, deren Zweck gesetzlich auf die Förderung der Mitglieder ausgerichtet ist. Die Genossenschaft erfüllt ihren Förderzweck, wenn sie eine Leistung erwirtschaftet, diese an die Mitglieder weitergibt und den eigenen Betrieb absichert, um langfristig förderfähig zu sein.[243] Auch das **Halten von Beteiligungen kann nach genauer Prüfung im Einzelfall das Merkmal eines gemeinsamen Geschäftsbetriebs zur Förderung der Mitglieder erfüllen.** Die

---

[243] Lang/Weidmüller/*Holthaus/Lehnhoff* § 1 GenG Rn. 27.

Zulässigkeit der Ausgliederung von Betriebsteilen ist an dem satzungsmäßigen Unternehmenszweck der Genossenschaft zu messen und daran, ob diese geänderte Betriebsstruktur die Förderinteressen der Mitglieder nicht beeinträchtigt. Bei der Ausgliederung des gesamten operativen Geschäfts kann die Genossenschaft nur bestehen, wenn sie noch in der Lage ist, ihren gesetzlichen Zweck – nämlich die Förderung der Mitglieder – weiterhin zu erfüllen. Dies ist zB gewährleistet, wenn noch Anlieferungspflichten zwischen der Genossenschaft und den Mitgliedern und vertragliche Lieferbeziehungen zwischen der Genossenschaft und dem aufnehmenden Rechtsträger bestehen.[244] Es ist sogar durchaus möglich, dass gerade durch die Ausgliederung der Förderzweck erfüllt wird. Dies gilt beispielsweise, wenn mehrere Genossenschaftsbanken mit Warengeschäft ihre jeweiligen Warengeschäfte auf eine gemeinsame Tochtergesellschaft ausgliedern, um die Warengeschäfte zukunftsfähig zu gestalten. Gleiches gilt, wenn Einkaufs- oder Absatzgenossenschaften Teile ihres Geschäftsbetriebes auf Tochtergesellschaften ausgliedern. Die Genossenschaft wird zur Haltegenossenschaft und erfüllt ihren Förderzweck mittelbar durch die Tochtergesellschaft (**weitergeleiteter Förderzweck**).[245]

b) Dividendengenossenschaften. Eine reine Vermögensverwaltungsgenossenschaft oder eine reine Dividendengenossenschaft, deren einziger Unternehmenszweck in der Verwaltung von Vermögen und Beteiligungen besteht, ist unzulässig, da keine Mitgliederförderung erfolgt.[246] Die Förderung darf nicht alleine darin bestehen, den Mitgliedern Kapitalertrag in Form einer Kapitaldividende zuzuleiten.[247] Die **Unzulässigkeit der Dividendengenossenschaft** bedeutet allerdings nicht, dass die Genossenschaft keinerlei Beteiligungen halten und Kapitalerträge erwirtschaften darf. Es kommt vielmehr auf ein ausgewogenes Mischungsverhältnis an.

c) Zulässigkeit nach KAGB. Soweit die Genossenschaft wesentliche Teile ihres Geschäfts auf bestehende oder neu zu gründende Gesellschaften ausgliedert und im Gegenzug Beteiligungen an diesen erhält, ist die Zulässigkeit solcher Beteiligungen auch im Lichte des KAGB zu prüfen. Im Anschluss an das Inkrafttreten des KAGB am 22. Juli 2013 vertrat die BaFin zunächst die Auffassung, dass auch Genossenschaften, die Beteiligungen halten, unter den Anwendungsbereich des KAGB fallen.[248] Von dieser Auffassung ist die BaFin jedoch zwischenzeitlich mit folgender Begründung abgewichen:

> „Regelungen in Satzungen, die eine Beteiligung an anderen Unternehmen erlauben, sind daher in diesem Zusammenhang unbedenklich, da von solchen Satzungsbestimmungen nur im Rahmen der Vorgaben des Genossenschaftsgesetzes zum Förderzweck Gebrauch gemacht werden darf. Bei wertender Gesamtschau verfolgt demnach eine Genossenschaft nach § 1 Abs. 1 GenG regelmäßig keine festgelegte Anlagestrategie, sodass kein Investmentvermögen im Sinne des § 1 Abs. 1 KAGB vorliegt. Die Einhaltung der besonderen Anforderungen des Genossenschaftsgesetzes, insbesondere des genossenschaftlichen Förderzwecks, unterliegt der regelmäßigen umfassenden Prüfung der Prüfungsverbände (§§ 53 bis 64c GenG)."[249]

Es ist daher bei jeder Spaltung zu prüfen, inwieweit der ursprüngliche oder ein neuer Förderzweck durch die Genossenschaft gegenüber ihren Mitgliedern verwirklicht wird. Eine reine Haltegenossenschaft als Investmentgesellschaft ist unzulässig.

---

[244] Lang/Weidmüller/*Holthaus/Lehnhoff* § 1 GenG Rn. 20, 92 ff.
[245] *Bauer* § 1 GenG Rn. 104 mwN.
[246] Lang/Weidmüller/*Holthaus/Lehnhoff* § 1 GenG Rn. 23.
[247] Beuthien/*Beuthien* § 1 GenG Rn. 10.
[248] BaFin, Auslegungsschreiben zum Anwendungsbereich des KAGB und zum Begriff des „Investmentvermögens", Geschäftszeichen Q 31-Wp 2137-2013/0006 vom 14. Juni 2013, idF v. 9. Dezember 2014, Ziff. II.3 S. 2 und 3 (aF).
[249] BaFin, Auslegungsschreiben zum Anwendungsbereich des KAGB und zum Begriff des „Investmentvermögens", Geschäftszeichen Q 31-Wp 2137-2013/0006 vom 14. Juni 2013, idF v. 9. März 2015, Ziff. II.3 S. 3–5.

4. Satzung der Genossenschaft

256 Um zu gewährleisten, dass nach dem Spaltungsvorgang die Genossenschaft in dieser Rechtsform weiter bestehen kann, ist in der Satzung sicherzustellen, dass die Voraussetzungen für die Gründung der Genossenschaft auch nach der Spaltung erfüllt sind. Dies gilt sowohl für die Genossenschaft als aufnehmender als auch als übertragender Rechtsträger. Erforderliche, mögliche und sinnvolle Satzungsänderungen bei der Spaltung sind daher genau zu prüfen.

257 Nach § 147 UmwG sind bei der Spaltung eines Rechtsträgers anderer Rechtsform auf eine Genossenschaft die **erforderlichen Änderungen der Satzung der übernehmenden Genossenschaft** gleichzeitig mit der Spaltung in der General- bzw. Vertreterversammlung der aufnehmenden Genossenschaft zu beschließen. Es muss sich danach um eine gleichzeitige gemeinsame und keine zeitlich gestaffelte Beschlussfassung handeln.[250] Die Satzungsänderungen müssen auch als Gegenstand der Beschlussfassung mit der Einladung angekündigt werden.

258 Die aufnehmende Genossenschaft kann Satzungsänderungen auch schon im Vorfeld und zur Vorbereitung der Spaltung in einer früheren Versammlung beschließen. Soweit es sich um keine erforderlichen Satzungsänderungen oder um keine Mischspaltungen handelt, sind Satzungsänderungen zwar nicht zwingend gleichzeitig mit dem Spaltungsbeschluss, sinnvollerweise jedoch im Anschluss an diesen in derselben General- bzw. Vertreterversammlung zu beschließen.

259 Sind **an der Spaltung nur Genossenschaften beteiligt** (kein Fall des § 147 UmwG), müssen die nach dem GenG notwendigen Satzungsänderungen ebenfalls vorgenommen werden. Sie müssen jedoch nicht zeitgleich mit der Spaltung beschlossen werden und sind keine Eintragungsvoraussetzung.[251]

260 Bei der **Spaltung zur Neugründung einer Genossenschaft** ist die Satzung der neu zu gründenden Genossenschaft als Teil des Spaltungsplans mit dem Spaltungsbeschluss zu beschließen und zu beurkunden. Die Satzung ist gem. § 125 iVm § 97 Abs. 1 UmwG von sämtlichen Mitgliedern der Vertretungsorgane der zukünftigen Genossenschaft zu unterzeichnen. Verweigert ein Mitglied eines Vertretungsorgans die Unterschrift, so ist die Satzung der neuen Genossenschaft nicht wirksam errichtet.[252]

261 Notwendige Satzungsinhalte bei einer Genossenschaft gem. §§ 6, 7 GenG:
– Firma und Sitz des Unternehmens
– Unternehmensgegenstand
– Bestimmungen zur Nachschusspflicht
– Bestimmungen über die Einberufung der General- und Vertreterversammlung
– Bestimmungen über die Bekanntmachungen der Genossenschaften
– die Höhe des Geschäftsanteils und der Pflichteinzahlung
– Regelung der gesetzlichen Rücklagen

262 Für die Satzungsänderung gelten ergänzend die Vorschriften des GenG und der Satzung der Genossenschaft. Theoretisch ist es daher möglich, dass **im Hinblick auf den Spaltungsbeschluss andere Mehrheitserfordernisse bestehen als hinsichtlich des Satzungsänderungsbeschlusses**.[253] Schreibt die Satzung der Genossenschaft beispielsweise für eine Satzungsänderung eine höhere Mehrheit als die gesetzliche Mehrheit von 75% der abgegebenen Stimmen vor, so können die Mehrheitserfordernisse von Spaltungsbeschluss und Satzungsänderung auseinanderfallen. Das gleiche gilt, wenn durch die Satzungsänderung eine Verpflichtung der Mitglieder zur Inanspruchnahme von Einrichtungen oder anderer Leistungen der Genossenschaft oder zur Leistung von Sachen oder Diensten einge-

---

[250] Lutter/Bayer § 147 Rn. 25; Semler/Stengel/Bonow § 147 Rn. 35.
[251] Schmitt/Hörtnagl/Stratz/Hörtnagl § 147 Rn. 1 mwN.
[252] Beuthien/Wolff §§ 2 ff. UmwG Rn. 137; Wirth, S. 168.
[253] Lutter/Bayer § 147 Rn. 26.

führt oder erweitert wird. Gem. § 16 Abs. 3 GenG bedarf es dann für den satzungsändernden Beschluss einer Stimmenmehrheit von 90%.

a) Unternehmensgegenstand und Förderzweck. Aufgrund der Spaltung kann sich 263 sowohl bei einer aufnehmenden Genossenschaft, als auch bei der übertragenden Genossenschaft der Unternehmensgegenstand ändern, indem die Genossenschaft neue Tätigkeitsgebiete übernimmt oder Teile ihres bisherigen operativen Geschäfts überträgt. Die Genossenschaft hat als einzige Gesellschaftsform als Zweck, den Erwerb oder die Wirtschaft ihrer Mitglieder oder deren soziale oder kulturelle Belange durch gemeinschaftlichen Geschäftsbetrieb zu fördern (§ 1 Abs. 1 GenG). Dieser Förderzweck muss sich im Unternehmensgegenstand widerspiegeln. Dabei ist der Unternehmensgegenstand nicht identisch mit dem Förderzweck der Genossenschaft. Gegenstand des Unternehmens ist vielmehr die Tätigkeit, mit der der Förderzweck erreicht wird.[254] Der Förderzweck muss nicht ausdrücklich in der Satzung als Unternehmensgegenstand erwähnt sein.[255] Die üblichen Mustersatzungen[256] für Genossenschaften enthalten jedoch in § 2 Abs. 1 eine ausdrückliche Regelung zum Förderzweck. Die Verwirklichung des Förderzwecks wird im Rahmen der gesetzlichen Prüfung geprüft. Bei der Spaltung ist daher darauf zu achten, dass der Unternehmensgegenstand bei der übertragenden bzw. der übernehmenden Genossenschaft dem Förderzweck der Genossenschaft entspricht bzw. dass ein Förderzweck der Genossenschaft nach der Spaltung bestehenbleibt.

Im Fall der Ausgliederung gegen Beteiligung muss die Satzung der übertragenden 264 Genossenschaft eine **Regelung** enthalten, **nach der der Unternehmensgegenstand auch den Erwerb und das Halten von Beteiligungen umfasst.** Die üblichen Mustersatzungen für Genossenschaften enthalten eine dahingehende Regelung.[257]

Sollte für den Unternehmensgegenstand eine **staatliche Genehmigung** erforderlich 265 sein, muss diese dem Registergericht nicht mehr – wie vor Inkrafttreten des ARUG – gleichzeitig mit der Anmeldung der Spaltung vorgelegt werden.[258]

b) Beitritt, Beteiligungen, Einzahlungsverpflichtungen und Haftung. Aufgrund 266 der Spaltung kann es zu **wesentlichen Änderungen der Rahmenbedingungen für die Mitgliedschaft** in der übertragenden Genossenschaft kommen. Aufgrund des möglicherweise neuen Unternehmensgegenstandes und Förderzwecks können sich die Zielgruppe der Mitglieder sowie die Beitrittsvoraussetzungen bis hin zur Regelung eines Beitritts- oder Eintrittsgeldes verändern. Daraus können Satzungsänderungen über die Erhöhung oder die Herabsetzung der Geschäftsanteile, Pflichtbeteiligungen und Pflichteinzahlungen sowie die Änderung der Haftsumme resultieren. Aufgrund dieser Änderungen können Nachzahlungspflichten der Mitglieder entstehen. Darüber hinaus kann es aber auch gem. § 22 oder § 22a GenG zu einem Gläubigeraufruf und zur Forderung von Sicherheitsleistungen gegen die Genossenschaft kommen, weil Geschäftsanteile, Pflichteinzahlungen oder die Haftsumme herabgesetzt werden.[259] Diese Satzungsänderungen sollten daher im Vorfeld der Spaltung genau bedacht und in ihren Konsequenzen geprüft werden.

---

[254] Lang/Weidmüller/*Holthaus/Lehnhoff* § 6 GenG Rn. 11.
[255] Pöhlmann/Fandrich/Bloehs/*Fandrich* § 6 GenG Rn. 6; Beuthien/*Beuthien* § 6 GenG Rn. 7; aA *Müller* § 6 GenG Rn. 16.
[256] Mustersatzung für Volksbanken und Raiffeisenbanken mit Generalversammlung (ohne Warengeschäft) DG Verlag 101 130 und (mit Warengeschäft) DG Verlag 101 030; Mustersatzung für Volksbanken und Raiffeisenbanken mit Vertreterversammlung (mit Warengeschäft) DG Verlag 101 230 und (ohne Warengeschäft) DG Verlag 101 330; Mustersatzung für Warengenossenschaften des DRV.
[257] Pöhlmann/Fandrich/Bloehs/*Fandrich* § 6 GenG Rn. 6; Beuthien/*Beuthien* § 6 GenG Rn. 7; aA *Müller* § 6 GenG Rn. 16.
[258] Semler/Stengel/*Schwanna* § 17 UmwG Rn. 3.
[259] Semler/Stengel/*Bonow* § 147 Rn. 30 ff.

5. Spaltungsvertrag, Spaltungsplan

267 Erfolgt die Spaltung auf einen bestehenden Rechtsträger, so schließen der übertragende und der aufnehmende Rechtsträger einen **Spaltungsvertrag**. Handelt es sich dagegen um eine Spaltung zur Neugründung, so entsteht der übernehmende Rechtsträger erst durch die Spaltung. Der übertragende Rechtsträger stellt dann nur einseitig einen **Spaltungsplan** auf. Der Spaltungsvertrag bzw. -plan ist vom Vorstand in der General- bzw. Vertreterversammlung zu erläutern. Die Mitglieder haben ihrerseits ein Auskunfts- und Fragerecht zu allen Belangen der Genossenschaft im Zusammenhang mit der Spaltung. Das Auskunftsrecht der Mitglieder der übertragenden Genossenschaft erstreckt sich damit auch auf Auskünfte über den aufnehmenden Rechtsträger.

268 **a) Umtauschverhältnisse (§ 126 Abs. 1 Nr. 3 UmwG).** Bei der Abspaltung oder Aufspaltung geht ein Teil der Genossenschaft auf eine andere Genossenschaft oder aber einen Rechtsträger anderer Rechtsform über, und das Genossenschaftsmitglied erhält im Gegenzug (Geschäfts-)Anteile an dem aufnehmenden Rechtsträger. Die Anteilsgewährung bildet die Gegenleistung für die Vermögensmehrung auf Seiten des aufnehmenden Rechtsträgers.[260] Das Umtauschverhältnis soll abstrakt angeben, wieviel Anteile an dem aufnehmenden Rechtsträger auf einen Anteil an der übertragenden Rechtsträger entfallen.

269 Sind an der Spaltung nur Genossenschaften beteiligt, gelten über §§ 125, 135 UmwG die Regelungen aus § 80 UmwG. Danach ist zwingend ein Geschäftsanteil zu gewähren; falls die Satzung die Beteiligung mit mehreren Geschäftsanteilen zulässt, findet grundsätzlich (wobei der Spaltungsvertrag bzw. -plan kann von diesem Grundsatz abweichen kann) die Anrechnungsregel des § 80 Abs. 1 S. 1 Nr. 2 Anwendung. Dies bedeutet, – so *Bonow*[261] – „dass nur das bisherige Geschäftsguthaben, verhältnismäßig bezogen auf den abgespaltenen Teil des Vermögens, angerechnet und auf auf die Geschäftsanteile der aufnehmenden Genossenschaft umgerechnet wird". Dies entspricht durchaus der Wertung des GenG, wonach das Mitglied bei der Auseinandersetzung nicht am Vermögen oder den Rücklagen (dh am inneren Wert der Genossenschaft) partizipiert.[262]

270 Sind bei der Spaltung **aufnehmende Rechtsträger anderer Rechtsform beteiligt**, ist für die Bestimmung des Umtauschverhältnisses bei der Abspaltung der tatsächliche Wert des übertragenden Vermögens ins Verhältnis zu dem inneren Wert der Anteile und bei der Aufspaltung zum Wert des übernehmenden Rechtsträgers in Relation zu setzen. Entsprechend dem so ermittelten Umtauschverhältnis ist dann verhältniswahrend das Geschäftsguthaben der Mitglieder der übertragenden Genossenschaft auf die Mitglieder bzw. Anteilsinhaber des aufnehmenden Rechtsträgers aufzuteilen.[263] Es hat daher sowohl eine Bewertung des übertragenen Vermögens als auch des aufnehmenden Rechtsträgers zu erfolgen. Die Wertsteigerung bei einer aufnehmenden Kapitalgesellschaft spiegelt sich in aller Regel in der Kapitalerhöhung wider. Vom Grundsatz der verhältniswahrenden Spaltung kann im Spaltungsvertrag bzw. -plan abgewichen werden. Voraussetzung einer solchen **nicht-verhältniswahrenden Auf- oder Abspaltung** ist gem. § 128 UmwG die Zustimmung aller Mitglieder der übertragenden Genossenschaft.[264]

271 Maßgeblich für die zu gewährenden Anteile am aufnehmenden Rechtsträger ist das **eingezahlte Geschäftsguthaben bei der übertragenden Genossenschaft**. Bei der Genossenschaftsbeteiligung ist zwischen dem Geschäftsanteil,[265] dh dem gezeichneten Anteil einerseits, und dem Geschäftsguthaben,[266] dh dem auf den Geschäftsanteil eingezahlten

---

[260] Widmann/*Mayer* § 126 Rn. 65.
[261] Semler/Stengel/*Bonow* § 147 Rn. 11.
[262] Ablehnend *Wirth*, S. 111.
[263] *Wirth*, S. 106 mit ausführlichen Berechnungsbeispielen.
[264] *Wirth*, S. 113.
[265] Lang/Weidmüller/*Holthaus/Lehnhoff* § 7 GenG Rn. 2 f.
[266] Lang/Weidmüller/*Holthaus/Lehnhoff* § 7 GenG Rn. 5 f.; Widmann/Mayer/*Fronhöfer* § 80 Rn. 24 f.

Betrag, zu unterscheiden. Gem. § 7 GenG muss die Satzung der Genossenschaft eine Regelung darüber enthalten, wie hoch der Geschäftsanteil ist, mit dem sich das Mitglied beteiligen muss, und welche Zahlung (Geschäftsguthaben) darauf zu leisten ist.

Erfolgt die **Spaltung von einem übertragenden Rechtsträger anderer Rechtsform auf eine aufnehmende Genossenschaft**, ist für jeden Anteilsinhaber des übertragenden Rechtsträger die Höhe des Geschäftsanteils sowie die Anzahl der voll eingezahlten Geschäftsanteile im Spaltungsvertrag bzw. -plan anzugeben. 272

Bei der **Ausgliederung aus einer Genossenschaft** erwirbt die übertragende Genossenschaft selbst im Zuge der Spaltung die Beteiligung am aufnehmenden Rechtsträger. Eines Ausgleichs für die Mitglieder bedarf es nicht, da sie unverändert an der Genossenschaft beteiligt bleiben. Im Fall der Ausgliederung gilt in keiner Variante § 80 UmwG, sondern § 126 Abs. 1 Nr. 2 UmwG. Es ist für die Gegenleistung und damit für die Höhe der Beteiligung an dem aufnehmenden Rechtsträger (auch, wenn es sich um eine Genossenschaft handelt) der tatsächliche Wert des übertragenen Vermögens ausschlaggebend. 273

b) Spaltungsstichtag. Der Spaltungsstichtag ist der Zeitpunkt von dem an die Handlungen der übertragenden Genossenschaft als für Rechnung des übernehmenden Rechtsträgers vorgenommen gelten. Der Stichtag ist identisch mit dem Stichtag der **Schluss- bzw. Spaltungsbilanz der übertragenden Genossenschaft**.[267] Die Schluss- bzw. Spaltungsbilanz muss zum Zeitpunkt der Beschlussfassung über die Spaltung vorliegen.[268] Zum einen ist sie eine der Grundlagen des Prüfungsgutachtens und zum anderen ist sie gem. §§ 125, 135 iVm § 87 Abs. 3 UmwG maßgeblich für die Berechnung des Geschäftsguthabens, das den Mitgliedern einer übertragenden Genossenschaft zusteht. Das Geschäftsguthaben wiederum ist ausschlaggebend für die Umtauschverhältnisse der zu gewährenden Anteile an dem aufnehmenden Rechtsträger. Für die Ausgliederung kann nichts anderes gelten. Hier kommt es zwar nicht auf die Höhe der Geschäftsguthaben an; die Schlussbilanz ist jedoch die Grundlage für die Ausgliederungsbilanz. 274

6. Spaltungsbericht

Gem. § 127 UmwG haben die Vertretungsorgane aller an der Spaltung beteiligten Rechtsträger einen ausführlichen schriftlichen Spaltungsbericht zu erstellen, wobei der Spaltungsbericht auch gemeinsam erstellt werden kann. Bei der Spaltung zur Neugründung ist der Spaltungsbericht nur von den Vertretungsorganen des übertragenden Rechtsträgers abzugeben, da die Vertretungsorgane des neu gegründeten Rechtsträgers erst noch zu bestellen sind. Dieser Bericht ist der Anmeldung der Spaltung gem. § 148 Abs. 2 Nr. 1 UmwG beizufügen. Für den **Verzicht** auf den Spaltungsbericht gilt grds. § 8 Abs. 3 UmwG. In der Literatur ist jedoch umstritten, ob die Möglichkeit des Verzichts auch für die Genossenschaft gilt, da die Vorlage des Spaltungsberichts zur Anmeldung bei Abspaltung und Ausgliederung gesetzlich vorgeschrieben ist.[269] Die Begründung, ein Spaltungsbericht sei zur Prüfung durch das Registergericht erforderlich, greift nicht. Es liegt dem Registergericht in jedem Fall das genossenschaftliche Prüfungsgutachten vor.[270] Letztlich ist die Frage aber nur von akademischem Interesse. Denn praktisch wird ein Verzicht regelmäßig an der großen Zahl der Mitglieder einer Genossenschaft und den dadurch kaum zu erfüllenden formalen Voraussetzungen des § 8 Abs. 3 UmwG scheitern. 275

7. Prüfungsgutachten des Prüfungsverbandes

Für die Abspaltung und Aufspaltung findet nach § 125 S. 1 UmwG eine Spaltungsprüfung statt. Demgegenüber ordnet § 125 S. 2 UmwG für die Ausgliederung keine 276

---

[267] Schmitt/Hörtnagl/Stratz/*Hörtnagl* § 80 Rn. 10, vor § 147 Rn. 4.
[268] *Wirth*, S. 131 f.
[269] Den Verzicht für möglich halten Widmann/Mayer/*Fronhöfer* vor § 148 Rn. 43; Schmitt/Hörtnagl/Stratz/*Hörtnagl* § 148 Rn. 5; aA Semler/Stengel/*Bonow* § 147 Rn. 14; Lutter/*Bayer* § 148 Rn. 24.
[270] Semler/Stengel/*Bonow* § 147 Rn. 14.

Spaltungsprüfung an. Die Literatur kommt mit unterschiedlichen Begründungen zum einheitlichen Ergebnis, dass für die Genossenschaft **an die Stelle der Spaltungsprüfung das Prüfungsgutachten des genossenschaftlichen Prüfungsverbandes tritt**.[271] Für das Prüfungsgutachten gelten gem. § 125 UmwG die Regelungen in § 81 UmwG. Danach hat der genossenschaftliche Prüfungsverband für jede an einer Spaltung beteiligte Genossenschaft ein Prüfungsgutachten zu erstellen. Das Prüfungsgutachten dient dem **Schutz der Mitglieder und der Gläubiger** und hat die Vereinbarkeit der Spaltung mit deren Belangen zu beleuchten.[272] Im Fall der Abspaltung und Ausgliederung der übertragenden Genossenschaft ist insbesondere auf die zukünftige Existenzfähigkeit der verbleibenden (Rest-)Genossenschaft einzugehen.

277 Bei der Spaltung zur Neugründung einer Genossenschaft bedarf es gem. § 135 Abs. 2 iVm § 11 Abs. 2 Nr. 3 GenG der Erklärung des genossenschaftlichen Prüfungsverbandes über die Zulassung der Genossenschaft zum Genossenschaftsverband sowie einer gutachterlichen Stellungnahme, ob nach den persönlichen oder wirtschaftlichen Verhältnissen, insbesondere der Vermögenslage der Genossenschaft, eine Gefährdung der Belange der Mitglieder oder Gläubiger der Genossenschaft zu besorgen ist. Diese **gutachterliche Stellungnahme** ist vom Prüfungsgutachten zu unterscheiden, auch wenn in den Darstellungen Überschneidungen nicht zu vermeiden sind. Ein Prüfungsgutachten entsprechend § 81 UmwG kann für die neu zu gründende Genossenschaft noch nicht abgegeben werden, so dass die gutachterliche Stellungnahme gleichsam als Gründungsgutachten das Prüfungsgutachten nach § 81 UmwG ersetzt.

278 Für die weiteren Einzelheiten sei auf die Ausführungen zum Prüfungsgutachten im Rahmen der Verschmelzung verwiesen (→ § 15 Rn. 363 ff.).

8. General- bzw. Vertreterversammlung, Spaltungsbeschluss

279 Für die Vorbereitung und Durchführung der über die Spaltung beschließenden General- bzw. Vertreterversammlung sowie für den Spaltungsbeschluss gelten über §§ 125, 135 UmwG grds. die allgemeinen Regeln. Verwiesen sei auch insofern auf die Ausführungen zur Verschmelzung (→ § 15 Rn. 377 ff.).

9. Ausschlagungsrecht

280 Gem. § 125 Abs. 1 iVm § 90 Abs. 1 UmwG finden §§ 29–34 UmwG auf Spaltungen einer Genossenschaft keine Anwendung. Vielmehr hat das **Mitglied einer übertragenden Genossenschaft ein Ausschlagungsrecht bezüglich der Mitgliedschaft oder der Beteiligung an dem aufnehmenden Rechtsträger**. Der Anteil gilt mit der Ausschlagung als nicht erworben. Das Mitglied hat aufgrund der Ausschlagung einen Auseinandersetzungsanspruch gem. § 125 iVm § 93 UmwG gegenüber dem aufnehmenden Rechtsträger.

281 Das Ausschlagungsrecht steht nur den Mitgliedern der übertragenden Genossenschaft, **nicht** aber im Fall der Auf- oder Abspaltung auf eine Genossenschaft den **Mitgliedern der aufnehmenden Genossenschaft** zu. Ist das Mitglied der übertragenden Genossenschaft bereits Mitglied der übernehmenden Genossenschaft oder Anteilsinhaber des übernehmenden Rechtsträgers, so lässt das Ausschlagungsrecht diese Beteiligungen unberührt. Ausgeschlagen werden können nur die Anteile oder Mitgliedschaften, die durch die Auf- bzw. Abspaltung erworben wurden. Soweit das Mitglied der übertragenden Genossenschaft die Mitgliedschaft bereit vor der Spaltung gekündigt hatte, kann es die Mitgliedschaft ausschlagen, soweit die Kündigung bis zur Eintragung der Spaltung noch nicht wirksam ist.

282 Zum Ausschlagungsrecht und dem Auseinandersetzungsanspruch gelten im Übrigen dieselben Einzelheiten wie im Rahmen der Verschmelzung (→ § 15 Rn. 430 ff.).

---

[271] Widmann/Mayer/*Fronhöfer* § 147 Rn. 42; Schmitt/Hörtnagl/Stratz/*Hörtnagl* § 148 Rn. 5; Lutter/*Bayer* § 148 Rn. 27; *Wirth*, S. 195; Semler/Stengel/*Bonow* § 147 Rn. 21 (der die Notwendigkeit des Prüfungsgutachtens aus der Regelung des § 148 Abs. 2 Nr. 2 UmwG ableitet).

[272] Semler/Stengel/*Bonow* § 147 Rn. 15.

10. Anmeldung zum Registergericht

Die Spaltung ist zur Eintragung bei den Registergerichten (Genossenschafts-, Handels-, 283 Vereins- oder Partnerschaftsregister) des Sitzes der beteiligten Rechtsträger anzumelden. Die Anmeldung erfolgt in beglaubigter Form durch die Mitglieder der vertretungsberechtigen Organe in vertretungsberechtigter Zahl. Es gelten für die Anmeldung die allgemeinen Regelungen der §§ 125, 16, 17, 129 UmwG und § 157 GenG. Rechtsformabhängige Vorschriften, wonach sämtliche Mitglieder der Vertretungsorgane die Registeranmeldung vorzunehmen haben, sind nicht anwendbar.[273]

Wird bei einer Mischspaltung unter Beteiligung einer Genossenschaft und einer **Kapital-** 284 **gesellschaft** zugleich eine Kapitalerhöhung oder -herabsetzung durchgeführt, ist die entsprechende Satzungsänderung anzumelden. Ist die Kapitalgesellschaft übertragende Gesellschaft sind bei der Abspaltung oder Ausgliederung die Erklärungen nach § 140 UmwG oder § 146 UmwG erforderlich.

Der Anmeldung der Spaltung sind folgende **Anlagen** beizufügen: 285
– Spaltungsvertrag bzw. -plan in notariell beurkundeter Form
– Niederschrift der Spaltungsbeschlüsse in notariell beurkundeter Form
– Zustimmungserklärung einzelner Anteilsinhaber
– Nachweis über die Weiterleitung des Spaltungsvertrages bzw. -plans an den Betriebsrat
– Erklärung über Verzicht auf Klage gegen den Spaltungsbeschluss
– Schlussbilanz (Trennungsbilanz)[274]
– Spaltungsbericht bzw. Verzichtserklärungen in notariell beurkundeter Form
– Genossenschaftliches Prüfungsgutachten
– Erklärungen nach §§ 140, 146 und 148 UmwG

Der Anmeldung sind neben den sonstigen erforderlichen Unterlagen bei der Abspaltung 286 oder Ausgliederung einer Genossenschaft als übertragender Rechtsträger gem. § 148 Abs. 2 UmwG der Spaltungsbericht und das genossenschaftliche Prüfungsgutachten beizufügen. Aus dieser Regelung kann jedoch nicht zwangsläufig geschlossen werden, dass auf den Prüfungsbericht gem. § 125 iVm § 8 Abs. 3 UmwG nicht verzichtet werden kann (→ Rn. 275).

a) Anmeldung von Satzungsänderungen. Neben der Anmeldung der Spaltung sind 287 die beschlossenen Satzungsänderungen anzumelden. Für die Anmeldung gelten die allgemeinen Regelungen der § 16 Abs. 5, § 11 GenG. Die Anmeldung ist in elektronisch öffentlich beglaubigter Form durch die Vorstandsmitglieder in vertretungsberechtigter Zahl einzureichen.[275] Der satzungsändernde Beschluss ist nur in Kopie beizufügen. Über Beschlüsse der General-/Vertreterversammlung ist gem. § 47 GenG eine Niederschrift anzufertigen. Werden durch die Satzungsänderung investierende Mitglieder zugelassen oder Mehrstimmrechte gewährt, oder wird eine Änderung der in § 16 Abs. 2 S. 1 Nr. 2 bis 5, 9 bis 11 oder Abs. 3 aufgeführten Gegenstände, eine wesentliche Änderung des Unternehmensgegenstands oder die Fortsetzung der Genossenschaft beschlossen, ist der Niederschrift außerdem ein Verzeichnis der erschienenen oder vertretenen Mitglieder und der vertretenen Personen beizufügen und mit der Anmeldung einzureichen.[276]

b) Besonderheiten bei der Anmeldung zur Neugründung einer Genossenschaft. Erfolgt eine Spaltung zur Neugründung einer Genossenschaft sind gem. § 135 Abs. 2 288 UmwG die für die Neugründung von Genossenschaften geltenden Vorschriften anzuwenden, soweit das UmwG keine Abweichungen vorsieht. Dies hat auch Auswirkungen auf die **der Anmeldung beizufügenden Unterlagen**. Gem. § 11 Abs. 2 GenG sind bei der Neugründung einer Genossenschaft beizufügen:

---

[273] Beuthien/*Wolff* §§ 123 ff. UmwG Rn. 49.
[274] Ausführlich zu Fragen der Bilanz Lutter/*Priester* Anh. nach § 134.
[275] Lang/Weidmüller/*Holthaus/Lehnhoff* § 16 GenG Rn. 31.
[276] Lutter/*Bayer* § 147 Rn. 28.

– die Satzung der neugegründeten Genossenschaft,
– eine Abschrift der Urkunde über die Bestellung des Vorstandes und des Aufsichtsrates,
– die Bescheinigung des Prüfungsverbandes, dass die Genossenschaft zum Beitritt zugelassen ist, sowie
– eine gutachterliche Äußerung des Prüfungsverbandes, ob nach den persönlichen und wirtschaftlichen Verhältnissen, insbesondere der Vermögenslage der Genossenschaft, eine Gefährdung der Belange der Mitglieder oder der Gläubiger der Genossenschaft zu besorgen ist.

289 Die **Satzung** ist gem. § 97 Abs. 1 UmwG von sämtlichen Mitgliedern der Vertretungsorgane der zukünftigen Genossenschaft **zu unterzeichnen**. Die Unterzeichnung tritt an die Stelle der Unterzeichnung der Satzung durch alle Gründungsmitglieder gem. § 11 Abs. 2 Nr. 1 GenG im Fall der Neugründung.

290 Bei der Neugründung einer Genossenschaft wird der **erste Aufsichtsrat** der Genossenschaft in der Gründungsversammlung durch die Gründungsmitglieder gewählt. Da der übertragende Rechtsträger bei der Spaltung zur Neugründung den Gründungsmitgliedern gleichsteht, haben die Mitglieder der Vertretungsorgane des übertragenden Rechtsträgers entsprechend § 97 Abs. 2 UmwG den ersten Aufsichtsrat zu bestellen. Für den Aufsichtsrat gelten die Bestimmung des GenG und der Satzung.[277] Das DrittelbG sowie das MitbestG 1976 sind auf den ersten Aufsichtsrat nicht anwendbar.[278] Die Bestellung erfolgt mangels anderweitiger Regelung mit einfacher Mehrheit. Der Aufsichtsrat muss vor dem Spaltungsbeschluss bestellt sein, da seine Bestellung gem. § 98 UmwG erst durch den zustimmenden Spaltungsbeschluss wirksam wird.

291 Entsprechend § 97 Abs. 2 S. 2 UmwG haben die Mitglieder der Vertretungsorgane des übertragenden Rechtsträgers ebenfalls den **ersten Vorstand** der neu zu gründenden Genossenschaft zu bestellen. Dabei geht das UmwG zunächst vom **gesetzlichen Regelfall des § 24 Abs. 2 GenG** aus, nach dem der Vorstand von der General- bzw. Vertreterversammlung gewählt wird. Der Vorstand muss vor dem Spaltungsbeschluss bestellt sein, da seine Bestellung entsprechend § 98 UmwG erst durch den zustimmenden Spaltungsbeschluss wirksam wird.[279]

292 Soweit die **Satzung vom gesetzlichen Regelfall abweicht**, ist auch bei der Spaltung zur Neugründung das satzungsmäßig zuständige Organ für die Bestellung des ersten Vorstandes zuständig. In aller Regel ist für die Bestellung des hauptamtlichen Vorstandes der Aufsichtsrat und die General- bzw. Vertreterversammlung nur für die Wahl der ehrenamtlichen Vorstände zuständig.[280] So sehen es auch die üblichen Mustersatzungen vor.[281] Der Aufsichtsrat kann in diesem Fall den Vorstand erst dann bestellen, wenn seine eigene Bestellung durch den Spaltungsbeschluss wirksam geworden ist. Dh die Bestellung des Vorstandes hat nach der Beschlussfassung über die Spaltung, aber vor Anmeldung der Spaltung zum Registergericht zu erfolgen, da die Bestellungsurkunde des Vorstandes der Anmeldung zum Registergericht gem. § 11 Abs. 2 Nr. 2 GenG beizufügen ist.[282] In der Praxis wird der Aufsichtsrat nach der über die Spaltung und die Aufsichtsratsbestellung beschließenden Versammlung in einer anschließenden konstituierenden Sitzung den Vorstand bestellen.[283]

---

[277] *Wirth*, S. 168.
[278] Semler/Stengel/*Scholderer* § 97 Rn. 14 (mit Verweis auf § 30 Abs. 2 AktG analog).
[279] *Wirth*, S. 168.
[280] *Wirth*, S. 168.
[281] Mustersatzung für Volksbanken und Raiffeisenbanken mit Generalversammlung (ohne Warengeschäft) DG Verlag 101 130 und (mit Warengeschäft) DG Verlag 101 030; Mustersatzung für Volksbanken und Raiffeisenbanken mit Vertreterversammlung (mit Warengeschäft) DG Verlag 101 230 und (ohne Warengeschäft) DG Verlag 101 330; Mustersatzung für Warengenossenschaften des DRV.
[282] Semler/Stengel/*Scholderer* § 97 Rn. 8.
[283] Semler/Stengel/*Bonow* § 148 Rn. 19.

§ 29 Rechtsformspezifische Besonderheiten der Spaltung

Über die Bestellung der Vorstands- und Aufsichtsratsmitglieder ist eine Urkunde anzufertigen (**Bestellungsurkunde**), die gem. § 11 Abs. 2 Nr. 2 GenG mit der Anmeldung beim Registergericht einzureichen ist. Der beurkundete Spaltungsbeschluss ersetzt die Urkunde. Wird der Vorstand durch den Aufsichtsrat bestellt, ist eine Abschrift des Sitzungsprotokolls der konstituierenden Aufsichtsratssitzung der Anmeldung beizufügen.

Die Genossenschaft unterliegt gem. § 54 GenG der **Pflichtmitgliedschaft in einem Prüfungsverband**. Mit der Anmeldung der Genossenschaft zum Registergericht ist gem. § 11 Abs. 2 Nr. 3 GenG die Bescheinigung des Prüfungsverbandes einzureichen, dass die Genossenschaft zum Beitritt zugelassen ist, sowie eine gutachterliche Äußerung des Prüfungsverbandes, ob nach den persönlichen oder wirtschaftlichen Verhältnissen, insbesondere der Vermögenslage der Genossenschaft, eine Gefährdung der Belange der Mitglieder oder der Gläubiger der Genossenschaft zu besorgen ist (**Gründungsgutachten**). Das Gründungsgutachten ersetzt bei der Anmeldung das nach § 148 Abs. 2 Nr. 2 UmwG erforderliche genossenschaftliche Prüfungsgutachten, welches naturgemäß bei einer neu zu gründenden Genossenschaft noch nicht vorliegen kann.

c) Erklärung des Vorstands. Ist die **Genossenschaft bei einer Abspaltung oder Ausgliederung übertragender Rechtsträger**, so hat der Vorstand der Genossenschaft gegenüber dem Registergericht zu erklären, dass die durch Satzung und Gesetz vorgesehenen **Voraussetzungen für die Gründung dieser Genossenschaft unter Berücksichtigung der Spaltung im Zeitpunkt der Anmeldung noch vorliegen**. Durch diese Erklärung soll sichergestellt werden, dass die (Rest-)Genossenschaft „überlebensfähig" und nicht gem. § 80 GenG von Amts wegen aufzulösen ist. Bei der Aufspaltung ist eine solche Erklärung nicht erforderlich, weil der übertragende Rechtsträger – in diesem Fall die Genossenschaft – erlischt.

Die Erklärung ist von allen Mitgliedern des Vorstandes einschließlich der Stellvertreter (§ 35 GenG) abzugeben.[284] Es handelt sich um keine Vertretung der Genossenschaft, sondern vielmehr um eine **persönliche Versicherung** der Vorstände im Rahmen ihrer Sorgfaltspflicht. Die Erklärung ist nicht Teil der Anmeldung, sondern wird bei der Anmeldung abgegeben. Sie bedarf daher auch nicht der Form der Anmeldung.[285] Nach dem Wortlaut des § 313 Abs. 2 UmwG ist die Erklärung nicht strafbewehrt.

Die Erklärung des Vorstandes zielt darauf ab, festzustellen, ob die genossenschaftsspezifischen Merkmale auch noch nach der Spaltung gegeben sind. Dabei stehen nicht die formalen Gründungsvoraussetzungen im Mittelpunkt, sondern die **wirtschaftlichen Verhältnisse der Genossenschaft nach der Spaltung**. Zum einen muss das Vermögen höher ausfallen als die Geschäftsguthaben; zum anderen muss die Zahlungsfähigkeit gegeben sein. Ist eines von beidem nicht gegeben, besteht Insolvenzgefahr.

Daneben muss auch nach der Spaltung gewährleistet sein, dass die Genossenschaft ihrem **Förderzweck** gegenüber den Mitgliedern nachkommen kann. Dies schließt nicht aus, dass die Genossenschaft aufgrund der Spaltung ihren Unternehmenszweck ändert und damit auch der Förderzweck nach der Spaltung ein anderer ist als vor der Spaltung. Dies kann etwa der Fall sein, wenn ein Teil des operativen Geschäfts ausgegliedert wurde und insoweit keine Mitgliederförderung mehr über diesen Teilbereich erfolgt, im Übrigen aber andere Teilbereiche weiterhin zur Mitgliederförderung zur Verfügung stehen, bzw. neue Geschäftsbereiche eröffnet werden, die auch der Mitgliederförderung dienen.

Entscheidend für die Erklärung ist der **Zeitpunkt der Anmeldung**. Dies birgt in sich die nicht ausschließbare Gefahr, dass sich die Genossenschaft wirtschaftlich anders entwickelt, als zu dem Zeitpunkt erwartet. Der Vorstand hat die Erklärung mit der Sorgfalt eines ordentlichen Kaufmanns zum Zeitpunkt der Anmeldung abzugeben. Treten später

---

[284] Semler/Stengel/*Bonow* § 148 Rn. 4; *Wirth*, S. 316; Widmann/Mayer/*Fronhöfer* § 148 Rn. 12; aA Schmitt/Hörtnagl/Stratz/*Hörtnagl* § 148 Rn. 2 mwN.
[285] So die hL; Widmann/Mayer/*Fronhöfer* § 148 Rn. 11 mwN.; aA *Wirth*, S. 317 (ohne Begründung).

unvorhersehbare, nicht kalkulierbare Ereignisse oder Entwicklungen auf, haftet der Vorstand dafür nicht.

300 Da die Erklärung nicht jedes Detail der Überlegungen wiedergeben muss, könnte die Erklärung des Vorstandes etwa wie folgt lauten:[286]

„Wir (d. h. sämtliche Mitglieder des Vorstandes der Genossenschaft) erklären, dass die durch Gesetz und Satzung vorgesehenen Voraussetzungen für die Gründung der übertragenden Genossenschaft unter Berücksichtigung der Ausgliederung (oder Abspaltung) vorliegen."

11. Nachschusspflicht

301 Die Satzung der Genossenschaft muss gem. § 6 Nr. 3 GenG eine Bestimmung darüber enthalten, ob die Mitglieder für den Fall, dass Gläubiger im Insolvenzverfahren über das Vermögen der Genossenschaft nicht befriedigt werden, Nachschüsse zur Insolvenzmasse unbeschränkt, beschränkt auf eine bestimmte Summe (Haftsumme) oder überhaupt nicht zu leisten haben (→ § 15 Rn. 446 ff.).

302 Bei der Spaltung findet über § 125 UmwG die Regelung des § 95 Abs. 1 UmwG über die **Fortdauer der Nachschusspflicht** Anwendung. Danach besteht weiterhin eine satzungsmäßige Nachschusspflicht für die Mitglieder der übertragenden Genossenschaft, wenn über das Vermögen des aufnehmenden Rechtsträgers binnen zwei Jahren nach der Spaltung das Insolvenzverfahren eröffnet wird und das Vermögen des aufnehmenden Rechtsträgers zur Befriedigung der Verbindlichkeiten nicht ausreicht. Anspruchsberechtigt sind nur diejenigen Gläubiger, deren Forderung bereits vor dem Wirksamwerden der Spaltung gegenüber der übertragenden Genossenschaft bestand und durch die Spaltung dem aufnehmenden Rechtsträger zugewiesen wurden. Der Anspruch richtet sich gegen den aufnehmenden Rechtsträger und kann nur durch den Insolvenzverwalter gegen die Mitglieder der übertragenden Genossenschaft geltend gemacht werden (§§ 150-115a GenG). Die Gläubiger der übertragenden Genossenschaft, deren Forderungen bei der Spaltung nicht auf den aufnehmenden Rechtsträger übergegangen, sondern bei der übertragenden Genossenschaft verblieben sind, können sich nicht auf § 125 Abs. 1 UmwG i. V. m. § 95 UmwG berufen.

303 In Betracht kommen danach zwei Spaltungskonstellationen, bei denen für die Mitglieder der übertragenden Genossenschaft als Mitglied bzw. Gesellschafter des aufnehmenden Rechtsträgers eine **Nachschusspflicht** bestehen kann:
– Reine Genossenschaftsspaltungen, wenn die Haftsumme der aufnehmenden Genossenschaft geringer ist als bei der übertragenden Genossenschaft
– Mischspaltungen, wenn den Gläubigern des aufnehmenden Rechtsträgers anderer Rechtsform die Gesellschafter nicht unbeschränkt oder jedenfalls geringer haften als in Höhe der Nachschusspflicht bei der übertragenden Genossenschaft.

Bei der Ausgliederung dagegen besteht keine Nachschusspflicht, weil die Mitglieder keine Beteiligung an dem aufnehmenden Rechtsträger erwerben, sondern die übertragende Genossenschaft selbst die Beteiligung erwirbt.

II. Die Spaltung unter Beteiligung eines Prüfungsverbandes

1. Rechtsformbesonderheit der genossenschaftlichen Prüfungsverbände

304 Gem. § 63b GenG soll der Prüfungsverband die **Rechtsform eines e. V.** haben. Es handelt sich dabei zwar um eine Soll-Bestimmung und kein zwingendes Recht.[287] Für den Prüfungsverband als e. V. gelten die Vorschriften der §§ 63b ff. GenG und ergänzend die vereinsrechtlichen Bestimmungen des BGB (§§ 21, 55 ff. BGB). § 63b Abs. 4 GenG

---

[286] Widmann/Mayer/*Fronhöfer* § 148 Rn. 10.
[287] So bereits § 137 RefE vom 23.2.1962 für ein (nicht realisiertes) neues GenG, abgedr. in Beuthien/Hüsken, Materialien zum Genossenschaftsgesetz, Bd. 3 Parlamentarische und sonstige Materialien (1923–1969), 1990.

definiert den Zweck des genossenschaftlichen Prüfungsverbandes. § 63b Abs. 1 GenG stellt im Zusammenhang mit § 63b Abs. 4 S. 2 GenG klar, dass der Prüfungsverband als eingetragener Verein keine wirtschaftlichen Zwecke verfolgen darf, er also kein wirtschaftlicher Verein iSd § 22 BGB ist.[288] Auch in der vereinsrechtlichen Literatur wird ein genossenschaftlicher Prüfungsverband gem. § 63b Abs. 1 GenG ausdrücklich als Idealverein (Verein ohne wirtschaftlichen Geschäftsbetrieb) angesehen.[289]

Unverzichtbares Merkmal eines genossenschaftlichen Prüfungsverbandes ist das **Prüfungsrecht**, das ihm von der zuständigen Aufsichtsbehörde nach §§ 63, 63a GenG verliehen wird. Der Prüfungsverband unterliegt gem. § 64 GenG auch während seiner Tätigkeit der Staatsaufsicht durch die Aufsichtsbehörde. 305

Neben dem Prüfungsrecht kann der Prüfungsverband gem. § 63b GenG auch die Vertretung der Mitgliederinteressen zum Zweck haben. Durch diese Regelung kommt die **Doppelnatur der Prüfungsverbände als Prüfungs- und Betreuungsverbände** zum Ausdruck, die neben der Prüfung die Interessen ihrer Mitglieder bündeln und gegenüber Dritten vertreten sowie ihre Mitglieder betreuen und schulen.[290] 306

Die Dachorganisation der Prüfungsverbände ist der Deutsche Genossenschafts- und Raiffeisenverband (DGRV), der ebenfalls in der Rechtsform des e. V. organisiert ist. 307

2. Spaltungsmöglichkeiten der genossenschaftlichen Prüfungsverbände

Genossenschaftliche Prüfungsverbände sind gem. § 124 Abs. 1 i. V. m. § 3 Abs. 1 Nr. 5 UmwG **spaltungsfähige Rechtsträger**. Praktisch spielt die Möglichkeit der Spaltung von Prüfungsverbänden jedoch keine Rolle. § 150 UmwG schränkt die grundsätzliche Möglichkeit der Spaltung zudem ein. Durch diese **Einschränkungen** soll zum einen das Prüfungsrecht erhalten und zum anderen die Staatsaufsicht über die Prüfungsverbände geschützt werden. Die Aufspaltung und Abspaltung ist danach nur zur Aufnahme auf einen anderen Prüfungsverband möglich. Eine Ausgliederung ist gem. § 150 UmwG sowohl als Ausgliederung auf einen Prüfungsverband als auch als Ausgliederung zur Aufnahme von Teilen des Prüfungsverbandes auf eine bestehende oder neu zu gründende Kapitalgesellschaft zulässig. Durch diese Regelung soll die Verselbstständigung technischer Hilfsfunktionen in einer Kapitalgesellschaft ermöglicht werden.[291] Da das Gesetz von der Ausgliederung von „Teilen" spricht, ist eine Vollausgliederung des Prüfungsverbandes, bei der nur noch eine Holding zurückbleibt, unzulässig. Eine Spaltung zur Neugründung eines Prüfungsverbandes ist gesetzlich nicht vorgesehen. 308

Aufgrund der Rechtsform des e. V. und der Zweckbindung des § 63b Abs. 4 GenG darf der Prüfungsverband nur solche Teile ausgliedern, die von dem Zweck umfasst sind. Er kann nicht durch die Ausgliederung über eine Beteiligung darüber hinaus gehende Tätigkeiten betreiben.[292] Eine wirtschaftliche Tätigkeit über eine Beteiligung im Wege der Ausgliederung ist unzulässig. 309

3. Durchführung und Rechtsfolgen der Spaltung

Für die Durchführung der Spaltung unter Beteiligung genossenschaftlicher Prüfungsverbände gelten über §§ 123 ff. UmwG die Regelungen der §§ 101–103 und §§ 105–108 UmwG. Im Fall der Ausgliederung von Teilen des Prüfungsverbandes auf eine Kapitalgesellschaft finden die rechtsformspezifischen Regelungen für die Kapitalgesellschaft Anwendung.[293] Für die Spaltung eines Prüfungsverbandes in der Rechtsform des e. V. gelten über 310

---

[288] *Bauer* § 63b GenG Rn. 2; *Beuthien/Wolff* § 63b GenG Rn 1; *Pöhlmann/Fandrich/Bloehs/Bloehs*, § 63b GenG Rn. 1.
[289] *Hemmerich*, Möglichkeiten und Grenzen wirtschaftlicher Betätigung von Idealvereinen, 1982, S. 110; differenzierend MHdB GesR V/*Knof* § 49 Rn. 50; aA MüKoBGB/*Reuter* § 22 Rn. 50.
[290] *Lang/Weidmüller/Holthaus/Lehnhoff* § 63b GenG Rn. 6.
[291] Begr RegE, BR-Drs. 75/94 zu § 150 UmwG.
[292] *Widmann/Mayer/Vossius* § 150 Rn. 20.
[293] *Lutter/Bayer* § 150 Rn. 2.

§ 106 UmwG die Regelungen für die Verschmelzung unter Beteiligung rechtsfähiger Vereine in §§ 101 ff. UmwG. Ein Verweis des § 106 UmwG auf § 100 UmwG besteht nicht, so dass mangels gesetzlicher Regelung keine Spaltungsprüfung erfolgt und kein Spaltungsprüfungsbericht zu erstellen ist.[294]

311 Die **Anmeldung** der Spaltung erfolgt durch die Vertretungsorgane der beteiligten Rechtsträger. Hat ein beteiligter Prüfungsverband die Rechtsform eines wirtschaftlichen Vereins, tritt die Bekanntmachung im Bundesanzeiger und einem weiteren Blatt an die Stelle der Registereintragung. Die Aufsichtsbehörde ist über die Spaltung zu informieren. Darüber hinaus hat der aufnehmende Prüfungsverband seine Mitglieder von der Eintragung der Spaltung zu benachrichtigen.[295]

312 Die Mitglieder des übertragenden Prüfungsverbandes können gem. § 39 BGB iVm § 108 UmwG ohne Einhaltung einer satzungsmäßigen Kündigungsfrist vorzeitig aus dem aufnehmenden Prüfungsverband ausscheiden. Diese Regelung gilt jedoch nur für die Auf- und Abspaltung. Bei der Ausgliederung dagegen werden nicht die Mitglieder des übertragenden Prüfungsverbandes, sondern der Prüfungsverband selbst Mitglied des aufnehmenden Prüfungsverbandes. Den Mitgliedern steht daher in diesem Fall kein vorzeitiges Austrittsrecht gem. § 39 BGB iVm § 108 UmwG zu. Ein außerordentliches Austrittsrecht aufgrund der Ausgliederung steht dem Mitglied vielmehr nur unter den allgemeinen Voraussetzungen zu, dh für den Fall, dass seine Rechte beeinträchtigt bzw. wesentlich verschlechtert sind und ihm ein Verbleib im übertragenden Prüfungsverband aufgrund der Ausgliederung nicht zumutbar ist.[296]

D. Eingetragener Verein (e. V.)

I. Einführung

Literatur: *Heermann*, Die Ausgliederung von Vereinen auf Kapitalgesellschaften, ZIP 1998, 1249; *Zeuner/Nauen*, Der Lizenzligaverein in der Krise – Auswirkungen und Lösungsansätze in sportlicher und wirtschaftlicher Hinsicht, NZI 2009, 213.

1. Inhalt und Systematik des UmwG

313 Der Gesetzgeber hat eingetragenen Vereinen durch § 124 UmwG i. V. m. § 3 UmwG die Spaltungsfähigkeit insbesondere zugesprochen, um Vereinen, die sich zu wirtschaftlichen Vereinen entwickelt haben, die Möglichkeit zu geben, ihre wirtschaftlichen Abteilungen auszugliedern[297]. Einem solchen Verein soll die Gelegenheit gegeben werden, einer Löschung im Vereinsregister zu entgehen, die beim Erreichen einer gewissen Größenordnung der wirtschaftlichen Betätigung droht[298]. Neben der Löschung des Vereins im Vereinsregister ist in diesen Fällen auch der steuerbegünstigte Status des Vereins (§§ 51 bis 68 AO) gefährdet[299]. All dies wird immer wieder anhand des Beispiels des ADAC und von Profisportvereinen diskutiert[300]. Hierbei wird aber auch in Frage gestellt, ob eine Ausgliederung zur Erreichung dieses Zieles überhaupt geeignet ist, da nach herrschender Auffassung die wirtschaftliche Betätigung der Tochtergesellschaft dem „Mutter-Verein" zuge-

---

[294] Semler/Stengel/*Katschinski* § 150 Rn. 10; aA Widmann/Mayer/*Vossius* § 150 Rn. 9 mit Verweis auf § 100 UmwG.
[295] Semler/Stengel/*Katschinski* § 150 Rn. 10 ff.
[296] Semler/Stengel/*Katschinski* § 150 Rn. 15; Lutter/*Bayer* § 150 Rn. 8; aA Widmann/Mayer/*Vossius* § 150 Rn. 35.
[297] Vgl. hierzu: Limmer/*Limmer* Teil 3 Rn. 638; Lutter/*Hennrichs* § 149 Rn. 2.
[298] Vgl. hierzu ausführlich Semler/Stengel/*Katschinski* § 149 Rn. 1 f.
[299] Lutter/*Hennrichs* § 149 Rn. 3.
[300] Lutter/*Hennrichs* § 149 Rn. 3, vgl. auch BGH I ZR 88/80, NJW 1983, 569, zum ADAC e. V.

rechnet wird³⁰¹ und sich zumindest nach dieser Auffassung für die Beurteilung des Status als Idealverein (§ 21 BGB) und der Gemeinnützigkeit (§§ 51 bis 68 AO) nichts ändert³⁰².

Zur Spaltung unter Beteiligung eingetragener Vereine finden sich nur in § 149 UmwG 314 besondere Regeln. § 149 UmwG sieht ähnliche Einschränkungen für Vereine bei Spaltungen vor wie § 99 UmwG für deren Verschmelzung. Mangels weiterer besonderer Vorschriften vollzieht sich die Spaltung von eingetragenen Vereinen somit fast ausschließlich nach den allgemeinen Regelungen in §§ 123 bis 137 UmwG und über §§ 125 bis 135 UmwG nach den Vorschriften über die Verschmelzung rechtsfähiger Vereine (§§ 100 bis 104a UmwG und §§ 2 bis 38 UmwG)³⁰³. Darüber hinaus sind bei **Mischspaltungen** die für die jeweils andere Rechtsform geltenden besonderen Vorschriften des UmwG und bei einer **Spaltung zur Neugründung** auch die Gründungsvorschriften hinsichtlich des neuen Rechtsträgers zu beachten³⁰⁴ (vgl. zu den Gründungsvorschriften für den eingetragenen Verein → § 15 Rn. 509). Aus diesem Grund kann hier grundsätzlich für die Durchführung eines Spaltungsvorhabens auf die Ausführungen zur **Verschmelzung von eingetragenen Vereinen** (→ § 15 Rn. 480) verwiesen werden³⁰⁵.

2. Spaltungsfähigkeit von Vereinen

Da § 149 Abs. 2 UmwG wörtlich § 99 Abs. 2 UmwG entspricht, bestehen für einge- 315 tragene Vereine im Grunde die gleichen Spaltungskombinationen wie bei der Verschmelzung³⁰⁶. Sie können sich generell nach § 124 UmwG i. V. m. § 3 UmwG an **allen drei Arten** der Spaltung beteiligen, was jedoch durch § 149 UmwG beschränkt wird³⁰⁷.

Eingetragene Vereine können als **übertragende** Rechtsträger ohne Einschränkungen 316 gespalten werden, so dass sie auch auf Rechtsträger **anderer Rechtsformen** gespalten und ausgegliedert werden können³⁰⁸. Zulässig ist somit insbesondere die Auf- und Abspaltung sowie die Ausgliederung von Vereinsvermögen auf eine gewerblich tätige Personen- oder Kapitalgesellschaft, um so z.B. die Profiabteilung eines Sportvereins, die wirtschaftlich betrieben wird, auf eine Kapitalgesellschaft auszugliedern³⁰⁹.

Eingetragene Vereine dürfen jedoch nach § 149 Abs. 2 UmwG als **übernehmende** Rechtsträger bei einer Spaltung nur andere eingetragene Vereine aufnehmen oder durch Spaltung eines oder mehrerer eingetragener Vereine gegründet werden³¹⁰.

Auch der **aufgelöste Verein** ist nach § 124 Abs. 2 i.V.m. § 3 Abs. 2 UmwG als übertragender Rechtsträger spaltungsfähig, sofern seine Fortsetzung beschlossen werden könnte³¹¹. Der nicht rechtsfähige Verein, der Vorverein, der ausländische Verein und ein Verein, dem die Rechtsfähigkeit entzogen wurde, sind nicht spaltungsfähig³¹².

3. Bedeutung der Vereinssatzung und entgegenstehende landesrechtliche Vorschriften

Nach § 149 Abs. 1 UmwG darf die Satzung der Spaltung nicht entgegenstehen. Hierzu 317 kann auf die Ausführungen zur Verschmelzung (§ 99 UmwG → § 15 Rn. 486 ff.) ver-

---

³⁰¹ MünchHdb. GesRV/*Schwarz van Berk* § 3 Rn. 43 f.; Heermann ZIP 1998, 1249, 1256.
³⁰² Semler/Stengel/*Katschinski* § 149 Rn. 2; Lutter/*Hennrichs* § 149 Rn. 3.
³⁰³ MünchHdb. GesRV/*Pathe* § 55 Rn. 14; Lutter/Hennrichs § 149 Rn. 5.
³⁰⁴ Lutter/*Hennrichs* § 149 Rn. 5 mit einem Beispiel für die Ausgliederung zur Neugründung auf eine GmbH.
³⁰⁵ So auch Lutter/*Hennrichs* § 149 Rn. 15 f.
³⁰⁶ Limmer/*Limmer* Teil 3 Rn. 638.
³⁰⁷ MünchHdb. GesRV/*Pathe* § 55 Rn. 8; Henssler/Strohn/*Wardenbach* § 149 Rn. 1 f.
³⁰⁸ Krafka/*Kühn* Rn. 2230; Zeuner/Nauen, S. 213, 216; Limmer/Limmer Teil 3 Rn. 638.
³⁰⁹ Widmann/Mayer/*Vossius* § 149 Rn. 20; MünchHdb. GesRV/*Pathe* § 55 Rn. 13.
³¹⁰ MünchHdb. GesRV/*Pathe* § 55 Rn. 10 f.; Lutter/*Hennrichs* § 149 Rn. 12 f.
³¹¹ Widmann/Mayer/*Vossius* § 149 Rn. 11; Semler/Stengel/*Katschinski* § 149 Rn. 1.
³¹² Vgl. zu diesen Sonderfällen eingehend Semler/Stengel/*Katschinski* § 149 Rn. 5; Widmann/ Mayer/*Vossius* § 149 Rn. 12 f.

wiesen werden[313]. **Ausdrücklich** eine Spaltung untersagende Satzungsbestimmungen werden selten anzutreffen sein. Wie bei der Verschmelzung können jedoch Satzungsbestimmungen **sinngemäß** der Spaltung entgegenstehen. So schließen nach einer Auffassung bei steuerbegünstigten Vereine wegen §§ 55, 56, 60 AO anzutreffende Satzungsregelungen, nach denen die Vereinsmittel nur zu satzungsgemäßen Zwecken verwendet werden dürfen und die Mitglieder keine Gewinne oder sonstigen Zuwendungen aus Mitteln des Vereins erhalten dürfen, eine Auf- und Abspaltung des Vereins auf eine Personen- und Kapitalgesellschaft generell aus[314]. Dies wird damit begründet, dass hier als Gegenleistung nicht der übertragende Verein selbst, sondern entgegen der Mittelverwendungsregelung der Satzung **dessen Mitglieder** Anteile an dem aufnehmenden Rechtsträger als Gegenleistung für die Mittelzuwendung seitens des übertragenden Vereins erhalten würden[315]. Die zutreffende Gegenauffassung sieht in rein steuerlich motivierten Klauseln zu Recht kein zwingendes Spaltungshindernis, da sich ein solches nicht allein aus nachteiligen steuerlichen Folgen ergeben kann (ausführlich hierzu bereits → § 15 Rn. 487)[316].

Soweit Satzungsregelungen der Spaltung entgegenstehen, können diese wie bei der Verschmelzung vor oder gleichzeitig mit der Spaltung entsprechend geändert und zum Vereinsregister angemeldet werden[317].

318 Nach § 149 Abs. 1 UmwG kann sich ein rechtsfähiger Verein an einer Spaltung nur beteiligen, wenn landesrechtliche Vorschriften nicht entgegenstehen. Zurzeit bestehen solche Vorschriften nicht[318].

II. Besonderheiten bei der Spaltung unter Beteiligung von Vereinen
1. Spaltungsvertrag bzw. Spaltungsplan

319 Hinsichtlich des Spaltungsvertrages bzw. Spaltungsplanes beinhaltet § 149 UmwG mit den vorgenannten Ausnahmen keine Besonderheiten[319], so dass § 126 UmwG bzw. § 136 UmwG zur Anwendung kommt.

320 Zentraler Bestandteil des Spaltungsvertrages bzw. -planes ist nach § 126 Abs. 1 Nr. 2 UmwG die Vereinbarung des Vermögensübergangs gegen Gewährung von Anteilen oder Mitgliedschaften an dem übernehmenden Rechtsträger. Hierbei ist es nach § 123 Abs. 1 und 2 UmwG grundsätzlich notwendig, den Anteilsinhabern bzw. Mitgliedern des übertragenden Vereins bzw. im Falle einer Ausgliederung dem übertragenden Rechtsträger selbst, Anteile an dem oder den übernehmenden Rechtsträgern zu gewähren[320]. Gerade für Spaltungen von eingetragenen Vereinen ist hierbei die Vorschrift des § 128 UmwG relevant, nach der eine **nicht verhältniswahrende Abspaltung** möglich ist. Es müssen somit nicht alle Mitglieder des übertragenden Vereins wieder mit der gleichen Quote am übernehmenden Rechtsträger beteiligt werden, wie sie am übertragenden Verein beteiligt waren. Die herrschende Auffassung nimmt weiter an, dass auch eine **Spaltung zu Null** dergestalt zulässig ist, dass an dem neu zu gründenden Rechtsträger nur bestimmte Mitglieder des übertragenden Vereins beteiligt werden[321]. Diese Relevanz einer solchen Spaltung ergibt sich daraus, dass es gerade bei Vereinen häufig darum geht, unterschiedliche Abteilungen eines Vereins (wie z. B. unterschiedliche Sportarten) auf mehrere selbstständige Vereine aufzuteilen. Diese Abteilungen können sich somit bei einer Aufspaltung oder

---

[313] So auch Widmann/Mayer/*Vossius* § 149 Rn. 26; Lutter/*Hennrichs* § 149 Rn. 8.
[314] Semler/Stengel/*Katschinski* § 149 Rn. 9; Kölner Kommentar-UmwG/*Leuering* § 149 Rn. 17.
[315] Semler/Stengel/*Katschinski* § 149 Rn. 9.
[316] Lutter/*Hennrichs* § 149 Rn. 9; Henssler/Strohn/*Wardenbach* § 149 Rn. 3.
[317] Semler/Stengel/*Katschinski* § 149 Rn. 8; Henssler/Strohn/*Wardenbach* § 149 Rn. 3.
[318] Schmitt/Hörtnagl/Stratz/*Hörtnagl* § 149 Rn. 1; Henssler/Strohn/*Wardenbach* § 149 Rn. 3.
[319] Ein Muster für eine Abspaltung eines eingetragenen Vereins auf einen anderen eingetragenen Verein findet sich bei Limmer/*Limmer* Teil 3 Rn. 645.
[320] MünchHdb. GesR V/*Pathe* § 55 Rn. 11.
[321] Semler/Stengel/*Katschinski* § 149 Rn. 12.

Abspaltung trennen und gleichzeitig vereinbaren, dass nur die jeweiligen Mitglieder der entsprechenden Abteilung die Mitgliedschaft in dem (neuen) Verein erhalten, der die von ihnen betriebene Abteilung übernimmt[322]. Gerade bei größeren Vereinen wird es jedoch ein praktisches Problem darstellen, dass der Zustimmungsbeschluss der Mitglieder des übertragenden Vereins zur nicht verhältniswahrenden Spaltung einstimmig gefasst werden muss und die Zustimmungserklärungen von nicht bei der Beschlussfassung anwesenden Mitgliedern in notariell beurkundeter Form erforderlich sind[323].

Nach § 126 Abs. 1 Nr. 3 UmwG hat der Spaltungsvertrag das Umtauschverhältnis sowie die Höhe einer etwaigen baren Zuzahlung zu regeln. Ist ein eingetragener Verein **aufnehmender** Rechtsträger, so sind hier Angaben über die den Mitgliedern des übertragenden Vereins gewährten Mitgliedschaften in dem aufnehmenden Verein zu machen[324]. 321

Bei einer **Spaltung zur Neugründung** muss der Spaltungsplan die Satzung des neuen Rechtsträgers enthalten. Weiter müssen auch die Sondervorschriften zur Sachgründung beachtet werden, da die Spaltung zur Neugründung eine **Sachgründung** ist[325]. Trotz des Verweises in § 135 Abs. 2 UmwG für eine Spaltung zur **Neugründung** auf das Gründungsrecht sind nach § 135 Abs. 2 S. 3 UmwG die Vorschriften zur **Mindestanzahl der Gründer** nicht anwendbar, so dass die Mindestanzahl von sieben Vereinsmitgliedern für die Gründung des Vereins in § 56 BGB nicht berücksichtigt werden muss[326]. Es ist jedoch zwingend zu beachten, dass einem eingetragenen Verein nach § 73 BGB bei Unterschreiten der Zahl von drei Mitgliedern die Rechtsfähigkeit entzogen wird. Es bedarf somit in jedem Fall wenigstens **drei Mitgliedern** als Gründern[327]. Eine Ausgliederung zur Neugründung eines eingetragenen Vereins kommt somit nicht in Betracht, da diese durch einen eingetragenen Verein als übertragenden Rechtsträger durchgeführt werden müsste, der in der Folge einziges Mitglied des neu gegründeten Vereins als übernehmender Rechtsträger würde[328]. Es ist in jedem Fall empfehlenswert, in dem Spaltungsplan bei einer Spaltung auf einen eingetragenen Verein die Bestellung des **Vorstands des neuen Vereins** vorzusehen[329]. 322

2. Spaltungsbericht und Spaltungsprüfung

Nach § 127 S. 1 UmwG müssen ebenso wie bei der Verschmelzung nach § 8 Abs. 1 UmwG die Vertretungsorgane der an der Spaltung beteiligten Rechtsträger einen schriftlichen **Spaltungsbericht** aufstellen[330]. Auch hier sind die Mitglieder der an der Spaltung beteiligten Vereine über die etwaigen Unterschiede zwischen den Satzungen der beteiligten Rechtsträger zu informieren (vgl. → § 15 Rn. 512 ff.). Der Spaltungsbericht wird zumeist nicht entbehrlich sein. Zum einen wird ein Verzicht nach § 8 Abs. 3 UmwG von allen Mitgliedern in notariell beurkundeter Form bei eingetragenen Vereinen kaum zu erlangen sein. Auch wird ein Spaltungsbericht nicht deshalb nach § 8 Abs. 3 UmwG entbehrlich sein, weil sich alle Anteile des übertragenden Rechtsträgers in der Hand des übernehmenden Rechtsträgers befinden. Ein Spaltungsbericht wäre hier nur entbehrlich, wenn der übernehmende Rechtsträger einziges verbleibendes Mitglied des übertragenden Vereins wäre, was in der Praxis wegen § 73 BGB kaum vorkommen wird. 323

---

[322] MünchHdb. GesRV/*Pathe* § 55 Rn. 13; Semler/Stengel/*Katschinski* § 149 Rn. 1; Lutter/Hennrichs § 149 Rn. 7.
[323] Semler/Stengel/*Schröer* § 128 Rn. 11; Schmitt/Hörtnagl/Stratz/*Hörtnagl* § 128 Rn. 29.
[324] MünchHdb. GesRV/*Pathe* § 55 Rn. 13.
[325] Vgl. Lutter/*Hennrichs* § 149 Rn. 16 f., insbesondere zur Prüfung der Wertdeckung und der Aktivierung von Spielerwerten im Bereich des Profisports.
[326] Henssler/Strohn/*Wardenbach* § 149 Rn. 4.
[327] Henssler/Strohn/*Wardenbach* § 149 Rn. 4.
[328] MünchHdb. GesRV/*Pathe* § 55 Rn. 13.
[329] MünchHdb. GesRV/*Pathe* § 55 Rn. 83.
[330] Semler/Stengel/*Katschinski* § 149 Rn. 11.

324 Hinsichtlich der **Spaltungsprüfung**[331] kann auf die Ausführungen zur Verschmelzungsprüfung (→ § 15 Rn. 515 ff.) verwiesen werden. Soweit eine **Ausgliederung** vorliegt, findet jedoch nach § 125 S. 2 UmwG keine Spaltungsprüfung statt[332].

3. Beschlussfassungen der Mitgliederversammlungen über die Spaltung

325 Die Vorbereitung der Mitgliederversammlung und die Beschlussfassung über die Spaltung gestalten sich genauso wie bei der Verschmelzung von Vereinen[333], so das hierzu auf die entsprechenden Ausführungen (→ § 15 Rn. 520 ff.) verwiesen werden kann. Insbesondere führt auch bei einer Spaltung der Verweis auf die aktienrechtlichen Vorschriften der §§ 125 S. 1, 101 Abs. 1 S. 1 UmwG nicht zu einer Begründung einer **eigenständigen Bilanzierungspflicht**[334].

326 Dem Spaltungsvertrag bzw. -plan müssen die Mitglieder des an der Spaltung beteiligten Vereins gemäß § 125 S. 1 i. V. m. § 103 UmwG wie bei einer Verschmelzung mit einer **Mehrheit von drei Viertel** der Stimmen der erschienenen Vereinsmitglieder zustimmen. Auch hier stellt sich die Frage, wie sich eine etwaige **Zweckänderung** bei einem beteiligten Verein auf das Verfahren auswirkt, da für diese nach § 33 Abs. 1 S. 2 die Zustimmung aller Mitglieder erforderlich ist[335]. Bei einer abwicklungslosen Auflösung des übertragenden Vereins durch seine Aufspaltung bleibt es wie bei der Verschmelzung eines übertragenden Vereins bei dem Mehrheitserfordernis des § 125 i. V. m. § 103 UmwG[336] (vgl. im Übrigen → § 15 Rn. 542).

4. Anmeldung und Eintragung der Spaltung

327 Hinsichtlich der Anmeldung und Eintragung der Spaltung ergeben sich gegenüber den allgemeinen Vorschriften keine Besonderheiten[337]. Nach dem Wortlaut des § 125 S. 1 i. V. m. § 17 Abs. 2 UmwG ist der Anmeldung unter anderem die Schlussbilanz des übertragenden Rechtsträgers beizufügen. Wie bei der Verschmelzung ist der übertragende Verein zur Aufstellung einer Schlussbilanz nur verpflichtet, wenn einer der übernehmenden Rechtsträger bilanzierungspflichtig ist[338].

E. Versicherungsverein auf Gegenseitigkeit (VVaG)

I. Begrenzung der Spaltungsmöglichkeiten

328 Aus den gesellschaftsrechtlichen und wirtschaftlichen Besonderheiten eines Versicherungsvereins auf Gegenseitigkeit, die näher in → § 15 Rn. 549 ff. beschrieben werden, ergeben sich auch Konsequenzen für die Möglichkeiten, mit denen ein VVaG an einer Spaltung beteiligt sein kann. Beteiligte **Rechtsträger** einer Spaltung eines VVaG können nur Versicherungsvereine und Versicherungs-Aktiengesellschaften (einschließlich der SE) sein. Ähnlich wie bei der Verschmelzung ist dies der Rechtsnatur des VVaG einerseits und den begrenzten Wahlmöglichkeiten für die Rechtsform von Versicherungsunternehmen andererseits geschuldet[339]. Das Gesetz lässt für Versicherungsvereine als übertragender

---

[331] MünchHdb. GesR V/*Pathe* § 55 Rn. 35; Semler/Stengel/*Katschinski* § 149 Rn. 11.
[332] Lutter/*Hennrichs* § 149 Rn. 22; Widmann/Mayer/*Vossius* § 149 Rn. 27.
[333] Semler/Stengel/*Katschinski* § 149 Rn. 12.
[334] MünchHdb. GesR V/*Pathe* § 55 Rn. 43.
[335] Limmer/*Limmer* Teil 3 Rn. 643; Lutter/*Hennrichs* § 149 Rn. 18.
[336] Lutter/*Hennrichs* § 149 Rn. 19.
[337] Ein Muster für eine Vereinsregisteranmeldung für die Abspaltung eines eingetragenen Vereins auf einen anderen eingetragenen Verein findet sich bei Limmer/*Limmer* Teil 3 Rn. 646.
[338] MünchHdb. GesR V/*Pathe* § 55 Rn. 59.
[339] →§ 15 Rn. 555.

Rechtsträger nur die Aufspaltung[340] und die Abspaltung[341], nicht jedoch die **Ausgliederung**[342] zu, soweit das Versicherungsgeschäft betroffen ist. Dies wird mit der zwingenden Verbindung von Mitgliedschaft und Versicherungsverhältnis als Wesensmerkmal des VVaG begründet, denn anders als bei einer Abspaltung oder Aufspaltung würde bei einer Ausgliederung von Versicherungsverträgen der Versicherungsnehmer seine Mitgliedschaft im VVaG verlieren, und die Anteile am übernehmenden Rechtsträger würde der VVaG erhalten[343]. Das die Versicherungsverhältnisse umfassende Vermögen eines VVaG kann folglich auch nur auf bestehende Versicherungsvereine und Versicherungs-Aktiengesellschaften oder neu gegründete Versicherungsvereine auf- oder abgespalten werden, was eine Auf- oder Abspaltung auf eine neu gegründete Versicherungs-Aktiengesellschaft einschließt[344].

Eine Ausgliederung ist jedoch möglich, wenn Vermögensteile betroffen sind, die **keine Versicherungsverträge** beinhalten; dann ist auch eine Ausgliederung auf eine Gesellschaft mit beschränkter Haftung oder eine (normale) Aktiengesellschaft bzw. SE erlaubt[345]. Dies berücksichtigt, dass in einem Versicherungskonzern bestimmte Aufgaben unabhängig von den Versicherungsverträgen zentral und zweckmäßigerweise in einer eigenen Gesellschaft erledigt werden[346]. Beispielhaft sind die Schadensbearbeitung, die Vermögensanlage, Vertriebsorganisationen oder eine zentrale IT-Abteilung zu nennen. Theoretisch könnte man in diesen Fällen die GmbH auch für Ab- oder Aufspaltungen zur Verfügung stellen, wofür es aber praktisch kaum ein Bedürfnis geben dürfte. 329

Alternativ zur Spaltung sind die **Bestandsübertragung** nach §§ 14, 200 f. VAG und die Vermögensübertragung gemäß §§ 174, 180 ff. UmwG zu nennen, die jeweils eine Kompensation für verlorene Mitgliedschaftsrechte im VVaG durch Gewährung von Anteilen bzw. Mitgliedschaften am übernehmenden Rechtsträger oder Entschädigungsleistungen vorsehen (zur Bestandsübertragung → § 15 Rn. 562 ff.). Sie bieten einen Rechtsrahmen, um insbesondere die fehlende Ausgliederungsmöglichkeit vom Versicherungsgeschäft auf anderem Wege zu erreichen, weshalb das Spaltungsrecht an dieser Stelle zu Recht als unzureichend kritisiert wird[347]. Statt der Ausgliederung zentraler Aufgaben über das Umwandlungsrecht wird in der Praxis regelmäßig der Weg einer vertraglichen Ausgliederung von Funktionen oder Versicherungstätigkeiten (**Outsourcing**) nach § 32 VAG gewählt, der u. a. einfacher reversibel ist. 330

II. Besonderheiten bei der Anwendung der allg. Vorschriften

Die Vorschriften für die Verschmelzung von Versicherungsvereinen[348] gelten über eine Verweisung grundsätzlich auch für die Spaltung eines VVaG (§ 125 S. 1 UmwG; zur 331

---

[340] § 123 Abs. 1 UmwG.
[341] § 123 Abs. 2 UmwG.
[342] § 123 Abs. 3 UmwG.
[343] Vgl. Begr. RegE, bei *Ganske*, S. 182. Siehe auch Böttcher/Habighorst/Schulte/*Kammerer-Galahn*, § 151 Rn. 1; nach Semler/Stengel/*Niemeyer*, § 151 Rn. 2 überzeugt diese Begründung vor dem Hintergrund der Zulässigkeit einer Bestands- oder Vermögensübertragung von einem VVaG auf eine Versicherungs-Aktiengesellschaft nicht, bei der Mitglieder aus dem VVaG ausschieden.
[344] Schmitt/Hörtnagl/Stratz/*Hörtnagl*, § 151 Rn. 1; Böttcher/Habighorst/Schulte/*Kammerer-Galahn*, § 151 Rn. 4; Semler/Stengel/*Niemeyer*, § 151 Rn. 4; Widmann/Mayer/*Vossius*, § 151 Rn. 7; Lutter/*Wilm*, § 151 Rn. 9, jeweils mit Verweis auf den unklaren Wortlaut.
[345] § 151 S. 2 UmwG. Dazu jeweils unter Hinweis auf das Fehlen eines sachlichen Grunds für diese Einschränkung: Böttcher/Habighorst/Schulte/*Kammerer-Galahn*, § 151 Rn. 5; Semler/Stengel/*Niemeyer*, § 151 Rn. 5 ff.; Lutter/*Wilm*, § 151 Rn. 8. Nach Widmann/Mayer/*Vossius*, § 151 Rn. 1 ist auch eine KGaA möglich.
[346] Vgl. Begr. RegE, bei *Ganske*, S. 182; Böttcher/Habighorst/Schulte/*Kammerer-Galahn*, § 151 Rn. 5; Semler/Stengel/*Niemeyer*, § 151 Rn. 5 ff.; Lutter/*Wilm*, § 151 Rn. 8.
[347] Vgl. z. B. Lutter/*Wilm*, § 151 Rn. 7.
[348] §§ 109 bis 119 UmwG.

Verschmelzung → § 15 Rn. 549). Ausgenommen sind dementsprechend die Regelungen über die Entbehrlichkeit der Verschmelzungsprüfung, bei der Abspaltung und bei der Ausgliederung die Vorschriften über die Firmenfortführung und bei der Ausgliederung die Bestimmungen über den Klageausschluss, die Verbesserung des Umtauschverhältnisses, das Abfindungsangebot, den Ausschluss der Kapitalerhöhung und die Bestellung eines Treuhänders[349]. Ebenso wenig findet bei der Ausgliederung eine Prüfung statt[350]. Bei der Spaltung zur Neugründung eines VVaG finden die Vorschriften der §§ 114 bis 117 UmwG über die Bestellung der Vereinsorgane und die Entstehung des VVaG Anwendung.

332 Jede Form der Spaltung eines VVaG bedarf der **Genehmigung** durch die Aufsichtsbehörde nach § 14 VAG. Das Verfahren und die aufsichtsrechtlichen Anforderungen werden in →§ 65 dargestellt.

1. Gewährung von Anteilen oder Mitgliedschaften und Zustimmungserfordernisse

333 Sind von einer Auf- oder Abspaltung eines VVaG Versicherungsverhältnisse betroffen, wird die zwingende Verbindung von Mitgliedschaft und Versicherungsverhältnis sichtbar: Das Vereinsmitglied, dessen Versicherungsvertrag betroffen ist, **verliert seine Mitgliedschaft** im übertragenden VVaG. Ist der aufnehmende Rechtsträger selbst ein VVaG, wird es dort Mitglied; dagegen erhalten die Mitglieder des übertragenden VVaG keine Mitgliedschaften im aufnehmenden Rechtsträger, weil sie zu diesem kein Versicherungsverhältnis unterhalten[351], obwohl bei einer Auf- oder Abspaltung grundsätzlich allen Anteilsinhabern des übertragenden Rechtsträgers Anteile am übernehmenden Rechtsträger zu gewähren sind[352]. In dieser Konstellation kommt es daher automatisch zu einer **nichtverhältniswahrenden** Spaltung[353], was nach dem Wortlaut von § 128 UmwG eine Zustimmung aller einzelnen Mitglieder (also nicht nur einen einstimmigen Zustimmungsbeschluss) erfordert. Da dies praktisch nicht realisierbar sein dürfte[354], bietet es sich an, nur die Gruppe der Mitglieder zu betrachten, die tatsächlich etwas verlieren, aber auf der anderen Seite verhältniswahrend eine neue Mitgliedschaft erhalten[355]. Dann wäre keine Einzelzustimmung aller Mitglieder erforderlich, sondern nur der qualifizierte Beschluss der obersten Vertretung[356]. Rechtfertigen ließe sich dies damit, dass die fehlende Wahrung des Verhältnisses nicht auf den Festsetzungen des Spaltungsvertrags bzw. -plans beruht, sondern auf der gesetzlichen Verbindung von Versicherungsverhältnis und Mitgliedschaft[357]. Ferner entspricht diese Konstellation einer Teilbestandsübertragung[358], denn auch dort gehen – nach Zustimmung einer qualifizierten Mehrheit der obersten Vertretung – nur die Mitgliedschaftsrechte eines Teils der Mitglieder über[359].

334 Eine ähnliche Frage stellt sich bei der Spaltung von Vermögen eines VVaG auf eine Versicherungs-Aktiengesellschaft. Auf der einen Seite verlieren die Mitglieder des VVaG, deren Versicherungsverhältnisse von der Spaltung betroffen sind, ihre Mitgliedschaft und

---

[349] § 125 S. 1 UmwG.
[350] §§ 125 S. 2, 9 bis 12 UmwG.
[351] Kölner Kommentar-UmwG/*Beckmann*, § 151 Rn. 5; Böttcher/Habighorst/Schulte/*Kammerer-Galahn*, § 151 Rn. 9; Semler/Stengel/*Niemeyer*, § 151 Rn. 14.
[352] § 123 Abs. 1 und 2 UmwG.
[353] I. S. v. §§ 126 Abs. 1 Nr. 10, 128 UmwG; Lutter/*Wilm*, § 151 Rn. 3; Semler/Stengel/*Niemeyer*, § 151 Rn. 15.
[354] Böttcher/Habighorst/Schulte/*Kammerer-Galahn*, § 151 Rn. 14; Semler/Stengel/*Niemeyer*, § 151 Rn. 27; Lutter/*Wilm*, § 151 Rn. 2.
[355] Lutter/*Wilm*, § 151 Rn. 4.
[356] Kölner Kommentar-UmwG/*Beckmann*, § 151 Rn. 12; Böttcher/Habighorst/Schulte/*Kammerer-Galahn*, § 151 Rn. 14; Semler/Stengel/*Niemeyer*, § 151 Rn. 27; Lutter/*Wilm*, § 151 Rn. 4.
[357] Nach § 176 S. 2 VAG.
[358] §§ 13, 200 VAG.
[359] Kölner Kommentar-UmwG/*Beckmann*, § 151 Rn. 12; Böttcher/Habighorst/Schulte/*Kammerer-Galahn*, § 151 Rn. 14; Semler/Stengel/*Niemeyer*, § 151 Rn. 27.

erhalten (nur) Anteile an der aufnehmenden Versicherungs-Aktiengesellschaft, während auf der anderen Seite die verbleibenden Mitglieder des übertragenden VVaG ihre Mitgliedschaften behalten und zusätzlich an der aufnehmenden Versicherungs-Aktiengesellschaft zu beteiligen wären. Auch hier erschiene es sachgerecht, die Anteilsgewährung auf die Gruppe der Mitglieder zu beschränken, deren Versicherungsverhältnisse betroffen sind und nur diesen Anteile am aufnehmenden Rechtsträger zu gewähren[360]. Da allerdings alle Mitglieder des übertragenden VVaG Anteile erhalten, wird der Fall nicht für unmittelbar vergleichbar gehalten, so dass wiederum eine nicht-verhältniswahrende Spaltung vorliege, die der praktisch unmöglichen Zustimmung aller Mitglieder des übertragenden VVaG bedürfe[361].

Die vorstehend beschriebenen Unsicherheiten nehmen der Auf- oder Abspaltung von Versicherungsverhältnissen eines VVaG den Nutzwert, sodass auf diese praktisch nicht zurückgegriffen wird[362]. **335**

2. Weitere Abweichungen

Hinsichtlich des Spaltungs- und Übernahmevertrags bzw. Spaltungsplans sind wie bei der Verschmelzung auch bei der Spaltung unter ausschließlicher Beteiligung von Versicherungsvereinen die Angaben zum **Umtauschverhältnis**, zur Übertragung der Mitgliedschaftsrechte und zu den Einzelheiten der Beteiligung am Bilanzgewinn gem. § 126 Abs. 1 Nr. 3 bis 5 UmwG nicht erforderlich, aber möglich[363] (→ § 15 Rn. 576). Die Aufteilung der Mitgliedschaften ergibt sich durch die Zuordnung der mitgliedschaftsbegründenden Versicherungsverhältnisse automatisch[364]. **336**

Die nicht-verhältniswahrende Auf- oder Abspaltung auf Versicherungsvereine als übernehmende Rechtsträger führt zudem zu Schwierigkeiten bei der Zuordnung **stiller Reserven** und damit der Überschussbeteiligung, die schon im Interesse der Versicherten notwendig ist. In Ermangelung der Gewährung von Anteilen am übernehmenden Rechtsträger wie bei der Auf- oder Abspaltung auf Versicherungs-Aktiengesellschaften, muss das Verhältnis der abgehenden und verbleibenden Vermögenswerte des übertragenden VVaG festgestellt und ggf. ein Ausgleich durch bare Zuzahlung[365] in den Vertrag aufgenommen werden[366]. **337**

Der **Bericht** der Vertretungsorgane des an der Spaltung beteiligten VVaG über die Spaltung unter ausschließlicher Beteiligung von Versicherungsvereinen muss in Ermangelung eines Umtauschverhältnisses dieses auch nicht erläutern. Es stellt sich indes die gleiche Frage wie bei Verschmelzungen, nämlich ob die Mitgliedschaft im VVaG nicht auch vermögensrechtlichen Charakter hat (zum vermögensrechtlichen Charakter →§ 15 Rn. 576), weil die Mitglieder eines VVaG einen gesetzlichen Anspruch auf Beteiligung am Jahresüberschuss und am Liquidationserlös[367] haben. Folglich sind auch die **Unternehmensbewertung** und die Regelungen über die Anpassung des satzungsmäßigen Verteilungsmaßstabs zum Ausgleich unterschiedlicher Unternehmenswerte der beteiligten VVaG und über eine ggf. auf Grund einer nicht-verhältniswahrenden Spaltung zu gewährende **338**

---

[360] So Lutter/*Wilm*, § 151 Rn. 5.
[361] Böttcher/Habighorst/Schulte/*Kammerer-Galahn*, § 151 Rn. 15; Semler/Stengel/*Niemeyer*, § 151 Rn. 16 und 28.
[362] So deutlich Lutter/*Wilm*, § 151 Rn. 2.
[363] Böttcher/Habighorst/Schulte/*Kammerer-Galahn*, § 151 Rn. 13; Semler/Stengel/*Niemeyer*, § 151 Rn. 17; Lutter/*Wilm*, § 151 Rn. 14.
[364] Schmitt/Hörtnagl/Stratz/*Hörtnagl*, Vorbemerkungen zu § 151 Rn. 3; Böttcher/Habighorst/Schulte/*Kammerer-Galahn*, § 151 Rn. 13; Semler/Stengel/*Niemeyer*, § 151 Rn. 18.
[365] § 126 Abs. 1 Nr. 3 UmwG.
[366] Lutter/*Wilm*, § 151 Rn. 15; Böttcher/Habighorst/Schulte/*Kammerer-Galahn*, § 151 Rn. 11 f.; Semler/Stengel/*Niemeyer*, § 151 Rn. 29.
[367] §§ 194 Abs. 1 S. 1, 205 Abs. 2 S. 1 VAG.

bare Zuzahlung zu erläutern[368]. Danach wäre eine Spaltungsprüfung auch bei der Auf- oder Abspaltung unter ausschließlicher Beteiligung von Versicherungsvereinen notwendig[369].

339 In Bezug auf die **Beschlussfassung** wird, wie bei der Verschmelzung, auch bei der Spaltung auf eine Versicherungs-Aktiengesellschaft der Vergleich zum Formwechsel gezogen, sodass der Verschmelzungsbeschluss einer Mehrheit von neun Zehnteln der abgegebenen Stimmen bedürfe, wenn bis zum Ablauf des dritten Tags vor der Versammlung wenigstens hundert Mitglieder der Verschmelzung schriftlich widersprochen hätten[370] (→ § 15 Rn. 588). Parallel zur Verschmelzung verhalten sich auch die Ansprüche der Versicherungsnehmer auf Sicherheitsleistung, die Behandlung der Überschussbeteiligung als Sonderrecht und des Gründungsstocks[371] (→§ 15 Rn. 572 ff.).

340 Für **kleinere Vereine** im Sinne des § 210 VAG wird vertreten, dass die Auf- oder Abspaltung zur Neugründung von Versicherungsvereinen nicht möglich sein soll. Durch Vermögensübertragungen kleinerer Vereine sollen keine Kleinstvereine[372] entstehen, weshalb nur eine Vollübertragung zulässig ist[373]. Dem würde eine Spaltung zur Neugründung zuwider laufen[374]. Auch die Spaltung eines kleineren VVaG durch Neugründung von Versicherungs-Aktiengesellschaften dürfte unzulässig sein, weil ansonsten das Verbot des Formwechsels eines kleineren VVaG in eine Versicherungs-Aktiengesellschaft[375] umgangen würde[376].

F. Personengesellschaften (einschließlich PartG)

Schrifttum: *Naraschewski*, Haftung bei der Spaltung von Kommanditgesellschaften, DB 1995, 1265; *Neye*, Die Änderungen im Umwandlungsrecht nach den handels- und gesellschaftsrechtlichen Reformgesetzen in der 13. Legislaturperiode, DB 1998, 1649; *Priester*, Personengesellschaften im Umwandlungsrecht – Praxisrelevante Fragen und offene Posten, DStR 2005, 788.

I. Einführung

341 Die Besonderheiten bei der Beteiligung einer Personenhandelsgesellschaft oder PartG als übertragender, übernehmender oder neuer Rechtsträger an einer Spaltung ergeben sich insbesondere aus den allgemeinen Spaltungsvorschriften sowie aus den allgemeinen Verschmelzungsvorschriften und den besonderen Vorschriften für Verschmelzungen unter Beteiligung von Personengesellschaften, die auf die Spaltung zu einem guten Teil entsprechend anzuwenden sind, da das UmwG **keine rechtsformspezifischen Vorschriften** für Spaltungen unter Beteiligung von Personenhandelsgesellschaften oder PartG enthält.[377]

---

[368] Böttcher/Habighorst/Schulte/*Kammerer-Galahn*, § 151 Rn. 13; Semler/Stengel/*Niemeyer*, § 151 Rn. 22.
[369] Semler/Stengel/*Niemeyer*, § 151 Rn. 23.
[370] Aufgrund analoger Anwendung von § 293 UmwG; so Semler/Stengel/*Niemeyer*, § 151 Rn. 24; Böttcher/Habighorst/Schulte/*Kammerer-Galahn*, § 151 Rn. 13.
[371] Semler/Stengel/*Niemeyer*, § 151 Rn. 33.
[372] § 5 VAG.
[373] § 185 UmwG.
[374] Böttcher/Habighorst/Schulte/*Kammerer-Galahn*, § 151 Rn. 30; Semler/Stengel/*Niemeyer*, § 151 Rn. 35.
[375] § 291 Abs. 1 UmwG; Schmitt/Hörtnagl/Stratz/*Stratz*, § 291 Rn. 2.
[376] Böttcher/Habighorst/Schulte/*Kammerer-Galahn*, § 151 Rn. 30; Semler/Stengel/*Niemeyer*, § 151 Rn. 36.
[377] Zur richtlinienkonformen Auslegung der allgemeinen Spaltungsvorschriften nach Maßgabe der Spaltungsrichtlinie bei Spaltungen unter Beteiligung von Personengesellschaften siehe: Semler/Stengel/*Ihrig* Anh. § 137 UmwG Rn. 5. Zur Spaltung unter Beteiligung einer EWIV mit Sitz in der Bundesrepublik Deutschland siehe: Semler/Stengel/*Ihrig* Anh. § 137 UmwG Rn. 54.

II. Spaltung unter Beteiligung von Personenhandelsgesellschaften

1. Anwendbare Vorschriften und Spaltungsfähigkeit

Für Spaltungen unter Beteiligung von Personenhandelsgesellschaften gelten zunächst die 342 **allgemeinen Spaltungsvorschriften** (§§ 123 bis 137 UmwG). Soweit sich aus diesen Vorschriften nichts anderes ergibt, sind **nach Maßgabe des § 125 UmwG** ferner die **allgemeinen Verschmelzungsvorschriften** (§§ 2 bis 38 UmwG) und die **besonderen Vorschriften für Verschmelzungen unter Beteiligung von Personenhandelsgesellschaften** (§§ 39 bis 45 UmwG) entsprechend anzuwenden. Die besonderen Vorschriften für Verschmelzungen unter Beteiligung von Personenhandelsgesellschaften ergänzen und modifizieren in diesem Zusammenhang die allgemeinen Verschmelzungsvorschriften.

Eine Personenhandelsgesellschaft kann nach §§ 124 Abs. 1, 3 Abs. 1 Nr. 1 UmwG als 343 **übertragender, übernehmender oder neuer Rechtsträger** an einer Spaltung beteiligt sein. Eine **aufgelöste Personenhandelsgesellschaft** kann sich gem. §§ 125 S. 1, 39 UmwG nicht als übertragender Rechtsträger an einer Spaltung beteiligen, wenn die Gesellschafter nach § 145 HGB eine andere Art der Auseinandersetzung als die Abwicklung oder als die Spaltung vereinbart haben.[378]

2. Spaltung zur Aufnahme

a) Spaltungs- und Übernahmevertrag. Der **Abschluss und die Form eines Spal-** 344 **tungs- und Übernahmevertrags** richten sich bei einer Spaltung unter Beteiligung von Personenhandelsgesellschaften nach den allgemeinen Vorschriften der §§ 125 S. 1, 4 bzw. 6 UmwG (→ § 22 Rn. 4 ff. und 91 ff.).

Der **Mindestinhalt eines Spaltungs- und Übernahmevertrags** ergibt sich im Aus- 345 gangspunkt aus der allgemeinen Vorschrift des § 126 UmwG (→ § 22 Rn. 7 ff.).[379] Diese Vorschrift wird durch §§ 125 S. 1, 40 UmwG **ergänzt**, wenn eine **Personenhandelsgesellschaft als übernehmender Rechtsträger** an einer Spaltung beteiligt ist. Der Spaltungs- und Übernahmevertrag oder sein Entwurf hat bei einer Auf- oder Abspaltung für jeden Anteilsinhaber des übertragenden Rechtsträgers, bei einer Ausgliederung für den übertragenden Rechtsträger selbst,[380] unter **Festsetzung des Betrags der jeweiligen Einlage** zu bestimmen, ob ihm in der übernehmenden Personenhandelsgesellschaft die **Stellung eines persönlich haftenden Gesellschafters oder eines Kommanditisten** gewährt wird, §§ 125 S. 1, 40 Abs. 1 UmwG. Bei Auf- und Abspaltungen ist Anteilsinhabern des übertragenden Rechtsträgers, die für dessen Verbindlichkeiten nicht als Gesamtschuldner persönlich unbeschränkt haften, gem. §§ 125 S. 1, 40 Abs. 2 S. 1 UmwG die **Stellung eines Kommanditisten zu gewähren**. Abweichende Bestimmungen sind nach §§ 125 S. 1, 40 Abs. 2 S. 2 UmwG nur wirksam, wenn die betroffenen Anteilsinhaber dem Spaltungsbeschluss des übertragenden Rechtsträgers zustimmen. Bei Ausgliederungen spielt § 40 Abs. 2 UmwG keine Rolle.[381] Die Einzelheiten der Bestimmung der Gesellschafterstellung und der Festsetzung der Einlage im Sinne der §§ 125 S. 1, 40 Abs. 1 UmwG sowie der Gewährung der Stellung eines Kommanditisten und der Zustimmung des betroffenen Anteilsinhabers im Sinne der §§ 125 S. 1, 40 Abs. 2 UmwG entsprechen grundsätzlich dem Parallelfall der Verschmelzung auf eine Personenhandelsgesellschaft (→ § 15 Rn. 619 ff.).

Bei einer Abspaltung oder Ausgliederung, an der eine **Personenhandelsgesellschaft als** 346 **übertragender Rechtsträger** beteiligt ist, kann es sich anbieten, im Spaltungs- und Über-

---

[378] Siehe Kallmeyer/*Sickinger* § 125 UmwG Rn. 44 dazu, dass dies nicht nur für die Aufspaltung, sondern auch für die Abspaltung und die Ausgliederung gilt.
[379] Zu den Angaben hinsichtlich des Umtauschverhältnisses im Sinne des § 126 Abs. 1 Nr. 3 UmwG bei einer Auf- oder Abspaltung unter Beteiligung einer Personenhandelsgesellschaft als übertragender oder übernehmender Rechtsträger vgl. Kallmeyer/*Lanfermann* § 5 UmwG Rn. 20.
[380] Kallmeyer/*Sickinger* § 125 UmwG Rn. 45.
[381] Kallmeyer/*Sickinger* § 125 UmwG Rn. 46.

nahmevertrag anzugeben, ob und in welchem Verhältnis sich die Kapitalanteile der Gesellschafter der übertragenden Personenhandelsgesellschaft verringern. Eine entsprechende Verpflichtung besteht mangels gesetzlicher Grundlage allerdings nicht.[382]

347 **b) Spaltungsbericht, Unterrichtung der Gesellschafter, Prüfung der Spaltung und Spaltungsbeschluss.** Die Voraussetzungen, unter denen ein **Spaltungsbericht** im Sinne des § 127 UmwG gem. §§ 125 S. 1, 41 UmwG (→ § 15 Rn. 639 ff.) und eine **Unterrichtung der Gesellschafter** gem. §§ 125 S. 1, 42 UmwG (→ § 15 Rn. 638 f.) erforderlich sind, unterscheiden sich bei einer Spaltung unter Beteiligung von Personenhandelsgesellschaften nicht von den entsprechenden Voraussetzungen bei einer Verschmelzung unter Beteiligung von Personenhandelsgesellschaften. Mit Ausnahme der Besonderheit, dass eine Prüfung der Spaltung bei einer Ausgliederung gem. § 125 S. 2 UmwG nicht stattfindet, gilt dies ebenfalls für eine **Prüfung der Spaltung** gem. §§ 125 S. 1, 44 UmwG (→ § 15 Rn. 674 ff.).

348 Die Voraussetzungen für den **Spaltungsbeschluss der Gesellschafterversammlung** einer Personenhandelsgesellschaft, die an einer Spaltung beteiligt ist (§§ 125 S. 1, 43 Abs. 1, Abs. 2 S. 1 und 2 UmwG) entsprechen denjenigen Voraussetzungen, die für den Verschmelzungsbeschluss der Gesellschafterversammlung einer Personenhandelsgesellschaft gelten, die an einer Verschmelzung beteiligt ist (→ § 15 Rn. 640 ff.). Im Hinblick auf die in §§ 125 S. 1, 43 Abs. 2 S. 3 UmwG normierten **Widerspruchsrechte,** deren Ausübung zur Folge hat, dass dem widersprechenden Anteilsinhaber in der übernehmenden Personenhandelsgesellschaft die **Stellung eines Kommanditisten zu gewähren** ist (→ § 15 Rn. 624 ff.), ist jedoch wie folgt zu differenzieren: Ein Widerspruchsrecht eines Anteilsinhabers des übertragenden Rechtsträgers, der für dessen Verbindlichkeiten persönlich unbeschränkt haftet **(§§ 125 S. 1, 43 Abs. 2 S. 3 Hs. 1 UmwG),** kann nur in den Fällen einer Auf- oder Abspaltung unter Beteiligung einer übernehmenden Personenhandelsgesellschaft bestehen. Bei einer Ausgliederung auf eine Personenhandelsgesellschaft kommt ein solches Widerspruchsrecht nicht in Betracht, da die Anteilsinhaber des übertragenden Rechtsträgers hier nicht Gesellschafter der übernehmenden Personenhandelsgesellschaft werden.[383] Ein Widerspruchsrecht eines Gesellschafters der übernehmenden Personenhandelsgesellschaft, der für deren Verbindlichkeiten persönlich unbeschränkt haftet **(§§ 125 S. 1, 43 Abs. 2 S. 3 Hs. 2 UmwG),** kann demgegenüber sowohl bei einer Auf- oder Abspaltung als auch bei einer Ausgliederung unter Beteiligung einer übernehmenden Personenhandelsgesellschaft bestehen.[384]

349 **c) Nachhaftung und Gläubigerschutz.** Für die Haftung der an einer Spaltung beteiligten Personenhandelsgesellschaft gilt zunächst die **allgemeine Vorschrift des § 133 UmwG** (→ § 27 Rn. 114 ff.). Die Haftung der Gesellschafter einer solchen Personenhandelsgesellschaft für die entsprechenden Verbindlichkeiten der Personenhandelsgesellschaft bemisst sich nach den allgemeinen Grundsätzen des HGB.

350 Überträgt eine Personenhandelsgesellschaft Teile ihres Vermögens durch **Aufspaltung** auf Rechtsträger anderer Rechtsform, deren Anteilsinhaber für die Verbindlichkeiten dieser Rechtsträger nicht unbeschränkt haften, so haften die Gesellschafter der übertragenden Personenhandelsgesellschaft gem. **§§ 125 S. 1, 45 UmwG** (→ § 15 Rn. 655 ff.) zeitlich begrenzt für die Verbindlichkeiten der übertragenden Personenhandelsgesellschaft. Eine Anwendung der §§ 125 S. 1, 45 UmwG soll indes ausscheiden, wenn die Anteilsinhaber nur in einem der übernehmenden Rechtsträger für dessen Verbindlichkeiten unbeschränkt haften, da die Nachhaftung und deren zeitliche Begrenzung in diesem Fall bereits über den

---

[382] Widmann/Mayer/*Mayer* Vor §§ 138–173 UmwG Rn. 8; aA Lutter/*Teichmann* Anhang nach § 137 UmwG Rn. 3; Semler/Stengel/*Ihrig* Anhang § 137 UmwG Rn. 12 (zur Abspaltung).

[383] Vgl. Kallmeyer/*Sickinger* § 125 UmwG Rn. 48; Semler/Stengel/*Ihrig* Anh. § 137 UmwG Rn. 17.

[384] Semler/Stengel/*Ihrig* Anhang § 137 UmwG Rn. 18.

vorrangig anzuwendenden § 133 UmWG auch für die Anteilsinhaber geregelt seien.³⁸⁵ Die §§ 125 S. 1, 45 UmwG finden zudem bei einer **Abspaltung oder Ausgliederung** unter Beteiligung einer übertragenden Personenhandelsgesellschaft keine Anwendung, da die übertragende Personenhandelsgesellschaft hier nicht aufgelöst wird.³⁸⁶

Eine **Abspaltung von einer KG auf eine andere KG**, bei der einem Kommanditisten 351 der übertragenden KG als Gegenleistung für die Übertragung des Vermögensteils der übertragenden KG eine Kommanditbeteiligung an der übernehmenden KG gewährt wird, hat wirtschaftlich die Wirkung einer Entnahme aus dem Vermögen der übertragenden KG. Deshalb stellt sich die Frage, ob in einem solchen Fall eine **Einlagenrückgewähr** im Sinne des § 172 Abs. 4 HGB vorliegen kann. Diese Frage ist zu verneinen, da der Gläubigerschutz durch die vorrangigen umwandlungsrechtlichen Vorschriften der §§ 125 S. 1, 22 und 133 UmwG geregelt wird.³⁸⁷

3. Spaltung zur Neugründung

Bei einer Spaltung zur Neugründung tritt gem. § 136 S. 2 UmwG der Spaltungsplan an 352 die Stelle des Spaltungs- und Übernahmevertrags. Die **Aufstellung und die Form eines Spaltungsplans** richten sich bei einer Spaltung zur Neugründung unter Beteiligung von Personenhandelsgesellschaften nach den allgemeinen Vorschriften der §§ 136 S. 1 und 125 S. 1, 6 UmwG (→ § 22 Rn. 102 ff. und 111). Der **Mindestinhalt eines Spaltungsplans** ergibt sich im Grundsatz aus den §§ 135 Abs. 1 S. 1, 126 UmwG (→ § 22 Rn. 105 ff.).

Bei einer Spaltung zur Neugründung unter Beteiligung einer **Personenhandelsgesell-** 353 **schaft als übertragender Rechtsträger** gelten im Übrigen die Ausführungen zu einer Spaltung zur Aufnahme unter Beteiligung einer Personenhandelsgesellschaft als übertragender Rechtsträger (→ Rn. 344 ff.) entsprechend.

Dies gilt im Prinzip auch für eine Spaltung zur Neugründung unter Beteiligung einer 354 **Personenhandelsgesellschaft als neuer Rechtsträger**. Ein **Spaltungsbericht** (§§ 135 Abs. 1 S. 1, 127 UmwG), eine **Unterrichtung der Gesellschafter** (§§ 125 S. 1, 42 UmwG), eine **Prüfung der Spaltung** (§§ 125 S. 1, 44 UmwG) und ein **Spaltungsbeschluss** (§§ 125 S. 1, 43 Abs. 1, Abs. 2 S. 1 und 2 UmwG) sind auf der Ebene der neuen Personenhandelsgesellschaft jedoch **nicht erforderlich**, da eine Gesellschafterversammlung, in der ein Spaltungsbeschluss gefasst wird, bei der neuen Personenhandelsgesellschaft nicht durchgeführt wird. Es ist ferner umstritten, ob bei einer Spaltung zur Neugründung einer Personenhandelsgesellschaft ein Widerspruchsrecht gem. **§§ 125 S. 1, 43 Abs. 2 S. 3 Hs. 1 UmwG** (→ Rn. 348) bestehen kann.³⁸⁸ Ein Widerspruchsrecht gem. **§§ 125 S. 1, 43 Abs. 2 S. 3 Hs. 2 UmwG** (→ Rn. 348) kommt bei einer Spaltung zur Neugründung einer Personenhandelsgesellschaft nicht in Betracht. Bei einer Spaltung zur Neugründung einer Personenhandelsgesellschaft ist zu berücksichtigen, dass der **Gesellschaftsvertrag** der Personenhandelsgesellschaft, der im Normalfall nicht formbedürftig ist, als Teil des Spaltungsplans (§§ 136 S. 2, 125 S. 1, 37 UmwG) gem. §§ 125 S. 1, 6 UmwG der **notariellen Beurkundung** bedarf.

---

³⁸⁵ Semler/Stengel/*Ihrig* Anhang § 137 UmwG Rn. 29; Widmann/Mayer/*Mayer* Vor §§ 138–173 UmwG Rn. 14.

³⁸⁶ Kallmeyer/*Sickinger* § 125 UmwG Rn. 49; Semler/Stengel/*Ihrig* Anhang § 137 UmwG Rn. 27; Widmann/Mayer/*Mayer* Vor §§ 138–173 UmwG Rn. 15; aA offenbar Schmitt/Hörtnagl/Stratz/*Hörtnagl* Vor §§ 138–173 UmwG Rn. 12.

³⁸⁷ Vgl. Lutter/*Teichmann* Anh. nach § 137 UmwG Rn. 13; Semler/Stengel/*Ihrig* Anhang § 137 UmwG Rn. 31; Widmann/Mayer/*Mayer* Vor §§ 138–173 UmwG Rn. 16; aA *Naraschewski*, DB 1995, 1265, 1266 ff., der eine Rückzahlung iSd § 172 Abs. 4 HGB bejaht, einen Ausschluss der Haftung des Kommanditisten der übertragenden KG jedoch durch eine entsprechende Herabsetzung von dessen Haftsumme bei der übertragenden KG ermöglichen möchte. Dabei soll auf die Anwendung des § 174 Hs. 2 HGB verzichtet werden, wenn die Haftsumme bei der übernehmenden KG in dem Maße erhöht oder festgesetzt wird, wie sie bei der übertragenden KG herabgesetzt wird.

³⁸⁸ Dafür Semler/Stengel/*Ihrig* Anh. § 137 UmwG Rn. 17; dagegen Kallmeyer/*Sickinger* § 125 UmwG Rn. 48.

355 Eine **Auf- oder Abspaltung von einer Ein-Personen-Kapitalgesellschaft unter Beteiligung einer neuen Personenhandelsgesellschaft** und eine **Ausgliederung auf eine neue Personenhandelsgesellschaft** können nach zutreffender Ansicht durchgeführt werden, indem ein **Dritter** der neuen Personenhandelsgesellschaft **im Zeitpunkt des Wirksamwerdens der Spaltung beitritt.**[389] Im zuerst genannten Fall der Auf- oder Abspaltung von einer Ein-Personen-Kapitalgesellschaft kann die Voraussetzung, dass die neue Personenhandelsgesellschaft zumindest zwei Gesellschafter hat auch dadurch erfüllt werden, dass der Dritte vor dem Wirksamwerden der Spaltung einen Anteil an der übertragenden Kapitalgesellschaft erwirbt.[390]

III. Spaltung unter Beteiligung von PartG

1. Anwendbare Vorschriften, Spaltungsfähigkeit und Möglichkeit der Spaltung

356 Für Spaltungen unter Beteiligung von PartG gelten zunächst die **allgemeinen Spaltungsvorschriften** (§§ 123 bis 137 UmwG). Soweit sich aus diesen Vorschriften nichts anderes ergibt, sind **nach Maßgabe des § 125 UmwG** ferner die **allgemeinen Verschmelzungsvorschriften** (§§ 2 bis 38 UmwG) und die **besonderen Vorschriften für Verschmelzungen unter Beteiligung von PartG** (§§ 45a bis 45e UmwG) entsprechend anzuwenden. Die besonderen Vorschriften für Verschmelzungen unter Beteiligung von PartG ergänzen und modifizieren in diesem Zusammenhang die allgemeinen Verschmelzungsvorschriften.

357 Eine PartG kann nach §§ 124 Abs. 1, 3 Abs. 1 Nr. 1 UmwG als **übertragender, übernehmender oder neuer Rechtsträger** an einer Spaltung beteiligt sein. Eine **aufgelöste PartG** kann sich gem. §§ 125 S. 1, 45e S. 1, 39 UmwG nicht als übertragender Rechtsträger an einer Spaltung beteiligen, wenn die Partner nach § 145 HGB[391] eine andere Art der Auseinandersetzung als die Abwicklung oder als die Spaltung vereinbart haben.

358 Einschränkungen hinsichtlich der Möglichkeit der **Beteiligung einer PartG als übernehmender oder neuer Rechtsträger** an einer Spaltung ergeben sich aus den §§ 125 S. 1, 45a UmwG iVm § 1 Abs. 1 bis 3 PartGG. Eine Spaltung auf eine PartG ist nur möglich, wenn im Zeitpunkt ihres Wirksamwerdens alle Anteilsinhaber des übertragenden Rechtsträgers natürliche Personen sind, die einen Freien Beruf ausüben (§§ 125 S. 1, 45a S. 1 UmwG iVm § 1 Abs. 1 und 2 PartGG). Es ist ferner zu berücksichtigen, dass die Berufsausübung in der Partnerschaft in Vorschriften über einzelne Berufe ausgeschlossen oder von weiteren Voraussetzungen abhängig gemacht werden kann (§§ 125 S. 1, 45a S. 2 UmwG iVm § 1 Abs. 3 PartGG). Eine **Auf- oder Abspaltung unter Beteiligung einer PartG als übernehmender oder neuer Rechtsträger** ist deshalb nur möglich, wenn alle Anteilsinhaber des übertragenden Rechtsträgers einen Freien Beruf im Sinne des § 1 Abs. 1 und 2 PartGG ausüben und berufsrechtliche Einschränkungen iSd § 1 Abs. 3 PartGG nicht entgegenstehen. Wenn nicht alle Anteilsinhaber des übertragenden Rechtsträgers diese Voraussetzungen erfüllen, kann gegebenenfalls eine Spaltung zu Null (→ § 20 Rn. 24) durchgeführt werden, bei der nur denjenigen Anteilsinhabern des übertragenden Rechtsträgers eine Beteiligung an der übernehmenden oder neuen PartG gewährt wird, in deren Person

---

[389] Vgl. Kallmeyer/*Sickinger* § 135 UmwG Rn. 17 (mit Einzelheiten zum Beitritt des Dritten); Lutter/*Priester* § 136 UmwG Rn. 14; *Priester*, DStR 2005, 788, 791 f.; Semler/Stengel/*Bärwaldt* § 135 UmwG Rn. 18; Semler/Stengel/*Ihrig* Anh. § 137 UmwG Rn. 14; AA BeckOGK UmwG/*Benz/Weiß* § 135 UmwG Rn. 43 ff.; Schmitt/Hörtnagl/Stratz/*Hörtnagl* § 135 UmwG Rn. 14; Widmann/Mayer/*Mayer* § 135 UmwG Rn. 14; zur Möglichkeit des Beitritts eines Dritten im Zuge eines Formwechsels BGH II ZR 29/03, NZG 2005, 722, 723.
[390] Vgl. *Priester*, DStR 2005, 788, 791 f.
[391] Gem. § 10 Abs. 1 PartGG sind die §§ 145 ff. HGB für die Liquidation der Partnerschaft entsprechend anwendbar.

die in Rede stehenden Voraussetzungen vorliegen.[392] Eine **Ausgliederung auf eine übernehmende oder neue PartG** ist nicht möglich.[393]

2. Spaltung zur Aufnahme

Der **Abschluss und die Form eines Spaltungs- und Übernahmevertrags** richten 359 sich bei einer Spaltung unter Beteiligung von PartG nach den allgemeinen Vorschriften der §§ 125 S. 1, 4 bzw. 6 UmwG (→ § 22 Rn. 4 ff. und 91 ff.). Der **Mindestinhalt eines Spaltungs- und Übernahmevertrags** ergibt sich im Ausgangspunkt aus der allgemeinen Vorschrift des § 126 UmwG (→ § 22 Rn. 7 ff.). Bei einer Auf- oder Abspaltung unter Beteiligung einer übernehmenden PartG hat der Spaltungs- und Übernahmevertrag oder sein Entwurf gem. §§ 125 S. 1, 45b Abs. 1 UmwG zusätzlich für jeden Anteilsinhaber des übertragenden Rechtsträgers den Namen und den Vornamen sowie den in der übernehmenden PartG ausgeübten Beruf und den Wohnort jedes Partners zu enthalten (→ § 15 Rn. 630).

Die Voraussetzungen, unter denen ein **Spaltungsbericht** iSd § 127 UmwG und eine 360 **Unterrichtung der Partner** gem. §§ 125 S. 1, 45c UmwG (→ § 15 Rn. 634) erforderlich sind, unterscheiden sich bei einer Spaltung unter Beteiligung von PartG nicht von den entsprechenden Voraussetzungen bei einer Verschmelzung unter Beteiligung von PartG. Mit Ausnahme der Besonderheit, dass eine **Prüfung der Spaltung** bei einer Ausgliederung gem. § 125 S. 2 UmwG nicht stattfindet, gilt dies ebenfalls für eine Prüfung der Spaltung gem. §§ 125 S. 1, 45e S. 2, 44 UmwG (→ § 15 Rn. 654). Die Voraussetzungen für den **Spaltungsbeschluss der Gesellschafterversammlung** einer PartG, die an einer Spaltung beteiligt ist (§§ 125 S. 1, 45d UmwG) entsprechen denjenigen Voraussetzungen, die für den Verschmelzungsbeschluss der Gesellschafterversammlung einer PartG gelten, die an einer Verschmelzung beteiligt ist (→ § 15 Rn. 646).

Für die Haftung der an einer Spaltung beteiligten PartG gilt zunächst **die allgemeine** 361 **Vorschrift des § 133 UmwG** (→ § 27 Rn. 114 ff.). Die Haftung der Partner einer solchen PartG für die entsprechenden Verbindlichkeiten der PartG bemisst sich nach den allgemeinen Grundsätzen des PartGG. Für die zeitlich begrenzte Haftung der Partner einer übertragenden PartG gem. §§ 125 S. 1, 45e S. 1, 45 UmwG gilt im Prinzip das Gleiche wie für die zeitlich begrenzte Haftung der Gesellschafter einer übertragenden Personenhandelsgesellschaft gem. §§ 125 S. 1, 45 UmwG (→ Rn. 350).

3. Spaltung zur Neugründung

Bei einer Spaltung zur Neugründung tritt gem. § 136 S. 2 UmwG der Spaltungsplan an 362 die Stelle des Spaltungs- und Übernahmevertrags. Die **Aufstellung und die Form eines Spaltungsplans** richten sich bei einer Spaltung zur Neugründung unter Beteiligung von PartG nach den allgemeinen Vorschriften der §§ 136 S. 1 und 125 S. 1, 6 UmwG (→ § 22 Rn. 102 ff. und 111). Der **Mindestinhalt eines Spaltungsplans** ergibt sich im Grundsatz aus den §§ 135 Abs. 1 S. 1, 126 UmwG (→ § 22 Rn. 105 ff.).

Bei einer Spaltung zur Neugründung unter Beteiligung einer **PartG als übertragender** 363 **Rechtsträger** gelten im Übrigen die Ausführungen zu einer Spaltung zur Aufnahme unter Beteiligung einer PartG als übertragender Rechtsträger (→ Rn. 359 ff.) entsprechend.

Dies gilt grundsätzlich auch für eine Spaltung zur Neugründung unter Beteiligung einer 364 **PartG als neuer Rechtsträger.** Ein **Spaltungsbericht** (§§ 135 Abs. 1 S. 1, 127 UmwG), eine **Unterrichtung der Partner** (§§ 125 S. 1, 45c S. 2 UmwG), eine **Prüfung der Spaltung** (§§ 125 S. 1, 45e S. 2, 44 UmwG) und ein **Spaltungsbeschluss** (§§ 125 S. 1, 45d UmwG) sind auf der Ebene der neuen PartG jedoch **nicht erforderlich,** da eine Gesellschafterversammlung, in der ein Spaltungsbeschluss gefasst wird, bei der neuen PartG

---

[392] Vgl. Lutter/*Teichmann* Anhang nach § 137 UmwG Rn. 19; Semler/Stengel/*Ihrig* Anh. § 137 UmwG Rn. 38.
[393] *Neye,* DB 1998, 1649, 1650; Semler/Stengel/*Ihrig* Anh. § 137 UmwG Rn. 39; Widmann/Mayer/*Mayer* Vor §§ 138–173 UmwG Rn. 19.

nicht durchgeführt wird. Bei einer Spaltung zur Neugründung einer PartG ist zu berücksichtigen, dass der **Gesellschaftsvertrag** der PartG, der im Normalfall lediglich der Schriftform bedarf (§ 3 Abs. 1 PartGG), als Teil des Spaltungsplans (§§ 136 S. 2, 125 S. 1, 37 UmwG) gem. §§ 125 S. 1, 6 UmwG **notariell beurkundet** werden muss.

G. Natürliche Personen

Schrifttum: *Behme,* Rechtsformwahrende Sitzverlegung und Formwechsel von Gesellschaften über die Grenze, 2015; *Penwein,* Vom Einzelunternehmen in die GmbH – Einzelrechtsnachfolge oder Gesamtrechtsnachfolge als besserer Weg?, GmbHR 2007, 1214.

I. Grundsätzliches

365 Da auch natürliche Personen unter den in § 1 UmwG eingeführten Begriff des „**Rechtsträgers**" fallen[394] und somit zumindest nicht von vornherein ausgeschlossen ist, dass sie sich an Umwandlungsvorgängen nach dem UmwG beteiligen können (→ § 15 Rn. 661), ist auch ihre Beteiligung an einer Spaltung grundsätzlich denkbar.

366 Anders als eine Verschmelzung führt eine Spaltung nicht zwingend zum Erlöschen des übertragenden Rechtsträgers, sodass die Beteiligung natürlicher Personen an einer Spaltung als **übertragender Rechtsträger** nicht schon aus diesem Grunde ausgeschlossen ist. Anders als Gesellschaften haben natürliche Personen allerdings keine Anteilsinhaber, denen im Zuge einer Aufspaltung oder Abspaltung Anteile oder Mitgliedschaften an einem bereits bestehenden oder neu gegründeten (übernehmenden) Rechtsträger gewährt werden könnten. Als übertragender Rechtsträger kann eine natürliche Person daher nur eine Ausgliederung durchführen, bei der ihr selbst Anteile oder Mitgliedschaften an dem bereits bestehenden oder neu gegründeten (übernehmenden) Rechtsträger gewährt werden. Besondere Bestimmungen für diese besondere Form der Ausgliederung aus dem Vermögen eines Einzelkaufmannes enthalten die §§ 152 bis 160 UmwG.[395]

367 Denklogisch ausgeschlossen ist die Entstehung einer neuen natürlichen Person im Rahmen einer **Spaltung zur Neugründung.** Dagegen wäre eine **Aufspaltung oder Abspaltung zur Aufnahme,** bei der – insoweit der Verschmelzung der Kapitalgesellschaft mit dem Vermögen ihres Alleingesellschafters gem. §§ 120ff. UmwG vergleichbar – ein oder mehrere Teile des Vermögens eines anderen umwandlungsfähigen Rechtsträgers im Wege der partiellen Gesamtrechtsnachfolge auf eine natürliche Person übertragen werden, zumindest theoretisch denkbar. Das geltende deutsche Umwandlungsrecht lässt dies gleichwohl nicht zu und sieht die Beteiligung natürlicher Personen an einer Spaltung nur im Rahmen der Ausgliederung aus dem Vermögen eines Einzelkaufmanns gem. §§ 152 bis 160 UmwG vor.

II. Ausgliederung aus dem Vermögen eines Einzelkaufmannes (§§ 152–160 UmwG)

1. Rechtstechnische Alternativen zur Ausgliederung nach den §§ 152 ff. UmwG

368 Die rechtstechnische Alternative zu der Ausgliederung nach den §§ 152 ff. UmwG besteht in der **Einzeleinbringung** des Vermögens des Einzelkaufmanns bzw. einzelner Vermögensteile in eine Gesellschaft. Dieser Weg ist dann erforderlich, wenn die gesetzlichen Voraussetzungen für eine Ausgliederung nach den §§ 152 ff. UmwG nicht vorliegen, etwa weil es sich bei dem übertragungswilligen Rechtsträger um einen Freiberufler oder einen nicht in das Handelsregister eingetragenen Kleingewerbetreibenden handelt oder um

---

[394] Siehe zum Begriff des „Rechtsträgers" Henssler/Strohn/*Decker* § 1 UmwG Rn. 9; Semler/Stengel/*J. Semler* § 1 UmwG Rn. 18 ff., insb. Rn. 25.
[395] Zu den Motiven s. Henssler/Strohn/*Büteröwe* § 152 UmwG Rn. 2 ff.

einen Einzelkaufmann, der überschuldet ist; denkbar ist auch, dass der Rechtsträger, in den die Einbringung erfolgen soll, in § 152 UmwG nicht als aufnehmender oder im Rahmen der Ausgliederung neu zu gründender Rechtsträger zugelassen ist (es sich also bei dem aufnehmenden Rechtsträger nicht um eine Personenhandelsgesellschaft, eine Kapitalgesellschaft oder eine eingetragene Genossenschaft oder bei dem neu zu gründenden Rechtsträger nicht um eine Kapitalgesellschaft handelt).

Im Übrigen kann im Einzelfall für eine Einzeleinbringung sprechen, dass die hierzu erforderlichen Schritte unkomplizierter zu bewältigen sind als das mit einer umwandlungsrechtlichen Ausgliederung verbundene Procedere;[396] dies gilt insbesondere dann, wenn nur wenige Vermögensgegenstände betroffen sind. Regelmäßig wird freilich die Ausgliederung aufgrund der mit ihr verbundenen (partiellen) Gesamtrechtsnachfolge das rechtstechnisch vorzugswürdige Verfahren sein.

2. Voraussetzungen

a) Übertragender Rechtsträger. aa) Einzelkaufmann. Bei der natürlichen Person als übertragendem Rechtsträger muss es sich zwingend um einen **Einzelkaufmann** handeln. Nach dem ausdrücklichen Gesetzeswortlaut muss die Firma des Einzelkaufmannes (nicht zwingend der Einzelkaufmann selbst)[397] in das Handelsregister eingetragen sein. Solange die bei einem **Ist-Kaufmann i.S.d. § 1 Abs. 1 HGB** lediglich deklaratorische[398] Eintragung in das Handelsregister nicht erfolgt ist, kann er folglich eine Ausgliederung nach §§ 152 ff. UmwG nicht durchführen. Bei **Kleingewerbebetreibenden** stellt sich dieses Problem nicht, da sie ohnehin erst durch die (hier konstitutiv wirkende) Eintragung gem. § 2 HGB die Kaufmannseigenschaft erlangen; gleiches gilt für Betriebe der **Land- und Forstwirtschaft**, die sich freiwillig gem. § 3 Abs. 2 HGB in das Handelsregister eintragen lassen. Wer ein Gewerbe betreibt und in das Handelsregister eingetragen ist, ist gem. § 5 HGB unwiderlegbar als Kaufmann zu behandeln, auch wenn die Eintragung ohne seinen Willen erfolgt ist; er kann daher auch eine Ausgliederung nach den §§ 152 ff. UmwG durchführen.[399] Kein Kaufmann (unabhängig von einer etwaigen Eintragung) ist hingegen, wer (etwa als Freiberufler) kein Gewerbe betreibt; dann kommt auch eine Ausgliederung nach §§ 152 ff. UmwG nicht in Betracht.

Auch ein **beschränkt Geschäftsfähiger** kann Einzelkaufmann sein, wenn der gesetzliche Vertreter ihn gem. § 112 Abs. 1 S. 1 BGB mit Genehmigung des Familiengerichts zum selbständigen Betrieb eines Erwerbsgeschäfts ermächtigt.[400] Von einer solchen Ermächtigung ausgenommen sind gem. § 112 Abs. 1 S. 2 BGB die Rechtsgeschäfte, zu denen der Vertreter der Genehmigung des Familiengerichts bedarf. Dies ist bei der Ausgliederung gem. §§ 152 ff. UmwG der Fall, da sie als Unterfall der „Veräußerung eines Erwerbsgeschäfts" (§§ 1643 Abs. 1 iVm 1822 Nr. 3 BGB) anzusehen ist; unabhängig davon ist nach dieser Vorschrift auch der Beitritt zu einer bestehenden Gesellschaft oder die Gründung einer neuen Gesellschaft im Zuge der Ausgliederung genehmigungspflichtig.[401] Der beschränkt geschäftsfähige Einzelkaufmann bedarf für die Ausgliederung somit der Zustimmung des gesetzlichen Vertreters und des Familiengerichts.[402] Gleiches gilt in Fällen, in denen der Einzelkaufmann unter **Vormundschaft** oder **Betreuung** steht.

---

[396] S. den instruktiven Vergleich bei Semler/Stengel/*Schlitt* Anh. § 173 UmwG Rn. 4.
[397] Zutreffend Henssler/Strohn/*Büterowe* § 152 UmwG Rn. 14; Semler/Stengel/*Seulen* § 152 UmwG Rn. 31.
[398] Baumbach/Hopt/*Hopt* § 1 HGB Rn. 9; MünchKommHGB/*K. Schmidt* § 1 Rn. 6.
[399] Semler/Stengel/*Seulen* § 152 UmwG Rn. 22.
[400] Zur Kaufmannseigenschaft beschränkt Geschäftsfähiger s. Baumbach/Hopt/*Hopt* § 1 HGB Rn. 33; Münch-KommHGB/*K. Schmidt* § 1 HGB Rn. 38 f.
[401] MünchKommBGB/*Kroll-Ludwigs* § 1822 Rn. 25.
[402] MünchKommBGB/*Schmitt* § 112 Rn. 20; BeckOK BGB/*Wendtland* § 112 Rn. 10.

372 Handelsrechtlich ist anerkannt, dass mit der Fortführung eines ererbten Handelsgeschäfts durch mehrere Miterben nicht notwendig ein gesellschaftlicher Zusammenschluss der Miterben (scil. zu einer OHG) verbunden ist, sondern die **Erbengemeinschaft** das ererbte einzelkaufmännische Unternehmen als solche fortführen kann.[403] Aus der handelsrechtlichen Annäherung der Erbengemeinschaft an die Behandlung von Einzelkaufleuten wird vielfach gefolgert, die Erbengemeinschaft sei als Einzelkaufmann i. S. d. § 152 anzusehen.[404] Eine solche Auslegung mag im Ergebnis sinnvoll sein, da andernfalls eine umwandlungsrechtliche Gestaltungsmöglichkeit, die dem Erblasser zu Lebzeiten offenstand, mit seinem Tod nur deshalb entfällt, weil er nicht von einem, sondern von mehreren Erben beerbt wird.[405] Allerdings verstößt sie gegen das umwandlungsrechtliche Analogieverbot (§ 1 Abs. 2 UmwG) und ist deshalb abzulehnen.[406]

373 **bb) Überschuldung des Einzelkaufmannes als Ausgliederungshindernis.** Gem. § 152 S. 2 UmwG kann die Ausgliederung nicht erfolgen, wenn im Zeitpunkt unmittelbar vor der Ausgliederung die Verbindlichkeiten des Einzelkaufmanns sein Vermögen übersteigen, dieser also **überschuldet** ist; in diesem Fall kommt nur eine Einzelübertragung von Vermögensgegenständen in Betracht (→ Rn. 4). Die Vorschrift dient weniger dem Schutz der Altgläubiger des Einzelkaufmannes,[407] die nach erfolgter Ausgliederung immerhin auf die in der Hand des Einzelkaufmannes befindlichen Anteile an dem übernehmenden Rechtsträger zugreifen können, als primär der Gewährleistung der Kapitalaufbringung bei dem übernehmenden Rechtsträger.[408]

374 Ob die Verbindlichkeiten des Einzelkaufmanns sein Vermögen übersteigen, ist im Rahmen einer Gesamtbetrachtung aller in seinem Unternehmens- und Privatvermögen vorhandenen Vermögenswerte und Verbindlichkeiten zu beurteilen. Soweit die Fortführungsprognose hinsichtlich des übernehmenden Rechtsträgers positiv ausfällt, ist dabei zumindest das ausgegliederte Vermögen nach **Fortführungswerten** anzusetzen. Hinsichtlich der bei dem Einzelkaufmann verbleibenden Vermögensbestandteile kommt dies nur dann in Betracht, wenn es noch unternehmerisch gebunden und auch insoweit eine positive Fortführungsprognose gegeben ist; das übrige Vermögen (insbesondere das Privatvermögen) ist mit **Liquidationswerten** anzusetzen.[409]

375 Ergänzend zu § 152 S. 2 UmwG bestimmt für den Fall der Ausgliederung zur Aufnahme **§ 154 UmwG,** dass das Registergericht des Sitzes des Einzelkaufmanns die Eintragung der Ausgliederung abzulehnen hat, wenn **offensichtlich** ist, dass die Verbindlichkeiten des Einzelkaufmanns sein Vermögen übersteigen. Das Gesetz trägt damit dem Umstand Rechnung, dass das Registergericht regelmäßig kaum dazu in der Lage sein wird, die Vermögensverhältnisse des Einzelkaufmannes zu überprüfen. Lediglich im Falle einer Ausgliederung zur Neugründung einer Aktiengesellschaft oder einer Kommanditgesellschaft auf Aktien liegt dem Registergericht ein Prüfbericht vor, der sich auch zur Frage einer etwaigen Überschuldung des Einzelkaufmannes äußern muss (§ 159 Abs. 2, Abs. 3 UmwG). Nach ganz herrschender Auffassung hat der Einzelkaufmann daher anlässlich der

---

[403] BGH II ZR 223/83, NJW 1985, 136.
[404] Baumbach/Hopt/*Hopt* § 1 HGB Rn. 37; Lutter/*Karollus* § 152 UmwG Rn. 14; Semler/Stengel/*Seulen* § 152 UmwG Rn. 26; Kölner Kommentar-UmwG/*Simon* § 152 Rn. 16; aA Henssler/Strohn/*Büteröwe* § 152 UmwG Rn. 15; Schmitt/Hörtnagl/Stratz/Hörtnagl § 152 UmwG Rn. 4.
[405] Semler/Stengel/*Seulen* § 152 UmwG Rn. 26.
[406] So wohl auch MünchKommHGB/*K. Schmidt* § 1 HGB Rn. 52.
[407] So aber Schmitt/Hörtnagl/Stratz/*Hörtnagl* § 152 UmwG Rn. 24.
[408] Wie hier Lutter/*Karollus* § 152 UmwG Rn. 43; *Perwein,* GmbHR 2007, 1214, 1215; Semler/Stengel/*Seulen* § 152 UmwG Rn. 73 f.; für doppelten Schutzzweck Henssler/Strohn/*Büteröwe* § 154 UmwG Rn. 2.
[409] Wie hier Semler/Stengel/*Seulen* § 152 UmwG Rn. 77; Kölner Kommentar-UmwG/*Simon* § 152 UmwG Rn. 43; großzügiger Schmitt/Hörtnagl/Stratz/*Hörtnagl* § 152 UmwG Rn. 27 (stets Ansatz von Fortführungswerten, wenn nicht im Einzelfall eine Gefährdung der Gläubiger vorliegt); strenger Lutter/*Karollus* § 152 UmwG Rn. 45 f. (stets Ansatz von Liquidationswerten).

Anmeldung eine **Versicherung** vorzulegen, dass keine Überschuldung vorliegt.⁴¹⁰ Auf die Richtigkeit dieser Versicherung darf das Registergericht vertrauen, soweit nicht die Umstände des Einzelfalls Anlass zu Zweifeln bieten.⁴¹¹ Bestehen Zweifel, muss das Registergericht diesen gem. § 26 FamFG (Amtsermittlungsgrundsatz) nachgehen. In ähnlicher Weise wie § 154 UmwG bestimmt **§ 160 Abs. 2 UmwG,** für die Ausgliederung zur Neugründung, dass die Eintragung der Gesellschaft abzulehnen ist, wenn die Verbindlichkeiten des Einzelkaufmannes sein Vermögen überschreiten; dass der Gesetzgeber hier auf eine Herabsetzung des Prüfungsmaßstabes wie in § 154 UmwG verzichtet, ist durch die aufwändigere Prüfung des Gründungsvorganges bei neu zu gründenden Kapitalgesellschaften (§ 159 UmwG) zu erklären.

b) Übernehmender Rechtsträger. Als übernehmende Rechtsträger im Rahmen einer **Ausgliederung zur Aufnahme** kommen Personenhandelsgesellschaften, Kapitalgesellschaften oder eingetragene Genossenschaften in Betracht, als übernehmende Rechtsträger im Rahmen einer **Ausgliederung zur Neugründung** nur Kapitalgesellschaften.

Der Begriff der **Personenhandelsgesellschaft** ist in § 3 Abs. 1 Nr. 1 UmwG definiert und umfasst offene Handelsgesellschaften und Kommanditgesellschaften; ferner auch die Europäische Wirtschaftliche Interessenvereinigung (EWIV). Zwar ist die Ausgliederung in eine Personenhandelsgesellschaft gem. § 152 S. 1 UmwG ausschließlich **zur Aufnahme** zulässig. Ohne weiteres möglich ist aber, dass der Einzelkaufmann zunächst mit einer anderen Person eine Personenhandelsgesellschaft gründet und sodann eine Ausgliederung aus seinem Vermögen zur Aufnahme auf diese neu gegründete, aber im Zeitpunkt der Ausgliederung bereits bestehende Gesellschaft durchführt.⁴¹² Eine Ausgliederung zur Aufnahme auf eine Gesellschaft bürgerlichen Rechts oder eine Partnerschaftsgesellschaft kommt nicht in Betracht.

Der Begriff der **Kapitalgesellschaft** ist in § 3 Abs. 1 Nr. 2 UmwG definiert und umfasst Gesellschaften mit beschränkter Haftung (einschließlich der UG (haftungsbeschränkt)),⁴¹³ Aktiengesellschaften und Kommanditgesellschaften auf Aktien. Die nach dem Wortlaut des § 152 S. 1 UmwG eröffnete Möglichkeit einer Ausgliederung aus dem Vermögen des Einzelkaufmannes in eine Kapitalgesellschaft besteht nicht uneingeschränkt: Die Ausgliederung zur Neugründung in eine UG (haftungsbeschränkt) würde gegen das Sacheinlageverbot gem. § 5a Abs. 2 S. 2 GmbHG verstoßen.⁴¹⁴ Bei der **Societas Europaea (SE)** handelt es sich zwar um eine Kapitalgesellschaft; sie ist daher umwandlungsrechtlich aufgrund der Verweisung in Art. 9 Abs. 1 lit. c ii bzw. Art. 10 SE-VO auf das Recht des Sitzstaates der SE grundsätzlich einer nach nationalem Recht gegründeten Aktiengesellschaft gleichzustellen.⁴¹⁵ Allerdings ist auch hier aufgrund der besonderen Anforderungen an die Gründung einer SE (vgl. Art. 2 SE-VO) lediglich die Ausgliederung zur Aufnahme zulässig.⁴¹⁶

c) Kombination mehrerer Ausgliederungsvorgänge. Bereits aus dem Wortlaut des § 152 S. 1 UmwG (Ausgliederung des von einem Einzelkaufmann betriebenen Unternehmens) folgt, dass die gleichzeitige Ausgliederung aus dem Vermögen mehrerer Einzelkaufleute zur Aufnahme oder zur Neugründung durch denselben aufnehmenden Rechtsträger ausgeschlossen ist. Das hiermit bezweckte Ergebnis kann nur im Wege einer **Kettenausgliederung** erreicht werden, bei der ein Einzelkaufmann sein Unternehmen ganz

---

⁴¹⁰ Henssler/Strohn/*Büteröwe* § 154 UmwG Rn. 3; Semler/Stengel/*Seulen* § 154 UmwG Rn. 3 f.; Schmitt/Hörtnagl/Stratz/*Hörtnagl* § 154 UmwG Rn. 4; aA Lutter/*Karollus* § 154 UmwG Rn. 11 (Anmeldung selbst als konkludente Versicherung, dass keine Überschuldung vorliegt).
⁴¹¹ Schmitt/Hörtnagl/Stratz/*Hörtnagl* § 154 UmwG Rn. 5.
⁴¹² Semler/Stengel/*Seulen* § 152 UmwG Rn. 52.
⁴¹³ Lutter/*Karollus* § 120 UmwG Rn. 18; Semler/Stengel/*Seulen* § 120 UmwG Rn. 9.
⁴¹⁴ Henssler/Strohn/*Büteröwe* § 152 UmwG Rn. 23.
⁴¹⁵ Henssler/Strohn/*Heidinger* § 3 UmwG Rn. 14; Kölner Kommentar-UmwG/*Simon* § 3 Rn. 27.
⁴¹⁶ Lutter/*Karollus* § 152 UmwG Rn. 30; Semler/Stengel/*Seulen* § 152 UmwG Rn. 49.

oder teilweise zur Aufnahme oder zur Neugründung auf einen Rechtsträger ausgliedert und unmittelbar im Anschluss daran ein weiterer Einzelkaufmann sein Unternehmen ganz oder teilweise zur Aufnahme auf denselben Rechtsträger ausgliedert.[417]

380 Möglich ist hingegen, dass ein Einzelkaufmann, der **mehrere Unternehmen** betreibt, diese ganz oder teilweise **gleichzeitig** aus seinem Vermögen ausgliedert. Andere Unternehmen des Einzelkaufmannes können in die Ausgliederung ebenso einbezogen werden wie Teile seines Privatvermögens.[418]

381 Ohne weiteres bereits nach dem Gesetzeswortlaut möglich ist die Ausgliederung aus dem Vermögen des Einzelkaufmannes auf **mehrere übernehmende Rechtsträger** (vgl. die Aufzählung in § 152 S. 1 UmwG, die als übernehmende Rechtsträger Personenhandelsgesellschaften, Kapitalgesellschaften oder eingetragene Genossenschaften im Plural aufführt; ferner § 123 Abs. 3 Nr. 1 und Nr. 2 UmwG: „auf einen oder mehrere Rechtsträger"). Dabei ist auch eine **Kombination** von Ausgliederung zur Aufnahme und zur Neugründung denkbar.[419]

3. Verfahren

382 Für die **Ausgliederung zur Aufnahme** gelten grundsätzlich die §§ 126 bis 134 UmwG und die einschlägigen rechtsformspezifischen Vorschriften, ferner aufgrund der Verweisung in § 125 UmwG die Vorschriften des Zweiten Buches des UmwG. Den nach § 127 UmwG an sich erforderlichen Spaltungs- bzw. **Ausgliederungsbericht** erklärt § 153 UmwG für den Einzelkaufmann für entbehrlich. Er trägt damit dem Umstand Rechnung, dass der Einzelkaufmann nicht über Anteilsinhaber verfügt und er selbst nicht über seine eigenen Gründe für die Ausgliederung unterrichtet werden muss.[420] Nicht entbehrlich ist der Ausgliederungsbericht gem. § 127 S. 1 UmwG für den übernehmenden Rechtsträger; er ist von dessen Vertretungsorgan zu erstellen, sofern seine Anteilsinhaber nicht gem. § 127 S. 2 iVm § 8 Abs. 3 UmwG darauf verzichten.[421]

383 Für die **Ausgliederung zur Neugründung** verweist § 158 UmwG auf die Vorschriften des Zweiten Unterabschnitts, also auf die §§ 153 bis 157; auch hier ist ein **Ausgliederungsbericht** also gem. § 153 UmwG entbehrlich. Daneben gelten grundsätzlich die §§ 135 bis 137 UmwG und die einschlägigen rechtsformspezifischen Vorschriften, ferner aufgrund der Verweisung in § 135 UmwG die §§ 126, 130 Abs. 1, 131 bis 134 UmwG und aufgrund der Verweisung in § 125 UmwG die Vorschriften des Zweiten Buches des UmwG.

4. Wirkungen

384 Die Wirkungen der Ausgliederung richten sich nach **§ 131 Abs. 1 UmwG.** Das bedeutet, dass mit der Eintragung der ausgegliederte Teil oder die ausgegliederten Teile des Vermögens des Einzelkaufmannes einschließlich der Verbindlichkeiten entsprechend der im Spaltungs- und Übernahmevertrag vorgesehenen Aufteilung jeweils als Gesamtheit auf den bzw. die übernehmenden Rechtsträger übergehen (§ 131 Abs. 1 Nr. 1 UmwG). Der Einzelkaufmann wird Anteilseigner der übernehmenden Rechtsträger (§ 131 Abs. 1 Nr. 3 UmwG). Mängel der notariellen Beurkundung werden geheilt (§ 131 Abs. 1 Nr. 4 UmwG). Gem. **§ 131 Abs. 2 UmwG** lassen Mängel der Spaltung die Wirkungen der Eintragung unberührt; das bedeutet, dass die Ausgliederung auch dann wirksam wird, wenn die Ausgliederungsvoraussetzungen nicht vorlagen.[422]

---

[417] Henssler/Strohn/*Büteröwe* § 152 UmwG Rn. 12; Lutter/*Karollus* § 152 UmwG Rn. 12; Semler/Stengel/*Seulen* § 152 UmwG Rn. 46.
[418] Lutter/*Karollus* § 152 UmwG Rn. 40; Semler/Stengel/*Seulen* § 152 UmwG Rn. 47; vgl. auch BT-Drucks. 12/6699, S. 129.
[419] Semler/Stengel/*Seulen* § 152 UmwG Rn. 58.
[420] BT-Drucks. 12/6699, S. 129; Lutter/*Karollus* § 153 UmwG Rn. 2; Semler/Stengel/*Seulen* § 153 UmwG Rn. 2; Schmitt/Hörtnagl/Stratz/*Hörtnagl* § 153 UmwG Rn. 1.
[421] Henssler/Strohn/*Büteröwe* § 153 UmwG Rn. 2 f.; Semler/Stengel/*Seulen* § 153 UmwG Rn. 6.
[422] Semler/Stengel/*Seulen* § 152 UmwG Rn. 82.

§ 155 UmwG regelt den Fall, dass die Ausgliederung das gesamte Vermögen des Einzel- 385
kaufmannes erfasst und dieser damit die **Firmenfähigkeit** verliert;[423] er ordnet für diesen
Fall an, dass die Eintragung der Ausgliederung nach § 131 UmwG das Erlöschen der von
dem Einzelkaufmann geführten Firma bewirkt. Das Erlöschen der Firma ist von Amts
wegen in das Register einzutragen, ohne dass es eines Antrags auf Löschung bedarf.

§ 156 UmwG stellt klar, dass der Einzelkaufmann durch den Übergang der Verbindlich- 386
keiten auf übernehmende oder neue Gesellschaften von der **Haftung** für die vor der
Ausgliederung begründeten Verbindlichkeiten nicht befreit wird. Die Vorschrift ist an sich
überflüssig,[424] da sich bereits aus **§ 133 Abs. 1 UmwG** ergibt, dass die an der Spaltung
beteiligten Rechtsträger für die Verbindlichkeiten des übertragenden Rechtsträgers, die vor
dem Wirksamwerden der Spaltung begründet worden sind, als **Gesamtschuldner** haften.
Für im Rahmen der Ausgliederung nicht übertragene Verbindlichkeiten haftet der Einzelkaufmann zeitlich unbegrenzt. Für im Rahmen der Ausgliederung übertragene Verbindlichkeiten sieht § 157 UmwG eine **zeitliche Begrenzung** der Nachhaftung des Einzelkaufmannes auf einen Zeitraum von fünf Jahren vor; die Regelung entspricht in ihren
Einzelheiten der allgemeinen Regelung für die Ausgliederung in § 133 Abs. 3-5 UmwG.
Gem. § 157 Abs. 1 S. 2 gilt im Falle der Ausgliederung zur Aufnahme in eine Personenhandelsgesellschaft die Nachhaftungsbeschränkung nicht für die Haftung des Einzelkaufmannes in seiner Eigenschaft als persönlich haftender Gesellschafter dieser Personenhandelsgesellschaft gem. § 128 HGB.

5. Sachverhalte mit Auslandsbezug

Der unproblematische Anwendungsfall der §§ 152 ff. UmwG ist der eines Einzelkauf- 387
mannes, der in ein inländisches Handelsregister eingetragen ist und der sein Unternehmen oder einen Teil seines Unternehmens aus seinem Vermögen in einen Rechtsträger
mit Sitz im Inland ausgliedern möchte. Ebenso unproblematisch ist der Fall eines ausländischen Einzelkaufmannes, der in einen ausländischen Rechtsträger ausgliedern möchte.
Hier bestehen von vornherein keine Anknüpfungspunkte für die Anwendung deutschen
Umwandlungsrechts. Problematisch ist (i) der Fall eines **ausländischen Einzelkaufmannes**, der sein Unternehmen oder einen Teil seines Unternehmens aus seinem Vermögen
in einen Rechtsträger mit Sitz im Inland ausgliedern möchte, und (ii) der Fall eines
inländischen Einzelkaufmannes, der sein Unternehmen oder einen Teil seines Unternehmens aus seinem Vermögen in einen **ausländischen Rechtsträger** ausgliedern
möchte.

a) Ausgliederung aus dem Vermögen eines ausländischen Einzelkaufmannes in 388
einen Rechtsträger mit Sitz im Inland. Ob die Ausgliederung aus dem Vermögen eines
ausländischen Einzelkaufmannes als übertragendem Rechtsträger möglich ist, richtet
sich im Ausgangspunkt nach § 1 Abs. 1 UmwG, wonach das UmwG nur Anwendung auf
Rechtsträger „mit Sitz im Inland" findet. Gemeint ist damit der Satzungssitz,[425] bei eingetragenen Kaufleuten also der Ort ihrer Registereintragung. Die Ausgliederung aus dem
Vermögen eines (nur) in einem ausländischen Register eingetragenen Einzelkaufmannes ist
damit (unabhängig von seinem Wohnsitz) ausgeschlossen. Ist hingegen in einem deutschen
Handelsregister die Zweigniederlassung einer im Ausland eingetragenen Hauptniederlassung eingetragen, kann die Ausgliederung nach §§ 152 ff. UmwG ohne weiteres erfolgen.[426]

---

[423] Zum rein firmenrechtlichen Charakter von § 155 UmwG s. Lutter/*Karollus* § 155 UmwG
Rn. 1; Semler/Stengel/*Seulen* § 155 UmwG Rn. 1.
[424] Schmitt/Hörtnagl/Stratz/*Hörtnagl* § 156 UmwG Rn. 1.
[425] Semler/Stengel/*Drinhausen* Einl. C Rn. 20; MünchKommBGB/*Kindler*, IntGesR Rn. 863, jeweils mwN.
[426] Semler/Stengel/*Seulen* § 152 UmwG Rn. 29.

390 Diese Ausgangsrechtslage wird in Fällen ausländischer Kapitalgesellschaften mit Sitz in einem Mitgliedstaat der EU bzw. des EWR durch die **Niederlassungsfreiheit** ausländischer Kaufleute (Art. 49 AEUV bzw. – inhaltsgleich – Art. 31 EWR-Abkommen) überlagert. Nach der Rechtsprechung des EuGH ist aus der Niederlassungsfreiheit eine Verpflichtung der Mitgliedstaaten abzuleiten, ausländische Gesellschaften (im Rahmen von grenzüberschreitenden Umwandlungsvorgängen) nicht schlechter zu behandeln als vergleichbare inländische Gesellschaften (im Rahmen von inländischen Umwandlungsvorgängen).[427] Diese Erwägungen lassen sich auf Einzelkaufleute ohne weiteres übertragen. Die Ausgliederung nach §§ 152 ff. UmwG nur Kaufleuten zu ermöglichen, die in einem deutschen Handelsregister eingetragen sind, würde daher in EU-/EWR-Sachverhalten gegen die Niederlassungsfreiheit verstoßen.

391 Eine andere Frage ist, ob der Herkunftsstaat eines ausländischen (und in einem ausländischen Register eingetragenen) Einzelkaufmannes seinerseits unionsrechtlich dazu verpflichtet ist, die grenzüberschreitende Ausgliederung aus dessen Vermögen in einen übernehmenden oder neu zu gründenden Rechtsträger deutschen Rechts zuzulassen. Dafür sprechen insbesondere die Erwägungen des EuGH in der Rechtssache **Cartesio,** wonach der Herkunftsstaat einer Gesellschaft die grenzüberschreitende (Hinaus-)Umwandlung in eine Gesellschaft ausländischen Rechts nicht untersagen darf, soweit dieser Vorgang nach dem Recht des Aufnahmestaates möglich ist. Ein solches Hemmnis für die tatsächliche Umwandlung, ohne vorherige Auflösung und Liquidation, einer solchen Gesellschaft in eine Gesellschaft des nationalen Rechts des Aufnahmestaates stelle eine Beschränkung der **Niederlassungsfreiheit** der betreffenden Gesellschaft dar, die, wenn sie nicht zwingenden Gründen des Allgemeininteresses entspricht, nach Art. 43 EG (jetzt: Art. 49 AEUV) verboten ist.[428] Zwar bezieht sich die zitierte Passage ausdrücklich nur auf die Umwandlung einer Gesellschaft in eine (andere) **Gesellschaft** nach dem nationalen Recht des Aufnahmestaates, also auf den grenzüberschreitenden Formwechsel. Es spricht aber viel dafür, die ihr zugrundeliegende Anerkennungs-Logik (→ § 38 Rn. 16 ff.)[429] auf andere Formen der Hinaus-Umwandlung wie die Hinaus-Spaltung zu übertragen.[430] Da sich natürliche Personen auf die Niederlassungsfreiheit ebenso berufen können wie Gesellschaften, gilt dies auch für die grenzüberschreitende Ausgliederung aus dem Vermögen eines Einzelkaufmannes als eine Form der Hinaus-Spaltung. Das nationale Recht des Herkunftsstaates des betreffenden ausländischen Einzelkaufmannes würde dann dessen Niederlassungsfreiheit beschränken, wenn es eine solche Ausgliederung entweder untersagt oder an strengere Beschränkungen knüpft als die §§ 152 ff. UmwG.

392 b) Ausgliederung aus dem Vermögen eines (deutschen) Einzelkaufmannes in einen Rechtsträger mit Sitz im Ausland. Auch für den Fall der Ausgliederung aus dem Vermögen eines (deutschen) Einzelkaufmannes in einen Rechtsträger mit Sitz im Ausland gilt im Ausgangspunkt, dass wegen § 1 Abs. 1 UmwG die §§ 152 ff. UmwG darauf keine Anwendung finden. In EU- bzw. EWR-Sachverhalten gilt allerdings nach dem oben (→ Rn. 391) Gesagten, dass die grenzüberschreitende Ausgliederung von der Niederlassungsfreiheit des Einzelkaufmannes geschützt ist, soweit sie nach dem Recht des Aufnahmestaates zulässig ist; das deutsche Umwandlungsrecht würde daher die Niederlassungsfreiheit beschränken, wenn es eine solche Ausgliederung entweder vollständig untersagt oder an strengere Beschränkungen knüpft als die §§ 152 ff. UmwG.

---

[427] EuGH C-378/10, ZIP 2012, 1394 – Vale, Rn. 36; s. mit Blick auf die grenzüberschreitende Verschmelzung bereits EuGH C-411/03), Slg. 2005, I – 10805 – SEVIC.
[428] EuGH C-210/06, Slg. 2008, I – 9641 – Cartesio, Rn. 111 ff.
[429] S. ausführlich *Behme,* Rechtsformwahrende Sitzverlegung und Formwechsel von Gesellschaften über die Grenze, 2015, S. 136 ff.
[430] Semler/Stengel/*Drinhausen* Einl. C Rn. 30.

H. Stiftung

Schrifttum: *Blydt-Hansen*, Die Rechtsstellung der Destinatäre einer rechtsfähigen Stiftung des Bürgerlichen Rechts, 1998; *Hartmann/Atzpodien*, Zu den Auswirkungen stiftungsrechtlicher Genehmigungserfordernisse bei Rechtsgeschäften, FS Rittner, 1991, S. 147; *Henkel-Hoffmann*, Die Stiftung im Umfeld wirtschaftlicher Tätigkeit, insbesondere als geschäftsführender Gesellschafter, 1988; *Höfner-Byok*, Die Stiftung & Co. KG, 1996; *Karper*, Die Zusammenlegung von privatrechtlichen Stiftungen, 1993; *Pavel*, Eignet sich die Stiftung für den Betrieb erwerbswirtschaftlicher Unternehmen?, 1967; *Raupach/Böckstiegel*, „Umwandlungen" bei der Rechtsformwahl gemeinnütziger Organisationen, FS Widmann, 2000, S. 459; *Rawert*, Die Genehmigungsfähigkeit der unternehmensverbundenen Stiftung, 1990; *Schlüter*, Stiftungsrecht zwischen Privatautonomie und Gemeinwohlbindung, 2004; *K. Schmidt*, „Unternehmen" und „Abhängigkeit": Begriffseinheit und Begriffsvielfalt im Kartell- und Konzernrecht (Besprechung der Entscheidung BGHZ 74, 359), ZGR 1980, 277; *Schwintek*, Vorstandskontrolle in rechtsfähigen Stiftungen bürgerlichen Rechts, 2001; *Stengel*, Stiftung und Personengesellschaft, 1993; *Timm*, Einige Zweifelsfragen zum neuen Umwandlungsrecht, ZGR 1996, 247; *Trops*, Wirtschaftliche Unternehmen innerhalb einer Stiftung, AG 1970, 367 ff.; *ders.*, Stiftungsreform oder Unternehmensreform? Zwei Gesichter der Stiftung, ZRP 1971, 227.

I. Grundlagen

Der Einbeziehung von Stiftungen in das Regelungssystem des UmwG liegt der Gedanke **393** zugrunde, dass **unternehmenstragende Stiftungen** ein wirtschaftliches Interesse daran haben können, ihren Geschäftsbetrieb in eine andere Verbandsform zu überführen.[431] Freilich spielt diese Gestaltungsmöglichkeit in der Praxis eine eher untergeordnete Rolle. Aufsehen erregte in der Vergangenheit nur etwa die Ausgliederung von Betrieben der Zeiss-Stiftung auf zwei AG.[432]

Die **Beschränkung auf die Ausgliederung** resultiert aus der Natur der Stiftung als **394** verselbstständigte Vermögensmasse ohne Mitgliederbasis.[433] Die Aufspaltung und Abspaltung scheiden aus, weil die Anteile an den übernehmenden Rechtsträgern gerade keinem Anteilseigner der Stiftung zugewiesen werden können.[434] Für die Verschmelzung und den Formwechsel gilt nichts anderes.[435]

Umgekehrt lagen der **Beschränkung** der Stiftung **auf eine übertragende Rolle** **395** rechtspolitische Überlegungen zugrunde.[436] Die Stiftung ist – ebenso wie der Verein – in Ermangelung besonderer Normativbestimmungen nicht als Rechtsträger für Unternehmen konzipiert und leidet mangels Mitgliederbasis auch an einem strukturellen Überwachungsdefizit in Bezug auf die Stiftungsleitung.

II. Ausgliederungsfähiger Rechtsträger

1. Rechtsfähige bürgerlichrechtliche Stiftung

Ausgliederungsfähig ist nach § 161 UmwG allein die **rechtsfähige Stiftung iSd. § 80** **396** **BGB**. Darunter versteht man eine rechtlich verselbstständigte Vermögensmasse, die ver-

---

[431] Begr. RegE, bei *Ganske*, S. 167; vgl. weiter Lutter/*Hüttemann/Rawert* § 161 Rn. 4; Widmann/Mayer/*Rieger* § 161 Rn. 17; Schmitt/Hörtnagl/Stratz/*Hörtnagl* § 161 Rn. 6.
[432] Dazu ausf. *Wiedmann/Heckemüller*, Ganzheitliches Corporate Finance Management, 2003, S. 600; vgl. auch Lutter/*Hüttemann/Rawert* § 161 Rn. 4.
[433] Zur Rechtsnatur näher MünchKommBGB/*Weitemeyer* § 80 Rn. 1 f.; Staudinger/*Hüttemann/Rawert* BGB § 80 Rn. 2 ff.; BeckOK BGB/*Backert* § 80 Rn. 3.
[434] Begr. RegE, bei *Ganske*, S. 167; vgl. weiter Lutter/*Hüttemann/Rawert* § 161 Rn. 5.
[435] Dazu Widmann/Mayer/*Rieger* § 161 Rn. 12.
[436] Begr. RegE, bei *Ganske*, S. 132; zustimmend MünchKommBGB/*Weitemeyer* § 80 Rn. 120; Staudinger/*Hüttemann/Rawert* BGB Vor § 80 Rn. 136 ff., 175; kritisch Lutter/*Teichmann*, Kölner Umwandlungsrechtstage, 1996, S. 91, 96; *Timm* ZGR 1996, 247, 266 f.

mittelt durch die interne Organisation einen durch Stiftungsgeschäft definierten Zweck dauerhaft verfolgt.[437]

397 Demgegenüber scheidet eine **unselbstständige Stiftung** als ausgliederungsfähiger Rechtsträger aus, weil ihr nach zutreffender hM die Eigenschaft fehlt, selbst Träger von Rechten und Pflichten zu sein.[438] Ihr Vermögen wird von einem Treuhänder (Stiftungsträger) gehalten. Für Strukturmaßnahmen im Hinblick auf das Treuhandvermögen gelten die allgemeinen, für den Stiftungsträger in Abhängigkeit von dessen Rechtsform geltenden Vorschriften des Umwandlungsrechts und der Einzelnachfolge.

398 Auch **Stiftungsvereine** und **Stiftungsgesellschaften** unterfallen als echte Körperschaften nicht § 161 UmwG, sondern den für ihre Verbandsform geltenden Regeln.[439] Für die **Stiftung & Co.** gilt das Recht der Personenhandelsgesellschaften.[440]

399 Auch auf **öffentlichrechtliche Stiftungen** finden die §§ 161 ff. UmwG keine Anwendung, und zwar unabhängig davon, ob kraft landesgesetzlicher Regelung die §§ 80 ff. BGB in Bezug genommen werden (für Einzelheiten → § 74 Rn. 102 f.).[441] Für **kirchliche Stiftungen** ist zu differenzieren. Sind sie als rechtsfähige Stiftungen des bürgerlichen Rechts organisiert, unterfallen sie § 161 UmwG.[442] Sind sie hingegen nach kanonischem Recht errichtet, sind § 80 BGB und § 161 UmwG ohne Belang.[443]

2. Eintragung im Handelsregister

400 Aus der Gesamtsystematik des UmwG sowie § 164 Abs. 2 UmwG im Besonderen folgt, dass eine Ausgliederung nur stattfinden kann, wenn die Stiftung nach Maßgabe des § 33 HGB in das Handelsregister eingetragen ist.[444] Der Grund für die Eintragung spielt keine Rolle; es genügt auch eine **schlichte Eintragung** nach § 5 HGB.[445] In zeitlicher Hinsicht ist ausreichend, dass die Eintragung der Stiftung zumindest **gleichzeitig mit der Eintragung der Ausgliederung** erfolgt.[446]

III. Gegenstand der Ausgliederung

401 Anders als bei der Spaltung im Allgemeinen (vgl. § 123 UmwG; → § 22 Rn. 1 ff.) und in Übereinstimmung mit der Ausgliederung beim Einzelkaufmann (→ § 21 Rn. 14) und bei den Gebietskörperschaften (→ § 29 Rn. 502 ff.) ist die Ausgliederung auf die von der

---

[437] So oder ähnlich MünchKommBGB/*Weitemeyer* Vor § 80 Rn. 97; Staudinger/*Hüttemann/Rawert* BGB Vor § 80 Rn. 231; Palandt/*Ellenberger* BGB Vor § 80 Rn. 10; Soergel/*Neuhoff* BGB Vor § 80 Rn. 21; v. Campenhausen/Richter/*Hof* § 36 Rn. 1.
[438] Für die hM vgl. BVerwG 8 C 23.12 = ZStV 2015, 59 = BeckRS 2014, 52985; VGH Mannheim 6 S 998/11, VBlBW 2012, 472, 472 f.; VG Karlsruhe 6 K 59/09, npoR 2011, 54, 55 f.; Staudinger/*Hüttemann/Rawert* Vor § 80 Rn. 232; MünchKommBGB/*Weitemeyer* § 80 Rn. 218 f.; Werner/Saenger/*A. Werner* Rn. 994; *Heiner* ZSt 2004, 216 ff.; aA *Koos*, Fiduziarische Person und Widmung, 2004; ähnlich *Elicker* ZStV 2012, 135, 169.
[439] Vgl. BeckOGK/*Krüger* UmwG § 161 Rn. 9; Lutter/*Hüttemann/Rawert* § 161 Rn. 12; *Priester* GmbHR 1999, 149 ff.; *Wochner* DStZ 1998, 1835 ff.; *Schlüter* S. 249 ff.
[440] Vgl. Kallmeyer/*Meister/Klöcker* § 191 Rn. 13; Lutter/*Hüttemann/Rawert* § 161 Rn. 12; *Wochner* DStZ 1998, 1835 ff.; *Schlüter* S. 249 ff.
[441] BeckOGK/*Krüger* UmwG § 161 Rn. 7; Schmitt/Hörtnagel/Stratz/*Hörtnagel* § 161 Rn. 3; Semler/Stengel/*Stengel* § 161 Rn. 1; Lutter/*Hüttemann/Rawert* § 161 Rn. 13; kritisch Schmitt/Hörtnagl/Stratz/*Hörtnagl* § 124 Rn. 48.
[442] S. die Nachweise solcher kirchlichen Stiftungen des weltlichen Rechts bei Lutter/*Hüttemann/Rawert* § 161 Rn. 14 Fn. 4.
[443] Staudinger/*Hüttemann/Rawert* BGB Vor § 80 Rn. 219 f.; MünchKommBGB/*Weitemeyer* § 80 Rn. 123.
[444] Semler/Stengel/*Stengel* § 161 Rn. 21 f.; Kölner Kommentar UmwG/*Leuering* § 161 Rn. 10 ff.; Widmann/Mayer/*Rieger* § 161 Rn. 27 f.; Lutter/*Hüttemann/Rawert* § 161 Rn. 17 ff.
[445] Lutter/*Hüttemann/Rawert* § 161 Rn. 15; Widmann/Mayer/*Rieger* § 161 Rn. 36.
[446] Widmann/Mayer/*Rieger* § 161 Rn. 34; Lutter/*Hüttemann/Rawert* § 161 Rn. 15.

Stiftung betriebenen **Unternehmen** oder **Unternehmensteile** beschränkt. Der tiefere Grund für diese Beschränkung liegt wiederum in der Vorstellung, dass die Stiftung nach der Auffassung des historischen Gesetzgebers grundsätzlich nicht als Unternehmensträger konzipiert ist.[447]

1. Unternehmen

Das Unternehmen der Stiftung entspricht dem vom Kaufmann betriebenen Handelsgeschäft, das nach § 22 HGB stets Unternehmen ist.[448] Dementsprechend kommt als Gegenstand der Ausgliederung regelmäßig das unter einer Firma **im Handelsregister eingetragene Unternehmen** in Betracht.[449] Im Übrigen wird man – mit den Materialien zum insofern deckungsgleichen § 152 UmwG[450] – verlangen müssen, dass es sich um ein Unternehmen im rechtlichen und betriebswirtschaftlichen Sinne handelt,[451] das sich durch ein Auftreten als organisierte Wirtschaftseinheit nach außen am Markt auszeichnet.[452] Zum Unternehmen gehören sämtliche mit der wirtschaftlichen Tätigkeit verbundene Sachen, Rechte, Schulden, Vertragsbeziehungen, Knowhow, Goodwill und alle sonstigen Vermögenspositionen.[453] Auch die gleichzeitige Ausgliederung **mehrerer**, voneinander getrennter **Unternehmen** ist zulässig.[454]

2. Unternehmensteil

An den **Unternehmensteil** sind keine besonderen Anforderungen zu stellen, insbesondere müssen die ausgegliederten Gegenstände keine (wirtschaftlich) sinnvolle Einheit bilden.[455] Auch einzelne Vermögenspositionen können ausgegliedert werden.

Darüber hinaus ist umstritten, ob auch Teile des Privatvermögens ausgegliedert werden können.[456] Mit Blick auf den Wortlaut des § 161 UmwG und die Intention der Beschränkung des ausgliederungsfähigen Gegenstands auf Unternehmen und deren Teile ist eine Ausgliederung von **Privatvermögen ausgeschlossen**. Allerdings kann Privatvermögen – soweit nicht der Stiftungszweck oder andere Gesichtspunkte entgegenstehen[457] – ohne weiteres in Unternehmensvermögen **umgewidmet** werden.[458] Dafür genügt es in letzter Konsequenz, dass die bisher dem Privatvermögen zugehörigen Gegenstände in den Ausgliederungsvertrag/-plan aufgenommen werden; hieraus ergibt sich mit hinreichender Deutlichkeit die Umwidmung.[459]

---

[447] Lutter/*Hüttemann*/*Rawert* § 161 Rn. 21; aA *Raupach*/*Böckstiegel* FS Widmann, 2000, S. 459, 485 f.
[448] Vgl. nur Baumbach/Hopt/*Hopt* HGB Einl. v. § 1 Rn. 33; Oetker/*Körber* HGB § 22 Rn. 3.
[449] Widmann/Mayer/*Rieger* § 161 Rn. 49; Lutter/*Hüttemann*/*Rawert* § 161 Rn. 22.
[450] Begr. RegE, bei *Ganske*, S. 168 f.
[451] Widmann/Mayer/*Rieger* § 161 Rn. 49.
[452] Dazu eingehend *K. Schmidt* Handelsrecht § 4 Rn. 3; *ders.* ZGR 1980, 277, 279 ff.
[453] Widmann/Mayer/*Rieger* § 161 Rn. 50; Baumbach/Hopt/*Hopt* HGB Einl. v. 1 Rn. 34; Oetker/*Körber* HGB § 22 Rn. 3.
[454] Kölner Kommentar UmwG/*Leuering* § 161 Rn. 18; Widmann/Mayer/*Rieger* § 161 Rn. 67 ff.
[455] Semler/Stengel/*Stengel* § 161 Rn. 26; Kölner Kommentar UmwG/*Leuering* § 161 Rn. 17; Lutter/*Hüttemann*/*Rawert* § 161 Rn. 23; Widmann/Mayer/*Rieger* § 161 Rn. 52 ff.
[456] Dafür etwa BeckOGK/*Krüger* UmwG § 161 Rn. 18; Schmitt/Hörtnagl/Stratz/*Hörtnagl* § 161 Rn. 5; Henssler/Strohn/*Decker* § 161 UmwG Rn. 2; aA Widmann/Mayer/*Rieger* § 161 Rn. 62 ff.; wohl auch Lutter/*Hüttemann*/*Rawert* § 161 Rn. 23.
[457] Vgl. nur das Beispiel bei Widmann/Mayer/*Rieger* § 161 Rn. 65 f.
[458] Lutter/*Hüttemann*/*Rawert* § 161 Rn. 23 Fn. 6 iVm. Lutter/*Karollus* § 152 Rn. 41; Widmann/Mayer/*Rieger* § 161 Rn. 63 ff.
[459] Widmann/Mayer/*Rieger* § 161 Rn. 64.

IV. Stiftungsrechtliche Ausgliederungsschranken

405 Die mitgliederlose Stiftung ist in besonderer Weise durch die Widmung des **Stiftungsvermögens** für den **Stiftungszweck** geprägt.[460] Die Übertragung des Stiftungsvermögens kann daher stiftungsrechtlichen Beschränkungen unterliegen, welche das Umwandlungsrecht nicht unberücksichtigt lassen kann. Gemeinhin wird danach **differenziert**, ob das Stiftungsunternehmen allein der Finanzierung der allgemeinen, vom Betrieb des Unternehmens verschiedenen Stiftungszwecke dient (Dotationsquelle oder **Finanzierungsbetrieb**) oder der Stiftungszweck umgekehrt gerade darin besteht, das konkrete Unternehmen zu betreiben (**Zweckverwirklichungsbetrieb** oder Stiftungszweckbetrieb).[461]

1. Finanzierungsbetrieb

406 Dient das Unternehmen lediglich zur Generierung von Erträgen, die der Verwirklichung des Stiftungszweckes zu dienen bestimmt sind, dann ist mit der heute hM ohne Belang, ob die Stiftung an diesem Finanzierungsbetrieb unmittelbar oder nur vermittelt über einen anderen Rechtsträger beteiligt ist. Dementsprechend stehen auch einer Ausgliederung **keine stiftungsrechtlichen Gründe** entgegen.[462]

2. Zweckverwirklichungsbetrieb

407 Soweit der Stiftungszweck gerade im Betrieb des Unternehmens besteht, kommt eine Erfüllung des Stiftungszwecks ohne das Unternehmen nicht in Betracht. Dafür ist es nach einhelliger Auffassung aber nicht erforderlich, dass die Stiftung das Unternehmen selbst betreibt. Im Falle einer Ausgliederung muss nur sichergestellt sein, dass die Stiftung **maßgeblichen Einfluss** auf den übernehmenden Rechtsträger nehmen kann, um die Verwirklichung des Stiftungszwecks durch das Unternehmen zu gewährleisten.[463]

408 Als zulässig erweist sich vor diesem Hintergrund die **Ausgliederung zur Neugründung** auf eine Kapitalgesellschaft, da die Stiftung als Alleingesellschafter in AG, GmbH und KGaA – vorbehaltlich einer angemessenen Ausgestaltung – durchregieren kann.[464]

409 Bei der **Ausgliederung durch Aufnahme** ist zu differenzieren. Hielt die Stiftung schon vorher an dem übernehmenden Rechtsträger – unmittelbar oder mittelbar – **sämtliche Anteile**, so entfällt ihre Einwirkungsmacht auch nicht durch die Strukturmaßnahme.[465] Andernfalls muss durch geeignete **gesellschaftsvertragliche Vereinbarungen** sichergestellt werden, dass die Stiftung den zur Sicherstellung der Zweckbindung des ausgegliederten Unternehmens notwendigen Einfluss auf die übernehmende Gesellschaft ausüben kann.[466] Da die Einwirkungsbefugnisse der Stiftung aufgrund der **gesellschaftsrechtlichen Treuebindung** in Personenhandels- und Kapitalgesellschaften beeinträchtigt werden kön-

---

[460] Vgl. nur BayObLG BReg. 2 Z 56/72, NJW 1973, 249; MünchKommBGB/*Weitemeyer* Vor § 80 Rn. 15; Staudinger/*Hüttemann/Rawert* BGB Vor § 80 Rn. 4.

[461] Dazu grundlegend *Trops* AG 1970, 367 ff.; *ders.* ZRP 1971, 227 ff.; vgl. weiter BeckOK BGB/*Backert* § 80 Rn. 17; MünchKommBGB/*Weitemeyer* Vor § 80 Rn. 24 ff.; Soergel/*Neuhoff* BGB Vor § 80 Rn. 69; *Rawert* S. 25 ff.

[462] Kölner Kommentar UmwG/*Leuering* § 161 Rn. 27; Widmann/Mayer/*Rieger* § 161 Rn. 276 ff.; Palandt/*Ellenberger* BGB § 80 Rn. 9; einschränkend Lutter/*Hüttemann/Rawert* § 161 Rn. 54: keine institutionalisierte Bindung der Stiftung an die Anteile des übernehmenden Rechtsträgers.

[463] Widmann/Mayer/*Rieger* § 161 Rn. 281; Lutter/*Hüttemann/Rawert* § 161 Rn. 46; Schmitt/Hörtnagl/Stratz/*Hörtnagl* § 124 Rn. 50; Semler/Stengel/*Stengel* § 161 Rn. 9; Henssler/Strohn/*Decker* § 161 UmwG Rn. 3.

[464] Dazu näher Lutter/*Hüttemann/Rawert* § 161 Rn. 47; Widmann/Mayer/*Rieger* § 161 Rn. 282; *Flämig* DB 1978, 6 ff.; *Kronke* ZGR 1996, 18 ff.

[465] Widmann/Mayer/*Rieger* § 161 Rn. 283; Lutter/*Hüttemann/Rawert* § 161 Rn 50 ff.; *Flämig* DB 1978, 6 ff.

[466] Dazu Lutter/*Hüttemann/Rawert* § 161 Rn. 49 f.; Widmann/Mayer/*Rieger* § 161 Rn. 284; ausf. Henkel-Hoffmann S. 54 ff.; Höfner-Byok S. 137 ff.; *Pavel* S. 52 ff.

nen,[467] kommt eine Ausgliederung nur dann in Betracht, wenn eine Kollision der Treuebindung mit der Erfüllung des Stiftungszwecks effektiv ausgeschlossen ist, wie zB durch Personalunion von Stiftungsleitung und Gesellschafterkreis des übernehmenden Rechtsträgers.[468] Kann dies nicht sichergestellt werden, ist die Ausgliederung wegen eines Verstoßes gegen das **Prinzip der Stiftungsautonomie** unzulässig. Ebenso verstößt es gegen das Autonomieprinzip, wenn der Treuepflicht gegenüber dem Stiftungszweck kraft satzungsmäßiger Anordnung der Vorrang zuerkannt wird.[469]

V. Verfahren der Ausgliederung

1. Ausgliederung zur Aufnahme

a) Übernehmende Rechtsträger. Als übernehmende Rechtsträger bei einer Ausgliederung der Stiftung zur Aufnahme kommen **Personenhandels- und Kapitalgesellschaften** in Betracht, und zwar auch mehrere Rechtsträger gleichzeitig (vgl. § 123 Abs. 3 UmwG) und auch in Kombination mit einer Ausgliederung zur Neugründung (§ 123 Abs. 4 UmwG).

b) Ausgliederungsvertrag. Der Ausgliederungsvertrag (§ 126 UmwG) bildet die rechtsgeschäftliche **Grundlage der Strukturmaßnahme** (→ § 4 Rn. 23 ff.). Die inhaltlichen Vorgaben ergeben sich aus § 126 Abs. 1 UmwG (→ § 22 Rn. 21), wobei die Nr. 3, 4 und 10 für die Ausgliederung ohne Belang sind. In Bezug auf die Festsetzung der Anteilsgewährung ist das **stiftungsrechtliche Vermögenserhaltungsgebot**[470] zu berücksichtigen. Dementsprechend müssen die zu gewährenden Anteile oder Mitgliedschaften an den übernehmenden Rechtsträgern auch dem Wert der zu übertragenden Vermögensgegenstände entsprechen.[471] Für Pflichtverstöße **haften** die Organmitglieder nach §§ 125 S. 1, 25 Abs. 1 UmwG sowie nach §§ 86, 27 Abs. 3, 31a, 664 ff. BGB.[472]

Fungiert eine **Personenhandelsgesellschaft** als übernehmender Rechtsträger, ist nach § 125 S. 1 iVm. § 40 UmwG der Einlagebetrag festzusetzen und zu regeln, ob die Stiftung Kommanditist oder – vorbehaltlich etwaiger stiftungsrechtlicher Grenzen (→ Rn. 453 ff.) – persönlich haftender Gesellschafter werden soll.

Übernimmt eine **Kapitalgesellschaft** Stiftungsvermögen, finden – wie bei der Ausgliederung üblich – die Kapitalerhöhungsverbote der §§ 54, 68 UmwG nach Maßgabe des § 125 S. 1 UmwG keine Anwendung. Davon abgesehen gelten die allgemeinen Grundsätze nach §§ 46 ff., 60 ff., 78 UmwG.

Der Ausgliederungsvertrag ist nach § 125 S. 1 iVm. § 6 UmwG notariell zu **beurkunden**. Eine **Prüfung** nach §§ 9 ff. UmwG ist wegen § 125 S. 2 UmwG nicht erforderlich. Soweit **AG** oder **KGaA** als übernehmende Rechtsträger fungieren, ist der Ausgliederungsvertrag nach Maßgabe des § 61 UmwG **bekanntzumachen**.

c) Ausgliederungsbericht. Ein Ausgliederungsbericht nach § 127 UmwG muss gem. § 162 Abs. 1 UmwG nur erstellt werden, wenn die Ausgliederung entweder nach § 164 Abs. 1 UmwG der staatlichen **Genehmigung** (→ Rn. 476 ff.) oder bei Lebzeiten des Stifters dessen Zustimmung bedarf. Letzteres ist anzunehmen, wenn mit der Ausgliederung eine **Satzungsänderung** verbunden ist und das Landesrecht für diesen Fall die Zustim-

---

[467] Vgl. Lutter/Hüttemann/Rawert § 161 Rn. 49 f.; Henkel-Hoffmann S. 56 ff.; Pavel S. 61 f.

[468] Dazu näher Kölner Kommentar UmwG/Simon § 161 Rn. 24 ff.; Widmann/Mayer/Rieger § 161 Rn. 285 f.; Lutter/Hüttemann/Rawert § 161 Rn. 49 f.

[469] AA Stengel S. 73; wie hier zutreffend Widmann/Mayer/Rieger § 161 Rn. 285; Lutter/Hüttemann/Rawert § 161 Rn. 49.

[470] Dazu eingehend MünchHdB GesR V/Schwake § 79 Rn. 274 ff.

[471] Lutter/Hüttemann/Rawert § 161 Rn. 34; Carstensen WPg 1996, 781, 782 f.; Hüttemann FS Flume, 1998, S. 59 ff.; vgl. weiter Hüttemann/Schön, Vermögensverwaltung und Vermögenserhaltung im Stiftungs- und Gemeinnützigkeitsrecht, 2007.

[472] Vgl. weiterführend Lutter/Hüttemann/Rawert § 161 Rn. 34; Schmitt/Hörtnagl/Stratz/Stratz § 25 Rn. 1 ff.; Semler/Stengel/Leonard § 25 Rn. 3; Widmann/Mayer/Rieger § 161 Rn. 150.

mung des Stifters anordnet,[473] wobei dann zugleich eine Genehmigung der Stiftungsbehörde notwendig ist, oder wenn die Zustimmung des Stifters für den Ausgliederungsfall in der **Satzung** festgeschrieben ist.[474] Eine Ausnahme gilt, wenn der Stifter als Mitglied eines Stiftungsorgans dem Ausgliederungsbeschluss zugestimmt hat.[475] Ebenso kann er aufgrund notarieller Urkunde auf den Ausgliederungsbericht **verzichten** (§ 127 S. 2 iVm. § 8 Abs. 3 UmwG). Das gilt mit der zutreffenden hM auch für die Stiftungsaufsichtsbehörde, die nicht gezwungen ist, ihre Informationen über die Strukturmaßnahme aus dem Ausgliederungsbericht zu beziehen.[476]

416 Die **inhaltlichen Anforderungen** an den Ausgliederungsbericht ergeben sich aus den allgemeinen Vorschriften (§§ 127, 8 Abs. 1 S. 2–4, Abs. 2 UmwG; → § 23 Rn. 6 ff.). Erläuterungsbedürftig ist insbesondere der **Wert der erworbenen Anteile**,[477] die nach dem stiftungsrechtlichen Vermögenserhaltungsgebot dem Wert des Ausgliederungsgegenstands entsprechen müssen (→ Rn. 459).

417 Die **Erstellung** obliegt dem nach Stiftungsrecht zuständigen Organ, dh in Ermangelung abweichender Satzungsregelungen dem **Stiftungsvorstand** (§§ 86, 26, 27 Abs. 3 BGB).[478] Sämtliche vertretungsberechtigten Organmitglieder haben den Bericht zu unterzeichnen (→ § 23 Rn. 35).

418 Das zuständige Organ hat den Ausgliederungsbericht, soweit er staatlicher Genehmigung oder der Zustimmung des Stifters bedarf, nach § 162 Abs. 2 UmwG der zuständigen Stiftungsaufsichtsbehörde und dem Stifter **zu übermitteln**. Hierbei ist unerheblich, ob die Übermittlung vor oder nach der Beschlussfassung iSd. § 163 UmwG erfolgt.[479]

419 Auch **außerhalb der rechtlichen Verpflichtung** zur Aufstellung und Übermittlung eines Ausgliederungsberichts nach §§ 162 Abs. 1, 164 Abs. 1 UmwG können sich die **Stiftungsaufsichtsbehörden** nach landesrechtlichen Stiftungsvorschriften über Ausgliederungsvorhaben unterrichten und sie prüfen.[480] Vorbehaltlich einer satzungsmäßigen Ermächtigung stehen Destinatären keine vergleichbaren Informationsmöglichkeiten zu.[481]

420 Unbenommen von den Erleichterungen des § 162 UmwG bleibt indes die Verpflichtung des Vertretungsorgans des **übernehmenden Rechtsträgers** zur Erstellung eines Berichts nach § 127 UmwG.

---

[473] Dazu näher unter Hinweis auf die landesrechtlichen Vorschriften Widmann/Mayer/*Rieger* § 162 Rn. 13 f.; Lutter/*Hüttemann*/*Rawert* § 162 Rn. 4; Semler/Stengel/*Stengel* § 162 Rn. 5; Schmitt/Hörtnagl/Stratz/*Hörtnagl* § 162 Rn. 2.

[474] Semler/Stengel/*Stengel* § 162 Rn. 5; Lutter/*Hüttemann*/*Rawert* § 162 Rn. 4; Widmann/Mayer/*Rieger* § 162 Rn. 15; Schmitt/Hörtnagl/Stratz/*Hörtnagl* § 162 Rn. 2.

[475] Vgl. Henssler/Strohn/*Decker* § 162 UmwG Rn. 2; Schmitt/Hörtnagl/Stratz/*Hörtnagl* § 162 Rn. 1; Widmann/Mayer/*Rieger* § 162 Rn. 17 f.; Lutter/*Hüttemann*/*Rawert* § 162 Rn. 4; Semler/Stengel/*Stengel* § 162 Rn. 8.

[476] Wie hier auch Schmitt/Hörtnagl/Stratz/*Hörtnagl* § 162 Rn. 1; Semler/Stengel/*Stengel* § 162 Rn. 6; Widmann/Mayer/*Rieger* § 162 Rn. 22; v. Campenhausen/Richter/*Hof* § 10 Rn. 147; aA Lutter/*Hüttemann*/*Rawert* § 162 Rn. 4.

[477] Semler/Stengel/*Stengel* § 162 Rn. 4; Widmann/Mayer/*Rieger* § 162 Rn. 30 f.; Lutter/*Hüttemann*/*Rawert* § 162 Rn. 6; abweichend offenbar Begr. RegE, bei *Ganske*, S. 139.

[478] Vgl. Henssler/Strohn/*Decker* § 162 UmwG Rn. 2; Widmann/Mayer/*Rieger* § 162 Rn. 33, 35; Lutter/*Hüttemann*/*Rawert* § 162 Rn. 7; Semler/Stengel/*Stengel* § 162 Rn. 5.

[479] Einhellige Meinung; vgl. Lutter/*Hüttemann*/*Rawert* § 162 Rn. 9; Widmann/Mayer/*Rieger* § 162 Rn. 40; Semler/Stengel/*Stengel* § 162 Rn. 10; Schmitt/Hörtnagl/Stratz/*Hörtnagl* § 162 Rn. 2; Henssler/Strohn/*Decker* § 162 UmwG Rn. 2.

[480] Dazu näher unter Hinweis auf die landesrechtlichen Vorschriften Widmann/Mayer/*Rieger* § 162 Rn. 41; Lutter/*Hüttemann*/*Rawert* § 162 Rn. 11; Semler/Stengel/*Stengel* § 162 Rn. 11; *Blydt-Hansen* S. 123 f.

[481] Zum Ganzen ausf. MünchKommBGB/*Weitemeyer* § 85 Rn. 30 ff.; *Blydt-Hansen* S. 123 f.; vgl. noch Lutter/*Hüttemann*/*Rawert* § 162 Rn. 11; Widmann/Mayer/*Rieger* § 162 Rn. 42; Semler/Stengel/*Stengel* § 162 Rn. 11; BeckOK/*Backert* BGB § 85 Rn. 5 ff.

d) Zuleitung an Betriebsräte. Bestehenden Betriebsräten[482] sämtlicher beteiligter **421** Rechtsträger ist der Ausgliederungsvertrag nach § 126 Abs. 3 UmwG zuzuleiten. Die Monatsfrist bezieht sich auf den Tag der Versammlung des für die Fassung des Ausgliederungsbeschlusses nach § 163 UmwG zuständigen Organs.

e) Ausgliederungsbeschluss. Für die Beschlussfassung über den Spaltungsvertrag gilt **422** nach Maßgabe des § 163 Abs. 1 UmwG das jeweils auf die Beschlussfassung über Satzungsänderungen **anwendbare Stiftungsrecht**. Das schließt die landesrechtlichen Vorschriften ebenso ein wie die Satzungsbestimmungen der betreffenden Stiftung.[483] Die Ermächtigung der Stiftungsorgane zur Satzungsänderung kann sich unmittelbar oder (über eine Öffnungsklausel) mittelbar aus Landesrecht ergeben.[484] Aber selbst wo es an einer solchen landesrechtlichen Ermächtigungsgrundlage fehlt, kann den Stiftungsorganen die Kompetenz zur Satzungsänderung zulässigerweise durch Satzungsregelung zuerkannt werden.[485]

Das zur Beschlussfassung konkret berufene **Organ** und das erforderliche **Mehrheits-** **423** **erfordernis** sind nach Maßgabe des § 162 Abs. 2 Alt. 1 UmwG der Stiftungssatzung zu entnehmen. In Ermangelung einer ausdrücklichen Bestimmung entscheidet der Stiftungsvorstand nach § 162 Abs. 2 Alt. 2 UmwG einstimmig über die Ausgliederung.

Aufgrund landesrechtlicher Vorschriften[486] oder kraft satzungsmäßiger Regelung kann **424** außerdem die **Zustimmung des noch lebenden Stifters** für Satzungsänderungen und damit zugleich – vermittelt über § 163 Abs. 1 UmwG – für die Ausgliederung erforderlich sein. Weitere Zustimmungspflichten kann die Stiftungssatzung für Beiräte, Kuratorien und sonstige **Aufsichtsorgane** vorsehen.

Der Ausgliederungsbeschluss (→ Rn. 470 ff.) und die notwendigen Zustimmungserklä- **425** rungen (→ Rn. 472 f.) sind nach § 163 Abs. 3 UmwG **notariell zu beurkunden**. Dieses Formerfordernis geht insofern über § 125 S. 1 iVm. § 13 Abs. 3 UmwG hinaus, als es sich auch auf die Zustimmungserklärung außenstehender Dritter bezieht.[487]

Die **Wirksamkeit** des Ausgliederungsbeschlusses kann nach allgemeinen Grundsätzen **426** (§ 125 S. 1 iVm. § 14 Abs. 1 UmwG; → § 14 Rn. 19 f) **gerichtlich angegriffen** werden. Allerdings sind auch in diesem Zusammenhang die stiftungsrechtlichen Besonderheiten zu berücksichtigen: So können sich **Organmitglieder** gegen Beschlüsse des Stiftungsorgans nur mit der Begründung zur Wehr setzen, sie seien hierdurch in ihren organschaftlichen Rechten verletzt.[488] **Destinatäre** sind nur klagebefugt, wenn sich dies aus Landesrecht oder der Stiftungssatzung ergibt.[489] Schließlich kommt eine Klage des noch lebenden **Stifters** nur in Betracht, wenn ihm ein Zustimmungsrecht zusteht (→ Rn. 472).[490] Dementsprechend ist die Rechtmäßigkeitskontrolle des Ausgliederungsbeschlusses durch die **Stiftungsaufsicht** von besonderer Bedeutung; sie kann den Beschluss beanstanden und aufheben,

---

[482] Zur betrieblichen Mitbestimmung bei der Stiftung s. MünchHdB GesR V/*Schwarz van Berk* § 100 Rn. 69 ff.

[483] Begr. RegE, bei *Ganske*, S. 168; Lutter/*Hüttemann/Rawert* § 163 Rn. 1; Henssler/Strohn/*Decker* § 163 UmwG Rn. 1; Schmitt/Hörtnagl/Stratz/*Hörtnagl* § 163 Rn. 2 f.

[484] Dazu näher unter Hinweis auf die landesrechtlichen Vorschriften Widmann/Mayer/*Rieger* § 163 Rn. 8; Lutter/*Hüttemann/Rawert* § 163 Rn. 3; Schmitt/Hörtnagl/Stratz/*Hörtnagl* § 163 Rn. 4 f.; Semler/Stengel/*Stengel* § 163 Rn. 3.

[485] MünchKommBGB/*Weitemeyer* § 85 Rn. 7 f., § 87 Rn. 5; Soergel/*Neuhoff* BGB § 87 Rn. 4; Palandt/*Ellenberger* BGB § 85 Rn. 3.

[486] Dazu näher unter Hinweis auf die landesrechtlichen Vorschriften Schmitt/Hörtnagl/Stratz/*Hörtnagl* § 163 Rn. 6; Widmann/Mayer/*Rieger* § 163 Rn. 11; Lutter/*Hüttemann/Rawert* § 163 Rn. 6; Semler/Stengel/*Stengel* § 163 Rn. 4.

[487] Vgl. dazu Begr. RegE, bei *Ganske*, S. 169.

[488] BGH III ZR 157/91, NJW 1994, 184, 185.

[489] Vgl. OLG Hamburg 13 U 33/93, ZIP 1994, 1950 = LSK 1995, 010283; vgl. weiterführend *Blydt-Hansen* S. 131 ff., 156 ff.; *Schwintek* S. 289 ff.

[490] Widmann/Mayer/*Rieger* § 163 Rn. 18; Lutter/*Hüttemann/Rawert* § 163 Rn. 10; Semler/Stengel/*Stengel* § 163 Rn. 6.

soweit er gegen Stiftungsrecht verstößt, und der Strukturmaßnahme hierdurch die Grundlage entziehen.[491]

427 Für die Beschlussfassung beim **übernehmenden Rechtsträger** gelten die für die jeweilige Verbandsform anwendbaren Vorschriften. Das gilt insbesondere auch für Rechtsmittel gegen den Aufnahmebeschluss (→ § 14 Rn. 1 ff.).

428 **f) Genehmigung der Ausgliederung.** Das **Landesstiftungsrecht** bestimmt nach § 164 Abs. 1 UmwG über die Genehmigungsbedürftigkeit der Ausgliederung. Die landesrechtlichen Vorschriften können entweder die Ausgliederung ausdrücklich der Genehmigungspflicht unterstellen, so allein § 9 Abs. 3 ThürStiftG, oder aber der Genehmigungsvorbehalt resultiert aus einer im Zusammenhang mit der Ausgliederung notwendigen Satzungsänderung oder aus einem anderen besonderen Rechtsgeschäft.

429 Eine **Satzungsänderung** wird vor allem dann notwendig, wenn der satzungsmäßige Stiftungszweck auf das auszugliedernde Stiftungsunternehmen Bezug nimmt oder die Stiftung zum eigenen Betrieb des Unternehmens verpflichtet.[492] Nach sämtlichen Landesstiftungsgesetzen bedarf es einer Genehmigung der Stiftungsaufsichtsbehörde; zuweilen muss außerdem der noch lebende Stifter zustimmen.[493] Eine Ausgliederung kann unter diesen Voraussetzungen nur wirksam durchgeführt werden, wenn die – einfache[494] – Satzungsänderung nach allgemeinen Grundsätzen zulässig ist.[495]

430 Soweit nach Landesrecht noch **Genehmigungsvorbehalte für bestimmte Rechtsgeschäfte** bestehen, kann sich auch daraus eine Genehmigungspflicht der Ausgliederung ergeben.[496] Wird die Genehmigung verweigert oder auf die notwendige Anzeige des Rechtsgeschäfts hin der Ausgliederungsvertrag/-plan fristgerecht beanstandet, darf die Ausgliederung nicht durchgeführt werden.[497]

431 Die Genehmigung wird von der nach Landesrecht **zuständigen Stiftungsaufsichtsbehörde** erteilt,[498] die auf Antrag (→ Rn. 477) oder Anzeige (→ Rn. 478) tätig wird. Im Rahmen des Genehmigungsverfahrens prüft die Behörde das Vorliegen der gesetzlichen Genehmigungsvoraussetzungen. Zu prüfen ist insbesondere, ob die Stiftung **überschuldet** ist (vgl. § 164 Abs. 2 UmwG) und ob der **Ausgliederungsbeschluss** mit dem Stiftungsrecht in Einklang steht. Sind alle Vorgaben eingehalten und ist die Stiftung auch nicht überschuldet, ist die Behörde zur Genehmigungserteilung verpflichtet.[499]

432 Der Ausgliederungsbeschluss ist auch daraufhin zu überprüfen, ob das **Gebot der Vermögenserhaltung** (→ Rn. 459) und die genuin **stiftungsrechtlichen Grenzen** der Aus-

---

[491] Vgl. auch BGH III ZR 157/91, NJW 1994, 184, 185; Semler/Stengel/*Stengel* § 163 Rn. 7; Lutter/*Hüttemann*/*Rawert* § 163 Rn. 10, 12; § 164 Rn. 17 ff.; Widmann/Mayer/*Rieger* § 163 Rn. 20.
[492] Schmitt/Hörtnagl/Stratz/*Hörtnagl* § 164 Rn. 1; Semler/Stengel/*Stengel* § 164 Rn. 3; Widmann/Mayer/*Rieger* § 164 Rn. 15.
[493] Dazu näher unter Hinweis auf die landesrechtlichen Vorschriften Henssler/Strohn/*Decker* § 164 UmwG Rn. 1; Schmitt/Hörtnagl/Stratz/*Hörtnagl* § 164 Rn. 1; Lutter/*Hüttemann*/*Rawert* § 164 Rn. 3; Semler/Stengel/*Stengel* § 164 Rn. 2 f.
[494] Zur verfehlten Einordnung der Ausgliederung als qualifizierte Satzungsänderung durch Begr. RegE, bei *Ganske*, S. 168, 169 ausf. Lutter/*Hüttemann*/*Rawert* § 164 Rn. 9; Widmann/Mayer/*Rieger* § 164 Rn. 19.
[495] Zu den Voraussetzungen im Einzelnen s. Widmann/Mayer/*Rieger* § 164 Rn. 18; Lutter/*Hüttemann*/*Rawert* § 164 Rn. 7 f.
[496] Dazu näher unter Hinweis auf die landesrechtlichen Vorschriften Lutter/*Hüttemann*/*Rawert* § 164 Rn. 10; v. Campenhausen/Richter/*Hof* § 10 Rn. 250; ausf. *Schwintek* S. 249 ff.; Hartmann/Atzpodien FS Rittner, 1991, S. 147 ff.
[497] Semler/Stengel/*Stengel* § 164 Rn. 4; Schmitt/Hörtnagl/Stratz/*Hörtnagl* § 164 Rn. 1; Lutter/*Hüttemann*/*Rawert* § 164 Rn. 12; Henssler/Strohn/*Decker* § 164 UmwG Rn. 1.
[498] S. die nach Bundesländern geordnete Übersicht bei Lutter/*Hüttemann*/*Rawert* § 164 Rn. 13; vgl. ferner Widmann/Mayer/*Rieger* § 164 Rn. 35; Henssler/Strohn/*Decker* § 164 UmwG Rn. 1; Schmitt/Hörtnagl/Stratz/*Hörtnagl* § 164 Rn. 3.
[499] V. Campenhausen/Reichert/*Hof* § 10 Rn. 258, 274; Lutter/*Hüttemann*/*Rawert* § 164 Rn. 15; Semler/Stengel/*Stengel* § 164 Rn. 2 ff.; Henssler/Strohn/*Decker* § 164 UmwG Rn. 1.

gliederung beachtet worden sind (→ Rn. 453 ff.). Zu diesem Zweck muss die zuständige Stelle Gesellschaftsverträge, die Organisationsstruktur der übernehmenden Rechtsträger und sonstige Abreden daraufhin prüfen, ob die Stiftung bestimmenden Einfluss auf das ausgegliederte Unternehmen ausüben kann.[500]

g) Anmeldung und Eintragung. Anmeldung und Eintragung richten sich zunächst nach den allgemeinen Vorschriften (vgl. §§ 129, 130; §§ 125 S. 1, 16, 17 UmwG → § 26 Rn. 1 ff.). Das Registerverfahren stimmt weitestgehend mit dem Verfahren der Ausgliederung beim Einzelkaufmann überein). 433

Allerdings sind aufgrund der **stiftungsrechtlichen Besonderheiten** einige Modifikationen angezeigt. So kommt es im Hinblick auf die **Negativerklärung** nach § 16 Abs. 2 S. 1 UmwG zum einen nicht auf Klagen der Anteilseigner an, sondern auf solche der Organmitglieder, ggf. auch von Destinatären oder des noch lebenden Stifters. Zum anderen ist die **Beschlussanfechtung** in der Stiftung im Vergleich zu den Kapitalgesellschaften deutlich eingeschränkt (→ Rn. 474). Weiterhin ist der Anmeldung die **Genehmigungsurkunde** beizufügen, soweit die Ausgliederung nach § 164 UmwG genehmigungspflichtig ist. 434

Bedarf es **keiner Genehmigung** der Ausgliederung, hat das Registergericht am Sitz der Stiftung zu prüfen, ob neben den allgemeinen umwandlungsrechtlichen Vorgaben die Verbindlichkeiten der Stiftung ihr Vermögen nicht gem. § 164 Abs. 2 UmwG offensichtlich übersteigen. Bei Überschuldung ist die Eintragung abzulehnen. Bestehen hingegen Zweifel daran, ob die Stiftung tatsächlich überschuldet ist, ist die Ausgliederung einzutragen.[501] Im Übrigen haben die Registergerichte im Wege der Amtsermittlung nach § 26 FamFG festzustellen, ob die Ausgliederung genehmigungspflichtig ist oder nicht. Sie können zu diesem Zweck von der zuständigen Stiftungsaufsichtsbehörde die Erteilung eines **Negativtestats** anfordern.[502] 435

2. Ausgliederung zur Neugründung

a) Kapitalgesellschaften. Die Ausgliederung der Stiftung zur Neugründung ist auf Kapitalgesellschaften beschränkt, da nur sie als Einpersonengesellschaften (vgl. § 2 AktG, § 1 GmbHG) errichtet werden können. Gleiches gilt nach der Änderung des § 280 Abs. 1 S. 1 AktG[503] – vorbehaltlich besonderer stiftungsrechtlicher Schranken (→ Rn. 453 ff.) – auch für die **KGaA**.[504] 436

b) Ausgliederungsplan. Anstelle eines Ausgliederungsvertrags hat das Vertretungsorgan der Stiftung nach Maßgabe des § 136 UmwG einen Ausgliederungsplan aufzustellen. Für das Verfahren gelten die zur Aufnahme skizzierten Grundsätze (→ Rn. 459 ff.) entsprechend (§ 135 Abs. 1 UmwG). Zudem müssen für die Gründung des übernehmenden Rechtsträgers die einschlägigen **Gründungsvorschriften** eingehalten werden (§ 135 Abs. 2 UmwG). 437

c) Gründungsberichte. Wie § 165 UmwG klarstellt,[505] sind bei der Errichtung von Kapitalgesellschaften zusätzlich zu den (Sach-)Gründungsberichten nach § 5 Abs. 4 438

---

[500] Vgl. Lutter/*Hüttemann/Rawert* § 161 Rn. 51; Semler/Stengel/*Stengel* § 161 Rn. 32; Schmitt/Hörtnagl/Stratz/*Hörtnagl* § 164 Rn. 6.

[501] Böttcher/Habighorst/Schulte/*Geiser/Gimnich* § 164 Rn. 8; Widmann/Mayer/*Rieger* § 164 Rn. 46.

[502] Kölner Kommentar UmwG/*Leuering* § 164 Rn. 1 aE; Böttcher/Habighorst/Schulte/*Geiser/Gimnich* § 164 Rn. 7; Lutter/*Hüttemann/Rawert* § 161 Rn. 31, 164 Rn. 22; v. Campenhausen/Reichert/*Hof* § 9 Rn. 77.

[503] Art. 1 des Gesetzes zur Unternehmensintegrität und Modernisierung des Anfechtungsrechts vom 22.9.2005, BGBl. I S. 2802.

[504] Vgl. nur MünchHdB GesR IV/*Herfs* § 77 Rn. 1.

[505] Zum deklaratorischen Charakter der Vorschrift mit Blick auf den Verweis nach § 135 Abs. 1 iVm. § 125 S. 1 UmwG vgl. Böttcher/Habighorst/Schulte/*Geiser/Gimnich* § 165 Rn. 2; Widmann/Mayer/*Rieger* § 165 Rn. 6; Lutter/*Hüttemann/Rawert* § 165 Rn. 1; Henssler/Strohn/*Decker* § 165 UmwG Rn. 1.

GmbHG, § 32 AktG noch die **weiteren Darlegungen** über den Geschäftsverlauf und zur Lage der Stiftung nach Maßgabe der §§ 58 Abs. 1, 75 Abs. 1 UmwG erforderlich. Da das Stiftungsrecht keine Kapitalaufbringung kennt,[506] ist zur Absicherung der Kapitalausstattung des übernehmenden Rechtsträgers die erweiterte Berichtspflicht vonnöten.[507] In zeitlicher Hinsicht muss sich der Bericht analog § 5 Abs. 4 S. 2 GmbHG, § 32 Abs. 2 Nr. 3 AktG auf die letzten beiden Jahre vor dem Stichtag der Ausgliederung beziehen.[508]

439   Bei einer **Teilübertragung** sind mit Blick auf den Normzweck der erweiterten Berichtspflicht nur die Umstände des ausgegliederten (Teil-)Unternehmens in die Betrachtung einzubeziehen,[509] nicht etwa die ganze Stiftung. Zum einen weist die Kapitalsicherung in der übernehmenden Kapitalgesellschaft einen spezifischen Bezug allein zu dem Ausgliederungsgegenstand auf. Zum anderen lässt sich die **restriktive Interpretation** des § 165 UmwG in rechtsmethodischer Hinsicht wertungskonform als „entsprechende" Anwendung der §§ 58 Abs. 1, 75 Abs. 1 UmwG rechtfertigen.

VI. Rechtsfolgen der Ausgliederung

1. Partielle Universalsukzession

440   Mit der Eintragung der Ausgliederung in das Handelsregister des Stiftungssitzes gehen die erfassten Vermögensgegenstände im Wege der partiellen Universalsukzession (→ § 4 Rn. 20 f.) nach Maßgabe des Ausgliederungsvertrags/-plans auf den bzw. die übernehmenden Rechtsträger über (§ 131 Abs. 1 Nr. 1 UmwG). Im Gegenzug wird die Stiftung gem. § 131 Abs. 1 Nr. 3 UmwG Gesellschafter des übernehmenden Rechtsträgers.

2. Firma und Firmenfortführung

441   Die **Firma der Stiftung** kann vom übernehmenden Rechtsträger nach § 22 HGB **fortgeführt** werden, soweit im Wesentlichen das gesamte Unternehmen ausgegliedert worden ist.[510] Der Begriff „Stiftung" darf – um Irreführungen zu vermeiden – nicht ohne einen entsprechenden Rechtsformzusatz verwendet werden.[511] Da die **Stiftung** nun kein Handelsgewerbe mehr betreibt, **verliert** sie die **Firmenfähigkeit**. Die Firma erlischt auch dann, wenn das Unternehmen vollständig übertragen wird, ohne dass der übernehmende Rechtsträger die Firma fortführt.[512] Bei einer **Teilübertragung** kommt es darauf an, ob der bei der Stiftung verbleibende Teil noch als Handelsgewerbe zu charakterisieren ist.[513] Ist dies der Fall, steht einer Fortführung nichts im Wege; andernfalls erlischt die Firmenfähigkeit.

3. Heilung von Umwandlungsmängeln

442   Verfahrens- und Inhaltsmängel der Ausgliederung werden – entsprechend dem umwandlungsrechtlichen **Bestandsschutzprinzip** (→ § 4 Rn. 38 ff.) – nach Maßgabe des § 131

---

[506] Dazu ausf. *Rawert* S. 88 ff.; *Schlüter* S. 287 ff.
[507] Begr. RegE, bei *Ganske*, S. 170; Kölner Kommentar UmwG/*Leuering* § 165 Rn. 2; Lutter/Hüttemann/*Rawert* § 165 Rn. 2; Böttcher/Habighorst/Schulte/*Geiser/Gimnich* § 165 Rn. 3.
[508] Lutter/Hüttemann/*Rawert* § 165 Rn. 5.
[509] Semler/Stengel/*Stengel* § 165 Rn. 2; Böttcher/Habighorst/Schulte/*Geiser/Gimnich* § 165 Rn. 3; Kölner Kommentar UmwG/*Leuering* § 165 Rn. 2; Lutter/Hüttemann/*Rawert* § 165 Rn. 4; vgl. noch Begr. RegE, bei *Ganske*, S. 170.
[510] Vgl. BGH I ZR 44/71, NJW 1972, 2123; BGH I ZR 14/89, NJW 1991, 1353; Lutter/Hüttemann/*Rawert* § 161 Rn. 37; Baumbach/Hopt/*Hopt* § 22 Rn. 4; Oetker/*Schlingloff* HGB § 22 Rn. 25 ff.
[511] Lutter/Hüttemann/*Rawert* § 161 Rn. 37; Oetker/*Schlingloff* HGB § 33 Rn. 1; *Burgard* FS Werner, 2009, S. 190, 198 ff.; vgl. auch OLG Stuttgart 8 W 229/63, NJW 1964, 1231.
[512] Kölner Kommentar UmwG/*Leuering* § 161 Rn. 40; Lutter/Hüttemann/*Rawert* § 161 Rn. 42; Baumbach/Hopt/*Hopt* § 31 Rn. 2, 8; Oetker/*Schlingloff* HGB § 31 Rn. 8 ff.; Henssler/Strohn/*Wamser* § 31 HGB Rn. 3; MünchKommHGB/*Krafka* § 31 Rn. 11 f.
[513] Zur Parallelproblematik beim Einzelkaufmann vgl. Schmitt/Hörtnagl/Stratz/*Hörtnagl* § 155 Rn. 3; Widmann/Mayer/*Mayer* § 155 Rn. 10; Lutter/*Karollus* § 155 Rn. 5.

Abs. 1 Nr. 4, Abs. 2 UmwG geheilt. Die Ausgliederung selbst kann dann selbst die Stiftungsaufsichtsbehörde nicht mehr revidieren. Sie kann allerdings die beteiligten Organmitglieder in die Haftung nehmen (→ Rn. 459) und (oder) abberufen.[514] In letzter Konsequenz kommt nach § 87 BGB auch eine Aufhebung der Stiftung in Betracht.[515]

4. Haftung der Stiftung

Mit der Ausgliederung gehen auch die bereits **begründeten Verbindlichkeiten** des ausgegliederten Stiftungsvermögens nach Maßgabe des Ausgliederungsvertrags/-plans auf den übernehmenden Rechtsträger über (§ 131 Abs. 1 Nr. 1 UmwG → § 27 Rn. 51). Zusätzlich haftet der übernehmende Rechtsträger nach § 133 Abs. 1 und 3 UmwG iVm. § 25 HGB für **nicht übernommene**, aber bereits begründete Verbindlichkeiten der Stiftung (→ § 27 Rn. 111 ff.). 443

Daneben ordnet § 166 S. 1 UmwG – als Spezialvorschrift zu den § 133 UmwG (→ § 27 Rn. 114 ff.)[516] – den Fortbestand der Haftung der Stiftung für die übergegangenen Verbindlichkeiten an, der sich ausnahmsweise auch auf die nach § 25 HGB übergeleiteten Verbindlichkeiten beziehen kann.[517] Diese **akzessorische Haftung**[518] ist nach §§ 167, 157 Abs. 1, Abs. 2 S. 1, 19 Abs. 3 UmwG auf **5 Jahre** seit Bekanntmachung der Eintragung der Ausgliederung im Handelsregister des Stiftungssitzes beschränkt. Erfasst sind alle in dieser Zeit fällig werdenden und geltend gemachten Verbindlichkeiten. Trotz der Beschränkung des Wortlauts auf den Ausgliederungsvertrag bestehen mit der einhelligen Auffassung keine Zweifel daran, dass die Nachhaftungsbegrenzung nach ihrem Regelungsziel auch für die Ausgliederung zur Neugründung gilt (vgl. auch § 136 S. 2 UmwG).[519] 444

Eine Haftung der Stiftung für **Neuschulden** des übernehmenden Rechtsträgers kommt allein nach Maßgabe des § 134 UmwG in Betracht. Daneben bestehen nach allgemeinen Grundsätzen Ansprüche der Gläubiger auf **Sicherheitsleistung** (§§ 133 Abs. 1 S. 2, 22 UmwG). 445

Für Ansprüche von **Sonderrechtsinhabern** haften die Stiftung und der übernehmende Rechtsträger nach Maßgabe des § 133 Abs. 2 iVm. § 23 UmwG. Das betrifft namentlich Destinatäre, denen satzungsmäßige Leistungsrechte eingeräumt worden sind.[520] Demgegenüber scheiden aufgrund der mitgliederlosen Verfassung der Stiftung die Ausgabe von Gewinn- und Wandelschuldverschreibungen, Genussrechten, stimmrechtslosen Anteilen und die Begründung ähnlicher Rechte aus.[521] 446

Obwohl es infolge der Universalsukzession im Ergebnis zu einer Schuldübernahme kommt, findet § 418 BGB nach Maßgabe des § 166 S. 2 UmwG keine Anwendung.[522] 447

---

[514] Dazu näher unter Hinweis auf die landesrechtlichen Vorschriften Lutter/*Hüttemann*/*Rawert* § 164 Rn. 23; Schmitt/Hörtnagl/Stratz/*Stratz* § 25 Rn. 1 ff.; Semler/Stengel/*Leonard* § 25 Rn. 3; Henssler/Strohn/*Decker* § 164 UmwG Rn. 1.

[515] Dazu ausf. MünchKommBGB/*Weitemeyer* § 87 Rn. 4 ff.; Staudinger/*Hüttemann*/*Rawert* BGB § 87 Rn. 9 ff.; v. Campenhausen/Reichert/*Hof* § 11 Rn. 56 ff.

[516] Zum Spezialitätscharakter des § 166 UmwG vgl. Kölner Kommentar UmwG/*Leuering* § 166 Rn. 1; Lutter/*Hüttemann*/*Rawert* § 166 Rn. 1; Semler/Stengel/*Stengel* § 166 Rn. 1.

[517] Widmann/Mayer/*Rieger* § 166 Rn. 34.

[518] Zur Einordnung der spaltungsrechtlichen Transferhaftung als akzessorische Haftung Kallmeyer/*Sickinger* § 133 Rn. 3; Lutter/*Schwab* § 133 Rn. 23 ff.; Widmann/Mayer/*Vossius* § 133 Rn. 25 f.; Lieder, Die rechtsgeschäftliche Sukzession, 2015, S. 762 ff.; *Habersack* FS Bezzenberger, 2000, S. 93, 96 ff.; aA (Haftung als Gesamtschuldner speziell im Bezug auf die Forthaftung der Stiftung) Böttcher/Habighorst/Schulte/*Geiser*/*Gimnich* § 166 Rn. 2; Widmann/Mayer/*Rieger* § 166 Rn. 27; Semler/Stengel/*Stengel* § 166 Rn. 2; Kölner Kommentar UmwG/*Leuering* § 166 Rn. 2; Lutter/*Hüttemann*/*Rawert* § 166 Rn. 1.

[519] Semler/Stengel/*Stengel* § 167 Rn. 1; Kölner Kommentar UmwG/*Leuering* § 167 Rn. 2; Widmann/Mayer/*Rieger* § 167 Rn. 3.

[520] Vgl. Widmann/Mayer/*Rieger* § 166 Rn. 32.

[521] Dazu ausf. Lutter/*Hüttemann*/*Rawert* § 166 Rn. 6; Widmann/Mayer/*Rieger* § 166 Rn. 33.

[522] Zur deklaratorischen Bedeutung der Regelung vgl. Widmann/Mayer/*Rieger* § 166 Rn. 8.

Mit der Forderung akzessorisch verbundene **Bürgschaften**, **Pfandrechte** und **Hypotheken** erlöschen gerade nicht. Denn der tiefere Grund für den Sicherungswegfall nach § 418 BGB – der Schutz der Sicherungsgeber vor einem erhöhten Ausfallrisiko durch den Schuldnerwechsel – besteht mit Blick auf die akzessorische Forthaftung des ursprünglichen Schuldners (Stiftung) gerade nicht (→ Rn. 492).[523] Auf die Sicherungsgrundschuld[524] und andere fiduziarische Sicherungsrechte[525] findet § 166 Abs. 2 UmwG analoge Anwendung. Die Fünfjahresfrist der §§ 167, 157 findet hier keine Anwendung.[526]

VII. Strukturmaßnahmen außerhalb des UmwG

1. Einzelübertragung

448 Der Stiftung stehen neben der Ausgliederung nach §§ 161 ff. UmwG auch alle weiteren Möglichkeiten zur Reorganisation außerhalb des UmwG zur Verfügung (→ § 3 Rn. 11 ff.). So kann die Stiftung – vorbehaltlich der stiftungsrechtlichen Zulässigkeit (→ Rn. 453 ff.) – im Wege der **Einzelnachfolge** das betriebene Unternehmen als **Sacheinlage** in eine Personenhandels- oder Kapitalgesellschaft einbringen oder mittels **Sachgründung** eine Kapitalgesellschaft neu errichten, die das Unternehmen betreiben soll.[527]

2. Zweckänderung

449 Im **Stiftungsrecht** wird unter einer „Umwandlung" der Stiftung ihre **Zweckänderung** verstanden.[528] Konkret geht es um eine Sonderform der Satzungsänderung, die nach § 87 BGB durch die **Stiftungsaufsichtsbehörde** nur im Fall der Unmöglichkeit der Zweckerreichung oder bei Gemeinwohlgefährdung oder aber nach landesrechtlichen Vorschriften bei einer wesentlichen Veränderung der Verhältnisse angeordnet werden kann.[529] Die **Stiftungsorgane** können hierzu nach landesrechtlichen Vorschriften oder kraft Satzung ermächtigt sein.[530] Alle diese Maßnahmen lassen die Identität der Stiftung als Rechtsträger und das Stiftungsvermögen unberührt.[531]

3. Zusammenlegung und Zulegung

450 Die Stiftungsaufsichtsbehörden und die Stiftungsorgane können als weitere (unechte) **stiftungsrechtliche Verschmelzungstatbestände** Zusammenlegungen und Zulegungen durchführen.[532] Werden mehrere Stiftungen ähnlicher Zweckrichtung zu einer neuen Stiftung verbunden, spricht man von einer **Zusammenlegung**. Sie ist von der **Zulegung** zu unterscheiden, bei der das Vermögen einer (oder mehrerer) Stiftungen auf eine bereits bestehende Stiftung übertragen wird. Das Vermögen der übertragenden Stiftungen geht grundsätzlich im Wege der Einzelnachfolge über; nur ausnahmsweise findet bei der Zu-

---

[523] Dazu ausf. *Lieder*, Die rechtsgeschäftliche Sukzession, 2015, S. 756 ff.
[524] Böttcher/Habighorst/Schulte/*Geiser/Gimnich* § 166 Rn. 2; Widmann/Mayer/*Rieger* § 166 Rn. 9.
[525] Zur Behandlung fiduziarischer Sicherheiten im Rahmen des § 418 Abs. 1 BGB ausf. *Lieder*, Die rechtsgeschäftliche Sukzession, 2015, S. 614 f.
[526] Kölner Kommentar UmwG/*Leuering* § 166 Rn. 3; Widmann/Mayer/*Rieger* § 166 Rn. 10.
[527] Dazu ausf. MünchHdB GesR V/*Gottschald/Knoop* § 106 Rn. 20 ff.; vgl. weiter BeckOGK/ *Krüger* UmwG § 161 Rn. 43; Semler/Stengel/*Stengel* § 161 Rn. 40; Kölner Kommentar UmwG/ *Leuering* § 161 Rn. 42; Lutter/*Hüttemann/Rawert* § 161 Rn. 56.
[528] Lutter/*Hüttemann/Rawert* § 161 Rn. 56; MünchKommBGB/*Weitemeyer* § 87 Rn. 1; Soergel/ *Neuhoff* BGB § 87 Rn. 6.
[529] Dazu näher unter Hinweis auf die landesrechtlichen Vorschriften Lutter/*Hüttemann/Rawert* § 161 Rn. 58; MünchKommBGB/*Weitemeyer* § 87 Rn. 1; BeckOKBGB/*Backert* § 87 Rn. 3.
[530] Dazu näher unter Hinweis auf die landesrechtlichen Vorschriften Lutter/*Hüttemann/Rawert* § 161 Rn. 58; MünchKommBGB/*Weitemeyer* § 87 Rn. 1; BeckOKBGB/*Backert* § 87 Rn. 4.
[531] Kölner Kommentar UmwG/*Leuering* § 161 Rn. 43; MünchKommBGB/*Weitemeyer* § 87 Rn. 3 ff.
[532] Zum Ganzen näher MünchHdB GesR V/*Gottschald/Knoop* § 106 Rn. 16 ff.

sammenlegung – nicht aber bei der Zulegung[533] – kraft Landesrechts eine Universalsukzession statt.[534] Bei der Zusammenlegung verlieren die übertragenden Stiftungen ihre Rechtsfähigkeit und werden liquidiert. Zuweilen bedarf es für diese Vorgänge der Zustimmung der Anfallberechtigten gem. § 88 BGB.[535]

I. Spaltungen unter Beteiligung der öffentlichen Hand

Schrifttum: *Achterberg/Püttner/Würtenberger*, Besonderes Verwaltungsrecht, Band II, 2. Aufl. 2000; *Baier/Müller*, Die Umwandlung von Regie- und Eigenbetrieben in ein Kommunalunternehmen aus kommunalrechtlicher, handelsrechtlicher und steuerlicher Sicht, BayVBl. 2011, 493; *Fabry/Augsten*, Unternehmen der öffentlichen Hand, 2. Aufl. 2011; *Gaß*, Die Umwandlung gemeindlicher Unternehmen, 2003; *Kämmerer*, Privatisierung, 2001; *Lepper*, Die Ausgliederung kommunaler Unternehmen in der notariellen Praxis, RNotZ 2006, 313; *Pauli*, Die Umwandlung von Kommunalunternehmen, BayVBl. 2008, 325; *Pfeiffer*, Können katholische Kirchengemeinden ihre Unternehmen durch eine Ausgliederung nach Umwandlungsgesetz privatisieren?, NJW 2000, 3694; *Schaub*, Arbeitsrechtliche Fragen bei der Privatisierung öffentlicher Betriebe und Einrichtungen, WiB 1996, 97; *Schindhelm/Stein*, Der Gegenstand der Ausgliederung bei einer Privatisierung nach dem UmwG, DB 1999, 1375; *Steuck*, Die privatisierende Umwandlung – Zur Ausgliederung von Regie- und Eigenbetrieben der Gebietskörperschaft u. a. nach dem neuen Umwandlungsrecht, NJW 1995, 2887; *Supplit*, Ausgliederung nach § 168 UmwG, 2005; *Supplit*, Ausgliederung aus dem Vermögen von Gebietskörperschaften, NotBZ 1997, 37, 141; *Wolff/Bachof/Stober/Kluth*, Verwaltungsrecht II, 7. Aufl. 2010.

Die §§ 168–173 UmwG regeln Besonderheiten der Spaltung in Form der Ausgliederung **451** unter Beteiligung der öffentlichen Hand. Diese Vorschriften verfolgen vor allem das Ziel, die Privatisierung von Regie- und Eigenbetrieben als nicht rechtsfähige Unternehmen einfacher als bisher zu gestalten.[536] Körperschaften und Anstalten des öffentlichen Rechts können als rechtsfähige Unternehmen bereits nach §§ 301 ff. UmwG in eine privatrechtliche Form umgewandelt werden (→ § 38 Rn. 423).

Bei der Ausgliederung gem. §§ 168–173 UmwG können Gebietskörperschaften oder **452** deren Zusammenschlüsse Vermögen in der Form eines Unternehmens auf private Rechtsträger im Wege der partiellen Gesamtrechtsfolge übertragen. Es handelt sich damit – neben dem Formwechsel von Körperschaften und Anstalten des öffentlichen Rechts nach den §§ 301–304 UmwG (→ § 38 Rn. 423) – um eine der im UmwG vorgesehenen Möglichkeiten zur formellen Privatisierung (→ § 76).

Die Möglichkeiten einer Beteiligung der öffentlichen Hand an einer Ausgliederung sind **453** in den §§ 168–173 UmwG abschließend geregelt (→ Rn. 4 ff.). Einer Erweiterung des Ausgliederungsumfangs steht das Analogieverbot des § 1 Abs. 2 UmwG (→ § 74 Rn. 2 ff.) entgegen.[537] Dies schließt jedoch nicht die Möglichkeit aus, Vermögen nach allgemeinen privatrechtlichen Grundsätzen im Wege der Einzelrechtsnachfolge auf einen anderen Rechtsträger übergehen zu lassen.[538] Zudem statuiert § 1 Abs. 2 UmwG einen Regelungsvorbehalt zugunsten spezieller bundes- oder landesrechtlicher Regelungen (→ § 74 Rn. 2), auf deren Grundlage Umwandlungen unter Beteiligung der öffentlichen Hand vorgesehen werden können, die das UmwG nicht ermöglicht (→ Rn. 29 ff.).

---

[533] Semler/Stengel/*Stengel* § 161 Rn. 42.
[534] Dazu näher unter Hinweis auf die landesrechtlichen Vorschriften und kritisch in Bezug auf die Gesetzgebungskompetenz der Länder Lutter/*Hüttemann/Rawert* § 161 Rn. 58; Semler/Stengel/*Stengel* § 161 Rn. 44 ff.
[535] Dazu eingehend *Karper* S. 59 ff., 94 ff.
[536] RegEBegr. BR-Drs. 75/94, S. 132.
[537] Kölner Kommentar-UmwG/*Leuering*, § 168 Rn. 9; Lutter/*H. Schmidt*, Vor § 168 Rn. 3; Widmann/Mayer/*Heckschen*, § 168 Rn. 7.
[538] RegEBegr. BR-Drs. 75/94, S. 80; Lutter/*H. Schmidt*, Vor § 168 Rn. 3. In diesem Fall finden die Vorschriften des UmwG keine Anwendung, vgl. BayObLG 3Z BR 225/98, NZG 1999, 27, 28.

I. §§ 168 ff. UmwG: Ausgliederungen aus dem Vermögen von Gebietskörperschaften

454 Die Umwandlung öffentlich-rechtlicher Rechtsträger im Wege der Spaltung nach dem UmwG wird durch die Regelungen der §§ 168 ff. UmwG eingeschränkt: Zum einen ist abweichend von § 123 Abs. 1 und 2 UmwG nur die Möglichkeit einer Spaltung in Form der Ausgliederung vorgesehen; diese Ausgliederung darf zudem nur aus dem Vermögen von Gebietskörperschaften und deren Zusammenschlüssen erfolgen. Zum anderen sind abweichend von § 123 Abs. 3 UmwG ausschließlich Unternehmen taugliche Gegenstände einer Ausgliederung. Nur soweit in den §§ 168 ff. UmwG keine Modifikationen des Ausgliederungsverfahrens geregelt werden, sind die allgemeinen umwandlungsrechtlichen Regeln über die Spaltung (§§ 123–137 UmwG) und ergänzend diejenigen über die Verschmelzung (§§ 125, 135 Abs. 2 UmwG) anwendbar.[539]

1. Beteiligungsfähige Rechtsträger

455 § 168 UmwG begrenzt den Kreis der übertragenden (→ Rn. 6) und übernehmenden Rechtsträger (→ Rn. 7 ff.), die an einer Ausgliederung beteiligt sein können.

456 **a) Übertragende Rechtsträger.** Übertragende Rechtsträger können gem. § 168 i. V. m. § 124 Abs. 1 UmwG allein einzelne[540] Gebietskörperschaften oder ihre Zusammenschlüsse sein. Eine Gebietskörperschaft verfügt über ein eigenes Gebiet, auf dem jeder, der dort seinen (Wohn-)Sitz hat oder ggf. sich auch nur aufhält, der körperschaftlichen Hoheitsgewalt unterworfen ist. Diese Hoheitsgewalt (Gebietshoheit) schließt das Recht ein, Staatsakte gegenüber den Gebietsansässigen zu setzen.[541] Unter die Regelung des § 168 UmwG fallen daher zunächst der Bund, die Länder, Gemeinden, Landkreise, kreisfreien Städte sowie die sonstigen Verbände mit Selbstverwaltungscharakter.[542] Ausgliederungsfähig sind gem. § 168 UmwG zudem Zusammenschlüsse von Gebietskörperschaften, die durch die Vereinigung ihrer Mitglieder zur gemeinsamen Aufgabenbewältigung in einer rechtsfähigen Einheit gekennzeichnet sind, ohne selbst Gebietskörperschaft zu sein. Derartige Einheiten sind in der Regel durch einen bundkörperschaftlichen Charakter und das Recht zur Selbstverwaltung geprägt.[543] Hierzu gehören zum Beispiel Sparkassenverbände,[544] kommunale Versorgungsverbände und sonstige kommunale Zweckverbände.[545] Über die Ausgliederungsfähigkeit nach dem UmwG in Fällen, in denen nicht nur Gebietskörperschaften,

---

[539] Vgl. nur *Suppliet*, Ausgliederung, S. 118. Detailliert zum Verhältnis zu den §§ 123 ff. UmwG Widmann/Mayer/*Heckschen*, § 168 Rn. 24 ff.

[540] Der Wortlaut des § 168 UmwG spricht von „einer" Gebietskörperschaft oder „einem" Zusammenschluss. S. auch Lutter/*H. Schmidt*, § 168 Rn. 9.

[541] Achterberg/Püttner/Würtenberger/*Schröder*, § 16 Rn. 7; *Wolff/Bachof/Stober/Kluth*, § 85 Rn. 31.

[542] Fabry/Augsten/*Fabry*, Teil 3 Rn. 12; Kölner Kommentar-UmwG/*Leuering*, § 168 Rn. 12. Auch erfasst sind kirchliche Gebietskörperschaften, vgl. *Suppliet*, Ausgliederung, S. 127; ausführlich *Pfeiffer*, NJW 2000, 3694.

[543] *Wolff/Bachof/Stober/Kluth*, § 85 Rn. 34.

[544] Sparkassenverbände sind Körperschaften des öffentlichen Rechts und bestehen aus den Sparkassen, die in der Regel Anstalten des öffentlichen Rechts sind, und ihren Trägern, also meist Gemeinden, vgl. z. B. § 28 Niedersächsisches Sparkassengesetz vom 14.12.2004 (Nds. GVBl. 2004 S. 609). Nach Lutter/*H. Schmidt*, § 168 Rn. 8, sollen auch Verbände der Krankenkassen in den Kreis ausgliederungsfähiger Rechtsträger nach § 168 UmwG fallen. Dem kann in dieser Allgemeinheit aber nicht gefolgt werden. Zwar sind sowohl die Krankenkassen als auch die (Landes-)Verbände der Krankenkassen grundsätzlich Körperschaften des öffentlichen Rechts, vgl. § 4 Abs. 1 bzw. § 207 Abs. 1 S. 2 SGB V. Es handelt sich aber um Personal- bzw. Bundkörperschaften, die keinen unmittelbaren Bezug zu einer Gebietskörperschaft aufweisen.

[545] *Steuck*, NJW 1995, 2887, 2888; *Suppliet*, Ausgliederung, S. 128 ff. Demgegenüber sind mangels körperschaftlichen Zusammenschlusses insbesondere kommunale Arbeitsgemeinschaften keine tauglichen Ausgangsrechtsträger, vgl. Lutter/*H. Schmidt*, § 168 Rn. 8.

sondern auch andere öffentlich-rechtliche Körperschaften, Stiftungen, Anstalten, juristische Personen des Privatrechts oder natürliche Personen Mitglieder eines Zweckverbands sind, hat die Rechtsprechung bislang nicht entschieden.[546] Vor dem Hintergrund der mit den §§ 168 ff. UmwG bezweckten Erleichterung von Privatisierungen der öffentlichen Hand erscheint jedoch eine Anwendung dieser Normen auch auf diesen Fall geboten.[547] Für die Anwendbarkeit der Norm spricht zudem ihr Wortlaut, der auf einen „Zusammenschluss von Gebietskörperschaften" abstellt und nicht verlangt, dass der Zusammenschluss „allein" Gebietskörperschaften umfasst. Letztlich ist diese Auslegung für die effektive Durchführung von Privatisierungsvorgängen und das Erreichen praktikabler Lösungen aber nicht zwingend. Denn selbst wenn § 168 UmwG auf bestimmte öffentlich-rechtliche Rechtsträger keine Anwendung findet, haben die Gesetzgeber auf Bundes- und Landesebene die Möglichkeit, spezialgesetzliche Umwandlungsregeln zu schaffen.

b) Übernehmende Rechtsträger. Hinsichtlich der übernahmefähigen Rechtsträger differenziert das Gesetz zwischen der Ausgliederung zur Aufnahme und zur Neugründung.

aa) Ausgliederung zur Neugründung. Bei der Ausgliederung zur Neugründung sind nur Kapitalgesellschaften (namentlich GmbH und AG) sowie eingetragene Genossenschaften zulässige Zielrechtsträger. Zwar gilt im Umwandlungsrecht auch die KGaA als Kapitalgesellschaft, § 3 Abs. 1 Nr. 2 UmwG.[548] Die Ausgliederung auf eine KGaA wird jedoch regelmäßig ausscheiden, wenn die Gebietskörperschaft die Komplementärstellung übernehmen soll. Denn die damit einhergehende unbeschränkte Haftung verstieße in der Regel gegen öffentlich-rechtliche Vorschriften, insbesondere auf Kommunalebene. So sieht etwa § 108 Abs. 1 S. 1 Nr. 3 GO NRW vor, dass eine Gemeinde nur dann Unternehmen in privatrechtlicher Form gründen oder sich daran beteiligen darf, wenn die Haftung der Gemeinde durch die Rechtsform auf einen bestimmten Betrag begrenzt ist.[549]

Das für die eingetragenen Genossenschaften in § 4 GenG normierte Erfordernis einer Mindestzahl von Gründern findet gem. § 135 Abs. 2 S. 3 UmwG keine Anwendung. Allerdings kommt eine Amtslöschung in Betracht, wenn die Zahl der Mitglieder in der Folgezeit nicht ansteigt.[550]

bb) Ausgliederung zur Aufnahme. Bei der Ausgliederung zur Aufnahme umfasst der Kreis zulässiger Zielrechtsträger neben den genannten Rechtsformen zusätzlich die Personenhandelsgesellschaften (oHG, KG, GmbH & Co. KG).[551] Auch hier können öffentlich-rechtliche Regelungen gegen die Komplementärstellung einer Gebietskörperschaft sprechen.

Darüber hinaus erweitern europarechtliche Vorgaben den Kreis der Zielrechtsträger um die EWIV sowie die SE – zu behandeln wie eine oHG bzw. AG.[552]

---

[546] Widmann/Mayer/*Heckschen*, § 168 Rn. 137. Streitstand bei Kölner Kommentar-UmwG/*Leuering*, § 168 Rn. 14.
[547] So für die Beteiligung einer Kapitalgesellschaft auch Lutter/*H. Schmidt*, § 168 Rn. 8; Semler/Stengel/*Perlitt*, § 168 Rn. 20a. Differenzierend nach der Inhaberschaft der Anteile an der Kapitalgesellschaft Widmann/Mayer/*Heckschen*, § 168 Rn. 138.
[548] S. auch die Gesetzesbegründung, die die KGaA explizit als mögliche Rechtsform für übernehmende Rechtsträger erwähnt, RegEBegr. BR-Drs. 75/94, S. 132.
[549] Einen Überblick über weitere einschlägige Vorschriften auf Kommunalebene gibt Widmann/Mayer/*Heckschen*, § 168 Rn. 91 Fn. 5. § 65 BHO/LHO sieht demgegenüber insoweit lediglich Sollvorschriften vor. Zum Ganzen *Gaß*, S. 195.
[550] § 80 Abs. 1 GenG sieht eine Amtslöschung vor, wenn die Mitgliederzahl nicht innerhalb von sechs Monaten auf mindestens drei Mitglieder ergänzt wird.
[551] Mit dieser Erweiterung soll der öffentlichen Hand ermöglicht werden, ein Unternehmen auf ein bestehendes privatrechtliches Unternehmen einer anderen Körperschaft, ggf. auch in Form einer Personenhandelsgesellschaft, zu übertragen, vgl. RegEBegr. BR-Drs. 75/94, S. 132.
[552] § 1 EWIV-Ausführungsgesetz vom 14.4.1988 (BGBl. 1988 I S. 514) bzw. § 1 SE-Ausführungsgesetz vom 22.12.2004 (BGBl. 2004 I S. 3675).

462 Eine Ausgliederung auf mehrere übernehmende Rechtsträger sieht § 168 UmwG, anders als § 123 Abs. 3 UmwG, nicht vor.⁵⁵³ Der Gesetzgeber begründet diese Einschränkung damit, dass der Übertragungsgegenstand (namentlich ein Eigen- oder Regiebetrieb) regelmäßig nicht in einem Register eingetragen sei und seine Aufteilung auf mehrere verschiedene übernehmende Rechtsträger daher zu registerrechtlichen Komplikationen führen würde. Überdies bestehe kein praktisches Erfordernis für eine Ausgliederung auf mehrere Rechtsträger.⁵⁵⁴

2. Ausgliederungsgegenstand

463 Gegenstand einer Ausgliederung kann nach § 168 UmwG nur ein von einer Gebietskörperschaft oder einem Zusammenschluss von Gebietskörperschaften betriebenes Unternehmen als Ganzes sein. Der Begriff des Unternehmens in § 168 UmwG ist nicht legal definiert. Unter Berücksichtigung des Normzwecks ist eine funktionale Auslegung geboten.⁵⁵⁵ So benennt der Gesetzgeber als Ziel der §§ 168 ff. UmwG die Erleichterung der Privatisierung insbesondere von Eigen- und Regiebetrieben der öffentlichen Hand.⁵⁵⁶ Davon ausgehend erfasst der Unternehmensbegriff in § 168 UmwG jedenfalls derartige Betriebe und solche öffentlich-rechtlichen Einrichtungen, die ebenfalls eine gewisse organisatorische Eigenständigkeit erlangen sowie planmäßig und auf Dauer angelegt Aufgaben wahrnehmen und dadurch wirtschaftlich am Markt teilnehmen.⁵⁵⁷ Es ist nicht zwingend erforderlich, dass die Einrichtungen rechtsfähig sind, wie die Erwähnung der typischerweise rechtlich unselbständigen Eigen- und Regiebetriebe in der Gesetzesbegründung verdeutlicht.

464 Nach überwiegender Auffassung sind von diesem funktionalen Unternehmensbegriff auch nicht rechtsfähige Anstalten des öffentlichen Rechts erfasst.⁵⁵⁸ Neben erwerbswirtschaftlich und gewinnorientiert betriebenen Unternehmen fallen auch nicht kostendeckend arbeitende Einrichtungen, insbesondere im Bereich der Daseinsvorsorge, unter den Unternehmensbegriff des § 168 UmwG.⁵⁵⁹

465 Die Ausgliederung nach § 168 UmwG muss das Unternehmen in seiner Gesamtheit umfassen. Einzelne Vermögensgegenstände, die nicht unmittelbar dem Betrieb dienen, können jedoch durch Aufnahme in den Ausgliederungsplan mitübertragen werden; umgekehrt können einzelne Gegenstände zurückbehalten werden, soweit das Unternehmen als wirtschaftliche Aktionseinheit bestehen bleibt.⁵⁶⁰ Denn sofern diese Maßnahmen vor der Ausgliederung erfolgen und in ihrem Umfang begrenzt sind, ist nicht davon auszugehen, dass sie das Ziel klarer Verhältnisse gefährden.⁵⁶¹

466 Die gleichzeitige Ausgliederung mehrerer Unternehmen begegnet trotz des insoweit nicht eindeutigen Wortlauts des § 168 UmwG („*eines* Unternehmens") keinen Bedenken.⁵⁶² Denn letztlich ersetzt eine solche Zusammenfassung lediglich mehrere parallele Ausgliederungsvorgänge und dient damit der effizienteren Transaktionsgestaltung.

---

⁵⁵³ Lutter/*H. Schmidt*, § 168 Rn. 13; Schmitt/Hörtnagl/Stratz/*Hörtnagl*, § 168 Rn. 5.
⁵⁵⁴ RegEBegr. BR-Drs. 75/94, S. 132; zweifelnd *Suppliet*, NotBZ 1997, 37, 41.
⁵⁵⁵ Fabry/Augsten/*Fabry*, Teil 3 Rn. 13; *Lepper*, RNotZ 2006, 313, 318; *Schindhelm/Stein*, DB 1999, 1375, 1377; *Steuck*, NJW 1995, 2887, 2889; Widmann/Mayer/*Heckschen*, § 168 Rn. 128.
⁵⁵⁶ RegEBegr. BR-Drs. 75/94, S. 132.
⁵⁵⁷ *Kämmerer*, S. 276 ff. m. w. N.; Kölner Kommentar-UmwG/*Leuering*, § 168 Rn. 23.
⁵⁵⁸ *Lepper*, RNotZ 2006, 313, 317; Lutter/*H. Schmidt*, § 168 Rn. 10; *Schindhelm/Stein*, DB 1999, 1375, 1377; Semler/Stengel/*Perlitt*, § 168 Rn. 30. Statt vieler anders Schmitt/Hörtnagl/Stratz/*Hörtnagel*, § 168 Rn. 3. Namentlich die Umwandlungsfähigkeit von Kommunalunternehmen ablehnend *Gaß*, S. 215 f. sowie *Pauli*, BayVBl. 2008, 325, 327 f.
⁵⁵⁹ Fabry/Augsten/*Fabry*, Teil 3 Rn. 13; *Gaß*, S. 191; *Steuck*, NJW 1995, 2887, 2888.
⁵⁶⁰ Schmitt/Hörtnagl/Stratz/*Hörtnagl*, § 168 Rn. 6; *Steuck*, NJW 1995, 2887, 2889 f.
⁵⁶¹ Vgl. Semler/Stengel/*Perlitt*, § 168 Rn. 33.
⁵⁶² *Gaß*, S. 193 m. w. N.; Widmann/Mayer/*Heckschen*, § 168 Rn. 132.

3. Kein entgegenstehendes Bundes- oder Landesrecht

Die Einschränkung in § 168 UmwG a. E., nach der das für den jeweiligen öffentlich- **467** rechtlichen Rechtsträger und den Umwandlungsvorgang relevante Bundes- oder Landesrecht nicht entgegenstehen darf, bestätigt zum einen, dass spezifische landes- und bundesrechtliche Umwandlungsregeln Vorrang vor den generischen Vorgaben der §§ 168 ff. UmwG genießen. Zum anderen stellt sie klar, dass sich die §§ 168–173 UmwG nur mit den zivilrechtlichen Voraussetzungen der Ausgliederung, nicht aber mit den öffentlich-rechtlichen Anforderungen beschäftigen. Anders als die Vorgängerregelung verlangt § 168 UmwG aber nicht mehr, dass die Ausgliederung durch eine bundes- oder landesrechtliche Regelung zugelassen wird; vielmehr soll es nur noch darauf ankommen, ob ein Ausgliederungsverbot besteht. Damit will der Gesetzgeber Umwandlungsvorgänge weniger schwerfällig gestalten.[563]

Umfassende Ausgliederungsverbote sind nicht ersichtlich. Allerdings gilt es häufig, zu- **468** sätzliche formelle und materielle Bedingungen zu beachten, insbesondere Anzeige- oder Genehmigungspflichten übergeordneter Behörden[564] (davon zu unterscheiden die allgemeinen öffentlich-rechtlichen Schranken privatisierender Umwandlungen → § 76 Rn. 20 ff.). Darüber hinaus enthalten die Kommunalgesetze die folgenden allgemeinen, im Wesentlichen gleichlautenden Vorgaben für die Errichtung, Übernahme oder wesentliche Erweiterung von Unternehmen in privatrechtlicher Rechtsform:[565]

- Verfolgung eines öffentlichen Zwecks, der nicht ebenso gut durch private Dritte erfüllt werden kann;
- Angemessenes Verhältnis zwischen den Unternehmen(sbeteiligungen) einerseits und der Leistungsfähigkeit sowie dem Bedarf ihrer Rechtsträger andererseits;
- Sicherstellung der Erfüllung des öffentlichen Zwecks des Unternehmens durch Regelung entsprechender Bindungen im Unternehmensvertrag oder in der Satzung;
- Schaffung angemessener Einflussmöglichkeiten des öffentlichen Rechtsträgers auf das Unternehmen, insbesondere über den Aufsichtsrat oder entsprechende Überwachungsorgane;[566]
- Begrenzung der Haftungsverpflichtungen des öffentlichen Rechtsträgers auf einen seiner Leistungsfähigkeit entsprechenden Betrag;
- Aufstellung und Prüfung des Jahresabschlusses und des Lageberichts des Unternehmens entsprechend den für große Kapitalgesellschaften geltenden Vorschriften des Dritten Buchs des Handelsgesetzbuchs:

4. Besonderheiten im Ausgliederungsverfahren

a) Sondervorschriften. Die §§ 169 ff. UmwG tragen den Besonderheiten öffentlich- **469** rechtlicher Gebietskörperschaften oder derer Zusammenschlüsse Rechnung und modifizieren entsprechend z. T. die allgemein gem. §§ 126 ff. UmwG für das Ausgliederungsverfahren geltenden Grundsätze (→ §§ 22 ff.).

Beispielsweise ist gem. § 169 S. 1 UmwG abweichend von § 127 UmwG für die **470** Gebietskörperschaft und den Zusammenschluss **kein Ausgliederungsbericht** erforderlich.[567] Bundes- oder landesrechtliche Vorschriften können jedoch vergleichbare Pflichten zur Berichterstattung statuieren. Relevant wird dies insbesondere, wenn die Ausgliederung

---

[563] Vgl. RegEBegr. BR-Drs. 75/94, S. 132. Zur früheren Rechtslage s. §§ 57, 58 UmwG 1969.
[564] Schmitt/Hörtnagl/Stratz/*Hörtnagl*, § 168 Rn. 12; Widmann/Mayer/*Heckschen*, § 168 Rn. 392 ff..
[565] Ausführlich dazu *Wolff/Bachof/Stober/Kluth*, § 92 Rn. 99 ff.; vgl. auch Fabry/Augsten/*Fabry*, Teil 1 Rn. 22, insb. Rn. 24; Widmann/Mayer/*Heckschen*, § 168 Rn. 399.
[566] Zu möglichen Gestaltungsmöglichkeiten vgl. für Bayern ausführlich *Gaß*, S. 358 ff.
[567] Dahinter steht insbesondere, dass die Information der Anteilsinhaber des übertragenden Rechtsträgers als eines der Ziele des Ausgliederungsberichts hier nicht passt, vgl. RegEBegr. BR-Drs. 75/94, S. 132 i. V. m. 130, 129.

unter dem Genehmigungsvorbehalt übergeordneter Aufsichtsbehörden steht[568] (zu Gestaltungsmöglichkeiten durch abweichendes Bundes- oder Landesrecht → § 76 Rn. 57 ff.). Ebenso bedarf es nach § 169 S. 2 UmwG grundsätzlich **keines Ausgliederungsbeschlusses** nach §§ 125, 135, 13 UmwG. Im Übrigen stellt die Regelung jedoch klar, dass sich die Entscheidung über eine Ausgliederung nach dem Organisationsrecht des beteiligten öffentlich-rechtlichen Rechtsträgers richtet. Dieses kann auch weitere Voraussetzungen für die Ausgliederung bestimmen. Dabei handelt es sich jedoch nur um innerorganisatorisches Recht, dessen Verletzung die zivilrechtliche Wirksamkeit der Ausgliederung grundsätzlich nicht berühren würde.[569]

471 Für den Fall der Ausgliederung zur Neugründung des übernehmenden Rechtsträgers in der Form einer Kapitalgesellschaft verweist § 170 UmwG auf die Regelungen des Verschmelzungsrechts in § 58 Abs. 1 und § 75 Abs. 1 UmwG. Für die Angaben in dem danach zu erstellenden **Sachgründungsbericht** für die GmbH (§ 58 Abs. 1 UmwG, § 5 Abs. 4 GmbHG→ § 29 Rn. 173 ff.) bzw. in dem **Gründungsbericht für die AG und KGaA** (§ 75 Abs. 1 UmwG, § 32 AktG→ § 29 Rn. 54 ff.) kommt es auf den Eigen- oder Regiebetrieb selbst an, nicht auf die Gebietskörperschaft oder den Zusammenschluss.[570] Gleiches gilt für die **Angaben zum Geschäftsverlauf und die Lage des auszugliedernden Betriebs**.[571] Soweit keine gesonderte Ausweisung von Jahresergebnissen oder Betriebserträgen für den Betrieb bei der Gebietskörperschaft oder bei dem Zusammenschluss erfolgt, sind diese Angaben jedoch entbehrlich.[572]

472 § 171 UmwG schließlich modifiziert die Regelung des § 131 Abs. 1 Nr. 1 UmwG dahingehend, dass für das **Wirksamwerden der Ausgliederung** nur die Eintragung im Register des übernehmenden bzw. neu gegründeten Rechtsträgers maßgeblich ist. Dies ist darauf zurückzuführen, dass für öffentlich-rechtliche Rechtsträger keine Registerpflicht besteht.[573] Die Regelung des § 171 UmwG gilt jedoch auch dann, wenn das ausgegliederte Unternehmen gemäß § 33 HGB im Register eingetragen ist.[574] Das **Anmeldeverfahren** richtet sich dabei nach § 125 S. 1 i. V. m. §§ 16, 17 UmwG. Bei einer Ausgliederung zur Aufnahme wird die Anmeldung der Eintragung dementsprechend durch das Vertretungsorgan des übernehmenden Rechtsträgers vorgenommen.[575] Die Anmeldung eines neu gegründeten Rechtsträgers erfolgt hingegen durch das Vertretungsorgan der übertragenden Körperschaft, wobei sich die Vertretungsbefugnisse nach öffentlichem Recht richten.[576]

473 b) **Ungeschriebene Besonderheiten aus der „Natur der Sache".** Über die Sonderregelungen der §§ 169 ff. UmwG hinaus gibt es noch einige weitere Abweichungen von den allgemeinen umwandlungsrechtlichen Vorgaben, die sich aus der Natur der öffentlich-rechtlichen Rechtsträger ergeben. So haben Gebietskörperschaften (anders als etwa deren Zusammenschluss in einem Zweckverband) in der Regel keinen Sitz. Daher findet § 126 Abs. 1 Nr. 1 UmwG der diese Angabe sonst im **Ausgliederungsvertrag bzw. Ausglie-**

---

[568] Lutter/*H. Schmidt*, § 169 Rn. 4, 7.
[569] *Gaß*, S. 208 f.; Widmann/Mayer/*Heckschen*, § 169 Rn. 19 f.
[570] Vgl. nur Hensler/Strohn/*Decker*, § 170 UmwG Rn. 1.
[571] Lutter/*H. Schmidt*, § 170 Rn. 6; *Suppliet*, NotBZ 1997, 141, 145.
[572] Semler/Stengel/*Perlitt*, § 170 Rn. 7.
[573] Gem. § 36 HGB a. F. war die Eintragung für öffentlich-rechtliche Unternehmen freigestellt. Die Regelung wurde durch das Handelsrechtsreformgesetz vom 22.6.1998 (BGBl. 1998 I S. 1474) aufgehoben.
[574] Kölner Kommentar-UmwG/*Leuering*, § 171 Rn. 1. Soweit rechtlich unselbständige Unternehmen der öffentlichen Hand ein Handelsgewerbe betreiben, sind auch diese nach § 33 HGB eintragungsfähig, vgl. BayObLG 3Z BR 174/01, BayObLGZ 2001, 357, 360 f. unter Verweis auf BT-Drs 13/8444, S. 34 und 57 f.
[575] Schmitt/Hörtnagl/Stratz/*Hörtnagl*, § 171 Rn. 1.
[576] Lutter/*H. Schmidt*, § 171 Rn. 4. Die Erklärung nach § 16 Abs. 2 UmwG ist in diesem Fall überflüssig, vgl. Hensler/Strohn/*Decker*, § 171 UmwG Rn. 2.

derungsplan grundsätzlich verlangt, auf Gebietskörperschaften als übertragende Rechtsträger keine Anwendung.[577]

Ebenso wenig verfügen Gebietskörperschaften über einen Betriebsrat. Daher stellt sich die Frage, inwiefern die Regelung des § 126 Abs. 1 Nr. 11 UmwG Anwendung findet. Diese knüpft an die Informationspflicht gegenüber dem Betriebsrat an und verlangt, dass der Ausgliederungsvertrag auch Angaben zu den Folgen der Ausgliederung für die Arbeitnehmer und deren Vertretungen enthält. Nach einer Ansicht soll an die Stelle des Betriebsrats der Personalrat treten. Dieser müsse nach dem Willen des Gesetzgebers informiert werden. Demnach sollten die entsprechenden Informationen auch im Ausgliederungsvertrag aufzunehmen sein.[578] Gegen diese Ansicht spricht indes, dass das öffentliche Personalvertretungsrecht eigene Informationspflichten enthält und speziell für Beamte ohnehin besondere Regelungen etwa für einen Dienstherrnwechsel § 75 Rn. 71) gelten.[579] Daher sind die Angaben nach § 126 Abs. 1 Nr. 11 UmwG bei der Ausgliederung aus öffentlich-rechtlichen Körperschaften oder deren Zusammenschlüssen entbehrlich.[580]

Gem. § 126 Abs. 1 Nr. 7 UmwG sind in dem Ausgliederungsvertrag auch die Rechte festzulegen, die der übernehmende Rechtsträger u. a. einzelnen Anteilsinhabern einräumt. In diesem Rahmen kann eine Gebietskörperschaft als Gesellschafterin des übernehmenden Rechtsträgers auf eine Sicherung ihrer Einflussmöglichkeiten auf den übernehmenden Rechtsträger hinwirken, wenn ihre (kommunal-)rechtlichen Grundlagen dies gebieten (→ § 29 Rn. 468).

c) Heilung. § 131 Abs. 2 UmwG sieht vor, dass **Mängel der Ausgliederung** die Wirkungen der Eintragung nach § 131 Abs. 1 UmwG unberührt lassen. Die mit der Regelung des § 131 Abs. 2 UmwG bezweckte Rechtssicherheit streitet dafür, ihre Heilungswirkung auch auf die Verletzung sonstiger öffentlich-rechtlicher Vorschriften im Ausgliederungsvorgang zu erstrecken.[581]

5. Gläubigerschutz

Die §§ 172 und 173 UmwG treffen gegenüber dem allgemeinen Haftungsregime der §§ 133, 134 UmwG für die Gebietskörperschaft Sonderregelungen zur Nachhaftung.[582] Durch den Übergang der Verbindlichkeiten wird der übertragende Rechtsträger von seiner Haftung nicht befreit (§ 172 S. 1 UmwG). Mit der Ausgliederung tritt eine gesamtschuldnerische Mithaftung neben dem übernehmenden oder neuen Rechtsträger ein.[583] § 172 S. 2 UmwG schließt die Anwendung des § 418 BGB aus, sodass für die übergegangene Verbindlichkeit bestehende Sicherungs- und Vorzugsrechte erhalten bleiben. Allerdings ist die Nachhaftung der Gebietskörperschaft gem. § 173 i. V. m. § 157 Abs. 1 S. 1 UmwG auf solche Verbindlichkeiten beschränkt, die innerhalb von fünf Jahren nach der Ausgliederung fällig und geltend gemacht sind.[584]

---

[577] Lutter/*H. Schmidt*, Vor § 168 Rn. 10.
[578] *Gaß*, S. 200 f.; Semler/Stengel/*Perlitt*, § 168 Rn. 55; *Schaub*, WiB 1996, 97, 98; *Steuck*, NJW 1995, 2887, 2890; Widmann/Mayer/*Heckschen*, § 168 Rn. 185 f.
[579] Regelungen zu Informationspflichten gegenüber dem Personalrat finden sich auf Landesebene z. B. in Art. 69 Abs. 2 S. 1 BayPVG, § 60 Abs. 1 S. 1 NPersVG, § 68 Abs. 2 S. 1 ThürPersVG sowie auf Bundesebene in § 69 Abs. 1 S. 1 BPersVG.
[580] Statt vieler gehen auch Lutter/*H. Schmidt*, Vor § 168 Rn. 10 und *Suppliet*, NotBZ 1997, 141, 144 von einer Entbehrlichkeit der Angaben aus.
[581] Kölner Kommentar-UmwG/*Leuering*, § 169 Rn. 7, § 171 Rn. 10; Semler/Stengel/*Perlitt*, § 171 UmwG Rn. 14.
[582] Ausführlich zur in den §§ 172 f. UmwG nicht geregelten Haftung des übernehmenden oder neuen Rechtsträgers Lutter/*H. Schmidt*, § 172 Rn. 10.
[583] Widmann/Mayer/*Heckschen*, § 172 Rn. 1.
[584] Kölner Kommentar-UmwG/*Leuering*, § 171 Rn. 1; Widmann/Mayer/*Heckschen*, § 173 Rn. 3, § 157 Rn. 20 ff.

479 Umstritten ist, ob die in § 133 Abs. 1 S. 2, § 125 S. 1 i. V. m. § 22 UmwG vorgesehene Sicherheitsleistung zu Gunsten der Gläubiger des übertragenden Rechtsträgers auf den gegenüber der Gebietskörperschaft nach §§ 172, 173 i. V. m. § 157 UmwG bestehenden Haftungsanspruch anwendbar ist.[585] Ein solcher Anspruch auf Sicherheitsleistung ist jedoch im Ergebnis insbesondere wegen der in den meisten Fällen bestehenden Insolvenzunfähigkeit öffentlich-rechtlicher Rechtsträger nicht erforderlich. Fehlt in diesen Fällen ein Schutzbedürfnis der Gläubiger, ist der Anspruch abzulehnen.[586]

II. Spaltungsvorgänge der öffentlichen Hand außerhalb des UmwG

480 Die Möglichkeiten einer Beteiligung der öffentlichen Hand an einer Spaltung i. S. v. § 123 UmwG sind in den §§ 168–173 UmwG abschließend geregelt (→ § 29 Rn. 453).[587] Nicht ausgliederungsfähig nach dem UmwG sind daher insbesondere andere Körperschaften, die nicht Gebietskörperschaften sind, und rechtsfähige Anstalten des öffentlichen Rechts.

481 Unbenommen bleibt jedoch zum einen die Möglichkeit einer Umstrukturierung öffentlich-rechtlicher Unternehmen außerhalb des Umwandlungsregimes des UmwG im Wege der Einzelrechtsnachfolge. Zwar werden an eine Übertragung im Wege der Einzelrechtsnachfolge keine so umfassenden Formanforderungen gestellt wie an eine Umwandlungsmaßnahme nach dem UmwG. Dafür ist die Einzelrechtsnachfolge auch nicht so weitreichend wie eine Ausgliederung. Dementsprechend kann durch eine Umstrukturierung im Wege der partiellen Gesamtrechtsnachfolge insbesondere eine umfangreiche Neuzuordnung bestehender Verbindlichkeiten zu Dritten vermieden werden und es gilt die Kostenobergrenze des § 39 Abs. 4 KostO.[588]

482 Zum anderen kommen Umwandlungsvorgänge außerhalb der strengen Vorgaben aus §§ 168 ff. UmwG in Betracht. So stellt die Regelung des § 1 Abs. 2 UmwG klar, dass der Bundes- und Landesgesetzgeber weitere Umwandlungsfälle regeln kann. Dies zeigt, dass neben den im UmwG geregelten Vorgängen auch andere Transaktionen mit (partieller) Gesamtrechtsfolge zulässig sind (zur Öffnungsklausel des § 1 Abs. 2 UmwG → § 74 Rn. 3 f.). Durch entsprechende spezialgesetzliche Regelungen kann etwa der Kreis beteiligungsfähiger Rechtsträger erweitert oder eine Ausgliederung auf mehrere übernehmende Rechtsträger vorgesehen werden (ausf. zu den Gestaltungsmöglichkeiten entsprechender gesetzlicher Regelungen → § 74). Jedenfalls mit Blick auf Umwandlungen auf Landesebene folgt die Zulässigkeit spezieller Regelungen jedoch nicht erst aus der insoweit rein deklaratorischen Anordnung in § 1 Abs. 2 UmwG, sondern bereits aus der nur begrenzten Gesetzgebungskompetenz des Bundes.[589] Denn die Ausgliederung auf Landes- oder Kommunalebene in selbstständige Anstalten oder sonstige juristische Personen des öffentlichen Rechts (Kommunalunternehmen) betrifft den Bereich der Organisation landeseigener bzw. kommunaler Verwaltung, für den nicht dem Bund, sondern nur den Ländern die Gesetzgebungskompetenz zusteht. Daher ist ein Rückgriff auf die Öffnungsklausel des § 1 Abs. 2 UmwG insoweit nicht erforderlich.[590]

---

[585] Dafür unter Voraussetzung der Glaubhaftmachung einer Gefährdung der Ansprüche Kölner Kommentar-UmwG/*Leuering*, § 172 Rn. 5; Lutter/*H. Schmidt*, § 172 Rn. 8; Semler/Stengel/*Perlitt*, § 172 Rn. 11.
[586] So auch *Gaß*, S. 214; Widmann/Mayer/*Heckschen*, § 168 Rn. 209.
[587] BAG 9 AZR 95/00, NZA 2001, 1200, 1202.
[588] Vgl. Fabry/Augsten/*Fabry*, Teil 3 Rn. 11; Heckschen/Simon/*Heckschen*, S. 246.
[589] Kölner Kommentar-UmwG/*Leuering*, § 168 Rn. 19; Lutter/*H. Schmidt*, Vor § 168 Rn. 19.
[590] Lutter/*H. Schmidt*, Vor § 168 Rn. 19; *Gaß*, S. 311; dazu auch *Baier/Müller*, BayVBl. 2011, 493, 494.

§ 30 Grenzüberschreitende Spaltung

Übersicht

	Rdnr.		Rdnr.
I. Grundlagen	1–4	1. Äquivalenz- und Effektivitätsgrundsatz	23
1. Begriff der grenzüberschreitenden Spaltung	1, 2	2. Anwendbare Vorschriften	24
2. Interessen und Rechtstatsachen	3, 4	3. Voraussetzungen	25, 26
II. Sachrechtliche Zulässigkeit der grenzüberschreitenden Spaltung	5–18	4. Verfahren	27–37
		a) Spaltungsbericht und -prüfung	27–29
1. Grenzüberschreitende Spaltung aus deutscher Sicht	5–8	b) Spaltungsvertrag bzw. -plan …	30–33
		c) Beschlussfassung und Beschlussanfechtung	34–37
2. Grenzüberschreitende Spaltung aus europarechtlicher Sicht	9–17	5. Wirkung	38–40
a) Eröffnung des Anwendungsbereichs der Niederlassungsfreiheit	12	a) Eintragungsverfahren	
		b) Art und Weise des Vermögensübergangs	39, 40
b) Beschränkung der Niederlassungsfreiheit	13–16	6. Schutz der Gläubiger	41–46
c) Besonderheiten bei der Spaltung zur Neugründung	17	a) Gläubiger des übertragenden deutschen Rechtsträgers	42–44
3. Außereuropäische Spaltung	18	b) Gläubiger des/der übernehmenden deutschen Rechtsträger(s)	45
III. Bestimmung des anwendbaren Rechts	19–22		
1. Gründungstheorie vs. Sitztheorie	19–21	c) Inhaber von stimmrechtslosen Sonderrechten	46
2. Zusammentreffen mehrerer Gesellschaftsstatute	22	7. Schutz der Arbeitnehmer	47, 48
IV. Durchführung der grenzüberschreitenden Spaltung im EU/EWR-Raum	23–48	V. Alternative Gestaltungsmöglichkeiten	49

Schrifttum: *Baums,* Recht der Unternehmensfinanzierung, 2017; *Bausback,* Der dingliche Erwerb inländischer Grundstücke durch ausländische Gesellschaften, DNotZ 1996, 254; *Bayer/J. Schmidt,* Grenzüberschreitende Sitzverlegung und grenzüberschreitende Restrukturierung nach MoMiG, Cartesio und Trabrennbahn, ZHR 173 (2009), 735; *dies.,* Gläubigerschutz bei (grenzüberschreitenden) Verschmelzungen, ZIP 2016, 841; *Behme,* Rechtsformwahrende Sitzverlegung und Formwechsel von Gesellschaften über die Grenze, 2015; *Behrens,* Die Umstrukturierung von Unternehmen durch Sitzverlegung oder Fusion über die Grenze im Licht der Niederlassungsfreiheit im europäischen Binnenmarkt (Art. 52 und 58 EWGV), ZGR 1994, 1; *Bungert,* Entwicklungen im internationalen Gesellschaftsrecht Deutschlands, AG 1995, 489; *Dorr/Stukenborg,* „Going to the Chapel": Grenzüberschreitende Ehen im Gesellschaftsrecht – Die ersten transnationalen Verschmelzungen nach dem UmwG (1994), DB 2003, 647; *Drouven/Mödl,* US-Gesellschaften mit Hauptverwaltungssitz in Deutschland im deutschen Recht, NZG 2007, 7; *Ebenroth/Bippus,* Die Anerkennungsproblematik im Internationalen Gesellschaftsrecht am Beispiel des Freundschafts-, Handels- und Schiffahrtsvertrages zwischen der Bundesrepublik Deutschland und den Vereinigten Staaten von Amerika vom 29.10.1954, NJW 1988, 2137; *Ebenroth/Offenloch,* Kollisionsrechtliche Untersuchung grenzüberschreitender Ausgliederungen, RIW 1997, 1; *Eidenmüller,* Mobilität und Restrukturierung von Unternehmen im Binnenmarkt, JZ 2004, 24; *Fisch,* Der Übergang ausländischen Vermögens bei Verschmelzungen und Spaltungen – Eine Analyse aus Sicht der Praxis, NZG 2016, 448; *Forsthoff,* Die Bedeutung der Rechtsprechung des EuGH zur Mobilität von Gesellschaften über das Gesellschaftsrecht hinaus, EuZW 2015, 248; *Freitag/Korch,* Gedanken zum Brexit – Mögliche Auswirkungen im Internationalen Gesellschaftsrecht, ZIP 2016, 1361; *Freitag,* Zur Geltung der Gründungstheorie im Verhältnis der EU-Mitgliedstaaten zu Kanada nach dem CETA-Abkommen, NZG 2017, 615; *Germelmann,* Konkurrenz von Grundfreiheiten und Missbrauch von Gemeinschaftsrecht – Zum Verhältnis von Kapitalverkehrs- und Niederlassungsfreiheit in der neueren Rechtsprechung, EuZW 2008, 596; *Geyrhalter/Weber,* Transnationale Verschmelzungen – im Spannungsfeld zwischen SEVIC Systems und der Verschmelzungsrichtlinie, DStR 2006, 146; *Großfeld,* Internationales Umwandlungsrecht, AG 1996, 302; *Goette,* Auslandsbeurkundungen im Kapitalgesellschaftsrecht, DStR 1996, 709; *Hennrichs/Pöschke/von der Laage/Klavina,* Die Niederlassungsfreiheit der Gesellschaften in Europa, WM 2009, 2009; *Heckschen,* Grenzüberschreitender Formwechsel, ZIP 2015, 2049; *Herzig,* Grenzüberschreitende Spaltung von Kapitalgesellschaften, BB 1992,

1251; *Hoffmann,* Die Bildung der Aventis S. A. – ein Lehrstück des europäischen Gesellschaftsrechts, NZG 1999, 1077; *ders.*, Die stille Bestattung der Sitztheorie durch den Gesetzgeber, ZIP 2007, 1581; *Hoger/Lieder,* Die grenzüberschreitende Anwachsung, ZHR 180 (2016), 613; *Horn,* Internationale Unternehmenszusammenschlüsse, ZIP 2000, 473; *Hushahn,* Grenzüberschreitende Formwechsel im EU/EWR-Raum – die identitätswahrende statutenwechselnde Verlegung des Satzungssitzes in der notariellen Praxis –, RNotZ 2014, 137; *Kallmeyer,* Das neue Umwandlungsgesetz, ZIP 1994, 1746; *ders.,* Grenzüberschreitende Verschmelzungen und Spaltungen, ZIP 1996, 535; *Kallmeyer/Kappes,* Grenzüberschreitende Verschmelzung und Spaltung nach SEVIC Systems und der EU-Verschmelzungsrichtlinie, AG 2006, 224; *Kindler,* Der reale Niederlassungsbegriff nach dem VALE-Urteil, EuZW 2012, 888; *Kleba,* Die grenzüberschreitende Spaltung von Kapitalgesellschaften aus deutscher Sicht, RNotZ 2016, 273; *Klein,* Grenzüberschreitende Verschmelzung von Kapitalgesellschaften, RNotZ 2007, 565; *Kloster,* EU-grenzüberschreitende Verschmelzungen sind (steuerneutral) durchführbar, GmbHR 2003, 1413; *Kraft/Redenius-Hövermann,* Umwandlungsrecht, 2015; *Krause/Kulpa,* Grenzüberschreitende Verschmelzungen – Vor dem Hintergrund der „Sevic"-Entscheidung und der Reform des deutschen Umwandlungsrechts, ZHR 171 (2007), 38; *Kreuzer,* Grenzüberschreitende Restrukturierung von Gesellschaften im Gemeinsamen Markt, EuZW 1994, 73; *Kronke,* Deutsches Gesellschaftsrecht und grenzüberschreitende Strukturänderungen, ZGR 1994, 26; *Leible/Hoffmann,* Grenzüberschreitende Verschmelzung im Binnenmarkt nach „Sevic", RIW 2006, 161; *Lieder,* Die rechtsgeschäftliche Sukzession, 2015; *Lieder/Kliebisch,* Nichts Neues im Internationalem Gesellschaftsrecht: Anwendbarkeit der Sitztheorie auf Gesellschaften aus Drittstaaten, BB 2009, 338; *Lutter,* Umstrukturierung von Unternehmen über die Grenze: Versuch eines Resümees, ZGR 1994, 87; *Marsch-Barner,* Zur grenzüberschreitenden Mobilität deutscher Kapitalgesellschaften, FS Haarmann, 2015, S. 115; *Meilicke/Rabback,* Die EuGH-Entscheidung in der Rechtssache Sevic und die Folgen für das deutsche Umwandlungsrecht nach Handels- und Steuerrecht, GmbHR 2006, 123; *Mörsdorf,* Beschränkung der Mobilität von EU-Gesellschaften im Binnenmarkt – eine Zwischenbilanz, EuZW 2009, 97; *Neye,* Das neue Umwandlungsrecht vor der Verabschiedung im Bundestag, ZIP 1994, 917; *Neye/Timm,* Mehr Mobilität für die GmbH in Europa, GmbHR 2007, 561; *Paefgen,* Umwandlung, europäische Grundfreiheiten und Kollisionsrecht, GmbHR 2004, 463; *ders.,* „Cartesio": Niederlassungsfreiheit minderer Güte, WM 2009, 529; *Picot/Land,* Der internationale Unternehmenskauf, DB 1998, 1601; *Prüm,* Die grenzüberschreitende Spaltung, 2006; *Reichert/Weller,* Geschäftsanteilsübertragung mit Auslandsberührung (Teil I), DStR 2005, 250, 252; *Samson/Flindt,* Internationale Unternehmenszusammenschlüsse, NZG 2006, 290; *Schall/Barth,* Stirbt Daily Mail langsam? Zu den Folgen von EuGH C-371/10 (National Grid Indus) für Kollisionsrecht und Wegzugsbesteuerung, NZG 2012, 414; *Schaumburg,* Grenzüberschreitende Umwandlungen, GmbHR 1996, 501 und 585; *H. Schmidt,* Totalausgliederung nach § 123 Abs. 3 UmwG, AJ 2005, 26; *Schuster,* Zur Stellung der Anteilseigner in der Sanierung, ZGR 2010, 325; *Schütze,* Internationales Notarverfahrensrecht, DNotZ 1992, 66; *Schwarz,* Das neue Umwandlungsrecht, DStR 1994, 1694; *Siems,* SEVIC: Der letzte Mosaikstein im Internationalen Gesellschaftsrecht der EU?, EuZW 2006, 135; *Spahlinger/Wegen,* Deutsche Gesellschaften in grenzüberschreitenden Umwandlungen nach „SEVIC" und der Verschmelzungsrichtlinie in der Praxis, NZG 2006, 721; *A. Teichmann,* Die Spaltung von Rechtsträgern als Akt der Vermögensübertragung, ZGR 1993, 396; *C. Teichmann,* Cartesio: Die Freiheit zum formwechselnden Wegzug, ZIP 2009, 393; *ders.* Binnenmarktmobilität von Gesellschaften nach „Sevic", ZIP 2006, 355; *J. Vetter,* Die Regelung der grenzüberschreitenden Verschmelzung im UmwG, AG 2006, 613; *Wachter,* Grenzüberschreitender Herein-Formwechsel in die deutsche GmbH, GmbHR 2016, 738; *Winter,* Grenzüberschreitende Verschmelzungen – ein Update, GmbHR 2008, 532; *Zimmer/Naendrup,* Das Cartesio-Urteil des EuGH: Rück- oder Fortschritt für das internationale Gesellschaftsrecht, NJW 2009, 545.

I. Grundlagen

1. Begriff der grenzüberschreitenden Spaltung

1   Der Begriff der grenzüberschreitenden Spaltung (auch als „internationale Spaltung" oder „Spaltung über die Grenze" bezeichnet[1]) erfasst gleichermaßen die **Spaltung zur Neugründung** wie die **Spaltung zur Aufnahme**. Ebenso wie bei einem rein nationalen Vorgang ist dabei zwischen der **Aufspaltung** (Übertragung des gesamten Vermögens auf mehrere andere Rechtsträger gegen Beteiligung der Anteilseigner der übertragenden Gesellschaft unter liquidationsloser Auflösung des bisherigen Rechtsträgers), der **Abspaltung**

---

[1] Michalski/*Leible* GmbHG Syst. Darst. 2 Intern. Gesellschaftsrecht Rn. 203.

(Übertragung eines Teils des Vermögens auf einen oder mehrere andere(n) Rechtsträger gegen Beteiligung der Anteilsigner der übertragenden Gesellschaft) und der **Ausgliederung** (Übertragung eines Teils des Vermögens auf einen oder mehrere andere(n) Rechtsträger gegen Beteiligung der übertragenden Gesellschaft) zu unterscheiden. Insoweit entspricht die Definition dem „nationalen" Spaltungsbegriff (→ § 3 Rn. 3). Die Besonderheit bei einer grenzüberschreitenden Spaltung besteht darin, dass der übertragende und mindestens einer der aufnehmenden Rechtsträger in verschiedenen Staaten situiert sind.[2] Die an dem Spaltungsvorgang beteiligten **Rechtsträger unterliegen mithin verschiedenen Rechtsordnungen**.[3] Keine Rolle spielt indes die **Ansässigkeit oder Staatsangehörigkeit der Anteilseigner** der an der Spaltung beteiligten Rechtsträger. Dies gilt auch für den Fall der Ausgliederung eines Unternehmens durch einen Einzelkaufmann (→ 21 Rn. 4). Die Ansässigkeit des Kaufmanns sowie dessen Staatsangehörigkeit ist insoweit unbeachtlich. Maßgeblich ist allein, ob das Vermögen eines inländischen Rechtsträgers im Wege der Spaltung auf einen ausländischen Rechtsträger übertragen werden soll oder umgekehrt.[4] Gleiches gilt grundsätzlich mit Blick auf die **Belegenheit des von der Spaltung betroffenen Vermögens**. Dem Spaltungsvorgang wird der grenzüberschreitende Charakter nicht genommen, wenn das betroffene Vermögen insgesamt nur in einem Staat belegen ist.[5]

Ebenso wie im Zusammenhang mit anderen grenzüberschreitenden Umwandlungsmaßnahmen (→ § 18, § 39) sind bei der grenzüberschreitenden Spaltung zwei Gestaltungen zu unterscheiden. Die Hinaus- und die Hinein-Spaltung.[6] Dabei handelt es sich aus deutscher Sicht um eine **Hinaus-Spaltung**, wenn ein dem deutschen Recht unterliegender Unternehmensträger Vermögensteile auf einen oder mehrere ausländische Rechtsträger überträgt. Sofern eine ausländische Gesellschaft als übertragender Rechtsträger auftritt und eine oder mehrere Gesellschaften als übernehmende Rechtsträger dem deutschen Recht unterliegen, handelt es sich aus deutscher Sicht hingegen um eine **Hinein-Spaltung**. In diesem Fall kommt es zu einer Übertragung von Vermögen von einer Auslands- auf eine Inlandsgesellschaft. Die deutsche Gesellschaft wird folglich – ebenso wie bei einer Hinein-Verschmelzung – um Aktiva und Passiva einer Auslandsgesellschaft vergrößert.[7] Die Unterscheidung zwischen der Hinaus- und Hinein-Spaltung ist insbesondere mit Blick auf die Begründung der sachrechtlichen Zulässigkeit der grenzüberschreitenden Spaltung relevant. Hierauf wird zurück zu kommen sein (→ Rn. 5 ff.). 2

2. Interessen und Rechtstatsachen

Hinsichtlich der Motive und Interessen, die einer grenzüberschreitenden Spaltung zu Grunde liegen ist zunächst zu konstatieren, dass diese – ebenso wie das bei nationalen Spaltungsvorgängen der Fall ist (→ § 1 Rn. 24 ff., § 20 Rn. 7) – vielfältig sind und nicht allgemeingültig gefasst werden können.[8] In der Praxis sind es oftmals ökonomische oder rechtliche Veränderungen, die ein Unternehmen zu einer Neuorganisation seiner Unternehmensstruktur über die Grenze hinweg bewegen.[9] In Betracht kommt auch das Anliegen, nationale Regelungen, wie beispielsweise solche des deutschen Mitbestimmungsrechts, zu vermeiden bzw. Beschränkungen durch nationale Rechtsordnungen zu umgehen.[10] 3

---

[2] Michalski/*Leible* GmbHG Syst. Darst. 2 Intern. Gesellschaftsrecht Rn. 203.
[3] *Prüm* S. 15 ff.; MünchHdb GesR VI/*Hoffmann* § 56 Rn. 4.
[4] Semler/Stengel/*Drinhausen* Einl. C Rn. 48.
[5] MünchHdb GesR VI/*Hoffmann* § 56 Rn. 7.
[6] MünchHdb GesR VI/*Hoffmann* § 56 Rn. 5; Semler/Stengel/*Drinhausen* Einl. C Rn. 25; *Eidenmüller* JZ 2004, 24, 30.
[7] MünchHdb GesR VI/*Hoffmann* § 56 Rn. 17.
[8] Überblick zu den Motiven bei nationalen Spaltungen auch bei Semler/Stengel/*Semler/Stengel* Einl. A Rn. 4; Kölner Kommentar-UmwG/*Dauner-Lieb* Einl. A Rn. 10 ff.; mit Blick auf die grenzüberschreitende Spaltung *Herzig* BB 1992, 1251.
[9] Vgl. hierzu *Ebenroth/Offenloch* RIW 1997, 1; *Kallmeyer/Kappes* AG 2006, 224, 234.
[10] *Ebenroth/Offenloch* RIW 1997, 1; *Kleba* RNotZ 2016, 273.

Möchte sich beispielsweise eine deutsche Gesellschaft dem **Zugriff des deutschen Rechts entziehen**, kommt eine Hinaus-Aufspaltung in Betracht. Diese führt dazu, dass – anders als es bei einer Hinaus-Abspaltung oder –Ausgliederung der Fall wäre – nach der Spaltung kein inländischer Rechtsträger mehr übrig bleibt. Alle übernehmenden Rechtsträger unterliegen dem ausländischen Recht.[11] Hier zeigt sich auch die besondere Relevanz der Frage, wie der Gläubiger- und Arbeitnehmerschutz gewährleistet wird (→ Rn. 41 ff., 47 f.). Durch eine Hinaus-Aufspaltung kann ferner ein **grenzüberschreitender Formwechsel** durchgeführt werden, indem eine Aufspaltung zur Neugründung auf zwei Auslandsgesellschaften erfolgt, die sich anschließend nach den nationalen Umwandlungsrechts des Aufnahmestaates verschmelzen.[12] Ob der hier beschriebene Weg irgendwelche Vorteile gegenüber einem grenzüberschreitenden Formwechsel auf der Grundlage der hierzu ergangenen europäischen und nationalen Rechtsprechung hat (→ § 39 Rn. 3 ff.), ist indes zweifelhaft.

4   Die deutschen Gerichte haben sich, soweit ersichtlich, noch nicht zur grenzüberschreitenden Spaltung geäußert. Auch der EuGH hatte noch keine Gelegenheit sich konkret zu solchen Umwandlungsvorgängen zu positionieren. Das lässt vermuten, dass es auch wenig Fallpraxis gibt und Unternehmen bei grenzüberschreitenden Spaltungen zurückhaltend sind.[13] Letzteres ist leicht zu erklären: Das fehlende Sekundärrecht für eine grenzüberschreitende Spaltung führt – auch wenn freilich hinsichtlich der nationalen Spaltungsrechte für Aktiengesellschaften eine teilweise Harmonisierung aufgrund der Spaltungsrichtlinie[14] erreicht wurde (→ Rn. 9) – zu enormer Rechtsunsicherheit. Alternativen Gestaltungsmöglichkeiten (→ Rn. 49) wird daher in der Praxis der Vorrang gegeben.

II. Sachrechtliche Zulässigkeit der grenzüberschreitenden Spaltung

1. Grenzüberschreitende Spaltung aus deutscher Sicht

5   Mit der Umsetzung der Verschmelzungsrichtlinie[15] durch das Zweite Gesetz zur Änderung des UmwG[16] wurden Regelungen zur grenzüberschreitenden Verschmelzung von Kapitalgesellschaften mit Sitz in EU/EWR-Mitgliedstaaten in das deutsche Recht eingefügt (§§ 122a ff. UmwG, → § 18 Rn. 6 ff.). Obgleich die Spaltung vielfach als „Spiegelbild der Verschmelzung"[17] oder als „Gegenstück zur Verschmelzung"[18] bzw. als „umgekehrte Verschmelzung"[19] bezeichnet wird, finden sich im deutschen Recht **keine Regelungen zur grenzüberschreitenden Spaltung**.[20] § 125 UmwG, welcher die Vorschriften des Verschmelzungsrechts in weiten Teilen auf die Spaltung für entsprechend anwendbar erklärt, verweist nicht auf die §§ 122a ff. UmwG. Auch andere Bundes- oder Landesgesetze (zur Möglichkeit, Umwandlungen iSv § 1 Abs. 1 UmwG durch Bundes- oder Landesgesetz zuzulassen → § 4 Rn. 5) kennen keine Vorschriften, welche die grenzüberschreitende Spaltung regeln.

6   Dementsprechend beurteilt sich die sachrechtliche Zulässigkeit der grenzüberschreitenden Spaltung aus deutscher Sicht zunächst nach **§ 1 Abs. 1 UmwG** (→ § 5 Rn. 9). Diese

---

[11] Vgl. MünchHdb GesR VI/*Hoffmann* § 56 Rn. 5.
[12] Vgl. MünchHdb GesR VI/*Hoffmann* § 56 Rn. 5.
[13] Vgl. *Heckschen*, in: Beck'sches Notar-Handbuch, D IV Rn. 183.
[14] ABl. L 378, 47; aufgehoben durch die neue EU-Gesellschaftsrechts-RL (EU) 2017/1132 v. 14. 6. 2017, ABl. L 169, 46; jetzt Art. 135 ff. Gesellschaftsrechts-RL (EU) 2017/1132.
[15] ABl. L 310, 1; aufgehoben durch die neue EU-Gesellschaftsrechts-RL (EU) 2017/1132; jetzt Art. 118 ff. Gesellschaftsrechts-RL (EU) 2017/1132.
[16] BGBl. 2007 I S. 542.
[17] RegEBegr BR-Drs. 75/94, S. 115; *Teichmann* ZGR 1993, 396.
[18] Etwa *Kallmeyer* ZIP 1994, 1746, 1748.
[19] Sagasser/Bula/Brünger/*Sagasser* § 17 Rn. 4.
[20] Zusammenfassend Kraft/Redenius-Hövermann/*von Rummel* Kap. 6 Rn. 97 ff. Anders beispielsweise in Dänemark und Finnland. Dort ist die grenzüberschreitende Spaltung ausdrücklich geregelt. Zur Regelung in Finnland *Winter*, GmbHR 2008, 532, 534.

Vorschrift beschränkt nach ihrem Wortlaut den persönlich-räumlichen Anwendungsbereich des UmwG auf „Rechtsträger mit Sitz im Inland". Nach allgemeiner Meinung bezieht sich das Erfordernis des inländischen Sitzes auf den **Satzungssitz**[21] und nicht auf den tatsächlichen Verwaltungssitz der Gesellschaft, also den tatsächlichen Sitz der Hauptverwaltung.[22] Aus diesem Grund geht die generelle Spaltungsfähigkeit einer deutschen Kapitalgesellschaft nicht verloren, wenn sie von der durch das MoMiG[23] (§ 4a GmbHG, § 5 AktG) eröffneten Möglichkeit Gebrauch macht, ihren **tatsächlichen Verwaltungssitz ins Ausland** zu verlegen.[24] Das gilt selbst dann, wenn die Gesellschaft weder Vermögen noch Geschäftsaktivität im Inland beibehält. Wird beispielsweise das Auslandsvermögen einer deutschen AG zur Neugründung auf eine deutsche GmbH abgespalten, handelt es sich nicht um eine grenzüberschreitende Spaltung, sondern um einen Vorgang, der gesellschaftsrechtlich allein nach deutschem Recht zu beurteilen ist.[25] Die geänderten § 4a GmbHG, § 5 AktG sind insoweit als versteckte Kollisionsnorm in dem Sinne zu werten, dass für die Verlegung des Verwaltungssitzes ins Ausland die Sitztheorie zugunsten der Gründungstheorie (hierzu → Rn. 19 ff.) aufgegeben wurde.[26] Im Zusammenhang mit der seit MoMiG eröffneten Möglichkeit, den Verwaltungssitz einer deutschen Kapitalgesellschaft im Ausland zu begründen, ist allerdings zu beachten, dass die steuerlichen Spaltungsvorschriften nach § 1 Abs. 2 UmwStG nur anwendbar sind, wenn bei einer Aufspaltung oder Abspaltung der übertragende und der übernehmende Rechtsträger nach den Rechtsvorschriften eines Mitgliedstaates der EU/EWR gegründete Gesellschaften iSd Art. 54 AEUV oder Art. 34 EWR-Abkommen sind, deren Sitz und Ort der Geschäftsleitung sich innerhalb des Hoheitsgebiets eines dieser Staaten befindet. Zwar müssen sich Sitz und Ort der Geschäftsleitung nicht in ein und demselben EU- oder EWR-Mitgliedstaat befinden.[27] Es ist jedoch darauf zu achten, dass die beteiligte deutsche Kapitalgesellschaft mit Satzungssitz im Inland ihren Verwaltungssitz innerhalb der EU/des EWR hat, um in den Genuss des § 15 UmwStG zu kommen.[28] Sofern an der Spaltung eine deutsche SE beteiligt ist, mithin eine solche, die ihren Registersitz in Deutschland hat, stellt sich dieses Problem nicht (zur Spaltungsfähigkeit einer SE → 31 Rn. 2), denn die Möglichkeit bei Beibehaltung des Satzungssitzes ihren Verwaltungssitz ins Ausland zu verlegen, ist für die Rechtsform der SE nicht eröffnet. Art. 7 SE-VO ordnet an, dass der Satzungssitz der SE mit dem Sitz der Hauptverwaltung identisch bzw. jedenfalls im Mitgliedstaat des Hauptverwaltungssitzes belegen sein muss.

Das in § 1 Abs. 1 UmwG statuierte **Erfordernis des inländischen Sitzes** gilt nach dem Wortlaut zunächst für sämtliche Rechtsträger, die an der Spaltung beteiligt sind.[29] Hieraus wird abgeleitet, dass eine Spaltung nach den §§ 123 ff. UmwG nur in Betracht 7

---

[21] Kölner Kommentar-UmwG/*Dauner-Lieb* § 1 Rn. 24; Henssler/Strohn/*Decker* § 1 UmwG Rn. 10; Semler/Stengel/*Drinhausen* Einl. C Rn. 20; *Hoffmann* ZIP 2007, 1581, 1585; *Teichmann* ZIP 2009, 393; MünchHdb GesR VI/*Hoffmann* § 56 Rn. 12 (in Abweichung von *Hoffmann* NZG 1999, 1077, 1082 f.); aA *Großfeld* AG 1996, 302.

[22] Nach dem BGH befindet sich der tatsächliche Sitz der Hauptverwaltung an dem „Tätigkeitsort der Geschäftsführung und der dazu berufenen Vertretungsorgane, also dem Ort, wo die grundlegenden Entscheidungen der Unternehmensleitung effektiv in laufende Geschäftsführungsakte umgesetzt werden", BGH V ZR 10/85, BGHZ 97, 269, 271 = NJW 1986, 2194, 2195 unter Bezugnahme auf *Sandrock* FS Beitzke, 1979, S. 669, 683; BGH X ZR 41/15, GRUR 2016, 1204.

[23] Gesetz zur Modernisierung des GmbH-Rechts und zur Bekämpfung von Missbräuchen, BGBl. 2008 I S. 2026.

[24] Henssler/Strohn/*Decker* § 1 UmwG Rn. 11.

[25] Vgl. MünchHdb GesR VI/*Hoffmann* § 56 Rn. 7.

[26] *Marsch-Barner* FS Haarmann, 2015, S. 115, 121 mwN.

[27] UmwStE 2011 Rn. 1.49.

[28] Haritz/Menner/*Asmus* § 15 UmwStG Rn. 27; zu den steuerrechtlichen Aspekten einer grenzüberschreitenden Spaltung vgl. BeckHB Umwandlungen International/*Veith* Rn. 120 ff. sowie Rn. 270 ff.

[29] Semler/Stengel/*Drinhausen* Einl. C Rn. 20 f.

kommt, wenn alle beteiligten Gesellschaften ihren Satzungssitz in Deutschland haben. Eine Spaltung über die Grenze soll demzufolge grundsätzlich ausgeschlossen sein.[30] Diese Auffassung kann sich auf den Willen des historischen Gesetzgebers berufen, der bei Erlass des UmwG 1994 Regelungen für die grenzüberschreitende Umwandlung bewusst aussparen wollte. Die Gesetzesbegründung ist insoweit eindeutig: „Die Beschränkung der Umwandlungsmöglichkeiten auf Rechtsträger mit Sitz im Inland entspricht in fast allen Fällen geltendem Recht. Angesichts der Bemühungen der Europäischen Gemeinschaften um eine Regelung grenzüberschreitender Vorgänge, insbesondere der internationalen Fusion, sollte eine Regelung dieses Komplexes zurückgestellt werden. Überdies würde die Ausdehnung des Gesetzes auf internationale Fälle politisch wie rechtstechnisch erhebliche Probleme aufwerfen".[31] Trotz dieser klaren Worte geht eine andere Ansicht davon aus, dass aus § 1 Abs. 1 UmwG keine Aussage über die Zulässigkeit transnationaler Umwandlungen abgeleitet werden könne. Festgelegt werde nur, dass Rechtsträger mit Sitz im Inland umgewandelt werden können.[32] Aus § 1 Abs. 1 UmwG folge daher lediglich, dass die Anwendung des UmwG auf ausländische, an der Umwandlung beteiligte Rechtsträger ausgeschlossen ist, nicht aber ein generelles Verbot einer grenzüberschreitenden Umwandlung für Rechtsträger mit Sitz im Inland.[33] Aufgrund der Änderungen des UmwG, insbesondere durch das Zweite Gesetz zur Änderung des UmwG[34], welches die Möglichkeit eröffnete, Kapitalgesellschaften grenzüberschreitend zu verschmelzen, sei eine **Neubewertung der gesetzgeberischen Begründung** angezeigt.[35]

8   Der hier skizzierte Streit sollte mit pragmatischen Erwägungen überwunden werden. Denn sofern der Umwandlungsvorgang innerhalb des EU/EWR-Raums erfolgt, gebietet bereits die Niederlassungsfreiheit, grenzüberschreitende Spaltungen grundsätzlich zuzulassen (→ § 5 Rn. 16 f.).[36] § 1 Abs. 1 UmwG ist in diesem Zusammenhang **europarechtskonform auszulegen**.

2. Grenzüberschreitende Spaltung aus europarechtlicher Sicht

9   Auf europäischer Ebene existiert keine der Verschmelzungsrichtlinie (jetzt Art. 118 ff. Gesellschaftsrechts-RL (EU) 2017–/1132) vergleichbare Kodifikation zur grenzüberschreitenden Spaltung. Die EU-Richtlinie 82/891/EWG vom 17.12.1982 (**Spaltungsrichtlinie** jetzt Art. 135 ff. Gesellschaftsrechts-RL (EU) 2017/113) gilt ausschließlich für **nationale Spaltungen von Aktiengesellschaften**, erfasst also nicht Spaltungen aller Kapital- und Personenhandelsgesellschaften. Die Umsetzung erfolgte in Deutschland mit dem Erlass des UmwBerG.[37] Anders als die Fusionsrichtlinie[38] (jetzt Art. 87 ff. Gesellschaftsrechts-RL (EU) 2017/1132) verpflichtet sie die Mitgliedstaaten nicht, eine bestimmte Umwandlungs-

---

[30] *Spahlinger/Wegen* Intern. GesR Rn. 509; *MünchKommBGB/Kindler* IntGesR Rn 857; *Eidenmüller/Eidenmüller* § 4 Rn. 74; *Lutter* ZGR 1994, 87, 91; *Kallmeyer* ZIP 1994, 1749, 1752 (anders jedoch *ders.,* ZIP 1996, 535); *Kreuzer* EuZW 1994, 73, 74; *Neye* ZIP 1994, 917, 919 f.; *Schwarz* DStR 1994, 1694, 1698; *Großfeld* AG 1996, 302; wohl auch *Hoffmann* NZG 1999, 1077, 1078; *Schaumburg* GmbHR 1996, 501, 502; *Dorr/Stukenborg* DB 2003, 647, 648 f.; *Paefgen* GmbHR 2004, 463, 465; *Samson/Flindt* NZG 2006, 290, 291.

[31] BT-Drucks. 12/6690 S. 80.

[32] MünchHdb GesR VI/*Hoffmann* § 56 Rn. 13; Lutter/*Drygala* § 1 Rn 4; *Kronke* ZGR 1994, 26, 35; *Bungert* AG 1995, 489, 502; *Kallmeyer* ZIP 1996, 535; *Picot/Land* DB 1998, 1601, 1606; *Leible/Hoffmann* RIW 2006, 161, 164.

[33] Lutter/*Drygala* § 1 Rn. 4; MünchHdb GesR VI/*Hoffmann* § 56 Rn. 13; Henssler/Strohn/*Decker* § 1 UmwG Rn. 10; Schmitt/Hörtnagl/Stratz/*Hörtnagl* § 1 Rn. 47; Semler/Stengel/*Drinhausen* Einl. C. Rn. 3 (m. w. N. in Fn. 248); *Marsch-Barner* FS Haarmann, 2015, S. 115, 141.

[34] BGBl. 2007 I S. 542.

[35] In diesem Sinne MünchHdb GesR VI/*Hoffmann* § 56 Rn. 13.

[36] *Bayer/J. Schmidt* ZHR 173 (2009), 735, 769.

[37] BGBl. 1994 I S. 3210.

[38] ABl. 2011 L 110, 1; aufgehoben durch die neue Gesellschaftsrechts-RL (EU) 2017/1132 jetzt Art. 87 ff. Gesellschaftsrechts-RL (EU) 2017/1132.

art von Gesellschaften zu ermöglichen. Die europarechtlichen Spaltungsvorschriften greifen nur für den Fall, dass der Mitgliedstaat sich entschließt, die Spaltung von Aktiengesellschaften überhaupt erst zuzulassen.[39] Sie hält also die Mitgliedstaaten nicht zu einer durchgehenden Normierung an.

Im Lichte dieser fehlenden europarechtlichen Harmonisierung des Spaltungsrechts sowie der Regelungslücke hinsichtlich grenzüberschreitender Spaltungsvorgänge, wies die Kommission bereits in ihrem Aktionsplan „Europäisches Gesellschaftsrecht und Corporate Governance – Ein moderner Rechtsrahmen für engagierte Aktionäre und besser überlebensfähige Unternehmen" darauf hin, dass Unternehmen, die eine grenzüberschreitende Spaltung vornehmen möchten, derzeit mehrere Transaktionen durchführen müssen, wie die Gründung einer Tochtergesellschaft und einen anschließenden Transfer von Vermögenswerten oder aber eine inländische Spaltung mit anschließender Sitzverlegung.[40] Die Kommission führte daher im September 2014 zur grenzüberschreitenden Verschmelzung und Spaltung eine Konsultation durch, die am 2.2.2015 abgeschlossen wurde. Daraus geht hervor, dass die Mehrheit der Teilnehmer eine Richtlinie zur grenzüberschreitenden Spaltung befürworten.[41] Vor diesem Hintergrund kündigte die Kommission eine entsprechende Legislativinitiative an.[42] Am 14.6.2016 wurde in einer Sitzung des Rechtsausschusses (JURI) im Rahmen eines Workshops zur Zukunft des Europäischen Gesellschaftsrechts über das Thema diskutieren.[43] Schließlich beschäftigte sich eine weitere öffentliche Konsultation zur Modernisierung des europäischen Gesellschaaftsrechts im Jahr 2017 mit der grenzüberschreitenden Unternehmensspaltung. Das Europäische Parlament hat die Kommission in einer Entschließung vom 13. 6. 2017 zur Vorlage eines Legislativentwurfs aufgefordert.[44]

Trotz der **fehlenden Harmonisierung** sind grenzüberschreitende Spaltungen innerhalb der EU mit der ganz überwiegenden Meinung als zulässig zu erachten.[45] Dies folgt aus der **Niederlassungsfreiheit** (Art. 49, 54 AEUV) und gilt sowohl für die Hinaus- wie auch für die Hinein-Spaltung. Das Fehlen von europäischem Sekundärrecht ist insoweit ohne Bedeutung, wie der EuGH mit Bezug zu anderen Umwandlungsmaßnahmen mehrfach betont hat.[46]

---

[39] MünchHdb GesR VI/*Hoffmann* § 56 Rn. 2.

[40] COM (2012), 740/2, 15.

[41] Abrufbar unter: http://ec.europa.eu/internal_market/consultations/docs/2012/companylaw/feedback_statement_en.pdf (Frage 18). Siehe dazu auch die Antworten, die aus einer Umfrage des französischen Justizministeriums hervorgehen, wonach die Mehrheit der Befragten eine Notwendigkeit sieht, die Rechtsgrundlagen zu grenzüberschreitenden Spaltungen zu harmonisieren, abrufbar unter http://ec.europa.eu/internal_market/consultations/2014/cross-border-mergers-divisions/french-ministry-of-justice_fr. pdf.

[42] COM(2015), 550, 6, 8, 25; vgl. zudem COM (2016) 7210, 9.

[43] Hierzu die rechtspolitische Studie "Cross-border mergers and division, transfers of seat: Is there are need to legislate?" von *J. Schmidt*, abrufbar unter http://www.europarl.europa.eu/RegData/etudes/STUD/2016/556960/IPOL_STU(2016)556960_EN. pdf.; vgl. ferner den Entwurf eines Berichts über die Durchführung grenzüberschreitender Unternehmensverschmelzungen und -spaltungen vom 15.12.2016, 2016/2065(INI).

[44] P8_TA (2017)0248.

[45] MünchHdb GesR VI/*Hoffmann* § 56 Rn. 23; Lutter/*Drygala* § 1 Rn. 20; Semler/Stengel/*Drinhausen* Einl. C Rn. 32 ff.; Schmitt/Hörtnagl/Stratz/*Hörtnagl* § 1 Rn. 47 ff.; Sagasser/Bula/Brünger/ *Sagasser/Bultmann* § 18 Rn. 196; Kölner Kommentar-UmwG/*Simon/Rubner* Vor §§ 122a Rn. 53; Henssler/Strohn/*Decker* UmwG § 1 Rn. 13; *Heckschen*, in: Beck'sches Notar-Handbuch, D IV Rn. 5; *Grundmann* Europäisches Gesellschaftsrecht 2011 Rn. 787; *Dorr/Stukenborg* DB 2003, 647; *Kloster* GmbHR 2003, 1413; *Paefgen* GmbHR 2004, 463, 468 ff.; *Kallmeyer/Kappes* AG 2006, 224, 234; *J. Vetter* AG 2006, 613 Fn. 21; *Bungert* BB 2006, 53, 55; *Geyrhalter/Weber* DStR 2006, 146, 150; *Leible/ Hoffmann* RIW 2006, 161, 165; *Meilicke/Rabback* GmbHR 2006, 123, 126; *Siems* EuZW 2006, 135, 139; *Kleba* RNotZ 2016, 273, 275 f.; *Hoger/Lieder* ZHR 180 (2016), 613, 654.

[46] EuGH C-411/03, NJW 2006, 425 (Rn. 26); EuGH C-378/10, NZG 2012, 871 (Rn. 38) – Vale; zum grenzüberschreitenden Formwechsel bereits auch *Paefgen* WM 2009, 529, 533.

12   a) Eröffnung des Anwendungsbereichs der Niederlassungsfreiheit. Der Anwendungsbereich der Art. 49, 54 AEUV ist im Falle einer grenzüberschreitenden Spaltung eröffnet.[47] Es handelt sich dabei – ebenso wie im Falle der grenzüberschreitenden Verschmelzung – um eine Umwandlungsmaßnahme, welche den Zusammenarbeits- und Umgestaltungsbedürfnissen von Gesellschaften mit Sitz in verschiedenen Mitgliedstaaten entspricht. Für das reibungslose Funktionieren des Binnenmarktes stellt eine grenzüberschreitende Verschmelzung – wie der EuGH in seiner „Sevic-Systems"-Entscheidung betont – eine wichtige **Modalität der Ausübung der Niederlassungsfreiheit** dar. Diese Aussage lässt sich auf die grenzüberschreitende Spaltung übertragen.[48] Sie stellt nichts anderes dar als die Umkehr einer Verschmelzung (→ Rn. 5) und gehört folglich zu den wirtschaftlichen Tätigkeiten, hinsichtlich derer die Mitgliedstaaten die Niederlassungsfreiheit beachten müssen.[49] Eine innereuropäische Spaltung liegt allerdings nur dann vor, wenn sämtliche an der Spaltung beteiligten Rechtsträger als niederlassungsberechtigt anzusehen sind.[50] Das gilt für Gesellschaften, die nach dem Recht eines Mitgliedstaates wirksam gegründet wurden und deren satzungsmäßiger Sitz, Hauptverwaltung oder Hautniederlassung sich innerhalb des EU/EWR-Raums befindet.

13   b) Beschränkung der Niederlassungsfreiheit. Hinsichtlich der Frage, ob eine Beschränkung der Niederlassungsfreiheit vorliegt ist, zwischen einer Hinein-Spaltung und einer Hinaus-Spaltung zu differenzieren (→ Rn. 2). Der EuGH hat in der Rechtssache „Sevic Systems"[51] zu einer „Hinein-Verschmelzung" festgestellt, dass ein Verstoß gegen die Niederlassungsfreiheit vorliegt, wenn ein Mitgliedstaat die Eintragung einer grenzüberschreitenden Verschmelzung in das Handelsregister verweigert, obwohl die Eintragung bei Beteiligung ausschließlich inländischer Gesellschaften erfolgen würde. Auch der „Vale"-Entscheidung lag eine Hinein-Umwandlung in Form eines grenzüberschreitenden Formwechsels von Italien nach Ungarn zu Grunde. Beide Entscheidungen lassen sich folglich lediglich auf eine **Hinein-Spaltung** übertragen. Sie muss im Lichte der vorbezeichneten Judikatur des EuGH ermöglicht werden, sofern das nationale Recht des Aufnahmemitgliedstaats eine entsprechende Spaltungsmöglichkeit für inländische Gesellschaften vorsieht.[52]

14   Zugleich ist aber zu konstatieren, dass auch die **Hinaus-Spaltung** unter Bezugnahme auf die Niederlassungsfreiheit zulässig ist.[53] Bereits in der Rechtssache „Cartesio" hat der EuGH in einem *obiter dictum* festgestellt, dass ein Mitgliedstaat die Auswanderung durch Sitzverlegung mit Statutenwechsel grundsätzlich gestatten muss, sofern der Aufnahmestaat dies zulässt.[54] Es kann daher im Wege eines Erst-Recht-Schlusses argumentiert werden, dass auch die Hinaus-Spaltung aus europarechtlichen Gründen ermöglicht werden muss, soweit der Aufnahmestaat die Hinein-Spaltung zulässt. In seiner „Vale"-Entscheidung spricht der EuGH zudem ganz allgemein von der Zulässigkeit „einer grenzüberschreitenden Umwand-

---

[47] MünchHdb GesR VI/*Hoffmann* § 56 Rn. 14; Lutter/*Drygala* § 1 Rn. 20; Semler/Stengel/*Drinhausen* Einl. C Rn. 28; *Kallmeyer/Kappes* AG 2006, 224, 234; *Bayer/J. Schmidt* ZHR 173 (2009), 735, 768; *Krause/Kulpa* ZHR 171 (2007), 38, 46; *Leible/Hoffmann* RIW 2006, 161, 165; *Spahlinger/Wegen* NZG 2006, 721, 725.
[48] *Bayer/J. Schmidt* ZHR 173 (2009), 735, 768.
[49] EuGH C-411/03, NJW 2006, 425 (Rn. 18, 19) – Sevic Systems (zur grenzüberschreitenden Verschmelzung); so auch bereits *Behrens* ZGR 1994, 1, 3.
[50] Vgl. MünchHdb GesR VI/*Hoffmann* § 56 Rn. 6.
[51] EuGH C-411/03, NJW 2006, 425 – Sevic Systems
[52] Henssler/Strohn/*Decker* § 1 UmwG Rn. 13; Semler/Stengel/*Drinhausen* Einl. C. Rn. 30.
[53] Semler/Stengel/*Drinhausen* Einl. C Rn. 30; Lutter/*Drygala* § 1 Rn. 20; Henssler/Strohn/*Decker* § 1 UmwG Rn. 13; *Geyrhalter/Weber* DStR 2006, 146, 150; *Bayer/J. Schmidt* ZHR 173 (2009), 735, 768; ausführlich zur Hinaus-Verschmelzung *Klein* RNotZ 2007, 565; zum Hinausformwechsel OLG Frankfurt 20 W 88/15, NZG 2017, 423.
[54] EuGH C-210/06, NJW 2009, 569 (Rn. 112) – Cartesio.

lung"⁵⁵. Schließlich wird zutreffend darauf hingewiesen, dass es deutschen Kapitalgesellschaften seit dem MoMiG möglich ist, eine Spaltung auf eine deutsche Kapitalgesellschaft mit tatsächlichem Verwaltungssitz im Ausland durchzuführen (→ Rn. 6). Warum hingegen eine Hinaus-Spaltung auf eine EU/EWR-Kapitalgesellschaft unzulässig sein soll, kann im Lichte dessen schwer gerechtfertigt werden.⁵⁶

Sowohl im Falle der Hinaus-Spaltung wie auch bei einer Hinein-Spaltung ist jedoch einschränkend zu berücksichtigen, dass diese Umwandlungsmaßnahmen nur dann ermöglicht werden müssen, wenn bereits eine **entsprechende Spaltungsmöglichkeit für nationale Gesellschaften existiert**. Die Niederlassungsfreiheit verlangt nur die Gleichbehandlung grenzüberschreitender und innerstaatlicher Spaltungsvorgänge, nicht aber eine Erweiterung des sachlichen Anwendungsbereichs des Spaltungsrechts in den Mitgliedstaaten. Eine allgemeine Pflicht zur Bereitstellung einer bestimmten Umwandlungsmöglichkeit kann der Niederlassungsfreiheit nicht entnommen werden.⁵⁷ In der Praxis muss daher immer geprüft werden, ob das jeweilige mitgliedstaatliche Recht die Spaltung als solche sowie die gewünschte Spaltungsart ermöglicht. Dabei ist zu berücksichtigen, dass das Sekundärrecht keine Pflicht zur Bereitstellung einer Spaltungsmöglichkeit statuiert (→ Rn. 9). So eröffnet beispielsweise das englische Recht der Rechtsform der *Limited* keine Spaltungsmöglichkeit. Der britische Gesetzgeber hat zwar die Spaltungsrichtlinie (jetzt Art. 135 ff. Gesellschaftsrechts-RL (EU) 2017/1132) in das nationale Recht umgesetzt. Von den britischen Gesellschaftsformen ist jedoch einzig die *public limited company (plc.)* (d. h. die englische Aktiengesellschaft) in den Anwendungsbereich dieser Richtlinie einbezogen.⁵⁸ Schließlich ist zu beachten, dass die in der Spaltungsrichtlinie (jetzt Art. 135 ff. Gesellschaftsrechts-RL (EU) 2017/1132) geregelten Spaltungsarten jeweils eine Gewährung von Aktien der übernehmenden Gesellschaft an die Anteilsinhaber der gespalteten Gesellschaft vorsehen.⁵⁹ Eine Ausgliederung nach dem deutschen Recht verlangt indes eine Gegenleistung an den übertragenden Rechtsträger selbst (→ § 20 Rn. 14 f.). Sofern also beispielsweise das nationale Recht eines anderen Mitgliedstaates die Möglichkeit der Ausgliederung aus dem Vermögen einer Gesellschaft nicht eröffnet,⁶⁰ liegt keine Beschränkung der Niederlassungsfreiheit vor. Es kommt also stets darauf an, ob eine unterschiedliche Behandlung von Gesellschaften in Abhängigkeit davon zu bejahen ist, ob es sich um eine innerstaatliche oder um eine grenzüberschreitende Umwandlung handelt.⁶¹ Im Ergebnis kann festgehalten werden, dass **nur die ungerechtfertigte Diskriminierung** grenzüberschreitender Umwandlungen unionsrechtlich untersagt ist.⁶²

Das Recht der EU/EWR-Gesellschaften auf grenzüberschreitende Spaltung steht schließlich unter dem **allgemeinen Beschränkungsvorbehalt**. Beschränkungen durch die Mitgliedstaaten sind danach zulässig, wenn sie in nichtdiskriminierender Weise angewandt werden, aus zwingenden Gründen des Allgemeininteresses gerechtfertigt sind sowie

---

⁵⁵ EuGH C-378/10, NZG 2012, 871 (Rn. 41) – Vale.
⁵⁶ Vgl. BeckHdbGmbH/*Prinz/Hütig* § 19 Rn. 78; Haritz/Menner/*Asmus* § 15 UmwStG Rn. 30.
⁵⁷ Grabitz/Hilf/Nettesheim/*Forsthoff* Art. 54 AEUV Rn. 30; *Eidenmüller* JZ 2004, 24, 30.
⁵⁸ Süß/Wachter/*Ebert/Levedag* Hdb des internationalen GmbH-Rechts S. 685.
⁵⁹ *Schuster* ZGR 2010, 325, 353.
⁶⁰ So kennt beispielsweise das österreichische Spaltungsrecht nur die Auf- und Abspaltung. Eine Ausgliederung gibt es indes nicht, vgl. *Kleba* RNotZ 2016, 273, 277.
⁶¹ EuGH C-378/10, NZG 2012, 871 (Rn. 36) – Vale, unter Verweis auf EuGH C-411/03, NJW 2006, 425 (Rn. 22, 23) – Sevic Systems; in diesem Sinn auch KG NZG 2016, 834, Rn. 6, zum grenzüberschreitenden Formwechsel.
⁶² MünchKommAktG/*Ego* Europ. Niederlassungsfreiheit Rn. 76; Kölner Kommentar-UmwG/*Dauner-Lieb* § 1 Rn 28; Michalski/*Leible* GmbHG Syst. Darst. 2 Intern. Gesellschaftsrecht Rn. 214; *Bayer/J. Schmidt* ZHR 173 (2009), 735, 759 f.; *Eidenmüller* JZ 2004, 24, 30; *Spahlinger/Wegen* NZG 2006, 721, 727; Hennrichs/Pöschke/von der Laage/Klavina WM 2009, 2009, 2012; *Leible/Hoffmann* RIW 2006, 161, 163, 165; *Mörsdorf* EuZW 2009, 97, 100; *Teichmann* ZIP 2009, 393, 402; *ders.* ZIP 2006, 355, 360; *Zimmer/Naendrup* NJW 2009, 545, 548 f.

zur Erreichung des verfolgten Ziels geeignet und erforderlich sind. Solche Gründe des Allgemeinwohls können der Schutz von Gläubigern, Arbeitnehmern und Gesellschaftern sein, ferner die Wahrung der Wirksamkeit der Steueraufsicht und der Lauterkeit des Handelsverkehrs.[63] Ein generelles Verbot der grenzüberschreitenden Spaltung dürfte im Lichte dieser Vorgaben allerdings nicht zu rechtfertigen sein, wenn die Spaltung innerstaatlich zur Verfügung steht.[64]

17 **c) Besonderheiten bei der Spaltung zur Neugründung.** Führt die grenzüberschreitende Spaltung im Aufnahmemitgliedstaat zur Gründung einer neuen Gesellschaft, stellt sich die Frage, nach welchem Recht eine solche Neugründung zu geschehen hat, damit sie im Aufnahmestaat anerkannt wird. Insoweit ist bedeutsam, dass nach der Rechtsprechung des EuGH Gesellschaften „im Gegensatz zu natürlichen Personen (...) aufgrund einer Rechtsordnung, beim gegenwärtigen Stand des Gemeinschaftsrechts aufgrund einer nationalen Rechtsordnung, gegründet [werden]. Jenseits der jeweiligen nationalen Rechtsordnung, die ihre Gründung und ihre Existenz regelt, haben sie keine Realität".[65] Im deutschen Schrifttum wird dies unter der Bezeichnung „**Geschöpftheorie**" erklärt.[66] Für die grenzüberschreitende Spaltung zur Neugründung bedeutet dies, dass der Aufnahmemitgliedstaat die Anforderungen an die Gründung und Existenz der Gesellschaft ihres Rechts frei bestimmten kann.[67] Daher kann der Aufnahmemitgliedstaat die Bestimmungen seines innerstaatlichen Spaltungsrechts anwenden, welche die Gründung und die Funktionsweise der Gesellschaft regeln.[68] Das Gesellschaftsrecht des Aufnahmemitgliedstaates entscheidet somit nicht nur über die **Verleihung der Rechtspersönlichkeit**, sondern auch darüber, ob die Neugründung im Rahmen einer Spaltung überhaupt zulässig ist.[69] Dabei ist freilich wiederum zu berücksichtigen, dass der Aufnahmemitgliedstaat die Möglichkeit der grenzüberschreitenden Spaltung zur Neugründung nicht ausschließen darf, wenn er eine solche für innerstaatliche Spaltungen zulässt. Erforderlich ist auch in diesem Zusammenhang eine Gleichbehandlung der grenzüberschreitenden Spaltung mit den innerstaatlichen Möglichkeiten (→ Rn. 15).

3. Außereuropäische Spaltung

18 Ausgangspunkt bei außereuropäischen Spaltungen, mithin solchen Spaltungsvorgängen, bei denen mindestens einer der beteiligten Rechtsträger nicht dem Gesellschaftsstatut eines EU/EWR-Mitgliedstaates unterliegt, ist die Feststellung, dass der Vorgang nicht dem Schutz der Niederlassungsfreiheit unterfällt. Das betrifft nach dem Brexit-Referendum womöglich auch bald Umwandlungsvorgänge mit Bezug zu Gesellschaften mit Sitz im Vereinigten Königreich.[70] Auch völkerrechtliche Verträge, welche die Zulässigkeit grenzüberschreitender Umwandlungsvorgänge regeln, existieren – soweit ersichtlich – nicht.[71] Insbesondere aus Art. XXV Abs. 5 des Freundschafts-, Handels- und Schifffahrtsvertrags vom 29.10.1954 mit den USA[72] (→ Rn. 21) ergibt sich lediglich die Verpflichtung zur Anerkennung im anderen Abkommensstaat gegründeter Gesellschaften. Drittstaatliche Gesellschaften könnten sich im Zusammenhang mit einer grenzüberschreitenden Spaltung

---

[63] EuGH C-411/03, NJW 2006, 425 (Rn. 28) – Sevic Systems.
[64] EuGH C-378/10, NZG 2012, 871 (Rn. 40) – Vale (zum grenzüberschreitenden Formwechsel); MünchHdb GesR VI/*Hoffmann* § 56 Rn. 23; *Kallmeyer/Kappes* AG 2006, 224, 234.
[65] EuGH Rs 81/87, NJW 1989, 2186 (Rn. 19) – Daily Mail and General Trust.
[66] MünchKommBGB/*v. Hein* Art. 3 EGBGB Rn. 91; *Schall/Barth* NZG 2012, 415, 415; *Geyrhalter/Weber* DStR 2006, 146, 150; *Kindler* EuZW 2012, 888; *Mörsdorf* EuZW 2012, 296 f.
[67] MünchHdb GesR VI/*Hoffmann* § 56 Rn. 20.
[68] EuGH C-378/10, NZG 2012, 871 (Rn. 51, 52) – Vale (zum grenzüberschreitenden Formwechsel).
[69] MünchHdb GesR VI/*Hoffmann* § 56 Rn. 11.
[70] Hierzu *Freitag/Korch* ZIP 2016, 1361.
[71] MünchHdb GesR VI/*Hoffmann* § 56 Rn. 31; *Semler/Stengel/Drinhausen* Einl. C Rn. 32.
[72] BGBl. 1959 II S. 487 ff.

folglich allenfalls auf die Kapitalverkehrsfreiheit (Art. 63 AEUV) berufen.[73] Diese gewährleistet jedoch nicht die Möglichkeit der grenzüberschreitenden Umwandlungen im Verhältnis zu Drittstaaten.[74] Zur Umwandlung des Wechselbalgs (→ § 5 Rn. 23). Näher zu alternativen Modellen zur Umsetzung relevanter Umwandlungsvorgänge unter Beteiligung von Drittstaatengesellschaften (→ § 42 Rn. 38 ff.).

III. Bestimmung des anwendbaren Rechts
1. Gründungstheorie vs. Sitztheorie

19 Bei einer grenzüberschreitenden Spaltung sind neben deutschen auch ausländische Rechtsträger beteiligt. Daher stellt sich in einem ersten Schritt die kollisionsrechtliche Frage nach dem anwendbaren Recht.[75] Das deutsche Recht regelt die kollisionsrechtliche Anknüpfung grenzüberschreitender Umwandlungsvorgänge nicht. Insbesondere stellt § 1 Abs. 1 UmwG keine Kollisionsnorm, sondern eine Sachnorm dar, welche die Anwendbarkeit deutschen Rechts nicht anordnet, sondern voraussetzt.[76] Nach allgemeiner Meinung ist für Strukturänderungen – ebenso wie für die Frage der Entstehung, Existenz und Auflösung einer Gesellschaft – an das Personalstatut der Gesellschaft (das sog. Gesellschaftsstatut[77]) anzuknüpfen.[78] Damit ist zunächst nicht viel erreicht, denn bekanntlich ist das Personalstatut der Gesellschaften weder im EGBGB noch andernorts im deutschen Recht gesetzlich bestimmt.[79] Eine Kapitalgesellschaft oder Personengesellschaft hat keine Staatsangehörigkeit, sodass insoweit auch keine entsprechende Anwendung von Art. 7 EGBGB in Betracht kommt. Zur Frage, wie das Personalstatut zu bestimmen ist, gibt es in erster Linie zwei verschiedene Ansätze:[80] Nach einer Ansicht unterliegt die Gesellschaft dem Recht, nach dem sie gegründet worden ist (**Gründungstheorie**). Nach der anderen Ansicht (**Sitztheorie**) genügt es für die Anerkennung einer im Ausland gegründeten Gesellschaft nicht, dass diese den Bestimmungen des dort geltenden Rechts entsprechend errichtet worden ist. Die Gesellschaft soll vielmehr den Regeln des Staates unterliegen, auf dessen Gebiet sie hauptsächlich tätig ist, in dem sie also den tatsächlichen Sitz ihrer Hauptverwaltung (effektiver Verwaltungssitz) hat.

20 Das Reichsgericht folgte seit Beginn des 20. Jahrhunderts der Sitztheorie.[81] Der BGH schloss sich dieser Ansicht an. Grundsätzlich gilt im deutschen Internationalen Gesell-

---

[73] Vgl. hierzu *Prüm*, S. 206 ff.; *Lutter/Drygala* § 1 Rn. 27 ff.; *Semler/Stengel/Drinhausen* Einl. C Rn. 21 ff. Ausführlich zum Verhältnis Niederlassungsfreiheit und Kapitalverkehrsfreiheit: MünchHdb GesR/*Hoffmann* § 56 Rn. 32 ff. und insbesondere Rn. 35 ff.; hierzu auch *Leible/Hoffmann* RIW 2006, 161, 166 f.

[74] Weiterführend MünchHdb GesR VI/*Hoffmann* § 56 Rn. 32 ff.; *Germelmann* EuZW 2008, 596; *Leible/Hoffmann* RIW 2006, 161, 166 f.

[75] Semler/Stengel/*Drinhausen* Einl. C Rn. 4.

[76] Vgl. MünchKommBGB/*Kindler* IntGesR Rn. 863; Semler/Stengel/*Drinhausen* Einl. C Rn. 5; MünchHdb GesR VI/*Hoffmann* § 56 Rn. 12; *Kronke* ZGR 1994, 26, 35; *Dorr/Stukenborg* DB 2003, 647; *Siems* EuZW 2006, 135, 137.

[77] Das Gesellschaftsstatut bestimmt unter welchen Voraussetzungen die Gesellschaft „entsteht, lebt und vergeht", BGHZ 25, 134, 144.

[78] Semler/Stengel/*Drinhausen* Einl. C Rn. 6; MünchHdb GesR VI/*Thölke* § 1 Rn. 60; Kölner Kommentar-UmwG/*Simon/Rubner* Vor §§ 122a ff. Rn. 4; zur Frage inwieweit sich eine Anwachsung nach dem Gesellschaftsstatut vollzieht *Hoger/Lieder* ZHR 180 (2016), 613, 619 f.

[79] Ein Referentenentwurf aus dem Bundesjustizministerium vom 7.1.2008 sah eine entsprechende Ergänzung des EGBGB vor (Art. 10 EGBGB-E). Das Vorhaben steht nicht mehr auf der politischen Agenda; hierzu *Neye/Timm* GmbHR 2007, 561, 565. Das Europäische Parlament hat bereits in einer Entschließung vom 14.6.2012 zur Zukunft des europäischen Gesellschaftsrechts darauf hingewiesen, dass „die Problematik der Rechtskollision auch im Bereich des Gesellschaftsrechts" behandelt werden sollte, vgl. Entschließung des Europäischen Parlaments vom 14.6.2012 zur Zukunft des europäischen Gesellschaftsrechts (2012/2669(RSP), Nr. 11.

[80] Zur Kontrolltheorie vgl. MünchKommBGB/*Kindler* IntGesR Rn. 868.

[81] RG JW 1904, 231; RGZ 77, 19, 22; RGZ 117, 215, 217.

schaftsrecht somit die Sitztheorie.[82] Sie wird gemeinhin als Gewohnheitsrecht angesehen.[83] Allerdings hat der BGH bereits im Jahr 2003 entschieden, dass eine EU-Auslandsgesellschaft hinsichtlich ihrer Rechtsfähigkeit dem Recht des Mitgliedstaates zu unterstellen ist, in dem sie gegründet wurde und in dem sie weiterhin ihren satzungsmäßigen Sitz hat.[84] Hintergrund hierfür ist die Rechtsprechung des EuGH in der Rechtssache „Überseering", in der er geurteilt hat, dass es gegen die Niederlassungsfreiheit (Art. 49, 54 AEUV) verstößt, wenn einer Gesellschaft, die in einem Mitgliedstaat gegründet worden ist, in einem anderen Mitgliedstaat die Rechts- und Parteifähigkeit abgesprochen wird.[85] Im Verhältnis zu Gesellschaften, die in einem anderen EU-Mitgliedstaat nach dem dort geltenden Recht gegründet worden sind, gilt seitdem die Gründungstheorie. Die Gesellschaft ist folglich ohne Rücksicht darauf anzuerkennen, in welchem Staat sie ihren effektiven Verwaltungssitz hat.[86] Das gilt auch dann, wenn der effektive Verwaltungssitz von Anfang an außerhalb des Gründungsstaates liegt.[87] Die zutreffende h. M. geht in diesem Zusammenhang von einer kollisionsrechtlichen Gleichbehandlung von Kapital- und Personengesellschaften aus.[88] Für Drittstaaten verbleibt es indes – sofern keine staatsvertraglich garantierte Niederlassungsfreiheit herrscht (→ Rn. 21) – bei der Geltung der Sitztheorie.[89]

21   Die Art. 31 und 34 des Abkommens über den Europäischen Wirtschaftsraum (EWR) von 1992 enthalten mit den Freizügigkeitsregeln des AEUV inhaltlich weitgehend identische Vorschriften.[90] Die Vorschriften des AEUV und des EWR-Abkommens sind auch einheitlich auszulegen.[91] Daher ergibt sich für in einem anderen **EWR-Mitgliedstaat** – gegenwärtig Island, Liechtenstein und Norwegen – gegründete Gesellschaften das gleiche Privileg wie für die EU-Gesellschaften.[92] Zudem enthalten eine Reihe von bilateralen Handels- und Niederlassungsabkommen der BRD Vorschriften, aus denen sich die Verpflichtung zur Anerkennung im anderen Abkommensstaat gegründeter Gesellschaften ergibt. Praktisch wichtigster Fall ist Art. XXV Abs. 5 des **Freundschafts-, Handels- und Schifffahrtsvertrags vom 29.10.1954 mit den USA**.[93] Umstritten ist indes, ob die

---

[82] Aus der Rechtsprechung etwa BGH II ZR 28/10, BGHZ 190, 242, Rn. 16 = NJW 2011, 3372; BGH II ZR 27/09, NZG 2010, 712, Rn 15; BGH II ZR 158/06, BGHZ 178, 192, Rn. 19 f. = NJW 2009, 289 – Trabrennbahn; BGH NZG 2017, 347, 349; zur Frage, ob die Gründungstheorie aufgrund des General Agreement on Trade in Services (GATS) gilt MünchKommBGB/*Kindler* IntGesR Rn. 503 f.

[83] Henssler/Strohn/*Servatius* IntGesR Rn. 5; Münch. Hdb. GesR VI/*Thölke* § 1 Rn. 61; Kölner Kommentar-UmwG/*Simon/Rubner* Vor §§ 122a ff. Rn. 16.

[84] BGH VII ZR 370/98, BGHZ 154, 185 = NJW 2003, 1461 – Überseering.

[85] EuGH C-208/00, NJW 2002, 3614 – Überseering.

[86] BGH VII ZR 370/98, BGHZ 154, 185 = NJW 2003, 1461 – Überseering; BGH II ZR 5/03, NJW 2005, 1648, 1649; BGH II ZR 84/05, NJW 2007, 1529, 1530; BGH III ZR 7/15, BeckRS 2016, 16911, Rn. 13. Diese Grundsätze sind auf das Stiftungskollisionsrecht zu übertragen, BGH BeckRS 2016, 16911; hierzu *von Oertzen*, BB 2016, 2571.

[87] OLG Zweibrücken 3 W 21/03, NZG 2003, 537; LG Trier 7 HK T 1/03, NZG 2003, 778.

[88] MünchKommBGB/*Kindler* IntGesR Rn. 282 f.; *Spahlinger/Wegen* Intern. GesR Rn. 111; *Hoger/Lieder* ZHR 180 (2016) 613, 621 f.

[89] BGH III ZR 7/15, BeckRS 2016, 16911(Rn. 13); kritisch zu dieser „gespaltenen Anknüpfung" Semler/Stengel/*Drinhausen* Einl. C Rn. 14; *Hoger/Lieder* ZHR 180 (2016) 613, 621; ausführliche Kritik zudem bei *Lieder/Kliebisch* BB 2009, 338 ff.

[90] Dauses/*Hummer* EU-Wirtschaftsrecht K. III. Rn. 148.

[91] BGH II ZR 372/03, BGHZ 164, 148 = NJW 2005, 3351.

[92] Zur Nichtanerkennung einer liechtensteinischen Stiftung, wenn diese hauptsächlich dem Zweck der Steuerhinterziehung dient, OLG Düsseldorf 22 U 126/06, ZEV 2010, 528.

[93] BGBl. II 1956 S. 487 ff. Teilweise wird zusätzlich ein sog. *genuine link* zum Gründungsstaat gefordert, worunter eine „originäre und effektive Beziehung" zum Gründungsstaat zu verstehen ist, vgl. OLG Düsseldorf 6 U 59/94, NJW-RR 1995, 1124; hierzu MünchKommBGB/*Kindler* IntGesR Rn. 342 ff.; *Ebenroth/Bippus* NJW 1988, 2137; *Bausback* DNotZ 1996, 254, 258; dies wird mit guten Gründen abgelehnt vgl. auch BGH VIII ZR 155/02, BGHZ 153, 353 = NJW 2003, 1607; Eidenmüller/*Eidenmüller* § 2 Rn. 31 ff., 34; *Drouven/Mödl* NZG 2007, 7, 8; zur Geltung der Gründungstheorie im Verhältnis der EU-Mitgliedstaaten zu Kanada nach dem CETA-Abkommen, vgl. *Freitag* NZG 2017, 615.

Gründungstheorie auch für Gesellschaften gilt, die in außereuropäischen Ländern und Hoheitsgebieten, die mit Dänemark, Frankreich, den Niederlanden und dem Vereinigten Königreich **besondere Beziehungen** unterhalten (Art. 198 Abs. 1 AEUV), gegründet worden sind. Diese werden zwar nach Maßgabe ergänzender Beschlüsse auch in den Rahmen der Niederlassungsfreiheit einbezogen (Art. 199 Nr. 5 AEUV). Allerdings gilt die Niederlassungsfreiheit im Verhältnis zu diesen Ländern nicht uneingeschränkt, sondern gem. Art. 45 des Beschlusses des Rates vom 27.11.2001 über die Assoziation der überseeischen Länder und Gebiete mit der Europäischen Gemeinschaft (Übersee-Assoziationsbeschluss) nur nach Maßgabe der i. R. d. **GATS** (General Agreement on Trade in Services) eingegangenen Verpflichtungen. Es verbleibt daher bei einem Nichtdiskriminierungsgrundsatz,[94] der keine vorbehaltlose Anerkennung mit sich bringt. Der BGH scheint insoweit anderer Ansicht zu sein und möchte die Frage der Anerkennung dieser Gesellschaften bejahen.[95]

2. Zusammentreffen mehrerer Gesellschaftsstatute

Mit der Bestimmung des Gesellschaftsstatuts ist noch nicht geklärt, welches Recht zur Sachentscheidung berufen ist, wenn – wie es bei der grenzüberschreitenden Spaltung der Fall ist – mehrere Gesellschaftsstatute zusammentreffen. Zur Beantwortung dieser Frage stehen zwei Lösungsmöglichkeiten zur Verfügung. Zum einen könnte man den Umwandlungsvorgang insgesamt einer der berührten Rechtsordnungen unterstellen. Als Anknüpfungspunkt kommen dabei sowohl das Statut der übertragenden als auch dasjenige des/der übernehmenden Gesellschaft(en) in Betracht. Dies stellt den Ansatzpunkt der früher herrschenden **Einzeltheorien** dar.[96] Zum anderen ist denkbar, in einem Zusammenspiel der verschiedenen Gesellschaftsstatute alle betroffenen Rechtsordnungen zu berücksichtigen (**Vereinigungstheorie**), so dass es zu einer Kumulation der beteiligten Rechtsordnungen kommt.[97] Nach zutreffender Ansicht sind die Einzeltheorien abzulehnen.[98] **Vorzugswürdig ist die Vereinigungstheorie.**[99] Sie liegt im Grundsatz auch der Verschmelzungsrichtlinie (jetzt Art. 118 ff. Gesellschaftsrechts-RL (EU) 2017-/1132) zugrunde. Ferner wird sie seitens des EuGH befürwortet, der in seiner „Vale"-Entscheidung ausdrücklich darauf hinweist, dass „das abgeleitete Unionsrecht derzeit keine speziellen Vorschriften für grenzüberschreitende Umwandlungen enthält, so dass die einen solchen Vorgang ermöglichenden Bestimmungen nur im nationalen Recht zu finden sein können, und zwar im Recht des Herkunftsmitgliedstaats, dem die Gesellschaft unterliegt, die eine Umwandlung vornehmen möchte, und im Recht des Aufnahmemitgliedstaats, dem die Gesellschaft nach der

---

[94] Grabitz/Hilf/Nettesheim/*Tietje* Art. 199 AEUV Rn. 6.
[95] BGH II ZR 276/02, NJW 2004, 3706, 3707.
[96] Weiterführend MünchKommBGB/*Kindler* IntGesR Rn. 794 ff.
[97] Weiterführend MünchKommBGB/*Kindler* IntGesR Rn. 799; Michalski/*Leible* GmbHG Syst. Darst. 2 Intern. Gesellschaftsrecht Rn. 204 ff.; *Lutter/Bayer/J. Schmidt* Europäisches Unternehmens- und Kapitalmarktrecht § 6 Rn. 75.
[98] Eidenmüller/*Eidenmüller* § 4 Rn. 68 ff.; MünchKommBGB/*Kindler* IntGesR § 799 ff.; MünchKommAktG/*Ego* Europ. Niederlassungsfreiheit Rn. 331; Semler/Stengel/*Drinhausen* Einl. C Rn. 16; Kölner Kommentar-UmwG/*Simon/Rubner* Vor §§ 122a ff. Rn. 21.
[99] OLG München 31 Wx 9/06, NZG 2006, 513, 514; OLG Frankfurt 20 W 88/15 NZG 2017, 423, 426; Semler/Stengel/*Drinhausen* Einl. C Rn. 16; Eidenmüller/*Eidenmüller* § 4 Rn. 68 ff.; MünchKommBGB/*Kindler* IntGesR Rn. 799 ff.; MünchKommAktG/*Ego* Europ. Niederlassungsfreiheit Rn. 331; MünchHdb GesR/*Hoffmann* § 56 Rn. 11; Michalski/*Leible* GmbHG Syst. Darst. 2 Intern. Gesellschaftsrecht Rn 204; *Behrens* ZGR 1994, 1, 13; *Picot/Land* DB 1998, 1601, 1606 f.; *Hoffmann* NZG 1999, 1077, 1083; *Horn* ZIP 2000, 473, 477; *Dorr/Stukenborg* DB 2003, 647; *Paefgen* GmbHR 2004, 463; *Kallmeyer/Kappes* AG 2006, 224, 234 f.; *Prüm* S. 55 ff.; eine einschränkende Anwendung der Vereinigungstheorie bei der transnationalen Verschmelzung findet sich in einer Entscheidung des österreichischen OGH, vgl. OGH 6 Ob 283/02i, ZIP 2003, 1086, 1088, ablehnend *Spahlinger/Wegen* Intern. GesR Rn. 514; *Paefgen* IPRax 2004, 132 ff.

Umwandlung unterliegen wird."[100] Entstehen in diesem Zusammenhang Normwidersprüche, so können diese im Wege des **kollisionsrechtlichen Instituts der Anpassung**, also der Möglichkeit neue, auf den jeweiligen Sachverhalt zugeschnittene materiell-rechtliche Normen zu formulieren, gelöst werden.[101] Im Falle aber, dass eine Anpassung aufgrund unüberbrückbarer Divergenzen der beteiligten Rechtsordnungen ausscheidet, kann auch keine grenzüberschreitende Spaltung durchgeführt werden.[102]

IV. Durchführung der grenzüberschreitenden Spaltung im EU/EWR-Raum

1. Äquivalenz- und Effektivitätsgrundsatz

23 Auch wenn es mangels einschlägiger Unionsregelungen grundsätzlich Sache der innerstaatlichen Rechtsordnung ist, die Modalitäten einer grenzüberschreitenden Spaltung zu gestalten, sind die nationalen Vorschriften an zwei sich aus der Niederlassungsfreiheit ergebenden Anforderungen zu messen.[103] Erstens dürfen die Regelungen nicht ungünstiger sein als diejenigen, die innerstaatliche Spaltungssachverhalte regeln (**Äquivalenzgrundsatz**); und zweitens dürfen sie die Ausübung des Rechts zur grenzüberschreitenden Spaltung nicht praktisch unmöglich machen oder übermäßig erschweren (**Effektivitätsgrundsatz**). Dass diese beiden Grundsätze im rechtlichen Kontext einer Umwandlungsmaßnahme zu beachten sind, hat der EuGH in seiner „Vale"-Entscheidung ausdrücklich betont.[104] Sie konturieren letztlich den Gewährleistungsinhalt der Niederlassungsfreiheit[105] und bestimmen, dass jeder Mitgliedstaat sein eigenes Umwandlungsrecht diskriminierungsfrei anwenden muss.[106] Die Mitgliedstaaten sind indes nicht verpflichtet, grenzüberschreitende Umwandlungen günstiger zu behandeln als innerstaatliche Vorgänge. In diesem Zusammenhang ist zu berücksichtigen, dass eine im Vergleich zur Inlandsspaltung ungünstigere Behandlung und damit eine Verletzung des Äquivalenzgrundsatzes nicht bereits daraus resultiert, dass es bei der Durchführung der grenzüberschreitenden Spaltungen zu einer kombinierten Anwendung verschiedener Rechtsordnungen kommt.[107] Hiervon geht offensichtlich auch der EuGH aus, der im Falle des grenzüberschreitenden Formwechsels die **Notwendigkeit einer sukzessiven Anwendung von zwei nationalen Rechtsordnungen** auf denselben rechtlichen Vorgang ausdrücklich betont.[108] Im Lichte dessen wird daher zutreffend darauf hingewiesen, dass bei der Durchführung einer grenzüberschreitenden Spaltung eine völlige Gleichbehandlung mit einer Inlandsumwandlung nicht erreicht werden kann.[109]

2. Anwendbare Vorschriften

24 Der Hinweis auf die im Zusammenhang mit der Durchführung einer grenzüberschreitenden Spaltung zu beachtenden Grundsätze (→ Rn. 23) führt zu der Folgefrage, welche Vorschriften bei der praktischen Umsetzung zur Anwendung kommen, wenn man auf kollisionsrechtlicher Ebene zur Anwendbarkeit deutschen Sachrechts kommt. In Betracht kommt eine unmittelbare Anwendung der §§ 122a ff. UmwG sowie der Vorschriften der Zehnten Richtlinie (jetzt Art. 118 ff. Gesellschaftsrechts-RL (EU) 2017/1132). Hiergegen spricht jedoch, dass der europäische Gesetzgeber die Letztgenannte bewusst auf Verschmelzungsvorgänge begrenzt hat. Es sollte daher eine vermittelnde Lösung gesucht werden, die

---

[100] EuGH C-378/10, NZG 2012, 871 (Rn. 37) – Vale.
[101] *Behrens* ZGR 1994, 1, 14.
[102] Semler/Stengel/*Drinhausen* Einl. C Rn. 16.
[103] EuGH C-378/10, NZG 2012, 871 (Rn. 48) – Vale.
[104] EuGH C-378/10, NZG 2012, 871 (Rn. 48) – Vale.
[105] *Forsthoff* EuZW 2015, 248, 251.
[106] MünchHdb GesR/*Hoffmann* § 56 Rn. 26.
[107] MünchHdb GesR/*Hoffmann* § 56 Rn. 26, Rn. 37.
[108] EuGH C-378/10, NZG 2012, 871 (Rn. 44) – Vale.
[109] MünchHdb GesR VI/*Hoffmann* § 56 Rn. 28.

sowohl dem Spaltungsvorgang als auch dem grenzüberschreitenden Charakter gerecht wird. Vorzugswürdig erscheint daher eine Lösung, welche die nationalen Spaltungsvorschriften durch eine (partielle) Analogie zu den Vorschriften zur grenzüberschreitenden Verschmelzung ergänzt.[110] Aus deutscher Sicht sind somit **die allgemeinen Spaltungsnormen (§§ 123 ff. UmwG) sowie die §§ 122a ff. UmwG entsprechend heranzuziehen.**[111] Bei der praktischen Durchführung dürfen freilich, die aufgrund der Vereinigungstheorie (→ Rn. 22) beteiligten **weiteren Gesellschaftsrechte** nicht unberücksichtigt bleiben. Es muss daher auch geklärt werden, wie weit jedes der beteiligten Gesellschaftsrechte im Rahmen der Spaltung zur Anwendung kommt. Nach zutreffender Ansicht im Schrifttum ist insoweit zwischen den **Voraussetzungen, dem Verfahren und den Wirkungen** der Spaltung zu differenzieren.[112] Für die grenzüberschreitende Spaltung lassen sich daraus folgende Grundsätze ableiten:

3. Voraussetzungen

In Bezug auf die Voraussetzungen der Spaltung ist maßgeblich, dass sich diese für jede der beteiligten Gesellschaften nach ihrem Personalstatut richten.[113] Folglich müssen alle betroffenen Sachrechte die in Frage stehende Spaltung gestatten. Dies betrifft einerseits die Frage, ob sich die Gesellschaft überhaupt an einer Spaltung sowie der konkret angestrebten Spaltungsart beteiligen kann, aber auch ob dieser Vorgang gerade mit der anderen Gesellschaft erfolgen kann. Aus deutscher Sicht bedeutet dies, dass die Vorschrift des **§ 124 UmwG** zu beachten ist, welche abschließend die **spaltungsfähigen Rechtsträger** bestimmt. Dabei ist ebenso wie bei einer Inlandsspaltung zwischen der Auf- und Abspaltung einerseits und der Ausgliederung andererseits sowie zwischen der Rechtsform des übertragenden Rechtsträgers und der Rechtsform des übernehmenden Rechtsträgers zu unterscheiden. Im Falle einer Hinaus-Aufspaltung ist somit beispielsweise zu beachten, dass der wirtschaftliche Verein nur als übertragender nicht indes als übernehmender Rechtsträger teilnehmen kann.[114] Für die Frage, ob sich der ausländische Rechtsträger aus Sicht des deutschen Umwandlungsrechts an dem konkreten Spaltungsvorgang beteiligen kann, ist maßgeblich, ob die ausländische Rechtsform mit einer inländischen Rechtsform vergleichbar ist, die bei einem rein inländischen Spaltungsvorgang an dem konkreten Spaltungsvorgang beteiligt sein könnte. Es ist also zu prüfen, ob die ausländische Gesellschaft Strukturen aufweist, welche mit der inländischen Gesellschaftsform verwandt sind.

Sofern es sich um eine grenzüberschreitende Ausgliederung handelt, ist an dieser Stelle auch zu klären, inwieweit sich aus den jeweils betroffenen Sachrechten Begrenzungen bzgl. des Umfangs der ausgegliederten Vermögensteile ergeben. Dies betrifft insbesondere die Frage, ob bei dem übertragenden Rechtsträger als einziger Vermögensgegenstand die Beteiligung an dem aufnehmenden oder neu zu gründenden Rechtsträger verbleiben darf

---

[110] *Bayer/J. Schmidt* ZHR 173 (2009), 735, 769.
[111] Ebenso *Kleba* RNotZ 2016, 273, 276 f.; für eine Analogie zu §§ 122a ff. UmwG Lutter/*Drygala* § 1 Rn. 36; für eine Analogie zur Dritten, Sechsten und Zehnten Richtlinie *Kallmeyer/Kappes* AG 2006, 224, 234; aA Semler/Stengel/*Drinhausen* Einl. C Rn. 40 (zweifelhaft ist, ob man die Regelungen der §§ 122a ff. UmwG für grenzüberschreitende Spaltungen analog wird anwenden können). Im Zusammenhang mit einem grenzüberschreitenden Formwechsel hat das KG Berlin die jeweiligen Vorschriften über einen (innerstaatlichen) Formwechsel für anwendbar erklärt und weder Art. 8 SE-VO noch die Vorschriften zur grenzüberschreitenden Verschmelzung herangezogen, KG NZG 2016, 834.
[112] Semler/Stengel/*Drinhausen* Einl. C Rn. 16 f.; Kölner Kommentar-UmwG/*Simon/Rubner* Vor §§ 122a ff. Rn. 22 ff.; Eidenmüller/*Eidenmüller* § 4 Rn. 101; *Behrens* ZGR 1994, 1, 13; *Kallmeyer/Kappes* AG 2006, 224, 230; *Hoger/Lieder* ZHR 180 (2016), 613, 620.
[113] Semler/Stengel/*Drinhausen* Einl. C Rn. 16; *Kallmeyer/Kappes* AG 2006, 224, 230.
[114] Vgl. MünchHdb GesR VI/*Hoffmann* § 56 Rn. 46.

(**Totalausgliederung**).¹¹⁵ Ferner ist zu prüfen, inwieweit sonstige Spaltungsverbote bestehen. Aus deutscher Sicht ist insoweit das Spaltungsverbot während der sog. Nachgründungsphase zu beachten. § 141 UmwG schließt – mit Ausnahme der Ausgliederung zur Neugründung – die Spaltung einer Aktiengesellschaft aus, die noch nicht zwei Jahre im Register eingetragen ist (→ § 29 Rn. 19).

4. Verfahren

27 **a) Spaltungsbericht und -prüfung.** Hinsichtlich des Verfahrens gilt der Grundsatz, dass jede an der Spaltung beteiligte Gesellschaft die nach ihrem Gesellschaftsstatut erforderlichen Schritte vornehmen muss.¹¹⁶ Dies gilt sowohl für den **Spaltungsbericht** (§ 127 UmwG → § 23) wie auch für die **Spaltungsprüfung** (§§ 125, 9 UmwG → § 24).

28 Im **Spaltungsbericht** ist entsprechend § 122e UmwG zu erläutern, welche Auswirkungen die grenzüberschreitende Spaltung für die Gläubiger und die Arbeitnehmer der an der Spaltung beteiligten deutschen Gesellschaft hat.¹¹⁷ Er ist vom Vertretungsorgan zu erstellen; folglich vom Vorstand der AG, von den Geschäftsführern der GmbH, den Komplementären der KGaA bzw. dem sonstigen Vertretungsorgan (u. a. Vorstand im Verein oder vertretungsberichtigter Gesellschafter in der Personengesellschaft).¹¹⁸ Der Spaltungsbericht ist den Anteilseigner und dem Betriebsrat bzw., soweit ein solcher nicht vorhanden ist, den Arbeitnehmern der an der Spaltung beteiligten Gesellschaft spätestens einen Monat vor der Versammlung der Anteilseigner, in der die Spaltung beschlossen werden soll, zugänglich zu machen (§ 122e S. 2 UmwG analog). Vornehmlicher Zweck des Spaltungsberichts ist die Information der Arbeitnehmer und Anteilseigner. Der Bericht dient dagegen nicht dem Schutz der Gläubiger, da er – obwohl die Auswirkungen der Spaltung auf jede Gruppe erläutert werden – diesen nicht zugeleitet wird.¹¹⁹ Bei nationalen Spaltungen ist eine **gemeinsame Berichterstattung** möglich. Bei grenzüberschreitenden Spaltungen wird man eine solche gleichfalls bejahen können, wenn und soweit die nationalen Rechte der an der grenzüberschreitenden Spaltung beteiligten Gesellschaften sie ermöglicht.¹²⁰ Aus praktischer Sicht kann eine separate Berichterstattung sinnvoller erscheinen, da damit die Prüfung der jeweiligen Zulässigkeit oder die Frage, ob die zuständigen Gerichte bzw. Behörden einem gemeinsamen (ggf. zweisprachigen) Bericht zustimmen, entfällt.¹²¹ Anders als bei nationalen Spaltungen ist ein **Verzicht** auf die Erstellung des Spaltungsbericht bei grenzüberschreitenden Spaltungen ausgeschlossen.¹²² Selbst bei Konzernsachverhalten mit 100 %-Töchtern werden keine Ausnahmen gewährt.¹²³ Dies folgt aus einer entsprechenden Anwendung des § 122e S. 3 UmwG. Nach ganz h. M. ist die Möglichkeit eines notariell zu beurkundenden Verzichts aller Anteilseigner aber bei arbeitnehmerlosen Gesellschaften im Hinblick auf den Schutzzweck des § 122e UmwG zu bejahen.¹²⁴

29 Der Spaltungsplan bzw. dessen Entwurf ist von einem unabhängigen Sachverständigen insbesondere darauf zu **prüfen**, ob das **Umtauschverhältnis** – d. h. ob die Anteile, die Anteilsinhaber des übertragenden Rechtsträgers an den übernehmenden Rechtsträger er-

---

¹¹⁵ Zur Zulässigkeit der Totalausgliederung nach deutschem Recht Kölner Kommentar-UmwG/*Simon* § 123 Rn. 27; Semler/Stengel/*Stengel* § 123 Rn. 17; ausführlich *H. Schmidt* AG 2005, 26.
¹¹⁶ Semler/Stengel/*Drinhausen* Einl. C Rn. 16; *Kallmeyer/Kappes* AG 2006, 224, 230.
¹¹⁷ Semler/Stengel/*Drinhausen* Einl. C Rn. 1; *Kleba* RNotZ 2016, 273, 282.
¹¹⁸ Lutter/*Bayer* § 122e Rn. 3 (zum Verschmelzungsbericht), wonach bei der monistischen SE im Wege der richtlinienkonformen Auslegung der Verwaltungsrat das zuständige Vertretungsorgan für den Bericht ist.
¹¹⁹ Lutter/*Bayer* § 122e Rn. 1 (zum Verschmelzungsbericht); *Kleba* RNotZ 2016, 273, 282.
¹²⁰ Lutter/*Bayer* § 122e Rn. 1 (zum Verschmelzungsbericht).
¹²¹ *Kleba* RNotZ 2016, 273, 282.
¹²² Lutter/*Bayer* § 122e Rn. 12 (zum Verschmelzungsbericht); *Kleba* RNotZ 2016, 273, 282.
¹²³ Statt aller Semler/Stengel/*Drinhausen* § 122e UmwG Rn. 15 (zum Verschmelzungsbericht).
¹²⁴ Kallmeyer/*Marsch-Barner* § 122e Rn. 11; Lutter/*Bayer* § 122e Rn. 13; Semler/Stengel/*Drinhausen* § 122e UmwG Rn. 13; Schmitt/Hörtnagl/Stratz/*Hörtnagl* § 122e Rn. 14.

halten – **angemessen** ist (→ § 24 Rn. 2). Die Bestellung des Sachverständigen, der in der Praxis regelmäßig ein Wirtschaftsprüfer ist,[125] erfolgt durch das zuständige Gericht bzw. die zuständige Behörde (§ 10 UmwG) auf Antrag der an der Spaltung beteiligten Gesellschaften.[126] Es besteht auch bei grenzüberschreitenden Spaltungen die Möglichkeit einer gemeinsamen Prüfung. Der **Prüfungsbericht** ist, wie der Spaltungsbericht, in entsprechender Anwendung des § 122f S. 2 UmwG spätestens einen Monat vor der Versammlung der Anteilseigner, in der die Spaltung beschlossen werden soll, zugänglich zu machen.[127] Auf die Spaltungsprüfung und den Spaltungsprüfungsbericht kann nur verzichtet werden, wenn alle Anteilseigner der an der Spaltung beteiligten Gesellschaften, eine **Verzichtserklärung** abgeben (§§ 9 Abs. 3, 12 Abs. 3 UmwG), die nach deutschem Recht der notariellen Beurkundung bedarf (§ 8 Abs. 3 S. 2 UmwG).[128]

b) **Spaltungsvertrag bzw. -plan.** Sofern ein gemeinsames Handeln nötig ist, wie es im Falle des **Spaltungsvertrags bzw. -plans** der Fall ist,[129] sind die betroffenen Rechtsordnungen zu kumulieren. Daher hat der Spaltungsvertrag bzw. -plan die Anforderungen sämtlicher an der Spaltung beteiligten Rechtsordnungen zu erfüllen.[130] Sofern die Rechtsordnungen unterschiedliche Anordnungen treffen, setzt sich das strengste Recht durch.[131] Dies ist beispielsweise bei der Festlegung des Mindestinhalts von Bedeutung. Aus deutscher Sicht sind in diesem Zusammenhang die Anforderungen der §§ 126, 136 UmwG (→ § 22 Rn. 7 ff.) sowie des § 122c Abs. 2 UmwG zu berücksichtigen. Der Spaltungsvertrag bzw. -plan muss also beispielsweise auch Angaben über die voraussichtlichen Auswirkungen der Spaltung auf die Beschäftigung enthalten (§ 122c Abs. 2 Nr. 4 UmwG analog). Bei der grenzüberschreitenden Spaltung zur Neugründung ist dem Spaltungsplan die Satzung bzw. der Gesellschaftsvertrag der neu zu errichtenden Gesellschaft beizufügen.[132] Der Spaltungsvertrag bzw. -plan ist in entsprechender Anwendung des § 122d S. 1 UmwG spätestens einen Monat vor der Versammlung der Anteilsinhaber, die über die Zustimmung beschließen soll, zum Handelsregister der betreffenden Gesellschaften einzureichen.

Nach zutreffender Ansicht setzt sich hinsichtlich der **Form des Spaltungsvertrags bzw. -plans** die strengste Formvorschrift durch. Es bleibt daher bei Beteiligung eines deutschen Rechtsträgers bei der Beurkundung durch einen deutschen Notar (§§ 125 S. 1, 6 UmwG). Sie bestimmt sich nach den Vorschriften der §§ 8 ff. BeurkG über die Niederschrift von Willenserklärungen. Ein bloßes Tatsachenprotokoll (§§ 36 f. BeurkG) ist nicht ausreichend.[133] Soweit die **Beurkundung im Ausland** erfolgen soll, sind zwei Fragen zu klären: Zunächst ist zu prüfen, ob die in Art. 11 Abs. 1 EGBGB vorgesehene alternative Geltung des Ortsrechts auch bei der Beurkundung des Spaltungsvertrags bzw. -plans zum Zuge kommt. Art. 11 Abs. 1 Fall 2 EGBGB lässt es zur Formwirksamkeit eines Rechtsgeschäfts genügen, wenn dieses entsprechend den Bestimmungen des Rechts des Staates, in dem es vorgenommen wird (**Ortsrecht**), vorgenommen worden ist. Die Rom-I-VO ist im vorliegenden Kontext indes nicht einschlägig, denn sie klammert Fragen der Existenz,

---

[125] Die Qualifikation des Sachverständigen richtet sich nach deutschem Recht nach §§ 11 Abs. 1 UmwG, 319 Abs. 1 HGB, *Kleba* RNotZ 2016, 273, 282.
[126] Zusammenfassend Henssler/Strohn/*Heidinger* § 10 UmwR Rn. 3 ff.
[127] *Kleba* RNotZ 2016, 273, 282.
[128] Statt aller Schmitt/Hörtnagl/Stratz/*Hörtnagl* § 8 Rn. 36 ff. Nach der wenn auch kritischen h. M. sind die Spaltungsprüfung und der Spaltungsprüfungsbericht aber bei der grenzüberschreitenden Abspaltung von 100 %-Tochtergesellschaften mit Verweis auf § 125 S. 1 UmwG nicht entbehrlich *Kleba* RNotZ 2016, 273, 282; Schmitt/Hörtnagl/Stratz/*Hörtnagl* § 125 Rn. 13 f.
[129] MünchHdb GesR VI/*Hoffmann* § 56 Rn. 47; zur Terminologie *Kleba* RNotZ 2016, 273, 278.
[130] *Kleba* RNotZ 2016, 273, 278 mit Bezug zum österreichischen Spaltungsrecht.
[131] MünchHdb GesR VI/*Hoffmann* § 56 Rn. 26; Semler/Stengel/*Drinhausen* Einl. C Rn. 16; Lutter/*Drygala* § 1 Rn. 45; *Kallmeyer/Kappes* AG 2006, 224, 235.
[132] *Kleba* RNotZ 2016, 273, 288.
[133] Allgemeine Meinung; Henssler/Strohn/*Heidinger* § 6 UmwG Rn. 2; Semler/Stengel/*Schröer* § 6 Rn. 1.

Gründung, Auflösung und Verfassung der Gesellschaft aus ihrem Anwendungsbereich aus (Art. 1 Abs. 2 lit f. Rom-I-VO). Es geht also um die Behandlung des Problems durch die Kollisionsnormen des EGBGB. Richtigerweise ist insoweit davon auszugehen, dass der Gesetzgeber im Jahr 1986 der Ansicht war, dass sich schon aus dem Gesetzestext des EGBGB ergebe, dass Art. 11 EGBGB nicht auf gesellschaftsrechtliche Vorgänge anzuwenden sei, und daher von einem ausdrücklichen Vorbehalt in Art. 11 EGBGB abgesehen hatte.[134] Nach zutreffender Ansicht kommt Art. 11 EGBGB daher nicht zur Anwendung,[135] so dass es bei der notariellen Beurkundung verbleibt, wenn das dann ausschließlich maßgebliche Gesellschaftsstatut eine solche verlangt. Daran schließt sich die weitere Frage, ob die notarielle Beurkundung auch von einem ausländischen Notar vorgenommen werden kann und welche Anforderungen dann ggf. an die Person des Notars und an das Verfahren der Beurkundung zu stellen sind (**Gleichwertigkeitsfrage**). Insoweit gilt der Grundsatz, dass das vom deutschen Recht aufgestellte Beurkundungserfordernis durch einen ausländischen Notar erfüllt werden kann, soweit das Beurkundungsverfahren gleichwertig ist.[136] Nach dem BGH ist eine Gleichwertigkeit gegeben, wenn die ausländische Urkundsperson nach Vorbildung und Stellung im Rechtsleben eine der Tätigkeiten des deutschen Notars entsprechende Funktion ausübt und für die Errichtung der Urkunde ein Verfahrensrecht zu beachten hat, das den tragenden Grundsätzen des deutschen Beurkundungsrechts entspricht. Entscheidend ist somit, dass der Zweck der inländischen Sachnorm durch die Auslandsbeurkundung verwirklicht wird.[137]

32 Es stellt sich auch die Frage nach der **Sprache** des Spaltungsvertrags bzw. -plans.[138] Regelmäßig wird man für einen bilingualen Spaltungsvertrag bzw. -plan optieren, damit er zum einen den Gesellschaftern, die diesem zustimmen sollen, verständlich ist. Zum anderen kann der bilinguale Spaltungsvertrag bzw. -plan auch dem ausländischen Register, bei dem die Dokumente einzureichen sind, vorgelegt werden. Auch aus dem BeurkG ergeben sich keine Einwände gegen eine Beurkundung in fremder Sprache, sofern der Notar der fremden Sprache gem. § 5 Abs. 2 S. 2 BeurkG hinreichend kundig ist.[139] Zu beachten ist, dass bei der Beteiligung deutscher Unternehmen an einer in Deutschland einzutragenden Spaltung eine Beurkundung jedenfalls auch in deutscher Sprache erfolgen muss (§ 488 Abs. 3 FamFG i. V. m. § 184 S. 1 GVG). Der Notar kann unter den Voraussetzungen der §§ 5 Abs. 2, 50 Abs. 1 BeurkG eine bilinguale Urkunde[140] erstellen oder bescheinigen, dass die Übersetzung der Urkunde vollständig und richtig ist.

33 Hinzuweisen ist auch auf die Praxis der **Vollmachtserteilung** beim Abschluss grenzüberschreitender Transaktionen.[141] Obgleich die Vollmachten aus deutscher Sicht grundsätzlich formlos erteilt werden können (§ 167 Abs. 2 BGB), werden die an der Spaltung beteiligten Personen schriftliche Vollmachten beim Registergericht zur Erfüllung ihrer Nachweispflicht vorlegen müssen (→ § 8 Rn. 24). Eine Ausnahme vom Grundsatz der

---

[134] *Goette* DStR 1996, 709; 711.
[135] MünchKommBGB/*Kindler* IntGesR, Rn. 535; *Goette* DStR 1996, 709, 711; DNotI-Report 2016, 93, 94 (mwN); zur Einhaltung der (Schweizer) Ortsform iRd § 2 Abs. 1 GmbHG vgl. AG Berlin-Charlottenburg, RNotZ 2016, 119 (Ortsform genügt nicht); aA MünchHdb GesR/*Hoffmann* § 56 Rn. 47 (Ortsform genügt).
[136] BGH II ZB 8/80, BGHZ 80, 76, 78 = NJW 1981, 1160; BGH, II ZB 6/13, BGHZ 199, 270 = NJW 2014, 2026; *Reichert/Weller* DStR 2005, 250, 252.
[137] BGH II ZR 330/13, BGHZ 203, 68 = DNotZ 2015, 207, 210 (Rn. 17); weiterführend mit Beispielen aus der Rechtsprechung DNotI-Report 2016, 93, 96 ff.
[138] *Kleba* RNotZ 2016, 273, 280 f.
[139] *Schütze* DNotZ 1992, 66, 72, wonach die „Sprachkenntnisse [...] wirklich perfekt sein und über das Schulniveau hinausgehen" müssen.
[140] Im Einzelnen *Kleba* RNotZ 2016, 273, 281, der insbesondere darlegt, dass einer Sprache stets der Vorrang gegeben werden sollte, damit der in dieser Sprache verfasste Vertrag bzw. Plan für die Auslegung maßgeblich ist.
[141] *Kleba* RNotZ 2016, 273, 281.

Formfreiheit gilt bei Spaltungen zur Neugründung einer Kapitalgesellschaft. Hier ist eine notarielle Beglaubigung der Unterschrift unter der Vollmacht erforderlich, da der Gesellschaftsvertrag bzw. die Satzung der neu zu gründenden Gesellschaft im Spaltungsvertrag enthalten ist.[142]

c) Beschlussfassung und Beschlussanfechtung. Für die grenzüberschreitende Spaltung bedarf es grundsätzlich einer Beschlussfassung der Anteilsinhaber der beteiligten Rechtsträger. Diesbezüglich ist davon auszugehen, dass sich die Beschlussfassung (einschließlich der Einberufungsmodalitäten und des Mehrheitserfordernisses) jeder beteiligten Gesellschaft nach ihrem Gesellschaftsstatut richtet.[143] Das folgt aus dem Umstand, dass sich der Willensbildungsprozess als rein innergesellschaftlicher Vorgang darstellt.[144] Aus deutscher Sicht wird daher gem. §§ 125 S. 1, 13 Abs. 1 UmwG der Spaltungsvertrag bzw. -plan nur wirksam, wenn die Anteilsinhaber der beteiligten Rechtsträger ihm jeweils in einer Anteilsinhaberversammlung durch **notariell beurkundeten Spaltungsbeschluss zustimmen** (→ § 25 Rn. 15 ff.). Analog § 122g UmwG können die Anteilsinhaber ihre Zustimmung von ihrer ausdrücklichen Bestätigung der Mitbestimmungsmodalitäten abhängig machen.[145]

Das jeweilige Gesellschaftsstatut gilt aber nicht nur für die Beschlussfassung, sondern auch für die **damit verknüpften Schutzinstrumente zu Gunsten der Anteilsinhaber**. Kommt es also im Rahmen einer Auf- oder Abspaltung[146] zu einem Wechsel der Rechtsform, sind die Anteile oder Mitgliedschaften an dem übernehmenden Rechtsträger Verfügungsbeschränkungen unterworfen oder ist der übernehmende Rechtsträger – anders als der übertragende Rechtsträger – nicht börsennotiert, muss der Spaltungsvertrag ein **Abfindungsangebot** an diejenigen Anteilsinhaber des übertragenden Rechtsträgers enthalten, die gegen den Spaltungsbeschluss Widerspruch zur Niederschrift erklärt haben (§ 125 S. 1 i. V. m. § 29 UmwG). Dabei ist zu berücksichtigen, dass es für die Frage, ob es zu einem Wechsel der Rechtsform kommt, nicht nur auf die Vergleichbarkeit der rechtlichen Strukturen der beteiligten Rechtsträger ankommt, sondern darauf, ob die übernehmende(n) Gesellschaft(en) **nicht dem deutschen Recht unterliegt/unterliegen**. Insoweit ist eine entsprechende Anwendung des § 122i UmwG geboten, der im Rahmen einer grenzüberschreitenden Verschmelzung ein Austrittsrecht gegen Zahlung einer angemessenen Barabfindung vorsieht, wenn die übernehmende oder die aus der grenzüberschreitenden Verschmelzung hervorgehende neue Gesellschaft nicht dem deutschen Recht unterliegt.[147] Ebenso wie im Zusammenhang mit einer grenzüberschreitenden Verschmelzung darf auch bei einer grenzüberschreitenden Spaltung kein Anteilsinhaber gezwungen werden, die mit dem Wechsel in eine ausländische Rechtsform verbundene Änderung seiner Rechte und Pflichten hinzunehmen.[148] Es besteht ein – der grenzüberschreitenden Verschmelzung – vergleichbares Schutzbedürfnis der Anteilsinhaber, denn die grenzüberschreitende Spaltung kann sich gegen ihren Willen vollziehen. Aus deutscher Sicht sind folglich im Spaltungsvertrag bzw. -plan Angaben zu einer Barabfindung nach § 122i UmwG analog aufzunehmen.[149]

Aus Praktikabilitätsgründen sollten **Kapitalmaßnahmen** in derselben Versammlung beschlossen werden, in der auch der Spaltungsbeschluss gefasst wird.[150] Sie unterliegen dem

---

[142] Zur Verschmelzung Kallmeyer/*Zimmermann* § 6 Rn. 12; Lutter/*Drygala* § 6 Rn. 7; Semler/Stengel/*Schröer* § 4 UmwG Rn. 11; Widmann/Mayer/*Heckscher* § 6 Rn. 44.
[143] *Kronke* ZGR 1994, 26, 42; *Kallmeyer/Kappes* AG 2006, 224, 230.
[144] *Ebenroth/Offenloch* RIW 1997, 1, 2.
[145] *Kleba* RNotZ 2016, 273, 283 f.
[146] Bei der *Ausgliederung* entfällt die Barabfindung bereits mangels Anteilsgewährung an die Anteilsinhaber des übertragenden Rechtsträgers (§ 125 S. 1 UmwG).
[147] MünchHdb GesR VI/*Hoffmann* § 56 Rn. 48; *Kleba* RNotZ 2016, 273, 284.
[148] BegrRegE BT-Drucks. 16/2919 S. 16 zu § 122i Abs. 1.
[149] *Kleba* RNotZ 2016, 273, 279.
[150] *Kallmeyer/Kappes* AG 2006, 224, 237.

nationalen Recht der übernehmenden bzw. übertragenden Gesellschaft. Damit erfolgt eine Kapitalerhöhung[151] bei einer deutschen übernehmenden Gesellschaft nach den §§ 53–55, 66–69 UmwG i. V. m. § 125 UmwG; eine Kapitalherabsetzung[152] einer deutschen GmbH oder AG nach § 139 bzw. § 145 UmwG.

37 Möchte ein Anteilsinhaber gegen den Spaltungsbeschluss vorgehen, steht ihm ein **Rechtsschutz** nur in dem Rahmen offen, wie er durch das Gesellschaftsstatut der betroffenen Gesellschaft gewährt wird.[153] Das Beschlussmängelrecht ist auf EU-Ebene nicht harmonisiert,[154] so dass es dazu kommen kann, dass den von dem Spaltungsvorgang betroffenen Anteilsinhabern unterschiedliche Rechtsschutzmöglichkeiten offenstehen. Aus deutscher Sicht stehen für Klagen gegen die Wirksamkeit des Umwandlungsbeschlusses die Anfechtungs- oder Nichtigkeitsklage zu Verfügung. Eine Klage gegen die Wirksamkeit eines Spaltungsbeschlusses eines übertragenden Rechtsträgers kann indes nicht darauf gestützt werden, dass das Umtauschverhältnis zu niedrig bemessen ist oder dass die Mitgliedschaft bei dem übernehmenden Rechtsträger kein ausreichender Gegenwert für die Anteile oder die Mitgliedschaft bei dem übertragenden Rechtsträger ist (§§ 125 S. 1, 14 Abs. 2 UmwG). Die Überprüfung dieser Kompensationsleistung ist Inhalt des besonderen Spruchverfahrens. Gleiches gilt für Klagen, die auf die Unangemessenheit der angebotenen Barabfindung (§§ 125 S. 1, 32 UmwG) gestützt werden. Die Vorschriften schränken allerdings nur Klagen der Anteilsinhaber des übertragenden, nicht aber des übernehmenden Rechtsträgers ein.[155] Im Falle einer Hinaus-Spaltung erfasst der Anfechtungsausschluss daher nur die Anteilsinhaber der deutschen Gesellschaft. Umgekehrt ist auch nur diesen der Weg in das Spruchverfahren eröffnet. Aber selbst wenn das deutsche Recht die immer wieder kritisierte Differenzierung zwischen Anteilseignern der übertragenden und der übernehmenden Rechtsträger nicht kennen würde, so könnte es für keine Regelung sorgen, die das Anfechtungsrecht der Anteilsinhaber einer Gesellschaft ausländischen Rechts gleichermaßen ausschließt und in ein besonderes Verfahren verlagert. Kennt also das ausländische Recht keine dem deutschen Spruchverfahren vergleichbare Regelung, wie es gegenwärtig in den meisten Rechtsordnungen der EU bzw. des EWR der Fall ist, so kann es zu einer **Benachteiligung der Anteilsinhaber der Auslandsgesellschaft** kommen. Für den Fall der grenzüberschreitenden Verschmelzung enthält Art. 10 Abs. 3 S. 1 der Verschmelzungsrichtlinie (jetzt Art. 127 Abs. 3 S. 1 Gesellschaftsrechts-RL (EU) 2017/1132) deshalb eine Vorgabe, die zwischen solchen Rechtsordnungen und den Rechtsordnungen, die ein Spruchverfahren kennen, vermitteln will.[156] Ein Verfahren zur Kontrolle und Änderung des Umtauschverhältnisses der Anteile kann nach dieser Vorschrift nur stattfinden, wenn entweder die Rechtsordnungen aller an der Verschmelzung beteiligten Gesellschaften ein entsprechendes Verfahren vorsehen, oder die Anteilsinhaber der Gesellschaften, deren Rechtsordnung kein vergleichbares Verfahren enthält, der Durchführung des Verfahrens im Verschmelzungsbeschluss ausdrücklich zustimmen. Dieser Regelungs-

---

[151] Ausführlich zu den verschiedenen Formen der Kapitalerhöhung in der AG gem. §§ 182 ff. AktG bzw. in der GmbH gem. §§ 55 ff. GmbHG: *Baums* § 6 Rn. 1 ff. (ordentliche Kapitalerhöhung), § 7 Rn. 1 ff. (Genehmigtes Kapital), § 8 Rn. 24 ff. (Barkapitalerhöhungen börsennotierten Gesellschaften), § 9 Rn. 1 ff. (Bedingte Kapitalerhöhung), § 10 Rn. 1 ff. (Kapitalerhöhung aus Gesellschaftsmitteln).

[152] Ausführlich zur Kapitalherabsetzung in der AG bzw. in der GmbH: *Baums* § 23 Rn. 5 ff. (zur AG), § 23 Rn. 53 ff. (zur GmbH). Siehe auch Henssler/Strohn/*Wardenbach*, § 139 UmwG Rn. 1 ff., § 145 UmwG Rn. 1 ff.

[153] MünchHdb GesR VI/*Hoffmann* § 56 Rn. 49; *Ebenroth/Offenloch* RIW 1997, 1, 2.

[154] Zur Frage inwieweit die Beschlussmängelregeln auf EU-Ebene harmonisiert werden sollten bejahend *Raiser* FS Semler, 1993, S. 277, 294.

[155] § 14 Abs. 2 UmwG und § 15 UmwG gelten nicht für Ausgliederungen, da die Gesellschafter des übertragenden Rechtsträgers davon nicht unmittelbar betroffen sind, Henssler/Strohn/*Wardenbach* § 125 UmwG Rn. 8.

[156] Semler/Stengel/*Drinhausen* § 122h Rn. 2.

gedanke ist auf die grenzüberschreitende Spaltung zu übertragen.[157] Es trifft zwar zu, dass die unterschiedliche Behandlung der Anteilsinhaber der ausländischen Gesellschaft ihre Ursache im ausländischen Recht hat. Durch eine entsprechende Anwendung der §§ 122h, 122i UmwG wird jedoch unmittelbar keine Schutzlücke des ausländischen Rechts geschlossen.[158] Denn den Anteilsinhabern wird nur ein Wahlrecht eingeräumt. Die Verfügbarkeit des Spruchverfahrens wird eröffnet, wenn die Anteilsinhaber aller beteiligten ausländischen Rechtsträger, deren nationales Recht ein entsprechendes Verfahren nicht kennt, dies bei der Zustimmung zum Spaltungsvertrag- bzw. plan ausdrücklich akzeptieren. Durch dieses Wahlrecht wird dem grenzüberschreitenden Charakter der Spaltung Rechnung getragen. Vorzugswürdig erscheint daher eine Lösung, welche die **Zustimmung** der Anteilsinhaber der an der Spaltung beteiligten **ausländischen Gesellschaft(en)** erforderlich macht, um zur Anwendbarkeit des Spruchverfahrens zu gelangen. Diese Zustimmung muss im Spaltungsvertrag bzw. -plan der ausländischen Gesellschaft erklärt werden.

5. Wirkung

Hinsichtlich der **Wirkungen der Spaltung** ist maßgeblich, dass diese sowohl die Rechtsordnung der übertragenden als auch der übernehmenden Gesellschaft(en) berührt. Im Lichte dessen gilt Folgendes:[159]

a) Eintragungsverfahren. Die im deutschen Recht vorgesehene Eintragungsreihenfolge, der zufolge die Spaltung in das Register des Sitzes des übertragenden Rechtsträgers erst eingetragen werden darf, nachdem sie im Register des Sitzes jedes der übernehmenden Rechtsträger eingetragen worden ist (§ 130 Abs. 1 S. 1 UmwG), ist bei einer grenzüberschreitenden Spaltung nicht sichergestellt. Das OLG Nürnberg hat im Zusammenhang mit einem grenzüberschreitenden Formwechsel darauf hingewiesen, dass die vom deutschen UmwG vorgesehene Eintragungsreihenfolge hinsichtlich des Umwandlungsvorgangs nicht zwingend eingehalten werden müsse. Es betont jedoch zugleich die Notwendigkeit einer sinngemäßen Anwendung.[160] Im Rahmen einer solchen sinngemäßen Anwendung ist bei einer grenzüberschreitenden Spaltung der im deutschen Spaltungsrecht maßgebliche Rechtsgedanke zu berücksichtigen, dass der letzte konstitutive Akt die Eintragung der Spaltung im Register der übertragenden Gesellschaft sein muss. Erforderlich ist somit eine im Vergleich zur Verschmelzung umgekehrte Reihenfolge. Nur durch eine Anknüpfung an die Eintragung der Spaltung in das Register des Sitzes des übertragenden Rechtsträgers kann gewährleistet werden, dass der Spaltungsvorgang zu einem einheitlichen Zeitpunkt wirksam wird, denn bei einer Spaltung können zwar mehrere übernehmende Rechtsträger, jedoch nur ein übertragender Rechtsträger existieren (→ § 26 Rn. 35 ff.).[161] Daraus kann die Verpflichtung der Registergerichte abgleitet werden, das Eintragungsverfahren zwar in **entsprechender Anwendung der §§ 122k und 122l UmwG** umzusetzen; sie haben dabei jedoch zu beachten, dass die Spaltungsbescheinigung(en) durch das Registergericht (bzw. die Registergerichte) der übernehmenden Gesellschaft(en) auszustellen ist (bzw. sind) und die Eintragung(en) mit dem Vermerk zu versehen ist (bzw. sind), dass die grenzüberschreitende Spaltung unter den Voraussetzungen des Rechts des Staates, dem die übertragende Gesellschaft unterliegt, wirksam wird.

b) Art und Weise des Vermögensübergangs. Die Spaltung ist im Wesentlichen ein Akt der Vermögensübertragung.[162] Die Übertragung von Vermögensgegenständen kann entweder in Form der Einzelrechtsnachfolge oder im Wege der Gesamtrechtsnachfolge geschehen. Es stellt sich die Frage, nach welchem Recht sich der Vermögensübergang im

---

[157] AA MünchHdb GesR VI/*Hoffmann* § 56 Rn. 50.
[158] So aber MünchHdb GesR VI/*Hoffmann* § 56 Rn. 50.
[159] Insgesamt Eidenmüller/*Eidenmüller* § 4 Rn. 106 ff.
[160] OLG Nürnberg 12 W 520/13, NZG 2014, 349, 351.
[161] Kölner Kommentar-UmwG/*Simon* § 130 Rn. 4.
[162] A. Teichmann ZGR 1993, 396, 398.

Falle der partiellen Gesamtrechtsnachfolge richtet.[163] Dabei ist zunächst zu berücksichtigen, dass sich der Vorgang insgesamt im Rahmen des Gesellschaftsstatuts abspielt.[164] Eine Ausnahme soll dann gelten, wenn Vermögen der übertragenden Gesellschaft außerhalb des Geltungsbereichs des zur Anwendung berufenen Gesellschaftsstatuts belegen ist und das Belegenheitsstatut einen Rechtserwerb im Wege der partiellen Gesamtrechtsnachfolge nicht kennt (z. B. ein der übertragenden Gesellschaft gehörendes Grundstück befindet sich in einem Drittstaat).[165] In diesem Fall tritt das Gesellschaftsstatut hinter das Belegenheitsrecht zurück.[166] Da das Vermögen im Rahmen der Gesamtrechtsnachfolge den Eigner wechselt, kommen für die Art und Weise des Vermögensübergangs sowohl das Gesellschaftsstatut des übertragenden wie auch dasjenige der übernehmenden Rechtsträger in Betracht. Zutreffend ist daher eine differenzierte Ansicht. Das Recht des übertragenden Rechtsträgers bestimmt, ob die Vermögensteile im Wege der Gesamtrechtsnachfolge abgegeben werden können. Das Personalstatut der aufnehmenden Gesellschaft(en) ist hingegen für die Frage berufen, ob und unter welchen Voraussetzungen das Vermögen im Wege der Gesamtrechtsnachfolge aufgenommen werden kann.[167]

40 Wie die Anteilsinhaber der übertragenden Gesellschaft bzw. die übertragende Gesellschaft selbst **Anteile am übernehmenden Rechtsträger** erhalten, ist dagegen allein nach dem Gesellschaftsstatut der übernehmenden Gesellschaft zu bestimmen. Dieses Personalstatut bestimmt auch den Inhalt der Rechte und Pflichten, die aus der Beteiligung resultieren, denn insoweit ist allein die innere Organisation der übernehmenden Gesellschaft betroffen.[168]

6. Schutz der Gläubiger

41 Bei der Durchführung der grenzüberschreitenden Spaltung bedarf es Mechanismen zum Schutz der individuellen Gläubiger. Dem hierfür vorgesehenen rechtlichen Rahmen kommt besondere Bedeutung zu, denn der institutionelle Gläubigerschutz ergibt sich aus den Kapitalschutzvorschriften des Gründungsrechts der jeweiligen Gesellschaften. Ein ausländischer Rechtsträger kann folglich einen geringeren Gläubigerschutz bieten, weil beispielsweise die Kapitalschutzvorschriften weniger streng ausgestaltet sind als nach dem Gesellschaftsstatut des übertragenden Rechtsträgers.[169] Der Schutz der Arbeitnehmer als „Gläubiger in besonderen Fällen" (§ 134 UmwG) wird im Anschluss erörtert (→ Rn. 47f).

42 **a) Gläubiger des übertragenden deutschen Rechtsträgers.** Für den Schutz der Gläubiger einer übertragenden Gesellschaft gelten die Vorschriften des innerstaatlichen Rechts, dem diese Gesellschaft unterlag.[170] Für Gläubiger eines übertragenden deutschen Rechtsträgers ist daher der Blick auf die **gesamtschuldnerische Spaltungshaftung** (§ 133 UmwG) und die Gewährung einer **Sicherheitsleitung** (§§ 125 S. 1, 22 UmwG bzw. § 122j UmwG analog) zu richten.

43 Eine **gesamtschuldnerische Haftung** bei grenzüberschreitenden Spaltungen ist gem. § 133 Abs. 1, 3 UmwG grundsätzlich anzunehmen. Einzig, wenn das Recht des über-

---

[163] Zur umwandlungsrechtlichen Universalsukzession insbesondere zur Abgrenzung von totaler und partieller Universalsukzession *Lieder* 2015, S. 718 f.
[164] MünchHdb GesR VI/*Hoffmann* § 56 Rn. 7.
[165] Zur Regelung über hilfsweise Einzelrechtsübertragung Widman/Mayer/*Vossius*, § 20 Rn. 49 f.
[166] Michalski/*Leible* GmbHG Syst. Darst. 2 Intern. Gesellschaftsrecht Rn. 209 (Fn. 11); MünchKommBGB/*Kindle* IntGesR Rn. 812; *Hoger/Lieder* ZHR 180 (2016) 613, 629; aA MünchKommBGB/*v. Hein* Art. 3a EGBGB Rn. 18; *Fisch* NZG 2016, 448, 450.
[167] *Ebenroth/Offenloch* RIW 1997, 1, 4; aA Semler/Stengel/*Drinhausen* Einl. C Rn. 17; Eidenmüller/*Eidenmüller* § 4 Rn. 106 ff. (nur das Gesellschaftsstatut des übertragenden Rechtsträgers ist anzuwenden).
[168] *Ebenroth/Offenloch* RIW 1997, 1, 5.
[169] Vgl. *Hoger/Lieder* ZHR 180 (2016) 613, 636.
[170] EuGH v. 7. 4. 2016, Rs. C-483/14 (KA Finanz), NZG 2016, 513, 516, Rn. 61; hierzu Bayer/ *J. Schmidt* ZIP 2016, 841.

nehmenden ausländischen Rechtsträgers eine insoweit vergleichbare Regelung nicht vorsieht und damit der Haftungsumfang des übernehmenden Rechtsträgers erweitert würde, greift die gesamtschuldnerische Haftung nicht und allein der deutsche übertragende Rechtsträger ist haftbar.[171]

Nach zutreffender Ansicht können die Gläubiger der übertragenden Gesellschaft bei **44** einer grenzüberschreitenden Spaltung eine **Sicherheitsleitung** gem. § 122j UmwG analog verlangen, da es sich bei dieser Vorschrift um keine verschmelzungsspezifische sondern eine auf alle grenzüberschreitenden Umwandlungssachverhalte verallgemeinerungsfähige Regelung handelt.[172] Somit kann der Anspruch vor dem Vollzug der Spaltung geltend gemacht werden.[173] Die Gläubiger des übertragenden deutschen Rechtsträgers werden durch § 122j UmwG analog davor geschützt, ihre Rechte im Ausland verfolgen zu müssen.[174] Allerdings werden nur Forderungen geschützt, die vor oder bis 15 Tage nach Bekanntmachung des Spaltungsplans oder dessen Entwurfs entstanden sind.[175] Ein weiterer Mechanismus betreffend den Gläubigerschutz nach § 122j UmwG analog liegt darin, dass die Vertretungsorgane des übertragenden Rechtsträgers bei der Anmeldung zum Handelsregister gem. § 122k Abs. 1 S. 3 UmwG[176] analog zu versichern haben, dass eine angemessene Sicherheit zu Gunsten der Gläubiger geleistet wurde.[177] Die **Versicherung**, die für die Ausstellung der Spaltungsbescheinigung durch das Handelsregister vorausgesetzt wird, kann gem. § 122j Abs. 1 S. 2 UmwG analog nach Ablauf von zwei Monaten nach dem Tag, an dem der Spaltungsplan oder sein Entwurf bekannt gemacht worden ist, abgegeben werden.

b) Gläubiger des/der übernehmenden deutschen Rechtsträger(s). Für Gläubiger **45** des/der übernehmenden deutschen Rechtsträger(s) ergeben sich aus §§ 122a ff. UmwG keine Besonderheiten, so dass über §§ 122a Abs. 2, § 125 S. 1 UmwG auf § 22 UmwG abzustellen ist.[178] Danach können die Gläubiger eine **Sicherheitsleistung** fordern, wenn sie binnen sechs Monaten nach dem Tag, an dem die Eintragung der Spaltung in das Register des übertragenden Rechtsträgers bekannt gemacht worden ist, ihren Anspruch nach Grund und Höhe beim zuständigen Gericht schriftlich anmelden.[179] In der Bekanntmachung des Spaltungsplans/-vertrags bzw. dessen Entwurfs ist auf dieses Recht gem. § 122d Abs. 1 S. 2 Nr. 4 UmwG analog hinzuweisen.[180] Die Sicherheitsleitung wird aber nur gewährt, wenn die Gläubiger keine Befriedigung ihrer Forderungen verlangen können und sie glaubhaft machen, dass durch die grenzüberschreitende Spaltung die Erfüllung ihrer Forderungen gefährdet ist.[181]

c) Inhaber von stimmrechtslosen Sonderrechten. Inhaber von **stimmrechtslosen** **46** **Sonderrechten** werden nach Maßgabe des Gesellschaftsstatus des übertragenden Rechtsträgers geschützt.[182] Gem. §§ 125 S. 1, 23 UmwG entsteht bei einer deutschen übertragenden Gesellschaft ein Anspruch der Inhaber von Sonderrechten auf Begründung „gleichwertiger Rechte in dem übernehmenden Rechtsträger"[183] für dessen Erfüllung die beteiligten Gesellschaften nach § 133 Abs. 2 UmwG gesamtschuldnerisch haften. Bei

---

[171] *Kleba* RNotZ 2016, 273, 286; *Kallmeyer/Kappes* AG 2006, 224, 235.
[172] *Kleba* RNotZ 2016, 273, 285; MünchHdb GesR VI/*Hoffmann* § 56 Rn. 52; nach Ansicht von *Bayer/J. Schmidt* ZIP 2016, 841, 847 ist § 122j UmwG indes unionsrechtswidrig.
[173] Henssler/Strohn/*Polley* § 122j UmwG Rn. 2 f.; Semler/Stengel/*Drinhausen*§ 122j Rn. 1 ff.
[174] BT-Drucks. 16/2919, S. 17 zur Verschmelzung.
[175] *Kleba* RNotZ 2016, 273, 286.
[176] Gem. § 314a UmwG wird mit Freiheitsstrafe bis zu drei Jahren oder mit Geldstrafe bestraft, wer bei der Versicherung Falschangaben macht, Henssler/Strohn/*Raum* § 314a UmwG Rn. 1.
[177] *Kleba* RNotZ 2016, 273, 286.
[178] MünchHdb GesR VI/*Hoffmann* § 56 Rn. 52; *Kleba* RNotZ 2016, 273, 285.
[179] *Kleba* RNotZ 2016, 273, 285.
[180] Henssler/Strohn/*Polley* § 122d UmwG Rn. 12.
[181] *Kleba* RNotZ 2016, 273, 285.
[182] MünchHdb GesR VI/*Hoffmann* § 56 Rn. 53.
[183] Hierzu auch EuGH v. 7.4.2016, Rs. C-483/14 (KA Finanz), NZG 2016, 513 ff.

Umtausch- oder Bezugsrechten gem. § 221 AktG kann es sein, dass das Recht des ausländischen übernehmenden Rechtsträgers derartige Rechte nicht kennt. Nur im Falle der Unmöglichkeit der Gewährung gleichwertiger Rechte ist den Inhabern nach § 29 UmwG analog eine **angemessene Abfindung** zu gewähren, die im Wege des **Spruchverfahrens** überprüft werden kann.[184] Bei grenzüberschreitenden Abspaltungen wird die Unmöglichkeit aber aufgrund von § 133 Abs. 2 S. 2 UmwG nur angenommen werden können, wenn die Aufrechterhaltung der stimmrechtslosen Sonderrechte gegenüber dem übertragenden Rechtsträger wirtschaftlich nicht als gleichwertig anzusehen ist.[185]

7. Schutz der Arbeitnehmer

47 Im Verfahren einer grenzüberschreitenden Spaltung sind die Arbeitnehmer auf verschiedene Weisen zu schützen. So sind im Spaltungsvertrag bzw. -plan gem. § 122c Abs. 2 Nr. 4 UmwG analog die voraussichtlichen Auswirkungen auf die Beschäftigung, d. h. insbesondere die Gesamtarbeitnehmerzahl nach der Umwandlungsmaßnahme und die damit verbundenen wirtschaftlichen Folgen für die Belegschaft, zu erläutern (→ § 18 Rn. 86).[186] Zudem ist der Spaltungsbericht dem Betriebsrat bzw., soweit ein solcher nicht vorhanden ist, den Arbeitnehmern der an der Spaltung beteiligten Gesellschaften spätestens einen Monat vor der Versammlung der Anteilseigner, in der die Spaltung beschlossen werden soll, zugänglich zu machen (→ Rn. 28). Er dient ihrer Information, eine Entscheidungsbefugnis hierüber besteht hingegen nicht. Einer Zuleitung des **Spaltungsplans oder -vertrags** an den Betriebsrat bzw. die Arbeitnehmer bedarf es nach ganz h. M.[187] dagegen nicht, da eine ausführliche Auseinandersetzung mit den Auswirkungen der Spaltung im Spaltungsbericht erfolgt und die zusätzliche Zuleitung des Spaltungsplans bzw. -vertrags nur einen unnötigen Mehraufwand[188] bedeuten würde.

48 Ein weiterer Schutzmechanismus betrifft die **Arbeitnehmermitbestimmung**. So sind im Spaltungsvertrag bzw. -plan gem. § 122c Abs. 2 Nr. 10 UmwG analog Angaben zu dem Verfahren, nach dem die Einzelheiten über die Beteiligung der Arbeitnehmer an der Festlegung ihrer Mitbestimmungsrechte in der aus der grenzüberschreitenden Spaltung hervorgehenden Gesellschaft geregelt werden, aufzunehmen. Bei deutschen Rechtsträgern richtet sich das Verfahren analog nach dem Gesetz über die Mitbestimmung der Arbeitnehmer bei einer grenzüberschreitenden Verschmelzung (→ § 18 Rn. Rn. 97 f.).[189] Sofern ein solches Verfahren Anwendung findet, muss nach der Offenlegung des Spaltungsvertrags bzw. -plans das **besondere Verhandlungsgremium** der Arbeitnehmer gewählt werden.[190] Die Spaltung kann erst im Handelsregister eingetragen werden, wenn das Verfahren zur Vereinbarung der Arbeitnehmermitbestimmung abgeschlossen ist, was wiederum vom Handelsregister zu überprüfen ist. Die Gesellschafterversammlung der an der Spaltung beteiligten Rechtsträger kann den Inhalt der Vereinbarung über die Arbeitnehmermitbestimmung durch Beschluss bestätigen. In diesem Fall ist der Beschluss dem Handelsregister vorzulegen.[191] Eines Verfahrens nach dem MgVG analog bedarf es hingegen nicht, wenn keine Arbeitnehmer vorhanden sind oder die beteiligten Rechtsträger nicht der Mitbestimmung unterliegen.[192]

---

[184] Zusammenfassend zum Spruchverfahren im Rahmen des § 29 UmwG und bei Spaltungen Kraft/Redenius-Hövermann/*Redenius-Hövermann* Kap. 7 Rn. 70 ff.

[185] MünchHdb GesR VI/*Hoffmann* § 56 Rn. 53 mwN für den Fall der innerstaatlichen Spaltung unter Beteiligung verschiedener Rechtsträger.

[186] *Kleba* RNotZ 2016, 273, 274, 278 mwN zur grenzüberschreitenden Verschmelzung.

[187] Henssler/Strohn/*Polley* § 122c UmwG Rn. 28; Semler/Stengel/*Drinhausen* § 122c Rn. 44; *Kleba* RNotZ 2016, 273, 278; aA *Krause/Kulpa* ZHR 171 (2007), 38, 60.

[188] *Kleba* RNotZ 2016, 273, 281.

[189] *Kleba* RNotZ 2016, 273, 279, der die praktische Relevanz des Verfahrens in Frage stellt.

[190] *Kallmeyer/Kappes* AG 2006, 224, 236.

[191] *Kallmeyer/Kappes* AG 2006, 224, 236 f.

[192] *Kleba* RNotZ 2016, 273, 279.

V. Alternative Gestaltungsmöglichkeiten

Aus dem eben Gesagten ergibt sich, dass eine grenzüberschreitende Spaltung mit erheblicher Rechtsunsicherheit verbunden ist. Sie hängt letztlich von „aufgeschlossenen Richtern europäischer Denkungsart"[193] ab. Der Blick ist daher immer auch auf alternative Gestaltungsmöglichkeiten zu richten, mit welchen ein der grenzüberschreitenden Spaltung wirtschaftlich vergleichbares Ergebnis erreicht werden kann. In der Praxis wird dafür auf die Möglichkeit der nationalen Abspaltung (gegebenenfalls zur Neugründung) zurückgegriffen, um im Anschluss den übernehmenden bzw. neu gegründeten Rechtsträger grenzüberschreitend zu verschmelzen.[194] Zudem steht für die Übertragung von Gesellschaftsvermögen in eine andere Jurisdiktion das Modell der grenzüberschreitenden Anwachsung zur Verfügung. Die nach den Grundsätzen des (internationalen) Personengesellschaftsrechts vollziehende Anwachsung stellt bis dato eine im Vergleich zur ungeregelten grenzüberschreitenden Spaltung wohl weniger unsichere Alternative dar.[195] Vorgeschlagen wird schließlich, im Anschluss an die innerhalb der Jurisdiktion durchgeführte Spaltung den Registersitz des übernehmenden bzw. neu gegründeten Rechtsträgers grenzüberschreitend zu verlegen.[196] Dabei handelt es sich jedoch um einen grenzüberschreitenden Formwechsel, für den es bislang weder im UmwG noch im europäischen Richtlinienrecht eine Grundlage gibt (→ § 39 Rn. 6 ff.).[197] Die Bemühungen für eine gemeinschaftsrechtliche Harmonisierung durch eine 14. gesellschaftsrechtliche Richtlinie über die grenzüberschreitende Verlegung des Satzungssitzes von Kapitalgesellschaften sind noch nicht abgeschlossen.[198] Der einzige Vorteil mag darin gesehen werden, dass es – anders als zur grenzüberschreitenden Spaltung – bereits Rechtsprechung deutscher Gerichte[199] sowie des EuGH gibt.[200] So hat das KG Berlin am 21.3.2016 zu einem grenzüberschreitenden Herein-Formwechsel einer französischen GmbH in eine deutsche GmbH entschieden, dass es nicht zur Anwendung der Vorschriften über den grenzüberschreitenden Sitzwechsel einer Europäischen AG komme. Vielmehr seien die Regelungen für den innerstaatlichen Formwechsel entsprechend anwendbar.[201]

§ 31 SE-Gründung durch Spaltung

Übersicht

	Rdnr.		Rdnr.
I. Grundsatz des Verbots der SE-Gründung durch Spaltung	1	2. SE-Gründung durch Ausgliederung	3
II. Ausnahmen zur SE-Gründung durch Spaltung	2–4	3. Sekundäre Gründung einer SE-Tochter durch Auf- oder Abspaltung	4
1. Grundsatz: Spaltungsfähigkeit der deutschen SE	2		

---

[193] *Lutter* ZGR 1994, 87, 93.
[194] BeckHB Umwandlungen International/*Veith* 3. Teil Rn. 25; *Kleba* RNotZ 2016, 273, 274.
[195] *Hoger/Lieder* ZHR 180 (2016) 613, 654. 657.
[196] Vgl. BeckHdbGmbH/*Prinz/Hütig* § 19 Rn. 80.
[197] *Hushahn* RNotZ 2014, 137; *Heckschen* ZIP 2015, 2049; *Behme*, 2015.
[198] Vgl. den Vorentwurf aus dem Jahr 1997 (KOM XV/6002/97) abgedruckt etwa in ZIP 1997, 1721 ff.; ferner zur Notwendigkeit einer Regelung für die grenzüberschreitende Verlegung von Unternehmenssitzen: Entschließung des Europäischen Parlaments vom 2.2.2012 mit Empfehlungen an die Kommission zu einer 14. gesellschaftsrechtlichen Richtlinie zur grenzüberschreitenden Verlegung von Unternehmenssitzen (2011/2046[INI]).
[199] OLG Nürnberg 12 W 520/13, NZG 2014, 349 (zu einer GmbH nach luxemburgischen Recht); KG 22 W 64/15, NZG 2016, 834 (zu einer GmbH nach französischem Recht); OLG Frankfurt 20 W 88/15, NZG 2017, 423 (zum Herausformwechsel einer GmbH nach Italien in die Rechtsform einer s.r.l.).
[200] EuGH C-378/10, NZG 2012, 871 (Rn. 38) – Vale.
[201] KG Berlin NZG 2016, 834; hierzu *Wachter*, GmbHR 2016, 738.

Schrifttum: *Casper*, Erfahrungen und Reformbedarf bei der SE – Gesellschaftsrechtliche Reformvorschläge, ZHR 173 (2009), 181; *Hirte*, Die Europäische Aktiengesellschaft, NZG 2002, 1; *Hommelhoff*, Einige Bemerkungen zur Organisationsverfassung der Europäischen Aktiengesellschaft, AG 2001, 279; *Kraft/Redenius-Hövermann*, Umwandlungsrecht, 2015; *Kossmann/Heinrich*, Möglichkeiten der Umwandlung einer bestehenden SE, ZIP 2007, 164; *Marsch-Barner*, Die Rechtsstellung der Europäischen Gesellschaft (SE) im Umwandlungsrecht, FS Happ, 2006, S. 165; *Oechsler*, Der praktische Weg zur Societas Europaea (SE) – Gestaltungsspielraum und Typenzwang, NZG 2005, 697; *Oplustil/Schneider*, Zur Stellung der Europäischen Aktiengesellschaft im Umwandlungsrecht, NZG 2003, 14; *Spitzbart*, Die Europäische Aktiengesellschaft (Societas Europaea – SE) – Aufbau der SE und Gründung –, RNotZ 2006, 369; *Thoma/Leuering*, Die Europäische Aktiengesellschaft – Societas Europaea, NJW 2002, 1449; *Vossius*, Gründung und Umwandlung der deutschen Europäischen Gesellschaft (SE), ZIP 2005, 741; *Wacklawik*, Die Europäische Aktiengesellschaft (SE) als Konzerntochter- und Joint Venture-Gesellschaft, DB 2006, 1827; *Wilk*, Aktionärsrechte in der deutschen SE, 2017.

I. Grundsatz des Verbots der SE-Gründung durch Spaltung

1 Art. 2 SE-VO statuiert einen **Numerus Clausus**[1] von vier möglichen Gründungsformen der SE, nämlich die Gründung durch Verschmelzung, durch Gründung einer Holding- bzw. Tochter-SE und durch formwechselnde Umwandlung.[2] Dieser Numerus Clausus beinhaltet damit nach heute wenn auch kritischer[3] h. M.[4] das grundsätzliche **Verbot einer SE-Neugründung durch Spaltung**.

II. Ausnahmen zur SE-Gründung durch Spaltung

1. Grundsatz: Spaltungsfähigkeit der deutschen SE

2 Wenngleich grundsätzlich das Verbot einer SE-Neugründung durch Spaltung besteht, kann die deutsche SE nach den Vorschriften des UmwG gespalten werden.[5] Ausgangspunkt ist die Regelung des Art. 9 Abs. 1 lit. c. (ii) SE-VO, der zufolge die SE in Bezug auf die nicht durch die SE-VO geregelten Bereiche oder, sofern ein Bereich nur teilweise geregelt ist, in Bezug auf die nicht von der SE-VO erfassten Aspekte den Rechtsvorschriften der Mitgliedstaaten, die auf eine nach dem Recht des Sitzstaats der SE gegründete Aktiengesellschaft Anwendung finden würden, unterliegt.[6] Hat die SE ihren Satzungssitz in Deutschland, so sind auf sie die auf die deutsche AG anwendbaren Normen, einschließlich derer des UmwG, anwendbar.[7] Eine **spezielle Regelung** in der SE-VO hinsichtlich Spaltungen einer SE **besteht nicht**. Auch Art. 66 SE-VO entfaltet insoweit keine Sperrwirkung.[8] Für

---

[1] Habersack/Drinhausen/*Habersack* Art. 2 SE-VO Rn. 4; *Hirte* NZG 2002, 1, 3 ff.; *Hommelhoff* AG 2001, 279, 280; MünchKommAktG/*Oechsler/Mihaylova* Art. 2 SE-VO Rn. 1; *Oechsler* NZG 2005, 697 ff.; Spindler/Stilz/*Casper* Art 3 SE-VO Rn. 1; *Thoma/Leuering* NJW 2002, 1449, 1451; *Wilk*, S. 406.

[2] Ausführlich anstatt aller *Spitzbart* RNotZ 2006, 369, 398 ff.

[3] *Casper* ZHR 173 (2009), 181, 192 f.

[4] *Kossmann/Heinrich* ZIP 2007, 164, 168; Lutter/*Teichmann* § 124 Rn. 7; *Marsch-Barner* FS Happ, 2006, S. 165, 170 f.; MünchKommAktG/*Schäfer* Art. 66 SE-VO Rn. 14; Spindler/Stilz/*Casper* Art. 3 SE-VO Rn. 40; aA Oplustil/*Schneider* NZG 2003, 14, 17; *Vossius* ZIP 2005, 741, 748 f.; *Wacklawik* DB 2006, 1827, 1833. Zusammenfassend Kraft/Redenius-Hövermann/*von Rummel* Kap. 6 Rn. 151.

[5] *Wilk*, S. 407 ff., 422, wonach die Spaltung in Form von Auf- oder Abspaltung einer SE nach § 123 UmwG nur zulässig ist, wenn der übernehmende Rechtsträger keine SE ist.

[6] Lutter/*Drygala* § 3 Rn. 20; Kallmeyer/*Marsch-Barner* § 3 Rn. 11; *Wilk*, S. 407.

[7] Semler/Stengel/*Drinhausen* Einl. C Rn. 58 f. mit Verweis auf die Niederlassungsfreiheit und das Gleichstellungsgebot des Art. 10 SE-VO.

[8] Zur Frage, ob Art. 66 SE-VO eine Sperrwirkung dahingehend entfaltet, dass für die Umwandlung der SE nur der Formwechsel zulässig ist, richtigerweise verneinend Habersack/Drinhausen/*Habersack* Art. 66 SE-VO Rn. 7, 34 ff.; *Kossmann/Heinrich* ZIP 2007, 164, 165; Semler/Stengel/*Drinhausen* Einl. C Rn. 57; Widmann/Mayer/*Heckschen* Anh. 14 Rn. 520; *Wilk*, S. 410 ff.; a. A. *Hirte*, NZG 2002, 1, 9 f., MünchKommAktG/*Schäfer* Art. 66 SE-VO Rn. 1; *Vossius*, ZIP 2005, 741, 748 f. Zusammenfassend Kraft/Redenius-Hövermann/*von Rummel* Kap. 6 Rn. 146 ff.

die Beteiligung einer SE an einer Spaltung folgt hieraus, dass eine **SE** wie eine AG **als übertragender Rechtsträger gespalten** werden kann.[9] Auch kann sie als **übernehmender Rechtsträger** Vermögen aufnehmen.[10]

2. SE-Gründung durch Ausgliederung

Eine Besonderheit ist für den Fall der **Spaltung zur Neugründung** zu beachten. Die Neugründung einer SE ist abschließend geregelt. Damit kann die Spaltung einer SE grundsätzlich nicht dazu führen, dass eine neue SE entsteht.[11] Folglich scheidet die **Auf- bzw. Abspaltung** auf eine dadurch neu gegründete SE aus. Hingegen ist nach ganz h. M.[12] eine **Spaltung zur SE-Neugründung durch Ausgliederung** zulässig, wenn der zu spaltende Rechtsträger ebenfalls eine SE ist. Es handelt sich hierbei um einen Unterfall der Gründung einer SE-Tochter nach Art. 3 Abs. 2 SE-VO. Zu beachten ist, dass die Spaltung zur Neugründung durch Ausgliederung grundsätzlich[13] in den **Kompetenzbereich** der Geschäftsführung bzw. des Verwaltungsorgans fällt.[14]

3. Sekundäre Gründung einer SE-Tochter durch Auf- oder Abspaltung

Eine Spaltung zur **Neugründung durch Ab- und Aufspaltung** gem. § 123 Abs. 1 Nr. 2, Abs. 2 Nr. 2 UmwG scheidet nach ganz h. M. aus,[15] da es sich aus Sicht der gespaltenen SE gerade nicht um die Neugründung einer Tochter-SE nach Art. 3 Abs. 2 SE-VO sondern um die Gründung einer Schwester-SE handelt.[16] **Zulässig** ist nach h. M. aber die **sekundäre Gründung durch Auf- und Abspaltung** auf 100%-Tochterebene eines SE-Konzerns.[17] In diesem Fall stellt die Auf- oder Abspaltung zur Gründung zwar für die gespaltene Tochter-SE keine Tochtergründung gem. Art. 3 Abs. 2 SE-VO dar, wohl aber für die Muttergesellschaft, die an der neu gegründeten SE ebenfalls zu 100% beteiligt ist.[18] Auch insoweit ist zu beachten, dass die sekundäre Gründung einer SE-Tochter durch Auf- und Abspaltung grundsätzlich[19] in den **Kompetenzbereich** der Geschäftsführung bzw. des Verwaltungsorgans fällt.[20]

---

[9] *Kossmann/Heinrich* ZIP 2007, 164, 167 f.; *Oplustil/Schneider* NZG 2003, 14, 17; *Wacklawik* DB 2006, 1827, 1833; Widmann/Mayer/*Heckschen* Anh. 14 Rn. 529; *Wilk*, S. 410 ff.
[10] Semler/Stengel/*Drinhausen* Einl. C Rn. 60.
[11] *Wilk*, S. 407.
[12] *Kossmann/Heinrich* ZIP 2007, 164, 168; Lutter/*Teichmann* § 124 Rn. 7; Schmitt/Hörtnagl/Stratz/*Hörtnagl* § 124 Rn. 35; *Wilk*, S. 410.; zum selben Ergebnis kommen auch *Oplustil/Schneider* NZG 2003, 14, 17 allerdings unter Anwendung von Art. 9 Abs. 1 lit. c ii) SE-VO; a. A. Kölner Kommentar/*Veil* Art. 2 SE-VO Rn. 2, wonach sämtliche Spaltungsvarianten, die zu einer SE-Neugründung führen ausgeschlossen seien.
[13] Zu den ungeschriebenen Hauptversammlungskompetenzen ausführlich statt aller *Wilk*, S. 303 ff.
[14] *Wilk*, S. 425.
[15] *Casper* ZHR 173 (2009), 181, 192; Habersack/Drinhausen/*Habersack* Art. 3 SE-VO Rn. 12; *Kossmann/Heinrich* ZIP 2007, 164, 168; *Marsch-Barner* FS Happ, 2006, S. 165, 172; Spindler/Stilz/*Casper* Art. 3 SE-VO Rn. 18, 40; *Wilk*, S. 410.
[16] *Marsch-Barner* FS Happ, 2006, S. 165, 172.
[17] *Kossmann/Heinrich* ZIP 2007, 164, 168; *Wilk*, S. 410.
[18] *Wilk*, S. 410.
[19] Zu den ungeschriebenen Hauptversammlungskompetenzen ausführlich statt aller *Wilk*, S. 303 ff.
[20] *Wilk*, S. 425.

4. Kapitel. Formwechsel

§ 32 Einbezogene Rechtsträger

Übersicht

	Rdnr.		Rdnr.
I. Grundlagen und Anwendungsbereich des Formwechsels	1–15	3. Eingetragene Genossenschaften	32, 33
		4. Rechtsfähige Vereine	34–36
1. Prinzip der Identität nach § 190 Abs. 1 UmwG	3–7	5. Versicherungsvereine auf Gegenseitigkeit	37
2. Änderung der Rechtsform außerhalb des Umwandlungsgesetzes	8	6. Körperschaften und Anstalten des öffentlichen Rechts	38
3. Grenzüberschreitender Formwechsel	9–15	7. Die Societas Europaea als formwechselnder Rechtsträger	39
II. Ablauf eines Formwechsels	16–24	V. Rechtsträger neuer Rechtsform	40–52
1. Vorbereitungsphase	17–20	1. Zielrechtsträger nach § 191 Abs. 2 UmwG	40–46
2. Beschlussphase	21–23		
3. Vollzugsphase	24	2. Die Societas Europaea als Zielrechtsform	47
III. Struktur des § 191 UmwG	25		
IV. Formwechselnde Rechtsträger	26–39	3. Sonderfall: Einmann-Kapitalgesellschaft	48–52
1. Personenhandelsgesellschaften und Partnerschaftsgesellschaften	29, 30	VI. Formwechsel bei aufgelöstem Rechtsträger	53–58
2. Kapitalgesellschaften	31		

Schrifttum: *Arnold*, Grenzüberschreitende Satzungssitzverlegung von Vereinen?, Anmerkungen zu OLG Zweibrücken, Beschluss vom 27.9.2005, 3 W 170/05, GPR 2007, 235; *Bärwaldt/Schabacker*, Der Formwechsel als modifizierte Neugründung, ZIP 1998, 1293; *Bungert/de Raet*, Grenzüberschreitender Formwechsel in der EU, DB 2014, 761; *Heckschen*, Identität der Anteilseigner beim Formwechsel, DB 2008, 2122; *Hennrichs*, Zum Formwechsel und zur Spaltung nach dem neuen Umwandlungsgesetz, ZIP 1995, 794; *Leible/Hoffmann*, Cartesio – fortgeltende Sitztheorie, grenzüberschreitender Formwechsel und Verbot materiellrechtlicher Wegzugsbeschränkungen, BB 2009, 58; *Priester*, Mitgliederwechsel im Umwandlungszeitpunkt, DB 1997, 560; *Richter/Backhaus*, Eintragung eines grenzüberschreitenden Formwechsels ins Handelsregister, DB 2016, 1625; *Sauter/Schweyer/Waldner*, Der eingetragene Verein, 20. Aufl. 2016; *K. Schmidt*, Die BGB-Außengesellschaft: rechts- und parteifähig, NJW 2001, 993; *K. Schmidt*, Zur Gesellschafteridentität bei der Beteiligung einer Personengesellschaft am Formwechsel, GmbHR 1995, 693; *Streck/Mack/Schwedhelm*, Verschmelzung und Formwechsel nach dem neuen Umwandlungsgesetz, GmbHR 1995, 161; *Teichmann*, Der grenzüberschreitende Formwechsel ist spruchreif: Das Urteil des EuGH in der Rs. Vale, DB 2012, 2085; *Tettinger*, UG (umwandlungsbeschränkt)? – Die Unternehmergesellschaft nach dem MoMiG-Entwurf und das UmwG, Der Konzern 2008, 75; *Wiedemann*, Identität beim Formwechsel, ZGR 1999, 568.

I. Grundlagen und Anwendungsbereich des Formwechsels

1   Das Fünfte Buch des UmwG regelt den Formwechsel. Der Erste Teil enthält in den §§ 190 bis 213 UmwG **allgemeine Regelungen** und findet auf alle Rechtsformen gleichermaßen Anwendung. Der Zweite Teil sieht in den §§ 214 bis 304 UmwG zusätzlich **besondere Vorschriften** je nach Art des formwechselnden Rechtsträgers vor.

§ 190 Abs. 1 UmwG bestimmt, dass ein Rechtsträger durch Formwechsel eine andere Rechtsform erhalten kann. Dabei handelt es sich neben der Verschmelzung nach §§ 2 bis 122 UmwG, der Spaltung nach §§ 123 bis 173 UmwG und der Vermögensübertragung nach §§ 174 bis 189 UmwG um die vierte im UmwG geregelte Umwandlungsmöglichkeit. Anders als im Spaltungsrecht in § 125 UmwG fehlt in den §§ 190 ff. UmwG jedoch eine pauschale Verweisung auf die Vorschriften zur Verschmelzung; jene werden nur vereinzelt für anwendbar erklärt.[1] **§ 190 Abs. 2 UmwG** stellt klar, dass die Vorschriften des UmwG über den Formwechsel vorbehaltlich anderweitiger Regelungen im Fünften Buch des UmwG keine Anwendung auf Änderungen der Rechtsform finden, welche in anderen Gesetzen vorgesehen oder zugelassen sind.

Je nach Art der am Formwechsel beteiligten Rechtsträger sind **unterschiedliche Motive** für die Umwandlung in eine andere Rechtsform denkbar.

Der Wechsel von einer **Personengesellschaft in eine Kapitalgesellschaft** wird zumeist vor allem eine Haftungsbegrenzung für die Gesellschafter bezwecken. Weitere Motive können etwa die Vorbereitung einer Betriebsaufspaltung, die Trennung von Kapital und Management, die Planung der Nachfolge, eine Nutzungsüberlassung oder auch die Vorbereitung von Kapitalbeschaffungsmaßnahmen sein.

Dagegen wird der Grund für eine Umwandlung von einer **Kapitalgesellschaft in eine Personengesellschaft** vielfach steuerlich motiviert sein oder in dem Versuch der Kostenminimierung begründet liegen. Auch kann das Entfallen der Vorschriften über die unternehmerische Mitbestimmung durch Auflösung des Aufsichtsrats ein Beweggrund sein.[2] Das Amt der Aufsichtsratsmitglieder erlischt automatisch, wenn die neue Rechtsform keinen Aufsichtsrat hat.[3]

1. Prinzip der Identität nach § 190 Abs. 1 UmwG

Von einem Formwechsel nach §§ 190 ff. UmwG ist immer nur der Rechtsträger betroffen, der den Wechsel seiner Rechtsform vollzieht. Dies unterscheidet den Formwechsel von den übrigen Umwandlungsarten, an denen immer ein oder mehrere übertragende Rechtsträger sowie ein oder mehrere übernehmende Rechtsträger beteiligt sind.

§ 190 Abs. 1 UmwG stellt den maßgeblichen Grundsatz auf, dass der formwechselnde Rechtsträger seine Identität wahren muss (zur Identität und Kontinuität beim Formwechsel auch → § 4 Rn. 44 ff.). Die dogmatische Begründung dieser Identitätswahrung ist allerdings im Kern immer noch umstritten. Dabei geht eine Meinung in der Literatur davon aus, dass bei einem Formwechsel von einer Gesamthand in eine juristische Person oder umgekehrt diese Identitätswahrung nur durch eine gesetzliche Fiktion hergestellt werden kann.[4] Ansonsten sei nicht erklärbar, wie sich eine direkte dingliche Beteiligung am Vermögen der Gesamthand in eine direkte Beteiligung an einem neuen Rechtsträger selbst oder umgekehrt umwandeln könne.[5] Die RegEBegr. stützt die Wahrung der Identität indes darauf, dass der Formwechsel dem Rechtsträger als Verband eröffnet wird und eine gesetzliche Fiktion zur Wahrung des Identitätsprinzips demnach nicht erforderlich sei.[6] Nach der Anerkennung der Rechtsfähigkeit der Außen-GbR[7] ist diese Argumentation jedenfalls auch auf den Formwechsel in eine GbR übertragbar.[8] Unabhängig von der dogmatischen Herleitung hat der Gesetzgeber jedenfalls in § 191 UmwG klargestellt, dass

---

[1] So z. B. §§ 198 Abs. 3, 204 und 208 UmwG.

[2] Widmann/Mayer/*Vossius* § 190 Rn. 36 ff.; Maulbetsch/Klumpp/Rose/*Quass* § 190 Rn. 4; Henssler/Strohn/*Drinhausen/Keinath* § 190 UmwG Rn. 3.

[3] Erfurter Kommentar-ArbR/*Oetker* UmwG § 190 Rn. 2 mwN.

[4] Maulbetsch/Klumpp/Rose/*Quass* § 190 Rn. 17; Semler/Stengel/*Bärwaldt* § 197 Rn. 3; *Hennrichs* ZIP 1995, 794, 796.

[5] Widmann/Mayer/*Vossius* § 190 Rn. 27.

[6] RegEBegr. BR-Drs. 75/94 zur Einleitung des fünften Buches UmwG, S. 136; so auch Schmitt/Hörtnagl/Stratz/*Stratz* § 190 Rn. 10; siehe dazu auch Lutter/*Decher/Hoger* § 190 Rn. 6.

[7] Siehe BGH II ZR 331/00, NJW 2002, 1207; II ZR 331/00, NJW 2002, 1207 – BGB-Außengesellschaft: Rechtsfähigkeit und Parteifähigkeit im Zivilprozess; akzessorische Gesellschafterhaftung.

[8] Ein Großteil der Kritik am Identitätsprinzip des UmwG stammt noch aus der Zeit vor Anerkennung der Rechtsfähigkeit der Außen-GbR durch den BGH, vgl. *Wiedemann* ZGR 1999, 568, 578; *Bärwaldt/Schabacker* ZIP 1998, 1293; *Hennrichs* ZIP 1995, 794, 796; *Streck/Mack/Schwedhelm* GmbHR 1995, 162, 171.

der Formwechsel von Gesamthandsgemeinschaften in juristische Personen oder umgekehrt nach dem UmwG identitätswahrend zulässig ist.

5 Das Prinzip der Identität umfasst vor allem die **wirtschaftliche Kontinuität** des Rechtsträgers. Der Vermögensbestand vor und nach dem Formwechsel bleibt gleich und wird weiterhin demselben Rechtssubjekt zugeordnet. Es bedarf mithin weder einer Übertragung des Vermögens im Wege der Gesamtrechtsnachfolge noch einer Auflösung des übertragenden Rechtsträgers bei gleichzeitiger Gründung des neuen Rechtsträgers.[9]

Neben dem Fortbestand des Vermögens muss auch der **Personenkreis identisch** bleiben, vgl. § 202 Abs. 1 Nr. 2 S. 1 UmwG.[10] Dies bedeutet, dass alle Anteilsinhaber des formwechselnden Rechtsträgers in ihrem Anteilsbestand geschützt sind und die Anteilsverhältnisse im Prinzip unverändert bleiben. Die Beteiligung Dritter am Formwechsel sieht das Gesetz grundsätzlich nicht vor.

6 Neben die wirtschaftliche Identität und die Personenidentität tritt die **rechtliche Identität**, welche in vielen Regelungen des UmwG ihren Ausdruck gefunden hat. Nach § 200 UmwG etwa darf der Rechtsträger neuer Rechtsform grundsätzlich seine bisherige Firma weiterführen. Außerdem enthält § 202 Abs. 1 Nr. 2 S. 2 UmwG das Prinzip des Fortbestands der Rechte Dritter.[11]

Die rechtliche Identität bezieht sich naturgemäß allerdings nicht auf den Bestand der Rechtsordnung, denn mit der Änderung der Rechtsform wechselt auch die anzuwendende Rechtsordnung. Um Rechte der Anteilsinhaber und Gläubiger nicht zu gefährden, enthält das Fünfte Buch über den Formwechsel hierzu zahlreiche Schutzbestimmungen.[12] Dazu gehören u. a. § 204 iVm § 22 UmwG, welcher Gläubigern in bestimmten Fällen ein Recht auf Sicherheitsleitung einräumt, sowie §§ 205, 206 UmwG, die den Anteilsinhabern bzw. Gläubigern einen Anspruch auf Ersatz des Schadens gewähren, den diese durch den Formwechsel erleiden (→ § 36 Rn. 40 ff.).

7 Das Prinzip der Identität hat zudem zur Konsequenz, dass – anders als bei der Verschmelzung nach § 4 UmwG und der Spaltung nach § 126 UmwG – ein Vertrag über den Formwechsel nicht erforderlich ist. Zweck und Mindestinhalt des Umwandlungsbeschlusses nach § 194 Abs. 1 UmwG sind jedoch mit dem des Verschmelzungsvertrags nach § 5 Abs. 1 UmwG und des Spaltungsvertrags nach § 126 Abs. 1 UmwG vergleichbar.[13]

2. Änderung der Rechtsform außerhalb des Umwandlungsgesetzes

8 § 190 Abs. 2 UmwG bringt die Unabhängigkeit des UmwG von anderen Formwechselmöglichkeiten zum Ausdruck. Die §§ 190 ff. UmwG lassen Vorschriften über den Formwechsel in anderen Gesetzen unberührt, sodass es auch außerhalb des UmwG zulässige Änderungen der Rechtsform gibt[14] (→ § 3 Rn. 11 ff.).

Hierzu zählen u. a. die Umwandlung einer GbR in eine PartG, vgl. § 2 Abs. 2 Hs. 2 PartGG, die Umwandlung einer Personenhandelsgesellschaft in eine andere Form der Personenhandelsgesellschaft (der Formwechsel einer OHG in eine KG und umgekehrt, vgl. §§ 105, 161 Abs. 1 HGB) sowie der Formwechsel einer GbR in eine Personenhandelsgesellschaft durch die Aufnahme eines Handelsgewerbes, §§ 105 Abs. 1, 1 HGB, oder

---

[9] RegEBegr. BR-Drs. 75/94 zur Einleitung des fünften Buches UmwG S. 136; Lutter/*Decher*/*Hoger* § 190 Rn. 1; Widmann/Mayer/*Vossius* § 190 Rn. 25.

[10] RegEBegr. BR-Drs. 75/94 zur Einleitung des fünften Buches UmwG S. 136; Lutter/*Decher*/*Hoger* § 190 Rn. 1; Widmann/Mayer/*Vossius* § 190 Rn. 23.

[11] Lutter/*Decher*/*Hoger* § 190 Rn. 1.

[12] RegEBegr. BR-Drs. 75/94 zur Einleitung des fünften Buches UmwG S. 136; Lutter/*Decher*/*Hoger* § 190 Rn. 2.

[13] Widmann/Mayer/*Vossius* § 190 Rn. 24; Schmitt/Hörtnagl/Stratz/*Stratz* § 194 Rn. 1; Henssler/Strohn/*Drinhausen*/*Keinath* § 194 UmwG Rn. 2.

[14] Schmitt/Hörtnagl/Stratz/*Stratz* § 190 Rn. 2; Henssler/Strohn/*Drinhausen*/*Keinath* § 190 UmwG Rn. 14 f.; Lutter/*Decher*/*Hoger* § 190 Rn. 9 ff.

durch die Eintragung ins Handelsregister, § 105 Abs. 2 HGB.[15] Eine KGaA kann in eine AG umgewandelt werden, wenn der persönlich haftende Gesellschafter ausscheidet und die Gesellschaft als AG durch die übrigen Gesellschafter weitergeführt wird.[16] Auch der Formwechsel einer AG in eine SE gemäß Art. 37 SE-VO[17] (→ § 40) sowie einer eG in eine SCE gemäß Art. 35 SCE-VO[18] fallen hierunter. Keine Änderung der Rechtsform stellt hingegen der Wechsel von einer UG (haftungsbeschränkt) in eine GmbH nach § 5a Abs. 5 GmbHG dar. Die UG (haftungsbeschränkt) ist bereits eine GmbH, bei der das Stammkapital allerdings unter 25.000 EUR liegt.[19]

3. Grenzüberschreitender Formwechsel

Ein grenzüberschreitender Formwechsel (→ § 40) ist im Gegensatz zur grenzüberschreitenden Verschmelzung von Kapitalgesellschaften nach §§ 122a ff. UmwG nicht ausdrücklich im UmwG vorgesehen. Auch im Sekundärrecht der EU ist ein grenzüberschreitender Formwechsel nicht geregelt. Nach § 1 Abs. 1 Nr. 4 UmwG ist der Anwendungsbereich des UmwG auf den Formwechsel solcher Rechtsträger beschränkt, die ihren Sitz im Inland haben. Zudem enthält § 191 UmwG in abschließender Aufzählung diejenigen Rechtsformen, die formwechselnde Rechtsträger nach § 191 Abs. 1 UmwG sowie neue Rechtsträger nach durchgeführtem Formwechsel gemäß § 191 Abs. 2 UmwG sein können. Dort sind keine **ausländischen Rechtsformen** genannt, woraus bisweilen geschlossen wird, dass ein grenzüberschreitender Formwechsel nach deutschem Recht nicht zulässig sei.[20]

Der EuGH hat jedoch in zwei maßgeblichen Entscheidungen ausdrücklich klargestellt, dass der grenzüberschreitende Formwechsel von der in Art. 49, 54 AEUV festgeschriebenen **Niederlassungsfreiheit** gedeckt ist. Zunächst wurde festgestellt, dass der Formwechsel aus einem EU-Mitgliedstaat heraus vom Wegzugsstaat vor dem Hintergrund der Niederlassungsfreiheit zugelassen werden muss, wenn die Gesellschaft sich daraufhin in eine neue Rechtsform des Zielmitgliedstaats umwandelt und dieser Formwechsel vom Recht des Zielmitgliedstaats zugelassen wird.[21] Nicht davon umfasst ist der Formwechsel in eine ausländische Rechtsform unter Beibehaltung des deutschen Verwaltungssitzes.[22] In der Rechtssache „Vale" stellte der EuGH zudem ausdrücklich klar, dass der Schutz des grenzüberschreitenden Formwechsels durch die Niederlassungsfreiheit umfassend ist und neben dem Wegzugsstaat folglich auch der Zielstaat einen solchen Formwechsel gewährleisten muss.[23] Eine EU-ausländische Gesellschaft darf sich demnach identitätswahrend in eine deutsche Rechtsform umwandeln, wenn sie auch ihren Verwaltungssitz nach Deutschland verlegt.[24]

---

[15] Kallmeyer/*Meister*/*Klöcker* § 190 Rn. 14; Widmann/Mayer/*Vossius* § 191 Rn. 22f.; Kölner Kommentar-UmwG/*Petersen* § 190 Rn 7ff.; Hensler/Strohn/*Drinhausen*/*Keinath* § 190 UmwG Rn. 14f.

[16] Lutter/*Decher*/*Hoger* § 190 Rn. 13; aA MünchKommAktG/*Perlitt* § 289 Rn. 157ff. unter Verweis auf §§ 238ff. UmwG.

[17] Verordnung (EG) Nr. 2157/2001 des Rates v. 8.10.2001 über das Statut der Europäischen Gesellschaft (SE), ABl. 2001 L 294.

[18] Verordnung (EG) Nr. 1435/2003 des Rates v. 22.7.2003 über das Statut der Europäischen Genossenschaft (SCE), ABl. 2003 L 207.

[19] Kallmeyer/*Meister*/*Klöcker* § 190 Rn. 14; RegEBegr. BT-Drs. 16/6140 zum MoMiG, S. 74; *Tettinger* Der Konzern 2008, 75, 76.

[20] Vgl. Semler/Stengel/*Schwanna* § 190 Rn. 11; Hensler/Strohn/*Drinhausen*/*Keinath* § 190 UmwG Rn. 17; Lutter/*Bayer* Einleitung I Rn. 43.

[21] EuGH C-210/06, DStR 2009, 121 – Cartesio.

[22] Hensler/Strohn/*Drinhausen*/*Keinath* § 190 UmwG Rn. 17; *Leible*/*Hoffmann* BB 2009, 58, 61f.

[23] EuGH C 378/10, NJW 2012, 2715 – Vale.

[24] OLG Nürnberg 12 W 520/13, NJW-Spezial 2014, 272; KG Berlin 22 W 64/15, NJW-RR 2016, 1007; Hensler/Strohn/*Drinhausen*/*Keinath* § 190 UmwG Rn. 17f.; Lutter/*Bayer* Einleitung I Rn. 47; für einen einheitlichen, umfassenden Schutz des grenzüberschreitenden Formwechsels durch die Niederlassungsfreiheit auch Maulbetsch/Klumpp/Rose/*Quass* § 190 Rn. 13.

11 Jedoch sind auch **Beschränkungen** nach den allgemeinen Grundsätzen über die Niederlassungsfreiheit aus Art. 49, 54 AEUV zulässig, wenn ein legitimes, mit dem AEUV vereinbares Ziel verfolgt wird und die Beschränkungen durch zwingende Gründe des Allgemeinwohls gerechtfertigt sind.[25] Dazu gehören bspw. der Schutz der Gläubiger, Arbeitnehmer und Gesellschafter sowie die Wahrung der Wirksamkeit der Steueraufsicht und der Lauterkeit des Handelsverkehrs. Die Rechtfertigung solcher Beschränkungen setzt jedoch voraus, dass die betroffene Maßnahme geeignet und erforderlich ist.[26]

12 Für den Formwechsel einer deutschen Gesellschaft in eine EU-ausländische Rechtsform kommt es mit der Rechtsprechung des EuGH nur noch darauf an, ob der Formwechsel nach dem Recht des Zielmitgliedstaates zulässig ist. § 1 Abs. 1 Nr. 4 UmwG muss insoweit **europarechtskonform ausgelegt** werden.[27] Auf den grenzüberschreitenden Formwechsel aus einem EU-Mitgliedstaat nach Deutschland sind die §§ 190 ff. UmwG entsprechend anwendbar. Eine ausländische Gesellschaft kann nur dann formwechselnder Rechtsträger sein, wenn sie einem in § 191 Abs. 1 UmwG aufgezählten Rechtsträger entspricht. Dies gilt bspw. für eine ausländische Kapitalgesellschaft. Zudem müssen die Verfahrensschritte für einen Formwechsel nach deutschem Recht eingehalten werden.[28] Der numerus clausus der formwechselfähigen Rechtsträger muss im Ergebnis also wegen dem nationalem Recht vorgehenden Niederlassungsfreiheit nach Art. 49, 54 AEUV angepasst werden. Somit ist innerhalb der EU der grenzüberschreitende Formwechsel wie ein innerdeutscher Formwechsel zu behandeln.[29] Dies entspricht insb. auch dem zwingenden Äquivalenzprinzip[30] und dem Effektivitätsgrundsatz[31].

13 Vom grenzüberschreitenden Formwechsel ist der Fall abzugrenzen, dass ein Rechtsträger lediglich seinen Verwaltungssitz von einem Mitgliedstaat in einen anderen Mitgliedstaat verlagert, ohne die Rechtsform zu wechseln. Hier liegt schon kein Formwechsel vor.[32]

14 Geht man über die europäischen Grenzen hinaus, so geht die bislang hM davon aus, dass nach derzeitiger Rechtslage eine Hineinumwandlung einer Gesellschaft aus einem Nichtmitgliedstaat nicht ohne weiteres möglich ist. Zum Teil wird auf den Willen des historischen Gesetzgebers von 1994 abgestellt, der in Erwartung einer europarechtlichen Regelung § 1 Abs. 1 UmwG explizit auf innerstaatliche Umwandlungsvorgänge beschränkte.[33] Die mittlerweile wohl überwiegende Meinung stellt indes zutreffend auf die vom II. Zivilsenat des BGH vertretene Wechselbalg-Theorie[34] ab, wonach die Auslandsgesellschaft in Deutschland nur als nicht eingetragene GbR oder OHG existiert. Für eine Umwandlungs-

---

[25] EuGH C-411/03, NJW 2006, 425 Rn. 23 – SEVIC; Semler/Stengel/*Drinhausen* Einleitung C Rn. 34; Lutter/*Bayer* Einleitung I Rn. 47.

[26] EuGH C-411/03, NJW 2006, 425 Rn. 28 – SEVIC; Semler/Stengel/*Drinhausen* Einleitung C Rn. 34.

[27] OLG Frankfurt 20 W 88/15; OLG Nürnberg 12 W 520/13, NJW-Spezial 2014, 272; Lutter/*Bayer* Einleitung I Rn. 48; Semler/Stengel/*Drinhausen* Einleitung C Rn. 33; für die Anwendung deutschen Sachrechts auch KG Berlin 22 W 64/15, NJW-RR 2016, 1007; zustimmend *Richter/Backhaus* DB 2016, 1625.

[28] OLG Nürnberg 12 W 520/13, NJW-Spezial 2014, 272 bzgl. des Formwechsels einer luxemburgischen Société à responsabilité limitée (S.à.r.l.) in eine GmbH.

[29] OLG Frankfurt 20 W 88/15; KG Berlin 22 W 64/15, NJW-RR 2016, 1007; *Richter/Backhaus* DB 2016, 1625 über die Problematik, ob auf einen Wechsel einer französischen S.à.r.l. in eine deutsche GmbH die SE-VO oder nationales Sachrecht anwendbar ist.

[30] OLG Nürnberg 12 W 520/13, NJW-Spezial 2014, 272; Lutter/*Bayer* Einleitung I Rn. 47, wonach die Voraussetzungen eines Formwechsels für Gesellschaften aus dem EU-Ausland nicht ungünstiger sein dürfen als bei gleichartigen innerstaatlichen Sachverhalten.

[31] OLG Nürnberg 12 W 520/13, NJW-Spezial 2014, 272; Lutter/*Bayer* Einleitung I Rn. 47, wonach ein grenzüberschreitender Formwechsel nicht praktisch unmöglich gemacht oder wesentlich erschwert werden darf.

[32] Kallmeyer/*Meister/Klöcker* § 190 Rn. 19.

[33] Kölner Kommentar-UmwG/*Dauner-Lieb* § 1 Rn. 29.

[34] BGH II ZR 158/06, NJW 2009, 289, 291 – Trabrennbahn.

maßnahme ist sodann die Anpassung des Statuts an die inländische Rechtslage samt Handelsregistereintragung erforderlich.[35]

Auch bei der Herausumwandlung einer deutschen Gesellschaft in einen Nichtmitgliedstaat kommt es darauf an, ob man die Maßnahme anhand der Sitz- oder Gründungstheorie beurteilt. Nach der in Deutschland außerhalb des Anwendungsbereichs der Niederlassungsfreiheit noch vorherrschenden Sitztheorie[36] verliert der deutsche Rechtsträger seine Umwandlungsfähigkeit, sobald er seinen Verwaltungssitz ins Ausland verlegt.[37] Dagegen wäre eine identitätswahrende Umwandlung nach der Gründungstheorie möglich.[38]

II. Ablauf eines Formwechsels

Der typische Ablauf eines Formwechsels ist in drei Phasen unterteilt: Die Vorbereitungsphase, die Beschlussphase sowie die Vollzugsphase.[39] Dies entspricht der allgemeinen Konzeption des UmwG und gilt für alle Umwandlungsmaßnahmen.

1. Vorbereitungsphase

Die erste Phase umfasst die Vorbereitung und Ankündigung des Formwechsels. Dazu gehören nach § 192 Abs. 1 S. 1 UmwG die Erstellung des Umwandlungsberichts, der Entwurf des Umwandlungsbeschlusses als notwendiger Bestandteil des Umwandlungsberichts gemäß § 192 Abs. 1 S. 3 UmwG sowie die Ladung der Anteilsinhaber.

Der **Umwandlungsbericht** dient als umfassende Informationsquelle für die Anteilsinhaber. Das Gesetz schreibt aus diesem Grund in § 192 Abs. 1 S. 1 UmwG ausdrücklich vor, dass er ausführlich zu erstatten ist und den Formwechsel sowie insb. die künftige Beteiligung der Anteilsinhaber an dem Rechtsträger rechtlich und wirtschaftlich zu erläutern und zu begründen hat. Aus seiner Funktion als Informationsquelle der Anteilsinhaber ergibt sich auch, dass er etwa dann entbehrlich ist, wenn alle Anteilsinhaber auf seine Erstattung verzichten, § 192 Abs. 2 S. 1 UmwG, oder bei Personenhandelsgesellschaften alle Gesellschafter des formwechselnden Rechtsträgers zur Geschäftsführung berechtigt sind (zur Entbehrlichkeit des Umwandlungsberichts → § 33 Rn. 35 ff.).

Dem Umwandlungsbericht ist gemäß § 192 Abs. 1 S. 3 UmwG ein **Entwurf des Umwandlungsbeschlusses** beizufügen. Wenn im Einzelfall ein Umwandlungsbericht nicht erforderlich sein sollte, so folgt aus § 194 Abs. 2 UmwG, dass der Entwurf des Umwandlungsbeschlusses dennoch dann nicht entbehrlich ist, wenn beim formwechselnden Rechtsträger ein Betriebsrat besteht (→ § 33 Rn. 41).[40] Der Inhalt des Umwandlungsbeschlusses bestimmt sich nach den Mindestanforderungen in § 194 Abs. 1 UmwG sowie den besonderen Vorschriften im Zweiten Teil des Fünften Buches des UmwG, §§ 218, 234, 243, 253, 263, 276, 285, 294 UmwG.

Ein „Formwechselplan" ähnlich dem Verschmelzungs- oder Spaltungsplan ist nicht erforderlich.[41] Zudem erfolgt auch keine Prüfung des Formwechsels durch Sachverständige, es sei denn, es handelt sich um die Umwandlung einer eG. Bei dieser muss nach § 259

---

[35] Kallmeyer/*Kallmeyer/Marsch-Barner* § 1 Rn. 4; Widmann/Mayer/*Heckschen* § 1 Rn. 340 ff.; Henssler/Strohn/*Decker* § 1 UmwG Rn. 18; für einen Gleichlauf mit den innereuropäischen Sachverhalten Lutter/*Drygala* § 1 Rn. 27 ff.

[36] BGH II ZR 158/06, NJW 2009, 289, 291 – Trabrennbahn; II ZR 27/09, NJW 2009, 1610; II ZR 380/00, NJW 2002, 3539 für die Anwendung der Sitztheorie auf die AG etwa auch MünchKommAktG/*Heider* § 5 Rn. 53.

[37] Widmann/Mayer/*Heckschen* § 1 Rn. 344.

[38] Vgl. für den Fall der AG MünchKommAktG/*Heider* § 5 Rn. 53; vgl. zur Gründungs- und Sitztheorie allgemein MünchKommAktG/*Habersack* Einleitung Rn. 75 ff.

[39] Henssler/Strohn/*Drinhausen/Keinath* § 190 UmwG Rn. 7 ff.; Widmann/Mayer/*Vossius* § 190 Rn. 44 ff.; Semler/Stengel/*Schwanna* § 190 Rn. 12 ff.

[40] Widmann/Mayer/*Vossius* § 190 Rn. 46.

[41] Henssler/Strohn/*Drinhausen/Keinath* § 190 UmwG Rn. 8; MünchHdb. GesR IV/*Austmann* § 84 Rn. 63.

UmwG vor der Beschlussfassung ein Prüfungsgutachten durch den Prüfungsverband darüber eingeholt werden, ob der Formwechsel mit den Belangen der Mitglieder und Gläubiger der Genossenschaft vereinbar ist. Darüber hinaus können bzgl. bestimmter Aspekte im Einzelfall Sonderprüfungspflichten bestehen. Erforderlich sind insb. die Prüfung der Angemessenheit einer Barabfindung nach §§ 207, 208, 30 Abs. 2, 10, 11 UmwG, die Gründungsprüfung nach § 33 Abs. 2 AktG beim Formwechsel in eine AG bzw. KGaA sowie der Sachgründungsbericht bei der Umwandlung einer Personenhandelsgesellschaft in eine GmbH nach §§ 219, 220 Abs. 2 UmwG, § 5 Abs. 4 S. 2 GmbHG.[42]

20 Die Vorbereitungsphase endet mit der **Zuleitung** des finalen Entwurfes des Umwandlungsbeschlusses nach § 194 Abs. 2 UmwG an den zuständigen **Betriebsrat** des formwechselnden Rechtsträgers. Die Zuleitung muss spätestens einen Monat vor dem Tag der Versammlung der Anteilsinhaber erfolgen (→ § 33 Rn. 16). Zudem werden die Anteilsinhaber geladen und die Versammlung einberufen. Dies richtet sich nach den auf die bisherige Rechtsform anwendbaren Vorschriften. Die Anforderungen an die **Unterrichtung der Anteilsinhaber** ergeben sich aus den besonderen Vorschriften des UmwG, §§ 216, 230 bis 232, 238, 239, 251, 260, 261, 274, 283, 292 UmwG. So muss etwa bei einem Formwechsel von Personenhandelsgesellschaften das Vertretungsorgan der formwechselnden Gesellschaft nach § 216 UmwG allen von der Geschäftsführung ausgeschlossenen Gesellschaftern den Formwechsel in Textform ankündigen. Aus der Ankündigung muss sich ergeben, dass der Formwechsel in dieser Versammlung Gegenstand der Beschlussfassung sein soll. Die Ankündigung hat spätestens zusammen mit der Einberufung der Versammlung der Anteilsinhaber, in welcher der Formwechsel beschlossen werden soll, zu erfolgen. Den Gesellschaftern muss zudem der Umwandlungsbericht und ein Abfindungsangebot iSv § 207 UmwG übersandt werden. Dies gilt nach § 230 Abs. 1 UmwG entsprechend für den Formwechsel aus einer GmbH heraus. Dagegen genügt es beim Formwechsel einer AG und KGaA nach § 230 Abs. 2 S. 1 und S. 4 UmwG, den Umwandlungsbericht von der Einberufung der Hauptversammlung an in den Geschäftsräumen der Gesellschaft zur Einsichtnahme für die Aktionäre auszulegen oder auf der Internetseite zugänglich zu machen. In der Hauptversammlung selbst kann der Umwandlungsbericht nach § 232 Abs. 1 S. 2 UmwG auch auf andere Weise als durch Auslegung den Anteilsinhabern zugänglich gemacht werden.[43] Zudem gilt nach § 232 Abs. 2 UmwG für AG und KGaA die Besonderheit, dass der Entwurf des Umwandlungsbeschlusses zu Beginn der Versammlung durch das Vertretungsorgan zu erläutern ist.

2. Beschlussphase

21 In der Beschlussphase wird der Umwandlungsbeschluss nach § 193 UmwG durch die Anteilsinhaber in einer förmlichen Versammlung gefasst. Der Beschluss muss nach § 193 Abs. 3 S. 1 UmwG notariell beurkundet werden.

Bei den erforderlichen **Beschlussmehrheiten** wird in den besonderen Vorschriften zum Formwechsel nach Ausgangs- und Zielrechtsform des formwechselnden Rechtsträgers differenziert. Die jeweiligen Mehrheitserfordernisse ergeben sich aus den §§ 217, 233, 240, 252, 262, 275, 284 und 293 UmwG.

22 Darüber hinaus ist in bestimmten Fällen die **Zustimmung einzelner Anteilsinhaber** notwendig. Bei der Zustimmung handelt es sich um eine einseitige empfangsbedürftige Willenserklärung iSv § 182 BGB, die als vorherige Einwilligung oder nachträgliche Genehmigung erteilt werden kann.[44] Die Fallkonstellationen, bei denen eine solche Zustimmung erforderlich ist, ergeben sich ausdrücklich aus dem Gesetz.[45] Dazu gehören bspw. nach § 193 Abs. 2 UmwG die Genehmigungsbedürftigkeit der Anteilsabtretung beim

---

[42] Widmann/Mayer/*Vossius* § 190 Rn. 62; zur Prüfung der Angemessenheit einer Barabfindung MünchAnwHdb. AktR//*Preisenberger* § 16 Rn. 34.
[43] Etwa über lokal aufgestellte Monitore, vgl. RegEBegr. BT-Drs. 16/11642 zum ARUG, S. 25.
[44] Widmann/Mayer/*Vossius* § 190 Rn. 69; Kallmeyer/*Zimmermann* § 193 Rn. 20 ff.
[45] Dazu eine ausführliche Übersicht in Widmann/Mayer/*Vossius* § 202 Rn. 49.

formwechselnden Rechtsträger sowie nach § 217 Abs. 3 und § 233 Abs. 1, Abs. 2 S. 3 UmwG Fälle, in denen ein Anteilsinhaber in die Stellung eines persönlich haftenden Gesellschafters eintreten soll.

Im Fall des Formwechsels aus einer Personenhandelsgesellschaft ergibt sich für den Umwandlungsbeschluss eine Besonderheit, die in der Praxis nicht übersehen werden darf. Nach § 217 Abs. 2 UmwG muss die Niederschrift über den Umwandlungsbeschluss im Falle einer Mehrheitsentscheidung iSv § 217 Abs. 1 S. 2, 3 UmwG die Namen derjenigen Gesellschafter enthalten, die für den Formwechsel gestimmt haben. Die Regel ist vor dem Hintergrund des § 219 UmwG zu sehen. § 219 UmwG regelt ergänzend zu § 197 UmwG, welche Gesellschafter als Gründer der neuen Gesellschaft gelten. Grundsätzlich sind nach § 219 S. 1 UmwG die Gesellschafter des formwechselnden Rechtsträgers identisch mit den Gründern der neuen Gesellschaftsform, was insb. für ihre Verantwortlichkeit und Haftung von Relevanz ist.[46] § 219 S. 2 UmwG ergänzt diese Regelung dahingehend, dass bei Mehrheitsentscheidungen iSv § 217 Abs. 1 S. 2, 3 UmwG nur diejenigen Gesellschafter als Gründer des neuen Rechtsträgers angesehen werden, die für den Formwechsel gestimmt haben. Folglich unterliegen die Anteilsinhaber, die gegen den Formwechsel gestimmt haben, nicht der Gründerhaftung nach dem Recht der neuen Gesellschaft. Durch ihre Gegenstimme ergibt sich insb. für Minderheitsgesellschafter die Möglichkeit, eine Gründerhaftung zu vermeiden[47] (ausführlich → § 38 Rn. 426 ff.).

3. Vollzugsphase

Nach der Beschlussfassung ist der Formwechsel gemäß § 198 Abs. 1 UmwG zur Eintragung in das Register anzumelden, in welchem der formwechselnde Rechtsträger eingetragen ist. Sollte der Rechtsträger erstmals zu einer Eintragung verpflichtet sein, wird der neue Rechtsträger nach § 198 Abs. 2 S. 1 UmwG bei dem zuständigen Registergericht eingetragen. Führt der Formwechsel zu einer Änderung der Art oder der örtlichen Zuständigkeit des maßgebenden Registers, so muss er gemäß § 198 Abs. 2 S. 2, 3 UmwG bei beiden Registern angemeldet werden.

Die Eintragung in das Register hat die in § 202 UmwG genannten Wirkungen, welche konstitutiv mit der Eintragung eintreten. Weitere Auswirkungen ergeben sich aus den besonderen Vorschriften über die beteiligten Rechtsträger.[48]

III. Struktur des § 191 UmwG

§ 191 Abs. 1 UmwG regelt abschließend, welche Rechtsträger durch Formwechsel in eine andere Rechtform umgewandelt werden können. Die prinzipiell in Frage kommenden **Zielrechtsformen** bestimmt § 191 Abs. 2 UmwG. Diese allgemeinen Regeln werden durch die besonderen Vorschriften der §§ 214 bis 304 UmwG ergänzt, welche § 191 UmwG je nach Rechtsform eingrenzen.

So ergibt sich die mögliche Zielrechtsform nicht schon unmittelbar aus § 191 Abs. 2 UmwG, sondern aus § 214 UmwG für Personenhandelsgesellschaften, aus § 225a UmwG für PartG, aus § 226 UmwG für Kapitalgesellschaften, aus § 258 UmwG für eG, aus § 272 UmwG für den rechtsfähigen Verein, aus § 291 UmwG für VVaG und aus § 301 UmwG für Körperschaften und Anstalten des öffentlichen Rechts.

Nach § 191 Abs. 3 UmwG ist ein Formwechsel auch bei aufgelösten Rechtsträgern möglich. Voraussetzung dafür ist, dass ihre Fortsetzung in der bisherigen Rechtsform beschlossen werden könnte.

---

[46] Widmann/Mayer/*Vossius* § 219 Rn. 4 ff.; Lutter/*Joost* § 219 Rn. 2 ff.; Schmitt/Hörtnagl/Stratz/ *Stratz* § 219 Rn. 2.
[47] Maulbetsch/Klumpp/Rose/*Rose* § 219 Rn. 6; Lutter/*Joost* § 219 Rn. 5; Widmann/Mayer/*Vossius* § 190 Rn. 75; § 219 Rn. 16;.
[48] Siehe Tabelle bei Widmann/Mayer/*Vossius* § 202 Rn. 5.

IV. Formwechselnde Rechtsträger

26 § 191 Abs. 1 UmwG benennt abschließend die Rechtsträger, die nach dem UmwG die Fähigkeit zum Formwechsel haben. Nicht formwechselfähig sind die GbR, die Partenreederei, die unternehmenstragende Erbengemeinschaft, das einzelkaufmännische Unternehmen, die Stiftung, die eheliche Gütergemeinschaft und die Vorgesellschaft.[49]

27 Seitdem die Rechtsfähigkeit der **Außen-GbR** anerkannt ist, spräche viel dafür, die Außen-GbR auch als formwechselnden Rechtsträger nach § 190 Abs. 1 UmwG anzusehen, da nach § 191 Abs. 1 Nr. 1 UmwG auch die rechtsfähigen Personenhandelsgesellschaften als formwechselnde Rechtsträger in Betracht kommen. Allerdings hat sich der Gesetzgeber dafür entschieden, die GbR nach § 191 Abs. 2 Nr. 1 UmwG nur als mögliche Zielgesellschaft anzuerkennen. Angesichts der Formstrenge des UmwG kommt eine analoge Anwendung nicht in Betracht.[50] Der Formwechsel einer GbR erfolgt in der Praxis somit weiterhin außerhalb des UmwG, was nach § 190 Abs. 2 UmwG zulässig ist. Sobald die GbR einen kaufmännischen Gewerbebetrieb erfordert, wandelt sie sich in eine OHG um und wird dadurch formwechselfähiger Rechtsträger iSv § 191 Abs. 1 UmwG.

28 Die **Vorgesellschaft** als solche kann grundsätzlich nicht Beteiligte eines Formwechsels sein, da die Eintragung in das Handelsregister konstitutiv für die Entstehung der Gesellschaft wirkt. Es besteht jedoch die Möglichkeit, einen Formwechsel bereits vor Eintragung ins Handelsregister zu beschließen und mit der Maßgabe zur Eintragung anzumelden, dass der Formwechsel nach der Eintragung der Gesellschaft eingetragen werden soll. In diesem Fall findet praktisch eine Zwischeneintragung der Gesellschaft statt.[51]

1. Personenhandelsgesellschaften und Partnerschaftsgesellschaften

29 Nach § 191 Abs. 1 Nr. 1 UmwG können zunächst Personenhandelsgesellschaften sowie PartG Ausgangsrechtsformen für einen Formwechsel sein. Unter die Personenhandelsgesellschaften fallen nach § 3 Abs. 1 Nr. 1 UmwG die OHG, die KG, inklusive der Kapitalgesellschaft & Co. KG, sowie die Stiftung & Co. KG. PartG iSv § 1 Abs. 1 PartGG sind seit 1998 in den Kreis der Ausgangsrechtsformen aufgenommen.[52]

30 Eine Ausnahme vom abschließenden Charakter des § 191 Abs. 1 UmwG bildet nach hM die **Europäische Wirtschaftliche Interessenvereinigung (EWIV)**.[53] Dies ergibt sich aus § 1 EWIVAG[54], wonach die für eine OHG geltenden Vorschriften anzuwenden sind und die Vereinigung als Handelsgesellschaft iSd Handelsgesetzbuchs gilt. Damit liegt kein Verstoß gegen das Analogieverbot aus § 1 Abs. 2 UmwG vor, sondern die EWIV wird bereits kraft Gesetzes gleich einer OHG behandelt.[55]

2. Kapitalgesellschaften

31 Neben den Personenhandelsgesellschaften und PartG können nach § 191 Abs. 1 Nr. 2 UmwG Kapitalgesellschaften beteiligte Rechtsträger an einem Formwechsel sein. Nach § 3 Abs. 1 Nr. 2 UmwG fallen ausdrücklich die **GmbH**, die **AG** und die **KGaA** hierunter. Zur GmbH wird als eine Unterform auch die **Unternehmergesellschaft (haftungs-**

---

[49] Semler/Stengel/*Schwanna* § 191 Rn. 11; Maulbetsch/Klumpp/Rose/*Quass* § 191 Rn. 1; Widmann/Mayer/*Vossius* § 191 Rn. 7.

[50] Lutter/Decher/*Hoger* § 191 Rn. 3; Kölner Kommentar-UmwG/*Petersen* § 191 Rn. 8; Schmitt/Hörtnagl/Stratz/*Stratz* § 191 Rn. 33; Widmann/Mayer/*Vossius* § 191 Rn. 7.

[51] Maulbetsch/Klumpp/Rose/*Quass* § 191 Rn. 1; Kallmeyer/Meister/*Klöcker* § 191 Rn. 22.

[52] Böttcher/Habighorst/Schulte/*Althoff/Narr* § 191 Rn. 2.

[53] Böttcher/Habighorst/Schulte/*Althoff/Narr* § 191 Rn. 3; Henssler/Strohn/Drinhausen/*Keinath* § 191 UmwG Rn. 3; Semler/Stengel/*Schwanna* § 191 Rn. 11; Kallmeyer/Meister/*Klöcker* § 191 Rn. 5; Lutter/Decher/*Hoger* § 191 Rn. 2; aA Widmann/Mayer/*Vossius* § 191 Rn. 8, der vor einem Formwechsel die Umwandlung in eine OHG für erforderlich hält.

[54] Gesetz zur Ausführung der EWG-Verordnung über die Europäische wirtschaftliche Interessenvereinigung (EWIV-Ausführungsgesetz) v. 14.4.1988, BGBl. I S. 514.

[55] Schmitt/Hörtnagl/Stratz/*Stratz* § 191 Rn. 10.

beschränkt) gezählt. Dieser stehen als Zielrechtsformen dieselben Rechtsträger zur Verfügung wie der GmbH nach § 214 UmwG.[56]

Überwiegend wird auch die **Societas Europaea (SE)** als formwechselfähiger Rechtsträger unter § 191 Abs. 1 Nr. 2 UmwG angesehen (→ Rn. 39).

3. Eingetragene Genossenschaften

Nach § 191 Abs. 1 Nr. 3 UmwG können eingetragene Genossenschaften formwechselnde Rechtsträger sein. Eingetragene Genossenschaften (eG) sind alle Genossenschaften iSd Legaldefinition des § 1 Abs. 1 GenG. Voraussetzung für die Fähigkeit zum Formwechsel ist die konstitutive Eintragung der Genossenschaft in das Genossenschaftsregister.

Wie im Fall der SE ist auch bei der **Europäischen Genossenschaft (SCE)** die Fähigkeit zum Formwechsel nach dem UmwG umstritten. Mit der hA ist auf die Argumentation zur SE zu verweisen und insb. die Gleichbehandlungsregelung in Art. 9 SCE-VO heranzuziehen. Demnach ist die SCE wie eine Genossenschaft zu behandeln, die nach dem Recht des Sitzstaates der SCE gegründet wurde, sodass eine SCE mit Sitz in Deutschland formwechselnder Rechtsträger nach dem UmwG sein kann.[57] Eine Gegenmeinung ist hingegen der Auffassung, die SCE sei gerade keine eingetragene Genossenschaft iSv § 191 Abs. 1 Nr. 3 UmwG, weshalb sich ihre Umwandlung ausschließlich nach Art. 76 SCE-VO richten solle.[58]

4. Rechtsfähige Vereine

Unter die rechtsfähigen Vereine, die nach § 191 Abs. 1 Nr. 4 UmwG formwechselnde Rechtsträger sein können, fallen der eingetragene Idealverein nach §§ 21, 55 ff. BGB, der altrechtliche (nicht eingetragene) rechtsfähige Verein (Art. 163 EGBGB) sowie der rechtsfähige wirtschaftliche Verein nach § 22 BGB.[59] Der nicht rechtsfähige Verein nach § 54 BGB ist ausdrücklich ausgenommen. Einer entsprechenden Anwendung des § 191 Abs. 1 Nr. 4 UmwG steht der abschließende Charakter der Norm entgegen.

Ausländische Vereine können mangels Sitzes im Inland wegen § 1 Abs. 1 UmwG ihre Form selbst dann nicht nach dem UmwG wechseln, wenn ihnen nach § 23 BGB aF Rechtsfähigkeit verliehen wurde.[60] Allerdings ist ein indirekter Wechsel möglich: Sobald ein Verein, der nach ausländischem Recht rechtsfähig ist, seinen Verwaltungssitz nach Deutschland verlegt, gilt für ihn (nach der Sitztheorie) deutsches Vereinsrecht. Er wird dadurch zu einem nicht rechtsfähigen Verein, der durch Satzungsanpassung und Eintragung in das zuständige Vereinsregister die Rechtsstellung eines deutschen rechtsfähigen Vereins erlangen kann.[61] Dabei handelt es sich jedoch nicht um einen Formwechsel iSv §§ 190 ff. UmwG, da der rechtsfähige Verein keine nach § 191 Abs. 2 UmwG zulässige Zielrechtsform ist.

Zwar kann sich ein **Verein aus einem EU-Mitgliedstaat** auf die Niederlassungsfreiheit aus Art. 49, 54 AEUV berufen und darf somit nicht schlechter behandelt werden als inländische Vereine.[62] Jedoch besteht auch für deutsche Rechtsträger gem. § 191 Abs. 2 UmwG nicht die Möglichkeit des Formwechsels in einen Verein, sodass diese Option auch

---

[56] Semler/Stengel/*Schwanna* § 191 Rn. 4; Lutter/*Decher*/*Hoger* § 191 Rn. 2.
[57] Henssler/Strohn/*Drinhausen*/*Keinath* § 191 UmwG Rn. 3 f.; Semler/Stengel/*Drinhausen* Einleitung C Rn. 68; Lutter/*Decher*/*Hoger* Einführung Rn. 32; vgl. auch Lang/Weidmüller/*Holthaus*/*Lehnhoff* § 190 UmwG Rn. 1.
[58] Böttcher/Habighorst/Schulte/*Althoff*/*Narr* § 191 Rn. 7.
[59] Widmann/Mayer/*Vossius* § 191 Rn. 12.
[60] Semler/Stengel/*Schwanna* § 191 Rn. 6; Semler/Stengel/*Katschinski* § 272 Rn. 12; Lutter/*Krieger*/*Bayer* § 272 Rn. 4; Widmann/Mayer/*Vossius* § 191 Rn. 13; Böttcher/Habighorst/Schulte/*Althoff*/*Narr* § 191 Rn. 8.
[61] MünchKommBGB/*Reuter* Vor § 21 Rn. 169c; Sauter/Schweyer/Waldner/*Waldner*/*Wörle-Himmel* Rn. 31.
[62] MünchKommBGB/*Reuter* Vor § 21 Rn. 169c; Sauter/Schweyer/Waldner/*Waldner*/*Wörle-Himmel* Rn. 31.

für Vereine aus einem EU-Mitgliedstaat nicht eröffnet werden muss.[63] Allerdings muss die Niederlassungsfreiheit einen Formwechsel nach §§ 190 ff. UmwG in eine andere nach § 191 Abs. 2 UmwG zulässige Zielrechtsform ermöglichen.

5. Versicherungsvereine auf Gegenseitigkeit

37 Für den Versicherungsverein auf Gegenseitigkeit (VVaG), der nach § 191 Abs. 1 Nr. 5 UmwG grundsätzlich formwechselnder Rechtsträger sein kann, bestimmt § 291 Abs. 1 UmwG, dass ein Formwechsel lediglich bei einem „großen" VVaG möglich ist. Davon abzugrenzen ist der **kleinere Verein** iSd § 210 VAG. Bei kleineren VVaG handelt es sich nach der Legaldefinition in § 210 Abs. 1 VAG um Vereine, die bestimmungsgemäß einen sachlich, örtlich oder dem Personenkreis nach eng begrenzten Wirkungskreis haben. Nach § 210 Abs. 4 VAG entscheidet allein die Aufsichtsbehörde darüber, ob ein Verein ein kleinerer Verein ist. Bei allen anderen VVaG handelt es sich demnach um formwechselfähige Rechtsträger nach § 191 Abs. 1 Nr. 5 UmwG. Mit dem Ausschluss der kleineren Vereine in § 291 Abs. 1 UmwG verfolgt der Gesetzgeber den Zweck, eine Versicherungs-AG dann nicht der Versicherungsaufsicht zu unterstellen, wenn der Geschäftsumfang weiterhin gering ist.[64] Aufgrund des beschränkten Geschäftsumfangs findet bei kleineren Vereinen nämlich um in begrenztem Umfang Versicherungsaufsicht statt.[65] Zudem soll vermieden werden, dass durch Formwechsel Versicherungs-AG mit beschränktem Geschäftsumfang entstehen.[66] Durch eine Entscheidung der Aufsichtsbehörde kann ein kleinerer Verein jedoch zunächst zum „großen" VVaG werden und erhält dadurch seine Formwechselfähigkeit.[67]

Die Umwandlungsfähigkeit des VVaG beginnt nicht schon mit der Eintragung ins Handelsregister nach § 185 VAG, sondern erst mit der **Erlaubnis der Aufsichtsbehörde** nach § 8 VAG.[68]

6. Körperschaften und Anstalten des öffentlichen Rechts

38 Körperschaften und Anstalten des öffentlichen Rechts können nach § 191 Abs. 1 Nr. 6 UmwG formwechselnde Rechtsträger sein. Ergänzende Vorschriften finden sich in §§ 301 bis 304 UmwG.

Körperschaften des öffentlichen Rechts sind mitgliedschaftlich organisierte rechtsfähige Organisationen des öffentlichen Rechts, die staatliche Aufgaben mit hoheitlichen Mitteln unter staatlicher Aufsicht wahrnehmen.[69] Darunter fallen vor allem Gebietskörperschaften wie etwa Gemeinden und Landkreise sowie Personalkörperschaften wie etwa Handwerkskammern.

Anstalten des öffentlichen Rechts sind dagegen Bestände von sachlichen und persönlichen Verwaltungsmitteln, die in der Hand eines Trägers der öffentlichen Verwaltung einen besonderen öffentlichen Zweck zu fördern haben.[70] Beispiele hierfür sind etwa Sparkassen, Bibliotheken und andere Betriebe der Daseinsvorsorge.[71]

Voraussetzungen für den Formwechsel von Körperschaften und Anstalten des öffentlichen Rechts sind nach § 301 Abs. 2 UmwG deren Rechtsfähigkeit sowie eine Bestimmung im Bundes- oder Landesrecht, die den Formwechsel zulässt. Rechtsfähigkeit erlangt die Körperschaft oder Anstalt des öffentlichen Rechts durch Gesetz oder sonstigen staatlichen Hoheitsakt, wodurch sie zu einer juristischen Person des öffentlichen Rechts wird.[72]

---

[63] So auch *Arnold* GPR 2007, 235, 237.
[64] Semler/Stengel/*Niemeyer* § 291 Rn. 4
[65] Vgl. § 210 Abs. 1 VAG.
[66] Semler/Stengel/*Niemeyer* § 291 Rn. 3 f.
[67] Widmann/Mayer/*Vossius* § 291 Rn. 6.
[68] Schmitt/Hörtnagl/Stratz/*Stratz* § 191 Rn. 28.
[69] Vgl. auch Semler/Stengel/*Krebs* § 301 Rn. 16 mwN.
[70] Vgl. auch Semler/Stengel/*Krebs* § 301 Rn. 19.
[71] Böttcher/Habighorst/Schulte/*Althoff/Narr* § 191 Rn. 10.
[72] Schmitt/Hörtnagl/Stratz/*Stratz* § 191 Rn. 31.

7. Die Societas Europaea als formwechselnder Rechtsträger

Umstritten ist, ob § 191 Abs. 1 UmwG auch die SE als formwechselnden Rechtsträger **39** umfasst. Grundsätzlich regelt die SE-VO umfassend alle wesentlichen Punkte zum Statut der SE. Diese kann nach Art. 66 Abs. 1 S. 1 SE-VO in eine dem Recht des Sitzstaates unterliegende AG umgewandelt werden. Uneinigkeit herrscht darüber, ob dies eine abschließende Regelung bzgl. des Formwechsels mit einer SE als formwechselndem Rechtsträger darstellt und ein Formwechsel in eine andere Rechtsform als die AG ausgeschlossen wird.

Mit der überwiegenden Meinung ist der abschließende Charakter zu verneinen und die SE als erfasster Rechtsträger anzusehen.[73] Zum einen wird auf die Gleichbehandlungsklauseln in Art. 10 und Art. 9 Abs. 1 lit. c ii) SE-VO abgestellt, wonach eine in Deutschland gegründete SE wie eine deutsche AG zu behandeln ist und die Rechtsvorschriften über die AG Anwendung finden. Folgerichtig gelten auch die Vorschriften des UmwG über die AG für die SE, sodass diese formwechselnder Rechtsträger nach § 191 Abs. 1 Nr. 2 UmwG sein kann.[74] Hinzu kommt, dass dieses Ergebnis auch erreicht werden kann, indem die SE erst nach Art. 66 Abs. 1 S. 1 SE-VO in eine deutsche AG umgewandelt wird und erst danach der Formwechsel in eine nach § 226 UmwG zulässige Zielrechtsform erfolgt.[75] Art. 66 SE-VO bezweckt zudem nur eine Renationalisierungsmöglichkeit der SE, sodass darin lediglich eine Mindestvorgabe zu sehen ist. Aus dem Subsidiaritätsgrundsatz, welcher in Erwägungsgrund Nr. 9 der SE-VO enthalten ist, ergibt sich außerdem, dass die SE-VO nur Bereiche regeln möchte, bei denen eine einheitliche Unionsregelung notwendig ist, um die Funktionsfähigkeit der SE zu schützen.[76]

Insgesamt sind mithin neben der SE-VO auch die Regelungen über den Formwechsel nach §§ 190 ff. UmwG anwendbar. Der Wechsel einer SE in eine AG richtet sich dabei allein nach Art. 66 SE-VO, der Formwechsel in eine andere Rechtsform nach dem UmwG.[77]

V. Rechtsträger neuer Rechtsform
1. Zielrechtsträger nach § 191 Abs. 2 UmwG

§ 191 Abs. 2 UmwG bestimmt abschließend, welche Rechtsformen durch den Form- **40** wechsel entstehen können. Dies sind die GbR, Personenhandelsgesellschaften und PartG, Kapitalgesellschaften sowie eG. Im Umkehrschluss ist ein Formwechsel in einen rechtsfähigen Verein, einen VVaG sowie eine Körperschaft oder eine Anstalt des öffentlichen Rechts, die in § 191 Abs. 1 UmwG genannt sind, nicht möglich. Dies gilt erst Recht für solche Rechtsformen, welche gar nicht in § 191 UmwG aufgezählt sind.

Welche Zielrechtsform konkret zulässig ist, ergibt sich aus den besonderen Vorschriften des UmwG.

In **Personenhandelsgesellschaften** können sich nach § 226 Abs. 1 UmwG lediglich **41** Kapitalgesellschaften umwandeln.

Der Formwechsel in eine **PartG** ist nur von einer Kapitalgesellschaft aus möglich. Im **42** Zeitpunkt seines Wirksamwerdens müssen allerdings nach § 228 Abs. 2 UmwG alle Anteilsinhaber natürliche Personen sein und einen freien Beruf iSv § 1 PartGG ausüben.

Auch der Formwechsel in eine **GbR** ist im Rahmen des UmwG nach § 226 UmwG nur **43** von einer Kapitalgesellschaft als Ausgangsrechtsträger möglich. Die Nennung der GbR als Zielgesellschaft eines Formwechsels an dieser Stelle ist insoweit ungewöhnlich, als sie an

---

[73] Böttcher/Habighorst/Schulte/*Althoff/Narr* § 191 Rn. 5; Widmann/Mayer/*Vossius* § 191 Rn. 14.1; Kallmeyer/*Meister/Klöcker* § 191 Rn. 5; Lutter/*Decher/Hoger* Einführung Rn. 32; aA Semler/Stengel/*Schwanna* § 191 Rn. 12; *Vossius* ZIP 2005, 741, 748 f.
[74] Widmann/Mayer/*Vossius* § 191 Rn. 14.1; Kallmeyer/*Marsch-Barner* Anhang I Rn. 125 ff., 131 ff.
[75] Böttcher/Habighorst/Schulte/*Althoff/Narr* § 191 Rn. 5.
[76] Semler/Stengel/*Drinhausen* Einleitung C Rn. 63; Lutter/*Decher/Hoger* Vor § 190 Rn. 32.
[77] Böttcher/Habighorst/Schulte/*Althoff/Narr* § 191 Rn. 5.

keinem anderen Umwandlungsvorgang nach dem UmwG als Rechtsträger beteiligt sein kann.[78]

44 Hingegen können alle in § 191 Abs. 1 UmwG genannten Rechtsträger einen Formwechsel in eine **Kapitalgesellschaft** vornehmen. Zu beachten ist dabei, dass VVaG nach § 291 Abs. 1 UmwG nur die Rechtsform einer AG erlangen können.

45 Die **UG (haftungsbeschränkt)** kann nach ganz hM keine Zielgesellschaft sein.[79] Die Entstehung einer UG ist nämlich nach § 5a Abs. 1 S. 1 GmbHG grundsätzlich nur durch die Neugründung einer Gesellschaft möglich.[80] Einem Formwechsel aus einer anderen Rechtsform heraus in die UG (haftungsbeschränkt) steht zudem das Sacheinlageverbot des § 5a Abs. 2 S. 2 GmbHG entgegen.[81] Der Formwechsel einer GmbH in eine UG (haftungsbeschränkt) ist nicht nach dem UmwG möglich, da dabei kein Wechsel in eine andere Rechtsform vorliegt, auch kann durch satzungsändernden Beschluss eine existente GmbH nicht zu einer UG (haftungsbeschränkt) werden.[82]

46 Die **eG** als Zielrechtsform ist nach § 214 Abs. 1 UmwG für die Personenhandelsgesellschaften, nach § 226 Abs. 1 UmwG für die Kapitalgesellschaften und nach § 272 Abs. 1 UmwG für den rechtsfähigen Verein zulässig.

2. Die Societas Europaea als Zielrechtsform

47 Die **Umwandlung eines nationalen Rechtsträgers in eine SE** richtet sich nach der SE-VO (→ § 40). Dort ist in Art. 37 iVm Art. 2 Abs. 4 SE-VO vorgesehen, dass ein Formwechsel in eine SE von einer AG als formwechselndem Rechtsträger aus möglich ist. Voraussetzung für eine solche Umwandlung ist nach Art. 2 Abs. 4 SE-VO, dass die AG seit mindestens zwei Jahren eine dem Recht eines anderen Mitgliedstaats unterliegende Tochtergesellschaft hat. Nach § 15 Abs. 1 SE-VO findet daneben auf die Gründung einer SE das für die AG geltende Recht des Staates Anwendung, in dem die SE ihren Sitz begründet hat.

Nach ganz hM folgt aus § 15 Abs. 1 SE-VO jedoch nicht, dass daneben auch das UmwG Anwendung findet und es sich somit um einen Formwechsel (auch) nach dem UmwG handelt. Vielmehr regelt die SE-VO die Gründung einer SE abschließend.[83] Aufgrund der fragmentarischen Regelungen der SE-VO wird jedoch für die Praxis vorgeschlagen, sich an den Standards des UmwG zu orientieren, die bspw. Umwandlungsplan und Umwandlungsbericht betreffen.[84]

Somit handelt es sich um einen **Formwechsel außerhalb des UmwG**, der nach § 190 Abs. 2 UmwG trotz numerus clausus und Analogieverbot zulässig ist.

Es stellt auch keinen Wertungswiderspruch dar, die SE-VO bei der Umwandlung einer AG in eine SE als abschließend anzusehen, dies bei dem Formwechsel aus einer SE heraus jedoch nicht zu tun (→ Rn. 39). Denn bei einem Wechsel aus der AG heraus in eine SE entspricht es dem Zweck der SE-VO und dem Willen des europäischen Gesetzgebers, die Modalitäten für die Entstehung einer SE selbst abschließend zu regeln, um einheitliche

---

[78] Semler/Stengel/*Schwanna* § 191 Rn. 13.
[79] Schmitt/Hörtnagl/Stratz/*Stratz* § 191 Rn. 32; Kallmeyer/*Meister/Klöcker* § 191 Rn. 8; Lutter/*Decher/Hoger* § 191 Rn. 5; Semler/Stengel/*Schwanna* § 191 Rn. 14; MünchKommGmbHG/*Rieder* § 5a Rn. 9.
[80] MünchKommGmbHG/*Rieder* § 5a Rn. 9; zu den Ausnahmen Roth/Altmeppen/*Roth* § 5a Rn. 8.
[81] Kallmeyer/*Meister/Klöcker* § 191 Rn. 8; Baumbach/Hueck/*Fastrich* § 5a Rn. 14, 17.
[82] Ausführlich hierzu MünchKommGmbHG/*Rieder* § 5a Rn. 9; Michalski/*Miras* § 5a Rn. 11.
[83] Henssler/Strohn/*Drinhausen/Keinath* § 191 UmwG Rn. 4; Lutter/*Decher/Hoger* Einführung Rn. 30, § 190 Rn. 17; Böttcher/Habighorst/Schulte/*Althoff/Narr* § 191 Rn. 15; Kallmeyer/*Meister/Klöcker* § 190 Rn. 18; Semler/Stengel/*Drinhausen* Einleitung C Rn. 54.
[84] So Lutter/*Decher/Hoger* Einführung Rn. 30, § 190 Rn. 17; Böttcher/Habighorst/Schulte/*Althoff/Narr* § 191 Rn. 15 halten den Rückgriff auf die Normen des UmwG zur Lückenschließung sogar nach § 15 Abs. 1 SE-VO für erlaubt.

Entstehungsvoraussetzungen zu garantieren. Demgegenüber liegt das Interesse des nationalen Gesetzgebers darin, über die Anwendung nationalen Umwandlungsrechts die Entstehung inländischer Rechtsformen zu kontrollieren. Zur Erreichung des Zwecks der SE-VO, eine einheitliche europäische Kapitalgesellschaft als Rechtsform zur Verfügung zu stellen, ist es indes nicht erforderlich, auch das Herauswechseln in eine inländische Rechtsform der Mitgliedstaaten zu beschränken. Dies ist auch vor dem Hintergrund des Grundsatzes der Subsidiarität nicht geboten.

3. Sonderfall: Einmann-Kapitalgesellschaft

Eine besondere Konstellation liegt vor, wenn eine Einmann-Kapitalgesellschaft auf der einen und eine Personengesellschaft auf der anderen Seite am Formwechsel beteiligt sind. Ein die Personenidentität wahrender Formwechsel zwischen diesen beiden Rechtsträgern ist grundsätzlich nicht möglich, weil die **Personengesellschaft notwendigerweise mindestens zwei Gesellschafter** haben muss. 48

Nach der zutreffenden hA[85] genügt es für den Formwechsel von einer Einmann-Kapitalgesellschaft in eine Personenhandelsgesellschaft, dass die Kapitalgesellschaft erst **zum Zeitpunkt des Wirksamwerdens des Formwechsels mindestens zwei Gesellschafter** hat. Der Formwechsel wird nach § 202 UmwG mit der Eintragung in das Register des neuen Rechtsträgers wirksam. Somit muss der Beitritt der neuen Gesellschafter zur Kapitalgesellschaft nicht notwendigerweise schon vor Beginn des Formwechselverfahrens erfolgen, sondern kann auch während dieses Zeitraums stattfinden. Bspw. ist es zulässig, dass erst im Umwandlungsbeschluss der Eintritt neuer Gesellschafter beschlossen wird.[86] Der BGH hat in einem obiter dictum im Jahre 2005 festgehalten, dass dies nicht gegen das Identitäts- bzw. Kontinuitätsprinzip verstößt. Aus dem Gebot der Kontinuität folge lediglich, dass die Anteilsinhaber, die diese Stellung zum Zeitpunkt der Eintragung des Formwechsels haben, auch Mitglieder des neuen Rechtsträgers werden.[87] 49

Dieser Auffassung wird entgegengehalten, dass sie zwar in der Praxis eine Vereinfachung des Verfahrens darstelle, jedoch gegen die Gesetzesdogmatik verstoße.[88] Es bedürfe für den Umwandlungsbeschluss bereits der Zustimmung auch der beigetretenen Gesellschafter, sodass ein zweistufiger Formwechsel zu vollziehen sei. Dagegen ist jedoch einzuwenden, dass der Gesetzgeber bei der Neuregelung des Formwechsels im Jahr 2007 dieses Problem erkannt und sich bewusst nicht gegen die BGH-Rechtsprechung gestellt hat.[89] Für die Praxis ist jedoch anzuraten, vor dem Formwechsel zumindest das Registergericht zu konsultieren bzw. den Beitritt oder Austritt der Gesellschafter schon vor dem Formwechsel durchzuführen.[90] 50

Diese Fragen stellen sich auch für den umgekehrten Fall, den **Formwechsel aus einer Personenhandelsgesellschaft heraus in eine Ein-Personen-Kapitalgesellschaft**. Entgegen der Ansicht, welche in diesen Fällen stets zunächst einen Formwechsel in eine Kapitalgesellschaft mit mehreren Gesellschaftern fordert,[91] sollte auch hier einem deutlich pragmatischeren Ansatz gefolgt und das Ausscheiden der übrigen Gesellschafter bereits im Rahmen des Formwechsels für zulässig erachtet werden.[92] 51

---

[85] Semler/Stengel/*Bärwaldt* § 197 Rn. 9; Semler/Stengel/*Ihrig* § 228 Rn. 14; Lutter/*Göthel* § 228 Rn. 27 f.; Lutter/*Decher/Hoger* § 202 Rn. 12; Kallmeyer/*Blasche* § 226 Rn. 6, § 228 Rn. 8; Widmann/Mayer/*Vossius* § 191 Rn. 14.2, § 226 Rn. 9; Schmitt/Hörtnagl/Stratz/*Stratz* § 226 Rn. 6.

[86] Lutter/*Göthel* § 228 Rn. 27 f; Lutter/*Decher/Hoger* § 202 Rn. 12.

[87] BGH II ZR 29/03, ZIP 2005, 1318, zur vergleichbaren Konstellation des Formwechsels einer AG in eine GmbH & Co. KG.

[88] Kallmeyer/*Meister/Klöcker* § 191 Rn. 11 f.; *Priester* DB 1997, 560, 561.

[89] Lutter/*Göthel* § 228 Rn. 26.

[90] Semler/Stengel/*Bärwaldt* § 197 Rn. 9 Fn. 28; Lutter/*Göthel* § 228 Rn. 28; Kallmeyer/*Meister/Klöcker* § 191 Rn. 14 f.; Kallmeyer/*Blasche* § 228 Rn. 8.

[91] Kallmeyer/*Meister/Klöcker* § 191 Rn. 11 f.

[92] Prinz/Hoffmann/*Bärwaldt/Wisniewski* § 10 Rn. 162, 75; Lutter/*Decher/Hoger* § 202 Rn. 18; *Priester* DB 1997, 560, 562 ff.

52 Ein ähnliches Problem ergibt sich im Zusammenhang mit dem Formwechsel in bzw. von einer **Kapitalgesellschaft & Co. KG**. Auch hier ist ein Verstoß gegen das Identitäts- bzw. Kontinuitätsprinzip zu verneinen. Zeitgleich mit dem Formwechsel kann die Komplementärgesellschaft eintreten bzw. ausscheiden[93] (eingehend zu diesem Problem → § 38 Rn. 367).

VI. Formwechsel bei aufgelöstem Rechtsträger

53 § 191 Abs. 3 UmwG regelt den Formwechsel bei aufgelösten Rechtsträgern. Diese sind nach § 3 Abs. 3 UmwG auch zur Verschmelzung sowie nach § 124 Abs. 2 iVm § 3 Abs. 3 UmwG auch zur Spaltung befähigt. Voraussetzung für einen Formwechsel ist, dass der formwechselnde Rechtsträger zu den nach § 191 Abs. 1 UmwG zum Formwechsel zugelassenen Rechtsträgern gehört und die Fortsetzung des Rechtsträgers in der bisherigen Rechtsform beschlossen werden könnte.

54 **Zweck** der Vorschrift ist es, die Gläubiger zu schützen. Ein Formwechsel soll dann ermöglicht werden, wenn der betroffene Rechtsträger noch genügend Vermögen besitzt. Dieses Vermögen steht den Gläubigern nach dem Formwechsel als Haftungsmasse zur Verfügung.[94] Ein **Beschluss** durch die Gesellschafter auf Fortsetzung der Gesellschaft ist nicht notwendig, vielmehr genügt bereits die rechtliche Möglichkeit, einen solchen Beschluss zu fassen.[95]

Bis zu welchem Zeitpunkt der Formwechsel eines aufgelösten Rechtsträgers konkret zulässig ist, hängt von der jeweiligen Gesellschaftsform ab und richtet sich nach den Regeln der aufgelösten Gesellschaft.[96]

55 Bei einer **Personenhandelsgesellschaft** ist eine Umwandlung solange möglich, wie sie sich in der Liquidationsphase befindet, also noch nicht voll beendet ist.[97] Diese Phase beginnt nach § 145 Abs. 1 HGB nach der Auflösung der Gesellschaft und mündet in die Vollbeendigung, welche erreicht wird, wenn kein Aktivvermögen mehr vorhanden ist.[98] Allerdings bestimmt § 214 Abs. 2 UmwG iVm § 145 Abs. 1 HGB, dass ein Formwechsel nicht möglich ist, wenn die Gesellschafter eine andere Art der Auseinandersetzung als die Abwicklung oder als den Formwechsel vereinbart haben.

56 Entscheidender Zeitpunkt für die Zulässigkeit eines Formwechsels bei der Auflösung einer **Kapitalgesellschaft** ist der Beginn der Vermögensverteilung unter den Mitgliedern. Nach Beginn der Vermögensverteilung ist ein Formwechsel nicht mehr zulässig, da sonst das Verbot der Einlagenrückgewähr aus § 57 Abs. 1 S. 1 AktG und § 30 Abs. 1 S. 1 GmbHG umgangen werden könnte.[99] Für die AG ergibt sich die Möglichkeit der Fortsetzung einer aufgelösten Gesellschaft aus § 274 Abs. 1 S. 1 AktG, welcher auch für die GmbH hinsichtlich § 60 GmbHG analog anzuwenden ist.[100] Entsprechendes gilt nach § 79a Abs. 1 GenG auch für die eG. Ebenso richtet sich die Fortsetzung der Gesellschaft bei der KGaA nach § 274 Abs. 1 S. 1 UmwG. Zusätzlich ist jedoch die Zustimmung der

---

[93] Lutter/*Göthel* § 228 Rn. 24 ff.; Kallmeyer/*Blasche* § 228 Rn. 6 f.; Lutter/*Decher*/*Hoger* § 202 Rn. 12; *Heckschen* DB 2008, 2122, 2124; *Schmidt* GmbHR 1995, 693, 696; vgl. auch BGH II ZR 29/03, ZIP 2005, 1318; aA Kallmeyer/*Meister*/*Klöcker* § 191 Rn. 14 f..

[94] Semler/Stengel/*Schwanna* § 191 Rn. 16.

[95] Maulbetsch/Klumpp/Rose/*Quass* § 191 Rn. 3; Schmitt/Hörtnagl/Stratz/*Stratz* § 191 Rn. 35; Lutter/*Drygala* § 3 Rn. 26.

[96] Lutter/*Decher*/*Hoger* § 191 Rn. 10; Kallmeyer/*Meister*/*Klöcker* § 191 Rn. 19.

[97] Semler/Stengel/*Schwanna* § 191 Rn. 17; Lutter/*Decher*/*Hoger* § 191 Rn. 10; Baumbach/Hopt/*Roth* HGB § 131 Rn. 30 ff.; nach aA ist dies nur bis zum Beginn der Liquidationsphase möglich, siehe Böttcher/Habighorst/Schulte/*Althoff*/*Narr* § 191 Rn. 17.

[98] MünchKommHGB/*Schmidt* § 155 Rn. 52 f.

[99] Lutter/*Decher*/*Hoger* § 191 Rn. 10; Lutter/*Drygala* § 3 Rn. 25; Maulbetsch/Klumpp/Rose/*Quass* § 191 Rn. 5.

[100] Böttcher/Habighorst/Schulte/*Althoff*/*Narr* § 191 Rn. 17; Semler/Stengel/*Schwanna* § 191 Rn. 18.

persönlich haftenden Gesellschafter nach § 285 Abs. 2 AktG erforderlich, da es sich dabei um eine strukturverändernde Maßnahme handelt.[101]

Nach Eröffnung des Insolvenzverfahrens ist ein Formwechsel einer AG und einer KGaA ausnahmsweise nach § 274 Abs. 2 Nr. 1 AktG noch möglich, wenn das Verfahren auf Antrag des Schuldners eingestellt oder nach der Bestätigung eines Insolvenzplans, der den Fortbestand der Gesellschaft vorsieht, aufgehoben worden ist. Gleiches gilt für den rechtsfähigen Verein nach § 42 Abs. 1 S. 2 BGB, für die GmbH nach § 60 Abs. 1 Nr. 4 Hs. 2 GmbHG, für die OHG nach § 144 Abs. 1 HGB sowie über die allgemeine Verweisungsnorm des § 161 Abs. 2 HGB für die KG und über § 9 Abs. 1 PartGG auch für die PartG. Seit 2012 kann ein Formwechsel jedoch auch als gesellschaftsrechtliche Strukturmaßnahme im Insolvenzplan vorgesehen werden. Diese Möglichkeit besteht seit dem Inkrafttreten des Gesetzes zur weiteren Erleichterung der Sanierung von Unternehmen (ESUG), mit welchem § 225a InsO eingeführt wurde.[102] 57

Die Anteilsinhaber des aufgelösten Rechtsträgers können sich nach § 826 BGB schadensersatzpflichtig machen, wenn der Formwechsel allein das Ziel hatte, zwingende Gläubigerschutzvorschriften innerhalb des Liquidationsverfahrens zu umgehen.[103] 58

§ 33 Umwandlungsbericht

Übersicht

	Rdnr.		Rdnr.
I. Zweck des Umwandlungsberichts	1–4	7. Hinweis auf besondere Schwierigkeiten bei der Bewertung	23
II. Inhaltliche Anforderungen	5–24	8. Angaben über für den Formwechsel wesentliche Angelegenheiten verbundener Unternehmen	24
1. Grundsätze	5–7	III. Berichtspflichtige und Form	25–28
2. Erläuterung und Begründung des Formwechsels	8–14	IV. Unterrichtung der Anteilsinhaber	29–31
3. Entwurf des Umwandlungsbeschlusses	15, 16	V. Grenzen der Berichtspflicht	32–34
4. Erläuterung und Begründung der künftigen Beteiligung der Anteilsinhaber	17, 18	VI. Entbehrlichkeit des Umwandlungsberichts	35–41
5. Erläuterung und Begründung des Barabfindungsangebots	19–21	1. Verzicht und alleiniger Anteilsinhaber	35–38
6. Hinweis auf die Folgen für die Beteiligung der Anteilsinhaber	22	2. Rechtsformspezifische Ausnahmeregelungen	39–41
		VII. Mängel des Umwandlungsberichts	42–48

Schrifttum: *Fritzsche/Dreier*, Spruchverfahren und Anfechtungsklage im Aktienrecht: Vorrang oder Ausnahme des Anfechtungsausschlusses gemäß § 14 Abs. 2 UmwG? – Effektiver Rechtsschutz kein Hemmnis für Strukturänderungen, BB 2002, 737; *Henze*, Aspekte und Entwicklungstendenzen der aktienrechtlichen Anfechtungsklage in der Rechtsprechung des BGH, ZIP 2002, 97; *Hirte*, Informationsmängel und Spruchverfahren – Anmerkungen zu den Urteilen des BGH vom 18.12.2000 – II ZR 1/99 – (MEZ) und vom 29.1.2001 – II ZR 368/98 – (Aqua Butzke-Werke), ZHR 167 (2003), 8; *Klöhn*, Der Abfindungsanspruch des Aktionärs als Aufopferungsanspruch, AG 2002, 443; *Mayer/Weiler*, Neuregelungen durch das Zweite Gesetz zur Änderung des Umwandlungsgesetzes (Teil II), DB 2007, 1291; *Schöne*, Das Aktienrecht als „Maß aller Dinge" im neuen Umwandlungsrecht?, GmbHR 1995, 325.

I. Zweck des Umwandlungsberichts

Die Vorschrift des § 192 UmwG zum Umwandlungsbericht ist eine der zentralen Regelungen für den Formwechsel[1] und im Hinblick auf ihre Funktion mit dem Verschmelzungs- und dem Spaltungsbericht vergleichbar: **Sinn und Zweck** ist der **Schutz der** 1

---

[101] Maulbetsch/Klumpp/Rose/*Quass* § 191 Rn. 5.
[102] Lutter/*Decher*/*Hoger* § 191 Rn. 11; Henssler/Strohn/*Drinhausen*/*Keinath* § 191 UmwG Rn. 3.
[103] Schmitt/Hörtnagl/Stratz/*Stratz* § 191 Rn. 36.
[1] Lutter/*Decher*/*Hoger* § 192 Rn. 2; Schmitt/Hörtnagl/Stratz/*Stratz* § 192 Rn. 1.

Anteilsinhaber[2] – nicht hingegen der Arbeitnehmer[3] oder Gläubiger –, welche vor der Beschlussfassung zum Formwechsel eine hinreichende Informationsgrundlage erhalten sollen.[4] Maßgeblicher Unterschied zu Verschmelzung und Spaltung ist jedoch, dass es beim Formwechsel zu **keinem Vermögensübergang** kommt und im Bericht daher grundsätzlich auch nicht das Umtauschverhältnis der Anteile erläutert werden muss, da nur ein Rechtsträger beteiligt ist[5] (zu möglichen quantitativen Veränderungen der Beteiligungen → Rn. 18). Zwar fehlt es für den Umwandlungsbericht im Gegensatz zum Verschmelzungs- und Spaltungsbericht an EU-rechtlichen Vorgaben;[6] wegen des Verweises auf § 8 Abs. 1 S. 2 bis 4 und Abs. 2 UmwG und der terminologischen Einheitlichkeit gelten aber im Grundsatz dieselben Maßstäbe.[7]

2 Der Darstellungsmaßstab hat sich wie bei Verschmelzungs- und Spaltungsbericht an einer **Plausibilitätskontrolle** durch die Anteilsinhaber zu orientieren.[8] Vom Umfang her muss der Umwandlungsbericht angesichts des Schutzzwecks der Norm eine angemessene Beurteilungsgrundlage für die Anteilsinhaber darstellen, auf Grund derer sie sich ein eigenes Urteil über den geplanten Formwechsel bilden können.[9] Eine Schilderung bis in alle Einzelheiten ist jedoch nicht erforderlich. Die Anteilsinhaber müssen nicht in die Lage versetzt werden, den Formwechsel auf seine inhaltliche oder rechtliche Richtigkeit überprüfen zu können.[10] Seine Grenze findet das Informationsrecht der Anteilsinhaber im Schutz des Rechtsträgers vor nicht unerheblichen Nachteilen (§ 192 S. 2 iVm § 8 Abs. 2 UmwG).

3 Die Pflicht zur Erstellung des Umwandlungsberichts besteht bei jedem Formwechsel unabhängig von der Rechtsform des Ausgangs- oder Zielrechtsträgers.[11] Abstrakte Einschränkungen, etwa für personalistisch geprägte Gesellschaften im Gegensatz zu kapitalistisch geprägten, werden grundsätzlich nicht gemacht; davon unabhängig kann die Darstellungstiefe des Berichts im Einzelfall variieren, um den unterschiedlichen Schutzbedürfnissen der Anteilsinhaber verschiedener Gesellschaftsformen gerecht zu werden.[12]

4 Die gesetzlichen Regelungen betreffend den Umwandlungsbericht sind zwingend und können nicht durch Satzung oder Gesellschaftsvertrag abbedungen werden[13] (zum zulässigen Verzicht → Rn. 35 ff.). Ergänzende Regelungen sind jedoch zulässig; § 192 UmwG ist insofern nicht abschließend.[14]

In der Praxis werden die meisten Unwirksamkeitsklagen von Gegnern des Formwechsels auf Fehler der Berichterstattung gestützt werden.[15]

---

[2] In der Rechtsprechung werden neben dem Stimmrecht auch andere Mitgliedschaftsrechte, etwa Teilnahme- und Rederechte von stimmrechtslosen Vorzugsaktionären, mit in den Schutzbereich einbezogen, LG Mannheim 23 O 50/13, AG 2014, 589, 590 f. – m. Anm. *Rahmeyer/von Eiff* EWiR 2014, 317 und *Wardenbach* GWR 2014, 283.

[3] Bei einer Umwandlung in eine SE oder SCE sind die Auswirkungen auf die Arbeitnehmer im jeweiligen Bericht hingegen nach Art. 37 Abs. 4 SE-VO und Art. 35 Abs. 3 SCE-VO darzustellen, vgl. hierzu Lutter/*Decher/Hoger* § 192 Rn. 3.

[4] Kallmeyer/*Meister/Klöcker* § 192 Rn. 2; Semler/Stengel/*Bärwaldt* § 192 Rn. 2.

[5] Kallmeyer/*Meister/Klöcker* § 192 Rn. 1; Lutter/*Decher/Hoger* § 192 Rn. 1; Semler/Stengel/*Bärwaldt* § 192 Rn. 1.

[6] Lutter/*Decher/Hoger* § 192 Rn. 3; Widmann/Mayer/*Mayer* § 192 Rn. 12.

[7] Schmitt/Hörtnagl/Stratz/*Stratz* § 192 Rn. 2; aA Sagasser/Bula/Brünger/*Sagasser/Luke* § 26 Rn. 79 (verminderte Schutzbedürftigkeit der Anteilsinhaber begründen geringere Anforderungen).

[8] Kallmeyer/*Meister/Klöcker* § 192 Rn. 12; Lutter/*Decher/Hoger* § 192 Rn. 9; Widmann/Mayer/*Mayer* § 192 Rn. 33.

[9] Böttcher/Habighorst/Schulte/*Althoff/Narr* § 192 Rn. 4.

[10] Semler/Stengel/*Bärwaldt* § 192 Rn. 8.

[11] Lutter/*Decher/Hoger* § 192 Rn. 11; Kallmeyer/*Meister/Klöcker* § 192 Rn. 5.

[12] Lutter/*Decher/Hoger* § 192 Rn. 12; Widmann/Mayer/*Mayer* § 192 Rn. 12.

[13] Henssler/Strohn/*Drinhausen/Keinath* § 192 UmwG Rn. 12.

[14] Kallmeyer/*Meister/Klöcker* § 192 Rn. 3.

[15] Semler/Stengel/*Bärwaldt* § 192 Rn. 3; für Nachweise zu der bisher zu § 192 UmwG veröffentlichten Rspr. vgl. ferner Schmitt/Hörtnagl/Stratz/*Stratz* § 192 Rn. 1.

II. Inhaltliche Anforderungen
1. Grundsätze

Der Umwandlungsbericht muss den geplanten Formwechsel rechtlich und wirtschaftlich 5
erläutern und begründen, § 192 Abs. 1 S. 1 UmwG, und einen Entwurf des Umwandlungsbeschlusses enthalten, § 192 Abs. 1 S. 3 UmwG. Das Erfordernis der Beifügung einer Vermögensaufstellung, § 192 Abs. 2 S. 1 UmwG aF, wurde nach erheblicher Kritik in der Literatur gestrichen.[16]

Der Gesetzeswortlaut verlangt wie bei Verschmelzung, § 8 UmwG, und Spaltung, § 127 6
UmwG, einen „ausführlichen" Bericht. Bzgl. des konkreten (Mindest-)**Inhalts und Umfangs** sind die **gesetzlichen Vorgaben** jedoch weitgehend **konturlos**.[17] Daraus folgt zwar ein gewisser **Darstellungsspielraum** der Vertretungsorgane, in der Praxis ergeben sich indes Unsicherheiten in Bezug den jeweils einzuhaltenden Mindestinhalt.[18] Hilfestellungen für die Ausgestaltung im Einzelfall können Rechtsprechung und Literatur zum Verschmelzungs- und Spaltungsbericht (→ § 9 Rn. 12 ff.; § 23 Rn. 6 ff.),[19] eine Parallele zum Bericht über den Ausschluss des Bezugsrechts, § 186 Abs. 4 S. 2 AktG,[20] sowie die Rechtsprechung zum Vertragsbericht nach § 293a AktG und zum Übertragungsbericht nach § 327c AktG entnommen werden. Da der Bericht ausführlich sein muss, empfiehlt es sich, den Bericht im Zweifel umfassend zu gestalten, um etwaigen Klagen vorzubeugen. In jedem Fall müssen alle für eine Plausibilitätskontrolle der Anteilsinhaber relevanten Tatsachen mitgeteilt werden.[21]

Den **Schwerpunkt** der rechtlichen und wirtschaftlichen Erläuterung wird dabei regel- 7
mäßig die künftige, umqualifizierte **Beteiligung der Anteilsinhaber** bilden.[22] Der Umfang der Berichtspflicht hängt nicht davon ab, ob für die Geltendmachung etwaiger Mängel der Weg des Spruchverfahrens oder der Unwirksamkeitsklage vorgesehen ist[23] (zur Sanktionslosigkeit mangelhafter Barabfindungsgebote → Rn. 20). Er orientiert sich auch nicht an der Ausgangs- oder Zielrechtsform des formwechselnden Rechtsträgers, sondern folgt einem einheitlichen Maßstab.[24] Gleichwohl wird bei der Erstellung zu berücksichtigen sein, dass bei aller Einheitlichkeit das Leitbild des Berichts nicht in jedem Fall die große börsennotierte AG sein sollte und konkrete Umstände im Einzelfall eine Vertiefung unterschiedlicher Berichtselemente erforderlich machen können.[25]

2. Erläuterung und Begründung des Formwechsels

Der Umwandlungsbericht hat das Formwechselvorhaben in seiner Gesamtheit eingangs 8
darzustellen und rechtlich sowie wirtschaftlich zu erläutern und zu begründen. Dies erfordert im Wesentlichen **drei Schritte**: Zunächst ist die Ausgangslage des formwechselnden Unternehmens darzustellen. Danach empfiehlt sich die Beschreibung der angestrebten Zielsituation zur Darlegung der rechtlichen und wirtschaftlichen Gründe und Folgen des Formwechsels. Im Anschluss hieran sind die Vor- und Nachteile des Formwechselvorhabens abzuwägen.

---

[16] Zweites Gesetz zur Änderung des Umwandlungsgesetzes, 19.4.2007, BGBl. I, S. 542, 546; vgl. Semler/Stengel/*Bärnvaldt* § 192 Rn. 5; Kallmeyer/*Meister/Klöcker* § 192 Rn. 7; Widmann/Mayer/*Mayer* § 192 Rn. 9, 53; *Mayer/Weiler* DB 2007, 1291, 1293.
[17] Widmann/Mayer/*Mayer* § 127 Rn. 12.
[18] Widmann/Mayer/*Mayer* § 192 Rn. 11.
[19] Kallmeyer/*Meister/Klöcker* § 192 Rn. 11; Lutter/*Decher/Hoger* § 192 Rn. 8.
[20] RegE Begr. bei *Ganske*, S. 53 (zur Verschmelzung).
[21] Semler/Stengel/*Bärnvaldt* § 192 Rn. 9.
[22] Schmitt/Hörtnagl/Stratz/*Stratz* § 192 Rn. 2.
[23] Schmitt/Hörtnagl/Stratz/*Stratz* § 192 Rn. 6.
[24] Lutter/*Decher/Hoger* § 192 Rn. 11; Keßler/Kühnberger/*Jaensch* § 192 Rn. 5; Widmann/Mayer/*Mayer* § 192 Rn. 11; Kallmeyer/*Meister/Klöcker* § 192 Rn. 5; Kölner Kommentar-UmwG/*Petersen* § 192 Rn. 3; aA *Schöne* GmbHR 1995, 325, 334.
[25] Lutter/*Decher/Hoger* § 192 Rn. 12.

9 Zu Beginn des Berichts sollten grundlegende **Ausführungen zum formwechselnden Rechtsträger** gemacht werden, d. h. zum Unternehmensgegenstand, zu der Unternehmens- und Konzernstruktur, Beteiligungen, Organen, Mitarbeitern, Mitbestimmung und Kapitalverhältnissen, sowie der bisherigen rechtlichen und wirtschaftlichen Entwicklung und den unternehmerischen Zielen etc.[26] Vor allem aus den unternehmerischen Zielen werden sich regelmäßig schon Rückschlüsse auf die Gründe des Formwechsels ergeben.[27] Ausführungen zu den Auswirkungen des Formwechsels auf das Unternehmen hängen hiermit eng zusammen. Es bietet sich daher im zweiten Schritt die Erläuterung der **Zielsituation** des Unternehmens unter Beschreibung der Umwandlungsstruktur und der für den Formwechsel streitenden **rechtlichen und wirtschaftlichen Gründe** an.

10 Zu den **Motiven** eines Formwechsels können bspw. gehören: Haftungsbegrenzung beim Wechsel einer Personengesellschaft in eine Kapitalgesellschaft; Vorbereitung der Betriebsaufspaltung einer Personengesellschaft; Trennung von Kapital und Management beim Wechsel einer Personengesellschaft in eine Kapitalgesellschaft; Vorbereitung von Kapitalbeschaffungsmaßnahmen, z. B. durch Formwechsel in eine AG (going public); Integration einer abhängig gewordenen AG in einen Konzern als GmbH; steuerliche Vorteile beim Wechsel einer Kapitalgesellschaft in eine Personengesellschaft; „Flucht" aus zwingenden Vorschriften bei Kapitalgesellschaften, etwa Publizitätsvorschriften oder Mitbestimmungsgesetzen.[28]

11 Im Rahmen der Erläuterung der **rechtlichen und wirtschaftlichen Folgen** des Formwechsels können die rechtlichen Folgen, auch wenn dies gesetzlich nicht ausdrücklich geregelt ist, zusammen mit dem Entwurf des **Umwandlungsbeschlusses** erläutert werden.[29] Alternativ ist eine direkte Erläuterung im Rahmen des dem Bericht beizufügenden Entwurfs des Umwandlungsbeschlusses möglich.[30] Für die inhaltliche Reichweite und den Maßstab der darzustellenden Angaben ist diese Aufbau- und Darstellungsfrage indes ohne Belang. Die Art der Darstellung liegt im Entscheidungsspielraum der Vertretungsorgane (→ Rn. 6), dessen Grenze erst dann erreicht ist, wenn eine Plausibilitätskontrolle der Anteilsinhaber durch die Art der Darstellung verhindert wird.

12 Der Schwerpunkt der Erläuterung der Folgen des Formwechsels liegt auf der Beschreibung der künftigen **Beteiligung der Anteilsinhaber** (→ Rn. 17); daneben ist auf sonstige rechtliche und wirtschaftliche Auswirkungen einzugehen. Dazu gehören bspw.: Verlust des Zugangs zu den Kapitalmärkten und das damit zusammenhängende Delisting beim Formwechsel einer börsennotierten AG, bewirkte Kosteneinsparungen,[31] steuerliche Auswirkungen auf Ebene des Rechtsträgers (in Grundzügen),[32] voraussichtlicher Kostenfaktor des Formwechselvorhabens.[33] Angesichts der Identitätswahrung beim Formwechsel bleiben die wirtschaftlichen Folgen jedoch meist gering.[34] Sollten Kapitalmaßnahmen zur Durchführung des Formwechsels erforderlich werden (z. B. beim Wechsel einer Personenhandelsgesellschaft in eine Kapitalgesellschaft), sind die Einhaltung der Kapitalaufbringungsvorschriften und etwaige Haftungsrisiken darzustellen.[35] Diesbezüglich ist auf die Erstellung und die Ergebnisse etwaiger Sachgründungsberichte Bezug zu nehmen, wobei die Berichte dem Umwandlungsbericht selbst nicht hinzugefügt werden müssen.[36]

---

[26] Böttcher/Habighorst/Schulte/*Althoff*/*Narr* § 192 Rn. 4; Semler/Stengel/*Bärwaldt* § 192 Rn. 6; Lutter/*Decher*/*Hoger* § 192 Rn. 16.
[27] Henssler/Strohn/*Drinhausen*/*Keinath* § 192 UmwG Rn. 4; Lutter/*Decher*/*Hoger* § 192 Rn. 17.
[28] Vgl. Lutter/*Decher*/*Hoger* § 192 Rn. 17; Widmann/Mayer/*Mayer* § 192 Rn. 35.
[29] Lutter/*Decher*/*Hoger* § 192 Rn. 20.
[30] Widmann/Mayer/*Mayer* § 192 Rn. 38.
[31] Lutter/*Decher*/*Hoger* § 192 Rn. 25; Maulbetsch/Klumpp/Rose/*Quass* § 192 Rn. 15.
[32] Lutter/*Decher*/*Hoger* § 192 Rn. 26; Maulbetsch/Klumpp/Rose/*Quass* § 192 Rn. 16.
[33] Lutter/*Decher*/*Hoger* § 192 Rn. 27; Maulbetsch/Klumpp/Rose/*Quass* § 192 Rn. 17.
[34] Lutter/*Decher*/*Hoger* § 192 Rn. 25.
[35] Widmann/Mayer/*Mayer* § 192 Rn. 50.
[36] Kallmeyer/*Meister*/*Klöcker* § 192 Rn. 47.

Zusätzlich zu der Erläuterung der rechtlichen und wirtschaftlichen Gründe und Folgen ist darauf einzugehen, warum der Formwechsel in die angestrebte Rechtsform **zweckmäßig** ist und eine geeignete Maßnahme zur Erreichung der unternehmerischen Ziele darstellt.[37] Dabei ist auch zu erläutern, welche Alternativen zum Formwechsel bestehen, welche **Vor- und Nachteile** der Formwechsel im konkreten Fall mit sich bringt und warum erstere überwiegen, wobei abstrakte Ausführungen ohne Einzelfallbezug nicht ausreichen.[38] Den Anteilsinhabern muss es anhand der Angaben im Bericht möglich sein, sich ein Urteil über die wirtschaftliche Zweckmäßigkeit des Formwechsels zu bilden.[39] Die Begründungspflicht bzgl. der Zweckmäßigkeit im Rahmen des Umwandlungsberichts führt aber nicht etwa dazu, dass der Formwechsel einer sachlichen, gerichtlich nachprüfbaren Rechtfertigung bedürfte.[40] Vielmehr ist gerichtlich nur überprüfbar, ob die Beweggründe im Bericht hinreichend dargelegt wurden.[41]

Als **Alternativen** zum (konkreten) Formwechsel kommen bspw. in Betracht: Formwechsel in eine andere als die geplante Rechtsform; andere Arten der Umwandlungen (Verschmelzung, Spaltung, Vermögensübertragung); sonstige Maßnahmen, wie etwa Kapitalerhöhungen.[42]

3. Entwurf des Umwandlungsbeschlusses

Der Entwurf des Umwandlungsbeschlusses, der gem. § 192 Abs. 1 S. 3 UmwG Bestandteil des Umwandlungsberichts ist, tritt beim Formwechsel an die Stelle eines Umwandlungsvertrages, da letzterer aufgrund der Beteiligung nur eines Rechtsträgers am Formwechsel begrifflich nicht denkbar ist.[43] Dabei ist dasjenige zu erläutern, was nicht schon im Rahmen der Darstellung der rechtlichen und wirtschaftlichen Folgen (→ Rn. 11) erläutert wurde und sich nicht unmittelbar aus sich selbst heraus ergibt.[44] Bei den Erläuterungen sollte dem Aufbau des § 194 UmwG gefolgt werden.[45] Ggf. ist auch der Entwurf des neuen Gesellschaftsvertrags bzw. der neuen Satzung zu erläutern.[46]

Der Entwurf muss einen Monat vor dem Tag der Beschlussfassung dem zuständigen Betriebsrat zugeleitet werden, selbst wenn der Umwandlungsbericht entbehrlich sein sollte, § 194 Abs. 2 UmwG. Spätere **Abweichungen** vom Entwurf des Umwandlungsbeschlusses bei der Beschlussfassung der Anteilsinhaber sind grundsätzlich zulässig, da jeder Anteilsinhaber, der der beschlussfassenden Versammlung fernbleibt, mit Änderungen des Entwurfes rechnen muss.[47] In diesem Fall ist jedoch zuvor eine erneute Zuleitung an den Betriebsrat erforderlich.[48]

4. Erläuterung und Begründung der künftigen Beteiligung der Anteilsinhaber

Zentrales Element des Umwandlungsberichtes ist die Erläuterung der künftigen Beteiligung der Anteilsinhaber.[49] Dies zeigt sich schon an der expliziten Auflistung dieses Kriteriums in § 192 Abs. 1 S. 1 UmwG. Anders als bei Verschmelzungs- oder Spaltungs-

---

[37] Semler/Stengel/*Bärwaldt* § 192 Rn. 6; Lutter/*Decher*/*Hoger* § 192 Rn. 18.
[38] LG Mannheim 23 O 50/13, AG 2014, 589, 590; Semler/Stengel/*Bärwaldt* § 192 Rn. 6; Henssler/Strohn/*Drinhausen*/*Keinath* § 192 UmwG Rn. 4; Lutter/*Decher*/*Hoger* § 192 Rn. 18.
[39] Semler/Stengel/*Bärwaldt* § 192 Rn. 7; Henssler/Strohn/*Drinhausen*/*Keinath* § 192 UmwG Rn. 4.
[40] Lutter/*Decher*/*Hoger* § 192 Rn. 19; Widmann/Mayer/*Mayer* § 192 Rn. 35.
[41] Kallmeyer/*Meister*/*Klöcker* § 192 Rn. 10.
[42] Lutter/*Decher*/*Hoger* § 192 Rn. 19.
[43] Kallmeyer/*Meister*/*Klöcker* § 192 Rn. 16; Lutter/*Decher*/*Hoger* § 192 Rn. 28.
[44] Semler/Stengel/*Bärwaldt* § 192 Rn. 20; Widmann/Mayer/*Mayer* § 192 Rn. 37.
[45] Widmann/Mayer/*Mayer* § 192 Rn. 37.
[46] Semler/Stengel/*Bärwaldt* § 192 Rn. 4.
[47] Kallmeyer/*Meister*/*Klöcker* § 192 Rn. 18.
[48] Kallmeyer/*Meister*/*Klöcker* § 192 Rn. 18 f.
[49] Semler/Stengel/*Bärwaldt* § 192 Rn. 10; Lutter/*Decher*/*Hoger* § 192 Rn. 21; Schmitt/Hörtnagl/*Stratz*/*Stratz* § 192 Rn. 13.

bericht geht es dabei regelmäßig nicht um die quantitative, sondern die **qualitative Beteiligung**, da wegen der gleichbleibenden Beteiligungsverhältnisse eine Erläuterung zu quantitativen Aspekten oftmals nahezu entbehrlich ist.[50] Zu den darzustellenden qualitativen Veränderungen der künftigen Beteiligungen der Anteilsinhaber zählen bspw.: Künftige Rechte und Pflichten der Anteilsinhaber (und deren Verbesserung oder Verschlechterung);[51] Übertragbarkeit der Anteile;[52] Werthaltigkeit der Anteile im Rechtsverkehr;[53] wesentliche Verschiebungen im Kompetenzgefüge zwischen Gesellschaftern und Gesellschaftsorganen;[54] Veränderungen im Verhältnis der herrschenden Mehrheits- zu Minderheitsgesellschaftern;[55] Verbleib von Sonder-, Informations- oder Minderheitenrechten;[56] Besteuerung der Anteile;[57] Besonderheiten in Satzung/Gesellschaftsvertrag.[58] Auch Erläuterungen zu den Voraussetzungen einer baren Zuzahlung nach § 196 UmwG können erforderlich sein.[59] Ergeben sich die Änderungen aus dem nach dem Formwechsel anwendbaren Gesetzesvorschriften und können diese als allgemein bekannt gelten, muss aber hierauf nicht ausführlich eingegangen werden, um lehrbuchartige Ausführungen zu vermeiden.[60]

18 Sollten sich ausnahmsweise die **quantitativen Beteiligungsverhältnisse** ändern – nicht-verhältniswahrender Formwechsel, z. B. durch Wechsel einer Kapitalgesellschaft in die Rechtsform der GmbH & Co. KG aufgrund des erforderlichen Beitritts eines persönlich haftenden Gesellschafters oder durch Gewährung zusätzlicher Anteile zur Abgeltung von Sonderrechten –, so sind diese Änderungen ausführlich zu erklären.[61] Sollte eine bare Zuzahlung ausnahmsweise erforderlich werden, ist auch insofern eine eingehende Erläuterung und Begründung notwendig.[62]

5. Erläuterung und Begründung des Barabfindungsangebots

19 Der Umwandlungsbericht hat ferner die **Barabfindung** zu erklären, die für den Fall, dass ein Anteilsinhaber dem Formwechsel widerspricht, gemäß § 207 UmwG anzubieten ist. Dabei sind mit der hM sowohl die **Höhe als auch die Angemessenheit** der Barabfindung erläuterungsbedürftig.[63] Die Verpflichtung zur Erläuterung der Barabfindung ergibt sich zwar nicht explizit aus § 192 UmwG, der nicht auf § 8 Abs. 1 S. 1 UmwG verweist; allerdings ist das Abfindungsangebot zwingender Bestandteil des Umwandlungsbeschlusses, § 194 Abs. 1 Nr. 6 UmwG, welcher wiederum Teil des Umwandlungsberichts ist, § 192 Abs. 1 S. 3 UmwG, sodass sich hieraus eine **mittelbare Erläuterungspflicht**

---

[50] Semler/Stengel/*Bärwaldt* § 192 Rn. 10; Lutter/*Decher*/*Hoger* § 192 Rn. 21; Widmann/Mayer/*Mayer* § 192 Rn. 41.
[51] Lutter/*Decher*/*Hoger* § 192 Rn. 22; Widmann/Mayer/*Mayer* § 192 Rn. 42; Schmitt/Hörtnagl/Stratz/*Stratz* § 192 Rn. 13.
[52] Semler/Stengel/*Bärwaldt* § 192 Rn. 10; Kallmeyer/*Meister*/*Klöcker* § 192 Rn. 9; Schmitt/Hörtnagl/Stratz/*Stratz* § 192 Rn. 13.
[53] Schmitt/Hörtnagl/Stratz/*Stratz* § 192 Rn. 13.
[54] Lutter/*Decher*/*Hoger* § 192 Rn. 22.
[55] Lutter/*Decher*/*Hoger* § 192 Rn. 22.
[56] Semler/Stengel/*Bärwaldt* § 192 Rn. 10; Kallmeyer/*Meister*/*Klöcker* § 192 Rn. 9.
[57] Semler/Stengel/*Bärwaldt* § 192 Rn. 10; Widmann/Mayer/*Mayer* § 192 Rn. 42 (in Grundzügen); Schmitt/Hörtnagl/Stratz/*Stratz* § 192 Rn. 13; abweichend Lutter/*Drygala* § 8 Rn. 42.
[58] Semler/Stengel/*Bärwaldt* § 192 Rn. 10; Lutter/*Decher*/*Hoger* § 192 Rn. 22.
[59] Kallmeyer/*Meister*/*Klöcker* § 192 Rn. 9.
[60] Vgl. Semler/Stengel/*Bärwaldt* § 192 Rn. 10; Maulbetsch/Klumpp/Rose/*Quass* § 192 Rn. 12.
[61] Böttcher/Habighorst/Schulte/*Althoff*/*Narr* § 192 Rn. 7; Semler/Stengel/*Bärwaldt* § 192 Rn. 11; Lutter/*Decher*/*Hoger* § 192 Rn. 23.
[62] Lutter/*Decher*/*Hoger* § 192 Rn. 24.
[63] BGH II ZR 368/98, NJW 2001, 1428; II ZR 1/99, NJW 2001, 1425; Semler/Stengel/*Bärwaldt* § 192 Rn. 12; Lutter/*Decher*/*Hoger* § 192 Rn. 29; Henssler/Strohn/*Drinhausen*/*Keinath* § 192 UmwG Rn. 6; Sagasser/Bula/Brünger/*Sagasser*/*Luke* § 26 Rn. 79; Widmann/Mayer/*Mayer* § 192 Rn. 44; aA Kölner Kommentar-UmwG/*Petersen* § 192 Rn. 14.

ergibt.[64] Auch der Verweis auf die Hinweispflicht bzgl. besonderer Schwierigkeiten bei der Bewertung der Rechtsträger in § 192 Abs. 1 S. 2 iVm § 8 Abs. 1 S. 2 UmwG spricht für eine Erläuterungspflicht, da eine Unternehmensbewertung beim Formwechsel überwiegend bei der Ermittlung des Barabfindungsangebots notwendig wird (→ Rn. 23).[65]

Auch wenn in der Praxis der Darstellung der Bewertung des Rechtsträgers und der **20** hieraus abgeleiteten Abfindung im Umwandlungsbericht eine wesentliche Rolle zukommt, führt eine Verletzung der Erläuterungspflichten hinsichtlich des Barabfindungsangebots – selbst das gänzliche Fehlen von Angaben – nach der Rechtsprechung des **BGH** mit Verweis auf die §§ 210, 212 UmwG nicht zur Anfechtbarkeit des Umwandlungsbeschlusses, da entsprechende Berichtsmängel nur im **Spruchverfahren** beanstandet werden können.[66] Das Unternehmensinteresse an der Durchführung der Strukturmaßnahme stehe nach dem Gesetzeszweck des Klageausschlusses im Vordergrund. Als Folge sei hinzunehmen, dass die Erfüllung der Berichtspflichten und die Verlagerung der Auseinandersetzungen in das Spruchverfahren letztlich („sanktionslos") im Ermessen des Rechtsträgers stehen.[67] Dem Anteilsinhaber bleibt die Wahl, wegen der fehlenden Information insgesamt gegen den Umwandlungsbeschluss zu stimmen[68] oder zu „dulden und zu liquidieren".[69] Neben breiter Zustimmung[70] begegnen Teile der Literatur dieser Rechtsprechung auch mit der Forderung, Angaben hinsichtlich des Barabfindungsgebots trotz des Klageausschlusses in der Praxis nicht zu vernachlässigen.[71] Allerdings darf das Registergericht die Eintragung auch bei fehlendem Angebot nicht ablehnen,[72] da dies die gesetzlichen Wertungen umgehen würde.[73] Der mit dem UMAG[74] für AG und KGaA eingeführte § 243 Abs. 4 S. 2 AktG ist auf diese Situation nicht anwendbar und vermag daher die Rechtsprechung nicht zu beeinflussen, da er sich explizit nur auf Informationen in der Hauptversammlung bezieht und vorgelagerte Berichtspflichten ausgenommen sind.[75] Die Praxis kann sich daher weiterhin an der Rechtsprechung des BGH orientieren.

Werden Angaben zum Barabfindungsangebot gemacht, muss bei der hierzu notwendigen **21** Darstellung der Unternehmensbewertung (→ § 14 Rn. 352 ff.) zur Ermittlung der Barabfindung den Anteilsinhabern wiederum nur eine Plausibilitätskontrolle ermöglicht werden.[76] Neben der Erläuterung der qualitativen Veränderung der Anteile wird die Erläuterung der Barabfindung oft den zweiten Schwerpunkt des Umwandlungsberichts bilden.[77] Der Prüfungsbericht über die Angemessenheit der Barabfindung, §§ 208, 30 Abs. 2

---

[64] Böttcher/Habighorst/Schulte/*Althoff*/Narr § 192 Rn. 8; Semler/Stengel/*Bärwaldt* § 192 Rn. 13; Lutter/*Decher*/Hoger § 192 Rn. 29.
[65] Semler/Stengel/*Bärwaldt* § 192 Rn. 13; Lutter/*Decher*/Hoger § 192 Rn. 29; Widmann/Mayer/ Mayer § 192 Rn. 44.
[66] BGH II ZR 368/98, NJW 2001, 1428; II ZR 1/99, NJW 2001, 1425.
[67] BGH II ZR 368/98, NJW 2001, 1428, 1429; II ZR 1/99, NJW 2001, 1425, 1427; vgl. ferner Widmann/Mayer/*Mayer* § 192 Rn. 44.
[68] BGH II ZR 368/98, NJW 2001, 1428, 1429; II ZR 1/99, NJW 2001, 1425, 1427.
[69] Vgl. hierzu *Fritzsche/Dreier* BB 2007, 737, 744; *Klöhn* AG 2002, 443, 452 (Aufopferung).
[70] Ausführliche Besprechungen der BGH-Urteile bei *Fritzsche/Dreier* BB 2007, 737, 738; *Henze* ZIP 2002, 97, 104 ff.; *Hirte* ZHR 167 (2003), 8; *Klöhn* AG 2002, 443; kritisch hingegen *Bärwaldt* GmbHR 2001, 251; *Kallmeyer* GmbHR 2001, 204.
[71] Böttcher/Habighorst/Schulte/*Althoff*/Narr § 192 Rn. 8 (in Hinblick auf das Spruchverfahren); *Bärwaldt* GmbHR 2001, 251; Lutter/*Decher*/Hoger § 192 Rn. 30; ausführlich Schmitt/Hörtnagl/ Stratz/*Stratz* § 192 Rn. 15 (Rechtslage trotz Entscheidungen des BGH nicht endgültig geklärt).
[72] So aber Schmitt/Hörtnagl/Stratz/*Stratz* § 192 Rn. 6.
[73] BGH II ZR 368/98, NJW 2001, 1428, 1429; II ZR 1/99, NJW 2001, 1425, 1426.
[74] Gesetz zur Unternehmensintegrität und Modernisierung des Anfechtungsrechts (UMAG) v. 22.9.2005, BGBl. I, S. 2802.
[75] Lutter/*Drygala* § 8 Rn. 61; Semler/Stengel/*Gehling* § 8 Rn. 81; Hüffer/Koch/*Koch* § 243 Rn. 47c; Schmitt/Hörtnagl/Stratz/*Stratz* § 192 Rn. 15.
[76] Ausführlich Lutter/*Decher*/Hoger § 192 Rn. 31 ff.
[77] Lutter/*Decher*/Hoger § 192 Rn. 31.

UmwG, ist dem Umwandlungsbericht nicht hinzuzufügen, wobei über die Ergebnisse des Prüfungsberichts im Umwandlungsbericht jedoch zu berichten ist.[78] Werden Angaben zum Barabfindungsangebot gänzlich unterlassen, teilen die Barabfindungsprüfung und der entsprechende Bericht insofern das gleiche Schicksal und fallen weg.[79]

6. Hinweis auf die Folgen für die Beteiligung der Anteilsinhaber

22 Der Verweis auf die **Folgen für die Beteiligung der Anteilsinhaber** nach §§ 192 Abs. 1 S. 2, 8 Abs. 1 S. 2 Alt. 2 UmwG hat regelmäßig keine eigenständige Bedeutung, da entsprechende Angaben als Kernelement ohnehin schon von der Berichtspflicht nach § 192 Abs. 1 S. 1 UmwG umfasst sind (→ Rn. 17 f.).

7. Hinweis auf besondere Schwierigkeiten bei der Bewertung

23 Infolge der Verweisung in § 192 Abs. 1 S. 2 UmwG auf § 8 Abs. 1 S. 2 Alt. 1 UmwG ist auch im Umwandlungsbericht auf **besondere Schwierigkeiten** bei der **Bewertung** des Rechtsträgers hinzuweisen. Die Vorschrift dürfte in der Praxis jedoch regelmäßig keine Rolle spielen und allein eine Negativaussage erforderlich machen, da es beim Formwechsel aufgrund der Beibehaltung der Identität des Unternehmens nicht zu einer quantitativen Veränderung der Anteile kommt, sodass mangels Neuberechnung der Anteile keine Unternehmensbewertung erforderlich ist.[80] Eine Ausnahme dürfte daher nur beim **nicht-verhältniswahrenden Formwechsel** bestehen.[81] Besondere Schwierigkeiten bei der Unternehmensbewertung können auch im Rahmen einer möglichen **Barabfindung**, § 207 UmwG (→ Rn. 19 ff.)[82] auftreten. Im gegebenen Fall gelten die Grundzüge zum Verschmelzungsbericht entsprechend (→ § 9 Rn. 40).

8. Angaben über für den Formwechsel wesentliche Angelegenheiten verbundener Unternehmen

24 Gemäß § 192 Abs. 1 S. 2 iVm § 8 Abs. 1 S. 3, 4 UmwG sind im Umwandlungsbericht auch Angaben über für den Formwechsel wesentliche Angelegenheiten **verbundener Unternehmen** zu machen. Gemeint sind verbundene Unternehmen nach § 15 AktG. Die Angabepflicht wird entsprechend dem Verschmelzungs- und Spaltungsbericht durch eine „Umwandlungsrelevanz" der Angelegenheiten für den Formwechsel ausgelöst, welche jedoch nur bei solchen Angelegenheiten gegeben ist, die auf den Formwechsel einen unmittelbaren Einfluss haben, indem sie unmittelbar für die Beurteilung des Formwechsels selbst von Bedeutung sind (→ § 9 Rn. 51 ff., § 23 Rn. 33 f.). Da sich beim Formwechsel aber regelmäßig die Rechtsverhältnisse zu den verbundenen Unternehmen nicht ändern (Unternehmensverträge werden durch den Formwechsel grundsätzlich nicht beeinträchtigt[83]), dürften entsprechende Angaben praktisch selten relevant werden.[84] Im Falle etwaiger Angabepflichten bestehen nach § 8 Abs. 1 S. 4 UmwG auch korrespondierende Auskunftspflichten des Vertretungsorgans in den Anteilsinhaberversammlungen im Hinblick auf solche Angelegenheiten.

III. Berichtspflichtige und Form

25 Die Berichtspflicht des § 192 UmwG richtet sich an das **Vertretungsorgan** des formwechselnden Rechtsträgers, wobei der Umwandlungsbericht vom Gesamtorgan, dh allen

---

[78] Vgl. Kallmeyer/*Meister/Klöcker* § 192 Rn. 51 ff.
[79] BGH II ZR 368/98, NJW 2001, 1428, 1429; II ZR 1/99, NJW 2001, 1425, 1426.
[80] Böttcher/Habighorst/Schulte/*Althoff/Narr* § 192 Rn. 9; Schmitt/Hörtnagl/Stratz/*Stratz* § 192 Rn. 17; Semler/Stengel/*Bärwaldt* § 192 Rn. 15; Widmann/Mayer/*Mayer* § 192 Rn. 49.
[81] Böttcher/Habighorst/Schulte/*Althoff/Narr* § 192 Rn. 9; Semler/Stengel/*Bärwaldt* § 192 Rn. 15.
[82] Widmann/Mayer/*Mayer* § 192 Rn. 49.
[83] Vgl. Schmitt/Hörtnagl/Stratz/*Stratz* § 192 Rn. 16 mwN.; zu Ausnahmen vgl. Lutter/*Decher/Hoger* § 192 Rn. 40.
[84] Böttcher/Habighorst/Schulte/*Althoff/Narr* § 192 Rn. 10; Lutter/*Decher/Hoger* § 192 Rn. 40.

Mitgliedern des Vertretungsorganes zu erstatten ist.[85] Der Umwandlungsbericht unterliegt der **Schriftform**, was eine eigenhändige Namensunterschrift (bzw. ein notariell beglaubigtes Handzeichen, § 126 BGB) erfordert. Eine Stellvertretung ist wegen der Persönlichkeit der auf die Berichtspflicht bezogenen Willenserklärung der Vertretungsorgane ausgeschlossen.[86] Es wird allgemein als ausreichend erachtet, wenn zumindest ein Berichtsexemplar diesen Formerfordernissen genügt; es müssen nicht sämtliche (den Anteilsinhabern zugänglich zu machende) Berichtsexemplare eigenhändig unterschrieben werden, jene können auch mit einer Faksimileunterschrift oder einem Unterzeichnungshinweis (gez.) versehen werden.[87] Das Schriftformerfordernis erstreckt sich auch auf den **Entwurf des Umwandlungsbeschlusses** als Teil des Umwandlungsberichts.[88]

Zu tatsächlichen Schwierigkeiten bei der Erstattung des Umwandlungsberichts kann es insb. dann kommen, wenn nicht alle Mitglieder des Vertretungsorgans gleichermaßen an der Erstellung des Umwandlungsberichts mitwirken (wollen) (zur gleichen Problematik bei Verschmelzungs- und Spaltungsbericht → § 9 Rn. 7, § 23 Rn. 35). Umstritten ist insb., ob das Schriftformerfordernis bedingt, dass alle Mitglieder den Umwandlungsbericht unterzeichnen müssen. In einer Entscheidung zum **Verschmelzungsbericht** hat sich der **BGH** zwar dafür ausgesprochen, dass die **Unterschrift einer vertretungsberechtigten Zahl der Mitglieder ausreichen** soll, die Frage im Ergebnis aber letztlich offengelassen.[89] Richtigerweise lässt die wohl hM auch beim Umwandlungsbericht die Unterschrift in vertretungsberechtigter Anzahl genügen, da die Unterzeichnung durch sämtliche Organmitglieder als unnötiger Formalismus erscheint.[90] Auch führt eine Lockerung des Formerfordernisses nicht zu einer automatischen Enthaftung der nicht unterzeichnenden Organmitglieder. Die Gesamtverantwortung für die Berichterstattung trifft unabhängig von den Formerfordernissen nämlich weiterhin alle Organmitglieder, da zwischen den Formanforderungen (vertretungsberechtigte Zahl) und der haftungsrelevanten Berichterstattungspflicht (Gesamtverantwortung) streng zu unterscheiden ist.[91]

Da grundsätzlich für jedes Mitglied des Vertretungsorgans eine **Pflicht zur Mitwirkung** bei der Berichterstellung besteht, erscheint es mit einer umstrittenen Auffassung jedoch angebracht, Meinungsverschiedenheiten unter den Mitgliedern im Bericht kenntlich zu machen, sofern dies für eine sachgerechte Entscheidung der Anteilsinhaber geboten ist.[92] Der genaue Inhalt und die Grenzen der Mitwirkungspflicht sind bisher jedoch unklar.[93] Die Gesamtverantwortung bedeutet indes nicht, dass jedes Mitglied automatisch für fehlerhafte Informationen im Bericht verantwortlich ist; dies bestimmt sich im Einzelfall anhand des jeweiligen Vertretenmüssens.[94]

---

[85] Semler/Stengel/*Bärwaldt* § 192 Rn. 21; Kallmeyer/*Meister*/*Klöcker* § 192 Rn. 36.
[86] Böttcher/Habighorst/Schulte/*Althoff*/*Narr* § 192 Rn. 3; Henssler/Strohn/*Drinhausen*/*Keinath* § 192 UmwG Rn. 10; Kallmeyer/*Meister*/*Klöcker* § 192 Rn. 36.
[87] Böttcher/Habighorst/Schulte/*Althoff*/*Narr* § 192 Rn. 3; Semler/Stengel/*Bärwaldt* § 192 Rn. 22.
[88] Semler/Stengel/*Bärwaldt* § 192 Rn. 22; Kallmeyer/*Meister*/*Klöcker* § 192 Rn. 38.
[89] BGH II ZR 266/04, NJW-RR 2007, 1409.
[90] Böttcher/Habighorst/Schulte/*Althoff*/*Narr* § 192 Rn. 3; Henssler/Strohn/*Drinhausen*/*Keinath* § 192 UmwG Rn. 9; Kallmeyer/*Meister*/*Klöcker* § 192 Rn. 38; Lutter/*Decher*/*Hoger* § 192 Rn. 5; Schmitt/Hörtnagl/Stratz/*Stratz* § 192 Rn. 4; aA Semler/Stengel/*Bärwaldt* § 192 Rn. 21 (Warnung vor einer „unreflektierten" Erstreckung der Entscheidung des BGH auf den Umwandlungsbericht); Widmann/Mayer/*Mayer* § 192 Rn. 25.
[91] Vgl. Kallmeyer/*Meister*/*Klöcker* § 192 Rn. 36, 38; dies verkennend Semler/Stengel/*Bärwaldt* § 192 Rn. 21.
[92] Dafür Kallmeyer/*Meister*/*Klöcker* § 192 Rn. 37; zum Streit beim Spaltungsbericht vgl. Semler/tengel/*Gehling* § 127 Rn. 5a (Meinungsverschiedenheiten sind im Vorfeld auszuräumen); Maul-etsch/Klumpp/Rose/*Raible* § 127 Rn. 9 (keine Stütze im Gesetz).
[93] Vgl. zum Spaltungsbericht Semler/Stengel/*Gehling* § 127 Rn. 5.
[94] Vgl. zum Spaltungsbericht Semler/Stengel/*Gehling* § 127 Rn. 5; Widmann/Mayer/*Mayer* § 127 n. 8.

28 Stützt das Vertretungsorgan Aussagen im Bericht auf Feststellungen Dritter, wie etwa die Ausführungen zur Unternehmensbewertung einer mit Blick auf die Abfindung beauftragten Wirtschaftsprüfungsgesellschaft, so wird es sich die Angaben im Bericht explizit zu eigen machen.[95]

IV. Unterrichtung der Anteilsinhaber

29 Da der Umwandlungsbericht für die Anteilsinhaber das wichtigste Informationsmittel vor der Beschlussfassung darstellt, ist dieser rechtzeitig zu übermitteln.[96] Die konkreten Modalitäten richten sich dabei nach den besonderen Vorschriften der §§ 214 ff. UmwG.

30 Bei **Personenhandelsgesellschaften** ist der Bericht den von der Geschäftsführung ausgeschlossenen Gesellschaftern nach § 216 UmwG spätestens zusammen mit der Einberufung der Gesellschafterversammlung zu übersenden, die den Formwechsel beschließen soll. Entsprechendes gilt für von der Geschäftsführung ausgeschlossene Partner bei **PartG** nach § 225b S. 2 UmwG und für alle Gesellschafter einer **GmbH** nach § 230 Abs. 1 UmwG.

31 Bei **AG** und **KGaA** ist der Umwandlungsbericht ab Einberufung der Hauptversammlung zur Einsicht in den Geschäftsräumen der Gesellschaft zugänglich zu machen, §§ 230 Abs. 2 S. 1, 238 UmwG. Zudem ist jedem Aktionär und jedem von der Geschäftsführung ausgeschlossenen persönlich haftenden Gesellschafter auf Antrag unverzüglich und kostenlos eine Abschrift des Umwandlungsberichts zu erteilen, was bei Einwilligung auch auf elektronischem Wege erfolgen kann, §§ 230 Abs. 2 S. 2 und 3, 238 UmwG. Bei Zugänglichmachung über die Internetseite der Gesellschaft entfallen diese Verpflichtungen, §§ 230 Abs. 2 S. 4, 238 UmwG. Entsprechendes gilt durch Verweisung auf § 230 Abs. 2 S. 1 und 2 UmwG, d. h. mit Ausnahme der elektronischen Übermittlung und der Zugänglichmachung über die Internetseite, für die **eG**, § 260 Abs. 2 S. 1 UmwG, den **Verein**, § 274 Abs. 1 S. 1 UmwG, und den **VVaG**, § 292 Abs. 1 UmwG.

V. Grenzen der Berichtspflicht

32 Durch den Verweis des § 192 Abs. 1 S. 2 UmwG auf § 8 Abs. 2 UmwG können der Berichtspflicht durch **Geheimhaltungsinteressen** des formwechselnden Rechtsträgers Grenzen gesetzt sein. Es können im Bericht solche Tatsachen ausgeklammert werden, deren Bekanntwerden geeignet ist, dem formwandelnden Rechtsträger oder einem verbundenen Unternehmen einen nicht unerheblichen Nachteil zuzufügen.[97] Die Grundsätze zum Verschmelzungsbericht (und zum Spaltungsbericht) – und damit zu § 131 Abs. 3 Nr. 1 AktG, da sich § 8 Abs. 2 UmwG an diese Regelung anlehnt – gelten hierbei entsprechend.[98] In diesem Zusammenhang kommen nach allgM auch die anderen Auskunftsverweigerungsrechte nach § 131 Abs. 3 Nr. 2 bis 6 AktG zur Anwendung, da diese jeweils Unterfälle der Generalklausel des § 131 Abs. 3 Nr. 1 AktG darstellen.[99] Bei der Beurteilung des Vorliegens eines nicht unerheblichen Nachteils sind nach der zutreffenden hM nur die **Vor- und Nachteile der Gesellschaft** zu berücksichtigen; Vor- oder Nachteile der Anteils-

---

[95] Lutter/*Decher*/*Hoger* § 192 Rn. 4.
[96] Lutter/*Decher*/*Hoger* § 192 Rn. 45; Widmann/Mayer/*Mayer* § 192 Rn. 51.
[97] Lutter/*Decher*/*Hoger* § 192 Rn. 42; Kallmeyer/*Meister*/*Klöcker* § 192 Rn. 30 f.; Widmann/Mayer/*Mayer* § 192 Rn. 46.
[98] Semler/Stengel/*Bärwaldt* § 192 Rn. 17; Lutter/*Decher*/*Hoger* § 192 Rn. 42; Widmann/Mayer/*Mayer* § 192 Rn. 47.
[99] Böttcher/Habighorst/Schulte/*Althoff*/*Narr* § 192 Rn. 11; Semler/Stengel/*Bärwaldt* § 192 Rn. 18; Lutter/*Decher*/*Hoger* § 192 Rn. 44; Maulbetsch/Klumpp/Rose/*Raible* § 127 Rn. 21; Sagasser/Bula/Brünger/*Sagasser*/*Luke* § 26 Rn. 80.

inhaber bleiben hingegen außer Acht.[100] Dieser aktienrechtliche Maßstab gilt rechtsformunabhängig.[101] Weitergehende rechtsformabhängige Informationsansprüche (z. B. § 51a GmbHG) bleiben davon unberührt; entsprechende Informationen, die im Bericht verweigert wurden, können nach wohl hM zum Verschmelzungsbericht außerhalb des Berichts mündlich nachgeliefert werden.[102]

Bei Verschmelzungs- und Spaltungsbericht wird teilweise aus europarechtlichen Gründen eine einschränkende Auslegung dahingehend erwogen, dass die Berichtspflicht nur in **Ausnahmefällen** entfallen kann (→ § 23 Rn. 39). Da für den Umwandlungsbericht europarechtliche Vorgaben fehlen (→ Rn. 1), dürften entsprechende Erwägungen hier jedoch von vornherein ausgeschlossen sein.[103] Umgekehrt kommt eine generell großzügigere Auslegung der Befreiungstatbestände beim Formwechsel, etwa wegen der Annahme eines allgemein verminderten Schutzbedürfnisses der Anteilsinhaber, ebenfalls nicht in Betracht.[104] 33

Für einen unerheblichen Nachteil kommt es nicht auf das Vorliegen eines Schadens iSd §§ 249 ff. BGB an, sondern es genügt vielmehr jede gewichtige Beeinträchtigung des Gesellschaftsinteresses.[105] Die Geheimhaltungsgründe müssen soweit möglich im Bericht schriftlich angegeben werden. Dies schließt die Angabe von Gründen aus, wenn deren Darlegung selbst geeignet wäre, die geheimhaltungsbedürftigen Tatsachen zu offenbaren.[106] Die Anteilsinhaber müssen die Begründung der Geheimhaltung plausibel nachvollziehen können.[107] Eine (mündliche) Nachholung der Begründung, etwa in der Anteilsinhaberversammlung, ist ausgeschlossen.[108] 34

VI. Entbehrlichkeit des Umwandlungsberichts

1. Verzicht und alleiniger Anteilsinhaber

Der Umwandlungsbericht ist nach § 192 Abs. 2 S. 1 UmwG nicht erforderlich, wenn alle Anteilsinhaber hierauf **verzichten** oder wenn **nur ein Anteilsinhaber** am formwechselnden Rechtsträger **beteiligt** ist. Der ausdrückliche Verzicht wäre in letzterem Falle eine überflüssige Formalie,[109] was allerdings nicht etwa für den Fall gilt, dass mehrere Anteilsinhaber existieren, die einheitlich zu 100 % von einem Dritten beherrscht werden oder einen Stimmbindungsvertrag eingegangen sind.[110] In der Praxis stellen die als Ausnahme konzipierten Befreiungstatbestände den Regelfall dar.[111] Dennoch wird die Verzichtsmöglichkeit nur bei Rechtsträgern mit überschaubarem Anteilsinhaberkreis relevant werden, da sie bei größeren Publikumsgesellschaften praktisch kaum durchführbar er- 35

---

[100] Vgl. Semler/Stengel/*Bärwaldt* § 192 Rn. 17; Lutter/*Drygala* § 8 Rn. 50; Maulbetsch/Klumpp/ Rose/*Schäffler* § 8 Rn. 52; zu § 131 AktG MünchKommAktG/*Kubis* § 131 Rn. 111; Schmidt/Luther/*Spindler* § 131 Rn. 76; aA Kallmeyer/*Meister/Klöcker* § 192 Rn. 32; Kölner Kommentar-UmwG/*Petersen* § 192 Rn. 20.
[101] Lutter/*Drygala* § 8 Rn. 51; Schmitt/Hörtnagl/Stratz/*Stratz* § 8 Rn. 29.
[102] Lutter/*Drygala* § 8 Rn. 51; Widmann/Mayer/*Mayer* § 8 Rn. 50; Maulbetsch/Klumpp/Rose/ *Schäffler* § 8 Rn. 54; Kallmeyer/*Marsch-Barner* § 8 Rn. 30.
[103] Vgl. aber Widmann/Mayer/*Mayer* § 192 Rn. 46 (nur eng begrenzte Ausnahmefälle).
[104] In diese Richtung aber Sagasser/Bula/Brünger/*Sagasser/Luke* § 26 Rn. 80.
[105] Böttcher/Habighorst/Schulte/*Althoff/Narr* § 192 Rn. 11; Semler/Stengel/*Bärwaldt* § 192 Rn. 17; Kallmeyer/*Meister/Klöcker* § 192 Rn. 30.
[106] Semler/Stengel/*Bärwaldt* § 192 Rn. 19; Lutter/*Decher/Hoger* § 192 Rn. 43; Kallmeyer/*Meister/ Klöcker* § 192 Rn. 34.
[107] Semler/Stengel/*Bärwaldt* § 192 Rn. 19; Lutter/*Decher/Hoger* § 192 Rn. 43; Kallmeyer/*Meister/ Klöcker* § 192 Rn. 34.
[108] Semler/Stengel/*Bärwaldt* § 192 Rn. 19.
[109] Henssler/Strohn/*Drinhausen/Keinath* § 192 UmwG Rn. 11.
[110] Semler/Stengel/*Bärwaldt* § 192 Rn. 30; Widmann/Mayer/*Mayer* § 192 Rn. 24 (Nachprüfung für Registergericht unzumutbar).
[111] Semler/Stengel/*Bärwaldt* § 192 Rn. 5.

scheint.[112] Die Verzichtserklärung, die eine einseitige, empfangsbedürftige Willenserklärung darstellt, ist nach § 192 Abs. 2 S. 2 UmwG **notariell zu beurkunden**.[113]

36 Zwar verweist § 192 UmwG nicht auf § 8 Abs. 3 UmwG; wegen gleicher Sachlage dürften die weiteren Grundzüge bzgl. der Verzichtserklärungen im Übrigen aber entsprechend gelten. Der – als Gestaltungsrecht bedingungsfeindliche – Verzicht erfolgt durch Erklärung gegenüber dem Vertretungsorgan des formwechselnden Rechtsträgers, wobei eine Stellvertretung möglich ist.[114] Ein einstimmiger Umwandlungsbeschluss ersetzt einen fehlenden Verzicht nicht;[115] der Verzicht kann allerdings auch im Rahmen des Umwandlungsbeschlusses erklärt und mit diesem beurkundet werden.[116] Möglich ist auch ein Verzicht nur auf Teile des Umwandlungsberichts.[117]

37 Für ihre Wirksamkeit muss sich die Verzichtserklärung auf ein **konkretes Umwandlungsvorhaben** beziehen, was einen pauschalen Verzicht im Voraus – z. B. in der Satzung – verbietet.[118] Ansonsten ist ein vorheriger Verzicht bei hinreichend konkretem Bezug zulässig; das Vorliegen etwa eines Entwurfs des Umwandlungsbeschlusses wird man nicht fordern können.[119]

38 **Maßgeblicher Zeitpunkt** für das Vorliegen der wirksamen Verzichtserklärungen ist die Anmeldung zum Handelsregister, weswegen Beschlüsse, die mangels Bericht fehlerhaft gefasst wurden, durch spätere Verzichtserklärungen geheilt werden können.[120]

2. Rechtsformspezifische Ausnahmeregelungen

39 Nach § 215 UmwG ist der Umwandlungsbericht ferner entbehrlich, wenn bei einer **Personenhandelsgesellschaft** (und entsprechend bei der Partnerschaftsgesellschaft, § 225b S. 1 UmwG) alle Gesellschafter zur Geschäftsführung berechtigt sind. Der in § 215 UmwG enthaltene **Rechtsgedanke** soll auch **analog** bei anderen personalistisch strukturierten Gesellschaften, namentlich der GmbH, gelten sofern alle Gesellschafter zur Geschäftsführung befugt sind.[121]

40 **Umstritten** ist allerdings, ob der Vorschrift des § 215 UmwG des Weiteren zu entnehmen ist, dass bei Ausschluss einiger Gesellschafter von der Geschäftsführung nur der **ausgeschlossene Gesellschafterkreis** oder aber alle Gesellschafter auf den Umwandlungsbericht **verzichten** müssen. Die herrschende Ansicht leitet aus dem Zusammenspiel von § 192 Abs. 2 UmwG und § 215 UmwG her, dass nur die von der Geschäftsführung ausgeschlossenen Gesellschafter verzichten müssen, da die geschäftsführenden Gesellschafter insofern nicht schutzbedürftig seien.[122] Die Gegenauffassung, die eine Entbehrlichkeit nur

---

[112] Vgl. zum Spaltungsbericht Böttcher/Habighorst/Schulte/*Fischer* § 127 Rn. 31; Semler/Stengel/*Gehling* § 127 Rn. 50; Widmann/Mayer/*Mayer* § 127 Rn. 67.
[113] Kallmeyer/*Meister*/*Klöcker* § 192 Rn. 58 f.
[114] Vgl. zum Spaltungsbericht Widmann/Mayer/*Mayer* § 127 Rn. 66.
[115] Vgl. zum Spaltungsbericht Semler/Stengel/*Gehling* § 127 Rn. 49, mit Hinweis darauf, dass es bei Einigkeit aller Anteilsinhaber in Ermangelung einer Unwirksamkeitsklage gleichwohl zur Eintragung (der Spaltung) in das Handelsregister kommt.
[116] Semler/Stengel/*Bärwaldt* § 192 Rn. 26; Kallmeyer/*Meister*/*Klöcker* § 192 Rn. 60.
[117] Kallmeyer/*Meister*/*Klöcker* § 192 Rn. 56.
[118] Kallmeyer/*Meister*/*Klöcker* § 192 Rn. 3, 60; Semler/Stengel/*Bärwaldt* § 192 Rn. 26; Widmann/Mayer/*Mayer* § 192 Rn. 16.
[119] Vgl. zur Problematik beim Spaltungsbericht Böttcher/Habighorst/Schulte/*Fischer* § 127 Rn. 32 (an Erforderlichkeit zweifelnd); Semler/Stengel/*Gehling* § 127 Rn. 48; Lutter/*Schwab* § 127 Rn. 52 (Vertrag bzw. Entwurf regelmäßig Voraussetzung für Wirksamkeit).
[120] Kallmeyer/*Meister*/*Klöcker* § 192 Rn. 60; Lutter/*Decher*/*Hoger* § 192 Rn. 46; Henssler/Strohn/*Drinhausen*/*Keinath* § 192 UmwG Rn. 11.
[121] Vgl. Lutter/*Decher*/*Hoger* § 192 Rn. 47; Lutter/*Drygala* § 8 Rn. 58.
[122] Henssler/Strohn/*Drinhausen*/*Keinath* § 215 UmwG Rn. 6; Lutter/*Joost* § 215 Rn. 11; Widmann/Mayer/*Mayer* § 192 Rn. 21; Maulbetsch/Klumpp/Rose/*Rose* § 215 Rn. 9; Semler/Stengel/*Schlitt* § 215 Rn. 17; Schmitt/Hörtnagl/Stratz/*Stratz* § 215 Rn. 2; Widmann/Mayer/*Vossius* § 215 Rn. 7.

beim Verzicht aller Gesellschafter annimmt, verweist darauf, dass die geschäftsführenden Gesellschafter u. a. aus Haftungsgründen (§ 205 Abs. 1 UmwG) ein eigenes legitimes Interesse daran haben können, den Formwechsel nur auf Grundlage eines Umwandlungsberichtes entscheiden zu lassen.[123] Wenngleich der Wortlaut von § 192 Abs. 2 UmwG und § 215 UmwG uneingeschränkt auf den Verzicht bzw. die Geschäftsführungsbefugnis aller Gesellschafter verweist, so spricht gegen das Haftungsargument jedoch bereits, dass die geschäftsführenden Gesellschafter trotz des Verzichts der nicht geschäftsführenden Gesellschafter nicht daran gehindert sind, einen Bericht zu erstellen[124]. Umgekehrt kann es auch nicht ausschlaggebend sein, wenn nur eine Minderheit der geschäftsführenden Gesellschafter für die Berichterstellung stimmt. Denn im direkten Anwendungsbereich des § 215 UmwG genügt es ebenfalls, dass sich nur die erforderliche Mehrheit gegen die Berichterstellung entscheidet. Die Praxis sollte jedoch vorsorglich nur bei Verzicht aller vom Bericht absehen oder eine anderweitige Vorgehensweise mit dem zuständigen Handelsregister abstimmen.[125]

Ist der Umwandlungsbericht entbehrlich, so gilt dies im Grunde für all seine Bestandteile **41** (etwa den Entwurf des Gesellschaftsvertrages); der Entwurf des Umwandlungsbeschlusses bleibt jedoch nach § 194 Abs. 2 UmwG weiterhin erforderlich, da dieser zwingend dem Betriebsrat zuzuleiten ist,[126] sofern ein solcher im Einzelfall besteht.[127]

VII. Mängel des Umwandlungsberichts

In einem mangelhaften Umwandlungsbericht, der zur Fehlerhaftigkeit des Umwand- **42** lungsbeschlusses führen kann, liegt in der Praxis das **zentrale Risiko** für **Unwirksamkeitsklagen**.[128] Hierbei gelten die Grundzüge zum Verschmelzungs- bzw. Spaltungsbericht.[129] Der Umwandlungsbericht entspricht nicht den Anforderungen des § 192 UmwG und wird **fehlerhaft**, wenn er aus Sicht eines verständigen Anteilsinhabers nach Sinn und Zweck der Vorschrift keine Plausibilitätskontrolle mehr ermöglicht und daher keine geeignete Informationsgrundlage darstellt. Auch die Gerichte können den Bericht nur anhand dieses Maßstabs und nicht etwa auf inhaltliche Richtigkeit oder Überzeugungskraft überprüfen.[130] Bei Kapitalgesellschaften führen Berichtsmängel zur **Anfechtbarkeit** der Umwandlungsbeschlüsse, bei Personengesellschaften hingegen (nach hM) zu deren **Nichtigkeit**.[131]

Ein Mangel im Umwandlungsbericht begründet die **Anfechtbarkeit** bei Kapitalgesell- **43** schaften jedoch nur, wenn der Beschluss auf dem Mangel iSe Zurechnungszusammenhangs beruht.[132] Dabei geht es um die Frage, ob ein Berichtsmangel etwa in Form einer nicht ordnungsgemäßen Information für die Beschlussfassung hinreichende **Relevanz** besitzt

---

[123] Kallmeyer/*Meister*/*Klöcker* § 192 Rn. 57.
[124] Vgl. zur gleichgelagerten Problematik bei § 41 UmwG Maulbetsch/Klumpp/Rose/*Haggeney* § 41 Rn. 8; Semler/Stengel/*Ihrig* § 41 Rn. 6; Lutter/*H. Schmidt* § 41 Rn. 6.
[125] Kallmeyer/*Blasche* § 215 Rn. 6.
[126] Widmann/Mayer/*Mayer* § 192 Rn. 27; Schmitt/Hörtnagl/Stratz/*Stratz* § 192 Rn. 3.
[127] Zur Frage, ob bei Fehlen eines Betriebsrats ersatzweise eine anderweitige Information der Arbeitnehmer zu erfolgen hat, vgl. Schmitt/Hörtnagl/Stratz/*Stratz* § 194 Rn. 12 f.; Lutter/*Decher*/*Hoger* § 194 Rn. 40.
[128] Semler/Stengel/*Bärwaldt* § 192 Rn. 33; Henssler/Strohn/*Drinhausen*/*Keinath* § 192 UmwG Rn. 3; Keßler/Kühnberger/*Jaensch* § 192 Rn. 18; Schmitt/Hörtnagl/Stratz/*Stratz* § 192 Rn. 4.
[129] Vgl. Widmann/Mayer/*Mayer* § 192 Rn. 98.
[130] Lutter/*Decher*/*Hoger* § 192 Rn. 10.
[131] Vgl. Böttcher/Habighorst/Schulte/*Althoff*/*Narr* § 192 Rn. 4; Semler/Stengel/*Bärwaldt* § 192 Rn. 33; Widmann/Mayer/*Mayer* § 127 Rn. 75; Maulbetsch/Klumpp/Rose/*Quass* § 192 Rn. 29; Lutter/*Schwab* § 127 Rn. 57 f.; Henssler/Strohn/*Wardenbach* § 127 UmwG Rn. 14.
[132] Semler/Stengel/*Gehling* § 8 Rn. 77 ff.; Lutter/*Schwab* § 127 Rn. 57; Schmitt/Hörtnagl/Stratz/*Stratz* § 8 Rn. 42.

(vgl. § 243 Abs. 4 S. 1 AktG)[133], da nicht jedweder geringfügige Mangel die Anfechtbarkeit begründen soll (zur selben Problematik bei Verschmelzungs- und Spaltungsbericht → § 9 Rn. 65, § 23 Rn. 51).[134] Die neuere Rechtsprechung des **BGH** stellt dabei **geringere Anforderungen** an das Vorliegen der Relevanz bei Informationsmängeln und sieht diese als gegeben an, wenn zur Beurteilung des Beschlussgegenstandes erforderliche Informationen vorenthalten und dadurch Teilnahme- und Mitwirkungsrechte des Anteilsinhabers verletzt wurden.[135] Damit kommt es **nicht mehr** auf eine **Kausalität** in dem Sinne an, dass ein Anteilsinhaber bei Kenntnis der Information anders entschieden hätte.[136] Entscheidend ist allein, ob der Umwandlungsbericht bei einer unter Wertungsgesichtspunkten anzustellenden **Gesamtwürdigung** aus Sicht eines verständigen Anteilsinhabers trotz der fehlerhaften bzw. des Fehlens der Information eine geeignete Informationsgrundlage bietet und nach dem Schutzzweck des Berichts dem Anteilsinhaber eine Beurteilung des Vorgangs ermöglicht.[137]

Maßgeblich ist, ob die Verletzung der Informationspflichten wesentlich ist, wobei diese Frage von der vorgelagerten Frage nach der Fehlerhaftigkeit des Berichts zu trennen ist.[138] War die (richtige bzw. vollständige) Informationserteilung nicht für eine Plausibilitätskontrolle der Anteilsinhaber erforderlich, so ist der Bericht bereits nicht fehlerhaft, sodass sich die Frage nach der Wesentlichkeit des vermeintlichen Informationsdefizits gar nicht mehr stellt.

44 Da sich die Kriterien für die Feststellung der Mangelhaftigkeit des Berichts und für die Feststellung der Relevanz der konkreten Informationspflichtverletzung aber nahezu gleichen, wird man einen weitgehenden **Gleichlauf** zwischen Mangelhaftigkeit und Relevanz feststellen müssen. Regelmäßig berechtigen Berichtsfehler auch zur Anfechtung.[139] Stellt man allein auf die konkrete Einzelinformation ab, so ist die Relevanz bei Fehlerhaftigkeit der Information aufgrund ihrer Wesentlichkeit immer zu bejahen, da in den Bericht generell nur wesentliche Informationen aufgenommen werden müssen und ansonsten beim Fehlen unwesentlicher Angaben bereits die Fehlerhaftigkeit des Berichts nicht gegeben wäre.[140] Aber auch bei einer Gesamtbetrachtung wird wegen des Gleichlaufs der Kriterien die Relevanz regelmäßig zu bejahen sein, wenn nicht im Einzelfall **Ausnahmen** eingreifen, die ein anderes Ergebnis rechtfertigen.[141]

45 Im Vergleich zum Kausalitätserfordernis führt das Relevanzerfordernis wohl nur dann zu unterschiedlichen Ergebnissen, wenn wegen gleichbleibenden Zustimmungsverhaltens des Anteilsinhabers zwar die Kausalität fehlt, aufgrund von Wertungsgesichtspunkten aber die Relevanz einer fehlenden Information anzunehmen ist. Dies kann bspw. dann der Fall sein, wenn ein stimmrechtsloser Vorzugsaktionär die Verletzung von Informationspflichten rügt.[142] Ist hingegen schon Kausalität gegeben, d. h. hätte das Erteilen der fehlenden

---

[133] Ob dieses Wertungsmodell auf andere Rechtsformen zu übertragen ist, bleibt unklar, ist für die GmbH wohl anzunehmen, vgl. Semler/Stengel/*Gehling* § 8 Rn. 79.

[134] Vgl. Kallmeyer/*Marsch-Barner* § 8 Rn. 33.

[135] BGH II ZR 250/02, AG 2005, 87; II ZR 225/99, NJW 2002, 1128; siehe auch Lutter/*Drygala* § 8 Rn. 59.

[136] BGH II ZR 250/02, AG 2005, 87; Keßler/Kühnberger/*Jaensch* § 192 Rn. 17; Kallmeyer/ Meister/*Klöcker* § 192 Rn. 62; Maulbetsch/Klumpp/Rose/*Quass* § 192 Rn. 30 f.; in der Literatur ist stellenweise noch das Kausalitätskriterium zu finden, vgl. Semler/Stengel/*Bärwaldt* § 192 Rn. 35 ff.; Widmann/Mayer/*Mayer* § 8 Rn. 70; Widmann/Mayer/*Mayer* § 127 Rn. 77.

[137] Lutter/*Drygala* § 8 Rn. 59; Semler/Stengel/*Gehling* § 8 Rn. 78; Kallmeyer/*Marsch-Barner* § 8 Rn. 33; Widmann/Mayer/*Mayer* § 8 Rn. 71; Schmitt/Hörtnagl/Stratz/*Stratz* § 8 Rn. 42.

[138] Vgl. Henssler/Strohn/*Wardenbach* § 127 UmwG Rn. 14.

[139] Vgl. Semler/Stengel/*Gehling* § 8 Rn. 78.

[140] Lutter/*Drygala* § 8 Rn. 59.

[141] Vgl. Semler/Stengel/*Gehling* § 8 Rn. 78; ferner zur Bedeutung des Relevanzerfordernisses Hüffer/Koch/*Koch* § 243 Rn. 46 ff.

[142] LG Mannheim 23 O 50/13, AG 2014, 589, 590 f. – m. Anm. Rahmeyer/von Eiff EWiR 2014, 317 und Wardenbach GWR 2014, 283.

Information zu einer abweichenden Entscheidung der Anteilsinhaber geführt, wird man in der Regel auch die Relevanz bejahen müssen, da die entscheidungserhebliche Information auch unter Wertungsgesichtspunkten kaum unwesentlich sein wird.

Ausgeschlossen ist eine Unwirksamkeitsklage wegen fehlerhafter oder fehlender Angaben **46** im Umwandlungsbericht bzgl. der **Barabfindung** und in entsprechender Anwendung der hierzu ergangenen Rspr. (→ Rn. 20) auch bzgl. der **baren Zuzahlung**, §§ 195 Abs. 2, 196 UmwG.[143]

Da Sinn und Zweck des § 192 UmwG in der Vorabinformation liegen, kommt eine **47** **Heilung** durch (mündliche) Nachholung fehlender Information in der beschließenden Anteilsinhaberversammlung nicht in Betracht, wobei (unwesentliche) Klarstellungen, etwa in der beschließenden Anteilsinhaberversammlung, allerdings zulässig sind und die Relevanz des Mangels für die Beschlussfassung entfallen lassen.[144] Soweit im Bericht fehlende Informationen in anderen, der beschlussfassenden Versammlung vorgelegten Unterlagen enthalten waren, kann die Fehlerhaftigkeit des Berichts (mangels Relevanz) nicht gerügt werden.[145]

Zu beachten sind schließlich die strafrechtlichen Folgen unrichtiger Angaben nach **48** § 313 Abs. 1 Nr. 1 UmwG.[146] Das Gesetz sieht eine Freiheitsstrafe von bis zu drei Jahren oder eine Geldstrafe für die unrichtige Wiedergabe oder Verschleierung von Informationen vor.

§ 34 Formwechselbeschluss

Übersicht

	Rdnr.		Rdnr.
I. Erfordernis eines Formwechselbeschlusses	1–4	6. Angebot auf Barabfindung	39–47
II. Versammlung der Anteilsinhaber	5–15	a) Voraussetzungen	40, 41
1. Stimmberechtigung	8	b) Ausgestaltung	42–44
2. Abstimmung und Beschlussmehrheiten	9–15	c) Ablauf/Annahme des Barabfindungsangebots durch die Anteilsinhaber	45–47
a) Allgemeines	11, 12	7. Folgen des Formwechsels für die Arbeitnehmer	48, 49
b) Satzungsregeln	13	8. Bestellung der Organe des Rechtsträgers neuer Rechtsform	50, 51
c) Stellvertretung	14, 15	9. (Kein) Formwechselstichtag	52
III. Inhalt des Formwechselbeschlusses	16–52	IV. Gründungsrecht und Satzung bzw. Gesellschaftsvertrag des Rechtsträgers neuer Rechtsform	53–58
1. Zielrechtsform	20	1. Formwechsel als Sachgründung	54, 55
2. Name, Firma	21–23	2. Satzung bzw. Gesellschaftsvertrag des Rechtsträgers neuer Rechtsform	56–58
3. Beteiligung der bisherigen Anteilsinhaber am Rechtsträger neuer Rechtsform	24–27	V. Besondere Zustimmungserklärungen	59–63
4. Einzelheiten zu den Anteilen bzw. Mitgliedschaften	28–34	VI. Form des Formwechselbeschlusses und der Zustimmungserklärungen	64, 65
a) Art der Anteile bzw. Mitgliedschaften	30	VII. Information des Betriebsrats	66, 67
b) Zahl und Umfang der Anteile bzw. Mitgliedschaften	31–34		
5. Sonder- und Vorzugsrechte	35–38		

Schrifttum: *Heckschen,* Identität der Anteilseigner beim Formwechsel, DB 2008, 2122; *Heidinger/ Blath,* Die Vertretung im Umwandlungsrecht, in: FS Spiegelberger, 2009, S. 692; *Kerschbaumer,* Praktische Probleme bei der Anwendung der GmbH-Gründungsvorschriften beim Formwechsel von der

---

[143] Kallmeyer/*Meister*/*Klöcker* § 192 Rn. 63.
[144] Semler/Stengel/*Bärwaldt* § 192 Rn. 37; Lutter/*Decher*/*Hoger* § 192 Rn. 15; Kallmeyer/*Meister*/ *Klöcker* § 192 Rn. 2; einschränkend Maulbetsch/Klumpp/Rose/*Quass* § 192 Rn. 35.
[145] OLG Jena 6 W 288/08, AG 2009, 582, 583 (zum Verschmelzungsbericht); Henssler/Strohn/ *Wardenbach* § 127 UmwG Rn. 14.
[146] Böttcher/Habighorst/Schulte/*Fischer* § 127 Rn. 36; Widmann/Mayer/*Mayer* § 127 Rn. 79.

AG in die GmbH nach § 197 UmwG, NZG 2011, 892; *Veil*, Der nicht-verhältniswahrende Formwechsel von Kapitalgesellschaften – Eröffnet das neue Umwandlungsgesetz den partiellen Ausschluß von Anteilsinhabern?, DB 1996, 2529.

I. Erfordernis eines Formwechselbeschlusses

1   Da bei einem Formwechsel nur ein Rechtsträger beteiligt ist, kommt der Abschluss eines Vertrags über den Formwechsel nicht in Betracht. An seine Stelle tritt der gesellschaftsinterne Umwandlungsbeschluss als **rechtlich-organisatorische Grundlage des Formwechsels**.[1] Gegenstand dieses Umwandlungsbeschlusses ist folglich auch nicht die Zustimmung zu einem Umwandlungsvertrag oder -plan, sondern die **unmittelbare Beschlussfassung über den Formwechsel** an sich und seine einzelnen Parameter.[2]

2   Da es sich bei einem Formwechsel um einen gesellschaftsrechtlichen Organisationsakt handelt, bedarf es nach ausdrücklicher gesetzlicher Anordnung stets eines solchen Beschlusses der Anteilsinhaber des formwechselnden Rechtsträgers (§ 193 Abs. 1 S. 1 UmwG). Dieser Umwandlungsbeschluss kann – ebenso wie ein Verschmelzungsbeschluss nach § 13 Abs. 1 S. 2 UmwG (→ § 11 Rn. 11) – nur in einer Versammlung der Anteilsinhaber gefasst werden (§ 193 Abs. 1 S. 2 UmwG). Die Beschlussfassung im Umlaufverfahren ist ebenso wenig zulässig wie eine Übertragung auf andere Gesellschaftsorgane (etwa einen Beirat).[3] Da die Beschlussfassung zwingend in einer Versammlung der Anteilsinhaber zu erfolgen hat, sind außerhalb der Versammlung abgegebene Zustimmungserklärungen unbeachtlich, soweit es sich nicht um vom Gesetz ausdrücklich vorgesehene Zustimmungserklärungen handelt (etwa § 193 Abs. 2 UmwG).[4] Das Erfordernis einer **Beschlussfassung in einer Versammlung der Anteilseigner ist zwingend**. Von ihm kann auch nicht mittels Bestimmung in Satzung bzw. Gesellschaftsvertrag abgewichen werden. Ausnahmsweise erlauben die besonderen Vorschriften in Fällen, in denen ein Formwechsel der Zustimmung aller Anteilsinhaber bedarf, die Erteilung dieser Zustimmung durch abwesende Anteilsinhaber auch außerhalb der Versammlung (§§ 217 Abs. 1 S. 1, 225c, 233 Abs. 1, 252 Abs. 1 UmwG) – ohne jedoch das grundsätzliche Erfordernis einer Anteilsinhaberversammlung aufzugeben.

3   Das Erfordernis eines Formwechselbeschlusses und seine zwingende Abstimmung in einer Versammlung dienen insbesondere der **Information der Anteilsinhaber**: Der Entwurf des Beschlusses mit seinen zwingenden inhaltlichen Angaben (→ Rn. 16 ff.) schafft Transparenz für die Anteilsinhaber und informiert sie über die rechtlich-organisatorischen Einzelheiten des Formwechsels.[5] Der Zwang zur Versammlung will durch die Möglichkeit von Rede, Gegenrede und Diskussion ein möglichst hohes Informationsniveau der Anteilsinhaber erreichen.[6]

4   Anders als etwa bei der Verschmelzung (§ 9 Abs. 1 UmwG → § 10 Rn. 46) oder der Spaltung (§§ 125, 9 Abs. 1 UmwG → § 24 Rn. 8) ist beim Formwechsel **keine Prüfung des Entwurfs des Umwandlungsbeschlusses** vorgeschrieben. Erforderlich ist (lediglich) die Prüfung des im Umwandlungsbeschluss enthaltenen Barabfindungsangebots (§§ 208, 30 Abs. 2 UmwG → Rn. 30).

---

[1] Vgl. auch Sagasser/Bula/Brünger/*Sagasser/Luke* § 26 Rn. 4; ferner Henssler/Strohn/*Drinhausen/Keinath* § 193 UmwG Rn. 1, § 194 UmwG Rn. 2; Limmer/*Limmer*, Teil 4 Rn. 128.

[2] Henssler/Strohn/*Drinhausen/Keinath* § 193 UmwG Rn. 1.

[3] Semler/Stengel/*Bärwaldt* § 193 Rn. 8; Lutter/*Decher/Hoger* § 193 Rn. 3; Henssler/Strohn/*Drinhausen/Keinath* § 193 UmwG Rn. 2, 12; Kölner Kommentar-UmwG/*Petersen* § 193 Rn. 3, 6; Schmitt/Hörtnagl/Stratz/*Stratz* § 193 Rn. 7; Kallmeyer/*Zimmermann* § 193 Rn. 3; auch Limmer/*Limmer*, Teil 4 Rn. 102 mwN.

[4] Lutter/*Decher/Hoger* § 193 Rn. 3; auch Kallmeyer/*Zimmermann* § 193 Rn. 8.

[5] Henssler/Strohn/*Drinhausen/Keinath* § 194 UmwG Rn. 2; auch Semler/Stengel/*Bärwaldt* § 194 Rn. 2.

[6] Semler/Stengel/*Bärwaldt* § 193 Rn. 1; Henssler/Strohn/*Drinhausen/Keinath* § 193 UmwG Rn. 1; auch Lutter/*Decher/Hoger* § 193 Rn. 1.

II. Versammlung der Anteilsinhaber

Die Einzelheiten der Durchführung der über den Formwechsel beschließenden Anteilsinhaberversammlung und ihr normativer Rahmen richten sich nach den **allgemeinen Regeln der (Ausgangs-)Rechtsform des formwechselnden Rechtsträgers** (etwa §§ 49 ff. GmbHG, §§ 121 ff. AktG). Ergänzt werden diese Regeln durch die einschlägigen Bestimmungen der besonderen Vorschriften für den jeweiligen Formwechsel (§§ 214 ff. UmwG → § 38). Da allgemein angenommen wird, dass der Formwechselbeschluss nicht nur formwechselnden sondern auch **satzungsändernden Charakter** hat (Doppelnatur), kommen zu diesen umwandlungsrechtlichen Spezifika die gesetzlichen und statutarischen Anforderungen für Satzungsänderungen der konkreten Gesellschaft hinzu.[7]

Diese Vorschriften regeln auch die **angemessene Information der Anteilsinhaber über den Formwechsel**, etwa durch die bekannten gesellschaftsspezifischen Informations-, Auskunfts- und Einsichtsrechte im Vorfeld einer Anteilsinhaberversammlung.[8] Komplettiert wird dies durch die umwandlungsrechtlichen Vorschriften, die auf eine formwechselspezifische Unterrichtung abzielen: Neben dem Umwandlungsbericht (→ § 33) ist dies der Formwechselbeschluss selbst (→ Rn. 3). Konsequenterweise sieht das Gesetz den Entwurf des Formwechselbeschlusses daher auch als Teil des Umwandlungsberichts vor (§ 192 Abs. 1 S. 3 UmwG). Es lässt sich mithin auch von der „**Aufklärungsfunktion des Umwandlungsbeschlusses**" selbst sprechen.[9]

Die rechtzeitige Unterrichtung der Anteilsinhaber ist dadurch sichergestellt, dass der Formwechsel **als Gegenstand der Beschlussfassung mit der Einberufung der Anteilsinhaberversammlung anzukündigen** ist.

1. Stimmberechtigung

Bei der Abstimmung über den Formwechsel sind **alle Anteilsinhaber stimmberechtigt**. Differenzierte Betrachtung erfordert die Stimmberechtigung von **Anteilsinhabern mit stimmrechtslosen Anteilen**. In Personengesellschaften sind diese stimmberechtigt.[10] Bei Kapitalgesellschaften dagegen ist allgemein anerkannt, dass der Stimmrechtsausschluss auch für das UmwG und damit auch für die Abstimmung über einen Formwechsel gilt.[11] Die Zustimmung dieser Anteilsinhaber ist nur dann erforderlich, wenn das UmwG ausdrücklich die Zustimmung aller Anteilsinhaber für den Formwechsel verlangt (etwa nach § 233 Abs. 1 UmwG).

2. Abstimmung und Beschlussmehrheiten

Die Beschlussmehrheiten spielen nicht nur eine Rolle für die Zustimmung zu einem Formwechsel, sondern auch für die Frage, ob ein solcher Beschluss der Anteilsinhaber wieder **rückgängig gemacht** werden kann. Dies ist nach allgemeiner Ansicht formlos möglich. Ungeklärt ist jedoch, welche Mehrheiten dafür erforderlich sind. Nach einer Auffassung genügt dafür die einfache Mehrheit.[12] Nach anderer Auffassung sind die gleichen Mehrheiten erforderlich wie für den Zustimmungsbeschluss.[13] Da sich keine überwiegende Auffassung identifizieren lässt, empfiehlt sich in der Praxis derweil ein Vorgehen, das die letztgenannte Auffassung zugrunde legt.

---

[7] Lutter/*Decher*/*Hoger* § 193 Rn. 8.
[8] Vgl. ausführlicher etwa Limmer/*Limmer*, Teil 4 Rn. 94 ff.; ferner Böttcher/Habighorst/Schulte/Althoff/*Narr* § 193 Rn. 2 ff.
[9] Limmer/*Limmer*, Teil 4 Rn. 128.
[10] Henssler/Strohn/*Drinhausen*/*Keinath* § 193 UmwG Rn. 4.
[11] Semler/Stengel/*Bärwaldt* § 193 Rn. 9; Henssler/Strohn/*Drinhausen*/*Keinath* § 193 UmwG Rn. 4; Kallmeyer/*Zimmermann* § 193 Rn. 4.
[12] Lutter/*Decher*/*Hoger* § 193 Rn. 28; auch Schmitt/Hörtnagl/Stratz/*Stratz* § 193 Rn. 6.
[13] Kallmeyer/*Zimmermann* § 193 Rn. 37.

10 Die **Mehrheitserfordernisse für den Zustimmungsbeschluss** ergeben sich einerseits aus den allgemeinen gesetzlichen Anforderungen und zudem aus spezifischen Satzungsregeln für die einzelne Gesellschaft. In beiden Fällen stellt sich zudem die Frage, ob und wie sich Anteilsinhaber in der Versammlung vertreten lassen können.

11 a) **Allgemeines.** Für die nach dem UmwG erforderlichen Mehrheiten **entscheidend sind die Ausgangs- und Zielrechtsform** des formwechselnden Rechtsträgers. Dementsprechend gibt es keine allgemeine gesetzliche Regelung, sondern die erforderlichen Quoren ergeben sich aus den besonderen Vorschriften für jede einzelne Rechtsform (→ § 38).[14]

12 Dabei lässt sich die allgemeine Aussage treffen, dass es über alle Rechtsformen hinweg zwingend einer **Mehrheit von mindestens 3/4 der bei der Versammlung der Anteilsinhaber abgegebenen Stimmen** bedarf.[15] Speziell bei **Personengesellschaften** bedarf der Beschluss grundsätzlich der Zustimmung aller Anteilsinhaber – sowohl der erschienenen als auch der nicht erschienenen (§ 217 Abs. 1 S. 1 UmwG → § 38 Rn. 398). Davon kann der Gesellschaftsvertrag der formwechselnden Gesellschaft insoweit abweichen, als dass er eine Mehrheitsentscheidung von mindestens 3/4 der Anteilsinhaber vorsehen kann (§ 217 Abs. 1 S. 2, 3 UmwG → § 38 Rn. 400). Dabei sind die allgemeinen Spezifika für Satzungsbestimmungen über Mehrheitsentscheidungen in Personengesellschaften zu beachten. Für Partnerschaftsgesellschaften (§ 225c UmwG → § 38 Rn. 466) gelten diese Regeln entsprechend. Bei Kapitalgesellschaften wird nach der Zielrechtsform unterschieden und abhängig davon eine Mehrheit von 3/4 der in der Anteilsinhaberversammlung abgegebenen Stimmen oder die Zustimmung sämtlicher Anteilsinhaber verlangt (§ 233 Abs. 1, § 233 Abs. 2, § 240 UmwG → § 38).

13 b) **Satzungsregeln.** Die in jedem Fall **mindestens erforderliche 3/4-Mehrheit** (sofern gesetzlich nicht zwingend höhere Mehrheiten verlangt werden) **ist nicht dispositiv**. Satzung bzw. Gesellschaftsvertrag können für den Formwechselbeschluss keine geringeren Mehrheiten vorsehen. Dagegen können **Satzung bzw. Gesellschaftsvertrag eine größere Mehrheit als 3/4** der abgegebenen Stimmen oder weitere Erfordernisse bestimmen (§§ 233 Abs. 2 S. 2, 240 Abs. 1 S. 2, 252 Abs. 2 S. 2, 262 Abs. 1 S. 3, 275 Abs. 2 S. 3 UmwG).[16] Im Einzelfall kann sich dies aus einer **Auslegung von Satzung bzw. Gesellschaftsvertrag** ergeben. Diese werden regelmäßig keine speziellen Bestimmungen für einen Formwechsel enthalten, sondern höhere Anforderungen (etwa größere Mehrheiten, Einstimmigkeit oder die Zustimmung einzelner Anteilsinhaber) ganz allgemein für Satzungsänderungen bestimmen. Entscheidend ist, inwieweit der Bestimmung zu entnehmen ist, dass die Anteilsinhaber mit einem Formwechsel vergleichbare Strukturänderungen speziellen Regeln unterwerfen wollten. Das erfordert eine Auslegung im konkreten Einzelfall; eine schablonenhafte Antwort verbietet sich. Man wird jedoch davon ausgehen dürfen, dass ein Formwechsel grundsätzlich eine mit einer Satzungsänderung vergleichbare Änderung der Grundlagen der Gesellschaft zur Folge hat.[17]

14 c) **Stellvertretung.** Die rechtsgeschäftliche **Vertretung von Anteilsinhabern in der Versammlung ist grundsätzlich zulässig**. Die **notwendige Form der Vollmacht** ist jedoch ungeklärt. Ausgangspunkt sind die allgemeinen Regeln, wonach eine Vollmacht keiner bestimmten Form bedarf (§ 167 Abs. 2 BGB). Ferner gelten die besonderen Bestimmungen der jeweiligen Rechtsform: Formlos in der Personengesellschaft, Textform in

---

[14] Vgl. etwa Schmitt/Hörtnagl/Stratz/*Stratz* § 193 Rn. 12; Kallmeyer/*Zimmermann* § 193 Rn. 7 ff.; ausführlich Limmer/*Limmer*, Teil 4 Rn. 110 ff.; für eine tabellarische Übersicht Semler/Stengel/*Bärwaldt* § 193 Rn. 11, Kraft/Redenius-Hövermann/*Bunting*, Kap. 5 Rn. 31, und Limmer/*Limmer*, Teil 4 Rn. 230.
[15] Vgl. auch Lutter/*Decher*/*Hoger* § 193 Rn. 7.
[16] Limmer/*Limmer*, Teil 4 Rn. 122 mwN; Kallmeyer/*Zimmermann* § 193 Rn. 9.
[17] Vgl. auch Lutter/*Decher*/*Hoger* § 193 Rn. 8; ferner zur Verschmelzung Limmer/*Limmer*, Teil 2 Rn. 482 mwN.

der GmbH (§ 47 Abs. 3 GmbHG) und grundsätzlich Textform in der AG und KGaA (§ 134 Abs. 3 AktG).[18] In der Literatur ist jedoch umstritten, ob abweichend davon eine notarielle Beglaubigung der Vollmacht erforderlich sein kann. Unter bestimmten Umständen wird dies teilweise verlangt.[19] Der überwiegenden, zutreffenden Auffassung zufolge bedarf es der notariellen Beglaubigung jedoch nicht: Ein solches Erfordernis folgt zunächst nicht aus § 193 Abs. 2 UmwG (→ Rn. 64), der schon nach seinem Wortlaut nicht auf Vollmachten anwendbar ist.[20] Auch aus § 2 Abs. 2 GmbHG bzw. § 23 Abs. 1 S. 2 AktG folgt nichts anderes. Zwar finden nach § 197 UmwG beim Formwechsel die Gründungsvorschriften subsidiär Anwendung (→ Rn. 54 f.). Satzung bzw. Gesellschaftsvertrag sind aber bereits im Formwechselbeschluss enthalten und werden durch diesen festgestellt, so dass insoweit das Gründungsrecht nicht zur Anwendung kommt.[21] Angesichts dieser unklaren Rechtslage kann sich aber für die Praxis eine Beglaubigung der Vollmacht empfehlen.[22]

Die **vollmachtlose Vertretung** wird ebenfalls regelmäßig zulässig sein. Sie richtet sich 15 nach dem allgemeinen Gesellschaftsrecht der (Ausgangs-)Rechtsform des formwechselnden Rechtsträgers.[23] Die Genehmigung bedarf keiner bestimmten Form (§ 182 Abs. 2 BGB).

III. Inhalt des Formwechselbeschlusses

Da der Umwandlungsbeschluss der Anteilsinhaber beim Formwechsel die Funktion von 16 Umwandlungsvertrag bzw. -plan übernimmt (→ Rn. 1), müssen die **Einzelheiten des Formwechsels nach § 194 Abs. 1 UmwG unmittelbar in der Beschlussvorlage** enthalten sein.[24] Der sich aus § 194 Abs. 1 UmwG ergebende Inhalt wird durch die rechtsformspezifischen Anforderungen des Besonderen Teils ergänzt, insbesondere etwa durch §§ 218 und 243 UmwG (→ § 38 Rn. 115 ff., 406 ff.). Die Festlegungen im Formwechselbeschluss sind überdies maßgeblich für die Wirkungen der Eintragung nach § 202 UmwG (→ § 36 Rn. 5 ff.)

Auf den nach § 194 Abs. 1 UmwG erforderlichen Mindestinhalt des Formwechsel- 17 beschlusses kann **nicht verzichtet** werden – auch nicht durch sämtliche Anteilsinhaber.[25] Schon aus diesem Grund kann es sich in der Praxis empfehlen, zu allen dort niedergelegten Punkten entsprechende Bestimmungen in den Beschluss aufzunehmen – und sei es nur in Form einer **Negativerklärung** dahingehend, dass im konkreten Einzelfall keine Festlegungen erforderlich sind.[26] Sofern dem Umwandlungsbeschluss eine Satzung bzw. ein Gesellschaftsvertrag angefügt wird und sich daraus einzelne der Angaben ergeben, dann genügt im Formwechselbeschluss ein entsprechender Verweis darauf (→ Rn. 29). Neben den nach § 194 Abs. 1 UmwG und dem Besonderen Teil erforderlichen **Mindestangaben** ist es möglich, weitere Regelungen in den Beschluss aufzunehmen ("mindestens"). Dies können vom Formwechsel unabhängige Änderungen von Satzung bzw. Gesellschaftsvertrag sein. Keine Angaben erforderlich sind (in Abweichung etwa von § 5 Abs. 1 Nr. 2 für die Verschmelzung → § 8 Rn. 46 ff.) zur Übertragung des Vermögens, da beim Formwechsel

---

[18] Vgl. auch Lutter/*Decher*/*Hoger* § 193 Rn. 4; Kallmeyer/*Zimmermann* § 193 Rn. 11.
[19] Schmitt/Hörtnagl/Stratz/*Stratz* § 193 Rn. 8; vgl. dazu auch *Heidinger*/*Blath*, FS Spiegelberger, 2009, S. 692, 707 f.
[20] Vgl. dazu Lutter/*Decher*/*Hoger* § 193 Rn. 4 mwN.; auch Semler/Stengel/*Bärwaldt* § 193 Rn. 12.
[21] Lutter/*Decher*/*Hoger* § 193 Rn. 4; Kallmeyer/*Zimmermann* § 193 Rn. 11; abw. Semler/Stengel/*Bärwaldt* § 193 Rn. 12.
[22] Vgl. ebenso Lutter/*Decher*/*Hoger* § 193 Rn. 4.
[23] Semler/Stengel/*Bärwaldt* § 193 Rn. 16; Limmer/*Limmer*, Teil 4 Rn. 127 mwN; Kallmeyer/*Zimmermann* § 193 Rn. 11; auch Lutter/*Decher*/*Hoger* § 193 Rn. 4.
[24] Henssler/Strohn/*Drinhausen*/*Keinath* § 193 UmwG Rn. 1.
[25] Semler/Stengel/*Bärwaldt* § 194 Rn. 1; Henssler/Strohn/*Drinhausen*/*Keinath* § 194 UmwG Rn. 1; ferner Kallmeyer/*Meister*/*Klöcker* § 194 Rn. 4.
[26] Lutter/*Decher*/*Hoger* § 194 Rn. 2; Limmer/*Limmer*, Teil 4 Rn. 129; auch Semler/Stengel/*Bärwaldt* § 194 Rn. 1.

keine Vermögensübertragung stattfindet (→ § 36 Rn. 1 ff.). Ebenso wenig bedarf es der Angabe des Sitzes (in Abweichung etwa von § 5 Abs. 1 Nr. 1 UmwG für die Verschmelzung, → § 8 Rn. 43 ff.). Die Verlegung des Sitzes des Rechtsträgers im Zuge des Formwechsels ist jedoch zulässig (→ § 35 Rn. 9).

18 Der in der Anteilsinhaberversammlung zur Abstimmung gestellte Formwechselbeschluss entspricht inhaltlich dem Beschlussentwurf, der nach § 192 Abs. 1 S. 3 UmwG Bestandteil des Umwandlungsberichts ist (→ § 33 Rn. 15 f.). Dies hindert die Anteilsinhaber nicht daran, die inhaltlichen Bestimmungen noch **in der Versammlung zu ändern**.[27] Ausgenommen davon sind die Inhalte nach § 194 Abs. 1 Nr. 7 UmwG über die Folgen des Formwechsels für die Arbeitnehmer und ihre Vertretungen sowie die insoweit vorgesehenen Maßnahmen (→ Rn. 48 f.), wenn diese gemäß § 192 Abs. 2 UmwG dem Betriebsrat zugeleitet werden mussten (→ Rn. 66 f.).[28]

19 Sofern dem Beschluss die nach § 194 Abs. 1 Nr. 1, 2, 4 und 6 UmwG erforderlichen **Mindestangaben fehlen**, wird der Formwechsel(beschluss) regelmäßig nicht durch das Register eingetragen werden (→ § 35 Rn. 27 ff.).[29] Das Fehlen der Angaben nach § 194 Abs. 1 Nr. 3 UmwG (Beteiligung der bisherigen Anteilsinhaber) soll unschädlich sein, wenn von den Angaben nach § 194 Abs. 1 Nr. 4 UmwG (Zahl, Art und Umfang der Anteile bzw. Mitgliedschaften) ausreichend Rückschlüsse gezogen werden können.[30] Sind keine Angaben nach § 194 Abs. 1 Nr. 5 UmwG (Sonderrechte) enthalten, ist davon auszugehen, dass keine Sonderrechte gewährt werden.[31] Sofern die Angaben nach § 194 Abs. 1 Nr. 7 UmwG (Folgen für die Arbeitnehmer) fehlen oder offensichtlich unrichtig sind, wird davon ausgegangen, dass es im Ermessen des Gerichts steht, die Eintragung zu verweigern.[32]

1. Zielrechtsform

20 Der Formwechselbeschluss hat nach § 194 Abs. 1 Nr. 1 UmwG die Rechtsform zu nennen, die durch den Formwechsel erlangt werden soll. Diese **Zielrechtsform** muss aus dem Umwandlungsbeschluss deutlich hervorgehen. Es genügt, dass die künftige Rechtsform lediglich in der neuen Satzung bzw. dem neuen Gesellschaftsvertrag bestimmt ist, wenn diese(r) wiederum im Umwandlungsbeschluss enthalten ist. Mit der Nennung der Zielrechtsform muss zudem zum Ausdruck kommen, dass ein Wechsel in diese neue Rechtsform stattfinden soll. Das Wort „Formwechsel" muss jedoch nicht ausdrücklich im Formwechselbeschluss verwendet werden, wenn aus dem Umständen darauf geschlossen werden kann.[33]

2. Name, Firma

21 Im Formwechselbeschluss ist zudem der **Name bzw. die Firma des Rechtsträgers neuer Rechtsform** zu bestimmen (§ 194 Abs. 1 Nr. 2 UmwG). Dafür stellt **§ 200 UmwG umwandlungsspezifische firmenrechtliche Bestimmungen** auf. Daneben sind subsidiär stets die allgemeinen firmenrechtlichen Vorschriften der §§ 17 ff. HGB zu beachten.

22 § 200 UmwG ähnelt § 18 UmwG zur Verschmelzung (→ § 13 Rn. 45, § 69 Rn. 1 ff.). Danach kann die Firma des formwechselnden Rechtsträgers grundsätzlich beibehalten

---

[27] Henssler/Strohn/*Drinhausen/Keinath* § 193 UmwG Rn. 5; Schmitt/Hörtnagl/Stratz/*Stratz* § 193 Rn. 4.
[28] Vgl. dazu etwa Semler/Stengel/*Bärwaldt* § 193 Rn. 10.
[29] Vgl. auch Böttcher/Habighorst/Schulte/*Althoff/Narr* § 194 Rn. 18.
[30] So Böttcher/Habighorst/Schulte/*Althoff/Narr* § 194 Rn. 18.
[31] Böttcher/Habighorst/Schulte/*Althoff/Narr* § 194 Rn. 18.
[32] So *Bungert* DB 1997, 2209, 2211 f.; vgl. dazu auch Böttcher/Habighorst/Schulte/*Althoff/Narr* § 194 Rn. 18; Lutter/*Decher/Hoger* § 194 Rn. 32 f.
[33] Semler/Stengel/*Bärwaldt* § 194 Rn. 5; Henssler/Strohn/*Drinhausen/Keinath* § 194 Rn. 3; Kallmeyer/*Meister/Klöcker* § 194 Rn. 13.

werden. Diese **Kontinuität der Firma** folgt der Kontinuität des Rechtsträgers (→ § 36 Rn. 1 ff.). Aufgrund dieser Kontinuität handelt es sich auch nicht um eine Firmenfortführung, also die Fortführung einer *fremden* Firma. Erforderlich ist, dass die „bisher geführte Firma beibehalten" wird. Wird dagegen nur ein Firmenbestandteil beibehalten und der übrige Teil der Firma geändert, liegt keine Kontinuität der Firma vor, sondern eine Firmenneubildung, auf die die allgemeinen Vorschriften Anwendung finden.[34] Die Bildung einer neuen Firma ist nach den allgemeinen Grundsätzen stets möglich.

Die Kontinuität der Firma wird durchbrochen vom Erfordernis, dass der **Rechtsform-** 23 **zusatz** nicht beibehalten werden darf (§ 200 Abs. 1 S. 2, Abs. 2 UmwG). Danach muss die Firma des Rechtsträgers neuer Rechtsform die dann zutreffende Rechtsform erkennen lassen. Die Anforderungen an die Bezeichnung des Rechtsträgers neuer Rechtsform sind den jeweiligen Bestimmungen (§ 19 HGB, § 4 GmbHG, § 4 AktG) zu entnehmen. Diese Einschränkung der Firmenkontinuität dient dem Interesse der Firmenklarheit und Firmenwahrheit auch nach dem Formwechsel.[35] Eine weitere Einschränkung erfährt die Firmenkontinuität bei Beteiligung natürlicher Personen, deren Beteiligung am Rechtsträger neuer Rechtsform entfällt: Der Name dieser natürlichen Personen darf nur dann in der beibehaltenen bisherigen (oder auch in der neu gebildeten) Firma verwendet werden, wenn die betroffenen Personen ausdrücklich in die Verwendung ihres Namens einwilligen (§ 200 Abs. 3 UmwG). Dadurch soll der **Name einer ausscheidenden natürlichen Person** geschützt werden.[36] Die Einschränkung gilt auch dann, wenn ein Anteilsinhaber erst gegen Barabfindung ausscheidet.[37] Die Anforderungen an die Einwilligung sind im Detail ungeklärt.[38]

3. Beteiligung der bisherigen Anteilsinhaber am Rechtsträger neuer Rechtsform

In dem Formwechselbeschluss muss zudem die **Beteiligung der bisherigen Anteils-** 24 **inhaber an dem Rechtsträger neuer Rechtsform** nach den für diese Rechtsform geltenden Vorschriften bestimmt werden (§ 194 Abs. 1 Nr. 3 UmwG). Dies gilt nach ausdrücklicher gesetzlicher Anordnung nicht, soweit ihre Beteiligung nach den Vorschriften über den Formwechsel entfällt. Dies betrifft insbesondere das Ausscheiden des persönlich haftenden Gesellschafters aus einer formwechselnden KGaA (§§ 236, 247 Abs. 2 und 255 Abs. 3 UmwG).

§ 194 Abs. 1 Nr. 3 UmwG ist eine Ausprägung der **Kontinuität der Mitgliedschaft** 25 und steht damit in unmittelbarem Zusammenhang mit § 202 Abs. 1 Nr. 2 S. 1 UmwG (→ § 36 Rn. 19 ff.). Es bedarf dafür keiner namentlichen Nennung aller Anteilsinhaber (unter Angabe ihrer Beteiligungen); vielmehr geht es darum, die Identität der Beteiligungen zum Ausdruck zu bringen.[39] Der Formwechselbeschluss hat daher (lediglich) zu bestimmen, dass die bisherigen Anteilsinhaber auch künftig am Rechtsträger beteiligt sind.[40] Während § 194 Abs. 1 Nr. 4 UmwG das „Wie" der Beteiligung betrifft

---

[34] Semler/Stengel/*Bärwaldt* § 194 Rn. 3; Lutter/*Decher/Hoger* § 200 Rn. 3; Henssler/Strohn/*Drinhausen/Keinath* § 200 UmwG Rn. 2; Kallmeyer/*Meister/Klöcker* § 200 Rn. 23.
[35] Semler/Stengel/*Bärwaldt* § 194 Rn. 5; Kallmeyer/*Meister/Klöcker* § 200 Rn. 25; auch Böttcher/Habighorst/Schulte/*Althoff/Narr* § 200 Rn. 2; Lutter/*Decher/Hoger* § 200 Rn. 6 f.
[36] Böttcher/Habighorst/Schulte/*Althoff/Narr* § 200 Rn. 3; Limmer/*Limmer*, Teil 5 Rn. 31; Kallmeyer/*Meister/Klöcker* § 200 Rn. 26; Kölner Kommentar-UmwG/*Petersen* § 200 Rn. 5.
[37] Semler/Stengel/*Schwanna* § 200 Rn. 9; Lutter/*Decher/Hoger* § 200 Rn. 9; Schmitt/Hörtnagl/Stratz/*Stratz* § 200 Rn. 10.
[38] Vgl. dazu Böttcher/Habighorst/Schulte/*Althoff/Narr* § 200 Rn. 9; Semler/Stengel/*Bärwaldt* § 194 Rn. 10; Henssler/Strohn/*Drinhausen/Keinath* § 200 UmwG Rn. 4; ferner Lutter/*Decher/Hoger* § 200 Rn. 9; Kallmeyer/*Meister/Klöcker* § 200 Rn. 27.
[39] Henssler/Strohn/*Drinhausen/Keinath* § 194 UmwG Rn. 5; auch Semler/Stengel/*Bärwaldt* § 194 Rn. 7.
[40] Semler/Stengel/*Bärwaldt* § 194 Rn. 7; Lutter/*Decher/Hoger* § 194 Rn. 6; Henssler/Strohn/*Drinhausen/Keinath* § 194 UmwG Rn. 5; auch Kölner Kommentar-UmwG/*Petersen* § 194 Rn. 6.

(→ Rn. 28 ff.) geht es bei § 194 Abs. 1 Nr. 3 UmwG um das „Ob".[41] Eine namentliche Nennung der Anteilsinhaber kann lediglich nach den für den Rechtsträger neuer Rechtsform anwendbaren Gründungsvorschriften (§ 197 UmwG) oder den Besonderen Vorschriften erforderlich sein, wobei §§ 213,35 UmwG für unbekannte Aktionäre Erleichterungen vorsieht.[42]

26 Es gilt der **Grundsatz der Personenidentität**, nach dem jeder Anteilsinhaber auch am Rechtsträger neuer Rechtsform beteiligt sein soll, soweit sein Ausscheiden nicht nach den Vorschriften über den Formwechsel entfällt. Daraus folgt „lediglich, dass Berechtigte, die zum Zeitpunkt der Eintragung des Formwechsels Anteilsinhaber sind, auch Mitglieder des Rechtsträgers neuer Rechtsform werden."[43] Der aus § 202 Abs. 1 Nr. 2 S. 1 UmwG (und § 194 Abs. 1 Nr. 4 UmwG: „beitretendem persönlich haftenden Gesellschafter") folgende Grundsatz der Personenidentität soll das unfreiwillige **Ausscheiden von Anteilsinhabern** durch einen Formwechsel verhindern und steht mithin dem (freiwilligen) Austritt einzelner Gesellschafter auf den Zeitpunkt des Formwechsels nicht entgegen.[44] Erforderlich soll aber folgerichtig die Zustimmung der ausscheidenden Anteilsinhaber sein.[45] Die Einzelheiten sind jedoch ungeklärt. Der BGH scheint dem immerhin ebenfalls zuzuneigen.[46] Ebenso wie der Austritt soll ferner der Eintritt neuer Anteilsinhaber möglich sein.[47] Ob und inwieweit dies möglich ist, wird man aber nicht als geklärt ansehen können. In Bezug auf den Eintritt ist überdies nicht geklärt, wer und mit welchen Mehrheiten über einen solchen Eintritt zu entscheiden hat und wessen Zustimmung dafür erforderlich ist. In Abweichung von den allgemeinen Regel soll bei ausscheidenden oder hinzutretenden Anteilsinhabern eine namentliche Nennung der Anteilsinhaber im Formwechselbeschluss erforderlich sein.[48] In jedem Fall zutreffend wird es sein, den Austritt und Eintritt von Anteilsinhabern nach dem allgemeinen Gesellschaftsrecht der entsprechenden Rechtsform auf den Zeitpunkt des Formwechsels für zulässig zu erachten. Dementsprechend kann für die Praxis auch nur dieser Weg empfohlen werden.

27 Der Grundsatz der Personenidentität und die Bestimmungen nach § 194 Abs. 1 Nr. 3 UmwG verhindern zudem nicht, dass zwischen dem Beschluss der Anteilsinhaber und der Eintragung des Formwechsels (→ § 35) Anteile am formwechselnden Rechtsträger im Wege der Einzelrechtsübertragung übertragen werden.[49]

4. Einzelheiten zu den Anteilen bzw. Mitgliedschaften

28 Die Anteilsinhaber werden mit dem Formwechsel am Rechtsträger neuer Rechtsform „nach den für die neue Rechtsform geltenden Vorschriften beteiligt" (§ 202 Abs. 1 Nr. 2 S. 1 UmwG → § 36 Rn. 19 ff., auch § 194 Abs. 1 Nr. 3 UmwG). Damit ändert sich zwangsläufig die konkrete Ausgestaltung der Mitgliedschaft in dem am Formwechsel beteiligten Rechtsträger. Der Formwechselbeschluss hat nach § 194 Abs. 1 Nr. 4 UmwG daher **Zahl, Art und Umfang der Anteile bzw. Mitgliedschaften**, welche die Anteilsinhaber durch den Formwechsel erlangen sollen, zu bestimmen und mithin zu benennen, wie die Beteiligung in der Zielrechtsform **qualitativ und quantitativ** ausgestaltet ist. Anders als

---

[41] Lutter/*Decher/Hoger* § 194 Rn. 6; auch Böttcher/Habighorst/Schulte/*Althoff/Narr* § 194 Rn. 6; Kölner Kommentar-UmwG/*Petersen* § 194 Rn. 6.
[42] Dazu nur Lutter/*Decher/Hoger* § 213 Rn. 4; ferner Kallmeyer/*Meister/Klöcker* § 213 Rn. 2 ff.
[43] BGH II ZR 29/03, NZG 2005, 722, 723.
[44] *Wiedemann*, ZGR 1999, 568, 578 f.; auch Semler/Stengel/*Bärwaldt* § 194 Rn. 8; abw. Kallmeyer/*Meister/Klöcker* § 194 Rn. 25.
[45] Semler/Stengel/*Bärwaldt* § 194 Rn. 8.
[46] Vgl. BGH II ZR 29/03, NZG 2005, 722, 723; vgl. dazu etwa auch *Heckschen* DB 2008, 2122.
[47] Semler/Stengel/*Bärwaldt* § 194 Rn. 10.
[48] Böttcher/Habighorst/Schulte/*Althoff/Narr* § 194 Rn. 5.
[49] Semler/Stengel/*Bärwaldt* § 194 Rn. 11 mwN; Lutter/*Decher/Hoger* § 202 Rn. 10; auch Kallmeyer/*Meister/Klöcker* § 194 Rn. 25; Kölner Kommentar-UmwG/*Petersen* § 194 Rn. 6.

bei § 194 Abs. 1 Nr. 3 UmwG (→ Rn. 24 ff.) geht es hier nicht um das „Ob" sondern um das **„Wie"** der Beteiligung.

Weitergehende Erläuterungen sind nicht erforderlich.[50] Wird dem Umwandungs- 29 beschluss eine **Satzung** bzw. **ein Gesellschaftsvertrag** angefügt und ergeben sich daraus Zahl, Art und Umfang der Anteile bzw. Mitgliedschaften, dann genügt im Formwechselbeschluss ein entsprechender **Verweis** darauf.[51] Für die Praxis empfiehlt sich ein solcher Verweis durchaus, da hiermit einerseits der Beschlussinhalt knapper gehalten werden kann und zum anderen Unklarheiten oder gar Widersprüche vermieden werden.

a) Art der Anteile bzw. Mitgliedschaften. Die möglichen **Arten von Anteilen bzw.** 30 **Mitgliedschaften** richten sich nach den allgemeinen korporativen Regelungen der künftigen Rechtsform.[52] Erforderlich sind Festlegungen zur Art der Anteile bzw. Mitgliedschaften im Formwechselbeschluss dann, wenn die Rechtsform mehrere Arten von Anteilen bzw. Mitgliedschaften kennt,[53] etwa die AG mit Vorzugs- und Stammaktien oder auch wenn Vinkulierungen der Anteile vorgesehen sind. Die Regelung ist hinsichtlich Inhabern von Anteilen ohne Stimmrecht zudem im Zusammenhang mit § 194 Abs. 1 Nr. 5 UmwG (→ Rn. 35 ff.) und §§ 204, 23 UmwG (→ § 36 Rn. 53 ff.) zu sehen, wonach diesen im Rechtsträger neuer Rechtsform gleichwertige Rechte zu gewähren sind.

b) Zahl und Umfang der Anteile bzw. Mitgliedschaften. Überdies sind **Zahl und** 31 **Umfang der Anteile bzw. Mitgliedschaften der Anteilsinhaber** am Rechtsträger neuer Rechtsform zu bestimmen. Mit der Zahl sind die Anteile am Rechtsträger neuer Rechtsform gemeint, die insgesamt ausgegeben werden. Der Umfang bezieht sich auf die Anteile, die der einzelne Anteilsinhaber am Rechtsträger neuer Rechtsform erhält.

Bei der Bestimmung der Zahl der **Anteile bzw. Mitgliedschaften** am Rechtsträger 32 neuer Rechtsform, die **insgesamt ausgegeben** werden, sind im Formwechselbeschluss die Beschränkungen der Zielrechtsform zu beachten.[54] Zudem sind die Besonderheiten der konkreten Formwechselkonstellation abzubilden: So ist etwa bei einem Formwechsel einer Kapitalgesellschaft in eine Personalgesellschaft die Zuordnung von Kapitalkonten und gezeichnetem Kapital/Rücklagen und bei einem Formwechsel einer Personengesellschaft in eine Kapitalgesellschaft die Höhe der jeweiligen Einlage anzugeben.[55]

Der Beschluss hat weiter zu bestimmen, wie das Gesamtkapital des Rechtsträgers neuer 33 Rechtsform **auf die einzelnen Anteilsinhaber zu verteilen** ist, wobei auch dies im Einzelfall von Ausgangs- und Zielrechtsform abhängig ist.[56] Ferner ist der Umfang der Beteiligungen von der Ausgestaltung durch Satzung bzw. Gesellschaftsvertrag und den dortigen Regelungen über das Gesellschaftskapital (→ Rn. 58) abhängig. Der Umfang muss im Umwandlungsbeschluss nur bestimmt, nicht aber erläutert oder erklärt werden. Dies ist allein Aufgabe des Umwandlungsberichts über den Formwechsel (→ § 33 Rn. 17 f.).[57]

In den meisten Fällen werden die **Beteiligungsquoten** beim Rechtsträger neuer 34 Rechtsform den bisherigen Beteiligungsquoten entsprechen (verhältniswahrender Formwechsel). Während das UmwG für die nicht verhältniswahrende Spaltung eine ausdrückliche Bestimmung enthält (§ 128 UmwG → § 25 Rn. 22 ff.), fehlt eine vergleichbare Aussage zur Zulässigkeit und zu den Modalitäten eines **nicht verhältniswahrenden**

---

[50] Lutter/Decher/Hoger § 194 Rn. 14.
[51] BT-Drucks. 12/6699, S. 140; Böttcher/Habighorst/Schulte/Althoff/Narr § 194 Rn. 6; Lutter/Decher/Hoger § 194 Rn. 9; Henssler/Strohn/Drinhausen/Keinath § 194 UmwG Rn. 6; allg. Semler/Stengel/Bärwaldt § 194 Rn. 3, 12.
[52] Vgl. nur Böttcher/Habighorst/Schulte/Althoff/Narr § 194 Rn. 8.
[53] Böttcher/Habighorst/Schulte/Althoff/Narr § 194 Rn. 8; Lutter/Decher/Hoger § 194 Rn. 14; auch Kölner Kommentar-UmwG/Petersen § 194 Rn. 10.
[54] Vgl. dazu etwa auch die Darstellung bei Limmer/Limmer, Teil 4 Rn. 150 ff.
[55] Lutter/Decher/Hoger § 194 Rn. 11 f.; auch Semler/Stengel/Bärwaldt § 194 Rn. 16 f.; ferner Böttcher/Habighorst/Schulte/Althoff/Narr § 194 Rn. 9.
[56] Vgl. dazu etwa die Darstellung bei Limmer/Limmer, Teil 4 Rn. 159 ff.
[57] Vgl. Semler/Stengel/Bärwaldt § 194 Rn. 15.

Formwechsels. Daraus ist jedoch nicht auf seine Unzulässigkeit zu schließen. In analoger Anwendung von § 128 UmwG ist nach allgemeiner Auffassung vielmehr auch ein nicht verhältniswahrender Formwechsel zulässig. Voraussetzung ist, dass ihm alle betroffenen Anteilsinhaber zustimmen.[58] Fehlt es an der erforderlichen Zustimmung, ist nur ein quotenerhaltender Formwechsel zulässig.[59] Die Rechtsschutzmöglichkeiten der Anteilsinhaber in diesem Fall sind nicht abschließend geklärt. Entgegen § 195 Abs. 2 UmwG soll eine Klage gegen den Umwandlungsbeschluss zulässig sein (→ § 37 Rn. 38 ff.).[60] Wer überhaupt als betroffener Anteilsinhaber gilt, dessen Zustimmung erforderlich ist, ist jedoch ungeklärt. Soweit dazu ausdrücklich Stellung bezogen wird, wird davon ausgegangen, dass es für einen nicht verhältniswahrenden Formwechsel stets der Zustimmung aller Anteilsinhaber bedürfen würde.[61] Angesichts dieser unklaren Rechtslage empfiehlt es sich in der Praxis, die Zustimmung jedenfalls aller Anteilsinhaber einzuholen, deren Anteil am Rechtsträger neuer Rechtsform sich ändert.

5. Sonder- und Vorzugsrechte

35 Der Umwandlungsbeschluss hat die **Rechte, die einzelnen Anteilsinhabern** sowie den **Inhabern besonderer Rechte** wie Anteile ohne Stimmrecht, Vorzugsaktien, Mehrstimmrechtsaktien, Schuldverschreibungen und Genussrechte in dem Rechtsträger neuer Rechtsform gewährt werden, oder die Maßnahmen, die für diese Personen vorgesehen sind, zu bestimmen (§ 194 Abs. 1 Nr. 5 UmwG). Der Wortlaut der Vorschrift ist mit § 5 Abs. 1 Nr. 7 UmwG zum Inhalt des Verschmelzungsvertrags (→ § 8 Rn. 82 ff.) nahezu identisch. Sind weder Rechte für einzelne Anteilsinhaber noch die Gewährung besonderer Rechte im Rechtsträger neuer Rechtsform geplant, empfiehlt es sich, dies im Formwechselbeschluss mittels einer Negativerklärung deutlich zu machen.[62] Werden vorhandene Rechte nicht weitergeführt (etwa weil der Rechtsträger neuer Rechtsform dies nicht zulässt) und stattdessen ein Ausgleich gewährt (etwa Barausgleich) ist dies ebenfalls im Formwechselbeschluss anzugeben.[63] Darüber hinausgehende Angaben dürften aber in der Praxis nicht verlangt werden können, so dass etwa die gesetzlichen Folgen der einzelnen Rechte im Beschluss nicht zu nennen sind, sondern eine Aufzählung genügt. Die Rechte werden durch die Nennung im Formwechselbeschluss nicht begründet; dies hat vielmehr separat (entsprechend der Regeln für die in Rede stehenden Rechte) zu erfolgen.[64]

36 Die Bestimmung der **Rechte und Maßnahmen für Inhaber besonderer Rechte** ist im Zusammenspiel mit §§ 204, 23 UmwG zu sehen. §§ 204, 23 UmwG konkretisieren den materiellen Inhalt der Rechte, die den Inhabern von Sonderrechten zu gewähren sind. Sonderrechtsinhaber haben danach einen **Anspruch auf Gewährung gleichwertiger Rechte** (→ § 36 Rn. 53 ff., → § 13 Rn. 285 ff. zur Verschmelzung) und sollen damit vor einer Verwässerung durch die Umwandlung geschützt werden. Dieser Anspruch kann im Umwandlungsbeschluss nicht ausgeschlossen werden.[65] Die Aufzählung der beispielhaften Sonderrechte im Gesetz ist nicht abschließend.[66] Erfasst sind etwa Vorabgewinnrechte,

---

[58] *Veil* DB 1996, 2529; Lutter/*Decher*/*Hoger* § 202 Rn. 15; Kallmeyer/*Meister*/*Klöcker* § 194 Rn. 34; auch Semler/Stengel/*Bärwaldt* § 194 Rn. 18; Henssler/Strohn/*Drinhausen*/*Keinath* § 194 UmwG Rn. 7; *Heckschen* DB 2008, 2122, 2122; ferner Limmer/*Limmer*, Teil 4 Rn. 34 mwN; Picot/*Müller-Eising* § 6 Rn. 709, 711.

[59] Limmer/*Limmer*, Teil 4 Rn. 168 mwN.

[60] Dafür Semler/Stengel/*Bärwaldt* § 194 Rn. 19; Limmer/*Limmer*, Teil 4 Rn. 168.

[61] So Lutter/*Decher*/*Hoger* § 202 Rn. 15.

[62] Böttcher/Habighorst/Schulte/*Althoff*/*Narr* § 194 Rn. 10; Lutter/*Decher*/*Hoger* § 194 Rn. 16; Henssler/Strohn/*Drinhausen*/*Keinath* § 194 UmwG Rn. 9; Kallmeyer/*Meister*/*Klöcker* § 194 Rn. 37.

[63] Näher Lutter/*Decher*/*Hoger* § 194 Rn. 17.

[64] Vgl. Semler/Stengel/*Bärwaldt* § 194 Rn. 23.

[65] Limmer/*Limmer*, Teil 4 Rn. 178.

[66] Henssler/Strohn/*Drinhausen*/*Keinath* § 194 UmwG Rn. 9; ferner Böttcher/Habighorst/Schulte/*Althoff*/*Narr* § 194 Rn. 10.

Vorkaufsrechte, Bestellungsrechte für die Geschäftsführung, Vetorechte, Mehrstimmrechte oder Vinkulierungen.[67]

Der Umwandlungsbeschluss hat sich über die Art der Gewährung der gleichwertigen Rechte an die Inhaber besonderer Rechte ausdrücklich zu verhalten.[68] Die Aufnahme in den Beschluss dient dem Schutz der (übrigen) Anteilsinhaber, damit diese Abweichungen vom **gesellschaftsrechtlichen Gleichbehandlungsgrundsatz** unmittelbar erkennen bzw. dessen Einhaltung überprüfen können.[69] Nicht aufgenommen werden müssen daher Rechte, die allen Anteilsinhabern in gleicher Weise zugutekommen.[70] Sofern die Rechte aufgrund der Identität des Rechtsträgers schlicht erhalten bleiben (→ § 36 Rn. 53) scheint mit Blick auf den Wortlaut des § 194 Abs. 1 Nr. 5 UmwG („gewähren", „vorgesehen") fraglich, ob die (fortbestehenden) Sonderrechte im Beschluss auch dann zu nennen sind. In der Praxis sind die Rechte (jedenfalls vorsorglich) aufzunehmen. Nicht aufzunehmen sind dagegen Rechte, die kraft Gesetzes entstehen oder nur schuldrechtlich vorgesehen sind.[71]

Die Inhaber von Sonderrechten haben nach §§ 204, 23 UmwG Anspruch auf gleichwertige Rechte (→ § 36 Rn. 55). Welche Rechte in dem Rechtsträger neuer Rechtsform gewährt werden müssen und überhaupt gewährt werden können, richtet sich nach den allgemeinen gesellschaftsrechtlichen Bestimmungen der Zielrechtsform. Die den Sonderrechtsinhabern gewährten Rechte müssten insgesamt **wirtschaftlich gleichwertig** sein. Dies bedeutet zunächst jedoch, dass im Rechtsträger neuer Rechtsform Rechte gleicher (formal-rechtlicher) Art zu gewähren sind, bei ggf. erforderlicher Anpassung der wirtschaftlichen Parameter.[72] Lässt das Recht der neuen Rechtsform eine solche Gewährung gleichartiger Rechte nicht zu, so sind solche Rechte zu gewähren, die den vorhandenen Rechten rechtlich und wirtschaftlich am ehesten entsprechen.[73] Dabei müssen die Abweichungen von der vorhandenen Ausgestaltung des Rechts so gewählt werden, dass insgesamt eine wirtschaftliche Gleichwertigkeit besteht.[74]

6. Angebot auf Barabfindung

Sofern den Anteilsinhabern ein **Angebot auf Barabfindung** zu unterbreiten ist (§ 207 UmwG), hat bereits der Entwurf des Umwandlungsbeschlusses dieses Angebot gemäß § 194 Abs. 1 Nr. 6 UmwG zu enthalten. Die Festsetzungen im Umwandlungsbeschluss nach § 194 Abs. 1 Nr. 6 UmwG sichern den Abfindungsanspruch der Anteilsinhaber und verpflichten dazu, das konkrete Angebot auf Barabfindung den Anteilsinhabern bereits als Teil des Beschlusses (bzw. seines Entwurfs) zu unterbreiten. Die Regelungen beim Formwechsel entsprechen in weiten Teilen dem Recht auf Barabfindung im Verschmelzungsrecht nach §§ 29 ff. UmwG (→ § 8 Rn. 118 ff., § 13 Rn. 327 ff.). Der **Anspruch auf Barabfindung steht nach § 207 UmwG** jedem Anteilsinhaber zu, der gegen den Formwechselbeschluss Widerspruch zur Niederschrift erklärt hat. Er besteht auch dann, wenn die nach § 194 Abs. 1 Nr. 6 UmwG erforderlichen Festsetzungen im Beschluss nicht getroffen wurden (→ § 36 Rn. 35). Die Barabfindung dient dem wirtschaftlichen Schutz

---

[67] Vgl. ausführlich etwa Kallmeyer/*Meister/Klöcker* § 194 Rn. 41; auch Lutter/*Decher/Hoger* § 194 Rn. 17 mwN.
[68] Lutter/*Decher/Hoger* § 194 Rn. 19; auch Kallmeyer/*Meister/Klöcker* § 194 Rn. 43.
[69] Semler/Stengel/*Bärwaldt* § 194 Rn. 22; Schmitt/Hörtnagl/Stratz/*Stratz* § 194 Rn. 7.
[70] Lutter/*Decher/Hoger* § 194 Rn. 17; Hensler/Strohn/*Drinhausen/Keinath* § 194 UmwG Rn. 9; Kallmeyer/*Meister/Klöcker* § 194 Rn. 40; Kölner Kommentar-UmwG/*Petersen* § 194 Rn. 15; Semler/Stengel/*Bärwaldt* § 194 Rn. 22; Schmitt/Hörtnagl/Stratz/*Stratz* § 194 Rn. 7.
[71] Kallmeyer/*Meister/Klöcker* § 194 Rn. 37.
[72] Vgl. dazu auch Lutter/*Decher/Hoger* § 204 Rn. 26; Kallmeyer/*Meister/Klöcker* § 204 Rn. 23; Semler/Stengel/*Kalss* § 204 Rn. 4 f.
[73] Kallmeyer/*Meister/Klöcker* § 194 Rn. 39; Kölner Kommentar-UmwG/*Petersen* § 194 Rn. 16; vgl. auch Semler/Stengel/*Bärwaldt* § 194 Rn. 25.
[74] Lutter/*Decher/Hoger* § 204 Rn. 26; Hensler/Strohn/*Drinhausen/Keinath* § 207 UmwG Rn. 10; Kallmeyer/*Meister/Klöcker* § 194 Rn. 39, § 204 Rn. 23; Semler/Stengel/*Kalss* § 204 Rn. 4 f.

der überstimmten Minderheit der Anteilsinhaber und sichert ihr Vermögensinteresse.[75] Kein Anteilsinhaber soll gezwungen sein, die mit dem Wechsel in eine andere Rechtsform verbundene Änderung seiner Rechte alternativlos hinzunehmen.[76] Das Angebot auf Barabfindung wird durch den Rechtsträger abgegeben, nicht durch seine Anteilsinhaber.[77] Fehlt es am Angebot auf Barabfindung im Umwandlungsbeschluss, so führt dies nicht nur zur Anfechtbarkeit des Beschlusses, sondern auch zur Berechtigung der Anteilsinhaber in entsprechender Anwendung des § 212 UmwG, die Höhe der angemessenen Barabfindung in einem Spruchverfahren nach dem SpruchG gerichtlich bestimmen zu lassen (→ § 37 Rn. 68 ff.).[78]

40 a) **Voraussetzungen.** Grundsätzlich ist bei **jedem Formwechsel**, unabhängig von der Ausgangs- und Zielrechtsform, den Anteilsinhabern ein Angebot auf Barabfindung zu unterbreiten. Entsprechend seiner Zielsetzung als Instrument des Minderheitenschutzes (→ Rn. 39) ist nach ausdrücklicher gesetzlicher Anordnung ein Barabfindungsangebot aber **nicht erforderlich**, wenn an dem formwechselnden Rechtsträger nur **ein Anteilsinhaber** beteiligt ist (§ 194 Abs. 1 Nr. 6 Alt. 2 UmwG). Ebenso ist ein Angebot auf Barabfindung nach § 194 Abs. 1 Nr. 6 Alt. 1 UmwG dann nicht erforderlich, wenn der Umwandlungsbeschluss der **Zustimmung sämtlicher Anteilsinhaber** bedarf. In diesem Fall hat jeder Anteilsinhaber die Möglichkeit, durch seine Versagung der Zustimmung den Formwechsel zu verhindern.[79] In Betracht kommen dabei alle Anteilsinhaber betreffende Vinkulierungen nach § 193 Abs. 2 UmwG (→ Rn. 59 ff.) oder gesetzliche Einstimmigkeitserfordernisse für den Umwandlungsbeschluss (→ Rn. 12). Solche finden sich etwa für die Umwandlung einer Kapitalgesellschaft in eine Personen(handels)gesellschaft in § 233 Abs. 1 UmwG oder bei Personengesellschaften in Abwesenheit von Bestimmungen im Gesellschaftsvertrag nach § 217 Abs. 1 S. 1 UmwG (→ Rn. 12). Schließlich finden sich noch ausdrückliche gesetzliche Ausnahmen, nach denen § 207 UmwG nicht anwendbar und dementsprechend auch kein Barabfindungsangebot zu unterbreiten ist (etwa §§ 227, 250 und 282 Abs. 2 UmwG).[80]

41 Das UmwG schweigt zu der Frage, ob ein **Verzicht der Anteilsinhaber auf die Unterbreitung des Barabfindungsangebots** möglich ist. Das Gesetz sieht lediglich vor, dass die Berechtigten gemäß §§ 208, 30 Abs. 2 S. 3 UmwG auf die Prüfung der Angemessenheit der Barabfindung verzichten können. Nach überwiegender Ansicht ist ein Verzicht auch auf die Unterbreitung des Barabfindungsangebots aber möglich.[81] Dies überzeugt. Denn das Barabfindungsangebot dient alleine den Interessen der Anteilsinhaber. Wenn diese auf eine Prüfung verzichten können, muss auch ein Verzicht auf das Angebot an sich möglich sein. Es bedarf des Verzichts aller Anteilsinhaber.[82] In Anlehnung an § 30 Abs. 2 S. 3 Hs. 2 UmwG wird allerdings eine notarielle Beurkundung der Verzichtserklärungen verlangt.[83] Die Verzichtserklärungen seien zudem entsprechend § 199 UmwG (→ § 35 Rn. 19 ff.) zum Handelsregister einzureichen.[84] Dies entspricht den Erfordernissen für den

---

[75] Vgl. auch BT-Drucks. 12/6699, S. 146.
[76] Henssler/Strohn/*Drinhausen/Keinath* § 207 UmwG Rn. 2; auch Lutter/*Decher/Hoger* § 207 Rn. 1.
[77] Limmer/*Limmer*, Teil 4 Rn. 181.
[78] Böttcher/Habighorst/Schulte/*Althoff/Narr* § 207 Rn. 17.
[79] Henssler/Strohn/*Drinhausen/Keinath* § 194 UmwG Rn. 11.
[80] Vgl. dazu auch Limmer/*Limmer*, Teil 4 Rn. 184, 259.
[81] Lutter/*Decher/Hoger* § 194 Rn. 23, § 207 Rn. 22; Henssler/Strohn/*Drinhausen/Keinath* § 194 UmwG Rn. 11; Limmer/*Limmer*, Teil 4 Rn. 185 mwN; Kallmeyer/*Meister/Klöcker* § 194 Rn. 46; auch Böttcher/Habighorst/Schulte/*Althoff/Narr* § 194 Rn. 13; Picot/*Müller-Eising* § 6 Rn. 731.
[82] Limmer/*Limmer*, Teil 4 Rn. 185; Kallmeyer/*Meister/Klöcker* § 194 Rn. 46.
[83] Böttcher/Habighorst/Schulte/*Althoff/Narr* § 194 Rn. 13, § 207 Rn. 9; Lutter/*Decher/Hoger* § 194 Rn. 23, § 207 Rn. 22; Henssler/Strohn/*Drinhausen/Keinath* § 194 UmwG Rn. 11, § 207 UmwG Rn. 6; Limmer/*Limmer*, Teil 4 Rn. 185, 260; Semler/Stengel/*Kalss*, § 207 Rn. 17.
[84] Lutter/*Decher/Hoger* § 207 Rn. 22; Limmer/*Limmer*, Teil 4 Rn. 185, 260; Semler/Stengel/*Kalss* § 207 Rn. 16; Kallmeyer/*Meister/Klöcker* § 194 Rn. 46.

Verzicht auf die Prüfung der Angemessenheit der Barabfindung gemäß §§ 208, 30 Abs. 2 S. 3 UmwG (→ Rn. 43). Ungeklärt ist allerdings, ob der Verzicht auf Abgabe eines Abfindungsangebots auch noch nach dem Formwechselbeschluss möglich ist. Teilweise wird ein Verzicht nur vor dem Beschluss für zulässig gehalten.[85] Nach überwiegender Ansicht ist jedoch auch der Verzicht im Anschluss an einen Formwechselbeschluss noch möglich.[86] Dem ist beizupflichten. Die Anteilsinhaber können sowohl im Vorfeld der Versammlung auf die Abgabe eines Abfindungsangebots durch den formwechselnden Rechtsträger verzichten als auch auf die Rechte aus einem bereits ausgesprochenen Angebot. Erforderlich ist jedoch stets ein individueller Verzicht, so dass die Pflicht zum Barabfindungsangebot etwa nicht durch Bestimmungen in der Satzung bzw. im Gesellschaftsvertrag abbedungen werden kann.[87]

b) Ausgestaltung. Zwar folgt bereits aus § 207 UmwG ein Barabfindungsanspruch der Anteilsinhaber; das Gesetz formuliert in § 194 Abs. 1 Nr. 6 UmwG aber die Pflicht, ein Abfindungsangebot zu unterbreiten und auszugestalten. Der Beschluss (bzw. sein Entwurf) muss die **konkrete Höhe der Barabfindung pro Anteil** enthalten.[88] Die Angabe muss so präzise sein, dass sie durch einfache Annahmeerklärung nach § 209 UmwG (→ § 36 Rn. 36) angenommen werden kann.[89] Erforderlich ist daher die Angabe eines genau bezifferten, festen Geldbetrages.[90] Weder die Angabe eines noch zu bestimmenden Geldbetrages noch eine Formel zur Ermittlung der Barabfindung genügt dem.[91] Die Abfindung muss grundsätzlich auf die Zahlung eines Geldbetrages gerichtet sein; den Abfindungsberechtigten kann jedoch zur Wahl gestellt werden, anstelle des Geldbetrags bestimmte Vermögensgegenstände als Abfindung anzunehmen.[92] Ferner soll es erforderlich sein, dass der Umwandlungsbeschluss einen Hinweis auf die zweimonatige Annahmefrist nach § 209 UmwG enthält.[93]

Der als **Abfindung angebotene Betrag hat angemessen zu sein** (§§ 207 Abs. 1 S. 1, 208 UmwG). Dafür wird auf die Verschmelzungsregeln verwiesen (§§ 208, 30 UmwG, zur Verschmelzung → § 13 Rn. 356 ff.). Die Barabfindung muss die Verhältnisse des formwechselnden Rechtsträgers im Zeitpunkt der Beschlussfassung über den Formwechsel berücksichtigen (§§ 208, 30 Abs. 1 S. 1 UmwG). Die Ermittlung erfolgt nach den allgemeinen Grundsätzen der Unternehmensbewertung.[94] Zuständig dafür ist im Ausgangspunkt das Vertretungsorgan des formwechselnden Rechtsträgers.[95] Die **Angemessenheit der Barabfindung** ist gemäß §§ 208, 30 Abs. 2 UmwG stets durch einen Prüfer entsprechend den Regeln für die Verschmelzung (→ § 13 Rn. 360 ff.) zu prüfen. Über das

---

[85] Vgl. etwa Semler/Stengel/*Kalss* § 207 Rn. 17.
[86] Vgl. etwa Lutter/*Decher*/*Hoger* § 207 Rn. 22; Limmer/*Limmer*, Teil 4 Rn. 260; Kallmeyer/*Meister*/*Klöcker* § 207 Rn. 46.
[87] Lutter/*Decher*/*Hoger* § 207 Rn. 2; Henssler/Strohn/*Drinhausen*/*Keinath* § 207 UmwG Rn. 6; Kallmeyer/*Meister*/*Klöcker* § 207 Rn. 4; auch Semler/Stengel/*Kalss* § 207 Rn. 2.
[88] Vgl. etwa Lutter/*Decher*/*Hoger* § 194 Rn. 20 mwN; Henssler/Strohn/*Drinhausen*/*Keinath* § 194 UmwG Rn. 10.
[89] Vgl. etwa Henssler/Strohn/*Drinhausen*/*Keinath* § 207 UmwG Rn. 3; Kallmeyer/*Meister*/*Klöcker* § 207 Rn. 27.
[90] Vgl. etwa Henssler/Strohn/*Drinhausen*/*Keinath* § 207 UmwG Rn. 3; Kallmeyer/*Meister*/*Klöcker* § 207 Rn. 28.
[91] Vgl. dazu Lutter/*Decher*/*Hoger* § 194 Rn. 20, § 207 Rn. 15; Henssler/Strohn/*Drinhausen*/*Keinath* § 194 UmwG Rn. 10, § 207 UmwG Rn. 3; Semler/Stengel/*Kalss* § 207 Rn. 9; Kallmeyer/*Meister*/*Klöcker* § 207 Rn. 27 f.; Böttcher/Habighorst/Schulte/*Althoff*/*Narr* § 194 Rn. 12; Semler/Stengel/*Bärwaldt* § 194 Rn. 28.
[92] Henssler/Strohn/*Drinhausen*/*Keinath* § 207 UmwG Rn. 3.
[93] Semler/Stengel/*Bärwaldt* § 194 Rn. 29; Henssler/Strohn/*Drinhausen*/*Keinath* § 194 UmwG Rn. 10.
[94] Böttcher/Habighorst/Schulte/*Althoff*/*Narr* § 208 Rn. 2; Lutter/*Decher*/*Hoger* § 208 Rn. 5 ff.; Semler/Stengel/*Zeidler* § 208 Rn. 5.
[95] Böttcher/Habighorst/Schulte/*Althoff*/*Narr* § 208 Rn. 2; Semler/Stengel/*Zeidler* § 208 Rn. 5.

Ergebnis der **Prüfung** hat der Prüfer einen Prüfbericht zu erstatten. Entsprechend früh hat die Höhe der Barabfindung bereits festzustehen. Hinsichtlich der Bestellung des Prüfers, seiner Stellung und Verantwortlichkeit sowie der Erstattung des Prüfberichts wird gemäß §§ 208, 30 Abs. 2 S. 2 UmwG auf die entsprechenden Vorschriften zur Verschmelzungsprüfung (§§ 10 ff. UmwG → § 10 Rn. 65 ff.) verwiesen. Anders als die Verschmelzungsprüfung hat die Prüfung der Angemessenheit der Barabfindung gemäß § 208 UmwG nicht den gesamten Umwandlungsvorgang zum Gegenstand und betrifft zudem die Barabfindung bei einer Umwandlung, an der nur ein Rechtsträger beteiligt ist.[96] Dies mahnt zur Vorsicht bei der unbesehenen Anwendung der Vorschriften zur Verschmelzungsprüfung auf den Formwechsel und kann gewisse Anpassungen bei der Anwendung erforderlich machen.[97] Auf die Prüfung der Angemessenheit der Barabfindung kann durch die berechtigten Anteilsinhaber mittels notariell beurkundeter Verzichtserklärungen verzichtet werden (§§ 208, 30 Abs. 2 S. 3 UmwG).[98]

44 Eine Klage gegen die Wirksamkeit des Formwechselbeschlusses kann nicht darauf gestützt werden, dass die Barabfindung zu niedrig bemessen oder überhaupt nicht oder nicht ordnungsgemäß angeboten wurde (→ Rn. 39). Dafür steht gemäß § 212 UmwG ausschließlich das gerichtliche **Spruchverfahren** nach dem SpruchG zur Verfügung (→ § 37 Rn. 68 ff.).

45 **c) Ablauf/Annahme des Barabfindungsangebots durch die Anteilsinhaber.** Das Angebot ist den Anteilsinhabern spätestens zusammen mit der Einberufung der Anteilsinhaberversammlung, die über den Formwechsel beschließt, **mitzuteilen** (vgl. §§ 216, 231 und 251 Abs. 1 UmwG), und zwar entweder durch Übersendung des Beschlussentwurfs oder durch Bekanntmachung im Bundesanzeiger (oder den Geschäftsblättern).[99]

46 Der formwechselnde Rechtsträger hat in Übereinstimmung mit dem Barabfindungsangebot gemäß § 207 S. 1 UmwG denjenigen Anteilsinhabern den Erwerb ihrer umgewandelten Anteile bzw. Mitgliedschaften gegen Barabfindung anzubieten, die gegen den Umwandlungsbeschluss **Widerspruch zur Niederschrift** erklärt haben. Einer Begründung des Widerspruchs bedarf es nicht; ausreichend und zugleich aber auch erforderlich ist, dass der Wille ausreichend zum Ausdruck kommt, mit dem Formwechselbeschluss nicht einverstanden zu sein – der Anteilsinhaber also deutlich macht, nicht Anteilsinhaber am Rechtsträger neuer Rechtsform werden zu wollen.[100] Allein die Abgabe einer Gegenstimme ist deshalb nicht ausreichend.[101] Hält ein Anteilsinhaber mehrere Anteile, muss der Widerspruch für jeden seiner Anteile, für den er eine Barabfindung begehrt, gesondert abgegeben werden.[102] Der Anteilsinhaber hat den Widerspruch in der betreffenden Anteilsinhaberversammlung zu erklären; eine Abgabe vor oder nach der Versammlung entfaltet also keine Wirksamkeit.[103] Nicht abschließend geklärt ist, ob allein der Widerspruch zur Niederschrift genügt oder ob der Anteilsinhaber auch gegen den Formwechsel gestimmt haben muss. Nach teilweise vertretener Auffassung ist eine Nein-Stimme Voraussetzung.[104]

---

[96] Vgl. ebenso Lutter/*Decher/Hoger* § 208 Rn. 14.
[97] Siehe dazu ausführlicher Lutter/*Decher/Hoger* § 208 Rn. 14 ff.
[98] Vgl. dazu etwa Böttcher/Habighorst/Schulte/*Althoff/Narr* § 208 Rn. 4.
[99] Lutter/*Decher/Hoger* § 207 Rn. 6; Henssler/Strohn/*Drinhausen/Keinath* § 207 UmwG Rn. 3; Kallmeyer/*Meister/Klöcker* § 207 Rn. 20; auch Semler/Stengel/*Kalss* § 207 Rn. 8.
[100] Böttcher/Habighorst/Schulte/*Althoff/Narr* § 207 Rn. 5; auch Lutter/*Decher/Hoger* § 207 Rn. 7 f.; Limmer/*Limmer*, Teil 4 Rn. 245; Kallmeyer/*Meister/Klöcker* § 207 Rn. 14.
[101] Böttcher/Habighorst/Schulte/*Althoff/Narr* § 207 Rn. 5; Kallmeyer/*Meister/Klöcker* § 207 Rn. 14.
[102] Böttcher/Habighorst/Schulte/*Althoff/Narr* § 207 Rn. 6; Lutter/*Decher/Hoger* § 207 Rn. 7; Kallmeyer/*Meister/Klöcker* § 207 Rn. 14; ähnl. auch Semler/Stengel/*Kalss* § 209 Rn. 4.
[103] Böttcher/Habighorst/Schulte/*Althoff/Narr* § 207 Rn. 6; Lutter/*Decher/Hoger* § 207 Rn. 7 Henssler/Strohn/*Drinhausen/Keinath* § 207 UmwG Rn. 4; Semler/Stengel/*Kalss* § 207 Rn. 7.
[104] Henssler/Strohn/*Drinhausen/Keinath* § 207 UmwG Rn. 4; Semler/Stengel/*Kalss* § 207 Rn. 7 Schmitt/Hörtnagl/Stratz/*Stratz* § 194 Rn. 8, § 207 Rn. 4.

Dem ist nicht zu folgen. Das Gesetz spricht ausdrücklich nur von „Widerspruch" und erwähnt das Abstimmverhalten nicht. Gegen das Erfordernis einer negativen Abstimmung spricht zudem die Fehleranfälligkeit dieses Erfordernisses.[105] Dem Widerspruch steht es gemäß §§ 207 Abs. 2, 29 Abs. 2 UmwG gleich, wenn ein nicht erschienener Anteilsinhaber zur Versammlung zu Unrecht nicht zugelassen worden ist oder die Versammlung nicht ordnungsgemäß einberufen oder der Gegenstand der Beschlussfassung nicht ordnungsgemäß bekannt gemacht worden ist.

Der Anteilsinhaber hat das Angebot auf Barabfindung gemäß § 209 UmwG anzunehmen, damit ihm im Gegenzug zur Abgabe seiner Anteile bzw. Mitgliedschaften die Barabfindung durch den Rechtsträger ausgekehrt wird (→ § 36 Rn. 36). **47**

7. Folgen des Formwechsels für die Arbeitnehmer

Ebenso wie beim Verschmelzungs- und Spaltungsvertrag (§§ 5 Abs. 1 Nr. 9, § 126 **48** Abs. 1 Nr 11 UmwG → § 8 Rn. 95 ff., § 22 Rn. 70 f.) müssen im Formwechselbeschluss die Folgen des Formwechsels für die Arbeitnehmer und ihre Vertretungen sowie die insoweit vorgesehenen Maßnahmen enthalten sein (§ 194 Abs. 1 Nr. 7 UmwG). Dazu gehören sowohl individual- als auch kollektivarbeitsrechtliche Veränderungen.[106] Da es beim Formwechsel (anders als bei der Verschmelzung oder Spaltung) bei der Identität des Rechtsträgers bleibt (→ § 36 Rn. 1 ff.), gibt es in der Regel deutlich weniger solcher Folgen. In Betracht kommen vor allem Veränderungen bei der unternehmerischen Mitbestimmung.[107] Es handelt sich bei den Angaben nach § 194 Abs. 1 Nr. 7 UmwG – anders als bei den sonstigen Bestimmungen des Formwechselbeschlusses – um rein berichtende Inhalte ohne jeden Regelungscharakter.[108] Sie stellen daher im Beschluss einen gewissen Fremdkörper dar und wären eigentlich sachgerechter im Formwechselbericht aufgehoben.

Wenn kein Betriebsrat beim formwechselnden Rechtsträger besteht, bedarf es der Angaben nach § 194 Abs. 1 Nr. 7 UmwG nicht.[109] Denn die Angaben sollen allein der Information des Betriebsrats dienen (zu § 194 Abs. 2 UmwG → Rn. 66 f.). Eine darüberhinausgehende Information der individuellen Arbeitnehmer ist nicht Zweck der Angaben. **49**

8. Bestellung der Organe des Rechtsträgers neuer Rechtsform

Ob die Organe des Rechtsträgers neuer Rechtsform neu zu bestellen sind, hängt davon **50** ab, inwieweit sich eine **Amtskontinuität** der Organe ergibt (→ § 36 Rn. 14 ff.). Nach überwiegender Auffassung **enden** die Ämter der Organmitglieder des formwechselnden Rechtsträgers im Zuge der Umwandlung.[110] Einzige (gesetzliche) Ausnahme sind die Aufsichtsratsmitglieder, die nach Maßgabe des § 203 UmwG als Mitglieder des Aufsichtsrats neuer Rechtsform im Amt bleiben. Erforderlich ist für die Anwendbarkeit von § 203 UmwG und einer daraus resultierenden Amtskontinuität der Aufsichtsratsmitglieder jedoch, dass bei dem Rechtsträger neuer Rechtsform „in gleicher Weise wie bei dem formwechselnden Rechtsträger ein Aufsichtsrat gebildet und zusammengesetzt [wird]" (→ § 36 Rn. 17).

Grundsätzlich bedarf es damit einer **Neubestellung der Organe**, die sich grundsätzlich **51** nach den **Gründungsvorschriften** der neuen Rechtsform richtet (§ 197 UmwG → Rn. 54 f.). Es kann sich empfehlen, die Neubestellung unmittelbar mit dem Form-

---

[105] Vgl. auch Kallmeyer/*Meister/Klöcker* § 207 Rn. 15; ferner Lutter/*Decher/Hoger* § 207 Rn. 8 f.; Limmer/*Limmer*, Teil 4 Rn. 246.
[106] Henssler/Strohn/*Drinhausen/Keinath* § 194 UmwG Rn. 12.
[107] Vgl. auch Semler/Stengel/*Bärwaldt* § 194 Rn. 30 f.; Lutter/*Decher/Hoger* § 194 Rn. 25 ff.; Kallmeyer/*Willemsen* § 194 Rn. 58; ferner Kölner Kommentar-UmwG/*Hohenstatt/Schramm* § 194 Rn. 24 ff.; zu Recht insgesamt kritisch Schmitt/Hörtnagl/Stratz/*Langner* § 194 Rn. 9 f.
[108] Bungert DB 1997, 2209, 2209 („Fremdkörper"); auch Lutter/*Decher/Hoger* § 194 Rn. 27.
[109] Lutter/*Decher/Hoger* § 194 Rn. 31; abw. Kallmeyer/*Willemsen* § 194 Rn. 59.
[110] Henssler/Strohn/*Drinhausen/Keinath* § 202 Rn. 4; Semler/Stengel/*Kübler* § 202 Rn. 10; Kallmeyer/*Meister/Klöcker* § 202 Rn. 24.

wechselbeschluss vorzunehmen. Wenn kein Fall des § 203 UmwG vorliegt, gilt das auch für den Aufsichtsrat, so dass die Anteilsinhaber die Mitglieder neu bestellen müssen.[111] Für einen neu zu bildenden Aufsichtsrat sieht § 197 UmwG spezielle Bestimmungen vor: Nach § 197 S. 2 UmwG finden die Vorschriften über die Bildung und Zusammensetzung keine Anwendung, so dass insbesondere § 30 Abs. 2 AktG nicht anwendbar ist. Es bedarf damit also auch nicht der Bestellung der Aufsichtsratsmitglieder der Arbeitnehmer. Nach § 197 S. 3 UmwG ist jedoch beim Formwechsel in eine Aktiengesellschaft § 31 AktG anwendbar, so dass es für die Wirksamkeit des Formwechsels zunächst genügt, nur die Anteilseignervertreter zu bestellen.[112] Der Vorstand hat dann gemäß § 31 Abs. 3 AktG unverzüglich ein Statusverfahren durchzuführen. Ebenso wie wenn erstmalig ein Aufsichtsrat zu wählen ist, bedarf es damit auch bei einer Änderung der Zusammensetzung des Aufsichtsrats des Rechtsträgers durch den Formwechsel der Durchführung eines Statusverfahrens nach §§ 97 ff AktG, um die Zusammensetzung des Aufsichtsrat an den neuen Soll-Zustand anzupassen.[113]

9. (Kein) Formwechselstichtag

52 Der Formwechsel wird gemäß § 202 Abs. 1, 2 UmwG mit Eintragung im Register wirksam. Diese Folge ist zwingend, und es kann – anders als bei der Verschmelzung oder Spaltung (§§ 5 Abs. 1 Nr. 6 und 126 Abs. 1 Nr. 6 → § 8 Rn. 77 ff. und § 22 Rn. 33) – durch einen abweichenden Formwechselstichtag weder eine zeitliche Verschiebung nach vorne noch nach hinten bestimmt werden. Der Formwechsel **wirkt also insbesondere nicht rückwirkend**.[114] Anders als bei Verschmelzung oder Spaltung wird dafür aber auch regelmäßig kein Bedürfnis bestehen, da die Identität des Rechtsträgers erhalten bleibt (→ § 36 Rn. 1 ff.).[115] Dessen ungeachtet kann ein Stichtag für steuerliche Zwecke gewählt werden, der jedoch höchstens acht Monate vor der Anmeldung des Formwechsels beim Handelsregister liegen darf (steuerliche Acht-Monats-Frist, §§ 9 S. 3, 20 Abs. 6 S. 1 und 25 UmwStG → § 50 Rn. 4 f.).[116]

IV. Gründungsrecht und Satzung bzw. Gesellschaftsvertrag des Rechtsträgers neuer Rechtsform

53 Die Vorschrift über den Mindestinhalt des Formwechselbeschlusses (§ 194 UmwG) bestimmt selbst nicht, dass auch auf die Kautelen einer Gesellschaftsgründung einzugehen ist oder dass der Umwandlungsbeschluss, wie bei einer Gründung, den Wortlaut des Gesellschaftsvertrags bzw. der Satzung des Rechtsträgers neuer Rechtsform festzulegen hat.[117] Regelungen hierzu finden sich jedoch an anderer Stelle.

1. Formwechsel als Sachgründung

54 Dem Formwechsel liegt die rechtliche und wirtschaftliche Identität des Rechtsträgers vor und nach Änderung der Rechtsform zugrunde (→ § 36 Rn. 1 ff.); der Rechtsträger wird durch den Formwechsel also nicht neu gegründet. Gleichwohl geht der Gesetzgeber davon aus, dass es sich beim Formwechsel um mehr handelt als allein um eine Änderung des Rechtskleids.[118] § 197 UmwG bestimmt daher, dass auf einen Formwechsel die für die neue Rechtsform geltenden **Gründungsvorschriften anzuwenden** sind, soweit sich aus den Formwechselvorschriften des UmwG nichts anderes ergibt. Was dies im Einzelnen

---

[111] Lutter/*Decher/Hoger* § 203 Rn. 18; Semler/Stengel/*Simon* § 203 Rn. 2.
[112] Vgl. dazu ausführlich etwa Kallmeyer/*Meister/Klöcker* § 197 Rn. 58 ff.
[113] Lutter/*Decher/Hoger* § 203 Rn. 12 f.; Kallmeyer/*Meister/Klöcker* § 203 Rn. 15; Semler/Stengel/*Simon* § 203 Rn. 10; Schmitt/Hörtnagl/Stratz/*Stratz* § 203 Rn. 4.
[114] Vgl. dazu auch Limmer/*Limmer*, Teil 4 Rn. 187 f.
[115] Limmer/*Limmer*, Teil 4 Rn. 133.
[116] Vgl. dazu etwa auch Sagasser/Bula/Brünger/*Sagasser/Luke* § 26 Rn. 26.
[117] Vgl. nur Kallmeyer/*Meister/Klöcker* § 194 Rn. 15.
[118] Vgl. etwa Limmer/*Limmer*, Teil 4 Rn. 267.

§ 34 Formwechselbeschluss

bedeutet, ist unklar. Es ist schon unklar, was unter dem Begriff der „Gründungsvorschriften" in § 197 UmwG zu verstehen ist. Das Gesetz schweigt sich darüber aus, so dass es für jede einzelne Rechtsform spezifisch zu bestimmen ist. Zudem lässt die Norm offen, wieweit der Identitätsgrundsatz die Anwendung von Gründungsvorschriften überhaupt zulässt. Rechtsprechung existiert dazu ebenfalls nicht. Die Umwandlung eines Rechtsträgers mittels Formwechsel soll eine Vereinfachung darstellen und gerade keine umfassende Neugründung der Gesellschaft erforderlich machen.[119] Weil es sich beim Formwechsel deswegen nicht um eine Neugründung im Wege der Sachgründung handelt, kann es im Ergebnis nur darum gehen, das Unterlaufen grundlegender Kapitalaufbringungsregeln der neuen Rechtsform zu verhindern (**Umgehungschutz**).[120] Es ist daher missverständlich, wenn dem Formwechsel zuweilen Sachgründungscharakter zugeschrieben und er als „modifizierte Neugründung" bezeichnet wird.[121] § 197 UmwG ist vielmehr höchst restriktiv auszulegen.[122]

Vor dem Hintergrund des Umgehungsschutzes wird die Anwendung der Gründungsvorschriften über § 197 UmwG dann relevant, wenn die Ausgangsrechtsform an die Gründung geringere Anforderungen stellt (bzw. gestellt hat) als die Zielrechtsform. Ein Unterlaufen des Gründungsrechts droht daher in Fällen des Formwechsels von Personen- in Kapitalgesellschaften, da die neue Rechtsform (Kapitalgesellschaft) in diesen Fällen höhere Anforderungen an die Gründung und insbesondere die Kapitalaufbringung stellt als die Ausgangsrechtsform (Personengesellschaft). § 179 UmwG spielt dagegen keine Rolle beim Wechsel in eine Personengesellschaft, da dort keine Umgehung der Gründungsvorschriften im Interesse der realen Kapitalaufbringung verhindert werden muss.[123] Beim Formwechsel einer **Personengesellschaft in eine GmbH** sollen die Sachgründungsvorschriften des GmbHG überwiegend ebenso anwendbar sein wie die Vorschriften über die Gründerhaftung (§§ 9 ff. und 11 Abs. 2 GmbHG).[124] Ergänzend hinzu kommen die für diesen Fall ausdrücklich vorgesehenen Bestimmungen der Besonderen Vorschriften des UmwG zum Formwechsel (etwa § 220 UmwG → § 38 Rn. 433 ff.). Beim Formwechsel einer **Personengesellschaft in eine AG** gelten ebenfalls die maßglichen Bestimmungen des Gründungsrechts der AG.[125] Zudem gelten grundsätzlich die Nachgründungsvorschriften der §§ 52, 53 AktG und die Vorschriften über die Haftung der an der Gründung beteiligten Personen nach §§ 46 ff. AktG.[126] Ungeklärt ist, ob bei einem Formwechsel aus einer Personengesellschaft in der Satzung stets ein Hinweis auf Sacheinlagen gemäß § 5 Abs. 4 S. 1 GmbHG bzw. § 27 Abs. 1 AktG aufgenommen werden muss oder jedenfalls dann, wenn die Personengesellschaft seinerseits aufgrund von Sacheinlagen gegründet

---

[119] BT-Drucks. 12/6699, S. 141; vgl. etwa auch Limmer/*Limmer*, Teil 4 Rn. 276.
[120] Lutter/*Decher*/*Hoger* § 197 Rn. 1; Henssler/Strohn/*Drinhausen*/*Keinath* § 197 UmwG Rn. 1; Schmitt/Hörtnagl/Stratz/*Stratz* § 197 Rn. 3 („Missbrauch ... verhindern"); auch Böttcher/Habighorst/Schulte/*Althoff*/*Narr* § 197 Rn. 4; Kallmeyer/*Meister*/*Klöcker* § 197 Rn. 7; zusammenfassend etwa *Kerschbaumer*, NZG 2011, 892, 892; ferner BT-Drucks. 12/6699, S. 141.
[121] *Kerschbaumer*, NZG 2011, 892, 892; ähnl. Böttcher/Habighorst/Schulte/*Althoff*/*Narr* § 197 Rn. 2; Semler/Stengel/*Bärwaldt* § 194 Rn. 2 f.; ausführlich dazu auch etwa Limmer/*Limmer*, Teil 4 Rn. 205 ff. mwN.
[122] Vgl. auch Lutter/*Decher*/*Hoger* § 197 Rn. 6.
[123] Vgl. auch Lutter/*Decher*/*Hoger* § 197 Rn. 7.
[124] Vgl. dazu ausführlich Böttcher/Habighorst/Schulte/*Althoff*/*Narr* § 197 Rn. 6; Lutter/*Decher*/*Hoger* § 197 Rn. 12 ff., 32 ff.; Limmer/*Limmer*, Teil 4 Rn. 268 f.; ferner Semler/Stengel/*Bärwaldt* § 194 Rn. 18 ff.; Kallmeyer/*Meister*/*Klöcker* § 197 Rn. 9 ff.; Schmitt/Hörtnagl/Stratz/*Stratz* § 197 Rn. 14 ff.
[125] Vgl. dazu ausführlich Limmer/*Limmer*, Teil 4 Rn. 220; Lutter/*Decher*/*Hoger* § 197 Rn. 12 ff.; ferner Semler/Stengel/*Bärwaldt* § 194 Rn. 36 ff.; Kallmeyer/*Meister*/*Klöcker* § 197 Rn. 29 ff.
[126] Vgl. eingehender etwa Böttcher/Habighorst/Schulte/*Althoff*/*Narr* § 197 Rn. 5; Semler/Stengel/*Bärwaldt* § 194 Rn. 55; Lutter/*Decher*/*Hoger* § 197 Rn. 32 ff.; Limmer/*Limmer*, Teil 4 Rn. 277.

wurde.[127] Mangels klärender Rechtsprechung kann sich für die Praxis ein Hinweis darauf empfehlen, dass die Gesellschaft durch Formwechsel einer genau bezeichneten Personen(handels)gesellschaft entstanden ist.

2. Satzung bzw. Gesellschaftsvertrag des Rechtsträgers neuer Rechtsform

56 Das Erfordernis, dass der **Formwechselbeschluss auch die Satzung bzw. den Gesellschaftsvertrag des Rechtsträgers neuer Rechtsform zu enthalten** hat, ergibt sich allein aus den Besonderen Vorschriften für einzelne Formwechselarten (etwa §§ 218 Abs. 1, 234 Nr. 3, 243 Abs. 1 S. 1, 253 Abs. 1 S. 1, 263 Abs. 1, 276 Abs. 1, 285 Abs. 1 und 294 Abs. 1 UmwG → § 38 Rn. 1 ff.). Die Anteilsinhaber beschließen die neue Satzung bzw. den neuen Gesellschaftsvertrag zusammen mit dem Umwandlungsbeschluss, so dass Satzung bzw. Gesellschaftsvertrag auch gegenüber den Anteilsinhabern gilt, die gegen den Formwechsel gestimmt haben. Als Teil des Umwandlungsbeschlusses bedürfen Satzung bzw. Gesellschaftsvertrag keiner weiteren Inkraftsetzung; insbesondere keiner gesonderten Unterzeichnung durch die Anteilsinhaber.[128] Unabhängig von der gesetzlichen Anordnung werden aber stets Anpassungen von Satzung bzw. Gesellschaftsvertrag erforderlich sein.

57 Der **Inhalt von Satzung bzw. Gesellschaftsvertrag** richtet sich nach dem Gesellschaftsrecht der Zielrechtsform und hat die danach erforderlichen Angaben zu enthalten. Es lässt sich dabei unterscheiden zwischen **notwendigen und fakultativen Änderungen der Satzung bzw. des Gesellschaftsvertrags**. Notwendige Änderungen folgen aus der Änderung der Rechtsform und dem Erfordernis, Satzung bzw. Gesellschaftsvertrag mit den gesetzlichen Vorgaben der neuen Rechtsform in Einklang zu bringen. Überdies werden aber regelmäßig auch fakultative Änderungen zweckmäßig sein, um Satzung bzw. Gesellschaftsvertrag an die neue Rechtsform anzupassen. Ungeklärt ist, welche Beschlussmehrheiten für diese Satzungsänderungen gelten: Die allgemeine umwandlungsrechtliche Mehrheit von 3/4 der Stimmen (→ Rn. 11 ff.) oder die spezifische Mehrheit für derartige Änderungen nach dem allgemeinen Recht der Ausgangsrechtsform.[129] Der BGH hat sich hierzu noch nicht geäußert. Er hat jedoch festgestellt, dass ein Formwechselbeschluss keine zusätzliche, nicht rechtsformbedingte, den Gesellschaftern nachteilige Ungleichbehandlung mit sich bringen dürfe.[130] Als rechtssicherer Weg für die Praxis empfiehlt sich die Orientierung an dem im konkreten Fall strengeren Mehrheitserfordernis.

58 Die Kapitalfestsetzungen in der Satzung des Rechtsträgers neuer Rechtsform haben mit den Bestimmungen nach § 194 Abs. 1 Nr. 4 UmwG zu korrespondieren (→ Rn. 28 ff.). Bei einem **Formwechsel einer Kapitalgesellschaft in eine Kapitalgesellschaft anderer Rechtsform** bestimmt der in Zusammenhang mit § 247 UmwG stehende **§ 243 Abs. 2 UmwG**, dass vom UmwG die „Vorschriften anderer Gesetze über die Änderung des Stammkapitals oder des Grundkapitals ... unberührt [bleiben]" und ermöglicht damit ausdrücklich, die Kapitalziffer nach den allgemeinen Vorschriften zu ändern (→ § 38 Rn. 119 ff.).

V. Besondere Zustimmungserklärungen

59 Neben den allgemeinen Mehrheitserfordernissen (→ Rn. 11 ff.) bedarf der Umwandlungsbeschluss zu seiner Wirksamkeit der **Zustimmung der einzelnen Anteilsinhaber, von deren Genehmigung die Abtretung der Anteile des formwechselnden Rechts-**

---

[127] Vgl. dazu ausführlich etwa Lutter/*Decher/Hoger* § 197 Rn. 15 ff. mwN; Limmer/*Limmer*, Teil 4 Rn. 212 ff., 278 ff. mwN; ferner Semler/Stengel/*Bärwaldt* § 194 Rn. 43; Kallmeyer/*Meister/Klöcker* § 197 Rn. 18, 35.

[128] Limmer/*Limmer*, Teil 4 Rn. 192 mwN.

[129] Vgl. dazu etwa auch Semler/Stengel/*Bärwaldt* § 194 Rn. 34; Limmer/*Limmer*, Teil 4 Rn. 196 mwN.

[130] BGH II ZR 29/03, NZG 2005, 722, 723; in Rezeption von BGH II ZR 62/82, NJW 1983, 1056, 1058 f. – Freudenberg.

trägers abhängt (§ 193 Abs. 2 UmwG). Die Bestimmung entspricht § 13 Abs. 2 UmwG zur Verschmelzung (→ § 11 Rn. 35 ff.). Dem liegt der (allgemeine) Gedanke zugrunde, dass Sonderrechte nicht ohne Zustimmung des Betroffenen beeinträchtigt werden dürfen (§ 35 BGB).[131]

Die erforderlichen Zustimmungserklärungen nach § 193 Abs. 2 UmwG sind **Wirksamkeitsvoraussetzung** für den Umwandlungsbeschluss. Bis zur Erteilung der Zustimmungen ist der Beschluss schwebend unwirksam.[132] Wird die Zustimmung versagt, ist der Umwandlungsbeschluss endgültig unwirksam.[133] Dies kann weder durch eine später doch erteilte Zustimmung noch durch die Eintragung des Formwechsels in das Handelsregister geheilt werden. Die Heilungsvorschrift nach § 202 Abs. 1 Nr. 3 UmwG umfasst lediglich Formmängel (→ § 36 Rn. 27). Gleichwohl wäre der Mangel auf Grund des umfassenden Bestandsschutzes einer eingetragenen Umwandlung nach § 202 Abs. 3 UmwG (→ § 36 Rn. 29 ff.) unbeachtlich; das Registergericht wird die Eintragung ohne die erforderlichen Zustimmungserklärungen aber regelmäßig verweigern (→ § 35). Die Erteilung der Zustimmung ist nicht Teil des Umwandlungsbeschlusses und damit auch kein korporativer Akt sondern **Willenserklärung** iSv §§ 182 ff. BGB. Die Zustimmungserklärung kann vorher oder nachträglich abgegeben werden (§§ 182, 184 BGB).[134] Die Zustimmung kann auch im Rahmen der Anteilsinhaberversammlung in notariell beurkundeter Form erklärt werden.[135]

Voraussetzung eines Zustimmungserfordernisses nach § 193 Abs. 2 UmwG ist die **Vinkulierung** von Anteilen des formwechselnden Rechtsträgers zu Gunsten des jeweiligen Anteilsinhabers. Das Zustimmungserfordernis muss entweder an den Anteil selbst oder dessen Inhaber geknüpft und in der Satzung bzw. dem Gesellschaftsvertrag niedergelegt sein.[136] Rein schuldrechtliche Beschränkungen genügen nicht.[137] Entscheidend ist, ob ein echtes Sonderrecht des Anteilsinhabers vorliegt und er deswegen schützenswert ist. Das soll etwa nicht der Fall sein, wenn eine Vinkulierung im Rechtsträger neuer Rechtsform erhalten bleibt.[138] Über den Wortlaut hinaus gilt § 193 Abs. 2 UmwG auch dann, wenn die Abtretung nicht von der Genehmigung einzelner sondern aller Anteilsinhaber (also nicht nur der anwesenden) abhängig ist.[139] Denn in diesem Fall kann jeder einzelne Anteilsinhaber die Abtretung verhindern. Nicht erfasst sind jedoch Zustimmungserfordernisse durch die Versammlung der Anteilsinhaber oder die Gesellschaft bzw. ihre Organe.[140]

Weitere **Zustimmungserfordernisse** ergeben sich aus den **Besonderen Vorschriften** des Formwechsels (→ § 38 Rn. 1 ff.). Sie bestehen etwa für Anteilsinhaber, die durch den Formwechsel persönlich haftender Gesellschafter werden sollen (§ 217 Abs. 3, § 233 Abs. 1 und § 233 Abs. 2 Sastz 3 UmwG, ferner ähnl. § 252 Abs. 1 UmwG); ferner beispielsweise dann, wenn ein Anteilsinhaber durch den Formwechsel Einbußen bei seiner

---

[131] Vgl. BT-Drucks. 12/6299, S. 139; Schmitt/Hörtnagl/Stratz/*Stratz* § 193 Rn. 18; Kraft/Redenius-Hövermann/*Bunting*, Kap. 5 Rn. 29.

[132] Semler/Stengel/*Bärwaldt* § 193 Rn. 27; Henssler/Strohn/*Drinhausen/Keinath* § 193 UmwG Rn. 8; Schmitt/Hörtnagl/Stratz/*Stratz* § 193 Rn. 20; Kallmeyer/*Zimmermann* § 193 Rn. 2, 16, 22; ferner Kölner Kommentar-UmwG/*Petersen* § 193 Rn. 17.

[133] Kölner Kommentar-UmwG/*Petersen* § 193 Rn. 17; Kallmeyer/*Zimmermann* § 193 Rn. 23.

[134] Vgl. etwa Lutter/*Decher/Hoger* § 193 Rn. 22; Kölner Kommentar-UmwG/*Petersen* § 193 Rn. 17; Kallmeyer/*Zimmermann* § 193 Rn. 20, 22.

[135] Lutter/*Decher/Hoger* § 193 Rn. 22; Henssler/Strohn/*Drinhausen/Keinath* § 193 UmwG Rn. 8.

[136] Lutter/*Decher/Hoger* § 193 Rn. 14, 19; Henssler/Strohn/*Drinhausen/Keinath* § 193 UmwG Rn. 7; Schmitt/Hörtnagl/Stratz/*Stratz* § 193 Rn. 17; auch Semler/Stengel/*Bärwaldt* § 193 Rn. 25.

[137] Vgl. etwa Henssler/Strohn/*Drinhausen/Keinath* § 193 UmwG Rn. 7.

[138] Lutter/*Decher/Hoger* § 193 Rn. 12.

[139] Semler/Stengel/*Bärwaldt* § 193 Rn. 20; Lutter/*Decher/Hoger* § 193 Rn. 15; Henssler/Strohn/*Drinhausen/Keinath* § 193 UmwG Rn. 7; Kallmeyer/*Zimmermann* § 193 Rn. 7.

[140] Semler/Stengel/*Bärwaldt* § 193 Rn. 23; Lutter/*Decher/Hoger* § 193 Rn. 16; Schmitt/Hörtnagl/Stratz/*Stratz* § 193 Rn. 17; Kallmeyer/*Zimmermann* § 193 Rn. 18.

Beteiligung hinnehmen muss (§ 241 Abs. 1, § 241 Abs. 2, 50 Abs. 2, § 241 Abs. 3, § 242 UmwG und § 252 Abs. 2, 50 Abs. 2 UmwG).

63 Darüber hinaus werden **Sonderrechtsinhaber nur durch §§ 204, 23 UmwG geschützt**, indem ihnen – sofern ihre Rechte auf Grund der Identität des Rechtsträgers nicht ohnehin unverändert fortbestehen – gleichwertige Rechte in dem Rechtsträger neuer Rechtsform zu gewähren sind (→ Rn. 35 ff., und § 36 Rn. 53 ff.). Ein darüberhinausgehender Schutz durch Zustimmungsrechte sieht das UmwG nicht vor. Dies gilt auch dann, wenn die Einräumung der entsprechenden Rechte in der neuen Rechtsform nicht möglich ist. Die Sonderrechtsinhaber sind stets allein auf wirtschaftliche Kompensation zu verweisen.[141]

VI. Form des Formwechselbeschlusses und der Zustimmungserklärungen

64 Nach § 193 Abs. 3 UmwG bedürfen sowohl der **Beschluss** als auch die erforderlichen **Zustimmungserklärungen** der **notariellen Beurkundung**. Für die Beurkundung des Beschlusses gelten die §§ 36 ff. BeurkG; erforderlich ist also eine nur vom Notar zu unterzeichnende Niederschrift. Für die Beurkundung der Zustimmungserklärungen gelten die Vorschriften zur Errichtung von Niederschriften über Willenserklärungen nach § 8 ff. BeurkG. Es genügt nicht, im Protokoll der Anteilsinhaberversammlung lediglich zu vermerken, dass die Zustimmungserklärungen abgegeben wurden. Vielmehr ist grundsätzlich eine gesonderte notarielle Urkunde erforderlich.[142] Mängel der notariellen Beurkundung des Formwechselbeschlusses und erforderlicher Zustimmungserklärungen werden gemäß § 202 Abs. 1 Nr. 3 UmwG mit Eintragung geheilt (→ § 36 Rn. 27 f.).

65 Nicht dem Formerfordernis der notariellen Beurkundung nach § 193 UmwG unterliegt das **Eingehen einer schuldrechtlichen Verpflichtung** zum Formwechsel.[143]

VII. Information des Betriebsrats

66 Der Entwurf des Umwandlungsbeschlusses ist spätestens einen Monat vor dem Tag der Versammlung der Anteilsinhaber, die den Formwechsel beschließen soll, dem zuständigen **Betriebsrat des formwechselnden Rechtsträgers zuzuleiten** (§ 194 Abs. 2 UmwG). Dies entspricht den Bestimmungen zur Spaltung (§ 126 Abs. 3 UmwG → § 26 Rn. 28) und Verschmelzung (§ 5 Abs. 3 UmwG → § 12 Rn. 40 ff.). Es handelt sich dabei um eine Eintragungsvoraussetzung, die dem Register bei der Anmeldung des Formwechsels nachzuweisen ist (§ 199 UmwG → § 35 Rn. 20, 27 ff.). Es empfiehlt sich daher, den rechtzeitigen Zugang vom Betriebsratsvorsitzenden schriftlich bestätigen zu lassen.[144] Nach überwiegender Auffassung kann der Betriebsrat auf die rechtzeitige Zuleitung innerhalb der Frist verzichten, nicht aber auf die Zuleitung an sich.[145] Bei einer Änderung des Beschlussinhaltes wird keine neue Zuleitungspflicht ausgelöst, außer es handelt sich um Änderungen der Bestimmungen nach § 194 Abs. 1 Nr. 7 UmwG über die Folgen des Formwechsels für die Arbeitnehmer (→ Rn. 48 f.).[146] Da es sich dabei aber um lediglich berichtende Inhalte handelt, dürfte sich in der Praxis nur selten eine Notwendigkeit zur Änderung ergeben.

67 **Fehlt es an einem Betriebsrat** im formwechselnden Rechtsträger, so bedarf es nach zutreffender Auffassung **keiner Information nach § 194 Abs. 2 UmwG**.[147] Es bedarf

---

[141] Vgl. dazu auch Lutter/*Decher*/*Hoger* § 193 Rn. 26; ferner Limmer/*Limmer*, Teil 4 Rn. 235.
[142] Kallmeyer/*Zimmermann* § 193 Rn. 32.
[143] Lutter/*Decher*/*Hoger* § 193 Rn. 10.
[144] Lutter/*Decher*/*Hoger* § 194 Rn. 41; Henssler/Strohn/*Drinhausen*/*Keinath* § 194 UmwG Rn. 14.
[145] Böttcher/Habighorst/Schulte/*Althoff*/*Narr* § 194 Rn. 16; auch Lutter/*Decher*/*Hoger* § 194 Rn. 42.
[146] Kallmeyer/*Willemsen* § 194 Rn. 61.
[147] Vgl. Lutter/*Decher*/*Hoger* § 194 Rn. 31, 40; Schmitt/Hörtnagl/Stratz/*Stratz*/*Langner* § 194 Rn. 11 ff.; ähnl. Böttcher/Habighorst/Schulte/*Althoff*/*Narr* § 194 Rn. 17.

dann auch keiner Übermittlung an die Arbeitnehmer, da die Übermittlungspflicht aus § 194 Abs. 2 UmwG – ebenso wie die Festsetzungen nach § 194 Abs. 1 Nr. 7 UmwG über die Folgen des Formwechsels für die Arbeitnehmer (→ Rn. 48 f.) – allein der Information des Betriebsrats gilt. Es empfiehlt sich in diesem Fall jedoch eine Negativerklärung der Vertretungsorgane, die statt des Nachweises über die Zuleitung der Anmeldung beizufügen ist und darlegt, dass kein Betriebsrat vorhanden ist.[148]

§ 35 Registerverfahren

Übersicht

	Rdnr.		Rdnr.
I. Besonderheiten des Registerverfahrens beim Formwechsel	1, 2	5. Der Anmeldung beizufügende Unterlagen	19–22
II. Handelsregisteranmeldung	3–22	III. Eintragung und Bekanntmachung	23–32
1. Zuständiges Registergericht	5–9	1. Eintragungen und ihre Reihenfolge	24–26
2. Anmeldepflichtige Personen	10, 11	2. Formelle und materielle Prüfung durch das Registergericht	27–30
3. Inhalt der Registeranmeldung	12–15	3. Bekanntmachung	31, 32
a) Formwechsel	13		
b) Weitere Tatsachen	14, 15		
4. Negativerklärung	16–18		

Schrifttum: *Berninger*, Handelsregistereintragung des Formwechsels einer AG in die Rechtsform der GmbH bzw. umgekehrt, GmbHR 2004, 659.

I. Besonderheiten des Registerverfahrens beim Formwechsel

Der Formwechsel wird nicht bereits mit Beschlussfassung der Anteilsinhaber wirksam, **1** sondern erst mit der Eintragung der neuen Rechtsform in das Register (vgl. § 202 Abs. 1 Nr. 1 UmwG). **Erforderlich ist mithin stets die Eintragung** in (mindestens) ein Register (→ Rn. 5 ff.). Die Eintragung des Formwechsels in das Register wird durch das Registergericht nicht von Amts wegen vorgenommen, sondern bedarf der **Anmeldung**.[1] Ein wirksamer Formwechselbeschluss der Anteilsinhaber verpflichtet das Vertretungsorgan des formwechselnden Rechtsträgers, die Eintragung des Formwechsels durch Anmeldung zum Register herbeizuführen und alles zu unternehmen, was für das Wirksamwerden des Formwechsels erforderlich ist.[2]

Das **Registerverfahren** bei einem Formwechsel ist im Grundsatz **weniger kompliziert** **2** **als bei anderen Umwandlungsvorgängen**, da nur ein Rechtsträger beteiligt ist (vgl. aber zur Zuständigkeit mehrerer Register → Rn. 5 ff.). Die hier vorwiegend darstellten allgemeinen Regeln für das Registerverfahren beim Formwechsel werden ergänzt durch die rechtsformspezifischen Vorgaben der Besonderen Vorschriften (§§ 222 f., 225c, 246, 254 UmwG → § 38 Rn. 1 ff.). Für den Formwechsel einer Kapitalgesellschaft in eine GbR hält die Sondervorschrift des § 235 UmwG spezifische Vorgaben bereit (→ Rn. 5 und § 38 Rn. 71 ff.).

II. Handelsregisteranmeldung

Die Allgemeinen Vorschriften über den Formwechsel enthalten in § 198 UmwG eine **3** Regelung über die Anmeldung des Formwechsels zum Register. **Gegenstand dieser Registeranmeldung** ist nicht der Umwandlungsbeschluss der Anteilsinhaber sondern **die**

---

[148] Lutter/*Decher*/*Hoger* § 194 Rn. 41.
[1] Vgl. dazu etwa Böttcher/Habighorst/Schulte/*Althoff*/*Narr* § 198 Rn. 1.
[2] Lutter/*Decher*/*Hoger* § 193 Rn. 28; Henssler/Strohn/*Drinhausen*/*Keinath* § 193 UmwG Rn. 5; Kallmeyer/*Zimmermann* § 198 Rn. 9; auch Semler/Stengel/*Bärwaldt* § 193 Rn. 1.

neue **Rechtsform des Rechtsträgers** (§ 198 Abs. 1 UmwG: „Die neue Rechtsform des Rechtsträgers ist zur Eintragung in das Register ... anzumelden." → Rn. 13).[3]

4 Für die **Form einer Anmeldung zum Handelsregister** gelten beim Formwechsel keine Besonderheiten. Die Form der Anmeldung richtet sich mithin nach § 12 HGB, wonach Anmeldungen zur Eintragung in das Handelsregister elektronisch in öffentlich beglaubigter Form einzureichen sind, also die Unterschriften der Anmeldung notariell zu beglaubigen sind. Entsprechendes gilt für Vollmachten (§ 12 Abs. 1 S. 2 HGB; zur Vertretung bei der Anmeldung → Rn. 11).

1. Zuständiges Registergericht

5 Es ist stets die **Anmeldung des Formwechsels in mindestens ein Register** erforderlich. Für den besonderen Fall der Umwandlung einer Kapitalgesellschaft in eine GbR sieht § 235 UmwG vor, dass der Formwechsel in das (in dieser Konstellation einzig involvierte) Register anzumelden ist, in dem die formwechselnde Gesellschaft eingetragen ist. Für die anderen Fälle bestimmt **§ 198 UmwG** das zuständige bzw. die zuständigen Register. Danach ist zwischen **vier Fällen zu differenzieren**: Im ersten Fall ändert sich weder der Ort noch die Art des Registers (§ 198 Abs. 1 UmwG → Rn. 6); im zweiten Fall ist der formwechselnde Rechtsträger nicht in ein Register eingetragen, die neue Rechtsform bedarf aber der Eintragung (§ 198 Abs. 2 S. 1 UmwG → Rn. 7); im dritten Fall ändert sich die Art des maßgeblichen Registers durch den Formwechsel (§ 198 Abs. 2 S. 2 Alt. 1 UmwG → Rn. 8); und im vierten Fall verlegt der Rechtsträger im Zuge des Formwechsels seinen Sitz mit der Folge, dass ein anderes Register örtlich zuständig wird (§ 198 Abs. 2 S. 2 Alt. 2 UmwG → Rn. 9). Der Wechsel der Zuständigkeit in den beiden zuletzt genannten Fällen hat zur Folge, dass für denselben Formwechsel mehrere Registergerichte zuständig sind (zur Reihenfolge der Eintragungen → Rn. 24 f.).

6 Wird durch den Formwechsel **keine andere örtliche oder sachliche Registerzuständigkeit** begründet, ist die neue Rechtsform des Rechtsträgers zur Eintragung in das Register, indem der formwechselnde Rechtsträger eingetragen ist, anzumelden (§ 198 Abs. 1 UmwG → Rn. 5, erster Fall). Unerheblich ist, in welche Abteilung der Rechtsträger alter Rechtsform eingetragen ist und in welche der Rechtsträger neuer Rechtsform eingetragen wird. Die sachliche Registerzuständigkeit ändert sich beispielsweise nicht, wenn die Ausgangsrechtsform in Abteilung A eingetragen ist, die Zielrechtsform aber in Abteilung B).[4] Bei einem Wechsel der Abteilungen durch den Formwechsel bedarf es lediglich der Anmeldung der Eintragung zu der bisherigen Abteilung.[5] Selbst wenn das gleiche Register sachlich zuständig bleibt, wird das Registerblatt des formwechselnden Rechtsträgers geschlossen und für den Rechtsträger neuer Rechtsform ein neues Registerblatt mit neuer Handelsregisternummer angelegt.[6] Dies gilt auch dann, wenn es sich um einen Formwechsel innerhalb derselben Abteilung des Registers handelt (§ 13 Abs. 3 S. 2 HRV). Auf dem neuen Registerblatt wird unter „Sonstige Rechtsverhältnisse" vermerkt, aus welcher Rechtsform und aufgrund welches Umwandlungsbeschlusses der Rechtsträger neuer Rechtsform entstanden ist.[7] In der Praxis wird von den Registergerichten zudem auch ohne Wechsel der örtlichen oder sachlichen Registerzuständigkeit ein Wirksamkeitsver-

---

[3] Henssler/Strohn/*Drinhausen/Keinath* § 198 UmwG Rn. 2; Schmitt/Hörtnagl/Stratz/*Stratz* § 198 Rn. 2.

[4] Henssler/Strohn/*Drinhausen/Keinath* § 198 UmwG Rn. 2; Semler/Stengel/*Schwanna* § 198 Rn. 4; Kallmeyer/*Zimmermann* § 198 Rn. 5; ferner Böttcher/Habighorst/Schulte/*Althoff/Narr* § 198 Rn. 2; *Berninger*, GmbHR 2004, 659, 660; Kölner Kommentar-UmwG/*Petersen* § 198 Rn. 5; Schmitt/Hörtnagl/Stratz/*Stratz* § 198 Rn. 8.

[5] *Berninger*, GmbHR 2004, 659, 661; Henssler/Strohn/*Drinhausen/Keinath* § 198 UmwG Rn. 2.

[6] *Berninger*, GmbHR 2004, 659, 661; Lutter/*Decher/Hoger* § 198 Rn. 28; Kölner Kommentar-UmwG/*Petersen* § 198 Rn. 2; Semler/Stengel/*Schwanna* § 198 Rn. 2; Kallmeyer/*Zimmermann* § 198 Rn. 3.

[7] Henssler/Strohn/*Drinhausen/Keinath* § 198 UmwG Rn. 3.

merk analog § 198 Abs. 2 S. 4 UmwG aufgenommen (→ Rn. 24). Das ist zwar nach dem Gesetz nicht erforderlich aber gleichwohl sinnvoll, wenn die Eintragungen an verschiedenen Tagen erfolgen.[8]

Ist der **formwechselnde Rechtsträger nicht in einem Register eingetragen**, so ist der Rechtsträger neuer Rechtsform bei dem zuständigen Gericht zur Eintragungen in das für die neue Rechtsform maßgebende Register anzumelden (§ 198 Abs. 2 S. 1 UmwG → Rn. 5, zweiter Fall). Da nach § 191 Abs. 1 UmwG formwechselnde Rechtsträger fast nur Gesellschaften sein können, die in ein Register eintragungspflichtig sind (→ § 32 Rn. 26 ff.), ist der Anwendungsbereich dieser Vorschrift gering.

Ändert sich durch den Formwechsel die sachliche Registerzuständigkeit für den Rechtsträger, sodass die Eintragung in einem anderen Register notwendig wird, ist der Rechtsträger neuer Rechtsform bei dem zuständigen Gericht für die Eintragung in das für die neue Rechtsform maßgebende Register anzumelden (§ 198 Abs. 2 S. 2 Alt. 1 UmwG → Rn. 5, dritter Fall). Unterschiedliche Registerarten sind nicht unterschiedliche Abteilungen (→ Rn. 6) sondern etwa das Handelsregister, Genossenschaftsregister und Partnerschaftsregister. Da es sich um die Eintragung in einem anderen Register handelt, ist Eintragungsgegenstand im neuen Register nicht die neue Rechtsform des Rechtsträgers (→ Rn. 6) sondern der Rechtsträger neuer Rechtsform selbst (→ Rn. 13).[9] Dementsprechend bedarf es daneben noch der Anmeldung der Umwandlung zur Eintragung in das Register, in dem der formwechselnde Rechtsträger eingetragen ist (§ 198 Abs. 2 S. 3), sodass die wechselnde Registerzuständigkeit eine Anmeldung bei beiden beteiligten Registern erforderlich macht (zur Reihenfolge → Rn. 24 f.).

Schließlich ist es möglich, im Zuge des Formwechsels den **Sitz der formwechselnden Gesellschaft zu verlegen** (→ § 34 Rn. 17). In diesem Fall wechselt die örtliche Registerzuständigkeit, sodass es in gleicher Weise wie bei der Änderung der sachlichen Registerzuständigkeit (→ Rn. 8) der Anmeldung zur Eintragung bei zwei Registern bedarf (§ 198 Abs. 2 S. 2 Alt. 2 UmwG → Rn. 5, vierter Fall). Die spezifische umwandlungsrechtliche Bestimmung des § 198 Abs. 2 S. 2 Alt. 2 UmwG ist gegenüber den allgemeinen gesellschaftsrechtlichen Sitzverlegungsvorschriften der § 13h HGB, § 45 AktG vorrangig.[10] Die Norm hat jedoch nur dann einen eigenen Anwendungsbereich, wenn sich nicht ohnehin das für den Rechtsträger sachlich zuständige Register ändert (→ Rn. 8).

2. Anmeldepflichtige Personen

Anders als bei der Verschmelzung (§ 16 Abs. 1 UmwG → § 12 Rn. 5 ff.) sind die **anmeldepflichtigen Personen** für den Formwechsel nicht in den Allgemeinen Vorschriften geregelt, sondern rechtsformspezifisch für den konkreten Formwechsel in den Besonderen Vorschriften (Personengesellschaften: § 222 UmwG; Kapitalgesellschaften: §§ 235 Abs. 2, 246 Abs. 1, 254 Abs. 1 UmwG).[11] Durch diese Regelungen in den Besonderen Vorschriften wird das nach § 197 S. 1 UmwG ansonsten geltende Gründungsrecht (→ § 34 Rn. 54 f.) für den jeweiligen Rechtsträger neuer Rechtsform überlagert.

Das Gesetz differenziert in den Besonderen Vorschriften zwischen der Anmeldung durch „alle Mitglieder des künftigen Vertretungsorgans" (§ 222 Abs. 1 S. 1 UmwG) und der Anmeldung durch „das Vertretungsorgan der formwechselnden Gesellschaft" (etwa § 246 Abs. 1, § 254 Abs. 1 UmwG). Erfordern die Besonderen Vorschriften die **Anmeldung „durch das Vertretungsorgan"** und nicht durch „alle Mitglieder des künftigen Vertretungsorgans", genügt es, dass die Mitglieder des Vertretungsorgans in vertretungsberech-

---

[8] Henssler/Strohn/*Drinhausen/Keinath* § 198 UmwG Rn. 3; auch Lutter/*Decher/Hoger* § 198 Rn. 28; ferner *Berninger*, GmbHR 2004, 659, 661.
[9] Henssler/Strohn/*Drinhausen/Keinath* § 198 UmwG Rn. 5.
[10] Henssler/Strohn/*Drinhausen/Keinath* § 198 UmwG Rn. 7; Schmitt/Hörtnagl/Stratz/*Stratz* § 198 Rn. 9.
[11] Vgl. für eine Übersicht etwa Limmer/*Limmer*, Teil 4 Rn. 325; ferner Semler/Stengel/*Schwanna* § 198 Rn. 12.

tigter Zahl handeln.[12] In diesem Fall ist bei der Anmeldung auch die unechte Gesamtvertretung mit einem Prokuristen zulässig.[13] Soweit bei der Anmeldung keine höchstpersönlichen Erklärungen der Mitglieder des Vertretungsorgans abzugeben sind, ist auch eine Bevollmächtigung statthaft.[14] Beim Formwechsel einer Personen- in eine Kapitalgesellschaft ist eine **Bevollmächtigung** regelmäßig durch die subsidiär anwendbaren Gründungsvorschriften (§ 197 S. 1 UmwG → § 34 Rn. 54 f.) ausgeschlossen (→ Rn. 14 f.).

3. Inhalt der Registeranmeldung

12 Der **Inhalt der Anmeldung zum Register** richtet sich zuvorderst nach den Vorschriften des UmwG, daneben aber auch nach den Gründungsvorschriften der neuen Rechtsform (§ 197 S. 1 UmwG). Zudem ist erheblich, welches Registergericht bzw. welche Registergerichte zuständig sind, also insbesondere ob es lediglich der Anmeldung zur Eintragung der neuen Rechtsform des Rechtsträgers beim bisherigen Register bedarf oder ob abweichend davon, bei der Zuständigkeit eines neuen Registers, der Rechtsträger neuer Rechtsform selbst anzumelden ist (→ Rn. 8 f.).

13 a) **Formwechsel.** Gegenstand der Anmeldung bei einem Formwechsel ist nach eindeutigem Wortlaut des § 198 UmwG nicht der Umwandlungsbeschluss (er ist aber zwingender Bestandteil der einzureihenden Anlagen → Rn. 20). Grundsätzlich ist **Gegenstand der Anmeldung allein die neue Rechtsform des Rechtsträgers** (§ 198 Abs. 1 UmwG). Ändert sich im Zusammenhang mit dem Formwechsel allerdings die sachliche oder örtliche Zuständigkeit des Registers und wird daher die Anmeldung bei einem neuen Register erforderlich (→ Rn. 8 f.), ist Gegenstand der Anmeldung nicht (nur) die neue Rechtsform sondern im neuen Register der Rechtsträger als solcher in seiner neuen Rechtsform.[15] Wiederum anders stellt sich die Situation bei der Umwandlung einer Kapitalgesellschaft in eine GbR dar; hier ist mangels eines für die Zielrechtsform zuständigen Registers die Umwandlung der Kapitalgesellschaft zur Eintragung (allein) in das für die formwechselnde Kapitalgesellschaft zuständige Register anzumelden (§ 235 Abs. 1 UmwG).[16] In der Praxis ist es aber unschädlich, wenn jenseits dieser Differenzierungen in allen Fällen der Formwechsel als solcher zur Eintragung angemeldet wird.[17]

14 b) **Weitere Tatsachen.** Soll der Formwechselbeschluss – wie in der Praxis üblich – mit **weiteren Beschlüssen** verbunden werden (→ § 34 Rn. 16 ff.) ist zu prüfen, ob auch diese weiteren Beschlüsse der Anmeldung bedürfen. Die Anmeldung dieser Tatsachen richtet sich nach den dafür geltenden (allgemeinen) gesellschaftsrechtlichen Vorschriften.

15 Weitere anmeldepflichtige Tatsachen können sich im Einzelfall zudem aus der Anwendung der für den Rechtsträger neuer Rechtsform geltenden **Gründungsvorschriften** (§ 197 S. 1 UmwG → § 34 Rn. 54 f.) ergeben.[18] Da für die Mitglieder der Gesellschaftsorgane regelmäßig keine Amtskontinuität besteht (→ § 34 Rn. 50 f., § 36 Rn. 14), können im Rahmen des Formwechsels insbesondere die Vertretungsorgane des Rechtsträgers neuer Rechtsform zu bestellen sein.[19] Nicht erforderlich ist dagegen die Anmeldung bestehender Prokuren für den Rechtsträger neuer Rechtsform, da diese fortbestehen

---

[12] Lutter/*Decher/Hoger* § 198 Rn. 10; Limmer/*Limmer*, Teil 4 Rn. 325 mwN; Kallmeyer/*Zimmermann* § 198 Rn. 8.
[13] Semler/Stengel/*Schwanna* § 198 Rn. 12; Kallmeyer/*Zimmermann* § 198 Rn. 8.
[14] BayObLG 3Z BR 389/99, NZG 2000, 1232, 1233; Lutter/*Decher/Hoger* § 198 Rn. 10; Kallmeyer/*Zimmermann* § 198 Rn. 8.
[15] Lutter/*Decher/Hoger* § 198 Rn. 11.
[16] Lutter/*Decher/Hoger* § 198 Rn. 11.
[17] Vgl. auch Lutter/*Decher/Hoger* § 198 Rn. 11.
[18] Semler/Stengel/*Schwanna* § 198 Rn. 6; ausführlich Lutter/*Decher/Hoger* § 198 Rn. 13 ff.; Kölner Kommentar-UmwG/*Petersen* § 198 Rn. 10 ff.; Kallmeyer/*Zimmermann* § 198 Rn. 12 ff.
[19] Semler/Stengel/*Schwanna* § 198 Rn. 7 f.; Kallmeyer/*Zimmermann* § 198 Rn. 13 f.; ferner Böttcher/Habighorst/Schulte/*Althoff/Narr* § 198 Rn. 9; Lutter/*Decher/Hoger* § 198 Rn. 15 f.

(→ § 36 Rn. 16);²⁰ sie sind von Amts wegen auf dem neuen Registerblatt einzutragen.²¹ Um Unklarheiten zu vermeiden und Rückfragen des Registergerichts vorzubeugen, kann es sich aber empfehlen, in der Anmeldung klarzustellen, welche Prokuren fortbestehen.²² Nicht erforderlich ist bei GmbH und AG (sowie KGaA) die Versicherung, dass die Leistungen auf die Stammeinlagen bewirkt sind und die Einlagen endgültig zur freien Verfügung der Geschäftsleiter stehen (§ 8 Abs. 2 S. 1 GmbHG bzw. § 37 Abs. 1 AktG). Für die Umwandlung aus einer Kapitalgesellschaft ist dies ausdrücklich geregelt (§ 246 Abs. 3 UmwG). Es gilt aber ebenso für die Umwandlung von Rechtsträgern anderer Rechtsform, da es mangels Vermögensübertragung beim Formwechsel überhaupt nicht zu einer Einlageleistung kommt.²³

4. Negativerklärung

Das UmwG übernimmt für den Formwechsel die aus dem Verschmelzungsrecht (→ § 12 Rn. 14ff.) bekannte sog. **Negativerklärung**. Dafür verweist § 198 Abs. 3 UmwG ausdrücklich und vollständig auf § 16 Abs. 2, 3 UmwG: Die Vertretungsorgane haben bei der Anmeldung zu erklären, dass eine Klage gegen die Wirksamkeit des Formwechselbeschlusses nicht oder nicht fristgemäß erhoben oder eine solche Klage rechtskräftig abgewiesen oder zurückgenommen worden ist (§ 16 Abs. 2 S. 1 UmwG). Diese Erklärung ist gegenüber allen Registern abzugeben, bei denen der Formwechsel anzumelden ist; im Falle des § 198 Abs. 2 UmwG also nicht nur bei der Anmeldung zur Eintragung der neuen Rechtsform bzw. des Rechtsträgers neuer Rechtsform sondern auch bei der Anmeldung der Umwandlung zur Eintragung im bisher zuständigen Register.²⁴ Die „Vertretungsorgane" im Sinne des § 16 UmwG sind bei der Negativerklärung die jeweils anmeldepflichtigen Personen. Dementsprechend genügt es, wenn die vertretungsberechtigten anmeldenden Personen die Erklärung abgeben; es ist keine Versicherung von *sämtlichen* Mitgliedern des Vertretungsorgans erforderlich.²⁵ Anders als bei der Anmeldung ist die Negativerklärung aber durch die Vertretungsorgane höchstpersönlich abzugeben, sodass eine Stellvertretung ausgeschlossen ist.²⁶ Die Negativerklärung der Vertretungsorgane hat sich auf Klagen iSv § 195 Abs. 1 UmwG zu beziehen, mithin also insbesondere auf Anfechtungs- und Nichtigkeitsklagen der Anteilsinhaber gegen den Formwechselbeschluss.²⁷

Liegt die Negativerklärung der Vertretungsorgane nicht vor, darf das Register die Eintragung des Formwechsels nicht vornehmen (§ 16 Abs. 2 S. 2 Hs. 1 UmwG; sog. Registersperre; zum Verschmelzungsrecht → § 12 Rn. 14). Die **Registersperre** hat angesichts der Irreversibilität der Eintragung des Formwechsels (§ 202 Abs. 1 Nr. 3, Abs. 3 UmwG) erhebliche Bedeutung. Sie soll verhindern, dass trotz Anfechtbarkeit des Beschlusses vor einer Entscheidung über Klagen der Anteilsinhaber durch die konstitutiv wirkende Eintragung der Umwandlung vollendete Tatsachen geschaffen werden und dadurch den Klagen ihre Wirksamkeit genommen wird.²⁸ Im Falle des § 198 Abs. 2 UmwG besteht die Registersperre nicht nur für das für den Rechtsträger neuer Rechtsform zuständige Re-

---

[20] OLG Köln 2 Wx 9/96, GmbHR 1996, 773, 774; Lutter/*Decher*/*Hoger* § 198 Rn. 20; Kallmeyer/*Zimmermann* § 198 Rn. 15.
[21] Kallmeyer/*Zimmermann* § 198 Rn. 15; auch Lutter/*Decher*/*Hoger* § 198 Rn. 20.
[22] Vgl. ebenso Kallmeyer/*Zimmermann* § 198 Rn. 15.
[23] So ebenfalls Kallmeyer/*Zimmermann* § 198 Rn. 13; ähnl. Lutter/*Decher*/*Hoger* § 198 Rn. 15 f. („aus Gründen äußerster rechtlicher Vorsorge empfehlenswert")
[24] Lutter/*Decher*/*Hoger* § 198 Rn. 34.
[25] Lutter/*Decher*/*Hoger* § 16 Rn. 13, § 198 Rn. 34; Limmer/*Limmer* Teil 4 Rn. 326; auch Semler/Stengel/*Schwanna* § 198 Rn. 17; Kallmeyer/*Zimmermann* § 198 Rn. 28.
[26] Böttcher/Habighorst/Schulte/*Althoff*/*Narr* § 198 Rn. 10; Lutter/*Decher*/*Hoger* § 16 Rn. 13, § 198 Rn. 11.
[27] Dazu Lutter/*Decher*/*Hoger* § 198 Rn. 34.
[28] Vgl. BGH III ZR 283/05, NJW 2007, 224, 225; Lutter/*Decher*/*Hoger* § 198 Rn. 32; allg. auch Mann/*Wansleben*, BB 2017, 963, 964.

gister sondern auch für die Eintragung des Formwechsels durch das bisher zuständige Registergericht.[29] Die Registersperre greift trotz fehlender Negativerklärung nicht, wenn die klageberechtigten Anteilsinhaber durch **notariell beurkundete Verzichtserklärungen** auf eine Klage gegen die Wirksamkeit des Formwechselbeschlusses verzichtet haben (§ 16 Abs. 2 S. 2 Hs. 2 UmwG) und dem Register bzw. den Registern diese Verzichtserklärungen vorliegen (zum Verschmelzungsrecht → § 12 Rn. 17). Der Negativerklärung der Vertretungsorgane steht es zudem gleich, wenn durch Beschluss in einem Freigabeverfahren festgestellt wurde, dass die Erhebung einer Klage der Eintragung nicht entgegensteht (§ 16 Abs. 3 UmwG → § 12 Rn. 18).

18   Da in der **Negativerklärung** darzulegen ist, dass eine Klage gegen die Wirksamkeit des Formwechselbeschlusses nicht oder *nicht fristgemäß erhoben* wurde, kann sie wirksam **erst nach Ablauf der für Klagen gemäß § 195 Abs. 1 UmwG bestimmten Monatsfrist** abgegeben werden.[30] Ungeklärt ist die Bedeutung von § 167 ZPO in diesem Zusammenhang. Nach § 167 ZPO wird eine Klagefrist gewahrt, wenn die Zustellung einer fristgemäß bei Gericht eingegangenen Klage „demnächst" erfolgt. Es liegt daher nahe, dass nach dem Ablauf der Klagefrist des § 195 Abs. 1 UmwG noch weitere Zeit bis zur Abgabe der Negativerklärung zuzuwarten ist, um dem aus § 167 ZPO folgenden Zeitfenster Rechnung zu tragen. Der BGH hat die Frage bisher offen gelassen.[31] Für die Praxis empfiehlt es sich, nach Ablauf der Klagefrist beim zuständigen Gerichts nachzufragen, ob Klagen fristgemäß eingegangen (aber noch nicht zugestellt) sind. Da eine pflichtwidrige Eintragung des Formwechsels vor dem Ablauf der Registersperre angesichts von § 202 Abs. 3 UmwG wirksam ist und auch bei einer begründeten Klage bleibt, informieren klagende Anteilsinhaber in der Praxis selbst das Registergericht über die Absicht der Einreichung einer Klage und widersprechen (vorsorglich) der Eintragung.[32] Die Vertretungsorgane haben die Negativerklärung lediglich im Zusammenhang mit der Anmeldung des Formwechsels abzugeben, sie ist damit weder Bestandteil der Anmeldung noch formbedürftig.[33] Ebenso wenig ist es erforderlich, dass die Anmeldung erst mit der Negativerklärung bei Gericht eingereicht wird; der Eintragungsantrag kann vielmehr schon vor der Erklärung bei Gericht gestellt werden. Die Erklärung ist dann (ggf. innerhalb einer vom Registergericht gesetzten Frist) nachzureichen.[34]

5. Der Anmeldung beizufügende Unterlagen

19   Für den Formwechsel übernimmt § 199 UmwG im Wesentlichen die in § 17 Abs. 1 UmwG für die Verschmelzung vorgesehene Regelung (→ § 12 Rn. 24 ff.) über die Anlagen der Registeranmeldung. **§ 199 UmwG als allgemeine Vorschrift** führt die Unterlagen auf, die **unabhängig von der Rechtsform** der Anmeldung zum Register beizufügen sind. Die notwendigen Anlagen sollen dem Registergericht die Prüfung erleichtern, ob alle Voraussetzungen für die Eintragung des Formwechsels erfüllt sind.[35]

20   Erforderlich sind **bei jedem Formwechsel** nach § 199 UmwG in notarieller Ausfertigung (§ 49 BeurkG) oder öffentlich beglaubigter Abschrift (§ 42 BeurkG) die **Niederschrift des Formwechselbeschlusses (als substantieller Teil der Anmeldung)**, ggf. erforderliche Zustimmungserklärungen einzelner Anteilsinhaber einschließlich der Zustimmungserklärungen nicht erschienener Anteilsinhaber und ebenso ggf. Erklärungen der Anteilsinhaber über den Verzicht zur Erstellung des Umwandlungsberichts in notariell

---

[29] Lutter/*Decher/Hoger* § 198 Rn. 36.
[30] BGH III ZR 283/05, NJW 2007, 224, 225 mwN; zuletzt OLG Hamm 11 U 70/04, NZG 2014, 1430, 1430 f.
[31] BGH III ZR 283/05, NJW 2007, 224, 225.
[32] Vgl. dazu auch Lutter/*Decher/Hoger* § 198 Rn. 37.
[33] Kallmeyer/*Zimmermann* § 198 Rn. 28.
[34] Lutter/*Decher/Hoger* § 16 Rn. 18, § 198 Rn. 35; Limmer/*Limmer*, Teil 4 Rn. 323 mwN.
[35] Vgl. etwa auch Böttcher/Habighorst/Schulte/*Althoff/Narr* § 199 Rn. 1; Lutter/*Decher/Hoger* § 199 Rn. 2; Kallmeyer/*Zimmermann* § 199 Rn. 1; Semler/Stengel/*Schwanna* § 199 Rn. 1.

beurkundeter Form gemäß § 192 Abs. 2 S. 2 UmwG. Beizufügen sind der Anmeldung zudem in einfacher Abschrift oder Urschrift der Umwandlungsbericht (sofern die Anteilsinhaber nicht auf seine Erstellung verzichtet haben) und der Nachweis über die rechtzeitige Zuleitung des Entwurfs des Formwechselbeschlusses an den zuständigen Betriebsrat oder – falls kein Betriebsrat besteht – eine entsprechende Negativerklärung. Diese Negativerklärung des Vertretungsorgans beim Fehlen eines Betriebsrats bedarf keiner besonderen Form.[36] Ändert sich infolge des Formwechsels das örtlich oder sachlich zuständige Register (→ Rn. 8 f.) ist der Anmeldung zum Register der neuen Rechtsform zudem als Nachweis der Eintragung des Formwechsels im Register der Ausgangsrechtsform ein entsprechender beglaubigter Registerauszug beizufügen; es sei denn, das Ausgangsregister übersendet ausnahmsweise von sich aus eine entsprechende Mitteilung an das für die Zielrechtsform zuständige Register (hierzu und zur Eintragungsreihenfolge → Rn. 24 f.).[37]

Die **Aufzählung der erforderlichen Unterlagen in § 199 UmwG ist nicht ab-** 21 **schließend** („außer den sonst erforderlichen Unterlagen").[38] Hinzu treten die für den konkreten Formwechsel geltenden Anforderungen, die sich vereinzelt aus den Besonderen Vorschriften ergeben (etwa §§ 223, 265 S. 2 UmwG). Ferner erforderlich sind die Unterlagen, die sich aus den Gründungsvorschriften des Rechtsträgers neuer Rechtsform ableiten (§ 197 S. 1 UmwG); die danach beizufügenden Unterlagen knüpfen an die im Rahmen der Anmeldung aufgrund des Gründungsrechts zu machenden Angaben (→ Rn. 14 f.) an.[39]

Die der Anmeldung beizufügenden **Unterlagen sind gleichzeitig mit der Anmel-** 22 **dung des Formwechsels beim Registergericht einzureichen**.[40] Im Falle von § 198 Abs. 2 UmwG bedarf es der Einreichung der Unterlagen bei beiden zuständigen Registern; beim bisherigen Register genügen jedoch die Unterlagen zum Formwechsel – die im Zusammenhang mit den Gründungsvorschriften des Rechtsträgers neuer Rechtsform einzureichenden Unterlagen sind allein bei dem für diesen zuständigen (neuen) Register einzureichen.[41] Etwaige Unzulänglichkeiten der Unterlagen (Unterlagen sind unvollständig, fehlerhaft oder fehlen) können noch nachträglich bis zur jeweiligen Eintragung im Register behoben oder berichtigt werden.[42]

III. Eintragung und Bekanntmachung

Entscheidend für die Wirksamkeit des Formwechsels ist die Eintragung der neuen 23 Rechtsform in das Register (§ 202 UmwG → Rn. 1), die durch das Registergericht bzw. die Registergerichte gemäß § 201 UmwG bekannt zu machen ist.

1. Eintragungen und ihre Reihenfolge

Ist der Formwechsel durch die sich ändernde sachliche oder örtliche Zuständigkeit zur 24 **Eintragung in zwei Register** anzumelden (→ Rn. 8 f.), sieht das Gesetz in § 198 Abs. 2 S. 4 und 5 UmwG eine **besondere, aus zwei Schritten bestehende Eintragungsreihenfolge** vor: Zunächst ist der Formwechsel in das Register der Ausgangsrechtsform einzutragen, verbunden mit dem Vermerk, dass die Umwandlung erst mit der Eintragung des Rechtsträgers neuer Rechtsform in das für diesen maßgebende Register wirksam wird

---

[36] Henssler/Strohn/*Drinhausen/Keinath* § 199 UmwG Rn. 4.
[37] Lutter/*Decher/Hoger* § 199 Rn. 6; Henssler/Strohn/*Drinhausen/Keinath* § 199 UmwG Rn. 5; auch Böttcher/Habighorst/Schulte/*Althoff/Narr* § 199 Rn. 7; Kallmeyer/*Zimmermann* § 199 Rn. 4; Schmitt/Hörtnagl/Stratz/*Stratz* § 199 Rn. 4; ferner Semler/Stengel/*Schwanna* § 199 Rn. 5.
[38] Vgl. etwa auch Semler/Stengel/*Schwanna* § 199 Rn. 1.
[39] Vgl. ausführlich Böttcher/Habighorst/Schulte/*Althoff/Narr* § 199 Rn. 11 ff.; Lutter/*Decher/Hoger* § 199 Rn. 8 ff.; Henssler/Strohn/*Drinhausen/Keinath* § 199 UmwG Rn. 6 ff.; Kallmeyer/*Zimmermann* § 199 Rn. 5 ff.; Semler/Stengel/*Schwanna* § 199 Rn. 7 ff.
[40] Schmitt/Hörtnagl/Stratz/*Stratz* § 199 Rn. 4.
[41] Lutter/*Decher/Hoger* § 199 Rn. 13; Kallmeyer/*Zimmermann* § 199 Rn. 1; Schmitt/Hörtnagl/Stratz/*Stratz* § 199 Rn. 4; ferner Böttcher/Habighorst/Schulte/*Althoff/Narr* § 199 Rn. 1 m. Fn. 1.
[42] Kallmeyer/*Zimmermann* § 199 Rn. 9; Schmitt/Hörtnagl/Stratz/*Stratz* § 199 Rn. 4.

(sog. **Vorläufigkeitsvermerk**). Erst danach darf in einem zweiten Schritt die Eintragung des Rechtsträgers neuer Rechtsform in das für diesen zuständige Register erfolgen (§ 198 Abs. 2 S. 5 UmwG). Von einem Vorläufigkeitsvermerk kann nur abgesehen werden, „sofern die Eintragungen in den Registern aller beteiligten Rechtsträger ... am selben Tag erfolgen" (§ 198 Abs. 2 S. 4 Hs. 2 UmwG). Bei der Formulierung „beteiligten Rechtsträger" handelt es sich um eine Ungenauigkeit des Gesetzeswortlauts; gemeint sind lediglich die mehreren Rechtsformen desselben Rechtsträgers, da es bei einem Formwechsel nur einen einzigen beteiligten Rechtsträger gibt (→ § 36 Rn. 1).[43] Die Benachrichtigung von der Voreintragung an das Register, das den Rechtsträger neuer Rechtsform einzutragen hat, erfolgt – anders als bei der Verschmelzung (§ 19 Abs. 2 UmwG → § 12 Rn. 57, 60) und Spaltung zur Neugründung (§ 137 Abs. 3 UmwG → § 26 Rn. 38) – nicht von Amts wegen; die Anmelder haben gegenüber dem für den Rechtsträger neuer Rechtsform zuständigen Register vielmehr die Voreintragung der Umwandlung nachzuweisen.[44] Nicht nur deswegen empfiehlt sich die vorherige Abklärung mit den beteiligten Registergerichten.[45]

25 Konstitutive Wirkung für den Formwechsel entfaltet bei der notwendigen Eintragung in zwei Register allein die Eintragung des Rechtsträgers neuer Rechtsform in das neue Register (§ 202 Abs. 2 UmwG). Die Eintragung im Register der alten Rechtsform hat demgegenüber nur deklaratorische Bedeutung.[46] Gleichwohl ist die nach § 198 Abs. 2 UmwG vorgesehene Eintragungsreihenfolge nach dem Gesetz zwingend. Allerdings haben gem. § 202 Abs. 3 UmwG Verstöße gegen diese Reihenfolge nach der konstitutiven Eintragung des Rechtsträgers neuer Rechtsform keine Auswirkungen mehr; wird eine Eintragung im neuen Register vorgenommen, obwohl es an der Voreintragung fehlt, werden wird der Formwechsel also dennoch wirksam.[47] Die Eintragung in das ursprüngliche Register des formwechselnden Rechtsträgers ist aber in jedem Fall noch nachzuholen.[48] Keine ausdrückliche Reglung hinsichtlich der Wirksamkeit des Formwechsels enthält das UmwG für den Fall, dass der neue Rechtsträger in überhaupt keinem Register einzutragen ist (wie etwa die GbR); § 202 Abs. 1 UmwG („Eintragung der neuen Rechtsform in das Register") passt darauf nicht unmittelbar. Es kann dabei nur auf die Eintragung im Register der Ausgangsrechtsform ankommen (vgl. auch § 235 Abs. 1 UmwG).[49]

26 Sofern sich die sachliche oder örtliche Zuständigkeit des Registers nicht ändert, schreibt das Gesetz keine Reihenfolge der Eintragungen vor. Zwar ist in diesem Fall nur ein Register beteiligt, gleichwohl ist ein neues Registerblatt für die neue Rechtsform mit neuer Registernummer anzulegen (ggf. auch innerhalb derselben Abteilung des Registers → Rn. 6). Es entspricht der Praxis der Registergerichte, das neue Registerblatt erst anzulegen, nachdem der Formwechsel im Registerblatt des formwechselnden Rechtsträgers eingetragen ist.[50]

---

[43] Vgl. dazu auch Böttcher/Habighorst/Schulte/*Althoff*/*Narr* § 198 Rn. 7; Henssler/Strohn/*Drinhausen*/*Keinath* § 198 UmwG Rn. 6.

[44] Lutter/*Decher*/*Hoger* § 198 Rn. 27; Schmitt/Hörtnagl/Stratz/*Stratz* § 198 Rn. 10; Semler/Stengel/*Schwanna* § 198 Rn. 24; auch Kallmeyer/*Zimmermann* § 198 Rn. 23.

[45] Vgl. auch Lutter/*Decher*/*Hoger* § 198 Rn. 27.

[46] Schmitt/Hörtnagl/Stratz/*Stratz* § 198 Rn. 10; Kallmeyer/*Zimmermann* § 198 Rn. 21; auch Kölner Kommentar-UmwG/*Petersen* § 198 Rn. 7; Semler/Stengel/*Schwanna* § 198 Rn. 23; ferner *Berninger*, GmbHR 2004, 659, 661 f.

[47] Schmitt/Hörtnagl/Stratz/*Stratz* § 198 Rn. 10; auch Lutter/*Decher*/*Hoger* § 198 Rn. 27.

[48] Schmitt/Hörtnagl/Stratz/*Stratz* § 198 Rn. 10; Semler/Stengel/*Schwanna* § 198 Rn. 24; Kallmeyer/*Zimmermann* § 198 Rn. 22.

[49] So ähnl. auch Picot/*Müller-Eising* § 6 Rn. 725.

[50] Semler/Stengel/*Schwanna* § 198 Rn. 23; Kallmeyer/*Zimmermann* § 198 Rn. 24.

2. Formelle und materielle Prüfung durch das Registergericht

Die zuständigen Registergerichte prüfen die Anmeldung in formeller und materieller **27** Hinsicht.[51] Angesichts der Irreversibilität der Eintragung des Formwechsels kommt dieser Prüfung erhebliche Bedeutung zu. Die Prüfung erfolgt durch alle zuständigen Registergerichte (im Fall des § 198 Abs. 2 UmwG mithin durch beide beteiligten Gerichte); in Einzelfällen können daher unterschiedliche Rechtsauffassungen der Gerichte eine besonders enge Abstimmung mit den beteiligten Registern erforderlich machen.[52]

Die formelle Prüfung des Registergerichts bzw. der Registergerichte umfasst die örtliche **28** und sachliche Zuständigkeit des Registergerichts, die Vollständigkeit der Anmeldung, Erklärungen und Anlagen/Unterlagen, die Unterzeichnung der Anmeldung durch den richtigen Anmelder und dessen Anmeldeberechtigung sowie die Einhaltung der Formvorschriften.[53] Aus Unvollständigkeit und Fehlerhaftigkeit resultierende Mängel können bis zur Eintragung der neuen Rechtsform behoben werden.[54]

Die materielle Prüfung zielt auf die Ordnungsgemäßheit der Beschlussfassung der An- **29** teilsinhaber beim Umwandlungsbeschluss sowie auf die Erforderlichkeit und ggf. das Vorliegen von Zustimmungs- und Verzichtserklärungen.[55] Nicht zu prüfen ist dagegen die sachliche Angemessenheit und unternehmerische Richtigkeit des Formwechsels.[56] Einzureichende Berichte sind vom Registergericht lediglich auf offensichtliche Unvollständigkeit und offensichtliche Unrichtigkeit zu überprüfen.[57] Das für den Rechtsträger neuer Rechtsform zuständige Registergericht prüft die ordnungsgemäße Errichtung des Rechtsträgers neuer Rechtsform nach den jeweiligen Gründungsvorschriften, soweit sie anwendbar sind (§ 197 S. 1 UmwG) – insbesondere also die ordnungsgemäße Kapitalaufbringung.[58] Bei einem Wechsel von einer Personen- in eine Kapitalgesellschaft umfasst dies die Prüfung, ob im Zeitpunkt der Anmeldung der Nennbetrag des Stamm- bzw. Grundkapitals durch das nach Abzug der Schulden verbleibende Vermögen des umwandelnden Rechtsträgers gedeckt ist (§ 220 Abs. 1, § 245 UmwG).[59] Nicht zu prüfen ist dagegen die historische Gesellschaftsgründung des Ausgangsrechtsträgers.

Gegen eine Ablehnung der Eintragung durch das Registergericht ist die Beschwerde **30** zum zuständigen Landgericht gemäß § 58 FamFG statthaft. Gegen eine erfolgreiche Eintragung besteht dagegen kein Rechtsmittel. Eine deswegen nicht statthafte Beschwerde kann aber in eine Anregung auf Amtslöschung (§ 395 FamFG) umgedeutet werden.[60]

3. Bekanntmachung

Für die Bekanntmachung der Eintragung des Formwechsels enthält das UmwG in § 201 **31** UmwG eine eigenständige Bestimmung. Danach hat das für die Anmeldung der neuen Rechtsform oder des Rechtsträgers neuer Rechtsform zuständige Gericht die Eintragung der neuen Rechtsform oder des Rechtsträgers neuer Rechtsform entsprechend § 10 HGB bekanntzumachen – § 10 HGB findet mithin unabhängig von Register und Rechtsform Anwendung.[61] Die Bekanntmachung erfolgt von Amts wegen. Das Gericht hat nach § 201 UmwG die Eintragung „ihrem ganzen Inhalt nach bekanntzumachen"; die Bekannt-

---

[51] Vgl. dazu etwa OLG Frankfurt 20 W 415/02, NZG 2004, 732, 733.
[52] Vgl. dazu auch Lutter/*Decher*/*Hoger* § 198 Rn. 23; *Stoye-Benk*/*Cutura*, Kap. 5 Rn. 32.
[53] Vgl. etwa Lutter/*Decher*/*Hoger* § 198 Rn. 24; Semler/Stengel/*Schwanna* § 198 Rn. 14; Kallmeyer/*Zimmermann* § 198 Rn. 18.
[54] Lutter/*Decher*/*Hoger* § 198 Rn. 24; Kölner Kommentar-UmwG/*Petersen* § 199 Rn. 1.
[55] Lutter/*Decher*/*Hoger* § 198 Rn. 25; Kallmeyer/*Zimmermann* § 198 Rn. 19.
[56] Lutter/*Decher*/*Hoger* § 198 Rn. 25.
[57] Kallmeyer/*Zimmermann* § 198 Rn. 18.
[58] Vgl. dazu Semler/Stengel/*Schwanna* § 198 Rn. 16.
[59] Lutter/*Decher*/*Hoger* § 198 Rn. 25; Kallmeyer/*Zimmermann* § 198 Rn. 19.
[60] Vgl. auch Semler/Stengel/*Schwanna* § 198 Rn. 25.
[61] Vgl. zum Verhältnis zu § 10 HGB Böttcher/Habighorst/Schulte/*Althoff*/*Narr* § 201 Rn. 1; Lutter/*Decher*/*Hoger* § 201 Rn. 1; ferner Kölner Kommentar-UmwG/*Petersen* § 201 Rn. 6.

§ 36   4. Kapitel. Formwechsel

machung enthält den gesamten Wortlaut der verfügten Eintragung und hat ferner darauf hinzuweisen, dass sie auf Grund eines Formwechsels erfolgt.[62] In der Bekanntmachung hat das Gericht außerdem die Gläubiger darauf hinzuweisen, dass sie Sicherheitsleistung verlangen können (§§ 204, 22 Abs. 1 S. 3 UmwG).[63] Unterlässt das Gericht diesen Hinweis an die Gläubiger, kommen Amtshaftungsansprüche in Betracht.[64] Daneben ist den Beteiligten, die die Eintragung bewirkt haben, die Eintragung durch Eintragungsnachricht bekannt zu geben (§ 383 Abs. 2 FamFG). Die Bekanntmachung hat lediglich verlautbarende Wirkung (während für die Wirksamkeit des Formwechsels allein die Eintragung entscheidend ist).[65] Bedeutung hat die Bekanntmachung aber für das Recht der Gläubiger auf Sicherheitsleistung (§§ 204, 22 Abs. 1 S. 1 UmwG), die Verjährung von Schadenersatzansprüchen gegen die Organe des formwechselnden Rechtsträgers (§ 205 Abs. 2), die Frist zur Annahme des Angebots auf Barabfindung (§ 209 S. 1 UmwG), die Möglichkeit einer anderweitigen Veräußerung des Anteils durch den Anteilsinhaber (§ 211 UmwG) und die Fortdauer und zeitliche Begrenzung der persönlichen Haftung ausgeschiedener Anteilsinhaber (§§ 224 Abs. 3, 237, 249, 257 UmwG). Von der Bekanntmachung des Registergerichts unberührt bleiben die etwaigen umwandlungsrechtlichen Benachrichtigungspflichten des Vertretungsorgans des Rechtsträgers neuer Rechtsform (§§ 267, 268, 281, 299 UmwG).[66]

32   Neben dieser formwechselspezifischen Bekanntmachung sind durch das für den Rechtsträger neuer Rechtsform zuständige Gericht die nach dem Gründungsrecht des Rechtsträgers neuer Rechtsform erforderlichen Bekanntmachungen vorzunehmen; über § 197 S. 1 UmwG gelten insoweit § 106 HGB, § 162 Abs. 2 HGB, § 10 GmbHG, § 39 AktG, § 282 AktG, § 12 GenG.[67]

§ 36 Rechtsfolgen des Formwechsels

Übersicht

	Rdnr.		Rdnr.
I. Formwechsel als Änderung des Rechtskleids	1–4	2. Sonstige Mängel der Umwandlung	29–33
II. Erhalt und Identität des Rechtsträgers	5–18	V. Barabfindung und Austrittsrecht	34–39
1. Allgemeines	6	VI. Gläubigerschutz und Haftung der Gesellschaftsorgane	40–52
2. Verträge und sonstige Rechtsverhältnisse	7–13	1. Sicherheitsleistung	41–46
3. Gesellschaftsorgane	14–18	2. Haftung der Organe	47–51
III. Kontinuität der Mitgliedschaft	19–25	3. Fortdauer der Haftung bei einem persönlich haftenden Gesellschafter	52
1. Beteiligung der Anteilsinhaber	20–22		
2. Fortbestand der Rechte Dritter	23–25		
IV. Heilung von Mängeln und Bestandsschutz	26–33	VII. Schutz der Inhaber von Sonderrechten	53–55
1. Mängel der Beurkundung	27, 28		

Schrifttum: *Eckert*, Der Formwechsel einer Kapitalgesellschaft in eine Personengesellschaft und seine Auswirkungen auf öffentlich-rechtliche Erlaubnisse, ZIP 1998, 1950; *Heckschen*, Identität der Anteils-

---

[62] Semler/Stengel/*Schwanna* § 201 Rn. 3; Kallmeyer/*Zimmermann* § 201 Rn. 1; ferner Kölner Kommentar-UmwG/*Petersen* § 201 Rn. 6.
[63] Böttcher/Habighorst/Schulte/*Althoff*/*Narr* § 201 Rn. 4; Lutter/*Decher*/*Hoger* § 201 Rn. 2; Semler/Stengel/*Schwanna* § 201 Rn. 3; Kallmeyer/*Zimmermann* § 201 Rn. 3.
[64] Böttcher/Habighorst/Schulte/*Althoff*/*Narr* § 201 Rn. 4; Lutter/*Decher*/*Hoger* § 201 Rn. 2; Semler/Stengel/*Schwanna* § 201 Rn. 3; Kallmeyer/*Zimmermann* § 201 Rn. 3.
[65] Henssler/Strohn/*Drinhausen*/*Keinath* § 201 UmwG Rn. 7; Kölner Kommentar-UmwG/*Petersen* § 201 Rn. 7; Kallmeyer/*Zimmermann* § 201 Rn. 5; auch Lutter/*Decher*/*Hoger* § 201 Rn. 6.
[66] Böttcher/Habighorst/Schulte/*Althoff*/*Narr* § 201 Rn. 5; Kallmeyer/*Zimmermann* § 201 Rn. 2.
[67] Lutter/*Decher*/*Hoger* § 201 Rn. 3; ferner Böttcher/Habighorst/Schulte/*Althoff*/*Narr* § 201 Rn. 4; Henssler/Strohn/*Drinhausen*/*Keinath* § 201 UmwG Rn. 5.

eigner beim Formwechsel, DB 2008, 2122; *A. Hoger*, Fortdauer und Beendigung der organschaftlichen Rechtsstellung von Geschäftsleitern beim Formwechsel nach dem UmwG, ZGR 2007, 868; *ders.*, Kapitalschutz als Durchsetzungsschranke umwandlungsrechtlicher Ausgleichansprüche von Gesellschaftern, AG 2008, 149; *Leßmann/Glattfeld*, Der Aufsichtsrat beim Formwechsel einer GmbH in eine Aktiengesellschaft, ZIP 2013, 2390; *Stöber*, Die Auswirkungen einer Umwandlung nach dem Umwandlungsgesetz auf einen laufenden Zivilprozess, NZG 2006, 574; *Vossius*, Unternehmensvertrag und Umwandlung, in: FS Widmann, 2000, S. 133; *Wiedemann*, Identität beim Formwechsel, ZGR 1999, 568.

I. Formwechsel als Änderung des Rechtskleids

Die Rechtsfolgen des Formwechsels unterscheiden sich deutlich von denen anderer Umwandlungsarten, da **beim Formwechsel nur ein Rechtsträger beteiligt** ist (§ 190 Abs. 1: „Ein Rechtsträger kann durch Formwechsel eine neue Rechtsform erhalten."; auch → § 32 Rn. 1, 3 ff.). Der Rechtsträger bleibt bei einem Formwechsel identisch (→ Rn. 5) und ändert lediglich seine Rechtsform; der Formwechsel ist also nicht mehr als ein „Wechsel des rechtlichen Kleides".[1] Es handelt sich allein um einen „gesellschaftsinternen Organisationsakt"[2] und den damit verbundenen Wechsel der auf den Rechtsträger anwendbaren Normenstruktur. Mit der Wirksamkeit des Formwechsels durch Eintragung (→ Rn. 4) unterliegt der Rechtsträger den gesellschaftsrechtlichen Vorschriften der neuen Rechtsform. Dies hat insoweit Auswirkungen auf Dritte, wie die rechtliche Verfassung dafür ebenfalls eine Rolle spielt (was bei Gläubigern grundsätzlich immer der Fall sein wird). Der Formwechsel ist die einzige Umwandlungsform, bei der keine Übertragung von Vermögen stattfindet.[3] Die Rechtsfolgen des Formwechsels folgen zwar in den wichtigen Grundzügen den Regeln zur Verschmelzung (§ 20 UmwG; → § 13 Rn. 1 ff.) und Spaltung (§ 131 UmwG; → § 27 Rn. 1 ff.), unterscheiden sich aber insbesondere dadurch, dass es wegen der Identität des Rechtsträgers (→ Rn. 3) des Konzepts der Gesamtrechtsnachfolge nicht bedarf.[4]

Zwar bleibt der Rechtsträger identisch (→ Rn. 5), mit dem Formwechsel und der Änderung des Rechtskleids einhergehend ändert sich aber das auf den Rechtsträger anwendbare gesellschaftsrechtliche Organisationsrecht. Bei Wahrung der Identität des Rechtsträgers liegt mithin eine „**Diskontinuität der Rechtsordnung**" vor.[5] Der ursprüngliche Rechtsträger besteht mithin zwar weiter, aber nicht unverändert, sondern in nunmehr geänderter Rechtsform.[6] Diese Änderung der Rechtsform ist Ziel des Formwechsels und stellt damit zugleich seine wichtigste Wirkung dar. Zunächst ändert sich vor Allem das Innenrecht und damit das rechtliche Verhältnis zwischen Gesellschaft und Anteilsinhabern sowie der Anteilsinhaber untereinander.[7] Neben Anpassungen der Verhältnisse im Innenverhältnis können aber auch Anpassungen der Rechtsbeziehungen im Außenverhältnis notwendig werden, sofern die neue Rechtsform abweichende Regelungen dafür bereithält oder sonst Wirkungen auf diese Rechtsverhältnisse hat.

---

[1] Lutter/*Decher/Hoger*, Vor § 190 Rn. 2.
[2] *Sagasser/Luke*, in: Sagasser/Bula/Brünger, § 26 Rn. 4.
[3] Vgl. auch *Bunting* in Kraft/Redenius-Hövermann, Kap. 5 Rn. 4 f.; Lutter/*Decher/Hoger*, Vor § 190 Rn. 2; ferner BGH 1 StR 15/02,NJW 2002, 3339, 3342; überdies Semler/Stengel/*Kübler*, § 202 Rn. 2; Schmitt/Hörtnagl/Stratz/*Stratz*, § 202 Rn. 2.
[4] Semler/Stengel/*Kübler*, § 202 Rn. 2.
[5] Lutter/*Decher/Hoger*, § 202 Rn. 8; auch Semler/Stengel/*Kübler*, § 202 Rn. 12; Kölner Kommentar-UmwG/*Petersen*, § 202 Rn. 10; ferner Böttcher/Habighorst/Schulte/*Althoff/Narr*, § 202 Rn. 4.
[6] Henssler/Strohn/*Drinhausen/Keinath*, § 204 Rn. 3; Semler/Stengel/*Kübler*, § 202 Rn. 6.
[7] Vgl. Böttcher/Habighorst/Schulte/*Althoff/Narr*, § 202 Rn. 5; Lutter/*Decher/Hoger*, § 202 Rn. 8 f.; Henssler/Strohn/*Drinhausen/Keinath*, § 204 UmwG Rn. 5; Kallmeyer/*Meister/Klöcker*, § 202 Rn. 21; auch Semler/Stengel/*Kübler*, § 202 Rn. 12; Kölner Kommentar-UmwG/*Petersen*, § 202 Rn. 10.

3 Das UmwG enthält – wie bei der Verschmelzung oder dem Formwechsel – nur rudimentäre Regeln zu den Wirkungen des Formwechsels. Die **Wirkungen des Formwechsels** ergeben sich für den einzelnen Rechtsträger daher primär aus den **Festsetzungen des Umwandlungsbeschlusses** (→ § 34 Rn. 16 ff.), soweit das Gesetz entsprechende Regelungsmöglichkeiten für die Anteilsinhaber eröffnet.

4 Der Formwechsel wird **wirksam mit der Eintragung im zuständigen Register** (§ 202 Abs. 1 UmwG). Sofern es der Eintragung in mehrere Register bedarf, ist die Eintragung in das Register des Rechtsträgers neuer Rechtsform konstitutiv für den Formwechsel und seine Wirkungen (§ 202 Abs. 2 UmwG; → § 35 Rn. 25).

II. Erhalt und Identität des Rechtsträgers

5 Das Charakteristische am Formwechsel ist, dass dadurch – in den Worten des BGH – ein Rechtsträger bzw. eine Gesellschaft „lediglich ihre Rechtsform" ändert, „unter Wahrung ihrer Identität".[8] Das UmwG bestimmt insoweit hinsichtlich der Wirkungen der Eintragung des Formwechsels eindeutig: „Der formwechselnde Rechtsträger besteht in der in dem Umwandlungsbeschluss bestimmten Rechtsform weiter." (§ 202 Abs. 1 Nr. 1 UmwG). Bei einem Formwechsel **bleibt mithin der Rechtsträger – unter Änderung seiner Rechtsform – wirtschaftlich und rechtlich identisch (Identitätsprinzip)**.[9] Bei anderen Umwandlungsarten ist das Identitätsprinzip dagegen auf Grund der Beteiligung mehrerer Rechtsträger unbekannt.[10] Auf Grund der Identität des Rechtsträgers beim Formwechsel ist eine gesellschaftliche Rückwirkung des Formwechsel (im Außenverhältnis) unzulässig.[11] Die Regelungen über den Zeitpunkt der Wirksamkeit des Formwechsel sind insoweit zwingend und einer abweichenden Regelung etwa im Umwandlungsbeschluss nicht zugänglich (vgl. auch → § 34 Rn. 52).[12]

1. Allgemeines

6 Die Kontinuität und Identität des Rechtsträgers erstreckt sich auch auf die Beziehungen des Rechtsträgers zur Umwelt, die insoweit grundsätzlich nicht berührt werden.[13] **Sowohl die Aktiva als auch die Passiva des Rechtsträgers bleiben durch den Formwechsel unverändert.** Auch sonst finden grundsätzlich keine Veränderungen von Rechtsverhältnissen statt, die schon vor dem Formwechsel mit dem Rechtsträger bestanden. Damit sind zugleich die Rechtsfragen um die Beziehungen des Rechtsträgers zu Dritten und der Auswirkungen des Formwechsels auf diese erheblich entschärft. Da beim Formwechsel keine Vermögensübertragung stattfindet (→ Rn. 1), bedarf es für die Übertragung von Vermögensgegenständen, die zum Gesellschaftsvermögen des Rechtsträgers alter Rechtsform gehören grundsätzlich nicht der Genehmigung eines Dritten. Dies gilt auch dann, wenn die Übertragung der Vermögengegenstände unter einem vertraglichen oder gesetzlichen Genehmigungsvorbehalt steht.[14] Im Rahmen des Formwechsels stellt sich daher – im Gegensatz zu anderen Umwandlungsvorgängen – nicht die Frage, welche Rechtsverhält-

---

[8] BGH LwZR 15/09, NZG 2010, 314, 315.
[9] Vgl. nur BT-Drucks. 12/6699, S. 136; Lutter/*Decher/Hoger*, Vor § 190 Rn. 2; Henssler/Strohn/*Drinhausen/Keinath*, § 204 UmwG Rn. 3; Semler/Stengel/*Kübler*, § 202 Rn. 2; Kallmeyer/*Meister/Klöcker*, § 202 Rn. 13; Schmitt/Hörtnagl/Stratz/*Stratz*, § 202 Rn. 2, 5; auch Lutter/*Decher/Hoger*, § 202 Rn. 7; Limmer/*Limmer*, Teil 4 Rn. 10 mwN; ferner ausf. Kölner Kommentar-UmwG/*Petersen*, § 202 Rn. 1 ff.
[10] Vgl. auch *Bunting* in Kraft/Redenius-Hövermann, Kap. 5 Rn. 4.
[11] Lutter/*Decher/Hoger*, § 202 Rn. 6; *Stoye-Benk/Cutura*, Kap. 5 Rn. 35; auch Schmitt/Hörtnagl/Stratz/*Stratz*, § 202 Rn. 5.
[12] Henssler/Strohn/*Drinhausen/Keinath*, § 204 UmwG Rn. 2; Kallmeyer/*Meister/Klöcker*, § 202 Rn. 12; Semler/Stengel/*Kübler*, § 202 Rn. 5.
[13] Semler/Stengel/*Kübler*, § 202 Rn. 7; auch Henssler/Strohn/*Drinhausen/Keinath*, § 204 UmwG Rn. 4.
[14] *Stoye-Benk/Cutura*, Kap. 5 Rn. 35.

nisse übergehen, sondern (nur), inwiefern der Formwechsel Auswirkungen auf die weiter bestehenden Rechtsverhältnisse hat.

2. Verträge und sonstige Rechtsverhältnisse

Verträge und Rechtsverhältnisse des sich formwechselnden Rechtsträgers bleiben im Grundsatz **unverändert bestehen**. Ebenso werden Prozesse und Rechtsstreitigkeiten unverändert fortgeführt; vollstreckbare Titel gegen den Rechtsträger bleiben wirksam.[15]

Mit dem Bestand an (sonstigen) Aktiva und Passiva (→ Rn. 6) bleibt auch der **Bestand an Forderungen, Verbindlichkeiten und sonstigen schuldrechtlichen Beziehungen des Rechtsträgers vor und nach dem Formwechsel unverändert**.[16] Die Verträge des Rechtsträgers bleiben ebenso verbindlich, wie der Rechtsträger Schuldner seiner Verbindlichkeiten und Gläubiger der ihm zustehenden Forderungen bleibt.[17] Dies gilt etwa auch für Arbeits- und Dienstverträge.[18] Da keine Vermögensübertragung stattfindet, besteht zudem kein Anwendungsbereich für § 613a BGB.[19]

Da neben Verträgen die sonstigen Rechtsgeschäfte unverändert beim formwechselnden Rechtsträger bestehen bleiben, werden erteilte **Vollmachten** durch den Formwechsel nicht berührt.[20]

Der Fortbestand **öffentlich-rechtlicher Genehmigungen und Erlaubnisse** dagegen bedarf der Prüfung im Einzelfall. Dies gilt vor allem dann, wenn die entsprechende Genehmigung oder Erlaubnis nach öffentlich-rechtlichen Grundsätzen nur Unternehmen mit bestimmter Rechtsform erteilt werden kann oder wenn es sich um personenbezogene Erlaubnisse oder Genehmigungen handelt. Nach den dargestellten Grundsätzen (→ Rn. 6) geht man in der gesellschaftsrechtlichen Literatur jedoch überwiegend richtigerweise davon aus, dass öffentlich-rechtliche Genehmigungen und Erlaubnisse beim Formwechsel grundsätzlich erhalten bleiben.[21] Teilweise wird aber angenommen, dass eine Erlaubnis oder Zulassung abweichend davon dann erlischt, wenn der Rechtsträger durch den Formwechsel eine Rechtsform erhält, für welche die entsprechende Genehmigung oder Erlaubnis nicht erteilt werden kann.[22] Richtigerweise muss es aber bei dem dargestellten Grundsatz auch in diesem Fall bleiben, so dass die Genehmigung oder Erlaubnis fortbesteht. Im Einzelfall steht der Behörde dann aber auf Grund des Rechtsformwechsels der Weg offen, die Genehmigung oder Erlaubnis nach den besonderen oder allgemeinen Vorschriften des Verwaltungsrechts zu widerrufen.[23]

Sofern der formwechselnde Rechtsträger als Inhaber/Eigentümer in **öffentliche Register** eingetragen ist, sind diese Eintragungen entsprechend anzupassen. Mit Blick auf das Grundbuch handelt es sich aber nicht um eine Grundbuchberichtigung iSd § 22 GBO, da

---

[15] Lutter/*Decher/Hoger*, § 202 Rn. 41; Semler/Stengel/*Kübler*, § 202 Rn. 11; Kallmeyer/*Meister/Klöcker*, § 202 Rn. 15 f.; auch Böttcher/Habighorst/Schulte/*Althoff/Narr*, § 202 Rn. 6; ausf. ferner etwa *Stöber* NZG 2006, 574, 576 f.

[16] Limmer/*Limmer*, Teil 4 Rn. 37, 337 mwN; auch Kallmeyer/*Meister/Klöcker*, § 202 Rn. 13 f.

[17] Lutter/*Decher/Hoger*, § 202 Rn. 32, 42; Semler/Stengel/*Kübler*, § 202 Rn. 9; Kallmeyer/*Meister/Klöcker*, § 202 Rn. 17; auch Böttcher/Habighorst/Schulte/*Althoff/Narr*, § 202 Rn. 6; Henssler/Strohn/*Drinhausen/Keinath*, § 204 UmwG Rn. 4; vgl. dazu auch BGH LwZR 20/01 NJW 2002, 2168.

[18] Lutter/*Decher/Hoger*, § 202 Rn. 25; Semler/Stengel/*Kübler*, § 202 Rn. 9; Kallmeyer/*Meister/Klöcker*, § 202 Rn. 27.

[19] Lutter/*Decher/Hoger*, § 202 Rn. 25; Kallmeyer/*Meister/Klöcker*, § 202 Rn. 27.

[20] Semler/Stengel/*Kübler*, § 202 Rn. 10; Limmer/*Limmer*, Teil 4 Rn. 38, 339 mwN; Kallmeyer/*Meister/Klöcker*, § 202 Rn. 26.

[21] Böttcher/Habighorst/Schulte/*Althoff/Narr*, § 202 Rn. 8; Lutter/*Decher/Hoger*, § 202 Rn. 38; Semler/Stengel/*Kübler*, § 202 Rn. 11; Limmer/*Limmer*, Teil 4 Rn. 40, 341 mwN.

[22] Semler/Stengel/*Kübler*, § 202 Rn. 11, 17; auch Böttcher/Habighorst/Schulte/*Althoff/Narr*, § 202 Rn. 8.

[23] Lutter/*Decher/Hoger*, § 202 Rn. 38; Limmer/*Limmer*, Teil 4 Rn. 40; auch *Eckart* ZIP 1998, 1950, 1953; ähnl. Kallmeyer/*Meister/Klöcker*, § 202 Rn. 20.

das Grundbuch durch den Formwechsel nicht falsch geworden ist. Es handelt sich bei der Anpassung vielmehr lediglich um eine von Amts wegen vorzunehmende Richtigstellung der im Register eingetragenen Bezeichnung des Berechtigten.[24] Entsprechendes gilt nicht nur für das Grundbuch sondern auch für andere öffentliche Register, in denen der formwechselnde Rechtsträger als Berechtigter eingetragen ist (etwa Markenregister).[25]

12 Das Schicksal von **Unternehmensverträgen** iSd §§ 291 ff. AktG im Rahmen des Formwechsels ist in seinen Einzelheiten ungeklärt. Dem Grundsatz nach besteht ein Unternehmensvertrag nach einem Formwechsel regelmäßig unverändert fort; es sei denn, das Vertragsverhältnis ist mit der neuen Rechtsform des verpflichteten Rechtsträgers (Untergesellschaft) nicht vereinbar.[26] Sofern erforderlich, sind zunächst Anpassungen des Unternehmensvertrags an die neuen Gegebenheiten vorzunehmen, um die Vereinbarkeit mit der neuen Rechtsform wiederherzustellen.[27] Sollte dies nicht möglich sein, besteht jedoch hinsichtlich der dann folgenden Konsequenzen keine Klarheit.[28] Insbesondere kann der Formwechsel der Untergesellschaft einen wichtigen Grund zur Kündigung des Unternehmensvertrags darstellen.[29] Die im Zusammenhang mit Unternehmensverträgen bestehende Rechtsunsicherheit mahnt insgesamt dazu, beim Formwechsel eines Rechtsträgers, der Untergesellschaft unter einem Unternehmensvertrag ist, dem Unternehmensvertrag besondere Aufmerksamkeit zu schenken und mit dem Formwechsel abzustimmen.[30] Dafür kann es sich etwa empfehlen, den Unternehmensvertrag vorsorglich auf den Zeitpunkt des Formwechsels zu beenden und unmittelbar anschließend erneut abzuschließen.[31] Weniger Probleme bereitet ein Unternehmensvertrag der mit einer Kapitalgesellschaft als Untergesellschaft besteht, die sich in eine andere Kapitalgesellschaft mittels Formwechsel umwandelt; in diesem Fall bleibt der Unternehmensvertrag unberührt und muss bei der Anmeldung des Formwechsels weder neu angemeldet noch erwähnt werden.[32]

13 Ähnlich ungeklärt wie das Schicksal von Unternehmensverträgen ist das Schicksal stiller Gesellschaften am formwechselnden Rechtsträger. Im Einklang mit den dargestellten Grundsätzen (→ Rn. 6) besteht nach beizupflichtender Auffassung eine stille Gesellschaft auch nach einem Formwechsel fort.[33] Dies gilt nur dann nicht, wenn sich aus dem Vertrag über die stille Beteiligung selbst (oder seiner Auslegung) etwas anderes ergibt, etwa weil darin die Unterbeteiligung (nur) an einer ganz bestimmten Rechtsform vereinbart ist.[34] Nach herrschender und auch vorzugswürdiger Auffassung ist zudem umwandlungsrechtlich die Zustimmung des stillen Gesellschafters zum Formwechsel nicht erforderlich; solche Zustimmungserfordernisse für die Wirksamkeit des Formwechsels ergeben sich weder aus §§ 233 Abs. 2, 241 Abs. 2 i. V. m. 50 Abs. 2 UmwG noch aus § 193 Abs. 2 UmwG oder § 35 BGB.[35] Davon zu trennen ist das – für die Wirksamkeit des Formwechsels unerhebliche – womöglich bestehende Zustimmungserfordernis unter dem stillen Gesellschaftsvertrag im Innenverhältnis. Handelt es sich um einen Formwechsel in eine AG wird das (Fort-

---

[24] Böttcher/Habighorst/Schulte/*Althoff*/Narr, § 202 Rn. 7; Lutter/*Decher*/Hoger, § 202 Rn. 33; Semler/Stengel/*Kübler*, § 202 Rn. 8; Limmer/*Limmer*, Teil 4 Rn. 39, 338 mwN.

[25] Lutter/*Decher*/Hoger, § 202 Rn. 33; vgl. Semler/Stengel/*Kübler*, § 202 Rn. 8; Kallmeyer/*Meister*/Klöcker, § 202 Rn. 19; auch Schmitt/Hörtnagl/Stratz/*Stratz*, § 202 Rn. 5.

[26] Limmer/*Limmer*, Teil 4 Rn. 342 mwN; auch Kallmeyer/*Meister*/Klöcker, § 202 Rn. 18.

[27] Lutter/*Decher*/Hoger, § 202 Rn. 47.

[28] Vgl. dazu etwa Lutter/*Decher*/Hoger, § 202 Rn. 47; Kallmeyer/*Meister*/Klöcker, § 202 Rn. 18.

[29] Lutter/*Decher*/Hoger, § 202 Rn. 47; vgl. auch *Vossius*, FS Widmann, 2000, S. 133, 158.

[30] So auch Semler/Stengel/*Kübler*, § 202 Rn. 16.

[31] Stoye-Benk/*Cutura*, Kap. 5 Rn. 35.

[32] Limmer/*Limmer*, Teil 4 Rn. 343.

[33] Lutter/*Decher*/Hoger, § 202 Rn. 45.

[34] *Stegemann*/Middendorf BB 2006, 1084, 1085; vgl. dazu auch Semler/Stengel/*Kübler*, § 202 Rn. 9; ferner Kallmeyer/*Meister*/Klöcker, § 202 Rn. 18.

[35] Lutter/*Decher*/Hoger, § 202 Rn. 45; Semler/Stengel/*Kübler*, § 202 Rn. 9; Limmer/*Limmer*, Teil 4 Rn. 345.

)Bestehen einer **stillen Gesellschaft** als Teilgewinnabführungsvertrag iSd § 292 Abs. 1 Nr. 2 AktG mit dem Formwechsel zur Eintragung in das Handelsregister anzumelden sein.[36] Nach teilweise vertretener Ansicht bedarf es zudem der Beschlussfassung der Anteilsinhaber (§ 193 AktG); entweder im Formwechselbeschluss oder aber nach Wirksamwerden des Formwechsels im Rechtsträger neuer Rechtsform mit Rückbezug auf das Wirksamwerden des Formwechsels.[37] Dieser Auffassung ist nicht zu folgen. Die Eintragung der stillen Gesellschaft hat vielmehr nur deklaratorische Bedeutung, wenn und weil die stille Gesellschaft bereits beim formwechselnden Rechtsträger wirksam begründet war; es bedarf daher keiner (erneuten) Beschlussfassung der Anteilsinhaber.[38]

3. Gesellschaftsorgane

14 Mit Wirksamwerden des Formwechsels **endet die Organstellung der Mitglieder der Gesellschaftsorgane** des formwechselnden Rechtsträgers (→ § 34 Rn. 50 f.). Der Identitätsgrundsatz des Rechtsträgers geht nicht so weit, dass auch seine Organe im Amt bleiben. Grund dafür ist insbesondere, dass sich der anwendbare Normbestand so weitgehend ändern, dass für eine Identität der Organmitglieder kein Raum ist.[39] Diese Begründung öffnet gleichzeitig den Raum für eine abweichende, in der Minderheit gebliebene Auffassung, die aber gewichtige Argumente für sich in Stellung bringen kann: Nach dieser Auffassung ist von einem Grundsatz der Amtskontinuität auszugehen, wonach – anknüpfend an die Argumentation zuvor – ein Verlust der organschaftlichen Rechtsstellung nur dann eintritt, wenn dies die gesetzlichen Regelungen der neuen Rechtsform gebieten.[40] In der Praxis ist mit der herrschenden Auffassung dagegen stets von einem Verlust der Organstellung auszugehen, so dass die Mitglieder der Organe des Rechtsträgers neuer Rechtsform auf den Zeitpunkt der Wirksamkeit des Formwechsels neu zu bestellen sind (→ § 34 Rn. 50 f.). Dies gilt umso mehr als auch der BGH zu einer Beendigung der Organstellung zu tendieren scheint.[41]

15 Anders als die gesellschaftsrechtliche Organstellung der Mitglieder der Gesellschaftsorgane des formwechselnden Rechtsträgers sind die durch sie abgeschlossenen Anstellungsverträge zu beurteilen. Die **Anstellungsverträge der Vorstände und Geschäftsführer bleiben bestehen** und setzen sich mit dem Rechtsträger neuer Rechtsform „fort, ohne dass sich die Rechtsnatur des Vertrags dadurch ändert".[42] Sollen die Anstellungsverträge ebenfalls mit Wirksamwerden des Formwechsels beendet werden, hat dies nach den allgemeinen Regeln zu geschehen. Ungeklärt ist dabei, ob bereits der Formwechsel an sich einen Grund zur außerordentlichen Kündigung des Dienstvertrags darstellt.[43]

16 Ebenso wie die Anstellungsverträge bestehen bleiben **Prokuren**, die für den Rechtsträger alter Rechtsform erteilt wurden; sie müssen auch nicht neu beim Handelsregister angemeldet werden. Das Registergericht hat sie vielmehr auch ohne besonderen Antrag beim Rechtsträger neuer Rechtsform einzutragen.[44]

---

[36] Lutter/*Decher/Hoger*, § 202 Rn. 45; Limmer/*Limmer*, Teil 4 Rn. 345.
[37] *Stoye-Benk/Cutura*, Kap. 5 Rn. 35.
[38] Ebenso Lutter/*Decher/Hoger*, § 202 Rn. 45.
[39] Limmer/*Limmer*, Teil 4 Rn. 286 mwN; Kallmeyer/*Meister/Klöcker*, § 202 Rn. 24, 25; auch Böttcher/Habighorst/Schulte/*Althoff/Narr*, § 202 Rn. 10; Hensler/Strohn/*Drinhausen/Keinath*, § 204 UmwG Rn. 4; Semler/Stengel/*Kübler*, § 202 Rn. 10, 14.
[40] *Hoger* ZGR 2007, 868.
[41] Vgl. BGH II ZR 267/05, NZG 2007, 590, 591.
[42] BGH II ZR 267/05, NZG 2007, 590, 591 mwN; auch BGH II ZR 50/96, NJW 1997, 2319; Semler/Stengel/*Kübler*, § 202 Rn. 9, 10; Limmer/*Limmer*, Teil 4 Rn. 287; Kallmeyer/*Meister/Klöcker*, § 202 Rn. 24, § 203 Rn. 3; ferner Hensler/Strohn/*Drinhausen/Keinath*, § 204 UmwG Rn. 4.
[43] Dagegen Kallmeyer/*Meister/Klöcker*, § 202 Rn. 24.
[44] OLG Köln 2 Wx 9/96, GmbHR 1996, 773, 774; etwa auch Böttcher/Habighorst/Schulte/*Althoff/Narr*, § 202 Rn. 9; Lutter/*Decher/Hoger*, § 202 Rn. 40; Kallmeyer/*Meister/Klöcker*, § 202 Rn. 26.

17 Besondere Regeln gelten für den im formwechselnden Rechtsträger bestehenden **Aufsichtsrat**. Ist beim Rechtsträger neuer Rechtsform in gleicher Weise wie beim formwechselnden Rechtsträger ein Aufsichtsrat zu bilden und zusammen zu setzen, bleiben die Mitglieder des Aufsichtsrats für den Rest ihrer Amtszeit als Mitglieder des Aufsichtsrats des Rechtsträgers neuer Rechtsform im Amt (§ 203 S. 1 UmwG; → § 34 Rn. 50 f.). Es handelt sich dabei um einen gesetzlich ausdrücklich geregelten Fall der Amtskontinuität, der dazu führt, dass beim Rechtsträger neuer Rechtsform kein Status- oder Wahlverfahren durchgeführt werden muss (→ § 34 Rn. 51). Erforderlich ist dafür jedoch, dass der Aufsichtsrat auf Grund zwingender gesetzlicher Vorschriften zu bilden ist; ein fakultativer Aufsichtsrat ist daher ebenso wenig erfasst wie ein Beirat (→ § 34 Rn. 50).[45] Voraussetzung ist, dass der Aufsichtsrat vor und nach dem Formwechsel „in gleicher Weise" gebildet wird; seine Konstituierung mithin auf den gleichen gesetzlichen Vorschriften beruht. Erforderlich ist zudem die gleiche zahlenmäßige Zusammensetzung des Aufsichtsrats vor und nach dem Formwechsel, nicht aber seine Personenidentität.[46] Die Anteilsinhaber des formwechselnden Rechtsträgers können die Amtskontinuität der Mitglieder des Aufsichtsrats nach § 201 S. 1 UmwG verhindern, indem sie im Umwandlungsbeschluss für die Aufsichtsratsmitglieder die Beendigung des Amtes bestimmen (§ 203 S. 2 UmwG). Die Beschlussfassung hat technisch nicht zwingend im Formwechselbeschluss zu erfolgen, sondern ist in gesonderter Beschlussfassung zulässig; die Einzelheiten des zeitlichen Zusammenhangs mit dem Umwandlungsbeschluss sind allerdings ungeklärt.[47] Nach insoweit jedoch eindeutiger wörtlicher und systematischer Auslegung kann die Beschlussfassung nicht nach der Wirksamkeit des Formwechsels liegen.

18 Aus der Regelung des § 203 S. 1 UmwG wird im Umkehrschluss gefolgert, dass die **Ämter der Mitglieder des Aufsichtsrats** mit Wirksamwerden des Formwechsels in gleicher Weise wie die des Vertretungsorgans (→ Rn. 14) **enden**, wenn die Voraussetzungen des § 203 S. 1 UmwG nicht vorliegen.[48] Die Anteilsinhaber haben dann neue Mitglieder für den Aufsichtsrat des Rechtsträgers neuer Rechtsform zu bestellen.[49]

III. Kontinuität der Mitgliedschaft

19 Neben der Kontinuität des Rechtsträgers geht mit der Wirksamkeit des Formwechsels auch die **Kontinuität der Mitgliedschaft** der Anteilsinhaber einher (§ 202 Abs. 1 Nr. 2 UmwG: „Die Anteilsinhaber des formwechselnden Rechtsträgers sind an dem Rechtsträger nach den für die neue Rechtsform geltenden Vorschriften beteiligt ... Rechte Dritter ... bestehen ... weiter"). Zwar ändert sich das auf die Mitgliedschaft der Anteilsinhaber anwendbare (Gesellschafts-)Recht durch den Formwechsel (→ Rn. 2) und die Mitgliedschaft des Anteilsinhabers untersteht mit der Wirksamkeit des Formwechsels dem Recht der neuen Rechtsform; damit einhergehend modifizieren sich auch die Rechte und Pflichten des einzelnen Anteilsinhabers.[50] Die Anteilsinhaber bleiben aber grundsätzlich auch nach dem Formwechsel am Rechtsträger beteiligt (dazu → Rn. 20 ff.) – es lässt sich insoweit von der **Diskontinuität der Mitgliedschaftsrechte nicht aber der Mitglied-**

---

[45] Henssler/Strohn/*Drinhausen/Keinath*, § 203 UmwG Rn. 2; Lutter/*Decher/Hoger*, § 203 Rn. 10; Kallmeyer/*Meister/Klöcker*, § 203 Rn. 11; Semler/Stengel/*Simon*, § 203 Rn. 3.

[46] Henssler/Strohn/*Drinhausen/Keinath*, § 203 UmwG Rn. 3; Semler/Stengel/*Simon*, § 203 Rn. 3 ff.; auch Lutter/*Decher/Hoger*, § 203 Rn. 2; Kallmeyer/*Meister/Klöcker*, § 203 Rn. 8.

[47] Böttcher/Habighorst/Schulte/*Althoff/Narr*, § 203 Rn. 5; Henssler/Strohn/*Drinhausen/Keinath*, § 203 UmwG Rn. 6; Lutter/*Decher/Hoger*, § 203 Rn. 25; Kallmeyer/*Meister/Klöcker*, § 203 Rn. 14.

[48] Leßmann/Glattfeld ZIP 2013, 2390, 2391 f.; Henssler/Strohn/*Drinhausen/Keinath*, § 203 UmwG Rn. 1, 5; Kallmeyer/*Meister/Klöcker*, § 203 Rn. 2; Semler/Stengel/*Simon*, § 203 Rn. 2; auch Lutter/*Decher/Hoger*, § 202 Rn. 26, § 203 Rn. 2, 5.

[49] Lutter/*Decher/Hoger*, § 203 Rn. 18; Semler/Stengel/*Simon*, § 203 Rn. 2.

[50] Henssler/Strohn/*Drinhausen/Keinath*, § 204 UmwG Rn. 9; Lutter/*Decher/Hoger*, § 202 Rn. 16 f.

schaft an sich selbst sprechen.[51] Neben den Regeln des neuen Gesellschaftsrechts sind für die Rechte und Pflichten des einzelnen Anteilsinhabers zudem die Festsetzungen in der Satzung bzw. dem Gesellschaftsvertrag maßgeblich, die sich regelmäßig ebenfalls im Zusammenhang mit dem Formwechsel ändern (→ § 34 Rn. 56 ff.)

1. Beteiligung der Anteilsinhaber

Für die **Beteiligung der Anteilsinhaber** am Rechtsträgers neuer Rechtsform entscheidend sind die **Festsetzungen im Umwandlungsbeschluss** (→ § 34 Rn. 24 ff.). Sowohl die Identität der Anteilsinhaber zwischen formwechselndem Rechtsträger und Rechtsträger neuer Rechtsform als auch die Identität ihrer Beteiligung(shöhe) sowie etwaige Abweichungen davon, vollziehen sich entsprechend der dortigen Bestimmungen. Besondere Relevanz haben die Festsetzungen im Falle des nicht-verhältniswahrenden Formwechsels (→ § 34 Rn. 34) in dessen Zuge sich die Beteiligungshöhe (einzelner) Anteilsinhaber am Rechtsträger ändert. Mit Wirksamwerden des Formwechsels sind die Anteilsinhaber dann nach Maßgabe der Festsetzungen im Umwandlungsbeschluss, abweichend vom Zustand zuvor, am Rechtsträger neuer Rechtsform beteiligt.[52] Liegt nach den Bestimmungen im Umwandlungsbeschluss kein Ausnahmefall eines nicht-verhältniswahrenden Formwechsels vor, sind die Anteilsinhaber mit Wirksamwerden des Formwechsels grundsätzlich am Rechtsträger neuer Rechtsform entsprechend des Verhältnisses ihrer Beteiligung am formwechselnden Rechtsträger beteiligt.[53]

Weniger geklärt als die Identität der Beteiligung(shöhe) der Anteilsinhaber vor und nach dem Formwechsel, ist die **Identität der Anteilsinhaber** überhaupt. Grundsätzlich gilt dabei nach § 202 Abs. 1 Nr. 2 UmwG, dass die „Anteilsinhaber des formwechselnden Rechtsträgers … an dem Rechtsträger nach den für die neue Rechtsform geltenden Vorschriften beteiligt [sind], soweit ihre Beteiligung nicht nach diesem Buch entfällt." Der **Bestand der Anteilsinhaber** bleibt damit grundsätzlich unverändert, soweit nicht aus den besonderen Vorschriften (Ein- und Austritt von Komplementären, → § 38 Rn. 1 ff.) etwas anderes folgt. Der regelmäßig im Umwandlungsbeschluss getroffenen Festsetzung (→ § 34 Rn. 24 ff.) folgend sind damit – entsprechend des Identitätsprinzips des Rechtsträgers (→ Rn. 1) – grundsätzlich alle Anteilsinhaber des formwechselnden Rechtsträgers automatisch am Rechtsträger neuer Rechtsform beteiligt (**Prinzip der Identität der Anteilsinhaber**).[54] Inwieweit der Umwandlungsbeschluss in Abweichung davon bestimmen kann, dass einzelne Anteilsinhaber im Zuge des Formwechsels in den Rechtsträger eintreten oder austreten, ist ungeklärt (→ § 34 Rn. 26).[55] Geklärt ist allerdings, dass dieses Prinzip der Identität der Anteilsinhaber keinesfalls ein Verfügungsverbot über den Anteil zwischen dem Umwandlungsbeschluss und der Eintragung (und damit Wirksamkeit) des Formwechsels beinhaltet; den Anteilsinhabern steht es frei, nach den allgemeinen für die Ausgangsrechtsform geltenden Regeln über ihren Anteil zu verfügen.[56]

Für das Schicksal von **eigenen Anteilen des formwechselnden Rechtsträgers** fehlt es an einer ausdrücklichen Bestimmung; im Gegensatz zu § 20 Abs. 1 Nr. 3 S. 1 UmwG für

---

[51] Vgl. auch Böttcher/Habighorst/Schulte/*Althoff*/*Narr*, § 202 Rn. 15; auch Schmitt/Hörtnagl/Stratz/*Stratz*, § 202 Rn. 8.
[52] Vgl. auch Böttcher/Habighorst/Schulte/*Althoff*/*Narr*, § 202 Rn. 14; Henssler/Strohn/*Drinhausen*/*Keinath*, § 204 UmwG Rn. 7; Lutter/*Decher*/*Hoger*, § 202 Rn. 14 f.; Schmitt/Hörtnagl/Stratz/*Stratz*, § 202 Rn. 7.
[53] Henssler/Strohn/*Drinhausen*/*Keinath*, § 204 UmwG Rn. 8; Lutter/*Decher*/*Hoger*, § 202 Rn. 13; Kallmeyer/*Meister*/*Klöcker*, § 202 Rn. 35 ff.; auch Schmitt/Hörtnagl/Stratz/*Stratz*, § 202 Rn. 8.
[54] Vgl. dazu Henssler/Strohn/*Drinhausen*/*Keinath*, § 204 UmwG Rn. 7; Lutter/*Decher*/*Hoger*, § 202 Rn. 10; Kallmeyer/*Meister*/*Klöcker*, § 202 Rn. 29; ähnl. auch Kölner Kommentar-UmwG/*Petersen*, § 202 Rn. 22.
[55] Vgl. nur Lutter/*Decher*/*Hoger*, § 202 Rn. 12.
[56] Henssler/Strohn/*Drinhausen*/*Keinath*, § 204 UmwG Rn. 7; Lutter/*Decher*/*Hoger*, § 202 Rn. 10; auch Schmitt/Hörtnagl/Stratz/*Stratz*, § 202 Rn. 6.

die Verschmelzung enthält § 202 Abs. 1 Nr. 2 UmwG keinen Vorbehalt für eigene Anteile des Rechtsträgers. Damit verhindern solche eigenen Anteile die Möglichkeit eines Formwechsels nicht; das Schicksal eigener Anteils des formwechselnden Rechtsträger bestimmt sich allein nach den allgemeinen Grundsätzen des auf den Rechtsträger neuer Rechtsform anwendbaren Gesellschaftsrechts. Dies gilt auch für die AG. Zwar fehlt es in § 71 AktG an einer ausdrücklichen Bestimmung für die Zulässigkeit des Erwerbs eigener Anteils im Wege des Formwechsels, wenn der formwechselnde Rechtsträger solche eigenen Anteile hält. Es wird aber für diesen Fall von einer weiten Auslegung des § 71 AktG ausgegangen, so dass der Formwechsel eines Rechtsträgers, der Inhaber eigener Anteile ist, in eine AG, nicht an den zwangsläufig entstehenden eigenen Aktien scheitert.[57]

2. Fortbestand der Rechte Dritter

23   Mit Wirksamwerden des Formwechsels bestehen „**Rechte Dritter** an den Anteilen oder Mitgliedschaften des formwechselnden Rechtsträgers … an den an ihre Stelle tretenden Anteilen oder Mitgliedschaften des Rechtsträgers neuer Rechtsform weiter" (§ 202 Abs. 1 Nr. 2 S. 2 UmwG). Diese Wirkungen fügen sich in die sonstigen Bestimmungen zur Identität des Rechtsträgers und Kontinuität der Beteiligung nahtlos ein. Die dogmatische Frage, ob wegen dieser Identität und Kontinuität die Norm lediglich klarstellende Funktion hat oder eine eigene Anordnung trifft, kann dahinstehen; es macht keinen Unterschied, ob es sich lediglich um einen Fortbestand der Rechte Dritter oder um eine dingliche Surrogation handelt.[58] Die Norm entspricht der Regelung zur Verschmelzung in § 20 Abs. 1 Nr. 3 S. 2 UmwG (→ § 13 Rn. 161 ff.).

24   § 202 Abs. 1 Nr. 2 S. 2 UmwG gilt nur für **dingliche Rechte** an den Beteiligungen, etwa für rechtsgeschäftliche Pfandrechte, Pfändungspfandrechte, Anwartschaften aus schwebender Bedingung und Nießbrauch.[59] Als Rechte Dritter sind zudem grundsätzlich auch zugunsten einer Person bestehende Verfügungsbeschränkungen mit dinglicher Wirkung anzusehen (etwa Vor- und Nacherbfolge).[60] Nicht erfasst sind dagegen rein schuldrechtliche Rechtsverhältnisse, wie etwa die Treuhand an einem Anteil.[61]

25   Angesichts der Identität des Rechtsträgers und der Anteilsinhaber wird jedoch davon ausgegangen, dass **schuldrechtliche Verpflichtungen**, die sich auf Anteile am formwechselnden Rechtsträger beziehen (wie etwa Vorkaufsrechte oder Treuhandverhältnisse), nach dem Formwechsel ebenfalls am Anteil am formwechselnden Rechtsträger bestehen bleiben.[62] Voraussetzung ist jedoch, dass die Auslegung des entsprechenden schuldrechtlichen Vertrages eine solche Fortsetzung mit einem Rechtsträger anderer Rechtsform zulässt.[63] Dabei handelt es sich jedoch nicht um eine umwandlungsrechtliche, sondern um eine allgemeine schuldrechtliche Frage.

IV. Heilung von Mängeln und Bestandsschutz

26   Dem Gesetzgeber war die **Unumkehrbarkeit des Formwechsels** ein besonderes Anliegen, wie auch der Mechanismus der Registersperre zeigt (→ § 35 Rn. 17).

---

[57] Limmer/*Limmer*, Teil 4 Rn. 350.
[58] Vgl. dazu auch Böttcher/Habighorst/Schulte/*Althoff*/*Narr*, § 202 Rn. 17; Semler/Stengel/*Kübler*, § 202 Rn. 27 f.
[59] Siehe dazu Lutter/*Decher*/*Hoger*, § 202 Rn. 20; Kallmeyer/*Meister*/*Klöcker*, § 202 Rn. 36; etwa auch Henssler/Strohn/*Drinhausen*/*Keinath*, § 204 UmwG Rn. 11.
[60] Stoye-Benk/*Cutura*, Kap. 5 Rn. 35; offen Semler/Stengel/*Kübler*, § 202 Rn. 30.
[61] Lutter/*Decher*/*Hoger*, § 202 Rn. 22.
[62] Stoye-Benk/*Cutura*, Kap. 5 Rn. 35.
[63] Vgl. Lutter/*Decher*/*Hoger*, § 202 Rn. 22; ähnl. auch Henssler/Strohn/*Drinhausen*/*Keinath*, § 204 UmwG Rn. 11; Semler/Stengel/*Kübler*, § 202 Rn. 31; ferner Böttcher/Habighorst/Schulte/*Althoff*/*Narr*, § 202 Rn. 17.

§ 36 Rechtsfolgen des Formwechsels

1. Mängel der Beurkundung

Wie nach § 20 Abs. 1 Nr. 4 UmwG bei der Verschmelzung (→ § 13 Rn. 169 ff.) und nach § 131 Abs. 1 Nr. 4 UmwG bei der Spaltung wird auch beim Formwechsel mit seiner Wirksamkeit der **„Mangel der notariellen Beurkundung** des Umwandlungsbeschlusses und gegebenenfalls erforderlicher Zustimmungs- oder Verzichtserklärungen einzelner Anteilsinhaber ... geheilt." (§ 202 Abs. 1 Nr. 3 UmwG). Nach ihrem klaren Wortlaut erfasst die Norm **nur die Heilung von Formfehlern**, nicht aber von sonstigen Mängel der Beschlussfassung oder fehlende/aus anderen Gründen fehlerhafte, aber gleichwohl erforderliche Zustimmungserklärungen (→ § 34 Rn. 59 ff.).[64] Als von der Heilung erfasster Mangel kommt insbesondere die fehlerhafte und unvollständige Beurkundung in Betracht.[65] Bei einer unvollständigen Beurkundung ist vor allem an mündliche Nebenabreden zum Umwandlungsbeschluss zu denken, die den Anteilsinhabern zur Entscheidung vorlagen. Die Heilung nach § 202 Abs. 1 Nr. 3 UmwG hat zur Folge, dass der Formwechselbeschluss in der aus dem Register ersichtlichen Fassung wirksam und maßgeblich ist; etwaige auf einer unvollständigen Beurkundung resultierende Lücken sind durch Auslegung zu schließen.[66] Da sich die Heilung nur auf die Form des Umwandlungsbeschlusses und der Zustimmungserklärungen („Der Mangel der notariellen Beurkundung ... wird geheilt.") bezieht, können grundsätzlich weiterhin Schadensersatzansprüche gegen die Mitglieder der Gesellschaftsorgane des formwechselnden Rechtsträgers in Betracht kommen.[67]

Die Heilungsvorschrift spielt in der Praxis keine besonders große Rolle. Wegen der im Zusammenhang mit der Eintragung des Formwechsels **vom Registergericht durchgeführten Prüfung** (→ § 35 Rn. 27 ff.) wird es selten vorkommen, dass beurkundungspflichtige Willenserklärungen, denen an der Beurkundung mangelt, überhaupt zu einer Eintragung des Formwechsels führen können. Die praktische Bedeutung der Vorschrift kann jedoch darin liegen, dass nicht beurkundete Nebenabreden mit der Eintragung rechtswirksam werden.[68]

2. Sonstige Mängel der Umwandlung

Nicht auf die Beurkundung bezogene Mängel werden nach ihrem klaren Wortlaut von der Heilungsvorschrift des § 202 Abs. 1 Nr. 3 UmwG nicht erfasst (→ Rn. 27). Nach § 202 Abs. 3 UmwG lassen jedoch auch sonstige Mängel des Formwechsels die Wirkungen der Eintragung des Formwechsels bzw. Rechtsträgers neuer Rechtsform unberührt.[69] Dies entspricht den Regelungen zur Verschmelzung (§ 20 Abs. 2 UmwG, → § 13 Rn. 165 ff., 174 ff.) und Spaltung (§ 131 Abs. 2 UmwG). Anders als bei § 202 Abs. 1 Nr. 3 UmwG handelt es sich dabei jedoch nicht um eine Heilungsvorschrift, sondern die Eintragung garantiert insoweit **Bestandsschutz**.

Dem Gesetzgeber ist der definitive Bestandsschutz eines einmal eingetragenen Formwechsels ein gewichtiges Anliegen. Der Wechsel des Rechtsträgers von der bisherigen Rechtsform in die neue Rechtsform soll **in keiner Weise rückgängig gemacht** werden

---

[64] Henssler/Strohn/*Drinhausen/Keinath*, § 193 UmwG Rn. 11; Kallmeyer/*Meister/Klöcker*, § 202 Rn. 49.

[65] Henssler/Strohn/*Drinhausen/Keinath*, § 204 UmwG Rn. 12; Semler/Stengel/*Kübler*, § 202 Rn. 32; Kölner Kommentar-UmwG/*Petersen*, § 202 Rn. 23.

[66] Semler/Stengel/*Kübler*, § 202 Rn. 33; Kölner Kommentar-UmwG/*Petersen*, § 202 Rn. 23.

[67] Siehe nur Lutter/*Decher/Hoger*, § 202 Rn. 51 mwN; auch Henssler/Strohn/*Drinhausen/Keinath*, § 193 UmwG Rn. 11, § 202 Rn. 12.

[68] Vgl. auch Lutter/*Decher/Hoger*, § 202 Rn. 50; Kallmeyer/*Meister/Klöcker*, § 202 Rn. 50; Schmitt/Hörtnagl/Stratz/*Stratz*, § 202 Rn. 9; ähnl. ferner Kölner Kommentar-UmwG/*Petersen*, § 202 Rn. 23.

[69] Vgl. dazu auch Semler/Stengel/*Kübler*, § 202 Rn. 33; auch Henssler/Strohn/*Drinhausen/Keinath*, § 204 UmwG Rn. 12.

können.⁷⁰ Denn eine Rückabwicklung eines Formwechsels wäre nicht nur für die Beteiligten sondern auch den Rechtsverkehr mit großen Unsicherheiten und Kosten verbunden.⁷¹ Der Gesetzgeber hat sich deswegen für ein striktes System entschieden: Gegen einen mangelhaften Umwandlungsbeschluss können die Anteilsinhaber Klage erheben (→ § 37 Rn. 1 ff.) und durch eine fristgerechte Klage der daraus resultierenden Registersperre die Eintragung des Formwechsels in das Register verhindern (→ § 35 Rn. 16 ff.). **Durch die Eintragung** dagegen **wird der Formwechsel gegen die Folgen von Mängeln immunisiert** und kann nicht mehr rückgängig gemacht werden; unabhängig davon, ob der Umwandlungsbeschluss anfechtbar oder nichtig ist, die erforderlichen Zustimmungs- oder Verzichtserklärungen fehlen oder mit Mängeln behaftet sind.⁷² Der mit der Eintragung eintretende Bestandsschutz umfasst auch die Amtslöschung der Eintragung des Formwechsels nach § 144 Abs. 2 FGG; eine Löschung ist selbst dann ausgeschlossen, wenn die Eintragung des Formwechsels unter Verletzung der Registersperre (→ § 35 Rn. 17) stattgefunden wurde.⁷³

31   Mit Eintragung ist der Formwechsel gem. § 202 Abs. 3 UmwG grundsätzlich gegen sämtliche Mängel immunisiert. Dies gilt zunächst einmal **ohne Rücksicht auf die Art und Schwere des Mangels**, so dass auch schwerwiegende Mängel vom Bestandsschutz erfasst sind.⁷⁴ Eine Ausnahme vom Bestandsschutz liegt nur dann vor (mit der Folge, dass die Eintragung des Formwechsels und damit der Formwechsel selbst rückgängig gemacht werden können), wenn es sich um einen gesetzlich nicht zugelassenen Formwechsel außerhalb der vorgesehen Umwandlungsarten handelt oder es an einem Formwechselbeschluss fehlt.⁷⁵ In beiden Fällen liegt schon überhaupt kein „Formwechsel" vor. Für das Vorliegen eines Umwandlungsbeschlusses genügt es aber, wenn der Wille der Anteilsinhaber zum Formwechsel in irgendeinem Beschluss irgendwie zum Ausdruck gekommen ist.⁷⁶

32   Der **umwandlungsrechtliche Bestandsschutz** (§ 202 Abs. 3 UmwG) bezieht sich **nur auf den Vorgang des Wechsels der Rechtsform**. Andere Mängel, etwa mangelhafte Beschlüsse die im Zuge des Umwandlungsbeschlusses gefasst worden sind (vgl. dazu → § 34 Rn. 17), werden nicht erfasst.⁷⁷ Kapitalherabsetzungs- und Kapitalerhöhungsbeschlüsse werden jedoch dann vom umwandlungsrechtlichen Bestandsschutz erfasst, wenn sie gefasst worden sind, um den Rechtsformwechsel überhaupt zu ermöglichen (vgl. auch § 249 Abs. 1 S. 3 AktG).⁷⁸ Sonstige Mängel können dann nur noch nach rechtsformspezifischen Heilungsvorschriften geheilt werden.

---

⁷⁰ Semler/Stengel/*Kübler*, § 202 Rn. 34; auch Lutter/*Decher/Hoger*, § 202 Rn. 58; Henssler/Strohn/*Drinhausen/Keinath*, § 204 UmwG Rn. 15, 16.

⁷¹ Vgl. auch Henssler/Strohn/*Drinhausen/Keinath*, § 204 UmwG Rn. 14; Semler/Stengel/*Kübler*, § 202 Rn. 34; ferner BT-Drucks. 12/6699, S. 144.

⁷² Lutter/*Decher/Hoger*, § 202 Rn. 52, 58; Semler/Stengel/*Kübler*, § 202 Rn. 35; Kallmeyer/*Meister/Klöcker*, § 202 Rn. 57; vgl. etwa auch OLG München 5.5.2010 – 7 U 3134/09 juris-Rn. 109 („Bestandsschutz"); ferner Kölner Kommentar-UmwG/*Petersen*, § 202 Rn. 28.

⁷³ OLG Hamm 27.11.2000 – 15 W 347/00, juris-Rn. 15 f.

⁷⁴ Siehe dazu etwa auch Böttcher/Habighorst/Schulte/*Althoff/Narr*, § 202 Rn. 20; Lutter/*Decher/Hoger*, § 202 Rn. 53; Henssler/Strohn/*Drinhausen/Keinath*, § 204 UmwG Rn. 15; Kallmeyer/*Meister/Klöcker*, § 202 Rn. 56; Limmer/*Limmer*, Teil 4 Rn. 353; Schmitt/Hörtnagl/Stratz/*Stratz*, § 202 Rn. 11.

⁷⁵ Böttcher/Habighorst/Schulte/*Althoff/Narr*, § 202 Rn. 21; Lutter/*Decher/Hoger*, § 202 Rn. 54 ff.; Henssler/Strohn/*Drinhausen/Keinath*, § 204 UmwG Rn. 16; Semler/Stengel/*Kübler*, § 202 Rn. 36 f.; Kallmeyer/*Meister/Klöcker*, § 202 Rn. 56; Schmitt/Hörtnagl/Stratz/*Stratz*, § 202 Rn. 12; auch Kölner Kommentar-UmwG/*Petersen*, § 202 Rn. 27; vgl. ferner BGH 3.5.1996 – BLw 54/95, juris-Rn. 19.

⁷⁶ Semler/Stengel/*Kübler*, § 202 Rn. 36; auch Limmer/*Limmer*, Teil 4 Rn. 353.

⁷⁷ Siehe dazu ausf. Lutter/*Decher/Hoger*, § 202 Rn. 59 f.; Semler/Stengel/*Kübler*, § 202 Rn. 40; auch Böttcher/Habighorst/Schulte/*Althoff/Narr*, § 202 Rn. 21; Henssler/Strohn/*Drinhausen/Keinath*, § 204 UmwG Rn. 15; Schmitt/Hörtnagl/Stratz/*Stratz*, § 202 Rn. 11.

⁷⁸ OLG Frankfurt 20 W 504/10, NJW 2012, 596 (zu § 20 UmwG); Lutter/*Decher/Hoger*, § 202 Rn. 60; Semler/Stengel/*Kübler*, § 202 Rn. 40; Kallmeyer/*Meister/Klöcker*, § 202 Rn. 58.

Da es sich um einen Bestandsschutz des Formwechsels, nicht aber um eine umfassende 33
Heilung handelt (→ Rn. 29) sind **andere, weitergehende Ansprüche nicht ausgeschlossen**. Das gilt insbesondere für daran anknüpfende Schadensersatzansprüche gegen die Mitglieder der Gesellschaftsorgane des formwechselnden Rechtsträgers nach §§ 205, 206 UmwG (→ Rn. 47 ff.).[79]

V. Barabfindung und Austrittsrecht

Der formwechselnde Rechtsträger hat jedem Anteilsinhaber den Erwerb seiner umgewandelten Anteile bzw. Mitgliedschaften gegen eine angemessene Barabfindung anzubieten (§ 207 Abs. 1 S. 1 UmwG, → § 34 Rn. 39 ff.). Dies gilt – sofern nicht die Pflicht ausnahmsweise entfällt (→ § 34 Rn. 40 f.) – für jeden Rechtsträger. Das **Angebot auf Barabfindung** hat gem. § 194 Abs. 1 Nr. 6 UmwG bereits der Entwurf des Umwandlungsbeschlusses zu enthalten. Mit zustimmendem Beschluss der Anteilsinhaber des formwechselnden Rechtsträgers über die Umwandlung liegt ein entsprechendes Angebot an die Anteilsinhaber vor. Es kann von denjenigen Anteilsinhabern angenommen werden, die Widerspruch zur Niederschrift gegen den Umwandlungsbeschluss erklärt haben → § 34 Rn. 46). 34

Das Angebot auf Barabfindung hat im Umwandlungsbeschluss eine **konkrete Höhe der** 35
Abfindung zu bestimmen; die Angabe eines genau bezifferten, festen Geldbetrags pro Anteil (→ § 34 Rn. 42). Enthält der Umwandlungsbeschluss entgegen den Anforderungen kein Angebot auf Barabfindung führt dies nicht zur Anfechtbarkeit des Beschlusses, da eine Klage nicht darauf gestützt werden kann, dass die Barabfindung nicht oder nicht ordnungsgemäß angeboten wurde (§ 210 UmwG). Es hat auch keine Auswirkungen auf das grundsätzliche Bestehen des Barabfindungsanspruchs des Anteilsinhabers, da sich dieser unmittelbar aus dem Gesetz (§ 207 UmwG) ergibt. Die Anteilsinhaber haben dann vielmehr die Höhe der angemessenen Barabfindung zwingend in einem Spruchverfahren geltend zu machen (§ 212 S. 2 UmwG, → § 37 Rn. 68 ff.).[80]

Der austrittswillige Anteilsinhaber muss das **Angebot auf Barabfindung annehmen**. 36
Dafür steht ihm wie bei der Verschmelzung (§ 31 UmwG, → § 13 Rn. 372) eine Frist von zwei Monaten zur Verfügung (§ 209 UmwG). Die Frist beginnt mit dem Tag, an dem die Eintragung der neuen Rechtsform bzw. des neuen Rechtsträgers vom Register bekannt gemacht worden ist (§ 209 S. 2 UmwG). Wurde ein Antrag auf gerichtliche Bestimmung der angemessenen Barabfindung in einem Spruchverfahren gestellt (dazu → § 37 Rn. 68 ff.), endet die Annahmefrist zwei Monate nach Bekanntmachung der gerichtlichen Entscheidung im Bundesanzeiger (§ 209 S. 2 UmwG). Dies entspricht weitestgehend der Parallelregelung für die Verschmelzung in § 31 UmwG (→ § 13 Rn. 372). Für die Inanspruchnahme der Frist nach § 209 S. 2 UmwG (zwei Monate nach Bekanntmachung der gerichtlichen Entscheidung) ist unerheblich, ob der Austretende selbst oder ein Dritter der Antrag auf gerichtliche Bestimmung nach § 212 UmwG gestellt hat.[81] Ebenso wenig ist es für die Inanspruchnahme der Frist nach § 209 S. 2 UmwG erforderlich, das Barabfindungsangebot bereits innerhalb der ersten Frist angenommen zu haben. Bei den Fristen handelt es sich um materiell-rechtliche Ausschlussfristen.[82] Die Annahme des Barabfin-

---

[79] Lutter/*Decher/Hoger*, § 202 Rn. 58; Henssler/Strohn/*Drinhausen/Keinath*, § 204 UmwG Rn. 16; Semler/Stengel/*Kübler*, § 202 Rn. 32, 34; Kallmeyer/*Meister/Klöcker*, § 202 Rn. 54, 56; Schmitt/Hörtnagl/Stratz/*Stratz*, § 202 Rn. 11; vgl. auch BGH 3.5.1996 – BLw 54/95, juris-Rn. 1;. Kölner Kommentar-UmwG/*Petersen*, § 202 Rn. 23.

[80] Böttcher/Habighorst/Schulte/*Althoff/Narr*, § 207 Rn. 17.

[81] Böttcher/Habighorst/Schulte/*Althoff/Narr*, § 209 Rn. 2; Semler/Stengel/*Kalss*, § 209 Rn. 3; auch Lutter/*Decher/Hoger*, § 209 Rn. 4; ausf. Kallmeyer/*Meister/Klöcker*, § 207 Rn. 9 f.

[82] Lutter/*Decher/Hoger*, § 209 Rn. 2, 4; Kallmeyer/*Meister/Klöcker*, § 209 Rn. 12; Semler/Stengel/*Kalss*, § 209 Rn. 2; Schmitt/Hörtnagl/Stratz/*Stratz*, § 209 Rn. 1, 3; auch Böttcher/Habighorst/Schulte/*Althoff/Narr*, § 209 Rn. 3; Kölner Kommentar-UmwG/*Petersen*, § 209 Rn. 2.

§ 36 37   4. Kapitel. Formwechsel

dungsangebots muss dem Rechtsträger neuer Rechtsform vor Ablauf der jeweiligen Frist zugehen.[83] Die Annahme des Abfindungsangebots stellt eine einseitige empfangsbedürfte Willenserklärung.[84] Die Annahmeerklärung bedarf nach überwiegender Ansicht keiner bestimmten Form.[85] Ungeklärt ist, ob ein Anteilsinhaber die Barabfindung bei mehreren Anteilen auch nur für einen Teil seiner Anteile verlangen kann. Teilweise wird dies in Abrede gestellt.[86] Überzeugender ist jedoch, eine teilweise Barabfindung zuzulassen.[87] Ebenso wie der Anteilsinhaber für jeden Anteil den Widerspruch zur Niederschrift separat zu erklären hat und dabei nicht einheitlich vorgehen muss (→ § 34 Rn. 46), kann er seinen Anspruch auf Barabfindung unterschiedlich annehmen. Daraus folgt zugleich, dass er die Annahme für jeden Anteil separat zu erklären hat, wenn er die Barabfindung für sämtliche seiner Anteile erhalten will. Bis zur (etwaigen) Annahme des Angebots auf Barabfindung sind alle Anteilsinhaber (auch solche, die Widerspruch zur Niederschrift erklären haben) vollwertige Anteilsinhaber des Rechtsträgers neuer Rechtsform und können ihre Rechte in dem Rechtsträger unbeschränkt ausüben.[88]

37   Schuldner des Abfindungsanspruchs ist der Rechtsträger neuer Rechtsform.[89] Er hat die Barabfindung selbst anzubieten und kann den Anteilsinhaber nicht auf andere Erwerbsinteressenten verweisen.[90] Der Rechtsträger neuer Rechtsform hat die Kosten für die Übertragung des Anteils zu tragen (§ 207 S. 3 UmwG). Durch Annahme des Angebots auf Barabfindung erwirbt der abfindungsberechtigte Anteilsinhaber einen Anspruch gegen den Rechtsträger neuer Rechtsform auf Zahlung des entweder im Umwandlungsbeschlusses oder gerichtlich im Spruchverfahren bestimmten Betrags; der Anspruch besteht Zug-um-Zug gegen Übertragung des Anteils an den Rechtsträger.[91] Nach § 207 S. 1 UmwG erfolgt das Angebot auf Barabfindung durch den Rechtsträger grundsätzlich gegen **Erwerb der eigenen Anteile**. Ist nach dem auf die neue Rechtsform anwendbaren Gesellschaftsrecht ein Erwerb eigener Anteile/Mitgliedschaften nicht möglich (etwa in der GbR, OHG, PartG), erfolgt die Barabfindung nicht gegen Erwerb der Anteile, sondern gegen Erklärung des **Ausscheidens aus dem Rechtsträger**.[92] Da das Ausscheiden aus dem Rechtsträger neuer Rechtsform erfolgt, richten sich die Einzelheiten des Verfahrens nach dem auf den Rechtsträger neuer Rechtsform anwendbaren Recht.[93] Erwirbt der Rechtsträger durch Annahme des Barabfindungsangebots durch einen Anteilsinhaber eigene Anteile (etwa bei AG oder GmbHG), stellt sie die Frage über das Verhältnis zu § 71 AktG bzw. § 33 GmbH. Für die AG bestimmt § 207 S. 1 Hs. 2 UmwG ausdrücklich, dass die Nichtigkeitsfolge aus § 71 Abs. 4 S. 2 AktG für einen unzulässigen Erwerb eigener Aktien auf einen solchen Erwerb im Rahmen eines Barabfindungsangebots keine Anwendung findet.[94] Bei der GmbH fehlt es für einen Verstoß gegen § 33 GmbHG und der Nichtigkeitsfolge aus § 33 Abs. 2 S. 3 GmbHG an einer entsprechenden Bestimmung. Eine unterschiedliche Behandlung von GmbH und AG scheint in diesem Aspekt aber kaum begründbar. Eine analoge Anwendung von § 207 S. 1 Hs. 2 UmwG auf die GmbH liegt daher nahe, ist aber nicht

---

[83] Semler/Stengel/*Kalss*, § 209 Rn. 2; Schmitt/Hörtnagl/Stratz/*Stratz*, § 209 Rn. 4.
[84] Semler/Stengel/*Kalss*, § 209 Rn. 2.
[85] Lutter/*Decher/Hoger*, § 209 Rn. 5 mwN; Kallmeyer/*Meister/Klöcker*, § 209 Rn. 4; Schmitt/Hörtnagl/Stratz/*Stratz*, § 209 Rn. 4.
[86] Kallmeyer/*Meister/Klöcker*, § 209 Rn. 7.
[87] Lutter/*Decher/Hoger*, § 209 Rn. 5; Semler/Stengel/*Kalss*, § 209 Rn. 4.
[88] Semler/Stengel/*Kalss*, § 209 Rn. 8.
[89] Schmitt/Hörtnagl/Stratz/*Stratz*, § 207 Rn. 9; auch Lutter/*Decher/Hoger*, § 207 Rn. 12.
[90] Schmitt/Hörtnagl/Stratz/*Stratz*, § 209 Rn. 9.
[91] Semler/Stengel/*Kalss*, § 209 Rn. 6, 9; Kölner Kommentar-UmwG/*Petersen*, § 211 Rn. 7.
[92] Vgl. etwa Semler/Stengel/*Kalss*, § 207 Rn. 13; auch Böttcher/Habighorst/Schulte/*Althoff/Narr* § 207 Rn. 10.
[93] Böttcher/Habighorst/Schulte/*Althoff/Narr*, § 207 Rn. 16; Lutter/*Decher/Hoger*, § 207 Rn. 12; Semler/Stengel/*Kalss*, § 207 Rn. 13; ferner Schmitt/Hörtnagl/Stratz/*Stratz*, § 209 Rn. 8.
[94] Vgl. dazu auch Semler/Stengel/*Kalss*, § 207 Rn. 11

§ 36 Rechtsfolgen des Formwechsels

ohne Widerspruch geblieben.[95] Zu beachten sind bei der AG (und KGaA) die sonstigen Vorgaben nach § 71 AktG (§ 71 Abs. 2 S. 1, 2 AktG: Grenze von 10 % des Grundkapitals und Möglichkeit zur Bildung einer Rücklage nach § 272 HGB).[96] Die Folgen eines Verstoßes dagegen sind ungeklärt;[97] richtigerweise muss aber auch in diesem Fall § 207 Abs. 4 S. 2 UmwG Anwendung finden, so dass bei einem Verstoß weder das sachenrechtliche noch das schuldrechtliche Geschäft unwirksam sind. Stets zu beachten sind in AG und GmbH bei der Zahlung der Barabfindung die Schranken der § 57 AktG bzw. § 30 GmbH über die Erhaltung des Stamm- bzw. Grundkapitals. Deren Anwendung wird durch § 207 UmwG nicht ausgeschlossen.[98]

38 Für den Formwechsel gilt ebenso wie bei der Verschmelzung (§ 33 UmwG, → § 13 Rn. 381 ff.) und Spaltung (§§ 125, 33 UmwG), dass einer anderweitigen Veräußerung des Anteils durch den Anteilsinhaber des formwechselnden Rechtsträgers bis zum Ablauf der Frist(en) zur Annahme des Angebots auf Barabfindung (→ Rn. 36) etwaige Verfügungsbeschränkungen nicht entgegenstehen (§ 211 UmwG). Diese Bestimmung ergänzt das Recht auf Barabfindung nach § 207 UmwG (→ Rn. 34 ff.) durch die Möglichkeit die Anteile in jedem Fall an einen Dritten zu veräußern. Während § 207 UmwG die Übernahme des Anteils durch den Rechtsträger selbst betrifft, eröffnet § 211 UmwG die **Möglichkeit zur Übertragung des Anteils an einen Dritten**.[99] Dahinter steht die gesetzgeberische Intention, dass kein austrittsberechtigter und austrittswilliger Anteilsinhaber gezwungen werden soll, nach einem Formwechsel im Rechtsträger neuer Rechtsform zu verbleiben; § 211 UmwG erweitert insoweit die Reaktionsmöglichkeiten des Austrittswilligen.[100] Angesichts dieses Zieles findet § 211 UmwG nur Anwendung, wenn eine Pflicht des Rechtsträgers zum Angebot einer Barabfindung nach § 207 UmwG besteht (→ § 34 Rn. 39 ff.).[101] Da nach der Norm nur solche Anteilsinhaber privilegiert werden sollen, die einen Anspruch auf Barabfindung haben, ist über den Wortlaut hinaus erforderlich, dass der betreffende Anteilsinhaber Widerspruch gegen den Formwechselbeschluss in der Anteilsinhaberversammlung erklärt hat (→ § 34 Rn. 46).[102] Voraussetzung ist weiterhin, dass die nach § 211 UmwG privilegierte Veräußerung zwischen Fassung des Umwandlungsbeschlusses (und damit sogar schon vor seiner Wirksamkeit) und dem Ablauf der in § 209 UmwG (→ Rn. 36) bestimmten Frist erfolgt.[103]

39 Die Privilegierung des § 211 UmwG gilt rechtsformübergreifend.[104] Dementsprechend ist auch die Auffassung abzulehnen, nach der für das Eingreifen von § 211 UmwG und der dort bestimmten Außerkraftsetzung von Verfügungsbeschränkungen Voraussetzung ist, dass der entsprechende Anteil überhaupt eine veräußerbare Beteiligung darstellt.[105] Mit der

---

[95] Abw. Semler/Stengel/*Kalss*, § 207 Rn. 12.
[96] Henssler/Strohn/*Drinhausen/Keinath*, § 207 UmwG Rn. 5; auch Semler/Stengel/*Kalss*, § 207 Rn. 11.
[97] Vgl. ausf. Böttcher/Habighorst/Schulte/*Althoff/Narr*, § 207 Rn. 12 ff.; Lutter/*Decher/Hoger*, § 207 Rn. 17 f.; Semler/Stengel/*Kalss*, § 207 Rn. 11; ferner Henssler/Strohn/*Drinhausen/Keinath*, § 207 UmwG Rn. 5; Kallmeyer/*Meister/Klöcker*, § 207 Rn. 34.
[98] Vgl. dazu ausf. *Hoger* AG 2008, 149, 151 ff.; auch Lutter/*Decher/Hoger*, § 207 Rn. 16 ff.
[99] Semler/Stengel/*Kalss*, § 211 Rn. 2; ähnl. Kallmeyer/*Meister/Klöcker*, § 211 Rn. 2.
[100] Böttcher/Habighorst/Schulte/*Althoff/Narr*, § 211 Rn. 1.
[101] Böttcher/Habighorst/Schulte/*Althoff/Narr*, § 211 Rn. 2 f.; auch Lutter/*Decher/Hoger*, § 211 Rn. 3.
[102] Böttcher/Habighorst/Schulte/*Althoff/Narr*, § 211 Rn. 2; Lutter/*Decher/Hoger*, § 211 Rn. 3; Semler/Stengel/*Kalss*, § 211 Rn. 9 f. mwN; Kallmeyer/*Meister/Klöcker*, § 211 Rn. 9; auch Kölner Kommentar-UmwG/*Petersen*, § 211 Rn. 1.
[103] Ausf. Lutter/*Decher/Hoger*, § 211 Rn. 4, 7; auch Semler/Stengel/*Kalss*, § 211 Rn. 8; Kallmeyer/*Meister/Klöcker*, § 211 Rn. 11 f.; Kölner Kommentar-UmwG/*Petersen*, § 211 Rn. 7; auch Böttcher/Habighorst/Schulte/*Althoff/Narr*, § 211 Rn. 7.
[104] Semler/Stengel/*Kalss*, § 211 Rn. 2; Kallmeyer/*Meister/Klöcker*, § 211 Rn. 4; Kölner Kommentar-UmwG/*Petersen*, § 211 Rn. 3.
[105] Semler/Stengel/*Kalss*, § 211 Rn. 3.

herrschenden Auffassung ist vielmehr davon auszugehen, dass die **freie Übertragbarkeit aller Anteile bzw. Mitgliedschaften** ermöglicht wird und nicht nur aus Vertrag oder Satzung/Gesellschaftsvertrag folgende Regelungen sondern auch gesetzliche Beschränkungen überkommen werden.[106] Dies folgt daraus, dass auch die Pflicht zur Barabfindung nach § 207 UmwG alle Rechtsträger trifft. Nach herrschender Auffassung sind angesichts des in § 11 UmwG niedergelegten Zeitraums (Fassung des Umwandlungsbeschlusses bis Ablauf der Frist nach § 209 UmwG) zudem Verfügungsbeschränkungen sowohl im Rechtsträger alter Rechtsform als auch neuer Rechtsform erfasst.[107]

VI. Gläubigerschutz und Haftung der Gesellschaftsorgane

40 Das UmwG hält beim Formwechsel gezielte Vorschriften für den Gläubigerschutz bereit, da dieser bei den verschiedenen Rechtsformen unterschiedlich ausgestaltet ist. Auf Grund der **unterschiedlichen Rechtsregime** kann sich beim Formwechsel, trotz Identität des Rechtsträgers, die **Stellung der Gläubiger und Sonderrechtsinhaber verschlechtern**.[108] Anders als etwa insbesondere bei der Spaltung stellt sich beim Formwechsel aber nicht das (noch viel gravierendere) Problem, dass die Haftungsmasse beeinträchtigt werden kann. Das Vermögen bleibt angesichts der Identität des Rechtsträgers vielmehr unverändert (→ Rn. 1 ff.). Es besteht beim Formwechsel mithin nicht die Gefahr, dass durch die Umwandlung den Gläubigern Haftungsmasse entzogen wird, sondern sich die Position der Gläubiger allgemein verschlechtert.

1. Sicherheitsleistung

41 Für den Schutz der Gläubiger im Rahmen des Formwechsels wird durch § 204 UmwG vollumfänglich auf die Regelungen des § 22 UmwG zur **Sicherheitsleistung zu Gunsten von Gläubigern** bei der Verschmelzung verwiesen (→ § 13 Rn. 190 ff.). Streng genommen handelt es sich dabei um eine Durchbrechung des Identitätsprinzips. Die Gefährdungslage ergibt sich beim Formwechsel allein aus der Änderung des anwendbaren Rechts (→ Rn. 40). Die Gläubiger können gefährdet(er) sein, wenn ein Formwechsel des Rechtsträgers in eine Rechtsform mit weniger strengem Kapitalschutz stattfindet. So lässt etwa der Formwechsel von einer Kapitalgesellschaft in eine Personengesellschaft die Vorschriften zur Kapitalerhaltung (§ 30 GmbHG, § 57 AktG) entfallen und ermöglicht es den Anteilsinhabern nach dem Formwechsel der Gesellschaft Vermögen zum Nachteil der Gläubiger zu entziehen.[109] Angesichts der Unterschiede zur Verschmelzung (Identität des Rechtsträgers) ist beim Formwechsel jedoch eine eher restriktive Auslegung der Vorschriften geboten.[110] Das gilt vor allem bei einem Formwechsel zwischen Kapitalgesellschaften.[111] Auch in anderen Umwandlungsfällen sind an die Anforderungen einer Gefährdungslage für die Gläubiger (→ Rn. 44) aber grundsätzlich eher strenge Anforderungen zu stellen.

42 Sicherheitsleistung durch die Gesellschaft ist den Gläubigern zu leisten, die innerhalb von sechs Monaten nach Bekanntmachung der Eintragung des Formwechsels ihren Anspruch nach Grund und Höhe schriftlich anmelden (§§ 204, 22 Abs. 1 S. 1 UmwG). Dazu berechtigt sind grundsätzlich sämtliche Gläubiger, die einen Anspruch gesetzlicher

---

[106] Lutter/*Decher*/Hoger, § 211 Rn. 2, 5; Kallmeyer/*Meister*/Klöcker, § 211 Rn. 7 f.; auch Kölner Kommentar-UmwG/*Petersen*, § 211 Rn. 5.

[107] Böttcher/Habighorst/Schulte/*Althoff*/Narr, § 211 Rn. 6; Lutter/*Decher*/Hoger, § 211 Rn. 4; Kallmeyer/*Meister*/Klöcker, § 211 Rn. 10; abw. Semler/Stengel/*Kalss*, § 211 Rn. 7 (nur im Rechtsträger neuer Rechtsform).

[108] Henssler/Strohn/*Drinhausen*/Keinath, § 204 UmwG Rn. 1; Schmitt/Hörtnagl/Stratz/*Stratz*, § 204 Rn. 1; auch Semler/Stengel/*Kalss*, § 204 Rn. 1; ähnl. Semler/Stengel/*Kalss*, § 204 Rn. 1.

[109] Böttcher/Habighorst/Schulte/*Althoff*/Narr, § 204 Rn. 1; Lutter/*Decher*/Hoger, § 204 Rn. 1 ähnl. BT-Drucks. 12/6699, S. 145; Henssler/Strohn/*Drinhausen*/Keinath, § 204 UmwG Rn. 1, 6 Schmitt/Hörtnagl/Stratz/*Stratz*, § 204 Rn. 1.

[110] Vgl. dazu auch Lutter/*Decher*/Hoger, § 204 Rn. 2.

[111] Picot/*Müller-Eising*, § 6 Rn. 728.

oder vertraglicher Natur gegen den formwechselnden Rechtsträger haben.[112] Es muss sich um einen **Anspruch schuldrechtlicher Natur** handeln, Gläubiger dinglicher Ansprüche können keine Sicherheitsleistung nach §§ 204, 22 UmwG verlangen.[113] Ebenso wenig erfasst sind innergesellschaftliche Ansprüche von Anteilsinhabern oder Organmitgliedern; Sicherheitsleistung können diese Gläubiger nur fordern, wenn sie der Gesellschaft in Bezug auf den konkreten Anspruch wie ein Drittgläubiger gegenüberstehen.[114] Es muss sich bei den für eine Sicherheitsleistung berechtigten Gläubigern um **Altgläubiger** handeln. Dafür ist erforderlich, aber auch ausreichend, dass der Rechtsgrund des Anspruchs noch vor dem Formwechsel gelegt worden ist; selbst wenn weitere Voraussetzungen für die Entstehung des Anspruchs erst später erfüllt wurden.[115] Der Anspruch muss also noch nicht vollständig entstanden sein, so dass etwa befristete und aufschiebend oder auflösend bedingte Ansprüche erfasst sind.[116] Maßgeblich für die Prüfung, ob Ansprüche von Gläubigern sich für eine Sicherheitsleistung nach §§ 204, 22 UmwG qualifizieren, soll der Zeitpunkt der Eintragung des Formwechsels (und nicht der Zeitpunkt der Bekanntmachung) sein.[117] Den Gläubigern ist nach §§ 204, 22 Abs. 1 S. 1 Hs. 2 UmwG nur Sicherheit zu leisten, soweit sie nicht vom Rechtsträger Befriedigung verlangen können. Dem Inhaber einer fälligen Forderung steht daher kein Recht auf Sicherheitsleistung zu; der Gläubiger hat den formwechselnden Rechtsträger dann vielmehr auf Erfüllung der Forderung in Anspruch zu nehmen.[118] Für den praktisch relevanten Fall von Ansprüchen aus Dauerschuldverhältnissen kann nach alldem Sicherheitsleistung grundsätzlich nur für Ansprüche verlangt werden, die nach Eintragung des Formwechsels und bis zum Ablauf der Restlaufzeit des Vertrags fällig werden.[119] Dies gilt – wie bei allen anderen Ansprüchen – zudem nur unter der Voraussetzung, dass der Formwechsel das bisherige Erfüllungsrisiko erhöht.

Die **Geltendmachung der Sicherheitsleistung** durch die Gläubiger erfordert die Präzisierung des Anspruchs nach Grund und Höhe (§§ 204, 22 Abs. 1 S. 1 UmwG).[120] Durch die Angabe soll dem Vertretungsorgan des Rechtsträgers die wirtschaftliche Behandlung erleichtert werden; dementsprechend ist gegebenenfalls ein geschätzter Betrag oder Mindestbetrag anzugeben.[121] Das Verlangen nach Sicherheitsleistung kann gem. §§ 204, 22 Abs. 1 S. 1 UmwG nur innerhalb von sechs Monaten nach Bekanntmachung der Eintragung des Formwechsels gestellt werden. Es handelt sich dabei um eine Ausschlussfrist.[122] Die Gläubiger sind in der Bekanntmachung der Eintragung des Formwechsels auf das Recht zur Sicherheitsleistung und die Frist hinzuweisen (§§ 204, 22 Abs. 1 S. 3 UmwG). Ein fehlender Hinweis ändert am Fristablauf jedoch nichts.[123] Die Gläubiger können ihr Verlangen nicht schon vor dem Wirksamwerden des Formwechsels stellen.[124] Angesichts des zwingenden Charakters der Vorschrift kann die Frist nicht verkürzt sondern lediglich verlängert werden.[125] Auch sonst ist der Anspruch auf Sicherheitsleistung keinen Beschrän-

---

[112] Lutter/*Decher/Hoger*, § 204 Rn. 4; Kallmeyer/*Meister/Klöcker*, § 204 Rn. 3.
[113] Lutter/*Decher/Hoger*, § 204 Rn. 4; Kallmeyer/*Meister/Klöcker*, § 204 Rn. 3.
[114] Kallmeyer/*Meister/Klöcker*, § 204 Rn. 3.
[115] Lutter/*Decher/Hoger*, § 204 Rn. 6; auch Kallmeyer/*Meister/Klöcker*, § 204 Rn. 4; abw. wohl BGH LwZR 20/01 NJW 2002, 2168, 2169 („Sicherheitsleistung … nur für bereits entstandene Ansprüche").
[116] Lutter/*Decher/Hoger*, § 204 Rn. 6.
[117] Lutter/*Decher/Hoger*, § 204 Rn. 6; Henssler/Strohn/*Drinhausen/Keinath*, § 204 UmwG Rn. 5.
[118] Lutter/*Decher/Hoger*, § 204 Rn. 8; Kallmeyer/*Meister/Klöcker*, § 204 Rn. 4.
[119] Lutter/*Decher/Hoger*, § 204 Rn. 7; Kallmeyer/*Meister/Klöcker*, § 204 Rn. 5.
[120] Lutter/*Decher/Hoger*, § 204 Rn. 10; Kallmeyer/*Meister/Klöcker*, § 204 Rn. 8.
[121] Lutter/*Decher/Hoger*, § 204 Rn. 10; Kallmeyer/*Meister/Klöcker*, § 204 Rn. 8.
[122] Lutter/*Decher/Hoger*, § 204 Rn. 11; Kallmeyer/*Meister/Klöcker*, § 204 Rn. 8.
[123] Kallmeyer/*Meister/Klöcker*, § 204 Rn. 8.
[124] Vgl. dazu etwa *Sagasser/Luke*, in: Sagasser/Bula/Brünger, § 26 Rn. 44.
[125] Vgl. auch Lutter/*Decher/Hoger*, § 204 Rn. 11; Kallmeyer/*Meister/Klöcker*, § 204 Rn. 2.

kungen oder einem vollständigen Ausschluss durch die Anteilsinhaber im Umwandlungsbeschluss zugänglich.[126]

44   Für den Anspruch auf Sicherheitsleistung durch die Gläubiger ist es erforderlich, dass sie **glaubhaft machen, dass durch den Formwechsel die Erfüllung ihrer Forderung gefährdet wird** (§§ 204, 22 Abs. 1 S. 2 UmwG). Glaubhaftmachung bedeutet eine solche im zivilprozessualen Sinn (nach Darlegung des Gläubigers muss die überwiegende Wahrscheinlichkeit für die Gefährdung der Erfüllung seiner Forderung sprechen).[127] Erforderlich ist die Darlegung einer **konkreten und nicht nur abstrakten Gefährdung der Erfüllung der Gläubigeransprüche**.[128] Das setzt voraus, dass die Gesellschaft mit überwiegender Wahrscheinlichkeit in Folge des Formwechsels zumindest teilweise außer Stande sein wird, die Ansprüche von Altgläubigern zu erfüllen.[129] Dafür genügt die Tatsache des Formwechsels ebenso wenig, wie der Hinweis auf eine andere Haftungsverfassung beim Rechtsträger neuer Rechtsform.[130] Zwar wird teilweise das Entfallen von zwingenden Kapitalschutzvorschriften in diesem Zusammenhang als Beispiel für die Schutzwürdigkeit der Gläubiger angeführt.[131] Keinesfalls kann dies aber pauschal als ausreichend konkrete Gefährdung qualifiziert werden; dies ist vielmehr eine Frage des Einzelfalls. Es ist vielmehr so, dass der Anspruch auf Sicherheitsleistung beim Formwechsel angesichts des Erfordernisses einer konkreten Gefährdung praktisch eine geringere Rolle spielt.[132] Zumeist wird bei der Lockerung oder dem Wegfall der Kapitalbindung höchstens eine abstrakte Gefährdung vorliegen.[133] Lediglich im Einzelfall, bei ausreichenden tatsächlichen Anhaltspunkten, ist eine konkrete Gefährdung denkbar.[134] Besonders unwahrscheinlich ist eine solche konkrete Gefährdung beim Formwechsel von einer Personen- in eine Kapitalgesellschaft – angesichts der strengeren Kapitalsicherung und der Nachhaftung der ausscheidenden persönlich haftenden Gesellschafter (→ Rn. 52).[135] Zusätzlich zur Glaubhaftmachung einer konkreten Gefährdung hat der Gläubiger im Streitfall stets die tatsächliche Existenz seines Anspruchs zu beweisen.[136]

45   Der **Inhalt des Anspruchs auf Sicherheitsleistung** bestimmt sich nach §§ 232 ff. BGB (Anspruch auf Hinterlegung von Geld, Wertpapieren oder dingliche Sicherheit durch Hypothek oder Pfandrecht; subsidiär Stellung eines Bürgen).[137] Schuldner des Anspruchs ist stets der Rechtsträger neuer Rechtsform, der auch das Recht hat, die entsprechende Sicherheitsleistung auszuwählen (§ 262 BGB).[138] Fällig wird der Anspruch auf Sicherheitsleistung mit der Eintragung des Formwechsels bzw. des Rechtsträgers neuer Rechtsform im entsprechenden Register.[139] Bei Nichterfüllung des Anspruchs auf Sicherheitsleistung durch den Rechtsträger neuer Rechtsform kann der Gläubiger diesen Anspruch durch Leistungsklage gegen den Rechtsträger durchsetzen.[140]

46   Der **Anspruch auf Sicherheitsleistung** ist nach §§ 104, 22 Abs. 2 UmwG für die Gläubiger **ausgeschlossen**, die im Falle einer Insolvenz ein Recht auf vorzugsweise

---

[126] Henssler/Strohn/*Drinhausen*/*Keinath*, § 204 UmwG Rn. 12; Limmer/*Limmer*, Teil 4 Rn. 178.
[127] Lutter/*Decher*/*Hoger*, § 204 Rn. 12; Kallmeyer/*Meister*/*Klöcker*, § 204 Rn. 6.
[128] BGH LwZR 20/01 NJW 2002, 2168, 2169 f.; Lutter/*Decher*/*Hoger*, § 204 Rn. 2, 13.
[129] Lutter/*Decher*/*Hoger*, § 204 Rn. 13.
[130] Lutter/*Decher*/*Hoger*, § 204 Rn. 13.
[131] BT-Drucks. 12/6699, S. 145.
[132] Lutter/*Decher*/*Hoger*, § 204 Rn. 2; Henssler/Strohn/*Drinhausen*/*Keinath*, § 204 UmwG Rn. 2.
[133] Vgl. auch Lutter/*Decher*/*Hoger*, § 204 Rn. 13.
[134] Vgl. dazu Böttcher/Habighorst/Schulte/*Althoff*/*Narr*, § 204 Rn. 2; Lutter/*Decher*/*Hoger*, § 204 Rn. 13; ähnl. auch Kallmeyer/*Meister*/*Klöcker*, § 204 Rn. 6.
[135] Vgl. auch Lutter/*Decher*/*Hoger*, § 204 Rn. 14.
[136] Vgl. auch Lutter/*Decher*/*Hoger*, § 204 Rn. 16; Kallmeyer/*Meister*/*Klöcker*, § 204 Rn. 6.
[137] Vgl. dazu auch Lutter/*Decher*/*Hoger*, § 204 Rn. 17; Kallmeyer/*Meister*/*Klöcker*, § 204 Rn. 7.
[138] Lutter/*Decher*/*Hoger*, § 204 Rn. 17.
[139] Siehe Lutter/*Decher*/*Hoger*, § 204 Rn. 17.
[140] Lutter/*Decher*/*Hoger*, § 204 Rn. 18; auch Limmer/*Limmer*, Teil 4 Rn. 178.

§ 36 Rechtsfolgen des Formwechsels

Befriedigung aus einer Deckungsmasse haben, die nach gesetzlicher Vorschrift zu ihrem Schutz errichtet und staatlich überwacht ist.[141] Eines Anspruchs auf Sicherheitsleistung bedarf es dann nicht, weil die Gläubiger bereits ausreichend geschützt sind.[142]

2. Haftung der Organe

Die **Mitglieder der Gesellschaftsorgane sind zum Ersatz des Schadens verpflichtet**, den der Rechtsträger, seine Anteilsinhaber oder seine Gläubiger durch den Formwechsel erleiden (§ 205 Abs. 1 UmwG). Nach Ansicht des Gesetzgebers lassen die aus dem Bestandsschutz des Formwechsels nach § 202 Abs. 2 UmwG (→ Rn. 29 ff.) erwachsenden Risiken eine verschärfte Haftung der Leitungs-und Aufsichtsorgane des formwechselnden Rechtsträgers geboten erscheinen.[143] Ansprüche nach allgemeinen haftungsrechtlichen Vorschriften bleiben von der Vorschrift unberührt. Es handelt sich bei der Haftungsnorm nach § 205 UmwG um eine Parallelvorschrift zu § 25 UmwG zur Verschmelzung (→ § 13 Rn. 253 ff.).[144] Grundsätzlich ist es auch beim Formwechsel denkbar, dass durch die Änderung der rechtlichen Rahmenbedingungen die Gefahr begründet wird, dass durch den Formwechsel die Rechte des Rechtsträgers, seiner Gläubiger oder Anteilsinhaber beschnitten werden oder verloren gehen[145] Gleichwohl hat auf Grund der Identität des Rechtsträger (→ Rn. 1 ff.) die Haftung der Organe beim Formwechsel im Gegensatz zu anderen Umwandlungsarten nur geringe praktische Bedeutung.[146] Die Regeln über die umwandlungsrechtliche Organhaftung und ihre Durchsetzung (→ Rn. 51) gelten rechtsformübergreifend für alle Formwechselarten.[147] Sie sind zwingend, so dass insbesondere die Anteilsinhaber im Umwandlungsbeschluss keine abweichenden Regelungen treffen können.[148] Die (etwaigen) Anspruchsberechtigten – und nach seiner Bestellung der besondere Vertreter (→ Rn. 51) – können jedoch auf die ihnen womöglich zustehenden Schadensersatzansprüche verzichten oder sich über diese vergleichen.[149] Die Schadensersatzansprüche verjähren in fünf Jahren nach Bekanntmachung der Eintragung des Formwechsels.[150]

Von der Haftungsnorm erfasst sind die Mitglieder der Verwaltungsorgane (Vertretungsorgan und Aufsichtsrat) des Rechtsträger alter Rechtsform; nicht hingegen die Mitglieder – soweit nicht personenidentisch – der Organe des Rechtsträgers neuer Rechtsform.[151] Entscheidend ist, ob Organmitglieder in pflichtwidriger Weise an dem Formwechsel mitgewirkt haben.[152] Eine solche **Haftung für die Verletzung der Sorgfaltspflicht** kommt etwa in Betracht im Rahmen der Prüfung der Vermögenslage des formwechselnden Rechtsträgers oder im Rahmen des Formwechselbeschlusses (beispielsweise bezüglich

---

[141] Siehe dazu etwa Lutter/*Decher*/*Hoger*, § 204 Rn. 19 f.; Kallmeyer/*Meister*/*Klöcker*, § 204 Rn. 9.
[142] Vgl. Lutter/*Decher*/*Hoger*, § 204 Rn. 19.
[143] BT-Drucks. 12/6699, S. 145.
[144] Vgl. ausdrücklich BT-Drucks. 12/6699, S. 145.
[145] Vgl. auch Henssler/Strohn/*Drinhausen*/*Keinath*, § 205 UmwG Rn. 1; ähnl. Schmitt/Hörtnagl/Stratz/*Stratz*, § 205 Rn. 8.
[146] Henssler/Strohn/*Drinhausen*/*Keinath*, § 205 UmwG Rn. 2; Schmitt/Hörtnagl/Stratz/*Stratz*, § 205 Rn. 8; ähnl. Böttcher/Habighorst/Schulte/*Althoff*/*Narr*, § 205 Rn. 5; Kölner Kommentar-UmwG/*Petersen*, § 205 Rn. 3, 18.
[147] Lutter/*Decher*/*Hoger*, § 205 Rn. 1; Kallmeyer/*Meister*/*Klöcker*, § 205 Rn. 3, § 206 Rn. 4.
[148] Kallmeyer/*Meister*/*Klöcker*, § 205 Rn. 4.
[149] Lutter/*Decher*/*Hoger*, § 205 Rn. 23, auch § 206 Rn. 12; Kallmeyer/*Meister*/*Klöcker*, § 205 Rn. 4,
[150] Dazu etwa auch Semler/Stengel/*Kübler*, § 205 Rn. 23.
[151] Böttcher/Habighorst/Schulte/*Althoff*/*Narr*, § 205 Rn. 3 f.; Lutter/*Decher*/*Hoger*, § 205 Rn. 2 ff.; Henssler/Strohn/*Drinhausen*/*Keinath*, § 205 UmwG Rn. 3; Semler/Stengel/*Kübler*, § 205 Rn. 5 f.; Kallmeyer/*Meister*/*Klöcker*, § 205 Rn. 5 ff.; Schmitt/Hörtnagl/Stratz/*Stratz*, § 205 Rn. 4 ff.; auch Kölner Kommentar-UmwG/*Petersen*, § 205 Rn. 2.
[152] Lutter/*Decher*/*Hoger*, § 205 Rn. 3.

Formvorschriften und Zustimmungserfordernisse).[153] Die Organmitglieder haben dabei jedoch einen weiten Entscheidungsspielraum und ihnen kommt eigene Einschätzungs- und Beurteilungsprärogative zu Gute.[154] Die Beweislast für die Einhaltung der Sorgfaltspflicht trifft allerdings die Mitglieder der Gesellschaftsorgane (§§ 205 Abs. 1 S. 2, 25 Abs. 1 S. 2 UmwG: „Mitglieder der Organe, die bei der Prüfung der Vermögenslage der Rechtsträger und beim Abschluß des Verschmelzungsvertrags ihre Sorgfaltspflicht beobachtet haben, sind von der Ersatzpflicht befreit."; → § 13 Rn. 266). Es bedarf stets einer individuellen Pflichtverletzung des einzelnen Organmitglieds und eines individuellen Verschuldens (wobei mindestens Fahrlässigkeit vorliegen muss).[155] Zum Schadensersatz verpflichtete Organmitglieder haften als Gesamtschuldner.[156]

49 Wie bei jedem Schadensersatzanspruch sind nur **kausale Schäden** ersatzfähig; wobei der Formwechsel selbst keinen erstattungsfähigen Schaden darstellt.[157] Mithin kann im Wege des Schadensersatzes nicht die Rückgängigmachung des Formwechsels verlangt werden.[158] Ein ersatzfähiger Schaden kann zudem nur entstehen, wenn der Formwechsel auch tatsächlich durch Eintragung wirksam geworden ist.[159] Erstattungsfähig sind (entsprechend der Anspruchsberechtigten) Schäden des Rechtsträger selbst[160], seiner Anteilsinhaber[161] und der Gläubiger[162]. Mit Blick auf die Anteilsinhaber ungenügend sind bloße „Reflexschäden", die allein auf einem Schaden des Rechtsträgers beruhen.[163]

50 Stets zu prüfen ist das **Mitverschulden der Anteilsinhaber oder der Gläubiger**, wenn sie einen Schadensersatzanspruch gegen Organmitglieder geltend machen. Wird Schadensersatz auf Grund der Verschlechterung des Beteiligungsverhältnisses verlangt, kann die Haftung der Organe aufgrund von § 254 Abs. 2 BGB ausgeschlossen oder jedenfalls beschränkt sein, wenn der betroffene Anteilsinhaber im Wege des Spruchverfahrens bare Zuzahlung gem. § 196 UmwG hätte verlangen können und dies unterlassen hat.[164] Ein Mitverschulden eines Anteilsinhabers ist ebenso denkbar, wenn er es unterlässt, trotz Kenntnis von Mängeln, eine Klage gegen den Formwechselbeschluss zu erheben.[165] Bei drohenden Schäden eines Gläubigers muss dieser von seinem Anspruch auf Sicherheitsleistung (→ Rn. 41 ff.) Gebrauch machen, um ein Mitverschulden auszuschließen – außer der Rechtsträger kann wegen Vermögenslosigkeit keine Sicherheit leisten.[166]

---

[153] Ausf. Lutter/*Decher*/*Hoger*, § 205 Rn. 13 ff.; Semler/Stengel/*Kübler*, § 205 Rn. 9 ff.; auch Böttcher/Habighorst/Schulte/*Althoff*/*Narr*, § 205 Rn. 5.

[154] Vgl. auch Semler/Stengel/*Kübler*, § 205 Rn. 9, 11.

[155] Ausf. etwa Kallmeyer/*Meister*/*Klöcker*, § 205 Rn. 14 ff.; auch Böttcher/Habighorst/Schulte/*Althoff*/*Narr*, § 205 Rn. 7; Lutter/*Decher*/*Hoger*, § 205 Rn. 19; Henssler/Strohn/*Drinhausen*/*Keinath*, § 205 UmwG Rn. 6; ferner Semler/Stengel/*Kübler*, § 205 Rn. 12.

[156] Lutter/*Decher*/*Hoger*, § 205 Rn. 5; Semler/Stengel/*Kübler*, § 205 Rn. 7; Kallmeyer/*Meister*/*Klöcker*, § 205 Rn. 5, 8; Kölner Kommentar-UmwG/*Petersen*, § 205 Rn. 2.

[157] Lutter/*Decher*/*Hoger*, § 205 Rn. 20 f.; Henssler/Strohn/*Drinhausen*/*Keinath*, § 205 UmwG Rn. 4; Schmitt/Hörtnagl/Stratz/*Stratz*, § 205 Rn. 12.

[158] Lutter/*Decher*/*Hoger*, § 205 Rn. 21.

[159] Kallmeyer/*Meister*/*Klöcker*, § 205 Rn. 10; Schmitt/Hörtnagl/Stratz/*Stratz*, § 205 Rn. 13.

[160] Ausf. Lutter/*Decher*/*Hoger*, § 205 Rn. 7; Semler/Stengel/*Kübler*, § 205 Rn. 14; auch Henssler/Strohn/*Drinhausen*/*Keinath*, § 205 UmwG Rn. 5.

[161] Ausf. Lutter/*Decher*/*Hoger*, § 205 Rn. 8 ff.; Semler/Stengel/*Kübler*, § 205 Rn. 15; Kallmeyer/*Meister*/*Klöcker*, § 205 Rn. 8; auch Henssler/Strohn/*Drinhausen*/*Keinath*, § 205 UmwG Rn. 5.

[162] Ausf. Lutter/*Decher*/*Hoger*, § 205 Rn. 12; Semler/Stengel/*Kübler*, § 205 Rn. 16 f.; Kallmeyer/*Meister*/*Klöcker*, § 205 Rn. 9; auch Henssler/Strohn/*Drinhausen*/*Keinath*, § 205 UmwG Rn. 5.

[163] Lutter/*Decher*/*Hoger*, § 205 Rn. 8; Henssler/Strohn/*Drinhausen*/*Keinath*, § 205 UmwG Rn. 4; Semler/Stengel/*Kübler*, § 205 Rn. 15; Kallmeyer/*Meister*/*Klöcker*, § 205 Rn. 12.

[164] Lutter/*Decher*/*Hoger*, § 205 Rn. 10; Henssler/Strohn/*Drinhausen*/*Keinath*, § 205 UmwG Rn. 7; Semler/Stengel/*Kübler*, § 205 Rn. 21.

[165] Vgl. dazu Schmitt/Hörtnagl/Stratz/*Stratz*, § 205 Rn. 9.

[166] Vgl. auch Henssler/Strohn/*Drinhausen*/*Keinath*, § 205 UmwG Rn. 7; Semler/Stengel/*Kübler* § 205 Rn. 22; ähnl. Lutter/*Decher*/*Hoger*, § 205 Rn. 12.

Die umwandlungsrechtlichen Schadensersatzansprüche gegen Organmitglieder können 51 nur durch einen gerichtlich bestellten **besonderen Vertreter** geltend gemacht werden (§ 206 Abs. 1 S. 1 UmwG). Es handelt sich dabei um eine Parallelbestimmung zur entsprechenden Regelung bei der Verschmelzung (§ 26 UmwG, → § 13 Rn. 276 ff.). Die Geltendmachung der Ansprüche durch einen gerichtlich bestellten besonderen Vertreter an Stelle der einzelnen klagebefugten Anspruchsgläubigern dient der Prozessökonomie und bezweckt, die mögliche Vielzahl von Schadensersatzansprüchen in einem Verfahren zu konzentrieren.[167] Zweck ist, einen Wettlauf der Gläubiger zu verhindern[168] und einen Gleichlauf der gerichtlichen Entscheidungen sicherzustellen.[169] Nach seiner Bestellung ist der besondere Vertreter ausschließlich zur Geltendmachung der umwandlungsrechtlichen Schadensersatzansprüche befugt; eine unmittelbare Klage der materiell Anspruchsberechtigten wird damit unzulässig.[170] Es wird für alle Anspruchsberechtigten zusammen lediglich ein besonderer Vertreter bestellt.[171] Die gerichtliche Bestellung erfolgt auf Antrag von Gläubigern oder Anteilsinhabern; der Rechtsträger selbst ist nicht antragsberechtigt.[172] Das Erfordernis eines besonderen Vertreters ist nicht abdingbar; insbesondere nicht nur Gesellschaftsvertrag/Satzung oder den Umwandlungsbeschluss.[173]

3. Fortdauer der Haftung bei einem persönlich haftenden Gesellschafter

Die persönliche Haftung von Anteilsinhabern des formwechselnden Rechtsträgers für 52 bereits bestehende Verbindlichkeiten dauert auch nach dem Formwechsel in eine haftungsbeschränkte Rechtsform eine gewisse Zeit fort. Die Einzelheiten richten sich nach den besonderen Vorschriften (§§ 224, 225c, 237, 249, 257 UmwG; → § 38 Rn. 1 ff., 454). Diese Maßgabe folgt dem allgemeinen Grundsatz, dass **ausscheidende persönlich haftende Gesellschafter für bestehende Verbindlichkeiten der Gesellschaft in bestimmtem Umfang weiterhaften** (§ 160 HGB). Damit wird die Flucht aus der persönlichen Haftung durch einen Formwechsel unterbunden.

VII. Schutz der Inhaber von Sonderrechten

Soweit es die neue Rechtsform zulässt, bestehen durch Satzung bzw. Gesellschaftsvertrag 53 beim Rechtsträger alter Rechtsform eingeräumte Sonderrechte unverändert beim Rechtsträger neuer Rechtsform fort, wenn im Umwandlungsbeschluss nichts anderes bestimmt wird.[174] Lässt die neue Rechtsform derartige Gestaltungen nicht zu, entfallen die Sonderrechte. Eines besonderen Schutzes der Inhaber von Sonderrechten bedarf es beim Formwechsel mithin nur dann, wenn die Sonderrechte trotz der Identität des Rechtsträgers nicht identisch bleiben.[175] Nach § 204 UmwG finden in diesem Fall die für die Verschmelzung geltende Bestimmung des § 23 UmwG (→ § 13 Rn. 285 ff.) Anwendung, wonach den **Inhabern von Sonderrechten gleichwertige Rechte im Rechtsträger neuer Rechtsform zu gewähren** sind (vgl. auch → § 34 Rn. 35 ff.). Die Bestimmung gilt rechtsform-

---

[167] Vgl. BT-Drucks. 12/6699, S. 145; auch Henssler/Strohn/*Drinhausen/Keinath*, § 206 UmwG Rn. 1; Kallmeyer/*Meister/Klöcker*, § 205 Rn. 2.
[168] Lutter/*Decher/Hoger*, § 206 Rn. 1; Semler/Stengel/*Kübler*, § 206 Rn. 1.
[169] Vgl. auch Böttcher/Habighorst/Schulte/*Althoff/Narr*, § 206 Rn. 1; ferner Lutter/*Decher/Hoger*, § 206 Rn. 1.
[170] Lutter/*Decher/Hoger*, § 206 Rn. 2; Semler/Stengel/*Kübler*, § 206 Rn. 3; Kallmeyer/*Meister/Klöcker*, § 205 Rn. 6.
[171] Kallmeyer/*Meister/Klöcker*, § 205 Rn. 7; auch Semler/Stengel/*Kübler*, § 206 Rn. 1.
[172] Lutter/*Decher/Hoger*, § 206 Rn. 5 ff.; Kallmeyer/*Meister/Klöcker*, § 205 Rn. 11; auch Böttcher/Habighorst/Schulte/*Althoff/Narr*, § 206 Rn. 5 ff.; Semler/Stengel/*Kübler*, § 206 Rn. 5 ff.
[173] Henssler/Strohn/*Drinhausen/Keinath*, § 206 UmwG Rn. 1; Kallmeyer/*Meister/Klöcker*, § 205 Rn. 5.
[174] Lutter/*Decher/Hoger*, § 202 Rn. 18 f.; Semler/Stengel/*Kübler*, § 202 Rn. 26; auch Böttcher/Habighorst/Schulte/*Althoff/Narr*, § 202 Rn. 16.
[175] Lutter/*Decher/Hoger*, § 204 Rn. 24 f.; ähnl. auch Kallmeyer/*Meister/Klöcker*, § 204 Rn. 19 f.

übergreifend für alle Formwechselfälle; in den besonderen Vorschriften finden sich weder ergänzende noch abweichende Regelungen dazu. Die Vorschrift ist zudem zwingend und kann insbesondere im Umwandlungsbeschluss weder abbedungen noch abgeändert werden.[176] Anders als bei der Verschmelzung geht es nicht um einen Verwässerungsschutz für die Sonderrechtsinhaber sondern um den **Schutz vor rechtsformbedingten Beeinträchtigungen**.[177]

54 §§ 204, 23 UmwG schützen die **Inhaber von solchen Sonderrechten, die kein Stimmrecht gewähren**; die Aufzählung in § 23 UmwG ist insoweit nicht abschließend.[178] Erfasste Sonderrechtsinhaber sind insbesondere die Inhaber von stimmrechtslosen Vorzugsaktien bzw. stimmrechtslosen Vorzugsgeschäftsanteilen, von Wandelanleihen, Optionsanleihen und Wandelgenussrechten, die Umtausch bzw. Bezugsrechte gewähren, von Gewinnschuldverschreibungen und von Genussrechten (vgl. auch § 221 AktG; → § 34 Rn. 35 f.).[179] Ungeklärt ist beim Formwechsel, wie in diesem Zusammenhang mit Sonderrechten zu verfahren ist, die selbst kein Stimmrecht gewähren, die aber Anteilsinhabern mit im Übrigen vollem Stimmrecht eingeräumt wurden (etwa Bestellungs-, Vorschlags- oder Vetorechte im Bereich der Geschäftsführung, oder Vorkaufs/Ankaufsrechte auf Anteilsrechte). Fällt ein solches Recht im Rechtsträger neuer Rechtsform weg (weil es wegen des Konflikts mit der nunmehr geltenden neuen Rechtsordnung nicht fortbestehen kann), stellt sich die Frage, ob dem Inhaber dieses Rechts im Rechtsträger neuer Rechtsform nach §§ 204, 23 UmwG soweit wie möglich gleichwertige Rechte zu gewähren sind. Nach der herrschenden Meinung sind jedoch Sonderrechte, die Anteilsinhabern mit vollem Stimmrecht zustehen nicht von §§ 203, 23 UmwG erfasst – auch dann nicht, wenn die Sonderrechte selbst dem Anteilsinhaber kein Stimmrecht gewähren.[180] Geschützt sind durch diese Normen lediglich solche Rechtsinhaber, die am Formwechselbeschluss von vorneherein nicht mitwirken können.[181] Andere Rechtsinhaber sind ausreichend geschützt durch etwaige Zustimmungserfordernisse (→ § 34 Rn. 59 ff.) und dem Recht auf bare Zuzahlung (§ 196 UmwG; → § 37 Rn. 68 ff., 84).[182]

55 Den durch §§ 204, 23 UmwG geschützten **Inhabern von Sonderrechten sind gleichwertige Rechte im Rechtsträger neuer Rechtsform zu gewähren**. Die entsprechende Regelung ist gem. § 194 Abs. 1 Nr. 5 UmwG zwingender Bestandteil des Umwandlungsbeschlusses. Entgegen dem etwas missverständlichen Wortlaut sind zunächst Rechte gleicher Art und nicht gleichen Wertes zu gewähren, was beim Formwechsel schon aus den Identität des Rechtsträgers folgt (auch → § 34 Rn. 38).[183] Nur wenn die Gewährung von Rechten gleicher Art im Rechtsträger neuer Rechtsform aufgrund des dort nunmehr anwendbaren Rechtsregimes nicht möglich ist, kommt die Gewährung von lediglich wirtschaftlich gleichwertigen Rechten in Betracht.[184] „Gewähren" heißt dabei nicht notwendigerweise Neuausgabe des Rechts, sondern kann auch eine Anpassung der Sonderrechte an die neue Rechtsordnung unter Berücksichtigung des Gebots der Gleichwertigkeit bedeu-

---

[176] Ausf. Kallmeyer/*Meister*/*Klöcker*, § 204 Rn. 13; auch Henssler/Strohn/*Drinhausen*/*Keinath*, § 204 UmwG Rn. 13.

[177] Henssler/Strohn/*Drinhausen*/*Keinath*, § 204 UmwG Rn. 8; Semler/Stengel/*Kalss*, § 204 Rn. 4; Kallmeyer/*Meister*/*Klöcker*, § 204 Rn. 11.

[178] Kallmeyer/*Meister*/*Klöcker*, § 204 Rn. 15.

[179] Ausf. Lutter/*Decher*/*Hoger*, § 204 Rn. 22; Kallmeyer/*Meister*/*Klöcker*, § 204 Rn. 15, 19.

[180] Lutter/*Decher*/*Hoger*, § 204 Rn. 23 mwN.

[181] Vgl. Kallmeyer/*Meister*/*Klöcker*, § 204 Rn. 14.

[182] Lutter/*Decher*/*Hoger*, § 204 Rn. 23; Kallmeyer/*Meister*/*Klöcker*, § 204 Rn. 18.

[183] Lutter/*Decher*/*Hoger*, § 204 Rn. 26; Henssler/Strohn/*Drinhausen*/*Keinath*, § 204 UmwG Rn. 10; Semler/Stengel/*Kalss*, § 204 Rn. 5; auch Kallmeyer/*Meister*/*Klöcker*, § 204 Rn. 23.

[184] Lutter/*Decher*/*Hoger*, § 204 Rn. 26; Henssler/Strohn/*Drinhausen*/*Keinath*, § 204 UmwG Rn. 10; Semler/Stengel/*Kalss*, § 204 Rn. 4 f.; ferner BT-Drucks. 12/6699, S. 93 („Der Anspruch kann auch durch Gewährung eines höherwertigen Rechts erfüllt werden.").

ten.[185] Ist weder eine Anpassung noch Gewährung gleichwertiger Rechte im Rechtsträger neuer Rechtsform möglich, kommt eine bare Zuzahlung gem. § 196 UmwG oder ein Barabfindungsangebot gem. §§ 207, 29 UmwG in Betracht. Der Anspruch auf Gewährung gleichwertiger Rechte ist mittels Klage gegen den Rechtsträger neuer Rechtsform durchsetzbar, wobei es sich im Regelfall um eine Leistungsklage handeln wird.[186]

§ 37 Beschlussmängel

Übersicht

	Rdnr.		Rdnr.
I. Vorbemerkung	1–3	4. Wirkung der Eintragung auf Beschlussmängelverfahren	53–59
II. Rechtsschutzsystem	4	a) Modifikation des Rechtsschutzinteresses	54, 55
III. Beschlussmängelverfahren	5–59	b) Modifikation des Beschlussmängelverfahrens	56–59
1. Übersicht	6–8	IV. Freigabeverfahren	60–67
2. Beschlussmängel	9–44	1. Funktion	61–63
a) Verfahrensfehler	11–21	2. Begründetheit	64–66
aa) Umwandlungsbericht	12–15	3. Schadensersatzpflicht	67
bb) Prüfungsbericht	16, 17	V. Spruchverfahren	68–99
cc) Übersendung, Bekanntmachung und Auslegung von Unterlagen	18, 19	1. Funktion	69
dd) Auskunftspflichten	20, 21	2. Verfahren	70–72
b) Inhaltliche Fehler	22–37	a) Anwendungsbereich	71
aa) Inhalt des Umwandlungsbeschlusses	23–25	b) Beteiligte	72
bb) Sachliche Rechtfertigung	26	3. Zulässigkeit	73–77
cc) Treuepflicht	27–32	a) Antragsberechtigung (Beteiligungsverhältnis)	74, 75
dd) Gleichbehandlungsgebot	33	b) Antragberechtigung (Barabfindung)	76, 77
ee) Bewertungsrüge	34–36	4. Begründetheit	78–87
ff) Kapitalschutzvorschriften	37	a) Barabfindung	79–83
c) Ausschluss der Bewertungsrüge	38–44	b) Beteiligungsverhältnis	84–87
aa) Anwendungsbereich	39–42	5. Gerichtliche Bestimmung der Kompensation	88–98
bb) Bewertungsrelevante Informationen	43	a) Barabfindung	89–92
cc) Rechtsmissbrauch	44	b) Beteiligungsverhältnis	93–97
3. Zulässigkeit und Begründetheit	45–52	c) Verzinsung	98
a) Rügeausschluss	46	6. Bewertungsfragen	99
b) Aktiv- und Passivlegitimation	47, 48		
c) Ausschlussfrist	49–51		
d) Beschlussmangel	52		

Angerer, Der Squeeze-out, BKR 2002, 260; *DAV-Handelsrechtsausschuss*, Gesetzgebungsvorschlag zum Spruchverfahren bei Umwandlung und Sachkapitalerhöhung und zur Erfüllung des Ausgleichsanspruchs durch Aktien, NZG 2007, 497; *Fleischer*, Das neue Recht des Squeeze out, ZGR 2002, 757; *Gesmann-Nuissl*, Die neuen Squeeze-out-Regeln im Aktiengesetz, WM 2002, 1205; *Habersack*, Der Finanzplatz Deutschland und die Rechte der Aktionäre, ZIP 2001, 1230; *Krieger*, Squeeze-Out nach neuem Recht – Überblick und Zweifelsfragen, BB 2002, 53; *Meyer-Landrut/Kiem*, Der Formwechsel einer Publikumsaktiengesellschaft – Erste Erfahrungen aus der Praxis, WM 1997, 1361; *von Morgen*, Das Squeeze-Out und seine Folgen für AG und GmbH, WM 2003, 1553; *Pluskat*, Nicht missbräuchliche Gestaltungen zur Erlangung der Beteiligungshöhe beim Squeeze-out, NZG 2007, 725; *Rieder*, (Kein) Rechtsmissbrauch beim Squeeze-out, ZGR 2009, 981; *J. Vetter*, Ausweitung des Spruchverfahrens – Überlegungen *de lege lata* und *de lege ferenda*, ZHR 168 (2004), 8.

I. Vorbemerkung

Das Beschlussmängelrecht im Fall des Formwechsels entspricht strukturell und inhaltlich 1 in weiten Teilen dem Beschlussmängelrecht bei der Verschmelzung (→ § 14) und der

---

[185] Lutter/*Decher*/*Hoger*, § 204 Rn. 26.
[186] Vgl. Kallmeyer/*Meister*/*Klöcker*, § 204 Rn. 25.

Spaltung (→ § 28). Die bestehenden Unterschiede beruhen insbesondere darauf, dass bei dem Formwechsel im Gegensatz zur Verschmelzung und Spaltung **nur ein Rechtsträger** beteiligt ist und **kein Vermögen übergeht**.[1]

2 Im Gegensatz zum Spaltungsrecht finden nicht im Grundsatz die gesetzlichen Regelungen zur Verschmelzung durch Verweis entsprechende Anwendung. Vielmehr sieht das UmwG grundsätzlich eigenständige Regelungen für den Formwechsel vor und verweist nur vereinzelt auf die verschmelzungsrechtlichen Bestimmungen.[2] Allerdings entsprechen die Regelungen für den Formwechsel weitgehend den korrespondierenden Vorschriften des Verschmelzungsrechts.

3 Die nachstehenden Ausführungen beschränken sich darauf, die wesentlichen Grundzüge des Beschlussmängelrechts beim Formwechsel kurz darzustellen und etwaige Abweichungen zur Rechtslage bei der Verschmelzung zu erläutern. Im Übrigen gelten die Ausführungen zur Verschmelzung entsprechend.

II. Rechtsschutzsystem

4 Das Rechtsschutzsystem für die Lösung von Konflikten zwischen **Minderheit und Mehrheit der Anteilsinhaber** des formwechselnden Rechtsträgers ist geprägt von einem Zusammenspiel von **Beschlussmängel-, Freigabe- und Spruchverfahren**. Die Erläuterungen zum Rechtsschutzsystem im Fall der Verschmelzung gelten grundsätzlich entsprechend (→ § 14 Rn. 3 ff.). Da beim Formwechsel allerdings nur ein Rechtsträger beteiligt ist, hat die Darstellung bei der Verschmelzung zum Rechtsschutz der Anteilsinhaber des übernehmenden Rechtsträgers keine Bedeutung; maßgeblich sind für den Formwechsel alleine die Ausführungen zum Rechtsschutz bei dem **übertragenden Rechtsträger**.

III. Beschlussmängelverfahren

5 Die nachstehenden Ausführungen zum Beschlussmängelverfahren behandeln Beschlussmängelklagen im Sinne des § 195 UmwG (sog. **Unwirksamkeitsklagen**) von Anteilsinhabern oder klageberechtigten Organen bzw. Organträgern gegen den Umwandlungsbeschluss nach § 193 Abs. 1 S. 1 UmwG.

1. Übersicht

6 Gegenstand eines Beschlussmängelverfahrens ist im Fall des Formwechsels die richterliche Klärung der **Nichtigkeit des Umwandlungsbeschlusses** nach § 193 Abs. 1 S. 1 UmwG. Das Beschlussmängelverfahren gibt insbesondere den überstimmten Anteilsinhabern die Möglichkeit, den Beschluss mit der Rüge der Verletzung des Gesetzes oder der Satzung bzw. des Gesellschaftsvertrags anzugreifen.

7 Das Verfahren richtet sich im Grundsatz nach dem für den formwechselnden Rechtsträger nach Gesetz und Satzung bzw. Gesellschaftsvertrag **anwendbaren Beschlussmängelrecht**.[3] Abhängig von der betreffenden Rechtsform ist insbesondere danach zu differenzieren, ob als Rechtsbehelf die **Anfechtungs- und Nichtigkeitsklage** zur Verfügung steht oder die **allgemeine Feststellungsklage** gemäß § 256 ZPO statthaft ist (→ § 14 Rn. 23 f.).[4] Das UmwG selbst regelt rechtsformübergreifend nur bestimmte Einzelaspekte des Beschlussmängelverfahrens. Das betrifft namentlich die **Ausschlussfrist** von einem

---

[1] Vgl. BT-Drucks. 12/6699, S. 136; Sagasser/Bula/Brünger/*Sagasser/Luke* § 26 Rn. 4; Henssler/Strohn/*Drinhausen/Keinath* § 190 UmwG Rn. 1.

[2] Schmitt/Hörtnagl/Stratz/*Stratz* Vorbemerkung zu §§ 190–213 Rn. 1; Kallmeyer/*Meister/Klöcker* § 190 Rn. 2.

[3] OLG Stuttgart 20 W 8/07, AG 2008, 464, 465; Kallmeyer/*Zimmermann* § 193 Rn. 36; vgl. Schmitt/Hörtnagl/Stratz/*Stratz* § 195 Rn. 1, 3.

[4] Vgl. Semler/Stengel/*Bärwaldt* § 195 Rn. 6 ff.; Mehrbrey/*Uhlendorf/Schumacher* § 129 Rn. 15, 30, 31.

Monat nach § 195 Abs. 1 UmwG sowie den **Ausschluss von Bewertungsrügen** nach §§ 195 Abs. 2, 210 UmwG (→ Rn. 46, 49 ff.).

Die Erhebung einer Unwirksamkeitsklage gegen den Umwandlungsbeschluss steht **8** grundsätzlich der Eintragung des Formwechsels entgegen (sog. **Registersperre** nach §§ 16 Abs. 2 S. 1 Hs. 1, 198 Abs. 2 UmwG)[5] und verhindert damit das Wirksamwerden des Formwechsels nach § 202 Abs. 1 UmwG. Zur Überwindung der Registersperre kann der betreffende Rechtsträger einen **Freigabeantrag** nach §§ 16 Abs. 3 S. 1, 198 Abs. 2 UmwG stellen (→ Rn. 60 ff.). Ist der Antrag erfolgreich, entfällt die durch die betreffende Unwirksamkeitsklage ausgelöste Registersperre. Wird der Formwechsel in der Folge eingetragen, ist er nach § 202 Abs. 3 UmwG **bestandskräftig** (→ Rn. 54). Gleichwohl führt die Eintragung des Formwechsels nicht zur Erledigung des Beschlussmängelverfahrens (→ Rn. 55).

2. Beschlussmängel

Im Beschlussmängelverfahren kommt es für die Frage der Begründetheit der Klage **9** entscheidend darauf an, ob der Umwandlungsbeschluss nach § 193 Abs. 1 S. 1 UmwG an einem Mangel leidet. Unter welchen Voraussetzungen ein Beschlussmangel besteht, richtet sich nach dem **rechtsformspezifischen Beschlussmängelrecht** (→ § 14 Rn. 29). Bei den Rechtsformen, die Anfechtungs- und Nichtigkeitsklage als Rechtsbehelfe vorsehen, sind Mängel danach zu unterscheiden, ob sie zur Anfechtbarkeit oder Nichtigkeit des Beschlusses führen. Demgegenüber ist bei Personengesellschaften sowie Vereinen nach überwiegender Ansicht ein mangelhafter Beschluss stets nichtig (→ § 14 Rn. 30).

Vorbehaltlich besonderer rechtsformspezifischer Anforderungen setzt ein Mangel eine **10 Verletzung des Gesetzes oder der Satzung bzw. des Gesellschaftsvertrags** voraus. Die nachstehende Darstellung orientiert sich an der üblichen Unterscheidung zwischen Verfahrensfehlern und inhaltlichen Fehlern und behandelt abschließend den Ausschluss von Bewertungsrügen nach §§ 195 Abs. 2, 210 UmwG.

a) **Verfahrensfehler.** Bei Verfahrensfehlern handelt es sich um Verletzungen des **11** Gesetzes oder der Satzung bzw. des Gesellschaftsvertrags, die das **Zustandekommen des Umwandlungsbeschlusses** nach § 193 Abs. 1 S. 1 UmwG regeln. Darunter fallen insbesondere Mängel bei der Vorbereitung und Durchführung der Versammlung, Informationsmängel sowie Mängel bei Feststellung des Beschlussergebnisses, die jeweils rechtsformspezifischen Anforderungen unterliegen. Abhängig von der jeweiligen Rechtsform begründet aber nicht jeder Verfahrensfehler die Angreifbarkeit des Beschlusses, sondern es ist regelmäßig ein **Zurechnungszusammenhang** zwischen Verfahrensfehler und Beschlussergebnis erforderlich (näher → § 14 Rn. 33). Die nachstehenden Erläuterungen beschränken sich auf ausgewählte formwechselspezifische Verfahrensfehler.[6]

aa) **Umwandlungsbericht.** Der Umwandlungsbericht nach § 192 UmwG soll die **12** Anteilsinhaber in die Lage versetzen, eine sachgerechte Entscheidung über den Formwechsel treffen zu können.[7] Er besteht aus einem Erläuterungs- und Begründungsteil, der insbesondere die Erläuterung eines Angebots zur Barabfindung umfasst,[8] und dem Entwurf des Umwandlungsbeschlusses, § 192 Abs. 1 UmwG.[9] Der Bericht muss eine **Plausibili-**

---

[5] Henssler/Strohn/*Drinhausen/Keinath* § 195 UmwG Rn. 5; Lutter/*Decher/Hoger* § 195 Rn. 10.
[6] Übersicht bei Widmann/Mayer/*Vollrath* § 193 Rn. 50.
[7] OLG Frankfurt 20 W 415/02, NZG 2004, 732, 733; LG Köln 82 O 218/07, BeckRS 2008, 11350; Lutter/*Decher/Hoger* § 192 Rn. 2.
[8] KG 14 U 2892/97, NZG 1999, 508, 510; Limmer/*Limmer* Teil 4 Rn. 75 f.; Kölner Kommentar-UmwG/*Petersen* § 192 Rn. 14.
[9] Limmer/*Limmer* Teil 4 Rn. 72; Kallmeyer/*Meister/Klöcker* § 192 Rn. 7.

tätskontrolle ermöglichen; es ist hingegen nicht erforderlich, dass die Anteilsinhaber auf der Grundlage des Berichts den Formwechsel im Einzelnen prüfen können.[10]

13 Ein Verfahrensfehler liegt vor, wenn der Umwandlungsbericht **fehlt** oder nicht die **Anforderungen nach §§ 192 Abs. 1, 8 Abs. 1 S. 2 bis 4 UmwG** erfüllt (→ § 14 Rn. 36).[11] Die Heilung eines Verfahrensfehlers durch mündliche Auskunft in der Anteilsinhaberversammlung kommt nicht in Betracht (→ § 14 Rn. 40).[12] Die Geltendmachung eines Verfahrensfehlers wegen eines mangelhaften Umwandlungsberichts hat in der Praxis erhebliche Bedeutung.[13]

14 Ist der Umwandlungsbericht fehlerhaft, so kann es abhängig von den rechtsformspezifischen Anforderungen gleichwohl an einem formellen Beschlussmangel fehlen, wenn kein ausreichender **Zurechnungszusammenhang** zwischen Berichtsfehler und Beschlussergebnis besteht (→ § 14 Rn. 38 f.).[14] Das kann insbesondere dann der Fall sein, wenn der Bericht trotz bestehender Mängel in seiner Gesamtheit den Anteilsinhabern eine sachgerechte Entscheidung über den Formwechsel ermöglicht.

15 Da die Anteilsinhaber im Beschlussmängelverfahren **keine Bewertungsrügen nach §§ 195 Abs. 2, 210 UmwG** geltend machen können, stellt sich die Frage, ob sie sich auf Mängel des Umwandlungsberichts in Bezug auf **bewertungsrelevante Angaben** berufen können. Das hängt nach überwiegender Ansicht davon ab, ob die mangelhaften Angaben die Barabfindung oder das Beteiligungsverhältnis betreffen (→ Rn. 43): Die Geltendmachung von bewertungsrelevanten Informationsmängeln ist zwar in Bezug auf die **Barabfindung**, aber nicht in Bezug auf das **Beteiligungsverhältnis** ausgeschlossen.

16 **bb) Prüfungsbericht.** Bei dem Formwechsel ist im Gegensatz zur Verschmelzung und Spaltung nach §§ 9, 125 S. 1 UmwG grundsätzlich **keine Prüfung** vorgesehen.[15] Soweit allerdings eine **Barabfindung** geschuldet ist, bedarf es im Grundsatz einer **partiellen Prüfung** in Hinblick auf die Angemessenheit der Abfindung einschließlich eines Prüfungsberichts, §§ 208, 30 Abs. 2, 10 bis 12 UmwG.[16] Ein Verfahrensfehler in Bezug auf den Prüfungsbericht lässt sich im Wege der Unwirksamkeitsklage allerdings nicht geltend machen, da insoweit der **Rügeausschluss** nach § 210 UmwG einschlägig ist (→ Rn. 43).

17 Darüber hinaus sind lediglich in bestimmten Fällen besondere Prüfungsberichte erforderlich, wie zum Beispiel ein Prüfungsgutachten bei der Umwandlung einer Genossenschaft in eine Kapitalgesellschaft (§ 259 UmwG) sowie Berichte im Zusammenhang mit einer nach dem Gesetz durchzuführenden Gründungsprüfung.[17]

18 **cc) Übersendung, Bekanntmachung und Auslegung von Unterlagen.** Das Umwandlungsgesetz ordnet in einigen Vorschriften an, Unterlagen den Anteilsinhabern **vor oder bei der Beschlussfassung** über den Formwechsel zur Verfügung zu stellen. Dies betrifft namentlich den **Umwandlungsbericht** und das **Abfindungsangebot**. Diese Unterlagen sind in bestimmten Fällen den Anteilsinhabern zu übersenden (bspw. §§ 216, 230 Abs. 1 und 2 S. 2 bis 4, 231, 238 S. 1 UmwG), vor der Anteilsinhaberversammlung auszulegen (bspw. §§ 230 Abs. 2 S. 1, 238 S. 1 UmwG) und in der Anteilsinhaberver-

---

[10] OLG Stuttgart 20 W 8/07, AG 2008, 464, 466; LG Mannheim 23 O 50/13, AG 2014, 589, 590; vgl. LG Mainz 10 HKO 143/99, AG 2002, 247, 248 betreffend die Barabfindung; Schmitt/Hörtnagl/Stratz/*Stratz* § 192 Rn. 8; Kallmeyer/*Meister/Klöcker* § 192 Rn. 12; Sagasser/Bula/Brünger/*Sagasser/Luke* § 26 Rn. 32.

[11] Semler/Stengel/*Bärwaldt* § 192 Rn. 33; Mehrbrey/*Uhlendorf/Schumacher* § 129 Rn. 24.

[12] LG Mainz 10 HKO 143/99, AG 2002, 247, 248; Semler/Stengel/*Bärwaldt* § 192 Rn. 37; Kallmeyer/*Meister/Klöcker* § 192 Rn. 44.

[13] Henssler/Strohn/*Drinhausen/Keinath* § 192 UmwG Rn. 2; Semler/Stengel/*Bärwaldt* § 192 Rn. 3, 33.

[14] Vgl. LG Mannheim 23 O 50/13, AG 2014, 589, 590 zur Prüfung der Relevanz nach § 243 Abs. 4 S. 1 AktG.

[15] BT-Drucks. 12/6699, S. 139.

[16] Kallmeyer/*Meister/Klöcker* § 192 Rn. 51 f.; Widmann/Mayer/*Wälzholz*, § 192 Rn. 10 ff.

[17] Limmer/*Limmer* Teil 4 Rn. 91, 93.

sammlung zugänglich zu machen (bspw. §§ 232 Abs. 1, 239 Abs. 1 UmwG). Umstritten ist, ob ein etwaiger **Prüfungsbericht** in Bezug auf die Barabfindung ebenfalls zur Verfügung zu stellen ist.[18]

Die Verletzung dieser Pflichten begründet grundsätzlich einen Verfahrensfehler. Besteht zwischen Verfahrensmangel und Beschlussergebnis ein nach den rechtsformspezifischen Anforderungen ausreichender Zurechnungszusammenhang, ist der Beschluss in der Folge angreifbar, soweit nicht der Rügeausschluss nach § 210 UmwG einschlägig ist (→ Rn. 43). 19

dd) Auskunftspflichten. Im UmwG finden sich nur **vereinzelt Regelungen** zu Auskunftspflichten, wie ua in §§ 232 Abs. 2, 239 Abs. 2, 251 Abs. 2, 261 Abs. 1 S. 2 UmwG.[19] Im Übrigen finden die **allgemeinen rechtsformspezifischen Regeln** zu den Auskunftspflichten Anwendung. Die Verletzung von Auskunftspflichten[20] in Bezug auf den Formwechsel begründet grundsätzlich einen Verfahrensfehler.[21] Zu beachten ist allerdings, dass ein formeller Beschlussmangel einen hinreichenden **Zurechnungszusammenhang** erfordert, dessen Einzelheiten sich nach der jeweiligen Rechtsform richten. Für das Aktienrecht findet sich in § 243 Abs. 4 S. 1 AktG eine ausdrückliche Regelung hierzu. 20

Mit Blick auf den **Ausschluss von Bewertungsrügen** nach §§ 195 Abs. 2, 210 UmwG stellt sich die Frage, ob Anteilsinhaber eine Unwirksamkeitsklage auf die Verletzung einer Auskunftspflicht in Bezug auf **bewertungsrelevante Informationen** stützen können (→ Rn. 43). Nach der überwiegenden Ansicht ist die Geltendmachung von Informationsmängeln in Bezug auf die **Barabfindung** (§ 210 UmwG), aber nicht in Bezug auf das **Beteiligungsverhältnis** (§ 195 Abs. 2 UmwG) ausgeschlossen. Allerdings unterfallen Auskunftspflichtverletzungen auch hinsichtlich des Beteiligungsverhältnisses im **Aktienrecht** dem separaten Anfechtungsausschluss nach § 243 Abs. 4 S. 2 AktG. 21

b) Inhaltliche Fehler. Ein inhaltlicher Fehler liegt vor, wenn der Umwandlungsbeschluss gemäß § 193 Abs. 1 S. 1 UmwG seinem Inhalt nach gegen das Gesetz oder die Satzung bzw. den Gesellschaftsvertrag verstößt. Bei inhaltlichen Fehlern kommt es – im Gegensatz zur Situation bei Verfahrensfehlern – zur Begründung eines Beschlussmangels **nicht auf einen Zurechnungszusammenhang an** (→ § 14 Rn. 51). Die nachstehenden Erläuterungen beschränken sich auf ausgewählte formwechselspezifische inhaltliche Fehler. 22

aa) Inhalt des Umwandlungsbeschlusses. Der Umwandlungsbeschluss ist fehlerhaft, wenn er die in § 194 Abs. 1 UmwG bestimmten Anforderungen nicht erfüllt.[22] Das ist der Fall, wenn der Beschlussgegenstand **unvollständig** ist, weil er den Mindestinhalt nach § 194 Abs. 1 UmwG[23] unterschreitet, oder **unrichtig** ist. Beispielsweise ist der Beschluss mangelhaft, wenn nach § 194 Abs. 1 Nr. 5 UmwG anzugebende Sonderrechte nicht bestimmt sind (vgl. → § 14 Rn. 56). 23

Streitig ist die Frage, ob fehlende, unvollständige oder unrichtige **arbeitsrechtliche Angaben** im Umwandlungsbeschluss nach § 194 Abs. 1 Nr. 7 UmwG einen Beschlussmangel begründen (vgl. → § 14 Rn. 58 f.).[24] Da die Anteilsinhaber nicht Schutzadressaten dieser Bestimmung sind, kommt es nach hiesiger Ansicht darauf an, ob sich die Anteilsinhaber nach dem rechtsformspezifischen Beschlussmängelrecht auf die Verletzung von Normen ohne persönliche Betroffenheit berufen können. 24

---

[18] Befürwortend: Kallmeyer/*Meister*/*Klöcker* § 207 Rn. 21 f.; Kallmeyer/*Lanfermann* § 208 Rn. 8. Ablehnend: Lutter/*Decher*/*Hoger* § 208 Rn. 20 m.w.N.
[19] Lutter/*Decher*/*Hoger* § 193 Rn. 5.
[20] Kallmeyer/*Meister*/*Klöcker* § 192 Rn. 44.
[21] Vgl. LG München I 5 HK O 5697/09, AG 2010, 419, 421 f.; Mehrbrey/*Uhlendorf*/*Schumacher* § 129 Rn. 23.
[22] Lutter/*Decher*/*Hoger* § 195 Rn. 19.
[23] BT-Drucks. 12/6699, S. 139; BayObLG 3Z BR 114/96, AG 1996, 468; Kallmeyer/*Meister*/ *Klöcker* § 194 Rn. 4; Semler/Stengel/*Bärwaldt* § 194 Rn. 1.
[24] Ablehnend: Lutter/*Decher*/*Hoger* § 194 Rn. 33; § 195 Rn. 19.

§ 37   25–29   4. Kapitel. Formwechsel

25   Der Umwandlungsbeschluss enthält zudem grundsätzlich die **Satzung** bzw. den **Gesellschaftsvertrag** des Rechtsträgers neuer Rechtsform (siehe bspw. §§ 218 Abs. 1 S. 1, 234 Nr. 3, 243 Abs. 1 S. 1, 253 Abs. 1 S. 1, 263 Abs. 1 UmwG).[25] Da die Satzung bzw. der Gesellschaftsvertrag mithin Gegenstand des Beschlusses sind, **schlagen Fehler grundsätzlich auf den Beschluss durch**. Führt ein Mangel der Satzung bzw. des Gesellschaftsvertrags nicht zur Nichtigkeit, sondern lediglich zur **Teilnichtigkeit** nach § 139 BGB, beispielsweise aufgrund einer salvatorischen Klausel, stellt sich die Frage, welche Auswirkungen das auf den Beschluss hat. Nach einer Entscheidung des BGH führt die Teilnichtigkeit des Gesellschaftsvertrags auch nur zur Teilnichtigkeit des Beschlusses selbst.[26] Das kann in dieser Allgemeinheit nicht überzeugen. Denn ob die Teilnichtigkeit des Gesellschaftsvertrags den gesamten Beschluss infiziert oder nur eine teilweise Mangelhaftigkeit begründet, richtet sich vielmehr ebenfalls nach § 139 BGB, der auf den Beschluss entsprechend anzuwenden ist (→ § 14 Rn. 57).[27]

26   **bb) Sachliche Rechtfertigung.** Nach überzeugender herrschender Meinung bedarf der Umwandlungsbeschluss **keiner sachlichen Rechtfertigung** (→ § 14 Rn. 60 ff.).[28]

27   **cc) Treuepflicht.** Der Umwandlungsbeschluss ist im Fall der Verletzung der Treuepflicht mangelhaft (→ § 14 Rn. 63 ff.). Eine Verletzung der Treuepflicht liegt insbesondere bei einem **Missbrauch der Mehrheitsmacht** vor,[29] etwa wenn die Mehrheitsanteilsinhaber den **Formwechsel funktionswidrig einsetzen**, um die Rechtsstellung der übrigen Anteilsinhaber zu schmälern (→ § 14 Rn. 66 ff.).[30]

28   Ob sich nach diesem Maßstab ein Mehrheitsanteilsinhaber treupflichtwidrig verhält, der für den Formwechsel in eine AG zum **Zwecke des Ausschlusses der Minderheitsanteilsinhaber** nach § 327a AktG (Squeeze-out) stimmt, ist streitig. Nach einer Entscheidung des OLG Hamburg sowie einigen Literaturstimmen liegt kein Missbrauch vor, weil es sich lediglich um eine **zulässige Nutzung der Gestaltungsmöglichkeiten** im Aktienrecht handele.[31] Diese Auffassung beruft sich insbesondere auf die restriktive Rechtsprechung des BGH zum Mehrheitsmissbrauch im Fall des Squeeze-out.[32]

29   Nach anderer Auffassung ist in **Ausnahmekonstellationen eine Treuepflichtverletzung** anzunehmen, insbesondere wenn der Formwechsel **ausschließlich** dem Ausschluss der Minderheitsanteilsinhaber dient.[33] Dieser Ansicht ist der Vorzug zu geben. Soweit der Formwechsel allein dem Ausschluss der Minderheitsaktionäre dient, beschränkt sich dessen Zweck gerade auf die Schmälerung der Rechtspositionen der Minderheitsanteilsinhaber und ist daher treuwidrig. Dass es sich bei dem Squeeze-out um den alleinigen Zweck des

---

[25] Limmer/*Limmer* Teil 4 Rn. 188 f.
[26] BGH II ZR 29/03, AG 2005, 613, 614 f.; Lutter/*Decher*/*Hoger* § 195 Rn. 23.
[27] Vgl. Semler/Stengel/*Ihrig* § 233 Rn. 30.
[28] OLG Stuttgart 20 W 8/07, AG 2008, 464, 465; OLG Düsseldorf 6 U 60/02, AG 2003, 578, 579; 6 W 28/01, AG 2002, 47, 48; Lutter/*Decher*/*Hoger* § 193 Rn. 9; Kölner Kommentar-UmwG/*Petersen* § 193 Rn. 2; Kallmeyer/*Zimmermann* § 193 Rn. 10; Semler/Stengel/*Bärwaldt* § 193 Rn. 17; Hensssler/Strohn/*Drinhausen*/*Keinath* § 193 UmwG Rn. 11; *Meyer-Landrut*/*Kiem* WM 1997, 1361, 1365; vgl. BT-Drucks. 12/6699, S. 139.
[29] Schmitt/Hörtnagl/Stratz/*Stratz* § 195 Rn. 3.
[30] BGH II ZR 29/03, AG 2005, 613; OLG Düsseldorf 6 U 60/02, AG 2003, 578, 579.
[31] OLG Hamburg 11 AktG 1/12, AG 2012, 639, 642; Lutter/*Decher*/*Hoger* § 195 Rn. 25; K. Schmidt/Lutter/*Schnorbus* § 327f AktG Rn. 18; *Angerer* BKR 2002, 260, 267; *von Morgen* WM 2003, 1553, 1559 f.; *Pluskat* NZG 2007, 725 ff.; *Rieder* ZGR 2009, 981, 995 f.
[32] BGH II ZR 302/06, NZG 2009, 585, 586 f.; Emmerich/Habersack/*Habersack* § 327a AktG Rn. 28 m.w.N.
[33] Mit Unterschieden im Einzelnen: Hölters AktG/*Müller-Michaels* § 327a AktG Rn. 23; Emmerich/Habersack/*Habersack* § 327a AktG Rn. 29; Hüffer/*Koch* § 327a AktG Rn. 21; MünchKommAktG/*Grunewald* § 327a Rn. 24; Spindler/Stilz/*Singhof* § 327a AktG Rn. 27; *Krieger* BB 2002, 53, 61 f.; *Gesmann-Nuissl* WM 2002, 1205, 1210; *Fleischer* ZGR 2002, 757, 787; vgl. *Habersack* ZIP 2001, 1230, 1234 f.; offengelassen von OLG Stuttgart 20 W 8/07, AG 2008, 464, 465 f.

Formwechsels handelt, indizieren beispielsweise ein enger zeitlicher Zusammenhang zwischen geplantem Formwechsel und Squeeze-out[34] sowie eine bereits geplante Rückumwandlung[35].

Jenseits der Verfolgung eines Squeeze-out wird ein Missbrauch der Mehrheitsmacht 30 insbesondere im Zusammenhang mit der **Feststellung der Satzung bzw. des Gesellschaftsvertrags** des Rechtsträgers neuer Rechtsform diskutiert.[36] In Bezug auf einen Formwechsel einer **Personengesellschaft in eine AG** hat der BGH in seiner Freudenberg-Entscheidung zur Treuepflichtverletzung ausgeführt, dass die Mehrheit der Anteilsinhaber einen Formwechsel nicht dazu ausnutzen dürfe, weitere, nicht durch die Umwandlung selbst oder ihre Gründe notwendig veranlasste Veränderungen der bestehenden **Gesellschaftsstruktur** zu beschließen.[37] Vielmehr seien der Charakter der Gesellschaft, die Grundzüge der Gesellschaftsorganisation, die Kompetenzen der Gesellschaftsorgane und die Rechtspositionen der einzelnen Gesellschafter im Rahmen des rechtlich und tatsächlich Möglichen zu erhalten oder anzupassen und notwendige Veränderungen nur nach den Grundsätzen des **geringstmöglichen Eingriffs** vorzunehmen.[38]

Ob diese Grundsätze ebenfalls auf einem Formwechsel einer **börsennotierten AG in** 31 **eine KG** Anwendung finden, hat der BGH in einer Entscheidung für zweifelhaft erachtet.[39] Eine Treuepflichtverletzung dürfte nach dieser Entscheidung aber zumindest dann vorliegen, wenn **nicht rechtsformbedingte Änderung** des Gesellschaftsvertrags die Minderheitsanteilsinhaber benachteiligen.[40]

Demgegenüber ist eine Veränderung der Rechtsstellung der Anteilsinhaber, die aus der 32 neuen Rechtsform folgt, hinzunehmen.[41] Soweit es daher rechtsformbedingt im Falle eines Formwechsels eines börsennotierten Rechtsträgers zu einem Delisting kommt, handelt es sich um eine hinzunehmende Rechtsfolge.[42]

dd) **Gleichbehandlungsgebot.** Der Umwandlungsbeschluss ist auch im Fall der Ver- 33 letzung des Gleichbehandlungsgebots mangelhaft (→ § 14 Rn. 72). Ein Verstoß hiergegen liegt beispielsweise in der **Gewährung von Sondervorteilen** an einzelne Anteilsinhaber **ohne hinreichenden sachlichen Grund** (→ § 14 Rn. 73). Bewirkt ein Formwechsel einen steuerlichen Vorteil bei dem Mehrheitsanteilsinhaber und einen Steuernachteil bei den Minderheitsanteilsinhabern, liegt darin nach der Rechtsprechung grundsätzlich keine Verletzung des Gleichbehandlungsgebots. Denn die entsprechenden steuerlichen Folgen liegen nicht in der Stellung als Mehrheits- oder Minderheitsanteilsinhaber, sondern in der individuellen Person begründet und sind als bloßer Reflex der unterschiedlichen steuerlichen Behandlung des formwechselnden Rechtsträgers und des Rechtsträgers neuer Rechtsform hinzunehmen.[43]

---

[34] Emmerich/Habersack/*Habersack* § 327a AktG Rn. 29; Hölters AktG/*Müller-Michaels* § 327a Rn. 23.
[35] Spindler/Stilz/*Singhof* § 327a AktG Rn. 27; MünchKommAktG/*Grunewald* § 327a Rn. 24.
[36] Vgl. hierzu Limmer/*Limmer* Teil 2 Rn. 197; Lutter/*Decher/Hoger* § 195 Rn. 21 f.
[37] BGH II ZR 62/82, NJW 1983, 1056, 1058 – Freudenberg.
[38] BGH II ZR 62/82, NJW 1983, 1056, 1058 – Freudenberg.
[39] BGH II ZR 29/03, AG 2005, 613 f.; Kölner Kommentar-UmwG/*Dauner-Lieb/Tettinger* § 233 Rn. 55.
[40] BGH II ZR 29/03, AG 2005, 613, 614.
[41] BGH II ZR 29/03, AG 2005, 613, 614 f. (Behandlung verschiedener Bestimmungen des Gesellschaftsvertrags einer KG, insbesondere in Bezug auf die Komplementärstellung, die Abfindungsregelung bei Ausscheiden und den Stimmrechtsentzug); vgl. OLG Düsseldorf 19 W 3/00 AktE, AG 2004, 324, 325; Lutter/*Decher/Hoger* § 195 Rn. 20; Kölner Kommentar-UmwG/*Dauner-Lieb/Tettinger* § 233 Rn. 55 f.
[42] Lutter/*Göthel* § 233 Rn. 60; Kölner Kommentar-UmwG/*Dauner-Lieb/Tettinger* § 233 Rn. 52.
[43] Vgl. BGH II ZR 29/03, AG 2005, 613, 614; vgl. Vorinstanz OLG Düsseldorf 6 W 28/01, AG 2002, 47, 49 f.; Lutter/*Decher/Hoger* § 195 Rn. 20; a. A. LG Hanau 5 O 63/01, AG 2003, 534.

34 **ee) Bewertungsrüge.** Die Anteilsinhaber können grundsätzlich keine Bewertungsrügen erheben, da diese Rügen nach §§ 195 Abs. 2, 210 UmwG im Beschlussmängelverfahren ausgeschlossen sind (hierzu ausführlich → Rn. 38 ff.). Die Anteilsinhaber sind insoweit auf das Spruchverfahren verwiesen. Eine Ausnahme besteht nur für die Geltendmachung einer **zu hohen Barabfindung** (→ Rn. 41 f.). Auf diese Bewertungsrüge können die Anteilsinhaber eine Unwirksamkeitsklage stützen.

35 Unter welchen Voraussetzungen eine zu hohe Barabfindung einen Mangel des Umwandlungsbeschlusses begründet, ist in Rechtsprechung und Literatur bisher wenig beleuchtet. Nach zutreffender Ansicht kommt es darauf an, ob die Höhe der Barabfindung **angemessen** ist, wie § 207 Abs. 1 S. 1 Hs. 1 UmwG ausdrücklich vorgibt. Insoweit sind dieselben Kriterien wie in einem Spruchverfahren zur Bestimmung einer angemessenen Barabfindung anzuwenden. Die Anwendung dieses Maßstabs gebietet auch der Gleichbehandlungsgrundsatz der Anteilsinhaber.

36 Das bedeutet aber nicht, dass nur eine exakte Bewertung im Sinne einer Punktlandung sowohl einen Beschlussmangel als auch eine Erhöhung der Barabfindung nach § 212 UmwG im Spruchverfahren vermeiden könnte. Ein einziger „richtiger" Unternehmenswert existiert nicht. Vielmehr ist nach der herrschenden Meinung eine **Bandbreite** von Unternehmenswerten angemessen (→ § 14 Rn. 425 ff.). Hieraus resultiert für die Höhe der angemessenen Barabfindung eine entsprechende Bandbreite. Ein Beschlussmangel liegt nur dann vor, wenn die Barabfindung oberhalb dieser Bandbreite liegt.

37 **ff) Kapitalschutzvorschriften.** Ein Umwandlungsbeschluss leidet grundsätzlich dann an einem Inhaltsfehler, wenn bereits zum Beschlusszeitpunkt erkennbar ist, dass die Erfüllung von Kompensationsansprüchen, insbesondere des Anspruchs auf Barabfindung, zu einer Verletzung von Kapitalschutzvorschriften führen würde.[44]

38 **c) Ausschluss der Bewertungsrüge.** Die Anteilsinhaber können Unwirksamkeitsklagen gegen den Umwandlungsbeschluss, namentlich Anfechtungs- und Nichtigkeitsklagen sowie allgemeine Feststellungsklagen,[45] nicht auf Bewertungsrügen stützen. Der Rügeausschluss betrifft zum einen das Beteiligungsverhältnis nach § 195 Abs. 2 UmwG sowie die Barabfindung nach § 210 UmwG. Die Ausführungen zu dem Rügeausschluss nach §§ 14 Abs. 2, 32 UmwG bei der Verschmelzung gelten zu weiten Teilen entsprechend (→ § 14 Rn. 85 ff.).[46] Die nachstehenden Erläuterungen beschränken sich auf die insoweit bestehenden Abweichungen sowie die Zusammenfassung einiger wesentlicher Punkte.

39 **aa) Anwendungsbereich.** Der Rügeausschluss umfasst alle Klagen von Anteilsinhabern sowie etwaigen klageberechtigten Organen bzw. Organträgern gegen die Wirksamkeit des Umwandlungsbeschlusses (→ § 14 Rn. 88).[47] Nach § 195 Abs. 2 UmwG können die Anteilsinhaber im Rahmen der Unwirksamkeitsklage nicht geltend machen, dass die umgewandelten **Anteile zu niedrig bemessen** seien oder die **Mitgliedschaft kein ausreichender Gegenwert** für die Anteile oder die Mitgliedschaft bei dem formwechselnden Rechtsträger sei. Da der Kreis der Anteilsinhaber beim Formwechsel grundsätzlich identisch bleibt, betrifft diese Bewertungsrüge nur den Fall, dass der Formwechsel zu einer **Wertverschiebung** bei den Beteiligungen der Anteilsinhaber untereinander führt.

40 Soweit hingegen **alle Anteilsinhaber in gleicher Weise von einer Wertverschlechterung betroffen** sind, beispielsweise aufgrund der Beeinträchtigung der Fungibilität der Anteile wegen des Formwechsels einer börsennotierten AG in eine GmbH, findet der Rügeausschluss keine Anwendung (→ Rn. 84 f.). Die Geltendmachung eines Beschluss-

---

[44] Lutter/*Decher*/*Hoger* § 195 Rn. 20, § 207 Rn. 18; Semler/Stengel/*Kalss* § 207 Rn. 11; Kallmeyer/*Meister*/*Klöcker* § 207 Rn. 35; Kölner Kommentar-UmwG/*Petersen* § 207 Rn. 8.
[45] Henssler/Strohn/*Drinhausen*/*Keinath* § 195 UmwG Rn. 6; Kallmeyer/*Meister*/*Klöcker* § 195 Rn. 8 f.
[46] Vgl. Semler/Stengel/*Bärwaldt* § 195 Rn. 2; Widmann/Mayer/*Wälzholz* § 195 Rn. 22.
[47] Kallmeyer/*Meister*/*Klöcker* § 195 Rn. 9 f.

mangels aufgrund einer solchen Wertverschlechterung hat aber vorbehaltlich einer Treuepflichtverletzung keine Aussicht auf Erfolg. Insbesondere bedarf der Umwandlungsbeschluss keiner sachlichen Rechtfertigung (→ Rn. 26).

Nach § 210 UmwG sind Rügen einer zu **niedrigen Barabfindung** sowie eines **fehlenden oder nicht ordnungsgemäßen Angebots der Barabfindung** ausgeschlossen (vgl. → § 14 Rn. 92 ff.). Die Anteilsinhaber können den Umwandlungsbeschluss allerdings nach der wohl überwiegenden Ansicht mit der Rüge angreifen, dass die angebotene Barabfindung entgegen § 207 Abs. 1 S. 1 Hs. 1 UmwG nicht angemessen sei, weil sie **zu hoch** ausfalle.[48] Der Ausschluss in § 210 UmwG erfasst diesen Fall nach seinem Wortlaut nicht. Eine analoge Anwendung des Rügeausschlusses ist nicht geboten. Die **nicht ausscheidenden Anteilsinhaber** sind durch eine zu hohe Barabfindung belastet. Hätten sie nicht die Möglichkeit der Erhebung einer Unwirksamkeitsklage, wären sie **rechtsschutzlos** gestellt. Insbesondere kommt weder eine direkte noch eine analoge Anwendung des Spruchverfahrens mit dem Ziel einer Ausgleichszahlung durch den Rechtsträger in Betracht.[49] Da alle nicht ausgeschiedenen Anteilsinhaber gleichermaßen durch eine zu hohe Barabfindung belastet sind, würde eine Ausgleichzahlung an sie **keinen effektiven Vermögenszufluss** bewirken. 41

Die Möglichkeit einer Unwirksamkeitsklage wegen einer zu hohen Barabfindung ist auch mit Blick auf das Risiko einer Registersperre akzeptabel, da insoweit das Freigabeverfahren nach §§ 16 Abs. 3, 198 Abs. 3 UmwG zu Verfügung steht (→ § 14 Rn. 94). 42

bb) Bewertungsrelevante Informationen. Ob der Rügeausschluss nach §§ 195 Abs. 2, 210 UmwG auch die Geltendmachung von **Verfahrensfehlern in Bezug auf bewertungsrelevante Informationen** umfasst, wird intensiv diskutiert. Der derzeitige Stand der Rechtsentwicklung zur Handhabung bewertungsrelevanter Informationsmängel stellt sich zusammengefasst wie folgt dar (ausführlich → § 14 Rn. 95 ff.): Bewertungsrelevante Informationsmängel in Bezug auf die **Barabfindung** unterliegen nach herrschender Meinung dem Rügeausschluss nach § 210 UmwG.[50] Demgegenüber ist streitig, ob der Rügeausschluss nach § 195 Abs. 2 UmwG bewertungsrelevante Informationsmängel in Bezug auf das **Beteiligungsverhältnis** umfasst. Die wohl überwiegende Lehre geht davon aus, dass § 195 Abs. 2 UmwG Informationsmängel nicht ausschließt.[51] Soweit es sich allerdings bei dem formwechselnden Rechtsträger um eine **AG oder KGaA** handelt, greift der **Anfechtungsausschluss nach § 243 Abs. 4 S. 2 AktG** für bestimmte bewertungsrelevante Informationsmängel in Bezug auf das Umtauschverhältnis ein. 43

cc) Rechtsmissbrauch. Der Rügeausschluss findet nach überzeugender Ansicht im Fall eines **Rechtsmissbrauchs** keine Anwendung (→ § 14 Rn. 106 ff.).[52] 44

---

[48] Semler/Stengel/*Kalss* § 207 Rn. 10; Lutter/*Decher*/*Hoger* § 210 Rn. 5; Schmitt/Hörtnagl/Stratz/*Stratz* § 210 Rn. 4; Kölner Kommentar-UmwG/*Petersen* § 210 Rn. 4; Widmann/Mayer/*Wälzholz* § 210 Rn. 14; *J. Vetter*, ZHR 168 (2004), 8, 35; a. A. Kallmeyer/*Lanfermann* § 208 Rn. 5; Kallmeyer/*Meister*/*Klöcker* § 210 Rn. 10; Semler/Stengel/*Bärwaldt* § 210 Rn. 5.

[49] Vgl. *DAV-Handelsrechtsausschuss* NZG 2007, 497, 500; Lutter/*Decher*/*Hoger* § 210 Rn. 5; offen BGH II ZR 1/99, NJW 2001, 1425, 1427; II ZR 368/98, NJW 2001, 1428, 1430, der die analoge Anwendung eines Spruchverfahrens andenkt. Für die Eröffnung des Spruchverfahrens hingegen Kallmeyer/*Lanfermann* § 208 Rn. 5; Kallmeyer/*Meister*/*Klöcker* § 210 Rn. 10; Semler/Stengel/*Bärwaldt* § 210 Rn. 5.

[50] Henssler/Strohn/*Drinhausen*/*Keinath* § 195 UmwG Rn. 5; Kallmeyer/*Meister*/*Klöcker* § 210 Rn. 9; Lutter/*Decher*/*Hoger* § 210 Rn. 3 f.; Kölner Kommentar-UmwG/*Petersen* § 210 Rn. 2 ff.

[51] KG 14 U 2892/97, AG 1999, 126, 128; Lutter/*Decher*/*Hoger* § 195 Rn. 18; Semler/Stengel/*Bärwaldt* § 195 Rn. 28; Kölner Kommentar-UmwG/*Petersen* § 195 Rn. 14; *Decher* FS Hoffmann-Becking, 2013, S. 295, 306; a. A. Henssler/Strohn/*Drinhausen*/*Keinath* § 195 UmwG Rn. 5; Kallmeyer/*Meister*/*Klöcker* § 195 Rn. 30.

[52] Vgl. Semler/Stengel/*Bärwaldt* § 195 Rn. 25; Widmann/Mayer/*Wälzholz* § 195 Rn. 26.

Humrich

3. Zulässigkeit und Begründetheit

45 Die Zulässigkeit und Begründetheit der Unwirksamkeitsklage richtet sich nach den **rechtsformspezifischen Voraussetzungen** (→ § 14 Rn. 110). Entscheidend ist insoweit insbesondere die einschlägige Klageart, namentlich Anfechtungsklage, Nichtigkeitsklage oder allgemeine Feststellungsklage.

46 a) **Rügeausschluss. Bewertungsrügen** von Anteilsinhabern sind grundsätzlich nach §§ 195 Abs. 2, 210 UmwG ausgeschlossen. Ist die Klage ausschließlich auf solche Bewertungsrügen gestützt, ist sie nicht statthaft und daher unzulässig (→ § 14 Rn. 111).[53]

47 b) **Aktiv- und Passivlegitimation.** Die **Aktivlegitimation** bestimmt sich nach den **rechtsformspezifischen Anforderungen**. Zu den Anforderungen im Einzelnen sowie zu den Folgen des Verlusts der Anteilsinhaberstellung während des Beschlussmängelverfahrens wird auf die Ausführungen zur Verschmelzung verwiesen (→ § 14 Rn. 112 f.).

48 Die **Passivlegitimation** ist von der Rechtsform des formwechselnden Rechtsträgers sowie den einschlägigen Bestimmungen der Satzung bzw. des Gesellschaftsvertrags abhängig. Passivlegitimiert sind entweder der **Rechtsträger** selbst oder die **anderen Anteilsinhaber** (→ § 14 Rn. 114).[54]

49 c) **Ausschlussfrist.** Für die Erhebung einer Unwirksamkeitsklage besteht eine **materiellrechtliche Ausschlussfrist**[55] **von einem Monat** nach der Beschlussfassung, § 195 Abs. 1 UmwG. Die nachstehenden Erläuterungen hierzu beschränken sich auf einige wesentliche Punkte (ausführlich zur inhaltsgleichen Ausschlussfrist bei der Verschmelzung nach § 14 Abs. 1 UmwG → § 14 Rn. 115 ff.).

50 Die Frist findet auf **alle Arten von Unwirksamkeitsklagen**, namentlich Anfechtungs- und Nichtigkeitsklagen wie auch allgemeine Feststellungsklagen, Anwendung[56] (näher zum identischen Anwendungsbereich der Rügeausschlüsse nach §§ 195 Abs. 2, 210 UmwG → Rn. 39). Die Fristberechnung richtet sich nach **§§ 187 ff. BGB**. Fristbeginn ist nach § 195 Abs. 1 UmwG der Zeitpunkt der Fassung des Umwandlungsbeschlusses. Der Tag der Beschlussfassung ist nach § 187 Abs. 1 BGB nicht mitzuzählen.[57] Die Frist endet nach § 188 Abs. 2 BGB mit Ablauf des Tags, der seiner Zahl nach dem Tag der Fassung des Umwandlungsbeschlusses entspricht, in dem auf die Fassung des Umwandlungsbeschlusses nachfolgenden Monat.[58] Fällt das danach berechnete Fristende auf einen Samstag, Sonntag oder Feiertag, ist § 193 BGB zu beachten.[59] Zur Fristwahrung ist eine **rechtzeitige Klageerhebung** nach § 14 Abs. 1 UmwG erforderlich, die nach § 253 Abs. 1 die Zustellung der Klageschrift an den Beklagten erfordert. Allerdings ist die Einreichung der Klage bei Gericht nach § 167 ZPO ausreichend, wenn die **Zustellung demnächst** erfolgt.[60]

51 Klageerhebungen nach Ablauf der Frist sind als **unbegründet** – nicht unzulässig – abzuweisen, da es sich um eine materiellrechtliche Ausschlussfrist handelt. Ist die Klage fristgemäß erhoben, kann der Kläger nach Fristablauf keine neuen Unwirksamkeitsgründe vorbringen; ein **Nachschieben neuer Unwirksamkeitsgründe** ist nicht zulässig.[61] Die

---

[53] Henssler/Strohn/*Drinhausen/Keinath* § 195 UmwG Rn. 5; Kallmeyer/*Meister/Klöcker* § 195 Rn. 25; Lutter/*Decher/Hoger* § 195 Rn. 12.

[54] Widmann/Mayer/*Wälzholz* § 195 Rn. 18; Semler/Stengel/*Bärwaldt* § 195 Rn. 12.

[55] Semler/Stengel/*Bärwaldt* § 195 Rn. 13; Schmitt/Hörtnagl/Stratz/*Stratz* § 195 Rn. 4.

[56] Henssler/Strohn/*Drinhausen/Keinath* § 195 UmwG Rn. 2; Semler/Stengel/*Bärwaldt* § 195 Rn. 4; Widmann/Mayer/*Wälzholz* § 195 Rn. 8.

[57] Kallmeyer/*Meister/Klöcker* § 195 Rn. 11; Lutter/*Decher/Hoger* § 195 Rn. 8.

[58] Widmann/Mayer/*Wälzholz* § 195 Rn. 13; Semler/Stengel/*Bärwaldt* § 195 Rn. 15.

[59] Henssler/Strohn/*Drinhausen/Keinath* § 195 UmwG Rn. 3.

[60] Semler/Stengel/*Bärwaldt* § 195 Rn. 16; Kölner Kommentar-UmwG/*Petersen* § 195 Rn. 11.

[61] BGH II ZR 29/03, AG 2005, 613, 614; OLG Düsseldorf 6 W 28/01, AG 2002, 47, 48; Kallmeyer/*Meister/Klöcker* § 195 Rn. 17; Lutter/*Decher/Hoger* § 195 Rn. 8.

Klage ist auf solche Unwirksamkeitsgründe beschränkt, die sich auf den fristgemäß vorgetragenen Lebenssachverhalt stützen lassen (näher → § 14 Rn. 123).[62]

d) Beschlussmangel. Zentrale Voraussetzung der Begründetheit der Unwirksamkeitsklage ist, dass der Umwandlungsbeschluss an einem Mangel leidet (→ Rn. 9 ff.). Steht bei dem formwechselnden Rechtsträger als Rechtbehelf die Anfechtungs- bzw. Nichtigkeitsklage zur Verfügung, ist zwischen Anfechtbarkeit und Nichtigkeit des Beschlusses zu differenzieren. Soweit die allgemeine Feststellungsklage statthaft ist, führt jeder Mangel zur Nichtigkeit des Beschlusses.

4. Wirkung der Eintragung auf Beschlussmängelverfahren

Die nachstehenden Erläuterungen behandeln die Folgen der Eintragung des Formwechsels auf das Beschlussmängelverfahren gegen einen Umwandlungsbeschluss.

a) Modifikation des Rechtsschutzinteresses. Mit der Eintragung des Formwechsels ändert sich das Rechtsschutzinteresse der Unwirksamkeitsklage. Vor der Eintragung besteht ein Rechtsschutzinteresse für eine Unwirksamkeitsklage dahingehend, durch die Feststellung der Nichtigkeit bzw. die Nichtigerklärung des Umwandlungsbeschlusses den **Formwechsel zu verhindern**. Erfolgt **trotz der Registersperre eine Eintragung** des Formwechsels, insbesondere aufgrund eines Freigabebeschlusses nach §§ 16 Abs. 3 S. 1, 198 Abs. 3 UmwG, wird der Formwechsel **wirksam**, § 202 Abs. 1 UmwG. Eine Rückgängigmachung des Formwechsels im Fall einer erfolgreichen Unwirksamkeitsklage kommt grundsätzlich[63] nicht in Betracht; der Formwechsel ist nach § 202 Abs. 3 UmwG **bestandskräftig**.[64]

Das Wirksamwerden des Formwechsels führt weder zu einer **Erledigung der Unwirksamkeitsklage** noch zu einem **Wegfall des Rechtsschutzinteresses**. Vielmehr besteht insoweit ein Rechtsschutzinteresse, als die Begründetheit der Unwirksamkeitsklage einen **Schadensersatzanspruch** des Klägers gegen den Rechtsträger nach §§ 16 Abs. 3 S. 10 Hs. 1, 198 Abs. 3 UmwG auslöst (→ Rn. 67).[65] Das gilt auch für die Erhebung einer Unwirksamkeitsklage nach Eintragung des Formwechsels (näher → § 14 Rn. 130).

b) Modifikation des Beschlussmängelverfahrens. Jenseits der Modifikation des Rechtsschutzinteresses hat die Eintragung des Formwechsels **grundsätzlich keinen Einfluss** auf das Beschlussmängelverfahren. Das Verfahren richtet sich auch nach der Eintragung im Grundsatz nach den Bestimmungen, die vor dem Wirksamwerden des Formwechsels auf das Beschlussmängelverfahren anwendbar waren (zur Begründung → § 14 Rn. 137 ff.).[66]

Insbesondere hat das Wirksamwerden des Formwechsels keinen Einfluss auf die **Passivlegitimation**. Ist die Unwirksamkeitsklage beispielsweise gegen andere Anteilsinhaber gerichtet, weil der betreffende Rechtsträger eine Personengesellschaft ist, bleiben sie auch nach dem Formwechsel in eine AG passivlegitimiert. Denn das aktienrechtlichen Beschlussmängelrecht, wonach die AG selbst richtige Beklagte wäre, findet keine Anwendung.

Ausnahmsweise führt das Wirksamwerden des Formwechsels zu gewissen notwendigen Anpassungen im Beschlussmängelverfahren: Ist der formwechselnde Rechtsträger passivlegitimiert, ist nach der Eintragung des Formwechsels das **Rubrum** mit Blick auf die neue Firma zu korrigieren.[67] Darüber hinaus sind für die **Vertretung** des Rechtsträgers im

---

[62] Vgl. OLG Düsseldorf 6 W 28/01, AG 2002, 47, 48; Semler/Stengel/*Bärwaldt* § 195 Rn. 16.
[63] Ausführlich zu den diskutierten Ausnahmen vom Bestandsschutz Lutter/*Decher*/*Hoger* § 202 Rn. 54 ff.
[64] BGH III ZR 283/05, NJW 2007, 224 f.; Schmitt/Hörtnagl/Stratz/ *Stratz* § 202 Rn. 11.
[65] OLG München 7 U 5167/09, AG 2010, 458, 459; Lutter/*Decher*/*Hoger* § 198 Rn. 59; Kallmeyer/*Meister*/*Klöcker* § 195 Rn. 19.
[66] Vgl. Kallmeyer/*Meister*/*Klöcker* § 195 Rn. 7.
[67] Kallmeyer/*Meister*/*Klöcker* § 195 Rn. 7; Widmann/Mayer/*Wälzholz* § 195 Rn. 18.

Beschlussmängelverfahren die Vorschriften der neuen Rechtsform anzuwenden. Das folgt insbesondere daraus, dass eine Fortgeltung der Vertretungsregeln des formwechselnden Rechtsträgers mit der Verbandsverfassung des Rechtsträgers neuer Rechtsform nicht vereinbar wäre (näher → § 14 Rn. 136).

59 Im Gegensatz zum Fall der Verschmelzung und der Spaltung finden die Vorschriften zur **Unterbrechung und Aussetzung** nach §§ 239, 246 Abs. 1 ZPO keine analoge Anwendung, da es bei dem identitätswahrenden Formwechsel nicht zu einer Änderung des Beklagten kommt.

IV. Freigabeverfahren

60 Im Freigabeverfahren entscheidet das zuständige Oberlandesgericht auf Antrag des Rechtsträgers über die **Freigabe der Eintragung** des Formwechsels trotz anhängiger Unwirksamkeitsklage gegen den Umwandlungsbeschluss, §§ 16 Abs. 3, 198 Abs. 3 UmwG. Das Freigabeverfahren für den Formwechsel entspricht strukturell und inhaltlich dem Freigabeverfahren für die Verschmelzung. Daher lässt sich auf die Erläuterungen zur Verschmelzung grundsätzlich verweisen (→ § 14 Rn. 143 ff.). Die nachstehende Darstellung beschränkt sich auf eine kurze Beschreibung der Funktion des Freigabeverfahrens sowie auf ausgewählte formwechselspezifische Besonderheiten bei der Begründetheit und der Schadensersatzpflicht.

1. Funktion

61 Im Grundsatz führt eine Unwirksamkeitsklage gegen den Umwandlungsbeschluss dazu, dass eine Eintragung des Formwechsels solange unterbleibt, bis die Klage rechtskräftig abgewiesen oder zurückgenommen wird (sog. **Registersperre**).[68] Denn die Eintragung setzt nach §§ 16 Abs. 2 S. 1 Hs. 1, 198 Abs. 3 UmwG eine Negativerklärung des Vertretungsorgans des betreffenden Rechtsträgers voraus (→ § 14 Rn. 10).[69]

62 Da der Formwechsel nach § 202 Abs. 1 UmwG erst mit Eintragung wirksam wird, kann die durch die Unwirksamkeitsklage bedingte – bisweilen langwierige – Verzögerung der Eintragung zu **wirtschaftlichen Nachteilen** führen oder gar den **Formwechsel vereiteln**.[70] Daher haben der Rechtsträger bzw. die Mehrheit seiner Anteilsinhaber ein Interesse an einer Eintragung des Formwechsels vor Abschluss des Beschlussmängelverfahrens. Auf der anderen Seite haben die klagenden Minderheitsanteilsinhaber ein Interesse daran, dass der Formwechsel nicht vor Abschluss des Beschlussmängelverfahrens eingetragen wird. Denn mit der Eintragung wird der Formwechsel **bestandskräftig** nach § 202 Abs. 3 UmwG und lässt sich grundsätzlich nicht mehr rückgängig machen (→ Rn. 54).

63 Das Freigabeverfahren schafft einen Ausgleich zwischen dem **Vollzugsinteresse** der Mehrheit der Anteilsinhaber und dem **Aussetzungsinteresse** der klagenden Minderheit der Anteilsinhaber: Es erlaubt die Eintragung nur, wenn ein **Freigabegrund** besteht, und gewährt im Fall der Eintragung den Klägern des Beschlussmängelverfahrens einen **Anspruch auf Schadensersatz**, wenn sich nachträglich die Begründetheit ihrer Unwirksamkeitsklage herausstellt, §§ 16 Abs. 3 S. 3 und 10, 198 Abs. 3 UmwG.

2. Begründetheit

64 Der Freigabeantrag ist begründet, wenn einer der in §§ 16 Abs. 3 S. 3, 198 Abs. 3 UmwG genannten Freigabegründe erfüllt ist: mangelnde Erfolgsaussichten der Unwirksamkeitsklage (Nr. 1), Unterschreiten des Bagatellquorums (Nr. 2) oder ein vorrangiges Vollzugsinteresse (Nr. 3). Die Freigabegründe der fehlenden Erfolgsaussichten und des Bagatellquorums weisen keine formwechselspezifischen Besonderheiten auf (→ § 14 Rn. 180 ff., 189 ff.).

---

[68] Mehrbrey/*Uhlendorf/Schumacher* § 129 Rn. 32; vgl. Kallmeyer/*Zimmermann* § 198 Rn. 28.
[69] BGH III ZR 283/05, NJW 2007, 225; Lutter/*Decher/Hoger* § 198 Rn. 36.
[70] Vgl. BT-Drucks. 12/6699, S. 88; BGH II ZB 5/06, AG 2006, 540, 541.

In Hinblick auf das **vorrangige Vollzugsinteresse** lassen sich die Ausführungen zur 65 Verschmelzung (→ § 14 Rn. 203 ff.) nur teilweise auf den Formwechsel übertragen. Denn beim Formwechsel kommt es im Gegensatz zur Verschmelzung **nicht zu einer Vermögensübertragung**. Daher kommen bei der Interessenabwägung solche Nachteile auf Seiten des betreffenden Rechtsträgers sowie auf Seiten der klagenden Anteilsinhaber nicht in Betracht, die auf der Vermögensübertragung beruhen. Das betrifft beispielsweise den bei der Verschmelzung regelmäßig bestehenden Nachteil auf Seiten der Rechtsträger, dass Synergieeffekte zwischenzeitlich ausbleiben.[71] Auf Seiten der klagenden Anteilsinhaber kommt es mangels Vermögensübertragung beispielsweise grundsätzlich nicht zu einer Verwässerung der Beteiligung.

Mit Blick auf den formwechselnden Rechtsträger kommen aber beispielsweise folgende 66 Nachteile in Betracht: Steuernachteile, die Gefährdung eines geplanten Börsengangs oder die Gefährdung einer Sanierung, soweit hierfür die angestrebte Rechtsform erforderlich ist, zum Beispiel weil ein Investor aus steuerlichen Gründen hiervon die Sanierung abhängig macht.[72] Mögliche Nachteile für die klagenden Anteilsinhaber sind beispielsweise Verminderung der Mitwirkungsrechte der Anteilsinhaber (etwa im Fall eines Formwechsels einer GmbH in eine AG), Verminderung der Fungibilität der Anteile aufgrund eines Verlusts der Börsennotierung und steuerliche Nachteile für die klagenden Anteilsinhaber. Im Übrigen ist auf die Ausführungen zum Freigabegrund des vorrangigen Vollzugsinteresses bei der Verschmelzung zu verweisen (→ § 14 Rn. 203 ff.).

3. Schadensersatzpflicht

Ist der Freigabeantrag des Rechtsträgers erfolgreich und wird der Formwechsel einge- 67 tragen, haben die klagenden Anteilsinhaber einen Schadensersatzanspruch gegen den Rechtsträger nach §§ 16 Abs. 3 S. 10 Hs. 1, 198 Abs. 3 UmwG, soweit sich ihre **Unwirksamkeitsklagen als begründet** erweisen. Die Anteilsinhaber können einen Schadensersatzanspruch wegen eines unangemessenen Beteiligungsverhältnisses sowie einer zu niedrigen Barabfindung grundsätzlich nur insoweit geltend machen, als ihr Schaden über die im Spruchverfahren zu gewährende Kompensation hinausgeht. Darüber hinaus kommen als Schaden insbesondere die Kosten aus dem Freigabeverfahren in Betracht. Die übrigen Erläuterungen zur Schadensersatzpflicht bei der Verschmelzung gelten entsprechend (→ § 14 Rn. 235 ff.).

V. Spruchverfahren

Das Spruchverfahren hat die Überprüfung des Beteiligungsverhältnisses sowie der Bar- 68 abfindung auf Antrag von Anteilsinhabern zum Gegenstand, §§ 196, 212 UmwG. Da das Spruchverfahren im Fall des Formwechsels strukturell und inhaltlich dem Spruchverfahren im Fall der Verschmelzung entspricht, lässt sich auf die Erläuterungen zur Verschmelzung grundsätzlich verweisen (→ § 14 Rn. 244 ff.). Die nachstehende Darstellung beschränkt sich auf eine kurze Beschreibung der Funktion des Spruchverfahrens sowie auf ausgewählte formwechselspezifische Besonderheiten.

1. Funktion

Das Spruchverfahren hat die Überprüfung des **Beteiligungsverhältnisses** sowie der 69 **Barabfindung** zum Gegenstand. Es entlastet damit das Beschlussmängelverfahren von der aufwendigen und langwierigen Behandlung von Bewertungsrügen. Insoweit dient es dem Interesse der Mehrheitsanteilsinhaber daran, dass der beschlossene Formwechsel nicht durch **lang andauernde Beschlussmängelverfahren** faktisch blockiert wird. Gleichzeitig gewährt das Spruchverfahren den Minderheitsanteilsinhaber einen **effektiven Rechtsschutz** für ihren Anspruch auf ein angemessenes Beteiligungsverhältnis bzw. eine angemessene

---

[71] Happ/*Möhrle* Abschn. 13.05 Anm. 11.2.
[72] Lutter/*Decher*/*Hoger* § 198 Rn. 51.

§ 37 70–76　　　　　　　　　　　　　　　　　　　　　　　4. Kapitel. Formwechsel

Barabfindung. Im Übrigen gelten die Erläuterungen zum Spruchverfahren bei der Verschmelzung entsprechend (→ § 14 Rn. 246 ff.).

2. Verfahren

70　In Bezug auf das Verfahren (→ § 14 Rn. 250 ff.) bestehen bei dem Formwechsel die folgenden Besonderheiten.

71　**a) Anwendungsbereich.** Beim Formwechsel können die Anteilsinhaber wegen eines unangemessenen Beteiligungsverhältnisses sowie einer unangemessenen Barabfindung ein Spruchverfahren nach §§ 196, 212 UmwG anstrengen. Der Anwendungsbereich des Spruchverfahrens unterscheidet sich damit im Fall des Formwechsels von der Verschmelzung und der Spaltung: Da der Formwechsel nur **einen Rechtsträger** betrifft, ist hinsichtlich des Anwendungsbereichs nicht nach übertragendem und übernehmendem Rechtsträger zu differenzieren. Ferner betrifft das Spruchverfahren beim Formwechsel nicht ein Umtauschverhältnis, das eine angemessene Beteiligung aller Anteilsinhaber an einem zusammengeführten Vermögen bewirken soll. Vielmehr geht es beim Formwechsel mangels Vermögensübertragung lediglich um das **Beteiligungsverhältnis** der Anteilsinhaber des formwechselnden Rechtsträgers untereinander, bei dem regelmäßig kein Raum für eine Bewertungsrüge besteht.[73]

72　**b) Beteiligte.** Im Unterschied zur Verschmelzung ist nicht der übernehmende Rechtsträger, sondern der Rechtsträger neuer Rechtsform der Antragsgegner, § 5 Nr. 4 SpruchG.

3. Zulässigkeit

73　Bei der Zulässigkeit sind lediglich einige wesentliche Punkte zur Antragsberechtigung nachstehend zu erläutern. Im Übrigen wird auf die entsprechend geltenden Ausführungen bei der Verschmelzung, insbesondere zur Rechtsnachfolge sowie zur Nachweispflicht, verwiesen (→ § 14 Rn. 282 ff.).

74　**a) Antragsberechtigung (Beteiligungsverhältnis).** Die Befugnis, eine Verbesserung des Beteiligungsverhältnisses zu beantragen, besteht nach §§ 3 S. 1 Nr. 3, 1 Nr. 4 SpruchG i. V. m. § 196 UmwG unter zwei Voraussetzungen, wobei die Einzelheiten umstritten sind.

75　Erstens muss der Antragsteller nach §§ 3 S. 1 Nr. 3, 1 Nr. 4 SpruchG **zur Zuzahlung berechtigt** sein. Das richtet sich nach 196 S. 1 UmwG. Danach kann ein Anteilsinhaber eine Zuzahlung im Spruchverfahren verlangen, dessen Recht, eine Unwirksamkeitsklage gegen den Umwandlungsbeschluss nach § 195 Abs. 2 zu erheben, ausgeschlossen ist.[74] Der Anteilsinhaber müsste also zur Erhebung einer Unwirksamkeitsklage berechtigt sein, wenn der Rügeausschluss nicht anwendbar wäre. Das setzt vorbehaltlich rechtsformspezifischer Abweichungen voraus, dass der Antragsteller **zum Zeitpunkt der Beschlussfassung Anteilsinhaber** des Rechtsträgers war. Zweitens muss der Antragsteller auch zum **Zeitpunkt der Antragstellung Anteilsinhaber** sein, § 3 S. 2 SpruchG. Die Antragsberechtigung setzt nicht voraus, dass der Antragsteller gegen den Umwandlungsbeschluss gestimmt hat oder Widerspruch zu Protokoll erklärt hat.[75]

76　**b) Antragberechtigung (Barabfindung).** Die Berechtigung, eine angemessene Barabfindung zu beantragen, setzt zunächst die grundsätzliche Abfindungsberechtigung des Antragstellers nach § 3 S. 1 Nr. 3, § 1 Nr. 4 SpruchG voraus. Das richtet sich nach § 212 UmwG, der auf § 207 Abs. 1 UmwG verweist. Danach kann ein Anteilsinhaber eine angemessene Barabfindung im Spruchverfahren verlangen, wenn er **Widerspruch zur Niederschrift** gegen den Umwandlungsbeschluss nach § 207 Abs. 1 S. 1 Hs. 1 UmwG erklärt hat oder ein gleichgestellter Fall einschlägig ist, §§ 29 Abs. 2, 207 Abs. 2 UmwG[76].

---

[73] Semler/Stengel/*Bärwaldt* § 196 Rn. 2; Henssler/Strohn/*Drinhausen/Keinath* § 196 UmwG Rn. 3; Kallmeyer/*Meister/Klöcker* § 196 Rn. 7.
[74] Schmitt/Hörtnagl/Stratz/*Stratz* § 196 Rn. 3; Lutter/*Decher/Hoger* § 196 Rn. 5.
[75] Henssler/Strohn/*Drinhausen/Keinath* § 196 UmwG Rn. 4; Lutter/*Decher/Hoger* § 196 Rn. 6.
[76] Lutter/*Decher/Hoger* § 207 Rn. 10 f.; Schmitt/Hörtnagl/Stratz/*Stratz* § 207 Rn. 5.

Nach überzeugender Ansicht ist zudem eine **Stimmabgabe gegen den Umwandlungsbeschluss** erforderlich (→ § 14 Rn. 294).[77] Darüber hinaus muss der Antragsteller auch zum **Zeitpunkt der Antragstellung Anteilsinhaber** sein, § 3 S. 2 SpruchG.

Nimmt der Antragsteller das Barangebot an und **verliert seine Stellung als Anteilsinhaber nach Antragstellung**, bleibt er nach überzeugender Ansicht antragsbefugt[78] (zum Wegfall des Rechtsschutzbedürfnisses in Bezug auf einen Antrag auf angemessene Zuzahlung wegen eines zu niedrigen Umtauschverhältnisses → § 14 Rn. 302). Die Gegenauffassung[79], die ein Erlöschen seiner Antragsbefugnis annimmt, verkennt das berechtigte Interesse des Antragstellers an der Geltendmachung seines Abfindungsergänzungsanspruchs.[80] Freilich ist ein zum Zeitpunkt der Antragstellung bereits gegen Barabfindung ausgeschiedener Anteilsinhaber nicht antragsberechtigt.[81]

4. Begründetheit

Die Begründetheit des Antrags richtet sich in Bezug auf die Barabfindung nach § 212 UmwG und in Bezug auf das Beteiligungsverhältnis nach § 196 S. 1 UmwG. Die Ausführungen zu den hierbei bestehenden **verfassungsrechtlichen Mindestanforderungen nach Art 14 GG** im Fall der Verschmelzung gelten entsprechend (→ § 14 Rn. 305 ff.).

a) Barabfindung. Der Antrag ist begründet, wenn die angebotene Barabfindung zu niedrig bemessen ist oder nicht oder nicht ordnungsgemäß angeboten worden ist, § 212 UmwG. Für die Erhebung der Rüge eines **fehlenden Angebots** nach § 212 S. 2 1. Alt. UmwG ist Voraussetzung, dass eine Barabfindung geschuldet ist. Das ist bei einem Formwechsel nach § 209 S. 1 UmwG grundsätzlich der Fall.[82] Eine Ausnahme hiervon besteht nach § 194 Abs. 1 Nr. 6 UmwG dann, wenn es zur Wirksamkeit des Umwandlungsbeschlusses der Zustimmung aller Anteilsinhaber bedarf oder an dem formwechselnden Rechtsträger nur ein Anteilsinhaber beteiligt ist. Zudem bestehen bei den besonderen Vorschriften zum Formwechsel einzelne Ausnahmen, wie bei einem Formwechsel zwischen einer AG und einer KGaA, § 250 UmwG.[83]

Darüber hinaus ist der Antrag begründet, wenn die angebotene Barabfindung nicht angemessen, sondern **zu niedrig** ist, § 212 S. 1 UmwG. Die Barabfindung ist angemessen, wenn ein ausscheidender Anteilsinhaber durch die Barabfindung **wirtschaftlich voll entschädigt** wird.[84] Das ist bei einer Barabfindung der Fall, die dem quotalen Anteil an dem Verkehrswert des formwechselnden Rechtsträgers entspricht (→ § 14 Rn. 310 ff.).[85] Hierfür ist die Bewertung dieses Rechtsträgers erforderlich.[86] Da ein einziger „richtiger" Unternehmenswert nicht existiert, besteht nach herrschender Meinung eine **Bandbreite** von angemessen Unternehmenswerten (→ § 14 Rn. 425 ff.). Hieraus folgt eine Bandbreite von

---

[77] Semler/Stengel/*Kalss* § 212 Rn. 10; Schmitt/Hörtnagl/Stratz/*Stratz* § 207 Rn. 4; Henssler/Strohn/*Drinhausen/Keinath* § 207 UmwG Rn. 4; vgl. BT-Drucks. 12/6699, S. 146: „Die §§ 207 bis 212 regeln die Abfindung von Anteilsinhabern, die dem Formwechsel widersprechen, ihn aber nicht verhindern können, [...]"; a. A. Kallmeyer/*Meister/Klöcker* § 212 Rn. 6.
[78] OLG Stuttgart 20 W 3/06, AG 2008, 510, 511; Spindler/Stilz/*Drescher* § 3 SpruchG Rn. 22; a. A. wohl Lutter/*Decher/Hoger* § 212 Rn. 3.
[79] Wohl OLG Düsseldorf 19 W 1/00 AktE, AG 2001, 596; vgl. OLG Frankfurt 23 U 86/06, AG 2007, 699, 700; Hölters AktG/*Simons* § 3 SpruchG Rn. 9; MünchKommAktG/*Kubis* § 3 SpruchG, Rn. 14; Kallmeyer/*Marsch-Barner* § 34 Rn. 3.
[80] Vgl. OLG Stuttgart 20 W 3/06, AG 2008, 510, 511; Spindler/Stilz/*Drescher* § 3 SpruchG Rn. 22.
[81] Vgl. OLG Düsseldorf I-19 W 1/04 AktE, AG 2005, 480, 481; Kallmeyer/*Meister/Klöcker* § 212 Rn. 6.
[82] Henssler/Strohn/*Drinhausen/Keinath* § 207 UmwG Rn. 1; Kallmeyer/*Meister/Klöcker* § 207 Rn. 1.
[83] Semler/Stengel/*Kalss* § 207 Rn. 3; Schmitt/Hörtnagl/Stratz/*Stratz* § 207 Rn. 1.
[84] Widmann/Mayer/*Wälzholz* § 208 Rn. 5; Lutter/*Decher/Hoger* § 208 Rn. 3.
[85] Semler/Stengel/*Zeidler* § 208 Rn. 6.
[86] Fleischer/Hüttemann/*Bungert* § 20 Rn. 113; Kallmeyer/*Meister/Klöcker* § 192 Rn. 9.

angemessenen Barabfindungen. Liegt die angebotene Abfindung unterhalb dieser Bandbreite, ist sie zu niedrig.

81 Mangels Vermögensübertragung stellt sich bei der Bewertung nicht die Frage, ob echte Synergieeffekte zu berücksichtigen sind. Unechte Synergieeffekte fließen in die Bewertung ein (zu Synergieeffekten ausführlich → § 14 Rn. 315 f.). Nach der Börsenkursrechtsprechung des Bundesverfassungsgerichts bildet im Fall der Börsennotierung des Rechtsträgers der **Börsenkurs die Untergrenze** der vollen Entschädigung, soweit er den Verkehrswert der Aktie abbildet (→ § 14 Rn. 378 f.).[87] Der Stichtag für die Bewertung ist der Tag des Umwandlungsbeschlusses des Rechtsträgers, §§ 30 Abs. 1 S. 1, 208 UmwG.[88]

82 Soweit die Anteile an dem Rechtsträger **unterschiedliche Ausstattungsmerkmale** aufweisen, wie beispielsweise in Bezug auf die Gewinnverteilung oder das Stimmrecht, etwa Stammaktien und Vorzugsaktien, sind diese bei der Anteilsbewertung zu berücksichtigen.[89] In der Folge kann die Zuordnung des Verkehrswerts des formwechselnden Rechtsträgers auf die Anteile von einer quotalen Verteilung abweichen.

83 Schließlich ist der Antrag begründet, wenn die Barabfindung **nicht ordnungsgemäß angeboten** worden ist, §§ 34 S. 2 2. Alt., 125 S. 1 UmwG (→ § 14 Rn. 317).

84 **b) Beteiligungsverhältnis.** In Bezug auf das Beteiligungsverhältnis ist der Antrag begründet, wenn die Anteile an dem Rechtsträger neuer Rechtsform zu niedrig bemessen sind (**quantitative Schlechterstellung**) oder die Mitgliedschaft bei dem Rechtsträger neuer Rechtsform kein ausreichender Gegenwert ist (**qualitative Schlechterstellung**), § 196 S. 1 UmwG.[90] Das ist dann der Fall, wenn der Formwechsel zu **Wertverschiebungen** bei den Beteiligungen der Anteilsinhaber führt und hieraus eine **individuelle Benachteiligung** des Antragstellers folgt.[91] Es kommt also auf das Verhältnis der Beteiligungswerte der Anteilsinhaber untereinander an. Der Stichtag hierfür ist der Tag des Umwandlungsbeschlusses (vgl. → § 329).

85 Demgegenüber ist nicht entscheidend, ob der Wert der Beteiligung an dem formwechselnden Rechtsträger dem Wert der Beteiligung an dem Rechtsträger neuer Rechtsform entspricht.[92] Denn der Formwechsel kann zu einer Erhöhung oder Verringerung des Unternehmenswerts des Rechtsträgers führen, die sich entsprechend auf den Wert der einzelnen Beteiligung auswirkt, beispielsweise aufgrund von positiven oder negativen Steuereffekten. Ein unangemessenes Beteiligungsverhältnis liegt daher nicht vor, soweit **alle Anteilsinhaber in gleicher Weise** von einer Wertverschlechterung betroffen sind.[93]

86 Eine Wertverschiebung kommt ferner nicht in Betracht, wenn alle Anteilsinhaber dieselbe Art von Beteiligung an dem formwechselnden Rechtsträger halten und dieses Beteiligungsverhältnis bei dem Rechtsträger neuer Rechtsform fortbesteht. Hingegen ist eine Wertverschiebung beispielsweise bei der **Bewertung von Sonderrechten** denkbar, die sich in dem Rechtsträger neuer Rechtsform nicht einrichten lassen und daher infolge des Formwechsels wegfallen.[94] Weiterhin können nach den Gesetzesmaterialen Bewertungs-

---

[87] OLG Stuttgart 20 W 3/06, AG 2008, 510, 516; Lutter/*Decher*/*Hoger* § 208 Rn. 7.
[88] Kallmeyer/*Meister*/*Klöcker* § 207 Rn. 26; Semler/Stengel/*Zeidler* § 208 Rn. 3.
[89] OLG Düsseldorf 19 W 2/00 AktE, AG 2002, 398, 402 (Vorzugsaktien); BayObLG 3Z BR 362/01, AG 2003, 97, 98 ff. (Mehrstimmrechte); Semler/Stengel/*Zeidler* § 208 Rn. 6; Lutter/*Decher*/*Hoger* § 208 Rn. 10; Kallmeyer/*Lanfermann* § 208 Rn. 3; Fleischer/Hüttemann/*Bungert* § 20 Rn. 117.
[90] Vgl. Kölner Kommentar-UmwG/*Petersen* § 196 Rn. 8; Lutter/*Decher*/*Hoger* § 196 Rn. 7, 10.
[91] OLG Düsseldorf 19 W 3/00 AktE, AG 2004, 324, 325; Semler/Stengel/*Bärwaldt* § 196 Rn. 11; Schmitt/Hörtnagl/Stratz/*Stratz* § 196 Rn. 1.
[92] Widmann/Mayer/*Fronhöfer* § 196 Rn. 6.
[93] OLG Stuttgart 20 W 3/06, AG 2008, 510, 511 f.; OLG Düsseldorf 19 W 3/00 AktE, AG 2004, 324, 325; Henssler/Strohn/*Drinhausen*/*Keinath* § 196 UmwG Rn. 5 f.; Semler/Stengel/*Bärwaldt* § 196 Rn. 11; Lutter/*Decher*/*Hoger* § 196 Rn. 11; Widmann/Mayer/*Fronhöfer* § 196 Rn. 5.
[94] Henssler/Strohn/*Drinhausen*/*Keinath* § 196 UmwG Rn. 5; Lutter/*Decher*/*Hoger* § 196 Rn. 10.

schwierigkeiten insbesondere bei einem Formwechsel einer **Genossenschaft** oder eines **rechtsfähigen Vereins** in eine Kapitalgesellschaft bestehen.[95] Bei dem Formwechsel einer Personengesellschaft in eine Kapitalgesellschaft kann sich die Frage stellen, ob bei der Bewertung der Beteiligung nur die **festen Kapitalkonten** oder auch die **variablen Kapitalkonten** zu berücksichtigen sind.[96]

Darüber hinaus kommt eine zu niedrige Bemessung der Anteile bzw. ein unzureichender 87 Gegenwert der Mitgliedschaft in Betracht, wenn die Beteiligungsverhältnisse bei dem Rechtsträger neuer Rechtsform von den bisherigen Verhältnissen abweichen (sog. **nicht-verhältniswahrender Formwechsel**).[97] Das ist beispielsweise der Fall, wenn der Formwechsel für einen Anteilsinhaber zu dem Verlust seines Sonderrechts führt und zur Kompensation dieses Verlusts seine Beteiligung zulasten der übrigen Anteilsinhaber erhöht wird. Soweit die Anteilsinhaber allerdings mittels eines nicht-verhältniswahrenden Formwechsels eine bewusste **Verschiebung der Beteiligungswerte** beabsichtigen, kommt ein Spruchverfahren nicht in Betracht.[98]

5. Gerichtliche Bestimmung der Kompensation

Ist der Antrag begründet, bestimmt das Gericht grundsätzlich eine angemessene Bar- 88 abfindung bzw. im Fall eines zu niedrigen Beteiligungsverhältnisses eine angemessene Zuzahlung, §§ 196 S. 2, 212 UmwG. Die Entscheidung des Gerichts hat nach § 13 S. 2 SpruchG ***inter omnes*** **Wirkung** und wirkt damit für alle Anteilsinhaber unabhängig davon, ob sie im Spruchverfahren einen Antrag gestellt haben. Daher können sich die gegen Abfindung ausscheidenden Anteilsinhaber auf die Bestimmung der angemessenen Barabfindung berufen. Eine angemessene Zuzahlung wegen eines zu niedrigen Beteiligungsverhältnisses können alle an dem Formwechsel teilnehmenden Anteilsinhaber verlangen, die eine Beteiligung halten, die derjenigen des Antragstellers entspricht.

a) Barabfindung. Das Gericht bestimmt nach § 212 UmwG eine angemessene Bar- 89 abfindung, wenn der Antrag begründet ist. Zu unterscheiden sind insoweit die Fälle eines fehlenden oder zu niedrigen Abfindungsangebots und eines nicht ordnungsgemäßen Abfindungsangebots.

Fehlt ein nach § 207 UmwG geschuldetes Barangebot (→ Rn. 79) oder ist die angebote- 90 ne Barabfindung zu niedrig (→ Rn. 80), bestimmt das Gericht eine **angemessene Barabfindung**, § 212 UmwG. Diese richtet sich nach dem **quotalen Anteil an dem Verkehrswert des formwechselnden Rechtsträgers**.[99] Im Fall der Börsennotierung des formwechselnden Rechtsträgers bildet der **Börsenkurs die Untergrenze** der Barabfindung, soweit dieser den Verkehrswert der Aktie abbildet (→ § 14 Rn. 378 f.).

Bewertungsstichtag ist der Tag des Umwandlungsbeschlusses des formwechselnden 91 Rechtsträgers, §§ 30 Abs. 1 S. 1, 208 UmwG; es ist daher nicht auf die Bewertung des Rechtsträgers neuer Rechtsform abzustellen, die beispielsweise aufgrund von – durch den Formwechsel bedingten – Steuereffekten anders ausfallen kann.[100] Die weiteren vorstehenden Ausführungen betreffend die Prüfung der Angemessenheit der Barabfindung im Rahmen der Begründetheit gelten entsprechend (→ Rn. 81 f.).

Im Fall eines **nicht ordnungsgemäßen Barabfindungsangebots** ordnet § 34 UmwG 92 ebenfalls die gerichtliche Bestimmung einer angemessenen Barabfindung an. Insoweit wird auf die entsprechenden Ausführungen zur Verschmelzung verwiesen (→ § 14 Rn. 334 ff.).

---

[95] BT-Drucks. 12/6699, S. 140.
[96] Vgl. Lutter/*Decher/Hoger* § 194 Rn. 11.
[97] Kölner Kommentar-UmwG/*Petersen* § 196 Rn. 7; vgl. Fleischer/Hüttemann/*Bungert* § 20 Rn. 119.
[98] Vgl. Schmitt/Hörtnagl/Stratz/*Stratz* § 396 Rn. 4; Widmann/Mayer/*Fronhöfer* § 196 Rn. 8.
[99] Vgl. Widmann/Mayer/*Wölzholz* § 208 Rn. 5.
[100] Fleischer/Hüttemann/*Bungert* § 20 Rn. 113; Semler/Stengel/*Zeidler* § 208 Rn. 3; Kallmeyer/*Lanfermann* § 208 Rn. 2.

93 **b) Beteiligungsverhältnis.** Ist das Beteiligungsverhältnis Gegenstand des Verfahrens, hat das Gericht im Fall eines begründeten Antrags (→ Rn. 84 ff.) eine **angemessene bare Zuzahlung** nach § 196 S. 2 UmwG zu bestimmen. Demgegenüber kann das Gericht nicht das Beteiligungsverhältnis selbst korrigieren oder die zu gewährenden Anteile oder Mitgliedschaften inhaltlich ändern.[101]

94 Die Zuzahlung ist angemessen, wenn sie den Anteilsinhaber wertmäßig so stellt, als ob der Formwechsel zu einem **angemessenen Beteiligungsverhältnis erfolgt wäre**. Daher beträgt die Zuzahlung für einen Anteilsinhaber die Differenz zwischen dem Wert der tatsächlichen Beteiligung an dem Rechtsträger neuer Rechtsform und dem Wert der Beteiligung, die er unter Zugrundelegung eines angemessenen Beteiligungsverhältnisses erhalten hätte.[102]

95 Daher unterscheidet sich das **Bewertungsziel** zur Bestimmung der angemessenen Zuzahlung von dem Bewertungsziel bei der Prüfung der Angemessenheit des Beteiligungsverhältnisses (→ Rn. 84 f.). Während es für die Bestimmung eines angemessenen Beteiligungsverhältnisses auf das relative Wertverhältnis der Beteiligungen der Anteilsinhaber untereinander ankommt, ist zur Bestimmung der baren Zuzahlung der Rechtsträger neuer Rechtsform zu bewerten. Auf diese Weise finden bei der Bemessung der Zuzahlungen etwaige **Werterhöhungen oder Wertverluste** infolge des Formwechsels Berücksichtigung. Der Wert des Rechtsträgers neuer Rechtsform liegt beispielsweise im Fall von positiven Steuereffekten über dem Wert des formwechselnden Rechtsträgers.

96 Der **Bewertungsstichtag** zur Bestimmung der angemessenen Zuzahlung ist der Tag des **Wirksamwerdens des Formwechsels**, also bei dessen Eintragung, da die Anteilsinhaber so zu stellen sind, als ob sie an diesem Tag eine Beteiligung in angemessener Höhe erhalten hätte. Der Bewertungsstichtag unterscheidet sich daher von dem Stichtag zur Bestimmung der Angemessenheit des Beteiligungsverhältnisses (Tag des Umwandlungsbeschlusses → Rn. 84).[103]

97 Bei der Bemessung der baren Zuzahlung ist der sog. **Selbstfinanzierungseffekt** zu berücksichtigen (ausführlich hierzu → § 14 Rn. 344 ff.).

98 **c) Verzinsung.** Der jeweilige Anspruch ist mit **fünf Prozentpunkten über dem Basiszinssatz** zu verzinsen, §§ 15 Abs. 2 S. 1, 196 S. 3 UmwG bzw. §§ 15 Abs. 2 S. 1, 30 Abs. 1 S. 2, 208 UmwG (ausführlich → § 14 Rn. 348 ff.).[104]

6. Bewertungsfragen

99 Für die Bewertungsfragen wird auf die Ausführungen zur Verschmelzung verwiesen (→ § 14 Rn. 352 ff.).

§ 38 Rechtsformspezifische Besonderheiten des Formwechsels

Übersicht

	Rdnr.		Rdnr.
A. Kapitalgesellschaften	1–222	cc) AG	7
I. Grundlagen	1–21	dd) KGaA	8
1. Beteiligte Rechtsträger	1–18	ee) Societas Europaea	9, 10
a) Ausgangsrechtsträger	2–10	b) Zielrechtsträger	11–18
aa) GmbH	2, 3	2. Alternative Gestaltungsmöglichkeiten	19–21
bb) Unternehmergesellschaft (haftungsbeschränkt)	4–6		

---

[101] Kallmeyer/*Meister*/*Klöcker* § 196 Rn. 15; Semler/Stengel/*Bärwaldt* § 196 Rn. 14.
[102] Vgl. Semler/Stengel/*Bärwaldt* § 196 Rn. 14; Lutter/*Decher*/*Hoger* § 196 Rn. 15.
[103] A. A. Semler/Stengel/*Bärwaldt* § 196 Rn. 14, wonach auf den Tag der Beschlussfassung abzustellen sei.
[104] Kallmeyer/*Meister*/*Klöcker* § 196 Rn. 20; Lutter/*Decher*/*Hoger* § 196 Rn. 18; § 208 Rn. 11 Semler/Stengel/*Zeidler* § 208 Rn. 7.

	Rdnr.
II. Formwechsel in Personengesellschaft	22–101
1. Allgemeines	22–25
2. Versammlung der Anteilsinhaber	26–63
a) Vorbereitung, § 230 UmwG	26–39
aa) GmbH	26–31
bb) AG, KGaA	32–37
cc) Verstöße und Rechtsfolgen	38, 39
b) Mitteilung des Abfindungsangebots, § 231 UmwG	40–44
c) Durchführung, § 232 UmwG	45–51
aa) Auslegungspflichten	45–47
bb) Mündliche Erläuterung	48–50
cc) Verstöße und Rechtsfolgen	51
d) Beschlussfassung, § 233 UmwG	52–60
e) Inhalt des Beschlusses, § 234 UmwG	61–63
3. Besondere Zustimmungserfordernisse	64–70
a) Allgemeines	64, 65
b) GmbH als Ausgangsrechtsträger	66
c) AG als Ausgangsrechtsträger	67
d) KGaA als Ausgangsrechtsträger, § 233 Abs. 3 UmwG	68–70
4. Registeranmeldung, § 235 UmwG	71–76
5. Rechtsfolgen und rechtsformspezifische Besonderheiten	77–101
a) Ausgangsrechtsträger KGaA	77–82
b) Zielrechtsträger Personenhandelsgesellschaft	83–94
aa) Unternehmensgegenstand	83–87
bb) Gesellschafterfähigkeit	88
cc) Haftung	89
dd) Firma	90
ee) Sonderproblem Formwechsel in Kapitalgesellschaft & Co KG	91–94
c) Zielrechtsträger GbR	95–98
d) Zielrechtsträger PartG	99–101
III. Formwechsel in andere Kapitalgesellschaft	102–194
1. Allgemeines	102
2. Versammlung der Anteilsinhaber	103–124
a) Vorbereitung und Mitteilung des Abfindungsangebots, § 238 iVm §§ 230, 231 UmwG	103–107
aa) Allgemeines	103–105
bb) Entbehrlichkeit bzw. Verzichtbarkeit des Umwandlungsberichts	106, 107
b) Durchführung, § 239 UmwG	108, 109

	Rdnr.
c) Beschlussfassung, § 240 UmwG	110–114
d) Inhalt des Beschlusses, §§ 243 f. UmwG	115–124
aa) Allgemeines	115
bb) Gesellschaftsvertrag bzw. Satzung als Teil des Beschlusses (§ 243 Abs. 1 iVm § 218 Abs. 1 UmwG)	116
cc) Namentliche Nennung der Gründer (§ 244 Abs. 1 UmwG)	117, 118
dd) Stamm- bzw. Grundkapital und Nennbetrag der Anteile (§ 243 Abs. 2, 3 UmwG)	119–121
ee) Beteiligung bzw. Beitritt als persönlich haftender Gesellschafter (§ 243 Abs. 1 S. 1 iVm § 218 Abs. 2 UmwG)	122
ff) Besondere Festsetzungen (§ 243 Abs. 1 S. 2 und 3)	123
gg) Formwechselaufwand	124
3. Besondere Zustimmungserfordernisse, §§ 240 Abs. 2 und 3, 241, 242 UmwG	125–137
a) Allgemeines	125
b) KGaA als Rechtsträger neuer Rechtsform (§ 240 Abs. 2 UmwG)	126–128
c) GmbH als Ausgangsrechtsträger (§ 241 UmwG)	129–131
d) AG als Ausgangsrechtsträger (§ 242 UmwG)	132
e) KGaA als Ausgangsrechtsträger (§ 240 Abs. 3 UmwG)	133–135
f) Rechtsfolgen fehlender Zustimmung	136, 137
4. Registeranmeldung, § 246 UmwG	138–145
a) Formelles	138
b) Inhalt	139–141
c) Einzureichende Unterlagen	142–145
5. Rechtsfolgen und weitere rechtsformspezifische Besonderheiten	146–194
a) Formwechsel GmbH in AG bzw. KGaA	146–164
aa) Gründerstellung, § 245 Abs. 1 S. 1 Alt. 1 UmwG	146, 147
bb) Reinvermögensdeckung, § 220 Abs. 1 UmwG analog	148–151
cc) Angaben im Gründungsbericht, § 220 Abs. 2 UmwG analog	152
dd) Externe Gründungsprüfung, § 220 Abs. 3 S. 1 UmwG analog	153
ee) Anwendbarkeit der Nachgründungsvor-	

	Rdnr.
schriften, § 52 Abs. 1 AktG	154, 155
ff) Umtausch der Anteile, § 248 Abs. 1 UmwG	156–161
gg) Übertragung von Anteilen	162
hh) Sonstiges	163, 164
b) Formwechsel AG bzw. KGaA in GmbH	165–183
aa) Gründerstellung	165
bb) Entbehrlichkeit des Sachgründungsberichts	166
cc) Keine analoge Anwendung von § 220 Abs. 1 UmwG	167
dd) Umtausch der Anteile, § 248 Abs. 2 UmwG	168–173
ee) Sonderproblem unbekannte Aktionäre	174, 175
ff) Übertragung von Anteilen	176, 177
gg) Ausscheiden des persönlich haftenden Gesellschafters der KGaA, § 247 Abs. 2 UmwG	178–181
hh) Gläubigerschutz beim Formwechsel KGaA in GmbH, § 249 UmwG	182
ii) Nichtanwendbarkeit der §§ 207 bis 212 UmwG beim Formwechsel KGaA in GmbH (§ 227 UmwG)	183
c) Formwechsel AG in KGaA und umgekehrt	184–192
aa) Gründerstellung § 245 Abs. 2 und 3 UmwG	184, 185
bb) Reinvermögensdeckung, § 220 Abs. 1 UmwG analog	186
cc) Gründungsbericht und externe Gründungsprüfung, § 220 Abs. 2, Abs. 3 S. 1 UmwG analog	187
dd) Nichtanwendbarkeit der Nachgründungsvorschriften, § 52 Abs. 1 AktG	188
ee) Nichtanwendbarkeit der §§ 207 bis 212 UmwG (§§ 227, 250 UmwG)	189, 190
ff) Weitere Besonderheiten bei einer KGaA als Ausgangsrechtsträger	191, 192
d) Formwechsel SE in AG	193, 194
IV. Formwechsel in eine eG	195–222
1. Allgemeines	195
2. Versammlung der Anteilsinhaber	196–205
a) Vorbereitung, § 251 Abs. 1 iVm §§ 229 ff. UmwG	196
b) Durchführung, § 251 Abs. 2 iVm § 239 UmwG	197

	Rdnr.
c) Beschlussfassung, § 252 UmwG	198, 199
d) Besondere Zustimmungserfordernisse	200, 201
e) Inhalt des Beschlusses, § 253 UmwG	202–205
3. Registeranmeldung, § 254 UmwG	206–209
4. Rechtsfolgen und rechtsformspezifische Besonderheiten	210–222
a) Beteiligung der Anteilsinhaber, § 255 Abs. 1 S. 1 und 2 UmwG	210, 211
b) Rechte Dritter, § 255 Abs. 1 S. 3 UmwG	212
c) Auflösung der Genossenschaft, § 255 Abs. 2 UmwG	213, 214
d) Ermittlung und Gutschrift des Geschäftsguthabens, § 256 Abs. 1 UmwG	215, 216
e) Ausgleichszahlung, § 256 Abs. 2 UmwG	217, 218
f) Benachrichtigung der Mitglieder, § 256 Abs. 3 UmwG	219, 220
g) Besonderheiten bei einer KGaA als Ausgangsrechtsträger	221, 222
B. Eingetragene Genossenschaft (eG)	223–298
I. Einführung und praktische Relevanz	223
II. Möglichkeiten des Formwechsels	224–226
III. Vorbereitung der Versammlung	227–247
1. Einladung zur Versammlung, Ankündigung des Formwechsels	227–229
2. Abfindungsangebot	230–233
3. Im Vorfeld der Versammlung auszulegende Unterlagen	234–247
a) Umwandlungsbericht	236
b) Bescheinigung des Prüfungsverbandes	237–247
IV. Durchführung der Versammlung	248–258
1. In der Versammlung auszulegende Unterlagen	248, 249
2. Erläuterung des Umwandlungsbeschlusses	250–252
3. Verlesung des Prüfungsgutachtens	253–255
4. Teilnahmerecht des Prüfungsverbandes	256
5. Auskunftsrecht der Mitglieder	257, 258
V. Umwandlungsbeschluss	259–277
1. Abstimmung und Mehrheitsverhältnisse	260–263
2. Satzung bzw. Gesellschaftsvertrag der Kapitalgesellschaft	264
3. Beteiligungsverhältnisse an der Kapitalgesellschaft	265–273
4. Umwandlung von Vermögen in gebundenes Kapital	274, 275
5. Gründungsvorschriften der Kapitalgesellschaft	276, 277
VI. Beschlussmängel	278
VII. Besonderheit der KGaA	279

§ 38 Rechtsformspezifische Besonderheiten des Formwechsels § 38

	Rdnr.
VIII. Anmeldung der Eintragung	280–282
IX. Wirkung des Formwechsels	283–289
1. Beteiligung	284, 285
2. Organe	286–289
a) General- bzw. Vertreterversammlung	287
b) Aufsichtsrat	288
c) Vorstand	289
X. Benachrichtigung der Anteilsinhaber und Mitglieder über den Formwechsel und die Folgen	290–294
XI. Fortdauer der Nachschusspflicht	295–298
C. Eingetragener Verein (e. V.)	299–338
I. Einführung	299–306
1. Allgemeines	299
2. Formwechselfähigkeit von Vereinen	300–303
3. Vereinssatzung und landesrechtliche Vorschriften	304–306
II. Besonderheiten beim Formwechsel von Vereinen	307–338
1. Umwandlungsbericht	307–309
2. Mitgliederversammlung und Beschlussfassung	310–323
a) Vorbereitung der Mitgliederversammlung	311–315
b) Durchführung der Mitgliederversammlung	316
c) Beschlussfassung über den Formwechsel	317–323
aa) Formwechsel in eine Kapitalgesellschaft	318–322
bb) Formwechsel in eine Genossenschaft	323
3. Inhalt des Formwechselbeschlusses	324–333
a) Beschluss über den Formwechsel in eine Kapitalgesellschaft	325–329
b) Beschluss über den Formwechsel in eine Genossenschaft	330
c) Bestellung der Organe, Gründungsvorschriften und Kapitalschutz	331–333
4. Barabfindung	334, 335
5. Anmeldung und Bekanntmachung des Formwechsels	336–338
a) Anmeldung bei Formwechsel in eine Kapitalgesellschaft	336
b) Anmeldung bei Formwechsel in eine eingetragene Genossenschaft	337
c) Bekanntmachung	338
D. Versicherungsverein auf Gegenseitigkeit (VVaG)	339–356
I. Grundlagen	339–341
II. Besonderheiten bei den Rechtsfolgen	342–344
III. Besonderheiten bei der Umsetzung	345–356
1. Vorbereitung und Durchführung des Beschlusses	345–349
2. Beteiligung der Mitglieder am Grundkapital	350–356

	Rdnr.
E. Personengesellschaften	357–468
I. Grundlagen	357–380
1. Beteiligte Rechtsträger	357–370
a) Ausgangsrechtsträger	358–363
aa) Personenhandelsgesellschaften	358, 359
bb) Gesellschaften bürgerlichen Rechts	360, 361
cc) Partnerschaftsgesellschaften	362
dd) Aufgelöste Personengesellschaften	363
b) Zielrechtsträger	364–369
c) Umwandlung in eine Personengesellschaft	370
2. Formwechsel von Personengesellschaften außerhalb des UmwG	371–376
3. Motive für den Formwechsel von Personengesellschaften	377–380
II. Besonderheiten des Formwechsels einer Personengesellschaft in eine Kapitalgesellschaft	381–468
1. Allgemeines	381, 382
2. Umwandlungsbericht	383–391
3. Unterrichtung der Gesellschafter	392–397
4. Umwandlungsbeschluss	398–425
a) Beschlussmehrheiten	398–405
aa) Einstimmigkeit	398, 399
bb) Qualifizierte Mehrheit	400–405
b) Inhalt des Umwandlungsbeschlusses	406–425
aa) Gesellschaftsvertrag und Satzung	407, 408
bb) Umwandlung in GmbH	409–414
cc) Umwandlung in AG	415–420
dd) Umwandlung in KGaA	421–423
ee) Umwandlung in eG	424, 425
5. Gründerstellung	426–432
6. Kapitalschutz	433–441
a) Kapitaldeckung	434–438
b) Sachgründungsbericht, Gründungsbericht	439
c) Gründungsprüfung, Nachgründung	440, 441
7. Beitritt persönlich haftender Gesellschafter	442–447
a) Beitrittserklärung	443–445
b) Satzungsgenehmigung	446
c) Folgen der Eintragung	447
8. Anmeldung des Formwechsels	448–453
a) Formwechsel in die GmbH	449
b) Formwechsel in die AG/KGaA	450, 451
c) Formwechsel in die eG	452
d) Registerwechsel	453
9. Haftung von Gesellschaftern	454–461
a) Nachhaftung	455, 456
b) Begrenzung der Nachhaftung	457–461
10. Prüfung des Abfindungsangebots	462–465
11. Formwechsel von PartG	466–468

	Rdnr.		Rdnr.
F. Formwechsel unter Beteiligung der öffentlichen Hand	469–496	b) Öffentlich-rechtliche Regelungsvorbehalte, § 302 S. 2 UmwG	480–484
I. §§ 301 ff. UmwG: Formwechsel von Körperschaften und Anstalten des öffentlichen Rechts	471–494	c) Wirksamkeit des Formwechsels	485
1. Beteiligungsfähige Rechtsträger	472, 473	d) Heilung	486
a) Ausgangsrechtsträger	472	4. Kapital- und Gläubigerschutz	487–493
b) Zielrechtsträger	473	a) Kapitalschutz	488–491
2. Bundes- oder landesrechtliche Ermächtigungsgrundlage	474–477	b) Gründungsvorschriften	492
		c) Zustimmungserfordernisse	493
3. Besonderheiten im Formwechselverfahren	478–486	5. Rechtsschutz	494
a) Primat des öffentlichen Rechts, § 302 S. 1 UmwG	478, 479	II. Formwechselvorgänge der öffentlichen Hand außerhalb des UmwG	495, 496

A. Kapitalgesellschaften

Schrifttum: *Bärwaldt/Schabacker,* Der Formwechsel als modifizierte Neugründung, ZIP 1998, 1293; *dies.,* Der vorsorgliche Formwechsel in eine OHG beim Formwechsel einer Kapitalgesellschaft in eine GbR, NJW 1999, 624; *Decher,* Zulässigkeit und Grenzen der Gestaltung der Rechte der Minderheitsgesellschafter durch Mehrheitsbeschluss beim Formwechsel einer AG, Der Konzern 2005, 621; *Eckert,* Der Formwechsel einer Kapitalgesellschaft in eine Personengesellschaft und seine Auswirkungen auf öffentlich-rechtliche Erlaubnisse, ZIP 1998, 1950; *Eusani/Schaudinn,* Die Bindungswirkung formfreier Anteilsveräußerungen nach zwischenzeitlicher Umwandlung in eine GmbH, GmbHR 2009, 1125; *Flesch,* Die Beteiligung von 5-DM-Aktionären an der GmbH nach einer formwechselnden Umwandlung, ZIP 1996, 2153; *Graessner/Hütig,* Formwechsel in eine Kapitalgesellschaft unter besonderer Berücksichtigung von GrESt, DB 2015, 2415; *Heckschen,* Identität der Anteilseigner beim Formwechsel, DB 2008, 2122; *ders.,* Formwechsel und Stimmrechtsvollmachten, NZG 2017, 721; *Heidemann,* Möglichkeit und Verfahrensweise bei der Rechtsformumwandlung in eine AG, BB 1996, 558; *Heidinger* Haftung der BGB-Gesellschafter beim Formwechsel aus einer GmbH, GmbHR 1996, 890; *ders.,* Die Euro-Umstellung beim Formwechsel von Kapitalgesellschaften, NZG 2000, 532; *Hergeth/Mingau,* Mitbestimmung und Aufsichtsratsbesetzung bei Umwandlung einer Personengesellschaft in eine AG, DStR 1999, 1948; *Irriger/Longrée,* Akienrechtliche Mitteilungspflichten gem. § 20 AktG nach Formwechsel in eine AG, NZG 2013, 1289; *Kerschbaumer,* Praktische Probleme bei der Anwendung der GmbH-Gründungsvorschriften beim Formwechsel von der AG in die GmbH nach § 197 UmwG, NZG 2011, 892; *Kossmann/Heinrich,* Möglichkeiten der Umwandlung einer bestehenden SE, ZIP 2007, 164; *Krause-Ablaß/Link,* Fortbestand, Zusammensetzung und Kompetenzen des Aufsichtsrats nach Umwandlung einer AG in eine GmbH, GmbHR 2005, 731; *Lessmann/Glattfeld,* Der Aufsichtsrat beim Formwechsel einer GmbH in eine AG, ZIP 2013, 2390; *Martens,* Nachgründungskontrolle beim Formwechsel einer GmbH in eine AG, ZGR 1999, 553; *Mertens,* Die stille Beteiligung an der GmbH und ihre Überleitung bei Umwandlungen in die AG, AG 2000, 32; *Meyer-Landrut/Kiem,* Der Formwechsel einer Publikumsgesellschaft – Erste Erfahrungen aus der Praxis, Teil I, WM 1997, 1361 und Teil II, WM 1997, 1413; *Niedner/Kusterer,* Der Weg von der GmbH in die GmbH & Co. KGaA, GmbHR 1998, 584; *Oblustil/Schneider,* Zur Stellung der Europäischen AG im Umwandlungsrecht, NZG 2003, 13; *Priester,* Mitgliederwechsel im Umwandlungszeitpunkt, DB 1997, 560; *ders.,* Formwechsel vom GmbH in GbR – registergerichtliche Behandlung, GmbHR 2015, 1289; *Prinz,* Die „formgewechselte GmbH" und ihr Börsengang: „Steuerfallen" für Anteilseigner, GmbHR 2008, 626; *Rinnert,* Auswirkung eines Formwechsels von einer AG in eine GmbH auf das bedingte Kapital zur Sicherung von Bezugsrechten, NZG 2001, 865; *A. Schmidt,* Von der GmbH in die AG – Was beim Formwechsel zu beachten ist, GmbH-StB 2001, 63; *K. Schmidt,* Formwechsel zwischen GmbH und GmbH & Co KG, GmbHR 1995, 693; *O. Schwarz,* Auswirkungen des Formwechsels einer beherrschten Kapitalgesellschaft in eine Personengesellschaft auf Organschaftsverträge, ZNotP 2002, 106; *Sigl,* Von der GmbH in die GmbH & Co. KG, GmbHR 1998, 1208; *Steck,* Going private über das Umwandlungsgesetz, AG 1998, 460; *Stegmann/Middendorf,* Das Schicksal der Unterbeteiligung beim Formwechsel der Hauptgesellschaft, BB 2006, 1084; *Usler,* Der Formwechsel nach dem neuen Umwandlungsrecht, MittRhNotK 1998, 21; *Veil,* Die Registersperre bei der Umwandlung einer AG in eine GmbH, ZIP 1996, 1065; *Wied,* Der Umgang mit unbekannten Minderheitsaktionären nach einem Formwechsel in eine GmbH, GmbHR 2016, 15; *Wiedemann,* Identität beim Rechtsformwechsel, ZGR 1999, 568.

I. Grundlagen

1. Beteiligte Rechtsträger

Der Kreis der Rechtsträger, die an einem Formwechsel beteiligt sein können, bestimmt sich nach § 191 UmwG iVm den Vorschriften des Besonderen Teils (§§ 214 ff. UmwG). Kann ein Rechtsträger gemäß § 191 UmwG – als Ausgangs- oder Zielrechtsträger – an einem Formwechsel beteiligt sein, sind in einem zweiten Schritt die einschränkenden Vorschriften des Besonderen Teils zu beachten (→ § 32).

a) Ausgangsrechtsträger. aa) GmbH. Gemäß § 191 Abs. 1 Nr. 2 UmwG können sämtliche inländischen[1] Kapitalgesellschaften iSv § 3 Abs. 1 Nr. 2 UmwG als übertragender Rechtsträger an einem Formwechsel beteiligt sein, das heißt neben der AG und der KGaA vor allem auch die besonders praxisrelevante GmbH. Häufig sind insbes. der Formwechsel in die AG[2] und die GmbH & Co. KG.[3]

Vorsicht ist geboten bei einer **Ein-Personen-GmbH** als Ausgangsrechtsträger, falls Zielrechtsträger eine Personengesellschaft sein soll. Da jede Personengesellschaft mindestens aus zwei Gesellschaftern besteht,[4] muss in dieser Konstellation vor dem Formwechsel zwingend ein weiterer Gesellschafter hinzukommen, weil nach dem Grundsatz der Identität der Anteilsinhaber (§ 202 Abs. 1 Nr. 2 S. 1 UmwG, → 36, Rn. 21) der Kreis der Gesellschafter vor und nach dem Formwechsel – abgesehen von den gesetzlich kodifizierten Ausnahmen[5] – gleich sein muss.[6] Lediglich für den Formwechsel einer AG in eine GmbH & Co. KG hat der BGH bislang in einem überinterpretierten[7] obiter dictum den Beitritt der Komplementär-Kapitalgesellschaft „im Zuge" des Formwechsels angesprochen[8] (→ Rn. 91 ff. und → § 34, Rn. 26). Daher sind dem künftigen weiteren Gesellschafter der Zielgesellschaft vorab unter Beachtung von § 15 Abs. 3, 4 GmbHG Geschäftsanteile zu

---

[1] Kapitalgesellschaften aus anderen Mitgliedstaaten der EU bzw. des EWR kommen als Ausgangsbzw. Zielrechtsträger eines grenzüberschreitenden Formwechsels in Betracht, sofern der Zuzugsstaat einen entsprechenden Formwechsel nach innerstaatlichem Recht zulässt. Vgl. hierzu EuGH C-378/10, ABL.EU 2012 C 287/04 = NJW 2012, 2715 – Vale. Dazu ua *Bayer/Schmidt* ZIP 2012, 1481; *Kindler* EuZW 2012, 888; *G. H. Roth* ZIP 2012, 1744; *Teichmann* DB 2012, 2085. Zur praktischen Durchführung → § 39, Rn. 30 ff. und 80 ff. sowie *Heckschen* ZIP 2015, 2049; *Hermanns* MittBayNot 2016, 297(Outbound-Formwechsel); *Hushahn* RNotZ 2014, 137; *Widmann/Mayer/Vossius* § 191 Rn. 27 ff. Zur **transnationalen Sitzverlegung** unter Beibehaltung der ursprünglichen Rechtsform ausf. Widmann/Mayer/*Schießl/Weiler* Anh. 7 „Grenzüberschreitende Sitzverlegung".
[2] Muster zum Formwechsel GmbH in Aktiengesellschaft finden sich in Engl/*Greve* Teil E.1; Limmer/*Limmer,* Teil 4 Kap. 2 B. IV. 3; *Stoye-Benk/Cutura* Kap. 5 Rn. 39 ff.; Widmann/Mayer/*Vossius* Anh. 4, Mustersatz 25.
[3] Muster zum Formwechsel GmbH in GmbH & Co KG bieten Engl/*Greve* Teil E.3; Limmer/*Limmer,* Teil 4 Kap. 2 B. IV. 1; Widmann/Mayer/*Vossius* Anh. 4, Mustersatz 21.
[4] Siehe für die OHG exemplarisch MünchKommHGB/*K. Schmidt* § 105 Rn. 24 m. zahlr. Nachw. aus Rspr. und Lit.
[5] Beitritt bzw. Ausscheiden beim Formwechsel in die oder aus der Kommanditgesellschaft auf Aktien (§§ 218 Abs. 2, 221, 233 Abs. 3 S. 3, 236, 240 Abs. 2 S. 2, 247 Abs. 2, 255 Abs. 3, 262 Abs. 2, 275 Abs. 3 UmwG) sowie aus dem VVaG in die Aktiengesellschaft (§ 294 Abs. 1 S. 2 UmwG).
[6] Siehe nur Widmann/Mayer/*Vossius* § 202 Rn. 44 ff.
[7] Der BGH spricht nur davon, dass „im Zuge" des Formwechsels ein neu hinzutretender Komplementär „gewählt" werden kann, nicht aber, dass dieser „durch" den Formwechsel beitritt, vgl. Kallmeyer/*Meister/Klöcker* § 191 Rn. 12 und 15 mit Fn. 2; *Stoye-Benk/Cutura* Kap. 5 Rn. 4.
[8] BGH II ZR 29/03, NZG 2005, 722; siehe ferner *Heckschen* DB 2008, 2122; Widmann/Mayer/*Mayer* § 197 Rn. 22. Ein solcher Beitritt hätte aufschiebend bedingt auf die juristisch logische Sekunde der Eintragung des Zielrechtsträgers in das Register als Wirksamkeitszeitpunkt des Formwechsels gemäß § 202 Abs. 1 Hs. 1 UmwG zu erfolgen. Nach welchen Vorschriften sich dieser Beitritt vollziehen soll, hat der BGH offengelassen. Warnend auch Kallmeyer/*Meister/Klöcker* § 191 Rn. 12, 15.

übertragen oder er ist über eine Kapitalerhöhung unter gleichzeitigem (teilweisen) Verzicht des bisherigen Alleingesellschafters auf sein Bezugsrecht zu beteiligen.[9] Es reicht dabei aus, dass der Beitritt des weiteren Gesellschafters bis zum Wirksamwerden des Formwechsels durch Eintragung des neuen Rechtsträgers (§ 202 Abs. 1 HS. 1 UmwG) erfolgt. Ein Beitritt vor der Beschlussfassung ist nach richtiger Auffassung nicht erforderlich, da an die Stelle der vor Wirksamwerden des Formwechsels dinglich wirksam erworbenen Beteiligung an der GmbH automatisch ein Anteil am Zielrechtsträger tritt.[10] Dennoch sollten im Beschluss bereits die endgültige Struktur und die dem Hinzutretenden zufallende Beteiligung an der Zielgesellschaft benannt werden.

4   bb) Unternehmergesellschaft (haftungsbeschränkt). Die **haftungsbeschränkte Unternehmergesellschaft (UG)** ist als Kapitalgesellschaft und Unterform der GmbH ebenfalls tauglicher Ausgangsrechtsträger eines Formwechsels.[11] Da jeder Formwechsel strukturell einer Neugründung des Zielrechtsträgers gleichkommt und daher nach § 197 UmwG die jeweiligen Gründungsvorschriften des neuen Rechtsträgers zu berücksichtigen sind (→ § 34, Rn. 53 ff..), ergeben sich allerdings folgende Besonderheiten:

5   Beim **Formwechsel in eine AG** oder eine KGaA ist der Mindestnennbetrag des Grundkapitals in Höhe von EUR 50.000 gemäß §§ 7, 278 Abs. 3 AktG zu wahren. Bei einem Formwechsel einer UG in eine AG oder eine KGaA ist daher zunächst eine Kapitalerhöhung erforderlich (zur GmbH → Rn. 146 ff.). Erhöht die UG aber ihr Stammkapital auf EUR 50.000, wandelt sie sich mit Eintragung des Kapitalerhöhungsbeschlusses automatisch in eine vollwertige GmbH. Auch wenn die Gesellschaft weiterhin als „UG (haftungsbeschränkt)" firmiert, handelt es sich nun um eine „echte" GmbH, da die Gesellschaft mit der Erhöhung des Stammkapitals auf mindestens EUR 25.000 gemäß § 5a Abs. 5 Hs. 1 GmbHG nicht mehr den Beschränkungen der § 5a Abs. 1 bis 4 GmbHG unterliegt.[12] Ob im Rahmen dieses logischen Zwischenschritts eine Umfirmierung in eine GmbH erfolgt, spielt im Ergebnis keine Rolle.

6   Auch ein **Formwechsel** der UG **in andere Rechtsformen** ist möglich. Nach § 191 Abs. 2 UmwG können auch die Personenhandelsgesellschaft, die GbR, die PartG und die eG Zielrechtsformen des Formwechsels einer Kapitalgesellschaft sein. Beim Formwechsel einer UG ergeben sich dabei im Vergleich zur GmbH keine Besonderheiten.

7   cc) AG. Die **AG** ist gemäß § 191 Abs. 1 Nr. 2 UmwG als inländische Kapitalgesellschaft iSv § 3 Abs. 1 Nr. 2 UmwG tauglicher formwechselnder Rechtsträger. Praxisrelevant ist insbesondere der Formwechsel in die GmbH.[13] Beim Formwechsel einer **Ein-Personen-AG** in eine Personengesellschaft ergeben sich dieselben strukturellen Besonderheiten wie bei der Ein-Personen-GmbH (→ Rn. 3). Die vorab erfolgende Übertragung der Aktien ist in diesem Fall auf Basis der entsprechenden aktienrechtlichen Regelungen vorzunehmen.[14]

8   dd) KGaA. Eine **KGaA** kann gemäß § 191 Abs. 1 Nr. 2 UmwG als inländische Kapitalgesellschaft iSd § 3 Abs. 1 Nr. 2 UmwG ebenfalls als übertragender Rechtsträger einen Formwechsel durchführen.

---

[9] Vgl. Kallmeyer/*Meister*/*Klöcker* § 191 Rn. 10 ff. mwN auch zur Gegenansicht; *Priester* DB 1997, 560, 562; Widmann/Mayer/*Vossius* § 228 Rn. 94 ff.; aA (Beitritt durch Erklärung im Zuges des Formwechsels möglich) Lutter/*Göthel* § 228 Rn. 27; Semler/Stengel/*Ihrig* § 228 Rn. 14 f.

[10] Vgl. Widmann/Mayer/*Vossius* § 191 Rn. 14.2, § 228 Rn. 97, § 202 Rn. 151 ff.

[11] Siehe nur Kölner Kommentar-UmwG/*Petersen* § 191 Rn. 5; Lutter/*Decher*/*Hoger* § 191 Rn. 2; *Meister* NZG 2008, 767.

[12] Vgl. Kölner Kommentar-UmwG/*Petersen* § 191 Rn. 5.

[13] Muster zum Formwechsel Aktiengesellschaft in GmbH finden sich in Limmer/*Limmer*, Teil 4 Kap. 2 B. IV. 4; *Stoye-Benk*/*Cutura* Kap. 5 Rn. 55 ff.; Widmann/Mayer/*Vossius* Anh. 4, Mustersatz 28. Zum Formwechsel Aktiengesellschaft in GmbH & Co. KG vgl. das Muster bei Limmer/*Limmer*, Teil 4 Kap. 2 B. IV. 5, zum Formwechsel Aktiengesellschaft in AG & Co. KG Limmer/*Limmer*, Teil 4 Kap. 2 B. IV. 6.

[14] Zur Übertragung von Aktien umfassend MünchHdb. GesR IV/*Wiesner* § 14 Rn. 1 ff.; zur Übertragung verbriefter Aktien siehe auch *Schaper* AG 2016, 889, 890.

ee) Societas Europaea. Eine **Europäische Aktiengesellschaft** (Societas Europaea, **9** **SE**) mit Sitz in Deutschland gilt gemäß Art. 10 SE-VO als deutsche AG und ist damit wie jede andere AG auch formwechselfähig.[15]

Art. 66 SE-VO ermöglicht daneben außerhalb des UmwG[16] die (Rück-)**Umwand-** **10** **lung** einer SE als Ausgangsrechtsträger in eine deutsche **AG**, die sich strukturell als Formwechsel einer AG in eine AG darstellt. Danach kann eine SE allerdings nur in eine dem Recht ihres Sitzstaates unterliegende AG iSd SE-VO umgewandelt werden, das heißt die deutsche AG, nicht aber die KGaA.[17] Daneben sind einige weitere Besonderheiten zu beachten (Art. 66 Abs. 3 bis 6 SE-VO).[18] So darf nach Art. 66 Abs. 1 S. 2 SE-VO ein Beschluss über die formwechselnde Umwandlung der SE **erst zwei Jahre nach Eintragung** der SE oder nach Genehmigung der ersten beiden Jahresabschlüsse gefasst werden, weshalb sie in dieser Phase als Ausgangsrechtsträger eines Formwechsels nicht in Betracht kommt. Ferner muss das Leitungs- oder das Verwaltungsorgan der SE nach Art. 66 Abs. 3 SE-VO einen **Umwandlungsplan** sowie einen **Bericht** erstellen, in dem die rechtlichen und wirtschaftlichen Aspekte der Umwandlung erläutert und begründet sowie die Auswirkungen, die der Übergang zur Rechtsform der AG für die Aktionäre und die Arbeitnehmer hat, dargelegt werden. Im Gegensatz zu den Formwechseln nach UmwG ist somit nicht lediglich ein Beschluss zu fassen, sondern darüber hinaus eine rechtsgeschäftliche Grundlage erforderlich.

b) Zielrechtsträger. Gemäß §§ 226, 191 Abs. 2 Nr. 1 UmwG kann eine Kapitalge- **11** sellschaft aufgrund einer formwechselnden Umwandlung nur die Rechtsform einer GbR, einer Personenhandelsgesellschaft, einer PartG, einer anderen Kapitalgesellschaft oder einer eG erlangen.

Als Zielrechtsträger des Formwechsels einer Kapitalgesellschaft kommt somit auch die **12** **GbR** in Betracht, die außer als Zielrechtsträger eines Formwechsels nach § 191 Abs. 2 Nr. 1 UmwG in keiner sonstigen Konstellation an einer Umwandlung nach dem UmwG beteiligt sein kann.[19] Kein tauglicher neuer Rechtsträger ist indes der **nichtrechtsfähige Verein** nach § 54 BGB, mag für ihn auch auf Grund Rechtsfolgeverweisung das Recht der GbR gelten.[20]

Der Formwechsel in eine **Personenhandelsgesellschaft** ist grundsätzlich möglich **13** (§§ 226, 191 Abs. 2 Nr. 1 UmwG), allerdings muss die formwechselnde Kapitalgesellschaft

---

[15] So auch OLG Frankfurt 5 Sch 3/10, NZG 2012, 351; Kallmeyer/*Marsch-Barner* Anh. I Rn. 131; Kallmeyer/*Meister/Klöcker* § 191 Rn. 5; Lutter/*Decher/Hoger* Vor § 190 Rn. 32; Semler/Stengel/*Drinhausen* Einl. C Rn. 63; Semler/Stengel/*Schwanna* § 191, Rn. 12; Widmann/Mayer/*Heckschen* Anh. 14 Rn. 520; Widmann/Mayer/*Vossius* § 191 Rn. 14.1, 20. Nach der von Semler/Stengel/*Bärwaldt* § 197 Rn. 55a vertretenen Gegenansicht scheidet die SE hingegen als Ausgangsrechtsträger eines Formwechsels gemäß den §§ 190 ff. UmwG aus, weil Art. 66 SE-VO insoweit abschließend sei. Zum umgekehrten Fall der Gründung einer SE durch Formwechsel einer AG ausf. § 40 sowie Sagasser/Bula/Brunger/*Sagasser/Luke* § 26 Rn. 173 ff. Zu den Möglichkeiten der Umwandlung einer bestehenden SE allg. *Kossmann/Heinrich* ZIP 2007, 164; zur Stellung der Europäischen Aktiengesellschaft im Umwandlungsrecht *Obustil/Schneider* NZG 2003, 13.

[16] Siehe Widmann/Mayer/*Heckschen*, Anh. 14 Rn. 516.1.

[17] Welche Gesellschaftsformen in den Mitgliedstaaten „Aktiengesellschaften" iSd SE-VO sind, wird abschließend im Anh. I zur SE-VO aufgezählt. Die Anh. I und II wurden durch Verordnung (EG) Nr. 885/2004 des Rates vom 26.4.2004 (ABl. L 168, 1) und Verordnung (EG) Nr. 1791/2006 des Rates vom 20.11.2006 (ABl. L 363, 1) sowie zuletzt Art. 1 Abs. 1 lit. c ÄndVO (EU) 517/2013 vom 13.5.2013 (ABl. L 158, 1) um die jeweiligen Rechtsformbezeichnungen in den Beitrittsländern ergänzt. Für Deutschland ist es die „Aktiengesellschaft", nicht aber die Kommanditgesellschaft auf Aktien. Näher Schmitt/Hörtnagl/Stratz/*Hörtnagl* Art. 2 SE-VO Rn. 5 mwN.

[18] Hierzu ua Kallmeyer/*Marsch-Barner* Anh. I Rn. 92 ff. sowie – mit ausf. Hinweisen zum Verfahrensablauf – Widmann/Mayer/*Heckschen* Anh. 14 Rn. 516 ff.

[19] Ein Muster zum Formwechsel GmbH in GbR findet sich bei Widmann/Mayer/*Vossius* Anh. 4 Mustersatz 23.

[20] Widmann/Mayer/*Vossius* § 191 Rn. 15.

mindestens zwei Gesellschafter haben (→ Rn. 3) und der Unternehmensgegenstand im Zeitpunkt des Wirksamwerdens des Formwechsels den Vorschriften über die Gründung einer OHG (§ 105 Abs. 1 und 2 des Handelsgesetzbuchs) genügen, also vor allem keine rein freiberufliche Tätigkeit beinhalten (§ 228 Abs. 1 UmwG; → Rn. 83 ff.).[21]

14 Für letztgenannten Fall steht der Formwechsel in eine **PartG** zur Verfügung (§§ 226, 191 Abs. 2 Nr. 1 UmwG), wenn im Zeitpunkt seines Wirksamwerdens alle Anteilsinhaber des formwechselnden Rechtsträgers natürliche Personen sind, die einen freien Beruf ausüben (§ 1 Abs. 1 und 2 PartGG; § 228 Abs. 2 UmwG; → Rn. 99 ff.).

15 Im Hinblick auf die **GmbH** als Zielrechtsträger ist zu beachten, dass in eine **UG (haftungsbeschränkt)** nicht formgewechselt werden kann, da sich der Formwechsel im Lichte des in § 197 UmwG enthaltenen Verweises auf die Gründungsvorschriften der neuen Rechtsform als Sachgründung darstellt, welche bei der UG nach § 5a Abs. 2 S. 2 GmbHG ausdrücklich ausgeschlossen ist.[22]

16 **AG** und **KGaA** sind ebenfalls taugliche Zielrechtsträger. Möglich ist dabei auch der Formwechsel einer Ein-Personen-Kapitalgesellschaft in eine KGaA, da der Komplementär zugleich der einzige Kommanditaktionär sein kann (Ein-Personen-KGaA).[23]

17 Ferner kommt die **Genossenschaft** als Zielrechtsträger in Betracht. Dabei steht einem Formwechsel der Ein-Personen-Kapitalgesellschaft in die Ein-Personen-Genossenschaft zwar § 4 GenG, wonach die Zahl der Mitglieder mindestens drei betragen muss, nicht entgegen (§ 197 S. 2 UmwG); nach Ablauf eines Jahres (§ 255 Abs. 2 UmwG) droht dieser Genossenschaft jedoch die Amtslöschung nach § 80 GenG[24] (→ Rn. 213 ff.).

18 Art. 2 Abs. 4, 37 SE-VO ermöglichen schließlich als eine Gründungsvariante der Europäischen Aktiengesellschaft den sich außerhalb des UmwG vollziehenden identitätswahrenden Formwechsel einer **AG in** eine **SE** (→ § 40).[25] Ausgangsrechtsträger kann nach Art. 2 Abs. 4 SE-VO nur eine AG iSd SE-VO[26] sein, die (i) nach dem Recht eines Mitgliedstaats gegründet worden ist, (ii) ihren Sitz sowie ihre Hauptverwaltung in der Gemeinschaft hat und (iii) seit mindestens zwei Jahren eine dem Recht eines anderen Mitgliedstaats unterliegende Tochtergesellschaft hat. Der in Art. 37 Abs. 4 bis 7 SE-VO niedergelegte Verfahrensablauf entspricht im Wesentlichen demjenigen des Art. 66 Abs. 3 bis 6 SE-VO (→ Rn. 10). Die Schaffung einer SE durch Formwechsel ist in Art. 2 Abs. 4, 37 SE-VO **abschließend geregelt**. Obschon Art. 10 SE-VO die SE im Inland einer deutschen AG gleichstellt, kommt eine Umwandlung anderer Rechtsträger in eine SE nach §§ 190 ff. UmwG daneben nicht in Betracht.[27] Soll also bspw. eine GmbH, eine KGaA oder eine Personenhandelsgesellschaft in eine SE umstrukturiert werden, muss man sie zunächst in eine AG umwandeln.

2. Alternative Gestaltungsmöglichkeiten

19 Neben § 226 UmwG möglich ist insbesondere die **Einbringung** sämtlicher Aktiva und Passiva einer Kapitalgesellschaft im Wege der Einzelrechtsnachfolge in einen anderen

---

[21] Zur Zulässigkeit der Rechtsformen OHG und KG für Freiberufler-Gesellschaften vgl. nur MünchKommHGB/*K. Schmidt* § 105 Rn. 59 mwN. Siehe zum Ganzen ferner Widmann/Mayer/ *Vossius* Vor § 228 Rn. 10.1 f.; ebd. § 228 Rn. 5 f. Ein Muster für den Formwechsel GmbH in OHG findet sich bei Limmer/*Limmer*, Teil 4 Kap. 2 B. IV. 2.

[22] Siehe nur Lutter/*Decher/Hoger* § 191 Rn. 5; *Meister* NZG 2008, 767, 768; *Tettinger* Der Konzern 2008, 75, 77 f.; vgl. ferner BGH II ZB 9/10, NZG 2011, 666 zur Neugründung einer UG durch Abspaltung.

[23] Hüffer/*Koch* § 278 AktG Rn. 5; MünchKommAktG/*Perlitt* § 280 Rn. 27, 30 f.

[24] Schmitt/Hörtnagl/Stratz/*Stratz* § 226, Rn. 5; Widmann/Mayer/*Vossius* § 226 Rn. 10.

[25] Zu Einzelheiten insbesondere hinsichtlich des Verfahrensablaufs siehe ferner Widmann/Mayer/ *Heckschen* Anh. 14 Rn. 371 ff.

[26] Tauglicher Ausgangsrechtsträger ist damit nur die deutsche AG, nicht aber die Kommanditgesellschaft auf Aktien, vgl. die Nachw. bei Fn. 17.

[27] Vgl. nur Kallmeyer/*Marsch-Barner* Anh. I AktG Rn. 93; Semler/Stengel/*Bärwaldt* § 197 Rn. 55a; Widmann/Mayer/*Heckschen* Anh. 14 Rn. 56; Widmann/Mayer/*Vossius* § 191 Rn. 20.

Rechtsträger gleich welcher Rechtsform.[28] Dies hat zur Folge, dass die Kapitalgesellschaft wegen Vermögenslosigkeit als aufgelöst gilt und das Erlöschen der Firma auf Grund voll beendeter Liquidation zum Handelsregister angemeldet werden kann (vgl. § 60 Abs. 1 Nr. 7 GmbHG, § 394 FamFG).

Anstelle des Formwechsels ist weiterhin die **Totalausgliederung** (→ § 20 Rn. 14) aller Aktiva und Passiva einer Kapitalgesellschaft auf einen anderen Rechtsträger nach §§ 123 ff. UmwG denkbar. Nach der Totalausgliederung kann der als bloße Beteiligungsholding verbliebene Rechtsträger ggf. aufgelöst und die Beteiligung übertragen werden.[29]

Das **Ausscheiden** sämtlicher **persönlich haftender Gesellschafter** einer **KGaA** führt nicht zu einem Formwechsel der KGaA in die AG, sondern zur Auflösung der Gesellschaft (§ 289 Abs. 1 AktG iVm §§ 161 Abs. 2, 131 HGB).[30]

II. Formwechsel in Personengesellschaft

1. Allgemeines

Auf den Formwechsel einer Kapitalgesellschaft in eine Personengesellschaft als Zielrechtsträger sind die **§§ 228 bis 237 UmwG** anzuwenden, aus denen sich einige Besonderheiten ergeben. Darüber hinaus sind gemäß § 197 S. 1 UmwG die **Gründungsvorschriften des Zielrechtsträgers** einzuhalten.

So erfordert die Gründung einer Personengesellschaft u. a. **mindestens zwei Gesellschafter**. Handelt es sich beim Ausgangsrechtsträger um eine Ein-Personen-Kapitalgesellschaft, muss daher vor Wirksamwerden des Formwechsels mindestens ein weiterer Gesellschafter hinzutreten (→ Rn. 3).

Bedeutsamer Unterschied beim Formwechsel der Kapitalgesellschaft in eine Personengesellschaft im Vergleich zum umgekehrten Formwechsel von Personenhandels- in Kapitalgesellschaften ist – mangels eines entsprechenden Verweises in den §§ 228 ff. UmwG – die **Unanwendbarkeit von § 220 UmwG**. Somit ist der Formwechsel einer Kapitalgesellschaft in eine KG mit teilgeleisteten Kommanditeinlagen ebenso denkbar wie der Formwechsel einer Kapitalgesellschaft mit einer Unterbilanz zu wirklichen Werten in eine Personengesellschaft.[31]

Bei der Erstellung des **Umwandlungsberichts** ist neben den allgemeingültigen Erwägungen (→ § 33) der Erläuterung und Begründung der künftigen Beteiligung der Anteilsinhaber am neuen Rechtsträger besondere Beachtung zu schenken.[32] Dies liegt darin begründet, dass die Beitragspflicht des Personengesellschafters deutlich über diejenige des Kapitalgesellschafters hinausgeht. Über eine etwaige Pflicht zur Erbringung von finanziellen Einlagen hinaus muss er insbesondere den Gesellschaftszweck fördern. Dieser **Beitrag des künftigen Personengesellschafters** ist darzustellen und zu quantifizieren.

2. Versammlung der Anteilsinhaber

a) Vorbereitung, § 230 UmwG. aa) GmbH. § 230 Abs. 1 UmwG sieht vor, dass die Geschäftsführer allen Gesellschaftern spätestens zusammen mit der Einberufung der Gesellschafterversammlung, die den Formwechsel beschließen soll, diesen Formwechsel als Ge-

---

[28] Ausf. zu Einbringungsvorgängen im Wege der Einzelrechtsnachfolge Widmann/Mayer/*Mayer* Anh. 5.
[29] Siehe Widmann/Mayer/*Vossius* § 226 Rn. 15 ff. mit dem zutreffenden Hinweis, dass auch bei der Totalausgliederung dem Kreis der übernehmenden Rechtsträger Grenzen gesetzt sind (vgl. §§ 124 Abs. 1, 149 Abs. 2, 151 UmwG), weshalb zB die Einbringung des Geschäftsbetriebs einer Versicherungsvertriebs-GmbH in einen VVaG nur im Wege der Einzelrechtsnachfolge möglich ist. Vgl. zur Totalausgliederung ferner MünchHdb. GesR III/*D. Mayer/Weiler* § 73 Rn. 498.
[30] Siehe nur Schmitt/Hörtnagl/Stratz/*Stratz* § 226, Rn. 5; Widmann/Mayer/*Vossius* § 226 Rn. 18; Hüffer/*Koch* § 289 AktG Rn. 9 mwN; aA *Kallmeyer* ZIP 1994, 1746, 1751.
[31] Näher mit Bsp. Widmann/Mayer/*Vossius* Vor § 228 Rn. 20 ff.
[32] Ausf. Widmann/Mayer/*Vossius* Vor § 228 Rn. 13 ff.

genstand der Beschlussfassung in Textform **ankündigen** und den **Umwandlungsbericht übersenden**. Die Vorschrift ergänzt die allgemeinen Regelungen des § 51 Abs. 1, 2 und 4 GmbHG.[33] Insbesondere ist ein „Nachschieben" der Ankündigung des Formwechsels als Beschlussgegenstand bis drei Tage vor der Gesellschafterversammlung entgegen § 51 Abs. 4 GmbHG nicht möglich. Hinsichtlich Form und Fristen sind iÜ die Vorgaben der Satzung der formwechselnden GmbH zu beachten.

27 **Inhaltlich** erforderlich ist somit lediglich die Ankündigung des Formwechsels, nicht aber weitere Angaben zu diesem Tagesordnungspunkt im Einladungsschreiben.[34] Einzelheiten zum Formwechsel ergeben sich vielmehr aus dem mit zu übersendenden Umwandlungsbericht, der aus dem eigentlichen Bericht (§ 192 Abs. 1 Sätze 1 und 2 UmwG) sowie dem Entwurf des Umwandlungsbeschlusses samt Gesellschaftsvertrag des Zielrechtsträgers (§ 192 Abs. 1 S. 3 UmwG, § 234 Nr. 3 S. 1 UmwG) besteht (→ § 33, Rn. 15).

28 Sowohl Ankündigung als auch Übersendung haben mindestens der Textform nach § 126b BGB zu genügen. Dies gilt auch, wenn die Satzung hinsichtlich der **Form** weitergehende Erleichterungen wie etwa Einberufung per Telefon vorsieht.[35] Jedenfalls für die Übersendung des Umwandlungsberichts nicht erforderlich ist nach dem eindeutigen Gesetzeswortlaut die Einhaltung einer etwa angeordneten strengeren Form der Einberufung durch Gesetz (§ 51 Abs. 1 S. 1 GmbHG: eingeschriebener Brief) oder Satzung (zB persönliche Aushändigung).[36] Für die Ankündigung des Formwechsels als Beschlussgegenstand hat die Formerleichterung der Textform nur Bedeutung, wenn die Mitteilung gesondert vor der Einberufung erfolgt. Für die Ankündigung als Teil der Einberufung ist demgegenüber deren (ggf. strengere) Form einzuhalten, da nach allgemeinen Regeln Grundlagenbeschlüsse in der Einberufung selbst anzukündigen sind.[37] Eine Unterzeichnung des Umwandlungsberichts ist aufgrund der angeordneten „Textform" jedoch in keinem Fall erforderlich.[38]

29 Die **Frist** der Einberufung ist auch für die Ankündigung und die Übersendung des Umwandlungsberichts einzuhalten. Diese beträgt nach § 51 Abs. 1 S. 2 GmbHG mindestens eine Woche, kann jedoch durch die Satzung verlängert werden. Die Frist beginnt mit dem Tag, an dem die Einberufung bei ordnungsgemäßer Zustellung unter normalen Umständen dem letzten Gesellschafter zugegangen wäre.[39]

30 **Adressaten** der Ankündigung und Übersendung des Berichts sind sämtliche Gesellschafter, welche sich nach § 16 Abs. 1 S. 1 GmbHG aus der zuletzt im Handelsregister aufgenommenen Gesellschafterliste ergeben. Bei unbekannten Gesellschaftern kommt die Bestellung eines Pflegers in Betracht[40] (→ Rn. 175).

31 **Auslegungspflichten** bestehen für die GmbH anders als bei der Verschmelzung (§ 49 Abs. 2 und 3 UmwG) nicht. Dies liegt darin begründet, dass hier der Auskunftsanspruch aus § 51a GmbHG ausreicht, weil sich beim Formwechsel die Auskunft nur auf die

---

[33] Zur Einberufung einer GmbH-Gesellschafterversammlung allgemein MünchHdb. GesR III/*Wolff* § 39 Rn. 11 ff.

[34] Zur Ankündigung siehe nur Semler/Stengel/*Ihrig* § 230 Rn. 8 ff.

[35] Die Formvorschrift des UmwG ist insoweit nicht dispositiv, vgl. Widmann/Mayer/*Vossius* § 230 Rn. 17.

[36] Anders Semler/Stengel/*Ihrig* § 230 Rn. 21 f., der auch für die Übersendung des Berichts die Wahrung der ggf. strengeren Form der Einberufung für erforderlich hält.

[37] Siehe Baumbach/Hueck/*Zöllner*/Noack § 51 GmbHG Rn. 24 ff.; Kallmeyer/*Blasche* § 230 Rn. 7; Lutter/*Göthel* § 230 Rn. 17; Scholz/*Seibt* § 51 Rn. 22; Semler/Stengel/*Ihrig* § 230 Rn. 2; 7 f.; Widmann/Mayer/*Vossius* § 230 Rn. 8; aA Schmitt/Hörtnagl/Stratz/*Stratz* § 230 Rn. 2: Keine Erstreckung des Formerfordernisses der Einberufung auf die Ankündigung.

[38] Siehe Lutter/*Göthel* § 230 Rn. 17.

[39] Vgl. BGH II ZR 180/86, BGHZ 100, 264, 267 f.; Baumbach/Hueck/*Zöllner*/Noack § 51 GmbH Rn. 19; Kallmeyer/*Blasche* § 230 Rn. 2; Lutter/*Göthel* § 230 Rn. 9; Lutter/Hommelhoff/*Bayer* § 51 Rn. 14.

[40] Widmann/Mayer/*Vossius* § 230 Rn. 24 f.

betroffene GmbH und nicht – wie bei der Verschmelzung – auch auf andere Gesellschaften bezieht.[41]

bb) AG, KGaA. Die Einberufung der Hauptversammlung einer formwechselnden AG oder KGaA erfolgt zunächst nach den allgemeinen Regeln der §§ 121 ff. AktG, insbesondere was Form (Bekanntmachung jdf. im Bundesanzeiger, § 25 S. 1 AktG; ggf. eingeschriebener Brief an alle Aktionäre) und Frist (mindestens 30 Tage, § 123 Abs. 1 S. 1 AktG) betrifft.[42] Besonderes Augenmerk ist dabei auf die Pflicht zur **Bekanntmachung** der Einberufung und der Tagesordnung nach §§ 123 f. AktG zu richten. Neben dem Formwechsel als Tagesordnungspunkt ist auf Grundlage von § 124 Abs. 2 S. 3 AktG der wesentliche **Inhalt des Umwandlungsbeschlusses** bekannt zu machen. Der Umfang der insoweit bestehenden Bekanntmachungspflicht ist umstritten.[43] Zu weitgehend ist eine Entscheidung des LG Hanau aus dem Jahr 1995, wonach sowohl der Wortlaut des vorgeschlagenen Umwandlungsbeschlusses als auch der vorgeschlagene neue Gesellschaftsvertrag des Zielrechtsträgers mit der Einberufung bekanntzumachen sind.[44] Um die sonst drohenden Mängelfolgen zu vermeiden, wird man jedoch in der Praxis aus Vorsichtsgründen im Zweifel eine Bekanntmachung von Beschluss und Gesellschaftsvertrag im Wortlaut vornehmen.[45] Nicht nach § 124 AktG bekanntzumachen ist jdf. der Umwandlungsbericht.[46]

Gemäß § 230 Abs. 2 S. 1 UmwG ist ferner der **Umwandlungsbericht** von der Einberufung der Hauptversammlung an, die den Formwechsel beschließen soll, in dem Geschäftsraum der Gesellschaft zur Einsicht der Aktionäre auszulegen. Die **Auslegung** hat zu den üblichen Geschäftszeiten, dh von 9:00 bis 16:00 Uhr, in der Hauptverwaltung der Gesellschaft zu erfolgen.[47] **Inhaltlich** ist der eigentliche Umwandlungsbericht (§ 192 Abs. 1 Sätze 1 und 2 UmwG) samt Entwurf des Umwandlungsbeschlusses als Anlage (§ 192 Abs. 1 S. 3 UmwG) einschließlich der nach § 234 UmwG erforderlichen Angaben sowie des Gesellschaftsvertrages des Rechtsträgers neuer Rechtsform auszulegen. **Formell** genügt die Auslegung einer einfachen Abschrift; die Auslegung von Originalen ist nicht erforderlich.[48]

Bei börsennotierten Gesellschaften hat neben der physischen Auslegung eine **Veröffentlichung** auf der **Internetseite** der Gesellschaft zu erfolgen, § 124a AktG. Bei nichtbörsennotierten Gesellschaften hingegen besteht die Möglichkeit der elektronischen Zugänglichmachung gemäß § 230 Abs. 2 S. 4 UmwG alternativ neben der Auslegung in den Geschäftsräumen.

Nach dem eindeutigen Wortlaut des Gesetzes bezieht sich die Auslegungs- bzw. Bereitstellungspflicht nur auf den Umwandlungsbericht und **nicht** auch auf den **Prüfungsbericht** nach §§ 208, 30 Abs. 2 UmwG. Der Prüfungsbericht ist jedoch in der Hauptversammlung zu erörtern und Gegenstand des Auskunftsrechts der Aktionäre nach § 131 Abs. 1 AktG.[49]

Auf Verlangen ist nach § 230 Abs. 2 S. 2 UmwG jedem Aktionär (und jedem von der Geschäftsführung ausgeschlossenen persönlich haftenden Gesellschafter einer KGaA) unver-

---

[41] Vgl. Limmer/*Limmer*, Teil 4 Rn. 485.
[42] Näher hierzu MünchHdb. GesR IV/*Semler* § 35 Rn. 1 ff.
[43] Siehe nur Kallmeyer//*Blasche* § 230 Rn. 10 mwN.
[44] LG Hanau, 5 O 149/95, ZIP 1996, 422, 423; kritisch zu Recht auch Widmann/Mayer/*Vossius* § 230 Rn. 28 ff.; Widmann/Mayer/*Rieger* § 238 Rn. 11 ff.; eine Bekanntmachungspflicht des gesamten Umwandlungsbeschlusses, nicht aber des Gesellschaftsvertrages der Zielrechtsform befürwortet Semler/Stengel/*Ihrig* § 230 Rn. 13 ff.
[45] Diese Empfehlung teilen ua Lutter/*Göthel* § 230 Rn. 38; Widmann/Mayer/*Vossius* § 230 Rn. 34.
[46] So zu Recht ua Kallmeyer/*Blasche* § 230 Rn. 10; Lutter/*Göthel* § 230 Rn. 31.
[47] Widmann/Mayer/*Vossius* § 230 Rn. 40, 43.
[48] Widmann/Mayer/*Vossius* § 230 Rn. 44.
[49] Lutter/*Göthel* § 230 Rn. 42; BGH II ZR 368/98, ZIP 2001, 412; LG Heidelberg, O 4/96 KfH II, DB 1996, 1768 f.

züglich und kostenlos eine **Abschrift** des Umwandlungsberichts zu erteilen. Der Umwandlungsbericht kann alternativ mit Einwilligung des Adressaten auch auf dem Wege elektronischer Kommunikation übermittelt werden (§ 230 Abs. 2 S. 3 UmwG). Zu übermitteln ist in beiden Fällen der gesamte Umwandlungsbericht einschließlich aller Anlagen (Entwurf des Umwandlungsbeschlusses samt Gesellschaftsvertrag des Zielrechtsträgers). Auch die Verpflichtung zur Übermittlung entfällt gemäß § 230 Abs. 2 S. 4 UmwG, wenn der Umwandlungsbericht für denselben Zeitraum über die Internetseite der Gesellschaft zugänglich ist. Die Bereitstellung im Internet muss allerdings leicht auffindbar sein.[50]

37 **Adressaten** der Bekanntmachung sind alle (Kommandit-)Aktionäre sowie, was die Übersendungspflicht betrifft, jeder von der Geschäftsführung ausgeschlossene persönlich haftende Gesellschafter einer KGaA. Eine gesetzliche Pflicht zur Erforschung der Kontaktdaten **unbekannter Aktionäre** besteht nicht, obschon insbesondere in Konstellationen, in denen die Gesellschafter – wie etwa beim Formwechsel in eine KG – namentlich benannt werden müssen, eine Aufforderung an die unbekannten Aktionäre zur Angabe ihres Aktienbesitzes unter Namensnennung praktikabel ist.[51]

38 cc) **Verstöße und Rechtsfolgen.** Für **Einberufungsmängel** gelten die allgemeinen Regelungen des GmbHG und des AktG. Ein Nichtigkeitsgrund liegt insbesondere vor, wenn keine Einberufung durch die zuständigen Organe in der gesetzlich vorgeschriebenen Form und mit dem erforderlichen Inhalt erfolgt (vgl. §§ 121 Abs. 2, 3 S. 1, 4, 241 AktG). Demgegenüber führen andere Mängel wie etwa eine fehlerhafte Berechnung der Einberufungsfrist oder die Nichteinhaltung der Formalien des § 230 UmwG, zB Mängel der Abschriftenerteilung oder der Auslegung von Unterlagen, lediglich zur Anfechtbarkeit des Umwandlungsbeschlusses.[52]

39 Die Einhaltung der Vorschriften des § 230 UmwG ist – ebenso wie die meisten übrigen Formalien der Einberufung und Durchführung einer Gesellschafterversammlung – durch die Gesellschafter verzichtbar. Der **Verzicht** kann vor oder in der Gesellschafterversammlung erklärt werden und bedarf keiner Form. Etwaige Anfechtungs- oder Nichtigkeitsgründe werden durch den allseitigen Verzicht geheilt.[53] Ein allgemein erklärter Verzicht auf die Formalien der Einberufung und Abhaltung der Gesellschafterversammlung reicht aus.[54]

40 b) **Mitteilung des Abfindungsangebots, § 231 UmwG.** Gemäß § 231 S. 1 UmwG hat das Vertretungsorgan der formwechselnden Gesellschaft den Gesellschaftern oder Aktionären spätestens zusammen mit der Einberufung der Gesellschafterversammlung oder der Hauptversammlung, die den Formwechsel beschließen soll, das **Abfindungsangebot** nach § 207 UmwG zu **übersenden**.[55] Für die AG und die KGaA stellt § 231 UmwG

---

[50] Siehe nur Widmann/Mayer/*Vossius* § 230 Rn. 44.1.
[51] Vgl. Kölner Kommentar-UmwG/*Dauner-Lieb/P. W. Tettinger* § 230 Rn. 30; Lutter/*Göthel* § 230 Rn. 46; Semler/Stengel/*Ihrig* § 230 Rn. 32; anders BayObLG 3Z BR 114/96, ZIP 1996, 1467, 1468 f., wonach die Gesellschaft vor Fassung des Umwandlungsbeschlusses den Personenkreis ihrer Aktionäre zu ermitteln hat, soweit dies nicht mit einem unverhältnismäßigen Aufwand verbunden ist, und daher in die Einladung zur Hauptversammlung, die über den Formwechsel beschließt, eine Aufforderung zur Offenlegung des Aktienbesitzes aufgenommen werden sollte. Vgl. zum Ganzen auch Wied GmbHR 2016, 15.
[52] Näher Kallmeyer/*Blasche* § 230 Rn. 15; Lutter/*Göthel* § 230 Rn. 48 f.; Widmann/Mayer/*Vossius* § 230 Rn. 68 ff.
[53] Zur Heilung von Einberufungsmängeln in diesem Zusammenhang ausf. Lutter/*Göthel* § 230 Rn. 50 ff.
[54] Im Einzelnen Widmann/Mayer/*Vossius* § 230 Rn. 55 ff. mwN.
[55] Für den Formwechsel einer GmbH ergibt sich dies schon aus § 230 Abs. 1 UmwG, der die Übersendung des Abfindungsangebots als Bestandteil des Formwechselbeschlusses (§ 194 Abs. 1 Nr. 6 UmwG), welcher wiederum Teil des Umwandlungsberichts ist (§ 192 Abs. 1 S. 3 UmwG), anordnet. Eine eigenständige Bedeutung hat § 231 S. 1 UmwG demnach nur in den (wohl eher theoretischen) Fällen, in denen auf die Übersendung des Umwandlungsberichts nach § 230 UmwG, nicht aber auf die Formalien des § 231 UmwG verzichtet wird, vgl. nur Semler/Stengel/*Ihrig* § 231 Rn. 6.

insoweit eine Ausnahme von § 230 Abs. 2 UmwG dar, wonach die wesentlichen Unterlagen lediglich ausgelegt werden müssen.

Adressaten sind die GmbH-Gesellschafter bzw. die (Kommandit-)Aktionäre, nicht aber 41 die persönlich haftenden Gesellschafter einer KGaA, da diesen aufgrund ihres grds. bestehenden Vetorechts bzw. ihres Rechts auf Ausscheiden (§ 233 Abs. 3 S. 1, 3 bzw. § 240 Abs. 3 S. 1 UmwG) kein Abfindungsangebot nach §§ 207 ff. UmwG zu machen ist (vgl. § 227 UmwG; zur Abfindung der ausscheidenden persönlich haftenden Gesellschafter einer KGaA → Rn. 80 f.). Ferner kommt ein Abfindungsangebot und damit dessen Mitteilung nicht in Betracht, wenn an dem Ausgangsrechtsträger nur ein Gesellschafter beteiligt ist oder ohnehin alle Gesellschafter zustimmen müssen (§ 194 Abs. 1 Nr. 6 UmwG), wie etwa beim Formwechsel in eine GbR, OHG oder PartG (§ 233 Abs. 1 UmwG).

Eines Abfindungsangebots bedarf es ferner nicht, wenn alle Gesellschafter darauf verzichten. Der **Verzicht** kann vor oder in der Versammlung abgegeben werden, bedarf aber 42 nach ganz überwiegender Ansicht in jedem Fall der notariellen Beurkundung.[56]

Der Übersendung steht es gemäß § 231 S. 2 UmwG gleich, wenn das Abfindungs- 43 angebot im Bundesanzeiger und den sonst bestimmten Gesellschaftsblättern **bekanntgemacht** wird. In diesem Fall ist das Abfindungsangebot über § 124 Abs. 2 S. 2 AktG hinaus seinem vollständigen Inhalt nach bekanntzumachen.[57]

Die **Folgen eines Verstoßes** gegen die Übersendungspflicht sind umstritten. Nachdem 44 § 210 UmwG einen Ausschluss von Klagen gegen den Umwandlungsbeschluss anordnet, soweit sie sich auf eine zu niedrige, gar nicht oder nicht ordnungsgemäß angebotene Abfindung beziehen, muss dies erst Recht für diesbezügliche Informationsmängel gelten.[58] Die Gesellschafter werden gemäß § 212 UmwG auf das Spruchverfahren verwiesen.

c) **Durchführung, § 232 UmwG. aa) Auslegungspflichten.** In der Gesellschafter- 45 versammlung oder in der Hauptversammlung, die den Formwechsel beschließen soll, ist nach § 232 Abs. 1 S. 1 UmwG der **Umwandlungsbericht** auszulegen (einschließlich Vermögensaufstellung und Entwurf des Umwandlungsbeschlusses samt Gesellschaftsvertrag des Zielrechtsträgers, §§ 192, 229, 234 UmwG). Die Auslegung des Originals ist nicht erforderlich, eine einfache Abschrift reicht aus. Da noch in der Versammlung ein Verlangen nach § 230 Abs. 2 S. 2 UmwG gestellt werden kann, empfiehlt es sich, genügend Kopien vorrätig zu halten.[59]

Nicht auszulegen ist mangels Bezugnahme der Vorschrift auf §§ 208, 30 Abs. 2 UmwG 46 der **Bericht** über die Prüfung der **Angemessenheit der Barabfindung**. Diesbezüglich gelten die allgemeinen Bestimmungen (§ 51a GmbHG, § 131 AktG).[60]

In der Hauptversammlung einer AG oder einer KGaA kann der Umwandlungsbericht 47 auch **auf andere Weise zugänglich** gemacht werden, § 232 Abs. 1 S. 2 UmwG. Ausreichend ist zB die Einsehbarkeit des Berichts über allen Aktionären zugängliche Monitore im Abstimmungsbereich.[61]

bb) Mündliche Erläuterung. Im Falle der formwechselnden Umwandlung einer AG 48 oder einer KGaA ist der Entwurf des Umwandlungsbeschlusses ferner von deren Vertretungsorgan zu Beginn der Verhandlung, das heißt spätestens zu Beginn des Tagesordnungspunktes „Formwechsel", **mündlich zu erläutern**, § 232 Abs. 2 UmwG. Der Aus-

---

[56] Siehe nur Kölner Kommentar-UmwG/*Dauner-Lieb/P. W. Tettinger* § 231 Rn. 6; Lutter/*Göthel* § 231 Rn. 8; Semler/Stengel/*Ihrig* § 231 Rn. 5.
[57] Siehe Widmann/Mayer/*Vossius* § 231 Rn. 14 mit Formulierungsvorschlag.
[58] So die ganz hM, vgl. exemplarisch Kölner Kommentar-UmwG/*Dauner-Lieb/P. W. Tettinger* § 231 Rn. 16; aA aber Widmann/Mayer/*Vossius* § 231 Rn. 22 ff., der eine Anfechtungsklage aufgrund Verletzung von Informationsrechten zulassen will.
[59] Widmann/Mayer/*Vossius* § 232 Rn. 14.
[60] Vgl. nur Lutter/*Göthel* § 232 Rn. 3, 12 f.
[61] Vgl. BT-Drs. 16/11642, S. 45 iVm S. 25; Kallmeyer/*Blasche* § 232 Rn. 2; *J. Schmidt* NZG 2008, 734, 735; Widmann/Mayer/*Vossius* § 232 Rn. 11.

kunftsanspruch des Aktionärs aus § 131 AktG bleibt hiervon unberührt. Das Auskunftsrecht der GmbH-Gesellschafter ergibt sich hingegen (nur) aus § 51a GmbHG.

49 **Gegenstand** der mündlichen Erläuterung sind alle entscheidungsrelevanten Aspekte, ua eine Zusammenfassung des Umwandlungsberichts, Darlegung der wirtschaftlichen und rechtlichen Gründe und Folgen des Formwechsels sowie Bewertungsfragen, vor allem im Hinblick auf das Abfindungsangebot. Dabei sind insbesondere Entwicklungen seit Aufstellung des Umwandlungsberichts zu berücksichtigen.[62] Eine Verlesung des gesamten Umwandlungsberichts ist weder erforderlich noch ausreichend.[63]

50 **Zuständig** für die Erläuterung ist das Vertretungsorgan, das heißt der Vorstand der AG in seiner Gesamtheit oder die persönlich haftenden Gesellschafter der KGaA. Welches Organmitglied spricht, entscheidet das Vertretungsorgan. Es kann sich dabei auch Hilfspersonen wie etwa eines Wirtschaftsprüfers oder des beurkundenden Notars bedienen. Allerdings ist die Erläuterung nicht im Ganzen, sondern nur in Teilaspekten delegierbar. Insbesondere die wirtschaftlichen bzw. unternehmensstrategischen Aspekte sind durch das Verwaltungsorgan selbst zu erläutern.[64]

51 cc) **Verstöße und Rechtsfolgen.** § 232 UmwG ist verzichtbar; ein allgemein formulierter **Verzicht** aller anwesenden Gesellschafter auf sämtliche Formalien reicht aus. Ein konkludenter Verzicht ist anzunehmen bei Fassung des Umwandlungsbeschlusses ohne Rüge.[65]

Mangels eines Verzichts führen **Verstöße** gegen § 232 UmwG grds. zur **Anfechtbarkeit** des Beschlusses, wenn der Aktionär Widerspruch zur Niederschrift einlegt (§ 245 Nr. 1 AktG). Allerdings fehlt es bei Verstößen gegen § 232 Abs. 1 UmwG an einem Rechtsschutzbedürfnis, wenn der Aktionär die Unzulänglichkeit der Unterlagen nicht in der Versammlung gerügt hat.[66] Wurde der Mangel gerügt, entfällt das **Rechtsschutzbedürfnis** andererseits nicht deshalb, weil der Aktionär zumutbarer Weise von seinen Rechten nach § 230 Abs. 2 Sätze 1 und 2 UmwG hätte Gebrauch machen können; der Aktionär darf selbst dann darauf vertrauen, dass die Gesellschaft ihrer Pflicht zur Auslegung in der Versammlung nachkommt, wenn er im Vorfeld der Versammlung weder in den Geschäftsräumen Einsicht nimmt noch sich den Umwandlungsbericht zusenden lässt.[67]

52 d) **Beschlussfassung, § 233 UmwG.** Die §§ 233, 234 UmwG ergänzen die Vorschriften der §§ 193 f. UmwG (→ § 34). **§ 233 UmwG** regelt dabei erforderliche Mehrheiten und Zustimmungserfordernisse differenziert nach der Rechtsform des Zielrechtsträgers und der Stellung des jeweiligen Anteilsinhabers beim neuen Rechtsträger. Daneben sind hinsichtlich Fragen wie zB dem konkreten Beschlussgegenstand, Stellvertretung, Stimmverboten, mitwirkungspflichten Dritter, Mehrheitsmissbrauch, Form und materiellen Beschlusserfordernissen die Regeln des allgemeinen Teils des UmwG sowie die jeweiligen spezialgesetzlichen Vorschriften des GmbHG bzw. des AktG zu beachten.[68]

53 Im Vergleich zur autonomen, die Zustimmung aller Gesellschafter erfordernden Gründung einer Personengesellschaft besteht die Besonderheit, dass die Feststellung des Gesellschaftsvertrages mit der jeweils erforderlichen **Mehrheit** auch die Gesellschafter bindet, die gegen den Beschluss gestimmt oder gar nicht an der Versammlung teilgenommen haben. § 234 Nr. 3 UmwG stellt somit für den Formwechsel in eine KG (→ Rn. 57) klar, dass die für den Beschluss im Regelfall erforderliche Dreiviertelmehrheit des § 233 Abs. 2 UmwG

---

[62] Widmann/Mayer/*Vossius* § 232 Rn. 17 f.; Kölner Kommentar-UmwG/*Dauner-Lieb*/*P. W. Tettinger* § 232 Rn. 11.
[63] Lutter/*Göthel* § 232 Rn. 2; Widmann/Mayer/*Vossius* § 232 Rn. 27.
[64] Vgl. Widmann/Mayer/*Vossius* § 232 Rn. 23 ff.
[65] Siehe nur Widmann/Mayer/*Vossius* § 232 Rn. 29 ff.
[66] Vgl. Semler/Stengel/*Ihrig* § 232 Rn. 18; Widmann/Mayer/*Vossius* § 232 Rn. 24 f.
[67] Wie hier Semler/Stengel/*Ihrig* § 232 Rn. 18; aA Widmann/Mayer/*Vossius* § 232 Rn. 35, der ein Rechtsschutzbedürfnis in diesen Fällen verneint.
[68] Im Einzelnen dazu Widmann/Mayer/*Vossius* § 233 Rn. 5 ff.

§ 38 Rechtsformspezifische Besonderheiten des Formwechsels 54–60 § 38

auch für die **Festlegung des Gesellschaftsvertrages** gilt, obgleich dieser im Bereich der Personengesellschaften sonst nur einstimmig gefasst und geändert werden kann (vgl. § 119 Abs. 1 HGB).

Für **fakultative Änderungen** des Gesellschaftsvertrages, die über die reinen, aufgrund 54 des Formwechsels erforderlichen Veränderungen hinausgehen, gelten nach hingegen zutreffender hM diejenigen Mehrheits- bzw. Zustimmungserfordernisse, welche beim formwechselnden Rechtsträger für eine entsprechende Satzungsänderung erforderlich gewesen wären. Jedenfalls dürfen mit Hilfe der Dreiviertelmehrheit aufgrund der allgemeinen Treuepflicht keine Nachteile zu Lasten der Minderheit beschlossen werden.[69]

Beim Formwechsels in eine GbR, OHG oder PartG, bei denen – anders als in der 55 Ausgangsrechtsform als Kapitalgesellschaft – sämtliche Gesellschafter persönlich haften, genügt eine Mehrheitsentscheidung nicht, sondern es bedarf der **Zustimmung sämtlicher** anwesender und nicht anwesender **Gesellschafter** des Ausgangsrechtsträgers, § 233 Abs. 1 UmwG. Diese Zustimmung ist rechtsgeschäftliche, einseitige, empfangsbedürftige und beurkundungspflichtige Willenserklärung (→ Rn. 65 f.).

Nach dem Gesetzeswortlaut und dem Schutzzweck der Norm gilt das Zustimmungs- 56 erfordernis aufgrund der persönlichen Haftung beim Formwechsel in eine GbR, OHG oder PartG auch für **nicht stimmberechtigte Gesellschafter** der formwechselnden Kapitalgesellschaft, zB bei Bestehen von stimmrechtslosen GmbH-Geschäftsanteilen oder Vorzugsaktien ohne Stimmrecht.[70] Das sich daraus ergebende Vetorecht tritt neben den Schutz aus §§ 204, 23 UmwG.

Soll die formwechselnde Gesellschaft in eine **KG** umgewandelt werden, so bedarf der 57 Umwandlungsbeschluss grds. lediglich einer **Dreiviertelmehrheit** der vertretenen Stimmen (GmbH) bzw. des vertretenen Grundkapitals (AG, KGaA). Zusätzlich ist bei einer AG oder KGaA wie bei allen Beschlüssen einer einfachen Mehrheit der abgegebenen Stimmen erforderlich, § 133 Abs. 1 AktG.[71] Der Gesellschaftsvertrag oder die Satzung der formwechselnden Gesellschaft kann iÜ eine größere Mehrheit und weitere Erfordernisse bestimmen, dh eine Verschärfung, nicht aber eine Erleichterung vorsehen.[72]

Wer in der KG hingegen die Stellung eines **persönlich haftenden Gesellschafters** 58 haben soll, muss dem Formwechsel in jedem Fall **zustimmen**, § 233 Abs. 2 S. 3 UmwG (→ Rn. 55 und allg. zu der Zustimmungserklärung → Rn. 65 f.). In der Ja-Stimme des betreffenden Gesellschafters zum Umwandlungsbeschluss liegt die Zustimmung, wenn dieser nach §§ 6 ff. BeurkG beurkundet wurde.[73]

Das Zustimmungserfordernis gilt nach dem klaren Wortlaut der Vorschrift auch für 59 eigentlich **nicht stimmberechtigte Gesellschafter** des Ausgangsrechtsträgers (→ Rn. 56). Diesen ist ggf. die Stellung als Kommanditist zuzuweisen.

Für **Beschlussmängel** bei Kapitalgesellschaften sind zunächst die allgemeinen Regelun- 60 gen Aktienrechts anwendbar (§§ 241 ff. AktG). Eine Nichtigkeit des Beschlusses kommt danach bei Einberufungs-, Beurkundungs- und Inhaltsmängeln in Betracht. Ein zur **Nichtigkeit** führender Inhaltsmangel aus spezifisch umwandlungsrechtlichen Gründen ist zB anzunehmen, wenn der Beschluss auf Umwandlung in eine GbR gerichtet ist, obschon die Gesellschaft die Anforderungen des § 228 Abs. 1 UmwG iVm § 105 Abs. 1 und 2 HGB erfüllt und daher nur ein Formwechsel in eine Personenhandelsgesellschaft in Betracht

---

[69] Vgl. BGH II ZR 29/03, NZG 2005, 722; Limmer/*Limmer*, Teil 4 Rn. 531 mwN; Lutter/*Göthel* § 243 Rn. 30 ff.; Widmann/Mayer/*Rieger* § 243 Rn. 14 mwN.
[70] Siehe nur Kallmeyer/*Blasche* § 233 Rn. 2; Limmer/*Limmer*, Teil 4 Rn. 511 mwN auch zur Gegenansicht; Lutter/*Göthel* § 233 Rn. 4.
[71] Relevant kann die Unterscheidung in Kapital- und Stimmenmehrheit bei der Aktiengesellschaft werden, wenn noch Aktien mit Mehrstimmrechten existieren (§ 12 Abs. 2 AktG, § 5 EGAktG) oder die Satzung ein Höchststimmrecht (§ 134 Abs. 1 S. 2 AktG) vorsieht.
[72] Einzelheiten bei Widmann/Mayer/*Vossius* § 233 Rn. 67 ff.
[73] Widmann/Mayer/*Vossius* § 233 Rn. 81.

kommt (→ Rn. 96) oder wenn zwingende Angaben nach § 234 UmwG fehlen.[74] Wenn keine solche besonderen Gründe der Nichtigkeit nach § 241 AktG vorliegen, führen Verstöße gegen Gesetz oder Satzung lediglich zur **Anfechtbarkeit** des Beschlusses. Im Übrigen gelten dieselben Grundsätze wie im Recht der Verschmelzung (→ §§ 14, 37). Wird der Formwechsel trotz Mängeln des Umwandlungsbeschlusses eingetragen, tritt gemäß § 202 Abs. 3 UmwG Heilungswirkung ein (→ § 36 Rn. 26 ff.).

61 **e) Inhalt des Beschlusses, § 234 UmwG.** § 234 UmwG erweitert die allgemeinen Regeln über den Mindestinhalt des Umwandlungsbeschlusses. Gemein ist allen Formwechselvarianten einer Kapitalgesellschaft in eine Personengesellschaft dabei, dass nach § 234 Nr. 1 UmwG der **Sitz** der Zielgesellschaft im Umwandlungsbeschluss festzulegen ist. Nach § 106 Abs. 2 Nr. 2 HGB ist dies bei einer Personengesellschaft zwingend der Ort des tatsächlichen Verwaltungssitzes; einen davon abweichenden Satzungssitz kennt das Personengesellschaftsrecht nicht.[75]

62 § 234 Nr. 2 UmwG verlangt ergänzend beim Formwechsel in eine KG die Angabe der Kommanditisten sowie des Betrages der Einlage, dh der **Haftsumme** eines jeden von ihnen im Beschluss. Daneben ist im Gesellschaftsvertrag des Zielrechtsträgers (→ Rn. 63) der Umfang der **Beteiligung jedes Gesellschafters** an der entstehenden Personengesellschaft zu regeln, klassischerweise durch Zuweisung von Kapitalkonten.[76]

63 Darüber hinaus ist der **Gesellschaftsvertrag** der Ziel-Personengesellschaft zwingend Teil des Umwandlungsbeschlusses, § 234 Nr. 3 UmwG. Dieser wird somit abweichend von den allgemeinen Grundsätzen dem Formerfordernis der notariellen Beurkundung unterworfen. Für den Inhalt des Gesellschaftsvertrages gelten die allgemeinen Regeln, die bei Personengesellschaften hinsichtlich der Regelungen des Innenverhältnisses relativ flexibel sind (§ 109 HGB).[77] Im Vergleich zu einer Kapitalgesellschaft als Zielrechtsträger fehlt es insbesondere an den Erfordernissen der Kapitalaufbringung (Formwechsel als „Quasi-Sachgründung" → § 34 Rn. 54 f.).

3. Besondere Zustimmungserfordernisse

64 **a) Allgemeines. § 193 Abs. 2 UmwG** postuliert ein allgemeines Zustimmungserfordernis im Falle einer satzungsmäßigen Anteilsvinkulierung beim Ausgangsrechtsträger (→ § 34 Rn. 59 ff.). Hinzu kommen etwaige Zustimmungspflichten auf Basis der **Satzung** des formwechselnden Rechtsträgers[78] und sowie nachfolgend dargestellten rechtsformspezifischen Zustimmungserfordernisse.

65 Nach § 193 Abs. 3 S. 1 UmwG bedürfen die erforderlichen Zustimmungserklärungen, welche grds. vor oder nach der Versammlung abgegeben werden können, der **notariellen Beurkundung**. Als empfangsbedürftige Willenserklärung sind sie nach den Vorschriften der §§ 6 ff. BeurkG zu beurkunden, während der Beschluss als Niederschrift nach §§ 36 ff. BeurkG gefasst werden kann.

66 **b) GmbH als Ausgangsrechtsträger. § 50 Abs. 2 UmwG** ist **entsprechend** anzuwenden, das heißt im Fall der Beeinträchtigung von satzungsmäßigen **Sonderrechten** bedarf der Umwandlungsbeschluss der Zustimmung der hierdurch begünstigten Gesellschafter einer GmbH. Umfasst sind auf dem Gesellschaftsvertrag beruhende, bestimmten Gesellschaftern zustehende Minderheitsrechte wie zB besondere Rechte bei der Bestellung

---

[74] Vgl. Kölner Kommentar-UmwG/*Dauner-Lieb/P. W. Tettinger* § 232 Rn. 16; Lutter/*Göthel* § 232 Rn. 84; Schmitt/Hörtnagl/Stratz/*Stratz* § 234 Rn. 1.
[75] Siehe nur Baumbach/Hopt/*Roth* § 106 HGB Rn. 8.
[76] Näher Limmer/*Limmer*, Teil 4 Rn. 539 ff.; zur gesetzlichen Systematik und den verschiedenen gesellschaftsvertraglichen Modellen der Konten bei Personengesellschaften vgl. den Überblick bei *Tillkorn* DNotZ 2014, 721, 727 ff.
[77] Vgl. nur Baumbach/Hopt/*Roth* § 109 HGB Rn. 2 f.
[78] Zu beidem mwN Semler/Stengel/*Mutter* § 241 Rn. 29 f.

von Geschäftsführern (→ § 15 Rn. 196 ff.).⁷⁹ Mangels Beeinträchtigung scheidet eine Zustimmungspflicht aus, wenn der Sonderrechtsinhaber eine Kompensation durch Einräumung gleichwertiger Rechte beim neuen Rechtsträger erhält.

c) AG als Ausgangsrechtsträger. Bei einer formwechselnden AG oder KGaA kann 67 eine erforderliche Zustimmungserklärung entweder gegenüber der Hauptversammlung oder dem Aufsichtsrat erklärt werden. Außerdem ist bei einer formwechselnden Gesellschaft mit **mehreren Gattungen** von Aktien die Zustimmung der stimmberechtigten Aktionäre jeder Gattung iSv § 11 AktG im Wege eines Sonderbeschlusses erforderlich, § 233 Abs. 2 S. 1 HS. 2 UmwG iVm § 65 Abs. 2 UmwG (→ § 11 Rn. 38 sowie § 15 Rn. 46 ff.).⁸⁰ Dies gilt nicht für Inhaber von Vorzugsaktien, denen über §§ 204, 23 UmwG beim Zielrechtsträger gleichwertige Rechte einzuräumen sind (→ § 15 Rn. 46).⁸¹

d) KGaA als Ausgangsrechtsträger, § 233 Abs. 3 UmwG. § 233 Abs. 3 UmwG 68 regelt schließlich Besonderheiten beim Formwechsel einer KGaA in eine Personengesellschaft. So müssen dem Formwechsel grds. sämtliche **persönlich haftende Gesellschafter** zustimmen. Die Regelung nimmt den Gedanken des § 285 Abs. 2 AktG auf, wonach Grundlagenentscheidungen bei der KGaA der Zustimmung der persönlich haftenden Gesellschafter bedürfen.⁸² Das **Zustimmungserfordernis** besteht selbst dann, wenn der persönlich haftende Gesellschafter an einer durch den Formwechsel entstehenden KG als Kommanditist mit voll eingezahlter Hafteinlage beteiligt werden soll.⁸³

Eine **gesonderte Zustimmungserklärung** soll nach überwiegender Ansicht nicht 69 erforderlich sein, wenn die persönlich haftenden Gesellschafter in ihrer Eigenschaft als Kommanditaktionäre für den Beschluss gestimmt haben.⁸⁴ Sicherheitshalber empfiehlt es sich jedoch, auch in diesem Fall eine ausdrückliche Zustimmungserklärung in die Urkunde aufzunehmen. Zumindest ist für den Beschluss die Beurkundungsform der §§ 6 ff. BeurkG (Beurkundung von Willenserklärungen) einzuhalten (→ Rn. 65).

Gemäß § 233 Abs. 3 S. 2 UmwG kann die Satzung der formwechselnden Gesellschaft 70 ausschließlich für den Fall des Formwechsels in eine KG auch eine **Mehrheitsentscheidung** der persönlich haftenden Gesellschafter vorsehen. Die Formulierung des Gesetzes ist unklar. Gemeint ist nach zutreffender Ansicht nicht eine (einfache) Mehrheit der in einer Versammlung der persönlich haftenden Gesellschafter abgegebenen Stimmen, sondern die rechtsgeschäftliche Zustimmungserklärung einer (in Ermangelung einer strengeren Satzungsregelung einfachen) Mehrheit der persönlich haftenden Gesellschafter nach Köpfen.⁸⁵

4. Registeranmeldung, § 235 UmwG

Adressat der Anmeldepflicht ist nach § 235 Abs. 2 UmwG das Organ des formwech- 71 selnden Rechtsträgers in vertretungsberechtigter Zahl. Es bedarf somit, wie der Umkehrschluss aus § 222 UmwG belegt, nicht der Mitwirkung sämtlicher Mitglieder des Vertretungsorgans.⁸⁶ Die Vorschrift erleichtert somit die Anmeldung der durch den Form-

---

⁷⁹ Siehe ferner Kölner Kommentar-UmwG/*Dauner-Lieb/P. W. Tettinger* § 232 Rn. 40 ff.; Kommentar-UmwG/*Simon/Nießen* § 50 Rn. 15 ff.
⁸⁰ Siehe ferner Widmann/Mayer/*Vossius* § 233 Rn. 91 ff.
⁸¹ Vgl. ferner Semler/Stengel/*Ihrig* § 233 Rn. 26; Widmann/Mayer/*Vossius* § 233 Rn. 93.
⁸² Ein Stimmrecht haben die persönlich haftenden Gesellschafter einer Kommanditgesellschaft auf Aktien nur, wenn sie gleichzeitig Kommanditaktionäre sind, § 285 Abs. 1 S. 1 AktG.
⁸³ So zu Recht Widmann/Mayer/*Vossius* § 233 Rn. 108.
⁸⁴ Semler/Stengel/*Ihrig* § 233 Rn. 35; Lutter/*Göthel* § 233 Rn. 75. Zweifelnd Kölner Kommentar-UmwG/*Dauner-Lieb/Tettinger* § 233 Rn. 74, die in der Zustimmung des persönlich haftenden Gesellschafters in seiner Eigenschaft als Kommanditaktionär nicht zwingend auch eine Zustimmung in seiner Eigenschaft als Komplementär sehen.
⁸⁵ Die Entscheidung ist Akt der Geschäftsführung, ein Gremium „Versammlung der persönlich haftenden Gesellschafter" ist der Kommanditgesellschaft auf Aktien fremd. Vgl. hierzu Semler/Stengel/*Ihrig* § 233 Rn. 38; Widmann/Mayer/*Vossius* § 233 Rn. 110 ff.
⁸⁶ Vgl. nur Semler/Stengel/*Ihrig* § 235 Rn. 7 mwN.

wechsel entstehenden Personengesellschaft, insbesondere im Falle einer Publikums-KG: Die Anmeldung durch deren sämtliche Gesellschafter entsprechend § 108 HGB ist nicht nur nicht erforderlich, sondern unzulässig.[87]

72 Die Anmeldung ist **formbedürftig**, § 12 Abs. 1 HGB. **Stellvertretung** ist möglich; die Vollmacht bedarf aber ebenfalls notarieller Beglaubigung, § 12 Abs. 2 S. 1 HGB. Eine Anmeldung in unechter Gesamtvertretung (Geschäftsführer bzw. Vorstand und Prokurist) ist zulässig, nicht aber die alleinige Anmeldung durch Prokuristen, da es sich um ein Grundlagengeschäft handelt.[88]

73 Das **zuständige Gericht** bestimmt sich grds. nach § 198 UmwG (Register des formwechselnden Rechtsträgers, → § 35 Rn. 5 ff.).[89] Danach hat die Anmeldung grundsätzlich beim für den formwechselnden Rechtsträger anzumelden. Sofern dieser allerdings im Zuge des Formwechsels seinen Sitz verlegt, ist nach § 198 Abs. 2 S. 2 Alt. 2 UmwG zusätzlich bei dem für den künftigen Rechtsträger zuständigen Gericht anzumelden.[90]

74 Den **Inhalt** der Anmeldung bestimmen im Wesentlichen Vorschriften des Allgemeinen Teils und des HGB. Anzumelden sind gemäß § 198 Abs. 1 UmwG die neue Rechtsform des Rechtsträgers (→ § 35 Rn. 12 ff.) sowie die weiteren erforderlichen Informationen bei der Anmeldung einer neu gegründeten Personengesellschaft, dh Firma, Sitz, inländische Geschäftsanschrift sowie Namen, Geburtsdaten und Wohnorte der Gesellschafter, deren abstrakte und konkrete Vertretungsbefugnis und bei Kommanditisten die jeweilige Haftsumme (vgl. §§ 106, 162 Abs. 1 HGB, § 234 Nr. 1 und 2 UmwG). Daneben kommen als weiterer Inhalt der Anmeldung eine Sitzverlegung, die Bestellung von Prokuristen oder die Errichtung einer Zweigniederlassung in Betracht.

75 Schließlich sind **umwandlungsspezifische Erklärungen** abzugeben, namentlich die Erklärung zum Nichtvorliegen einer Anfechtungsklage nach § 198 Abs. 3 iVm § 16 Abs. 2 und 3 UmwG und ggf. im Hinblick auf § 194 Abs. 2 UmwG die Erklärung, dass kein Betriebsrat besteht.

76 Für die im Rahmen der Anmeldung beizufügenden **Anlagen** gilt allein § 199 UmwG (→ § 35 Rn. 19 ff.).[91] Der Gesellschaftsvertrag der Ziel-Personengesellschaft muss dabei nach ganz hM nicht komplett beim Handelsregister vorgelegt werden, um unerwünschte Publizität zu vermeiden.[92] Ggf. kann auch zunächst im Rahmen des Formwechselbeschlusses ein rudimentärer Gesellschaftsvertrag festgestellt und anschließend (vor Eintragung aufschiebend bedingt auf die Wirksamkeit des Formwechsels) privatschriftlich unter Vermeidung der Registerpublizität geändert werden.

5. Rechtsfolgen und rechtsformspezifische Besonderheiten

77 **a) Ausgangsrechtsträger KGaA.** Unabhängig von der Anordnung einer Mehrheitsentscheidung durch die Satzung der KGaA § 233 Abs. 3 S. 2 UmwG (→ Rn. 70) kann jeder persönlich haftende Gesellschafter nach **§ 233 Abs. 3 S. 3** UmwG durch einseitige, empfangsbedürftige und formfreie Willenserklärung sein Ausscheiden aus dem Rechtsträger auf den Zeitpunkt erklären, in dem der Formwechsel wirksam wird. Der **Austritt** ist nicht fristgebunden, soll aber nach einer starken Ansicht spätestens bis zur Beschlussfassung der Hauptversammlung über den Formwechsel abzugeben sein.[93] Richtigerweise ist auch eine spätere Austrittserklärung zulässig. Zum einen kann der Umwandlungsbeschluss dem Gesellschafter diese Möglichkeit bewusst eröffnen, indem er daran anknüpfende alternative

---

[87] Die Verweisung auf das Gründungsrecht in § 197 S. 1 UmwG ist insoweit durch die Spezialvorschrift des § 235 Abs. 2 UmwG verdrängt, vgl. Widmann/Mayer/*Vossius* § 235 Rn. 3, 12.

[88] Zum Ganzen Widmann/Mayer/*Vossius* § 235 Rn. 8 ff.

[89] Der Ausschluss von § 198 Abs. 2 UmwG in § 235 Abs. 1 S. 2 UmwG betrifft nur den Sonderfall des Formwechsels einer Kapitalgesellschaft in eine GbR.

[90] Zum daraus folgenden zeitlichen Ablaufschema Widmann/Mayer/*Vossius* § 235 Rn. 18.

[91] Einzelheiten bei Widmann/Mayer/*Vossius* § 235 Rn. 30.

[92] Widmann/Mayer/*Vossius* § 233 Rn. 19 mwN.

[93] So Lutter/*Göthel* § 233 Rn. 82; Semler/Stengel/*Ihrig* § 233 Rn. 39.

Bestimmungen über die künftige Beteiligung enthält. Zum anderen ist nicht ersichtlich, warum demjenigen persönlich haftenden Gesellschafter kein Austrittsrecht zustehen sollte, der im Falle einer satzungsmäßig zugelassenen Mehrheitsentscheidung zunächst abwarten will, ob eine Entscheidung für den Formwechsel zustande kommt.[94]

Das **Austrittsrecht** besteht im Übrigen unabhängig davon, ob der Gesellschafter seine **Zustimmung** zum Formwechsel erteilt hat oder nicht (→ Rn. 68 f.). Umstritten ist andererseits, ob in der Austrittserklärung zugleich zwingend die Zustimmung zum Formwechsel zu erblicken ist.[95] Wenn überhaupt kann dies nur der Fall sein, wenn die Austrittserklärung der Form des § 193 Abs. 3 S. 1 UmwG genügt. Inhaltlich unklare Erklärungen sollten jedenfalls vermieden werden. Auf das Austrittsrecht kann auch verzichtet werden. Der Verzicht bedarf wegen seiner Nähe zur Zustimmung der notariellen Form und enthält regelmäßig eine konkludente Zustimmung zu dem Formwechsel.[96]

§ 236 UmwG stellt ergänzend klar, dass mit dem Wirksamwerden des Formwechsels einer KGaA persönlich haftende Gesellschafter, die sich nach § 233 Abs. 3 S. 3 erklärt haben, aus der Gesellschaft **ausscheiden**. Der entstehenden Personengesellschaft gehört der Komplementär der KGaA dann von Anfang an nicht mehr an.[97]

Sofern Komplementäre nach §§ 233 Abs. 3 S. 3, 236 UmwG auf den Zeitpunkt des Wirksamwerdens des Formwechsels ihren Austritt aus der Gesellschaft erklären, erlangen sie einen **Abfindungsanspruch** nach §§ 278 Abs. 2 AktG, 161 Abs. 2, 105 Abs. 2 HGB, 738 BGB.[98] Demgegenüber sind **§§ 207 ff UmwG** beim Formwechsel einer KGaA nach der ausdrücklichen Anordnung in § 227 UmwG auf das Ausscheiden des persönlich haftenden Gesellschafters **nicht anzuwenden**.

Dem Komplementär, der gleichzeitig Kommanditaktionär ist, steht somit ein **Wahlrecht** zu, ob er mittels Ablehnung des Formwechsels und Widerspruch zur Niederschrift im Zuge der umwandlungsrechtlichen Barabfindung oder über den Mechanismus des Austritts nach § 233 Abs. 3 S. 3 UmwG mit der Abfindung nach § 728 BGB ausscheidet.

Bleibt ein persönlich haftender Gesellschafter einer formwechselnden KGaA demgegenüber Gesellschafter und erlangt beim Formwechsel in eine KG die Rechtsstellung eines Kommanditisten, so ist gemäß **§ 237 UmwG** auf seine Haftung für die im Zeitpunkt des Formwechsels begründeten Verbindlichkeiten der formwechselnden Gesellschaft § 224 UmwG hinsichtlich der **Fortdauer** und der zeitlichen Begrenzung **seiner persönlichen Haftung** entsprechend anzuwenden (→ Rn. 454 ff.).

b) Zielrechtsträger Personenhandelsgesellschaft. aa) Unternehmensgegenstand. Voraussetzung des Formwechsels in eine Personenhandelsgesellschaft (OHG oder KG) ist

---

[94] Vgl. Kölner Kommentar-UmwG/*Dauner-Lieb/Tettinger* § 233 Rn. 86 ff., die sich für die Frist zur Erklärung des Austritts an der Klagefrist des § 195 Abs. 1 UmwG orientieren. Auch Widmann/Mayer/*Vossius* § 233 Rn. 136 hält einen Austritt nach Beschlussfassung für möglich; allerdings seien dann im Umwandlungsbeschluss alternative Regelungen vorzusehen.

[95] Nach einer Ansicht setzt der Austritt zwangsläufig den Formwechsel voraus und ist daher als Zustimmung zu interpretieren, vgl. Semler/Stengel/*Ihrig* § 233 Rn. 39; Widmann/Mayer/*Vossius* § 233 Rn. 120; aA sind für den Fall der Mehrheitsentscheidung Kölner Kommentar-UmwG/*Dauner-Lieb/Tettinger* § 233 Rn. 79 mit dem treffenden Argument, der persönlich haftende Gesellschafter könne in erster Linie den Formwechsel ablehnen und seinen Austritt lediglich sekundär beabsichtigen, falls eine Mehrheit zugunsten der Umwandlung entscheidet. Die Interpretation der Austrittserklärung als Zustimmung *kann iU* nicht für persönlich haftende Gesellschafter gelten, die in ihrer Stellung als Kommanditaktionäre gegen den Umwandlungsbeschluss stimmen und Widerspruch zur Niederschrift einlegen, um nach §§ 207 ff. UmwG gegen Abfindung aus der Gesellschaft ausscheiden zu können, gleichzeitig aber als Komplementär ihre Zustimmung erteilen, um die Umwandlung zu ermöglichen, vgl. Kölner Kommentar-UmwG/*Dauner-Lieb/Tettinger* § 233 Rn. 75; Lutter/*Göthel* § 233 Rn. 76; Semler/Stengel/*Ihrig* § 233 Rn. 36.

[96] Vgl. Widmann/Mayer/*Vossius* § 233 Rn. 134, 140.

[97] Zur Auseinandersetzung, Nachhaftung und Abfindung Widmann/Mayer/*Vossius* § 236 Rn. 8 ff.

[98] Zu den Rechtsfolgen des Ausscheidens, insbesondere der Haftung des Komplementärs und den verschiedenen Fallgruppen der Auseinandersetzung ausf. Widmann/Mayer/*Vossius* § 227 Rn. 10 ff.

nach§ 228 Abs. 1 UmwG, dass der Gegenstand des Unternehmens auf den **Betrieb eines Handelsgewerbes** nach § 1 Abs. 2 HGB gerichtet ist (§ 105 Abs. 1 HGB) oder die Gesellschaft **eigenes Vermögen verwaltet** (§ 105 Abs. 2 S. 1 2. Alt HGB).

84 **Maßgeblicher Zeitpunkt** für das Vorliegen dieser Voraussetzungen ist nach § 228 Abs. 1 UmwG die Wirksamkeit des Formwechsels, dh Eintragung der neuen Rechtsform im Register.[99] Da mit der Eintragung gleichzeitig dem entsprechenden Erfordernis des § 105 Abs. 2 HGB Rechnung getragen wird, können auch solche gewerblichen Gesellschaften aus einem Formwechsel entstehen, deren Unternehmen nach Art oder Umfang einen in kaufmännischer Weise eingerichteten Geschäftsbetrieb nicht erfordert (**Kann-Kaufmann**, § 2 HGB), ferner **land- und forstwirtschaftliche Betriebe** (§ 3 HGB). Im Übrigen werden diese Gesellschaften in aller Regel zumindest auch eigenes Vermögen verwalten und damit unter § 105 Abs. 2 S. 1 2. Alt HGB fallen, wenn es sich nicht ausnahmsweise um eine reine Innengesellschaft handelt.

85 Ausgeschlossen vom Formwechsel in die Personenhandelsgesellschaft sind jedoch Gesellschaften, in denen ein **freier Beruf** ausgeübt wird, es sei denn, die Rechtsform der Personenhandelsgesellschaft ist hierfür ausnahmsweise zugelassen. So erlaubt bspw. § 49 Abs. 2 StBerG die Anerkennung einer **Steuerberatungsgesellschaft** als KG, wenn sie wegen ihrer Treuhandtätigkeit als Handelsgesellschaft in das Handelsregister eingetragen ist. Die §§ 50 Abs. 1 S. 3, 50a StBerG eröffnen dabei auch die Möglichkeit der Anerkennung einer Steuerberatungsgesellschaft in der Rechtsform der GmbH & Co. KG.[100] Allerdings ist die Umwandlung einer bereits im Handelsregister eingetragenen Steuerberatungs- und Wirtschaftsprüfungs GmbH, deren Gesellschafter bisher lediglich die „klassischen" Steuerberatungs- und Wirtschaftsprüfungsaufgaben wahrnehmen, in eine nun auch Treuhandtätigkeiten ausführende KG nicht möglich, da die Gesellschaft nach dem klaren Wortlaut von § 49 Abs. 2 StBerG, § 27 Abs. 2 WiPrO zuvor schon wegen ihrer Treuhandtätigkeit im Handelsregister eingetragen hätte sein müssen.[101]

86 **Rechtsanwaltsgesellschaften** können nach Ansicht des Anwaltssenats des BGH hingegen mangels eines Schwerpunktes in gewerblicher Tätigkeit (§ 105 Abs. 1 HGB) und mangels Beschränkung auf die Verwaltung eigenen Vermögens (§ 105 Abs. 2 HGB) nach wie vor nicht als KG aktiv sein, selbst wenn sie teilweise Treuhandtätigkeiten ausüben.[102]

87 Falls im Einzelfall unklar sein sollte, ob aufgrund des freiberuflichen Unternehmensgegenstandes eine Eintragungsfähigkeit als Personenhandelsgesellschaft besteht, kann hilfsweise die Umwandlung in eine PartG oder GbR beschlossen werden (sog „**Hilfsformwechsel**"; → Rn. 97).[103]

88 **bb) Gesellschafterfähigkeit.** Ein Formwechsel ist ausgeschlossen, wenn die Gesellschafter des Ausgangsrechtsträgers keine **geeigneten Gesellschafter einer Personenhandelsgesellschaft** sind. Unproblematisch ist dies bei natürlichen und juristischen Personen einschließlich Vorgesellschaften, anderen Personengesellschaften einschließlich der GbR, PartG, eV, Genossenschaften und ausländischen Gesellschaften, sofern sie eine vergleichbare Struktur haben wie deutsche Gesellschaften, die an einer Personenhandelsgesellschaft betei-

---

[99] Hierzu ua KG 12 W 94/12, NZG 2013, 1313; Semler/Stengel/*Ihrig* § 228 Rn. 10; Widmann/Mayer/*Vossius* Vor § 228 Rn. 8 ff.

[100] Vgl. BGH II ZB 2/13, NJW 2015, 61; hierzu *Armbrüster* EWiR 2014, 705; *DNotI-Report* 2014, 156; siehe ferner die Parallelvorschrift des § 27 Abs. 2 WiPrO für Wirtschaftsprüfer. Weiterhin offen ist die Rechtslage für sonstige freie Berufe, deren Berufsrecht keine ausdrücklichen Aussagen zur zulässigen Tätigkeit in der Rechtsform einer Personenhandelsgesellschaft enthält. Zum Ganzen Henssler/Markworth NZG 2015, 1; MünchKommHGB/*K. Schmidt* § 105 Rn. 59 mwN.

[101] Siehe KG 12 W 94/12, NZG 2013, 1313.

[102] BGH AnwZ (Brfg) 18/10, NZG 2011, 1063. Siehe ferner BVerfG 1 BvR 2280/11, NZG 2012, 343.

[103] Dazu Widmann/Mayer/*Vossius* § 228 Rn. 3; Kallmeyer/*Blasche* § 228 Rn. 11 ff.; Kölner Kommentar-UmwG/*Dauner-Lieb/P. W. Tettinger* § 228 Rn. 29 ff.

ligt sein können.[104] Umgekehrt scheiden Gütergemeinschaften, Erbengemeinschaften, Bruchteilsgemeinschaften und die stille Gesellschaft (§ 230 Abs. 2 HGB) als Gesellschafter aus.[105] Die vorbezeichneten Gesamthandsgemeinschaften sind ggf. vor dem Wirksamwerden des Formwechsels durch Eintragung des neuen Rechtsträgers auseinanderzusetzen.[106] Strittig ist, ob ein nichtrechtsfähiger Verein Gesellschafter einer OHG oder KG sein kann, wobei richtigerweise eine Parallele zur GbR zu ziehen und die Gesellschaftereigenschaft zu bejahen sein dürfte.[107]

cc) Haftung. Mit dem Wirksamwerden des Formwechsels haften die Gesellschafter des Rechtsträgers neuer Rechtsform für dessen Verbindlichkeiten einschließlich sämtlicher Altverbindlichkeiten nach den für diese Rechtsform geltenden Regeln. So haften die persönlich haftenden Gesellschafter einer entstehenden OHG oder KG nach außen hin unmittelbar, unbeschränkt, unbeschränkbar und gesamtschuldnerisch neben der Gesellschaft für deren gesamten Verbindlichkeiten (§§ 128, 161 Abs. 2 HGB). Kommanditisten haften hingegen nur dann, wenn ihre ins Handelsregister einzutragende Haftsumme höher ist als der wertmäßige Anteil des betreffenden Kommanditisten am Vermögen des formwechselnden Rechtsträgers (§ 171 Abs. 1 HGB).[108]

dd) Firma. Hinsichtlich der Firmierung gibt es keine Besonderheiten, es gilt § 200 UmwG (→ § 34 Rn. 21): Die **Firma** darf beibehalten werden, der Rechtsformzusatz ist anzupassen. Zu beachten ist allerdings § 200 Abs. 3 UmwG, der im Wesentlichen den Fall des Formwechsels einer KGaA in eine Personengesellschaft unter gleichzeitigem Ausscheiden des namensgebenden Komplementärs betrifft (§ 233 Abs. 3 UmwG). Hier ist eine Fortführung der Firma nur mit Einwilligung des Betroffenen oder seiner Erben möglich. Gleichfalls ist die Vorschrift anwendbar, wenn der namensgebende Gesellschafter aufgrund der Annahme eines Barabfindungsangebots ausscheidet.[109]

ee) Sonderproblem Formwechsel in Kapitalgesellschaft & Co KG. Besondere Probleme bereitet beim Formwechsel in eine GmbH & Co. KG der Grundsatz der **Identität der Anteilseigner** (§ 202 Abs. 1 Nr. 2 S. 1 UmwG → § 36 Rn. 21 sowie → Rn. 3),[110] da die ursprünglich nicht am Ausgangsrechtsträger beteiligte Komplementär-GmbH Gesellschafterin des Zielrechtsträgers sein muss. Sollen im Zusammenhang mit einem Formwechsel Anteilseigner eintreten oder ausscheiden, muss dies grds. (ggf. eine juristisch logische Sekunde) vor oder nach dem Formwechsel geschehen.[111] In der Praxis wurde daher lange Zeit so verfahren, dass der künftigen Komplementär-GmbH bereits vor Durchführung des Formwechsels ein „Mini-Anteil" an der formwechselnden Ausgangs-

---

[104] Vgl. hierzu nur Baumbach/Hopt/*Roth* § 105 HGB Rn. 28 ff.; Lutter/*Göthel* § 228 Rn. 5 f.; MünchKommHGB/*K. Schmidt* § 105 Rn. 83 ff.; Semler/Stengel/*Ihrig* § 228 Rn. 16 ff.; Widmann/Mayer/*Vossius* § 228 Rn. 75 ff.

[105] Siehe Baumbach/Hopt/*Roth* § 105 Rn. 29; Kallmeyer/*Dirksen*/*Blasche* § 228, Rn. 5; Lutter/*Göthel* § 228 Rn. 7; MünchKommHGB/*K. Schmidt* § 105 Rn. 104 ff.; Semler/Stengel/*Ihrig* § 228 Rn. 18; Widmann/Mayer/*Vossius* § 228 Rn. 87.

[106] Dazu Widmann/Mayer/*Vossius* § 228 Rn. 67.

[107] Dafür zB Baumbach/Hopt/*Roth* § 105 HGB Rn. 28 f.; Lutter/*Göthel* § 228 Rn. 7; MünchKommHGB/*K. Schmidt* § 105 Rn. 87; dagegen Kallmeyer/*Blasche* § 228, Rn. 5; Semler/Stengel/*Ihrig* § 228 Rn. 18; Widmann/Mayer/*Vossius* § 228 Rn. 87.

[108] Vgl. Kallmeyer/*Blasche* § 234, Rn. 7; Kölner Kommentar-UmwG/*Dauner-Lieb*/*P. W. Tettinger* § 234 Rn. 18; Lutter/*Göthel* § 234 Rn. 35.

[109] Semler/Stengel/*Schwanna* § 200 Rn. 9; Schmitt/Hörtnagl/Stratz/*Stratz* § 200 Rn. 10; Widmann/Mayer/*Fronhöfer* § 200 Rn. 16.

[110] Danach muss der Kreis der Gesellschafter vor und nach dem Formwechsel abgesehen von den gesetzlich kodifizierten Ausnahmen gleich sein, vgl. nur Widmann/Mayer/*Vossius* § 202 Rn. 44 ff.

[111] Diese Vorgehensweise ist grds. als sicherster Weg zu empfehlen, vgl. Widmann/Mayer/*Vossius* § 202 Rn. 45; Lutter/*Becher/Hager* § 202 Rn. 12. Siehe hierzu auch den instruktiven Fall → BGH II ZR 314/15, NZW 2017, 104.

gesellschaft (treuhänderisch)[112] übertragen wurde, verbunden mit einer schon im Voraus vereinbarten, aufschiebend auf das Wirksamwerden des Formwechsels bedingten Rückabtretung (sog. **Treuhandmodell**).[113]

92 Nachdem schon vorher zahlreiche Stimmen in der Literatur zur Vermeidung dieses Modells den Grundsatz der Identität der Anteilseigner zur Disposition der Parteien stellen wollten,[114] hat der BGH im Jahr 2005 für den Formwechsel einer AG in eine GmbH & Co. KG in einem obiter dictum den **Beitritt der Komplementär-Kapitalgesellschaft** „im Zuge" des Formwechsels angesprochen.[115] Auf dieser Basis wird nunmehr ganz überwiegend vertreten, dass der künftige Komplementär der formwechselnden Gesellschaft beitreten könne.[116] Regelmäßig wird ein solcher Beitritt aufschiebend bedingt auf die juristisch logische Sekunde der Eintragung des Zielrechtsträgers in das Register als Wirksamkeitszeitpunkt des Formwechsels gemäß § 202 Abs. 1 HS. 1 UmwG erklärt.

93 Allerdings spricht der BGH in dem vorbezeichneten obiter dictum nur davon, dass „im Zuge" des Formwechsels ein neu hinzutretender Komplementär „gewählt" werden kann, nicht aber davon, dass dieser „durch" den Formwechsel beitritt.[117] Nach welchen Vorschriften sich der Beitritt vollziehen soll und welcher Form[118] er genügen muss, hat der BGH ebenfalls offengelassen. Dogmatisch stellt sich insbesondere die Frage, ob dieser „Beitritt" noch nach dem Recht des Ausgangsrechtsträgers, dh bei einer GmbH durch Anteilsabtretung in der Form des § 15 Abs. 3, 4 GmbHG, oder schon nach dem Recht des Zielrechtsträgers erfolgen müsste. Aufgrund dieser Zweifel ist die **Rechtslage** derzeit **nicht** als **geklärt** anzusehen. Vor Durchführung eines Formwechsels nach dem „Beitrittsmodell" sollte daher die Handhabung des zuständigen Registergerichts abgeklärt werden.[119] Im Zweifel wäre dem künftigen weiteren Gesellschafter der Zielgesellschaft vorab unter Beachtung der anwendbaren Vorschriften des Ausgangsrechtsträgers ein möglichst geringer Anteil (treuhänderisch) zu übertragen oder er ist über eine Kapitalerhöhung unter gleich-

---

[112] Für den Fall, dass – wie in aller Regel – die Komplementärgesellschaft letztlich nicht am Festkapital der entstehenden Kommanditgesellschaft beteiligt sein soll.

[113] Siehe das Muster bei Engl/*Greve* Teil E.3 Rn. 8 f.

[114] Vgl. nur *K. Schmidt* GmbHR 1995, 693; *Priester* DB 1997, 560, 562 ff. mwN.

[115] BGH II ZR 29/03, NZG 2005, 722. Siehe ferner BGH II ZR 293/98, BGHZ 142, 1 = NJW 1999, 2522 zu einer Landwirtschaftlichen Produktionsgenossenschaft; *Heckschen* DB 2008, 2122; Widmann/Mayer/*Mayer* § 197 Rn. 22.

[116] Siehe nur Kallmeyer/*Blasche* § 228 Rn. 6 ff.; Lutter/*Göthel* § 228 Rn. 25 f.; Schmitt/Hörtnagl/Stratz/*Stratz* § 226 Rn. 3; Semler/Stengel/*Ihrig* § 228 Rn. 23; Widmann/Mayer/*Vossius* § 228 Rn. 94.

[117] Siehe BGH II ZR 29/03, NZG 2005, 722, 723, Rn. 13: „Dabei ist es für den Formwechsel der Aktiengesellschaft in eine GmbH & Co. KG ausreichend, wenn die Hauptversammlung, wie hier, mit einer Stimmenmehrheit von 3/4 einen der bisherigen Aktionäre – oder sogar einen im Zuge des Formwechsels neu hinzutretenden Gesellschafter (vgl. dazu BGHZ 142, 1, 5 […]) – mit dessen Zustimmung zum Komplementär der formgewechselten zukünftigen KG wählt und die Aktionäre im Übrigen Kommanditisten werden." Vgl. dazu Kallmeyer/*Meister/Klöcker* § 191 Rn. 15 mit Fn. 2; Stoye-Benk/*Cutura* Kap. 5 Rn. 4.

[118] Aufgrund der Beurkundungspflicht des Formwechselbeschlusses und etwa erforderlicher Zustimmungserklärungen einzelner Anteilsinhaber (§ 193 Abs. 3 S. 1 UmwG → § 34 Rn. 64 und → Rn. 65) wird man auch die Beitrittserklärung als formbedürftig ansehen müssen. Regelmäßig wird daher in einer Urkunde mit dem Formwechselbeschluss unter Aufnahme der beitretenden GmbH als Urkundsbeteiligte eine explizite Beitrittserklärung abgegeben. Aufgrund des Charakters der Beitrittserklärung als empfangsbedürftiger Willenserklärung muss diese der Form der §§ 6 ff. BeurkG (Beurkundung von Willenserklärungen) genügen; eine Niederschrift nach §§ 36 ff. BeurkG (Tatsachenbeurkundung) reicht – ebenso wie für die Abgabe von formbedürftigen Zustimmungs- und Verzichtserklärungen etwa nach § 192 Abs. 2 S. 2 UmwG – nicht aus.

[119] Warnend auch Kallmeyer/*Meister/Klöcker* § 191 UmwG Rn. 12, 15. Selbst die Befürworter des Beitrittsmodells halten bis zu einer obergerichtlichen Klärung das Treuhandmodell für vorzugswürdig vgl. Kallmeyer/*Blasche* § 228 Rn. 7 aE; Semler/Stengel/*Ihrig* § 228 Rn. 25.

zeitigem (teilweisen) Verzicht der bisherigen Gesellschafter auf ihr Bezugsrecht zu beteiligen.[120]

Ein **paralleles Problem** stellt sich beim Formwechsel einer **Ein-Personen-Kapitalgesellschaft** in eine Personengesellschaft, welche nach allgemeinen Regeln aus mindestens zwei Gesellschaftern bestehen muss. Die Literatur will hier zum Teil einen Beitritt im Zeitpunkt des Formwechsels zulassen.[121] Der als sicher zu empfehlende Weg ist jedoch auch hier eine vorherige (treuhänderische) Übertragung eines „Mini-Anteils" am formwechselnden Ausgangsrechtsträger auf den künftigen weiteren Gesellschafter der Personengesellschaft (→ Rn. 3). 94

c) Zielrechtsträger GbR. Eine wesentliche Besonderheit des Formwechsels in die GbR besteht darin, dass diese naturgemäß in **kein Register** eingetragen wird.[122] Aus diesem Grund ordnet § 235 Abs. 1 UmwG an, dass beim Formwechsel in eine GbR die Umwandlung zur Eintragung in das Register der formwechselnden Gesellschaft anzumelden ist. Beim Formwechsel einer Kapitalgesellschaft in eine GbR müssen dabei weder die GbR mit ihrem Namen noch ihre Gesellschafter im Handelsregister der formwechselnden Gesellschaft eingetragen werden.[123] Gesellschafter einer durch Formwechsel entstandenen GbR sind in jedem Fall diejenigen Personen, die im Zeitpunkt der Eintragung Gesellschafter der formwechselnden Kapitalgesellschaft waren.[124] 95

Eine Personengesellschaft mit einem auf den **Betrieb eines Handelsgewerbes** gerichteten Zweck ist OHG, es sei denn, dass das Unternehmen nach Art und Umfang einen in kaufmännischer Weise eingerichteten Geschäftsbetrieb nicht erfordert (§ 105 S. 1 iVm. § 1 Abs. 2 HGB; Prinzip des Rechtsformzwangs). Bei Vorliegen eines vollkaufmännischen Handelsgewerbes entsteht daher auch dann **zwingend** eine **OHG**, wenn der Umwandlungsbeschluss den Formwechsel in die GbR bestimmt und eine Eintragung des neuen Rechtsträgers im Handelsregister unterbleibt, im Handelsregister der formwechselnden Kapitalgesellschaft die Umwandlung aber eingetragen wird. Bedarf der Betrieb des Handelsgewerbes keines kaufmännisch eingerichteten Geschäftsbetriebs oder beschränkt sich der Unternehmensgegenstand auf die Verwaltung des eigenen Vermögens, können die Gesellschafter der formwechselnden Kapitalgesellschaft hingegen zwischen der Personenhandelsgesellschaft und der GbR als Zielrechtsform **wählen**.[125] Freiberufler können sich dementsprechend zwischen der PartG und der GbR als Rechtsform entscheiden. In den anderen Fällen, in denen eine Personenhandelsgesellschaft als Zielrechtsträger ausscheidet (→ Rn. 88), bleibt nur der Formwechsel in die GbR (zum Formwechsel der Ein-Personen-Kapitalgesellschaft → Rn. 3). 96

Sofern nicht sicher zu klären ist, ob ein Formwechsel in eine OHG möglich ist, kommt ein **hilfsweiser Formwechsel in eine GbR** in Betracht. Falls der Gegenstand des Unter- 97

---

[120] Vgl. Kallmeyer/*Meister*/*Klöcker* § 191 Rn. 10 ff. mwN auch zur Gegenansicht; Limmer/*Limmer*, Teil 4 Rn. 536 f.; *Priester* DB 1997, 560, 562; Widmann/Mayer/*Vossius* § 228 Rn. 94 ff.

[121] Lutter/*Göthel* § 228 Rn. 27; Semler/Stengel/*Ihrig* § 228 Rn. 14 f.

[122] Für den Zeitpunkt der Wirksamkeit des Formwechsels hat das keine Auswirkungen, denn nach § 202 Abs. 1 UmwG ist die Eintragung des Formwechsels in das Register des formwechselnden Rechtsträgers maßgeblich für den Eintritt der Wirkungen des Formwechsels (§ 202 Abs. 1 HS. 1 iVm § 198 Abs. 1 UmwG).

[123] BGH II ZR 314/15, NZG 2017, 104. Dementsprechend haftet eine unrichtig als Gesellschafter eingetragene Person auch nicht aus § 15 Abs. 3 HGB, da diese Vorschrift auf nicht eintragungspflichtige Tatsachen keine Anwendung findet. Demgegenüber hatte *Priester*, GmbHR 2015, 1289, dafür plädiert, § 235 Abs. 1 S. 1 UmwG im Wege richterlicher Rechtsfortbildung dahin zu ergänzen, die Bezeichnung der GbR und ihre anfänglichen Gesellschafter auf dem Registerblatt der formwechselnden GmbH einzutragen. Diese Informationen kann jeder Interessierte jedoch aus dem online abrufbaren Formwechselbeschluss entnehmen, so dass ein Bedürfnis für die Eintragung nicht besteht.

[124] Vgl. für eine GmbH als Ausgangsrechtsträger OLG Hamm 7 U 77/11 Rn. 38 (nv); Widmann/Mayer/*Vossius* § 228 Rn. 93.

[125] Semler/Stengel/*Ihrig* § 228 Rn. 28 f.

nehmens § 105 Abs. 1 und 2 HGB nicht genügt, ermöglichte § 228 Abs. 2 UmwG aF bis zu dessen ersatzloser Streichung durch das 2. UmwÄndG[126] ausdrücklich im Umwandlungsbeschluss zu bestimmen, dass die formwechselnde Gesellschaft in diesem Fall die Rechtsform einer GbR erlangen soll. Dabei wurde übersehen, dass Abgrenzungsschwierigkeiten nicht nur dort entstehen können, wo es um die mittlerweile durch die Ergänzung von § 105 HGB unkritische Frage geht, ob eine Gesellschaft nur vermögensverwaltend oder aber gewerblich tätig ist. Es können vielmehr auch einzelne Tatbestandsmerkmale für das Vorliegen einer gewerblichen Tätigkeit in Frage stehen.[127] In diesen Fällen fehlt nunmehr eine gesetzliche Auffangregelung mit der Rechtsfolge der Umwandlung in eine GbR. Wenn das Registergericht eine Eintragung der OHG unter Verweis auf § 228 Abs. 1 UmwG iVm § 105 Abs. 1, 2 HGB ablehnt, muss der Formwechselbeschluss also wiederholt werden, diesmal mit einer GbR als Zielrechtsträger. Vor diesem Hintergrund ist der Praxis zu empfehlen, in Zweifelsfällen hilfsweise einen Formwechsel in eine GbR als Zielrechtsträger vorzusehen, falls das Registergericht die Eintragung als offene Handelsgesellschaft ablehnt.[128]

98 Beim Formwechsel in die GbR erlischt die **Firma** (§ 200 Abs. 5 UmwG). Für die Geschäftsbezeichnung der entstehenden GbR gelten die allgemeinen Grundsätze.

99 **d) Zielrechtsträger PartG.** Der Formwechsel in eine PartG setzt nach § 228 Abs. 2 UmwG voraus, dass alle Anteilsinhaber der formwechselnden Kapitalgesellschaft **natürliche Personen** sind und einen **freien Beruf** ausüben.

100 Falls unklar sein sollte, ob aufgrund des freiberuflichen Unternehmensgegenstandes eine Eintragungsfähigkeit als Personenhandelsgesellschaft besteht (→ Rn. 85), kann **hilfsweise** die Umwandlung in eine **PartG** beschlossen werden. Bedeutung kann dies zB bei einem Formwechsel in eine PartG erlangen, wenn zweifelhaft ist, ob deren Partner einen freien Beruf ausüben. In diesem Fall empfiehlt sich wegen der drohenden Nichtigkeit des Umwandlungsbeschlusses der hilfsweise Formwechsel in eine Personenhandelsgesellschaft oder eine GbR (→ Rn. 97).[129]

101 Beim Formwechsel in die PartG kann die **Firma** einer formwechselnden Kapitalgesellschaft nur insoweit fortgeführt werden, als sie den Namen einer natürlichen Person enthält und diese an der Partnerschaft beteiligt ist (§ 200 Abs. 4 UmwG, § 2 Abs. 1 S. 3 PartGG). Eine reine Phantasie- oder Sachfirma kann als Firmenkern erhalten bleiben, wenn sie um den Namen mindestens eines Partners, die Angabe der ausgeübten Berufe und einen tauglichen Rechtsformzusatz wie „& Partner" erweitert wird.[130]

III. Formwechsel in andere Kapitalgesellschaft

1. Allgemeines

102 Für den Formwechsel einer Kapitalgesellschaft in eine Kapitalgesellschaft anderer Rechtsform gelten die Sonderregelungen der **§§ 238–250 UmwG**. Sie modifizieren und ergänzen sowohl die Allgemeinen Vorschriften über den Formwechsel in §§ 190–213 UmwG als auch die Allgemeinen Vorschriften über den Formwechsel von Kapitalgesellschaften in §§ 226 und 227 UmwG. Daneben finden über § 197 S. 1 UmwG die für die jeweilige Zielrechtsform geltenden **Gründungsvorschriften** Anwendung, die ihrerseits in den All-

---

[126] Zweites Gesetz zur Änderung des Umwandlungsgesetzes vom 19.4.2007 (BGBl. I 2007, 542).
[127] So kann bspw. zweifelhaft sein, ob beim Zielrechtsträger eine freiberufliche oder eine gewerbliche Tätigkeit vorliegt. Vgl. zum handelsrechtlichen Gewerbebegriff Baumbach/Hopt/*Hopt* § 1 HGB Rn. 12 ff.
[128] Ausf. hierzu D. Mayer/*Weiler* DB 2007, 1291, 1293 f.; Schmitt/Hörtnagl/Stratz/*Stratz* § 228 Rn. 4 ff.; Widmann/Mayer/*Vossius* § 228 Rn. 20 ff. Technisch wäre ein zweiter, hilfsweiser (dh aufschiebend auf die Ablehnung der Eintragung des Hauptbeschlusses bedingter) Beschluss zu fassen. Zur Anmeldung als Haupt- und Hilfsantrag Widmann/Mayer/*Vossius* § 228 Rn. 24.
[129] Widmann/Mayer/*Vossius* § 228 Rn. 3.
[130] Vgl. Widmann/Mayer/*Vossius* § 228 Rn. 57.1.

gemeinen und Besonderen Vorschriften zum Teil modifiziert werden (vgl. zB § 246 Abs. 3 UmwG). Besondere Bedeutung haben bei Kapitalgesellschaften als Zielrechtsträger die Vorschriften über die Kapitalaufbringung (→ Rn. 148 ff., Rn. 167 und Rn. 186).

2. Versammlung der Anteilsinhaber

a) Vorbereitung und Mitteilung des Abfindungsangebots, § 238 iVm §§ 230, 231 UmwG. aa) Allgemeines. Für die Vorbereitung der Gesellschafterversammlung, welche über den Formwechsel Beschluss fassen soll, verweist § 238 UmwG auf die **§§ 230, 231 UmwG**, so dass auf die diesbezüglichen Anmerkungen verwiesen werden kann. Die Vorschrift ergänzt insoweit die rechtsformspezifischen Regelungen des GmbH- und Aktienrechts über die Einberufung in §§ 49 ff. GmbHG und §§ 121 ff. AktG. § 230 Abs. 1 UmwG gilt dabei auch beim Formwechsel in eine andere Kapitalgesellschaft nur für die formwechselnde GmbH (→ Rn. 26 ff.), § 230 Abs. 2 UmwG nur für eine AG oder KGaA als Ausgangsrechtsträger (→ Rn. 33 ff.), § 231 UmwG hingegen für alle Varianten formwechselnder Kapitalgesellschaften (→ Rn. 40 ff.). Zu Verstößen und Rechtsfolgen → Rn. 38 f., 44.

Zu beachten ist allerdings, dass es beim Formwechsel einer **AG** in eine **KGaA** und umgekehrt wegen § 250 UmwG nicht der in § 231 S. 1 UmwG vorgeschriebenen Übersendung des Barabfindungsangebots nach § 207 UmwG bedarf; dementsprechend entfallen auch die diesbezüglichen Erläuterungen im Umwandlungsbericht.

Beim Formwechsel mit einer **SE als Ausgangsrechtsträger** ist Art. 66 Abs. 4 SE-VO anzuwenden, wonach der Umwandlungsplan mindestens einen Monat vor dem Tag der Hauptversammlung, die über die Umwandlung zu beschließen hat, nach den in den Rechtsvorschriften der einzelnen Mitgliedstaaten gemäß Art. 3 der Richtlinie 68/151/EWG vorgesehenen Verfahren offen zu legen ist. Gemäß Art. 66 Abs. 5 SE-VO ist vor der Hauptversammlung von einem oder mehreren unabhängigen Sachverständigen, der/die nach den einzelstaatlichen Durchführungsbestimmungen zu Art. 10 der Richtlinie 78/855/EWG durch ein Gericht oder eine Verwaltungsbehörde des Mitgliedstaates, dem die sich in eine AG umwandelnde SE unterliegt, bestellt oder zugelassen ist/sind, zu bescheinigen, dass die Gesellschaft über Vermögenswerte mindestens in Höhe ihres Kapitals verfügt.

bb) Entbehrlichkeit bzw. Verzichtbarkeit des Umwandlungsberichts. § 238 S. 2 UmwG verweist auf § 192 Abs. 2 UmwG, wonach ein **Umwandlungsbericht** dann **nicht erforderlich** ist, wenn an dem formwechselnden Rechtsträger entweder **nur ein Anteilsinhaber** beteiligt ist oder alle Anteilsinhaber auf die Erstattung des Umwandlungsberichts **verzichten**.

Der Verzicht bedarf nach § 192 Abs. 2 S. 2 UmwG der notariellen Beurkundung (→ § 33 Rn. 35).[131] § 238 S. 2 UmwG mit seinem Verweis auf § 192 Abs. 2 UmwG soll klarstellen, dass die allgemeinen Regeln über die Entbehrlichkeit eines Umwandlungsberichts durch §§ 238, 230 UmwG verdrängt werden. Da § 192 UmwG systematisch zu den Allgemeinen Vorschriften gehört, hätte es des Verweises in § 238 S. 2 UmwG nicht bedurft. Im Gegenteil, die Verweisung ist eher irreführend, weil sie an anderen Stellen des Gesetzes, an denen solche „Klarstellungen" nicht vorgenommen wurden, Zweifel schürt, ob die Allgemeinen Vorschriften nun noch anwendbar sind oder nicht.[132]

Beim Formwechsel einer **SE** mit Sitz in Deutschland in eine deutsche AG ist iÜ Art. 66 Abs. 3 SE-VO zu beachten, wonach das Leitungs- oder das Verwaltungsorgan der SE einen **Bericht** erstellt, in dem die rechtlichen und wirtschaftlichen Aspekte der Umwandlung erläutert und begründet sowie die Auswirkungen, die der Übergang zur Rechtsform der AG für die Aktionäre und die Arbeitnehmer hat, dargelegt werden. Der Bericht ist unter den Voraussetzungen des § 192 Abs. 2 UmwG (→ § 33 Rn. 35 ff.) ausnahmsweise entbehr-

---

[131] Siehe ferner Widmann/Mayer/*Rieger* § 192 Rn. 25 ff.
[132] So zu Recht Widmann/Mayer/*Rieger* § 238 Rn. 27.

lich, wenn also die AG entweder nur einen Aktionär hat oder sämtliche Aktionäre formgerecht verzichtet haben.¹³³

108   **b) Durchführung, § 239 UmwG.** In der Gesellschafterversammlung oder in der Hauptversammlung, die den Formwechsel beschließen soll, ist der **Umwandlungsbericht** nach § 239 Abs. 1 S. 1 UmwG **auszulegen.** Für die Hauptversammlung einer AG bzw. KGaA lässt es S. 2 zu, dass der Umwandlungsbericht auch auf andere Weise zugänglich gemacht wird. Die Vorschrift entspricht § 232 Abs. 1 UmwG, weshalb weitgehend auf die diesbezüglichen Ausführungen verwiesen werden kann (→ Rn. 45 ff.). Die Auslegungspflicht bezieht sich nach dem eindeutigen Wortlaut des § 239 Abs. 1 UmwG nur auf den Umwandlungsbericht, nicht aber auf weitere Unterlagen, wie z. B. den Prüfungsbericht nach §§ 208, 30 Abs. 2 iVm § 12 UmwG (→ Rn. 46).¹³⁴

109   Gemäß § 239 Abs. 2 UmwG ist der Entwurf des Umwandlungsbeschlusses einer AG oder einer KGaA von deren Vertretungsorgan zu Beginn der Verhandlung **mündlich** zu **erläutern.** Die Erläuterungspflicht ergänzt das allgemeine Auskunftsrecht nach § 51a GmbHG bzw. § 131 AktG. Die Regelung entspricht § 232 Abs. 2 UmwG (→ Rn. 48 ff.).

110   **c) Beschlussfassung, § 240 UmwG.** Abgesehen von den besonderen Zustimmungserfordernissen in §§ 240 Abs. 2 und 3, 241, 242 UmwG regelt § 240 Abs. 1 S. 1 Hs. 1 UmwG die Mehrheitserfordernisse im Falle des Formwechsels einer Kapitalgesellschaft in eine Kapitalgesellschaft anderer Rechtsform abschließend. Mit dem Erfordernis einer Mehrheit von **mindestens drei Vierteln** der abgegebenen Stimmen (formwechselnde GmbH) bzw. des bei der Beschlussfassung vertretenen Grundkapitals (formwechselnde AG bzw. KGaA) knüpft die Vorschrift an die auch sonst für Strukturmaßnahmen geltenden Mehrheitserfordernisse an. Bei einer formwechselnden GmbH kommt es auf die Stimmenmehrheit und nicht die Kapitalmehrheit an, wenn zB die Stimmrechte in der Satzung abweichend von § 47 Abs. 2 GmbHG geregelt sind.¹³⁵ Bei einer AG bzw. KGaA hingegen ist Referenzgröße das vertretene Grundkapital, wobei zusätzlich eine einfache Stimmenmehrheit erforderlich ist, § 133 Abs. 1 AktG (→ Rn. 57).

111   Nach § 240 Abs. 1 S. 2 UmwG kann der Gesellschaftsvertrag oder die Satzung der formwechselnden Gesellschaft eine **größere Mehrheit** und **weitere Erfordernisse**, beim Formwechsel einer KGaA in eine AG auch eine geringere Mehrheit bestimmen. Das Erfordernis einer Dreiviertelmehrheit ist insoweit dispositiv. Der Gestaltungsfreiheit sind jedoch Grenzen gesetzt. So kann der Formwechsel beispielsweise nicht von der Zustimmung eines Dritten abhängig gemacht oder durch die Satzung vollständig ausgeschlossen werden.¹³⁶

112   Sind bei einer **formwechselnden AG** oder KGaA mehrere **Gattungen** von Aktien vorhanden, so bedarf der Beschluss der Hauptversammlung zu seiner Wirksamkeit nach § 24 Abs. 1 S. 1 Hs. 2 iVm § 65 Abs. 2 UmwG der Zustimmung der stimmberechtigten Aktionäre jeder Gattung. Über die Zustimmung haben die Aktionäre jeder Gattung einen **Sonderbeschluss** zu fassen, für welchen § 65 Abs. 2 UmwG gilt (→ § 15 Rn. 46 ff. zu § 65 UmwG; → Rn. 67).¹³⁷

113   **Stimmberechtigt** sind iÜ die Anteilsinhaber des formwechselnden Rechtsträgers nach den für die jeweilige Rechtsform geltenden Vorschriften. Regelmäßig kann eine **Stimmrechtsvollmacht** erteilt werden, die gemäß § 167 Abs. 2 BGB grundsätzlich nicht formbedürftig ist. Allerdings sind die gesetzlichen **Formvorschriften** des jeweiligen formwechselnden Rechtsträgers zu beachten. Weitergehende Formerfordernisse ergeben sich nach der zutreffenden hL aus den über § 197 UmwG anwendbaren Gründungsvorschriften für GmbH, AG und KGaA, bei denen wegen § 2 Abs. 2 GmbHG bzw. §§ 23 Abs. 1 S. 2,

---

¹³³ MünchKommAktG/*Schäfer* Art. 66 SE-VO Rn. 7 und Art. 37 SE-VO Rn. 17.
¹³⁴ Siehe ferner Widmann/Mayer/*Rieger* § 239 Rn. 7.1.
¹³⁵ Hierzu Baumbach/Hueck/*Zöllner/Noack* § 47 GmbHG Rn. 66 ff.
¹³⁶ Einzelheiten bei Lutter/*Göthel* § 240 Rn. 5; Widmann/Mayer/*Rieger* § 240 Rn. 23 ff.
¹³⁷ Siehe ferner Widmann/Mayer/*Rieger* § 240 Rn. 33 ff.

278 Abs. 3 AktG eine notariell beglaubigte Vollmacht zwingend erforderlich ist.[138] Darüber hinaus gilt es, eventuelle Einschränkungen aus der **Satzung** des formwechselnden Rechtsträgers zu berücksichtigen. So sehen zB viele GmbH-Satzungen vor, dass eine Vertretung nur durch Mitgesellschafter oder zur Berufsverschwiegenheit verpflichtete Dritte zulässig ist.

Beschlussmängel führen zur Nichtigkeit oder Anfechtbarkeit (→ Rn. 60). Wird der 114 Formwechsel trotz Mängeln des Umwandlungsbeschlusses bzw. eines Sonderbeschlusses oder trotz des Fehlens einer erforderlichen Zustimmungserklärung eingetragen, sind die Mängel gemäß § 202 Abs. 3 UmwG geheilt (→ § 36 Rn. 26 ff.).

d) Inhalt des Beschlusses, §§ 243 f. UmwG. aa) Allgemeines. Die Spezialvorschrift 115 des § 243 UmwG ergänzt für den Formwechsel einer Kapitalgesellschaft in eine Kapitalgesellschaft anderer Rechtsform die Regelung in **§ 194 UmwG** zum **allgemeinen Inhalt** des Formwechselbeschlusses. Zum Katalog der danach erforderlichen Pflichtangaben gehören ua die Zielrechtsform, die Firma, die Beteiligung der bisherigen Anteilsinhaber, die Folgen des Formwechsels für die Arbeitnehmer und das Abfindungsangebot (→ § 34 Rn. 16 ff.).

bb) Gesellschaftsvertrag bzw. Satzung als Teil des Beschlusses (§ 243 Abs. 1 116 **iVm § 218 Abs. 1 UmwG).** Ergänzend bestimmt § 243 Abs. 1 S. 1 UmwG die entsprechende Anwendung von § 218 UmwG, der systematisch beim Formwechsel von Personengesellschaften verortet ist und vor allem bestimmt, dass in dem Umwandlungsbeschluss der Gesellschaftsvertrag bzw. die **Satzung des Zielrechtsträgers** enthalten bzw. festgestellt werden muss. Dabei sind die Mindestanforderungen zu beachten, die sich aus der jeweiligen Zielrechtsform ergeben, bei der GmbH also insbesondere § 3 GmbHG, bei der AG § 23 Abs. 3 und 4 AktG und bei der KGaA § 281 AktG (Einzelheiten sogleich sowie → § 34 Rn. 56 ff.). Im Übrigen stellt § 244 Abs. 2 UmwG entsprechend der Regelung in § 218 Abs. 1 S. 2 UmwG klar, dass eine gesonderte Unterzeichnung des Gesellschaftsvertrages nicht erforderlich ist.[139]

cc) Namentliche Nennung der Gründer (§ 244 Abs. 1 UmwG). § 244 Abs. 1 117 UmwG verlangt in der Niederschrift über den Formwechselbeschluss die **namentliche Nennung der Gründer** im Sinne von § 245 Abs. 1 bis 3 UmwG (→ Rn. 146 f., 184 und 185). Diese sind möglichst genau, dh unter Angabe von Vor- und Nachnamen, Geburtsdatum und Adresse zu bezeichnen. Hintergrund der Bestimmung ist, dass über § 197 S. 1 UmwG auch die Bestimmungen über die Gründerhaftung gemäß §§ 46 ff. AktG zur Anwendung kommen und es daher im Kontext des Formwechsels der Feststellung bedarf, wer Gründer im Sinne dieser Vorschrift ist.[140] Ein Verstoß führt zu einem Eintragungshindernis.

Allerdings können naturgemäß in der Niederschrift nur diejenigen Personen als Gründer 118 namentlich aufgeführt werden, die zu diesem Zeitpunkt bereits als Gründer feststehen. Ein Problem stellt sich insoweit bei der KGaA für den Fall des Beitritts eines **nachträglichen Beitritts** eines persönlich haftenden Gesellschafters gemäß § 221 UmwG, dessen namentliche Nennung in der Niederschrift nicht möglich ist. Insofern genügt zu der mit § 244 Abs. 1 UmwG angestrebten Identifizierung aber die gesonderte Beitrittserklärung, die

---

[138] So ua *Heckschen* NZG 2017, 721; Schmitt/Hörtnagl/Stratz/*Stratz* § 193 Rn. 8; Widmann/Mayer/*Vollrath* § 193 Rn. 24; MünchHdb. GesR III/*D. Mayer/Weiler* § 73 Rn. 450. Demgegenüber halten ua Kallmeyer/*Zimmermann* § 193 Rn. 11, Lutter/*Decher/Hoger* § 193 Rn. 4 und *Wansleben* (§ 34 Rn. 14) die genannten Formvorschriften über die Verweisung in § 197 UmwG für nicht anwendbar, weil die Satzung des neuen Rechtsträgers beim Formwechsel bereits Beschlussinhalt sei und nicht gesondert vereinbart werden müsse. Folgt man letztgenannter Ansicht, ist bei den Kapitalgesellschaften aber zumindest Textform erforderlich, vgl. § 47 Abs. 3 GmbHG, § 134 Abs. 3 S. 3 AktG. Zum Ganzen ausf. *Heckschen* NZG 2017, 721.
[139] Hierzu Widmann/Mayer/*Rieger* § 244 Rn. 15 ff.
[140] Widmann/Mayer/*Rieger* § 244 Rn. 6.

ebenfalls der notariellen Beurkundung bedarf (vgl. § 240 Abs. 2 S. 2 iVm § 221 S. 1 UmwG).[141]

119 **dd) Stamm- bzw. Grundkapital und Nennbetrag der Anteile (§ 243 Abs. 2, 3 UmwG).** Durch den Formwechsel ändert sich das Stammkapital bzw. Grundkapital der Gesellschaft nicht automatisch, es gelten vielmehr die für die jeweilige Rechtsform einschlägigen Vorschriften über Kapitalerhöhungen und -herabsetzungen, was § 243 Abs. 2 UmwG klarstellt. Als wesentliche Gründungsvoraussetzung muss jedoch das **Mindestnennkapital** des Zielrechtsträgers erreicht werden. Eine GmbH mit Stammkapital EUR 25.000 oder gar eine Unternehmergesellschaft (haftungsbeschränkt) muss daher vor dem Wirksamwerden des Formwechsels[142] in die AG oder KGaA zunächst eine Kapitalerhöhung auf mindestens EUR 50.000 durchführen (§ 7 AktG iVm § 197 S. 1 UmwG). Dies kann in einer Versammlung zusammen mit dem Formwechsel beschlossen, muss aber vorab eingetragen und daher in der Registeranmeldung in dieser Eintragungsreihenfolge beantragt werden.[143] Eine vorherige **Volleinzahlung** bei noch ausstehenden Einlagen ist hingegen **nicht erforderlich**.[144]

120 § 243 Abs. 3 S. 1 UmwG lässt es darüber hinaus ausdrücklich zu, dass in der Satzung der Gesellschaft neuer Rechtsform der auf die **einzelnen Anteile** entfallende Betrag des Stamm- oder Grundkapitals **abweichend** vom Betrag der Anteile der formwechselnden Gesellschaft **festgesetzt** wird. Allerdings muss er bei einer Gesellschaft mit beschränkter Haftung auf volle Euro lauten (§ 243 Abs. 3 S. 2 UmwG), was sich auch aus § 5 Abs. 2 S. 1 GmbHG ergibt.

121 Beim Formwechsel in eine Kapitalgesellschaft handelt es sich strukturell um eine **Sachgründung**.[145] Insofern ergibt sich durch die Verweisung in § 197 UmwG auf § 5 Abs. 4 GmbHG bzw. § 27 Abs. 1 AktG die Verpflichtung, in der Satzung Angaben bezüglich der Entstehung der Gesellschaft durch Formwechsel zu machen.[146]

Formulierungsbeispiel: Erbringung des Stamm- bzw. Grundkapitals
§ 5 Stammkapital, Stammeinlagen
[...]
Das Stammkapital ist in voller Höhe durch formwechselnde Umwandlung gemäß §§ 190 ff. UmwG der im Handelsregister des Amtsgerichts München unter HRB 12345 eingetragenen X-AG mit dem Sitz in München erbracht.

122 **ee) Beteiligung bzw. Beitritt als persönlich haftender Gesellschafter (§ 243 Abs. 1 S. 1 iVm § 218 Abs. 2 UmwG).** Gemäß §§ 243 Abs. 1 S. 1, 218 Abs. 2, 221 UmwG muss der Beschluss zur Umwandlung in eine KGaA vorsehen, dass sich an dieser Gesellschaft mindestens ein Gesellschafter der formwechselnden Gesellschaft als persönlich haftender Gesellschafter beteiligt oder dass der Gesellschaft mindestens ein **persönlich haftender Gesellschafter** beitritt (→ Rn. 422 f., 442 ff.).

123 **ff) Besondere Festsetzungen (§ 243 Abs. 1 S. 2 und 3).** § 243 Abs. 1 Sätze 2 und 3 UmwG bestimmen ergänzend, dass Festsetzungen über Sondervorteile, Gründungsaufwand, Sacheinlagen und Sachübernahmen, die in dem Gesellschaftsvertrag oder in der Satzung der formwechselnden Gesellschaft enthalten sind, in den Gesellschaftsvertrag oder

---

[141] So zu Recht Widmann/Mayer/*Rieger* § 244 Rn. 8.
[142] Siehe BayObLG 3Z BR 333/99, NZG 2000, 166; Limmer/*Limmer*, Teil 4 Rn. 587 f.
[143] Vgl. das Muster bei Widmann/Mayer/*Vossius* Anh. 4, Muster M 169 (Beschluss) und M 174 (Registeranmeldung, dort insbesondere Ziffer III des Musters).
[144] Siehe nur Limmer/*Limmer*, Teil 4 Rn. 595 mwN sowie Lutter/*Göthel* § 245 Rn. 16, der hiervor allerdings den Sonderfall eines ausstehenden Agios beim Formwechsel GmbH in Aktiengesellschaft aufgrund der strengeren Regeln zur Erbringung eines Agios im Aktienrecht ausnimmt (vgl. § 36a AktG iVm § 197 S. 2 UmwG).
[145] Zu den praktischen Problemen bei der Anwendung der GmbH-Gründungsvorschriften beim Formwechsel von der Aktiengesellschaft in die GmbH ausf. *Kerschbaumer* NZG 2011, 892.
[146] HM, vgl. Widmann/Mayer/*Mayer* § 197 Rn. 146 f. mwN auch zur Gegenansicht.

in die Satzung der Gesellschaft neuer Rechtsform übernommen werden müssen, sofern die Beibehaltungsfristen noch nicht abgelaufen sind. Konkret muss die Satzung des Zielrechtsträgers demnach Festsetzungen in der Satzung einer formwechselnden AG oder KGaA zu Sondervorteilen oder Gründungsaufwand als **historische Festsetzungen** abbilden, wenn die Gesellschaft noch nicht dreißig Jahre im Handelsregister eingetragen ist und wenn die Rechtsverhältnisse, die den Festsetzungen zugrunde liegen, nicht seit mindestens fünf Jahren abgewickelt sind (§§ 243 Abs. 1 S. 3 UmwG iVm § 26 Abs. 5 AktG). Auch wenn das UmwG nicht explizit auf § 27 Abs. 5 AktG verweist, gilt dies entsprechend für Festsetzungen zu Sacheinlagen und Sachübernahmen.[147] Gleiches gilt auch für eine formwechselnde GmbH, wobei dort mangels gesetzlicher Regelung umstritten ist, ob die Festsetzungen fünf[148] oder zehn[149] Jahre Bestand haben müssen.

Formulierungsbeispiel: Historischer Gründungsaufwand
In ihrer früheren Rechtsform als AG hat die Gesellschaft die mit ihrer Gründung verbundenen Kosten (Notar-, Gerichts- und Veröffentlichungskosten sowie Kosten der Rechts- und Steuerberatung) im Gesamtbetrag von ca. EUR 3.000 übernommen.

gg) Formwechselaufwand. Darüber hinaus ist beim Formwechsel in eine Kapitalgesellschaft anderer Rechtsform aufgrund der entsprechenden Anwendung der Gründungsvorschriften gemäß § 197 S. 1 UmwG der **Formwechselaufwand** in der Satzung offenzulegen, sofern dieser nicht von den Gesellschaftern getragen werden soll.[150]

Formulierungsbeispiel: Formwechselaufwand
§ 19 Formwechselaufwand
Die Kosten des Formwechsels (Notar-, Gerichts- und Veröffentlichungskosten sowie Kosten der Rechts- und Steuerberatung) trägt die Gesellschaft bis zu einem Höchstbetrag von EUR 2.500.

3. Besondere Zustimmungserfordernisse, §§ 240 Abs. 2 und 3, 241, 242 UmwG

a) Allgemeines. Neben dem allgemeinen Zustimmungserfordernis im Falle einer satzungsmäßigen Anteilsvinkulierung nach § 193 Abs. 2 UmwG und etwaigen sonstigen Zustimmungspflichten auf Basis der Satzung[151] bestehen für den Formwechsel von Kapitalgesellschaften in eine Kapitalgesellschaft anderer Rechtsform einige besondere Zustimmungserfordernisse in §§ 240 Abs. 2 und 3, 241, 242 UmwG. Gemein ist diesen, dass die Zustimmungserklärungen jeweils einseitige empfangsbedürftige Willenserklärungen sind, welche gemäß § 193 Abs. 3 S. 1 UmwG beurkundet werden müssen. Sollen sie Teil der Urkunde sein, in welcher der Gesellschafterbeschluss enthalten ist, ist diese in der Form der §§ 6 ff. BeurkG zu errichten; ein reines Tatsachenprotokolls iSv § 36 f. BeurkG reicht dann nicht aus (→ § 34 Rn. 64 ff. zu § 193 UmwG und → Rn. 65).

b) KGaA als Rechtsträger neuer Rechtsform (§ 240 Abs. 2 UmwG). Soll ein Anteilsinhaber des formwechselnden Rechtsträgers die Stellung des Komplementärs in einer KGaA als Zielrechtsträger übernehmen, so bedarf es hierzu seiner Zustimmung nach § 240 Abs. 2 S. 1 UmwG, weil die **Übernahme der persönlichen Haftung** keinem Gesellschafter der formwechselnden GmbH bzw. Aktionär der formwechselnden AG ohne dessen ausdrückliches Einverständnis zugemutet werden kann. Den Anteilsinhaber lediglich

---
[147] Siehe Widmann/Mayer/*Rieger* § 243 Rn. 23 mwN.
[148] HM für die Gründungskosten, vgl. OLG München 31 Wx 143/10, NZG 2010, 1302; LG Berlin 98 T 75/92, GmbHR 1993, 590; Baumbach/Hueck/*Fastrich* § 5 GmbHG Rn. 57.
[149] So nunmehr für den Gründungsaufwand OLG Oldenburg 12 W 121/16 (HR) NZG 2016, 1265 unter Berücksichtigung der Wertung des § 26 Abs. 5 AktG und der Verjährungsvorschriften in §§ 9 Abs. 2, 19 Abs. 6 S. 1, 31 Abs. 5 S. 1 GmbHG. Hinsichtlich der Festsetzungen über Sacheinlagen geht die hM wegen der entsprechenden Verjährungsfrist für die Differenzhaftung in § 9 Abs. 2 GmbHG von einer zehnjährigen Mindestdauer aus, vgl. ua Baumbach/Hueck/*Fastrich* § 5 GmbHG Rn. 49; Scholz/*Veil* § 5 GmbHG Rn. 86; Widmann/Mayer/*Mayer* 57 Rn. 1 mwN.
[150] Siehe ua Lutter/*Decher*/*Hoger* § 197 Rn. 23; Widmann/Mayer/*Mayer* § 197 Rn. 27.
[151] Zu beidem mwN Semler/Stengel/*Mutter* § 241 Rn. 29 f.

auf die Möglichkeit des Ausscheidens gegen Barabfindung zu verweisen, wäre unangemessen, zumal im Falle des Formwechsels einer AG in eine KGaA eine Barabfindung gem. § 207 UmwG gar nicht angeboten wird (vgl. § 250 UmwG; siehe ferner § 217 Abs. 3 UmwG für den Formwechsel einer Personenhandelsgesellschaft in eine KGaA → Rn. 405).[152] Die Zustimmungserklärung ist einseitige empfangsbedürftige Willenserklärung und gemäß § 193 Abs. 3 S. 1 UmwG beurkundungspflichtig.

127 Das **Abstimmungsverhalten** des die Komplementärstellung übernehmenden Anteilsinhabers bezüglich des Umwandlungsbeschlusses einerseits und die Frage der **Zustimmung** zur Übernahme der Komplementärstellung andererseits sind **unabhängig voneinander** zu sehen. Der Anteilsinhaber kann also einerseits dem Umwandlungsbeschluss zustimmen und andererseits seine Zustimmung zur Übernahme der Komplementärstellung verweigern. Damit bringt er zum Ausdruck, dass er den Formwechsel grds. gutheißt, aber keine persönliche Haftung übernehmen will. Er kann theoretisch auch umgekehrt gegen den Umwandlungsbeschluss stimmen, gleichzeitig aber – für den Fall des Erreichens der erforderlichen Mehrheit – seine Zustimmung zur Übernahme der Komplementärstellung erklären.[153]

128 Darüber hinaus erklärt § 240 Abs. 2 S. 2 UmwG für den Fall des Beitritts eines persönlich haftenden Gesellschafters im Zuge des Formwechsels **§ 221 UmwG** für **entsprechend anwendbar**. Demnach muss der in einem Beschluss zur Umwandlung in eine KGaA vorgesehene Beitritt eines Gesellschafters, welcher der formwechselnden Gesellschaft nicht angehört hat, notariell beurkundet werden. Ferner ist die Satzung der KGaA von jedem beitretenden persönlich haftenden Gesellschafter zu genehmigen (→ Rn. 423).

129 c) **GmbH als Ausgangsrechtsträger (§ 241 UmwG).** Bei einer GmbH als Ausgangsrechtsträger besteht ein Zustimmungserfordernis im Falle eines **nicht verhältniswahrenden Formwechsels** in eine AG oder KGaA (§ 241 Abs. 1 UmwG). Jedem Gesellschafter, der sich nicht entsprechend dem Gesamtnennbetrag seiner Geschäftsanteile an dem neuen Rechtsträger beteiligen kann, steht ein Vetorecht zu, auch wenn er mit der Dreiviertelmehrheit des § 240 Abs. 1 S. 1 UmwG überstimmt wurde.

130 Gleiches gilt, wenn bei der formwechselnden GmbH **Minderheits- oder Sonderrechte** bestehen (§§ 241 Abs. 2, 50 Abs. 2 UmwG). Deren Inhaber müssen dem Umwandlungsbeschluss zustimmen, wenn in der Satzung der AG oder der KGaA kein geeignetes Äquivalent geschaffen wird. Dies kann zum einen deshalb der Fall sein, weil in die Satzung des neuen Rechtsträgers keine entsprechende Regelung aufgenommen wurde, zum anderen, wenn zwingende aktienrechtliche Vorschriften der Fortgeltung entgegenstehen.[154] Darüber hinaus enthält § 50 Abs. 2 UmwG nach überwiegender Ansicht einen allgemeinen Rechtsgedanken, wonach eine Zustimmungspflicht auch dann besteht, wenn andere als die dort explizit genannten Sonderrechte beeinträchtigt werden wie etwa Sperrminoritäten, Mehrstimmrechte, erhöhte Gewinnrechte ua (→ § 15 Rn. 196 ff. mwN).[155]

131 Schließlich besteht nach § 240 Abs. 3 UmwG ein Zustimmungserfordernis auch bei einem **Wegfall von Nebenleistungspflichten** von GmbH-Gesellschaftern wie etwa Geld- und Sachleistungen, Dienstleistungen oder bestimmten Handlungspflichten, die aufgrund der einschränkenden Bestimmungen des § 55 AktG in der neuen Rechtsform nicht aufrechterhalten werden können.[156]

---

[152] Widmann/Mayer/*Rieger* § 240 Rn. 46 unter Verweis auf die Gesetzesbegründung.
[153] Vgl. Widmann/Mayer/*Rieger* § 240 Rn. 53.
[154] Dies ist etwa für das Recht eines Gesellschafters der Fall, Geschäftsführer der GmbH zu bestellen Für Vorstandsmitglieder einer AG kann dies wegen der zwingenden Rechte des Aufsichtsrats au §§ 84 ff. AktG nicht in die Satzung der AG aufgenommen werden. Vgl. Kölner Kommentar-UmwG/ *Petersen* § 241 Rn. 10; Lutter/*Göthel* § 241 Rn. 9; Semler/Stengel/*Mutter* § 241 Rn. 17.
[155] Siehe nur Semler/Stengel/*Mutter* § 241 Rn. 18 mwN.
[156] Näher Lutter/*Göthel* § 241 Rn. 9 f.; Widmann/Mayer/*Rieger* § 241 Rn. 46 ff.

d) AG als Ausgangsrechtsträger (§ 242 UmwG). Soll eine AG in eine Kapitalgesellschaft anderer Rechtsform formgewechselt werden, muss gemäß § 242 UmwG jeder Aktionär der Festsetzung zustimmen, der sich nicht mit seinem gesamten Anteil beteiligen kann. Die Vorschrift schützt vor der Benachteiligung durch einen **nicht-verhältniswahrenden Formwechsel** und entspricht dem für die GmbH als Ausgangsrechtsträger anwendbaren § 241 Abs. 1 UmwG (→ Rn. 129).[157]

e) KGaA als Ausgangsrechtsträger (§ 240 Abs. 3 UmwG). Ist eine KGaA Ausgangsrechtsträger, gilt ebenfalls § 242 UmwG, so dass jeder Kommanditaktionär zustimmen muss, wenn die ihm an dem Zielrechtsträger gewährte Beteiligung nicht derjenigen am Ausgangsrechtsträger entspricht (**nicht-verhältniswahrender Formwechsel**).

Ferner müssen die **persönlich haftenden Gesellschafter** dem Formwechsel nach § 240 Abs. 3 UmwG zustimmen. Die Zustimmungserklärung ist wiederum empfangsbedürftige und nach § 193 Abs. 3 S. 1 UmwG – entweder im Rahmen des Formwechselbeschlusses oder in gesonderter Erklärung – beurkundungsbedürftige Willenserklärung (→ Rn. 65). Eine Zustimmungspflicht besteht dabei grundsätzlich nicht, kann sich aber ganz ausnahmsweise aus der gesellschaftsrechtlichen Treuepflicht oder dem Vorliegen von Ausschließungsgründen gemäß §§ 133, 140 HGB ergeben.[158]

Nach § 240 Abs. 3 S. 2 UmwG kann die Satzung der formwechselnden Gesellschaft alterativ eine **Mehrheitsentscheidung** der persönlich haftenden Gesellschafter vorsehen, die – da es sich nicht um einen Beschluss handelt – auch in getrennten Urkunden erfolgen kann. Die Mehrheit berechnet ich gemäß § 278 Abs. 2 AktG iVm §§ 161 Abs. 2, § 119 Abs. 2 HGB **nach Köpfen** (→ Rn. 70). Eine hiervon abweichende Satzungsbestimmung wie zB die Berechnung der Mehrheit nach der Höhe der von den Komplementären geleisteten Vermögenseinlagen iSv § 281 Abs. 2 AktG ist zulässig.[159]

f) Rechtsfolgen fehlender Zustimmung. Fehlt die erforderliche Zustimmung auch nur eines Gesellschafters zB nach §§ 240 Abs. 2 und 3, 241 Abs. 2 und 3 UmwG, ist der Umwandlungsbeschluss **schwebend unwirksam** und es besteht ein **Eintragungshindernis**. Wird die Zustimmung endgültig verweigert, führt dies zur Unwirksamkeit des Umwandlungsbeschlusses.[160] Erfolgt die Eintragung dennoch, tritt die Heilungswirkung des § 202 Abs. 3 UmwG ein (→ § 36 Rn. 26 ff.). Der betroffene Gesellschafter kann ggf. Schadensersatz verlangen (§§ 205 f. UmwG, → § 36 Rn. 47 ff.).[161]

Eine **Besonderheit** gilt für die Fälle der **§§ 241 Abs. 1 S. 1, 242 UmwG**: Die Vorschriften postulieren lediglich das Erfordernis der Zustimmung zur Festsetzung, nicht zu dem Beschluss als solchem. Verweigert ein Gesellschafter seine Zustimmung, führt dies daher – soweit der Umwandlungsbeschluss nichts etwas anderes bestimmt – nicht zur Unwirksamkeit des gesamten Umwandlungsbeschlusses, sondern allein der Festsetzung der Nennbeträge. Die zuzuweisenden Anteile am Grund- bzw. Stammkapital sind in diesem Fall nach erfolgter Anfechtung vom Gericht so festzusetzen, dass sich die Gesellschafter bestmöglich beteiligen können.[162]

4. Registeranmeldung, § 246 UmwG

a) Formelles. § 246 UmwG ergänzt die allgemeine Regelung der §§ 198, 197 S. 1 UmwG (→ § 35 Rn. 3 ff.) zur Registeranmeldung des Formwechsels hinsichtlich der Frage der **Anmeldepflichtigen**. Nach § 246 Abs. 1 UmwG ist die Anmeldung durch das Ver-

---

[157] Zum Sonderproblem der Festsetzung der Nennbeträge bei unbekannten Aktionären siehe Lutter/*Göthel* § 242 Rn. 17 ff.; Widmann/Mayer/*Rieger* § 242 Rn. 7 ff.
[158] Näher Lutter/*Göthel* § 241 Rn. 18; Widmann/Mayer/*Rieger* § 240 Rn. 61.
[159] Widmann/Mayer/*Rieger* § 240 Rn. 67.
[160] Vgl. Lutter/*Göthel* § 241 Rn. 21; Kallmeyer/*Blasche* § 241 Rn. 12; Schmitt/Hörtnagl/Stratz/ *Stratz* § 241 Rn. 12; Widmann/Mayer/*Rieger* § 241 Rn. 68.
[161] Siehe nur Kallmeyer/*Blasche* § 241 Rn. 12; Semler/Stengel/*Mutter* § 241 Rn. 36.
[162] Vgl. Lutter/*Göthel* § 241 Rn. 21 und § 242 Rn. 14 f.; Semler/Stengel/*Mutter* § 241 Rn. 34 und § 242 Rn. 16; Widmann/Mayer/*Rieger* § 241 Rn. 66 und § 242 Rn. 25.

tretungsorgan der formwechselnden Gesellschaft vorzunehmen, und zwar in vertretungsberechtigter Zahl.[163] Eine unechte Gesamtvertretung ist zulässig, ebenso eine Stellvertretung auf Basis einer zumindest beglaubigten Vollmacht (§ 12 Abs. 2 S. 1 HGB). **Zuständig** ist nach § 198 Abs. 1 UmwG das Amtsgericht – Registergericht – des formwechselnden Rechtsträgers (→ § 35 Rn. 5). Die **Form** der Anmeldung muss § 12 Abs. 1 S. 1 HGB genügen (elektronisch in öffentlich beglaubigter Form).

139 b) **Inhalt.** Nach § 198 Abs. 1 UmwG ist die **neue Rechtsform** der formwechselnden Gesellschaft zum Handelsregister anzumelden. Der Inhalt der Anmeldung ergibt sich ferner aus § 246 Abs. 2 UmwG, wonach zugleich die **Vertretungsorgane** des Rechtsträgers neuer Rechtsform zur Eintragung in das Register anzumelden sind. Auf Basis von § 197 S. 1 UmwG iVm den Gründungsvorschriften des Zielrechtsträgers (→ § 34 Rn. 53 ff.) muss die Anmeldung ergänzend die abstrakte und konkrete **Vertretungsbefugnis** der Vertretungsorgane (§§ 37 Abs. 3, 283 AktG bzw. § 8 Abs. 4 GmbHG) sowie die **inländische Geschäftsanschrift** enthalten (§ 37 Abs. 3 Nr. 1 AktG bzw. § 8 Abs. 4 Nr. 1 GmbHG), auch wenn diese mit der bisherigen Anschrift übereinstimmen. Prokuren und Zweigniederlassungen bestehen beim Formwechsel fort (→ § 35 Rn. 15; § 36 Rn. 16), ein Hinweis darauf ist nichtsdestotrotz empfehlenswert.

140 Eine wichtige Besonderheit beim Formwechsel von Kapitalgesellschaften untereinander besteht darin, dass gemäß § 246 Abs. 3 UmwG die **Versicherung** nach § 37 Abs. 1 AktG bzw. § 8 Abs. 2 GmbHG **hinsichtlich** der ordnungsgemäßen **Erbringung der Einlagen entbehrlich** ist. Dieser Verzicht liegt im identitätswahrenden Charakter des Formwechsels begründet, weshalb die Gesellschafter im Zuge der Umwandlung keine neuen Einlagen zu leisten haben.[164] Wie bei einer Neugründung müssen die Vertreter der Gesellschaft neuer Rechtsform allerdings versichern, dass **keine Bestellungshindernisse** iSv § 37 Abs. 2 AktG bzw. § 8 Abs. 3 GmbHG vorliegen. Erforderlich ist schließlich die **Negativerklärung** gemäß § 198 Abs. 3 UmwG iVm § 16 Abs. 2 und 3 UmwG (→ § 35 Rn. 16 ff.).

141 Ggf. gesondert anzumelden sind Satzungsänderungen, die im Zusammenhang mit dem Formwechsel vorgenommen werden, so etwa eine Sitzverlegung oder Kapitalmaßnahmen. Paradebeispiel ist die Kapitalerhöhung auf EUR 50.000 im Vorfeld des Formwechsels einer GmbH in eine AG (→ Rn. 146 ff.). Hierbei ist im Rahmen der Antragstellung die zeitliche Reihenfolge der Eintragungen zu beachten.

142 c) **Einzureichende Unterlagen.** Als **Anlage** ist zunächst die allgemeine Dokumentation zum Formwechsel nach § 199 UmwG vorzulegen, bestehend ua aus dem Umwandlungsbeschluss samt Satzung, der ggf. erforderlichen Zustimmungserklärungen einzelner Anteilsinhaber, dem Umwandlungsbericht bzw. den diesbezüglichen Verzichtserklärungen und ggf. einem Nachweis über die rechtzeitige Zuleitung des Entwurfs an den Betriebsrat (→ § 35 Rn. 20 ff.). Daneben sind folgende **Unterlagen nach Gründungsrecht** (§ 197 S. 1 UmwG) beim Registergericht einzureichen:[165]

143 **Zielrechtsträger AG bzw. KGaA**
– Berechnung des Umwandlungsaufwands (§ 37 Abs. 4 Nr. 2 AktG);
– Unterlagen über die Bestellung der Mitglieder des Aufsichtsrats (§ 37 Abs. 4 Nr. 3 AktG, sofern nicht im Umwandlungsbeschluss enthalten);
– Liste des Aufsichtsrats (§ 37 Abs. 4 Nr. 3a AktG);
– Gründungsbericht, (interner) Gründungsprüfungsbericht und der Bericht des (externen) Gründungsprüfers (§ 37 Abs. 4 Nr. 4 AktG);
– Unterlagen über die Bestellung des Abschlussprüfers (30 Abs. 1 AktG, sofern nicht im Umwandlungsbeschluss enthalten);

---

[163] Eine Unterzeichnung durch sämtliche Vertretungsorgane ist – wie ein Vergleich zu § 222 Abs. 1 S. 1 UmwG zeigt – nicht erforderlich, siehe nur Widmann/Mayer/*Rieger* § 246 Rn. 8 f.
[164] Hierzu Semler/Stengel/*Scheel* § 246 Rn. 15 ff. sowie ausf. Widmann/Mayer/*Rieger* § 246 Rn. 69 ff.
[165] Siehe nur Widmann/Mayer/*Rieger* § 246 Rn. 50 ff.

– Werthaltigkeitsnachweis über die Reinvermögensdeckung (§ 245 Abs. 1 S. 2, Abs. 2 S. 2 bzw. Abs. 3 S. 2 UmwG iVm § 220 UmwG; → Rn. 148 ff.);
– bei einer AG als Zielrechtsträger die Urkunden über die Bestellung des Vorstands (§ 37 Abs. 4 Nr. 3 AktG, sofern nicht im Umwandlungsbeschluss enthalten) sowie ggf. eine gesondert abgegebene Versicherung der Vertretungsorgane über das Nichtvorliegen von Bestellungshindernissen (→ Rn. 140);
– bei einer KGaA als Zielrechtsträger ggf. die Zustimmungserklärungen der künftigen persönlich haftenden Gesellschafter bzw. die Unterlagen über deren Beitritt und eine evtl. gesondert erfolgte Genehmigung der Satzung (§§ 221, 240 Abs. 2 S. 2 UmwG iVm § 223 UmwG analog).[166]

Zielrechtsträger GmbH 144

– die Urkunden über die Bestellung der Geschäftsführer (§ 8 Abs. 1 Nr. 2 GmbHG) samt ggf. einer gesondert abgegebenen Versicherung der Vertretungsorgane über das Nichtvorliegen von Bestellungshindernissen (→ Rn. 140);
– eine Gesellschafterliste iSv § 8 Abs. 1 Nr. 3 GmbHG, wobei im Fall unbekannter Aktionäre gemäß §§ 213, 35 S. 1 UmwG die Angabe des insgesamt auf diese entfallenden Teils des Grundkapitals und die Bezeichnung der auf sie nach dem Formwechsel entfallenden Anteile genügt (→ Rn. 174 f.);[167]
– ggf. Unterlagen über die Bestellung der Mitglieder des Aufsichtsrats (§ 52 Abs. 2 GmbHG iVm § 37 Abs. 4 Nr. 3 AktG);
– eine Werthaltigkeitsbescheinigung ist beim Formwechsel einer AG oder KGaA in die GmbH nicht erforderlich, da ausweislich des fehlenden Verweises von § 245 Abs. 4 UmwG auf § 220 UmwG eine Prüfung der Reinvermögensdeckung nicht stattfindet (→ Rn. 167).

Der Beifügung der **Verträge über Sacheinlagen** iSv § 37 Abs. 4 Nr. 2 AktG bzw. § 8 145 Abs. 1 Nr. 4 GmbHG ist in jedem der oben genannten Fälle **obsolet**, da im Falle eines Formwechsels als „Sacheinlage" der ohnehin beizufügende Umwandlungsbeschluss an deren Stelle tritt.

5. Rechtsfolgen und weitere rechtsformspezifische Besonderheiten

a) Formwechsel GmbH in AG bzw. KGaA. aa) Gründerstellung, § 245 Abs. 1 146
S. 1 Alt. 1 UmwG. Bei einem Formwechsel einer GmbH in eine AG[168] oder in eine KGaA treten gemäß § 245 Abs. 1 S. 1 Alt. 1 UmwG bei der Anwendung der Gründungsvorschriften des Aktiengesetzes an die Stelle der Gründer die Gesellschafter, die für den Formwechsel gestimmt haben. Der Wortlaut der Vorschrift ist insoweit auslegungsbedürftig, als danach nur diejenigen Gesellschafter des Ausgangsrechtsträgers als Gründer gelten, die „für den Formwechsel gestimmt haben". Von Bedeutung ist dies wegen der mit der Gründerstellung einhergehenden Verantwortlichkeiten, insbesondere im Hinblick auf die Aufbringung des Grundkapitals (vgl. § 46 AktG). Zum Teil wird diesbezüglich angenommen, maßgeblich sei nur das Abstimmungsverhalten im Rahmen des Umwandlungsbeschlusses.[169] Nach überwiegender Ansicht sind **auch** solche **Gesellschafter** umfasst, **die** eine **gesonderte Zustimmungserklärung** zB nach § 193 Abs. 2 UmwG oder § 241 UmwG **abgeben**).[170] Dem ist beizupflichten, da auch denjenigen Gesellschaftern, welche bei der Beschlussfassung nicht zugestimmt haben oder (zB aufgrund Abwesenheit) nicht zustimmen konnten, den Formwechsel aber

---

[166] So Lutter/*Göthel* § 246 Rn. 20; Widmann/Mayer/*Rieger* § 246 UmwG Rn. 64; zurückhaltender Semler/Stengel/*Scheel* § 246 Rn. 13 („empfehlenswert").
[167] Vgl. hierzu Lutter/*Göthel* § 246 Rn. 23 f.
[168] Allgemein zu dieser Formwechselvariante *A. Schmidt* GmbH-StB 2001, 63.
[169] Vgl. Semler/Stengel/*Scheel* § 245 Rn. 6 ff.
[170] So ua Lutter/*Göthel* § 245 Rn. 19; Schmitt/Hörtnagl/Stratz/*Stratz* § 245 Rn. 3; Widmann/Mayer/*Rieger* § 245 Rn. 20 ff.

freiwillig durch gesonderte Erklärung billigen, die Gründerstellung nicht aufgedrängt wird.

147 Im Falle einer KGaA als Zielrechtsträger gelten gemäß § 245 Abs. 1 S. 1 Alt. 2 UmwG ferner **beitretende persönlich haftende Gesellschafter** als Gründer. Das ist konsequent, da auch diese dem Formwechsel nach §§ 221, 240 Abs. 2 S. 2 UmwG zustimmen müssen und damit die Gründerverantwortlichkeiten sehenden Auges übernehmen.

148 bb) **Reinvermögensdeckung, § 220 Abs. 1 UmwG analog.** Von erheblicher Bedeutung beim Formwechsel einer Personenhandelsgesellschaft in eine Kapitalgesellschaft ist der systematisch in den §§ 214 ff. UmwG verortete § 220 UmwG (→ Rn. 433 ff.). Die Vorschrift ordnet – bei der GmbH als Zielrechtsträger unter Verdrängung von § 7 Abs. 3 GmbHG[171] – an, dass der Nennbetrag des Stammkapitals der entstehenden GmbH das nach Abzug der Schulden verbleibende Vermögen der formwechselnden Gesellschaft nicht übersteigen darf (**Prinzip der Reinvermögensdeckung**). Dadurch ist gewährleistet, dass es zu keiner Unterbilanz beim neu entstehenden Rechtsträger kommt.

149 Für den Formwechsel GmbH in AG bzw. KGaA erklärt § 245 Abs. 1 S. 2 UmwG die Regelung des **§ 220 Abs. 1 UmwG** und damit das Prinzip der Reinvermögensdeckung für **entsprechend anwendbar**. Im Rahmen des Formwechsels ist demnach zu prüfen und dem Gericht durch geeignete Belege, dh insbesondere ein Wirtschaftsprüfergutachten nachzuweisen, dass der **Zeitwert** der Aktiva einschließlich immaterieller, auch selbstgeschaffener und damit nicht bilanzierter Wirtschaftsgüter – nach Abzug etwaiger, nach § 196 UmwG zu leistender barer Zuzahlungen – den Zeitwert der Schulden mindestens um den Betrag des Grundkapitals der entstehenden AG bzw. KGaA übersteigt (→ Rn. 434).[172]

150 Die Reinvermögensdeckung muss zum **Zeitpunkt** der Eintragung des Formwechsels gegeben sein, weshalb der Werthaltigkeitsnachweis zeitnah vor der Anmeldung erstellt sein muss.[173] Für den Wertnachweis genügt regelmäßig der Bericht des Gründungsprüfers gemäß § 33 Abs. 2 AktG (→ Rn. 153).

151 Soweit der Saldo des übergehenden Vermögens zu Buchwerten den Nominalbetrag des Grundkapitals des neuen Rechtsträgers übersteigt, ist dieser grds. in die **Kapitalrücklage** nach § 272 Abs. 2 Nr. 1 HGB einzustellen.[174]

152 cc) **Angaben im Gründungsbericht, § 220 Abs. 2 UmwG analog.** Beim Formwechsel in die AG bzw. KGaA haben die gemäß § 245 Abs. 1 S. 1 Alt. 1 UmwG an die Stelle der Gründer tretenden Gesellschafter nach § 197 S. 1 UmwG iVm § 32 AktG einen Gründungsbericht zu erstatten, der vom Umwandlungsbericht nach § 192 UmwG zu unterscheiden und anders als Letzterer nicht verzichtbar ist. Der über den Verweis in § 245 Abs. 1 S. 2 UmwG anwendbare § 220 Abs. 2 UmwG sieht hinsichtlich des Inhalts dieses Berichts vor, dass darin auch der **bisherige Geschäftsverlauf** und die **Lage der formwechselnden Gesellschaft** darzulegen sind (→ Rn. 439).[175]

---

[171] So explizit OLG Frankfurt 20 W 160/13, ZIP 2015, 1229 = GmbHR 2015, 808 (LS 1). Weiter stellt das OLG klar, dass die Ermittlung des nach § 220 Abs. 1 UmwG maßgeblichen Aktivvermögens nicht nach Buchwerten, sondern nach dem Verkehrswert erfolgt. Dabei kann in erster Linie auf den Ertragswert abgestellt werden, da beim Formwechsel Gegenstand der „Sacheinlage" das Unternehmen der Gesellschaft ist.

[172] Siehe nur Widmann/Mayer/*Rieger* § 245 Rn. 56 ff. sowie Widmann/Mayer/*Vossius* § 220 Rn. 12 ff.

[173] Widmann/Mayer/*Rieger* § 245 Rn. 59: vier bis sechs Wochen; aA Semler/Stengel/*Schlitt* § 220 Rn. 15: Zeitpunkt der Anmeldung maßgebend.

[174] Zur Vorgehensweise bei einer Einbuchung als Darlehen vgl. Semler/Stengel/*Schlitt* § 218 Rn. 16 Widmann/Mayer/*Vossius* § 220 Rn. 5.

[175] Zum allg. notwendigen Inhalt des Gründungsberichts nach § 32 Abs. 2 und 3 AktG vgl. iÜ MünchHdb. GesR IV/*Hoffmann-Becking* § 3 Rn. 19 sowie Widmann/Mayer/*Rieger* § 245 Rn. 64 ff.

dd) Externe Gründungsprüfung, § 220 Abs. 3 S. 1 UmwG analog. Hinsichtlich 153
der Gründungsprüfung stellt der entsprechend anwendbare § 220 Abs. 3 S. 1 UmwG in
Ergänzung der allgemeinen Verweisung von § 197 S. 1 UmwG auf § 33 AktG klar, dass
beim Formwechsel in eine AG oder eine KGaA die externe **Gründungsprüfung** durch
einen oder mehrere Prüfer nach § 33 Abs. 2 des AktG **in jedem Fall** stattzufinden hat
(→ Rn. 440 ff.). Die in § 33 Abs. 2 AktG enthaltenen Einschränkungen, wonach die
externe Gründungsprüfung nur unter bestimmten Voraussetzungen stattfinden soll, gelten
somit nicht für den Formwechsel. Das ist konsequent, da ein Formwechsel strukturell einer
Sachgründung iSv § 33 Abs. 2 Nr. 4 AktG gleichkommt. Aus diesem Grund kann die
externe Gründungsprüfung auch nicht durch den beurkundenden Notar vorgenommen
werden (vgl. § 33 Abs. 3 S. 1 AktG), sondern es bedarf eines vom Gericht zu bestellenden
sachverständigen Prüfers, der über eine ausreichende Vorbildung und Erfahrung in der
Buchführung verfügt (§ 33 Abs. 4 AktG).

ee) Anwendbarkeit der Nachgründungsvorschriften, § 52 Abs. 1 AktG. Die 154
Nachgründungsvorschriften der §§ 52 f. AktG[176] gelten aufgrund der Generalverweisung des § 197 S. 1 UmwG grundsätzlich für jede durch Formwechsel neu entstehende
AG und – über den Verweis in § 278 Abs. 3 AktG – jede neue KGaA. Nach § 220 Abs. 3
S. 2 UmwG **beginnt** die für Nachgründungen in § 52 Abs. 1 AktG bestimmte **Zwei-Jahres-Frist** im Fall des Formwechsels einer Personenhandelsgesellschaft mit dem Wirksamwerden des Formwechsels, also mit Eintragung der neuen Rechtsform (§ 202 Abs. 1
UmwG; → Rn. 441 ff.). Auf den Formwechsel einer GmbH in eine AG oder eine KGaA
ist § 220 UmwG gemäß § 245 Abs. 1 S. 2 UmwG entsprechend anwendbar.

Diese Nachgründungsbedürftigkeit würde zu befremdlichen Ergebnissen führen, wenn 155
sie auch langjährig am Markt etablierte Gesellschaften träfe, deren Seriosität außer Zweifel
steht. Zu beachten ist daher die von § 245 Abs. 1 S. 3 UmwG postulierte **Ausnahme**,
wonach die Nachgründungsvorschriften auf die entstehende AG bzw. KGaA nicht anzuwenden sind, wenn eine **GmbH** als Ausgangsrechtsträger vor dem Wirksamwerden des
Formwechsels bereits **länger als zwei Jahre in das Register eingetragen** war. Dem liegt
die Überlegung zugrunde, dass sich die Kapitalaufbringung bei der GmbH nicht grundlegend von den Kapitalaufbringungsregeln des AktG unterscheidet und eine Anwendung
von § 52 AktG daher nur angezeigt erscheint, wenn die Eintragung der GmbH vor weniger
als zwei Jahren erfolgt ist.[177]

ff) Umtausch der Anteile, § 248 Abs. 1 UmwG. Während § 202 Abs. 1 Nr. 2 156
UmwG klarstellt, dass die Anteilsinhaber des formwechselnden Rechtsträgers nach Wirksamwerden des Formwechsels automatisch am Zielrechtsträger beteiligt sind, regelt § 248
UmwG die **technische Umsetzung des Austauschs der Anteile**. Gemäß dem auf den
Formwechsel einer GmbH in eine AG bzw. KGaA anwendbaren Abs. 1 ist auf den
Umtausch der Geschäftsanteile einer formwechselnden GmbH gegen Aktien § 73 AktG,
bei Zusammenlegung von Geschäftsanteilen § 226 AktG über die Kraftloserklärung von
Aktien entsprechend anzuwenden.

Erste Variante ist ein **Umtausch**, der sich im Fall des Formwechsels einer GmbH in eine 157
AG oder KGaA nach **§ 248 Abs. 1 UmwG iVm § 73 AktG analog** richtet. Das entsprechende Verfahren beginnt frühestens mit Fassung des Umwandlungsbeschlusses, ggf.
aber bereits vor dem Wirksamwerden des Formwechsels, weshalb bis zur Eintragung das
Vertretungsorgan des formwechselnden Rechtsträgers, danach das Vertretungsorgan des
Zielrechtsträgers **zuständig** ist.[178]

Nachdem bei einer GmbH in aller Regel keine Anteilsscheine ausgegeben sind, besteht 158
das in § 248 Abs. 1 UmwG beschriebene **Verfahren** des „Umtauschs" in einer Zuteilung

---

[176] Hierzu nur MünchHdb. GesR IV/*Hoffmann-Becking* § 4 Rn. 41 ff.
[177] Vgl. die Gesetzesbegründung zum Zweiten Gesetz zur Änderung des Umwandlungsgesetzes,
3T-Drs. 16/2919, S. 22, sowie *D. Mayer/Weiler* DB 2007, 1291, 1295.
[178] Kallmeyer/*Blasche* § 248 Rn. 3; Widmann/*Mayer/Rieger* § 248 Rn. 7.

und Ausgabe von Aktien auf der Grundlage eines Nachweises der Mitgliedschaft.[179] Die entsprechende Anwendbarkeit des § 73 AktG bedeutet dabei, dass die Gesellschaft ihre Gesellschafter, die mit Eintragung des Formwechsels (Kommandit-)Aktionäre geworden sind, **auffordern** kann, die ihnen zustehenden Aktienurkunden entgegenzunehmen.[180] Der Nachweis kann dabei auf Basis einer namentlichen Nennung im Umwandlungsbeschluss oder durch Vorlage der aktuellen Gesellschafterliste, je verbunden mit einem Identitäts- und ggf. Vertretungsnachweis, erfolgen. Die Aufforderung bedarf nach § 248 Abs. 3 UmwG entgegen § 73 Abs. 1 S. 1 AktG **keiner Genehmigung** des Gerichts. Sie kann frühestens nach Beschlussfassung, iÜ aber vor oder auch nach Eintragung des Formwechsels erfolgen.[181]

159 Nach dem Wortlaut von § 73 Abs. 2 AktG hat die Aufforderung zur Einreichung der Aktien deren Kraftloserklärung anzudrohen. Jedenfalls wenn, wie in aller Regel, keine Anteilsscheine bei der GmbH bestehen, ergibt eine solche Kraftloserklärung keinen Sinn. In diesem Fall genügt es nach zutreffender hM, wenn eine Aufforderung zur Abholung der Aktien nach § 73 Abs. 1 und 2 AktG erfolgt ist, dh den Vorgaben des § 64 Abs. 2 AktG entsprechend dreimal in den Gesellschaftsblättern bekanntgemacht wurde. Anstelle der Androhung der Kraftloserklärung reicht ein Hinweis in der Aufforderung aus, dass die Aktien gemäß § 73 Abs. 3 AktG iVm §§ 372 ff. BGB **hinterlegt** werden, falls die Aktionäre sie nicht innerhalb der gesetzlichen Frist abholen.[182]

160 § 248 Abs. 1 UmwG eröffnet ergänzend die Möglichkeit der **Zusammenlegung** von Geschäftsanteilen nach der Vorschrift des § 226 AktG über die Zusammenlegung von Aktien. Dieses Verfahren kommt in Betracht, wenn ein Gesellschafter für mehrere Geschäftsanteile eine Aktie erhält oder beim Formwechsel nicht beteiligungsfähige Spitzen entstehen, so dass die Geschäftsanteile mehrerer Gesellschafter zu einer oder mehreren Aktien zusammenzulegen sind, bezüglich derer die betroffenen Gesellschafter eine Rechtsgemeinschaft bilden.[183] Allerdings lässt sich diese Problematik dadurch vermeiden, dass der Aktiennennbetrag bzw. der auf eine Stückaktie entfallende rechnerische Anteil am Grundkapital so bemessen wird, dass keine freien Spitzen entstehen, weshalb das Verfahren nach § 248 Abs. 1 UmwG iVm § 226 AktG wenn überhaupt nur sehr geringe Praxisrelevanz hat.[184]

161 **Eigene Anteile** der GmbH werden zu eigenen Aktien der entstehenden AG bzw. KGaA. Eine Beschränkung für den Formwechsel ergibt sich nicht aus § 71 AktG, dessen Ausnahmeregelungen insbesondere in Nrn. 3, 4 und 5 insoweit erweiternd auszulegen sind.[185] Allerdings ist die Veräußerungspflicht des § 73c Abs. 2 AktG zu beachten.

162 **gg) Übertragung von Anteilen.** Eine Übertragung von Anteilen der formwechselnden GmbH ist bis zum Wirksamwerden des Formwechsels nach allgemeinen Grundsätzen möglich. Nach Wirksamwerden des Formwechsels richtet sich die Übertragung nach Aktienrecht, und zwar unabhängig davon, ob zum Zeitpunkt der Veräußerung der Umtausch der Geschäftsanteile in verbriefte Aktienurkunden schon erfolgt ist oder nicht. Im letzteren Falle erfolgt die Übertragung durch einfache Abtretung nach §§ 413, 398 BGB.[186]

---

[179] Vgl. ua Kallmeyer/*Blasche* § 248 Rn. 2; Kölner Kommentar-UmwG/*Petersen* § 248 Rn. 3.
[180] Lutter/*Göthel* § 248 Rn. 4; Semler/Stengel/*Scheel* § 248 Rn. 5.
[181] Widmann/Mayer/*Rieger* § 248 Rn. 17 mwN.
[182] Siehe Lutter/*Göthel* § 248 Rn. 5 ff.; Widmann/Mayer/*Rieger* § 248 Rn. 20 mwN. Zur Kraftloserklärung verbriefter Aktien siehe *Schaper* AG 2016, 889, 892 ff.
[183] Näher Lutter/*Göthel* § 248 Rn. 12 ff.; Widmann/Mayer/*Rieger* § 248 Rn. 23 ff.
[184] So zu Recht Kallmeyer/*Blasche* § 248 Rn. 4. Zum Verfahren nach § 226 AktG vgl. Widmann/Mayer/*Rieger* § 248 Rn. 28 ff.
[185] Siehe nur Limmer/*Limmer*, Teil 4 Rn. 618 mwN. Zu eigenen Anteilen beim Formwechsel GmbH in AG und umgekehrt *Schulz* ZIP 2015, 510. Allg. zu eigenen Geschäftsanteilen im Umwandlungsrecht *Lieder* GmbHR 2014, 232.
[186] Ausf. hierzu Widmann/Mayer/*Rieger* § 248 Rn. 63 ff. Siehe ferner Lutter/*Göthel* § 248 Rn. 38 Zur Übertragung von Aktienurkunden vgl. ua *Schaper* AG 2016, 889, 890 f. Zur Bindungswirkung formfreier Anteilsveräußerungen nach zwischenzeitlicher Umwandlung in eine GmbH vgl. *Fusani Schaudinn* GmbHR 2009, 1125.

hh) Sonstiges. Gemäß § 197 S. 2 UmwG sind Vorschriften der Rechtsform des Zielrechtsträgers über die Bildung und Zusammensetzung des **ersten Aufsichtsrats** grundsätzlich nicht anzuwenden, woraus im Zusammenspiel mit § 203 UmwG eine Amtskontinuität bisheriger Aufsichtsorgane folgt. Als Ausnahme von der Ausnahme erklärt § 197 S. 3 UmwG allerdings § 31 AktG beim Formwechsel in eine AG ausdrücklich für anwendbar. Die zeitweise unvollständige Besetzung des Aufsichtsrats bei einer mitbestimmten AG steht damit weder der Eintragung des Formwechsels noch der Wahl des Vorstands entgegen.[187]

Nicht übersehen werden dürfen die aktienrechtlichen **Mitteilungspflichten gemäß § 20 AktG** bei Überschreiten der dort genannten Schwellenwerte.[188]

b) Formwechsel AG bzw. KGaA in GmbH. aa) Gründerstellung. § 245 UmwG enthält keine Regelung zu der Frage, wer hinsichtlich der Anwendung der Gründungsvorschriften im Falle des Formwechsels in eine GmbH an die Stelle der Gründer tritt. Nach zutreffender Ansicht folgt daraus in Zusammenschau mit dem Entfall des Sachgründungsberichts aufgrund § 245 Abs. 4 UmwG (→ Rn. 166), dass die Vorschriften über die Verantwortlichkeit der Gründer nach § 9a GmbHG jdf. in Bezug auf die Gesellschafter des formwechselnden Rechtsträgers nicht anwendbar sind.[189]

bb) Entbehrlichkeit des Sachgründungsberichts. Grundsätzlich besteht beim Formwechsel in eine GmbH gemäß § 197 S. 1 UmwG iVm § 5 Abs. 4 S. 2 GmbHG die Pflicht, einen **Sachgründungsbericht** zu erstellen, der nicht Teil des Umwandlungsberichts und damit nicht gemäß § 192 Abs. 3 UmwG verzichtbar ist.[190] Eine wichtige Ausnahme besteht beim Formwechsel einer AG oder KGaA in eine GmbH, da der Gesetzgeber hier den Kapitalschutz als durch die strengen Kapitalaufbringungs- und -erhaltungsvorschriften des AktG gewährleistet ansieht und demgemäß in **§ 245 Abs. 4 UmwG** einen Sachgründungsbericht ausdrücklich für **nicht erforderlich** erklärt.

cc) Keine analoge Anwendung von § 220 Abs. 1 UmwG. Ausweislich des nur in dessen Abs. 4 fehlenden Verweises von § 245 UmwG auf § 220 UmwG ist beim Formwechsel einer AG oder KGaA in eine GmbH die Deckung des Stammkapitals durch das Reinvermögen (→ Rn. 148 ff.) der formwechselnden Gesellschaft nicht zu prüfen. Das Gesetz verlässt sich darauf, dass die Kapitalaufbringung und -erhaltung schon vor dem Formwechsel durch die im Vergleich zum GmbHG strengeren Regeln des AktG sichergestellt war. Eine materielle **Unterbilanz hindert** somit **nicht** den **Formwechsel** einer AG oder KGaA in eine GmbH.

dd) Umtausch der Anteile, § 248 Abs. 2 UmwG. § 248 Abs. 2 UmwG erklärt für den Formwechsel einer AG oder KGaA in die Rechtsform einer GmbH auf den **Umtausch** der Aktien gegen Geschäftsanteile **§ 73 Abs. 1 und 2 AktG**, bei **Zusammenlegung** von Aktien **§ 226 Abs. 1 und 2 AktG** über die Kraftloserklärung von Aktien für entsprechend anwendbar.[191] Die Vorschrift ähnelt § 248 Abs. 1 UmwG (→ Rn. 156 ff.). Allerdings klammert der Verweis die Regelung über die Ausgabe neuer Wertpapiere für etwa kraftlos erklärte Aktien in §§ 73 Abs. 3, 226 Abs. 3 AktG aus, da bei einer GmbH als Zielrechtsträger keine die Mitgliedschaftsrechte verbriefende Urkunden ausgegeben werden.

Zuständig für die Durchführung des Umtausch- bzw. Zusammenlegungsverfahrens sind bis zur Eintragung des Formwechsels der Vorstand der AG bzw. die Komplementäre der KGaA, danach das Vertretungsorgan der entstandenen GmbH (→ Rn. 157).

---

[187] Näher *D. Mayer/Weiler* DB 2007, 1291, 1293. Ausf. zum bereits bei der GmbH bestehenden Aufsichtsrat im Falle des Formwechsels der GmbH in eine Aktiengesellschaft *Lessmann/Glattfeld* ZIP 2013, 2390.
[188] Vgl. *Irriger/Longrée* NZG 2013, 1289.
[189] Siehe nur Widmann/Mayer/*Rieger* § 245 Rn. 39 ff. mwN.
[190] Vgl. MünchHdb. GesR III/*D. Mayer/Weiler*, § 73 Rn. 360 mwN.
[191] Zur Kraftloserklärung verbriefter Aktien vgl. *Schaper* AG 2016, 889, 892 ff.

170 Was den **Verfahrensablauf** betrifft, so ist mangels Ausgabe von verbrieften Geschäftsanteilen bei einer GmbH unter der in § 248 Abs. 2 UmwG angeordneten entsprechenden Anwendung von § 73 Abs. 1 AktG die **Aufforderung** an die Aktionäre zu verstehen, ihre **Aktienurkunden** bei der Gesellschaft **einzureichen**. Die Aktionäre legitimieren sich dadurch als Anteilsinhaber und ermöglichen es der Gesellschaft festzustellen, welche Geschäftsanteile auf die Aktien entfallen und wer Inhaber der entstandenen Geschäftsanteile ist.[192] Die Aufforderung hat nach § 73 Abs. 2 S. 1 AktG die **Androhung der Kraftloserklärung** zu enthalten. Auf die **Bekanntmachung** der Aufforderung zur Einreichung findet § 64 Abs. 2 AktG Anwendung. Sie kann erfolgen, sobald der Umwandlungsbeschluss gefasst ist; die Eintragung des Formwechsels ist dagegen nicht Voraussetzung für die Aufforderung zur Einreichung.[193]

171 Werden sämtliche Aktien eingereicht, ist festzustellen, welcher bisherige Aktionär wie viele Geschäftsanteile in Höhe welchen Nennbetrags erhält. Damit ist das Verfahren nach § 73 AktG beendet. Die eingereichten Urkunden sind zu vernichten, als ungültig zu stempeln oder zu lochen.[194] Aktien, die nicht eingereicht werden, können hingegen auf Basis von § 73 Abs. 1 AktG **für kraftlos erklärt** werden[195], wobei die Kraftloserklärung im öffentlichen Interesse geboten ist und daher diesbezüglich kein Ermessensspielraum besteht.[196] Einer gerichtlichen Genehmigung hierzu bedarf es ausweislich § 248 Abs. 2 UmwG nicht.

172 Eine **Zusammenlegung** iSv § 226 Abs. 1 und 2 AktG kann hingegen erforderlich sein, wenn ein einzelner Aktionär für mehrere Aktien einen Geschäftsanteil zugewiesen erhält oder wenn aufgrund der Entstehung freier Spitzen lediglich die Zusammenfassung der Aktien mehrerer Aktionäre die Gewährung eines Geschäftsanteils ermöglicht (→ Rn. 160).[197] Eine solche Zusammenlegung der Aktien verschiedener Aktionäre führt, sofern die Betroffenen einer Verwertung durch die Gesellschaft nicht zustimmen, zu einem gemeinsamen Geschäftsanteil, bezüglich dessen die (ehemaligen) Aktionäre eine GbR oder Bruchteilsgemeinschaft iSd §§ 741 ff. BGB bilden.[198]

173 Nach § 226 Abs. 2 S. 1 AktG sind im Fall der Zusammenlegung die Aktionäre unter Androhung der Kraftloserklärung aufzufordern, die Aktien einzureichen. Die eingereichten Aktien sind zu vernichten oder ungültig zu machen; einer besonderen Kraftloserklärung bedarf es nicht.[199] Soweit Aktionäre der Aufforderung nicht nachkommen, ist entsprechend § 226 Abs. 2 AktG zu verfahren. Die endgültige **Kraftloserklärung** geschieht danach durch Bekanntmachung in den Gesellschaftsblättern. In der Bekanntmachung sind die für kraftlos erklärten Aktien gemäß § 226 Abs. 2 S. 4 AktG so zu bezeichnen, dass sich aus der Bekanntmachung ohne weiteres ergibt, ob eine Aktie für kraftlos erklärt ist.

174 **ee) Sonderproblem unbekannte Aktionäre.** Wie bereits erläutert ist beim Formwechsel einer AG oder KGaA in eine GmbH eine **Gesellschafterliste** iSv § 8 Abs. 1 Nr. 3 GmbHG beim Handelsregister einzureichen, wobei im Fall der Ausgabe von Inhaberaktien und dem Vorhandensein unbekannter Aktionäre die Angabe des insgesamt auf diese entfallenden Teils des Grundkapitals und die Bezeichnung der auf sie nach dem Form-

---

[192] Kallmeyer/*Blasche* § 248 Rn. 6; Lutter/*Göthel* § 248 Rn. 20; Schmitt/Hörtnagl/Stratz/*Stratz* § 248 Rn. 7; Widmann/Mayer/*Rieger* § 248 Rn. 39, 41.

[193] Die Feststellung darüber, welcher bisherige Aktionär welche Geschäftsanteile mit welchem Nennbetrag erhält, sollte jedoch regelmäßig bereits vor der Anmeldung des Formwechsels zum Handelsregister getroffen werden, da dieser Anmeldung ua eine Liste der Gesellschafter der neu entstehenden GmbH beizufügen ist, vgl. § 197 S. 1 UmwG iVm. § 8 Abs. 1 Nr. 3 GmbHG. Hierzu Widmann/Mayer/*Rieger* § 248 Rn. 43 und Widmann/Mayer/*Mayer* § 197 Rn. 58.

[194] Lutter/*Göthel* § 248 Rn. 21; Widmann/Mayer/*Rieger* § 248 Rn. 44.

[195] Auf. hierzu Widmann/Mayer/*Rieger* § 248 Rn. 46 ff.

[196] Vgl. nur Lutter/*Göthel* § 248 Rn. 22.

[197] Beispiele bei Schmitt/Hörtnagl/Stratz/*Stratz* § 248 Rn. 8.

[198] Vgl. Lutter/*Göthel* § 248 Rn. 28 ff.; Widmann/Mayer/*Rieger* § 248 Rn. 58 ff. mwN.

[199] Lutter/*Göthel* § 248 Rn. 28; Semler/Stengel/*Scheel* § 248 Rn. 28.

wechsel entfallenden Anteile gemäß §§ 213, 35 S. 1 UmwG genügt (→ § 15 Rn. 166). Allerdings führen unbekannte Aktionäre zu einigen weiteren spezifischen Anforderungen. So bestehen bei der formwechselnden Gesellschaft ggf. gewisse **Nachforschungspflichten** (→ Rn. 37) und das **Stimmrecht** in der aus dem Formwechsel hervorgehenden GmbH **ruht** solange, bis die unbekannten Gesellschafter bekannt geworden sind und eine Berichtigung der Gesellschafterliste erfolgt ist, §§ 213, 35 S. 2 und 3 UmwG.

Ob unbekannte Anteilsinhaber zu Gesellschafterversammlungen zu laden sind, ist umstritten, da das Entfallen des Stimmrechts nach § 35 S. 3 UmwG nicht zwingend den Entzug der Teilnahmeberechtigung bedeuten muss. Die ganz überwiegende Ansicht geht zu Recht davon aus, dass eine **Ladung** nicht erforderlich ist, da nur so dem Sinn und Zweck von § 35 S. 3 UmwG entsprochen werden könne.[200] Mangels einer Bestätigung durch die Rechtsprechung empfiehlt sich aus Sicherheitsgründen im Zweifel jedoch eine **(öffentliche) Zustellung** durch Bekanntmachung im Bundesanzeiger gemäß § 132 BGB iVm §§ 185 ff. ZPO[201] bzw. die **Bestellung eines Pflegers** für die unbekannten Aktionäre nach § 1913 BGB.[202]

ff) **Übertragung von Anteilen.** Die Übertragung von Anteilen einer formwechselnden AG oder KGaA in eine GmbH richtet sich **nach der Eintragung** der Umwandlung grds. **nach den Vorschriften des GmbHG**, auch wenn der Umtausch noch nicht vollzogen ist. Die Aktienurkunden verkörpern nunmehr nur noch die Mitgliedschaft an der bereits entstandenen GmbH. Die Anteile sind demnach durch Abtretung (§§ 413, 398 BGB) in notarieller Form (§ 15 Abs. 3 GmbHG) zu übertragen.[203] Solange sich verbriefte Aktien an der Gesellschaft alter Rechtsform im Umlauf befinden und noch nicht für kraftlos erklärt wurden, lässt die hM jedoch ausnahmsweise eine Übertragung der Aktienurkunde durch Einigung und Übergabe nach §§ 929 ff. BGB zu.[204]

Vor Eintragung des Formwechsels gilt **Aktienrecht**. Eine Übertragung von Aktien ist somit auch nach Beschlussfassung nach den allgemeinen Regeln möglich.[205] Die im Zeitpunkt des Wirksamwerdens des Formwechsels durch Eintragung der neuen Rechtsform einer GmbH an der AG beteiligten Aktionäre werden automatisch Gesellschafter der GmbH. Die nach § 197 S. 1 UmwG iVm § 8 Abs. 1 Nr. 3 GmbHG mit der Anmeldung des Formwechsels beim Handelsregister eingereichte, durch eine nachträgliche Veränderung im Aktionärskreis fehlerhaft gewordene Gesellschafterliste ist durch Einreichung einer neuen, durch die bestellten Geschäftsführer in vertretungsberechtigter Zahl unterzeichnete Gesellschafterliste nach § 40 Abs. 1 GmbHG zu korrigieren.

gg) **Ausscheiden des persönlich haftenden Gesellschafters der KGaA, § 247 Abs. 2 UmwG.** Nach § 247 Abs. 2 UmwG scheidet der persönlich haftende Gesellschafter einer formwechselnden KGaA beim Formwechsel in eine Kapitalgesellschaft anderer Rechtsform zwingend aus der Gesellschaft aus. Das **Ausscheiden** erfolgt **ipso iure** mit Wirksamwerden des Formwechsels durch Eintragung (§ 202 Abs. 1 und 2 UmwG).

Ist der persönlich haftende Gesellschafter **gleichzeitig Kommanditaktionär**, bleibt diese Rechtsposition von § 247 Abs. 2 UmwG unberührt, da er nur „als solcher", das heißt in seiner Stellung als Komplementär ausscheidet.

---

[200] Vgl. ferner Kallmeyer/*Marsch-Barner* § 35 Rn. 7; Lutter/*Grunewald* § 35 Rn. 12; Schmitt/Hörtnagl/Stratz/*Stratz* § 35 Rn. 8; Widmann/Mayer/*Wälzholz* § 35 Rn. 31.
[201] So Widmann/Mayer/*Wälzholz* § 35 Rn. 31.
[202] Siehe nur *Wied* GmbHR 2016, 15, 16 ff. mwN.
[203] Lutter/*Göthel* § 248 Rn. 35; Semler/Stengel/*Scheel* § 248 Rn. 33.
[204] Siehe nur BGH II ZR 124/55, BGHZ 21, 175, 178 = WM 1956, 985 zum alten Recht vor Inkrafttreten des UmwG; Lutter/*Göthel* § 248 Rn. 36f.; Schmitt/Hörtnagl/Stratz/*Stratz* § 248 Rn. 10; Semler/Stengel/*Scheel* § 248 Rn. 33; Widmann/Mayer/*Rieger* § 248 Rn. 73 ff.
[205] Zur Übertragung von Aktien siehe nur MünchHdb. GesR IV/*Wiesner* § 14 Rn. 1 ff. Zur Übertragung verbriefter Aktienurkunden *Schaper* AG 2016, 889, 890 f.

180 Hat der Komplementär eine **Vermögenseinlage** geleistet, die nicht auf das Grundkapital erbracht wurde (§ 281 Abs. 2 AktG), oder ist er aufgrund Satzungsregelung an den stillen Reserven der KGaA beteiligt, steht ihm eine **Abfindung** zu. Es findet mit dem Ausscheiden eine Auseinandersetzung zwischen dem Komplementär und der Gesellschaft nach allgemeinen Regeln statt (§ 278 Abs. 2 AktG iVm §§ 161 Abs. 2, 155 HGB iVm § 736 ff. BGB). Der Auseinandersetzungsanspruch entspricht dem inneren Wert der Beteiligung des Komplementärs.[206]

181 Der ausscheidende Komplementär **haftet** im Außenverhältnis für die bis zur Wirksamkeit des Formwechsels begründeten Verbindlichkeiten der formwechselnden KGaA auch nach seinem Ausscheiden, und zwar unabhängig davon, ob er eine Sondereinlage nach § 281 Abs. 2 AktG erbracht hat bzw. Kommanditaktionär geworden ist oder nicht. Insoweit gelten die Bestimmungen in § 278 Abs. 2 AktG iVm. §§ 161 Abs. 2, 160 HGB sowie die besondere fünfjährige Verjährungsfrist des § 159 HGB.[207] Zum Teil wird darüber hinaus vertreten, die Haftung könne unter **Rechtsscheingesichtspunkten**, insbesondere nach § 15 HGB, fortbestehen.[208]

182 hh) **Gläubigerschutz beim Formwechsel KGaA in GmbH, § 249 UmwG.** Auf den Formwechsel einer KGaA in eine GmbH sind aufgrund der Verweisung in § 249 UmwG die Regelungen zur Fortdauer und zeitlichen Begrenzung der Haftung in **§ 224 UmwG entsprechend** anzuwenden (→ Rn. 454 ff.). Es handelt sich hierbei um eine Rechtsgrundverweisung, so dass die Regelung in vollem Umfang für Voraussetzungen und Ausschluss der Haftung gilt.

183 ii) **Nichtanwendbarkeit der §§ 207 bis 212 UmwG beim Formwechsel KGaA in GmbH (§ 227 UmwG).** Beim **Formwechsel einer KGaA** sind nach § 227 UmwG die Regeln über das Barabfindungsangebot nach §§ 207 bis 212 UmwG nicht auf die **persönlich haftenden Gesellschafter** anzuwenden. Vielmehr ist für den Fall des Formwechsels in eine GmbH das Ausscheiden der persönlich haftenden Gesellschafter „als solche" aus dem Rechtsträger zwingend vorgeschrieben (§§ 247 Abs. 2 UmwG → Rn. 178 ff., 191).[209]

184 c) **Formwechsel AG in KGaA und umgekehrt. aa) Gründerstellung § 245 Abs. 2 und 3 UmwG.** Für die Gründerstellung beim Formwechsel **AG in KGaA** gilt § 245 Abs. 2 S. 1 UmwG. Danach treten bei der Anwendung der Gründungsvorschriften des AktG an die Stelle der Gründer lediglich die persönlich haftenden Gesellschafter der Gesellschaft neuer Rechtsform, nicht aber die Kommanditaktionäre. Dies gilt für bisherige Aktionäre des Ausgangsrechtsträgers, die dem Formwechsel gemäß § 240 Abs. 2 S. 1 UmwG zugestimmt haben ebenso wie für beitretende persönlich haftende Gesellschafter iSv §§ 240 Abs. 2 S. 2, 221 UmwG. Für letztere stellt sich dabei das Problem, dass sie erst mit dem Formwechsel Gesellschafter werden und daher ihre Verpflichtungen als Gründer im Rahmen der Durchführung des Formwechsels nicht erfüllen können.[210]

185 Beim umgekehrten Formwechsel **KGaA in AG** treten hingegen bei der Anwendung der Gründungsvorschriften des AktG gemäß § 245 Abs. 3 UmwG an die Stelle der Gründer

---

[206] Siehe zum Ganzen Lutter/*Göthel* § 247 Rn. 19 ff.; Semler/Stengel/*Scheel* § 247 Rn. 11 ff.; Widmann/Mayer/*Vossius* § 227 Rn. 20; Widmann/Mayer/*Rieger* § 247 Rn. 41 ff.

[207] So Lutter/*Göthel* § 247 Rn. 23; Semler/Stengel/*Scheel* § 247 Rn. 16; Widmann/Mayer/*Vossius* § 227 Rn. 46.

[208] Lutter/*Göthel* § 247 Rn. 22; zweifelnd Semler/Stengel/*Scheel* § 247 Rn. 15; Widmann/Mayer/ *Vossius* § 227 Rn. 46.

[209] Das Gesetz geht in § 247 Abs. 2 UmwG davon aus, dass die bisherigen Komplementäre als Aktionäre, GmbH-Gesellschafter oder Genossen Anteilsinhaber des neuen Rechtsträgers bleiben. Das Barabfindungsangebot soll in diesem Kontext als Kriterium für die Entscheidung, im Rechtsträger zu verbleiben oder nicht, ausgeschlossen werden, vgl. Widmann/Mayer/*Vossius* § 227 Rn. 2 ff.

[210] Widmann/Mayer/*Rieger* § 245 Rn. 33, der vor diesem Hintergrund zu Recht einen umfassenden Informationsanspruch gegen die formwechselnde Aktiengesellschaft befürwortet.

die persönlich haftenden Gesellschafter der formwechselnden Gesellschaft. Das bedeutet, dass die Gründerhaftung diejenigen trifft, die durch den Formwechsel jedenfalls in ihrer Stellung als persönlich haftende Gesellschafter aus der Gesellschaft ausscheiden (§ 247 Abs. 2 UmwG). Dies kann besonders dann zu unbilligen Ergebnissen führen, wenn der persönlich haftende Gesellschafter beim Beschluss über die Zustimmung nach § 240 Abs. 3 S. 2 UmwG überstimmt wurde.[211]

bb) Reinvermögensdeckung, § 220 Abs. 1 UmwG analog. Aufgrund des Verweises 186 in § 245 Abs. 2 S. 2 UmwG für den Formwechsel AG in KGaA bzw. in § 245 Abs. 3 S. 2 UmwG für den Formwechsel KGaA in AG ist die Deckung des Grundkapitals des Zielrechtsträgers durch das Reinvermögen der Gesellschaft gemäß § 220 Abs. 1 UmwG zu prüfen und dem Registergericht nachzuweisen (→ Rn. 148 ff.). Diese **Kontrolle der Reinvermögensdeckung** beim Formwechsel von AG und KGaA untereinander ist insoweit kaum nachvollziehbar, als bei beiden Rechtsformen dieselben Regeln zur Kapitalaufbringung und -erhaltung gelten. Aufgrund des eindeutigen Wortlauts kommt jedoch auch in diesen Fällen das Gebot der Reinvermögensdeckung zur Anwendung.[212]

cc) Gründungsbericht und externe Gründungsprüfung, § 220 Abs. 2, Abs. 3 187 **S. 1 UmwG analog.** Wie beim Formwechsel GmbH in AG bzw. KGaA ist auch beim Formwechsel von AG und KGaA untereinander aufgrund des Verweises in § 197 S. 1 UmwG ein Gründungsbericht zu erstellen und eine interne sowie externe Gründungsprüfung durchzuführen (→ Rn. 152 f.). Hierbei sind die besonderen Vorgaben von § 245 Abs. 2 S. 2 bzw. Abs. 3 S. 2 UmwG iVm § 220 Abs. 2, Abs. 3 S. 1 UmwG analog zu beachten.

dd) Nichtanwendbarkeit der Nachgründungsvorschriften, § 52 Abs. 1 AktG. Für die hier behandelten Fälle eines Formwechsels von AG in KGaA und umgekehrt 188 **gelten** die **Nachgründungsregeln nicht**, da §§ 52 f. AktG auf den formwechselnden Rechtsträger bereits bei dessen Gründung direkt (AG) oder über die Verweisung in § 278 Abs. 3 AktG (KGaA) Anwendung gefunden haben und beide Rechtsformen denselben Kapitalaufbringungs- und -erhaltungsregeln unterliegen. Dementsprechend hat der Gesetzgeber in § 245 Abs. 2 S. 3 und Abs. 3 S. 3 UmwG klargestellt, dass der bereits auf die Ausgangsrechtsform anwendbare § 52 AktG im Zusammenhang mit einem Formwechsel nicht erneut beachtet werden muss.[213]

ee) Nichtanwendbarkeit der §§ 207 bis 212 UmwG (§§ 227, 250 UmwG). Beim 189 Formwechsel einer KGaA in eine AG finden wie bereits dargestellt (→ Rn. 41, 80) nach § 227 UmwG die Regeln über das **Barabfindungsangebot** nach §§ 207 bis 212 UmwG **keine Anwendung** auf die **persönlich haftenden Gesellschafter**. Persönlich haftende Gesellschafter scheiden vielmehr aus (§ 247 Abs. 2 UmwG → Rn. 178 ff.).

---

[211] Hierzu nur Semler/Stengel/*Scheel* § 245 Rn. 31 f. mwN, der als Lösung entsprechend § 139 Abs. 1 HGB ein Recht des Komplementärs auf Umwandlung seiner Gesellschafterstellung in die eines Kommanditaktionärs vorschlägt. Widmann/Mayer/*Rieger* § 245 Rn. 37 hingegen will § 254 Abs. 3 S. 1 UmwG im Falle einer Mehrheitsentscheidung der persönlich haftenden Gesellschafter nur auf diejenigen Komplementäre anwenden, die für den Formwechsel gestimmt haben; aA Lutter/*Göthel* § 245 Rn. 25.

[212] Siehe Semler/Stengel/*Scheel* § 245 Rn. 43; Widmann/Mayer/*Rieger* § 245 Rn. 54 f.

[213] HM, vgl. nur *D. Mayer*/*Weiler* DB 2007, 1291, 1295; Kallmeyer/*Blasche* § 245 Rn. 12; Lutter/ *Göthel* § 245 Rn. 64; aA Widmann/Mayer/*Rieger* § 245 Rn. 91 ff., der die Vorschriften so versteht, dass die Nachgründungsvorschriften auf den Zielrechtsträger anwendbar sind und lediglich die Zweijahres-Frist des § 52 Abs. 1 AktG mit der Eintragung des Formwechsels zu laufen beginnt. Zur Vereinbarkeit der Regelung mit der Zweiten Gesellschaftsrechtlichen Richtlinie (Zweite Richtlinie des Rates zur Koordinierung des Gesellschaftsrechts vom 13.12.1976, 77/91/EWG, ABl. EG Nr. L 26 vom 31.1.1977, S. 1, 5) siehe Lutter/*Göthel* § 245 Rn. 64 mwN; zweifelnd Semler/Stengel/*Scheel* § 245 Rn. 39 f., 69.

190 Darüber hinaus ist die Anwendung der §§ 207 ff. UmwG nach § 250 UmwG sowohl für den Formwechsel KGaA in AG als auch den umgekehrten Fall des Formwechsels einer AG in eine KGaA **für die Aktionäre bzw. Kommanditaktionäre** ausgeschlossen. Dies beruht auf der Erwägung, dass die Rechtsstellung des einzelnen Aktionärs bzw. Kommanditaktionärs in diesen Fällen des Formwechsels im Wesentlichen unverändert bleibt, so dass ihm auch bei einem Formwechsel mit Mehrheitsbeschluss zugemutet werden kann, in der Gesellschaft zu verbleiben oder seinen Anteil ggf. zu veräußern.[214]

191 ff) **Weitere Besonderheiten bei einer KGaA als Ausgangsrechtsträger.** Auch beim Formwechsel in eine AG **scheidet** ein **persönlich haftender Gesellschafter** einer formwechselnden KGaA nach § 247 Abs. 2 UmwG mit Wirksamwerden des Formwechsels durch Eintragung (§ 202 Abs. 1 und 2 UmwG) ipso iure aus der Gesellschaft **aus** (→ Rn. 178 ff.).

192 Im Hinblick auf den **Gläubigerschutz** ist auf den Formwechsel einer KGaA in eine AG **§ 224 UmwG entsprechend** anzuwenden (→ Rn. 454 ff.).

193 d) **Formwechsel SE in AG.** Eine **SE** als **Ausgangsrechtsträger** kann formwechselnd nur in eine AG umgewandelt werden, welche dem Recht ihres Sitzstaates unterliegt, Art. 66 Abs. 1 S. 1 SE-VO. Somit kann eine SE mit Sitz in Deutschland lediglich in eine deutsche AG, nicht aber in eine KGaA formwechseln (→ Rn. 10).[215] Nach Art. 66 Abs. 1 S. 2 SE-VO darf ein Beschluss über die formwechselnde Umwandlung der SE ferner erst **zwei Jahre nach Eintragung der SE** oder nach Genehmigung der ersten beiden Jahresabschlüsse gefasst werden, weshalb sie in dieser Phase als Ausgangsrechtsträger eines Formwechsels nicht in Betracht kommt.

194 Das Leitungs- oder das Verwaltungsorgan der SE erstellt einen **Umwandlungsplan** sowie einen **Bericht**, in dem die rechtlichen und wirtschaftlichen Aspekte der Umwandlung erläutert und begründet sowie die Auswirkungen, die der Übergang zur Rechtsform der AG für die Aktionäre und die Arbeitnehmer hat, dargelegt werden. Gemäß Art. 66 Abs. 6 SE-VO stimmt die Hauptversammlung der SE dem Umwandlungsplan zu und genehmigt die Satzung der AG. Die Beschlussfassung der Hauptversammlung erfolgt nach Maßgabe der einzelstaatlichen Bestimmungen im Einklang mit Art. 7 der Richtlinie 78/855/EWG. Der Formwechsel der SE in eine AG ist somit der einzige Fall eines rein nationalen Formwechsels, bei dem nicht lediglich ein Beschluss zu fassen, sondern eine rechtsgeschäftliche Grundlage erforderlich ist.[216]

IV. Formwechsel in eine eG

1. Allgemeines

195 Der Formwechsel einer Kapitalgesellschaft in eine Genossenschaft ist selten.[217] Die auf diese Umwandlungsvariante anwendbaren **§§ 251 bis 257 UmwG** regeln dabei inhaltlich vorrangig das von der formwechselnden Kapitalgesellschaft einzuhaltende Verfahren. Das zeigt sich ua daran, dass an zahlreichen Stellen auf die Vorschriften zu anderen Formwechselmöglichkeiten für Kapitalgesellschaften verwiesen wird. Auf genossenschaftsrechtlichen Besonderheiten beruhen hingegen diejenigen Vorschriften, welche den Wechsel der Kapitalbeteiligung zur Mitgliedschaft in der Genossenschaft regeln.

---

[214] Siehe ua Kallmeyer/*Blasche* § 250 Rn. 1; Lutter/*Göthel* § 250 Rn. 2 f.; kritisch Kölner Kommentar-UmwG/*Petersen* § 250 Rn. 3 ff.

[215] Siehe ferner Schmitt/Hörtnagl/Stratz/*Hörtnagl* Art. 2 SE-VO Rn. 5. Zur Gründung einer SE durch Formwechsel einer AG vgl. ausf. § 40 sowie Sagasser/Bula/Brünger/*Sagasser/Luke* § 26 Rn. 173 ff.

[216] Näheres zum Umwandlungsplan bei MünchKomm-AktG/*Schäfer* Art. 66 Rn. 6 und Art. 37 SE-VO Rn. 9.

[217] Der „Kallmeyer" als ein Standard-Kommentar zum UmwG verzichtet gar komplett darauf diesen Fall zu erläutern.

2. Versammlung der Anteilsinhaber

a) Vorbereitung, § 251 Abs. 1 iVm §§ 229 ff. UmwG. Für die Vorbereitung der bei 196 der formwechselnden Kapitalgesellschaft abzuhaltenden Versammlung, in deren Rahmen der Formwechsel beschlossen wird, verweist § 251 Abs. 1 S. 1 UmwG auf **§§ 229 bis 231 UmwG** (→ Rn. 26 ff.). § 251 Abs. 1 S. 2 UmwG stellt durch den Verweis auf § 192 Abs. 2 UmwG ergänzend klar, dass der Umwandlungsbericht nicht erforderlich ist, wenn es sich bei dem formwechselnden Rechtsträger um eine Ein-Personen-Kapitalgesellschaft handelt oder alle Gesellschafter auf die Erstellung des Berichts verzichten.

b) Durchführung, § 251 Abs. 2 iVm § 239 UmwG. Hinsichtlich der Durchführung 197 der Gesellschafterversammlung erklärt § 251 Abs. 2 UmwG die Regelungen des **§ 239 UmwG** bezüglich der **Auslegung** des Umwandlungsberichts (§ 239 Abs. 1 UmwG) sowie der **mündlichen Erläuterung** des Beschlussentwurfs (§ 239 Abs. 2 UmwG) für anwendbar. Auch hier kann auf die Erläuterungen zum Formwechsel der Kapitalgesellschaften untereinander in → Rn. 108 f. und zur Parallelvorschrift des § 232 Abs. 2 UmwG in → Rn. 48 ff. verwiesen werden.

c) Beschlussfassung, § 252 UmwG. Gemäß § 252 Abs. 1 UmwG bedarf der Um- 198 wandlungsbeschluss der Gesellschafterversammlung oder der Hauptversammlung der **Zustimmung aller** anwesenden Gesellschafter oder Aktionäre, wenn die Satzung der Genossenschaft eine Verpflichtung der Mitglieder zur Leistung von Nachschüssen vorsieht; ihm müssen auch die nicht erschienenen Anteilsinhaber zustimmen.

Sollen die Mitglieder der Genossenschaft hingegen nicht zur Leistung von (beschränk- 199 ten oder unbeschränkten) Nachschüssen verpflichtet werden, so bedarf der Umwandlungsbeschluss gemäß **§ 252 Abs. 2 S. 1 UmwG** einer **Mehrheit von mindestens drei Vierteln** der bei der Gesellschafterversammlung einer GmbH abgegebenen Stimmen oder des bei der Beschlussfassung einer AG oder einer KGaA vertretenen Grundkapitals. § 50 Abs. 2 und § 65 Abs. 2 UmwG sind entsprechend anzuwenden. Der Gesellschaftsvertrag oder die Satzung der formwechselnden Gesellschaft kann allerdings gemäß § 252 Abs. 2 S. 2 UmwG eine größere Mehrheit und weitere Erfordernisse bestimmen.

d) Besondere Zustimmungserfordernisse. Bestehen in der **formwechselnden** 200 **GmbH** bestimmte **Minderheitsrechte** oder besondere Rechte einzelner Gesellschafter, ist nach § 252 Abs. 2 S. 1 Hs. 2 UmwG, der insoweit auf § 50 Abs. 2 UmwG verweist, auch deren Zustimmung erforderlich (→ Rn. 66). Darüber hinaus nimmt § 252 Abs. 2 S. 1 Hs. 2 UmwG auf § 65 Abs. 2 UmwG Bezug, wonach auch beim Vorhandensein **bestimmter Gattungen von Aktien** in einer formwechselnden **AG oder KGaA** ein Zustimmungserfordernis der stimmberechtigten Aktionäre jeder Gattung besteht, die darüber einen Sonderbeschuss fassen müssen (→ Rn. 67).

Schließlich erklärt § 252 Abs. 3 UmwG die Vorschrift des **§ 240 Abs. 3 UmwG** auf 201 den Formwechsel einer KGaA in eine Genossenschaft für entsprechend anwendbar. Danach müssen die **persönlich haftenden Gesellschafter** der KGaA dem Formwechsel zustimmen, wobei die Satzung hierfür eine Mehrheitsentscheidung vorsehen kann (→ Rn. 134 f.).

e) Inhalt des Beschlusses, § 253 UmwG. Wesentlicher Bestandteil jedes Formwech- 202 selbeschlusses ist der Gesellschaftsvertrag bzw. die Satzung des Rechtsträgers neuer Rechtsform, vgl. § 243 Abs. 1 iVm § 218 Abs. 1 UmwG. Dieser Systematik entsprechend sieht § 253 UmwG vor, dass in dem Umwandlungsbeschluss auch die **Satzung der Genossenschaft** enthalten sein muss. Eine Unterzeichnung der Satzung durch die Mitglieder ist nicht erforderlich.

Für den **Inhalt der Satzung** gelten – neben den Vorgaben des § 194 UmwG (→ § 34 203 Rn. 16 ff.) – zunächst die über den Verweis in § 197 S. 1 UmwG anwendbaren allgemeinen Gründungsvorschriften des Genossenschaftsrechts, vgl. §§ 6–8 GenG.[218] Ergänzend bestimmt § 253 Abs. 2 S. 1 UmwG, dass der Umwandlungsbeschluss die **Beteiligung** jedes Mitglieds mit mindestens einem Geschäftsanteil vorsehen muss. Geschäftsanteil ist im Genossenschaftsrecht der Betrag, bis zu dem sich die Mitglieder mit Einlagen beteiligen können, § 7 Nr. 1 GenG.

204 Grundsätzlich erhält jedes Mitglied einer Genossenschaft nur einen Geschäftsanteil zugewiesen, wenn die Satzung nicht ausdrücklich eine **Beteiligung mit mehreren Geschäftsanteilen** zulässt. Übersteigt die Höhe des Geschäftsguthabens im Einzelfall den einem Mitglied bei der neuen Genossenschaft zugewiesenen Geschäftsanteil, ist ihm der Differenzbetrag nach Maßgabe von § 256 Abs. 2 UmwG auszuzahlen. Dieser Kapitalabfluss kann vermieden werden, indem die Satzung die Beteiligung mit mehreren Geschäftsanteilen zulässt (§ 7a Abs. 1 GenG) oder gar anordnet (§ 7a Abs. 2 GenG). Vor diesem Hintergrund kann gemäß **§ 253 Abs. 2 S. 2 UmwG** in dem Beschluss optional bestimmt werden, dass jedes Mitglied bei der Genossenschaft mit mindestens einem und iÜ mit so vielen Geschäftsanteilen beteiligt wird, wie sie durch Anrechnung seines Geschäftsguthabens bei dieser Genossenschaft als voll eingezahlt anzusehen sind.[219]

205 Nicht näher geregelt ist die nach § 197 S. 1 UmwG iVm § 11 Abs. 2 Nr. 2 GenG notwendige **Bestellung des ersten Vorstands und des ersten Aufsichtsrates**, welche regelmäßig in der gleichen Versammlung wie der Formwechsel beschlossen wird. Sieht die Satzung der Genossenschaft die Wahl der Vorstandsmitglieder durch den Aufsichtsrat vor, muss sich zunächst dieser konstituieren und anschließend die Mitglieder des Vorstands bestellen.[220] Die Organe müssen gemäß § 9 Abs. 2 S. 1 GenG gleichzeitig Mitglieder der Genossenschaft sein. Die Mindestzahl der Vorstandsmitglieder beträgt zwei (§ 24 Abs. 2 GenG), die der Aufsichtsratsmitglieder drei (§ 36 Abs. 1 S. 1 GenG).

3. Registeranmeldung, § 254 UmwG

206 § 198 UmwG regelt nicht, wer für die Anmeldung des Formwechsels zuständig ist. Demgemäß bestimmt § 254 Abs. 1 UmwG, dass die Anmeldung des Formwechsels und der Satzung der Genossenschaft durch das Vertretungsorgan der formwechselnden Gesellschaft vorzunehmen ist. Da als **Adressat der Anmeldepflicht** das Vertretungsorgan als Gremium benannt ist, reicht eine Unterzeichnung der Anmeldung durch Organmitglieder in vertretungsberechtigter Zahl aus; unechte Gesamtvertretung ist zulässig.[221]

207 Was den **Inhalt** der Anmeldung betrifft, so sind gemäß § 254 Abs. 2 UmwG zugleich mit dem Formwechsel und der dadurch entstehenden Genossenschaft auch die **Mitglieder des Vorstandes** zur Eintragung in das Register anzumelden, damit sofort Klarheit über die Vertretungsverhältnisse besteht. Deren **Vertretungsbefugnis** ist gemäß § 197 UmwG iVm § 11 Abs. 3 GenG ebenfalls anzugeben. Ferner ist die **Satzung** nach dem Wortlaut von § 254 Abs. 1 UmwG nicht nur eine eintragungspflichtige (§ 10 Abs. 1 GenG), sondern auch eine anmeldepflichtige Tatsache.

208 Im Rahmen der Anmeldung des Formwechsels hat das Vertretungsorgan des formwechselnden Rechtsträgers die **Versicherung** gemäß § 198 Abs. 3 UmwG iVm § 16 Abs. 2 S. 1 UmwG abzugeben, sofern nicht entsprechende Verzichtserklärungen (§ 16 Abs. 2 S. 2 UmwG) vorliegen (→ § 35 Rn. 16 ff.). Die Negativerklärung ist von den Mitgliedern des Vertretungsorgans des formwechselnden Rechtsträgers höchstpersönlich in vertretungsberechtigter Zahl abzugeben. Unechte Gesamtvertretung ist ausreichend, was sich aus dem Wortlaut der Vorschrift ergibt („bei" der Anmeldung). Die Negativerklärung unterliegt

---

[218] Zum Satzungsinhalt aus der umwandlungsrechtlichen Literatur Limmer/*Limmer*, Teil 4 Rn. 661 f.; Lutter/*Göthel* § 253 Rn. 4 ff.
[219] Einzelheiten bei Widmann/Mayer/*Fronhöfer* § 253 Rn. 6 ff.
[220] Vgl. Lutter/*Göthel* § 253 Rn. 24; Widmann/Mayer/*Fronhöfer* § 253 Rn. 5.
[221] Vgl. Kölner Kommentar-UmwG/*Schöpflin* § 254 Rn. 2; Lutter/*Göthel* § 254 Rn. 5; Schmitt/Hörtnagl/Stratz/*Stratz* § 254 Rn. 1; Semler/Stengel/*Bonow* § 254 Rn. 6; Widmann/Mayer/*Fronhöfer* § 254 Rn. 4.

keinen besonderen Formvorschriften, eine öffentliche Beglaubigung ist nicht erforderlich.[222]

Die der Anmeldung beizufügenden **Anlagen** ergeben sich aus § 199 UmwG (→ § 35 Rn. 19 ff.) und § 197 S. 1 UmwG iVm § 11 GenG.[223] Dabei sind vor allem folgende Besonderheiten zu beachten: **209**

– Die **Satzung der Genossenschaft** (als Bestandteil des Umwandlungsbeschlusses) ist einzureichen, wobei deren Unterzeichnung durch die Mitglieder aufgrund der Sonderregelung des § 253 Abs. 1 S. 2 UmwG entgegen § 11 Abs. 2 Nr. 1 GenG entbehrlich ist.
– Für die **Benennung der Aufsichtsratsmitglieder** enthält das UmwG keine ausdrückliche Regelung. Aufgrund der Globalverweisung in § 197 S. 1 UmwG ist daher § 11 Abs. 2 Nr. 2 GenG anzuwenden, wonach der Anmeldung die Abschriften über die Bestellung der (ersten) Aufsichtsratsmitglieder beizufügen ist. Üblicherweise ist diese – wie auch die **Vorstandsbestellung** – im Umwandlungsbeschluss enthalten (→ Rn. 205).
– Vorzulegen sind ferner eine **Bescheinigung des genossenschaftlichen Prüfungsverbandes**, dass die Genossenschaft zum Beitritt zugelassen ist sowie gutachtliche Äußerung des Prüfungsverbands, dass nach den persönlichen oder wirtschaftlichen Verhältnissen, insbesondere der Vermögenslage der Genossenschaft eine Gefährdung der Mitglieder oder der Gläubiger der Genossenschaft nicht zu besorgen ist (§ 11 Abs. 2 Nr. 3 GenG).

4. Rechtsfolgen und rechtsformspezifische Besonderheiten

a) Beteiligung der Anteilsinhaber, § 255 Abs. 1 S. 1 und 2 UmwG. § 255 Abs. 1 S. 1 UmwG bestimmt, dass jeder Anteilsinhaber, der die Rechtsstellung eines Mitglieds erlangt, bei der Genossenschaft nach Maßgabe des Umwandlungsbeschlusses **beteiligt** ist. Damit regelt die Vorschrift im Zusammenspiel mit § 253 Abs. 2 UmwG (→ Rn. 203 f.) und § 256 UmwG (→ Rn. 215 ff.) die Frage, in welcher Weise und in welcher Höhe die – möglicherweise in völlig unterschiedlichem Umfang am Ausgangsrechtsträger beteiligten – Gesellschafter der bisherigen Kapitalgesellschaft an der Genossenschaft als Zielrechtsträger beteiligt sind. Nach § 253 Abs. 1 S. 1 UmwG ist grds. jeder Anteilsinhaber des formwechselnden Rechtsträgers mit **mindestens einem Geschäftsanteil** zu beteiligen. Der Geschäftsanteil ist gemäß § 7 Nr. 1 GenG in der Satzung der Genossenschaft betragsmäßig festzulegen und muss für alle Genossen gleich hoch sein.[224] **210**

Unterschiedliche Beteiligungshöhen können bei einer Genossenschaft demgegenüber nur dadurch erreicht werden, dass die Satzung eine Übernahme **mehrerer Geschäftsanteile** zulässt. Hierzu ist nach § 7a Abs. 1 GenG eine statuarische Grundlage und zusätzlich nach § 253 Abs. 2 S. 2 UmwG eine entsprechende Bestimmung im Umwandlungsbeschluss erforderlich (→ Rn. 204). Dieser Möglichkeit trägt § 255 Abs. 1 S. 2 UmwG Rechnung. Danach berührt der aus § 255 Abs. 1 S. 1 UmwG folgende Grundsatz nicht eine sich aus der Satzung der Genossenschaft ergebende Verpflichtung zur Übernahme weiterer Geschäftsanteile.[225] **211**

b) Rechte Dritter, § 255 Abs. 1 S. 3 UmwG. Nach § 202 Abs. 1 Nr. 2 S. 2 UmwG bestehen Rechte Dritter an den Anteilen oder Mitgliedschaften des formwechselnden Rechtsträgers an den an ihre Stelle tretenden Anteilen oder Mitgliedschaften des Rechtsträgers neuer Rechtsform weiter. Diese Vorschrift ist für den Formwechsel Kapitalgesellschaft in Genossenschaft gemäß **§ 255 Abs. 1 S. 3 UmwG** mit der Maßgabe anzuwenden, dass die an den bisherigen Anteilen bestehenden **Rechte Dritter** an dem durch den Formwechsel erlangten Geschäftsguthaben weiterbestehen. Diese Klarstellung ist erforderlich, weil der Geschäftsanteil an einer Genossenschaft keine Mitgliedschaftsrechte verkör- **212**

---

[222] Widmann/Mayer/*Fronhöfer* § 254 Rn. 8.
[223] Vgl. die Übersicht bei Widmann/Mayer/*Fronhöfer* § 254 Rn. 10.
[224] Hierzu Widmann/Mayer/*Fronhöfer* § 254 Rn. 4.
[225] Lutter/*Göthel* § 255 Rn. 2.

pert, sondern nur die maximale Höhe einer möglichen Einlage bestimmt, und daher nicht Gegenstand von Rechten Dritter sein kann.[226]

213 **c) Auflösung der Genossenschaft, § 255 Abs. 2 UmwG.** Das Gericht darf gemäß § 255 Abs. 2 UmwG eine Auflösung der Genossenschaft von Amts wegen nach § 80 GenG nicht vor Ablauf eines Jahres seit dem Wirksamwerden des Formwechsels aussprechen. Nach dieser Vorschrift hat das Registergericht auf Antrag des Vorstands und, wenn der Antrag nicht binnen sechs Monaten erfolgt, von Amts wegen nach Anhörung des Vorstands die **Auflösung** der Genossenschaft auszusprechen, wenn die Genossenschaft **weniger als drei Mitglieder** hat.

214 Im Kontext des Formwechsels hat dies deshalb Bedeutung, weil § 197 S. 2 UmwG grds. **Vorschriften**, die für die Gründung eine **Mindestzahl** der Gründer vorschreiben, für nicht anwendbar erklärt. Diese Norm soll den Umwandlungsvorgang erleichtern, gilt aber nicht über das gesamte „Leben" des Zielrechtsträgers. So führt sie nicht zur Unanwendbarkeit von § 80 GenG, welcher den dauerhaften Fortbestand der Genossenschaft von der Erreichung einer Zahl von wenigstens drei Mitgliedern abhängig macht.[227] § 255 Abs. 2 UmwG schützt lediglich die neu entstandene Genossenschaft für die Dauer von einem Jahr vor einer Amtslöschung, falls in diesem Zeitraum die Mindestmitgliederzahl nicht erreicht wird.

d) Ermittlung und Gutschrift des Geschäftsguthabens, § 256 Abs. 1 UmwG.
215 Nach § 256 Abs. 1 UmwG ist jedem Mitglied als **Geschäftsguthaben** der **Wert der Geschäftsanteile oder der Aktien** gutzuschreiben, mit denen es an der formwechselnden Gesellschaft beteiligt war. Die Vorschrift hat gemeinsam mit Abs. 2 den Zweck sicherzustellen, dass die Anteilsinhaber der formwechselnden Kapitalgesellschaft durch den Formwechsel keine Vermögenseinbußen erleiden.[228]

216 Die Ermittlung des zuzuweisenden Geschäftsguthabens erfordert eine **Unternehmensbewertung** unter Berücksichtigung der stillen Reserven, im Rahmen derer der „wahre" Wert der Beteiligung festzustellen ist.[229] Der Wert stimmt insofern überein mit demjenigen Wert, der Grundlage für die Berechnung der Barabfindung nach § 207 UmwG ist → § 34 Rn. 43).[230]

217 **e) Ausgleichszahlung, § 256 Abs. 2 UmwG. Übersteigt** das durch den Formwechsel erlangte **Geschäftsguthaben** eines Mitglieds den Gesamtbetrag der **Geschäftsanteile**, mit denen es bei der Genossenschaft beteiligt ist, so stellt der überschießende Betrag kein Geschäftsguthaben mehr dar, sondern eine Forderung des Mitglieds gegen die Genossenschaft.[231] Dieser übersteigende Betrag ist gemäß § 256 Abs. 2 UmwG nach Ablauf von sechs Monaten seit dem Tage, an dem die Eintragung der Genossenschaft in das Register bekannt gemacht worden ist, an das Mitglied **auszuzahlen**. Die auf der besonderen Struktur der Genossenschaft beruhende Auszahlungspflicht ist zwingendes Recht und soll sicherstellen, dass die Anteilsinhaber durch den Wechsel von der Kapitalgesellschaft zur Genossenschaft keine Vermögensnachteile erleiden.

218 Die Auszahlung darf jedoch ausweislich § 256 Abs. 2 S. 2 UmwG nicht erfolgen, bevor die Gläubiger, die sich nach § 204 UmwG iVm § 22 UmwG gemeldet haben, befriedigt oder sichergestellt sind. Von praktischer Bedeutung ist vor allem der Anspruch der **Gläubiger** auf **Sicherheitsleistung**. Voraussetzung dafür ist, dass noch keine Befriedigung ver-

---

[226] Vgl. Semler/Stengel/*Bonow* § 255 Rn. 10; Pöhlmann/Fandrich/Bloehs/*Fandrich* § 7 GenG Rn. 2.
[227] Siehe Lutter/*Göthel* § 255 Rn. 5 ff.; Schmitt/Hörtnagl/Stratz/*Stratz* § 255 Rn. 2.
[228] Vgl. die Gesetzesbegründung zu § 256 UmwG, BR-Drucks. 75/94, S. 160; Widmann/Mayer/ *Fronhöfer* § 256 Rn. 1. Näher hierzu Limmer/*Limmer*, Teil 4 Rn. 652 ff.
[229] Siehe nur Widmann/Mayer/*Fronhöfer* § 256 Rn. 3 f.
[230] Lutter/*Göthel* § 256 Rn. 2; Semler/Stengel/*Bonow* § 256 Rn. 6; Widmann/Mayer/*Fronhöfer* § 256 Rn. 3.
[231] Vgl. Pöhlmann/Fandrich/Bloehs/*Fandrich* § 7 GenG Rn. 6.

langt werden kann und sich die betroffenen Gläubiger innerhalb von sechs Monaten nach Bekanntmachung der Eintragung der Genossenschaft melden. Dabei müssen sie allerdings glaubhaft machen, dass durch den Formwechsel die Befriedigung ihrer Forderung gefährdet ist (→ § 36 Rn. 44).

f) Benachrichtigung der Mitglieder, § 256 Abs. 3 UmwG. § 256 Abs. 3 UmwG 219 entspricht der Vorschrift des § 89 Abs. 3 UmwG im Recht der Verschmelzung und soll eine rechtzeitige und umfassende Information der neuen Mitglieder der Genossenschaft über ihre vermögensrechtliche Stellung in der neuen Rechtsform gewährleisten. Die Genossenschaft hat danach jedem Mitglied unverzüglich nach der Bekanntmachung der Eintragung der Genossenschaft in das Register in Textform (1) den Betrag seines Geschäftsguthabens, (2) den Betrag und die Zahl der Geschäftsanteile, mit denen es bei der Genossenschaft beteiligt ist, (3) den Betrag der von dem Mitglied nach Anrechnung seines Geschäftsguthabens noch zu leistenden Einzahlung oder den Betrag, der nach § 256 Abs. 2 UmwG (→ Rn. 217 f.) an das Mitglied auszuzahlen ist sowie (4) den Betrag der Haftsumme der Genossenschaft, sofern die Mitglieder Nachschüsse bis zu einer Haftsumme zu leisten haben, mitzuteilen.[232]

Ein **Verstoß** gegen die Mitteilungspflicht löst Schadensersatzansprüche aus. Darüber 220 hinaus kann jedes Mitglied die Vornahme der Benachrichtigung gegenüber der Genossenschaft durch Leistungsklage vor den ordentlichen Zivilgerichten erzwingen.[233]

g) Besonderheiten bei einer KGaA als Ausgangsrechtsträger. Wie bereits dar- 221 gestellt (→ Rn. 41, 80 und 189) untersagt § 227 UmwG beim Formwechsel einer **KGaA** die Anwendung der Regeln über das Barabfindungsangebot nach §§ 207 bis 212 UmwG auf die **persönlich haftenden Gesellschafter.** Beim Formwechsel in eine Genossenschaft scheidet der persönlich haftende Gesellschafter als solcher vielmehr aus der Gesellschaft aus und wird dementsprechend auch nicht Genosse (**§ 255 Abs. 3 UmwG**). Unberührt bleibt die Fallgestaltung, dass der Komplementär gleichzeitig Kommanditaktionär ist und in dieser Rolle mit Wirksamwerden des Formwechsels Mitglied der Genossenschaft wird.

§ 257 UmwG ordnet aus Gründen des **Gläubigerschutzes** iÜ an, dass auf den Form- 222 wechsel einer KGaA die Regelungen des § 224 UmwG und damit die Vorschriften über die **Nachhaftung** der **Komplementäre** entsprechend anzuwenden sind (→ Rn. 454 ff.).

B. Eingetragene Genossenschaft (eG)

Schrifttum: *Korte*, Die Europäische Genossenschaft (SCE) – Analyse der mangelnden Verbreitung dieser supranationalen Rechtsform, in: Baudenbacher/Kokott (Hrsg.): Aktuelle Entwicklungen des Europäischen und Internationalen Wirtschaftsrechts, Bd. 14 (2012), S. 319.

I. Einführung und praktische Relevanz

Die Frage nach dem Rechtsformwechsel stellt sich bei der Genossenschaft typischerweise 223 in zwei Fällen: Zum einen liegt ein Formwechsel nahe, wenn die **rechtlichen Mindestvoraussetzungen für die Rechtsform der Genossenschaft nicht mehr gegeben** sind. Dies ist zum Beispiel der Fall, wenn die Mitgliederzahl aufgrund von Kündigungen oder durch Ableben von Mitgliedern unter die gesetzliche Mindestzahl (§ 4 GenG) fällt. Um einer Löschung der Gesellschaft gem. § 80 GenG von Amts wegen zu entgehen, bleibt neben der Neuaufnahme von Mitgliedern nur der Weg des Formwechsels. Seit Herabsetzung der gesetzlichen Mindestmitgliederzahl von sieben auf drei im Zuge der GenG-

---

[232] Einzelheiten bei Kölner Kommentar-UmwG/*Schöpflin* § 256 Rn. 10 ff.; Lutter/*Göthel* § 256 Rn. 15 ff.; Widmann/Mayer/*Fronhöfer* § 256 Rn. 9 ff.
[233] Näher Kölner Kommentar-UmwG/*Schöpflin* § 256 Rn. 11; Widmann/Mayer/*Fronhöfer* § 256 Rn. 14.

Novelle 2006 ist dieser Grund für den Formwechsel seltener einschlägig. Zum anderen kommt es im Zuge der Neuinvestitionen Dritter in die Gesellschaft zum Formwechsel, wenn sich die Kapitalbeteiligung auch in den Stimmrechten in der Gesellschafterversammlung widerspiegeln soll. Gem. § 43 Abs. 2 S. 1 GenG hat jedes Mitglied grds. eine Stimme. Zwar ermöglicht das GenG grds. auch Mehrstimmrechte, diese unterliegen jedoch erheblichen gesetzlichen Einschränkungen (→ § 15 Rn. 405 ff.).

II. Möglichkeiten des Formwechsels

224 Eine Genossenschaft kann ihre Rechtsform nach dem UmwG nur in die einer Kapitalgesellschaft (AG, GmbH, KGaA) wechseln. Das UmwG enthält in den §§ 258–271 UmwG besondere Regelungen für den Formwechsel der Genossenschaft **in eine Kapitalgesellschaft**. Grundlagen sind die Bestimmungen des Formwechsels der Kapitalgesellschaft, ergänzt durch genossenschaftliche Besonderheiten.

225 Ein Formwechsel **in eine Personengesellschaft** ist grds. ausgeschlossen. Zulässig ist lediglich der Formwechsel einer Genossenschaft, die nach dem Landwirtschaftsanpassungsgesetz (LwAnpG)[234] aus einer landwirtschaftlichen Produktionsgenossenschaft (LPG) der ehem. DDR hervorgegangen ist. Nach § 38a LwAnpG[235] ist in diesem Fall der Formwechsel in eine Personenhandelsgesellschaft (OHG, KG) oder GbR möglich. Bei Letzterer handelt es sich um eine im landwirtschaftlichen Bereich typische Rechtsform. §§ 24 ff. LwAnpG enthalten für diesen Formwechsel besondere Regelungen, die dem UmwG grob entsprechen, aber die Besonderheit aufweisen, dass der Umwandlungsbeschluss nur einer Zweidrittelmehrheit bedarf (§ 25 Abs. 2 LwAnpG i. V. m. § 7 Abs. 2 und 3 LwAnpG).

226 Eine **aufgelöste Genossenschaft** kann ihre Form wechseln, solange sie ihre Fortsetzung in der bisherigen Form beschließen kann. Diese Voraussetzung ist nach § 79a GenG erfüllt, wenn die Genossenschaft durch Beschluss der General- bzw. Vertreterversammlung oder durch Zeitablauf aufgelöst wurde, die Verteilung des nach Berichtigung der Schulden verbleibenden Vermögens unter die Mitglieder jedoch noch nicht begonnen wurde und die Mitglieder noch nicht zu Nachschusszahlungen nach § 87a Abs. 2 GenG herangezogen wurden.[236] Darüber hinaus darf die Genossenschaft noch nicht gelöscht sein. Eines Fortsetzungsbeschlusses bzw. einer Satzungsänderung bei Zeitablauf bedarf es nicht, da der Umwandlungsbeschluss sowohl den Fortsetzungsbeschluss als auch die Satzungsänderung ersetzt. Es wird stattdessen eine neue Satzung für die umgewandelte Genossenschaft als Gesellschaftsvertrag oder Satzung der Kapitalgesellschaft oder ausnahmsweise der Personengesellschaft als Teil des Umwandlungsbeschlusses beschlossen.[237]

III. Vorbereitung der Versammlung

1. Einladung zur Versammlung, Ankündigung des Formwechsels

227 Für die **Einladung zur General- bzw. Vertreterversammlung**, die über den Formwechsel beschließen soll, gelten grds. dieselben Regeln wie im Vorfeld einer Verschmelzungsversammlung (→ § 15 Rn. 377 ff.).

228 Zur Vorbereitung der Versammlung hat der Vorstand gem. § 260 Abs. 1 S. 1 UmwG neben der Einladung und der Ankündigung der Tagesordnung den Formwechsel in Textform **anzukündigen**. Damit scheidet eine Einberufung in den für die Bekanntmachungen der Genossenschaft zuständigen Blättern aus. Anzukündigen ist der Umwandlungsbeschluss

---

[234] LwAnpG idF der Bekanntmachung v. 3. Juli 1991 (BGBl. I S. 1418), zuletzt geändert durch Art. 40 des Gesetzes v. 23. Juli 2013 (BGBl. I S. 2586).
[235] § 38a LwAnpG lautet: „Eine eingetragene Genossenschaft, die durch formwechselnde Umwandlung einer LPG entstanden ist, kann durch erneuten Formwechsel in eine Personengesellschaft umgewandelt werden; für die Umwandlung gelten die Vorschriften dieses Abschnitts entsprechend."
[236] Beuthien/*Wolff* §§ 190 ff. UmwG Rn. 4; Lutter/*Bayer* § 258 Rn. 9.
[237] Im Ergebnis ebenso Lutter/*Bayer* § 258 Rn. 10.

als Entwurf im geplanten Wortlaut einschließlich seiner Anlagen, insbesondere der Satzung bzw. des Gesellschaftsvertrages der neuen Kapitalgesellschaft.[238] Anders als bei der Verschmelzung muss die Ankündigung beim Formwechsel auf die Möglichkeit des Widerspruchs gegen den Formwechsel (einschließlich Form und Frist) sowie die sich daraus ergebenden Rechte hinweisen (§ 260 Abs. 1 S. 2 UmwG). Die Ankündigung hat an jedes Mitglied der Genossenschaft zu erfolgen, auch wenn eine Vertreterversammlung besteht und das Mitglied kein Vertreter ist. Die Ankündigung ist keine Erweiterung der Einladung zur General- bzw. Vertreterversammlung, sondern eine Information des Mitgliedes über seine Rechte und die aus dem Formwechsel resultieren Folgen.[239]

Bei Nichterfüllung der Ankündigungs- und Hinweispflichten ist der Umwandlungsbeschluss unter den weiteren Voraussetzungen des § 51 GenG anfechtbar. Soweit eine Heilung durch Eintragung erfolgt ist, kann sich der Vorstand schadensersatzpflichtig machen.[240]

2. Abfindungsangebot

Das Abfindungsangebot nach § 207 UmwG steht nur jedem Mitglied oder Vertreter zu, der bzw. das in der Versammlung, die über den Formwechsel beschließt, **Widerspruch zur Niederschrift** erklärt. § 270 UmwG erweitert den Adressatenkreis für das Abfindungsangebot auf alle Mitglieder, die gem. § 262 Abs. 1 S. 2 UmwG gegen den Umwandlungsbeschluss Widerspruch erklärt haben. Es ist danach nicht erforderlich, in der Versammlung, die über den Formwechsel beschließt, Widerspruch zur Niederschrift zu erklären, vielmehr kann der **Widerspruch auch bis zum Ablauf des dritten Tages vor dem Tag der Versammlung durch eingeschriebenen Brief** erklärt werden **(Vorabwiderspruch)**. Gem. § 262 Abs. 1 S. 2 UmwG steht dieses besondere Widerspruchsrecht jedem Mitglied der Genossenschaft zu. Dies gilt auch, wenn die Genossenschaft eine Vertreterversammlung hat.

Der Vorabwiderspruch (§ 270 Abs. 1 UmwG) ist formgebunden und durch eingeschriebenen Brief, der von dem Mitglied zu unterschreiben ist, zu erklären. Der Begriff „Widerspruch" muss nicht explizit verwendet werden, und das Mitglied muss sich auch nicht den Abfindungsanspruch ausdrücklich vorbehalten. Es reicht vielmehr aus, wenn ein entsprechender Wille erkennbar ist.[241] Die Erklärung ist fristgebunden. Sie hat spätestens bis zum Ablauf des dritten Tages vor der General- bzw. Vertreterversammlung erfolgen. Für die Fristberechnung gelten die §§ 187 Abs. 1, 188 Abs. 2 BGB. Danach ist der Tag der Versammlung mitzurechnen.

Die Generalversammlung findet am 7. Juli 2017 statt; die Frist beginnt am 6. Juli 2017, also muss der Brief spätestens mit Ablauf des 4. Juli 2017 zugehen.

Das **Abfindungsangebot** muss angemessen sein und dem wahren Wert der Beteiligung entsprechen. Die Angemessenheit ist Teil des Prüfungsgutachtens des Prüfungsverbandes. Dies stellt genossenschaftsrechtlich eine Besonderheit dar. Die Höhe der Abfindung kann gem. § 212 UmwG gerichtlich im Spruchverfahren überprüft werden.

Die Abfindung wird mit Wirksamwerden des Formwechsels **fällig** und ist ab dem folgenden Tag mit 5 % über dem Basiszins zu verzinsen.[242] Die Zahlung erfolgt Zug um Zug gegen Übertragung der Anteile. Das Angebot auf Abfindung kann nur binnen zwei Monaten nach dem Tag der Bekanntgabe der Eintragung der Kapitalgesellschaft ins Handelsregister angenommen werden. Die vor Fristbeginn erklärte Annahme ist wirksam, da sie lediglich unter einer Rechtsbedingung steht.[243]

---

[238] Widmann/Mayer/*Fronhöfer* § 260 Rn. 7 mwN.
[239] Beuthien/*Wolff* § 190 ff. UmwG Rn. 10.
[240] Semler/Stengel/*Bonow* § 260 Rn. 27, 28.
[241] Schmitt/Hörtnagl/Stratz/*Stratz* § 261 Rn. 7.
[242] Lutter/*Bayer* § 270 Rn. 7.
[243] Lutter/*Bayer* § 270 Rn. 16 mwN.

3. Im Vorfeld der Versammlung auszulegende Unterlagen

234 Ab der Versendung der Einladung und Ankündigung des Formwechsels sind in den Geschäftsräumen der Genossenschaft folgende Unterlagen auszulegen:
- Umwandlungsbericht
- Entwurf des Umwandlungsbeschlusses als Anlage des Umwandlungsberichts, soweit nicht auf den Bericht von allen Mitgliedern der Genossenschaft durch notarielle Erklärung verzichtet wurde
- Prüfungsgutachten

235 Die Unterlagen müssen von der Einberufung der General- bzw. Vertreterversammlung bzw. der Ankündigung des Formwechsels an bis zum Beginn der Versammlung in den Geschäftsräumen zu den üblichen Geschäftszeiten ausliegen. Es gelten dieselben Regeln wie für die Auslegung im Vorfeld einer Verschmelzungsversammlung (→ § 15 Rn. 388 ff.).

236 **a) Umwandlungsbericht.** Der Vorstand hat gem. § 192 UmwG einen Umwandlungsbericht zu erstellen, in dem er die Beweggründe für den Formwechsel erläutert. Der Bericht ist Gegenstand des Prüfungsgutachtens; er hat einen Entwurf des Umwandlungsbeschlusses zu enthalten. Der Umwandlungsbericht ist gem. § 192 Abs. 2 UmwG entbehrlich, wenn alle Mitglieder der formwechselnden Genossenschaft in notariell beurkundeter Form auf den Umwandlungsbericht **verzichten**. Erforderlich ist in diesem Fall nicht nur ein Verzicht der erschienenen Mitglieder, sondern auch derjenigen Mitglieder, die an der Generalversammlung nicht teilgenommen haben. Besteht bei der Genossenschaft eine Vertreterversammlung, so ist ein nur von den Vertretern erklärter Verzicht nicht ausreichend. In § 192 Abs. 2 UmwG ist vielmehr ausdrücklich die Rede von „alle[n] Anteilsinhaber[n]", so dass jedes Mitglied einzeln formgerecht den Verzicht erklären muss. Ein Verzicht ist daher nur bei Genossenschaften mit überschaubarem Mitgliederkreis praktikabel bzw. wird oft an der typischerweise großen Mitgliederzahl einer Genossenschaft und dem Formerfordernis scheitern.[244]

237 **b) Bescheinigung des Prüfungsverbandes.** Die Erstellung eines **Prüfungsgutachtens** durch den genossenschaftlichen Prüfungsverband ist gem. § 259 UmwG zwingend vorgeschrieben. Das Prüfungsgutachten hat Informations- und Warnfunktion. Wegen der oft jahrelangen Prüfungserfahrung des Prüfungsverbandes bei der Genossenschaft aufgrund der gesetzlichen Pflichtmitgliedschaft besteht eine hohe Sachkunde zu Fragen der Rechtsform, der wirtschaftlichen Verhältnisse und der Auswirkungen des Formwechsels auf die Mitglieder. Die Erstellung des Prüfungsgutachtens ist Ausdruck der Betreuungspflicht des Genossenschaftsverbandes gegenüber seiner Mitgliedsgenossenschaft und als solches auch einklagbar.[245]

238 Die Mitglieder können auf das Prüfungsgutachten **nicht verzichten**, da die Prüfung nicht nur im Interesse der Mitglieder, sondern auch der Gläubiger der Genossenschaft erfolgt.[246] Strittig ist, ob die Mitglieder auf das Prüfungsgutachten verzichten können, wenn alle auf ein Abfindungsangebot verzichtet haben. Dies ist aufgrund des drittschützenden Gedankens des Prüfungsgutachtens jedoch abzulehnen.[247]

239 Das Prüfungsergebnis hat keinerlei Auswirkungen auf die Wirksamkeit des Formwechselbeschlusses und ist für das Abstimmungsverhalten der Mitglieder **nicht bindend**. Die General- bzw. Vertreterversammlung als Eigentümerversammlung ist in ihrer Entscheidung frei. Die Versammlung kann daher auch eine wirtschaftlich objektiv unvernünftige Entscheidung treffen. Eine inhaltliche Überprüfung des Formwechselbeschlusses unter diesem Gesichtspunkt (zB durch ein Gericht) findet nicht statt.

---

[244] So auch – für mitgliederstarke Gesellschaften allgemein – BeckOGK UmwG/*Simons* § 192 Rn. 65.
[245] Semler/Stengel/*Bonow* § 259 Rn. 3 ff.; Schmitt/Hörtnagl/Stratz/*Stratz* § 259 Rn. 2.
[246] Lutter/*Bayer* § 259 Rn. 17.
[247] Semler/Stengel/*Bonow* § 259 Rn. 11; aA Lutter/*Bayer* § 259 Rn. 17.

§ 38 Rechtsformspezifische Besonderheiten des Formwechsels

Im Mittelpunkt des Prüfungsgutachtens steht die Frage, ob der Formwechsel mit den **Belangen der Mitglieder und der Gläubiger** vereinbar ist. Nach hM umfasst die Prüfung neben der rein rechtlich-formalen Kontrolle auch die Prüfung der Zweckmäßigkeit des Formwechsels.[248] Die Belange der Mitglieder können insbesondere durch den Wegfall des genossenschaftlichen Förderauftrags berührt sein. Das Gleiche gilt für den Wegfall der Selbstorganschaft bei der Genossenschaft, wonach Vorstands- und Aufsichtsratsmitglieder gem. § 9 GenG Mitglieder der Genossenschaft sein müssen. Des Weiteren sind ggf. steuerrechtliche Folgen wie der Wegfall der genossenschaftlichen Rückvergütung zu beleuchten sowie die Auswirkungen auf die zukünftige Stimmrechtsverteilung darzustellen, die sich ggf. nach der jeweiligen Kapitalbeteiligung und nicht mehr nach Köpfen richtet. Das Prüfungsgutachten hat auch zu den zukünftigen Beteiligungen der Mitglieder an der Kapitalgesellschaft Stellung zu nehmen. Dabei ist darauf einzugehen, ob bei der Festsetzung des Stamm- bzw. Grundkapitals das optimale Umtauschverhältnis der Anteile (§ 263 Abs. 2 UmwG) und das Prinzip des Reinvermögens (§ 264 Abs. 2 UmwG) umgesetzt wird.

Die Genossenschaft hat als einzige Gesellschaftsform als Zweck, den Erwerb oder die Wirtschaft ihrer Mitglieder oder deren soziale oder kulturelle Belange durch gemeinschaftlichen Geschäftsbetrieb zu fördern. Anders als bei der Verschmelzung zweier Genossenschaften (→ § 15 Rn. 367, § 29 Rn. 29) entfällt beim Formwechsel der Genossenschaft in eine andere Gesellschaftsform der Förderauftrag als Alleinstellungsmerkmal der genossenschaftlichen Rechtsform. Insofern sind die Mitglieder besonders schutz- und aufklärungsbedürftig.

Schießlich hat das Prüfungsgutachten Ausführungen zur **Angemessenheit des Abfindungsangebotes** gem. § 270 UmwG zu enthalten. § 270 Abs. 2 S. 1 UmwG normiert eine eigenständige Pflicht des Vorstandes, hierzu eine gutachtliche Äußerung des Prüfungsverbandes einzuholen; aus praktischen Gründen ist diese regelmäßig Teil des Prüfungsgutachtens.[249] Eine eigenständige Begutachtung des Abfindungsangebotes findet in der Praxis nicht statt, eben weil sie immer Teil des Prüfungsgutachtens ist. Der Prüfungsverband tritt insofern an die Stelle des Verschmelzungsprüfers nach § 30 UmwG.

Das Prüfungsgutachten ist in **schriftlicher Form** zu erstellen. Zwar schreibt das Gesetz keine bestimmte Form vor. Die Schriftform ergibt sich jedoch mittelbar aus der gesetzlichen Anordnung der Verlesung des Prüfungsgutachtens in der General- bzw. Vertreterversammlung (→ § 15 Rn. 363 ff.).

Der **Umwandlungsbericht des Vorstandes** mit der Anlage des Umwandlungsbeschlusses ist ebenfalls Gegenstand des Prüfungsgutachtens, da dort der Vorstand die Beweggründe und daraus abgeleitet die Zweckmäßigkeit des Formwechsels erläutert werden. Auf den Umwandlungsbericht kann mit Zustimmung aller Mitglieder gem. § 192 Abs. 2 UmwG verzichtet werden. In diesem Fall liegt auch kein Entwurf des Umwandlungsbeschlusses als Anlage des Umwandlungsberichtes vor.

Der Umwandlungsbeschluss ist mit allen Anlagen – insbesondere der Satzung bzw. des Gesellschaftervertrages der neuen Kapitalgesellschaft – als Grundlage für das Prüfungsgutachten dem Prüfungsverband vorzulegen, da sich nur aus dem Umwandlungsbeschluss die Einzelheiten der für das Prüfungsgutachten zu untersuchenden Rahmenbedingungen des Formwechsels ergeben.[250]

Auf Verlangen ist jedem Mitglied gem. § 260 Abs. 3 S. 2 unverzüglich und kostenlos eine **Abschrift** des Prüfungsgutachtens zu erteilen.

Ist ein Formwechsel in eine Genossenschaft beabsichtigt, sollten sich die Vorstände der Genossenschaft möglichst frühzeitig mit ihrem genossenschaftlichen Prüfungsverband in Verbindung setzten, weil die Erstellung des Prüfungsgutachten erfahrungsgemäß einige Zeit in Anspruch nimmt.

---

[248] Semler/Stengel/*Bonow* § 259 Rn. 12 mwN.
[249] Semler/Stengel/*Bonow* § 259 Rn. 26; § 270 Rn. 8.
[250] Semler/Stengel/*Bonow* § 259 Rn. 24.

IV. Durchführung der Versammlung
1. In der Versammlung auszulegende Unterlagen

248 Während der gesamten General- bzw. Vertreterversammlung sind der **Umwandlungsbericht**, soweit nicht auf ihn durch die Mitglieder verzichtet wurde, nebst **Entwurf des Umwandlungsbeschlusses** und das **Prüfungsgutachten** zur Einsicht für die Mitglieder bzw. Vertreter auszulegen. Es spricht nichts dagegen, auch den zur Versammlung zugelassenen Gästen ein Einsichtsrecht zu gewähren. Abhängig von der Anzahl der Mitglieder oder Vertreter ist es aus praktischen Gründen ratsam, mehrere Exemplare auszulegen, damit nicht der Eindruck entsteht, es handele sich nur um eine Formalie und ein tatsächliches Einsichtsrecht bestehe nicht.

249 Umstritten ist, ob die Mitglieder bzw. Vertreter während der General- oder Vertreterversammlung noch das Recht auf **Abschriftenerteilung** haben.[251] Mit der hM ist dies zu verneinen, da eine ausdrückliche Regelung hierzu in § 261 UmwG im Gegensatz zu § 260 Abs. 3 S. 2 UmwG gerade nicht vorgesehen ist.[252] § 261 UmwG verweist nicht auf ein Recht des Mitglieds, eine kostenlose Abschrift jederzeit verlangen zu können. Dieses Recht besteht daher nur bis zu Versammlung und dient den Mitgliedern bzw. Vertretern dazu, sich auf die Versammlung vorzubereiten. In der Versammlung liegen die Unterlagen dann aus.

2. Erläuterung des Umwandlungsbeschlusses

250 Der Vorstand hat den Umwandlungsbeschluss in der General- bzw. Vertreterversammlung **mündlich zu erläutern**, um den Mitgliedern die wirtschaftliche und rechtliche Bedeutung des Formwechsels in knapper, zusammengefasster Form anschaulich vor Augen zu führen.[253] Ohne dass der Umwandlungsbericht verlesen wird, kann der Vorstand darauf Bezug nehmen, da der Bericht ausliegt. Einzugehen ist bei der Erläuterung insbesondere auf folgende Punkte:
– Abfindungsangebot
– Satzung bzw. der Gesellschaftsvertrag der neuen Kapitalgesellschaft
– Wirtschaftliche, rechtliche und steuerliche Gesichtspunkte des Formwechsels
– Umqualifizierung der Anteile bzw. Beteiligungsverhältnisse
– Entwicklungen, die nicht im Umwandlungsbericht enthalten sind

251 Die **Grenze** der Erläuterungspflicht bestimmt sich ebenso wie bei der Erläuterung des Verschmelzungsberichts nach § 8 Abs. 2 UmwG (→ § 15 Rn. 395 ff.).

252 Ein **Verzicht** auf die mündliche Erläuterung des Umwandlungsbeschlusses ist – anders ein Verzicht auf den Umwandlungsbericht – nicht möglich.[254]

3. Verlesung des Prüfungsgutachtens

253 Gem. § 261 UmwG ist das gem. § 259 UmwG zu erstellende Prüfungsgutachten in der General- bzw. Vertreterversammlung zu verlesen. Es ist **vollständig zu verlesen**. Eine Erläuterung, wie es das Gesetz für den Umwandlungsbeschluss vorsieht, oder die Verlesung des zusammengefassten Prüfungsergebnisses, wie es bei dem Bericht über die gesetzliche Prüfung des Prüfungsverbandes üblich ist, ist unzulässig.[255] Die Verlesung des Prüfungsgutachtens hat Informations- und Warnfunktion. Insbesondere soll denjenigen Teilnehmern der Versammlung, die bisher von ihrem Einsichtsrecht keinen Gebrauch gemacht haben, neben der mündlichen Erläuterung durch den Vorstand auch die Bewertung des beabsichtigten Formwechsels durch einen neutralen Dritten, der zum einen fachkundig ist und zum

---

[251] Böttcher/Habighorst/Schulte/*A. Bürger* § 261 Rn. 3.
[252] Semler/Stengel/*Bonow* § 261 Rn. 9 mwN; aA Schmitt/Hörtnagl/Stratz/*Stratz* § 261 Rn. 2.
[253] Lutter/*Bayer* § 261 Rn. 4.
[254] Lutter/*Bayer* § 261 Rn. 7; Semler/Stengel/*Bonow* § 261 Rn. 19.
[255] Semler/Stengel/*Bonow* § 261 Rn. 21 ff.

anderen in einer besonderen Pflichtenbeziehung zur Genossenschaft und ihren Mitgliedern steht, zur Kenntnis gegeben werden.[256]

Das Gesetz schreibt nicht vor, wer das Prüfungsgutachten zu verlesen hat. Der Vorstand kann es verlesen; in aller Regel wird jedoch ein **Vertreter des genossenschaftlichen Prüfungsverbandes** die Verlesung übernehmen.[257]

Die Mitglieder können auf die Verlesung des Prüfungsgutachtens **nicht verzichten**. Unterbleibt die Verlesung, ist der Zustimmungsbeschluss unter den Voraussetzungen des § 51 GenG anfechtbar.[258]

4. Teilnahmerecht des Prüfungsverbandes

Das Teilnahmerecht des Prüfungsverbandes ergibt sich nicht nur aus § 261 Abs. 2 S. 2 UmwG, sondern schon aus dem Mitgliedschaftsverhältnis der Genossenschaft beim Prüfungsverband. Aufgrund der über die gesetzliche Prüfung hinausgehenden satzungsmäßigen Beratungsaufgabe des Prüfungsverbandes kann sich **im Einzelfall eine Teilnahmepflicht** des Prüfungsverbandes ergeben. In der Versammlung kann er sich dann zu allen Fragen, die den Formwechsel betreffen, umfassend beratend äußern. Dies kann insbesondere erforderlich sein, wenn der Formwechsel besondere rechtliche oder tatsächliche Schwierigkeiten aufwirft, deren Erläuterung und Klärung besonderer Fachkenntnisse des Prüfungsverbandes bedarf.[259]

5. Auskunftsrecht der Mitglieder

Die Erläuterungspflicht des Vorstandes korrespondiert mit dem **erweiterten Auskunftsrecht** der Mitglieder in entsprechender Anwendung des § 83 Abs. 1 S. 3 iVm § 64 Abs. 2 UmwG, da die Sach- und Interessenslage identisch ist.[260] Danach hat jedes Mitglied in der Generalversammlung und jeder Vertreter in der Vertreterversammlung ein Auskunftsrecht über die Angelegenheiten der Genossenschaft, das sich aus dem gesellschaftsrechtlichen Verhältnis zwischen der Genossenschaft und dem Mitglied sowie dem Wesen der Mitgliedschaft und dem Förderauftrag der Genossenschaft gegenüber dem Mitglied ergibt (→ § 15 Rn. 397).

Auskunftsverpflichtet ist der Vorstand in den bereits dargestellten Grenzen (→ § 15 Rn. 398).

V. Umwandlungsbeschluss

Da an einem Formwechsel nur ein einziger Rechtsträger beteiligt ist, wird kein Vertrag geschlossen, sondern der betreffende Rechtsträger beschließt einseitig über seinen Formwechsel. Der Umwandlungsbeschluss ist in der General- bzw. Vertreterversammlung zu fassen und muss insbesondere die gewünschte Zielrechtsform angeben. Er muss ferner die in § 194 Abs. 1 UmwG aufgeführten wesentlichen Inhalte enthalten und bedarf der notariellen Form. § 194 UmwG eröffnet ferner die Möglichkeit, darüber hinausgehende Regelungen in den Umwandlungsbeschluss aufzunehmen. Insbesondere sollte beim Formwechsel der Genossenschaft eine Regelung hinsichtlich der Beendigung der Aufsichtsratsämter aufgenommen werden. Dies gilt nicht nur beim Formwechsel der Genossenschaft in eine GmbH (vor dem Hintergrund der Tatsache, dass die Einrichtung eines Aufsichtsrats dort fakultativ ist, solange die Mitarbeiterzahl unter 500 liegt), sondern auch beim Formwechsel in eine Aktiengesellschaft oder eine KGaA. Die gesetzlichen Rahmenbedingungen der Aufsichtsratsbesetzung sind in den verschiedenen Gesellschaftsformen sehr unterschiedlich.

---

[256] Semler/Stengel/*Bonow* § 261 Rn. 23.
[257] Semler/Stengel/*Bonow* § 261 Rn. 22.
[258] Semler/Stengel/*Bonow* § 261 Rn. 24.
[259] Semler/Stengel/*Bonow* § 261 Rn. 26; Lutter/*Bayer* § 261 Rn. 13, 14.
[260] Schmitt/Hörtnagl/Stratz/*Stratz* § 261 Rn. 4.

1. Abstimmung und Mehrheitsverhältnisse

260 Der Umwandlungsbeschluss bedarf grds. einer **Dreiviertelmehrheit**. Dieses Mehrheitserfordernis erhöht sich auf 90 %, wenn mindestens 100 Mitglieder – bzw. ein Zehntel der Mitglieder bei Genossenschaften mit weniger als 1.000 Mitgliedern – gem. § 262 Abs. 1 S. 2 UmwG Widerspruch durch eingeschriebenen Brief erhoben haben. Maßgebend sind die abgegebenen Stimmen. Nicht mitgerechnet werden daher Stimmenthaltungen und ungültige Stimmen. Bei der Stimmauszählung kann sowohl das Additions- als auch das Subtraktionsverfahren angewendet werden.

261 Die Mustersatzungen,[261] die von Genossenschaften üblicherweise verwendet werden, machen von der Möglichkeit des § 262 Abs. 1 S. 3 UmwG Gebrauch und haben **weitere satzungsmäßige Anforderungen für Umwandlungsbeschlüsse** aufgestellt. So findet sich darin ein 90 %-Mehrheitserfordernis sowie die Regel, dass der Umwandlungsbeschluss nur in einer außerordentlichen General- bzw. Vertreterversammlung gefasst werden kann, deren einziger Tagesordnungspunkt der Formwechsel ist und in der mindestens zwei Drittel aller Mitglieder bzw. Vertreter anwesend sind. Wird dieses Quorum in der ersten Versammlung nicht erreicht, so sehen manche Mustersatzungen vor, dass unter sonst gleichen Bedingungen eine zweite Versammlung einberufen werden kann, für die das Quorum dann nicht gilt.[262] Wie in → § 15 Rn. 404 erwähnt, finden sich derartige Regelungen traditionsgemäß vor allem in älteren Satzungen ländlicher und gewerblicher Genossenschaften. Hierdurch wird sichergestellt, dass der Umwandlungsbeschluss nicht nur durch eine große Mehrheit der anwesenden Mitglieder bzw. Vertreter, sondern auch durch eine hohe Präsenz der Mitglieder bzw. Vertreter getragen ist.

262 Grds. verfügt jedes Genossenschaftsmitglied über eine Stimme. Unter bestimmten, bereits im Zusammenhang mit dem Verschmelzungsbeschluss erläuterten Voraussetzungen (→ § 15 Rn. 405) können jedoch **Mehrstimmrechte** eingeräumt werden.

263 Die Abstimmung kann offen per Handzeichen oder Stimmkarte, aber auch geheim mittels Stimmzettel erfolgen.[263] Die Entscheidung über eine **offene oder geheime Abstimmung** muss entsprechend der Satzungsregelung erfolgen (→ § 15 Rn. 407). Nach den in der Praxis üblichen Mustersatzungen[264] der Genossenschaften werden Abstimmungen und Wahlen grds. in offener Abstimmung per Handzeichen oder mit erhobenen Stimmkarten durchgeführt. Sofern mindestens ein Viertel der abgegebenen Stimmen, der Vorstand oder der Aufsichtsrat (jeweils als Organ) eine geheime Abstimmung beantragen, ist geheim abzustimmen.[265] Die Auffassung, eine geheime Abstimmung sei selbst dann unzulässig, wenn die Satzung eine solche vorsehe und regele, weil eine Gegenstimme gegen den Formwechsel Voraussetzung für die spätere Annahme des Abfindungsangebotes sei und dies nur bei offener Abstimmung nachvollziehbar sei,[266] überzeugt nicht. Das Mitglied kann durchaus den Formwechsel als positiv für die Belange der Genossenschaft und der Mehrzahl der Mitglieder beurteilen und ihm zustimmen, aber persönlich im Fall des Formwechsels nicht Gesellschafter eine Kapitalgesellschaft werden wollen[267]. Darüber hinaus kann das Mitglied gem. § 262 Abs. 1 UmwG auch außerhalb der Versammlung dem Formwechsel

---

[261] Mustersatzung für Volksbanken und Raiffeisenbanken mit Generalversammlung (ohne Warengeschäft) DG Verlag 101 130 und (mit Warengeschäft) DG Verlag 101 030; Mustersatzung für Volksbanken und Raiffeisenbanken mit Vertreterversammlung (mit Warengeschäft) DG Verlag 101 230 und (ohne Warengeschäft) DG Verlag 101 330; Mustersatzung für Warengenossenschaften des DRV.
[262] Semler/Stengel/*Bonow* § 260 Rn. 11 ff.
[263] Semler/Stengel/*Scholderer* § 84 Rn. 7.
[264] Mustersatzung für Volksbanken und Raiffeisenbanken mit Generalversammlung (ohne Warengeschäft) DG Verlag 101 130 und (mit Warengeschäft) DG Verlag 101 030; Mustersatzung für Volksbanken und Raiffeisenbanken mit Vertreterversammlung (mit Warengeschäft) DG Verlag 101 230 und (ohne Warengeschäft) DG Verlag 101 330; Mustersatzung für Warengenossenschaften des DRV.
[265] Semler/Stengel/*Bonow* § 262 Rn. 17 ff.
[266] Lutter/*Bayer* § 262 Rn. 5.
[267] Semler/Stengel/*Scholderer* § 262 Rn. 21 ff.

durch eingeschriebenen Brief widersprechen, so dass eine Transparenz zwischen Abstimmungs- und Widerspruchsverhalten schon durch diese gesetzlich erweiterte Möglichkeit aufgehoben ist.

2. Satzung bzw. Gesellschaftsvertrag der Kapitalgesellschaft

Der Umwandlungsbeschluss muss bei einem Formwechsel der Genossenschaft in eine Kapitalgesellschaft die Satzung bzw. den Gesellschaftsvertrag des neuen Rechtsträgers enthalten. Diese Satzung bzw. der Gesellschaftsvertrag müssen jedoch nicht von allen Mitgliedern und neuen Gesellschaftern unterzeichnet werden (§§ 263 Abs. 1, 218 UmwG), da dies dem Mehrheitserfordernis des Umwandlungsbeschlusses widersprechen würde. Praktisch würde ein solches Erfordernis schon daran scheitern, dass nicht nur die zustimmenden, sondern auch die widersprechenden Mitglieder sowie die nicht erschienenen Mitglieder die Satzung unterschreiben müssten. Vollkommen unpraktikabel wäre ein solches Verlangen im Fall des Bestehens einer Vertreterversammlung. Soweit die nach § 194 UmwG erforderlichen Angaben des Umwandlungsbeschlusses bereits in der Satzung oder im Gesellschaftsvertrag enthalten sind, müssen diese nicht mehr gesondert aufgeführt werden; vielmehr kann der Beschluss insoweit auf die Satzung bzw. den Gesellschaftsvertrag Bezug nehmen.[268]

3. Beteiligungsverhältnisse an der Kapitalgesellschaft

Die Mitglieder der Genossenschaft sind an der Kapitalgesellschaft nach den für diese geltenden Rechtsvorschriften beteiligt. § 266 UmwG konkretisiert § 202 UmwG für die Genossenschaft dahingehend, dass die Geschäftsanteile der Genossenschaft zu Geschäftsanteilen der GmbH oder Aktien der AG oder KGaA werden (**Umqualifizierung**).

Der Umwandlungsbeschluss muss eine Regelung über die Beteiligungsquote enthalten.[269] Grundlage für die Bestimmung der Beteiligung an der Kapitalgesellschaft ist das bei der Genossenschaft bestehende **Geschäftsguthaben** des Mitgliedes. Letzteres ist die Summe aller Einzahlungen des Mitgliedes auf den Geschäftsanteil, zzgl. Gewinnzuschreibungen und Rückvergütungen sowie abzgl. Verlustabschreibungen.[270] Die Genossenschaft führt für jedes Mitglied ein Geschäftsguthaben-Konto, dessen Kontostand maßgeblich ist.

Maßgebender Zeitpunkt für die Feststellung der Höhe des Geschäftsguthabens in Bezug auf den Formwechsel ist in aller Regel der jeweilige Bilanzstichtag. Da das Geschäftsguthaben eine variable Größe ist, können sich jedoch zwischen Bilanzstichtag und Umwandlungsbeschluss sowie Wirksamwerden des Formwechsels durch die Eintragung in das für den neuen Rechtsträger zuständige Handelsregister **Veränderungen des Geschäftsguthabens** des einzelnen Mitglieds ergeben, etwa durch Einzahlungen des Mitglieds auf den Geschäftsanteil, Gutschriften von Rückvergütung oder Gewinnausschüttung. Im Hinblick auf die Rückvergütung, die durch Vorstand und Aufsichtsrat beschlossen wird, ist dies durch eine entsprechende zeitliche Steuerung der Beschlussfassung beeinflussbar.

Dasselbe Problem stellt sich, wenn nach dem Bilanzstichtag, aber vor Wirksamwerden des Formwechsels, neue Mitglieder der Genossenschaft beitreten. Diese können im Zuge der Umwandlung nicht ausgeschlossen werden und sind ebenfalls am neuen Rechtsträger zu beteiligen. Eine Satzungsregelung zur Steuerung der Einzahlungen auf den Geschäftsanteil sowie eine satzungsrechtliche Beschränkung der Beitrittsmöglichkeit in der Umwandlungsphase erscheint hingegen praxisfern.[271] Letzteres ist auch überflüssig, da das für den Beitritt zuständige Organ in seiner Entscheidung über die Aufnahme eines Mitgliedes mit nur wenigen Ausnahmen frei ist.[272] Grds. besteht kein Anspruch auf Aufnahme in eine Genossenschaft.[273]

---

[268] Beuthien/*Wolff* §§ 190 ff. UmwG Rn. 18.
[269] Lutter/*Bayer* § 263 Rn. 23 mwN.
[270] Semler/Stengel/*Bonow* § 263 Rn. 11 ff..
[271] Lutter/*Bayer* § 263 Rn. 24.
[272] Im Einzelfall kann sich aus Satzung oder Gesetz ein Aufnahmezwang (Kontrahierungszwang) ergeben; hierzu ausführlich Lang/Weidmüller/*Holthaus/Lehnhoff* § 15 GenG Rn. 14.
[273] Lang/Weidmüller/*Holthaus/Lehnhoff* § 15 GenG Rn. 13.

Das zuständige Organ kann daher in der Phase der Umwandlung auch ohne Satzungsregelung in aller Regel einen Beitritt ablehnen. Etwas anderes gilt nur dann, wenn aufgrund einer Monopolstellung der Genossenschaft ein Kontrahierungszwang besteht oder die Satzung einen Kontrahierungszwang für bestimmte Personengruppen vorsieht.

269 Sind Veränderungen der Geschäftsguthaben in der konkreten Situation nicht vermeidbar, ist für die Feststellung der Geschäftsguthaben zur Berechnung der Anteile an der Kapitalgesellschaft ein neuer einheitlicher Stichtag nach dem Bilanzstichtag, nahe dem Umwandlungsbeschluss fest zu setzen. Beim Formwechsel ist die Genossenschaft für die Feststellung des Geschäftsguthabens – anders als bei der Verschmelzung gem. § 87 Abs. 3 UmwG – nicht an die Schlussbilanz gebunden, da der Formwechsel identitätswahrend ist und kein Vertragspartner als übernehmender oder übertragender Rechtsträger mit Verweis auf die in der Bilanz festgestellten Geschäftsguthaben schutzwürdig ist.

270 Zur Ermittlung der Beteiligungsquote ist das jeweilige Geschäftsguthaben des Mitgliedes ins Verhältnis zur Summe der Geschäftsguthaben aller Mitglieder im Zeitpunkt des Formwechselbeschlusses zu setzen (sog. **Quotenbemessungsregelung**).[274] Anders als im umgekehrten Fall des Formwechsels der Kapitalgesellschaft in eine Genossenschaft erfolgt keine Bewertung der Beteiligung, da dies bei einer Mitgliedschaft in der Genossenschaft auch im Fall des Ausscheidens nicht erfolgt. Der innere Wert der Genossenschaft ist für die Beteiligung des Mitgliedes nur im Fall des Aufdeckens stiller Reserven durch Veräußerung des Vermögens im Fall der Liquidation der Genossenschaft relevant.

271 Die Rechte Dritter am Geschäftsguthaben setzen sich gem. § 266 Abs. 1 S. 2 UmwG an den Anteilen des neuen Rechtsträgers fort. Rechte Dritter können aber bei der Genossenschaft weder am Geschäftsanteil noch am Geschäftsguthaben entstehen. Der Geschäftsanteil ist lediglich eine abstrakte Größe und das Geschäftsguthaben kann wegen § 22 Abs. 4 GenG nicht belastet werden. § 266 UmwG kann daher nur dahingehend ausgelegt werden, dass er auf die **Rechte Dritter am Auseinandersetzungsguthaben** gem. § 73 GenG bezogen wird.[275] Soweit danach der Auseinandersetzungsanspruch des Mitglieds abgetreten oder verpfändet ist, bestehen diese Rechte an den Aktien bzw. GmbH-Geschäftsanteilen fort. Dies gilt unabhängig davon, dass beispielsweis die Verpfändung eines GmbH-Anteils der notariellen Form bedarf.[276]

272 Stimmen alle Anteilsinhaber dem Formwechselbeschluss zu, so kann **vom Prinzip des verhältniswahrenden Umtausches abgewichen** werden.[277]

273 Die Geschäftsanteile bzw. der Nennbetrag (oder anteilige Betrag des Grundkapitals) der Aktien sollen so bemessen sein, dass bei Umwandlung der Geschäftsguthaben **keine sog. Teilrechte** (mit reduzierten Gesellschafterrechten[278]) entstehen, sondern jeder Anteilsinhaber möglichst volle Aktien und Geschäftsanteile erhält.[279] Da gem. § 47 Abs. 2 GmbHG jeder Euro eines Geschäftsanteils eine Stimme gewährt und Aktien gem. § 8 Abs. 2 AktG auch mit einem Nennwert von einem Euro ausgestattet werden können, stellen § 263 Abs. 2 u. 3 UmwG keine Hürde mehr dar. Selbstständig veräußerliche und vererbliche Teilrechte dürften in Praxis nicht entstehen, da die Möglichkeit der kleinteiligen Stückelung der Aktien und Geschäftsanteile dies verhindert.

4. Umwandlung von Vermögen in gebundenes Kapital

274 Eine **Genossenschaft** verfügt über **kein gebundenes Kapital**. Die Mitglieder zeichnen vielmehr Geschäftsanteile, und das darauf eingezahlte Geschäftsguthaben ist zwar Eigenkapital, aber variabel und kündbar. Erhöhen oder ermäßigen kann sich das Geschäftsguthaben insbesondere durch:

---

[274] Semler/Stengel/*Bonow* § 263 Rn. 19 ff.
[275] Semler/Stengel/*Bonow* § 266 Rn. 18.
[276] Lutter/*Bayer* § 266 Rn. 12.
[277] Lutter/*Bayer* § 263 Rn. 25; widersprüchlich Semler/Stengel/*Bonow* § 263 Rn. 10 u. 21.
[278] Semler/Stengel/*Bonow* § 266 Rn. 13.
[279] Semler/Stengel/*Bonow* § 263 Rn. 9

- Beitritte
- Zeichnungen weiterer Geschäftsanteilen
- Teilkündigungen einzelner Geschäftsanteile
- Beendigung der Mitgliedschaft durch Kündigung, Ausschluss oder Ableben von Mitgliedern
- freiwillige Einzahlungen auf Geschäftsanteile
- Gutschriften von Rückvergütung oder Gewinnausschüttungen

Für die Veränderung der Geschäftsguthaben und damit des Kapitals der Genossenschaft bedarf es **keines Kapitalherabsetzungs- oder Kapitalerhöhungsbeschlusses.**

Die Genossenschaft bringt ihr gesamtes Vermögen in die neue Kapitalgesellschaft ein. Es handelt sich um eine **Sacheinlage**, die einer entsprechenden Regelung im Gesellschaftsvertrag bzw. der Satzung der Kapitalgesellschaft bedarf. Im Gesellschaftsvertrag oder der Satzung der Kapitalgesellschaft ist die Höhe des Stamm- oder Grundkapitals festgelegt. Der Wert des Vermögens der Genossenschaft muss mindestens dem Nennbetrag des Stamm- oder Grundkapital entsprechen. Bei der Ermittlung des Reinvermögens der Genossenschaft werden zunächst die Buchwerte angesetzt. Wird danach keine Kapitaldeckung erreicht, ist das Vermögen der Genossenschaft zu bewerten. Dabei sind auch die stillen Reserven und immaterielle Güter anzusetzen. Ist der Wert geringer als der Mindestbetrag des Stamm- oder Grundkapitals, muss die Differenz in bar geleistet werden. Übersteigt der Wert des Vermögens den im Gesellschaftsvertrag oder der Satzung festgelegten Nennbetrag, sind entsprechende Rücklagen zu bilden.[280]

5. Gründungsvorschriften der Kapitalgesellschaft

Beim Formwechsel wird der neue Rechtsträger zwar nicht neu gegründet; die **Gründungsvorschriften** des neuen Rechtsträgers finden jedoch gem. § 197 UmwG grds. Anwendung. § 264 UmwG macht von diesem Grundsatz zugunsten der Mitglieder der Genossenschaft beim Formwechsel eine Ausnahme. Die Mitglieder der Genossenschaft sind beim Formwechsel in eine GmbH gem. § 264 Abs. 2 UmwG nicht verpflichtet, einen Sachgründungsbericht zu erstellen, und sie haben beim Formwechsel in eine AG gem. § 264 Abs. 3 UmwG auch keinen Gründungsbericht zu erstatten, weil ihnen eine Gründerverantwortung nicht zuzumuten ist.[281]

Eine **Gründungsprüfung** hat beim Formwechsel in eine Aktiengesellschaft oder KGaA zwingend zu erfolgen. Die Befugnisse des Prüfers sind jedoch eingeschränkt, da § 32, § 35 Abs. 1 und 2 sowie § 46 AktG gem. § 264 Abs. 3 S. 2 Hs. 2 UmwG nicht anwendbar sind. Diese gesetzliche Wertung ergibt sich daraus, dass im Rahmen des genossenschaftlichen Prüfungsgutachtens bereits alle relevanten Tatsachen der Umwandlung, insbesondere die Einhaltung der Kapitalschutzbestimmungen auch im Interesse der Gläubiger geprüft werden.[282] Die **Nachgründungsvorschriften** des AktG finden auf die durch den Formwechsel entstehende Aktiengesellschaft ebenfalls Anwendung. Die Zweijahresfrist des § 52 Abs. 1 AktG beginnt mit Wirksamwerden des Formwechsels (§ 264 Abs. 3 S. 3 UmwG).[283]

VI. Beschlussmängel

Beschlussmängel können unter den ergänzenden Voraussetzungen des § 51 GenG zur **Anfechtung** berechtigen. Die Klage muss binnen eines Monats nach der Beschlussfassung erhoben werden. Bei schwerwiegenden Satzungs- oder Gesetzesverstößen kann es auch zur **Nichtigkeit** des Umwandlungsbeschlusses kommen, die im Wege der Feststellungsklage geltend zu machen ist.[284]

---

[280] Semler/Stengel/*Bonow* § 264 Rn. 6 ff.
[281] Schmitt/Hörtnagl/Stratz/*Stratz* § 264 Rn. 6 mit Verweis auf die Gesetzesbegründung.
[282] Semler/Stengel/*Bonow* § 264 Rn. 14.
[283] Lutter/*Bayer* § 264 Rn. 18.
[284] Lang/Weidmüller/*Holthaus/Lehnhoff* § 51 GenG Rn. 12 mit einer Aufzählung der Nichtigkeitsgründe.

VII. Besonderheit der KGaA

279 Die Besonderheit des Formwechsels in eine KGaA besteht darin, dass die Zielrechtsform, obwohl Kapitalgesellschaft, mindestens einen **persönlich haftenden Gesellschafter** hat, was der Rechtsform der Genossenschaft fremd ist. Die Mitglieder der Genossenschaft, die zukünftig die Stellung der persönlich haftenden Gesellschafter übernehmen, müssen dem Formwechsel persönlich **zustimmen**. Sofern der persönlich haftende Gesellschafter nicht aus dem Kreis der Mitglieder der Genossenschaft stammt, muss er der Gesellschaft vor der Eintragung der KGaA beitreten (§§ 262, 240 Abs. 2, 221 UmwG). In diesem Fall bedarf der Beitritt des persönlich haftenden Gesellschafters der notariellen Beurkundung. § 221 UmwG ist danach lex specialis zu § 15 GenG. Bei der Umwandlung in die KGaA ist die Satzung vom neu beigetretenen persönlich haftenden Gesellschafter zu genehmigen. Die Genehmigung bedarf ebenfalls der notariellen Form.[285] Die Genehmigung kann sich auch konkludent aus der Beitrittserklärung ergeben, wenn der Beitritt nach dem Umwandlungsbeschluss erfolgt und die Beitrittserklärung darauf und auf die Satzung Bezug nimmt.[286]

VIII. Anmeldung der Eintragung

280 Der Formwechsel ist beim **Genossenschaftsregister** von den bisherigen **Vorständen der Genossenschaft** anzumelden. Die Anmeldung ist mit dem Vermerk zu versehen, dass der Formwechsel erst mit Eintragung bei dem für den neuen Rechtsträger zuständigen Handelsregister wirksam wird.

281 Der Formwechsel ist in dem **für den neuen Rechtsträger zuständigen Handelsregister** einzutragen. Diese Eintragung ist für die Wirksamkeit des Formwechsels **konstitutiv**. Anmeldepflichtig sind die **Organvertreter des neuen Rechtsträgers**. Bei der GmbH sind also alle Geschäftsführer zuständig, und bei der AG die Vorstände, bei der mitbestimmten GmbH sowie der AG ferner die zwingend vorgeschriebenen Aufsichtsräte. Soweit die Gesellschaft mitbestimmt ist, genügt bei der Anmeldung die Mitwirkung der Anteilinhabervertreter im obligatorischen Aufsichtsrat, sofern die Arbeitnehmervertreter im Zeitpunkt der Anmeldung noch nicht gewählt sind.[287] Dies ist allerdings umstritten. Nach der Gegenauffassung müssen die Arbeitnehmervertreter bei der Anmeldung mitwirken[288]; ggf. seien sie gerichtlich zu bestellen.[289]

282 Der Eintragung ist neben den in § 199 UmwG aufgeführten **Unterlagen** gem. § 259 UmwG das Prüfungsgutachten des Genossenschaftsverbandes beizufügen.

IX. Wirkung des Formwechsels

283 Mit der Eintragung des Formwechsels in das Handelsregister des neuen Rechtsträgers wird der Formwechsel wirksam mit der Rechtsfolge, dass die formwechselnde Genossenschaft in der Rechtsform des neuen Rechtsträgers weiterbesteht. Der Formwechsel ist insofern identitätswahrend.

1. Beteiligung

284 Der Umwandlungsbeschluss muss eine **Regelung hinsichtlich der Beteiligung am neuen Rechtsträger** enthalten.[290] Die Angabe, dass jedes Mitglied an der neu entstehenden Kapitalgesellschaft als Anteilseigner beteiligt ist, hat nur klarstellenden Charakter, da die Genossenschaft beim Formwechsel ihre Identität wahrt und so auch die Anteilinhaber

---

[285] Semler/Stengel/*Schlitt* § 221 Rn. 10.
[286] Widmann/Mayer/*Vossius* § 221 Rn. 17 ff.
[287] Lutter/*Joost* § 222 Rn. 3.
[288] Kallmeyer/*Dirksen*/*Blasche* § 222 Rn. 5.
[289] Semler/Stengel/*Schlitt* § 222 Rn. 9 aE.
[290] Lutter/*Bayer* § 266 Rn. 2 ff.; Semler/Stengel/*Bonow* § 266 Rn. 3 ff.

identisch bleiben.[291] Gegen einen einvernehmlichen **Mitgliederwechsel** bestehen hingegen keine Bedenken. Es kann jedoch kein Mitglied gegen seinen Willen im Wege der Umwandlung aus der Gesellschaft ausgeschlossen werden.[292]

Hat ein Mitglied der Genossenschaft seine Mitgliedschaft vor Wirksamwerden des Formwechsels **gekündigt** und ist es aufgrund der Kündigungsfrist mit Wirksamwerden des Formwechsels noch nicht ausgeschieden, so läuft die Kündigungsfrist anders als bei der reinen Genossenschaftsverschmelzung nicht weiter. Denn in der Kapitalgesellschaft ist ein Ausscheiden kraft genossenschaftsrechtlicher Kündigung der Beteiligung nicht möglich. Das Mitglied muss in diesem Fall gegen den Formwechselbeschluss Widerspruch gem. § 262 UmwG erklären und gegen Abfindung aus der Gesellschaft ausscheiden.[293]

2. Organe

Die Genossenschaft hat als Organe regelmäßig Vorstand, Aufsichtsrat und General- oder Vertreterversammlung. Soweit die Genossenschaft weniger als zwanzig Mitglieder hat, kann sie durch Satzungsregelung auf einen Aufsichtsrat verzichten (§ 9 Abs. 1 GenG). In diesem Fall nimmt ein von der Generalversammlung gewählter Bevollmächtigter im Rahmen der gesetzlichen Prüfung die Aufgabe des Aufsichtsratsvorsitzenden wahr (§ 57 Abs. 6 GenG). Hat die Genossenschaft mehr als 1.500 Mitglieder kann die Generalversammlung in Form einer Vertreterversammlung (§ 43a GenG) bestehen. Die Vertreter werden durch die Mitglieder gewählt, und die Vertreterversammlung nimmt die Aufgaben der Generalversammlung wahr.

a) General- bzw. Vertreterversammlung. Eine der **Vertreterversammlung** entsprechende Form der Anteilsinhabervertretung existiert in den Kapitalgesellschaftsformen nicht. Mit Wirksamwerden des Formwechsels erlischt demnach die Vertreterversammlung. An ihre Stelle tritt die Gesellschafter- oder Hauptversammlung. Besteht hingegen bei der formwechselnden Genossenschaft eine **Generalversammlung**, besteht diese in Form der Gesellschafter- oder Hauptversammlung fort.

b) Aufsichtsrat. § 203 UmwG sieht für den Aufsichtsrat ein **Weiterbestehen** nach dem Formwechsel vor, wenn er beim neuen Rechtsträger in gleicher Weise gebildet und zusammengesetzt wird.[294] Der Umwandlungsbeschluss kann die **Beendigung** des Aufsichtsratsamtes vorsehen. Beim Formwechsel einer Genossenschaft in eine Kapitalgesellschaft ist die **Art der Bildung und Zusammensetzung nur ausnahmsweise identisch**: Erfolgt der Formwechsel in eine GmbH mit weniger als 500 Mitarbeitern, so handelt es sich lediglich um einen fakultativen Aufsichtsrat, dessen Zusammensetzung der Satzungsautonomie der Gesellschaft unterliegt. Beim Formwechsel in die Aktiengesellschaft sind die gesetzlichen Rahmenbedingungen für die Aufsichtsratsbesetzung nicht mit der bei der Genossenschaft vergleichbar. So muss bei der Genossenschaft nach den Grundsätzen der Selbstorganschaft jedes Aufsichtsratsmitglied auch Mitglied der Genossenschaft, dh Anteilsinhaber sein. Selbst wenn bei der Genossenschaft und dem neuen Rechtsträger die Aufsichtsratsbesetzung gleichermaßen nach Mitbestimmungsregeln erfolgt, verbleibt es bei den satzungsmäßigen unterschiedlichen Regelungen hinsichtlich der Besetzung der Anteilsinhabermandate. § 203 UmwG greift daher nur in Sonderfällen. Ratsam ist es, im Umwandlungsbeschluss die Beendigung der Aufsichtsratsmandate zu bestimmen und den Aufsichtsrat – soweit erforderlich bzw. gewünscht – in der Kapitalgesellschaft nach den Gesellschaftsvertrags- oder Satzungsregelungen neu zu besetzen.[295]

---

[291] Beuthien/*Wolff* §§ 190 ff. UmwG Rn. 18.
[292] Für die Umwandlung einer LPG nach dem LwAnpG: BGH V ZR 23/94, NJW 1995, 1363 (Ls.) = ZIP 1995, 422 m. Anm. *Lohlein*.
[293] Beuthien/*Wolff* § 190 ff. UmwG Rn. 32a.
[294] Ausf. differenzierend Lutter/*Decher*/*Hoger* § 203 Rn. 1–13.
[295] Beuthien/*Wolff* §§ 190 ff. UmwG Rn. 39 mit ausführlicher Darstellung.

289 **c) Vorstand.** Die Ämter der Vorstandsmitglieder enden mit Wirksamwerden des Formwechsels; die Organstellung erlischt. Die Dienstverträge hingegen bestehen unverändert weiter. Dem ehemaligen Vorstand wird in aller Regel, dem neuen Rechtsträger nur ausnahmsweise ein außerordentliches Kündigungsrecht zustehen.[296]

X. Benachrichtigung der Anteilsinhaber und Mitglieder über den Formwechsel und die Folgen

290 Gem. § 267 UmwG haben die Geschäftsführer der GmbH, der Vorstand der Aktiengesellschaft bzw. die persönlich haftenden Gesellschafter der KGaA den Anteilsinhabern unverzüglich nach der Bekanntmachung der Eintragung der Kapitalgesellschaft in das für sie zuständige Handelsregister in Textform (§ 126b BGB) Folgendes mitzuteilen:
- Inhalt, Zahl und Nennbetrag der Anteile
- Teilrechte, soweit solche entstanden sind; hier ist auf die Vorschrift des § 266 UmwG über den Umfang der Rechte und Pflichten aus den Teilrechten, insbesondere die Beschränkung des § 266 Abs. 3 UmwG zu verweisen
- Aufforderung, zustehende Aktien abzuholen; für den Fall der Nichtabholung innerhalb von sechs Monaten ist die Veräußerung der Aktien anzudrohen (§ 268 UmwG)

Aufgrund der Benachrichtigung erfährt das ehemalige Mitglied der Genossenschaft bzw. der neue Anteilsinhaber der Kapitalgesellschaft erstmals, wie sich seine Beteiligung aufgrund des Formwechsels konkret gestaltet und errechnet.

291 Zusätzlich und zeitgleich ist der wesentliche Inhalt der Benachrichtigung in den Gesellschaftsblättern gem. § 267 Abs. 2 UmwG **bekannt zu machen**. Der genaue Inhalt der Bekanntmachung ist strittig. Nach hM ist die abstrakte Umrechnungsformel, nicht aber die individuelle Beteiligungshöhe Gegenstand der Bekanntmachung.[297]

292 **Adressat** der Benachrichtigung sind alle Anteilsinhaber, auch diejenigen, die dem Umwandlungsbeschluss widersprochen haben. Nur aufgrund der Benachrichtigung sind sie in der Lage, die Angemessenheit des Abfindungsangebotes zu beurteilen. Hat der Anteilsinhaber das Abfindungsangebot bereits angenommen, erübrigt sich eine Benachrichtigung.[298] Ist die Anschrift des Anteilsinhabers unbekannt, ist eine öffentliche Zustellung nicht erforderlich, da darüber hinaus eine öffentliche Bekanntmachung in den Gesellschaftsblättern erfolgt. Beim Formwechsel der Genossenschaft sollte dies kein großes Problem darstellen, da die Genossenschaft gem. § 30 GenG eine Mitgliederliste führt, aus der die Adressen der Mitglieder hervorgehen müsste.

293 Die Benachrichtigung hat darüber hinaus die wichtige Funktion der **Aufforderung zur Abholung der Aktien** sowie die Androhung des Verkaufs der nicht innerhalb von sechs Monaten abgeholten Aktien. Dies hat besondere Bedeutung im Hinblick auf wesentliche Hauptversammlungsbeschlüsse der neuen Aktiengesellschaft. Gem. § 269 UmwG können Beschlüsse, die nach Satzung oder Gesetz einer Kapitalmehrheit bedürfen, erst gefasst werden, wenn die abgeholten oder im Verfahren nach § 268 Abs. 3 UmwG veräußerten Aktien mindesten 60 % des Grundkapitals erreichen. Das Erfordernis der Kapitalmehrheit ist vom einfachen Mehrheitserfordernis ist zu unterscheiden. So handelt es sich bei Beschlüssen mit Kapitalmehrheitserfordernis regelmäßig um sog. Grundlagenbeschlüsse, die einer Mehrheit von Dreiviertel des bei der Beschlussfassung vertretenen Kapitals bedürfen.[299] Kapitalmehrheiten sind erforderlich bei Nachgründung, Satzungsänderungen, Kapitalerhöhungen, genehmigtem Kapital, Kapitalherabsetzung, Auflösung, Fortsetzung nach

---

[296] Lutter/*Decher*/*Holger* § 202 Rn. 39.
[297] Ausf. Lutter/*Bayer* § 267 Rn. 5.
[298] Lutter/*Bayer* § 267 Rn. 2; Semler/Stengel/*Bonow* § 267 Rn. 6; aA Beuthien/*Wolff* §§ 190 ff. UmwG Rn. 35.
[299] Schmidt/Lutter/*Spindler* § 133 AktG Rn. 30.

Auflösung, Unternehmensverträgen und Eingliederung.[300] Der Sinn dieser Beschränkung für die neue AG liegt darin, wesentliche Entscheidungen über die Struktur und die zukünftige Ausrichtung der AG erst zu treffen, wenn eine überwiegende Mehrheit der Aktien daran mitwirken kann.

Aus dem gleichen Grund darf der Vorstand der AG bis zu Abgeltung oder Veräußerung der Aktien nach § 268 Abs. 3 UmwG in Höhe von mindestens 60 % des Grundkapitals von seiner Ermächtigung zur Erhöhung des Grundkapitals keinen Gebrauch machen.

XI. Fortdauer der Nachschusspflicht

Bei der Kapitalgesellschaft besteht eine auf das Gesellschaftsvermögen begrenzte Haftung; Ausnahmen bestehen nur für die persönlich haftenden Gesellschafter der KGaA. Demgegenüber besteht bei der Genossenschaft die Möglichkeit, in der Satzung eine sog. Nachschusspflicht festzusetzen.

Die Mitglieder der Genossenschaft würden dann jedoch durch den Formwechsel zu Lasten der Gesellschaftsgläubiger der ehemaligen Genossenschaft aus ihrer Haftung entlassen. Aus diesem Grund sieht das Gesetz im Fall des Formwechsels eine **zweijährige Nachhaftung** der Mitglieder der Genossenschaft in Höhe der Nachschusspflicht für im Zeitpunkt des Formwechsels begründeten Forderungen vor, die im Insolvenzverfahren über die Kapitalgesellschaft durch das Gesellschaftsvermögen nicht befriedigt werden können. Schuldner ist demnach jedes ehemalige Mitglied der Genossenschaft, das im Wege der Umwandlung einen Anteil an der Kapitalgesellschaft erworben hat. Dies gilt auch für Mitglieder, die die Mitgliedschaft in der Genossenschaft gekündigt haben, aber zum Zeitpunkt des Formwechsels noch nicht ausgeschieden sind. Ebenso besteht die Nachschusspflicht für Mitglieder, die das Abfindungsangebot angenommen und ihren Anteil zur Verfügung gestellt haben. Nicht hingegen trifft die Nachschusspflicht diejenigen Anteilsinhaber der Kapitalgesellschaft, die ihren Anteil erst nach dem Formwechsel erworben haben.

Nachschüsse beanspruchen können nur ehemalige Gläubiger der Genossenschaft, deren Ansprüche bereits vor dem Formwechsel begründet waren (**Altgläubiger**). Neugläubiger der Kapitalgesellschaft sind dagegen nicht anspruchsberechtigt. Es kommt auf den Zeitpunkt der Anspruchsbegründung und nicht auf die Fälligkeit des Anspruchs an. So ist beispielsweise auf den Vertragsschluss und nicht den Erfüllungszeitpunkt abzustellen.[301]

Auf das Nachschussverfahren finden gem. § 271 Abs. 2 UmwG die Regelungen aus §§ 105–115a GenG Anwendung. Die Nachschusspflicht stellt eine Verbindlichkeit des Mitglieds gegenüber der Kapitalgesellschaft dar. Die Nachschusspflicht besteht nur im Rahmen eines Insolvenzverfahrens, das über das Vermögen der Kapitalgesellschaft innerhalb von zwei Jahren nach dem Formwechsel eröffnet wird. Sie kann nur im Insolvenzverfahren der Kapitalgesellschaft und nur durch den Insolvenzverwalter geltend gemacht werden. Vorrangig haftet jedoch das Vermögen der Gesellschaft.

C. Eingetragener Verein (e. V.)

Literatur: *Lutz*, Formwechsel eines eingetragenen Vereins in eine GmbH, BWNotZ 2013, 106.

I. Einführung

1. Allgemeines

Für den Formwechsel von rechtsfähigen Vereinen sieht das UmwG in den §§ 272 bis 290 **spezifische Vorschriften** vor, die den Formwechsel des Vereins in eine **Kapitalgesellschaft** (§§ 273 bis 282 UmwG) bzw. eine **eingetragene Genossenschaft** (§§ 283 bis

---

[300] Semler/Stengel/*Bonow* § 269 Rn. 6.
[301] Lutter/*Bayer* § 271 Rn. 5.

290 UmwG) regeln. Diese bauen jeweils auf die allgemeinen Normen zum Formwechsel in den §§ 190 bis 213 UmwG auf und modifizieren sie im Hinblick auf die Rechtsform des rechtsfähigen Vereins, welcher die Rechtsform einer Kapitalgesellschaft bzw. eingetragenen Genossenschaft als Zielrechtsträger annehmen möchte[302]. Hierbei wird in den §§ 272 ff. UmwG auch auf Vorschriften über den Formwechsel einer KGaA und einer eingetragenen Genossenschaft verwiesen[303]. Die §§ 283 bis 290 UmwG entsprechen überwiegend den in §§ 273 bis 282 UmwG getroffenen Bestimmungen für den Formwechsel eines Vereins in eine Kapitalgesellschaft[304].

2. Formwechselfähigkeit von Vereinen

300   Ein **rechtsfähiger Verein** kann als **formwechselnder** Rechtsträger gemäß §§ 191 Abs. 1 Nr. 4, 272 Abs. 1 UmwG **nur** die Rechtsform einer **Kapitalgesellschaft** (GmbH, AktG und KGaA) oder einer **eingetragenen Genossenschaft** erlangen[305]. Auch der aufgelöste Verein ist formwechselfähig, sofern seine Fortsetzung noch beschlossen werden kann[306]. Der nicht rechtsfähige Verein, der Vorverein, der nicht eingetragene altrechtliche Verein (außer es findet auf ihn Art. 163 EGBGB i. V. m. § 317 UmwG Anwendung), der ausländische Verein und ein Verein, dem die Rechtsfähigkeit entzogen wurde oder der er auf diese verzichtet hat, können keinen Formwechsel gemäß §§ 190 ff. UmwG durchführen[307].

301   Für den rechtsfähigen Verein besteht **außerhalb des UmwG** die Möglichkeit, in die Rechtsform einer **Personengesellschaft** zu wechseln, indem er zunächst auf seine Rechtsfähigkeit verzichtet, seine Fortsetzung als nichtrechtsfähiger Verein beschließt und somit fortan nach § 54 BGB den Vorschriften der GbR unterliegt. Beginnt er nunmehr ein Handelsgewerbe oder beantragt er seine Eintragung in das Handelsregister, erlangt er auf diesem Weg die Rechtsform der OHG oder KG[308]. Darüber hinaus ist auch nach dem Inkrafttreten des UmwG der sog. **vereinsrechtliche Rechtformwechsel** weiterhin anerkannt, durch den ein Wechsel vom eingetragenen Verein (§ 21 BGB) in einen wirtschaftlichen Verein (§ 22 BGB) und andersherum vollzogen werden kann[309].

302   Nach § 192 Abs. 2 UmwG ist es **nicht** zulässig, von einer anderen Rechtsform, wie z. B. einer GmbH oder einer eingetragenen Genossenschaft, in die eines Vereins zu wechseln[310].

303   Ein **Formwechsel** eines rechtsfähigen Vereins gestaltet sich regelmäßig in folgenden Schritten[311]:
– Erstellung des Entwurfs des Formwechselbeschlusses
– Ggf. Zuleitung des Entwurfs des Formwechselbeschlusses an den Betriebsrat nach § 194 Abs. 2 UmwG, soweit ein solcher vorhanden ist
– Erstellung und Erstattung des Umwandlungsberichts, soweit nicht entbehrlich
– Einberufung der Mitgliederversammlung zusammen mit der Unterbreitung eines etwaigen Barabfindungsangebots
– Auslage des Umwandlungsberichts in den Geschäftsräumen des Vereins und dessen Versendung auf Anfrage

---

[302] MünchHdb. GesR V/*Pathe* § 56 Rn. 6.
[303] Limmer/*Limmer* Teil 4 Rn. 756.
[304] Vgl. nur MünchHdb. GesR V/*Pathe* § 58 Rn. 1.
[305] Lutter/*Krieger/Bayer* § 272 Rn. 6; Schmitt/Hörtnagl/Stratz/*Stratz* § 272 Rn. 1.
[306] Widmann/Mayer/*Vossius* § 272 Rn. 9.
[307] Vgl. zu diesen Sonderfällen Widmann/Mayer/*Vossius* § 272 Rn. 7; Lutter/*Krieger/Bayer* § 272 Rn. 4.
[308] Widmann/Mayer/*Vossius* § 272 Rn. 2; Semler/Stengel/*Katschinski* § 272 Rn. 14.
[309] Semler/Stengel/*Katschinski* § 272 Rn. 5–7.
[310] MünchHdb. GesR V/*Pathe* § 56 Rn. 4.
[311] Vgl. hierzu Limmer/*Limmer* Teil 4 Rn. 756; Lutter/*Krieger/Bayer* § 272 Rn. 7; MünchHdb. GesR V/*Pathe* § 57 Rn. 1.

- Durchführung der Mitgliederversammlung mit Fassung des Formwechselbeschlusses samt Satzung des neuen Rechtsträgers und Bestellung der ersten Organe des neuen Rechtsträgers
- Durchführung der Gründungsprüfung (bei Formwechsel in eine AG oder KGaA)
- Anmeldung des Formwechsels zum Vereins- und Handels- bzw. Genossenschaftsregister
- Eintragung des Formwechsels im Vereins- und Handels- bzw. Genossenschaftsregister und Bekanntmachung der Eintragung

3. Vereinssatzung und landesrechtliche Vorschriften

Wie § 99 Abs. 1 UmwG für die Verschmelzung von Vereinen sieht auch § 272 Abs. 2 UmwG einen **landesrechts-** und **satzungsbezogenen Vorbehalt** hinsichtlich eines Rechtsformwechsels vor. Ein rechtsfähigerVerein kann seine Rechtsform somit nur wechseln, wenn seine Satzung und auch landesrechtliche Vorschriften nicht entgegenstehen. **304**

Zum einen kann die **Vereinssatzung** Regelungen beinhalten, die einen Formwechsel **ausdrücklich** untersagen, was in der Praxis aber selten anzutreffen sein wird. Zum anderen ist die Satzung dahingehend zu überprüfen und auszulegen, ob nicht einzelne Inhalte dem Formwechsel **sinngemäß** entgegenstehen. Hierzu kann auf die Ausführungen zur Verschmelzung (§ 99 UmwG → § 15 Rn. 487) verwiesen werden. Soweit Satzungsregelungen den Formwechsel unmöglich machen, können diese wie bei der Verschmelzung von Vereinen **vor** oder **gleichzeitig** mit dem Formwechsel geändert und zum Vereinsregister angemeldet werden³¹². Dies wird sich regelmäßig unproblematisch gestalten, wenn für die entsprechende Satzungsänderung die gleiche oder eine geringere Mehrheit wie für den Formwechselbeschluss erforderlich ist, da die dem Formwechsel zustimmende Mehrheit regelmäßig auch der entsprechenden Satzungsänderung zustimmen wird. Soweit für eine Satzungsänderung ein höheres Mehrheitserfordernis als für den Formwechsel vorgesehen ist, ist es empfehlenswert, über die entsprechende Satzungsänderung in einer gesonderten Mitgliederversammlung vor der über den Formwechsel beschließenden Mitgliederversammlung beschließen zu lassen³¹³. **305**

Nach § 272 Abs. 2 UmwG kann sich ein rechtsfähiger Verein an einem Formwechsel nur beteiligen, wenn **landesrechtliche Vorschriften** nicht entgegenstehen. Zurzeit sind solche Vorschriften nicht bekannt³¹⁴. **306**

II. Besonderheiten beim Formwechsel von Vereinen

1. Umwandlungsbericht

Der Vorstand des Vereins hat nach § 192 UmwG einen schriftlichen Bericht über die näheren Umstände des Formwechsels aufzustellen. Der Vorstand des Vereins hat nach § 192 UmwG einen schriftlichen Bericht über die näheren Umstände des Formwechsels aufzustellen. Hinsichtlich der Aufstellung durch den Vorstand des Vereins kann zunächst auf § 15 Rn. 512 verwiesen werden.³¹⁵ **307**

Nach § 192 Abs. 1 UmwG hat der Bericht das Formwechselvorhaben **rechtlich** wie **wirtschaftlich** zu **erläutern** und über die **künftige Beteiligung** der Vereinsmitglieder an der durch den Formwechsel entstehenden Kapitalgesellschaft bzw. eingetragenen Genossenschaft zu informieren³¹⁶. Sollten nicht alle Vereinsmitglieder gleichmäßig an der Kapitalgesellschaft bzw. der eingetragenen Genossenschaft beteiligt werden, ist hierauf im Umwandlungsbericht hinzuweisen und der gewählte Beteiligungsmaßstab zu begründen³¹⁷. Soweit ein **Barabfindungsangebot** unterbreitet werden muss, ist auch dieses nach herr- **308**

---
[312] Schmitt/Hörtnagl/Stratz/*Stratz* § 272 Rn. 2; Semler/Stengel/*Katschinski* § 272 Rn. 16.
[313] Vgl. hierzu auch Semler/Stengel/*Katschinski* § 272 Rn. 15–17.
[314] Schmitt/Hörtnagl/Stratz/*Stratz* § 272 Rn. 2; Semler/Stengel/*Katschinski* § 272 Rn. 16.
[315] Vgl. nur MünchHdb. GesR V/*Pathe* § 57 Rn. 10.
[316] Semler/Stengel/*Katschinski* § 274 Rn. 2–4; Semler/Stengel/*Bärwaldt* § 192 Rn. 6.
[317] MünchHdb. GesR V/*Pathe* § 57 Rn. 11; Semler/Stengel/*Katschinski* § 274 Rn. 2.

schender Auffassung zu erörtern[318]. Dem Umwandlungsbericht ist ein Entwurf des Formwechselbeschlusses gemäß § 192 Abs. 1 UmwG beizufügen[319].

309 § 274 Abs. 1 S. 2 bzw. § 283 Abs. 1 S. 2 UmwG stellt klar, dass § 192 Abs. 2 UmwG auf den Formwechsel eines Vereins Anwendung findet. Trotzdem wird die Aufstellung eines Umwandlungsberichts regelmäßig **nicht entfallen**, da die in § 192 Abs. 2 UmwG vorgesehenen Ausnahmen in der Praxis kaum vorkommen werden. Zum einen wird ein **Verzicht aller Mitglieder** des formwechselnden Vereins in notariell beurkundeter Form praktisch nicht zu erlangen sein[320]. Auch die in § 192 Abs. 2 UmwG vorgesehene Ausnahme, dass der formwechselnde Verein nur noch ein Mitglied hat und das Registergericht ihm die Rechtsfähigkeit trotzdem noch nicht entzogen hat (§ 73 BGB) ist kaum denkbar[321].

Wegen des Wegfalls des in § 229 UmwG a. F. geregelten Erfordernisses einer Vermögensaufstellung ist die weiterhin bestehende Verweisung in § 274 Abs. 1 S. 1 bzw. § 283 Abs. 1 S. 1 UmwG auf § 229 UmwG obsolet und nur als Redaktionsversehen des Gesetzgebers erklärbar[322].

2. Mitgliederversammlung und Beschlussfassung

310 Der Beschluss über den Formwechsel kann nach § 193 Abs 1 S. 2 UmwG nur in einer **Mitgliederversammlung** des Vereins gefasst werden, wobei im Einzelfall auch eine sog. Delegiertenversammlung die entsprechende Beschlussfassungskompetenz haben kann[323].

311 **a) Vorbereitung der Mitgliederversammlung.** Die Mitgliederversammlung ist gemäß den Regelungen in der Vereinssatzung einzuberufen. Soweit solche nicht vorhanden sind, ist sie durch den Vorstand unter Beachtung einer angemessenen **Einberufungsfrist** anzuberaumen[324]. Ohne anderweitige Satzungsregelung wird hierfür analog § 123 Abs. 1 AktG eine einmonatige Einberufungsfrist für angemessen erachtet[325]. Die Vorbereitung der Mitgliederversammlung gestaltet sie im Übrigen wie bei einer Verschmelzung eines Vereins (→ § 15 Rn. 520 ff.).

312 Aufgrund der Verweisung in § 274 Abs. 1 S. 1 bzw. § 283 Abs. 1 S. 1 auf § 260 UmwG ist mit der Einberufung einem jedem der Mitglieder der Formwechsel als **Gegenstand der Tagesordnung** unter Hinweis auf die zur Beschlussfassung nach § 275 UmwG bzw. § 284 UmwG erforderlichen **Mehrheiten** in **Textform** (§ 126b BGB) mitzuteilen[326]. Die Textform ist auch dann einzuhalten, wenn die Satzung sonst eine andere Form vorsieht[327]. Weiter muss in der Einberufung auch auf die Möglichkeit des **Widerspruchs** und die sich hieraus ergebenden Rechte der Mitglieder hingewiesen werden[328]. Hierbei ist zwischen gemeinnützigen und nicht gemeinnützigen Vereinen zu **unterscheiden**. Bei letztgenannten ist auf das Widerspruchsrecht nach § 207 Abs. 1 S. 1 UmwG und den entsprechenden Barabfindungsanspruch, die Annahmefrist (§ 209 UmwG), auf den Ausschluss einer Klage gegen den Formwechselbeschluss wegen unangemessener und fehlender Barabfindung (§ 210 UmwG) und auf die Möglichkeit einer gerichtlichen Nachprüfung der Abfindung (§ 212 UmwG) hinzuweisen[329]. Bei **gemeinnützigen Vereinen** sollte demgegenüber kurz erwähnt werden, dass aufgrund der Gemeinnützigkeit wegen § 282 Abs. 2 UmwG

---

[318] Schmitt/Hörtnagl/Stratz/*Stratz* § 274 Rn. 15; Lutter/*Decher/Hoger* § 192 Rn. 30.
[319] Limmer/*Limmer* Teil 4 Rn. 759.
[320] MünchHdb. GesRV/*Pathe* § 57 Rn. 13; Limmer/*Limmer* Teil 4 Rn. 760.
[321] Schmitt/Hörtnagl/Stratz/*Stratz* § 274 Rn. 3; Lutter/*Krieger/Bayer* § 274 Rn. 2.
[322] Widmann/Mayer/*Vossius* § 274 Rn. 3, § 283 Rn. 1; Lutter/*Krieger/Bayer* § 274 Rn. 3.
[323] MünchHdb. GesRV/*Pathe* § 57 Rn. 15; Semler/Stengel/*Katschinski* § 275 Rn. 2.
[324] Semler/Stengel/*Katschinski* § 274 Rn. 5.
[325] Semler/Stengel/*Katschinski* § 274 Rn. 5; Lutz BWNotZ 2013, 106, 107.
[326] Widmann/Mayer/*Vossius* § 274 Rn. 13 ff.; Lutter/*Krieger/Bayer* § 274 Rn. 5.
[327] MünchHdb. GesRV/Pathe § 57 Rn. 16; Limmer/*Limmer* Teil 4 Rn. 764.
[328] Schmitt/Hörtnagl/Stratz/*Stratz* § 274 Rn 4; Lutter/*Krieger/Bayer* § 274 Rn. 7.
[329] Lutter/*Krieger/Bayer* § 274 Rn. 7; Limmer/*Limmer* Teil 4 Rn 764

das Widerspruchsrecht nach § 207 Abs. 1 S. 1 UmwG und die daraus resultierenden Rechte nach §§ 207 bis 212 UmwG keine Anwendung finden[330]. Bei gemeinnützigen und nicht gemeinnützigen Vereinen ist immer auf das Widerspruchsrecht nach § 275 Abs. 2 S. 2 UmwG und die sich daraus ergebende Möglichkeit der Erhöhung des Mehrheitserfordernisses für den Formwechselbeschluss hinzuweisen.

Soweit den Mitgliedern ein **Abfindungsangebot** zu unterbreiten ist, ist dieses ebenfalls spätestens mit der Einberufung der Mitgliederversammlung an die Mitglieder zu übersenden[331]. Eine bloße Auslegung oder die Veröffentlichung des Abfindungsangebots im Bundesanzeiger reichen nicht aus, da § 274 Abs. 1 S. 1 UmwG bzw. § 283 Abs. 1 S. 1 UmwG nicht auf § 231 S. 2 UmwG verweist[332]. 313

Nach § 274 Abs. 1 S. 1 UmwG bzw. § 283 Abs. 1 S. 1. UmwG i. V. m. § 230 Abs. 2 S. 1 UmwG ist der Umwandlungsbericht vom Zeitpunkt der Einberufung der Mitgliederversammlung an in den Geschäftsräumen des Vereins zur Einsicht für die Vereinsmitglieder **auszulegen** und anfragenden Mitgliedern in Abschrift zur Verfügung zu stellen[333]. In das Einberufungsschreiben sollte ein kurzer Hinweis auf die Auslegung des Umwandlungsberichts und das Recht auf Übersendung des Umwandlungsberichts aufgenommen werden[334] (zu den Details dieser Auslegungs- und Übersendungspflicht → § 15 Rn. 528). 314

Soweit der Verein über einen **Betriebsrat** verfügt, ist der Entwurf des Formwechselbeschlusses diesem spätestens einen Monat vor dem Tag der Mitgliederversammlung zuzuleiten (§ 194 Abs. 2 UmwG)[335]. 315

b) Durchführung der Mitgliederversammlung. Zunächst ist auch während der Mitgliederversammlung, die den Formwechselbeschluss fassen soll, nach § 274 Abs. 2 bzw. § 283 Abs. 2 i. V. m. § 264 UmwG der Umwandlungsbericht **auszulegen**. Darüber hinaus hat der Vorstand den Umwandlungsbericht in der Mitgliederversammlung zu **erläutern** und hierbei insbesondere auf die Mindestangaben der §§ 194 Abs. 1, 276 UmwG, die Satzung der neuen Kapitalgesellschaft bzw. Genossenschaft und die etwaige Berechnung des Abfindungsangebots einzugehen[336]. 316

Auch die Durchführung der Mitgliederversammlung gestaltet sie im Übrigen wie bei einer Verschmelzung eines Vereins (→ § 15 Rn. 534).

c) Beschlussfassung über den Formwechsel. Die erforderlichen Beschlussmehrheiten für den Formwechsel in eine **Kapitalgesellschaft** sind in § 275 UmwG und für den Formwechsel in **eine eingetragene Genossenschaft** in § 283 UmwG geregelt. Beide Vorschriften entsprechen sich im Wesentlichen (zur Beschlussfähigkeit und Berechnung der erforderlichen Mehrheiten → § 15 Rn. 537 ff.). 317

aa) Formwechsel in eine Kapitalgesellschaft. Nach § 275 UmwG ist hinsichtlich der erforderlichen Beschlussmehrheit für den Formwechsel in eine **Kapitalgesellschaft** zunächst danach zu unterscheiden, ob auch der Zweck des Vereins geändert wird. 318

Bei einer mit dem Formwechsel einhergehenden **Zweckänderung** bedarf dieser nach § 275 Abs. 1 UmwG der Zustimmung **aller anwesenden und nicht anwesenden Mitglieder**. Auch die Zustimmung der nicht erschienenen Mitglieder bedarf hierbei der notariellen Beurkundung[337]. Bei der Bewertung der Frage, ob eine Zweckänderung vorliegt, ist auf § 33 Abs. 1 S. 2 BGB abzustellen. Nach der Rechtsprechung des BGH liegt eine Zweckänderung vor, wenn der bisherige **oberste Leitsatz des Vereins** gegen einen 319

---

[330] Semler/Stengel/*Katschinski* § 274 Rn. 5; Lutter/*Krieger*/*Bayer* § 274 Rn. 7.
[331] Widmann/Mayer/*Vossius* § 274 Rn. 15 ff. mit einem Muster für ein Einberufungsschreiben.
[332] Schmitt/Hörtnagl/Stratz/*Stratz* § 274 Rn 5; Semler/Stengel/*Katschinski* § 274 Rn. 6.
[333] Semler/Stengel/*Katschinski* § 274 Rn. 8; Limmer/*Limmer* Teil 4 Rn. 766.
[334] Lutter/*Krieger*/*Bayer* § 274 Rn. 11.
[335] Vgl. hierzu MünchHdb. GesR V/*Pathe* § 57 Rn. 18.
[336] Schmitt/Hörtnagl/Stratz/*Stratz* § 275 Rn 7; Semler/Stengel/*Katschinski* § 274 Rn. 9.
[337] Lutter/*Krieger*/Bayer § 275 Rn. 2; Semler/Stengel/*Katschinski* § 275 Rn. 4.

§ 38   320–323

anderen ausgetauscht oder wesentlich verändert wird[338]. Die Änderung muss so wesentlich sein, dass die Mitgliedschaft einen **gänzlich anderen Charakter** annimmt[339]. Eine Zweckänderung liegt beispielsweise dann vor, wenn ein eingetragener Verein (§ 21 BGB), dessen Zweck bisher nicht auf einen wirtschaftlichen Geschäftsbetrieb gerichtet war, in eine GmbH umgewandelt wird, deren Unternehmensgegenstand der Betrieb eines Handelsgewerbes ist[340]. Es ist jedoch nicht unmöglich, einen Formwechsel eines Vereins in eine Kapitalgesellschaft ohne Zweckänderung zu vollziehen. Der eingetragene Verein kann seinen nicht wirtschaftlichen Zweck auch in einer anderen Rechtsform betreiben, in dem er z. B. nach dem Formwechsel seinen bisherigen Zweck in der Rechtsform einer gemeinnützigen GmbH weiterbetreibt[341]. *Vossius*[342] schlägt zur Vermeidung des oft schwer zu realisierenden Zustimmungserfordernisses aller Mitglieder vor, dass der Verein zunächst einen Formwechsel ohne Zweckänderung vollzieht, und dann erst nach Wirksamkeit des Formwechsels der Gegenstand des Zielrechtsträgers geändert wird. *Katschinski*[343] und *Krieger/Bayer*[344] ist jedoch zuzustimmen, dass diese Vorgehensweise eine unzulässige Umgehung des § 275 Abs. 1 UmwG darstellt und somit auch die anschließende Änderung des Gegenstands der Einstimmigkeit im Sinne des § 275 Abs. 1 UmwG bedarf und diese Gestaltung somit nicht zu einer Vereinfachung führt.

320 Soweit **keine Zweckänderung** erfolgt, ist nach § 275 Abs. 2 UmwG eine Mehrheit von 3/4 der erschienenen Mitglieder für den Formwechselbeschluss erforderlich. Soweit jedoch bis spätestens zum Ablauf des dritten Tages vor der Mitgliederversammlung wenigstens 100 Mitglieder bzw. bei Vereinen mit weniger als 1000 Mitgliedern 1/10 der Mitglieder durch eingeschriebenen Brief Widerspruch gegen den Formwechsel erhoben haben, bedarf es einer Mehrheit von mindestens 9/10 der erschienenen Mitglieder[345].

321 Bei einem Formwechsel in eine **KGaA** müssen diejenigen Vereinsmitglieder dem Formwechsel in notariell beurkundeter Form zustimmen, die die Rechtsstellung eines **persönlich haftenden Gesellschafters** übernehmen sollen (§§ 275 Abs. 3, 240 Abs. 2 UmwG).

322 Soweit die **Satzung** für den Formwechsel ausdrücklich oder nach Sinn und Zweck **größere Mehrheiten oder weitere Erfordernisse** vorsieht, sind auch diese zu beachten[346]. Während bei Satzungsänderungen nach § 33 BGB auch Erleichterungen gegenüber den gesetzlichen Mehrheitserfordernissen Gegenstand der Satzung werden können, ist dies bei § 275 UmwG aufgrund des Grundsatzes der Gesetzesstrenge des § 1 Abs. 3 UmwG nicht zulässig[347].

323 **bb) Formwechsel in eine Genossenschaft.** § 284 UmwG sieht auch für den Formwechsel in eine eingetragene Genossenschaft bei einer gleichzeitigen **Änderung des Vereinszwecks** vor, dass der Formwechselbeschluss der **Zustimmung aller zur Mitgliederversammlung erschienenen und nicht erschienenen Mitglieder** bedarf. Eine solche Mehrheit ist auch dann erforderlich, wenn die Satzung der Genossenschaft eine Verpflichtung der Genossen zur **Leistung von Nachschüssen** vorsieht[348]. In allen **anderen Fällen** gelten über § 284 S. 2 UmwG die gleichen vorgenannten Mehrheitserfordernisse wie für

---

[338] BGH II ZB 5/85, BGHZ 96, 245, 251 f.; zur Zweckänderung allgemein BeckOK BGB/*Schöpflin* § 33 Rn. 7.
[339] Schmitt/Hörtnagl/Stratz/*Stratz* § 275 Rn. 2; *Lutz* BWNotZ 2013, 106, 109.
[340] Lutter/*Krieger*/*Bayer* § 275 Rn. 3.Semler/Stengel/*Katschinski* § 275 Rn. 5.
[341] Widmann/Mayer/*Vossius* § 275 Rn. 8; MünchHdb. GesR V/*Pathe* § 57 Rn. 21.
[342] Widmann/Mayer/*Vossius* § 275 Rn. 11 ff.
[343] Semler/Stengel/*Katschinski* § 275 Rn. 7.
[344] Lutter/*Krieger*/*Bayer* § 275 Rn. 5.
[345] Vgl. hierzu Schmitt/Hörtnagl/Stratz/*Stratz* § 275 Rn 3; Widmann/Mayer/*Vossius* § 275 Rn. 4; MünchHdb. GesR V/*Pathe* § 57 Rn. 22 f.
[346] Lutter/*Krieger*/*Bayer* § 275 Rn. 8; Limmer/*Limmer* Teil 4 Rn. 772.
[347] Semler/Stengel/*Katschinski* § 275 Rn. 4; Lutter/*Krieger*/*Bayer* § 275 Rn. 4; MünchHdb. GesR V/*Pathe* § 57 Rn. 20.
[348] Widmann/Mayer/*Fronhöfer* § 284 Rn. 5 ff.; Semler/Stengel/*Katschinski* § 284 Rn. 1.

einen Formwechsel in eine Kapitalgesellschaft gemäß § 275 Abs. 2 UmwG, so dass grundsätzlich eine 3/4 Mehrheit der erschienenen Mitglieder erforderlich ist, soweit nicht die vorstehend erläuterten (→ Rn. 322) Voraussetzungen für eine 9/10 Mehrheit vorliegen[349].

3. Inhalt des Formwechselbeschlusses

Nach § 193 Abs. 3 UmwG bedarf auch der Formwechselbeschluss eines Vereins zunächst **324** der **notariellen Beurkundung**. Der Inhalt des Formwechselbeschlusses bestimmt sich nach der allgemeinen Vorschrift des § 194 UmwG. § 276 UmwG (**Formwechsel in Kapitalgesellschaft**) und § 275 UmwG (Formwechsel in eingetragene Genossenschaft) treffen hierzu jedoch jeweils Sonderregelungen.

a) Beschluss über den Formwechsel in eine Kapitalgesellschaft[350]. § 276 Abs. 1 **325** UmwG verweist hinsichtlich des Formwechsels in eine **Kapitalgesellschaft** auf einige Vorschriften zum Formwechsel von Kapitalgesellschaften (§§ 243 Abs., 3, 244 Abs. 2 UmwG) und Genossenschaften (§ 263 Abs. 2 S. 2, Abs. 3 UmwG)[351].

Im Formwechselbeschluss muss zunächst der **Gesellschaftsvertrag** bzw. die **Satzung 326** der aus dem Formwechsel heraus entstehenden GmbH, AG bzw. KGaA festgestellt werden (§ 218 Abs. 1 S. 1 UmwG), wobei es einer **Unterzeichnung** des Gesellschaftsvertrages bzw. der Satzung durch die Mitglieder **nicht** bedarf[352]. Die Verwendung des Musterprotokolls gemäß Anlage zu § 2 Abs. 1a GmbHG kommt hierbei nicht in Betracht, da der Formwechsel als Sachgründung zu behandeln ist[353]. Soweit ein Formwechsel in eine KGaA erfolgt, muss der Beschluss auch bestimmen, dass ein Mitglied des Vereins persönlich haftender Gesellschafter der KGaA wird oder ein Dritter diese Stellung übernimmt (§ 218 Abs. 2 UmwG)[354].

Hinsichtlich der in dem Gesellschaftsvertrag bzw. der Satzung zu regelnden Festlegung **327** des **Stammkapitals** und der **Nennbeträge der Geschäftsanteile** bzw. **Aktien** bzw. **der Stückzahl der Aktien** verweist § 276 Abs. 1 UmwG auf § 243 Abs. 3 und § 263 Abs. 2 S. 2 und Abs. 3 UmwG. Der Verweis auf § 243 Abs. 3 S. 1 UmwG ist regelmäßig ohne Bedeutung, da Vereine, die auf Grundlage des BGB errichtet werden, ihren Mitgliedern gerade keine übertragbaren Anteile am Vereinsvermögen einräumen, die diese Norm aber voraussetzt[355]. Nach § 263 Abs. 2 S. 2 UmwG ist bei einem Formwechsel in eine **AG** oder **KGaA** das Grundkapital so zu bemessen, dass auf jedes Vereinsmitglied möglichst volle Aktien entfallen; eine Aktienstückelung mit einem höheren Nennbetrag oder Anteil am Grundkapital als einem Euro ist nur möglich, soweit die Vereinsmitglieder volle Aktien mit einem höheren Betrag erhalten[356]. Bei einem Formwechsel in eine **GmbH** gilt ähnliches. Hier ist das Stammkapital ebenfalls so zu bemessen, dass auf jedes Vereinsmitglied möglichst volle Geschäftsanteile entfallen (§ 263 Abs. 3 S. 1 UmwG); der Nennbetrag der einzelnen Geschäftsanteile soll nur dann auf mehr als 100 Euro festgesetzt werden, wenn auf alle Vereinsmitglieder volle Geschäftsanteile mit dem höheren Nennbetrag entfallen (§ 263 Abs. 3 S. 1 UmwG)[357].

Die für die Praxis relevanteste Frage, welche **Beteiligung** die Vereinsmitglieder an der **328** neuen Kapitalgesellschaft erlangen, ist nach § 194 Abs. 1 Nr. 4 UmwG auch im Formwechselbeschluss zu regeln. Dieser muss **Art** und **Umfang** der Beteiligung, welche die

---

[349] Vgl. hierzu Schmitt/Hörtnagl/Stratz/*Stratz* § 284 Rn. 1 f.; MünchHdb. GesR V/*Pathe* § 58 Rn. 3.; Widmann/Mayer/*Fronhöfer* § 284 Rn. 1 ff.
[350] Ein Muster für einen Beschluss findet sich bei Limmer/*Limmer* Teil 4 Rn. 801 (Formwechsel Verein in GmbH) und *Lutz* BWNotZ 2013, 106, 111 ff. (Formwechsel Verein in GmbH).
[351] Lutter/*Krieger*/*Bayer* § 276 Rn. 1; Schmitt/Hörtnagl/Stratz/*Stratz* § 276 Rn. 1.
[352] Schmitt/Hörtnagl/Stratz/*Stratz* § 284 Rn. 2; Semler/Stengel/*Katschinski* § 276 Rn. 4.
[353] *Lutz* BWNotZ 2013, 106, 110.
[354] Semler/Stengel/*Katschinski* § 276 Rn. 5; Lutter/*Krieger*/*Bayer* § 276 Rn. 3.
[355] Vgl. Semler/Stengel/*Katschinski* § 276 Rn. 7; Lutter/*Krieger*/*Bayer* § 276 Rn. 5.
[356] Lutter/*Krieger*/*Bayer* § 276 Rn. 6; Limmer/*Limmer* Teil 4 Rn. 787.
[357] Lutter/*Krieger*/*Bayer* § 275 Rn. 7; Limmer/*Limmer* Teil 4 Rn. 786.

Mitglieder an der durch den Formwechsel entstehenden Kapitalgesellschaft erhalten, festlegen. Da die Vereinsmitgliedschaft regelmäßig keine Beteiligung am Vereinsvermögen vermittelt, wird die allgemeine Vorschrift des § 194 Abs. 1 Nr. 4 durch **§ 276 Abs. 2 UmwG** ergänzt, in dem unterschiedliche Verteilungsmaßstäbe für die Beteiligung der Mitglieder an der Kapitalgesellschaft benannt werden[358]. Gesetzlich vorgesehener **Regelfall** ist hierbei, dass alle Mitglieder des formwechselnden Vereins eine **gleich hohe Beteiligung** an der neuen Kapitalgesellschaft erhalten[359]. Soweit eine solche gleichmäßige Beteiligung nicht gewünscht ist, lässt § 276 Abs. 2 UmwG abweichende Verteilungsmaßstäbe zu, die sich aber nur nach den dort benannten Kriterien richten dürfen[360]. Für die Praxis relevant sind hierbei insbesondere die abweichenden Verteilungsmaßstäbe aufgrund unterschiedlicher Höhe der Beiträge (Nr. 2) und unterschiedlicher Länge der Vereinsmitgliedschaft (Nr. 6)[361]. Die gesetzlich in § 276 Abs. 2 UmwG geregelten Fälle sind zwar **abschließend**, können aber nach allgemeiner Auffassung miteinander **kombiniert** werden[362].

329   Allgemein anerkannt ist mittlerweile auch die Zulässigkeit eines **nicht verhältniswahrenden Formwechsels**, wenn **alle Vereinsmitglieder** diesem **zustimmen**[363]. Somit kann im Formwechselbeschluss für einzelne Mitglieder abweichend von dem in § 276 Abs. 2 UmwG geregelten Kopfprinzip und auch abweichend von den dort ebenfalls geregelten anderen Verteilungsmaßstäben, eine andere Art der der Beteiligung festgesetzt werden, wenn alle Mitglieder diesem zustimmen[364].

330   **b) Beschluss über den Formwechsel in eine Genossenschaft.** § 285 Abs. 1 UmwG, der den Mindestinhalt des Formwechselbeschlusses[365] in § 194 UmwG hinsichtlich der Besonderheiten des Genossenschaftsrechts erweitert, verweist auf § 253 Abs. 1 und Abs. 2 S. 1 UmwG. Nach § 253 Abs. 1 UmwG ist in den Formwechselbeschluss die **Satzung der Genossenschaft** aufzunehmen, wobei auch hier die **Unterzeichnung** der Satzung durch die Mitglieder **nicht erforderlich** ist[366]. Für den Inhalt der Satzung gelten die §§ 6 bis 8 GenG. Nach § 253 Abs. 2 S. 1 UmwG muss der Formwechselbeschluss vorsehen, dass **jedes Mitglied** des formwechselnden Vereins **mindestens einen Geschäftsanteil** an der entstehenden Genossenschaft erhält, wobei die Höhe des Nennbetrages und der Pflichteinzahlung nicht vorgeschrieben werden[367]. Diese sind nach § 7 Nr. 1 GenG festzulegen. Wie bereits § 276 Abs. 2 UmwG geht auch § 285 Abs. 2 UmwG davon aus, dass jedes Mitglied des formwechselnden Vereins die **gleiche Anzahl** von Geschäftsanteilen an der Genossenschaft erhält[368]. Soweit von dieser Art der Verteilung abgewichen werden soll, gelten über die Verweisung in § 285 Abs. 2 UmwG die abweichenden Verteilungsmaßstäbe des § 276 Abs. 2 UmwG[369] (→ Rn. 328). Nach § 289 UmwG darf jedem Mitglied als **Geschäftsguthaben** aufgrund des Formwechsels höchstens der Nennbetrag der Geschäftsanteile gutgeschrieben werden, mit denen er an der Genossenschaft beteiligt ist[370].

331   **c) Bestellung der Organe, Gründungsvorschriften und Kapitalschutz.** Da durch den Formwechsel die Mitglieder des Vorstands des formwechselnden Vereins nicht automatisch die entsprechende Organfunktion in der Kapitalgesellschaft oder der eingetragenen

---

[358] Schmitt/Hörtnagl/Stratz/*Stratz* § 276 Rn, 4.
[359] Lutter/*Krieger/Bayer* § 276 Rn. 10.
[360] *Lutz* BWNotZ 2013, 106, 110; Schmitt/Hörtnagl/Stratz/*Stratz* § 276 Rn. 4.
[361] Semler/Stengel/*Katschinski* § 276 Rn. 15; Lutter/*Krieger/Bayer* § 276 Rn. 12.
[362] Schmitt/Hörtnagl/Stratz/*Stratz* § 276 Rn. 5; Semler/Stengel/*Katschinski* § 276 Rn. 15.
[363] *Lutz* BWNotZ 2013, 106, 110.
[364] Semler/Stengel/*Katschinski* § 276 Rn. 17.
[365] Ein Muster für einen Beschluss findet sich bei Limmer/*Limmer* Teil 4 Rn. 804.
[366] Widmann/Mayer/*Fronhöfer* § 285 Rn. 2 f.; Semler/Stengel/*Katschinski* § 285 Rn. 2.
[367] Semler/Stengel/*Katschinski* § 285 Rn. 3; Schmitt/Hörtnagl/Stratz/*Stratz* § 285 Rn. 2.
[368] Widmann/Mayer/*Fronhöfer* § 285 Rn. 8; Lutter/*Krieger/Göthel* § 285 Rn. 6.
[369] Schmitt/Hörtnagl/Stratz/*Stratz* § 285 Rn. 2; MünchHdb. GesRV/*Pathe* § 58 Rn 6.
[370] Semler/Stengel/*Katschinski* § 289 Rn. 1 ff.; Lutter/*Krieger/Göthel* § 289 Rn. 1 f.

Genossenschaft übernehmen, sind über § 197 UmwG und gemäß den entsprechenden Gründungsvorschriften der Kapitalgesellschaft bzw. Genossenschaft die **Organe** des Zielrechtsträgers in dem Formwechselbeschluss **zu bestellen**.

Nach §§ 277 i. V. m. §§ 264 Abs. 2 und Abs. 3 S. 2 UmwG muss beim Formwechsel in 332 eine **GmbH** kein **Sachgründungsbericht** erstellt werden[371]. Bei einem Formwechsel in eine **AG** sind die Mitglieder von der **Gründerhaftung** nach § 46 AktG befreit (§§ 277 i. V. m. § 264 Abs. 3 S. 2 UmwG). Nach herrschender Meinung trifft die Vereinsmitglieder auch bei einem Formwechsel in eine **GmbH** keine Gründerhaftung nach § 9a GmbHG[372].

In § 277 UmwG wird auf § 264 UmwG verwiesen, so dass der Nennbetrag des Stamm- 333 kapitals der GmbH oder des Grundkapitals der AG oder KGaA, das nach Abzug der Schulden verbleibende Vermögen des Vereins nicht übersteigen darf und somit **keine Unterpari-Emission** erfolgen darf[373].

4. Barabfindung

Ein Barabfindungsangebot wird bei einem Formwechsel eines Vereins zumeist **wegen** 334 **dessen Gemeinnützigkeit i. S. v. § 5 Abs. 1 Nr. 9 KStG nicht erforderlich** sein, da § 282 Abs. 2 UmwG (über § 290 UmwG auch für den Formwechsel auf eine eingetragene Genossenschaft[374]) ähnlich wie § 104a UmwG für die Verschmelzung eines gemeinnützigen Vereins (→ § 15 Rn. 505) eine ausdrückliche Ausnahme von dieser Verpflichtung anordnet[375]. Auch hier besteht aber ein allgemeines Austrittsrecht des widersprechenden Vereinsmitglieds[376]. Das Registergericht kann einen Nachweis über die steuerliche Begünstigung durch eine Bescheinigung nach § 59 AEAO bzw. durch einen Freistellungsbescheid verlangen[377].

Sofern die vorgenannte **Ausnahme nicht gegeben** ist, hat der Verein jedem seiner 335 Mitglieder, das gegen den Formwechselbeschluss Widerspruch zur Niederschrift erklärt, den Erwerb seiner Anteile an dem neuen Rechtsträger gegen eine angemessene Abfindung gemäß § 207 Abs. 1 S. 1 UmwG anzubieten. Dies gilt gemäß § 282 Abs. 1 UmwG i. V. m. § 270 Abs. 1 UmwG auch für die Vereinsmitglieder, die dem Formwechsel spätestens am dritten Tag vor dem Tag der Mitgliederversammlung, in der der Formwechselbeschluss gefasst wurde, durch Einschreibebrief widersprochen haben[378]. Bei einem **Formwechsel in eine eingetragene Genossenschaft** scheidet der Erwerb eigener Anteile aus, da ein solcher Erwerb in der Genossenschaft nicht möglich ist. Nach § 207 Abs. 1 S 2 UmwG ist aus diesem Grund hier eine Barabfindung für den Fall des Ausscheidens des Mitglieds aus der Genossenschaft anzubieten[379].

5. Anmeldung und Bekanntmachung des Formwechsels

a) Anmeldung bei Formwechsel in eine Kapitalgesellschaft. Die Anmeldung des 336 Formwechsels des Vereins in eine Kapitalgesellschaft erfolgt zum Vereinsregister und Handelsregister[380]. Die Anmeldung zum **Handelsregister** ist durch **alle Mitglieder des künftigen Vertretungsorgans** des Zielrechtsträgers vorzunehmen[381]. Soweit bei der Kapitalgesellschaft aufgrund gesetzlicher Vorgaben zwingend ein Aufsichtsrat bestehen muss,

---

[371] Lutter/*Krieger*/*Bayer* § 277 Rn. 3; Semler/Stengel/*Katschinski* § 277 Rn. 5.
[372] Semler/Stengel/*Katschinski* § 277 Rn. 6 f.; Schmitt/Hörtnagl/Stratz/*Stratz* § 277 Rn. 2.
[373] Schmitt/Hörtnagl/Stratz/*Stratz* § 277 Rn. 1; Lutter/*Krieger*/*Bayer* § 277 Rn. 2.
[374] Lutter/*Krieger*/*Göthel* § 290 Rn. 2.
[375] MünchHdb. GesR V/*Pathe* § 57 Rn. 34; Widmann/Mayer/*Vossius* § 282 Rn. 6.
[376] Vgl. im Detail hierzu Widmann/Mayer/*Fronhöfer* § 290 Rn. 2; Lutter/*Krieger*/*Bayer* § 282 Rn. 2.
[377] Semler/Stengel/*Katschinski* § 282 Rn. 6.
[378] Lutter/*Krieger*/*Bayer* § 282 Rn. 1; Semler/Stengel/*Katschinski* § 282 Rn. 1 ff., § 290 Rn. 1.
[379] Schmitt/Hörtnagl/Stratz/*Stratz* § 290 Rn. 1; Lutter/*Krieger*/*Göthel* § 290 Rn. 1.
[380] Widmann/Mayer/*Vossius* § 278 Rn. 5; Semler/Stengel/*Katschinski* § 278 Rn. 1.
[381] Schmitt/Hörtnagl/Stratz/*Stratz* § 276 Rn. 1; Lutter/*Krieger*/*Bayer* § 278 Rn. 3.

ist die Anmeldung **auch von allen Mitgliedern des Aufsichtsrats** zu unterzeichnen[382]. Für die Eintragung des Formwechsels in das **Vereinsregister** des formwechselnden Vereins kann die Anmeldung entweder durch das vorgenannte Vertretungsorgan oder durch Vorstandsmitglieder des Vereins in vertretungsberechtigter Anzahl erfolgen (§ 222 Abs. 3 i. V. m. § 278 Abs. 1 UmwG)[383]. Die Vertretungsorgane der durch den Rechtsformwechsel entstehenden Kapitalgesellschaft sind mit anzumelden (§§ 278 Abs. 1 i. V. m. § 222 Abs. 1 S. 2 UmwG)[384]. Weiter ist gemäß §§ 198 Abs. 3, 16 Abs. 3 S. 1 UmwG zu erklären, dass gegen den Formwechselbeschluss keine Klage erhoben wurde[385].

Der weitere Inhalt der Anmeldung richtet sich wegen § 197 UmwG nach den jeweiligen Gründungsvorschriften[386]. Hinsichtlich der beizufügenden Anlagen gelten auch hier §§ 199 und 197 S. 1 UmwG[387].

337 **b) Anmeldung bei Formwechsel in eine eingetragene Genossenschaft.** Der Formwechsel in eine eingetragene Genossenschaft ist zum Vereinsregister und zum Genossenschaftsregister jeweils durch die **Mitglieder des Vorstands des formwechselnden Vereins** in vertretungsberechtigter Anzahl (§§ 286, 254 Abs. 1 UmwG) anzumelden[388]. In der Anmeldung zum Genossenschaftsregister sind neben der Satzung und deren eintragungspflichtigen Tatsachen im Sinne des § 10 Abs. 1 GenG auch die **Mitglieder des ersten Vorstands der Genossenschaft** und deren **Vertretungsbefugnis** anzumelden (§§ 286, 254 UmwG)[389]. Darüber hinaus ist auch in Abschrift der Beschluss über die Bestellung der ersten Aufsichtsratsmitglieder beizufügen[390][391]. Die der Anmeldung beizufügenden Anlagen ergeben sich aus §§ 199 und 197 S. 1 UmwG i. V. m. § 1 GenG[392]. Weiter ist auch hier die vorerwähnte Negativerklärung nach §§ 198 Abs. 3, 16 Abs. 3 S. 1 UmwG abzugeben.

338 **c) Bekanntmachung.** § 278 Abs. 2 UmwG regelt (über § 286 Abs. 2 UmwG auch für den Rechtsformwechsel in eine Genossenschaft[393].) für den sicher selten vorkommenden Fall eines wirtschaftlichen, nicht im Handelsregister eingetragenen Vereins und eines formwechselfähigen altrechtlichen Vereins die Art und Weise der Bekanntmachung des Formwechsels[394]. In den sonstigen Fällen ist der Rechtsformwechsel gemäß § 201 UmwG bekannt zu machen[395].

D. Versicherungsverein auf Gegenseitigkeit (VVaG)

Schrifttum: *Joost,* Formwechsel von Personenhandelsgesellschaften, in *Lutter* (Hrsg.), Kölner Umwandlungsrechtstage, Verschmelzung, Spaltung, Formwechsel nach neuem Umwandlungsrecht und Umwandlungssteuerrecht, 1995, S. 245; *K. Schmidt,* Volleinzahlungsgebot beim Formwechsel in die AG oder GmbH?, ZIP 1995, 1385.

---

[382] Lutter/*Krieger*/Bayer § 278 Rn. 3; Semler/Stengel/*Katschinski* § 278 Rn. 3.
[383] Widmann/Mayer/*Vossius* § 278 Rn. 4.; Semler/Stengel/*Katschinski* § 278 Rn. 5.
[384] Lutter/*Krieger*/Bayer § 278 Rn. 5; Widmann/Mayer/*Vossius* § 278 Rn. 7.
[385] MünchHdb. GesR V/*Pathe* § 57 Rn. 36.
[386] Limmer/*Limmer,* Teil 4 Rn. 800; Widmann/Mayer/*Vossius* § 278 Rn. 7 f.
[387] Muster für entsprechende Anmeldungen finden sich bei Limmer/*Limmer* Teil 4 Rn. 802 und 803 (Formwechsel Verein in GmbH).
[388] Widmann/Mayer/*Fronhöfer* § 286 Rn. 4 f.
Schmitt/Hörtnagl/Stratz/*Stratz* § 286 Rn. 1; Semler/Stengel/*Katschinski* § 286 Rn. 1.
[389] Lutter/*Krieger*/Göthel § 285 Rn. 2; MünchHdb. GesR V/*Pathe* § 58 Rn. 7.
[390] Widmann/Mayer/*Fronhöfer* § 286 Rn. 6.
[391] Muster für entsprechende Anmeldungen finden sich bei Limmer/*Limmer* Teil 4 Rn. 805 und 806.
[392] Widmann/Mayer/*Fronhöfer* § 286 Rn. 6.3.
[393] Semler/Stengel/*Katschinski* § 286 Rn. 4; Lutter/*Krieger*/Göthel § 286 Rn. 3
[394] Vgl. hierzu Semler/Stengel/*Katschinski* § 278 Rn. 6 f.; Widmann/Mayer/*Vossius* § 278 Rn. 9 ff.
[395] MünchHdb. GesR V/*Pathe* § 57 Rn. 39.

I. Grundlagen

Die Rechtsform des Versicherungsvereins auf Gegenseitigkeit bringt gesellschaftsrechtliche und wirtschaftliche Besonderheiten mit sich, die näher in → § 15 Rn. 550 ff. beschrieben werden. Da diese Rechtsform generell nur Unternehmen offensteht, die das Erst- oder Rückversicherungsgeschäft betreiben, können VVaG auch nur in eine Rechtsform wechseln, in der Versicherer tätig sein dürfen. Das lässt wenig Spielraum für Formwechsel: Der Gesetzgeber hat in § 291 UmwG nur den Formwechsel in eine **Versicherungs-Aktiengesellschaft** vorgesehen[396]. Diese Begrenzung gilt nicht nur für VVaG, die die Erstversicherung betreiben, sondern auch für Rückversicherungsvereine, weil auch diese den strengen Rechtsformanforderungen unterliegen[397]. Gleichfalls ist auch ein Formwechsel einer Versicherungs-Aktiengesellschaft in einen VVaG ausgeschlossen[398], weil ein VVaG zwingend die Verbindung von Versicherungsverhältnis und Mitgliedschaft erfordert[399] (→ § 15 Rn. 550), was aber bei einer Aktiengesellschaft und ihren Versicherungsnehmern naturgemäß nicht gegeben ist.

339

Kleinere Vereine, also Versicherungsvereine nach § 210 VAG, die bestimmungsgemäß einen sachlich, örtlich oder dem Personenkreis nach eng begrenzten Wirkungskreis haben[400], sind vom Formwechsel ausgeschlossen, obwohl man den Wortlaut von § 291 Abs. 1 UmwG so verstehen könnte, dass er lediglich die Formwechselmöglichkeiten großer VVaG begrenzt[401]. Begründet wird dieser Ausschluss damit, dass der kleinere Verein, der nur einer begrenzten Versicherungsaufsicht unterliegt, durch einen Formwechsel in eine Versicherungs-Aktiengesellschaft ohne Änderung des Geschäftsumfangs plötzlich einer vollen Versicherungsaufsicht unterworfen wäre[402]. Zwingend ist diese Begründung allerdings nicht, weil das Versicherungsaufsichtsrecht sog. kleinere Versicherungsunternehmen auch in der Rechtsform der Aktiengesellschaft zulässt[403]. Als Alternative bleibt eine Vermögensvollübertragung auf eine Versicherungs-Aktiengesellschaft[404] hinter einem Formwechsel zurück, weil der kleinere Verein infolge der Vermögensübertragung aufgelöst würde, ohne dass dessen Mitglieder Aktien am übernehmenden Rechtsträger erhielten[405].

340

Wie jede andere Umwandlungsmaßnahme bedarf auch der Formwechsel der **Genehmigung** durch die zuständige Aufsichtsbehörde[406]. Genehmigungserfordernis und -ablauf sowie besondere aufsichtsrechtliche Anforderungen werden in → § 65 Rn. 5 ff. behandelt.

341

II. Besonderheiten bei den Rechtsfolgen

Der Formwechsel eines VVaG bringt die allgemeinen Rechtsfolgen dieser Art der Umwandlung mit sich, also insbesondere den Fortbestand des formwechselnden Rechtsträgers in der neuen Rechtsform, ggf. den Erwerb von Aktien am neuen Rechtsträger und die Heilung von Formmängeln[407]. § 298 UmwG stellt dazu fest, dass durch den Form-

342

---

[396] § 291 Abs. 1 UmwG.
[397] Dies wird in § 8 Abs. 2 VAG n. F. deutlich; Semler/Stengel/*Niemeyer*, § 291 Rn. 2; a. A. Kölner Kommentar-UmwG/*Matusche-Beckmann*, § 291 Rn. 10, allerdings noch zum VAG a. F.
[398] § 191 Abs. 2 UmwG; Böttcher/Habighorst/Schulte/*Kammerer-Galahn*, § 291 Rn. 1.
[399] Semler/Stengel/*Niemeyer*, § 291 Rn. 7; Kölner Kommentar-UmwG/*Matusche-Beckmann*, § 291 Rn. 11; Widmann/Mayer/*Vossius*, § 291 Rn. 8; Lutter/*Wilm*, § 291 Rn. 3.
[400] § 210 Abs. 4 VAG →§ 15 Rn. 557.
[401] Wie hier: Kölner Kommentar-UmwG/*Matusche-Beckmann*, § 291 Rn. 3; Semler/Stengel/*Niemeyer*, § 291 Rn. 3 f.; Widmann/Mayer/*Vossius*, § 291 Rn. 5; Lutter/*Wilm*, § 291 Rn. 2.
[402] So Semler/Stengel/*Niemeyer*, § 291 Rn. 4.
[403] Vgl. §§ 211 ff. VAG.
[404] § 174 Abs. 1 UmwG; vgl. Widmann/Mayer/*Vossius*, § 291 Rn. 11.
[405] Kölner Kommentar-UmwG/*Matusche-Beckmann*, § 291 Rn. 6; Semler/Stengel/*Niemeyer*, § 291 Rn. 8.
[406] § 14 VAG für Erstversicherer und § 166 Abs. 3 VAG für Rückversicherer.
[407] Vgl. § 202 Abs. 1 UmwG.

wechsel die bisherigen Mitgliedschaften zu Aktien und Teilrechten werden. Zum **Schutz der Gläubiger** setzen sich deren Rechte am Überschuss[408] oder dem Liquidationserlös[409] – nur über diese Ansprüche kann ein Mitglied eines VVaG verfügen, nicht aber über die Mitgliedschaft als solche[410] – nach dem Formwechsel an den Aktien oder Teilrechten an der Versicherungs-Aktiengesellschaft fort[411].

343 Der **Gründungsstock**, der beim VVaG das Grundkapital ersetzt und nicht von den Mitgliedern, sondern von sogenannten Garanten dem VVaG zur freien Verfügung gestellt wird und zu tilgen ist[412], wird beim Formwechsel in gleicher Weise wie bei einer Mischverschmelzung behandelt: Ist der Gründungsstock noch nicht getilgt, wandelt sich die Tilgungspflicht in eine Verpflichtung mit Fremdkapitalcharakter[413] (→ § 15 Rn. 574).

344 Als spezielle Rechtsfolge kann in dem Umwandlungsbeschluss der **Ausschluss von Mitgliedern** bestimmt werden. Mitglieder, die dem formwechselnden Verein weniger als drei Jahre vor der Beschlussfassung über den Formwechsel angehören, können von der Beteiligung an der Versicherungs-Aktiengesellschaft ausgeschlossen werden[414]. Dem liegt die Wertung zugrunde, dass junge Mitglieder während ihrer vergleichsweise kurzen Mitgliedschaft erst wenige Beitragszahlungen geleistet und nur geringfügig zum Unternehmenswert beigetragen haben[415]. Dies wird angesichts des grundgesetzlichen Schutzes der Mitgliedschaft[416] für bedenklich gehalten[417]. Auch erscheint die dreijährige Mitgliedschaft als Abgrenzungskriterium willkürlich. Wenn es um den Beitrag zum Vereinsvermögen geht, wäre z. B. der Schadensverlauf des betreffenden Mitglieds – das ja auch Versicherungsnehmer des Vereins ist – eher relevant[418]. Das Gesetz selbst behandelt die Dauer der Mitgliedschaft als ein zulässiges Kriterium bei der Festsetzung unterschiedlicher Beteiligungsverhältnisse an der Versicherungs-Aktiengesellschaft (→ Rn. 354); eine darauf basierende niedrigere Beteiligungsquote wäre jedenfalls ein milderes Mittel im Vergleich zum Ausschluss. Das **Ermessen** des Vereins, von dieser Ausschlussmöglichkeit Gebrauch zu machen und die relevante Mindestdauer der Mitgliedschaft festzulegen, muss also mit Augenmaß und unter strikter Beachtung des Gleichbehandlungsgrundsatzes[419] erfolgen[420]. Dies umso mehr, weil nach h. M. an die Ausgeschlossenen **keine Entschädigung** gleistet werden muss, da sie keine Aktien an der Versicherungs-Aktiengesellschaft erhalten, die sie an diese veräußern könnten[421]. Diesem entschädigungslosen Ausschluss wird ein Vergleich mit der Bestandsübertragung (→ § 15 Rn. 562 ff.) nach §§ 13, 200 VAG entgegengehalten, bei der Mitglieder eines VVaG zu entschädigen sind, wenn die Bestandsübertragung zum Verlust der Mitgliedschaft führt[422], soweit diese Mitglieder seit mindestens drei Monaten (statt drei Jahren) Mitglied sind[423]. Jedenfalls behalten die auszuschließenden Mitglieder ihr Recht, dem Formwechsel zu widersprechen und auch ihr Versicherungsverhältnis bleibt

---

[408] § 194 Abs. 1 S. 1 VAG.
[409] § 205 Abs. 2 S. 1 VAG.
[410] Prölss/*Weigel*, § 38 Rn. 12.
[411] §§ 298, 266 Abs. 1 S. 2 UmwG; Semler/Stengel/*Niemeyer*, § 298 Rn. 2.
[412] § 178 VAG.
[413] Dazu Widmann/Mayer/*Vossius*, § 109 Rn. 100; Semler/Stengel/*Niemeyer*, § 109 Rn. 52.
[414] § 294 Abs. 1 S. 2 UmwG.
[415] Kölner Kommentar-UmwG/*Matusche-Beckmann*, § 294 Rn. 6; Semler/Stengel/*Niemeyer*, § 294 Rn. 5; Lutter/*Wilm*, § 294 Rn. 9.
[416] BVerfG 1 BvR 782/94, NJW 2005, 2363 ff.
[417] Lutter/*Wilm*, § 294 Rn. 10; Semler/Stengel/*Niemeyer*, § 294 Rn. 6.
[418] In diese Richtung mit anderem Beispiel auch Lutter/*Wilm*, § 294 Rn. 10.
[419] § 177 Abs. 1 VAG.
[420] Lutter/*Wilm*, § 294 Rn. 10; Semler/Stengel/*Niemeyer*, § 294 Rn. 22.
[421] Kölner Kommentar-UmwG/*Matusche-Beckmann*, § 294 Rn. 13; Widmann/Mayer/*Vossius* § 294 Rn. 18; wohl auch Lutter/*Wilm*, § 294 Rn. 11.
[422] So Semler/Stengel/*Niemeyer*, § 294 Rn. 26.
[423] Vgl. § 201 Abs. 1 und 2 VAG.

unverändert[424]. **Dingliche Rechte von Dritten** an den Ansprüchen auf Überschuss oder Liquidationserlös der ausgeschlossenen Mitglieder fallen weg[425]. Die Rechtsinhaber sind auf Ansprüche aus der zugrundeliegenden Vereinbarung verwiesen, wobei zu bedenken ist, dass Schadensersatzansprüche des Rechtsinhabers gegen das ausgeschlossene Mitglied mangels Verschuldens[426] häufig ausscheiden dürften[427].

III. Besonderheiten bei der Umsetzung
1. Vorbereitung und Durchführung des Beschlusses

Der Umwandlungsbeschluss zum Formwechsel wird von der obersten Vertretung des VVaG gefasst, die bei einem VVaG eine mit der Hauptversammlung einer Aktiengesellschaft vergleichbare Rolle einnimmt, aber nicht zwingend aus den Mitgliedern des VVaG besteht, sondern häufig aus dauerhaft bestellten Vertretern dieser Mitglieder (zur obersten Vertretung → § 15 Rn. 552). Aufgrund dieser Mediatisierung des Einflusses der Mitglieder kommt deren **Information** eine besondere Bedeutung zu. Für die Vorbereitung sowie für die Durchführung der Versammlung der obersten Vertretung des VVaG finden daher insbesondere die Regelungen zur Aktiengesellschaft entsprechende Anwendung[428]. Dies soll die umfassende Information der Mitglieder vor und in der Versammlung sicherstellen[429]. So ist der Formwechsel allen Mitgliedern des VVaG in Textform[430] anzukündigen[431] und auf die für die Beschlussfassung nach § 293 UmwG erforderlichen Mehrheiten[432] sowie auf die Möglichkeit des Widerspruchs[433] und die sich daraus ergebenden Rechte[434] hinzuweisen. In der Versammlung der obersten Vertretung, die über den Formwechsel beschließen soll, hat der Vereinsvorstand den Entwurf des Umwandlungsbeschlusses mündlich zu erläutern[435]. Dabei ist insbesondere auf die neue Satzung der Versicherungs-Aktiengesellschaft[436], die Beteiligung der Mitglieder an deren Grundkapital[437], den eventuellen Ausschluss von Mitgliedern[438] und die Barabfindung[439] einzugehen.

Der Vorstand des formwechselnden VVaG hat einen ausführlichen schriftlichen **Umwandlungsbericht** zu erstatten, in dem der Formwechsel und die Beteiligung der Mitglieder an der Versicherungs-Aktiengesellschaft rechtlich und wirtschaftlich zu erläutern sind, außer alle Mitglieder verzichten in notariell beurkundeter Form auf dessen Erstattung[440]. Die Mitglieder haben außerhalb der Versammlung einen Anspruch auf Erteilung einer kostenlosen **Abschrift** des Berichts über den Formwechsel, einschließlich des darin

---

[424] Kölner Kommentar-UmwG/*Matusche-Beckmann*, § 294 Rn. 11 f.; Widmann/Mayer/*Vossius*, § 294 Rn. 14, 19; Lutter/*Wilm*, § 294 Rn. 13.
[425] Kölner Kommentar-UmwG/*Matusche-Beckmann*, § 298 Rn. 11; Semler/Stengel/*Niemeyer*, § 298 Rn. 10.
[426] § 280 Abs. 1 S. 2 BGB.
[427] Kölner Kommentar-UmwG/*Matusche-Beckmann*, § 298 Rn. 11; Semler/Stengel/*Niemeyer*, § 298 Rn. 10.
[428] § 292 Abs. 1 UmwG verweist zur Vorbereitung auf §§ 229 (der indes gestrichen wurde) und 230 Abs. 2 S. 1 und 2, 231 S. 1 und 260 Abs. 1 UmwG. Für die Durchführung verweist § 292 Abs. 2 UmwG auf § 239 Abs. 1 S. 1 und Abs. 2 UmwG.
[429] Semler/Stengel/*Niemeyer*, § 292 Rn. 1.
[430] § 126b BGB.
[431] Aufgrund der Verweisung von § 292 Abs. 1 UmwG auf § 260 Abs. 1 UmwG.
[432] § 293 S. 1 UmwG.
[433] § 293 S. 2 UmwG.
[434] §§ 300, 270 Abs. 1 S. 1, 293 S. 2 UmwG.
[435] §§ 292 Abs. 2, 239 Abs. 2 UmwG.
[436] §§ 294 Abs. 1 S. 1, 218 Abs. 1 UmwG.
[437] § 294 Abs. 3 UmwG.
[438] § 294 Abs. 1 S. 2 UmwG.
[439] §§ 300, 207 Abs. 1 S. 1, 270 Abs. 1 UmwG.
[440] § 192 Abs. 1 und 2 UmwG.

§ 38   347, 348   4. Kapitel. Formwechsel

enthaltenen Entwurfs des Umwandlungsbeschlusses[441]. Daher kann eine Vertreterversammlung auch nicht wirksam auf die Erstattung verzichten, weil dies den Mitgliedern die Informationsmöglichkeit nehmen würde, so dass ein Bericht im Regelfall zu erteilen ist[442]. Ab der Einberufung der obersten Vertretung ist der Umwandlungsbericht ferner in dem Geschäftsraum des VVaG zur Einsicht der Mitglieder **auszulegen**[443]; er muss also vor der Einberufung fertig sein[444]. Die Offenlegung über eine Internetseite ist nicht ausreichend[445]. Der Umwandlungsbericht ist in der Versammlung der obersten Vertretung zusammen mit dem Entwurf des Beschlusses auszulegen und kann nicht nur auf andere Weise zugänglich gemacht werden[446].

347 Soweit die Satzung nicht größere Mehrheiten und weitere Erfordernisse bestimmt, bedarf der **Umwandlungsbeschluss** der obersten Vertretung einer Mehrheit von mindestens drei Vierteln der abgegebenen Stimmen[447]. Entsprechend den Regelungen über den Formwechsel eingetragener Genossenschaften und rechtsfähiger Vereine[448], bedarf der Beschluss einer Mehrheit von neun Zehnteln der abgegebenen Stimmen, wenn spätestens bis zum Ablauf des dritten Tages vor der Versammlung der obersten Vertretung wenigstens hundert Mitglieder des Vereins durch eingeschriebenen Brief **Widerspruch** gegen den Formwechsel erhoben haben[449]. Zum Widerspruch sind sämtliche Mitglieder des formwechselnden VVaG berechtigt, nicht nur die Vertreter bei einer Vertreterversammlung und unabhängig von Stimmrechtsregelungen in der Satzung[450]. Ferner können Mitglieder, die durch den Umwandlungsbeschluss ausgeschlossen werden sollen, weil sie erst weniger als drei Jahre Mitglied sind, dem Formwechsel widersprechen[451]. Hintergrund dieser erhöhten Mehrheit sind der Minderheitenschutz im Hinblick auf Ausschlussmöglichkeiten und die Kapitalerhaltung, weil die in diesem Fall unterstellte erhebliche Anzahl widersprechender Mitglieder zu einem hohen Kapitalabfluss durch die Zahlung von Abfindungen[452] führen würde[453].

348 Bei einem Formwechsel von Versicherungsvereinen ist den Mitgliedern, die dem Formwechsel widersprechen, ein **Abfindungsangebot** zu unterbreiten[454]. Im Hinblick darauf, dass ggf. eine Vertreterversammlung den Beschluss fasst, an der die einzelnen Mitglieder nicht teilnehmen, steht diese Abfindung nicht nur denjenigen offen, die gegen den Umwandlungsbeschluss Widerspruch zur Niederschrift erklären[455], sondern die Mitglieder können dem Formwechsel bis zum Ablauf des dritten Tages vor dem Tage, an dem der Umwandlungsbeschluss gefasst worden ist, durch eingeschriebenen Brief widersprechen[456].

---

[441] §§ 292 Abs. 1, 230 Abs. 2 S. 2 UmwG.
[442] Im Ergebnis auch Kölner Kommentar-UmwG/*Matusche-Beckmann*, § 292 Rn. 14; Semler/Stengel/*Niemeyer*, § 292 Rn. 8.
[443] §§ 292 Abs. 1, 230 Abs. 2 S. 1 UmwG.
[444] § 292 Abs. 1 UmwG verweist nicht auf § 230 Abs. 2 S. 4 UmwG; vgl. Kölner Kommentar-UmwG/*Matusche-Beckmann*, § 292 Rn. 13.
[445] Semler/Stengel/*Niemeyer*, § 292 Rn. 9; Widmann/Mayer/*Vossius*, § 292 Rn. 2; Lutter/*Wilm*, § 292 Rn. 2.
[446] § 292 Abs. 2 UmwG verweist nur auf § 239 Abs. 1 S. 1 UmwG, nicht auch auf S. 2; siehe auch Semler/Stengel/*Niemeyer*, § 292 Rn. 19; Widmann/Mayer/*Vossius*, § 292 Rn. 4.
[447] § 293 S. 1 und S. 3 UmwG.
[448] §§ 262 Abs. 1 S. 2, 275 Abs. 2 S. 2 UmwG.
[449] § 293 S. 2 UmwG
[450] Kölner Kommentar-UmwG/*Matusche-Beckmann*, § 293 Rn. 6; Semler/Stengel/*Niemeyer*, § 293 Rn. 8.
[451] Lutter/*Wilm*, § 292 Rn. 5, 6; Semler/Stengel/*Niemeyer*, § 293 Rn. 8; Widmann/Mayer/*Vossius*, § 293 Rn. 7.
[452] §§ 300, 207 Abs. 1 S. 1, 270 Abs. 1 UmwG.
[453] Kölner Kommentar-UmwG/*Matusche-Beckmann*, § 293 Rn. 2; Widmann/Mayer/*Vossius*, § 293 Rn. 2; Semler/Stengel/*Niemeyer*, § 293 Rn. 3.
[454] §§ 292 Abs. 1, 231 S. 1, 300, 207 Abs. 1 S. 1 UmwG.
[455] §§ 300, 207 Abs. 1 S. 1 UmwG.
[456] §§ 300, 270 Abs. 1 UmwG; Semler/Stengel/*Niemeyer*, § 300 Rn. 2.

Um die für die Entscheidung über den Widerspruch notwendige Informationsgrundlage zu schaffen, ist das Abfindungsangebot an alle Mitglieder zu versenden[457]. Eine Bekanntmachung des Abfindungsangebots im elektronischen Bundesanzeiger ist unzureichend[458]. Ein Abfindungsangebot kann unterbleiben, wenn alle Mitglieder vor der Beschlussfassung über den Formwechsel auf ein solches verzichten[459], weshalb ein Verzicht allein durch die Vertreterversammlung nicht ausreichend ist[460]. Die Abfindung hat in bar zu erfolgen und richtet sich nach den allgemeinen Grundsätzen (§ 30 Abs. 1 Satz 1 UmwG; → § 13 Rn. 351 ff.). Die **Angemessenheit** der Barabfindung muss entsprechend den allgemeinen Vorschriften durch vom Gericht bestellte Umwandlungsprüfer geprüft werden[461], sofern nicht alle Vereinsmitglieder in notariell beurkundeter Form auf die Prüfung verzichten[462]. Im Gegensatz z. B. zur Verschmelzung[463] schweigt das Gesetz zur Auslegung des **Prüfungsberichts**. Für die Mitglieder, die zu entscheiden haben, ob sie dem Formwechsel widersprechen und die Barabfindung annehmen, stellt der Prüfungsbericht indes eine weitere Informationsgrundlage dar. Jedenfalls wenn eine Vertreterversammlung einberufen ist, sollte analog zu den Regelungen zur Verschmelzung[464] der Prüfungsbericht in den Geschäftsräumen ab der Einberufung der Vertreterversammlung auliegen und jedem Mitglied auf Verlangen eine Abschrift erteilt werden[465].

Der Umwandlungsbeschluss kann nach den allgemeinen Vorschriften **angefochten** werden[466]. Da nur das in der Versammlung anwesende Mitglied anfechtungsbefugt ist, das Widerspruch gegen den Beschluss zur Niederschrift erklärt hat[467], besteht bei einer Beschlussfassung durch eine Vertreterversammlung keine Anfechtungsbefugnis des einzelnen Mitglieds. Das Mitglied ist in diesem Fall auf sein Widerspruchsrecht und die damit verbundene Abfindung verwiesen[468]. Auf die **Anmeldung** des Formwechsels durch den Vorstand des formwechselnden VVaG sind die Regelungen zur Kapitalgesellschaft entsprechend anwendbar[469]; die aufsichtsrechtliche Genehmigung sollte der Anmeldung beigefügt werden[470].

2. Beteiligung der Mitglieder am Grundkapital

Hinsichtlich des Erwerbs von Aktien durch die Mitglieder des formwechselnden VVaG ist zu beachten, dass auf jedes Mitglied mindestens eine volle Aktie entfallen muss[471]. Das **Grundkapital** der neuen Versicherungs-Aktiengesellschaft muss daher mindestens auf

---

[457] §§ 292 Abs. 1, 231 S. 1 UmwG.
[458] Aufgrund der fehlenden Verweisung auf § 231 S. 2 UmwG; vgl. Semler/Stengel/*Niemeyer*, § 292 Rn. 11; Lutter/*Wilm*, § 292 Rn. 4.
[459] Semler/Stengel/*Kalss*, § 29 Rn. 27; Hk-UmwG/*Findeisen*, § 300 Rn. 4; Kölner Kommentar-UmwG/*Matusche-Beckmann*, § 300 Rn. 9; Lutter/*Wilm*, § 292 Rn. 5.
[460] Kölner Kommentar-UmwG/*Matusche-Beckmann*, § 300 Rn. 9; Semler/Stengel/*Niemeyer*, § 300 Rn. 13; Lutter/*Wilm*, § 292 Rn. 5.
[461] §§ 208, 30 Abs. 2 S. 2, 10 Abs. 1 UmwG.
[462] §§ 208, 30 Abs. 2 S. 3 UmwG; Semler/Stengel/*Niemeyer*, § 292 Rn. 20.
[463] Vgl. §§ 112 Abs. 1 S. 1, Abs. 2 S. 1, 63 Abs. 1 Nr. 5, 12 UmwG.
[464] Vgl. §§ 112 Abs. 1 S. 1, 63 Abs. 1 Nr. 5, 12 UmwG.
[465] So auch Kölner Kommentar-UmwG/*Matusche-Beckmann*, § 292 Rn. 32 f.; Semler/Stengel/*Niemeyer*, § 292 Rn. 26; Lutter/*Wilm*, § 292 Rn. 5.
[466] § 191 VAG, §§ 243 ff. AktG.
[467] § 191 VAG, § 245 Nr. 1 AktG.
[468] §§ 300, 270 Abs. 1, 207 Abs. 1 S. 1 UmwG, → § 15 Rn. 579, und 589.
[469] § 296 UmwG verweist auf §§ 198 und 246 Abs. 1 und 2 UmwG.
[470] Vgl. Semler/Stengel/*Niemeyer*, Anh. § 119 Rn. 87; Widmann/Mayer/*Vossius*, § 296 Rn. 7; Lutter/*Wilm*, § 296 Rn. 4. Nach Semler/Stengel/*Niemeyer*, § 296 Rn. 6, kann das Registergericht gemäß § 26 FamFG zusätzlich eine Negativerklärung bezüglich etwaiger gegen die Genehmigung erhobener Widersprüche und Anfechtungsklagen verlangen; a. A. Widmann/Mayer/*Vossius*, § 296 Rn. 7; Lutter/*Wilm*, § 296 Rn. 6.
[471] § 291 Abs. 2 UmwG.

§ 38   351–353   4. Kapitel. Formwechsel

einen Eurobetrag in Höhe der Anzahl der Mitglieder des formwechselnden VVaG lauten[472]. Sollen Aktien mit einem höheren Nennbetrag als dem Mindestbetrag[473] ausgegeben werden, müssen volle Aktien auf die Mitglieder entfallen[474], so dass die Ausgabe von Teilrechten verhindert wird. Einzelne oder alle Mitglieder des VVaG können auch mehrere Aktien erhalten, wobei die Kapitalschutzvorschriften[475] und der **Gleichbehandlungsgrundsatz**[476] zu beachten sind[477].

351 Da der Verein kein gebundenes Nennkapital hat, muss das Grundkapital der neuen Versicherungs-Aktiengesellschaft festgesetzt werden. Die Festsetzung darf das nach Abzug der Schulden verbleibende Vermögen (Reinvermögen) des formwechselnden Vereins nicht überschreiten[478]. Dies verhindert eine **Unter-Pari-Emission** und Unterbilanz der Versicherungs-Aktiengesellschaft[479]. Um den danach zulässigen Höchstbetrag voll ausnutzen zu können, ist ausnahmsweise die Ausgabe von Teilrechten zulässig, soweit jedes Mitglied mindestens eine volle Aktie erhält[480]. Die Teilrechte unterliegen indes der Ausübungssperre des § 213 Abs. 2 AktG, weshalb der Versicherungs-Aktiengesellschaf die Aufgabe zugewiesen wird, die Zusammenführung von Teilrechten zu vollen Aktien zu vermitteln[481].

352 Ob das Reinvermögen gedeckt ist, ist zwingend nach den aktienrechtlichen Gründungsvorschriften zu prüfen[482]. Aufgrund dieser **obligatorischen Prüfung** sollten neben Nachschuss- und Umlageforderungen anstelle der Buchwerte[483] auch Verkehrswerte der Vermögensgegenstände zugrunde gelegt werden können[484], denn bei der Gründungsprüfung ist der wirkliche Wert der Gegenstände und Verbindlichkeiten zu prüfen[485]. Die Mitglieder des formwechselnden VVaG sind aus Praktikabilitätsgründen von den aktienrechtlichen Gründungsvorschriften, also von der Verpflichtung zur Erstellung eines Gründungsberichts[486], von den Auskunftspflichten gegenüber den Gründungsprüfern[487] und von der Gründungshaftung[488] befreit[489]. Die zweijährige **Nachgründungsfrist** beginnt mit der Eintragung des Formwechsels[490].

353 Die Höhe des Grundkapitals der neuen Versicherungs-Aktiengesellschaft erfährt indes auch eine branchenspezifische Regelung: Es ist in der Höhe des Grundkapitals **vergleich-**

---

[472] Vgl. § 8 Abs. 2 S. 1, Abs. 3 S. 3 AktG; Semler/Stengel/*Niemeyer*, § 291 Rn. 10.
[473] § 8 Abs. 2 und 3 AktG.
[474] Aufgrund Verweisung von § 294 Abs. 1 S. 1 UmwG auf § 263 Abs. 3 S. 2 UmwG ergänzend zu § 291 Abs. 2 UmwG; Semler/Stengel/*Niemeyer*, § 291 Rn. 2; Widmann/Mayer/*Vossius*, § 294 Rn. 5.
[475] §§ 295, 264 Abs. 1 UmwG.
[476] § 294 Abs. 3 UmwG und § 177 Abs. 1 VAG.
[477] Semler/Stengel/*Niemeyer*, § 291 Rn. 14.
[478] §§ 295, 264 Abs. 1 UmwG.
[479] Kölner Kommentar-UmwG/*Matusche-Beckmann*, § 295 Rn. 2; Lutter/*Wilm*, § 295 Rn. 1.
[480] § 291 Abs. 2 i. V. m. § 294 Abs. 2 S. 3 UmwG „möglichst volle Aktien"; Semler/Stengel/ *Niemeyer*, § 294 Rn. 8.
[481] §§ 298, 266 Abs. 3 S. 2 UmwG; es handelt sich nur um eine Soll-Vorschrift; Lutter/*Wilm*, § 298 Rn. 4
[482] §§ 295, 264 Abs. 1 UmwG.
[483] Widmann/Mayer/*Fronhöfer*, § 264 Rn. 2; Schmitt/Hörtnagl/Stratz/*Stratz*, § 264 Rn. 4 f.
[484] Hk-UmwG/*Findeisen*, § 295 Rn. 3; Semler/Stengel/*Niemeyer*, § 295 Rn. 8; Lutter/*Wilm*, § 295 Rn. 2; a. A. Lutter Umwandlungsrechtstage/*Joost*, S. 257 f.; *K. Schmidt* ZIP 1995, 1385.
[485] Kölner Kommentar-UmwG/*Matusche-Beckmann*, § 295 Rn. 5; Semler/Stengel/*Niemeyer*, § 295 Rn. 8.
[486] §§ 32, 35 Abs. 1 und 2, 46 AktG.
[487] § 35 Abs. 1 AktG.
[488] § 46 AktG.
[489] §§ 295, 264 Abs. 3 S. 2 UmwG; Kölner Kommentar-UmwG/*Matusche-Beckmann*, § 295 Rn. 8; Semler/Stengel/*Niemeyer*, § 295 Rn. 3; Widmann/Mayer/*Vossius*, § 294 Rn. 7; Lutter/*Wilm*, § 295 Rn. 4.
[490] §§ 295, 264 Abs. 3 S. 3 UmwG i. V. m. § 202 UmwG.

barer Versicherungsunternehmen in der Rechtsform einer Aktiengesellschaft festzusetzen[491]. Neben der schwierigen praktischen Frage, wie vergleichbar unterschiedliche Unternehmen wirklich sind[492], trifft diese Verweisung in das Aufsichtsrecht aber auch nicht den Kern, denn die aufsichtsrechtlichen Kapitalanforderungen stellen nicht auf die Höhe des Grundkapitals, sondern auf die **Eigenmittel** ab[493]. Die Eigenmittel eines Versicherungsunternehmens sind in Basiseigenmittel und ergänzende Eigenmittel unterteilt, wobei Basiseigenmittel der Überschuss der Vermögenswerte über die Verbindlichkeiten abzüglich des Betrags der eigenen Aktien zuzüglich nachrangiger Verbindlichkeiten sind[494]. Das Versicherungsunternehmen muss Basiseigenmittel in Höhe der sogenannten **Mindestkapitalanforderung** vorhalten. Diese Mindestkapitalanforderung entspricht dem Betrag, unterhalb dessen die Versicherungsnehmer und Anspruchsberechtigten bei einer Fortführung der Geschäftstätigkeit des Versicherungsunternehmens einem unannehmbaren Risikoniveau ausgesetzt wären[495]. Es ist damit die Untergrenze für die Erteilung der Erlaubnis zum Geschäftsbetrieb[496]. Die aufsichtsrechtlichen Kapitalanforderungen zeigen, dass es nicht um die Grundkapitalziffer geht, die wie bei jeder Aktiengesellschaft mindestens EUR 50.000 betragen muss[497], sondern um die Summe langfristiger Vermögenspositionen, die z. B. auch durch Kapitalrücklagen oder durch Auflösung stiller Reserven gebildet werden können[498]. Aufsichtsrechtlich muss die neue Versicherungs-Aktiengesellschaft also keinen bestimmten Grundkapitalbetrag erreichen, sondern über Basiseigenmittel jedenfalls in Höhe der Mindestkapitalanforderung verfügen. In diesem Sinne ist auch die Forderung in § 294 Abs. 2 Satz 2 UmwG nach einem höheren Grundkapital zu verstehen, würde die Aufsichtsbehörde einer neu zu gründenden Versicherungs-Aktiengesellschaft die Erlaubnis zum Geschäftsbetrieb nur bei Festsetzung eines höheren Grundkapitals erteilen. Indes räumt das Gesetz auch die Möglichkeit eines **niedrigeren Grundkapitals** ein, wenn das Nettovermögen nicht in ausreichendem Maße vorhanden ist. Damit wird kapitalschwachen VVaG ein Formwechsel ermöglicht, um sich neues Kapital beschaffen zu können[499], was aber die aufsichtsrechtliche Genehmigung nicht präjudiziert[500].

Die Mitglieder des formwechselnden VVaG sind am Grundkapital der Versicherungs-Aktiengesellschaft im Regelfall in gleicher Höhe, also nach Köpfen, zu beteiligen. Ferner können als **Beteiligungsmaßstab** Merkmale des Versicherungsverhältnisses in Form der Höhe der Versicherungssumme, der Beiträge oder der Deckungsrückstellung in der Lebensversicherung[501] sowie mitgliedschaftliche Komponenten, nämlich der Maßstab für die Verteilung des Überschusses und des Vermögens wie auch die Dauer der Mitgliedschaft herangezogen werden. Die genannten Maßstäbe sind zwar untereinander kombinierbar, aber abschließend[502].

---

[491] § 294 Abs. 2 S. 1 UmwG.
[492] Kölner Kommentar-UmwG/*Matusche-Beckmann*, § 294 Rn. 18; Semler/Stengel/*Niemeyer*, § 294 Rn. 9.
[493] § 89 VAG; Semler/Stengel/*Niemeyer*, § 294 Rn. 9; Lutter/*Wilm*, § 294 Rn. 5.
[494] § 89 Abs. 2 und 3 VAG.
[495] § 122 Abs. 1 VAG.
[496] §§ 8 Abs. 1, 9 Abs. 2 Nr. 4, 89 Abs. 1 S. 2 VAG.
[497] § 7 AktG; Semler/Stengel/*Niemeyer*, § 291 Rn. 11.
[498] Semler/Stengel/*Niemeyer*, § 294 Rn. 9 f.; Lutter/*Wilm*, § 294 Rn. 5.
[499] Kölner Kommentar-UmwG/*Matusche-Beckmann*, § 294 Rn. 27; Lutter/*Wilm*, § 294 Rn. 6.
[500] Kölner Kommentar-UmwG/*Matusche-Beckmann*, § 294 Rn. 22; Semler/Stengel/*Niemeyer*, § 294 Rn. 11; Widmann/Mayer/*Vossius*, § 294 Rn. 51. Nach Widmann/Mayer/*Vossius*, § 294 Rn. 50 erlaube das UmwG eine niedrigere Kapitalfestsetzung als versicherungsaufsichtsrechtlich erforderlich.
[501] Lutter/*Wilm*, § 294 Rn. 15, verweist mit Recht darauf, dass Deckungsrückstellungen auch in der Unfall- oder Krankenversicherung zu bilden sind, aber der klare Wortlaut der Vorschrift zu beachten sei; vgl. auch Kölner Kommentar-UmwG/*Matusche-Beckmann*, § 294 Rn. 35.
[502] Kölner Kommentar-UmwG/*Matusche-Beckmann*, § 294 Rn. 30; Lutter/*Wilm*, § 294 Rn. 14.

355 Soll in der Satzung der Versicherungs-Aktiengesellschaft genehmigtes Kapital geschaffen werden, so darf die Ermächtigung keine Ermächtigung zum **Ausschluss des Bezugsrechts** vorsehen[503], weil der Umwandlungsbeschluss im Gegensatz zur Gründungsvereinbarung bei der Aktiengesellschaft nicht der Zustimmung aller Mitglieder bedarf[504]. Dieser **Verwässerungsschutz** verbietet aber nicht, dass eine unmittelbar nach Wirksamwerden des Formwechsels einberufene Hauptversammlung eine Ermächtigung zum Bezugsrechtsausschluss nach § 203 Abs. 2 Satz 1 AktG beschließt[505]. Allerdings kann bereits in der Ermächtigung zur Erhöhung des Grundkapitals beschlossen werden, das Bezugsrecht auszuschließen[506].

356 Die Aktionäre sind über den Formwechsel und die ihnen gewährten Aktien und Teilrechte zu benachrichtigen und zur Abholung der Aktien aufzufordern, andernfalls droht Veräußerung der Aktien[507]. Solange die abgeholten oder veräußerten Aktien nicht insgesamt mindestens sechs Zehntel des Grundkapitals der Versicherungs-AG erreichen, besteht eine **Sperre für Hauptversammlungsbeschlüsse**, die neben der Stimmenmehrheit nach Gesetz oder Satzung einer Kapitalmehrheit bedürfen[508]. Ziel ist, grundlegende Entscheidungen unmittelbar nach dem Formwechsel zu verhindern, bevor nicht eine deutliche Mehrheit der Aktionäre in der Lage ist, ihre Stimmrechte auszuüben[509]. Das gleiche Verbot gilt für die Ausnutzung von genehmigtem Kapital in diesem Zeitraum[510]. Drohen wegen dieser Sperre der Versicherungs-Aktiengesellschaft erhebliche Nachteile, kann die Aufsichtsbehörde erforderlichenfalls **Ausnahmen** von der Sperre für Hauptversammlungsbeschlüsse nach pflichtgemäßen Ermessen zulassen[511]; Ausnahmen von der Ausnutzung von genehmigtem Kapital sind allerdings nicht zulässig[512]. Solche erheblichen Nachteile wären beispielsweise gegeben, wenn der VVaG die Mindestkapitalanforderung des § 122 VAG nicht mehr einhält und der Formwechsel zur Kapitalbeschaffung im Wege einer Kapitalerhöhung dienen soll[513]. Die Sperr-Thematik stellt sich jedoch nur sehr eingeschränkt, wenn die Verbriefung der Aktien ausgeschlossen ist[514].

E. Personengesellschaften

Schrifttum: *Bayer*, 1000 Tage neues Umwandlungsrecht – eine Zwischenbilanz, ZIP 1997, 1613; *Baßler*, Gesellschafterwechsel bei Umwandlungen, GmbHR 2007, 1252; *Bärwaldt/Schabacker*, Der Formwechsel als modifizierte Neugründung, ZIP 1998, 1293; *Binnewies*, Formelle und materielle Voraussetzungen von Umwandlungsbeschlüssen, GmbHR 1997, 727; *Böttcher*, Gesellschafter- und Gläubigerschutz beim Formwechsel aus der Personen- in die Kapitalgesellschaft, 2006; *Breiteneicher*, Die Anwachsung als steuerliches Umwandlungsinstrument, DStR 2004, 1405; *DAV-Handelsrechtsaus-

---

[503] §§ 294 Abs. 1 S. 1, 263 Abs. 3 S. 3 UmwG.
[504] Lutter/*Wilm*, § 294 Rn. 8; Semler/Stengel/*Niemeyer*, § 294 Rn. 3.
[505] Semler/Stengel/*Niemeyer*, § 294 Rn. 4; Widmann/Mayer/*Vossius*, § 294 Rn. 7.
[506] Semler/Stengel/*Niemeyer*, § 294 Rn. 18; Widmann/Mayer/*Vossius*, § 294 Rn. 6.
[507] § 299 Abs. 1 UmwG verweist auf die Regelungen für den Formwechsel von Genossenschaften in §§ 267, 268 UmwG.
[508] §§ 299 Abs. 2 S. 1, 269 S. 1 UmwG.
[509] Kölner Kommentar-UmwG/*Matusche-Beckmann*, § 299 Rn. 12; Semler/Stengel/*Niemeyer*, § 299 Rn. 3; Lutter/*Wilm*, § 299 Rn. 7.
[510] §§ 299 Abs. 2 S. 1, 269 S. 2 UmwG; zur teleologischen Reduktion bei vorherigem Bezugsrechtsausschluss siehe Semler/Stengel/*Niemeyer*, § 299 Rn. 5 ff.
[511] § 299 Abs. 2 S. 2 UmwG; Kölner Kommentar-UmwG/*Matusche-Beckmann*, § 299 Rn. 15; Semler/Stengel/*Niemeyer*, § 299 Rn. 30.
[512] Kritisch dazu: Kölner Kommentar-UmwG/*Matusche-Beckmann*, § 299 Rn. 18; Semler/Stengel/*Niemeyer*, § 299 Rn. 10 und 28.
[513] Vgl. auch Semler/Stengel/*Niemeyer*, § 299 Rn. 29.
[514] Dazu z. B. Kölner Kommentar-UmwG/*Matusche-Beckmann*, § 299 Rn. 11; Semler/Stengel/*Niemeyer*, § 299 Rn. 21.

schuss, Stellungnahme des Handelsrechtsausschusses des Deutschen Anwaltvereins e. V. zum Referentenentwurf eines Gesetzes zur Bereinigung des Umwandlungsrechts, WM 1993, Sonderbeil. 2; *Heckschen*, Identität der Anteilseigner beim Formwechsel, DB 2008, 2122; *ders.*, Die Entwicklung des Umwandlungsrechts aus Sicht der Rechtsprechung und Praxis, DB 1998, 1385; *Joost*, Die Bildung des Aufsichtsrats beim Formwechsel einer Personenhandelsgesellschaft in eine Kapitalgesellschaft, FS Claussen, 1997, S. 187; *Kallmeyer*, Die GmbH & Co. KG im Umwandlungsrecht, GmbHR 2000, 418; *Kallmeyer*, Der Ein- und Austritt der Komplementär-GmbH einer GmbH & Co. KG bei Verschmelzung, Spaltung und Formwechsel nach dem UmwG 1995, GmbHR 1996, 80; *Kießling*, Der Rechtsformwechsel zwischen Personengesellschaften, WM 1999, 2391; *Lutter*, Zur Reform von Umwandlung und Fusion, ZGR 1990, 392; *Meister*, Die Auswirkungen des MoMiG auf das Umwandlungsrecht, NZG 2008, 767; *Meyer-Landrut/Kiem*, Der Formwechsel einer Publikumsgesellschaft, Teil I, WM 1997, 1361; *Müller*, Die Zuleitung des Verschmelzungsvertrages an den Betriebsrat nach § 5 Abs 3 Umwandlungsgesetz, DB 1997, 713; *Orth*, Umwandlung durch Anwachsung, DStR 1999, 1011; *Priester*, Personengesellschaften im Umwandlungsrecht, DStR 2005, 788; *Priester*, Gründungsrecht contra Identitätsprinzip, FS Zöllner, 1998, S. 449; *Priester*, Mitgliederwechsel im Umwandlungszeitpunkt, DB 1997, 560; *Priester*, Kapitalgrundlage beim Formwechsel, DB 1995, 911; *Prinz/Hoffmann*, Beck'sches Handbuch der Personengesellschaften, 4. Aufl. 2014; *K. Schmidt*, Volleinzahlungsgebot beim Formwechsel in die AG oder GmbH?, ZIP 1995, 1385; *K. Schmidt*, Zur Gesellschafteridentität bei der Beteiligung einer Personengesellschaft am Formwechsel, GmbHR 1995, 693; *K. Schmidt*, Gesetzliche Gestaltung und dogmatisches Konzept eines neuen Umwandlungsgesetzes, ZGR 1990, 580; *K. Schmidt/Schneider*, Haftungserhaltende Gläubigerstrategien beim Ausscheiden von Gesellschaftern bei Unternehmensübertragung, Umwandlung und Auflösung, BB 2003, 1961; *Simon/Leuering*, Umwandlung von GmbH & Co. KGs – Ende des Treuhandmodells, NJW Spezial 2005, 459; *Streck/Mack/Schwedhelm*, Verschmelzung und Formwechsel nach dem neuen Umwandlungsgesetz, GmbHR 1995, 161; *Tettinger*, UG (umwandlungsbeschränkt)? – Die Unternehmergesellschaft nach dem MoMiG-Entwurf und das UmwG, Der Konzern 2008, 75; *Timm*, Die Rechtsfähigkeit der Gesellschaft bürgerlichen Rechts und ihre Haftungsverfassung, NJW 1995, 3209; *Wiedemann*, Identität beim Formwechsel, ZGR 1999, 568; *Wolf*, Die Haftung des Kommanditisten beim Formwechsel in die GmbH, ZIP 1996, 1200; *Wolfsteiner*, Gründungsaufwand beim Formwechsel, FS Bezzenberger, 2000, S. 467; *Zürbig*, Der Formwechsel einer Personengesellschaft in eine Kapitalgesellschaft, 1999.

I. Grundlagen

1. Beteiligte Rechtsträger

Während § 191 UmwG vorgibt, welche Rechtsträger grundsätzlich an einem Form- 357 wechsel nach dem UmwG als Ausgangs- und/oder Zielrechtsträger beteiligt sein können, ergeben sich rechtsformspezifische Einschränkungen aus den Vorschriften des Zweiten Teils des Fünften Buches (§§ 214 ff. UmwG).

a) Ausgangsrechtsträger. aa) Personenhandelsgesellschaften. Gemäß § 191 Abs. 1 358 Nr. 1 Alt. 1 UmwG können Personenhandelsgesellschaften grundsätzlich übertragender Rechtsträger eines Formwechsels sein. Unter den Begriff der Personenhandelsgesellschaft fallen gemäß § 3 Abs. 1 Nr. 1 UmwG die OHG und die KG, einschl. der Kapitalgesellschaft & Co. KG sowie der Stiftung & Co. KG.[515]

Zudem ist über die Definition in § 3 Abs. 1 Nr. 1 UmwG hinaus auch die **Europäische** 359 **Wirtschaftliche Interessenvereinigung** (EWIV)[516] in diesem Kontext als umwandlungsfähiger Rechtsträger anzusehen. Dies folgt aus § 1 EWIVAG[517], wonach die für eine OHG

---

[515] Henssler/Strohn/*Heidinger* § 3 UmwG Rn. 6; Schmitt/Hörtnagl/Stratz/*Stratz* § 3 Rn. 9; aA *Kallmeyer* GmbHR 2000, 418, 419 (beteiligungsidentische GmbH & Co. KG als Rechtsform sui generis).

[516] Böttcher/Habighorst/Schulte/*Althoff*/*Narr* § 191 Rn. 3; Henssler/Strohn/*Drinhausen/Keinath* § 191 UmwG Rn. 3; Semler/Stengel/*Schwanna* § 191 Rn. 11; Kallmeyer/*Meister/Klöcker* § 191 Rn. 5; Lutter/*Decher/Hoger* § 191 Rn. 2; aA Widmann/Mayer/*Vossius* § 191 Rn. 8, der vor einem Formwechsel die Umwandlung in eine OHG für erforderlich hält.

[517] Gesetz zur Ausführung der EWG-Verordnung über die Europäische wirtschaftliche Interessenvereinigung (EWIV-Ausführungsgesetz) v. 14.4.1988, BGBl. I S. 514.

geltenden Vorschriften anzuwenden sind und die Vereinigung als Handelsgesellschaft iSd HGB anzusehen ist. Da die EWIV somit gesetzlich einer OHG gleichgestellt wird, liegt auch kein Verstoß gegen das Analogieverbot des § 1 Abs. 2 UmwG vor.[518]

360　**bb) Gesellschaften bürgerlichen Rechts.** Die GbR kann gemäß § 191 Abs. 2 Nr. 1 UmwG **nur Zielrechtsträger**, mangels Nennung in Abs. 1 jedoch nicht Ausgangsrechtsträger einer Umwandlung nach dem UmwG sein. Mag man zwar ein praktisches Erfordernis eines Formwechsels der als teilrechtsfähig anerkannten Außen-GbR anerkennen,[519] so scheitert eine entspr. Anwendung des § 191 Abs. 1 Nr. 1 UmwG jedoch bereits am Analogieverbot.[520] Angesichts des deutlich entgegenstehenden gesetzgeberischen Willens fehlt es für eine Analogie auch an der hierfür erforderlichen ungeplanten Regelungslücke.

361　Ein Formwechsel einer GbR muss sich demnach **außerhalb** des Anwendungsbereichs **des UmwG** vollziehen, was § 190 Abs. 2 UmwG ausdrücklich zulässt. Sobald die GbR jedoch ein Handelsgewerbe iSd § 1 Abs. 2 HGB führt oder sich in das Handelsregister eintragen lässt, wandelt sie sich gemäß § 105 Abs. 1 bzw. Abs. 2 HGB in eine OHG und wird somit umwandlungsfähiger Rechtsträger nach § 191 Abs. 1 Nr. 1 Alt. 1 UmwG. Der Anwendungsbereich des § 105 Abs. 2 HGB erstreckt sich indes nicht auf die Freiberufler-GbR. Durch vorherige Umwandlung in eine PartG wird jedoch der Weg für eine Umwandlung nach § 225a UmwG frei.[521]

362　**cc) Partnerschaftsgesellschaften.** Die Partnerschaftsgesellschaft (PartG)[522] ist eine Gesellschaft, in der sich Angehörige Freier Berufe zur Ausübung ihrer Berufe zusammenschließen, § 1 Abs. 1 S. 1 PartGG. Sie ist Personengesellschaft und Außengesellschaft[523] und als eine **Sonderform der GbR** anzusehen,[524] weshalb auch, wie § 1 Abs. 4 PartGG klarstellend darlegt, neben dem PartGG subsidiär das Recht der GbR Anwendung findet. Die PartG übt **kein Handelsgewerbe** aus, § 1 Abs. 1 S. 2 PartGG, und ist daher keine Personenhandelsgesellschaft, sodass auch die für solche Gesellschaften geltenden (umwandlungsrechtlichen) Vorschriften auf die PartG grundsätzlich keine Anwendung finden. Erst mit Einführung bzw. Änderung der §§ 191 Abs. 1 Nr. 1 Alt. 2, 225a bis 225c, 226 und 228 Abs. 2 UmwG sowie weiteren Anpassungen durch das Gesetz zur Änderung des Umwandlungsgesetzes, des Partnerschaftsgesellschaftsgesetzes und anderer Gesetze vom 22.7.1998[525] ist der Formwechsel für PartG nach dem UmwG eröffnet worden.

363　**dd) Aufgelöste Personengesellschaften.** Grundsätzlich kann ein Formwechsel auch noch zwischen Auflösung und Vollbeendigung der formwechselnden Gesellschaft erfolgen. Voraussetzung hierfür ist gemäß § 191 Abs. 3 UmwG, dass die Fortsetzung in der bisherigen Rechtsform beschlossen werden könnte (→ § 32 Rn. 53 ff.). Eines **Fortsetzungsbeschlusses bedarf es nicht.**[526] Vielmehr genügt die bloße Möglichkeit, die Fortsetzung zu beschließen, da im Umwandlungsbeschluss der Fortsetzungsbeschluss bereits enthalten ist.[527] Im Fall der Personengesellschaft bleibt die Möglichkeit des Formwechsels eröffnet,

---

[518] Schmitt/Hörtnagl/Stratz/*Stratz* § 191 Rn. 10.
[519] *DAV-Handelsrechtsausschuss* WM 1993, Sonderbeil. 2, Rn. 131; *Lutter* ZGR 1990, 392, 399 f.; vgl. auch *K. Schmidt* ZGR 1990, 580, 591.
[520] Lutter/*Decher/Hoger* § 191 Rn. 3; Kölner Kommentar-UmwG/*Petersen* § 191 Rn. 8; Schmitt/Hörtnagl/Stratz/*Stratz* § 191 Rn. 33; Widmann/Mayer/*Vossius* § 191 Rn. 7; *Timm* NJW 1995, 3209, 3210.
[521] S. auch Widmann/Mayer/*Mayer* Anh. 5 Rn. 438.
[522] Während der Titel des PartGG von Partnerschaftsgesellschaften spricht, verwendet das PartGG selbst den Begriff der Partnerschaft, welcher indes inhaltlich nicht von ersterem abweicht. Im Folgenden wird hier einheitlich der Begriff „Partnerschaftsgesellschaft" (PartG) verwendet.
[523] Henssler/Strohn/*Hirtz* § 1 PartGG Rn. 9.
[524] MünchKommBGB/*Schäfer* § 1 PartGG Rn. 7.
[525] BGBl. I S. 1878.
[526] RegEBegr, bei Ganske, S. 237.
[527] Semler/Stengel/*Schlitt* § 214 Rn. 23; Lutter/*Joost* § 214 Rn. 11.

solange sie sich nach Auflösung noch gemäß § 145 Abs. 1 HGB (iVm § 10 Abs. 1 PartGG) **in der Liquidationsphase** befindet und – wenn noch Aktivvermögen vorhanden ist – noch nicht voll beendet ist.[528] Demgegenüber schließt § **214 Abs. 2 UmwG** (iVm § 225c UmwG) den Formwechsel dann aus, wenn die Gesellschafter nach § 145 HGB eine andere Art der Auseinandersetzung als die Abwicklung oder als den Formwechsel vereinbart haben. Damit soll sichergestellt werden, dass das Vermögen der aufgelösten Personenhandelsgesellschaft im Zeitpunkt des Umwandlungsbeschlusses noch vorhanden ist.[529] Als Alternative zur Abwicklung kommen etwa die Aufteilung des Gesellschaftsvermögens an die Gesellschafter, die Übernahme des Handelsgeschäfts durch einen Gesellschafter unter Abfindung der übrigen Mitgesellschafter oder die Übertragung aller Anteile auf einen unbeteiligten Dritten in Betracht.[530] Eine solche Vereinbarung kann auch direkt im Gesellschaftsvertrag getroffen werden. In diesem Fall ist der Formwechsel allerdings dennoch möglich, wenn die Vereinbarung wieder aufgehoben wird, zumindest solange mit der Vermögensverteilung noch nicht begonnen wurde.[531] Im Falle der Auflösung durch **Eröffnung des Insolvenzverfahrens** bemisst sich die Zulässigkeit des Formwechsels allein nach § 191 Abs. 3 UmwG. Ein solcher ist möglich, wenn gemäß § 144 Abs. 1 HGB das Insolvenzverfahren auf Antrag des Schuldners eingestellt oder nach der Bestätigung eines Insolvenzplans, der den Fortbestand der Gesellschaft vorsieht, aufgehoben wurde und folglich die Fortsetzung der Gesellschaft beschlossen werden könnte.[532]

b) **Zielrechtsträger.** Zielrechtsträger bei einer Umwandlung einer Personenhandelsgesellschaft oder einer PartG können gemäß § 214 Abs. 1 UmwG bzw. § 225a UmwG lediglich **Kapitalgesellschaften oder eG** sein. Diese Regelungen sind abschließend. An anderen Umwandlungsvorgängen nach dem UmwG kann eine Personenhandelsgesellschaft oder eine PartG nicht beteiligt sein.[533]

Ein **Formwechsel** von der Personengesellschaft direkt **in die Rechtsform der UG** ist jedoch **nicht möglich**, obwohl diese lediglich eine Variante der GmbH darstellt, bei welcher das Mindeststammkapital nicht erreicht wird, § 5a Abs. 1 GmbHG.[534] Denn aufgrund der Vergleichbarkeit des Formwechsels mit der Sachgründung finden über § 197 S. 1 UmwG die Sachgründungsvorschriften Anwendung. Zu diesen gehört auch das Sacheinlageverbot des § 5a Abs. 2 S. 2 GmbHG, welches dem Formwechsel in die UG entgegensteht.[535] Möglich wäre indes ein Wechsel in die UG außerhalb des UmwG über das Anwachsungsmodell.[536]

---

[528] Baumbach/Hopt/*Roth* § 131 Rn. 30 ff.; BeckOK HGB/*Lehmann-Richter* § 131 Rn. 34; Semler/Stengel/*Schwanna* § 191 Rn. 17; Maulbetsch/Klumpp/Rose/*Quass* § 192 Rn. 4; vgl. auch Kölner Kommentar-UmwG/*Petersen* § 191 Rn. 21 f.; nach aA soll dies nur bis zum Beginn der Liquidationsphase möglich sein, Böttcher/Habighorst/Schulte/*Althoff*/*Narr* § 191 Rn. 17. Der GmbH & Co. KG ist ein Fortsetzungsbeschluss auch dann verwehrt, wenn sie überschuldet ist, Semler/Stengel/*Schlitt* § 214 Rn. 23.
[529] BT-Drs. 12/6699 S. 148 zu § 214 UmwG; kritisch Lutter/*Joost* § 214 Rn. 7.
[530] Vgl. Baumbach/Hopt/*Roth* § 145 Rn. 10; Lutter/*Joost* § 214 Rn. 8.
[531] Lutter/*Joost* § 214 Rn. 8; dass die Aufhebung der Auseinandersetzungsregelungen nach Beginn der Vermögensverteilung unzulässig sein sollte, lässt sich bezweifeln. Denn über die Nachhaftung im Rahmen von § 224 UmwG sowie die Kapitalschutzvorschrift des § 220 Abs. 1 UmwG wird bereits ein hinreichender, vom Gesetzgeber bezweckter Gläubigerschutz erreicht, zumal auch zu bedenken ist, dass nicht einmal für die werbende Kapitalgesellschaft konkrete Kapitalschutzregeln bestehen, Kölner Kommentar-UmwG/*Dauner-Lieb*/*Tettinger* § 214 Rn. 22; ebenso Semler/Stengel/*Schlitt* § 214 Rn. 28.
[532] BT-Drs. 12/6699 S. 148 zu § 214 UmwG; Lutter/*Joost* § 214 Rn. 11.
[533] Vgl. Semler/Stengel/*Schlitt* § 214 Rn. 2; Henssler/Strohn/*Drinhausen*/*Keinath* § 191 UmwG Rn. 5.
[534] Ausführlich zur Umwandlungsfähigkeit der UG *Tettinger* Der Konzern 2008, 75.
[535] Kölner Kommentar-UmwG/*Dauner-Lieb*/*Tettinger* § 214 Rn. 11; Kallmeyer/*Blasche* § 214 Rn. 8; Lutter/*Joost* § 214 Rn. 12.
[536] *Meister* NZG 2008, 767, 768; Semler/Stengel/*Schlitt* § 214 Rn. 17.

§ 38   366, 367   4. Kapitel. Formwechsel

366 Wenngleich die **SE** Kapitalgesellschaft ist, kommt sie **als Zielrechtsträger** eines Formwechsels einer Personengesellschaft **nicht in Betracht**, da die SE-VO die Gründung einer SE abschließend regelt.[537] Art. 37 iVm Art. 2 Abs. 4 SE-VO eröffnet den Formwechsel in eine SE der AG als formwechselndem Rechtsträger, wenn diese seit mindestens zwei Jahren eine dem Recht eines anderen Mitgliedstaats unterliegende Tochtergesellschaft hat. Es handelt sich hierbei um einen Formwechsel außerhalb des UmwG, der nach § 190 Abs. 2 UmwG trotz numerus clausus und Analogieverbot zulässig ist (zum Formwechsel in die SE eingehend → § 40).

367 Beim Formwechsel einer **GmbH & Co. KG in eine Kapitalgesellschaft** und umgekehrt (zum Formwechsel in eine Kapitalgesellschaft & Co. KG s. insbes. auch → § 38 Rn. 91 ff.) zeigen sich Reibungspunkte mit dem Identitätsprinzip nach § 190 Abs. 1 UmwG (→ § 32 Rn. 3 ff.), wenn – wie dies in der Praxis die Regel ist – die nicht am Kapital beteiligte Komplementär-GmbH nicht Gesellschafterin der Kapitalgesellschaft werden soll bzw. die neue Komplementär-GmbH nicht Gesellschafterin der formwechselnden Kapitalgesellschaft war und neu hinzutreten soll. In persönlicher Hinsicht besagt der Identitätsgrundsatz, dass beim Formwechsel – vorbehaltlich gesetzlich vorgesehener Ausnahmen[538] – der Kreis der an den betroffenen Rechtsträgern beteiligten Personen unverändert bleibt, vgl. § 202 Abs. 1 Nr. 2 S. 1 UmwG.[539] Zur Vermeidung des Konflikts mit dem Identitätsgrundsatz wurde in der Praxis nach dem sog. **Treuhandmodell** verfahren. Demnach sollte die Komplementärgesellschaft eine „logische Sekunde" vor dem Formwechsel mit einem Zwergkapitalanteil treuhänderisch an der formwechselnden Gesellschaft beteiligt werden und diesen Anteil nach Wirksamwerden der Umwandlung rückübertragen, um so aus der Zielkapitalgesellschaft auszuscheiden bzw. an der Zielkapitalgesellschaft & Co. KG nicht mit einem Kapitalanteil beteiligt zu sein.[540]

Unter Bestätigung früherer Entscheidungen zu dem mit § 202 UmwG im Wesentlichen identischen § 34 LwAnpG[541] hat der **BGH** für den Fall des Formwechsels einer AG in eine GmbH & Co. KG in einem *obiter dictum* im Jahre **2005** festgehalten, dass der Beitritt der Komplementär-GmbH auch noch im Laufe des Formwechselverfahrens möglich sein soll, da das Prinzip der Identität bzw. Kontinuität lediglich fordere, dass Berechtigte, die zum Zeitpunkt der Eintragung des Formwechsels Anteilsinhaber sind, auch Mitglieder des Rechtsträgers neuer Rechtsform werden.[542] Erst mit der Eintragung in das Register der

---

[537] Henssler/Strohn/*Drinhausen/Keinath* § 191 UmwG Rn. 4; Lutter/*Decher/Hoger* Einf. Rn. 30, § 190 Rn. 17; Böttcher/Habighorst/Schulte/*Althoff/Narr* § 191 Rn. 15; Kallmeyer/*Meister/Klöcker* § 190 Rn. 18; Semler/Stengel/*Drinhausen* Einl. C Rn. 54; Kölner Kommentar-UmwG/*Dauner-Lieb/Tettinger* § 214 Rn. 10.

[538] Beitritt/Ausscheiden von Gesellschaftern bei Formwechsel in eine/aus einer KGaA, vgl. §§ 218 Abs. 2, 221, 233 Abs. 3 S. 3, 236, 240 Abs. 2 S. 2, 247 Abs. 2, 255 Abs. 3, 262 Abs. 2, 275 Abs. 3 UmwG sowie Ausscheiden von Mitglieder beim Formwechsel aus dem VVaG in eine AG, vgl. 294 Abs. 1 S. 2 UmwG; s. auch RegEBegr. BR-Drs. 75/94 zur Einl. des fünften Buches UmwG, S. 136.

[539] RegEBegr. BR-Drs. 75/94 zur Einl. des fünften Buches UmwG, S. 136; Lutter/*Decher/Hoger* § 190 Rn. 1; Widmann/Mayer/*Vossius* § 190 Rn. 23.

[540] Lutter/*Göthel* § 228 Rn. 24; Sagasser/Bula/Brünger/*Sagasser/Luke* § 26 Rn. 165; Kallmeyer/*Meister/Klöcker* § 191 Rn. 14; *K. Schmidt* GmbHR 1995, 693; vgl. auch die Muster bei Engl/*Greve* Teil E.3 Rn. 8 f. sowie Limmer/*Limmer* Teil 4 Kap. 2 Rn. 471.

[541] BGH II ZR 293/98, DStR 1999, 1238: Dem Kontinuitätsprinzip stehe nicht entgegen, dass „im Zuge des Formwechsels ein Gesellschafter neu hinzutritt, wie im vorliegenden Fall die Komplementär-GmbH"; BGH V ZR 23/94, VIZ 1995, 298: „Es macht bei wertender Betrachtung keinen Unterschied, ob zunächst die Umwandlung vollzogen und anschließend ein neuer Gesellschafter aufgenommen wird oder ob – wie hier – die Erweiterung der Gesellschaft zeitlich vorgezogen wird".

[542] BGH II ZR 29/03, ZIP 2005, 1318. Der BGH geht im Urteil ohne Begründung davon aus, dass der Beitritt neben der Zustimmung des Beitretenden die Einhaltung bloß der Mehrheitserfordernisse des UmwG voraussetze; einvernehmliche Entscheidung wird nicht gefordert. Insbes. die persönliche Struktur von Personengesellschaften spricht jedoch dafür, Einstimmigkeit vorauszusetzen; so auch Maulbetsch/Klumpp/Rose/*Quass* § 194 Rn. 9; *Heckschen* DB 2008, 2122, 2124; *Bayer* ZIP 1997, 1613, 1617; *Wiedemann* ZGR, 1999, 568, 578 f. Dies sollte spiegelbildlich auch für den Austritt gelten.

neuen Rechtsform wird der Formwechsel wirksam, § 202 UmwG. Wenngleich ein Verstoß gegen die gesetzliche Dogmatik angeprangert[543] und bisweilen weiterhin eine zweistufige Vorgehensweise gefordert wird,[544] pflichtet die zutreffende hM dem von der Rechtsprechung angedeuteten wesentlich pragmatischeren Ansatz bei und hält sowohl den Ein- als auch den Austritt der Komplementär-GmbH im Zuge des Formwechsels im Umwandlungsbeschluss für möglich.[545] Für diesen Weg spricht neben der Befriedigung praktischer Bedürfnisse insbes. auch die Tatsache, dass der Gesetzgeber bei der Reform des UmwG 2007[546] in Kenntnis der Problematik bewusst keine Regelung wider die Rechtsprechung getroffen hat.[547] Zudem regelt das UmwG zwar die grundsätzlichen Folgen des Formwechsels, schließt aber eine anderweitige Rechtsgestaltung durch die Beteiligten nicht aus. In Anbetracht der Tatsache, dass es sich bei der Aussage des BGH bloß um ein *obiter dictum* handelt, ist **für die Praxis** aus dem Prinzip der **Vorsicht** heraus dennoch zu empfehlen, sich vor dem Formwechsel nach der Handhabung durch das zuständige Registergericht zu erkundigen bzw. den Beitritt oder Austritt noch vor dem Formwechsel (ggf. bedingt auf dessen Wirksamwerden) abzuschließen oder nach dem Treuhandmodell zu verfahren.[548]

Beim Formwechsel einer Personengesellschaft in eine **Ein-Personen-Kapitalgesellschaft** treten entspr. Probleme auf. Da an einer Personengesellschaft stets mindestens zwei Gesellschafter beteiligt sein müssen, ist für den Formwechsel in die Ein-Mann-Kapitalgesellschaft zwangsläufig das Ausscheiden mindestens eines Gesellschafters erforderlich. Auch hier überzeugt der pragmatische Ansatz eines einstufigen Verfahrens unter Austritt aller Gesellschafter bis auf einen im Zuge des Formwechsels.[549] Da aber bislang nicht hinreichend geklärt ist, ob die Entscheidung des BGH auf andere Fälle der Mitgliederänderung beim Formwechsel übertragbar ist,[550] gilt es hier erst recht, zunächst das zuständige Registergericht zu konsultieren und den Austritt erst nach dem Formwechsel in die Kapitalgesellschaft zu vollziehen.[551] **368**

Auch die **SCE** kommt, obwohl sie nach hA formwechselnder Rechtsträger (→ § 32 Rn. 33) sein kann,[552] als **Zielrechtsträger** eines Formwechsels nach dem UmwG **nicht in** **369**

---

[543] Kallmeyer/*Meister*/*Klöcker* § 191 Rn. 11 f.
[544] Kallmeyer/*Meister*/*Klöcker* § 191 Rn. 14 f.
[545] Böttcher S. 45 ff.; Lutter/*Decher*/*Hoger* § 202 Rn. 12; Lutter/*Göthel* § 228 Rn. 24 ff.; Schmitt/Hörtnagl/Stratz/*Stratz* § 226 Rn. 3; Semler/Stengel/*Bärwaldt* § 197 Rn. 13; Semler/Stengel/*Kübler* § 202 Rn. 21; Kölner Kommentar-UmwG/*Dauner-Lieb*/*Tettinger* § 218 Rn. 36; Kallmeyer/*Blasche* § 218 Rn. 12 ff., § 228 Rn. 6 f.; Heckschen DB 2008, 2122, 2123; *Kallmeyer* GmbHR 1996, 80, 82; *Bayer* ZIP 1997, 1613, 1617; K. *Schmidt* GmbHR 1995, 693, 696; *Wiedemann* ZGR 1999, 568, 579; *Priester* DB 1997, 560, 566 f.; *Simon*/*Leuering* NJW Spezial 2005, 459, 460; *Baßler* GmbHR 2007, 1252, 1254; *Bärwaldt*/*Schabacker* ZIP 1998, 1293, 1294 (Umwandlung als modifizierte Neugründung); ebenso BeckHdb PersG/*Bärwaldt*/*Wisniewski* § 10 Rn. 161, 70.
[546] Zweites Gesetz zur Änderung des UmwG v. 19.4.2007, BGBl. I S. 542.
[547] Lutter/*Göthel* § 228 Rn. 26; Kölner Kommentar-UmwG/*Dauner-Lieb*/*Tettinger* § 218 Rn. 36.
[548] Semler/Stengel/*Bärwaldt* § 197 Rn. 9 Fn. 28; Lutter/*Göthel* § 228 Rn. 28; Kallmeyer/*Meister*/*Klöcker* § 191 Rn. 15; Kallmeyer/*Blasche* § 228 Rn. 8; Sagasser/Bula/Brünger/*Sagasser*/*Luke* § 26 Rn. 165; Engl/*Greve* Teil E.3 Rn. 8 f., der beide Modelle vorschlägt, jedoch darauf hinweist, dass zumindest die Rechtspfleger und Richter des Registergerichts München sich im Juni 2015 darauf verständigt haben, Bei- oder Austritt von Gesellschaftern im Zuge des Formwechsels bei Einvernehmen zuzulassen.
[549] Ebenso Lutter/*Göthel* § 228 Rn. 27; Semler/Stengel/*Bärwaldt* § 197 Rn. 9 Fn. 28 (für den Fall des Formwechsels der Ein-Personen-Kapitalgesellschaft in eine Personengesellschaft); *Priester* DB 1997, 560, 562 ff.; iErg auch BeckHdb PersG/*Bärwaldt*/*Wisniewski* § 10 Rn. 162 f., 75 (Umwandlung als modifizierte Neugründung).
[550] Bejahend Schmitt/Hörtnagl/Stratz/*Stratz* § 226 Rn. 3; Lutter/*Göthel* § 228 Rn. 27; *Baßler* GmbHR 2007, 1252, 1256; wohl auch *Heckschen* DB 2008, 2122, 2123 f.
[551] So auch Lutter/*Göthel* § 228 Rn. 28; Kallmeyer/*Meister*/*Klöcker* § 191 Rn. 12; Semler/Stengel/*Bärwaldt* § 197 Rn. 9 Fn. 28.
[552] Henssler/Strohn/*Drinhausen*/*Keinath* § 191 UmwG Rn. 3 f.; Semler/Stengel/*Drinhausen* Einl. C Rn. 68; Lutter/*Decher*/*Hoger* Einf. Rn. 32; vgl. auch Lang/*Weidmüller* § 190 UmwG Rn. 1.

Betracht, da parallel zur Sachlage bei der SE auch für die SCE insofern die Entstehung einer solchen nach der SCE-VO abschließend geregelt ist.[553] Nach Art. 35 iVm Art. 2 Abs. 1 SCE-VO ist ein Formwechsel in die SCE nur aus einer Genossenschaft heraus möglich, sofern diese seit mindestens zwei Jahren eine dem Recht eines anderen Mitgliedstaats unterliegende Niederlassung oder Tochter hat.

370 c) **Umwandlung in eine Personengesellschaft.** Die möglichen Zielgesellschaften eines Formwechsels nach dem UmwG werden nicht gebündelt geregelt, sondern ergeben sich aus § 191 Abs. 2 UmwG iVm den rechtsformspezifischen besonderen Vorschriften der §§ 214 ff. UmwG für den jeweiligen Ausgangsrechtsträger. Personengesellschaften als Zielrechtsträger eines Formwechsels werden **nur** in §§ 226, 228 ff. UmwG **beim Formwechsel von Kapitalgesellschaften** erwähnt. Andere Ausgangsrechtsträger kommen nicht in Betracht. Gemäß § 226 UmwG kann sich eine Kapitalgesellschaft nicht nur in eine Personenhandelsgesellschaft oder eine PartG, sondern auch in eine GbR umwandeln. Dies ist die einzige Regelung des UmwG, welche die GbR als Beteiligte eines Umwandlungsvorgangs vorsieht[554] (ausf. zum Formwechsel von Kapitalgesellschaften in Personengesellschaften → § 38 Rn. 22 ff.).

2. Formwechsel von Personengesellschaften außerhalb des UmwG

371 Formwechsel von Personengesellschaften können auch **außerhalb des** Anwendungsbereichs des **UmwG** vollzogen werden. Umwandlungen nach dem UmwG sind nach § 1 Abs. 2 UmwG zwar nur in den gesetzlich vorgesehenen Fällen möglich. § 190 Abs. 2 UmwG stellt für den Formwechsel indes klar, dass vorbehaltlich entgegenstehender Regelungen im UmwG die Formwechselmöglichkeiten aufgrund anderer Gesetze unberührt bleiben[555] (zu Strukturmaßnahmen außerhalb des UmwG auch → § 3 Rn. 11 ff.).

372 Die Umwandlung einer GbR, einer OHG oder einer KG **in ein einzelkaufmännisches Unternehmen** vollzieht sich automatisch, wenn bis auf einen alle persönlich haftenden Gesellschafter aus der Gesellschaft ausscheiden. In diesem Fall geht das Vermögen im Wege der Gesamtrechtsnachfolge auf den verbleibenden Einzelkaufmann über.[556]

373 Scheidet der einzige Kommanditist aus oder wird seine Haftungsbeschränkung aufgehoben, so wird die KG als OHG fortgesetzt, sofern noch mindestens zwei persönlich haftende Gesellschafter vorhanden sind.[557] Der **Wegfall des einzigen Komplementärs** einer KG führt indes zu deren Auflösung und Abwicklung.[558] Jedoch wandelt sich die KG in eine OHG, wenn nach Ausscheiden des Komplementärs die Gesellschaft von den übrigen Gesellschaftern als werbende Gesellschaft weitergeführt wird.[559] Umgekehrt erlangt die OHG die Rechtsform der KG, sobald ein **beschränkt haftender Gesellschafter aufgenommen** wird oder für einen persönlich haftenden Gesellschafter eine Haftungsbeschränkung verabredet und eingetragen wird.

374 Erfüllt eine OHG oder eine KG nicht mehr die Tatbestandsmerkmale des § 105 bzw. § 161 Abs. 1 HGB, insbes. bei **Betriebseinstellung oder -reduktion** auf den Umfang eines Kleingewerbes, sodass kein Handelsgewerbe iSd § 1 Abs. 2 HGB mehr vorliegt, wandelt sich die Gesellschaft in eine Außen-GbR. Vor dem Hintergrund des § 105 Abs. 2

---

[553] Semler/Stengel/*Schlitt* § 214 Rn. 17; Lutter/*Joost* § 214 Rn. 12; Kallmeyer/*Blasche* § 214 Rn. 10.
[554] Semler/Stengel/*Schwanna* § 191 Rn. 13; Lutter/*Decher*/*Hoger* § 191 Rn. 4.
[555] RegEBegr, bei Ganske, S. 43, 211; Schmitt/Hörtnagl/Stratz/*Stratz* § 190 Rn. 2; Henssler/Strohn/*Drinhausen*/*Keinath* § 190 UmwG Rn. 14 f.; Lutter/*Decher*/*Hoger* § 190 Rn. 9 ff.
[556] Baumbach/Hopt/*Roth* § 105 Rn. 8; MünchKommHGB/*Schmidt* § 131 Rn. 7; Oetker/*Lieder* § 105 Rn. 86.
[557] BGH II ZB 6/76, BGHZ 68, 12 = NJW 1977, 383.
[558] BGH II ZR 53/76, WM 1978, 675; Baumbach/Hopt/*Roth* § 131 Rn. 36; Oetker/*Kamanabrou* § 131 Rn. 18.
[559] BGH II ZR 20/78, NJW 1979, 1705; MünchKommHGB/*Schmidt* § 131 Rn. 8; Oetker/*Kamanabrou* § 131 Rn. 18.

HGB ist hierfür allerdings noch die Löschung im Handelsregister erforderlich.[560] Die GbR wandelt sich demgegenüber in eine OHG, sobald sie ein Handelsgewerbe betreibt[561] oder sich ins Handelsregister eintragen lässt, §§ 2 S. 1, 105 Abs. 2 HGB.

Eine Rechtsformänderung von Personengesellschaften kann auch über eine **Anwach-** 375 **sung** von Gesellschaftsanteilen erreicht werden. In dieser Variante vereinigen sich alle Anteile in einer Hand, sodass dem einzigen Gesellschafter nach § 738 BGB (iVm §§ 105 Abs. 3, 161 Abs. 2 HGB) die Anteile der ausgeschiedenen anwachsen.[562] So kann etwa eine GmbH & Co. KG dadurch in eine GmbH umgewandelt werden, dass sämtliche Kommanditisten ihre Anteile an der KG in die Komplementär-GmbH (gegen Übernahme von Geschäftsanteilen an dieser) einbringen, sodass diese sodann alleinige Gesellschafterin an der KG wird und die KG damit erlischt (sog. **erweitertes Anwachsungsmodell**).[563] Bei dieser Variante des Formwechsels außerhalb des UmwG[564] sind freilich Sachgründungs- bzw. Sacherhöhungsvorschriften einzuhalten. Dennoch bietet diese Vorgehensweise gegenüber einem Formwechsel nach dem UmwG insoweit Erleichterungen, als weder die Kommanditisten der Gründerhaftung gemäß § 219 S. 1, 197 S. 1 UmwG iVm § 9 GmbHG unterliegen noch die Gläubigerschutzvorschriften der §§ 22, 204 Hs. 1 UmwG und §§ 25, 205 f. UmwG anwendbar sind.[565]

Für die Umwandlung einer **GbR** in eine **PartG** (vgl. § 2 Abs. 2 Hs. 2 PartGG) ist der 376 Abschluss eines Partnerschaftsvertrags sowie die Eintragung im Partnerschaftsregister gemäß § 7 Abs. 1 PartGG erforderlich. Für den umgekehrten Fall des Formwechsels einer PartG in eine GbR wirkt die Löschung im Partnerschaftsregister konstitutiv.[566] Da sich der Gesellschaftszweck einer **OHG/KG** und der einer **PartG** gegenseitig ausschließen, ist für einen Formwechsel zwischen Personenhandelsgesellschaft und PartG in jedem Fall stets eine Änderung des Gesellschaftszwecks erforderlich.[567] Ohne Umwandlung nach dem UmwG kann die PartG bei Aufnahme eines Handelsgewerbes, Löschung im Partnerschaftsregister und Eintragung im Handelsregister die Rechtsform der OHG annehmen.[568]

3. Motive für den Formwechsel von Personengesellschaften

Eine abstrakte Antwort auf die Frage nach dem Anlass für eine Umwandlung einer 377 Personengesellschaft lässt sich nicht geben. Da die rechtliche, wirtschaftliche und finanzielle Situation einer jeden Gesellschaft anders ist, variieren auch die Beweggründe für den Formwechsel von Fall zu Fall. Diese lassen sich regelmäßig auch nicht auf bloß einen Aspekt herunterbrechen. Vielmehr steht hinter der Umwandlung zumeist ein ganzes **Bündel an Einzelmotivationen**, welche mit verschiedener Gewichtung je nach Sachverhalt erst zusammengenommen Triebfeder für die Strukturmaßnahme sind.

So können insbes. Umstände eine Rolle spielen, welche direkt in der **rechtlichen** 378 Struktur der beteiligten Rechtsträger begründet sind. Die Umwandlung einer Personengesellschaft in eine Kapitalgesellschaft führt bspw. zur Trennung von Kapital und Manage-

---

[560] Baumbach/Hopt/*Hopt* § 2 Rn. 6; MünchKommHGB/*Schmidt* § 131 Rn. 8; Oetker/*Körber* § 2 Rn. 22. Es ist indes streitig, ob bis zur Löschung im Handelsregister die Kaufmannseigenschaft aus § 2 S. 1 HGB folgt oder auf der Rechtsscheinregel des § 5 HGB basiert; vgl. hierzu etwa Oetker/*Körber* § 2 Rn. 22 f. mwN.
[561] BGH VIII ZR 195/64, NJW 1967, 821.
[562] Sagasser/Bula/Brünger/*Sagasser* § 25 Rn. 10; Widmann/Mayer/*Mayer* Anh. 5 Rn. 439 ff.
[563] Lutter/*Decher*/*Hoger* § 190 Rn. 15; Sagasser/Bula/Brünger/*Sagasser* § 25 Rn. 10; Widmann/Mayer/*Mayer* Anh. 5 Rn. 468; Kölner Kommentar-UmwG/*Petersen* § 190 Rn. 16; umfassend zur Umwandlung durch Anwachsung auch Orth DStR, 1999, 1011, 1053; vgl. zu den steuerlichen Implikationen des Anwachsungsmodells Breiteneicher DStR 2004, 1405.
[564] Steuerrechtlich erfährt dieser Formwechselvorgang jedoch in § 20 UmwStG eine Regelung.
[565] Lutter/*Decher*/*Hoger* § 190 Rn. 16; Kölner Kommentar-UmwG/*Petersen* § 190 Rn. 16; Schmitt/Hörtnagl/Stratz/*Stratz* § 190 Rn. 4; aA wohl Kießling WM 1999, 2391, 2398.
[566] MünchHdb. GesR I, § 45 Rn. 4; MünchKommBGB/*Schäfer* § 1 PartGG Rn. 31.
[567] Näher MünchKommBGB/*Schäfer* § 1 PartGG Rn. 32.
[568] MünchHdb. GesR I/*Salger* § 45 Rn. 8.

ment, da nun nicht mehr das Prinzip der Selbstorganschaft gilt. Auch wird auf die Weise die persönliche Haftung der Gesellschafter beseitigt. Denkbar wäre der Formwechsel in die Kapitalgesellschaft auch zur Vorbereitung der Konzernbildung oder zur Nutzungsüberlassung bestimmter Vermögensgegenstände unter Vermeidung von Sonderbetriebsvermögen.[569]

379 Darüber hinaus kommt auch **wirtschaftlichen** Überlegungen eine enorme Bedeutung zu. So kann die Erhöhung der Verkehrsfähigkeit der Anteile an der Gesellschaft etwa neue investitionsfreudige Gesellschafter anlocken, wenn diese besonderes Augenmerk auf die Fungibilität der Beteiligung legen. Auch öffnet der Formwechsel in die AG oder KGaA den Zugang zum Kapitalmarkt, wo auch der Bekanntheitsgrad des Unternehmens erhöht werden kann. Schließlich liegt der Hauptzweck für einen Formwechsel einer Personengesellschaft oft auch in der **steuerlichen Optimierung**.[570]

380 Der Formwechsel in die eG kann als organisatorische Umstrukturierungsmaßnahme für Gesellschaften in Betracht kommen, die vor allem ihre Anteilsinhaber fördern möchten.[571]

II. Besonderheiten des Formwechsels einer Personengesellschaft in eine Kapitalgesellschaft

1. Allgemeines

381 Unmittelbar im Anschluss an die allgemeinen Vorschriften zum Formwechsel folgen in den §§ 214 ff. UmwG geordnet nach Rechtsform des Ausgangsrechtsträgers die besonderen Vorschriften. Der Gesetzgeber beginnt mit den einfacher strukturierten Personen(handels)gesellschaften, welche ein weniger strenges Regime erfordern als die Kapitalgesellschaften.[572] Neben den allgemeinen Vorschriften sind auf den Formwechsel von Personengesellschaften demnach die **§§ 214 bis 225c UmwG** anwendbar, wobei die §§ 214 bis 225 UmwG in direkter Anwendung nur für Personenhandelsgesellschaften gelten. Die §§ 225a bis 225c UmwG stellen wiederum Sondervorschriften für den Formwechsel von PartG dar. Mit Ausnahme der Bestimmungen zum Umwandlungsbericht (§ 215 UmwG) und zur Unterrichtung der Gesellschafter (§ 216 UmwG) gelten aber über den Verweis in § 225c UmwG die Sondernormen für den Formwechsel von Personenhandelsgesellschaften entspr. auch für den Formwechsel einer PartG.[573] Darüber hinaus sind gemäß § 197 S. 1 UmwG auf den Formwechsel die für den Zielrechtsträger geltenden Gründungsvorschriften anzuwenden, soweit sich aus dem Fünften Buch des UmwG zum Formwechsel nichts anderes ergibt. Sondervorschriften hierzu sind den §§ 219 bis 223 UmwG enthalten.

382 Erhöhte Vorsicht ist beim Formwechsel einer **Kapitalgesellschaft & Co. KG** in eine Kapitalgesellschaft geboten, wenn die Komplementärgesellschaft keine Anteile an der Zielgesellschaft erwerben soll (→ Rn. 367). Zudem ist bei Umwandlung in eine **Ein-Personen-Kapitalgesellschaft** dem Umstand gesondert Rechnung zu tragen, dass die Personengesellschaft mindestens zwei Gesellschafter haben muss (→ Rn. 368).

2. Umwandlungsbericht

383 § 215 UmwG sieht vor, dass in Ausnahme zu § 192 Abs. 1 UmwG ein Umwandlungsbericht (→ § 33) dann nicht erforderlich ist, wenn **alle Gesellschafter** der formwechselnden Personenhandelsgesellschaft **zur Geschäftsführung berechtigt** sind. Entspr. gilt gemäß § 41 UmwG für die Entbehrlichkeit des Verschmelzungsberichts bei Verschmelzungen unter Beteiligung von Personenhandelsgesellschaften. Der Umwandlungsbericht

---

[569] Widmann/Mayer/*Vossius* Vor 214 ff. Rn. 5.
[570] Eingehend zu den möglichen Beweggründen MünchAnwHdb. PersGesR/*Pathe* § 21 Rn. 1 ff.; s. auch BeckHdb PersG/*Bärwaldt/Wisniewski* § 10 Rn. 1 ff.
[571] Widmann/Mayer/*Vossius* Vor 214 ff. Rn. 8.
[572] BT-Drs. 12/6699 S. 147 zu § 214 UmwG.
[573] Der Verweis klammert auch § 214 Abs. 1 UmwG aus, der jedoch mit § 225a UmwG inhaltsgleich ist.

§ 38 Rechtsformspezifische Besonderheiten des Formwechsels   384–387   § 38

stellt die Grundlage für die Unterrichtung der von der Geschäftsführung ausgeschlossenen Gesellschafter über den Formwechsel dar, vgl. § 216 UmwG. Können sich indes bereits alle Gesellschafter aus ihrer Geschäftsführerstellung heraus hinreichend über den bevorstehenden Formwechsel informieren, so bedarf es eines Umwandlungsberichts nicht.

Bei der **OHG** stellt die Entbehrlichkeit des Umwandlungsberichts den gesetzlichen 384 Regelfall dar, da gemäß § 114 Abs. 1 HGB die Geschäftsführungsbefugnis grundsätzlich allen Gesellschaftern gleichermaßen zusteht. Unerheblich ist insoweit, ob es sich um Gesamt- oder Einzelgeschäftsführungsbefugnis handelt, da es im Rahmen von § 215 UmwG nur auf den Informationszugang ankommt.[574] Wird die Geschäftsführungsbefugnis jedoch im Gesellschaftsvertrag einzelnen Gesellschaftern übertragen, so führt dies gemäß § 114 Abs. 2 HGB zum Ausschluss der übrigen Gesellschafter, sodass ein Umwandlungsbericht wieder zwingend erforderlich ist. Stille Gesellschafter zählen indes nicht als Gesellschafter iSd § 215 UmwG.[575] Wird ein nicht zur Geschäftsführung befugter Gesellschafter **von einem geschäftsführenden Gesellschafter beherrscht**, so ist bei einer 100 %-Beteiligung der Umwandlungsbericht ebenfalls entbehrlich, da der beherrschende Gesellschafter ohne Rücksicht auf Mitgesellschafter im beherrschten Unternehmen seine Interessen als geschäftsführender Gesellschafter der formwechselnden Gesellschaft durchsetzen kann.[576] Liegt keine alleinige Beteiligung am nicht geschäftsführungsbefugten Gesellschafter vor, so kann der Einfluss jedenfalls zur Erreichung eines Verzichts auf den Umwandlungsbericht gemäß § 192 Abs. 2 S. 1 Alt. 2 UmwG eingesetzt werden.

Obwohl sie gemäß § 1 EWIVAG als Handelsgesellschaft iSd HGB gilt und die Vor- 385 schriften über die OHG Anwendung finden, ist zu beachten, dass bei der **EWIV** Fremdorganschaft vorgesehen ist. Gemäß Art. 19 Abs. 1 EWIV-VO[577] werden im Gesellschaftsvertrag oder durch Gesellschafterbeschluss für die Leitung der Angelegenheiten der Gesellschaft (externe) Geschäftsführer bestellt. Der Umwandlungsbericht wird mithin nur dann entbehrlich, wenn ausnahmsweise alle Gesellschafter auch zu Geschäftsführern bestellt werden.[578]

Bei der **KG** sind die Kommanditisten grundsätzlich von der Geschäftsführung aus- 386 geschlossen, § 164 S. 1 HGB, sodass der Umwandlungsbericht im Regelfall erforderlich bleibt. Anders als § 170 HGB ist § 164 S. 1 HGB jedoch dispositiv, sodass den Kommanditisten auch im Gesellschaftsvertrag die Geschäftsführungsbefugnis übertragen werden kann.[579] Werden allen Kommanditisten umfassende Geschäftsführungsbefugnisse – und nicht bloß einzelne Mitwirkungsrechte oder Zustimmungsvorbehalte – übertragen, wird der Umwandlungsbericht entbehrlich, da sich in diesem Fall jeder Gesellschafter hinreichend über den anstehenden Formwechsel informieren kann.[580]

Sind in der GmbH & Co. KG die **Kommanditisten** zwar nicht zur Geschäftsführung 387 befugt, jedoch sämtlich **Geschäftsführer der Komplementär-GmbH**, so besteht über diese mittelbare Geschäftsführungsbefugnis ebenfalls hinreichende Möglichkeit zur Selbstunterrichtung, sodass auch in diesem Fall ein Umwandlungsbericht entbehrlich wird.[581]

---

[574] Semler/Stengel/*Schlitt* § 215 Rn. 6.
[575] Lutter/*Joost* § 215 Rn. 2; Semler/Stengel/*Schlitt* § 215 Rn. 12.
[576] Str., wie hier Semler/Stengel/*Schlitt* § 215 Rn. 7; Goutier/Knopf/Tulloch/*Laumann* § 215 UmwG Rn. 7; aA Lutter/Joost § 215 Rn. 2.
[577] Verordnung (EWG) Nr. 2137/85 des Rates v. 25.7.1985 über die Schaffung einer Europäischen wirtschaftlichen Interessenvereinigung, ABl. L 199, 1.
[578] Kallmeyer/*Blasche* § 215 Rn. 4.
[579] BGH II ZR 33/67, NJW 1969, 507; Baumbach/Hopt/*Roth* § 164 Rn. 6 ff.; BeckOK HGB/ *Häublein* § 164 Rn. 41.
[580] Lutter/*Joost* § 215 Rn. 2; Schmitt/Hörtnagl/Stratz/*Stratz* § 215 Rn. 1; Semler/Stengel/*Schlitt* § 215 Rn. 9.
[581] Lutter/*Joost* § 215 Rn. 4; Semler/Stengel/*Schlitt* § 215 Rn. 10; Maulbetsch/Klumpp/Rose/*Rose* § 215 Rn. 9; Streck/Mack/Schwedhelm GmbHR 1995, 161, 174; aA Schmitt/Hörtnagl/Stratz/*Stratz* § 215 Rn. 1.

388 Die Entbehrlichkeit betrifft grundsätzlich sämtliche Bestandteile des Umwandlungsberichts, insbes. auch den Entwurf des Umwandlungsbeschlusses, vgl. § 192 Abs. 1 S. 3 UmwG. Allerdings ist gemäß § 194 Abs. 2 UmwG der Entwurf des Umwandlungsbeschlusses dem zuständigen Betriebsrat des formwechselnden Rechtsträgers zuzuleiten. Dieses Erfordernis muss in jedem Fall beachtet werden, da die Unterrichtung des **Betriebsrats** zur Ermöglichung der Ausübung kollektiver Arbeitnehmerinteressen nicht zur Disposition der Gesellschafter steht.[582] Ein individuelles Arbeitnehmerrecht auf Information besteht indes nicht, sodass für den Fall, dass kein Betriebsrat besteht, der Entwurf des Umwandlungsbeschlusses nicht erforderlich ist und auch im Übrigen keine Information an die Arbeitnehmer zu erfolgen hat.[583]

389 Wie sich aus § 216 aE UmwG ergibt, steht das **Angebot der Barabfindung**, § 207 UmwG, welches denjenigen Gesellschaftern zu machen ist, die dem Umwandlungsbeschluss widersprechen, neben dem Umwandlungsbericht und wird somit nicht dadurch entbehrlich, dass alle Gesellschafter zur Geschäftsführung befugt sind.[584]

390 Der Umwandlungsbericht ist schließlich dann nicht zu erstatten, wenn gemäß § 192 Abs. 2 S. 1 Alt. 2, S. 2 UmwG alle Gesellschafter hierauf **verzichten** (→ § 33 Rn. 35 ff.). Aus dem Rechtsgedanken des § 215 UmwG ergibt sich, dass der Gesetzgeber hier nur ein Schutzbedürfnis für die von der Geschäftsführung ausgeschlossenen Gesellschafter sieht. In teleologischer Reduktion des § 192 Abs. 2 S. 1 Alt. 2, S. 2 UmwG sollte für die Entbehrlichkeit des Verzichts die Verzichtserklärung nur der nicht geschäftsführenden Gesellschafter ausreichen (→ § 33 Rn. 40).

391 Im Falle der **PartG** ist gemäß § 225b S. 1 UmwG ein Umwandlungsbericht nur erforderlich, wenn ein Partner gemäß § 6 Abs. 2 PartGG von der Geschäftsführung ausgeschlossen ist. Diese Regelung entspricht inhaltlich § 215 UmwG.[585] Allerdings bezieht sie sich anders als bei der Personenhandelsgesellschaft nicht auf den Ausschluss von der Führung sämtlicher Geschäfte, da gemäß § 6 Abs. 2 PartGG die Partner einer PartG nur von der Führung sonstiger Geschäfte, nicht jedoch von der Ausübung ihres Freien Berufs ausgeschlossen werden (sog. differenzierter Geschäftsführungsbegriff).[586]

3. Unterrichtung der Gesellschafter

392 § 216 UmwG entspricht inhaltlich § 42 UmwG (→ § 15 Rn. 635 ff.) und soll die **Unterrichtung der von der Geschäftsführung ausgeschlossenen Gesellschafter** sicherstellen. Diese sollen sich ausreichend auf den Formwechsel als Beschlussgegenstand der nach § 193 Abs. 1 S. 2 UmwG zwingend durchzuführenden Anteilseignerversammlung vorbereiten können. Spätestens zusammen mit der Einberufung der Gesellschafterversammlung ist ihnen daher der Formwechsel als Beschlussgegenstand der Versammlung in Textform anzukündigen und ein Umwandlungsbericht – sofern erforderlich – sowie ein Abfindungsgebot nach § 207 UmwG zu übersenden. Gemäß § 225b S. 2 UmwG gilt dies **gleichermaßen** hinsichtlich der nicht geschäftsführungsbefugten Partner in der **PartG**.

393 Die Regelung zur Einberufung und Abhaltung der Gesellschafterversammlung bleibt fragmentarisch, denn auch in den §§ 105 ff. HGB (iVm § 6 Abs. 3 S. 2 PartGG im Fall der PartG) finden sich hierzu keine Vorschriften.[587] Eine **Frist** zur Einberufung der Gesellschafterversammlung folgt nicht direkt aus dem Gesetz,[588] es gilt somit die im Gesellschafts-

---

[582] Widmann/Mayer/*Mayer* § 192 Rn. 27; Lutter/*Joost* § 215 Rn. 9; Semler/Stengel/*Schlitt* § 215 Rn. 19; Maulbetsch/Klumpp/Rose/*Rose* § 215 Rn. 8.
[583] Schmitt/Hörtnagl/Stratz/*Langner/Stratz* § 194 Rn. 12 f.; Lutter/*Decher/Hoger* § 194 Rn. 40; Lutter/*Joost* § 215 Rn. 9; Semler/Stengel/*Schlitt* § 215 Rn. 19; Lutter/*Joost* § 215 Rn. 9; *Müller* DB 1997, 713, 716.
[584] Semler/Stengel/*Schlitt* § 215 Rn. 16; Lutter/*Joost* § 215 Rn. 10.
[585] Kallmeyer/*Blasche* § 225b Rn. 1.
[586] Lutter/*Joost* § 225b Rn. 3 f.; Kallmeyer/*Blasche* § 225b Rn. 2.
[587] Vgl. RegEBegr. BR-Drs. 75/94 zu § 42, S. 98.
[588] RegEBegr. BR-Drs. 75/94 zu § 42, S. 98.

vertrag bedingte Frist, hilfsweise sollte in Anlehnung an § 51 Abs. 1 S. 2 GmbHG die Frist von einer Woche gelten.[589] Die Ankündigung muss nur der gegenüber der Schriftform weniger strengen **Textform** iSd § 126b BGB genügen. Ausreichend ist etwa eine Mitteilung per E-Mail, Telefax oder auf dauerhaften Datenträgern wie USB-Sticks, CD-ROMs oder Speicherkarten,[590] nicht hingegen eine bloß mündliche Ankündigung. Für den Umwandlungsbericht gilt zwar weiterhin gemäß § 192 Abs. 1 S. 1 UmwG die Schriftform, dennoch geht der Gesetzgeber davon aus, dass die Ankündigung „unter Beifügung weiterer Unterlagen" erfolgt und insoweit die „Textform genügen" soll,[591] sodass auch für die Übersendung des Umwandlungsberichts im Rahmen des § 216 UmwG die Textform ausreichend ist.[592] Die Ankündigung hat durch das **Vertretungsorgan** der Gesellschaft zu erfolgen, worunter nur organschaftliche Vertreter in vertretungsberechtigter Anzahl zu verstehen sind, im Bereich des § 125 Abs. 3 HGB auch (nur) zusammen mit einem Prokuristen.[593] **Adressaten** der Ankündigung sind dem Wortlaut des § 216 UmwG gemäß nur die von der Geschäftsführung ausgeschlossenen Gesellschafter. Für die Praxis empfiehlt sich dennoch zur Vermeidung eines Informationsgefälles die Ankündigung gegenüber allen Gesellschaftern.[594]

Inhaltlich stellt das Gesetz keine Anforderungen an die Ankündigung, wenngleich zumindest die Zielrechtsform angegeben werden sollte.[595] Die Details der Umwandlung ergeben sich aus dem grundsätzlich ebenfalls zu übersendenden **Umwandlungsbericht**. Im Regelfall ist dieser im Anwendungsbereich des § 216 UmwG nämlich nicht entbehrlich, da § 216 UmwG das Vorhandensein nicht geschäftsführungsbefugter Gesellschafter voraussetzt, sodass die Voraussetzungen des § 215 UmwG nicht erfüllt sind. Zwar ist der Umwandlungsbericht aber auch dann entbehrlich, wenn zumindest die nicht geschäftsführungsbefugten Gesellschafter gemäß § 192 Abs. 2 S. 1 Alt. 2 UmwG auf die Erstattung des Berichts verzichten. In diesem Fall haben sie allerdings kundgetan, dass sie an einer eingehenden förmlichen Erläuterung des Formwechsels kein Interesse haben. Auch ein **Verzicht auf die Unterrichtung** nach § 216 UmwG ist möglich. Anders als nach § 192 Abs. 2 S. 2 UmwG ist indes eine notarielle Beurkundung zwar sinnvoll, aber nicht erforderlich, weil zum einen keine Nachweispflicht über die ordnungsgemäße Unterrichtung gegenüber dem Registergericht besteht, es zum anderen aber auch lediglich um die Mitteilung und nicht die Erstellung von Unterlagen geht, sodass die Warnwirkung einer notariellen Beurkundung nicht notwendig ist.[596]

Anders als nach §§ 232 Abs. 1, 239 Abs. 1 UmwG beim Formwechsel von Kapitalgesellschaften in eine Personengesellschaft oder in eine Kapitalgesellschaft anderer Rechtsform ist beim Formwechsel von Personengesellschaften der Umwandlungsbericht **nicht** in der Gesellschafterversammlung **auszulegen**.[597] Eine hinreichende Information der nicht ge-

---

[589] So auch die hM Semler/Stengel/*Schlitt* § 216 Rn. 14; Kölner Kommentar-UmwG/*Dauner-Lieb*/*Tettinger* § 216 Rn. 22; Henssler/Strohn/*Drinhausen*/*Keinath* § 216 UmwG Rn. 7; Kallmeyer/*Blasche* § 216 Rn. 9 mit Fn. 6; Maulbetsch/Klumpp/Rose/*Rose* § 216 Rn. 9; aA Schmitt/Hörtnagl/Stratz/*Stratz* § 216 Rn. 3 (30-Tage-Frist nach § 123 Abs. 1 AktG); offen gelassen bei Widmann/Mayer/*Vossius* § 216 Rn. 17 (Treu und Glauben § 242 BGB); Lutter/*Joost* § 216 Rn. 8.
[590] Erman/*Arnold* § 126b Rn. 6; Jauernig/*Mansel* § 126b Rn. 2.
[591] RegEBegr. BT-Drs. 14/4987 zu § 216, S. 29.
[592] Henssler/Strohn/*Drinhausen*/*Keinath* § 216 UmwG Rn. 9; Kallmeyer/*Blasche* § 216 Rn. 8; Kölner Kommentar-UmwG/*Dauner-Lieb*/*Tettinger* § 216 Rn. 19; Lutter/*Joost* § 216 Rn. 3.
[593] Lutter/*Joost* § 216 Rn. 7; Kallmeyer/*Blasche* § 216 Rn. 6.
[594] Schmitt/Hörtnagl/Stratz/*Stratz* § 216 Rn. 3; Lutter/*Joost* § 216 Rn. 2; Kallmeyer/*Blasche* § 216 Rn. 7.
[595] Lutter/*Joost* § 216 Rn. 3.
[596] Semler/Stengel/*Schlitt* § 216 Rn. 27; Kallmeyer/*Blasche* § 216 Rn. 11; Lutter/*Joost* § 216 Rn. 9; aA Kölner Kommentar-UmwG/*Dauner-Lieb*/*Tettinger* § 216 Rn. 22.
[597] Semler/Stengel/*Schlitt* § 217 Rn. 31; Kallmeyer/*Blasche* § 216 Rn. 4; Lutter/*Joost* § 216 Rn. 11; aA für Publikumsgesellschaften Goutier/Knopf/Tulloch/*Laumann* § 214 UmwG Rn. 4 ff.

schäftsführenden Gesellschafter wird bereits durch Übersendung des Umwandlungsberichts gewährleistet. Im Gegensatz zur Situation beim Formwechsel einer AG oder einer KGaA in eine Personenhandelsgesellschaft oder eine andere Kapitalgesellschaft muss der **Entwurf des Umwandlungsbeschlusses** in der Versammlung **nicht erläutert** werden.[598]

396 Den nicht geschäftsführenden Gesellschaftern ist zudem ein Barabfindungsangebot (→ § 34 Rn. 39 ff; zur Prüfung des Abfindungsangebots → Rn. 462 ff.) zu übersenden. Darin wird jedem Gesellschafter, der gegen den Umwandlungsbeschluss Widerspruch erklärt, der Erwerb seiner Mitgliedschaft gegen eine angemessene Barabfindung angeboten, § 207 UmwG. Freilich kommt ein solches Angebot nur in Betracht, wenn trotz der ablehnenden Stimme des dissentierenden Gesellschafters der Formwechsel wirksam beschlossen werden könnte, also nur im Fall der zulässigen Mehrheitsentscheidung.[599] Die Möglichkeit der Mehrheitsentscheidung muss dafür im Gesellschaftsvertrag explizit vorgesehen sein, § 217 Abs. 1 S. 2 UmwG. Wie auch für die Übersendung des Umwandlungsberichts genügt für die Übersendung des **Abfindungsangebots** schriftliche Verkörperung in Textform.[600]

397 Ein **Verstoß** gegen § 216 UmwG macht den Umwandlungsbeschluss regelmäßig unwirksam.[601] Gegen die Wirksamkeit des Beschlusses kann gemäß § 195 Abs. 1 UmwG binnen eines Monats nach Beschlussfassung Klage erhoben werden. Mit der Registereintragung wird der Formwechsel jedoch gemäß § 202 Abs. 3 UmwG bestandskräftig.[602]

4. Umwandlungsbeschluss

398 **a) Beschlussmehrheiten. aa) Einstimmigkeit.** § 217 Abs. 1 UmwG entspricht im Wesentlichen § 43 UmwG (iVm § 125 UmwG) zur Verschmelzung und zur Spaltung. Gemäß der Grundregel zur Personenhandelsgesellschaft, §§ 119 Abs. 1, 161 Abs. 2 HGB sowie zur PartG, § 6 Abs. 3 PartGG, fordert § 217 Abs. 1 S. 1 UmwG für den Umwandlungsbeschluss Einstimmigkeit. Trotz des Einstimmigkeitsprinzips müssen jedoch nicht alle Gesellschafter zwingend an der Versammlung teilnehmen. Vielmehr genügt die gemäß § 193 Abs. 3 S. 1 UmwG notariell zu beurkundende anderweitige **Zustimmung der nicht erschienenen Gesellschafter** zum Umwandlungsbeschluss, welche gegenüber der Gesellschaft oder der Gesellschafterversammlung[603] sowohl vor als auch nach dem Gesellschafterbeschluss erklärt werden kann, sich dabei aber freilich auf einen konkreten Beschluss(-entwurf) beziehen muss.[604] Nach zutreffender hM kommt es – außer in Fällen der personenidentischen GmbH & Co. KG[605] – auf die Zustimmung aller Gesellschafter an, selbst wenn diese von der Stimmrechtsausübung ausgeschlossen sind, da der Formwechsel in den Kernbereich der Gesellschafterstellung eingreift.[606] In den Fällen der personeniden-

---

[598] Semler/Stengel/*Schlitt* § 217 Rn. 32; Lutter/*Joost* § 216 Rn. 12; aA für Publikumsgesellschaften Goutier/Knopf/Tulloch/*Laumann* § 214 UmwG Rn. 7.
[599] RegEBegr. BR-Drs. 75/94 zu § 216, S. 148.
[600] Schmitt/Hörtnagl/Stratz/*Stratz* § 216 Rn. 7; Semler/Stengel/*Schlitt* § 216 Rn. 23; Lutter/*Joost* § 216 Rn. 5; undeutlich indes RegEBegr. BR-Drs. 75/94 zu § 216, S. 148 („schriftlich mitzuteilen").
[601] Kallmeyer/*Blasche* § 216 Rn. 13; Schmitt/Hörtnagl/Stratz/*Stratz* § 216 Rn. 8; Sagasser/Bula/Brünger/Sagasser/Luke § 26 Rn. 134; Maulbetsch/Klumpp/Rose/*Quass* § 216 Rn. 11; nur im Fall der Kausalität für das Beschlussergebnis Semler/Stengel/*Schlitt* § 216 Rn. 29.
[602] OLG München 7 U 5167/09, GmbHR 2010, 531, 532; Kallmeyer/*Blasche* § 216 Rn. 13; Lutter/*Joost* § 216 Rn. 10; Semler/Stengel/*Schlitt* § 216 Rn. 30.
[603] Lutter/*Joost* § 217 Rn. 3; Semler/Stengel/*Schlitt* § 217 Rn. 10.
[604] Kallmeyer/*Blasche* § 217 Rn. 3; Lutter/*Joost* § 217 Rn. 3; Semler/Stengel/*Schlitt* § 217 Rn. 10; Widmann/Mayer/*Vossius* § 217 Rn. 36.
[605] Vgl. BGH II ZR 73/92, NJW 1993, 2100, 2101; Lutter/*Joost* § 217 Rn. 6; Semler/Stengel/ *Schlitt* § 217 Rn. 12; Kallmeyer/*Blasche* § 217 Rn. 4.
[606] Widmann/Mayer/*Vossius* § 217 Rn. 42; Kallmeyer/*Blasche* § 217 Rn. 4; Semler/Stengel/*Schlitt* § 217 Rn. 12; Lutter/*Joost* § 217 Rn. 6; Maulbetsch/Klumpp/Rose/*Rose* § 217 Rn. 8; Kölner Kommentar-UmwG/Dauner-Lieb/*Tettinger* § 217 Rn. 19 f.; iErg auch Sagasser/Bula/Brünger/Sagasser/Luke § 26 Rn. 135; aA Goutier/Knopf/Tulloch/*Laumann* § 217 UmwG Rn. 19 f.

tischen GmbH & Co. KG wird zwar vielfach die Zustimmung der Komplementär-GmbH für nicht erforderlich gehalten,[607] für die Praxis aus Vorsichtsgründen jedoch zu Recht ohne anderweitige Auskunft des Registergerichts zur Einholung dieser Zustimmung geraten.[608]

Wegen der tiefgreifenden Auswirkungen des Formwechsels auf die Gesellschafterstellung ergibt sich regelmäßig aus der allgemeinen **Treuepflicht** der Gesellschafter keine Pflicht, diesem zuzustimmen. Ebenso wie bei Vorliegen einer im Rahmen der §§ 134, 138 BGB grundsätzlich möglichen **Stimmbindungsvereinbarung**[609] würde im Übrigen durch die Zustimmungsverpflichtung die Zustimmungserklärung auch nicht ersetzt, welche von den übrigen Gesellschaftern eingeklagt und erst über § 894 ZPO nach Rechtskraft des Urteils wirksam gemacht werden müsste.[610]

bb) Qualifizierte Mehrheit. Im Gesellschaftsvertrag kann vom Einstimmigkeitsprinzip abgewichen werden, wobei in jedem Falle mindestens eine **Drei-Viertel-Mehrheit** der abgegebenen Stimmen notwendig ist, § 217 Abs. 1 S. 2 und 3 UmwG. Die Möglichkeit zur Auflockerung des Einstimmigkeitserfordernisses für den Formwechsel verwundert nicht, da im Gesellschaftsvertrag auch für andere Grundentscheidungen wie etwa die Auflösung eine andere Mehrheit vorgesehen werden kann.[611] Unter die Schwelle von drei Vierteln der Stimmen darf das Mehrheitserfordernis in keinem Falle gesenkt werden, eine höhere Schwelle ist indes ohne Weiteres möglich.[612]

Seit 1998[613] bezieht sich das Mehrheitserfordernis nicht mehr auf drei Viertel „der Stimmen der Gesellschafter", sondern auf drei Viertel der „**abgegebenen Stimmen**", sodass weder Stimmenthaltungen noch außerhalb der Gesellschafterversammlung abgegebene Zustimmungserklärungen miteingerechnet werden.[614] Eine Mindestanzahl für die an der Versammlung teilnehmenden Gesellschafter gibt es indes nicht.[615]

Einer **sachlichen Rechtfertigung** bedarf der Umwandlungsbeschluss **nicht**. Eine solche materielle Überprüfung des Umwandlungsbeschlusses ist mit der hM nicht angezeigt, da den vom Formwechsel betroffenen Gesellschaftern insbes. über Informations- und Ausgleichsrechte ausreichend Schutz gewährleistet wird.[616] Im Falle des Wechsels in die Kapitalgesellschaft wird zudem das Haftungsregime für die Gesellschafter verbessert.

Wenn die Abtretung von Anteilen am formwechselnden Rechtsträger an die Zustimmung einzelner Anteilsinhaber gebunden ist, so bedarf der Umwandlungsbeschluss ihrer Zustimmung, § 193 Abs. 2 UmwG. Anteile an Personengesellschaften können jedoch grundsätzlich nur mit Zustimmung aller Mitgesellschafter übertragen werden.[617] Wäre

---

[607] Etwa *Kallmeyer* GmbHR 1996, 80, 82.
[608] Semler/Stengel/*Schlitt* § 217 Rn. 10.
[609] BGH II ZR 18/50, NJW 1951, 268; Baumbach/Hopt/*Roth* § 119 Rn. 17; MünchKommHGB/*Enzinger* § 119 Rn. 35 ff.
[610] Lutter/*Joost* § 217 Rn. 7 f.; Semler/Stengel/*Schlitt* § 217 Rn. 13 ff.; Kallmeyer/*Blasche* § 217 Rn. 5.
[611] RegEBegr. BR-Drs. 75/94 zu § 217, S. 149.
[612] Kölner Kommentar-UmwG/*Dauner-Lieb/Tettinger* § 217 Rn. 33; Semler/Stengel/*Schlitt* § 217 Rn. 20.
[613] UmwG geändert durch das Gesetz zur Änderung des Umwandlungsgesetzes, des Partnerschaftsgesellschaftsgesetzes und anderer Gesetze v. 22.7.1998, BGBl. I S. 1878.
[614] Kölner Kommentar-UmwG/*Dauner-Lieb/Tettinger* § 217 Rn. 28; Lutter/*Joost* § 217 Rn. 16 f.; Kallmeyer/*Blasche* § 217 Rn. 3, 8; Semler/Stengel/*Schlitt* § 217 Rn. 21.
[615] Widmann/Mayer/*Vossius* § 217 Rn. 82; Kölner Kommentar-UmwG/*Dauner-Lieb/Tettinger* § 217 Rn. 31.
[616] Lutter/*Decher/Hoger* § 193 Rn. 9; Kallmeyer/*Zimmermann* § 193 Rn. 10; *Binnewies* GmbHR 1997, 727, 733; *Bayer* ZIP 1997, 1613, 1624; *Meyer-Landrut/Kiem* WM 1997, 1361, 1365; iErg auch Maulbetsch/Klumpp/*Rose* § 217 Rn. 19; Kölner Kommentar-UmwG/*Dauner-Lieb/Tettinger* § 217 Rn. 36 ff.; *Heckschen* DB 1998, 1385, 1391 f.; aA Lutter/*Joost* § 217 Rn. 15.
[617] BGH II ZR 219/79, NJW 1980, 2708, 2709; Erman/*H. P. Westermann* § 719 Rn. 8; MünchHdb. GesR I/*Piehler/Schulte* § 73 Rn. 1, 5; *Zürbig* S. 103; Semler/Stengel/*Bärwaldt* § 193 Rn. 21.

jedoch für die Umwandlung stets die Zustimmung aller erforderlich, wäre die Einführung einer qualifizierten Mehrheit letztlich ohne Wirkung, sodass § 193 Abs. 2 UmwG nur bei Einräumung einer die Gesetzeslage modifizierenden **Vinkulierung** zugunsten einzelner Gesellschafter greifen kann.[618]

403 Im Falle der Mehrheitsentscheidung sind diejenigen Gesellschafter, die für den Formwechsel gestimmt haben, in der notariellen Urkunde über den Umwandlungsbeschluss **namentlich aufzuführen**, § 217 Abs. 2 UmwG. Diese trifft nämlich gemäß § 219 S. 2 UmwG die Gründerhaftung, sodass ein praktisches Bedürfnis an der Feststellung der Anspruchsgegner besteht. Obschon die dem Formwechsel außerhalb der Versammlung bloß zustimmenden Gesellschafter bei der Mehrheitsentscheidung nicht berücksichtigt werden, muss ihre Zustimmung ebenfalls gemäß § 193 Abs. 3 S. 1 UmwG notariell beurkundet werden. Ebenso ist der Beitritt eines persönlich haftenden Gesellschafters in eine KGaA im Zuge des Formwechsels notariell zu beurkunden, § 221 S. 1 UmwG.

404 Durch seinen **Widerspruch** zum Formwechsel scheidet der Gesellschafter nicht automatisch aus der Gesellschaft aus. Er entgeht damit allerdings der Gründerhaftung, vgl. § 219 S. 2 UmwG. Zudem ist ihm der Erwerb seiner Anteile gegen eine angemessene Barabfindung anzubieten, § 207 UmwG.

405 Selbst im Fall einer durch Gesellschaftsvertrag vorgesehenen Mehrheitsentscheidung müssen bei einer Umwandlung in eine KGaA zwingend diejenigen Gesellschafter zustimmen, welche die Rolle des Komplementärs übernehmen sollen, **§ 217 Abs. 3 UmwG**. Anderenfalls könnten sie gegen ihren Willen in die persönliche Haftung gedrängt werden.[619] Die Möglichkeit, gegen Barfindung aus der Gesellschaft auszuscheiden, § 207 UmwG, bietet demgegenüber keine zumutbare Alternative.[620] Dieses Erfordernis gilt auch für diejenigen Gesellschafter, die bereits im formwechselnden Rechtsträger persönlich gehaftet haben.[621]

406 **b) Inhalt des Umwandlungsbeschlusses.** § 194 Abs. 1 UmwG legt den Mindestinhalt für den Umwandlungsbeschluss fest. § 218 UmwG, der über § 225c UmwG auch auf die PartG Anwendung findet, ergänzt diesen für den Formwechsel von Personengesellschaften.

407 **aa) Gesellschaftsvertrag und Satzung.** Gemäß § 218 Abs. 1 S. 1 UmwG muss im Umwandlungsbeschluss der Gesellschaftsvertrag der GmbH oder die Satzung der eG enthalten bzw. die Satzung der AG oder KGaA festgestellt werden, wobei die Satzungsfeststellung der im Aktienrecht verwendete Begriff für den Abschluss des Gesellschaftsvertrags ist, vgl. § 23 AktG. Die **Einbeziehung** von Gesellschaftsvertrag bzw. Satzung **in den Umwandlungsbeschluss** erscheint vor den erheblichen strukturellen Unterschieden zwischen Personengesellschaften und Kapitalgesellschaften bzw. eG erforderlich.[622]

408 Satzung oder Gesellschaftsvertrag müssen einschl. fakultativer Bestimmungen mit in den Umwandlungsbeschluss aufgenommen werden, weil sie mit Wirksamwerden des Formwechsels in ihrer Gänze selbsttätig für den Zielrechtsträger und seine Anteilsinhaber gelten.[623] Im Umwandlungsbericht zwingend zu machende Angaben können wahlweise auch im beizufügenden Gesellschaftsvertrag bzw. der Satzung gemacht werden.[624] Die Beurkundung des Umwandlungsbeschlusses als körperschaftlicher Akt kann nach §§ 36 ff. BeurkG durchgeführt und der Gesellschaftsvertrag als Anlage genommen werden, sodass er als mitbeurkundet gilt, § 37 Abs. 1 S. 2 BeurkG. Wie sich aus § 218 Abs. 1 S. 2

---

[618] Semler/Stengel/*Schlitt* § 217 Rn. 23; aA *Zürbig* S. 104 f.
[619] RegEBegr. BR-Drs. 75/94 zu § 217, S. 149.
[620] Widmann/Mayer/*Vossius* § 217 Rn. 129 Fn. 40; Schmitt/Hörtnagl/Stratz/*Stratz* § 217 Rn. 4.
[621] Lutter/*Joost* § 217 Rn. 21; Semler/Stengel/*Schlitt* § 217 Rn. 41; Widmann/Mayer/*Vossius* § 127 Rn. 129.
[622] RegEBegr. BR-Drs. 75/94 zu § 218, S. 149.
[623] Semler/Stengel/*Schlitt* § 218 Rn. 5; Schmitt/Hörtnagl/Stratz/*Stratz* § 218 Rn. 3.
[624] Semler/Stengel/*Schlitt* § 218 Rn. 5.

UmwG ergibt, ist eine **Unterzeichnung** des Gesellschaftsvertrags durch die Gesellschafter **nicht erforderlich**.[625] Ein für die Umwandlung stipuliertes qualifiziertes **Mehrheitserfordernis** in Abweichung vom Einstimmigkeitsprinzip gilt im Zweifel auch für die mit der Umwandlung einhergehende Änderung von Gesellschaftsvertrag oder Satzung.[626]

bb) Umwandlung in GmbH. Der Inhalt des Gesellschaftsvertrags der GmbH richtet sich nach §§ 3 ff. GmbHG und geht über den Mindestinhalt des Umwandlungsbeschlusses nach § 194 Abs. 1 UmwG hinaus. Zwingend erforderlich ist gemäß § 3 Abs. 1 Nr. 1, 2 GmbHG die Angabe von **Firma, Sitz** sowie **Unternehmensgegenstand**. Der Sitz der Gesellschaft kann im Zuge des Formwechsels auch verlegt werden, wobei der Formwechsel in diesem Fall erst mit Eintragung in das für den neuen Sitz zuständige Register wirksam wird, § 198 Abs. 2 S. 2, 4 UmwG.

Darüber hinaus ist gemäß § 3 Abs. 1 Nr. 3 GmbHG der Betrag des **Stammkapitals** anzugeben, welches mindestens EUR 25.000 betragen muss, § 5 Abs. 1 GmbHG.[627] Der Nennbetrag des Stammkapitals der GmbH darf indes das nach Abzug der Schulden verbleibende Vermögen der Personengesellschaft nicht übersteigen, § 220 Abs. 1 UmwG (→ Rn. 434 ff.).

Schließlich muss der Gesellschaftsvertrag auch die Zahl und die Nennbeträge der **Geschäftsanteile** enthalten, die jeder Gesellschafter gegen Einlage auf das Stammkapital (Stammeinlage) übernimmt, § 3 Abs. 1 Nr. 4 GmbHG, wobei einem Gesellschafter auch mehrere Geschäftsanteile zugeteilt werden können, § 5 Abs. 2 S. 2 GmbHG, die jedoch stets im Nennbetrag auf volle Euro lauten müssen, § 5 Abs. 2 S. 1 GmbHG. Durch Einbringung des Vermögens der formwechselnden Gesellschaft erbringen die Gesellschafter ihre Stammeinlagen – auch bei ursprünglicher Bargründung der Personengesellschaft[628] – als **Sacheinlage**.[629] Nach § 5 Abs. 4 S. 1 GmbHG iVm § 197 S. 1 UmwG müssen der Gegenstand der Sacheinlage und der Nennbetrag des Geschäftsanteils, auf den sich die Sacheinlage bezieht, im Gesellschaftsvertrag festgesetzt werden. Dem wird dadurch entsprochen, dass im Gesellschaftsvertrag neben den Gesellschaftern und den übernommenen Geschäftsanteilen auch angegeben wird, dass die einzelnen Stammeinlagen im Wege der Sacheinlage durch Formwechsel erbracht wurden.[630] Zudem ist ein **Sachgründungsbericht** mit zusätzlichen Anforderungen nach § 220 Abs. 2 UmwG anzufertigen (→ Rn. 439).

Bei der Vermögenszuordnung durch Verteilung der Geschäftsanteile, § 3 Abs. 1 Nr. 4 GmbHG, kann vom grundsätzlich anzulegenden Maßstab der Beteiligung der Gesellschafter am Liquidationsguthaben[631] mit der Folge eines **nicht verhältniswahrenden Formwechsels** abgewichen werden.[632]

Im Gesellschaftsvertrag oder durch separaten Beschluss müssen zudem die **Geschäftsführer** bestellt werden, § 197 S. 1 UmwG iVm §§ 6 Abs. 3 S. 2, 46 Nr. 5 GmbHG, welche gemäß § 222 Abs. 1 S. 1 UmwG zusammen den Formwechsel anmelden müssen. Grundsätzlich erfolgt die Bestellung durch die Gesellschafter des Ausgangsrechtsträgers.[633]

---

[625] Widmann/Mayer/*Vossius* § 218 Rn. 5 f.; Semler/Stengel/*Schlitt* § 218 Rn. 6; Kallmeyer/*Blasche* § 218 Rn. 2; Schmitt/Hörtnagl/Stratz/*Stratz* § 218 Rn. 5; aA Lutter/*Joost* § 218 Rn. 3.
[626] Semler/Stengel/*Schlitt* § 218 Rn. 7; Kallmeyer/*Blasche* § 218 Rn. 3.
[627] Ein Formwechsel in die UG ist nicht möglich → Rn. 365.
[628] Kallmeyer/*Blasche* § 218 Rn. 10; Semler/Stengel/*Schlitt* § 218 Rn. 8 f.; Widmann/Mayer/*Mayer*, § 197 Rn. 42; aA Lutter/*Decher/Hoger* § 197 Rn. 16.
[629] Kölner Kommentar-UmwG/*Dauner-Lieb/Tettinger* § 218 Rn. 26; Kallmeyer/*Blasche* § 218 Rn. 10.
[630] Semler/Stengel/*Schlitt* § 218 Rn. 17; Kallmeyer/*Blasche* § 218 Rn. 10.
[631] Semler/Stengel/*Schlitt* § 218 Rn. 19; Kallmeyer/*Blasche* § 218 Rn. 10.
[632] Lutter/*Decher/Hoger* § 202 Rn. 15; Semler/Stengel/*Schlitt* § 218 Rn. 19, Kallmeyer/*Blasche* § 218 Rn. 11.
[633] Beachte jedoch §§ 25, 31 MitbestG.

414 Soll in der GmbH ein **fakultativer Aufsichtsrat** gebildet werden, § 52 GmbHG, erfolgt die Bestellung der Mitglieder als Gegenstand des Umwandlungsbeschlusses durch die Anteilseigner.[634] Bei der **mitbestimmten GmbH** ist gemäß §§ 6 Abs. 1, 1 Abs. 1 MitbestG bzw. § 1 Abs. 1 Nr. 3 DrittelbG ein Aufsichtsrat zu bilden. Die Anteilseignervertreter werden dann durch die Gesellschafter der formwechselnden Gesellschaft im Umwandlungsbeschluss bestellt.[635] Für die Arbeitnehmervertreter ist dies insbes. vor dem Hintergrund des langen Wahlverfahrens umstritten. Während teils vertreten wird, dass ohne Eintragung im Handelsregister mangels Vorliegens einer GmbH überhaupt keine Mitwirkung des Aufsichtsrats erforderlich sei,[636] nehmen andere Stimmen an, dass die Arbeitnehmer zwar bis zum Wirksamwerden des Formwechsels zu bestellen sind, die Bestellung im Zweifel aber auch gerichtlich erfolgen könne.[637] Richtigerweise sollte trotz des bloß auf den Formwechsel in die AG bezogenen § 197 S. 3 UmwG § 31 AktG entspr. auf den Formwechsel in die GmbH angewandt werden, da auch hier eine sachgründungsähnliche Situation vorliegt.[638] War unter den Voraussetzungen des § 4 Abs. 1 S. 1 MitbestG im Falle der GmbH & Co. KG bei der Komplementär-GmbH bereits ein Aufsichtsrat zu bilden, so bleiben die Mitglieder des Aufsichtsrats in entspr. Anwendung von § 203 S. 1 UmwG für den Rest ihrer Amtszeit als Mitglieder des Aufsichtsrats des Zielrechtsträgers im Amt.[639]

415 cc) **Umwandlung in AG.** Die **Gründungssatzung** der AG wird grundsätzlich durch notarielle Urkunde festgestellt, in welcher die Gründer, bei Nennbetragsaktien der Nennbetrag, bei Stückaktien die Zahl, der Ausgabebetrag und, wenn mehrere Gattungen bestehen, die Gattung der Aktien, die jeder Gründer übernimmt, sowie der eingezahlte Betrag des Grundkapitals anzugeben sind, § 23 Abs. 1, 2 AktG. Die Gründerstellung bemisst sich beim Formwechsel aus der Personengesellschaft nach § 219 UmwG (→ Rn. 426 ff.). Die Übernahmeerklärung nach § 23 Abs. 2 Nr. 2 AktG ist nach § 194 Abs. 1 Nr. 4 UmwG bereits Teil des Umwandlungsbeschlusses, die Angaben zum eingezahlten Grundkapital nach § 23 Abs. 2 Nr. 3 AktG sind beim Formwechsel obsolet, weil das Grundkapital durch das Vermögen der formwechselnden Gesellschaft unterlegt wird.[640] Der Mindestinhalt der Satzung richtet sich nach § 23 Abs. 3, 4 AktG.

416 Zwingender Teil der Satzung sind gemäß § 23 Abs. 3 Nr. 1, 2 AktG die **Firma**, der **Sitz** sowie der **Unternehmensgegenstand**. Für die Verlegung des Sitzes im Zuge des Formwechsels ist wiederum § 198 Abs. 2 S. 4 UmwG zu beachten.

417 Zudem ist die **Höhe des Grundkapitals** anzugeben, § 23 Abs. 3 Nr. 3 AktG, welches gemäß § 7 AktG mindestens EUR 50.000 betragen muss. Auch für den Formwechsel in die AG gilt, dass der Nennbetrag des Grundkapitals das Reinvermögen der Personengesellschaft nicht übersteigen darf, § 220 Abs. 1 UmwG (→ Rn. 434 ff.).

418 Gemäß § 23 Abs. 3 Nr. 4 AktG sind auch die **Zerlegung des Grundkapitals** entweder in Nennbetragsaktien oder in Stückaktien, bei Nennbetragsaktien deren Nennbeträge und die Zahl der Aktien jeden Nennbetrags, bei Stückaktien deren Zahl, sowie die jeweiligen Gattungen darzulegen. Das Geschäft der formwechselnden Gesellschaft stellt die von den Gesellschaftern erbrachte und gemäß § 27 Abs. 1 AktG festzusetzende **Sacheinlage** dar. Insoweit gelten dieselben Grundsätze wie beim Formwechsel in die GmbH.[641] Im gemäß § 32 AktG zu erstellenden **Gründungsbericht** sind nach § 220 Abs. 2 AktG Zusatzangaben zu machen (→ Rn. 439).

---

[634] Semler/Stengel/*Schlitt* § 218 Rn. 30; Lutter/*Joost* § 218 Rn. 15.
[635] Semler/Stengel/*Schlitt* § 218 Rn. 27; Lutter/*Joost* § 218 Rn. 16.
[636] Schmitt/Hörtnagl/Stratz/*Stratz* § 222 Rn. 3; Widmann/Mayer/*Vossius* § 222 Rn. 17 f.
[637] Semler/Stengel/*Schlitt* § 218 Rn. 27; Maulbetsch/Klumpp/Rose/*Rose* § 218 Rn. 14.
[638] Lutter/*Joost* § 218 Rn. 16; *Joost* FS Claussen, 1997, S. 187, 194 ff.; Kallmeyer/*Blasche* § 218 Rn. 17.
[639] Kallmeyer/*Blasche* § 218 Rn. 19; Semler/Stengel/*Schlitt* § 218 Rn. 28; Lutter/*Decher/Hoger* § 203 Rn. 3; aA Lutter/*Joost* § 218 Rn. 16.
[640] Kallmeyer/*Blasche* § 218 Rn. 20; Lutter/*Joost* § 218 Rn. 18.
[641] Lutter/*Joost* § 218 Rn. 30.

Die Satzung muss nach § 23 Abs. 4 AktG ferner die **Form von Bekanntmachungen** 419 sowie **Sondervorteile** und den **Gründungsaufwand** festsetzen, § 197 S. 1 UmwG iVm § 26 Abs. 1, 2 AktG. Gesonderte Leistungspflichten von Gesellschaftern der Personenhandelsgesellschaft können bei vinkulierten Aktien nach § 55 AktG in der AG übernommen werden.[642]

Die Zahl der **Vorstandsmitglieder** bzw. Kriterien zur Festlegung dieser Zahl sind 420 ebenfalls in die Satzung aufzunehmen, § 23 Abs. 3 Nr. 6 AktG, wobei für ihre Bestellung der **Aufsichtsrat** zuständig ist. Dessen Bestellung richtet sich nach § 197 S. 3 UmwG iVm § 31 AktG.

dd) Umwandlung in KGaA. Auf den Formwechsel der Personenhandelsgesellschaft in 421 die KGaA sind die **Vorschriften über die AG entspr.** anwendbar, § 278 Abs. 3 AktG. Wesenselement der KGaA wie auch der KG ist, dass mindestens ein persönlich haftender Gesellschafter in der Gesellschaft vorhanden ist. Dessen Namen, Vornamen und Wohnort sind in der Satzung anzugeben, § 281 Abs. 1 AktG. Gleiches gilt für die Höhe und Art von Vermögenseinlagen, die nicht auf das Grundkapital geleistet werden (Sondereinlagen), § 281 Abs. 2 AktG. Möglich ist auch die Konstellation, dass einziger Komplementär der KGaA eine Kapitalgesellschaft ist, § 279 Abs. 2 AktG, was insbes. bei der Umwandlung einer GmbH & Co. KG in eine KGaA interessant ist, wenn die GmbH Komplementärin der KGaA werden soll.[643]

Der Umwandlungsbeschluss kann zum einen vorsehen, dass mindestens ein Gesellschafter 422 der Ausgangsgesellschaft – persönlich haftender Gesellschafter oder Kommanditist[644] – die **Stellung des persönlich haftenden Gesellschafters übernimmt**, § 218 Abs. 2 Alt. 1 UmwG. Der neue persönlich haftende Gesellschafter muss auch dann dem Formwechsel nach § 217 Abs. 3 UmwG zustimmen, wenn er bereits zuvor der unbeschränkten Haftung unterlag, weil die Zustimmung das Einverständnis mit der persönlichen Haftung in der konkreten Gesellschaftsform deutlich machen soll.

Zum anderen kann der Umwandlungsbeschluss auch bestimmen, dass ein persönlich 423 haftender Gesellschafter im Zuge des Formwechsels erst **beitritt**, § 218 Abs. 2 Alt. 2 UmwG, wozu dieser ausdrücklich seine Zustimmung erteilen muss, § 217 Abs. 3 UmwG. Nicht erforderlich ist jedoch, dass er dadurch alleiniger Komplementär der KGaA wird.[645] Die Beitrittserklärung bedarf der notariellen Beurkundung, zudem muss der neue Komplementär die Satzung genehmigen, § 221 UmwG (→ Rn. 446).

ee) Umwandlung in eG. Der zwingende **Mindestinhalt** der Satzung der eG ergibt 424 sich aus den §§ 6, 7 GenG, wonach Angaben zur **Firma** und zum **Sitz** der Genossenschaft, dem **Gegenstand des Unternehmens**, Bestimmungen zur Haftung im Insolvenzfall, Bestimmungen über die Form der Einberufung der Generalversammlung sowie der Beurkundung der Beschlüsse, Bestimmungen über die Form der Bekanntmachungen und Angaben über die Geschäftsanteile zu machen sind.[646] Nicht erforderlich ist gem. § 197 S. 2 UmwG die Mindestzahl von drei Mitgliedern nach § 4 GenG.[647]

Nach § 218 Abs. 3 S. 1 UmwG muss die Beteiligung eines jeden Mitglieds aufgrund des 425 Kontinuitätsprinzips mit mindestens einem Geschäftsanteil vorgesehen werden, was die Bildung von Teilrechten an einzelnen Geschäftsanteilen ausschließt.[648] Darüber hinaus können nach § 218 Abs. 3 S. 2 UmwG des Weiteren solche Geschäftsanteile ausgegeben werden, die bei Anrechnung des Geschäftsguthabens eines jeden Mitglieds bei dieser

---

[642] Lutter/*Joost* § 218 Rn. 34; Kallmeyer/*Blasche* § 218 Rn. 27.
[643] Lutter/*Joost* § 218 Rn. 39.
[644] Kallmeyer/*Blasche* § 218 Rn. 31; Lutter/*Joost* § 218 Rn. 37.
[645] Semler/Stengel/*Schlitt* § 218 Rn. 49; Lutter/*Joost* § 218 Rn. 38.
[646] Lutter/*Joost* § 218 Rn. 47 ff.
[647] Kölner Kommentar-UmwG/*Dauner-Lieb*/*Tettinger* § 218 Rn. 70.
[648] Widmann/Mayer/*Vossius* § 218 Rn. 30; Semler/Stengel/*Schlitt* § 218 Rn. 59; Kölner Kommentar-UmwG/*Dauner-Lieb*/*Tettinger* § 218 Rn. 73.

Genossenschaft als voll eingezahlt gelten. Bei einer derart **gestaffelten Beteiligung** findet eine Umrechnung der Beteiligung am Vermögen der formwechselnden Personengesellschaft in Geschäftsanteile an der Genossenschaft statt,[649] wodurch die Kapitalgrundlage erhalten und die Gleichbehandlung der Mitglieder sichergestellt werden soll.[650] Daneben wird auch eine Bildung von Rücklagen als zulässig erachtet, da das Gleichbehandlungsgebot insofern zur Disposition der Gesellschafter steht.[651]

5. Gründerstellung

426   Nach § 197 UmwG sind auf den Formwechsel die für die neue Rechtsform geltenden Gründungsvorschriften anzuwenden, soweit sich aus dem Fünften Buch zum Formwechsel nichts Abweichendes ergibt. § 219 UmwG ergänzt § 197 UmwG insoweit, als er bestimmt, welche Personen beim Formwechsel einer Personengesellschaft als Gründer zu behandeln sind und folglich einer entspr. Haftung unterliegen.[652] In praktischer Hinsicht erstreckt sich der **Anwendungsbereich** nur auf die GmbH, AG, oder KGaA als Zielrechtsträger, da hinsichtlich der eG keine besonderen Rechtsfolgen an die Stellung der Gründer geknüpft sind.[653]

427   Im Falle des **einstimmigen** Umwandlungsbeschlusses, § 217 Abs. 1 S. 1 UmwG, gelten als **Gründer** gemäß § 219 S. 1 UmwG grundsätzlich alle Gesellschafter der formwechselnden Personengesellschaft. Zutreffenderweise gilt dies mit der hM auch für **Kommanditisten**, selbst wenn sie ihre Kommanditeinlage erbracht und nicht zurückerlangt haben.[654] Für eine teleologische Reduktion des § 219 S. 1 UmwG ist kein Raum,[655] da die Kommanditisten dadurch hinreichend geschützt werden, dass sie durch Widerspruch entweder den Formwechsel zu Fall bringen oder nach § 219 S. 2 UmwG im Falle der zulässigen Mehrheitsentscheidung der Haftung entgehen können. Die Androhung des Widerspruchs mag insoweit auch hinreichende Motivation für die übrigen Gesellschafter bieten, im Gesellschaftsvertrag nach § 217 Abs. 1 S. 2 UmwG einen Mehrheitsbeschluss vorzusehen.[656] Aus Sicht der Gläubiger macht es auch keinen Unterschied, ob der Zielrechtsträger aus Neugründung oder Formwechsel hervorgegangen ist.[657]

428   Sieht der Gesellschaftsvertrag eine **Mehrheitsentscheidung** vor, so trifft die Gründerhaftung nur diejenigen Gesellschafter, die für den Formwechsel gestimmt haben, § 219 S. 2 Hs. 1 UmwG. Diese müssen in der Niederschrift über den Umwandlungsbeschluss namentlich aufgeführt werden, § 217 Abs. 2 UmwG, um mögliche Anspruchsgegner der Gründerhaftung zweifelsfrei bestimmen zu können.

429   Gleiches gilt für den beim Formwechsel in die KGaA **beitretenden Komplementär**. Dieser muss gemäß § 221 S. 2 UmwG die Satzung der KGaA genehmigen und wird deshalb – parallel zur Norm des § 280 Abs. 3 AktG[658] – gemäß § 219 S. 2 Hs. 2 UmwG als Gründer behandelt. Dies führt für ihn allerdings nicht zu einer Haftungserweiterung, da er ohnehin gemäß § 278 Abs. 2 AktG iVm §§ 161 Abs. 2, 128, 130 HGB für die Altverbindlichkeiten der Gesellschaft haftet.[659]

---

[649] Rechenbeispiel bei Schmitt/Hörtnagl/Stratz/*Stratz* § 218 Rn. 9 f.
[650] RegEBegr, bei Ganske, S. 240; Lutter/*Joost* § 218 Rn. 57; Semler/Stengel/*Schlitt* § 218 Rn. 59.
[651] Widmann/Mayer/*Vossius* § 218 Rn. 38 f.; Semler/Stengel/*Schlitt* § 218 Rn. 59.
[652] Kallmeyer/*Blasche* § 219 Rn. 1.
[653] Widmann/Mayer/*Vossius* § 219 Rn. 1; Semler/Stengel/*Schlitt* § 219 Rn. 2.
[654] Kallmeyer/*Blasche* § 219 Rn. 3; Semler/Stengel/*Schlitt* § 219 Rn. 4; Maulbetsch/Klumpp/Rose/*Rose* § 219 Rn. 5; Schmitt/Hörtnagl/Stratz/*Stratz* § 219 Rn. 3; Widmann/Mayer/*Vossius* § 219 Rn. 25; Böttcher/Habighorst/Schulte/*Althoff/Narr* § 219 Rn. 6; *Zürbig* S. 154.
[655] So indes Lutter/*Joost* § 219 Rn. 4; *Wolf* ZIP 1996, 1200, 1203.
[656] Kallmeyer/*Blasche* § 219 Rn. 3.
[657] Maulbetsch/Klumpp/Rose/*Rose* § 219 Rn. 5.
[658] Lutter/*Joost* § 219 Rn. 6.
[659] Lutter/*Joost* § 219 Rn. 7; Semler/Stengel/*Schlitt* § 219 Rn. 8.

Maßgeblicher Zeitpunkt zur Bestimmung der Gründereigenschaft ist die konstitutive **Eintragung** des Formwechsels ins Handelsregister.[660]

Entscheidender Aspekt der Gründerverantwortung ist die Gründerhaftung, welche sich **430** nach der Rechtsform des Zielrechtsträgers bemisst, § 197 S. 1 UmwG. Im Falle des Formwechsels in die **GmbH** besteht zum einen gegenüber der Gesellschaft nach § 9a GmbH die **Gründungshaftung** für falsche Angaben anlässlich des Formwechsels, insbes. im nach § 220 Abs. 2 UmwG zu erstellenden Sachgründungsbericht. Darüber hinaus kommt dann eine sacheinlagenbezogene **Differenzhaftung** gemäß § 9 GmbHG in Betracht, wenn im Zeitpunkt der Anmeldung des Formwechsels der auf einen Gesellschafter entfallende Geschäftsanteil nicht durch den entspr. Anteil am Reinvermögen der Gesellschaft gedeckt ist.[661] Über die Ausfallhaftung, § 24 GmbHG, besteht im Ergebnis eine gesamtschuldnerische Haftung aller Gesellschafter.[662] Schließlich ist auch an die **Unterbilanzhaftung** zu denken, wenn im Moment der Eintragung des Formwechsels der Wert des Vermögens der Gesellschaft die Stammkapitalziffer rechnerisch-wertmäßig nicht deckt.[663] Nicht umfasst ist hingegen die **Handelndenhaftung** nach § 11 Abs. 2 GmbHG, weil die Gesellschafter vor dem Formwechsel nur für die formwechselnde Gesellschaft agieren.[664]

Für den Formwechsel in die **AG** oder **KGaA** gelten im Grunde die **gleichen Haftungs-** **431** **tatbestände**. Bei unrichtigen Angaben, insbes. im Gründungsbericht, folgt aus § 46 AktG (iVm § 278 Abs. 3 AktG) die Gründungshaftung. Für das Aktienrecht hat die Rechtsprechung ebenfalls eine Differenzhaftung entwickelt.[665] Zudem ist auch hier die Unterbilanzhaftung anerkannt.[666] Die Handelndenhaftung nach § 41 Abs. 1 S. 2 AktG scheidet jedoch ebenso wie beim Formwechsel in die GmbH aus.[667]

Insbes. für Kommanditisten, für die die Gründerhaftung besonders schwerwiegt, kann es **432** ratsam sein, gegen den Umwandlungsbeschluss zu stimmen, wenn die im Gesellschaftsvertrag vorgesehene Mehrheit gesichert ist. Im Übrigen kann sich zur Vermeidung der Gründerhaftung das Anwachsungsmodell empfehlen (→ Rn. 375).

6. Kapitalschutz

§ 220 UmwG ergänzt den allgemeinen Verweis in § 197 S. 1 UmwG auf die Gründer- **433** vorschriften zum Schutz der Gläubiger der späteren Kapitalgesellschaft. Vor dem Hintergrund, dass die Vermögensaufbringung bei der formwechselnden Personenhandelsgesellschaft nicht überprüft wurde, soll das Stamm- bzw. Grundkapital als Haftmasse im Zeitpunkt des Formwechsels gesichert werden. Auf die eG findet § 220 UmwG keine,[668] auf den Formwechsel der PartG über § 225c UmwG entspr. Anwendung.

a) Kapitaldeckung. § 220 Abs. 1 UmwG bestimmt in Umsetzung des **Grundsatzes 434 der Reinvermögensdeckung**, dass der Formwechsel einer Personenhandelsgesellschaft in eine Kapitalgesellschaft nur möglich ist, wenn das nach Abzug der Schulden verbleibende Vermögen der formwechselnden Gesellschaft den Nennbetrag des Stammkapitals der GmbH bzw. des Grundkapitals der AG oder KGaA nicht unterschreitet. Vorbehaltlich einer bei hinreichender Deckung möglichen Festsetzung eines höheren Stamm- bzw. Grundkapitals in Gesellschaftsvertrag oder Satzung durch die Gesellschafter hat das Aktivver-

---

[660] Semler/Stengel/*Schlitt* § 219 Rn. 5; Kallmeyer/*Blasche* § 219 Rn. 3.
[661] Semler/Stengel/*Schlitt* § 219 Rn. 12; Lutter/*Joost* § 219 Rn. 3.
[662] Semler/Stengel/*Schlitt* § 219 Rn. 15.
[663] Kallmeyer/*Blasche* § 219 Rn. 10; Semler/Stengel/*Schlitt* § 219 Rn. 12; Maulbetsch/Klumpp/ Rose/*Rose* § 219 Rn. 9.
[664] Lutter/*Joost* § 219 Rn. 3; Semler/Stengel/*Schlitt* § 219 Rn. 16; Kallmeyer/*Blasche* § 219 Rn. 11; Widmann/Mayer/*Vossius* § 219 Rn. 21; Henssler/Strohn/Drinhausen/*Keinath* § 219 UmwG Rn. 12; grds. auch *Zürbig* S. 146 f.; aA *Bärwaldt/Schabacker* ZIP 1998, 1293, 1298.
[665] S. hierzu Hüffer/*Koch* § 27 Rn. 21 mwN.
[666] Ausf. Hüffer/*Koch* § 41 Rn. 8 f.
[667] Kallmeyer/*Blasche* § 219 Rn. 12; Lutter/*Joost* § 219 Rn. 3.
[668] Widmann/Mayer/*Vossius* § 220 Rn. 8.

§ 38   435–438   4. Kapitel. Formwechsel

mögen der formwechselnden Gesellschaft jedenfalls im Fall der GmbH mindestens EUR 25.000, § 5 Abs. 1 GmbHG, im Fall der AG und KGaA mindestens EUR 50.000 zu betragen, §§ 7, 278 Abs. 3 AktG. Träte beim neuen Rechtsträger im maßgeblichen Zeitpunkt der Anmeldung des Formwechsels[669] eine Unterbilanz auf, ist der Formwechsel ausgeschlossen.

435   Aus dem Gesetz und den Gesetzesmaterialien ergibt sich kein Hinweis auf die Ermittlung des Vermögens. Anders als im Rahmen von § 30 GmbHG ist mit der ganz hM hier auf die Verkehrswerte der einzelnen Vermögensgegenstände abzuheben,[670] da der Formwechsel der Personenhandelsgesellschaft in die Kapitalgesellschaft in Bezug auf den Kapitalschutz wie eine Sachgründung gesehen wird. Zum Reinvermögen zählen ungeachtet ihrer Bilanzierungsfähigkeit alle Gegenstände der Gesellschaft mit Vermögenswert.[671] Einer aus dem Formwechsel resultierenden bloß formellen Unterbilanz kann mit der bilanzausgleichenden Bildung eines **formwechselbedingten Sonderabzugspostens** begegnet werden.[672]

436   Eine **materielle Unterbilanz** des Zielrechtsträgers steht dem Formwechsel indes hindernd entgegen. Um dem Formwechsel dennoch zu ermöglichen, müssen die Gesellschafter vor Anmeldung des Formwechsels weiteres Vermögen in die Gesellschaft einlegen.[673] Mit der überwiegenden Meinung reichen auch nicht voll einzuzahlende Bareinlagen für die Kapitaldeckung nach § 220 Abs. 1 UmwG aus, weil der Formwechsel insoweit nicht schlechter behandelt werden soll als eine Neugründung, bei der Bareinlagen **auch nicht voll eingezahlt** sein müssen.[674]

437   Eine **Versicherung** bzw. Erklärung gemäß § 8 Abs. 2 GmbH bzw. § 37 Abs. 1 AktG darüber, dass die Leistungen auf Einlagen erbrachten wurden und zur freien Verfügung der Geschäftsleitung stehen, ist nur erforderlich, wenn im Zuge des Formwechsels zusätzliche Einlagen erbracht werden.[675]

438   Die registergerichtlich zu überprüfende **Kapitaldeckung** nach § 220 Abs. 1 UmwG wird durch die formwechselnde Gesellschaft beim Formwechsel in die AG oder KGaA anhand der Gründungsprüfberichte **nachgewiesen**. Beim Formwechsel in die GmbH lässt sich dieser Nachweis bei hinreichenden Buchwerten über eine Umwandlungsbilanz erbringen.[676] Im Übrigen wird sich der Rückgriff auf eine neu anzufertigende Vermögensaufstellung anbieten.[677] Wird unter Verstoß gegen § 220 Abs. 1 UmwG eingetragen, ist der

---

[669] Widmann/Mayer/*Vossius* § 220 Rn. 16; Kallmeyer/*Blasche* § 220 Rn. 5; Lutter/*Joost* § 219 Rn. 14.
[670] OLG Frankfurt am Main 20 W 160/13, ZIP 2015, 1229, 1231 f. m. Anm. *Wachter* GmbHR 2015, 812; Semler/Stengel/*Schlitt* § 220 Rn. 13; Lutter/*Joost* § 220 Rn. 10; Kallmeyer/*Blasche* § 220 Rn. 5; Widmann/Mayer/*Vossius* § 220 Rn. 16; Schmitt/Hörtnagl/Stratz/*Stratz* § 220 Rn. 6; Sagasser/Bula/Brünger/*Sagasser/Luke* § 26 Rn. 141; *Wolfsteiner* FS Bezzenberger, 2000, S. 467, 472; *Zürbig* S. 137 ff.
[671] Widmann/Mayer/*Vossius* § 220 Rn. 14 f.; Kallmeyer/*Blasche* § 220 Rn. 7.
[672] Sagasser/Bula/Brünger/*Sagasser/Luke* § 26 Rn. 141; Widmann/Mayer/*Vossius* § 220 Rn. 24 ff.; Semler/Stengel/*Schlitt* § 220 Rn. 23; Schmitt/Hörtnagl/Stratz/*Stratz* § 220 Rn. 11; kritisch Kölner Kommentar-UmwG/*Petersen* § 220 Rn. 11; aA *Priester* DB 1995, 911, 915 ff. (Buchwertaufstockung unter Durchbrechung der Bilanzkontinuität).
[673] Lutter/*Joost* § 220 Rn. 13; Kallmeyer/*Blasche* § 220 Rn. 8; Semler/Stengel/*Schlitt* § 220 Rn. 13; Schmitt/Hörtnagl/Stratz/*Stratz* § 221 Rn. 3.
[674] Semler/Stengel/*Schlitt* § 220 Rn. 16; *K. Schmidt* ZIP 1995, 1385, 1389; *Priester* FS Zöllner, 1998, S. 449, 466; *Priester* DStR 2005, 788, 794; Kallmeyer/*Blasche* § 220 Rn. 9; Henssler/Strohn/*Drinhausen/Keinath* § 220 UmwG Rn. 5; aA insbes. vor dem Hintergrund der Nähe des Formwechsels zur Sachgründung Lutter/*Joost* § 220 Rn. 16; Kölner Kommentar-UmwG/*Petersen* § 220 Rn. 20; Widmann/Mayer/*Vossius* § 220 Rn. 30.
[675] Kallmeyer/*Blasche* § 220 Rn. 12; Lutter/*Joost* § 220 Rn. 17.
[676] Semler/Stengel/*Schlitt* § 220 Rn. 19; Lutter/*Joost* § 220 Rn. 18; Kallmeyer/*Blasche* § 220 Rn. 13.
[677] Semler/Stengel/*Schlitt* § 220 Rn. 19; Kallmeyer/*Blasche* § 220 Rn. 13.

Formwechsel nach § 202 Abs. 3 UmwG gleichwohl wirksam. Es droht indes die Differenzhaftung (→ Rn. 430 f.).

b) Sachgründungsbericht, Gründungsbericht. Beim Formwechsel in die GmbH ist 439 ein **Sachgründungsbericht**, § 197 S. 1 UmwG iVm § 5 Abs. 4 S. 2 GmbHG, beim Formwechsel in die AG oder KGaA ein **Gründungsbericht** zu erstellen, § 197 S. 1 UmwG iVm § 32 AktG. Die Berichte sind eigenhändig von den als Gründern geltenden Gesellschaftern zu unterzeichnen, wobei eine Stellvertretung unzulässig ist.[678] Im Sachgründungsbericht sind die für die Angemessenheit der Leistungen für Sacheinlagen wesentlichen Umstände, mithin also die Kapitaldeckung durch das Reinvermögen,[679] darzulegen. Zudem sind die Jahresergebnisse der letzten beiden Geschäftsjahre anzugeben. Im Gründungsbericht sind neben Angaben zur Angemessenheit der Leistungen für Sacheinlagen oder Sachübernahmen, § 32 Abs. 2 AktG, auch Auskünfte zum Hergang des Formwechsels und zur Leistungsgewährung an die Verwaltung erforderlich, § 32 Abs. 1, 3 AktG. Zusätzlich zu diesen Informationen sind beim Formwechsel auch der bisherige Geschäftsverlauf und die Lage der formwechselnden Gesellschaft anzugeben, § 220 Abs. 2 UmwG. Im Hinblick auf § 5 Abs. 4 S. 2 GmbHG und § 32 Abs. 2 S. 2 Nr. 3 AktG ist eine Darstellung des Geschäftsverlaufs der letzten beiden vollen Geschäftsjahre angezeigt.[680] Die Darstellung der Lage der Gesellschaft sollte sich an § 289 HGB orientieren und ein den tatsächlichen Verhältnissen entspr. Bild im Zeitpunkt der Anmeldung zum Register vermitteln.[681]

c) Gründungsprüfung, Nachgründung. Anders als beim Formwechsel in die GmbH 440 hat beim Formwechsel in die AG oder KGaA durch die Mitglieder des Vorstands (bzw. die persönlich haftenden Gesellschafter im Falle der KGaA) und des Aufsichtsrats eine **Gründungsprüfung** stattzufinden, § 197 S. 1 UmwG iVm § 33 Abs. 1 AktG, über welche ein Gründungsprüfbericht erstattet wird, § 34 Abs. 2 AktG. Der Inhalt der Prüfung ergibt sich aus § 34 AktG und erstreckt sich namentlich auf die hinreichende Kapitaldeckung. Während § 33 Abs. 2 AktG eine zusätzliche Gründungsprüfung durch externe Prüfer einschl. der Erstellung eines eigenen Gründungsprüfberichts nur in bestimmten Fällen vorsieht, hat diese beim Formwechsel gemäß § 220 Abs. 3 UmwG in jedem Fall stattzufinden. Für den sachgründungsähnlichen Formwechsel folgt dies bereits aus § 33 Abs. 2 Nr. 4 AktG. Als Ausnahme hierzu ist jedoch der Fall des § 33a Abs. 1 Nr. 2 AktG anzusehen, weil für den Formwechsel keine strengeren Maßstäbe gelten sollen als für die Gründung.[682] Die Gründungsprüfer werden durch das zuständige Registergericht bestellt, § 33 Abs. 3 S. 2 UmwG.[683]

Auf den Formwechsel sind über § 197 S. 1 UmwG auch die Vorschriften über die 441 **Nachgründung** anzuwenden, welche ua in § 52 Abs. 1 S. 1 AktG vorschreiben, dass Verträge der Gesellschaft mit Gründern oder mit mehr als 10 % des Grundkapitals an der Gesellschaft beteiligten Aktionären, nach denen sie vorhandene oder herzustellende Anlagen oder andere Vermögensgegenstände für eine den zehnten Teil des Grundkapitals übersteigende Vergütung erwerben soll, und die in den ersten zwei Jahren seit der Eintragung der Gesellschaft in das Handelsregister geschlossen werden, nur mit Zustimmung der Hauptversammlung und durch Eintragung in das Handelsregister wirksam werden. Diese Frist beginnt beim Formwechsel zwingend[684] mit dem Wirksamwerden des Form-

---

[678] Kallmeyer/*Blasche* § 220 Rn. 15; Widmann/Mayer/*Vossius* § 220 Rn. 35 f., 44 f.; Limmer/*Limmer* Teil 4 Kap. 2 Rn. 447.
[679] Kallmeyer/*Blasche* § 220 Rn. 16.
[680] Kallmeyer/*Blasche* § 220 Rn. 17; Widmann/Mayer/*Vossius* § 220 Rn. 40, 48; Limmer/*Limmer* Teil 4 Kap. 2 Rn. 450.
[681] Kallmeyer/*Blasche* § 220 Rn. 16.
[682] Lutter/*Joost* § 220 Rn. 24; Kallmeyer/*Blasche* § 220 Rn. 18.
[683] Semler/Stengel/*Schlitt* § 220 Rn. 30; Lutter/*Joost* § 220 Rn. 24.
[684] Semler/Stengel/*Schlitt* § 220 Rn. 32; Kallmeyer/*Blasche* § 220 Rn. 19.

7. Beitritt persönlich haftender Gesellschafter

442 § 221 UmwG regelt den Beitritt persönlich haftender Gesellschafter, welche nicht bereits Gesellschafter des formwechselnden Rechtsträgers waren,[685] in die durch Formwechsel entstandene KGaA. **Nicht zulässig** ist hingegen der **Beitritt von Kommanditaktionären**.[686] Über § 225c UmwG findet die Vorschrift entspr. Anwendung auf die PartG.

443 **a) Beitrittserklärung.** Der im Umwandlungsbeschluss vorgesehene Beitritt erfolgt durch gegenüber dem formwechselnden Rechtsträger abzugebende, einseitige Willenserklärung des neuen Komplementärs, welche gemäß § 221 S. 1 UmwG der **notariellen Beurkundung** nach §§ 8 ff. BeurkG[687] bedarf. Das Formerfordernis rechtfertigt sich insbes. aus Gründen des Übereilungsschutzes und der Rechtssicherheit vor dem Hintergrund der aus § 219 S. 2 Alt. 2 UmwG für den neuen Komplementär resultierenden Gründerhaftung.[688] Eine Beurkundung der Beitrittserklärung zusammen mit dem Umwandlungsbeschluss (vgl. § 193 Abs. 3 S. 1 UmwG) ist möglich,[689] jedoch nicht notwendig. Eine Annahmeerklärung durch die Gesellschaft ist nicht erforderlich.[690] Unter dem Vorbehalt notarieller Beurkundung der Vollmacht ist auch eine Stellvertretung zulässig.[691]

Die Beitrittserklärung kann grundsätzlich **weder befristet oder bedingt** noch nach Zugang bei der Gesellschaft **einseitig zurückgenommen** werden, wobei allerdings eine Bedingung auf die Wirksamkeit des Formwechsels zulässig ist.[692]

444 Der Beitritt kann nach zutreffender hM **frühestens zeitgleich mit dem Umwandlungsbeschluss**, also jedenfalls nicht vor Fassung desselben erfolgen.[693] Hierfür spricht vor allem, dass der Beitritt gemäß § 221 S. 1 UmwG bereits im Umwandlungsbeschluss vorgesehen ist und sich die Erklärung auch auf dessen Inhalt beziehen muss.[694] In jedem Fall hat der Beitritt vor der Anmeldung zum Handelsregister zu erfolgen, da der Anmeldung gemäß § 223 UmwG die Beitragsurkunde beizufügen ist.

445 Mit **Eintragung** des Formwechsels **im Handelsregister** tritt der neue persönlich haftende Gesellschafter in die Gesellschaft ein (vgl. § 202 Abs. 1 UmwG). Ab diesem Zeitpunkt unterliegt er der Gründerverantwortung sowie der Haftung (auch) für die vor seinem Eintritt von der Gesellschaft begründeten Verbindlichkeiten, § 278 Abs. 2 AktG iVm §§ 161 Abs. 2, 130, 128 HGB.

---

[685] Zur Übernahme der Kommanditistenstellung durch einen Altgesellschafter s. § 217 Abs. 3 UmwG.

[686] Semler/Stengel/*Schlitt* § 221 Rn. 5; Widmann/Mayer/*Vossius* § 220 Rn. 6.

[687] Widmann/Mayer/*Vossius* § 220 Rn. 12; Kallmeyer/*Blasche* § 221 Rn. 2; Semler/Stengel/*Schlitt* § 221 Rn. 7; Lutter/*Joost* § 221 Rn. 2; Kölner Kommentar-UmwG/*Dauner-Lieb/Tettinger* § 221 Rn. 8.

[688] Maulbetsch/Klumpp/Rose/*Rose* § 221 Rn. 3.

[689] In diesem Fall müsste aber auch der Umwandlungsbeschluss nach §§ 8 ff. BeurkG beurkundet werden, Kallmeyer/*Blasche* § 221 Rn. 2; Widmann/Mayer/*Vossius* § 220 Rn. 12; Kölner Kommentar-UmwG/*Dauner-Lieb/Tettinger* § 221 Rn. 8; aA Semler/Stengel/*Schlitt* § 221 Rn. 7; Schmitt/Hörtnagl/Stratz/*Stratz* § 221 Rn. 3.

[690] Semler/Stengel/*Schlitt* § 221 Rn. 6; Kallmeyer/*Blasche* § 221 Rn. 2; Lutter/*Joost* § 221 Rn. 2; aA Goutier/Knopf/Tulloch/*Laumann* § 221 UmwG Rn. 2.

[691] Semler/Stengel/*Schlitt* § 221 Rn. 6; Widmann/Mayer/*Vossius* § 220 Rn. 10; Kommentar-UmwG/*Dauner-Lieb/Tettinger* § 221 Rn. 9 (notarielle Beglaubigung erforderlich).

[692] Kallmeyer/*Blasche* § 221 Rn. 2; Semler/Stengel/*Schlitt* § 221 Rn. 6; Widmann/Mayer/*Vossius* § 221 Rn. 9.

[693] Lutter/*Joost* § 221 Rn. 3; Semler/Stengel/*Schlitt* § 221 Rn. 8; Schmitt/Hörtnagl/Stratz/*Stratz* § 221 Rn. 2; iErg auch Kallmeyer/*Blasche* § 221 Rn. 3; zweifelnd Kölner Kommentar-UmwG/ *Dauner-Lieb/Tettinger* § 221 Rn. 7; aA Widmann/Mayer/*Vossius* § 220 Rn. 8; Maulbetsch/Klumpp/ Rose/*Rose* § 221 Rn. 6 (möglich jedoch unzweckmäßig).

[694] Lutter/*Joost* § 221 Rn. 3; Semler/Stengel/*Schlitt* § 221 Rn. 8.

b) Satzungsgenehmigung. Die Satzung der KGaA wird im Umwandlungsbeschluss **446** festgestellt, § 218 Abs. 1 S. 1 Alt. 4 UmwG, und ist von jedem beitretenden persönlich haftenden Gesellschafter zu genehmigen, § 221 S. 2 UmwG. Die Genehmigung kann, muss aber nicht mit der Beitrittserklärung verbunden werden.[695] Wie diese muss die Satzungsgenehmigung jedoch **notariell beurkundet** werden[696] und ist befristungs- und bedingungsfeindlich.[697] Eine Genehmigung noch vor Fassung des Umwandlungsbeschlusses scheidet bereits aufgrund des Charakters der Genehmigung als nachträgliche Zustimmung aus, § 184 Abs. 1 BGB.[698] Die Genehmigung muss auf den Umwandlungsbeschluss und die Satzung Bezug nehmen, wobei auch in der Beitrittserklärung im Einzelfall eine konkludente Genehmigung der Satzung zu erblicken sein kann.[699] Soll vor Wirksamwerden des Formwechsels eine Satzungsänderung herbeigeführt werden, so muss der Beitretende in entspr. Anwendung des § 285 Abs. 2, 3 AktG in notariell beurkundeter Form zustimmen.[700]

c) Folgen der Eintragung. Nach der Anmeldung des Formwechsels hat das Register- **447** gericht die Wirksamkeit des Beitritts und der Satzungsgenehmigung durch den beitretenden persönlich haftenden Gesellschafter zu prüfen. Liegt ein Unwirksamkeitsgrund vor, so ist die Eintragung zu verweigern. Trägt das Registergericht den Formwechsel fälschlicherweise ein, so ist dieser jedoch gemäß § 202 Abs. 3 UmwG wirksam. Die Grundsätze über den **fehlerhaften Gesellschafterbeitritt** finden dann Anwendung auf den unwirksam Beigetretenen.[701] Sollte dieser der einzige persönlich haftende Gesellschafter der KGaA werden, so stellt dies einen Auflösungsgrund dar.[702]

8. Anmeldung des Formwechsels

In Ergänzung zur allgemeinen Vorschrift des § 198 UmwG (→ § 35 Rn. 3 ff.) regelt § 222 **448** UmwG, welche Personen den Formwechsel zur Eintragung im Register anzumelden haben. Die Anmeldung ist dabei persönlich vorzunehmen, eine **Stellvertretung** ist **ausgeschlossen**.[703] § 223 UmwG fordert zudem für den Formwechsel in die KGaA, dass der Anmeldung die Beitrittsurkunden der neuen persönlich haftenden Gesellschafter beigefügt werden.

a) Formwechsel in die GmbH. Gemäß § 222 Abs. 1 S. 1 UmwG haben **alle künfti-** **449** **gen Geschäftsführer** der GmbH den Formwechsel beim Handelsregister anzumelden. Wird bei der GmbH ein fakultativer Aufsichtsrat gebildet, haben die Mitglieder des künftigen Aufsichtsrats dennoch nicht bei der Anmeldung mitzuwirken, weil § 222 Abs. 1 S. 1 UmwG nur **obligatorische Aufsichtsräte** in Bezug nimmt.[704] Im Falle des obligatorischen Aufsichtsrats haben indes auch die künftigen Aufsichtsräte an der Anmeldung mitzuwirken.[705] Für die Arbeitnehmervertreter gilt dies jedoch nur, soweit diese bereits

---

[695] Kallmeyer/*Blasche* § 221 Rn. 4; Semler/Stengel/*Schlitt* § 221 Rn. 12; aA Lutter/*Joost* § 221 Rn. 6.
[696] Semler/Stengel/*Schlitt* § 221 Rn. 11; Kallmeyer/*Blasche* § 221 Rn. 4; Lutter/*Joost* § 221 Rn. 6; Widmann/Mayer/*Vossius* § 220 Rn. 21.
[697] Semler/Stengel/*Schlitt* § 221 Rn. 10; Widmann/Mayer/*Vossius* § 220 Rn. 24.
[698] Widmann/Mayer/*Vossius* § 220 Rn. 14 ff.
[699] Semler/Stengel/*Schlitt* § 221 Rn. 10; Widmann/Mayer/*Vossius* § 220 Rn. 19; aA Lutter/*Joost* § 221 Rn. 6.
[700] Kallmeyer/*Blasche* § 221 Rn. 4; Lutter/*Joost* § 219 Rn. 7; Semler/Stengel/*Schlitt* § 221 Rn. 13.
[701] Kallmeyer/*Blasche* § 221 Rn. 6; Semler/Stengel/*Schlitt* § 221 Rn. 14.
[702] Lutter/*Joost* § 221 Rn. 8; Kallmeyer/*Blasche* § 221 Rn. 5; Semler/Stengel/*Schlitt* § 221 Rn. 14.
[703] Kallmeyer/*Blasche* § 222 Rn. 1; Lutter/*Joost* § 222 Rn. 2; Maulbetsch/Klumpp/Rose/*Rose* § 222 Rn. 1; Semler/Stengel/*Schlitt* § 222 Rn. 9.
[704] Maulbetsch/Klumpp/Rose/*Rose* § 222 Rn. 2; Kallmeyer/*Blasche* § 222 Rn. 2; Widmann/Mayer/*Vossius* § 222 Rn. 15.
[705] Henssler/Strohn/*Drinhausen/Keinath* § 222 UmwG Rn. 2; Kallmeyer/*Blasche* § 222 Rn. 2; Maulbetsch/Klumpp/Rose/*Rose* § 222 Rn. 2; Kallmeyer/*Blasche* § 222 Rn. 2; aA Widmann/Mayer/*Vossius* § 222 Rn. 18; Schmitt/Hörtnagl/Stratz/*Stratz* § 222 Rn. 3.

bestellt sind⁷⁰⁶ (→ Rn. 414). In Anbetracht der umstrittenen Rechtslage empfiehlt sich jedoch eine vorherige Abstimmung mit dem zuständigen Registergericht. Eine Anmeldepflicht für Gründern gleichgestellten Gesellschaftern gibt es beim Formwechsel in die GmbH nicht.

450　**b) Formwechsel in die AG/KGaA.** Beim Formwechsel in die AG bzw. KGaA haben gemäß § 222 Abs. 1 S. 1 UmwG **alle Vorstandsmitglieder bzw. persönlich haftenden Gesellschafter** die Anmeldung vorzunehmen. Vor dem Hintergrund des Verweises in § 197 S. 3 UmwG auf § 31 AktG (entspr. im Falle der KGaA)⁷⁰⁷ müssen jedoch nur die bereits bestellten Mitglieder des **Aufsichtsrats** an der Anmeldung mitwirken.⁷⁰⁸ Darüber hinaus erfordert § 222 Abs. 2 UmwG auch die Mitwirkung aller Gesellschafter, die nach § 219 UmwG als **Gründer** zu behandeln sind (→ Rn. 426 ff.). Bei Formwechsel einer Publikumsgesellschaft ist es zur Verfahrensvereinfachung ratsam, die Anmeldung durch die den Gründern gleichgestellten Gesellschafter bereits im Anschluss an die beschließende Gesellschafterversammlung öffentlich beglaubigen zu lassen (vgl. § 12 Abs. 1 S. 1 HGB) und ggf. den Gründungsbericht bereits zu unterzeichnen.⁷⁰⁹ Bei Zustimmungserklärungen außerhalb der Versammlung, § 217 Abs. 1 S. 1 Hs. 2 UmwG, kann die Anmeldung mit der notariell zu beurkundenden Zustimmungserklärung verbunden werden,⁷¹⁰ wodurch auch die Form der notariellen Beglaubigung gewahrt ist, § 129 Abs. 2 BGB.

451　§ 223 UmwG ergänzt die generelle Vorschrift des § 199 UmwG (→ § 35 Rn. 19 ff.) und bestimmt, dass beim **Formwechsel** einer Personenhandelsgesellschaft **in die KGaA** bei der Anmeldung des Zielrechtsträgers außer den sonst erforderlichen Unterlagen auch die **Urkunden über den Beitritt aller beitretenden persönlich haftenden Gesellschafter** in Ausfertigung oder öffentlich beglaubigter Abschrift, § 42 BeurkG, beizufügen sind. Zusätzlich ist über den Wortlaut von § 223 UmwG hinaus der Anmeldung auch die Urkunde über die Genehmigung der Satzung der KGaA, § 221 S. 2 UmwG, beizulegen,⁷¹¹ wobei diese häufig mit der Beitrittserklärung verbunden sein wird. § 223 UmwG gilt nicht für den Fall, dass ein Altgesellschafter die Stellung eines persönlich haftenden Gesellschafters in der KGaA übernimmt, da dessen Zustimmungserklärung bereits nach §§ 217 Abs. 3, 193 Abs. 3 S. 1, 199 UmwG zu beurkunden und der Anmeldung beizulegen ist.⁷¹²

452　**c) Formwechsel in die eG.** Der Formwechsel in eine eG führt selbsttätig zu einem **Registerwechsel**, da fortan das Genossenschaftsregister zuständig ist, § 10 GenG. Der Formwechsel ist zunächst in das für die Personenhandelsgesellschaft zuständige Handelsregister einzutragen, wird aber erst mit nachfolgender Eintragung im Genossenschaftsregister wirksam, vgl. §§ 198 Abs. 2 S. 2, 3 und 5, 202 Abs. 2 UmwG.

In Abweichung von § 11 GenG ist gemäß § 222 Abs. 1 S. 1 UmwG die Anmeldung sowohl **von allen Vorstandsmitgliedern** als auch **von allen Aufsichtsräten** vorzunehmen. Dies gilt indes nicht für die künftigen Genossen.⁷¹³ Die im Umwandlungsbeschluss

---

⁷⁰⁶ Str., wie hier Henssler/Strohn/*Drinhausen/Keinath* § 222 UmwG Rn. 2; Kallmeyer/*Blasche* § 222 Rn. 2; Lutter/*Joost* § 222 Rn. 4; aA Maulbetsch/Klumpp/Rose/*Rose* § 222 Rn. 3 (im Zweifel gerichtliche Bestellung entspr. § 104 AktG erforderlich); so auch Semler/Stengel/*Schlitt* § 222 Rn. 9.
⁷⁰⁷ Lutter/*Joost* § 218 Rn. 46; Kallmeyer/*Blasche* § 218 Rn. 35.
⁷⁰⁸ Lutter/*Joost* § 222 Rn. 3; Kallmeyer/*Blasche* § 222 Rn. 3; Widmann/Mayer/*Vossius* § 222 Rn. 21 f.; aA Semler/Stengel/*Schlitt* § 222 Rn. 9.
⁷⁰⁹ Widmann/Mayer/*Vossius* § 222 Rn. 39; Semler/Stengel/*Schlitt* § 222 Rn. 18; Kallmeyer/*Blasche* § 222 Rn. 4.
⁷¹⁰ Kallmeyer/*Blasche* § 222 Rn. 4; Semler/Stengel/*Schlitt* § 222 Rn. 18.
⁷¹¹ Lutter/*Joost* § 223 Rn. 4; Semler/Stengel/*Schlitt* § 223 Rn. 8; Kallmeyer/*Blasche* § 223 Rn. 1; Schmitt/Hörtnagl/Stratz/*Stratz* § 223 Rn. 1; Maulbetsch/Klumpp/Rose/*Rose* § 223 Rn. 1; Kölner Kommentar-UmwG/*Dauner-Lieb/Tettinger* § 223 Rn. 1.
⁷¹² Semler/Stengel/*Schlitt* § 223 Rn. 7.
⁷¹³ Lutter/*Joost* § 222 Rn. 7; Semler/Stengel/*Schlitt* § 222 Rn. 25; Maulbetsch/Klumpp/Rose/*Rose* § 222 Rn. 10.

§ 38 Rechtsformspezifische Besonderheiten des Formwechsels   453–455   § 38

nach § 218 Abs. 1 S. 1 UmwG enthaltene Satzung bedarf nicht der Unterschrift der Genossen, § 218 Abs. 1 S. 2 UmwG. § 222 Abs. 1 S. 2 UmwG stellt zudem klar, dass auch die Mitglieder des Vorstands der eG zur Eintragung in das Register anzumelden sind, was sich indes bereits aus § 197 S. 1 UmwG iVm § 11 Abs. 2 Nr. 2 GenG ergibt.

d) Registerwechsel. Wechselt im Rahmen des Formwechsels wegen Sitzverlegung die 453 örtliche Zuständigkeit oder wegen Formwechsels in die eG die sachliche Zuständigkeit des Registers, ist die Umwandlung auch zur Eintragung im Register des formwechselnden Rechtsträgers anzumelden, § 198 Abs. 2 S. 2, 3 UmwG. Für diese Anmeldung enthält § 222 Abs. 3 UmwG insoweit eine Erleichterung, als diese in Abweichung von § 108 HGB auch von den **vertretungsberechtigten Altgesellschaftern** vorgenommen werden kann, wobei die Mitwirkung von Gesellschaftern in vertretungsberechtigter Anzahl ausreicht,[714] was gerade bei Publikumsgesellschaften praktikabel ist. Wahlweise ist jedoch auch eine Anmeldung durch die Organe des Zielrechtsträgers möglich.[715]

9. Haftung von Gesellschaftern

In Anlehnung an die verschmelzungsrechtliche Parallelnorm des § 45 UmwG[716] be- 454 stimmt § 224 UmwG die Fortdauer und zeitliche Begrenzung der persönlichen Haftung der Gesellschafter für die Verbindlichkeiten der Gesellschaft. Die Regelung des § 224 Abs. 1 UmwG enthält insofern nur die Klarstellung, dass die Haftung auch nach dem Formwechsel fortbesteht, und stellt selbst **keine eigenständige Haftungsnorm** dar.[717] Die Haftung der Gesellschaft bestimmt sich hingegen nicht nach § 224 UmwG, sondern nach dem Identitätsprinzip gem. § 202 Abs. 1 UmwG (→ § 32 Rn. 3 ff.).[718] In **§ 224 Abs. 5 UmwG** wird wie in § 160 Abs. 3 S. 2 HGB zudem deutlich gemacht, dass die Nachhaftungsbegrenzung auch dann Anwendung findet, wenn der haftende Gesellschafter im Zielrechtsträger geschäftsführend tätig wird. Diese Klarstellung dient dem alleinigen Ziel, eine frühere Rechtsprechung zu korrigieren, die eine Begrenzung der Nachhaftung von in die Kommanditistenstellung wechselnden persönlich haftenden Gesellschaftern in der GmbH & Co. KG nicht zuließ, wenn diese gleichzeitig Geschäftsführer der Komplementär-GmbH wurden.[719]

a) Nachhaftung. Sich aus § 128 HGB ergebende **Altverbindlichkeiten** der persön- 455 lich haftenden Gesellschafter werden durch den Formwechsel nicht berührt, wie § 224 Abs. 1 UmwG hervorhebt.[720] § 224 UmwG trifft jedoch keine Regelung **zu besonderen Haftungsgründen** des persönlich haftenden Gesellschafters, wie zB der Übernahme von Bürgschaften oder Garantien, selbst wenn diese sich auf eine Verbindlichkeit der Gesellschaft beziehen.[721] Der **Rechtsgrund** der Verbindlichkeiten der Gesellschaft ist nicht von Belang, sodass sämtliche Ansprüche aus rechtsgeschäftlichen sowie gesetzlichen Schuldverhältnissen der Gesellschaft in Betracht kommen.[722] Die Verbindlichkeit muss nach den

---

[714] Semler/Stengel/*Schlitt* § 222 Rn. 27; Lutter/*Joost* § 222 Rn. 10; Kallmeyer/*Blasche* § 222 Rn. 6; Widmann/Mayer/*Vossius* § 222 Rn. 12; Kölner Kommentar-UmwG/*Dauner-Lieb/Tettinger* § 222 Rn. 16.
[715] Semler/Stengel/*Schlitt* § 222 Rn. 27; Lutter/*Joost* § 222 Rn. 10.
[716] Kölner Kommentar-UmwG/*Dauner-Lieb/Tettinger* § 224 Rn. 6; Widmann/Mayer/*Vossius* § 224 Rn. 3.
[717] Kölner Kommentar-UmwG/*Dauner-Lieb/Tettinger* § 224 Rn. 10.
[718] Lutter/*Joost* § 224 Rn. 11; Kallmeyer/*Blasche* § 224 Rn. 1.
[719] Vgl. BGH II ZR 49/82, NJW 1983, 2256; BAG 3 AZR 818/87, NZA 1990, 557; BGH II ZR 204/79, NJW 1981, 175; Semler/Stengel/*Schlitt* § 224 Rn. 14; Lutter/*Joost* § 224 Rn. 15.
[720] Kallmeyer/*Blasche* § 224 Rn. 2; Widmann/Mayer/*Vossius* § 224 Rn. 9.
[721] Kallmeyer/*Blasche* § 224 Rn. 3; Semler/Stengel/*Schlitt* § 224 Rn. 12; Lutter/*Joost* § 224 Rn. 10.
[722] Widmann/Mayer/*Vossius* § 224 Rn. 10; Semler/Stengel/*Schlitt* § 224 Rn. 10; Lutter/*Joost* § 224 Rn. 4.

hierfür heranzuziehenden Maßstäben des § 160 HGB[723] vor dem Formwechsel **begründet** worden sein (etwa Rechtsgrundentstehung durch Vertragsschluss), wohingegen es ausreicht, wenn die Fälligkeit erst nach dem Formwechsel eintritt.

456 Scheidet ein Gesellschafter bereits vor dem Formwechsel aus der Gesellschaft aus, so richtet sich seine Nachhaftung nach § 160 HGB, nicht nach § 224 UmwG. Tritt ein Gesellschafter noch vor dem Formwechsel der Gesellschaft bei, haftet er für Altverbindlichkeiten der Gesellschaft zunächst nach Maßgabe der §§ 130, 128 f. HGB wie Altgesellschafter. Nach dem Formwechsel greift sodann § 224 UmwG.[724] Entgegen dem Wortlaut können auch **Kommanditisten** von § 224 UmwG erfasst sein, wenn diese ausnahmsweise ebenfalls einer persönlichen Haftung unterliegen.[725] Dies liegt bspw. bei Rückzahlung der Einlage (§§ 172 Abs. 4 S. 1, 171 Abs. 1 UmwG) vor, worunter jedoch nicht die Auszahlung der Barabfindung nach Eintragung des Formwechsels gemäß §§ 207, 208 UmwG fällt.[726]

457 **b) Begrenzung der Nachhaftung.** In § 224 Abs. 2 bis 4 UmwG sind die Grenzen der Nachhaftung festgelegt. Wegen der Parallele zu der durch das NachhBG[727] eingeführten allgemeinen handelsrechtlichen Haftungsbegrenzungsregelung des § 160 HGB[728] kann auf die dort entwickelten Grundsätze zurückgegriffen werden.[729] Die Haftungsbegrenzung gilt auch für die persönliche Haftung der **Kommanditisten**.[730] **Keine Anwendung** findet die Haftungsbegrenzung allerdings, wenn der Gesellschafter beim Formwechsel in die KGaA persönlich haftender Gesellschafter bleibt, weil er in diesem Fall nach § 278 Abs. 2 AktG iVm § 128 HGB weiterhin für Altverbindlichkeiten haftet und die Rechtfertigung für die Haftungsbegrenzung somit entfällt.[731] Besondere Haftungsgründe werden von § 224 UmwG nicht erfasst und sind auch nicht der Nachhaftungsbegrenzung nach § 224 Abs. 2 bis 4 UmwG zugänglich.[732] Die Haftungsbegrenzung lässt im Übrigen auch **sonstige Einwendungen und Einreden** unberührt,[733] insbes. die Verjährung.[734]

458 Nach § 224 Abs. 2 UmwG haftet der Gesellschafter für Altverbindlichkeiten der Gesellschaft nur, sofern die betroffene Forderung innerhalb einer **Ausschlussfrist** von fünf Jahren nach dem Formwechsel fällig wird und **kumulativ** dazu eine sog. „**enthaftungsverhindernde Maßnahme**"[735] vorgenommen wurde. Dabei genügt es, wenn die Forderung **bereits vor dem Formwechsel** fällig wird.[736] Ebenso ist es für den Ausschluss der Nach-

---

[723] Zur Haftung des ausscheidenden Gesellschafters nach § 160 HGB s. MünchHdb. GesR I/*Piehler/Schulte* § 75 Rn. 60 ff.

[724] Semler/Stengel/*Schlitt* § 224 Rn. 7; Kallmeyer/*Blasche* § 224 Rn. 5.

[725] Zur beschränkten sowie unbeschränkten persönlichen Haftung des Kommanditisten vgl. eingehend MünchHdb. GesR II/*Herchen* § 30 Rn. 47 ff., 85 ff.

[726] Lutter/*Joost* § 224 Rn. 7; Semler/Stengel/*Schlitt* § 224 Rn. 9; Kallmeyer/*Blasche* § 224 Rn. 7.

[727] Gesetz zur zeitlichen Begrenzung der Nachhaftung von Gesellschaftern (Nachhaftungsbegrenzungsgesetz – NachhBG) v. 18.3.1994, BGBl. I 1994 S. 560.

[728] Semler/Stengel/*Schlitt* § 224 Rn. 2; Lutter/*Joost* § 224 Rn. 2.

[729] Semler/Stengel/*Schlitt* § 224 Rn. 13; zu § 160 HGB eingehend MünchHdb. GesR I/*Piehler/Schulte* § 75 Rn. 60 ff.

[730] Semler/Stengel/*Schlitt* § 224 Rn. 16; Lutter/*Joost* § 224 Rn. 16.

[731] Lutter/*Joost* § 224 Rn. 14 (teleologische Restriktion); Widmann/Mayer/*Vossius* § 224 Rn. 8; Kallmeyer/*Blasche* § 224 Rn. 9; Semler/Stengel/*Schlitt* § 224 Rn. 15.

[732] Lutter/*Joost* § 224 Rn. 13; Semler/Stengel/*Schlitt* § 224 Rn. 14.

[733] Widmann/Mayer/*Vossius* § 224 Rn. 20; Kallmeyer/*Blasche* § 224 Rn. 10; Semler/Stengel/*Schlitt* § 224 Rn. 35.

[734] Lutter/*Joost* § 224 Rn. 34; Kölner Kommentar-UmwG/*Dauner-Lieb/Tettinger* § 224 Rn. 45 ff.

[735] Vgl. Kallmeyer/*Blasche* § 224 Rn. 13; Semler/Stengel/*Schlitt* § 224 Rn. 18; Lutter/*Joost* § 224 Rn. 20.

[736] Kallmeyer/*Blasche* § 224 Rn. 12; Semler/Stengel/*Schlitt* § 224 Rn. 17.

haftung ausreichend, wenn die enthaftungsverhindernde Maßnahme schon vor dem Formwechsel vorliegt.[737]

Für den Beginn der Ausschlussfrist ist gemäß § 224 Abs. 3 S. 1 UmwG die Bekanntmachung der Eintragung der neuen Rechtsform oder des Rechtsträgers neuer Rechtsform nach § 201 UmwG iVm § 10 HGB maßgeblich.[738] Die Frist kann gemäß § 224 Abs. 3 S. 2 UmwG iVm §§ 204, 206, 210, 211 und 212 BGB entspr. den allgemeinen Verjährungsregelungen **gehemmt** werden.[739] Obwohl nicht auf § 209 BGB Bezug genommen wird, ist der Zeitraum der Hemmung in die Frist nicht miteinzurechnen.[740] Unter den Voraussetzungen des § 167 ZPO kann der Hemmungszeitpunkt von der Zustellung auf die Einreichung der Klage vorverlagert werden.[741] Besonders bedeutsam ist die Ausschlussfrist für die Haftungsbegrenzung bei **Dauerschuldverhältnissen**, da hier die Verbindlichkeit vor dem Formwechsel begründet wird, die Fälligkeit einzelner Forderungen bisweilen aber deutlich später eintritt. Für solche Einzelforderungen aus dem Dauerschuldverhältnis, die erst nach Ablauf der Ausschlussfrist fällig werden, wird der Gesellschafter enthaftet.[742]

Die enthaftungsverhindernden Maßnahmen sind in § 224 Abs. 2 und 4 UmwG dargelegt. Hierunter fällt zum einen die **staatliche Feststellung der Forderungen** nach § 197 Abs. 1 Nr. 3 bis 5 BGB. Dies betrifft rechtskräftig festgestellte Ansprüche, Ansprüche aus vollstreckbaren Vergleichen oder vollstreckbaren Urkunden sowie Ansprüche, die durch die im Insolvenzverfahren erfolgte Feststellung vollstreckbar geworden sind. Die rechtskräftige Feststellung kann auf einer Feststellungsklage beruhen,[743] wobei Beklagter der Gesellschafter und nicht die Gesellschaft sein muss.[744] Zum anderen nennt § 224 Abs. 2 UmwG die **Vornahme oder Beantragung einer gerichtlichen oder behördlichen Vollstreckungshandlung**. Allerdings ist nicht erkennbar, welcher eigenständige Anwendungsbereich für diese Variante verbleibt, da für die Beantragung oder Vornahme der Vollstreckungshandlung mit enthaftungsverhindernder Wirkung ein Vollstreckungstitel erforderlich ist, welcher jedoch bereits von § 197 Abs. 1 Nr. 3 bis 5 BGB erfasst werden dürfte.[745] Bei öffentlich-rechtlichen Verbindlichkeiten genügt als enthaftungsverhindernde Maßnahme der Erlass eines **Verwaltungsaktes**.[746] Anstelle der Feststellung der Forderung iSd § 197 Abs. 1 Nr. 3 bis 5 BGB genügt gemäß § 224 Abs. 4 UmwG auch die **schriftliche Anerkennung** des Anspruchs durch den Gesellschafter. Ein abstraktes Schuldanerkenntnis nach § 781 BGB ist nicht erforderlich.[747] Nach dem Wortlaut des § 224 Abs. 4 UmwG („soweit") ist auch ein Teilanerkenntnis möglich.[748] Das Anerkenntnis muss für § 224 UmwG innerhalb der Ausschlussfrist erfolgen; nachträgliche Anerkenntnisse können je nach Fallgestaltung jedoch einen neuen Haftungsgrund auslösen.[749]

Sind die Voraussetzungen der Haftungsbegrenzung erfüllt, ist der **Anspruch erloschen**, was von Amts wegen und nicht bloß auf Einrede zu berücksichtigen ist.[750] Wird der

---

[737] Semler/Stengel/*Schlitt* § 224 Rn. 20; Kallmeyer/*Blasche* § 224 Rn. 13; K. Schmidt/*Schneider* BB 2003, 1961, 1963.
[738] Kallmeyer/*Blasche* § 224 Rn. 11.
[739] Beispiele zur Fristberechnung bei Lutter/*Joost* § 224 Rn. 30; Kallmeyer/*Blasche* § 224 Rn. 11.
[740] Kallmeyer/*Blasche* § 224 Rn. 11; Semler/Stengel/*Schlitt* § 224 Rn. 32; Lutter/*Joost* § 224 Rn. 31.
[741] Lutter/*Joost* § 224 Rn. 22; Semler/Stengel/*Schlitt* § 224 Rn. 21.
[742] Lutter/*Joost* § 224 Rn. 17; Semler/Stengel/*Schlitt* § 224 Rn. 17.
[743] Lutter/*Joost* § 224 Rn. 23.
[744] Kallmeyer/*Blasche* § 224 Rn. 14; Lutter/*Joost* § 224 Rn. 24.
[745] Semler/Stengel/*Schlitt* § 224 Rn. 28.
[746] Bei öffentlich-rechtlichen Verbindlichkeiten ist ein Anerkenntnis nicht ausreichend, Widmann/Mayer/*Vossius* § 224 Rn. 30, 34.
[747] Semler/Stengel/*Schlitt* § 224 Rn. 27; Kallmeyer/*Blasche* § 224 Rn. 17.
[748] Kallmeyer/*Blasche* § 224 Rn. 17.
[749] Lutter/*Joost* § 224 Rn. 27.
[750] Lutter/*Joost* § 224 Rn. 32; Kallmeyer/*Blasche* § 224 Rn. 11; Semler/Stengel/*Schlitt* § 224 Rn. 34.

Gesellschafter für die Verbindlichkeit der Gesellschaft in die persönliche Haftung genommen, richtet sich der **Innenausgleich** nach den – wegen Wegfalls der Personenhandelsgesellschaft nur entspr. anwendbaren – allgemeinen Regeln[751] (§ 110 HGB, § 670 BGB im Verhältnis zur Gesellschaft; § 128 HGB, § 426 BGB im Verhältnis zu den Mitgesellschaftern).[752] Die Regelungen über die Haftungsbegrenzung sind zwischen Gläubiger und Gesellschafter **disponibel**, nicht jedoch zwischen Gläubiger und Gesellschaft,[753] wobei bei einer die Nachhaftung verschärfenden Vereinbarung in Anlehnung an § 224 Abs. 4 UmwG mit der hM die Schriftform beachtet werden sollte.[754]

10. Prüfung des Abfindungsangebots

462 Unter Verweis auf § 217 Abs. 1 S. 2 UmwG bestimmt § 225 S. 1 UmwG, dass im Falle der im Gesellschaftsvertrag vorgesehenen Mehrheitsentscheidung die Angemessenheit des Abfindungsangebots (§ 207 UmwG, → 34 Rn. 39 ff.) nach § 208 iVm § 30 Abs. 2 UmwG nur auf Verlangen eines Gesellschafters zu prüfen ist. Die Kosten der Prüfung sind nach § 225 S. 2 UmwG von der Gesellschaft zu tragen. Die hinter der Parallelnorm § 44 UmwG zur Verschmelzungsprüfung (→ § 10 Rn. 23 ff.) stehenden Rechtsgedanken sind für § 225 UmwG gleichsam heranzuziehen.[755]

463 Erfordert der Umwandlungsbeschluss wie im Regelfall der Personenhandelsgesellschaften eine einstimmige Entscheidung, § 217 Abs. 1 S. 1 UmwG, entfällt bereits die Pflicht zur Abgabe eines Abfindungsangebots, sodass auch eine Prüfung entbehrlich ist. § 225 S. 1 UmwG ist auf tatsächliche **Mehrheitsentscheidungen** beschränkt. Ist gesellschaftsvertraglich eine Mehrheitsentscheidung vorgesehen, § 217 Abs. 1 S. 2 UmwG, findet der Umwandlungsbeschluss jedoch die Zustimmung aller Gesellschafter, so entfallen Abfindungsangebot sowie dessen Prüfung ebenfalls.[756] Anders wird man nur entscheiden können, wenn man entgegen der hM[757] einen für die Barabfindung erforderlichen Widerspruch zur Niederschrift, vgl. § 207 Abs. 1 S. 1 UmwG, trotz Zustimmung zum Formwechsel für zulässig hält. § 225 UmwG findet auch dann keine Anwendung, wenn eine erforderliche einstimmige Entscheidung nur deswegen zustande kam, weil mindestens ein Gesellschafter aufgrund seiner **Treuepflicht** zur Zustimmung gezwungen war.[758]

464 Die Prüfung nach § 225 UmwG findet nur auf **Verlangen** eines Gesellschafters statt und besitzt somit beim Formwechsel von Personenhandelsgesellschaften im Gegensatz zur allgemeinen Regelung nach § 208 iVm § 30 Abs. 2 UmwG nur **fakultativen Charakter**.[759] Das Verlangen zur Prüfung kann sowohl von abfindungsberechtigten als auch zustimmenden Gesellschaftern erhoben werden, da auch letztere wegen der Kostentragungspflicht der Gesellschaft nach § 225 S. 2 UmwG ein Interesse an der Überprüfung einer ggf. zu hohen

---

[751] Eingehend (zur OHG) MünchHdb. GesR I/*Herchen* § 69.
[752] Lutter/*Joost* § 224 Rn. 36 f.; Kallmeyer/*Blasche* § 224 Rn. 18; Semler/Stengel/*Schlitt* § 224 Rn. 38 f.; Kölner Kommentar-UmwG/*Dauner-Lieb/Tettinger* § 224 Rn. 37 ff.
[753] Kallmeyer/*Blasche* § 224 Rn. 19; Semler/Stengel/*Schlitt* § 224 Rn. 36.
[754] Kallmeyer/*Blasche* § 224 Rn. 19; Semler/Stengel/*Schlitt* § 224 Rn. 36; strenger hingegen Kölner Kommentar-UmwG/*Dauner-Lieb/Tettinger* § 224 Rn. 25 (generell Schriftform); aA Lutter/*Joost* § 224 Rn. 33 (Formfreiheit).
[755] RegEBegr. BR-Drs. 75/94 zu § 225, S. 151; Kallmeyer/*Lanfermann* § 225 Rn. 1.
[756] Kallmeyer/*Lanfermann* § 225 Rn. 2; Semler/Stengel/*Schlitt* § 225 Rn. 6; Kölner Kommentar-UmwG/*Dauner-Lieb/Tettinger* § 225 Rn. 4.
[757] HM Semler/Stengel/*Kalss* § 207 Rn. 7; Widmann/Mayer/*Wäldholz* § 207 Rn. 11; Schmitt/Hörtnagl/Stratz/*Stratz* § 207 Rn. 4; Henssler/Strohn/*Drinhausen/Keinath* § 207 UmwG Rn. 4; Maulbetsch/Klumpp/Rose/*Lohrer* § 207 Rn. 7; aA Lutter/*Decher/Hoger* § 207 Rn. 8; Kallmeyer/*Meister/Klöcker* § 207 Rn. 15.
[758] So auch Semler/Stengel/*Schlitt* § 225 Rn. 5; Kallmeyer/*Lanfermann* § 225 Rn. 2; Henssler/Strohn/*Drinhausen/Keinath* § 225 UmwG Rn. 2; aA Widmann/Mayer/*Vossius* § 225 Rn. 3, 11; Kölner Kommentar-UmwG/*Dauner-Lieb/Tettinger* § 225 Rn. 5.
[759] Semler/Stengel/*Schlitt* § 225 Rn. 1, 7; Kallmeyer/*Lanfermann* § 225 Rn. 1.

Barabfindung haben können.[760] Anders als § 44 S. 1 UmwG[761] sieht § 225 UmwG keine Frist für das Prüfungsverlangen vor. In Ermangelung entgegenstehender Normen ist auch ein Verlangen **nach** Fassung des **Umwandlungsbeschlusses** als zulässig anzusehen,[762] wobei einem nachherigen Verlangen im Einzelfall jedoch Treuepflichten oder der Vorwurf des Rechtsmissbrauches entgegenstehen können.[763] Äußerste Grenze bildet die Frist von zwei Monaten zur Annahme des Barabfindungsangebotes ab Eintragung des Formwechsels nach § 209 UmwG.[764] Zur Vermeidung von Unsicherheiten empfiehlt sich eine **Fristsetzung** im Gesellschaftsvertrag oder in der Einladung zur Gesellschafterversammlung.[765]

Auch wenn die Erklärung des Verlangens keiner besonderen **Form** unterliegt, empfiehlt sich die Schriftform.[766] Auf die Prüfung des Abfindungsangebots kann zwar nicht allgemein im Voraus, wohl aber im jeweiligen Einzelfall verzichtet werden, wobei der **Verzicht** der notariellen Beurkundung bedarf.[767] Trotz Verzichts auf die Prüfung des Abfindungsangebots bleibt es dem Betroffenen unbenommen, nach § 212 UmwG ein **Spruchverfahren** über die Angemessenheit anzustrengen.[768] Fehlt es an einem Barabfindungsangebot, so verbleibt nur der Weg über das Spruchverfahren.[769]

465

11. Formwechsel von PartG

Das UmwG widmet dem Formwechsel von PartG in den §§ 225a bis 225c UmwG einen eigenen Unterabschnitt. Inhaltlich **weichen** die Vorschriften indes **nicht** von denen zu Personenhandelsgesellschaften **ab** bzw. verweisen in § 225c UmwG gebündelt auf diese, sodass der separate Regelungsblock letztlich überflüssig ist.[770]

466

§ 225a UmwG wiederholt inhaltlich § 214 Abs. 1 UmwG, indem er für den Formwechsel einer PartG nur die **Kapitalgesellschaft** und die **eG** als Zielrechtsträger vorsieht (→ Rn. 364 ff.). Die gesellschaftsrechtliche Zulässigkeit eines Formwechsels präjudiziert jedoch nicht auch die berufsrechtliche Zulässigkeit der Tätigkeit des Zielrechtsträgers.[771] Möglich ist etwa der Formwechsel der Rechtsanwalts-PartG in die Rechtsanwalts-GmbH, § 59c BRAO, sowie in die Rechtsanwalts-AG.[772] Zum Formwechsel einer PartG **außerhalb des UmwG** → Rn. 376.

467

§ 225b S. 1 UmwG regelt die Entbehrlichkeit des Umwandlungsberichts inhaltlich entspr. § 215 UmwG (→ Rn. 384 ff.), während **§ 225b S. 2 UmwG** für von der Geschäftsführung ausgeschlossene Partner eine Unterrichtung entspr. § 216 UmwG vorsieht (→ Rn. 392 ff.). Zu den Besonderheiten beim Ausschluss von Partnern von der Geschäftsführung gem. § 6 Abs. 2 PartGG → Rn. 391. Durch den generellen Verweis in § 225c UmwG finden ferner die Regelungen zur **Haftung** nach § 224 UmwG (→ Rn. 454 ff.)

468

---

[760] Widmann/Mayer/*Vossius* § 225 Rn. 8; Semler/Stengel/*Schlitt* § 225 Rn. 7; Kallmeyer/*Lanfermann* § 225 Rn. 3; Kölner Kommentar-UmwG/*Dauner-Lieb*/*Tettinger* § 225 Rn. 6.
[761] Hier gilt eine Frist von einer Woche ab Unterrichtung über die Barabfindung.
[762] Kallmeyer/*Lanfermann* § 225 Rn. 5; Lutter/*Joost* § 225 Rn. 5; Semler/Stengel/*Schlitt* § 225 Rn. 9; Widmann/Mayer/*Vossius* § 225 Rn. 21; Schmitt/Hörtnagl/Stratz/*Stratz* § 225 Rn. 4; Maulbetsch/Klumpp/Rose/*Rose* § 225 Rn. 2.
[763] Widmann/Mayer/*Vossius* § 225 Rn. 21; Kallmeyer/*Lanfermann* § 225 Rn. 5.
[764] Lutter/*Joost* § 225 Rn. 5; Widmann/Mayer/*Vossius* § 225 Rn. 21; Semler/Stengel/*Schlitt* § 225 Rn. 9.
[765] Kallmeyer/*Blasche* § 225 Rn. 4; Semler/Stengel/*Schlitt* § 225 Rn. 9; Lutter/*Joost* § 225 Rn. 5; kritisch Schmitt/Hörtnagl/Stratz/*Stratz* § 225 Rn. 4; Kölner Kommentar-UmwG/*Dauner-Lieb*/*Tettinger* § 225 Rn. 12.
[766] Semler/Stengel/*Schlitt* § 225 Rn. 8; Lutter/*Joost* § 225 Rn. 4.
[767] Widmann/Mayer/*Vossius* § 225 Rn. 28 f.; Semler/Stengel/*Schlitt* § 225 Rn. 10.
[768] Lutter/*Joost* § 225 Rn. 8; wohl auch Semler/Stengel/*Schlitt* § 225 Rn. 13.
[769] Widmann/Mayer/*Vossius* § 225 Rn. 12.
[770] Lutter/*Joost* § 225c Rn. 1.
[771] RegEBegr. BT-Drs. 13/8808, S. 8; vgl. auch Kallmeyer/*Blasche* § 225a Rn. 4.
[772] Kallmeyer/*Blasche* § 225a Rn. 4; zur Zulässigkeit der Anwalts-AG s. BGH AnwZ (B) 27 u. 28/3, NJW 2005, 1568.

entspr. Anwendung. Hierbei ist zu beachten, dass sich die Haftung der Partner nicht wie in § 224 Abs. 1 UmwG für die Personenhandelsgesellschaft niedergelegt nach § 128 HGB, sondern nach § 8 PartGG bestimmt, wonach nur diejenigen Partner gesamtschuldnerisch neben der PartG haften, die den haftungsauslösenden, beruflichen Fehler begangen haben (§ 8 Abs. 2 PartGG).[773] Hinsichtlich der **Firmenfortführung durch eine PartG als Zielrechtsform** ist zudem § 200 Abs. 4 UmwG zu beachten.

F. Formwechsel unter Beteiligung der öffentlichen Hand

Schrifttum: *Busch*, Die Nachhaftung des Anstalts- bzw. Gewährträgers bei Privatisierung der Rechtsform öffentlich-rechtlicher Kreditinstitute, AG 1997, 357; *Gaß*, Die Umwandlung gemeindlicher Unternehmen, 2003; *Kämmerer*, Privatisierung, 2001; *Pauli*, Die Umwandlung von Kommunalunternehmen, BayVBl. 2008, 325; *Wolff/Bachof/Stober/Kluth*, Verwaltungsrecht II, 7. Aufl. 2010.

469 Wie § 191 Abs. 1 Nr. 6 UmwG zeigt, können auch Körperschaften und Anstalten des öffentlichen Rechts formwechselnde Rechtsträger sein. In der Praxis erfolgen häufiger Formwechsel von juristischen Personen des öffentlichen Rechts in Aktiengesellschaften. Das gilt etwa für die WestLB AG[774], die Westdeutsche ImmobilienBank AG[775] oder die Provinzial NordWest Holding AG[776]. Besonderheiten des Formwechsels dieser juristischen Personen des öffentlichen Rechts regeln die §§ 301–304 UmwG in Ergänzung zu den Bestimmungen des Allgemeinen Teils des Formwechsels (§§ 190–213 UmwG → §§ 32 ff.); hierzu näher → Rn. 471 ff. Auf Grundlage der Öffnungsklausel des § 1 Abs. 2 UmwG bzw. des in § 301 Abs. 1, § 302 S. 1 UmwG normierten umfassenden Regelungsvorbehalts zugunsten öffentlich-rechtlicher Bestimmungen können darüber hinaus Formwechsel durch bundes- oder landesgesetzliche Regelungen auch abweichend von den Vorgaben des UmwG durchgeführt werden (hierzu → Rn. 455 f.).

470 Durch den Formwechsel erfolgt eine **formelle Privatisierung**, weil der öffentlich-rechtliche Rechtsträger in einen privaten Rechtsträger umgewandelt wird. Allerdings wechselt er dadurch nur das Rechtskleid; die rechtliche und wirtschaftliche Identität behält der Rechtsträger trotz des Formwechsels bei.[777]

I. §§ 301 ff. UmwG: Formwechsel von Körperschaften und Anstalten des öffentlichen Rechts

471 Die Regelungen der §§ 301 ff. UmwG greifen das praktische Bedürfnis für Umwandlungen von Körperschaften und Anstalten des öffentlichen Rechts in eine privatrechtliche Form auf.[778] Allerdings haben die Vorgaben in der Praxis dazu geführt, dass die §§ 301 ff. UmwG bisher von eher untergeordneter Bedeutung sind.[779] So beschränkt § 301 UmwG den Formwechsel bei juristischen Personen des öffentlichen Rechts dahingehend, dass er nur für rechtsfähige Körperschaften und Anstalten des öffentlichen Rechts möglich ist und

---

[773] *Kallmeyer/Blasche* § 225c Rn. 2; *Lutter/Joost* § 225c Rn. 5.

[774] §§ 8 ff. des Gesetzes zur Errichtung der Landesbank Nordrhein-Westfalen und zur Umwandlung der Westdeutschen Landesbank Girozentrale vom 2.7.2002 (GV.NRW 2002 S. 284).

[775] Landesgesetz über die Umwandlung der Westdeutschen Immobilienbank vom 21.11.2006 (GVBl. RP 2006 S. 349).

[776] Dieser Formwechsel erfolgte auf Grundlage von § 8 Abs. 3 des Gesetzes über die Rechtsverhältnisse der Westfälischen Provinzial-Versicherungsanstalten und über die Aufhebung des Gesetzes betreffend die öffentlichen Feuerversicherungsanstalten vom 16.11.2001 (GV.NRW 2001 S. 780) i. V. m §§ 301 ff. UmwG.

[777] Kölner Kommentar-UmwG/*Leuering*, § 301 Rn. 3; *Pauli*, BayVBl. 2008, 325, 328.

[778] Vgl. bereits *Busch*, AG 1997, 357; Lutter/*H. Schmidt*, Vor § 301 Rn. 2.

[779] So auch Lutter/*H. Schmidt*, Vor § 301 Rn. 3; Semler/Stengel/*Perlitt*, § 301 Rn. 11; Widmann Mayer/*Vossius*, § 301 Rn. 4. Einen Wandel dieser Praxis erkennt demgegenüber Kölner Kommentar UmwG/*Leuering*, § 301 Rn. 2.

als Zielrechtsform ausschließlich eine Kapitalgesellschaft anerkennt. Zudem hängt der Formwechsel von einer bundes- oder landesrechtlichen Regelung ab, die ihn vorsieht oder zulässt. Überdies lassen die §§ 301 ff. UmwG einen hinreichenden Detailierungsgrad vermissen. Dies führt in der Praxis dazu, dass der Gesetzgeber oftmals mit dem Erlass der Ermächtigungsgrundlage für eine Umwandlung zugleich das weitere Umwandlungsverfahren durch spezielle, außerhalb der §§ 301 ff. UmwG angesiedelte Normen regelt (→ § 38 Rn. 495 f. und zu den Gestaltungsmöglichkeiten → § 74 Rn. 7 ff.).[780]

1. Beteiligungsfähige Rechtsträger

a) Ausgangsrechtsträger. Als Ausgangsrechtsträger des Formwechsels kommen gem. § 301 Abs. 1 und 2 UmwG ausschließlich **rechtsfähige Körperschaften und Anstalten des öffentlichen Rechts** in Betracht. Rechtsfähigkeit bezeichnet die Fähigkeit, Träger von Rechten und Pflichten sein zu können, und kommt einem Rechtsträger zu, wenn ihm dieser Status durch Gesetz oder sonstigen staatlichen Hoheitsakt verliehen wird[781] (ausführlich zu Merkmalen und Rechtsfähigkeit von Körperschaften und Anstalten des öffentlichen Rechts → § 74 Rn. 96 ff.). Inwiefern auch teilrechtsfähige Anstalten übertragende Rechtsträger sein können, ist umstritten. Nach verbreiteter Ansicht soll die Teilrechtsfähigkeit gerade nicht genügen, weil keine ausreichende vermögensmäßige Abgrenzung und Verselbständigung gegenüber der staatlichen Verwaltung vorliege. Es fehle daher an einem eigenen Vermögen der teilrechtsfähigen Anstalt, das ohne Weiteres im Wege eines Umwandlungsvorgangs auf Dritte übertragen werden könne.[782] Diese Ansicht vermag indes nur zu überzeugen, wenn ein eigenes Vermögen der Anstalt tatsächlich nicht identifiziert werden kann. Liegt hingegen – wie etwa im Fall bundesrechtlicher Abwicklungsanstalten[783] – eine klare Vermögenstrennung vor, ist nicht ersichtlich, warum ein Formwechsel gem. § 301 UmwG ausscheiden sollte.

b) Zielrechtsträger. Zulässige Zielrechtsträger sind nach § 301 Abs. 1 UmwG unter Einschränkung der in § 191 Abs. 2 UmwG vorgesehenen Formwechselmöglichkeiten ausschließlich Kapitalgesellschaften (AG, GmbH, KGaA).[784] Trotz ihrer Gleichstellung mit der AG bedarf die Überführung in eine SE nach Art. 2 Abs. 4 der SE-Verordnung der Gründung einer AG als notwendiges Durchgangsstadium. Somit scheidet ein unmittelbarer Formwechsel in eine SE aus.[785] Allerdings steht die einschränkende Regelung des § 301 Abs. 1 UmwG unter dem Vorbehalt, dass „gesetzlich nichts anderes bestimmt ist". Daher kann durch abweichende gesetzliche Regelungen des Bundes- oder Landesrechts der Kreis zulässiger Zielrechtsformen erweitert werden (→ § 38 Rn. 495).

2. Bundes- oder landesrechtliche Ermächtigungsgrundlage

Gem. § 301 Abs. 2 UmwG muss das für die Körperschaft oder Anstalt maßgebende Bundes- oder Landesrecht den Formwechsel unmittelbar vorsehen (**Formwechsel durch Gesetz**) oder zulassen (**Formwechsel aufgrund Gesetzes**).[786] Neben der unmittelbaren Anordnung des Formwechsels kann das für die Körperschaft oder Anstalt maßgebliche

---

[780] Beispiele sind etwa die Umwandlung der Bayerischen Staatsbank in eine AG durch Gesetz vom 23.7.1970 (BayGVBl. 1970, S. 302) sowie die Umwandlung der Landesbank Berlin – Girozentrale – in eine AG durch das Berliner Sparkassengesetz vom 28.6.2005 (Berl. GVBl. 2005, S. 346).

[781] Vgl. Fabry/Augsten/*Fabry*, Teil 1 Rn. 9; *Wolff/Bachof/Stober/Kluth*, § 85 Rn. 16 ff.

[782] Kölner Kommentar-UmwG/*Leuering*, § 301 Rn. 8; Lutter/*H. Schmidt*, § 301 Rn. 6; Semler/Stengel/*Perlitt*, § 301 Rn. 21.

[783] Vgl. § 8a Abs. 1 S. 8 des Finanzmarktstabilisierungsfondsgesetzes (FMStFG) vom 17.10.2008 (BGBl I 2008, S. 1982), der vorsieht, dass das Vermögen einer Abwicklungsanstalt als Anstalt des öffentlichen Rechts vom Vermögen der Bundesanstalt für Finanzmarktstabilisierung als ihrer Trägerin getrennt zu halten ist.

[784] Lutter/*H. Schmidt*, § 301 Rn. 9.

[785] Vgl. dazu Lutter/Hommelhoff/*Seibt*, Art. 37 SE-VO Rn. 8.

[786] Widmann/Mayer/*Vossius*, § 301 Rn. 28; dazu auch *Pauli*, BayVBl. 2008, 325, 328 f. Zu dieser Differenzierung vgl. auch → § 74 Rn. 7 ff.

Recht auch Behörden oder Organe des jeweiligen Rechtsträgers ermächtigen, die Umwandlung durch eine Verordnung durchzuführen oder über den Formwechsel zu entscheiden.[787]

475 Dem Bundes- und Landesgesetzgeber soll es in Anbetracht der vielgestaltigen Aufgaben öffentlich-rechtlicher Rechtsträger vorbehalten bleiben, die Formwechselfähigkeit der Körperschaft oder Anstalt im Einzelfall festzulegen.[788] Der gesetzliche Erlaubnisvorbehalt des § 301 Abs. 2 UmwG setzt jedoch nicht zwingend spezifische gesetzliche Regelungen unter näherer Ausgestaltung des konkreten Umwandlungsverfahrens voraus; Formwechsel können vielmehr auch aufgrund allgemeiner öffentlich-rechtlicher Bestimmungen zugelassen werden.[789]

476 Der Wortlaut des § 301 Abs. 2 UmwG, der allein auf das maßgebliche Bundes- oder Landes*recht* Bezug nimmt, stellt keine besonderen Anforderungen an die Ermächtigungsgrundlage, sodass es nach weit verbreiteter Ansicht ausreichend sei, wenn die Satzung des jeweiligen Rechtsträgers als untergesetzliches Recht den Formwechsel zulasse.[790] Indes ist zu berücksichtigen, dass nach dem aus Art. 20 Abs. 3 GG abgeleiteten organisatorisch-institutionellen Gesetzesvorbehalt auch Organisationsentscheidungen einer gesetzlichen Regelung bedürfen, sofern sie wesentlich sind. Daher sollte in der Praxis stets im Einzelfall kritisch geprüft werden, ob der Formwechsel eine so wesentliche Maßnahme darstellt, dass er einer formell-gesetzlichen Grundlage bedarf und ob diese, wenn auch ggf. mittelbar (z.B. gesetzliche Ermächtigung zur Satzungsregelung), vorhanden und ausreichend ist[791] (allgemein zum organisatorisch-institutionellen Gesetzesvorbehalt → § 74 Rn. 15 ff.).

477 Über den Erlaubnisvorbehalt hinaus können sich für den Formwechsel weitere Beschränkungen aus sonstigem öffentlichen Recht ergeben. Insbesondere die Beurteilung, ob hoheitliche Aufgaben durch privatrechtlich organisierte Rechtsträger erfüllt werden können, ist dem öffentlichen Recht vorbehalten (ausführlich zu den öffentlich-rechtlichen Schranken der Privatisierung § 76 Rn. 22 ff.

3. Besonderheiten im Formwechselverfahren

478 **a) Primat des öffentlichen Rechts, § 302 S. 1 UmwG.** Anknüpfend an den Erlaubnisvorbehalt in § 301 Abs. 2 UmwG bestimmt § 302 S. 1 UmwG, dass auch der Ablauf und die weiteren Voraussetzungen des Formwechselverfahrens primär nach dem für die umzuwandelnde Rechtsperson maßgeblichen Bundes- oder Landesrecht zu bestimmen sind. Dieser Vorbehalt trägt zunächst der Gesetzgebungsbefugnis der Länder für ihre Körperschaften und Anstalten Rechnung.[792] Darüber hinaus berücksichtigt er, dass aufgrund der Vielfalt von Körperschaften und Anstalten maßgeschneiderte Lösungen erforderlich sind, die das UmwG allein nicht bieten kann.

479 An die Rechtsnormqualität des maßgeblichen Bundes- oder Landesrechts stellt § 302 UmwG keine besonderen Anforderungen, sodass auch Rechtsverordnungen, Satzungen oder Verwaltungsakte, die auf einer bundes- oder landesgesetzlichen Grundlage basieren,

---

[787] Lutter/*H. Schmidt*, § 301 Rn. 8; Semler/Stengel/*Perlitt*, § 301 Rn. 33.
[788] Schmitt/Hörtnagl/Stratz/*Stratz*, § 301 Rn. 3.
[789] Eine solche allgemeine öffentlich-rechtliche Bestimmung besteht bisher jedoch nicht, vgl. Fabry/Augsten/*Fabry*, Teil 3 Rn. 9. Nach Kölner Kommentar-UmwG/*Leuering*, § 301 Rn. 16 soll demgegenüber bereits die kommunalrechtlich vorgesehene Möglichkeit zur Umwandlung rechtlich unselbständiger Betriebe in rechtsfähige Unternehmen in der Zusammenschau mit dem Recht der Kommunen zur Privatisierung dem Vorbehalt des § 301 Abs. 2 UmwG genügen. Dies erscheint jedoch insbesondere unter dem Aspekt der Rechtssicherheit zweifelhaft.
[790] Kölner Kommentar-UmwG/*Leuering*, § 301 Rn. 14; Lutter/*H. Schmidt*, § 301 Rn. 8; Semler/Stengel/*Perlitt*, § 301 Rn. 33.
[791] Ob ein Formwechsel als Organisationsprivatisierung stets einer förmlichen gesetzlichen Regelung bedarf, ist umstritten vgl. *Kämmerer*, S. 198 ff. mwN.
[792] *Pauli*, BayVBl. 2008, 325, 328; Schmitt/Hörtnagl/Stratz/*Stratz*, § 302 Rn. 1; Semler/Stengel/*Perlitt*, § 302 Rn. 4.

Vorrang genießen.⁷⁹³ Die Bestimmungen zum Formwechselverfahren in den §§ 190 ff. UmwG sind daher im Hinblick auf abweichendes Bundes- oder Landesrecht vorbehaltlich der in §§ 303, 304 UmwG genannten zwingenden Gründungsvorschriften des Zielrechtsträgers dispositiv (zu den Gestaltungsmöglichkeiten durch öffentlich-rechtliches Umwandlungsrecht → § 74 Rn. 2 ff.).

b) Öffentlich-rechtliche Regelungsvorbehalte, § 302 S. 2 UmwG. In einigen Aspekten sind Regelungen durch öffentlich-rechtliches Umwandlungsrecht sogar erforderlich, da sich die an der **Anteilsinhaberstruktur** privatrechtlicher Rechtsformen ausgerichteten allgemeinen Vorschriften des Formwechsels teilweise nicht unmittelbar auf Körperschaften und Anstalten übertragen lassen, bei denen keine Anteilsinhaber existieren.⁷⁹⁴ Dies stellt § 302 S. 2 UmwG klar.

Im Allgemeinen ist bei den in §§ 190 ff. UmwG in Bezug genommenen Anteilsinhabern im Fall des Formwechsels einer Anstalt auf deren Träger bzw. bei einer Körperschaft auf ihre Mitglieder abzustellen.

Dies ist zunächst für den nach § 192 UmwG zu erstellenden **Umwandlungsbericht** relevant, in dem neben rechtlichen und wirtschaftlichen Gründen des Formwechsels die Einbeziehung der künftigen Anteilsinhaber an dem umgewandelten Rechtsträger darzulegen sind.⁷⁹⁵

Entsprechendes ergibt sich auch für den nach § 193 Abs. 1, Abs. 3 S. 1 UmwG erforderlichen **Umwandlungsbeschluss** der Anteilsinhaber. Regelmäßig wird es aber Gegenstand öffentlich-rechtlichen (Umwandlungs-)Rechts sein, ob, mit welchen Maßgaben und in welcher Form ein solcher Beschluss für den Formwechsel zu fassen ist. Anforderungen an den Mindestinhalt des Umwandlungsbeschlusses ergeben sich aus §§ 302 S. 2, 194 UmwG. Während nach § 194 Abs. 1 Nr. 1 und 2 UmwG die Rechtsform und Firma des umgewandelten Rechtsträgers zu bestimmen sind, betrifft § 194 Abs. 1 Nr. 3–5 UmwG die Einzelheiten der Beteiligung der bisherigen Anteilsinhaber am umgewandelten Rechtsträger. Für die in § 194 Abs. 1 Nr. 6 UmwG vorgesehene Festsetzung der Barabfindung nach § 207 UmwG ist bei einem Formwechsel von Anstalten und Körperschaften kein Raum.⁷⁹⁶ Überwiegend wird es für erforderlich gehalten, die Folgen der Privatisierung für Arbeitnehmer nach § 194 Abs. 1 Nr. 7 UmwG darzustellen; den fehlenden Betriebsrat ersetze die Personalvertretung.⁷⁹⁷ Diese Sichtweise ist jedoch zu eng⁷⁹⁸ (vgl. das Parallelproblem im Rahmen der Ausgliederung → § 29 Rn. 522).

Neben der Bestimmung der neuen Anteilsinhaber durch öffentlich-rechtliches Umwandlungsrecht sind nach § 302 S. 2 UmwG noch zwei weitere öffentlich-rechtliche Regelungsvorbehalte zu berücksichtigen. Dies gilt zum einen für die Art und Weise, nach der der Gesellschaftsvertrag oder die Satzung der Gesellschaft neuer Rechtsform abgeschlossen bzw. festgestellt wird. Zum anderen sind gem. § 302 S. 2 UmwG auch abweichend von der Grundregel, dass die an der Festsetzung der Satzung oder an dem Abschluss des Gesellschaftsvertrags wirkenden Personen zu Gründern der Gesellschaft werden, die Personen der Gründer der Gesellschaft durch öffentliches Recht zu bestimmen. Vor diesem Hintergrund erklärt sich auch die in § 302 S. 2 Hs. 2 UmwG angeordnete Unanwendbarkeit der §§ 28, 29 AktG.⁷⁹⁹

---

⁷⁹³ Lutter/*H. Schmidt*, § 302 Rn. 3; Semler/Stengel/*Perlitt*, § 302 Rn. 5.
⁷⁹⁴ Lutter/*H. Schmidt*, Vor § 301 Rn. 4.
⁷⁹⁵ Kölner Kommentar-UmwG/*Leuering*, § 302 Rn. 4; Widmann/Mayer/*Vossius*, § 302 Rn. 11 ff.. Bei der Anstalt mit nur einem Träger ist der Bericht nach § 192 Abs. 2 UmwG regelmäßig entbehrlich, vgl. Lutter/*H. Schmidt*, Vor § 301 Rn. 5.
⁷⁹⁶ *Gaß*, S. 224; Kölner Kommentar-UmwG/*Leuering*, § 302 Rn. 6.
⁷⁹⁷ *Gaß*, S. 225; Widmann/Mayer/*Vossius*, § 302 Rn. 52 f.
⁷⁹⁸ Lutter/*H. Schmidt*, Vor § 301 Rn. 7.
⁷⁹⁹ Semler/Stengel/*Perlitt*, § 302 Rn. 30.

485 **c) Wirksamkeit des Formwechsels.** Die neue Rechtsform ist gem. § 198 Abs. 1 UmwG zur **Eintragung in das Register** des formwechselnden Rechtsträgers anzumelden. Fehlt es an einer Registereintragung der Körperschaft oder Anstalt, ist der Rechtsträger neuer Rechtsform zur Eintragung in das für ihn zuständige Handelsregister anzumelden (§ 198 Abs. 2 S. 1 UmwG).[800] Die Negativerklärung nach §§ 198 Abs. 3, 16 Abs. 2 UmwG ist entbehrlich.[801] Mangels spezifischer gesetzlicher Vorgaben für das Eintragungsverfahren öffentlich-rechtlicher Rechtsträger richtet sich die Anmeldung des Formwechsels nach den jeweiligen Gründungsvorschriften der neuen Kapitalgesellschaft.[802] Gem. §§ 304 S. 1, 202 UmwG erlangt der Formwechsel mit der Eintragung der Kapitalgesellschaft in das Handelsregister **Wirksamkeit**. Der Wirksamkeitszeitpunkt nach § 304 UmwG ist zwingend und kann nicht durch öffentlich-rechtliche Regelungen abgeändert werden.[803] Die Wirkungen der Eintragung ergeben sich aus der allgemeinen Vorschrift des § 202 Abs. 1 UmwG, sofern keine abweichenden Regelungen nach § 302 S. 1 UmwG getroffen werden.

486 **d) Heilung.** Schließlich wiederholt § 304 S. 2 UmwG die allgemeine Regelung des § 202 Abs. 3 UmwG, wonach **Mängel des Formwechsels** die Wirkung der Eintragung unberührt lassen, den Formwechsel somit grundsätzlich nicht mehr beseitigen können. Durch diese gesetzlich angeordnete Heilungswirkung wird sichergestellt, dass vom Zeitpunkt der Eintragung an nur noch privatrechtliche Grundsätze angewendet werden.[804] Bei Nichtigkeit der Umwandlungsmaßnahmen kommt eine Amtslöschung ausnahmsweise jedoch dann in Betracht, wenn in der neuen Rechtsform sonst gegen fundamentale Prinzipien des öffentlichen Rechts nachhaltig verstoßen würde.[805]

4. Kapital- und Gläubigerschutz

487 Für Formwechsel, die nach dem UmwG erfolgen, erklärt § 303 UmwG bestimmte Vorschriften zum Schutz des Kapitals und der Gläubiger für unabdingbar. Insofern werden keine Abweichungen durch bundes- oder landesrechtliche Sonderregelungen ermöglicht. Dabei stützt sich der Gesetzgeber auf die Bundeskompetenz zur Regelung gesellschaftsrechtlicher Voraussetzungen. Die Vorgaben dienen dem Schutz der (Grund-)Rechte der betroffenen Gläubiger und der Ausschluss abweichender öffentlich-rechtlicher Regelungen trägt zur Rechtssicherheit bei.[806]

488 **a) Kapitalschutz.** Zum Schutz des Kapitals ordnet § 303 Abs. 1 UmwG die entsprechende Anwendung des § 220 UmwG an.

489 § 220 Abs. 1 UmwG enthält den Grundsatz der Reinvermögensdeckung und das Verbot der Unterpariemission. Damit wird sichergestellt, dass der Nennbetrag des Nominalkapitals durch das übergehende Vermögen gedeckt ist.

490 Aus dem Verweis auf § 220 Abs. 2 UmwG folgt zudem die Pflicht, in dem Sachgründungsbericht oder Gründungsbericht auch den bisherigen Geschäftsverlauf und die Lage der formwechselnden Anstalt oder Körperschaft darzulegen.

491 § 220 Abs. 3 UmwG verlangt, dass bei dem Formwechsel in eine AG oder KGaA stets auch eine Gründungsprüfung durch außenstehende Prüfer stattzufinden hat. Zudem bestimmt diese Regelung, dass die Frist, innerhalb derer eine Nachgründung ggf. anzunehmen ist (§ 52 AktG), mit dem Wirksamwerden des Formwechsels beginnt.[807]

---

[800] Schmitt/Hörtnagl/Stratz/*Stratz*, § 304 Rn. 2.
[801] Kölner Kommentar-UmwG/*Leuering*, § 302 Rn. 22.
[802] Lutter/*H. Schmidt*, § 304 Rn. 4; Widmann/Mayer/*Vossius*, § 302 Rn. 76.
[803] Etwas anderes gilt für Regelungen des Bundesgesetzgebers, vgl. Kölner Kommentar-UmwG/ *Leuering*, § 304 Rn. 2; Lutter/*H. Schmidt*, § 301 Rn. 7.
[804] Vgl. RegEBegr. BR-Drs. 75/94, S. 169.
[805] Schmitt/Hörtnagl/Stratz/*Stratz*, § 304 Rn. 3.
[806] Kölner Kommentar-UmwG/*Leuering*, § 303 Rn. 1.
[807] Zum Ganzen Kölner Kommentar-UmwG/*Leuering*, § 303 Rn. 5 ff.; Mayer/Widmann/*Vossius*, § 303 Rn. 4 ff.

b) Gründungsvorschriften. Zudem sind zum Zwecke des Kapitalschutzes bei dem 492
Formwechsel einer Körperschaft oder Anstalt des öffentlichen Rechts über § 197 UmwG
die für die neue Rechtsform maßgebenden Gründungsvorschriften zu beachten (insoweit
deklaratorisch § 303 Abs. 1 UmwG).[808]

c) Zustimmungserfordernisse. Die Regelung des § 303 Abs. 2 S. 1 UmwG stellt 493
schließlich klar, dass bei einem **Formwechsel in eine KGaA** der künftige Komplementär
seiner persönlichen Haftung vor Eintragung des Formwechsels ausdrücklich zustimmen
muss. Bei dem Formwechsel einer Körperschaft oder Anstalt des öffentlichen Rechts wird
allerdings oftmals unter den bislang Beteiligten keine geeignete Person für die Stellung des
persönlich haftenden Gesellschafters vorhanden sein[809] (zu den Schranken unbeschränkter
Haftungsübernahme → § 29 Rn. 478). Vor diesem Hintergrund eröffnen § 303 Abs. 2 S. 2
und § 221 UmwG die Möglichkeit, dass ein bislang nicht Beteiligter im Zusammenhang
mit dem Formwechsel als persönlich haftender Gesellschafter beitritt.

5. Rechtsschutz

Der formwechselnde Rechtsträger und damit auch der Umwandlungsbeschluss oder der 494
ihm gleichzustellende Hoheitsakt unterliegen dem öffentlichen Recht, sodass § 195
UmwG keine Anwendung findet. Ein **gerichtliches Vorgehen gegen den Umwandlungsbeschluss** durch Rechtsmittel des Verwaltungsrechtswegs bleibt aber unberührt.[810]
Abhängig von dem im Einzelfall gewählten Weg zur Durchführung des Formwechsels ist
zu differenzieren:[811]

- Bei einem **Formwechsel auf Grundlage eines Beschlusses des Rechtsträgers oder
anderer zuständiger Stellen** kommt mangels Außenwirkung des Beschlusses nur eine
Feststellungsklage nach § 43 VwGO in Betracht. Diese setzt neben den allgemeinen
Zulässigkeitsvoraussetzungen insbesondere die Geltendmachung eines „berechtigten Interesses" an der gerichtlichen Feststellung über die Rechtmäßigkeit der angegriffenen
Maßnahme voraus (§ 43 Abs. 1 VwGO).
- Eine **auf einem Verwaltungsakt beruhende Umwandlung** ist demgegenüber im
Wege der Anfechtungsklage nach § 42 VwGO gerichtlich anzugreifen. Nach § 42 Abs. 2
VwGO hat der Kläger dabei im Rahmen der Klagebefugnis darzulegen, durch den die
Umwandlung anordnenden Verwaltungsakt in eigenen Rechten verletzt zu sein.
- Erfolgt der **Formwechsel** schließlich **aufgrund einer untergesetzlichen Rechtsnorm**, ist diese mit dem abstrakten Normkontrollverfahren nach § 47 Abs. 1 Nr. 2
VwGO gerichtlich überprüfbar, insbesondere unter Voraussetzung des Vorliegens der
Antragsbefugnis nach § 47 Abs. 2 VwGO.

II. Formwechselvorgänge der öffentlichen Hand außerhalb des UmwG

Im Rahmen eines Formwechsels unter Beteiligung einer Körperschaft oder Anstalt des 495
öffentlichen Rechts als formwechselnde Rechtsträger räumen die öffentlich-rechtlichen
Regelungsvorbehalte in § 302 S. 1 sowie § 301 Abs. 1 UmwG dem Gesetzgeber weitgehende Gestaltungsfreiheit für den Umwandlungsvorgang ein. In diesen Normen wird
klargestellt, dass bundes- und landesrechtliche Regelungen vorrangig zur Anwendung
kommen, soweit sie Abweichungen zu den Vorschriften des UmwG enthalten.[812] Ins-

---

[808] RegEBegr. BR-Drs. 75/94, S. 169; Schmitt/Hörtnagl/Stratz/*Stratz*, § 303 Rn. 1.
[809] Mayer/Widmann/*Vossius*, § 303 Rn. 35.
[810] *Gaß*, S. 224; Mayer/Widmann/*Vossius*, § 302 Rn. 72; Semler/Stengel/*Perlitt*, § 302 Rn. 14.
[811] Dazu auch Kölner Kommentar-UmwG/*Leuering*, § 302 Rn. 26; Mayer/Widmann/*Vossius*,
302 Rn. 73.
[812] Semler/Stengel/*Perlitt*, § 301 Rn. 2.

besondere kann nach § 301 Abs. 1 UmwG der Kreis zulässiger Zielrechtsträger um jede beliebige Rechtsform des Privatrechts erweitert werden.[813]

496 Von Regelungen iSv § 302 S. 1 UmwG, die das Umwandlungsregime des UmwG lediglich modifizieren, sind gesetzliche Regelungen zu unterscheiden, die außerhalb des UmwG einen Formwechsel durchführen oder ermöglichen. Dem Landesgesetzgeber kommt insoweit aus § 1 Abs. 2 UmwG die Regelungskompetenz für weitere Umwandlungsvorgänge zu (zur Öffnungsklausel des § 1 Abs. 2 UmwG → § 74 Rn. 506, 516). In entsprechenden landesgesetzlichen Bestimmungen können daher etwa auch öffentlich-rechtliche Stiftungen als formwechselnde Rechtsträger vorgesehen oder Kapitalgesellschaften in öffentlich-rechtliche Rechtsträger umgewandelt werden. Für Umwandlungsvorgänge, die in den Anwendungsbereich der §§ 301 ff. UmwG fallen, kommen jedoch nur bundesgesetzliche Regelungen in Betracht, da die Gesetzgebungskompetenz für das Umwandlungsrecht beim Bundesgesetzgeber liegt. Aus dieser Kompetenz des Bundes folgt zugleich auch die ihm zustehende gesetzgeberische Gestaltungsfreiheit bei der Regelung von Umwandlungsvorgängen, die von dem UmwG abweichen. Dem Landesgesetzgeber verbleibt eine solche Gestaltungsfreiheit bei der Gestaltung von Umwandlungsvorgängen außerhalb des UmwG, wie die Öffnungsklausel des § 1 Abs. 2 UmwG bestätigt.[814]

§ 39 Grenzüberschreitender Formwechsel

Übersicht

	Rdnr.		Rdnr.
I. Grundsätzliches	1–5	b) Auswirkungen auf das nationale Recht (Grundlagen)	22–27
1. Begriff des grenzüberschreitenden Formwechsels	2	aa) EU- bzw. EWR-Sachverhalte	23–25
2. Praktische Motive für einen grenzüberschreitenden Formwechsel	3–5	bb) Ausgestaltung des grenzüberschreitenden Formwechsels nach dem Umwandlungsrecht des Herkunftsstaates	26, 27
a) Rechtsformwechselnder Wegzug	4		
b) Rechtsformwechselnder Zuzug	5	c) Erfordernis einer „tatsächlichen" (Verwaltungs-)Sitzverlegung	28, 29
II. Rechtlicher Rahmen	6–14		
1. Niederlassungsfreiheit (Art. 49, 54 AEUV)	7	2. Praktische Durchführung des rechtsformwechselnden Wegzugs: Kollisionsrechtliche Ebene	30–38
2. Nationales Kollisions- und Umwandlungsrecht	8, 9	a) Voraussetzungen	33, 34
3. Rechtstechnische Alternativen zum grenzüberschreitenden Formwechsel	10–14	b) Verfahren	35, 36
		c) Wirkungen	37, 38
a) Einzelübertragung der Vermögensgegenstände auf eine Gesellschaft anderer Rechtsform	11	3. Praktische Durchführung des rechtsformwechselnden Wegzugs: Sachrechtliche Ebene	39–74
b) Grenzüberschreitende Verschmelzung	12–14	a) Voraussetzungen	39–45
III. Grenzüberschreitender Formwechsel deutscher Gesellschaften in eine ausländische Rechtsform („rechtsformwechselnder Wegzug")	15–74	aa) Ausgangsrechtsformen	39–42
		bb) Zielrechtsformen	43–45
		b) Verfahren	46–74
		aa) Umwandlungsplan	48–56
1. Schutz durch die Niederlassungsfreiheit	15–29	bb) Umwandlungsbericht	57, 58
		cc) Offenlegungs- und Informationspflichten	59
a) Dogmatische Begründung	16–21	dd) Umwandlungsbeschluss	60–63

---

[813] Kölner Kommentar-UmwG/*Leuering*, § 301 Rn. 11; Lutter/*H. Schmidt*, § 301 Rn. 10; Semler/Stengel/*Perlitt*, § 301 Rn. 29. Nach Widmann/Mayer/*Vossius*, § 301 Rn. 23 ist der Kreis zulässiger Zielrechtsträger demgegenüber durch § 191 Abs. 2 UmwG beschränkt.

[814] Kölner Kommentar-UmwG/*Leuering*, § 168 Rn. 19; Lutter/*H. Schmidt*, Vor § 168 Rn. 19.

	Rdnr.		Rdnr.
ee) Anmeldung des Formwechsels und Beantragung einer Unbedenklichkeitsbescheinigung gem. Art. 8 Abs. 8 SE-VO analog	64–68	a) Voraussetzungen	82
		b) Verfahren	83
		c) Wirkungen	84
		3. Praktische Durchführung des rechtsformwechselnden Zuzugs: Sachrechtliche Ebene	85–100
ff) Ausstellung der Unbedenklichkeitsbescheinigung durch das Registergericht gem. Art. 8 Abs. 8 SE-VO analog	69, 70	a) Voraussetzungen	85–91
		aa) Ausgangsrechtsformen	85–88
		bb) Zielrechtsformen	89, 90
		cc) Sonderfall: „Rechtsformkongruenter" grenzüberschreitender Formwechsel	91
gg) Weiteres Verfahren im Aufnahmestaat	71		
hh) Löschung der Gesellschaft im deutschen Handelsregister	72	b) Verfahren	92–99
		aa) Ausstellung der Unbedenklichkeitsbescheinigung durch das Registergericht gem. Art. 8 Abs. 8 SE-VO analog	93–95
c) Wirkungen	73, 74		
IV. Grenzüberschreitender Formwechsel ausländischer Gesellschaften in eine deutsche Rechtsform („rechtsformwechselnder Zuzug")	75–100		
1. Schutz durch die Niederlassungsfreiheit	75–79	bb) Anwendung der Gründungsvorschriften der neuen Rechtsform	96–98
a) Dogmatische Begründung	76, 77		
b) Auswirkungen auf das nationale Recht (Grundlagen)	78, 79	cc) Eintragung des grenzüberschreitenden Formwechsels und Mitteilung an das Register des Herkunftsstaates	99
2. Praktische Durchführung des rechtsformwechselnden Zuzugs: Kollisionsrechtliche Ebene	80–84	c) Wirkungen	100

Schrifttum: *Bärwaldt/Schabacker,* Der Formwechsel als modifizierte Neugründung, ZIP 1998, 1293; *Bayer/J. Schmidt,* Europäische Gesellschaft (SE) als Rechtsform für den Mittelstand?!, AnwBl 2008, 327; *dies.,* Grenzüberschreitende Sitzverlegung und grenzüberschreitende Restrukturierungen nach MoMiG, Cartesio und Trabrennbahn, ZHR 173 (2009), 735; *dies.,* Das Vale-Urteil des EuGH: Die endgültige Bestätigung der Niederlassungsfreiheit als „Formwechselfreiheit", ZIP 2012, 1481; *Becht,* Fusion und Spaltung von Kapitalgesellschaften im europäischen Binnenmarkt, 1996; *Behme,* Der grenzüberschreitende Formwechsel von Gesellschaften nach Cartesio und Vale, NZG 2012, 936; *ders.,* Rechtsformwahrende Sitzverlegung und Formwechsel von Gesellschaften über die Grenze, 2015; *ders.,* Die Mitbestimmung der Arbeitnehmer bei der britischen Limited mit Verwaltungssitz in Deutschland, ZIP 2008, 351; *ders.,* Kurzkommentar zu EuGH, Urteil vom 6.9.2012 – Rs. C-38/10 (Kommission/Portugal), EWiR 2012, 681; *Behme/Nohlen,* Kommentar zu EuGH, Urteil vom 16.12.2008, Rs. C-210/06 (Cartesio), BB 2009, 13; *dies.,* Zur Wegzugsfreiheit von Gesellschaften – Der Schlussantrag von Generalanwalt Maduro in der Rechtssache Cartesio (C-210/06) NZG 2008, 496; *Behrens,* Anmerkung zu EuGH, Urteil vom 12.7.2012 – C-378/10 (Vale Epitesi kft), EuZW 2012, 625; *Beitzke,* Internationalrechtliches zur Gesellschaftsfusion, in: v. Caemmerer/Schlochauer/Steindorff (Hrsg.), Festschrift für Walter Hallstein zu seinem 65. Geburtstag, 1966, 14; *Böttcher/Kraft,* Grenzüberschreitender Formwechsel und tatsächliche Sitzverlegung – Die Entscheidung VALE des EuGH, NJW 2012, 2701; *Braun,* Der grenzüberschreitende Rechtsformwechsel von Gesellschaften im Lichte des Konzepts und der Dogmatik der Niederlassungsfreiheit, DZWIR 2012, 411; *Bungert/Schneider,* Grenzüberschreitende Verschmelzung unter Beteiligung von Personengesellschaften, in: Hutter/Baums (Hrsg.), Gedächtnisschrift für Michael Gruson, 2009, 37; *Campos Nave,* Die Liberalisierung der Wegzugsfreiheit in Europa, BB 2008, 1410; *Dorr/Stukenborg,* „Going to the Chapel": Grenzüberschreitende Ehen im Gesellschaftsrecht – Die ersten transnationalen Verschmelzungen nach dem UmwG (1994), DB 2003, 647; *Eberspächer,* Unternehmerische Mitbestimmung in zugezogenen Auslandsgesellschaften: Regelungsmöglichkeiten des deutschen Gesetzgebers?, ZIP 2008, 1951; *Freitag/Korch,* Gedanken zum Brexit – Mögliche Auswirkungen im Internationalen Gesellschaftsrecht, ZIP 2016, 1361; *Gottschalk,* Anmerkung zu EuGH, Urteil vom 13.12.2005 – C-411/03 (SEVIC Systems AG), EuZW 2006, 83; *Götze/Winzer/Arnold,* Unternehmerische Mitbestimmung – Gestaltungsoptionen und Vermeidungsstrategien, ZIP 2009, 245; *Grohmann/Gruschinske,* Beschränkungen des Wegzugs von Gesellschaften innerhalb der EU – die Rechtssache Cartesio, EuZW 2008, 463; *Habersack/Behme/Eidenmüller/Klöhn,* Deutsche Mitbestimmung unter europäischem Reformzwang, 2016; *Habersack/Schürnbrand,* Das Schicksal gebundener Ansprüche beim Formwechsel, NZG 2007, 81; *Heckschen,* Grenzüberschreitender Formwechsel, ZIP 2015, 2049; *Heinemann*, Die Unternehmergesellschaft als Zielgesellschaft von Formwechsel, Verschmelzung und Spaltung nach dem Umwandlungsgesetz, NZG 2008, 820; *Hellwig*, Von Daily Mail zu Cartesio, in: v. Westphalen (Hrsg.), Deutsches Recht im Wettbewerb – 20 Jahre transnationaler Dialog, 2009, 154; *Hermanns*, Die grenzüberschreitende Sitzverlegung in der notariellen Praxis, MittBayNot 2016, 297; *Hushahn*, Grenzüberschreitende Formwechsel im EU/EWR-Raum – die identitätswahrende statutenwechselnde Verlegung des Satzungssitzes in der notariellen Praxis – RNotZ 2014, 137; *Jaensch*, Der grenzüberschreitende Formwechsel vor dem Hintergrund der Rechtsprechung des EuGH, EWS 2007, 97; *ders.*, Der grenzüberschreitende Formwechsel: Das EuGH-Urteil VALE, EWS 2012, 357; *Junker*, Grundfreiheiten, Gesellschaftsrecht und Mitbestimmung – Bleibt die europäische Entwicklung Treiber des Reformbedarfs?, EuZA 6 (2013), 223; *Kindler*, Der reale Niederlassungsbegriff nach dem VALE-Urteil des EuGH, EuZW 2012, 888; *ders.*, Ende der Diskussion über die so genannte Wegzugsfreiheit, NZG 2009, 130; *Knaier/Pfleger*, Der grenzüberschreitende Herausformwechsel einer deutschen GmbH, GmbHR 2017, 859; *Korom/Metzinger*, Freedom of Establishment for Companies: the European Court of Justice confirms and refines its Daily Mail Decision in the Cartesio Case C-210/06, ECFR 2009, 125; *Kuipers*, Cartesio and Grunkin-Paul: Mutual Recognition as a Vested Rights Theory Based on Party Autonomy in Private Law, EJLS 2009, 66; *Kulenkamp*, Die grenzüberschreitende Verschmelzung von Kapitalgesellschaften in der EU, 2009; *Leible/Hoffmann*, Cartesio – fortgeltende Sitztheorie, grenzüberschreitender Formwechsel und Verbot materiellrechtlicher Wegzugsbeschränkungen, BB 2009, 58; *Merkt*, Unternehmensmitbestimmung für ausländische Gesellschaften?, ZIP 2011, 1237; *Mertens*, Umwandlung und Universalsukzession, 1993; *Messenzehl/Schwarzfischer*, Anmerkung zur Entscheidung des EuGH vom 12.7.2012 – Rs. C-378/10, BB 2012, 2072; *Mörsdorf*, Beschränkung der Mobilität von EU-Gesellschaften im Binnenmarkt – eine Zwischenbilanz, EuZW 2009, 97; *Mörsdorf/Jopen*, Anmerkung zu EuGH, Urteil vom 12.7.2012 – Rs. C-378/10, ZIP 2012, 1398; *Müller-Bonanni*, Unternehmensmitbestimmung nach Überseering und Inspire Art, GmbHR 2003, 1235; *Müller-Bonanni/Müntefering*, Grenzüberschreitende Verschmelzung ohne Arbeitnehmerbeteiligung? – Praxisfragen zum Anwendungsbereich und Beteiligungsverfahren des MgVG, NJW 2009, 2347; *Rieble*, Schutz vor paritätischer Unternehmensmitbestimmung, BB 2006, 2018; *G. H. Roth*, Die Bedeutung von Cadbury-Schweppes für die Centros-Judikatur des EuGH, EuZW 2010, 607; *ders.*, Das Ende der Briefkastengründung? – Vale contra Centros, ZIP 2012, 1744; *Schall*, Grenzüberschreitende Umwandlungen der Limited (UK) mit deutschem Verwaltungssitz – Optionen für den Fall des Brexit, ZfPW 2016, 407; *Teichmann*, Binnenmarktmobilität von Gesellschaften nach „Sevic", ZIP 2006, 355; *ders.*, Grenzüberschreitender Formwechsel kraft vorauseilender Eintragung im Aufnahmestaat?, ZIP 2017, 1190; *ders.*, Der grenzüberschreitende Formwechsel ist spruchreif: das Urteil des EuGH in der Rs. Vale, DB 2012, 2085; *ders.*, Cartesio: Die Freiheit zum formwechselnden Wegzug, ZIP 2009, 393; *Teichmann/Knaier*, Brexit – Was nun?, IWRZ 2016, 243; *Veit/Wichert*, Unternehmerische Mitbestimmung bei europäischen Kapitalgesellschaften mit Verwaltungssitz in Deutschland nach „Überseering" und „Inspire Art", AG 2004, 14; *Verse*, Niederlassungsfreiheit und grenzüberschreitende Sitzverlegung – Zwischenbilanz nach „National Grid Indus" und „Vale", ZEuP 2013, 458; *Wansleben*, Anmerkung zu EuGH, 16.12.2008 – Rs. C-210/06 („Cartesio"), StudZR 2009, 365; *Weiss/Seifert*, Der europarechtliche Rahmen für ein „Mitbestimmungserstreckungsgesetz", ZGR 2009, 542; *Weller/Rentsch*, Die Kombinationslehre beim grenzüberschreitenden Rechtsformwechsel – Neue Impulse durch das Europarecht, IPRax 2013, 530; *Weller/Thomale/Benz*, Englische Gesellschaften und Unternehmensinsolvenzen in der Post-Brexit-EU NJW 2016, 2378; *Wilhelmi*, Anmerkung zu EuGH, Urteil vom 16.12.2008 – Rs. C-210/06 CARTESIO Oktató és Szolgáltató bt, JZ 2009, 411; *Zimmer/Naendrup*, Das Cartesio-Urteil des EuGH: Rück- oder Fortschritt für das internationale Gesellschaftsrecht?, NJW 2009, 545.

I. Grundsätzliches

1 Wie die Umwandlungsformen der Verschmelzung und der Spaltung ist auch der Formwechsel gleichermaßen als rein innerstaatlicher und als grenzüberschreitender Vorgang denkbar.

1. Begriff des grenzüberschreitenden Formwechsels

2 Terminologisch bezeichnet der Begriff des grenzüberschreitenden Formwechsels einen Vorgang, bei dem eine nach dem Recht eines bestimmten Staates gegründete Gesellschaft eine Rechtsform annimmt, die dem Recht eines anderen Staates unterliegt. Dieser Vorgang kann aus der Perspektive beider betroffener Staaten betrachtet werden: Zum einen aus der

Perspektive des Staates („**Herkunftsstaat**"), nach dessen nationalem Recht die Gesellschaft ursprünglich gegründet wurde; es handelt sich dann um einen **rechtsformwechselnden Wegzug**. Zum anderen aus der Perspektive des Staates („**Aufnahmestaat**"), dessen Recht die Rechtsform unterliegt, welche die Gesellschaft im Wege des Formwechsels annehmen möchte; es handelt sich dann um einen **rechtsformwechselnden Zuzug**.[1]

2. Praktische Motive für einen grenzüberschreitenden Formwechsel

Die praktischen Motive, die aus unternehmerischer Sicht dafür sprechen können, nachträglich die Rechtsform zu wechseln, sind weitgehend dieselben, die bei der Rechtsformwahl im Rahmen einer **Gesellschaftsneugründung** anzustellen sind. Insoweit gilt für den grenzüberschreitenden Formwechsel nichts anderes als für den innerstaatlichen Formwechsel.[2] Bei der Neugründung einer Gesellschaft ist es heutzutage selbstverständlich, dass mit Blick auf die Wahl der Rechtsform nicht nur die Rechtsformen des einheimischen Gesellschaftsrechts zur Verfügung stehen, sondern auch die Rechtsformen der Gesellschaftsrechtsordnungen anderer europäischer Mitgliedstaaten. Soweit es nämlich die Mitgliedstaaten in ihrer Eigenschaft als Herkunftsstaaten einer nach ihrem nationalen Recht gegründeten Gesellschaft gestatten, ihren Verwaltungssitz in einem anderen europäischen Mitgliedstaat zu begründen oder dorthin zu verlegen, haben die übrigen Mitgliedstaaten in ihrer Eigenschaft als Aufnahmestaaten die Gesellschaft als solche – dh in ihrer durch den Herkunftsstaat verliehenen Rechtsform – anzuerkennen. Der Grund für diese Entwicklung liegt darin, dass sich die betreffende Gesellschaft nach der Rechtsprechung des EuGH gegenüber den übrigen Mitgliedstaaten auf die unionsrechtliche **Niederlassungsfreiheit nach Art. 49, 54 AEUV** (bzw. nach den inhaltsgleichen **Art. 31, 34 EWR-Abkommen**)[3] berufen kann.[4] Diese genießt gegenüber dem nationalen Recht (Gesellschaftskollisionsrecht und materielles Gesellschaftsrecht) Anwendungsvorrang.[5] Damit besteht im Zeitpunkt der Gesellschaftsgründung eine weitreichende **Freiheit der Rechtsformwahl**.

a) Rechtsformwechselnder Wegzug. Dieselben Gründe, die im Zeitpunkt der Gesellschaftsgründung für die Wahl einer ausländischen anstelle einer inländischen Rechtsform sprechen können, können – wenn bei Gründung zunächst eine inländische Rechtsform gewählt wurde – zu einem späteren Zeitpunkt einen rechtsformwechselnden Wegzug in eine ausländische Rechtsform nahelegen. So lassen sich durch einen grenzüberschreitenden Formwechsel **Schutzmechanismen** umgehen, die nach dem Gesellschaftsrecht des Herkunftsstaates zugunsten von Gläubigern, Minderheitsgesellschaftern und Arbeitnehmern bestehen, sofern das Gesellschaftsrecht des Aufnahmestaates insoweit permissivere Regelungen bereithält.[6] Insbesondere kann eine Gesellschaft durch einen grenzüberschreitenden

---

[1] Siehe zur Terminologie bereits *Behme*, Rechtsformwahrende Sitzverlegung und Formwechsel von Gesellschaften über die Grenze, 2015, S. 3 f.

[2] Zu den Gründen, die für einen innerstaatlichen Formwechsel sprechen können, siehe Lutter/*Decher*/*Hoger* UmwG Vor § 190 Rn. 18 ff.; Semler/Stengel/*Stengel* UmwG § 190 Rn. 5 ff.

[3] Der EWR setzt sich zusammen aus den Mitgliedstaaten der EU und denen der Europäischen Freihandelszone (EFTA) mit Ausnahme der Schweiz, die als einziger der vier EFTA-Staaten (Schweiz, Island, Norwegen und Fürstentum Liechtenstein) das EWR-Abkommen nicht ratifiziert hat. Aufgrund des Homogenitätsgebots ist die Niederlassungsfreiheit nach Art. 31 EWR-Abkommen entsprechend der unionsrechtlichen Niederlassungsfreiheit nach Art. 49, 54 AEUV auszulegen, siehe EuGH C-452/01, Slg. 2003, I – 9743 – Ospelt und Schlössle Weissenberg, Rn. 29.

[4] Zur Interpretation der Niederlassungsfreiheit im Sinne eines Prinzips der gegenseitigen Anerkennung siehe grundlegend EuGH C-208/00, NJW 2002, 3614 – Überseering; EuGH C-167/01, NJW 2003, 3331 – Inspire Art; *Behme*, S. 65 ff.

[5] EuGH 26/62 Slg. 1963, 1 – Van Gend & Loos; EuGH 6/64, Slg. 1964, 1251 – Costa/ENEL; EuGH 106/77, Slg. 1978, 629 – Simmenthal; aus der deutschen Rechtsprechung BVerfG 2 BvR 197/83, BVerfGE 73, 339, 375; BVerfG 2 BvE 2/08, 2 BvE 5/08, 2 BvR 1010/08, 2 BvR 1022/08, 2 BvR 1259/08, 2 BvR 182/09, BVerfGE 123, 267, 398; BVerfG, 2 BvR 2661/06, BVerfGE 126, 286, 301 f.

[6] Siehe zum Ganzen ausführlich *Behme*, S. 285 f. ferner *Knaier*/*Pfleger*, GmbHR 2017, 859, 859 f.

Formwechsel unabhängig von einem künftigen Wachstum der Gesellschaft die **unternehmerische Mitbestimmung** umgehen, sofern der Aufnahmestaat keine unternehmerische Mitbestimmung kennt oder jedenfalls die angestrebte Zielrechtsform des Aufnahmestaates nicht mitbestimmt ist. Diese Gestaltungsmöglichkeit ist insbesondere für Gesellschaften von Interesse, die nach dem Recht ihres Herkunftsstaates noch nicht mitbestimmt sind, aber kurz davor stehen, die für das Eingreifen der unternehmerischen Mitbestimmung relevanten Schwellenwerte (§§ 1 Abs. 1 MitbestG, 1 Abs. 1 DrittelbG) zu überschreiten. Der grenzüberschreitende Formwechsel kann sich in der Praxis insofern als Alternative zu der häufig empfohlenen, aber aufwändigen Strategie des „**Einfrierens**" der unternehmerischen Mitbestimmung durch die Gründung einer SE[7] anbieten. Dies gilt insbesondere für solche Gesellschaften, denen aufgrund ihrer Rechtsform oder in Ermangelung des für die Gründung einer SE erforderlichen grenzüberschreitenden Bezugs[8] der Weg der SE-Gründung nicht offen steht, oder die den mit der SE-Gründung verbundenen Aufwand scheuen. Ob durch einen grenzüberschreitenden Formwechsel in eine mitbestimmungsfreie ausländische Rechtsform auch solche Gesellschaften aus der unternehmerischen Mitbestimmung „flüchten" können, die nach dem Recht ihres Herkunftsstaates im Zeitpunkt des Formwechsels bereits der Mitbestimmung unterliegen, ist nicht zweifelsfrei; die besseren Argumente sprechen freilich dafür (→ Rn. 56).

5 **b) Rechtsformwechselnder Zuzug.** Dieselben Gründe, die im Zeitpunkt der Gesellschaftsgründung für die Wahl einer inländischen anstelle einer ausländischen Rechtsform sprechen können, können – wenn bei Gründung zunächst eine ausländische Rechtsform gewählt wurde – zu einem späteren Zeitpunkt einen rechtsformwechselnden Zuzug in eine inländische Rechtsform nahelegen. So können etwa die Erwartungen, die mit der anfänglichen Wahl der ausländischen Rechtsform verknüpft waren, enttäuscht worden sein (etwa deshalb weil die mit der Anwendung ausländischen Gesellschaftsrechts verbundenen laufenden Beratungskosten unterschätzt wurden), oder die rechtlichen Grundlagen für die Wahl der ausländischen Rechtsform können zwischenzeitlich erodiert sein. Letzteres ist insbesondere der Fall mit Blick auf die zahlreichen, zu Beginn des Millenniums gegründeten britischen Gesellschaften mit Verwaltungssitz in anderen Mitgliedstaaten der Europäischen Union: Es ist derzeit noch nicht sicher absehbar, welche langfristigen Auswirkungen der **Brexit** auf diese Gesellschaften haben wird. Jedenfalls wird die kraft Unionsrechts bestehende Verpflichtung der übrigen Mitgliedstaaten zur Anerkennung englischer Gesellschaften mit Inkrafttreten des Austrittsabkommens oder spätestens nach Ablauf der Zweijahresfrist[9] gem. Art. 50 EUV enden; englische Gesellschaften werden sich dann nämlich nicht länger auf die Niederlassungsfreiheit berufen können. Was das im Einzelnen für **britische Limiteds**[10] **mit Verwaltungssitz in Deutschland** bedeutet[11] und inwieweit die Rechtslage durch eine etwaige Vereinbarung von Übergangsfristen in dem Austrittsabkommen oder durch die Inhalte etwaiger späterer Abkommen über die Beziehungen zwischen dem Vereinigten Königreich und der EU beeinflusst werden wird, bleibt abzuwarten. Auch der Brexit bzw. die durch den Brexit entstandene Rechtsunsicherheit kann daher ein Grund dafür sein, entweder eine andere ausländische Rechtsform oder aber eine

---

[7] Siehe dazu *Bayer/J. Schmidt*, AnwBl 2008, 327 (332); *Götze/Winzer/Arnold*, ZIP 2009, 245 (250 ff.); *Rieble*, BB 2006, 2018.

[8] Bei der Verschmelzungs-SE: ausländische AG als Verschmelzungspartner; bei den übrigen Gründungsformen: Tochtergesellschaft im Ausland seit mindestens zwei Jahren, Art. 2 SE-VO.

[9] Die zweijährige Frist für die Verhandlung eines Abkommens über die Einzelheiten des Austritts, das den Rahmen für die künftigen Beziehungen des Vereinigten Königreichs zur EU bereits berücksichtigen soll (Art. 50 EUV), ist mit der Austrittserklärung der britischen Premierministerin Theresa May am 29. März 2017 in Gang gesetzt worden.

[10] Dieselbe Frage stellt sich für sonstige britische Gesellschaften, etwa die bei Freiberuflern beliebt Limited Liability Partnership (LLP).

[11] Zu den Auswirkungen des Brexit auf britische Gesellschaften siehe etwa *Freitag/Korch*, ZIP 2016 1361; *Teichmann/Knaier*, IWRZ 2016, 243; *Weller/Thomale/Benz*, NJW 2016, 2378.

inländische (deutsche) Rechtsform anzunehmen. Der grenzüberschreitende Formwechsel ist dabei eine von mehreren Gestaltungsoptionen (→ Rn. 10 ff.).[12]

II. Rechtlicher Rahmen

Während die Wahl einer ausländischen Rechtsform im Zeitpunkt der Gesellschaftsgründung keine größeren Probleme bereitet, sind grenzüberschreitende Umwandlungsvorgänge im **deutschen Umwandlungsrecht** nur sehr **lückenhaft** geregelt: Das UmwG stellt in den §§ 122a ff. UmwG einen rechtlichen Rahmen lediglich für die grenzüberschreitende Verschmelzung von Kapitalgesellschaften bereit; diese Vorschriften beruhen auf der gem. Art. 288 AEUV obligatorischen Umsetzung der Richtlinie zur Verschmelzung von Kapitalgesellschaften aus verschiedenen Mitgliedstaaten.[13] Verschmelzungen unter Beteiligung anderer Rechtsträger sind im UmwG ebenso wenig geregelt wie die grenzüberschreitende Spaltung und der grenzüberschreitende Formwechsel. Der deutsche Gesetzgeber möchte auf diese Weise eine „Flucht" etablierter deutscher Unternehmen in ausländische Rechtsformen – etwa zum Zwecke der Mitbestimmungsvermeidung – unterbinden.

1. Niederlassungsfreiheit (Art. 49, 54 AEUV)

Der Umstand, dass die Einzelheiten der Durchführung eines grenzüberschreitenden Formwechsels derzeit weder im europäischen noch im deutschen Recht gesetzlich geregelt sind, bedeutet freilich nicht, dass seine Durchführung praktisch unmöglich ist. Die grundsätzliche Möglichkeit eines grenzüberschreitenden Formwechsels folgt aus europäischem Primärrecht: Nach der jüngeren Rechtsprechung des EuGH ist der grenzüberschreitende Formwechsel nämlich von der **Niederlassungsfreiheit der formwechselnden Gesellschaft** (Art. 49, 54 AEUV bzw. Art. 31, 34 EWR-Abkommen) geschützt.[14] Daraus folgt, dass ein grenzüberschreitender Formwechsel bereits *de lege lata* als zulässig anzusehen ist, soweit die formwechselnde Gesellschaft sich auf die Niederlassungsfreiheit berufen kann und soweit der sachliche Schutzgehalt der Niederlassungsfreiheit reicht (→ Rn. 15 ff.).

2. Nationales Kollisions- und Umwandungsrecht

Die Niederlassungsfreiheit ist jedoch in Art. 49, 54 AEUV lediglich als weitgehend abstrakter Programmsatz formuliert; konkrete Vorgaben hinsichtlich der praktischen Durchführung des grenzüberschreitenden Formwechsels können ihr nicht entnommen werden. Insoweit ist weiterhin auf die Bestimmungen des nationalen Rechts zurückzugreifen. Dabei ist zu differenzieren zwischen der Ebene des nationalen **(Umwandlungs-) Kollisionsrechts** und der Ebene des **materiellen Umwandlungsrechts**. Das Kollisionsrecht beantwortet die Frage, nach welchem nationalen Umwandlungsrecht der grenzüberschreitende Formwechsel durchzuführen ist und zu welchem Zeitpunkt sich das auf die Gesellschaft anwendbare Gesellschaftsrecht und damit die Rechtsform der Gesellschaft ändert. Das materielle Umwandlungsrecht beantwortet die Frage nach den zulässigen Ausgangs- und Zielrechtsformen, dem durchzuführenden Verfahren und den Wirkungen des Formwechsels. Beide Ebenen werden durch die Vorgaben der höherrangigen Niederlassungsfreiheit **überformt**. Soweit nationales Kollisions- oder Sachrecht den Vorgaben der

---

[12] Siehe zu den Optionen ausführlich *Schall*, ZfPW 2016, 407.
[13] Richtlinie 2005/56/EG vom 26.10.2005, ABl. Nr. L 310 vom 25.11.2005, S. 1 ff.
[14] EuGH C-210/06, NJW 2009, 569 – Cartesio; EuGH C-378/10, NJW 2012, 2715 – Vale. Siehe zu Cartesio statt vieler *Behme/Nohlen*, BB 2009, 13; *Hellwig*, in: von Westphalen (Hrsg.), Deutsches Recht im Wettbewerb, 2009, S. 154; *Kindler*, NZG 2009, 130; *Korom/Metzinger*, ECFR 2009, 125; *Leible/Hoffmann*, BB 2009, 58; *Mörsdorf*, EuZW 2009, 97; *Teichmann*, ZIP 2009, 393; *Wansleben*, studZR 2009, 365; *Willhelmi*, JZ 2009, 411 595; *Zimmer/Naendrup*, NJW 2009, 545. Siehe zu Vale statt vieler *Bayer/J. Schmidt*, ZIP 2012, 1481; *Behme*, NZG 2012, 936; *Behrens*, EuZW 2012, 625; *Böttcher/Kraft*, NJW 2012, 2701; *Braun*, DZWIR 2012, 411; *Kindler*, EuZW 2012, 888; *Messenzehl/Schwarzscher*, BB 2012, 2072; *Mörsdorf/Jopen*, ZIP 2012, 1398; *Teichmann*, DB 2012, 2085 ff.

Niederlassungsfreiheit widerspricht, darf es im Einzelfall nicht angewendet werden (**Anwendungsvorrang des Unionsrechts**).

9 Da das deutsche Kollisionsrecht und das deutsche materielle Umwandlungsrecht den grenzüberschreitenden Formwechsel nicht behandeln, kann bei seiner praktischen Durchführung lediglich auf Analogien zu solchen Vorschriften zurückgegriffen werden, die ähnliche Vorgänge regeln. Analogiefähige Vorschriften finden sich etwa im UmwG, soweit es den **innerstaatlichen Formwechsel** und die **grenzüberschreitende Verschmelzung** regelt, sowie in der unmittelbar anwendbaren SE-Verordnung[15], die mit der grenzüberschreitenden **Sitzverlegung der SE** eine besondere Form eines (rechtsformkongruenten) grenzüberschreitenden Formwechsels normiert (→ Rn. 46 f.).

3. Rechtstechnische Alternativen zum grenzüberschreitenden Formwechsel

10 Die mit der Durchführung eines grenzüberschreitenden Formwechsels verbundenen Herausforderungen für die Rechtsanwendung mögen zwar zu bewältigen sein; sie lassen den grenzüberschreitenden Formwechsel freilich für die Praxis häufig wenig attraktiv erscheinen. Soweit in der Praxis bislang grenzüberschreitende Formwechsel durchgeführt werden, handelt es sich bei den formwechselnden Rechtsträgern ganz überwiegend um Konzerngesellschaften, die lediglich Beteiligungen halten und selbst keine Arbeitnehmer beschäftigen. Dies wirft die Frage auf, durch welche **alternativen Gestaltungsmöglichkeiten** der mit dem grenzüberschreitenden Formwechsel bezweckte Wechsel der Rechtsform auf ähnliche Weise, aber unter Rückgriff auf vorhandene und unmittelbar anwendbare rechtliche Rahmenbedingungen herbeigeführt werden kann.

11 **a) Einzelübertragung der Vermögensgegenstände auf eine Gesellschaft anderer Rechtsform.** Dabei steht zum einen die Möglichkeit zur Verfügung, die „formwechselnde" Gesellschaft nach Maßgabe der auf sie anwendbaren gesellschaftsrechtlichen Vorschriften aufzulösen und ihr Vermögen im Wege der **Einzelnachfolge** (Singularsukzession) auf eine neue Gesellschaft anderer (ausländischer) Rechtsform zu übertragen. Dies ist auch im grenzüberschreitenden Kontext ohne weiteres möglich; die für die Einbringung zu beachtenden Formalien richten sich dabei nach dem Gesellschaftsrecht des Staates, in dem die neue Gesellschaft gegründet wird.[16] Sowohl die Auflösung und anschließende Liquidation der ursprünglichen Gesellschaft als auch die separate Einbringung sämtlicher Vermögensgegenstände in die neu entstandene Gesellschaft sind jedoch mit einem erheblichen praktischen Aufwand und hohen Kosten verbunden:[17] Da der sachenrechtliche **Bestimmtheitsgrundsatz** bei der Übertragung im Wege der Singularsukzession eine hinreichende Individualisierung, dh eine exakte Bezeichnung aller einzelnen Verfügungsgegenstände verlangt,[18] müssen die einzelnen Vermögensgegenstände der formwechselnden Gesellschaft am Übergangsstichtag zunächst durch eine **Inventur** erfasst und sodann für jeden Vermögensgegenstand die einschlägigen Übertragungsvoraussetzungen erfüllt werden;[19] ggf. müssen die Gläubiger der bisherigen Gesellschaft dem Schuldnerwechsel zustimmen.[20] Zuletzt muss die übertragende Gesellschaft nach Maßgabe des auf sie anwendbaren Gesellschaftsrechts aufgelöst und liquidiert werden.[21] Praktisch gangbar ist dieser Weg daher nur für Gesellschaften mit überschaubarem Vermögen und überschaubaren Geschäftsbeziehungen. Er kann sich aber etwa für **Kleinunternehmen** anbieten, die sich zu Zeiten des „Booms" der britischen Limited für eine Auslandsgründung entschieden haben und nur

---

[15] Verordnung (EWG) Nr. 2157/2001 des Rates vom 8. Oktober 2001 über das Statut der Europäischen Gesellschaft (SE).
[16] *Götze/Winzer/Arnold*, ZIP 2009, 245, 248.
[17] Siehe bereits *Behme*, S. 174.
[18] Siehe zu den Anforderungen des sachenrechtlichen Bestimmtheitsgrundsatzes *Seiler*, in: Staudinger, Einleitung zum Sachenrecht, Rn. 54 f.
[19] Vgl. *Mertens*, Umwandlung und Universalsukzession, 1993, S. 75 ff.
[20] *Priester*, FS Zöllner, 1998, S. 449, 450.
[21] Darauf weisen zurecht *Teichmann/Knaier*, IWRZ 2016, 243, 246 hin.

aufgrund der allgemeinen Verunsicherung im Kontext des Brexit (→ Rn. 5) eine deutsche Rechtsform (GmbH) annehmen möchten.

b) Grenzüberschreitende Verschmelzung. Eine weitere und in der Beratung häufig empfohlene rechtstechnische Alternative zum grenzüberschreitenden Formwechsel besteht in der grenzüberschreitenden Verschmelzung der „formwechselnden" Gesellschaft auf eine eigens zu diesem Zwecke gegründete ausländische **Zweckgesellschaft** in der gewünschten Rechtsform des Aufnahmestaates.[22] Auch wenn es sich bei grenzüberschreitender Verschmelzung und grenzüberschreitendem Formwechsel um rechtstechnisch ganz unterschiedliche Maßnahmen handelt, bewirken sie bei wirtschaftlicher Betrachtung dasselbe Ergebnis.[23] Beide Maßnahmen führen dazu, dass eine Gesellschaft im Wege der Umwandlung in die Rechtsordnung eines anderen Staates integriert wird – im Falle des identitätswahrenden grenzüberschreitenden Formwechsels besteht sie als selbständige Gesellschaft des Aufnahmestaates fort, im Falle der grenzüberschreitenden Verschmelzung geht sie in einer Gesellschaft des Aufnahmestaates auf. Im Herkunftsstaat verbleibt in beiden Fällen kein Rechtsträger; die gesellschaftsrechtlichen Verhältnisse der Gesellschaft richten sich künftig allein nach dem Recht des Aufnahmestaates. Aus Sicht der Gesellschafter bedeutet dies in beiden Fällen, dass sich der Inhalt des Mitgliedschaftsverhältnisses ändert; aus Sicht der Gesellschaftsgläubiger ändert sich durch beide Vorgänge das für das Außenverhältnis der Gesellschaft maßgebliche Recht.[24]

Zum einen ist die grenzüberschreitende Verschmelzung allerdings nur insoweit einfacher als ein grenzüberschreitender Formwechsel, wie für sie ein **gesetzlicher Rahmen** existiert. Dies ist jedenfalls aus deutscher Sicht nur für die grenzüberschreitende Verschmelzung von Kapitalgesellschaften der Fall: Nur insoweit war der deutsche Gesetzgeber nämlich aufgrund unionsrechtlicher Vorgaben durch die Richtlinie über die grenzüberschreitende Verschmelzung von Kapitalgesellschaften zum Erlass eines solchen gesetzlichen Rahmens verpflichtet; dieser Verpflichtung ist er mit den §§ 122a ff. UmwG nachgekommen. Jenseits des unmittelbaren Anwendungsbereichs dieser Vorschriften sind grenzüberschreitende Verschmelzungen zwar ebenfalls von der Niederlassungsfreiheit geschützt, da diese in ihrem Schutzgehalt über den Anwendungsbereich der Richtlinie deutlich hinausgeht.[25] Derartige grenzüberschreitende Verschmelzungsvorgänge (etwa von **Personengesellschaften**) sind in ihrer praktischen Durchführung aber nicht minder komplex als ein grenzüberschreitender Formwechsel, da sie ebenfalls auf die analoge Anwendung nicht unmittelbar einschlägiger Vorschriften angewiesen sind.

Zum anderen birgt die grenzüberschreitende Verschmelzung auch zwischen Kapitalgesellschaften diverse **praktische Nachteile** gegenüber einem grenzüberschreitenden Formwechsel. So sind die rechtlichen Anforderungen an eine grenzüberschreitende Verschmelzung aufgrund des Wegfalls zumindest eines Rechtsträgers und der daraus resultierenden Notwendigkeit der Übertragung von Rechten und Pflichten grundsätzlich höher:[26] Beispielsweise ist anders als bei einer innerstaatlichen Verschmelzung ein **Verschmelzungsbericht** auch dann nicht gem. § 8 Abs. 3 UmwG entbehrlich, wenn alle Anteilsinhaber aller beteiligten Rechtsträger auf seine Erstattung verzichten oder sich alle Anteile des übertragenden Rechtsträgers in der Hand des übernehmenden Rechtsträgers befinden; § 8 Abs. 3 UmwG findet auf die grenzüberschreitende Verschmelzung gem. § 122e S. 3

---

[22] Vgl. *Gottschalk*, EuZW 2006, 83, 84; *Kindler*, NZG 2009, 130, 132; *Kuipers*, EJLS 2009, 66, 74 sowie Generalanwalt *Jääskinen* in seinen Schlussanträgen zu Rs. C-378/10 – Vale, Rn. 35.
[23] Siehe bereits *Behme*, S. 148 f.
[24] *Becht*, Fusion und Spaltung von Kapitalgesellschaften im europäischen Binnenmarkt, 1996, S. 275; *Behme*, S. 148 f.
[25] Siehe für die grenzüberschreitende Hereinverschmelzung EuGH C-411/03, NJW 2006, 425 – SEVIC, Rn. 19; Semler/Stengel/*Drinhausen* UmwG, Einl. C Rn. 30; eingehend zum Verhältnis von Niederlassungsfreiheit und Sekundärrecht *Teichmann*, ZIP 2006, 355, 359 f.
[26] Zutreffend *Schall*, ZfPW 2016, 407, 438 f.

UmwG keine Anwendung. Demgegenüber ist beim grenzüberschreitenden Formwechsel ein Verzicht auf den Umwandlungsbericht möglicherweise zulässig (→ Rn. 58). Hinzu kommt, dass eine grenzüberschreitende Verschmelzung ausländischer Kapitalgesellschaften auf eine **UG (haftungsbeschränkt)** zur Aufnahme als unzulässige Umgehung des **Verbots der Sachgründung gem. § 5a Abs. 2 S. 2 GmbHG** anzusehen sein dürfte. Die Frage ist in der Literatur umstritten;[27] der BGH hat immerhin bereits entschieden, dass die Neugründung einer UG (haftungsbeschränkt) durch Abspaltung mit § 5a Abs. 2 S. 2 GmbHG nicht vereinbar ist.[28] Bei einem grenzüberschreitenden Formwechsel ausländischer Gesellschaften in eine UG (haftungsbeschränkt) stellt sich dieses Problem nicht in vergleichbarer Weise (→ Rn. 90). Dies kann bei grenzüberschreitenden Umwandlungen, bei denen eine ausländische Kapitalgesellschaft in eine deutsche UG (haftungsbeschränkt) umgewandelt werden soll, für einen grenzüberschreitenden Formwechsel anstelle einer grenzüberschreitenden Verschmelzung sprechen. Bei grenzüberschreitenden Umwandlungen, bei denen eine deutsche UG (haftungsbeschränkt) in eine Kapitalgesellschaft ausländischer Rechtsform überführt werden soll, ist freilich eine grenzüberschreitende Verschmelzung aus dem Blickwinkel des deutschen Rechts problemlos nach Maßgabe der §§ 122a ff. UmwG möglich; eine Kollision mit dem (deutschen) Verbot der Sachgründung scheidet von vornherein aus.[29]

III. Grenzüberschreitender Formwechsel deutscher Gesellschaften in eine ausländische Rechtsform („rechtsformwechselnder Wegzug")

1. Schutz durch die Niederlassungsfreiheit

15 Dass der Formwechsel einer Gesellschaft, die nach dem nationalen Recht eines europäischen Mitgliedstaates gegründet wurde, in eine dem nationalen Recht eines anderen Mitgliedstaates unterliegende Rechtsform von der Niederlassungsfreiheit (Art. 49, 54 AEUV) geschützt ist, kann für die Praxis nach der Entscheidung des EuGH in der Rechtssache „Cartesio" als gesichert gelten. Zwar betraf das Urteil nicht unmittelbar einen solchen rechtsformwechselnden Wegzug, sondern vielmehr die Frage, ob die Verlegung des Sitzes[30] einer Gesellschaft ungarischen Rechts nach Italien unter Wahrung ihrer ungarischen Rechtsform von der Niederlassungsfreiheit geschützt ist. Diese Frage hat der EuGH – an seine eigene Rechtsprechung in der Rechtssache Daily Mail[31] anknüpfend und entgegen der Schlussanträge des Generalanwalts[32] wie auch zahlreicher Prognosen aus dem Schrifttum, die jene Rechtsprechung für überholt gehalten hatten[33] – verneint. Der rechtsformwahrende Wegzug, so der EuGH, sei jedoch von dem Fall zu unterscheiden, dass eine Gesellschaft aus einem Mitgliedstaat in einen anderen Mitgliedstaat **unter Änderung des nationalen Rechts** verlegt und dabei in eine dem nationalen Recht des Aufnahmestaates unterliegende Gesellschaftsform **umgewandelt** wird. In diesem Falle könne die gesellschaftsrechtliche Anknüpfungsautonomie des Herkunftsstaates insbesondere nicht rechtfertigen, dass er die Gesellschaft dadurch, dass er ihre Auflösung und Liquidation verlangt, daran hindert, sich in eine Gesellschaft nach dem nationalen Recht des Aufnahmestaates

---

[27] Siehe zum Streitstand Baumbach/Hueck/*Fastrich* GmbHG § 5a Rn. 15; MünchKommGmbHG/ *Rieder* GmbHG § 5a Rn. 51; ausführlich *Schall*, ZfPW 2016, 407, 442 f.; mit Blick auf innerstaatliche Vorgänge bereits *Heinemann*, NZG 2008, 820, 821 f.
[28] BGH II ZB 9/10, NJW 2011, 1883.
[29] MünchKommGmbHG/*Rieder* GmbHG § 5a Rn. 50.
[30] Zum Begriff des „Sitzes" nach ungarischem Recht siehe *Behme*, S. 48 f.; *Korom/Metzinger*, ECFR 2009, 125, 135.
[31] EuGH 81/87, Slg. 1988, 5483 – Daily Mail.
[32] Schlussanträge von Generalanwalt *Poaires Maduro*, Rs. C-210/06 – Cartesio, NZG 2008, 498; siehe dazu *Behme/Nohlen*, NZG 2008, 496.
[33] Vgl. statt vieler *Behme/Nohlen*, NZG 2008, 496 f.; *Campos Nave*, BB 2008, 1410, 1413; *Grohmann/Gruschinske*, EuZW 2008, 463, 464.

umzuwandeln, soweit dies nach diesem Recht möglich ist. Ein solches Hemmnis für die tatsächliche Umwandlung, ohne vorherige Auflösung und Liquidation, einer solchen Gesellschaft in eine Gesellschaft des nationalen Rechts des Aufnahmestaates stelle eine Beschränkung der Niederlassungsfreiheit der betreffenden Gesellschaft dar, die, wenn sie nicht zwingenden Gründen des Allgemeininteresses entspricht, nach Art. 43 EG (jetzt: Art. 49 AEUV) verboten ist.[34]

a) Dogmatische Begründung. Die Entscheidung ist dogmatisch konsequent und überzeugend. Der Schlüssel für ihr Verständnis und die Beantwortung rechtspraktischer Folgefragen ist die Auslegung der Niederlassungsfreiheit im Sinne eines **Prinzips der gegenseitigen Anerkennung ("Herkunftsstaatsprinzip")** durch den EuGH. Dieses Prinzip liegt nicht nur der Niederlassungsfreiheit, sondern allen europäischen Grundfreiheiten gleichermaßen zugrunde. In grenzüberschreitenden Sachverhalten definiert und begrenzt es die Befugnisse der Mitgliedstaaten in deren Eigenschaft als Herkunftsstaaten und als Aufnahmestaaten gleichermaßen. Im Bereich des Gesellschaftsrechts wirkt sich das Prinzip der gegenseitigen Anerkennung mit Blick auf grenzüberschreitende Sitzverlegungen und Umwandlungsvorgänge wie folgt aus:

Die Mitgliedstaaten genießen in ihrer Eigenschaft als **Herkunftsstaaten** weitreichende Autonomie in der Definition der Standards, die ein Zusammenschluss von Personen erfüllen muss, um als „Gesellschaft" in einer bestimmten Rechtsform qualifiziert zu werden (sog. gesellschaftsrechtliche Qualifikationsstandards). Aufgrund dieser **gesellschaftsrechtlichen Qualifikationsautonomie** dürfen die Mitgliedstaaten in ihrer Eigenschaft als Herkunftsstaaten von einer nach ihrem nationalen Recht gegründeten Gesellschaft verlangen, dass sich ihr (Satzungs- und/oder Verwaltungs-)Sitz im Inland befindet. Folgerichtig dürfen sie die Verlegung des (Satzungs- und/oder Verwaltungs-)Sitzes einer nach ihrem nationalen Recht gegründeten Gesellschaft mit dem Entzug der Rechtsform sanktionieren (was in der Praxis die Auflösung und Liquidation der Gesellschaft bedeuten wird), ohne dass die Gesellschaft sich demgegenüber auf die Niederlassungsfreiheit berufen kann.[35] Wurde eine Gesellschaft allerdings nach dem Recht ihres Herkunftsstaates wirksam gegründet und besteht nach diesem Recht (ungeachtet beispielsweise einer Sitzverlegung in einen anderen Mitgliedstaat) weiterhin fort, kann sie sich auch gegenüber ihrem Herkunftsstaat auf die Niederlassungsfreiheit berufen. Folgerichtig bedürfen Beschränkungen der Niederlassungsfreiheit durch den Herkunftsstaat „unterhalb" eines Entzugs der Rechtsform, etwa auf der Ebene des Steuerrechts (Wegzugsbesteuerung), der unionsrechtlichen Rechtfertigung.[36]

Für die anderen Mitgliedstaaten in ihrer Eigenschaft als **Aufnahmestaaten** gilt, dass sie eine ausländische Gesellschaft so lange als solche – dh als Gesellschaft nach dem Recht ihres Herkunftsstaates – anzuerkennen haben, wie dieser ihr die Eigenschaft als Gesellschaft seines nationalen Rechts verleiht. Diese **Anerkennungspflicht** ist der Grund dafür, dass der Aufnahmestaat einer zuziehenden Gesellschaft weder die Rechtsfähigkeit absprechen[37] noch ihr sein eigenes nationales Gesellschaftsrecht (beispielsweise Vorschriften über die Aufbringung und Erhaltung des Stammkapitals) überstülpen[38] darf.[39] Sie hat – bezogen auf den Zeitpunkt der Gesellschaftsgründung – eine weitgehende Freiheit der Rechtswahl zur Folge: Gesellschaftsgründer können nämlich innerhalb der EU den Herkunftsstaat einer Gesellschaft frei wählen.

---

[34] EuGH C-210/06, Slg. 2008, I – 9641 – Cartesio, Rn. 111 ff.
[35] EuGH C-210/06, Slg. 2008, I – 9641 – Cartesio, Rn. 109 f.; siehe zu den Auswirkungen der gesellschaftsrechtlichen Qualifikationsautonomie auf das Kollisions- und Sachrecht des Herkunftsstaates im Einzelnen ausführlich *Behme*, S. 100 ff.
[36] EuGH C-371/10, Slg. 2011, I – 12273 – National Grid Indus; EuGH C-38/10, ZIP 2012, 1801 – Kommission/Portugal m. Anm. *Behme*, EWiR 2012, 681.
[37] EuGH C-208/00, NJW 2002, 3614 – Überseering.
[38] EuGH C-167/01, NJW 2003, 3331 – Inspire Art.
[39] Siehe zu den Auswirkungen der Anerkennungspflicht auf das Kollisions- und Sachrecht des Aufnahmestaates im Einzelnen ausführlich *Behme*, S. 111 ff.

19 Vor diesem Hintergrund ist einleuchtend, dass ein Vorgang, bei dem die Gesellschaft grenzüberschreitend ihre Rechtsform ändert und eine Rechtsform eines anderen Staates (Aufnahmestaat) annimmt, gegenüber Beschränkungen durch den Herkunftsstaat von der Niederlassungsfreiheit geschützt ist. Denn der Herkunftsstaat kann sich nur so lange auf seine gesellschaftsrechtliche Qualifikationsautonomie berufen, wie die Gesellschaft eine Rechtsform haben soll, die seinem nationalen Recht unterliegt. Die gesellschaftsrechtliche Qualifikationsautonomie muss aber enden, wenn die Gesellschaft durch die Wahl einer ausländischen Rechtsform einen anderen Mitgliedstaat als ihren (neuen) Herkunftsstaat wählt. Dadurch tritt – aus der Perspektive des Herkunftsstaates – ein **Rollenwechsel** ein: Er kann nicht länger (unbehelligt durch die Grundfreiheiten) die gesellschaftsrechtlichen Qualifikationsstandards definieren, denen die Gesellschaft genügen muss und die von den übrigen Mitgliedstaaten anzuerkennen sind. Sondern er muss selbst anerkennen, dass im Aufnahmestaat eine Gesellschaft nach dessen nationalem Recht entsteht, die sich bereits im Prozess ihrer Entstehung gegenüber den übrigen Mitgliedstaaten – auch gegenüber ihrem ursprünglichen Herkunftsstaat – auf die Niederlassungsfreiheit berufen kann. Dabei macht es keinen Unterschied, ob die Gesellschaft im Aufnahmestaat neu gegründet wird oder ob sie im Wege einer innerstaatlichen oder grenzüberschreitenden Umwandlung entsteht.

20 Die Anerkennungspflicht des Herkunftsstaates im Rahmen des grenzüberschreitenden Formwechsels kann freilich nur so weit reichen, wie der Aufnahmestaat einen grenzüberschreitenden Formwechsel zulässt. Dort, wo der Aufnahmestaat der Gesellschaft keinen rechtsformwechselnden Zuzug ermöglicht, ist für den Herkunftsstaat auch nichts anzuerkennen; er muss dann den rechtsformwechselnden Wegzug ebenfalls nicht ermöglichen bzw. darf ihn an bestimmte Voraussetzungen knüpfen (zu der Frage, inwieweit der Aufnahmestaat verpflichtet ist, ausländischen Gesellschaften den rechtsformwechselnden Zuzug zu ermöglichen, → Rn. 75). Daraus folgt zugleich, dass für die Frage, ob bei einem grenzüberschreitenden Formwechsel eine rechtfertigungsbedürftige Beschränkung der Niederlassungsfreiheit durch das nationale Recht des Herkunftsstaates vorliegt, immer das **Recht des Aufnahmestaates als Maßstab** heranzuziehen ist: Die Niederlassungsfreiheit ist (immer und zugleich nur) dort beschränkt, wo das nationale Umwandlungsrecht des Herkunftsstaates einen nach dem Recht des Aufnahmestaates zulässigen grenzüberschreitenden Formwechsel verbietet oder einen grenzüberschreitenden Formwechsel an strengere Voraussetzungen knüpft als das Recht des Aufnahmestaates.

21 Liegt nach den oben skizzierten Maßstäben eine Beschränkung der Niederlassungsfreiheit vor, ist zu prüfen, ob diese **gerechtfertigt** werden kann. Dabei wird eine Rechtfertigung aus Gründen der öffentlichen Ordnung, Sicherheit oder Gesundheit gem. **Art. 52 AEUV** nur selten in Betracht kommen; gleiches gilt für eine Rechtfertigung von Beschränkungen aufgrund **missbräuchlicher oder betrügerischer Berufung auf die Niederlassungsfreiheit im Einzelfall**.[40] Von praktisch weitaus größerer Bedeutung ist der ungeschriebene Rechtfertigungsgrund der **zwingenden Erfordernisse des Allgemeininteresses**. Eine Rechtfertigung von Beschränkungen ist nach der Rechtsprechung des EuGH unter den folgenden Voraussetzungen möglich: (1) Die Maßnahmen des nationalen Rechts werden nicht in diskriminierender Weise angewandt; (2) sie sind aus zwingenden Gründen des Allgemeininteresses geboten und (3) zur Erreichung des verfolgten Ziels geeignet und (4) erforderlich.[41] Im Bereich des Gesellschaftsrechts hat der EuGH als zwingende Erfordernisse des Allgemeininteresses den **Schutz von Gläubigern, Minderheitsgesellschaftern und Arbeitnehmern** anerkannt.[42]

22 **b) Auswirkungen auf das nationale Recht (Grundlagen).** Die vorstehend beschriebene Anerkennungspflicht des Herkunftsstaates in Bezug auf den rechtsformwechselnden

---

[40] EuGH C-167/01, NJW 2003, 3331 – Inspire Art, Rn. 136.
[41] EuGH, Urteil vom 30.11.1995, Rs. C-55/94 (Gebhard), Slg. 1995, I – 4165, Rn. 37.
[42] EuGH C-208/00, NJW 2002, 3614 – Überseering, Rn. 87 ff.; zum Gläubigerschutz auch EuGH C-167/01, NJW 2003, 3331 – Inspire Art, Rn. 135.

Wegzug der nach seinem nationalen Recht gegründeten Gesellschaften wirkt sich auf die **Voraussetzungen, das Verfahren und die Wirkungen des grenzüberschreitenden Formwechsels nach dem Recht des Herkunftsstaates** aus.

aa) EU- bzw. EWR-Sachverhalte. Der Schutz des rechtsformwechselnden Wegzugs 23 durch die Niederlassungsfreiheit setzt voraus, dass die formwechselnde Gesellschaft **Träger der Niederlassungsfreiheit** ist und sich der grenzüberschreitende Formwechsel innerhalb des **räumlichen Anwendungsbereichs der Niederlassungsfreiheit** vollzieht.

Träger der Niederlassungsfreiheit sind nach Art. 54 AEUV (bzw. nach der inhaltsgleichen 24 Parallelvorschrift in Art. 34 EWR-Abkommen) sämtliche Gesellschaften, die (i) nach dem Recht eines Mitgliedstaates (der EU bzw. des EWR) **gegründet** worden sind, und die (ii) ihren satzungsmäßigen **Sitz**, ihre **Hauptverwaltung** oder ihre **Hauptniederlassung** innerhalb der Union bzw. des Europäischen Wirtschaftsraumes haben.

Der räumliche Anwendungsbereich der Niederlassungsfreiheit erstreckt sich auf das 25 **Hoheitsgebiet der Mitgliedstaaten der EU und des EWR**. Von der Niederlassungsfreiheit geschützt ist daher nur ein grenzüberschreitender Formwechsel, bei dem die Gesellschaft eine Zielrechtsform nach dem nationalen Recht eines EU- bzw. EWR-Mitgliedstaates annehmen soll, nicht aber der grenzüberschreitende Formwechsel in eine Rechtsform, die dem nationalen Recht eines **Drittstaates außerhalb von EU oder EWR** unterliegt. Ob die Mitgliedstaaten den grenzüberschreitenden Formwechsel der nach ihrem nationalen Recht gegründeten Gesellschaften in eine solche Rechtsform eines Drittstaates zulassen, liegt (vorbehaltlich etwaiger Vorgaben, die sich aus höherrangigem nationalem Verfassungsrecht ergeben können) in ihrem rechtspolitischen Belieben; insoweit wird das nationale Umwandlungsrecht des Herkunftsstaates nicht unionsrechtlich überlagert.

bb) Ausgestaltung des grenzüberschreitenden Formwechsels nach dem Um- 26 **wandlungsrecht des Herkunftsstaates.** Der Niederlassungsfreiheit können **keine (Detail-)Vorgaben** für die rechtstechnische Ausgestaltung des rechtsformwechselnden Wegzugs durch das nationale Recht des Herkunftsstaates entnommen werden, und zwar weder auf kollisions- noch auf sachrechtlicher Ebene. Sie entfaltet lediglich eine verdrängende Wirkung in dem Sinne, dass Vorschriften des nationalen (Gesellschafts- oder Umwandlungs-)Rechts, die eine ungerechtfertigte Beschränkung der Niederlassungsfreiheit darstellen, in Sachverhalten mit grenzüberschreitendem Bezug nicht angewandt werden dürfen (sog. **Anwendungsvorrang des Unionsrechts**).[43]

Da das nationale Recht des Aufnahmestaates den Maßstab für die Reichweite des 27 Schutzes des rechtsformwechselnden Wegzugs durch die Niederlassungsfreiheit bzw. für die Reichweite der Anerkennungspflicht des (ursprünglichen) Herkunftsstaates darstellt (→ Rn. 20), lässt sich die Frage, ob eine bestimmte Norm des Umwandlungsrechts des Herkunftsstaates mit der Niederlassungsfreiheit vereinbar ist, regelmäßig **nicht pauschal** bejahen oder verneinen. Sie lässt sich vielmehr nur differenziert und in Abhängigkeit von der angestrebten Zielrechtsform und dem nationalen Umwandlungsrecht des Aufnahmestaates beantworten. Eine Beschränkung durch das nationale Umwandlungsrecht des Herkunftsstaates beschränkt die Niederlassungsfreiheit nur und zugleich immer dann, wenn sie strengere Voraussetzungen für den grenzüberschreitenden Formwechsel aufstellt als eine vergleichbare Norm des Aufnahmestaates. Verlangt beispielsweise das Umwandlungsrecht des Herkunftsstaates für den Formwechsel einen Gesellschafterbeschluss mit einer bestimmten qualifizierten Mehrheit, so ist die entsprechende Vorschrift als Beschränkung der Niederlassungsfreiheit anzusehen, wenn dieses Mehrheitserfordernis strenger ist als ein

---

[43] EuGH 26/62 Slg. 1963, 1 – Van Gend & Loos; EuGH 6/64, Slg. 1964, 1251 – Costa/ENEL; EuGH 106/77, Slg. 1978, 629 – Simmenthal; aus der deutschen Rechtsprechung BVerfG 2 BvR 197/83, BVerfGE 73, 339, 375; BVerfG 2 BvE 2/08, 2 BvE 5/08, 2 BvR 1010/08, 2 BvR 1022/08, 2 BvR 1259/08, 2 BvR 182/09, BVerfGE 123, 267, 398; BVerfG, 2 BvR 2661/06, BVerfGE 126, 286, 301 f.; siehe mit Blick auf grenzüberschreitende Verschmelzungen auch *Teichmann*, ZIP 2006, 355, 359 f.; ferner *Behme*, S. 162.

etwaiges Mehrheitserfordernis nach dem Umwandlungsrecht des Aufnahmestaates. Für die Anwendbarkeit der betreffenden Norm kommt es dann darauf an, ob sie durch zwingende Erfordernisse des Allgemeininteresses gerechtfertigt werden kann oder nicht (→ Rn. 21). Auch dort, wo kollisionsrechtlich das Umwandlungsrecht des Herkunftsstaates zur Anwendung gebracht wird, ist daher stets ein **vergleichender** Blick auf das Recht des Aufnahmestaates erforderlich. Die Frage nach einer etwaigen Beschränkung der Niederlassungsfreiheit verliert freilich dann an Relevanz, wenn auch eine etwaige strengere (und deshalb beschränkende) Anforderung des nationalen Rechts des Herkunftsstaates unproblematisch erfüllt werden kann, ihre beschränkende Wirkung sich daher im Einzelfall nicht auswirkt, oder wenn – was häufig der Fall sein wird – das Umwandlungsrecht des Herkunftsstaates und des Aufnahmestaates ungeachtet fehlender Harmonisierung ähnliche Anforderungen an einen (innerstaatlichen bzw. grenzüberschreitenden) Formwechsel stellen.

28 **c) Erfordernis einer „tatsächlichen" (Verwaltungs-)Sitzverlegung.** Umstritten ist, ob der Schutz des rechtsformwechselnden Wegzugs durch die Niederlassungsfreiheit voraussetzt, dass zugleich der Verwaltungssitz der Gesellschaft in den Aufnahmestaat verlegt wird oder die Gesellschaft dort zumindest eine **tatsächliche wirtschaftliche Tätigkeit** aufnimmt, etwa im Rahmen einer Zweigniederlassung. Auch diese Frage lässt sich unter Rückgriff auf das **Prinzip der gegenseitigen Anerkennung** beantworten: Danach entscheidet der Aufnahmestaat (als „neuer" Herkunftsstaat) darüber, ob sich der Verwaltungssitz der im Rahmen des grenzüberschreitenden Formwechsels „entstehenden" Gesellschaft im Inland (dh im Aufnahmestaat) befinden bzw. ins Inland verlegt werden muss, oder ob die Gesellschaft ihren Verwaltungssitz weiterhin im Ausland (dh im bisherigen Herkunftsstaat) haben darf. Lässt der Aufnahmestaat die Entstehung der Gesellschaft im Wege des grenzüberschreitenden Formwechsels ohne gleichzeitige Verwaltungssitzverlegung zu, muss der Herkunftsstaat dies anerkennen; der Schutz des rechtsformwechselnden Wegzugs durch die Niederlassungsfreiheit ist dann von der Frage der Verwaltungssitzverlegung bzw. der Aufnahme einer wirtschaftlichen Tätigkeit im Aufnahmestaat unabhängig.[44]

29 Während die bislang einzige Gerichtsentscheidung, die sich mit dem rechtsformwechselnden Wegzug befasst, die Frage ausdrücklich offen lässt,[45] beruft sich eine starke Gegenauffassung im Schrifttum auf die Ausführungen des EuGH in den Entscheidungen **„Cadbury Schweppes"**[46] und **„Vale"**[47], wonach die Niederlassungsfreiheit eine tatsächliche Ansiedlung der betreffenden Gesellschaft im Aufnahmemitgliedstaat und die Ausübung einer wirklichen wirtschaftlichen Tätigkeit in diesem voraussetzt. Daraus leiten manche eine grundsätzliche Einschränkung der Niederlassungsfreiheit in dem Sinne ab, dass ihre Ausübung durch eine Gesellschaft stets eine tatsächliche Sitzverlegung voraussetze.[48] Die Konsequenz dieser Auffassung wäre, dass der Herkunftsstaat einer nach seinem nationalen Recht gegründeten Gesellschaft den grenzüberschreitenden Formwechsel in eine ausländische Rechtsform nicht gestatten müsste, wenn nicht zugleich der Verwaltungssitz der Gesellschaft in den Aufnahmestaat verlegt oder dort zumindest eine wirtschaftliche Tätigkeit aufgenommen werden soll.[49] Dem ist allerdings entgegenzuhalten, dass es weder in der Entscheidung „Cadbury Schweppes" noch in der Entscheidung „Vale" um einen Fall des rechtsformwechselnden Wegzugs ging. Vielmehr bezieht sich die zitierte Passage der

---

[44] Ausführlich zum Ganzen *Behme*, S. 151 ff.
[45] OLG Frankfurt a.M. 20 W 88/15, NZG 2017, 423, 428.
[46] EuGH C-196/04, Slg. 2006, I – 7995 – Cadbury Schweppes, Rn. 54.
[47] EuGH C-378/10, ZIP 2012, 1394 – Vale, Rn. 34.
[48] MünchKommBGB/*Kindler*, IntGesR Rn. 832; *Böttcher/Kraft*, NJW 2012, 2701, 2702 f.; *Kindler* EuZW 2012, 888, 891 f.; *Mörsdorf/Jopen*, ZIP 2012, 1398, 1399; *Junker*, EuZA 2013, 223, 226 ff.; *G. H. Roth*, ZIP 2012, 1744.
[49] *Leible/Hoffmann*, BB 2009, 58, 62; dagegen Lutter/*Drygala* UmwG § 1 Rn. 7; *Schön*, ZGR 2013, 333, 353.

Cadbury-Schweppes-Entscheidung lediglich auf **rein „künstliche" Gestaltungen**, wie etwa jene, die dem dort behandelten Sachverhalt zugrunde lag: Eine britische Konzernobergesellschaft hatte eine irische Tochtergesellschaft zu dem alleinigen Zweck gegründet, Gewinne dorthin zu verlagern und so von der nach irischem Recht gewährten niedrigen Besteuerung zu profitieren. Die Tochtergesellschaft sollte von vornherein keinerlei wirtschaftliche Tätigkeit entfalten – weder in Großbritannien noch in Irland.[50] Derartige Konstruktionen sollen von der Niederlassungsfreiheit nicht geschützt sein; sofern das nationale Recht eines Mitgliedstaates sie ermöglicht, werden daher keine Anerkennungspflichten der übrigen Mitgliedstaaten ausgelöst. Diese Einschränkung ist aber jedenfalls dann nicht einschlägig, wenn es sich bei der formwechselnden Gesellschaft um eine **operativ tätige Gesellschaft** handelt. Dass es für den Schutz des rechtsformwechselnden Wegzugs durch die Niederlassungsfreiheit nicht darauf ankommt, ob die Gesellschaft im Aufnahmestaat eine wirtschaftliche Tätigkeit entfaltet, wird auch durch den Umstand belegt, dass der EuGH in der Entscheidung „Vale" (die freilich einen Zuzugsfall betraf) mit keinem Wort darauf eingegangen ist, dass die formwechselnde Gesellschaft dort eine bloße **Mantelgesellschaft** war; stattdessen ging er ganz selbstverständlich davon aus, dass sie sich (trotzdem) auf die Niederlassungsfreiheit berufen konnte. Sogar der grenzüberschreitende Formwechsel einer Mantelgesellschaft, die weder in ihrem Herkunftsstaat noch in ihrem Aufnahmestaat operativ tätig ist, ist danach von der Niederlassungsfreiheit geschützt.

2. Praktische Durchführung des rechtsformwechselnden Wegzugs: Kollisionsrechtliche Ebene

Das Umwandlungskollisionsrecht beantwortet die Frage des auf den grenzüberschreitenden Formwechsel anwendbaren nationalen Rechts. Der Umstand, dass der EuGH das aus der Niederlassungsfreiheit abzuleitende Recht einer EU-/EWR-Gesellschaft auf grenzüberschreitenden Formwechsel unter den Vorbehalt seiner Zulässigkeit nach dem Recht des Aufnahmestaates stellt, legt dabei nahe, den Formwechsel **vollständig nach dem Recht des Aufnahmestaates** durchzuführen.[51] Soweit das Umwandlungsrecht des Aufnahmestaates keine unmittelbar anwendbaren Regelungen betreffend den grenzüberschreitenden Formwechsel enthält, müssten Regelungen des Aufnahmestaates entsprechend angepasst oder durch die analoge Anwendung von Regelungen des Aufnahmestaates über grenzüberschreitende Verschmelzungen oder die Sitzverlegung der SE ergänzt werden. Die damit verbundenen Probleme in der Rechtsanwendung wären ausschließlich solche des nationalen Umwandlungsrechts des Aufnahmestaates und können hier nicht vertieft werden.

Eine solche Lösung wäre zumindest aus dem Blickwinkel der Niederlassungsfreiheit nicht zu beanstanden. Allerdings würde sie die **Schutzinteressen des Herkunftsstaates** im Hinblick auf Gläubiger, (Minderheits-)Gesellschafter und Arbeitnehmer der formwechselnden Gesellschaft vollständig außer Acht lassen, zumal sich die von dem grenzüberschreitenden Formwechsel (möglicherweise nachteilig) betroffenen *stakeholder* typischerweise im Herkunftsstaat befinden. Der EuGH erlaubt daher dem Herkunftsstaat ausdrücklich, auf den grenzüberschreitenden Formwechsel (auch) sein eigenes nationales Umwandlungsrecht zur Anwendung zu bringen, indem er betont, der grenzüberschreitende Formwechsel setze die **„sukzessive" Anwendung von zwei nationalen Rechtsordnungen** (scil. des Herkunftsstaates und des Aufnahmestaates) voraus.[52] Da der Niederlassungsfreiheit selbst keine (Umwandlungs-)Kollisionsnorm entnommen werden kann, bedeutet dies, dass der Herkunftsstaat in der Ausgestaltung seines Kollisionsrechts grundsätzlich frei ist; es ist dann allerdings stets (in Abhängigkeit vom nationalen Umwandlungsrecht des Aufnahmestaates)

---

[50] G. H. *Roth*, EuZW 2010, 607, 608.
[51] Gegen einen solchen Ansatz bei grenzüberschreitenden Verschmelzungen („Aufnahmetheorie") MünchKommBGB/*Kindler*, IntGesR Rn. 795.
[52] EuGH C-378/10, ZIP 2012, 1394 – Vale, Rn. 37 und 44.

zu prüfen, ob die kollisionsrechtlich zur Anwendung berufene Sachnorm die Niederlassungsfreiheit beschränkt. Jedoch muss der Herkunftsstaat die Gesellschaft aus seiner Rechtsordnung „entlassen"; es muss also im Rahmen des Umwandlungsvorgangs zwangsläufig ein **Statutenwechsel** stattfinden, ab dem die Gesellschaft dem nationalen Recht des Aufnahmestaates unterliegt. Anderenfalls würde der grenzüberschreitende Formwechsel schon kollisionsrechtlich vereitelt; eine solche Kollisionsnorm stünde mit der Niederlassungsfreiheit nicht in Einklang und dürfte nicht angewandt werden.

32   Für das deutsche Umwandlungskollisionsrecht ist im Grundsatz von der sogenannten „**Vereinigungstheorie**" auszugehen. Ursprünglich für die kollisionsrechtliche Bewältigung grenzüberschreitender Verschmelzungen entwickelt, sind danach bei grenzüberschreitenden Verschmelzungen die materiellen Umwandlungsrechte aller beteiligten Rechtsträger zu berücksichtigen, mit der Folge, dass sich grundsätzlich die Rechtsordnung durchsetzt, die im Einzelfall die strengsten Anforderungen aufstellt.[53] Nach überwiegender Auffassung sollen dabei aus Gründen der praktischen Handhabung die **Voraussetzungen**, das **Verfahren** und die **Wirkungen** der grenzüberschreitenden Verschmelzung gesondert angeknüpft werden.[54] Nach überwiegender Auffassung gilt diese Vereinigungstheorie nicht nur für grenzüberschreitende Verschmelzungen, sondern für alle Arten grenzüberschreitender Umwandlungen und damit auch für den grenzüberschreitenden Formwechsel.[55]

33   **a) Voraussetzungen.** Mit Blick auf grenzüberschreitende Verschmelzungen wird zu den Umwandlungsvoraussetzungen gezählt, dass die Verschmelzung in den beteiligten Rechtsordnungen (dh im Herkunftsstaat der übertragenden und der aufnehmenden Gesellschaft) überhaupt **zulässig** ist und dass die beteiligten Rechtsträger **aktiv und passiv verschmelzungsfähig** sind. Eine Gesellschaft ist aktiv verschmelzungsfähig, wenn sie grundsätzlich von ihrer Rechtsordnung zur Verschmelzung zugelassen ist, und passiv verschmelzungsfähig, wenn sie von ihrer Rechtsordnung als Verschmelzungspartner zugelassen ist.[56]

34   Da bei einem Formwechsel anders als bei einer Verschmelzung immer nur eine Gesellschaft betroffen ist, ergibt eine Übertragung dieser Differenzierung keinen Sinn. Man wird es aber als Voraussetzung des grenzüberschreitenden Formwechsels bezeichnen können, dass die Gesellschaft in ihrer ursprünglichen Rechtsform (**Ausgangsrechtsform**) nach dem Recht ihres Herkunftsstaates einen Formwechsel durchführen kann und nach dem Recht des Aufnahmestaates der Formwechsel in die angestrebte Rechtsform (**Zielrechtsform**) möglich ist.[57] Ersteres richtet sich nach dem Recht des Herkunftsstaates, bei rechtsformwechselndem Wegzug deutscher Gesellschaften mithin nach deutschem Recht; Letzteres nach dem Recht des jeweiligen Aufnahmestaates.

35   **b) Verfahren.** Mit Blick auf grenzüberschreitende Verschmelzungen werden zum Verfahren der grenzüberschreitenden Verschmelzung neben dem Abschluss des eigentlichen Verschmelzungsvertrags insbesondere die **Vorbereitung und Durchführung der Beschlussfassung** in den einzelnen Gesellschaften, die Information und der Schutz der **Arbeitnehmer** und sonstigen **Gläubiger** und ggf. erforderliche **staatliche Genehmigungen** gezählt.[58] Soweit jede Gesellschaft isoliert an dem Verfahren der grenzüberschrei-

---

[53] Grundlegend *Beitzke*, FS Hallstein, S. 14.
[54] *Dorr/Stukenborg*, DB 2003, 647, 647 f.; *Bungert/Schneider*, GS Gruson, 2009, S. 37, 38 f.; Eidenmüller/*Engert*, § 4 Rn. 101; MünchKommBGB/*Kindler*, IntGesR Rn. 801; Staudinger/*Großfeld*, IntGesR Rn. 686 ff.
[55] So *Hushahn*, RNotZ 2014, 137, 138; *Jaensch*, EWS 2007, 97, 99; *Weller/Rentsch*, IPRax 2013, 530, 532 f.; ähnlich (s. Abschnittstheorie) *Knaier/Pfleger*, GmbHR 2017, 859, 861.
[56] MünchKommBGB/*Kindler*, IntGesR Rn. 805.
[57] *Behme*, S. 163; vgl. auch *Hushahn*, RNotZ 2014, 137, 141 („Zulässigkeit des Umwandlungsvorgangs und die aktive Umwandlungsfähigkeit der Gesellschaft").
[58] Kölner Kommentar-UmwG/*Simon/Rubner* Vor §§ 122a ff. Rn. 24; vgl. auch die Aufzählung bei MünchKommBGB/*Kindler*, IntGesR Rn. 808: Abschluss des Verschmelzungsvertrags, Erstellung des Verschmelzungsberichts, Prüfung des Verschmelzungsvertrags, Beschlussfassung über den Verschmelzungsvertrag, Offenlegung der Verschmelzung.

tenden Verschmelzung beteiligt ist (etwa beim Zustandekommen des Verschmelzungsbeschlusses), soll sich das Verfahren nach ihrem jeweiligen Personalstatut richten. Sofern ein Verfahrensschritt dagegen das gemeinsame Tätigwerden aller an der Verschmelzung beteiligten Gesellschaften erfordert, sollen alle Rechtsordnungen **kumuliert** werden mit der Konsequenz, dass sich im Hinblick auf diesen Verfahrensschritt die strengste Rechtsordnung durchsetzt.[59]

Überträgt man dies auf den grenzüberschreitenden Formwechsel, an dem – im Gegensatz 36 zur grenzüberschreitenden Verschmelzung – nur ein Rechtsträger beteiligt ist, müssen sich sämtliche Verfahrensschritte nach dem **Recht des Herkunftsstaates** richten, die **aus der alten Rechtsform „hinaus"** führen, beispielsweise die Beschlussfassung in der formwechselnden Gesellschaft sowie Schutzmechanismen zugunsten von Gläubigern und Arbeitnehmern.[60] Beim rechtsformwechselnden Wegzug deutscher Gesellschaften gilt insoweit also deutsches Recht. Nach dem **Recht des Aufnahmestaates** richten sich hingegen die Verfahrensschritte, die **in die neue Rechtsform „herein"** führen, also im Wesentlichen die zu beachtenden rechtsformspezifischen Gründungsvorschriften und die Eintragung der Gesellschaft in das zuständige Register im Aufnahmestaat.

c) **Wirkungen.** Mit Blick auf grenzüberschreitende Verschmelzungen wird zu den 37 Wirkungen der grenzüberschreitenden Verschmelzung das **Erlöschen übertragender Rechtsträger** und der **Übergang ihres Vermögens auf den aufnehmenden oder neu zu gründenden Rechtsträger** gezählt. Dabei soll sich der Vermögensübergang grundsätzlich nach dem Statut der übertragenden Gesellschaft richten; ab dem Zeitpunkt des Erlöschens aller übertragenden Gesellschaften soll dagegen das Personalstatut der aufnehmenden Gesellschaft maßgeblich sein.[61]

Beim grenzüberschreitenden Formwechsel findet (jedenfalls nach deutschem Recht) ein 38 Übergang von Vermögen nicht statt. Vielmehr ist und bleibt Zuordnungssubjekt des Gesellschaftsvermögens ein- und derselbe Rechtsträger, der nach einer gebräuchlichen Metapher lediglich sein „**Rechtskleid**" wechselt.[62] Dies kann nach dem nationalen Recht des Aufnahmestaates freilich anders sein: Denkbar ist etwa, dass der Aufnahmestaat auch den Formwechsel von Gesellschaften rechtskonstruktiv mittels Gesamtrechtsnachfolge bewerkstelligt.[63] Richtigerweise sind für die Wirkungen des grenzüberschreitenden Formwechsels das Umwandlungsrecht des Herkunftsstaates und des Aufnahmestaates **kumulativ** anzuwenden, jeweils mit Blick auf die in den jeweiligen Rechtsordnungen eintretenden Wirkungen.[64]

3. Praktische Durchführung des rechtsformwechselnden Wegzugs: Sachrechtliche Ebene

a) **Voraussetzungen. aa) Ausgangsrechtsformen.** Welche Ausgangsrechtsform eine 39 deutsche Gesellschaft haben muss, damit sie überhaupt einen (grenzüberschreitenden) Formwechsel durchführen kann, richtet sich aus dem Blickwinkel des deutschen Umwandlungskollisionsrechts nach **deutschem Recht** (→ Rn. 34).

Das deutsche Umwandlungsrecht definiert in **§ 191 Abs. 1 UmwG** mögliche form- 40 wechselnde Rechtsträger: Personenhandelsgesellschaften (offene Handelsgesellschaften,

---

[59] Eidenmüller/*Engert*, § 4 Rn. 104; MünchKommBGB/*Kindler*, IntGesR Rn. 807.
[60] Wie hier *Hushahn*, RNotZ 2014, 137, 141; *Verse*, ZEuP 2013, 458, 483; anders *Jaensch*, EWS 2012, 357, 358 (kumulative Anwendung der umwandlungsrechtlichen Schutzvorschriften des Zuzugsstaates).
[61] MünchKommBGB/*Kindler*, IntGesR Rn. 811; Kölner Kommentar-UmwG/*Simon/Rubner* Vor §§ 122 a ff. Rn. 26.
[62] So bereits die amtliche Begründung zum AktG 1937, zit. bei *Schlegelberger/Quassowski*, AktG, 1937, Vorbem. §§ 257 ff.; Lutter/*Decher/Hoger* UmwG Vor § 190 Rn. 2; *Habersack/Schürnbrand*, NZG 2007, 81.
[63] Rechtsvergleichend *Behme*, S. 175 f.
[64] Wie hier *Hushahn*, RNotZ 2014, 137, 141.

Kommanditgesellschaften) und Partnerschaftsgesellschaften, Kapitalgesellschaften (Gesellschaften mit beschränkter Haftung, Aktiengesellschaften, Kommanditgesellschaften auf Aktien), eingetragene Genossenschaften, rechtsfähige Vereine, Versicherungsvereine auf Gegenseitigkeit sowie Körperschaften und Anstalten des öffentlichen Rechts.

41 Die Aufzählung in § 191 Abs. 1 UmwG ist grundsätzlich als **abschließend** anzusehen; den dort nicht ausdrücklich genannten Gesellschaften steht nach deutschem Recht die Möglichkeit eines Formwechsels nicht offen. Dies betrifft insbesondere die **Gesellschaft bürgerlichen Rechts** und die noch nicht eingetragene **Vorgesellschaft**.[65] Da sich nach Art. 54 AEUV aber auch eine Gesellschaft bürgerlichen Rechts auf die Niederlassungsfreiheit berufen kann, ist auch der rechtsformwechselnde Wegzug einer GbR in einen anderen EU-/EWR-Staat zulässig, soweit das Umwandlungsrecht des Aufnahmestaates den rechtsformwechselnden Zuzug der GbR zulässt und ihr erlaubt, eine seinem nationalen Recht unterliegende Zielrechtsform anzunehmen. Würde man aus § 191 Abs. 1 UmwG ein gegenteiliges Ergebnis ableiten, wäre die Vorschrift als Beschränkung der Niederlassungsfreiheit anzusehen; für eine Rechtfertigung dieser Beschränkung wäre freilich nichts ersichtlich. Mit Blick auf den rechtsformwechselnden Wegzug der GbR ist § 191 Abs. 1 UmwG daher unionsrechtskonform auszulegen. Ähnliches gilt für die Vorgesellschaft: Auch sie kann sich bereits auf die Niederlassungsfreiheit berufen, da Art. 54 AEUV insoweit nur geringe Anforderungen stellt.[66] Sofern das nationale Recht des Aufnahmestaates sich also an der fehlenden Eintragung der Vorgesellschaft nicht stört, darf der Vorgesellschaft der rechtsformwechselnde Wegzug nicht unter Verweis auf § 191 Abs. 1 UmwG verweigert werden.

42 Voraussetzung für die Durchführung eines Formwechsels ist gem. **§ 1 Abs. 1 UmwG** ferner, dass sich der „Sitz" der formwechselnden Gesellschaft im Inland befindet. Dies ist mit Blick auf die Ausgangsrechtsform der formwechselnden Gesellschaft noch unproblematisch. Gemeint ist nämlich in § 1 Abs. 1 UmwG nach ganz herrschender und zutreffender Auffassung der **Satzungssitz** der Gesellschaft,[67] und eine deutsche Gesellschaft wird ihren satzungs- bzw. gesellschaftsvertraglich bestimmten Sitz, der zugleich die **Registerzuständigkeit** begründet, stets im Inland haben. Soweit das deutsche Gesellschaftsrecht es einer deutschen Gesellschaft erlaubt, ihren Verwaltungssitz im Ausland zu haben, ändert ein ausländischer Verwaltungssitz daher nichts daran, dass die betreffende Gesellschaft einen (innerstaatlichen oder grenzüberschreitenden) Formwechsel durchführen kann.

43 **bb) Zielrechtsformen.** Welche Zielrechtsformen der formwechselnden deutschen Gesellschaft im Aufnahmestaat zur Verfügung stehen und ob diese Gesellschaften überhaupt im Wege des Formwechsels aus einer ausländischen (deutschen) Gesellschaft entstehen können, richtet sich aus dem Blickwinkel des deutschen Umwandlungskollisionsrechts nach dem nationalen Recht des jeweiligen **Aufnahmestaates** (→ Rn. 34). § 191 Abs. 2 UmwG findet von vornherein keine Anwendung und kann daher auch die Niederlassungsfreiheit nicht beschränken. Aus diesem Grunde ist aus dem Blickwinkel des deutschen Umwandlungskollisionsrechts die Frage der Zulässigkeit eines „rechtsformkongruenten" Formwechsels (also etwa von einer deutschen GmbH in eine ausländische GmbH) allein nach dem materiellen Umwandlungsrecht des Aufnahmestaates zu beantworten (für den rechtsformwechselnden Zuzug → Rn. 91).[68]

44 Die Vorschrift des **§ 1 Abs. 1 UmwG**, wonach nur Rechtsträger mit inländischem Satzungssitz umgewandelt werden können, steht dem nach richtiger Auffassung schon bei

---

[65] Henssler/Strohn/*Drinhausen/Keinath* UmwG § 191 Rn. 3; Lutter/*Decher/Hoger* UmwG § 191 Rn. 3, 6; Semler/Stengel/*Stengel* UmwG, § 191 Rn. 11.
[66] Vgl. Grabitz/Hilf/Nettesheim/*Forsthoff* AEUV Art. 54 Rn. 3.
[67] Henssler/Strohn/*Decker* UmwG § 1 Rn. 10; Semler/Stengel/*Drinhausen* UmwG, Einl. C Rn. 20; MünchKommBGB/*Kindler* IntGesR Rn. 863.
[68] Dies verkennt offenbar das OLG Frankfurt a.M. 20 W 88/15, NZG 2017, 423, 426, das freilich die Zulässigkeit eines rechtsformkongruenten Hinausformwechsels bejaht; ebenso *Knaier/Pfleger*, GmbHR 2017, 859, 862 f.

unmittelbarer Anwendung der Norm nicht entgegen. Soweit die Vorschrift sich auf die formwechselnde deutsche Gesellschaft in ihrer (deutschen) Ausgangsrechtsform bezieht, ist sie ohnehin unproblematisch (→ Rn. 42). Eine Lesart, wonach der Formwechsel nach deutschem Recht nur zulässig wäre, wenn die Gesellschaft auch in ihrer neuen (ausländischen) Rechtsform noch über einen inländischen (deutschen) Satzungssitz verfügt, erschiene schon nach dem Wortlaut als weit hergeholt.[69] Jedenfalls würde eine solche Auslegung mit Blick auf Zielrechtsformen nach dem nationalen Recht eines EU- bzw. EWR-Mitgliedstaates gegen die **Niederlassungsfreiheit** verstoßen: Da die deutsche Gesellschaft im Rahmen des grenzüberschreitenden Formwechsels in eine ausländische Rechtsform praktisch immer ihren Satzungssitz in Deutschland aufgeben wird (schon allein deshalb, weil regelmäßig der Aufnahmestaat einen inländischen Satzungssitz verlangen und dieser Satzungssitz die Registerzuständigkeit im Aufnahmestaat begründen wird), wäre nach dieser Auslegung nämlich ein rechtsformwechselnder Wegzug nicht möglich. Eine Rechtfertigung dieser Beschränkung käme nicht in Betracht.[70]

Der rechtsformwechselnde Wegzug einer deutschen Gesellschaft in einen **Drittstaat** 45 außerhalb der EU/des EWR liegt außerhalb des räumlichen Anwendungsbereichs der Niederlassungsfreiheit (→ Rn. 25); der deutsche Gesetzgeber ist daher frei in der Entscheidung, ob er einen solchen grenzüberschreitenden Formwechsel zulässt oder nicht. Würde man entgegen der hier (→ Rn. 44) vertretenen Auffassung **§ 1 Abs. 1 UmwG** so auslegen, dass er den Anwendungsbereich des UmwG auf innerstaatliche Umwandlungsvorgänge beschränkt, würde eine solche Auslegung daher im Hinblick auf außereuropäische Umwandlungen zumindest nicht gegen die Niederlassungsfreiheit verstoßen. Da sich § 1 Abs. 1 UmwG nach hier vertretener Auffassung allerdings nur auf die formwechselnde deutsche Gesellschaft in ihrer Ausgangsrechtsform deutschen Rechts bezieht, steht er auch einem grenzüberschreitenden Formwechsel deutscher Gesellschaften in eine Zielrechtsform eines Drittstaates nicht entgegen.

b) Verfahren. Das Verfahren des rechtsformwechselnden Wegzugs richtet sich kollisi- 46 onsrechtlich nach deutschem Recht, soweit es die Schritte betrifft, die aus der deutschen Rechtsform „hinaus" führen (→ Rn. 36). Da der grenzüberschreitende Formwechsel im deutschen Recht nicht gesondert geregelt ist, wird man sich in der Praxis mit der entsprechenden Anwendung von Verfahrensvorschriften behelfen müssen, die vergleichbare Vorgänge regeln. Dazu werden im Schrifttum im Wesentlichen zwei Möglichkeiten diskutiert: In Betracht kommt einerseits die entsprechende Anwendung der **Verfahrensvorschriften für den innerstaatlichen Formwechsel**, die um partielle Analogien zu den §§ 122a ff. UmwG und den Art. 8 SE-VO, §§ 12–14 SEAG, Art. 7 SCE-VO, § 11 SCEAG ergänzt werden, wo es wegen der Grenzüberschreitung und der damit erforderlichen Koordination zweier Rechtsordnungen erforderlich erscheint (was insbesondere mit Blick auf die erforderliche Verzahnung der registerrechtlichen Verfahren in Deutschland und im Aufnahmestaat der Fall ist → Rn. 64).[71] Alternativ wird – vornehmlich von Vertretern der notariellen Praxis – vorgeschlagen, den rechtsformwechselnden Wegzug vollständig nach dem in **Art. 8 SE-VO** für die **Sitzverlegung der SE** vorgesehenen Verfahren durchzuführen und ggf. ergänzend Vorschriften des UmwG für den innerstaatlichen Form-

---

[69] In der Literatur wird zumeist nur für die grenzüberschreitende Verschmelzung diskutiert, ob das Erfordernis des inländischen Satzungssitzes nur für den beteiligten deutschen Rechtsträger gilt oder für alle an der Verschmelzung beteiligten (auch ausländischen) Rechtsträger; vgl. Semler/Stengel/*Drinhausen* UmwG, Einl. C Rn. 21 ff.

[70] Für eine unionsrechtskonforme Auslegung von § 1 Abs. 1 UmwG daher OLG Frankfurt a.M. 20 W 88/15, NZG 2017, 423, 425; Semler/Stengel/*Drinhausen* UmwG, Einl. C Rn. 33.

[71] Für (primäre) Anwendung deutschen Umwandlungsrechts MünchKommBGB/*Kindler* IntGesR Rn. 835; *Knaier/Pfleger*, GmbHR 2017, 859, 862; *Verse*, ZEuP 2014, 458, 484; vgl. auch OLG Nürnberg 12 W 520/13, NZG 2014, 349 (der Fall betraf freilich einen rechtsformwechselnden Zuzug).

wechsel (§§ 190 ff. UmwG) heranzuziehen.[72] Dagegen eignen sich die §§ 122a ff. UmwG aufgrund der strukturellen Unterschiede zwischen grenzüberschreitendem Formwechsel und grenzüberschreitender Verschmelzung, an der stets mehrere Rechtsträger beteiligt sind, nicht als Ausgangspunkt.

47 Beide Ansätze unterscheiden sich im Detail; diese Unterschiede dürfen freilich nicht überschätzt werden.[73] Die Grundstrukturen des innerstaatlichen Formwechsels und der Sitzverlegung der SE weisen starke Ähnlichkeit auf; beide Wege erscheinen daher als praktisch gangbar.[74] Entscheidender als die dogmatische Festlegung auf einen der beiden Lösungsansätze dürfte die enge und frühzeitige **Abstimmung des Verfahrens mit den zuständigen Registergerichten** im Einzelfall sein. Im Folgenden soll daher lediglich die Grundstruktur des Verfahrens unter Berücksichtigung beider anwendbarer Normenregime skizziert werden.

48 **aa) Umwandlungsplan.** Bei der Sitzverlegung der SE ist gem. § 8 Abs. 2 SE-VO ein „Verlegungsplan" zu erstellen, der praktisch den **Entwurf eines Hauptversammlungsbeschlusses** darstellt.[75] Ein Beschluss der Anteilsinhaber des formwechselnden Rechtsträgers ist auch beim innerstaatlichen Formwechsel gem. § 193 UmwG erforderlich; der Inhalt dieses Umwandlungsbeschlusses ist in § 194 UmwG geregelt; sein Entwurf ist dem Umwandlungsbericht (→ Rn. 57) gem. § 192 Abs. 1 S. 3 UmwG beizufügen. Die Erstellung eines Umwandlungsplans bzw. die Vorbereitung eines entsprechenden Gesellschafterbeschlusses ist also in jedem Falle erforderlich. Dabei wird es regelmäßig keine größeren Probleme bereiten, die inhaltlichen Anforderungen des **Art. 8 Abs. 2 SE-VO** und des **§ 194 UmwG** gleichermaßen zu erfüllen. Der Umwandlungsplan ist schriftlich abzufassen; eine notarielle Beurkundung ist nicht erforderlich.[76]

49 **(1) Aufnahme der neuen Satzung bzw. des neuen Gesellschaftsvertrags in den Umwandlungsplan.** Der wichtigste Unterschied zwischen Art. 8 Abs. 2 SE-VO und § 194 UmwG besteht darin, dass § 194 UmwG grundsätzlich nicht verlangt (aber auch nicht verbietet), die neue **Satzung** bzw. den neuen **Gesellschaftsvertrag** in den Umwandlungsbeschluss aufzunehmen;[77] zwingend vorgeschrieben ist dies nur gem. § 218 UmwG bei Umwandlung einer Personenhandelsgesellschaft in eine Kapitalgesellschaft oder eine Genossenschaft sowie gem. § 234 Nr. 3 UmwG beim Formwechsel einer Kapitalgesellschaft in eine Personengesellschaft. Art. 8 Abs. 2 S. 2 lit. b SE-VO verlangt demgegenüber stets die Aufnahme der neuen Satzung in den Verlegungsplan (obwohl es sich bei der Gesellschaft sowohl vor als auch nach Sitzverlegung um eine SE handelt). Wo ein öffentliches Bekanntwerden der Satzung bzw. des Gesellschaftsvertrags vermieden werden soll (z. B. bei einer Gesellschaftsform des Aufnahmestaates, bei der eine Veröffentlichung des Gründungsdokuments nicht vorgeschrieben ist), kann auf die Aufnahme der für die ausländische Gesellschaftsform maßgeblichen Satzung bzw. des Gesellschaftsvertrags in den Umwandlungsplan **verzichtet werden**; soweit ein besonderes Geheimhaltungsinteresse nicht besteht, sollte im Zweifel die Aufnahme in den Umwandlungsplan erfolgen.

---

[72] Für (primäre) Anwendung von Art. 8 SE-VO *Heckschen,* ZIP 2015, 2049, 2060; *Hermanns,* MittBayNot 2016, 297, 298; *Hushahn,* RNotZ 2014, 137, 140.

[73] Zutreffend *Hushahn,* RNotZ 2014, 137, 141.

[74] Nach OLG Frankfurt a.M. 20 W 88/15, NZG 2017, 423, 427 soll „zumindest" ein Rückgriff auf die Regelungen in §§ 190 ff. UmwG zulässig sein.

[75] Spindler/Stilz/*Casper* Art. 8 SE-VO Rn. 7; MünchKommAktG/*Oechsler/Mihaylova* Art. 8 SE-VO Rn. 10.

[76] So aber *Heckschen,* ZIP 2015, 2049, 2060; *Hushahn,* RNotZ 2014, 137, 144; a.A. (mit Blick auf den Verlegungsplan bei der Sitzverlegung der SE) MünchKommAktG/Oechsler/Mihaylova Art. 8 SE-VO Rn. 10.

[77] Siehe dazu Semler/Stengel/*Bärwaldt* UmwG § 194 Rn. 34; Kölner Kommentar-UmwG/*Hohenstatt/Schramm* § 194 Rn. 33; Lutter/*Decher/Hoger* UmwG § 194 Rn. 35.

(2) Zeitplan. Eine weitere Besonderheit besteht darin, dass Art. 8 Abs. 2 S. 2 lit. d SE- 50 VO die Aufnahme eines **Zeitplans** für die Sitzverlegung in den Verlegungsplan verlangt. Auf die Aufnahme eines solchen Zeitplans in den Umwandlungsplan wird regelmäßig verzichtet werden können; zumindest ist es unwahrscheinlich, dass ein deutsches Registergericht einen solchen Zeitplan verlangen wird.

(3) Schutz von Minderheitsgesellschaftern. Keine wesentlichen Unterschiede zwi- 51 schen den beiden Normregimen bestehen im Hinblick auf den Schutz von Minderheitsgesellschaftern: Sowohl nach Art. 8 Abs. 5 SE-VO i. V. m. § 12 SEAG als auch nach § 194 Nr. 6 iVm § 207 UmwG hat der Verlegungs- bzw. Umwandlungsplan ein **Abfindungsangebot für Gesellschafter** zu enthalten, die gegen den Umwandlungsbeschluss **Widerspruch zur Niederschrift** erklären. Darauf ist gem. Art. 8 Abs. 2 S. 2 lit. e SE-VO im Umwandlungsplan hinzuweisen; inhaltsgleich sieht § 194 Abs. 1 Nr. 6 UmwG die Bestimmung des Abfindungsangebots im Umwandlungsbeschluss vor. Hinsichtlich des Inhalts des Abfindungsanspruchs und der Prüfung der Barabfindung verweisen sowohl § 12 Abs. 2 SEAG als auch § 208 UmwG auf die jeweiligen Regelungen im Recht der Verschmelzung. Die Angemessenheit der Abfindung wird nach § 12 Abs. 2 iVm § 7 Abs. 7 SEAG bzw. § 212 UmwG nach den Vorschriften des **Spruchverfahrensgesetzes** überprüft.

(4) Schutz der Gesellschaftsgläubiger. Unterschiede im Detail zwischen beiden 52 Normenregimen bestehen dagegen im Hinblick auf den Schutz der Gesellschaftsgläubiger: Nach § 204 iVm § 22 UmwG ist den Gläubigern des formwechselnden Rechtsträgers, wenn sie binnen sechs Monaten nach dem Tag der Bekanntmachung der Eintragung des Formwechsels ihren Anspruch nach Grund und Höhe schriftlich anmelden, **Sicherheit** zu leisten, soweit sie nicht Befriedigung verlangen können. Ein Anspruch auf Sicherheitsleistung besteht auch nach § 13 SEAG; allerdings gilt für seine Geltendmachung danach eine **Frist** von lediglich zwei Monaten, beginnend mit der Offenlegung des Umwandlungsplans, der gem. Art. 8 Abs. 2 S. 2 lit. e SE-VO einen Hinweis auf das Recht der Gläubiger auf Sicherheitsleistung enthalten muss. In beiden Fällen steht dieses Recht den Gläubigern jedoch nur zu, wenn sie glaubhaft machen, dass durch den Formwechsel bzw. die Sitzverlegung die Erfüllung ihrer Forderung gefährdet wird. Sofern die Unterschiede zwischen den beiden Normenregimen im Einzelfall zu praktisch unterschiedlichen Ergebnissen führen, erscheint die Anwendung der Regelungen für die Sitzverlegung der SE wohl naheliegender, zumal sie dann flankiert werden durch die im grenzüberschreitenden Kontext sinnvollen Regelungen zum Gerichtsstand analog Art. 8 Abs. 13 S. 2 und Abs. 16 SE-VO.[78]

(5) Schutz von Arbeitnehmerinteressen, insbesondere unternehmerische Mit- 53 **bestimmung.** Gem. Art. 8 Abs. 2 S. 2 lit. c SE-VO muss der Verlegungsplan Angaben zu den Folgen der Verlegung für die Beteiligung der Arbeitnehmer enthalten. § 194 Abs. 1 Nr. 7 UmwG ist etwas weiter formuliert und verlangt, dass im Umwandlungsbeschluss die Folgen des Formwechsels für die Arbeitnehmer und ihre Vertretungen sowie die insoweit vorgesehenen Maßnahmen bestimmt werden. Dabei gilt für den grenzüberschreitenden ebenso wie für den innerstaatlichen Formwechsel, dass die Folgen für die Arbeitnehmer **grundsätzlich überschaubar** sind und die entsprechenden Angaben im Umwandlungsplan dementsprechend knapp gehalten werden können: Anders als eine Verschmelzung oder Spaltung hat der rechtsformwechselnde Wegzug aufgrund des Prinzips der **Rechtsträgeridentität** aus deutscher Perspektive keinen Einfluss auf bestehende Arbeitsverträge, die Stellung des Betriebsrates, Tarifverträge oder Betriebsvereinbarungen.[79] Aus demselben Grund ist auch der **Wirtschaftsausschuss** nicht zwingend über den rechtsformwechselnden Wegzug als solchen zu informieren: § 106 Abs. 3 Nr. 8 BetrVG löst eine solche

---

[78] Diesen Aspekt betont auch *Hushahn*, RNotZ 2014, 137, 143.
[79] Vgl. Semler/Stengel/*Bärwaldt* UmwG § 194 Rn. 30; Lutter/*Decher/Hoger* UmwG § 194 Rn. 25; Henssler/Strohn/*Drinhausen/Keinath* UmwG § 194 Rn. 12.

Informationspflicht ohnehin nur für Verschmelzungen, Vermögensübertragungen und Spaltungen aus und erfasst den Formwechsel nicht.[80] Eine Pflicht zur Information des Wirtschaftsausschusses nach § 106 Abs. 3 Nr. 10 BetrVG würde voraussetzen, dass die Interessen der Arbeitnehmer des Unternehmens durch den rechtsformwechselnden Wegzug wesentlich berührt werden können. Dies wird (nur) dann der Fall sein, wenn durch den rechtsformwechselnden Wegzug die unternehmerische Mitbestimmung entfällt (→ Rn. 55). In diesem Fall ist der Wirtschaftsausschuss „rechtzeitig" zu unterrichten; in zeitlicher Hinsicht hat die Unterrichtung des Wirtschaftsausschusses daher ggf. **früher** zu erfolgen als die Erfüllung der umwandlungsrechtlichen Offenlegungspflichten (→ Rn. 59).[81]

54 Unternehmerische Entscheidungen, die in zeitlichem Zusammenhang mit dem Formwechsel getroffen werden, müssen auch dann nicht im Umwandlungsplan mitgeteilt werden, wenn sie Auswirkungen auf die Arbeitnehmer haben, wie etwa die **Stilllegung eines deutschen Betriebs**; derartige Auswirkungen ergeben sich nämlich nicht unmittelbar aus dem Formwechsel als solchem.[82] Allerdings können solche Entscheidungen für sich genommen (also unabhängig von dem Formwechsel) Informationspflichten nach Betriebsverfassungsrecht auslösen.

55 Der rechtsformwechselnde Wegzug kann indes erhebliche Konsequenzen für die **unternehmerische Mitbestimmung** haben, wenn das nationale Recht des Aufnahmestaates für die angestrebte Zielrechtsform keine Mitbestimmung vorsieht. Dabei ist wie folgt zu differenzieren: War die formwechselnde Gesellschaft bereits nach deutschem Recht mitbestimmungsfrei (aufgrund ihrer Rechtsform oder wegen Unterschreitung der Schwellenwerte für das Eingreifen der Mitbestimmung nach §§ 1 Abs. 1 DrittelbG, 1 Abs. 1 MitbestG), dann hat der rechtsformwechselnde Wegzug für die Arbeitnehmer keine mitbestimmungsrechtlichen Auswirkungen, auf die im Umwandlungsplan hingewiesen werden müsste. Dies gilt auch dann, wenn die Gesellschaft in absehbarer Zeit den Schwellenwert von 500 Arbeitnehmern nach § 1 Abs. 1 DrittelbG erreicht hätte und durch den rechtsformwechselnden Wegzug ein solches „Hereinwachsen" in die Mitbestimmung gezielt vermieden werden soll (→ Rn. 4). Hatte die formwechselnde Gesellschaft nach deutschem Recht hingegen einen mitbestimmten Aufsichtsrat, entfällt infolge des rechtsformwechselnden Wegzugs die Mitbestimmung nach deutschem Recht und wird ggf. durch eine Mitbestimmung nach dem Recht des Aufnahmestaates ersetzt, sofern dieser überhaupt eine unternehmerische Mitbestimmung kennt;[83] auf die jeweiligen Auswirkungen im Einzelfall ist im Umwandlungsplan hinzuweisen.

56 Teilweise wird vertreten, dass bei einem rechtsformwechselnden Wegzug einer bereits nach deutschem Recht mitbestimmten Gesellschaft zudem ein **Verhandlungsverfahren zur Sicherung der Mitbestimmung** entsprechend der Regelung des MgVG[84] oder entsprechend **§ 18 Abs. 3 SEBG**[85] durchzuführen sei, wenn die Mitbestimmung ansonsten infolge des Formwechsels entfällt oder reduziert wird. Beide Wege sind nicht praktikabel. Die Regelungen des MgVG gelten gem. § 3 Abs. 1 S. 1 MgVG primär für eine aus einer grenzüberschreitenden Verschmelzung hervorgehende Gesellschaft mit Sitz im Inland, betreffen also die grenzüberschreitende Hereinverschmelzung.[86] Die Mitbestimmung bei einer aus einer grenzüberschreitenden (Hinaus-)Verschmelzung hervorgehenden Gesellschaft mit Sitz in einem anderen Mitgliedstaat richtet sich nach den Vorschriften, die

---

[80] Richardi BetrVG/*Annuß* BetrVG § 106 Rn. 53.
[81] Vgl. für den innerstaatlichen Formwechsel Semler/Stengel/*Simon* UmwG § 5 Rn. 80.
[82] S. für den innerstaatlichen Formwechsel zutreffend Henssler/Strohn/*Keinath/Drinhausen* § 194 Rn. 12.
[83] Siehe rechtsvergleichend *Wansleben*, in: Habersack/Behme/Eidenmüller/Klöhn, Deutsche Mitbestimmung unter europäischem Reformzwang, 2016, S. 108 ff.
[84] MünchKommBGB/*Kindler* IntGesR Rn. 835.
[85] Hushahn, RNotZ 2014, 137, 144; wohl auch *Heckschen*, ZIP 2015, 2049, 2060.
[86] *Müller-Bonanni/Müntefering*, NJW 2009, 2347, 2347 f.

dieser Mitgliedstaat in Umsetzung der Richtlinie über grenzüberschreitende Verschmelzungen[87] erlassen hat. Vergleichbare (europaweit einheitliche) Regelungen im Aufnahmestaat existieren mit Blick auf den grenzüberschreitenden Formwechsel aber nicht, da dieser (anders als die grenzüberschreitende Verschmelzung) bislang nicht harmonisiert wurde.[88] Mit Blick auf die Sitzverlegung der SE ist unklar, ob diese in Anbetracht des Kontinuitätsprinzips überhaupt mitbestimmungsrechtliche Konsequenzen hat.[89] Zudem würde auch hier die Implementierung einer Mitbestimmungslösung in die Zielrechtsform der Gesellschaft im Aufnahmestaat dessen Kooperation voraussetzen; eine solche Kooperation ist beim grenzüberschreitenden Formwechsel mangels einer entsprechenden unionsrechtlichen Verpflichtung des Aufnahmestaates aber keinesfalls gewährleistet.[90] Jedenfalls würde die Umsetzung einer wie auch immer gearteten Mitbestimmungslösung nach deutschem Recht immer eine Beschränkung der Niederlassungsfreiheit der formwechselnden Gesellschaft darstellen, die der Rechtfertigung durch zwingende Erfordernisse des Allgemeininteresses bedürfte. Dabei wird man davon ausgehen müssen, dass jedenfalls eine **Erstreckung des DrittelbG und des MitbestG auf die ausländische Gesellschaftsform** ohne Rücksicht auf deren Organisationsverfassung **unverhältnismäßig** wäre und daher der unionsrechtlichen Rechtfertigungsprüfung nicht standhielte.[91] Gleiches gilt erst recht für eine vollständige Untersagung des rechtsformwechselnden Wegzugs aus Gründen des Erhalts der unternehmerischen Mitbestimmung, die rechtstechnisch etwa dadurch erfolgen könnte, dass in einem solchen Fall der Umwandlungsbeschluss als nichtig behandelt würde. Soll die unternehmerische Mitbestimmung bei einem grenzüberschreitenden Formwechsel sichergestellt werden, kann dies nur de lege ferenda geschehen, etwa im Rahmen einer europäischen Richtlinie, die dann durch alle Mitgliedstaaten umzusetzen wäre.

bb) Umwandlungsbericht. Sowohl Art. 8 Abs. 3 SE-VO für die Sitzverlegung der SE als auch § 192 UmwG für den innerstaatlichen Formwechsel verlangen einen **Verlegungs- bzw. Umwandlungsbericht**, der von dem Leitungsorgan (Art. 8 Abs. 2 SE-VO) bzw. Vertretungsorgan (§ 192 UmwG) der formwechselnden Gesellschaft zu erstellen ist und die Sitzverlegung bzw. den Formwechsel **rechtlich und wirtschaftlich erläutert**. Nach Art. 8 Abs. 2 SE-VO müssen dabei die Auswirkungen der Sitzverlegung für die **Aktionäre**, die **Gläubiger** sowie die **Arbeitnehmer** im Einzelnen dargelegt werden. Nach § 192 UmwG ist lediglich auf die künftige Beteiligung der Anteilsinhaber an dem Rechtsträger besonders einzugehen; dabei ist neben einer kursorischen Darstellung der Gesellschafterbefugnisse in der angestrebten Zielrechtsform des Aufnahmestaates insbesondere auch die Höhe der Barabfindung gem. § 207 UmwG im Umwandlungsbericht zu erläutern und zu begründen.[92] Gem. § 192 Abs. 1 S. 3 UmwG muss der Umwandlungsbericht einen Entwurf des Umwandlungsbeschlusses enthalten.

Unklar ist, ob auf die Erstattung des Umwandlungsberichts bei einem grenzüberschreitenden Formwechsel **gem. § 192 Abs. 2 UmwG** verzichtet werden kann, wenn an dem formwechselnden Rechtsträger nur ein Anteilsinhaber beteiligt ist oder wenn alle Anteils-

---

[87] Richtlinie 2005/56/EG des Europäischen Parlaments und des Rates vom 26. Oktober 2005 über die Verschmelzung von Kapitalgesellschaften aus verschiedenen Mitgliedstaaten; siehe zu deren Umsetzung monographisch *Kulenkamp*, Die grenzüberschreitende Verschmelzung von Kapitalgesellschaften in der EU, 2009.
[88] Wie hier *Verse*, ZEuP 2013, 458, 485.
[89] Dagegen Spindler/Stilz/*Casper* Art. 8 SE-VO Rn. 8; MünchKommAktG/*Oechsler/Mihaylova* Art. 8 SE-VO Rn. 13 mwN.
[90] Siehe bereits *Behme*, S. 196; ähnlich *Bayer/J. Schmidt*, ZHR 173 (2009), 735, 759.
[91] Siehe generell zur Einbeziehung ausländischer Gesellschaften in die unternehmerische Mitbestimmung mit unterschiedlichen Ergebnissen *Behme*, ZIP 2008, 351; *Eberspächer*, ZIP 2008, 1951; *Merkt*, ZIP 2011, 1237; *Müller-Bonanni*, GmbHR 2003, 1235; *Veit/Wichert*, AG 2004, 14; *Weiss/Seifert*, ZGR 2009, 542; mit Blick auf den grenzüberschreitenden Formwechsel ausführlich *Behme*, S. 196 ff.
[92] Ausführlich Semler/Stengel/*Bärwaldt* UmwG § 192 Rn. 12 f.; Lutter/*Decher/Hoger* UmwG § 192 Rn. 21 f.

inhaber per notariell beurkundeter Erklärung auf seine Erstattung verzichten. Während bei der innerstaatlichen Verschmelzung eine identische Verzichtsregelung existiert (§ 8 Abs. 3 UmwG), hat der deutsche Gesetzgeber einen Verzicht auf den Verschmelzungsbericht bei der grenzüberschreitenden Verschmelzung explizit ausgeschlossen (§ 122e S. 3 UmwG). Wer das Verfahren streng an Art. 8 SE-VO ausrichtet, wird einen Verzicht auf den Umwandlungsbericht ebenfalls nicht für möglich halten, da eine solche Verzichtsmöglichkeit im Rahmen von Art. 8 Abs. 3 SE-VO nicht vorgesehen ist.[93] Dies liegt aber auch daran, dass der Verlegungsbericht nach Art. 8 Abs. 3 SE-VO einen breiteren Adressatenkreis (nicht nur Gesellschafter, sondern auch Gläubiger und Arbeitnehmer) als der Umwandlungsbericht gem. § 192 UmwG hat. Zudem sind die Wirkungen einer Verschmelzung, die zum Erlöschen von Rechtsträgern führt, deutlich einschneidender als jene eines Formwechsels, bei dem sich „nur" die Rechtsform ändert. Das spricht dafür, einen Verzicht auf den Umwandlungsbericht unter den genannten Voraussetzungen zuzulassen.[94] In der Praxis empfiehlt es sich, **frühzeitig mit dem zuständigen Registergericht abzuklären**, ob es einen Verzicht auf den Umwandlungsbericht gem. § 192 Abs. 2 UmwG akzeptiert oder ob es den Umwandungsbericht in entsprechender Anwendung von § 122e S. 3 UmwG bzw. Art. 8 Abs. 3 SE-VO gleichwohl verlangt. Richtig ist jedenfalls, dass der Umstand eines fehlenden Umwandlungsberichts die Wirkungen der Eintragung im neuen Register unberührt lässt (entsprechend § 202 Abs. 3 bzw. 202 Abs. 1 Nr. 3 UmwG).[95]

59   cc) **Offenlegungs- und Informationspflichten.** Gem. **Art. 8 Abs. 4 SE-VO** haben die Aktionäre und die Gläubiger der SE vor der Hauptversammlung, die über die Verlegung befinden soll, mindestens einen Monat lang das Recht, am Sitz der SE den Verlegungsplan und Verlegungsbericht einzusehen und die unentgeltliche Aushändigung von Abschriften dieser Unterlagen zu verlangen. Zudem ist der Verlegungsplan nach **Art. 8 Abs. 2 SE-VO gem. Art. 13 SE-VO** offenzulegen, was für deutsche SE die Einreichung des Verlegungsplans zum Handelsregister bedeutet. Dieses veröffentlicht den Umstand, dass ein Verlegungsplan eingereicht worden ist, gem. § 11 HGB im Bundesanzeiger.[96] Vergleichbare Offenlegungspflichten existieren für den Formwechsel nach deutschem Recht nicht. Allerdings ist gem. § 194 Abs. 2 UmwG der Entwurf des Umwandlungsbeschlusses spätestens einen Monat vor dem Tage der Versammlung der Anteilsinhaber, die den Formwechsel beschließen soll, dem zuständigen **Betriebsrat** des formwechselnden Rechtsträgers zuzuleiten. Teilweise wird darüber hinaus empfohlen, dem Betriebsrat nicht nur den Entwurf des Umwandlungsbeschlusses zuzuleiten, sondern den gesamten Umwandlungsbericht an den Betriebsrat weiterzuleiten; da dieser gem. § 192 Abs. 1 S. 3 UmwG einen Entwurf des Umwandlungsbeschlusses enthalten muss, ist damit zugleich § 194 Abs. 2 UmwG Genüge getan.[97] Auch hinsichtlich des Umfangs der Offenlegung, insbesondere hinsichtlich der Offenlegung des Umwandlungsplans entsprechend Art. 8 Abs. 2 SE-VO, ist in der Praxis eine **frühzeitige Abstimmung mit dem zuständigen Registergericht** zu empfehlen.

60   dd) **Umwandlungsbeschluss.** Sowohl die Sitzverlegung der SE (Art. 8 Abs. 4 und 6 SE-VO) als auch der innerstaatliche Formwechsel (§ 193 UmwG) bedürfen eines **Beschlusses der Anteilseigner des formwechselnden Rechtsträgers**. Hier besteht ein wesentlicher Unterschied zwischen den beiden Normenregimen in den Fristen, die Art. 8 Abs. 6 SE-VO für den Beschluss über die Sitzverlegung vorsieht: Er kann erst zwei Monate nach der Offenlegung des Verlegungsplans (Art. 8 Abs. 2 SE-VO i.V.m. Art. 13 SE-VO) gefasst werden. Eine solche Frist besteht für den Umwandlungsbeschluss beim innerstaatli-

---

[93] So *Hermanns*, MittBayNot 2016, 297, 301; *Hushahn*, RNotZ 2014, 137, 145; im Ergebnis übereinstimmend *Knaier/Pfleger*, GmbHR 2017, 859, 864.
[94] Ebenso OLG Nürnberg 12 W 520/13, NZG 2014, 349, 350.
[95] OLG Frankfurt a.M. 20 W 88/15, NZG 2017, 423, 427; generell gegen die Analogiefähigkeit des § 202 UmwG für ausländische Eintragung *Teichmann*, ZIP 2017, 1190, 1192 f.
[96] Unscharf *Hermanns*, MittBayNot 2016, 297, 301 (Offenlegung auch des Verlegungsberichts).
[97] So *Hushahn*, RNotZ 2014, 137, 145.

chen Formwechsel nicht; hier sind lediglich die besonderen Vorschriften der §§ 238, 230 UmwG für die Vorbereitung der Anteilseignerversammlung im Falle des Formwechsels einer Kapitalgesellschaft zu beachten. Mit Blick auf die zweimonatige Wartefrist kann hier wiederum nur empfohlen werden, **mit dem zuständigen Registergericht abzuklären**, ob es auf die Einhaltung dieser Frist (und dementsprechend auch auf die entsprechende Offenlegung des Umwandlungsplans) besteht.[98]

Etwaige **Einberufungsfristen und Formerfordernisse** für die Einberufung der Anteilseignerversammlung, die über den grenzüberschreitenden Formwechsel beschließt, bestimmen sich nach der Rechtsform der formwechselnden Gesellschaft (bei der GmbH: § 51 GmbHG, bei der AG: §§ 121, 123 AktG). Der Umwandlungsbeschluss selbst bedarf **notarieller Beurkundung** (§ 193 Abs. 3 S. 1 UmwG).

Die **Mehrheitserfordernisse für den Umwandlungsbeschluss** hängen von der jeweiligen Ausgangsrechtsform der formwechselnden Gesellschaft und der angestrebten Zielrechtsform ab. Das UmwG differenziert mit Blick auf den innerstaatlichen Formwechsel wie folgt:

– Formwechsel von **Personenhandelsgesellschaften**: Grundsätzlich Einstimmigkeit; der Gesellschaftsvertrag kann Mehrheitsentscheidung zulassen, mindestens jedoch drei Viertel der abgegebenen Stimmen (§ 217 UmwG);
– Formwechsel von **Kapitalgesellschaften in eine GbR, OHG oder Partnerschaftsgesellschaft**: Einstimmigkeit (§ 233 Abs. 1 UmwG);
– Formwechsel von **Kapitalgesellschaften in eine KG**: Mehrheit von drei Viertel der abgegebenen Stimmen; die Satzung bzw. der Gesellschaftsvertrag kann größere Mehrheit und weitere Erfordernisse bestimmen; Zustimmung aller Gesellschafter oder Aktionäre, die in der Kommanditgesellschaft die Stellung eines persönlich haftenden Gesellschafters haben sollen.

Gleiches gilt grundsätzlich für den grenzüberschreitenden Formwechsel deutscher Gesellschaften in eine vergleichbare ausländische Rechtsform.[99] Dabei ist im Einzelfall stets zu prüfen, ob die Zielrechtsform nach dem Recht des Aufnahmestaates eher einer deutschen Kapitalgesellschaft oder einer deutschen Personengesellschaft entspricht, da von dieser Einordnung die Mehrheitsverhältnisse abhängen können.

Mit Blick auf die genannten Mehrheitserfordernisse ist zudem zu prüfen, ob nach dem **Umwandlungsrecht des Aufnahmestaates** ggf. abweichende Mehrheitserfordernisse bestehen. Ist dies der Fall und sind diese Mehrheitserfordernisse **weniger streng** als diejenigen des deutschen UmwG, sind die deutschen Mehrheitserfordernisse als Beschränkung der Niederlassungsfreiheit anzusehen. Denn der deutsche Gesetzgeber muss grundsätzlich anerkennen, dass im Aufnahmestaat auch unter weniger strengen Voraussetzungen eine Gesellschaft nach dessen nationalem Recht im Wege des grenzüberschreitenden Formwechsels zur Entstehung gelangen kann (→ Rn. 20). Allerdings kann die Beschränkung der Niederlassungsfreiheit durch zwingende Erfordernisse des Allgemeininteresses gerechtfertigt sein, wobei hier insbesondere der Schutz von Minderheitsgesellschaftern in Betracht kommt. Sind dagegen die Mehrheitserfordernisse für einen Formwechsel nach dem Umwandlungsrecht des Aufnahmestaates **strenger**, sollten sie beachtet werden, da der Aufnahmestaat den grenzüberschreitenden Formwechsel nur unter denselben Voraussetzungen zulassen muss wie einen vergleichbaren innerstaatlichen Formwechsel.

---

[98] Für Berücksichtigung der Frist *Heckschen*, ZIP 2015, 2049, 2061; *Knaier/Pfleger*, GmbHR 2017, 859, 865.
[99] AA *Hermanns*, MittBayNot 2016, 297, 301; *Hushahn*, RNotZ 2014, 137, 145, die jeweils auf das Erfordernis einer Mehrheit von drei Vierteln der abgegebenen Stimmen gem. Art. 8 Abs. 6 Satz 2, Art. 59 Abs. 1 Hs. 2 SE-VO abstellen. Dort ist allerdings von einer Mehrheit von zwei Dritteln der abgegebenen Stimmen die Rede; siehe dazu MünchKommAktG/*Oechsler/Mihaylova* Art. 8 SE-VO Rn. 26 a.

64 **ee) Anmeldung des Formwechsels und Beantragung einer Unbedenklichkeitsbescheinigung gem. Art. 8 Abs. 8 SE-VO analog.** Soweit sich das Verfahren des rechtsformwechselnden Wegzugs nach deutschem Recht richtet, ist es zweckmäßig, dass die **Rechtmäßigkeit des Verfahrens** durch das für die formwechselnde Gesellschaft zuständige Registergericht in Deutschland geprüft wird. Dagegen haben deutsche Registergerichte Fragen des ausländischen Rechts nicht zu prüfen; für die Prüfung, ob die nach dem Recht des Aufnahmestaates erforderlichen Voraussetzungen für die Entstehung der Gesellschaft nach dessen nationalem Recht erfüllt sind, muss daher das Register am Ort des künftigen satzungsmäßigen bzw. gesellschaftsvertraglichen Sitzes im Aufnahmestaat zuständig sein. Der grenzüberschreitende Formwechsel setzt also zwingend eine **Verzahnung** des deutschen registerrechtlichen Verfahrens mit dem registerrechtlichen Verfahren im Aufnahmestaat voraus. Von einem **Kooperationsverhältnis** der Register im Herkunftsstaat und im Aufnahmestaat geht auch der EuGH aus, wenn er in der Entscheidung Vale betont, dass zwar mangels unionsrechtlicher Vorschriften für das im Aufnahmestaat erforderliche Eintragungsverfahren dessen nationales Recht gilt; aus dem **Grundsatz der Effektivität** sei jedoch eine Verpflichtung des Aufnahmestaates abzuleiten, bei der Prüfung eines Eintragungsantrags einer Gesellschaft den von den Behörden ihres Herkunftsstaates ausgestellten Dokumenten, die bestätigen, dass die Gesellschaft dessen Bedingungen tatsächlich entsprochen hat, gebührend Rechnung zu tragen.[100]

65 Die grenzüberschreitende **Änderung der Registerzuständigkeit** und des (bei der SE subsidiär anwendbaren) nationalen Rechts und die daraus resultierende Notwendigkeit der Verzahnung von registerrechtlichen Verfahren im Herkunftsstaat und im Aufnahmestaat entspricht der Situation bei der Sitzverlegung der SE. Daher ist das registerrechtliche Verfahren nicht nach Maßgabe von § 198 Abs. 2 S. 2 bis 5 UmwG durchzuführen, der den Fall der Änderung des zuständigen Registers anlässlich eines innerstaatlichen Formwechsels regelt, sondern nach **Art. 8 Abs. 8 SE-VO**.[101] Bei der Sitzverlegung der SE stellt Art. 8 Abs. 8 SE-VO die verfahrenstechnische „Brücke" vom ursprünglichen Sitzstaat der SE in den neuen Sitzstaat dar. Nach dieser Vorschrift stellt das zuständige Gericht, der Notar oder eine andere zuständige Behörde im Sitzstaat der SE eine Bescheinigung aus, aus der zweifelsfrei hervorgeht, dass die der Verlegung vorangehenden Rechtshandlungen und Formalitäten durchgeführt wurden. Diese Bescheinigung ist sodann dem Registergericht im Rahmen des Eintragungsverfahrens im neuen Sitzstaat der SE vorzulegen. Sie entbindet das Registergericht im Aufnahmestaat von der Prüfung, ob alle vorgelagerten Verfahrensschritte im ursprünglichen Sitzstaat ordnungsgemäß durchgeführt worden sind. Ein solches Verfahren erscheint auch im Rahmen des grenzüberschreitenden Formwechsels zweckmäßig. Folglich ist bei dem für die formwechselnde Gesellschaft zuständigen Registergericht im Rahmen der Anmeldung des grenzüberschreitenden Formwechsels eine „**Unbedenklichkeitsbescheinigung**" gem. Art. 8 Abs. 8 SE-VO zu beantragen.

66 Der Anmeldung sind gem. § 199 UmwG in Ausfertigung oder öffentlich beglaubigter Abschrift oder, soweit sie nicht notariell zu beurkunden sind, in Urschrift oder Abschrift außer den sonst erforderlichen Unterlagen auch die **Niederschrift des Umwandlungsbeschlusses**, ggf. erforderliche **Zustimmungserklärungen einzelner Anteilsinhaber** einschließlich der Zustimmungserklärungen nicht erschienener Anteilsinhaber, der **Umwandlungsbericht** oder die Erklärungen über den Verzicht auf seine Erstellung sowie ein Nachweis über die Zuleitung eines Entwurfs des Umwandlungsbeschlusses an den **Betriebsrat** nach § 194 Abs. 2 UmwG beizufügen.

67 Mit der Anmeldung ist entsprechend **§ 13 Abs. 3 SEAG** eine Versicherung abzugeben, dass allen Gläubigern, die einen Anspruch auf Sicherheitsleistung haben, eine an-

---

[100] EuGH C-378/10, ZIP 2012, 1394 – Vale, Rn. 58 ff.
[101] Wie hier *Hermanns*, MittBayNot 2016, 297, 303; *Hushahn*, RNotZ 2014, 137, 146 ff.; für eine analoge Anwendung von § 122k UmwG *Verse*, ZEuP 2013, 458, 485 f.; unklar *Knaier/Pfleger* GmbHR 2017, 859, 865.

gemessene Sicherheit geleistet wurde (→ Rn. 52).¹⁰² Ferner ist in der Anmeldung entsprechend § 14 SEAG (bzw. inhaltsgleich nach § 198 Abs. 3 iVm § 16 Abs. 2 UmwG) zu erklären, dass eine Klage gegen die Wirksamkeit des Verlegungsbeschlusses nicht oder nicht fristgemäß erhoben oder eine solche Klage rechtskräftig abgewiesen oder zurückgenommen worden ist. Gem. § 198 Abs. 3 iVm § 16 Abs. 2 UmwG kann alternativ eine notariell beurkundete Erklärung der klageberechtigten Anteilsinhaber des formwechselnden Rechtsträgers eingereicht werden, dass sie auf die Klage gegen die Wirksamkeit des Umwandlungsbeschlusses verzichten. Zudem steht gem. § 198 Abs. 3 UmwG iVm § 16 Abs. 3 UmwG das **Freigabeverfahren** zur Verfügung. Empfohlen wird schließlich, eine Erklärung über die Einsichtnahmemöglichkeit von Gesellschaftern und Gläubigern in Umwandlungsplan und -bericht entsprechend Art. 8 Abs. 4 SE-VO aufzunehmen,¹⁰³ und Ausführungen zu einem etwaigen anhängigen Spruchverfahren entsprechend § 7 Abs. 7 SEAG zu machen;¹⁰⁴ zwingend ist beides nicht.

Teilweise wird vertreten, der rechtsformwechselnde Wegzug sei nur dann von der Niederlassungsfreiheit geschützt und dementsprechend auch nur dann nach deutschem Recht möglich, wenn im Aufnahmestaat „tatsächlich" eine **wirtschaftliche Tätigkeit** ausgeübt würde; dementsprechend sei der Anmeldung eine entsprechende Versicherung beizufügen und ggf. eine **Betriebsstätte im Aufnahmestaat nachzuweisen** (beispielsweise durch Vorlage von Gewerbeerlaubnissen oder Steuererklärungen).¹⁰⁵ Dies verkennt, dass der Schutz des rechtsformwechselnden Wegzugs nach richtiger Ansicht nicht von der tatsächlichen Aufnahme einer wirtschaftlichen Tätigkeit im Aufnahmestaat abhängt, sondern der Herkunftsstaat die Entstehung einer Gesellschaft nach dem nationalen Recht des Aufnahmestaates im Wege des grenzüberschreitenden Formwechsels anzuerkennen hat (→ Rn. 28 f.). Ob und in welchem Umfang (Verwaltungssitzverlegung oder Begründung einer Zweigniederlassung) sich die formwechselnde Gesellschaft im Aufnahmestaat wirtschaftlich betätigen muss, richtet sich deshalb allein nach dessen nationalem Recht. Würde das deutsche Recht im Zusammenhang mit dem rechtsformwechselnden Wegzug eine Verwaltungssitzverlegung in den Aufnahmestaat oder die Verlagerung von Betriebsstätten dorthin verlangen, läge darin eine Beschränkung der Niederlassungsfreiheit, die auch nicht durch zwingende Erfordernisse des Allgemeininteresses gerechtfertigt werden könnte (im Gegenteil liegt es eher im deutschen Allgemeininteresse, wenn der wirtschaftliche Schwerpunkt der Gesellschaft und damit Arbeitsplätze im Inland verbleiben, auch wenn sich die Rechtsform der Gesellschaft ändert).

ff) Ausstellung der Unbedenklichkeitsbescheinigung durch das Registergericht gem. Art. 8 Abs. 8 SE-VO analog. Das Registergericht prüft ausschließlich, ob die für die Durchführung des grenzüberschreitenden Formwechsels erforderlichen Verfahrensschritte ordnungsgemäß durchgeführt wurden, dh die **ordnungsgemäße Aufstellung von Umwandlungsplan und Umwandlungsbericht**, nicht aber deren Inhalt,¹⁰⁶ sowie die **Erfüllung von Offenlegungs- und Informationspflichten** und die **Wirksamkeit der Anmeldung**. Hinsichtlich des Umwandlungsbeschlusses prüft das Registergericht nur das Vorliegen der **Negativerklärung** entsprechend § 14 SEAG (→ Rn. 67), nicht die

---

¹⁰² *Hermanns*, MittBayNot 2016, 297, 303; *Hushahn*, RNotZ 2014, 137, 146.
¹⁰³ *Hermanns*, MittBayNot 2016, 297, 303; *Hushahn*, RNotZ 2014, 137, 146.
¹⁰⁴ *Hushahn*, RNotZ 2014, 137, 147.
¹⁰⁵ So *Hushahn*, RNotZ 2014, 137, 147; ähnlich *Heckschen*, ZIP 2015, 2049, 2062 („unbedingt zu empfehlen"); *Knaier/Pfleger*, GmbHR 2017, 859, 866 („zumindest empfehlenswert"). Offenbar hat dies in der Praxis bislang kein Problem dargestellt, siehe OLG Frankfurt a.M. 20 W 88/15, NZG 2017, 423, 428.
¹⁰⁶ Für inhaltliche Prüfung demgegenüber MünchKommAktG/*Oechsler/Mihaylova* Art. 8 SE-VO Rn. 47; allerdings soll sich die Prüfung darauf beschränken, dass Ausführungen zu den in Art. 8 Abs. 3 SE-VO genannten Punkten in dem Bericht enthalten sind und sich nicht in bloßen Leerformeln erschöpfen.

materielle Wirksamkeit des Umwandlungsbeschlusses.[107] Die Wirksamkeit des Umwandlungsbeschlusses können die Anteilsigner mit den jeweiligen rechtsformspezifisch einschlägigen Maßnahmen gerichtlich überprüfen lassen (bei der AG und der GmbH: Nichtigkeits- bzw. Anfechtungsklage, §§ 241 ff. AktG (analog)[108]; bei Personengesellschaften: Klage auf Feststellung der Nichtigkeit des beanstandeten Beschlusses gemäß § 256 ZPO[109]).

70 Nach Abschluss der Prüfung erteilt das Registergericht die Bescheinigung gem. Art. 8 Abs. 8 SE-VO. Die Bescheinigung wird in Anlehnung an § 198 Abs. 2 S. 4 UmwG in Form einer **Handelsregistereintragung mit einem Vorläufigkeitsvermerk**, wonach der Formwechsel erst mit der Eintragung im Register des Aufnahmestaates wirksam wird, vorgenommen.[110] Stellt das Registergericht die Bescheinigung nicht aus, kann die formwechselnde Gesellschaft dagegen im Wege der Beschwerde gem. § 58 FamFG vorgehen.

71 **gg) Weiteres Verfahren im Aufnahmestaat.** Das weitere Verfahren des grenzüberschreitenden Formwechsels, insbesondere die Anpassung der Gesellschaft an die Gründungsvorschriften der angestrebten Zielrechtsform,[111] richten sich nach dem nationalen Recht des Aufnahmestaates.

72 **hh) Löschung der Gesellschaft im deutschen Handelsregister.** Bei der Sitzverlegung der SE regelt Art. 8 Abs. 11 SE-VO, dass das Register des neuen Sitzes (im Aufnahmestaat) dem Register des früheren Sitzes (im Herkunftsstaat) die neue Eintragung der SE meldet, sobald diese vorgenommen worden ist. Erst nach Eingang dieser Meldung erfolgt die Löschung im alten Register. Da für den grenzüberschreitenden Formwechsel – anders als für die Sitzverlegung der SE – keine europaweit einheitlichen Regelungen gelten, wird man sich in der Praxis nicht darauf verlassen können, dass das Register des Aufnahmestaates dem deutschen Register die Eintragung der Gesellschaft im Aufnahmestaat mitteilt. Insbesondere wird der Aufnahmestaat bzw. das dortige Register auf den grenzüberschreitenden Formwechsel nicht notwendigerweise ebenfalls die Verfahrensvorschriften betreffend die Sitzverlegung der SE anwenden. Deshalb muss für die Löschung der Gesellschaft aus dem deutschen Register der **Nachweis der Eintragung der formwechselnden Gesellschaft im Aufnahmestaat** durch eine beglaubigte Übersetzung der Eintragungsmitteilung des dortigen Registers[112] genügen.

73 **c) Wirkungen.** Aus dem Blickwinkel des deutschen Rechts unterscheiden sich die Wirkungen eines rechtsformwechselnden Wegzugs nicht von denjenigen eines innerstaatlichen Formwechsels. Das bedeutet, dass die Gesellschaft unter **Wahrung ihrer rechtlichen Identität** ihre Rechtsform (ihr „Rechtskleid") ändert. Dieses Ergebnis würde auch durch eine analoge Anwendung von Art. 8 Abs. 1 SE-VO bestätigt, wonach die Sitzverlegung weder zur Auflösung der SE noch zur Gründung einer neuen juristischen Person führt.

74 Auch hinsichtlich etwaiger aus dem Konzept der Rechtsträgeridentität abzuleitender **Folgefragen** ergeben sich keine Besonderheiten im Vergleich zu einem innerstaatlichen Formwechsel. Sofern allerdings aus dem Konzept der Rechtsträgeridentität Schlussfolgerungen gezogen werden, die im Einzelfall zur Unzulässigkeit des grenzüberschreitenden Formwechsels führen (z. B. mögliche Unzulässigkeit des Formwechsels einer deutschen

---

[107] *Hushahn*, RNotZ 2014, 137, 148; Spindler/Stilz/*Casper* Art. 8 SE-VO Rn. 19; aA MünchKommAktG/*Oechsler/Mihaylova* Art. 8 SE-VO Rn. 47 (auch materielle Prüfungskompetenz); widersprüchlich *Hermanns*, MittBayNot 2016, 297, 303.

[108] Zur analogen Anwendung der §§ 241 ff. AktG bei der GmbH siehe BGH II ZR 167/52, NJW 1954, 385; Spindler/Stilz/*Würthwein* § 241 Rn. 119; MünchKommGmbHG/*Wertenbruch*, § 47 Anhang.

[109] BGH II ZR 278-98, NJW 1999, 3113; MAH PersGesR/*Plückelmann* § 8 Rn. 88 ff.

[110] *Hushahn*, RNotZ 2014, 137, 148; MünchKommAktG/*Oechsler/Mihaylova* Art. 8 SE-VO Rn. 45; Spindler/Stilz/*Casper* Art. 8 SE-VO Rn. 17.

[111] Für das deutsche Recht siehe § 197 UmwG.

[112] *Hushahn*, RNotZ 2014, 137, 149; ebenso *Hermanns*, MittBayNot 2016, 297, 304.

Ein-Mann-Kapitalgesellschaft in eine ausländische Personengesellschaft[113]), dürfen diese Schlussfolgerungen nur gezogen werden, wenn das Umwandlungsrecht des Aufnahmestaates insoweit zu demselben Ergebnis gelangt. Kommt das deutsche Recht aus rechtsdogmatischen Erwägungen zur Unzulässigkeit des rechtsformwechselnden Wegzugs, obwohl aus dem Blickwinkel des Aufnahmestaates der rechtsformwechselnde Zuzug möglich ist, liegt eine rechtfertigungsbedürftige Beschränkung der Niederlassungsfreiheit vor. Dabei wird man die dogmatische Kohärenz des deutschen Umwandlungsrechts jedenfalls nicht als zwingendes Erfordernis des Allgemeininteresses einordnen können, das Beschränkungen der Niederlassungsfreiheit rechtfertigt.

IV. Grenzüberschreitender Formwechsel ausländischer Gesellschaften in eine deutsche Rechtsform („rechtsformwechselnder Zuzug")

1. Schutz durch die Niederlassungsfreiheit

Ebenso wie der rechtsformwechselnde Wegzug, ist nach gefestigter Rechtsprechung des EuGH auch der rechtsformwechselnde Zuzug von der Niederlassungsfreiheit geschützt. Dies ergibt sich unmittelbar aus der **Vale-Entscheidung des EuGH**, in welcher der EuGH seine bloß rudimentären Ausführungen zum Schutz des grenzüberschreitenden Formwechsels durch die Niederlassungsfreiheit in Cartesio präzisiert hat, insbesondere den dort statuierten Vorbehalt der Zulässigkeit des grenzüberschreitenden Formwechsels nach dem nationalen Recht des Aufnahmestaates. Ebenso wie bereits in der Entscheidung SEVIC, die den Fall der grenzüberschreitenden „Hereinverschmelzung" betraf,[114] stellt der EuGH fest, dass die unterschiedliche Behandlung von Gesellschaften in Abhängigkeit davon, ob es sich um eine innerstaatliche oder um eine grenzüberschreitende Umwandlung handelt, Gesellschaften davon abhalten kann, von der Niederlassungsfreiheit Gebrauch zu machen; die Ungleichbehandlung innerstaatlicher und grenzüberschreitender Umwandlungsvorgänge stelle daher eine Beschränkung der Niederlassungsfreiheit dar.[115] Zur konkreten Ausgestaltung des rechtsformwechselnden Zuzugs durch das nationale Recht des Aufnahmestaates führt der EuGH aus, der grenzüberschreitende Formwechsel erfordere die sukzessive Anwendung von zwei nationalen Rechtsordnungen auf diesen Vorgang; dabei sei es grundsätzlich im Hinblick auf die Niederlassungsfreiheit der formwechselnden Gesellschaft nicht zu beanstanden, wenn der Aufnahmestaat die Bestimmungen seines nationalen Rechts anwendet, welche die Entstehung und die Funktionsweise einer Gesellschaft in der angestrebten Rechtsform seines nationalen Rechts regeln. Die Freiheit des Aufnahmestaates bei der Anwendung seines nationalen Rechts werde jedoch begrenzt durch den **Äquivalenzgrundsatz** und den **Effektivitätsgrundsatz**. Der Äquivalenzgrundsatz besagt, dass die Modalitäten, die den Schutz der den Rechtsuchenden aus dem Unionsrecht erwachsenen Rechte gewährleisten sollen, Sache der innerstaatlichen Rechtsordnung eines jeden Mitgliedstaates sind, jedoch nicht ungünstiger sein dürfen als diejenigen, die gleichartige innerstaatliche Sachverhalte regeln. Dass der so verstandene Äquivalenzgrundsatz im Kontext grenzüberschreitender Umwandlungen einen über das der Niederlassungsfreiheit immanente Diskriminierungsverbot hinausgehenden oder davon abweichenden Gehalt hat, ist derzeit nicht erkennbar.[116] Er wird flankiert durch den „Effektivitätsgrundsatz", wonach mitgliedstaatliche Regelungen die Ausübung der durch die Unionsrechtsordnung verliehenen Rechte nicht praktisch unmöglich machen oder übermäßig erschweren dürfen. Daraus leitet der EuGH etwa die Verpflichtung des Aufnahmestaates ab, die von den Behörden des Herkunftsstaates ausgestellten Dokumente im Rahmen des Eintragungsverfahrens als Nachweis darüber anzuerkennen, dass die Gesellschaft die Voraussetzungen ihres Herkunftsstaates

---

[113] Siehe zum Parallelproblem im deutschen Umwandlungsrecht *Bärwaldt/Schabacker*, ZIP 1998, 1293, 1295; Limmer/*Limmer* Rn. 2119.
[114] EuGH C-411/03), Slg. 2005, I – 10805 – SEVIC.
[115] EuGH C-378/10, ZIP 2012, 1394 – Vale, Rn. 36.
[116] *Behme*, S. 150.

für die grenzüberschreitende Umwandlung erfüllt hat – vorausgesetzt, diese sind ihrerseits mit dem Unionsrecht vereinbar.

76 **a) Dogmatische Begründung.** Auch die Ausführungen des EuGH zum Schutz des rechtsformwechselnden Zuzugs durch die Niederlassungsfreiheit sind vor dem Hintergrund ihrer Auslegung im Sinne eines Prinzips der gegenseitigen Anerkennung überzeugend. Zwar kann sich der Aufnahmestaat hinsichtlich der konkreten Ausgestaltung seiner nationalen Gesellschaftsformen auf seine **gesellschaftsrechtliche Qualifikationsautonomie** berufen; er darf aber im Rahmen des Entstehungsprozesses von Gesellschaften – sei es im Wege der originären Gesellschaftsgründung oder der Umwandlung – ausländische Staatsangehörige bzw. ausländische Gesellschaften als Gründer bzw. Ausgangsrechtsträger **nicht diskriminieren**. Dieser Diskriminierungsvorbehalt ist in der Rechtsprechung des EuGH überall dort angelegt, wo die Grundfreiheiten (in ihrer Eigenschaft als Beschränkungsverbote) im Übrigen keine Anwendung finden.[117]

77 Vor dem Hintergrund dieser Diskriminierungslogik wäre es allerdings konsequent gewesen, wenn der EuGH in SEVIC und Vale einen Verstoß gegen die Niederlassungsfreiheit in ihrer Eigenschaft als Diskriminierungsverbot (Art. 49 Abs. 2 AEUV) angenommen hätte.[118] Dass er stattdessen von einer Beschränkung der Niederlassungsfreiheit ausging, ist vermutlich damit zu erklären, dass auf diese Weise die Möglichkeit einer Rechtfertigung durch zwingende Erfordernisse des Allgemeininteresses eröffnet werden sollte; eine solche Rechtfertigung wäre bei einer Diskriminierung nicht möglich. In beiden Fällen hat sich dies freilich nicht ausgewirkt, da der EuGH eine Rechtfertigung der Beschränkung jeweils verneint hat. Für die Praxis ist aufgrund der Rechtsprechung davon auszugehen, dass Regelungen des nationalen Umwandlungsrechts, die ausländische Gesellschaften als Ausgangsrechtsträger gegenüber inländischen Rechtsträgern benachteiligen, theoretisch einer Rechtfertigung durch zwingende Erfordernisse des Allgemeininteresses (Schutz von Gläubigern, Minderheitsgesellschaftern und Arbeitnehmern) zugänglich sind, sofern sie den Anforderungen der Vier-Kriterien-Formel (→ Rn. 21) entsprechen.

78 **b) Auswirkungen auf das nationale Recht (Grundlagen).** Die Mitgliedstaaten sind in ihrer Eigenschaft als Aufnahmestaaten vorbehaltlich zwingender Erfordernisse des Allgemeininteresses verpflichtet, sowohl die Verschmelzung (SEVIC) als auch den Formwechsel (Vale) im grenzüberschreitenden Kontext **in demselben Umfang** und **unter denselben Voraussetzungen** zuzulassen wie eine innerstaatliche Verschmelzung bzw. einen innerstaatlichen Formwechsel (für die Spaltung gilt ebenfalls nichts anderes). Daher liegt eine unzulässige Beschränkung der Niederlassungsfreiheit (bzw. eine Diskriminierung ausländischer gegenüber inländischen Gesellschaften) durch das nationale Umwandlungsrecht des Aufnahmestaates immer dann vor, wenn der Aufnahmestaat den Formwechsel entweder nur im innerstaatlichen Kontext zulässt oder den grenzüberschreitenden Formwechsel an strengere Voraussetzungen knüpft als einen innerstaatlichen Formwechsel.

79 Anders als die Umwandlungsformen der (innerstaatlichen) Verschmelzung und der Spaltung ist der **Formwechsel** von Gesellschaften allerdings **unionsrechtlich nicht harmonisiert**. Die Mitgliedstaaten sind daher unionsrechtlich nicht verpflichtet, den Formwechsel als Möglichkeit der Umwandlung von Gesellschaften überhaupt zuzulassen. Ein Mitgliedstaat, der den Formwechsel im innerstaatlichen Kontext nicht kennt, muss auch keinen grenzüberschreitenden Formwechsel ermöglichen. In diesem Fall ist nämlich eine Benachteiligung ausländischer gegenüber inländischen Gesellschaften nicht erkennbar. Relevant ist dies etwa im Hinblick auf den Formwechsel in eine Gesellschaftsform irischen Rechts, da

---

[117] Siehe bereits EuGH C-268/91, Slg. 1993, I – 6097 – Keck, Rn. 16 f.; *Behme*, S. 85 f.
[118] Auch Generalanwalt *Tizzano* hatte in seinen Schlussanträgen eine diskriminierende Wirkung der deutschen Verschmelzungsvorschriften angenommen (vgl. Schlussanträge des Generalanwalts *Tizzano*, ZIP 2005, 1227 [Rn. 56]); ebenso *Behme*, NZG 2012, 936, 938; *Dorr/Stukenborg*, DB 2003, 647, 648.

in Irland (als – soweit ersichtlich – einzigem europäischen Mitgliedstaat) Regelungen betreffend den innerstaatlichen Formwechsel nicht existieren.[119]

2. Praktische Durchführung des rechtsformwechselnden Zuzugs: Kollisionsrechtliche Ebene

Der Umstand, dass der EuGH das aus der Niederlassungsfreiheit abzuleitende Recht einer EU-/EWR-Gesellschaft auf grenzüberschreitenden Formwechsel unter den Vorbehalt seiner Zulässigkeit nach dem Recht des Aufnahmestaates stellt, legt wiederum nahe, dass der **Aufnahmestaat** sein Recht auf den rechtsformwechselnden Zuzug uneingeschränkt zur Anwendung bringen darf.[120] Soweit das Umwandlungsrecht des Aufnahmestaates keine unmittelbar anwendbaren Regelungen betreffend den grenzüberschreitenden Formwechsel enthält, müssten Regelungen des Aufnahmestaates entsprechend angepasst werden oder durch die analoge Anwendung von Regelungen des Aufnahmestaates über grenzüberschreitende Verschmelzungen oder die Sitzverlegung der SE ergänzt werden (→ Rn. 30 f.). Grenzen werden der Anwendung des kollisionsrechtlich zur Anwendung berufenen materiellen Umwandlungsrechts durch das Äquivalenzgebot (Diskriminierungsverbot) und das Effektivitätsgebot gezogen. 80

Aus **deutscher Perspektive** ist auch beim rechtsformwechselnden Zuzug von der **Vereinigungstheorie** auszugehen, wonach **Voraussetzungen**, **Verfahren** und **Wirkungen** des rechtsformwechselnden Zuzugs gesondert anzuknüpfen sind (→ Rn. 32). 81

a) **Voraussetzungen.** Zu den Voraussetzungen des grenzüberschreitenden Formwechsels gehört, dass die Gesellschaft in ihrer ursprünglichen Rechtsform (**Ausgangsrechtsform**) nach dem Recht ihres Herkunftsstaates einen Formwechsel durchführen kann und nach dem Recht des Aufnahmestaates der Formwechsel in die angestrebte Rechtsform (**Zielrechtsform**) möglich ist (→ Rn. 34). Ersteres richtet sich nach dem Recht des jeweiligen Herkunftsstaates; Letzteres nach dem Recht des jeweiligen Aufnahmestaates, bei rechtsformwechselndem Zuzug nach Deutschland also nach deutschem Recht. 82

b) **Verfahren.** Sämtliche Verfahrensschritte, die **aus der alten Rechtsform „hinaus"** führen, beispielsweise die Beschlussfassung in der formwechselnden Gesellschaft sowie Schutzmechanismen zugunsten von Gläubigern und Arbeitnehmern, richten sich nach dem nationalen Recht des jeweiligen Herkunftsstaates (→ Rn. 36). Beim rechtsformwechselnden Zuzug nach Deutschland gilt insoweit also grundsätzlich nicht deutsches, sondern ausländisches Recht.[121] Allerdings schließt die Verweisung auf das Umwandlungsrecht des Herkunftsstaates dessen (Umwandlungs-)Kollisionsrecht mit ein (**Art. 4 Abs. 1 S. 1 EGBGB**); verweist dessen Kollisionsrecht auf deutsches Recht zurück, sind die deutschen Sachvorschriften anzuwenden (**Art. 4 Abs. 1 S. 2 EGBGB**). Nach deutschem Recht richten sich hingegen stets sämtliche Verfahrensschritte, die **in die deutsche Rechtsform „herein"** führen, also im Wesentlichen deren materielle Entstehungsvoraussetzungen (→ Rn. 36). 83

c) **Wirkungen.** Für die Wirkungen des grenzüberschreitenden Formwechsels sind das Umwandlungsrecht des Herkunftsstaates und des Aufnahmestaates **kumulativ** anzuwenden, jeweils mit Blick auf die in den jeweiligen Rechtsordnungen eintretenden Wirkungen (→ Rn. 38). 84

---

[119] *Albrecht*, in: Hohloch (Hrsg.), EU-Handbuch Gesellschaftsrecht, Irland, Rn. 289; *Schall*, ZfPW 2016, 407, 446.
[120] Gegen einen solchen Ansatz bei grenzüberschreitenden Verschmelzungen („Aufnahmetheorie") MünchKommBGB/*Kindler*, IntGesR Rn. 795.
[121] Unzutreffend daher die Anwendung deutschen Umwandlungsrechts bei OLG Nürnberg 12 W 2361/11, NZG 2012, 468, 471, und OLG Nürnberg 12 W 520/13, NZG 2014, 349; krit. auch *Verse*, ZEuP 2013, 458, Fn. 176. Für eine Heranziehung der Vorschriften des UmwG demgegenüber *Schall*, ZfPW 2016, 407, 429.

3. Praktische Durchführung des rechtsformwechselnden Zuzugs: Sachrechtliche Ebene

85 **a) Voraussetzungen. aa) Ausgangsrechtsformen.** Welche Ausgangsrechtsform eine ausländische Gesellschaft haben muss, damit sie überhaupt einen (grenzüberschreitenden) Formwechsel durchführen kann, richtet sich aus dem Blickwinkel des deutschen Umwandlungskollisionsrechts nach dem **Recht ihres Herkunftsstaates** (→ Rn. 34). Verbietet das Recht des Herkunftsstaates allerdings einer Gesellschaft einer bestimmten Rechtsform einen Formwechsel, der nach deutschem Umwandlungsrecht zulässig wäre, beschränkt das Recht des Herkunftsstaates die Niederlassungsfreiheit; es wird dann im Ergebnis durch deutsches Recht überlagert (vgl. zur umgekehrten Konstellation beim rechtsformwechselnden Wegzug → Rn. 41).

86 Nach deutschem Umwandlungsrecht zulässig ist jeder grenzüberschreitende Formwechsel einer ausländischen Gesellschaft, deren Rechtsform den in **§ 191 Abs. 1 UmwG** genannten deutschen Ausgangsrechtsformen **strukturell vergleichbar** ist. Insbesondere wird man nicht § 1 Abs. 1 UmwG so auslegen dürfen, dass er der Zulässigkeit des rechtsformwechselnden Zuzugs von EU-/EWR-Gesellschaften entgegenstünde. Zwar besagt **§ 1 Abs. 1 UmwG**, dass ein Formwechsel nach deutschem Recht nur zulässig ist, wenn die formwechselnde Gesellschaft in ihrer Ausgangsrechtsform (→ Rn. 44) über einen Satzungssitz im Inland verfügt. Da Gesellschaften ausländischen Rechts regelmäßig nicht über einen Satzungssitz in Deutschland verfügen, könnte man aus § 1 Abs. 1 UmwG ein generelles Verbot des rechtsformwechselnden Zuzugs ausländischer Gesellschaften ableiten. Allerdings würde das deutsche Recht im Anwendungsbereich der Niederlassungsfreiheit damit gegen das Diskriminierungsverbot bzw. den Äquivalenzgrundsatz verstoßen, und diese Diskriminierung ließe sich unionsrechtlich nicht rechtfertigen. Dies hat der EuGH für das deutsche Recht im Hinblick auf grenzüberschreitende Verschmelzungen bereits in der Entscheidung SEVIC unmissverständlich klargestellt.[122]

87 Es steht damit im Ergebnis fest, dass der rechtsformwechselnde Zuzug von EU-/EWR-Gesellschaften nach deutschem Recht möglich sein muss. Ob man, wie im Schrifttum überwiegend vertreten, dogmatisch zu diesem Ergebnis durch eine **unionsrechtskonforme Auslegung von § 1 Abs. 1 UmwG** gelangen kann, erscheint in Anbetracht des klaren Wortlauts der Norm („Sitz im Inland") zweifelhaft, da der Wortlaut auch im Hinblick auf Sachverhalte im Anwendungsbereich des Unionsrechts die Grenze der Auslegung markiert.[123] Richtigerweise ist § 1 Abs. 1 UmwG, soweit er den rechtsformwechselnden Zuzug ausschließt, aufgrund des **Anwendungsvorrangs des Unionsrechts** mit Blick auf den rechtsformwechselnden Zuzug von EU-/EWR-Gesellschaften schlicht nicht anzuwenden.

88 Der rechtsformwechselnde Zuzug einer **Gesellschaft aus einem Herkunftsstaat außerhalb der EU/des EWR** liegt außerhalb des räumlichen Anwendungsbereichs der Niederlassungsfreiheit (→ Rn. 25); der deutsche Gesetzgeber ist daher frei in der Entscheidung, ob er einen solchen grenzüberschreitenden Formwechsel zulässt oder nicht. Anders als in der Wegzugskonstellation (→ Rn. 45) wird diese Frage durch § 1 Abs. 1 UmwG klar beantwortet: Eine Gesellschaft, die eine Ausgangsrechtsform aus einem Drittstaat hat und deren Satzungssitz regelmäßig in diesem Drittstaat liegen wird, ist kein „Rechtsträger mit Sitz im Inland"; sie kann daher nach deutschem Recht nicht im Wege des Formwechsels eine inländische Gesellschaftsform annehmen.

89 **bb) Zielrechtsformen.** Welche Zielrechtsformen der formwechselnden ausländischen Gesellschaft in Deutschland zur Verfügung stehen, richtet sich aus dem Blickwinkel des deutschen Umwandlungskollisionsrechts nach deutschem Recht (→ Rn. 34). Das deutsche Umwandlungsrecht definiert in **§ 191 Abs. 2 UmwG** mögliche Zielrechtsformen: **Ge-**

---

[122] Siehe EuGH C-411/03, NJW 2006, 425 – SEVIC, Rn. 22 f.
[123] Siehe zu den verfassungsrechtlichen Grenzen unionsrechtskonformer Auslegung BVerfG 2 BvR 2216/06 u. 2 BvR 469/07, NJW 2012, 669, 670.

sellschaften des bürgerlichen Rechts, Personenhandelsgesellschaften (offene Handelsgesellschaften, Kommanditgesellschaften) und Partnerschaftsgesellschaften, Kapitalgesellschaften (Gesellschaften mit beschränkter Haftung, Aktiengesellschaften, Kommanditgesellschaften auf Aktien) sowie eingetragene Genossenschaften. Solange das deutsche Recht ausländische Gesellschaften nicht schlechter stellt als deutsche Gesellschaften einer vergleichbaren Ausgangsrechtsform, ist die abschließende Aufzählung tauglicher Zielrechtsformen in § 191 Abs. 2 UmwG ohne weiteres mit der Niederlassungsfreiheit vereinbar.

Im deutschen Umwandlungsrecht ist umstritten, ob eine UG (haftungsbeschränkt) 90 taugliche Zielrechtsform im Rahmen eines (innerstaatlichen) Formwechsels sein kann.[124] Da die UG (haftungsbeschränkt) eine Unterform der GmbH ist, steht der Umstand, dass sie in der Legaldefinition des Begriffs der „Kapitalgesellschaft" in § 3 Abs. 1 Nr. 2 UmwG nicht explizit genannt wird, der Zulässigkeit des Formwechsels in eine UG (haftungsbeschränkt) zumindest nicht per se entgegen. Für den grenzüberschreitenden Formwechsel in die UG (haftungsbeschränkt) gilt: Wenn und soweit im innerstaatlichen Kontext ein solcher Formwechsel unzulässig ist, muss das deutsche Recht auch den grenzüberschreitenden Formwechsel ausländischer Gesellschaften in eine UG (haftungsbeschränkt) nicht gestatten.[125] Wenn und soweit ein solcher Formwechsel jedoch im innerstaatlichen Kontext zulässig ist, muss er es auch im grenzüberschreitenden Kontext sein (etwa bei Umwandlung einer britischen Limited in eine UG); andernfalls läge ein Verstoß gegen die Niederlassungsfreiheit vor.[126] Zwar können die Gründe, die im innerstaatlichen Kontext als Begründung dafür herangezogen werden, dass der Formwechsel in die UG (haftungsbeschränkt) nicht möglich sein soll, möglicherweise mit Blick auf den grenzüberschreitenden Formwechsel als zwingende Erfordernisse des Allgemeininteresses qualifiziert werden, die grundsätzlich Beschränkungen der Niederlassungsfreiheit rechtfertigen können. Rechtfertigungsbedürftig wäre allerdings nicht die Unzulässigkeit des grenzüberschreitenden Formwechsels in die UG (haftungsbeschränkt) als solche, sondern die spezifische Ungleichbehandlung deutscher und ausländischer Gesellschaften als Ausgangsrechtsträger für den Formwechsel in die UG (haftungsbeschränkt). Für eine solche Ungleichbehandlung sind keine Rechtfertigungsgründe ersichtlich.

cc) Sonderfall: „Rechtsformkongruenter" grenzüberschreitender Formwech- 91 sel. Jede Rechtsordnung, die den innerstaatlichen Formwechsel regelt, hält dabei denknotwendig nur Regelungen für den Formwechsel in eine andere Gesellschaftsform (etwa von der GmbH in die AG oder umgekehrt) bereit. Das Bedürfnis nach einem „rechtsformkongruenten" Formwechsel (etwa von einer vergleichbaren ausländischen geschlossenen Kapitalgesellschaftsform in die deutsche GmbH) besteht nur im grenzüberschreitenden Kontext. Auch ein solcher rechtsformkongruenter Formwechsel ist von der Niederlassungsfreiheit geschützt[127] und daher nach deutschem Recht als zulässig anzusehen.

b) Verfahren. Da auf das Umwandlungsverfahren grundsätzlich – dh vorbehaltlich einer 92 Rückverweisung auf deutsches Recht (→ Rn. 83) – das Recht des Herkunftsstaates Anwendung findet und das deutsche Recht lediglich für die Verfahrensschritte gilt, die in die angestrebte Zielrechtsform deutschen Rechts herein führen, beginnt das Verfahren aus deutscher Sicht mit der Vorlage der durch das zuständige Register im Herkunftsstaat gem. Art. 8 Abs. 8 SE-VO ausgestellten Unbedenklichkeitsbescheinigung (zum rechtsformwechselnden Wegzug aus deutscher Perspektive → Rn. 69 f.).

---

[124] Dagegen Semler/Stengel/*Bärwaldt* UmwG, § 197 Rn. 35a; Baumbach/Hueck/*Fastrich* GmbHG § 5a Rn. 17; Lutter/*Decher/Hoger* UmwG § 191 Rn. 5; zweifelnd Kölner Kommentar-UmwG/*Petersen* § 191 Rn. 18; siehe zum Streitstand ausführlich *Schall*, ZfPW 2016, 407, 439 ff. mwN.
[125] Für Unzulässigkeit des grenzüberschreitenden Formwechsels ausländischer Gesellschaften in die UG (haftungsbeschränkt) daher *Verse*, ZEuP 2013, 458, 492.
[126] Ähnlich *Schall*, ZfPW 2016, 407, 439.
[127] *Bayer/Schmidt*, ZHR 173 (2009), 735, 760; *Behme*, S. 205 f.

93   **aa) Ausstellung der Unbedenklichkeitsbescheinigung durch das Registergericht gem. Art. 8 Abs. 8 SE-VO analog.** Bei der Ausstellung der Unbedenklichkeitsbescheinigung durch das Registergericht des Herkunftsstaates stellt sich in der Praxis das Problem, dass der Herkunftsstaat – anders als bei der Sitzverlegung der SE – zur **Anwendung von Art. 8 Abs. 8 SE-VO nicht verpflichtet** ist. Es ist durchaus denkbar und auch unionsrechtlich nicht zu beanstanden, dass das nationale Recht des Herkunftsstaates den grenzüberschreitenden Formwechsel rechtskonstruktiv anderweitig bewältigt und in das Handelsregister beispielsweise die „Wegzugsabsicht" einträgt[128] oder die Gesellschaft bereits unter Verweis auf den beabsichtigten Formwechsel löscht.[129] In diesem Fall sind auch derartige Registereinträge als **Nachweis** darüber zu akzeptieren, dass die nach dem Recht des Herkunftsstaates einschlägigen Verfahrensvorschriften erfüllt worden sind;[130] dies meint der EuGH damit, dass der Aufnahmestaat bei der Prüfung des Eintragungsantrags den von den Behörden des Herkunftsstaates ausgestellten Dokumenten, die bestätigen, dass die Gesellschaft dessen Bedingungen tatsächlich entsprochen hat, gebührend Rechnung tragen muss (→ Rn. 64).

94   Zwingend erforderlich ist allerdings, dass die Gesellschaft nach dem Recht ihres Herkunftsstaates **noch existiert**. Eine nicht mehr existente Gesellschaft kann nämlich keinen identitätswahrenden Formwechsel durchführen; vielmehr ist in einem solchen Fall eine Neugründung in Deutschland unvermeidbar.[131]

95   Dass das deutsche Registergericht den im Herkunftsstaat ausgestellten Dokumenten „gebührend Rechnung" tragen muss, bedeutet nicht, dass es deren Inhalt nicht hinterfragen und keine eigenen Prüfungen anstellen dürfte. Zwar spricht viel dafür, die zu Art. 8 Abs. 8 SE-VO entwickelten Grundsätze anzuwenden und ebenso wie dort[132] (und auch bei § 122k UmwG) von einer **umfassenden Bindung des deutschen Registers an die Bescheinigung des Herkunftsstaates ohne eigene materielle Prüfungskompetenz** auszugehen, es sei denn, die Bescheinigung des Herkunftsstaates ist offensichtlich unrichtig.[133] Ob dies in der registerrechtlichen Praxis so gehandhabt werden wird, bleibt jedoch abzuwarten. Auch hier empfiehlt sich eine frühzeitige **Einbindung des deutschen Registergerichts** in das Verfahren des grenzüberschreitenden Formwechsels, um spätere Unstimmigkeiten zu vermeiden. Jedenfalls darf das Registergericht die Berücksichtigung der Dokumente des Herkunftsstaates davon abhängig machen, dass diese in deutsche Sprache **übersetzt** werden und ein Echtheitsnachweis, etwa in Form einer **Apostille**, erbracht wird.[134]

96   **bb) Anwendung der Gründungsvorschriften der neuen Rechtsform.** Der grenzüberschreitende Formwechsel in eine deutsche Rechtsform setzt voraus, dass sämtliche für die jeweilige Rechtsform einschlägigen Gründungsvorschriften erfüllt sind; mit Recht gehen die Rechtsprechung und das Schrifttum daher davon aus, dass **§ 197 UmwG** auf den grenzüberschreitenden Formwechsel **entsprechend anzuwenden** ist.[135] Die Gesellschaft ist also vollständig an die materiellen Anforderungen des deutschen Rechts anzupassen; dies gilt auch im Hinblick auf die **unternehmerische Mitbestimmung**, sofern die Gesellschaft aufgrund ihrer Rechtsform und der Anzahl ihrer Arbeitnehmer gem. §§ 1

---

[128] So in dem vom KG Berlin 22 W 64/15, NZG 2016, 834 entschiedenen Fall; der französische Handelsregistereintrag lautete: „Eintrag Nr. 19 vom 9.1.2015 Plan der Verlegung des Geschäftssitzes der Gesellschaft ab dem 24.12.2014 nach ... B. (Deutschland)"

[129] So in dem vom OLG Nürnberg 12 W 520/13, NZG 2014, 349 entschiedenen Fall.

[130] Ähnlich *Hushahn*, RNotZ 2014, 137, 149; *Verse*, ZEuP 2013, 458, 490.

[131] Vgl. OLG Nürnberg 12 W 520/13, NZG 2014, 349, 350.

[132] Spindler/Stilz/*Casper* Art. 8 SE-VO Rn. 20; MünchKommAktG/*Oechsler/Mihaylova* Art. 8 SE-VO Rn. 50.

[133] So *Hushahn*, RNotZ 2014, 137, 149; *Verse*, ZEuP 2013, 458, 490.

[134] *Verse*, ZEuP 2013, 458, 490 f.

[135] OLG Nürnberg 12 W 520/13, NZG 2014, 349, 350; *Hushahn*, RNotZ 2014, 137, 150; *Verse*, ZEuP 2013, 458, 492.

Abs. 1 DrittelbG, 1 Abs. 1 MitbestG in den Anwendungsbereich der unternehmerischen Mitbestimmung fällt. Die Möglichkeit, die Mitbestimmung abweichend von diesen Bestimmungen in analoger Anwendung der Regelungen bei der SE oder bei einer aus einer grenzüberschreitenden Verschmelzung hervorgegangenen Gesellschaft mit der Arbeitnehmerseite auszuhandeln, besteht nicht.[136]

Teilweise wird vertreten, der rechtsformwechselnde Zuzug setze den **Nachweis der** **Aufnahme einer wirtschaftlichen Tätigkeit in Deutschland** voraus.[137] Richtig ist, dass das deutsche Recht aus dem Blickwinkel der Niederlassungsfreiheit ohne weiteres verlangen dürfte, dass eine rechtsformwechselnd zuziehende Gesellschaft ihren tatsächlichen Verwaltungssitz nach Deutschland verlegt. Denn Deutschland ist in der Definition der Qualifikationsstandards autonom, die eine Gesellschaft erfüllen muss, um als Gesellschaft deutschen Rechts gegründet zu werden (→ Rn. 17), und die Niederlassungsfreiheit schützt den rechtsformwechselnden Zuzug grundsätzlich nur zu den Bedingungen eines innerstaatlichen Formwechsels. Jedoch darf das deutsche Recht ausländische Gesellschaften im Rahmen des Umwandlungsvorgangs nicht gegenüber inländischen Gesellschaften benachteiligen (→ Rn. 75). Soweit das deutsche Recht daher deutschen Kapitalgesellschaften einen ausländischen Verwaltungssitz gestattet, muss dasselbe auch für ausländische Gesellschaften gelten, die eine deutsche Rechtsform annehmen.

Die Erfüllung der deutschen rechtsformspezifischen Gründungsvorschriften ist dem deutschen Registergericht im Rahmen der nach § 198 UmwG erforderlichen **Anmeldung des Formwechsels** nachzuweisen und wird von diesem geprüft.[138] Anders als beim rechtsformwechselnden Wegzug (→ Rn. 66) sind der Anmeldung nicht die nach § 199 UmwG erforderlichen Anlagen beizufügen; diese werden vielmehr durch die Unbedenklichkeitsbescheinigung durch den Herkunftsstaat bzw. vergleichbare Eintragungen und Dokumente (→ Rn. 93) ersetzt.[139]

cc) **Eintragung des grenzüberschreitenden Formwechsels und Mitteilung an das** **Register des Herkunftsstaates.** Wenn die Bescheinigung nach Art. 8 Abs. 8 SE-VO vorgelegt und die Erfüllung der deutschen Gründungsvorschriften nachgewiesen wurde, kann entsprechend **Art. 8 Abs. 9 SE-VO** die **Eintragung des grenzüberschreitenden** **Formwechsels** erfolgen. Dabei ist es zweckmäßig, wenn das deutsche Registergericht dem Register des früheren Sitzes die Eintragung des grenzüberschreitenden Formwechsels entsprechend **Art. 8 Abs. 11 SE-VO** meldet, sobald diese vorgenommen worden ist. Danach kann ohne weiteres die **Löschung der Gesellschaft im Register ihres Her-** **kunftsstaates** erfolgen (sofern dies nicht schon vorher geschehen ist).

c) **Wirkungen.** Aus dem Blickwinkel des deutschen Rechts unterscheiden sich die Wirkungen eines rechtsformwechselnden Zuzugs wiederum nicht von denjenigen eines innerstaatlichen Formwechsels. Das bedeutet, dass die Gesellschaft unter **Wahrung ihrer** **rechtlichen Identität** ihre Rechtsform (ihr „Rechtskleid") ändert. Wie beim rechtsformwechselnden Wegzug (→ Rn. 74) ergeben sich auch hinsichtlich etwaiger sich aus dem Konzept der Rechtsträgeridentität abzuleitender **Folgefragen** keine Besonderheiten im Vergleich zu einem innerstaatlichen Formwechsel. Anders als beim rechtsformwechselnden Wegzug, bei dem deutsches Umwandlungsrecht ggf. unanwendbar ist, wenn es aus dem Konzept der Rechtsträgeridentität Schlussfolgerungen zieht, die im Einzelfall zur Unzulässigkeit des grenzüberschreitenden Formwechsels führen (z.B. Unzulässigkeit des Formwechsels einer **ausländischen Ein-Mann-Kapitalgesellschaft** in eine deutsche Personengesellschaft → Rn. 74), ist es unter dem Aspekt der Niederlassungsfreiheit nicht zu beanstanden, wenn das deutsche Recht hier im Einzelfall den rechtsformwechselnden

---

[136] Offenbar aA *Hushahn*, RNotZ 2014, 137, 152.
[137] So *Hushahn*, RNotZ 2014, 137, 151 f.
[138] *Hushahn*, RNotZ 2014, 137, 153; siehe bei Art. 8 Abs. 8 SE-VO MünchKommAktG/*Oechsler/* *Mihaylova* Art. 8 SE-VO Rn. 50.
[139] *Hushahn*, RNotZ 2014, 137, 152.

Zuzug vereitelt. Voraussetzung ist, dass es dabei die rechtsformwechselnd zuziehende ausländische Gesellschaft nicht schlechter behandelt als eine vergleichbare deutsche Gesellschaft im Rahmen eines innerstaatlichen Formwechsels.

§ 40 Gründung einer SE durch Formwechsel

Übersicht

	Rdnr.		Rdnr.
A. Allgemeines	1–3	a) Bestellung und Qualifikation	46–50
B. Gründungsgesellschaft	4–9	b) Rechte und Pflichten des bestellten Prüfers	51, 52
I. Rechtsform	4–6	4. Prüfungsbescheinigung	53–57
II. Grenzüberschreitendes Element	7–9	IV. Hauptversammlungsbeschluss, Art. 37 Abs. 7 SE-VO	58–66
C. Gründungsverfahren	10–68	1. Vorbereitung	58, 59
I. Umwandlungsplan	10–29	2. Beschlussfassung	60–62
1. Zuständigkeit	10, 11	3. Beschlussmängel	63–66
2. Form	12, 13	V. Anmeldung und Eintragung	67, 68
3. Inhalt	14–26	D. Beteiligung der Arbeitnehmer	69–79
a) Rechtsgrundlage	14, 15	I. Verhandlungsverfahren, Beteiligungsvereinbarung, Auffangregelung	69–75
b) Zwingende Inhalte	16–23	II. Zustimmungsvorbehalt für Beteiligungsvereinbarung?	76–79
c) Fakultative Inhalte	24–26	E. Sonderfragen	80–91
4. Verfahren nach Planaufstellung	27–29	I. Sitzverlegungsverbot, Art. 37 Abs. 3 SE-VO	80–82
II. Umwandlungsbericht	30–40	II. Kontinuität von Organämtern und Abschlussprüferbestellung?	83–86
1. Zuständigkeit	30	III. Schutz der Minderheitsaktionäre?	87–89
2. Form	31, 32	IV. Gläubigerschutz nach deutschem Recht?	90, 91
3. Inhalt	33–36		
4. Entbehrlichkeit und Verzicht	37, 38		
5. Verfahren nach Fertigstellung des Berichts	39, 40		
III. Werthaltigkeitsprüfung, Art. 37 Abs. 6 SE-VO	41–57		
1. Allgemeines	41		
2. Prüfungsgegenstand und -maßstab	42–45		
3. Person des Umwandlungsprüfers	46–52		

Schrifttum: *Bayer*, Die Gründung einer Europäischen Aktiengesellschaft mit Sitz in Deutschland, in: Lutter/Hommelhoff, Die Europäische Gesellschaft, 2005, S. 25; *Brandt*, Überlegungen zu einem SE-Ausführungsgesetz, NZG 2002, 991; *Drinhausen*, Ausgewählte Rechtsfragen der SE-Gründung durch Formwechsel und Verschmelzung, in: Bergmann/Kiem/Mülbert/Verse/Wittig, 10 Jahre SE, 2015; *El Mahi*, Die Europäische Aktiengesellschaft – Societas Europaea – SE, 2004; *Göz*, Beschlussmängelklagen bei der Societas Europaea (SE), ZGR 2008, 593; *Habersack*, Konstituierung des ersten Aufsichts- oder Verwaltungsorgans der durch Formwechsel entstandenen SE und Amtszeit seiner Mitglieder, Der Konzern 2008, 67; *Heckschen*, Die Europäische AG aus notarieller Sicht, DNotZ 2003, 251; *Kalss*, Der Minderheitenschutz bei Gründung und Sitzverlegung der SE nach dem Diskussionsentwurf, ZGR 2003, 593; *Kleinhenz/Leyendecker-Langner*, Ämterkontinuität bei der Umwandlung in eine dualistisch verfasste SE, AG 2013, 507; *Kowalski*, Praxisfragen bei der Umwandlung einer Aktiengesellschaft in eine Europäische Gesellschaft, DB 2007, 2243; *Louven/Ernst*, Praxisrelevante Rechtsfragen im Zusammenhang mit der Umwandlung einer Aktiengesellschaft in eine Europäische Aktiengesellschaft (SE), BB 2014, 323; *Neun*, Gründung, in: Theisen/Wenz, Die Europäische Aktiengesellschaft, 2. Aufl. (2005), S. 57; *Scheifele*, Die Gründung einer Europäischen Aktiengesellschaft, 2004; *Seibt/Reinhard*, Umwandlung der Aktiengesellschaft in die Europäische Gesellschaft, Der Konzern 2005, 407; *Spitzbart*, Die Europäische Aktiengesellschaft (Societas Europaea – SE) – Aufbau der SE und Gründung, RNotZ 2006, 369; *Teichmann*, Minderheitenschutz bei Gründung und Sitzverlegung der SE, ZGR 2003, 367; *Vossius*, Gründung und Umwandlung der deutschen Europäischen Gesellschaft (SE), ZIP 2005, 741; *Wagner*, Europäische Gesellschaftsformen – Überblick über EWIV, SE, SCE und SPE, AnwBl 2009, 409.

A. Allgemeines

Bei der SE-Gründung durch Formwechsel handelt es sich um eine der vier in Art. 2 Abs. 1–4 SE-VO vorgesehenen Varianten der **Primärgründung**, also der SE-Gründung durch eine oder mehrere Gesellschaften mitgliedstaatlicher Rechtsform. Neben der sog. Sekundärgründung gem. Art. 2 Abs. 2 SE-VO – also der SE-Gründung durch eine bereits bestehende SE – stellt die Formwechselgründung die einzige Gründungsvariante dar, die **kein Zusammengehen mit einem ausländischen Rechtsträger** beinhaltet. Das einzige grenzüberschreitende Element der Formwechselgründung liegt in dem Erfordernis, dass die Gründungsgesellschaft über mindestens zwei Jahre vor Eintragung der Formwechselgründung hinweg eine Tochtergesellschaft unterhalten muss, die dem Gesellschaftsrecht eines anderen Mitgliedstaats unterliegt (→ Rn. 7 ff.).

Rechtsgrundlage der Formwechselgründung bildet **Art. 37 SE-VO**, der noch mehr als die Rechtsgrundlagen der übrigen Gründungsvarianten den Charakter einer unvollständigen **Rumpfregelung** aufweist. Für wichtige Teilbereiche des Gründungsverfahrens wie zB den Inhalt des Umwandlungsplans (→ Rn. 14 f.) ist daher ein **Rückgriff auf ähnliche Regelungen aus dem Recht der anderen SE-Gründungsvarianten und auf mitgliedstaatliche Gründungs- und Formwechselregelungen** erforderlich. Einschlägige Verweise hierfür finden sich zum einen in Art. 37 SE-VO selbst (Abs. 5 → Rn. 27; Abs. 6 → Rn. 46; Abs. 7 → Rn. 60) und zum anderen in Art. 15 Abs. 1 SE-VO, der insofern nicht nur die Brücke ins mitgliedstaatliche AG-Gründungsrecht, sondern auch in die Formwechselvorschriften des UmwG schlägt. Teilweise wird für die Anwendbarkeit deutschen Gesellschaftsrechts auch auf Art. 18, 36 SE-VO abgestellt (→ Rn. 63).

Ebenso wie dem umwandlungsgesetzlichen Formwechsel liegt der SE-Formwechselgründung das **Identitätsprinzip** (→ § 4 Rn. 44 ff) zugrunde. Es kommt mithin nicht zu einer Gesamtrechtsnachfolge der SE in die Rechte und Pflichten der Gründungsgesellschaft; vielmehr besteht die Gründungsgesellschaft fort und ändert im Zuge des Formwechsels nur ihr Rechtskleid. Soweit Art. 37 Abs. 9 SE-VO daher den Übergang bestehender Arbeitsverhältnisse auf die SE anordnet, handelt es sich um eine reine (in Hinblick auf den „Übergang"-Begriff eher untechnisch zu verstehende) Klarstellung.[1]

B. Gründungsgesellschaft

I. Rechtsform

Eine SE-Formwechselgründung in Deutschland kann gem. Art. 2 Abs. 4 SE-VO nur von einer **AG** vollzogen werden. Anders als bei der SE-Holding-Gründung (→ § 43 Rn. 7) gehört damit insbesondere die GmbH nicht zum Kreis möglicher Gründungsgesellschaften.

Auch die **KGaA** kommt nicht als Ausgangsrechtsform für eine SE-Gründung durch Formwechsel in Betracht.[2] Art. 2 Abs. 4 SE-VO („Aktiengesellschaft") ist insofern wörtlich auszulegen, auch wenn er nicht ausdrücklich auf die deutsche „Aktiengesellschaft"-Kategorisierung in Anhang I der SE-VO verweist.[3] Die strukturelle Nähe der KGaA zur AG beruht allein auf deutschem Aktienrecht und ist daher nicht geeignet, eine erweiterte Auslegung des Art. 2 Abs. 4 SE-VO zu rechtfertigen.

---

[1] Vgl. Kölner Kommentar-AktG/*Paefgen*, Art. 37 SE-VO Rn. 2.
[2] HM: Lutter/Hommelhoff/Teichmann/*Bayer*, Art. 2 Rn 24; Kölner Kommentar-AktG/*Veil*, Art. 2 SE-VO Rn. 42; Habersack/Drinhausen/*Habersack*, Art. 2 Rn. 5, 22; *Schwarz*, SE-VO, Art. 2 Rn. 26, 99; Kallmeyer/*Marsch-Barner*, Anh. I Rn. 93; aA MünchKommAktG/*Oechsler*, Art. 2 SE-VO Rn. 24, 43; Spindler/Stilz/*Casper*, Art. 2 SE-VO Rn. 7, 17.
[3] Zutr. Kölner Kommentar-AktG/*Veil*, Art. 2 SE-VO Rn. 42.

6 Ein nicht als AG verfasster deutscher Rechtsträger, der eine SE-Gründung durch Formwechsel anstrebt, kann dies jedoch im Wege des sog. **Kettenformwechsels** erreichen.[4] Dabei wird der Ausgangsrechtsträger zunächst auf umwandlungsgesetzlicher Rechtsgrundlage in eine AG umgewandelt, um unmittelbar im Anschluss auf Grundlage des Art. 37 SE-VO in die SE zu wechseln. Die Rechtsform der AG bildet in diesem Fall eine Durchgangsphase, deren einziger Zweck darin besteht, den Weg in die SE zu eröffnen. Eine Umgehung des SE-Gründungsrechts liegt hierin nicht.[5]

II. Grenzüberschreitendes Element

7 Um sich für eine SE-Formwechselgründung zu qualifizieren, muss die AG gem. Art. 2 Abs. 4 SE-VO **seit mindestens zwei Jahren eine dem Recht eines anderen Mitgliedstaats unterliegende Tochtergesellschaft** unterhalten. Die in Bezug auf diese Tochtergesellschaft geltenden Anforderungen sind **formal-eng auszulegen**. Erfüllt werden sie durch eine Gesellschaft, die über die dem Formwechsel vorausgehenden zwei Jahre hinweg (i) rechtlichen Bestand hat, (ii) dem Gesellschaftsstatut eines anderen Mitgliedstaats unterliegt und (iii) von der Gründungsgesellschaft kontrolliert wird.[6] Darüber hinausgehende materielle oder wirtschaftliche Anforderungen an die Tochtergesellschaft ergeben sich nicht. Insbesondere ist es ohne Belang, inwieweit die betreffende Tochtergesellschaft im relevanten Zeitraum selbst geschäftlich aktiv oder in die geschäftliche Aktivität der Gründungsgesellschaft eingebunden war.[7] Die Zwei-Jahres-Frist kann daher auch mit einer im Konzern gehaltenen Vorrats- oder Mantelgesellschaft erfüllt werden.[8]

8 Ein ebenso formaler Maßstab ist grundsätzlich anzulegen, soweit in den Zwei-Jahres-Zeitraum **umwandlungs- und sonstige gesellschaftsrechtliche Strukturmaßnahmen fallen, die die Tochtergesellschaft betreffen**. Unschädlich sind danach insbesondere ein Formwechsel von einer Rechtsform des betreffenden Mitgliedstaats in eine andere Rechtsform desselben Mitgliedstaats, eine Verschmelzung auf nationaler Ebene und eine Herauslösung bestimmter Vermögensteile durch Spaltung. Auch ein **grenzüberschreitender Formwechsel** (→ § 39) aus einer dem Recht eines dritten Mitgliedstaats unterliegenden Rechtsform unterbricht die Zwei-Jahres-Frist nicht. Die insofern engere Formulierung des Verordnungswortlauts in Art. 2 Abs. 4 SE-VO („nach dem Recht eines anderen Mitgliedstaats") steht dem nicht entgegen, sondern ist lediglich Ausdruck der fehlenden Vertrautheit des Verordnungsgebers von 2001 mit den mittlerweile auch für nationale Gesellschaftsformen gebräuchlichen Möglichkeiten der grenzüberschreitenden Mobilität im Binnenmarkt.[9] Erfolgt der grenzüberschreitende Formwechsel jedoch aus einer Rechtsform des Mitgliedstaats der Gründungsgesellschaft, so beginnt der Lauf des Zwei-Jahres-Zeitraums erst mit der rechtlichen Wirksamkeit des Grenzübertritts. Unberührt bleibt der Bestand der Tochtergesellschaft iSd Art. 2 Abs. 4 SE-VO ferner von der grenzüberschreitenden Verschmelzung (→ § 18) anderer Rechtsträger – gleich welcher Herkunft – auf sie. Auch die grenzüberschreitende Verschmelzung der Tochtergesellschaft auf eine andere, dem Recht eines dritten Mitgliedstaats

---

[4] Hierzu Habersack/Drinhausen/*Bücker*, Art. 37 Rn. 13; *Drinhausen*, 10 Jahre SE, S. 30, 38.

[5] MünchKommAktG/*Oechsler*/*Mihaylova*, Art. 2 SE-VO Rn. 17; *Drinhausen*, 10 Jahre SE, S. 30, 38.

[6] Ebenso i. E. MünchKommAktG/*Oechsler*/*Mihaylova*, Art. 2 SE-VO Rn. 34, 43; Habersack/Drinhausen/*Habersack*, Art. 2 Rn. 15, 17, 22; Spindler/Stilz/*Casper*, Art. 2 SE-VO Rn. 12, 14, 17.

[7] Ebenso i. E. MünchKommAktG/*Oechsler*/*Mihaylova*, Art. 2 SE-VO Rn. 34, 43; Habersack/Drinhausen/*Habersack*, Art. 2 Rn. 6, 15, 22; Spindler/Stilz/*Casper*, Art. 2 SE-VO Rn. 12, 14, 17.

[8] Ganz hM; siehe nur MünchKommAktG/*Oechsler*/*Mihaylova*, Art. 2 SE-VO Rn. 34, 43. Habersack/Drinhausen/*Habersack*, Art. 2 Rn. 6, 15, 22, jeweils mwN; vgl. aber *Seibt*/*Reinhard*, Der Konzern 2005, 407, 410 f. (keine Erfüllung des Erfordernisses durch Tochtergesellschaft i. L.).

[9] In dieselbe Richtung *Seibt*/*Reinhard*, Der Konzern 2005, 407, 412.

unterliegende Tochtergesellschaft der Gründungsgesellschaft ist für den Lauf des Zwei-Jahres-Zeitraums unschädlich, und zwar auch dann, wenn die aufnehmende Gesellschaft zu Beginn des Zwei-Jahres-Zeitraums noch nicht existierte und/oder noch nicht der Kontrolle der Gründungsgesellschaft unterlag. Der Bestand der übertragenden Tochtergesellschaft iSd Art. 2 Abs. 4 SE-VO wirkt insofern aufgrund der Universalsukzession zugunsten der aufnehmenden Tochtergesellschaft fort. Auf den weniger lang zurückliegenden Gründungszeitpunkt der aufnehmenden Gesellschaft ist wiederum nur dann abzustellen, wenn die übertragende Tochtergesellschaft demselben Recht wie die Gründungsgesellschaft unterlag.

Der **Mitgliedstaat**, dessen Recht die Tochtergesellschaft unterliegt, darf im Laufe des Zwei-Jahres-Zeitraums **nicht aus der Gemeinschaft ausgetreten** sein. Eine Tochtergesellschaft mit Sitz im Vereinigten Königreich verliert daher mit der Wirksamkeit des sog. **Brexit** ihre Fähigkeit, die Anforderungen des Art. 2 Abs. 4 SE-VO zu erfüllen. Im Fall des **Beitritts eines neuen Mitgliedstaats** dagegen kann eine im Beitrittsstaat ansässige und dort seit mindestens zwei Jahren bestehende Tochtergesellschaft (vorbehaltlich besonderer Bedingungen des Beitritts) sofort mit Wirksamkeit des Beitritts die Anforderungen des Art. 2 Abs. 4 SE-VO erfüllen. Andernfalls ergäbe sich im Verhältnis zwischen dem Neumitglied und der Gemeinschaft faktisch eine SE-gründungsspezifische Wartefrist von zwei Jahren; eine solche ist in der SE-VO aber ersichtlich nicht angelegt.

C. Gründungsverfahren

I. Umwandlungsplan

1. Zuständigkeit

Aufzustellen ist der Umwandlungsplan gem. Art. 37 Abs. 4 SE-VO durch den **Vorstand** der Gründungsgesellschaft, der der Hauptversammlung den vollständigen Plan zur Beschlussfassung (→ Rn. 60 ff.) vorlegt.

Eine formale Zuständigkeit des **Aufsichtsrats** der Gründungsgesellschaft ergibt sich nicht. Sie folgt insbesondere nicht aus der an den nationalen Gesetzgeber gerichteten, aufsichtsratsspezifischen Ermächtigung aus Art. 37 Abs. 8 SE-VO, die im SEAG nicht umgesetzt wurde.[10] Gleichwohl muss der an die Hauptversammlung gerichtete Beschlussvorschlag, dem Formwechsel auf Grundlage des Umwandlungsplans zuzustimmen, gem. § 124 Abs. 3 S. 1 AktG von Vorstand und Aufsichtsrat gleichermaßen getragen sein.

2. Form

Der Umwandlungsplan als solcher unterliegt **keinem gesonderten Formerfordernis**; er findet vielmehr als Bestandteil des Formwechselbeschlusses **Eingang in die notarielle Beurkundung des Hauptversammlungsbeschlusses**. Ob sich das letztgenannte Beurkundungserfordernis aus Art. 37 Abs. 7 S. 2 SE-VO, § 13 Abs. 3 S. 1 UmwG ergibt[11] oder eine entsprechende Anwendung des formwechselspezifischen § 193 Abs. 3 S. 1 UmwG näher liegt, kann dahinstehen.

Die v. a. im älteren Schrifttum vertretene Ansicht, wonach neben dem Umwandlungsbeschluss auch der Umwandlungsplan einem gesonderten Beurkundungserfordernis unter-

---

[10] Zum rechtspolitischen Hintergrund der deutschen Initiative zur Schaffung der Ermächtigung und letztlich fehlenden Umsetzung gerade in Deutschland siehe Kölner Kommentar-AktG/*Paefgen*, Art. 37 SE-VO Rn. 6; *Scheifele*, Gründung der SE, S. 421 f.; *Brandt*, NZG 2002, 991, 995.
[11] So die wohl hM; siehe nur MünchKommAktG/*Schäfer*, Art. 37 SE-VO Rn. 14; Spindler/Stilz/*Casper*, Art. 37 SE-VO Rn. 10; Habersack/Drinhausen/*Bücker*, Art. 37 Rn. 30.

§ 40 14, 15 4. Kapitel. Formwechsel

liegt,[12] ist zurecht ganz überwiegend auf Ablehnung gestoßen.[13] Insbesondere eine **analoge Anwendung des für den Verschmelzungsplan geltenden Beurkundungserfordernisses aus Art. 18 SE-VO, § 6 UmwG kommt** aufgrund der fehlenden Vergleichbarkeit von Umwandlungs- und Verschmelzungsplan **nicht in Betracht**. Denn bei Letzterem handelt es sich um einen mehrseitigen, von den Vertretern der verschmelzungsbeteiligten Rechtsträger vereinbarten Rechtsakt, während der Umwandlungsplan iSd Art. 37 SE-VO einseitig durch den Vorstand der formwechselnden, allein umwandlungsbeteiligten Gründungsgesellschaft erstellt wird.[14] Es besteht mithin kein vergleichbares Bedürfnis nach Richtigkeitsgewähr und Belehrung der Beteiligten.[15] Aus demselben Grund sieht auch der deutsche Gesetzgeber für den nationalen Formwechsel keinen gesondert neben dem Gesellschafterbeschluss zu beurkundenden Formwechselplan vor. Allenfalls aus Gründen der Transaktionssicherheit und soweit eine klärende Abstimmung mit dem zuständigen Handelsregister nicht in Frage kommt, mag sich im praktischen Einzelfall eine Beurkundung des Umwandlungsplans empfehlen.

3. Inhalt

14 a) **Rechtsgrundlage.** Zur Frage, welche Inhalte der Umwandlungsplan enthalten muss bzw. kann, finden sich **in Art. 37 SE-VO weder unmittelbar Vorgaben noch ein ausdrücklicher Verweis auf andere Regelungen** wie etwa die für den Verschmelzungs- bzw. den Holding-Gründungsplan geltenden Inhaltekataloge aus Art. 20 und Art. 32 Abs. 2 SE-VO. Gleichzeitig fehlt es auf umwandlungsgesetzlicher Ebene an einem mit Art. 37 SE-VO vergleichbaren, planmäßigen Akt der Gesellschaftsgründung, auf dessen rechtliche Grundlagen sich gem. Art. 15 Abs. 1 SE-VO zurückgreifen ließe. Allein für den Formwechselbeschluss auf nationaler Ebene enthält § 194 Abs. 1 UmwG einige inhaltliche Vorgaben.

15 Eine analoge Anwendung der nationalen Regelungen zum Formwechsel wird denn auch teilweise vorgeschlagen, um die notwendigen und fakultativen Inhalte des SE-Umwandlungsplans zu bestimmen.[16] Hierfür mag aus deutscher Sicht die Klarheit und Übersichtlichkeit des Inhaltekatalogs aus § 194 Abs. 1 UmwG sprechen. Ob und in welchem Umfang auch in den übrigen Mitgliedstaaten auf die Existenz und Übertragbarkeit einer vergleichbaren Norm gezählt werden kann, ist freilich nicht geklärt.[17] Überdies erschiene es vor dem Hintergrund der unmittelbaren und detaillierten Verordnungsvorgaben für den Verschmelzungs- und Holding-Gründungsplan in systematischer Hinsicht fragwürdig, iRd Art. 37 SE-VO uneingeschränkt auf nationales Recht zurückzugreifen, das noch nicht

---

[12] *Schwarz*, SE-VO, Art. 37 Rn. 29; *Scheifele*, Gründung der SE, S. 408; *Heckschen*, DNotZ 2003, 251, 264; Lutter/Hommelhoff, Europäische Gesellschaft/*Bayer*, S. 25, 61; *Wagner*, AnwBl 2009, 409, 416; aktuell in dieselbe Richtung nur noch Lutter/Hommelhoff/Teichmann/*J. Schmidt*, Art. 37 Rn. 21.

[13] Insofern übereinstimmend MünchKommAktG/*Schäfer*, Art. 37 SE-VO Rn. 14; Kölner Kommentar-AktG/*Paefgen*, Art. 37 SE-VO Rn. 45; Spindler/Stilz/*Casper*, Art. 37 SE-VO Rn. 10; Habersack/Drinhausen/*Bücker*, Art. 37 Rn. 30; Frodermann/Jannott/*Jannott*, Kap. 3 Rn. 236; *Louven/Ernst*, BB 2014, 323, 328; *Seibt/Reinhard*, Der Konzern 2005, 407, 414; Van Hulle/Maul/Drinhausen/*Drinhausen*, Abschn. 4 § 5 Rn. 19; unklar *Vossius* ZIP 2005, 741, 747 mit dortiger Fn. 74 (notarielle Form des Umwandlungsplans, aber Beurkundung „anlässlich der Beschlussfassungen" ausreichend).

[14] In dieselbe Richtung in anderem Zusammenhang Lutter/Hommelhoff/Teichmann/*J. Schmidt*, Art. 37 SE-VO Rn. 14.

[15] Dahingehend auch *Seibt/Reinhard*, Der Konzern 2005, 407, 414; aA ausdrücklich *Schwarz*, SE-VO, Art. 37 Rn. 29; *Scheifele*, Gründung der SE, S. 408; Lutter/Hommelhoff, Europäische Gesellschaft/*Bayer*, S. 25, 61; *Heckschen*, DNotZ 2003, 251, 264.

[16] Lutter/Hommelhoff/Teichmann/*J. Schmidt*, Art. 37 SE-VO Rn. 14; Spindler/Stilz/*Casper*, Art. 37 SE-VO Rn. 9; Van Hulle/Maul/Drinhausen/*Drinhausen*, Abschn. 4 § 5 Rn. 12; Lutter/Hommelhoff, Europäische Gesellschaft/*Bayer*, S. 25, 61.

[17] Hierauf – und insbesondere auf die fehlende europaweite Harmonisierung der nationalen Formwechselregeln – zurecht hinweisend MünchKommAktG/*Schäfer*, Art. 37 SE-VO Rn. 10.

einmal einer Harmonisierung auf Richtlinienebene unterliegt. Die besseren Gründe sprechen daher für eine **selektive, funktional orientierte Übertragung der Planvorgaben aus Art. 20 Abs. 1, Art. 32 Abs. 2 SE-VO auf den Umwandlungsplan**.[18] Dies führt (nur) im Ergebnis zu einer **Annäherung** der in Art. 20 Abs. 1 SE-VO aufgeführten Inhalte **an die formwechselspezifischen Vorgaben aus § 194 Abs. 1 UmwG**.

b) Zwingende Inhalte. Zu den zwingenden Elementen des Umwandlungsplans gehören zunächst die **Angabe der Firma und des Sitzes** der künftigen SE sowie die **Tatsache, dass es sich bei der Zielrechtsform um eine SE handelt.** Diese Angaben mag man auf eine Analogie zu Art. 20 Abs. 1 lit. a), Art. 32 Abs. 2 S. 3 SE-VO stützen[19] (vgl. auch § 194 Abs. 1 Nr. 1, 2 UmwG) oder schlicht zu den selbstverständlichen essentialia negotii des Wechsels in eine bestimmte Rechtsform zählen. 16

Ebenso zwingender und selbstverständlicher Bestandteil des Umwandlungsplans ist entsprechend Art. 20 Abs. 1 lit. h) SE-VO die **Satzung der SE** (vgl. auch § 218 Abs. 1 S. 1, § 243 Abs. 1 S. 1 UmwG). Sie konstituiert die rechtlichen Eckpunkte der künftigen Binnenordnung und lässt gleichzeitig Raum für begleitende, erläuternde Angaben zu den Auswirkungen, die „der Übergang zur Rechtsform einer SE für die Aktionäre und für die Arbeitnehmer hat" (Art. 32 Abs. 2 S. 2 SE-VO analog). 17

Aufzunehmen sind weiter ggf. Angaben zu den Rechten, welche die SE den mit **Sonderrechten** ausgestatteten Aktionären der Gründungsgesellschaften und den Inhabern anderer Wertpapiere als Aktien gewährt, bzw. die für diese Personen vorgeschlagenen Maßnahmen (Art. 20 Abs. 1 lit f) SE-VO analog; vgl. auch § 194 Abs. 1 Nr. 5 UmwG).[20] Von Bedeutung sind diese Angaben etwa bei Vorzugsaktien, Wandelanleihen und Entsendungsrechten, die sich in der SE fortsetzen. 18

Obligatorisch sind schließlich entsprechend Art. 20 Abs. 1 lit. i) SE-VO Angaben zum Verhandlungsverfahren und der **Beteiligung der Arbeitnehmer** in der künftigen SE[21] (→ Rn. 69 ff.). 19

Nicht bzw. nicht zwingend aufzunehmen sind alle übrigen in Art. 20 Abs. 1 SE-VO aufgeführten Angaben. Dies gilt insbesondere für das **Umtauschverhältnis der Aktien und die Höhe der Ausgleichsleistung** (mangels eines mit der Formwechselgründung einhergehenden Aktientauschs; Art. 20 Abs. 1 lit. b) SE-VO),[22] für den **Zeitpunkt, von dem an die SE-Aktien das Recht auf Beteiligung am Gewinn gewähren** (da der Zeitpunkt, in dem sich die AG-Aktionärsposition in eine SE-Aktionärsposition umwandelt, für die nahtlos fortdauernde Gewinnberechtigung der Aktionäre ohne Belang ist; Art. 20 Abs. 1 lit. d) SE-VO),[23] sowie für den **Zeitpunkt, von dem an die Handlungen der sich verschmelzenden Gesellschaften unter dem Gesichtspunkt der Rechnungslegung als für Rechnung der SE vorgenommen gelten** (da wegen der Identität 20

---

[18] Ebenfalls eine Analogie auf Verordnungsebene befürwortend MünchKommAktG/*Schäfer*, Art. 37 SE-VO Rn. 10; Habersack/Drinhausen/*Bücker*, Art. 37 Rn. 23 („autonom aus der SE-VO abzuleiten"); Manz/Mayer/Schröder/*Schröder* Art. 37 Rn. 20; *Scheifele*, Gründung der SE, S. 405 f.; *Seibt/Reinhard*, Der Konzern 2005, 404, 413 f.; i. E. wohl ähnlich *El Mahi*, Europäische AG, S. 73, und Theisen/Wenz, Europäische AG/*Neun*, S. 57, 175 f., die die zwingenden Planinhalte ohne gesetzliche Grundlage unmittelbar aus den mit dem Rechtsformwechsel verbundenen Änderungen ableiten wollen.

[19] MünchKommAktG/*Schäfer*, Art. 37 SE-VO Rn. 11; Habersack/Drinhausen/*Bücker*, Art. 37 Rn. 25; *Seibt/Reinhard*, Der Konzern 2005, 404, 414.

[20] MünchKommAktG/*Schäfer*, Art. 37 SE-VO Rn. 11; Manz/Mayer/Schröder/*Schröder* Art. 37 Rn. 21; *Seibt/Reinhard*, Der Konzern 2005, 404, 414.

[21] Zutr. Habersack/Drinhausen/*Bücker*, Art. 37 Rn. 25; Manz/Mayer/Schröder/*Schröder* Art. 37 Rn. 21 aE; *Scheifele*, Gründung der SE, S. 408; aA *Seibt/Reinhard*, Der Konzern 2005, 404, 414.

[22] AA MünchKommAktG/*Schäfer*, Art. 37 SE-VO Rn. 11; Kölner Kommentar-AktG/*Paefgen*, Art. 37 SE-VO Rn. 30; *Seibt/Reinhard*, Der Konzern 2005, 404, 414.

[23] MünchKommAktG/*Schäfer*, Art. 37 SE-VO Rn. 11.

§ 40 21–24

zwischen altem und neuem Rechtsträger auch insoweit kein abgrenzender Stichtag existiert; Art. 20 Abs. 1 lit. e) SE-VO).[24]

21 Nicht aufgenommen werden müssen weiter „die **Einzelheiten hinsichtlich der Übertragung der Aktien der SE**" (Art. 20 Abs. 1 lit. c) SE-VO),[25] da es im Zuge der Formwechselgründung zu keinem derartigen Übertragungsvorgang kommt. Diese für den Verschmelzungsplan geltende Vorgabe ist im Rahmen der Formwechselgründung auch nicht dahingehend umzudeuten, dass der Umwandlungsplan – entsprechend § 194 Abs. 1 Nr. 4 UmwG – erläutern müsste, dass und in welcher Art und Weise die bisherigen AG-Aktionäre im Zuge der SE-Gründung zu Inhabern von SE-Aktien werden.[26] Denn auch dies ist selbstverständliche Rechtsfolge der Identität zwischen altem und neuem Rechtsträger und bedarf ebenso wenig der Erläuterung wie die Identität zwischen alten AG-Aktien und neuen SE-Aktien (anders als beispielsweise die Fortsetzung einer GmbH- oder personengesellschaftsrechtlichen Beteiligung in einer neuen AG-Aktionärsstellung, auf die § 194 Abs. 1 Nr. 4 UmwG abzielt). Dem Vorstand steht es jedoch frei, eine solche Erläuterung als freiwilligen Bestandteil des Umwandlungsplans aufzunehmen (→ Rn. 24).

22 Nicht zu den zwingenden Bestandteilen des Umwandlungsplans gehören schließlich Angaben zu besonderen **Vorteilen, die den Sachverständigen**, die den Plan prüfen, oder den Mitgliedern der Verwaltungs-, Leitungs-, Aufsichts- oder Kontrollorgane der Gründungsgesellschaften **gewährt werden** (Art. 20 Abs. 1 lit. g) SE-VO).[27] Denn anders als im Rahmen einer Verschmelzung, bei der sich wegen des Zusammengehens mehrerer Rechtsträger typischerweise unterschiedlich ausgeprägte und nicht anderweitig transparente Vorteile für die Organmitglieder der Gründungsgesellschaften ergeben können (zB aufgrund von Kontrollwechselvereinbarungen oder der Übernahme neuer Ämter im fusionierten Rechtsträger), bleibt der Formwechsel in die SE-Rechtsform typischerweise ohne derartige Auswirkungen. Teilweise wird sogar eine nahtlose Kontinuität der Organämter angenommen (→ Rn. 83 ff.). Und auch in Hinblick auf den sachverständigen Prüfer ergibt sich im Rahmen der Formwechselprüfung nicht dasselbe Bedürfnis nach vertieften Angaben wie bei der Verschmelzungsgründung. Denn dessen Prüfung umfasst im Rahmen des Formwechsels nicht den gesamten Plan, sondern beschränkt sich gem. Art. 37 Abs. 6 SE-VO auf eine Prüfung der Vermögensdeckung (→ Rn. 41 ff.). Ebenso wenig wie sich das verschmelzungsspezifische Angabeerfordernis aus § 5 Abs. 1 Nr. 8 UmwG daher im Rahmen des Formwechselbeschlusses nach § 194 Abs. 1 UmwG fortsetzt, gilt für den Umwandlungsplan nach Art. 37 SE-VO ein Angabeerfordernis, das Art. 20 Abs. 1 lit. g) SE-VO entspräche. Eine freiwillige Aufnahme der Angaben in den Umwandlungsplan ist wiederum nicht ausgeschlossen (→ Rn. 24).

23 Umstritten ist schließlich, ob der **Umwandlungsbericht** analog Art. 32 Abs. 2 S. 2 SE-VO in den Umwandlungsplan integriert werden muss (→ Rn. 32).

24 **c) Fakultative Inhalte.** Über die zwingenden Angaben hinaus steht es dem Vorstand der Gründungsgesellschaft entsprechend Art. 20 Abs. 2 SE-VO frei, im Einzelfall weitere Angaben in den Verschmelzungsplan aufzunehmen.[28] Dazu kann insbesondere eine **Erläuterung zur Art und Weise** gehören, **in der sich die AG-Aktionärsstellung in der SE fortsetzt** (→ Rn. 21) oder **besondere Vorteile**, die sich im Zuge des Formwechsels **für**

---

[24] MünchKommAktG/*Schäfer*, Art. 37 SE-VO Rn. 11.
[25] Anders die wohl hM; MünchKommAktG/*Schäfer*, Art. 37 SE-VO Rn. 11; Kölner Kommentar-AktG/*Paefgen*, Art. 37 SE-VO Rn. 31; Manz/Mayer/Schröder/*Schröder* Art. 37 Rn. 21; *Scheifele*, Gründung der SE, S. 406.
[26] Dies befürwortend aber Lutter/Hommelhoff/Teichmann/*J. Schmidt*, Art. 37 Rn. 18.
[27] AA MünchKommAktG/*Schäfer*, Art. 37 SE-VO Rn. 11; *Scheifele*, Gründung der SE, S. 407; Seibt/Reinhard, Der Konzern 2005, 404, 414; i. E. wie hier dagegen Lutter/Hommelhoff/Teichmann/ *J. Schmidt*, Art. 37 Rn. 16; Spindler/Stilz/*Casper*, Art. 37 SE-VO Rn. 8–10.
[28] Im Grundsatz ganz hM; siehe nur MünchKommAktG/*Schäfer*, Art. 37 SE-VO Rn. 11; Kölner Kommentar-AktG/*Paefgen*, Art. 37 SE-VO Rn. 41 ff., jeweils mwN.

den sachverständigen Prüfer oder die Organmitglieder der Gründungsgesellschaften ergeben (→ Rn. 22). Teilweise ebenso als fakultativer Bestandteil des Umwandlungsplans vorgeschlagen wird die **Bestellung der SE-Organmitglieder und des Abschlussprüfers**[29] (→ Rn. 83 ff.).

Nicht statthaft ist dagegen ein **Abfindungsangebot an Minderheitsaktionäre** gem. 25 § 207 UmwG (vgl. § 194 Abs. 1 Nr. 6 UmwG → Rn. 87 f.).

Eher fernliegend erscheint es, in den Umwandlungsplan auch einen **Verzicht der** 26 **Aktionäre der Gründungsgesellschaft auf die Erhebung einer Beschlussmängelklage** aufzunehmen.[30] Denn für den (Regel-)Fall einer nur mehrheitlichen Beschlussfassung über die Formwechselgründung entfaltet ein solcher Verzicht gerade für die mit „Nein" stimmenden Aktionäre, von denen eine Beschlussmängelklage typischerweise ausgehen wird, keine Wirkung. Relevant wäre ein Verzicht allenfalls, soweit in einem übersichtlichen Aktionärskreis eine einstimmige Beschlussfassung zustande kommt. Gerade in letzterem Fall wird aber auf mindestens ebenso unkomplizierte Art und Weise ein **Verzicht außerhalb des Umwandlungsplans** möglich sein, insbesondere durch schlichten Verzicht jedes Aktionärs auf Einlegung eines Widerspruchs zur Niederschrift. Vorteilhaft auswirken können sich Verzichtserklärungen allenfalls im Eintragungsverfahren gem. § 16 Abs. 2 S. 2, § 198 Abs. 3 UmwG. Voraussetzung hierfür ist jedoch die notarielle Beurkundung der Verzichtserklärungen, während der Umwandlungsplan als solcher keinem Beurkundungserfordernis unterliegt (→ Rn. 12 f.).

4. Verfahren nach Planaufstellung

Der fertiggestellte Umwandlungsplan ist gem. Art. 37 Abs. 5 SE-VO mindestens einen 27 Monat vor dem Tag der Hauptversammlung, die über die Formwechselgründung beschließen soll, nach einem im nationalen Recht „gemäß Artikel 3 der Richtlinie 68/151/EWG vorgesehenen Verfahren" **offen zu legen**. Mangels eines formwechselspezifischen Planoffenlegungsverfahrens im deutschen Umwandlungsrecht bemisst sich die Bekanntmachung des Umwandlungsplans **entsprechend den Vorgaben für die Bekanntmachung des Verschmelzungsplans aus § 5 SEAG, § 61 S. 2 UmwG**.[31]

Darüber hinaus ist der Umwandlungsplan **nicht gesondert gem. Art. 15 SE-VO,** 28 **§ 194 Abs. 2 UmwG dem Betriebsrat der Gründungsgesellschaft zuzuleiten**.[32] Die obligatorische Information nach § 4 SEBG und das daran anschließende Wahl- und Verhandlungsverfahren (→ Rn. 69 ff.) sieht insofern eine deutlich intensivere Einbindung der Arbeitnehmer und ihrer Vertreter in die Formwechselgründung vor, als sie § 194 Abs. 2 UmwG für den nationalen Formwechsel bestimmt. Für eine Anwendung des umwandlungsgesetzlichen Zuleitungserfordernisses bleibt daher kein Platz, und auch inhaltlich wäre die Zuleitung in Anbetracht der arbeitnehmerspezifischen Informationen nach § 4 SEBG letztlich eine leere Geste. Sicherheitshalber empfiehlt sich im Einzelfall eine Abstimmung mit dem zuständigen Handelsregister.

Schließlich ist der Umwandlungsplan **den Aktionären im Rahmen der Einberufung** 29 **der Hauptversammlung zugänglich zu machen**. Anders als in Bezug auf das Zugänglichmachen des Umwandlungsberichts (→ Rn. 39) enthält zwar weder die SE-Verordnung

---

[29] Kölner Kommentar-AktG/*Paefgen*, Art. 37 SE-VO Rn. 42 f.; Habersack/Drinhausen/*Bücker*, Art. 37 Rn. 29; zurückhaltender Lutter/Hommelhoff/Teichmann/*J. Schmidt*, Art. 37 Rn. 19.
[30] Die Aufnahme eines solchen Verzichts erwägend Lutter/Hommelhoff/Teichmann/*J. Schmidt*, Art. 37 Rn. 19.
[31] Mittlerweile wohl ganz hM; siehe nur Lutter/Hommelhoff/Teichmann/*J. Schmidt*, Art. 37 Rn. 32; MünchKommAktG/*Schäfer*, Art. 37 SE-VO Rn. 19; Habersack/Drinhausen/*Bücker*, Art. 37 Rn. 33; *Louven/Ernst*, BB 2014, 323, 328 f.; abw. noch *Schwarz*, SE-VO, Art. 37 Rn. 36.
[32] Str., wie hier die mittlerweile wohl hM; MünchKommAktG/*Schäfer*, Art. 37 SE-VO Rn. 20; Kölner Kommentar-AktG/*Paefgen*, Art. 37 SE-VO Rn. 48; Habersack/Drinhausen/*Bücker*, Art. 37 Rn. 34; *Seibt/Reinhard*, Der Konzern 2005, 404, 415; *Kowalski*, DB 2007, 22243, 2249; aA Spindler/Stilz/*Casper*, Art. 37 SE-VO Rn. 12; *Scheifele*, Gründung der SE, S. 410 f.

noch das UmwG eine ausdrückliche Regelung, nach der der Umwandlungsplan in die vorbereitenden Unterlagen aufgenommen werden müsste. Dies liegt jedoch einerseits daran, dass der Verordnungsgeber die Versammlungsvorbereitung nach Art. 37 SE-VO weitgehend in die Hände des nationalen Gesetzgebers legt, und andererseits daran, dass das deutsche Formwechselrecht die Inhalte des Umwandlungsplans iSd Art. 37 SE-VO nicht als Inhalte eines separaten Plans behandelt, sondern gem. § 194 UmwG als unmittelbare Elemente des Formwechselbeschlusses. Entsprechend § 194 UmwG ist der Umwandlungsplan daher ebenfalls in die Einberufungsunterlagen aufzunehmen.[33] Praktisch wird es sich empfehlen, den Umwandlungsplan darüber hinaus formal parallel zum Umwandlungsbericht auf die in § 230 Abs. 2, § 238 UmwG bestimmte Art und Weise (→ Rn. 39) zugänglich zu machen. Denn soweit der Bericht (wie praktisch regelmäßig der Fall) auf bestimmte Abschnitte des Plans Bezug nimmt, erleichtert ein paralleles Zugänglichmachen beider Dokumente die Verständlichkeit des Berichts.

II. Umwandlungsbericht

1. Zuständigkeit

30 Ebenso wie für die Aufstellung des Umwandlungsplans (→ Rn. 10) ist der **Vorstand** der Gründungsgesellschaft gem. Art. 37 Abs. 4 SE-VO auch für die Berichterstattung über die Formwechselgründung zuständig.

2. Form

31 Der Umwandlungsbericht ist entsprechend § 192 Abs. 1 S. 1 UmwG in **schriftlicher Form** zu erstellen. Durch mündliche Erläuterungen, etwa in der Hauptversammlung (→ Rn. 58), wird er nicht ersetzt; er bildet vielmehr ihre Grundlage.

32 Nicht abschließend geklärt ist, ob der Umwandlungsbericht – analog zum Holding-Gründungsbericht gem. Art. 32 Abs. 2 S. 2 SE-VO (→ § 43 Rn. 23) – einen Bestandteil des Umwandlungsplans bildet[34] oder selbstständig neben dem Plan steht.[35] Eine zwingende Integration in den Umwandlungsplan analog Art. 32 Abs. 2 S. 2 SE-VO wird teilweise auf die Erwägung gestützt, dass Art. 37 Abs. 5 SE-VO nur für den Plan eine Offenlegung anordne und damit stillschweigend unterstelle, dass der Bericht als Bestandteil des Plans ohne weiteres mitveröffentlicht werde.[36] Mindestens ebenso nahe liegt jedoch ein Umkehrschluss zu Art. 32 Abs. 2 S. 2 SE-VO. Dessen Eingangsformulierung („Dieser Plan enthält einen Bericht…") findet sich weder in Art. 37 SE-VO noch im Recht der Verschmelzungsgründung wieder und scheint damit im Gefüge der SE-VO eher singulären als beispielhaft-generellen Charakter zu haben. Überdies harmoniert eine formalrechtliche Trennung zwischen Plan und Bericht stimmiger mit dem Nebeneinander von Verzichtbarkeit des Berichts (→ Rn. 37 f.) und Unverzichtbarkeit des Plans.[37] Praktisch empfiehlt sich es sich – nach Möglichkeit auf Basis einer Abstimmung mit dem zuständigen Registergericht –, den **Umwandlungsbericht als gesondertes Dokument** zu erstellen. Eine solche Auslagerung wird mit guten Gründen schon im Rahmen der Holding-SE-Gründung empfohlen[38] und ist daher erst recht im Rahmen der Formwechselgründung statthaft. Schließlich erscheint es selbst für den Fall, dass man den

---

[33] Kölner Kommentar-AktG/*Paefgen*, Art. 37 SE-VO Rn. 86.
[34] Dies befürwortend MünchKommAktG/*Schäfer*, Art. 37 SE-VO Rn. 15; Spindler/Stilz/*Casper*, Art. 37 SE-VO Rn. 11; Kölner Kommentar-AktG/*Paefgen*, Art. 37 SE-VO Rn. 49.
[35] Hierfür Lutter/Hommelhoff/Teichmann/*J. Schmidt*, Art. 37 Rn. 25; Habersack/Drinhausen/*Bücker*, Art. 32 SE-VO Rn. 37; Van Hulle/Maul/Drinhausen/*Drinhausen*, Abschn. 4 § 5 Rn. 16; *Scheifele*, Gründung der SE, S. 409; *Kowalski*, DB 2007, 2243, 2246.
[36] In diese Richtung MünchKommAktG/*Schäfer*, Art. 37 SE-VO Rn. 15.
[37] In dieselbe Richtung Habersack/Drinhausen/*Bücker*, Art. 32 Rn. 39.
[38] Habersack/Drinhausen/*Bücker*, Art. 32 Rn. 39; Spindler/Stilz/*Casper* Art. 32 SE-VO Rn. 14 aE; *Kalss*, ZGR 2003, 593, 632; aA jedoch Frodermann/Jannott/*Jannott*, Kap. 3 Rn. 135.

Umwandlungsbericht analog Art. 32 Abs. 2 S. 2 SE-VO grundsätzlich zu den Bestandteilen des Umwandlungsplans zählen will, fernliegend, aus der Hervorhebung des Berichts in einem separaten Dokument einen materiellen Mangel des Berichts abzuleiten, der sich auf die Beschlusswirksamkeit oder das Registerverfahren auswirken könnte. Der Transaktionssicherheit ist daher in aller Regel mit einer Trennung der Dokumente am besten gedient.

3. Inhalt

Gem. Art. 32 Abs. 4 SE-VO begründet und erläutert der Vorstand im Umwandlungsbericht die **rechtlichen und wirtschaftlichen Aspekte der Umwandlung** sowie die **Auswirkungen**, die der Rechtsformwechsel **für die Aktionäre und für die Arbeitnehmer** hat. Aufgrund der Breite dieser Vorgaben und des Fehlens eines Katalogs obligatorischer Inhalte genießt der Vorstand bei der Berichterstattung ähnlich große Freiheiten wie in Bezug auf die Berichte über sonstige Umwandlungsmaßnahmen (→ § 43 Rn. 24 ff, § 33 Rn. 5 ff), deren gesetzliche Grundlagen häufig dieselben Gesichtspunkte im Blick haben (zB Art. 32 Abs. 2 S. 2 SE-VO für die Holding-SE-Gründung und § 192 Abs. 1 S. 1 UmwG für den Formwechsel). 33

Als **Gegenstände der Berichterstattung** kommen **im Einzelnen** insbesondere in Betracht: 34
- **Rechtliche und wirtschaftliche Eckdaten der Gründungsgesellschaft** (Firma, Rechtsform, Unternehmensgegenstand, Grundkapital, Finanzkennzahlen, Aktionärsstruktur, Organe und Organmitglieder, Mitbestimmungsregime)
- **Gründe für die SE-Formwechselgründung**, nicht zwingend auch eine Abwägung mit Alternativen[39]
- **Kosten** der Gründung
- **Schritt-für-Schritt-Erläuterung der einzelnen Gegenstände des Umwandlungsplans**
- **Darstellung der wesentlichen Verfahrensschritte**
- **Erläuterung der Arbeitnehmerbeteiligung**, ggf. Einzelheiten einer entworfenen oder bereits abgeschlossenen Beteiligungsvereinbarung
- **Kapitalmarktrechtliche Auswirkungen** in Bezug auf die von der Gesellschaft ausgegebenen Aktien und deren Börsennotierung
- **Bilanzielle und steuerliche Folgen**

Dabei sind grundsätzlich nur solche Angaben geschuldet, die sich **auf das konkrete Gründungsvorhaben beziehen**. Nicht erforderlich ist dagegen eine generell-abstrakte Vorstellung der SE-Rechtsform oder eine allgemeine tabellarische Übersicht der Unterschiede zwischen AG und SE.[40] 35

Nicht aufgenommen werden müssen ferner **Tatsachen, deren Bekanntwerden geeignet ist, der Gesellschaft einen nicht unerheblichen Nachteil zuzufügen**. § 8 Abs. 2, § 192 Abs. 2 S. 2 UmwG gelten insofern entsprechend. 36

4. Entbehrlichkeit und Verzicht

In bestimmten Ausnahmefällen kann der Vorstand von der Erstellung eines Umwandlungsberichts absehen. Das gilt zunächst gem. § 192 Abs. 1 S. 1 Alt. 1 UmwG, Art. 15 Abs. 1 SE-VO für den Fall, dass **sämtliche Aktien der Gründungsgesellschaft von** 37

---

[39] AA Kölner Kommentar-AktG/*Paefgen*, Art. 37 SE-VO Rn. 54; Theisen/Wenz, Europäische AG/*Neun*, S. 57, 176 f.
[40] Zurückhaltend auch Habersack/Drinhausen/*Bücker*, Art. 37 SE-VO Rn. 39. Anders noch die lehrbuchartigen Ausführungen, zu denen sich die Allianz AG im Rahmen der SE-Gründung 2006 aufgrund eines gerichtlichen Vergleichs verpflichtete; hierzu *Noack*, Unternehmensrechtliche Notizen v. 27. Juli 2006, abrufbar unter notizen.duslaw.de („Das teuerste Juraskript aller Zeiten").

derselben Person gehalten werden.[41] Entscheidend hierfür ist die **formale Struktur der erste Gesellschafterebene im Zeitpunkt der registergerichtlichen Kontrolle** der Formwechselgründung.[42] Erfasst ist daher auch der Fall, in dem sämtliche Aktionäre ihre Aktien in einer Holdinggesellschaft zusammengelegt haben. Nicht erfasst wird dagegen die umgekehrte Konstellation, in der die Aktien von mehreren juristischen Personen gehalten werden, deren Anteile wiederum vollständig in den Händen derselben Person liegen.

38 Verfügt die Gründungsgesellschaft über mehrere Aktionäre, so können diese den Vorstand durch individuelle **Verzichtserklärungen** gem. § 192 Abs. 2 S. 1 Alt. 2 UmwG, Art. 15 Abs. 1 SE-VO von der Berichtspflicht befreien.[43] Bezweifelt wird diese Verzichtsmöglichkeit teilweise unter Hinweis auf die angeblich (auch) arbeitnehmerschützende Funktion des Berichts, über die die Aktionäre selbst einstimmig nicht frei disponieren könnten.[44] Richtigerweise dient der Bericht jedoch zumindest ganz überwiegend der Information der Aktionäre im Vorfeld der Hauptversammlung und allenfalls am Rande auch der Information der Arbeitnehmer. Letztere Funktion ist iRd Formwechselgründung noch geringer ausgeprägt als im iRd Formwechsels nach §§ 192 ff. UmwG, da die Arbeitnehmer im SE-Gründungsverfahrens gem. §§ 4 ff. SEBG sogar mitentscheidend eingebunden sind und in diesem Rahmen gesondert informiert werden (→ Rn. 28, 70). Die Verzichtsmöglichkeit gem. § 192 Abs. 2 S. 1 Alt. 2 UmwG gilt daher erst recht auch für die SE-Formwechselgründung. Dass auch das für die Verzichtserklärungen geltende **Beurkundungserfordernis** aus § 192 Abs. 2 S. 2 UmwG auf die Formwechselgründung zu übertragen ist,[45] versteht sich nicht von selbst, zumal auch in Bezug auf den Umwandlungsplan eine Übertragung umwandlungsgesetzlicher Beurkundungserfordernisse ausscheidet (→ Rn. 12 f.). Aus Gründen der Rechtssicherheit wird sich eine Beurkundung jedoch in aller Regel empfehlen, auch wenn sich hierdurch die Vereinfachungswirkung des Verzichts teilweise wieder relativiert.

5. Verfahren nach Fertigstellung des Berichts

39 Der fertiggestellte Umwandlungsbericht unterliegt keiner Offenlegung gem. Art. 37 Abs. 5 SE-VO, und zwar weder als Bestandteil des Umwandlungsplans (→ Rn. 32) noch als gesondertes Dokument.[46] Dies entspricht der aktionärsschützenden Funktion des Berichts und wird durch den Wortlaut des Art. 37 Abs. 5 SE-VO, der den Umwandlungsbericht nicht erwähnt, bestätigt. Stattdessen ist der Bericht nach Maßgabe von § 230 Abs. 2, § 238, § 239 UmwG, Art. 15 Abs. 1 SE-VO **im Vorfeld und während der Hauptversammlung den Aktionären zugänglich zu machen**.[47]

40 Ebenso besteht **keine Pflicht zur Zuleitung des Berichts an den Betriebsrat**.[48]

---

[41] HM; siehe nur Spindler/Stilz/*Casper*, Art. 37 SE-VO Rn. 11; MünchKommAktG/*Schäfer*, Art. 37 SE-VO Rn. 17; Kölner Kommentar-AktG/*Paefgen*, Art. 37 SE-VO Rn. 63; Lutter/Hommelhoff/Teichmann/*J. Schmidt*, Art. 37 Rn. 29; Habersack/Drinhausen/*Bücker*, Art. 37 Rn. 42; *Vossius*, ZIP 2005, 741, 745 mit dortiger Fn. 47; i. E. auch *Scheifele*, Gründung der SE, 409 f.; aA Frodermann/Jannott/*Jannott*, Kap. 3 Rn. 242; *Seibt/Reinhard*, Der Konzern 2005, 407, 416.

[42] Vgl. Semler/Stengel/*Bärwaldt*, § 192 Rn. 29 f.; Henssler/Strohn/*Drinhausen/Keinath*, § 192 UmwG Rn. 11.

[43] HM; siehe nur MünchKommAktG/*Schäfer*, Art. 37 SE-VO Rn. 17; Kölner Kommentar-AktG/*Paefgen*, Art. 37 SE-VO Rn. 63; Lutter/Hommelhoff/Teichmann/*J. Schmidt*, Art. 37 Rn. 28; Habersack/Drinhausen/*Bücker*, Art. 37 Rn. 42; *Vossius*, ZIP 2005, 741, 745 mit dortiger Fn. 47.

[44] Spindler/Stilz/*Casper*, Art. 37 SE-VO Rn. 11; ebenso gegen eine Verzichtbarkeit Frodermann/Jannott/*Jannott*, Kap. 3 Rn. 242; *Seibt/Reinhard*, Der Konzern 2005, 407, 416.

[45] So Habersack/Drinhausen/*Bücker*, Art. 37 Rn. 42.

[46] Str., wie hier Lutter/Hommelhoff/Teichmann/*J. Schmidt*, Art. 37 Rn. 30; Habersack/Drinhausen/*Bücker*, Art. 37 Rn. 43; Kallmeyer/*Marsch-Barner*, Anh. I Rn. 109; *Louven/Ernst*, BB 2014, 323; 328 f.; *Seibt/Reinhard*, Der Konzern 2005, 407, 416; *Kowalski*, DB 2007, 2243, 2246; aA Kölner Kommentar-AktG/*Paefgen*, Art. 37 SE-VO Rn. 67; MünchKommAktG/*Schäfer*, Art. 37 SE-VO Rn. 15, 19; Spindler/Stilz/*Casper*, Art. 37 SE-VO Rn. 12.

[47] Kallmeyer/*Marsch-Barner*, Anh. I Rn. 109; *Seibt/Reinhard*, Der Konzern 2005, 407, 416.

[48] Ganz hM; siehe nur Habersack/Drinhausen/*Bücker*, Art. 37 SE-VO Rn. 43; Kölner Kommentar-AktG/*Paefgen*, Art. 37 SE-VO Rn. 65; *Seibt/Reinhard*, Der Konzern 2005, 407, 416.

III. Werthaltigkeitsprüfung, Art. 37 Abs. 6 SE-VO

1. Allgemeines

Bei der Werthaltigkeitsprüfung nach Art. 37 Abs. 6 SE-VO handelt es sich um eine echte **Besonderheit der SE-Formwechselgründung**, zu der sich weder im Recht der Verschmelzungsgründung noch im deutschen Umwandlungsrecht eine Parallelregelung findet. Während der Prüfer im Rahmen einer Verschmelzungsprüfung damit betraut ist, den Verschmelzungsplan bzw. -vertrag im Interesse der Aktionäre auf Vollständigkeit und Richtigkeit sowie in Hinblick auf die Angemessenheit des vertraglich vereinbarten Umtauschverhältnisses hin zu überprüfen (→ § 10 Rn. 46, 51), rückt im Rahmen der Werthaltigkeitsprüfung das Aktionärsinteresse in den Hintergrund. Aufgabe des Werthaltigkeitsprüfers ist es vielmehr, im **Interesse der Gläubiger** der künftigen SE zu prüfen, ob das tatsächliche Nettovermögen der Gründungsgesellschaft der nominellen Kapitalisierung der künftigen SE entspricht. Dieser Prüfungsrichtung entspricht es, dass auf die Prüfung auch durch allseitigen Verzicht der Aktionäre nicht wirksam verzichtet werden kann[49] und dass Art. 37 Abs. 6 SE-VO nur hinsichtlich der Prüferbestellung auf harmonisiertes Verschmelzungsrecht verweist (→ Rn. 46) und im Übrigen auf Kapitalschutzregeln abstellt. Insgesamt handelt es sich bei der Werthaltigkeitsprüfung daher – ähnlich der Gründungsprüfung beim Formwechsel in eine AG oder KGaA (→ § 38 Rn. 440) – um eine **kapitalbezogene Rechtsformeingangskontrolle**. Eine gesonderte Gründungsprüfung analog §§ 33 ff. AktG, § 197 UmwG ist daneben nicht erforderlich.[50]

2. Prüfungsgegenstand und -maßstab

Gegenstand der Werthaltigkeitsprüfung nach Art. 37 Abs. 6 SE-VO sind die **Grundkapitalziffer** und die **nicht ausschüttungsfähigen Rücklagen** der künftigen SE sowie die **Nettovermögenswerte** der Gründungsgesellschaft.[51] Eine darüber hinausgehende Prüfung des Umwandlungsplans findet nicht statt.[52]

Maßstab für die Grundkapitalziffer und die nicht ausschüttungsfähigen Rücklagen ist der **bilanzielle Ist-Zustand der Gründungsgesellschaft**, wie er gem. Umwandlungsplan Eingang in die Bilanz der zukünftigen SE findet. Zu den nicht ausschüttungsfähigen Rücklagen zählen dabei die gesetzliche Rücklage gem. § 150 Abs. 1 AktG und die Kapitalrücklagen nach § 272 Abs. 2 Nr. 1–3 HGB.[53]

Die mit Grundkapital und Rücklagen abzugleichenden Nettovermögenswerte ergeben sich aus dem **Gesamtverkehrswert der von der Gründungsgesellschaft gehaltenen Vermögensgegenstände, abzüglich der Verbindlichkeiten der Gesellschaft**.[54] Der Prüfungsmaßstab fällt damit ähnlich aus wie bei einer Einbringung derselben Gegenstände als Sacheinlage gem. § 33 Abs. 2 Nr. 4, § 183 AktG.[55]

---

[49] Mittlerweile wohl ganz hM; siehe nur MünchKommAktG/*Schäfer*, Art. 37 SE-VO Rn. 23 aE; Habersack/Drinhausen/*Bücker*, Art. 37 Rn. 52; Kölner Kommentar-AktG/*Paefgen*, Art. 37 SE-VO Rn. 65; Lutter/Hommelhoff/Teichmann/*J. Schmidt*, Art. 37 Rn. 35 aE; Kallmeyer/*Marsch-Barner*, Anh. I Rn. 96 aE; *Spitzbart*, RNotZ 2006, 369, 418; aA noch *Vossius*, ZIP 2005, 741, 748, mit dortiger Fn. 80.

[50] Ebenso die hM; siehe nur MünchKommAktG/*Schäfer*, Art. 37 SE-VO Rn. 26 mwN zum Meinungsstand.

[51] MünchKommAktG/*Schäfer*, Art. 37 SE-VO Rn. 23; Habersack/Drinhausen/*Bücker*, Art. 37 Rn. 49.

[52] Vgl. IDW, WP-Handbuch Bd. II, 14. Aufl. (2014), Kap. F Rn. 346.

[53] Lutter/Hommelhoff/Teichmann/*J. Schmidt*, Art. 37 Rn. 39; Habersack/Drinhausen/*Bücker*, Art. 37 Rn. 49.

[54] Ganz hM, siehe nur Habersack/Drinhausen/*Bücker*, Art. 37 Rn. 50; Kölner Kommentar AktG/*Paefgen*, Art. 37 SE-VO Rn. 74; Lutter/Hommelhoff/Teichmann/*J. Schmidt*, Art. 37 Rn. 40; *Seibt/Reinhard*, Der Konzern 2005, 407, 412.

[55] Zutr. Kölner Kommentar AktG/*Paefgen*, Art. 37 SE-VO Rn. 74.

45 In zeitlicher Hinsicht bezieht sich die Werthaltigkeitsprüfung auf den im Gutachten gewählten **Bewertungsstichtag**. Welcher Zeitpunkt hierfür anzusetzen ist, schreibt Art. 37 SE-VO nicht unmittelbar vor. Allerdings wird aus der Formulierung „vor der Hauptversammlung" und dem gläubigerfokussierten Schutzzweck des Gutachtens (→ Rn. 41) deutlich, dass das Gutachten einerseits spätestens im Zeitpunkt der Beschlussfassung der Hauptversammlung vorliegen sollte (aber nicht zwingend muss → Rn. 56 f.) und sich andererseits nicht auf einen beliebig frühen Zeitpunkt beziehen darf. Denn je mehr Zeit zwischen Gutachtenerstellung und Anmeldung der Formwechselgründung verstreicht (und je mehr bewertungsrelevante Ereignisse in diesen Zeitraum fallen), desto geringer ist der Wert des Gutachtens in Hinblick auf die registergerichtliche Kontrolle der Vermögensdeckung. Richtigerweise ergibt sich daher **keine feste gesetzliche Vorgabe** für die Wahl des Bewertungsstichtags. Praktisch empfehlenswert ist es, einen Zeitpunkt zu wählen, der eine **angemessen kurze Zeit vor dem Tag der Hauptversammlung** liegt,[56] ohne dass der Zeitraum zwischen Stichtag und Versammlung um jeden Preis minimiert werden muss. Soweit sich im Nachgang zum Stichtag unvorhergesehene bewertungsrelevante Ereignisse ergeben, sind diese ggf. nachträglich zu berücksichtigen.

3. Person des Umwandlungsprüfers

46 **a) Bestellung und Qualifikation.** Für die Bestellung des sachverständigen Prüfers verweist Art. 37 Abs. 6 SE-VO auf das harmonisierte Verschmelzungsrecht des Sitzstaats. Für eine deutsche Gründungsgesellschaft gelten damit die **umwandlungsgesetzlichen Regeln über den Verschmelzungsprüfer** entsprechend, also insbesondere §§ 10 ff. UmwG, §§ 1–85 FamFG, §§ 319 ff. HGB (→ § 10 Rn. 65 ff.).

47 Als Prüfer in Frage kommt daher gem. § 11 Abs. 1 S. 1 bzw. – soweit keine Pflicht zur Prüfung des Jahresabschlusses besteht – S. 2 UmwG, jeweils iVm § 319 Abs. 1 S. 1 HGB, ein **Wirtschaftsprüfer oder eine Wirtschaftsprüfungsgesellschaft** (→ § 10 Rn. 93 f.). Die Bestellung eines vereidigten Buchprüfers oder einer Buchprüfungsgesellschaft gem. § 11 Abs. 1 S. 1, 2 UmwG, § 319 Abs. 1 S. 2 HGB (→ § 10 Rn. 93) kommt für die Werthaltigkeitsprüfung nach Art. 37 Abs. 6 SE-VO dagegen auch ausnahmsweise nicht in Betracht. Denn § 319 Abs. 1 S. 2 HGB beschränkt diese Möglichkeit auf mittelgroße GmbHs und mittelgroße Personengesellschaften, während eine SE im Wege des Formwechsels nur von einer AG gegründet werden kann (→ Rn. 4 ff.).

48 Die Bestellung erfolgt auf **schriftlichen Antrag des Vorstands der Gründungsgesellschaft**, ggf. bereits verbunden mit dem Vorschlag eines konkreten Prüfers, durch das **Landgericht**, in dem die Gründungsgesellschaft ihren statutarischen Sitz hat (→ § 10 Rn. 65 ff., 70 ff.). Soweit die örtliche Gerichtszuständigkeit für die Verschmelzungsprüfung landesrechtlich konzentriert ist (→ § 10 Rn. 76), folgt die Gerichtszuständigkeit iRd Art. 37 Abs. 6 SE-VO derjenigen für die Verschmelzungsprüfung; einer gesonderten landesrechtlichen Konzentrationsanordnung für die SE-Formwechselgründung bedarf es hierfür nicht.

49 Das Gericht ist auch im Rahmen der Bestellung nach Art. 37 Abs. 6 SE-VO **nicht** berechtigt, dem Prüfer im Rahmen des Beschlusses **inhaltliche Anweisungen** zu erteilen. Hierfür sprechen dieselben Erwägungen, die solchen Anweisungen iRd Verschmelzungsprüferbestellung unmittelbar auf Grundlage des § 10 Abs. 1 S. 1 UmwG entgegenstehen (→ § 10 Rn. 77). Die von der Verschmelzungsprüfung abweichende Schutzrichtung der Werthaltigkeitsprüfung nach Art. 37 Abs. 6 SE-VO (→ Rn. 41) rechtfertigt insofern keinen Zuwachs an gerichtlicher Anordnungskompetenz.

---

[56] In dieselbe Richtung (Stichtag möglichst kurz vor Hauptversammlung) Kölner Kommentar-AktG/*Paefgen*, Art. 37 SE-VO Rn. 79; Kallmeyer/*Marsch-Barner*, Anh I Rn. 96; wohl ähnlich *Louven/Ernst*, BB 2014, 323, 329; aA (Tag der Hauptversammlung als Stichtag) Lutter/Hommelhoff/*J. Schmidt* Art. 37 Rn. 42; Habersack/Drinhausen/*Bücker*, Art. 37 Rn. 50.

Gegen die Entscheidung des Landgerichts ist gem. § 10 Abs. 4, 5 UmwG, §§ 58 ff. **50** FamFG die **Beschwerde** zum Oberlandesgericht eröffnet (→ § 10 Rn. 83 ff.). Soweit die örtliche Zuständigkeit in Bezug auf die Verschmelzungsprüfung durch Landesrechts auch in der Beschwerdeinstanz konzentriert ist (→ § 10 Rn. 90), gilt diese Konzentration entsprechend iRd Art. 37 Abs. 6 SE-VO.

b) Rechte und Pflichten des bestellten Prüfers. Die Rechte und Pflichten des **51** Prüfers bemessen sich allgemein nach denselben **umwandlungsgesetzlichen Regeln** wie die des Verschmelzungsprüfers (→ § 10 Rn. 91 ff.). Dies gilt insbesondere für die Pflicht zur **gewissenhaften und unparteiischen Prüfung** (→ § 10 Rn. 106; hier bezogen auf die Unparteilichkeit im Verhältnis zwischen der Gründungsgesellschaft und ihren Gläubigern) und zur **Verschwiegenheit** (→ § 10 Rn. 107) sowie für die **Haftung** (→ § 10 Rn. 108 ff.) und die **Vergütung** (→ § 10 Rn. 112).

Zur Durchführung der Prüfung hat der bestellte Prüfer gegenüber der antragstellenden **52** Gründungsgesellschaft gem. § 11 Abs. 1 S. 1 UmwG iVm § 320 Abs. 1 S. 2, Abs. 2 S. 1 und 2 HGB ein **Auskunftsrecht** (→ § 10 Rn. 99 ff.). Nicht einschlägig ist demgegenüber das Auskunftsrecht gem. Art. 22 S. 2 SE-VO, da Art. 37 Abs. 6 SE-VO insofern ausdrücklich auf das harmonisierte Recht der nationalen Verschmelzung verweist und nicht auf die Vorschriften zur Verschmelzungsgründung.[57]

4. Prüfungsbescheinigung

Abgeschlossen wird die Werthaltigkeitsprüfung nach Art. 37 Abs. 6 SE-VO durch eine **53** Bescheinigung des sachverständigen Prüfers. Deren **Inhalt** orientiert sich kraft des Verweises auf harmonisiertes nationales Kapitalgesellschaftsrecht an dem des aktienrechtlichen Sachgründungsberichts.[58] Enthalten sein müssen danach (i) eine hinreichend genaue Beschreibung der geprüften Vermögensgegenstände, (ii) eine Angabe der angewendeten Bewertungsmethoden und (iii) eine an den Wortlaut des Art. 37 Abs. 6 SE-VO angelehnte Erklärung über die ausreichende Werthaltigkeit der geprüften Vermögensgegenstände.[59]

Die ausgestellte Bescheinigung bildet einen zwingenden **Bestandteil der Anmeldung** **54** der Formwechselgründung zum Handelsregister; ihr Fehlen bzw. die Vorlage einer Negativerklärung (→ Rn. 55) bedeutet dementsprechend ein Eintragungshindernis.[60]

Nach wohl ganz hM kommt nur die Ausstellung einer **positiven Bescheinigung** in **55** Betracht; bei unzureichender Werthaltigkeit der Vermögensgegenstände sei die Ausstellung der Bescheinigung schlicht zu verweigern.[61] Dies erscheint insofern sinnvoll, als dem Schutz der Gläubiger bereits durch das Scheitern der Eintragung genüge getan wird, wofür das schlichte Fehlen einer positiven Bescheinigung ausreichend ist. Zwingend erscheint die Unstatthaftigkeit einer Negativerklärung trotzdem nicht. Denn anders als bei einem Sachgründungsvorhaben scheitert mit dem negativen Prüferurteil nicht die rechtliche Existenz des betroffenen Rechtsträgers, sondern nur die Wahl einer neuen Rechtsform für einen unverändert fortbestehenden Rechtsträger. Es wird daher schon in Hinblick auf künftige Formwechselvorhaben desselben Rechtsträgers, in Hinblick auf die Rechenschaft der hinter dem Gründungsplan stehenden Vorstandsmitglieder und in Hinblick auf das allgemeine Interesse der Aktionäre und Organmitglieder der Gründungsgesellschaft an einem informierten Überblick über das Gesellschaftsvermögen regelmäßig durchaus von Bedeutung sein, zu dokumentieren, aus welchem Grund und in welchem Umfang die Werthaltigkeit der geprüften Vermögensgegenstände nicht ausreichend war. Die Rolle der Werthaltig-

---

[57] Zutr. Lutter/Hommelhoff/Teichmann/*J. Schmidt*, Art. 37 Rn. 43; aA *Schwarz*, SE-VO, Art. 37 Rn. 47; MünchKommAktG/*Schäfer*, Art. 37 SE-VO Rn. 24; *Louven/Ernst*, BB 2014, 323, 329.
[58] Kallmeyer/*Marsch-Barner*, Anh. I Rn. 98; Spindler/Stilz/*Casper*, Art. 37 SE-VO Rn. 11.
[59] Siehe nur Kölner Kommentar-AktG/*Paefgen*, Art. 37 SE-VO Rn. 78.
[60] Siehe nur Lutter/Hommelhoff/Teichmann/*J. Schmidt*, Art. 37 Rn. 68.
[61] *Scheifele*, Gründung der SE, S. 415 („nach dem klaren Wortlaut des Art. 37 Abs. 6 SE-VO"); im Anschluss Kölner Kommentar-AktG/*Paefgen*, Art. 37 SE-VO Rn. 78 aE; Kallmeyer/*Marsch-Barner*, Anh. I Rn. 98.

keitsbescheinigung entspricht (nur) insofern eher der eines Prüfberichts iRd Verschmelzungsgründung, in dem der handelnde Prüfer durchaus zu dem Ergebnis gelangen kann, dass der Verschmelzungsplan unvollständig oder unrichtig oder das festgesetzte Umtauschverhältnis unangemessen ist (→ § 10 Rn. 125). Es spricht daher viel dafür, jedenfalls der Gründungsgesellschaft das Recht zuzugestehen, die Bescheinigung nach Art. 37 Abs. 6 SE-VO auch als hinreichend ausführliche **Negativerklärung** zu verlangen.

56 Auch wenn der Verordnungsgeber mit der Formulierung des Art. 37 Abs. 6 SE-VO („vor der Hauptversammlung") vom Gegenteil auszugehen scheint, gehört die Werthaltigkeitsbescheinigung **nicht zu den Unterlagen, die zwingend im Vorfeld und während der Hauptversammlung den Aktionären zugänglich zu machen sind**.[62] Gestützt werden kann ein obligatorisches Zugänglichmachen insbesondere nicht auf § 230 Abs. 2 UmwG, der sich ausdrücklich nur auf den Bericht der Geschäftsleitung bezieht und nicht auch auf den des sachverständigen Prüfers. Und auch eine entsprechende Anwendung der Vorschrift[63] oder der Regeln über das Zugänglichmachen des Verschmelzungsprüfungsberichts[64] kommt nicht in Betracht. Denn anders als der Umwandlungsbericht und der Verschmelzungsprüfungsbericht dient die Werthaltigkeitsbescheinigung nicht dem Schutz und der Information der Aktionäre im Vorfeld der Beschlussfassung, sondern allein dem Schutz der Gläubiger vor einer unzureichenden Kapitalisierung der zukünftigen SE (→ Rn. 41). Vor dem Hintergrund dieser Funktion ist es gleichermaßen notwendig und hinreichend, dass die Bescheinigung ein zwingendes Element der Anmeldeunterlagen bildet und ein negativer Ausgang der Werthaltigkeitsprüfung die Eintragung blockiert. Soweit Art. 37 Abs. 6 SE-VO daher eine Bescheinigung „vor der Hauptversammlung" verlangt, ist die Vorschrift lediglich als Hinweis darauf zu verstehen, dass ein zustimmender Hauptversammlungsbeschluss nur dann zum Ziel führen kann, wenn das beschlossene Gründungsvorhaben von einer positiven Werthaltigkeitsbescheinigung getragen ist; nicht dagegen als spätestmögliches Bescheinigungsdatum.

57 Dennoch ist es **empfehlenswert, die Werthaltigkeitsbescheinigung den Aktionären bereits im Vorfeld und während der Hauptversammlung zugänglich zu machen**. Denn auch wenn die Werthaltigkeitsbescheinigung nicht zu den obligatorischen Bestandteilen der Hauptversammlungsvorbereitung gehört, sind die Aktionäre gem. § 131 Abs. 1 S. 1 AktG grundsätzlich berechtigt sein, im Rahmen der Debatte über den Formwechsel Fragen zum Inhalt einer erstellten Werthaltigkeitsbescheinigung zu stellen. Ein rechtzeitiges Zugänglichmachen der Werthaltigkeitsbescheinigung in verkörperter Form wird insofern regelmäßig einfacher und praktikabler sein als die Erteilung einzelner mündlicher Auskünfte.

IV. Hauptversammlungsbeschluss, Art. 37 Abs. 7 SE-VO

1. Vorbereitung

58 Zur Vorbereitung der Beschlussfassung über die Formwechselgründung enthält Art. 37 SE-VO unmittelbar keine Vorgaben. Für eine deutsche Gründungsgesellschaft kann daher gem. Art. 15 Abs. 1 SE-VO auf die **allgemeinen Einberufungsregeln in §§ 121 ff. AktG und die formwechselspezifischen Vorgaben aus § 230 Abs. 2, § 238 UmwG** zurückgegriffen werden.[65] Danach ist im Vorfeld der Hauptversammlung der **Umwandlungsbericht** auszulegen (→ Rn. 39). Im Rahmen der Einberufungsunterlagen ist den Aktionären auch der **Umwandlungsplan** vorab zugänglich zu machen (→ Rn. 29). Als praktisch sinnvoll wird es sich regelmäßig erweisen, den Plan darüber hinaus formal parallel

---
[62] Abw. die wohl hM; Habersack/Drinhausen/*Bücker*, Art. 37 Rn. 53; Lutter/Hommelhoff/Teichmann/*J. Schmidt*, Art. 37 Rn. 49; Frodermann/Jannott/*Jannott*, Kap. 3, Rn. 252.
[63] Lutter/Hommelhoff/Teichmann/*J. Schmidt*, Art. 37 Rn. 49.
[64] In diese Richtung *Scheifele*, Gründung der SE, S. 417–419.
[65] I. E. wohl ganz hM; siehe nur Kölner Kommentar-AktG/*Paefgen*, Art. 37 SE-VO Rn. 80 (Art. 18, 36 SE-VO als Brückennormen ins nationale Recht); *Scheifele*, Gründung der SE, S. 417.

zum Umwandlungsbericht auf die in § 230 Abs. 2, § 238 UmwG bestimmte Art und Weise zugänglich zu machen (→ Rn. 29). Auch in der beschließenden Hauptversammlung selbst ist der Umwandlungsbericht dann gem. § 239 Abs. 1 UmwG auszulegen oder auf andere Weise zugänglich zu machen. Der Umwandlungsplan ist ferner gem. § 239 Abs. 2 UmwG zu Beginn der Hauptversammlung mündlich zu erläutern.

Nicht zwingend zugänglich zu machen ist dagegen die **Werthaltigkeitsbescheinigung** 59 nach Art. 37 Abs. 6 SE-VO (→ Rn. 56); eine freiwillige Offenlegung empfiehlt sich dennoch (→ Rn. 57).

2. Beschlussfassung

Für die Beschlussfassung über den Umwandlungsplan verweist Art. 37 Abs. 7 SE-VO auf 60 harmonisiertes nationales Verschmelzungsrecht. Der fehlende Verweis auf nationales Formwechselrecht gilt als Ausweis des fehlenden Vertrauens des Verordnungsgebers auf die lückenlose Existenz solcher Regeln in allen Mitgliedstaaten.[66] Zu fassen ist der Gründungsbeschluss daher gem. § 65 Abs. 1 S. 1 UmwG mit einer **Mehrheit von Dreiviertel des vertretenen Grundkapitals**. Gem. § 65 Abs. 1 S. 2 UmwG kann die Satzung dieses verschmelzungsspezifische Mehrheitserfordernis erhöhen; ob sich eine solche Erhöhung auch auf den Fall der SE-Formwechselgründung erstreckt, ist im Einzelfall durch Auslegung zu ermitteln. In jedem Fall hinzu kommt das **einfache Stimmenmehrheitserfordernis** aus Art. 57 SE-VO.

Auch soweit der Gründungsbeschluss auf Basis von **Stimmrechtsvollmachten** gefasst 61 wird, sind diese denselben Regeln unterworfen wie im Rahmen eines AG-Verschmelzungsbeschlusses, also insbesondere § 134 Abs. 3, 4, § 135 AktG. Daneben findet AG-Gründungsrecht keine Anwendung, und zwar auch nicht über Art. 15 Abs. 1 SE-VO. Insbesondere eine öffentliche Beglaubigung oder Beurkundung der Vollmacht ist daher nicht erforderlich.

Der gefasste Beschluss ist schließlich **notariell zu beurkunden**, was überwiegend aus 62 § 13 Abs. 3 S. 1 UmwG, Art. 37 Abs. 7 SE-VO abgeleitet wird (→ Rn. 12).

3. Beschlussmängel

Nach nationalem Recht, also insbesondere §§ 241 ff. AktG, richten sich schließlich auch 63 die **Folgen von Mängeln des Gründungsbeschlusses und ihre gerichtliche Geltendmachung**. Einer ausdrücklichen Verweisungsnorm auf **nationales Aktienrecht** bedarf es hierfür jedenfalls für die Phase vor Eintragung der Formwechselgründung nicht, da die Gründungsgesellschaft in dieser Zeit ohnehin noch uneingeschränkt nationalem Aktienrecht unterliegt. Für die möglichen Wechselwirkungen zwischen Eintragung und Beschlussmängeln und in Hinblick auf die Fortwirkung von Beschlussmängeln im Anschluss an die Eintragung bilden dann Art. 18, 36 SE-VO analog die Brücke ins deutsche Beschlussmängelrecht.[67] Es gelten mithin dieselben Regeln, die auch auf den Formwechselbeschluss einer AG Anwendung finden würden.

Klagen gegen die Wirksamkeit des Gründungsbeschlusses unterliegen damit nach § 195 64 Abs. 1 UmwG einer **einmonatigen Ausschlussfrist**. Gem. § 16 Abs. 2, § 198 Abs. 3 UmwG kann die Formwechselgründung nicht eingetragen werden, wenn gegen den Gründungsbeschluss eine Beschlussmängelklage erhoben ist (**Registersperre**). Hiergegen wiederum steht der Gründungsgesellschaft gem. § 16 Abs. 3, § 198 Abs. 3 UmwG das **Freigabeverfahren** offen.[68]

---

[66] Kölner Kommentar AktG/*Paefgen*, Art. 37 SE-VO Rn. 89; MünchKommAktG/*Schäfer*, Art. 37 SE-VO Rn. 28.
[67] Kölner Kommentar-AktG/*Paefgen*, Art. 37 SE-VO Rn. 92; Lutter/Hommelhoff/Teichmann/ *J. Schmidt*, Art. 37 Rn. 56; ähnlich *Schwarz*, SE-VO, Art. 37 Rn. 57; aA Habersack/Drinhausen/ *Bücker*, Art. 37 Rn. 69 (Art. 37 Abs. 7 SE-VO als einschlägige Verweisungsnorm).
[68] Zum Ganzen *Göz*, ZGR 2008, 593, 608.

65 Keine Bedeutung hat demgegenüber der **Anfechtungsausschluss** bzw. die **Eröffnung des Spruchverfahrens** gem. § 195 Abs. 2 UmwG, § 1 Nr. 4 SpruchG. Denn weder ein Anspruch auf Barabfindung gem. § 207 UmwG noch ein Anspruch auf bare Zuzahlung gem. § 196 UmwG ergibt sich iRd Formwechselgründung (→ Rn. 87 ff.).

66 Zu beachten ist schließlich, dass das Fehlen oder die **Mangelhaftigkeit der Werthaltigkeitsbescheinigung gem. Art. 37 Abs. 6 SE-VO** zwar die Eintragung der Formwechselgründung hindert (→ Rn. 54), jedoch **keinen Mangel des Hauptversammlungsbeschlusses** begründet. Denn weder bildet die Bescheinigung einen Bestandteil der zwingenden Formalien im Vorfeld der Versammlung noch weist sie in materieller Hinsicht einen Bezug zum Schutz und zur Information der Aktionäre auf (→ Rn. 54, 56). Theoretisch steht es den Aktionären daher sogar offen, die Formwechselgründung rechtsfehlerfrei vor dem Hintergrund eines ausdrücklich negativen Prüferurteils (→ Rn. 55) zu beschließen.

V. Anmeldung und Eintragung

67 Die Anmeldung der SE-Gründung erfolgt entsprechend § 246 Abs. 1 UmwG durch die **Vorstandsmitglieder in vertretungsberechtigter Anzahl**; die ihrem Wortlaut nach ebenfalls einschlägige Zuständigkeitsregelung in § 21 Abs. 1 SEAG ist insofern teleologisch zu reduzieren.[69] Einzureichen ist die Anmeldung beim **Registergericht des statutarischen Sitzes der Gründungsgesellschaft** (§ 4 S. 1 SEAG, § 377 Abs. 1 FamFG), in dessen Handelsregister die Gründungsgesellschaft bereits eingetragen ist.[70]

68 Die Eintragung hat gem. Art. 16 Abs. 1 SE-VO **konstitutive Wirkung** für den Wechsel der Gründungsgesellschaft in die SE-Rechtsform. Sie verleiht der eingetragenen SE entsprechend § 202 Abs. 3 UmwG **Bestandsschutz**.

D. Beteiligung der Arbeitnehmer

I. Verhandlungsverfahren, Beteiligungsvereinbarung, Auffangregelung

69 Parallel zur Vorbereitung und Durchführung der gesellschaftsrechtlichen Entscheidungen ist das Verfahren zur Gestaltung der Arbeitnehmerbeteiligung in der künftigen SE durchzuführen. Sachlich umfasst von der Arbeitnehmerbeteiligung sind gem. § 2 Abs. 8 SEBG insbesondere Verfahren der Mitbestimmung, Unterrichtung und Anhörung. Anders als im Arbeitnehmerbeteiligungsrecht der AG, welches bei Erreichen der relevanten Schwellenwerte von den gesetzlichen Vorgaben des MitbestG bzw. DrittelbeteiligungsG geprägt wird, steht es den Beteiligten der SE-Gründung dabei offen, die Arbeitnehmerbeteiligung per Vereinbarung zu regeln und damit zu einem individuellen, von gesetzlichen Vorgaben gelösten Beteiligungsregime zu gelangen.

70 Den Verfahrensbeginn markiert gem. § 4 SEBG die detaillierte **Information der Arbeitnehmer bzw. Arbeitnehmervertreter über das Gründungsvorhaben** durch den Vorstand der Gründungsgesellschaft, verbunden mit der Aufforderung, auf Arbeitnehmerseite das sog. **besondere Verhandlungsgremium (BVG) zur Aufnahme der Beteiligungsverhandlungen** zu bilden. Eine Zuleitung des Umwandlungsplans an den Betriebsrat, wie sie § 194 Abs. 2 UmwG für den Formwechsel nach deutschem Recht vorsieht, ist daneben nicht erforderlich (→ Rn. 28). Die BVG-Mitglieder sind sodann binnen zehn Wochen nach Maßgabe der §§ 5 ff. SEBG zu wählen. Stehen die Mitglieder fest, so ist es gem. § 12 Abs. 1 SEBG wiederum Aufgabe des Vorstands, zur konstituieren-

---

[69] HM; siehe nur Kölner Kommentar-AktG/*Paefgen*, Art. 37 SE-VO Rn. 104; Habersack/Drinhausen/*Bücker*, Art. 37 Rn. 78.

[70] Zu den einzelnen Anmeldebestandteilen und beizufügenden Unterlagen ausführlich Habersack/Drinhausen/*Bücker*, Art. 37 Rn. 79 ff.

den Sitzung zu laden und die Verhandlungen mit dem BVG über den Abschluss einer Beteiligungsvereinbarung aufzunehmen.

Für das **Verhandlungsverfahren** zwischen dem BVG und dem Vorstand der Gründungsgesellschaft ist gem. § 20 SEBG grundsätzlich eine Höchstdauer von sechs Monaten vorgesehen, die die Parteien einvernehmlich auf bis zu zwölf Monate ausdehnen können. Beendet werden kann das Verhandlungsverfahren auf vier verschiedenen Wegen: 71

Die jedenfalls nach Vorstellung des Gesetzgebers (vgl. § 4 Abs. 1 S. 2 SEBG) nächstliegende Variante bildet der **Abschluss einer individuellen Vereinbarung** über die Beteiligung der Arbeitnehmer. Inhaltlich hat sich diese an den Vorgaben des § 21 SEBG zu orientieren, also insbesondere auf die Mitbestimmung in der zukünftigen SE einzugehen. 72

Können sich die Parteien bis zum Ablauf der maximalen Verhandlungsdauer nicht auf eine Beteiligungsvereinbarung einigen, so greifen die Auffangregeln über den **SE-Betriebsrat kraft Gesetzes** (§§ 22 ff. SEBG, an Stelle einer individuellen Vereinbarung über die Unterrichtung und Anhörung der Arbeitnehmer) und über die **Mitbestimmung kraft Gesetzes** (§§ 34 ff. SEBG, an Stelle einer individuellen Vereinbarung über die Wahl von Arbeitnehmervertretern in das Aufsichts- bzw. Verwaltungsorgan). Letzteres bedeutet im Fall der Formwechselgründung gem. § 34 Abs. 1 Nr. 1, § 35 Abs. 1 SEBG eine **Übertragung des in der Gründungsgesellschaft bestehenden Mitbestimmungsregimes auf die SE**. Abzustellen ist insofern nur auf die in der Gründungsgesellschaft iRd anwendbaren Bestimmungen **tatsächlich eingerichtete Mitbestimmung** (Ist-Zustand); nicht fortgesetzt werden solche Mitbestimmungsregeln, denen die Gründungsgesellschaft nur rechtlich unterlag, die aber nicht praktisch umgesetzt wurden (Soll-Zustand).[71] Die Übertragung der für die Gründungsgesellschaft geltenden gesetzlichen Vorgaben (insbesondere derjenigen des MitbestG und des DrittelbeteiligungsG) auf die SE bedeutet zudem keine fortdauernde Einbeziehung der SE in den Anwendungsbereich der jeweiligen Vorschriften. Vielmehr beschränkt sich die **Übertragung der Mitbestimmungsregeln auf den Erhalt des bei Wirksamwerden des Formwechsels bestehenden Arbeitnehmeranteils im Aufsichtsrat**.[72] Dieser mit Eintragung der Formwechselgründung fixierte Mitbestimmungsstatus wird weder durch spätere Änderungen der Arbeitnehmerzahl noch spätere Änderungen der gesetzlichen Vorgaben, denen die Gründungsgesellschaft unterlag, berührt (sog. Einfrieren der Mitbestimmung). Der Erhalt des in der Gründungsgesellschaft bestehenden Mitbestimmungsregimes ist zudem beschränkt auf den Anteil der Arbeitnehmersitze im Gesamtorgan und erfasst nicht deren absolute Zahl.[73] Entscheidet sich der – für die Festlegung der Organgröße gem. Art. 40 Abs. 3 bzw. Art. 43 Abs. 2 SE-VO exklusiv zuständige – Satzungsgeber daher iRd Formwechselgründung für eine Verkleinerung des Aufsichtsrats, so sinkt hiermit proportional auch die Zahl der Arbeitnehmersitze. 73

Weiter können die Parteien das Verhandlungsverfahren gem. § 22 Abs. 1 Nr. 2 SEBG dadurch beenden, dass sie per Beteiligungsvereinbarung die **Anwendung der Auffangregeln vereinbaren**, ohne den Ablauf der gesetzlichen Maximaldauer des Verhandlungsverfahrens abzuwarten. 74

Schließlich ist eine **Entscheidung, die Verhandlungen gar nicht erst nicht aufzunehmen oder begonnene Verhandlungen abzubrechen**, gem. § 16 Abs. 3 SEBG nur dann möglich, wenn dem Aufsichtsrat der Gründungsgesellschaft keine Arbeitnehmervertreter angehören. Sie hat zur Folge, dass die künftige SE keinen Beteiligungsregeln unterliegt (§ 16 Abs. 2 S. 2 SEBG) 75

---

[71] Lutter/Hommelhoff/Teichmann/*Oetker*, § 34 SEBG, Rn. 17; Habersack/Drinhausen/*Hohenstatt*/*Müller-Bonanni*, § 34 SEBG Rn. 6, § 35 SEBG Rn. 2.
[72] Habersack/Drinhausen/*Hohenstatt*/*Müller-Bonanni*, § 35 SEBG Rn. 2.
[73] Habersack/Drinhausen/*Hohenstatt*/*Müller-Bonanni*, § 35 SEBG Rn. 2 f. mwN.

II. Zustimmungsvorbehalt für Beteiligungsvereinbarung?

76 Gem. **Art. 23 Abs. 2 S. 2, Art. 32 Abs. 6 S. 3 SE-VO** kann sich die Hauptversammlung jeder Gründungsgesellschaft iR einer SE-Verschmelzungsgründung bzw. Holding-SE-Gründung das Recht vorbehalten, die Eintragung der SE-Gründung davon abhängig zu machen, dass die geschlossene Beteiligungsvereinbarung von ihr genehmigt wird. Erforderlich ist dann ein zweiter, dem Gründungsbeschluss nachgelagerter Beschluss der jeweiligen Hauptversammlung (→ § 19 Rn. 94, § 43 Rn. 55 f.). Das Recht der SE-Formwechselgründung enthält hierzu keine Parallelregelung, woraus teilweise[74] – und zurecht – geschlossen wird, dass die Hauptversammlung der Gründungsgesellschaft **im Zuge einer Formwechselgründung keinen entsprechenden Zustimmungsvorbehalt** beschließen kann.

77 Eine **analoge Anwendung der Art. 23 Abs. 2 S. 2, Art. 32 Abs. 6 S. 3 SE-VO** auf die Formwechselgründung, wie sie ebenfalls teilweise[75] vorgeschlagen wird, ist **nicht gerechtfertigt**. Stützen lässt sich eine solche Analogie insbesondere nicht auf die Erwägung, der Zweck des Vorbehalts, die Aktionäre vor einer unerwarteten Erhöhung des Beteiligungsniveaus zu schützen, greife für Verschmelzungs-, Holding- und Formwechselgründung gleichermaßen.[76] Denn tatsächlich wird die Gefahr einer Erhöhung des Beteiligungsniveaus beim Zusammengehen mehrerer Rechtsträger (mit potenziell unterschiedlichem Beteiligungsniveau) grundsätzlich höher ausfallen als bei der SE-Gründung durch eine einzige Gründungsgesellschaft. Insbesondere aus Sicht eines Rechtsträgers, dessen ausländischer Holding- oder Verschmelzungsgründungspartner einem strengeren gesetzlichen Beteiligungsniveau unterliegt, kann sich die Aussicht darauf ergeben, dass der Weg in die SE mit einer Erhöhung des Beteiligungsniveaus einhergeht. Dagegen bildet iR einer Formwechselgründung das Beteiligungsniveau der einzigen Gründungsgesellschaft den für alle gründungsbeteiligten Aktionäre maßgeblichen Ausgangspunkt der Verhandlungen. Darauf, dass sich der Vorstand im Verhandlungsverfahren nicht ohne Not auf eine Erhöhung dieses Status Quo einlässt, können sich die Aktionäre dementsprechend in höherem Maße verlassen, als dies beim Zusammengehen mit einem intensiver mitbestimmten Gründungspartner der Fall wäre. Insgesamt erscheint eine Erstreckung der in Art. 23 Abs. 2 S. 2, Art. 32 Abs. 6 S. 3 SE-VO enthaltenen Regeln auf die Formwechselgründung damit zwar nicht unsinnig; die Entscheidung des Verordnungsgebers eine solche Erstreckung gerade nicht vorzusehen, ist jedoch zu akzeptieren und nicht außerhalb des Verordnungstextes zu korrigieren.

78 **Praktisch** hat die Möglichkeit eines Vorbehalts nach Art. 23 Abs. 2 S. 2, Art. 32 Abs. 6 S. 3 SE-VO bislang ohnehin **keine große Relevanz** entfaltet. Geschuldet sein dürfte dies vor allem der Tatsache, dass eine SE-Gründung typischerweise von Gesellschaften mit größeren Aktionärskreisen angestrebt wird, für die die Einberufung einer zweiten, außerordentlichen Hauptversammlung im Zuge des ohnehin komplexen Gründungsverfahrens eine besonders große Belastung bedeuten würde. Und auch für personalistisch geprägte Gründungsgesellschaften entfaltet ein Vorbehalt keinen praktischen Nutzen, wenn die (Mehrheits-)Aktionäre über ausreichend Einfluss außerhalb der Hauptversammlung verfügen, um das Verhandlungsverfahren in ihrem Sinne zu beeinflussen.

79 Besteht iR einer Formwechselgründung ausnahmsweise doch das Bedürfnis, den Ausgang eines im Zeitpunkt des Hauptversammlungsbeschlusses noch nicht abgeschlossenen Verhandlungsverfahrens zugunsten der Aktionäre abzusichern, so bleibt der Hauptver-

---

[74] MünchKommAktG/*Schäfer*, Art. 37 SE-VO Rn. 28; *Scheifele*, Gründung der SE, S. 416; Theisen/Wenz, Europäische AG/*Neun*, S. 57, 181.
[75] Kölner Kommentar AktG/*Paefgen*, Art. 37 SE-VO Rn. 84; Lutter/Hommelhoff/Teichmann/ *J. Schmidt*, Art. 37 Rn. 53; Spindler/Stilz/*Casper*, Art. 37 SE-VO Rn. 15; *Schwarz*, SE-VO, Art. 3⁻ Rn. 49 aE.
[76] So aber Kölner Kommentar AktG/*Paefgen*, Art. 37 SE-VO Rn. 84.

sammlung schließlich die Möglichkeit, der Gründung unter der **Bedingung** zuzustimmen, **dass das Verhandlungsverfahren zu einem bestimmten Ergebnis führt** (zB Beibehaltung des bisherigen Mitbestimmungsregimes, Eingreifen der Auffangregelungen).[77] Dies gilt auch dann, wenn man eine analoge Anwendung der Art. 23 Abs. 2 S. 2, Art. 32 Abs. 6 S. 3 SE-VO auf die Formwechselgründung für gerechtfertigt halten will.

E. Sonderfragen

I. Sitzverlegungsverbot, Art. 37 Abs. 3 SE-VO

Gem. Art. 37 Abs. 3 SE-VO darf der Sitz der Gesellschaft nicht anlässlich der Umwandlung in einen anderen Mitgliedstaat verlegt werden. Gemeint ist damit die **Einbettung einer grenzüberschreitenden Sitzverlegung nach Art des Art. 8 SE-VO in die Formwechselgründung**. Die neugegründete SE muss ihren Satzungs- und Verwaltungssitz somit nach Eintragung der SE-Gründung in demjenigen Mitgliedstaat beziehen, dessen Gesellschaftsstatut ihre Gründungsgesellschaft unterlag. Dies gestaltet sich in aller Regel unproblematisch, wenn die Gründungsgesellschaft mit Satzungssitz und Hauptverwaltung in demselben Mitgliedstaat ansässig ist. Für Formwechselgründungen von **Gründungsgesellschaften, die ihre Hauptverwaltung nicht im Mitgliedstaat ihres Satzungssitzes führen**, kann das Sitzverlegungsverbot dagegen durchaus einschränkende Wirkung entfalten. So kann etwa eine deutsche AG mit Verwaltungssitz in einem anderen Mitgliedstaat nicht unmittelbar in die SE-Rechtsform des Mitgliedstaats ihres Verwaltungssitzes formwechseln, sondern nur in eine deutsche SE. Hierbei muss sie zudem ihren Verwaltungssitz nach Deutschland zurückverlegen, um die gem. Art. 7 S. 1 SE-VO vorgeschriebene Einheitlichkeit von Satzungs- und Verwaltungssitz herzustellen. Dasselbe gilt in umgekehrter Richtung für eine in Deutschland verwaltete Gründungsgesellschaft mit ausländischem Gesellschaftsstatut. Von Art. 37 Abs. 3 SE-VO **unberührt** bleibt die Möglichkeit, iRd Formwechselgründung eine nicht grenzüberschreitende **Sitzverlegung innerhalb Deutschlands zu vollziehen**,[78] und zwar sowohl in Hinblick auf den Satzungssitz als auch den Verwaltungssitz.

Systematisch fügt sich das Sitzverlegungsverbot stimmig in das von der SE-VO vorgesehene Nebeneinander von Gründung und grenzüberschreitender Sitzverlegung ein. Denn obwohl das Sitzverlegungsverfahren nach Art. 8 SE-VO und das Verfahren der Formwechselgründung nach Art. 37 SE-VO einige Gemeinsamkeiten aufweisen (zB Planaufstellung, Berichterstattung durch den Vorstand, Hauptversammlungsbeschluss, registergerichtliche Kontrolle und Eintragung), finden sich wichtige Elemente des Sitzverlegungsverfahrens im Verfahren der Formwechselgründung nicht wieder (zB Bescheinigung des Wegzugsmitgliedstaats gem. Art. 8 Abs. 8 und besonderer Gläubigerschutz nach Art. 8 Abs. 7 SE-VO). In Hinblick auf diese Elemente hätte eine Konzentration von Formwechselgründung und grenzüberschreitender Sitzverlegung iRd Verfahrens der Formwechselgründung Umgehungscharakter.

Nicht alle Berührungspunkte zwischen SE-Gründung und grenzüberschreitender Sitzverlegung werden indes vom Verbot aus Art. 37 Abs. 3 SE-VO erfasst. Denn dessen Anwendungsbereich beschränkt sich in sachlicher Hinsicht auf die grenzüberschreitende Sitzverlegung nach Art. 8 SE-VO und endet in zeitlicher Hinsicht mit der Eintragung der Formwechselgründung. Diese Verbotsgrenzen lassen Raum für mehrere **alternative Gestaltungsvarianten**. Dazu gehört insbesondere eine **Verkettung von Formwechselgründung und Sitzverlegung**, also die Durchführung der Sitzverlegung unmittelbar im Anschluss an die Eintragung der SE-Formwechselgründung im Wegzugsregister, ggf.

---

[77] MünchKommAktG/*Schäfer*, Art. 37 SE-VO Rn. 28.
[78] *Scheifele*, Gründung der SE, S. 400.

auf Grundlage von Beschlüssen derselben Hauptversammlung.[79] Auch eine dreigliedrige Verkettung ist möglich, wenn der Formwechselgründung eine Umwandlungsmaßnahme nach nationalem Recht (zB Formwechsel von GmbH in AG) vorangeht. Ebenso kann eine deutsche Gründungsgesellschaft mit ausländischem Verwaltungssitz **auf die SE-Gründung durch Verschmelzung** (→ § 19) **ausweichen,** indem sie iRd Gründung grenzüberschreitend mit einer Vorratsgesellschaft fusioniert, die dem Gesellschaftsrecht des Mitgliedstaats ihres Verwaltungssitzes unterliegt. In ähnlicher Weise kann auch die **Kombination mit einer grenzüberschreitenden Verschmelzung nach §§ 122a ff. UmwG** zum gewünschten Ergebnis führen, wenn die deutsche Gründungsgesellschaft zunächst grenzüberschreitend auf einen Rechtsträger im gewünschten Zielmitgliedstaat verschmolzen wird und der fusionierte Rechtsträger sich im Anschluss einer SE-Formwechselgründung unterzieht. Wegen Art. 7 S. 1 SE-VO nicht möglich ist dagegen die umgekehrte Variante (also die Verkettung einer Formwechselgründung in Deutschland mit anschließender grenzüberschreitender Verschmelzung auf einen ausländischen Rechtsträger), wenn sich der Verwaltungssitz der deutschen Gründungsgesellschaft bereits im Ausland befindet.

II. Kontinuität von Organämtern und Abschlussprüferbestellung?

83   Mit Eintragung der SE-Neugründung enden grundsätzlich die Ämter der Vorstands- und Aufsichtsratsmitglieder der Gründungsgesellschaft; die **Leitungs- und Aufsichtsorganmitglieder bzw. die Verwaltungsorganmitglieder und geschäftsführenden Direktoren** sind daher im Zuge der SE-Gründung in der Regel **(neu) zu bestellen**. Dies kann gem. Art. 40 Abs. 2 S. 2, Art. 43 Abs. 3 S. 2 SE-VO unmittelbar in der SE-Satzung geschehen. Vermieden werden kann durch eine solche satzungsmäßige Bestellung insbesondere eine isolierte Verzögerung des Bestellungsakts, wenn sowohl gegen den Gründungsbeschluss als auch gegen den Bestellungsbeschluss der Hauptversammlung Beschlussmängelklagen erhoben werden und die Gründungsgesellschaft die Eintragung im Wege des – nur in Hinblick auf den Gründungsbeschluss statthafte (→ Rn. 63) – Freigabeverfahren durchsetzt.

84   Ausnahmsweise soll eine Kontinuität der Aufsichtsratsämter aus der Gründungsgesellschaft in Betracht kommen, wenn die neugegründete SE ebenfalls über ein dualistisches Verwaltungssystem verfügt, die Zahl der Sitze unverändert bleibt und die Sitze auch nach denselben Regeln besetzt werden, es also insbesondere bei derselben Aufteilung zwischen Anteilseigner- und Arbeitnehmerseite bleibt. Abgeleitet wird dies teilweise aus Art. 15 Abs. 1 SE-VO, § 203 UmwG,[80] aber auch aus dem identitätswahrenden Charakter des Formwechsels.[81] Nach anderer Ansicht ist auch in diesem Fall von einer Diskontinuität der Ämter auszugehen und eine Neubestellung damit auch dann erforderlich, wenn sich der Kreis der Neubestellten nicht vom Kreis der bisherigen Aufsichtsratsmitglieder unterscheidet.[82] Dies folge aus dem

---

[79] Zutr. Lutter/Hommelhoff/Teichmann/*J. Schmidt*, Art. 37 Rn. 10; Habersack/Drinhausen/*Bücker*, Art. 37 Rn. 5; wohl auch MünchKommAktG/*Schäfer*, Art. 37 SE-VO Rn. 3; aA (Vorbereitung der Sitzverlegung erst im Anschluss an Formwechselgründung) Kölner Kommentar-AktG/*Paefgen*, Art. 37 SE-VO Rn. 10; Spindler/Stilz/*Casper*, Art. 37 SE-VO Rn. 6; Schwarz, SE-VO, Art. 37 Rn. 9.

[80] MünchKommAktG/*Schäfer*, Art. 37 SE-VO Rn. 31; Kölner Kommentar-AktG/*Paefgen*, Art. 37 SE-VO Rn. 42; Lutter/Hommelhoff/Teichmann/*Drygala*, Art. 40 Rn. 27; Habersack/Drinhausen/ *Bücker*, Art. 37 Rn. 63; ähnlich (Kontinuität nur bei durchgehender Mitbestimmungsfreiheit de Aufsichtsrats bzw -organs) Spindler/Stilz/*Eberspächer*, Art. 40 SE-VO Rn. 8; Kallmeyer/*Marsch-Barner* Anh. I Rn. 119; *Drinhausen*, 10 Jahre SE, S. 30, 33 f.

[81] Lutter/Hommelhoff/Teichmann/*J. Schmidt*, Art. 37 Rn. 61 f.

[82] Schwarz, SE-VO, Art. 37 Rn. 72; Manz/Mayer/Schröder/*Manz*, Art. 40 Rn. 10; *Scheifele*, Gründung der SE, S. 253 f.; *Seibt/Reinhard*, Der Konzern 2005, 407, 421.

Wechsel des Rechtsregimes;[83] im älteren Schrifttum wird auch ein Umkehrschluss zu Art. 40 Abs. 2 S. 2, Art. 43 Abs. 3 S. 2 SE-VO erwogen.[84]

Insgesamt erscheint es vorzugswürdig, die **Frage der Kontinuität bzw. Diskontinuität der Ämter auf Verordnungsebene zu klären**.[85] Denn zum einen erscheint allgemeines mitgliedstaatliches Aktien- und Umwandlungsrecht als subsidiär anwendbare Rechtsquelle gem. Art. 9 Abs. 1 lit. c) ii) SE-VO zur Klärung der Kontinuitätsfrage ungeeignet, da dort regelmäßig keine Vorschriften über einen Formwechsel zwischen zwei AG-Rechtsformen existieren (können); zum anderen erschiene es bedenklich, in Anbetracht des Fehlens einer ausdrücklichen Regelungsermächtigung und der durchaus vorhandenen Verordnungsregeln über die Gründung, Amtszeit und Organbestellung (insb. Art. 40 Abs. 2, Art. 43 Abs. 3 SE-VO) dem mitgliedstaatlichen Gesetzgeber die Befugnis einzuräumen, SE-spezifische Regeln über die Ämterkontinuität bei SE-Gründung zu erlassen, die der deutsche Gesetzgeber im SEAG ohnehin nicht vorgesehen hat. Gleichzeitig ist zu konstatieren, dass sich auf der Grundlage der gegenwärtigen Verordnungsfassung eine **Ämterkontinuität, auch beschränkt auf bestimmte Gründungskonstellationen, nicht hinreichend sicher bejahen** lässt. Insbesondere das Identitätsprinzip, wie es auch Art. 37 SE-VO zugrundeliegt, bietet hierfür keine hinreichend sichere Grundlage. Denn es liegt in der Natur des Formwechsels, dass schon wegen der rechtsformspezifischen Ausgestaltung der verschiedenen gesellschaftsrechtlichen Organämter (zB im Verhältnis zwischen personen- und kapitalgesellschaftsrechtlichen Organämtern) eine generelle Ämterkontinuität auf Grundlage des Identitätsprinzips nicht in Frage kommt. Ob nun die Ähnlichkeiten zwischen SE-Aufsichtsorgan und AG-Aufsichtsrat ausreichen, um eine Kontinuität zu rechtfertigen, oder die Unterschiede den Ausschlag in die andere Richtung geben, lässt der Verordnungsgeber nicht klar erkennen; allein eine generelle Ämterkontinuität lässt sich wegen Art. 40 Abs. 2, Art. 43 Abs. 3 SE-VO sicher verneinen. Ohne legislatorische oder höchstrichterliche Klärung der Frage wird in der Praxis daher weiterhin die **Neubestellung** der Organmitglieder den **sichersten Weg** darstellen. Ein **Statusverfahren** ist jedoch **nicht durchzuführen**.[86]

Ebenso neu bestellt werden sollte der **Abschlussprüfer der Gesellschaft** – ggf. für ein Rumpfgeschäftsjahr, das die SE mit ihrer Eintragung beginnt.[87] Nötig wird die **Neubestellung** bereits aus zeitlichen Gründen, wenn die SE-Eintragung nach (oder mit) Ablauf des zuletzt festgelegten Bestellungszeitraums erfolgt. Im Übrigen ist umstritten, ob die Neubestellung wegen Art. 15 Abs. 1 SE-VO, § 30 Abs. 1 AktG, § 197 S. 1 UmwG generell erforderlich ist[88] oder von einer Kontinuität des Abschlussprüferamtes über den Gründungszeitpunkt hinaus auszugehen ist.[89] Der **sicherste Weg** wird auch hier regelmäßig in einer Neubestellung des Abschlussprüfers liegen.

---

[83] Manz/Mayer/Schröder/*Manz*, Art. 40 Rn. 10; im Anschluss *Seibt/Reinhard*, Der Konzern 2005, 407, 421; ebenso in Bezug auf das Leitungsorgan MünchKommAktG/*Reichert/Brandes*, Art. 39 SE-VO Rn. 28.

[84] *Scheifele*, Gründung der SE, S. 253 f.

[85] So im Ausgangspunkt auch Lutter/Hommelhoff/Teichmann/*J. Schmidt*, Art. 37 Rn. 61.

[86] Str.; wie hier Spindler/Stilz/*Eberspächer*, Art. 37 SE-VO Rn. 8 aE; MünchKommAktG/*Reichert/Brandes*, Art. 40 SE-VO Rn. 54; *Habersack*, Der Konzern 2008, 67, 72 f.; *Drinhausen*, 10 Jahre SE, S. 30, 34 f.; aA Kölner Kommentar-AktG/*Paefgen*, Art. 40 SE-VO Rn. 74; *Kleinhenz/Leyendecker-Langner*, AG 2013, 507, 513 f.

[87] Habersack/Drinhausen/*Bücker*, Art. 37 Rn. 66; Kallmeyer/*Marsch-Barner*, Anh. I Rn. 120.

[88] So die hM; siehe nur MünchKommAktG/*Schäfer*, Art. 37 SE-VO Rn. 31 aE; Habersack/Drinhausen/*Bücker*, Art. 37 Rn. 66; Kallmeyer/*Marsch-Barner*, Anh. I Rn. 120; jeweils mwN.

[89] Kölner Kommentar-AktG/*Paefgen*, Art. 37 SE-VO Rn. 43; Lutter/Hommelhoff/Teichmann/*J. Schmidt*, Art. 37 Rn. 64.

III. Schutz der Minderheitsaktionäre?

87 Im Rahmen des umwandlungsgesetzlichen Formwechsels hat der formwechselnde Rechtsträger gem. § 207 UmwG grundsätzlich jedem Anteilsinhaber, der gegen den Umwandlungsbeschluss Widerspruch zur Niederschrift erklärt, den Erwerb seiner Anteile gegen Barabfindung anzubieten. Eine Ausnahme gilt gem. § 250 UmwG für Formwechsel zwischen AG und KGaA.

88 Auch iRd Formwechselgründung muss **kein Barabfindungsangebot** unterbreitet werden. Im Ergebnis ist dies unumstritten, während die Begründung teilweise auf europäischer Ebene und teilweise auf Ebene des UmwG gesucht wird. So heißt es etwa, der europäische Gesetzgeber habe im Recht der Formwechselgründung – anders als im Recht der Verschmelzungsgründung (Art. 24 Abs. 2 SE-VO) und der Holding-SE-Gründung (Art. 34 SE-VO) – keine minderheitenschutzspezifische Ermächtigung zugunsten des nationalen Gesetzgebers vorgesehen, so dass für die Anwendung deutscher Abfindungsregelungen kein Platz sei.[90] An anderer Stelle wird aus § 250 UmwG gefolgert, dass der Weg von der AG in die SE (erst recht) keine Barabfindung auslösen könne, wenn dies schon beim Formwechsel der AG in die KGaA nicht der Fall sei.[91] Die besseren Gründe sprechen wohl für letzteren Ansatz. Denn der Verordnungsgeber dürfte in Anbetracht der Vielgestaltigkeit nationaler AG-Formen und Formwechselgesetze keinen Grund dafür gehabt haben, einerseits iRd Verschmelzung- und Holding-SE-Gründung umfassende Minderheitenschutzregeln zu erlauben und andererseits iRd Formwechselgründung diesbzgl. ein stillschweigendes Verbot auszusprechen. Auch bei der Formwechselgründung sind die Mitgliedstaaten also frei darin, zu entscheiden, inwiefern sie die SE-Gründung zum Anlass nehmen möchten, um Minderheitsaktionären besondere Rechte zu verleihen. Nach gegenwärtiger Rechtslage bleibt dies für eine deutsche Gründungsgesellschaft freilich ohne praktische Auswirkungen.

89 Nach überwiegender – und im Ergebnis zutreffender – Ansicht ebenfalls **nicht in Betracht kommt eine Verbesserung des Beteiligungsverhältnisses gem. § 196 UmwG durch bare Zuzahlung**. Dies ergibt sich aus der Kontinuität der Mitgliedschaft, die durch eine Formwechselgründung keinen strukturellen Änderungen wie bei einem Wechsel zwischen zwei deutschen Rechtsformen unterworfen ist.[92] Abgestellt wird ferner teilweise (und auch hier zu Unrecht → Rn. 88) auf das Fehlen von Parallelermächtigungen zu Art. 24 Abs. 2, Art. 34 SE-VO im Recht der Formwechselgründung.[93] Die Gegenansicht beruft sich insbesondere auf die parallel für die Verschmelzungs- und Holding-SE-Gründung vorgesehenen Zuzahlungsregeln in § 6 Abs. 4, § 11 Abs. 2 SEAG sowie auf die umwandlungsgesetzliche Wertung, nach der § 250 UmwG im Fall des Formwechsels zwischen AG und KGaA nur vom Abfindungsangebot gem. § 207 UmwG befreit, nicht jedoch von der Möglichkeit, gem. § 196 UmwG eine bare Zuzahlung zu verlangen.[94] Beides überzeugt nicht. Denn § 6 Abs. 4, § 11 Abs. 2 SEAG stellen spezifisch auf eine Verbesserung des Umtauschverhältnisses beim Zusammengehen zweier oder mehrerer

---

[90] Lutter/Hommelhoff/Teichmann/*J. Schmidt*, Art. 37 Rn. 81–83; Habersack/Drinhausen/*Bücker*, Art. 37 Rn. 67; *Schwarz*, SE-VO, Art. 37 Rn. 64; *Scheifele*, Gründung der SE, S. 422 f.; *Kalss*, ZGR 2003, 593, 614 f.; *Teichmann*, ZGR 2003, 367, 395; in dieselbe Richtung auch *Seibt/Reinhard*, Der Konzern 2005, 407, 420; vgl. auch *Göz*, ZGR 2008, 593, 608.

[91] Kölner Kommentar-AktG/*Paefgen*, Art. 37 SE-VO Rn. 94, Spindler/Stilz/*Casper*, Art. 37 SE-VO Rn. 20 f.; *Seibt/Reinhard*, Der Konzern 2005, 407, 420; als sekundäres Argument auch bei Habersack/Drinhausen/*Bücker*, Art. 37 Rn. 67 aE; *Teichmann*, ZGR 2003, 367, 395.

[92] Zutr. Spindler/Stilz/*Casper*, Art. 37 SE-VO Rn. 21; ebenso als sekundäres Argument bei Lutter/Hommelhoff/Teichmann/*J. Schmidt*, Art. 37 Rn. 84; Habersack/Drinhausen/*Bücker*, Art. 37 Rn. 68; vgl. auch *Göz*, ZGR 2008, 593, 608.

[93] Lutter/Hommelhoff/Teichmann/*J. Schmidt*, Art. 37 Rn. 84; Habersack/Drinhausen/*Bücker*, Art. 37 Rn. 68; Kallmeyer/*Marsch-Barner*, Anh. I Rn. 99.

[94] MünchKommAktG/*Schäfer*, Art. 37 SE-VO Rn. 38; im Anschluss Kölner Kommentar-AktG/*Paefgen*, Art. 37 SE-VO Rn. 95; Manz/Mayer/Schröder/*Schröder* Art. 37 Rn. 98.

Rechtsträger ab, was für die Formwechselgründung mangels Stattfinden eines Aktienumtauschs (→ Rn. 20) ohne Bedeutung ist.[95] Insgesamt steht der Wechsel von der AG- in die SE-Rechtsform einer tiefgreifenden Satzungsänderung näher als einem Wechsel zwischen zwei unterschiedlichen deutschen Rechtsformen, so dass auch der Vergleich mit dem AG-KGaA-Formwechsel nicht passt. Und selbst wenn man § 196 UmwG dem Grunde nach für die Formwechselgründung einschlägig halten wollte, so würde sich praktisch kaum jemals ein individueller Nachteil finden, der über einen Barausgleich zu kompensieren wäre. Denn soweit mit der Gründung rechtliche Änderungen einhergehen, erfassen diese in aller Regel sämtliche früheren AG-Aktionäre gleichermaßen.

IV. Gläubigerschutz nach deutschem Recht?

Gem. § 22 Abs. 1 S. 1, 2, § 204 UmwG sind die Gläubiger einer formwechselnden Gesellschaft dazu **berechtigt, Sicherheitsleistung zu verlangen**, wenn sie ihren Anspruch binnen sechs Monaten nach Eintragung des Formwechsels schriftlich anmelden und dabei glaubhaft machen, dass durch den Formwechsel die Erfüllung ihrer Forderung gefährdet ist. Zudem ist der formwechselnde Rechtsträger gem. § 22 Abs. 1 S. 3, § 204 UmwG verpflichtet, iRd Bekanntmachung der Eintragung **auf dieses Recht hinzuweisen**. Beides **findet auf die SE-Gründung durch Formwechsel keine Anwendung**. Zurecht wird hierfür darauf hingewiesen, dass Gläubigerinteressen von der Formwechselgründung nicht berührt werden, da die SE ohne weiteres für die bestehenden Verbindlichkeiten der Gründungsgesellschaft haftet und in ihrer korporativen Struktur im Wesentlichen der AG entspricht.[96] Hiergegen lässt sich auch nicht die Erwägung einwenden, wegen des Fehlens entsprechend gläubigerschützender Formwechselregelungen auf Verordnungsebene (bzw. der Existenz solcher Verordnungsregelungen in Bezug auf die Verschmelzungs- und die Holding-SE-Gründung) sei gem. Art. 15 Abs. 1 SE-VO ein Rückgriff auf nationales Formwechselrecht geboten.[97] Denn wegen des grenzüberschreitenden und multilateralen Charakters von Verschmelzungs- und Holding-SE-Gründung einerseits und des auf einen einzigen Mitgliedstaat und Rechtsträger beschränkten Formwechselgründungsverfahrens andererseits erscheint eine differenzierte Regelung des Gläubigerschutzes durch den Verordnungsgeber durchaus plausibel. Hinzu kommt, dass der aktienrechtliche Gläubigerschutz, in dessen Mittelpunkt die Grundsätze der Kapitalaufbringung und -erhaltung stehen, durch die SE-Gründung wegen der Erhöhung des Mindestgrundkapitals auf EUR 120.000 (Art. 4 Abs. 2 SE-VO) und der Werthaltigkeitsprüfung nach Art. 37 Abs. 6 SE-VO (→ Rn. 41 ff.) eine reine Verstärkung erfährt. Gleichzeitig ergeben sich iRd SE-Gründung keine Gesichtspunkte, die geeignet wären, die Interessen der Gläubiger zu beeinträchtigen. Insbesondere eine gleichzeitige grenzüberschreitende Sitzverlegung ist wegen Art. 37 Abs. 3 SE-VO (→ Rn. 80 ff.) nicht möglich. Insgesamt ist es daher **schlechthin ausgeschlossen, dass sich eine SE-Formwechselgründung negativ auf die Interessen der Gläubiger der Gründungsgesellschaft auswirkt** oder gar die Erfüllung von Forderungen gefährdet. Selbst wenn man dem Grunde nach daher von einer Anwendbarkeit des Rechts auf Sicherheitsleistung gem. § 22 Abs. 1 S. 1, 2, § 204 UmwG ausgehen wollte, wären die Voraussetzungen kaum jemals glaubhaft zu machen.[98] Ein prominenter Hinweis auf dieses Recht verkäme dementsprechend zur leeren Formalie und hätte aus Sicht der Gläubiger allenfalls verwirrenden Charakter.[99] Auch in praktischer

---

[95] Zutr. Habersack/Drinhausen/*Bücker*, Art. 37 Rn. 68.
[96] HM; siehe nur MünchKommAktG/*Schäfer*, Art. 37 SE-VO Rn. 37; Habersack/Drinhausen/*Bücker*, Art. 37 Rn. 96; Spindler/Stilz/*Casper*, Art. 37 SE-VO Rn. 20; Frodermann/Jannott/*Jannott*, Kap. 3 Rn. 274, *Scheifele*, Gründung der SE, S. 423.
[97] Dahingehend aber Kölner Kommentar-AktG/*Paefgen*, Art. 37 SE-VO Rn. 120.
[98] Dies einräumend auch Kölner Kommentar-AktG/*Paefgen*, Art. 37 SE-VO Rn. 120.
[99] Zutr. Habersack/Drinhausen/*Bücker*, Art. 37 Rn. 96 aE.

91 Die SE-Formwechselgründung stellt schließlich auch keine Gesellschaftsgründung iSd aktienrechtlichen Vorschriften über die **Nachgründung (§ 52 AktG)** dar.[100] Einerseits setzt die Formwechselgründung damit weder die Zwei-Jahres-Frist gem. § 52 Abs. 1 S. 1 AktG noch die Ein-Jahres-Frist gem. § 52 Abs. 5 S. 2 AktG in Gang; andererseits beeinflusst sie nicht den Lauf einer im Eintragungszeitpunkt noch nicht abgelaufenen, an die Eintragung der Gründungsgesellschaft anknüpfenden Frist.[101] Im Fall eines Kettenformwechsels, bei dem die Gründungsgesellschaft selbst aus dem Formwechsel zB einer GmbH hervorgeht, beginnt die Frist wiederum nicht mit der Eintragung der Gesellschaftsgründung, sondern mit dem Formwechsel in die Rechtsform der AG. Anders als die Zwei-Jahres-Frist aus Art. 2 Abs. 4 SE-VO (→ Rn. 7 ff.) werden die Fristen aus § 52 AktG also nicht zwingend bereits mit der Ersteintragung der Gründungsgesellschaft in Gang gesetzt, sondern erst mit dem Beginn der Existenz der Gründungsgesellschaft als AG. Dasselbe gilt in Hinblick auf die für das **Spaltungsverbot gem. § 141 UmwG** geltende Zwei-Jahres-Frist.[102] Systematisch entspricht dies der Wertung des § 245 Abs. 2 S. 3, Abs. 3 S. 3 UmwG, wonach die Nachgründungsregeln auch Formwechsel zwischen AG und KGaA nicht erfassen, bzw. der überwiegenden Ansicht im umwandlungsrechtlichen Schrifttum,[103] nach der die Zwei-Jahres-Frist gem. § 141 UmwG beim Formwechsel zwischen AG und KGaA an die Ersteintragung des formwechselnden Rechtsträgers anknüpft und nicht durch den Formwechsel selbst neu in Lauf gesetzt wird.

---

[100] Habersack/Drinhausen/*Bücker*, Art. 37 Rn. 101; aA Frodermann/Jannott/*Jannott*, Kap. 3 Rn. 335 ff.
[101] Zutr. Habersack/Drinhausen/*Bücker*, Art. 37 Rn. 101.
[102] Habersack/Drinhausen/*Bücker*, Art. 37 Rn. 101.
[103] Widmann/Mayer/*Rieger*, § 141 Rn. 9; Kallmeyer/*Sickinger*, § 141 Rn. 1 aE; Kölner Kommentar-UmwG/*Simon*, § 141 Rn. 8.

5. Kapitel. Sonstige Umwandlungsmaßnahmen.[1]

§ 41 Vermögensübertragung

Übersicht

	Rdnr.		Rdnr.
A. Grundlagen	1–17	5. Aufsichtsbehördliche Genehmigung	36
I. Arten der Vermögensübertragung	3	6. Anmeldung, Eintragung und Bekanntmachung der Vollübertragung	37–40
II. Beteiligte Rechtsträger einer Vermögensübertragung	4–9	III. Schutz der Gläubiger sowie Anteilsinhaber/Vereinsmitglieder	41–44
1. Vermögensübertragungen von Kapitalgesellschaften auf die öffentliche Hand	5	IV. Rechtsfolgen der Vollübertragung	45–47
2. Vermögensübertragungen unter Versicherungsunternehmen	6–9	C. Vermögensteilübertragung	48–70
III. Die Gegenleistung bei der Vermögensübertragung	10–17	I. Grundsätzliche Anwendung des Spaltungsrechts	48–53
1. Art und Weise der zu gewährenden Gegenleistung	10, 11	II. Verfahren der Teilübertragung	54–65
2. Angemessenheit der Gegenleistung	12–14	1. Übertragungsvertrag	54–59
3. Entfall der Gegenleistung und Verzicht	15–17	2. Übertragungsbericht	60
B. Vermögensvollübertragung	18–47	3. Übertragungsprüfung	61
I. Grundsätzliche Anwendung des Verschmelzungsrechts	18–21	4. Übertragungsbeschluss	62, 63
II. Verfahren der Vollübertragung	22–40	5. Aufsichtsbehördliche Genehmigung	64
1. Übertragungsvertrag	23–27	6. Anmeldung, Eintragung und Bekanntmachung der Teilübertragung	65
2. Übertragungsbericht	28–30	III. Schutz der Gläubiger und Anteilsinhaber/Vereinsmitglieder	66, 67
3. Übertragungsprüfung	31	IV. Rechtsfolgen der Teilübertragung	68–70
4. Übertragungsbeschluss	32–35		

Schrifttum: *Bähr*, Handbuch des Versicherungsaufsichtsrechts, 2011; *Bayer/Wirth*, Eintragung der Spaltung und Eintragung der neuen Rechtsträger- oder Pfadsuche im Verweisungsdschungel des neuen Umwandlungsrechts, ZIP 1996, 817; *Benkel,* Das Gesellschaftsrecht der großen konzernfreien Versicherungsvereine auf Gegenseitigkeit, 1994; *Diehl*, Übertragung von Versicherungsbeständen im Konzern unter Beteiligung von VVaG, VersR 2000, 268; *Fuhrmann/Simon*, Praktische Probleme der umwandlungsrechtlichen Ausgliederung, AG 2000, 49; *Ganske*, Umwandlungsrecht, 2. Aufl. 1995; *Gerner*, Demutualisierung eines VVaG: Die Umwandlung eines Versicherungsvereins auf Gegenseitigkeit in eine Aktiengesellschaft, 2003; *Hersch*, Verschmelzung von Versicherungsvereinen auf Gegenseitigkeit nach dem Umwandlungsgesetz, NZG 2016, 611; *Lutter*, Kölner Umwandlungsrechtstage, 1995; *Martiensen*, Fusionen von Versicherungsvereinen auf Gegenseitigkeit, 2006; *Prölls*, Versicherungsaufsichtsrecht, 12. Aufl. 2005; *Wolf*, Das Genehmigungserfordernis nach § 14a VAG für Umwandlungen von Versicherern, VersR 2008, 1441.

A. Grundlagen

Die Vermögensübertragung in Form der **Vermögensvollübertragung** und **Ver-** 1
mögensteilübertragung ist neben Verschmelzung, Spaltung und Formwechsel die vierte der in § 1 Abs. 1 UmwG vorgesehenen Umwandlungsarten. Aufgrund ihres nach Maßgabe der §§ 174 und 175 UmwG klar beschränkten Anwendungsbereichs wird die Vermögensübertragung regelmäßig auch als Auffangrechtsinstitut bzw. Ersatzrechtsinstitut be-

---

[1] Der Verfasser dankt Herrn Rechtsanwalt Dr. Carl Friedrich von Laer für seine wertvolle Unterstützung bei der Erstellung dieses Beitrags.

§ 41   2   5. Kapitel. Sonstige Umwandlungsmaßnahmen

zeichnet.[1] Ihre praktische Relevanz erlangt die Vermögensübertragung dadurch, dass Verschmelzungen und Spaltungen unter Beteiligung von Versicherungsunternehmen (§ 175 Nr. 2 UmwG) sowie dann, wenn die öffentliche Hand (→ Rn. 5) als übernehmender Rechtsträger fungieren soll (§ 175 Nr. 1 UmwG), regelmäßig nicht möglich sind.[2] Die Gründe hierfür liegen darin, dass die öffentliche Hand sowie öffentlich-rechtliche Versicherungsunternehmen (→ Rn. 9) qua Rechtsform nicht die bei der Durchführung der umwandlungsrechtlichen Verschmelzung und Spaltung jeweils als Gegenleistung zu gewährenden Anteile oder Mitgliedschaften gewähren können.[3] Zudem qualifiziert das Umwandlungsgesetz die öffentliche Hand und die öffentlich-rechtlichen Versicherungsunternehmen weitestgehend nicht als verschmelzungs- bzw. spaltungsfähige Rechtsträger im Sinne der §§ 3 Abs. 1, 124 UmwG.[4] Ein Austausch von Anteilen bei einem VVaG (→ Rn. 7 und 8) als übernehmendem Rechtsträger ist hingegen wegen der Verknüpfung der Mitgliedschaft in dem VVaG mit dem zugehörigen Versicherungsverhältnis (§ 176 S. 2 VAG) ausgeschlossen.[5] Die vertraglich geschuldete Gegenleistung bei der Vermögensübertragung besteht deshalb nicht in der Gewährung von Anteilen und Mitgliedschaften an dem übernehmenden Rechtsträger, sondern erfolgt vielmehr im Wege der Barabfindung oder der Gewährung anderer Wirtschaftsgüter (→ Rn. 10). Die Verschmelzung eines VVaG auf eine Versicherungs-AG und die damit einhergehende Übertragung von Anteilen als Gegenleistung ist umwandlungsrechtlich zulässig, weswegen die Vermögensübertragung in dieser Konstellation als weitere umwandlungsrechtliche Gestaltungsoption neben die Verschmelzung (§ 109 S. 2 UmwG) und Spaltung (§ 151 UmwG) des VVaG tritt.[6] Im Gegensatz zu der Übertragung des gesamten Gesellschaftsvermögens einer AG nach § 179a AktG, die als Einzelrechtsnachfolge im Wege der Übertragung sämtlicher Vermögensgegenstände ausgestaltet keine zwingende Auflösung der übertragenden Gesellschaft verlangt, haben die Vermögensvollübertragung und die Vermögensteilübertragung nach dem Umwandlungsgesetz eine **Gesamtrechtsnachfolge** bzw. **partielle Gesamtrechtsnachfolge** zum Ergebnis.[7] Der übernehmende Rechtsträger muss dabei jeweils schon vor der Umwandlungsmaßnahme bestanden haben; die Möglichkeit einer Vermögensübertragung zur Neugründung sieht das UmwG nicht vor.[8]

2   Trotz der erheblichen Änderungen und Anpassungen des Vermögensübertragungsrechts durch die Neufassung des Umwandlungsgesetzes im Jahre 1994[9] ist das praktische Interesse an der Vermögensübertragung nach wie vor gering. So ist eine Vermögensübertragung von einer Kapitalgesellschaft auf die öffentliche Hand (§ 175 Nr. 1 UmwG) bisher – soweit ersichtlich – nicht durchgeführt worden,[10] obwohl der Gesetzgeber diese Umwandlungsart eigens geschaffen hatte, um die Rückführung von Eigen- oder Beteiligungsgesellschaften der öffentlichen Hand in öffentlich-rechtliche Organisationsformen zu ermöglichen, ohne dass stille Reserven aufgelöst werden müssen.[11] Auch Vermögensübertragungen unter

---
[1] Böttcher/Habighorst/Schulte/*Kammerer-Galahn* § 174 Rn. 5; Sagasser/Bula/Brüger/*Sagasser* § 21 Rn. 2; Semler/Stengel/*Fonk* § 174 Rn. 2.
[2] Lutter/*Schmidt* Vorb. § 174 Rn. 1 f.; Widmann/Mayer/*Heckschen* § 174 Rn. 2 f.
[3] Lutter/*Schmidt* Vorb. § 174 Rn. 2; Lutter/*Schmidt* § 174 ff. Rn. 1; Semler/Stengel/*Fonk* § 174 Rn. 2; Widmann/Mayer/*Heckschen* § 174 Rn. 3.
[4] Lutter/*Schmidt* Vorb. § 174 Rn. 9 f.; Widmann/Mayer/*Heckschen* § 174 Rn. 3, 7.
[5] Lutter/*Schmidt* § 174 Rn. 1; Schmitt/Hörtnagl/Stratz/*Stratz* § 174 Rn. 6; Widmann/Mayer/*Heckschen* § 174 Rn. 3.
[6] Kölner Kommentar-UmwG/*Leuering* § 174 Rn. 1; Lutter/*Schmidt* § 174 ff. Rn. 3; Semler/Stengel/*Fonk* § 174 Rn. 2; Widmann/Mayer/*Heckschen* § 174 Rn. 3.
[7] Kölner Kommentar-UmwG/*Leuering* § 174 Rn. 3; Lutter/*Schmidt* Vorb. § 174 Rn. 8.
[8] Böttcher/Habighorst/Schulte/*Kammerer-Galahn* § 174 Rn. 5; Widmann/Mayer/*Heckschen* § 174 Rn. 7.
[9] Gesetz zur Bereinigung des Umwandlungsrechts vom 28.10.1994, BGBl 1994 Teil I S. 3210.
[10] Semler/Stengel/*Fonk* § 174 Rn. 10; Widmann/Mayer/*Heckschen* § 174 Rn. 10.
[11] Lutter/*Schmidt* Vorb. § 174 Rn. 1, § 175 Rn. 4; Sagasser/Bula/Brüger/*Sagasser* § 21 Rn. 3 Semler/Stengel/*Fonk* § 175 Rn. 5; Stoye-Benk/*Cutura* S. 368 Rn. 6; Widmann/Mayer/*Heckschen* § 175 Rn. 14.

Beteiligung von Versicherungsunternehmen (§ 175 Nr. 2 UmwG) haben bislang kaum praktische Bedeutung erfahren, da für die beteiligten Rechtsträger eine Übertragung von Versicherungsverträgen im Wege der Bestandsübertragung gemäß § 13 VAG regelmäßig günstiger ist.[12] So entfallen bei der **versicherungsrechtlichen Bestandsübertragung** insbesondere das bei der Vermögensübertragung durchzuführende Verfahren sowie bestimmte Publizitätspflichten.[13] In diesem Zusammenhang ist auch bezeichnend, dass zu den vermögungsübertragungsrechtlichen Vorschriften der §§ 174 ff. UmwG bislang – soweit ersichtlich – keine Rechtsprechung ergangen bzw. veröffentlicht worden ist und auch in der Literatur keine Anwendungsfälle aus der Praxis in Bezug genommen werden.[14] Mit einer gesteigerten praktischen Relevanz der umwandlungsrechtlichen Vermögensübertragung dürfte daher bis auf Weiteres nicht zu rechnen sein.[15]

I. Arten der Vermögensübertragung

Die verschiedenen Arten der Vermögensübertragung und ihre jeweilige Funktionsweise 3 sind in § 174 UmwG, der zusammen mit § 175 UmwG den allgemeinen Teil des Vermögensübertragungsrechts bildet, geregelt. Gemäß § 174 Abs. 1 UmwG wird bei der **Vollübertragung** das Vermögen eines übertragenden Rechtsträgers vollständig im Wege der Gesamtrechtsnachfolge gegen Gewährung einer Gegenleistung, die nicht aus Anteilen oder Mitgliedschaften am übernehmenden Rechtsträger bestehen darf, auf einen anderen (übernehmenden) Rechtsträger übertragen. Die **Teilübertragung** untergliedert sich demgegenüber in drei Varianten: Bei der **aufspaltenden Vermögensübertragung** nach § 174 Abs. 2 Nr. 1 UmwG überträgt ein Rechtsträger unter Auflösung sein gesamtes Vermögen in mehreren Teilen auf mindestens zwei übernehmende Rechtsträger, ohne dass eine Abwicklung des übertragenden Rechtsträgers stattfindet. Bei der **abspaltenden Teilübertragung** gemäß § 174 Abs. 2 Nr. 2 UmwG werden ein oder mehrere Teile des Vermögens des übertragenden Rechtsträgers, nicht jedoch sein gesamtes Vermögen, auf einen oder mehrere übernehmende Rechtsträger übertragen, so dass nach Durchführung der Teilübertragung ein um den übertragenen Vermögensteil vermögensmäßig reduzierter übertragender Rechtsträger zurückbleibt. Die **ausgliedernde Teilübertragung** gemäß § 174 Abs. 2 Nr. 3 UmwG ist schließlich der Spaltung im Wege der Ausgliederung nach § 123 Abs. 3 UmwG nachempfunden.[16] Der Empfänger der für den oder die übertragenen Vermögensteile zu gewährenden Gegenleistung ist hier im Unterschied zur aufspaltenden und abspaltenden Teilübertragung der übertragende Rechtsträger selbst und nicht dessen Anteilsinhaber. Daneben erachtet die ganz hM als vierte Variante und besondere Ausgestaltung der ausgliedernden Teilübertragung mittlerweile auch die sogenannte **Totalausgliederung** (auch ausgliedernde Totalvermögensübertragung genannt), bei der im Rahmen einer ausgliedernden Teilübertragung das gesamte Vermögen des übertragenden Rechtsträger auf einen oder mehrere übernehmende Rechtsträger übertragen wird, als zulässig.[17]

---

[12] Lutter/*Schmidt* Vorb. § 174 Rn. 1; Semler/Stengel/*Fonk* § 178 Rn. 4; Widmann/Mayer/*Heckchen* § 175 Rn. 18, § 178 Rn. 5.

[13] Vgl. Fahr/Kaulbach/Bähr/*Kaulbach* § 14a VAG aF Rn. 1 ff.; Lutter/*Wilm* Anh. 1 zu § 189 Rn. 17 ff.; Widmann/Mayer/*Heckschen* § 178 Rn. 5.

[14] Vgl. Widmann/Mayer/*Heckschen* § 174 Rn. 3; wohl aber ist ein Verfahren zur Besteuerung einer Gegenleistung, die aus einer Sachleistung besteht, in der stille Reserven vorhanden sind, beim Bundesfinanzhof anhängig (BFH – I R 27/16).

[15] Kölner Kommentar-UmwG/*Leuering* § 174 Rn. 4; so im Ergebnis auch Schmitt/Hörtnagl/Stratz/*Stratz* § 175 Rn. 5.

[16] Lutter/*Schmidt* § 174 Rn. 15; Maulbetsch/Klumpp/*Rose* § 174 Rn. 31; Schmitt/Hörtnagl/Stratz/*Stratz* § 174 Rn. 11.

[17] So auch Lutter/*Schmidt* § 174 Rn. 16; Lutter/*Karollus* Kölner Umwandlungsrechtstage, S. 157, 176 ff.; Semler/Stengel/*Fonk* § 174 Rn. 19; Widmann/Mayer/*Heckschen* § 174 Rn. 37.

II. Beteiligte Rechtsträger einer Vermögensübertragung

4 In § 175 UmwG hat der Gesetzgeber abschließend geregelt, welche Rechtsträger in welcher Funktion Beteiligte einer Voll- oder Teilübertragung sein können. Demnach sind im Gegensatz zur Verschmelzung oder Spaltung Vermögensübertragungen nur zwischen bestehenden Rechtsträgern und nur zwischen Rechtsträgern unterschiedlicher Rechtsnatur zulässig. So ist beispielsweise eine Vermögensübertragung von einer Versicherungs-AG auf eine andere Versicherungs-AG unzulässig mit der Folge, dass auf andere Rechtsinstitute wie etwa die Spaltung, Verschmelzung oder Bestandsübertragung nach § 13 VAG zurückgegriffen werden muss.[18] Ein bereits in Auflösung befindlicher Rechtsträger kann an einer Vermögensübertragung als übertragender, nicht aber als übernehmender Rechtsträger beteiligt sein.[19] Bei den beteiligungsfähigen Rechtsträgern differenziert das Gesetz weiter zwischen Vermögensübertragungen einer Kapitalgesellschaft auf die öffentliche Hand (§ 175 Nr. 1 UmwG) und Vermögensübertragungen unter Versicherungsunternehmen (§ 175 Nr. 2 lit. a bis c UmwG). Im ersten Fall können Kapitalgesellschaften als übertragende Rechtsträger einerseits und der Bund, die Länder, Gebietskörperschaften oder ein Zusammenschluss von Gebietskörperschaften als übernehmende Rechtsträger andererseits beteiligt sein. Bei der Vermögensübertragung unter Versicherungsunternehmen können als übertragende oder übernehmende Rechtsträger jeweils Versicherungs-AG, VVaG und öffentlich-rechtliche Versicherungsunternehmen mitwirken.

1. Vermögensübertragungen von Kapitalgesellschaften auf die öffentliche Hand

5 Im Rahmen einer Voll- oder Teilübertragung auf die öffentliche Hand kommen gemäß § 175 Nr. 1 UmwG als übertragende Rechtsträger ausschließlich **Kapitalgesellschaften** im Sinne von § 3 Abs. 1 Nr. 2 UmwG, also Gesellschaften in der Rechtsform einer GmbH, AG, KGaA oder SE (vgl. Art. 9 Abs. 1 lit. c ii SE-VO) in Betracht. Eine AG, KGaA oder SE darf allerdings nur dann als übertragender Rechtsträger einer Teilübertragung fungieren, wenn sie schon länger als zwei Jahre im Handelsregister eingetragen ist (§ 177 Abs. 1 iVm § 141 UmwG). Auf übernehmender Seite sind Bund, Länder, Gebietskörperschaften oder Zusammenschlüsse von Gebietskörperschaften als **Rechtsträger der öffentlichen Hand** beteiligungsfähig. Kirchliche Gebietskörperschaften sind ebenso wie bei § 168 UmwG als Zusammenschluss von Gebietskörperschaften vom Begriff der öffentlichen Hand umfasst.[20] Eine analoge Anwendung des § 175 Nr. 1 UmwG und der speziellen Vorschriften zur Voll- und Teilübertragung auf öffentlich-rechtliche Anstalten verbietet sich dagegen angesichts des klaren Wortlauts des § 1 Abs. 2 UmwG.[21] Möglich sind allerdings abweichende Regelungen durch entsprechende landesrechtliche Vorschriften.[22]

2. Vermögensübertragungen unter Versicherungsunternehmen

6 Nach § 175 Nr. 2 lit. a bis c UmwG können **Versicherungs-AG**, einschließlich der **Versicherungs-SE**[23], **VVaG** und **öffentlich-rechtliche Versicherungsunternehmen** als Rechtsträger an einer Vermögensvoll- bzw. Vermögensteilübertragung beteiligt sein. Gesellschaften in der Rechtsform der GmbH und KGaA kann demgegenüber keine Erlaubnis für den Betrieb von Versicherungsgeschäften erteilt werden (vgl. § 8 Abs. 2 VAG), weswegen sie auch nicht als Versicherungsunternehmen beteiligte Rechtsträger einer

---

[18] Böttcher/Habighorst/Schulte/*Kammerer-Galahn* § 175 Rn. 1; Widmann/Mayer/*Heckschen* § 174 Rn. 10 ff.

[19] Dazu im Detail Lutter/*Schmidt* § 174 Rn. 6; Widmann/Mayer/*Heckschen* § 174 Rn. 20.

[20] Böttcher/Habighorst/Schulte/*Kammerer-Galahn* § 175 Rn. 4; Lutter/*Schmidt* § 175 Rn. 4; Widmann/Mayer/*Heckschen* § 175 Rn. 14.

[21] So auch die Begründung des Gesetzgebers zu § 175 UmwG BT-Drucks. 75/94, S. 133; siehe auch *Ganske* S. 199; Lutter/*Schmidt* § 175 Rn. 3; Widmann/Mayer/*Heckschen* § 175 Rn. 10.

[22] Lutter/*Schmidt* § 175 Rn. 5; Widmann/Mayer/*Heckschen* § 175 Rn. 16.

[23] Lutter/*Schmidt* § 175 Rn. 7; Widmann/Mayer/*Heckschen* § 175 Rn. 15, 19.

Vermögensübertragung iSv § 175 Nr. 2 UmwG sein können.²⁴ Zu den charakteristischen Merkmalen der Versicherungs-AG enthält das UmwG keine Vorgaben. Die Versicherungs-AG sowie der VVaG müssen sich jedenfalls in Übereinstimmung mit § 8 Abs. 1, 2 VAG bzw. § 171 VAG im Besitz einer zum Betrieb von Versicherungsgeschäften ermächtigenden **aufsichtsbehördlichen Erlaubnis** befinden. Die Erteilung einer solchen Erlaubnis an eine Versicherungs-AG setzt voraus, dass der Betrieb von Versicherungsgeschäften laut Satzung der Versicherungs-AG Unternehmensgegenstand ist.²⁵ Weitergehende versicherungsfremde Tätigkeiten sind der Versicherungs-AG nur innerhalb der von § 15 Abs. 1 VAG gesetzten engen Grenzen erlaubt.²⁶ Wie bei den Kapitalgesellschaften als übertragenden Rechtsträgern muss auch bei der Versicherungs-AG, wenn sie als übertragender Rechtsträger an einer Teilübertragung beteiligt sein soll, die Zweijahresfrist des § 141 UmwG beachtet werden, dh die Versicherungs-AG muss bereits zwei Jahre im Handelsregister eingetragen sein.²⁷

Bei der in den §§ 171 ff. VAG geregelten Rechtsform des **VVaG**, die ausschließlich Versicherungen vorbehalten ist, ist die Begründung eines Versicherungsverhältnisses zwingend mit der Mitgliedschaft der versicherten Person im VVaG verbunden (§ 176 S. 2 VAG). Die versicherte Person ist dabei ähnlich wie bei der Genossenschaft an der Gesellschaft beteiligt.²⁸ Seine Rechtsfähigkeit erlangt ein VVaG gemäß § 171 VAG durch Erteilung einer entsprechenden Erlaubnis durch die zuständige Aufsichtsbehörde und verliert sie gemäß § 198 VAG durch Ablauf der in der Satzung bestimmten Zeit, durch Beschluss der obersten Vertretung, durch Eröffnung des Insolvenzverfahrens oder durch Rechtskraft des Beschlusses, durch den die Eröffnung des Insolvenzverfahrens mangels Masse abgelehnt wird.

Als besondere Form des VVaG zeichnen sich sogenannte **kleinere VVaG** iSv § 210 VAG, denen der Gesetzgeber mit den §§ 185 bis 187 UmwG einen eigenen Regelungsabschnitt des Vermögensübertragungsrechts widmet, dadurch aus, dass sie nach ihrer Satzung sachlich, örtlich oder auf den Personenkreis bezogen in ihrem Wirkungskreis beschränkt sind. Die bindende Entscheidung, ob ein VVaG als kleinerer VVaG zu qualifizieren ist, obliegt gemäß § 210 Abs. 4 VAG allein der zuständigen Aufsichtsbehörde. Kleinere VVaG können ihr Vermögen gemäß des insoweit abschließenden § 185 UmwG nur im Wege der **Vollübertragung** und nur auf Versicherungs-AG oder öffentlich-rechtliche Versicherungsunternehmen übertragen. Eine Teilübertragung von Vermögen wird wegen der geringen Größe des kleineren VVaG als sinnlos erachtet und wurde deshalb vom Gesetzgeber nicht zugelassen.²⁹ Gemäß § 186 S. 1 UmwG sind bei einer Vollübertragung von einem kleineren VVaG auf eine Versicherungs-AG oder ein öffentlich-rechtliches Versicherungsunternehmen die Regelungen für Vollübertragungen von VVaG auf Versicherungs-AG oder öffentlich-rechtliche Versicherungsunternehmen (§§ 180 bis 183 UmwG) anzuwenden. Ob ein kleinerer VVaG auch als **übernehmender Rechtsträger** an einer Vermögensübertragung beteiligt sein kann, ist mangels ausdrücklicher Regelung in § 175 Nr. 2 lit. a und c UmwG nach wie vor umstritten. Teilweise wird dies mit dem Argument verneint, die Beteiligungsfähigkeit kleinerer VVaG sei in § 185 UmwG abschließend geregelt und eine Beteiligung eines kleineren VVaG als übernehmender Rechtsträger an einer Vermögensübertragung demnach bewusst nicht vorgesehen.³⁰ Für eine Übertragung von Vermögen auf einen kleineren VVaG würden im Umwandlungsgesetz, insbesondere in den §§ 185 bis 187 UmwG, entsprechende Regelungen fehlen, obwohl solche aufgrund

---

²⁴ Lutter/*Schmidt* § 175 Rn. 7; Widmann/Mayer/*Heckschen* § 175 Rn. 19.
²⁵ Lutter/*Schmidt* § 175 Rn. 7; Semler/Stengel/*Fonk* § 175 Rn. 8; Widmann/Mayer/*Heckschen* § 175 Rn. 19.
²⁶ Bähr/*Eilert* § 5 Rn. 26 ff.; Prölls/*Päve* § 7 VAG Rn. 11 ff.; Lutter/*Schmidt* § 175 Rn. 7.
²⁷ Böttcher/Habighorst/Schulte/*Wagner* § 179 Rn. 4; Henssler/Strohn/*Decker* § 179 Rn. 1.
²⁸ Maulbetsch/Klumpp/Rose/*Findeisen* § 175 Rn. 10; Widmann/Mayer/*Heckschen* § 175 Rn. 20.
²⁹ Kölner Kommentar-UmwG/*Beckmann* § 185 Rn. 2; Widmann/Mayer/*Heckschen* § 185 Rn. 5.
³⁰ Lutter/*Schmidt* § 175 Rn. 8.

der mangelnden Handelsregistereintragung kleinerer VVaG erforderlich seien.[31] Nach herrschender Ansicht hingegen wird zu Recht eine Beteiligung kleinerer VVaG als übernehmende Rechtsträger im Rahmen von Vermögensübertragungen für zulässig gehalten und zwar mit der Begründung, die §§ 185 bis 187 UmwG normierten lediglich die Übertragung des Vermögens eines kleineren VVaG und gerade nicht die Übernahme von Vermögen durch einen kleineren VVaG.[32] Der erstgenannten Auffassung ist richtigerweise entgegenzuhalten, dass der fehlenden Eintragung des kleineren VVaG im Handelsregister auf die gleiche Weise zu begegnen ist wie bei der Verschmelzung kleinerer Vereine. Dort tritt nach § 118 S. 2 UmwG der Antrag an die zuständige Aufsichtsbehörde auf Genehmigung an die Stelle der Anmeldung zur Eintragung in das Register und die Bekanntmachung der Verschmelzung im Bundesanzeiger gemäß § 119 UmwG an die Stelle der Eintragung in das Register.[33]

9 **Öffentlich-rechtliche Versicherungsunternehmen** im Sinne des § 175 Nr. 2 UmwG entsprechen privatrechtlich organisierten Versicherungsunternehmen mit dem Unterschied, dass sie als öffentlich-rechtliche Anstalten oder Körperschaften ausgestaltet sind und deshalb als übernehmende Rechtsträger keine Mitgliedschaften oder Anteile als Gegenleistung gewähren können.[34] Gegründet werden sie durch Hoheitsakt und unterliegen keiner Beschränkung auf bestimmte Versicherungssparten (zB Lebens-, Unfall- oder Krankenversicherung).[35] Zu unterscheiden sind öffentlich-rechtliche Versicherungsunternehmen von einer Versicherungs-AG, deren alleiniger Aktionär die öffentliche Hand ist und auf die die speziellen Regeln für die Versicherungs-AG Anwendung finden.[36]

III. Die Gegenleistung bei der Vermögensübertragung

1. Art und Weise der zu gewährenden Gegenleistung

10 Als Gegenleistung für die Übertragung des gesamten Vermögens oder von Teilen des Vermögens des übertragenden Rechtsträgers auf den übernehmenden Rechtsträger schließt § 174 Abs. 1, 2 UmwG die Gewährung von Anteilen oder Mitgliedschaften an dem übernehmenden Rechtsträger ausdrücklich aus, wobei die Art der zu erbringenden Gegenleistung nicht näher spezifiziert wird. In der Praxis sind aufgrund ihrer Praktikabilität **Barabfindungen** als Gegenleistung die Regel.[37] Als weitere Gegenleistungen kommen **versicherungsspezifische Gegenleistungen**, etwa in Form zeitweiliger Prämienfreiheit, der Erhöhung der Versicherungssumme oder der Gewinnanteile in Betracht, sofern diese im Hinblick auf die jeweilige Rechtsform des übertragenden Rechtsträgers möglich sind.[38] Auch können Wertpapiere als vermögenswerte Leistungen übertragen werden.[39] Ob Anteile oder Mitgliedschaften dritter Rechtsträger im Rahmen der Vermögensübertragung als Gegenleistung gewährt werden können, ist mit Blick auf den Normzweck des § 174 UmwG, der allein die Gewährung von Anteilen oder Mitgliedschaften am übernehmenden

---

[31] Lutter/*Schmidt* § 175 Rn. 8.
[32] Böttcher/Habighorst/Schulte/*Kammerer-Galahn* § 175 Rn. 24; Böttcher/Habighorst/Schulte/*Wagner* § 178 Rn. 7; Hensller/Strohn/*Decker* § 185 Rn. 1; Semler/Stengel/*Fonk* § 175 Rn. 11; Widmann/Mayer/*Heckschen* § 175 Rn. 23.
[33] Semler/Stengel/*Fonk* § 175 Rn. 11; zustimmend Widmann/Mayer/*Heckschen* § 175 Rn. 23.
[34] Böttcher/Habighorst/Schulte/*Kammerer-Galahn* § 175 Rn. 8 f.; Kölner Kommentar-UmwG/*Leuering* § 175 Rn. 8.
[35] Böttcher/Habighorst/Schulte/*Kammerer-Galahn* § 175 Rn. 13, 15; Semler/Stengel/*Fonk* § 175 Rn. 15; Widmann/Mayer/*Heckschen* § 175 Rn. 25.
[36] Semler/Stengel/*Fonk* § 175 Rn. 15; Widmann/Mayer/*Heckschen* § 175 Rn. 25.
[37] Lutter/*Schmidt* § 174 Rn. 7; Semler/Stengel/*Fonk* § 174 Rn. 21; Widmann/Mayer/*Heckschen* § 174 Rn. 22.
[38] Böttcher/Habighorst/Schulte/*Kammerer-Galahn* § 174 Rn. 18; Semler/Stengel/*Fonk* § 174 Rn. 21; Widmann/Mayer/*Heckschen* § 174 Rn. 24, § 181 Rn. 11.
[39] Vgl. Begr. RegE BR-Drucks. 75/94 zu § 178 UmwG, S. 131; Maulbetsch/Klumpp/*Rose* § 174 Rn. 12; Schmitt/Hörtnagl/Stratz/*Stratz* § 174 Rn. 7.

Rechtsträger ausschließen soll, richtigerweise zu bejahen.[40] Der Anspruch auf die Gegenleistung nach § 181 UmwG entsteht mit dem Beschluss der obersten Vertretung des VVaG, der Hauptversammlung der Versicherungs-AG oder der obersten Vertretung des öffentlich-rechtlichen Versicherungsunternehmens und wird grundsätzlich mit der Anmeldung der Vermögensübertragung beim jeweils zuständigen Register fällig.[41] Fallen die Beschlüsse zeitlich auseinander, so entsteht der Anspruch mit der späteren Beschlussfassung.[42]

Die Gegenleistung wird bei der Vermögensübertragung direkt an die Anteilsinhaber des übertragenden Rechtsträgers geleistet, ungeachtet dessen, dass der Vertrag über die Vermögensübertragung zwischen den beteiligten Rechtsträgern abgeschlossen wird.[43] Da die Anteilsinhaber des übertragenden Rechtsträgers einen unmittelbaren Anspruch gegen den übernehmenden Rechtsträger auf Gewährung der Gegenleistung haben, handelt es sich bei dem Übertragungsvertrag um einen echten **Vertrag zugunsten Dritter**.[44] Eine Ausnahme davon ist die ausgliedernde Teilübertragung gemäß § 174 Abs. 2 Nr. 3 UmwG, bei der der übertragende Rechtsträger selbst die Gegenleistung erhält.[45]

2. Angemessenheit der Gegenleistung

Die Angemessenheit der im Rahmen einer umwandlungsrechtlichen Maßnahme zu erbringenden Gegenleistung ist eines der prägenden Wesenselemente des Umwandlungsrechts.[46] Daher ist allgemein anerkannt, dass die jeweilige Gegenleistung auch in allen Konstellationen der Vermögensübertragung angemessen sein muss und zwar ungeachtet der Tatsache, dass die Angemessenheit der zu gewährenden Gegenleistung allein in § 181 Abs. 1 UmwG für die Vermögensübertragungen von VVaG auf Versicherungs-AG oder öffentlich-rechtliche Versicherungsunternehmen ausdrücklich normiert ist (→ Rn. 13).[47] Um die angemessene Höhe der zu gewährenden Gegenleistung, die immer eine wirtschaftlich volle Kompensation für die im Rahmen der Vermögensübertragung verlorenen bzw. übertragenen Rechte darstellen soll, zu bestimmen, werden wie auch bei der Verschmelzung die Regeln der Unternehmensbewertung (zum Beispiel die Ertragswert- oder Substanzwertmethode → § 14 Rn. 356 ff.) angewendet.[48] Ist der übertragende Rechtsträger eine Versicherungs-AG, ist die Höhe der zu gewährenden Gegenleistung anhand des relevanten Aktienwerts zu ermitteln.[49] Alle beteiligten Anteilsinhaber, die einen Anspruch auf Gewährung einer angemessenen Gegenleistung haben, müssen bei der Gewährung einer solchen grundsätzlich gleich behandelt werden.[50]

---

[40] Dafür Böttcher/Habighorst/Schulte/*Kammerer-Galahn* § 174 Rn. 18; Kölner Kommentar-UmwG/*Leuering* § 174 Rn. 9; Schmitt/Hörtnagl/Stratz/*Stratz* § 174 Rn. 7; Widmann/Mayer/*Heckschen* § 174 Rn. 23; Semler/Stengel/*Fonk* § 174 Rn. 20.

[41] Böttcher/Habighorst/Schulte/*Wagner* § 181 Rn. 4; Lutter/*Wilm* § 181 Rn. 4; Widmann/Mayer/*Heckschen* § 181 Rn. 13.

[42] Lutter/*Wilm* § 181 Rn. 4; Semler/Stengel/*Fonk* § 181 Rn. 11; Widmann/Mayer/*Heckschen* § 181 Rn. 13.

[43] Hensler/Strohn/*Decker* § 174 Rn. 3; Kölner Kommentar-UmwG/*Leuering* § 174 Rn. 11; Lutter/*Schmidt* § 174 Rn. 7, 10.

[44] So auch Hensler/Strohn/*Decker* § 174 Rn. 3; Lutter/*Schmidt* § 174 Rn. 10; Semler/Stengel/*Fonk* § 174 Rn. 28; Stoye-Benk/*Cutura* S. 368 Rn. 4; Widmann/Mayer/*Heckschen* § 174 Rn. 28.

[45] Kölner Kommentar-UmwG/*Leuering* § 174 Rn. 18; Schmitt/Hörtnagl/Stratz/*Stratz* § 174 Rn. 12; Widmann/Mayer/*Heckschen* § 174 Rn. 38.

[46] Böttcher/Habighorst/Schulte/*Kammerer-Galahn* § 174 Rn. 19; Lutter/*Schmidt* § 174 Rn. 9; Semler/Stengel/*Fonk* § 174 Rn. 22; Widmann/Mayer/*Heckschen* § 174 Rn. 26.

[47] Hensler/Strohn/*Decker* § 174 Rn. 3; Lutter/*Wilm* § 178 Rn. 11; Widmann/Mayer/*Heckschen* § 174 Rn. 26, § 178 Rn. 37.

[48] Böttcher/Habighorst/Schulte/*Kammerer-Galahn* § 174 Rn. 20; Semler/Stengel/*Fonk* § 174 Rn. 22; Widmann/Mayer/*Heckschen* § 174 Rn. 27.

[49] Vgl. BVerfG, Beschluss vom 27. April 1999 – 1 BvR 1613/94, NJW 1999, 3769; Böttcher/Habighorst/Schulte/*Kammerer-Galahn* § 174 Rn. 20; Semler/Stengel/*Fonk* § 174 Rn. 22.

[50] Semler/Stengel/*Fonk* § 174 Rn. 22; Widmann/Mayer/*Heckschen* § 174 Rn. 27.

13 § 181 UmwG enthält spezielle Regelungen für die Gewährung der Gegenleistung im Rahmen von Vermögensübertragungen von VVaG auf Versicherungs-AG oder öffentlich-rechtliche Versicherungsunternehmen (§ 175 Nr. 2 lit. b UmwG), da die Mitglieder des VVaG nicht an dem Vermögen des Vereins beteiligt sind bzw. ihre Mitgliedschaft in dem VVaG keinen wirtschaftlich realisierbaren Vermögenswert darstellt und eine Vermögensübertragung ohne Gegenleistung vom Gesetzgeber nicht gestattet wird.[51] § 181 UmwG ist zwar gesetzessystematisch dem Abschnitt über die Vollübertragung zuzuordnen, jedoch sind seine Grundsätze nach einhelliger Meinung ebenfalls auf Teilübertragungen iSv § 175 Nr. 2 lit. b UmwG übertragbar.[52] Grundsätzlich erhält jedes Mitglied eines VVaG, das dem Verein seit drei Monaten vor Fassung des Übertragungsbeschlusses angehört, wobei der Tag des Mitgliedschaftsbeginns und der Tag der Beschlussfassung über die Vermögensübertragung nicht mitgerechnet werden, eine Gegenleistung in gleicher Höhe (§ 181 Abs. 3 S. 1 UmwG). Dabei bleibt im Detail vieles unklar, da die üblichen Methoden der Unternehmensbewertung nicht ohne Weiteres auf den VVaG, dessen Tätigkeit bzw. unternehmerische Betätigung, anders als die der üblicherweise nach den Methoden der Unternehmensbewertung zu bewertenden Unternehmen, nicht auf Gewinnmaximierung ausgelegt ist, übertragbar sind.[53] Ausgenommen vom Kreis der Gegenleistungsberechtigten sind auch solche Versicherungsnehmer, die unter Einhaltung der in § 177 Abs. 2 VAG normierten Voraussetzungen zu festen Prämien versichert sind und deshalb keine Mitglieder des VVaG sind.[54] Weil die Mitglieder des VVaG oft zu unterschiedlichen Konditionen versichert sind, erlaubt § 181 Abs. 2 S. 1, Abs. 3 S. 2 UmwG eine Verteilung der Gegenleistung auch nach anderen, an dortiger Stelle abschließend festgesetzten Maßstäben. Diese Maßstäbe, welche auch in Kombination zur Anwendung gebracht werden können,[55] sind (i) die Höhe der Versicherungssumme (vor allem bei Personen oder Gruppenversicherungen), (ii) die Höhe der Beiträge (inklusive der Nebengebühren), (iii) die Höhe der Deckungsrückstellung in der Lebensversicherung (§ 194 VAG), (iv) der in der Satzung des Vereins bestimmte Maßstab für die Verteilung des Vermögens (§ 205 VAG) und (v) die Dauer der Mitgliedschaft im VVaG.

14 Ist eine Gegenleistung nicht vereinbart worden, so kann jedes Mitglied des VVaG gemäß § 181 Abs. 4 S. 1 UmwG einen Antrag auf **gerichtliche Festsetzung** der zu gewährenden Gegenleistung im Spruchverfahren stellen,[56] wobei nach § 181 Abs. 4 S. 2 UmwG die Vorschriften über die Nachprüfung der Gegenleistung bei der Verschmelzung (§§ 30 Abs. 1, 34 UmwG) entsprechend anzuwenden sind. Das Gericht prüft in diesem Zusammenhang nicht nur die Angemessenheit der Höhe der zu gewährenden Gegenleistung, sondern auch die Art der Gegenleistung und die anzuwendenden Bewertungsmaßstäbe.[57] Um anknüpfend an das **Spruchverfahren** eine Zahlung zu erhalten, ist gemäß § 16 SpruchG bei demselben Gericht eine Leistungsklage zu erheben.

3. Entfall der Gegenleistung und Verzicht

15 Da ein Anteilsinhaber sich nicht aus seinem eigenen Vermögen eine Gegenleistung gewähren kann, muss der Anspruch auf Gewährung einer Gegenleistung insoweit entfallen, als der übernehmende Rechtsträger an dem übertragenden Rechtsträger selbst beteiligt

---

[51] Kölner Kommentar-UmwG/*Beckmann* § 181 Rn. 2; Lutter/*Wilm* § 181 Rn. 1.
[52] Semler/Stengel/*Fonk* § 184 Rn. 2; Widmann/Mayer/*Heckschen* § 184 Rn. 2.
[53] Lutter/*Wilm* § 181 Rn. 8; Semler/Stengel/*Fonk* § 181 Rn. 8; Widmann/Mayer/*Heckschen* § 181 Rn. 8.
[54] Lutter/*Wilm* § 181 Rn. 2; Maulbetsch/Klumpp/Rose/*Findeisen* § 181 Rn. 9; Widmann/Mayer/*Heckschen* § 181 Rn. 12.
[55] Lutter/*Wilm* § 181 Rn. 11; Semler/Stengel/*Fonk* § 181 Rn. 19; Widmann/Mayer/*Heckschen* § 181 Rn. 14.
[56] Lutter/*Wilm* § 181 Rn. 15; Widmann/Mayer/*Heckschen* § 181 Rn. 24.
[57] Henssler/Strohn/*Decker* § 181 Rn. 3; Kölner Kommentar-UmwG/*Beckmann* § 181 Rn. 11; aA Lutter/*Wilm* § 181 Rn. 17.

ist.[58] Dies führt bei einer Vermögensvollübertragung einer 100%igen Tochtergesellschaft auf ihre Muttergesellschaft nach den Regeln der §§ 5, 20 Nr. 3 UmwG, auf die die Vorschriften zur Vermögensvollübertragung verweisen, zu einem vollständigen **Entfall der Gegenleistung**.[59] Bei Vermögensteilübertragungen sind hingegen nur auf- und abspaltende Teilübertragungen ohne Gewährung einer Gegenleistung möglich, während ausgliedernde Teilübertragungen ohne Gegenleistung aufgrund des Verweises auf § 131 Abs. 1 Nr. 3 S. 3 UmwG stets unzulässig sind.[60]

Bei einem VVaG als übertragendem Rechtsträger kann zudem von einer Gegenleistung **16** abgesehen werden, wenn das vorhandene Aktivvermögen des VVaG die dem Vermögen gegenüberstehenden Verpflichtungen nicht oder nur geringfügig übersteigt.[61] Dies gilt insbesondere, wenn der VVaG nicht mehr imstande ist, seinen Verpflichtungen gegenüber seinen Mitgliedern unter den jeweils bestehenden Versicherungsverhältnissen nachzukommen (§ 89 VAG). Schließlich ist eine Gegenleistung auch dann nicht mehr gerechtfertigt, wenn sie so gering ausfallen würde, dass sie die Kosten für die Ermittlung ihrer Höhe bzw. die Kosten ihrer Durchführung wertmäßig nicht deckte oder nur unwesentlich überstiege.[62]

Darüber hinaus ist ein **Verzicht auf die Gegenleistung** durch notariell beurkundete **17** Verzichtserklärungen der Anteilsinhaber des übertragenden Rechtsträgers bei einer Vollübertragung zwar nach hM möglich,[63] wegen der verbleibenden Rechtsunsicherheit sollte jedoch in der Praxis zumindest stets ein geringer Vermögenswert gewährt[64] oder der Sachverhalt im Vorhinein mit dem Registergericht abschließend abgestimmt werden.[65] Bei der Teilübertragung ist ein Verzicht der Anteilsinhaber des übertragenden Rechtsträgers auf Gewährung der Gegenleistung nur bei aufspaltender und abspaltender Teilübertragung möglich.[66] Bei der ausgliedernden Teilübertragung ist ein Verzicht auf die Gegenleistung auch dann nicht möglich, wenn die Anteilsinhaber des übertragenden Rechtsträgers einem solchen Verzicht zustimmen, da die besonderen Verschmelzungsvorschriften der §§ 54, 68 UmwG gemäß § 125 S. 1 UmwG bei der ausgliedernden Spaltung und damit auch bei der ausgliedernden Teilübertragung keine Anwendung finden.[67]

B. Vermögensvollübertragung

I. Grundsätzliche Anwendung des Verschmelzungsrechts

Aufgrund ihrer systematischen Verwandtschaft mit der Verschmelzung sind auf die Voll- **18** übertragung, bei der eine Kapitalgesellschaft ihr Vermögen auf die öffentliche Hand überträgt (§ 175 Nr. 1 UmwG), vorbehaltlich der speziellen Regelungen in § 176 Abs. 2 bis 4

---

[58] Lutter/*Schmidt* § 174 Rn. 8; Semler/Stengel/*Fonk* § 174 Rn. 25; Widmann/Mayer/*Heckschen* § 174 Rn. 29.
[59] Böttcher/Habighorst/Schulte/*Kammerer-Galahn* § 174 Rn. 21; Lutter/*Schmidt* § 174 Rn. 8; Stoye-Benk/*Cutura* S. 367 Rn. 3.
[60] Semler/Stengel/*Fonk* § 174 Rn. 24; in Bezug auf die Spaltung auch Lutter/*Karollus* Kölner Umwandlungsrechtstage S. 157, 180 f.
[61] Lutter/*Wilm* § 181 Rn. 7; Widmann/Mayer/*Heckschen* § 181 Rn. 7.
[62] Böttcher/Habighorst/Schulte/*Wagner* § 181 Rn. 8; Lutter/*Wilm* § 181 Rn. 9; Widmann/Mayer/*Heckschen* § 181 Rn. 7.
[63] Böttcher/Habighorst/Schulte/*Kammerer-Galahn* § 174 Rn. 23; Lutter/*Schmidt* § 176 Rn. 9; Widmann/Mayer/*Heckschen* § 174 Rn. 30.
[64] So Widmann/Mayer/*Heckschen* § 174 Rn. 30.
[65] Böttcher/Habighorst/Schulte/*Wagner* § 178 Rn. 12; Widmann/Mayer/*Heckschen* § 178 Rn. 13.
[66] Lutter/*Schmidt* § 177 Rn. 7; vgl. auch Widmann/Mayer/*Heckschen* § 179 Rn. 8.
[67] Lutter/*Schmidt* § 177 Rn. 7; vgl. auch Widmann/Mayer/*Heckschen* § 179 Rn. 8; aA fü den Fall der 100%igen Beteiligung des übernehmenden Rechtsträgers am übertragenden Rechtsträger: Semler/Stengel/*Fonk* § 174 Rn. 25.

UmwG, gemäß § 176 Abs. 1 UmwG die **Vorschriften über die Verschmelzung durch Aufnahme** anzuwenden. Entsprechend dieser Generalverweisung finden neben den allgemeinen Vorschriften über die Verschmelzung zur Aufnahme (§§ 4 bis 35 UmwG) auch die speziellen Regelungen für die GmbH (§§ 46 bis 55 UmwG) und die AG/SE (§§ 60 bis 72 UmwG) bzw. KGaA (§ 78 UmwG) Anwendung. Die Verweisungen in das Verschmelzungsrecht stehen jedoch stets unter dem Vorbehalt der Vereinbarkeit der jeweiligen Verweisregelung mit dem Institut der Vermögensübertragung und deren spezifischer Natur, dh insbesondere Vorschriften über den Anteils- oder Mitgliedschaftserwerb am übernehmenden Rechtsträger finden keine Anwendung.[68] Die Beteiligung der öffentlichen Hand als übernehmender Rechtsträger an der Vermögensübertragung richtet sich ausweislich des aus Gründen der Klarstellung aufgenommenen § 176 Abs. 4 UmwG nach den für die öffentliche Hand geltenden Vorschriften des Staats- und Verwaltungsrechts, die jeweils gesondert zu bestimmen sind.

19   Überträgt eine **Versicherungs-AG** ihr Vermögen auf einen VVaG oder ein öffentlich-rechtliches Versicherungsunternehmen (**§ 175 Nr. 2 lit. a UmwG**), finden über den Verweis in § 178 Abs. 1 UmwG auch in dieser Konstellation die allgemeinen verschmelzungsrechtlichen Vorschriften (§§ 4 bis 35 UmwG) sowie die besonderen verschmelzungsrechtlichen Vorschriften für die Aktiengesellschaft (§§ 60 bis 72 UmwG) bzw. den VVaG (§§ 109 bis 113 UmwG) Anwendung. Sofern ein öffentlich-rechtliches Versicherungsunternehmen als übernehmender Rechtsträger fungiert, gelten die Regelungen des insofern maßgeblichen Bundes- bzw. Landesrechts gemäß § 178 Abs. 3 UmwG und § 178 Abs. 2 iVm § 176 Abs. 4 UmwG.

20   Sofern das Vermögen eines **VVaG** mittels Vollübertragung auf eine Versicherungs-AG oder ein öffentlich-rechtliches Versicherungsunternehmen übertragen werden soll (**§ 175 Nr. 2 lit. b UmwG**), findet sich der Verweis auf die allgemeinen und besonderen verschmelzungsrechtlichen Vorschriften für den übertragenden VVaG und die übernehmende Versicherungs-AG in § 180 Abs. 1 UmwG. Kleinere VVaG können als übertragende Rechtsträger nur nach den §§ 185 bis 187 UmwG an einer Vermögensübertragung beteiligt sein. Für öffentlich-rechtliche Versicherungsunternehmen als übernehmende Rechtsträger gelten die jeweiligen speziellen bundes- und landesrechtlichen Vorschriften (§ 180 Abs. 2 UmwG iVm § 176 Abs. 4 und § 178 Abs. 3 UmwG).

21   § 188 Abs. 1 UmwG verweist bei Vollübertragungen unter Beteiligung von Rechtsträgern nach **§ 175 Nr. 2 lit. c UmwG** für die übernehmende Versicherungs-AG und den übernehmenden VVaG auf die Vorschriften über die Verschmelzung durch Aufnahme und für das **übertragende öffentlich-rechtliche Versicherungsunternehmen** auf § 176 Abs. 3 UmwG. Der weitere Verweis in § 188 Abs. 2 UmwG auf § 176 Abs. 2, 4 UmwG und § 178 Abs. 3 UmwG, der die Anwendung der in § 176 Abs. 2 UmwG enthaltenen besonderen Anforderungen an den Inhalt des Verschmelzungsvertrags und die Anwendung des maßgebenden Bundes- oder Landesrechts auf das übertragende öffentlich-rechtliche Versicherungsunternehmen zum Gegenstand hat, wird teilweise als unvollständig kritisiert und das Fehlen einer Öffnungsklausel für den übertragenden Rechtsträger bemängelt.[69] § 176 Abs. 4 UmwG, der eine solche Öffnungsklausel enthält sei nur auf öffentlich-rechtliche Versicherungsunternehmen in der Funktion des übernehmenden Rechtsträgers anwendbar und § 178 Abs. 3 UmwG behandele nur einen Teilbereich der zu regelnden Fragen (Erfordernis der Zustimmung zum Vertrag über die Vermögensübertragung).[70] Nach anderer Ansicht sind die Verweisungen in § 188 Abs. 2 UmwG für Vollübertragungen iSv § 175 Nr. 2 lit. c UmwG abschließend und ausreichend.[71] Richtig dürfte sein, dass

---

[68] Kölner Kommentar-UmwG/*Leuering* § 176 Rn. 2; vgl. auch Lutter/*Schmidt* § 176 Rn. 6.
[69] Maulbetsch/Klumpp/Rose/*Findeisen* § 188 Rn. 3; Schmitt/Hörtnagl/Stratz/*Stratz* § 188 Rn. 1.
[70] Maulbetsch/Klumpp/Rose/*Findeisen* § 188 Rn. 3; Schmitt/Hörtnagl/Stratz/*Stratz* § 188 Rn. 1; Widmann/Mayer/*Heckschen* § 188 Rn. 1.
[71] So Widmann/Mayer/*Heckschen* § 188 Rn. 1.

der Verweis in § 188 Abs. 2 UmwG lediglich missverständlich formuliert ist und sich daher auch auf öffentlich-rechtliche Versicherungsunternehmen als übernehmende Rechtsträger bezieht, so dass sich die Voraussetzungen für eine Vermögensübertragung von öffentlich-rechtlichen Versicherungsunternehmen einheitlich aus den für diese Unternehmen geltenden öffentlich-rechtlichen Regeln ergeben.[72]

II. Verfahren der Vollübertragung

Die Vollübertragung lässt sich hinsichtlich ihres Ablaufs ähnlich des Ablaufs der Verschmelzung untergliedern (→ § 6 Rn. 25 ff.). Dementsprechend sind auch die nachfolgenden Ausführungen zum Verfahren der Vollübertragung in Abschnitte über den Übertragungsvertrag, den Übertragungsbericht, die Übertragungsprüfung, den Übertragungsbeschluss, die aufsichtsbehördliche Genehmigung, das Registerverfahren sowie den Eintritt der Rechtsfolgen der Vollübertragung untergliedert. 22

1. Übertragungsvertrag

Die jeweiligen **Vertretungsorgane** der an der Vermögensvollübertragung beteiligten Rechtsträger, dh gemäß § 78 AktG bzw. § 188 VAG der Vorstand bei der AG und dem VVaG, sind für den Abschluss des Übertragungsvertrags gemäß § 4 Abs. 1 UmwG zuständig, wobei der Vertragsschluss gemäß § 6 UmwG der notariellen Beurkundung bedarf. Insoweit kann auf die Ausführungen zum Verschmelzungsvertrag verwiesen werden (→ § 8 Rn. 5 ff.). Wenn der Abschluss des Übertragungsvertrags durch seitens des übertragenden bzw. übernehmenden Rechtsträgers bevollmächtigte Personen erfolgen soll, ist dazu zu raten, die jeweilige **Vollmachtserteilung** zu Dokumentations- und Beweiszwecken in notariell beglaubigter Form vorzunehmen.[73] Sofern im Hinblick auf die erforderliche Zustimmung zum Übertragungsvertrag seitens der jeweiligen Anteilsinhaber der beteiligten Rechtsträger Widerstand zu erwarten ist, bietet es sich aus Effizienzgründen und nicht zuletzt zwecks Vermeidung eines gegebenenfalls drohenden mehrfachen Anfallens von Notarkosten bei der Vollübertragung ebenso wie bei der Verschmelzung an, zunächst einen **Übertragungsvertragsentwurf** aufzustellen und über diesen einen Abstimmungsbeschluss zu erwirken.[74] Die Unterzeichnung und notarielle Beurkundung des beschlossenen Übertragungsvertrags kann dann im Nachgang dazu erfolgen.[75] 23

Im Hinblick auf die Vermögensvollübertragung von Kapitalgesellschaften auf die öffentliche Hand modifiziert § 176 Abs. 2 S. 1 UmwG den **erforderlichen Mindestgehalt** des Übertragungsvertrags, der sich grundsätzlich gemäß § 176 Abs. 1 UmwG nach § 5 UmwG richtet, dahingehend, dass die Angaben nach § 5 Abs. 1 Nr. 4, 5 und 7 UmwG entfallen. Obwohl demnach insbesondere Einzelheiten zur Übertragung der Anteile des übernehmenden Rechtsträgers und zum Erwerb der Mitgliedschaft bei dem übernehmenden Rechtsträger (§ 5 Abs. 1 Nr. 4 UmwG) nicht im Übertragungsvertrag enthalten sein müssen, empfiehlt es sich für die Praxis schon aus Transparenzgründen, konkrete Regelungen über das Bewirken der **Gegenleistung** durch den übernehmenden Rechtsträger im Übertragungsvertrag zu treffen.[76] Die ebenfalls von der Anwendung ausgeschlossenen Regelungen in Nr. 5 und 7 des § 5 Abs. 1 UmwG sind schon ihrem Wesen nach nicht mit dem Rechtsinstitut der Vollübertragung in Einklang zu bringen, da sie die Angabe des Zeitpunkts, ab dem die Anteile oder die Mitgliedschaften einen Anspruch auf einen Anteil am Bilanzgewinn gewähren, erfordern bzw. sich auf Rechte beziehen, die der übernehmende Rechtsträger einzelnen Anteilsinhabern und den Inhabern von Sonderrechten 24

---

[72] So Böttcher/Habighorst/Schulte/*Wagner* § 188 Rn. 3; Henssler/Strohn/*Decker* § 188 Rn. 1; Widmann/Mayer/*Heckschen* § 188 Rn. 1.
[73] Lutter/*Schmidt* § 176 Rn. 14; Widmann/Mayer/*Heckschen* § 176 Rn. 7.
[74] Semler/Stengel/*Fonk* § 176 Rn. 9; Widmann/Mayer/*Heckschen* § 176 Rn. 8.
[75] Vgl. so im Ergebnis auch Widmann/Mayer/*Heckschen* § 176 Rn. 8.
[76] Lutter/*Schmidt* § 176 Rn. 15; Widmann/Mayer/*Heckschen* § 176 Rn. 37.

gewähren muss.[77] Die dem Grunde nach anwendbaren Vorschriften in § 5 Abs. 1 Nr. 2 und 3 UmwG sind wegen der fehlenden Gewährung von Anteilen und Mitgliedschaften nur bedingt mit der Vermögensübertragung zu vereinbaren.[78] Über §§ 178 Abs. 2, 180 Abs. 2 und 188 Abs. 2 UmwG, die jeweils auf § 176 Abs. 2 S. 1 UmwG verweisen, sind die gleichen Anforderungen an den Inhalt des Übertragungsvertrags auch bei Vollübertragungen unter Versicherungsunternehmen iSv § 175 Nr. 2 UmwG zu stellen und demnach alle in § 5 Abs. 1 Nr. 1 bis 3, 6, 8, 9, Abs. 2 und 3 UmwG enthaltenen Angaben in den Übertragungsvertrag aufzunehmen.

25 Als weitere Abweichung zum Verschmelzungsvertrag sind bei der Vermögensvollübertragung einer Kapitalgesellschaft auf die öffentliche Hand gemäß § 176 Abs. 2 S. 3 UmwG im Übertragungsvertrag anstelle des Umtauschverhältnisses die **Art und Höhe der zu gewährenden Gegenleistung** festzulegen. Wie beim *Upstream-Merger* entfallen diese Angaben jedoch durch den Verweis auf § 5 Abs. 2 UmwG dann, wenn sich alle Anteile des übertragenden Rechtsträgers bereits in der Hand des übernehmenden Rechtsträgers befinden (→ § 6 Rn. 30). Vorstehende Modifikation gilt über die Verweise in § 178 Abs. 2 UmwG auf § 176 Abs. 2 und 4 UmwG und in § 188 Abs. 2 UmwG auf § 176 Abs. 2 und 4 UmwG auch für eine Vermögensvollübertragung von einer Versicherungs-AG auf einen VVaG oder ein öffentlich-rechtliches Versicherungsunternehmen (§ 175 Nr. 2 lit. a UmwG) bzw. von einem öffentlich-rechtlichen Versicherungsunternehmen auf eine Versicherungs-AG oder einen VVaG (§ 175 Nr. 2 lit. c UmwG). Bei Vollübertragung eines VVaG auf eine Versicherungs-AG oder ein öffentlich-rechtliches Versicherungsunternehmen (§ 175 Nr. 2 lit. b UmwG) tritt die nach den Regeln des § 181 UmwG zu bestimmende Gegenleistung gemäß § 180 Abs. 2 UmwG iVm § 176 Abs. 2 S. 3 UmwG an die Stelle der Angabe des Umtauschverhältnisses nach § 5 Abs. 1 Nr. 3 UmwG. Gleiches gilt über § 185 S. 1 UmwG auch dann, wenn ein kleinerer VVaG sein Vermögen auf eine Versicherungs-AG oder ein öffentlich-rechtliches Versicherungsunternehmen überträgt.

26 Schließlich erhalten die **Inhaber von Sonderrechten** gemäß der Regelung des § 176 Abs. 2 S. 4 UmwG, auf die die §§ 178 Abs. 2, 180 Abs. 2 und 188 Abs. 2 UmwG jeweils verweisen, bei Vollübertragungen anstelle der Gewährung gleichwertiger Sonderrechte nach § 23 UmwG einen **Anspruch auf Barabfindung**, dessen Details sich nach den §§ 29 Abs. 1, 30 und 34 UmwG richten.[79] Das Angebot auf Barabfindung muss gemäß § 176 Abs. 2 S. 4 UmwG iVm § 29 Abs. 1 UmwG im Übertragungsvertrag enthalten sein.

27 Die verschmelzungsrechtlichen Vorschriften über die **Informationspflichten** gegenüber den betroffenen Arbeitnehmern und Anteilsinhabern in Form der Vorlage des Verschmelzungsvertrags an den Betriebsrat gemäß § 5 Abs. 3 UmwG, die Form (notarielle Beurkundung gemäß § 6 UmwG) und die Kündigung des Verschmelzungsvertrags (§ 7 UmwG) sind allesamt ohne Einschränkungen auch auf den Übertragungsvertrag anzuwenden. Inhaltlich wird dazu auf die dortigen Ausführungen verwiesen (→ § 8 Rn. 5 ff.).

2. Übertragungsbericht

28 Entsprechend den Anforderungen an Verschmelzungsvorgänge (→ § 9 Rn. 4) ist bei Vermögensvollübertragungen von Kapitalgesellschaften auf die öffentliche Hand von dem vertretungsberechtigten Organ des übertragenden Rechtsträgers gemäß § 176 Abs. 1 UmwG ein **schriftlicher Übertragungsbericht** iSv § 8 UmwG zu erstatten.[80] Die Pflicht des übernehmenden Rechtsträgers der öffentlichen Hand, einen Verschmelzungsbericht zu erstellen, richtet sich gemäß § 176 Abs. 4 UmwG nach den für ihn geltenden

---

[77] Lutter/*Schmidt* § 176 Rn. 7; Maulbetsch/Klumpp/Rose/*Findeisen* § 176 Rn. 4.
[78] Lutter/*Schmidt* § 176 Rn. 7; Maulbetsch/Klumpp/Rose/*Findeisen* § 176 Rn. 4; so im Ergebnis auch Widmann/Mayer/*Heckschen* § 176 Rn. 9.
[79] *Ganske* S. 177; Widmann/Mayer/*Heckschen* § 176 Rn. 38; kritisch zum Verweis in § 178 Abs. 2 UmwG Kölner Kommentar-UmwG/*Beckmann* § 178 Rn. 10.
[80] Kölner Kommentar-UmwG/*Leuering* § 176 Rn. 7; Lutter/*Schmidt* § 176 Rn. 19; Widmann/Mayer/*Heckschen* § 176 Rn. 20.

öffentlich-rechtlichen Vorschriften. Der Zweck des Übertragungsberichts, dessen Hauptteil aus der Begründung der Angemessenheit der zu gewährenden Gegenleistung besteht, liegt, wie beim Verschmelzungsbericht, in der **Information der jeweiligen Anteilseigner** über die Folgen der Vermögensübertragung.[81] Da dieser Informationszweck bei der Vermögensübertragung einer 100%igen Tochtergesellschaft auf ihre Muttergesellschaft leerliefe, ist ein Übertragungsbericht in dieser Konstellation entbehrlich.[82]

Bei **Vermögensübertragungen unter Versicherungsunternehmen** iSv § 175 Nr. 2 **29** UmwG gilt das Verschmelzungsrecht und damit auch § 8 UmwG gemäß den Verweisen in §§ 178 Abs. 1, 180 Abs. 1 UmwG, 186 S. 1 UmwG iVm § 180 Abs. 1 UmwG (kleinere VVaG) und § 188 Abs. 1 UmwG für sämtliche beteiligte Rechtsträger. Demnach sind Übertragungsberichte von den Vertretungsorganen sämtlicher beteiligter Rechtsträger, gegebenenfalls in Form eines gemeinsamen Berichts (§ 8 Abs. 1 S. 1 Hs. 2 UmwG), zu erstatten. Dies schließt öffentlich-rechtliche Versicherungsunternehmen mit ein, denn der Verweis auf das maßgebende Bundes- oder Landesrecht in § 178 Abs. 3 UmwG, der über §§ 180 Abs. 2. 188 Abs. 2 UmwG auch auf die weiteren Konstellationen des § 175 Nr. 2 UmwG mit Beteiligung öffentlich-rechtlicher Versicherungsunternehmen Anwendung findet, bezieht sich ausschließlich auf die besonderen Zustimmungserfordernisse hinsichtlich des Übertragungsbeschlusses und die Anforderungen an einen Verzicht auf den Übertragungsbericht.[83]

Bei **Vollübertragungen von einer Kapitalgesellschaft auf die öffentliche Hand** iSv **30** § 175 Nr. 1 UmwG ist der Generalverweis des § 176 Abs. 1 UmwG auf die in § 8 Abs. 3 UmwG vorgesehene Möglichkeit der Anteilsinhaber der beteiligten Rechtsträger, auf die Erstattung des Übertragungsberichts zu verzichten, so zu verstehen, dass für einen solchen Verzicht eine entsprechende **Verzichtserklärung der Anteilsinhaber** des übertragenden Rechtsträgers notwendig, aber auch ausreichend ist und eine korrespondierende Verzichtserklärung auf Ebene des übernehmenden Rechtsträgers aufgrund dessen öffentlich-rechtlicher Ausgestaltung nicht erforderlich ist.[84] Bei Vermögensübertragungen unter Beteiligung aller übrigen in § 175 Nr. 2 lit. a bis c UmwG genannten Rechtsträger müssen hingegen sämtliche Anteilsinhaber des übernehmenden und übertragenden Rechtsträgers auf die Erstattung des Übertragungsberichts verzichten.[85]

3. Übertragungsprüfung

Durch die Generalverweise in den Vorschriften zur Vermögensvollübertragung auf den **31** allgemeinen Teil des Verschmelzungsrechts hat entsprechend § 9 UmwG auch eine Prüfung des Übertragungsvertrags (sogenannte **Übertragungsprüfung**) stattzufinden, welche nach herrschender Auffassung auch die Prüfung der Angemessenheit der vertraglich vereinbarten Gegenleistung und gegebenenfalls der Barabfindung der Sonderrechtsinhaber zu umfassen hat (zur Verschmelzungsprüfung → § 10 Rn. 7 ff.).[86] Ob eine Übertragungsprüfung im Einzelfall vorzunehmen ist, richtet sich nach den §§ 48, 60, 78 und 100 UmwG, auf die die Vorschriften des Vermögensübertragungsrechts ebenfalls verweisen. So muss bei einer Vermögensübertragung unter Beteiligung der in § 175 Nr. 1 UmwG genannten Rechtsträger die GmbH als übertragender Rechtsträger eine Übertragungsprüfung nur auf Verlangen einer ihrer Gesellschafter vornehmen (§ 48 UmwG), bei Beteiligung einer Ver-

---

[81] Widmann/Mayer/*Heckschen* § 176 Rn. 20.
[82] Kölner Kommentar-UmwG/*Leuering* § 176 Rn. 7; Lutter/*Schmidt* § 176 Rn. 19; Widmann/Mayer/*Heckschen* § 176 Rn. 20.
[83] Semler/Stengel/*Fonk* § 180 Rn. 7; Widmann/Mayer/*Heckschen* § 180 Rn. 15; im Ergebnis auch Böttcher/Habighorst/Schulte/*Wagner* § 180 Rn. 6.
[84] Kölner Kommentar-UmwG/*Leuering* § 176 Rn. 7; Lutter/*Schmidt* § 176 Rn. 19; Widmann/Mayer/*Heckschen* § 176 Rn. 39.
[85] Maulbetsch/Klumpp/Rose/*Findeisen* § 178 Rn. 12; Widmann/Mayer/*Heckschen* § 178 Rn. 20.
[86] Henssler/Strohn/*Decker* § 178 Rn. 2; Kölner Kommentar-UmwG/*Beckmann* § 178 Rn. 9; Lutter/*Wilm* § 178 Rn. 11; aA wohl nur Widmann/Mayer/*Heckschen* § 178 Rn. 25.

sicherungs-AG als übertragender Rechtsträger iSv § 175 Nr. 2 lit. a UmwG oder übernehmender Rechtsträger iSv § 175 Nr. 2 lit. b oder c UmwG ist hingegen immer dann gemäß § 60 UmwG eine Prüfung des Übertragungsvertrags erforderlich, wenn nicht alle Anteilsinhaber aller beteiligten Rechtsträger gemäß § 9 UmwG auf die Überprüfung des Übertragungsvertrags verzichtet haben. Bei der Vollübertragung von Vermögen unter Beteiligung eines VVaG oder eines öffentlich-rechtlichen Versicherungsunternehmens besteht generell keine Prüfungspflicht.[87]

4. Übertragungsbeschluss

32 Die Verwandtschaft von Vollübertragung und Verschmelzung zeigt sich auch anhand der Regelungen, die der Gesetzgeber für den Übertragungsbeschluss getroffen hat. So sind über die jeweiligen Verweise in den §§ 176 Abs. 1, 178 Abs. 1, 180 Abs. 1 iVm 186 S. 1 UmwG (kleinere VVaG) und 188 Abs. 1 UmwG zunächst die allgemeinen Vorschriften (§§ 13 bis 15 UmwG) über den **Verschmelzungsbeschluss** (vgl. → § 11 Rn. 12 ff.) entsprechend anzuwenden. Demnach sind die von den Anteilsinhabern der jeweils an der Vermögensübertragung beteiligten Rechtsträger zu fassenden **Übertragungsbeschlüsse**, mit denen dem Übertragungsvertrag jeweils zugestimmt wird, **Wirksamkeitsvoraussetzung** sämtlicher Übertragungsverträge bzw. sämtlicher in den §§ 174, 175 UmwG vorgesehenen Übertragungsvorgängen und -konstellationen. Daneben sind auf den jeweiligen beteiligten Rechtsträger die für ihn geltenden rechtsformspezifischen Voraussetzungen und Regularien über die Vorbereitung und Fassung eines solchen Übertragungsbeschlusses sowie über die Zuständigkeiten und nötigen Beschlussmehrheiten (§§ 47 ff. UmwG für die GmbH, §§ 61 ff. UmwG für AG, SE und (über den Verweis in § 78 UmwG) KGaA, §§ 111 f. UmwG für den VVaG) anwendbar. Bei der Vermögensübertragung von einer Versicherungs-AG auf einen VVaG oder ein öffentlich-rechtliches Versicherungsunternehmen (§ 175 Nr. 2 lit. a UmwG) ist zudem die Regelung des § 62 UmwG, wonach bei Konzernverschmelzungen die Fassung eines Zustimmungsbeschlusses durch die Hauptversammlung nicht erforderlich ist, nicht einschlägig, da sie schon ausweislich ihres Wortlauts nur auf Verschmelzungskonstellationen Anwendung findet, in denen eine AG als übernehmender Rechtsträger beteiligt ist.[88]

33 Bei Vollübertragung eines VVaG oder kleineren VVaG auf eine Versicherungs-AG oder ein öffentlich-rechtliches Versicherungsunternehmen (**§ 175 Nr. 2 lit. b UmwG**) muss in dem Beschluss, mit dem die Anteilsinhaber des übernehmenden Rechtsträgers dem Übertragungsvertrag zustimmen, gemäß § 181 Abs. 2 S. 1 UmwG (für kleinere VVaG iVm. § 186 S. 1 UmwG) bestimmt sein, dass jedes Mitglied, das dem VVaG vor Beschlussfassung drei Monate angehört hat, eine **angemessene Gegenleistung** erhält.[89] Die Maßstäbe zur Verteilung der Gegenleistung auf die Mitglieder sind dabei gemäß § 181 Abs. 2 S. 2 UmwG Teil des Übertragungsbeschlusses. Welche Parameter für die Verteilung der zu gewährenden Gegenleistung herangezogen werden können, regelt § 181 Abs. 3 UmwG (→ Rn. 13). Auf Antrag eines Mitglieds des zu übertragenden VVaG hat das zuständige Landgericht gemäß § 181 Abs. 4 UmwG iVm § 34 UmwG die Gegenleistung im **Spruchverfahren** zu bestimmen.[90] Erfolgt eine gerichtliche Festsetzung im Spruchverfahren, kann eine etwaige Anfechtung des Zustimmungsbeschlusses nicht auf die Unangemessenheit der Gegenleistung gestützt werden.[91] Als weitere Besonderheit der Vollübertragung unter Beteiligung von Rechtsträgern iSv § 175 Nr. 2 lit. b UmwG haben Mitglieder oder Dritte, die ein ihnen durch die Satzung des jeweiligen übertragenden Rechtsträgers zugesichertes unentziehbares Recht auf den Abwicklungsüberschuss oder einen Teil davon haben,

---

[87] Maulbetsch/Klumpp/Rose/*Findeisen* § 178 Rn. 15; Semler/Stengel/*Fonk* § 178 Rn. 15; Widmann/Mayer/*Heckschen* § 178 Rn. 21.
[88] Schmitt/Hörtnagl/Stratz/*Stratz* § 178 Rn. 5; Widmann/Mayer/*Heckschen* § 178 Rn. 24.
[89] Kölner Kommentar-UmwG/*Beckmann* § 180 Rn. 11; Lutter/*Wilm* § 180 Rn. 5; Widmann/Mayer/*Heckschen* § 180 Rn. 10.
[90] Lutter/*Wilm* § 181 Rn. 15; Widmann/Mayer/*Heckschen* § 181 Rn. 24.
[91] Vgl. Lutter/*Wilm* § 181 Rn. 15; Semler/Stengel/*Fonk* § 181 Rn. 20.

gemäß § 180 Abs. 3 UmwG ein **besonderes Zustimmungsrecht**, dh der Beschluss über die Vermögensübertragung bedarf zu seiner Wirksamkeit ihrer notariell zu beglaubigenden Zustimmung. Diese Zustimmung muss im Zeitpunkt der Anmeldung der Vermögensübertragung zum Handelsregister vorliegen.[92]

Wenn ein öffentlich-rechtliches Versicherungsunternehmen als übernehmender Rechtsträger an einer Vollübertragung iSv **§ 175 Nr. 2 lit a oder b UmwG** beteiligt ist, kann gemäß § 178 Abs. 3 UmwG das maßgebende **Bundes- oder Landesrecht** bestimmen, dass der Vertrag über die Vermögensübertragung zu seiner Wirksamkeit auch der Zustimmung eines anderen als des zur Vertretung befugten Organs des öffentlich-rechtlichen Versicherungsunternehmens bedarf. Außerdem können auch Zustimmungserfordernisse einer anderen Stelle festgelegt werden und, falls von dieser Möglichkeit durch den zuständigen Gesetzgeber Gebrauch gemacht wird, welche Anforderungen an diese Zustimmung zu stellen sind. Dies kann zB in Form von Satzungen oder Anstaltsordnungen geschehen.[93] § 178 Abs. 3 UmwG richtet sich zwar seiner gesetzessystematischen Stellung nach nur an öffentlich-rechtliche Versicherungsunternehmen in ihre Funktion als übernehmende Rechtsträger; über den Verweis in § 188 Abs. 2 UmwG findet § 178 Abs. 3 UmwG jedoch auch auf öffentlich-rechtliche Versicherungsunternehmen als übertragende Rechtsträger Anwendung.[94]

Wie bei Verschmelzungsbeschlüssen kann es auch bei Vermögensübertragungsbeschlüssen zu **Mängeln** kommen, die gegebenenfalls zur Anfechtbarkeit des jeweiligen Beschlusses führen. Hier gelten die allgemeinen Ausführungen zum Beschlussmängelrecht (→ § 14 Rn. 19 ff.).

5. Aufsichtsbehördliche Genehmigung

Sobald ein Versicherungsunternehmen iSv § 175 Nr. 2 lit. a bis c UmwG als übertragender oder übernehmender Rechtsträger an einer Vermögensübertragung beteiligt ist, bedarf diese einer **aufsichtsbehördlichen Genehmigung nach § 14 VAG** (vormals § 14a VAG). Der von der Aufsichtsbehörde anzulegende Prüfungsmaßstab richtet sich gemäß § 14 Abs. 1 S. 2 VAG nach den in § 13 Abs. 2, 4 und 5 VAG für Bestandsübertragungen normierten Grundsätzen. Die Genehmigung ist demnach durch die Aufsichtsbehörde zu erteilen, wenn die Belange der Versicherten (insbesondere im Hinblick auf die Angemessenheit der zu gewährenden Gegenleistung)[95] gewahrt sind und die Verpflichtungen aus den Versicherungen als dauernd erfüllbar dargetan sind.[96] Ob die zuständige Aufsichtsbehörde darüber hinaus auch die Beachtung der relevanten **umwandlungsrechtlichen Vorschriften zu prüfen** hat, selbst wenn diese nicht dem Schutz der Versicherungsnehmer dienen, ist umstritten, mit Blick auf den klaren Wortlaut des § 14 Abs. 2 VAG im Ergebnis jedoch zu bejahen.[97] Besonderheiten bestehen weiter im Hinblick auf

---

[92] Lutter/*Wilm* § 180 Rn. 6; Semler/Stengel/*Fonk* § 180 Rn. 10.
[93] Böttcher/Habighorst/Schulte/*Wagner* § 178 Rn. 8; Lutter/*Wilm* § 178 Rn. 25; Widmann/Mayer/*Heckschen* § 178 Rn. 41.
[94] Böttcher/Habighorst/Schulte/*Wagner* § 188 Rn. 3; Widmann/Mayer/*Heckschen* § 188 Rn. 3; aA Schmitt/Hörtnagl/Stratz/*Stratz* § 188 Rn. 1.
[95] BVerfG 1 BvR 957/96, NJW 2005, 2363; BVerwG 1 A 1/92, VersR 1996, 572; Widmann/Mayer/*Heckschen* § 178 Rn. 28 mwN.
[96] Kölner Kommentar-UmwG/*Beckmann* § 178 Rn. 13; vgl. hierzu allg. Lutter/*Wilm* § 178 Rn. 15; Sagasser/Bula/Brüger/*Sagasser* § 22 Rn. 4; Semler/Stengel/*Fonk* § 178 Rn. 19; Widmann/Mayer/*Heckschen* § 178 Rn. 28 (mit Verweis auf ein Urteil zur Betroffenheit der Versicherten bei Bestandsübertragungen von Lebensversicherungen, BVerfG 1 BvR 957/96, NJW 2005, 2363); aA wohl nur noch Fahr/Kaulbach/Bähr/Pohlmann/*Kaulbach* § 14a VAG aF Rn. 3.
[97] Benkel S. 290; Gerner S. 177; Kölner Kommentar-UmwG/*Beckmann* § 178 Rn. 12; Maulbetsch/Klumpp/Rose/*Findeisen* § 178 Rn. 18; Semler/Stengel/*Fonk* § 178 Rn. 19; Widmann/Mayer/*Heckschen* § 178 Rn. 27; aA Hersch NZG 2016, 614, der die Prüfung der Aufsichtsbehörde mit Blick auf ihre Funktion als öffentlich-rechtliche Gewerbeaufsichtsbehörde auf solche Regelungen des UmwG beschränken will, die den Schutzzweck des VAG berühren; ablehnend im Ergebnis auch Fahr/Kaulbach/Bähr/Pohlmann/*Kaulbach* § 14a VAG aF Rn. 4.

§ 41 37–39   5. Kapitel. Sonstige Umwandlungsmaßnahmen

das aufsichtsbehördliche Genehmigungsverfahren, wenn es sich bei dem übertragenden Rechtsträger um einen kleineren VVaG handelt. Gemäß § 186 S. 2 UmwG soll die aufsichtsbehördliche Genehmigung die **Eintragung in das Handelsregister ersetzen**, weshalb alle Unterlagen, die sonst nach §§ 16 Abs. 2, 17 UmwG zwecks Anmeldung zur Eintragung beim Handelsregister eingereicht werden müssen, Inhalt des an die Aufsichtsbehörde zu richtenden Genehmigungsantrags sind.[98] Die gleiche „Doppelfunktion" kommt der Versicherungsaufsichtsbehörde auch im Rahmen von Vermögensübertragungen von öffentlich-rechtlichen Versicherungsunternehmen auf Versicherungs-AG oder VVaG (§ 175 Nr. 2 lit. c UmwG) zu, so dass auch dort die relevanten Unterlagen der Versicherungsaufsichtsbehörde vorzulegen sind (§ 188 Abs. 3 S. 1 UmwG). Solange die aufsichtsbehördliche Genehmigung, die ihrer Rechtsnatur nach ein begünstigender Verwaltungsakt iSv § 48 Abs. 1 S. 2 VwVfG ist, noch nicht erteilt worden ist oder suspendiert ist, darf die Vermögensübertragung nicht im zuständigen Handelsregister eingetragen werden.[99]

6. Anmeldung, Eintragung und Bekanntmachung der Vollübertragung

37   Ebenso wie bei der Verschmelzung (→ § 12 Rn. 2 ff.) wird die Vollübertragung regelmäßig durch ihre Eintragung in das für den jeweils beteiligten Rechtsträger zuständige **Register** wirksam. Ist ein beteiligter Rechtsträger in keinem Register zu führen, was im Hinblick auf die öffentliche Hand iSv § 175 Nr. 1 UmwG sowie die öffentlich-rechtlichen Versicherungsunternehmen der Fall ist, wird auf die Bekanntgabe der Vermögensübertragung im **Bundesanzeiger** zurückgegriffen. Zuständig für die jeweilige Anmeldung der Vermögensübertragung bei den zuständigen Handelsregistern sind bei der GmbH die Geschäftsführer, bei der AG oder dem VVaG der Vorstand und bei der KGaA deren persönlich haftende(r) Gesellschafter. Für die Anmeldung selbst wird auf die Regeln der §§ 16 und 17 UmwG zurückgegriffen. Ist die öffentliche Hand übernehmender Rechtsträger, so ist gemäß § 176 Abs. 2 S. 2 UmwG anstelle des Registers am Sitz des übernehmenden Rechtsträgers das Register am Sitz des übertragenden Rechtsträgers, also das der Kapitalgesellschaft, für die Eintragung zuständig, da für die öffentliche Hand kein Register geführt wird. Der Zustimmungsbeschluss auf Ebene der öffentlichen Hand ist dabei nicht dem Registergericht vorzulegen.[100] Etwas anderes gilt jedoch für die in einigen Gemeindeordnungen vorgesehene aufsichtsbehördliche Genehmigung.[101]

38   Für Vermögensübertragungen von einer Versicherungs-AG oder einem VVaG auf ein öffentlich-rechtliches Versicherungsunternehmen (**§ 175 Nr. 2 lit. a und b UmwG**) ist gemäß § 178 Abs. 2 UmwG bzw. § 180 Abs. 2 iVm § 176 Abs. 2 S. 2 und Abs. 3 UmwG ebenfalls nur eine Eintragung im Register der übertragenden Gesellschaft vorzunehmen, da auch das öffentlich-rechtliche Versicherungsunternehmen in keinem Register geführt wird.[102] Ist eine Versicherungs-AG der übertragende Rechtsträger, erfolgt gemäß § 19 UmwG die Eintragung in das Register erst, wenn der von der Versicherungs-AG gemäß § 71 Abs. 1 S. 1 UmwG zu bestellende Treuhänder den Empfang der Gegenleistung dem zuständigen Gericht gemäß § 71 Abs. 1 S. 2 UmwG angezeigt hat. Das Gleiche gilt nach § 183 Abs. 1 UmwG dann, wenn auf übertragender Seite ein VVaG steht.

39   Auch die **Vollübertragung eines kleineren VVaG** auf eine Versicherungs-AG oder ein öffentlich-rechtliches Versicherungsunternehmen erfordert eine Sonderregelung, da kleinere VVaG im Gegensatz zu großen VVaG nicht im Handelsregister eingetragen sind.[103] Der Verweis des § 186 S. 1 UmwG auf § 180 UmwG und damit auch auf § 16 UmwG ginge

---

[98] Maulbetsch/Klumpp/Rose/*Findeisen* § 186 Rn. 4 f.; Widmann/Mayer/*Heckschen* § 186 Rn. 6.
[99] *Martiensen* S. 242; Widmann/Mayer/*Heckschen* § 180 Rn. 11.
[100] Schmidt/Hörtnagl/Stratz/*Stratz* § 176 Rn. 8; Widmann/Mayer/*Heckschen* § 176 Rn. 41.
[101] Widmann/Mayer/*Heckschen* § 176 Rn. 41.
[102] Maulbetsch/Klumpp/Rose/*Findeisen* § 178 Rn. 29; Semler/Stengel/*Fonk* § 178 Rn. 21; Widmann/Mayer/*Heckschen* § 176 Rn. 41; § 178 Rn. 40.
[103] Semler/Stengel/*Fonk* § 186 Rn. 5; Widmann/Mayer/*Heckschen* § 186 Rn. 2.

somit ins Leere.[104] Gemäß § 186 S. 2 UmwG tritt daher der Antrag bei der zuständigen Aufsichtsbehörde auf Genehmigung der Vollübertragung an die Stelle der Anmeldung zur Eintragung in das Register und die Bekanntmachung im Bundesanzeiger nach § 187 UmwG an die Stelle der Eintragung in das Register und ihrer Bekanntmachung.[105] Die Bekanntgabe der Vermögensübertragung von einem kleineren VVaG auf ein öffentlich-rechtliches Versicherungsunternehmen obliegt gemäß § 187 UmwG ausschließlich der Aufsichtsbehörde des kleineren VVaG. Fungiert eine Versicherungs-AG als übernehmender Rechtsträger bei einer Vollübertragung mit Beteiligung eines kleineren VVaG auf übertragender Seite, so erfolgt die Eintragung beim Registergericht der Versicherungs-AG sowie die Bekanntmachung durch das für die Versicherungs-AG zuständige Registergericht nach den allgemeinen Regeln.[106] Bei dem kleineren VVaG ersetzt wiederum der Antrag auf aufsichtsbehördliche Genehmigung die Anmeldung zur Eintragung in das Handelsregister.[107]

Bei **Vollübertragungen iSv § 175 Nr. 2 lit. c UmwG** (öffentlich-rechtliche Versicherungsunternehmen auf Versicherungs-AG oder VVaG) enthält § 188 Abs. 3 UmwG eine den §§ 186 Abs. 1 S. 2, 187 UmwG entsprechende Sonderregel für das übertragende öffentlich-rechtliche Versicherungsunternehmen. Anstelle der Anmeldung zur Eintragung in das Register ist ein Antrag auf Genehmigung bei der Aufsichtsbehörde zu stellen (§ 188 Abs. 3 S. 1 Hs. 2 UmwG). Außerdem tritt gemäß § 188 Abs. 3 S. 1 Hs. 2 UmwG die Bekanntmachung der Vermögensübertragung durch die zuständige Aufsichtsbehörde an die Stelle der Eintragung der Vermögensübertragung in das Register und dessen Bekanntmachung. Für die Versicherungs-AG und den VVaG gelten gemäß § 188 Abs. 1 UmwG die allgemeinen Regeln des § 19 UmwG. **40**

III. Schutz der Gläubiger sowie Anteilsinhaber/Vereinsmitglieder

Parallel zu den Regelungen über die Verschmelzung sollen auch im Hinblick auf die Vermögensübertragung zahlreiche Vorschriften den Schutz der Gläubiger einerseits und der Anteilsinhaber bzw. Vereinsmitglieder der an der jeweiligen Vermögensübertragung beteiligten Rechtsträger andererseits sicherstellen. Hierzu finden zunächst weitestgehend die Schutzvorschriften der §§ 21 bis 28 UmwG auf die verschiedenen Konstellationen der Vermögensübertragung per Verweis Anwendung (§§ 176 Abs. 1, 178 Abs. 1, 180 Abs. 1, 186 Abs. 1, 188 Abs. 1 UmwG). So ist den Gläubigern der übertragenden Gesellschaft wie im Falle der Verschmelzung (→ § 13 Rn. 190 ff.) für bestehende Ansprüche gegen die an der Vermögensübertragung beteiligten Rechtsträger unter den Voraussetzungen des § 22 UmwG **Sicherheit zu leisten**. Sofern die öffentliche Hand Schuldnerin ist, ist die praktische Relevanz einer solchen Sicherheitsleistung allerdings begrenzt, da im Hinblick auf die Solvenz der öffentlichen Hand regelmäßig keine Bedenken bestehen.[108] Was die Leistung von Sicherheit gemäß § 22 Abs. 2 UmwG im Rahmen von Vermögensvollübertragungen von Versicherungs-AG auf VVaG oder öffentlich-rechtliche Versicherungsunternehmen (§ 175 Nr. 2 lit. a UmwG) betrifft, ist umstritten, ob eine Sicherheitsleistung in denjenigen Konstellationen ausgeschlossen ist, in denen es sich bei den relevanten Gläubigern um Versicherungsnehmer, also insbesondere um Inhaber einer Lebens-, Kranken-, oder Unfallversicherung iSd §§ 138, 146 VAG, handelt.[109] Für einen **Ausschluss der** **41**

---

[104] Semler/Stengel/*Fonk* § 184 Rn. 6; Widmann/Mayer/*Heckschen* § 186 Rn. 2.
[105] Vgl. auch Maulbetsch/Klumpp/Rose/*Findeisen* § 186 Rn. 7 f.; Widmann/Mayer/*Heckschen* § 186 Rn. 2.
[106] Semler/Stengel/*Fonk* § 187 Rn. 2; Widmann/Mayer/*Heckschen* § 186 Rn. 7; aA Maulbetsch/Klumpp/Rose/*Findeisen* § 186 Rn. 8, der die Bekanntmachung durch die Aufsichtsbehörde fordert.
[107] Lutter/*Wilm* § 186 Rn. 4; Widmann/Mayer/*Heckschen* § 186 Rn. 6 f.
[108] Lutter/*Schmidt* § 176 Rn. 26; Widmann/Mayer/*Heckschen* § 176 Rn. 35.
[109] Böttcher/Habighorst/Schulte/*Wagner* § 178 Rn. 24; Kölner Kommentar-UmwG/*Beckmann* § 178 Rn. 20; Lutter/*Wilm* § 178 Rn. 22; Semler/Stengel/*Koerfer* § 109 Rn. 46; aA Widmann/Mayer/*Heckschen* § 178 Rn. 32.

Pflicht zur Sicherheitsleistung spricht, dass die Versicherungsgläubiger in diesen Fällen bereits gemäß § 130 VAG bevorzugt behandelt werden.[110] Die bevorzugte Behandlung der Versicherungsnehmer verspricht jedoch letztlich nicht den gleichen Schutz wie eine Sicherheitsleistung, so dass richtigerweise auch Inhaber einer Lebens-, Kranken-, oder Unfallversicherung einen Anspruch auf Sicherheitsleistung haben.[111] Zudem fehlt es an einem gesetzlichen Anknüpfungspunkt für einen solchen Ausschluss.[112]

42 Ergänzt werden die anwendbaren allgemeinen Schutzvorschriften des Verschmelzungsrechts durch die **Informationspflichten**, die in den jeweils anwendbaren besonderen Teilen des Verschmelzungsrechts normiert sind. So finden beispielsweise § 47 UmwG bei Beteiligung einer GmbH oder § 61 UmwG bei Beteiligung einer AG oder SE sowie § 78 UmwG bei Beteiligung einer KGaA als übertragendem Rechtsträger Anwendung.[113]

43 Bei Vermögensübertragungen von Versicherungs-AG auf VVaG (§ 175 Nr. 2 lit. a UmwG) ist von der übertragenden Gesellschaft für den Empfang der zu gewährenden Gegenleistung ein **Treuhänder** zu bestellen. Erst wenn der Treuhänder dem Gericht den Erhalt der Gegenleistung angezeigt hat, darf die Vermögensübertragung in das Register eingetragen und damit wirksam werden (§ 178 Abs. 1 UmwG iVm § 71 Abs. 1 S. 2 UmwG). Durch die Zwischenschaltung des Treuhänders wird sichergestellt, dass die vereinbarte Gegenleistung erbracht wird und die Aktionäre der übertragenden Versicherungs-AG ihre Aktionärsstellung nicht ohne oder vor Gewährung der zugesagten Gegenleistung verlieren (→ § 15 Rn. 113).[114] Derselbe Mechanismus greift nach hM auch dann, wenn in der Konstellation des § 175 Nr. 2 lit. a UmwG ein öffentlich-rechtliches Versicherungsunternehmen als übernehmender Rechtsträger beteiligt ist.[115] Auch bei Vollübertragungen iSv § 175 Nr. 2 lit. b UmwG (VVaG auf Versicherungs-AG oder öffentlich-rechtliches Versicherungsunternehmen) ist die Bestellung eines Treuhänders obligatorisch und in § 183 UmwG explizit geregelt. Für den VVaG als übertragenden Rechtsträger hätte es einer derartigen Regelung indes nicht bedurft, da die Notwendigkeit der Einschaltung eines Treuhänders bereits aus § 71 UmwG folgt.[116] Die explizite Regelung über die Bestellung eines Treuhänders in § 183 UmwG ist jedoch erforderlich, wenn ein öffentlich-rechtliches Versicherungsunternehmen der übernehmende Rechtsträger ist, da in diesem Fall § 71 UmwG nicht anwendbar ist.[117] Weiter geht § 183 Abs. 2 S. 1 UmwG insofern über den Regelungsgehalt des § 71 UmwG hinaus, als das Gericht, wenn es die Gegenleistung gemäß § 181 Abs. 4 UmwG bestimmt, von Amts wegen auch einen Treuhänder bestellen muss. Neben der **Anzeige des ordnungsgemäßen Erhalts der Gegenleistung** beim Registergericht des übertragenden VVaG ist der Treuhänder immer auch für die **Verteilung der Gegenleistung** an die Mitglieder des VVaG zuständig.[118] Besteht die Gegenleistung nicht aus Barzahlungen, scheidet eine Inbesitznahme durch den Treuhänder aus und der Treuhänder ist stattdessen für die vereinbarungsgemäße Umsetzung der anstelle einer Barzahlung zu gewährenden versicherungstechnischen Leistungen verant-

---

[110] Böttcher/Habighorst/Schulte/*Wagner* § 178 Rn. 24; Kölner Kommentar-UmwG/*Beckmann* § 178 Rn. 20; Lutter/*Wilm* § 178 Rn. 22; Semler/Stengel/*Koerfer* § 109 Rn. 44.
[111] Widmann/Mayer/*Heckschen* § 178 Rn. 32.
[112] Widmann/Mayer/*Heckschen* § 178 Rn. 32.
[113] Lutter/*Schmidt* § 176 Rn. 5; Maulbetsch/Klumpp/Rose/*Findeisen* § 176 Rn. 2; Widmann/Mayer/*Heckschen* § 176 Rn. 4.
[114] Kölner Kommentar-UmwG/*Beckmann* § 178 Rn. 15; Lutter/*Wilm* § 178 Rn. 17; Widmann/Mayer/*Heckschen* § 178 Rn. 29.
[115] Semler/Stengel/*Fonk* § 178 Rn. 20 (Fn. 55); Widmann/Mayer/*Heckschen* § 178 Rn. 35; vgl. auch Kölner Kommentar-UmwG/*Beckmann* § 178 Rn. 15 (Fn. 30); aA Schmitt/Hörtnagl/Stratz/*Stratz* § 178 Rn. 5.
[116] Böttcher/Habighorst/Schulte/*Wagner* § 183 Rn. 1; Widmann/Mayer/*Heckschen* § 183 Rn. 1.
[117] Kölner Kommentar-UmwG/*Beckmann* § 183 Rn. 1; Semler/Stengel/*Fonk* § 183 Rn. 1; Widmann/Mayer/*Heckschen* § 183 Rn. 1.
[118] Lutter/*Wilm* § 178 Rn. 17; Semler/Stengel/*Fonk* § 178 Rn. 20; Widmann/Mayer/*Heckschen* § 178 Rn. 29.

wortlich.[119] Hinsichtlich der Vergütung des Treuhänders verweist § 183 Abs. 2 S. 3 UmwG, wie auch § 71 Abs. 2 UmwG, auf § 26 Abs. 4 UmwG (→ § 15 Rn. 117). Grundsätzlich wäre die Bestellung eines Treuhänders auch bei Vermögensübertragungen von einem öffentlich-rechtlichen Versicherungsunternehmen auf eine Versicherungs-AG obligatorisch,[120] denn § 188 Abs. 1 UmwG verweist auf § 71 UmwG. Für das öffentlich-rechtliche Versicherungsunternehmen als übertragenden Rechtsträger selbst besteht allerdings diese Pflicht mangels Registereintragung des öffentlich-rechtlichen Versicherungsunternehmen nicht. Die Einschaltung eines Treuhänders dürfte in der Praxis jedoch zweckmäßig sein, damit der Treuhänder der Behörde den Empfang der Gegenleistung mitteilt.[121] Zur Person, Vergütung, Rechtsstellung, und Haftung des Treuhänders kann im Übrigen auf die Ausführungen in → § 15 Rn. 114 ff. verwiesen werden.

Bei der Vollübertragung von einem VVaG auf eine Versicherungs-AG oder ein öffentlich-rechtliches Versicherungsunternehmen (**§ 175 Nr. 2 lit. b UmwG**) hat das Vertretungsorgan des übernehmenden Rechtsträgers den Mitgliedern des VVaG, die diesem seit wenigstens drei Monaten vor der Fassung des Beschlusses der obersten Vertretung des VVaG über die Vermögensübertragung angehören, gemäß § 182 S. 1 UmwG unmittelbar nach Wirksamwerden der Vermögensübertragung den Wortlaut des **Übertragungsvertrags in Textform (§ 126b BGB) mitzuteilen**. Außerdem müssen die Mitglieder des VVaG gemäß § 182 S. 2 UmwG auf die Möglichkeit hingewiesen werden, ein Spruchverfahren in Bezug auf die Gegenleistung anstrengen zu können. Obwohl dies nicht gesetzlich vorgeschrieben ist, muss auch der **Beschluss über die Abfindungsregelung** in der vorstehenden Mitteilung enthalten sein.[122] Damit soll sichergestellt werden, dass die Mitglieder des VVaG eine hinreichend informierte Entscheidung darüber treffen können, ob sie von ihrem Recht auf gerichtliche Überprüfung der Gegenleistung gemäß § 181 Abs. 4 UmwG Gebrauch machen wollen. Da zum einen die über den Übertragungsbeschluss abstimmende oberste Vertretung des VVaG nicht zwangsläufig die Mitgliederversammlung sein muss, sondern aufgrund entsprechender Satzungsregelungen auch die Mitgliedervertretung insoweit zuständiges Organ sein kann, und zum anderen typischerweise nicht alle Mitglieder bei der Abstimmung in der Mitgliederversammlung anwesend sind, ist die **Mitteilungspflicht** von besonderer Bedeutung.[123] Die Mitteilung an Mitglieder des VVaG hat auch daher unverzüglich iSv § 121 Abs. 1 S. 1 BGB zu erfolgen, damit die für die Einleitung des Spruchverfahrens geltende Frist des § 4 Abs. 1 Nr. 4 SpruchG eingehalten werden kann.[124] Bei einer unterlassenen oder verspäteten Mitteilung ist ein Anspruch der Vereinsmitglieder auf Schadensersatz gegen die Mitglieder des Vertretungsorgans des übernehmenden Rechtsträgers denkbar.[125]

IV. Rechtsfolgen der Vollübertragung

Abhängig von der Rechtsform der jeweils an einer Vermögensübertragung beteiligten Rechtsträger knüpft der Eintritt der **einschlägigen Rechtsfolgen** an unterschiedliche

---

[119] So Böttcher/Habighorst/Schulte/*Wagner* § 183 Rn. 7; Kölner Kommentar-UmwG/*Beckmann* § 183 Rn. 7; Semler/Stengel/*Fonk* § 183 Rn. 2; aA Lutter/*Wilm* § 183 Rn. 5, der die Bestellung des Treuhänders in diesen Fällen für entbehrlich hält.
[120] Böttcher/Habighorst/Schulte/*Wagner* § 188 Rn. 5; Semler/Stengel/*Fonk* § 188 Rn. 8; Widmann/Mayer/*Heckschen* § 188 Rn. 14.
[121] Böttcher/Habighorst/Schulte/*Wagner* § 188 Rn. 5; Semler/Stengel/*Fonk* § 188 Rn. 8; Widmann/Mayer/*Heckschen* § 188 Rn. 14.
[122] Böttcher/Habighorst/Schulte/*Wagner* § 182 Rn. 3; Lutter/*Wilm* § 182 Rn. 3; Widmann/Mayer/*Heckschen* § 182 Rn. 6.
[123] Böttcher/Habighorst/Schulte/*Wagner* § 182 Rn. 1; Henssler/Strohn/*Decker* § 182 Rn. 1; Kölner Kommentar-UmwG/*Beckmann* § 182 Rn. 1; Lutter/*Wilm* § 182 Rn. 1.
[124] Henssler/Strohn/*Decker* § 182 Rn. 1; Maulbetsch/Klumpp/Rose/*Findeisen* § 182 Rn. 2; Widmann/Mayer/*Heckschen* § 182 Rn. 8.
[125] Widmann/Mayer/*Heckschen* § 182 Rn. 9.

§ 41　46　　　　　　　　　　5. Kapitel. Sonstige Umwandlungsmaßnahmen

Ereignisse an. Dies sind die Eintragung der Vermögensübertragung im Handelsregister des übertragenden Rechtsträgers, die entsprechende Eintragung im Handelsregister des übernehmenden Rechtsträgers oder die Bekanntgabe der aufsichtsbehördlichen Genehmigung im Bundesanzeiger. Die Rechtsfolgen einer Vermögensübertragung iSv § 175 Nr. 1 UmwG (Kapitalgesellschaft auf öffentliche Hand) treten mit Eintragung der Vermögensübertragung in das Register des übertragenden Rechtsträgers ein (→ Rn. 37). Gleiches gilt für Vermögensübertragungen iSv § 175 Nr. 2 lit. a und b UmwG, wenn bei Übertragung des Vermögens einer Versicherungs-AG oder eines VVaG ein öffentlich-rechtliches Versicherungsunternehmen übernehmender Rechtsträger ist. Bei Vermögensübertragungen von einer Versicherungs-AG auf einen VVaG oder von einem VVaG auf eine Versicherungs-AG ist hingegen nach der über die jeweilige Verweiskette nach § 178 Abs. 1 UmwG bzw. § 180 Abs. 1 UmwG anwendbaren allgemeinen verschmelzungsrechtlichen Regelung des § 20 Abs. 1 UmwG die Eintragung in das Register der übernehmenden Gesellschaft maßgeblich.[126] Ist hingegen ein kleinerer VVaG übertragender Rechtsträger und ein öffentlich-rechtliches Versicherungsunternehmen übernehmender Rechtsträger, so treten die Rechtswirkungen mit der Bekanntgabe der Vermögensübertragung im Bundesanzeiger ein (→ Rn. 39). Dies gilt auch dann, wenn neben der Bekanntgabe im Bundesanzeiger eine Registereintragung zu erfolgen hat (so bei einer Vollübertragung eines kleineren VVaG auf eine Versicherungs-AG oder eines öffentlich-rechtlichen Versicherungsunternehmens auf eine Versicherungs-AG oder einen VVaG).[127]

46 Die Rechtswirkungen von Vermögensübertragungen von Kapitalgesellschaften auf die öffentliche Hand (§ 175 Nr. 1 UmwG) finden sich in § 176 Abs. 3 UmwG. Demnach geht das Vermögen des übertragenden Rechtsträgers mit der Eintragung der Vermögensübertragung in das Handelsregister am Sitz des übertragenden Rechtsträgers im Wege der **Gesamtrechtsnachfolge** auf den übernehmenden Rechtsträger über.[128] Der übertragende Rechtsträger erlischt, ohne dass es dazu einer gesonderten Löschung bedarf. Durch die Verweise in § 178 Abs. 2 und § 180 Abs. 2 UmwG sowie § 186 S. 1 UmwG iVm § 180 Abs. 2 UmwG gelten die Rechtsfolgen in § 176 Abs. 3 UmwG auch für die in § 175 Nr. 2 lit. a und b UmwG bezeichneten Übertragungskonstellationen und beteiligten Rechtsträger. Bei Vollübertragungen iSv § 175 Nr. 2 lit. c UmwG verweist schon der erste Absatz des § 188 UmwG hinsichtlich der für das übertragende öffentlich-rechtliche Versicherungsunternehmen geltenden Rechtsfolgen auf § 176 Abs. 3 UmwG. Einen pauschalen Verweis auf § 176 Abs. 2 bis 4 UmwG enthält § 178 UmwG nicht. Alle Vollübertragungen iSv § 175 Nr. 2 UmwG haben gemein, dass die mit den einzelnen Versicherungsnehmern jeweils bestehenden **Versicherungsverhältnisse** inhaltlich unverändert von dem übertragenden auf den übernehmenden Rechtsträger übergehen.[129] Handelt es sich bei dem übernehmenden Rechtsträger um einen VVaG, werden die Versicherungsnehmer des übertragenden Rechtsträgers durch die Vollübertragung nicht automatisch **Mitglieder** des übernehmenden VVaG, weshalb die (gegebenenfalls dahingehend zu ändernde) Satzung des übernehmenden VVaG in einer solchen Konstellation die Vornahme von Versicherungsgeschäften gegen feste Entgelte vorsehen muss.[130] Handelt es sich bei dem übertragenden Rechtsträger um einen kleineren VVaG, verlieren dessen Mitglieder mit Wirksamwerden der Vermögensübertragung ihre Mitgliedschaft in dem kleineren VVaG und erhalten im Gegenzug die ihnen dafür zu

---

[126] Kölner Kommentar-UmwG/*Beckmann* § 178 Rn. 18, § 180 Rn. 15; Lutter/*Wilm* § 180 Rn. 11; Widmann/Mayer/*Heckschen* § 180 Rn. 11.

[127] Henssler/Strohn/*Decker* § 188 Rn. 2; Kölner Kommentar-UmwG/*Beckmann* § 188 Rn. 12; Semler/Stengel/*Fonk* § 188 Rn. 9.

[128] Kölner Kommentar-UmwG/*Beckmann* § 188 Rn. 13; Maulbetsch/Klumpp/Rose/*Findeisen* § 180 Rn. 2; Semler/Stengel/*Fonk* § 180 Rn. 2; Widmann/Mayer/*Heckschen* § 180 Rn. 17.

[129] Henssler/Strohn/*Decker* § 180 Rn. 3; Lutter/*Wilm* § 180 Rn. 11; Widmann/Mayer/*Heckschen* § 180 Rn. 16.

[130] Kölner Kommentar-UmwG/*Beckmann* § 178 Rn. 18; Lutter/*Wilm* § 178 Rn. 20; Widmann/Mayer/*Heckschen* § 178 Rn. 39.

gewährende Gegenleistung.[131] Der Anspruch auf die Gegenleistung wird mit der Eintragung der Vermögensübertragung in das Register bzw. mit der Genehmigung der Aufsichtsbehörde fällig, sofern nichts Abweichendes im Übertragungsvertrag vereinbart worden ist.[132]

Den jeweiligen Versicherungsnehmern des an einer Vermögensübertragung beteiligten übertragenden Rechtsträgers stehen aufgrund der Vermögensübertragung hinsichtlich ihrer Versicherungsverhältnisse grundsätzlich **weder Rücktritts- noch Sonderkündigungsrechte** zu.[133] Allerdings ist eine Kündigung des jeweiligen Versicherungsverhältnisses aus wichtigem Grund gemäß § 314 BGB denkbar, soweit dem Versicherungsnehmer ein Festhalten an dem Versicherungsvertrag nicht mehr zumutbar ist.[134] Durch das Wirksamwerden der Vermögensübertragung werden ferner gemäß des entsprechend anwendbaren § 20 Abs. 1 Nr. 4 UmwG etwaige Formmängel sowie das Fehlen von Zustimmungs- und Verzichtserklärungen geheilt.[135] Zu den Einzelheiten der **Heilung** → § 14 Rn. 127 ff.

C. Vermögensteilübertragung

I. Grundsätzliche Anwendung des Spaltungsrechts

Bei der sogenannten Vermögensteilübertragung überträgt ein Rechtsträger **Vermögensgegenstände**, die zusammengenommen auch das gesamte Vermögen des übertragenden Rechtsträgers darstellen können, im Wege der **partiellen Gesamtrechtsnachfolge** auf einen oder mehrere übernehmende Rechtsträger. Bei der aufspaltenden Teilübertragung gemäß § 174 Abs. 2 Nr. 1 UmwG überträgt der übertragende Rechtsträger sein gesamtes Vermögen in Teilen auf mehrere übernehmende Rechtsträger und löst sich auf, ohne dass es einer Abwicklung bedarf. Bei der abspaltenden und bei der ausgliedernden Teilübertragung nach § 174 Abs. 2 Nr. 2 UmwG bleibt der übertragende Rechtsträger nach der Übertragung von Teilen seines Vermögens bestehen. Die Ausgliederung nach § 174 Abs. 2 Nr. 3 UmwG unterscheidet sich von der Aufspaltung respektive der Abspaltung wiederum dadurch, dass die zu gewährende Gegenleistung an den übertragenden Rechtsträger selbst und nicht an dessen Anteilseigner zu leisten ist (zur Gegenleistung → Rn. 10 ff.).

Im Gegensatz zu den Regelungen über die Vollübertragung verweisen die Vorschriften zur Teilübertragung auf die Vorschriften der mit der Teilübertragung strukturell verwandten Spaltung (§§ 123 bis 173 UmwG). Im Wege der **Kettenverweisung** wird aus dem Spaltungsrecht über § 125 UmwG wiederum auf die verschmelzungsrechtlichen Vorschriften verwiesen. Um abschließend bestimmen zu können, ob die Vorschriften zur Aufspaltung, Abspaltung oder Ausgliederung zur Anwendung gelangen, ist jeweils festzustellen, um welchen genauen **Typ der Teilübertragung** es sich im Einzelfall handelt.[136]

Bei Teilübertragungen von einer Kapitalgesellschaft auf die öffentliche Hand (**§ 175 Nr. 1 UmwG**) sind auf den übertragenden Rechtsträger gemäß § 177 Abs. 1 UmwG die für die Aufspaltung, Abspaltung oder Ausgliederung zur Aufnahme von Teilen einer solchen Gesellschaft geltenden Vorschriften und die im Spaltungsrecht mittels der Verweisnorm in § 125 S. 1 UmwG für entsprechend anwendbar erklärten verschmelzungsrechtlichen Vorschriften anwendbar,[137] sofern sich aus § 177 Abs. 2 UmwG nichts Gegenteiliges ergibt. Anwendbar sind damit die allgemeinen (§§ 123 bis 134 UmwG) und besonderen (§§ 138 bis 146, 151 UmwG) Vorschriften der Spaltung zur Aufnahme und die

---

[131] Lutter/*Wilm* § 180 Rn. 14; Widmann/Mayer/*Heckschen* § 180 Rn. 17.
[132] Lutter/*Wilm* § 181 Rn. 4; Maulbetsch/Klumpp/Rose/*Findeisen* § 181 Rn. 11.
[133] Henssler/Strohn/*Decker* § 180 Rn. 3; Lutter/*Wilm* § 178 Rn. 20; Widmann/Mayer/*Heckschen* § 176 Rn. 39.
[134] Böttcher/Habighorst/Schulte/*Wagner* § 178 Rn. 23; Semler/Stengel/*Fonk* § 178 Rn. 22.
[135] Maulbetsch/Klumpp/Rose/*Findeisen* § 176 Rn. 13; Lutter/*Schmidt* § 176 Rn. 12; Widmann/Mayer/*Heckschen* § 176 Rn. 43.
[136] Lutter/*Schmidt* § 177 Rn. 3, § 174 Rn. 13 ff.; Widmann/Mayer/*Heckschen* § 177 Rn. 4 ff.
[137] Lutter/*Schmidt* § 177 Rn. 1, 4; Widmann/Mayer/*Heckschen* § 177 Rn. 13.

besonderen Vorschriften der Verschmelzung zur Aufnahme für die GmbH (§§ 46 bis 55 UmwG), AG/SE (§§ 60 bis 72 UmwG) und KGaA (§ 78 UmwG). Eine AG/SE oder KGaA darf dabei nur dann als übertragender Rechtsträger einer Teilübertragung fungieren, wenn sie schon länger als zwei Jahre im Handelsregister eingetragen ist (§ 177 Abs. 1 iVm § 141 UmwG). Die Beteiligung der öffentlichen Hand als übernehmender Rechtsträger richtet sich gemäß § 177 Abs. 2 S. 1 UmwG iVm § 176 Abs. 4 UmwG nach den für sie jeweils geltenden Vorschriften des Staats- und Verwaltungsrechts.

51 Überträgt eine Versicherungs-AG im Rahmen einer Teilübertragung Vermögen auf einen VVaG oder auf ein öffentlich-rechtliches Versicherungsunternehmen (**§ 175 Nr. 2 lit. a UmwG**), verweist § 179 Abs. 1 UmwG, der insoweit eine Parallelvorschrift zu § 177 UmwG darstellt, auf die allgemeinen und besonderen spaltungs- bzw. verschmelzungsrechtlichen Vorschriften für die AG als übertragenden und den VVaG als übernehmenden Rechtsträger. Die jeweils konkret anzuwendenden umwandlungsrechtlichen Vorschriften richten sich wiederum nach der genauen Einordnung der Art der Teilübertragung (aufspaltende, abspaltende oder ausgliedernde Teilübertragung).[138] Dabei wird kontrovers diskutiert, ob eine **Teilübertragung von einer Versicherungs-AG auf einen VVaG** überhaupt zulässig ist, da § 179 Abs. 1 UmwG pauschal auf die spaltungsrechtlichen Vorschriften und damit auch auf § 151 UmwG verweist.[139] Entsprechend der in § 151 S. 1 UmwG als zulässig vorgesehenen Übertragungskonstellationen ist jedoch eine Übertragung von einer Versicherungs-AG auf einen VVaG nicht möglich. Der Grund für diese Regelung liegt in der zwingenden Verknüpfung zwischen Versicherungsverhältnis und Mitgliedschaft im VVaG.[140] Da bei der Teilübertragung die Gegenleistung aber gerade nicht aus Anteilen oder Mitgliedschaften besteht, ist die Teilübertragung von einer Versicherungs-AG auf einen VVaG zulässig.[141] Die Ausgliederung von einem VVaG ist nach § 151 S. 2 UmwG nur auf eine GmbH oder AG als aufnehmenden Rechtsträger möglich. Dass dies nicht für die ausgliedernde Teilübertragung auf einen VVaG gelten kann, ergibt sich schon daraus, dass sich § 151 S. 2 UmwG ausdrücklich nur auf den übertragenden VVaG bezieht.[142] Insoweit gehen die jeweils speziellen Vorschriften der Teilübertragung als *leges speciales* den aus dem pauschalen Verweis auf das Spaltungsrecht sonst folgenden Anwendungsfällen bzw. -ausschlüssen zwingend vor.[143] Letztlich dürfte der zu pauschale Verweis auf § 151 S. 2 UmwG wohl als **redaktionelles Versehen** des Gesetzgebers einzuordnen sein.[144] Wie bei den Kapitalgesellschaften als übertragenden Rechtsträgern iSv § 175 Nr. 1 UmwG muss auch bei der Versicherungs-AG, wenn sie als übertragender Rechtsträger an einer Teilübertragung beteiligt sein soll, die Zweijahresfrist des § 141 UmwG beachtet werden, dh die Versicherungs-AG muss bereits zwei Jahre im Handelsregister eingetragen sein. Die Beteiligung des übernehmenden öffentlich-rechtlichen Versicherungsunternehmens richtet sich nach § 179 Abs. 2 UmwG iVm §§ 176 Abs. 4, 178 Abs. 3 UmwG.

52 Ist ein VVaG übertragender Rechtsträger und eine Versicherungs-AG oder ein öffentlich-rechtliches Versicherungsunternehmen übernehmender Rechtsträger (**§ 175 Nr. 2 lit. b UmwG**), finden die für AG und VVaG relevanten spaltungs- bzw. verschmelzungsrechtlichen Vorschriften über den Verweis in § 184 Abs. 1 UmwG Anwendung, welcher der

---

[138] Böttcher/Habighorst/Schulte/*Wagner* § 179 Rn. 1; Kölner Kommentar-UmwG/*Beckmann* § 179 Rn. 1; Lutter/*Wilm* § 179 Rn. 1; Widmann/Mayer/*Heckschen* § 179 Rn. 5.
[139] Zusammenfassung des Streitstandes bei *Diehl* VersR 2000, 271.
[140] Böttcher/Habighorst/Schulte/*Wagner* § 179 Rn. 2; Kölner Kommentar-UmwG/*Beckmann* § 179 Rn. 2; Widmann/Mayer/*Heckschen* § 179 Rn. 6.
[141] Böttcher/Habighorst/Schulte/*Wagner* § 179 Rn. 2; *Diehl* VersR 2000, 271; Kölner Kommentar-UmwG/*Beckmann* § 179 Rn. 2; Lutter/*Wilm* § 179 Rn. 2; Semler/Stengel/*Fonk* § 179 Rn. 3 f.; Widmann/Mayer/*Heckschen* § 179 Rn. 6.
[142] Henssler/Strohn/*Decker* § 179 Rn. 1; Kölner Kommentar-UmwG/*Beckmann* § 179 Rn. 2.
[143] *Diehl* VersR 2000, 271; Henssler/Strohn/*Decker* § 179 Rn. 1; Kölner Kommentar-UmwG/*Beckmann* § 179 Rn. 2; Semler/Stengel/*Fonk* § 179 Rn. 4; Widmann/Mayer/*Heckschen* § 179 Rn. 6.
[144] Böttcher/Habighorst/Schulte/*Wagner* § 179 Rn. 3; im Ergebnis auch *Diehl* VersR 2000, 271.

Systematik der §§ 177 Abs. 1, 179 Abs. 1 UmwG entspricht.[145] Durch den pauschalen Verweis auf die spaltungsrechtlichen Vorschriften und damit auch auf § 151 S. 2 UmwG stellt sich in dieser Konstellation die Frage, ob eine Ausgliederung von einem VVaG als übertragendem Rechtsträger auf ein öffentlich-rechtliches Versicherungsunternehmen als übernehmenden Rechtsträger entgegen der Regelung des § 151 S. 2 UmwG zulässig ist.[146] Auch in dieser Fallkonstellation ist aufgrund des Vorrangs der speziellen Regelungen zur Vermögensübertragung gegenüber der allgemeinen Regelung des § 151 S. 2 UmwG und insbesondere zur Vermeidung des Widerspruchs, dass anderenfalls der Verweis in § 184 Abs. 2 UmwG auf die §§ 176 Abs. 2 und 178 Abs. 3 UmwG gänzlich leerliefe, von der **Zulässigkeit der Ausgliederung** auszugehen.[147] Die praktische Relevanz dieses Streits ist allerdings dadurch begrenzt, dass § 15 UmwStG nur Spaltungen im engeren Sinne, dh Auf- und Abspaltungen begünstigt, weswegen die ausgliedernde Teilübertragung für die beteiligten Rechtsträger steuerlich eher unattraktiv ist.[148] Nicht möglich ist eine ausgliedernde Teilübertragung unter Beteiligung eines VVaG als übertragender Rechtsträger hingegen insofern, als in Durchführung einer solchen Teilübertragung Versicherungsverträge übertragen werden müssen.[149] Andernfalls würden die im VVaG verbleibenden Mitglieder gegenüber den ausscheidenden Mitgliedern bevorzugt behandelt werden, da die im Rahmen der Teilübertragung von dem übernehmenden Rechtsträger zu gewährende Gegenleistung dem übertragenden Rechtsträger selbst und gerade nicht den ausscheidenden Mitgliedern zugute kommt.[150] Die Beteiligung des übernehmenden öffentlich-rechtlichen Versicherungsunternehmens richtet sich nach § 184 Abs. 2 UmwG iVm §§ 176 Abs. 4, 178 Abs. 3 UmwG.

Über den Verweis des § 189 Abs. 1 UmwG auf § 176 Abs. 3 UmwG findet schließlich bei Teilübertragungen von einem öffentlich-rechtlichen Versicherungsunternehmen auf eine Versicherungs-AG oder einen VVaG als übernehmenden Rechtsträger (**§ 175 Nr. 1 lit. c UmwG**) das jeweils rechtsformspezifisch anwendbare Spaltungs- bzw. Verschmelzungsrecht zur Aufnahme Anwendung. Der weitere Verweis in § 189 Abs. 2 UmwG auf §§ 176 Abs. 2 und 4, 178 Abs. 3 UmwG sowie § 188 Abs. 3 UmwG wird dabei wie auch schon im Hinblick auf die Parallelregelung in § 188 Abs. 2 UmwG (→ Rn. 21), teilweise als unzureichend kritisiert und die praktische Durchführbarkeit einer Teilübertragung mit einem öffentlich-rechtlichen Versicherungsunternehmen auf übertragender Seite mit dem Argument verneint, es sei unklar, welche Vorschriften aufgrund des Verweises letztlich Anwendung fänden.[151] Mit den vorstehend unter → Rn. 21 erläuterten Argumenten ist diese einschränkende Auffassung jedoch abzulehnen.[152]

II. Verfahren der Teilübertragung

1. Übertragungsvertrag

Die Zuständigkeit für den Abschluss des Vertrags über die Übertragung von Vermögensteilen richtet sich nach den gleichen Regeln wie bei der Vollübertragung (→ Rn. 23).

---

[145] Henssler/Strohn/*Decker* § 184 Rn. 1; Lutter/*Wilm* § 184 Rn. 1; Schmitt/Hörtnagl/Stratz/*Stratz* § 184 Rn. 1 f.
[146] Henssler/Strohn/*Decker* § 184 Rn. 3; Semler/Stengel/*Fonk* § 184 Rn. 6; Lutter/*Wilm* § 184 Rn. 4; aA Widmann/Mayer/*Heckschen* § 184 Rn. 8.
[147] Lutter/*Wilm* § 184 Rn. 2; Semler/Stengel/*Fonk* § 184 Rn. 6; Widmann/Mayer/*Heckschen* § 184 Rn. 8.
[148] Haritz/Menner/*Asmus* § 15 UmwStG Rn. 1; Lutter/*Schumacher* Anhang 3 nach § 189 Rn. 1; Semler/Stengel/*Fonk* § 184 Rn. 5, 7; Widmann/Mayer/*Heckschen* § 184 Rn. 8.
[149] Henssler/Strohn/*Decker* § 184 Rn. 3; Semler/Stengel/*Fonk* § 184 Rn. 5.
[150] Henssler/Strohn/*Decker* § 184 Rn. 3; Kölner Kommentar-UmwG/*Beckmann* § 184 Rn. 2; Semler/Stengel/*Fonk* § 184 Rn. 6; Widmann/Mayer/*Heckschen* § 184 Rn. 7.
[151] Maulbetsch/Klumpp/*Rose* § 189 Rn. 5; Schmitt/Hörtnagl/Stratz/*Stratz* § 189 Rn. 1.
[152] Vgl. auch Böttcher/Habighorst/Schulte/*Wagner* § 188 Rn. 3; Henssler/Strohn/*Decker* § 188 Rn. 1; Widmann/Mayer/*Heckschen* § 188 Rn. 1.

Dabei ist zu beachten, dass auch bei Beteiligung mehrerer übernehmender Rechtsträger ein **einheitlicher Teilübertragungsvertrag** über den gesamten Übertragungsvorgang geschlossen wird.[153] Wie bei der Vollübertragung bietet es sich aus den dort ausgeführten Gründen (→ Rn. 23) auch im Hinblick auf die Teilübertragung an, die Anteilsinhaber in kritischen Fällen zunächst über einen **Vertragsentwurf** abstimmen zu lassen (§§ 125, 4 Abs. 2 UmwG, auf die in den §§ 177 Abs. 1, 179 Abs. 1, 184 Abs. 1 und 189 Abs. 1 UmwG verwiesen wird) und die notarielle Beurkundung erst daran anknüpfend vorzunehmen.[154]

55 Der **Inhalt des Übertragungsvertrags** richtet sich bei der Teilübertragung über die Verweise in §§ 177 Abs. 1, 179 Abs. 1, 184 Abs. 1 und 189 Abs. 1 UmwG auf § 126 Abs. 1 UmwG nach dem gesetzlich vorgesehenen Inhalt des dem Verschmelzungsvertrag weitgehend nachempfundenen Spaltungs- und Übernahmevertrags.[155] Der dem unterschiedlichen Wesen der beiden umwandlungsrechtlichen Maßnahmen entsprechend grundlegende Unterschied zwischen Spaltungs- und Verschmelzungsvertrag besteht darin, dass die zu übertragenden Vermögensteile bei der Spaltung und entsprechend bei der Teilübertragung wesensnotwendig genau bezeichnet und zugeordnet werden müssen (§ 126 Abs. 1 Nr. 9 UmwG). Dabei gilt der **sachenrechtliche Bestimmtheitsgrundsatz**.[156] Sind zum Beispiel Immobilien nicht in Übereinstimmung mit § 28 S. 1 GBO in ausreichend konkreter Weise bezeichnet, können die Rechte an ihnen nicht auf den übernehmenden Rechtsträger übergehen.[157] Sofern der Bestimmtheitsgrundsatz gewahrt ist, können die im Rahmen der Teilübertragung zu übertragenden Vermögensgegenstände des übertragenden Rechtsträgers beliebig auf einen oder mehrere übernehmende Rechtsträger verteilt werden.[158]

56 Über den Wortlaut des § 126 Abs. 1 Nr. 3 UmwG hinaus ist nicht nur bei der aufspaltenden und abspaltenden Teilübertragung, sondern vielmehr auch bei der ausgliedernden Teilübertragung die Angabe zu **Art und Höhe der zu gewährenden Gegenleistung** zwingend erforderlicher Vertragsinhalt.[159] Die Angemessenheit der im Übertragungsvertrag festzulegenden Gegenleistung ist anhand des Verkehrswerts der zu übertragenden Vermögenswerte zu bestimmen.[160] Fungiert ein VVaG als übertragender Rechtsträger (§ 175 Nr. 2 lit. b UmwG), richtet sich die Angemessenheit der Gegenleistung nach der detaillierten Sonderregelung in § 181 UmwG (→ Rn. 13). Genauso wie bei der Vollübertragung ist der übertragende Rechtsträger bei der ausgliedernden Teilübertragung selbst der Empfänger der vertraglich zu vereinbarenden Gegenleistung, wohingegen bei abspaltender und aufspaltender Teilübertragung die Anteilsinhaber bzw. Mitglieder des übertragenden Rechtsträgers designierte Empfänger einer solchen Gegenleistung sind.[161]

57 Bei Teilübertragungen von Kapitalgesellschaften auf die öffentliche Hand (**§ 175 Nr. 1 UmwG**) wird der spaltungsrechtlich vorgegebene Vertragsinhalt durch den Verweis in § 177 Abs. 2 UmwG auf § 176 Abs. 2 S. 3 UmwG dahingehend modifiziert, dass an die Stelle des Umtauschverhältnisses der Anteile die Art und Höhe der zu gewährenden Gegenleistung tritt. Ferner entfallen bei der Teilübertragung gemäß § 177 Abs. 2 UmwG

---

[153] Lutter/*Schmidt* § 177 Rn. 7; Maulbetsch/Klumpp/Rose/*Findeisen* § 177 Rn. 16; Semler/Stengel/*Fonk* § 177 Rn. 7.
[154] Semler/Stengel/*Fonk* § 176 Rn. 9; Widmann/Mayer/*Heckschen* § 176 Rn. 7 f.
[155] Maulbetsch/Klumpp/Rose/*Findeisen* § 177 Rn. 10; Semler/Stengel/*Fonk* § 177 Rn. 8; Widmann/Mayer/*Heckschen* § 177 Rn. 16.
[156] Widmann/Mayer/*Heckschen* § 177 Rn. 17.
[157] So der BGH in einem Urteil zur Spaltung: BGH V ZR 79/07, NJW-RR 2008, 756.
[158] *Ganske* S. 155; Semler/Stengel/*Fonk* § 177 Rn. 8.
[159] Henssler/Strohn/*Decker* § 177 Rn. 2; Kölner Kommentar-UmwG/*Leuering* § 177 Rn. 5; Lutter/*Schmidt* § 177 Rn. 7.
[160] Lutter/*Drygala* § 5 Rn. 20; Semler/Stengel/*Fonk* § 174 Rn. 22; Widmann/Mayer/*Heckschen* § 177 Rn. 18.
[161] Lutter/*Schmidt* § 177 Rn. 7; Widmann/Mayer/*Heckschen* § 177 Rn. 18.

parallel zu den bei der Vollübertragung entfallenden verschmelzungsvertraglichen Angaben in § 5 Abs. 1 Nr. 4, 5 und 7 UmwG die ansonsten spaltungsrechtlich erforderlichen Angaben nach § 126 Abs. 1 Nr. 4, 5, 7 und 10 UmwG. Für Teilübertragungen unter Beteiligung von Versicherungsunternehmen iSv § 175 Nr. 2 UmwG gelten die gleichen besonderen Anforderungen an den Vertragsinhalt. Die in §§ 179 Abs. 2, 184 Abs. 2 und 189 Abs. 2 UmwG fehlenden Verweise auf § 177 Abs. 2 UmwG sind nach einhelliger Auffassung auf ein entsprechendes Redaktionsversehen zurückzuführen.[162]

Die **Inhaber von Sonderrechten** haben in sämtlichen Teilübertragungskonstellationen 58 iSv § 175 UmwG durch die jeweiligen Verweise auf § 176 Abs. 2 S. 4 UmwG anstelle eines Anspruchs aus § 23 UmwG auf Gewährung gleichwertiger Sonderrechte in dem übernehmenden Rechtsträger einen **Anspruch auf Barabfindung** nach Maßgabe der §§ 29 Abs. 1, 30 und 34 UmwG. Ein Ausgleich durch Gewährung gleichwertiger Sonderrechte, wie es im Falle einer Abspaltung oder Ausgliederung gemäß § 133 Abs. 2 S. 2 UmwG möglich wäre, ist wegen des abschließenden Charakters von § 176 Abs. 2 S. 4 UmwG bei Teilübertragungen ausgeschlossen.[163]

Um die Angestellten der beteiligten Rechtsträger zeitlich vor deren Wirksamwerden 59 über die Teilübertragung zu **informieren**, ist der Übertragungsvertrag oder sein Entwurf ebenso wie bei der Vollübertragung (→ Rn. 27) entsprechend der hier anwendbaren spaltungsrechtlichen Vorschrift des § 126 Abs. 3 UmwG spätestens einen Monat vor Fassung des entsprechenden Zustimmungsbeschlusses durch die Anteilsinhaber der beteiligten Rechtsträger dem jeweils zuständigen **Betriebsrat zuzuleiten**. Hinsichtlich der einzuhaltenden Form (notarielle Beurkundung gemäß § 125 Abs. 1 UmwG iVm § 6 UmwG) sowie einer etwaigen Kündigung des Teilübertragungsvertrags (§ 125 Abs. 1 UmwG iVm § 7 UmwG) ergeben sich keine Besonderheiten im Vergleich zum Spaltungsvertrag (→ § 22 Rn. 31).

2. Übertragungsbericht

§ 127 UmwG, der gemäß § 177 Abs. 1 UmwG bei Teilübertragungen von Kapitalgesell- 60 schaften auf die öffentliche Hand (§ 175 Nr. 1 UmwG) auf die übertragende Kapitalgesellschaft und gemäß der Verweise in §§ 179 Abs. 1, 184 Abs. 1 und 189 Abs. 1 UmwG bei Teilübertragungen unter Versicherungsunternehmen iSv § 175 Nr. 2 UmwG auf sämtliche an der Teilübertragung beteiligte Rechtsträger Anwendung findet, verlangt von dem Vertretungsorgan der übertragenden Kapitalgesellschaft bzw. von den Vertretungsorganen jedes an der Teilübertragung beteiligten Rechtsträgers die Erstattung eines ausführlichen **schriftlichen Übertragungsberichts**. Wie bei der Vollübertragung (→ Rn. 30) können die jeweiligen Anteilsinhaber der beteiligten Rechtsträger gemäß § 127 S. 2 UmwG iVm § 8 Abs. 3 S. 1 1. Alt., S. 2 UmwG durch Erklärung in notariell beurkundeter Form auf die Erstattung des Übertragungsberichts **verzichten**. Ein Übertragungsbericht muss ferner dann nicht erstattet werden, wenn sich alle Anteile des übertragenden Rechtsträgers in der Hand des übernehmenden Rechtsträgers befinden (§ 127 S. 2 UmwG iVm § 8 Abs. 3 S. 1 2. Alt. UmwG). Hinsichtlich der Funktion und des Inhalts des Übertragungsberichts kann im Übrigen auf die Ausführungen zum Spaltungsbericht verwiesen werden (→ § 23 Rn. 1 ff.).

3. Übertragungsprüfung

Für die Übertragungsprüfung verweisen die jeweiligen Vorschriften über die Teilüb- 61 ertragung (§§ 177 Abs. 1, 179 Abs. 1, 184 Abs. 1 und 189 Abs. 1 UmwG) auf § 125 UmwG, wonach wiederum die allgemeinen und besonderen verschmelzungsrechtlichen

---

[162] Böttcher/Habighorst/Schulte/*Wagner* § 179 Rn. 7; Kölner Kommentar-UmwG/*Leuering* § 177 Rn. 5; Schmitt/Hörtnagl/Stratz/*Stratz* § 179 Rn. 1; Widmann/Mayer/*Heckschen* § 179 Rn. 19, § 184 Rn. 20.
[163] So auch Böttcher/Habighorst/Schulte/*Kammerer-Galahn* § 177 Rn. 5; Kölner Kommentar-UmwG/*Leuering* § 177 Rn. 3; Lutter/*Schmidt* § 177 Rn. 5.

Vorschriften und damit insbesondere auch § 9 UmwG Anwendung finden. Bei Beteiligung einer AG, SE oder KGaA an einer abspaltenden oder aufspaltenden Teilübertragung iSv § 175 Nr. 1 UmwG ist demnach eine Überprüfung des Übertragungsvertrags gemäß § 60 UmwG zwingend erforderlich. Bei sämtlichen Teilübertragungskonstellationen nach § 175 Nr. 2 UmwG ist ebenso wie bei der Vollübertragung (→ Rn. 31) **zwischen den beteiligten Rechtsträgern zu differenzieren**. Eine Versicherungs-AG hat den Übertragungsvertrag prüfen zu lassen, sofern kein notarieller Verzicht der Anteilseigner vorliegt (§ 179 Abs. 1 UmwG bzw. § 188 Abs. 1 UmwG jeweils iVm §§ 125 S. 1, 9 UmwG). Für beteiligte Rechtsträger in der Rechtsform des VVaG oder des öffentlich-rechtlichen Versicherungsunternehmens besteht hingegen keine Prüfungspflicht, da eine dem § 60 UmwG entsprechende Vorschrift fehlt.[164] Bei einer ausgliedernden Teilübertragung entfällt die Übertragungsprüfung dagegen nach § 125 S. 2 UmwG generell in sämtlichen Konstellationen des § 175 UmwG, so dass auch die nachfolgende Auslage und Erläuterung des erstatteten Prüfungsberichts gemäß § 125 S. 1 UmwG in Verbindung mit §§ 63 ff. UmwG naturgemäß nicht möglich ist.[165] Anders als bei der Verschmelzung bzw. der Vollübertragung ist die Übertragungsprüfung bei einer Teilübertragung gemäß § 125 S. 1 UmwG auch dann erforderlich, wenn sich alle Anteile des übertragenden Rechtsträgers im Besitz des übernehmenden Rechtsträgers befinden, da die Anwendung von § 9 Abs. 2 UmwG durch § 125 S. 1 UmwG ausdrücklich ausgeschlossen ist.[166] Ein **Verzicht der Anteilsinhaber** auf Prüfung der Übertragung ist gemäß §§ 125 S. 1, 9 Abs. 3, 8 Abs. 3 UmwG in notariell beurkundeter Form möglich.[167]

4. Übertragungsbeschluss

62 Hinsichtlich der Vorbereitung, Fassung und Durchführung des Übertragungsbeschlusses gemäß §§ 177 Abs. 1, 179 Abs. 1, 184 Abs. 1 und 189 Abs. 1 UmwG jeweils iVm §§ 125 S. 1, 13 UmwG unterscheidet sich die Teilübertragung nicht von der Vollübertragung. Es sind also auch bei der Teilübertragung die jeweiligen **rechtsformspezifischen Besonderheiten** zu beachten. Darunter fallen insbesondere die Informationspflichten gemäß § 61 UmwG bei Beteiligung einer (Versicherungs-)AG oder die Auslage der relevanten Dokumente gemäß § 112 Abs. 1 S. 1 UmwG bei Beteiligung eines VVaG.[168] Bei der Beschlussfassung ist das Einstimmigkeitserfordernis des § 128 UmwG nicht auf Teilübertragungen anwendbar, da ein Austausch von Anteilen und Mitgliedschaften gerade nicht stattfindet.[169] Obwohl § 184 UmwG nicht auf § 181 UmwG verweist, müssen in dem Zustimmungsbeschluss bei Teilübertragungen unter Beteiligung eines VVaG als übertragendem Rechtsträger die näheren Bestimmungen des § 181 Abs. 2 UmwG über die Gewährung der Gegenleistung beachtet werden.[170] Im Hinblick auf sämtliche Teilübertragungskonstellationen des § 175 Nr. 2 UmwG gilt für beteiligte öffentlich-rechtliche Versicherungsunternehmen gemäß §§ 179 Abs. 2, 184 Abs. 2 und 189 Abs. 2 UmwG jeweils iVm § 178 Abs. 3 UmwG das maßgebende Bundes- oder Landesrecht, welches die Zustimmung eines anderen als des zur Vertretung befugten Organs des öffentlich-rechtlichen Versicherungsunternehmens oder einer anderen Stelle zum Übertragungsbeschluss verlangen kann.[171]

---

[164] Semler/Stengel/*Fonk* § 179 Rn. 8; Widmann/Mayer/*Heckschen* § 179 Rn. 10.
[165] Henssler/Strohn/*Decker* § 177 Rn. 2; Widmann/Mayer/*Heckschen* § 177 Rn. 20.
[166] Vgl. Kölner Kommentar-UmwG/*Leuering* § 177 Rn. 5; Lutter/*Schmidt* § 177 Rn. 9; Semler/Stengel/*Fonk* § 177 Rn. 11; Widmann/Mayer/*Heckschen* § 177 Rn. 24.
[167] Schmitt/Hörtnagl/Stratz/*Stratz* § 177 Rn. 2; Semler/Stengel/*Fonk* § 177 Rn. 11.
[168] Kölner Kommentar-UmwG/*Beckmann* § 178 Rn. 11; Maulbetsch/Klumpp/Rose/*Findeisen* § 178 Rn. 17; Semler/Stengel/*Fonk* § 178 Rn. 16; Widmann/Mayer/*Heckschen* § 179 Rn. 12.
[169] Böttcher/Habighorst/Schulte/*Kammerer-Galahn* § 177 Rn. 9; Lutter/*Schmidt* § 177 Rn. 10.
[170] Henssler/Strohn/*Decker* § 184 Rn. 2; Kölner Kommentar-UmwG/*Beckmann* § 184 Rn. 1; Lutter/*Wild* § 184 Rn. 5; Widmann/Mayer/*Heckschen* § 184 Rn. 2.
[171] Lutter/*Wild* § 178 Rn. 25; Widmann/Mayer/*Heckschen* § 178 Rn. 41.

Wie bei Beschlüssen zur Vollübertragung kann es auch bei Teilübertragungsbeschlüssen **63** zu Mängeln kommen, die gegebenenfalls zur Anfechtbarkeit des Beschlusses führen. Hier gelten die allgemeinen Ausführungen zum **Beschlussmängelrecht** (→ § 14 Rn. 29 ff.). Dabei besteht eine Besonderheit bei der ausgliedernden Teilübertragung darin, dass die Anteilsinhaber des übertragenden Rechtsträgers, wie bei der ausgliedernden Spaltung, aber im Gegensatz zur Verschmelzung, aufgrund einer vermeintlich zu niedrig bemessenen Gegenleistung gegen die Wirksamkeit des Übertragungsbeschlusses klagen können.[172] Die Anwendung von § 14 Abs. 2 UmwG, der die Gründung einer Klage gegen die Wirksamkeit eines Verschmelzungsbeschlusses auf eine zu niedrige Bemessung des Umtauschverhältnisses der Anteile ausdrücklich ausschließt, wird von der über die Verweise in §§ 177 Abs. 1, 179 Abs. 1, 184 Abs. 1 und 189 Abs. 1 UmwG für anwendbar erklärten Vorschrift des § 125 S. 1 UmwG ausdrücklich ausgeschlossen.[173]

5. Aufsichtsbehördliche Genehmigung

Wie auch bei der Vollübertragung (→ Rn. 36) ist bei der Teilübertragung in allen **64** Konstellationen mit Beteiligung von Versicherungsunternehmen (§ 175 Nr. 2 UmwG) die Erteilung einer **aufsichtsbehördlichen Genehmigung** nach § 14 VAG Wirksamkeitsvoraussetzung. Angesichts des eindeutigen Wortlauts des § 14 VAG ist entgegen einer vereinzelt gebliebenen Mindermeinung[174] auch in den Konstellationen eine aufsichtsbehördliche Genehmigung einzuholen, in denen keine Versicherungsverträge übertragen werden.[175] Zum Prüfungsumfang der Aufsichtsbehörde → Rn. 36. Wegen der fehlenden Registereintragung öffentlich-rechtlicher Versicherungsunternehmen ersetzt die Genehmigung der Aufsichtsbehörde gemäß § 189 Abs. 2 UmwG iVm § 188 Abs. 3 UmwG die Anmeldung beim Register, wenn ein öffentlich-rechtliches Versicherungsunternehmen Teile seines Vermögens im Wege der umwandlungsrechtlichen Vermögensübertragung auf eine Versicherungs-AG oder einen VVaG überträgt.[176]

6. Anmeldung, Eintragung und Bekanntmachung der Teilübertragung

Für die **Eintragung** der Teilübertragung im jeweils zuständigen Register gelten gemäß **65** §§ 177 Abs. 1, 179 Abs. 1, 184 Abs. 1 und 189 Abs. 1 UmwG die spaltungsrechtlichen Vorschriften der §§ 129, 130 UmwG, die mit den im Rahmen der Vermögensvollübertragung heranzuziehenden Verschmelzungsvorschriften der §§ 16, 17 UmwG vergleichbar sind. Insoweit gelten auch hier die Ausführungen zur Vermögensvollübertragung (→ Rn. 37 ff.). Bei Teilübertragungen von Kapitalgesellschaften auf die öffentliche Hand (§ 175 Nr. 1 UmwG) tritt gemäß § 177 Abs. 2 S. 1 UmwG iVm § 176 Abs. 2 S. 2 UmwG das Register des Sitzes des übertragenden Rechtsträgers an die Stelle des Registers des Sitzes des übernehmenden Rechtsträgers (der öffentlichen Hand). Gleiches gilt bei Teilübertragungen iSv § 175 Nr. 2 lit. a und b UmwG, wenn der übernehmende Rechtsträger ein öffentlich-rechtliches Versicherungsunternehmen ist,[177] wobei die Eintragung im Handelsregister der Versicherungs-AG bzw. des VVaG erfolgt, da auch öffentlich-rechtliche Versicherungsunternehmen in keinem Register geführt werden.[178] Ist das öffentlich-rechtliche Versicherungsunternehmen als übertragender Rechtsträger an der Teilübertragung beteiligt (§ 175 Nr. 2 lit. c UmwG), ersetzt der **Antrag auf Genehmigung bei der zuständigen Aufsichtsbehörde** gemäß § 189 Abs. 2 UmwG iVm § 188 Abs. 3 S. 1

---

[172] Kölner Kommentar-UmwG/*Leuering* § 177 Rn. 8; Lutter/*Schmidt* § 177 Rn. 10; Widmann/Mayer/*Heckschen* § 177 Rn. 26.
[173] Kölner Kommentar-UmwG/*Leuering* § 177 Rn. 8; Lutter/*Schmidt* § 177 Rn. 10; Widmann/Mayer/*Heckschen* § 177 Rn. 26.
[174] Zum Anwendungsbereich des § 14a VAG aF insoweit nur *Wolf* VersR 2008, 1441 ff.
[175] Kölner Kommentar-UmwG/*Beckmann* § 178 Rn. 12; Lutter/*Wild* § 178 Rn. 14 f.
[176] Kölner Kommentar-UmwG/*Beckmann* § 189 Rn. 6; Lutter/*Wilm* § 189 Rn. 4.
[177] Semler/Stengel/*Fonk* § 179 Rn. 11; Widmann/Mayer/*Heckschen* § 179 Rn. 16 ff.
[178] Lutter/*Wild* § 179 Rn. 9; Widmann/Mayer/*Heckschen* § 179 Rn. 18.

UmwG die Anmeldung zur Eintragung ins Register und die **Veröffentlichung der Genehmigung im Bundesanzeiger** die Eintragung im Register und ihre Bekanntmachung. In allen übrigen Konstellationen des § 175 UmwG trifft die **Pflicht zur Anmeldung** der Teilübertragung bei den jeweiligen Registergerichten alle beteiligten Rechtsträger gleichermaßen.[179] Die Anmeldung obliegt dabei den jeweiligen Vertretungsorganen der beteiligten Rechtsträger.[180]

III. Schutz der Gläubiger und Anteilsinhaber/Vereinsmitglieder

66 Da die Teilübertragungsvorschriften auch auf den spaltungsrechtlichen § 133 Abs. 1 S. 1 UmwG verweisen, haften im Gegensatz zur Vollübertragung alle an der Teilübertragung beteiligten Rechtsträger für Verbindlichkeiten des übertragenden Rechtsträgers, sofern diese vor dem Wirksamwerden der Teilübertragung begründet worden sind, **gesamtschuldnerisch**. Wie auch bei der Vollübertragung (→ Rn. 41) steht den Gläubigern der an der Teilübertragung beteiligten Rechtsträger bei Vorliegen der entsprechenden Voraussetzungen eine **Sicherheitsleistung** nach § 125 iVm § 22 UmwG zu.

67 Darüber hinaus sorgt bei aufspaltenden und abspaltenden Teilübertragungen iSv § 175 Nr. 2 lit. a UmwG wie bei der Vollübertragung (→ Rn. 43) die obligatorische Einschaltung eines **Treuhänders** gemäß § 179 Abs. 1 UmwG iVm § 71 UmwG für den Schutz der Anteilseigner des übertragenden Rechtsträgers. Bei Teilübertragungen iSv § 175 Nr. 2 lit. b UmwG richtet sich die Bestellung eines Treuhänders nach § 183 UmwG, der wie auch § 182 UmwG (Unterrichtung der Mitglieder → Rn. 44) bei der Teilübertragung analog anzuwenden ist.[181] Die Anzeige des Treuhänders, dass er die Gegenleistung ordnungsgemäß erhalten hat, ist Voraussetzung für die Eintragung der Teilübertragung in das jeweils zuständige Register.

IV. Rechtsfolgen der Teilübertragung

68 Die Rechtsfolgen der Teilübertragung ergeben sich aus § 176 Abs. 3 UmwG, auf den die Teilübertragungsvorschriften der §§ 177 Abs. 2, 179 Abs. 2, 184 Abs. 2 und 189 Abs. 2 UmwG verweisen.[182] Die Details sind dabei wiederum jeweils von der **Art der Teilübertragung** abhängig, so dass die Verweise auf § 176 Abs. 3 UmwG uneingeschränkt nur auf die aufspaltende Teilübertragung Anwendung finden.[183] Bei der aufspaltenden Teilübertragung gehen das gesamte Vermögen und die gesamten Verbindlichkeiten des übertragenden Rechtsträgers im Wege der **partiellen Gesamtrechtsnachfolge** auf die übernehmenden Rechtsträger über und der übertragende Rechtsträger erlischt gemäß § 176 Abs. 3 S. 2 UmwG, ohne dass es einer Löschung bedarf. Bei der abspaltenden oder ausgliedernden Teilübertragung hingegen geht nur ein abgegrenzter Teil des Vermögens des übertragenden Rechtsträgers im Wege der partiellen Gesamtrechtsnachfolge auf den übernehmenden Rechtsträger über, wobei der übertragende Rechtsträger nicht erlischt, sondern ohne die übertragenen Vermögensteile fortbesteht.[184]

69 Bei sämtlichen Teilübertragungen iSv § 175 Nr. 2 UmwG gehen die zwischen der Versicherungs-AG bzw. dem VVaG und deren jeweiligen Versicherten bestehenden **Ver-**

---

[179] Kölner Kommentar-UmwG/*Beckmann* § 178 Rn. 16; Lutter/*Wild* § 184 Rn. 11; Semler/Stengel/*Fonk* § 179 Rn. 11.

[180] Lutter/*Wild* § 179 Rn. 8; Semler/Stengel/*Fonk* § 177 Rn. 13; Widmann/Mayer/*Heckschen* § 177 Rn. 27.

[181] Semler/Stengel/*Fonk* § 184 Rn. 11; Widmann/Mayer/*Heckschen* § 184 Rn. 16.

[182] Nach aA richten sich die Rechtsfolgen bei Teilübertragungen unter Versicherungsunternehmen nach § 131 UmwG, vgl. Böttcher/Habighorst/Schulte/*Wagner* § 179 Rn. 16, § 184 Rn. 7; Kölner Kommentar-UmwG/*Beckmann* § 179 Rn. 13, § 184 Rn. 9.

[183] Vgl. Böttcher/Habighorst/Schulte/*Wagner* § 184 Rn. 7; Lutter/*Wild* § 184 Rn. 12; Semler/Stengel/*Fonk* § 184 Rn. 13.

[184] Kölner Kommentar-UmwG/*Leuering* § 177 Rn. 3; Lutter/*Schmidt* § 177 Rn. 6.

sicherungsverhältnisse in dem im Übertragungsvertrag vereinbarten Umfang auf den oder die übernehmenden Rechtsträger über, soweit die Versicherungsverhältnisse zum Zeitpunkt der Übertragung bereits wirksam bestanden und nicht erst ein Angebot auf Abschluss eines Versicherungsverhältnisses vorliegt.[185]

Etwaige **Mängel** im Hinblick auf die notarielle Beurkundung des Teilübertragungsvertrags sowie der gegebenenfalls erforderlichen Zustimmungs- bzw. Verzichtserklärungen der Anteilsinhaber des übernehmenden und übertragenden Rechtsträgers werden bei der Teilübertragung gemäß §§ 177 Abs. 1, 179 Abs. 1, 184 Abs. 1 und 189 Abs. 1 UmwG jeweils iVm § 131 Abs. 1 Nr. 4, Abs. 2 UmwG durch die Eintragung in das zuständige Register **geheilt**. 70

§ 42 Umwandlungsmaßnahmen unter Beteiligung von Rechtsträgern außerhalb der Europäischen Gemeinschaft

Übersicht

	Rdnr.		Rdnr.
A. Grundlagen	1–17	II. Grenzüberschreitende Anwachsung	39–54
I. Abgrenzung zur Sitzverlegung	2–15	1. Übernehmender Rechtsträger ist eine Drittstaatengesellschaft	41–45
1. Allgemeines	2	2. Übernehmender Rechtsträger ist eine inländische Gesellschaft	46–50
2. Verwaltungssitzverlegung von Drittstaat nach Deutschland	3–5	3. Erweiterte Anwachsung	51–54
3. Verwaltungssitzverlegung von Deutschland in Drittstaat	6–8	III. Übertragung von Vermögenswerten im Wege eines Asset Deal	55–60
4. Satzungssitzverlegung von Drittstaat nach Deutschland	9, 10	1. Übertragung von Vermögenswerten auf eine Drittstaatengesellschaft	56–58
5. Satzungssitzverlegung von Deutschland in Drittstaat	11–14	2. Übertragung von Vermögenswerten von einer Drittstaatengesellschaft auf eine inländische Gesellschaft	59, 60
6. Kumulative Verwaltungs- und Satzungssitzverlegung	15	IV. Grenzüberschreitende Realteilung unter Beteiligung von Drittstaatengesellschaften	61
II. Praktische Bedeutung	16, 17	V. Kettenverschmelzung	62
B. Umwandlungsrechtliche Maßnahmen mit Bezug zu Drittstaaten	18–37	VI. Sonstige umwandlungsähnliche Strukturmaßnahmen	63–79
I. Bestimmung des anwendbaren Rechts	18–25	1. Business Combination Agreements	63–65
1. Gesellschaftsstatut als Ausgangspunkt zur Bestimmung des anwendbaren Rechts	19	2. Anteilstausch	66–68
2. Beteiligte Gesellschaften unterliegen unterschiedlichen Gesellschaftsstatuten	20–25	3. Strukturgestaltungen unter Verwendung von Holding-Strukturen	69, 70
a) Einzeltheorie	21	4. Andere (unternehmens-)vertragliche oder sonstige Strukturmodelle	71–79
b) Vereinigungstheorie	22–25	a) Eingliederung im Sinne von §§ 319 ff. AktG	71
II. Verschmelzung	26–34	b) Beherrschungs- und Gewinnabführungsvertrag	72–75
1. Zulässigkeit	26–31	c) Synthetische Unternehmenszusammenschlüsse	76–79
2. Verfahrensvoraussetzungen	32, 33		
3. Rechtsfolgen	34		
III. Spaltung	35, 36		
IV. Formwechsel	37		
C. Alternative Modelle zur Umsetzung relevanter Umwandlungsvorgänge unter Beteiligung von Drittstaatengesellschaften	38–79		
I. Übersicht	38		

Schrifttum: *Banerjea*, Der Schutz von Übernahme- und Fusionsplänen – Überlegungen zur Zulässigkeit und Gestaltung sog. Deal-Protection-Abreden, DB 2003, 1489; *Bayer/Lieder* Die neue Richtlinie über die grenzüberschreitende Verschmelzung von Kapitalgesellschaften – Inhalt und Anregungen zur Umsetzung in Deutschland, NJW 2006, 401; *Brandi*, Die Europäische Aktiengesellschaft im deutschen

---

[185] AG Mannheim 2 C 590/80, VersR 1982, 481; Widmann/Mayer/*Heckschen* § 184 Rn. 21.

und internationalen Konzernrecht, NZG 2003, 889; *Dorr/Stukenborg*, „Going to the Chapel": Grenzüberschreitende Ehen im Gesellschaftsrecht – Die ersten transnationalen Verschmelzungen nach dem UmwG (1994), DB 2003, 647; *Drygala*, Deal Protection in Verschmelzungs- und Unternehmenskaufverträgen – eine amerikanische Vertragsgestaltung auf dem Weg ins deutsche Recht (Teil I), WM 2004, 1413; *Drygala*, Deal Protection in Verschmelzungs- und Unternehmenskaufverträgen – eine amerikanische Vertragsgestaltung auf dem Weg ins deutsche Recht (Teil II), WM 2004, 1457; *Drygala/von Bressendorf*, Gegenwart und Zukunft grenzüberschreitender Verschmelzungen und Spaltungen, NZG 2016, 1161; *Fisch*, Der Übergang ausländischen Vermögens bei Verschmelzungen und Spaltungen – Eine Analyse aus Sicht der Praxis, NZG 2016, 448; *Göthel* Grenzüberschreitende M&A-Transaktionen – Unternehmenskäufe, Umstrukturierungen, Joint Ventures, SE, 4. Aufl. 2015; *Günes* Grenzüberschreitende Verschmelzungen unter Beteiligung von Kapitalgesellschaften aus Drittstaaten, IstR 2012, 213; *Hippeli/Diesing*, Business Combination Agreements bei M&A-Transaktionen, AG 2015, 185; *Hoger/Lieder* Die grenzüberschreitende Anwachsung, ZHR 180 (2016), 613; *Kaufmann*, Die Klagefrist bei Beschlussmängelstreitigkeiten im Recht der AG und der GmbH, NZG 2015, 336; *Kiem* Die Regelungen der grenzüberschreitenden Verschmelzung im deutschen Umwandlungsgesetz, WM 2006, 1091; *Kiem* Investorenvereinbarung im Lichte des Aktien- und Übernahmerechts, AG 2009, 301; *Kirchner/Sailer*, Rechtsprobleme bei Einbringung und Verschmelzung, NZG 2002, 305; *König*, Business Combination Agreements in der Rechtsprechung im Fall W.E.T., NZG 2013, 452; *Loges/Zimmermann*, Aktienrechtliche Ansprüche beim Erwerb von Unternehmen gegen Gewährung von Aktien, WM 2005, 349; *Michalski*, Grundzüge des internationalen Gesellschaftsrechts, NZG 1998, 762; *Orth*, Umwandlung durch Anwachsung (Teil I), DStR 1999, 1011; *Paschos*, Die Zulässigkeit von Vereinbarungen über künftige Leitungsmaßnahmen des Vorstands, NZG 2012, 1142; *Reichert* Business Combination Agreements – Fallgruppen und Problemkreise, ZGR 2015, 1; *Samson/Flindt*, Internationale Unternehmenszusammenschlüsse, NZG 2006, 290; *Schall*, Business Combinations Agreements und Investorenvereinbarungen, in: Kämmerer/Veil, Übernahme- und Kapitalmarktrecht in der Reformdiskussion, S. 75; *Schaumburg*, Grenzüberschreitende Umwandlungen (I), GmbHR 1996, 501; *Spahlinger/Wegen*, Internationales Gesellschaftsrecht in der Praxis, 2005; *Spahlinger/Wegen*, Deutsche Gesellschaften in grenzüberschreitenden Umwandlungen nach „SEVIC" und der Verschmelzungsrichtlinie in der Praxis, NZG 2006, 72; *von Busekist*, „Umwandlung" einer GmbH in eine im Inland ansässige EU-Kapitalgesellschaft am Beispiel der englischen Ltd. – Möglichkeiten und Gestaltungen in gesellschafts- und steuerrechtlicher Sicht, GmbHR 2004, 650; *Freiherr von Proff*, Die Anwachsung als Gestaltungsmodell bei Personengesellschaften, DStR 2016, 2227; *Wagner*, Der Aktientausch und der Begriff des Erwerbs iSd §§ 37b, 37c WpHG, NZG 2014, 531; *Weimar*, Einmann-Personengesellschaften – ein neuer Typ des Gesellschaftsrechts?, ZIP 1997, 1769; *Werner*, Das deutsche Internationale Gesellschaftsrecht nach „Cartesio" und „Trabrennbahn", GmbHR 2009, 191.

A. Grundlagen

1 Der folgende Abschnitt widmet sich **grenzüberschreitenden Umwandlungsmaßnahmen unter Beteiligung von Rechtsträgern außerhalb der EU bzw. des EWR;** zu den Maßnahmen der grenzüberschreitenden Verschmelzung und Spaltung sowie dem Formwechsel innerhalb der EU bzw. des EWR → § 18, → § 30 und → § 39.[1] Im Gegensatz zu innereuropäischen Verschmelzungen existiert für derartige Vorgänge kein spezifisch kodifizierter Rechtsrahmen. Auch die umfangreiche Rechtsprechung des EuGH zur Niederlassungsfreiheit trägt aufgrund des bei Beteiligung von Drittstaatengesellschaften fehlenden unionsrechtlichen Bezugs nur wenig zur Klärung der Problematik um Umwandlungsmaßnahmen mit Drittstaatenbezug bei. Da § 122b Abs. 1 UmwG ausdrücklich nur Kapitalgesellschaften erfasst, die nach dem Recht eines Mitgliedstaats der EU oder eines anderen Vertragsstaats des Abkommens über den EWR gegründet wurden, finden die §§ 122a ff. UmwG auf Umwandlungsvorgänge unter Beteiligung von Drittstaatengesellschaften keine direkte Anwendung.[2]

---

[1] Nicht EU bzw. EWR-Staaten werden im Folgenden als „Drittstaaten" bezeichnet.
[2] Lutter/*Bayer* § 122b Rn. 11; GroßkommGmbHG/*Behrens/Hoffmann* Einl. B. Rn. B185; Schmitt/Hörtnagl/Stratz/*Hörtnagl* § 122b Rn. 8; Semler/Stengel/*Drinhausen* § 122b Rn. 9; MünchHdb GesR VI/*Hoffmann* § 53 Rn. 121; *Drygala/von Bressendorf*, NZG 2016, 1161, 1162 (Fn. 8); *Günes* IstR 2013, 213, 218 f.

Sofern vereinzelt die Ansicht vertreten wird, in den Anwendungsbereich der §§ 122a ff. UmwG seien auch solche Kapitalgesellschaften einzubeziehen, mit deren Gründungsstaaten Staatsverträge über die gegenseitige Anerkennung bestehen,[3] ist dies mit Blick auf den eindeutigen Gesetzeswortlaut abzulehnen.[4]

I. Abgrenzung zur Sitzverlegung
1. Allgemeines

Grenzüberschreitende Umwandlungsmaßnahmen im hier behandelten Sinne sind von der grenzüberschreitenden Verlegung des Satzungs- oder Verwaltungssitzes einer Gesellschaft abzugrenzen. Als **Verwaltungssitzverlegung** bezeichnet man in diesem Zusammenhang die Verlegung der effektiven Hauptverwaltung eines Unternehmens über Staatsgrenzen hinweg, ohne dass gleichzeitig eine Änderung des Satzungssitzes (Registrierungsort der Gesellschaft) vorliegt.[5] Als **effektiver Verwaltungssitz** einer Gesellschaft gilt dabei der Tätigkeitsort der Geschäftsführung und der hierzu berufenen Vertretungsorgane der Gesellschaft, an dem die grundlegenden Entscheidungen der Unternehmensleitung effektiv in Geschäftsführungsmaßnahmen umgesetzt werden.[6] Eine **Satzungssitzverlegung** liegt demgegenüber vor, wenn der Registrierungsort der Gesellschaft verändert wird, ohne dass damit eine Verlegung auch des Verwaltungssitzes einhergeht. Während bei grenzüberschreitenden Umwandlungen die beteiligten Rechtsträger bzw. deren Gesellschafter selbst und autonom über eine Umwandlungsmaßnahme bestimmen, kommt es bei der Sitzverlegung gegebenenfalls *ipso iure* zu einem Wechsel des Personal- bzw. Gesellschaftsstatuts. Zu differenzieren ist im Rahmen der Sitzverlegung einerseits zwischen der Verlegung des Satzungssitzes und des Verwaltungssitzes sowie andererseits zwischen dem Zuzug einer Drittstaatengesellschaft nach Deutschland und dem Wegzug einer inländischen Gesellschaft in einen Drittstaat.

2. Verwaltungssitzverlegung von Drittstaat nach Deutschland

Verlegt eine Gesellschaft ihren **Verwaltungssitz von einem Drittstaat nach Deutschland** und besteht kein Staatsvertrag, der diese Situation regelt,[7] so bestimmt sich das Personalstatut der Gesellschaft bzw. ihr Gesellschaftsstatut nach der in Deutschland herrschenden **Sitztheorie**[8] und damit nach dem Recht des Staates, in dem die Gesellschaft ihren effektiven Verwaltungssitz hat.[9] Das **Personalstatut der Gesellschaft bzw. das Gesellschaftsstatut** meint dabei dasjenige Recht, das die Verhältnisse der Gesellschaft von Gründung bis Beendigung regelt. Erfasst hiervon sind insbesondere die Beziehungen der Gesellschafter untereinander und zur Gesellschaft, aber auch das Verhältnis der Gesellschaft zu ihren Gesellschaftsorganen.[10] Für den Fall des Zuzugs einer Gesellschaft aus einem Drittstaat mitsamt der Verlegung und Einrichtung des Verwaltungssitzes im Inland bedeutet dies die Anwendung des deutschen internationalen Privatrechts und damit eine Änderung

---

[3] *Kiem* WM 2006, 1091, 1093.
[4] Ebenso Lutter/*Bayer* § 122b Rn. 11.; GroßkommGmbHG/*Behrens/Hoffmann* Einl. B. Rn. B185; Schmitt/Hörtnagl/Stratz/*Hörtnagl* § 122b Rn. 8; Semler/Stengel/*Drinhausen* § 122b Rn. 9; MünchHdb. GesR VI/*Hoffmann* § 53 Rn. 121.
[5] MünchHdb. GesR VI/*Kieninger* § 52 Rn. 1.
[6] BGH V ZR 10/85, BGHZ 97, 269, 271 = NJW 1986, 2194, 2195; BGH VIII ZB 105/07, NJW 2009, 1610, 1611; Henssler/Strohn/*Servatius* Internationales GesellschaftsR Rn. 15; MünchKomm-BGB XI/*Kindler* Rn. 456; MünchHdb. GesR VI/*Thölke* § 1 Rn. 72.
[7] Vgl. z. B. Art. XXV Abs. 5 des Freundschafts-, Handels- und Schifffahrtsvertrags vom 29.10.1954 zwischen der Bundesrepublik Deutschland und den Vereinigten Staaten von Amerika.
[8] U. a. MünchKommAktG/*Heider* § 5 Rn. 19.
[9] BGH II ZR 158/06, BGHZ 178, 192, 198 = NJW 2009, 289, 290 – Trabrennbahnfall; Semler/Stengel/*Drinhausen* Einl. C Rn. 8; MünchHdb. GesR VI/*Kieninger* § 52 Rn. 9; *Göthel* § 28 Rn. 37; o auch *Hoger/Lieder* ZHR 180 (2016), 613, 621.
[10] Exemplarisch *Göthel* § 8 Rn. 1 mwN; so bereits schon *Michalski* NZG 1998, 762, 763.

des auf die Drittstaatengesellschaft anzuwendenden Sachrechts, da sich dieses dann nach deutschem Recht bestimmt. Insoweit erfolgt mit dem Zuzug der Drittstaatengesellschaft durch Verwaltungssitzverlegung ein Statutenwechsel.[11]

4 Ausländischen Kapitalgesellschaften fehlt es in dieser Situation regelmäßig bereits an der nach deutschem Recht erforderlichen **Eintragung im deutschen Handelsregister**, so dass sie bereits unter diesem Gesichtspunkt in Deutschland nicht als Kapitalgesellschaft in Form einer GmbH oder AG anerkannt werden können (vgl. § 11 Abs. 1 GmbHG für die GmbH und § 41 Abs. 1 S. 1 AktG für die AG). Sofern die ausländische Gesellschaft mehrere Gesellschafter aufweist, können derartige Gesellschaften in Deutschland allerdings nach der Rechtsprechung des BGH als rechtsfähige Personengesellschaften in Form der GbR oder der OHG anerkannt werden.[12] Für die jeweiligen Gesellschafter führt dies allerdings zum Nachteil der **unbeschränkten und persönlichen Haftung nach § 128 HGB** für Verbindlichkeiten der Gesellschaft. Auch im Hinblick auf Geschäftsführung und Vertretung können sich durch einen solchen Zuzug Folgeprobleme ergeben. Wird die Drittstaatengesellschaft als Personengesellschaft im Inland behandelt, ist das **Verbot der Fremdorganschaft bei Personengesellschaften** zu berücksichtigen.[13] Besteht die Drittstaatengesellschaft hingegen nur aus einem einzigen Gesellschafter, wird diese infolge des Zuzugs bei Vorliegen eines Handelsgewerbes als Kaufmann oder ansonsten als natürliche Person behandelt.[14]

5 Der Zuzug einer Drittstaatengesellschaft in Form der Verlegung des Verwaltungssitzes ins Inland ist somit mit erheblichen rechtlichen Folgeproblemen behaftet. Eine **identitätswahrende Verlegung des Verwaltungssitzes nach Deutschland** ist für solche Drittstaatenkapitalgesellschaften *de lege lata* nicht möglich.[15]

3. Verwaltungssitzverlegung von Deutschland in Drittstaat

6 Der Verwaltungssitz und Satzungssitz von deutschen Kapitalgesellschaften muss nicht identisch sein. Diese können daher nach Maßgabe des deutschen Gesellschaftsrechts ihren Verwaltungssitz ins Ausland verlegen.[16] Erfolgt die **Verlegung des Verwaltungssitzes einer inländischen Gesellschaft in einen Drittstaat unter Beibehaltung des Satzungssitzes im Inland**, ist auf Grundlage der in diesem Zusammenhang einschlägigen Sitztheorie das internationale Privatrecht des Drittstaats einschlägig (vgl. die Gesamtverweisung in Art. 4 Abs. 1 EGBGB).[17] Somit richtet sich das Personalstatut bzw. Gesellschaftsstatut fortan nach dem internationalen Privatrecht des jeweiligen Drittstaats.[18] Die Rechtsfolgen bestimmen sich in einem solchen Fall danach, ob der Drittstaat der Gründungs- oder Sitztheorie folgt.

7 Folgt der Drittstaat (ebenfalls) der **Sitztheorie**, erfolgt mit der Verlegung des effektiven Verwaltungssitzes ein Statutenwechsel. Das Recht des Drittstaats bestimmt dann das Gesellschaftsstatut, da der effektive Verwaltungssitz nunmehr im Ausland belegen ist.[19] Es werden jedoch dann von Seiten der wegziehenden deutschen Gesellschaft regelmäßig die auslän-

---

[11] MünchHdb. GesR VI/*Kieninger* § 52 Rn. 9; *Göthel* § 28 Rn. 37.
[12] BGH II ZR 158/06, BGHZ 178, 192, 199 = NJW 2009, 289; 291 – Trabrennbahnfall; Sagasser/Bula/Brünger/*Sagasser/Link* § 32 Rn. 108; *Göthel* § 28 Rn. 38; zustimmend *Hoger/Lieder* ZHR 180 (2016), 613, 624.
[13] MünchHdb. GesR VI/*Kieninger* § 52 Rn. 9.
[14] *Göthel* § 28 Rn. 38 mwN.
[15] Semler/Stengel/*Drinhausen* UmwG Einl. C Rn. 8; Beck'sches Hdb. Umwandlungen/*Friedl/Krämer* Teil 1 Rn. 158; *Göthel* § 28 Rn. 40.
[16] Beck'sches Hdb. Umwandlungen/*Friedl/Krämer* Teil 1 C Rn. 152; MünchHdb. GesR VI/*Kieninger* § 52 Rn. 19.
[17] MünchKommBGB XI/*Kindler* Rn. 821; Spahlinger/Wegen Internationales Gesellschaftsrecht in der Praxis Rn. 447 f.
[18] MünchKommBGB XI/*Kindler* Rn. 821 mwN.
[19] Beck'sches Hdb. Umwandlungen/*Friedl/Krämer* Teil 1 Rn. 154; MünchKommBGB XI/*Kindler* Rn. 821 mwN.

dischen Gründungsvorschriften nicht eingehalten sein, was die Umqualifizierung in einen anderen Gesellschaftstyp des anwendbaren ausländischen Rechts oder die Nichtigkeit der Gesellschaft zur Folge haben könnte.[20] Regelmäßig muss die Gesellschaft dann im Drittstaat – vorbehaltlich anderweitiger von der Rechtsordnung des Drittstaats vorgesehener Rechtsfolgen – nach Maßgabe der Drittstaatenvorschriften neu gegründet werden.[21]

Folgt der Drittstaat demgegenüber der **Gründungstheorie**, die nicht wie die Sitztheorie auf den effektiven Verwaltungssitz, sondern auf den Inkorporationsort der Gesellschaft abstellt,[22] ist durch die Rückverweisung gemäß Art. 4 Abs. 1 S. 2 EGBGB deutsches Sachrecht anwendbar, da der Satzungssitz weiterhin in Deutschland belegen ist.[23] Art. 4 Abs. 1 S. 2 EGBGB erklärt diesbezüglich, dass das deutsche Sachrecht anwendbar ist, sofern eine Rückverweisung durch das ausländische Recht erfolgt. Eine solche Rückverweisung liegt vor, wenn der Drittstaat der Gründungstheorie folgt.[24] Die deutsche Gesellschaft kann dann mit deutschem Personalstatut im Drittstaat tätig werden, da kollisionsrechtlich eine solche Sitzverlegung zulässig ist.[25]

4. Satzungssitzverlegung von Drittstaat nach Deutschland

Verlegt eine Gesellschaft, die sowohl ihren **Verwaltungs- als auch ihren Satzungssitz in einem Drittstaat** führt, lediglich ihren Satzungssitz nach Deutschland, richten sich die Rechtsfolgen nach dem Gesellschaftsstatut der Gesellschaft. Unter Anwendung der Sitztheorie ist daher der Ort des effektiven Verwaltungssitzes der Drittstaatengesellschaft zur Bestimmung des anwendbaren Rechts maßgeblich.[26] Da dieser weiterhin im Drittstaat liegt, kommt es zur Anwendung des Drittstaatenrechts.[27] Nur ausnahmsweise kann es auf den Satzungssitz und damit auf die Gründungstheorie ankommen, wenn nämlich ein Fall vorliegt, in dem eine Gesellschaft keinen effektiven Verwaltungssitz aufweist. Die Anknüpfung an die Gründungstheorie gewährleistet in einem solchen Fall, dass eine Gesellschaft bei Sachverhalten, bei denen das internationale Privatrecht zur Anwendung gelangt, nicht rechtlos gestellt wird.[28]

Kommt die Anwendung der Sitztheorie zu dem Ergebnis, dass das ausländische Recht einschlägig ist, so ist wiederum entscheidend, ob im Drittstaat die Sitz- oder Gründungstheorie Anwendung findet. Folgt der Drittstaat ebenfalls der **Sitztheorie**, richten sich die Rechtsfolgen einer solchen Satzungssitzverlegung nach dem **Drittstaatenrecht**, da der effektive Verwaltungssitz weiterhin im Drittstaat liegt.[29] Folgt der Herkunftsstaat dagegen der **Gründungstheorie** und erklärt deshalb den Satzungssitz zum maßgeblichen Anknüpfungspunkt zur Bestimmung des anwendbaren Rechts, gelangt **deutsches Recht** zur Anwendung, da der Satzungssitz nunmehr in Deutschland liegt. Das deutsche internationale Privatrecht nimmt eine solche **Rückverweisung** des ausländischen internationalen Privatrechts an, wodurch nach Art. 4 Abs. 1 S. 2 EGBGB deutsches Sachrecht Anwendung findet.[30] Um als rechtsfähige Kapitalgesellschaft in Deutschland anerkannt zu werden, muss die ausländische Gesellschaft in diesem Fall im Handelsregister eingetragen werden. Hierzu hat jedoch eine Neugründung in Deutschland zu erfolgen, da die bloße Änderung des Satzungssitzes noch keinen identitätswahrenden Formwechsel zur Folge hat. Ein **grenz-**

---

[20] MünchKommBGB XI/*Kindler* Rn. 821.
[21] Beck'sches Hdb. Umwandlungen/*Friedl/Krämer* Teil 1 Rn. 154; Spahlinger/Wegen Internationales Gesellschaftsrecht in der Praxis Rn. 447.
[22] U. a. Hüffer/*Koch* § 1 Rn. 34 mwN.
[23] MünchKommBGB XI/*Kindler* Rn. 823.
[24] MünchKommBGB XI/*Kindler* Rn. 823 mwN.
[25] MünchKommBGB XI/*Kindler* Rn. 823.
[26] *Göthel* § 28 Rn. 48.
[27] *Göthel* § 28 Rn. 48.
[28] OLG Frankfurt am Main 22 U 219/97, NJW-RR 2000, 1226, 1227; *Göthel* § 8 Rn. 11.
[29] *Göthel* § 28 Rn. 48.
[30] *Göthel* § 28 Rn. 49.

überschreitender und gleichzeitig identitätswahrender **Formwechsel** von einer ausländischen Drittstaatengesellschaftsform in eine deutsche Gesellschaftsform ist dem deutschen Sachrecht unbekannt.[31]

5. Satzungssitzverlegung von Deutschland in Drittstaat

11 Beschließt eine **deutsche Gesellschaft mit inländischem Satzungs- und Verwaltungssitz** ihren Satzungssitz in einen Drittstaat zu verlegen, führt die Anwendung der nach deutschem internationalen Privatrecht anwendbaren Sitztheorie zur Fortgeltung des deutschen Rechts, da es bei der hierbei zu berücksichtigenden Sitztheorie nur auf den effektiven Verwaltungssitz ankommt.[32] Insoweit erfolgt hier **kein Statutenwechsel**.[33] Jedoch kann eine Gesellschaft in diesem Fall deshalb nicht als GmbH oder AG fortbestehen, da das deutsche Gesellschaftsrecht gemäß § 4a GmbHG für die GmbH bzw. § 5 AktG für die AG einen Satzungssitz im Inland verlangt.[34] Allein die Verlegung des Verwaltungssitzes ins Ausland unter Beibehaltung eines inländischen Satzungssitzes ist zulässig.[35]

12 Umstritten ist, welche Konsequenzen dies für den Verlegungsbeschluss der Gesellschafter hat. Während vor allem in der **älteren Rechtsprechung** angenommen wurde, der Beschluss sei als **Auflösungsbeschluss** zu werten, der die Liquidation der Gesellschaft zur Folge habe,[36] soll nach der **Gegenauffassung** lediglich die **Nichtigkeit des Beschlusses** nach (analog für die GmbH[37]) § 241 Nr. 3 AktG folgen.[38] Für letztere Auffassung spricht, dass die Gesellschafter ja gerade die Fortsetzung der werbenden Tätigkeit beabsichtigen.[39] Dies wäre mit einer Umdeutung in einen Auflösungsbeschluss hingegen nicht vereinbar.

13 Ein ausländischer Satzungssitz kann folgerichtig mangels **Eintragungsfähigkeit** auch nicht in das deutsche Handelsregister eingetragen werden. Findet eine solche Eintragung dennoch statt, ist diese nach § 398 FamFG bzw. nach § 399 FamFG im Handelsregister zu korrigieren.[40]

14 Ein **identitätswahrender Formwechsel durch isolierte Satzungssitzverlegung** ist somit nicht möglich. Ebenso wenig ist eine **formwahrende Satzungssitzverlegung** denkbar.[41] Stattdessen müsste sich die inländische Gesellschaft auflösen und im Drittstaat neu gründen, ohne dass hierdurch jedoch eine Identitätswahrung erfolgen könnte.[42]

6. Kumulative Verwaltungs- und Satzungssitzverlegung

15 Darüber hinaus kommt auch eine **kumulative Verwaltungs- und Satzungssitzverlegung** in Form des Wegzugs und Zuzugs in Betracht. Insoweit gelten die vorstehenden Ausführungen (→ Rn. 3 bis 14) entsprechend. So ist beispielsweise die gleichzeitige Verlegung von Verwaltungs- und Satzungssitz einer inländischen Gesellschaft in einen Drittstaat nicht möglich, da schon die Satzungssitzverlegung ins Ausland nach deutschem Recht

---

[31] *Göthel* § 28 Rn. 49 mwN.
[32] *Göthel* § 28 Rn. 20.
[33] MünchKommBGB XI/*Kindler* Rn. 823 mwN.
[34] Vgl. Beck'sches Hdb. Umwandlungen/*Friedl* Teil 1 C. Rn. 156.
[35] *Göthel* § 28 Rn. 21.
[36] OLG Hamm 15 W 91–97, NJW-RR 1998, 615; BayObLG 3Z BR 14/92, NJW-RR 1993, 43, 44 f.; siehe GroßkommAktG/*Brändel* § 5 Rn. 28.
[37] U. a. BGH II ZR 187/06, NJW-RR 2008, 706, 708; *Wicke* GmbHG Anh. § 47 Rn. 1; *Kaufmann* NZG 2015, 336, 337 mwN.
[38] Hüffer/*Koch* § 5 Rn. 13; MünchKommAktG/*J. Koch* § 262 Rn. 38 mwN; Spindler/Stilz/*Drescher* AktG § 5 Rn 10; Beck'sches Hdb. Umwandlungen/*Friedl* Teil 1 C. Rn. 156 mwN.
[39] Hüffer/*Koch* § 5 Rn. 13.
[40] Hölters/*Solveen* § 5 Rn. 17; Hüffer/*Koch* § 5 Rn. 13; anders MünchKommBGB XI/*Kindler* Rn. 834 (hiernach soll die fehlerhaft vorgenommene Satzungssitzeintragung nach § 399 FamFG rückgängig gemacht werden); so ebenfalls *Göthel* § 28 Rn. 21.
[41] Hüffer/*Koch* § 1 Rn. 41.
[42] Spindler/Stilz/*Drescher* AktG § 5 Rn. 10; *Göthel* § 28 Rn. 21.

unzulässig ist.⁴³ Ferner ist zu berücksichtigen, dass eine formwahrende Verwaltungssitzverlegung nach Deutschland nach Maßgabe der Sitztheorie nicht möglich ist.⁴⁴ (Zu den Folgen, wenn eine Drittstaatengesellschaft gleichzeitig ihren Verwaltungs- und Satzungssitz nach Deutschland verlegt → Rn. 3 bis 5, 9 bis 10).

II. Praktische Bedeutung

16 Unternehmen haben unterschiedliche Beweggründe für die Vornahme von grenzüberschreitenden Umwandlungsmaßnahmen mit Drittstaatenbezug. Regelmäßig spielen **wirtschaftliche Erwägungen** die entscheidende Rolle. Daneben kann ein Bedürfnis zur **Reorganisation der eigenen Unternehmensstrukturen** bestehen, die mittels Umwandlungsvorgängen vorgenommen werden soll.⁴⁵ Ferner kann ein grenzüberschreitender Umwandlungsvorgang die grundsätzliche oder weitergehende **Internationalisierung des Unternehmens** bezwecken. Gegebenenfalls kommt auch die **Erschließung neuer Märkte** in Drittstaaten als Motivation in Betracht. Als Antreiber der steigenden praktischen Bedeutung von grenzüberschreitenden Umwandlungsvorgängen gelten in jedem Fall die **Globalisierung und die Internationalisierung des Wirtschaftslebens**.⁴⁶ Die diesbezügliche fortschreitende Entwicklung lässt vermuten, dass sich in Zukunft die praktische Relevanz internationaler Umwandlungsmaßnahmen – auch im Hinblick auf Drittstaaten – noch weiter erhöhen wird.

17 Um eine Entscheidung über die Durchführung einer transnationalen umwandlungsrechtlichen Maßnahme treffen zu können, muss für die Unternehmen **Rechtssicherheit** bestehen und die mit einer solchen Maßnahme verbundenen **Kosten** müssen angemessen transparent sein.⁴⁷ Da diese Rechtssicherheit in Ermangelung eines spezifisch kodifizierten Rechtsrahmens bislang bei außereuropäischen Umwandlungen nicht besteht, gibt es demgemäß bislang auch kaum praktische Anwendungsfälle der im Folgenden behandelten Umwandlungsmaßnahmen. Im Zusammenhang mit deutschen Gesellschaften stellt sich dennoch vermehrt die Frage, ob **Umwandlungsmaßnahmen im Sinne des UmwG auch bei Beteiligung von Drittstaatengesellschaften** durchgeführt werden können (→ Rn. 18 bis 37). Für die Unternehmenspraxis bislang weitaus relevanter sind jedoch **alternative Strukturgestaltungen**, die die Problematik des fehlenden Rechtsrahmens zu beheben versuchen und dabei gleichzeitig umwandlungsähnliche Ergebnisse erzielen sollen (→ Rn. 38 bis 79).

B. Umwandlungsrechtliche Maßnahmen mit Bezug zu Drittstaaten

I. Bestimmung des anwendbaren Rechts

18 Bei **umwandlungsrechtlichen Maßnahmen mit Auslandsbezug** ist zunächst zu klären, welche Rechtsordnung nach Maßgabe des internationalen Privatrechts auf den jeweils vorliegenden Fall anzuwenden ist.⁴⁸ Als grenzüberschreitend werden Umwandlungsvorgänge dann erachtet, wenn zumindest zwei am Umwandlungsvorgang beteiligte Rechtsträger unterschiedlichen Gesellschaftsstatuten unterliegen.⁴⁹ Das deutsche internationale Privatrecht enthält keine Regeln in Bezug auf grenzüberschreitende Umwandlungs-

---

⁴³ Sagassa/Bula/Brünger/*Sagasser/Link* § 32 Rn. 106.
⁴⁴ Sagassa/Bula/Brünger/*Sagasser/Link* § 32 Rn. 109.
⁴⁵ Sagassa/Bula/Brünger/*Gutkès* § 12 Rn. 3; Kraft/Redenius-Hövermann/*von Rummel* S. 260 Rn. 5.
⁴⁶ Sagassa/Bula/Brünger/*Gutkès* § 12 Rn. 3; Kraft/Redenius-Hövermann/*von Rummel* S. 260 Rn. 5.
⁴⁷ Sagassa/Bula/Brünger/*Gutkès* § 12 Rn. 4.
⁴⁸ Kraft/Redenius-Hövermann/*von Rummel* S. 267 Rn. 29.
⁴⁹ MünchHdb. GesR VI/*Hoffmann* § 53 Rn. 2 mwN.

vorgänge. Insbesondere ist § 1 Abs. 1 UmwG keine Kollisionsnorm, sondern setzt als materiell-rechtliche Sachnorm die Anwendbarkeit des deutschen Rechts bereits voraus.[50]

1. Gesellschaftsstatut als Ausgangspunkt zur Bestimmung des anwendbaren Rechts

19 Ausgangspunkt zur Bestimmung des anwendbaren Rechts bleibt daher das Gesellschaftsstatut.[51] In Deutschland gilt, sofern nicht EU- bzw. EWR-Staaten oder sonstige Staaten, mit denen die Bundesrepublik Deutschland vertragliche Abkommen geschlossen hat, beteiligt sind, die Sitztheorie.[52] Sofern die an einem Umwandlungsvorgang beteiligten Gesellschaften demselben Gesellschaftsstatut unterliegen, ergeben sich keinerlei Probleme im Hinblick auf das anzuwendende Recht, da dieses für alle Beteiligten eindeutig bestimmbar und identisch ist.[53]

2. Beteiligte Gesellschaften unterliegen unterschiedlichen Gesellschaftsstatuten

20 Für Umwandlungsvorgänge unter Beteiligung von Rechtsträgern, bei denen verschiedene Rechtsordnungen zur Anwendung kommen, stellt sich die Frage, nach welchem Gesellschaftsstatut sich der Vorgang richten soll. Das Kollisionsrecht steht der Zulässigkeit grenzüberschreitender Umwandlungsmaßnahmen nicht entgegen. Allgemein gilt in diesem Zusammenhang, dass einschlägige, aber unterschiedliche Gesellschaftsstatute einen Umwandlungsvorgang nicht *per se* unzulässig machen.[54] In Betracht kommen somit sowohl **Einzelanknüpfungen** an die in Frage kommenden Rechtsordnungen – unter Ausschluss einer jeweils anderen in Betracht kommenden Rechtsordnung – als auch eine **Kombination von Gesellschaftsstatuten**.

21 a) **Einzeltheorie.** Denkbar ist hier zunächst die alleinige Anwendung des Gesellschaftsstatuts eines der beteiligten Rechtsträger auf den gesamten Umwandlungsvorgang (sog. **Einzeltheorie**), wobei entweder ausschließlich auf das Recht des aufnehmenden Rechtsträgers abgestellt werden kann (sog. **Aufnahmetheorie**) oder auf das Recht des übertragenden Rechtsträgers (sog. **Übertragungstheorie**).[55] Die Einzeltheorie sieht sich jedoch wegen der engen Verknüpfung von Umwandlungsrecht und dem Gesellschaftsstatut der betroffenen Gesellschaften zu Recht Kritik ausgesetzt.[56] Sieht das nach Maßgabe der Einzeltheorie anzuwendende Gesellschaftsstatut beispielsweise die Auflösung eines Rechtsträgers vor, so kann es gegebenenfalls hierdurch zur Beeinträchtigung von Gläubiger- und Minderheitenrechten kommen, die nach dem Gesellschaftsstatut der Gesellschaft, welches gemäß der Aufnahmetheorie oder Übertragungstheorie unberücksichtigt bleibt, gewahrt werden müssen.[57] Die einseitige Einzelanknüpfung nach den Einzeltheorien führt daher vielfach nicht zu sachgerechten Ergebnissen.

22 b) **Vereinigungstheorie.** Aufgrund dieser Schwierigkeiten der Einzeltheorie wird heute bei der Bestimmung des anwendbaren Rechts nach ganz hM die sog. **Vereinigungs-**

---

[50] GroßkommGmbHG/*Behrens/Hoffmann* Einl. B. Rn. B186; MünchKommBGB XI/*Kindler* Rn. 791; Semler/Stengel/*Drinhausen* UmwG Einl. C Rn. 5; Kraft/Redenius-Hövermann/*von Rummel* S. 268 Rn. 30 (Fn. 27); Spahlinger/Wegen Internationales Gesellschaftsrecht in der Praxis Rn. 504; Dorr/Stukenborg DB 2003, 647.

[51] Semler/Stengel/*Drinhausen* UmwG Einl. C Rn. 6; MünchHdb. GesR VI/*Thölke* § 1 Rn. 60; Kraft/Redenius-Hövermann/*von Rummel* S. 268 Rn. 31.

[52] Semler/Stengel/*Drinhausen* UmwG Einl. C Rn. 14; *Göthel* Grenzüberschreitende M&A Transaktionen, § 29 Rn. 6; Kraft/Redenius-Hövermann/*von Rummel* S. 268 Rn. 32 („*In Deutschland gilt heute ein gespaltenes Kollisionsrecht*") sowie S. 271 Rn. 38; *Werner* GmbHR 2009, 191 f.

[53] Kraft/Redenius-Hövermann/*von Rummel* S. 272 Rn. 43.

[54] U. a. MünchHdb. GesR VI/*Hoffmann* § 53 Rn. 4.

[55] Im Einzelnen hierzu MünchKommBGB XI/*Kindler* Rn. 794 ff.

[56] Ausführlich MünchKommBGB XI/*Kindler* Rn. 794 ff.; ebenso Kraft/Redenius-Hövermann/*von Rummel* S. 272 Rn. 44.

[57] MünchKommBGB XI/*Kindler* Rn. 795 f.

theorie angewendet, die auch der Verschmelzungsrichtlinie[58] zugrunde liegt.[59] Nach dieser Theorie ist das Recht aller am Umwandlungsvorgang beteiligten Rechtsträger im Sinne eines differenzierten Zusammenwirkens der jeweils anwendbaren Gesellschaftsstatuten zu berücksichtigen.[60] Im Rahmen der Anwendung der Vereinigungstheorie ist danach zwischen Voraussetzungen, Verfahren und Rechtsfolgen der Umwandlung zu differenzieren.[61]

Grundvoraussetzung ist stets, dass die Gesellschaftsstatuten der jeweils beteiligten Rechtsträger die geplante Umwandlungsmaßnahme zulassen. Fehlt ein Verschmelzungsrecht im Drittstaat völlig, ist eine Verschmelzung nicht möglich.[62] Ferner müssen die beteiligten Rechtsträger nach Maßgabe der auf sie anwendbaren Rechtsordnung die Fähigkeit aufweisen, an dem jeweils konkreten Umwandlungsvorgang teilnehmen zu können. Es ist auch erforderlich, dass die jeweilige Rechtsordnung die für sie ausländische Gesellschaft als verschmelzungsfähig anerkennt (sog. aktive und passive Umwandlungsfähigkeit).[63] Im Rahmen einer Verschmelzung würde dies bedeuten, dass der übernehmende Rechtsträger nach eigenem Gesellschaftsstatut als solcher Beteiligter sein darf, gleichzeitig müsste das Gesellschaftsstatut des übertragenden Rechtsträgers den übernehmenden Rechtsträger als verschmelzungsfähig anerkennen. Entsprechendes gilt dann im Rahmen einer Verschmelzung für den übernehmenden Rechtsträger.[64]

Die Vereinigungstheorie erfordert dabei eine Betrachtung jedes einzelnen Vorgangs, der im Rahmen einer Umwandlungsmaßnahme stattfindet. Bestimmte Vorgänge, die nur einen Rechtsträger betreffen, wie etwaige Zustimmungsbeschlüsse, richten sich nach dem Gesellschaftsstatut des jeweiligen Rechtsträgers, während bei Vorgängen, die eine Mitwirkung beider Rechtsträger voraussetzen (wie beispielsweise der Abschluss eines umwandlungsrechtlichen Vertrags), entweder beide Gesellschaftsstatuten kumuliert angewendet werden oder – falls eine kumulierte Anwendung nicht möglich ist – das jeweils strengste Recht zur Anwendung gelangt.[65] Verlangt dann beispielsweise ein Gesellschaftsstatut eine bestimmte Form der Beurkundung des Umwandlungsvertrags, die andere Rechtsordnung dagegen nicht, so setzt sich das strengere Beurkundungserfordernis im Rahmen der Vereinigungstheorie durch, so dass der Vertrag die strengere Form aufweisen muss.[66] Entsprechendes gilt für die Rechtsfolgen von Umwandlungsvorgängen und das hierbei zur Anwendung gelangende Recht. So richtet sich beispielsweise im Rahmen einer grenzüberschreitenden Verschmelzung die Vermögensübertragung und das Erlöschen des übertragenden Rechtsträgers nach dem Gesellschaftsstatut des übertragenden Rechtsträgers, während das Gesellschaftsstatut des aufnehmenden Rechtsträgers in Bezug auf die als Gegenleistung geschuldete Anteilsgewährung maßgeblich ist.[67] Zudem gilt das Gesellschaftsstatut des übernehmenden Rechtsträgers für die weiteren Folgen nach Erlöschen des übertragenden Rechtsträgers.[68]

---

[58] Art. 4 der Richtlinie 2005/56/EG des europäischen Parlaments und des Rates vom 26. Oktober 2005 über die Verschmelzung von Kapitalgesellschaften aus verschiedenen Mitgliedstaaten, ABl. EU 310/1 vom 20.11.2005.
[59] Vgl. hierzu Henssler/Strohn/*Decker* § 1 UmwG Rn. 19; MünchKommBGB XI/*Kindler* Rn. 799; Kraft/Redenius-Hövermann/*von Rummel* S. 273 Rn. 45; *Göthel* § 29 Rn. 7; Spahlinger/Wegen NZG 2006, 721 f.
[60] Spahlinger/Wegen Internationales Gesellschaftsrecht in der Praxis Rn. 504.
[61] MünchKommBGB XI/*Kindler* Rn. 803 ff.; MünchHdb. GesR VI/*Hoffmann* § 53 Rn. 5; Spahlinger/Wegen/*Spahlinger/Wegen*, Internationales Gesellschaftsrecht in der Praxis Rn. 504.
[62] MünchKommBGB XI/*Kindler* Rn. 804.
[63] MünchKommBGB XI/*Kindler* Rn. 805; vgl. auch *Göthel* § 29 Rn. 9 (zur grenzüberschreitenden Verschmelzung).
[64] *Göthel* § 29 Rn. 9.
[65] *Dorr/Stukenborg* DB 2003, 647, 648.
[66] Beispiel entnommen aus Kraft/Redenius-Hövermann/*von Rummel* S. 274 Rn. 47.
[67] Beck'sches Hdb. Umwandlungen/*Krüger* Teil 1 Rn. 51.
[68] Semler/Stengel/*Drinhausen* UmwG Einl. C Rn. 17.

25 Die **interessengerechte Berücksichtigung verschiedener Gesellschaftsstatute** nach Maßgabe der Vereinigungstheorie hat zwangsläufig zur Folge, dass unterschiedliche Gesellschaftsstatute in gewissen Verfahrensfragen oder im Hinblick auf die Rechtsfolgen von Umwandlungsvorgängen zueinander im Widerspruch stehen können. Etwaige bei Anwendung der Vereinigungstheorie auftretende Normwidersprüche oder Normmängel der nationalen Umwandlungsvorschriften sind in dem Zusammenhang, sofern dies möglich ist, durch das **kollisionsrechtliche Institut der Anpassung** zu lösen.[69] Die divergierende Anwendung von Gesellschaftsstatuten bei Einzelfragen erhöht – neben dem Beratungsbedarf für die beteiligten Rechtsträger – die grundsätzliche Fehleranfälligkeit von grenzüberschreitenden Umwandlungen. Im Hinblick auf die konkrete Anwendung der Vereinigungstheorie im Einzelfall kann es somit zu erheblichen Rechtsunsicherheiten im Hinblick auf das anzuwendende Recht kommen. Insgesamt bleibt daher zu empfehlen, mit den zuständigen Behörden der unterschiedlichen Rechtsordnungen bzw. Jurisdiktionen Fragen zu dem jeweils anwendbaren Recht im Hinblick auf bestimmte Voraussetzungen eines grenzüberschreitenden Umwandlungsvorgangs abzuklären.[70]

II. Verschmelzung

1. Zulässigkeit

26 Wie dargestellt, ist die erste im Wege der Anwendung der Vereinigungstheorie zu klärende Voraussetzung diejenige, ob alle am Umwandlungsvorgang beteiligten Rechtsordnungen die geplante Umwandlungsmaßnahme unter Beteiligung der übrigen Rechtsträger zulassen. Nur wenn die **Zulässigkeit** zu bejahen ist, sind die weiteren Voraussetzungen der jeweiligen Umwandlungsmaßnahme näher zu untersuchen.

27 Für die Verschmelzung wirft dies daher die grundsätzliche Frage der **Zulässigkeit von Verschmelzungen unter Beteiligung von Drittstaatengesellschaften nach deutschem Recht** auf.[71] Etwaige **bilaterale oder multilaterale Staatsverträge**, die die Zulässigkeit grenzüberschreitender Verschmelzungen mit Drittstaatengesellschaften regeln, sind derzeit nicht ersichtlich.[72] Die Besonderheiten, die sich aus dem **Schutzbereich der Niederlassungsfreiheit** gemäß Art. 49, 54 AEUV bzw. Art. 31, 34 EWR-Übereinkommen ergeben, gelten bei Umwandlungsvorgängen mit außereuropäischem Bezug nicht.[73] Auf die Niederlassungsfreiheit kann sich die Drittstaatengesellschaft nicht berufen.[74] Auch die Niederlassungsfreiheit der Inlandsgesellschaft ist nicht verletzt. Zwar ist der personale Schutzbereich eröffnet, allerdings beinhaltet die Niederlassungsfreiheit in sachlicher Hinsicht nicht das Recht auf eine Verschmelzung mit einer Drittstaatengesellschaft. Die Niederlassungsfreiheit kann daher nicht zur Begründung eines Rechts auf grenzüberschreitende Verschmelzungen mit Drittstaatengesellschaften herangezogen werden. Erwogen werden könnte darüber hinaus, ob die Zulassung einer grenzüberschreitenden Verschmelzung unter Beteiligung einer Drittstaatengesellschaft nach nationalem Recht nicht unter dem Gesichtspunkt der **Kapitalverkehrsfreiheit** (Art. 63 AEUV) geboten ist. Dem steht jedenfalls nicht der personale Schutzbereich der Kapitalverkehrsfreiheit entgegen, da sich dieser auch auf Drittstaatengesellschaften erstreckt.[75] In sachlicher Hinsicht stellt eine Verschmelzung aufgrund der damit verbundenen Übertragung von Vermögenswerten durch

---

[69] MünchKommBGB XI/*Kindler* Rn. 817; Sagasser/Bula/Brünger/*Gutkès* § 12 Rn. 21; Semler/Stengel/*Drinhausen* UmwG Einl. C Rn. 16.
[70] Beck'sches Hdb. Umwandlungen/*Krüger* Teil 1 Rn. 52.
[71] Zu dieser Frage zuletzt etwa *Günes* IStR 2013, 213 ff.
[72] MünchHdb. GesR VI/*Hoffmann* § 53 Rn. 121.
[73] Kallmeyer/*Kallmeyer/Marsch-Barner* § 1 Rn. 4; Kraft/Redenius-Hövermann/*von Rummel* S. 276 Rn. 55.
[74] U. a. Streinz EUV/AEUV Art. 54 AEUV Rn. 7; im Ergebnis von der Groeben/Schwarze/Hatje/*Tiedje* EU-Recht Art. 54 AEUV Rn. 32.
[75] *Günes* IStR 2013, 213, 214 mwN.

§ 42 Umwandlungsmaßnahmen unter Beteiligung von Rechtsträgern   28, 29   § 42

Gesamtrechtsnachfolge bzw. der Ausgabe von Anteilen am übernehmenden Rechtsträger zudem einen Vorgang des Kapitalverkehrs dar.[76] Der grundsätzlich weite Schutzbereich der Kapitalverkehrsfreiheit ist jedoch durch die Rechtsprechung des EuGH eingeschränkt worden. So entschied der EuGH, dass sich eine Gesellschaft mit Sitz in der Schweiz nicht auf die Kapitalverkehrsfreiheit berufen könne, wenn ihr von der BaFin eine für das Anbieten von Finanzdienstleistungen in Deutschland erforderliche Genehmigung unter Verweis auf die fehlende (und nach deutschem Recht erforderliche) Zweigniederlassung in Deutschland versagt werde.[77] Argumentativ begründete der EuGH dieses Ergebnis damit, dass die Kapitalverkehrsfreiheit gegenüber der ebenfalls einschlägigen Dienstleistungsfreiheit in diesem Fall „*völlig zweitrangig*" sei.[78] Diese *ratio* lässt sich auch auf grenzüberschreitende Verschmelzungen übertragen, so dass davon auszugehen sein dürfte, dass der EuGH bei grenzüberschreitenden Verschmelzungen unter Beteiligung von Drittstaatengesellschaften, bei der die Niederlassungsfreiheit und die Kapitalverkehrsfreiheit berührt sind, ähnlich entscheiden würde.[79] Folglich lässt sich die Zulässigkeit grenzüberschreitender Verschmelzungen unter Beteiligung von Drittstaatengesellschaften weder aus etwaigen Staatsverträgen noch aus europarechtlichen Normen bzw. den Grundfreiheiten ableiten.

Somit ist das **deutsche Sachrecht** in diesem Zusammenhang allein maßgeblich.[80] Kern **28** der Diskussion ist dabei § 1 Abs. 1 UmwG. Die §§ 122a, 122b UmwG sind allein für grenzüberschreitende Verschmelzungen einer deutschen Kapitalgesellschaft mit einer Kapitalgesellschaft aus dem EU- bzw. EWR-Raum *leges speciales*.[81] Rein nationale Verschmelzungen oder Verschmelzungen mit Drittstaatengesellschaften fallen daher nicht in den Anwendungsbereich der §§ 122a ff. UmwG.[82] Da Verschmelzungen mit Drittstaatengesellschaften nicht erfasst sind, kommt es auf die Anwendung von § 1 Abs. 1 UmwG an. Der Wortlaut von § 1 Abs. 1 UmwG besagt, dass nur Rechtsträger mit Sitz im Inland an einer Umwandlungsmaßnahme beteiligt sein können. Das UmwG ist systematisch dahingehend zu verstehen, dass § 1 Abs. 1 UmwG (ebenso wie etwa § 16 Abs. 1 UmwG und § 19 Abs. 1 UmwG) auf den Satzungssitz abstellt.[83] „*Sitz im Inland*" im Sinne von § 1 Abs. 1 UmwG beschreibt daher nach herrschender Auffassung den Satzungssitz.[84]

Auf Basis dieses Verständnisses wird zum einen vertreten, eine **grenzüberschreitende** **29** **Verschmelzung unter Beteiligung einer Drittstaatengesellschaft** sei nach deutschem Sachrecht unzulässig. Vielmehr müssten alle beteiligten Gesellschaften ihren Sitz im Inland haben.[85] Zu Begründung stützt sich diese Ansicht neben dem Wortlaut von § 1 Abs. 1 UmwG und dem Verweis auf das Analogieverbot in § 1 Abs. 2 UmwG auf die Gesetzesmaterialien zum UmwG.[86] Hiernach sei eine Regelung grenzüberschreitender Sachverhalte im UmwG unterblieben, da man den europäischen Bemühungen in diesem Bereich nicht vorgreifen wollte sowie erhebliche politische und rechtstechnische Probleme bei Ausdeh-

---

[76] Vgl. MünchHdb. GesR VI/*Hoffmann* § 53 Rn. 123; *Günes* IStR 2013, 213, 214 (sog. *erga-omnes*-Wirkung der Kapitalverkehrsfreiheit).
[77] EuGH C-452/04, EuZW 2006, 689.
[78] EuGH C-452/04, EuZW 2006, 689, 690.
[79] MünchHdb. GesR VI/*Hoffmann* § 53 Rn. 123.
[80] U. a. MünchKommGmbH/*Mayer* § 4a Rn. 20; *Göthel* Grenzüberschreitende M&A Transaktionen § 29 Rn. 23; Kraft/Redenius-Hövermann/*von Rummel* S. 276 Rn. 55.
[81] Siehe auch MünchHdb. GesR VI/*Hoffmann* § 53 Rn. 21.
[82] MünchHdb. GesR VI/*Hoffmann* § 53 Rn. 21, 121.
[83] *Göthel* § 29 Rn. 22.
[84] Kallmeyer/*Kallmeyer/Marsch-Barner* § 1 Rn. 2; Semler/Stengel/*Drinhausen* UmwG Einl. C Rn. 20; MünchHdb. GesR VI/*Hoffmann* § 53 Rn. 9; *Göthel* § 29 Rn. 22.
[85] MünchKommBGB XI/*Kindler* Rn. 860; Süß/Wachter/*Herrler*/Herrler Int GmbHR A. III. Rn. 9; Widmann/Mayer/*Heckschen* § 1 Rn. 107 ff.; vgl. *Göthel* § 29 Rn. 34 (der allein aus Rechtssicherheitserwägungen von der Unzulässigkeit grenzüberschreitender Verschmelzungen nach § 1 Abs. 1 UmwG ausgeht); *Günes* IStR 2013, 213, 219; *Schaumburg* GmbHR 1996, 501, 502; *von Busekist* GmbHR 2004, 650, 652.
[86] *von Busekist* GmbHR 2004, 650, 652.

§ 42 30   5. Kapitel. Sonstige Umwandlungsmaßnahmen

nung des UmwG auf grenzüberschreitende Sachverhalte sah.[87] Demgegenüber steht eine vor allem in jüngerer Zeit vermehrt vertretene Ansicht auf dem Standpunkt, dass § 1 Abs. 1 UmwG nur klarstelle, dass eine Anwendung des UmwG auf die an dem Umwandlungsvorgang beteiligte deutsche Gesellschaft mit Sitz im Inland nicht daran scheitere, dass ein ausländischer Rechtsträger am Vorgang beteiligt sei.[88] § 1 Abs. 1 UmwG untersage deshalb keine Verschmelzungen unter Beteiligung ausländischer Rechtsträger, die ihren Sitz nicht im Inland haben.[89] § 1 Abs. 1 UmwG sei vielmehr nur Ausdruck der Vereinigungstheorie.[90] Dies bedeute, dass für die deutsche Gesellschaft das deutsche UmwG gelte, während für die ausländische Gesellschaft das eigene Gesellschaftsstatut zur Anwendung gelange. Argumentativ wird diese Auffassung auf einen Wandel der gesetzgeberischen Intention gestützt. Durch die Umsetzung der Verschmelzungsrichtlinie und die damit verbundene Einführung von §§ 122a ff. UmwG, die grenzüberschreitende Verschmelzungen unter bestimmten Voraussetzungen zulassen, habe der Gesetzgeber die Vereinigungstheorie rechtlich verankert und damit zu erkennen gegeben, dass er an der ursprünglichen restriktiven Auffassung nicht länger festhalte.[91] Dies gelte sowohl für grenzüberschreitende Verschmelzungen innerhalb der EU als auch für grenzüberschreitende Verschmelzungen mit Drittstaatenbezug, da der Gesetzgeber zu erkennen gegeben habe, nicht zwischen Sachverhalten innerhalb und außerhalb des Anwendungsbereichs der Niederlassungsfreiheit zu unterscheiden.[92] Somit sei eine kollisionsrechtliche Interpretation von § 1 Abs. 1 UmwG nicht durch das Unionsrecht bedingt und erstrecke sich daher auch auf Drittstaatengesellschaften.[93]

30 Im Schrifttum ist vermehrt eine Tendenz zur zweiten Ansicht zu erkennen.[94] Unter Berücksichtigung von Rechtssicherheitsaspekten sowie fehlender Rechtsprechung scheint jedoch die erstgenannte Auffassung (noch) vorzugswürdig, nach der das deutsche Sachrecht eine grenzüberschreitende Verschmelzung unter Beteiligung einer Drittstaatengesellschaft untersagt.[95] Neben der unklaren Rechtslage im Hinblick auf grenzüberschreitende Verschmelzungen mit Drittstaatenbezug rechtfertigen daneben auch andere Argumente die restriktive Interpretation von § 1 Abs. 1 UmwG. Es scheint daher vertretbar, dem Standpunkt zu folgen, dass die Verschmelzungsrichtlinie und die Einführung der §§ 122a ff. UmwG die Reichweite von § 1 Abs. 1 UmwG nicht geändert haben. Denn der Gesetzgeber hat in den diesbezüglichen Gesetzesmaterialien zwar klargestellt, umfassend einem kollisionsrechtlichen Ansatz zu folgen und nicht jede denkbare grenzüberschreitende Umwandlungsmaßnahme kodifizieren zu wollen; allerdings hat er diesen Ansatz auf „*alle im Anwendungsbereich des Art. 48 EG [heute Art. 54 AEUV] europaweit denkbaren Umwandlungen*"[96] beschränkt. Ein Modellcharakter der §§ 122a ff. UmwG für Umwandlungsmaßnahmen ohne europarechtlichen Bezug lässt sich daraus mithin nicht ableiten. Im Gegenteil erscheint es konsistent, diese gesetzgeberische Zurückhaltung gegenüber Umwandlungs-

---

[87] BR-Drucks. 75/94 S. 80.
[88] MünchHdb. GesR VI/*Hoffmann* § 53 Rn. 10, 124 f.
[89] GroßkommGmbHG/*Behrens/Hoffmann* Einl. B. Rn. B186; Schmitt/Hörtnagl/Stratz/*Hörtnagl* § 1 Rn. 47; MünchHdb. GesR VI/*Hoffmann* § 53 Rn. 10, 124 f.
[90] Darstellend Kraft/Redenius-Hövermann/*von Rummel* S. 277 Rn. 56.
[91] GroßkommGmbHG/*Behrens/Hoffmann* Einl. B. Rn. B186; MünchHdb. GesR VI/*Hoffmann* § 53 Rn. 10, 124 f.
[92] MünchHdb. GesR VI/*Hoffmann* § 53 Rn. 124 f.; ähnlich auch GroßkommGmbHG/*Behrens/Hoffmann* Einl. B. Rn. B186.
[93] GroßkommGmbHG/*Behrens/Hoffmann* Einl. B. Rn. B186; MünchHdb. GesR VI/*Hoffmann* § 53 Rn. 124.
[94] Kraft/Redenius-Hövermann/*von Rummel* S. 278 Rn. 58; vgl. u. a. auch Schmitt/Hörtnagl/*Stratz* UmwG/UmwStG § 1 Rn. 24 f.; GroßkommGmbHG/*Behrens/Hoffmann* Einl. B Rn. B186; Beck'sches Hdb. Umwandlungen/*Krüger* Teil 2 Rn. 318 ff; MünchHdb. GesR VI/*Hoffmann* § 53 Rn. 124 f.
[95] So auch Göthel § 29 Rn. 34; Kraft/Redenius-Hövermann/*von Rummel* S. 278 Rn. 60.
[96] BR-Drucks. 548/06 S. 20.

maßnahmen unter Drittstaatenbeteiligung – trotz entsprechender Forderungen[97] – als bewusste Absage an grenzüberschreitende Verschmelzungsmaßnahmen unter Beteiligung von Drittstaatengesellschaften zu interpretieren.

Solange weder Gesetzgeber noch Rechtsprechung eindeutig Position beziehen, sollte im Ergebnis unter Berücksichtigung von Rechtsicherheitserwägungen (noch) von der Unzulässigkeit grenzüberschreitender Umwandlungsvorgänge nach dem UmwG (außerhalb des Anwendungsbereichs der §§ 122a ff. UmwG) ausgegangen werden. Stattdessen sollten bis auf Weiteres bewährte Alternativmodelle bevorzugt werden, die nicht von der Streitfrage abhängen, ob Drittstaatengesellschaften Beteiligte von Umwandlungsvorgängen nach dem UmwG sein können.[98]

2. Verfahrensvoraussetzungen

Hält man die grenzüberschreitende Verschmelzung unter Beteiligung einer Drittstaatengesellschaft nach deutschem Sachrecht entgegen der hier aus Gründen der Rechtssicherheit bevorzugten Auffassung für zulässig, so ergeben sich die weiteren Voraussetzungen dieses Vorgangs aus der Anwendung der Vereinigungstheorie. Demnach müssen alle weiteren **Verfahrensvoraussetzungen**, die die unterschiedlichen Rechtsordnungen der beteiligten Gesellschaften für die Durchführung der Verschmelzung fordern, erfüllt sein. Das UmwG ist dann auf die inländische Gesellschaft anzuwenden, während das ausländische Gesellschaftsstatut und damit das jeweils eigene nationale Umwandlungsrecht für die Drittstaatengesellschaft gilt.[99] Für die deutsche Gesellschaft kommen dann die §§ 2 ff. UmwG zur Anwendung.[100] Vereinzelt sollen daneben auch §§ 122a ff. UmwG analog zur Anwendung gelangen.[101]

Hinsichtlich der Verfahrenserfordernisse im Rahmen einer Verschmelzung ist wie folgt zu differenzieren: Sofern sich eine erforderliche Verfahrenshandlung lediglich auf eine einzelne Gesellschaft bezieht, wie beispielsweise etwaige Zustimmungsbeschlüsse, so ist allein deren Gesellschaftsstatut für diese Maßnahme anwendbar.[102] Erfordert eine Verfahrenshandlung jedoch ein gemeinsames Tätigwerden der beteiligten Rechtsträger, sind die verschiedenen Rechtsordnungen in der Weise zu kumulieren, dass sich die strengste Rechtsordnung durchsetzt. Hierdurch wird gewährleistet, dass die jeweiligen Interessenspositionen der beteiligten Gesellschaften nicht unberücksichtigt bleiben.[103] Die Einzelheiten im Hinblick auf das Verfahren eines solchen grenzüberschreitenden Umwandlungsvorgangs unter Beteiligung einer Drittstaatengesellschaft hängen somit von den jeweils anwendbaren Rechtsordnungen ab.

3. Rechtsfolgen

Im Hinblick auf die **Rechtsfolgen** der Verschmelzung ist die konsequente Anwendung der Vereinigungstheorie problematisch, da sich zwei unterschiedliche Rechtsordnungen dann nicht nebeneinander anwenden lassen, wenn sich die verschmelzungsbedingten Rechtsfolgen gegenseitig ausschließen. Wenn die Rechtsordnung des Drittstaats beispielsweise keine Rechtsnachfolge für den übernehmenden Rechtsträger vorsieht, wäre dies mit § 20 Abs. 1 Nr. 1 UmwG nicht in Einklang zu bringen. Zu Recht wird deshalb für grenzüberschreitende Umwandlungsvorgänge verlangt, dass die

---

[97] Für eine Einbeziehung von Drittstaaten *de lege ferenda* beispielsweise *Bayer/Schmidt* NJW 2006, 401 ff.
[98] *Göthel* § 29 Rn. 34; ähnlich Beck'sches Hdb. Umwandlungen/*Krüger* Teil 2 Rn. 320.
[99] Beck'sches Hdb. Umwandlungen/*Krüger* Teil 2 Rn. 324; Kraft/Redenius-Hövermann/*von Rummel* S. 291 Rn. 95.
[100] Beck'sches Hdb. Umwandlungen/*Krüger* Teil 2 Rn. 324; Kraft/Redenius-Hövermann/*von Rummel* S. 291 Rn. 95.
[101] MünchHdb. GesR VI/*Hoffmann* § 53 Rn. 125.
[102] MünchKommBGB XI/*Kindler* Rn. 807.
[103] MünchKommBGB XI/*Kindler* Rn. 807.

beteiligten Rechtsordnungen eine gewisse **Mindestübereinstimmung** aufweisen müssen.[104] Im Einzelfall ist nicht auszuschließen, dass die Rechtsordnung eines Drittstaats unter Umständen kaum Gemeinsamkeiten mit dem deutschen Rechtssystem aufweist. Gegebenenfalls fehlt es auch gänzlich an einem Umwandlungsrecht im Drittstaat. Eine jedenfalls erforderliche Mindestübereinstimmung der beteiligten Rechtsordnungen wäre dann nicht zu erreichen.

III. Spaltung

35 Ähnliche rechtliche Probleme wie bei der grenzüberschreitenden Verschmelzung ergeben sich auch bei der **grenzüberschreitenden Spaltung unter Beteiligung von Drittstaatengesellschaften**. Als Spaltungsformen nach dem UmwG kommen dabei die Aufspaltung, Abspaltung und Ausgliederung in Betracht. Diese Spaltungsvarianten können jeweils zur Neugründung oder durch Aufnahme vorgenommen werden.[105] Zu den Einzelheiten der Spaltung → § 20 ff. Eine grenzüberschreitende Spaltung mit Drittstaatenbezug im hier behandelten Sinne liegt vor, wenn wenigstens einer der übernehmenden oder übertragenden Rechtsträger dem Gesellschaftsstatut eines Drittstaats unterliegt.[106] Auch hier ist im Hinblick auf das anzuwendende Recht zwischen **Kollisions- und Sachrecht** zu differenzieren. Kollisionsrechtlich gilt auch für grenzüberschreitende Spaltungen die **Vereinigungstheorie**, so dass sich Zulässigkeit, Voraussetzungen und Verfahren der Spaltung nach dem Gesellschaftsstatut der jeweils beteiligten Rechtsträger richten.[107]

36 Die Existenz völkerrechtlicher Verträge, aus denen sich die **Zulässigkeit grenzüberschreitender Spaltungen** unter Beteiligung von Drittstaaten grundsätzlich ergeben könnte, ist aktuell nicht ersichtlich. Insbesondere sind solche **völkerrechtliche Verträge** nicht ausreichend, die lediglich die Anerkennung bestimmter Gesellschaftstypen regeln, da hierdurch keine Schutzbereiche eröffnet werden, die vergleichbar mit der **Niederlassungsfreiheit** gemäß Art. 49, 54 AEUV bzw. Art. 31, 34 EWR-Abkommen ein Recht auf grenzüberschreitende Umwandlungen beinhalten.[108] Auch unter dem Gesichtspunkt der **Kapitalverkehrsfreiheit** (Art. 63 AEUV) ist die Zulässigkeit einer grenzüberschreitenden Spaltung unter Beteiligung einer Drittstaatengesellschaft nicht zwingend geboten, da dieser Grundfreiheit neben der in sachlicher Hinsicht einen solchen Sachverhalt primär erfassenden Niederlassungsfreiheit – auch wenn aufgrund des Drittstaatenbezugs der Anwendungsbereich nicht eröffnet sein mag – nur eine „völlig zweitrangige" Rolle zukommt, so dass davon auszugehen ist, dass der EuGH eine Berufung hierauf nicht zulassen würde.[109] Insofern gelten die Ausführungen zur (Un-)Zulässigkeit von Verschmelzungen mit Drittstaatenbezug entsprechend (→ Rn. 26 bis 31).

IV. Formwechsel

37 Im Hinblick auf die **Zulässigkeit eines grenzüberschreitenden Formwechsels unter Beteiligung von Drittstaatengesellschaften** nach §§ 190 ff. UmwG, der regelmäßig durch eine Satzungssitzverlegung ins Ausland erfolgt, gilt wie bei der grenzüberschreitenden Verschmelzung und Spaltung, dass diese von der Auslegung des § 1 Abs. 1 UmwG

---

[104] GroßkommGmbHG/*Behrens/Hoffmann* Einl. B. Rn. B167 mwN; so ebenfalls MünchKomm-BGB XI/*Kindler* Rn. 814 (wonach sich die Regeln der jeweiligen Rechtsordnungen zur Verschmelzung weitgehend entsprechen müssen).
[105] Zur Vertiefung MünchHdb. GesR VI/*Hoffmann* § 56 Rn. 1 ff.
[106] MünchHdb. GesR VI/*Hoffmann* § 56 Rn. 4.
[107] MünchHdb. GesR VI/*Hoffmann* § 56 Rn. 11.
[108] MünchHdb. GesR VI/*Hoffmann* § 56 Rn. 31.
[109] MünchHdb. GesR VI/*Hoffmann* § 56 Rn. 32 f.; insofern unterscheidet sich die Rechtslage nicht von derjenigen bei der Verschmelzung, siehe dazu bereits → Rn. 26 bis 31.

abhängt.[110] In der Praxis bleibt zu berücksichtigen, dass der Streit um die Auslegung des § 1 Abs. 1 UmwG nicht final durch Rechtsprechung oder den Gesetzgeber geklärt ist. Insoweit sollte unter dem Aspekt der Transaktionssicherheit auch hier auf alternative Modelle zur Umsetzung relevanter Umwandlungsstrukturen unter Beteiligung von Drittstaatengesellschaften zurückgegriffen werden.

C. Alternative Modelle zur Umsetzung relevanter Umwandlungsvorgänge unter Beteiligung von Drittstaatengesellschaften

I. Übersicht

38 Die wenigen gesetzlichen Vorgaben im Bereich der grenzüberschreitenden Umwandlungsmaßnahmen, insbesondere vor Erlass der Verschmelzungsrichtlinie, förderten die **Entwicklung von alternativen Gestaltungsmöglichkeiten** in der Praxis mit dem Ziel, die mit einem Umwandlungsvorgang verbundenen Vorteile, die oft steuerrechtlicher Natur sind (→ § 47 ff.), nutzen zu können. Insbesondere die Beteiligung von Drittstaatengesellschaften führt mangels Regelungsrahmens und Rechtsprechung zu erheblichen Rechtsunsicherheiten. Es existiert jedoch eine Reihe von Strukturierungsalternativen, die mit Mitteln des Sachen- und Gesellschaftsrechts außerhalb des UmwG wirtschaftlich und organisatorisch ähnliche bzw. teilweise identische Rechtsfolgen herbeiführen wie Umwandlungsmaßnahmen nach dem UmwG. Einige wesentliche praxisrelevante Strukturierungsalternativen sollen im Folgenden skizziert werden.

II. Grenzüberschreitende Anwachsung

39 Ein häufig praktiziertes Alternativmodell zur grenzüberschreitenden Verschmelzung ist die **grenzüberschreitende Anwachsung**.[111] Dieses Modell gilt im Hinblick auf seine Gestaltung als flexibel, ist zudem weniger formstreng und kann nicht selten im Hinblick auf Kosten- und Zeitaufwand gegenüber anderen Alternativmodellen bzw. Umwandlungsvorgängen Vorteile bieten.[112]

40 Das **Anwachsungsmodell** macht sich bestimmte **Rechtsfolgen im Personengesellschaftsrecht** zu Nutze. Da es im deutschen Personengesellschaftsrecht – anders als etwa bei der AG (§ 2 AktG) oder der GmbH (§ 1 GmbHG) – nach hM keine Einpersonengesellschaft gibt, müssen eine GbR, eine KG und eine OHG immer mindestens zwei Gesellschafter haben.[113] Scheiden bis auf einen alle Gesellschafter aus einer Personengesellschaft aus, so geht das gesamte Vermögen der Gesellschaft, d. h. alle Aktiva und Passiva, im Wege der Gesamtrechtsnachfolge gemäß § 738 BGB auf den verbleibenden Gesellschafter über (sog. Anwachsung), während die Gesellschaft liquidationslos erlischt, ohne dass hierfür ein

---

[110] Kraft/Redenius-Hövermann/*von Rummel* S. 300 Rn. 120 ff.; vgl. insbesondere auch zum Satzungssitzverlegungsbeschluss → Rn. 11 bis 14, sofern man von der Unzulässigkeit einer Satzungssitzverlegung ausgeht.

[111] Anwendungsfälle aus der Praxis (allerdings ohne Drittstaatenbezug) betreffen etwa die Auslandsanwachsungen der Deutsche Nickel AG, Hans Brochier GmbH & Co. KG sowie der Schefenacker AG zum Zwecke der Sanierung, näher *Hoger/Lieder* ZHR 180 (2016), 613, 616 ff.

[112] Göthel/*Haase*, Grenzüberschreitende M&A Transaktionen § 34 Rn. 20; *Freiherr v. Proff* DStR 2016, 2227 (wonach die mit der Anwachsung verbundene Kosten- und Zeitersparnis interessant bei für Unternehmenskäufe und Restrukturierungen); anders hingegen Süß/Wachter/*Herrler/Herrler* nt GmbHR A.III Rn. 8 (wonach das Anwachsungsmodell zu „nicht unerheblichen Mehrkosten" führe).

[113] Baumbach/Hopt/*Roth* HGB § 105 Rn. 18; MünchHdb. GesR VI/*Hoffmann* § 55 Rn. 1; Spahlinger/Wegen/*Spahlinger/Wegen* Internationales Gesellschaftsrecht in der Praxis Rn. 515; aA *Weimar* ZIP 1997, 1769 (zur Zulässigkeit der Einpersonen-Personengesellschaft).

Auflösungsbeschluss der Gesellschafter erforderlich wäre.[114] Der verbliebene Gesellschafter tritt somit in die Rechtsstellung der liquidierten Personengesellschaft ein.[115] Im Gegenzug erhalten die ausgeschiedenen Gesellschafter einen Abfindungsanspruch gemäß § 738 Abs. 1 S. 2 BGB. Dies gilt über die Verweisungsnormen §§ 105 Abs. 3, 161 Abs. 2 HGB auch für die Personenhandelsgesellschaften in Form der OHG und KG. Durch dieses Vorgehen kann für die übernehmende und übertragende Gesellschaft eine der Verschmelzung ähnliche Rechtsfolge erzielt werden, ohne dass die Gläubiger der Personengesellschaft diesem Vorgang zustimmen müssen, da die Haftung der bisherigen Gesellschafter fortbesteht.[116] Ferner sind die besonderen Voraussetzungen des UmwG nicht zu beachten, da diese für Strukturmaßnahmen außerhalb des UmwG nicht zur Anwendung gelangen.[117] Wegen der Vielzahl der hier denkbaren Fälle, die eine Beteiligung von Drittstaatengesellschaften aufweisen können, soll im Folgenden allerdings im Grundsatz unterstellt werden, dass die Anwachsung durch die Anwendung deutschen Personengesellschaftsrechts stattfindet. Im Rahmen dieses Modells ist danach zu differenzieren, ob der übernehmende Rechtsträger die Inlands- oder Auslandsgesellschaft ist.

1. Übernehmender Rechtsträger ist eine Drittstaatengesellschaft

41 Nimmt die **Drittstaatengesellschaft die Rolle des übernehmenden Rechtsträgers** ein, muss zunächst die Drittstaatengesellschaft Gesellschafter einer Personengesellschaft nach deutschem Recht werden. Weniger problematisch ist dies, wenn die übertragende inländische Gesellschaft bereits eine solche Personengesellschaft ist. Dann tritt die Drittstaatengesellschaft der Personengesellschaft als Gesellschafter bei. Regelmäßig ist die Inlandsgesellschaft jedoch eine Kapitalgesellschaft, so dass diese zunächst im Wege des Formwechsels in eine inländische Personengesellschaft umzuwandeln ist.[118] Häufig wird hierfür dann auf die Gesellschaftsform der KG zurückgegriffen. Hierbei fungiert dann entweder die Drittstaatengesellschaft selbst als Komplementär oder es wird eine zusätzliche, kurzfristig genutzte Komplementär-GmbH gegründet, die dann wiederum Gesellschafter der umzuwandelnden Kapitalgesellschaft oder der später umgewandelten Personengesellschaft wird.[119] Die Drittstaatengesellschaft kann dann nach zutreffender hM als Komplementär sowie Kommanditist dieser KG beitreten.[120] Das gilt auch im Falle einer GmbH & Co. KG.[121] Der Rückgriff auf die Konstruktion mit einer GmbH & Co. KG kann insoweit vorteilhaft sein, als hierdurch die persönliche Haftung der Gesellschafter für Gesellschaftsverbindlichkeiten vermieden werden kann.

42 Im Anschluss treten alle Gesellschafter bis auf die Drittstaatengesellschaft aus der Personengesellschaft aus, so dass der Drittstaatengesellschaft als einzig verbliebenem Gesellschafter das Vermögen der Personengesellschaft gemäß § 738 Abs. 1 S. 1 BGB (gegebenenfalls in Verbindung mit §§ 105 Abs. 3, 161 Abs. 2 HGB) anwächst.[122] Dies gilt auch dann,

---

[114] Beck'sches Hdb. Umwandlungen/*Krämer/Friedl* Teil 4 Rn. 8; *Göthel* § 29 Rn. 69 ff.; Spahlinger/Wegen/*Spahlinger/Wegen*, Internationales Gesellschaftsrecht in der Praxis Rn. 515; *Orth* DStR 1999, 1011, 1012; *Freiherr v. Proff* DStR 2016, 2227, 2228.

[115] *Göthel* § 34 Rn. 22.

[116] MünchHdb. GesR VI/*Hoffmann* § 55 Rn. 1.

[117] Beck'sches Hdb. Umwandlungen/*Krämer/Friedl* Teil 4 Rn. 8.

[118] MünchHdb. GesR VI/*Hoffmann* § 55 Rn. 7; so geschehen bei der Deutsche Nickel AG und der Schefenacker AG, siehe *Hoger/Lieder* ZHR 180 (2016), 613, 616 ff.

[119] MünchHdb. GesR VI/*Hoffmann* § 55 Rn. 7 f.

[120] BayObLG 3 Z 148/85, NJW 1986, 3029 (für die *Private Limited Company*); Baumbach/Hopt/ *Roth* HGB § 105 Rn. 28; Henssler/Strohn/*Gummert* § 161 HGB Rn. 6; MünchKommHGB/*Grunewald* § 161 Rn. 5; *Hoger/Lieder* ZHR 180 (2016), 613, 626.

[121] MünchHdb. GesR VI/*Hoffmann* § 55 Rn. 7.

[122] Süß/Wachter/*Herrler/Herrler* Int GmbHR A. III. Rn. 8; *Göthel* § 29 Rn. 69 ff.; diesen Vorgang nicht als Anwachsung im Sinne von § 738 Abs. 1 S. 1 BGB bewertend Baumbach/Hopt/*Hopt* HGB § 131 Rn. 35.

wenn die übernehmende Gesellschaft als Kommanditistin der KG beigetreten ist und alle Komplementäre und sonstigen Kommanditisten aus der KG ausgetreten sind.[123]

Alternativ findet das Anwachsungsmodell auch dann Anwendung, wenn die inländische 43 übertragende Kapitalgesellschaft in eine **ausländische Kapitalgesellschaft & Co. KG** umgewandelt wird und danach die Kommanditisten, welche vor der Umwandlung in eine KG Gesellschafter der inländischen übertragenden Kapitalgesellschaft waren, als solche aus der KG austreten.[124] Zu beachten bleibt hier, dass die ausländische Kapitalgesellschaft Anteile an der inländischen übertragenden Kapitalgesellschaft vor ihrer Umwandlung in eine KG erwerben sollte, so dass es allein auf die Zustimmung der ausländischen Gesellschaft zum Formwechsel der deutschen Kapitalgesellschaft in eine deutsche KG gemäß § 233 Abs. 2 S. 3 UmwG ankommt.[125] Die Gesellschafter der inländischen übertragenden Kapitalgesellschaft beteiligen sich dann somit lediglich als Kommanditisten.[126]

Die **Rechtsfolgen** richten sich nach dem Gesellschaftsstatut der übertragenden Per- 44 sonengesellschaft und daher nach deutschem Recht, wenn die übertragende Gesellschaft eine deutsche Personengesellschaft ist. Die Anwachsung vollzieht sich dann nach deutschem Personengesellschaftsrecht und zugleich ohne Rücksicht darauf, ob das ausländische Recht des übernehmenden Rechtsträgers entsprechende Rechtsfolgen kennt.[127] Eine analoge Anwendung der Vorschriften des UmwG auf das Anwachsungsmodell scheidet mangels planwidriger Regelungslücke aus.[128]

Weitere Voraussetzung für die Anwachsung nach deutschem Personengesellschaftsrecht 45 unter Beteiligung einer **Drittstaatengesellschaft** ist jedoch, dass diese **in Deutschland als rechtsfähig** gilt. Nach der in Deutschland geltenden Sitztheorie muss sie dafür ihren Verwaltungssitz im Drittstaat haben und in Deutschland nach den bereits dargestellten Maßstäben jedenfalls als Personengesellschaft anerkannt werden. Letzteres ist problematisch, wenn sie lediglich einen Gesellschafter hat, da deutsche Personengesellschaften mindestens zwei Gesellschafter aufweisen müssen. Hier wird die ausländische Gesellschaft jedoch dann als Kaufmann oder natürliche Person behandelt (→ § 42 Rn. 4).

2. Übernehmender Rechtsträger ist eine inländische Gesellschaft

Schwieriger stellt sich die Situation dar, wenn die **Inlandsgesellschaft** das Vermögen 46 der Drittstaatengesellschaft übernehmen soll und daher als **übernehmender Rechtsträger** auftritt. Damit der Inlandsgesellschaft das Vermögen der Drittstaatengesellschaft übertragen werden kann, muss es zuerst auf eine inländische Personengesellschaft übertragen werden.[129] Ein möglicher Weg hierfür ist, sämtliche Vermögensgegenstände und Vermögenspositionen der Auslandsgesellschaft einzeln auf eine deutsche Personengesellschaft im Wege eines sog. *Asset Deal* zu übertragen, was jedoch mit nicht unerheblichem Aufwand und gegebenenfalls steuerrechtlichen Nachteilen verbunden ist.[130] Die Einzelübertragung der jeweiligen Vermögensgegenstände und Vermögenspositionen hat dann nach den jeweils anwendbaren Vorschriften zu erfolgen. Insbesondere sind hierbei etwaige Eintragungserfordernisse (z. B. im Grundbuch) oder konstitutive Formerfordernisse zu bedenken. Auch steuerrechtlich hat ein solcher *Asset Deal* Auswirkungen. Beispielsweise würde ein etwaiger Immobilienerwerb im Wege eines *Asset Deal* mit Grunderwerbsteuer belastet.[131]

Alternativ kann auch durch die Anwendung der Sitztheorie ein **Statutenwechsel** 47 erreicht werden, indem die Drittstaatengesellschaft ihren Verwaltungssitz nach Deutschland

---

[123] MünchHdb. GesR VI/*Hoffmann* § 55 Rn. 7.
[124] MünchHdb. GesR VI/*Hoffmann* § 55 Rn. 8.
[125] MünchHdb. GesR VI/*Hoffmann* § 55 Rn. 8.
[126] MünchHdb. GesR VI/*Hoffmann* § 55 Rn. 8.
[127] MünchHdb. GesR VI/*Hoffmann* § 55 Rn. 3.
[128] *Hoger/Lieder* ZHR 180 (2016), 613, 633 mwN.
[129] MünchHdb. GesR VI/*Hoffmann* § 55 Rn. 4 f.
[130] Vgl. hierzu etwa *Göthel* § 1 Rn. 24.
[131] Beck'sches Hdb. Immobiliensteuerrecht *Keller* § 1 Rn. 52 ff.

verlegt und die Inlandsgesellschaft ihr sodann beitritt.[132] Mit der Verlegung des Verwaltungssitzes nach Deutschland wird die Drittstaatengesellschaft, abhängig von der konkreten Ausgestaltung ihrer Geschäftstätigkeit, als Personen- bzw. Personenhandelsgesellschaft deutschen Rechts eingestuft.[133] Aus dieser treten die Gesellschafter der (ehemaligen) Drittstaatengesellschaft bis auf die Inlandsgesellschaft dann aus, so dass es zu einer Vermögensanwachsung bei der Inlandsgesellschaft kommt. In einem solchen Fall findet auf den Anwachsungsmechanismus deutsches Recht Anwendung.[134]

48 Der Nachteil dieser Konstruktion liegt in der **persönlichen Haftung der Gesellschafter** der Drittstaatengesellschaft nach § 128 HGB, die durch Verwaltungssitzverlegung nach Maßgabe der Sitztheorie und den dadurch stattfindenden Statutenwechsel begründet wird. Letztlich ist bei dieser Variante des Anwachsungsmodells zusätzlich darauf zu achten, dass das Recht des Drittstaats die durch die Anwendung des deutschen Personengesellschaftsrechts eingetretene Gesamtrechtsnachfolge anerkennt, da es ansonsten zu Problemen mit der Übertragung von im Drittstaat belegenen Vermögensgegenständen kommen könnte, so dass zwar die in Deutschland belegenen Vermögensgegenstände dem Anwachsungsmechanismus unterlägen, nicht jedoch die im Herkunftsland der Drittstaatengesellschaft belegenen Gegenstände.[135]

49 Ob das oben (→ Rn. 39 ff.) beschriebene **Anwachsungsmodell** auch bei einer übertragenden ausländischen Personengesellschaft und einer inländischen Zielgesellschaft zur Anwendung gelangen kann, ist grundsätzlich einzelfallabhängig. Eine grenzüberschreitende Anwachsung ist auch mittels einer **Drittstaatenpersonengesellschaft als übertragendem Rechtsträger** vorstellbar, sofern deren Personalstatut anwendbar bleibt und dies zulässt.[136] Das ausländische Personengesellschaftsrecht müsste hierfür ebenso wie das deutsche Personengesellschaftsrecht mindestens zwei Gesellschafter bei einer Personengesellschaft vorsehen und bei Ausscheiden des vorletzten Gesellschafters die Gesamtrechtsnachfolge hinsichtlich aller Aktiva und Passiva der Gesellschaft auf den verbleibenden Gesellschafter anordnen.[137] Kennt die ausländische Rechtsordnung das Rechtsinstitut der Gesamtrechtsnachfolge, macht es jedoch gleichzeitig den Vermögensübergang einzelner Gegenstände von weiteren Formalvoraussetzungen abhängig, so sind diese zu erfüllen.[138] Vergleichbare Rechtsfolgen wie bei Anwendung des deutschen Anwachsungsmodells können nicht erzielt werden, wenn das ausländische Recht bei Beendigung einer Gesellschaft keine Gesamtrechtsnachfolge als Übertragungsmodus vorsieht.[139]

50 Das Bestehen etwaiger **Sonderkündigungsrechte** von Vertragspartnern der Personengesellschaft aufgrund der umwandlungsähnlichen Strukturmaßnahme über Staatsgrenzen hinweg wäre im Vorfeld einer solchen Strukturmaßnahme ebenfalls zu berücksichtigen.[140]

3. Erweiterte Anwachsung

51 Nachteil des geschilderten **(einfachen) Anwachsungsmodells** ist die Rechtsfolge für die ausscheidenden Gesellschafter. Als Konsequenz der Beendigung ihrer Gesellschafterstellung erhalten sie einen Abfindungsanspruch gemäß § 738 Abs. 1 S. 2 BGB, der auch

---

[132] MünchHdb. GesR VI/*Hoffmann* § 55 Rn. 4; *Hoger/Lieder* ZHR 180 (2016), 613, 624.
[133] MünchHdb. GesR VI/*Hoffmann* § 55 Rn. 5.
[134] *Hoger/Lieder* ZHR 180 (2016), 613, 626.
[135] MünchHdb. GesR VI/*Hoffmann* § 55 Rn. 5; näher *Hoger/Lieder* ZHR 180 (2016), 613, 629 sowie *Fisch* NZG 2016, 448.
[136] *Hoger/Lieder* ZHR 180 (2016), 613, 624 ff., dort als Herein-Anwachsung bezeichnet.
[137] *Göthel* § 29 Rn. 72.
[138] Beck'sches Hdb. Umwandlungen/*Krämer/Friedl* Teil 4 Rn. 99 (Entsprechendes gilt hiernach für Vermögensgegenstände, die von nach Maßgabe der ausländischen Rechtsordnung von der Gesamtrechtnachfolge ausgenommen werden. Hier müsste dann jeweils eine Einzelübertragung vorgenommen werden).
[139] *Hoger/Lieder* ZHR 180 (2016), 613, 624.
[140] *Göthel* § 29 Rn. 73.

nicht wirksam im Vorfeld eines Gesellschafterausscheidens ausgeschlossen werden kann,[141] nicht aber Anteile an der übernehmenden Gesellschaft. Es kommt daher nicht zur **Zusammenführung der Gesellschafterkreise**.[142] Gerade dies ist jedoch bei Umwandlungsvorgängen wie Verschmelzungen oftmals die gewollte Folge, die sich im Rahmen des einfachen Anwachsungsmodells nur durch einen zweiten Schritt erreichen lässt, etwa indem der Abfindungsbetrag zum Erwerb von Anteilen an der übernehmenden Gesellschaft verwendet wird. Da der Abfindungsanspruch nicht stets in Form einer Barabfindung ausgestaltet sein muss, kann auch ein der Verschmelzung vergleichbares Ergebnis erzielt werden, indem die früheren Gesellschafter eine Beteiligung an der übernehmenden Gesellschaft im Gegenzug zur Einbringung ihres Abfindungsanspruchs in die übernehmende Gesellschaft erhalten. Sofern die übernehmende Gesellschaft die Rechtsform einer Kapitalgesellschaft aufweist, erfordert dies dann regelmäßig eine Kapitalerhöhung gegen Sacheinlage bei der übernehmenden Gesellschaft unter Beachtung des Gesellschaftsstatuts der übernehmenden Gesellschaft.[143] Soweit die Regelungen des Gesellschaftsstatuts der übernehmenden Gesellschaft dies zulassen, können auch alternativ Anteile der übernehmenden Gesellschaft von dieser als Abfindung an die ausscheidenden Gesellschafter gewährt werden.[144] Solche alternative Gestaltungvarianten werden als erweitertes Anwachsungsmodell bezeichnet.[145] Es bedarf somit bei der einfachen Anwachsung, bei der die ausscheidenden Gesellschafter eine Barabfindung erhalten, mehrerer Verfahrensschritte, um ein Zusammenführen der Gesellschafterkreise zu erzielen. Ferner führt das einfache Anwachsungsmodell steuerrechtlich zu Nachteilen, da es hier regelmäßig zu einer Aufdeckung stiller Reserven aufgrund der stattfindenden Vermögensübertragung im Rahmen der Abfindung kommen kann.[146]

Zur Vermeidung dieser negativen Konsequenzen wird daher das **Modell der erweiterten Anwachsung** vorgeschlagen und praktiziert, bei dem neben Aktiva und Passiva auch die Gesellschafterkreise der beteiligten Gesellschaften zusammengeführt werden.[147] Ausgangspunkt ist auch bei diesem Modell, dass die übertragende Gesellschaft eine Personengesellschaft nach deutschem Recht ist. Anstatt den Austritt aus der Gesellschaft zu erklären, treten deren Gesellschafter alle ihre Gesellschaftsanteile an die übernehmende Gesellschaft gemäß §§ 398, 413 BGB ab. Es fallen dadurch alle Geschäftsanteile bei der übernehmenden Gesellschaft zusammen. Eine solche Anteilsübertragung muss dabei vom Gesellschaftsvertrag der Personengesellschaft gedeckt sein.[148] Dies ist im Vorfeld zu prüfen. Im Gegenzug zur Anteilsübertragung erhöht dann die übernehmende Gesellschaft ihr Kapital gegen Sacheinlage in Form der Gesellschaftsanteile an der übertragenden Gesellschaft und gewährt den Gesellschaftern der übertragenden Gesellschaft Anteile an der übernehmenden Gesellschaft im Wert ihrer Anteile an der übertragenden Gesellschaft. Rechtsfolge des Zusammenfallens der Anteile in einer Person ist dann die Anwachsung aller Aktiva und Passiva der übertragenden Personengesellschaft bei der übernehmenden Gesellschaft.[149]

Die Kapitalerhöhung gegen Sacheinlage richtet sich bei diesem Modell nach dem Personalstatut der übernehmenden Gesellschaft. Dieses muss deshalb ein entsprechendes Vorgehen zulassen und etwaige einschlägige Kapitalschutzvorschriften müssen entsprechend

---

[141] BeckOK BGB/*Schöne* § 738 Rn. 31; MünchKommBGB/*C. Schäfer* § 738 Rn. 60; *Hoger/Lieder* ZHR 180 (2016), 613, 649 f. (insbesondere auch zu Gestaltungen, wie sich im Ergebnis der Abfindungsanspruch der ausscheidenden Gesellschafter vermeiden lässt).
[142] MünchHdb. GesR VI/*Hoffmann* § 55 Rn. 9.
[143] MünchHdb. GesR VI/*Hoffmann* § 55 Rn. 2.
[144] MünchHdb. GesR VI/*Hoffmann* § 55 Rn. 2.
[145] MünchHdb. GesR VI/*Hoffmann* § 55 Rn. 2.
[146] Sudhoff/*Berenbrok* Unternehmensnachfolge § 65 Rn. 8; *Freiherr v. Proff* DStR 2016, 2227, 2229 mwN.
[147] MünchHdb. GesR VI/*Hoffmann* § 55 Rn. 10; *Hoger/Lieder* ZHR 180 (2016), 613, 615.
[148] MünchHdb. GesR VI/*Hoffmann* § 55 Rn. 10.
[149] MünchHdb. GesR VI/*Hoffmann* § 55 Rn. 10; *Hoger/Lieder* ZHR 180 (2016), 613, 615.

eingehalten werden.[150] Die Übertragung der Gesellschaftsanteile unterliegt dagegen deutschem Recht nach Maßgabe des Gesellschaftsstatuts der (inländischen) Personengesellschaft.[151] Damit das erweiterte Anwachsungsmodell unter Beteiligung einer Drittstaatengesellschaft reibungslos die gewünschten Rechtsfolgen herbeiführt, muss daher eine **Kongruenz zwischen den anwendbaren Rechtsordnungen** im Hinblick auf Voraussetzungen und Rechtsfolgen des erweiterten Anwachsungsmodells bestehen. Handelt es sich beispielsweise um eine inländische Kapitalgesellschaft, kann die Anwendung von Vorschriften zur Werthaltigkeit der Sacheinlage (§§ 56 Abs. 2, 9 Abs. 1 GmbHG, §§ 183, 27 AktG) den von den Beteiligten beabsichtigten Beteiligungsverhältnissen entgegenstehen.[152]

54 Ebenso wie bei der einfachen Anwachsung ist auch bei der erweiterten Anwachsung darauf zu achten, ob Vertragspartnern der übertragenden Gesellschaft etwaige **Sonderkündigungsrechte** aufgrund der Strukturmaßnahme zustehen.

III. Übertragung von Vermögenswerten im Wege eines Asset Deal

55 Als eine weitere Alternative zur grenzüberschreitenden Verschmelzung kommt **eine Übertragung von Vermögenswerten bzw. Vermögenspositionen durch einen Asset Deal** in Betracht. Auch hier ist zwischen der Vermögensübertragung einer inländischen Gesellschaft auf eine Drittstaatengesellschaft und der Vermögensübertragung einer Drittstaatengesellschaft auf eine inländische Gesellschaft zu unterscheiden.

1. Übertragung von Vermögenswerten auf eine Drittstaatengesellschaft

56 Im ersten Fall überträgt die inländische Gesellschaft ihr gesamtes Vermögen oder Teile davon auf die ausländische Zielgesellschaft und erhält dafür im Gegenzug Gesellschaftsanteile an der Zielgesellschaft.[153] Diese Übertragungsvorgänge, die das ganze Vermögen bzw. Teile des ganzen Vermögens betreffen, bedürfen regelmäßig der Zustimmung der Gesellschafter der inländischen Gesellschaft.[154] Die Übertragung der jeweiligen Vermögenspositionen auf die ausländische Zielgesellschaft findet jeweils im Wege der Einzelrechtsnachfolge statt.[155]

57 Anders als bei einer Verschmelzung im Sinne des UmwG ist die übertragende Gesellschaft nach Vermögensübertragung im Wege eines *Asset Deal* nicht *ipso iure* erloschen.[156] Im Anschluss wird die inländische Gesellschaft daher (falls sämtliche Vermögensgegenstände zuvor übertragen wurden) liquidiert. Die (ehemaligen) Gesellschafter der nunmehr liquidierten inländischen Gesellschaft erhalten dann im Zuge der **Liquidation** die eingebrachten Anteile an der ausländischen Zielgesellschaft im Wege der **Auskehrung**.[157] Erwirbt die übertragende Gesellschaft keine Anteile an der übernehmenden Gesellschaft, verbleibt eine **Mantelgesellschaft**. Diese kann dann (falls sie nicht liquidiert wird) gegebenenfalls zu einem späteren Zeitpunkt für andere Zwecke verwendet werden.[158]

58 Sofern deutsches Recht anwendbar ist, hängt diese Alternative in bestimmten Fällen aufgrund der bloßen **Einzelrechtsnachfolgetatbestände** von der Zustimmung der jeweiligen Vertragspartner der übertragenden Gesellschaft ab. Diese müssen daher etwa der Übertragung der Verträge auf die ausländische Zielgesellschaft zustimmen.[159] Nicht selten besteht das Risiko, dass eine solche Zustimmung in Anbetracht der Nationalitätenunter-

---

[150] MünchHdb. GesR VI/*Hoffmann* § 55 Rn. 11; *Hoger/Lieder* ZHR 180 (2016), 613, 625.
[151] MünchHdb. GesR VI/*Hoffmann* § 55 Rn. 11.
[152] MünchHdb. GesR VI/*Hoffmann* § 55 Rn. 11.
[153] *Göthel* § 29 Rn. 76.
[154] *Göthel* § 29 Rn. 76.
[155] Widmann/Meyer/*Heckschen* UmwR § 1 Rn. 323; *Göthel* § 29 Rn. 77.
[156] Beck'sches Hdb. Umwandlungen/*Krämer/Friedl* Teil 4 Rn. 202.
[157] Widmann/Meyer/*Heckschen* UmwR § 1 Rn. 323; *Göthel* § 29 Rn. 76 mwN zu den steuerlichen Konsequenzen.
[158] Beck'sches Hdb. Umwandlungen/*Krämer/Friedl* Teil 4 Rn. 196.
[159] *Göthel* § 29 Rn. 77; *Hoger/Lieder* ZHR 180 (2016), 613, 652.

schiede der beteiligten Rechtsträger von den Vertragspartnern verweigert wird. Ferner ist nicht auszuschließen, dass diese ihre Zustimmung von Gegenleistungen bzw. neuen, verbesserten Vertragsbedingungen abhängig machen.[160] Daneben müssen auch etwaige sonstige in Betracht kommende erforderliche Zustimmungen Dritter zu einem *Asset Deal* bedacht werden (etwa die Neubeantragung personenbezogener öffentlich-rechtlicher Genehmigungen etc.).[161]

2. Übertragung von Vermögenswerten von einer Drittstaatengesellschaft auf eine inländische Gesellschaft

Daneben kommt auch der umgekehrte Fall in Betracht, dass die ausländische Gesellschaft ihr gesamtes Vermögen auf die inländische Zielgesellschaft überträgt und dafür im Gegenzug Anteile an der Zielgesellschaft erhält.[162] Die ausländische Gesellschaft wird sodann liquidiert. Die Gesellschafter der nunmehr liquidierten ausländischen Gesellschaft erhalten dann im Zuge der Liquidation die eingebrachten Anteile an der inländischen Zielgesellschaft im Wege der Auskehrung.[163]

Als Nachteil dieser Gestaltungsvariante zählt ebenfalls die Gefahr verweigerter Zustimmungen von Vertragspartnern der übertragenden Gesellschaft zum Übertragungsvorgang. Auch die Gefahr eines **„Zustimmungsabkaufs"** ist hier gegeben.[164] Zudem sind *Asset Deals* aufgrund der Vielzahl an Transaktionen, die durchgeführt werden müssen, regelmäßig mit erheblichen **Mehrkosten** verbunden.

IV. Grenzüberschreitende Realteilung unter Beteiligung von Drittstaatengesellschaften

Als weitere Strukturierungsalternative kommt eine **grenzüberschreitende Realteilung einer deutschen Personengesellschaft** in Betracht. Durch eine grenzüberschreitende Realteilung von Personengesellschaften, bei denen die Gesellschafter verschiedenen Rechtsordnungen unterliegen, können ebenfalls umwandlungsähnliche Strukturen erreicht werden.[165] Eine grenzüberschreitende Realteilung ist als Naturalteilung gemäß § 145 Abs. 1 Alt. 2 HGB für Personenhandelsgesellschaften möglich. Für die GbR können die Gesellschafter ebenfalls eine Realteilung vereinbaren, da die Abwicklungsvorschriften der §§ 732 ff. BGB dispositiv sind.[166] Die Gesellschafter einer deutschen Personengesellschaft bzw. Personenhandelsgesellschaft entscheiden per Gesellschafterbeschluss über die Auseinandersetzung des Gesellschaftsvermögens im Wege der Naturalteilung auf die Gesellschafter. Zu beachten ist hier, dass regelmäßig Einstimmigkeit für den entsprechenden Gesellschafterbeschluss vorliegen muss, es sei denn, der Gesellschaftsvertrag sieht ein anderes Stimmenquorum vor.[167] Nach Verteilung des Gesellschaftsvermögens auf die Gesellschafter, die regelmäßig im Rahmen einer **Auseinandersetzungsvereinbarung** im Vorfeld detailliert geklärt wird, erlischt die Personenhandelsgesellschaft.[168] Die vorherige Übertragung der Vermögensgegenstände der Gesellschaft erfolgt im Wege der Einzelrechtsnachfolge.[169] Das anzuwendende Gesellschaftsstatut in einem solchen Fall, in dem eine deutsche Personengesellschaft aufgelöst wird, ist das deutsche Recht.[170] Auch bei dieser Gestaltungsform

---

[160] *Göthel* § 29 Rn. 77.
[161] *Göthel* § 1 Rn. 22.
[162] *Göthel* § 29 Rn. 76.
[163] *Göthel* § 29 Rn. 76.
[164] *Göthel* § 29 Rn. 77.
[165] Vgl. Beck'sches Hdb. Umwandlungen/*Veith* Teil 1 Rn. 61.
[166] Beck'sches Hdb. Umwandlungen/*Krämer/Friedl* Teil 4 Rn. 137, 142 ff.; MünchHdb. GesR I/*Diers/Eickmann* § 23 Rn. 36 ff.
[167] Beck'sches Hdb. Umwandlungen/*Krämer/Friedl* Teil 4 Rn. 143.
[168] Beck'sches Hdb. Umwandlungen/*Krämer/Friedl* Teil 4 Rn. 137, 142 ff.
[169] Beck'sches Hdb. Umwandlungen/*Krämer/Friedl* Teil 4 Rn. 147.
[170] Beck'sches Hdb. Umwandlungen/*Krämer/Friedl* Teil 4 Rn. 141.

muss die Situation bestehen oder hergestellt werden, dass die Drittstaatengesellschaft zuvor Gesellschafter der deutschen Gesellschaft geworden ist. Falls die der Realteilung unterliegende Gesellschaft eine Kapitalgesellschaft ist, muss diese erst noch in eine Personenhandelsgesellschaft bzw. Personengesellschaft durch Formwechsel umgewandelt werden.

V. Kettenverschmelzung

62 Je nach Einzelfall kann auch eine **Kettenverschmelzung** die beabsichtigte Verschmelzung einer Drittstaatengesellschaft auf eine deutsche Gesellschaft im Ergebnis herbeiführen. Die Kettenverschmelzung zeichnet sich dadurch aus, dass zunächst eine Verschmelzung der Drittstaatengesellschaft auf eine Kapitalgesellschaft aus einem EU- bzw. EWR-Staat erfolgt, bei dem das anwendbare Recht die Verschmelzung unter Beteiligung von Drittstaatengesellschaften für zulässig erklärt (z. B. Österreich). In einem zweiten Schritt kann dann diese übernehmende Kapitalgesellschaft nach §§ 122a ff. UmwG auf eine deutsche Kapitalgesellschaft verschmolzen werden.[171]

VI. Sonstige umwandlungsähnliche Strukturmaßnahmen
1. Business Combination Agreements

63 Im Vorfeld von öffentlichen Übernahmeangeboten, Unternehmenszusammenschlüssen oder Begründungen wesentlicher Unternehmensbeteiligungen werden zwischen den jeweils beteiligten Gesellschaften bzw. ihren Gesellschaftern oftmals schuldrechtliche Vereinbarungen in Form von sog. **Business Combination Agreements (BCA)** getroffen.[172] Ein typisches BCA enthält schuldrechtliche Regelungen zu den Einzelheiten und Zielen der Transaktion sowie deren beabsichtigtem Ablauf, um den Zusammenschluss zu erleichtern (*deal protection*) und die *Post Merger Integration* zu fördern. Ferner sind regelmäßig sog. Gremienklauseln enthalten, die sich mit der Zusammensetzung von Vorstand und Aufsichtsrat nach Abschluss einer Transaktion befassen oder auch Verpflichtungen zur Vornahme oder zum Verzicht kapitalbezogener Maßnahmen enthalten.[173]

64 Die Verwendung von BCAs ist rechtlich nicht unproblematisch. Zwar gehört der Abschluss von BCAs – gerade in (öffentlichen) Übernahmesachverhalten – mittlerweile schon zum etablierten Instrumentarium im Rahmen von Zusammenschlusssachverhalten, allerdings befindet sich die **rechtliche Einordnung und Bewertung solcher BCAs** weiterhin in einem Anfangsstadium.[174] Häufiges Praxisthema ist die Frage der Reichweite des Rechtsbindungswillens der Parteien. Abzugrenzen ist ein verbindliches BCA von unverbindlichen Absichtserklärungen, oftmals in der Praxis auftauchend in Form eines *Letter of Intent* oder eines *Memorandum of Understanding*.[175] Selbst bei Vorliegen des Rechtsbindungswillens der beteiligten Parteien ist ferner zu prüfen, ob die Parteien für ein bestimmtes Tun oder Unterlassen tatsächlich einstehen wollen oder lediglich Bemühenspflichten ver-

---

[171] *Göthel* § 29 Rn. 80; siehe auch zur Rechtslage in Österreich im Hinblick auf die Umwandlung einer österreichischen Kapitalgesellschaft durch Übertragung ihres Unternehmens auf ihren deutschen Hauptgesellschafter Spahlinger/Wegen/*Spahlinger/Wegen,* Internationales Gesellschaftsrecht in der Praxis Rn. 513.

[172] So Spindler/Stilz/*Servatius* § 187 Rn. 19 (zu Unternehmenszusammenschlüssen durch Anteilstausch); *Hippeli/Diesing* AG 2015, 185; *Paschos* NZG 2012, 1142 (zu öffentlichen Übernahmeangeboten); *Reichert* ZGR 2015, 1 (zur Begründung wesentlicher Beteiligungen).

[173] So auch Beisel/Klumpp/*Beisel* Unternehmenskauf § 1 Rn. 109; *Kämmerer/Veil/Schall* Übernahme- und Kapitalmarktrecht, S. 75; *Drygala* WM 2004, 1413; *ders.*, WM 2004, 1457; *Hippeli/Diesing* AG 2015, 185, 187; *Kiem* AG 2009, 301, 303; *Reichert* ZGR 2015, 1, 6–9; Überblick über die verschiedenen Entscheidungsformen bei *Banerja* DB 2003, 1489.

[174] *Reichert* ZGR 2015, 1, 2.

[175] *Reichert* ZGR 2015, 1, 4; zum *Letter of Intent* u. a. MünchKommBGB/*Busche* Vorb. § 145 Rn. 58 f.

einbart wurden.[176] Des Weiteren ist u. a. auch die **Abschlusskompetenz** zu einem BCA genau zu würdigen. Die Abschlusskompetenz für ein BCA liegt grundsätzlich beim vertretungsberechtigten Gesellschaftsorgan, bei einer AG also dem Vorstand.[177] Vereinbarungen in einem BCA dürfen dabei jedoch weder in die zwingende Zuständigkeit anderer Organe eingreifen noch die Leitungskompetenz des Vorstands aus § 76 AktG unzulässig einschränken.[178] Darüber hinaus besteht das Risiko, dass ein BCA in Abhängigkeit von seinem konkreten Regelungsgehalt rechtlich als **(verdeckter) Beherrschungsvertrag** im Sinne der §§ 291 ff. AktG einzustufen ist und daher die insoweit einschlägigen Bestimmungen zum Vertragskonzernrecht berücksichtigt werden müssen.[179] Insbesondere wenn die BCA-Regelungen in ihrem Gesamtgepräge derart ausgestaltet seien, dass der herrschende Vertragsteil gegenüber dem Vertragspartner die Möglichkeit habe, eine auf das gemeinsame Interesse gerichtete Zielkonzeption zu entwickeln und diese auch gegenüber den Organen des Vertragspartners durchzusetzen, könne ein BCA als Beherrschungsvertrag qualifiziert werden.[180]

Auch wenn die Grenzen des Zulässigen derzeit noch in vielen Punkten konturlos und für die Praxis klärungsbedürftig sind, eignen sich BCAs nach deutschem Recht jedoch aufgrund ihrer rein schuldrechtlichen Wirkung im Ergebnis nicht, um umwandlungsähnliche Effekte zu erzielen. Einem BCA kommt daher nur eine **Komplementärfunktion für umwandelnde Strukturmaßnahmen zu.**

2. Anteilstausch

Ein **Anteilstausch** ist eine weitere mögliche Gestaltungsalternative. Die Gesellschafter der übertragenden inländischen (oder ausländischen) Gesellschaft erhalten Anteile an der ausländischen (oder inländischen) Zielgesellschaft. Die Zielgesellschaft erhält im Gegenzug von diesen Gesellschaftern alle Anteile an dem übertragenden Rechtsträger und wird hierdurch Alleingesellschafterin.[181] Die übertragende Gesellschaft wird sodann nach erfolgtem Anteilsaustausch liquidiert. Das Vermögen der liquidierten Gesellschaft wird schließlich an die Zielgesellschaft ausgekehrt.[182]

Bestehen zwischen der übertragenden Gesellschaft und ihren Vertragspartnern **Change-of-Control-Abreden**, die ein Sonderkündigungsrecht bei einem Kontrollwechsel im Gesellschafterbestand gewähren, ist im Vorfeld solcher Gestaltungsalternativen zu klären, ob solche Rechte für den Fall des Anteilstauschs ausgeübt werden würden.[183]

Es kommt jedoch auch ein **einseitiger Anteilstausch ohne anschließende Liquidation** in Betracht. Am Beispiel von Aktiengesellschaften wäre dieses Modell derart ausgestaltet, dass eine AG zunächst eine Kapitalerhöhung unter Bezugsrechtsausschluss für ihre Altaktionäre vornimmt und Aktionären einer anderen AG, der Zielgesellschaft, ihre jungen Aktien – oftmals in Form eines bedingten Umtauschangebots, das wirksam wird, wenn genügend Aktionäre der Zielgesellschaft das Umtauschangebot annehmen – anbietet. Im Gegenzug dafür erhält die kapitalerhöhende Gesellschaft die Aktien an der Zielgesellschaft

---

[176] *Reichert* ZGR 2015, 1, 4.
[177] Vgl. aber OLG Frankfurt 5 U 214/12, NZG 2014, 1017, 1019 – Deutsche Börse: Anwendbarkeit der *Holzmüller-Gelatine*-Doktrin denkbar, im Ergebnis aber offengelassen.
[178] Vgl. OLG Stuttgart 20 AktG 1/14, AG 2015, 163, 166; Beisel/Klumpp/*Beisel* Unternehmenskauf § 1 Rn. 111; *Hippeli/Diesing* AG 2015, 185, 191 ff.; *Kiem* AG 2009, 301, 304 ff.; *Paschos* NZG 2012, 1142, 1143.
[179] Vgl. hierzu etwa LG München 5 HK O 19782/06, ZIP 2008, 555; Beisel/Klumpp/*Beisel* Unternehmenskauf § 1 Rn. 110; siehe auch die kritische Darstellung hierzu von *Reichert* ZGR 2015, 1, 10 ff.; insgesamt kritisch zu dieser Entscheidung *Goslar* EWiR 2013, 193; *König* NZG 2013, 452; *Paschos* NZG 2012, 1142.
[180] OLG München 31 Wx 83/07, WM 2008, 1932, 1933; LG München 5 HK O 19782/06, ZIP 2008, 555, 559; *Reichert* ZGR 2015, 1, 11.
[181] Widmann/Meyer/*Heckschen* UmwR § 1 Rn. 322; *Göthel* § 29 Rn. 74.
[182] Widmann/Meyer/*Heckschen* UmwR § 1 Rn. 322; *Göthel* § 29 Rn. 74.
[183] *Göthel* § 29 Rn. 75.

von den Aktionären.[184] Die kapitalerhöhende Gesellschaft wird regelmäßig nach erfolgtem Aktienumtausch Muttergesellschaft der Zielgesellschaft, so dass ein Unterordnungskonzern entstanden ist. Da die Aktionäre der Zielgesellschaft Aktien der kapitalerhöhenden Gesellschaft erhalten, wird durch den Umtausch der Aktien eine Zusammenführung der Aktionärskreise herbeigeführt und somit eine verschmelzungsähnliche Wirkung erzielt.[185] Da der einseitige Anteilstausch in Form des Aktientauschs eine erhebliche **Kapitalerhöhung mitsamt Bezugsrechtsausschluss für die Altaktionäre** erfordert, ist dieses Modell bei Beteiligung einer deutschen Gesellschaft als kapitalerhöhende Gesellschaft aufgrund der hierdurch entstehenden Anfechtungsrisiken regelmäßig nur bedingt empfehlenswert.[186] Typischerweise würde deshalb die erforderliche **Kapitalerhöhung** (soweit satzungsgemäß vorgesehen) **aus genehmigtem Kapital** gemäß der §§ 202 ff. AktG stattfinden.

3. Strukturgestaltungen unter Verwendung von Holding-Strukturen

69 Auch **Strukturgestaltungen unter Verwendung von Holding-Strukturen** kommen als alternative Modelle zur Herbeiführung von umwandlungsähnlichen Ergebnissen in Betracht. Zu denken wäre insoweit etwa an das **Modell der** *„combined group structure"*.[187] Dieses Modell war u. a. strukturprägend für die Organisation der *Royal Dutch/Shell-Gruppe* von 1907–2005.[188] Nach diesem Modell würden die inländische Gesellschaft und die Drittstaatengesellschaft eine gemeinsame Tochtergesellschaft im Land ihrer Wahl gründen. Im Wege der Einzelrechtsnachfolge können dann diejenigen Betriebsteile der beteiligten Gesellschaften oder wesentliche Beteiligungen an anderen Unternehmen auf die Tochtergesellschaft übertragen werden. Die inländische Gesellschaft und die Drittstaatengesellschaft sind dann jeweils Muttergesellschaften der gemeinsamen Tochtergesellschaft, die ihrerseits gleichzeitig als Holding fungiert.[189] Regelmäßig vereinbaren die beteiligten Muttergesellschaften dann ein sog. *„equalisation agreement"*, das gewährleisten soll, dass die Anteilseigner der Muttergesellschaften, unabhängig davon, an welcher Gesellschaft sie beteiligt sind, u. a. bei Dividendenausschüttungen nicht wirtschaftlich unterschiedlich behandelt werden.[190]

70 Ferner kann auch ein **beidseitiger Aktientausch** strukturändernde Wirkung haben. Hierbei wird zunächst eine dritte Gesellschaft gegründet, die den Anteilseignern der zusammenzuführenden Gesellschaften ihre Aktien im Gegenzug zu den Aktien an den zusammenzuführenden Gesellschaften anbietet. Nach erfolgtem Aktientausch fungiert die neu gegründete Gesellschaft als Holding, die dann gleichzeitig Muttergesellschaft der zusammenzuführenden Gesellschaften wird. Die Aktionäre der zusammenzuführenden Gesellschaften sind nach Umtausch alleinige Aktionäre der Holding.[191]

4. Andere (unternehmens-)vertragliche oder sonstige Strukturmodelle

71 **a) Eingliederung im Sinne von §§ 319 ff. AktG.** Bei der organisationsrechtlichen Strukturmaßnahme in Form der Eingliederung (§§ 319 ff. AktG) wird die eingegliederte Gesellschaft dem Weisungsrecht der Hauptgesellschaft unterstellt, bleibt hierbei jedoch eine

---

[184] *Samson/Flindt* NZG 2006, 290, 294, 295.
[185] So insgesamt *Samson/Flindt* NZG 2006, 290, 294.
[186] *Samson/Flindt* NZG 2006, 290, 295; zu den Anfechtungsrisiken *Kirchner/Sailer* NZG 2002, 305, 308; u. a. zu Haftungsgefahren beim Aktientausch *Loges/Zimmermann* WM 2005, 349 ff.
[187] *Samson/Flindt* NZG 2006, 290, 295 f.
[188] MünchHdb. GesR VI/*Reichert* § 61 Rn. 55.
[189] MünchHdb. GesR VI/*Reichert* § 61 Rn. 55 f.; *Samson/Flindt* NZG 2006, 290, 295 f.
[190] MünchHdb. GesR VI/*Reichert* § 61 Rn. 55; *Samson/Flindt* NZG 2006, 290, 295 f.
[191] *Samson/Flindt* NZG 2006, 290, 294. Im Fall eines beidseitigen Aktientauschs unter Beteiligung einer deutschen AG bleibt jedoch u. a. zu prüfen, ob nicht ein Verstoß gegen die §§ 71 ff. AktG vorliegt, indem die von einer der oder von beiden zusammenzuführenden Gesellschaften gegründete dritte Gesellschaft durch den Umtausch Aktien ihrer Muttergesellschaft erhält, vgl. *Samson/Flindt* NZG 2006, 290, 295.

rechtlich selbstständige Einheit.[192] Wirtschaftlich wirkt sich die Eingliederung einer Gesellschaft in eine übernehmende Gesellschaft wie eine Verschmelzung aus.[193] Eine grenzüberschreitende Eingliederung mit Drittstaatenbezug, bei der im Ergebnis ein Konzernverhältnis zwischen den beteiligten Gesellschaften etabliert wird, ist jedoch nicht möglich. Weder § 319 Abs. 1 AktG, der die Eingliederung in eine *„Aktiengesellschaft mit Sitz im Inland"* vorsieht, noch die ausländischen Rechtsordnungen, die das Konzept der Eingliederung regelmäßig nicht kennen, bilden eine ausreichende rechtliche Grundlage, so dass eine Eingliederung als strukturelles Alternativmodell ausscheidet.[194]

b) Beherrschungs- und Gewinnabführungsvertrag. Als weitere Alternative zur Umsetzung von Umwandlungsstrukturen unter Beteiligung von Drittstaatengesellschaften kommt der Abschluss von **Unternehmensverträgen in Form von Beherrschungs- und Gewinnabführungsverträgen** in Betracht (§§ 291 ff. AktG). Diese organisationsrechtlichen Verträge führen ebenfalls zu Veränderungen in der Unternehmensstruktur.[195] Hierbei wird das beherrschte Unternehmen der Leitung des herrschenden Unternehmens unterstellt, jedoch bleibt das beherrschte Unternehmen weiterhin eine rechtlich selbstständige Einheit.[196] Insoweit können Verschmelzung und Unternehmensvertrag im Sinne der §§ 291 ff. AktG als weitestgehend äquivalente Instrumente betrachtet werden, die jeweils als wirtschaftliches Ergebnis eine organisatorische Eingliederung einer Gesellschaft in ein anderes Unternehmen zur Folge haben, bei der sich diese Gesellschaft unter die Leitung einer anderen rechtlichen und wirtschaftlichen Einheit begibt.[197] Entgegen vereinzelter Bedenken sind grenzüberschreitende Unternehmensverträge im Sinne der §§ 291 ff. AktG unter Beteiligung von deutschen Unternehmen als beherrschte oder herrschende Gesellschaft nach hM zulässig.[198] Somit können auch Drittstaatengesellschaften Vertragspartner solcher Unternehmensverträge sein.

Das für grenzüberschreitende Unternehmensverträge maßgebliche **internationale Konzernrecht** richtet sich, sofern keine bilateralen oder multilateralen Staatsverträge Regelungen für internationale Konzernierungen aufstellen, nach dem internationalen Privatrecht.[199] Anknüpfungspunkt zur Bestimmung des anwendbaren Rechts ist auch hier das Gesellschaftsstatut der beteiligten Gesellschaften. Das anwendbare Recht steht auch nicht zur Disposition der beteiligten Gesellschaften, da es sich bei Beherrschungs- und Gewinnabführungsverträgen um Organisationsverträge mit satzungsänderndem Charakter handelt, die keiner Rechtswahlmöglichkeit unterliegen.[200] Ein etwaiges Konzernstatut existiert im deutschen internationalen Privatrecht nicht, da auch hier der Konzern nicht als rechtliche Einheit, sondern als Sonderverbindung zweier oder mehrerer Rechtsträger angesehen wird.[201] Als Grundregel gilt, dass das Gesellschaftsstatut der sich verpflichtenden abhängigen Gesellschaft zur Bestimmung der Wirksamkeit und Rechtsfolgen von solchen internationa-

---

[192] Spindler/Stilz/*Singhof* AktG § 319 Rn. 2.
[193] *Göthel* Grenzüberschreitende M&A Transaktionen § 29 Rn. 81.
[194] MünchKommBGB XI/*Kindler* Rn. 786 mwN; *Göthel* § 29 Rn. 81, 82; wohl aA MünchKommAktG/*Grunewald* § 319 Rn. 7.
[195] Kallmeyer/*Kallmeyer/Marsch-Barner* § 1 Rn. 15.
[196] Kallmeyer/*Marsch-Barner* § 2 Rn. 16.
[197] BT-Drucks. 12/6699 S. 178; vgl. Kallmeyer/*Kallmeyer/Marsch-Barner* § 1 Rn. 15.
[198] BGH II ZR 18/91, BGHZ 119, 1 = NJW 1992, 2760; Emmerich/Habersack/*Emmerich* § 291 Rn. 37 f.; MünchKommAktG/*Altmeppen* Einl. § 291 Rn. 48 ff.; MünchKommBGB XI/*Kindler* Rn. 709 mwN; MünchHdb. GesR VI/*Drinhausen* § 44 Rn. 15; *Brandi* NZG 2003, 889, 891.
[199] GroßkommAktG/*Hopt/Wiedemann* Vorb. §§ 291 ff. Rn. 23; MünchKommAktG/*Altmeppen* Einl. § 291 Rn. 37.
[200] MünchKommBGB XI/*Kindler* Rn. 699; Emmerich/Habersack/*Emmerich* § 291 Rn. 25, 33, 35; MünchHdb. GesR VI/*Drinhausen* § 44 Rn. 16.
[201] GroßkommAktG/*Hopt/Wiedemann* Vorb. §§ 291 ff. Rn. 23; Spindler/Stilz/*Veil* AktG §§ 291 ff. Rn. 44.

len Unternehmensverträgen maßgeblich ist.[202] Dies gilt allgemein für alle konzernrechtlichen Vorschriften, die den Schutz der abhängigen Gesellschaft, ihrer Gesellschafter oder Gläubiger verfolgen.[203] Regelungsgebiete, die hingegen allein den Schutz der herrschenden Gesellschaft verfolgen, fallen dagegen unter das Gesellschaftsstatut der herrschenden Gesellschaft.[204] Bei grenzüberschreitenden Unternehmensverträgen kommt es daher regelmäßig zu einer Anwendung verschiedener Vorschriften unterschiedlicher Rechtsordnungen.[205]

74 Die **rechtliche Anknüpfung bei Beherrschungs- und Gewinnabführungsverträgen** im Hinblick auf Wirksamkeitsvoraussetzungen, Rechtsfolgen und konzernrechtliche Vorschriften zum Schutze der abhängigen Gesellschaft, ihrer Gesellschafter und Gläubiger erfolgt nach Maßgabe des Gesellschaftsstatuts der deutschen Gesellschaft und damit nach deutschem Recht, sofern diese die abhängige Gesellschaft ist.[206] Hingegen gilt für die rechtlichen Beziehungen der ausländischen Obergesellschaft zu ihren Gesellschaftern oder Gläubigern das ausländische Recht.[207] Ferner ist das ausländische Recht Anknüpfungspunkt bezüglich der Frage, ob die ausländische Gesellschaft einen solchen Unternehmensvertrag als Obergesellschaft in rechtlich zulässiger Weise abschließen kann.[208] Liegt ein solcher internationaler Vertragskonzern vor, in der die ausländische Gesellschaft die herrschende Obergesellschaft ist, findet § 293 Abs. 2 AktG, der ein Hauptversammlungsbeschlusserfordernis der herrschenden Obergesellschaft zu solchen Unternehmensverträgen statuiert, keine Anwendung, da diese Vorschrift lediglich den Schutz inländischer herrschender Gesellschaften bezweckt.[209]

75 Ist hingegen die ausländische Gesellschaft die beherrschte Untergesellschaft, stellt sich die rechtliche Situation entsprechend umgekehrt dar. Anknüpfungspunkt zur **Bestimmung der Wirksamkeitsvoraussetzungen und Rechtsfolgen des Beherrschungs- bzw. Gewinnabführungsvertrags ist** dann das Gesellschaftsstatut der ausländischen Gesellschaft.[210] Die deutschen konzernrechtlichen Regelungen zum Schutz der abhängigen Untergesellschaft, insbesondere die §§ 302–305 AktG, finden dann keine Anwendung.[211] Konzernrechtliche Vorschriften zum Schutz der beherrschten Untergesellschaft, soweit von der ausländischen Rechtsordnung vorgesehen, bestimmen sich dann allein nach der ausländischen Rechtsordnung. Das Gesellschaftsstatut des herrschenden deutschen Unternehmens bestimmt wiederum, ob der Unternehmensvertrag auch für dieses wirksam ist und welche Rechtsfolgen sich aus diesem für das herrschende Unternehmen ergeben.[212] Darüber hinaus findet das deutsche Recht für diejenigen Rechtsfragen Anwendung, die die Verhältnisse der Obergesellschaft im Hinblick auf Konzerneingangs- und Konzernleitungskontrolle betreffen.[213] Generell findet das Gesellschaftsstatut der herrschenden Gesellschaft Anwendung bei Fragen, die den Schutz der herrschenden Gesellschaft, ihrer Gesellschafter oder Gläubiger betreffen. Deshalb kann für eine AG, KGaA oder SE mit Sitz in Deutschland nach der

---

[202] BGH II ZR 256/02, NZG 2005, 214, 215; GroßkommAktG/*Hopt/Wiedemann* Vorb. §§ 291 ff. Rn. 24; MünchKommBGB XI/*Kindler* Rn. 681; MünchHdb. GesR VI/*Drinhausen* § 44 Rn. 7; *Göthel* § 8 Rn. 126; bereits Spahlinger/Wegen Internationales Gesellschafsrecht in der Praxis Rn. 365.

[203] GroßkommAktG/*Hopt/Wiedemann* Vorb. §§ 291 ff. Rn. 24 mwN; *Göthel* § 8 Rn. 126.

[204] MünchKommBGB XI/*Kindler* Rn. 681; *Göthel* § 8 Rn. 127; Spahlinger/Wegen Internationales Gesellschafsrecht in der Praxis Rn. 366.

[205] *Göthel* § 8 Rn. 127 mwN („*Normenmix aus Vorschriften der beiden Gesellschaftsstatute*").

[206] GroßkommAktG/*Hopt/Wiedemann* Vorb. §§ 291 ff. Rn. 24; MünchKommBGB XI/*Kindler* Rn. 699, 711 f.

[207] GroßkommAktG/*Hopt/Wiedemann* Vorb. §§ 291 ff. Rn. 26; Emmerich/Habersack/*Emmerich* § 291 Rn. 36.

[208] MünchKommAktG/*Altmeppen* § 293 Rn. 123.

[209] GroßkommAktG/*Hopt/Wiedemann* Vorb. §§ 291 ff. Rn. 26; Emmerich/Habersack/*Emmerich* § 291 Rn. 34; so bereits Spahlinger/Wegen Internationales Gesellschafsrecht in der Praxis Rn. 371.

[210] Henssler/Strohn/*Servatius* Internationales GesellschaftsR Rn 421.

[211] GroßkommAktG/*Hopt/Wiedemann* Vorb. §§ 291 ff. Rn. 27.

[212] Henssler/Strohn/*Servatius* Internationales GesellschaftsR. Rn. 422.

[213] Emmerich/Habersack/*Emmerich* § 291 Rn. 34.

Holzmüller-Gelatine-Doktrin[214] eine ungeschriebene Hauptversammlungszuständigkeit bestehen, wenn die ausländische abhängige Gesellschaft beabsichtigt, Strukturmaßnahmen vorzunehmen.[215]

c) Synthetische Unternehmenszusammenschlüsse. Ferner können in wirtschaftlicher Hinsicht umwandlungsähnliche Ergebnisse durch sog. **synthetische Unternehmenszusammenschlüsse** etwa in Form einer sog. *„seperate entities structure"* oder *„twinned share structure"* erreicht werden.

Das gemeinsame Handeln und Auftreten der beteiligten Gesellschaften wird bei einer *„seperate entities structure"* durch ein *„sharing agreement"* oder *„equalisation agreement"* allein schuldrechtlich festgehalten. Eine korporationsrechtliche Verbindung wird hierbei nicht hergestellt.[216] Ein solches *„sharing agreement"* bzw. *„equalisation agreement"* regelt regelmäßig die Einheitlichkeit der Entscheidungsfindung der Gesellschaften oder legt fest, dass die Unternehmensführung der Gesellschaften identisch besetzt werden muss. Zudem wird die Unternehmensführung verpflichtet, die Gesellschafter der jeweils beteiligten Gesellschaften als einheitliche Gesellschaftergruppe zu behandeln.[217] Des Weiteren wird vereinbart, dass anfallende Dividenden anteilig an die Gesellschafter aller beteiligten Gesellschaften nach Maßgabe eines bei Vertragsabschluss festgelegten *„Verschmelzungsverhältnisses"* ausgezahlt werden.[218]

Bei einer *„twinned share structure"* – als Beispiel dienen hier etwa die EuroTunnel SA und die EuroTunnel plc – erfolgt hingegen eine gesellschaftsrechtliche Verbindung der Gesellschaften auf Gesellschafterebene.[219] Die Gesellschafter der beteiligten Gesellschaften halten Anteile an jeder der beteiligten Gesellschaften. Sie können eine Übertragung ihrer Anteile nur derart vornehmen, dass Anteile an der einen Gesellschaft lediglich zusammen mit Anteilen der anderen Gesellschaft übertragen werden können.[220] Ein *„equalisation agreement"* gewährleistet auch hier, dass die Unternehmensführung einheitlich ausgeübt wird und die Gewinnausschüttung an die Gesellschafter ebenfalls gleichmäßig erfolgt. Oftmals wird auch hier im Hinblick auf die Unternehmensführung der beteiligten Gesellschaften geregelt, dass diese durch dieselben Personen ausgeübt werden soll.[221]

Zu bedenken bleibt, dass solche synthetischen Unternehmenszusammenschlüsse – neben ihren strukturellen Vorteilen[222] – insgesamt sehr komplexe, weniger transparente Strukturmodelle mit unterschiedlichen Unternehmensführungen und Unternehmensverwaltungen sowie Bilanz- und Rechtssystemen darstellen, die aufeinander sorgfältig abgestimmt werden müssen.[223] Im Hinblick auf die **Zulässigkeit nach deutschem Aktienrecht** bestehen bezüglich dieser synthetischen Unternehmenszusammenschlüsse ferner bei Einzelfragen Bedenken. So übt der Aufsichtsrat einer deutschen AG seine Personalkompetenz nach freiem Ermessen aus. Dies kann vertraglich nicht gänzlich eingeschränkt werden. Ebenso ist die Zulässigkeit der Verbindung bzw. rechtlichen Koppelung von deutschen und ausländischen Aktien durch eine Vereinbarung zumindest aktienrechtlich kritisch zu würdigen.[224] Insoweit unterliegen diese synthetischen Unternehmensverbindungen gewissen Rechtsunsicherheiten, jedenfalls sobald eine deutsche AG involviert ist, und bedürfen daher im Einzelfall sorgfältiger Prüfung, Vorbereitung und Durchführung.

---

[214] BGH II ZR 174/80, BGHZ 83, 122 = NJW 1982, 1703 – Holzmüller; BGH II ZR 155/02, BGHZ 159, 30 = NZG 2004, 571, 574 – Gelatine I; BGH II ZR 154/02, NZG 2004, 575, 578 – Gelatine II.
[215] MünchHdb. GesR VI/*Drinhausen* § 44 Rn. 9.
[216] *Samson/Flindt* NZG 2006, 290, 296.
[217] MünchHdb. GesR VI/*Reichert* § 61 Rn. 57; *Samson/Flindt* NZG 2006, 290, 296.
[218] *Samson/Flindt* NZG 2006, 290, 296.
[219] *Samson/Flindt* NZG 2006, 290, 296.
[220] MünchHdb. GesR VI/*Reichert* § 61 Rn. 58; *Samson/Flindt* NZG 2006, 290, 296.
[221] MünchHdb. GesR VI/*Reichert* § 61 Rn. 58; *Samson/Flindt* NZG 2006, 290, 296.
[222] Vgl. hierzu *Samson/Flindt* NZG 2006, 290, 296.
[223] Ebenfalls *Samson/Flindt* NZG 2006, 290, 296.
[224] MünchHdb. GesR VI/*Reichert* § 61 Rn. 58 mwN.

§ 43 Gründung einer gemeinsamen Holding- oder Tochter-SE

Übersicht

	Rdnr.		Rdnr.
A. Grundlagen	1–6	1. Erste Phase – „Mindestquotenphase"	58–71
I. Regelungssystematik	3, 4	a) Freiwilliger Anteilsaustausch	58, 59
II. Praktische Bedeutung	5, 6	b) Einbringungsfrist	60, 61
B. Gründung einer Holding-SE	7–90	c) Einbringungserklärung	62
I. Voraussetzungen	7–16	d) Einbringung der Anteile	63–65
1. Gründungsberechtigte Gesellschaften	7–9	e) Erwerb der SE-Aktien durch die Anteilseigner der Gründungsgesellschaften	66
2. Gemeinschaftsbezug	10	f) Erwerb der Anteile an den Gründungsgesellschaften seitens der SE	67
3. Mehrstaatlichkeit	11–16	g) Offenlegung	68–71
a) Erste Variante (Art. 2 Abs. 2 lit. a SE-VO)	13	2. Zweite Phase – „Zaunkönigphase"	72–75
b) Zweite Variante (Art. 2 Abs. 2 lit. b SE-VO)	14–16	a) Zweck	72
aa) Tochtergesellschaft	15	b) Beginn	73–75
bb) Zweigniederlassung	16	IV. Anwendung der deutschen Sachgründungsvorschriften	76–80
II. Vorbereitungsphase	17–56	1. Allgemeines	76
1. Gründungsplan (einschließlich Gründungsbericht)	17–42	2. Aktienrechtlicher Gründungsbericht	77
a) Allgemeines	17	3. Aktienrechtliche Gründungsprüfung	78, 79
b) Rechtsnatur	18	a) Interne Prüfung	78
c) Aufstellung	19	b) Externe Prüfung	79
d) Inhalt	20–38	4. Gründungshaftung	80
aa) Gleichlaut	21, 22	V. Eintragung der Holding-SE	81–90
bb) Gründungsbericht	23–27	1. Rechtmäßigkeitskontrolle	81–83
cc) Angaben gemäß Art. 20 Abs. 1 S. 2 lit. a bis c, f bis i SE-VO	28–35	2. Eintragungsverfahren	84–87
dd) Mindesteinbringungsquote	36, 37	a) Anmeldung einer Holding-SE mit Sitz in Deutschland	85, 86
ee) Fakultative Regelungen	38	b) Negativerklärung der Verwaltung der Vor-SE	87
e) Formerfordernisse und Offenlegung	39–42	3. Folgen der Eintragung	88–90
aa) Allgemeine Formerfordernisse	39	a) Konstitutive Wirkung	88, 89
bb) Besondere Formerfordernisse für den Gründungsbericht	40	b) Offenlegung	90
cc) Offenlegung	41, 42	C. Gründung einer Tochter-SE	91–115
2. Prüfung	43–49	I. Primäre Gründung	92–108
a) Allgemeines	43	1. Voraussetzungen	92, 93
b) Bestellung der Prüfer	44–46	a) Gründungsberechtigte Gesellschaften	92
c) Auskunftsrecht der Gründungsprüfer	47	b) Mehrstaatlichkeit	93
d) Inhalt und Umfang der Gründungsprüfung	48	2. Gründungsverfahren	94–108
e) Formerfordernisse, Sprache und Offenlegung des Prüfungsberichts	49	a) Gründungsbericht	96
		b) Gründungsprüfung	97, 98
		c) Arbeitnehmerbeteiligung	99–101
3. Zustimmung der Haupt- bzw. Gesellschafterversammlungen	50–54	d) Zustimmung der Gesellschafterversammlung(en)	102, 103
a) Allgemeines	50	e) Gründungsurkunde	104
b) Vorbereitung und Durchführung	51, 52	f) Einbringung der Anteile	105
c) Mehrheiten	53	g) Bestellung der Organmitglieder	106
d) Form	54	h) Zustimmung und Wirksamwerden der Gründung	107, 108
4. Arbeitnehmerbeteiligung	55, 56	II. Sekundäre Gründung	109–115
III. Einbringungsverfahren	57–75	1. Voraussetzungen	110
		2. Gründungsverfahren	111–115

§ 43 Gründung einer gemeinsamen Holding- oder Tochter-SE 1–3 § 43

	Rdnr.		Rdnr.
a) Bar- oder Sachgründung ...	112	c) Ausgliederung gemäß § 123	
b) Besonderheiten bei der SE-Vorratsgründung	113	Abs. 3 UmwG	114, 115

Schrifttum: *Arnold,* Mitwirkungsbefugnisse der Aktionäre nach Gelatine und Macrotron, ZIP 2005, 1573; *Brandes,* Cross Border Merger mittels der SE, AG 2005, 177; *Bungert,* Festschreibung der ungeschriebenen 'Holzmüller'-Hauptversammlungszuständigkeiten bei der Aktiengesellschaft, BB 2004, 1345; *Casper,* Numerus Clausus und Mehrstaatlichkeit bei der SE-Gründung, AG 2009, 97; *Casper/Schäfer,* Die Vorrats-SE – Zulässigkeit und wirtschaftliche Neugründung, ZIP 2007, 653; *Eidenmüller/Engert/Hornuf,* Die Societas Europaea: empirische Bestandsaufnahme und Entwicklungslinien einer neuen Rechtsform, AG 2008, 721; *Frodermann/Jannott,* Handbuch der Europäischen Aktiengesellschaft, 2. Auflage 2014; *Henssler,* Erfahrungen und Reformbedarf bei der SE – Mitbestimmungsrechtliche Reformvorschläge, ZHR 2009, 222; *Hirte,* Die Europäische Aktiengesellschaft, NZG 2002, 1; *Kiem* Erfahrungen und Reformbedarf bei der SE – Entwicklungsstand, ZHR 2009, 156; *Kloster,* Societas Europaea und europäische Unternehmenszusammenschlüsse, EuZW 2003, 293; *Lutter/Hommelhoff,* Die Europäische Gesellschaft, Köln, 2005; *Manz/Mayer/Schröder* Europäische Aktiengesellschaft, 2. Auflage 2010; *Scheifele,* Die Gründung der Europäischen Aktiengesellschaft (SE), Dissertation, Würzburg, 2004; *Schreiner,* Zulässigkeit und wirtschaftliche Neugründung einer Vorrats-SE, Dissertation, Mannheim, 2008; *Seibt,* Arbeitnehmerlose Societas Europaea, ZIP 2005, 2248; *Stöber,* Die Gründung einer Holding-SE, AG 2013, 110; *Theisen/Wenz,* Die Europäische Aktiengesellschaft, 2. Auflage 2005.

A. Grundlagen

Im Rahmen der **Gründung einer Holding-SE** bringen die Gesellschafter der beteiligten Gründungsgesellschaften ihre Anteile in die zu gründende Holding ein. Die Gründungsgesellschaften werden damit zu Tochterunternehmen der neu geschaffenen SE. Im Gegenzug erhalten die ursprünglichen Gesellschafter der Gründungsgesellschaften Anteile an der neu gegründeten SE.[1] Die Holding-Gründung vollzieht sich also als eine **Sachgründung gegen Anteilstausch**.[2] 1

Bei der **Gründung einer Tochter-SE** wird zwischen der primären bzw. originären (Art. 2 Abs. 3 und Art. 35 f. SE-VO) und der sekundären Gründung (Art. 3 Abs. 2 SE-VO) unterschieden. Im Falle der primären Gründung errichten die Gründungsgesellschaften eine gemeinsame SE-*Tochter*gesellschaft, während die beteiligten Gesellschaften umgekehrt im Falle der Gründung einer Holding-SE eine gemeinsame SE-*Mutter*gesellschaft gründen.[3] Bei der sekundären Tochter-Gründung wird die neue Gesellschaft durch eine bereits bestehende SE gegründet. Die Gründung einer Tochter-SE ist, je nach Einzelfall, als eine klassische Bar- oder Sachgründung einzustufen;[4] ein Anteilstausch findet hierbei nicht statt.[5] 2

I. Regelungssystematik

Da für SE-Gründungen das **Numerus-Clausus-Prinzip** gilt, bedarf es hinsichtlich sämtlicher Gründungsvarianten einer ausdrücklichen gesetzlichen Grundlage, die sich sowohl für die Holding- als auch für die primäre Tochter-Gründung in Art. 2 SE-VO und 3

---

[1] Lutter/Hommelhoff/*Bayer* Art. 32 SE-VO Rn. 1; Spindler/Stilz/*Casper* Art. 2, 3 SE-VO Rn. 10; Habersack/Drinhausen/*Habersack* Art. 2 SE-VO Rn. 12; Frodermann/Jannott/*Jannott* S. 46 Rn. 8; Kölner Kommentar-AktG/*Paefgen* Art. 32 SE-VO Rn. 1.

[2] MünchHdb. GesR IV/*Austmann* § 84 Rn. 50; Lutter/Hommelhoff/*Bayer* Art. 33 SE-VO Rn. 38; Kölner Kommentar-AktG/*Paefgen* Art. 33 SE-VO Rn. 81; Habersack/Drinhausen/*Scholz* Art. 33 SE-VO Rn. 38.

[3] Lutter/Hommelhoff/*Bayer* Art. 35 SE-VO Rn. 2, 3; Kölner Kommentar-AktG/*Paefgen* Art. 35 SE-VO Rn. 4.

[4] MünchHdb. GesR IV/*Austmann* § 84 Rn. 58; Spindler/Stilz/*Casper* Art. 2, 3 SE-VO Rn. 16; MünchKommAktG/*Oechsler/Mihaylova* Art. 2 SE-VO Rn. 39.

[5] Kölner Kommentar-AktG/*Paefgen* Art. 35 SE-VO Rn. 4.

für die sekundäre Tochter-Gründung in Art. 3 Abs. 2 SE-VO findet.[6] Ausdrücklich ist die Möglichkeit der Gründung einer Holding-SE in Art. 2 Abs. 2 SE-VO vorgesehen, wobei weitere Einzelheiten in Art. 32 bis 34 SE-VO geregelt werden. Ergänzend kommen gemäß Art. 9 Abs. 1 lit. c i SE-VO die Regelungen der nationalen Ausführungsgesetze zur Anwendung, so etwa §§ 9 bis 11 SEAG für den Schutz der Minderheitsgesellschafter sowie der Gläubiger einer SE mit Satzungssitz in Deutschland.[7] Die Gründung einer Tochter-SE ist dagegen in der SE-VO nur rudimentär geregelt.[8] So wird die Tochter-Gründung in Art. 2 Abs. 3 SE-VO zwar als Typus der SE-Gründung erwähnt; Einzelheiten richten sich gemäß Art. 36 SE-VO aber nach den Regeln, die das jeweilige nationale Aktienrecht für die Beteiligung von Gesellschaften an der Gründung einer Tochtergesellschaft in Form einer AG vorsieht.[9]

4   Über die vorgenannten Normen hinaus ist gemäß Art. 15 Abs. 1 SE-VO das **am Sitzstaat der Holding- oder Tochter-SE anwendbare Gesellschaftsrecht** maßgeblich (für eine Holding-SE siehe vor allem §§ 23 ff., 32 ff. AktG). Da die Holding-Gründung für fast alle Mitgliedstaaten der EU und des EWR ein juristisches Novum darstellte, bereitet der Verweis des Art. 15 Abs. 1 SE-VO jedoch in praktischer Hinsicht weiterhin Schwierigkeiten.[10] Diesen wird auf der Ebene der Gründungsgesellschaften durch eine entsprechende Anwendung des Art. 18 SE-VO iVm dem deutschen Umwandlungsrecht begegnet.[11]

II. Praktische Bedeutung

5   Zwar ist die **praktische Bedeutung der Holding-Gründung** bisher eher begrenzt geblieben, nachdem angesichts einiger noch ungeklärter Rechtsfragen gewisse **Rechtsunsicherheit** besteht.[12] Allerdings bietet die Gründung einer Holding-SE einige für die Gestaltungspraxis relevante Vorteile. Da die Gründungsgesellschaften nach der Holding-Gründung bestehen bleiben, eignet sich die Holding-Gründung etwa insbesondere als Struktur für den Zusammenschluss gleich starker Unternehmen (*merger of equals*).[13]

6   Die Gründung einer Tochter-SE ist dagegen vor allem **bei konzerninternen Sachverhalten eine Alternative zur Verschmelzung.**[14] Dabei besteht ein praktischer Vorteil gegenüber der Holding-Gründung darin, dass sich die Vorgänge im Wesentlichen nach dem nationalen Recht des Sitzstaates der SE richten.[15] Dieser Vorteil der Tochter-Gründung kommt namentlich auch in Bezug auf Joint Ventures zum Tragen, da sich die Gründungspartner nicht auf eines der beiden nationalen Gesellschaftsstatute einigen müssen und die Tochter-SE sogar in einem dritten Mitgliedstaat gegründet werden kann.[16]

---

[6] Lutter/Hommelhoff/*Bayer* Art. 2 SE-VO Rn. 1, 7; Habersack/Drinhausen/*Habersack* Art. 2 SE-VO Rn. 1; MünchKommAktG/*Oechsler/Mihaylova* Art. 2 SE-VO Rn. 1–3; Kölner Kommentar-AktG/*Paefgen* Art. 32 SE-VO Rn. 5; Kölner Kommentar-AktG/*Veil* Art. 2 SE-VO Rn. 1–3; zur Frage der Typenkombination siehe MünchKommAktG/*Oechsler/Mihaylova* Art. 2 SE-VO Rn. 8 ff.
[7] Kölner Kommentar-AktG/*Paefgen* Art. 32 SE-VO Rn. 8.
[8] MünchHdb. GesR IV/*Austmann* § 84 Rn. 58; Spindler/Stilz/*Casper* Art. 2, 3 SE-VO Rn. 15.
[9] MünchHdb. GesR IV/*Austmann* § 84 Rn. 58; Spindler/Stilz/*Casper* Art. 2, 3 SE-VO Rn. 16.
[10] Siehe MünchHdb. GesR IV/*Austmann* § 84 Rn. 45; Spindler/Stilz/*Casper* Art. 32 SE-VO Rn. 4.
[11] Lutter/Hommelhoff/*Bayer* Art. 32 SE-VO Rn. 7 f.; MünchKommAktG/*Schäfer* Art. 32 SE-VO Rn. 3.
[12] Lutter/Hommelhoff/*Bayer* Art. 32 SE-VO Rn. 1; MünchKommAktG/*Oechsler/Mihaylova* Art. 2 SE-VO Rn. 28; Kölner Kommentar-AktG/*Paefgen* Art. 32 SE-VO Rn. 15; MünchKommAktG/*Schäfer* Art. 32 SE-VO Rn. 1; *Stöber* AG 2013, 110, 112; Kölner Kommentar-AktG/*Veil* Art. 2 SE-VO Rn. 22.
[13] *Stöber* AG 2013, 110, 112.
[14] MünchHdb. GesR IV/*Austmann* § 84 Rn. 61.
[15] MünchKommAktG/*Oechsler/Mihaylova* Art. 2 SE-VO Rn. 35; Kölner Kommentar-AktG/*Veil* Art. 2 SE-VO Rn. 36.
[16] Kölner Kommentar-AktG/*Paefgen* Art. 35 SE-VO Rn. 11.

B. Gründung einer Holding-SE

I. Voraussetzungen

1. Gründungsberechtigte Gesellschaften

Welche Gesellschaften gemäß Art. 2 Abs. 2 SE-VO zur Gründung einer Holding-SE berechtigt sind, bestimmt sich nach Anlage II zur SE-VO. Die dort enthaltene Auflistung der in den jeweiligen Mitgliedstaaten bestehenden Aktiengesellschaften und Gesellschaften mit beschränkter Haftung weist für Deutschland sowohl die **AG als auch die GmbH als gründungsberechtigt** aus. Da die SE nach Art. 3 Abs. 1 SE-VO bezüglich des Gründungsprozesses wie eine AG behandelt wird, ist auch die **SE selbst als gründungsberechtigt anzusehen**.[17] Dagegen gehören die Vor-AG und die Vor-GmbH mangels ausdrücklicher Nennung nicht zum Kreis der gründungsberechtigten Gesellschaften.[18]

Streitig ist dagegen, ob auch die **KGaA** gründungsberechtigt ist. Dies wird teilweise mit dem Argument bejaht, dass die KGaA als dritter Typus einer deutschen Kapitalgesellschaft im Sinne von § 3 Abs. 1 Nr. 2 UmwG in Anhang II der SE-VO hätte Erwähnung finden müssen.[19] Nach der herrschenden Ansicht ist die KGaA dagegen mit Blick auf eine Holding-Gründung nicht gründungsberechtigt.[20] Dies überzeugt nicht zuletzt deshalb, weil es für eine insofern allenfalls in Betracht kommende analoge Anwendung mit Blick auf die ausdrückliche Behandlung der KGaA im Rechtsausschuss des Europäischen Parlaments[21] bereits an einer planwidrigen Regelungslücke fehlt.[22]

Streitig ist überdies, ob eine **Gesellschaft in Liquidation** hinsichtlich der Holding-Gründung gründungsberechtigt ist. Dies wird teilweise unter Verweis darauf verneint, dass die Gründungsgesellschaften nach der Holding-Gründung (als Tochtergesellschaften) gerade bestehen bleiben sollten, Art. 32 Abs. 1 S. 2 SE-VO.[23] Dagegen wird von der herrschenden Ansicht zu Recht eingewandt, dass zum einen das Weiterbestehen der Gründungsgesellschaften als Töchter nicht die Wirksamkeit der Holding-SE beeinflusse (sondern vielmehr den Bestand ihres Vermögens) und dass zum anderen die Fortsetzung der Gesellschaft nach Art. 18 SE-VO iVm § 3 Abs. 3 UmwG beschlossen werden könne, was jedoch seinerseits den Voraussetzungen des § 274 Abs. 1 S. 1 AktG unterliegt.[24]

2. Gemeinschaftsbezug

Sämtliche beteiligten Gründungsgesellschaften müssen zudem einen **Gemeinschaftsbezug** aufweisen. Dies ergibt sich aus Art. 2 Abs. 2 SE-VO, wonach die gründungsberechtigten Gesellschaften nach dem Recht eines Mitgliedstaats gegründet worden sein und ihren Sitz sowie ihre Hauptverwaltung in der Gemeinschaft haben müssen.[25]

---

[17] Frodermann/Jannott/*Jannott* S. 47 Rn. 10; Kölner Kommentar-AktG/*Paefgen* Art. 32 SE-VO Rn. 5.
[18] Lutter/Hommelhoff/*Bayer* Art. 2 SE-VO Rn. 16, 9; Spindler/Stilz/*Casper* Art. 2, 3 SE-VO Rn. 10; Habersack/Drinhausen/*Habersack* Art. 2 SE-VO Rn. 5, 13; aA Kölner Kommentar-AktG/*Veil* Art. 2 SE-VO Rn. 23.
[19] Spindler/Stilz/*Casper* Art. 2, 3 SE-VO Rn. 7, 10; MünchKommAktG/*Oechsler/Mihaylova* Art. 2 SE-VO Rn. 24, 29.
[20] Lutter/Hommelhoff/*Bayer* Art. 2 SE-VO Rn. 16; Habersack/Drinhausen/*Habersack* Art. 2 SE-VO Rn. 5; Kölner Kommentar-AktG/*Paefgen* Art. 32 SE-VO Rn. 5; Kölner Kommentar-AktG/*Veil* Art. 2 SE-VO Rn. 23; MünchKommAktG/*Schäfer* Art. 17 SE-VO Rn. 8.
[21] Bericht des Rechtsausschusses zum SE-Vorschlag 1989, Sitzungsdokument PE 139.411, Teil B S. 4.
[22] Habersack/Drinhausen/*Habersack* Art. 2 SE-VO Rn. 5.
[23] So Spindler/Stilz/*Casper* Art. 2, 3 SE-VO Rn. 10 mwN.
[24] Habersack/Drinhausen/*Habersack* Art. 2 SE-VO Rn. 13; MünchKommAktG/*Oechsler/Mihaylova* Art. 2 SE-VO Rn. 29; Kölner Kommentar-AktG/*Veil* Art. 2 SE-VO Rn. 23.
[25] Lutter/Hommelhoff/*Bayer* Art. 2 SE-VO Rn. 11 mwN.

3. Mehrstaatlichkeit

11 Das **Erfordernis der Mehrstaatlichkeit** folgt für die Holding-Gründung ebenfalls aus Art. 2 Abs. 2 SE-VO.[26] Nach dem eindeutigen Wortlaut der Norm muss es für mindestens zwei der Gründungsgesellschaften erfüllt sein.[27] Zugleich sind die konkreten Anforderungen an die Mehrstaatlichkeit großzügiger ausgestaltet als etwa bei der Verschmelzungsgründung nach Art. 2 Abs. 1 SE-VO, da dort stets mindestens zwei gründungsfähige Gesellschaften dem Recht unterschiedlicher Mitgliedstaaten unterliegen müssen.[28] Dies genügt zwar auch bei der Holding-Gründung zur Erfüllung des Mehrstaatlichkeitserfordernisses (vgl. Art. 2 Abs. 2 lit. a SE-VO). Daneben ist das Erfordernis aber auch dann erfüllt, wenn mindestens zwei der gründungsberechtigten Gesellschaften seit mindestens zwei Jahren eine dem Recht eines anderen Mitgliedstaates unterliegende Tochtergesellschaft oder eine Zweigniederlassung in einem anderen Mitgliedstaat haben (vgl. Art. 2 Abs. 2 lit. b SE-VO).

12 **Entfallen die Voraussetzungen der Mehrstaatlichkeit** im Anschluss an die Gründung der Holding-SE, so führt dies nicht zur Auflösung der SE, wie sich aus der Regelung des Art. 66 Abs. 2 SE-VO ableitet.[29]

13 **a) Erste Variante (Art. 2 Abs. 2 lit. a SE-VO).** Mit Blick auf die erste Variante eines mehrstaatlichen Sachverhalts kann weitgehend auf die Ausführungen in → § 19 Rn. 11 f. verwiesen werden. Ein mehrstaatlicher Sachverhalt im Sinne dieser Variante ist daneben auch in dem Fall zu bejahen, dass eine der ursprünglich in demselben Mitgliedstaat ansässigen Gründungsgesellschaften vor der Holding-Gründung gemäß Art. 2 Abs. 4 SE-VO in eine SE umgewandelt wird und ihren Sitz anschließend gemäß Art. 8 SE-VO in einen anderen Mitgliedstaat verlegt.[30] Denn dieses Vorgehen hat nach Art. 3 Abs. 1 SE-VO zur Folge, dass die umgewandelte SE zum Zwecke der Anwendung des Art. 2 Abs. 1 bis 3 SE-VO als Aktiengesellschaft gilt, die dem Recht des Mitgliedstaates unterworfen ist.

14 **b) Zweite Variante (Art. 2 Abs. 2 lit. b SE-VO).** Im Rahmen der zweiten Variante müssen zwei oder mehr Gründungsgesellschaften seit mindestens zwei Jahren vor Anmeldung der Eintragung der SE eine Tochtergesellschaft oder eine Zweigniederlassung in einem anderen Mitgliedstaat haben.[31] Durch diese Zweijahresfrist soll eine Umgehung des Mehrstaatlichkeitserfordernisses verhindert werden.[32]

15 **aa) Tochtergesellschaft.** Für die Definition des Begriffs der Tochtergesellschaft im Sinne von **Art. 2 Abs. 2 lit. b SE-VO** ist nach nicht unbestrittener Ansicht auf das Verständnis von Art. 2 Nr. 10 der EU-Bilanz-Richtlinie 2013/34/EU[33] zurückzugrei-

---

[26] Zu dem Zweck des Mehrstaatlichkeitserfordernisses siehe Lutter/Hommelhoff/*Bayer* Art. 2 SE-VO Rn. 7 mwN; Habersack/Drinhausen/*Habersack* Art. 2 SE-VO Rn. 4; MünchKommAktG/*Oechsler/Mihaylova* Art. 2 SE-VO Rn. 2, 6; Kölner Kommentar-AktG/*Veil* Art. 2 SE-VO Rn. 5 mwN.

[27] Habersack/Drinhausen/*Habersack* Art. 2 SE-VO Rn. 14; Frodermann/Jannott/*Jannott* S. 47 Rn. 11; Kölner Kommentar-AktG/*Veil* Art. 2 SE-VO Rn. 25.

[28] Lutter/Hommelhoff/*Bayer* Art. 2 SE-VO Rn. 17; Spindler/Stilz/*Casper* Art. 2, 3 SE-VO Rn. 11; Kölner Kommentar-AktG/*Veil* Art. 2 SE-VO Rn. 4, 25.

[29] MünchKommAktG/*Oechsler/Mihaylova* Art. 2 SE-VO Rn. 5; Kölner Kommentar-AktG/*Veil* Art. 2 SE-VO Rn. 4.

[30] Spindler/Stilz/*Casper* Art. 2, 3 SE-VO Rn. 11; Habersack/Drinhausen/*Habersack* Art. 2 SE-VO Rn. 14; MünchKommAktG/*Oechsler/Mihaylova* Art. 2 SE-VO Rn. 11; Kölner Kommentar-AktG/*Veil* Art. 2 SE-VO Rn. 8.

[31] Lutter/Hommelhoff/*Bayer* Art. 2 SE-VO Rn. 17; Kölner Kommentar-AktG/*Veil* Art. 2 SE-VO Rn. 20, 28.

[32] Habersack/Drinhausen/*Habersack* Art. 2 SE-VO Rn. 17; MünchKommAktG/*Oechsler/Mihaylova* Art. 2 SE-VO Rn. 34.

[33] Richtlinie 2013/34/EU des Europäischen Parlaments und des Rates vom 26.6.2013 über den Jahresabschluss, den konsolidierten Abschluss und damit verbundene Berichte von Unternehmen bestimmter Rechtsformen und zur Änderung der Richtlinie 2006/43/EG des Europäischen Parlaments und des Rates und zur Aufhebung der Richtlinien 78/660/EWG und 83/349/EWG des Rates, ABl. EU Nr. L 182 v. 29.6.2013, S. 19.

fen.³⁴ Maßgeblich abzustellen ist bei der Bestimmung einer „Tochtergesellschaft" dabei auf das Kriterium, ob ein Unternehmen die Kontrolle über ein anderes Unternehmen ausübt, z. B. durch die Mehrheit der Stimmrechte.³⁵ Als Rechtsform der Tochtergesellschaft kommt jede denkbare Rechtsform iSd Art. 54 AEUV in Betracht.³⁶

bb) Zweigniederlassung. Nach der vom EuGH entwickelten und hier maßgeblichen **16** Definition liegt eine Zweigniederlassung dann vor, wenn ein rechtlich unselbständiges Unternehmen eine räumlich, personell und organisatorisch verselbständigte Betriebseinheit eines Hauptunternehmens darstellt und über organisatorische Selbständigkeit, eine Geschäftsführung sowie ein abgesondertes Geschäftsvermögen verfügt.³⁷ Darüber hinaus braucht die Zweigniederlassung nach dem Wortlaut des Art. 2 Abs. 2 lit. b SE-VO nicht einer anderen Rechtsordnung zu unterliegen; vielmehr genügt es, wenn sie sich in einem anderen Mitgliedstaat als dem Sitzstaat der Gründungsgesellschaft befindet.³⁸ Dies ist jedenfalls dann zu bejahen, wenn die Zweigniederlassung in dem Handelsregister des anderen Mitgliedstaates eingetragen ist.³⁹ Gleiches gilt aus teleologischen Erwägungen auch dann, wenn sich der Tätigkeitsschwerpunkt der Zweigniederlassung in einem anderen als dem Sitzstaat der Gründungsgesellschaft befindet.⁴⁰

II. Vorbereitungsphase

1. Gründungsplan (einschließlich Gründungsbericht)

a) Allgemeines. Dem nach Maßgabe des Art. 32 Abs. 2 S. 1 SE-VO zu erstellenden **17** Gründungsplan kommt eine doppelte Bedeutung zu. Einerseits dient er als Teil der Informationsbasis, die dem Gesellschafterbeschluss über den Gründungsplan zugrunde liegt.⁴¹ Andererseits bildet der Gründungsplan die Informationsgrundlage für jeden Gesellschafter, auf deren Basis er die Entscheidung über die Einbringung seiner eigenen Beteiligung in die neu zu gründende SE treffen kann.⁴²

b) Rechtsnatur. Der Gründungsplan als solcher ist ein **gesellschaftsrechtlicher Or- 18 ganisationsakt** und daher nicht schuldrechtlicher Natur. Eine rechtliche Verpflichtung der Gründungsgesellschaften und deren Gesellschafter, die Holding-Gründung durchzuführen, begründet er nicht.⁴³ Werden dagegen Durchführungspflichten von den Gründungsgesellschaften gerade gewünscht, empfiehlt sich der Abschluss eines entsprechenden *Business*

---

³⁴ Lutter/Hommelhoff/*Bayer* Art. 2 SE-VO Rn. 18 mwN; Kölner Kommentar-AktG/*Veil* Art. 2 SE-VO Rn. 30 mwN zum Diskussionsstand.
³⁵ Lutter/Hommelhoff/*Bayer* Art. 2 SE-VO Rn. 18; Spindler/Stilz/*Casper* Art. 2, 3 SE-VO Rn. 12; Frodermann/Jannott/*Jannott* S. 48 Rn. 13; MünchKommAktG/*Oechsler/Mihaylova* Art. 2 SE-VO Rn. 31; Kölner Kommentar-AktG/*Veil* Art. 2 SE-VO Rn. 31.
³⁶ Spindler/Stilz/*Casper* Art. 2, 3 SE-VO Rn. 12; Habersack/Drinhausen/*Habersack* Art. 2 SE-VO Rn. 15; MünchKommAktG/*Oechsler/Mihaylova* Art. 2 SE-VO Rn. 31a.
³⁷ EuGH, Urteil v. 22.11.1978 – C-33/78, Slg. 1978, 2183 Rn. 12. Bestätigt durch EuGH, Urteil v. 18.3.1981 – C-139/80, Slg. 1981, 819 Rn. 11; dazu auch Lutter/Hommelhoff/*Bayer* Art. 2 SE-VO Rn. 19; Spindler/Stilz/*Casper* Art. 2, 3 SE-VO Rn. 13; Habersack/Drinhausen/*Habersack* Art. 2 SE-VO Rn. 16; MünchKommAktG/*Oechsler/Mihaylova* Art. 2 SE-VO Rn. 32; Kölner Kommentar-AktG/*Veil* Art. 2 SE-VO Rn. 32.
³⁸ Spindler/Stilz/*Casper* Art. 2, 3 SE-VO Rn. 13; MünchKommAktG/*Oechsler/Mihaylova* Art. 2 SE-VO Rn. 32a.
³⁹ Spindler/Stilz/*Casper* Art. 2, 3 SE-VO Rn. 13; Habersack/Drinhausen/*Habersack* Art. 2 SE-VO Rn. 16; MünchKommAktG/*Oechsler/Mihaylova* Art. 2 SE-VO Rn. 32a.
⁴⁰ Spindler/Stilz/*Casper* Art. 2, 3 SE-VO Rn. 13; Habersack/Drinhausen/*Habersack* Art. 2 SE-VO Rn. 16; aA MünchKommAktG/*Oechsler/Mihaylova* Art. 2 SE-VO Rn. 32a.
⁴¹ Kölner Kommentar-AktG/*Paefgen* Art. 32 SE-VO Rn. 30.
⁴² Kölner Kommentar-AktG/*Paefgen* Art. 32 SE-VO Rn. 30; ferner Lutter/Hommelhoff/*Bayer* Art. 32 SE-VO Rn. 42.
⁴³ Lutter/Hommelhoff/*Bayer* Art. 32 SE-VO Rn. 21; Kölner Kommentar-AktG/*Paefgen* Art. 32 SE-VO Rn. 33 f.; Habersack/Drinhausen/*Scholz* Art. 32 SE-VO Rn. 35.

Combination Agreement. Dabei dürfen jedoch weder die Freiheit der Anteilseignerversammlung bezüglich ihrer Zustimmung zur Gründung noch die entsprechenden Stimmrechte der Anteilseigner selbst rechtlich begrenzt werden.[44]

19 **c) Aufstellung.** Zur Aufstellung des Gründungsplans verpflichtet sind **die Leitungs- und Verwaltungsorgane der Gründungsgesellschaften,** Art. 32 Abs. 2 S. 1 SE-VO.[45] Für die AG ist hierfür also der Vorstand, für die GmbH ihre Geschäftsführung zuständig.[46] Jede Gründungsgesellschaft kann den Gründungsplan separat aufstellen, da der Gründungsplan zwar gleichlautend sein muss, nicht aber in ein und demselben Dokument abgefasst zu sein braucht.[47] Ebenso wenig kann im Rahmen der jeweiligen Anteilseignerversammlung der Nachweis verlangt werden, dass die anderen Gründungsgesellschaften einen inhaltsgleichen Gründungsplan aufgestellt haben. Das Vorliegen eines von sämtlichen Gründungsgesellschaften aufgestellten Gründungsplans ist vielmehr Eintragungs- und nicht Zustimmungsvoraussetzung.[48]

20 **d) Inhalt.** Der Gründungsplan hat gemäß Art. 32 Abs. 2 S. 2 bis 4 SE-VO aus mindestens den folgenden drei Elementen zu bestehen (Pflichtinhalt): Dem Gründungsbericht, den Angaben gemäß Art. 20 Abs. 1 S. 2 lit. a bis c, f bis i SE-VO sowie Informationen zur Mindesteinbringungsquote. Darüber hinaus kann der Gründungsplan zusätzliche Regelungen enthalten (fakultativer Inhalt), die allerdings im Einklang mit der Rechtsnatur und der Funktion des Gründungsplans stehen müssen.

21 **aa) Gleichlaut.** Nach dem Wortlaut des Art. 32 Abs. 2 S. 1 SE-VO haben die Gründungsgesellschaften einen *gleich lautenden* Gründungsplan zu erstellen. Hierbei geht es aber nicht zwingend um einen *gemeinsamen* Gründungsplan; ausreichend sind hierfür auch mehrere Dokumente, die sich inhaltlich nicht widersprechen.[49] Damit sind geringfügige Abweichungen, die die grundsätzliche Regelungsidentität zwischen den verschiedenen Dokumenten nicht in Frage stellen, ebenfalls unschädlich.[50] Der Gleichlaut zwischen den verschiedenen Dokumenten muss sich jedoch in jedem Fall auf sämtliche maßgeblichen Inhaltsmerkmale des Gründungsplans, also auch auf den Gründungsbericht, erstrecken.[51]

22 In praktischer Hinsicht sollte stets beachtet werden, dass **inhaltliche Abweichungen** zwischen den verschiedenen Dokumenten tendenziell die Gefahr von Verzögerungen während des Eintragungsverfahrens mit sich bringen.[52]

23 **bb) Gründungsbericht.** Der Gründungsbericht ist bei der Holding-Gründung gemäß Art. 32 Abs. 2 S. 2 SE-VO **Bestandteil des Gründungsplans.**[53] Wie bereits zum Gründungsplan ausgeführt, bedeutet dies jedoch nicht, dass es eines gemeinsamen Dokuments bedarf, sondern es reicht aus, dass sich die von den Leitungsorganen der Gründungsgesell-

---

[44] Habersack/Drinhausen/*Scholz* Art. 32 SE-VO Rn. 36; Kölner Kommentar-AktG/*Paefgen* Art. 32 SE-VO Rn. 35 mwN.
[45] Lutter/Hommelhoff/*Bayer* Art. 32 SE-VO Rn. 21; Habersack/Drinhausen/*Scholz* Art. 32 SE-VO Rn. 42; MünchKommAktG/*Schäfer* Art. 32 SE-VO Rn. 9.
[46] Habersack/Drinhausen/*Scholz* Art. 32 SE-VO Rn. 42.
[47] Habersack/Drinhausen/*Scholz* Art. 32 SE-VO Rn. 43; Kölner Kommentar-AktG/*Paefgen* Art. 32 SE-VO Rn. 31; Lutter/Hommelhoff/*Bayer* Art. 32 SE-VO Rn. 21.
[48] Habersack/Drinhausen/*Scholz* Art. 32 SE-VO Rn. 43.
[49] Lutter/Hommelhoff/*Bayer* Art. 32 SE-VO Rn. 21; Kölner Kommentar-AktG/*Paefgen* Art. 32 SE-VO Rn. 31; Habersack/Drinhausen/*Scholz* Art. 32 SE-VO Rn. 40, 43.
[50] Kölner Kommentar-AktG/*Paefgen* Art. 32 SE-VO Rn. 31; Habersack/Drinhausen/*Scholz* Art. 32 SE-VO Rn. 40.
[51] Habersack/Drinhausen/*Scholz* Art. 32 SE-VO Rn. 40.
[52] Kölner Kommentar-AktG/*Paefgen* Art. 32 SE-VO Rn. 32; Habersack/Drinhausen/*Scholz* Art. 32 SE-VO Rn. 41.
[53] Lutter/Hommelhoff/*Bayer* Art. 32 SE-VO Rn. 41; Frodermann/Jannott/*Jannott* S. 82 Rn. 135; MünchKommAktG/*Schäfer* Art. 32 SE-VO Rn. 17.

schaften aufgestellten Dokumente inhaltlich nicht widersprechen.[54] Parallel hierzu ist es auch zulässig, dass der Gründungsbericht in einem separaten Dokument enthalten ist, das seinerseits kein physischer Bestandteil des Gründungsplans ist.[55] Mit Blick auf deutsche Gründungsgesellschaften kann gemäß Art. 18 SE-VO iVm § 8 Abs. 3 UmwG auf den Gründungsbericht verzichtet werden, sofern alle Anteilseigner ihre Zustimmung in notariell dokumentierter Form erklären.[56]

Inhaltlich muss der Gründungsbericht die Holding-Gründung aus **rechtlicher und wirtschaftlicher Perspektive** erläutern und hierbei insbesondere die Aktionäre und Arbeitnehmer über die Auswirkungen der Holding-Gründung informieren.[57] Der Gründungsbericht muss alle Informationen enthalten, die den Anteilseignern eine **Plausibilitätskontrolle** der Recht- und Zweckmäßigkeit der Holding-Gründung ermöglichen.[58] Über den Wortlaut des Art. 32 Abs. 2 S. 2 SE-VO hinaus muss der Gründungsbericht ausführlich, umfassend und detailliert sein.[59] Die dabei gewählte Form sowie die verwendete Sprache müssen verständlich sein.[60]

24

Die rechtliche Erläuterung der Holding-Gründung muss sich u. a. auf den Ablauf der Gründung, die Wahl des Sitzes der SE, den Einfluss der Holding-Gründung auf Mitgliedschaftsrechte, die Organisationsverfassung der künftigen SE, die Satzungsgestaltung, die rechtlichen Aspekte des Umtauschverhältnisses und die Folgen der Begründung der Abhängigkeit iSv § 17 AktG beziehen.[61] Wurden zusätzliche Verpflichtungen vereinbart (z. B. in einem *Business Combination Agreement*), die über den Gründungsplan hinausgehen und bei Ablehnung der Zustimmung ausgelöst werden oder bei Zustimmung nachwirken, ist auch dies im Gründungsbericht darzustellen.[62] Außerdem sind die rechtlichen Grundlagen des Barabfindungsangebots nach § 9 SEAG iVm Art. 34 SE-VO darzulegen.[63]

25

Daneben muss der Gründungsbericht auf die **wirtschaftlichen Aspekte** und hierbei insbesondere auf die **ökonomische Zweckmäßigkeit der Holding-Gründung** eingehen. In diesem Zusammenhang müssen das Umtauschverhältnis erläutert und die Gründungsgesellschaften bewertet werden.[64] Auf größere Schwierigkeiten bei der Bewertung der Gründungsgesellschaften soll gemäß Art. 18 SE-VO iVm § 8 Abs. 1 S. 2 UmwG gesondert hingewiesen werden.[65] Beide Aspekte (**Umtauschverhältnis und Unternehmensbewertung**) können durch einen Gutachter untersucht werden, dessen Arbeits-

26

---

[54] Lutter/Hommelhoff/*Bayer* Art. 32 SE-VO Rn. 41; MünchKommAktG/*Schäfer* Art. 32 SE-VO Rn. 17.
[55] Lutter/Hommelhoff/*Bayer* Art. 32 SE-VO Rn. 41; MünchKommAktG/*Schäfer* Art. 32 SE-VO Rn. 17; aA Frodermann/Jannott/*Jannott* S. 82 Rn. 135.
[56] Lutter/Hommelhoff/*Bayer* Art. 32 SE-VO Rn. 42; Kölner Kommentar-AktG/*Paefgen* Art. 32 SE-VO Rn. 75; Habersack/Drinhausen/*Scholz* Art. 32 SE-VO Rn. 45.
[57] Lutter/Hommelhoff/*Bayer* Art. 32 SE-VO Rn. 42; Frodermann/Jannott/*Jannott* S. 82 Rn. 135; Kölner Kommentar-AktG/*Paefgen* Art. 32 SE-VO Rn. 67; MünchKommAktG/*Schäfer* Art. 32 SE-VO Rn. 18; Habersack/Drinhausen/*Scholz* Art. 32 SE-VO Rn. 45.
[58] Kölner Kommentar-AktG/*Paefgen* Art. 32 SE-VO Rn. 67, 70; Habersack/Drinhausen/*Scholz* Art. 32 SE-VO Rn. 46.
[59] Lutter/Hommelhoff/*Bayer* Art. 32 SE-VO Rn. 42; Kölner Kommentar-AktG/*Paefgen* Art. 32 SE-VO Rn. 69, 74; Habersack/Drinhausen/*Scholz* Art. 32 SE-VO Rn. 46.
[60] Kölner Kommentar-AktG/*Paefgen* Art. 32 SE-VO Rn. 69; Habersack/Drinhausen/*Scholz* Art. 32 SE-VO Rn. 46.
[61] Lutter/Hommelhoff/*Bayer* Art. 32 SE-VO Rn. 43; Kölner Kommentar-AktG/*Paefgen* Art. 32 SE-VO Rn. 69 ff.; Habersack/Drinhausen/*Scholz* Art. 32 SE-VO Rn. 47.
[62] Habersack/Drinhausen/*Scholz* Art. 32 SE-VO Rn. 37, 65.
[63] Lutter/Hommelhoff/*Bayer* Art. 32 SE-VO Rn. 46; Kölner Kommentar-AktG/*Paefgen* Art. 32 SE-VO Rn. 62, 69; MünchKommAktG/*Schäfer* Art. 32 SE-VO Rn. 19.
[64] Lutter/Hommelhoff/*Bayer* Art. 32 SE-VO Rn. 43; Kölner Kommentar-AktG/*Paefgen* Art. 32 SE-VO Rn. 70, 71; Habersack/Drinhausen/*Scholz* Art. 32 SE-VO Rn. 47.
[65] Lutter/Hommelhoff/*Bayer* Art. 32 SE-VO Rn. 43; Kölner Kommentar-AktG/*Paefgen* Art. 32 SE-VO Rn. 71; Habersack/Drinhausen/*Scholz* Art. 32 SE-VO Rn. 47.

ergebnisse sich die Leitungsorgane zu Eigen machen und dem Gründungsbericht beifügen können.⁶⁶ Des Weiteren sind **die wirtschaftlichen Folgen der Holding-Gründung auf die Gründungsgesellschaften** zu erläutern (z. B. für den Fall, dass eine der Gründungsgesellschaften Konzernmutter ist).⁶⁷ Darüber hinaus ist auf die Ziele, die Zweckmäßigkeit der Holding-Gründung und die Vor- und Nachteile der Holding-Gründung in Bezug auf die aktuelle Lage der Gründungsgesellschaften (Marktposition, Umsatz, Strategie etc.) einzugehen.⁶⁸

27 Schließlich hat der Gründungsbericht nach Art. 32 Abs. 2 S. 2 SE-VO die **Auswirkungen der Holding-Gründung auf alle Anteilseigner** zu erläutern (z. B. konzernrechtliche Folgen, mitgliedschaftliche Stellung in der SE, Übertragbarkeit der Aktien in der SE usw.).⁶⁹ Auch sind die **Auswirkungen der Holding-Gründung auf die Arbeitnehmer** darzustellen. Dies bezieht sich vor allem auf etwaige mittelbare Folgen der Holding-Gründung oder auf Maßnahmen, die in Zukunft getroffen werden könnten oder sogar bereits geplant sind, wie z. B. Umstrukturierungen, Entlassungen oder Rationalisierungsmaßnahmen.⁷⁰

28 **cc) Angaben gemäß Art. 20 Abs. 1 S. 2 lit. a bis c, f bis i SE-VO.** Des Weiteren muss der Gründungsplan über die nach Art. 32 Abs. 2 S. 3 SE-VO einzubeziehenden Inhalte gemäß Art. 20 Abs. 1 S. 2 lit. a bis c, f bis i SE-VO informieren (für Einzelheiten → § 19 Rn. 26 ff.).

29 **Firma und Sitz (Art. 20 Abs. 1 S. 2 lit. a SE-VO):** Im Gründungsplan sind die Firma und der Sitz sowohl der Gründungsgesellschaften als auch der SE anzugeben. Der Zusatz „SE" muss nach Art. 11 Abs. 1 SE-VO vor- oder nachgestellt werden.⁷¹ Unter dem Sitz der SE ist der in der Satzung festgelegte Ort zu verstehen, an dem die SE gegründet werden soll und durch Eintragung im Register die Rechtspersönlichkeit (siehe Art. 12, 16 Abs. 1 SE-VO) erwerben wird, wobei dieser Satzungssitz von dem tatsächlichen Verwaltungssitz zu unterscheiden ist.⁷² Die SE muss ihren (Satzungs-)Sitz nicht zwingend in einem der Mitgliedstaaten haben, in denen die Gründungsgesellschaften ansässig sind.⁷³

30 **Umtauschverhältnis, Unternehmensbewertung und Höhe der Ausgleichszahlung (Art. 20 Abs. 1 S. 2 lit. b SE-VO):** Gemäß Art. 15 Abs. 1 SE-VO richten sich diese Angaben nach dem Recht am Sitz der künftigen SE.⁷⁴ Bei einer SE mit Sitz in Deutschland dürfen gemäß Art. 15 Abs. 1 SE-VO iVm § 68 Abs. 3 UmwG nur bare Zuzahlungen in Höhe von 10 % des Gesamtnennbetrages der gewährten Aktien der Holding-SE erfolgen.⁷⁵ Das Umtauschverhältnis wird jeweils nach dem nationalen Recht ermittelt.⁷⁶

---

⁶⁶ Habersack/Drinhausen/*Scholz* Art. 32 SE-VO Rn. 47.
⁶⁷ Habersack/Drinhausen/*Scholz* Art. 32 SE-VO Rn. 47.
⁶⁸ Lutter/Hommelhoff/*Bayer* Art. 32 SE-VO Rn. 43; Kölner Kommentar-AktG/*Paefgen* Art. 32 SE-VO Rn. 70; Habersack/Drinhausen/*Scholz* Art. 32 SE-VO Rn. 47.
⁶⁹ Lutter/Hommelhoff/*Bayer* Art. 32 SE-VO Rn. 44; Kölner Kommentar-AktG/*Paefgen* Art. 32 SE-VO Rn. 69; Habersack/Drinhausen/*Scholz* Art. 32 SE-VO Rn. 48.
⁷⁰ Lutter/Hommelhoff/*Bayer* Art. 32 SE-VO Rn. 44; Kölner Kommentar-AktG/*Paefgen* Art. 32 SE-VO Rn. 68, 72; MünchKommAktG/*Schäfer* Art. 32 SE-VO Rn. 18; Habersack/Drinhausen/*Scholz* Art. 32 SE-VO Rn. 50.
⁷¹ Kölner Kommentar-AktG/*Paefgen* Art. 32 SE-VO Rn. 39.
⁷² Kölner Kommentar-AktG/*Paefgen* Art. 32 SE-VO Rn. 40.
⁷³ Lutter/Hommelhoff/*Bayer* Art. 32 SE-VO Rn. 25; Kölner Kommentar-AktG/*Paefgen* Art. 32 SE-VO Rn. 40.
⁷⁴ Lutter/Hommelhoff/*Bayer* Art. 32 SE-VO Rn. 26; Kölner Kommentar-AktG/*Paefgen* Art. 32 SE-VO Rn. 45 f.
⁷⁵ Lutter/Hommelhoff/*Bayer* Art. 32 SE-VO Rn. 26; Habersack/Drinhausen/*Scholz* Art. 32 SE-VO Rn. 52.
⁷⁶ Lutter/Hommelhoff/*Bayer* Art. 32 SE-VO Rn. 26.

§ 43 Gründung einer gemeinsamen Holding- oder Tochter-SE   31–34 § 43

Einzelheiten bzgl. der Übertragung der SE-Aktien (Art. 20 Abs. 1 S. 2 lit. c SE- 31
VO): Der **Anteilsaustausch** erfolgt bei einer deutschen Gründungsgesellschaft nach den Grundsätzen des § 5 Abs. 1 Nr. 4 UmwG.[77] Ein Treuhänder ist jedoch nicht zwingend zu bestellen, da die Aktionäre bei der Holding-Gründung aktiv mitwirken müssen, so dass die im Falle der Verschmelzung bestehende Gefahr eines automatischen Verlustes der bisherigen Mitgliedschaftsrechte nicht besteht.[78]

Sonderrechte (Art. 20 Abs. 1 S. 2 lit. f SE-VO): Hiervon sind sämtliche Vergüns- 32
tigungen zu Gunsten von Aktionären bei der Stimmrechtsausübung und der Gewinnverwendung umfasst.[79]

Vorteile für sonstige Beteiligte (Art. 20 Abs. 1 S. 2 lit. g SE-VO): Anzugeben sind 33
etwaige Vorteile der Gründungsprüfer, der Mitglieder des Vorstands und des Aufsichtsrats bzw. der Geschäftsführung der Gründungsgesellschaften.[80] Erfasst ist jede Art von Vergünstigung, die anlässlich der Gründung gewährt wird und ihrerseits keine Gegenleistung für eine erbrachte Tätigkeit darstellt.[81]

Satzung der SE (Art. 20 Abs. 1 S. 2 lit. h SE-VO): Der Inhalt der Satzung einer 34
deutschen SE richtet sich insbesondere nach Art. 15 Abs. 1 SE-VO iVm §§ 23 ff. AktG.[82] Mit Blick auf die Angaben zur Satzung ist die **Nennung der Höhe des Grundkapitals** problematisch, denn diese steht erst nach Ablauf der Frist gemäß Art. 33 Abs. 3 S. 2 SE-VO endgültig fest.[83] Für die Bewältigung dieses Problems wurden bislang verschiedene Lösungen vorgeschlagen, denen jedoch sowohl dogmatische als auch praktische Probleme innewohnen (stufenweise Festsetzung des Grundkapitals, Treuhänderlösung, Verwendung eines bedingten Kapitals, Kombination von bedingtem und genehmigtem Kapital).[84] Vorzugswürdig erscheint daher eine Kombination von statutarischem Grundkapital mit einem variablen „Kapitalerhöhungsbetrag"; dies bedeutet, dass zu dem mindestens 120.000 Euro betragenden Grundkapital (Art. 4 Abs. 2 SE-VO) ein Betrag zu rechnen ist, der dem Nennbetrag der Gesellschaftsanteile entspricht, die für den Umtausch der über die Mindestquoten hinausgehenden Anteile zur Verfügung stehen. Diese übrigen Anteile können im Rahmen einer Kapitalerhöhung geschaffen werden, die einen variablen, mit einer Höchstgrenze versehenen Betrag vorsieht.[85] Ein weiteres Problemfeld in Bezug auf die Satzung der SE sind die nach § 27 Abs. 1 S. 1 AktG erforderlichen **Angaben zur Sacheinlage,** da im Zeitpunkt der Erstellung des Gründungsplans bzw. der Satzung der SE nicht feststeht, welche Anteilseigner ihre Anteile einbringen und dafür nach der Holding-Gründung Aktien der Holding-SE erhalten werden.[86] Dieses Problem wird in der Praxis regelmäßig

---

[77] Lutter/Hommelhoff/*Bayer* Art. 32 SE-VO Rn. 27; Kölner Kommentar-AktG/*Paefgen* Art. 32 SE-VO Rn. 48.
[78] Lutter/Hommelhoff/*Bayer* Art. 32 SE-VO Rn. 27; Kölner Kommentar-AktG/*Paefgen* Art. 32 SE-VO Rn. 49; Habersack/Drinhausen/*Scholz* Art. 32 SE-VO Rn. 54.
[79] Lutter/Hommelhoff/*Bayer* Art. 20 SE-VO Rn. 23; Kölner Kommentar-AktG/*Maul* Art. 20 SE-VO Rn. 42.
[80] Lutter/Hommelhoff/*Bayer* Art. 20 SE-VO Rn. 24; Kölner Kommentar-AktG/*Maul* Art. 20 SE-VO Rn. 45.
[81] Lutter/Hommelhoff/*Bayer* Art. 20 SE-VO Rn. 24; Kölner Kommentar-AktG/*Maul* Art. 20 SE-VO Rn. 46.
[82] Lutter/Hommelhoff/*Bayer* Art. 32 SE-VO Rn. 30; Kölner Kommentar-AktG/*Maul* Art. 20 SE-VO Rn. 48; Kölner Kommentar-AktG/*Paefgen* Art. 32 SE-VO Rn. 52.
[83] Lutter/Hommelhoff/*Bayer* Art. 32 SE-VO Rn. 31; Kölner Kommentar-AktG/*Paefgen* Art. 32 SE-VO Rn. 53.
[84] Zum Diskussionsstand Lutter/Hommelhoff/*Bayer* Art. 32 SE-VO Rn. 31 ff.; Kölner Kommentar-AktG/*Paefgen* Art. 32 SE-VO Rn. 54 ff.
[85] Grundlegend Frodermann/Jannott/*Jannott* S. 85 Rn. 142; siehe auch Lutter/Hommelhoff/*Bayer* Art. 32 SE-VO Rn. 34b mwN; Kölner Kommentar-AktG/*Paefgen* Art. 32 SE-VO Rn. 59; Habersack/Drinhausen/*Scholz* Art. 32 SE-VO Rn. 70.
[86] Lutter/Hommelhoff/*Bayer* Art. 32 SE-VO Rn. 35; Kölner Kommentar-AktG/*Paefgen* Art. 32 SE-VO Rn. 60.

durch die Aufnahme einer Satzungsbestimmung gelöst, nach der das Grundkapital der SE durch Einbringung von Anteilen an den Gründungsgesellschaften gegen Gewährung von Aktien der Holding-SE zum vereinbarten Umtauschverhältnis aufgebracht wird.[87]

35 Angaben zum Verfahren der Arbeitnehmerbeteiligung (Art. 20 Abs. 1 S. 2 lit. i SE-VO): Hierdurch sollen die Aktionäre darüber informiert werden, welche **Grundzüge für die Arbeitnehmerbeteiligung** gelten.[88]

36 dd) **Mindesteinbringungsquote.** Nach Art. 32 Abs. 2 S. 3 Hs. 2 SE-VO ist im Gründungsplan der **Mindestprozentsatz der Aktien oder sonstigen Anteile** anzugeben, der von den Aktionären eingebracht werden muss, damit die SE gegründet werden kann. Dieser Prozentsatz muss nach Art. 32 Abs. 2 S. 4 SE-VO mehr als 50 % der durch Aktien an der jeweiligen Gründungsgesellschaft verliehenen ständigen Stimmrechte umfassen, wobei die Gründungsgesellschaften unterschiedliche Quoten vereinbaren dürfen.[89] Nicht zulässig ist dagegen die Regelung einer Höchstgrenze, bis zu der ein Umtausch erfolgen darf.[90] **Zweck der Mindestbeteiligungsquote** ist es, die beherrschende Stellung der Holding-SE in den Gründungsgesellschaften sicherzustellen.[91] Die Erreichung der Mindesteinbringungsquote ist für die Holding-Gründung konstitutiv, denn gemäß Art. 33 Abs. 2 SE-VO ist die SE dann gegründet, wenn die Gesellschafter der die Gründung anstrebenden Gesellschaften innerhalb der in Art. 33 Abs. 1 SE-VO genannten Frist den Mindestprozentsatz der Gesellschaftsanteile eingebracht haben, der nach dem Gründungsplan für jede Gesellschaft festgelegt ist.

37 Bei der **Berechnung der eingebrachten Anteile** sind dabei nur Anteile mit ständigem Stimmrecht zu berücksichtigen; stimmrechtslose Aktien tragen dagegen nicht zum Erreichen der Mindestbeteiligungsquote bei (dies gilt auch für Vorzugsaktien mit nur temporär existierendem Stimmrecht).[92] Zu berücksichtigen sind ferner Mehrfachstimmrechte bestimmter Anteile, Anteile mit Höchststimmrecht und eigene Aktien oder Anteile einer Gründungsgesellschaft.[93]

38 ee) **Fakultative Regelungen.** Dem **Zweck des Gründungsplans als Informationsgrundlage** entspricht es, **zusätzliche Informationsinhalte** zuzulassen, die über die von der SE-VO geregelten Inhalte hinausgehen.[94] Solche Inhalte können etwa die Bestellung der Mitglieder des ersten Aufsichts- bzw. Verwaltungsorgans der künftigen SE oder die Bestellung der Abschlussprüfer für das erste Geschäftsjahr betreffen.[95]

---

[87] Lutter/Hommelhoff/*Bayer* Art. 32 SE-VO Rn. 35; Kölner Kommentar-AktG/*Paefgen* Art. 32 SE-VO Rn. 60.
[88] Lutter/Hommelhoff/*Bayer* Art. 20 SE-VO Rn. 26; Kölner Kommentar-AktG/*Paefgen* Art. 32 SE-VO Rn. 61; Kölner Kommentar-AktG/*Maul* Art. 20 SE-VO Rn. 57.
[89] Lutter/Hommelhoff/*Bayer* Art. 32 SE-VO Rn. 38 f.; Kölner Kommentar-AktG/*Paefgen* Art. 32 SE-VO Rn. 63; MünchKommAktG/*Schäfer* Art. 32 SE-VO Rn. 16; Habersack/Drinhausen/*Scholz* Art. 32 SE-VO Rn. 57 f.
[90] Lutter/Hommelhoff/*Bayer* Art. 32 SE-VO Rn. 40; Kölner Kommentar-AktG/*Paefgen* Art. 32 SE-VO Rn. 66; MünchKommAktG/*Schäfer* Art. 32 SE-VO Rn. 16; Habersack/Drinhausen/*Scholz* Art. 32 SE-VO Rn. 57.
[91] Lutter/Hommelhoff/*Bayer* Art. 32 SE-VO Rn. 37; Kölner Kommentar-AktG/*Paefgen* Art. 32 SE-VO Rn. 63; MünchKommAktG/*Schäfer* Art. 32 SE-VO Rn. 16.
[92] Lutter/Hommelhoff/*Bayer* Art. 32 SE-VO Rn. 38; Kölner Kommentar-AktG/*Paefgen* Art. 32 SE-VO Rn. 65; MünchKommAktG/*Schäfer* Art. 32 SE-VO Rn. 16; Habersack/Drinhausen/*Scholz* Art. 32 SE-VO Rn. 59.
[93] Lutter/Hommelhoff/*Bayer* Art. 32 SE-VO Rn. 38; Kölner Kommentar-AktG/*Paefgen* Art. 32 SE-VO Rn. 64; MünchKommAktG/*Schäfer* Art. 32 SE-VO Rn. 16; Habersack/Drinhausen/*Scholz* Art. 32 SE-VO Rn. 59.
[94] Kölner Kommentar-AktG/*Paefgen* Art. 32 SE-VO Rn. 76; Habersack/Drinhausen/*Scholz* Art. 32 SE-VO Rn. 65.
[95] Kölner Kommentar-AktG/*Paefgen* Art. 32 SE-VO Rn. 77 f.; Habersack/Drinhausen/*Scholz* Art. 32 SE-VO Rn. 65.

e) Formerfordernisse und Offenlegung. aa) Allgemeine Formerfordernisse. 39
Während die SE-VO keine Vorschriften über die Form des Gründungsplans enthält, ist es allgemein anerkannt, dass der **Gründungsplan einer deutschen Gründungsgesellschaft** der notariellen Beurkundung bedarf.[96] Zurückzuführen ist dies nicht zuletzt darauf, dass die Satzung der künftigen SE nach Art. 32 Abs. 2 S. 3 und Art. 20 Abs. 1 S. 2 lit. h SE-VO zwingender Bestandteil des Gründungsplans ist und auch sie nach Art. 15 Abs. 1 SE-VO iVm § 23 Abs. 1 AktG notariell zu beurkunden ist.[97] Daneben wird die **Erforderlichkeit der notariellen Beurkundung** teilweise auch aus einer entsprechenden Anwendung von Art. 18 SE-VO iVm § 6 UmwG hergeleitet.[98]

bb) Besondere Formerfordernisse für den Gründungsbericht. Umstritten ist da- 40 gegen, ob auch der Gründungsbericht einer notariellen Beurkundung bedarf, sofern er separat vom übrigen Teil des Gründungsplans[99] erstellt wird. Nach einer Ansicht ist dies zu verneinen, da die Holding-Gründung insofern mit der Verschmelzungsgründung vergleichbar sei und mithin Art. 18 SE-VO iVm § 8 UmwG zur Anwendung käme. Zudem entfalle das Beurkundungsbedürfnis mit Blick auf die unterschiedlichen Funktionen von Gründungsplan (rechtliche Grundlage der Holding-Gründung) und Gründungsbericht (Informationsgrundlage für die Anteilseigner).[100] Dieser Ansicht ist jedoch schon deshalb nicht zu folgen, weil der Gründungsbericht nach Art. 32 Abs. 2 S. 2 SE-VO Bestandteil des in jedem Fall beurkundungspflichtigen Gründungsplans ist und für eine teleologische Reduktion dieser Vorschrift kein Raum besteht. Somit ist – auch wenn man davon ausgeht, dass der Gründungsbericht in Form eines separaten Dokuments erstellt werden kann – dieses Dokument zusätzlich notariell zu beurkunden.[101] Ein solches Vorgehen empfiehlt sich nicht zuletzt auch mit Blick auf etwaige Anfechtungsrisiken.[102]

cc) Offenlegung. Gemäß Art. 32 Abs. 3 SE-VO ist der Gründungsplan **mindestens** 41 **einen Monat vor der Hauptversammlung**, die über die Holding-Gründung beschließen soll, für jede der Gründungsgesellschaften nach den in den einzelnen Mitgliedstaaten vorgesehenen Verfahren offenzulegen.[103] Eine deutsche Gründungsgesellschaft müsste demnach den Gründungsplan nach Art. 18 SE-VO iVm § 61 UmwG elektronisch zur Eintragung im Handelsregister anmelden.[104] Nach erfolgter Eintragung gemäß § 8a HGB ist die Eintragung des Gründungsplans – nicht hingegen der Gründungsplan als solcher[105] – nach §§ 12 Abs. 1, 10 S. 1 HGB bekannt zu machen.[106]

Streitig ist, ob auch der Gründungsbericht offenzulegen ist. Dies wird iSe teleologischen 42 Reduktion der Norm teilweise verneint; vielmehr genüge es, wenn der Gründungsbericht

---

[96] Lutter/Hommelhoff/*Bayer* Art. 32 SE-VO Rn. 22; Schmitt/Hörtnagl/Stratz/*Hörtnagl* UmwG Art. 32 SE-VO Rn. 3; Kölner Kommentar-AktG/*Paefgen* Art. 32 SE-VO Rn. 79f.; Habersack/Drinhausen/*Scholz* Art. 32 SE-VO Rn. 38.
[97] Kölner Kommentar-AktG/*Paefgen* Art. 32 SE-VO Rn. 79; Habersack/Drinhausen/*Scholz* Art. 32 SE-VO Rn. 38.
[98] So Lutter/Hommelhoff/*Bayer* Art. 32 SE-VO Rn. 22; MünchKommAktG/*Schäfer* Art. 32 SE-VO Rn. 23.
[99] Diese Möglichkeit wird generell abgelehnt von Frodermann/Jannott/*Jannott* S. 82 Rn. 135.
[100] Kölner Kommentar-AktG/*Paefgen* Art. 32 SE-VO Rn. 81; Habersack/Drinhausen/*Scholz* Art. 32 SE-VO Rn. 39.
[101] Lutter/Hommelhoff/*Bayer* Art. 32 SE-VO Rn. 41.
[102] Habersack/Drinhausen/*Scholz* Art. 32 SE-VO Rn. 39.
[103] Lutter/Hommelhoff/*Bayer* Art. 32 SE-VO Rn. 47.
[104] Lutter/Hommelhoff/*Bayer* Art. 32 SE-VO Rn. 47; Kölner Kommentar-AktG/*Paefgen* Art. 32 SE-VO Rn. 83; Habersack/Drinhausen/*Scholz* Art. 32 SE-VO Rn. 73.
[105] Kölner Kommentar-AktG/*Paefgen* Art. 32 SE-VO Rn. 84; Habersack/Drinhausen/*Scholz* Art. 32 SE-VO Rn. 74.
[106] Lutter/Hommelhoff/*Bayer* Art. 32 SE-VO Rn. 47; Kölner Kommentar-AktG/*Paefgen* Art. 32 SE-VO Rn. 83f.; Habersack/Drinhausen/*Scholz* Art. 32 SE-VO Rn. 73f.

zusammen mit dem Gründungsplan zum Handelsregister eingereicht werde.[107] Auch in diesem Zusammenhang ist angesichts des eindeutigen, den Gründungsplan mit all seinen Bestandteilen umfassenden Wortlauts des Art. 32 SE-VO aber richtigerweise davon auszugehen, dass die **Einreichung des Gründungsberichts** ebenfalls offenzulegen ist.[108] Die Offenlegung muss nach dem Wortlaut des Art. 32 Abs. 3 SE-VO mindestens einen Monat vor der Gesellschafterversammlung, die über die Holding-Gründung zu beschließen hat, erfolgen. Nach Art. 18 SE-VO iVm § 61 S. 1 UmwG ist dieses Erfordernis dahingehend zu erweitern, dass die Offenlegung spätestens unmittelbar vor der Einberufung der Versammlung zu erfolgen hat.[109] Möglicherweise bestehende Publizitätspflichten gemäß Art. 17, 7 der EU-Marktmissbrauchsverordnung, § 21 WpHG bleiben dabei unberührt.[110] Ist ein Abfindungsangebot erforderlich, muss die Bekanntmachung des Gründungsplans gemäß § 9 Abs. 1 S. 3 SEAG den Wortlaut dieses Angebots enthalten.[111]

2. Prüfung

43 **a) Allgemeines.** Die **Prüfung des Gründungsplans** und die **Erstellung eines schriftlichen Berichts für die Aktionäre** der einzelnen Gesellschaften durch unabhängige Sachverständige sind in Art. 32 Abs. 4, 5 SE-VO geregelt. Der zu erstellende Bericht dient dem **Schutz der Gesellschafter,** insbesondere dem etwaiger Minderheitsgesellschafter.[112] Verzichten sämtliche Anteilseigner darauf, sind daher die Prüfung wie auch die Erstellung des Prüfungsberichts entbehrlich.[113] Mit der Erstellung des Gründungsberichts erhalten die Anteilseigner jedoch in jedem Fall ein zusätzliches Informationsmedium, auf dessen Grundlage sie ihre Zustimmungsentscheidung treffen können.[114] Um etwaige Bewertungsschwierigkeiten frühzeitig zu erkennen und eine gemeinsame Haltung im Gründungs- und im Prüfungsbericht zu entwickeln, empfiehlt es sich, dass die Leitungs- bzw. Verwaltungsorgane der Gründungsgesellschaften sich vorab mit den Prüfern abstimmen.[115]

44 **b) Bestellung der Prüfer.** Nach dem Wortlaut des Art. 32 Abs. 4 SE-VO ist zunächst alternativ eine getrennte Prüfung für jede Gründungsgesellschaft (Art. 32 Abs. 4 S. 1 SE-VO) oder eine gemeinsame Prüfung der Gesellschaften (Art. 32 Abs. 4 S. 2 SE-VO) möglich. Die Entscheidung hierüber obliegt grundsätzlich den Leitungs- bzw. Verwaltungsorganen der Gründungsgesellschaften.[116]

45 Für die getrennte Prüfung ergibt sich aus dem Wortlaut des Art. 32 Abs. 4 S. 1 SE-VO zwar, dass eine **gerichtliche Bestellung der Prüfer** nach dem Verständnis des europäischen Gesetzgebers nicht unabdingbar ist.[117] Ist eine deutsche Gründungsgesellschaft

---

[107] Spindler/Stilz/*Casper* Art. 32 SE-VO Rn. 17; MünchKommAktG/*Schäfer* Art. 32 SE-VO Rn. 24.
[108] Lutter/Hommelhoff/*Bayer* Art. 32 SE-VO Rn. 48; Frodermann/Jannott/*Jannott* S. 88 Rn. 152; Habersack/Drinhausen/*Scholz* Art. 32 SE-VO Rn. 73.
[109] Lutter/Hommelhoff/*Bayer* Art. 32 SE-VO Rn. 49; Frodermann/Jannott/*Jannott* S. 88 Rn. 152; Kölner Kommentar-AktG/*Paefgen* Art. 32 SE-VO Rn. 85; Habersack/Drinhausen/*Scholz* Art. 32 SE-VO Rn. 73.
[110] MünchKommAktG/*Schäfer* Art. 32 SE-VO Rn. 26; siehe auch Kölner Kommentar-AktG/*Paefgen* Art. 32 SE-VO Rn. 85.
[111] Lutter/Hommelhoff/*Bayer* Art. 32 SE-VO Rn. 50; Spindler/Stilz/*Casper* Art. 32 SE-VO Rn. 17; Kölner Kommentar-AktG/*Paefgen* Art. 32 SE-VO Rn. 84; MünchKommAktG/*Schäfer* Art. 32 SE-VO Rn. 25; aA Habersack/Drinhausen/*Scholz* Art. 32 SE-VO Rn. 74.
[112] Lutter/Hommelhoff/*Bayer* Art. 32 SE-VO Rn. 51; Frodermann/Jannott/*Jannott* S. 86 Rn. 147.
[113] Kölner Kommentar-AktG/*Paefgen* Art. 32 SE-VO Rn. 101; Habersack/Drinhausen/*Scholz* Art. 32 SE-VO Rn. 84; aA Frodermann/Jannott/*Jannott* S. 86 Rn. 147.
[114] Frodermann/Jannott/*Jannott* S. 86 Rn. 147; Kölner Kommentar-AktG/*Paefgen* Art. 32 SE-VO Rn. 87.
[115] Kölner Kommentar-AktG/*Paefgen* Art. 32 SE-VO Rn. 87.
[116] Habersack/Drinhausen/*Scholz* Art. 32 SE-VO Rn. 80.
[117] Habersack/Drinhausen/*Scholz* Art. 32 SE-VO Rn. 80; Kölner/Kommentar-AktG/*Paefgen* Art. 32 SE-VO Rn. 90 Fn. 199.

beteiligt, ist die gerichtliche Bestellung bei getrennter Prüfung jedoch zwingend erforderlich.[118]

Bei **gemeinsamer Prüfung** müssen die Gründungsgesellschaften zwischen einer Bestellung nach dem Recht des Sitzstaates einer der Gründungsgesellschaften oder nach dem Recht des Sitzstaates der zu gründenden SE wählen.[119] In diesem Zusammenhang haben sie einen gemeinsamen Antrag an die zuständige Stelle des jeweils gewählten Staates zu richten.[120] Die Prüfer müssen nach Art. 32 Abs. 4 S. 2 SE-VO zwingend vom zuständigen Gericht oder von der Behörde – in Deutschland von dem Landgericht am Satzungssitz der Gründungsgesellschaft[121] – bestellt werden. Eine Bestellung durch die Leitungsorgane der Gründungsgesellschaften scheidet dagegen aus.[122] Das Prüfungsverfahren wird durch das Recht des Staates, in dem der Prüfer bestellt wurde, geregelt.[123] 46

c) Auskunftsrecht der Gründungsprüfer. Obwohl dies nicht ausdrücklich geregelt ist, steht den Gründungsprüfern gegenüber den Gründungsgesellschaften ein **Auskunftsrecht** zu.[124] Für deutsche Gründungsgesellschaften sind § 11 Abs. 1 UmwG sowie § 320 Abs. 1 S. 2 und Abs. 2 S. 1 HGB maßgeblich.[125] 47

d) Inhalt und Umfang der Gründungsprüfung. Die Prüfung umfasst den gesamten **Gründungsplan** und damit auch den **Gründungsbericht** sowie das **Abfindungsangebot** nach § 9 SEAG.[126] Geprüft werden insofern lediglich die Richtigkeit und die Vollständigkeit des Gründungsplans, nicht aber die Zweckmäßigkeit der Holding-Gründung an sich.[127] An der Richtigkeit oder der Vollständigkeit des Gründungsberichts kann es etwa dann fehlen, wenn dieser durch offenkundige Unzulänglichkeiten geprägt ist, die die Plausibilitätskontrolle durch die Anteilseigner unmöglich machen.[128] Im Mittelpunkt der Prüfung und des korrespondierenden Prüfungsberichts steht die **Angemessenheit des Umtauschverhältnisses** und damit die **Bewertung der Gründungsgesellschaften**.[129] Im Einzelnen ist gemäß Art. 32 Abs. 5 SE-VO unter anderem einzugehen auf die Wahl und Angemessenheit der Bewertungsmethode sowie auf etwaige Bewertungsschwierig- 48

---

[118] Lutter/Hommelhoff/*Bayer* Art. 32 SE-VO Rn. 53a; Kölner/Kommentar-AktG/*Paefgen* Art. 32 SE-VO Rn. 90; siehe auch Spindler/Stilz/*Casper* Art. 22 SE-VO Rn. 3 (Fn. 5); Habersack/Drinhausen/*Scholz* Art. 32 SE-VO Rn. 81.
[119] Kölner Kommentar-AktG/*Paefgen* Art. 32 SE-VO Rn. 91.
[120] Kölner Kommentar-AktG/*Paefgen* Art. 32 SE-VO Rn. 91.
[121] Lutter/Hommelhoff/*Bayer* Art. 32 SE-VO Rn. 53; Frodermann/Jannott/*Jannott* S. 87 Rn. 148.
[122] Lutter/Hommelhoff/*Bayer* Art. 32 SE-VO Rn. 53; Spindler/Stilz/*Casper* Art. 32 SE-VO Rn. 18; Frodermann/Jannott/*Jannott* S. 87 Rn. 148; Kölner-Kommentar-AktG/*Paefgen* Art. 32 SE-VO Rn. 92; aA Habersack/Drinhausen/*Scholz* Art. 32 SE-VO Rn. 80 aE.
[123] Kölner Kommentar-AktG/*Paefgen* Art. 32 SE-VO Rn. 93.
[124] Lutter/Hommelhoff/*Bayer* Art. 32 SE-VO Rn. 58; siehe ebd. auch zum Diskussionsstand bezüglich der normativen Grundlagen.
[125] Lutter/Hommelhoff/*Bayer* Art. 32 SE-VO Rn. 58; Habersack/Drinhausen/*Scholz* Art. 32 SE-VO Rn. 102.
[126] Lutter/Hommelhoff/*Bayer* Art. 32 SE-VO Rn. 54, 56 f.; Spindler/Stilz/*Casper* Art. 32 SE-VO Rn. 18; Frodermann/Jannott/*Jannott* S. 87 Rn. 149; Kölner-Kommentar-AktG/*Paefgen* Art. 32 SE-VO Rn. 94, 97; MünchKommAktG/*Schäfer* Art. 32 SE-VO Rn. 28; Habersack/Drinhausen/*Scholz* Art. 32 SE-VO Rn. 77.
[127] Lutter/Hommelhoff/*Bayer* Art. 32 SE-VO Rn. 54; Spindler/Stilz/*Casper* Art. 32 SE-VO Rn. 18; Frodermann/Jannott/*Jannott* S. 87 Rn. 149; Kölner-Kommentar-AktG/*Paefgen* Art. 32 SE-VO Rn. 95; MünchKommAktG/*Schäfer* Art. 32 SE-VO Rn. 28; Habersack/Drinhausen/*Scholz* Art. 32 SE-VO Rn. 77.
[128] Habersack/Drinhausen/*Scholz* Art. 32 SE-VO Rn. 77.
[129] Lutter/Hommelhoff/*Bayer* Art. 32 SE-VO Rn. 55; Spindler/Stilz/*Casper* Art. 32 SE-VO Rn. 19; Kölner Kommentar-AktG/*Paefgen* Art. 32 SE-VO Rn. 96; MünchKommAktG/*Schäfer* Art. 32 SE-VO Rn. 29; Habersack/Drinhausen/*Scholz* Art. 32 SE-VO Rn. 78.

49 **e) Formerfordernisse, Sprache und Offenlegung des Prüfungsberichts.** Der Prüfungsbericht bedarf der **Schriftform** und muss von den Prüfern **unterschrieben** werden, Art. 32 Abs. 4 SE-VO.[131] Er ist in den **Amtssprachen all derjenigen Mitgliedstaaten** zu verfassen, in denen die beteiligten Gründungsgesellschaften ihren Satzungssitz haben.[132] Befindet sich der Sitz der SE in einem anderen Mitgliedstaat als den Sitzstaaten der Gründungsgesellschaften, so muss der Prüfungsbericht auch in der Amtssprache dieses Staates verfasst werden.[133] Der Prüfungsbericht unterliegt nicht der Offenlegungspflicht gemäß Art. 32 Abs. 3 SE-VO; gleichwohl ist den Aktionären einen Monat vor und auch während der Hauptversammlung eine Einsichtsmöglichkeit zu gewähren, damit die Funktion des Berichts als zentrale Informationsgrundlage für die Gesellschafter in ausreichender Weise erfüllt wird.[134]

3. Zustimmung der Haupt- bzw. Gesellschafterversammlungen

50 **a) Allgemeines.** Die Haupt- bzw. Gesellschafterversammlungen der Gründungsgesellschaften müssen nach Art. 32 Abs. 6 SE-VO der Gründung der SE zustimmen. Da eine Holding-Gründung regelmäßig wesentliche Folgen für die Rechtsstellung der Gesellschafter der Gründungsgesellschaften hat,[135] ist das Vorliegen der **Zustimmungsbeschlüsse** Voraussetzung für die Eintragung der SE.[136] Dabei ist die Kompetenzverteilung zugunsten der Gesellschafterversammlung zwingend; eine gegenteilige Satzungsregelung, durch die etwa die Zustimmungskompetenz auf ein anderes Organ übertragen würde, wäre unzulässig.[137]

51 **b) Vorbereitung und Durchführung.** Die Vorbereitung und die Durchführung der Haupt- bzw. Gesellschafterversammlung richten sich entsprechend Art. 18 SE-VO nach dem nationalen Recht.[138] Die Versammlung einer deutschen Gründungsgesellschaft ist also nach §§ 121 ff. AktG bzw. §§ 49 ff. GmbHG einzuberufen.[139] Für die Vorabinformation der Anteilseigner einer deutschen Aktiengesellschaft ist § 63 UmwG maßgeblich.[140] Mit Blick auf die Durchführung der entsprechenden Hauptversammlung sind die Anforderungen des § 64 UmwG zu beachten.[141] Sofern eine GmbH als Gründungsgesellschaft auftritt, finden §§ 47, 49 UmwG Anwendung.[142]

---

[130] Lutter/Hommelhoff/*Bayer* Art. 32 SE-VO Rn. 57; Spindler/Stilz/*Casper* Art. 32 SE-VO Rn. 19; Kölner Kommentar-AktG/*Paefgen* Art. 32 SE-VO Rn. 96; MünchKommAktG/*Schäfer* Art. 32 SE-VO Rn. 29; Habersack/Drinhausen/*Scholz* Art. 32 SE-VO Rn. 78.
[131] Spindler/Stilz/*Casper* Art. 32 SE-VO Rn. 19; Kölner Kommentar-AktG/*Paefgen* Art. 32 SE-VO Rn. 99; MünchKommAktG/*Schäfer* Art. 32 SE-VO Rn. 29; Habersack/Drinhausen/*Scholz* Art. 32 SE-VO Rn. 82.
[132] Kölner Kommentar-AktG/*Paefgen* Art. 32 SE-VO Rn. 100; MünchKommAktG/*Schäfer* Art. 32 SE-VO Rn. 29; Habersack/Drinhausen/*Scholz* Art. 32 SE-VO Rn. 82.
[133] Kölner Kommentar-AktG/*Paefgen* Art. 32 SE-VO Rn. 100; Habersack/Drinhausen/*Scholz* Art. 32 SE-VO Rn. 82.
[134] Kölner Kommentar-AktG/*Paefgen* Art. 32 SE-VO Rn. 87 f.
[135] Lutter/Hommelhoff/*Bayer* Art. 32 SE-VO Rn. 59; siehe auch Kölner Kommentar-AktG/*Paefgen* Art. 32 SE-VO Rn. 106 ff.
[136] Kölner Kommentar-AktG/*Paefgen* Art. 32 SE-VO Rn. 104.
[137] Kölner Kommentar-AktG/*Paefgen* Art. 32 SE-VO Rn. 105.
[138] Lutter/Hommelhoff/*Bayer* Art. 32 SE-VO Rn. 60, 62; Kölner Kommentar-AktG/*Paefgen* Art. 32 SE-VO Rn. 110 f.; Habersack/Drinhausen/*Scholz* Art. 32 SE-VO Rn. 86.
[139] Lutter/Hommelhoff/*Bayer* Art. 32 SE-VO Rn. 60; Kölner Kommentar-AktG/*Paefgen* Art. 32 SE-VO Rn. 111 f.; Habersack/Drinhausen/*Scholz* Art. 32 SE-VO Rn. 87.
[140] Lutter/Hommelhoff/*Bayer* Art. 32 SE-VO Rn. 61; Kölner Kommentar-AktG/*Paefgen* Art. 32 SE-VO Rn. 111; Habersack/Drinhausen/*Scholz* Art. 32 SE-VO Rn. 87.
[141] Lutter/Hommelhoff/*Bayer* Art. 32 SE-VO Rn. 62; Kölner Kommentar-AktG/*Paefgen* Art. 32 SE-VO Rn. 111.
[142] Kölner Kommentar-AktG/*Paefgen* Art. 32 SE-VO Rn. 112; Habersack/Drinhausen/*Scholz* Art. 32 SE-VO Rn. 87; aA Lutter/Hommelhoff/*Bayer* Art. 32 SE-VO Rn. 61.

Beschlussgegenstand ist nach Art. 32 Abs. 6 SE-VO der Gründungsplan. Obwohl der 52
Gründungsbericht Informationszwecken dient und die SE-Gründung nur erläutert, ist auch
er – als Bestandteil des Gründungsplans – dem Beschlussgegenstand zuzurechnen.[143] Ein
weiterer Beschlussgegenstand ist das Barabfindungsangebot nach § 9 SEAG.[144]

c) **Mehrheiten**. Nach § 10 Abs. 1 SEAG ist eine **Mehrheit von drei Vierteln** des bei 53
der Beschlussfassung vertretenen Grundkapitals (AG) bzw. der abgegebenen Stimmen
(GmbH) erforderlich.[145]

d) **Form**. Bei Beteiligung einer **AG** oder einer **GmbH** bedürfen die Zustimmungs- 54
beschlüsse gemäß Art. 18 SE-VO iVm § 13 Abs. 3 S. 1 UmwG der **notariellen Beurkundung**.[146]

4. Arbeitnehmerbeteiligung

Die Haupt- oder die Gesellschafterversammlung der jeweiligen Gründungsgesellschaft 55
kann sich nach Art. 32 Abs. 6 S. 3 SE-VO das Recht vorbehalten, die Eintragung der SE
von der Genehmigung der Mitbestimmung abhängig zu machen.[147]

Der Beschluss über die Einführung des Genehmigungsvorbehalts wird mit einfacher 56
Mehrheit gefasst.[148] Dies gilt auch für den Beschluss über die Genehmigung.[149] Die Entscheidung über die Erteilung der Genehmigung darf hingegen nicht an einen Aufsichts- oder Beirat delegiert werden.[150] Für Einzelheiten wird auf die weiteren Ausführungen zu
diesem Thema verwiesen (→ § 19 Rn. 63 ff.).

III. Einbringungsverfahren

Der Vorbereitungsphase zur Gründung einer **Holding-SE** folgt das **Einbringungsver-** 57
fahren, durch das die Holding-SE zur Konzernspitze wird. Die hierfür maßgeblichen
Rechtsgrundlagen finden sich in Art. 33 Abs. 1 bis 4 SE-VO. Das Einbringungsverfahren
gliedert sich in zwei Phasen – die sog. **Mindestquotenphase** und die **Zaunkönigphase** –
und soll einerseits die Funktionsfähigkeit der Holding-SE garantieren und andererseits dem
Individualschutz der Anteilseigner hinreichend Rechnung tragen.[151]

1. Erste Phase – „Mindestquotenphase"

a) **Freiwilliger Anteilsaustausch**. Zunächst teilen die Anteilseigner der jeweiligen 58
Gründungsgesellschaft ihrer Gesellschaft mit, ob sie ihre Anteile bei der SE-Gründung

---

[143] Lutter/Hommelhoff/*Bayer* Art. 32 SE-VO Rn. 63; aA Kölner Kommentar-AktG/*Paefgen*
Art. 32 SE-VO Rn. 114; Habersack/Drinhausen/*Scholz* Art. 32 SE-VO Rn. 93.

[144] Lutter/Hommelhoff/*Bayer* Art. 32 SE-VO Rn. 64; Kölner Kommentar-AktG/*Paefgen* Art. 32
SE-VO Rn. 114.

[145] Kölner Kommentar-AktG/*Paefgen* Art. 32 SE-VO Rn. 116, 117; MünchKommAktG/*Schäfer*
Art. 32 SE-VO Rn. 34; Habersack/Drinhausen/*Scholz* Art. 32 SE-VO Rn. 94.

[146] Lutter/Hommelhoff/*Bayer* Art. 32 SE-VO Rn. 70; Spindler/Stilz/*Casper* Art. 32 SE-VO
Rn. 20; Kölner Kommentar-AktG/*Paefgen* Art. 32 SE-VO Rn. 113; MünchKommAktG/*Schäfer*
Art. 32 SE-VO Rn. 34; Habersack/Drinhausen/*Scholz* Art. 32 SE-VO Rn. 95.

[147] Lutter/Hommelhoff/*Bayer* Art. 32 SE-VO Rn. 71; Kölner Kommentar-AktG/*Paefgen* Art. 32
SE-VO Rn. 120; Habersack/Drinhausen/*Scholz* Art. 32 SE-VO Rn. 104.

[148] Lutter/Hommelhoff/*Bayer* Art. 23 SE-VO Rn. 17; Spindler/Stilz/*Casper* Art. 23 SE-VO Rn. 6;
MünchKommAktG/*Schäfer* Art. 23 SE-VO Rn. 11; Habersack/Drinhausen/*Scholz* Art. 32 SE-VO
Rn. 105.

[149] Lutter/Hommelhoff/*Bayer* Art. 23 SE-VO Rn. 20; Spindler/Stilz/*Casper* Art. 23 SE-VO Rn. 7;
MünchKommAktG/*Schäfer* Art. 23 SE-VO Rn. 12; Habersack/Drinhausen/*Scholz* Art. 32 SE-VO
Rn. 105.

[150] Lutter/Hommelhoff/*Bayer* Art. 23 SE-VO Rn. 21; Kölner Kommentar-AktG/*Maul* Art. 23 SE-VO Rn. 21; aA Spindler/Stilz/*Casper* Art. 23 SE-VO Rn. 8; Kölner Kommentar-AktG/*Paefgen*
Art. 32 SE-VO Rn. 120; Habersack/Drinhausen/*Scholz* Art. 32 SE-VO Rn. 106.

[151] Spindler/Stilz/*Casper* Art. 33 SE-VO Rn. 2; Kölner Kommentar-AktG/*Paefgen* Art. 33 SE-VO
Rn. 3; MünchKommAktG/*Schäfer* Art. 33 SE-VO Rn. 1, 17.

einbringen wollen, Art. 33 Abs. 1 S. 1 SE-VO. Die Anteilseigner verfügen insofern über ein **freies Recht zur Beteiligung,** das seinerseits nicht vom jeweiligen Abstimmungsverhalten während der Gesellschafterversammlung abhängt, die über die Zustimmung zur SE-Gründung entscheidet.[152] Dies soll eine (positive) Entscheidung im Sinne der Holding-Gründung erleichtern.

59 **Einbringungsfähig** sind bei Aktiengesellschaften sowie bei GmbHs sämtliche Aktien bzw. GmbH-Anteile, und zwar unabhängig davon, ob diese jeweils auch ein Stimmrecht gewähren.[153] Auch die Einbringung nur eines Teils der Anteile ist zulässig.[154]

60 b) **Einbringungsfrist.** Für die Mitteilung der Einbringung durch die Anteilseigner ist eine **Frist von drei Monaten** vorgesehen. Diese Frist darf weder abgekürzt noch verlängert werden.[155] Da sich innerhalb dieser Phase entscheidet, ob die für die Einbringung **maßgebliche Mindestquote** (→ Rn. 34) erreicht wird, wird die Phase auch als „Mindestquotenphase" bezeichnet.[156] Erst das fristgemäße Erreichen der Mindestquote ermöglicht die Gründung der Holding-SE (Art. 33 Abs. 2, 5 SE-VO).[157] Darüber hinaus wird durch die Erreichung der Mindestquote die einmonatige Nachfrist gemäß Art. 33 Abs. 3 S. 2 SE-VO ausgelöst, die die **zweite Einbringungsphase** initiiert. Während dieser zweiten Frist können ergänzend solche Anteilseigner eine Einbringungserklärung abgeben, die nicht bereits innerhalb der Dreimonatsfrist ihren Willen zur Anteilseinbringung erklärt haben.[158] Denn da die Konzernierung der Gründungsgesellschaft mit dem Erreichen der Mindesteinbringungsquote feststeht, soll ihnen die Möglichkeit eingeräumt werden, ihre zunächst ablehnende Haltung zu revidieren, um nicht in der künftig abhängigen Gründungsgesellschaft zurückbleiben zu müssen.[159]

61 Die Einbringungsfrist beginnt gemäß Art. 33 Abs. 1 S. 2 SE-VO in dem Zeitpunkt, in dem der Gründungsplan für die SE gemäß Art. 32 SE-VO endgültig festgelegt wird. Ausschlaggebend ist somit regelmäßig der Zeitpunkt, in dem alle Gründungsgesellschaften die erforderlichen Zustimmungsbeschlüsse gefasst haben.[160] Hängt dagegen die Eintragung von der Zustimmung der Arbeitnehmer nach Art. 32 Abs. 6 S. 2 SE-VO ab, so richtet sich der Fristbeginn nach dem Zeitpunkt der Fassung des letzten Genehmigungsbeschlusses.[161] Die Frist endet stets mit Ablauf der drei Monate und damit unabhängig davon, ob die

---

[152] Lutter/Hommelhoff/*Bayer* Art. 33 SE-VO Rn. 4; Spindler/Stilz/*Casper* Art. 33 SE-VO Rn. 3; Kölner Kommentar-AktG/*Paefgen* Art. 33 SE-VO Rn. 8–11; MünchKommAktG/*Schäfer* Art. 33 SE-VO Rn. 3; Habersack/Drinhausen/*Scholz* Art. 33 SE-VO Rn. 7.

[153] Lutter/Hommelhoff/*Bayer* Art. 33 SE-VO Rn. 6; Spindler/Stilz/*Casper* Art. 33 SE-VO Rn. 9; Kölner Kommentar-AktG/*Paefgen* Art. 33 SE-VO Rn. 12, 13; MünchKommAktG/*Schäfer* Art. 33 SE-VO Rn. 11; Habersack/Drinhausen/*Scholz* Art. 33 SE-VO Rn. 10.

[154] Lutter/Hommelhoff/*Bayer* Art. 33 SE-VO Rn. 5; Spindler/Stilz/*Casper* Art. 33 SE-VO Rn. 4; Kölner Kommentar-AktG/*Paefgen* Art. 33 SE-VO Rn. 10; MünchKommAktG/*Schäfer* Art. 33 SE-VO Rn. 10.

[155] Lutter/Hommelhoff/*Bayer* Art. 33 SE-VO Rn. 14; Kölner Kommentar-AktG/*Paefgen* Art. 33 SE-VO Rn. 37; MünchKommAktG/*Schäfer* Art. 33 SE-VO Rn. 4; Habersack/Drinhausen/*Scholz* Art. 33 SE-VO Rn. 21.

[156] Lutter/Hommelhoff/*Bayer* Art. 33 SE-VO Rn. 2, 7.

[157] Lutter/Hommelhoff/*Bayer* Art. 33 SE-VO Rn. 8.

[158] Lutter/Hommelhoff/*Bayer* Art. 33 SE-VO Rn. 2; Kölner Kommentar-AktG/*Paefgen* Art. 33 SE-VO Rn. 41.

[159] Kölner Kommentar-AktG/*Paefgen* Art. 33 SE-VO Rn. 41; MünchKommAktG/*Schäfer* Art. 33 SE-VO Rn. 16.

[160] Spindler/Stilz/*Casper* Art. 33 SE-VO Rn. 3; Kölner Kommentar-AktG/*Paefgen* Art. 33 SE-VO Rn. 36; MünchKommAktG/*Schäfer* Art. 33 SE-VO Rn. 4; Habersack/Drinhausen/*Scholz* Art. 33 SE-VO Rn. 19; aA Lutter/Hommelhoff/*Bayer* Art. 33 SE-VO Rn. 13.

[161] Lutter/Hommelhoff/*Bayer* Art. 33 SE-VO Rn. 13; Spindler/Stilz/*Casper* Art. 33 SE-VO Rn. 3; Kölner Kommentar-AktG/*Paefgen* Art. 33 SE-VO Rn. 36; aA MünchKommAktG/*Schäfer* Art. 33 SE-VO Rn. 4; Habersack/Drinhausen/*Scholz* Art. 33 SE-VO Rn. 20.

Mindesteinbringungsquote bereits vorher erreicht wurde.[162] Werden die Zustimmungsbeschlüsse der Gründungsgesellschaften bzw. die Genehmigungsbeschlüsse der Arbeitnehmer der Gründungsgesellschaften zu unterschiedlichen Zeitpunkten gefasst, so ist von einem einheitlichen Fristenlauf, beginnend ab dem jeweils später eintretenden Ereignis, auszugehen.[163]

c) Einbringungserklärung. Durch die Einbringungserklärung teilt der Anteilseigner 62 seiner Gesellschaft mit, dass er die Absicht hat, seinen Anteil in die Holding-SE einzubringen.[164] Diese Mitteilung schafft als **rechtsverbindliche Erklärung** den Rechtsgrund für die nach den Regeln einer Sacheinlage vorzunehmende tatsächliche Übertragung des Anteils.[165] Rechtstechnisch handelt es sich dabei um ein Angebot auf Abschluss eines Zeichnungsvertrags, der durch die Annahmeerklärung der Vor-SE zustande kommt.[166] Damit haben sämtliche Gesellschafter einen Anspruch auf Durchführung des Anteilstauschs gegen die Vor-SE, die ihrerseits verpflichtet ist, das Angebot zum Aktienerwerb gegen Sacheinlagen anzunehmen.[167] Dabei wird das Angebot des Anteilseigners gegenüber seiner Gesellschaft erklärt, der damit die Rolle einer Botin zukommt.[168] Als solche übermittelt die Gründungsgesellschaft das Angebot im Anschluss dem Vertretungsorgan der Vor-SE, die wiederum Vertragspartnerin der einbringungswilligen Anteilseigner ist.[169]

d) Einbringung der Anteile. Die Gründung der Holding-SE setzt gemäß Art. 33 63 Abs. 2 SE-VO des Weiteren voraus, dass die Gesellschafter der Gründungsgesellschaften ihre Gesellschaftsanteile innerhalb der Einbringungsfrist in Höhe des Mindestprozentsatzes eingebracht haben.[170] Diese Einbringung ist von der Einbringungserklärung zu unterscheiden. Konkret ist als Einbringungsvorgang die schuldrechtliche Vereinbarung über die Übertragung der Aktien bzw. der GmbH-Anteile zu verstehen, also der Abschluss des Zeichnungsvertrags.[171] Damit bezeichnet der Begriff „Einbringung" nicht die dingliche Übertragung der Aktien bzw. der Geschäftsanteile.[172]

Der **Zeitpunkt und die Ausgestaltung der dinglichen Übertragung** bestimmen sich 64 dagegen gemäß Art. 15 Abs. 1 SE-VO iVm Art. 5 SE-VO nach dem nationalen Recht des Sitzstaates der Holding-SE.[173] Für eine Holding-SE mit Sitz in Deutschland bedeutet dies,

---

[162] Spindler/Stilz/*Casper* Art. 33 SE-VO Rn. 3; Kölner Kommentar-AktG/*Paefgen* Art. 33 SE-VO Rn. 37; MünchKommAktG/*Schäfer* Art. 33 SE-VO Rn. 5.
[163] Spindler/Stilz/*Casper* Art. 33 SE-VO Rn. 3; MünchKommAktG/*Schäfer* Art. 33 SE-VO Rn. 4; aA (für einen separaten Fristlauf) Lutter/Hommelhoff/*Bayer* Art. 33 SE-VO Rn. 13.
[164] Lutter/Hommelhoff/*Bayer* Art. 33 SE-VO Rn. 9; Habersack/Drinhausen/*Scholz* Art. 33 SE-VO Rn. 13f.
[165] Lutter/Hommelhoff/*Bayer* Art. 33 SE-VO Rn. 9; Spindler/Stilz/*Casper* Art. 33 SE-VO Rn. 4; Kölner Kommentar-AktG/*Paefgen* Art. 33 SE-VO Rn. 27, 28; MünchKommAktG/*Schäfer* Art. 33 SE-VO Rn. 6; Habersack/Drinhausen/*Scholz* Art. 33 SE-VO Rn. 14.
[166] Lutter/Hommelhoff/*Bayer* Art. 33 SE-VO Rn. 10; Spindler/Stilz/*Casper* Art. 33 SE-VO Rn. 4; MünchKommAktG/*Schäfer* Art. 33 SE-VO Rn. 6; Habersack/Drinhausen/*Scholz* Art. 33 SE-VO Rn. 14; aA (Annahme eines im Gründungsplan enthaltenen Angebots auf Abschluss eines Zeichnungsvertrags) Kölner Kommentar-AktG/*Paefgen* Art. 33 SE-VO Rn. 29 ff.
[167] Lutter/Hommelhoff/*Bayer* Art. 33 SE-VO Rn. 10; Spindler/Stilz/*Casper* Art. 33 SE-VO Rn. 4; MünchKommAktG/*Schäfer* Art. 33 SE-VO Rn. 6; Habersack/Drinhausen/*Scholz* Art. 33 SE-VO Rn. 14.
[168] Spindler/Stilz/*Casper* Art. 33 SE-VO Rn. 4.
[169] Spindler/Stilz/*Casper* Art. 33 SE-VO Rn. 4; Kölner Kommentar-AktG/*Paefgen* Art. 33 SE-VO Rn. 21; Habersack/Drinhausen/*Scholz* Art. 33 SE-VO Rn. 13.
[170] Spindler/Stilz/*Casper* Art. 33 SE-VO Rn. 5; MünchKommAktG/*Schäfer* Art. 33 SE-VO Rn. 7.
[171] Lutter/Hommelhoff/*Bayer* Art. 33 SE-VO Rn. 16; MünchKommAktG/*Schäfer* Art. 33 SE-VO Rn. 8.
[172] Lutter/Hommelhoff/*Bayer* Art. 33 SE-VO Rn. 16; MünchKommAktG/*Schäfer* Art. 33 SE-VO Rn. 9.
[173] Lutter/Hommelhoff/*Bayer* Art. 33 SE-VO Rn. 17, 33.

dass die Anteile gemäß Art. 15 Abs. 1 SE-VO iVm § 36 Abs. 2 AktG vor der Eintragung dinglich an die Vor-SE zu übertragen sind.[174]

65 Was mögliche **Formerfordernisse** angeht, bedarf ein Einbringungsvertrag über GmbH-Anteile der notariellen Beurkundung.[175] Bei einem Einbringungsvertrag über Aktien darf zwar auf die notarielle Beurkundung verzichtet werden; da aber die Einbringungsverträge der Anmeldung beizufügen sind, ist zunächst die schriftliche Niederlegung empfehlenswert.[176]

66 **e) Erwerb der SE-Aktien durch die Anteilseigner der Gründungsgesellschaften.** Gemäß Art. 33 Abs. 4 SE-VO erhalten die Gesellschafter bzw. Aktionäre, die ihre Anteile eingebracht haben, im Gegenzug Aktien der Holding-SE. Dies geschieht auf Basis des abgeschlossenen Zeichnungsvertrags und wird entsprechend § 189 AktG durch die Eintragung der SE vollzogen.[177]

67 **f) Erwerb der Anteile an den Gründungsgesellschaften seitens der SE.** Für den Erwerb der Anteile an den Gründungsgesellschaften durch die SE bedarf es einer **dinglichen Willenserklärung** des jeweiligen Anteilseigners, mit der dieser seinen Willen zur Übertragung seiner Mitgliedschaftsrechte auf die SE erklärt.[178]

68 **g) Offenlegung.** Sind alle gemäß Art. 33 Abs. 2 SE-VO für die Gründung der SE erforderlichen Bedingungen erfüllt, haben die Gründungsgesellschaften dies offenzulegen, Art. 33 Abs. 3 S. 1 SE-VO. Dies ist insbesondere für das **Einbringungsverfahren** von Bedeutung, in dem die Offenlegung wiederum die **Nachfrist** nach Art. 33 Abs. 3 S. 2 SE-VO einleitet. Innerhalb dieser Frist ist es denjenigen Anteilseignern, die eine Einbringungserklärung während der ersten Phase (Mindestquotenphase) nicht abgegeben hatten, möglich, ihre Entscheidung zu überdenken.[179]

69 Aus Art. 33 Abs. 2 und 3 SE-VO ergeben sich zwei Voraussetzungen für die Offenlegung. Zunächst muss bei jeder Gründungsgesellschaft die **Mindesteinbringungsquote** erreicht worden sein.[180] Zwar scheint es dem Wortlaut des Art. 33 Abs. 3 SE-VO nach zu genügen, dass lediglich die Tatsache der Erreichung der Mindesteinbringungsquote offengelegt wird; dem Informationsinteresse der Anteilseigner entspricht es aber, dass auch die tatsächlich erreichte Stimmrechtsquote bekanntgegeben wird.[181]

70 Die zweite Voraussetzung besteht darin, dass *alle übrigen Bedingungen* erfüllt sein müssen. Hierunter sind die Voraussetzungen der Holding-Gründung bzw. der Eintragung gemäß Art. 33 SE-VO sowie die aus dem nationalen Recht des Sitzstaates folgenden Gründungsvoraussetzungen zu verstehen.[182] Dazu zählen die Aufstellung des Gründungsplans und des

---

[174] Lutter/Hommelhoff/*Bayer* Art. 33 SE-VO Rn. 18, 34; Spindler/Stilz/*Casper* Art. 33 SE-VO Rn. 7; aA Kölner Kommentar-AktG/*Paefgen* Art. 33 SE-VO Rn. 67.

[175] Lutter/Hommelhoff/*Bayer* Art. 33 SE-VO Rn. 12, 20; Spindler/Stilz/*Casper* Art. 33 SE-VO Rn. 4; Kölner Kommentar-AktG/*Paefgen* Art. 33 SE-VO Rn. 34, 69; MünchKommAktG/*Schäfer* Art. 33 SE-VO Rn. 6; Habersack/Drinhausen/*Scholz* Art. 33 SE-VO Rn. 22.

[176] Kölner Kommentar-AktG/*Paefgen* Art. 33 SE-VO Rn. 35; Habersack/Drinhausen/*Scholz* Art. 33 SE-VO Rn. 22.

[177] Lutter/Hommelhoff/*Bayer* Art. 33 SE-VO Rn. 21; Spindler/Stilz/*Casper* Art. 33 SE-VO Rn. 9; Kölner Kommentar-AktG/*Paefgen* Art. 33 SE-VO Rn. 60, 61; MünchKommAktG/*Schäfer* Art. 33 SE-VO Rn. 12.

[178] Kölner Kommentar-AktG/*Paefgen* Art. 33 SE-VO Rn. 63; Habersack/Drinhausen/*Scholz* Art. 33 SE-VO Rn. 12.

[179] Spindler/Stilz/*Casper* Art. 33 SE-VO Rn. 11; Kölner Kommentar-AktG/*Paefgen* Art. 33 SE-VO Rn. 41; MünchKommAktG/*Schäfer* Art. 33 SE-VO Rn. 16.

[180] Spindler/Stilz/*Casper* Art. 33 SE-VO Rn. 11; Kölner Kommentar-AktG/*Paefgen* Art. 33 SE-VO Rn. 45; MünchKommAktG/*Schäfer* Art. 33 SE-VO Rn. 17.

[181] Lutter/Hommelhoff/*Bayer* Art. 33 SE-VO Rn. 26; Spindler/Stilz/*Casper* Art. 33 SE-VO Rn. 11; Kölner Kommentar-AktG/*Paefgen* Art. 33 SE-VO Rn. 44; MünchKommAktG/*Schäfer* Art. 33 SE-VO Rn. 17.

[182] Lutter/Hommelhoff/*Bayer* Art. 33 SE-VO Rn. 27, 28; Kölner Kommentar-AktG/*Paefgen* Art. 33 SE-VO Rn. 46, 49.

Gründungsberichts, die Erstattung des Holding-Prüfungsberichts und die Zustimmungsbeschlüsse der Versammlungen der Gründungsgesellschaften, nicht aber die Einhaltung der über Art. 15 SE-VO zu beachtenden nationalen Sachgründungsvoraussetzungen, die erst im Zeitpunkt der Anmeldung der SE zur Eintragung abschließend vorliegen müssen. Ferner sind auch die Regelung der Mitbestimmungsfrage und die Eintragung der SE, die am Ende erfolgt, nicht von den zu erfüllenden Bedingungen umfasst.[183]

Die **Offenlegung** erfolgt bei einer Gründungsgesellschaft mit Sitz in Deutschland gemäß §§ 8 ff. HGB (insb. § 12 Abs. 2 HGB).[184] Dabei wird die Tatsache, dass die Mitteilung mit dem oben genannten Inhalt eingereicht wurde, im Bundesanzeiger veröffentlicht.[185]

2. Zweite Phase – „Zaunkönigphase"

a) Zweck. Durch die in Art. 33 Abs. 3 S. 2 SE-VO näher spezifizierte **einmonatige Nachfrist** vergrößert sich die Chance, dass die Holding-SE am Ende einen gegenüber der Mindesteinbringungsquote noch größeren Anteil an den Gründungsgesellschaften erhält.[186] Auf diese Weise werden auch die Anteilseigner der Gründungsgesellschaften von dem Dilemma befreit, eine Einbringungserklärung möglichst früh abzugeben oder den Anteilsaustausch zu verpassen – die Anteilseigner („Nachzügler") können vielmehr abwarten bis sie sich sicher sind, dass es zu der SE-Gründung kommt.[187]

b) Beginn. Die **zweite Phase des Einbringungsverfahrens** beginnt für jede Gründungsgesellschaft nicht schon automatisch mit dem Ablauf der Dreimonatsfrist nach Art. 33 Abs. 1 S. 1 SE-VO, sondern erst mit der Offenlegung. Dies gilt auch dann, wenn die Mindesteinbringungsquote bereits vorher erreicht worden ist.[188]

Erfolgt die Offenlegung mangels Vorliegens der erforderlichen Gründungsvoraussetzungen zu Unrecht, beginnt die Nachfrist noch nicht zu laufen, da das tatsächliche Vorliegen der Voraussetzungen des Art. 33 Abs. 2 SE-VO Eintragungsvoraussetzung für die zu gründende SE ist.[189] Liegen also diese Voraussetzungen im Zeitpunkt der Offenlegung nicht vor, so kommt es auch nicht zur Gründung der Holding-SE.[190] Dies ist etwa dann der Fall, wenn die Mindesteinbringungsquote erst während der Nachfrist erreicht werden soll.[191]

Von dem vorstehenden Fall sind solche Fallgestaltungen zu unterscheiden, bei denen die Offenlegung zwar zu Recht erfolgt, diese jedoch fehlerbehaftet oder unvollständig ist. Hierbei ist zu differenzieren, ob der der Offenlegung anhaftende Fehler oder ihre Unvoll-

---

[183] Lutter/Hommelhoff/*Bayer* Art. 33 SE-VO Rn. 28; Kölner Kommentar-AktG/*Paefgen* Art. 33 SE-VO Rn. 47, 48; MünchKommAktG/*Schäfer* Art. 33 SE-VO Rn. 17; Habersack/Drinhausen/*Scholz* Art. 33 SE-VO Rn. 27–29.

[184] Spindler/Stilz/*Casper* Art. 33 SE-VO Rn. 11; Kölner Kommentar-AktG/*Paefgen* Art. 33 SE-VO Rn. 51; Habersack/Drinhausen/*Scholz* Art. 33 SE-VO Rn. 32.

[185] Lutter/Hommelhoff/*Bayer* Art. 33 SE-VO Rn. 29; Kölner Kommentar-AktG/*Paefgen* Art. 33 SE-VO Rn. 52; MünchKommAktG/*Schäfer* Art. 33 SE-VO Rn. 18.

[186] Lutter/Hommelhoff/*Bayer* Art. 33 SE-VO Rn. 2; MünchKommAktG/*Schäfer* Art. 33 SE-VO Rn. 1.

[187] Lutter/Hommelhoff/*Bayer* Art. 33 SE-VO Rn. 2; Spindler/Stilz/*Casper* Art. 33 SE-VO Rn. 12; Kölner Kommentar-AktG/*Paefgen* Art. 33 SE-VO Rn. 53, 55; MünchKommAktG/*Schäfer* Art. 33 SE-VO Rn. 16.

[188] Lutter/Hommelhoff/*Bayer* Art. 33 SE-VO Rn. 31; Spindler/Stilz/*Casper* Art. 33 SE-VO Rn. 13; Kölner Kommentar-AktG/*Paefgen* Art. 33 SE-VO Rn. 54, 56; MünchKommAktG/*Schäfer* Art. 33 SE-VO Rn. 19; Habersack/Drinhausen/*Scholz* Art. 33 SE-VO Rn. 34.

[189] Spindler/Stilz/*Casper* Art. 33 SE-VO Rn. 14; Kölner Kommentar-AktG/*Paefgen* Art. 33 SE-VO Rn. 57; Habersack/Drinhausen/*Scholz* Art. 33 SE-VO Rn. 36; MünchKommAktG/*Schäfer* Art. 33 SE-VO Rn. 19; noch aA dagegen MünchKommAktG/*Schäfer*, 3. Aufl. 2013, Art. 33 SE-VO Rn. 19.

[190] Kölner Kommentar-AktG/*Paefgen* Art. 33 SE-VO Rn. 57; Habersack/Drinhausen/*Scholz* Art. 33 SE-VO Rn. 36.

[191] Spindler/Stilz/*Casper* Art. 33 SE-VO Rn. 14; Kölner Kommentar-AktG/*Paefgen* Art. 33 SE-VO Rn. 57; Habersack/Drinhausen/*Scholz* Art. 33 SE-VO Rn. 36.

ständigkeit so bedeutsam sind, dass dadurch die Funktion der Offenlegung als Informationsgrundlage für die mögliche Ausübung der Rechte der Nachzügler nicht mehr erfüllt werden könnte.[192] Werden beispielsweise die tatsächlich erreichten Prozentsätze unrichtig angegeben, ist der Fehler nur dann von Bedeutung, wenn das Vorliegen wichtiger Schwellenwerte falsch dargestellt ist.[193]

IV. Anwendung der deutschen Sachgründungsvorschriften

1. Allgemeines

76   Angesichts der **Rechtsnatur der Holding-Gründung als Sachgründung** sind gemäß Art. 15 Abs. 1 SE-VO iVm Art. 5 SE-VO für eine **Holding-SE mit Sitz in Deutschland** das deutsche Recht und hier insbesondere die deutschen Sachgründungsvorschriften zu beachten.[194] Dabei werden die Sachgründungsvorschriften nicht durch die Regelungen zu dem in der SE-VO behandelten Eintragungsverfahren verdrängt, weil die zwei Verfahren unterschiedlichen Zwecken dienen: Während die deutschen Sachgründungsvorschriften der ordnungsgemäßen Kapitalaufbringung und damit insbesondere dem Gläubigerschutz dienen, verfolgen der Gründungsbericht nach Art. 32 Abs. 2 S. 2 SE-VO sowie die Gründungsprüfung gemäß Art. 32 Abs. 4 und 5 SE-VO das Ziel, den Anteilseignern eine sachgerechte Informationsgrundlage bezüglich des Wertverhältnisses der Gründungsgesellschaften und ihrer Anteile zueinander zur Verfügung zu stellen.[195] Als Sachgründungsvoraussetzungen maßgeblich sind die Vorschriften der §§ 32 ff. AktG.[196]

2. Aktienrechtlicher Gründungsbericht

77   Die Vorstände der Gründungsgesellschaften haben gemäß Art. 15 Abs. 1 SE-VO iVm § 32 Abs. 1 AktG einen Gründungsbericht zu erstellen.[197] In diesem sind Angaben zur Erstellung des Gründungsplans, zum Grundkapital der Holding-SE sowie zum Hergang der Gründung aufzuführen. Ferner sind die wesentlichen Umstände, die die Angemessenheit der Sacheinlagen beeinflussen, die Anschaffungskosten und etwaige Sondervorteile für die Mitglieder der Organe der Holding-SE sowie für deren Rechnung erfolgende Aktienübernahmen darzustellen.[198]

3. Aktienrechtliche Gründungsprüfung

78   **a) Interne Prüfung.** Der Hergang der SE-Gründung ist nach Art. 15 Abs. 1 SE-VO iVm § 33 Abs. 1 AktG von den Mitgliedern des Leitungs- und des Aufsichtsorgans bzw. des Verwaltungsorgans intern zu prüfen.[199] Begutachtet werden dabei die Richtigkeit und Vollständigkeit der Angaben im aktienrechtlichen Gründungsbericht, wobei der Schwer-

---

[192] Spindler/Stilz/*Casper* Art. 33 SE-VO Rn. 14; Habersack/Drinhausen/*Scholz* Art. 33 SE-VO Rn. 37.
[193] Spindler/Stilz/*Casper* Art. 33 SE-VO Rn. 14; Habersack/Drinhausen/*Scholz* Art. 33 SE-VO Rn. 37.
[194] Lutter/Hommelhoff/*Bayer* Art. 33 SE-VO Rn. 38; Kölner Kommentar-AktG/*Paefgen* Art. 33 SE-VO Rn. 81; Habersack/Drinhausen/*Scholz* Art. 33 SE-VO Rn. 38; MünchKommAktG/*Schäfer*, 3. Aufl. 2013, Art. 32 SE-VO Rn. 36.
[195] Lutter/Hommelhoff/*Bayer* Art. 33 SE-VO Rn. 38; Kölner Kommentar-AktG/*Paefgen* Art. 33 SE-VO Rn. 82.
[196] Lutter/Hommelhoff/*Bayer* Art. 33 SE-VO Rn. 39; Kölner Kommentar-AktG/*Paefgen* Art. 33 SE-VO Rn. 82; Habersack/Drinhausen/*Scholz* Art. 33 SE-VO Rn. 40.
[197] Lutter/Hommelhoff/*Bayer* Art. 33 SE-VO Rn. 40; Lutter/Hommelhoff/*Bayer* Europäische Gesellschaft S. 25, 54; Kölner Kommentar-AktG/*Paefgen* Art. 33 SE-VO Rn. 84; Habersack/Drinhausen/*Scholz* Art. 33 SE-VO Rn. 42; Lutter/Bayer/*Marsch-Barner* Holding-Handbuch § 18 Rn. 63.
[198] Habersack/Drinhausen/*Scholz* Art. 33 SE-VO Rn. 43 ff.; Kölner Kommentar-AktG/*Paefgen* Art. 33 SE-VO Rn. 84; Spindler/Stilz/*Casper* Art. 32 SE-VO Rn. 15.
[199] Kölner Kommentar-AktG/*Paefgen* Art. 33 SE-VO Rn. 86; Lutter/Hommelhoff/*Bayer* Art. 33 SE-VO Rn. 41.

punkt auf der Angemessenheit des Wertverhältnisses zwischen den eingebrachten Anteilen der Gründungsgesellschaften und dem Ausgabebetrag der SE-Aktien liegt.[200] Für Einzelheiten zur Form des Berichts und dessen Einreichung mit der Anmeldung beim Registergericht gilt § 34 AktG.[201]

b) Externe Prüfung. Daneben findet eine externe Prüfung der Holding-Gründung durch **unabhängige Prüfer** statt, deren Gegenstand dem der internen Prüfung entspricht.[202] In Bezug auf die Qualifikations- und Unabhängigkeitskriterien der Prüfer sind § 33 Abs. 4 und 5 AktG, § 143 Abs. 2 AktG sowie § 319 Abs. 2 bis 4 HGB maßgeblich, wobei im Übrigen – hinsichtlich Einzelheiten zu Form und Einreichung des Berichts – wiederum § 34 AktG heranzuziehen ist.[203] In den Fällen des § 33a AktG kann die externe Prüfung hingegen unterbleiben. 79

4. Gründungshaftung

Für die Gründungshaftung gelten gemäß Art. 15 Abs. 1 SE-VO auch insofern die aktienrechtlichen Vorschriften (hier: §§ 46 ff. AktG), wobei als **Adressaten der Gründungshaftung** die Gründungsgesellschaften und nicht etwa deren Anteilseigner anzusehen sind, da erstere den Gründungsprozess insbesondere durch die Erstellung des Gründungsplans gemäß § 32 Abs. 1 S. 1 AktG maßgeblich kontrollieren.[204] Eine **mögliche Strafbarkeit der Organmitglieder** der Gründungsgesellschaften richtet sich dagegen nach § 399 Abs. 1 Nr. 1 Var. 1, Nr. 2 Var. 1 AktG iVm § 14 Abs. 1 Nr. 1 StGB.[205] Bei Fehlern im Gründungsbericht und bei der Gründungsprüfung kann sich eine mögliche Organhaftung auf Ebene der Vor-SE aus § 48 S. 1 AktG ergeben.[206] Werden bei der Anmeldung der SE oder der Eintragung im Handelsregister Falschangaben gemacht, kommt für die Organe der Vor-SE eine Strafbarkeit gemäß § 399 Abs. 1 Nr. 1 Var. 2 und Var. 3, Nr. 2 Var. 2 und Var. 3 AktG ggf. iVm § 53 Abs. 1 SEAG in Betracht.[207] 80

V. Eintragung der Holding-SE

1. Rechtmäßigkeitskontrolle

Im Rahmen des Eintragungsverfahrens ist die in Art. 33 Abs. 5 SE-VO vorgesehene Sonderregelung zu beachten, nach der eine qualifizierte Rechtmäßigkeitskontrolle der einzutragenden Holding-SE stattfinden muss. 81

---

[200] Lutter/Hommelhoff/*Bayer* Art. 33 SE-VO Rn. 41; Habersack/Drinhausen/*Scholz* Art. 33 SE-VO Rn. 49; *Schwarz* Vorb. Art. 32–34 SE-VO Rn. 33; Lutter/Bayer/*Marsch-Barner* Holding-Handbuch § 18 Rn. 68.
[201] Kölner Kommentar-AktG/*Paefgen* Art. 33 SE-VO Rn. 86.
[202] Lutter/Hommelhoff/*Bayer* Art. 33 SE-VO Rn. 41; Kölner Kommentar-AktG/*Paefgen* Art. 33 SE-VO Rn. 87; Habersack/Drinhausen/*Scholz* Art. 33 SE-VO Rn. 48 f. Spindler/Stilz/Casper Art. 32 SE-VO Rn. 18.
[203] Lutter/Hommelhoff/*Bayer* Art. 33 SE-VO Rn. 41; Theisen/Wenz/*Neun* Europäische Aktiengesellschaft S. 57 168 f.; *J. Schmidt* „Deutsche" vs „Britische" SE S. 313; Kölner Kommentar-AktG/*Paefgen* Art. 33 SE-VO Rn. 87; Habersack/Drinhausen/*Scholz* Art. 33 SE-VO Rn. 47 f.
[204] Lutter/Hommelhoff/*Bayer* Art. 33 SE-VO Rn. 42; Kölner Kommentar-AktG/*Paefgen* Art. 33 SE-VO Rn. 90; Habersack/Drinhausen/*Scholz* Art. 33 SE-VO Rn. 60; Lutter/Bayer/*Marsch-Barner* Holding-Handbuch § 18 Rn. 63.
[205] Lutter/Hommelhoff/*Bayer* Art. 33 SE-VO Rn. 42; Kölner Kommentar-AktG/*Paefgen* Art. 33 SE-VO Rn. 91; Habersack/Drinhausen/*Scholz* Art. 33 SE-VO Rn. 60; *J. Schmidt* „Deutsche" vs „Britische" SE, S. 313 f.
[206] Lutter/Hommelhoff/*Bayer* Art. 33 SE-VO Rn. 42; Kölner Kommentar-AktG/*Paefgen* Art. 33 SE-VO Rn. 92; Habersack/Drinhausen/*Scholz* Art. 33 Se-VO Rn. 60.
[207] Lutter/Hommelhoff/*Bayer* Art. 33 SE-VO Rn. 42; Kölner Kommentar-AktG/*Paefgen* Art. 33 SE-VO Rn. 92; Habersack/Drinhausen/*Scholz* Art. 33 Se-VO Rn. 60; *J. Schmidt* „Deutsche" vs „Britische" SE, S. 314.

82 Für die Kontrolle der Voraussetzungen ist in Bezug auf eine deutsche Holding-SE gemäß Art. 15 Abs. 1 SE-VO iVm § 376 FamFG, § 14 AktG das **Registergericht** am künftigen Sitz der SE zuständig.[208]

83 Nach Art. 33 Abs. 5 SE-VO prüft das Registergericht, ob die Voraussetzungen der Art. 32, 33 Abs. 2 SE-VO erfüllt sind. Darüber hinaus findet eine **aktienrechtliche Gründungsprüfung** gemäß § 38 AktG statt.[209] Im Einzelnen geprüft werden der Gründungsplan einschließlich seiner Offenlegung, die Zustimmungsbeschlüsse der Gesellschafter der Gründungsgesellschaften, die Prüfungen und Prüfungsberichte, die Vereinbarung über die Arbeitnehmerbeteiligung, etwaige Genehmigungsentscheidungen, die ergänzenden Voraussetzungen des Aktienrechts des Sitzstaats, die Erreichung der Mindesteinbringungsquote und die dingliche Übertragung der entsprechenden Anteile auf die Vor-SE.[210] Anders als bei der Verschmelzungsgründung findet bei der Holding-Gründung keine zwei-, sondern eine einstufige Gründungskontrolle statt.[211]

2. Eintragungsverfahren

84 Gemäß Art. 12 Abs. 1 SE-VO iVm § 3 SEAG sind hinsichtlich des Eintragungsverfahrens die für Aktiengesellschaften geltenden Vorschriften anzuwenden.[212]

85 a) **Anmeldung einer Holding-SE mit Sitz in Deutschland.** Wird eine **dualistische Holding-SE** iSv Art. 38 lit. b Var. 1 SE-VO gegründet, so ist diese gemäß § 36 Abs. 1 AktG von sämtlichen Gründern – mithin von den Gründungsgesellschaften[213] – sowie den Mitgliedern des Vorstands und des Aufsichtsrats zur Eintragung in das Handelsregister anzumelden.[214] Für eine **monistische SE** iSv Art. 38 lit. b Var. 2 SE-VO muss die Anmeldung gemäß Art. 21 Abs. 1 SE-VO von allen Gründern und Mitgliedern des Verwaltungsrats sowie den geschäftsführenden Direktoren vorgenommen werden.[215]

86 Mit Blick auf den **Inhalt der Anmeldung** sind die in § 37 AktG genannten Dokumente einzureichen; für die monistische SE gilt zudem § 21 Abs. 2 SEAG.[216] Beizufügen sind der Anmeldung die folgenden Dokumente: der Gründungsplan in allen Sprachfassungen, die Prüfungsberichte (SE-rechtliche Prüfung gemäß Art. 32 Abs. 4 SE-VO sowie aktienrecht-

---

[208] Lutter/Hommelhoff/*Bayer* Art. 33 SE-VO Rn. 44; Kölner Kommentar-AktG/*Paefgen* Art. 33 SE-VO Rn. 93; MünchKomm-AktG/*Schäfer* Art. 33 SE-VO Rn. 31; Habersack/Drinhausen/*Scholz* Art. 33 Se-VO Rn. 52; *J. Schmidt* „Deutsche" vs „Britische" SE, S. 333.

[209] Lutter/Hommelhoff/*Bayer* Art. 33 SE-VO Rn. 49; Kölner Kommentar-AktG/*Paefgen* Art. 33 SE-VO Rn. 100; MünchKommAktG/*Schäfer* Art. 33 SE-VO Rn. 25; Habersack/Drinhausen/*Scholz* Art. 33 SE-VO Rn. 55.

[210] Lutter/Hommelhoff/*Bayer* Art. 33 SE-VO Rn. 47; MünchKommAktG/*Schäfer* Art. 33 SE-VO Rn. 26; Spindler/Stilz/*Casper* Art. 33 SE-VO Rn. 8.

[211] Lutter/Hommelhoff/*Bayer* Art. 33 SE-VO Rn. 43; Spindler/Stilz/*Casper* Art. 33 SE-VO Rn. 17; MünchKommAktG/*Schäfer* Art. 33 SE-VO Rn. 25.

[212] Lutter/Hommelhoff/*Bayer* Art. 33 SE-VO Rn. 56; MünchKommAktG/*Schäfer* Art. 33 SE-VO Rn. 31.

[213] Lutter/Hommelhoff/*Bayer* Art. 32 SE-VO Rn. 11; Kölner Kommentar-AktG/*Paefgen* Art. 33 SE-VO Rn. 79; Habersack/Drinhausen/*Scholz* Art. 33 SE-VO Rn. 39; *Schwab* Vorb. Art. 32–34 Se-VO Rn. 19; Lutter/Hommelhoff/*Kleindiek* Europäische Gesellschaft S. 95, 98; Lutter/Bayer/*Marsch-Barner* Holding-Handbuch § 18 Rn. 63; Theisen/Wenz/*Neun* Europäische Aktiengesellschaft, S. 57, 166 f.; *Scheifele* Gründung der SE S. 307 ff.; *J. Schmidt* „Deutsche" vs „Britische" SE, S. 311 f.

[214] Lutter/Hommelhoff/*Bayer* Art. 33 SE-VO Rn. 51; Kölner Kommentar-AktG/*Paefgen* Art. 33 SE-VO Rn. 94; Habersack/Drinhausen/*Scholz* Art. 33 SE-VO Rn. 52; Widmann/Mayer/*Heckschen* Anhang 14 Rn. 327; Mainz/Mayer/Schröder/*Schröder* Art. 15 SE-VO Rn. 19; *Schwarz* Art. 33 SE-VO Rn. 36.

[215] Lutter/Hommelhoff/*Bayer* Art. 33 SE-VO Rn. 51; Kölner Kommentar-AktG/*Paefgen* Art. 33 SE-VO Rn. 94; Widmann/Mayer/*Heckschen* Anhang 14 Rn. 327; Mainz/Mayer/Schröder/*Schröder* Art. 15 SE-VO Rn. 19; *Schwarz* Art. 33 SE-VO Rn. 36.

[216] Lutter/Hommelhoff/*Bayer* Art. 33 SE-VO Rn. 52; Kölner Kommentar-AktG/*Paefgen* Art. 33 SE-VO Rn. 98.

liche Prüfung gemäß § 33 AktG), die Niederschriften der Gründungsbeschlüsse, eine etwaige Beteiligungsvereinbarung, die Niederschrift über die Zustimmungsentscheidung nach Art. 32 Abs. 6 S. 2 SE-VO, der Nachweis über die Erfüllung der Voraussetzungen des Art. 2 Abs. 2 SE-VO, die Nachweise über die fristgemäße Einbringung der Anteile an den Gründungsgesellschaften in Höhe der Mindesteinbringungsquote, eine Liste der Aufsichtsratsmitglieder bzw. (im monistischen System) die Angabe des Vorsitzenden des Verwaltungsrats und seines Stellvertreters, die Urkunden über die Bestellung des Vorstands bzw. der geschäftsführenden Direktoren und die Negativerklärung nach § 10 Abs. 2 SEAG.[217]

b) Negativerklärung der Verwaltung der Vor-SE. Auf die **Kontrolle der Rechtmäßigkeit der Gründungsbeschlüsse der Gründungsgesellschaften** kann verzichtet werden, wenn die Verwaltung der Vor-SE eine **Negativerklärung** abgibt (vgl. § 10 Abs. 2 SEAG). Durch eine solche muss bestätigt werden, dass innerhalb der maßgeblichen Frist keine Anfechtungsklage gegen die Gründungsbeschlüsse erhoben oder dass eine solche Anfechtungsklage rechtskräftig abgewiesen oder zurückgenommen wurde. Die Negativerklärung des Vertretungsorgans der SE muss sich auf *sämtliche* Zustimmungsbeschlüsse der Gründungsgesellschaften beziehen, also auch auf Zustimmungsbeschlüsse ausländischer Gründungsgesellschaften.[218] Wegen der sich daraus potenziell ergebenden Schwierigkeiten wird in Bezug auf die Zustimmungsbeschlüsse ausländischer Gründungsgesellschaften nur eine **Evidenzkontrolle** verlangt und durchgeführt.[219] Wird der Zustimmungsbeschluss einer Gründungsgesellschaft dagegen angefochten, so kommt es nach § 10 Abs. 2 SEAG zu einer **Registersperre**.[220] Dabei kommen die Unangemessenheit des Umtauschverhältnisses gemäß § 11 Abs. 2 SEAG iVm § 6 Abs. 4 SEAG oder der Barabfindung gemäß § 9 Abs. 2 SEAG iVm § 7 Abs. 5 SEAG nicht als Anfechtungsgründe in Betracht. Diese Gegenstände sind gemäß § 6 Abs. 4 SEAG und § 7 Abs. 7 SEAG ausschließlich im Rahmen eines etwaigen Spruchverfahrens zu überprüfen.[221]

3. Folgen der Eintragung

a) Konstitutive Wirkung. Die SE als juristische Person entsteht gemäß Art. 16 Abs. 1 SE-VO erst mit der **Eintragung in das Handelsregister** nach Art. 12 SE-VO, der damit **konstitutive Wirkung** zukommt.[222] Im Zuge der Eintragung der SE erhalten die Gesellschafter, die ihre Anteile eingebracht haben, auf Grundlage der zuvor abgeschlossenen Zeichnungsverträge nun die entsprechenden SE-Aktien.[223] Die Gründungsgesellschaften bleiben weiter bestehen, wobei zwischen ihnen und der Holding-SE nach der Holding-Gründung ein **faktisches Konzernverhältnis** (§§ 311 ff. AktG) entsteht.[224]

---

[217] Lutter/Hommelhoff/*Bayer* Art. 33 SE-VO Rn. 52; Kölner Kommentar-AktG/*Paefgen* Art. 33 SE-VO Rn. 95; MünchKommAktG/*Schäfer* Art. 33 SE-VO Rn. 31; Habersack/Drinhausen/*Scholz* Art. 33 SE-VO Rn. 53 f.

[218] Lutter/Hommelhoff/*Bayer* Art. 33 SE-VO Rn. 53; Spindler/Stilz/*Casper* Art. 33 SE-VO Rn. 17 f.; Kölner Kommentar-AktG/*Paefgen* Art. 33 SE-VO Rn. 5; MünchKommAktG/*Schäfer* Art. 33 SE-VO Rn. 26 f.; Habersack/Drinhausen/*Scholz* Art. 32 SE-VO Rn. 100, Art. 33 SE-VO Rn. 56.

[219] Spindler/Stilz/*Casper* Art. 33 SE-VO Rn. 17; Kölner Kommentar-AktG/*Paefgen* Art. 33 SE-VO Rn. 104, 105; Habersack/Drinhausen/*Scholz* Art. 33 SE-VO Rn. 56.

[220] Spindler/Stilz/*Casper* Art. 33 SE-VO Rn. 18; Kölner Kommentar-AktG/*Paefgen* Art. 33 SE-VO Rn. 108; MünchKommAktG/*Schäfer* Art. 33 SE-VO Rn. 28.

[221] MünchKommAktG/*Schäfer* Art. 33 SE-VO Rn. 28.

[222] Lutter/Hommelhoff/*Bayer* Art. 33 SE-VO Rn. 55; Kölner Kommentar-AktG/*Paefgen* Art. 33 SE-VO Rn. 115; MünchKommAktG/*Schäfer* Art. 33 SE-VO Rn. 25, 32; Habersack/Drinhausen/*Scholz* Art. 33 SE-VO Rn. 58.

[223] Kölner Kommentar-AktG/*Paefgen* Art. 33 SE-VO Rn. 116; MünchKommAktG/*Schäfer* Art. 33 SE-VO Rn. 6, 32, 33; Habersack/Drinhausen/*Scholz* Art. 33 SE-VO Rn. 58.

[224] Lutter/Hommelhoff/*Bayer* Art. 33 SE-VO Rn. 55; MünchKommAktG/*Schäfer* Art. 33 SE-VO Rn. 32; Habersack/Drinhausen/*Scholz* Art. 33 SE-VO Rn. 2, 58.

89 Die eingetragene Holding-SE genießt mangels einer Art. 30 SE-VO vergleichbaren Regelung **keinerlei gesonderten Bestandsschutz**.[225] Die Folgen der fehlerhaften Gründung einer deutschen Holding-SE richten sich vielmehr nach Art. 9 Abs. 1 lit. c ii SE-VO iVm §§ 275 ff. AktG und § 397 FamFG sowie § 262 Abs. 1 Nr. 5 AktG und § 399 FamFG.[226] Als weiterer Auflösungsgrund kommt der Fall in Betracht, dass sich infolge der Unwirksamkeit einer bestimmten Anzahl von Anteilsübertragungen herausstellt, dass die Mindesteinbringungsquote des Art. 33 Abs. 2 SE-VO nicht mehr erreicht wird.[227]

90 **b) Offenlegung.** Der Eintragung folgt die Offenlegung gemäß Art. 13 bis 15 SE-VO. Entsprechend wird die Gründung der Holding-SE nach §§ 10 und 8b Abs. 2 Nr. 1 HGB im **Handels- und Unternehmensregister** sowie im **Amtsblatt der EU** bekanntgemacht.[228]

C. Gründung einer Tochter-SE

91 Bei der Gründung einer Tochter-SE wird zwischen der **primären (originären) und der sekundären Gründung** unterschieden. Bei der primären Gründung (Art. 2 Abs. 3; 35, 36 SE-VO) entsteht eine gemeinsame Tochtergesellschaft der Gründungsgesellschaften, während bei der sekundären Gründung (Art. 3 Abs. 2 SE-VO) die Tochter-SE von einer bereits bestehenden SE gegründet wird. Die primäre Gründung einer gemeinsamen Tochter-SE ist somit gleichsam das Gegenstück zu einer Holding-Gründung, durch die zwei Gesellschaften eine gemeinsame Muttergesellschaft erhalten.[229]

I. Primäre Gründung

1. Voraussetzungen

92 **a) Gründungsberechtigte Gesellschaften.** Gründungsberechtigt für die primäre Gründung sind gemäß Art. 2 Abs. 3 SE-VO iVm Art. 54 AEUV **Personengesellschaften** des Bürgerlichen Rechts und des Handelsrechts, einschließlich der **Genossenschaften** und die **sonstigen juristischen Personen des öffentlichen und privaten Rechts** mit Ausnahme solcher Rechtsträger, die keinen Erwerbszweck verfolgen.[230] Möglich ist überdies die Beteiligung einer **Europäischen wirtschaftlichen Interessenvereinigung (EWIV)**.[231] Im Ergebnis steht die Gründung einer Tochter-SE damit mehr Gesellschaften offen als die Gründung einer Holding-SE (→ Rn. 7). Allerdings müssen sämtliche beteiligten Gesellschaften ihren Sitz sowie ihre Hauptverwaltung in einem Mitgliedstaat haben.[232] Die nach dem **Recht eines Mitgliedstaats** wirksam gegründete SE ist gemäß Art. 3 Abs. 1 SE-VO ebenfalls befugt, an der Gründung einer Tochter-SE beteiligt zu

---

[225] Lutter/Hommelhoff/*Bayer* Art. 33 SE-VO Rn. 58; Spindler/Stilz/*Casper* Art. 33 SE-VO Rn. 19; Kölner Kommentar-AktG/*Paefgen* Art. 33 SE-VO Rn. 117; MünchKommAktG/*Schäfer* Art. 33 SE-VO Rn. 33; Habersack/Drinhausen/*Scholz* Art. 33 SE-VO Rn. 58.

[226] Lutter/Hommelhoff/*Bayer* Art. 33 SE-VO Rn. 58; Kölner Kommentar-AktG/*Paefgen* Art. 33 SE-VO Rn. 118; MünchKommAktG/*Schäfer* Art. 33 SE-VO Rn. 33; Habersack/Drinhausen/*Scholz* Art. 33 SE-VO Rn. 58.

[227] Dafür Spindler/Stilz/*Casper* Art. 33 SE-VO Rn. 19; aA MünchKommAktG/*Schäfer* Art. 33 SE-VO Rn. 33.

[228] Lutter/Hommelhoff/*Bayer* Art. 33 SE-VO Rn. 57; Kölner Kommentar-AktG/*Paefgen* Art. 33 SE-VO Rn. 113, 114; Habersack/Drinhausen/*Scholz* Art. 33 SE-VO Rn. 59.

[229] Kölner Kommentar-AktG/*Paefgen* Art. 35 SE-VO Rn. 4.

[230] Lutter/Hommelhoff/*Bayer* Art. 2 SE-VO Rn. 22; Kölner Kommentar-AktG/*Veil* Art. 2 SE-VO Rn. 37; MünchKommAktG/*Oechsler/Mihaylova* Art. 2 SE-VO Rn. 36.

[231] Manz/Mayer/Schröder/*Schröder* Art. 35 SE-VO Rn. 4.

[232] Kölner Kommentar-AktG/*Veil* Art. 2 SE-VO Rn. 38.

sein.²³³ Die Fähigkeit, eine Tochter-SE zu gründen, „verbraucht" sich überdies nicht, so dass ein und dieselbe Gründungsgesellschaft auch mehrere Tochter-SEs gründen kann.²³⁴

b) Mehrstaatlichkeit. Auch bei der Gründung einer Tochter-SE müssen die an der Gründung beteiligten Gesellschaften dem Recht verschiedener Mitgliedstaaten unterliegen oder seit mindestens zwei Jahren eine dem Recht eines Mitgliedstaates unterliegende Tochtergesellschaft oder Zweigniederlassung in einem anderen Mitgliedstaat halten. Insofern ergeben sich keine Unterschiede zur originären Gründung einer Holding-SE (→ Rn. 11 ff.). Ist eine SE an einer originären Gründung beteiligt, so ist das Mehrstaatlichkeitserfordernis als erfüllt anzusehen.²³⁵

2. Gründungsverfahren

Als einzige Vorschrift behandelt Art. 36 SE-VO ausdrücklich das **Verfahren der originären Gründung einer gemeinsamen Tochter-SE;** verwiesen wird insofern auf das **Gesellschaftsstatut der Gründungsgesellschaften.** In dieser Hinsicht ist Art. 36 SE-VO eine Parallelvorschrift zu Art. 18 SE-VO, der für das Verschmelzungsverfahren ebenfalls auf das für jede Gründungsgesellschaft anwendbare nationale Recht verweist. Auf der Ebene der Gründungsgesellschaften der Tochter-SE ist mithin dasjenige Recht anwendbar, das für die betreffende Gesellschaft gelten würde, wenn sie sich nach dem nationalem Recht an einer Tochtergesellschaft in Form einer Aktiengesellschaft beteiligen würde.²³⁶ Das auf die (Vor-)SE selbst anwendbare Recht ergibt sich demgegenüber aus Art. 15 Abs. 1 SE-VO iVm dem nationalen Recht; hinsichtlich einer deutschen SE ist also das deutsche Aktienrecht einschlägig.²³⁷ Darüber hinaus wird teilweise eine analoge Anwendung der Vorschriften über die Verschmelzungs- und Holding-Gründung befürwortet.²³⁸ Da im Laufe der Entstehungsgeschichte der Art. 35, 36 SE-VO jedoch von früheren Entwürfen mit deutlich ausführlicheren Verfahrensregelungen Abstand genommen wurde, die sich an die Regelungsmodelle bei der Verschmelzung und der Holding-Gründung anlehnten, ist mit der ganz herrschenden Ansicht eine diesbezügliche planwidrige Regelungslücke jedoch nicht anzunehmen.²³⁹

Soll die zu gründende Tochter-SE ihren **Sitz in Deutschland** haben, handelt es sich bei der originären Gründung um eine **klassische Bar- oder Sachgründung** nach deutschem Aktienrecht. Auf Ebene der neu gegründeten SE gelten gemäß Art. 15 Abs. 1 SE-VO die Vorschriften des deutschen Aktienrechts (§§ 23 ff. AktG). Eine Gründung im Wege der Spaltung ist nicht möglich.²⁴⁰ Die Entscheidung über die Gründung wird von dem nach dem Organisationsrecht der jeweiligen Gesellschaft zuständigen Gesellschaftsorgan getroffen, bei der AG und der dualistischen SE mithin vom Vorstand.

a) Gründungsbericht. Die **Erstellung eines gesonderten Gründungsplans** ist bei der originären Gründung einer Tochter-SE nicht erforderlich. Jedoch ist gemäß Art. 15

---

²³³ Frodermann/Jannott/*Jannott* S. 48 Rn. 16; Kölner Kommentar-AktG/*Maul* Art. 3 SE-VO Rn. 15.
²³⁴ Habersack/Drinhausen/*Scholz* Art. 35 SE-VO Rn. 5.
²³⁵ Lutter/Hommelhoff/*Bayer* Art. 3 SE-VO Rn. 4; Kölner Kommentar-AktG/*Maul* Art. 3 SE-VO Rn. 11; *Scheifele* S. 435 f.
²³⁶ Lutter/Hommelhoff/*Bayer* Art. 36 SE-VO Rn. 4; Manz/Mayer/Schröder/*Schröder* Art. 36 SE-VO Rn. 4; *Theisen/Wenz* S. 186.
²³⁷ MünchKommAkt/*Schäfer* Art. 36 SE-VO Rn. 3.
²³⁸ Spindler/Stilz/*Casper* Art. 36 SE-VO Rn. 5.
²³⁹ Habersack/Drinhausen/*Scholz* Art. 36 SE-VO Rn. 38; Kölner Kommentar-AktG/*Paefgen* Art. 35 SE-VO Rn. 2, Art. 36 SE-VO Rn. 34; Lutter/Hommelhoff/*Bayer* Art. 36 SE-VO Rn. 7; Manz/Mayer/Schröder/*Schröder* Art. 35 SE-VO Rn. 7; iE auch MünchHdb. GesR IV/*Austmann* § 84 Rn. 61; Spindler/Stilz/*Casper* Art. 36 SE-VO Rn. 5.
²⁴⁰ Spindler/Stilz/*Casper* Art. 36 SE-VO Rn. 3; Habersack/Drinhausen/*Scholz* Art. 35 SE-VO Rn. 8; Kölner Kommentar-AktG/*Paefgen* Art. 36 SE-VO Rn. 17; Manz/Mayer/Schröder/*Schröder* Art. 36 SE-VO Rn. 16; *Scheifele* S. 391.

Abs. 1 SE-VO iVm § 32 Abs. 1 AktG ein **schriftlicher Gründungsbericht** zu erstellen. Dieser ist von den Vertretungsorganen der Gründungsgesellschaften zu unterschreiben.[241] Inhaltlich müssen Angaben über die Gründer, die übernommenen Aktien und die Mitglieder des ersten Aufsichts- bzw. Verwaltungsrats enthalten sein. Außerdem ist gemäß § 32 Abs. 3 AktG darzulegen, ob ein Gründer Aktien für Rechnung eines Organmitglieds übernommen hat und ob Organmitgliedern Sondervorteile gewährt wurden.[242] Bei einer Sachgründung müssen Angaben zur Angemessenheit des Verhältnisses zwischen dem Wert der Sacheinlagen und den übernommenen SE-Aktien gemacht werden (§ 32 Abs. 2 AktG).

97 b) **Gründungsprüfung.** Bei der Gründung einer Tochter-SE ist eine **interne Gründungsprüfung** gemäß Art. 15 Abs. 1 SE-VO iVm § 33 Abs. 1 AktG **durch den Vorstand und den Aufsichtsrat** (im dualistischen System) erforderlich.[243] Dabei können Vorstand und Aufsichtsrat auch ein gemeinsames Dokument veröffentlichen.[244] Im **monistischen System** ist für die Prüfung der **Verwaltungsrat** zuständig.[245] Der gesamte Gründungsvorgang ist in tatsächlicher und rechtlicher Hinsicht zu prüfen. Zu den für die Prüfung maßgeblichen Aspekten zählen gemäß § 34 Abs. 1 AktG u. a. die Richtigkeit und Vollständigkeit der Angaben der Gründer über die Übernahme der Aktien, die Einlagen auf das Grundkapital und die Festsetzungen nach §§ 26 und 27 AktG sowie die Frage, ob der Wert der Sacheinlagen oder Sachübernahmen den geringsten Ausgabebetrag der dafür zu gewährenden Aktien oder den Wert der dafür zu gewährenden Leistungen erreicht. Gemäß § 34 Abs. 2 AktG ist ein schriftlicher Bericht zu erstellen, der der Anmeldung der SE nach § 37 Abs. 4 Nr. 4 AktG beigefügt werden muss.

98 Unter den Voraussetzungen des Art. 15 Abs. 1 SE-VO iVm § 33 Abs. 2 AktG hat außerdem eine **externe Gründungsprüfung** stattzufinden. Diese wird von einem oder mehreren Gründungsprüfern durchgeführt, die vom Amtsgericht am Sitz der Gesellschaft bestellt werden. Wer als externer Gründungsprüfer eingesetzt werden kann, bestimmt § 33 Abs. 4 AktG. Hierfür geeignet sind Personen, die in der Buchführung ausreichend vorgebildet und erfahren sind, sowie Prüfungsgesellschaften, von deren gesetzlichen Vertretern mindestens einer in der Buchführung ausreichend vorgebildet und erfahren ist. § 33a AktG normiert, unter welchen Voraussetzungen eine externe Gründungsprüfung entbehrlich ist.

99 c) **Arbeitnehmerbeteiligung.** Die **zwingende Beteiligung der Arbeitnehmer an der originären Gründung einer Tochter-SE** ist die einzige wirkliche Besonderheit dieser Gründungsart.[246] Einzelheiten der Beteiligung richten sich nach der SE-RL und dem SEBG. Insofern haben die Leitungs- bzw. Vertretungsorgane der an der Gründung beteiligten Gesellschaften ihre jeweiligen Arbeitnehmervertretungen gemäß § 4 Abs. 2 S. 1, 3 SEBG unverzüglich nach der Initiierung der Gründung einer Tochter-SE über dieses Vorhaben zu informieren. Für den Fall, dass keine Arbeitnehmervertretung eingerichtet ist, sind die Arbeitnehmer gemäß § 4 Abs. 2 S. 2 SEBG selbst zu unterrichten. Der Inhalt der Information richtet sich nach § 4 Abs. 3 SEBG. Danach müssen die Arbeitnehmer über die Identität und Struktur der beteiligten Gesellschaften, betroffenen Tochtergesellschaften und betroffenen Betriebe und deren Verteilung auf die Mitgliedstaaten informiert werden. Außerdem müssen sie Kenntnis erhalten über die in diesen Gesellschaften und Betrieben

---

[241] Habersack/Drinhausen/*Scholz* Art. 36 SE-VO Rn. 28; Frodermann/Jannott/*Jannott* S. 110 Rn. 224; Hüffer/*Koch* § 32 Rn. 2; Kölner Kommentar-AktG/*Paefgen* Art. 36 SE-VO Rn. 23.

[242] Frodermann/Jannott/*Jannott* S. 110 Rn. 225; Einzelheiten zum Inhalt des Gründungsberichts bei Hüffer/*Koch* § 32 Rn. 3 ff.

[243] Kölner Kommentar-AktG/*Paefgen* Art. 36 SE-VO Rn. 23.

[244] Habersack/Drinhausen/*Scholz* Art. 36 SE-VO Rn. 30; Hüffer/*Koch* § 34 Rn. 4; Kölner Kommentar-AktG/*Arnold* § 34 Rn. 10.

[245] Habersack/Drinhausen/*Scholz* Art. 36 SE-VO Rn. 30.

[246] MünchKommAktG/*Schäfer* Art. 36 SE-VO Rn. 2; Habersack/Drinhausen/*Scholz* Art. 36 SE-VO Rn. 21.

bestehenden Arbeitnehmervertretungen, die Zahl der jeweils beschäftigten Arbeitnehmer sowie die daraus zu errechnende Gesamtzahl der in einem Mitgliedstaat beschäftigten Arbeitnehmer und die Zahl der Arbeitnehmer, denen Mitbestimmungsrechte in den Organen dieser Gesellschaften zustehen.

Die Arbeitnehmervertretungen bzw. Arbeitnehmer sind schriftlich aufzufordern, ein **besonderes Verhandlungsgremium** im Sinne der §§ 5 ff. SEBG zu bilden, damit dieses zügig in die für die Arbeitnehmerbeteiligung vorgesehenen Verhandlungen gemäß §§ 11 ff. SEBG eintreten kann.[247] Ziel dieser Verhandlungen ist es, die Bedingungen für die Mitbestimmung der Arbeitnehmer und die Einsetzung eines Betriebsrats zu verhandeln. Scheitert das Verhandlungsverfahren, kommt es zur sogenannten Auffanglösung; dabei wird der Betriebsrat nach den §§ 22 ff. SEBG und das Aufsichtsorgan nach den §§ 34 ff. SEBG besetzt.[248] Für Einzelheiten kann insofern auf die vorstehenden Ausführungen verwiesen werden (→ § 19 Rn. 63 ff.).

Das **Arbeitnehmerbeteiligungsverfahren unterbleibt,** sofern keine Arbeitnehmer vorhanden sind, also etwa bei Gründung einer Vorrats-Tochter-SE. Art. 12 Abs. 2 SE-VO ist in diesem Fall teleologisch zu reduzieren, weil auf Arbeitnehmerseite kein Verhandlungsgremium gebildet werden kann.[249]

d) Zustimmung der Gesellschafterversammlung(en). Bei der AG steht die Einholung der Zustimmung für die Tochter-SE-Gründung gemäß § 119 Abs. 2 AktG im **pflichtgemäßen Ermessen des Vorstands.** Insofern unterscheidet sich die Gründung einer Tochter-SE von der Verschmelzung oder der Gründung einer Holding-SE, bei denen jeweils ein Beschluss der Gesellschafterversammlung zwingend erforderlich ist. Eine Verpflichtung, die Zustimmung der Hauptversammlung über die Gründung der Tochter-SE einzuholen, kann mit Blick auf die **Holzmüller/Gelatine-Rechtsprechung des BGH**[250] erst dann entstehen, wenn im Zuge dieser Maßnahme ein wertvoller Teil des Unternehmens ausgegliedert wird und somit der Einfluss der Aktionäre auf die Hauptgesellschaft schrumpft.[251] Konkret muss die Hauptversammlung die Maßnahme mit einer Dreiviertel-Kapitalmehrheit beschließen, wenn die übertragenen Vermögenswerte mindestens 80 % des Gesellschaftsvermögens ausmachen,[252] was jedoch in der Praxis nicht häufig der Fall sein wird. Außerdem müssen die Aktionäre über ihre Mitwirkungsrechte informiert werden („Holzmüller-Bericht").[253] Daneben können auch die **Satzungen der beteiligten Gesellschaften** die Notwendigkeit eines Zustimmungsbeschlusses vorsehen. Für den Fall, dass eine solche von der Satzung geforderte Zustimmung nicht erteilt und die Tochter-SE dennoch gegründet wird, führt dies nicht zu einer Unwirksamkeit der Gründung, sondern löst allenfalls Schadensersatzpflichten der Leitungsorgane aus.[254] Daneben ergibt sich das Zustimmungserfordernis aber regelmäßig auch aus der **Eigenschaft der Gründung als Grundlagengeschäft.**[255]

Auch für beteiligte GmbHs gilt, dass **außergewöhnliche Geschäftsführungsmaßnahmen** der Gesellschafterversammlung vorgelegt werden müssen, so dass diese auch an der Gründung einer Tochter-SE zu beteiligen sein können.[256] Dementsprechend ist die **Zu-**

---

[247] Frodermann/Jannott/*Jannott* S. 107 Rn. 208; MünchKommAktG/*Schäfer* Art. 36 SE-VO Rn. 2.
[248] Kölner Kommentar-AktG/*Feuerborn* § 22 SEBG Rn. 1, § 34 SEBG Rn. 11; MünchKommAktG/*Jacobs* § 22 SEBG Rn. 2, § 34 SEBG Rn. 15.
[249] AG Düsseldorf ZIP 2006, 287; zustimmend Kölner Kommentar-AktG/*Kiem* Art. 12 SE-VO Rn. 42; *Casper/Schäfer* ZIP 2007, 654; *Schreiner* S. 63.
[250] BHGZ 83, 122, 131, NJW 1982, 1703; BGHZ 159, 30, NJW 2004, 1860.
[251] MünchKommAktG/*Schäfer* Art. 36 SE-VO Rn. 5; *Scheifele* S. 393 f.
[252] BGH NZG 2004, 575; BGH NJW 2004, 1860; Spindler/Stilz/*Casper* Art. 36 SE-VO Rn. 4.
[253] *Arnold* ZIP 2005, 1573, 1578; *Bungert* BB 2004, 1345, 1351.
[254] Frodermann/Jannott/*Jannott* S. 109 Rn. 220.
[255] Habersack/Drinhausen/*Scholz* Art. 36 SE-VO Rn. 12.
[256] MünchKommAktG/*Schäfer* Art. 36 SE-VO Rn. 6.

§ 43   104–108   5. Kapitel. Sonstige Umwandlungsmaßnahmen

stimmung der Gesellschafterversammlung zu dem Gründungsvorgang erforderlich, wenn eine Zustimmung bei einer AG nach der Holzmüller/Gelatine-Rechtsprechung erforderlich wäre.[257]

104   e) **Gründungsurkunde.** Die Gründung der Tochter-SE ist gemäß Art. 15 Abs. 1 SE-VO iVm § 23 AktG **notariell zu beurkunden.** Eine Vertretung bei der Beurkundung ist nach § 23 Abs. 1 S. 1 AktG möglich. Die Urkunde muss die Gründer der neuen Gesellschaft gemäß § 23 Abs. 2 Nr. 1 AktG (§ 28 AktG) namentlich benennen. Ferner muss für jeden Gründer der Nenn- bzw. Ausgabebetrag der Aktien, die er übernimmt (§ 23 Abs. 2 Nr. 2 AktG), festgeschrieben sein. Schließlich sind auch der Zeitpunkt und Umfang der Einzahlungen auf das Grundkapital (§ 23 Abs. 2 Nr. 3 AktG) sowie die Satzung der Tochter-SE mit dem in § 23 Abs. 3, 4 AktG festgelegten Mindestinhalt (120.000 Euro nach § 23 Abs. 3 Nr. 3 AktG) fakultativer Inhalt der Gründungsurkunde. Die Gründungsurkunde ist bei der Anmeldung der SE zum Handelsregister einzureichen.

105   f) **Einbringung der Anteile.** Damit die Tochter-SE entstehen kann, müssen bei einer **Bargründung** schließlich die Einlagen bis zum Zeitpunkt der Anmeldung der Gründung eingezahlt werden (§§ 36 Abs. 2, 36a Abs. 1 AktG). Die Höhe des Betrags richtet sich nach § 36a Abs. 1 AktG. Bei einer **Sachgründung** müssen die nach § 27 AktG in der Satzung als Sacheinlage festgelegten Gegenstände gemäß § 36 Abs. 2 AktG geleistet werden. Als **Beleg für die Einbringung** wird der Anmeldung der Vertrag über die Einbringung gemäß § 37 Abs. 4 Nr. 2 AktG beigefügt.

106   g) **Bestellung der Organmitglieder.** Im Zuge der Neugründung müssen die **Mitglieder des ersten Aufsichtsrats** gemäß Art. 40 Abs. 2 SE-VO (bei einer dualistischen SE) beziehungsweise des Verwaltungsrats gemäß Art. 43 Abs. 3 SE-VO (bei einer monistischen SE) bestellt werden. Die Aufnahme der Organbestellung in die Gründungsurkunde wird im Hinblick auf das Beurkundungserfordernis in § 30 Abs. 1 S. 2 AktG für zweckmäßig erachtet.[258] Selbiges gilt für die Bestellung des ersten Abschlussprüfers nach Art. 15 Abs. 1 SE-VO iVm § 30 Abs. 1 AktG. In der Folge bestellen die Mitglieder des Aufsichts- beziehungsweise des Verwaltungsrats die Mitglieder des Vorstands bzw. die geschäftsführenden Direktoren, womit die neue SE ihre Handlungsfähigkeit erlangt.

107   h) **Anmeldung und Wirksamwerden der Gründung.** Soll die neu gegründete Tochter-SE ihren Sitz in Deutschland haben, richtet sich ihre Anmeldung gemäß Art. 15 Abs. 1 SE-VO nach dem Recht, das für die Anmeldung einer AG gilt. Demnach ist die Gründung der Tochter-SE zur Eintragung in das Handelsregister am Sitz der SE anzumelden (§ 36 AktG). Die Anmeldung hat durch alle Mitglieder des Vorstands und des Aufsichtsrats (bei dualistischer Organisationsstruktur) bzw. alle Mitglieder des Verwaltungsrats (bei monistischer Struktur) zu erfolgen. Den Inhalt der Anmeldung beschreibt § 37 Abs. 4 AktG näher. Danach müssen die Gründungssatzung, im Falle von Sacheinlagen die Einbringungsverträge, die Urkunden über die Bestellung der Organmitglieder, eine Liste der Mitglieder des Aufsichtsorgans, der Gründungsbericht sowie der interne und ggf. externe Prüfungsbericht beigefügt werden.[259] Bei einer neu gegründeten monistischen SE modifiziert § 21 Abs. 2 S. 3 SEAG die Anforderungen an den Inhalt der Anmeldung. So ist dort insbesondere eine Versicherung über das Fehlen von Bestellungshindernissen für die geschäftsführenden Direktoren gemäß §§ 21 Abs. 2 S. 1, 40 Abs. 1 S. 4 SEAG abzugeben.

108   Das **zuständige Registergericht** (§§ 4 SEAG, 376 FamFG) prüft gemäß § 38 AktG (bei der monistischen SE gemäß § 21 Abs. 3 SEAG) die Ordnungsmäßigkeit der Gründung und trägt die SE, sobald auch die Arbeitnehmerbeteiligung gemäß Art. 12 Abs. 2 SE-VO

---

[257] Kölner Kommentar-AktG/*Paefgen* Art. 36 SE-VO Rn. 12; iE auch Spindler/Stilz/*Casper* Art. 36 SE-VO Rn. 4.
[258] Habersack/Drinhausen/*Scholz* § 36 SE-VO Rn. 24; Frodermann/Jannott/*Jannott* S. 108 Rn. 216.
[259] Kölner Kommentar-AktG/*Paefgen* Art. 36 SE-VO Rn. 26; zu den im Einzelnen beizufügender Unterlagen Hüffer/*Koch* § 37 Rn. 9 ff.

nachgewiesen ist, nach Art. 12 Abs. 1 SE-VO iVm §§ 14, 39 AktG in das Handelsregister ein.[260] Liegen die für die Anmeldung bestehenden Voraussetzungen nicht vor und können eventuelle Mängel der einzureichenden Unterlagen nicht behoben werden, erfolgt keine Eintragung. Die Bekanntmachung der Eintragung richtet sich nach § 10 HGB. Im Anschluss erfolgt eine Veröffentlichung im Amtsblatt der Europäischen Union nach Art. 14 Abs. 1 SE-VO. Mit der Eintragung entsteht die SE gemäß Art. 15 Abs. 1 SE-VO iVm § 41 Abs. 1 S. 1 AktG.

II. Sekundäre Gründung

Die sekundäre Gründung einer SE-Tochtergesellschaft erfolgt als sog. **Einmann-Gründung** durch eine bestehende SE. Die Vorschrift des Art. 3 Abs. 2 S. 1 SE-VO, die diese unilaterale Gründung erlaubt, ist insofern gegenüber Art. 2 Abs. 3 SE-VO als *lex specialis* zu betrachten.[261] Sinn der Regelung ist es, die **ökonomische Integration eines Unternehmensverbundes** zu vereinfachen.[262] Auch kann durch die sekundäre Gründung eine Vorratsgesellschaft geschaffen werden.[263] Treten weitere Gründer hinzu, wird der Anwendungsbereich des Art. 3 Abs. 2 SE-VO verlassen und die Gründung muss den Anforderungen des Art. 2 Abs. 3 SE-VO entsprechen.[264]

1. Voraussetzungen

Lediglich eine **schon bestehende SE** – eine Vor-SE reicht dabei ebenfalls aus – kann als alleinige Gründerin eine oder mehrere SE-Tochtergesellschaften gründen. Dabei ist die sekundäre Gründung von Art. 35 SE-VO nicht erfasst. Dementsprechend ist im Gegensatz zu Art. 2 Abs. 1 bis 4 SE-VO **keine Mehrstaatlichkeit** erforderlich.[265] Der Grund für diese Differenzierung besteht darin, dass dem Normgeber die Rechtsform der SE als Mehrstaatlichkeitsgarantie ausgereicht hat.[266]

2. Gründungsverfahren

Ein gesondertes Verfahren für die Sekundärgründung ist in der SE-VO nicht geregelt. Wie bei der originären Gründung einer Tochter-SE ist jedoch auch bei der sekundären Gründung zwischen den Verfahrensvorschriften für die Mutter-SE auf der einen und jenen für die Tochter-SE auf der anderen Seite zu unterscheiden. Auf die Mutter-SE wird über die Auffangregel des Art. 9 Abs. 1 lit. c SE-VO das nationale Recht angewendet.[267] Das Verfahren für die Gründung der Tochter-SE richtet sich gemäß Art. 15 Abs. 1 SE-VO nach dem nationalen Aktienrecht des Sitzstaates der neu zu gründenden Tochter-SE. Hat diese ihren Sitz in Deutschland, kann eine Gründung in Form einer klassischen Bar- oder Sachgründung oder auch als Ausgliederung gemäß § 123 Abs. 3 UmwG erfolgen.[268] In Deutschland ist die Einmann-Gründung gemäß § 2 AktG ausdrücklich zugelassen.[269]

---

[260] Frodermann/Jannott/*Jannott* S. 112 Rn. 233; Lutter/Hommelhoff/*Bayer* Art. 36 SE-VO Rn. 24; Habersack/Drinhausen/*Scholz* Art. 36 SE-VO Rn. 33.
[261] Lutter/Hommelhoff/*Bayer* Art. 3 SE-VO Rn. 12, Art. 36 Rn. 2; Manz/Mayer/Schröder/*Schröder* Art. 3 SE-VO Rn. 15.
[262] MünchKommAktG/*Oechsler/Mihaylova* Art. 3 SE-VO Rn. 4.
[263] Kölner Kommentar-AktG/*Maul* Art. 3 SE-VO Rn. 2; Frodermann/Jannott/*Jannott* S. 133 Rn. 304; Habersack/Drinhausen/*Scholz* Art. 36 SE-VO Rn. 14.
[264] Habersack/Drinhausen/*Habersack* Art. 3 SE-VO Rn. 8; Lutter/Hommelhoff/*Bayer* Art. 3 Rn. 8; Manz/Mayer/Schröder/*Schröder* Art. 3 SE-VO Rn. 18.
[265] Habersack/Drinhausen/*Habersack* Art. 3 SE-VO Rn. 9; Lutter/Hommelhoff/*Bayer* Art. 3 SE-VO Rn. 10; Schmitt/Hörtnagl/Stratz/*Hörtnagl* Art. 3 SE-VO Rn. 6; Kölner Kommentar-AktG/*Maul* Art. 3 SE-VO Rn. 22; Spindler/Stilz/*Casper* Art. 3 SE-VO Rn. 18.
[266] Manz/Mayer/Schröder/*Schröder* Art. 3 SE-VO Rn. 17.
[267] Spindler/Stilz/*Casper* Art. 3 SE-VO Rn. 18; *Scheifele* S. 440 f.
[268] Habersack/Drinhausen/*Scholz* Art. 35 SE-VO Rn. 9 mwN; aA *Hirte* NZG 2002, 1, 4; Frodermann/Jannott/*Jannott* S. 50 Rn. 23.
[269] Spindler/Stilz/*Casper* Art. 3 SE-VO Rn. 19.

112 **a) Bar- oder Sachgründung.** Bei der klassischen **Bar- oder Sachgründung** sind die Vorschriften der §§ 23 ff. AktG auf die Tochter-SE anzuwenden. Für die **Beteiligung der Arbeitnehmer** in der Tochtergesellschaft besteht angesichts fehlender Vorschriften im SEBG eine Regelungslücke.[270] Die herrschende Ansicht lehnt eine Beteiligungspflicht unter Hinweis auf Wortlaut und Systematik, vor allem aber aufgrund des Zwecks der SE-RL und des SEBG – nämlich die Sicherung des vorhandenen Bestands an Beteiligungsrechten – bei der Sekundärgründung zu Recht ab.[271] Auf der Ebene der Mutter-SE ist bei der Mitwirkung der Hauptversammlung die **Holzmüller/Gelatine-Rechtsprechung** zu berücksichtigen. Insofern wird auf die Ausführungen unter → Rn. 102 f. verwiesen.

113 **b) Besonderheiten bei der SE-Vorratsgründung.** In der Praxis erfreut sich die Gründung von SE-Vorratsgesellschaften im Wege einer sekundären Gründung großer Beliebtheit. Mithilfe von SE-Vorratsgesellschaften können gerade innerhalb von Konzernen neue Tochtergesellschaften geschaffen werden, ohne dass zeit- und kostenaufwändige Gründungsverfahren durchlaufen werden müssten[272]. Das Verfahren entspricht zunächst dem der normalen Bar- oder Sachgründung unter Anwendung der §§ 23 ff. AktG auf die neue Tochter-SE. Dem Registergericht ist die Vorratsgründung offenzulegen und es muss über eine Arbeitnehmerlosigkeit der Gesellschaft informiert werden.[273] Praxisrelevant ist dabei, dass in der Gründungs-SE und der zukünftigen SE oft keine oder jedenfalls weniger als zehn Arbeitnehmer beschäftigt sind, so dass die Regelung des Art. 12 Abs. 2 SE-VO nicht greift. Dementsprechend müsste kein Arbeitnehmerbeteiligungsverfahren durchgeführt werden. Umstritten ist jedoch, ob bei der Gründung einer solchen nicht operativ tätigen Tochter-SE dennoch ein Beteiligungsverfahren im Einklang mit dem SEBG durchgeführt werden muss. Dies wird von der herrschenden Ansicht mangels schützenswerter Interessen von Arbeitnehmern zu Recht abgelehnt.[274] Nach anderer Ansicht kommt es nicht auf eine Mindestanzahl von Arbeitnehmern an und es ist bei weniger als zehn Arbeitnehmern der Proporz des § 5 Abs. 1 S. 2 SEBG entsprechend zu reduzieren.[275]

114 **c) Ausgliederung gemäß § 123 Abs. 3 UmwG.** Die Gründung einer Tochter-SE ist ferner gemäß § 123 Abs. 3 Nr. 2 UmwG als **Ausgliederung zur Neugründung** möglich.[276] Dem steht auch nicht der *numerus clausus* des § 1 UmwG entgegen, da eine SE nach Art. 10 SE-VO insofern wie eine AG zu behandeln ist.[277] Als weiteres Argument für die beschriebene Möglichkeit wird angeführt, dass ein Umwandlungsverbot mit den durch den EuGH aufgestellten Grundsätzen zu grenzüberschreitenden Verschmelzungen, die auf andere Umwandlungsformen wie die Ausgliederung übertragbar sind, nicht zu

---

[270] Frodermann/Jannott/*Kienast* S. 547 Rn. 244; Kölner Kommentar-AktG/*Maul* Art. 3 SE-VO Rn. 24.

[271] MünchKommAktG/*Jacobs* Vor § 1 SEBG Rn. 12; *Seibt* ZIP 2005, 2248, 2249; Spindler/Stilz/*Casper* Art. 12 SE-VO Rn. 7; aA *Kiem* ZHR 173 (2009), 156, 164; *Henssler* ZHR 173 (2009), 222, 234.

[272] *Schreiner* S. 28.

[273] OLG Düsseldorf ZIP 2009, 919; *Casper/Schäfer* ZIP 2007, 653, 655.

[274] OLG Düsseldorf ZIP 2009, 920; *Casper/Schäfer* ZIP 2007, 653; Kölner Kommentar-AktG/*Maul* Art. 3 SE-VO Rn. 26; *Schreiner* S. 126 ff.; iE auch MünchKommAktG/*Jacobs* § 3 SEBG Rn. 2.

[275] Unter Hinweis auf die geringe Bedeutung des Streits in der Praxis Frodermann/Jannott/*Kienast* S. 549 Rn. 255.

[276] Habersack/Drinhausen/*Habersack* Art. 3 SE-VO Rn. 12; Kölner Kommentar-AktG/*Maul* Art. 3 Rn. 5, 34; Lutter/Hommelhoff/*Bayer* Art. 3 Rn. 16; Schmitt/Hörtnagl/Stratz/*Hörtnagl* SE-VO Art. 3 Rn. 7; Manz/Mayer/Schröder/*Schröder* Art. 36 SE-VO Rn. 17; aA Frodermann/Jannott/*Jannott* S. 50 Rn. 23; *Hirte* NZG 2002, 1, 4.

[277] Habersack/Drinhausen/*Habersack* Art. 3 SE-VO Rn. 12; Lutter/Hommelhoff/*Bayer* Art. 3 SE-VO Rn. 16.

vereinbaren wäre.[278] Auf- und Abspaltungen zur Gründung einer SE sind dagegen nicht möglich.[279]

Bei der Ausgliederung überträgt die Gründungsgesellschaft einen Teil ihres Vermögens im Rahmen einer **partiellen Gesamtrechtsnachfolge** auf eine neu zu gründende SE. Das Verfahren richtet sich nach den §§ 123 ff. UmwG. Bezüglich der **Arbeitnehmerbeteiligung** gelten die Ausführungen über die Arbeitnehmerbeteiligung bei der Bar- oder Sachgründung → Rn. 99 ff. entsprechend. Falls bei der Ausgliederung einer Tochter-SE wesentliche Vermögensbestandteile übertragen werden, ist die **Sperrfrist** des Art. 66 Abs. 1 S. 2 SE-VO zu beachten.[280] Auf Ebene der Mutter-SE sind die Zustimmung der Hauptversammlung und – sofern die Maßnahme als strukturelle Änderung iSd § 18 Abs. 3 SEBG zu qualifizieren ist – Verhandlungen über die Beteiligungsvereinbarung mit den Arbeitnehmern erforderlich. Die Ausgliederung findet ihren formalen Abschluss in der **Anmeldung und Eintragung im Handelsregister.**

---

[278] Kölner Kommentar-AktG/*Maul* Art. 3 SE-VO Rn. 34.
[279] *Casper* AG 2007, 97, 104; Lutter/Hammelhoff/*Bayer* Art. 3 Rn. 17; Schmitt/Hörtnagl/Stratz/ *Hörtnagl* SE-VO Art. 3 Rn. 6; aA MünchKommAktG/*Oechsler*/*Mihaylova* Art. 3 SE-VO Rn. 6a.
[280] Kölner Kommentar-AktG/*Maul* Art. 3 SE-VO Rn. 35.

Teil 2. Besonderer Teil

1. Kapitel. Umwandlungen in Krise und Insolvenz

§ 44 Einführung

Schrifttum: *Blasche*, Umwandlungsmöglichkeiten bei Auflösung, Überschuldung oder Insolvenz eines der beteiligten Rechtsträger, GWR 2010, 441.

Maßnahmen nach dem UmwG – wie etwa die Verschmelzung, Spaltung oder der Formwechsel – sind nicht nur bei „gesunden" Unternehmen gängige Umstrukturierungsmaßnahmen. Vielmehr können diese im Einzelfall auch hilfreiche **Instrumente zur Implementierung eines Sanierungskonzeptes** sein. In der Praxis innerhalb eines Konzerns häufig anzutreffen sind Sanierungsfusionen oder insolvenzvermeidende Verschmelzungen, bei denen eine sich in der Krise befindende Gesellschaft auf eine andere, gesunde Gesellschaft verschmolzen wird.[1] Auch der Spaltung, insbesondere in Form der Ausgliederung und Abspaltung, kommt im Kontext von Krise und Insolvenz Bedeutung zu.[2] Unter Nutzung der partiellen Gesamtrechtsnachfolge können veräußerungsfähige Betriebsteile separiert werden, um ggf. aus dem anschließenden Verkauf die Sanierung des verbleibenden Unternehmens zu finanzieren. Nicht zuletzt der Formwechsel bietet ferner die Möglichkeit, eine attraktive Rechtsform für die Beschaffung neuen Kapitals zu finden oder Strukturkrisen aufzubrechen.[3]   **1**

Bei **Umwandlungen im Stadium der Krise und Insolvenzreife** bestehen einige **Besonderheiten**, die im folgenden Kapitel ausführlich dargestellt werden. Umwandlungen in Krise und Insolvenz sind mit **hohen Haftungsrisiken** für die Beteiligten verbunden (ausführlich → § 45 Rn. 45 ff.). Auch stellt sich die Frage, ob **Umwandlungsmaßnahmen anfechtbar** sind und im Insolvenzverfahren eines beteiligten Rechtsträgers (zumindest teilweise) wieder rückgängig gemacht werden müssen (ausführlich → § 45 Rn. 59 ff.). Neben den Haftungs- und Anfechtungsrisiken ist stets auch die Frage **der Strafbarkeit der an der Umwandlung beteiligten Personen** im Auge zu behalten, insbesondere ist eine Strafbarkeit wegen Bankrotts (§ 283 StGB) zu vermeiden (ausführlich → § 45 Rn. 137 ff.). Neben diesen durch das Haftungs-, Anfechtungs- und Strafrecht aufgezeigten Grenzen einer Umwandlung in Krise und Insolvenzreife ist Gegenstand dieses Kapitels die **Möglichkeit der Regelung von Umwandlungen in Insolvenzplänen** nach Eröffnung des Insolvenzverfahrens, welche seit Inkrafttreten des ESUG in der Praxis zunehmend an Bedeutung gewinnen.[4]   **2**

Für die Frage der Umwandlungsfähigkeit und den besonderen Voraussetzungen bei Umwandlungsmaßnahmen in Krise und Insolvenzreife sind die (zeitlichen) Phasen einer Krise entscheidend. Entsprechend erfolgt die Darstellung dieses Kapitels anhand der Besonderheiten von Umwandlungen in Krise und Insolvenz in den Phasen **Krise und Insolvenzreife (vor Insolvenzantrag)** (→ § 45), **Insolvenzeröffnungsverfahren nach Insolvenzantrag** (→ § 46 Rn. 1 ff.) und **eröffnetem Insolvenzverfahren** (→ § 46 Rn. 5 ff.). Besonderheiten bestehen bei **Umwandlungsmaßnahmen im Insolvenzplanverfahren** (§ 46 Rn. 9 ff.) und im Falle der **Ablehnung der Verfahrenseröffnung mangels Masse** (→ § 46 Rn. 162 ff.).   **3**

---

[1] *Limmer* Teil 5 Kap. 2 Rn. 35; *Blasche* GWR 2010, 441.
[2] Vgl. Theiselmann/*Simon* Kap. 7 Rn. 47.
[3] *Blasche* GWR 2010, 441.
[4] Siehe etwa die Fälle Suhrkamp GmbH & Co. KG, AG Berlin Charlottenburg 36s IN 2196/13; LOEWE Opta GmbH, AG Coburg 1 IN 259/13; OLG Bremen 2 W 23/16, ZIP 2016, 1480.

§ 45 Umwandlungsmaßnahmen in Krise und Insolvenzreife (vor Insolvenzantrag)

Übersicht

	Rdnr.		Rdnr.
A. Besonderheiten bei Umwandlungsmaßnahmen in Krise und Insolvenzreife	1–44	IV. Formwechsel	41–44
I. Überblick	1	1. Funktion des Formwechsels in Krise und Insolvenz	41
II. Verschmelzung	2–31	2. Rechtliche Grenzen des Formwechsels	42–44
1. Ziele	2–7	B. Haftung der Organe u. a. bei Umwandlungen in Krise und Insolvenzreife	45–58
a) Liquidationsfusionen	3	I. Einführung	45
b) Sanierungsfusionen	4	II. Haftung der Mitglieder des Vertretungs- oder Aufsichtsorgans	46–54
c) Fusionen zur Optimierung von Finanzkennzahlen, insbesondere Eigenkapital und Ertragslage	5–7	1. Verschmelzung	46–53
2. Insolvenzreife als Verschmelzungshindernis?	8–12	a) Haftung der Organe des übernehmenden Rechtsträgers	46
3. Problem der Anteilsgewährung am übernehmenden Rechtsträger	13–19	b) Haftung der Organe des übertragenden Rechtsträgers	47–53
a) Sachkapitalerhöhung: Prinzip der realen Kapitalaufbringung	15, 16	aa) Voraussetzungen für eine Haftung nach § 25 Abs. 1 UmwG	47–50
b) Verzicht auf Anteilsgewährung als Lösung?	17–19	bb) Geltendmachung der Haftungsansprüche gegen die Organe des untergegangenen Rechtsträgers	51–53
4. Rechtliche Grenzen bei der Übertragung negativen Vermögens	20–30		
a) Grundsatz der realen Kapitalaufbringung	20	2. Sonstige Umwandlungsmaßnahmen	54
b) Gesellschaftsrechtliche Treuepflichten	21–25	III. Haftung wegen Existenzvernichtenden Eingriffs	55–58
c) Gewährung eines unzulässigen Sondervorteils	26, 27	C. Umwandlungen und Insolvenzanfechtung	59–136
d) Grundsatz der Kapitalerhaltung, §§ 30, 31 GmbHG, § 57 AktG	28	I. Überblick	59, 60
e) Verbot existenzvernichtender Eingriffe/Sittenwidrigkeit	29, 30	II. Anfechtung von Rechtshandlungen des übertragenden Rechtsträgers im Insolvenzverfahren des übernehmenden Rechtsträgers	61–70
5. Gestaltungsmöglichkeiten	31	1. Einführung	61
III. Spaltung und Ausgliederung	32–40	2. Anfechtbarkeit im Insolvenzverfahren des übernehmenden Rechtsträgers	62, 63
1. Funktion der Spaltung in Krise und Insolvenz	32	3. Rechtsfolge der Anfechtung: Bildung einer Sondermasse? ...	64–70
2. Rechtliche und wirtschaftliche Grenzen der Spaltung in Krise und Insolvenzreife	33–40	a) Sondermasse zugunsten der Altgläubiger des übertragenden Rechtsträgers	65
a) Nachhaftung aus § 133 UmwG	33, 34		
b) Verzicht auf Anteilsgewährung	35–37	b) Sondermasse zugunsten der Altgläubiger des übertragenden Rechtsträgers und Neugläubiger des übernehmenden Rechtsträgers	66
c) Gesellschaftsrechtliche Treuepflichten, Verbot der Gewährung eines unzulässigen Sondervorteils, Existenzvernichtender Eingriff	38	c) Keine Sondermasse	67
		d) Stellungnahme	68–70
d) Kapitalherabsetzung § 139 UmwG, Anmeldung der Abspaltung oder Ausgliederung, §§ 140, 146 UmwG	39, 40	III. Anfechtung von Umwandlungsmaßnahmen	71–129
		1. Überblick – allgemeine Anfechtungsvoraussetzungen	71–75

§ 45 Umwandlungsmaßnahmen in Krise und Insolvenzreife § 45

	Rdnr.		Rdnr.
2. Generelle Anfechtungsresistenz von Umwandlungsmaßnahmen?	76–80	a) Anfechtungsresistenz von Spaltungen und Ausgliederungen?	113, 114
3. Anfechtung von Verschmelzungen	81–112	b) Insolvenz des übertragenden Rechtsträgers	115–121
a) Rechtshandlung	82–85	aa) Anfechtungsvoraussetzungen	115–119
b) Gläubigerbenachteiligung	86–88	bb) Rechtsfolge einer Anfechtung im Insolvenzverfahren des übertragenden Rechtsträgers	120, 121
c) Besondere Anfechtungstatbestände	89–103		
aa) Kongruente, inkongruente Deckung (§§ 130, 131 InsO)	89		
bb) Unmittelbar nachteilige Rechtshandlungen (§ 132 InsO)	90–94	c) Insolvenz des übernehmenden Rechtsträgers	122–125
cc) Unentgeltliche Leistungen (§ 134 InsO)	95–98	aa) Anfechtungsvoraussetzungen	122–124
dd) Vorsätzliche Benachteiligung (§ 133 InsO)	99–102	bb) Rechtsfolge	125
		5. Anfechtung Formwechsel	126–129
ee) Nahestehende Person (§ 133 Abs. 2 InsO)	103	IV. Anfechtung in der Insolvenz eines Gesellschafters	130–136
d) Rechtsfolgen: Bildung einer Sondermasse	104–109	1. Voraussetzungen	131–133
		2. Anfechtungsgegner	134
e) Anfechtungsgegner bei Benachteiligung der Gläubiger des übernehmenden Rechtsträgers?	110, 111	3. Rechtsfolge	135, 136
		D. Strafbarkeit der Beteiligten bei Umwandlungsmaßnahmen in Krise und Insolvenzreife	137–143
f) Anfechtung wegen Benachteiligung der Gläubiger des übertragenden Rechtsträgers	112	I. Einführung	137–139
		II. Verschmelzung	140, 141
		1. § 283 Abs. 1 Nr. 1 StGB	140
		2. § 283 Abs. 1 Nr. 8 StGB	141
4. Anfechtung von Spaltung und Ausgliederung	113–125	III. Spaltung	142
		IV. Formwechsel	143

Schrifttum: *Blasche,* Umwandlungsmöglichkeiten bei Auflösung, Überschuldung oder Insolvenz eines der beteiligten Rechtsträger, GWR 2010, 441; *Bork,* Handbuch des Insolvenzanfechtungsrechts, 1. Aufl. 2006; *Enneking/Heckschen,* Gesellschafterhaftung beim down-stream-merger, DB 2006, 1099; *Gehrlein,* Die Existenzvernichtungshaftung im Wandel der Rechtsprechung, WM 2008, 761; *Goette,* „Sanieren oder Ausscheiden" – Zur Treuepflicht des Gesellschafters in der Sanierungssituation, GWR 2010, 1; *Häsemeyer,* Insolvenzrecht, 4. Aufl. 2007; *Heckschen,* Umstrukturierung von Kapitalgesellschaften vor und während der Krise: Umwandlungsmaßnahmen vor dem Insolvenzeröffnungsantrag, DB 2005, 2283; *Heckschen.* Die Umwandlung in der Krise und zur Bewältigung der Krise, ZInsO 2008, 824; *Heckschen,* Umwandlungsrecht und Insolvenz, FS Widmann, 2000, S. 31; *Heckschen/Gassen,* Der Verzicht auf Anteilsgewähr bei Umwandlungsvorgängen aus gesellschafts- und steuerrechtlicher Sicht, GWR 2010, 101; *Ihrig,* Gläubigerschutz durch Kapitalaufbringung bei Verschmelzung und Spaltung nach neuem Umwandlungsrecht, GmbHR 1995, 622; *Jaeger,* LZ 1915, 268; *K. Schmidt,* Integrationswirkung des Umwandlungsgesetzes – Betrachtungen zur Dogmengeschichte und Rechtsfortbildung im Gesellschaftsrecht, FS Ulmer, 2003, S. 557; *K. Schmidt/Uhlenbruck,* Die GmbH in der Krise, Sanierung und Insolvenz, 5. Aufl. 2016; *Kalss,* Gläubigerschutz bei Verschmelzungen von Kapitalgesellschaften, ZGR 2009, 74; *Keller/Klett,* Die sanierende Verschmelzung, DB 2010, 1220; *Klein,* Der Downstream Merger – aktuelle umwandlungs- und gesellschaftsrechtliche Fragestellungen, ZGR 2007, 351; *Kummer/Schäfer/Wagner,* Insolvenzanfechtung, 2017; *Limmer,* Handbuch Unternehmensumwandlung, 2016; *Lwowski/Wunderlich* NZI 2008, 595; *Martens,* Kontinuität und Diskontinuität im Verschmelzungsrecht der Aktiengesellschaft, AG 1986, 57; *Mayer/Weiler,* Neuregelungen durch das Zweite Gesetz zur Änderung des Umwandlungsgesetzes (Teil I), DB 2007, 1235; *Petersen,* Insolvenzrechtlicher Sukzessionsschutz durch verschmelzungsbedingte Sondermasse?, NZG 2001, 836; *Priester,* Die GmbH-Novelle – Überblick und Schwerpunkte aus notarieller Sicht, DNotZ 1980, 515; *Priester,* „Sanieren oder Ausscheiden" im Recht der GmbH, ZIP 2010, 497; *Priester,* Anteilsgewährung und sonstige Leistungen bei Verschmelzung und Spaltung, ZIP 2013, 2033; *Reul/Heckschen/Wienberg,* Insolvenzrecht in der Gestaltungspraxis, 2012; *Roth,* Umwandlungsrechtliche Verschmelzungen und Insolvenzanfechtung; ZInsO 2013, 1597; *Schnorbus,* Grundlagen der persönlichen Haftung von Organmitgliedern nach § 25 Abs. 1 UmwG, ZHR 2003, 666; *Seibt,* Sanierungsgesellschaftsrecht: Mitgliedschaftliche Treuepflicht und Grenzen der Stimmrechtsausübung in der Aktiengesellschaft, ZIP 2014, 1909; *Thole*, Gesellschaftsrechtliche Maßnahmen in der Insolvenz, 2. Aufl. 2015; *Thole*, Treuepflicht-Torpedo? Die gesellschaftsrechtliche Treuepflicht im Insolvenzverfahren, ZIP 2013, 1937; *Thoß*, Differenzhaftung bei der Kapitalerhöhung zur Durchführung einer Verschmelzung, NZG 2006, 376; *Tillmann*, Die Mehrfachverschmelzungen auf eine GmbH unter Beteiligung vermögensloser übertragender Rechtsträger, BB 2004, 673; *Wälzholz*, Aktuelle Probleme der Unterbilanz- und Differenzhaftung bei Umwandlungsvorgängen, AG 2006, 469; *Wälzholz*, Das 2. UmwÄndG in der Gestaltungspraxis, GmbHStB 2007, 148; *Weiler*, Grenzen des Verzichts auf die Anteilsgewährung im Umwandlungsrecht, NZG 2008, 527.

A. Besonderheiten bei Umwandlungsmaßnahmen in Krise und Insolvenzreife

I. Überblick

1   Weder die InsO noch das UmwG enthalten spezifische Regelungen für Umwandlungen in der Krise und Insolvenzreife. Dennoch weisen Umwandlungsmaßnahmen wie Verschmelzungen, Spaltungen und Formwechsel in der Krise und Insolvenzreife einige besondere Rechtsfragen auf, die sich bei gesunden Unternehmen nicht stellen.[1] Das Grundprinzip der Verschmelzung – wie auch der Abspaltung und Ausgliederung – ist die Übertragung von Vermögen des übertragenden auf den übernehmenden Rechtsträger gegen Gewährung von Anteilen am übernehmenden Rechtsträger. Die neuen Anteilsrechte werden dabei üblicherweise über eine Sachkapitalerhöhung geschaffen (ausführlich → Rn. 13 f.). Ist der übertragende Rechtsträger überschuldet, können neue Anteilsrechte nicht im Wege einer Sachkapitalerhöhung geschaffen werden (Verbot der unter-pari-Emission), denn trotz positives Kapital kann nicht aufgebracht werden (ausführlich → Rn. 15 f.). Ist eine Gesellschaft sogar zahlungsunfähig oder im insolvenzrechtlichen Sinne überschuldet, stellt sich die Frage, ob eine Verschmelzung überhaupt zulässig ist und ein mehrere Wochen dauerndes Umwandlungsverfahren die Insolvenzantragspflichten suspendiert (ausführlich → Rn. 8 ff.).

II. Verschmelzung

1. Ziele

2   Verschmelzungen, an denen ein insolvenzreifer Rechtsträger beteiligt ist, können die lautlose Abwicklung des insolvenzreifen Rechtsträgers (**Liquidationsfusion** → Rn. 3) oder, als finanzwirtschaftliche Sanierungsmaßnahme, die **Beseitigung der Überschuldung** durch Verschmelzung auf einen gesunden Rechtsträger (→ Rn. 4) zur Folge haben. Außerhalb der Insolvenzreife kann die Verschmelzung auch der **Optimierung der Finanzkennzahlen** (→ Rn. 5 ff.) dienen.

3   **a) Liquidationsfusionen.** Ziel einer Verschmelzung in der Krise ist häufig die „lautlose Liquidation" unter **Vermeidung** des **aufwendigen** und **langwierigen gesellschaftsrechtlichen Liquidationsverfahrens**. Ist das Unternehmen nicht mehr hinreichend ertragskräftig, kommt innerhalb eines Konzerns neben der Durchführung des Liquidationsverfahrens die Einstellung des Unternehmens durch Verschmelzung der Vermögensgegenstände auf eine andere Konzerngesellschaft in Betracht (Liquidationsfusion). Das **Liquidationsverfahren** wird aufgrund des Gläubigeraufrufs, Ablauf des Sperrjahres, der Veröffentlichungspflicht und der Anmeldung der Liquidation zum Handelsregister sowohl zu Beginn als auch am Ende der Liquidation im Vergleich zur Verschmelzung häufig als zu **umständlich, zeitaufwendig** und **imageschädlich** empfunden.[2] Vor dem Hintergrund

---
[1] *Limmer* Teil 5 Kap. 2 Rn. 37.
[2] *Heckschen* FS Widmann, 2000, S. 31, 32; Reul/Heckschen/Wienberg/*Heckschen* N I 5 Rn. 306 *Heckschen* DB 2005, 2283.

ist die Liquidationsfusion mit dem **automatischen Erlöschen des übertragenden Rechtsträgers** (§ 20 Abs. 1 Nr. 2 UmwG) eine echte Alternative zur Liquidation. Allerdings werden die **Schulden** des zu liquidierenden Rechtsträgers vom übernehmenden Rechtsträger **uneingeschränkt übernommen.** Sollten bisher unbekannte Verbindlichkeiten auftauchen, besteht bei einer Verschmelzung nicht mehr die Option, durch Insolvenzantrag das gesellschaftsrechtliche Liquidationsverfahren in ein Insolvenzverfahren überzuleiten und die Schulden nur noch quotal zu befriedigen.

b) Sanierungsfusionen. Neben der Vereinfachung der Betriebseinstellung innerhalb eines Konzerns im Rahmen der Liquidationsfusion (→ Rn. 3) kann die Verschmelzung auch eine Maßnahme zur **finanzwirtschaftlichen Sanierung** des Unternehmens darstellen (Sanierungsfusion). Bei der Sanierungsfusion wird das Krisenunternehmen mit einem anderen Unternehmen zur Sanierungsgesellschaft verschmolzen, um die Eigenkapitalbasis des Unternehmens zu stärken oder gar die Überschuldung des Unternehmens zu beseitigen.[3] Durch eine Verschmelzung zur Aufnahme (§ 2 Nr. 1 UmwG) wird das Vermögen des Krisenunternehmens auf ein „gesundes" Unternehmen übertragen und dadurch finanzwirtschaftlich saniert. Die leistungswirtschaftliche Sanierung des Betriebes erfolgt dann nach Übertragung auf den übernehmenden Rechtsträger. 4

c) Fusionen zur Optimierung von Finanzkennzahlen, insbesondere Eigenkapital und Ertragslage. Motive einer Verschmelzung können auch **Bilanzgestaltungen** sein. Dabei stehen die **Verbesserung** der **Eigenkapitalsituation** und **Ertragslage** im Vordergrund.[4] 5

§ 24 UmwG gewährt bei der Verschmelzung ein **Bilanzierungswahlrecht,** dahingehend, dass für das Vermögen des übertragenden Rechtsträgers anstelle von Buchwerten der Schlussbilanz auch Zeitwerte angesetzt werden können. In diesem Fall erfolgt die **Neubewertung des übergehenden Vermögens zu Anschaffungskosten.**[5] Erfolgt die Verschmelzung zu Anschaffungskosten, können für das übertragende Vermögen handelsbilanziell erhebliche **stille Reserven aufgedeckt** werden **ohne** dies zwingend auch zu **bilanzsteuerlichen Zwecken** tun zu müssen.[6] Dadurch kann die Eigenkapitalquote im Einzelfall deutlich erhöht werden. 6

Die Auflösung stiller Reserven durch Verschmelzung zu Anschaffungskosten kann im Einzelfall auch die **Ertragslage** und das **bilanzielle Ausschüttungspotential** gestalten.[7] 7

2. Insolvenzreife als Verschmelzungshindernis?

Nach ganz herrschender Auffassung kann ein überschuldeter oder zahlungsunfähiger Rechtsträger grundsätzlich verschmolzen werden.[8] Die Überschuldung (§ 19 InsO) oder Zahlungsunfähigkeit (§ 17 InsO) ist nach herrschender Auffassung **kein generelles Ausschlusskriterium** für die Beteiligung eines Rechtsträgers an einer Verschmelzung. Insbesondere sei dies nicht aus Gründen des Gläubigerschutzes geboten, da dieser über §§ 22, 3 Abs. 3 UmwG abschließend gewährleistet sei.[9] 8

---

[3] *Limmer* Teil 5 Kap. 2 Rn. 43; *Heckschen* FS Widmann, 2000, S. 31, 35.
[4] Theiselmann/*Simon* Kap. 7 Rn. 83.
[5] Semler/Stengel/*Moszka* § 24 Rn. 30.
[6] Die steuerlichen stillen Reserven können fortgeführt werden, auch wenn handelsbilanziell die stillen Reserven aufgelöst werden (vgl. § 11 Abs. 2, 12 Abs. 1 UmwStG).
[7] Siehe dazu ausführlich Theiselmann/*Simon* Kap. 7 Rn. 85.
[8] OLG Stuttgart 8 W 426/05, NZG 2006, 159; LG Leipzig 01HK T 7414/04, DB 2006, 885; *Thole* Rn. 476 Fn. 620; Lutter/*Drygala*, UmwG § 3 Rn. 24; *Heckschen* DB 2005, 3383; *Heckschen* ZInsO 2008, 824, 825; *Tillmann* BB 2004, 673 ff.; Semler/Stengel/*Stengel* § 3 Rn. 44; *Wälzholz* AG 2006, 469 f.; *Limmer* Teil 5 Kap. 2 Rn. 39.
[9] OLG Stuttgart 8 W 426/05, NZG 2006, 159; LG Leipzig 01HK T 7414/04, DB 2006, 885 = BeckRS 2010, 22831; *Blasche* GWR 2010, 441, 443. a. A. Semler/Stengel/*Maier-Reimer/Seulen* § 22 Rn. 25.

9 Von der Frage der Umwandlungsfähigkeit eines materiell insolvenzreifen Rechtsträgers ist jedoch streng die Frage zu unterscheiden, welche **Auswirkung** eine Verschmelzung auf die **Insolvenzantragspflichten** aus § 15a InsO und deren Verletzung hat. Die Ausschaltung der Insolvenzantragspflichten mag ein Motiv sein, eine Kapitalgesellschaft auf eine natürliche Person zu verschmelzen, weil diese nicht den Antragspflichten aus § 15a InsO unterfällt.[10] So können mit Vollzug der Verschmelzung die Antragspflichten entweder wegen Wegfall der Insolvenzgründe oder aufgrund der Rechtsform[11] entfallen. Zu beachten ist jedoch, dass eine **einmal verwirklichte Pflichtverletzung** dadurch nicht rückwirkend beseitigt wird, selbst wenn durch die Übertragung des Vermögens die Insolvenz nachhaltig beseitigt wurde. Auch eine **einmal verwirklichte Strafbarkeit** aus § 15a Abs. 4 und 5 InsO bleibt bestehen.[12]

10 Die **Insolvenzgründe** dürfen jedoch im Vorfeld der Verschmelzung **nicht vorschnell bejaht** werden. Stets ist zu beachten, dass sowohl die Überschuldung (§ 19 InsO) als auch die Zahlungsunfähigkeit (§ 17 InsO) prognostische Elemente enthalten. Innerhalb der dreiwöchigen Insolvenzantragspflicht des § 15a InsO kann mit Abschluss des Verschmelzungsvertrages und ggf. bereits vorher eine **positive Fortbestehensprognose** geschaffen werden, welche die insolvenzrechtliche Überschuldung schon vor Vollzug der Verschmelzung mit Eintragung in das Handelsregister des übernehmenden Rechtsträgers (§ 20 Abs. 1 UmwG) beseitigt.[13] Allgemein kann für den übertragenden Rechtsträger eine positive Fortbestehensprognose bejaht werden, wenn die Umsetzung der Verschmelzung überwiegend wahrscheinlich ist (§ 19 Abs. 2 S. 1 InsO), der übernehmende Rechtsträger nicht überschuldet ist und durch die Verschmelzung auch nicht überschuldet wird.[14]

11 Die hier vertretene Unbeachtlichkeit der Insolvenzreife für die Verschmelzungsfähigkeit ist von der Frage zu unterscheiden, ob dies auch für **aufgelöste Gesellschaften** gilt, die **insolvenzreif** sind.[15] Das BayObLG hat die Verschmelzungsfähigkeit eines aufgelösten überschuldeten Rechtsträgers verneint.[16]

12 Sollte die Verschmelzung eines übertragenden Rechtsträgers die **Insolvenz des übernehmenden Rechtsträgers auslösen**, sind stets **Haftungsansprüche** gegen die Beteiligten Organe (→ Rn. 45 ff.) sowie Ansprüche und Folgen aus der **Insolvenzanfechtung** (→ Rn. 71 ff.) zu beachten.

3. Problem der Anteilsgewährung am übernehmenden Rechtsträger

13 Wesensmerkmal einer Verschmelzung ist nach § 2 UmwG grundsätzlich die Gewährung von Anteilen oder Mitgliedschaften an dem übernehmenden Rechtsträger an die Anteilsinhaber des übertragenden Rechtsträgers (Mitgliedschaftsperpetuierung).[17]

14 Das Umwandlungsgesetz enthält keine ausdrückliche Regelung, aus welcher Quelle die Anteile an dem übernehmenden Rechtsträger stammen müssen, die den Anteilsinhabern des übertragenden Rechtsträgers im Rahmen der Verschmelzung gewährt werden. Es baut allerdings bei der Verschmelzung von Kapitalgesellschaften auf dem Grundsatz auf, dass die

---

[10] So etwa der Sachverhalt bzgl. OLG Stuttgart 8 W 426/05, NZG 2006, 159.

[11] § 15a InsO ist nur anwendbar auf juristische Personen und Gesellschaften ohne Rechtspersönlichkeit, bei denen kein persönlich haftender Gesellschafter eine natürliche Person ist, oder wenn die organschaftlichen Vertreter der zur Vertretung der Gesellschaft ermächtigten Gesellschafter ihrerseits Gesellschaften sind, bei denen kein persönlich haftender Gesellschafter eine natürliche Person ist, vgl. ausführlich K. Schmidt/*K. Schmidt/Herrchen* InsO § 15a Rn. 8 ff.; MünchKomm InsO/*Köhn* § 15a Rn. 65 f.

[12] Siehe auch *Limmer* Teil 5 Kap. 2 Rn. 39; wohl anders *Heckschen* FS Widmann, 2000, S. 31, 37, der offenbar von einer Suspendierung der Insolvenzantragspflichten ausgeht.

[13] Vgl. auch *Blasche* GWR 2010, 441.

[14] Vgl. *Limmer* Teil 5 Kap. 2 Rn. 64.

[15] Vgl. dazu die Ausführungen → § 46 Rn. 5 ff.

[16] BayObLG 3Z BR 462/97, NJW-RR 1998, 902; siehe dazu auch *Blasche* GWR 2010, 441, 443.

[17] Zur Mitgliedschaftsperpetuierung siehe → § 6 Rn. 19 f.

verschmelzungsbedingte Vermögensübertragung mit einer Sachkapitalerhöhung verbunden wird, dadurch neue Anteilsrechte geschaffen und diese an die Anteilsinhaber des übertragenden Rechtsträgers ausgegeben werden.[18]

a) Sachkapitalerhöhung: Prinzip der realen Kapitalaufbringung. Die Schaffung 15 neuer Anteilsrechte durch Sachkapitalerhöhung ist im Rahmen der verschmelzungsbedingten Übertragung von Krisenunternehmen problematisch. Auch bei einer Sachkapitalerhöhung im Rahmen der Verschmelzung gilt der **Grundsatz der realen Kapitalaufbringung**,[19] d. h. der tatsächliche Wert des übertragenden Vermögens muss mindestens dem Nominalbetrag der Kapitalerhöhung entsprechen.[20] Die Werthaltigkeit der Sacheinlage wird präventiv durch die Werthaltigkeitsprüfung des Registergerichts,[21] und ggf. Werthaltigkeitsbericht (§§ 183 Abs. 3, 34 Abs. 2 AktG AktG)[22] und Sachprüfung (§ 183 Abs. 3 Satz 1 AktG für die AG)[23] gewährleistet. Repressiv wird das Kapitalaufbringungsprinzip durch die Differenzhaftung (§§ 9 Abs. 1, 56 Abs. 2 GmbHG)[24] gestützt.[25]

Die **Prüfung der Werthaltigkeit** der Sacheinlage erfolgt nicht nach Buchwerten, 16 sondern **nach dem tatsächlichen Wert des Vermögens** des übertragenden Rechtsträgers.[26] Ist der übertragende Rechtsträger nicht nur handelsbilanziell, sondern auch unter Berücksichtigung der wahren Werte überschuldet,[27] so kann – ohne finanzwirtschaftliche Sanierungsmaßnahmen – im Rahmen der Verschmelzung nur negatives Vermögen übertragen werden. Die Überschuldung muss im Rahmen der finanzwirtschaftlichen Sanierung

---

[18] KölnKomm-UmwG/*Simon* § 2 Rn. 103.

[19] Lutter/*M. Winter*/*J. Vetter* § 55 Rn. 26; Kallmeyer/*Kocher* § 55 Rn. 10; Semler/Stengel/*Reichert* § 55 Rn. 8; KölnKomm-UmwG/*Simon* § 55 Rn. 39, § 69 Rn. 14 f.; Semler/Stengel/*Diekmann* § 69 Rn. 11.

[20] Semler/Stengel/*Reichert* § 55 Rn. 8; *Ihrig* GmbHR 1995, 622, 631; Lutter/*M. Winter*/*J. Vetter* § 55 Rn. 26; Widmann/Mayer/*Mayer* § 55 Rn. 35.

[21] Kallmeyer/*Kocher* § 55 Rn. 10; Schmitt/Hörtnagl/Stratz/*Stratz* § 55 Rn. 26; Semler/Stengel/*Reichert* § 55 Rn. 24; Semler/Stengel/*Diekmann* § 69 Rn. 11; vgl. dazu auch allgemein bei einer Sachkapitalerhöhung: Spindler/Stilz/*Servatius* AktG § 183 Rn. 56 ff.; MünchKomm AktG/*Schürnbrand* § 183 Rn. 66; Hüffer/Koch/*Koch* AktG § 183 Rn. 18; Roth/Altmeppen/*Roth* GmbHG § 57a Rn. 1 f.; MünchKomm GmbHG/*Lieder* § 57a Rn. 8 f.

[22] Die Notwendigkeit ist bei der GmbH streitig. Nach herrschender Auffassung besteht bei einer gewöhnlichen Sachkapitalerhöhung keine Pflicht zur Erstellung eines Sachkapitalerhöhungsberichts; Scholz/*Priester* GmbHG § 56 Rn. 38; MünchKomm GmbHG/*Lieder* § 56 Rn. 111 f.; Roth/Altmeppen/*Roth* GmbHG § 56 Rn. 7; Michalski/*Hermanns* GmbHG § 56 Rn. 64. a. A. OLG Stuttgart 8 W 295/81, BB 1982, 398; *Priester* DNotZ 1980, 526.

[23] Vgl. zur Sachprüfung bei einer Sachkapitalerhöhung Hüffer/Koch/*Koch* AktG § 183 Rn. 16 ff.; MünchKomm AktG/*Schürnbrand* § 183 Rn. 57 ff.; Spindler/Stilz/*Servatius* AktG § 183 Rn. 34 ff.

[24] Im Aktienrecht ist die Differenzhaftung nicht ausdrücklich normiert, aber grundsätzlich anerkannt, vgl. BGH II ZR 302/05, NZG 2007, 513; BGH II ZR 149/10, NZG 2012, 69; MünchKomm AktG/*Schürnbrand* § 183 Rn. 69; Hüffer/Koch/*Koch* AktG § 183 Rn. 21; Spindler/Stilz-*Servatius* AktG § 183 Rn. 71 ff.

[25] Die Anwendbarkeit der Differenzhaftung bei Sachkapitalerhöhungen im Rahmen der Verschmelzung ist umstritten. Die h. M. lehnt die Anwendbarkeit bei der AG ab, BGH II ZR 302/05, NJW-RR 2007, 1487; Vorinstanz OLG München 23 U 2826/05, AG 2006, 209; KölnKomm-UmwG/*Simon* § 69 Rn. 40; Lutter/*Grunewald* UmwG § 69 Rn. 28; Schmitt/Hörtnagl/Stratz/*Stratz* UmwG § 69 Rn. 29; a. A. *Thoß* NZG 2006, 376. Nach ganz h. M. besteht dagegen eine Differenzhaftung bei der GmbH: Schmitt/Hörtnagl/Stratz/*Stratz* UmwG § 55 Rn. 5 f.; Lutter/*Winter/Vetter* UmwG § 55 Rn. 42; Widmann/Mayer/*Mayer* UmwG § 55 Rn. 80; Semler/Stengel/*Reichert* UmwG § 55 Rn. 11; Henssler/Strohn/*Haeder* UmwG § 55 Rn. 8; a. A. Gehrlein/Born/Simon/*Nießen* GmbHG § 9 Rn. 4.

[26] *Blasche* GWR 2010, 441, 445; Kallmeyer/*Kocher* UmwG § 55 Rn. 12; Widmann/Mayer/*Mayer* UmwG § 55 UmwG Rn. 64; Lutter/*Winter/Vetter* UmwG § 55 Rn. 31; Semler/Stengel/*Reichert* UmwG § 55 Rn. 10.

[27] Für die Frage, ob im Rahmen einer Kapitalerhöhung eine Stammeinlage geschaffen werden kann, kommt es nicht auf die handelsbilanzielle Überschuldung an, sondern auf die tatsächliche. *Heckschen* FS Widmann, 2000, S. 31, 38; *Blasche* GWR 2010, 441, 444.

zumindest insoweit ausgeglichen werden, dass das übertragende Gesamtvermögen unter Berücksichtigung der übergehenden Schulden den Mindestbetrag von einem Geschäftsanteil i. H. v. 1 EUR (siehe § 55 Abs. 4 i. V. m. § 5 Abs. 2 GmbHG, § 8 Abs. 2 AktG) erreicht.[28] Lässt sich dies nicht erzielen, können im Rahmen der Sachkapitalerhöhung keine neuen Anteilsrechte am übernehmenden Rechtsträger geschaffen werden. Eine Vermögensübertragung gegen Gewährung von Anteilen am übernehmenden Rechtsträger kann in diesem Fall nur erfolgen, wenn der übernehmende Rechtsträger eigene Anteile hält.[29]

17   b) **Verzicht auf Anteilsgewährung als Lösung?** Probleme mit dem Prinzip der realen Kapitalaufbringung (→ Rn. 15 ff.) werden bei der Verschmelzung eines insolvenzreifen Rechtsträgers vermieden, wenn die Anteilsinhaber des übertragenden Rechtsträgers auf die Gewährung von Anteilen am übernehmenden Rechtsträger verzichten. Zwar sieht das im Umwandlungsrecht vorherrschende Prinzip der Mitgliedschaftsperpetuierung grundsätzlich die Übertragung von Vermögen gegen Gewährung von Anteilsrechten vor. Dieses Prinzip wird jedoch durch § 54 Abs. 1 S. 3 UmwG bzw. § 68 Abs. 1 S. 3 UmwG durchbrochen, indem die Anteilsinhaber des übertragenden Rechtsträgers durch Einzelerklärung auf die Anteilsgewährung am übernehmenden Rechtsträger verzichten können. Diese **Verzichtsmöglichkeit** ist im Hinblick auf die unter a) aufgezeigte Hürde der Kapitalaufbringung für die Sanierungsverschmelzung in Konzernkonstellationen von wesentlicher Bedeutung.[30]

18   Verzichten sämtliche Anteilsinhaber des übertragenden Rechtsträgers auf eine entsprechende Anteilsgewährung, sind auch die **Sachkapitalerhöhung** und die damit verbundene Werthaltigkeitsprüfung (→ Rn. 15 ff.) **nicht erforderlich**. Eine Anteilsgewährung bei der Übertragung von negativem Vermögen wäre ohnehin nicht sachgerecht, denn die **Anteile am übertragenden Rechtsträger** haben in diesem Fall **in der Regel keinen Wert**.[31]

19   Eine Verschmelzung ohne Anteilsgewährung am übernehmenden Rechtsträger setzt allerdings die **ausdrückliche Verzichtserklärung sämtlicher Anteilsinhaber** des übertragenden Rechtsträgers voraus (§§ 54 Abs. 1 S. 3, 68 Abs. 1 S. 3 UmwG). Außerhalb einer Konzernverschmelzung wird dies insbesondere bei einem mehrgliedrigen übertragenden Rechtsträger schwer erreichbar sein. Eine **Pflicht** zur Zustimmung zur Verschmelzung und Verzicht auf Anteilsgewährung aus den **gesellschaftsrechtlichen Treuepflichten**[32] oder nach den **Grundsätzen des Sanierens oder Ausscheidens**[33] dürfte nur schwer und allenfalls in Ausnahmefällen zu begründen sein. Eine solche Blockade kann in der Praxis nur dadurch durchbrochen werden, dass die Gesellschaft vorab finanzwirtschaftlich saniert und den Gesellschaftern des übertragenden Rechtsträgers anschließend eine „symbolische Beteiligung" gewährt wird. In diesem Fall sind lediglich die Zustimmungsmehrheiten für die Verschmelzung, nicht aber der individuelle Verzicht eines jeden Anteilsinhabers auf Erwerb eines Anteils am übernehmenden Rechtsträger, erforderlich. Ferner kann in der Praxis aus steuerlichen Gründen ein Verzicht auf die Gewährung von Geschäftsanteilen am übernehmenden Rechtsträger nicht in Frage kommen.[34]

---

[28] *Limmer* Teil 5 Kap. 2 Rn. 51.
[29] KölnKomm-UmwG/*Simon* § 2 Rn. 105.
[30] Siehe auch Theiselmann/*Simon* Kap. 7 Rn. 51.
[31] *Blasche* GWR 2010, 441, 444.
[32] BGH II ZR 205/94, NJW 1995, 1739 – Girmes; K. Schmidt/Uhlenbruck/*K. Schmidt*, 6. Sanierung von Konzernunternehmen Rn. 2.253 sowie I. Eigenkapitalmaßnahmen Rn. 2.37; *Seibt* ZIP 2014, 1909 ff.; *Thole* ZIP 2013, 1937, 1938. Danach wäre die Verweigerung der Zustimmung treuwidrig, wenn den mit der Verschmelzung verbundenen Vorteilen für die Gesellschaft und die übrigen Gesellschafter keine nennenswerten Nachteile des die Zustimmung verweigernden Gesellschafters gegenüber stehen.
[33] Siehe dazu BGH II ZR 420/13, NJW 2015, 2882; BGH II ZR 122/09, NJW 2011, 1667; BGH II ZR 240/08, NJW 2010, 65 – Sanieren oder Ausscheiden; *Goette* GWR 2010, 1; *Priester* ZIP 2010, 497.
[34] Siehe dazu Keller/Kleft DB 2010, 1220, 1221; Heckschen/Gassen GWR 2010, 101, 102.

4. Rechtliche Grenzen bei der Übertragung negativen Vermögens

a) Grundsatz der realen Kapitalaufbringung. Eine Sachkapitalerhöhung zur Schaffung neuer Anteilsrechte am übernehmenden Rechtsträger ist im Fall einer Überschuldung des übertragenden Rechtsträgers mit den Grundsätzen der realen Kapitalaufbringung nicht vereinbar (→ Rn. 15 f.). Diese rechtliche Grenze kann durch einen Verzicht der Anteilsinhaber des übertragenden Rechtsträgers auf Gewährung von Anteilen am übernehmenden Rechtsträger (§§ 54 Abs. 1 S. 3, 68 Abs. 1 S. 3 UmwG) überwunden werden (→ Rn. 17 f.). 20

b) Gesellschaftsrechtliche Treuepflichten. Sieht die Verschmelzung wegen des Verzichts auf Anteilsgewährung keine Kapitalerhöhung vor (→ Rn. 12 f.), hat dies zur Folge, dass eine Werthaltigkeitsprüfung durch das Registergericht ausfällt. Das Prinzip der realen Kapitalaufbringung ist dann nicht mehr Hürde einer insolvenzvermeidenden Verschmelzung negativen Vermögens auf den übernehmenden Rechtsträger.[35] Dies hat jedoch auch zur Folge, dass die Anteilsinhaber des übernehmenden Rechtsträgers über die Kontrolle des Registergerichts nicht vor einer wirtschaftlichen Schlechterstellung geschützt werden.[36] 21

Die Anteilsinhaber werden vielmehr vor einer **Übertragung negativen Vermögens** durch die **gesellschaftsrechtlichen Treuepflichten** geschützt.[37] Durch die Übertragung von Vermögen und Schulden eines insolvenzreifen Rechtsträgers auf den übernehmenden Rechtsträger wird das Nettovermögen (Reinvermögen) des übernehmenden Rechtsträgers geschmälert und die Anteilsrechte des übernehmenden Rechtsträgers entwertet.[38] Zwar folgt ein gewisser Schutz vor einer verschmelzungsbedingten Entwertung der Anteile dadurch, dass die Anteilsinhaber des übernehmenden Rechtsträgers mit Dreiviertelmehrheit (§§ 50 Abs. 1, 65 Abs. 1 UmwG) der Verschmelzung zustimmen müssen. Da eine Sanierungsverschmelzung bei Insolvenzreife praktisch gerade in Konzernkonstellationen auf Veranlassung des Mehrheitsgesellschafters erfolgt, besteht die Gefahr der verschmelzungsbedingten Entwertung insbesondere für Minderheitsgesellschafter.[39] Sie alleine können die Verschmelzung des übertragenden Rechtsträgers jedoch nicht verhindern, denn eine individuelle Zustimmung eines jeden Gesellschafters wird nur von den Anteilsinhabern des übertragenden Rechtsträgers bezüglich des Verzichtes auf Anteilsgewährung verlangt.[40] 22

Um einen Wertverlust gegen den Willen der Minderheitsgesellschafter zu vermeiden, verlangt ein **Teil der Literatur** bei der Übertragung negativen Vermögens die **Einstimmigkeit des Verschmelzungsbeschlusses** des übernehmenden Rechtsträgers **aus Gläubigerschutzgesichtspunkten**.[41] **Richtigerweise** bieten die allgemeinen **Grundsätze der gesellschaftsrechtlichen Treuepflichten** jedoch bereits **hinreichenden Schutz**.[42] Für ein nicht gesetzlich vorgesehenes Einstimmigkeitserfordernis besteht daher kein Anlass. Nach den allgemeinen gesellschaftsrechtlichen Treuepflichten sind die Gesellschafter verpflichtet, sich bei der Ausübung ihrer mitgliedschaftlichen Befugnisse wie insbesondere der Ausübung des Stimmrechts an den Interessen der Gesellschaft und dem Gesellschaftszweck zu orientieren sowie Maßnahmen zu unterlassen, welche diesem zuwiderlaufen und auf die mitgliedschaftlichen Interessen der übrigen Gesellschafter in angemessener Weise Rücksicht zu nehmen.[43] Stimmt der Mehrheitsgesellschafter der Verschmelzung eines insolvenzreifen 23

---

[35] Theiselmann/*Simon* Kap. 7 Rn. 60; *Wälzholz* GmbHStB 2007, 148, 149.
[36] Theiselmann/*Simon* Kap. 7 Rn. 60.
[37] Theiselmann/*Simon* Kap. 7 Rn. 61; *Weiler* NZG 2008, 527, 531; KölnKomm-UmwG/*Simon*/Nießen § 54 Rn. 51; *Keller/Klett* DB 2010, 1220, 1221.
[38] Theiselmann/*Simon* Kap. 7 Rn. 59.
[39] Theiselmann/*Simon* Kap. 7 Rn. 59; *Weiler* NZG 2008, 527 ff.; Schmitt/Hörtnagl/Stratz/*Stratz* UmwG § 54 Rn. 14.
[40] *Blasche* GWR 2010, 441, 444.
[41] Lutter/*Lutter/Drygala* UmwG § 3 Rn. 24; im Ergebnis so auch *Klein* ZGR 2007, 351, 368.
[42] *Blasche* GWR 2010, 441, 444; Kallmeyer/*Marsch-Barner* UmwG § 3 Rn. 22; Theiselmann/*Simon* Kap. 7, Rn. 61; *Weiler* NZG 2008, 527, 531.
[43] *Weiler* NZG 2008, 527, 531; Theiselmann/*Simon* Kap. 7, Rn. 61.

§ 45   24–30   1. Kapitel. Umwandlungen in Krise und Insolvenz

Rechtsträgers und der Übertragung negativen Vermögens zu, liegt ein Verstoß gegen die gesellschaftsrechtlichen Treuepflichten vor, wenn die Übertragung nicht ausnahmsweise wirtschaftliche Vorteile bietet, die unter Berücksichtigung sämtlicher, auch mittelbarer Umstände die Nachteile überwiegen. Auch können trotz wirtschaftlicher Nachteile anderweitige gewichtige Interessen für die Verschmelzung sprechen.[44]

24   Liegt in der Zustimmung zur Verschmelzung ein Verstoß gegen die gesellschaftsrechtlichen Treuepflichten, können sich die Minderheitsgesellschafter des übernehmenden Rechtsträgers gegen die Verschmelzung durch **Beschlussmängelklage** wehren.[45]

25   Da bei der **Verschmelzung auf eine Personengesellschaft** der Kapitalaufbringungsgrundsatz nicht gilt, sind die Minderheitsgesellschafter des übernehmenden Rechtsträgers von vornherein nur über die **gesellschaftsrechtlichen Treuepflichten** und dem **Verbot der Verfolgung von Sondervorteilen** (→ Rn. 26 f.) gegen die Entwertung ihrer Anteile geschützt.[46]

26   **c) Gewährung eines unzulässigen Sondervorteils.** Darüber hinaus kommt eine **Anfechtung des Zustimmungsbeschlusses** nach § 243 Abs. 2 AktG (unzulässige Verfolgung von Sondervorteilen) in Betracht. Nach § 243 Abs. 2 AktG kann ein Hauptversammlungsbeschluss durch Klage angefochten werden, wenn ein Aktionär mit der Ausübung des Stimmrechtes für sich oder einen Dritten Sondervorteile zum Schaden der Gesellschaft oder der anderen Aktionäre zu erlangen sucht und der Beschluss geeignet ist, diesem Zweck zu dienen.

27   Wird ein negatives Vermögen im Wege der Verschmelzung auf einen gesunden Rechtsträger übertragen, kann ein Sondervorteil des Mehrheitsgesellschafters des übernehmenden Rechtsträgers etwa darin gesehen werden, dass er durch die Verschmelzung die Insolvenz des übertragenden Rechtsträgers verhindert und dadurch erreicht, dass er aus einer persönlichen Bürgschaft nicht in Anspruch genommen wird. Die Minderheitsgesellschafter des übernehmenden Rechtsträgers können in diesem Fall im Wege der **Anfechtungsklage** gegen den Verschmelzungsbeschluss vorgehen (§ 243 Abs. 2 AktG).[47]

28   **d) Grundsatz der Kapitalerhaltung, §§ 30, 31 GmbHG, § 57 AktG.** Grenzen bei der Verschmelzung einer insolvenzreifen Gesellschaft können im Einzelfall auch durch den Kapitalerhaltungsgrundsatz (§§ 30, 31 GmbHG und §§ 57, 59, 62, 66 Abs. 2 und 71 ff. AktG) gezogen werden. Werden zwei Schwestergesellschaften im Rahmen eines Sidestream-Mergers verschmolzen oder eine Muttergesellschaft auf ihre Tochtergesellschaft (Downstream-Merger) und dabei jeweils das zur Erhaltung des Stammkapitals des übernehmenden Rechtsträgers erforderliche Vermögen angegriffen, so liegt hierin eine unzulässige Einlagenrückgewähr im Sinne von §§ 30, 31 GmbHG, § 57 AktG.[48]

29   **e) Verbot existenzvernichtender Eingriffe/ Sittenwidrigkeit.** Das Verbot existenzvernichtender Eingriffe ist zugleich Grenze und Haftungsregime für die an der Verschmelzung Beteiligten (→ Rn. 55 ff.). Danach darf die Verschmelzung nicht evident Verursachungsgefahr der Insolvenz eines beteiligten Rechtsträgers sein und die an der Umwandlung Beteiligten dürfen die Insolvenz nicht billigend in Kauf nehmen.

30   Zielt der Verschmelzungsvertrag auf die Benachteiligung der Gläubiger ab, so kommt eine **Sittenwidrigkeit** des Verschmelzungsvertrages gemäß § 138 BGB in Betracht.[49] Allerdings wird die Nichtigkeit des Verschmelzungsvertrages aus § 138 BGB mit Eintra-

---

[44] Theiselmann/ *Simon* Kap. 7, Rn. 61.
[45] *Weiler* NZG 2008, 527, 530 ff.; Lutter/ *Drygala* UmwG § 13 Rn. 54 ff.; Vgl. auch Kallmeyer/ *Marsch-Barner* UmwG § 3 Rn. 22.
[46] Theiselmann/ *Simon* Kap. 7 Rn. 64.
[47] *Weiler* NZG 2008, 527, 530 ff.; Kallmeyer/ *Marsch-Barner* UmwG § 3 Rn. 22.
[48] *Limmer* Teil 5 Kap. 2 Rn. 63; *Keller/Klett* DB 2010, 1220, 1222; zum Downstream merger Lutter/ *Priester* UmwG § 24 Rn. 62; Widmann/Mayer/ *Mayer* § 5 Rn. 40.1.
[49] Widmann/Mayer/ *Heckschen*, § 120 Rn. 8.17.1; Semler/Stengel/ *Maier-Reimer/Seulen* UmwG § 120 Rn. 26.

gung der Verschmelzung in das Handelsregister des Sitzes des übernehmenden Rechtsträgers gemäß § 20 Abs. 2 UmwG geheilt.

5. Gestaltungsmöglichkeiten

Folgende Gestaltungsmöglichkeiten kommen in Betracht, um die unter → Rn. 20 ff. aufgezeigten Hindernisse einer Verschmelzung bei Krise und Insolvenzreife aufzulösen:

– **Beseitigung der Überschuldung** des jeweiligen Rechtsträgers durch Zahlungen in die Kapitalrücklage,[50] Sanierung der Passivseite durch (teilweise) Forderungserlasse, Rangrücktritt oder Insolvenzplanverfahren (→ § 46 Rn. 9 ff.).
– **Verschmelzung ohne Kapitalerhöhung**, indem die Anteilsinhaber des übertragenden Rechtsträgers auf die Gewährung von Anteilsrechten am übernehmenden Rechtsträger verzichten.[51] Ist der übernehmende Rechtsträger eine mehrgliedrige Gesellschaft mit Minderheitsgesellschaftern, ist allerdings eine Zustimmung der Minderheitsgesellschafter ggf. gegen Kompensationszahlungen erforderlich, um eine Beschlussmängelklage gegen den Zustimmungsbeschluss des übernehmenden Rechtsträgers zu verhindern.

III. Spaltung und Ausgliederung

1. Funktion der Spaltung in Krise und Insolvenz

Spaltungsmaßnahmen[52] dienen oftmals der **Vorbereitung eines Verkaufsprozesses**, um **Betriebseinheiten zu separieren**. Dies ist insbesondere in der finanziellen Krise häufig geboten.[53] Mit der Abspaltung können veräußerungsfähige Betriebsteile separiert und die **Vorteile der Gesamtrechtsnachfolge** bei der Vorbereitung des Verkaufes genutzt werden. Mit dem Verkauf eines separierten Geschäftsbereiches können möglicherweise die notwendigen Sanierungsmaßnahmen finanziert werden. Gleiches gilt insbesondere für die Ausgliederung[54] als besondere Form der Spaltung. Die nachfolgenden Ausführungen gelten daher für Spaltung und Ausgliederung gleichermaßen, sofern nicht ausdrücklich unterschieden wird.

2. Rechtliche und wirtschaftliche Grenzen der Spaltung in Krise und Insolvenzreife

a) Nachhaftung aus § 133 UmwG. Auch in der Krise und Insolvenz gilt der **Grundsatz der „Spaltungsfreiheit"**, d. h. es bestehen bei der Zuordnung von Vermögen und Verbindlichkeiten zwischen übertragendem und übernehmendem Rechtsträger grundsätzlich keine Grenzen. Verbindlichkeiten und Aktivvermögen können dadurch prinzipiell vollständig abgesondert werden.[55] **Missbräuche** zulasten der Gläubiger werden über die **gesamtschuldnerische Haftung aus § 133 UmwG eingedämmt**, die allerdings nur bis zu fünf Jahre nach Eintragung der Spaltung in das Handelsregister greift.

Dient die Spaltung oder Ausgliederung der Vorbereitung einer Veräußerung eines Betriebsteiles, kann die Nachhaftung aus § 133 UmwG je nach Stadium der **Krise** einen möglichen **Erwerber abschrecken**. Im fortgeschrittenen Stadium der Krise kann die Einbringung der Vermögensgegenstände im Wege der Einzelrechtsnachfolge daher **vorteilhaft** sein, weil in diesem Fall der neue Rechtsträger nicht für die Verbindlichkeiten des übertragenden Rechtsträgers haftet und das Risiko einer übermäßigen Schuldenlast für den Erwerber somit eingeschränkt ist.[56] Im Zeitpunkt der Krise sind allerdings auch bei der

---

[50] *Heckschen* FS Widmann, 2000, S. 31, 35.
[51] *Limmer* Teil 5 Kap. 2 Rn. 57 ff.
[52] Zur Spaltung allgemein → §§ 19 f.
[53] *Heckschen* FS Widmann, S. 31, 32; *Groß*, Sanierungs- und Fortführungsgesellschaften, S. 255 ff.
[54] Zur Ausgliederung allgemein → § 20 Rn. 14 f.
[55] *Heckschen* FS Widmann, 2000, S. 31, 38; wohl auch *Lutter/Priester* UmwG § 126 Rn. 72; Semler/Stengel/*Maier-Reimer/Seulen* UmwG § 133 Rn. 1.
[56] Vgl. etwa Ettinger/Jaques/*Jaques* D. Rn. 147 ff.

Einzelübertragung stets die **Risiken aus Insolvenzanfechtung** (§ 129 ff. InsO) zu beachten.[57]

35 **b) Verzicht auf Anteilsgewährung.** Wie bei der Verschmelzung ist auch bei der Spaltung in der Krise zu prüfen, ob die Sacheinlage für die Kapitalerhöhung beim übernehmenden Rechtsträger wertmäßig aufgebracht werden kann.[58] Dabei ist zu berücksichtigen, dass anders als im Falle der Verschmelzung bei der Spaltung im Spaltungsvertrag **Vermögen und Verbindlichkeiten disproportional** zwischen übernehmenden und übertragenden Rechtsträger **zugeordnet werden** können. Bei der Spaltung wäre also grundsätzlich durchaus denkbar nur werthaltige Aktiva abzuspalten oder auszugliedern. Bei der **Überschuldung** des **übertragenden Rechtsträgers** wird jedoch aufgrund der **strafbewehrten Erklärungspflicht gem. §§ 140, 146 Abs. 1 (i. V. m. § 313 Abs. 2) UmwG** die **Übertragung von einem positiven Vermögen** regelmäßig bereits rein **tatsächlich ausgeschlossen** sein.

36 Bei der **Abspaltung und Ausgliederung** von einem **überschuldeten Rechtsträger** wird daher grundsätzlich nur eine Übertragung **negativen Vermögens** in Betracht kommen. In diesem Fall können den Anteilsinhabern des übertragenden Rechtsträgers keine Anteile im Wege einer Sachkapitalerhöhung gewährt werden. Dies wäre mit dem Grundsatz der realen Kapitalaufbringung unvereinbar.[59] Die Anteilsinhaber können jedoch auf die Gewährung von Anteilsrechten am übernehmenden Rechtsträger gemäß §§ 125 S. 1 UmwG i. V. m. §§ 53 Abs. 1 S. 3, 68 Abs. 1 S. 3 UmwG **verzichten** (→ Rn. 17 f.). Ab- und Aufspaltungen können daher unter Verzicht auf Anteilsgewährung gestaltet werden.[60]

37 Streitig ist die **Möglichkeit eines Verzichtes** auf Anteilsgewährung jedoch bei der **Ausgliederung**, da diese ausdrücklich von dem Verweis des § 125 UmwG auf die §§ 54 Abs. 1 S. 3 bzw. 68 Abs. 1 S. 3 UmwG ausgenommen wurde. Nach überwiegender Auffassung sind bei der Ausgliederung – anders als bei der Abspaltung – zwingend und immer Anteile am übernehmenden Rechtsträger zu gewähren.[61]

38 **c) Gesellschaftsrechtliche Treuepflichten, Verbot der Gewährung eines unzulässigen Sondervorteils, Existenzvernichtender Eingriff.** Wie bei der Verschmelzung kann auch bei der Spaltung zur Aufnahme die Übertragung von negativem Vermögen einen Verstoß gegen die **gesellschaftsrechtlichen Treuepflichten** (→ Rn. 21 f.) der zustimmenden Gesellschafter des übernehmenden Rechtsträgers begründen oder die Gewährung eines **unzulässigen Sondervorteils** (§ 243 Abs. 2 AktG)[62] darstellen. Ferner darf die Abspaltung nicht zur Insolvenz des übernehmenden Rechtsträgers führen, weil andernfalls eine Haftung der Beteiligten wegen existenzvernichtenden Eingriffs im Raum stünde.[63]

39 **d) Kapitalherabsetzung § 139 UmwG, Anmeldung der Abspaltung oder Ausgliederung, §§ 140, 146 UmwG.** Ist zur Durchführung der Abspaltung oder der Ausgliederung eine **Herabsetzung des Stammkapitals** einer übertragenden Gesellschaft mit beschränkter Haftung erforderlich, so kann diese auch in **vereinfachter Form** vorgenommen werden (§ 139 S. 1 UmwG). Nach herrschender Auffassung handelt es sich um eine

---

[57] Als Anfechtungsgegenstand kommt dabei die Übertragung der Vermögensgegenstände auf die neue Gesellschaft und ggf. die Übertragung der Geschäftsanteile im Rahmen eines anschließenden Verkaufes in Betracht.

[58] Im Rahmen der Verschmelzung → § 45 Rn. 15 f.

[59] Ausführlich zur Verschmelzung → § 45 Rn. 15 f.

[60] Theiselmann/*Simon* Kap. 7, Rn. 75.

[61] Gegen eine Verzichtsmöglichkeit: OLG München 31 Wx 482/11, ZIP 2011, 2359; *Priester* ZIP 2013, 2033, 2034; Schmitt/Hörtnagl/Stratz/*Stratz* § 54 Rn. 13; KölnKomm-UmwG/*Simon* § 125 Rn. 19; *Mayer/Weiler* DB 2007, 1235, 1239; Für eine Verzichtsmöglichkeit: Schmitt/Hörtnagl/Stratz/*Hörtnagl* UmwG § 126 Rn. 46; Lutter/*Priester* UmwG § 126 Rn. 26; Semler/Stengel/*Schröer* § 126 Rn. 31.

[62] → § 45 Rn. 26 f.

[63] Zu den weiteren Voraussetzungen einer Haftung wegen existenzvernichtenden Eingriffs → § 45 Rn. 55 ff.

Rechtsfolgenverweisung, d. h. es **bedarf nicht der Voraussetzung des § 58a Abs. 1 GmbHG bzw. § 229 Abs. 1 AktG**, die Kapitalherabsetzung muss also nicht dazu dienen Wertminderungen auszugleichen oder sonstige Verluste zu decken. Eine Unterbilanz des übertragenden Rechtsträgers ist für eine Kapitalherabsetzung gemäß § 139 S. 1 UmwG nicht erforderlich.[64] In der Krise der Gesellschaft wird jedoch häufig eine Unterbilanz vorliegen. Bei der Abspaltung und Ausgliederung in der Krise ist daher zu bedenken, dass eine Abgabe der Erklärung nach § 140 UmwG teilweise nur bei vorheriger Kapitalherabsetzung nach § 139 UmwG oder Beseitigung der Überschuldung des übertragenden Rechtsträgers durch Sanierungsmaßnahmen möglich ist.[65] So reicht nach der wohl als überwiegend zu bezeichnenden Auffassung[66] für die Erklärungspflicht aus § 140 UmwG zwar aus, dass bei einem bereits vor der Spaltung angegriffenen Stamm-/Grundkapital, eine Erklärung abgegeben wird, dass es durch die Spaltung nicht zu einer weiteren Verschlechterung der Stamm-/Grundkapitalsituation gekommen sei. Allerdings darf auch in diesem Fall das Stamm-/Grundkapital durch die Spaltung selbst nicht angegriffen worden sein,[67] die Abspaltung und Ausgliederung von positivem Vermögen wäre im Falle der bestehenden Überschuldung des übertragenden Rechtsträgers andernfalls ausgeschlossen.

Die Aufspaltung lässt hingegen den übertragenden Rechtsträger erlöschen, mit der Folge, dass sich eine Erklärung nach §§ 140, 146 UmwG erübrigt.[68] Deshalb kann auch eine Gesellschaft mit einer Unterbilanz, bei der das Vermögen nicht mehr das Stammkapital abdeckt, aufgespalten werden.[69] Die Grundsätze der Kapitalaufbringung und Kapitalerhaltung sind bei der Aufspaltung lediglich für den übernehmenden Rechtsträger von Relevanz, indem das übertragende Vermögen bei einer Aufnahme den Kapitalerhöhungsbetrag decken oder bei einer Neugründung zur Aufbringung des Stammkapitals ausreichen muss.[70]

IV. Formwechsel

1. Funktion des Formwechsels in Krise und Insolvenz

In der Krise kann der Formwechsel nach §§ 190 ff. UmwG **Teil des Sanierungskonzeptes** sein, etwa indem das Sanierungskonzept den Formwechsel in eine Aktiengesellschaft vorsieht, um auf diese Weise eine **Finanzierung über den Kapitalmarkt vorzubereiten**. In der Krise häufiger anzutreffen ist jedoch der umgekehrte Fall einer Umwandlung von einer AG in eine GmbH, wenn die Aktionärszahl so niedrig geworden ist, dass sich der mit der AG verbundene **Verwaltungsaufwand nicht mehr lohnt**. Die Umwandlung einer Personenhandelsgesellschaft mit unbeschränkter Haftung in eine Kapitalgesellschaft oder GmbH & Co. KG wird in der Regel Voraussetzung sein, **um neue Anteilseigner zu gewinnen**, weil diese in der Regel die Übernahme einer persönlichen Haftung scheuen.[71]

---

[64] Kallmeyer/*Kallmeyer/Sickinger* UmwG § 139 Rn. 1.
[65] Vgl. *Blasche* GWR 2010, 441, 444; *Limmer* Teil 5 Kap. 2 Rn. 38.
[66] Widmann/Mayer/*Mayer* UmwG, § 140 Rn. 8; Kallmeyer/*Zimmermann* UmwG, § 140 Rn. 4; KölnKomm-UmwG/*Simon/Nießen*, § 140 Rn. 13; Vgl. dazu auch *Stindt* NZG 2017, 174, 175 f. zur Ausgliederung.
[67] Widmann/Mayer*Mayer* UmwG, § 140 Rn. 8; KölnKomm-UmwG/*Simon/Nießen*, § 140 Rn. 8.
[68] Bzgl. der Unanwendbarkeit des § 140 UmwG bei der Aufspaltung: Henssler/Strohn/*Wardenbach* § 140 Rn. 1; Semler/Stengel/*Reichert* UmwG § 140 Rn. 1; zu § 146 UmwG: Schmitt/Hörtnagl/Stratz/*Hörtnagl* UmwG § 146 Rn. 2; Semler/Stengel/*Diekmann* § 146 Rn. 3.
[69] *Heckschen* FS Widmann, 2000, S. 31, 40; Schmitt/Hörtnagl/Stratz/*Hörtnagl* UmwG § 126 Rn. 31; Lutter/*Priester* UmwG § 126 Rn. 71.
[70] *Heckschen* FS Widmann, 2000, S. 31, 40; Schmitt/Hörtnagl/Stratz/*Hörtnagl* UmwG § 126 Rn. 29; Lutter/*Priester* UmwG § 126 Rn. 71.
[71] *Heckschen* FS Widmann, 2000, S. 31, 40.

2. Rechtliche Grenzen des Formwechsels

42 In der Krise und Insolvenz ist bei einem Formwechsel besonderes Augenmerk auf das **Gebot der Reinvermögensdeckung** aus § 220 Abs. 1 UmwG zu richten. Für den Formwechsel einer Personengesellschaft in eine Kapitalgesellschaft ist die Kapitaldeckung erforderlich, weil zum Schutz der Gläubiger die Deckung des Stamm- bzw. Grundkapitals des Rechtsträges neuer Rechtsform auch im Falle des Formwechsels gesichert sein muss.[72] Im Interesse der Gläubiger des Rechtsträgers neuer Rechtsform wird sichergestellt, dass dieser zumindest anfangs mit einem Reinvermögen ausgestattet ist, dass seinem Stamm- bzw. Grundkapital entspricht. Eine gemäß § 220 Abs. 1 UmwG erforderliche Kapitaldeckung ist gegeben, wenn der Rechtsträger **im Zeitpunkt der Registeranmeldung** über ein **Aktivvermögen** verfügt, **das die Schulden und das Stamm- bzw. Grundkapital des Rechtsträgers neuer Rechtsform deckt**.[73] Das Gebot der Reinvermögensdeckung aus § 220 Abs. 1 UmwG gilt unmittelbar für den Formwechsel von einer Personengesellschaft in eine GmbH, AG oder KGaA. Über § 245 Abs. 1 bis 3 UmwG findet dieses aber auch bei einem Formwechsel von einer GmbH in eine AG, nicht jedoch im umgekehrten Fall Anwendung (siehe § 245 Abs. 4 UmwG).[74] Eine **Wertaufstockung von Buchwert zu Verkehrswert** ist zulässig, da nach § 197 Abs. 1 UmwG die für den Rechtsträger neuer Rechtsform geltenden Sachgründungsvorschriften maßgeblich sind.[75]

43 Ein Formwechsel einer **OHG in eine Kapitalgesellschaft** scheidet vor diesem Hintergrund aus, wenn die Gesellschaft kein Reinvermögen hat, welches das Mindestkapital nach §§ 5 Abs. 1 GmbHG, 7 AktG deckt. In diesem Fall müssen vor dem Formwechsel zunächst finanzwirtschaftliche Sanierungsmaßnahmen, wie etwa Forderungserlasse, freiwillige Zuschüsse der Gesellschafter o. a. umgesetzt werden. Bei einem Formwechsel von einer **GmbH in eine AG** ist darüber hinaus *das bestehende Stammkapital* der umzuwandelnden Gesellschaft als Grundkapital erneut abzubilden. Liegt eine Unterbilanz der Gesellschaft vor, ist zunächst eine vereinfachte Kapitalherabsetzung notwendig. Die dazu erforderlichen Beschlüsse können mit dem Umwandlungsbeschluss verbunden werden.

44 Bei einem **Formwechsel in eine Personenhandelsgesellschaft** gelten diese Kapitalaufbringungsgrundsätze hingegen nicht[76], jedoch sind für die KG die Hafteinlagen der Kommanditisten abzubilden (§§ 234 Nr. 2, 162 Abs. 1 HGB i. V. m. § 197 S. 1 UmwG).[77]

B. Haftung der Organe u. a. bei Umwandlungen in Krise und Insolvenzreife

I. Einführung

45 Umwandlungsmaßnahmen, an denen ein oder mehrere insolvenzreife Rechtsträger beteiligt sind, sind für die Vertretungs- oder Aufsichtsorgane der beteiligten Rechtsträger besonders haftungsträchtig. Im Raum steht in der Regel der Vorwurf, die Vermögenslage bei den anderen beteiligten Rechtsträgern nicht hinreichend überprüft oder gar bestimmte Punkte bewusst in Kauf genommen zu haben. In Betracht kommen die Haftung nach

---

[72] Kallmeyer/*Dirksen*/*Blasche* UmwG § 220 Rn. 1.
[73] Kallmeyer/*Dirksen*/*Blasche* UmwG § 220 Rn. 5.
[74] Semler/Stengel/*Scheel* UmwG § 245 Rn. 41; Kallmeyer/*Dirksen*/*Blasche* UmwG § 220 Rn. 6.
[75] Lutter/*Joost* UmwG § 220 Rn. 10; KölnKomm-UmwG/*Petersen* § 220 Rn. 6 ff.; Kallmeyer/ *Dirksen*/*Blasche* UmwG § 220 Rn. 7.
[76] Henssler/Strohn/*Drinhausen*/*Keinath* UmwG § 197 Rn. 8; Lutter/*Decher*/*Hoger* UmwG § 197 Rn. 7; Kallmeyer/*Meister*/*Klöcker* UmwG § 197 Rn. 52; Widmann/Mayer/*Mayer* UmwG Rn. 232; vgl. auch § 228 UmwG.
[77] Semler/Stengel/*Bärwaldt* UmwG § 197 Rn. 12; Kallmeyer/*Meister*/*Klöcker* UmwG § 197 Rn. 52.

allgemeinen gesellschaftsrechtlichen Vorgaben**, nach **§§ 25 ff. UmwG** und wegen existenzvernichtenden Eingriffs**.

II. Haftung der Mitglieder des Vertretungs- oder Aufsichtsorgans

1. Verschmelzung

a) Haftung der Organe des übernehmenden Rechtsträgers. Bei der Verschmelzung eines insolvenzreifen Rechtsträgers auf einen gesunden Rechtsträger kommt die persönlichen Haftung der Mitglieder des Vertretungsorgans oder ggf. Aufsichtsorgan des übernehmenden Rechtsträgers nach den **allgemeinen gesellschaftsrechtlichen Vorschriften über die Haftung wegen Verletzung der Geschäftsleiterpflichten**, namentlich §§ 93, 116, 117 Abs. 2, 278 Abs. 3, 283, 310, 318 AktG, § 43 GmbHG, § 52 i. V. m. §§ 93, 116 AktG sowie § 25 Abs. 1 Nr. 2 MitbestG in Betracht.[78] Das Umwandlungsrecht regelt in § 27 UmwG lediglich die Verjährung solcher Ansprüche, welche aufgrund der Verschmelzung entstanden sind, d. h. im sachlichen Zusammenhang zur Verschmelzung stehen.

Die Verletzungen allgemeiner Geschäftsleiterpflichten im sachlichen Zusammenhang zur Verschmelzung können sich daraus ergeben, dass die **Vermögenslage** des übertragenden oder auch übernehmenden Rechtsträgers **nicht hinreichend überprüft** wurde, die **Festlegungen im Verschmelzungsvertrag** oder die **Berichterstattung über die Verschmelzung** fehlerhaft waren. Zu den Pflichten der Vertretungsorgane des übernehmenden Rechtsträgers bei der Durchführung der Verschmelzung gehören insbesondere umfassende Nachforschungen über den Vermögensbestand aller übertragenden Rechtsträger.[79] Dabei haben sie Einsicht in das Zahlenmaterial zu nehmen und müssen auf eine zutreffende Berechnung des tatsächlichen Wertes der übertragenden Rechtsträger – in der Regel unter Zuhilfenahme eines Sachverständigen – achten.[80] Wurde die Insolvenz des übernehmenden Rechtsträgers durch die Verschmelzung eines überschuldeten übertragenden Rechtsträgers verursacht und gelingt den Mitgliedern des vertretungsberechtigten Organs nicht der Nachweis, dass sie die Überschuldung auch nicht bei sorgfältiger Prüfung hätten erkennen können, sind sie der eigenen Gesellschaft zum Schadensersatz verpflichtet.

Dieser Anspruch aus § 93 AktG, § 43 GmbHG wird in der Insolvenz des übernehmenden Rechtsträgers vom **Insolvenzverwalter geltend gemacht**. Richtigerweise ist in diesem Fall eine **Sondermasse** zugunsten der Gläubiger **zu bilden**, deren Forderungen im Zeitpunkt der Wirksamkeit der Verschmelzung bereits bestanden (Altgläubiger des übernehmenden Rechtsträgers). Der vom Insolvenzverwalter eingezogene Schadensersatzanspruch gegen die Organe steht dann **ausschließlich zur Befriedigung der Altgläubiger zur Verfügung**.

b) Haftung der Organe des übertragenden Rechtsträgers. aa) Voraussetzungen für eine Haftung nach § 25 Abs. 1 UmwG. Wird hingegen eine **gesunde Gesellschaft auf eine überschuldete Gesellschaft** verschmolzen, kommt eine Haftung der Mitglieder des Vertretungsorgans oder ggfs. des Aufsichtsorgans des nach § 20 Abs. 1 Nr. 2 UmwG untergegangenen übertragenden Rechtsträgers gemäß § 25 Abs. 1 UmwG in Betracht. § 25 Abs. 1 UmwG regelt Ersatzansprüche des übertragenden Rechtsträgers, seiner Anteilsinhaber und Gläubiger gegen die Organmitglieder des übertragenden Rechtsträgers für Schäden, die aus der Verschmelzung resultieren können.[81]

Wie aus der Entlastungsbestimmung gemäß § 25 Abs. 1 S. 2 UmwG zu entnehmen ist, kommt eine Inanspruchnahme nach § 25 Abs. 1 UmwG nur dann in Betracht, wenn sich

---

[78] KölnKomm-UmwG/*Simon* § 27 Rn. 3.
[79] Schmitt/Hörtnagl/Stratz/*Stratz* UmwG § 27 Rn. 6; Lutter/*Grunewald* UmwG § 27 Rn. 6; Henssler/Strohn/*Müller* UmwG § 27 Rn. 5.
[80] Schmitt/Hörtnagl/Stratz/*Stratz* UmwG § 27 Rn. 6.
[81] KölnKomm-UmwG/*Simon* § 25 Rn. 1.

die Pflichtverletzung auf die **Prüfung der Vermögenslage** oder auf **Pflichten beim Abschluss des Verschmelzungsvertrages** bezieht. Zu den Pflichten der Organe des übertragenden Rechtsträgers gehört insbesondere die **sorgfältige Prüfung der Vermögenslage des übernehmenden Rechtsträgers**. In der Regel wird eine **umfassende Due-Diligence** Prüfung erforderlich sein.[82]

49 Verletzen die Organe ihre Pflichten, sind nach § 25 Abs. 1 S. 1 UmwG auch die **Gläubiger des übertragenden Rechtsträgers unmittelbar anspruchsberechtigt**. Ihnen steht ein Schadensersatzanspruch zu, wenn es aufgrund einer ungenügenden Überprüfung der Vermögenslage des übernehmenden Rechtsträgers zu einer Gefährdung ihrer Ansprüche kommt.[83]

50 Dabei ist jedoch nach allgemeiner Auffassung **§ 22 UmwG vorrangig**. Ein Schaden der Gläubiger im Sinne des § 25 UmwG scheidet somit aus, wenn der Gläubiger nach § 22 UmwG Sicherheit verlangen kann oder hätte verlangen können.[84] Ist der übernehmende Rechtsträger jedoch hoch verschuldet, geht der Anspruch auf Sicherheitsleistung nach § 22 UmwG ins Leere, sodass der Schadensersatzanspruch des Gläubigers gegen die Organe gemäß § 25 UmwG vollends greift.[85] Wird eine gesunde Gesellschaft auf einen insolvenzreifen Rechtsträger verschmolzen und führt dies zum Forderungsausfall der Altgläubiger des übertragenden Rechtsträgers, haben die Vertretungs- und ggf. Aufsichtsorgane diesen Gläubigern Schadensersatz zu leisten, wenn sie die Überschuldung des übernehmenden Rechtsträgers erkannt haben oder bei sorgfältiger Prüfung hätten erkennen können.

51 **bb) Geltendmachung der Haftungsansprüche gegen die Organe des untergegangenen Rechtsträgers. (1) Der besondere Vertreter nach § 26 UmwG.** Die Ansprüche aus § 25 Abs. 1 UmwG können nur durch einen besonderen Vertreter geltend gemacht werden (§ 26 Abs. 1 S. 1 UmwG), welcher durch das Amtsgericht am Sitz des übertragenden Rechtsträgers auf Antrag eines Anteilsinhabers oder Gläubigers dieses Rechtsträgers bestellt wird (§ 26 Abs. 1 S. 2 UmwG i. V. m. § 375 Nr. 5 FamFG).

52 Der besondere Vertreter ist **Partei kraft Amtes** und nicht etwa der Vertreter des nach § 25 Abs. 2 UmwG als fortbestehend zu fingierenden übertragenden Rechtsträgers oder der Gläubiger oder Anteilsinhaber.[86] Der besondere Vertreter hat somit im Hinblick auf die Haftungsansprüche gegen die Organe eine Stellung vergleichbar mit einem Insolvenzverwalter. So gehört neben der Geltendmachung der Schadensersatzansprüche auch die **Durchführung des Forderungsanmeldeverfahrens** zu seinen Aufgaben. Er hat zu diesem Zweck die potentiell Anspruchsberechtigten, also die Anteilsinhaber und Gläubiger des übertragenden Rechtsträgers aufzufordern, ihre Schadensersatzansprüche innerhalb einer angemessenen Frist anzumelden.[87] Der vom besonderen Vertreter erzielte Erlös wird nach Abzug der Vergütung und Auslagen des besonderen Vertreters zunächst zur Befriedigung der Gläubiger des übertragenden Rechtsträgers verwendet.[88] Reicht er hierfür nicht aus, hat eine verhältnismäßige Verteilung stattzufinden.

(2) Geltendmachung im Insolvenzverfahren des übernehmenden Rechtsträgers.
53 Die Einziehung und Verteilung der Schadensersatzansprüche erfolgt auch dann durch den besonderen Vertreter gemäß dem in § 26 UmwG vorgesehenen Verfahren, wenn über das

---

[82] Lutter/*Grunewald* UmwG § 25 Rn. 9.
[83] Lutter/*Grunewald* UmwG § 25 Rn. 16; *Schnorbus* ZHR 2003, 666, 694; Schmitt/Hörtnagl/Stratz/*Stratz* UmwG § 25 Rn. 18; Lutter/*Grunewald* UmwG § 25 Rn. 16; KölnKomm-UmwG/*Simon* § 25 Rn. 17; a. A. Semler/Stengel/*Kübler* UmwG § 25 Rn. 16.
[84] KölnKomm-UmwG/*Simon* § 25 Rn. 18.
[85] Ausgenommen sind (praktisch seltene) reine Reflexschäden, welche auf allein dem übertragenden Rechtsträger zugefügten Schäden beruhen, siehe KölnKomm-UmwG/*Simon* § 25 Rn. 14, 19.
[86] OLG Frankfurt 25 U 28/05, ZIP 2007, 331, 332; KölnKomm-UmwG/*Simon* § 25 Rn. 16; Kallmeyer/*Marsch-Barner* UmwG § 26 Rn. 11.
[87] Schmitt/Hörtnagl/Stratz/*Stratz* UmwG § 25 Rn. 24.
[88] Schmitt/Hörtnagl/Stratz/*Stratz* UmwG § 25 Rn. 24.

Vermögen des übernehmenden Rechtsträgers das Insolvenzverfahren eröffnet wird. Da für die Geltendmachung von Schadensersatzansprüchen nach § 25 UmwG gegen die ehemaligen Organe des übertragenden Rechtsträgers dieser nach § 25 Abs. 2 UmwG als fortbestehend fingiert wird, ist dies insoweit auch unproblematisch. Die Ansprüche fallen daher trotz verschmelzungsbedingter Gesamtrechtsnachfolge (§ 20 Abs. 1 Nr. 1 UmwG) nicht in die Insolvenzmasse des übernehmenden Rechtsträgers. Mangels Gesamtschadens des übernehmenden Rechtsträgers i. S. v. § 92 InsO besteht auch keine Einziehungsbefugnis des Insolvenzverwalters.

2. Sonstige Umwandlungsmaßnahmen

Auch bei der Spaltung gelten über **§ 125 UmwG die §§ 25 bis 27 UmwG** entsprechend.[89] Es gelten daher die Ausführungen zur Verschmelzung. Teilweise wird § 26 Abs. 1 UmwG (Geltendmachung durch besonderen Vertreter) bei der Abspaltung sowie Ausgliederung für **nicht anwendbar** erachtet, weil der übertragende Rechtsträger (anders als bei der Aufspaltung) nicht wegfällt.[90]

III. Haftung wegen Existenzvernichtenden Eingriffs

Für die an der Verschmelzung beteiligten Personen steht auch die Haftung wegen existenzvernichtenden Eingriffs im Raum.[91] Da für § 25 UmwG und die allgemeine gesellschaftsrechtliche Organhaftung die Haftungshürden **niedriger** sind (Fahrlässigkeit reicht aus, andere Beweislastverteilung), spielt eine Haftung wegen existenzvernichtenden Eingriffs nach § 826 BGB **praktisch allenfalls für die beteiligten Gesellschafter eine Rolle**.

Nach den Grundsätzen zum existenzvernichtenden Eingriff haftet der Gesellschafter einer GmbH aus § 826 BGB persönlich, wenn er auf die **Zweckbindung des Gesellschaftsvermögens keine Rücksicht nimmt** und der **Gesellschaft** ohne angemessenen Ausgleich – offen oder verdeckt – **Vermögenswerte entzieht, die sie zur Erfüllung ihrer Verbindlichkeiten benötigt**.[92]

Wird mit der Verschmelzung des insolventen übertragenden Rechtsträgers die **Insolvenz des übernehmenden Rechtsträgers verursacht**, dürften diese Voraussetzungen des „objektiven Tatbestandes" eines existenzvernichtenden Eingriffs vorliegen. Allerdings setzt eine Haftung der Gesellschafter nach § 826 BGB Vorsatz voraus. Dem **Vorsatzerfordernis** ist Genüge getan, wenn dem handelnden Gesellschafter bewusst ist, dass durch die von ihm selbst oder mit seiner Zustimmung veranlasste Maßnahme das Gesellschaftsvermögen sittenwidrig geschädigt wird; dafür reicht es aus, dass ihm die Tatschen bewusst sind, die den Eingriff sittenwidrig machen, während ein Bewusstsein der Sittenwidrigkeit nicht erforderlich ist. Eine derartige Sittenwidrigkeit wird nicht nur in Fällen der bewussten und zielgerichteten Vermögensentziehung bejaht, um den Zugriff der Gläubiger auf dieses Vermögen zu verhindern. Die Rechtsprechung bejaht vielmehr bereits dann eine vorsätzliche sittenwidrige Schädigung, wenn die faktische dauerhafte Beeinträchtigung der Erfüllung der Verbindlichkeiten der Gesellschaft ex ante die voraussehbare Folge des Eingriffs ist und der Gesellschafter diese Rechtsfolge in Erkenntnis ihres möglichen Eintritts billigend in Kauf genommen hat (dolus eventualis).[93] Letzteres lässt sich in der Praxis meistens nur anhand des Grades der Wahrscheinlichkeit der Insolvenzverursachung bewei-

---

[89] Kallmeyer/*Sickinger* § 125 Rn. 11; Lutter/*Grunewald* UmwG § 25 Rn. 16; KölnKomm-UmwG/ *Simon* § 125 Rn. 31.

[90] KölnKomm-UmwG/*Simon* § 125 Rn. 31.

[91] *Keller/Klett* DB 2010, 1220, 1222; Widmann/Mayer/*Mayer* UmwG § 5 Rn. 40.1; *Enneking/ Heckschen* DB 2006, 1099, 1100.

[92] BGH IX ZR 52/10, NJW-RR 2013, 1321, 1323; BGH II ZR 177/11, NJW-RR 2012, 1240; BGH II ZR 252/10, NZG 2012, 667; BGH II ZR 3/04, NJW 2007, 2689 – Trihotel; BGH II ZR 300/00, NJW 2002, 3024; BGH II ZR 178/99, NJW 2001, 3622 – Bremer Vulkan.

[93] BGH II ZR 3/04, NJW 2007, 2689 Rn. 39 – Trihotel.

sen. Die Wahrscheinlichkeit des Schadenseintritts ist insoweit ein wesentliches Indiz für den Vorsatz, jedoch bleibt eine Würdigung der Umstände im Einzelfall notwendig.[94] Ist die Verursachung der Insolvenz des übernehmenden Rechtsträgers eine voraussehbare Folge der Verschmelzung, besteht somit die Gefahr der persönlichen Haftung der der Verschmelzung zustimmenden Gesellschafter.

58 In der Rechtsfolge haben die beteiligten Gesellschafter dem übernehmenden Rechtsträger den durch die Übertragung des negativen Vermögens entstandenen Schaden zu ersetzen, d. h. dieser ist so zu stellen, als hätte die Verschmelzung nicht stattgefunden (§§ 249 ff. BGB).[95]

C. Umwandlungen und Insolvenzanfechtung

I. Überblick

59 Wie jede Transaktion in der Krise stehen auch gesellschaftsrechtliche Restrukturierungsmaßnahmen grundsätzlich unter dem Damoklesschwert der Insolvenzanfechtung. Auch die Anfechtung von Umwandlungsmaßnahmen i. S. d. UmwG (→ Rn. 71 ff.) wird im Schrifttum diskutiert[96] und war bereits Gegenstand von Entscheidungen in der Rechtsprechung.[97]

60 Für die Verschmelzung stellt sich neben der Frage der **Anfechtbarkeit der Verschmelzung als solche** wegen des Untergangs des übertragenden Rechtsträgers (§ 20 Abs. 1 Nr. 2 UmwG) zusätzlich die Frage, ob **Rechtshandlungen des übertragenden Rechtsträgers nach Verschmelzung im Insolvenzverfahrens über das Vermögen des übernehmenden Rechtsträgers** überhaupt anfechtbar sind.[98]

II. Anfechtung von Rechtshandlungen des übertragenden Rechtsträgers im Insolvenzverfahren des übernehmenden Rechtsträgers

1. Einführung

61 Mit Eintragung der Verschmelzung in das Register des Sitzes des übernehmenden Rechtsträgers geht das Vermögen des übertragenden Rechtsträgers im Wege der Gesamtrechtsnachfolge auf den übernehmenden Rechtsträger über (§ 20 Abs. 1 Nr. 1 UmwG), während der übertragende Rechtsträger erlischt (§ 20 Abs. 1 Nr. 2 UmwG). Mit Erlöschen des übertragenden Rechtsträgers verliert dieser auch seine Insolvenzfähigkeit. Da es im Rahmen der Insolvenzanfechtung grundsätzlich darauf ankommt, dass die Rechtshandlung die Gläubiger eines konkreten Schuldners benachteiligt und einige besonderen Anfechtungstatbestände auf eine Rechtshandlung dieses Schuldners abstellen,[99] stellt sich die Frage, ob mit der Verschmelzung nicht nur der übertragende Rechtsträger, sondern auch die Anfechtungsansprüche untergegangen sind. Die Insolvenzordnung regelt in § 145 InsO lediglich die Rechtsnachfolge des Anfechtungsgegners, indem die Anfechtbarkeit auch gegen den Gesamtrechtsnachfolger des Anfechtungsgegners geltend gemacht werden kann (§ 145 Abs. 1 InsO). Hingegen sind die Folgen einer Gesamtrechtsnachfolge des Anspruchsinhabers in der Insolvenzordnung nicht geregelt. Da der Vermögensgegenstand schon vor der Gesamtrechtsnachfolge aus dem Vermögen des übertragenden Rechtsträgers

---

[94] BGH VI ZR 309/10, NJW-RR 2012, 404, 405; BGH 5 StR 145/03, NJW 2004, 375, 380; MünchKomm BGB/*Wagner* § 826 Rn. 28.
[95] Zu den Rechtsfolgen beim existenzvernichtenden Eingriff allgemein, siehe BeckHdB GmbH/*Vogt* § 17 Rn. 335 ff.; *Gehrlein* WM 2008, 761, 764 f.
[96] *Thole* Rn. 475; *Kalss* ZGR 2009, 74, 120; *Lwowski/Wunderlich* NZI 2008, 595, 596 ff.; *Keller/Klett* DB 2010, 1220, 1223 ff.; *Roth* ZInsO 2013, 1597 ff. u. 1709 ff.
[97] Vgl. Thüringer Oberlandesgericht 8 U 1166/96, OLG-NL 1998, 161; Nichtannahmebeschluss BGH ZR 126/98, BeckRS 2000, 2991; KG 12 U 3839/96, NZG 1999, 1016.
[98] Siehe ausführlich *Thole* Rn. 489.
[99] So für §§ 133, 132, 134 InsO.

ausgeschieden ist, könnte man sich auf den Standpunkt stellen, den Gläubigern des übernehmenden Rechtsträgers sei überhaupt kein Nachteil durch Weggabe des Vermögenswertes entstanden.[100] Vor dem Hintergrund stellt sich die Frage, ob eine Rechtshandlung des übertragenden Rechtsträgers im Insolvenzverfahren über das Vermögen des übernehmenden Rechtsträgers überhaupt anfechtbar ist.

2. Anfechtbarkeit im Insolvenzverfahren des übernehmenden Rechtsträgers

Der **BGH** hat die **Anfechtbarkeit von Rechtshandlungen des erloschenen übertragenden Rechtsträgers** im Insolvenzverfahren des übernehmenden Rechtsträgers in einer Entscheidung aus dem Jahre 1978 bei einem Vermögensübergang im Wege der Gesamtrechtsnachfolge von einer Personengesellschaft auf einen Gesellschafter (sog. Anwachsungsfälle) **bejaht**.[101] Danach soll der Insolvenzverwalter auch Rechtshandlungen des erloschenen übertragenden Rechtsträgers anfechten können, **wenn** noch nicht befriedigte, **ursprüngliche Gläubiger des übertragenden Rechtsträgers vorhanden** sind.[102] Diese Ansicht, der sich der überwiegende Teil der Literatur[103] angeschlossen hat, überzeugt. Den Insolvenzgläubigern des übernehmenden Rechtsträgers ist durch die Weggabe des Vermögenswertes jedenfalls dann ein Nachteil entstanden, wenn ehemalige Gläubiger des übertragenden Rechtsträgers (Altgläubiger) vorhanden sind. Aber selbst **wenn keine Altgläubiger** des übertragenden Rechtsträgers mehr vorhanden sind, folgt eine Insolvenzanfechtung bereits aus **§ 20 Abs. 1 Nr. 1 UmwG und dem allgemeinen Gedanken der Gesamtrechtsnachfolge**. Das Anfechtungsrecht entsteht bereits mit der Vollendung eines Anfechtungstatbestandes, aufschiebend bedingt durch die Eröffnung des Insolvenzverfahrens.[104] Daraus folgt, dass der Anfechtungsanspruch erst mit Eröffnung des Insolvenzverfahrens, d. h. nach Erlöschen des übertragenden Rechtsträgers, endgültig entsteht. Verwirklicht die anfechtbare Rechtshandlung allerdings die Voraussetzungen eines Anfechtungstatbestandes, geht die Anfechtungsmöglichkeit als „*latentes Recht*" mit dem Eintritt der Gesamtrechtsnachfolge auf den übernehmenden Rechtsträger über.[105]

Richtigerweise sind daher Rechtshandlungen des übertragenden Rechtsträgers nach Verschmelzung auch im Insolvenzverfahren über das Vermögen des übernehmenden Rechtsträgers **anfechtbar**, selbst wenn kein ursprünglicher Gläubiger des übertragenden Rechtsträgers im Zeitpunkt der Eröffnung des Insolvenzverfahrens mehr vorhanden ist.[106]

3. Rechtsfolge der Anfechtung: Bildung einer Sondermasse?

Wird die Frage, ob Rechtshandlungen des übertragenden Rechtsträgers nach Verschmelzung anfechtbar sind, nahezu einhellig bejaht, ist hingegen noch nicht geklärt, welche Rechtsfolge eine solche Anfechtung durch den Insolvenzverwalter des übernehmenden Rechtsträgers hat. Drei Auffassungen stehen sich gegenüber:

a) Sondermasse zugunsten der Altgläubiger des übertragenden Rechtsträgers.
Der **BGH** hatte in seiner Entscheidung zur Anwachsung aus dem Jahre 1978 die **Bildung einer Sondermasse** mit dem aus der Anfechtung Erlangten verlangt. Diese Sondermasse

---

[100] Siehe aber im Ergebnis verneinend Kübler/Prütting/Bork/*Brinkmann* InsO § 145 Rn. 48.
[101] BGH VIII ZR 32/77, BGHZ 71, 296 = NJW 1978, 1525 m. Anm. *Merz* LM Nr. 8 zu § 29 KO; schon Reichsgericht LZ 1915, 269, 271; noch anders Reichsgericht LW 1897, 307; OLG Dresden, LZ 1915, 269, 271.
[102] BGH VIII ZR 32/77, BGHZ 71, 296= NJW 1978, 1525 m. Anm. *Merz* LM Nr. 8 zu § 29 KO.
[103] *Thole* Rn. 483; Jaeger/*Henckel* InsO § 129 Rn. 33, 132; Kübler/Prütting/Bork/*Brinkmann* InsO § 145 Rn. 48; Uhlenbruck/*Hirte/Ede* InsO § 145 Rn. 13, § 35 Rn. 57; noch anders *Jaeger*, LZ 1915, 268, 272.
[104] BGH V ZR 96/53, BGHZ 15, 333, 337; BGH IX ZR 167/86, BGHZ 101, 286, 288; MünchKomm InsO/Kayser § 129 Rn. 186.
[105] Kübler/Prütting/Bork/*Brinkmann* § 145 Rn. 50; Jaeger/*Henckel* InsO § 129 Rn. 33.
[106] Anders der BGH (im Hinblick auf Bildung von Sondermassen folgerichtig): BGH VIII ZR 32/77, NJW 1978, 1525; wie hier *Petersen* NZG 2001, 836, 836; Kübler/Prütting/Bork/*Brinkmann* InsO § 145 Rn. 51.

stehe **ausschließlich zur Befriedigung der Altgläubiger des übertragenden Rechtsträgers zur Verfügung**.[107] Die Sondermasse soll dabei in Anlehnung an § 171 Abs. 2 HGB gebildet werden.[108] Zu den Altgläubigern gehörte auch der übernehmende Rechtsträger. Die bei der verschmelzungsbedingten Vereinigung von Forderung und Schuld normalweise folgende Konfusion der Forderung soll gegenüber der Sondermasse nicht eintreten.[109] Die Forderung des übernehmenden Rechtsträgers ist in solchen Fällen im Verhältnis zu der Sondermasse so zu behandeln, als ob sie noch bestünde.[110]

66 b) **Sondermasse zugunsten der Altgläubiger des übertragenden Rechtsträgers und Neugläubiger des übernehmenden Rechtsträgers.** In der **Literatur** wird zum Teil verlangt, dass auch **Neugläubiger des übernehmenden Rechtsträgers** aus der **Sondermasse zu befriedigen seien**, da die Wiederherstellung der Insolvenzmasse nach §§ 129 ff., 143 InsO nicht nur den Altgläubigern, sondern auch den Neugläubigern zugutekommen solle.[111] Ist deshalb das latente Anfechtungsrecht auf den übernehmenden Rechtsträger übergegangen, so müssten bei der Verteilung der Sondermasse auch diejenigen Gläubiger beteiligt werden, die nach der Verschmelzung Forderungen gegen den übernehmenden Rechtsträger erworben haben. **Ausgeschlossen von der Verteilung der Sondermasse** sind nach diesem Ansatz deshalb **nur die Altgläubiger des übernehmenden Rechtsträgers**. Ihnen sei durch die anfechtbare Rechtshandlung des übertragenden Rechtsträgers kein Haftungsobjekt entzogen worden.[112]

67 c) **Keine Sondermasse.** Der **Bildung einer Sondermasse** wird in der Literatur vereinzelt mit Verweis auf die Wirkung der Gesamtrechtsnachfolge **widersprochen**.[113]

68 d) **Stellungnahme.** Die Bildung einer Sondermasse ist abzulehnen. Sie widerspricht dem Prinzip der Gesamtrechtsnachfolge. Zwischen der anfechtbaren Rechtshandlung und der Eröffnung des Insolvenzverfahrens fand aufgrund der Verschmelzung und aus ihr folgenden Gesamtrechtsnachfolge (§ 20 Abs. 1 Nr. 1 UmwG) eine Neuzuordnung von Aktiva und Passiva statt.[114]

69 Wird klar, dass der Anfechtungsanspruch bereits aufschiebend bedingt mit der anfechtbaren Rechtshandlung entsteht, wird auch deutlich, dass der Anfechtungsanspruch bereits mit Wirksamwerden der Verschmelzung angelegt war. Dann ist der Anfechtungsanspruch allerdings Teil des mit der Verschmelzung auf den übernehmenden Rechtsträger übergehenden Aktivvermögens, auf welchen nach allgemeinen Grundsätzen auch die Neugläubiger des Rechtsnachfolgers Zugriff haben.[115]

---

[107] BGH VIII ZR 32/77, BGHZ 71, 296, 305; in Literatur für die Bildung einer Sondermasse auch *Thole* Rn. 485; Jaeger/*Henckel* InsO § 129 Rn. 33; Uhlenbruck/*Hirte*/*Ede* InsO § 145 Rn. 13, § 35 Rn. 57.

[108] Der vor Eröffnung des Insolvenzverfahrens über das Vermögen der Gesellschaft ausgeschiedene Kommanditist haftet nur noch für vor seinem Ausscheiden begründete Verbindlichkeiten der Gesellschaft; die Ansprüche der Altgläubiger gegen den Ex-Kommanditisten macht der Insolvenzverwalter im eigenen Namen für ihre Rechnung geltend, das Eingezogene darf der Insolvenzverwalter nur für die Altgläubiger verwenden (Bildung einer Sondermasse), BGH II ZR 2/57, BGHZ 27, 56 = NJW 1958, 787; BGH II ZR 124/61, BGHZ 39, 321 = WM 1963, 831; BGH VIII ZR 32/77, BGHZ 71, 304 = NJW 1978, 1525 m. Anm. *Merz* LM Nr. 8 zu § 29 KO; Baumbach/Hopt/*Roth* HGB § 171 Rn. 14.

[109] *Thole* Rn. 486.

[110] BGH VIII ZR 32/77, BGHZ 71, 296, 3005 = NJW 1978, 1525 m. Anm. *Merz* LM Nr. 8 zu § 29 KO; *Thole* Rn. 486.

[111] Jaeger/*Henckel* InsO § 129 Rn. 33; offen gelassen *Thole* Rn. 487.

[112] Jaeger/*Henckel* InsO § 129 Rn. 33.

[113] Kübler/Prütting/Bork/*Brinkmann* InsO § 145 Rn. 48; *Petersen* NZG 2001, 836 ff.; siehe auch MünchKomm InsO/*Kayser* Vor §§ 129 bis 147 Rn. 102, der die Bildung einer Sondermasse bejaht, wenn das anfechtbar Erlangte noch in Natur oder als Surrogat vorhanden ist, nicht jedoch für bloße Wertersatzansprüche.

[114] So auch *Petersen* NZG 2001, 836, 837.

[115] Kübler/Prütting/Bork/*Brinkmann* § 145 Rn. 51; *Petersen* NZG 2001, 836, 837.

Eine Separierung/Nivellierung des Effektes einer Gesamtrechtsnachfolge lässt sich nur 70
rechtfertigen, wenn die Rechtshandlung, welche zur Gesamtrechtsnachfolge geführt hat,
wiederum anfechtbar ist. Das ist allerdings eine Frage der Anfechtung der Verschmelzung
als solche (ausführlich → Rn. 71 ff.), nicht hingegen der Anfechtung von Rechtshandlungen des übertragenden Rechtsträgers.

III. Anfechtung von Umwandlungsmaßnahmen
1. Überblick – allgemeine Anfechtungsvoraussetzungen

Rechtshandlungen, die vor der Eröffnung des Insolvenzverfahrens vorgenommen worden sind und die Insolvenzgläubiger benachteiligen, sind nach Maßgabe der §§ 130 ff. InsO 71
anfechtbar. Neben den allgemeinen Anfechtungsvoraussetzungen der objektiven Gläubigerbenachteiligung müssen für eine Anfechtbarkeit die Voraussetzungen der besonderen Anfechtungstatbestände verwirklicht sein.

Im Rahmen der **Deckungsanfechtung nach §§ 130, 131 InsO** sind insbesondere 72
Rechtshandlungen anfechtbar, die einem Insolvenzgläubiger innerhalb der kritischen Phase
von drei Monaten vor Stellung des Eröffnungsantrags (im Rahmen des § 130 InsO u. U.
auch danach) eine Befriedigung oder Sicherung gewährt oder ermöglicht haben. Hatte der
Gläubiger einen Anspruch auf die konkrete Deckungshandlung, ist diese kongruent i. S. v.
§ 130 InsO. Liegt dagegen eine Deckungshandlung vor, die der Gläubiger nicht oder nicht
in der Art oder nicht zu der Zeit zu beanspruchen hatte, ist diese als inkongruente Deckung
i. S. v. § 131 InsO unter erleichterten Voraussetzungen anfechtbar. In der kritischen Drei-Monats-Phase greift subsidiär dazu § 132 InsO für Rechtsgeschäfte des Schuldners, welche
die Insolvenzgläubiger unmittelbar benachteiligen.

Eine weiter reichende Anfechtung für einen Zeitraum von bis zu vier bzw. bis zu zehn 73
Jahren erlauben **§§ 133, 134 InsO**. Damit dürften diese Anfechtungsgründe für die
Anfechtung von Umwandlungsmaßnahmen in der Praxis besondere Bedeutung beanspruchen.

Unentgeltliche Leistungen des Schuldners bis zu vier Jahre vor Antrag auf Eröffnung des 74
Insolvenzverfahrens sind nach § 134 Abs. 1 InsO anfechtbar. Bei vorsätzlicher Gläubigerbenachteiligung durch eine Rechtshandlung des Schuldners und Kenntnis des Gläubigers
vom Benachteiligungsvorsatz greift § 133 InsO für bis zu zehn Jahre vor dem Eröffnungsantrag zurückliegende Rechtshandlungen.

Die **Rechtsfolgen der Anfechtung** ergeben sich aus §§ 143, 144 InsO. Was durch die 75
anfechtbare Rechtshandlung dem Gläubigerzugriff entzogen wurde, ist zur Insolvenzmasse
zurück zu gewähren. Der Rückgewähranspruch ist grundsätzlich darauf gerichtet, die
Insolvenzmasse so zu stellen, als sei die Gläubigerbenachteiligende Rechtshandlung nicht
erfolgt.[116] Ist die Rückgewähr in Natur nicht möglich, kommt unter den Voraussetzungen
des § 143 Abs. 1 S. 2 InsO Wertersatz in Betracht.

2. Generelle Anfechtungsresistenz von Umwandlungsmaßnahmen?

Von der Insolvenzanfechtung nach § 129 Abs. 1 InsO sind grundsätzlich sämtliche 76
Rechtshandlungen erfasst, welche die Insolvenzgläubiger benachteiligen. Der Wortlaut
erfasst somit auch Umwandlungen bzw. Rechtshandlungen, die auf die Umwandlung
ausgerichtet sind. Dennoch ist die Frage, ob eine Umwandlungsmaßnahme nach den
§§ 129 ff. InsO überhaupt anfechtbar ist, **umstritten**.

Vornehmlich im **gesellschaftsrechtlichen Schrifttum** ist die Meinung anzutreffen,
eine Insolvenzanfechtung sei jedenfalls bei *vollzogener Umwandlung* unzulässig.[117] Das

---
[116] Kayser/Thole/*Thole* § 143 Rn. 4 m. w. N.; MünchKomm InsO/*Kayser*, § 143 Rn. 24; Uhlenbruck/*Ede/Hirte*, InsO § 143 Rn. 21.
[117] *Limmer* Teil 5 Kap. 2 Rn. 65; *Lwowski/Wunderlich* NZI 2008, 595, 597; *Heckschen* ZInsO 2008, 824, 829; *Kalss* ZGR 2009, 74, 120; *Keller/Klett* DB 2010, 1220, 1223; Schmitt/Hörtnagel/Stratz/ *Stratz* § 20 Rn. 109.

Umwandlungsrecht stelle mit den §§ 22, 23, 125 S. 1, 133 UmwG ein abschließendes Systems des Gläubigerschutzes bereit, welches das Insolvenzanfechtungsrecht aus §§ 129 ff. InsO verdränge.[118] Eine Anfechtung sei im Übrigen nicht mit dem Bestandsschutz aus § 20 Abs. 2 UmwG vereinbar.[119]

§ 20 Abs. 2 UmwG liegt der Gedanke zugrunde, dass der im Register eingetragene Bestand der aus der Verschmelzung hervorgehenden Rechtsträger nicht durch Fehler des abgeschlossenen Verschmelzungsprozesses bedroht wird.[120] Die dadurch drohenden Nachteile für die Anteilsinhaber sollen durch die weitreichenden Unterrichtungs- und Prüfungsrechte im Vorfeld sowie durch eine Haftung der Verantwortlichen, insbesondere Leitungsorgane und Registergericht, kompensiert werden.[121] § 20 Abs. 2 UmwG schützt die eingetragene Verschmelzung nach herrschender Auffassung nicht nur vor einer ex-tunc Nichtigkeit, sondern bewirkt darüber hinaus auch eine Bestandsfestigkeit für die Zukunft.[122] Die Rückabwicklung bereits verschmolzener Rechtsträger und ihrer Vermögensmassen würde rechtlich und tatsächlich zu immensen Schwierigkeiten führen.[123]

77 Ob eine Rückabwicklungssperre den vollständigen Ausschluss von Umwandlungsmaßnahmen von der Insolvenzanfechtung bedeutet, ist jedoch fraglich. Die **Gegenauffassung** wendet sich daher zu Recht **gegen eine grundsätzliche Anfechtungsresistenz von Umwandlungsmaßnahmen**.[124] Vielmehr ist zwischen der Frage der *Anfechtbarkeit* und den *Rechtsfolgen* einer Anfechtung zu differenzieren. Selbst wenn man der Verschmelzung Bestandsfestigkeit für die Zukunft gewährt, heißt das anfechtungsrechtlich lediglich, dass in der Rechtsfolge keine vollständige Naturalrestitution (§ 143 Abs. 1 InsO) mehr möglich ist.[125] Indes besteht über die Bildung einer Sondermasse für die Gläubiger des übertragenden Rechtsträgers die Möglichkeit, den Grundsatz des Bestandsschutzes weitestgehend zu wahren und dem anfechtungsrechtlichen Gläubigerschutz und Kompensationsbedürfnis nachzukommen (dazu ausführlich → Rn. 104 ff.).

78 Auch kann die Insolvenzanfechtung nicht mit dem pauschalen Verweis auf den Gläubigerschutz des UmwG (§§ 22, 125 S. 1, 204 UmwG) verneint werden. Die umwandlungsrechtlichen Gläubigerschutzvorschriften greifen unter ganz anderen persönlichen und zeitlichen Voraussetzungen.[126] So besteht der Anspruch des Gläubigers auf Sicherheitsleitung ausweislich in § 22 Abs. 1 S. 1 UmwG nur, soweit der Gläubiger nicht Befriedigung verlangen kann. Andernfalls ist er auf eine ggf. klageweise Geltendmachung des Anspruchs zu verweisen.[127] Im Übrigen ist der Schutz nach §§ 22, 125 S. 1, 204 UmwG von der Kenntnis und dem Tätigwerden des jeweiligen Gläubigers abhängig.[128] Auch in der

---

[118] *Hecksehen* ZInsO 2008, 824, 829; *Keller/Klett* DB 2010, 1220, 1223; *Lwowski/Wunderlich* NZI 2008, 595, 597.

[119] *Hecksehen* ZInsO 2008, 824, 829; *Keller/Klett* DB 2010, 1220, 1223; Lwowski/*Wunderlich* NZI 2008, 595, 598.

[120] KölnKomm-UmwG/*Simon* § 20 Rn. 44.

[121] KölnKomm-UmwG/*Simon* § 20 Rn. 44.

[122] OLG Hamburg 11 U 277/05, RNotZ 2008, 37 ff.; OLG Frankfurt am M. 20 W 61/03, ZIP 2003, 1607 f.; BayObLG 3Z BR 295/99, AG 2000, 130 f.; Semler/Stengel/*Kübler* UmwG § 20 Rn. 86; Lutter/*Grunewald* UmwG § 20 Rn. 71; Schmitt/Hörtnagel/Stratz/*Stratz* UmwG § 20 Rn. 122; Kallmeyer/*Marsch-Barner* UmwG § 20 Rn. 33; a. A. bei schweren Mängeln *Martens* AG 1986, 57, 63 ff.; *K. Schmidt* FS Ulmer, 2003, S. 557, 572 f.; KölnKomm-UmwG/*Simon* § 20 Rn. 45.

[123] KölnKomm-UmwG/*Simon* § 20 Rn. 45; vgl. auch RegE zum UmwG BT-Dr 12/6699, S. 91 f. „Entschmelzung" im Sinne einer Rückübertragung jedes einzelnen Vermögensgegenstandes praktisch nicht möglich.

[124] Uhlenbruck/*Hirte* InsO § 129 Rn. 68; *Roth* ZInsO 2013, 1597, 1598; *Thole* Rn. 494; MünchKomm InsO/*Kayser*, § 129 Rn. 133.

[125] So auch *Thole* Rn. 494.

[126] Siehe auch *Roth* ZInsO 2013, 1597, 1606.

[127] KölnKomm-UmwG/*Simon* § 22 Rn. 34.

[128] Vgl. *Lwowski/Wunderlich* NZI 2008, 595, 597, allerdings mit dem Hinweis, diese Unzulänglichkeit habe der Gesetzgeber hingenommen.

Rechtsfolge bestehen erhebliche Unterschiede. Die Insolvenzanfechtung nach §§ 129 ff. InsO ist auf die Wiederherstellung der Haftungsmassen vor der angegriffenen Rechtshandlung ausgerichtet. Nur so lassen sich missbräuchliche gläubigerschädigende Verschmelzungen im Zeitpunkt akuter Krise eindämmen. Der Verweis auf eine Sicherheitsleistung geht im späten Krisenstadium indes ins Leere, weil dieser Anspruch aufgrund Vermögensaufzehrung gar nicht erst durchsetzbar ist.[129]

Der umwandlungsrechtliche Gläubigerschutz schließt somit die Insolvenzanfechtung nicht von vornherein aus. Er ist allerdings bei der Subsumtion unter den Anfechtungstatbestand, insbesondere bei der Frage der objektiven Gläubigerbenachteiligung (§ 129 InsO) und des Gläubigerbenachteiligungsvorsatzes (§ 133 InsO) zu berücksichtigen.[130]

Gegen die generelle Anfechtungsresistenz von Umwandlungsmaßnahmen spricht ferner der Umkehrschluss zu § 141 Hs. 2 SAG und § 11 Abs. 4 S. 4 KredReorgG. Der Gesetzgeber hat darin die Insolvenzanfechtung ausdrücklich ausgeschlossen, wenn das Vermögen eines Kreditinstitutes ganz oder in Teilen auf der Grundlage eines Reorganisationsplanes ausgegliedert wird.

Die Anfechtung einer Verschmelzung dürfte richtigerweise auch nicht daran scheitern, dass es nach der Verschmelzung an einem Anfechtungsgegner fehle.[131] Das UmwG stellt mit **§ 25 Abs. 2 UmwG** Lösungen für potenzielle „Insichprozesse" zur Verfügung. Zudem erscheint vor dem Hintergrund der möglichen Bildung einer Sondermasse[132] die Anfechtung einer Verschmelzung auch praktisch umsetzbar.[133]

3. Anfechtung von Verschmelzungen

Rechtshandlungen, die vor Eröffnung des Insolvenzverfahrens vorgenommen worden sind und die Insolvenzgläubiger benachteiligen, kann der Insolvenzverwalter nach Maßgabe der §§ 130 bis 146 InsO anfechten.

a) Rechtshandlung. Nach § 129 InsO können nur Rechtshandlungen angefochten werden. Eine Rechtshandlung ist jedes von einem Willen getragene Handeln, das eine rechtliche Wirkung auslöst und das Vermögen des Schuldners zum Nachteil der Insolvenzgläubiger verändern kann.[134] Zu den Rechtshandlungen zählen insbesondere – aber nicht ausschließlich – **Willenserklärungen** als Bestandteile von Rechtsgeschäften aller Art, namentlich Verpflichtungs- und Verfügungsgeschäften.[135]

Ob es sich dabei um Willenserklärungen als Teil eines dinglichen oder obligatorischen Rechtsgeschäfts, oder um auf einen tatsächlichen Erfolg gerichtete Rechtshandlungen, oder um prozessuale Handlungen und Unterlassungen handelt, spielt keine Rolle.[136] Für die allgemeinen Anfechtungsvoraussetzungen ist unerheblich, ob die Rechtshandlung vom Schuldner vorgenommen worden ist, wohl aber nicht für die meisten besonderen Anfechtungstatbestände, wie §§ 132, 133, 134 InsO.

Im Rahmen einer Verschmelzung kommen als anfechtbare Rechtshandlungen in Betracht:

---

[129] So auch *Roth* ZInsO 2013, 1597, 1606; siehe auch KölnKomm-UmwG/*Simon* § 25 Rn. 17.
[130] Siehe im Rahmen der Spaltung zur Auswirkung der gesamtschuldnerischen Haftung nach § 133 UmwG auf die Anfechtung → § 45 Rn. 15 ff.
[131] So aber *Thole* Rn. 496.
[132] Ausführlich → § 45 Rn. 104 ff.
[133] Kritisch *Thole* Rn. 496; der Verwalter des übernehmenden Rechtsträgers könne nunmehr nicht gegen sich selbst anfechten. § 145 InsO könne nicht für die Anfechtung der Rechtsnachfolge selbst gelten.
[134] BGH II ZR 18/12, ZIP 2014, 22 Rn. 13; BGH IX ZR 229/12, BGHZ 198, 77 = ZIP 2013, 1629 Rn. 15; BGH IX ZR 191/12, ZIP 2013, 1180 Rn. 6; BFH VII R 6/10, BFHE 231, 488 = ZIP 2011, 181 Rn. 25 m. Anm. *Kahlert* ZIP 2011, 185; Kübler/Prütting/Bork/*Ehricke* InsO § 129 Rn. 36; MünchKomm-InsO/*Kayser* § 129 Rn. 7; Kayser/Thole/*Thole* § 129 Rn. 12.
[135] Kayser/Thole/*Thole* § 129 Rn. 14.
[136] *Roth* ZInsO 2013, 1597, 1599.

– **Gesellschafterbeschlüsse der beteiligten Rechtsträger** (§ 13 UmwG) können sowohl in der Insolvenz der Gesellschaft als auch eines Gesellschafters (→ Rn. 130 ff.) Gegenstand der Anfechtung sein.[137]
– Die **Abschlusserklärung des Schuldners** bezogen auf den **Verschmelzungsvertrag** ist anfechtbare Rechtshandlung im Sinne von § 129 InsO.[138]
– Die Eintragung der Verschmelzung ins Handelsregister, da auch infolge richterlicher Anordnung erfolgte Handlungen grundsätzlich anfechtbare Rechtswirkungen entfalten können.[139] Da die für die Verschmelzung wichtigen Anfechtungstatbestände (§§ 133, 132, 134 InsO) eine Rechtshandlung *des Schuldners* verlangen, kommt in der Praxis jedoch allenfalls die **Handelsregisteranmeldung** als Anfechtungsgegenstand in Betracht.

85 Einheitliche Rechtshandlungen, die aus **mehreren Teilakten** bestehen, sind erst mit dem letzten zur Erfüllung ihres Tatbestandes erforderlichen Teilakt abgeschlossen.[140] **Grundgeschäft und Erfüllungsgeschäft** sind dagegen nicht bloß mehraktig, sondern jeweils eigenständig anfechtbare Rechtshandlungen.[141] Ungeachtet des Bestandsschutzes aus § 20 Abs. 2 UmwG[142] ist die Verschmelzung daher insgesamt anfechtbar, wenn nur einer der oben genannten Teilakte im Verschmelzungsverfahren noch in die Anfechtungsfrist fällt und die übrigen tatbestandsmäßigen Voraussetzungen[143] zu dieser Zeit vorliegen.[144]

86 b) **Gläubigerbenachteiligung.** Die Anfechtung setzt nach § 129 InsO insbesondere die objektive Benachteiligung der Insolvenzgläubiger (§§ 38, 39 InsO) in ihrer Gesamtheit durch die angefochtene Rechtshandlung voraus.[145] Eine Gläubigerbenachteiligung liegt vor, wenn die Befriedigungsmöglichkeiten der Insolvenzgläubiger sich ohne die Handlung bei wirtschaftlicher Betrachtungsweise günstiger gestaltet hätten.[146] **Rechtshandlungen**, welche die **Schuldenmasse vermehren**[147] oder die **Aktivmasse**[148] **verkürzen** sind gläubigerbenachteiligend.

87 Wird durch die **Verschmelzung eines überschuldeten Rechtsträgers auf den übernehmenden Rechtsträger** auch dieser überschuldet oder die Überschuldung vertieft, so liegt in der Verschmelzung eine kausal verursachte Gläubigerbenachteiligung.[149] Ohne die Verschmelzung wäre es entweder gar nicht zur Insolvenz gekommen oder die Befriedigungsmöglichkeit der Altgläubiger des übernehmenden Rechtsträgers hätten sich wesentlich besser dargestellt, sodass sie eine wesentlich höhere Quote aus der Insolvenzmasse erlangt hätten.[150]

88 Gleiches gilt im Wesentlichen auch für den umgekehrten Fall der Verschmelzung **eines gesunden Rechtsträgers auf den überschuldeten**. Die Verschmelzung stellt dann eine Benachteiligung der Gläubiger des übertragenden Rechtsträgers dar. Eine andere Frage ist,

---

[137] Uhlenbruck/*Hirte*/*Ede* InsO, § 129 Rn. 378.
[138] *Roth* ZInsO 2013, 1597, 1600.
[139] *Roth* ZInsO 2013, 1597, 1600; a. A. Jaeger/*Henckel*, InsO § 129 Rn. 35.
[140] BGH IX ZR 11/86, NJW 1987, 904, 07; BGH IX ZR 74/90, NJW 1991, 1610; OLG Dresden 13 U 2364/04, ZIP 2005, 2167, 2169; MünchKomm InsO/*Kayser* § 140 Rn. 7.
[141] BGH IX ZR 105/05, NZI 2007, 452, 454; BGH IX ZR 31/05, NZI 2007, 225, 226.
[142] Zum Verhältnis zur Insolvenzanfechtung siehe oben → § 45 Rn. 76 f.
[143] Dies gilt nicht für die mittelbare Gläubigerbenachteiligung → § 45 Rn. 86 f.
[144] Siehe MünchKomm InsO/*Kayser* § 140 Rn. 7 allgemein zur Anfechtbarkeit von mehraktigen Rechtshandlungen.
[145] BGH VIII ZR 254/81, BGHZ 86, 354 f.; MünchKomm InsO/*Kayser* § 129 Rn. 76; Kayser/Thole/*Thole* § 129 Rn. 43 m. w. N.
[146] BGH VI ZR 296/87, BGHZ 105, 189; Kayser/Thole/*Thole* § 129 Rn. 43 m. w. N.
[147] St. Rspr. zuletzt BGH IX ZR 250/15, NZI 2017, 68; BGH IX ZR 12/14, NZI 2016, 398, 399.
[148] St. Rspr. zuletzt BGH IX ZR 250/15, NZI 2017, 68; BGH IX ZR 12/14, NZI 2016, 398, 399.
[149] *Roth* ZInsO 2013, 1597, 1600.
[150] *Roth* ZInsO 2013, 1597, 1600.

ob diese wegen verschmelzungsbedingten Untergangs des übertragenden Rechtsträgers im Insolvenzverfahren des übernehmenden Rechtsträgers überhaupt angefochten werden kann (→ Rn. 110 f.).

c) Besondere Anfechtungstatbestände. Im Rahmen der Verschmelzung kommen folgende Anfechtungstatbestände in Betracht:

aa) Kongruente, inkongruente Deckung (§§ 130, 131 InsO). Die Tatbestände der 89 Deckungsanfechtung nach §§ 130, 131 InsO kommen grundsätzlich auch bei der Anfechtung einer Verschmelzung in Betracht. Nach § 130 InsO ist eine Rechtshandlung anfechtbar, die einem Insolvenzgläubiger eine Sicherung oder Befriedigung gewährt oder ermöglicht hat, wenn sie in den letzten drei Monaten vor dem Antrag auf Eröffnung des Insolvenzverfahrens vorgenommen worden ist, der Schuldner zur Zeit der Handlung zahlungsunfähig war und wenn der Gläubiger zu dieser Zeit die Zahlungsunfähigkeit kannte. Dem steht es gleich wenn die anfechtbare Rechtshandlung nach dem Eröffnungsantrag vorgenommen worden ist und der Gläubiger zur Zeit der Handlung die Zahlungsunfähigkeit oder den Eröffnungsantrag kannte. Die **anfechtbare Deckungshandlung** wird insbesondere in der **Anmeldung der Umwandlungsmaßnahme zum Handelsregister** liegen, weil der **Verschmelzungsvertrag** selbst noch **keinen Verfügungscharakter** hat.[151] Die Bewirkung der Eintragung dient indes der Erfüllung der schuldrechtlichen Verpflichtungen aus dem Verschmelzungsvertrag.[152]

Aufgrund der kurzen Anfechtungsfristen (Rechtshandlungen bis zu drei Monate vor Insolvenzantrag) und des fortgeschrittenen Krisenstadiums (Zahlungsunfähigkeit erforderlich[153]), dürften die Anfechtungstatbestände gemäß §§ 130, 131 InsO im Rahmen der Anfechtung von Verschmelzungen kaum eine Rolle spielen.

bb) Unmittelbar nachteilige Rechtshandlungen (§ 132 InsO). Nach § 132 Abs. 1 90 Nr. 1 InsO ist ein Rechtsgeschäft des Schuldners, das die Insolvenzgläubiger unmittelbar benachteiligt, anfechtbar, wenn es in den letzten drei Monaten vor dem Antrag auf Eröffnung des Insolvenzverfahren vorgenommen worden ist, wenn zur Zeit des Rechtsgeschäfts der Schuldner zahlungsunfähig war und wenn der andere Teil zu dieser Zeit die Zahlungsunfähigkeit kannte (§ 132 Abs. 1 Nr. 1 InsO). Dem steht es gleich, wenn das Rechtsgeschäft nach dem Eröffnungsantrag vorgenommen worden ist und der Gläubiger zur Zeit der Handlung die Zahlungsunfähigkeit oder den Eröffnungsantrag kannte.

Nach § 132 Abs. 1 InsO ist grundsätzlich jedes Rechtsgeschäft anfechtbar. Bei Erfül- 91 lungshandlungen, die eine Deckung gegenüber dem Insolvenzgläubiger bewirken, tritt § 132 InsO allerdings gegenüber den vorrangigen §§ 130, 131 InsO zurück.[154]

Der Eintritt einer unmittelbaren Gläubigerbenachteiligung ist ausschließlich mit Bezug 92 auf das Wertverhältnis zwischen den vertraglich vorgesehenen konkret auszutauschenden Leistungen zu beurteilen.[155]

Im Rahmen eines Verschmelzungsvorganges dürfte unter diesen Anfechtungstatbestand 93 primär der **Abschluss des Verschmelzungsvertrages** (§ 4 UmwG) fallen. Für die Gläubiger des Rechtsträgers mit niedrigerem Verschuldungsgrad dürfte der Abschluss des Verschmelzungsvertrages stets eine unmittelbare Benachteiligung darstellen, jedenfalls dann, wenn der Rechtsträger mit höherem Verschuldungsgrad überschuldet ist.

---

[151] Schmitt/Hörtnagl/Stratz/*Stratz*, UmwG § 4 Rn. 8; Widmann/Mayer/*Mayer*, UmwG § 4 Rn. 23; Lutter/*Drygala*, UmwG § 4 Rn. 6; Kallmeyer/*Marsch-Barner*, UmwG § 4 Rn. 2.

[152] Semler/Stengel/*Schröer*, UmwG § 4 Rn. 4, 46; Schmitt/Hörtnagl/Stratz/*Stratz*, UmwG § 4 Rn. 9, 11; Widmann/Mayer/*Mayer*, UmwG § 4 Rn. 29 f., 61; Lutter/*Drygala*, UmwG § 4 Rn. 36; Kallmeyer/*Marsch-Barner*, UmwG § 4 Rn. 19.

[153] Die Überschuldung wurde als Anfechtungstatbestand in § 130 InsO vom Gesetzgeber nicht anerkannt. K. Schmidt/*Ganter/Weiland*, InsO, § 130 Rn. 144.

[154] BGH IX ZR 204-98, NJW 1999, 3636; K. Schmidt/*Ganter/Weiland*, InsO, § 132 Rn. 16; MünchKomm InsO/*Kayser*, § 132 Rn. 5.

[155] BGH IX ZR 64/02, NZI 2003, 315, 316; MünchKomm InsO/*Kayser*, § 132 Rn. 12.

94 Aufgrund der kurzen Anfechtungsfristen (Rechtshandlungen bis zu drei Monate vor Insolvenzantrag) und des fortgeschrittenen Krisenstadiums (Zahlungsunfähigkeit erforderlich, Überschuldung reicht nicht), dürfte der Anfechtungstatbestand aus § 132 InsO im Rahmen der Anfechtung von Verschmelzungen oder sonstige Umwandlungsmaßnahmen kaum eine Rolle spielen.[156]

95 **cc) Unentgeltliche Leistungen (§ 134 InsO).** Eine unentgeltliche Leistung ist bis zu vier Jahren rückwirkend zum Insolvenzantrag anfechtbar (§ 134 Abs. 1 InsO). Der Begriff Leistung wird weit ausgelegt. Darunter ist jede Schmälerung des Schuldnervermögens zu verstehen, durch welche die Insolvenzgläubiger unmittelbar oder mittelbar benachteiligt werden.[157]

96 **Unentgeltlich** ist die Leistung des Schuldners, wenn der Empfänger (Anfechtungsgegner) für sie vereinbarungsgemäß **keine ausgleichende Gegenleistung** – an den Schuldner oder einen Dritten – zu erbringen hat.[158] Eine unentgeltliche Leistung wird im Allgemeinen angenommen, wenn ein Vermögenswert des Schuldners zugunsten einer anderen Person aufgegeben wird, ohne dass dem Schuldner ein entsprechender Gegenwert zufließen soll.[159] Ob der Leistung des Schuldners eine ausgleichende Gegenleistung des Empfängers gegenübersteht, bestimmt sich in erster Linie nach **objektiven Gesichtspunkten**.[160] Subjektive Vorstellungen der Beteiligten sind für die Frage der Entgeltlichkeit nur insoweit von Bedeutung, als es darum geht, ob eine Gegenleistung den Wert der Leistung des Schuldners erreicht.[161] Bei dieser Einschätzung steht den Beteiligten ein angemessener Bewertungsspielraum zu.[162] Eine **teilweise unentgeltliche Leistung** unterliegt der Anfechtung insoweit, als deren Wert den der Gegenleistung übersteigt und die Vertragsparteien den ihnen zustehenden Bewertungsspielraum überschritten haben.[163]

97 Diese Kriterien für die Beurteilung der Unentgeltlichkeit im Sinne von § 134 InsO gelten grundsätzlich auch für die Übertragung von Vermögensgegenständen im Rahmen von gesellschaftsrechtlichen Strukturmaßnahmen wie etwa die Einbringung von Vermögen in eine Tochtergesellschaft[164] oder Umwandlungsmaßnahmen. Zwar könnte man gegen die Einstufung als unentgeltlich anführen, die Verschmelzung beruhe nicht auf dem Willen, einem anderen etwas zuzuwenden.[165] Auf diesen subjektiven Willen kommt es jedoch nach herrschender Auffassung im Rahmen von § 134 InsO gerade nicht an.[166]

98 Aus Sicht der Beteiligten Rechtsträger wendet der übertragende Rechtsträger sein Vermögen dem übernehmenden Rechtsträger zu. Dieser übernimmt ferner die Schulden des übertragenden Rechtsträgers. Eine **teilweise unentgeltliche Leistung** des übernehmenden Rechtsträger gegenüber dem übertragenden Rechtsträger liegt jedenfalls vor, **wenn der übertragende Rechtsträger offensichtlich überschuldet** ist, d. h. der Wert der übernommenen Verbindlichkeiten den Wert des übernommenen Vermögens offensichtlich

---

[156] So auch die Einschätzung zur Deckungsanfechtung → § 45 Rn. 89.
[157] BGH IX ZR 74/90, BGHZ 113, 395; Kayser/Thole/*Thole* InsO § 134 Rn. 6; MünchKomm InsO/*Kayser*, § 134 Rn. 43.
[158] Kayser/Thole/*Thole* InsO § 134 Rn. 7 m. w. N.
[159] BGH IX ZR 257/15, NZI 2017, 105 Rn. 42; BGH IX ZR 250/15, NZI 2017, 68 Rn. 20; BGH IX ZR 285/03, NJW-RR 2007, 263 Rn. 15; Kayser/Thole/*Thole* InsO § 134 Rn. 7.
[160] BGH IX ZR 199/10, NZI 2011, 107 Rn. 10, 13; Kayser/Thole/*Thole* InsO § 134 Rn. 13.
[161] Kayser/Thole/*Thole* InsO § 134 Rn. 14.
[162] MünchKomm InsO/*Kayser*, § 134 Rn. 140; Kayser/Thole/*Thole* InsO § 134 Rn. 14.
[163] BGH IX ZR 305/00, NZI 2004, 376, 378; MünchKomm InsO/*Kayser*, § 134 Rn. 141; Kayser/Thole/*Thole* InsO § 134 Rn. 14.
[164] BGH IX ZR 275/91, BGHZ 121, 179ff; Braun/*de Bra* InsO, § 134 Rn. 28; ausführlich *Meyer*, ZIP 2002, 250, 252ff; es kann aber eine Gläubigerbenachteiligung fehlen, solange sich der Wert der Beteiligung entsprechend erhöht, Braun/*de Bra* InsO, § 134 Rn. 28; siehe aber auch MünchKomm InsO/*Kayser* § 134 Rn. 129, Rn. 132.
[165] Vgl. *Meyer* ZIP 2002, 250, 253 f.
[166] Kayser/Thole/*Thole* InsO § 134 Rn. 13; MünchKomm InsO/*Kayser* § 134 Rn. 40.

nicht deckt.¹⁶⁷ Ist hingegen der **übernehmende Rechtsträger überschuldet**, der überragende Rechtsträger hingegen nicht, liegt eine teilweise unentgeltliche Leistung des überragenden Rechtsträgers vor. **Sind beide Rechtsträger überschuldet**, kommt es auf den Grad der Überschuldung an. Der Rechtsträger mit dem niedrigeren Überschuldungsgrad gewährt eine teilweise unentgeltliche Leistung.

dd) Vorsätzliche Benachteiligung (§ 133 InsO). Nach § 133 InsO ist eine Rechtshandlung anfechtbar, die der Schuldner in den letzten zehn Jahren vor dem Antrag auf Eröffnung des Insolvenzverfahrens oder nach diesem Antrag mit dem Vorsatz, seine Gläubiger zu benachteiligen, vorgenommen hat, wenn der andere Teil zur Zeit der Handlung den Vorsatz des Schuldners kannte. 99

Der **Benachteiligungsvorsatz** des Schuldners ist gegeben, wenn der Schuldner bei der Vornahme der Rechtshandlung (vgl. § 140 InsO Wirksamwerden), die Benachteiligung der Gläubiger im Allgemeinen als Erfolg seiner Rechtshandlung gewollt oder als mutmaßliche Folge seiner Rechtshandlung erkannt und gebilligt hat.¹⁶⁸ Es genügt also, dass der Schuldner¹⁶⁹ weiß, dass er neben dem Anfechtungsgegner nicht alle Gläubiger innerhalb angemessener Zeit befriedigen kann, oder diese Folge zumindest als möglich vorausgesehen und billigend in Kauf genommen oder sich damit abgefunden hat (dolus eventualis).¹⁷⁰ Dabei arbeitet die Rechtsprechung mit **Beweiszeichen**, wie etwa der **Kenntnis des Schuldners von einer (drohenden) Zahlungsunfähigkeit**.¹⁷¹ 100

Um die Anfechtbarkeit nach § 133 InsO bejahen zu können muss ferner im Zeitpunkt der Vornahme der Rechtshandlung des Schuldners der andere Teil, d. h. der **Anfechtungsgegner**¹⁷², **den Vorsatz des Schuldners, die Gläubiger zu benachteiligen, gekannt haben**. Diese **Kenntnis wird vermutet**, wenn der andere Teil wusste, dass die Zahlungsunfähigkeit des Schuldners drohte und dass die Handlung die Gläubiger benachteiligte (§ 133 Abs. 1 S. 2 InsO). 101

Ein **Gläubigerbenachteiligungsvorsatz** des übernehmenden Rechtsträgers im Rahmen der Verschmelzung ist zu bejahen, wenn aufgrund der wirtschaftlichen Situation des übertragenden Rechtsträgers die **Verursachung der Insolvenz des übernehmenden Rechtsträgers** möglich erscheint, das vertretungsberechtigte Organ des übernehmenden Rechtsträgers dies **billigend in Kauf** nimmt und das Organ des übertragenden Rechtsträgers diese Umstände **kannte**. Lassen die wirtschaftlichen und rechtlichen Verhältnisse des Schuldners, etwa aufgrund des Verschmelzungsberichts, Rückschlüsse zu, dass die Verschmelzung offensichtlich zur Insolvenz des übernehmenden Rechtsträgers führen kann, besteht ein Indiz für den Gläubigerbenachteiligungsvorsatz des übernehmenden Rechtsträgers und die Kenntnis des übertragenden Rechtsträgers von diesem Vorsatz.¹⁷³ Gleiches gilt für den umgekehrten Fall der für die Gläubiger des übertragenden Rechtsträgers nachteilhaften Verschmelzung.¹⁷⁴ 102

---

¹⁶⁷ Siehe für den Fall der Unentgeltlichkeit einer Vertragsübernahme, BGH IX ZR 146/11, NZI 2012, 562, 565.

¹⁶⁸ St. Rspr. zuletzt BGH IX ZR 242/13, NJW-RR 2016, 745 Rn. 7; BGH IX ZR 149/14, NZI 2015, 768 Rn. 13; BGH IX ZR 11/12, NZI 2013, 249 Rn. 23; BGH IX ZR 3/12, NJW 2013, 940 Rn. 15.

¹⁶⁹ Das Wissen der Organe und sog. Wissensvertreter des Schuldners wird nach § 166 Abs. 1 BGB analog zugerechnet; Uhlenbruck/*Ede/Hirte* § 130 Rn. 86; BGH IX ZR 28/12, NZG 2013, 629.

¹⁷⁰ BGH IX ZR 85/07, NJW 2009, 1601 Rn. 10; BGH IX ZR 97/06, NJW-RR 2007, 1537 Rn. 8.

¹⁷¹ BGH IX ZR 203/12, NZI 2015, 369 Rn. 12 (drohende Zahlungsunfähigkeit); BGH IX ZR 80/12, NJW 2015, 1756 (Zahlungsunfähigkeit); BGH IX ZR 127/11, NJW 2014, 1239 Rn. 17; BGH IX ZR 199/02, NJW 2004, 1385, 1387 (inkongruente Deckung).

¹⁷² Kayser/Thole/*Thole* § 133 Rn. 28.

¹⁷³ *Roth* ZInsO 2013, 1597, 1602.

¹⁷⁴ Zur Frage der Anfechtungsmöglichkeit „im Insolvenzverfahren des Anfechtungsgegners" → § 45 Rn. 112.

103 **ee) Nahestehende Person (§ 133 Abs. 2 InsO).** Da Umwandlungsmaßnahmen seh häufig in Konzernkonstellationen erfolgen, ist stets auch die **Anfechtungsverschärfung zur Vorsatzanfechtung aus § 133 Abs. 2 InsO** gegenüber nahestehenden Personen in Erwägung zu ziehen. Danach ist ein vom Schuldner mit einer nahestehenden Person (§ 138 InsO) geschlossener entgeltlicher Vertrag, durch den die Insolvenzgläubiger unmittelba benachteiligt werden, anfechtbar. Zu den nahestehenden Personen im Sinne von § 138 InsO gehören Gesellschafter bereits mit einer Mindestbeteiligung von über 25 % (§ 138 Abs. 2 Nr. 1 InsO). Darüber hinaus dürfte die Stellung als herrschendes Unternehmen i. S. v. § 17 AktG[175], aber wohl auch als Schwestergesellschaft ausreichen.[176]

104 **d) Rechtsfolgen: Bildung einer Sondermasse.** Was durch die anfechtbare Handlung aus dem Vermögen des Schuldners veräußert, weggegeben oder aufgegeben ist, muss zu Insolvenzmasse zurückgewährt werden (§ 143 Abs. 1 S. 1 InsO). Mit Eröffnung des Insolvenzverfahrens entsteht ein schuldrechtlicher Anspruch auf Rückgewähr, der sich nach der allgemeinen Vorschriften des bürgerlichen Rechts richtet.[177] Der **Rückgewähranspruch ist grundsätzlich darauf gerichtet**, die Insolvenzmasse so zu stellen, als sei die gläubigerbenachteiligende Rechtshandlung nicht erfolgt, d. h. **Rückgewähr in Natur**.[178] Aus dem insolvenzrechtlichen Rückgewährschuldverhältnis ist derjenige verpflichtet, der Empfänger des anfechtbar weggegebenen Gegenstands war, d. h. derjenige, zu dessen Gunsten de Erfolg der konkret angefochtenen Rechtshandlung zu Lasten des Schuldnervermögen eingetreten ist.[179]

105 Um eine Verschmelzung in Natur wieder rückgängig zu machen, müsste nach erfolgte Anfechtung das Vermögen des untergegangenen übertragenen Rechtsträgers separiert, de Untergang des übertragenden Rechtsträgers (§ 20 Abs. 1 Nr. 2 UmwG) wieder rückgängig gemacht und ihm das separierte Vermögen wieder zugeordnet werden.[180] Der durch die Registereintragung entstehende Bestandsschutz (§ 20 Abs. 2 UmwG)[181] schließt jedoch eine solche Rückabwicklung aus.[182] Ist die **Herausgabe in Natur rechtlich ode tatsächlich nicht möglich**, ist **Wertersatz** zu leisten (§§ 143 Abs. 1 S. 2 InsO i. V. m §§ 819 Abs. 1, 818 Abs. 4, 292 Abs. 1, 989 BGB). Dabei genügt es, wenn die Rückgewäh in Natur für den Anfechtenden oder den Anfechtungsgegner mit unzumutbaren ode unverhältnismäßigen Schwierigkeiten verbunden ist.[183]

106 Da die Wiederherstellung des übertragenden Rechtsträgers rechtlich wegen §§ 20 Abs. 2 UmwG nicht möglich ist, hat die Anfechtung einer Verschmelzung richtigerweise di **Bildung einer Sondermasse**, die ggf. separat von einem Sonderinsolvenzverwalter verwaltet wird, zur Folge.[184]

107 Die Bildung von Sondermassen ist in der Insolvenzabwicklung ein durchaus üblich Mittel.[185] Das ursprünglich dem übertragenden Rechtsträger gehörende Vermögen wird

---

[175] Thole Rn. 449; MünchKomm InsO/Gehrlein § 138 Rn. 28; Uhlenbruck/Hirte InsO § 138 Rn. 39 f.; K. Schmidt/Ganter InsO § 138 Rn. 26.
[176] Streitig, so Bork/Brinkmann Kap. 18 Rn. 20; wenn die wesentlichen Gesellschafter identisch sind K. Schmidt/Ganter InsO § 138 Rn. 26. a. A. Jaeger/Henckel InsO § 138 Rn. 30.
[177] BGH IX ZR 91/10, ZInsO 2011, 1154; BGH IX ZR 235/04, ZInsO 2006, 1217.
[178] Kayser/Thole/Thole § 143 Rn. 4.
[179] Kayser/Thole/Thole § 143 Rn. 4.
[180] Roth ZInsO 2013, 1597, 1603
[181] Ausführlich → § 45 Rn. 76 f.
[182] Lwowski/Wunderlich NZI 2008, 595, 597.
[183] Kayser/Thole/Thole § 143 Rn. 19.
[184] Zur Bildung einer Sondermasse ausführlich: Roth ZInsO 2013, 1597, 1608; BGH IX ZB 303 05, ZInsO 2008, 733; BGH IX ZB 199/05, ZInsO 2009, 101; BGH IX ZR 196/42/05, ZInsO 2006 705; BGH IX ZR 47/93, ZIP 1994, 142; BGH VIII ZR 32/77, BGHZ 71, 296 ff.
[185] Etwa für die Separierung von Hafteinlagen des Kommanditisten für die Rechnung der Alt gläubiger, grundlegend BGH II ZR 2/57, NJW 1958, 787, 788; nach BGH entgegen der hie vertretenen Auffassung auch bei der Anfechtung von Rechtshandlungen des übertragenden Rechts

aus der Insolvenzmasse des übernehmenden Rechtsträgers herausgelöst.[186] Zur Vermeidung von Interessensdivergenzen wird ein Sonderinsolvenzverwalter über das ursprüngliche, dem übertragenden Rechtsträger zugehörige Vermögen bestellt. Dieses Sondervermögen dient ausschließlich der Befriedigung der Altgläubiger des übertragenden Rechtsträgers.[187]

Die Verschmelzung wird durch die Anfechtung insoweit bloß in der Haftungszuordnung 108 rückgängig gemacht, indem für die Gläubiger des übertragenden Rechtsträgers und die Gläubiger des übernehmenden Rechtsträgers separate Haftungsmassen gebildet werden.[188]

Im Rahmen der Bildung der Sondermasse sind Tilgungsleistungen des übernehmenden 109 Rechtsträgers auf Verbindlichkeiten, die ursprünglich vom übertragenden Rechtsträgers begründet wurden, zu berücksichtigen. Die Sondermasse ist mit der Befreiung von Verbindlichkeiten durch die Leistung des übernehmenden Rechtsträgers an die Gläubiger des ehemaligen übertragenden Rechtsträgers bereichert (§ 55 Abs. 1 Nr. 3 InsO i. V. m. §§ 812 ff. BGB).[189] Dies gilt jedoch nicht, wenn diese Leistungen wiederum nach §§ 129 ff. InsO anfechtbar waren.

e) Anfechtungsgegner bei Benachteiligung der Gläubiger des übernehmenden 110
Rechtsträgers? Für den praxisrelevanteren Fall der **Verschmelzung des überschuldeten Rechtsträgers auf den bisher gesunden Rechtsträger**[190] wird eine unmittelbar eigene gläubigerbenachteiligende Rechtshandlung des übernehmenden Rechtsträgers angefochten. Anfechtungsgegner im Sinne von § 143 InsO wäre in dieser Konstellation der im Zuge der Verschmelzung überschuldete Rechtsträger. *Thole* leitet daraus die fehlende Anfechtbarkeit einer gläubigerbenachteiligenden Verschmelzungshandlung des übernehmenden Rechtsträgers ab. Es sei ein allgemeines Risiko für den anfechtungsberechtigten Verwalter, dass der Anfechtungsgegner weggefallen ist.[191]

Allerdings ist zu beachten, dass der übernehmende Rechtsträger Rechtsnachfolger des 111 eigentlichen Anfechtungsgegners ist. In der Insolvenz eines Dritten ließe sich eine ursprünglich gegenüber dem übertragenden Rechtsträger gemachte Zuwendung gemäß § 145 Abs. 1 InsO auch gegenüber dem übernehmenden Rechtsträger als dessen Rechtsnachfolger anfechten. Die aus der Rechtsnachfolge resultierende **„Insichanfechtung"** schließt richtigerweise nicht die Anfechtung per se aus, sondern deckt einen Interessenkonflikt auf, der **durch die Bestellung eines Sonderinsolvenzverwalters entschärft** werden kann.[192] Der Insolvenzverwalter hat in diesem Fall dem Insolvenzgericht die Anfechtungsgründe darzulegen. Sind diese schlüssig, hat dieses einen Sonderinsolvenzverwalter über das Vermögen des übertragenden Rechtsträgers zu bestellen. Dieser hat mit dem Insolvenzverwalter des übernehmenden Rechtsträgers die Abgrenzung der Massen durchzuführen. Kommt es zu keiner Einigung, hat der Sonderinsolvenzverwalter im Klagewege die Separierung der Massen durchzusetzen.

f) Anfechtung wegen Benachteiligung der Gläubiger des übertragenden Rechts- 112
trägers. Wird ein vermögender Rechtsträger auf einen überschuldeten Rechtsträger verschmolzen, so liegt die gläubigerbenachteiligende Rechtshandlung beim übertragenden Rechtsträger, welcher durch die Verschmelzung erloschen ist. Zwar fehlt es aus der Sicht des übernehmenden Rechtsträgers an einer objektiven Benachteiligung der Insolvenzgläubiger (Altgläubiger des übernehmenden Rechtsträgers). Für den Schutz der Altgläubiger

---

trägers, BGH VIII ZR 32/77, BGHZ 71, 296, 3005 = NJW 1978, 1525. Sondermassen können auch bei der Freigabe von Vermögen eines selbstständig tätigen Schuldners oder im Rahmen der Nachlassinsolvenz gebildet werden, *Roth* ZInsO 2013, 1597, 1607 f.

[186] *Roth* ZInsO 2013, 1597, 1605.
[187] *Roth* ZInsO 2013, 1597, 1605.
[188] *Roth* ZInsO 2013, 1597, 1606.
[189] Vgl. *Roth* ZInsO 2013, 1597, 1609.
[190] Zur Sanierungsverschmelzung → § 45 Rn. 4.
[191] *Thole* Rn. 496.
[192] Wie hier *Roth* ZInsO 2013, 1597, 1609, anders *Thole* Rn. 496.

des übertragenden Rechtsträgers ist indes auch in dieser Konstellation eine Sondermasse zu bilden.[193] Ein Insolvenzverfahren über diesen Rechtsträger findet nicht statt.[194] Daraus kann jedoch nicht der Schluss gezogen werden, die Insolvenzanfechtung scheide mangels Insolvenzverfahren über das Vermögen des masseschmälernden Schuldners bereits tatbestandlich aus.[195] Die Altgläubiger des übertragenden Rechtsträgers finden sich verschmelzungsbedingt in einem Insolvenzverfahren wieder. Der formale Ansatz, für die Insolvenzanfechtung tatbestandlich ein eigenes Insolvenzverfahren des übertragenden Rechtsträgers zu verlangen[196], dürfte dem Sinn und Zweck der Insolvenzanfechtung nicht gerecht werden und wäre mit dem Prinzip der Gesamtrechtsnachfolge (§ 20 Abs. 1 Nr. 1 UmwG) nicht stimmig. Bestehen Anzeichen für eine die Gläubiger des übertragenden Rechtsträgers benachteiligende Verschmelzung, sollte das Insolvenzgericht einen Gutachter bestellen. Kommt dieser zu dem Ergebnis, dass die Verschmelzung möglicherweise anfechtbar ist, ist ein Sonderinsolvenzverwalter über das Vermögen zu bestellen, welcher die Anfechtungsansprüche gegen den Insolvenzverwalter geltend macht, d. h. gegenüber dem Insolvenzverwalter notfalls im Klageweg die Abgrenzung der Massen verlangt (→ Rn. 111).

4. Anfechtung von Spaltung und Ausgliederung

113 **a) Anfechtungsresistenz von Spaltungen und Ausgliederungen?** Wie bei Verschmelzung stellt sich auch bei Abspaltung und Ausgliederung die Frage nach der generellen Anfechtungsresistenz (→ Rn. 76 ff.). **Dies wird zum Teil** mit Verweis auf Entscheidungen des OLG Jena[197] und des Kammergerichts[198] aus dem Jahr 1998 **bejaht**.[199] Begründet wird diese Auffassung vornehmlich mit der **abschließenden Regelung der Gläubigerschutzvorschriften des UmwG aus §§ 22, 23, 125 S. 1, 133 UmwG**.[200]

114 Die **Gegenauffassung lehnt** hingegen einen **generellen Ausschluss der Insolvenzanfechtung** für Maßnahmen der Spaltung und Ausgliederung **ab**.[201] Letztere Auffassung überzeugt. Die **gläubigerschützenden Vorschriften**, bei der Spaltung und Ausgliederung, insbesondere § 133 UmwG, verdrängen die Vorschriften zur Insolvenzanfechtung (§§ 129 ff. InsO) nicht schlechthin. Allerdings sind deren Wirkungen, insbesondere die gesamtschuldnerische Mithaftung des übernehmenden Rechtsträgers nach § 133 UmwG, **bei der Prüfung des Anfechtungstatbestandes zu berücksichtigen**. Dies gilt insbesondere für die Frage, ob die Spaltung oder Ausgliederung überhaupt eine **objektive Gläubigerbenachteiligung** des Schuldners begründet (→ Rn. 117). Auch kann das Vorhandensein anderweitigen Gläubigerschutzes die **Feststellung des Benachteiligungsvorsatzes** im Rahmen von § 133 InsO erschweren.[202]

115 **b) Insolvenz des übertragenden Rechtsträgers. aa) Anfechtungsvoraussetzungen.** Rechtshandlungen, welche die Insolvenzgläubiger benachteiligen kann der Insolvenzverwalter nach Maßgabe der §§ 130 bis 146 InsO anfechten.

---

[193] Zu den Besonderheiten bei der Verschmelzung zur Neugründung, siehe *Roth* ZInsO 2013, 1597, 1611.
[194] Nach Thole scheidet eine Insolvenzanfechtung aus diesen Gründen schon tatbestandlich aus, *Thole* Rn. 489.
[195] So aber *Thole* Rn. 489.
[196] So etwa *Thole* Rn. 489: Zwar gehe der „latente" Anfechtungsanspruch des übertragenden Rechtsträgers auf den übernehmenden Rechtsträger über, eine Anfechtung scheide aber aus, wenn es nicht zu einer Insolvenzeröffnung über das Vermögen des übertragenden Rechtsträgers komme.
[197] OLG Jena 8 U 1166/96, OLGR Jena 1998, 173 = OLG-NL, 1998, 161, 161, siehe auch BGH IX ZR 126/98, BeckRS 2000, 2991 zur Nichtannahme der Revision.
[198] KG 12 U 3839/96, NZG 1999, 1016.
[199] *Lwowski/Wunderlich* NZG 2008, 595, 598; *Keller/Klett* DB 2010, 1220, 1223; *Heckschen* ZInsO 2008, 824, 829.
[200] Kayser/Thole/*Thole* § 133 Rn. 10.
[201] Kayser/Thole/*Thole* § 133 Rn. 10; *Thole* Rn. 499; Uhlenbruck/Hirte/Ede InsO § 129 Rn. 399.
[202] Siehe auch Kayser/Thole/*Thole* § 133 Rn. 10.

Im Rahmen der Spaltung kommen als **anfechtbare Rechtshandlungen** insbesondere **116**
der **Abschluss des Spaltungsvertrages** durch die Organe des übertragenden Rechtsträgers, der **Zustimmungsbeschluss** und die **Anmeldung** der Spaltung zum Handelsregister in Betracht.[203]

In der **Insolvenz des übertragenden Rechtsträgers** wird es jedoch aufgrund der **117**
gesamtschuldnerischen Haftung nach § 133 UmwG häufig an einer **objektiven Gläubigerbenachteiligung**, d. h. Benachteiligung der Gläubiger des übertragenden Rechtsträgers im Zeitpunkt des Wirksamwerdens der Spaltung, **fehlen**. Im Ausgangspunkt wäre eine Benachteiligung der Gläubiger des übertragenden Rechtsträgers nur dann möglich, wenn der Wert der abgespaltenen Aktiva höher ist als der Wert der nach Spaltungsvertrag/Spaltungsplan übernommenen Passiva.[204] Allerdings haften nach § 133 Abs. 1 S. 1 UmwG die an der Spaltung beteiligten Rechtsträger als Gesamtschuldner für die Verbindlichkeiten des übertragenden Rechtsträgers, die vor dem Wirksamwerden der Spaltung begründet worden sind. Mit der gesetzlichen Haftung der an der Spaltung beteiligten Rechtsträger soll den Gläubigern des übertragenden Rechtsträgers die ursprüngliche Haftungsmasse erhalten bleiben, die ihnen ohne die Spaltung zustünde.[205]

Eine Gläubigerbenachteiligung wäre jedoch gegeben, wenn wegen der **Insolvenz des** **118**
übernehmenden Rechtsträgers auch durch die gesamtschuldnerische Haftung die Gläubiger keine vollständige Befriedigung erhalten und die Befriedigung ohne Spaltung insgesamt höher ausgefallen wäre.

Selbst wenn rückblickend die Spaltung die Gläubiger benachteiligt haben sollte, etwa **119**
weil der übertragende Rechtsträger ausnahmsweise spaltungsbedingt ebenfalls insolvent wurde, ist die gesamtschuldnerische Haftung im Einzelfall in der Lage, den Gläubigerbenachteiligungsvorsatz nach § 133 InsO zu beseitigen.[206]

bb) Rechtsfolge einer Anfechtung im Insolvenzverfahren des übertragenden **120**
Rechtsträgers. Sollte im Einzelfall die Spaltung dennoch anfechtbar sein, sind die mittels Spaltung übertragenen Vermögensgegenstände nach den allgemeinen Regeln (§ 143 InsO) an die Insolvenzmasse zurück zu gewähren. Mit der Rückübertragung endet auch die gesamtschuldnerische Haftung des übernehmenden Rechtsträgers aus § 133 UmwG. Tilgungsleistungen auf Altverbindlichkeiten des übertragenden Rechtsträgers sind vom übertragenden Rechtsträger gegenüber dem übernehmenden Rechtsträger als Bereicherung der Masse auszugleichen.

Wurde ein Unternehmen im Wege einer Spaltung übertragen, gelten im Hinblick auf die Rückübertragung die gleichen Grundsätze wie bei der Anfechtung der Übertragung im Rahmen eines Unternehmenskaufes (Asset Deal). Hier wird überwiegend die Rückgewähr in Natur, d. h. durch Übertragung aller eingebrachten Bestandteile nebst Surrogaten vertreten.[207] Da das Unternehmen als lebender Verbund einer ständigen Veränderung unterliegt, wird zum Teil vertreten, dass generell nur Wertersatz in Betracht kommt.[208]

Bei einer **Spaltung zur Neugründung** ist zwar nicht die damit verbundene Gründung **121**
der Gesellschaft, wohl aber die Vermögensübertragung anfechtbar.[209] Das Existentwerden

---

[203] Ausführlich zur Verschmelzung → § 45 Rn. 82 f.
[204] Vgl. OLG Jena 8 U 1166/96, OLGR Jena 1998, 173 = OLG-NL, 1998, 161, 162.
[205] OLG Jena 8 U 1166/96, OLGR Jena 1998, 173 = OLG-NL, 1998, 161, 162; allerdings *Lwowski/Wunderlich* NZI 2008, 595, 596: Bei der Spaltung kann eine Benachteiligung der Gesellschaft etwa darin zu erblicken sein, dass ihnen mit Ablauf der Nachhaftungsfristen nur das Vermögen desjenigen Rechtsträgers haftet, dem die Verbindlichkeiten zugeordnet wurde.
[206] Siehe allgemein Kayser/Thole/*Thole* § 133 Rn. 10.
[207] BGH IX ZR 126/61, WM 1962, 1316; MünchKomm InsO/*Kayser*, § 143 Rn. 42; Kübler/Prütting/Bork/*Jacoby*, § 143 Rn. 38.
[208] Jaeger/*Henckel*, § 129 Rn. 72.
[209] Für eine generelle Anfechtung wohl *Thole* Rn. 499.

des Rechtsträgers ist nach den Grundsätzen der Bestandskraft von Registereintragungen (20 Abs. 2 i. V. m. § 125 UmwG) hingegen nicht anfechtbar.[210]

122 c) **Insolvenz des übernehmenden Rechtsträgers. aa) Anfechtungsvoraussetzungen. (1) § 129 InsO, insbesondere Gläubigerbenachteiligung.** Für die Gläubiger des übernehmenden Rechtsträgers kann die Spaltung nachteilig sein. Dies ist zunächst bei der **Übertragung negativen Vermögens**[211] der Fall, d. h. der Spaltungsvertrag weist dem übernehmenden Rechtsträger höhere Passiva statt Aktiva zu.[212] Es kommt somit nicht darauf an, ob der „Erhalt" der übernommenen Betriebsteile eine Benachteiligung der Gläubiger darstellt.[213] Vielmehr sind – wie bei der Verschmelzung – die im Spaltungsvertrag übernommenen Passiva bei der Frage der nachteiligen Auswirkung auf die Gläubiger des übernehmenden Rechtsträgers zu berücksichtigen. Aber selbst wenn die **übertragenen Aktiva wertmäßig überwiegen,** kann eine Benachteiligung der Gläubiger durch Auslösung **der gesamtschuldnerischen Haftung nach § 133 UmwG** begründet werden. Nach § 133 Abs. 1 S. 1 UmwG haften die an der Spaltung beteiligten Rechtsträger als Gesamtschuldner für die Verbindlichkeiten des *übertragenden Rechtsträgers,* die vor dem Wirksamwerden der Spaltung begründet worden sind. Eine objektive Benachteiligung zulasten der Gläubiger des übernehmenden Rechtsträgers durch die Spaltung kann nur dann verneint werden, wenn das zu übertragende Aktivvermögen die zu übertragenden Verbindlichkeiten zzgl. der sonstigen Altschulden des übertragenden Rechtsträgers im Zeitpunkt des Wirksamwerdens der Spaltung übersteigt.

123 Vertieft die Spaltung eine Insolvenz des übernehmenden Rechtsträgers oder verursacht sie diese sogar, wird es sich meist um Fälle der **Doppelinsolvenz** handeln. Für den übertragenden Rechtsträger wird dann häufig keine Gläubigerbenachteiligung vorliegen, weil der Zugriff der Gläubiger um das Vermögen des übernehmenden Rechtsträgers erweitert wird. Zwingend ausgeschlossen ist eine Gläubigerbenachteiligung dadurch dennoch nicht, insbesondere wenn in hohem Maße Aktivvermögen übertragen wird und der übernehmende Rechtsträger überschuldet ist. Gläubiger des übertragenden Rechtsträgers konkurrieren dann nach Spaltung um diese Vermögenswerte mit den Gläubigern des übernehmenden Rechtsträgers.

124 (2) **Besondere Anfechtungstatbestände.** Als Anfechtungstatbestand kommt **§ 134 InsO** in Betracht, wenn die im Wege der Spaltung übertragenen Verbindlichkeiten[214] durch das übertragene Aktivvermögen nicht gedeckt wird.[215]

Ferner kommt eine Anfechtung nach **§ 133 InsO** in Betracht, wenn durch die Spaltung die Insolvenz des übernehmenden Rechtsträgers verursacht oder eine Überschuldung vertieft wurde und dies von den Organen der beteiligten Rechtsträger als mögliche Folge einer Spaltung erkannt und billigend in Kauf genommen wurde.[216]

125 bb) **Rechtsfolge.** Folge der Anfechtung im Insolvenzverfahren über das Vermögen des übernehmenden Rechtsträgers ist dann die **Rückgängigmachung dieser Haftungserweiterung**. Die Altgläubiger des übertragenden Rechtsträgers können sich nicht mehr an den übernehmenden Rechtsträger halten, der spaltungsbedingt auf den übernehmenden Rechtsträger übergegangene Betriebsteil ist an die Insolvenzmasse des übertragenden Rechtsträgers gemäß § 144 Abs. 2 InsO zurück zu übertragen, soweit dies noch möglich ist. Andernfalls ist Wertersatz als Masseverbindlichkeit zu leisten insoweit die Insolvenzmas-

---

[210] Zur Verschmelzung → § 45 Rn. 105.
[211] Zur Übertragung negativen Vermögens bereits zur Verschmelzung → § 45 Rn. 87 f.
[212] Es ist zu beachten, dass der Spaltungsvertrag nicht nur Betriebsteile, sondern in der Regel auch Verbindlichkeiten zuordnet.
[213] So aber *Thole* Rn. 499.
[214] War im Zeitpunkt der Übertragung der Rechtsträger bereits insolvent, ist die Haftung für Altverbindlichkeiten aus § 133 UmwG dabei zu berücksichtigen.
[215] Zur Verschmelzung → § 45 Rn. 95 f.
[216] Zu den Voraussetzungen der Vorsatzanfechtung → § 45 Rn. 99 f.

se noch bereichert ist (§ 144 Abs. 2 InsO). Der Anfechtungsanspruch auf Rückgewähr ist im Fall der Doppelinsolvenz ein **Aussonderungsrecht**.[217]

5. Anfechtung Formwechsel

Noch ungeklärt ist, ob auch ein Formwechsel nach den §§ 190 ff. UmwG anfechtbar ist. Die Besonderheit des Formwechsels unter anfechtungsrechtlichen Gesichtspunkten zur Verschmelzung, Spaltung oder Ausgliederung ist, dass sich die Haftungsmassen für die Gläubiger durch den Formwechsel zunächst nicht ändern.[218] Eine etwaige **Gläubigerbenachteiligung** kann sich allenfalls aus der **Änderung der Haftungsverfassung** ergeben, etwa dem Wechsel von der persönlichen Haftung der Gesellschafter einer OHG hin zur beschränkten Haftung einer GmbH, oder dem Grad der Kapitalbindung ergeben. Im Fall eines Formwechsels von der AG in eine GmbH wird das Nennkapital nur noch in Höhe des Stammkapitals (§ 30 GmbHG) und nicht mehr vollständig (§ 57 AktG) vor dem Zugriff der Gesellschafter geschützt.[219] Aber auch der umgekehrte Fall des Formwechsels einer GmbH in eine AG kann im Einzelfall für die Gläubiger nachteilhaft sein, so etwa wenn uneinbringliche Einlagen von Gesellschaftern gemäß § 24 GmbHG vorhanden sind.[220]

Wie bei allen anderen Umwandlungsmaßnahmen gilt, dass die **speziellen Schutzvorschriften** des Umwandlungsgesetzes die Insolvenzanfechtung zwar nicht generell, wohl jedoch **im Einzelfall die Gläubigerbenachteiligung** im Sinne von § 129 InsO **ausschließen** oder jedenfalls die Feststellung des Gläubigerbenachteiligungsvorsatzes im Sinne von § 133 InsO erschweren.[221]

So setzt etwa der Formwechsel nach § 197 UmwG voraus, dass die für die neue Rechtsform geltenden **Gründungsvorschriften** anzuwenden sind. Bei einem Formwechsel in eine neue Form der Kapitalgesellschaft müssen entsprechend die Vorschriften zur Kapitalaufbringung eingehalten werden, d. h. im Zeitpunkt der Anmeldung des Formwechsels zum Handelsregister muss der Wert des durch den Formwechsel „eingebrachten" Vermögens mindestens dem Stamm- oder Grundkapital entsprechen.[222] Die Absicherung der Kapitalaufbringung erfolgt über den Umwandlungsbericht, den Sachgründungsbericht (§ 5 Abs. 4 S. 2 GmbHG i. V. m. § 197 S. 1 UmwG), die Vorschriften zur Differenzhaftung (§ 9 GmbHG i. V. m. 197 S. 1 UmwG), die Gründerhaftung (§§ 9a, 9b GmbHG i. V. m. § 197 S. 1 UmwG)[223] und insbesondere die registergerichtliche Prüfung der Kapitalaufbringung (§§ 220, 245 UmwG).[224] Bei der Umwandlung einer Personengesellschaft in eine Kapitalgesellschaft besteht die persönliche Haftung der Gesellschafter für weitere fünf Jahre als Nachhaftung fort (§ 224 UmwG).

Dieser **umwandlungsrechtliche Gläubigerschutz** dürfte in der Regel dazu führen, dass ohne dazwischentreten weitere Umstände der Formwechsel als solcher **in der Regel nicht gläubigerbenachteiligend** im Sinne von § 129 InsO ist. Zwar ist für die Gläubigerbenachteiligung – abgesehen von besonderen Anfechtungstatbeständen (§§ 132, 133 Abs. 2 InsO) – eine unmittelbar aus der anfechtbaren Rechtshandlung abzuleitende Gläubigerbenachteiligung nicht erforderlich. Hinreichend ist, dass zwischen der angefoch-

---

[217] BGH IX ZR 252/01, NZI 2004, 78, 80; anders bei Wertersatz: BGH IX ZR 194/04, NJW 2008, 655, 659.
[218] *Lwowski/Wunderlich* NZI 2008, 595, 596.
[219] *Lwowski/Wunderlich* NZI 2008, 595, 597.
[220] *Lwowski/Wunderlich* NZI 2008, 595, 597.
[221] Kayser/Thole/*Thole* § 133 Rn. 10; anders *Lwowski/Wunderlich* NZI 2008, 595, 597. Dazu bereits → § 45 Rn. 117.
[222] Dabei kommt es auf den wirklichen Wert (nicht der Buchwert) des Reinvermögens des Rechtsträgers an, siehe Kallmeyer/*Meister/Klöcker* UmwG, § 197 Rn. 25; KölnKomm-UmwG/*Petersen* § 220 Rn. 6 ff.
[223] Kallmeyer/*Meister/Klöcker* UmwG § 197 Rn. 26.
[224] Streitig, siehe Kallmeyer/*Meister/Klöcker* UmwG § 197 Rn. 26 m. w. N.

tenen Rechtshandlung und der Verkürzung des Schuldnervermögens für den Gläubigerzugriff ein ursächlicher Zusammenhang besteht.[225] Sollte jedoch im Einzelfall trotz der umwandlungsrechtlichen Gläubigerschutzvorschriften der Formwechsel kausal für eine Verkürzung des Schuldnervermögens[226] gewesen sein, wird sich der Gläubigerbenachteiligungsvorsatz des Schuldner (§ 133 InsO) nur schwer nachweisen lassen, wenn nicht der Formwechsel bewusst umgesetzt wurde, um eine Kapitalbindung aufzulösen. Anfechtungsrechtlich wird sich dann vielmehr der Fokus auf die unmittelbare Rechtshandlung, welche das Vermögen geschmälert hat, konzentrieren, wie etwa die Auszahlung an den Gesellschafter nach Auflösung der Kapitalbindung durch Formwechsel einer AG in eine GmbH.

IV. Anfechtung in der Insolvenz eines Gesellschafters

130 Auch in der Insolvenz eines Gesellschafters eines an der Umwandlung beteiligten Rechtsträgers stellen sich anfechtungsrechtliche Fragen, insbesondere ob Rechtshandlungen des Gesellschafters im Umwandlungsprozess angefochten werden können. Im Insolvenzverfahren über das Vermögen der Anteilsinhaber greifen die §§ 22, 23, 125 S. 1, 133 UmwG jedoch nicht, sodass die Verdrängung des Anfechtungsrechtes nicht in Betracht kommt.[227]

1. Voraussetzungen

131 Zu den relevanten Rechtshandlungen auf der Ebene des Gesellschafters gehört insbesondere der **Verzicht des Gesellschafters auf Gewährung von Anteilen** am übernehmenden Rechtsträger nach §§ 54 Abs. 1 S. 3, 68 Abs. 1 S. 3 UmwG.[228]

132 Durch den Anteilsverzicht nach §§ 54 Abs. 1 S. 3, 68 Abs. 1 S. 3 UmwG werden die Gläubiger des Anteilseigners des übertragenden Rechtsträgers benachteiligt, wenn die ursprüngliche Beteiligung am übertragenden Rechtsträger noch einen Wert hatte.[229]

133 Im Verzicht ist eine **unentgeltliche Leistung** i. S. v. § 134 InsO zu sehen, wenn die Beteiligung am übertragenden Rechtsträger noch werthaltig war, dem Gesellschafter somit eigentlich eine äquivalente Beteiligung am übernehmenden Rechtsträger zustünde.[230]

2. Anfechtungsgegner

134 Anfechtungsgegner sind bei einem Verzicht auf Anteilsgewährung – die Werthaltigkeit im Zeitpunkt der Verschmelzung/ Spaltung unterstellt – die **Anteilsinhaber des übernehmenden Rechtsträgers**, denn der Wert ihrer Anteile am übernehmenden Rechtsträger steigt infolge der Umwandlung und des Wertzuwachses durch die Nicht-Ausgabe neuer Gesellschaftsanteile zugunsten der Anteilsinhaber des übertragenden Rechtsträgers.[231]

3. Rechtsfolge

135 Macht der Insolvenzverwalter der Gesellschafter des übertragenden Rechtsträgers geltend, dass Gläubiger benachteiligt werden, weil das Umtauschverhältnis unangemessen ist,

---

[225] Kayser/Thole/*Thole* § 129 Rn. 81; BGH IX ZR 152/03, ZIP 2005, 1244; BGH IX ZR 102/97, BGHZ 143, 253 = ZIP 2000, 240 f.; BGH IX ZR 153/93, BGHZ 128, 190 = ZIP 1995, 136; BGH VI ZR 114/81, BGHZ 86, 254 = NJW 1983, 1122; BGH VIII ZR 257/81, ZIP 1983, 335; Uhlenbruck/Hirte/*Ede* InsO § 129 Rn. 228; Kübler/Prütting/Bork/*Ehricke* InsO § 129 Rn. 86 MünchKomm InsO/*Kayser* § 129 Rn. 169 ff.; Jaeger/*Henckel* InsO § 129 Rn. 126 ff.; Ahrens/*Gehrlein*/Ringstmeier InsO § 129 Rn. 121; Kummer/Schäfer/Wagner/*Schäfer* Rn. B467–471.

[226] Anders als bei der Verschmelzung oder Spaltung kann die Gläubigerbenachteiligung nicht in einer Vermehrung der Passiva liegen.

[227] *Keller/Klett* DB 2010, 1220, 1223.

[228] *Keller/Klett* DB 2010, 1220, 1223.

[229] *Keller/Klett* DB 2010, 1220, 1223

[230] Siehe auch *Keller/Klett* DB 2010, 1220, 1224.

[231] Vgl. *Keller/Klett* DB 2010, 1220, 1224.

hat der Insolvenzverwalter eine **Zuzahlung** nach § 15 Abs. 1 UmwG nach den Vorschriften des Spruchverfahrensgesetzes geltend zu machen. Das Antragsrecht aus § 3 S. 1 Nr. 3 i. V. m. § 1 Nr. 4 SpruchG geht auf den Insolvenzverwalter nach § 80 Abs. 1 InsO über.

Die Anfechtung des Verzichts auf Gewährung von Anteilsrechten am übernehmenden **136** Rechtsträger hat zur Folge, dass die „bereicherten" Gesellschafter des übernehmenden Rechtsträgers eine entsprechende **Beteiligung pro rata** zu gewähren haben. Sollte dies rechtlich oder tatsächlich unmöglich sein, ist **Wertersatz** zu leisten, § 143 Abs. 1 S. 2 InsO.

D. Strafbarkeit der Beteiligten bei Umwandlungsmaßnahmen in Krise und Insolvenzreife

I. Einführung

Im Zusammenhang mit Umwandlungsmaßnahmen im Zeitpunkt der Krise oder Insolvenzreife werden strafrechtliche Konsequenzen für die Beteiligten häufig nicht bedacht.[232] **137** Da abgesehen vom Formwechsel Umwandlungsmaßnahmen stets mit der Übertragung von Vermögensgegenständen verbunden sind, stellt sich die Frage, ob sich die Beteiligten wegen Bankrott nach § 283 StGB strafbar machen. Neben den Risiken der Strafbarkeit der Beteiligten ist zu beachten, dass das Registergericht die Eintragung in das Handelsregister versagen kann, wenn es zu der Überzeugung kommt, dass durch die Verschmelzung eine Straftat verwirklicht wird.[233]

Für das Verhältnis der strafrechtlichen Bankrottdelikte und den Gläubigerschutzvorschrif- **138** ten des UmwG gelten die Ausführungen zur Insolvenzanfechtung entsprechend (→ Rn. 78). Der umwandlungsrechtliche Gläubigerschutz kann dazu führen, dass der objektive oder subjektive Tatbestand des § 283 StGB nicht verwirklicht ist. Die Bankrottdelikte werden jedoch nicht vollständig von den umwandlungsrechtlichen Gläubigerschutzvorschriften verdrängt.[234]

Für die Strafbarkeit der Beteiligten bei der Umsetzung von Maßnahmen nach dem **139** UmwG kommen § 283 Abs. 1 Nr. 1 StGB in der Variante des „Beiseiteschaffens" und § 283 Abs. 1 Nr. 8 StGB in Betracht.

II. Verschmelzung

1. § 283 Abs. 1 Nr. 1 StGB

Eine Strafbarkeit des Schuldners nach § 283 Abs. 1 Nr. 1 StGB setzt voraus, dass dieser **140** **im Zeitpunkt der Überschuldung** oder bei **drohender oder eingetretener Zahlungsunfähigkeit** Bestandteile seines Vermögens, die im Falle der Eröffnung des Insolvenzverfahrens zur Insolvenzmasse gehören, beiseiteschafft. **Beiseite geschafft sind Vermögenswerte**, die in eine veränderte *rechtliche* oder *tatsächliche* Lage verbracht werden, in der den Gläubigern der alsbaldige Zugriff unmöglich gemacht oder erschwert wird.[235] Entscheidend ist, dass durch die Veränderung der dinglichen Rechtslage der Zugriff der Gläubiger auf den Gegenstand wesentlich erschwert wird.[236] Eine wesentliche Erschwerung dürfte richtigerweise noch nicht in dem Umstand liegen, dass die Gläubiger des übertragenden Rechtsträgers mit titulierten Forderungen ihre vorhandenen Titel auf den über-

---

[232] *Heckschen* FS Widmann, 2000, S. 31, 41.
[233] Widmann/Mayer/*Heckschen* UmwG § 120 Rn. 8.11.1; *Heckschen* ZInsO 2008, 824, 826.
[234] Vgl. Semler/Stengel/*Maier-Reimer/Seulen* § 120 UmwG Rn. 26; offen gelassen *Heckschen* FS Widmann, 2000, S. 31, 42.
[235] MünchKomm StGB/*Radtke/Petermann* § 283 Rn. 13.
[236] BGH 3 StR 314/09, BGHSt 55, 107; OLG Frankfurt 1 Ws 56/97, NStZ 97, 551; LG Hamburg 303 S 2/97, ZIP 1997, 2092; Schönke/Schröder/*Heine/Schuster* StGB § 283 Rn. 4.

nehmenden Rechtsträger umschreiben müssen.[237] Da das Vermögen des übertragenden Rechtsträgers *einschließlich der Verbindlichkeiten* auf den übernehmenden Rechtsträger im Wege der Gesamtrechtsnachfolge übergeht (§ 20 Abs. 1 Nr. 1 UmwG) bleibt den Gläubigern der Zugriff auf die Vermögensgegenstände erhalten.

2. § 283 Abs. 1 Nr. 8 StGB

141 Fällt der Tatbestand nicht unter § 283 Abs. 1 Nr. 1 StGB stellt sich die Frage, ob eine Verschmelzung zu einer Strafbarkeit nach § 283 Abs. 1 Nr. 8 StGB führen kann. Gegenüber den restlichen Handlungsalternativen des § 283 Abs. 1 StGB ist Nr. 8 ein Auffangtatbestand, der erfüllt ist, wenn die Verschmelzung den **Vermögensstand des Schuldners** in einer anderen, **den Anforderungen einer ordnungsgemäßen Wirtschaft grob widersprechenden Weise verringert**. Eine Verringerung des Vermögensstandes liegt vor, wenn entweder durch eine rechtliche oder tatsächliche Handlung des Schuldners die Aktiva des Schuldnervermögens geschmälert oder die Passiva vermehrt werden.[238] Wird eine **evident überschuldete Gesellschaft auf einen anderen Rechtsträger verschmolzen**, werden die Passiva vermehrt, ohne dass dem ein entsprechender ausgleichender Bestandteil an Aktiva gegenübersteht. Eine Verringerung des Vermögensstandes des Schuldners ist in diesen Fällen gegeben. Ist der übernehmende Rechtsträger bereits selbst überschuldet, zahlungsunfähig oder auch nur drohend zahlungsunfähig (§ 283 Abs. 1 StGB) oder wird durch die Verschmelzung die Überschuldung oder Zahlungsunfähigkeit herbeigeführt (§ 283 Abs. 2 StGB), so dürfte dies in der Regel nicht den Anforderungen einer *ordnungsgemäßen Wirtschaft* genügen.[239] Bei entsprechendem Vorsatz machen sich die an der Verschmelzung Beteiligten dann wegen Bankrotts gemäß (§ 283 Abs. 1 Nr. 8 StGB ggf. i. V. m. § 283 Abs. 2 StGB) bzw. Anstiftung oder Beihilfe zu dieser Tat strafbar.

III. Spaltung

142 Bei der Abspaltung von Vermögen eines überschuldeten Rechtsträgers gelten in der Insolvenz des übernehmenden Rechtsträgers dieselben Grundsätze wie bei der Verschmelzung. Wird durch die Abspaltung die Insolvenz des übernehmenden Rechtsträgers verursacht (§ 283 Abs. 2 StGB) oder vertieft (§ 283 Abs. 1 StGB), so ist der Bankrotttatbestand aus § 283 Abs. 1 Nr. 8 StGB bei entsprechendem Vorsatz verwirklicht.[240] Bei der Prüfung der Verringerung des Vermögensstandes im Sinne von § 283 Abs. 1 Nr. 8 StGB ist neben der unmittelbar im Spaltungsvertrag zum Übergang auf den übertragenden Rechtsträger vorgesehenen Verbindlichkeit die gesamtschuldnerische Haftung aus § 133 UmwG für sämtliche Altverbindlichkeiten zu beachten.[241]

IV. Formwechsel

143 Da bei einem Formwechsel weder Vermögen „bewegt" wird noch die Aktiva gekürzt oder Passiva erhöht werden, **scheidet eine Strafbarkeit der am Formwechsel beteiligten wegen Bankrotts** sowohl nach § 283 Abs. 1 Nr. 1 StGB als auch nach § 283 Abs. 1 Nr. 8 StGB[242] **aus**.

---

[237] In diesem Sinne aber Widmann/Mayer/*Heckschen* UmwG § 120 Rn. 8.11.1; *Heckschen* DB 2005, 2283.

[238] MünchKomm StGB/*Radtke/Petermann* § 283 Rn. 66; Schönke/Schröder/*Heine/Schuster* StGB § 283 Rn. 49; LK/*Tiedemann* StGB § 283 Rn. 49.

[239] Zum Begriff siehe BGH 1 StR 693/86, BGH NJW 1987, 2242; Beck'scher Online Kommentar StGB/*Beukelmann* § 283 Rn. 39.

[240] Siehe zur Verschmelzung → § 45 Rn. 141.

[241] Ausführlich zur entsprechenden Bewertung der objektiven Gläubigerbenachteiligung i. S. v. § 129 InsO → § 45 Rn. 122.

[242] Zum Verhältnis von § 283 Abs. 1 Nr. 1 zu Nr. 8 → § 45 Rn. 140, 141.

§ 46 Umwandlungen im Insolvenzverfahren, insbesondere Insolvenzplanverfahren

Übersicht

	Rdnr.
A. Umwandlungsmaßnahmen im Insolvenzeröffnungsverfahren nach Insolvenzantrag	1–4
B. Umwandlung nach Eröffnung des Insolvenzverfahrens	5–8
C. Umwandlung im Insolvenzplanverfahren	9–161
I. Überblick über das Insolvenzplanverfahren	9–26
1. Wesen, Funktion, Rechtsnatur des Insolvenzplans	9–15
2. Typische Planinhalte, insbesondere gesellschaftsrechtliche Maßnahmen	16–20
3. Planwirkungen	21
4. Überblick über den Verfahrensablauf	22–24
5. Verfahrensbegleitender/Verfahrensbeendender Plan	25, 26
II. Bedürfnisse der Sanierungspraxis für Umwandlungsmaßnahmen im Insolvenzplanverfahren	27–29
III. Umwandlungsmaßnahmen als Regelungsbestandteil eines Insolvenzplanes	30–52
1. Zulässigkeit der Einbindung ins Insolvenzplanverfahren	30
2. Umwandlungsfähigkeit des Schuldners im Insolvenzplanverfahren	31–37
a) Überblick	31, 32
b) Umwandlungsfähigkeit des übertragenden/formwechselnden Rechtsträgers im Insolvenzplanverfahren	33–35
c) Umwandlungsfähigkeit des übernehmenden Rechtsträgers im Insolvenzplanverfahren	36, 37
3. Allgemeine Anforderungen an die Umwandlungsmaßnahme im Insolvenzplan	38–45
a) Allgemeine Anforderungen an Anteilsinhaber betreffende Planregelungen	38–40
b) Materiell-rechtliche Anforderungen an die Umwandlungsmaßnahme	41–45
4. Funktion des Insolvenzplanverfahrens	46–52
a) Allgemeine Überlagerung des Umwandlungsrechts durch das Insolvenzrecht	46–51
b) Überlagerung/Verdrängung der gläubigerschützenden Vorschriften	52

	Rdnr.
IV. Verschmelzung als Regelungsbestandteil eines Insolvenzplans	53–90
1. Motive für eine Verschmelzung im Planverfahren	53–56
2. Anspruch auf Sicherheitsleistung (§ 22 UmwG)	57–59
3. Umsetzung einer im Insolvenzplanverfahren eingebundenen Verschmelzung	60–90
a) Überblick	60
b) Verschmelzungsvertrag	61–66
c) Zuleitung an den Betriebsrat	67–70
d) Verschmelzungsbericht, -prüfung und Prüfungsbericht	71–75
e) Unterrichtung der Anteilsinhaber	76–79
f) Verschmelzungsbeschlüsse	80–82
g) Anteilsgewährung	83–87
h) Anmeldung zum Handelsregister	88
i) Vollzug der Verschmelzung	89, 90
V. Spaltungen, insbesondere die Abspaltung und Ausgliederung als Regelungsbestandteil eines Insolvenzplanes	91–130
1. Bedürfnisse für Spaltungen im Planverfahren	91–94
2. Beeinträchtigung der Gläubigerschutzvorschriften	95–109
a) Haftung gem. § 25 HGB, § 613a Abs. 2 BGB, § 75 AO	95–97
b) Gesamtschuldnerische Haftung (§ 133 UmwG)	98–106
aa) Teleologische Reduktion des § 133 UmwG	98–102
bb) Ausschluss der Haftung aus § 133 UmwG kraft Planregelung	103–105
cc) Entschuldung des Schuldners	106
c) Ausgliederungsverbot des überschuldeten Einzelkaufmanns (§ 152 S. 2 UmwG)	107–109
3. Umsetzung einer Abspaltung im Insolvenzplanverfahrens	110–127
a) Überblick	110
b) Spaltungs- und Übernahmevertrag zwischen den beteiligten Rechtsträgern	111–116
c) Zuleitung an den Betriebsrat	117, 118
d) Spaltungsbericht, Prüfung und Prüfungsbericht	119–121
e) Vorschriften zur Unterrichtung der Anteilsinhaber	122

	Rdnr.		Rdnr
f) Spaltungsbeschlüsse/Verzichtserklärungen/Kapitalherabsetzung	123–125	VII. Besonderheiten bei der Handelsregisteranmeldung/im Registerverfahren	139–148
g) Anmeldung zum Handelsregister	126	1. Anmeldung zum Handelsregister	139–141
h) Vollzug der Abspaltung	127	2. Erklärung nach § 140 UmwG	142, 143
4. Besonderheiten bei der Ausgliederung im Insolvenzplanverfahren	128–130	3. Kompetenzabgrenzung Registergericht/Insolvenzgericht	144–148
VI. Der Formwechsel als Regelungsbestandteil eines Insolvenzplanes	131–138	VIII. Besonderheiten des Rechtsschutzes gegen Umwandlungsmaßnahmen im Insolvenzplanverfahren	149–158
1. Motive für einen Formwechsel im Planverfahren	131	1. Verdrängung des umwandlungsrechtlichen Rechtsschutzes	149, 150
2. Umsetzung eines Formwechsels im Insolvenzplanverfahren	132–138	2. Minderheitenschutzantrag (§ 251 InsO)	151–154
a) Überblick	132	3. Sofortige Beschwerde (§ 253 InsO)	155–158
b) Zuleitung an den Betriebsrat	133	IX. Austrittsrecht und Abfindungsangebot	159–161
c) Umwandlungsbericht	134	D. Umwandlung bei Nichteröffnung des Insolvenzverfahrens oder Einstellung mangels Masse	162–165
d) Formwechselbeschluss	135, 136		
e) Gründungsvorschriften	137		
f) Anmeldung zum Handelsregister	138		

Schrifttum: *Becker,* Umwandlungsmaßnahmen im Insolvenzplan und die Grenzen einer Überlagerung des Gesellschaftsrechts durch das Insolvenzrecht, ZInsO 2013, 1885; *Blasche,* Umwandlungsmöglichkeiten bei Auflösung, Überschuldung oder Insolvenz eines der beteiligten Rechtsträger, GWR 2010 441; *Boujong,* KG: Verschmelzungsfähigkeit aufgelöster Rechtsträger/Berücksichtigung des Eintritt der gesetzlichen Auflösungswirkung während des Rechtsbeschwerdeverfahrens, NZG 1999, 359; *Bungert/Wettich,* Anmerkung zum Beschluss des BGH vom 8.10.2013, Az. II ZB 26/12 – Zun Anspruch auf Barabfindung beim Downlisting, EWiR 2014, 3; *Bähr/Schwartz,* Anmerkung zun Beschluss des OLG Frankfurt vom 1.10.2013, Az. 5 U 145/13 – Zum Rechtsschutzbedürfnis für eine einstweilige Verfügung auf Unterlassung eines bestimmten Stimmverhaltens in einem Abstimmungstermin über einen Insolvenzplan, EWiR 2013, 753; *Braun/Heinrich,* Auf dem Weg zu einer (neuen Insolvenzplankultur in Deutschland – Ein Beitrag zu dem Regierungsentwurf für ein Gesetz zu weiteren Erleichterung der Sanierung von Unternehmen, NZI 2011, 505; *Braun,* Eingriff in Anteilseignerrechte im Insolvenzplanverfahren, FS Gero Fischer, 2008, S. 53; *Brünkmans,* Rechtliche Möglichkeiten und Grenzen von Umwandlungen im Insolvenzverfahren, ZInsO 2014, 2533; *Brünkmans Greif-Werner,* Die Prüfung gesellschaftsrechtlicher Regelungen im Insolvenzplan durch Insolvenzgericht und Registergericht, ZInsO 2015, 1585; *Fischer,* Das neue Rechtsmittelverfahren gegen den Beschluss durch den der Insolvenzplan bestätigt wird, NZI 2013, 513; *Friedemann,* Formwechsel eines insolventen Unternehmens, S. 32; *Gerhardt,* Zur Anwendbarkeit von HGB § 25 und BGB § 419 beim Erwerb vom Sequester, JZ 1988, 976; *Heckschen,* Umwandlungsrecht und Insolvenz, FS Widmann, 2000 S. 31; *Heckschen,* Die Entwicklung des Umwandlungsrechts aus Sicht der Rechtsprechung und Praxis DB 1998, 1385; *Heckschen,* Umstrukturierung krisengeschüttelter Kapitalgesellschaften: Umwandlungsmaßnahmen nach Stellung des Insolvenzantrags, DB 2005, 2675; *Heckschen,* Das Umwandlungsrecht unter Berücksichtigung registerrechtlicher Problembereiche, Rpfleger 1999, 357; *Heinrich,* Neues von „Phoenix" – Eine Anmerkung zum Insolvenzplanverfahren, NZI 2009, 546; *Henckel,* Die Betriebsveräußerung im Konkurs, ZIP 1980, 2; *Horstkotte/Martini,* Die Einbeziehung der Anteilseigne in den Insolvenzplan nach ESUG, ZInsO 2012, 557; *Jacobi,* Insolvenzplan als Qualitätsmerkmal, ZInsC 2010, 2316; *Joost,* Zur Anwendbarkeit der HGB § 25, BGB § 613a bei Veräußerung des Handelsgeschäfts durch den Insolvenzverwalter, EWiR 2007, 497; *K. Schmidt,* Handelsrecht, 2014; *Kahlert Gehrke,* ESUG macht es möglich: Ausgliederung statt Asset Deal im Insolvenzplanverfahren, DStR 2013, 975; *Kallmeyer,* Das neue Umwandlungsgesetz, Verschmelzung, Spaltung und Formwechsel vor Handelsgesellschaften, ZIP 1994, 1746; *Klausmann,* Gesellschaftsrechtlich zulässige Regelungen in Insolvenzplan im Sinne von § 225a Abs. 3 InsO, NZG 2015, 1300; *Leib/Rendels,* Anmerkung zun Beschluss des LG Berlin vom 20.10.2014, Az. 51 T 696/14 – Zur Bestätigung des Suhrkamp Insolvenzplans wegen überwiegenden Vollzugsinteresses, EWiR 2015, 23; *Madaus,* Anmerkung zun Beschluss des OLG Brandenburg vom 27.1.2015 (7 W 118/14) – Zur Frage der Zulässigkeit eine Verschmelzung auf einen insolventen Rechtsträger auch nach dem Inkrafttreten des Gesetzes zu weiteren Erleichterung der Sanierung von Unternehmen (ESUG), NZI 2015, 566; *Madaus*, Der Insolvenzplan, Von seiner dogmatischen Deutung als Vertrag und seiner Fortentwicklung in eine Bestätigungsinsolvenz, 2011; *Madaus*, Die zeitliche Grenze des Rechts zur Rücknahme eines Insolvenzplans durch den Planinitiator, KTS 2012, 27; *Madaus*, Umwandlungen als Gegenstand eines Insolvenzplans nach dem ESUG, ZIP, 2012, 2133; *Madaus*, Anmerkung zum Beschluss des BGH vom 17.7.2014, Az. IX ZB 13/14 – Zur Zulässigkeit der sofortigen Beschwerde gegen den Insolvenzplan-Bestätigungsbeschluss, EWiR 2014, 521; *Müller*, Gesellschaftsrechtliche Maßnahmen im Insolvenzplan, KTS 2012, 419; *Priester*, Umwandlung im Insolvenzplan und gesellschaftsrechtliche Treuepflicht, FS Kübler, 2015, S. 557; *Piepenburg*, Faktisches Konzerninsolvenzrecht am Beispiel Babcock Borsig, NZI 2004, 231; *Rendels/Zabel*, Insolvenzplan; *Simon/Brünkmans*, Die Ausgliederung von sanierungswürdigen Betriebsteilen mithilfe des Insolvenzplanverfahrens nach ESUG: Verdrängt die Gläubigerautonomie den institutionalisierten Gläubigerschutz des Umwandlungsgesetzes?, ZIP 2014, 657; *Simon/Merkelbach*, Gesellschaftsrechtliche Strukturmaßnahmen im Insolvenzplanverfahren nach dem ESUG, NZG 2012, 121; *Spliedt*, Dept-Equity-Swap und weitere Strukturänderungen nach dem ESUG, GmbHR 2012, 462; *Thole*, Gesellschaftsrechtliche Maßnahmen in der Insolvenz, 2. Aufl. 2015; *Wachter*, Umwandlung insolventer Gesellschaften, NZG 2015, 858.

A. Umwandlungsmaßnahmen im Insolvenzeröffnungsverfahren nach Insolvenzantrag

Nach dem Antrag auf Eröffnung des Insolvenzverfahrens kann das Gericht dem Schuldner ein allgemeines Verfügungsverbot auferlegen, § 21 Abs. 2 Nr. 2, 24 InsO, oder einen vorläufigen starken Insolvenzverwalter bestellen, § 21 Abs. 2 Nr. 1, 22 InsO. Es gelten in dieser Phase die **gleichen Grundsätze wie für Umwandlungsmaßnahmen in Krise und Insolvenzreife**. Umwandlungsmaßnahmen sind daher – trotz materieller Insolvenz – grundsätzlich zulässig, allerdings sind die durch **Kapitalerhaltungs- und Treuepflichten** gezogenen **Grenzen** zu beachten (ausführlich→ § 45 Rn. 20 f.).

Die Anfechtungs-, Strafbarkeits- und Haftungsrisiken bei Insolvenzreife gelten für das Insolvenzeröffnungsverfahren entsprechend (ausführlich→ § 45 Rn. 45 ff.; 59 ff.; 137 ff.). Zusätzlich stellt sich in der Phase des Eröffnungsverfahrens die Frage, ob und inwieweit die Organe der Gesellschaft für Umwandlungsmaßnahmen zuständig sind.

Grundsätzlich bleibt die Geschäftsführung für den **Abschluss von Verschmelzungs-/ Spaltungsverträgen zuständig**.[1] Beim sog. starken vorläufigen Insolvenzverwalter (§ 22 Abs. 1 InsO) ist der Vertrag jedoch von diesem abzuschließen.[2] Sofern dem Schuldner ein allgemeines Verfügungsverbot auferlegt wurde, bedürfen die Vertretungsorgane des betroffenen Rechtsträgers der **Zustimmung des vorläufigen Insolvenzverwalters** für den Abschluss des Verschmelzungsvertrages.[3] In der vorläufigen Eigenverwaltung nach § 270a InsO bzw. im Schutzschirmverfahren nach § 270b InsO ist eine Zustimmung des vorläufigen Sachwalters nur im Innenverhältnis erforderlich, nicht jedoch für die Wirksamkeit des Vertragsabschlusses (§ 270a InsO i. V. m. § 276 InsO).

Richtigerweise ist eine Verschmelzung nicht mit einer Betriebsstilllegung vergleichbar, sodass die **Zustimmung des Insolvenzgerichts** weder zum Verschmelzungsvertrag noch zur Registeranmeldung nach § 22 Abs. 1 S. 2 Nr. 2 InsO erforderlich ist.[4]

Der **Zustimmungsbeschluss** nach § 13 UmwG zum Verschmelzungsvertrag bzw. dessen Entwurf erfolgt nach allgemeinen gesellschaftsrechtlichen Regeln durch die Anteilseignerversammlung. Wird dann der Umwandlungsvorgang durch Eintragung der Umwandlung in das Handelsregister wirksam, so ist im Anschluss an die Eintragung der Antrag auf Eröffnung des Insolvenzverfahrens zurückzuweisen, weil der übertragende Rechtsträger

---

[1] So auch *Heckschen* FS Widmann, 2000, S. 31, 43.
[2] Wohl anders im Sinne einer Zustimmung *Heckschen* FS Widmann, 2000, S. 31, 43.
[3] *Blasche* GWR 2010, 441, 442; *Heckschen* DB 2005, 2675.
[4] So auch *Heckschen* FS Widmann, 2000, S. 31, 42 f.

untergeht (§ 20 Abs. 1 Nr. 2 UmwG) und damit auch seine Insolvenzfähigkeit i. S. v. § 11 InsO verliert.[5]

Darüber hinaus bestehen keine Besonderheiten.

B. Umwandlung nach Eröffnung des Insolvenzverfahrens

5 Die Umwandlung von Rechtsträgern im laufenden Insolvenzverfahren ist grundsätzlich ausgeschlossen.

Dies ergibt sich daraus, dass mit dem Beschluss über die Eröffnung des Insolvenzverfahrens die Gesellschaft aufgelöst wird (§ 60 Abs. 1 Nr. 4 GmbHG, § 262 Abs. 1 Nr. 3 AktG, § 131 Abs. 1 Nr. 3 HGB)[6] und die Beteiligung von aufgelösten Rechtsträgern an einer Umwandlung nach den umwandlungsrechtlichen Vorgaben nur sehr eingeschränkt möglich ist.[7]

6 Aufgelöste Rechtsträger können an der Verschmelzung gem. § 3 Abs. 3 UmwG als **übertragender Rechtsträger** nur beteiligt sein, sofern auch ihre **Fortsetzung beschlossen werden könnte**. Entsprechendes gilt für die Spaltung (§§ 124 Abs. 2, 3 Abs. 3 UmwG) und den Formwechsel (§ 191 Abs. 3 UmwG).[8] Da für die Dauer des Insolvenzverfahrens die Fassung eines **wirksamen Fortsetzungsbeschlusses** jedoch **ausscheidet**,[9] ist die Beteiligung des Schuldners als übertragender Rechtsträger an einer Umwandlung im laufenden Insolvenzverfahren grundsätzlich ausgeschlossen.

7 Ähnliches gilt für die Beteiligung des Schuldners als **übernehmender Rechtsträger** an einer Verschmelzung oder Spaltung im laufenden Insolvenzverfahren. So scheidet nach herrschender Auffassung[10] die Beteiligung von aufgelösten Rechtsträgern als Zielrechtsträger einer Verschmelzung oder Spaltung bereits generell aus. Aus dem Umkehrschluss zu § 3 Abs. 3 UmwG ergebe sich, dass ihre Beteiligung an einer Umwandlung nicht in Betracht käme.[11] Zwar können nach einer weit verbreiteten Ansicht aufgelöste Rechtsträger zumindest als Zielrechtsträger an einer Verschmelzung und Spaltung beteiligt sein, wenn **spätestens zeitgleich zum Zustimmungsbeschluss** auch die **Fortsetzung** des aufgelösten Rechtsträgers **beschlossen** wird.[12] Da ein **Fortsetzungsbeschluss im laufenden Insolvenzverfahren** jedoch **ausscheidet**, ist die Beteiligung des Schuldners als übernehmender Rechtsträger an einer Verschmelzung und Spaltung für die Dauer des Insolvenzverfahrens auch in diesem Fall grundsätzlich ausgeschlossen.

8 Im laufenden Insolvenzverfahren scheidet damit grundsätzlich die Beteiligung des Schuldners an einer Umwandlung aus. **Besonderheiten** ergeben sich aber für die **Ein-**

---

[5] *Heckschen* FS Widmann, 2000, S. 31, 43.
[6] *Friedemann* S. 32; Brünkmans/Thole/*Brünkmans* § 31 Rn. 4.
[7] *Friedemann* S. 32.
[8] *Blasche* GWR 2010, 441, 441.
[9] Vgl. dazu ausführlich Brünkmans/Thole/*Brünkmans* § 31 Rn. 12 ff.; so auch die h. M.: MünchKomm InsO/*Eidenmüller* § 225a Rn. 84; K. Schmidt/*Spliedt* InsO, § 225a Rn. 40; HK InsO/*Haas* § 225a Rn. 28; Uhlenbruck/*Hirte* InsO § 225a Rn. 42; Gottwald/*Haas/Kolmann/Pape* Hdb. InsO § 92 Rn. 588.
[10] OLG Naumburg 10 Wx 1/97, GmbHR 1997, 1152; AG Erfurt HRB 1870–, Rpfleger 1996, 163; OLG Brandenburg 7 W 118/14, NZI 565, 566; Semler/Stengel/*Stengel* UmwG, § 3 Rn. 46; Lutter/*Drygala* UmwG § 3 Rn. 31; Henssler/Strohn/*Heidinger* UmwG § 3 Rn. 21; KölnKomm-UmwG/*Simon* § 3 Rn. 58; Böttcher/Habighorst/Schulte/*Böttcher* UmwG § 3 Rn. 21; *Boujong* NZG 1999, 359, 360. Nach a. A. kommt eine Verschmelzung bzw. Spaltung auf einen übernehmenden, aufgelösten Rechtsträger in Betracht, wenn die Fortsetzung des Rechtsträgers beschlossen werden könnte, vgl. *Heckschen* DB 1998, 1385, 1387; Widmann/Mayer/*Fronhöfer* UmwG § 3 Rn. 72.
[11] Semler/Stengel/*Stengel* UmwG § 3 Rn. 46.
[12] AG Erfurt HRB 1870, Rpfleger 1996, 163; Semler/Stengel/*Stengel* UmwG § 3 Rn. 46; *Madaus* NZI 2015, 565, 567; HRI/*Madaus* § 33 Rn. 9; Kallmeyer/*Marsch/Barner* UmwG § 3 Rn. 26; wohl auch Schmitt/Hörtnagl/Stratz/*Stratz* UmwG § 3 Rn. 48.

bindung der Umwandlung in das Insolvenzplanverfahren (→ Rn. 9 ff.). In diesem Fall kann ausnahmsweise auch eine Umwandlung unter Beteiligung eines sich noch im laufenden Insolvenzverfahren befindlichen Rechtsträgers zulässig sein.

C. Umwandlung im Insolvenzplanverfahren

I. Überblick über das Insolvenzplanverfahren

1. Wesen, Funktion, Rechtsnatur des Insolvenzplans

Der Insolvenzplan ermöglicht eine abweichende Regelung zum Regelinsolvenzverfahren, insbesondere zum Erhalt des Unternehmens (§ 1 S. 1 InsO). Der Insolvenzplan eröffnet damit die Möglichkeit, dass der Schuldner auch noch im eröffneten Insolvenzverfahren saniert und nach Annahme des Insolvenzplanes durch die Gläubigergruppen und Bestätigung durch das Insolvenzgericht das Insolvenzverfahren wieder aufgehoben werden kann (§ 258 InsO).

Der Insolvenzplan ist damit ein effektives Instrument der Rechtsträgersanierung. Anders als bei der sog. übertragenden Sanierung, d. h. dem Verkauf der Vermögensgegenstände des Unternehmens an einen Investor oder eine Auffanggesellschaft im Insolvenzverfahren, bleibt dem Rechtsträger das sanierte Unternehmen erhalten. Er kann nach gerichtlicher Bestätigung des Insolvenzplanes und Aufhebung des Insolvenzverfahrens wieder frei am Markt agieren.

Die **finanzwirtschaftliche Sanierung** des Rechtsträgers erfolgt in fast allen Insolvenzplänen durch einen teilweisen Erlass und eine teilweise Stundung der einfachen Insolvenzforderungen. Mit Zahlung der im Insolvenzplan vorgesehenen Quote, die über der prognostizierten Insolvenzquote im Regelverfahren liegen muss (vgl. § 251 InsO.), wird in der Regel der Rest der Forderungen erlassen und die Gesellschaft damit entschuldet.

Der Insolvenzplan zeichnet sich gegenüber dem Sanierungsvergleich einer außergerichtlichen Sanierung dadurch aus, dass die Gestaltungserklärungen der Beteiligten, insbesondere bei Forderungserlassen, nicht von jedem Gläubiger einzeln und freiwillig abgegeben werden müssen. Vielmehr sind der Insolvenzplan und die dort enthaltenen **Verpflichtungs- und Gestaltungserklärungen der Beteiligten** dem **Mehrheitsprinzip unterworfen**. Beteiligte des Insolvenzplanverfahrens sind die Inhaber zwangsweise planunterworfener Rechtspositionen, namentlich Insolvenzgläubiger, nachrangige Gläubiger, absonderungsberechtigte Gläubiger und Gesellschafter des Schuldners.[13] Sieht der Insolvenzplan den Eingriff in die Rechte der Anteilsinhaber vor, so sind die **Erklärungen und Beschlüsse der Gesellschafter** ebenfalls im gestaltenden Teil des Insolvenzplanes aufzunehmen und dem besonderen Mehrheitsprinzip des Insolvenzplanverfahrens unterworfen. Die Gesellschafter sind dann nur noch eine Gruppe neben den Gläubigergruppen, die über die Annahme des Insolvenzplanes zu entscheiden haben.

Das in §§ 217 ff. InsO geregelte Insolvenzplanverfahren ist **integraler Bestandteil des Insolvenzverfahrens** und stellt den verfahrensmäßigen Rahmen für die Annahme und Bestätigung eines Insolvenzplans dar. Ziel ist stets der rechtskräftige Insolvenzplan. **Letzteres** ist als Einheitsverfahren ausgestaltet und unterscheidet nicht zwischen Liquidations- und Sanierungsverfahren.[14]

Das Insolvenzplanverfahren wird **nicht zwingend in Eigenverwaltung geführt**. Die Eigenverwaltung einschließlich der vorläufigen Eigenverwaltung und des Schutzschirmverfahrens sehen vor, dass die Verwaltungs- und Verfügungsbefugnis über das Vermögen beim

---

[13] Brünkmans/Thole/*Brünkmans* § 7 Rn. 31; 24 ff.; häufig werden diese als Beteiligte im engeren Sinne verstanden, zwangsweise Beteiligte neben freiwillig Beteiligten, siehe HRI/*Balthasar* § 26 Rn. 13 ff.; MünchKomm InsO/*Eidenmüller* InsO § 217 Rn. 59; Uhlenbruck/*Lüer/Streit* InsO § 221 Rn. 2.

[14] Brünkmans/Thole/*Thole* § 1 Rn. 3.

Schuldner und damit bei den vertretungsberechtigten Organen der Gesellschaft verbleiben und nicht etwa auf den Insolvenzverwalter übergehen. Anstelle des Insolvenzverwalters wird ein lediglich überwachender (vorläufiger) Sachwalter bestellt (§ 274 InsO). Eine (vorläufige) Eigenverwaltung muss nicht zwingend auf die Erstellung eines Insolvenzplanes hinauslaufen. Lediglich das Schutzschirmverfahren nach § 270b InsO zielt gerade auf die Erstellung eines Insolvenzplans ab.

15 Die **Rechtsnatur** des Insolvenzplans ist umstritten. In der Literatur wird der Insolvenzplan als Vertrag zwischen Gläubiger und Schuldner angesehen[15], teilweise mit prozessualer und materieller Doppelnatur.[16] Der BGH[17] hat sich jedoch gegen die Einordnung als Vertrag ausgesprochen und den Insolvenzplan als insolvenzrechtliches Instrument sui generis eingeordnet, mit dem die Gläubigergesamtheit ihre Befriedigung aus dem Schuldnervermögen organisiert, weil es als verfahrensrechtliches, prozessrechtliches Instrument in das staatliche Rechtspflegeverfahren eingebunden ist.[18]

2. Typische Planinhalte, insbesondere gesellschaftsrechtliche Maßnahmen

16 Der Insolvenzplan besteht aus einem darstellenden Teil, dem gestaltenden Teil und den in § 229 und § 230 InsO vorgesehenen Plananlagen. **Diese Gliederung des Insolvenzplans ist zwingend** (§ 219 InsO). Fehler bei der Gliederung führen zur Zurückweisung des Insolvenzplanes durch das Insolvenzgericht gemäß § 231 Abs. 1 Nr. 1 InsO.[19]

17 Der **darstellende Teil** enthält dabei das gesamte **Sanierungskonzept** in seinen wesentlichen Zügen. Die Ursachen für die Krise sind exakt zu beschreiben, das Leitbild des sanierten Unternehmens und die Sanierungsmaßnahmen, welche den Weg zu einem ertragsstarken Unternehmen ebnen sollen, sind im Insolvenzplan darzustellen. Dabei ist die Funktion des darstellenden Teils eines Insolvenzplans stets im Auge zu behalten. Die Gläubiger sollen die für ihre Entscheidung über die Abstimmung über den Insolvenzplan notwendigen Informationen erhalten und sich vom Sanierungskonzept überzeugen.

18 Im **gestaltenden Teil** des Insolvenzplans wird festgelegt, wie die **Rechtsstellung der Beteiligten** durch den Insolvenzplan **geändert werden** soll (§ 221 S. 1 InsO). Richtigerweise sind die Beteiligten des Insolvenzplanverfahrens ausschließlich die Inhaber zwangsweise planunterworfener Rechtspositionen, namentlich Insolvenzgläubiger nachrangige Gläubiger, absonderungsberechtigte Gläubiger und Gesellschafter des Schuldners.[20] Nur diese müssen sich im Hinblick auf die Gestaltung ihrer Rechte dem Mehrheitsprinzip unterwerfen.

19 Ein Großteil der **finanzwirtschaftlichen Sanierungsmaßnahmen** wird im Rahmen einer Insolvenzplansanierung im gestaltenden Teil des Insolvenzplans geregelt, welcher mit rechtskräftiger Bestätigung durch das Insolvenzgericht unmittelbar in Kraft tritt. Dazu gehören insbesondere die **Forderungserlasse der Gläubiger**, ohne die eine Sanierung kaum gelingen wird. Aber auch die **Erklärungen und Beschlüsse der Gesellschafter** können im Insolvenzplan geregelt werden. Bei einer im Insolvenzplan vorgesehenen Umwandlungsmaßnahme können etwa der Zustimmungsbeschluss der Gesellschafter zur Spaltung (§ 13 Abs. 1 i. V. m. § 125 UmwG) oder der Verzicht auf Gewährung von Anteilen am übernehmenden Rechtsträger (§§ 54 Abs. 1 S. 3, 68 Abs. 1 S. 3 UmwG) unmittelbar im gestaltenden Teil des Insolvenzplans geregelt werden.

20 Neben den in § 229 InsO (Vermögensübersicht, Ergebnis- und Finanzplan) und § 230 InsO (diverse Fortführungs-, Übernahme- und Verpflichtungserklärungen) vorgesehenen

---

[15] *Madaus* S. 173 ff; *Madaus* KTS 2012, 27, 35 ff; Braun/Frank/*Frank* InsO Vor § 217 Rn. 1.
[16] MünchKomm InsO/*Eidenmüller* InsO § 217 Rn. 33 ff.
[17] BGH IX ZB 75/14, ZIP 2015, 1346; BGH IX ZR 36/02, ZIP 2006, 39.
[18] Brünkmans/Thole/*Thole* § 1 Rn. 10.
[19] Brünkmans/Thole/*Laroche* § 14 Rn. 21, 29 ff.
[20] So Braun/*Braun*/*Frank* InsO § 221 Rn. 7; *Brünkmans*/Thole/*Brünkmans* § 7 Rn. 31; 24 ff.; Rendels/Zabel Insolvenzplan Rn. 284 ff.; a. A. MünchKomm InsO/*Eidenmüller* InsO § 221 Rn. 20; Uhlenbruck/*Lüer*/*Streit* InsO § 221 Rn. 2 m. w. N.

Pflichtanlagen können dem Insolvenzplan **weitere Anlagen**, etwa der Verschmelzungs- oder Spaltungsvertrag beigefügt werden, soweit dies dem Informationsinteresse der Gläubiger und Anteilsinhaber dient.[21]

3. Planwirkungen

Der gestaltende Teil des Insolvenzplanes entfaltet **mit Rechtskraft des Bestätigungsbeschlusses** des Insolvenzgerichts **Wirkung** (§ 254 Abs. 1 InsO). Die im Insolvenzplan geregelten Forderungserlasse der Gläubiger und ggf. Gesellschafterbeschlüsse und Einzelerklärungen sind ab diesem Zeitpunkt wirksam ersetzt. Allerdings werden durch den Insolvenzplan lediglich die Willenserklärungen der Beteiligten ersetzt, wobei die Einhaltung der für das jeweilige Rechtsgeschäft erforderlichen Formvorschriften fingiert wird (§ 254a Abs. 1 InsO). So ist ein im Insolvenzplan geregelter Zustimmungsbeschluss zur Verschmelzung entgegen § 13 Abs. 3 S. 1 UmwG nicht notariell zu beurkunden. Weitere, für das jeweilige Rechtsgeschäft erforderliche Umsetzungsakte, wie z. B. die erforderliche Eintragung der Abspaltung (§§ 130, 131 UmwG) oder der Kapitalerhöhung (§§ 57 GmbHG, 184, 188 AktG) in das Handelsregister werden durch den rechtskräftig bestätigten Insolvenzplan hingegen nicht ersetzt.[22]

4. Überblick über den Verfahrensablauf

Das eigentliche Insolvenzplanverfahren beginnt mit der **Einreichung** des Insolvenzplanes beim Insolvenzgericht. Es folgt die **Vorprüfung** des Gerichts gem. § 231 InsO. Sofern das Gericht bei seiner Vorprüfung unbehebbare Mängel beim Insolvenzplan feststellt, muss es den Insolvenzplan zurückweisen; bei behebbaren Mängeln muss grundsätzlich eine Nachfrist setzen (in der Regel 14 Tage), in der der Planersteller den Insolvenzplan nachbessern kann.[23] Hat der Insolvenzplan diese erste Hürde überschritten, erfolgt die Abstimmung über den Insolvenzplan im **Abstimmungs- und Erörterungstermin** (§ 235 InsO). Stimmen alle Gruppen dem Insolvenzplan mehrheitlich zu, ist der Insolvenzplan angenommen. Innerhalb der Gläubigergruppe ist der Insolvenzplan angenommen, wenn die Kopf- und Summenmehrheit erreicht wird (§ 244 Abs. 1 Nr. 1, 2 InsO). Die Gruppe der Anteilsinhaber hat den Insolvenzplan angenommen, wenn die Anteilsmehrheit dem Insolvenzplan zustimmt (§ 244 Abs. 3 InsO). Es folgt das Verfahren der **Planbestätigung** durch das Insolvenzgericht, das mit den **Rechtsschutzmöglichkeiten** Minderheitenschutzantrag gem. § 251 InsO (vor der Planbestätigung) und der sofortigen Beschwerde gem. § 253 InsO (nach der Planbestätigung) verbunden ist. Im Rahmen des **Planbestätigungsverfahrens** prüft das Gericht im Wesentlichen die Einhaltung der Verfahrensvorschriften über die Annahme des Insolvenzplanes sowie die inhaltliche Rechtmäßigkeit des Insolvenzplanes (siehe § 250 Nr. 1 InsO).[24] Bei einem Verstoß in einem wesentlichen Punkt ist die Bestätigung des Insolvenzplanes von Amts wegen zu versagen.

Ist der Insolvenzplan nicht von allen Gläubigergruppen nach den vorgenannten Mehrheitserfordernissen angenommen, allerdings von mehr als der Hälfte der Gläubigergruppen, prüft das Insolvenzgericht, ob die Zustimmung unter den Voraussetzungen des § 245 InsO (**Obstruktionsverbot**) als erteilt gilt.[25] Wesentliches Kriterium für die **Ersetzung der Zustimmung** der Gruppe ist, dass die Angehörigen dieser Gruppe durch den Insolvenzplan voraussichtlich nicht schlechter gestellt werden, als sie ohne einen Plan stünden (§ 245 Abs. 1 Nr. 1 InsO). Dadurch kann insbesondere die Zustimmung der Anteilsinhaber zu

---

[21] Siehe Brünkmans/Thole/*Brünkmans/Harmann* § 13 Rn. 2 ff., Übersicht Pflichtanlagen; Rn. 89 ff., Übersicht optionaler Plananlagen.
[22] Siehe ausführlich Brünkmans/Thole/*Brünkmans* § 30 Rn. 168; vgl. auch *Horstkotte/Martini* ZInsO 2012, 557, 562; MünchKomm InsO/*Eidenmüller* InsO § 225a Rn. 1, 4; Kübler/Prütting/Bork/ *Spahlinger* InsO § 225a Rn. 79.
[23] Brünkmans/Thole/*Laroche* § 14 Rn. 96 f.
[24] Ausführlich Brünkmans/Thole/*Thole* § 19 Rn. 12 ff.
[25] Vgl. dazu ausführlich Brünkmans/Thole/*Thole* § 17.

den im Insolvenzplan vorgesehenen Maßnahmen in der Regel ersetzt werden, wie etwa der Zustimmungsbeschluss zu einer Abspaltung (§ 13 Abs. 1 i. V. m. § 125 UmwG) oder der Verzicht der Anteilsinhaber des übertragenden Rechtsträgers auf die Gewährung von Anteilen am übernehmenden Rechtsträger (§§ 54 Abs. 1 S. 3, 68 Abs. 1 S. 3 UmwG), wenn die Anteilsrechte im Regelverfahren keinen Wert mehr hätten. Letzteres ist in der Regel der Fall.

24   Nach erfolgter Planbestätigung und Nichteinlegung von Rechtsmitteln wird der Insolvenzplan **rechtskräftig** und die im gestaltenden Teil geregelten **Wirkungen des Insolvenzplanes treten ein.**[26] Enthält der Insolvenzplan eine den Gesellschafterbeschluss ersetzende Regelung ist der entsprechende Beschluss bzw. die entsprechende gesellschaftsrechtliche Maßnahme, soweit dies nach allgemeinem Gesellschaftsrecht so vorgesehen ist, noch zum **Handelsregister anzumelden**. Im Anschluss wird das **Insolvenzverfahren aufgehoben** (§ 258 InsO) und je nach Ausgestaltung des Insolvenzplanes folgt die **Planüberwachung** (§ 260 InsO).

5. Verfahrensbegleitender/Verfahrensbeendender Plan

25   Bei Insolvenzplänen kann zwischen sog. verfahrensbeendenden und verfahrensbegleitenden differenziert werden. Im Unterschied zum sog. verfahrensbeendenden Insolvenzplan, ist der **verfahrensbegleitende Insolvenzplan nicht auf Aufhebung des Insolvenzverfahrens (§ 258 Abs. 1 InsO) gerichtet**, sondern regelt ausschließlich einen Teilaspekt der Verfahrensabwicklung gläubigerautonom.[27] Im Anschluss an die rechtskräftige Bestätigung des verfahrensbegleitenden Insolvenzplans wird das **Insolvenzverfahren nach Maßgabe der im Plan der vorgesehenen Regelungen fortgeführt**.[28]

26   Die Einbindung der Umwandlung in einen verfahrensbegleitenden Insolvenzplan bietet sich insbesondere dann an, wenn ausschließlich der auf den übernehmenden Rechtsträger übergegangene Betrieb fortgeführt, das beim übertragenden Rechtsträger verbleibende Vermögen hingegen liquidiert werden soll.[29]

II. Bedürfnisse der Sanierungspraxis für Umwandlungsmaßnahmen im Insolvenzplanverfahren

27   Die Vorteile einer **Verschmelzung** oder **Spaltung** gegenüber der klassischen übertragenden Sanierung liegen insbesondere darin, dass **ohne Zustimmung Dritter auch rechtsträgerspezifische Berechtigungen**, wie etwa Lizenzen, öffentlich-rechtliche Genehmigungen oder langfristige Verträge des Schuldners auf einen anderen Rechtsträger **übertragen werden können**.[30] In diesem Fall ist die Nutzung der Gesamtrechtsnachfolge der klassischen übertragenden Sanierung mit Einzelrechtsnachfolge überlegen.[31]

28   **Abspaltungen** und **Ausgliederungen** können dabei zur **gezielten Übertragung** von einzelnen **fortführungswürdigen Betriebsteilen** im Wege der Gesamtrechtsnachfolge auf eine Erwerbs- oder Fortführungsgesellschaft genutzt werden.[32] Die **Verschmelzung** kann daneben auch eine **liquiditätsschonende Alternative zum Kauf eines Investors** aus der Insolvenz darstellen.[33]

29   Anders als bei Verschmelzungen und Spaltungen erfolgt beim **Formwechsel** keine Vermögensübertragung, sondern der Rechtsträger ändert unter Beibehaltung seiner rechts-

---

[26] Zu den Planwirkungen → § 46 Rn. 21.
[27] *Braun/Heinrich* NZI 2011, 505, 515 f.; *Heinrich* NZI 2009, 546, 549; *Jacobi* ZInsO 2010, 2316, 2319; Brünkmans/Thole/*Brünkmans* § 2 Rn. 22.
[28] Brünkmans/Thole/*Brünkmans* § 31 Rn. 487.
[29] Vgl. Brünkmans/Thole/*Brünkmans* § 31 Rn. 487.
[30] *Brünkmans* ZInsO 2014, 2533; *Madaus* ZIP 2012, 2133; Kallmeyer/*Kocher* UmwG Anl. 2 Rn. 5.
[31] Brünkmans/Thole/*Brünkmans* § 31 Rn. 481; *Brünkmans* ZInsO 2014, 2533.
[32] Brünkmans/Thole/*Brünkmans* § 31 Rn. 481; Kallmeyer/*Kocher* UmwG Anl. 2 Rn. 5.
[33] *Brünkmans* ZInsO 2014, 2533, 2534.

lichen Identität lediglich seine Rechtsform.[34] Der Nutzen des Formwechsels liegt im Bereich der **klassischen Sanierung des insolventen Rechtsträgers bei Fortführung des Unternehmens** durch den sanierten und strukturierten Rechtsträger.[35] So bietet sich die Regelung eines Formwechsels in Sanierungssituationen etwa an, um Publizitätspflichten oder den Arbeitnehmermitbestimmungen zu entfliehen,[36] wenn der Börsengang Teil eines Sanierungskonzeptes ist, der die Umwandlung in eine AG erforderlich macht[37], oder wenn die Neuordnung der Corporate Governance Struktur aufgrund einer Stakeholder Krise[38] Teil des Sanierungskonzeptes ist[39].

III. Umwandlungsmaßnahmen als Regelungsbestandteil eines Insolvenzplanes

1. Zulässigkeit der Einbindung ins Insolvenzplanverfahren

Gemäß § 225a Abs. 3 InsO kann im Insolvenzplan jede Regelung getroffen werden, die gesellschaftsrechtlich zulässig ist. Auch Maßnahmen des Umwandlungsrechts können als Teilgebiet des Gesellschaftsrechts folglich Regelungsgegenstand eines Insolvenzplans sein.[40] Über § 225a Abs. 3 InsO stehen dem Planarchitekten grundsätzlich **sämtliche im UmwG vorgesehenen Umwandlungsmaßnahmen** zur Verfügung.[41] In der Sanierungs- und Insolvenzabwicklungspraxis standen dabei bisher jedoch insbesondere die Abspaltung[42] und der Formwechsel[43] im Vordergrund.[44] 30

2. Umwandlungsfähigkeit des Schuldners im Insolvenzplanverfahren

a) Überblick. Da mit der Eröffnung des Insolvenzverfahrens der Rechtsträger aufgelöst wird (§ 60 Abs. 1 Nr. 4 GmbHG, § 262 Abs. 1 Nr. 3 AktG, § 131 Abs. 1 Nr. 3 HGB)[45] und die Beteiligung von aufgelösten Rechtsträgern an einer Umwandlung nach den umwandlungsrechtlichen Vorgaben nur sehr eingeschränkt möglich ist,[46] sind **Rechtsträger für die Dauer des Insolvenzverfahrens grundsätzlich nicht umwandlungsfähig**.[47] 31

Bei der **Einbindung der Umwandlung ins Insolvenzplanverfahren** ergeben sich aber Besonderheiten nach denen die sich im Insolvenzplanverfahren befindlichen Rechtsträger **ausnahmsweise doch umwandlungsfähig** sein können. Dabei wird in den nach- 32

---

[34] *Madaus* ZIP 2012, 2133, 2135; *Brünkmans* ZInsO 2014, 2533, 2547.
[35] *Brünkmans* ZInsO 2014, 2533, 2547.
[36] *Madaus* ZIP 2012, 2133, 2135.
[37] *Brünkmans* ZInsO 2014, 2533, 2547.
[38] So wohl im Fall Suhrkamp GmbH & Co. KG, AG Berlin Charlottenburg 36s IN 2196/1399, bei dem die Rede von einer Lähmung der Betriebsfortführung aufgrund gegenseitiger Blockade durch die Anteilsinhaber war.
[39] *Brünkmans* ZInsO 2014, 2533, 2547.
[40] So die einheitliche Auffassung, vgl. BGH IX ZB 13/14 Rn. 42, ZIP 2014, 1442 = NZI 2014, 751, dazu *Madaus* EWiR 2014, 521, in Sachen *Suhrkamp* (Zulässigkeit des Formwechsels); OLG Bremen 2 W 23/16, ZIP 2016, 1480 (Zulässigkeit Verschmelzung); LG Berlin 51 T 696/14 Rn. 7, ZIP 2014, 2197 = NZI 2015, 66, dazu *Leib/Rendels* EWiR 2015, 23 (Zulässigkeit von Umwandlungen); Brünkmans/Thole/*Brünkmans* § 31 Rn. 480 ff.; *Brünkmans* ZInsO 2014, 2533 ff.; *Becker* ZInsO 2013, 1885; *Simon/Brünkmans* ZIP 2014, 657 ff.; *Madaus* ZIP 2012, 2133, 2138; HRI/*Madaus* § 33 Rn. 2 ff.; *Madaus* NZI 2015, 566; K. Schmidt/*Spliedt* InsO § 225a Rn. 48; *Kahlert/Gehrke* DStR 2013, 975 ff.; Kübler/Prütting/Bork/*Spahlinger* InsO § 225a Rn. 74, 78; *Thole* Rn. 349 ff.; Uhlenbruck/*Hirte* InsO § 225a Rn. 44; *Wachter* NZG 2015, 858, 860; *Priester* FS Kübler, 2015, S. 557, 559; MünchKomm InsO/*Eidenmüller* § 225a Rn. 97 ff.
[41] Brünkmans/Thole/*Brünkmans* § 31 Rn. 482.
[42] Siehe *LOEWE Opta GmbH*, AG Coburg 1 IN 259/13.
[43] Vgl. *Suhrkamp GmbH & Co. KG*, AG Berlin Charlottenburg 36s IN 2196/13.
[44] Brünkmans/Thole/*Brünkmans* § 31 Rn. 480.
[45] *Friedemann* S. 32; Brünkmans/Thole/*Brünkmans* § 31 Rn. 4.
[46] *Friedemann* S. 32.
[47] Vgl. → § 46 Rn. 5 ff.

folgenden Darstellungen übersichtshalber zwischen der Umwandlungsfähigkeit des sich im Insolvenzplanverfahren befindlichen Rechtsträgers als Zielrechtsträger und der Beteiligung als Ausgangsrechtsträger bzw. als Rechtsträger an einem Formwechsel differenziert.

33 **b) Umwandlungsfähigkeit des übertragenden/formwechselnden Rechtsträgers im Insolvenzplanverfahren.** Nach allgemeinem Umwandlungsrecht können aufgelöste Rechtsträger als übertragender Rechtsträger gemäß § 3 Abs. 3 (i. V. m. § 124 Abs. 2) UmwG nur an einer Verschmelzung bzw. Spaltung beteiligt sein, sofern ihre Fortsetzung beschlossen werden könnte. Entsprechendes gilt für den Formwechsel gemäß § 191 Abs. 3 UmwG. Da die Fortsetzung des Rechtsträgers für die Dauer des Insolvenzverfahrens bis zur Aufhebung (§ 258 InsO) jedoch ausgeschlossen ist,[48] würde somit bis zur Aufhebung des Insolvenzverfahrens die Umwandlungsfähigkeit der Rechtsträger generell ausscheiden.

34 Sinn und Zweck der Anknüpfung der §§ 3 Abs. 3 (i. V. m. 124 Abs. 2); 191 Abs. 3 UmwG an der Fortsetzungsfähigkeit des aufgelösten Rechtsträgers und der damit verbundenen Beseitigung der Auflösungsgründe ist jedoch ausschließlich, dass die Auflösungsgründe und ihre Wirkung durch das Umwandlungsverfahren nicht konterkariert werden sollen.[49] Die Auflösung der Gesellschaft mit Eröffnung des Insolvenzverfahrens dient allein dem Zweck des Insolvenzverfahrens, also der bestmöglichen gleichmäßigen Befriedigung der Gläubiger.[50] Bei der Einbindung der Umwandlung in einen Insolvenzplan ist davon auszugehen, dass insbesondere durch die aktive Einbeziehung der Gläubiger in die Entscheidung über die Umwandlungsmaßnahme im Rahmen der Abstimmung über den Insolvenzplan, diese ihrer bestmöglichen Befriedigung jedenfalls nicht entgegensteht.[51] Vielmehr ist sogar anzunehmen, dass teilweise erst die bestmögliche Befriedigung durch eine Umwandlungsmaßnahme i. R. eines verfahrensbegleitenden Insolvenzplanes ermöglicht wird, etwa durch eine zügige Ausgliederung von fortführungswürdigen Betriebsteilen.[52]

35 Aus diesen Gründen müssen die **§§ 3 Abs. 3, 191 Abs. 3 UmwG bei der Einbindung der Umwandlung** ins Insolvenzplanverfahren **teleologisch reduziert** werden, mit der Folge, dass die Frage der Fortsetzungsfähigkeit des Rechtsträgers für die Umwandlungsfähigkeit bei der Einbindung der Umwandlung in das Insolvenzplanverfahren unbeachtlich ist.[53] Im Insolvenzplan eingebundene Verschmelzungen oder Spaltungen, bei denen der Schuldner als übertragender Rechtsträger beteiligt ist, oder der Formwechsel können daher bereits vor Aufhebung des Insolvenzplanverfahrens wirksam werden. In diesem Zusammenhang ist die Umwandlungsfähigkeit des Rechtsträgers ausnahmsweise bereits vor Aufhebung des Insolvenzplanverfahrens zu bejahen.

36 **c) Umwandlungsfähigkeit des übernehmenden Rechtsträgers im Insolvenzplanverfahren.** Aus einem Rückschluss zu § 3 Abs. 3 (i. V. m. § 124 Abs. 2) UmwG entnimmt die h. M., dass eine Verschmelzung und Spaltung auf einen aufgelösten Rechtsträger als Zielrechtsträger generell ausgeschlossen sei.[54] Begründet wird dieser Ausschluss damit, dass

---

[48] Vgl. dazu ausführlich Brünkmans/Thole/*Brünkmans* § 31 Rn. 12 ff.; So auch die h. M.: Münch-Komm InsO/*Eidenmüller* § 225a Rn. 84; K. Schmidt/*Spliedt* InsO § 225a Rn. 40; HK InsO/*Haas* § 225a Rn. 28; Uhlenbruck/*Hirte* InsO § 225a Rn. 42; Gottwald/*Haas/Kolmann/Pape* § 92 Rn. 588.
[49] Brünkmans/Thole/*Brünkmans* § 31 Rn. 491.
[50] Baumbach/Hueck/*Haas* GmbHG § 60 Rn. 42; MünchKomm AktG/*Koch* § 262 Rn. 50; Hüffer/Koch/*Koch* AktG § 262 Rn. 1; K. Schmidt/Lutter/*Riesenhuber* AktG § 262 Rn. 13.
[51] MünchKomm InsO/*Eidenmüller* § 217 Rn. 17; *Braun* FS Gero Fischer, 2008, S. 53, 54; Brünkmans/Thole/*Brünkmans* § 31 Rn. 499 ff.
[52] Brünkmans/Thole/*Brünkmans* § 31 Rn. 491.
[53] Brünkmans/Thole/*Brünkmans* § 31 Rn. 491.
[54] OLG Brandenburg 7 W 118/14, NZI 2015, 565, 566 = ZIP 2015, 929; Semler/Stengel/*Stengel* UmwG § 3 Rn. 46; KölnKomm-UmwG/*Simon* § 3 Rn. 58; Lutter/*Lutter/Drygala* UmwG § 3 Rn. 23; *Heckschen* Rpfleger 1999, 357, 359; Brünkmans/Thole/*Brünkmans* § 31 Rn. 486; anders *Madaus* ZIP 2012, 2133, 2135, der § 3 Abs. 3 UmwG sanierungs- und praxisfreundlich teleologisch erweitern möchte.

der Gesetzgeber reine Abwicklungsfusionen nicht begünstigen wolle.[55] Dies muss auch bei der Einbindung der Umwandlung ins Insolvenzplanverfahren gelten. Vor diesem Hintergrund **scheidet** eine Beteiligung von einem sich im Insolvenzplanverfahren befindlichen, aufgelösten Rechtsträger an einer Umwandlung vor Aufhebung des Insolvenzverfahrens als übernehmender Rechtsträger **aus**.

Allerdings geht die wohl als überwiegend zu bezeichnende Auffassung zumindest davon aus, dass die Beteiligung eines aufgelösten Rechtsträgers an einer Verschmelzung und Spaltung als Zielrechtsträger allgemein zulässig sei, wenn **spätestens zeitgleich mit dem Umwandlungsbeschluss** auch ein **Fortsetzungsbeschluss** gefasst wird.[56] Letzteres kann im Insolvenzplan dadurch erreicht werden, dass beide Beschlüsse im gestaltenden Teil geregelt sind und somit gemäß §§ 254 Abs. 1, 254a InsO mit Rechtskraft des bestätigten Insolvenzplans und Aufhebung des Insolvenzplanverfahrens (§ 258 InsO) auch zeitgleich wirksam werden.[57] Die Umwandlung wird in diesem Fall aber frühestens nach der Aufhebung des Insolvenzplanes wirksam. 37

3. Allgemeine Anforderungen an die Umwandlungsmaßnahme im Insolvenzplan

a) Allgemeine Anforderungen an Anteilsinhaber betreffende Planregelungen.

Die Umwandlungsmaßnahme muss als Regelungsgegenstand des Insolvenzplans grundsätzlich die allgemeinen Anforderungen an die Anteilsinhaber betreffende Regelungen im Insolvenzplan einhalten. 38

Die materielle Rechtfertigung der zwangsweisen Einbeziehung der Anteilsinhaber ins Insolvenzplanverfahren sowie der Ersetzung der Umwandlungsbeschlüsse und sonstiger Einzelerklärungen der Anteilsinhaber – wie die Zustimmung zum Verzicht auf Anteilsgewährung durch Planregelungen – setzt voraus, dass die Anteilsinhaber **nicht schlechter gestellt** werden **als im Regelverfahren**.[58] Im Hinblick auf eine mögliche Schlechterstellung ist eine **rein wertmäßige Gleichstellung** entscheidend.[59] Dabei ist zu berücksichtigen, dass die Anteilsinhaber im Regelverfahren aufgrund des Liquidationsbefehls ohnehin ihre Anteilsrechte mit Löschung der Gesellschaft aus dem Handelsregister verlieren würden. Die Anteilsinhaber müssen den Eingriff in ihr Anteilsrecht grundsätzlich „dulden", unter gewissen Umständen können sie aber eine Kompensation „liquidieren".[60] Ihnen ist daher eine Kompensationszahlung anzubieten, wenn feststeht, dass sie bei einem auf Liquidation gerichteten fiktiven Regelinsolvenzverfahren ausnahmsweise einen Überschuss bei der Schlussverteilung gem. § 199 InsO erlangen würden.[61] Andernfalls könnten sie in diesem Fall im Rahmen des Minderheitenschutz antragsgem. § 251 InsO die Versagung der Planbestätigung beantragen (→ Rn. 151 ff.). Ferner ist der fehlende Verstoß gegen das Schlechterstellungsverbot auch Voraussetzung für die Anwendbarkeit des Obstruktionsverbots gem. § 245 Abs. 1 Nr. 1 InsO.

Darüber hinaus darf auch kein missbräuchlicher Eingriff in die Stellung der Anteilsinhaber erfolgen.[62] Vielmehr muss die Einbindung der Umwandlung ins Insolvenzplan- 39

---

[55] Lutter/*Drygala* UmwG § 3 Rn. 31.
[56] AG Erfurt HRB 1870, Rpfleger 1996, 163; Semler/Stengel/*Stengel* UmwG § 3 Rn. 46; Kallmeyer/*Marsch-Barner* UmwG § 3 Rn. 26; *Madaus* NZI 2015, 565, 567 (Urteilsanm.); HRI/*Madaus* § 33 Rn. 10; wohl auch Schmitt/Hörtnagl/Stratz/*Stratz* UmwG § 3 Rn. 48.
[57] Brünkmans/Thole/*Brünkmans* § 31 Rn. 486; *Madaus* NZI 2015, 565, 567 (Urteilsanm.); HRI/*Madaus* § 33 Rn. 10. Da die Eintragung des Fortsetzungsbeschlusses bei der AG konstitutive Wirkung hat, ist bei der Anmeldung der Fortsetzungsbeschlussregelung zum Register u. U. auch zu beantragen, dass die Fortsetzungsbeschlussregelung vor der Umwandlungsmaßnahme eingetragen wird, Brünkmans/Thole/*Brünkmans* § 31 Fn 588.
[58] Brünkmans/Thole/*Brünkmans* § 31 Rn. 84.
[59] Brünkmans/Thole/*Brünkmans* § 31 Rn. 84.
[60] Brünkmans/Thole/*Brünkmans* § 31 Rn. 84; Vgl. Ausführlich zur Kompensation Brünkmans/Thole/*Brünkmans*/Harmann § 34 Rn. 9 ff.
[61] Brünkmans/Thole/*Brünkmans* § 31 Rn. 85.
[62] Brünkmans/Thole/*Brünkmans* § 31 Rn. 88.

verfahren gerade **den Zielen der bestmöglichen Befriedigung der Gläubiger dienen**.[63] Sofern offensichtlich andere Ziele durch die Umwandlungsmaßnahme verfolgt werden, wie etwa das „Kaltstellen" eines Anteilsinhabers mithilfe der Einbindung eines Formwechsels von einer GmbH & Co. KG in eine AG im Insolvenzplan, müssen die entsprechenden Planregelungen als **insolvenzzweckwidrig** und der Insolvenzplan insgesamt vom Insolvenzgericht zurückgewiesen werden.[64]

40   Ferner muss der Eingriff in die Eigentumsgarantie (Art. 14 GG) und Vereinigungsfreiheit (Art. 9 Abs. 1 GG) der Anteilsinhaber durch die Einbindung der Umwandlung ins Insolvenzplanverfahren auch **verhältnismäßig** sein. Vor diesem Hintergrund muss bei einer **Insolvenzantragstellung wegen nur drohender Zahlungsunfähigkeit** im Einzelfall geprüft werden, ob die konkrete Umwandlungsmaßnahme auch verhältnismäßig im engeren Sinne ist.[65]

Bei einer Insolvenzantragsstellung wegen **Zahlungsunfähigkeit** und **Überschuldung** ist hingegen stets von einer Verhältnismäßigkeit im engeren Sinne auszugehen.[66]

41   **b) Materiell-rechtliche Anforderungen an die Umwandlungsmaßnahme.** Im Insolvenzplan kann gem. § 225a Abs. 3 InsO jede Regelung getroffen werden, die „*gesellschaftsrechtlich zulässig*" ist. Die Vorschrift verweist damit nicht nur auf die potentiellen Gestaltungsoptionen im Insolvenzplan, sondern zeigt insbesondere auch die **Grenzen der inhaltlichen Ausgestaltung** einer Planregelung auf.[67]

42   Der Verweis auf § 225a Abs. 3 InsO ist dabei nicht so eng zu verstehen, dass für die Rechtmäßigkeit der gesellschaftsrechtlichen Planregelung sämtliche Vorschriften des Gesellschaftsrechts eingehalten werden müssen. Vielmehr werden **vielzählige Normen** des Gesellschaftsrechts **durch das allgemeine Insolvenzrecht und die speziellen Regelungen des Insolvenzplanverfahrens verdrängt**, sodass die jeweiligen gesellschaftsrechtlichen Vorschriften im Insolvenzplan keine Anwendung finden und damit auch keine Grenze der inhaltlichen Ausgestaltung bilden können.[68]

43   So werden bei einer Insolvenzplanregelung, die in die Rechtsstellung der Anteilsinhaber eingreift, die gesellschaftsrechtlichen **Regelungen zur Beschlussfassung der Gesellschafter** (§§ 47, 48, 49, 51 GmbHG etc.) durch Regelungen zum Insolvenzplanverfahren (§§ 235, 241, 237–238a, 242–244, 246 f., 254a Abs. 2 InsO) verdrängt.[69] Ferner finden aufgrund der Überlagerung bzw. Verdrängung durch das Insolvenzrecht auch sämtliche Regelungen, die **ausschließlich dem Schutz der Altgesellschafter**[70] dienen, jedenfalls im Falle der **Antragsstellung wegen Überschuldung (§ 19) und Zahlungsunfähigkeit (17 InsO)** auf eine Insolvenzplanregelung **keine Anwendung**.[71]

44   Mit Ausnahme dieser nur die Altgesellschafter schützenden Regelungen und der Vorschriften zur Beschlussfassung müssen Insolvenzplanregelungen jedoch sämtliche gesellschaftsrechtlichen Vorgaben einhalten.

---

[63] Vgl. dazu ausführlich *Brünkmans/Uebele*, ZInsO 2014, 265, 271.
[64] Brünkmans/Thole/*Brünkmans* § 31 Rn. 89.
[65] Siehe dazu ausführlich Brünkmans/Thole/*Brünkmans* § 31 Rn. 47 f.
[66] Vgl. ausführlich Brünkmans/Thole/*Brünkmans* § 31 Rn. 47 f.
[67] *Haas* NZG 2012, 961, 965; *Spliedt* GmbHR 2012, 462, 466; K. Schmidt/*Spliedt* InsO § 225 Rn. 35; *Horstkotte/Martini* ZInsO 2012, 557, 567; *Eidenmüller* NJW 2014, 17, 18; Brünkmans/Thole/ *Brünkmans* § 31 Rn. 56.
[68] Brünkmans/Thole/*Brünkmans* § 31 Rn. 57; MünchKomm InsO/*Eidenmüller* § 225a Rn. 77 f.
[69] Brünkmans/Thole/*Brünkmans* § 31 Rn. 58.
[70] Als Altgesellschafter werden die Anteilsinhaber bezeichnet, die bereits vor Rechtskraft des bestätigten Insolvenzplanes an der Gesellschaft beteiligt waren oder nachträglich derivativ von einem solchen Anteilsinhaber erworben haben.", *Brünkmans/Greif-Werner* ZInsO 2015, 1585, 1588.
[71] Ausgenommen sind davon lediglich die Vorschriften, die auch dem Schutz der Altgesellschafter vor der Aufbürdung neuer Lasten und Risiken bezwecken, vgl. ausführlich: *Brünkmans/Greif-Werner* ZInsO 2015, 1585, 1588.

Bei der Einbindung der Umwandlung ins Insolvenzplanverfahren – insbesondere der **45** Ersetzung der Umwandlungsbeschlüsse durch Planregelungen – sind vor diesem Hintergrund keine gesellschaftsrechtlichen Vorschriften zur Beschlussfassung zu berücksichtigen. Gleiches gilt jedenfalls im Falle der Antragsstellung wegen Überschuldung (§ 19) und Zahlungsunfähigkeit (17 InsO) auch für umwandlungsrechtliche bzw. gesellschaftsrechtliche Vorschriften, die ausschließlich dem Schutz der Altgesellschafter dienen. Sie müssen bei der Ersetzung von umwandlungsrechtlichen Beschlüssen und Willenserklärungen im Insolvenzplan nicht berücksichtigt werden. Davon abgesehen müssen auch bei der Einbindung der Umwandlungsmaßnahme ins Insolvenzplanverfahren sämtliche umwandlungsrechtliche- und gesellschaftsrechtliche Vorschriften grundsätzlich eingehalten werden.

4. Funktion des Insolvenzplanverfahrens

a) Allgemeine Überlagerung des Umwandlungsrechts durch das Insolvenzrecht.

Der Insolvenzplan kann durch die Aufnahme von Regelungen im gestaltenden Teil mit **46** rechtskräftiger Bestätigung für die Umwandlung erforderliche Erklärungen und Beschlüsse des Schuldners und seiner Anteilsinhaber ersetzen, sowie gewisse Verfahrensschritte entbehrlich machen.

So können die nach § 13 (i. V. m. § 125), § 193 UmwG erforderlichen **Zustimmungs-** **47** **beschlüsse der Anteilsinhaber** durch die Aufnahme von beschlussersetzenden Regelungen im Plan nach §§ 254, 254a InsO mit Rechtskraft des Insolvenzplanes als formwirksam abgegeben fingiert werden.[72] Entsprechendes gilt auch für etwaige **Individualerklärungen der Anteilsinhaber des Schuldners**.[73]

Die nach §§ 13, 125 i. V. m. § 13 UmwG erforderlichen **Zustimmungsbeschlüsse der** **48** **Anteilsinhaber des sich nicht im Insolvenzverfahren befindlichen Rechtsträgers**, sowie entsprechende Individualerklärungen seiner Anteilsinhaber können hingegen nicht durch Regelungen im Insolvenzplan des Schuldners ersetzt werden, sondern müssen nach den **allgemeinen umwandlungs- und gesellschaftsrechtlichen Vorgaben erfolgen**.[74]

Der **Verschmelzungs- und Spaltungsvertrag** ist auch im Insolvenzplanverfahren wei- **49** terhin nach den allgemeinen umwandlungsrechtlichen Regeln abzuschließen.[75] Allerdings kann die **Vertragserklärung des sich im Insolvenzverfahren befindlichen Rechtsträgers** als Regelung im Insolvenzplan ersetzt werden, mit der Folge, dass ihre formwirksame Abgabe durch §§ 254, 254a InsO fingiert wird.[76] Die **korrespondierende Erklärung des anderen Rechtsträgers** muss hingegen außerhalb des Planverfahrens nach den allgemeinen Vorschriften, insbesondere auch unter der Wahrung der Form gemäß § 6 i. V. m. § 125 UmwG, erfolgen.[77] Die formwirksame Abgabe wird für diese Dritterklärung auch dann nicht gem. § 254a InsO fingiert, wenn die Erklärung als Anlage zum Insolvenzplan genommen wird.[78]

---

[72] HRI/*Madaus* § 33 Rn. 45 f.; Brünkmans/Thole/*Brünkmans* § 31 Rn. 498; Zur Ersetzungsmöglichkeit von Beschlüssen und Erklärungen im Insolvenzplan allgemein auch; Brünkmans/Thole/ *Brünkmans* § 30 Rn. 20 ff.
[73] Brünkmans/Thole/*Brünkmans* § 31 Rn. 498.
[74] Brünkmans/Thole/*Brünkmans* § 31 Rn. 499.
[75] Brünkmans/Thole/*Brünkmans* § 31 Rn. 500.
[76] So wohl auch OLG Bremen 2 W 23/16, ZIP 2016, 1480; vgl. auch HRI/*Madaus* § 33 Rn. 45.
[77] Brünkmans/Thole/*Brünkmans* § 31 Rn. 500; vgl. dazu ausführlich Brünkmans/Thole/*Brünkmans* § 7 Rn. 6 ff.
[78] Str. siehe dazu allgemein ausführlich Brünkmans/Thole/*Brünkmans* § 7 Rn. 118 ff.; für eine Formfiktion sowohl für die schuldrechtliche Verpflichtungserklärung als auch für die dingliche Verfügungserklärung Dritter: MünchKomm InsO/*Eidenmüller* § 217 Rn. 161; HambKomm InsO/*Thies* § 254a Rn. 4; für eine Formfiktion lediglich der schuldrechtlichen Verpflichtungserklärung die wohl überwiegende Lit.: MünchKomm InsO/*Madaus* § 254a Rn. 18; HK InsO/*Haas* § 230 Rn. 7; K. Schmidt/*Spliedt* InsO § 254a Rn. 2; Braun/*Braun* § 254a Rn. 6; gegen eine Anwendung der Formfiktion: Brünkmans ZIP 2015, 1052; Horstkotte/Martini ZInsO 2012, 557 Fn 98.

50 Weitere bei einer Umwandlung erforderliche Verfahrensschritte, wie etwa die Erstellung von **Umwandlungsberichten** oder die **Prüfung** können auf Seite des Schuldners gem. § 254a Abs. 2 S. 2 InsO als „*sonstige Maßnahmen zur Vorbereitung von Beschlüssen der Anteilsinhaber*" in der vorgeschriebenen Form bewirkt gelten und somit entbehrlich sein, wenn der Zustimmungsbeschluss der Anteilsinhaber des Schuldners durch eine Planregelung ersetzt wird.[79]

51 Der **Eintragung der Umwandlungsmaßnahme** in das Handelsregister der beteiligten Rechtsträger bedarf es hingegen weiterhin, sie hat auch im Insolvenzplanverfahren konstitutive Wirkung.[80]

52 **b) Überlagerung/Verdrängung der gläubigerschützenden Vorschriften.** Die Einbindung der Umwandlung ins Insolvenzplanverfahren hat auch Auswirkung auf die Gläubigerschutzmechanismen des Umwandlungsrechts, insbesondere die §§ 133, 22 UmwG, §§ 25 ff. HGB, 613a BGB und § 75 AO. Bei der Einbindung der Umwandlung in das Insolvenzplanverfahren wird dieses umwandlungsrechtliche Schutzsystem weitestgehend **überlagert bzw. verdrängt**. Anstelle der Anteilsinhaber des Schuldners in der Gesellschafterversammlung entscheiden vor allem die Insolvenzgläubiger im Erörterungs- und Abstimmungstermin über die Annahme des Insolvenzplanes und damit die dort geregelte Zustimmung zur Umwandlung.[81] Die Anteilsinhaber des Schuldners stellen nur eine Gruppe gegenüber mehreren Gläubigergruppen bei der Abstimmung dar.[82] Der Gläubigerschutz der Insolvenzgläubiger erfolgt bei der Einbindung der Umwandlung ins Insolvenzplanverfahren daher über die Gläubigerautonomie.[83] Sofern sich die Insolvenzgläubiger für eine Umwandlungsmaßnahme mehrheitlich entschieden haben, ist davon auszugehen, dass sie ihrer Auffassung nach der bestmöglichen Gläubigerbefriedigung am dienlichsten ist.[84] Ferner erfahren die Gläubiger Schutz über den Minderheitenschutzantrag (§ 251 InsO), welcher sicherstellt, dass jedem einzelnen Insolvenzgläubiger als Mindestquote die Quote im Regelverfahren gewährt wird. Der starre Gläubigerschutz des UmwG darf dieser Entscheidung daher nicht im Wege stehen.[85] Vor diesem Hintergrund sind die gläubigerschützenden Vorschriften in diesem Fall **teleologisch zu reduzieren**[86] (dazu ausführlicher → Rn. 57 ff.; 95 ff.).

IV. Verschmelzung als Regelungsbestandteil eines Insolvenzplans

1. Motive für eine Verschmelzung im Planverfahren

53 Als Regelungsgegenstand eines Insolvenzplans dürfte der Verschmelzung in der Praxis eher eine untergeordnete Bedeutung zukommen.[87]

54 Im Einzelfall kann sich die Verschmelzung als **alternative Akquisitionsstruktur für** einen **strategischen Investor** eignen. So ist sie im Unterschied zum Kauf aus der Insolvenz für den Investor liquiditätsschonend, weil der Investor die Verbindlichkeiten des

---

[79] Brünkmans/Thole/*Brünkmans* § 31 Rn. 501.
[80] Brünkmans/Thole/*Brünkmans* § 31 Rn. 501; Simon/Brünkmans ZIP 2014, 657, 663; *Becker* ZInsO 2013, 1885, 1890.
[81] Siehe dazu ausführlich Brünkmans/Thole/*Brünkmans* § 30 Rn. 115 f.
[82] Brünkmans/Thole/*Brünkmans* § 31 Rn. 504.
[83] Brünkmans/Thole/*Brünkmans* § 31 Rn. 504; *Brünkmans* ZInsO 2014, 2533, 2553.
[84] MünchKomm InsO/*Eidenmüller* § 217 Rn. 17; *Braun* FS Gero Fischer, 2015, S. 53, 54; Brünkmans/Thole/*Brünkmans* § 31 Rn. 504.
[85] Brünkmans/Thole/*Brünkmans* § 31 Rn. 504.
[86] So bzgl. der Haftung aus § 133 UmwG wohl die ganz einheitliche Auffassung *Kahlert/Gehrke* DStR 2013, 975, 977 f.; *Becker* ZInsO 2013, 1885, 1890 f.; *Brünkmans* ZInsO 2014, 2533, 2552; Kübler/Prütting/Bork/*Spahlinger* InsO § 225a Rn. 84; *Simon/Brünkmans* ZIP 2014, 657, 664; HRI/*Madaus* § 33 Rn. 22; wohl auch *Thole* Rn. 359.
[87] Brünkmans/Thole/*Brünkmans* § 31 Rn. 514; siehe aber OLG Bremen 2 W 23/16, ZIP 2016, 1480.

übertragenden Rechtsträgers aufgrund der Verschmelzung mit übernimmt und damit grundsätzlich keine Liquidität zur Befriedigung oder Ablösung der Insolvenzgläubiger erforderlich ist.[88] Der Investor wird sich in der Regel aber weigern ein negatives Vermögen aufzunehmen, sodass die Einbindung der Verschmelzung grundsätzlich nur gemeinsam mit einem – für den Insolvenzplan üblichen – Teilerlass der Insolvenzforderungen möglich sein wird.[89]

Daneben eignet sich die **Verschmelzung auf eine Zweckgesellschaft** im Einzelfall auch als hilfreicher Zwischenschritt oder **Vorbereitungsmaßnahme einer Unternehmensakquisition** aus der Insolvenz.[90] Für diesen Fall dürfte aber die Abspaltung der fortführungswürdigen Betriebsteile zur Aufnahme auf eine Zweckgesellschaft der Verschmelzung überlegen sein.

Sofern der übernehmende Rechtsträger keine Zweckgesellschaft, sondern eine operative Gesellschaft mit unterschiedlichen Gesellschaftern ist, werden sich die formellen Voraussetzungen des Umwandlungsverfahrens mit dem Insolvenzplanverfahren häufig nur schwer koordinieren lassen. Alternativ kann der Insolvenzplan dann auch die Entschuldung und zwangsweise Übertragung der Geschäftsanteile auf den Investor vorsehen, sodass die Verschmelzung dann nach Aufhebung des Insolvenzverfahrens außerhalb des Insolvenzplanverfahrens durchgeführt wird.[91]

2. Anspruch auf Sicherheitsleistung (§ 22 UmwG)

Bei der Einbindung der Verschmelzung ins Insolvenzplanverfahren wird ein Anspruch auf Sicherheitsleistung der Insolvenz- und Massegläubiger gem. § 22 UmwG grundsätzlich bereits **tatbestandlich ausscheiden**. Voraussetzung des Anspruches auf Sicherheitsleistung ist nach allgemeinem Umwandlungsrecht, dass die Gläubiger glaubhaft machen können durch die Umwandlung in der Erfüllung ihrer Forderung gefährdet zu sein (§ 22 Abs. 1 Satz 2 UmwG). Bei der Einbindung der Verschmelzung ins Insolvenzplanverfahren kommt es für die **Beurteilung dieser konkreten Gefährdung** in Bezug auf die Insolvenzgläubiger allein auf den **Vergleich zur Quote im Regelverfahren** an. Bei der Einbeziehung der Verschmelzung ins Insolvenzplanverfahren ist davon auszugehen, dass die Verschmelzung als Bestandteil der Sanierung die Befriedigungsposition der Insolvenzgläubiger gegenüber dem Regelverfahren verbessern wird.[92] Vor diesem Hintergrund wird eine konkrete Gefährdung der Insolvenzgläubiger grundsätzlich ausscheiden.

Die Massegläubiger sind wiederum durch § 258 Abs. 2 InsO so hinreichend geschützt, dass auch bei ihnen eine konkrete Gefährdung ebenfalls prinzipiell ausgeschlossen sein wird.[93]

Ein Anspruch der Insolvenz- und Massegläubiger auf Sicherheitsleistung (§ 22 UmwG) bei der Einbindung der Umwandlung in den Insolvenzplan scheidet vor diesem Hintergrund bereits mangels tatbestandlicher Voraussetzungen grundsätzlich aus.

3. Umsetzung einer im Insolvenzplanverfahren eingebundenen Verschmelzung

a) Überblick. Die Umsetzung der Verschmelzung bei der Einbindung ins Insolvenzplanverfahren orientiert sich grundsätzlich an den allgemeinen umwandlungsrechtlichen Vorschriften. Allerdings werden einzelne vorgesehene Verfahrensschritte durch die insolvenzplanrechtlichen Vorschriften überlagert bzw. ersetzt oder können durch Aufnahme einer Verzichtsregelung im gestaltenden Teil des Insolvenzplanes abbedungen werden.[94]

---

[88] Brünkmans ZInsO 2014, 2533, 2534; Brünkmans/Thole/*Brünkmans* § 31 Rn. 525.
[89] Brünkmans/Thole/*Brünkmans* § 31 Rn. 525
[90] Brünkmans ZInsO 2014, 2533, 2535; Brünkmans/Thole/*Brünkmans* § 31 Rn. 527.
[91] Brünkmans/Thole/*Brünkmans* § 31 Rn. 626; siehe auch K. Schmidt/*Spliedt* InsO § 225a Rn. 48.
[92] Brünkmans/Thole/*Brünkmans* § 31 Rn. 506; vgl. auch MünchKomm InsO/*Eidenmüller* § 217 Rn. 17; *Braun* FS Gero Fischer, 2015, S. 53, 54.
[93] Vgl. auch Brünkmans/Thole/*Brünkmans* § 31 Rn. 506.
[94] Brünkmans ZInsO 2014, 2533, 2536.

Darüber hinaus ergeben sich aufgrund des Insolvenzverfahrens weitere Besonderheiten etwa in Bezug auf die bestehenden Rechtsmittel der Anteilsinhaber[95], die Anmeldung zum Handelsregister[96], die Prüfungskompetenz des Registergerichts[97] und das Austrittsrecht[98].

61 **b) Verschmelzungsvertrag.** Auch bei der Einbindung der Verschmelzung in das Insolvenzplanverfahren bedarf die wirksame Verschmelzung des Abschlusses eines Verschmelzungsvertrages zwischen dem übertragenden und dem übernehmenden Rechtsträger.[99]

62 Da es sich bei der Verschmelzung im Insolvenzplanverfahren grundsätzlich um ein Rechtsgeschäft aus dem sog. Verdrängungsbereich handelt, wird der **Schuldner** dabei **durch den Insolvenzverwalter vertreten**.[100] Für den sich nicht im Insolvenzverfahren befindliche Rechtsträger schließen hingegen die vertretungsberechtigten Organe den Verschmelzungsvertrag ab.[101]

63 Gem. §§ 6, 36 Abs. 1 UmwG bedarf der Verschmelzungsvertrag der **notariell beurkundeten Form**. Dies gilt auch bei der Einbindung der Umwandlung in das Insolvenzplanverfahren.

64 Alternativ zur Abgabe durch den Insolvenzverwalter kann die Erklärung des Schuldners durch eine **Regelung im Insolvenzplan** ersetzt werden.[102] In diesem Fall würde die Vertragserklärung mit rechtskräftiger Bestätigung des Insolvenzplanes **unter Wahrung der Formvorschrift** aus §§ 6, 36 Abs. 1 UmwG **fingiert** (§§ 254, 254a InsO).[103] Die Erklärung des sich nicht im Insolvenzverfahren befindlichen Rechtsträgers müsste auch in diesem Fall jedoch weiterhin außerhalb des Insolvenzplanverfahrens formwirksam abgegeben werden.[104]

65 Wie auch außerhalb des Insolvenzplanverfahrens muss der Verschmelzungsvertrag grundsätzlich den in §§ 5, 29 Abs. 1 Satz 1, 35, 36, 37 UmwG (für die GmbH: §§ 46, 56 UmwG) vorgesehenen **Mindestinhalt** enthalten.[105] Sollte die Verschmelzung unter Verzicht auf die Gewährung von Anteilen am übernehmenden Rechtsträger erfolgen, was bei der Einbindung der Verschmelzung in den Insolvenzplan der Regelfall sein wird,[106] bedarf es jedoch keiner Regelung der Umtauschverhältnisse für die Geschäftsanteile.[107]

66 Der Verschmelzungsvertrag bzw. sein Entwurf müssen als Anlage zum Insolvenzplan genommen werden (bzgl. des Austrittsrechts und Abfindungsgebots → § Rn. 159 ff.).[108]

67 **c) Zuleitung an den Betriebsrat.** Die Einbindung der Verschmelzung in das Insolvenzplanverfahren hat auch Auswirkungen auf die gem. § 5 Abs. 3 UmwG bestehende Zuleitungspflicht des Verschmelzungsvertrags oder seines Entwurf einen Monat vor der Versammlung der Anteilsinhaber zur Fassung des Beschlusses über die Verschmelzung an die Betriebsräte jedes der beteiligten Rechtsträger.

---

[95] Vgl. → § 46 Rn. 149 ff.
[96] Vgl. → § 46 Rn. 139 ff.
[97] Vgl. → § 46 Rn. 144 ff.
[98] Vgl. → § 46 Rn. 159 ff.
[99] Alternative: Parteien einigen sich auf einen Entwurf, anschließend werden die Zustimmungsbeschlüsse der Anteilsinhaber eingeholt und dann der Verschmelzungsvertrag beurkundet, § 4 Abs. 2 UmwG.
[100] Vgl. *Thole* Rn. 82, 102; HRI/*Madaus* § 33 Rn. 45; *Brünkmans* ZInsO 2014, 2533, 2536.
[101] *Semler/Stengel/Schröer* UmwG § 4 Rn. 8; *Lutter/Drygala* UmwG § 4 Rn. 7; Kallmeyer/*Marsch-Barner* UmwG § 4 Rn. 4; Schmitt/Hörtnagl/Stratz/*Stratz* UmwG § 4 Rn. 13.
[102] So wohl auch OLG Bremen 2 W 23/16, ZIP 2016, 1480.
[103] Vgl. dazu OLG Bremen 2 W 23/16, ZIP 2016, 1480.
[104] Siehe dazu ausführlich Brünkmans/Thole/*Brünkmans* § 7 Rn. 75 ff.
[105] *Brünkmans* ZInsO 2014, 2533, 2536; Zur Bestimmbarkeit des Verschmelzungsstichtags vgl. OLG Bremen 2 W 23/16, ZIP 2016, 1480.
[106] Vgl. → § 46 Rn. 83 ff.
[107] *Brünkmans* ZInsO 2014, 2533, 2536.
[108] Brünkmans/Thole/*Brünkmans* § 31 Rn. 528; *Brünkmans* ZInsO 2014, 2533, 2537.

Diese Zuleitungspflicht dient nach allgemeinem Umwandlungsrecht dazu sicherzustellen, 68
dass die Arbeitnehmer über die für sie relevanten Folgen der geplanten Verschmelzung
rechtzeitig informiert werden.[109] Im Insolvenzverfahren wird dies jedoch bereits durch die
gesetzlich gebotene Einbindung des Betriebsrates bei der Aufstellung und Verabschiedung
des Insolvenzplanes sichergestellt.[110] So wirkt bei einem Insolvenzplan, der durch den
Insolvenzverwalter vorgelegt wird, der Betriebsrat bereits bei der Aufstellung des Insolvenzplans beratend mit (§ 218 Abs. 3 InsO).[111] Ferner sind sowohl Schuldnerpläne als auch
Verwalterpläne unmittelbar nach Einreichung des Insolvenzplanes bei Gericht an den
Betriebsrat zur Stellungnahme weiterzuleiten (§ 232 Abs. 1 Nr. 1 InsO). Im Übrigen hat
der Betriebsrat auch ein Recht auf Teilnahme am Erörterungs- und Abstimmungstermin
über den Insolvenzplan (§ 235 Abs. 3 S. 1, 2 InsO).[112] Vor diesem Hintergrund ist davon
auszugehen, dass die umwandlungsrechtliche Beteiligung des Betriebsrates des Schuldners
aus § 5 Abs. 3 UmwG bereits **durch die vorgenannte insolvenzrechtliche Beteiligung
überlagert wird**.[113]

Bis zur höchstrichterlichen Klärung erscheint es aber aus Gründen der Vorsicht geboten 69
auch dem Betriebsrat des Schuldners den Verschmelzungsvertrag oder einen Entwurf
zuzusenden. Ferner ist zu berücksichtigen, dass der Betriebsrat nach allgemeinem Umwandlungsrecht auf die Zuleitung nicht, aber nach überwiegender Auffassung auf die
Einhaltung der Monatsfrist aus § 5 Abs. 3 UmwG **verzichten** kann.[114] Bei Nichteinhaltung der Monatsfrist bietet es sich daher an nach den allgemeinen Vorschriften außerhalb
des Planverfahrens einen Verzicht des Betriebsrates auf die Einhaltung der Monatsfrist
einzuholen.[115]

Die Beteiligung des Betriebsrats des sich **nicht im insolvenzplanverfahren befindlichen** 70
Rechtsträgers richtet sich weiterhin nach den **allgemeinen umwandlungsrechtlichen
Vorschriften**. Für ihn ist die Zuleitung des Verschmelzungsvertrages daher zwingend.

d) Verschmelzungsbericht, –prüfung und Prüfungsbericht. Der nach allgemeinem 71
Umwandlungsrecht gem. § 8 UmwG anzufertigende **Verschmelzungsbericht** durch die
Organe ist bei der Ersetzung des Verschmelzungsbeschlusses durch eine Insolvenzplanregelung **für den Schuldner gem. § 254a Abs. 2 S. 2 InsO entbehrlich**.[116] Gleiches
gilt für die gem. § 60 UmwG bei der AG durchzuführende **Verschmelzungsprüfung
und den Prüfungsbericht**.

Dies ist auch interessengerecht, da der Verschmelzungsbericht, sowie die Prüfung und 72
der Prüfungsbericht die ausschließliche Funktion haben die Anteilsinhaber zu informieren.[117] Sie dienen weder dem Gläubigerschutz noch der Informierung der Arbeitnehmer.[118]

---

[109] KölnKomm-UmwG/*Hohenstatt/Schramm* § 5 Rn. 246; Kallmeyer/*Willemsen* UmwG § 5 Rn. 74; Semler/Stengel/*Simon* UmwG § 5 Rn. 140; *Kallmeyer* ZIP 1994, 1746, 1754.
[110] *Brünkmans* ZInsO 2014, 2533, 2538.
[111] Brünkmans/Thole/*Brünkmans* § 31 Rn. 554.
[112] Brünkmans/Thole/*Brünkmans* § 31 Rn. 554.
[113] *Becker* ZInsO 2013, 1885, 1889; *Brünkmans* ZInsO 2014, 2533, 2538; Brünkmans/Thole/*Brünkmans* § 31 Rn. 555.
[114] So die h. M., OLG Naumburg 7 Wx 6/02, GmbHR 2003, 1433; LG Gießen 6 T 12/04, Der Konzern 2004, 622, 623; KölnKomm-UmwG/*Hohenstatt/Schramm* § 5 Rn. 256; Lutter/*Drygala* UmwG § 5 Rn. 148; Schmitt/Hörtnagl/Stratz/*Stratz* UmwG/UmwStG § 5 UmwG Rn. 113; Semler/Stengel/*Simon* UmwG § 5 Rn. 145; Widmann/Mayer/*Mayer* UmwG § 5 UmwG Rn. 266.
[115] Brünkmans/Thole/*Brünkmans* § 31 Rn. 556.
[116] Brünkmans/Thole/*Brünkmans* § 31 Rn. 546.
[117] BGH II ZB 1/90, ZIP 1990, 985 = NJW 1990, 2747; Semler/Stengel/*Gehling* UmwG § 8 Rn. 2; Lutter/*Drygala* UmwG § 8 Rn. 3; Semler/Stengel/*Zeidler* UmwG § 9 Rn. 2 f.; KölnKomm-UmwG/*Simon* § 9 Rn. 2, § 12 Rn. 2.
[118] BGH II ZB 1/90, ZIP 1990, 985 = NJW 1990, 2747; Semler/Stengel/*Gehling* UmwG § 8 Rn. 2; Lutter/*Drygala* UmwG § 8 Rn. 3; Semler/Stengel/*Zeidler* UmwG § 9 Rn. 2 f.; KölnKomm-UmwG/*Simon* § 9 Rn. 2, § 12 Rn. 2.

Im Insolvenzplanverfahren wird jedoch die Informierung der Abstimmungsberechtigten im Erörterungs- und Abstimmungstermin bereits durch die Informationen im darstellenden Teil und den Anlagen sichergestellt.[119]

73 Verschmelzungsbericht, Verschmelzungsprüfung und Verschmelzungsprüfungsbericht sind im Übrigen auch mit Zustimmung aller Anteilsinhaber der an der Verschmelzung beteiligten Rechtsträger **durch notariell beurkundende Verzichtserklärungen** (§§ 8 Abs. 3, 9 Abs. 3 und § 12 Abs. 3 UmwG) **abdingbar**.

74 Für den Schuldner können die entsprechenden **Verzichtserklärungen durch Planregelungen ersetzt** und somit gegen den Willen der Anteilsinhaber des Schuldners durchgesetzt werden.[120] Ein wirksamer Verzicht setzt zusätzlich allerdings auch die Verzichtserklärungen der Anteilsinhaber des sich nicht im Insolvenzverfahren befindlichen Rechtsträgers voraus.[121] Letztere können ausschließlich außerhalb des Insolvenzplanverfahrens formwirksam abgegeben werden.

75 Bis zur höchstrichterlichen Klärung des nach § 254a Abs. 2 S. 2 InsO fehlenden Erfordernisses scheint es aus Gründen der Rechtssicherheit geboten, durch die Aufnahme von entsprechenden Verzichtsregelungen im Insolvenzplan den Verzicht auf Verschmelzungsbericht, Verschmelzungsprüfung, und Prüfungsbericht zu erklären.

76 **e) Unterrichtung der Anteilsinhaber.** Auch die sonstigen Vorschriften zur **Unterrichtung der Anteilsinhaber des Schuldners** werden bei der Ersetzung des Zustimmungsbeschlusses im Insolvenzplan grundsätzlich **nach § 254a Abs. 2 S. 1 InsO ersetzt.** So ist etwa bei der GmbH gem. § 47 UmwG vorgeschrieben, dass der Verschmelzungsvertrag oder sein Entwurf sowie der Verschmelzungsbericht den Anteilsinhabern spätestens zusammen mit der Einberufung der Gesellschafterversammlung, die gemäß § 13 Abs. 1 UmwG über die Zustimmung beschließen soll, zu übersenden ist. Ferner sind gemäß § 49 Abs. 2 UmwG in dem Geschäftsraum der Gesellschaft von der Einberufung an die Jahresabschlüsse und die Lageberichte der an der Verschmelzung beteiligten Rechtsträger für die letzten drei Geschäftsjahre zur Einsicht durch die Anteilsinhaber auszulegen.

77 Diese Vorschriften finden für den sich im Insolvenzplanverfahren befindlichen Rechtsträger gem. § 254a Abs. 2 S. 2 InsO keine Anwendung.[122]

78 Dies ist auch interessengerecht, da die **Informations- und Publizitätsvorschriften** bei einer Verschmelzung auf der Grundlage eines Insolvenzplanes für den Schuldner **durch die Vorschriften über die Niederlegung des Insolvenzplanes (§ 234 InsO) ersetzt** werden.[123]

79 Die Anteilsinhaber können auf die Einhaltung der Übermittlungsvorschriften auch **verzichten**, indem sie den Verschmelzungsbeschluss unter Verzicht auf alle gesetzlichen und statutarischen Regelungen über Formen und Fristen wirksam beschließen.[124] Bis zur höchstrichterlichen Klärung des nach § 254a Abs. 2 S. 2 InsO fehlenden Erfordernisses, erscheint es jedoch geboten den Verzicht für der Schuldner zusätzlich aus Gründen der Vorsicht durch eine Regelung im gestaltenden Teil des Insolvenzplanes zu ersetzen, sodass die Verzichterklärungen mit rechtskräftiger Bestätigung des Insolvenzplanes formwirksam fingiert werden.[125]

80 **f) Verschmelzungsbeschlüsse.** Der für eine wirksame Verschmelzung erforderliche Verschmelzungsbeschluss der Anteilsinhaber des Schuldners kann durch eine Regelung

---

[119] Brünkmans/Thole/*Brünkmans* § 31 Rn. 546.
[120] Brünkmans/Thole/*Brünkmans* § 31 Rn. 548.
[121] Brünkmans/Thole/*Brünkmans* § 31 Rn. 546.
[122] Vgl. Brünkmans/Thole/*Brünkmans* § 31 Rn. 549 ff.
[123] *Brünkmans* ZInsO 2014, 2533, 2538; Brünkmans/Thole/*Brünkmans* § 31 Rn. 551.
[124] Semler/Stengel/*Reichert* UmwG § 47 Rn. 5; Lutter/*M. Winter/J. Vetter* UmwG § 47 Rn. 7; Kallmeyer/*Kallmeyer/Kocher* UmwG § 47 Rn. 6.
[125] Brünkmans/Thole/*Brünkmans* § 31 Rn. 552.

im gestaltenden Teil des Insolvenzplans ersetzt werden. Die den Verschmelzungsbeschluss ersetzende Regelung kann sich dabei auf einen bereits zwischen dem Schuldner und dem übernehmenden Rechtsträger notariell beurkundeten Verschmelzungsvertrag (§ 13 Abs. 1 UmwG) oder den Entwurf eines Verschmelzungsvertrages (§ 4 Abs. 2 UmwG) beziehen.

Sofern der Verschmelzungsbeschluss Regelungsgegenstand eines Insolvenzplanes ist, werden die gesellschaftsrechtlichen **Einberufungsvorschriften**, sowie die erforderliche **notarielle Form** des Beschlusses durch die Vorschriften des Insolvenzplanverfahrens **ersetzt** (vgl. § 254a Abs. 2 Satz 1 InsO). Anstelle der gesellschaftsrechtlichen Einberufungsvorschriften treten die Vorschriften über die Einberufung zum Erörterungs- und Abstimmungstermin (§§ 235 ff. InsO).[126] Mit rechtskräftiger Bestätigung des Insolvenzplans wird die im Insolvenzplan aufgenommene den Verschmelzungsbeschluss ersetzende Regelung wirksam (§§ 254, 254a InsO).[127]

Der Verschmelzungsbeschluss der **Anteilsinhaber des sich nicht im Insolvenzplanverfahren befindlichen Rechtsträgers** hat hingegen nach **allgemeinen umwandlungs- und gesellschaftsrechtlichen Vorschriften** zu erfolgen.[128]

g) Anteilsgewährung. Grundsätzlich wird bei der Einbindung der Verschmelzung in das Insolvenzplanverfahren für die meisten Kapitalgesellschaften die Aufnahme einer Regelung zum **Verzicht auf Anteilsgewährung** am übernehmenden Rechtsträger (§§ 54 Abs. 1 S. 3, 68 Abs. 1 S. 3 UmwG) geboten sein, wenn der Schuldner als übertragender Rechtsträger beteiligt ist. Einerseits werden die Anteilsinhaber des sich nicht im Insolvenzverfahren übernehmenden Rechtsträgers bereits nicht dazu bereit sein, den Anteilsinhabern des Schuldners für ihre vormals wertlosen Anteilsrechte, werthaltige Anteile am übernehmenden Rechtsträgers zu gewähren. Andererseits wird sich aufgrund der in der Regel bestehenden Überschuldung des Schuldners das Vermögen auch nicht als Einlage i. R. einer Sachkapitalerhöhung eignen, sodass auf diesem Wege keine neuen Geschäftsanteile geschaffen werden können.[129] So ist es mit dem Grundsatz der realen Kapitalaufbringung unvereinbar, wenn i. R. einer Sachkapitalerhöhung ein negatives Vermögen eingebracht wird (→ § 45 Rn. 15 f.).

Eine flankierende Kapitalerhöhung beim übernehmenden Rechtsträger sowie ein Konflikt mit dem Grundsatz der Kapitalerhaltung erübrigen sich, wenn in Abweichung vom umwandlungsrechtlichen Grundsatz der Mitgliedschaftsperpetuierung die Anteilsinhaber des Schuldner auf die Anteilsgewährung am übernehmenden Rechtsträger verzichten würden.[130] Dies ist jedenfalls gem. §§ 54 Abs. 1 S. 3, 68 Abs. 1 S. 3 UmwG bei Kapitalgesellschaften möglich.[131] Die Verzichtserklärungen der Anteilsinhaber des Schuldners können im gestaltenden Teil aufgenommen und mit Rechtskraft des Insolvenzplanes formwirksam ersetzt werden (§§ 254, 254a InsO).

Zu berücksichtigen ist, dass der übertragende Rechtsträger und die Geschäftsanteile mit Eintragung der Verschmelzung im Handelsregister kompensationslos untergehen würden.[132] Die Ersetzung des Verzichts auf Anteilsgewährung im Insolvenzplanverfahren ist daher nur möglich, wenn der Insolvenzplan gleichzeitig auch eine Abfindung für die verzichtenden Anteilsinhaber vorsieht, die der Höhe nach ihrem Anteil am Überschuss

---

[126] *Brünkmans* ZInsO 2014, 2533, 2538; Brünkmans/Thole/*Brünkmans* § 31 Rn. 551.
[127] So nach der hier vertretenen Auffassung, nach der es ausnahmsweise nicht auf die Fortsetzungsfähigkeit des Rechtsträgers ankommt. Vgl. dazu auch → § 46 Rn. 33 ff.
[128] Brünkmans/Thole/*Brünkmans* § 31 Rn. 559.
[129] *Brünkmans* ZInsO 2014, 2533, 2535.
[130] Brünkmans/Thole/*Brünkmans* § 31 Rn. 530.
[131] Unklar ist hingegen, ob diese geltende Verzichtsmöglichkeitsregelung auch für Rechtsträger anderer Rechtsformen, insbesondere Personengesellschaften gilt. Vgl. dazu *Heckschen/Gassen* GWR 2010, 101, 102.
[132] Brünkmans/Thole/*Brünkmans* § 31 Rn. 530.

bei der Schlussverteilung (§ 199 InsO) eines fiktiven Regelverfahrens entspricht (§ 251 InsO).[133]

86   **Alternativ zum Verzicht** auf die Anteilsgewährung am übernehmenden Rechtsträger besteht auch die Möglichkeit einer **Kapitalerhöhung** zu einem geringen, **symbolischen Betrag**.[134] Dies kann insbesondere aus steuerrechtlichen Erwägungen geboten sein.[135]

87   Sofern ausnahmsweise eine **Anteilsgewährung zugunsten der Anteilsinhaber des Schuldners** stattfinden soll, ist zu berücksichtigen, dass sich bei einer **Belastung der Anteilsrechte** des übertragenden Rechtsträgers **mit Rechten Dritte** die Rechte Dritter grundsätzlich an den neu gewährten Anteilen des übernehmenden Rechtsträgers gemäß § 20 Abs. 1 Nr. 2 S. 2 UmwG fortsetzen.[136] Ein Verzicht auf die Rechte Dritter erfordert eine notariell zu beurkundende Verzichtserklärung (§§ 54 Abs. 1 S. 3 Hs. 2, 68 Abs. 1 S. 3 Hs. 2 UmwG) und kann jedenfalls dann nicht durch eine Insolvenzplanregelung ersetzt werden, wenn das Recht des Dritten nicht der Sicherung einer Forderung gegen die Gesellschaft dient.[137]

Sofern die Geschäftsanteile des Schuldners zugunsten eines bestimmten Anteilsinhabers vinkuliert sind, bedarf es auch im Insolvenzplanverfahren grundsätzlich der Zustimmung des begünstigten Anteilsinhabers (§ 13 Abs. 2 UmwG). Die Zustimmung kann aber durch eine Planregelung ersetzt werden, soweit die allgemeinen materiellen Voraussetzungen für die Einbeziehung von Anteilsinhabern erfüllt sind.[138]

88   **h) Anmeldung zum Handelsregister.** Wie auch außerhalb des Insolvenzplanverfahrens ist die Verschmelzung zum Handelsregister der beteiligten Rechtsträger anzumelden und die in § 17 UmwG vorgesehenen Anlagen, d. h. u. a. der Verschmelzungsvertrag, die Niederschriften der Verschmelzungsbeschlüsse mit der Anmeldung einzureichen (vgl. § 16 UmwG). Zu den Besonderheiten bei der Anmeldung zum Handelsregister und der Abgrenzung der Prüfungskompetenz von Register- und Insolvenzgericht → Rn. 139 ff.; 141 ff.

89   **i) Vollzug der Verschmelzung.** Das Vermögen des übertragenden Rechtsträgers geht wie auch außerhalb des Insolvenzplanverfahrens mit Eintragung der Verschmelzung im Handelsregister des übernehmenden Rechtsträgers auf den übernehmenden Rechtsträger einschließlich der Verbindlichkeiten über (§ 20 Abs. 1 Nr. 1 UmwG). Da die den Verschmelzungsbeschluss ersetzende Regelung erst mit rechtskräftiger Bestätigung des Insolvenzplans wirksam wird, ist sichergestellt, dass in diesem Zeitpunkt bereits die rechtskräftige Bestätigung des Insolvenzplanes vorliegt.[139]

90   Enthält der Insolvenzplan auch einen nicht unerheblichen (Teil-)Erlass der Forderungen des Schuldners als übertragenden Rechtsträgers, geht der Forderungsbestand mit Eintragung der Verschmelzung im Handelsregister des übernehmenden Rechtsträgers in entsprechend durch den Insolvenzplan gekürzter Form über.[140] Zu berücksichtigen ist, dass dies selbst für Gläubiger gilt, die ihre Forderung nicht zur Insolvenztabelle im Insolvenzverfahren angemeldet haben. Auf letztere finden außerdem die Verjährungsfristen aus § 259b InsO auch nach Vollzug der Verschmelzung gegenüber dem übernehmenden Rechtsträger Anwendung.[141]

---

[133] *Brünkmans* ZInsO 2014, 2533, 2535; Brünkmans/Thole/*Brünkmans* § 31 Rn. 530.
[134] Brünkmans/Thole/*Brünkmans* § 31 Rn. 531.
[135] §§ 20, 21, 24 UmwStG dazu Schmitt/Hörtnagl/Stratz/*Hörtnagl* UmwG § 126 Rn. 47.
[136] Lutter/*Grunewald* UmwG § 20 Rn. 71; Semler/Stengel/*Kübler* UmwG § 20 Rn. 80; Kallmeyer/*Marsch-Barner* UmwG § 20 Rn. 31.
[137] Brünkmans/Thole/*Brünkmans* § 31 Rn. 531.
[138] Brünkmans/Thole/*Brünkmans* § 31 Rn. 532.
[139] Brünkmans/Thole/*Brünkmans* § 31 Rn. 568.
[140] Brünkmans/Thole/*Brünkmans* § 31 Rn. 569.
[141] Brünkmans/Thole/*Brünkmans* § 31 Rn. 569.

V. Spaltungen, insbesondere die Abspaltung und Ausgliederung als Regelungsbestandteil eines Insolvenzplanes

1. Bedürfnisse für Spaltungen im Planverfahren

In der Sanierungs- und Insolvenzabwicklungspraxis spielen insbesondere die Abspaltung 91 und Ausgliederung zur Aufnahme eine bedeutende Rolle.[142]

Die Stärken für die Insolvenz- und Sanierungspraxis liegen darin, dass die Spaltung die 92 vollständige oder teilweise Aufteilung des Gesellschaftsvermögens auf eine oder mehrere andere Gesellschaften im Wege der **partiellen Gesamtrechtsnachfolge** gestattet.[143] Die partielle Gesamtrechtsnachfolge ermöglicht es fortführungswürdige Unternehmensteile – die sich aus zahlreichen Vertragsbeziehungen zusammensetzen – auf eine Erwerbs- oder Fortführungsgesellschaft zu übertragen.[144]

Die **Ausgliederung** von fortführungswürdigen Betriebsteilen kann als **Vorbereitungs-** 93 **maßnahme zu einem Verkaufsprozess** dienen.[145] Sie ermöglicht es, dass der ausgegliederte, fortführungswürdige Teil des insolventen Unternehmens außerhalb des Insolvenzplanverfahrens isoliert fortgeführt wird. Der sich im Insolvenzplanverfahren befindliche Rechtsträger enthält für die Übertragung als „Gegenleistung" Geschäftsanteile die später zum bestmöglichen Preis veräußert und der Kaufpreis zur Insolvenzmasse liquidiert werden kann.[146]

Eine **Abspaltung** über einen Insolvenzplan kann auch zusammen mit einer klassischen 94 übertragenden Sanierung erfolgen. Die Funktion der Abspaltung würde sich in diesem Fall darauf begrenzen, einzelne **schwer übertragbare Gegenstände**, wie namentlich Lizenz- und Produktionsverträge, **übertragen** zu können.[147]

2. Beeinträchtigung der Gläubigerschutzvorschriften

a) Haftung gem. § 25 HGB, § 613a Abs. 2 BGB, § 75 AO. Die Einbindung der 95 Spaltung in das Insolvenzplanverfahren hat auch Auswirkungen auf die Gläubigerschutzvorschriften gem. § 25 HGB, § 613a Abs. 2 BGB, § 75 AO.

Sofern im Rahmen einer Spaltung ein Handelsgeschäft i. S. von § 25 HGB auf einen 96 übernehmenden Rechtsträger übertragen und unter der bisherigen Firma fortgeführt wird, findet § 25 HGB grundsätzlich Anwendung (vgl. auch Verweis in § 133 Abs. 1 S. 2 UmwG). Dies hat zur Folge, dass der übernehmende Rechtsträger für alle im Betriebe des Handelsgeschäfts begründeten Verbindlichkeiten des übertragenden Rechtsträgers haftet.[148] Beim Erwerb eines Handelsgeschäfts aus dem Insolvenzverfahren scheidet eine solche Haftung gem. § 25 HGB nach ganz h. M.[149] jedoch aus. Die Haftung aus § 25 HGB,

---

[142] Siehe *Simon/Brünkmans* ZIP 2014, 657; K. Schmidt/*Spliedt* InsO § 225a Rn. 49; Brünkmans/Thole/*Brünkmans* § 31 Rn. 575.
[143] Kallmeyer/*Kallmeyer/Sickinger* UmwG § 123 Rn. 1; Brünkmans/Thole/*Brünkmans* § 31 Rn. 571; KölnKomm-UmwG/*Simon* § 123 Rn. 7; Semler/Stengel/*Stengel* UmwG § 123 Rn. 1; Hdb des Fachanwaltes für Handels- und GesR/*Heidinger* Teil 2 6. Kap. Rn. 184; Lutter/*Teichmann* UmwG § 123 Rn. 6.
[144] Brünkmans/Thole/*Brünkmans* § 31 Rn. 576.
[145] *Brünkmans* ZInsO 2014, 2533, 2545; Brünkmans/Thole/*Brünkmans* § 31 Rn. 610;
[146] Brünkmans/Thole/*Brünkmans* § 31 Rn. 611; *Piepenburg* NZI 2004, 231, 233.
[147] Vgl. dazu etwa die Transaktionsstruktur im Insolvenzplan der Loewe Opta GmbH. Dort wurde vorgesehen, dass wesentliche Lizenz- und Produktionsverträge von der Loewe Opta GmbH auf eine gesonderte Lizenzgesellschaft abgespalten werden, während die weiteren Vermögengegenstände des operativen Geschäfts hingegen an eine Erwerbsgesellschaft (Schwestergesellschaft der Erwerbsgesellschaft) verkauft und übertragen wurden, vgl. zum Fall Loewe Opta *Brünkmans* ZInsO 2014, 2533, 2542.
[148] Brünkmans/Thole/*Brünkmans* § 31 Rn. 508.
[149] BGH II ZR 313/87, BGHZ 104, 151, 153 f. = ZIP 1988, 727; BGH, II ZR 85/91, ZIP 1992, 398 = NJW 1992, 911; BAG 6 AZR 381/88, DB 1990, 1416; BAG 6 AZR 215/06, ZIP 2007, 386 = NJW 2007, 942, dazu *Joost* EWiR 2007, 497; LAG Hamm 10 Sa 1381/80, NJW 1983, 242, 243 =

würde die Verwertung eines Unternehmens im Insolvenzverfahren unmöglich machen, da ein Käufer in der Regel den Preis der Gesamthaftung nicht zu zahlen bereit wäre, sodass die Haftungsübernahme im Widerspruch zu den bestimmenden Grundsätzen des Insolvenzverfahrens stünde.[150] Vor diesem Hintergrund ist auch die Haftung des Erwerbers im Fall eines Betriebsübergangs nach § 613a Abs. 2 BGB[151] und für betriebsbezogene Steuern nach § 75 AO bei einem Erwerb im Insolvenzverfahren ausgeschlossen.[152]

97 Diese Beschränkung der Haftung aus § 25 HGB, § 613a Abs. 2 BGB, § 75 AO muss auch gelten, sofern das Handelsgeschäft bzw. der Betrieb im Rahmen einer Spaltung oder Ausgliederung im Insolvenzplan auf einen anderen Rechtsträger übergeht.[153]

98 **b) Gesamtschuldnerische Haftung (§ 133 UmwG). aa) Teleologische Reduktion des § 133 UmwG.** Die Einbindung der Spaltung ins Insolvenzplanverfahren beeinträchtigt auch die gesamtschuldnerische Haftung gem. § 133 Abs. 1 UmwG der an der Spaltung beteiligten Rechtsträger für die Verbindlichkeiten des übertragenden Rechtsträgers, die vor dem Wirksamwerden der Spaltung begründet worden sind.

99 Die gesamtschuldnerische Haftung nach § 133 Abs. 1 S. 1 UmwG dient grundsätzlich dazu, den Gläubiger des übertragenden[154] Rechtsträgers für einen zeitlich befristeten Zeitraum so zu stellen, als hätte keine Spaltung stattgefunden.[155]

100 Bei der Einbindung der Spaltung ins Insolvenzplanverfahren ist zu berücksichtigen, dass eine uneingeschränkte Anwendbarkeit der Haftung gem. § 133 UmwG dazu führen würde, dass die übernehmenden Rechtsträger für sämtliche Verbindlichkeiten des sich im Insolvenzverfahren befindlichen übertragenden Rechtsträgers haften müssten.[156] Bei einer Ausgliederung oder Abspaltung auf eine vermögenslose Zweckgesellschaft in einem verfahrensbegleitenden Insolvenzplan, würde dies grundsätzlich sogar zur Überschuldung und Zahlungsunfähigkeit bei dieser führen.[157]

101 Die Anwendbarkeit der gesamtschuldnerischen Haftung hätte zur Folge, dass eine Spaltung im Insolvenzplanverfahren des übertragenden Rechtsträgers regelmäßig ausscheiden würde, weil sich kaum ein übernehmender Rechtsträger diesen Haftungsgefahren aussetzen würde. Die uneingeschränkte Anwendung des § 133 UmwG würde im Einzelfall für die Gläubiger optimale Verwertungsoptionen verhindern.[158] Sie würde bei der Einbindung der Spaltung ins Insolvenzplanverfahren des übertragenden Rechtsträgers im Zielkonflikt mit der bestmöglichen Befriedigung der Insolvenzgläubiger (§ 1 InsO) stehen.[159] Die einfachen Insolvenzgläubiger werden über das Abstimmungsrecht über den Insolvenzplan und den Minderheitenschutzantrag (§ 251 InsO) hinreichend geschützt (→ Rn. 151 f.).

102 Bei der übertragenden Sanierung findet vor diesem Hintergrund die Haftungsübertragung nach § 25 HGB, § 613a Abs. 2 BGB, § 75 AO keine Anwendung. Dies muss

---

ZIP 1982, 991; *Gerhardt* JZ 1988, 976 f.; *Henckel* ZIP 1980, 2, 5; *K. Schmidt* § 8 II 3b, S. 254 f.; Jaeger/*Gerhardt* InsO § 22 Rn. 92 ff.

[150] Vgl. dazu ausführlich *Simon/Brünkmans* ZIP 2014, 657, 663; *Brünkmans* ZInsO 2014, 2533, 2551.

[151] BAG 3 AZR 485/83, BAGE 50, 62 = ZIP 1986, 1001; BAG 2 AZR 477/81, BAG 5 AZR 160/89, ZIP 1990, 662 = NZA 1990, 522; BAGE 43, 13 = ZIP 1983, 1377.

[152] Vgl. Brünkmans/Thole/*Brünkmans* § 31 Rn. 510.

[153] So auch *Simon/Brünkmans* ZIP 2014, 657, 663; *Brünkmans* ZInsO 2014, 2533, 2551; Brünkmans/Thole/*Brünkmans* § 31 Rn. 511.

[154] Gläubiger des übernehmenden Rechtsträgers werden durch § 133 UmwG nicht geschützt. Sie können eine spaltungsbedingte Ausfallgefahr lediglich durch Sicherheitsleistung nach § 22 i. V. m § 125 UmwG abwehren, vgl. KölnKomm-UmwG/*Simon* § 133 Rn. 2.

[155] Lutter/*Schwab* UmwG § 133 Rn. 11; Widmann/Mayer/*Vossius* UmwG § 133 Rn. 4.

[156] Brünkmans/Thole/*Brünkmans* § 31 Rn. 514.

[157] *Brünkmans* ZInsO 2014, 2533, 2552.

[158] Brünkmans/Thole/*Brünkmans* § 31 Rn. 514.

[159] Ausführlich *Brünkmans* ZInsO 2014, 2533, 2552 f.; *Simon/Brünkmans* ZIP 2014, 657, 664 f.

jedenfalls für Insolvenzgläubiger auch für die gesamtschuldnerische Haftung aus § 133 UmwG gelten. Sie ist – wie für § 25 HGB, § 613a Abs. 2 BGB und § 75 AO allgemein anerkannt – im Insolvenzplanverfahren des übertragenden Rechtsträgers daher **teleologisch zu reduzieren**.[160] Für Masseverbindlichkeiten ist ein Fortbestand der Haftung aus § 133 UmwG hingegen denkbar.

bb) Ausschluss der Haftung aus § 133 UmwG kraft Planregelung. Aus Gründen der Vorsicht kann es zusätzlich geboten sein, die gesamtschuldnerische Haftung hilfsweise über eine entsprechende Regelung im gestaltenden Teil des Insolvenzplanes auszuschließen.[161]

Ob die **gesamtschuldnerische Haftung aus § 133 UmwG zur Disposition** einer **gläubigerautonomen Regelung im Insolvenzplan steht**, ist in der insolvenzplanrechtlichen Literatur **umstritten**.[162] Richtigerweise ist aber davon auszugehen, dass die Haftung aus § 133 UmwG – sofern sie überhaupt besteht – durch eine Planregelung ausgeschlossen werden kann.[163] Im Umwandlungsrecht ist § 133 UmwG nach allgemeiner Auffassung individualvertraglich mit einem Gläubiger vollständig disponibel.[164] Da im Insolvenzplan grundsätzlich jede Gestaltung der Insolvenzforderungen möglich ist, die auch individualvertraglich mit dem Gläubiger vereinbart werden kann,[165] muss auch eine entsprechende Gestaltungsregelung für die Insolvenzforderungen im Insolvenzplan möglich sein.[166] Etwas anderes ergibt sich auch nicht aus § 254 Abs. 2 S. 1 InsO.[167] Diese Vorschrift regelt ausschließlich, ob eine Regelung im Insolvenzplan (nämlich die Spaltung) zu einer Haftungserweiterung eines bisher unbeteiligten Rechtsträgers führen soll, nicht aber die Gestaltung bereits bestehender Ansprüche der Insolvenzgläubiger gegen Mitschuldner.[168]

Für **Masseverbindlichkeiten** kann ein **Ausschluss der Haftung nach § 133 UmwG hingegen nicht im Insolvenzplan vorgesehen** werden, da es sich bei diesen grundsätzlich[169] nicht um zwangsweise planunterworfene Rechtspositionen handelt.[170]

cc) Entschuldung des Schuldners. Der wohl rechtssicherste Weg zur Beschränkung der Haftungsgefahren aus § 133 UmwG bleibt die vollständige Entschuldung des sich im Insolvenzplanverfahren befindlichen Rechtsträgers durch einen verfahrensbeendenden Insolvenzplan und anschließendem Liquidationsverfahren nach Aufhebung des Insolvenzverfahrens.[171]

c) Ausgliederungsverbot des überschuldeten Einzelkaufmanns (§ 152 S. 2 UmwG). Die Einbindung der Ausgliederung ins Insolvenzplanverfahren beeinträchtigt ferner auch das nach allgemeinem Umwandlungsrecht gem. § 152 S. 2 UmwG bestehende Ausgliederungsverbot für überschuldete Einzelkaufleute.

---

[160] Kallmeyer/*Kocher* UmwG Anl. 2 Rn. 23 f.; Kahlert/*Gehrke* DStR 2013, 975, 977 f.; *Becker* ZInsO 2013, 1885, 1890 f.; *Brünkmans* ZInsO 2014, 2533, 2552; Brünkmans/Thole/*Brünkmans* § 31 Rn. 515; Kübler/Prütting/Bork/*Spahlinger* InsO § 225a Rn. 84; Simon/*Brünkmans* ZIP 2014, 657, 664; HRI/*Madaus* § 33 Rn. 22; wohl auch *Thole* Rn. 359; a. A. *Madaus* ZIP 2012, 2133; *Priester* FS Kübler, 2015, S. 557, 560; MünchKomm InsO/*Eidenmüller* § 225a Rn. 100.
[161] Kallmeyer/*Kocher* UmwG Anl. 2 Rn. 30 f.; Brünkmans/Thole/*Brünkmans* § 31 Rn. 515.
[162] Für einen Ausschluss kraft Planregelung, Kahlert/*Gehrke* DStR 2013, 975, 978; *Thole* Rn. 359; *Becker* ZInsO 2013, 1885.
[163] Brünkmans/Thole/*Brünkmans* § 31 Rn. 584.
[164] Semler/Stengel/*Maier-Reimer*/Seulen UmwG § 133 Rn. 124; Kallmeyer/*Dirksen* UmwG § 224 Rn. 12; *Becker* ZInsO 2013, 1885, 1891.
[165] HK InsO/*Haas* § 224 Rn. 4.
[166] Brünkmans/Thole/*Brünkmans* § 31 Rn. 584.
[167] Brünkmans/Thole/*Brünkmans* § 31 Rn. 585.
[168] *Brünkmans* ZInsO 2014, 2533, 2553; Brünkmans/Thole/*Brünkmans* § 31 Rn. 585.
[169] Etwas Anderes gilt nur sofern die Masseunzulänglichkeit eintritt.
[170] Brünkmans/Thole/*Brünkmans* § 31 Rn. 586, § 7 Rn. 22 f., 32.
[171] Kallmeyer/*Kocher* UmwG Anl. 2 Rn. 31 f.; dazu ausführlich Brünkmans/Thole/*Brünkmans* § 31 Rn. 495 f.

108 Das Ausgliederungsverbot ist auf die eingeschränkte Rechnungslegungspflicht von Einzelkaufleuten zurückzuführen. Es soll dazu dienen, den übernehmenden Rechtsträger vor den Gefahren einer unentdeckten Überschuldung zu schützen.[172] Teilweise wird vertreten, das Verbot habe daneben auch den Sinn und Zweck die Gläubiger des Einzelkaufmannes vor einer Vermögensverlagerung zu schützen.[173] Bei der Einbindung der Ausgliederung in Insolvenzplanverfahren besteht für beide Schutzzwecke kein Bedürfnis.[174]

109 Zum einen ist die Insolvenz des Einzelkaufmannes bereits in dieser aufgedeckt und die finanzielle Lage des Einzelkaufmannes durch die insolvenzspezifische Rechnungslegung und Berichtspflicht des Insolvenzverwalters hinreichend offengelegt.[175] Zum anderen wird die Gefahr der Vermögensverlagerung im Insolvenzplanverfahren auch durch den Insolvenzbeschlag nach § 80 InsO und der aktiven Einbindung der Gläubiger über die Annahme des Insolvenzplans, welcher die Ausgliederung enthält, gebannt.[176]

Aus diesem Grund findet § 152 S. 2 InsO bei der Ausgliederung als Regelungsgegenstand eines Insolvenzplans keine Anwendung.[177]

3. Umsetzung einer Abspaltung im Insolvenzplanverfahrens

110 **a) Überblick.** Der Ablauf einer ins Insolvenzplanverfahren eingebundenen Spaltung orientiert sich an den allgemeinen umwandlungsrechtlichen Regelungen. Dabei ist zu berücksichtigen, dass einzelne vorgesehene Verfahrensschritte durch die insolvenzplanrechtlichen Vorschriften überlagert, ersetzt bzw. durch Aufnahme einzelner Verzichtsregelungen im gestaltenden Teil des Insolvenzplanes abbedungen werden. Ferner ergeben sich aufgrund des Insolvenzverfahrens Besonderheiten in Bezug auf die gläubigerschützenden Vorschriften aus § 25 HGB, § 613a Abs. 2 BGB, § 75 AO[178] sowie § 133 UmwG[179], das Ausgliederungsverbot des überschuldeten Einzelhandelskaufmanns gem. § 152 S. 2 UmwG[180], die bestehenden Rechtsmittel der Anteilsinhaber[181], die Anmeldung zum Register[182] bzw. die Prüfungskompetenz des Registergerichts[183] und das Austrittsrecht der Anteilsinhaber[184].

b) Spaltungs- und Übernahmevertrag zwischen den beteiligten Rechtsträgern.
111 Auch bei einer in das Insolvenzplanverfahren eingebundenen Abspaltung bedarf es des formwirksamen Abschlusses eines Abspaltungsvertrages zwischen dem übertragenden und dem übernehmenden Rechtsträger (§ 13 i. V. m. § 125 UmwG).

112 Der sich im Insolvenzverfahren befindliche Rechtsträger wird dabei grundsätzlich durch den **Insolvenzverwalter** vertreten.[185] **Alternativ zur Abgabe einer Abschlusserklärung** als echte Willenserklärung (§§ 116 ff. BGB) durch den Insolvenzverwalter kann die

---

[172] Henssler/Strohn/*Büteröwe* UmwG § 154 Rn. 2; Semler/Stengel/*Maier-Reimer/Seulen* UmwG § 152 Rn. 74; KölnKomm-UmwG/*Simon* § 152 Rn. 40; Lutter/*Karollus* UmwG § 152 Rn. 43; Widmann/Mayer/*Mayer* UmwG § 152 UmwG Rn. 73 ff.

[173] Schmitt/Hörtnagl/Stratz/*Hörtnagl* UmwG § 152 Rn. 24; Lutter/*Karollus* UmwG § 152 Rn. 43; Widmann/Mayer/*Mayer* UmwG § 152 Rn. 73 ff.

[174] *Brünkmans* ZInsO 2014, 2533, 2554; Brünkmans/Thole/*Brünkmans* § 31 Rn. 619.

[175] Brünkmans/Thole/*Brünkmans* § 31 Rn. 586; *Madaus* ZIP 2012, 2133, 2134; *Brünkmans* ZInsO 2014, 2533, 2554; *Simon/Brünkmans* ZIP 2014, 657, 666; *Thole* Rn. 619.

[176] Brünkmans/Thole/*Brünkmans* § 31 Rn. 619.

[177] Brünkmans/Thole/*Brünkmans* § 31 Rn. 620; *Madaus* ZIP 2012, 2133, 2134; *Brünkmans* ZInsO 2014, 2533, 2554; *Simon/Brünkmans* ZIP 2014, 657, 666; *Thole* Rn. 619.

[178] Vgl. → § 46 Rn. 95 ff.

[179] Vgl. → § 46 Rn. 98 ff.

[180] Vgl. → § 46 Rn. 107 ff.

[181] Vgl. → § 46 Rn. 149 ff.

[182] Vgl. → § 46 Rn. 139 ff.

[183] Vgl. → § 46 Rn. 144 ff.

[184] Vgl. → § 46 Rn. 159 ff.

[185] Brünkmans/Thole/*Brünkmans* § 31 Rn. 590.

Abschlusserklärung auch durch eine Regelung im Insolvenzplan ersetzt werden.[186] In letzterem Fall führt dies dazu, dass die Vertragserklärung mit rechtskräftiger Bestätigung des Insolvenzplanes unter Wahrung der Formvorschrift aus § 6 i. V. m. § 125 UmwG fingiert wird (§§ 254, 254a InsO).

Die **Abschlusserklärung des sich nicht im Insolvenzverfahren befindlichen Rechtsträgers** muss hingegen weiterhin nach den allgemein umwandlungsrechtlichen Vorschriften abgegeben werden.[187] Sie muss neben dem gesamten Vertragstext des Abspaltungsvertrages als Anlage zum Insolvenzplan genommen werden.[188] Die formwirksame Abgabe kann nach der hier vertretenen Auffassung durch die Aufnahme im Insolvenzplan nicht ersetzt werden.[189]

Wie auch außerhalb des Insolvenzplanverfahrens ist im Abspaltungsvertrag gemäß § 126 Abs. 1 Nr. 2 und Nr. 9 UmwG die **Aufteilung der Gegenstände des Aktiv- und Passivvermögens** und deren Zuordnung zum übernehmenden Rechtsträger genau und **hinreichend bestimmt zu bezeichnen**.[190] Dabei ist im Zusammenhang mit der Zuordnung von Passiva im Spaltungsvertrag auf den übernehmenden Rechtsträger für einfache Insolvenzgläubiger (§ 38 InsO) des übertragenden Rechtsträgers jedoch zwingend der **Grundsatz der Gläubigergleichbehandlung** zu beachten[191], der allerdings im Insolvenzplan grundsätzlich nur gruppenintern gilt (§ 226 InsO).

In diesem Zusammenhang würde daher die Möglichkeit bestehen für eine bestimmte Gläubigergruppe anstelle einer Planquote mit dem sich nicht im Insolvenzplanverfahren befindlichen Rechtsträger einen solventen Schuldner für ihre kraft Insolvenzplan nicht erlassene Forderung zu erhalten.[192]

Im Unterschied zu Insolvenzforderungen können **Masseverbindlichkeiten**[193] dem sich nicht im Insolvenzverfahren befindlichen Rechtsträger grundsätzlich **frei zugeordnet** werden, wenn deren Erfüllung nach Aufhebung des Insolvenzverfahrens gewährleistet ist (§ 258 Abs. 2 S. 2 InsO).[194]

Bzgl. des **Austrittsrechts und Abfindungsgebots** → Rn. 159 ff.

c) **Zuleitung an den Betriebsrat.** Die Einbindung der Abspaltung in das Insolvenzplanverfahren hat auch Auswirkungen auf die gem. § 126 Abs. 3 UmwG bestehende Zuleitungspflicht des Abspaltungsvertrages oder seines Entwurfs einen Monat vor der Versammlung der Anteilsinhaber zur Fassung des Beschlusses über die Abspaltung an die Betriebsräte jedes der beteiligten Rechtsträger.

So **entfällt** die **Zuleitungspflicht an den Betriebsrat** des sich im Insolvenzplanverfahren befindlichen Rechtsträgers, da durch die Vorschriften über die Einbindung des Betriebsrates bei der Aufstellung und Einreichung des Insolvenzplanes (§§ 218 Abs. 3 InsO, 232 Abs. 1 Nr. 1, 235 Abs. 3 S. 1, 2 InsO) eine hinreichende Informierung des Betriebes sichergestellt wird.[195] Aus Gründen der Vorsicht erscheint es bis zur **höchstrichterlichen Klärung** dennoch geboten auch dem Betriebsrat des Schuldners den Abspaltungsvertrag bzw. Entwurf zuzusenden bzw. bei Nichteinhaltung der Monatsfrist nach den allgemeinen Vorschriften außerhalb des Planverfahrens einen **Verzicht des Betriebsrates auf die Einhaltung der Monatsfrist einzuholen**.

---

[186] Brünkmans/Thole/*Brünkmans* § 31 Rn. 590; Vgl. dazu auch → § 46 Rn. 64.
[187] Vgl. dazu → § 46 Rn. 64.
[188] Vgl. dazu → § 46 Rn. 66.
[189] Vgl. dazu → § 46 Rn. 64; ausführlich dazu, Brünkmans/Thole/*Brünkmans* § 7 Rn. 22 f.
[190] Brünkmans/Thole/*Brünkmans* § 31 Rn. 593.
[191] *Brünkmans* ZInsO 2014, 2533, 2543; *Simon/Brünkmans* ZIP 2014, 657; Brünkmans/Thole/*Brünkmans* § 31 Rn. 593.
[192] Ausführlich Brünkmans/Thole/*Brünkmans* § 31 Rn. 593
[193] Anders im Fall der Masseunzulänglichkeit, vgl. dazu näher Brünkmans/Thole/*Brünkmans* § 31 Rn. 593.
[194] *Brünkmans* ZInsO 2014, 2533, 2543; *Simon/Brünkmans* ZIP 2014, 657.
[195] Ausführlich dazu bei der Verschmelzung → § 46 Rn. 67 ff.

119 **d) Spaltungsbericht, Prüfung und Prüfungsbericht.** Der nach allgemeinem Umwandlungsrecht gem. § 127 UmwG anzufertigende **Abspaltungsbericht** durch die Organe ist für den Schuldner **gem. § 254a Abs. 2 Satz 2 InsO entbehrlich**, wenn der Abspaltungsbeschluss durch eine Planregelung im gestaltenden Teil ersetzt wird.[196] Gleiches gilt entsprechend für die bei der AG gem. § 125 S. 1 i. V. m. § 60 UmwG durchzuführende **Spaltungsprüfung und den Prüfungsbericht auf Seiten des Schuldners.**[197]

120 Im Übrigen kann die **Verzichtserklärung** der Anteilsinhaber des Schuldners auf die Erstattung des Spaltungsberichts (§ 8 Abs. 3 i. V. m. § 127 S. 2 UmwG) und auch auf die Spaltungsprüfung und den Spaltungsprüfungsbericht (§ 125 S. 1 i. V. m. §§ 9 Abs. 3, 12 Abs. 3, 8 Abs. 3 UmwG) durch Regelungen im Insolvenzplan **ersetzt werden.**[198]

121 Für die **Organe des sich nicht im Insolvenzplanverfahren befindlichen Rechtsträgers** ergeben sich hinsichtlich der Anfertigung eines Spaltungsberichts bzw. der Prüfung und der Anfertigung eines Prüfungsberichts hingegen keine Besonderheiten. Die für einen wirksamen Verzicht zusätzlich erforderlichen Erklärungen der Anteilsinhaber des sich nicht im Insolvenzverfahren befindlichen Rechtsträgers müssen außerhalb des Insolvenzplanverfahrens formwirksam abgegeben werden.[199]

122 **e) Vorschriften zur Unterrichtung der Anteilsinhaber.** Die **Vorschriften zur Unterrichtung** der Anteilsinhaber des Schuldners werden ebenfalls bei der Ersetzung des Zustimmungsbeschlusses im Insolvenzplan nach **§ 254a Abs. 2 S. 2 InsO verdrängt**. So sind die Informations- und Publizitätspflichten gem. §§ 125 S. 1 i. V. m. 47, 49 Abs. 2 UmwG (Unterrichtung der Anteilsinhaber der GmbH), §§ 125 S. 1 i. V. m. 61 UmwG (Einreichung des Spaltungsvertrages bei der AG) und gem. §§ 125 S. 1 i. V. m. 63 Abs. 1 Nr. 1–5 Abs. 4 UmwG (Auslegung der Unterlagen zur Einsicht der Aktionäre) für den Schuldner nicht zu beachten.

Sie werden durch die Niederlegung des Insolvenzplanes (§ 234 InsO) ersetzt.[200] Vgl. dazu ausführlich → § 46 Rn. 76 f.

123 **f) Spaltungsbeschlüsse/Verzichtserklärungen/Kapitalherabsetzung.** Der gem. § 13 Abs. 1 i. V. m. § 125 UmwG erforderliche **Zustimmungsbeschluss** der Anteilsinhaber zum Spaltungsvertrag des Schuldners und mögliche **Verzichtserklärungen** etwa bzgl. der Gewährung von Anteilen am übernehmenden Rechtsträger oder des Spaltungsberichts können als Regelungen im gestaltenden Teil des **Insolvenzplans aufgenommen** werden.[201] Die gesellschaftsrechtlichen Einberufungsvorschriften, sowie die erforderliche notarielle Form des Beschlusses werden in diesem Fall durch die Vorschriften des Insolvenzplanverfahrens ersetzt (vgl. § 254a Abs. 2 Satz 1 InsO). An Stelle der gesellschaftsrechtlichen Einberufungsvorschriften treten die Vorschriften über die Einberufung zum Erörterungs- und Abstimmungstermin (§§ 235 ff. InsO). Mit rechtskräftiger Bestätigung des Insolvenzplans wird die im Insolvenzplan aufgenommene den Spaltungsbeschluss ersetzende Regelung wirksam (§§ 254, 254a InsO).

124 Der **Zustimmungsbeschluss des sich nicht im Insolvenzplanverfahren befindlichen Rechtsträgers** hat nach den **allgemeinen gesellschaftsrechtlichen und satzungsmäßigen Voraussetzungen** zu erfolgen.[202]

---

[196] Vgl. dazu oben → § 46 Rn. 71 zur Verschmelzung; Brünkmans/Thole/*Brünkmans* § 31 Rn. 595.
[197] Vgl. dazu oben → § 46 Rn. 71 zur Verschmelzung; Brünkmans/Thole/*Brünkmans* § 31 Rn. 595.
[198] Vgl. dazu oben → § 46 Rn. 74 zur Verschmelzung; Brünkmans/Thole/*Brünkmans* § 31 Rn. 596.
[199] Brünkmans/Thole/*Brünkmans* § 31 Rn. 596.
[200] Brünkmans/Thole/*Brünkmans* § 31 Rn. 598.
[201] Brünkmans/Thole/*Brünkmans* § 31 Rn. 600.
[202] *Brünkmans* ZInsO 2014, 2533, 2544; Brünkmans/Thole/*Brünkmans* § 31 Rn. 601.

Für den Fall, dass der Schuldner fortgeführt werden soll, kann der Insolvenzplan zu- 125
sätzlich zur Spaltung auch eine Kapitalherabsetzung nach den Grundsätzen der vereinfachten Kapitalherabsetzung (§§ 58a ff. GmbHG, §§ 229 ff. AktG) regeln.[203]

g) Anmeldung zum Handelsregister. Wie auch außerhalb des Insolvenzplanverfah- 126
rens muss die Spaltung zum Handelsregister der beteiligten Rechtsträger (§§ 129, 125 UmwG i. V. m. §§ 16 ff. UmwG) angemeldet werden. Zu den Besonderheiten bei der Anmeldung zum Handelsregister und der Abgrenzung der Prüfungskompetenz von Register- und Insolvenzgericht → Rn. 144 f. Zur Abgabe der Erklärung gem. § 140 UmwG vgl. → Rn. 142 f.

h) Vollzug der Abspaltung. Wie auch außerhalb des Insolvenzplanverfahrens geht der 127
abgespaltene Teil des Vermögens einschließlich der Verbindlichkeiten entsprechend der im Spaltungs- und Übernahmevertrag vorgesehenen Aufteilung mit Eintragung der Spaltung in das Handelsregister des übertragenden Rechtsträgers jeweils als Gesamtheit auf den übernehmenden Rechtsträger über (§ 131 Nr. 1 UmwG). Diesbzgl. ergeben sich keine insolvenzplanrechtlichen Besonderheiten.

Zu berücksichtigen ist allerdings, dass die gesamtschuldnerische Haftung aus § 133 UmwG nach dem hier vertretenen Ansatz aufgrund einer teleologischen Reduktion ausgeschlossen ist.[204]

4. Besonderheiten bei der Ausgliederung im Insolvenzplanverfahren

Der Ablauf einer ins Insolvenzplanverfahren eingebundenen Ausgliederung orientiert 128
sich an den allgemeinen umwandlungsrechtlichen Regelungen. Er entspricht grundsätzlich dem Ablauf der Abspaltung im Insolvenzplanverfahren (→ Rn. 110 ff.).

In Abgrenzung zum Ablauf der Abspaltung im Insolvenzplanverfahren sind jedoch die 129
nachfolgenden **Besonderheiten** zu berücksichtigen:

So erfolgt die ins Insolvenzplanverfahren eingebundene Ausgliederung regelmäßig zur Aufnahme auf eine 100%ige Vorratsgesellschaft, wobei sämtliche Anteilsrechte an der Vorratsgesellschaft zur Insolvenzmasse gehören. In diesem Fall werden die für die Ausgliederung erforderlichen Zustimmungsbeschlüsse und Verzichtserklärungen der Vorratsgesellschaft als übernehmender Rechtsträger vom Insolvenzverwalter des Schuldners abgegeben. Gleiches gilt auch für die Beschlüsse der Sachkapitalerhöhung der Vorratsgesellschaft, sofern neue Geschäftsanteile an der Vorratsgesellschaft durch die Kapitalerhöhung geschaffen werden sollen.[205] Die Beschlüsse und Erklärungen der Vorratsgesellschaft können aufgrund des rechtsträgerorientierten Ansatzes des deutschen Insolvenzverfahrens hingegen nicht durch eine Insolvenzplanregelung im Insolvenzplan des eigentlichen Schuldners ersetzt werden. Sofern es sich beim Insolvenzverwalter aber auch um den Ersteller des Insolvenzplanes auf der Ebene des Schuldners handelt, ermöglicht dies aufgrund der Personenidentität eine abgestimmte und effektive Umsetzung des Insolvenzplanes.[206]

Ferner ist zu berücksichtigen, dass die Möglichkeit des Verzichts auf Gewährung von 130
neuen Geschäftsanteilen durch die Anteilsinhaber bei der Ausgliederung nach allgemeinem Umwandlungsrecht umstritten ist.[207] Im Unterschied zur Abspaltung im Insolvenzplanverfahren ist daher die Gewährung von „symbolischen" neuen Geschäftsanteilen mit geringem Nennwert zur Vermeidung von Unsicherheiten geboten.[208]

---

[203] Brünkmans/Thole/*Brünkmans* § 31 Rn. 60, allgemein zur vereinfachten Kapitalherabsetzung im Insolvenzplanverfahren § 31 Rn. 69 ff.
[204] Brünkmans/Thole/*Brünkmans* § 31 Rn. 510.
[205] *Brünkmans* ZInsO 2014, 2533, 2547.
[206] Brünkmans/Thole/*Brünkmans* § 31 Rn. 614.
[207] Vgl. zum Streitstand: Schmitt/Hörtnagl/Stratz/*Hörtnagl* UmwG § 126 Rn. 47; Lutter/*Priester* UmwG § 126 Rn. 26.
[208] *Brünkmans* ZInsO 2014, 2533, 2546; Brünkmans/Thole/*Brünkmans* § 31 Rn. 612.

VI. Der Formwechsel als Regelungsbestandteil eines Insolvenzplanes

1. Motive für einen Formwechsel im Planverfahren

131 Der Formwechsel im Insolvenzplanverfahren spielt in der Sanierungspraxis als insolvenzplanrechtliche Maßnahme eine bedeutende Rolle.[209] So kann eine wirtschaftliche Krise nicht selten auch auf schlechte Führungsstrukturen zurückgeführt werden und die Neuordnung der Corporate Governance Teil des Sanierungskonzepts sein.[210] Seit „Suhrkamp" stellt sich ferner die Frage, ob sich die Einbindung eines Formwechsels ins Insolvenzplanverfahren auch für die Beilegung eines möglicherweise existenzgefährdenden Gesellschafterstreits eignet und zulässig ist.[211] Der Formwechsel von der AG in eine andere Rechtsform im Insolvenzplanverfahren kann dazu dienen die Gesellschaft durch ein sog. „kaltes Delisting" von der Börse zu nehmen.[212] Der umgekehrte Fall stellt einen Zwischenschritt zur Umstellung der Unternehmensfinanzierung über den Kapitalmarkt dar und kann ebenfalls Teil eines dem Insolvenzplan zugrunde liegenden Sanierungskonzepts sein.[213]

2. Umsetzung eines Formwechsels im Insolvenzplanverfahren

132 **a) Überblick.** Der Ablauf eines Formwechsels im Insolvenzplanverfahren richtet sich grundsätzlich nach den allgemeinen umwandlungsrechtlichen Regelungen. Einzelne vorgesehene Verfahrensschritte bzw. Vorschriften können jedoch durch die insolvenzplanrechtlichen Wertungen und Regelungen überlagert, ersetzt bzw. durch Aufnahme einzelner Verzichtsregelungen im gestaltenden Teil des Insolvenzplanes abbedungen werden. Darüber hinaus ergeben sich aufgrund des Insolvenzverfahrens weitere Besonderheiten etwa im Hinblick auf die bestehenden Rechtsmittel der Anteilsinhaber[214], die Anmeldung zum Handelsregister[215], die Prüfungskompetenz des Registergerichts[216] oder das Austrittsrecht.[217]

133 **b) Zuleitung an den Betriebsrat.** Die Einbindung des Formwechsels in das Insolvenzplanverfahren führt dazu, dass die gem. § 194 Abs. 2 UmwG gesetzlich **vorgesehene Einbindung des Betriebsrates** bei der Aufstellung und Verabschiedung des Insolvenzplanes im Rahmen der vorherigen Zuleitung des Entwurfes des Umwandlungsbeschlusses an den Betriebsrat **entfällt**. Sie ist entbehrlich, da durch die Vorschriften über die Einbindung des Betriebsrates bei der Aufstellung und Einreichung des Insolvenzplanes (§§ 218 Abs. 3 InsO, 232 Abs. 1 Nr. 1, 235 Abs. 3 S. 1, 2 InsO) eine hinreichende Informierung des Betriebes bereits sichergestellt werden kann.[218] Aus Gründen der Vorsicht erscheint es bis zur höchstrichterlichen Klärung aber geboten, die Zustimmung zum Verzicht auf Einhaltung der Monatsfrist einzuholen, falls der Insolvenzplan aus Zeitgründen nicht einen Monat vor dem Erörterungs- und Abstimmungstermin dem Betriebsrat zugeleitet werden kann.[219]

---

[209] Siehe *Madaus* ZIP 2012, 2133, 2135; *Thole* Rn. 344; vgl. so im Fall *Suhrkamp*, BGH IX ZB 13/14 (Suhrkamp), ZIP 2014, 1442 = NZI 2014, 751; OLG Frankfurt/M. 5 U 145/13, ZIP 2013, 2018, dazu *Bäher/Schwartz* EWiR 2013, 753; LG Frankfurt/M. O 78/13, ZIP 2013, 1720; Brünkmans/Thole/*Brünkmans* § 31 Rn. 622.
[210] So auch Brünkmans/Thole/*Brünkmans* § 31 Rn. 622; *Simon/Merkelbach* NZG 2012, 121, 128; *Becker* ZInsO 2013, 1885.
[211] Brünkmans/Thole/*Brünkmans* § 31 Rn. 622.
[212] *Brünkmans* ZInsO 2014, 2533, 2547; Brünkmans/Thole/*Brünkmans* § 31 Rn. 623; Siehe dazu BGH II ZB 26/12, ZIP 2013, 2254 = NZG 2013, 1342, dazu *Bungert/Wettich* EWiR 2014, 3.
[213] *Brünkmans* ZInsO 2014, 2533, 2547.
[214] Brünkmans/Thole/*Brünkmans* § 31 Rn. 631; dazu auch → § 46 Rn. 149 f.
[215] Brünkmans/Thole/*Brünkmans* § 31 Rn. 631; dazu auch → § 46 Rn. 139 f.
[216] Brünkmans/Thole/*Brünkmans* § 31 Rn. 631; dazu auch → § 46 Rn. 144 f.
[217] Brünkmans/Thole/*Brünkmans* § 31 Rn. 631; dazu auch → Rn. 159 f.
[218] Siehe ausführlich dazu → § 46 Rn. 68 f.
[219] Brünkmans/Thole/*Brünkmans* § 31 Rn. 631.

c) Umwandlungsbericht. Der nach allgemeinem Umwandlungsrecht gem. § 192 **134**
UmwG anzufertigende **Umwandlungsbericht** ist für den Schuldner gem. § 254a Abs. 2
S. 2 InsO **entbehrlich**, wenn der Formwechselbeschluss durch eine Planregelung im
gestaltenden Teil **ersetzt** wird.[220] Im Übrigen können die Verzichtserklärungen auf
Erstattung eines Umwandlungsberichts (§ 192 Abs. 2 UmwG) als Regelung im Insolvenzplan aufgenommen und mit rechtskräftiger Bestätigung des Insolvenzplanes ersetzt
werden.[221]

d) Formwechselbeschluss. Der gem. § 193 S. 1 UmwG erforderliche Umwandlungs- **135**
beschluss der Anteilsinhaber kann durch eine entsprechende Regelung im gestaltenden Teil
des Insolvenzplanes **ersetzt** werden (§ 193 Abs. 1 S. 2 InsO wird durch § 225a Abs. 3
InsO verdrängt).[222] Dabei werden die gesellschaftsrechtlichen Einberufungsvorschriften,
sowie die erforderliche Form des Beschlusses durch die Vorschriften des Insolvenzplanverfahrens ersetzt (§ 254a Abs. 2 S. 1 InsO). An ihrer Stelle treten die Einberufungsvorschriften über die Einberufung des Erörterungs- und Abstimmungstermins (§§ 235 ff.
InsO).

Die Regelung im gestaltenden Teil muss den nach § 194 UmwG gebotenen Inhalt **136**
enthalten.[223] Dabei bietet es sich aus Gründen der Übersichtlichkeit an, die den Umwandlungsbeschluss ersetzende Planregelung in Anlehnung an § 194 Abs. 1 UmwG durchzunummerieren.[224]

Mit rechtskräftiger Bestätigung des Insolvenzplans wird die den Formwechselbeschluss
ersetzende Regelung wirksam (§§ 254, 254a InsO).

e) Gründungsvorschriften. Auch bei der Einbindung des Formwechsels in das Insol- **137**
venzplanverfahren sind neben den allgemeinen umwandlungsrechtlichen Vorgaben über
den Verweis des § 197 S. 1 UmwG grundsätzlich die für die neue Rechtsform geltenden
Gründungsvorschriften einzuhalten. Dies gilt insbesondere auch für den Fall, dass unter
gewissen Voraussetzungen etwa bei einem Formwechsel in eine Kapitalgesellschaft ein
Gründungsbericht[225] erforderlich sein kann oder zusätzlich eine Gründungsprüfung
durchzuführen ist und ggf. hierüber schriftlich in einem Gründungsprüfungsbericht[226]
berichtet werden muss. Gründungsbericht, Gründungsprüfung und Gründungsprüfungsbericht müssen auch bei einem Formwechsel im Insolvenzplanverfahren erstellt werden.[227] Im Unterschied zum Umwandlungsbericht stellen sie **keine Maßnahme zur
Vorbereitung von Beschlüssen i. S. des § 254a Abs. 2 S. 2 InsO** dar, sondern dienen
der Sicherstellung der Kapitalaufbringung und damit dem Schutz zukünftiger Gläubiger.[228]

f) Anmeldung zum Handelsregister. Wie auch außerhalb des **Insolvenzplanver-** **138**
**fahrens ist der Formwechsel der beteiligten Rechtsträger zum Handelsregister
anzumelden. Zu den Besonderheiten** bei der Anmeldung zum Handelsregister und
der Abgrenzung der Prüfungskompetenz von Register- und Insolvenzgericht
→ Rn. 139 f.

---

[220] Vgl. dazu → § 46 Rn. 71.
[221] Siehe dazu auch → § 46 Rn. 73.
[222] So auch Brünkmans/Thole/*Brünkmans* § 31 Rn. 624.
[223] Vgl. dazu näher Brünkmans/Thole/*Brünkmans* § 31 Rn. 624.
[224] Brünkmans/Thole/*Brünkmans* § 31 Rn. 624.
[225] Siehe dazu etwa § 220 Abs. 2 UmwG, § 5 Abs. 4 S. 2 GmbHG, § 32 AktG; so auch Lutter/
Bayer/*Vetter* UmwG § 197 Rn. 24.
[226] Vgl. § 245 Abs. 1, 2 i. V. m. § 220 Abs. 2 S. 1 UmwG.
[227] Brünkmans/Thole/*Brünkmans* § 31 Rn. 631.
[228] Brünkmans/Thole/*Brünkmans* § 31 Rn. 631.

VII. Besonderheiten bei der Handelsregisteranmeldung/im Registerverfahren

1. Anmeldung zum Handelsregister

139 Da die Regelung im rechtskräftig bestätigten Insolvenzplan lediglich die jeweilige Erklärung bzw. den Beschluss ersetzt, bleibt die Anmeldung und Eintragung der Umwandlung zum Handelsregister weiterhin erforderlich.[229]

140 Neben dem gesellschaftsrechtlich vertretungsberechtigten Organ[230] ist bei der Einbindung der Umwandlung in den Insolvenzplan für den Schuldner auch der Insolvenzverwalter (bis zur Aufhebung des Insolvenzverfahrens gem. § 258 InsO) dazu berechtigt die erforderlichen Anmeldungen beim jeweiligen Registergericht vorzunehmen, § 254a Abs. 2 S. 3 InsO. Der Insolvenzverwalter kann dabei anstelle der vertretungsberechtigten Organe auch die bei der Anmeldung erforderlichen Versicherungen oder benötigten Unterschriften leisten.[231]

141 Bei der Ersetzung der Beschlüsse (etwa des Zustimmungsbeschlusses) und Willenserklärungen (etwa der Verzichtserklärungen der Anteilsinhaber auf die Anteilsgewährung) durch Planregelungen ist anstatt dieser echten Beschlüsse und Willenserklärungen beim Handelsregister eine beglaubigte Abschrift des Insolvenzplans nebst beglaubigter Abschrift des mit Rechtskraftvermerk versehenen Bestätigungsbeschlusses einzureichen. Dadurch wird auch die Abgabe der Negativerklärung (§§ 16 Abs. 2, 36 Abs. 1 UmwG) ersetzt.[232]

2. Erklärung nach § 140 UmwG

142 Auch wenn eine Abspaltung oder Ausgliederung Regelungsgegenstand eines Insolvenzplanes ist, müssen die Geschäftsführer des übertragenden Rechtsträgers bei der Anmeldung der Spaltung zur Eintragung in das Handelsregister grundsätzlich die nach allgemeinem Umwandlungsrecht erforderliche Erklärung gem. § 140 UmwG abgeben. Dies gilt jedenfalls für die Regelung in einem **verfahrensbeendenden Insolvenzplan**.[233] Die Geschäftsführer müssen in diesem Fall, wie auch außerhalb des Insolvenzplanverfahrens, bei der Anmeldung gem. § 140 UmwG erklären, dass die durch Gesetz und Gesellschaftsvertrag vorgesehenen Voraussetzungen für die Gründung dieser Gesellschaft unter Berücksichtigung der Abspaltung oder Ausgliederung im Zeitpunkt der Anmeldung vorliegen. Gem. § 254a Abs. 2 S. 3 InsO analog kann diese Erklärung bis zur Verfahrensaufhebung (§ 258 InsO) neben dem vertretungsberechtigten Organ auch vom Insolvenzverwalter abgegeben werden.[234]

---

[229] Vgl. zur allgemeinen Eintragungspflicht von Regelungen im Insolvenzplan Brünkmans/Thole/ *Brünkmans* § 30 Rn. 167 f.

[230] *Thole* Rn. 265; Braun/*Braun/Frank* InsO § 254a Rn. 5; K. Schmidt/*Spliedt* InsO § 254a Rn. 5; MünchKomm InsO/*Madaus* § 254a Rn. 21; HK InsO/*Haas* § 254a Rn. 6; Kübler/Prütting/Bork/ *Spahlinger* InsO § 254a Rn. 6; *Horstkotte/Martini* ZInsO 2012, 557, 566, Fn. 61.

[231] Vgl. dazu ausführlich mit näherer Begründung Brünkmans/Thole/*Brünkmans* § 30 Rn. 172 f.; für die Berechtigung des Insolvenzverwalters vgl. auch *Horstkotte/Martini* ZInsO 2012, 557 mit Fn. 64, 566, 567, 577; für die Berechtigung zur Abgabe der Versicherungen gem. §§ 57 Abs. 2, 7 GmbHG, §§ 188 Abs. 2 S. 1, 36 Abs. 2 AktG: *Spliedt* GmbHR 2012, 462, 470; wohl auch Uhlenbruck/*Lüer/ Streit* InsO § 254a Rn. 12; K. Schmidt/*Spliedt* InsO § 254a Rn. 5; für die Berechtigung zur Unterzeichnung MünchKomm InsO/*Madaus* § 254a Fn. 15; a. A. HambKomm InsO/*Thies* § 254a Rn. 11.

[232] Vgl. dazu näher → § 26 Rn. 14; so auch *Brünkmans* ZInsO 2014, 2533, 2540; Brünkmans/ Thole/*Brünkmans* § 31 Rn. 563.

[233] Ein verfahrensbeendender Insolvenzplan ist im Unterschied zu einem verfahrensbegleitenden Insolvenzplan auf die Aufhebung des Insolvenzverfahrens nach § 258 Abs. 1 InsO gerichtet, vgl. Braun/Heinrich NZI 2011, 505, 515 f.; *Heinrich* NZI 2009, 546, 549; *Jacobi* ZInsO 2010, 2316, 2319; Brünkmans/Thole/*Brünkmans* § 2 Rn. 22; vgl. dazu auch → § 46 Rn. 25 f.

[234] Brünkmans/Thole/*Brünkmans* § 31 Rn. 516, vgl. ausführlich zur Berechtigung zur Abgabe von sonstigen Erklärungen und Versicherung bei der Anmeldung zum Handelsregister durch den Insolvenzverwalter, Brünkmans/Thole/*Brünkmans* § 30 Rn. 172 f.;

Etwas Anderes gilt hingegen für eine Spaltung über einen **verfahrensbegleitenden Insolvenzplan**[235]. Nach der hier vertretenen Auffassung ist eine Erklärung gem. § 140 UmwG bei der Einbindung der Spaltung in einen verfahrensbegleitenden Insolvenzplan ausnahmsweise entbehrlich.[236] In diesem Fall wird der Schuldner noch im Insolvenzverfahren abgewickelt.[237] Er tritt nicht mehr als werbende Gesellschaft auf, sodass eine Erklärung nach § 140 UmwG auch nicht mehr geboten ist.[238]

3. Kompetenzabgrenzung Registergericht/Insolvenzgericht

Bei der Einbindung von gesellschaftsrechtlichen Maßnahmen in das Insolvenzplanverfahren sind der Prüfungsumfang und die Prüfungstiefe des Registergerichts umstritten und bisher höchstrichterlich ungeklärt.

Zwei Auffassungen stehen sich dabei gegenüber. Teilweise wird von einer identischen Prüfungskompetenz zum Eintragungsverfahren außerhalb des Planverfahrens ausgegangen.[239]

Nach der hier vertretenen Auffassung ist das Registergericht bei seiner Prüfung hingegen an die insolvenzgerichtliche Entscheidung gebunden und hat diesbezüglich nur noch eine auf **schwerwiegende** und **offensichtliche Fehler eingeschränkte Prüfungskompetenz**.[240] Sämtliche inhaltlichen und verfahrensrechtlichen Mängel, die vom Insolvenzgericht zu prüfen sind, werden grundsätzlich mit der Rechtskraft des Bestätigungsbeschlusses des Insolvenzplans geheilt.[241] Vor diesem Hintergrund muss das Registerverfahren auch grundsätzlich auf Basis des rechtskräftig festgestellten Insolvenzplans erfolgen.[242] Dies kann jedoch nicht uneingeschränkt gelten. So muss die Rechtskraft des Bestätigungsbeschlusses dort Grenzen haben, wo der rechtskräftig bestätigte **Insolvenzplan an einem besonders schwerwiegenden Fehler leidet** und dies bei verständiger Würdigung aller in Betracht kommenden Umstände **offensichtlich ist** (vgl. § 44 Abs. 1 VwVfG zu nichtigen Verwaltungsakten).[243] In diesem Fall muss das Handelsregister die Eintragung einer derartig fehlerhaften Planregelung verweigern können. Eine solche auf schwerwiegende und offensichtliche Fehler begrenzte Prüfungskompetenz steht sowohl im Einklang mit der Gesetzgebungshistorie[244] als auch mit dem zugrundeliegenden Verständnis des Gesetzes zur Reorganisation von Kreditinstituten (KredReorgG).[245] Aufgrund der offenen Rechtsfrage ist

---

[235] Der verfahrensbegleitende Insolvenzplan ist anders als der verfahrensbeendende nicht auf Aufhebung des Insolvenzverfahrens (§ 258 Abs. 1 InsO) gerichtet, sondern regelt ausschließlich einen Teilaspekt der Verfahrensabwicklung gläubigerautonom, vgl. *Braun/Heinrich* NZI 2011, 505, 515 f.; *Heinrich* NZI 2009, 546, 549; *Jacobi* ZInsO 2010, 2316, 2319; Brünkmans/Thole/*Brünkmans* § 2 Rn. 22; vgl. dazu auch → § 46 Rn. 25 f.
[236] Brünkmans/Thole/*Brünkmans* § 31 Rn. 518.
[237] Brünkmans/Thole/*Brünkmans* § 31 Rn. 518.
[238] Brünkmans/Thole/*Brünkmans* § 31 Rn. 518.
[239] Vgl. AG Charlottenburg HRB 153203 B, ZIP 2015, 394 = ZInsO 2015, 413, 415 m. Anm. *Horstkotte*; Horstkotte/*Martini* ZInsO 2012, 557, 567 Fn 67; Brünkmans/Thole/*Laroche* § 14 Rn. 76 ff.
[240] Siehe dazu ausführlich *Brünkmans/Greif-Werner* ZInsO 2015, 1585, 1593 f.; so auch Brünkmans/Thole/*Brünkmans* § 30 Rn. 177 f.; gegen jegliche Prüfungskompetenz des Registergerichts hingegen *Klausmann* NZG 2015, 1300, 1305; bzgl. inhaltlicher Rechtmäßigkeit: MünchKomm InsO/*Eidenmüller* § 225a Rn. 103; *Müller* KTS 2012, 419, 448; *Thole* Rn. 266.
[241] *Brünkmans/Greif-Werner* ZInsO 2015, 1585, 1593; MünchKomm InsO/*Eidenmüller* § 221 Rn. 132; Uhlenbruck/*Lüer* InsO § 253 Rn. 7; vgl. auch MünchKomm InsO/*Madaus* § 254a Rn. 22;
[242] MünchKomm InsO/*Madaus* § 254a Rn. 22; *Brünkmans/Greif-Werner* ZInsO 2015, 1585, 1593.
[243] Dazu näher: *Brünkmans/Greif-Werner* ZInsO 2015, 1585, 1594; ähnlich auch *Rendels/Zabel*, Insolvenzplan, Rn. 300; MünchKomm InsO/*Madaus* § 254a Rn. 24.
[244] Vgl. Begr. RegE ESUG, BT-Drucks. 17/5712, S. 37: „Dabei hat das Registergericht nur eine **eingeschränkte** Prüfungskompetenz, denn das wirksame Zustandekommen des Plans wird bereits durch das Insolvenzgericht überprüft. Dem Registergericht kommt hier **vor allem** eine beurkundende Funktion zu." (Hervorhebung durch den Verfasser)
[245] So sind gem. § 21 Abs. 3 S. 2 KredReorgG „Die im Reorganisationsplan enthaltenen eintragungspflichtigen gesellschaftsrechtlichen Maßnahmen [...], falls sie nicht **offensichtlich nichtig sind**,

in der Praxis dringend geboten, die Maßnahme sowohl mit dem Insolvenzgericht als auch mit dem Registergericht abzustimmen.

146 Da das Insolvenzgericht im Rahmen des Bestätigungsverfahren bereits abschließend klären muss, ob die in den Plan einbezogenen Regelungen zur Umwandlung als gesellschaftsrechtlichen Maßnahmen i. S. des § 225a Abs. 3 InsO zulässig sind, erstreckt sich die Rechtskraft des Bestätigungsbeschlusses grundsätzlich auch auf die Frage der Zulässigkeit der Umwandlung. Es ist davon auszugehen, dass das Insolvenzgericht die Rechtmäßigkeit der Zustimmungsbeschlussregelung und der Regelungen der Einzelerklärungen der Anteilsinhaber des Schuldners (wie etwaige Verzichtserklärungen der Anteilsinhaber auf die Anteilsgewährung) umfassend prüft.[246] Die Umwandlungsverträge sind Prüfungsgegenstand des Insolvenzgerichts, soweit die Erklärung des Schuldners ebenfalls durch eine Insolvenzplanregelung ersetzt wurde.[247]

147 Hingegen prüft das Registergericht wie auch außerhalb des Insolvenzplanverfahrens weiterhin die Wirksamkeit der Beschlüsse des sich nicht im Insolvenzplanverfahren befindlichen Rechtsträgers sowie die Wirksamkeit möglicherweise erforderlicher Zustimmungen und Genehmigungen und den Vertrag, sofern dieser nicht bereits vom Insolvenzgericht geprüft wurde.[248] Die bereits vom Insolvenzgericht geprüften Beschlüsse und Erklärungen hat es aufgrund der bereits erfolgten Prüfung durch das Insolvenzgericht als wirksam (abgegeben) zu unterstellen.[249] Dies gilt jedenfalls sofern diese nicht an einem **offensichtlichen und schwerwiegenden Rechtsfehler leiden**.[250]

148 Im Rahmen des Formwechsels und bei einer Verschmelzung oder Spaltung zur Neugründung prüft das Insolvenzgericht auch die **Einhaltung der Gründungsvorschriften** nach § 197 UmwG zum Zeitpunkt des Bestätigungsbeschlusses.[251] Der Registerrichter prüft hingegen, ob aufgrund von Veränderungen zwischen dem Bestätigungsbeschluss und der Anmeldung gegen die gebotene Einhaltung der Gründungsvorschriften verstoßen wurde.[252]

VIII. Besonderheiten des Rechtsschutzes gegen Umwandlungsmaßnahmen im Insolvenzplanverfahren.

1. Verdrängung des umwandlungsrechtlichen Rechtsschutzes

149 Bei der Einbindung der Umwandlung ins Insolvenzplanverfahren ist zu berücksichtigen, dass das Insolvenzplanrecht für die Anteilsinhaber anstelle der sonst üblichen gesellschaftsrechtlichen Rechtsbehelfe ein eigenes Rechtsschutzregime setzt. Die Anteilsinhaber des Schuldners können sich bei der Einbindung der Umwandlung in das Insolvenzplanverfahren nicht mit der allgemeinen Beschlussmängelklage gegen die Umwandlung wenden. Ihnen stehen ausschließlich die insolvenzrechtlichen Rechtsbehelfe, namentlich der Minderheitenschutzantrag (§ 251 InsO) und die sofortige Beschwerde (§ 253 InsO) gegen die Umwandlung im Insolvenzplanverfahren zu.[253]

---

unverzüglich in das Handelsregister einzutragen." (Hervorhebung durch den Verfasser). *Brünkmans/ Greif-Werner* ZInsO 2015, 1585, 1594; Brünkmans/Thole/*Brünkmans* § 30 Rn. 179.

[246] Allgemein zur Prüfungspflicht des Insolvenzgerichts BGH IX ZB 75/14 Rn. 27, ZIP 2015, 1346 ff. = ZInsO 2015, 1398, 1402; speziell für gesellschaftsrechtliche Maßnahmen Brünkmans/ Thole/*Brünkmans* § 31 Rn. 564, vgl. auch die Übersicht § 30 Rn. 182.

[247] Brünkmans/Thole/*Brünkmans* § 31 Rn. 564.

[248] Brünkmans/Thole/*Brünkmans* § 31 Rn. 565; vgl. auch Semler/Stengel/*Schwanna* UmwG § 19 Rn. 5; Lutter/*Decher* UmwG § 19 Rn. 4; Henssler/Strohn/*Heidinger* UmwG § 19 Rn. 13; Kallmeyer/*Zimmermann* UmwG § 19 Rn. 9 f.; s. a. *Brünkmans* ZInsO 2014, 2533, 2540 f.

[249] Brünkmans/Thole/*Brünkmans* § 31 Rn. 565.

[250] Brünkmans/Thole/*Brünkmans* § 31 Rn. 565; *Madaus* ZIP 2012, 2133, 2138; anders *Becker* ZInsO 2013, 1885, 1890; s. dazu ausführlich Brünkmans/Thole/*Brünkmans* § 30 Rn. 177 ff.

[251] S. dazu näher Brünkmans/Thole/*Brünkmans* § 30 Rn. 182.

[252] Vgl. Brünkmans/Thole/*Brünkmans* § 30 Rn. 182.

[253] Brünkmans/Thole/*Brünkmans* § 31 Rn. 560; *Brünkmans* ZInsO 2014, 2533, 2540.

Die Anteilsinhaber des sich nicht im Insolvenzverfahren befindlichen Rechtsträgers können sich hingegen wie auch außerhalb des Planverfahrens nach den **allgemeinen gesellschaftsrechtlichen Rechtsmitteln unter Berücksichtigung der umwandlungsrechtlichen Besonderheiten** gegen die Umwandlung wehren.

2. Minderheitenschutzantrag (§ 251 InsO)

Im Rahmen des Minderheitenschutzantrages gem. § 251 InsO können sich die Anteilsinhaber ausschließlich gegen eine **wirtschaftliche Schlechterstellung** durch den Insolvenzplan im Vergleich zum Regelverfahren wehren. Die Rechtswidrigkeit von Planregelungen, insbesondere der Verstoß gegen umwandlungsrechtliche Vorschriften, kann über einen Minderheitenschutzantrag hingegen nicht geltend gemacht werden.

Zulässigkeitsvoraussetzungen des Antrages sind, dass der Anteilsinhaber dem Insolvenzplan spätestens im Abstimmungstermin schriftlich oder zu Protokoll **widersprochen** hat (§ 251 Abs. 1 Nr. 1 InsO) und seine voraussichtliche Schlechterstellung **glaubhaft** macht (§ 251 Abs. 2 InsO). **Umstritten** ist, ob die Antragsberechtigung ferner voraussetzt, dass der Anteilsinhaber jedenfalls nicht für den Insolvenzplan gestimmt hat.[254]

Der Minderheitenschutzantrag ist begründet, wenn der Antragsteller durch den Insolvenzplan voraussichtlich **schlechter gestellt wird als im Regelinsolvenzverfahren**.[255] Im Rahmen der Prüfung der wirtschaftlichen Schlechterstellung wird die im Insolvenzplan vorgesehene wirtschaftliche Stellung der Anteilsinhaber mit der wirtschaftlichen Stellung der Anteilsinhaber im Regelverfahren verglichen.[256] Letztere richtet sich nach dem Anteil des jeweiligen Anteilsinhabers am fiktiven Schlussverteilungsüberschuss nach § 199 InsO. Dieser wird in der Regel evident mit null zu bewerten sein, sodass den Anteilsinhaber regelmäßig bereits die Glaubhaftmachung der Schlechterstellung misslingen und der Minderheitenschutzantrag vom Insolvenzgericht als unzulässig zurückgewiesen wird.[257] Ferner ist auch zu berücksichtigen, dass der Minderheitenschutzantrag abzuweisen und der Anteilsinhaber auf den ordentlichen Rechtsweg zu verweisen ist, wenn im gestaltenden Teil hinreichende Mittel für den Fall des Nachweises der Schlechterstellung bereitgestellt werden.[258]

Sofern der Minderheitenschutzantrag zulässig und begründet ist, hat das Insolvenzgericht die Bestätigung des Insolvenzplanes grundsätzlich zu versagen.[259]

3. Sofortige Beschwerde (§ 253 InsO)

Im Rahmen der sofortigen Beschwerden können die Anteilsinhaber des Schuldners sowohl **Rechtsverstöße** als auch ihre **wirtschaftliche Schlechterstellung** geltend machen.

Zulässigkeitsvoraussetzungen der Beschwerde sind, dass der Anteilsinhaber dem Insolvenzplan spätestens im Abstimmungstermin schriftlich oder zu Protokoll **widersprochen** (§ 253 Abs. 2 Nr. 1 InsO) und **gegen den Plan gestimmt** hat (§ 253 Abs. 2 Nr. 2 InsO). Eines vorherigen Minderheitenschutzantrags (§ 251 InsO) bedarf es hingegen weder für die Geltendmachung der wesentlichen Schlechterstellung noch für die Rüge des sonstigen Rechtsverstoßes.[260] Gem. § 253 Abs. 2 Nr. 3 InsO muss der Anteilsinhaber darüber hinaus auch eine **wesentliche**[261] Schlechterstellung glaubhaft machen.

---

[254] So K. Schmidt/*Spliedt* InsO § 251 Rn. 4, 5; MünchKomm InsO/*Sinz* § 251 Rn. 6; HRI/Burmeister/Schmidt/*Hern* § 43 Rn. 17, a. A. Uhlenbruck/*Lüer/Streit* InsO § 251 Rn. 12.
[255] Brünkmans/Thole/*Hirschberger* § 20 Rn. 34 f.; vgl. dazu auch K. Schmidt/*Spliedt* InsO § 251 Rn. 6.
[256] Brünkmans/Thole/*Hirschberger* § 20 Rn. 36.
[257] Brünkmans/Thole/*Brünkmans* § 32 Rn. 2.
[258] Kübler/Prütting/Bork/*Pleister* InsO § 251 Rn. 13; Brünkmans/Thole/*Hirschberger* § 20 Rn. 47.
[259] Uhlenbruck/*Lüer/Streit* InsO § 251 Rn. 25; Brünkmans/Thole/*Hirschberger* § 20 Rn. 7.
[260] BGH IX ZB 13/14 (Suhrkamp), ZIP 2014, 1442 = NZI 2014, 751.
[261] Nach der Gesetzesbegründung ist eine Schlechterstellung wesentlich, wenn die Abweichung mindestens 10 % beträgt, vgl. BT-Drs. 17/5712, S. 35.

157 Im Rahmen der Begründetheit prüft das Beschwerdegericht, ob ein **Verstoß gegen die Vorschriften über den Inhalt, das Verfahren, die Annahme des Plans oder die Zustimmung zum Plan** vorliegt[262] oder die Anteilsinhaber durch den Insolvenzplan im Vergleich zu Regelverfahren wirtschaftlich **wesentlich schlechter gestellt werden**[263]. Da die gesellschaftsrechtliche Generalermächtigung aus § 225a Abs. 3 InsO als Vorschrift über den Inhalt des Insolvenzplans einzuordnen ist, prüft das Beschwerdegericht die umwandlungsbezogene Regelung auch anhand des im Insolvenzplanverfahren anwendbaren Gesellschaftsrechts.

Bei einer zulässigen und begründeten Beschwerde hat das Beschwerdegericht die Möglichkeit die Aufhebung des Bestätigungsbeschlusses und die Entscheidung des Beschwerdegerichts über die Sache selbst anzuordnen, die Aufhebung des Bestätigungsbeschlusses und Rückverweisung an das Insolvenzgericht oder die Aufhebung des Bestätigungsbeschlusses, Rückverweisung an das Insolvenzgericht und Übertragung etwa erforderlicher Anordnungen zu bestimmen.[264]

158 Auf Antrag des Insolvenzverwalters kann das Beschwerdegericht die Beschwerde auch zurückweisen, sofern die Nachteile einer Verzögerung des Planvollzugs nach freier Überzeugung des Gerichts die Nachteile für den Beschwerdeführer überwiegen sollten (Insolvenzspezifisches Freigabeverfahren).[265]

IX. Austrittsrecht und Abfindungsangebot

159 Auch im Insolvenzplanverfahren kann den Anteilsinhabern des Schuldners bei der Umwandlung ein Austrittsrecht gem. §§ 29, 207 UmwG zuzugestehen sein, sofern die weiteren Voraussetzungen dafür vorliegen. So ist zu berücksichtigen, dass dem Austrittsrecht der allgemeine Rechtsgedanke zu Grunde liegt, dass bei gewissen nachteiligen Veränderungen den Anteilsinhabern die Fortführung ihrer Mitgliedschaft unzumutbar ist.[266] Insbesondere vor dem Hintergrund von Art. 9 GG muss diese Wertung auch im Insolvenzplanverfahren gelten, sodass den Anteilsinhabern unter den Voraussetzungen des § 29 Abs. 1, 207 UmwG eine **Austrittsmöglichkeit zwingend zuzugestehen** ist.[267]

160 Die **Höhe der Abfindung** richtet sich nach § 225a Abs. 5 InsO, wenn die Umwandlung ins Insolvenzplanverfahren eingebunden wird und der Austritt aus der Gesellschaft mit der Umwandlung begründet wird.[268] Dabei ist grundsätzlich auf den Liquidationswert abzustellen.[269] Gem. § 225a Abs. 5 S. 2 InsO kann die Auszahlung des Abfindungsanspruchs zur Vermeidung einer unangemessenen Belastung der Finanzlage des Schuldners im Insolvenzplan über einen Zeitraum von bis zu drei Jahren gestundet werden.

161 Bei der Einbindung der Umwandlung in den Insolvenzplan kann auch durch die Aufnahme einer Regelung im Insolvenzplan gegen den Willen der Anteilsinhaber auf die Abfindung **verzichtet** werden.[270] In diesem Fall muss den austretenden Anteilsinhabern aber bei noch bestehender Werthaltigkeit ihrer Anteilsrechte vor dem Hintergrund des

---

[262] Brünkmans/Thole/*Hirschberger* § 21 Rn. 30.
[263] Brünkmans/Thole/*Brünkmans* § 32 Rn. 7.
[264] Brünkmans/Thole/*Hirschberger* § 21 Rn. 43; Brünkmans/Thole/*Brünkmans* § 32 Rn. 8.
[265] Vgl. *Fischer* NZI 2013, 513, 515 ff.
[266] Vgl. Semler/Stengel/*Kalss* UmwG § 29 Rn. 20.
[267] Brünkmans/Thole/*Brünkmans* § 31 Rn. 534, 625; vgl. dazu *Brünkmans* ZInsO 2014, 2533, 2548.
[268] Brünkmans/Thole/*Brünkmans* § 31 Rn. 535, siehe auch bzgl. des Abfindungsanspruches beim Formwechsel: *Brünkmans* ZInsO 2014, 2533, 2548; ausführlich zur Abfindung nach § 225a Abs. 5 InsO: Brünkmans/Thole/*Brünkmans* § 30 Rn. 211 ff.; Brünkmans/Thole/*Brünkmans/Harmann* § 34 Rn. 70 f.
[269] Ausführlich zur Bestimmung des Liquidationswertes, Brünkmans/Thole/*Brünkmans/Harmann* § 34 Rn. 70 ff.
[270] Brünkmans/Thole/*Brünkmans* § 31 Rn. 536.

§ 251 InsO ein **Entschädigungsanspruch** zugestanden werden, der sich der Höhe nach ebenfalls nach § 225a Abs. 5 InsO richten würde.[271]

D. Umwandlung bei Nichteröffnung des Insolvenzverfahrens oder Einstellung mangels Masse

Die Umwandlung von Rechtsträgern nach der Nichteröffnung des Insolvenzverfahrens (§ 26 InsO) oder der Einstellung des Insolvenzverfahrens mangels Masse (§ 207 InsO) wird regelmäßig bereits an der **mangelnden Umwandlungsfähigkeit der Rechtsträger scheitern.** 162

Hinsichtlich der Umwandlungsfähigkeit der Rechtsträger ist dabei zwischen Personen- und Kapitalgesellschaften als Rechtsträger zu differenzieren. 163

GmbH und AG werden sowohl mit dem Beschluss über die Eröffnung des Insolvenzverfahrens (§ 60 Abs. 1 Nr. 4 GmbHG, § 262 Abs. 1 Nr. 3 AktG), welches anschließend mangels Masse eingestellt wird, als auch bei der Nichteröffnung des Insolvenzverfahrens mangels Masse (§ 60 Abs. 1 Nr. 5 GmbHG, § 262 Abs. 1 Nr. 4 AktG) aufgelöst. In beiden Fällen ist nach der Auflösung die Fortsetzungsfähigkeit der GmbH[272] und AG[273] ausgeschlossen. Da die Umwandlungsfähigkeit der aufgelösten Rechtsträger gem. §§ 3 Abs. 3, 124 Abs. 2, 191 Abs. 3 UmwG an deren Fortsetzungsfähigkeit anknüpft (→ Rn. 33 f., 36 f.), scheidet die Umwandlung nach der Auflösung der Rechtsträger wegen Nichteröffnung des Insolvenzverfahrens (§ 26 InsO) oder Einstellung des Insolvenzverfahren mangels Masse (§ 207 InsO) nach herrschender Auffassung[274] für die GmbH und AG aus. 164

OHG und KG werden ebenfalls mit dem Beschluss über die Eröffnung des Insolvenzverfahrens (§ 131 Abs. 1 Nr. 3 HGB (i. V. m. § 161 Abs. 2 HGB)) aufgelöst. Anders als für die AG und GmbH gilt dies bei der Nichteröffnung mangels Masse aber nur, sofern bei ihnen kein persönlich haftender Gesellschafter eine natürliche Person ist (§ 131 Abs. 2 Nr. 1 (i. V. m. § 161 Abs. 2 HGB)). Die OHG und KG sind ferner zumindest bei der Einstellung des Insolvenzverfahrens mangels Masse (§ 207 InsO) nach der wohl als überwiegend zu bezeichnenden Auffassung im Unterschied zur GmbH und AG weiterhin fortsetzungsfähig.[275] Sofern die Fortsetzungsfähigkeit bejaht wird, kann die aufgelöste OHG und KG zumindest als übertragender Rechtsträger grundsätzlich an einer Verschmelzung und Spaltung bzw. allgemein an einem Formwechsel beteiligt sein. Dies gilt auch, sofern die OHG und KG erst gar nicht aufgelöst wurden. In diesem Fall ist die Umwandlungsfähigkeit der OHG und KG allgemein zu bejahen. 165

---

[271] Vgl. dazu Brünkmans/Thole/*Brünkmans* § 31 Rn. 537; siehe dazu ausführlich auch Brünkmans/Thole/*Brünkmans* § 30 Rn. 211 ff.

[272] Vgl. BGH II ZB 13/14, NZG 2015, 872; OLG Köln 2 Wx 18/10, I-2 Wx 18/10, NZG 2010, 507.

[273] Vgl. BGH II ZR 257/78, NJW 1980, 233; Hüffer/Koch/*Koch* § 274 Rn. 6.

[274] KG 1 W 2161/97, NZG 1999, 359; KG Berlin 1 W 6135/92 –BB 1993, 1750; Henssler/Strohn/*Heidinger* UmwG § 3 Rn. 19a; Schmitt/Hörtnagl/Stratz/*Stratz* UmwG § 3 Rn. 49; i. E. so auch Hüffer/Koch/*Koch* § 274 Rn. 6; Für eine Möglichkeit der Beteiligung hingegen: Reul/Heckschen/Wienberg/*Heckschen*, Insolvenzrecht in der Gestaltungspraxis N. Gesellschaftsrecht und Insolvenz Rn. 1044 ff.

[275] BGH V ZR 58/93, NJW 1995, 196; Baumbach/Hopt/*Roth* § 144 Rn. 1; EBJS/*Lorz* § 144 Rn. 6; Oetker/*Kamanabrou* § 144 Rn. 5; Henssler/Strohn/*Klöhn* 144 Rn. 2; ablehnend: MüKo HGB/*Schmidt* § 144 Rn. 3.

2. Kapitel. Steuerrecht

§ 47 Steuerliche Auswirkungen von Umwandlungen – Anwendungsbereich des UmwStG

Übersicht

	Rdnr.		Rdnr.
I. Grundlagen	1	f) Gewerbesteueranrechnung (§ 35 EStG)	11
II. Relevante Steuerarten	2–16	g) Grunderwerbsteuer	12
1. Überblick	2	3. Umsatzsteuer	13
2. Ertragsteuern (Einkommen-/Körperschaft-/Gewerbesteuer)	3–12	4. Erbschaft- und Schenkungsteuer bei früherer Verschenkung/Vererbung von Betriebsvermögen oder Anteilen	14, 15
a) Aufdeckung stiller Reserven	3	5. Auswirkungen auf Stromsteuerermäßigungen und energiewirtschaftliche Privilegierungen für das produzierende Gewerbe	16
b) Umwandlungssteuergesetz als Spezialvorschrift	4–7		
c) Ertragsteuerliche „Sperrfristen" aus früheren Umwandlungs-/Umstrukturierungsvorgängen	8		
d) Verlustvorträge	9	III. Anwendungsbereich des UmwStG	17–22
e) Thesaurierungsbegünstigung nach § 34a EStG	10	1. Nationale Umwandlungsformen	17–19
		2. Persönlicher Anwendungsbereich – Inlands-/EU-Bezug	20–22

Schriftum: *Benecke/Schnitger*, Neuregelung des UmwStG und der Entstrickungsnormen durch das SEStEG, IStR 2006, 765; *Benecke/Schnitger*, Letzte Änderungen der Neuregelungen des UmwStG und der Entstrickungsnormen durch das SEStEG: Beschlussempfehlung und Bericht des Finanzausschusses, IStR 2007, 22; *Cordes*, Thesaurierungsbegünstigung nach § 34a EStG n. F. bei Personenunternehmen – Analyse der Be- bzw. Entlastungswirkungen bei der laufenden Besteuerung und der Auswirkungen auf Umstrukturierungen, WPg 2007, 526; *Hageböke*, Die Ausbringung eines Teilbetriebs aus einer Mitunternehmerschaft durch „Upstream"-Abspaltung, Ubg 2009, 105; *Rödder/Schumacher*, Das kommende SEStEG – Teil II: Das geplante neue Umwandlungssteuergesetz, Der Regierungsentwurf eines Gesetzes über steuerliche Begleitmaßnahmen zur Einführung der Europäischen Gesellschaft und zur Änderung weiterer steuerrechtlicher Vorschriften, DStR 2006, 1525; *Rödder/Schumacher*, Das SEStEG – Überblick über die endgültige Fassung und die Änderungen gegenüber dem Regierungsentwurf, DStR 2007, 369.

I. Grundlagen

1 Umwandlungen sind im Allgemeinen für die Besteuerung relevant und können Steuern auslösen, die zu einer wirtschaftlichen Belastung der an der Umwandlung beteiligten Vertragspartner führen. Sie können betriebswirtschaftlich oder gesellschaftsrechtlich sinnvolle Umwandlungsmaßnahmen erschweren und ggf. auch scheitern lassen. Jeder Umwandlungsvorgang bedarf daher einer vorherigen steuerlichen Analyse im Hinblick auf die steuerlichen Auswirkungen. Die Komplexität einer solchen Analyse hängt von dem geplanten Umwandlungsvorgang und den individuellen, steuerlich relevanten Sachverhalten bei den an der Umwandlung beteiligten Rechtsträgern und ggf. ihrer Tochterunternehmen ab. In Abhängigkeit von den Ergebnissen und insbesondere der Höhe des steuerlichen Risikos ist zu überlegen bzw. zu entscheiden, ob im Rahmen eines (gebührenpflichtigen) Antrags auf verbindliche Auskunft (§ 89 Abs. 2 AO) bei den zuständigen Finanzbehörden eine Bestätigung der Steuerneutralität vor Umsetzung der Umwandlung herbeigeführt wird. In der Praxis ist dies in vielen Fällen anzuraten.

II. Relevante Steuerarten

1. Überblick

In Abhängigkeit von dem zu Grunde liegenden Sachverhalt kann der Umwandlungsvorgang nicht nur ertragsteuerliche Auswirkungen haben, sondern auch andere Steuerarten betreffen. Für den Rechtsanwender in der Praxis ist von entscheidender Bedeutung, dass keine dieser Steuerarten übersehen werden darf. Insbesondere relevant sein können:

– Ertragsteuern (Einkommen-/Körperschaft-/Gewerbesteuer)
– Grunderwerbsteuer
– Umsatzsteuer
– Erbschaft- und Schenkungsteuer
– Stromsteuer / energiewirtschaftliche Privilegierungen.

2. Ertragsteuern (Einkommen-/Körperschaft-/Gewerbesteuer)

a) Aufdeckung stiller Reserven. Naturgemäß liegt der Schwerpunkt der steuerlichen Belastung bzw. des Betrachtungshorizonts auf den Ertragsteuern. Mit Umwandlungen gehen in aller Regel die Wirtschaftsgüter eines Unternehmens einschließlich etwaiger Anteile an Tochterunternehmen sowie die Verbindlichkeiten und Schulden eines Unternehmens auf einen **anderen Eigentümer** über („übertragende Umwandlung", z. B. bei Verschmelzung einer Kapitalgesellschaft auf eine andere Kapitalgesellschaft). Neben dem Übergang des rechtlichen Eigentums kann auch der Übergang des wirtschaftlichen Eigentums (§ 39 Abs. 2 AO) von Bedeutung sein. Der Wechsel des (wirtschaftlichen) Eigentums führt nach Verwaltungsauffassung in der Regel zu einer **ertragsteuerlichen Realisation**.[1] Die stillen Reserven in den übergehenden Wirtschaftsgütern (ggf. einschließlich des Geschäfts- und Firmenwerts) sind aufzudecken. Der hieraus entstehende Gewinn (Differenz zwischen Buchwert und Verkehrswert; Verkehrswertermittlung z. B. durch Unternehmensbewertung) unterliegt je nach Rechtsform der beteiligten Rechtsträger der Einkommensteuer, der Körperschaftsteuer und/oder der Gewerbesteuer. Die Steuerbelastung kann in der Regel auf zwischen 30 % und 45 % geschätzt werden.[2] Auch zivilrechtlich identitätswahrende Umwandlungen (z. B. der Formwechsel) können kraft steuerrechtlicher Fiktionen (§§ 9, 25 UmwStG) wie übertragende Umwandlungen zu behandeln sein.

b) Umwandlungssteuergesetz als Spezialvorschrift. Mit dem UmwStG sollen diese Folgen verhindert werden. Die Umwandlung/Umstrukturierung soll **steuerneutral** möglich sein. Leitlinie ist, dass der Unternehmer nicht durch steuerliche Hürden daran gehindert werden soll, sein Unternehmen in der Rechtsform oder in der Struktur zu betreiben, die er aus rechtlichen oder betriebswirtschaftlichen Gründen für sinnvoll erachtet.[3]

Das UmwStG gilt für Einkommensteuer, Körperschaftsteuer und Gewerbesteuer.[4] Es geht als spezialgesetzliche Regelung den allgemeinen Regelungen des EStG/KStG/GewStG vor und begründet keine eigenständige Steuer („Umwandlungsteuer" oder Ähnliches).[5]

---

[1] Vgl. Rödder/Herlinghaus/van Lishaut/*Rödder* UmwStG Einführung Rn. 2; BMF IV C 2 - S 1978 - b/08/10001, BStBl. I 2011, 1314 Tz. 00.02.
[2] Bei der umwandlungsbedingten Übertragung von Anteilen an Kapitalgesellschaften gelten allerdings – auch wenn dem Grunde nach stille Reserven aufzudecken sind – in vielen Fällen Steuerbefreiungen (95%-Steuerbefreiung nach § 8b KStG) bzw. Reduzierungen (Teileinkünfteverfahren mit 40 % steuerfreiem Anteil gemäß § 3 Nr. 40 EStG).
[3] Vgl. Rödder/Herlinghaus/van Lishaut/*Rödder* UmwStG Einführung Rn. 3.
[4] Vgl. Dötsch/Pung/Möhlenbrock/*Möhlenbrock* UmwStG Einführung Rn. 151; Haritz/Menner/ *Haritz* UmwStG § 1 Rn. 100.
[5] Vgl. BMF IV C 2 - S 1978 - b/08/10001, BStBl. I 2011, 1314 Tz. 01.01; so auch Rödder/ Herlinghaus/van Lishaut/*Rödder* UmwStG Einführung Rn. 4; Schmitt/Hörtnagl/Stratz/*Hörtnagl* UmwStG § 1 Rn. 11.

6 Sind in dem von der Umwandlung/Umstrukturierung betroffenen Unternehmen bzw. Unternehmensteil keine stillen Reserven enthalten oder kann ein entstehender Gewinn uneingeschränkt mit laufenden Verlusten oder Verlustvorträgen verrechnet werden, ist eine Steuerneutralität nach dem UmwStG ggf. nicht erforderlich, da auch eine nicht steuerneutrale Umwandlung oder Veräußerung keine Ertragsteuerbelastung auslösen würde. Dies ist in der Praxis aber eher der Ausnahmefall. Ferner kann auch die Einschätzung des Unternehmers/Unternehmens über das Nichtvorhandensein von stillen Reserven bzw. zum Wert eines Unternehmens oder Unternehmensteils erheblich von den Überlegungen abweichen, die einige Jahre später die Finanzverwaltung im Rahmen einer Betriebsprüfung anstellt. Kann die Finanzverwaltung das Vorliegen von stillen Reserven bzw. eine höhere Bewertung nachweisen, wird für den in der Vergangenheit durchgeführten Rechtsvorgang keine Steuerneutralität mehr erreicht werden. Dies kann dann mit erheblichen steuerlichen Mehrbelastungen verknüpft sein, es sei denn, es wurde bereits in der Vergangenheit aus Vorsorgegründen eine z. B. nach UmwStG steuerneutrale Umwandlungsform gewählt.

7 Das UmwStG in seiner jetzigen Form stammt aus dem Jahre 1995 und wurde am 7.12.2006 mit dem SEStEG (Gesetz über steuerliche Begleitmaßnahmen zur Einführung der Europäischen Gesellschaft und zur Änderung weiterer steuerlicher Vorschriften) grundlegend überarbeitet. Das SEStEG diente in erster Linie der Anpassung des UmwStG an europarechtliche Vorgaben (Ermöglichung von EU-Einbringungen). Es hat aber auch wesentliche Änderungen für rein nationale Umwandlungen mit sich gebracht.[6]

8 **c) Ertragsteuerliche „Sperrfristen" aus früheren Umwandlungs-/Umstrukturierungsvorgängen.** Bestimmte Umwandlungs-/Umstrukturierungsvorgänge, die ertragsteuerlich steuerbegünstig sind (Buchwertfortführung), können mit nachlaufenden Behaltefristen behaftet sein (z. B. § 6 Abs. 5 EStG, Übertragungen nach § 6 Abs. 3 EStG[7] in bestimmten Fällen). Eine spätere Umwandlung/Umstrukturierung kann zur Verletzung dieser Behaltefristen führen mit der Folge, dass die Steuerneutralität der vorher begünstigten Umwandlung/Umstrukturierung entfällt. Insbesondere die siebenjährige Sperrfrist des § 6 Abs. 5 S. 6 EStG kann sich in der Praxis als steuerlichen Umwandlungshindernis erweisen und sollte im Rahmen der Planung einer Umstrukturierung mit Beteiligung von Personengesellschaften (entweder als an der Umwandlung beteiligte Rechtsträger oder als im Rahmen der Umwandlung mittelbar mit übertragender Rechtsträger) überprüft werden.

9 **d) Verlustvorträge.** Steuerliche Verlustvorträge (Körperschaftsteuer/Gewerbesteuer) können durch eine Umwandlung/Umstrukturierung verloren gehen. Dies gilt auch für Gesellschaften, die von der Umwandlung/Umstrukturierung unmittelbar nicht betroffen sind, aber bei denen sich mittelbar – z. B. auf Ebene der Muttergesellschaft – die Anteilseigner ändern. Für die Körperschaftsteuer ist diesbezüglich § 8c KStG, für die Gewerbesteuer § 10a GewStG zu beachten. Daneben können Regelungen des UmwStG zum Wegfall von Verlustvorträgen führen.[8]

10 **e) Thesaurierungsbegünstigung nach § 34a EStG.** Natürliche Personen, die ein Einzelunternehmen unterhalten oder an einer Personengesellschaft (Mitunternehmerschaft) beteiligt sind, können nach § 34a EStG für nicht ausgeschüttete Gewinne einen begünstigten Steuersatz in Anspruch nehmen („**Thesaurierungsbegünstigung**"). Dabei handelt es sich um einen reduzierten Einkommensteuertarif (28,75 %). Der Steuervorteil ist allerdings nur temporär. Das Gesetz sieht einen Nachversteuerungsmechanismus vor. Sobald der Saldo aus Entnahmen und Einlagen eines Wirtschaftsjahres den Gewinn dieses Wirt-

---

[6] Vgl. Rödder/Herlinghaus/van Lishaut/*Rödder* UmwStG Einführung Rn. 13 f.; zum UmwStG i. d. F. des SEStEG siehe auch *Benecke/Schnitger* IStR 2006, 765 und IStR 2007, 22; *Rödder/Schumacher* DStR 2006, 1525 und DStR 2007, 369.

[7] Vgl. zur Behaltensfrist Schmidt/*Kulosa* EStG § 6 Rn. 668 ff.

[8] Vgl. § 4 Abs. 2 S. 2 UmwStG.

schaftsjahres übersteigt, hat eine Nachversteuerung zu erfolgen.[9] Neben diesem Grundfall der Nachversteuerung sieht § 34a EStG allerdings für bestimmte Umwandlungsformen eine sofortige Nachversteuerung vor mit der Folge, dass ggf. eine erhebliche Liquiditätsbelastung eintritt.[10] Dies ist beispielsweise der Fall, wenn eine Personengesellschaft mit natürlichen Personen als Gesellschafter formwechselnd in eine Kapitalgesellschaft umgewandelt wird oder eine Personengesellschaft mit natürlichen Personen als Gesellschafter auf eine Kapitalgesellschaft verschmolzen wird. Ferner können Nachversteuerungsfragen insbesondere bei Abspaltungen aus einer Personengesellschaft, an der natürliche Personen beteiligt sind, wegen des mit der Abspaltung verbundenen Buchwertabgangs von Relevanz sein. Sollte ein Einzelunternehmen oder eine Personengesellschaft als Rechtsträger an einer Umwandlungsmaßnahme beteiligt sein und von dem Einzelunternehmer bzw. den Gesellschaftern der Personengesellschaft die Thesaurierungsbegünstigung nach § 34a EStG in Anspruch genommen worden sein, ist folglich eine eingehende Prüfung der sich aus § 34a EStG ergebenden Rechtsfolgen (Nachversteuerungsrisiko) durchzuführen.

f) Gewerbesteueranrechnung (§ 35 EStG). Sofern natürliche Personen ein Einzelunternehmen unterhalten oder an einer Personengesellschaft (Mitunternehmerschaft) beteiligt sind, erfolgt zur Vermeidung/Abmilderung einer Doppelbesteuerung mit Einkommen- und Gewerbesteuer eine pauschale Anrechnung der Gewerbesteuer auf die Einkommensteuer („**Gewerbesteueranrechnung**"). Sofern ein Einzelunternehmen oder eine Personengesellschaft, die von natürlichen Personen als Gesellschafter gehalten wird, Gegenstand von Umwandlungsmaßnahmen ist, sollte vorab geprüft werden, dass die Umwandlungsmaßnahme nicht zu einer Einschränkung der Anrechnungsbefugnis und damit einer steuerlichen Mehrbelastung im Veranlagungszeitraum der Umwandlung führt. Unsicherheit hatte insoweit die Rechtsprechung des Bundesfinanzhofs aus 2016 begründet, der für die Anrechnungsbefugnis bei Personengesellschaften auf die Beteiligung der natürlichen Personen am Ende des Veranlagungszeitraums abgestellt hat. Nach der Rechtsprechung geht – vereinfacht ausgedrückt – die Anrechnungsbefugnis verloren, wenn eine natürliche Person unterjährig ausgeschieden ist.[11] Die Finanzverwaltung hat die Auffassung der Rechtsprechung übernommen und spricht im BMF-Schreiben vom 3.11.2016[12] auch Umwandlungssachverhalte an. Der Geltungsbereich der dortigen Vorgaben ist jedoch (noch) unklar. Von daher sollten Umwandlungsmaßnahmen, bei denen Einzelunternehmer oder Personengesellschaften mit natürlichen Personen als Gesellschafter beteiligt sind, stets im Hinblick auf die Auswirkungen auf die Gewerbesteueranrechnung nach § 35 EStG untersucht und nach Möglichkeit so ausgestaltet werden, dass eine Gewerbesteueranrechnung im Veranlagungszeitraum der Umwandlung erhalten bleibt und möglichst optimiert wird.

3. Grunderwerbsteuer

Die Grunderwerbsteuer erfasst mittelbare und unmittelbare Eigentumsänderungen an inländischen Grundstücken. Soweit an einer Umwandlung beteiligte Unternehmen/Gesellschaften über Grundbesitz verfügen, sind grunderwerbsteuerliche Auswirkungen unbedingt zu prüfen.[13] Dies gilt auch, wenn einer der an einer Umwandlung beteiligten Unternehmen/Gesellschaften nicht selbst über Grundbesitz verfügt, sondern sich der Grundbesitz in Tochtergesellschaften oder anderen Gesellschaften befindet (im Einzelnen → § 52 Rn. 2 ff.).[14]

---

[9] Vgl. im Einzelnen zur Systematik *Cordes* WPg 2007, 526.
[10] Vgl. *Cordes* WPg 2007, 526, 529 f.
[11] Vgl. BFH IV R 5/14, BStBl. II 2016, 875 = DStR 2016, 1094.
[12] Vgl. BMF IV C 6 – S 2296-a/08/10002:003, BStBl. I 2016, 1187, Tz. 28 ff.
[13] Vgl. Schmitt/Hörtnagl/Stratz/*Hörtnagl* UmwStG Einführung Rn. 23, § 1 Rn. 11.
[14] Vgl. § 1 Abs. 1, 2a sowie 3 GrEStG.

4. Umsatzsteuer

13 Der umwandlungsbedingte Übergang von Wirtschaftsgütern durch übertragende Umwandlungen ist umsatzsteuerlich relevant und muss aus umsatzsteuerlicher Sicht beurteilt werden (Ausnahmen von der Steuerbarkeit; ggf. Steuerbefreiungen).[15]

5. Erbschaft- und Schenkungsteuer bei früherer Verschenkung/Vererbung von Betriebsvermögen oder Anteilen

14 Umwandlungen führen in der Regel nicht zu steuerbaren Erwerben im Sinne des Erbschaft- und Schenkungsteuergesetzes. Ausnahmen können allerdings gelten, wenn Umwandlungen im Ergebnis zu Vermögensverschiebungen zwischen natürlichen Personen führen, die als unmittelbare oder mittelbare Gesellschafter beteiligt sind (Beispiel: Die Ehefrau hält Anteile an der Kapitalgesellschaft A. Der Ehemann hält Anteile an der Kapitalgesellschaft B. Aus der Kapitalgesellschaft B werden Teile des Vermögens zur Aufnahme auf die Kapitalgesellschaft A abgespalten. Eine Kapitalerhöhung mit der Ausgabe von Anteilen an den Ehemann als Gesellschafter der übertragenden Kapitalgesellschaft B unterbleibt oder fällt unangemessen hoch oder niedrig aus).

15 Daneben können Umwandlungen jeder Art aber erhebliche erbschaft-/schenkungsteuerliche Auswirkungen haben, wenn bei natürlichen Personen als unmittelbar oder mittelbar beteiligte Gesellschafter in den letzten sieben Jahren Anteilsübertragungen erfolgt sind, für die die erbschaftsteuerlichen Befreiungen/Ermäßigungen für Unternehmensvermögen (§§ 13a, 13b ErbStG) in Anspruch genommen wurden. Umwandlungen können insoweit zu einem rückwirkenden Wegfall der erbschaftsteuerlichen Befreiungen/Ermäßigungen führen (entweder als unmittelbarer Verstoß gegen Behaltefristen oder ggf. auch durch Änderungen an der Lohnsummenberechnung, die zu einer Reduzierung der Lohnsummen im Überwachungszeitraum führen). Relevanz hat dies primär für Familienunternehmen und weniger für börsennotierte Unternehmen. Bei börsennotierten Unternehmen kann sich eine Relevanz aber beispielsweise dann ergeben, wenn eine oder mehrere Anteilseignerfamilien zusammen mehr als 25 % der Anteile auf sich vereinigen.

6. Auswirkungen auf Stromsteuerermäßigungen und energiewirtschaftliche Privilegierungen für das produzierende Gewerbe

16 Unternehmen des produzierenden Gewerbes können teilweise Ermäßigungen/Reduzierungen der Stromsteuer oder Begrenzungen bei den energiewirtschaftlichen Umlagen in Anspruch nehmen. Umwandlungen haben auch hierauf Auswirkungen bzw. können die Möglichkeit zur Inanspruchnahme der Stromsteuerermäßigungen bzw. Begrenzungen bei energiewirtschaftlichen Umlagen einschränken. Es bedarf daher einer eingehenden Prüfung.

III. Anwendungsbereich des UmwStG

1. Nationale Umwandlungsformen

17 Das UmwStG gilt für bestimmte Umwandlungsarten und -formen, die in § 1 UmwStG aufgeführt sind. Das UmwStG regelt dabei die steuerliche Behandlung auf der Ebene des übertragenden Rechtsträgers, des übernehmenden Rechtsträgers und – sofern relevant – des Anteilseigners, der an dem übertragenden und dem übernehmendem Rechtsträger beteiligt ist. Erfasst durch das UmwStG sind insbesondere die folgenden Umwandlungsformen:

– Verschmelzung und Spaltung von Kapitalgesellschaften unabhängig von der Rechtsform des übernehmenden Rechtsträgers.[16]

---

[15] So auch Schmitt/Hörtnagl/Stratz/*Hörtnagl* UmwStG Einführung Rn. 23, § 1 Rn. 11.
[16] Vgl. § 1 Abs. 1 Nr. 1 UmwStG.

- Verschmelzung und Spaltung von Personengesellschaften unabhängig von der Rechtsform des übernehmenden Rechtsträgers mit Ausnahme der Up-Stream-Verschmelzung bzw. -abspaltung.[17]
- Ausgliederung von Vermögensteilen nach § 123 Abs. 3 UmwG unabhängig von der Rechtsform des übertragenden und des übernehmenden Rechtsträgers.[18]
- Formwechsel von Kapital- in Personengesellschaften[19] und umgekehrt[20] („heterogener Formwechsel"[21]). Der heterogene Formwechsel wird im UmwStG kraft einer gesetzlichen Fiktion wie eine übertragende Umwandlung behandelt.[22] Der Formwechsel von Kapitalgesellschaften in eine andere Rechtsform, die zu der Gruppe der Kapitalgesellschaften gehört („homogener Formwechsel"[23]), sowie von Personengesellschaften, die durch einen Formwechsel die Rechtsform einer anderen Personengesellschaft annehmen, wird auch ertragsteuerlich als „identitätswahrender" Formwechsel angesehen, an den keine weiteren steuerlichen Folgen anknüpfen. Daher ist der homogene Formwechsel nicht vom Anwendungsbereich des UmwStG erfasst (→ § 50 Rn. 20 f.).
- Einbringungen von Betriebsvermögen im Wege der Einzelrechtsnachfolge unabhängig von der Rechtsform des übertragenden und des übernehmenden Rechtsträgers.[24]
- Anteilstausch im Hinblick auf Anteile an Kapitalgesellschaften.[25]

Erfasst sind zudem vergleichbare ausländische Vorgänge, d. h. Umwandlungen nach den Rechtsvorschriften eines ausländischen Staats mit vergleichbaren Merkmalen.[26] Insoweit ergibt sich aber eine Einschränkung daraus, dass der persönliche Anwendungsbereich des UmwStG auf EU/EWR-Rechtsträger begrenzt ist (s. u.).

Nicht vom UmwStG erfasste Umwandlungsformen bzw. Gegenstand von Regelungslücken im UmwStG sind insbesondere folgende Umwandlungsformen:
- Anwachsung von Personengesellschaften auf den letzten verbliebenen Gesellschafter.
- Up-Stream-Verschmelzungen und Abspaltungen von Personengesellschaften unabhängig von der Rechtsform des übernehmenden Rechtsträgers.[27]

2. Persönlicher Anwendungsbereich – Inlands-/EU-Bezug

Der Anwendungsbereich des deutschen UmwStG ist im Grundsatz allen inländischen Rechtsträgern sowie EU/EWR-Rechtsträgern eröffnet. „EU/EWR-Rechtsträger" sind insbesondere alle nach dem Recht eines Mitgliedstaates der EU gegründete Gesellschaften i. S. v. Art. 54 AEUV oder nach dem Recht eines EWR-Staates gegründete Gesellschaften i. S. v. Art. 34 EWR-Abkommen, deren Sitz und Ort der Geschäftsleitung sich innerhalb des Hoheitsgebiets eines dieser Staaten befindet (sogenannter doppelter Gemeinschaftsbezug).[28] Sitz und Ort der Geschäftsleitung können dabei in verschiedenen EU-/EWR-Staaten belegen sein.[29] Der Gründungsstaat muss mit dem Ansässigkeitsstaat nicht über-

---

[17] Vgl. § 1 Abs. 3 Nr. 1 UmwStG.
[18] Vgl. § 1 Abs. 3 Nr. 2 UmwStG.
[19] Vgl. § 1 Abs. 1 Nr. 2 UmwStG.
[20] Vgl. § 1 Abs. 3 Nr. 3 UmwStG.
[21] Vgl. Rödder/Herlinghaus/van Lishaut/*Graw* UmwStG § 1 Rn. 7.
[22] Vgl. Rödder/Herlinghaus/van Lishaut/*Graw* UmwStG § 1 Rn. 11.
[23] Vgl. Rödder/Herlinghaus/van Lishaut/*Graw* UmwStG § 1 Rn. 11.
[24] Vgl. § 1 Abs. 3 Nr. 4 UmwStG.
[25] Vgl. § 1 Abs. 3 Nr. 5 UmwStG.
[26] Zu der Vergleichbarkeitsprüfung vgl. insbesondere Rödder/Herlinghaus/van Lishaut/*Graw* UmwStG § 1 Rn. 80 ff.; Prinz/*Prinz*, Internationale Umwandlungen, Rn. 1.11, 1.35.
[27] Vgl. *Hageböke* Ubg 2009, 105.
[28] Vgl. BMF IV C 2 - S 1978 - b/08/10001, BStBl. I 2011, 1314 Tz. 01.27; Haritz/Menner/*Brinkhaus*/Grabbe UmwStG § 3 Rn. 20.
[29] Vgl. BMF IV C 2 - S 1978 - b/08/10001, BStBl. I 2011, 1314 Tz. 01.49.

§ 48

2. Kapitel. Steuerrecht

einstimmen.[30] Unschädlich ist bei Kapitalgesellschaften zudem, wenn die Gesellschafter in einem Drittstaat ansässig sind.[31]

21 Neben Gesellschaften gehören auch natürliche Personen zu den privilegierten EU/EWR-Rechtsträgern, wenn sich ihr Wohnsitz oder gewöhnlicher Aufenthalt in einem EU/EWR-Staat befindet und die natürliche Person nicht auf Grund eines Doppelbesteuerungsabkommens in einem Staat außerhalb des EU/EWR-Raums als ansässig gilt.

22 Bei Personengesellschaften wird teilweise eine transparente Betrachtung vorgenommen. Danach fällt z. B. eine Verschmelzung einer Personengesellschaft auf eine Kapitalgesellschaft oder der Formwechsel einer Personengesellschaft in eine Kapitalgesellschaft nur insoweit in den Anwendungsbereich des UmwStG, als an der Personengesellschaft EU/EWR-Rechtsträger (einschließlich natürlicher Personen) beteiligt sind. Soweit Gesellschaften oder natürliche Personen aus Drittstaaten an der Personengesellschaft beteiligt sind, ist ein Formwechsel der Personengesellschaft in eine Kapitalgesellschaft oder eine Verschmelzung der Personengesellschaft auf eine Kapitalgesellschaft nicht nach dem UmwStG steuerneutral möglich.

§ 48 Verschmelzung

Übersicht

	Rdnr.		Rdnr.
A. Verschmelzung von Körperschaften auf Personengesellschaften	1–52	aa) Betriebsvermögenseigenschaft und Sicherstellung der Besteuerung	24–26
I. Ertragsteuerliche Systematik	1–4	bb) Inländische Besteuerung	27
II. Einordnung verschiedener Verschmelzungsrichtungen (Upstream, Sidestream, Downstream)	5	cc) Keine Gegenleistungen oder Gesellschaftsrechte	28, 29
III. Steuerlicher Übertragungsstichtag	6–11	b) Antrag	30
1. Bedeutung	6	3. Besteuerung eines Übertragungsgewinns	31
2. Anknüpfung an den zivil-/handelsrechtlichen Verschmelzungsstichtag nach § 5 Abs. 1 Nr. 6 UmwG	7, 8	VI. Steuerliche Auswirkung auf Ebene der übernehmenden Personengesellschaft	32–51
3. Steuerliche Rückwirkung	9–11	1. Besteuerung offener Rücklagen	32, 33
IV. Kreis der beteiligten Rechtsträger	12–17	2. Bewertung des übergehenden Vermögens	34–40
1. Übertragender Rechtsträger	12–15	a) Wertverknüpfung	34, 35
a) Körperschaft	12	b) Beteiligungskorrekturgewinn	36
b) Gesellschaft i. S. v. Art. 54 AEUV oder Art. 34 EWR-Abkommen	13	c) Steuerliche Rechtsnachfolge	37, 38
c) Sitz und Geschäftsleitung in einem EU-/EWR-Staat	14	d) Besitzzeitanrechnung	39
d) Zeitbezug	15	e) Verlustuntergang	40
2. Übernehmender Rechtsträger	16, 17	3. Übernahmeergebnis	41–46
a) Personengesellschaft	16	a) Ermittlung des Übernahmeergebnisses	41, 42
b) Sitz und Geschäftsleitung in einem EU-/EWR-Staat	17	b) Verlustabzugsbeschränkung für den Übernahmeverlust	43–46
V. Steuerliche Auswirkungen auf Ebene der übertragenden Körperschaft	18–31	4. Übernahmefolgegewinn /-verlust	47–50
1. Steuerliche Schlussbilanz	18–21	a) Konfusion von Forderungen und Verbindlichkeiten	47–49
a) Keine Bindung an die Handelsbilanz	18	b) Rücklagenbildung und Auflösung	50
b) Ansatz mit gemeinem Wert	19, 20	5. Nachlaufende Sperrfrist nach § 18 Abs. 3 UmwStG	51
c) Besonderheit Pensionsverpflichtungen	21	VII. Praxishinweise / steuerlich Fallstricke	52
2. Abweichender Wertansatz mit Buchwert oder Zwischenwert	22–30		
a) Voraussetzungen	22–29		

---

[30] Vgl. Regierungsentwurf des SEStEG, BT-Drucks. 16/2710 zu § 1 Abs. 2 UmwStG.
[31] Vgl. Schmitt/Hörtnagl/Stratz/*Schmitt* UmwStG § 3 Rn. 9.

	Rdnr.
B. Verschmelzung von Körperschaften auf Körperschaften	53–73
I. Grundlagen	53–58
1. Überblick	53, 54
2. Einordnung verschiedener Verschmelzungsrichtungen (Upstream, Sidestream, Downstream)	55–58
II. Steuerliche Auswirkung auf Ebene der übertragenden Kapitalgesellschaft	59
III. Steuerliche Auswirkungen auf Ebene der übernehmenden Kapitalgesellschaft	60–69
1. Wertverknüpfung mit der übertragenden Kapitalgesellschaft	60
2. Steuerliche Behandlung des Übernahmegewinns oder -verlusts bei Beteiligung der übernehmenden an der übertragenden Kapitalgesellschaft (up-stream Verschmelzung)	61–63
3. Übernahmegewinn /-verlust bei side-stream Verschmelzung	64
4. Keine Kapitalertragsteuerpflicht	65
5. Eintreten in die Rechtstellung der übertragenden Körperschaft	66, 67
6. Vereinigung von Forderungen und Verbindlichkeiten	68
7. Steuerliches Einlagekonto	69
IV. Steuerliche Auswirkungen auf Ebene der Anteilseigner	70–73
1. Anteilstausch zum gemeinen Wert	70
2. Abweichender Buchwertansatz	71–73
C. Verschmelzung von Personengesellschaften auf Körperschaften	74–119
I. Grundlagen	74–79
1. Überblick	74, 75
2. Einordnung verschiedener Verschmelzungsrichtungen (Upstream, Sidestream, Downstream)	76–79
II. § 20 UmwStG als steuerrechtliche Norm für Sidestream- und Downstream-Sachverhalte	80
III. § 20 UmwStG im Einzelnen	81–119
1. Betriebsvermögensvoraussetzung für die übertragende Personengesellschaft	81
2. Ansässigkeitsvoraussetzungen für die beteiligten Rechtsträger – Ausschluss der Steuerneutralität für Nicht-EU/EWR-Rechtsträger als Gesellschafter	82
3. Kapitalerhöhung/Gewährung neuer Gesellschaftsrechte an der übernehmenden Kapitalgesellschaft	83
4. Übertragungsgegenstand	84, 85
5. Bewertungsgrundsatz des übernommenen Betriebsvermögens	86
6. Abweichender Wertansatz	87–93
a) Voraussetzungen	87–92

	Rdnr.
aa) Sicherstellung Besteuerung	88
bb) Negatives Eigenkapital	89
cc) Ausschluss oder Beschränkung des inländischen Besteuerungsrechts	90
dd) Beschränkung sonstige Gegenleistung	91, 92
b) Antrag	93
7. Gewinnauswirkung	94–98
a) Grundlagen	94, 95
b) Ermittlungsschema	96
c) Übertragungskosten	97, 98
8. Steuerliche Auswirkungen auf Ebene der übernehmenden Kapitalgesellschaft	99, 100
a) Anwendung Bewertungsgrundsätze für die Verschmelzung von Körperschaften	99
b) Anwendung Grundsätze für die Verschmelzung von Körperschaften über Übernahmefolgegewinne	100
9. Steuerliche Auswirkungen auf Ebene der Gesellschafter	101–117
a) Besteuerung Einbringungsgewinn	101, 102
b) Freibetrag und Tarifvergünstigung	103
c) Anschaffungskosten erhaltene Anteile	104
d) Einbringungsgeborene Anteile	105
e) Einbringungsgewinn I	106–113
aa) Allgemeines	106
bb) Ermittlung Einbringungsgewinn I	107
cc) Besteuerung des Einbringungsgewinn I	108–110
dd) Ersatzrealisationstatbestände	111
ee) Nachweispflichten	112, 113
f) Einbringungsgewinn II	114–117
aa) Allgemeines	114, 115
bb) Ermittlung Einbringungsgewinn II	116
cc) Besteuerung Einbringungsgewinn II, Nachweispflichten und Ersatzrealisationstatbestände	117
10. Rückwirkung	118, 119
D. Verschmelzung von Personengesellschaften auf Personengesellschaften	120–143
I. Grundlagen	120–125
1. Überblick	120, 121
2. Einordnung verschiedener Verschmelzungsrichtungen (Upstream, Sidestream, Downstream)	122–125
II. § 24 UmwStG als steuerrechtliche Norm für Sidestream-Sachverhalte	126

	Rdnr.		Rdnr.
III. § 24 UmwStG im Einzelnen	127–143	b) Anwendung Grundsätze für die Verschmelzung von Körperschaften über Übernahmefolgegewinne	136
1. Übertragungsgegenstand	127		
2. Übertragender	128		
3. Gewährung einer Mitunternehmerstellung	129–131	7. Steuerliche Auswirkungen für den Übertragenden	137–142
a) Mitunternehmerinitiative	130	a) Besteuerung Übertragungsgewinn	137
b) Mitunternehmerrisiko	131	b) Freibetrag und Tarifvergünstigung	138
4. Bewertungsgrundsatz des übernommenen Betriebsvermögens	132	c) Einbringungsgewinn II	139–142
5. Abweichender Wertansatz	133, 134	aa) Allgemeines	139
a) Voraussetzungen	133	bb) Ermittlung Einbringungsgewinn II	140
b) Antrag	134	cc) Besteuerung Einbringungsgewinn II	141
6. Steuerliche Auswirkungen für die übernehmende Personengesellschaft	135, 136	dd) Nachweispflichten und Ersatzrealisationstatbestände	142
a) Anwendung Bewertungsgrundsätze für die Verschmelzung von Körperschaften	135	8. Rückwirkung	143

Schriftum: *Behrens/Renner*, Buchwertfortführung bei der Umwandlung von Kapitalgesellschaften in sog. Treuhand-KG, BB 2016, 683; *Cordes*, Steuerliche Auswirkungen der Verschmelzung von Kapitalgesellschaften auf Anteilseignerebene – Aktuelle Rechtsprechung zu Wertaufholung und Veräußerungsgewinnbesteuerung bei früheren steuerwirksamen Teilwertabschreibungen auf die untergegangenen Anteile an der übertragenen Kapitalgesellschaft, Der Konzern 2013, 273; *Dötsch/Pung*, SEStEG: Die Änderungen des UmwStG, DB 2006, 2704; *Hageböke*, Die Ausbringung eines Teilbetriebs aus einer Mitunternehmerschaft durch „Upstream"-Abspaltung, Ubg 2009, 105; *Herbort/Schwenke*, „Kapitalertragsteuerfalle" beim grenzüberschreitenden Upstream-Merger?, IStR 2016, 567; FGS/BDI, Der Umwandlungssteuererlass; *Rödder/Schumacher*, Das kommende SEStEG – Teil II: Das geplante neue Umwandlungssteuergesetz: Der Regierungsentwurf eines Gesetzes über steuerliche Begleitmaßnahmen zur Einführung der Europäischen Gesellschaft und zur Änderung weiterer steuerrechtlicher Vorschriften, DStR 2006, 1525; *Schnittker/Lemaitre*, Steuersubjektqualifikation ausländischer Personen- und Kapitalgesellschaften anhand des Rechtstypenvergleichs: Welche Vergleichskriterien sind heranzuziehen?, GmbHR 2003, 1314; *Schulze zur Wiesche*, Das neue Umwandlungssteuerrecht nach dem SEStEG, WPg 2007, 162; *Stimpel*, Behandlung von Umwandlungskosten bei Verschmelzungen und Spaltungen von Kapitalgesellschaften, GmbHR 2012, 199; *Suchanek/Hesse*, Steuerliche Behandlung des Formwechsels einer GmbH in eine Treuhand-KG – Zugleich Stellungnahme zur Verfügung der OFD Niedersachsen vom 7.2.2014 –, GmbHR 2014, 466; *Werra/Teiche*, Das SEStBeglG aus der Sicht international tätiger Unternehmen, DB 2006, 1455.

A. Verschmelzung von Körperschaften auf Personengesellschaften

I. Ertragsteuerliche Systematik

1 Die ertragsteuerlichen Auswirkungen einer Verschmelzung von Körperschaften auf Personengesellschaften bestimmen sich nach §§ 3 ff. UmwStG. Die Systematik der §§ 3 ff. UmwStG und die vorzunehmenden Prüfschritte stellen sich vereinfacht wie folgt dar:

2 – Auf Ebene des übertragenden Rechtsträgers (also der Kapitalgesellschaft) erfolgt zunächst die Prüfung, ob die stillen Reserven in den Wirtschaftsgütern der Kapitalgesellschaft einschließlich der immateriellen Wirtschaftsgüter wie Firmenwert oder Goodwill aufzudecken sind oder ob eine Steuerneutralität möglich ist. Diese Prüfung richtet sich nach § 3 UmwStG (→ Rn. 19 ff.). Es ist eine steuerliche Schlussbilanz für die übertragende Kapitalgesellschaft aufzustellen. Soweit auf Ebene der übertragenden Kapitalgesellschaft Buchwertfortführung möglich ist, also auf dieser Ebene eine Steuerneutralität erreicht wird, entsprechen die Wertansätze in der steuerlichen Schlussbilanz grds. den Wertansätzen einer „normalen" Steuerbilanz. Soweit keine Steuerneutralität erreicht wird bzw. bewusst ein über dem Buchwert liegender steuerlicher Wertansatz gewählt wird,

weist die Schlussbilanz die Wirtschaftsgüter mit dem Zeitwert bzw. dem gewählten Zwischenwert aus. Aus der Erhöhung des Wertansatzes resultiert dann ein Gewinn („**Übertragungsgewinn**"). Dieser ist in der Regel steuerpflichtig und würde zu Steuerbelastungen führen (Ausnahme: unbeschränkte Möglichkeit zur Verrechnung mit Verlusten- bzw. Verlustvorträgen; Steuerbefreiung des Gewinns z. B. auf Grund von stillen Reserven in Anteilen an Tochterkapitalgesellschaften).

– Im Anschluss daran sind auf Ebene der übertragenden Kapitalgesellschaft die sogenannten **3** „**offenen Rücklagen**" nach § 7 UmwStG zu ermitteln. Dabei handelt es sich vereinfacht ausgedrückt um den auf Basis der Schlussbilanz ermittelten bislang nicht ausgeschütteten Gewinn, der bei Fortbestehen der Kapitalgesellschaft theoretisch für Ausschüttungen verwendet werden könnte. In Höhe dieser „offenen Rücklagen" wird nach § 7 UmwStG eine **Vollausschüttung** an die Anteilseigner gesetzlich fingiert. Diese fiktive Vollausschüttung ist auf Ebene der Anteilseigner wie eine erhaltene Dividende zu versteuern. Auf die fiktive Vollausschüttung ist Kapitalertragsteuer (25 % zzgl. SolZ) einzubehalten und an das zuständige Finanzamt abzuführen. Hintergrund der Vollausschüttungsfiktion ist, dass die Verschmelzung einer Kapital- auf eine Personengesellschaft zu einem Wechsel des Besteuerungsregimes in der laufenden Besteuerung führt.[1] Eine Besteuerungsebene – die der Kapitalgesellschaft – entfällt. Aus dem Besteuerungssubjekt Kapitalgesellschaft (eigene Steuerpflicht und Versteuerung von Ausschüttungen bei dem Gesellschafter) wird eine steuerlich transparente Personengesellschaft (unmittelbare Besteuerung des anteiligen Gewinns der Personengesellschaft beim Gesellschafter und steuerneutrale Entnahme der Erträge zum Gesellschafter). Dies gilt auch, soweit Anteilseigner der übertragenden bzw. formwechselnden Kapitalgesellschaft ebenfalls Kapitalgesellschaften sind. Wegen der Vollausschüttungsfiktion führen entsprechende Umwandlungen in der Regel zu einer Steuerbelastung. Diese beträgt – soweit natürliche Personen an der übernehmenden Personengesellschaft beteiligt sind – in der Regel ca. 25 % bis 30 % (Einkommensteuer im Teileinkünfteverfahren) auf die offenen Rücklagen. Soweit Kapitalgesellschaften an der übernehmenden Personengesellschaft beteiligt sind und die Voraussetzungen für einen steuerfreien Bezug von Dividendenerträgen nach § 8b KStG vorliegen, beträgt die Steuerbelastung ca. 1,5 % auf die anteiligen offenen Rücklagen.

– Schließlich hat die übernehmende Personengesellschaft in ihrer Steuerbilanz das zu- **4** gehende Vermögen mit den Werten zu erfassen, die in der steuerlichen Schlussbilanz der übertragenden Kapitalgesellschaft angesetzt wurden. Ferner ist bei der übernehmende Personengesellschaft ein sogenannter „**Übernahmegewinn/Übernahmeverlust**" zu ermitteln, der sich aus der Differenz zwischen der Summe der übergehenden Aktiva und Passiva der übertragenden Kapitalgesellschaft und dem steuerlichen Buchwert des (mit der Verschmelzung untergehenden) Anteils an der Kapitalgesellschaft ergibt. Zur Vermeidung einer doppelten Erfassung wird ein Betrag in Höhe der als Ausschüttung angesetzten offenen Rücklagen abgezogen. Ein Übernahmegewinn entsteht daher nur in seltenen Fällen. Der Abzug des in der Regel auftretenden Übernahmeverlusts ist weitgehend ausgeschlossen. Nur bei natürlichen Personen als Gesellschafter der übernehmenden Personengesellschaft kann in gewissen Grenzen ein Abzug des Übernahmeverlustes von dem Betrag erfolgen, der als offene Rücklagen zu versteuern ist (→ Rn. 45 f.).

II. Einordnung verschiedener Verschmelzungsrichtungen (Upstream, Sidestream, Downstream)

Zur steuerlichen Abbildung des Umwandlungsvorgangs ist zudem zu unterscheiden, **5** welche „Verschmelzungsrichtung" zu Grunde liegt:
– Die umwandlungssteuerlichen Regelungen haben in ihrem Grundkonzept die **Upstream**-Verschmelzung vor Augen. Die übernehmende Personengesellschaft hält die Anteile

---

[1] Vgl. Lutter/*Schumacher* UmwG Anh. 1 nach § 122l UmwG Rn. 8.

an der übertragenden Kapitalgesellschaft in ihrem steuerlichen Betriebsvermögen. Diese Anteile gehen mit der Verschmelzung unter. Im Gegenzug übernimmt die Personengesellschaft das Betriebsvermögen der übertragenden Kapitalgesellschaft.

– Im Fall der **Sidestream**-Verschmelzung findet (die übernehmende Personengesellschaft ist nicht an der übertragenden Kapitalgesellschaft beteiligt) sowohl zur Aufnahme auf eine bestehende als auch zur Neugründung auf eine dadurch entstehende Personengesellschaft findet eine weitere steuerliche Fiktion Anwendung: Die Anteile an der übertragenden Kapitalgesellschaft gelten nach § 5 UmwStG als zum steuerlichen Übertragungsstichtag in das Betriebsvermögen der übernehmenden Kapitalgesellschaft eingelegt („**Einlagefiktion**").[2] Für steuerliche Zwecke wird damit für einen Zeitpunkt unmittelbar vor dem steuerlichen Wirksamwerden der Verschmelzung fingiert, dass eine Beteiligung der übernehmenden Personengesellschaft an der übertragenden Kapitalgesellschaft vorgelegen hat. Damit wird der Fall der Sidestream-Verschmelzung im Ergebnis wie eine Upstream-Verschmelzung behandelt.

– Der steuerlich nicht explizit geregelte und daher mit erheblichen Unsicherheiten behaftete Fall der **Downstream**-Verschmelzung wird nach h. M. ebenfalls über die Einlagefiktion nach § 5 UmwStG gelöst.[3]

III. Steuerlicher Übertragungsstichtag

1. Bedeutung

6   Der **steuerliche Übertragungsstichtag** hat in erster Linie Bedeutung für die Zuordnung der steuerlichen Folgen der Verschmelzung zu einem steuerlichen Veranlagungszeitraum. Sowohl die Einkommensteuer als auch die Körperschaftsteuer sind Jahressteuern. Ob ein Verschmelzungsvorgang beispielsweise dem Veranlagungszeitraum 2015 oder dem Veranlagungszeitraum 2016 zuzuordnen ist, kann z. B. im Hinblick auf eine mögliche Verrechnung eines Übertragungsgewinns mit laufenden Verlusten (insoweit keine Verrechnungsbeschränkung) von erheblicher Bedeutung sein. Zudem knüpfen an die Zuordnung zu einem Veranlagungszeitraum z. B. die Frage an, in welchen Steuererklärungen die Verschmelzung abzubilden ist und wann im Hinblick auf die Steuerfolgen einer Verschmelzung Festsetzungsverjährung eintritt. Schließlich folgt aus den steuerlichen Regelungen zum steuerlichen Übertragungsstichtag eine – ansonsten üblicherweise nicht mögliche – steuerliche Rückwirkung (→ Rn. 9 ff.) („**Rückwirkungsfiktion**").

2. Anknüpfung an den zivil-/handelsrechtlichen Verschmelzungsstichtag nach § 5 Abs. 1 Nr. 6 UmwG

7   Der steuerliche Übertragungsstichtag entspricht dem im Verschmelzungsvertrag bestimmten Bilanzstichtag nach § 17 Abs. 2 UmwG.[4] Der steuerliche Übertragungsstichtag liegt damit eine juristische Sekunde vor dem zivil-/handelsrechtlichen Verschmelzungsstichtag nach § 5 Abs. 1 Nr. 6 UmwG. Ist als zivil-/handelsrechtlichen Verschmelzungsstichtag der 1. Januar vereinbart, so ist steuerliche Übertragungsstichtag der 31. Dezember des Vorjahres. Der steuerliche Übertragungsstichtag kann also nicht losgelöst vom zivilrechtlichen Verschmelzungsstichtag terminiert werden, sondern ist unmittelbar von dessen gewählten Zeitpunkt abhängig. Nach § 17 Abs. 2 UmwG darf der Stichtag der handelsrechtlichen Schlussbilanz (= steuerlicher Übertragungsstichtag) nicht mehr als acht Monate vor der Einreichung zum Register liegen. Soll – z. B. zur Vermeidung von Zwischenabschlüssen – der 31. Dezember Stichtag der handelsrechtlichen Schlussbilanz und der

---

[2] Zu Einzelheiten der Einlagefiktion vgl. FGS/BDI/*Cordes*/*Dremel*/*Carstens* Umwandlungssteuer-Erlass, 196 ff. Zu Auswirkungen bei Besteuerung der offenen Rücklagen nach § 7 UmwStG → Rn. 32.
[3] Vgl. Rödder/Herlinghaus/van Lishaut/*van Lishaut* UmwStG § 4 Rn. 78 m. w. N.
[4] Vgl. Lutter/*Moszka* Anh. UmwStG Rn. 167.

steuerlich Übertragungsstichtag sein, muss die Anmeldung der Verschmelzung zum Handelsregister daher bis spätestens zum 31. August des Folgejahres erfolgt sein.

Wird bei kalenderjahrgleichem Wirtschaftsjahr der beteiligten Rechtsträger gewünscht, dass die steuerlichen Folgen nicht zum 31. Dezember des Vorjahres eintreten, sondern in den nächsten Veranlagungszeitraum fallen, wäre als zivil-/handelsrechtlichen Verschmelzungsstichtag z. B. der 2. Januar zu bestimmen. Dann wäre eine handelsrechtliche und steuerliche Schlussbilanz auf den 1. Januar, 24.00 Uhr aufzustellen und die Besteuerungsfolgen fallen in den aktuellen Veranlagungszeitraum. Gleiches wird nach der hier vertretenen Auffassung erreicht, wenn beispielsweise der 1. Januar, 0.02 Uhr als zivil-/handelsrechtlicher Verschmelzungsstichtag festgelegt wird. Dann fällt der steuerliche Übertragungsstichtag mit dem 1. Januar, 0.01 Uhr bereits in den laufenden Veranlagungszeitraum. Die Frage, inwieweit „Minutenterminierungen" zulässig sind, ist durch die steuerliche Rechtsprechung bislang allerdings nicht geklärt. Daher sollte insoweit mit Vorsicht vorgegangen werden und idealerweise eine vorherige Bestätigung durch eine (gebührenpflichtige) verbindliche Auskunft der Finanzverwaltung eingeholt werden.

3. Steuerliche Rückwirkung

Nach § 2 Abs. 1 S. 1 UmwStG sind das Einkommen und das Vermögen der übertragenden Kapitalgesellschaft sowie der übernehmenden Personengesellschaft steuerlich so zu ermitteln, als sei das Vermögen der Körperschaft mit Ablauf des steuerlichen Übertragungsstichtags ganz oder teilweise auf den übernehmenden Rechtsträger übergegangen. Dieser Grundsatz ist gemäß § 2 Abs. 2 UmwStG auch für das Einkommen und das Vermögen der Gesellschafter der Personengesellschaft anzuwenden. Zivilrechtlich wird die Verschmelzung mit Eintragung der Verschmelzung in das Handelsregister des übernehmenden Rechtsträgers wirksam.[5] Handelsrechtlich kann die übernehmende Gesellschaft das übernommene Vermögen nach § 5 Abs. 1 Nr. 6 UmwG bereits rückwirkend zum Verschmelzungsstichtag erfassen.[6] Für Zwecke der Rechnungslegung und für ertragsteuerliche Zwecke entfaltet die Verschmelzung also eine Rückwirkung, da der steuerliche Übertragungsstichtag zwangsläufig vor der zivilrechtlichen Wirksamkeit durch Eintragung liegt. Sämtliche Geschäftsvorfälle der übertragenden Kapitalgesellschaft werden im Rückwirkungszeitraum (= Zeitraum zwischen dem steuerlichen Übertragungsstichtag und der zivilrechtlichen Wirksamkeit durch Eintragung in das Handelsregister) bereits der übernehmenden Personengesellschaft zugerechnet. Soweit Geschäftsvorfälle im Rückwirkungszeitraum zwischen der übertragenden Kapitalgesellschaft und der übernehmenden Personengesellschaft erfolgen, sind diese als reine „Innentransaktionen" steuerlich irrelevant.[7]

Die steuerliche Buchführungspflicht des übertragenden Rechtsträgers besteht indessen bis zur Eintragung der Verschmelzung in das Handelsregister fort. Ist die Eintragung erfolgt, müssen die entsprechenden Daten in die Buchführung des übernehmenden Rechtsträgers übernommen werden, da sie bereits ab dem Verschmelzungsstichtag in dessen handelsrechtlicher Gewinnermittlung zu erfassen sind („**Saldenübertrag**"). Der übertragende Rechtsträger muss ferner bis zur Eintragung der Verschmelzung in das Handelsregister insbesondere noch Umsatzsteuervoranmeldungen und Lohnsteueranmeldungen abgeben.

Zur Vermeidung von Gestaltungen, die aus Sicht des Gesetzgebers missbräuchlich sein könnten, hat der Gesetzgeber in § 2 Abs. 3 und Abs. 4 UmwStG Einschränkungen von den Rückwirkungsregelungen aufgenommen. Insbesondere handelt es sich hierbei um Beschränkungen im Bereich von grenzüberschreitenden Umwandlungen (§ 2 Abs. 3 UmwStG) sowie im Bereich der Verlustverrechnung im Rückwirkungszeitraum (§ 2 Abs. 4 UmwStG):

---

[5] Vgl. § 20 Abs. 1 Nr. 1 UmwG.
[6] Vgl. BMF IV C 2 - S 1978 - b/08/10001, BStBl. I 2011, 1314 Tz. 02.02.
[7] Vgl. BMF IV C 2 - S 1978 - b/08/10001, BStBl. I 2011, 1314 Tz. 02.13 und 02.35. Dies eröffnet auch steuerliche Gestaltungsmöglichkeiten z. B. im Hinblick auf Grundbesitz.

– Die Rückwirkungsfiktion gilt nach § 2 Abs. 3 UmwStG nicht, soweit Einkünfte auf Grund abweichender Regelungen zur Rückbeziehung der Umwandlung in einem anderen Staat der Besteuerung entzogen würden. Hintergrund sind ggf. Rückwirkungsregelungen in anderen Staaten, die von ihrer Länge von den deutschen Regelungen abweichen und daher dazu führen könnten, dass bei einer grenzüberschreitenden Umwandlung für einen gewissen Zeitraum weder der ausländische Staat noch die Bundesrepublik Deutschland Besteuerungsansprüche geltend machen könnten. Für rein nationale Umwandlungen entfaltet die Vorschrift keine Bedeutung.
– Die Verrechnung von Erträgen aus dem Verschmelzungsvorgang auf Ebene des übertragenden Rechtsträgers (Übertragungsgewinn; → Rn. 31) ist nach § 2 Abs. 4 S. 1 UmwStG nur zulässig, wenn diese auch ohne die Rückwirkungsfiktion möglich gewesen wäre. Hierdurch soll insbesondere verhindert werden, dass nach dem Wegfall von Verlustvorträgen auf Grund eines Anteilseignerwechsels bei einer Kapitalgesellschaft rückwirkend „eingegriffen" und Verluste/Verlustvorträge über die Rückwirkungsfiktion noch genutzt werden. In diesem Zusammenhang steht auch § 2 Abs. 4 S. 2 UmwStG, der den Ausgleich von im Rückwirkungszeitraum erzielten Verlusten des übertragenden Rechtsträger unter den vorgenannten Vorbehalt stellt.
– Beschränkt wird zudem die Verrechnung von Erträgen des übertragenden Rechtsträgers im Rückwirkungszeitraum mit laufenden Verlusten oder Verlustvorträgen des übernehmenden Rechtsträgers (§ 2 Abs. 4 S. 3 ff.). Insoweit hat der Gesetzgeber aber eine Rückausnahme für Umwandlungen im Konzern vorgesehen, was zu begrüßen ist. Die Verrechnungsbeschränkung gilt nach § 2 Abs. 4 S. 6 nicht, wenn die beteiligten Rechtsträger vor Ablauf des steuerlichen Übertragungsstichtags verbundene Unternehmen im Sinne des § 271 Abs. 2 HGB sind. Der Wortlaut dieser Vorschrift ist allerdings durch die Bezugnahme auf das deutsche HGB etwas unglücklich formuliert. Es wird aus dem Wortlaut nicht abschließend klar, dass natürlich auch zwei deutsche Schwestergesellschaften, deren Anteile entweder unmittelbar oder mittelbar von der gleichen ausländischen Muttergesellschaft gehalten werden, für die Ausnahmeregelung qualifizieren.

IV. Kreis der beteiligten Rechtsträger

1. Übertragender Rechtsträger

12 **a) Körperschaft.** Zu den auf eine Personengesellschaft verschmelzungsfähigen Körperschaften i. S. d. § 3 UmwStG zählen zunächst die inländischen Kapitalgesellschaften (GmbH, AG und KGaA), eingetragenen Genossenschaften (e. G.), eingetragenen Vereine (e. V.) und wirtschaftlichen Vereine. Die Verschmelzung einer KGaA fällt aber nur unter § 3 UmwStG, soweit das Kommanditkapital betroffen ist.[8] Aufgrund der hybriden Rechtsform der KGaA kommt auch die Verschmelzung des Komplementärteils in Betracht; dieser Vorgang wird abweichend mit den Regelungen in § 24 UmwStG gelöst. Zwar werden die Europäische (Aktien-)Gesellschaft (SE) und die Europäische Genossenschaft (SCE) im Gesetz nicht explizit genannt, dennoch werden sie von den umwandlungssteuerlichen Regelungen erfasst.[9]

13 **b) Gesellschaft i. S. v. Art. 54 AEUV oder Art. 34 EWR-Abkommen.** Daneben können grundsätzlich alle nach dem Recht eines Mitgliedstaates der EU gegründete Gesellschaften i. S. v. Art. 54 AEUV oder nach dem Recht eines EWR-Staates gegründete Gesellschaften i. S. v. Art. 34 EWR-Abkommen übertragender Rechtsträger i. S. d. § 3 UmwStG sein, deren Sitz und Ort der Geschäftsleitung sich innerhalb des Hoheitsgebiets eines dieser Staaten befindet (sog. doppelter Gemeinschaftsbezug).[10] Voraussetzung ist allerdings ein Typenvergleich, der zu dem Ergebnis führt, dass es sich bei der übertragenden Gesellschaft

---

[8] Vgl. Schmitt/Hörtnagl/Stratz/*Schmitt* UmwStG § 3 Rn. 10.
[9] Vgl. Rödder/Herlinghaus/van Lishaut/*Birkemeier* UmwStG § 3 Rn. 8.
[10] Vgl. Haritz/Menner/*Brinkhaus/Grabbe* UmwStG § 3 Rn. 20.

nach dem Gesamtbild um eine mit deutschen Körperschaften vergleichbare Gesellschaft handelt.[11] Maßgebende Beurteilungskriterien sind u. a. Geschäftsführung und Vertretungsmacht, Haftung, Zurechnung von Ergebnissen der Gesellschaft zu den Gesellschaftern und die Möglichkeiten der Kapitalaufbringung sowie eingeschränkt die Übertragbarkeit der Gesellschaftsanteile und die Stimmkraft der Stimmabgabe eines Gesellschafters.[12]

c) **Sitz und Geschäftsleitung in einem EU-/EWR-Staat.** Die übertragende Körperschaft muss ihren Sitz und Geschäftsleitung im Hoheitsbereich der EU oder EWR haben (→ § 47 Rn. 20).

d) **Zeitbezug.** Die persönlichen Anforderungen (Ansässigkeit und Gründungsvoraussetzungen müssen nach der h. M. im Zeitpunkt der zivilrechtlichen Wirksamkeit (Eintragung der Umwandlung in das maßgebliche Register) vorliegen.[13] Sind die Ansässigkeitsvoraussetzungen nicht erfüllt, wirkt die Verschmelzung wie eine Veräußerung, da im Ergebnis Anteile gegen Wirtschaftsgüter oder gegen neue Anteile „getauscht" werden und ein solcher Tausch einer Veräußerung gleichgestellt ist.

2. Übernehmender Rechtsträger

a) **Personengesellschaft.** Übernehmende Rechtsträger einer Verschmelzung können inländische Personenhandelsgesellschaften (OHG, KG) und Partnerschaftsgesellschaften sein.[14] Dasselbe gilt auch für alle nach dem Recht eines Mitgliedstaates der EU gegründete Gesellschaften i. S. v. Art. 54 AEUV oder nach dem Recht eines EWR-Staates gegründete Gesellschaften i. S. v. Art. 34 EWR-Abkommen, die einem Typenvergleich standhalten (→ Rn. 13).[15]

b) **Sitz und Geschäftsleitung in einem EU-/EWR-Staat.** Nach dem Kriterium der doppelten Ansässigkeit muss auch die übernehmende Personengesellschaft ihren Sitz und Geschäftsleitung im Gebiet der EU oder EWR haben (→ § 47 Rn. 22).

V. Steuerliche Auswirkungen auf Ebene der übertragenden Körperschaft

1. Steuerliche Schlussbilanz

a) **Keine Bindung an die Handelsbilanz.** Die übertragende Kapitalgesellschaft hat auf den steuerlichen Übertragungsstichtag eine steuerliche Schlussbilanz nach inländischen Bilanzierungsgrundsätzen aufzustellen.[16] Diese Verpflichtung betrifft jede übertragende Körperschaft, unabhängig von einer inländischen Steuer- bzw. Buchführungspflicht.[17] Hierauf kann nur dann verzichtet werden, falls eine steuerliche Schlussbilanz für Besteuerungszwecke des übertragenden und des übernehmenden Rechtsträgers, einschließlich seiner Anteilseigner, nicht benötigt wird.[18] Steuerlich besteht dabei keine Bindung an die Wertansätze in der Handelsbilanz (keine Maßgeblichkeit der Handelsbilanz). Dies war vor dem SEStEG noch anders bzw. umstritten.[19] Die unterschiedliche Abbildung in Handels-

---

[11] Vgl. BMF IV C 2 - S 1978 - b/08/10001, BStBl. I 2011, 1314 Tz. 01.27.
[12] Vgl. *Schnittker/Lemaitre* GmbHR 2003, 1314, 1315 ff.
[13] Vgl. *Haritz/Menner/Brinkhaus/Grabbe* UmwStG § 3 Rn. 22; *Schmitt/Hörtnagl/Stratz/Schmitt* UmwStG § 3 Rn. 11; a. A. BMF IV C 2 - S 1978 - b/08/10001, BStBl. I 2011, 1314 Tz. 01.52; *Dötsch/Pung/Möhlenbrock/Möhlenbrock/Pung* UmwStG § 3 Rn. 12; *Rödder/Herlinghaus/van Lishaut/Birkemeier* UmwStG § 3 Rn. 18, die auf den steuerlichen Übertragungsstichtag abstellen.
[14] § 3 Abs. 1 S. 1 UmwStG nennt zudem natürliche Personen als übernehmende Rechtsträger.
[15] Falls die Übernehmerin eine natürliche Person ist, muss diese ihren Wohnsitz oder gewöhnlichen Aufenthalt innerhalb des Hoheitsgebiets der EU oder EWR haben.
[16] Vgl. Regierungsentwurf des SEStEG, BT-Drucks. 16/2710 zu § 3 Abs. 1 UmwStG.
[17] Vgl. *Rödder/Herlinghaus/van Lishaut/Birkemeier* UmwStG § 3 Rn. 62.
[18] Vgl. BMF IV C 2 - S 1978 - b/08/10001, BStBl. I 2011, 1314 Tz. 03.02.
[19] Für eine Maßgeblichkeit der handelsrechtlichen Wertansätze für die Steuerbilanz sprach sich die Finanzverwaltung aus (vgl. BMF IV B 7 – S 1978 – 21/98, BStBl. I 1998, 268). Der BFH (I R 38/04,

und Steuerbilanz kann daher dazu führen, dass nach der Verschmelzung Abweichungen zwischen Handels- und Steuerbilanz bestehen.

19 **b) Ansatz mit gemeinen Wert.** In dieser Schlussbilanz sind die übergehenden Wirtschaftsgüter einschließlich bisher nicht bilanzierter Wirtschaftsgüter grundsätzlich mit dem gemeinen Wert i. S. d. § 9 Abs. 2 BewG anzusetzen.[20] Dies ist der fiktive Betrag, der für das einzelne Wirtschaftsgut nach seiner Beschaffenheit im gewöhnlichen Geschäftsverkehr erzielbar wäre.[21] Dabei sind alle wertbeeinflussenden Umstände bis auf diejenigen, die auf ungewöhnliche oder persönliche Verhältnisse zurückzuführen sind, zu berücksichtigen.[22]

20 Bei Umwandlungsvorgängen sind jedoch regelmäßig Sachgesamtheiten, in Form eines Betriebs oder Teilbetriebs, zu bewerten mit der Folge, dass der gemeine Wert für Zwecke des Umwandlungssteuerrechts modifiziert nicht auf den Wert eines jeden einzelnen Wirtschaftsguts abstellt, sondern auf die Gesamtheit der übergehenden aktiven und passiven Wirtschaftsgüter.[23] Die Sachgesamtheit umfasst auch nicht entgeltlich erworbene immaterielle Wirtschaftsgüter, vor allem ein selbst geschaffener Firmenwert.[24]

21 **c) Besonderheit Pensionsverpflichtungen.** Übergehende Pensionsrückstellungen sind abweichend vom Grundsatz der Bewertung mit dem gemeinen Wert in der steuerlichen Schlussbilanz mit dem Teilwert i. S. v. § 6a EStG anzusetzen.[25] Damit bleiben die immanenten stillen Lasten im Zuge der Bewertung unberücksichtigt. Diese fragliche einseitige Nichtberücksichtigung kann zu einer Besteuerung eines höheren Gewinns führen als bei einer tatsächlichen Veräußerung anfallen würden.[26] Die Ansatzregelungen für Pensionsrückstellung in § 6a EStG sind zu beachten.[27]

2. Abweichender Wertansatz mit Buchwert oder Zwischenwert

22 **a) Voraussetzungen.** Auf Antrag können die übergehenden Wirtschaftsgüter in der steuerlichen Schlussbilanz abweichend auch mit dem Buchwert oder einem höheren Wert, höchstens jedoch mit dem gemeinen Wert angesetzt werden.[28] Dieses Bewertungswahlrecht kann allerdings nur einheitlich für alle Wirtschaftsgüter ausgeübt werden.[29] Hierdurch wird eine steuerneutrale Übertragung des Vermögens ermöglicht, ohne stille Reserven aufdecken zu müssen. Ein höherer Wertansatz kann dagegen genutzt werden, um etwaige bestehende Verlustvorträge zu verrechnen, die andernfalls im Zuge der Verschmelzung ungenutzt untergehen würden.

23 Das Wahlrecht, die übergehenden Wirtschaftsgüter mit einem Buch- bzw. Zwischenwert anzusetzen, ist an drei kumulative Voraussetzungen geknüpft. Der Ansatz ist nur insoweit zulässig, als
– die übergehenden Wirtschaftsgüter das Betriebsvermögen des übernehmenden Rechtsträgers werden und sichergestellt ist, dass sie später der Besteuerung mit Einkommensteuer oder Körperschaftsteuer unterliegen; und
– das deutsche Besteuerungsrecht an den übertragenden Wirtschaftsgütern bei dem übernehmenden Rechtsträger nicht beschränkt oder ausgeschlossen ist; und

---

BStBl. II 2006, 568) demgegenüber entschied sich bei der formwechselnden Umwandlung einer Personengesellschaft in eine Kapitalgesellschaft nach § 25 UmwStG für ein Bewertungswahlrecht.
[20] Vgl. § 3 Abs. 1 S. 1 UmwStG.
[21] Vgl. Dötsch/Pung/Möhlenbrock/*Möhlenbrock*/*Pung* UmwStG § 3 Rn. 27.
[22] Vgl. Haritz/Menner/*Brinkhaus*/*Grabbe* UmwStG § 3 Rn. 90.
[23] Vgl. BMF IV C 2 - S 1978 - b/08/10001, BStBl. I 2011, 1314 Tz. 03.07.
[24] Vgl. *Dötsch*/*Pung* DB 2006, 2704, 2705; *Rödder*/*Schumacher* DStR 2006, 1525, 1527.
[25] Vgl. § 3 Abs. 1 S. 2 UmwStG.
[26] Hierzu kritisch *Rödder*/*Schumacher* DStR 2006, 1525, 1527; *Schulze zur Wiesche* WPg 2007, 162, 163 f.
[27] Vgl. Haritz/Menner/*Brinkhaus*/*Grabbe* UmwStG § 3 Rn. 96.
[28] Vgl. § 3 Abs. 2 S. 1 UmwStG.
[29] Vgl. BMF IV C 2 - S 1978 - b/08/10001, BStBl. I 2011, 1314 Tz. 03.13.

– eine Gegenleistung nicht gewährt wird oder nur in Gesellschaftsrechten besteht.

Die Voraussetzungen sind gesellschafterbezogen für jeden Mitunternehmer der übernehmenden Personengesellschaft getrennt zu prüfen.[30]

aa) Betriebsvermögenseigenschaft und Sicherstellung der Besteuerung. Das Bewertungswahlrecht zum Ansatz des Buch- oder eines Zwischenwerts steht nur offen, wenn das übergehende Vermögen bei der übernehmenden Personengesellschaft Betriebsvermögen wird.[31] Der Belegenheitsort des Betriebsvermögens, ob im Inland oder im Ausland, ist unerheblich.[32] Die Eigenschaft als Betriebsvermögen kann neben dem gewerblichen Betriebsvermögen auch das nicht der Gewerbesteuer unterliegende Betriebsvermögen ausfüllen, das der Land- und Forstwirtschaft oder der selbständigen Arbeit dient.[33] Bei Personengesellschaften ist in diesem Zusammenhang die Auswirkung der sogenannten Abfärbetheorie[34] zu beachten. Danach reicht eine nur geringe gewerbliche Tätigkeit der Personengesellschaft aus, alle übrigen nicht gewerblichen Einkünfte in solche aus Gewerbebetrieb umzuqualifizieren.[35] Die Abfärbung unterbleibt aber bei bloß geringfügig gewerblichen Einkünften.[36] Eine stets vollständige Umqualifizierung tritt bei einer gewerblich geprägten Personengesellschaft ein.[37] Die Regelung des § 3 Abs. 2 S. 1 Nr. 1 Hs. 1 UmwStG zielt damit auf Fälle ab, in denen die übertragende Körperschaft lediglich Einkünfte aus Vermögensverwaltung generiert und die Zielpersonengesellschaft über kein eigenes Betriebsvermögen verfügt.[38] 24

Ferner muss die spätere Besteuerung der im übergehenden Vermögen enthaltenen stillen Reserven beim übernehmenden Rechtsträger mit Einkommensteuer oder Körperschaftsteuer sichergestellt sein.[39] Eine tatsächliche Besteuerung der übergehenden Wirtschaftsgüter ist aber nicht erforderlich.[40] Ebenso wenig muss die Besteuerung mit einer inländischen Einkommen- oder Körperschaftsteuer erfolgen, eine vergleichbare ausländische Steuer ist ausreichend.[41] Schädlich ist jedoch, wenn mindestens einer der Mitunternehmer der übernehmenden Personengesellschaft nicht steuerpflichtig oder steuerbefreit ist.[42] 25

Umstritten ist das Vorliegen des Tatbestandsmerkmals „Betriebsvermögen der übernehmenden Personengesellschaft", wenn die übernehmende Personengesellschaft nur von einer Kapitalgesellschaft gehalten wird und im sogenannten „**Treuhand-Modell**"[43] strukturiert ist. Das Treuhand-Modell führt dazu, dass – was ggf. verschiedene Vorteile in der laufenden Besteuerung haben kann – die im Treuhand-Modell strukturierte Personengesellschaft ertragsteuerlich „ignoriert" wird mit der Folge, dass ihr Betriebsvermögen vollumfänglich der Kapitalgesellschaft als Gesellschafterin der Personengesellschaft zugerechnet wird. Für die Umwandlung einer Kapitalgesellschaft auf die im Treuhand-Modell strukturierte Per- 26

---

[30] Vgl. BMF IV C 2 - S 1978 - b/08/10001, BStBl. I 2011, 1314 Tz. 03.11.
[31] Vgl. § 3 Abs. 2 S. 1 Nr. 1 Hs. 1 UmwStG.
[32] Vgl. BMF IV C 2 - S 1978 - b/08/10001, BStBl. I 2011, 1314 Tz. 03.15.
[33] Vgl. Widmann/Mayer/*Widmann* UmwStG § 3 Rn. 16.
[34] Siehe hierzu § 15 Abs. 3 Nr. 1 EStG.
[35] Vgl. BFH I R 133/93, BStBl. II 1995, 171 = DStR 1994, 1887.
[36] Der BFH (XI R 12/98, BStBl. II 2000, 229 = DStR 1999, 1688) versagte eine umqualifizierende Wirkung des § 15 Abs. 3 Nr. 1 EStG bei einem Anteil von 1,25 % der originär gewerblichen Tätigkeit. Einen exakten Schwellenwert hat die Rechtsprechung aber nicht definiert.
[37] Siehe hierzu § 15 Abs. 3 Nr. 2 EStG.
[38] So auch Dötsch/Pung/Möhlenbrock/*Möhlenbrock*/*Pung* UmwStG § 3 Rn. 75.
[39] Vgl. § 3 Abs. 2 S. 1 Nr. 1 Hs. 2 UmwStG.
[40] Die tatsächliche Besteuerung könnte z. B. aufgrund eines Verlustabzugs ausbleiben.
[41] Vgl. BMF IV C 2 - S 1978 - b/08/10001, BStBl. I 2011, 1314 Tz. 03.17.
[42] Vgl. Regierungsentwurf des SEStEG, BT-Drucks. 16/2710 zu § 3 Abs. 2 UmwStG. Typische Anwendungsfälle wären die Beteiligung von persönlich von der Körperschaftsteuer befreiten Körperschaften (§ 5 KStG) und von juristischen Personen des öffentlichen Rechts.
[43] Zum Treuhandmodell vgl. z. B. *Suchanek*/*Hesse* GmbHR 2014, 466; *Behrens*/*Renner* BB 2016, 683; BFH IV R 26/07, BStBl. II 2010, 751 = DStR 2010, 743.

sonengesellschaft wirft dies die Frage aus, ob das Tatbestandsmerkmal „Betriebsvermögen der übernehmenden Personengesellschaft" noch erfüllt ist, denn letztlich wird das Betriebsvermögen der Gesellschafterin der Personengesellschaft zugerechnet, wobei es sich in der Regel um eine Kapitalgesellschaft handelt. Die Finanzverwaltung lehnt dies – u. E. zu Unrecht – ab.[44] Nach der hier vertretenen Auffassung ist dies zu restriktiv. Das Betriebsvermögensmerkmal auf Ebene der Gesellschafterin der übernehmenden Personengesellschaft sollte u. E. ausreichen, um die vom Gesetzgeber geforderten Anforderungen zu erfüllen. Im Übrigen sollte es auch zulässig sein, zunächst eine Umwandlung auf eine „normale" Personengesellschaft durchzuführen und dann unmittelbar anschließend die übernehmende Personengesellschaft zu einer ertragsteuerlich inexistenten Personengesellschaft im „Treuhand-Modell" werden zu lassen.

27   **bb) Inländische Besteuerung.** Ein antragsgemäßer Ansatz des übergehenden Vermögens mit dem Buch- oder Zwischenwert hängt auch davon ab, dass das deutsche Besteuerungsrecht an den übertragenden Wirtschaftsgütern bei dem übernehmenden Rechtsträger nicht beschränkt oder ausgeschlossen ist.[45] Betroffen sind damit Fälle, in denen das deutsche Besteuerungsrecht im Zuge der Umwandlung vollumfänglich entfällt oder das deutsche Besteuerungsrecht aufgrund anzurechnender ausländischer Steuer wirkungslos bleibt.[46] Dabei ist zu erwägen, dass ohne vorheriges Bestehen eines inländischen Besteuerungsrechts auch keine Beschränkung oder Ausschluss desselben eintreten kann.[47]

28   **cc) Keine Gegenleistungen oder Gesellschaftsrechte.** Eine zwingende Gewinnrealisierung tritt in dem Umfang ein, indem für den Vermögensübergang eine nicht in Gesellschaftsrechten bestehende Gegenleistung gewährt wird.[48] Von einer schädlichen Gegenleistung ist auszugehen, wenn die übernehmende Personengesellschaft den verbleibenden Gesellschaftern bare Zuzahlungen leistet oder ein Gesellschafterdarlehen gewährt.[49] Ausschlaggebend für die Unterscheidung zwischen der Gewährung von Gesellschaftsrechten und einer Darlehensforderung ist insbesondere die Verbuchung von Verlusten auf diesem Konto.[50] Zur Sicherstellung der Steuerneutralität bedarf es daher eine gewissen Sorgfalt bei der Ausgestaltung des Kontensystems der übernehmenden Personengesellschaft um sicherzustellen, dass ein als Rücklage- oder Kapitalkonto II bezeichnetes Konto unter Anwendung der steuerlichen Kriterien auch tatsächlich als (Eigen-)Kapitalkonto zu behandeln ist und nicht als ein (schädliches) Konto mit Fremdkapital- bzw. Forderungscharakter.[51]

29   Barabfindungen an im Rahmen der Verschmelzung ausscheidende Gesellschafter nach §§ 29 ff. UmwG zählen nicht zu den schädlichen Gegenleistungen, da § 5 Abs. 1 UmwStG fingiert, dass der ausscheidende Gesellschafter noch die Anteile an der übertragenden Körperschaft veräußert und die übernehmende Personengesellschaft infolgedessen die Abfindung zu deren Erwerb leistet.[52] Gleichfalls unschädlich für die Steuerneutralität der Verschmelzung auf Gesellschaftsebene sind Zahlungen zum Ausgleich von Wertdifferenzen

---

[44] Vgl. OFD Niedersachsen S 1978 – 97 – St 243, ESt-Kartei NI UmwStG Nr. 1.11.
[45] Vgl. § 3 Abs. 2 S. 1 Nr. 2 UmwStG.
[46] Vgl. Dötsch/Pung/Möhlenbrock/*Möhlenbrock*/*Pung* UmwStG § 3 Rn. 95.
[47] Vgl. BMF IV C 2 - S 1978 - b/08/10001, BStBl. I 2011, 1314 Tz. 03.19. Dies betrifft Fallkonstellationen, in denen Deutschland bereits bei der übertragenden Körperschaft keinen Zugriff auf die stille Reserven hatte (Rödder/Herlinghaus/van Lishaut/*Birkemeier* UmwStG § 3 Rn. 100).
[48] Vgl. § 3 Abs. 2 S. 1 Nr. 3 UmwStG.
[49] Vgl. BMF IV C 2 - S 1978 - b/08/10001, BStBl. I 2011, 1314 Tz. 03.21.
[50] Zu Einzelheiten vgl. Hachmeister/Kahle/Mock/Schüppen/*Cordes*/*Kotzenberg*, Bilanzrecht, Anhang 2 zu §§ 238–263, Rn. 64 ff.
[51] Vgl. Schmitt/Hörtnagl/Stratz/*Schmitt* UmwStG § 3 Rn. 108, der zudem darauf hinweist, dass die jeweilige Kontobezeichnung für die Abgrenzung unerheblich ist und sich stattdessen danach richtet, ob die Zu- und Abgänge auf dem Konto gesellschaftsrechtlicher oder schuldrechtlicher Natur sind.
[52] Vgl. FG Münster 3 K 3608/04 F, EFG 2008, 343; BMF IV C 2 - S 1978 - b/08/10001, BStBl. I 2011, 1314 Tz. 03.22.

zwischen den Gesellschaftern, da diese ebenfalls wie die vorgenannten Veräußerungen behandelt werden.[53] Ausschüttungen im Rückwirkungszeitraum werden bei den Gesellschaftern in Entnahmen umgedeutet.[54]

b) Antrag. Der Ansatz des übergehenden Vermögens mit einem unter dem gemeinen 30
Wert liegenden Wert ist an einen Antrag gebunden. Dieser Antrag ist spätestens bis zur erstmaligen Abgabe der steuerlichen Schlussbilanz bei dem für die übertragende Körperschaft zuständigen Finanzamt zu stellen (Ausschlussfrist).[55] Als Antragsteller ist der übertragende Rechtsträger – zumindest bis zur Eintragung der Umwandlung in das Handelsregister – bzw. dessen steuerlicher Rechtsnachfolger berechtigt.[56] Das Antragswahlrecht kann formlos ausgeübt werden und ist unwiderruflich.[57] Zur Beweissicherung sollte in der Praxis vorsorglich aber stets die Schriftform gewählt und die Finanzverwaltung um eine Bestätigung gebeten werden, dass der Antrag eingegangen ist und etwaige formale Anforderungen der Finanzverwaltung beachtet wurden. Für Fälle, in denen eine explizite Antragstellung versäumt wurde, hat die Finanzverwaltung im UmwSt-Erlass vergleichsweise großzügige Regelungen vorgesehen.[58]

3. Besteuerung eines Übertragungsgewinns

Durch die Wahl eines über dem Buchwert liegenden Wertansatzes des übergehenden 31
Vermögens in der steuerlichen Schlussbilanz und der daraus resultierenden Realisierung von stillen Reserven entsteht auf Ebene der übertragenden Körperschaft mit Ablauf des steuerlichen Übertragungsstichtags ein Übertragungsgewinn.[59] Der Übertragungsgewinn zählt zum laufenden Gewinn und unterliegt als solcher grundsätzlich in voller Höhe den allgemeinen Besteuerungsgrundsätzen, d. h. Körperschaftsteuer und Gewerbesteuer.[60] Soweit die durch Ansatz des gemeinen Werts bzw. eines Zwischenwerts aufgedeckten stillen Reserven auf Anteile an Kapitalgesellschaften entfallen, finden Steuerbefreiungen wie z. B. § 8b KStG Anwendung.[61] Teilweise fehlt allerdings hierzu die explizite Rechtsgrundlage, so dass in Einzelfällen (z. B. bei Upstream-Verschmelzungen wegen der fehlenden Gegenleistung) Unsicherheiten verbleiben können. Steuerfreistellungen nach Doppelbesteuerungsabkommen können Anwendung finden, wenn z. B. ein deutsches Besteuerungsrecht an ausländischem Betriebsstättenvermögen ausgeschlossen ist.[62] Als laufender Gewinn kann der Übertragungsgewinn grundsätzlich unbeschränkt mit einem laufenden Verlust ausgeglichen werden. Bei der Verrechnung mit Verlustvorträgen muss berücksichtigt werden, dass die Verlustverrechnung im Rahmen der Mindestbesteuerung[63] beschränkt ist.[64] Sollte eine solche Beschränkung zur Anwendung kommen, ist aber ggf. zu überlegen, die Veranlagung durch Einspruchsverfahren offen zu halten, da die Frage der Anwendbarkeit der Mindestbesteuerung im letzten Veranlagungszeitraum vor endgültigem Wegfall eines Verlustvortrags (hier auf Grund § 4 Abs. 2 S. 2 UmwStG) strittig und nicht abschließend gerichtlich geklärt ist.[65] Schließlich ist zu berücksichtigen, dass sich Einschränkungen der Verlustverrechnung aus § 2 Abs. 4 S. 1 und S. 2 ergeben können (→ Rn. 11). Mit der

---

[53] So auch Schmitt/Hörtnagl/Stratz/*Schmitt* UmwStG § 3 Rn. 108.
[54] Vgl. Dötsch/Pung/Möhlenbrock/*Möhlenbrock*/*Pung* UmwStG § 3 Rn. 122.
[55] Vgl. § 3 Abs. 2 S. 2 UmwStG.
[56] Vgl. BMF IV C 2 – S 1978 – b/08/10001, BStBl. I 2011, 1314 Tz. 03.28.
[57] Vgl. BMF IV C 2 – S 1978 – b/08/10001, BStBl. I 2011, 1314 Tz. 03.29.
[58] Vgl. BMF IV C 2 – S 1978 – b/08/10001, BStBl. I 2011, 1314 Tz. 03.29.
[59] So auch Rödder/Herlinghaus/van Lishaut/*Birkemeier* UmwStG § 3 Rn. 156.
[60] Vgl. Haritz/Menner/*Brinkhaus*/*Grabbe* UmwStG § 3 Rn. 230.
[61] Vgl. Schmitt/Hörtnagl/Stratz/*Schmitt* UmwStG § 3 Rn. 151.
[62] Vgl. Widmann/Mayer/*Widmann* UmwStG § 3 Rn. 538.
[63] Siehe hierzu § 8 Abs. 1 KStG i. V. m. § 10d Abs. 2 EStG.
[64] Vgl. Schmitt/Hörtnagl/Stratz/*Schmitt* UmwStG § 3 Rn. 150.
[65] Zu Recht gegen eine Anwendung der Mindestbesteuerung BFH I B 49/10, BStBl. II 2011, 826 = DStR 2010, 2179.

Verschmelzung unmittelbar im Zusammenhang stehenden Ausgaben (Notargebühren, Gerichts- und Registerkosten, Beratungskosten, u. Ä.) („**Verschmelzungskosten**") stellen nach der hier vertretenen Auffassung sofort abziehbare Betriebsausgaben dar und mindern den anfallenden Übertragungsgewinn.[66] Die in der Praxis von der Finanzverwaltung vertretene Auffassung ist allerdings bisweilen restriktiver. Sie geht dahin, den Abzug von im Rückwirkungszeitraum bei der übertragenden Kapitalgesellschaft angefallenen Umwandlungskosten zu versagen[67] – nach der hier vertretenen Auffassung indes zu Unrecht.

VI. Steuerliche Auswirkung auf Ebene der übernehmenden Personengesellschaft

1. Besteuerung offener Rücklagen

32   § 7 UmwStG fingiert eine Vollausschüttung des bislang thesaurierten und bis zum Übertragungsstichtag entstandenen steuerlichen Gewinns der übertragenden Kapitalgesellschaft („**offene Rücklagen**") an sämtliche Gesellschafter, die an der Verschmelzung teilnehmen und zugleich Mitunternehmer der übernehmenden Personengesellschaft werden.[68] Hierzu wird jedem betreffenden Gesellschafter sein Anteil am Eigenkapital der übertragenden Körperschaft aus der steuerlichen Schlussbilanz abzüglich des Bestands des steuerlichen Einlagekontos, der sich nach Anwendung von § 29 Abs. 1 KStG (fiktive „Umwandlung" des Stammkapitals in Einlagekontoguthaben) ergibt, zugerechnet.[69] Die fiktiv ausgeschütteten Beträge werden als Einnahmen aus Kapitalvermögen definiert. Da die Anteile an der übertragenden Körperschaft aber entweder ohnehin oder kraft der Einlagefiktionen des § 5 UmwStG jedenfalls unmittelbar vor Zufluss der Bezüge nach § 7 UmwStG zu Betriebsvermögen der übernehmenden Personengesellschaft werden, sind die Bezüge nach § 7 UmwStG der von der übernehmenden Personengesellschaft erzielten Einkunftsart, d. h. in der Regel den gewerblichen Einkünften, zuzuordnen.[70] Die Umqualifizierung begründet sich auf dem Subsidiaritätsprinzip in § 20 Abs. 8 EStG. Unabhängig davon ist zwingend **Kapitalertragsteuer** einzubehalten.[71] Sofern es sich bei dem Anteilseigner um eine natürliche Person handelt, unterliegen die Einnahmen der Besteuerung im Teileinkünfteverfahren nach § 3 Nr. 40 EStG. Entfallen die Bezüge auf eine Körperschaft als Anteilseigner, sind sie bei der Ermittlung des Einkommens bis auf ein 5 %-iges pauschales Betriebsausgabenabzugsverbot gemäß § 8b Abs. 1 S. 1 und Abs. 5 S. 1 KStG nicht zu berücksichtigen.[72] Unabhängig davon zu prüfen ist jeweils vorsorglich die Erstreckung der Befreiung auf die Gewerbesteuer. Hier kann es in Einzelfällen bei Verschmelzungen auf bereits bestehende Schwestergesellschaften Probleme geben, da § 18 Abs. 2 S. 2 UmwStG nur auf § 5 Abs. 2 UmwStG verweist und nicht zusätzlich – was systematisch zutreffend wäre – auch auf § 5 Abs. 3 UmwStG. Die Gewerbesteuerbefreiung setzt daher in den Fällen des § 5 Abs. 3 UmwStG ggf. das Vorliegen der Voraussetzungen des § 9 Nr. 2a GewStG insbesondere ein Halten der Beteiligung bereits zu Beginn des gewerbesteuerlichen Erhebungszeitraums voraus. Die Bezüge nach § 7 UmwStG gelten bereits mit Ablauf des steuerlichen Übertragungsstichtags als zugeflossen. Sie sind daher auf den Übertragungsstichtag zu erfassen (bei kalenderjahrgleichem Wirtschaftsjahr der übernehmenden Personengesellschaft und dem 31.12. als steuerlichem Übertragungsstichtag also in dem Jahr,

---

[66] So auch Rödder/Herlinghaus/van Lishaut/*Birkemeier* UmwStG § 3 Rn. 156.
[67] Vgl. *Stimpel* GmbHR 2012, 199, 201 f.
[68] Vgl. BMF IV C 2 - S 1978 - b/08/10001, BStBl. I 2011, 1314 Tz. 07.02.
[69] Vgl. BMF IV C 2 - S 1978 - b/08/10001, BStBl. I 2011, 1314 Tz. 07.04.
[70] Vgl. Schmitt/Hörtnagl/Stratz/*Schmitt* UmwStG § 7 Rn. 17.
[71] Vgl. Gesetzesbegründung BT-Drucks. 16/2710 zu § 7 UmwStG; BMF IV C 2 - S 1978 - b/08/10001, BStBl. I 2011, 1314 Tz. 07.08; Dötsch/Pung/Möhlenbrock/*Dötsch* UmwStG § 7 Rn. 18; Rödder/Herlinghaus/van Lishaut/*Birkemeier* UmwStG § 7 Rn. 25; Haritz/Menner/*Börst* UmwStG § 7 Rn. 65.
[72] Vgl. BMF IV C 2 - S 1978 - b/08/10001, BStBl. I 2011, 1314 Tz. 07.07. In den Fällen des § 8b Abs. 4, 7 und 8 KStG sind die Bezüge in voller Höhe steuerpflichtig.

das mit dem 31.12. endet).[73] Die Kapitalertragsteuer ist vollumfänglich anrechenbar, auch wenn ein im Ausland ansässiger Gesellschafter an der übertragenden Kapitalgesellschaft beteiligt war und in der Folge an der übernehmenden Personengesellschaft beteiligt ist.[74] Die Anrechnung ist in dem Jahr vorzunehmen ist, in dem die entsprechenden Erträge erfasst werden und in das der Zufluss fällt. Dies folgt daraus, dass die Kapitalertragsteuer eine Erhebungsform der Einkommen-/Körperschaftsteuer der Gesellschafter ist, die für deren Rechnung einbehalten und abgeführt wird. Sie hat Vorauszahlungscharakter. Buchungstechnisch wird die Kapitalertragsteuer den Gesellschaftern in der Regel gegen das Gesellschafterdarlehenskonto, in Einzelfällen aber auch gegen deren Kapitalkonten belastet. Klarzustellen ist insoweit, dass die Belastung eines Verrechnungs- oder Kapitalkontos mit Kapitalersteuer keine schädliche Gegenleistung sein kann, die dem Ansatz eines Wertes unter dem gemeinen Wert gem. § 3 Abs. 2 UmwStG entgegensteht.[75] Entnommen wird in einem solchen Fall lediglich bereits versteuertes Eigenkapital.

Die **Kapitalertragsteuer** auf die fiktive Gewinnausschüttung nach § 7 UmwStG entsteht nach Verwaltungsauffassung und h. M. im Schrifttum mit zivilrechtlicher Wirksamkeit der Umwandlung, d. h. bei inländischen Kapitalgesellschaften mit der Eintragung der Umwandlung in das Handelsregister. Der Zeitpunkt des steuerlichen Zuflusses der Kapitalerträge ist demgegenüber der steuerliche Übertragungsstichtag. In der Praxis besteht daher die Unsicherheit, welcher Stichtag in der Kapitalertragsteueranmeldung anzugeben ist. Zutreffend ist nach der hier vertretenen Auffassung der Zuflusszeitpunkt, d. h. der steuerliche Übertragungsstichtag. Schwierigkeiten bereitet insoweit, dass die Kapitalertragsteuer nach § 44 Abs. 1 S. 5 2. Hs. EStG im Zuflusszeitpunkt anzumelden und abzuführen ist. In der Praxis ist daher eine rechtzeitige Anmeldung und Abführung der Kapitalertragsteuer bei rückwirkenden Umwandlungen damit letztlich unmöglich. Die Vorgehensweise, die Kapitalertragsteuer zeitnah nach der Eintragung der Verschmelzung im Handelsregister anzumelden und abzuführen und dabei den steuerlichen Übertragungsstichtag als Entstehenszeitpunkt anzugeben, wird – soweit ersichtlich – in der Praxis von der Finanzverwaltung stets akzeptiert. Gleichwohl wäre zur Erhöhung der Sicherheit des Steuerpflichtigen eine klarstellende Regelung der Finanzverwaltung wünschenswert verbunden beispielsweise mit einer einmonatigen Kulanzfrist nach Eintragung der Umwandlung, innerhalb derer die Kapitalertragsteuer anzumelden und abzuführen ist.[76] Unabhängig von Vorstehendem ist die Belastung mit Kapitalertragsteuer durch die Umwandlung im Rahmen der Liquiditätsplanung des Unternehmens jedoch auf jeden Fall bei der Planung der Umwandlung zu berücksichtigen. 33

2. Bewertung des übergehenden Vermögens

a) **Wertverknüpfung.** Die übernehmende Personengesellschaft hat die auf die übergegangenen Wirtschaftsgüter zwingend mit dem in der steuerlichen Schlussbilanz der übertragenden Körperschaft enthaltenen Werten zu übernehmen („**Wertverknüpfung**").[77] Davon sind auch diejenigen Bilanzansätze erfasst, denen es an der Wirtschaftsguteigenschaft fehlt, z. B. Rechnungsabgrenzungs- oder Sammelposten.[78] Die Übernahme erfolgt mit Wirkung zum steuerlichen Übertragungsstichtag. Eine dem handelsrechtlichen Regelungen in § 24 UmwG vergleichbare Vorschrift eines Neubewertungswahlrechts auf der Ebene des übernehmenden Rechtsträgers besteht für steuerliche Zwecke nicht.[79] 34

---

[73] Vgl. BMF IV C 2 - S 1978 - b/08/10001, BStBl. I 2011, 1314 Tz. 07.07.
[74] Vgl. FGS/BDI/*Cordes/Dremel/Carstens* Umwandlungssteuer-Erlass, 216 ff.
[75] Vgl. Schmitt/Hörtnagl/Stratz/*Schmitt* UmwStG § 3 Rn. 109.
[76] Vgl. IDW. FN-IDW 2011, 502, zu Rn. 07.08.
[77] Vgl. § 4 Abs. 1 S. 1 UmwStG. So auch Haritz/Menner/*Bohnhardt* UmwStG § 4 Rn. 35; Rödder/Herlinghaus/van Lishaut/*van Lishaut* UmwStG § 4 Rn. 6; Schmitt/Hörtnagl/Stratz/*Schmitt* UmwStG § 4 Rn. 11; Widmann/Mayer/*Widmann* UmwStG § 4 Rn. 8.
[78] Vgl. BMF IV C 2 - S 1978 - b/08/10001, BStBl. I 2011, 1314 Tz. 04.01.
[79] Vgl. Lutter/*Moszka* Anh. UmwStG Rn. 188.

35 Im Falle der Verschmelzung zur Neugründung ist auf den steuerlichen Übertragungsstichtag eine steuerliche Eröffnungsbilanz zu erstellen,[80] die zugleich steuerliche Übernahmebilanz ist.[81] Ist steuerlicher Übertragungsstichtag der 31.12. eines Jahres sollte nach der hier vertretenen Auffassung auch eine Steuererklärung (Feststellungserklärung) für den am 31.12. endenden Veranlagungszeitraum abgegeben werden, wenngleich in dieser Erklärung keine laufenden Einkünfte erscheinen. Allerdings sind dort sowohl der Zufluss aus der Versteuerung offener Rücklagen nach § 7 UmwStG (→ Rn. 32) als auch ein entsprechender Übernahmegewinn bzw. Übernahmeverlust zu berücksichtigen. Soll eine Körperschaft im Wege der Aufnahme auf eine bestehende Personengesellschaft verschmolzen werden, ist eine Übernahmebilanz grundsätzlich erforderlich. Stattdessen wird die Übernahme des Betriebsvermögens im Zuge der Umwandlung als laufender Geschäftsvorfall abgebildet.[82]

36 **b) Beteiligungskorrekturgewinn.** Die Anteile an der übertragenden Körperschaft sind beim übernehmenden Rechtsträger zum steuerlichen Übertragungsstichtag mit dem Buchwert, erhöht um (Teilwert-)Abschreibungen, die in früheren Jahren (vor 2002) steuerwirksam vorgenommen worden sind, sowie um Abzüge nach § 6b EStG und ähnliche Abzüge (z. B. R 6.5 oder R 6.6 EStR für an sich steuerpflichtige Investitionszuschüsse oder Entschädigungsleistungen), höchstens mit dem gemeinen Wert, anzusetzen.[83] Dieser korrigierte Wert ist Ausgangswert für die Ermittlung des Übernahmeergebnisses (→ Rn. 41 ff.). Ein sich daraus ergebender Zuschreibungsgewinn ist voll steuerpflichtig, insbesondere sind Begünstigungen nach § 8b Abs. 2 KStG für Körperschaften oder § 3 Nr. 40 S. 1 lit. a EStG für natürliche Personen von der Anwendung ausgeschlossen.

37 **c) Steuerliche Rechtsnachfolge.** Im Zuge der Verschmelzung tritt der übernehmende Rechtsträger im Wege der Gesamtrechtsnachfolge in die Rechtstellung des übertragenden Rechtsträgers ein.[84] § 4 Abs. 2 S. 1 UmwStG ordnet den Eintritt des übernehmenden Rechtsträgers in die steuerliche Rechtsstellung der übertragenden Körperschaft an („**Fußstapfentheorie**"). Nach dem Gesetzeswortlaut umfasst der Eintritt in die steuerliche Rechtstellung insbesondere die Bewertung des übernommenen Vermögens, die AfA sowie die den steuerlichen Gewinn mindernden Rücklagen. Die Aufzählung ist aber nicht abschließend. Hinzu kommt z. B. der Eintritt in die steuerliche Rechtsstellung in Bezug auf die historischen Anschaffungs- und Herstellungskosten.

38 Die übernehmende Personengesellschaft hat die AfA in der bisherigen Weise fortzuführen. Soweit die Verschmelzung ohne Wertaufstockung zu Buchwerten vollzogen wurde, ist der Bestimmung der AfA dieselbe Bemessungsgrundlage, Methode und Restnutzungsdauer zugrunde zu legen. Falls die übergegangenen abnutzbaren Wirtschaftsgüter in der steuerlichen Schlussbilanz der übertragenden Körperschaft mit einem oberhalb des Buchwerts liegenden Wert angesetzt wurden, ist die Berechnung der AfA zu modifizieren. Bei Gebäuden, die nach § 7 Abs. 4 S. 1 und Abs. 5 EStG abgeschrieben werden, bemisst sich die AfA bei der übernehmenden Personengesellschaft nach der bisherigen Bemessungsgrundlage erhöht um den Aufstockungsbetrag; der AfA-Satz bleibt jedoch konstant.[85] Hierdurch verlängert sich der Abschreibungszeitraum. Wird im Fall der linearen Gebäude-AfA die vollständige Absetzung innerhalb der tatsächlichen Restnutzungsdauer nicht erreicht, kann die AfA abweichend nach der Restnutzungsdauer des Gebäudes bestimmt werden.[86] In allen übrigen Fällen richtet sich die AfA nach dem Buchwert, vermehrt um den Aufstockungsbetrag, und nach der nach den Verhältnissen am Übertragungsstichtag ge-

---

[80] Vgl. BMF IV C 2 - S 1978 - b/08/10001, BStBl. I 2011, 1314 Tz. 04.03.
[81] Vgl. Rödder/Herlinghaus/van Lishaut/*van Lishaut* UmwStG § 4 Rn. 8.
[82] Vgl. BMF IV C 2 - S 1978 - b/08/10001, BStBl. I 2011, 1314 Tz. 04.03.
[83] Vgl. § 4 Abs. 1 S. 2 UmwStG.
[84] Vgl. § 20 Abs. 1 Nr. 1 UmwG.
[85] Vgl. § 4 Abs. 3 1 Alt. UmwStG.
[86] Vgl. BMF IV C 2 - S 1978 - b/08/10001, BStBl. I 2011, 1314 Tz. 04.10.

schätzten Restnutzungsdauer.[87] Ein erstmalig ausgewiesener originärer Geschäfts- oder Firmenwert, ist über fünfzehn Jahre gleichmäßig abzuschreiben.[88]

d) Besitzzeitanrechnung. Der Zeitraum der Zugehörigkeit eines Wirtschaftsguts zum **39** Betriebsvermögen der übertragenden Körperschaft ist auf die Besitzzeit des übernehmenden Rechtsträgers anzurechnen.[89] Die Norm betrifft zum einen Vorbesitzzeiten (z. B. für § 6b Abs. 4 S. 1 Nr. 2 EStG von Bedeutung) und zum anderen Behaltefristen (z. B. für § 7g Abs. 6 Nr. 2 EStG oder § 2 Abs. 1 Nr. 2 InvZulG von Bedeutung), die durch die Verschmelzung nicht unterbrochen werden.[90] Eine gewisse Vorsicht ist geboten bzgl. der gewerbesteuerlichen Kürzung von Beteiligungserträgen nach § 9 Nr. 2a und Nr. 7 GewStG. Hier geht die Finanzverwaltung methodisch zutreffend und praxisgerecht ebenfalls von einer Zurechnung der Behaltensmerkmale aus.[91] Der BFH hat dies mit Blick auf den Stichtagsbezug in § 9 Nr. 2a und Nr. 7 GewStG allerdings versagt.[92]

e) Verlustuntergang. Der Übergang von verrechenbaren Verlusten (z. B. § 15a Abs. 4 **40** bzw. § 15b Abs. 4 EStG), verbleibenden Verlustvorträgen (z. B. §§ 2a, 10d, 15 Abs. 4 EStG oder § 10 Abs. 3 S. 5 AStG), vom übertragenden Rechtsträger nicht ausgeglichene negative Einkünfte (im Übertragungsjahr erlittene Verluste, die noch nicht in einem Verlustvortrag förmlich festgestellt worden sind), einem Zinsvortrag[93] und einem EBITDA-Vortrag[94] im Zuge der Umwandlung ist ausdrücklich ausgeschlossen.[95] Insoweit greifen auch nicht die „Fortentwicklungen", die in der Vergangenheit in die Verlustabzugsbeschränkung nach § 8c KStG Eingang gefunden haben („stille Reserve-Klausel" sowie „Konzern-Ausnahme") um die überschießende Wirkung von § 8c KStG abzumildern. Nach dem steuerlichen Übertragungsstichtag verwirklichte Verluste sind bereits dem übernehmenden Rechtsträger zuzuordnen und gehen daher nicht mit unter.[96] Das Übertragungsverbot gilt auch für die Gewerbesteuer, so dass Gewerbeverluste[97] und Fehlbeträge des laufenden Erhebungszeitraums der übertragenden Körperschaft vor dem Übertragungsstichtag betroffen sind.[98]

3. Übernahmeergebnis

a) Ermittlung des Übernahmeergebnisses. Die Verschmelzung einer Körperschaft **41** auf eine Personengesellschaft kann auf Ebene der übertragenden Kapitalgesellschaft unter Inanspruchnahme des Buchwertansatzes steuerneutral ausgestaltet werden (→ Rn. 23). Jedoch kommt die Vollausschüttungsfiktion nach § 7 UmwStG zur Anwendung, die sich auf Gesellschafterebene auswirkt. Ferner ist nach § 4 Abs. 4 UmwStG auf Ebene der übernehmenden Personengesellschaft ein bilanzieller **Übernahmegewinn/-verlust** zu ermitteln, da der Anteil an der übertragenden Kapitalgesellschaft untergeht und an dessen Stelle die übernommenen Wirtschaftsgüter mit dem in der Schlussbilanz der übertragenden Kapitalgesellschaft angesetzten Wert treten.[99] Aufgrund der individuellen Anschaffungskosten bzw. Buchwerte der Beteiligungen der einzelnen Gesellschafter ist eine personenbezogene Ermittlung des Übernahmeergebnisses geboten.[100] Der **Übernahmegewinn/-**

---

[87] Vgl. § 4 Abs. 3 2 Alt. UmwStG.
[88] Vgl. § 7 Abs. 1 S. 3 EStG.
[89] Vgl. § 4 Abs. 2 S. 3 UmwStG.
[90] Vgl. BMF IV C 2 - S 1978 - b/08/10001, BStBl. I 2011, 1314 Tz. 04.15.
[91] Vgl. BMF IV C 2 - S 1978 - b/08/10001, BStBl. I 2011, 1314 Tz. 04.15.
[92] BFH I R 44/13, BStBl. II 2015, 303 = DStR 2014, 1229.
[93] Vgl. § 4h Abs. 1 S. 5 EStG.
[94] Vgl. § 4h Abs. 1 S. 3 EStG.
[95] Vgl. § 4 Abs. 2 S. 2 UmwStG.
[96] Vgl. *Rödder/Schumacher* DStR 2006, 1525, 1530. Auf die Ausnahmen in § 2 Abs. 4 UmwStG (→ Rn. 11) wird hingewiesen.
[97] Vgl. § 10a GewStG.
[98] Vgl. § 18 Abs. 1 S. 2 GewStG.
[99] Vgl. Rödder/Herlinghaus/van Lishaut/*van Lishaut* UmwStG § 4 Rn. 74.
[100] Vgl. BMF IV C 2 - S 1978 - b/08/10001, BStBl. I 2011, 1314 Tz. 04.19.

verlust reduziert sich nach § 4 Abs. 5 Satz 2 UmwStG um die Bezüge, die nach § 7 UmwStG bereits erfasst wurden. Damit soll eine Doppelbesteuerung aufgrund der vorrangigen Besteuerung der offenen Rücklagen als Einnahmen aus Kapitalvermögen i. S. d. § 20 Abs. 1 Nr. 1 EStG verhindert werden.[101] Das Übernahmeergebnis ist anhand des nachfolgenden Berechnungsschemas zu ermitteln:[102]

	Wert des übergehenden Vermögens[103]
+	Zuschläge für neutrales Vermögen[104]
–	Buchwert der Anteile an der übertragenden Körperschaft (ggf. nach Korrektur)[105]
–	Kosten für den Vermögensübergang
=	Übernahmegewinn /-verlust erster Stufe
+	Sperrbetrag i. S. d. § 50c EStG[106]
–	Anteilige offene Rücklagen, die als Einnahmen aus Kapitalvermögen gemäß § 7 UmwStG i. V. m. § 20 Abs. 1 Nr. 1 EStG zu versteuern sind[107]
=	Übernahmegewinn /-verlust zweiter Stufe

Das sich ergebende Übernahmeergebnis zweiter Stufe ist durch das für die übernehmende Personengesellschaft zuständige Finanzamt einheitlich und gesondert nach § 180 AO festzustellen.[108] Das Übernahmeergebnis entsteht mit Ablauf des steuerlichen Übertragungsstichtags.[109] Bei kalenderjahrgleichem Wirtschaftsjahr der übernehmenden Personengesellschaft und dem 31.12. als steuerlichem Übertragungsstichtag erfolgt die Erfassung also in dem Jahr, das mit dem 31.12. endet.

Ausschließlich für den Zweck der Ermittlung des Übernahmeergebnisses ist das sogenannte neutrale Vermögen – unabhängig von dem Wertansatz der übertragenden Körperschaft in der steuerlichen Schlussbilanz – mit dem gemeinen Wert anzusetzen.[110] Als neutrales Vermögen sind Wirtschaftsgüter zu bezeichnen, an denen Deutschland kein Recht an der Besteuerung eines etwaigen Veräußerungsgewinns zugestanden hat.[111] Darunter fällt vor allem ausländisches Betriebsstättenvermögen in einem Staat, in dem der Veräußerungsgewinn durch ein einschlägiges DBA von der deutschen Besteuerung freigestellt ist, sowie im Ausland gelegenes unbewegliches Vermögen, z. B. Grundbesitz, das nach DBA in Deutschland nicht besteuert wird.[112]

---

[101] Vgl. Rödder/Herlinghaus/van Lishaut/*van Lishaut* UmwStG § 4 Rn. 105.
[102] Vgl. BMF IV C 2 - S 1978 - b/08/10001, BStBl. I 2011, 1314 Tz. 04.27.
[103] Vgl. § 4 Abs. 1 S. 1 UmwStG.
[104] Vgl. § 4 Abs. 4 S. 2 UmwStG.
[105] Vgl. § 4 Abs. 1 S. 2 f. UmwStG (Beteiligungskorrekturgewinn; → Rn. 36) und § 4 Abs. 2 S. 5 UmwStG (Umwandlung einer Unterstützungskasse).
[106] Vgl. § 4 Abs. 5 S. 1 UmwStG. § 50c EStG ist auslaufendes Recht; neue Konstellationen konnten letztmals im Übergangsjahr vom Anrechnungsverfahren hin zum Halbeinkünfteverfahren entstehen (Stichtag 31.12.2001). Zu Einzelheiten vgl. z. B. Rödder/Herlinghaus/van Lishaut/*van Lishaut* UmwStG § 4 Rn. 97.
[107] § 4 Abs. 5 S. 2 UmwStG.
[108] Vgl. BMF IV C 2 - S 1978 - b/08/10001, BStBl. I 2011, 1314 Tz. 04.27.
[109] Vgl. BMF IV C 2 - S 1978 - b/08/10001, BStBl. I 2011, 1314 Tz. 04.26. Schmitt/Hörtnagl/Stratz/*Schmitt* UmwStG § 4 Rn. 96; aA Widmann/Mayer/*Widmann* UmwStG § 4 Rn. 35, der das Übernahmeergebnis nach dem geltenden allgemeinen Gewinnverteilungsschlüssel auf die einzelnen Gesellschafter verteilt.
[110] Vgl. Dötsch/Pung/Patt/Möhlenbrock/*Pung* UmwStG § 4 Rn. 58; Haritz/Menner/*Bohnhardt* UmwStG § 4 Rn. 242.
[111] Vgl. Regierungsentwurf des SEStEG, BT-Drucks. 16/2710 zu § 4 Abs. 4 UmwStG.
[112] Vgl. Art. 13 Abs. 1 und 2 i. V. m. Art. 23 lit. a OECD-MA. So auch BMF IV C 2 - S 1978 - b/08/10001, BStBl. I 2011, 1314 Tz. 04.29; *Werra/Teiche* DB 2006, 1455, 1459.

Die Umwandlungskosten auf Ebene der übernehmenden Personengesellschaft gehen in die Ermittlung des Übernahmegewinns/-verlust ein und reduzieren diesen. Sie sind daher vom allgemeinen Betriebsausgabenabzug ausgenommen und wirken sich nur insoweit aus, wie ein Übernahmegewinn/-verlust steuerpflichtig bzw. abzugsfähig ist. Soweit Kapitalgesellschaften an der übernehmenden Personengesellschaft beteiligt sind, folgt faktisch eine Nichtabzugsfähigkeit. Soweit natürliche Personen an der übernehmenden Personengesellschaft beteiligt sind, ist allenfalls eine Einbeziehung im Rahmen des Teileinkünfteverfahrens möglich. Eine Ausnahme gilt für „objektbezogene Kosten", wie z. B. die auf übergehende Grundstücke entfallende Grunderwerbsteuer, die als Anschaffungsnebenkosten zu aktivieren sind.[113] Als übrige Umwandlungskosten kommen ua Aufwendungen für externe Rechtsberatungskosten, für die Einholung einer verbindlichen Auskunft, für die Erstellung und Beurkundung des Verschmelzungsvertrags, für den Verschmelzungsbericht und dessen Anmeldung und Eintragung im Handelsregister, für die Erstellung und Prüfung der Schlussbilanz, für die Ermittlung des Übernahmeergebnisses, uÄ in Betracht.[114] Die Zuordnung der Umwandlungskosten auf die an der Verschmelzung beteiligten Rechtsträger richtet sich nach dem objektiven wirtschaftlichen Veranlassungsprinzip, d. h. maßgebend ist, in wessen Sphäre die Aufwendungen entstanden sind.[115] Falls eine objektive Zuordnungsentscheidung nicht möglich ist, wird eine sachgerechte Aufteilung hälftig im Verhältnis 50:50 vorgeschlagen.[116] Gestaltungsüberlegung kann insoweit sein, dass die umstrukturierungsbezogene Beratung von einer vorgeschalteten Konzerngesellschaft beauftragt wird, auf deren Ebene § 4 UmwStG nicht gilt.

b) Verlustabzugsbeschränkung für den Übernahmeverlust. Auf Grund der gesonderten Besteuerung der offenen Gewinnrücklagen nach § 7 UmwStG und des Abzugs dieses Betrags bei der Ermittlung des Übernahmegewinns/-verlusts tritt in der Regel ein **Übernahmeverlust** auf. Übernahmegewinne sind in der Praxis sehr selten, es sei denn die Anteile an der übertragenden Kapitalgesellschaft wurden zu einem Preis erworben, der unterhalb des steuerlichen Eigenkapitals (ohne Berücksichtigung von thesaurierten Gewinnen) liegt. Ein **Übernahmeverlust** entsteht insbesondere, wenn bei einem Anteilserwerb stille Reserven vergütet wurden und die Anschaffungskosten des Anteils daher über den Buchwerten auf Ebene der Kapitalgesellschaft liegen.

Auf einen **Übernahmegewinn** ist nach § 4 Abs. 7 UmwStG bei Kapitalgesellschaften § 8b KStG anzuwenden (grundsätzlich also zu 95 % steuerfrei). Bei natürlichen Personen als Gesellschafter gelten § 3 Nr. 40 sowie § 3c EStG (grundsätzlich 40 % steuerfrei).

Die steuerliche Abziehbarkeit eines **Übernahmeverlusts** bei den Mitunternehmern der übernehmenden Personengesellschaft hat der Gesetzgeber stark eingeschränkt. Für unmittelbar oder mittelbar an der übernehmenden Personengesellschaft beteiligte Körperschaften ist der Verlustabzug nach § 4 Abs. 6 S. 1 UmwStG grundsätzlich ausgeschlossen. Eine Verrechnung des Übernahmeverlusts mit dem − iErg nur zu 95 % steuerfreien fiktiven Bezug der offenen Rücklagen nach § 7 UmwStG unterbleibt, wenngleich damit im Ergebnis 5 % der offenen Rücklagen steuerpflichtig bleiben und der Übernahmeverlust in Gänze vom Abzug ausgeschlossen ist. Eine Ausnahme von dem Abzugsverbot bei beteiligten Kapitalgesellschaften gilt nach § 4 Abs. 6 S. 2 UmwStG nur, wenn für die Anteile an der übertragenden Kapitalgesellschaft auf Ebene der (ggf. über die übernehmende Personengesellschaft) beteiligten Kapitalgesellschaft § 8b Abs. 7 oder 8 KStG gilt.

---

[113] Vgl. BFH I R 22/96, BStBl. II 1998, 168 = DStR 1998, 164 zur Verschmelzung von Genossenschaften.
[114] Vgl. Haritz/Menner/*Bohnhardt* UmwStG § 4 Rn. 244; Schmitt/Hörtnagl/Stratz/*Schmitt* UmwStG § 4 Rn. 110 i. V. m. Rn. 44.
[115] Vgl. BFH I R 83/96, BStBl. II 1998, 698 = GmbHR 1998, 953; Schmitt/Hörtnagl/Stratz/ *Schmitt* UmwStG § 4 Rn. 43; *Stimpel* GmbHR 2012, 199, 201.
[116] Vgl. Haritz/Menner/*Bohnhardt* UmwStG § 4 Rn. 244.

46 Für natürliche Personen ist die Abzugsfähigkeit des Übernahmeverlusts nach § 4 Abs. 6 S. 4 UmwStG auf 60%, höchstens jedoch auf 60% der Bezüge i. S. d. § 7 UmwStG, begrenzt. Damit kann – bei einem entsprechend hohen Übernahmeverlust – die Steuerbelastung aus der fiktiven Versteuerung der offenen Rücklagen ggf. ausgeglichen werden. Vollständig vom Abzug ausgeschlossen ist der Übernahmeverlust auch bei natürlichen Personen nach § 4 Abs. 6 S. 6 UmwStG, soweit Anteile an der übertragenden Körperschaft innerhalb von fünf Jahren vor dem steuerlichen Übertragungsstichtag entgeltlich erworben wurden oder ein Veräußerungsverlust gemäß § 17 Abs. 2 S. 6 EStG nicht zu berücksichtigen wäre. Die Verlustabzugsbeschränkung greift anteilsbezogen ein und ist demzufolge für jeden Anteilseigner gesondert zu betrachten.[117] Die Regelung entbehrt nach der hier vertretenen Auffassung zumindest für den Fall des Anteilserwerbs in der 5-Jahresfrist einer ökonomischen und dogmatischen Grundlage, da die mit dem Kaufpreis vergüteten offenen Rücklagen der Besteuerung unterliegen, während der Übernahmeverlust nicht abzugsfähig ist. Postakquisitorische Umwandlungen (d. h. Umwandlungen im Anschluss an den Beteiligungserwerb) im Personengesellschaftskonzern mit natürlichen Personen als Gesellschafter sind damit innerhalb der 5-Jahresfrist in der Regel ausgeschlossen. Der Gesetzgeber ist aufgerufen, insoweit Abhilfe zu schaffen.

4. Übernahmefolgegewinn /-verlust

47 **a) Konfusion von Forderungen und Verbindlichkeiten.** Ein **Übernahmefolgegewinn/-verlust** ist vom Übernahmeergebnis streng zu trennen. Ein Übernahmefolgegewinn bzw. -verlust entsteht aufgrund der Vereinigung von korrespondierenden Forderungen und Verbindlichkeiten mit unterschiedlichen Wertansätzen bei der übertragenden Körperschaft und der übernehmenden Personengesellschaft.[118] Dabei gilt: Ist die Forderung mit einem niedrigeren Wert als die gegenüberstehende Verbindlichkeit bilanziert, führt die Konfusion zu einem Übernahmefolgegewinn. Auf der anderen Seite bedingt eine höher als die entsprechende Verbindlichkeit bewertete Forderung im Verschmelzungsfall einen Übernahmefolgeverlust.[119] Die Ursache für das Entstehen eines Übernahmefolgegewinns kann ferner in dem Wegfall einer Rückstellung liegen, z. B. wenn einem an der Umwandlung beteiligten Rechtsträger die Aktivierung einer Forderung mangels hinreichender Gewissheit verwehrt ist,[120] der andere Rechtsträger aus dem gleichen Anlass aber eine Rückstellung für ungewisse Verbindlichkeiten, z. B. Garantierückstellung, gebildet hat.[121] Das Erlöschen der gegenseitigen Forderungen und Verbindlichkeiten bzw. die Auflösung der Rückstellung tritt eine logische Sekunde nach dem steuerlichen Übertragungsstichtag ein,[122] fällt jedoch noch in dem Wirtschaftsjahr an, das mit dem Bilanzstichtag schließt.[123] Der Übernahmefolgegewinn bzw. -verlust gehört zum laufenden Gewinn der übernehmenden Personengesellschaft und ist damit im Grundsatz steuerpflichtig nach den allgemeinen Regelungen.[124]

48 Der Übernahmefolgegewinn tritt bereits nach allgemeinen Bilanzierungsgrundsätzen unabhängig von § 6 UmwStG ein. § 6 UmwStG hat insoweit keinen eigenen rechtsbegründenden Charakter. § 6 UmwStG beinhaltet zur Abmilderung der Besteuerungsfolgen lediglich ein Wahlrecht, den entstandenen Gewinn über einen gewissen Zeitraum „gestreckt" zu versteuern (→ Rn. 50). Der Übernahmefolgegewinn und die entsprechende Abmilderungsregelung in § 6 UmwStG betreffen im Übrigen nicht nur die unter §§ 3 ff.

---
[117] Vgl. Rödder/Herlinghaus/van Lishaut/*van Lishaut* UmwStG § 4 Rn. 120.
[118] Vgl. § 6 Abs. 1 S. 1 1. Alt. UmwStG.
[119] Vgl. Schmitt/Hörtnagl/Stratz/*Schmitt* UmwStG § 6 Rn. 2.
[120] Siehe hierzu § 252 Abs. 1 Nr. 4 HGB.
[121] Vgl. § 6 Abs. 1 S. 1 2. Alt. UmwStG.
[122] Vgl. Widmann/Mayer/*Widmann*, UmwStG § 6 Rn. 4.
[123] Vgl. Schmitt/Hörtnagl/Stratz/*Schmitt* UmwStG § 6 Rn. 27.
[124] Vgl. BMF IV C 2 – S 1978 – b/08/10001, BStBl. I 2011, 1314 Tz. 06.02.

UmwStG fallende Verschmelzung einer Kapital- auf eine Personengesellschaft, sondern auch unter §§ 11 ff. UmwStG, §§ 15 f. UmwStG, §§ 20, 24 UmwStG fallende Umwandlungs- bzw. Umstrukturierungssachverhalte. Dementsprechend verweisen diese Vorschriften auf § 6 UmwStG.

Diverse Einzelheiten im Anwendungsbereich der vorstehenden Sachverhalte sind indes **49** unklar. Dies betrifft z. B. die Frage, ob ein Konfusionsgewinn auch anfällt, wenn der Gesellschafter der übertragenden Kapitalgesellschaft eine wertgeminderte Forderung gegen die übertragende Kapitalgesellschaft hatte, die mit der Verschmelzung der Kapitalgesellschaft auf die übernehmende Personengesellschaft zu Sonderbetriebsvermögen bei der übernehmenden Personengesellschaft wird. Nach der hier vertretenden Auffassung entsteht in diesem Fall kein Übernahmefolgegewinn.[125] Eine weitere strittige Frage befasst sich mit dem Konfusionsgewinn bei wertgeminderten Forderungen der übernehmenden Personengesellschaft gegen die übertragende Kapitalgesellschaft, wenn sich die Wertminderung nach § 8b Abs. 3 S. 4 ff. KStG steuerlich nicht oder nach § 3c Abs. 2 S. 2 EStG nur teilweise ausgewirkt hat.[126]

b) Rücklagenbildung und Auflösung. Ein entstandener Übernahmefolgegewinn **50** kann durch die Bildung einer gewinnmindernden Rücklage im Wirtschaftsjahr des steuerlichen Übertragungsstichtags kompensiert werden.[127] Das Wahlrecht umfasst die Rücklagenbildung dem Grunde sowie der Höhe nach; eine Begrenzung auf einen Teil des Übernahmefolgegewinns ist somit möglich.[128] Bei Ausübung des steuerlichen Wahlrechts ist eine Aufnahme in das nach § 5 Abs. 1 S. 2 und 3 EStG besondere, laufend zu führende Verzeichnis nicht erforderlich.[129] Die Rücklage ist in den folgenden drei Wirtschaftsjahren mit mindestens je einem Drittel gewinnerhöhend aufzulösen.[130] Folglich ist im Wirtschaftsjahr der Bildung der Rücklage noch keine Auflösung vorzunehmen. Der Auflösungszeitraum von drei Jahren kann durch vorzeitige entsprechende höhere Auflösungsanteile verkürzt werden.[131] Der jeweils aufgelöste Betrag der Rücklage ist als laufender Gewinn zu versteuern.[132] Die Begünstigungsregelung in § 6 Abs. 1 UmwStG entfällt bei Eintritt normierter Missbrauchstatbeständen rückwirkend. § 6 Abs. 3 S. 2 UmwStG erfüllt insoweit die Anforderungen an eine eigenständige Änderungsvorschrift und geht als lex specialis einer Änderung nach § 175 Abs. 1 S. 1 Nr. 2 AO vor.[133] Schädlich wirkt die Einbringung in eine Kapitalgesellschaft oder die Veräußerung bzw. Aufgabe der Übernehmerin des auf sie übergegangenen Betriebs innerhalb von fünf Jahren nach dem steuerlichen Übertragungsstichtag.[134] Die Schenkung des ganzen Betriebs löst keinen schädlichen Tatbestand aus.[135] In Bezug auf teilentgeltliche Übertragungen findet die Missbrauchsvermeidungsvorschrift nur Anwendung, wenn der entgeltliche Teil den unentgeltlichen Teil überwiegt.[136] Die Vergünstigung ist im Veräußerungs- oder Aufgabefall lediglich dann ausgeschlossen, wenn die Handlung ohne triftigen Grund vorgenommen wurde. Eine gesetzliche Definition, was unter „triftigen Grund" zu verstehen ist, fehlt. Die Literatur nennt ua Krankheit des Unternehmers, vorausgesetzt, die persönliche Mitarbeit des Unternehmers ist erforderlich, Tod des Unternehmers, Liquiditätsschwierig-

---

[125] Zu Einzelheiten vgl. FGS/BDI/*Cordes/Dremel/Carstens* Umwandlungssteuer-Erlass, 207 ff.
[126] Zu Einzelheiten vgl. FGS/BDI/*Cordes/Dremel/Carstens* Umwandlungssteuer-Erlass, 209 f.
[127] Vgl. Widmann/Mayer/*Widmann* UmwStG § 6 Rn. 137.
[128] Vgl. Rödder/Herlinghaus/van Lishaut/*Birkemeier* UmwStG § 6 Rn. 45.
[129] Vgl. Schmitt/Hörtnagl/Stratz/*Schmitt* UmwStG § 6 Rn. 29.
[130] Vgl. § 6 Abs. 1 S. 2 UmwStG.
[131] Vgl. Haritz/Menner/*Haritz* UmwStG § 6 Rn. 14.
[132] Vgl. Schmitt/Hörtnagl/Stratz/*Schmitt* UmwStG § 6 Rn. 32.
[133] Vgl. BMF IV C 2 – S 1978 – b/08/10001, BStBl. I 2011, 1314 Tz. 06.12.
[134] Vgl. § 6 Abs. 3 S. 1 UmwStG.
[135] Vgl. Widmann/Mayer/*Widmann* UmwStG § 6 Rn. 276.
[136] Vgl. Schmitt/Hörtnagl/Stratz/*Schmitt* UmwStG § 6 Rn. 43.

5. Nachlaufende Sperrfrist nach § 18 Abs. 3 UmwStG

51 Wird der Betrieb der übernehmenden Personengesellschaft innerhalb von fünf Jahren nach der Umwandlung aufgegeben oder veräußert, unterliegt der daraus resultierende Veräußerungsgewinn nach § 18 Abs. 3 UmwStG der Gewerbesteuer. Gleiches gilt für die Aufgabe oder Veräußerung eines Teilbetriebs bzw. eines Mitunternehmeranteils an der übernehmenden Personengesellschaft. Hintergrund dieses Regelung ist, dass die Veräußerung eines Betriebs, Teilbetriebs oder Mitunternehmeranteils durch eine Kapitalgesellschaft Gewerbesteuer auslöst, während die Veräußerung durch eine natürliche Person gewerbesteuerfrei ist (§ 7 S. 2 GewStG). Besonderes Problem an dieser Regelung ist, dass die Anrechnung der Gewerbesteuer auf die Einkommensteuer der natürlichen Person nach § 18 Abs. 3 S. 3 UmwStG ausgeschlossen ist, so dass auf Ebene der natürlichen Person eine zusätzliche definitive Steuerbelastung eintritt und sich die Steuerbelastung einer Veräußerung so auf deutlich über 50 % belaufen kann.

VII. Praxishinweise / steuerlich Fallstricke

52 Für die Begleitung einer Verschmelzung einer Kapitalgesellschaft auf eine Personengesellschaft sind für die steuerlichen Auswirkungen aus Sicht der Praxis folgende oben im Detail angesprochene Aspekte nochmals besonders hervorzuheben:

– Die Verschmelzung vollzieht sich in der Regel nicht vollständig steuerneutral. Die offenen Rücklagen der übertragenden Kapitalgesellschaft gelten als ausgeschüttet. Dies führt jedenfalls bei natürlichen Personen, die an der übertragenden Kapitalgesellschaft beteiligt waren und in der Folge an der übernehmenden Personengesellschaft beteiligt sind, in der Regel zu einer Steuerauswirkung (Besteuerung der offenen Rücklagen im Teileinkünfteverfahren).

– Auf die offenen Rücklagen der übertragenden Kapitalgesellschaft ist Kapitalertragsteuer bei Wirksamwerden der Umwandlung einzubehalten und abzuführen. Die Kapitalertragsteuer ist zwar in der Regel auf die Steuern der Gesellschafter anrechenbar und hat damit ggf. nur einen temporären Belastungseffekt. Bei der Planung der Umwandlungsmaßnahme sollte der Liquiditätsabfluss aber berücksichtigt werden.

– Bestehen auf Ebene der übernehmenden Personengesellschaft wertgeminderte Forderungen gegenüber der übertragenden Kapitalgesellschaft führt die Verschmelzung grundsätzlich zu einem voll steuerpflichtigen Konfusionsgewinn. Dies ist bei Planung der Umwandlungsmaßnahme zu prüfen und ggf. zu berücksichtigen. In die Prüfung einzubeziehen sind auch wertgeminderten Forderungen des Gesellschafters gegen die übertragende Kapitalgesellschaft (side-stream-Fall), die mit der Verschmelzung zu Sonderbetriebsvermögen werden.

– Wurde der Anteil an der übernehmenden Kapitalgesellschaft durch natürliche Personen oder durch eine von natürlichen Personen gehaltene Personengesellschaft innerhalb von 5 Jahren vor der Verschmelzung angeschafft, ist ein Übernahmeverlust vom Abzug ausgeschlossen. Gleichwohl sind die offenen Rücklagen zu versteuern. Dies kann zu einer hohen Steuerbelastung führen.

– Wird der Betrieb der übernehmenden Personengesellschaft, ein Teilbetrieb oder ein Mitunternehmeranteil an der übernehmenden Personengesellschaft innerhalb von fünf Jahren nach der Umwandlung aufgegeben oder veräußert, unterliegt der daraus resultierende Veräußerungsgewinn nach § 18 Abs. 3 UmwStG der Gewerbesteuer, auch wenn der Gewinn nach allgemeinen gewerbesteuerlichen Regelungen nicht von der Gewerbesteuer erfasst würde. Problematisch ist insoweit, dass die Anrechnung der Gewerbesteuer

---

[137] Vgl. BMF IV C 2 - S 1978 - b/08/10001, BStBl. I 2011, 1314 Tz. 06.11; Haritz/Menner/ *Haritz* UmwStG § 6 Rn. 47; ausführlich Widmann/Mayer/*Widmann* UmwStG § 6 Rn. 291 ff.

auf die Einkommensteuer der natürlichen Person nach § 18 Abs. 3 S. 3 UmwStG ausgeschlossen ist. Auf Ebene der veräußernden natürlichen Person tritt damit eine zusätzliche definitive Steuerbelastung ein, so dass sich die Steuerbelastung einer Veräußerung auf deutlich über 50 % erhöhen kann.

B. Verschmelzung von Körperschaften auf Körperschaften

I. Grundlagen

1. Überblick

Die Verschmelzung von Kapitalgesellschaften ist in §§ 11 bis 13 UmwStG geregelt. Für 53 die Gewerbesteuer gelten diese Vorschriften entsprechend.[138] Ergänzend anwendbar sind die Regelungen in § 2 UmwStG zum steuerlichen Übertragungsstichtag und zur steuerlichen Rückwirkung. Die Rückwirkungsfiktion gilt bei der Verschmelzung von Kapitalgesellschaften allerdings nur für die beteiligten Kapitalgesellschaften und nicht für deren Anteilseigner.[139] Die Veräußerung von Anteilen an der übertragenden Kapitalgesellschaft im Rückwirkungszeitraum wird daher nicht als Veräußerung von Anteilen an der übernehmenden Kapitalgesellschaft behandelt.

Unter der Voraussetzung, dass die Ansässigkeitsanforderungen nach § 1 UmwStG erfüllt 54 sind,[140] decken die Vorschriften in §§ 11 bis 13 UmwStG die drei von dem Verschmelzungsvorgang betroffenen Ebenen ab. Daraus lässt sich das nachfolgende Prüfungsschema ableiten:

(i) Ebene der übertragenden Kapitalgesellschaft (§ 11 UmwStG)
(ii) Ebene der übernehmenden Kapitalgesellschaft (§ 12 UmwStG)
(iii) Ebene der Anteilseigner der übertragenden Kapitalgesellschaft (§ 13 UmwStG)

2. Einordnung verschiedener Verschmelzungsrichtungen (Upstream, Sidestream, Downstream)

Bei eine Upstream-Verschmelzung sind für die steuerliche Prüfung nur die Ebene der 55 übertragenden Kapitalgesellschaft (§ 11 UmwStG) und der übernehmenden Kapitalgesellschaft (§ 12 UmwStG) relevant, da die übernehmende Kapitalgesellschaft auch die Anteilseignerin ist. Folglich ergibt sich bei einer Upstream-Verschmelzung handelsbilanziell/steuerbilanziell in der Regel ein Verschmelzungsgewinn oder Verschmelzungsverlust, da an die Stelle des (untergehenden) Anteils an der übertragenden Kapitalgesellschaft die übernommenen Wirtschaftsgüter treten.

Bei der Sidestream-Verschmelzung sind alle drei Ebenen betroffen einschließlich der 56 Ebene des Anteilseigners. Zum Verständnis der steuerlichen Regelungen ist hier relevant, dass die übernehmende Kapitalgesellschaft – anders als im Upstream-Fall – einen Vermögenszugang von der Gesellschafterebene erfährt.

Der Downstream-Fall zeichnet sich durch die Besonderheit aus, dass die Anteile an der 57 übernehmenden Kapitalgesellschaft von der übertragenden Kapitalgesellschaft gehalten werden und nach der Verschmelzung der Anteilseigner insoweit Anteile übernimmt. Steuerrechtlich ist eine steuerneutrale Durchführung dieser Verschmelzungsform unabhängig davon nach herrschender Auffassung möglich. Auf Ebene des Anteilseigners wird § 13 UmwStG im Grundsatz als anwendbar angesehen. Auf Ebene der übertragenden Kapitalge-

---

[138] Vgl. § 19 UmwStG.
[139] Vgl. BMF IV C 2 - S 1978 - b/08/10001, BStBl. I 2011, 1314 Tz. 02.03.
[140] Danach müssen die an der Verschmelzung beteiligten übertragenden und übernehmenden Rechtsträger EU-/EWR-Kapitalgesellschaften sein (§ 1 Abs. 2 Nr. 1 UmwStG). Für Einzelheiten siehe ausführlich unter → Rn. 82.

§ 48 58–60

sellschaft soll der Buchwertansatz nach § 11 Abs. 2 S. 2 UmwStG möglich sein.[141] Tendenziell ist in der Praxis bei Downstream-Fällen aber wegen der nicht abschließend geklärten Rechtsgrundlagen eine höhere Vorsicht geboten und ggf. eher ein Antrag auf verbindliche Auskunft bei der Finanzverwaltung zu stellen als bei vergleichsweise klaren Upstream- oder Sidestream-Sachverhalten.

58 Daneben können auch „Mischfälle" vorliegen, d. h. z. B. durch eine teilweise Beteiligung der übernehmenden Kapitalgesellschaft an der übertragenden Kapitalgesellschaft. Insofern finden dann sowohl die Upstream- als auch die Sidestream-Überlegungen Anwendung jeweils bezogen auf den Umfang der Beteiligung, der dem entsprechenden Fall entspricht.

II. Steuerliche Auswirkung auf Ebene der übertragenden Kapitalgesellschaft

59 Die übertragende Kapitalgesellschaft hat auf den steuerlichen Übertragungsstichtag eine steuerliche Schlussbilanz aufzustellen.[142] Dabei gelten die Ausführungen zur Rückwirkung (→ Rn. 7 ff.) und zum Bewertungsansatz (im Grundsatz gemeiner Wert sowie davon abweichend auf Antrag einheitlicher Ansatz der übergehenden Wirtschaftsgüter mit dem Buchwert oder einem höheren Wert, höchstens jedoch mit dem gemeinen Wert)[143] zu der Verschmelzung von Körperschaften auf Personengesellschaften (→ Rn. 20 ff.) entsprechend. Die Analogie gilt auch hinsichtlich der Voraussetzungen für das Wahlrecht zur Buchwertfortführung: (i) Sicherstellung der Besteuerung der übernehmenden Kapitalgesellschaft mit Körperschaftsteuer; (ii) kein Ausschluss oder Beschränkung des Besteuerungsrechts der Bundesrepublik Deutschland im Hinblick auf das übergehende Vermögen; (iii) eine Gegenleistung wird nicht gewährt oder besteht in Gesellschaftsrechten (→ Rn. 24 ff.). Zu dem Tatbestandmerkmal „Sicherstellung der Besteuerung der übernehmenden Kapitalgesellschaft mit Körperschaftsteuer" bestehen Unklarheiten, wenn die übernehmende Kapitalgesellschaft Organgesellschaft ist.[144] Die Finanzverwaltung sieht insoweit einen zusätzlichen übereinstimmenden Antrag aller beteiligten Rechtsträger auf Anwendung von § 11 UmwStG trotz bestehender Organschaft vor.[145] Wird eine Umwandlung mit einer Organgesellschaft als übernehmendem Rechtsträger geplant, ist dieser Frage besondere Aufmerksamkeit zu widmen, wobei davon auszugehen ist, dass sich insoweit noch eine Fortentwicklung des Rechts einstellen wird. Bei einer steuerlichen Bewertung des übergehenden Vermögens mit einem über dem Buchwert liegenden Wert entsteht – wie im Fall der Verschmelzung von Körperschaften auf Personengesellschaften – ein Übertragungsgewinn, der bei dem übertragenden Rechtsträger grundsätzlich der Körperschaft- und Gewerbesteuer unterliegt.

III. Steuerliche Auswirkungen auf Ebene der übernehmenden Kapitalgesellschaft

1. Wertverknüpfung mit der übertragenden Kapitalgesellschaft

60 Eine Wertverknüpfung greift auch im Verschmelzungsfall von Körperschaften ein mit der Folge, dass der übernehmende Rechtsträger die übergehenden Wirtschaftsgüter mit den Buchwerten aus der steuerlichen Schlussbilanz des übertragenden Rechtsträgers anzusetzen hat.[146] Maßgebend für die Steuerneutralität ist damit die Behandlung bei dem übertragenden Rechtsträger.

---

[141] Vgl. FG Düsseldorf 6 K 1947/14 K, G, EFG 2016, 951. Die Revision ist beim BFH unter dem Aktenzeichen I R 31/16 anhängig.
[142] Vgl. § 11 Abs. 1 S. 1 UmwStG. So auch BMF IV C 2 – S 1978 – b/08/10001, BStBl. I 2011 1314 Tz. 11.02.
[143] Vgl. § 11 Abs. 2 UmwStG.
[144] Vgl. BMF IV C 2 – S 1978 – b/08/10001, BStBl. I 2011, 1314 Tz. 12.08.
[145] Vgl. BMF IV C 2 – S 1978 – b/08/10001, BStBl. I 2011, 1314 Tz. 12.08.
[146] Vgl. § 12 Abs. 1 S. 1 UmwStG. So auch BMF IV C 2 – S 1978 – b/08/10001, BStBl. I 2011 1314 Tz. 12.01 f.

2. Steuerliche Behandlung des Übernahmegewinns oder -verlusts bei Beteiligung der übernehmenden an der übertragenden Kapitalgesellschaft (up-stream Verschmelzung)

Zur steuerlichen Ermittlung des Übernahmegewinns ist zunächst die Bewertung der Anteile der übernehmenden Kapitalgesellschaft an der übertragenden Kapitalgesellschaft zu überprüfen. Soweit in der Vergangenheit steuerwirksame Teilwertabschreibungen auf die Anteile vorgenommen wurden, sind diese wieder rückgängig zu machen.[147] Die Wertobergrenze bilden die ehemaligen Anschaffungskosten oder der niedrigere gemeine Wert der Anteile an der übertragenden Kapitalgesellschaft. Die Wertaufholung ist steuerpflichtig, d. h. es gibt keine Begünstigung nach § 8b KStG oder § 3 Nr. 40 EStG.[148] Die Wertaufholung erhöht den laufenden Gewinn der übernehmenden (Mutter-)Gesellschaft.[149] 61

Der steuerliche Übernahmegewinn /-verlust ist der Unterschiedsbetrag zwischen dem Übernahmewert der übergegangenen Wirtschaftsgüter nach § 12 Abs. 1 S. 2 UmwStG und dem – ggf. nach § 12 Abs. 1 S. 2 UmwStG erhöhten – Buchwert der Anteile an der übertragenden Kapitalgesellschaft abzüglich der Kosten für den Vermögensübergang. Der Übernahmegewinn /-verlust entsteht mit Ablauf des steuerlichen Übertragungsstichtags, bleibt jedoch steuerlich außer Ansatz.[150] Bei der reinen (100 %) up-stream Verschmelzung verbleibt im Ergebnis allerdings eine 5 %-ige Steuerpflicht des Übernahmegewinns (d. h. ca. 1,5 % Steuerbelastung), da § 12 Abs. 2 S. 2 UmwStG die Anwendung von § 8b KStG anordnet.[151] Im Fall einer nur teilweisen up-stream Verschmelzung (Mischfall) findet § 8b KStG anteilig Anwendung.[152] Für die Umwandlungskosten bedeutet der Abzug von dem Übernahmegewinn/-verlust ein faktisches Abzugsverbot. Unklar ist derzeit noch, wie der Übernahmegewinn zu behandeln ist, wenn die übernehmende Kapitalgesellschaft bzgl. der Einkünfte aus dem Anteil an der übertragenden Kapitalgesellschaft nicht für § 8b KStG qualifiziert (z. B. auf Grund der Ausnahmeregelungen für Finanzunternehmen).[153] Hier bleibt die weitere Rechtsentwicklung abzuwarten. Gestaltungsüberlegung bezüglich der Kosten kann sein, diese auf einer übergeordneten Konzernebene anfallen zu lassen, die von Abzugsbeschränkungen nicht betroffen ist. 62

Soweit im Rückwirkungszeitraum Anteile an der übertragenden Kapitalgesellschaft erworben wurden, so gelten diese als am steuerlichen Übertragungsstichtag angeschafft.[154] Infolgedessen werden die Anteile in die Ermittlung des Übernahmegewinns einbezogen. 63

3. Übernahmegewinn /-verlust bei side-stream Verschmelzung

Auf Grund des „Einlagecharakters" bei einer side-stream Verschmelzung ist umstritten, ob im Fall der side-stream Verschmelzung, bei der die übernehmende Kapitalgesellschaft nicht an der übertragenden Kapitalgesellschaft beteiligt ist, ein Übernahmegewinn /-verlust zu ermitteln ist.[155] Methodisch macht dies nach der hier vertretenden Auffassung keinen Sinn, da das übernommene Vermögen der übernehmenden Kapitalgesellschaft nicht als Ertrag sondern als Einlage durch die Gesellschafter zugeht. Unmittelbare steuerliche Aus- 64

---

[147] Vgl. § 12 Abs. 1 S. 2 UmwStG i. V. m. § 4 Abs. 1 S. 2 UmwStG.
[148] Vgl. § 12 Abs. 1 S. 2 UmwStG i. V. m. § 4 Abs. 1 S. 3 UmwStG und § 8b Abs. 2 S. 4 und 5 KStG.
[149] Vgl. BMF IV C 2 - S 1978 - b/08/10001, BStBl. I 2011, 1314 Tz. 12.03 i. V. m. Tz. 04.08.
[150] Vgl. § 12 Abs. 2 S. 1 UmwStG.
[151] Dazu kritisch Schmitt/Hörtnagl/Stratz/*Schmitt* UmwStG § 12 Rn. 49 ff.
[152] Vgl. BMF IV C 2 - S 1978 - b/08/10001, BStBl. I 2011, 1314 Tz. 12.06.
[153] Vgl. Schmitt/Hörtnagl/Stratz/*Schmitt* UmwStG § 12 Rn. 52.
[154] Vgl. § 12 Abs. 2 S. 3 i. V. m. § 5 Abs. 1 UmwStG.
[155] Ablehnend Rödder/Herlinghaus/van Lishaut/*Rödder* UmwStG § 12 Rn. 64; Widmann/Mayer/Schießl UmwStG § 12 Rn. 267.14; Schmitt/Hörtnagl/Stratz/*Schmitt* UmwStG § 12 Rn. 43; Haritz/Menner/*Wisniewski* UmwStG § 12 Rn. 37. Dagegen zustimmend BFH I R 24/12, BFH/NV 2013, 881 = DStR 2013, 582; BMF IV C 2 - S 1978 - b/08/10001, BStBl. I 2011, 1314 Tz. 12.05; Dötsch/Pung/Möhlenbrock/*Dötsch* UmwStG § 12 Rn. 52.

wirkungen auf die Besteuerung des Verschmelzungsvorgangs ergeben sich aus dieser Streitfrage in der Regel allerdings nicht, da der Übernahmegewinn bei einer side-stream Verschmelzung nach § 12 Abs. 2 S 1 UmwStG von der Besteuerung ausgenommen ist und es insoweit auch nicht über § 12 Abs. 2 S. 2 UmwStG zu einer nur 95 %-igen Steuerbefreiung kommt. Auswirkungen ergeben sich indes in Bezug auf Umwandlungskosten des übernehmenden Rechtsträgers. Geht man vom Vorliegen eines Übernahmegewinns/-verlusts aus, bleiben diese steuerlich nicht abzugsfähig. Liegt wegen des Einlagecharakters kein Übernahmegewinn/-verlust vor, wären die Kosten abzugsfähig.

4. Keine Kapitalertragsteuerpflicht

65 Anders als bei der Verschmelzung von Kapitalgesellschaften auf Personengesellschaften ist bei der Verschmelzung zwischen Kapitalgesellschaften keine Versteuerung von offenen Rücklagen und damit kein Einbehalt von Kapitalertragsteuer vorgesehen.

Für den Fall der Verschmelzung einer inländischen Kapitalgesellschaft auf eine EU/EWR-Kapitalgesellschaft im EU/EWR-Ausland kommen indes von Zeit zu Zeit Mindermeinungen auf, die eine Kapitalertragsteuerpflicht nach § 12 Abs. 5 UmwStG zu begründen versuchen. § 12 Abs. 5 UmwStG beinhaltet eine Ausschüttungsfiktion bei Vermögensübertragungen in den nicht steuerpflichtigen oder steuerbefreiten Bereich einer Körperschaft. Die Vorschrift ist daher erkennbar auf rein inländische Sachverhalte zugeschnitten, nämlich Sachverhalte mit Beteiligungen von juristischen Personen des öffentlichen Rechts oder nach § 5 Abs. 1 KStG von der Körperschaftsteuer (teilweise) befreiten Körperschaften.[156] Es geht nicht darum, dass die übernehmende Kapitalgesellschaft wegen eines ausländischen Sitzes nicht in Deutschland unbeschränkt körperschaftsteuerpflichtig ist oder wird. Nach zutreffender herrschender Meinung wird daher eine Kapitalertragsteuerpflicht bei Verschmelzungen auf EU/EWR-Kapitalgesellschaft im EU/EWR-Ausland abgelehnt.[157]

5. Eintreten in die Rechtstellung der übertragenden Körperschaft

66 Die übernehmende Kapitalgesellschaft tritt in die steuerliche Rechtstellung der übertragenden Kapitalgesellschaft ein.[158] Danach erfolgen für steuerliche Zwecke Besitzzeitanrechnungen, eine Fortführung der Absetzung für Abnutzung und von körperschaft- und gewerbesteuerlichen Organschaften zu Kapitalgesellschaften, deren Anteile durch die Verschmelzung übertragen werden (Tochtergesellschaften des übertragenden Rechtsträgers). Ferner gehen Wertaufholungsverpflichtungen bei Anteilen an Tochtergesellschaften des übertragenden Rechtsträgers über.

67 Körperschaftsteuerliche und gewerbesteuerliche Verlustvorträge, verrechenbare Verluste, nicht ausgeglichene negative Einkünfte sowie Zinsvorträge der übertragenden Kapitalgesellschaft gehen unter und gehen nicht auf die übernehmende Kapitalgesellschaft über.[159]

6. Vereinigung von Forderungen und Verbindlichkeiten

68 Bei Forderungen des übertragenden Rechtsträgers an den übernehmenden Rechtsträgers kommt es bei einer Verschmelzung zur Konfusion. Die Konfusion kann Gewinnauswirkungen haben, wenn sich die Buchwerte von Forderung und Verbindlichkeit unterscheiden. Zu Einzelheiten wird auf die Erläuterungen unter → Rn. 47 ff. verwiesen. Bei einer up-stream Verschmelzung kann ein entstandener Übernahmefolgegewinn über drei Jahre verteilt werden.[160] Liegt keine reine up-stream Verschmelzung vor, besteht das Wahlrecht

---

[156] Vgl. Dötsch/Pung/Möhlenbrock/*Dötsch/Stimpel* UmwStG § 12 Rn. 85.
[157] Vgl. Dötsch/Pung/Möhlenbrock/*Dötsch/Stimpel* UmwStG § 12 Rn. 86; Schmitt/Hörtnagl/Stratz/*Schmitt* UmwStG § 12 Rn. 102; *Herbort/Schwenke* IStR 2016, 567 ff.
[158] Vgl. § 12 Abs. 3 UmwStG auf § 4 Abs. 2 und 3 UmwStG.
[159] Vgl. § 12 Abs. 3 i. V. m. § 4 Abs. 2 S. 2 UmwStG.
[160] Vgl. § 12 Abs. 4 i. V. m. § 6 UmwStG.

zur Verteilung lediglich anteilig in Höhe der Quote, mit der die übernehmende Kapitalgesellschaft an der übertragenden Kapitalgesellschaft beteiligt ist.

7. Steuerliches Einlagekonto

Das Einlagekonto der übertragenden Kapitalgesellschaft geht bei side-stream Verschmelzungen auf die übernehmende Kapitalgesellschaft über.[161] Das Nennkapital der übertragenden Körperschaft gilt dabei in vollem Umfang als ins Einlagekonto „umgeschichtet".[162] Ein etwaiger Kapitalerhöhungsbetrag bei der übernehmenden Kapitalgesellschaft wird dann von dem (um den Zugang erhöhten) Einlagekonto der übernehmenden Kapitalgesellschaft abgezogen.[163] Bei der up-stream Verschmelzung geht das Einlagekonto der übertragenden Kapitalgesellschaft ersatzlos unter, was systematisch allerdings auch geboten ist.[164]

IV. Steuerliche Auswirkungen auf Ebene der Anteilseigner

1. Anteilstausch zum gemeinen Wert

Bei der reinen up-stream Verschmelzung werden die Auswirkungen auf den Anteilseigner des übertragenden Rechtsträgers bereits über den Übernahmegewinn /-verlust abgebildet. In allen anderen Konstellationen ergibt sich durch die Verschmelzung ein Anteilstausch auf Ebene der Anteilseigner des übertragenden Rechtsträgers. Die Anteile an der übertragenden Kapitalgesellschaft gelten gemäß § 13 Abs. 1 UmwStG als zum gemeinen Wert veräußert und die an ihre Stelle tretenden Anteile an der übernehmenden Kapitalgesellschaft als mit diesem Wert angeschafft. Der Anteilstausch ist somit im Grundsatz gewinnrealisierend.

2. Abweichender Buchwertansatz

Die Steuerneutralität des Anteilstauschs ist auf Antrag möglich, wenn bestimmte Voraussetzungen erfüllt sind.[165] Voraussetzung für die Buchwertfortführung ist, dass das Besteuerungsrecht der Bundesrepublik Deutschland hinsichtlich der Veräußerung der erhaltenen Anteile nicht ausgeschlossen oder beschränkt wird oder die EU-Fusionsrichtlinie anzuwenden ist. Folglich ist im reinen Inlandsfall § 13 Abs. 2 S. 1 Nr. 1 UmwStG immer erfüllt, sodass die Gewinnrealisierung vermieden werden kann.

Für den Antrag nach § 13 Abs. 2 UmwStG gilt – anders als für den Antrag auf Buchwertfortführung auf Ebene der übertragenden Kapitalgesellschaft – keine besondere Frist. Wird der Antrag auf Buchwertfortführung gestellt, sind die Anteile an der übernehmenden Kapitalgesellschaft mit dem Buchwert der Anteile an der übertragenden Kapitalgesellschaft anzusetzen. Der Ansatz mit einem Zwischenwert ist jedoch nicht zugelassen.[166] Bei Anteilen im Privatvermögen treten die Anschaffungskosten an die Stelle des Buchwerts.[167] Steuerlich treten die Anteile an der übernehmenden Kapitalgesellschaft an die Stelle der Anteile an der übertragenden Kapitalgesellschaft, d.h. es liegt keine Veräußerung und Anschaffung vor.[168] Daraus folgt ua, dass steuerlich relevante Fristen (z.B. § 22 UmwStG) weiterlaufen und eine potenzielle Wertaufholungsverpflichtung wegen einer Teilwertabschreibung (§ 6 Abs. 1 Nr. 2 S. 3 EStG) fortbesteht.[169]

---

[161] Vgl. § 29 Abs. 2 KStG.
[162] Vgl. § 29 Abs. 1 KStG i. V. m. § 28 Abs. 2 KStG.
[163] Vgl. § 28 Abs. 1 KStG.
[164] Vgl. § 29 Abs. 2 S. 2 KStG.
[165] Vgl. § 13 Abs. 2 UmwStG.
[166] Vgl. BMF IV C 2 - S 1978 - b/08/10001, BStBl. I 2011, 1314 Tz. 13.10.
[167] Vgl. § 13 Abs. 2 S. 3 UmwStG.
[168] Zur Entwicklung der Rechtslage und zu Einzelfragen vgl. z. B. *Cordes* Der Konzern 2013, 273 ff., m. w. N.
[169] Vgl. BMF IV C 2 - S 1978 - b/08/10001, BStBl. I 2011, 1314 Tz. 13.11.

73 Das Wahlrecht zur Buchwertfortführung entfällt, soweit dem Anteilseigner der übertragenden Körperschaft weitere Gegenleistungen außer Anteilen gewährt werden. Dies gilt anteilig bezogen auf den prozentualen Umfang der Zuzahlung.[170]

C. Verschmelzung von Personengesellschaften auf Körperschaften

I. Grundlagen

1. Überblick

74 Die Verschmelzung von Personengesellschaften auf Körperschaften unterliegt dem gleichen zivilrechtlichen Regelungskonzept in §§ 2 ff. UmwG wie die Verschmelzung von Körperschaften auf Personengesellschaften bzw. Körperschaften.[171] Steuersystematisch wird dieser Verschmelzungsvorgang jedoch unter die Vorschriften über die Einbringung eines Betriebs, Teilbetriebs oder Mitunternehmeranteils in eine Kapitalgesellschaft gegen Gewährung von Gesellschaftsanteilen im Sechsten Teil des UmwStG subsumiert.[172]

75 Steuerlich bedeutet die Übertragung von Betriebsvermögen auf eine Kapitalgesellschaft grundsätzlich eine Aufdeckung stiller Reserven, entweder im Wege eines gewinnrealisierenden tauschähnlichen Veräußerungsvorgangs gegen Anteile an einer Kapitalgesellschaft oder im Wege einer gewinnrealisierenden verdeckten Einlage in eine Kapitalgesellschaft.[173] Das Umwandlungssteuerrecht ermöglicht aber den Verschmelzungsfall von Personengesellschaften auf Körperschaften unter bestimmten Voraussetzungen steuerneutral zu gestalten. Die für den Bereich der Verschmelzungen von Personengesellschaften auf Kapitalgesellschaft zur Anwendung kommende Technik und Prüfungsreihenfolge unterscheidet sich allerdings grundsätzlich von derjenigen, die bei der Verschmelzung von Kapitalgesellschaften auf Personengesellschaften oder andere Kapitalgesellschaften zur Anwendung kommt. Zudem ist der Übergang von Betriebsvermögen einer Personengesellschaft auf eine Kapitalgesellschaft grundsätzlich mit einer siebenjährigen Haltefrist verknüpft, da an die Veräußerung von Anteilen an Personengesellschaften andere steuerliche Folgen (grundsätzlich volle Steuerpflicht) anknüpfen als an die Veräußerung von Anteilen an Kapitalgesellschaften (Anwendung der Freistellung nach § 8b KStG oder Anwendung des Teileinkünfteverfahrens nach § 3 Nr. 40 EStG).

2. Einordnung verschiedener Verschmelzungsrichtungen (Upstream, Sidestream, Downstream)

76 Die up-stream Verschmelzung einer Personengesellschaft auf eine Kapitalgesellschaft ist steuerrechtlich nicht explizit geregelt. Insbesondere wird die up-stream Verschmelzung nach h. M. nicht von dem Anwendungsbereich des UmwStG erfasst.[174] Es handelt sich um eine Regelungslücke im UmwStG. Systematisch ist unbestritten, dass sich auch die up-stream Verschmelzung einer Personengesellschaft auf eine Kapitalgesellschaft steuerneutral vollzieht. Die Steuerneutralität kann aus § 6 Abs. 3 EStG oder aus Anwachsungsgrundsätzen abgeleitet werden. Vorsorglich sollte – bei Vorhandensein nennenswerter stiller Reserven – die Steuerneutralität in den Fällen der up-stream Verschmelzung einer Personengesellschaft auf eine Kapitalgesellschaft daher durch eine verbindliche Auskunft abgesichert werden. Die weiteren Erläuterungen in diesem Abschnitt (→ Rn. 81 ff.) gelten daher **nicht** für die **up-stream Verschmelzung**.

---

[170] Vgl. BMF IV C 2 - S 1978 - b/08/10001, BStBl. I 2011, 1314 Tz. 13.02.
[171] Vgl. Lutter/*Moszka* Anh. UmwStG Rn. 195.
[172] Vgl. § 1 Abs. 3 Nr. 1 UmwStG.
[173] Vgl. BMF IV C 2 - S 1978 - b/08/10001, BStBl. I 2011, 1314 Tz. 20.01; Rödder/Herlinghaus/van Lishaut/*Herlinghaus* UmwStG § 20 Rn. 3; Haritz/Menner/*Menner* UmwStG § 20 Rn. 2; Schmitt/Hörtnagl/Stratz/*Schmitt* UmwStG Vorbemerkungen zu §§ 20–23 Rn. 9.
[174] Vgl. § 47 Rn. 19; *Hageböke* Ubg 2009, 105.

Bei der side-stream Verschmelzung findet § 20 UmwStG Anwendung. Dies ergibt sich 77 aus § 1 Abs. 3 UmwStG. Zur Auslegung des Tatbestandsmerkmals „Gewährung von Gesellschaftsrechten an den Einbringenden" → Rn. 83.

Der down-stream-Fall wird ebenfalls unter § 20 UmwStG subsumiert, wobei gewisse 78 down-stream Besonderheiten gelten.[175]

Daneben können auch „Mischfälle" vorliegen, d. h. z. B. durch eine teilweise Betei- 79 ligung der übernehmenden Kapitalgesellschaft an der übertragenden Personengesellschaft. Insofern finden dann sowohl die up-stream als auch die side-stream-Überlegungen Anwendung jeweils bezogen auf den Umfang der Beteiligung, der dem entsprechenden Fall entspricht.

II. § 20 UmwStG als steuerrechtliche Norm für Sidestream- und Downstream-Sachverhalte

Die grundsätzlich relevante steuerrechtliche Norm für den Übergang von Vermögen 80 einer Personengesellschaft durch Verschmelzung auf eine Kapitalgesellschaft ist § 20 UmwStG. Die Vorschrift ist von ihrem Anwendungsbereich her nicht auf die Verschmelzung als Umwandlungsvorgang beschränkt, sondern erfasst auch die Spaltung einer Personengesellschaft bzw. von Vermögensteilen auf Kapitalgesellschaften, über § 25 UmwStG den Formwechsel einer Personengesellschaft in eine Kapitalgesellschaft sowie die Einbringung von Betrieben, Teilbetrieben und Mitunternehmeranteilen in eine Kapitalgesellschaft oder eine Genossenschaft im Wege der Einzelrechtsnachfolge. Dagegen ist die Verschmelzung einer Personengesellschaft auf ihre Mutterkapitalgesellschaft nicht von § 20 UmwStG erfasst (→ Rn. 77).

III. § 20 UmwStG im Einzelnen

1. Betriebsvermögensvoraussetzung für die übertragende Personengesellschaft

Die hier genannten Grundsätze gelten für Personengesellschaften, die aus deutsch steuer- 81 licher Sicht als sog. „Mitunternehmerschaften" zu qualifizieren sind. Dies sind insbesondere Personengesellschaften, die einen eigenen Gewerbebetrieb unterhalten, an einer anderen Mitunternehmerschaft beteiligt sind oder die Standardstruktur einer GmbH & Co. KG aufweisen (sog. „gewerbliche Prägung" nach § 15 Abs. 3 Nr. 2 EStG).[176] Liegt keine steuerliche Mitunternehmerschaft vor, wird die Personengesellschaft als „volltransparent" behandelt, d. h. ihr zivilrechtliches Vermögen wird steuerlich so behandelt als würde es unmittelbar den Gesellschaftern zu deren jeweiligem Anteil gehören.[177] In diesen Sachverhalten ist daher eine eingehende steuerliche Prüfung erforderlich, wenn Steuerneutralität erreicht werden soll.

2. Ansässigkeitsvoraussetzungen für die beteiligten Rechtsträger – Ausschluss der Steuerneutralität für Nicht-EU/EWR-Rechtsträger als Gesellschafter

Bei Prüfung der Anwendungs- bzw. Ansässigkeitsvoraussetzungen nach § 1 UmwStG ist 82 der steuerlichen (Teil-)Transparenz der Personengesellschaft Rechnung zu tragen. Daher wird die Anteilseignerebene der Personengesellschaft mit einbezogen. Personengesellschaften fallen als **übertragende Rechtsträger** nach § 1 Abs. 4 Nr. 2 lit. a Doppelbuchstabe aa UmwStG in den Anwendungsbereich des UmwStG, soweit an ihnen Körperschaften, Personenvereinigungen, Vermögensmassen oder natürliche Personen beteiligt sind, welche ihrerseits innerhalb eines EU-/EWR-Staats gegründet wurden und dort ihren Sitz und

---

[175] Vgl. BMF IV C 2 – S 1978 – b/08/10001, BStBl. I 2011, 1314 Tz. 20.09.
[176] Zu den Einzelheiten des Vorliegens einer Mitunternehmerschaft vgl. z. B. Hachmeister/Kahle/ Mock/Schüppen/*Cordes/Kotzenberg*, Bilanzrecht, Anhang 2 zu §§ 238–263, Rn. 25 ff.
[177] Zu den daraus resultierenden Folgen und Gestaltungsmöglichkeiten vgl. z. B. Hachmeister/ Kahle/Mock/Schüppen/*Cordes/Kotzenberg*, Bilanzrecht, Anhang 2 zu §§ 238–263 Rn. 22 ff.

ihre Geschäftsleitung haben (EU/EWR-Rechtsträger).[178] Weitere vorgeschaltete Personengesellschaften werden als transparent angesehen, d. h. es wird auf die dahinterstehenden Körperschaften, natürliche Personen usw. abgestellt. Dies bedeutet, dass eine Anwendbarkeit des deutschen UmwStG und damit die Chance auf eine Steuerneutralität ausgeschlossen ist oder ausgeschlossen sein kann, soweit ein Nicht-EU/EWR-Rechtsträger als Gesellschafter unmittelbar oder mittelbar über andere Personengesellschaften beteiligt ist. Die Steuerneutralität entfällt dann aber nur anteilig, d. h. für den Nicht-EU/EWR-Rechtsträger. Dieser hätte einen entsprechenden Gewinn zu versteuern. In Einzelfällen kann dann über eine Anwendung von § 1 Abs. 4 Nr. 2 lit. b UmwStG noch eine Steuerneutralität erreicht werden, wenn die Bundesrepublik Deutschland einen späteren Veräußerungsgewinn aus den erhaltenen Anteilen ohne Beschränkung besteuern kann. Wenn Nicht-EU/EWR-Rechtsträger beteiligt sind, ist folglich eine eingehende Prüfung notwendig.

Als **übernehmender Rechtsträger** kommt jede Kapitalgesellschaft oder Genossenschaft in Betracht, die innerhalb eines EU-/EWR-Staats gegründet wurde und dort ihren Sitz und ihre Geschäftsleitung hat.[179]

3. Kapitalerhöhung/Gewährung neuer Gesellschaftsrechte an der übernehmenden Kapitalgesellschaft

83   **Unabdingbare Voraussetzung** für die Anwendung von § 20 UmwStG ist die Ausgabe neuer Anteile an der übernehmenden Kapitalgesellschaft. Bei der Verschmelzung zur Neugründung ist dieses Tatbestandsmerkmal erfüllt. Bei der Verschmelzung zur Aufnahme ist eine **Kapitalerhöhung** der übernehmenden Kapitalgesellschaft notwendig. Wird nach § 54 UmwG auf eine Kapitalerhöhung verzichtet, ist eine Steuerneutralität nach § 20 UmwStG **ausgeschlossen**. Eine Mindestanforderung an den Betrag der Kapitalerhöhung besteht nicht, d. h. bei einem 100 %-Gesellschafter ist eine Kapitalerhöhung um EUR 1 und die Ausgabe eines entsprechenden Anteils ausreichend.[180] Ebenso ist die Ausgabe neuer Anteile aus genehmigtem Kapital[181] zulässig, da zwar eine abstrakte Genehmigung durch die Hauptversammlung vorlag, die eigentliche Ausgabe der neuen Anteile aber erst zu einem späteren Zeitpunkt erfolgt, nämlich zeitlich nachgelagert als konkrete Gegenleistung zu der Erbringung einer Bar- oder Sacheinlage.

4. Übertragungsgegenstand

84   Für die Steuerneutralität nach § 20 Abs. 1 UmwStG kommen als Übertragungsgegenstand nur Betriebe, Teilbetriebe und Anteile an Mitunternehmerschaften in Betracht (qualifiziertes Betriebsvermögen). Bei der Verschmelzungen von Personengesellschaften auf Körperschaften ist dieses Kriterium in der Regel von untergeordneter Bedeutung, denn aufgrund des Übergangs sämtlicher Aktiva und Passiva im Wege der Gesamtrechtsnachfolge geht üblicherweise der gesamte Geschäftsbetrieb über, sodass die Anforderung an einen Betrieb als Übertragungsgegenstand grundsätzlich erfüllt sein dürfte.[182]

85   Allerdings ist zu beachten, dass für die Anwendbarkeit von § 20 Abs. 1 UmwStG alle für den Betrieb wesentlichen Wirtschaftsgüter mit übergehen müssen, soweit diese zum steuerlichen Betriebsvermögen gehören. Daher sind auch solche Wirtschaftsgüter, die im Eigentum der Gesellschafter stehen und dem Betrieb der Personengesellschaft oder der Beteiligung des Gesellschafters dienen (sogenanntes Sonderbetriebsvermögen), mit auf die Kapitalgesellschaft zu übertragen, um einen Betrieb als Ganzes einzubringen.[183] Dabei ist der

---

[178] Vgl. Rödder/Herlinghaus/van Lishaut/*Herlinghaus* UmwStG § 20 Rn. 6e.
[179] Vgl. § 1 Abs. 4 S. 1 Nr. 1 i. V. m. Abs. 2 S. 1 Nr. 1 UmwStG.
[180] Vgl. BMF IV C 2 – S 1978 – b/08/10001, BStBl. I 2011, 1314 Tz. E 20.09; Rödder/Herlinghaus/van Lishaut/*Herlinghaus* UmwStG § 20 Rn. 133.
[181] Zum Begriff vgl. Rödder/Herlinghaus/van Lishaut/*Winter* UmwStG Anh. 1 Rn. 408.
[182] Vgl. Lutter/*Moszka* Anh. UmwStG Rn. 243.
[183] Vgl. BMF IV C 2 – S 1978 – b/08/10001, BStBl. I 2011, 1314 Tz. 20.13.

Begriff der wesentlichen Betriebsgrundlage ausschließlich funktional zu verstehen,[184] betrifft also nur diejenigen wesentlichen Betriebsgrundlagen im Sonderbetriebsvermögen, die zur Erreichung des Betriebszwecks erforderlich sind und denen ein besonderes wirtschaftliches Gewicht für die Betriebsführung zukommt.[185] „Klassische" wesentliche Betriebsgrundlagen sind beispielsweise Betriebsgrundstücke, die der Gesellschafter der Personengesellschaft überlässt, sowie von den Gesellschaftern überlassene Marken, Patente und andere gewerbliche Schutzrechte, wenn darauf ein Großteil des Umsatzes der Personengesellschaft entfällt.

5. Bewertungsgrundsatz des übernommenen Betriebsvermögens

Die übernehmende Körperschaft hat das übernommene Betriebsvermögen in der Regel mit dem gemeinen Wert, Pensionsverpflichtungen mit dem sich nach § 6a EStG ergebenden Wert anzusetzen.[186] Daraus resultiert regelmäßig eine Gewinnrealisierung. **86**

6. Abweichender Wertansatz

a) Voraussetzungen. Abweichend vom Bewertungsgrundsatz in § 20 Abs. 2 S. 1 UmwStG kann der Ansatz des übernommenen Betriebsvermögens auf Antrag einheitlich auch mit dem Buchwert oder einem höheren Wert, höchstens jedoch mit dem gemeinen Wert, erfolgen.[187] Voraussetzung für das Antragswahlrecht ist das Vorliegen der folgenden materiellen Tatbestände:[188] **87**

– Sicherstellung der späteren Besteuerung des übernommenen Betriebsvermögens mit Körperschaftsteuer (Nr. 1);
– die Passivposten des übernommenen Betriebsvermögens die Aktivposten nicht übersteigen (Nr. 2);
– das Recht der Bundesrepublik Deutschland hinsichtlich der Besteuerung des Gewinns aus der Veräußerung des übernommenen Betriebsvermögens bei der übernehmenden Kapitalgesellschaft nicht ausgeschlossen oder beschränkt wird (Nr. 3);
– Wertmäßige Beschränkung des gemeinen Werts der sonstigen Gegenleistungen (Nr. 4).

aa) Sicherstellung Besteuerung. Der Antrag auf Buch- oder Zwischenwert ist zunächst davon abhängig, dass die spätere Besteuerung des übernommenen Betriebsvermögens mit Körperschaftsteuer gewährleistet wird. Von der begünstigten Umwandung ausgeschlossen sind damit z. B. Verschmelzungen auf nach § 5 KStG steuerbefreite Körperschaften.[189] Gleichwohl kann gerade aufgrund des Übertragungsakts bei der übernehmenden Körperschaft zukünftig ein wirtschaftlicher Geschäftsbetrieb vorliegen, der eine Körperschaftsteuerpflicht begründet.[190] **88**

bb) Negatives Eigenkapital. Die Passivposten des übernommenen Betriebsvermögens ohne Berücksichtigung des Eigenkapitals dürfen die Aktivposten nicht übersteigen. Maßgebend ist das ausgewiesene steuerliche Eigenkapital.[191] Dies bedeutet, dass das übernommene Betriebsvermögen mindestens in der Höhe anzusetzen ist, so dass sich die Aktiva und **89**

---

[184] Vgl. Schmitt/Hörtnagl/Stratz/*Schmitt* UmwStG § 20 Rn. 22.
[185] Vgl. Haritz/Menner/*Menner* UmwStG § 20 Rn. 70; Schmitt/Hörtnagl/Stratz/*Schmitt* UmwStG § 20 Rn. 24.
[186] Vgl. § 20 Abs. 2 S. 1 UmwStG.
[187] Vgl. BMF IV C 2 - S 1978 - b/08/10001, BStBl. I 2011, 1314 Tz. 20.18 i. V. m. Tz. 03.10 und 03.12 f.
[188] Vgl. § 20 Abs. 2 S. 2 UmwStG.
[189] Vgl. Rödder/Herlinghaus/van Lishaut/*Herlinghaus* UmwStG § 20 Rn. 160b; Haritz/Menner/*Menner* UmwStG § 20 Rn. 319.
[190] So auch Rödder/Herlinghaus/van Lishaut/*Herlinghaus* UmwStG § 20 Rn. 160; Schmitt/Hörtnagl/Stratz/*Schmitt* UmwStG § 20 Rn. 328.
[191] Vgl. Rödder/Herlinghaus/van Lishaut/*Herlinghaus* UmwStG § 20 Rn. 162a; Schmitt/Hörtnagl/Stratz/*Schmitt* UmwStG § 20 Rn. 331.

die Passiv ausgleichen.[192] Ausreichend ist ein Nettoansatz von 0 EUR.[193] Soweit stille Reserven aufzudecken sind, sind diese in den einzelnen Wirtschaftsgütern, einschließlich eines etwaigen Firmenwerts, um einen gleichmäßigen Prozentsatz zu heben.[194] Ein besonderes Augenmerk ist auf eventuell vorhandene positive wie negative Ergänzungsbilanzen zu legen, die für die Feststellung des vorhandenen steuerlichen Eigenkapitals zu berücksichtigen sind.

90 cc) **Ausschluss oder Beschränkung des inländischen Besteuerungsrechts.** Nach der sog. Steuerverhaftungsbedingung[195] darf das Recht der Bundesrepublik Deutschland zur Besteuerung des Gewinns aus der Veräußerung des eingebrachten Betriebsvermögens bei der übernehmenden Körperschaft weder ausgeschlossen noch beschränkt werden. Maßgebend sind die Verhältnisse beim übernehmenden Rechtsträger am Übertragungsstichtag.[196] Ein Ausschluss oder eine Beschränkung des deutschen Besteuerungsrechts kann nur eintreten, soweit der Bundesrepublik Deutschland vor dem Verschmelzungszeitpunkt ein solches – zumindest in eingeschränktem Umfang – zugestanden hat.[197] Anwendungsbeispiele ergeben sich z. B. durch den (teilweisen) Wegfall des deutschen Besteuerungsrechts oder wenn das inländische Besteuerungsrecht nach der Übertragung zwar fortbesteht, allerdings aufgrund eines einschlägigen DBA bei der übernehmenden Körperschaft durch Freistellung vermieden wird.[198] Letzterer Fall beschreibt die grenzüberschreitende Outbound-Verschmelzung auf einen Staat, dessen DBA mit der Bundesrepublik Deutschland dem aufnehmenden Staat das Besteuerungsrecht an dem übertragenden Betriebsvermögen zuweist und mithin die Freistellungsmethode vorsieht.

91 dd) **Beschränkung sonstige Gegenleistung.** Mit dem SteuerÄndG vom 2.11.2015[199] wurde § 20 Abs. 2 S. 1 Nr. 4 UmwStG neu in das UmwStG aufgenommen.[200] Danach ist die Gewährung sonstiger Gegenleistungen neben den neuen Gesellschaftsanteilen der Höhe nach auf 25 % des Buchwerts des übertragenden Betriebsvermögens (relative Grenze) oder auf EUR 500.000, aber höchstens den Buchwert des übertragenden Betriebsvermögens (absolute Grenze) beschränkt. Die maximal zulässige Höhe der sonstigen Gegenleistung für eine steuerneutrale Übertragung bestimmt sich nach dem Nettobuchwert des übertragenen Vermögens. Daher gilt, dass bei einem Buchwert des übertragenden Betriebsvermögens von über 500.000 EUR bis zu 2,0 Mio EUR. die absolute Grenze wirkt und bei einem darüber hinausgehenden Buchwert des übertragenden Betriebsvermögens (> 2,0 Mio. EUR) die relative 25 %-Grenze. Bei Überschreiten der Wertgrenzen kommt es insoweit, d. h. im Umfang der Differenz des die Wertgrenzen überschreitenden Betrags, zu einer Realisierung der stillen Reserven im übertragenden Betriebsvermögen.[201] Der entstehende Aufstockungsbetrag ist auf die übertragenden Wirtschaftsgüter gleichmäßig zu verteilen.[202]

---

[192] Vgl. Haritz/Menner/*Menner* UmwStG § 20 Rn. 328; Schmitt/Hörtnagl/Stratz/*Schmitt* UmwStG § 20 Rn. 331.
[193] Vgl. Rödder/Herlinghaus/van Lishaut/*Herlinghaus* UmwStG § 20 Rn. 162; Schmitt/Hörtnagl/Stratz/*Schmitt* UmwStG § 20 Rn. 331.
[194] Vgl. Schmitt/Hörtnagl/Stratz/*Schmitt* UmwStG § 20 Rn. 331.
[195] Vgl. Rödder/Herlinghaus/van Lishaut/*Herlinghaus* UmwStG § 20 Rn. 165; Schmitt/Hörtnagl/Stratz/*Schmitt* UmwStG § 20 Rn. 346.
[196] Vgl. Rödder/Herlinghaus/van Lishaut/*Herlinghaus* UmwStG § 20 Rn. 165b; Schmitt/Hörtnagl/Stratz/*Schmitt* UmwStG § 20 Rn. 341.
[197] Vgl. BMF IV C 2 - S 1978 - b/08/10001, BStBl. I 2011, 1314 Tz. 20.19 i. V. m. Tz. 03.19.
[198] Vgl. BMF IV C 2 - S 1978 - b/08/10001, BStBl. I 2011, 1314 Tz. 20.19 i. V. m. Tz. 03.18.
[199] BGBl. I 2015, 1835.
[200] Die Neuerung ist gemäß § 27 Abs. 14 UmwStG erstmals auf Übertragungsvorgänge anzuwenden, in denen der Umwandlungsbeschluss nach dem 31.12.2014 erfolgt ist.
[201] Vgl. § 20 Abs. 2 S. 4 UmwStG.
[202] Vgl. Schmitt/Hörtnagl/Stratz/*Schmitt* UmwStG § 20 Rn. 366a.

Sonstige Gegenleistungen stellen in der Praxis üblicherweise die Einräumung von Darlehensforderungen, die Gewährung einer typisch stillen Beteiligung oder die Übernahme von privaten Verbindlichkeiten der Gesellschafter dar.[203] 92

b) Antrag. Die Übertragung zum Buch- oder Zwischenwert ist neben den zuvor 93 genannten materiellen Voraussetzungen an die formelle Voraussetzung eines Antrags geknüpft, der für das übertragene Betriebsvermögen einheitlich zu stellen ist. Der Antrag selbst ist an keine Form gebunden, sodass auch eine konkludente Antragstellung durch Abgabe der Steuerbilanz mit den gewählten Wertansätzen im Zuge der Körperschaftsteuerdeklaration in Betracht kommt.[204] Diese Form der Antragstellung stellt zugleich die zeitlich späteste Möglichkeit dar.[205] In der Praxis sollte der Antrag aber auch vor Einreichung der steuerlichen Schlussbilanz beim für die übernehmende Körperschaft zuständigen Finanzamt gestellt werden. Die alleinige Antragsberechtigung obliegt dabei der übernehmenden Körperschaft.[206]

7. Gewinnauswirkung

a) Grundlagen. Aufgrund der Charakterisierung der Übertragung von qualifizierten 94 Betriebsvermögen auf eine Kapitalgesellschaft gegen Gewährung neuer Anteile als steuerlich relevanter tauschähnlicher Veräußerungsvorgang kann durch die Übertragung ein steuerpflichtiger Gewinn („Einbringungsgewinn") ausgelöst werden. Dieser bemisst sich nach dem Wertansatz des übertragenden Betriebsvermögens, den § 20 Abs. 3 S. 1 UmwStG als Veräußerungspreis fingiert.[207] Demnach führt der Ansatz der gemeinen Werte zu einer vollständigen Gewinnrealisierung aus den stillen Reserven des übertragenden Betriebsvermögens. Bei Buchwertansatz wird dagegen ein Übertragungsgewinn vermieden. Aus dem Ansatz eines Zwischenwerts resultiert entsprechend eine teilweise Aufdeckung der stillen Reserven. Der Übertragungsgewinn entsteht im Übertragungszeitpunkt.[208]

Von dem Einbringungsgewinn abzugrenzen ist der Entnahmegewinn, der aus dem 95 Zurückbehalten von unwesentlichen Betriebsgrundlagen hervorgeht, die vor oder mit dem verschmelzungsbedingten Untergang der übertragenden Personengesellschaft in das Privatvermögen ihrer Gesellschafter überführt werden.[209]

b) Ermittlungsschema. Der Einbringungsgewinn /-verlust ermittelt sich nach dem 96 folgenden Schema:

	Wertansatz des übertragenden Betriebsvermögens (fiktiver Veräußerungspreis)
./.	Übertragungskosten
./.	Buchwert des übertragenden Betriebsvermögens
./.	Freibetrag nach § 16 Abs. 4 EStG
=	Übertragungsgewinn /-verlust

c) Übertragungskosten. Aufwendungen, die in einem objektiven Veranlassungszusammenhang zu der Übertragung stehen und die übertragende Personengesellschaft belasten, 97 mindern als Betriebsausgaben grundsätzlich den Übertragungsgewinn. Das Entstehen eines

---

[203] Vgl. Schmitt/Hörtnagl/Stratz/*Schmitt* UmwStG § 20 Rn. 366d.
[204] Vgl. BMF IV C 2 - S 1978 - b/08/10001, BStBl. I 2011, 1314 Tz. 20.21 i. V. m. Tz. 03.29.
[205] Vgl. § 20 Abs. 2 S. 3 UmwStG.
[206] Vgl. Haritz/Menner/*Menner* UmwStG § 20 Rn. 366.
[207] Vgl. BMF IV C 2 - S 1978 - b/08/10001, BStBl. I 2011, 1314 Tz. 20.23.
[208] Vgl. Rödder/Herlinghaus/van Lishaut/*Herlinghaus* UmwStG § 20 Rn. 206.
[209] Vgl. Rödder/Herlinghaus/van Lishaut/*Herlinghaus* UmwStG § 20 Rn. 207; Schmitt/Hörtnagl/Stratz/*Schmitt* UmwStG § 20 Rn. 408.

Übertragungsverlusts ist möglich, vor allem bei Ansatz des Buchwerts.[210] Ein solcher ist mit anderen positiven Einkünften verrechenbar und im Rahmen des § 10d EStG (ggf. i. V. m. § 8 Abs. 1 KStG) vortrags-, und rücktragsfähig.[211] Die Übertragungskosten können sowohl vor dem Verschmelzungsvorgang als auch nachträglich anfallen.[212] Zu den typischen Übertragungskosten zählen demzufolge die durch die Planung und Durchführung verursachten Rechts- und Steuerberatungskosten sowie die Kosten für die Bilanzerstellung.[213]

98 Die auf die übernehmende Körperschaft entfallenden Kosten des Übertragungsvorgangs können im Grundsatz sofort als Betriebsausgabe abgezogen werden, es sei denn, es handelt sich um objektbezogene Aufwendungen. Objektbezogene Kosten sind als zusätzliche Anschaffungskosten derjenigen Wirtschaftsgüter zu aktivieren, denen sie zuzurechnen sind.[214] Dies betrifft insbesondere die Grunderwerbsteuer.

8. Steuerliche Auswirkungen auf Ebene der übernehmenden Kapitalgesellschaft

99 **a) Anwendung Bewertungsgrundsätze für die Verschmelzung von Körperschaften.** Die Besteuerungsfolgen bei der übernehmenden Kapitalgesellschaft sind in § 23 UmwStG geregelt und unterscheiden sich danach, mit welchem Wert die Körperschaft das übergehende Betriebsvermögen angesetzt hat. Die Regelungen in § 23 UmwStG knüpfen im Wesentlichen an die entsprechenden Regelungen bei Verschmelzungen von Körperschaften an.

– Bei Ansatz des gemeinen Werts oder eines Zwischenwerts tritt die übernehmende Körperschaft in modifizierter Fassung in die steuerliche Rechtsstellung der übertragenden Personengesellschaft hinsichtlich der Bewertung der übernommenen Wirtschaftsgüter, der AfA und der den steuerlichen Gewinn mindernden Rücklagen ein.[215] Eine Modifikation ist erforderlich, weil die Wirtschaftsgüter um die realisierten stillen Reserven aufgestockt wurden. Entsprechend erhöht sich die AfA-Bemessungsgrundlage um die jeweiligen Aufstockungsbeträge. Eine Anrechnung der Besitzzeit findet jedoch nicht statt.

– Bei Buchwertansatz gilt die Fußstapfentheorie, d. h. die übernehmende Körperschaft tritt in die steuerliche Rechtsstellung der übertragenden Personengesellschaft und ist an die bisherige AfA-Bemessungsgrundlage der übertragenden Wirtschaftsgüter, der bisherigen Abschreibungsmethodik sowie die bisher angenommene Nutzungsdauer gebunden.[216] Zudem wird auf § 4 Abs. 2 S. 3 UmwStG verwiesen, sodass der übernehmenden Kapitalgesellschaft die Zeiträume der Zugehörigkeit der übertragenden Wirtschaftsgüter zum Betriebsvermögen zugerechnet werden.

100 **b) Anwendung Grundsätze für die Verschmelzung von Körperschaften über Übernahmefolgegewinne.** Übernahmefolgegewinne entstehen durch Konfusion von Forderungen und Verbindlichkeiten zwischen der übertragenden Personengesellschaft und der übernehmenden Körperschaft, die differente Bewertungsansätze aufweisen. Die steuerlichen Regelungen in § 6 UmwStG finden entsprechende Anwendung.[217] Dementsprechend kann die übernehmende Kapitalgesellschaft entscheiden, den Übernahmefolgegewinn in eine gewinnmindernde Rücklage einzustellen und auf einen Auflösungszeitraum von bis zu drei Jahren zu verteilen (→ Rn. 50 ff.).

---

[210] Vgl. Haritz/Menner/*Menner* UmwStG § 20 Rn. 478; Schmitt/Hörtnagl/Stratz/*Schmitt* UmwStG § 20 Rn. 404.
[211] Vgl. Haritz/Menner/*Menner* UmwStG § 20 Rn. 478; Schmitt/Hörtnagl/Stratz/*Schmitt* UmwStG § 20 Rn. 404.
[212] Vgl. BFH I R 97/92, BStBl. II 1994, 287 = DStR 1994, 388.
[213] Vgl. Rödder/Herlinghaus/van Lishaut/*Herlinghaus* UmwStG § 20 Rn. 204.
[214] Vgl. BMF IV C 2 - S 1978 - b/08/10001, BStBl. I 2011, 1314 Tz. 23.01.
[215] Vgl. § 23 Abs. 3 ggf. i. V. m. § 23 Abs. 4 Hs. 2 UmwStG.
[216] Vgl. § 23 Abs. 1 UmwStG.
[217] Vgl. § 23 Abs. 6 UmwStG.

9. Steuerliche Auswirkungen auf Ebene der Gesellschafter

a) Besteuerung Einbringungsgewinn. § 20 Abs. 3 S. 1 UmwStG fingiert, dass der Wert, mit dem die übernehmende Kapitalgesellschaft das eingebrachte Betriebsvermögen ansetzt, für den Übertragenden

– einerseits als Veräußerungspreis für das übertragene Vermögen und
– andererseits als Anschaffungskosten für die erhaltenen Anteile an der übernehmenden Kapitalgesellschaft gilt.

Wird nach § 20 Abs. 2 UmwStG auf Ebene der übernehmenden Kapitalgesellschaft das übernommene Betriebsvermögen mit dem Buchwert angesetzt, bedeutet dies für den Übertragenden Folgendes: Er veräußert sein Betriebsvermögen zum Buchwert. Es werden keine stillen Reserven aufgedeckt. Der Veräußerungsgewinn (= Veräußerungspreis abzgl. Buchwert) beträgt in diesem Fall daher zwangsläufig 0 EUR. Damit wird Steuerneutralität erreicht. Wird auf Ebene der übernehmenden Kapitalgesellschaft das übernommene Betriebsvermögen mit dem gemeinen Wert oder einem Zwischenwert angesetzt, entsteht dagegen ein Veräußerungsgewinn, der grundsätzlich nach den allgemeinen Regeln zu versteuern ist (d. h. voll steuerpflichtig; auf Anteile an Kapitalgesellschaften im eingebrachten Betriebsvermögen finden § 3 Nr. 40 EStG bzw. § 8b KStG Anwendung).[218]

b) Freibetrag und Tarifvergünstigung. Die Inanspruchnahme der einkommensteuerlichen Begünstigungen auf die Veräußerung von qualifiziertem Betriebsvermögen (Freibetrag nach § 16 Abs. 4 EStG, ermäßigter Steuersatz nach § 34 Abs. 3 EStG) ist bei natürlichen Personen als Übertragender möglich, wenn

– der gemeine Wert angesetzt wird; und
– es sich nicht um die Einbringungen von Teilen von Mitunternehmeranteilen handelt.[219]

c) Anschaffungskosten erhaltene Anteile. Die Anschaffungskosten des Übertragenden für die erhaltenen Anteile an der übernehmenden Kapitalgesellschaft richten sich ebenfalls nach dem Wert, mit dem die übernehmende Kapitalgesellschaft das eingebrachte Betriebsvermögen ansetzt. Sie vermindern sich allerdings nach § 20 Abs. 3 S. 3 UmwStG um den gemeinen Wert einer nicht in Anteilen bestehenden Gegenleistung (z. B. Barausgleich). Dadurch wird die zutreffende Besteuerung eines zukünftigen Gewinns aus der Veräußerung der Anteile sichergestellt.

d) Einbringungsgeborene Anteile. Bei Einbringungen vor SEStEG (bis 12.12.2006) zum Buchwert oder Zwischenwert entstanden sog. einbringungsgeborene Anteile (§ 21 UmwStG a. F.). Für diese gilt eine siebenjährige Sperrfrist. Innerhalb dieser siebenjährigen Sperrfrist findet bei Veräußerung der Anteile die Steuerfreistellung nach § 8b Abs. 2 KStG bzw. das Teileinkünfteverfahren nach § 3 Nr. 40 EStG keine Anwendung.[220] Werden solche alten einbringungsgeborenen Anteile wieder eingebracht, gelten auch für die dafür erhaltenen neuen Anteile die ursprünglichen Regelungen.[221] Dadurch sollen Umgehungen vermieden werden.

e) Einbringungsgewinn I.
aa) Allgemeines. § 22 Abs. 1 UmwStG regelt für Übertragungen nach Inkrafttreten des SEStEG (ab 13.12.2006) die Rechtsfolgen bei Veräußerung der erhaltenen Anteile an der übernehmenden Kapitalgesellschaft innerhalb von sieben Jahren nach der Übertragung. Die Vorschrift soll verhindern, dass durch die Übertragung von qualifiziertem Betriebsvermögen auf eine Kapitalgesellschaft unmittelbar vor dessen Veräußerung eine steuerliche „Statusverbesserung" erzielt werden kann, denn sofern der (Teil-)Betrieb oder Mitunternehmeranteil veräußert würde, wäre der Veräußerungsgewinn grundsätzlich voll steuer-

---

[218] Vgl. BMF IV C 2 - S 1978 - b/08/10001, BStBl. I 2011, 1314 Tz. 20.25.
[219] Vgl. § 20 Abs. 4 UmwStG.
[220] Vgl. § 8b Abs. 4 S. 1 Nr. 1 KStG a. F. und § 3 Nr. 40 S. 3 EStG a. F.
[221] Vgl. § 20 Abs. 3 S. 4 UmwStG und § 21 Abs. 2 S. 6 UmwStG.

pflichtig. Bei einer Übertragung des betreffenden (Teil-)Betriebes oder Mitunternehmeranteils in eine Kapitalgesellschaft durch Verschmelzung zu Buchwerten und eine anschließende Veräußerung der im Gegenzug zu der Übertragung erhaltenen Anteile würde der Gewinn jedoch dem Teileinkünfteverfahren oder der Steuerbefreiung des § 8b Abs. 2 KStG unterliegen. Dieses Ergebnis ist vom Gesetzgeber nicht gewollt. Zu diesem Zweck ist vorgesehen, dass bei einer Veräußerung der erhaltenen Anteile innerhalb eines Zeitraums von sieben Jahren nach der Übertragung die Steuerneutralität der Übertragung (teilweise) wieder rückgängig gemacht wird.[222]

107 **bb) Ermittlung Einbringungsgewinn I.** Der rückwirkend im Wirtschaftsjahr der Einbringung zu versteuernde Gewinn (sog. Einbringungsgewinn I[223]) ist wie folgt zu ermitteln:[224]

	Gemeiner Wert des übertragenen Betriebsvermögens zum Übertragungsstichtag
./.	Übertragungskosten
./.	Wert, mit dem die übernehmende Körperschaft das übertragene Betriebsvermögen angesetzt hat
=	Zwischensumme
./.	ein Siebtel der Zwischensumme für jedes abgelaufene Zeitjahr seit dem Übertragungsstichtag
=	Einbringungsgewinn I

108 **cc) Besteuerung des Einbringungsgewinn I.** Die Besteuerung des rückwirkend anzusetzenden Einbringungsgewinns I richtet sich nach den allgemeinen Regeln, d. h. der Einbringungsgewinn I ist voll steuerpflichtig (soweit Kapitalgesellschaften das Betriebsvermögen mittelbar übertragen haben, unterliegt der Einbringungsgewinn I der Körperschaftsteuer; soweit natürliche Personen mittelbar das Betriebsvermögen übertragen haben, unterliegt der Einbringungsgewinn I der Einkommensteuer ohne Ermäßigungsmöglichkeit).[225] Falls Anteile an Kapitalgesellschaften mitübertragen werden, gilt eine speziellere Vorschrift (→ Rn. 114 ff.). Die auf miteingebrachte Anteile an Kapitalgesellschaft entfallenden Anteile sind grundsätzlich entsprechend aus dem Einbringungsgewinn I herauszurechnen.[226] Hintergrund ist, dass insoweit keine „Statusverbesserung" erfolgt. Die Veräußerung dieser Anteile aus dem ursprünglichen Betriebsvermögen wäre bereits unter § 3 Nr. 40 EStG bzw. § 8b KStG gefallen.

109 Die Höhe des Einbringungsgewinns I ist auf Grund der gesetzlichen Regelung unabhängig von der Höhe des Veräußerungserlöses. Dies hat zur Folge, dass ein Einbringungsgewinn I auch dann zu versteuern sein kann, wenn der gemeine Wert bei Veräußerung unter dem gemeinen Wert im Einbringungszeitpunkt liegt. Werden keine Aufzeichnungen über dem gemeinen Wert im Einbringungszeitpunkt erstellt, kann die Ermittlung des Einbringungsgewinn I in späteren Jahren sehr schwierig und streitanfällig sein.

110 Der Einbringungsgewinn I gilt als nachträgliche Anschaffungskosten der erhaltenen Anteile und mindert somit den Gewinn aus der späteren Veräußerung der Anteile.[227]

111 **dd) Ersatzrealisationstatbestände.** Die Besteuerung des Einbringungsgewinns I erfolgt auch bei bestimmten Ersatzrealisationstatbeständen, die nach § 22 Abs. 1 S. 6

---

[222] Vgl. § 22 Abs. 1 S. 1 Hs. 1 UmwStG.
[223] Vgl. § 22 Abs. 1 S. 3 UmwStG.
[224] Vgl. Haritz/Menner/*Bilitewski* UmwStG § 22 Rn. 94; Schmitt/Hörtnagl/Stratz/*Schmitt* UmwStG § 22 Rn. 52.
[225] Vgl. § 22 Abs. 1 S. 1 Hs. 2 UmwStG.
[226] Vgl. § 22 Abs. 1 S. 5 UmwStG; Schmitt/Hörtnagl/Stratz/*Schmitt* UmwStG § 22 Rn. 62.
[227] Vgl. § 22 Abs. 1 S. 4 UmwStG.

UmwStG einer Veräußerung gleichstehen. Hierunter können z. B. Folgeumwandlungen, verdeckte Einlagen, Ausschüttungen aus dem Einlagekonto oÄ fallen.

ee) Nachweispflichten. Die Gesellschafter der verschmolzenen Personengesellschaft 112 müssen innerhalb der Siebenjahresfrist jeweils bis zu jedem 31.5. gegenüber dem für seine Veranlagung zuständigen Finanzamt den Nachweis erbringen, dass ihnen die erhaltenen Anteile an dem Tag, der dem Übertragungsstichtag entspricht, noch zuzurechnen sind. Die Finanzverwaltung lässt den Nachweis zu, solange die betroffenen Bescheide verfahrensrechtlich noch geändert werden können. Wird dieser Nachweis nicht geführt, gelten die Anteile an dem Tag, der dem Übertragungsstichtag folgt bzw. der in den Folgejahren diesem Tag entspricht, als veräußert.

Die übernehmende Kapitalgesellschaft kann den Einbringungsgewinn in ihrer Steuer- 113 bilanz als Erhöhungsbetrag ansetzen, d. h. die stillen Reserven in den Wirtschaftsgütern insoweit steuerneutral aufstocken.[228] Dies bedeutet, dass sich ein erhöhtes Abschreibungspotenzial für die übernehmende Kapitalgesellschaft ergibt. Die Aufstockung erfolgt zu Beginn des Wirtschaftsjahres, in das die Anteilsveräußerung oder der Ersatzrealisierungstatbestand fällt.[229] Die Aufstockung setzt voraus, dass der Einbringende die auf den Einbringungsgewinn I entfallende Steuer tatsächlich entrichtet hat und dies durch eine Bescheinigung des Finanzamts der Anteilseigner nachgewiesen wird.[230]

f) Einbringungsgewinn II.
aa) Allgemeines. § 22 Abs. 2 UmwStG regelt die Rechtsfolgen bei Veräußerung von 114 mitübertragenen Anteilen an Kapitalgesellschaften durch die übernehmende Kapitalgesellschaft innerhalb von sieben Jahren nach der Verschmelzung. Die Norm soll verhindern, dass der Steuerpflichtige mit der Mitübertragung von Anteilen an Kapitalgesellschaften eine steuerliche „Statusverbesserung" in Bezug auf die mitübertragenen Anteile erfährt. Würde eine natürliche Person die eingebrachten Anteile veräußern, unterläge der Einbringungsgewinn dem Teileinkünfteverfahren. Werden die eingebrachten Anteile jedoch durch die übernehmende Kapitalgesellschaft veräußert, wäre der Veräußerungsgewinn nach den regulären Vorschriften (§ 8b Abs. 2 KStG) steuerfrei.

Der Einbringungsgewinn II ist folglich nur bei Einbringungen durch solche Rechtsträger 115 relevant, die im Zeitpunkt der Übertragung § 8b Abs. 2 KStG nicht hätten anwenden können. Typische Sachverhalte sind die Übertragung eines Betriebs, zu dessen Betriebsvermögen Anteile an Kapitalgesellschaften gehören, in eine Kapitalgesellschaft. Steuerverstrickt nach § 22 Abs. 2 UmwStG ist dann der mitübertragene Anteil an der Kapitalgesellschaft. Abgesehen von Ausnahmen ist der Einbringungsgewinn II daher nur für Übertragungen durch natürliche Personen – auch mittelbar – relevant, nicht aber z. B. für Übertragungen durch Kapitalgesellschaften in Tochterkapitalgesellschaften.

bb) Ermittlung Einbringungsgewinn II. Der Einbringungsgewinn II ist entspre- 116 chend zum Ermittlungsschema des Einbringungsgewinn I wie folgt zu ermitteln:[231]

	Gemeiner Wert des übertragenen Anteils zum Übertragungsstichtag
./.	Übertragungskosten
./.	Wert, mit dem die übernehmende Körperschaft den übertragenen Anteil angesetzt hat
=	Zwischensumme
./.	ein Siebtel der Zwischensumme für jedes abgelaufene Zeitjahr seit dem Übertragungsstichtag
=	Einbringungsgewinn II

---

[228] Vgl. § 23 Abs. 2 S. 1 UmwStG.
[229] Vgl. § 23 Abs. 3 S. 2 UmwStG.
[230] Vgl. § 22 Abs. 5 UmwStG.
[231] Vgl. § 22 Abs. 2 S. 3 UmwStG; Schmitt/Hörtnagl/Stratz/*Schmitt* UmwStG § 22 Rn. 125.

117 **cc) Besteuerung Einbringungsgewinn II, Nachweispflichten und Ersatzrealisationstatbestände.** Der wesentliche Unterschied zu § 22 Abs. 1 UmwStG besteht darin, dass die rückwirkende Besteuerung nicht durch die Veräußerung der erhaltenen Anteile an der übernehmenden Kapitalgesellschaft, sondern durch die Veräußerung der eingebrachten Anteile durch die übernehmende Gesellschaft ausgelöst wird. Der Einbringungsgewinn II unterliegt rückwirkend – unabhängig von der tatsächlichen Wertentwicklung der Anteile – der regulären Besteuerung, d. h. bei natürlichen Personen dem Teileinkünfteverfahren nach § 3 Nr. 40 EStG. Der Freibetrag nach § 16 Abs. 4 EStG ist nicht anzuwenden.[232] Um eine Doppelbesteuerung zu vermeiden, gilt der Einbringungsgewinn II entsprechend zum Einbringungsgewinn I als nachträgliche Anschaffungskosten der im Gegenzug zur Einbringung erhaltenen Anteile[233] und – bei Nachweis der Versteuerung des Einbringungsgewinns II – als nachträgliche Anschaffungskosten der eingebrachten Anteile.[234] Zu Nachweispflichten und Ersatzrealisationstatbeständen wird auf die Ausführungen zum Einbringungsgewinn I verwiesen (→ Rn. 111).

10. Rückwirkung

118 Für steuerliche Zwecke kann die Verschmelzung zurückbezogen werden. § 20 Abs. 6 S. 1 UmwStG beinhaltet insoweit ein Wahlrecht. Zulässig ist einerseits eine Rückwirkung auf den Stichtag, auf den die handelsrechtliche Schlussbilanz des übertragenden Unternehmens im Sinne von § 17 Abs. 2 des UmwG aufgestellt ist. Dieser Stichtag darf allerdings maximal acht Monate vor Anmeldung der Verschmelzung zur Eintragung in das Handelsregister liegen. Wird von dem Wahlrecht Gebrauch gemacht, ist das Einkommen und Vermögen der beteiligten Rechtsträger so zu ermitteln, als ob das Betriebsvermögen zu dem Stichtag übergegangen sei. Eine Sonderregelung gilt nach § 20 Abs. 6 S. 2 UmwStG für Entnahmen und Einlagen im Rückwirkungszeitraum. Diese werden noch nach den für Personengesellschaften geltenden Vorschriften behandelt.[235] Zur Missbrauchsvermeidung verweist § 20 Abs. 6 S. 4 UmwStG zudem auf § 2 Abs. 3 und 4 UmwStG (→ Rn. 11).

119 Wird von dem Wahlrecht auf Rückwirkung kein Gebrauch gemacht, ist steuerlicher Übertragungsstichtag der Tag des Wirksamwerdens der Verschmelzung (Eintragung in das Handelsregister der übernehmenden Kapitalgesellschaft).

D. Verschmelzung von Personengesellschaften auf Personengesellschaften

I. Grundlagen

1. Überblick

120 Die Verschmelzung von Personengesellschaften auf Personengesellschaften ist für den side-stream Fall in einem eigenständigen Regelungsbereich des UmwStG, dem Siebten Teil, dargestellt. Der Siebte Teil des UmwStG beschreibt die ertragsteuerliche Behandlung der Einbringung eines Betriebs, Teilbetriebs oder Mitunternehmeranteils in eine Personengesellschaft, soweit der Übertragende Mitunternehmer der Personengesellschaft wird. Die Verschmelzung von Personengesellschaften auf Personengesellschaften wird im side-stream Sachverhalt als ein solcher Einbringungsvorgang behandelt.[236]

121 Steuerlich führt die Übertragung eines Betriebs, Teilbetriebs oder Mitunternehmeranteils in das Gesamthandsvermögen einer Personengesellschaft gegen Gewährung von Gesellschaftsrechten grundsätzlich zu einem gewinnrealisierenden tauschähnlichen Veräußerungs-

---

[232] Vgl. § 22 Abs. 2 S. 1 Hs. 2 UmwStG.
[233] Vgl. § 22 Abs. 2 S. 4 UmwStG.
[234] Vgl. § 23 Abs. 2 S. 3 UmwStG.
[235] Zu Einzelheiten für die technische Umsetzung vgl. Dötsch/Pung/Möhlenbrock/*Möhlenbrock/Pung* UmwStG § 20 Rn. 319 ff.
[236] Vgl. Lutter/*Moszka* Anh. UmwStG Rn. 352.

§ 48 Verschmelzung

vorgang.[237] Das Umwandlungssteuerrecht lässt aber abweichend davon eine steuerneutrale Übertragungsmöglichkeit zu.

2. Einordnung verschiedener Verschmelzungsrichtungen (Upstream, Sidestream, Downstream)

Die up-stream Verschmelzung einer Personengesellschaft auf eine Personengesellschaft ist steuerrechtlich nicht explizit geregelt. Insbesondere wird die up-stream Verschmelzung nach h. M. nicht von dem Anwendungsbereich des UmwStG erfasst.[238] Es handelt sich um eine Regelungslücke im UmwStG. Systematisch ist unbestritten, dass sich auch die up-stream Verschmelzung einer Personengesellschaft auf eine Personengesellschaft steuerrechtlich vollzieht. Die Steuerneutralität kann aus § 6 Abs. 3 EStG oder aus Anwachsungsgrundsätzen abgeleitet werden. Vorsorglich sollte – bei Vorhandensein nennenswerter stiller Reserven – die Steuerneutralität in den Fällen der up-stream Verschmelzung einer Personengesellschaft auf eine Personengesellschaft daher durch eine verbindliche Auskunft abgesichert werden. 122

Bei der side-stream Verschmelzung findet § 24 UmwStG Anwendung. Dies ergibt sich unmittelbar aus § 1 Abs. 3 UmwStG. 123

Der down-stream Fall wird ebenfalls unter § 24 UmwStG subsumiert, wobei gewisse Besonderheiten gelten.[239] 124

Daneben können auch „Mischfälle" vorliegen, d. h. z. B. durch eine teilweise Beteiligung der übernehmenden Personengesellschaft an der übertragenden Personengesellschaft. Insofern finden dann sowohl die up-stream- als auch die side-stream Überlegungen Anwendung jeweils bezogen auf den Umfang der Beteiligung, der dem entsprechenden Fall entspricht. 125

II. § 24 UmwStG als steuerrechtliche Norm für Sidestream-Sachverhalte

Die Einbringung eines Betriebs, Teilbetriebs oder Mitunternehmeranteils in eine Personengesellschaft ist in § 24 UmwStG beschrieben. Die Vorschrift ist im Wesentlichen wie § 20 UmwStG (→ Rn. 74 ff.) aufgebaut.[240] Ein negatives Betriebsvermögen steht einer Steuerneutralität – entgegen der Regelung in § 20 Abs. 2 S. 2 Nr. 2 UmwStG – jedoch nicht entgegen.[241] Ferner gibt es keine Restriktionen hinsichtlich der Beteiligung ausländischer Gesellschafter an dem Umwandlungsvorgang nach § 24 UmwStG. Auch Gesellschaftern/Mitunternehmern, die im Ausland ansässig sind, ist der Anwendungsbereich der § 24 UmwStG eröffnet. 126

III. § 24 UmwStG im Einzelnen

1. Übertragungsgegenstand

Aufgrund der inhaltlichen Nähe von § 24 und § 20 UmwStG gelten die im Hinblick auf die tatbestandliche Auslegung des qualifizierten Betriebsvermögens gefassten Ausführungen zu § 20 UmwStG (→ Rn. 84 f.) analog. Allerdings setzt eine Anwendung von § 24 UmwStG im Gegensatz zu den übrigen Regelungen aus dem UmwStG nicht voraus, dass sämtliche wesentlichen Betriebsgrundlagen in das Gesamthandsvermögen der übernehmenden Personengesellschaft übergehen. Vielmehr ist ein Zurückbehalten von wesentlichen Betriebsgrundlagen unschädlich, soweit diese an die Personengesellschaft zur Nutzung überlassen werden und damit Sonderbetriebsvermögen des Übertragenden bei der übernehmenden Personengesellschaft darstellen.[242] Um den Anwendungsbereich von § 24 127

---

[237] Vgl. BMF IV C 2 - S 1978 - b/08/10001, BStBl. I 2011, 1314 Tz. 01.47.
[238] Vgl. § 47 Rn. 19; *Hageböke* Ubg 2009, 105.
[239] Vgl. BMF IV C 2 - S 1978 - b/08/10001, BStBl. I 2011, 1314 Tz. 20.09.
[240] Vgl. Rödder/Herlinghaus/van Lishaut/*Rasche* UmwStG § 24 Rn. 1, 29.
[241] Vgl. BMF IV C 2 - S 1978 - b/08/10001, BStBl. I 2011, 1314 Tz. 24.05.
[242] Vgl. BFH I R 183/96, BStBl. II 1996, 342 = DStR 1996, 958; BMF IV C 2 - S 1978 - b/08/10001, BStBl. I 2011, 1314 Tz. 24.05.

UmwStG zu eröffnen, ist aber zumindest ein teilweiser Übergang des qualifizierten Betriebsvermögens in das Gesamthandsvermögen der Personengesellschaft erforderlich.[243] Bei einer ausschließlichen Übertragung in das Sonderbetriebsvermögen einer Personengesellschaft wird kein Veräußerungstatbestand erfüllt, sodass der Zugang zu § 24 UmwStG verschlossen bleibt.[244]

2. Übertragender

128 Bei der Übertragung eines Betriebs einer Personengesellschaft ist dogmatisch nicht abschließend geklärt, ob die Mitunternehmerschaft oder der einzelne Mitunternehmer selbst Übertragender ist.[245] Dies kann aber dahinstehen, weil der Gegenstand der Übertragung unabhängig von der Person des Übertragenden zu beurteilen ist und daher aus der fehlenden Differenzierung keine materiell-rechtlichen Auswirkungen resultieren.[246] Im Fall der Verschmelzung von Personengesellschaften auf Personengesellschaften sind hingegen eindeutig die Mitunternehmer als Übertragende anzusehen, da ihnen die Mitunternehmerschaft an der übernehmenden Personengesellschaft gewährt werden und der übertragende Rechtsträger im Zuge der Umwandlungsmaßnahme untergeht.[247] Eines vorgeschalteten Übertragungsakts des Betriebsvermögens auf Gesellschafterebene oder einer entsprechenden Fiktion (Übertragung im Dreieck) bedarf es nicht.

3. Gewährung einer Mitunternehmerstellung

129 Der begünstigten Übertragung nach § 24 UmwStG sind nur solche Verschmelzung von Personengesellschaften auf Personengesellschaften zugänglich, bei denen der Übertragende Mitunternehmer an der aufnehmenden Personengesellschaft wird oder seine bisherige Mitunternehmerstellung erweitert.[248] Die Einräumung der Mitunternehmerstellung stellt dann die Gegenleistung für die Vermögensübertragung dar. Als Mitunternehmer i. S. d. § 24 Abs. 1 UmwStG ist derjenige anzusehen, der aufgrund seiner gesellschaftsrechtlichen Beteiligung an der übernehmenden Personengesellschaft Mitunternehmerinitiative entfalten kann und Mitunternehmerrisiko trägt.[249]

130 a) **Mitunternehmerinitiative.** Mitunternehmerinitiative bedeutet vor allem Teilhabe an den unternehmerischen Entscheidungen, wie sie z. B. Gesellschaftern oder diesen vergleichbaren Personen als Geschäftsführern, Prokuristen oder anderen leitenden Angestellten obliegen.[250] Ausreichend ist indes schon die Möglichkeit zur Ausübung von Gesellschafterrechten, die wenigstens den Stimm-, Kontroll- und Widerspruchsrechten angenähert sind, die einem Kommanditisten nach dem HGB zustehen.[251]

131 b) **Mitunternehmerrisiko.** Mitunternehmerrisiko trägt regelmäßig derjenige, der am Gewinn und Verlust des Unternehmens sowie an den stillen Reserven einschließlich eines etwaigen Geschäftswerts beteiligt ist.[252]

---

[243] Vgl. BFH III R 39/91, BStBl. II 1994, 458 = DStR 1994, 610; IV R 26/98, BStBl. II 1999, 604 = DStR 1999, 333; Rödder/Herlinghaus/van Lishaut/*Rasche* UmwStG § 24 Rn. 60.

[244] Vgl. FG Düsseldorf 16 K 2934/01 E, EFG 2003, 1180; Widmann/Mayer/*Fuhrmann* UmwStG § 24 Rn. 205; Schmitt/Hörtnagl/Stratz/*Schmitt* UmwStG § 24 Rn. 25.

[245] Zum Streitstand vgl. Rödder/Herlinghaus/van Lishaut/*Rasche* UmwStG § 24 Rn. 54 ff.

[246] Vgl. BMF IV C 2 - S 1978 - b/08/10001, BStBl. I 2011, 1314 Tz. 24.03 iV. m. 20.03, 20.05; Lutter/*Moszka* Anh. UmwStG Rn. 356.

[247] Vgl. Haritz/Menner/*Schlößer/Schley* UmwStG § 24 Rn. 54; Schmitt/Hörtnagl/Stratz/*Schmitt* UmwStG § 24 Rn. 107.

[248] Vgl. BFH III R 38/00, BStBl. II 2005, 554 = DStRE 2005, 449; BFH VIII R 52/04, BStBl. II 2006, 847 = DStR 2006, 1408.

[249] Vgl. BFH GrS 3/92, BStBl. II 1993, 616 = DStR 1993, 1139.

[250] Vgl. BFH I R 206/69, BStBl. II 1974, 480 = DStR 1974, 544.

[251] Vgl. BFH GrS 4/82, BStBl. II 1984, 751 = NJW 1982, 93.

[252] Vgl. BFH GrS 4/82, BStBl. II 1984, 751 = NJW 1982, 93.

4. Bewertungsgrundsatz des übernommenen Betriebsvermögens

Die übernehmende Personengesellschaft hat das eingebrachte Betriebsvermögen in ihrer **132** Bilanz grundsätzlich mit dem gemeinen Wert anzusetzen, wobei für Pensionsverpflichtungen vorrangig der sich nach § 6a EStG ergebende Wert maßgebend ist.[253]

5. Abweichender Wertansatz

a) Voraussetzungen. Wie auch in § 20 UmwStG lässt § 24 Abs. 2 S. 2 UmwStG unter **133** bestimmten Voraussetzungen auf Antrag das Wahlrecht zu, das übernommene Betriebsvermögens mit dem Buchwert oder einem höheren Wert, höchstens jedoch mit dem gemeinen Wert, anzusetzen. Die Tatbestände gleichen denen aus § 20 UmwStG, beschränken sich aber auf

– das Recht der Bundesrepublik Deutschland hinsichtlich der Besteuerung des Gewinns aus der Veräußerung des übernommenen Betriebsvermögens bei der übernehmenden Kapitalgesellschaft nicht ausgeschlossen oder beschränkt wird (→ Rn. 90); sowie
– die wertmäßige Beschränkung des gemeinen Werts der sonstigen Gegenleistungen (→ Rn. 91).

b) Antrag. Das Bewertungswahlrecht ist dabei einheitlich für alle zum jeweiligen Über- **134** tragungsgegenstand gehörenden Wirtschafsgüter auszuüben.[254] Dies schließt Wirtschaftsgüter des Sonderbetriebsvermögens für ihren Ansatz in der Sonderbilanz mit ein.[255] Das Antragsrecht obliegt der übernehmenden Personengesellschaft, die hiervon spätestens bis zur erstmaligen Abgabe der steuerlichen Schlussbilanz bei dem für sie zuständigen Finanzamt Gebrauch machen muss.[256]

6. Steuerliche Auswirkungen für die übernehmende Personengesellschaft

a) Anwendung Bewertungsgrundsätze für die Verschmelzung von Körperschaf- 135 ten. § 24 Abs. 4 UmwStG verweist für die Besteuerungsfolgen auf § 23 UmwStG und folgt damit gleichfalls wie § 20 UmwStG den entsprechenden Regelungen über den Wertansatz des übergehenden Betriebsvermögens, die für Verschmelzungen von Körperschaften vorgesehen sind (→ Rn. 86 ff.). Dasselbe gilt im Hinblick auf den Eintritt in die steuerliche Rechtsnachfolge, für die Anrechnung von Besitzzeiten sowie die Fortführung der AfA (→ Rn. 99).

b) Anwendung Grundsätze für die Verschmelzung von Körperschaften über 136 Übernahmefolgegewinne. Auch bei der Verschmelzung von Personengesellschaften auf Personengesellschaften ist die Vereinigung von Forderungen und gegenüberstehenden Verbindlichkeiten in einem Rechtsträger möglich. Ein infolge einer Konfusion entstehender Gewinn der übernehmenden Personengesellschaft kann in analoger Anwendung von § 6 UmwStG in eine gewinnmindernde Rücklage eingestellt werden, die anschließend in den folgenden drei Wirtschaftsjahren mit mindestens je einem Drittel gewinnerhöhend aufzulösen ist (→ Rn. 100).

7. Steuerliche Auswirkungen für den Übertragenden

a) Besteuerung Übertragungsgewinn. Der Wertansatz der übernehmenden Per- **137** sonengesellschaft gilt für den Übertragenden als fiktiver Veräußerungspreis aus der Veräußerung eines Betriebs, Teilbetriebs oder eines Mitunternehmeranteils i. S. d. § 16 EStG.[257] Der Veräußerungsgewinn nach § 16 Abs. 2 EStG ermittelt sich durch Abzug des Buchwerts des übertragenden Betriebsvermögens sowie ggf. vom Übertragenden getrage-

---

[253] Vgl. § 24 Abs. 1 UmwStG.
[254] Vgl. Lutter/*Moszka* Anh. UmwStG Rn. 364; Rödder/Herlinghaus/van Lishaut/*Rasche* UmwStG § 24 Rn. 67.
[255] Vgl. Widmann/Mayer/*Fuhrmann* UmwStG § 24 Rn. 730.
[256] Vgl. § 24 Abs. 2 S. 3 i. V. m. § 20 Abs. 2 S. 3 UmwStG.
[257] Vgl. § 24 Abs. 3 S. 1 UmwStG.

nen Veräußerungskosten von dem fiktiven Veräußerungspreis. Folglich kann bei der Wahl zur Buchwertfortführung kein Veräußerungsgewinn entstehen.²⁵⁸ Bei Ansatz des übertragenden Betriebsvermögens mit dem gemeinen Wert oder einem Zwischenwert wird – ungeachtet eventueller Veräußerungskosten – ein Veräußerungsgewinn realisiert, der nach den allgemeinen Regeln zu versteuern ist (→ Rn. 102).

138 **b) Freibetrag und Tarifvergünstigung.** Für den Fall, dass das übertragende Betriebsvermögen mit dem gemeinen Wert angesetzt wird, hat der Übertragende – soweit es sich um eine natürliche Person handelt – die Möglichkeit, den Freibetrag nach § 16 Abs. 4 EStG und die Tarifvergünstigung gemäß § 34 Abs. 3 EStG unter den dort genannten Voraussetzungen in Anspruch zu nehmen. Entfällt der Veräußerungsgewinn z. T. auf Anteile an Körperschaften, die aufgrund des Teileinkünfteverfahrens teilweise steuerbefreit sind,²⁵⁹ bleibt insoweit kein Raum für die Anwendung von § 34 Abs. 3 EStG.²⁶⁰

139 **c) Einbringungsgewinn II. aa) Allgemeines.** Um zu verhindern, dass mittels einer ganz oder teilweise nach § 24 UmwStG steuerneutralen Übertragung von Anteilen an einer Körperschaft in eine Personengesellschaft durch einen nicht nach § 8b Abs. 2 KStG begünstigten Übertragenden Voraussetzungen ermöglicht wird, dass ein Veräußerungsgewinn nunmehr auf einen Mitunternehmer entfällt, der die Steuerbefreiungsvorschrift in § 8b Abs. 2 KStG in Anspruch nehmen kann, ist nach § 24 Abs. 5 UmwStG § 22 Abs. 2 UmwStG entsprechend anzuwenden.²⁶¹ Diese schädliche „Statusverbesserung" kann z. B. eintreten, wenn Kapitalgesellschaftsanteile im Nachgang der Verschmelzung veräußert werden, die zum übertragenden Betriebsvermögen der untergehenden Personengesellschaft, deren Mitunternehmer ausschließlich natürliche Personen sind, gezählt haben, und von der übernehmenden Personengesellschaft, an der auch Körperschaften beteiligt sind, mit dem Buchwert oder einem Zwischenwert angesetzt wurden. Aufgrund des Verweises auf § 22 Abs. 2 UmwStG gilt eine siebenjährige Sperrfristverhaftung (→ Rn. 106).

140 **bb) Ermittlung Einbringungsgewinn II.** Der Einbringungsgewinn II errechnet sich aus dem Unterschiedsbetrag zwischen dem gemeinen Wert der eingebrachten Anteile im Übertragungszeitpunkt und dem Wert, mit dem der Übertragende die erhaltenen Anteile angesetzt hat. Danach werden die Kosten für den Vermögensübergang in Abzug gebracht und der sich ergebende Betrag um jeweils ein Siebtel für jedes seit dem Übertragungszeitpunkt abgelaufene Zeitjahr vermindert (→ Rn. 116).²⁶²

141 **cc) Besteuerung Einbringungsgewinn II.** Im Fall der schädlichen Veräußerung der eingebrachten Anteile durch die übernehmende Personengesellschaft ist der Gewinn aus der Übertragung im Wirtschaftsjahr der Übertragung rückwirkend als Gewinn des Übertragenden zu versteuern.²⁶³ Der Freibetrag nach § 16 Abs. 4 EStG findet ebenso wenig Anwendung wie die Tarifermäßigung aus § 34 Abs. 3 EStG.²⁶⁴ Gleichzeitig gilt der Einbringungsgewinn II als nachträgliche Anschaffungskosten der erhaltenen Anteile, d. h. der Wert des Anteils des Übertragenden an der übernehmenden Personengesellschaft erhöht sich.²⁶⁵

142 **dd) Nachweispflichten und Ersatzrealisationstatbestände.** In Bezug auf die Nachweispflichten aus § 22 Abs. 3 UmwStG und die Ersatzrealisationstatbestände in § 22 Abs. 1 S. 6 Nr. 1 bis 5 UmwStG wird auf die Ausführungen unter → Rn. 111 verwiesen.

---

²⁵⁸ Vgl. Rödder/Herlinghaus/van Lishaut/*Rasche* UmwStG § 24 Rn. 88; Schmitt/Hörtnagl/Stratz/*Schmitt* UmwStG § 24 Rn. 243.
²⁵⁹ Vgl. §§ 3 Nr. 40 S. 1 lit. b, 3c Abs. 2 EStG.
²⁶⁰ Vgl. § 34 Abs. 2 Nr. 1 Hs. 2 EStG.
²⁶¹ Vgl. Rödder/Herlinghaus/van Lishaut/*Rasche* UmwStG § 24 Rn. 128; Schmitt/Hörtnagl/Stratz/*Schmitt* UmwStG § 24 Rn. 274.
²⁶² Vgl. § 22 Abs. 2 S. 3 UmwStG.
²⁶³ Vgl. § 22 Abs. 2 S. 1 Hs. 1 UmwStG.
²⁶⁴ Vgl. § 22 Abs. 2 S. 1 Hs. 2 UmwStG.
²⁶⁵ Vgl. § 22 Abs. 2 S. 4 UmwStG.

8. Rückwirkung

Für steuerliche Zwecke kann die Verschmelzung zurückbezogen werden. § 24 Abs. 4 **143** UmwStG verweist insoweit auf das in § 20 Abs. 6 UmwStG geregelte Wahlrecht bei der Einbringung in Kapitalgesellschaften/der Verschmelzung auf Kapitalgesellschaften (→ Rn. 118): Zulässig ist damit einerseits eine Rückwirkung auf den Stichtag, auf den die handelsrechtliche Schlussbilanz des übertragenden Unternehmens im Sinne von § 17 Abs. 2 des UmwG aufgestellt ist. Dieser Stichtag darf allerdings maximal acht Monate vor Anmeldung der Verschmelzung zur Eintragung in das Handelsregister liegen. Wird von dem Wahlrecht auf Rückwirkung kein Gebrauch gemacht, ist steuerlicher Übertragungsstichtag der Tag des Wirksamwerdens der Verschmelzung (Eintragung in das Handelsregister der übernehmenden Kapitalgesellschaft).

§ 49 Umwandlungssteuerrechtliche Regelungen zur Spaltung

Übersicht

	Rdnr.		Rdnr.
A. Auf- und Abspaltung von Körperschaften auf Körperschaften	1–181	b) 100%-Beteiligung an einer Kapitalgesellschaft als Teilbetrieb	81–84
I. Überblick	1–10	c) Übertragung eines fiktiven Teilbetriebs	85–89
1. Anwendbare Vorschriften	1–3	4. Doppeltes Teilbetriebserfordernis	90, 91
2. Regelungsgehalt des § 15 UmwStG	4–7	III. Keine missbräuchliche Gestaltung im Sinne des § 15 Abs. 2 UmwStG	92–136
3. Von § 15 UmwStG erfasst Sachverhalte	8–10	1. Verhältnis zu § 42 AO	92–94
II. Voraussetzungen einer steuerneutralen Spaltung	11–91	2. Kein Erwerb und keine Aufstockung von Mitunternehmeranteilen und Beteiligungen	95–102
1. Überblick über die Voraussetzungen	11, 12	3. Keine Veräußerung an außenstehende Person	103–130
2. Der Teilbetriebsbegriff als Kernproblem bei Spaltungen	13–72	a) Begriff der Veräußerung	107–112
a) Allgemeines	13–15	aa) Allgemeine Definition	107, 108
b) Der nationale Teilbetriebsbegriff	16–44	bb) Umwandlung als Veräußerung	109–111
aa) Allgemeine Grundsätze	16–19	cc) Kapitalerhöhung als Veräußerung	112
bb) Einzelne Merkmale des Teilbetriebs	20–25	b) Begriff der außenstehenden Person	113–118
cc) Relevanter Zeitpunkt für das Vorliegen eines Teilbetriebs	26–28	aa) Allgemeine Definition	113
dd) Übertragung eines Teilbetriebs nach nationalem Verständnis	29–44	bb) Umwandlung innerhalb verbundener Unternehmen	114–118
c) Der europäische Teilbetriebsbegriff	45–52	c) Erfasste Sachverhalte	119–127
aa) Definition gemäß Fusionsrichtlinie	45–48	aa) Vollzug der Veräußerung durch die Spaltung	120–122
bb) Übertragung eines Teilbetriebs	49–52	bb) Nachgelagerte Veräußerung	123–127
d) Verhältnis der Teilbetriebsbegriffe zueinander	53–72	d) Rechtsfolgen einer schädlichen Anteilsveräußerung	128–130
aa) Nationaler vs. europäischer Teilbetriebsbegriff	53–64	4. Trennung von Gesellschafterstämmen	131–136
bb) Die wesentlichen Unterschiede der Teilbetriebsbegriffe	65–72	IV. Antrag auf Buchwertfortführung	137, 138
3. Teilbetriebsfiktionen gemäß § 15 Abs. 1 Satz 3 UmwStG	73–89	V. Ertragsteuerliche Rechtsfolgen einer Spaltung	139–178
		1. Ertragsteuerwirksame Spaltung	139–169
a) Mitunternehmeranteil als Teilbetrieb	74–80	a) Entsprechende Anwendung der §§ 11 bis 13 UmwStG	139–149

	Rdnr.
aa) Rechtsfolgen für die übertragende Körperschaft	139–141
bb) Rechtsfolgen für die übernehmende Körperschaft	142, 143
cc) Rechtsfolgen für die Anteilseigner	144–149
b) Behandlung von Verlust-/Zins-/EBITDA-Vorträgen	150–155
c) Sonstige ertragsteuerliche Rechtsfolgen	156–169
aa) Verweis auf §§ 3 und 4 UmwStG	156–159
bb) Auswirkungen auf das steuerliche Einlagenkonto	160–169
2. Ertragsteuerneutrale Spaltung	170–178
a) Ansatz eines niedrigeren Wertes nach § 11 Abs. 2 UmwStG	170–173
b) Übernahme des niedrigeren Werts durch die übernehmende Körperschaft gemäß § 12 Abs. 1 Satz 1 UmwStG	174, 175
c) Buchwertansatz auf Anteilseignerebene gemäß § 13 Abs. 2 UmwStG	176, 177
d) Sonstige Rechtsfolgen	178
VI. Besonderheiten bei einer rückwirkenden Spaltung	179–181
B. Auf- und Abspaltung von Körperschaften auf Personengesellschaften	182–200
I. Überblick	182–186
1. Anwendbare Vorschriften	182, 183

	Rdnr.
2. Regelungsgehalt des § 16 UmwStG	184
3. Erfasst Fälle	185, 186
II. Entsprechende Anwendung des § 15 Abs. 1 und 2 UmwStG	187–189
III. Rechtsfolgen	190–199
1. Entsprechende Anwendung der §§ 3 bis 8 UmwStG	190–196
2. Entsprechende Anwendung des § 15 Abs. 3 UmwStG	197, 198
3. Sonstige Rechtsfolgen	199
IV. Besonderheiten bei einer rückwirkenden Spaltung	200
C. Auf- und Abspaltung von Personengesellschaften auf Körperschaften	201–209
I. Einordnung der konkreten Abspaltung für Besteuerungszwecke	201
II. Keine explizite Regelung der upstream Aufspaltung oder Abspaltung	202–204
III. Anwendung von § 20 UmwStG bei der Sidestream-Aufspaltung oder Abspaltung	205–209
D. Auf- und Abspaltung von Personengesellschaften auf Personengesellschaften	210–215
I. Einordnung der konkreten Abspaltung für Besteuerungszwecke	210
II. Keine explizite Regelung der upstream Aufspaltung oder Abspaltung	211
III. Anwendung von § 24 UmwStG bei der Sidestream-Aufspaltung oder -abspaltung	212–215
E. Ausgliederung	216–226
I. Ausgliederung auf eine Kapitalgesellschaft	216–221
II. Ausgliederung auf eine Personengesellschaft	222–226

Schrifttum: *Behrendt / Klages*, Weitere Einschränkung der Verlustnutzung bei rückwirkenden Umwandlungen durch § 2 Abs. 4 Satz. 3 bis 6 UmwStG, BB 2013, 1815; *Beinert / Benecke*, Internationale Aspekte der Umstrukturierung von Unternehmen, FR 2010, 1009; *Blumers*, Der Teilbetriebsbegriff im neuen Umwandlungssteuererlass-Entwurf, BB 2011, 2204; *Blumers*, Die Teilbetriebe des Umwandlungssteuerrechts, DB 2001, 722; *Blumers*, Demerger – Die Spaltung börsennotierter Gesellschaften (national und international), DB 2000, 589; *Claß / Weggenmann*, Ein neues Teilbetriebsverständnis im Umwandlungssteuerrecht – entscheidet zukünftig der EuGH?!, BB 2012, 552; *Desens*, Steuerrechtliche Zweifelsfragen bei Einbringungen in Kapitalgesellschaften, DStR-Beihefter zu Heft 46/2010, 80; *Förster / Wendland*, Einbringung von Unternehmensteilen in Kapitalgesellschaften. Auswirkungen des SEStEG auf Umwandlungsvorgänge, BB 2007, 631; *Gille*, Missbrauchstypisierungen im neuen Umwandlungssteuerrecht: Verstoß gegen die Fusionsrichtlinie?, IStR 194; *Graw*, Der Teilbetrieb im Umwandlungssteuerrecht nach dem Umwandlungssteuer-Erlass 2011, IFSt-Schrift Nr. 488, Berlin, Mai 2013; *Hageböke*, Sind alle Umwandlungen „Veräußerungen"? – Kritische Anmerkungen zur neuen Ausgangsthese der Finanzverwaltung im UmwStEE, Ubg 2011, 689; *Hagemann / Jakob / Ropohl / Viebrock*, SEStEG, Das neue Konzept der Verstrickung und Entstrickung sowie die Neufassung des Umwandlungssteuerrechts, NWB-Sonderheft 1/2007, 2; *Hahn*, Zur Betriebseinbringung über die Grenze gemäß § 23 III UmwStG, IStR 1998, 326; *Hahn*, Die Veräußerung spaltungsgeborener Anteile. Überlegungen zu BFH v. 3.8.2005 und zur Spaltungsregelung nach dem SEStEG, GmbHR 2006, 462; *Haritz*, Anmerkung zur Verfügung der OFD Nürnberg v. 9.2.2000, S 1978b – 3/St 31, GmbHR 2000, 519; *Herlinghaus*, Wie weit geht die europarechtskonforme Auslegung des umwandlungssteuerrechtlichen Teilbetriebsbegriffs?, FS Meilicke, 2010, 159; *Hörtnagl*, Europäisierung des Umwandlungssteuerrechts – SEStEG, Stbg 2006, 471; *Jacobsen / Hildebrandt*, Wirtschaftliche Beteiligungs- und Beteiligtenidentität i. S. des § 15a EStG bei Unternehmensumwandlungen, DStR 2013,

433; *Körner*, Anmerkungen zum SEStEG-Entwurf vom 21.4.2006, IStR 2006, 469; *Ley/Bodden*, Verschmelzung und Spaltung von inländischen Kapitalgesellschaften nach dem SEStEG (§§ 11–15 UmwStG n. F.), FR 2007, 265; *Neumann*, Der Teilbetrieb. Gründe für seine Reformbedürftigkeit, EStB 2002, 437; *Neumann/Benz*, Praxisfragen des Teilbetriebsbegriffs, Steuerberater Jahrbuch 2013/ 2014, 167; *Rödder/Rogall*, Fortschreibung des Entwurfs des neuen Umwandlungssteuererlasses – Anmerkungen zur Version vom 9.9.2011, Ubg 2011, 753; *Schell/Krohn*, Ausgewählte praxisrelevante „Fallstricke" des UmwStE 2011, DB 2012, 1119; *Schmitt*, Auf- und Abspaltung von Kapitalgesellschaften. Anmerkungen zum Entwurf des Umwandlungssteuererlasses, DStR 2011, 1108; *Schneider/ Ruoff/Sistermann*, Brennpunkte des Umwandlungssteuer-Erlasses 2011, FR 2012, 1; *Schumacher*, Aktuelles Beratungs-Know-how Umwandlungssteuerrecht, DStR 2002, 2066; *Schumacher/Neitz-Hackstein*, Verschmelzung und Spaltung zwischen inländischen Kapitalgesellschaften, Ubg 2011, 409; *Schulze zur Wiesche*, Teilbetrieb und Mitunternehmeranteil als Gegenstand der Spaltung und der Einbringung nach dem Entwurf des Umwandlungssteuererlasses, DStZ 2011, 513; *Sistermann*, Umwandlung Kapital- auf Kapitalgesellschaften (§§ 11 ff. UmwStG), Beihefter zu DStR Heft 2 2012, 9; *Stangl/Grundke*, Zeitpunkt des Vorliegens eines Teilbetriebs, DB 2010, 1851; *Thieme*, Anwendung der Missbrauchsregelung des § 15 Abs. 3 Satz 4 UmwStG bei Abspaltung 100%iger Kapitalgesellschaftsbeteiligungen auf Personengesellschaften?, BB 2005, 2042; *Thies*, Spaltung eines international tätigen, börsennotierten Konzerns und die „schädliche Veräußerung" i. S. von § 15 Abs. 3 Sätze 2 bis 5 UmwStG; *Thömmes*, Teilbetriebsbegriff der EG-Fusionsrichtlinie, FS Widmann, 2000, 583; *Weier*, Der deutsche Teilbetrieb wird europäisch, DStR 2008, 1002

A. Auf- und Abspaltung von Körperschaften auf Körperschaften

I. Überblick

1. Anwendbare Vorschriften

Die ertragsteuerliche Behandlung einer Aufspaltung und einer Abspaltung von einer Körperschaft auf eine Körperschaft ist im Vierten Teil des UmwStG geregelt. Die dort enthaltenen Regelungen des § 15 UmwStG gehen den allgemeinen ertragsteuerlichen Prinzipien vor, nach denen die Aufspaltung und die Abspaltung einer Körperschaft zur Gewinnrealisierung auf Ebene der übertragenden Körperschaft sowie der Gesellschafter der übertragenden Körperschaft führen. Ohne eine Regelung im UmwStG würden die Aufspaltung und die Abspaltung für die übertragende Körperschaft und deren Anteilseigner hinsichtlich ihrer Anteile an der übertragenden Körperschaft als Veräußerungsvorgang und für die übernehmende Körperschaft und die Anteilseigner hinsichtlich der gewährten Anteile als Anschaffungsvorgang behandelt.[1] 1

Die Aufspaltung und die Abspaltung einer Körperschaft sind nicht nur zivilrechtlich, sondern auch ertragsteuerlich als Teilverschmelzungen zu werten.[2] § 15 Abs. 1 S. 1 UmwStG nimmt insoweit auf die Regelungen der §§ 11 bis 13 UmwStG Bezug. Für das im Rahmen einer Aufspaltung oder Abspaltung übertragene Vermögen gelten somit die Rechtsfolgen einer Verschmelzung entsprechend. Zu beachten ist hierbei allerdings, dass sich die Rechtsfolgen nur auf das übertragene Vermögen beziehen und somit nur anteilig anzuwenden sind.[3] 2

§ 15 UmwStG gilt sowohl für die Ermittlung des körperschaftsteuerlichen zu versteuernden Einkommens der übertragenden Körperschaft bzw. des ggf. einkommensteuerlichen zu 3

---

[1] BMF IV C 2 – S 1978 – b/08/10001, BStBl. I 2011, 1314 Tz. 00.02 und 00.03; nach Auffassung der Finanzverwaltung zum UmwStG a. F. (UmwStG in der bis zum 12.12.2006 geltenden Fassung) waren die Aufspaltung als Liquidation und die Abspaltung als Sachausschüttung zu behandeln, falls §§ 11 bis 13 UmwStG a. F. nicht anwendbar waren, vgl. BMF IV B 7 – S 1978 – 21/98, BStBl. I 1998, 268 Tz. 15.11; so nach wie vor Widmann/Mayer/*Schießl* UmwStG § 15 Rn. 134.

[2] Schmitt/Hörtnagl/Stratz/*Hörtnagl* UmwStG § 15 Rn. 3 und Rn. 262; Blümich/*Klingberg* Vorbemerkung zum UmwStG 2006 Rn. 48; Rödder/Herlinghaus/van Lishaut/*Schumacher* UmwStG § 15 Rn. 4; *Hörtnagl* Stbg 2006, 471; *Sistermann* Beihefter zu DStR Heft 2 2012, 9.

[3] Rödder/Herlinghaus/van Lishaut/*Schumacher* UmwStG § 15 Rn. 73.

versteuernden Einkommens der Gesellschafter der übertragenden Körperschaft als auch für die Ermittlung des Gewerbeertrags (vgl. § 19 Abs. 1 UmwStG).

2. Regelungsgehalt des § 15 UmwStG

4   Unabhängig vom Vorliegen weiterer Voraussetzungen ordnet § 15 Abs. 1 S. 1 UmwStG bei Vorliegen einer Aufspaltung oder einer Abspaltung im Sinne des § 123 UmwG die Geltung der §§ 11 bis 13 UmwStG an.[4]

5   § 15 Abs. 1 S. 2 UmwStG enthält Voraussetzungen für die Anwendung der §§ 11 Abs. 2 und 13 Abs. 2 UmwStG, unter denen eine ertragsteuerneutrale Aufspaltung und Abspaltung möglich sind. § 15 Abs. 1 S. 2 UmwStG soll bestimmte betriebliche Umstrukturierungen in Form der Aufspaltung und Abspaltung von Körperschaften auf Körperschaften nach § 123 UmwG steuerlich begünstigen. Erfasst wird jedoch nicht jede betriebliche Umstrukturierung, sondern nur die in § 15 UmwStG genannten Übertragungen von Teilbetrieben. Der Anwendungsbereich des § 15 UmwStG weicht somit vom Anwendungsbereich des § 123 UmwG ab, insbesondere wenn nur einzelne Wirtschaftsgüter im Rahmen der Spaltung übertragen werden. Im zuletzt genannten Fall bleibt es bei dem ertragsteuerlichen Grundsatz, dass stille Reserven aufzudecken sind.[5]

6   § 15 Abs. 2 UmwStG enthält Regelungen zur Verhinderung von Gestaltungsmissbräuchen.[6] Eine steuerneutrale Aufspaltung und Abspaltung ist nur möglich, wenn keiner der in § 15 Abs. 2 UmwStG genannten Fälle eines Gestaltungsmissbrauchs vorliegt. In den Fällen des § 15 Abs. 2 UmwStG kommt es aber – anders als bei Nichtvorliegen der Teilbetriebsvoraussetzungen – nicht zu einer Gewinnrealisierung auf der Ebene der Anteilseigner, sondern nur auf Ebene der übertragenden Körperschaft.[7]

7   Ferner enthält § 15 Abs. 3 UmwStG eine Regelung für den (anteiligen) Untergang vorhandener verrechenbarer Verluste, verbleibender Verlustvorträge, nicht ausgeglichener negativer Einkünfte, eines Zinsvortrags nach § 4h Abs. 1 S. 5 EStG und eines EBITDA-Vortrags nach § 4h Abs. 1 S. 3 EStG.

3. Von § 15 UmwStG erfasst Sachverhalte

8   § 15 UmwStG ist gemäß § 1 Abs. 1 S. 1 Nr. 1 UmwStG auf die Aufspaltung und die Abspaltung von Körperschaften im Sinne der §§ 2, 123 Abs. 1 und 2 UmwG oder vergleichbare ausländische Vorgänge anwendbar. Nicht vom Anwendungsbereich des § 15 UmwStG ist die Ausgliederung im Sinne des § 123 Abs. 3 UmwG von einer Körperschaft auf eine Körperschaft erfasst. Diese Ausgliederung kann jedoch in den Anwendungsbereich der §§ 20, 21 UmwStG fallen.[8]

9   Da das UmwStG auf die Vorschriften des UmwG Bezug nimmt, fallen zivilrechtliche Alternativgestaltungen nicht in den Anwendungsbereich des § 15 UmwStG, auch wenn sie wirtschaftlich zum selben Ergebnis wie eine Aufspaltung oder Abspaltung führen.[9] Voraussetzung für die Anwendung des § 15 UmwStG ist stets eine zivilrechtlich wirksame Spaltung.

10 Vergleichbare ausländische Spaltungsvorgänge fallen ebenfalls in den Anwendungsbereich, soweit ein Inlandsbezug gegeben ist. Was ein vergleichbarer ausländischer Spaltungsvorgang ist, ist nicht im UmwStG definiert. Nach Auffassung der Finanzverwaltung

---

[4] Schmitt/Hörtnagl/Stratz/*Hörtnagl* UmwStG § 15 Rn. 3.
[5] Zum UmwStG a. F. BT-Drs. 12/6885, 22; ebenso BFH I R 96/08, BStBl. II 2011, 467 = NZG 2010, 981.
[6] Rödder/Herlinghaus/van Lishaut/*Schumacher* UmwStG § 15 Rn. 192.
[7] Rödder/Herlinghaus/van Lishaut/*Schumacher* UmwStG § 15 Rn. 191; Beck'sches StB-Handbuch 2015/2016/*Schneider* Kapital Q Rn. 240.
[8] BMF IV C 2 – S 1978 – b/08/10001, BStBl. I 2011, 1314 Tz. 01.43, 01.44 und 01.46; Blümich/ *Klingberg* Vorbemerkung zum UmwStG 2006 Rn. 48.
[9] Haritz/Menner/*Asmus* UmwStG § 15 Rn. 12; Rödder/Herlinghaus/van Lishaut/*Schumacher* UmwStG § 15 Rn. 41 ff.

hat die Prüfung, ob ein vergleichbarer ausländischer Spaltungsvorgang vorliegt, anhand der beteiligten Rechtsträger, der Strukturmerkmale eines inländischen Spaltungsvorgangs sowie sonstiger Vergleichskriterien zu erfolgen.[10] Die Strukturmerkmale eines Spaltungsvorgangs umfassen insbesondere eine unmittelbare Übertragung eines Teils des Vermögens des übertragenden Rechtsträgers auf einen oder mehrere übernehmende Rechtsträger im Ganzen sowie eine unmittelbare Gewährung von Anteilen am übernehmenden Rechtsträger an die Gesellschafter des übertragenden Rechtsträgers. Zudem muss der Vermögensübergang im Wege einer partiellen Gesamtrechtsnachfolge erfolgen.[11] Dies soll allerdings nur dann gelten, wenn das jeweilige ausländische Umwandlungsrecht überhaupt eine partielle Gesamtrechtsnachfolge für die Spaltung vorsieht[12].

II. Voraussetzungen einer steuerneutralen Spaltung

1. Überblick über die Voraussetzungen

§ 15 Abs. 1 S. 2 UmwStG normiert die Mindestvoraussetzung für eine ertragsteuerneutrale Spaltung: Auf jede übernehmende Körperschaft muss (mindestens) ein Teilbetrieb übertragen werden und im Falle der Abspaltung muss bei der übertragenden Körperschaft ein Teilbetrieb verbleiben. Folglich ist an die Steuerneutralität der Spaltung das Vorliegen mindestens zweier Teilbetriebe geknüpft.

Ferner darf die Spaltung nicht die Voraussetzungen einer missbräuchlichen Gestaltung im Sinne des § 15 Abs. 2 UmwStG erfüllen.

2. Der Teilbetriebsbegriff als Kernproblem bei Spaltungen

a) **Allgemeines.** Der Begriff des Teilbetriebs kommt in verschiedenen Steuerrechtsnormen vor, die insbesondere Regelungen zu Vermögensübertragungen und Vermögensübergängen enthalten. Im Umwandlungssteuerrecht kommt dem Teilbetriebsbegriff eine große praktische Bedeutung zu. Für einige Umwandlungen, wie z. B. die Aufspaltung und die Abspaltung, ist nur bei Vorliegen von Teilbetrieben der sachliche Anwendungsbereich des UmwStG eröffnet, so dass ein Besteuerungsaufschub erreicht werden kann.[13] Eine allgemeine nationale Legaldefinition des Teilbetriebsbegriffs gibt es jedoch nicht. Auch enthalten weder § 15 UmwStG noch andere Vorschriften des UmwStG eine Definition. Der Teilbetriebsbegriff ist vielmehr definiert durch Auslegung des Bundesfinanzhofs, an der sich grundsätzlich auch die Finanzverwaltung orientiert.

Obgleich der Begriff des Teilbetriebs in verschiedenen steuerrechtlichen Vorschriften enthalten ist, kann dieser nicht einheitlich ausgelegt werden. Vielmehr zwingen unterschiedliche gesetzgeberische Intentionen und gesetzliche Zwecke zu einer normspezifischen Auslegung des Begriffs. Dies wird mittlerweile mit wenigen Ausnahmen allgemein so vertreten.[14]

Die Europäisierung des UmwStG durch das SEStEG führte dazu, dass die ohnehin unter dem in der bis zum 12.12.2006 geltenden Fassung des UmwStG bestehenden Rechtsunsicherheiten in Bezug auf die Voraussetzungen eines Teilbetriebs verschärft wurden. Vieles ist derzeit noch ungeklärt. Dazu gehört insbesondere, in welchem Verhältnis der nationale Teilbetriebsbegriff zum europäischen Teilbetriebsbegriff nach Art. 2 lit. j) FRL steht und wann auf welchen Teilbetriebsbegriff abzustellen ist (→ Rn. 53 ff.).

---

[10] BMF IV C 2 – S 1978 – b/08/10001, BStBl. I 2011, 1314 Tz. 01.24.
[11] BMF IV C 2 – S 1978 – b/08/10001, BStBl. I 2011, 1314 Tz. 01.33 f.; dazu auch Rödder/Herlinghaus/van Lishaut/*Schumacher* UmwStG § 15 Rn. 45.
[12] Rödder/Herlinghaus/van Lishaut/*Schumacher* UmwStG § 15 Rn. 46.
[13] *Graw* IFSt-Schrift Nr. 488 (2013), 8.
[14] Zur Anwendung der funktionalen Betrachtungsweise BFH I R 96/08, BStBl. II 2011,467 = NZG 2010, 981; BMF IV C 2 – S 1978 – b/08/10001, BStBl. I 2011, 1314 Tz. 15.02; Blümich/*Nitzschke* UmwStG § 20 Rn. 52; Schmidt/*Wacker* EStG § 16 Rn. 141; *Blumers* BB 2011, 2204; *Graw* S. 10.

16 **b) Der nationale Teilbetriebsbegriff. aa) Allgemeine Grundsätze.** Nach ständiger Rechtsprechung des Bundesfinanzhofs ist unter einem Teilbetrieb ein organisch geschlossener, mit einer gewissen Selbständigkeit ausgestatteter Teil eines Gesamtbetriebs zu verstehen, der für sich betrachtet alle Merkmale eines Betriebs im Sinne des § 15 Abs. 2 EStG erfüllt und als solcher lebensfähig ist.[15] Die Voraussetzungen des § 15 Abs. 2 EStG erfordern eine selbständige nachhaltige Betätigung, die mit der Absicht unternommen wird, Gewinne zu erzielen, und sich als Beteiligung am allgemeinen wirtschaftlichen Verkehr darstellt. Die Betätigung darf weder als Ausübung von Land- und Forstwirtschaft noch als Ausübung eines freien Berufs noch als andere selbständige Arbeit noch als vermögensverwaltende Tätigkeit anzusehen sein.[16]

17 Die Kernmerkmale des nationalen Teilbetriebsbegriffs sind die Selbständigkeit und die Lebensfähigkeit des Betriebsteils.[17]

18 Ein Teilbetrieb wird nur übertragen, wenn die Tätigkeit des bisherigen Teilbetriebsinhabers endgültig eingestellt wird und sämtliche zum Teilbetrieb gehörenden wesentlichen Betriebsgrundlagen und – nach umstrittener Auffassung – sämtliche mit dem Teilbetrieb in einem wirtschaftlichen Zusammenhang stehenden Wirtschaftsgüter auf den Erwerber übergehen (→ Rn. 31 ff.). Dabei ist grundsätzlich auf die Sicht des Übertragenden abzustellen.[18]

19 Auf welchen Zeitpunkt für die Prüfung des Vorliegens der Voraussetzungen eines Teilbetriebs abzustellen ist, ist umstritten. Die wesentlichen Auffassungen stellen auf den steuerlichen Übertragungsstichtag oder den Zeitpunkt der Eintragung der Spaltung in das Handelsregister der übertragenden Körperschaft ab (→ Rn. 26 ff.).

20 **bb) Einzelne Merkmale des Teilbetriebs. (1) Organische Geschlossenheit.** Das Merkmal „organisch geschlossener Teil eines Gesamtbetriebs" setzt grundsätzlich eine Zusammenfassung mehrerer Wirtschaftsgüter voraus, was als Mindestvoraussetzung für das Vorliegen eines Teilbetriebs angesehen werden kann.[19] Es wird in der Literatur teilweise für überflüssig gehalten, da es neben den anderen Merkmalen praktisch kaum eine Bedeutung hat.[20]

21 **(2) Gewisse Selbständigkeit.** Eine gewisse Selbständigkeit eines Teils eines Gesamtbetriebs liegt vor, wenn sich die gewerbliche Betätigung des Teilbetriebs klar von den übrigen wirtschaftlichen Betätigungen des Betriebs abgrenzt.[21] Diese Abgrenzung kann in sachlicher oder in örtlicher Hinsicht gegeben sein.[22] Eine sachliche Verselbständigung liegt vor, wenn die gewerbliche Tätigkeit eines Betriebsteils mit den dazu gehörenden funktional wesentlichen Betriebsgrundlagen sich aufgrund ihrer Wesensverschiedenheit von der Betätigung im Restbetrieb klar abhebt.[23] Dies kann sich auch aus einer räumlichen Trennung der den jeweiligen Teilbetrieben zugehörenden Wirtschaftsgüter ergeben.[24]

22 Entscheidend für das Vorliegen der erforderlichen Selbständigkeit ist das Gesamtbild der Verhältnisse beim Veräußerer.[25] Als Merkmale für die Abgrenzung eines Teilbetriebs zum übrigen Betrieb kommen insbesondere eine räumliche Trennung, eine getrennte Buch-

---

[15] Vgl. z. B. BFH GrS 2/98, BStBl. II 2000, 123 = NZG 2000, 794; BFH I R 96/08, BStBl. II 2011, 467 = NZG 2010, 981; BFH X R 49/06, BStBl. II 2007, 772 = NJW-RR 2008, 991.

[16] Zum Ausschluss von vermögensverwaltenden Tätigkeiten als ungeschriebenes Tatbestandsmerkmal des § 15 Abs. 2 EStG Blümich/*Bode* EStG § 15 Rn. 56.

[17] *Claß/Weggenmann* BB 2012, 552.

[18] BFH GrS 2/98, BStBl. II 2000, 123 = NZG 2000, 794.

[19] *Herlinghaus* FS Meilicke, 2010, 159, 162; *Graw* S. 15.

[20] So z. B. *Blumers* BB 2011, 2204, 2205.

[21] BFH I R 105/85, BStBl. II 1989, 653 = BeckRS 1989, 22008962; IV R 189/81, BStBl. II 1984, 486 = BeckRS 1984, 22006814.

[22] BFH IV R 189/81, BStBl. II 1984, 486 = BeckRS 1984, 22006814.

[23] *Graw* S. 13.

[24] Dötsch/Pung/Möhlenbrock/*Patt* UmwStG § 20 Rn. 83.

[25] Vgl. z. B. BFH GrS 2/98, BStBl. II 2000, 123 = NZG 2000, 794; IV R 189/81, BStBl. II 1984, 486 = BeckRS 1984, 22006814.

führung, eigenes Personal, eigene Verwaltung, eigenes Anlagevermögen, eine abgrenzbare wirtschaftliche Betätigung, ein eigener Kundenstamm und eine separate interne Organisation in Betracht.[26] Diese Abgrenzungsmerkmale müssen allerdings nicht kumulativ vorliegen, damit ein Teilbetrieb angenommen werden kann.

Externe Standorte eines Unternehmens, die über eigene betriebliche Funktionsbereiche wie Beschaffung, Produktion, Absatz oder Verwaltung verfügen, sollten regelmäßig das Merkmal der gewissen Selbständigkeit erfüllen. Gleiches kann auch für sog. Zentralfunktionen eines Unternehmens gelten wie z. B. das Rechnungswesen, IT oder Personal.[27]

(3) Lebensfähigkeit. Lebensfähigkeit bedeutet, dass der betreffende Betriebsteil eine eigenständige und unabhängige betriebliche Betätigung verfolgen kann. Dies setzt neben hierfür erforderliche Wirtschaftsgüter eigenes Personal, einen eigenen Kundenstamm sowie eigene Einkaufsbeziehungen voraus.[28]

(4) Gewerbebetrieb im Sinne von § 15 Abs. 2 EStG. Weitere Voraussetzung für das Vorliegen eines Teilbetriebs ist, dass in diesem selbst eine gewerbliche Tätigkeit im Sinne des § 15 Abs. 2 EStG ausgeübt wird, er somit einen gewerblichen Charakter hat.[29] Nicht ausreichend sind bloß vermögensverwaltende Tätigkeiten, auch wenn eine Gewerblichkeit des Teilbetriebs nach § 15 Abs. 3 EStG durch eine Infizierung oder Prägung gegeben ist.[30]

cc) Relevanter Zeitpunkt für das Vorliegen eines Teilbetriebs. Nach Auffassung der Finanzverwaltung müssen die Voraussetzungen für das Vorliegen von Teilbetrieben am steuerlichen Übertragungsstichtag im Sinne des § 2 Abs. 1 UmwStG gegeben sein.[31] Eine Ausnahme besteht für Altfälle, in denen der Spaltungsbeschluss bis zum 31.12.2011 gefasst wurde. In diesen Fällen hält es die Finanzverwaltung für ausreichend, wenn die Teilbetriebsvoraussetzungen – wie unter der bis zum 12.12.2006 geltenden Fassung des UmwStG[32] – im Zeitpunkt des Spaltungsbeschlusses vorliegen.[33] Bei der Prüfung des Vorliegens eines Teilbetriebs am steuerlichen Übertragungsstichtag ist hingegen auch nach Auffassung der Finanzverwaltung nicht erforderlich, dass bereits zu diesem Zeitpunkt eine buchhalterische Trennung der dem jeweiligen Teilbetrieb zuzuordnenden Wirtschaftsgüter und Schulden erfolgt ist. Dies kann noch bis zum Zeitpunkt des Spaltungsbeschlusses erfolgen.[34]

Das Abstellen auf den steuerlichen Übertragungsstichtag wird im Schrifttum zu Recht kritisiert. Vorzugswürdig erscheint die Auffassung, nach der maßgebend auf den Zeitpunkt des Wirksamwerdens der Übertragung abzustellen ist, d. h. auf den Zeitpunkt der Eintragung der Spaltung in das Handelsregister der übertragenden Körperschaft.[35] Gegen das Abstellen auf den steuerlichen Übertragungsstichtag spricht, dass der europäische Teilbetriebsbegriff gemäß der Fusionsrichtlinie keine Rückwirkungsregelung enthält, so dass diese Voraussetzungen nur im Zeitpunkt der tatsächlichen Übertragung zu prüfen sind. Ein Abstellen auf unterschiedliche Zeitpunkte je nach angewendetem Teilbetriebsbegriff auf

---

[26] Rödder/Herlinghaus/van Lishaut/*Schumacher* UmwStG § 15 Rn. 132.
[27] *Graw* S. 14.
[28] BFH XI R 21/90, BFH/NV 1992, 516 = BeckRS 1992, 07835, wonach ein Einzelhandelsbetrieb ohne eigene Einkaufsbeziehungen für sich nicht lebensfähig ist; Schmidt/*Wacker* EStG § 16 Rn. 147.
[29] Ständige Rspr. vgl. BFH X B 101/98, BFH/NV 1999, 176 = BeckRS 1998, 30021926.
[30] Str., so Dötsch/Pung/Möhlenbrock/*Patt* UmwStG § 20 Rn. 88; Schmitt/Hörtnagl/Stratz/ Schmitt UmwStG § 20 Rn. 113; *Graw* S. 15.
[31] BMF IV C 2 – S 1978 – b/08/10001, BStBl. I 2011, 1314 Tz. 15.03.
[32] Vgl. BMF im UmwSt-Erlass 1998 vom 25.3.1998, BStBl. I 1998, 268 Rn. 15.10.
[33] BMF IV C 2 – S 1978 – b/08/10001, BStBl. I 2011, 1314 Tz. S. 04.
[34] Zu sog. freiem Vermögen BMF IV C 2 – S 1978 – b/08/10001, BStBl. I 2011, 1314 Tz. 15.09; auch Dötsch/Pung/Möhlenbrock/*Dötsch/Pung* UmwStG § 15 Rn. 118.
[35] Schmitt/Hörtnagl/Stratz/*Hörtnagl* UmwStG § 15 Rn. 85; Widmann/Mayer/*Schießl* UmwStG § 15 Rn. 32; Rödder/Herlinghaus/van Lishaut/*Schumacher* UmwStG § 15 Rn. 155; *Kessler/Philipp* DStR 2011, 1065.

den steuerlichen Übertragungsstichtag einerseits und auf den Zeitpunkt der tatsächlichen Übertragung andererseits ist nicht überzeugend. Ferner ist zu berücksichtigen, dass sich die steuerliche Rückwirkungsfiktion nach § 2 Abs. 1 UmwStG nur auf die Rechtsfolgen einer Spaltung und nicht auf deren Tatbestandsvoraussetzungen bezieht.[36]

28 Diese Auffassung ist auch deshalb vorzugswürdig, da sich bei einer rückwirkenden Spaltung keine Auswirkungen der Rückwirkungsfiktion gemäß § 2 Abs. 1 UmwStG ergeben. Maßnahmen zur Herstellung der Teilbetriebsvoraussetzungen können folglich im Rückwirkungszeitraum durchgeführt werden, so dass eine Verschiebung wirtschaftlich sinnvoller Spaltungsmaßnahmen nicht erforderlich ist.[37]

29 **dd) Übertragung eines Teilbetriebs nach nationalem Verständnis. (1) Allgemeine Zuordnungsgrundsätze.** § 15 Abs. 1 S. 1 UmwStG erfordert, dass (mindestens) ein Teilbetrieb auf eine übernehmende Körperschaft übertragen wird. Daraus folgert die Finanzverwaltung, dass sämtliche funktional wesentlichen Betriebsgrundlagen sowie die nach wirtschaftlichen Zusammenhängen zuordenbaren Wirtschaftsgüter im Rahmen der Aufspaltung oder Abspaltung übertragen werden müssen.[38] Zu beachten ist hierbei, dass die Finanzverwaltung an den europäischen Teilbetriebsbegriff anknüpft, der somit in allen Fällen anwendbar sein soll (→ Rn. 59).

30 Zunächst ist für die Übertragung eines Teilbetriebs an die zivilrechtliche Übertragung des Vermögens nach § 131 Abs. 1 Nr. 1 UmwG anzuknüpfen. Ergänzend zu dieser zivilrechtlichen Übertragung ist auch die Begründung des wirtschaftlichen Eigentums an dem zu übertragenden Vermögen ausreichend. Die bloße Nutzungsüberlassung ist hingegen sowohl nach Auffassung der Rechtsprechung als auch nach Auffassung der Finanzverwaltung nicht ausreichend.[39]

31 Aus der Auffassung der Finanzverwaltung, dass sowohl die für den betreffenden Teilbetrieb funktional wesentlichen Betriebsgrundlagen als auch die mit dem Teilbetrieb in einem wirtschaftlichen Zusammenhang stehenden Wirtschaftsgüter auf die übernehmende Körperschaft übertragen werden müssen, ergibt sich eine bedeutende Auswirkung auf die Zuordnung von Wirtschaftsgütern zu den Teilbetrieben. Nur Wirtschaftsgüter, die weder eine funktional wesentliche Betriebsgrundlage noch einem Teilbetrieb wirtschaftlich zuordenbar sind, können hiernach jedem Teilbetrieb frei zugeordnet werden.[40]

32 Die Zuordnung nach wirtschaftlichen Zusammenhängen betrifft sowohl aktive als auch passive Wirtschaftsgüter. Folglich können auch Verbindlichkeiten nicht mehr frei zugeordnet werden.[41] Die Finanzverwaltung formuliert etwa in dem aktuellen Umwandlungssteuererlass, dass Pensionsrückstellungen dem Teilbetrieb zuzuordnen sind, mit dem sie wirtschaftlich zusammenhängen. Bei noch bestehenden Arbeitsverhältnissen hat gemäß § 249 Abs. 1 S. 1 HGB in Verbindung mit § 131 Abs. 1 Nr. 1 S. 1 UmwG diejenige Körperschaft die Rückstellung zu bilden, die gemäß § 613a Abs. 1 S. 1 BGB in die Rechte und Pflichten aus den am Spaltungsstichtag bestehenden Arbeitsverhältnissen eintritt. In den übrigen Fällen hat gemäß § 249 Abs. 1 S. 1 HGB in Verbindung mit § 131 Abs. 1 Nr. 1 S. 1 UmwG diejenige Körperschaft die Rückstellung zu bilden, die die sich aus den Pensionszusagen ergebenden Verpflichtungen übernimmt.[42]

33 Die zwingende Übertragung von Wirtschaftsgütern, die in einem wirtschaftlichen Zusammenhang mit dem betreffenden Teilbetrieb stehen, wird im Schrifttum zu Recht

---

[36] Rödder/Herlinghaus/van Lishaut/*Schumacher* UmwStG § 15 Rn. 156; *Stangl/Grundke* DB 2010, 1851, 1853; *Kessler/Philipp* DStR 2011, 1065.

[37] Rödder/Herlinghaus/van Lishaut/*Schumacher* UmwStG § 15 Rn. 156.

[38] BMF IV C 2 – S 1978 – b/08/10001, BStBl. I 2011, 1314 Tz. 15.07.

[39] Vgl. nur BFH I R 96/08, BStBl. II 2011, 467 = NZG 2010, 981; BMF IV C 2 – S 1978 – b/08/10001, BStBl. I 2011, 1314 Tz. 15.07.

[40] FGS/BDI/*Schumacher*/*Bier* 276 f.

[41] So die bisherige Verwaltungsauffassung nach OFD Hannover S 1978 – 43 – StO 243, DB 2007, 716.

[42] BMF IV C 2 – S 1978 – b/08/10001, BStBl. I 2011, 1314 Tz. 15.10.

kritisiert. Es ist nicht erkennbar, dass der Gesetzgeber im Rahmen der Europäisierung des UmwStG durch das SEStEG die Grundsätze für die Zuordnung von Wirtschaftsgütern zu einem Teilbetrieb ändern wollte. Folglich müssen nur diejenigen Wirtschaftsgüter zwingend mit an die übernehmende Körperschaft übertragen werden, die eine funktional wesentliche Betriebsgrundlage des Teilbetriebs darstellen.[43] Dadurch werden weitere Rechtsunsicherheiten in Bezug auf den Begriff des wirtschaftlichen Zusammenhangs sowie Probleme bei der praktischen Umsetzung vermieden. Es bleibt somit bei einem größeren Umfang an freien Wirtschaftsgütern, die mit dem Teilbetrieb an die übernehmende Körperschaft übertragen werden oder bei der übertragenden Körperschaft verbleiben können.[44]

Sofern in der Praxis in Spaltungsfällen der Auffassung der Finanzverwaltung entsprochen werden soll, besteht das Problem, dass eine Identifizierung jedes einzelnen wirtschaftlich zuordenbaren Wirtschaftsguts in der Regel mit einem unverhältnismäßigen Aufwand verbunden ist. Es empfiehlt sich daher, eine Regelung in den Spaltungsvertrag aufzunehmen, nach der den Teilbetrieben alle Wirtschaftsgüter zugeordnet werden, die nach den von der Finanzverwaltung aufgestellten Maßstäben wesentliche Betriebsgrundlagen oder wirtschaftlich zuordenbare Wirtschaftsgüter darstellen.[45] Für fehlerhaft zugewiesene Wirtschaftsgüter kann ferner ein Treuhandverhältnis vereinbart werden, nach dem die betreffenden Wirtschaftsgüter ab dem steuerlichen Übertragungsstichtag dem Treugeber zustehen.[46]

(2) Funktional wesentliche Betriebsgrundlage. Funktional wesentliche Betriebsgrundlage sind diejenigen Wirtschaftsgüter, die zur Erreichung des Betriebszwecks erforderlich sind und denen ein besonderes wirtschaftliches Gewicht für die Betriebsführung zukommt.[47] Maßgebend ist das Gesamtbild der tatsächlichen oder der beabsichtigten Nutzung.[48] Insbesondere können darunter die zur Herstellung der eigenen Produkte oder zur Erbringung der eigenen Leistungen genutzten Wirtschaftsgüter fallen, wie z. B. Betriebsgrundstücke,[49] Produktionsanlagen,[50] immaterielle Wirtschaftsgüter,[51] wie Marken und Patente, oder Beteiligungen an Kapitalgesellschaften.[52]

Kurzfristig wiederbeschaffbare Wirtschaftsgüter des Anlagevermögens[53] sowie Forderungen, Finanzmittel und Verbindlichkeiten[54] stellen hingegen regelmäßig keine wesentlichen Betriebsgrundlagen eines Teilbetriebs dar.

Unklar ist, ob auch Wirtschaftsgüter wesentliche Betriebsgrundlagen darstellen können, die nur eine unterstützende Funktion haben und nicht der eigentlichen Tätigkeit des Teilbetriebs dienen. Zu nennen sind hier insbesondere Wirtschaftsgüter, die der allgemeinen Verwaltung dienen. Dies wird zum Teil mangels besonderen wirtschaftlichen Gewichts dieser Wirtschaftsgüter für die Betriebsführung verneint.[55]

---

[43] Rödder/Herlinghaus/van Lishaut/*Schumacher* UmwStG § 15 Rn. 143; Widmann/Mayer/*Schießl* UmwStG § 15 Rn. 23; Schmitt/Hörtnagl/Stratz/*Hörtnagl* UmwStG § 15 Rn. 66 f.
[44] Rödder/Herlinghaus/van Lishaut/*Herlinghaus* UmwStG § 20 Rn. 43 ff.
[45] Blümich/*Klingberg* UmwStG § 15 Rn. 39; Rödder/Herlinghaus/van Lishaut/*Schumacher* UmwStG § 15 Rn. 154a.
[46] Rödder/Herlinghaus/van Lishaut/*Schumacher* UmwStG § 15 Rn. 154a.
[47] BFH VIII R 2/95, BStBl. II 1998, 388 = NJW-RR 1998, 324; XI R 56/95, BStBl. II 1996, 527 = DStR 1996, 1399.
[48] BFH VIII B 21/93, BStBl. II 1995, 890 = NJW 1996, 1080; VIII R 36/91, BStBl. II 1993, 233.
[49] BFH IV R 25/05, BStBl. II 2006, 804 = DStR 2006, 1829.
[50] BFH XI R 56/95, BStBl. II 1996, 527 = DStR 1996, 1399.
[51] BFH I R 97/08, BStBl. II 2010, 808 = DStR 2010, 802; XI R 12/87, BStBl. II 1992, 415.
[52] BFH X R 49/06, BStBl. II 2007, 772 = NJW-RR 2008, 991; Dötsch/Pung/Möhlenbrock/*Patt* UmwStG § 20 Rn. 60.
[53] BFH X R 20/06, BStBl. II 2010, 222 = NJW 2010, 399; Schmidt/*Wacker* EStG § 16 Rn. 103.
[54] Haritz/Menner/*Asmus* UmwStG § 15 Rn. 90 ff.; Schmitt/Hörtnagl/Stratz/*Hörtnagl* UmwStG § 15 Rn. 80 f.; Widmann/Mayer/*Schießl* UmwStG § 15 Rn. 46; Rödder/Herlinghaus/van Lishaut/*Schumacher* UmwStG § 15 Rn. 143.
[55] So Rödder/Herlinghaus/van Lishaut/*Schumacher* UmwStG § 15 Rn. 143.

38 **(3) Wirtschaftlicher Zusammenhang mit der Teilbetriebstätigkeit.** Die Finanzverwaltung fordert eine Zuordnung sämtlicher Wirtschaftsgüter, die in einem wirtschaftlichen Zusammenhang mit der Teilbetriebstätigkeit stehen, ohne zugleich zu definieren oder klarzustellen, welche Wirtschaftsgüter hiervon erfasst werden. Dies führt zu einer enormen Rechtsunsicherheit. Im Schrifttum wird angenommen, dass die Prüfung eines wirtschaftlichen Zusammenhangs eine Bewertung des Nutzungszusammenhangs beinhalten soll.[56]

39 Anders als wesentliche Betriebsgrundlagen können Wirtschaftsgüter, die mehreren Teilbetrieben wirtschaftlich zuordenbar sind, wohl auch nach Auffassung der Finanzverwaltung frei zugeordnet werden und müssen nicht zwingend geteilt werden, damit sie kein Spaltungshindernis darstellen.[57] Wenn solche Wirtschaftsgüter also mehreren Teilbetrieben dienen, können sie jedem der Teilbetriebe vollständig zugeordnet werden. Insbesondere betrifft dies Wirtschaftsgüter der Zentralbereiche des Unternehmens sowie Forderungen und Verbindlichkeiten aus einem Cash-Pool.[58]

40 **(4) Relevanter Zeitpunkt für die Zuordnung von Wirtschaftsgütern.** Die Zuordnung der Wirtschaftsgüter zu einem Teilbetrieb kann bis zum Zeitpunkt des Spaltungsbeschlusses erfolgen. Bei einer dauerhaften Änderung der Zuordnung eines Wirtschaftsguts zu einem Teilbetrieb nach dem steuerlichen Übertragungsstichtag aufgrund einer Änderung seines Nutzungszusammenhangs, kann für die Zuordnung auf die Verhältnisse zum Zeitpunkt des Spaltungsbeschlusses abgestellt werden. Dies gilt nach Auffassung der Finanzverwaltung ausdrücklich für wirtschaftlich zuordenbare Wirtschaftsgüter.[59] Im Schrifttum wird die Auffassung vertreten, dass gleiches auch für eine Änderung des Nutzungszusammenhangs von funktional wesentlichen Betriebsgrundlagen gelten muss.[60]

41 **(5) Spaltungshindernis.** Ein sog. Spaltungshindernis kann bestehen und eine steuerneutrale Spaltung dadurch ausgeschlossen sein, wenn ein Wirtschaftsgut als funktional wesentliche Betriebsgrundlage von mehreren Teilbetrieben eines Unternehmens genutzt wird. Denn ohne Teilung einer solchen funktional wesentlichen Betriebsgrundlage wird der jeweilige Teilbetrieb nicht vollständig übertragen bzw. verbleibt dieser nicht vollständig bei der übertragenden Körperschaft.[61] Ungeklärt ist in diesem Zusammenhang, ob die Zuordnung einer funktional wesentlichen Betriebsgrundlage zu dem Teilbetrieb zulässig ist, der die funktional wesentliche Betriebsgrundlage überwiegend nutzt.[62]

42 Die Finanzverwaltung verlangt in Bezug auf Betriebsgrundstücke, die für mehr als einen Teilbetrieb eine funktional wesentliche Betriebsgrundlage darstellen, dass diese bis zum Zeitpunkt des Spaltungsbeschlusses zivilrechtlich real zu teilen sind. Sofern die reale Teilung eines Grundstücks in Ausnahmefällen unzumutbar erscheint, bestehen aus Billigkeitsgründen im Einzelfall keine Bedenken, eine ideelle Teilung im Verhältnis der tatsächlichen Nutzung unmittelbar nach der Spaltung ausreichen zu lassen.[63] Obgleich sich die Aussagen der Finanzverwaltung in Tz. 15.08 des Umwandlungssteuererlasses ausschließlich auf Grundstücke beziehen, stellt sich die Frage, inwieweit diese etwa auf andere Wirtschaftsgüter anwendbar sein könnte.[64] Eine entsprechende Anwendung kann allerdings allenfalls dann in Betracht kommen, wenn das betreffende Wirtschaftsgut tatsächlich zivilrechtlich real teilbar ist.

---

[56] Rödder/Herlinghaus/van Lishaut/*Schumacher* UmwStG § 15 Rn. 152.
[57] BMF IV C 2 – S 1978 – b/08/10001, BStBl. I 2011, 1314 Tz. 15.09.
[58] Rödder/Herlinghaus/van Lishaut/*Schumacher* UmwStG § 15 Rn. 152.
[59] BMF IV C 2 – S 1978 – b/08/10001, BStBl. I 2011, 1314 Tz. 15.09.
[60] FGS/BDI/*Schumacher*/*Bier* 278.
[61] FGS/BDI/*Schumacher*/*Bier*, 277.
[62] Offen gelassen von BFH I R 96/08, BStBl. II 2011, 467 = NZG 2010, 981.
[63] BMF IV C 2 – S 1978 – b/08/10001, BStBl. I 2011, 1314 Tz. 15.08.
[64] So könnte etwa Haritz/Menner/*Asmus* UmwStG § 15 Rn. 87 verstanden werden, der die Aufführung des Grundstücks in Tz. 15.08 des Umwandlungssteuererlasses als „Beispiel" bezeichnet.

Die in der Tz. 15.08 des Umwandlungssteuererlasses vertretene Auffassung der Finanz- 43
verwaltung wirft weiterhin die Frage auf, in welchem Verhältnis die in dieser Tz. geforderte
zivilrechtliche reale Teilung zur Aussage steht, dass grundsätzlich eine Übertragung des
wirtschaftlichen Eigentums an den Wirtschaftsgütern ausreichend ist und damit auch die
wirtschaftliche Teilung eines Wirtschaftsguts möglich sein müsste.[65]

Die Auffassung der Finanzverwaltung, dass mehrfach genutzte wesentliche Betriebs- 44
grundlagen real zu teilen sind, bezieht sich auf funktional wesentliche Betriebsgrundlagen
und nicht auf Wirtschaftsgüter, die in einem wirtschaftlichen Zusammenhang mit einem
Teilbetrieb stehen. Wirtschaftsgüter, die mit mehreren Teilbetrieben in einem wirtschaftlichen Zusammenhang stehen, können im Rahmen einer Spaltung folglich jedem dieser
Teilbetriebe zugeordnet werden. Dies betrifft insbesondere Zentralbereiche des Unternehmens sowie Forderungen und Verbindlichkeiten aus einem Cash-Pool.[66]

c) Der europäische Teilbetriebsbegriff. aa) Definition gemäß Fusionsrichtlinie.
Anders als das nationale Steuerrecht enthält die Fusionsrichtlinie eine Definition für den 45
Begriff des Teilbetriebs. Nach deren Art 2. lit. j) ist ein Teilbetrieb die Gesamtheit der in
einem Unternehmensteil einer Gesellschaft vorhandenen aktiven und passiven Wirtschaftsgüter, die in organisatorischer Hinsicht einen selbständigen Betrieb, d. h. eine aus eigenen
Mitteln funktionsfähige Einheit, darstellen.[67] Bei der Anwendung des europäischen Teilbetriebsbegriffs soll es auf die Erwerbersicht ankommen und nicht, wie beim nationalen
Teilbetriebsbegriff, auf die des Veräußerers.[68]

Das zentrale Merkmal des europäischen Teilbetriebsbegriffs ist, dass der jeweilige Be- 46
triebsteil eine funktionsfähige Einheit darstellt. Die Anforderungen an die Selbständigkeit,
die nach nationalem Verständnis eine klare Abgrenzung der im Teilbetrieb ausgeübten
Tätigkeit von der übrigen Tätigkeit des Betriebs erfordert, werden reduziert, indem das
Merkmal der Funktionsfähigkeit eine zentrale Bedeutung einnimmt.[69] Nach Auffassung des
EuGH ist die Funktionsfähigkeit vorrangig unter einem funktionellen Aspekt zu beurteilen.[70] Die Funktionsfähigkeit des Betriebsteils muss demnach durch vorhandene Eigenmittel dieses Betriebsteils gesichert sein, so dass zusätzliche Investitionen des übernehmenden Rechtsträgers nicht erforderlich sind.[71]

Die Funktionsfähigkeit eines Betriebsteils kann abzulehnen sein, wenn der übernehmen- 47
de Rechtsträger in finanzieller Hinsicht aus eigenen Mitteln nicht lebensfähig sein wird.[72]
Aus diesem Erfordernis wird gefolgert, dass der Betriebsteil grundsätzlich in der Lage sein
muss, positive Erträge zu erwirtschaften.[73]

Vor dem Hintergrund der vom EuGH geforderten Lebensfähigkeit des Betriebsteils, der 48
als Teilbetrieb qualifizieren soll, ist unklar, ob der europäische Teilbetriebsbegriff auch den
im Aufbau befindlichen Teilbetrieb umfasst. Dies wird zum Teil aufgrund einer am Wortlaut des Art. 2 lit. j) FRL angelehnten Auslegung, der von vorhandenen aktiven und
passiven Wirtschaftsgütern spricht, abgelehnt.[74] Da der Wortlaut der FRL an dieser Stelle

---

[65] FGS/BDI/*Schumacher/Bier*, 276, mit Hinweis auf BFH IX R 14/08, BStBl. II 2010, 460; Rödder/Herlinghaus/van Lishaut/*Schumacher* UmwStG § 15 Rn. 146; *Sistermann/Brinkmann* DStR 2011, 1162, 1164.
[66] FGS/BDI/*Schumacher/Bier*, 277.
[67] Richtlinie 2009/133/EG vom 19.10.2009, Amtsblatt L 310, 34.
[68] Rödder/Herlinghaus/van Lishaut/*Herlinghaus* UmwStG § 20 Rn. 59i; *Blumers* BB 2011, 2203, 2205; *Claß/Weggenmann* BB 2012, 552, 553; *Beinert* FR 2010, 1009, 1020; a. A. Dötsch/Pung/Möhlenbrock/*Dötsch/Pung* UmwStG § 15 Rn. 108.
[69] *Graw* S. 22.
[70] EuGH C 43/00, DStR 2010, 1517 – Andersen og Jensen.
[71] BFH I R 96/08, BStBl. II 2011, 467 = NZG 2010, 981.
[72] EuGH C 43/00, DStR 2010, 1517 – Andersen og Jensen.
[73] *Schneider/Ruoff/Sistermann* FR 2012, 1, 5; *Schell/Krohn* DB 2012, 1119, 1121.
[74] Rödder/Herlinghaus/van Lishaut/*Herlinghaus* § 20 Rn. 59h; Dötsch/Pung/Möhlenbrock/*Patt* UmwStG § 20 Rn. 95; Schmitt/Hörtnagl/Stratz/*Schmitt* UmwStG § 20 Rn. 87.

nicht zwingend sein dürfte, ist die Vorschrift einer teleologischen Auslegung zugänglich. Berücksichtigt man aber den Sinn und Zweck der Regelungen der FRL bzw. des UmwStG, sollte auch der im Aufbau befindliche Teilbetrieb vom Anwendungsbereich des UmwStG erfasst sein.[75]

49 **bb) Übertragung eines Teilbetriebs.** Für die Übertragung eines Teilbetriebs nach europäischem Teilbetriebsverständnis, dem die Finanzverwaltung umfassend folgt, ist erforderlich, dass nicht nur alle funktional wesentlichen Wirtschaftsgüter dem jeweiligen Teilbetrieb zuzuordnen sind, sondern auch solche, die in einem wirtschaftlichen Zusammenhang mit diesem Teilbetrieb stehen.[76]

50 Nach Art. 2 lit. f FRL stellt ein Teilbetrieb die Gesamtheit der Wirtschaftsgüter dar. Dementsprechend hat der EuGH in der Rechtssache *Andersen og Jensen* zum Teilbetriebsbegriff der FRL entschieden, dass die Einbringung eines Teilbetriebs nur dann unter die FRL fällt, wenn alle zu dem Teilbetrieb gehörenden aktiven und passiven Wirtschaftsgüter übertragen werden.[77] Es wird daher teilweise davon ausgegangen, dass der europäische Teilbetriebsbegriff insoweit enger ist als der nationale Teilbetriebsbegriff.[78] Auf Wesentlichkeitsgesichtspunkte bei der Zuordnung von Wirtschaftsgütern kommt es danach im Rahmen der FRL nicht an.[79]

51 Teilweise wird im Schrifttum aber auch vertreten, dass im Ergebnis keine Abweichung des Teilbetriebsbegriffs der FRL vom nationalen Teilbetriebsbegriff besteht.[80] Denn die im nationalen Recht vorgenommene Unterscheidung zwischen wesentlichen Betriebsgrundlagen und sonstigen Wirtschaftsgütern wird auch aus Praktikabilitätsgründen gemacht.[81] Diese Praktikabilitätserwägungen finden auch in Bezug auf den europäischen Teilbetriebsbegriff Anwendung. Zudem ist ein Teilbetrieb im Sinne des Art. 2 lit. j FRL eine aus eigenen Mitteln funktionsfähige Einheit, so dass nur diejenigen Wirtschaftsgüter zwingend dem Teilbetrieb zugeordnet werden müssen, die für seine Funktionsfähigkeit erforderlich sind.[82] Nach dieser Auffassung sind auch bei dem Teilbetriebsbegriff der FRL Wesentlichkeitsgesichtspunkte zu berücksichtigen.

52 Neben der Übertragung des (wirtschaftlichen) Eigentums an die übernehmende Körperschaft ist nach teilweise vertretener Auffassung ausreichend, wenn die betreffenden Wirtschaftsgüter dauerhaft zur Nutzung überlassen werden.[83] Es ist allerdings fraglich, ob dies mit dem Wortlaut der FRL vereinbar ist. Art. 2 lit. b und c FRL enthält die Formulierung, dass im Rahmen einer Spaltung und Abspaltung Aktiv- und Passivvermögen anteilig auf eine Gesellschaft übertragen wird und Art. 2 lit. g FRL setzt voraus, dass die übernehmende Gesellschaft einen oder mehrere Teilbetriebe übernimmt. Ferner hat auch der EuGH in der Rechtssache *Andersen og Jensen* zum Teilbetriebsbegriff der FRL entschieden, dass die aktiven und passiven Wirtschaftsgüter eines Teilbetriebs in ihrer Gesamtheit übertragen werden.[84]

53 **d) Verhältnis der Teilbetriebsbegriffe zueinander. aa) Nationaler vs. europäischer Teilbetriebsbegriff.** Nicht nur die Auslegung, sondern auch das Verhältnis der Teilbetriebsbegriffe zueinander hat sich durch die Gesetzesreform vom UmwStG 1995 zum UmwStG 2006 verändert. Mit wenigen Ausnahmen wurde im Anwendungsbereich des UmwStG 1995 allgemein auf die zu § 16 EStG ergangene Rechtsprechung zur Bestim-

---

[75] So auch Rödder/Herlinghaus/van Lishaut/*Schumacher* UmwStG § 15 Rn. 134; *Graw* S. 24.
[76] BMF IV C 2 – S 1978 – b/08/10001, BStBl. I 2011, 1314 Tz. 15.07.
[77] EuGH C 43/00, DStR 2010, 1517 – Andersen og Jensen.
[78] *Blumers* DB 2001, 722, 725; *Hahn* IStR 1998, 326, 328; *Neumann* EStB 2002, 437, 441.
[79] *Hahn* IStR 1998, 326, 328.
[80] Vgl. Rödder/Herlinghaus/van Lishaut/*Schumacher* UmwStG § 15 Rn. 151.
[81] Z. B. BFH X R 101/90, BStBl. II 1993, 710, 713 = NJW 1994, 1894.
[82] Rödder/Herlinghaus/van Lishaut/*Schumacher* UmwStG § 15 Rn. 151.
[83] *Blumers* BB 2011, 2204; *Thömmes* FS Widmann, 2000, 583, 598.
[84] EuGH C 43/00, DStR 2010, 1517 – Andersen og Jensen.

mung des Teilbetriebsbegriffs zurückgegriffen.[85] Im Anwendungsbereich des UmwStG 1995 war nach einhelliger Auffassung nicht auf die in der Fusionsrichtlinie in Art. 2 lit. j enthaltene Legaldefinition abzustellen. Diese hatte auch keine unmittelbare Bedeutung für die nationale Auslegung des Teilbetriebsbegriffs.[86]

Mit der Europäisierung des Umwandlungssteuerrechts durch das SEStEG wollte der Gesetzgeber das UmwStG insbesondere an die europarechtlichen Vorschriften anpassen.[87] Ziel des SEStEG ist, dass europaweit die gleichen steuerlichen Grundsätze für inländische wie für grenzüberschreitende Umstrukturierungen von Unternehmen Anwendung finden sollen.[88] Dadurch ist das Verhältnis der in Art. 2 lit. j FRL enthaltenen Definition zur nationalen Interpretation dieses Begriffs nunmehr unklar und Gegenstand intensiver kontroverser Diskussionen in der steuerlichen Fachliteratur.

Im Wesentlichen werden die Auffassungen vertreten, dass der Begriff einheitlich nach dem nationalen Begriffsverständnis, einheitlich nach dem europäischen Begriffsverständnis oder gespalten auszulegen ist. Innerhalb der jeweiligen Auffassung werden wiederum verschiedene Nuancen vertreten.

(1) Einheitliche Auslegung nach nationalem Verständnis. Im Schrifttum wird zum Teil vertreten, dass der Wegfall der Differenzierung des UmwStG zwischen inländischen Einbringungen und EU-Einbringungen, die in § 23 UmwStG 1995 geregelt waren, dazu führt, dass der Teilbetriebsbegriff im Anwendungsbereich des UmwStG einheitlich nach der Rechtsprechung des BFH zum EStG auszulegen ist.[89] Begründet wird dies mit der Erwägung, dass der deutsche Gesetzgeber nicht zum Ausdruck gebracht habe, dass ausschließlich der europäische Teilbetriebsbegriff oder gar zwei unterschiedliche Teilbetriebsbegriffe gelten sollen.

Nach einer abgewandelten Auffassung dieser einheitlichen Auslegung nach nationalem Begriffsverständnis soll zwar der nationale Teilbetriebsbegriff umfassend gelten. Soweit der europäische Teilbetriebsbegriff im Einzelfall jedoch günstiger für den Steuerpflichtigen ist, soll dieser sich auf den europäischen Teilbetriebsbegriff gemäß FRL berufen dürfen.[90]

(2) Einheitliche Auslegung nach europäischem Verständnis. Weit verbreitet ist im Schrifttum die Auffassung, dass im Anwendungsbereich des UmwStG einheitlich der europäische Teilbetriebsbegriff gelten soll.[91] Die Vertreter dieser Auffassung sind der Meinung, dass der Gesetzgeber die Vorschriften der FRL durch die Europäisierung des UmwStG umfassend in nationales Recht umsetzen wollte. Eine gespaltene Auslegung des Teilbetriebsbegriffs führe hingegen zu einer unzulässigen Inländer- oder Ausländerdiskriminierung.

Die Finanzverwaltung legt den Teilbetriebsbegriff ebenfalls einheitlich nach dem europäischen Begriffsverständnis aus und verweist in dem Umwandlungssteuererlass auf die Definition des Art. 2 lit. j FRL.[92] Abweichend vom europäischen Teilbetriebsbegriff fordert die Finanzverwaltung jedoch, dass alle funktional wesentlichen Betriebsgrundlagen sowie in wirtschaftlichem Zusammenhang stehenden Wirtschaftsgüter auf die übernehmende Kör-

---

[85] *Graw* 19.
[86] *Graw* 20 f., der auch auf die unterschiedliche Auffassung von Literatur und Finanzverwaltung zur Anwendbarkeit des europäischen Teilbetriebsbegriffs im Anwendungsbereich des § 23 UmwStG 1995 eingeht.
[87] BT-Drs. 16/2710, 25.
[88] BT-Drs. 16/3369, 1.
[89] *Hagemann/Jakob/Ropohl/Viebrock* NWB-Sonderheft 1/2007, 34; *Schulze zur Wiesche* DStZ 2011, 513, 515.
[90] Frotscher/Maas/*Mutscher* UmwStG § 20 Rn. 121.
[91] Dötsch/Pung/Möhlenbrock/*Dötsch/Pung* UmwStG § 15 Rn. 109 ff.; Blümich/*Nitzschke* UmwStG § 20 Rn. 54; *Herlinghaus* FS Meilicke, 2010, 159, 173; *Claß/Weggenmann* BB 2012, 552, 554; *Blumers* DB 2010, 1670; *Weier* DStR 2008, 1002, 1005 f.
[92] BMF IV C 2 – S 1978 – b/08/10001, BStBl. I 2011, 1314 Tz. 15.02.

perschaft übertragen werden. Eine bloße Nutzungsüberlassung der zum Teilbetrieb gehörenden Wirtschaftsgüter reiche nicht aus.

60 Ferner wird ein etwas modifiziertes einheitliches europäisches Begriffsverständnis im Schrifttum vertreten. Danach soll zwar einheitlich der europäische Teilbetriebsbegriff gelten. Wenn es jedoch für den Steuerpflichtigen günstiger ist, könne sich dieser auf den nationalen Teilbetriebsbegriff berufen.[93] Dies folge aus der Erwägung, dass der Gesetzgeber zwar einheitliche Regelungen für inländische und grenzüberschreitende Umwandlungen schaffen, allerdings die Spaltungsregelungen im Rahmen des SEStEG materiell unverändert lassen wollte.[94]

61 **(3) Gespaltene Auslegung.** Ferner wird im Schrifttum eine gespaltene Auslegung des Teilbetriebsbegriffs vertreten. Danach ist der europäische Teilbetriebsbegriff in den von der Fusionsrichtlinie erfassten Sachverhalten anwendbar. In den Fällen, die nicht von der Fusionsrichtlinie erfasst werden, ist hingegen auf den nationalen Teilbetriebsbegriff abzustellen.[95] Es sei nicht erkennbar, dass der Gesetzgeber generell den europäischen Teilbetriebsbegriff im Anwendungsbereich des UmwStG anwenden will. Vielmehr habe der Gesetzgeber die Fusionsrichtlinie einschließlich der Definition des Teilbetriebsbegriffs in Art. 2 lit. j FRL nur in deren Anwendungsbereich und nicht auch in rein nationalen umsetzen wollen.[96]

62 **(4) Stellungnahme.** Vor dem Hintergrund, dass eine gespaltene Auslegung des Teilbetriebsbegriffs zu einer Inländer- oder Ausländerdiskriminierung führen kann, ist eine einheitliche Auslegung zu bevorzugen. Umwandlungsfälle, deren ertragsteuerliche Behandlung ganz wesentlich von der Existenz von Teilbetrieben abhängt, sollten ertragsteuerlich nicht deshalb besser oder schlechter behandelt werden, weil die Fusionsrichtlinie anwendbar ist oder nicht. Vielmehr sind Fälle, in denen Gesellschaften aus zwei oder mehr Mitgliedstaaten der EU beteiligt sind, und Fälle, in denen lediglich Gesellschaften aus einem Mitgliedstaat der EU beteiligt sind, gleich zu behandeln.

63 Bei einer einheitlichen Auslegung des Teilbetriebsbegriffs lässt sich jedoch der europäische Teilbetriebsbegriff nicht vollständig ausschließen, da hierdurch europäisches Recht umgangen werden würde. Da der Gesetzgeber die Spaltungsregelungen des UmwStG durch das SEStEG nicht materiell ändern wollte, muss ferner auch der nationale Teilbetriebsbegriff zur Anwendung gelangen.

64 In der Konsequenz führt dies dazu, dass sich der Steuerpflichtige nach dem Prinzip der Meistbegünstigung auf den nationalen und den europäischen Teilbetriebsbegriff berufen können muss, solange der Gesetzgeber nicht eindeutig Abstand von der Anwendung des nationalen Teilbetriebsbegriffs nimmt.

65 **bb) Die wesentlichen Unterschiede der Teilbetriebsbegriffe.** Das Verhältnis der beiden Begriffe ist nur dann von Relevanz, wenn es für den konkreten Sachverhalt entscheidend ist, d. h. der Betriebsteil einen Teilbetrieb nach nur einem Teilbetriebsbegriff darstellt und nach dem anderen nicht. Der BFH äußerte sich in einem obiter dictum dahingehend, dass nicht ersichtlich sei, dass Art. 2 lit. j FRL einen von § 16 Abs. 1 Nr. 1 EStG abweichenden Begriff des Teilbetriebs zugrunde lege.[97] Ob der BFH dieser Aussage allerdings Allgemeingültigkeit zuschreiben will, ist fraglich.

---

[93] Haritz/Menner/*Asmus* UmwStG § 15 Rn. 61 ff.; Rödder/Herlinghaus/van Lishaut/*Herlinghaus* UmwStG § 20 Rn. 60; Haritz/Menner/*Menner* UmwStG § 20 Rn. 91 ff.; Rödder/Herlinghaus/van Lishaut/*Schumacher* UmwStG § 15 Rn. 126; *Schumacher/Neitz-Hackstein* Ubg 2011, 409, 415; *Desens* DStR-Beihefter zu Heft 46/2010, 80, 83.
[94] Vgl. z. B. Rödder/Herlinghaus/van Lishaut/*Schumacher* UmwStG § 15 Rn. 125.
[95] Widmann/Mayer/*Schießl* UmwStG § 15 Rn. 25; *Blumers* BB 2011, 2204, 2206; *Förster/Wendland* BB 2007, 631, 632.
[96] *Blumers* BB 2011, 2204, 2206.
[97] BFH I R 96/08, BStBl. II 2011, 467 = NZG 2010, 981.

Die wesentlichen Unterschiede zwischen dem nationalen und dem europäischen Teil- 66
betriebsbegriff, die jedoch weitestgehend umstritten sind, lassen sich folgendermaßen zusammenfassen:

(1) Veräußerersicht vs. Erwerbersicht. Nach allgemeinem Verständnis wird das Vor- 67
liegen eines Teilbetriebs bei dem nationalen Teilbetriebsbegriff aus Veräußerersicht, also aus
Sicht des übertragenden Rechtsträgers beurteilt. Für den europäischen Teilbetriebsbegriff
ist der anzuwendende Blickwinkel zwar umstritten, letztlich dürfte hier allerdings die
Erwerbersicht maßgeblich sein.[98]

(2) Abgrenzbare Tätigkeit vs. organisatorische Selbständigkeit. Nach nationalem 68
Verständnis eines Teilbetriebs muss sich die betriebliche Tätigkeit des Betriebsteils klar von
der übrigen Tätigkeit des Betriebs abgrenzen. Der europäische Teilbetriebsbegriff erfordert
„nur" eine organisatorische Selbständigkeit in dem Sinne, dass der Betriebsteil funktionsfähig, d. h. aufgrund eigener Betriebsmittel lebensfähig ist.

(3) Übertragung des wirtschaftlichen Eigentums vs. dauerhafte Nutzungsüber- 69
lassung. Nach dem nationalen Teilbetriebsbegriff ist es zwingend erforderlich, dass das
(wirtschaftliche) Eigentum der wesentlichen dem Teilbetrieb zuzuordnenden Wirtschaftsgüter an den übernehmenden Rechtsträger übertragen wird. Eine Nutzungsüberlassung ist
danach nicht ausreichend, gleich wie die Nutzungsüberlassung im konkreten Sachverhalt
ausgestaltet ist.[99] Für den europäischen Teilbetriebsbegriff wird zwar vertreten, dass eine
dauerhafte Nutzungsüberlassung ausreichend sei. Dies erscheint angesichts des Wortlauts
von Art. 2 lit. b, c und f FRL, der von „übertragen" und „übernehmen" spricht, fraglich
(→ Rn. 52).

(4) Wesentliche Betriebsgrundlagen vs. sämtliche Wirtschaftsgüter. Nach natio- 70
nalem Teilbetriebsverständnis müssen sämtliche Wirtschaftsgüter auf den übernehmenden
Rechtsträger übertragen werden, die betriebsnotwendig sind. Dies sind grundsätzlich alle
wesentlichen Betriebsgrundlagen sowie, nach Auffassung der Finanzverwaltung, alle Wirtschaftsgüter, die in einem wirtschaftlichen Zusammenhang mit dem jeweiligen Teilbetrieb
stehen. Insbesondere passive Wirtschaftsgüter, die keine wesentlichen Betriebsgrundlagen
darstellen können, müssen demnach nicht mit übertragen werden,[100] sofern diese nicht in
einem wirtschaftlichen Zusammenhang mit dem Teilbetrieb stehen.

Der europäische Teilbetriebsbegriff scheint nach Auslegung durch den EuGH enger zu 71
sein, da grundsätzlich sämtliche aktive und passive Wirtschaftsgüter, die zu dem jeweiligen
Teilbetrieb gehören, zu übertragen sind.[101]

(5) Teilbetrieb im Aufbau und Teilbetriebsfiktionen. Nach umstrittener Auffassung 72
soll der europäische Teilbetrieb insoweit enger sein, als Teilbetriebe, die sich im Aufbau
befinden, nicht erfasst sein sollen (→ Rn. 48). Zudem umfasst der europäische Teilbetriebsbegriff keine Teilbetriebsfiktionen wie dies etwa ausdrücklich von § 15 Abs. 1 S. 3
UmwStG normiert ist.

3. Teilbetriebsfiktionen gemäß § 15 Abs. 1 S. 3 UmwStG

UmwStG § 15 fingiert zudem zwei Teilbetriebe. So werden sowohl der Anteil an einer 73
Mitunternehmerschaft wie auch die Beteiligung an einer Kapitalgesellschaft, die 100 % des
Nennkapitals umfasst, als Teilbetriebe qualifiziert.

a) Mitunternehmeranteil als Teilbetrieb. Als Teilbetrieb gilt gemäß § 15 Abs. 1 S. 3 74
UmwStG der Anteil an einer Mitunternehmerschaft. Ein Mitunternehmeranteil ist die
Beteiligung an einer Personengesellschaft, die Einkünfte im Sinne der §§ 13, 15 oder 18

---

[98] Z. B. *Blumers* BB 2011, 2203, 2205; *Claß/Weggenmann* BB 2012, 552, 553.
[99] *Thömmes* FS Widmann, 2000, 583, 598; *Herlinghaus* FS Meilicke, 2010, 159, 170 f.
[100] Frotscher/Maas/*Mutscher* UmwStG § 20 Rn. 118.
[101] EuGH C 43/00, DStR 2010, 1517 – Andersen og Jensen.

EStG erzielt, unabhängig davon, ob sie gewerblich tätig oder gemäß § 15 Abs. 3 EStG eine gewerblich infizierte oder geprägte Personengesellschaft ist.[102]

75 Von dieser Regelung ist nicht nur der gesamte Mitunternehmeranteil erfasst, sondern auch der Teil eines Mitunternehmeranteils.[103] Neben dem (anteiligen) Gesamthandsvermögen der Mitunternehmerschaft gehört auch das Sonderbetriebsvermögen der übertragenden Körperschaft bei der Mitunternehmerschaft zu dem Teilbetrieb.

76 Zum Sonderbetriebsvermögen gehören alle Wirtschaftsgüter, die im (wirtschaftlichen) Eigentum eines Mitunternehmers stehen und dem Betrieb der Personengesellschaft (Sonderbetriebsvermögen I) oder der Beteiligung an der Personengesellschaft (Sonderbetriebsvermögen II) dienen. Neben notwendigem Sonderbetriebsvermögen können Wirtschaftsgüter unter bestimmten Voraussetzungen als gewillkürtes Sonderbetriebsvermögen behandelt werden. Passives Sonderbetriebsvermögen ist gegeben, wenn Verbindlichkeiten durch die Beteiligung an der Personengesellschaft oder ein Wirtschaftsgut des Sonderbetriebsvermögens veranlasst sind.[104]

77 Das aktive und passive Sonderbetriebsvermögen fällt – unabhängig davon, ob es notwendiges oder gewillkürtes Sonderbetriebsvermögen ist – als Bestandteil des Mitunternehmeranteils unter die gesetzliche Teilbetriebsfiktion, d. h. es ist Teil des fiktiven Teilbetriebs.[105]

78 Der Mitunternehmeranteil muss am steuerlichen Übertragungsstichtag im Sinne des § 2 Abs. 1 S. 1 UmwStG vorgelegen haben.[106]

79 Im Rahmen einer Spaltung sind jedenfalls diejenigen Wirtschaftsgüter des Sonderbetriebsvermögens mit zu übertragen, die eine funktional wesentliche Betriebsgrundlage darstellen. Da für den Mitunternehmeranteil als fiktiver Teilbetrieb keine Vorgabe aus der FRL existiert, ist allein nationales Recht anwendbar, so dass Wirtschaftsgüter, die einem Mitunternehmeranteil nur aufgrund eines wirtschaftlichen Zusammenhangs zuzuordnen sind, nicht übertragen werden müssen.[107]

80 Bei einer Teilung eines Mitunternehmeranteils im Rahmen der Spaltung sind auch die wesentlichen Betriebsgrundlagen im Sonderbetriebsvermögen entsprechend zu teilen.[108] Nach Auffassung der Finanzverwaltung ist bei einer Teilanteilsübertragung das zu diesem Teilbetrieb gehörende Sonderbetriebsvermögen anteilig mit zu übertragen.[109] Dies kann jedoch nicht in dieser Allgemeinheit gelten, sondern nur soweit es sich hierbei um wesentliche Betriebsgrundlagen handelt.

81 **b) 100 %-Beteiligung an einer Kapitalgesellschaft als Teilbetrieb.** Als Teilbetrieb gilt nach § 15 Abs. 1 S. 3 UmwStG auch die Beteiligung an einer Kapitalgesellschaft, die das gesamte Nennkapital umfasst. Erfasst werden Beteiligungen an inländischen und ausländischen Kapitalgesellschaften. Begünstigt sind auch Beteiligungen an Drittstaatengesellschaften.[110] Nach Auffassung der Finanzverwaltung stellt eine Beteiligung an einer Kapitalgesellschaft, die das gesamte Nennkapital umfasst, jedoch keinen eigenständigen Teilbetrieb im Sinne des § 15 Abs. 1 S. 3 UmwStG dar, wenn sie einem Teilbetrieb als funktional wesentliche Betriebsgrundlage zuzurechnen ist. Würde in diesem Fall die 100 %-Beteiligung übertragen, stellte das zurückbleibende Vermögen keinen Teilbetrieb mehr dar.[111] Daher ist nach Auffassung der Finanzverwaltung in Bezug auf den fiktiven Teilbetrieb „100 % Beteiligung an einer Kapitalgesellschaft" stets zu prüfen, ob die fragliche Beteiligung

---

[102] Rödder/Herlinghaus/van Lishaut/*Schumacher* UmwStG § 15 Rn. 158.
[103] FGS/BDI/*Schumacher/Bier*, 274.
[104] Vgl. zum Sonderbetriebsvermögen Schmidt/*Wacker* EStG § 15 Rn. 506 ff. und 527 ff.
[105] Rödder/Herlinghaus/van Lishaut/*Schumacher* UmwStG § 15 Rn. 162.
[106] BMF IV C 2 – S 1978 – b/08/10001, BStBl. I 2011, 1314 Tz. 15.04.
[107] FGS/BDI/*Schumacher/Bier* 274 f.
[108] Rödder/Herlinghaus/van Lishaut/*Schumacher* UmwStG § 15 Rn. 163.
[109] BMF IV C 2 – S 1978 – b/08/10001, BStBl. I 2011, 1314 Tz. 15.04.
[110] Schmitt/Hörtnagl/Stratz/*Hörtnagl* UmwStG § 15 Rn. 101.
[111] BMF IV C 2 – S 1978 – b/08/10001, BStBl. I 2011, 1314 Tz. 15.06.

einen Teil eines Teilbetriebs darstellt, für den sie ein funktional wesentliches Wirtschaftsgut ist, oder ob sie selbst einen fiktiven Teilbetrieb begründet.

Ob diese Auffassung der Finanzverwaltung vom Gesetzeswortlaut des § 15 Abs. 1 S. 3 UmwStG gedeckt ist, ist zweifelhaft. Da ein Teilbetrieb definitionsgemäß selbständig gegenüber anderen Teilbetrieben ist, kann er nicht gleichzeitig eine wesentliche Betriebsgrundlage eines anderen Teilbetriebs darstellen.[112] Wenn nach § 15 Abs. 1 S. 3 UmwStG ein Teilbetrieb fingiert wird, tritt eine mögliche Qualifizierung der Beteiligung als wesentliche Betriebsgrundlage bei einem anderen Teilbetrieb dahinter zurück, da auch ein fiktiver Teilbetrieb im Rahmen des UmwStG § 15 selbständig gegenüber anderen Teilbetrieben ist.[113] 82

Hinsichtlich der Voraussetzung „gesamtes Nennkapital" ist ausschließlich auf die kapitalmäßige Beteiligung an der Gesellschaft abzustellen. Auf damit verbundene Gesellschafterrechte, wie z. B. ein Stimmrecht, kommt es nicht an.[114] Wenn die Kapitalgesellschaft eigene Anteile hält, liegen die Voraussetzungen der Teilbetriebsfiktion gemäß § 15 Abs. 1 S. 3 UmwStG vor, wenn die übertragende Körperschaft die übrigen Anteile hält.[115] 83

Die 100%-Beteiligung an der Kapitalgesellschaft muss am steuerlichen Übertragungsstichtag i.S.d. § 2 Abs. 1 S. 1 UmwStG vorgelegen haben.[116] 84

c) Übertragung eines fiktiven Teilbetriebs. Im Grundsatz gelten für die Übertragung fiktiver Teilbetriebe dieselben Grundsätze wie für Teilbetriebe, d. h. insbesondere ist die Einräumung des wirtschaftlichen Eigentums am Mitunternehmeranteil bzw. an der 100%-igen Beteiligung an einer Kapitalgesellschaft ausreichend; eine Nutzungsüberlassung hingegen nicht. 85

Die Qualifizierung als eigenständiger Teilbetrieb geht einer Zuordnung zu einem anderen Teilbetrieb als funktional wesentliche Betriebsgrundlage oder wirtschaftlich zusammenhängend vor, so dass sich die Problematik eines Spaltungshindernisses nicht stellt (→ Rn. 81 f.). 86

Fiktive Teilbetriebe sind nicht von der Definition der FRL gedeckt, sondern entstammen ausschließlich dem nationalen Recht. Es sind ausschließlich Zuordnungskriterien nach nationalem Verständnis des Teilbetriebsbegriffs maßgebend, so dass nur funktional wesentliche Wirtschaftsgüter dem jeweiligen Teilbetrieb zuzuordnen sind und nicht auch die mit dem Teilbetrieb wirtschaftlich in Zusammenhang stehenden.[117] So formuliert die Finanzverwaltung im Umwandlungssteuererlass lediglich die Möglichkeit, Wirtschaftsgüter, die in einem wirtschaftlichen Zusammenhang mit dem fiktiven Teilbetrieb stehen, im Rahmen einer Spaltung zu übertragen, und keine Pflicht wie bei echten Teilbetrieben.[118] 87

Fraglich ist, ob und inwieweit sog. freies Vermögen[119] einem fiktiven Teilbetrieb „Mitunternehmeranteil" oder „100%-Beteiligung an einer Kapitalgesellschaft" zugeordnet werden können.[120] Nach Auffassung der Finanzverwaltung können einer 100%-Beteiligung an einer Kapitalgesellschaft oder einem Mitunternehmeranteil nur die Wirtschaftsgüter einschließlich Schulden zugeordnet und mit ihm übertragen werden, die in unmittelbarem wirtschaftlichen Zusammenhang mit der Beteiligung oder dem Mitunternehmeranteil 88

---

[112] Rödder/Herlinghaus/van Lishaut/*Schumacher* UmwStG § 15 Rn. 169; Schmitt/Hörtnagl/Stratz/*Hörtnagl* UmwStG § 15 Rn. 103; FGS/BDI/*Schumacher/Bier*, 275.
[113] FGS/BDI/*Schumacher/Bier*, 275.
[114] Rödder/Herlinghaus/van Lishaut/*Schumacher* UmwStG § 15 Rn. 171.
[115] Schmitt/Hörtnagl/Stratz/*Hörtnagl* UmwStG § 15 Rn. 100; Rödder/Herlinghaus/van Lishaut/*Schumacher* UmwStG § 15 Rn. 172.
[116] BMF IV C 2 – S 1978 – b/08/10001, BStBl. I 2011, 1314 Tz. 15.05.
[117] *Neumann/Benz* Steuerberater Jahrbuch 2013/2014, 167, 183 f.
[118] BMF IV C 2 – S 1978 – b/08/10001, BStBl. I 2011, 1314 Tz. 15.11.
[119] Das sind Wirtschaftsgüter, die weder funktional wesentlich für einen Teilbetrieb sind noch in einem wirtschaftlichen Zusammenhang mit einem Teilbetrieb stehen.
[120] Dötsch/Pung/Möhlenbrock/*Dötsch/Pung* § 15 Rn. 150.

stehen. Dazu gehören bei einer 100%-Beteiligung alle Wirtschaftsgüter, die für die Verwaltung der Beteiligung erforderlich sind.[121]

89 Es ist allerdings zweifelhaft, ob dies in so allgemeiner Weise Geltung beanspruchen kann. Denn zumindest gewillkürtes Sonderbetriebsvermögen ist bei einem Mitunternehmeranteil Bestandteil des Teilbetriebs, auch wenn es weder funktional wesentliche Betriebsgrundlage ist noch in einem wirtschaftlichen Zusammenhang mit diesem Teilbetrieb steht. Gewillkürtes Sonderbetriebsvermögen muss daher in jedem Fall im Rahmen einer Spaltung übertragbar sein, auch wenn dies keine wesentliche Betriebsgrundlage darstellt oder nicht in einem wirtschaftlichen Zusammenhang mit dem Teilbetrieb steht.[122]

4. Doppeltes Teilbetriebserfordernis

90 Gemäß § 15 Abs. 1 S. 2 UmwStG muss auf jede übernehmende Körperschaft (mindestens) ein Teilbetrieb übertragen werden und im Falle einer Abspaltung muss bei der übertragenden Körperschaft ein Teilbetrieb verbleiben. Folglich setzt eine steuerneutrale Spaltung das Vorliegen mindestens zweier Teilbetriebe voraus.

91 Dieses sog. doppelte Teilbetriebserfordernis versteht die Finanzverwaltung als doppeltes Ausschließlichkeitsgebot. Danach muss sowohl das übertragene als auch das bei der übertragenden Körperschaft verbleibende Vermögen zu einem Teilbetrieb gehören und es darf kein Wirtschaftsgut verbleiben, das nicht einem Teilbetrieb zuzurechnen ist.[123] Dies wird jedoch im Hinblick auf den Wortlaut des § 15 Abs. 1 S. 2 UmwStG im Schrifttum bezweifelt. Es wird die Ansicht vertreten, dass bei der Abspaltung hinsichtlich des verbleibenden Vermögens nur noch ein Mindesterfordernis statt des Ausschließlichkeitserfordernisses gelte, so dass andere Wirtschaftsgüter neben einem Teilbetrieb verbleiben können. Bei der Aufspaltung gelte dagegen hinsichtlich des übertragenen Vermögens weiterhin das Nur-Teilbetriebserfordernis.[124] Problematisch und relevant ist die Auffassung der Finanzverwaltung allerdings nur in Bezug auf sog. freies Vermögen, das nicht einem Teilbetrieb zugeordnet werden kann, wie die Finanzverwaltung dies für die Zuordnung zu fiktive Teilbetriebe vertritt.[125]

III. Keine missbräuchliche Gestaltung im Sinne des § 15 Abs. 2 UmwStG

1. Verhältnis zu § 42 AO

92 § 15 Abs. 2 UmwStG stellt im Verhältnis zu § 42 AO eine spezielle Regelung zur Verhinderung von Gestaltungsmissbräuchen dar. Sie schließt die Anwendung des § 42 AO nicht generell, aber für die durch § 15 Abs. 2 UmwStG geregelten Sachverhalte aus.[126] § 42 Abs. 1 S. 2 und 3 AO sieht zwar eine subsidiäre Anwendung des § 42 AO vor, wenn der Tatbestand einer spezielleren Vorschrift nicht erfüllt ist. Dies setzt allerdings voraus, dass sich die gewählte Gestaltung bei einer Bewertung am Gesetzeszweck der spezielleren Vorschrift als Missbrauch darstellt.[127]

93 Die in § 15 Abs. 2 UmwStG geregelten Sachverhalte, also der Erwerb und die Aufstockung fiktiver Teilbetriebe, Veräußerungen von Anteilen an außenstehende Personen und nicht verhältniswahrende Spaltungen, können nur die Anwendung des § 15 Abs. 2 UmwStG auslösen. Gestaltungen, die nicht unter die Regelung des § 15 Abs. 2

---

[121] BMF IV C 2 – S 1978 – b/08/10001, BStBl. I 2011, 1314, Tz. 15.11.
[122] FGS/BDI/*Schumacher/Bier*, 279.
[123] Vgl. Beispiel in BMF IV C 2 – S 1978 – b/08/10001, BStBl. I 2011, 1314, Tz. 15.02.
[124] Rödder/Herlinghaus/van Lishaut/*Schumacher* UmwStG § 15 Rn. 109 ff.; *Schumacher/Neitz-Hackstein* Ubg 2011, 409, 415; *Ley/Bodden* FR 2007, 265, 279; *Körner* IStR 2006, 469, 471.
[125] BMF IV C 2 – S 1978 – b/08/10001, BStBl. I 2011, 1314, Tz. 15.11.
[126] Widmann/Mayer/Schießl UmwStG § 15 Rn. 507.
[127] So ständige Rechtsprechung BFH I R 63/99, BStBl. II 2003, 50; BFH I R 94/97, BStBl. II 2001, 222; BFH I R 105/89, BStBl. II 1992, 1029 = BeckRS 1992, 22010349; BFH I R 40/89, BStBl. II 1992, 1026.

UmwStG fallen, wie z. B. die Veräußerung von Anteilen unterhalb der 20%-Grenze oder nach Ablauf der Fünfjahresfrist nach § 15 Abs. 2 S. 4 UmwStG, können einen gesetzlich nicht vorgesehenen Steuervorteil im Sinne des § 42 Abs. 2 S. 1 AO nicht begründen.[128]

Die Anwendung des § 42 AO könnte hingegen in Betracht kommen, wenn durch eine unangemessene Gestaltung ein Tatbestandsmerkmal des § 15 Abs. 2 UmwStG umgangen wird[129] oder wenn ein nicht von § 15 Abs. 2 UmwStG erfasster Sachverhalt gegeben ist, wie z. B. die Vermeidung einer Übertragung einer wesentlichen Betriebsgrundlage durch Veräußerung und Rückerwerb derselben nach einem Gesamtplan kurze Zeit nach der Spaltung.[130] 94

2. Kein Erwerb und keine Aufstockung von Mitunternehmeranteilen und Beteiligungen

Eine steuerneutrale Spaltung ist nach § 15 Abs. 2 S. 1 UmwStG ausgeschlossen, wenn der als Teilbetrieb geltende Mitunternehmeranteil oder die 100%-Beteiligung an der Kapitalgesellschaft innerhalb von drei Jahren vor dem steuerlichen Übertragungsstichtag durch Übertragung von Wirtschaftsgütern, die kein Teilbetrieb darstellen, erworben oder aufgestockt worden sind. Eine Aufstockung im Sinne des § 15 Abs. 2 S. 1 UmwStG liegt nur bei Übertragung von Wirtschaftsgütern vor, die stille Reserven enthalten und diese bei der Übertragung nicht oder nicht in vollem Umfang aufgedeckt wurden.[131] 95

Sinn und Zweck der Regelung des § 15 Abs. 2 S. 1 UmwStG ist, die Umgehung der Besteuerung von stillen Reserven in Einzelwirtschaftsgütern durch deren Umwandlung in einen fiktiven Teilbetrieb zu verhindern.[132] Wenn die betreffenden Wirtschaftsgüter keine stillen Reserven enthalten, kommt § 15 Abs. 2 S. 1 UmwStG folglich nach seinem Sinn und Zweck nicht zur Anwendung. Insbesondere ist somit die Zuführung liquider Mittel, z.B. im Rahmen einer Barkapitalerhöhung, unschädlich.[133] 96

Voraussetzung für die Anwendung des § 15 Abs. 2 S. 1 UmwStG ist, dass Wirtschaftsgüter übertragen werden, d. h., es muss ein Eigentumswechsel stattfinden. Da auch im Falle der Aufstockung von Mitunternehmeranteilen eine Übertragung vorausgesetzt wird, scheidet die Überführung in das Sonderbetriebsvermögen entgegen der Ansicht der Finanzverwaltung[134] als schädlicher Tatbestand aus.[135] Die Übertragung kann zum Erwerb von Mitunternehmeranteilen oder einer 100-prozentigen Beteiligung führen. Dies erfordert die Gewährung von Mitunternehmeranteilen oder von Beteiligungen an Kapitalgesellschaften. Die Variante der Aufstockung der Beteiligung erfasst hingegen Fällen, in denen der Übertragende bereits Gesellschafter ist. Umstritten ist hierbei, ob sich die Variante lediglich auf die Beteiligung an einer Mitunternehmerschaft bezieht[136] oder auch auf die Beteiligung an einer Kapitalgesellschaft.[137] 97

Bei Mitunternehmerschaften ist praktisch jede Einlage – und nach Auffassung der Finanzverwaltung auch jede Überführung – von Wirtschaftsgütern, die stille Reserven enthalten, in das Gesamthands- oder Sonderbetriebsvermögen innerhalb von drei Jahren vor dem steuerlichen Übertragungsstichtag schädlich, da sie zu einer Aufstockung der 98

---

[128] Schmitt/Hörtnagl/Stratz/*Hörtnagl* UmwStG § 15 Rn. 241; Widmann/Mayer/*Schießl* UmwStG § 15 Rn. 506 f.; Rödder/Herlinghaus/van Lishaut/*Schumacher* UmwStG § 15 Rn. 192.
[129] Schmitt/Hörtnagl/Stratz/*Hörtnagl* UmwStG § 15 Rn. 242; Widmann/Mayer/*Schießl* UmwStG § 15 Rn. 508; Rödder/Herlinghaus/van Lishaut/*Schumacher* UmwStG § 15 Rn. 192.
[130] Rödder/Herlinghaus/van Lishaut/*Schumacher* UmwStG § 15 Rn. 142.
[131] BMF IV C 2 – S 1978 – b/08/10001, BStBl. I 2011, 1314, Tz. 15.16.
[132] FGS/BDI/*Schumacher/Bier*, 281.
[133] FGS/BDI/*Schumacher/Bier*, 282.
[134] Vgl. BMF IV C 2 – S 1978 – b/08/10001, BStBl. I 2011, 1314 Tz. 15.18.
[135] Widmann/Mayer/*Schießl* UmwStG § 15 Rn. 178.
[136] So Widmann/Mayer/*Schießl* UmwStG § 15 Rn. 188.
[137] So BMF IV C 2 – S 1978 – b/08/10001, BStBl. I 2011, 1314 Tz. 15.17.

Beteiligung führt. Die Auffassung der Finanzverwaltung kann jedoch vor dem Hintergrund des Wortlauts der Vorschrift, der sich auf die „Übertragung von Wirtschaftsgütern" bezieht, nicht überzeugen. Eine Übertragung setzt stets einen Rechtsträgerwechsel voraus,[138] der bei einer Überführung eines Wirtschaftsguts aus dem Betriebsvermögen eines Mitunternehmers in das Sonderbetriebsvermögen desselben Mitunternehmers gerade nicht gegeben ist.

99 § 15 Abs. 2 S. 1 UmwStG ist nicht anwendbar, d. h. eine steuerneutrale Spaltung trotz Erwerb oder Aufstockung des fiktiven Teilbetriebs möglich, wenn der Erwerb bzw. die Aufstockung nicht durch die übertragende Körperschaft erfolgt oder ein unentgeltlicher Erwerb vorliegt. So ist nach Auffassung der Finanzverwaltung unschädlich, wenn die Aufstockung der Beteiligung durch den Anteileigner der übertragenden Körperschaft, z. B. im Rahmen einer steuerneutralen Einbringung, erfolgt.[139]

100 Sofern die Voraussetzungen eines schädlichen Erwerbs oder einer schädlichen Aufstockung vorliegen, ist eine steuerneutrale Spaltung ausgeschlossen und es sind die in dem abgespaltenen Teil des Betriebsvermögens enthaltenen stillen Reserven aufzudecken. Die stillen Reserven in dem bei der übertragenden Körperschaft verbleibenden Betriebsvermögen werden nicht aufgedeckt.[140]

101 Die Finanzverwaltung vertritt ferner die Auffassung, dass § 15 Abs. 2 S. 1 UmwStG im Fall einer Abspaltung sowohl für das abgespaltene Vermögen als auch für den zurückbleibenden Teil gilt.[141] Demnach ist § 11 Abs. 2 UmwStG auch dann nicht anzuwenden, d. h. die stillen Reserven in den bei der Spaltung übertragenen Wirtschaftsgüter aufzudecken, wenn ein bei der übertragenden Körperschaft zurückbleibender Mitunternehmeranteil oder eine zurückbleibende 100%-Beteiligung innerhalb eines Zeitraums von drei Jahren vor dem steuerlichen Übertragungsstichtag durch Übertragung von Wirtschaftsgütern, die keinen Teilbetrieb darstellen, erworben oder aufgestockt worden ist.

102 Diese Verwaltungsauffassung ist jedoch weder vom Wortlaut noch von der Zwecksetzung der Vorschrift gedeckt. Der Gesetzeswortlaut sieht vor, dass § 11 Abs. 2 UmwStG nicht auf schädlich erworbene oder aufgestockte fiktive Teilbetriebe anzuwenden ist. Wenn der schädlich erworbene oder aufgestockte fiktive Teilbetrieb bei der übertragenden Körperschaft zurückbleibt, kommt es im Hinblick auf diesen Teilbetrieb mangels Übertragungsaktes nicht zu einer Gewinnrealisierung. Würde in diesem Fall eine Buchwertfortführung gemäß § 11 Abs. 2 UmwStG hinsichtlich der übertragenen Wirtschaftsgüter versagt werden, würde eben nicht ein schädlich erworbener oder aufgestockter fiktiver Teilbetrieb betroffen sein.[142] Eine Versagung der Buchwertfortführung bei der Übertragung eines nicht schädlich erworbenen oder aufgestockten Teilbetriebs ist auch nicht zur Verfolgung des Zwecks der Vorschrift „Verhinderung einer Umgehung der Besteuerung von stillen Reserven in Einzelwirtschaftsgütern durch Umwandlung in einen fiktiven Teilbetrieb" erforderlich, da in diesem Fall nicht das in einen fiktiven Teilbetrieb umgewandelte Wirtschaftsgut im Rahmen der Spaltung übertragen wird.

3. Keine Veräußerung an außenstehende Person

103 Der Ansatz der Buchwerte gemäß § 11 Abs. 2 UmwStG ist für die Wirtschaftsgüter, die im Rahmen der Abspaltung mit dem Teilbetrieb übertragen wurden, nach § 15 Abs. 2 S. 2 bis 4 UmwStG ausgeschlossen, wenn sog. spaltungsgeborene Anteile in steuerschädlichem

---

[138] BFH IV R 5/12, BStBl. II 2015, 935; Blümich/*Ehmcke* EStG § 6 Rn. 1289; Widmann/Mayer/ Schießl UmwStG § 15 Rn. 189; Rödder/Herlinghaus/van Lishaut/*Schumacher* UmwStG § 15 Rn. 200.
[139] BMF IV C 2 – S 1978 – b/08/10001, BStBl. I 2011, 1314 Tz. 15.19.
[140] BMF IV C 2 – S 1978 – b/08/10001, BStBl. I 2011, 1314 Tz. 15.21.
[141] BMF IV C 2 – S 1978 – b/08/10001, BStBl. I 2011, 1314 Tz. 15.17, dies entspricht auch der bisherigen Verwaltungsauffassung gemäß UmwSt-Erlass 1998, BStBl. I 1998, 268 Rn. 15.15; ebenso Dötsch/Pung/Möhlenbrock/*Dötsch/Pung* UmwStG § 15 Rn. 184.
[142] Widmann/Mayer/*Schießl* UmwStG § 15 Rn. 219; FGS/BDI/*Schumacher/Bier*, 282.

Umfang an außenstehende Personen veräußert werden. Spaltungsgeborene Anteile sind sämtliche Anteile an den an der Spaltung beteiligten Körperschaften. Die Veräußerungssperre nach § 15 Abs. 2 S. 2 bis 4 UmwStG bezieht sich in Abspaltungsfällen somit sowohl auf den Anteil an der übernehmenden als auch auf den Anteil an der übertragenden Körperschaft.[143]

Zweck der Veräußerungssperre nach § 15 Abs. 2 S. 2 bis 4 UmwStG ist die Verhinderung einer quasi steuerfreien Veräußerung von Teilbetrieben, die zuvor im Rahmen einer Spaltung auf eine neue Körperschaft übertragen wurden, indem die Anteile an dieser Körperschaft übertragen werden.[144] **104**

Mit der Auslegung der Tatbestandsmerkmale des § 15 Abs. 2 S. 2 bis 4 UmwStG sind erhebliche Rechtsunsicherheiten verbunden. Insbesondere ist fraglich, wie der Begriff der „Veräußerung an außenstehende Personen" zu definieren ist. **105**

Ferner werden auch Bedenken in Bezug auf die Vereinbarkeit der Regelung mit der FRL vorgebracht, welche insbesondere bei einer generellen Anwendung des europäischen Teilbetriebsbegriffs, wie dies die Finanzverwaltung vorsieht,[145] auch in reinen Inlandsfällen zu beachten ist. Nach Art. 15 Abs. 1 lit. a FRL kann ein Mitgliedstaat die Anwendung der Begünstigungen der FRL ganz oder teilweise versagen oder rückgängig machen, wenn diese als hauptsächlichen Beweggrund oder als einen der hauptsächlichen Beweggründe eine Steuerhinterziehung oder Steuerumgehung haben. Hiervon kann ausgegangen werden, wenn die Maßnahme nicht auf vernünftigen wirtschaftlichen Gründen beruht. Nach Auffassung des EuGH sind typisierende Missbrauchsregelungen, die die Führung eines Gegenbeweises im jeweiligen Einzelfall nicht zulassen, unverhältnismäßig und daher unzulässig.[146] Nach Auffassung des Schrifttums sind die Regelungen des § 15 Abs. 2 S. 2 bis 4 UmwStG richtlinienkonform als widerlegbare Missbrauchsvermutung auszulegen, soweit der Wortlaut der Regelungen dies zulässt.[147] Nach *Schumacher* soll dies nur für § 15 Abs. 2 S. 4 UmwStG, nicht aber für § 15 Abs. 2 S. 2 UmwStG möglich sein.[148] **106**

a) Begriff der Veräußerung. aa) Allgemeine Definition. Veräußerung im Sinne des § 15 Abs. 2 UmwStG ist nach allgemeinem Verständnis die entgeltliche Übertragung des wirtschaftlichen Eigentums an spaltungsgeborenen Anteilen. Zu betonen ist, dass die Rechtsfolgen des § 15 Abs. 2 S. 2 bis 4 UmwStG nur bei einer Veräußerung von Anteilen durch die Gesellschafter gilt, nicht aber bei einer Veräußerung von Betriebsvermögen durch eine an der Spaltung beteiligte Körperschaft.[149] Keine schädliche Veräußerung ist auch nach Ansicht der Finanzverwaltung die unentgeltliche Anteilsübertragung, die z. B. im Rahmen einer Erbfolge oder Erbauseinandersetzung erfolgt.[150] **107**

Nach herrschender Auffassung in der Literatur ist der Anwendungsbereich des § 15 Abs. 2 S. 2 bis 4 UmwStG i.Ü. aufgrund des Wortlauts auf die unmittelbare Veräußerung von spaltungsgeborenen Anteilen beschränkt.[151] Grundsätzlich ist eine mittelbare Veräußerung von Anteilen an einer an der Spaltung beteiligten Körperschaft keine Veräußerung im Sinne des § 15 Abs. 2 S. 2 bis 4 UmwStG. **108**

---

[143] Gesetzesbegründung in BT-Drs. 12/6885, 23; vgl. auch Dötsch/Pung/Möhlenbrock/*Dötsch/Pung* UmwStG § 15 Rn. 206; *Schumacher* DStR 2002, 2066, 2066.
[144] Vgl. dazu Gesetzesbegründung in BT-Drs. 12/6885, 23; auch FGS/BDI/*Schumacher/Bier*, 284.
[145] Vgl. BMF IV C 2 – S 1978 – b/08/10001, BStBl. I 2011, 1314 Tz. 15.02.
[146] Vgl. EuGH C-28/95, IStR 1997, 539 – *Leur-Bloem*, Rn. 41, 44.
[147] *Gille* IStR 2007, 194, 196 f.; *Hahn* GmbHR 2006, 462, 464 f.; *Körner* IStR 2006, 469, 471.
[148] Vgl. Rödder/Herlinghaus/van Lishaut/*Schumacher* UmwStG § 15 Rn. 220 einerseits und Rn. 223/224 andererseits.
[149] BMF IV C 2 – S 1978 – b/08/10001, BStBl. I 2011, 1314 Tz. 15.28.
[150] BMF IV C 2 – S 1978 – b/08/10001, BStBl. I 2011, 1314 Tz. 15.23.
[151] Dötsch/Pung/Möhlenbrock/*Dötsch/Pung* UmwStG § 15 Rn. 213; Widmann/Mayer/*Schießl* UmwStG § 15 Rn. 383; Rödder/Herlinghaus/van Lishaut/*Schumacher* UmwStG § 15 Rn. 233; Schmidt/Hörtnagl/Stratz/*Hörtnagl*, UmwStG § 15 Rn. 171.

109 **bb) Umwandlung als Veräußerung.** Die Finanzverwaltung erfasst jede Umwandlung, insbesondere auch die Verschmelzung, als Veräußerung.[152] Darüber hinaus sind nach Ansicht der Finanzverwaltung Umwandlungsvorgänge zwischen Körperschaften auf der Ebene der Anteilseigner ebenfalls als Veräußerung und Anschaffung der Anteile zum gemeinen Wert zu beurteilen.[153] Hierbei differenziert die Finanzverwaltung nicht, ob die Umwandlung gegen Gewährung einer Gegenleistung erfolgt oder nicht.

110 Die pauschale Gleichstellung von Umwandlungen mit entgeltlichen Veräußerungsvorgängen wird in der Literatur zu Recht kritisiert. Eine Veräußerung liegt zumindest dann nicht vor, wenn eine Gegenleistung in Form von Anteilen nicht gewährt wird.[154] Insbesondere im Falle eines Upstream mergers dürfen gerade keine neuen Anteile am übernehmenden Rechtsträger gewährt werden. Folglich fehlt ein wesentliches Merkmal des Veräußerungsbegriffs, nämlich das der Entgeltlichkeit. Ferner kann auch bei einer Buchwertfortführung nicht von einer schädlichen Anteilsveräußerung ausgegangen werden.[155]

111 Die Finanzverwaltung begründet ihre entgegenstehende Rechtsauffassung mit einem Urteil des BFH vom 19.8.2008.[156] In diesem Urteil hatte der BFH zum Anschaffungsbegriff i. S. d. § 23 EStG Stellung genommen. Der BFH führt darin aus, dass ein entgeltlicher Erwerb und damit eine Anschaffung im Sinne des § 23 EStG von Anteilen dann vorliege, wenn ein Anteilseigner im Zuge der Verschmelzung einer Körperschaft, an der er beteiligt ist, auf eine andere Körperschaft Anteile dieser anderen Körperschaft erhalte. Folglich kommt es nach der Auffassung des BFH gerade auf die Gewährung von Anteilen und damit die Gewährung einer Gegenleistung an, um vom Tatbestand der „Veräußerung" auszugehen. Zu beachten ist ferner, dass bei einer Buchwertfortführung gemäß § 13 Abs. 2 S. 2 UmwStG die Anteile an der übernehmenden Körperschaft an die Stelle der Anteile an der übertragenden Körperschaft treten und damit keine Veräußerung der Anteile gegeben ist.[157]

112 **cc) Kapitalerhöhung als Veräußerung.** Eine Kapitalerhöhung innerhalb von fünf Jahren nach der Spaltung kann als schädliche Veräußerung spaltungsgeborener Anteile angesehen werden, wenn dieser Vorgang wirtschaftlich als Veräußerung von Anteilen durch die Gesellschafter zu werten ist. Nach Auffassung der Finanzverwaltung ist die Aufnahme neuer Gesellschafter gegen angemessenes Aufgeld wirtschaftlich nicht als Veräußerung von Anteilen durch die Anteilseigner anzusehen, wenn die der Kapitalgesellschaft zugeführten Mittel nicht innerhalb der Fünfjahresfrist an die bisherigen Anteilseigner ausgekehrt werden.[158] Bei einer Auskehrung des Aufgeldes an die bisherigen Anteilseigner innerhalb der Fünfjahresfrist geht auch die Rechtsprechung unter Annahme einer missbräuchlichen Gestaltung im Sinne des § 42 AO von einer schädlichen Veräußerung aus.[159]

113 **b) Begriff der außenstehenden Person. aa) Allgemeine Definition.** Unter außenstehende Person wird im Allgemeinen eine Person verstanden, die im Zeitpunkt der

---

[152] BMF IV C 2 – S 1978 – b/08/10001, BStBl. I 2011, 1314 Tz. 15.24 i. V. m. Tz. 00.02.
[153] BMF IV C 2 – S 1978 – b/08/10001, BStBl. I 2011, 1314 Tz. 00.03 UmwStE; so auch Dötsch/ Pung/Möhlenbrock/*Dötsch/Pung* UmwStG § 15 Rn. 220 ff; Widmann/Mayer/*Schießl* UmwStG § 15 Rn. 403; *Schmitt* DStR 2011, 1108, 1112 in Bezug auf die Verschmelzung und Auf- und Abspaltung des Anteilseigners.
[154] Ausführlich zur Bestimmung des Veräußerungsbegriffs *Hageböke* Ubg 2011, 689; auch *Rödder/ Rogall* Ubg 2011, 753, 754; Haritz/Menner/*Asmus* UmwStG § 15 Rn. 162 und 169, nach dem eine Verschmelzung oder Spaltung auf der Ebene des Anteilseigners eines der an der Spaltung beteiligten Rechtsträgers ungeeignet ist, den Veräußerungstatbestand zu erfüllen.
[155] *Schmitt* DStR 2011, 1108, 1112; Rödder/Herlinghaus/van Lishaut/*Schumacher* UmwStG § 15 Rn. 228 ff.
[156] BFH IX R 71/07, BStBl. II 2009, 13.
[157] FGS/BDI/*Schumacher/Bier* UmwSt-Erlass 2011, 285.
[158] BMF IV C 2 – S 1978 – b/08/10001, BStBl. I 2011, 1314 Tz. 15.25.
[159] BFH VIII R 3/89, BStBl. II 1993, 477.

Spaltung nicht Gesellschafter an der übertragenden Körperschaft ist.[160] Es kommt dabei nach Auffassung der Finanzverwaltung auf den Anteilseignerbestand der übertragenden Körperschaft am steuerlichen Übertragungsstichtag an.[161] Nach einer Auffassung im Schrifttum ist auch der mittelbare Gesellschafter der an der Spaltung beteiligten Körperschaften keine außenstehende Person, wenn nach der Spaltung eine Verschmelzung oder Spaltung des unmittelbaren Anteilseigners erfolgt.[162] Diese Auffassung läuft dem Zweck der Vorschrift nicht zuwider und ist daher zutreffend.

bb) Umwandlung innerhalb verbundener Unternehmen. Es liegt auch nach Auffassung der Finanzverwaltung keine Veräußerung im Sinne des § 15 Abs. 2 S. 2 bis 4 UmwStG vor, wenn die Umwandlungen Umstrukturierung innerhalb verbundener Unternehmen im Sinne des § 271 Abs. 2 HGB darstellen und im Anschluss daran keine unmittelbaren oder mittelbaren Veräußerungen von spaltungsgeborenen Anteilen an außenstehende Personen stattfinden.

Die Tz. 15.26 des UmwSt-Erlasses lautet: „*Die Umstrukturierung innerhalb verbundener Unternehmen im Sinne des § 271 Absatz 2 HGB und juristischer Personen des öffentlichen Rechts einschließlich ihrer Betriebe gewerblicher Art stellt ebenso wie eine Anteilsveräußerung innerhalb des bisherigen Gesellschafterkreises nur dann keine schädliche Veräußerung im Sinne des § 15 Absatz 2 S. 3 und 4 UmwStG dar, wenn im Anschluss an diesen Vorgang keine unmittelbare oder mittelbare Veräußerung an eine außenstehende Person stattfindet. (…)*"

Hintergrund dieser Regelung der Finanzverwaltung ist offensichtlich der Wunsch, dass Umstrukturierungen innerhalb von verbundenen Unternehmen privilegiert und vom (weiten) Veräußerungsbegriff ausgeschlossen werden sollen. Die Privilegierung gilt aber nur, sofern der Umstrukturierung keine (tatsächliche) unmittelbare oder mittelbare Veräußerung von spaltungsgeborenen Anteilen an eine außenstehende Person nachfolgt.

§ 271 Abs. 2 HGB sieht zwei Arten verbundener Unternehmen vor. Erfasst werden (1) solche (inländischen) Unternehmen, die als Mutter- oder Tochterunternehmen nach § 290 HGB in den Konzernabschluss eines Mutterunternehmens nach den Vorschriften über die Vollkonsolidierung einzubeziehen sind, das als oberstes Mutterunternehmen den weitest gehenden Konzernabschluss nach dem zweiten Unterabschnitt aufzustellen hat, auch wenn die Aufstellung unterbleibt, oder (2) (in EU- oder EWR-Fällen) das einen befreienden Konzernabschluss nach § 291 HGB oder nach einer gemäß § 292 HGB erlassenen Rechtsverordnung aufstellt oder aufstellen könnte; Tochterunternehmen, die nach § 296 HGB nicht einbezogen werden, sind ebenfalls verbundene Unternehmen.

Ungeklärt ist dabei die Frage, ob für die Anwendung der Tz. 15.26 des UmwSt-Erlasses eine abstrakte Verbundenheit ausreicht oder das jeweilige Unternehmen tatsächlich in den Konzernabschluss einbezogen werden muss. Insbesondere wenn eine ausländische Konzernmutter gegeben ist, besteht keine Verpflichtung, einen Konzernabschluss nach HGB aufzustellen. Die Tz. 15.26 des UmwSt-Erlasses sollte aber auch dann angewendet werden, wenn abstrakt, also ohne Vorliegen der Voraussetzungen des § 271 Abs. 2 HGB, verbundene Unternehmen unter einer einheitlichen Leitung stehen.[163] Dafür spricht, dass

---

[160] Vgl. BMF IV C 2 – S 1978 – b/08/10001, BStBl. I 2011, 1314 Tz. 15.26; Dötsch/Pung/Möhlenbrock/*Dötsch/Pung* UmwStG § 15 Rn. 231; Rödder/Herlinghaus/van Lishaut/*Schumacher* UmwStG § 15 Rn. 211 ff.

[161] BMF IV C 2 – S 1978 – b/08/10001, BStBl. I 2011, 1314 Tz. 15.26; auch Schmitt/Hörtnagl/Stratz/*Hörtnagl* UmwStG § 15 Rn. 199; a A Widmann/Mayer/*Schießl* UmwStG § 15 Rn. 238; *Schumacher/Neitz-Hackstein* Ubg 2011, 409, 417, die auf die Eintragung der Spaltung im Handelsregister der übertragenden Körperschaft abstellen.

[162] *Haritz* GmbHR 2000, 519, 520.

[163] Vgl. Rödder/Herlinghaus/van Lishaut/*Schumacher* UmwStG § 15 Rn. 216; *Blumers* DB 2000, 589, 593, der für die einheitliche Leitung auf die Beteiligungshöhe oder die Stimmrechtsmehrheit und eine planmäßige Koordinierung wesentlicher Unternehmensinteressen durch das Mutterunternehmen abstellt; ebenso *Thies* DB 1999, 2179, 2180 f.; *Behrendt/Klages* BB 2013, 1815, 1819, zu der gleichen Problematik im Rahmen des § 2 Abs. 4 S. 3 bis 6 UmwStG.

ausländische Gesellschaften aufgrund der Niederlassungsfreiheit nach Art. 43 EGV nicht pauschal von dieser Regelung ausgeschlossen werden sollten. Die abstrakte Prüfung der Voraussetzungen des § 291 HGB und der damit einhergehenden Einbeziehung ausländischer Gesellschaften als verbundene Unternehmen läuft dem Zweck der Veräußerungssperre nach § 15 Abs. 2 S. 2 bis 4 UmwStG nicht zuwider. Anderenfalls würde die Veräußerungssperre des § 15 Abs. 2 S. 2 bis 4 UmwStG allein aufgrund formeller Hindernisse ausgelöst werden.

119 c) **Erfasste Sachverhalte.** Die Regelung des § 15 Abs. 2 S. 2 bis 4 UmwStG erfasst zwei Fälle schädlicher Veräußerungen: zum einen die durch die Spaltung vollzogene Veräußerung an außenstehende Personen und zum anderen die nachgelagerte Veräußerung an außenstehende Personen.

120 aa) **Vollzug der Veräußerung durch die Spaltung.** Nach § 15 Abs. 2 S. 2 UmwStG ist § 11 Abs. 2 UmwStG nicht anzuwenden, wenn durch die Spaltung die Veräußerung von spaltungsgeborenen Anteilen an außenstehende Personen vollzogen wird. Dies ist der Fall, wenn ein Anteilseigner der übertragenden Körperschaft im Rahmen einer Aufspaltung oder Abspaltung nur in einem unangemessen Verhältnis an den beteiligten Körperschaften zu Gunsten einer außenstehenden Person (dann neuer Gesellschafter) beteiligt wird und diese außenstehende Person für ihre Begünstigung ein Entgelt an den Anteilseigner zahlt.[164]

121 Es wird allerdings vertreten, dass die Verschiebung der Beteiligungsquoten ein von der Spaltung getrennter Vorgang ist, der nicht unter § 15 Abs. 2 S. 2 UmwStG, sondern unter § 15 Abs. 2 S. 3 und 4 UmwStG fällt.[165] Die Regelung des § 15 Abs. 2 S. 2 UmwStG habe folglich keinen eigenständigen Anwendungsbereich und diene nur als Einleitungssatz der Sätze 3 und 4.[166] Insbesondere betreffe auch das in der Gesetzesbegründung für den Anwendungsbereich des § 15 Abs. 2 S. 2 UmwStG dargestellte Beispiel einer Veräußerung von Anteilen an der übertragenden Körperschaft mit anschließender Abspaltung zu Null tatsächlich nicht den Anwendungsbereich von § 15 Abs. 2 S. 2 UmwStG.[167]

122 Zu beachten ist, dass die Regelung des § 15 Abs. 2 S. 2 UmwStG jede Veräußerung von Anteilen an außenstehende Personen erfasst, da die 20 %-Grenze nach dem Wortlaut der Vorschrift in diesem Fall nicht gilt.[168]

123 bb) **Nachgelagerte Veräußerung.** Nach § 15 Abs. 2 S. 3 UmwStG ist eine steuerneutrale Spaltung ausgeschlossen, wenn durch diese die Voraussetzungen für eine Veräußerung geschaffen werden. Davon ist gemäß § 15 Abs. 2 S. 4 UmwStG auszugehen, wenn innerhalb von fünf Jahren nach dem steuerlichen Übertragungsstichtag Anteile an einer an der Spaltung beteiligten Körperschaft veräußert werden, die mehr als 20 % der vor Wirksamwerden der Spaltung bestehenden Anteile ausmachen.

124 Die Finanzverwaltung geht hierbei von einer unwiderlegbaren gesetzlichen Vermutung aus.[169] Die im Schrifttum vorgebrachten Bedenken eines möglichen Verstoßes gegen die FRL (→ Rn. 106) teilt die Finanzverwaltung offensichtlich nicht.

125 Die Quote von 20 %, ab der eine Veräußerung von Anteilen innerhalb von fünf Jahren schädlich ist, bezieht sich auf die Anteile an der übertragenden Körperschaft vor der Spaltung. Die Quote ist entsprechend dem Verhältnis der übergehenden Vermögensteile zu dem bei der übertragenden Körperschaft vor der Spaltung vorhandenen Vermögen zu

---

[164] Haritz/Menner/*Asmus* UmwStG § 15 Rn. 150; Schmitt/Hörtnagl/Stratz/*Hörtnagl* UmwStG § 15 Rn. 142.

[165] Dötsch/Pung/Möhlenbrock/*Dötsch/Pung* UmwStG § 15 Rn. 261; Rödder/Herlinghaus/van Lishaut/*Schumacher* UmwStG § 15 Rn. 219; Widmann/Mayer/*Schießl* UmwStG § 15 Rn. 223 ff.

[166] FGS/BDI/*Schumacher/Bier*, 284, die davon ausgehen, dass dies auch die Auffassung der Finanzverwaltung ist.

[167] Beispiel nach BT-Drs. 12/6885, 23; dazu auch Rödder/Herlinghaus/van Lishaut/*Schumacher* UmwStG § 15 Rn. 218.

[168] Dötsch/Pung/Möhlenbrock/*Dötsch/Pung* UmwStG § 15 Rn. 265.

[169] BMF IV C 2 – S 1978 – b/08/10001, BStBl. I 2011, 1314 Tz. 15.27.

ermitteln. Auf die absolute Höhe des Nennkapitals der an der Spaltung beteiligten alten und neuen Gesellschafter sowie auf die Wertentwicklung der Beteiligungen nach der Spaltung kommt es nicht an. Für die Aufteilung der Quote möchte die Finanzverwaltung in der Regel auf das Umtauschverhältnis der Anteile im Spaltungs- und Übernahmevertrag oder im Spaltungsplan abstellen.[170]

Wenn also die Anteile an einer beteiligten Körperschaft insgesamt nicht mehr als 20 % **126** der Anteile an der übertragenden Körperschaft vor der Spaltung ausmachen, ist auch die Veräußerung sämtlicher Anteile an dieser Körperschaft unschädlich, wenn diese auch zusammen mit der Veräußerung von Anteilen an anderen beteiligten Körperschaften nicht zu einer Überschreitung der 20 %-Grenze führt.[171]

Bei der Prüfung der Quote zählt die mehrfache Veräußerung desselben Anteils innerhalb **127** der Fünfjahresfrist nur einmal.[172]

d) Rechtsfolgen einer schädlichen Anteilsveräußerung. Werden innerhalb von fünf **128** Jahren nach dem steuerlichen Übertragungsstichtag Anteile an einer an der Spaltung beteiligten Körperschaft in steuerschädlichem Umfang veräußert, entfällt die Möglichkeit einer Buchwertfortführung nach § 11 Abs. 2 UmwStG, so dass das übergegangene Vermögen mit dem gemeinen Wert anzusetzen ist. Die Rechtsfolgen einer schädlichen Veräußerung treffen stets die übertragende Körperschaft und nur mittelbar auch deren Gesellschafter. Unabhängig davon ist eine Anwendung des § 13 Abs. 2 UmwStG bei den Gesellschaftern möglich.

Die schädliche Veräußerung von Anteilen an den beteiligten Körperschaften stellt ein **129** rückwirkendes Ereignis im Sinne des § 175 Abs. 1 S. 1 Nr. 2 AO dar. Es sind diejenigen Körperschaftsteuerbescheide zu ändern, in dem der Spaltungsvorgang steuerlich erfasst wurde.[173] Für die Verzinsung der Steuernachzahlung ist § 233a Abs. 2a AO maßgeblich, wonach die Verzinsung 15 Monate nach Ablauf des Kalenderjahrs einsetzt, in dem das rückwirkende Ereignis eingetreten ist.

Die Festsetzungsverjährung für eine Änderung der Steuerbescheide gemäß § 175 Abs. 1 **130** S. 1 Nr. 2 AO beginnt nach § 175 Abs. 1 S. 2 AO mit dem Ablauf des Kalenderjahres, in dem die schädliche Veräußerung erfolgt. Sofern erst mehrere Anteilsveräußerungen zu einer Überschreitung der 20 %-Grenze führen, beginnt die Festsetzungsverjährungsfrist mit dem Ende des Kalenderjahres, in dem die Veräußerung erfolgt, die letztlich die 20 %-Grenze überschreitet.[174]

4. Trennung von Gesellschafterstämmen

Sinn und Zweck der Regelung des § 15 Abs. 2 S. 5 UmwStG ist, die Umgehung einer **131** Teilbetriebsveräußerung zu verhindern. Es sollen Gestaltungen verhindert werden, bei denen sich ein Erwerber kurz vor der Spaltung an der übertragenden Körperschaft beteiligt und dann eine Spaltung zu Null stattfindet, bei der Erwerber sämtliche Anteile an der Körperschaft erhält, auf die der Teilbetrieb übertragen wird bzw. bei der dieser verbleibt.[175]

Grundsätzlich ist die Trennung von Gesellschafterstämmen im Rahmen einer Spaltung **132** umwandlungsrechtlich möglich. Für eine Anwendung des § 11 Abs. 2 UmwStG setzt § 15 Abs. 2 S. 5 UmwStG in diesem Fall voraus, dass die Beteiligungen an der übertragenden Körperschaft mindestens fünf Jahre bestanden haben müssen. Der Bestand der Beteiligung muss dem Grunde nach gegeben sein. Es reicht daher aus, wenn zunächst eine geringe

---

[170] BMF IV C 2 – S 1978 – b/08/10001, BStBl. I 2011, 1314 Tz. 15.29.
[171] Schmitt/Hörtnagl/Stratz/*Hörtnagl* UmwStG § 15 Rn. 193 f.; FGS/BDI/*Schumacher/Bier*, 290.
[172] Widmann/Mayer/*Schießl* UmwStG § 15 Rn. 317; FGS/BDI/*Schumacher/Bier*, 290.
[173] BMF IV C 2 – S 1978 – b/08/10001, BStBl. I 2011, 1314 Tz. 15.34.
[174] Dötsch/Pung/Möhlenbrock/*Dötsch/Pung* UmwStG § 15 Rn. 326; Schmitt/Hörtnagl/Stratz/ Hörtnagl UmwStG § 15 Rn. 215; Widmann/Mayer/*Schießl* UmwStG § 15 Rn. 424.
[175] Schmitt/Hörtnagl/Stratz/*Hörtnagl* UmwStG § 15 Rn. 217; Rödder/Herlinghaus/van Lishaut/ *Schumacher* UmwStG § 5 Rn. 248.

Beteiligung besteht, die innerhalb der Fünfjahresfrist vor dem steuerlichen Übertragungsstichtag erhöht wird.[176]

133 Die Fünfjahresfrist muss vom jeweils unmittelbar beteiligten Anteilseigner erfüllt werden. Vorbesitzzeiten anderer Anteilseigner werden grundsätzlich nicht zugerechnet. Etwas anderes gilt jedoch, wenn eine Besitzzeitanrechnung nach allgemeinen Regelungen erfolgen kann, wie dies z. B. bei einer Umwandlung des Anteilseigners oder bei einer natürlichen Person im Erbfall der Fall ist.[177]

134 Durch das Erfordernis einer mindestens fünfjährigen Beteiligung an der übertragenden Körperschaft, stellt sich die Frage, ob eine steuerneutrale Trennung von Gesellschafterstämmen möglich sein kann, wenn diese im Zeitpunkt des steuerlichen Übertragungsstichtags noch keine fünf Jahre bestanden hat. Nach Auffassung der Finanzverwaltung ist eine steuerneutrale Trennung von Gesellschafterstämmen in diesem Fall nicht möglich.[178] Dies wird im Schrifttum zu Recht kritisiert. Da eine steuerneutrale Trennung von Gesellschafterstämmen innerhalb von fünf Jahren seit der Gründung der übertragenden Körperschaft dem Sinn und Zweck des § 15 Abs. 2 S. 5 UmwStG nicht entgegensteht, sollte die Vorschrift teleologisch reduziert angewendet werden und den Fall einer Trennung von Gesellschafterstämmen innerhalb von fünf Jahren seit der Gründung der übertragenden Körperschaft nicht erfassen.[179]

135 Was ein Gesellschafterstamm ist, definiert das UmwStG nicht. Im Schrifttum werden eine Vielzahl von Definitionsansätzen vertreten.[180] Nach der Definition der Finanzverwaltung liegt eine Trennung von Gesellschafterstämmen vor, wenn im Falle der Aufspaltung an den übernehmenden Körperschaften und im Falle der Abspaltung an der übernehmenden und an der übertragenden Körperschaft nicht mehr alle Anteilseigner der übertragenden Körperschaft beteiligt sind.[181] § 15 Abs. 2 S. 5 UmwStG gilt nach Auffassung der Finanzverwaltung daher nur bei einer vollständigen Trennung der Gesellschafterstämme. Sofern nach der Spaltung zumindest an einer an der Spaltung beteiligten Körperschaft noch sämtliche Anteilseigner beteiligt sind, liegt eine Trennung von Gesellschafterstämmen im Sinne des § 15 Abs. 2 S. 5 UmwStG nicht vor.[182]

136 Die Trennung von Gesellschafterstämmen stellt letztlich eine nichtverhältniswahrende Spaltung dar, die zu einer Vorteilszuwendung zwischen den Anteilseigner führt. In dem einem Anteilseigner gewährten Mehrwert der Anteile ist keine Gegenleistung im Sinne des § 11 Abs. 2 S. 1 Nr. 3 UmwStG zu sehen.[183] In dem Fall, dass eine an einer übertragenden Körperschaft beteiligte Kapitalgesellschaft zu Gunsten eines ihrer Anteilseigner oder diesem nahe stehenden Person eine geringwertigere Beteiligung an der übernehmenden Körperschaft erhält, kann eine verdeckte Gewinnausschüttung gegeben sein. Im umgekehrten Fall kann eine verdeckte Einlage des Anteilseigners in die Kapitalgesellschaft vorliegen.[184] Ferner kann die Wertverschiebung zwischen den Anteilseigner eine freigebige Zuwendung im Sinne des § 7 ErbStG darstellen.[185]

---

[176] BMF IV C 2 – S 1978 – b/08/10001, BStBl. I 2011, 1314 Tz. 15.36.
[177] Dötsch/Pung/Möhlenbrock/*Dötsch/Pung* UmwStG § 15 Rn. 356; FGS/BDI/*Schumacher/Bier*, 293.
[178] BMF IV C 2 – S 1978 – b/08/10001, BStBl. I 2011, 1314 Tz. 15.38.
[179] So auch Schmitt/Hörtnagl/Stratz/*Hörtnagl* UmwStG § 15 Rn. 236.
[180] Vgl. dazu Widmann/Mayer/*Schießl* UmwStG § 15 Rn. 453.
[181] BMF IV C 2 – S 1978 – b/08/10001, BStBl. I 2011, 1314 Tz. 15.37.
[182] FGS/BDI/*Schumacher/Bier*, 292; a A Dötsch/Pung/Möhlenbrock/*Dötsch/Pung* UmwStG § 15 Rn. 344, die eine Trennung von Gesellschafterstämmen annehmen, wenn an zumindest einer an der Spaltung beteiligten Körperschaft nicht mehr sämtliche Gesellschafterstämme der Übertragerin beteiligt sind.
[183] BMF IV C 2 – S 1978 – b/08/10001, BStBl. I 2011, 1314 Tz. 15.44.
[184] Vgl. BFH IX R 24/09, BStBl. II 2011, 799.
[185] Dazu ausführlich der koordinierte Ländererlass vom 20.10.2010, BStBl. I 2010, 1207.

IV. Antrag auf Buchwertfortführung

Die Spaltung ist nur dann ertragsteuerneutral, wenn ein Antrag auf Fortführung der 137
Buchwerte bei der zuständigen Finanzbehörde gestellt wird. Der Antrag muss bei der für
den übertragenden Rechtsträger zuständigen Finanzbehörde bis zur erstmaligen Abgabe der
Steuerbilanz gestellt werden. Auch die Anteilseigner müssen bei dem für ihre Veranlagung
zuständigen Finanzamt einen Antrag stellen.

Die Ausführungen zu § 11 Abs. 2 UmwStG (→ § 48 Rn. 59) und § 13 Abs. 2 UmwStG 138
(→ § 48 Rn. 72) gelten entsprechend.

V. Ertragsteuerliche Rechtsfolgen einer Spaltung

1. Ertragsteuerwirksame Spaltung

a) Entsprechende Anwendung der §§ 11 bis 13 UmwStG. aa) Rechtsfolgen für 139
die übertragende Körperschaft. Unabhängig vom Vorliegen weiterer Voraussetzungen
des UmwStG § 15 ordnet § 15 Abs. 1 S. 1 UmwStG bei Vorliegen einer zivilrechtlich
wirksamen Aufspaltung oder Abspaltung die entsprechende Anwendung der §§ 11 bis 13
UmwStG an. Die Aufspaltung und die Abspaltung werden somit ertragsteuerlich als Teilverschmelzung behandelt.[186]

Liegen die Voraussetzungen für eine steuerneutrale Spaltung nicht vor, sind die stillen 140
Reserven des übergehenden Vermögens nach § 11 Abs. 1 UmwStG aufzudecken. In
Bezug auf das übertragene Vermögen besteht für die übertragende Körperschaft die
Verpflichtung, eine steuerliche Schlussbilanz zu erstellen und abzugeben. D. h., bei einer
Abspaltung eines Teilbetriebs ist eine steuerliche Schlussbilanz auf den steuerlichen Übertragungsstichtag isoliert nur für den abgespaltenen Teilbetrieb zu erstellen.[187] Die übertragenen Wirtschaftsgüter sind in dieser steuerlichen Schlussbilanz mit dem gemeinen
Wert anzusetzen.

Dazu ausführlich → § 48 Rn. 59. 141

bb) Rechtsfolgen für die übernehmende Körperschaft. Die übernehmende Körper- 142
schaft hat die auf sie übergegangenen Wirtschaftsgüter mit dem in der steuerlichen
Schlussbilanz der übertragenden Körperschaft enthaltenen Wert, d. h. mit dem gemeinen
Wert, zu übernehmen.

Dazu ausführlich → § 48 Rn. 60 ff.. 143

cc) Rechtsfolgen für die Anteilseigner. (1) Beteiligung i. S. d. § 17 EStG. Auf der 144
Ebene des Anteilseigners der übertragenden Körperschaft gilt bei einer Aufspaltung der
gesamte Anteil gemäß § 13 Abs. 1 UmwStG als zum gemeinen Wert veräußert. Bei der
Aufspaltung kommt es daher zu einer vollständigen Aufdeckung der stillen Reserven in den
Anteilen an der übertragenden Körperschaft. Die an ihre Stelle tretenden Anteile an den
übernehmenden Körperschaften gelten als mit dem gemeinen Wert angeschafft.

Bei einer Abspaltung gilt gemäß § 13 Abs. 1 UmwStG die Beteiligung zu dem Teil als 145
zum gemeinen Wert veräußert, der bei Zugrundelegung des gemeinen Werts dem übertragenen Teil des Betriebsvermögens entspricht. Bei der Abspaltung kommt es daher zu
einer anteiligen Aufdeckung der in den Anteilen an der übertragenden Körperschaft
enthaltenen stillen Reserven.

Ausführlich zu § 13 Abs. 1 UmwStG → § 48 Rn. 70. 146

Da bei einer Abspaltung nur ein Teil der Beteiligung an der übertragenden Körperschaft 147
als veräußert gilt, ist der Buchwert bzw. sind die Anschaffungskosten lediglich anteilig zu
berücksichtigen und damit aufzuteilen. Bei dieser Aufteilung ist das Verhältnis zugrunde zu
legen, das dem Verhältnis des gemeinen Werts des auf die übernehmende Körperschaft

---

[186] Rödder/Herlinghaus/van Lishaut/*Schumacher* UmwStG § 15 Rn. 4 ff.
[187] BMF IV C 2 – S 1978 – b/08/10001, BStBl. I 2011, 1314 Tz. 15.14.

übergehenden Vermögens zum gemeinen Wert des gesamten Vermögens der übertragenden Körperschaft vor der Spaltung entspricht.[188]

148 **(2) Beteiligung nicht i. S. d. § 17 EStG.** Etwas anderes gilt jedoch für Anteilseigner, die nicht i. S. d. § 17 EStG an der übertragenden Körperschaft beteiligt sind. Die Rechtsfolgen ergeben sich für diese Anteilseigner aus § 20 Abs. 4a S. 1 EStG. Nach Auffassung der Finanzverwaltung soll dies nur für die Aufspaltung gelten. Die Rechtsfolgen bei einer Abspaltung sollen sich aus § 20 Abs. 4a S. 5 EStG ergeben.[189] Dies kann nunmehr vor dem Hintergrund des mit Gesetz vom 26.6.2013[190] eingeführten § 20 Abs. 4a S. 7 EStG nicht mehr gelten. Dieser sieht für Abspaltungen ausdrücklich die entsprechende Anwendung des § 20 Abs. 4a S. 1 und 2 EStG vor.

149 Für Anteilseigner, die nicht i. S. d. § 17 EStG an der übertragenden Körperschaft beteiligt sind, ergeben sich demnach auch bei Nichtvorliegen der Voraussetzungen für eine steuerneutrale Spaltung keine ertragsteuerlichen Auswirkungen. Vielmehr treten die übernommenen Anteile gemäß § 20 Abs. 4a S. 1 EStG steuerlich an die Stelle der bisherigen Anteile, wenn das Recht der Bundesrepublik Deutschland hinsichtlich der Besteuerung des Gewinns aus der Veräußerung der erhaltenen Anteile nicht ausgeschlossen oder beschränkt ist. Der Gewinn aus einer späteren Veräußerung der erworbenen Anteile ist ungeachtet der Bestimmungen eines Abkommens zur Vermeidung der Doppelbesteuerung in der gleichen Art und Weise zu besteuern, wie die Veräußerung der Anteile an der übertragenden Körperschaft zu besteuern wäre. Erhält der Anteilseigner im Rahmen der Spaltung zu den Anteilen eine weitere Gegenleistung, ist diese gemäß § 20 Abs. 1 Nr. 1 EStG zu besteuern.

150 **b) Behandlung von Verlust-/Zins-/EBITDA-Vorträgen.** Verrechenbare Verluste, verbleibende Verlustvorträge, nicht ausgeglichene negative Einkünfte, Zins- und EBITDA-Vorträge nach § 4h Abs. 1 EStG[191] gehen gemäß § 15 Abs. 3 UmwStG aufgrund einer Abspaltung anteilig unter. Für den anteiligen Untergang der Verlustvorträge ist es unerheblich, ob ein verlusttragender Teilbetrieb abgespalten wird oder bei der übertragenden Körperschaft verbleibt.[192]

151 Grundsätzlich gehen die Verlustvorträge im Verhältnis des Verkehrswerts der abgespaltenen Wirtschaftsgüter zum Verkehrswert der Wirtschaftsgüter der übertragenden Körperschaft vor der Spaltung unter. Je nach Höhe der Verlustvorträge kann bei einer Spaltung in Betracht gezogen werden, insbesondere Verbindlichkeiten, die zum sog. freien Vermögen gehören, dem zu übertragenden Teilbetrieb zuzuordnen, um das Verhältnis des Verkehrswerts der abgespaltenen Wirtschaftsgüter zum Verkehrswert der Wirtschaftsgüter der übertragenden Körperschaft vor der Spaltung zu reduzieren.[193] Dies funktioniert selbstredend nur, soweit freies Vermögen vorhanden und dem zu übertragenden Teilbetriebe frei zugeordnet werden kann.

152 Grundsätzlich erfasst § 15 Abs. 3 UmwStG jegliche Art von Verlusten, also insbesondere solche i. S. d. § 10d EStG, § 15a EStG und § 10a GewStG; letzteres aufgrund der Regelung des § 19 Abs. 2 UmwStG.[194] Fraglich ist, ob und ggf. wie Besonderheiten bei Verlusten aus einer Beteiligung an einer Mitunternehmerschaft im Rahmen des § 15 Abs. 3 UmwStG zu berücksichtigen sind. Verrechenbare Verluste im Sinne des § 15a EStG, die aus einer Beteiligung an einer Mitunternehmerschaft herrühren, sind ausschließlich mit zukünftigen Gewinnen derselben Mitunternehmerschaft verrechenbar. Daraus folgt, dass die Nutzung

---

[188] Rödder/Herlinghaus/van Lishaut/*Schumacher* UmwStG § 15 Rn. 93.
[189] BMF IV C 2 – S 1978 – b/08/10001, BStBl. I 2011, 1314 Tz. 15.12.
[190] Vgl. BGBl. I 2013, 1809.
[191] Verrechenbare Verluste, verbleibende Verlustvorträge, nicht ausgeglichene negative Einkünfte, Zins- und EBITDA-Vorträge nach § 4h Abs. 1 EStG werden im Folgenden zusammenfassend als Verlustvorträge bezeichnet, sofern diese nicht im Einzelfall konkretisiert werden.
[192] Dötsch/Pung/Möhlenbrock UmwStG § 15 Rn. 444.
[193] Rödder/Herlinghaus/van Lishaut/*Schumacher* UmwStG § 15 Rn. 264.
[194] Rödder/Herlinghaus/van Lishaut/*Schumacher* UmwStG § 15 Rn. 263.

dieser Verlustvorträge eine Identität von Mitunternehmer und Mitunternehmerschaft voraussetzt.[195] Wenn diese Voraussetzungen nicht mehr erfüllt werden, gehen die Verlustvorträge und laufende Verluste vollständig unter.

Wenn ein Mitunternehmeranteil abgespalten und auf eine andere Körperschaft übertragen wird, entfällt jedenfalls die Identität des Mitunternehmers. Obwohl § 15 Abs. 3 UmwStG nur den anteiligen Untergang der Verluste im Sinne des § 15a EStG vorsieht, können diese Verluste keinen weiteren Bestand haben. Die übertragende Körperschaft ist nicht mehr Beteiligte im Rahmen der Gewinnfeststellung der Mitunternehmerschaft, so dass eine Verrechnung mit zukünftigen Gewinnen unmöglich ist. Ferner scheidet auch der Übergang verrechenbarer Verluste auf die übernehmende Körperschaft aus, da dies ausdrücklich gemäß § 12 Abs. 3, Hs. 2 i.V.m. § 4 Abs. 2 S. 2 UmwStG ausgeschlossen ist.

Da gewerbesteuerliche Verluste ebenfalls anteilig den Mitunternehmern zugerechnet werden und diese beim Ausscheiden aus der Mitunternehmerschaft untergehen, gilt die vorstehende Erläuterung für gewerbesteuerliche Verluste im Sinne des § 10a GewStG entsprechend.

§ 15 Abs. 3 UmwStG bezieht sich ausdrücklich nur auf Fälle der Abspaltung. Dass im Falle einer Aufspaltung bestehende Verlustvorträge in vollem Umfang untergehen, ergibt sich aus § 15 Abs. 1 S. 1 i.V.m. § 12 Abs. 3 Hs. 2 i.V.m. § 2 Abs. 2 S. 2 UmwStG.

c) Sonstige ertragsteuerliche Rechtsfolgen. aa) Verweis auf §§ 3 und 4 UmwStG. Da § 15 Abs. 1 S. 1 UmwStG umfassend auf § 11 UmwStG verweist, sind nach § 11 Abs. 3 UmwStG die Vorschriften der §§ 3 Abs. 2 S. 2 und Abs. 3 UmwStG bei einer Aufspaltung und einer Abspaltung entsprechend anwendbar. § 3 Abs. 2 S. 2 UmwStG enthält Regelungen für die Beantragung eines Buchwert- und Zwischenwertansatzes.

Für Einzelheiten zu § 3 Abs. 2 S. 2 und Abs. 3 UmwStG → § 48 Rn. 30.

§ 12 UmwStG enthält Verweise auf § 4 Abs. 1 S. 2 und 3 UmwStG sowie auf § 4 Abs. 2 und 3 UmwStG, deren Regelungen somit im Anwendungsbereich des UmwStG § 15 entsprechend gelten. Nach § 4 Abs. 2 UmwStG tritt die übernehmende Körperschaft in die steuerliche Rechtsstellung der übertragenden Körperschaft ein, insbesondere bezüglich der Bewertung der übernommenen Wirtschaftsgüter, der AfA und der Gewinn mindernden Rücklagen. Die steuerliche Rechtsnachfolge der übernehmenden Körperschaft sieht zudem nach § 4 Abs. 2 S. 3 UmwStG eine Zurechnung von Besitzzeiten der übertragenden Körperschaft zur übernehmenden Körperschaft vor. Nach § 4 Abs. 2 S. 2 UmwStG ist jedoch der Übergang von verrechenbaren Verlusten, verbleibenden Verlustvorträgen, nicht ausgeglichenen negativen Einkünften, eines Zins- und EBITDA-Vortrags gemäß § 4h Abs. 1 EStG ausgeschlossen.

Einzelheiten zu § 4 Abs. 1 S. 2 und 3 sowie Abs. 2 und 3 UmwStG → § 48 Rn. 31.

bb) Auswirkungen auf das steuerliche Einlagenkonto. (1) Allgemeines. Bei einer Aufspaltung und einer Abspaltung ist der Bestand des steuerlichen Einlagenkontos i.S.d. § 27 KStG der übertragenden Körperschaft zum steuerlichen Übertragungsstichtag aufzuteilen. Die Aufteilung erfolgt nach den Regelungen des § 29 KStG, der insbesondere in seinem Abs. 3 Vorgaben für die Ermittlung des Aufteilungsmaßstabes bei einer Aufspaltung oder Abspaltung im Sinne des § 123 Abs. 1 und 2 UmwG macht.

(2) Auswirkungen bei einer Aufspaltung. Bei einer Aufspaltung kommt es gemäß § 29 Abs. 1 KStG bei der übertragenden Körperschaft zu einer fiktiven Herabsetzung des Nennkapitals. Es gilt danach als in vollem Umfang herabgesetzt. § 29 Abs. 1 KStG verweist dabei auf die Regelung des § 28 Abs. 2 S. 1 KStG, nach der ein ggf. bestehender Sonderausweis auf null Euro zu verringern und der übersteigende Betrag des Nennkapitals dem Bestand des steuerlichen Einlagenkontos gutzuschreiben ist. Der nach Anwendung des § 29 Abs. 1 KStG ermittelte Bestand des steuerlichen Einlagenkontos ist letztmalig auf den

---

[195] Schmidt/*Wacker* EStG § 15a Rn. 106; *Jacobsen*/*Hildebrandt* DStR 2013, 433, 433 ff.

Schluss des letzten Wirtschaftsjahres, also auf den steuerlichen Übertragungsstichtag, und damit vor dem Vermögensübergang, gesondert festzustellen.[196] Der Feststellungsbescheid der übertragenden Körperschaft zum steuerlichen Übertragungsstichtag hat somit Grundlagenfunktion für die übernehmenden Körperschaften als Gesamtrechtsnachfolger der übertragenden Körperschaft.[197]

162 Den übernehmenden Körperschaften ist der zuletzt festgestellte Bestand des steuerlichen Einlagenkontos der übertragenden Körperschaft anteilig zuzurechnen. Die Aufteilung des steuerlichen Einlagenkontos der übertragenden Körperschaft hat gemäß § 29 Abs. 3 S. 1 KStG in dem Verhältnis der gemeinen Werte der übergehenden Vermögensteile zu dem vor der Aufspaltung bei der übertragenden Körperschaft bestehenden Vermögen zu erfolgen. Dieses Verhältnis ergibt sich in der Regel aus den Angaben zum Umtauschverhältnis der Anteile im Spaltungs- und Übernahmevertrag oder im Spaltungsplan. Sofern das Umtauschverhältnis der Anteile nicht dem Verhältnis der übergehenden Vermögensteile zu dem bei der übertragenden Körperschaft vor der Spaltung bestehenden Vermögen, ist gemäß § 29 Abs. 3 S. 2 KStG das Verhältnis der gemeinen Werte der übergehenden Vermögensteile zu dem vor der Spaltung vorhandenen Vermögen maßgebend. Gleiches gilt, wenn im Spaltungs- und Übernahmevertrag oder im Spaltungsplan keine Angaben zum Umtauschverhältnis der Anteile enthalten sind.[198]

163 Der einer übernehmenden Körperschaft zuzurechnende Bestand des steuerlichen Einlagenkontos ist entsprechend § 28 Abs. 1 KStG zu reduzieren, sofern die übernehmende Körperschaft ihr Nennkapital im Rahmen der Spaltung erhöht. Die Nennkapitalerhöhung verringert folglich vorrangig den Bestand des steuerlichen Einlagenkontos. Dies gilt jedoch nicht, soweit die Kapitalerhöhung auf baren Zuzahlungen oder Sacheinlagen beruht.[199]

164 Die Finanzverwaltung stellt für die Erhöhung des Bestandes des steuerlichen Einlagenkontos der übernehmenden Körperschaften generell auf den Schluss des Wirtschaftsjahres ab, in das der steuerliche Übertragungsstichtag fällt.[200] Das führt dazu, dass das hinzugerechnete Einlagenkonto bei einer unterjährigen Aufspaltung erst ab dem folgenden Wirtschaftsjahr nach § 27 Abs. 1 S. 3 KStG für Ausschüttungen verwendet werden kann. Dies wird im Schrifttum jedenfalls für eine Spaltung zur Neugründung mit dem Hinweis auf die Regelung des § 27 Abs. 2 S. 3 KStG kritisiert.[201] Nach § 27 Abs. 2 S. 3 KStG ist der Bestand der nicht in das Nennkapital geleisteten Einlagen bei Eintritt in die unbeschränkte Steuerpflicht gesondert festzustellen. Der gesondert festgestellte Bestand gilt zudem als Bestand des steuerlichen Einlagenkontos am Ende des vorangegangenen Wirtschaftsjahres. Da die Regelung des § 27 Abs. 2 S. 3 KStG auch in Fällen der Neugründung einer Körperschaft gilt,[202] ist die Auffassung der Finanzverwaltung in diesen Fällen nicht zutreffend.

165 **(3) Auswirkungen bei einer Abspaltung.** Auch bei einer Abspaltung gilt das Nennkapital der übertragenden Körperschaft gemäß § 29 Abs. 1 KStG als in vollem Umfang herabgesetzt. Nach § 29 Abs. 1 KStG gilt dabei die Regelung des § 28 Abs. 2 S. 1 KStG, nach der zunächst ein ggf. bestehender Sonderausweis auf null Euro zu verringern und der übersteigende Betrag des Nennkapitals dem Bestand des steuerlichen Einlagenkontos gutzuschreiben ist. Zur gesonderten Feststellung des Bestands des steuerlichen Einlagenkontos bei der übertragenden Körperschaft gilt das zur Aufspaltung Erörterte entsprechend (→ Rn. 161).

---

[196] FGS/BDI/*Schänzle/Jonas/Montag* UmwSt-Erlass 2011, 581.
[197] Rödder/Herlinghaus/van Lishaut/*van Lishaut* UmwStG Anhang 3 Rn. 20.
[198] BMF IV C 2 – S 1978 – b/08/10001, BStBl. I 2011, 1314 Tz. K17.
[199] BMF IV C 2 – S 1978 – b/08/10001, BStBl. I 2011, 1314 Tz. K15.
[200] BMF IV C 2 – S 1978 – b/08/10001, BStBl. I 2011, 1314 Tz. K09.
[201] Rödder/Herlinghaus/van Lishaut/*van Lishaut* UmwStG Anhang 3 Rn. 22; FGS/BDI/*Schänzle/Jonas/Montag* UmwSt-Erlass 2011, 584.
[202] Vgl. Begründung in BT-Drs. 16/2710, 32.

Der Bestand des steuerlichen Einlagenkontos der übertragenden Körperschaft verringert 166
sich bei einer Abspaltung nach § 123 Abs. 2 UmwG anteilig. Für den Aufteilungsmaßstab
gilt das zur Aufspaltung Erörterte entsprechend (→ Rn. 162). Der Anteil des steuerlichen
Einlagenkontos, der auf die übertragende Körperschaft entfällt, reduziert sich zudem aufgrund der nach der Abspaltung fingierten Kapitalerhöhung. Auf die fiktive Kapitalerhöhung findet § 28 Abs. 1 KStG entsprechend Anwendung. Das Nennkapital verringert
somit vorrangig das steuerliche Einlagenkonto bis zu dessen Verbrauch, ein übersteigender
Betrag ist als Sonderausweis zu erfassen.[203]

Für die Zurechnung des steuerlichen Einlagenkontos zur übernehmenden Körperschaft 167
und die Behandlung einer Nennkapitalerhöhung der übernehmenden Körperschaft
(→ Rn. 163 und 164).

(4) Besonderheiten bei Aufwärts- und Abwärtsspaltung. Die Hinzurechnung des 168
steuerlichen Einlagenkontos der übertragenden Körperschaft zur übernehmenden Körperschaft ist in Fällen einer Aufwärtsspaltung beschränkt. Die Hinzurechnung des steuerlichen
Einlagenkontos unterbleibt gemäß § 29 Abs. 2 S. 2 i. V. m. Abs. 3 S. 3 KStG bei einer
Aufwärtsspaltung in dem Verhältnis der Beteiligung der übernehmenden Körperschaft an
der übertragenden Körperschaft.[204] Sofern die übernehmende Körperschaft sämtliche Anteile an der übertragenden Körperschaft hält, kommt es nicht zu einer Hinzurechnung zum
steuerlichen Einlagenkonto der übernehmenden Körperschaft.[205] Gleiches gilt, wenn die
übernehmende Körperschaft mittelbar an der übertragenden Körperschaft beteiligt ist.[206]

Bei einer Abwärtsspaltung kommt es gemäß § 9 Abs. 2 S. 3 i. V. m. Abs. 3 S. 3 KStG zu 169
einer Verringerung des steuerlichen Einlagenkontos bei der übernehmenden Tochtergesellschaft in dem Verhältnis der Beteiligung der übertragenden Körperschaft an der übernehmenden Tochtergesellschaft.[207] Gleiches gilt, wenn die übertragende Körperschaft mittelbar
an der übernehmenden Körperschaft beteiligt ist.[208]

2. Ertragsteuerneutrale Spaltung

a) Ansatz eines niedrigeren Wertes nach § 11 Abs. 2 UmwStG. Sofern die Voraus- 170
setzungen für eine ertragsteuerneutrale Spaltung erfüllt werden, können die im Rahmen
einer Aufspaltung oder Abspaltung übertragenen Wirtschaftsgüter entsprechend § 11
Abs. 2 UmwStG mit dem Buchwert oder einem höheren Wert, der den gemeinen Wert
nach § 11 Abs. 1 UmwStG[209] nicht überschreitet, angesetzt werden, soweit auch die
Voraussetzungen des § 11 Abs. 2 UmwStG erfüllt werden. Der übertragenden Körperschaft
steht somit ein Bewertungswahlrecht hinsichtlich der übertragenen Wirtschaftsgüter zu.

§ 11 Abs. 2 S. 1 UmwStG erfordert für das Bewertungswahlrecht, dass (Nr. 1) die 171
Besteuerung der übergehenden Wirtschaftsgüter bei der übernehmenden Körperschaft
sichergestellt ist, (Nr. 2) das Besteuerungsrecht der Bundesrepublik Deutschland hinsichtlich des Gewinns aus der Veräußerung der übertragenen Wirtschaftsgüter bei der übernehmenden Gesellschaft weder ausgeschlossen noch beschränkt ist und (Nr. 3) keine
Gegenleistung gewährt wird oder diese nur aus Gesellschaftsrechten an der übernehmenden
Körperschaft besteht (→ § 48 Rn. 59).

Im Hinblick auf die Gegenleistung können – anders als bei einer Verschmelzung – z. B. 172
im Rahmen einer nicht verhältniswahrenden Abspaltung auch Anteile an der übertragenden Körperschaft ausgegeben werden. Diese Neuordnung der Beteiligungsverhältnisse stellt

---

[203] BMF IV C 2 – S 1978 – b/08/10001, BStBl. I 2011, 1314 Tz. K07.
[204] Für Berechnungsbeispiele vgl. BMF IV C 2 – S 1978 – b/08/10001, BStBl. I 2011, 1314 Tz. K10.
[205] FGS/BDI/*Schänzle/Jonas/Montag* UmwSt-Erlass 2011, 586.
[206] BMF IV C 2 – S 1978 – b/08/10001, BStBl. I 2011, 1314 Tz. K11.
[207] Vgl. das Berechnungsbeispiel in BMF IV C 2 – S 1978 – b/08/10001, BStBl. I 2011, 1314 Tz. K13.
[208] BMF IV C 2 – S 1978 – b/08/10001, BStBl. I 2011, 1314 Tz. K14.
[209] Bzw. für Pensionsrückstellungen der sich nach § 6a Abs. 3 EStG ergebende Teilwert.

nach h. M. jedenfalls dann keine andere Gegenleistung im Sinne von § 11 Abs. 2 S. 1 Nr. 3 UmwStG dar, wenn sie eine unmittelbare Wirkung der Abspaltung gemäß §§ 126 Abs. 1 Nr. 10, 131 Abs. 1 Nr. 3 UmwG ist.[210] Ob auch andere parallel zur Spaltung erfolgende Maßnahmen zur Neuordnung der Beteiligungsverhältnisse einer Anwendung des § 11 Abs. 2 UmwStG nicht entgegenstehen, ist unklar und in der Literatur umstritten.[211]

173 Das Bewertungswahlrecht ist gemäß § 11 Abs. 2 UmwStG für sämtliche übergehenden Wirtschaftsgüter einheitlich auszuüben. Die einheitliche Bewertung ist allerdings auf den jeweils übergehenden Teilbetrieb zu beziehen, so dass bei Übertragung mehrerer Teilbetriebe das Wahlrecht für jeden Teilbetrieb unterschiedlich ausgeübt werden könnte, auch wenn diese auf dieselbe übernehmende Körperschaft übergehen.[212] Die einem Teilbetrieb zugeordneten Wirtschaftsgüter sind jedoch einheitlich zu bewerten, gleich ob sie wesentliche Betriebsgrundlage sind, in einem wirtschaftlichen Zusammenhang mit dem Teilbetrieb stehen oder zum freien Vermögen des Betriebs gehören.

174 **b) Übernahme des niedrigeren Werts durch die übernehmende Körperschaft gemäß § 12 Abs. 1 S. 1 UmwStG.** Die übernehmende Körperschaft hat die auf sie übergegangenen Wirtschaftsgüter mit dem in der steuerlichen Schlussbilanz der übertragenden Körperschaft enthaltenen Wert, d. h. mit dem Buchwert oder dem Zwischenwert zu übernehmen.

175 Dazu ausführlich → § 48 Rn. 60.

176 **c) Buchwertansatz auf Anteilseignerebene gemäß § 13 Abs. 2 UmwStG.** Sofern die Voraussetzungen für eine ertragsteuerneutrale Spaltung erfüllt werden, können die Anteile an der übernehmenden Körperschaft entsprechend § 13 Abs. 2 UmwStG mit dem Buchwert bzw. den Anschaffungskosten der Anteile an der übertragenden Körperschaft angesetzt werden, wenn (Nr. 1) das Besteuerungsrecht der Bundesrepublik Deutschland hinsichtlich des Gewinns aus der Veräußerung der Anteile an der übernehmenden Körperschaft nicht ausgeschlossen oder beschränkt wird oder (Nr. 2) Art. 8 FRL anzuwenden ist (→ § 48 Rn. 71). Zur Aufteilung des Buchwert bzw. der Anschaffungskosten (→ Rn. 147).

177 Für Anteile an der übertragenden Körperschaft, die nicht in den Anwendungsbereich des § 17 EStG fallen, ist § 20 Abs. 4a S. 1 EStG zu beachten. Danach treten die übernommenen Anteile an die Stelle der bisherigen Anteile, wenn das Besteuerungsrecht der Bundesrepublik Deutschland weder ausgeschlossen noch beschränkt wird oder Art. 8 FRL anzuwenden ist (→ Rn. 147 f.).

178 **d) Sonstige Rechtsfolgen.** Im Übrigen entsprechen die Rechtsfolgen den Rechtsfolgen, die bei einer ertragsteuerwirksamen Spaltung eintreten. Insbesondere gelten für verrechenbare Verluste, verbleibende Verlustvorträge, nicht ausgeglichene negative Einkünfte, Zins- und EBITDA-Vorträge nach § 4h Abs. 1 EStG die Regelung des § 15 Abs. 3 UmwStG (→ Rn. 150 ff.), die Verweise auf §§ 3 und 4 UmwStG (→ Rn. 156 ff.) sowie die Auswirkungen auf das steuerliche Einlagenkonto (→ Rn. 160 ff.).

VI. Besonderheiten bei einer rückwirkenden Spaltung

179 Nach § 2 Abs. 1 UmwStG sind das Einkommen und das Vermögen der übertragenden Körperschaft und der übernehmenden Körperschaft so zu ermitteln, als ob das Vermögen, das durch die Aufspaltung oder Abspaltung übertragen wird, mit Ablauf des steuerlichen Übertragungsstichtags auf die übernehmende Körperschaft übergegangen wäre. Ferner

---

[210] Schmitt/Hörtnagl/Stratz/*Hörtnagl* UmwStG § 15 Rn. 257; Widmann/Mayer/*Schießl* UmwStG § 15 Rn. 556; Rödder/Herlinghaus/van Lishaut/*Schumacher* UmwStG § 15 Rn. 184.
[211] So Schmitt/Hörtnagl/Stratz/*Hörtnagl* UmwStG § 15 Rn. 258; Rödder/Herlinghaus/van Lishaut/*Schumacher* UmwStG § 15 Rn. 185.
[212] Dötsch/Pung/Möhlenbrock/*Dötsch/Pung* UmwStG § 15 Rn. 374; Schmitt/Hörtnagl/Stratz/*Hörtnagl* UmwStG § 15 Rn. 249 f.; Widmann/Mayer/*Schießl* UmwStG § 15 Rn. 537; Rödder/Herlinghaus/van Lishaut/*Schumacher* UmwStG § 15 Rn. 178.

gelten ab dem handelsrechtlichen Spaltungsstichtag[213] die Handlungen der übertragenden Körperschaft gemäß § 126 Abs. 1 Nr. 6 UmwG als für Rechnung der übernehmenden Körperschaft vorgenommen. Etwaige Geschäftsvorfälle im Rückwirkungszeitraum und das Einkommen werden somit steuerlich der übernehmenden Körperschaft zugerechnet.

Gegenüber der Verschmelzung besteht bei der Aufspaltung und der Abspaltung die Besonderheit, dass zwischen den Teilbetrieben der übertragenden Körperschaft im Rückwirkungszeitraum interne Liefer- und Leistungsbeziehungen bestehen können. Bei einer konsequenten Anwendung der Rückwirkungsfiktion sind diese so zu behandeln, als ob sie bereits zwischen rechtlich selbständigen Körperschaften stattgefunden hätten, was insbesondere die Beachtung des Fremdvergleichsgrundsatzes erfordern würde.[214] Nach Auffassung der Finanzverwaltung hat jedoch die Zuordnung von Aufwand und Ertrag aus diesen Liefer- und Leistungsbeziehungen im Rückwirkungszeitraum nach wirtschaftlichen Zusammenhängen zu erfolgen.[215] Die Rückwirkung führt nicht dazu, dass im Außenverhältnis Liefer- und Leistungsbeziehungen zwischen der übertragenden und der übernehmenden Körperschaft fingiert werden.[216]

Andererseits können Geschäftsvorfälle zwischen der übertragenden und der übernehmenden Körperschaft im Rückwirkungszeitraum vollständig negiert werden, soweit das vom jeweiligen Geschäftsvorfall betroffene Vermögen im Rahmen der Aufspaltung oder Abspaltung von der übertragenden Körperschaft auf die übernehmende Körperschaft übergeht.[217]

B. Auf- und Abspaltung von Körperschaften auf Personengesellschaften

I. Überblick

1. Anwendbare Vorschriften

Für die Aufspaltung und Abspaltung einer Körperschaft auf mindestens eine Personengesellschaft sind gemäß § 16 UmwStG die Regelungen der §§ 3 bis 8 UmwStG entsprechend anwendbar. Wie bei der Aufspaltung und Abspaltung von einer Körperschaft auf eine Körperschaft, stellen die Aufspaltung und Abspaltung von einer Körperschaft auf eine Personengesellschaft ertragsteuerlich eine Teilverschmelzung einer Körperschaft auf eine Personengesellschaft dar.[218] Ferner gelten gemäß § 16 UmwStG auch die Regelungen des UmwStG § 15 entsprechend, die insbesondere die Voraussetzungen für eine ertragsteuerneutrale Aufspaltung und Abspaltung normieren. Obgleich § 16 UmwStG die Regelung des UmwStG § 15 für entsprechend anwendbar erklärt und dieser wiederum auf die §§ 11 bis 13 UmwStG verweist, gelten letztere bei einer Aufspaltung und Abspaltung von einer Körperschaft auf eine Personengesellschaft grundsätzlich nicht.[219] Eine Ausnahme kann vorliegen bei der nicht verhältniswahrenden Abspaltung auf eine Personengesellschaft.[220]

§ 16 UmwStG gilt sowohl für die Ermittlung des körperschaftsteuerlichen zu versteuernden Einkommens der übertragenden Körperschaft bzw. des ggf. einkommensteuerlichen zu versteuernden Einkommens der Gesellschafter der übertragenden Körperschaft als auch für die Ermittlung des Gewerbeertrags (vgl. § 18 Abs. 1 UmwStG).

---

[213] Das ist der Tag, der dem steuerlichen Übertragungsstichtag und dem Stichtag der handelsrechtlichen Schlussbilanz folgt, vgl. BMF IV C 2 – S 1978 – b/08/10001, BStBl. I 2011, 1314 Tz. 02.02.
[214] Rödder/Herlinghaus/van Lishaut/*Schumacher* UmwStG § 15 Rn. 106.
[215] BMF IV C 2 – S 1978 – b/08/10001, BStBl. I 2011, 1314 Tz. 02.13.
[216] BMF IV C 2 – S 1978 – b/08/10001, BStBl. I 2011, 1314 Tz. 02.13; zustimmend Dötsch/Pung/Möhlenbrock/*Dötsch/Pung* UmwStG § 15 Rn. 123.
[217] Vgl. dazu das Beispiel in FGS/BDI/*Dietrich/Kaeser* UmwSt-Erlass 2011, 96.
[218] Rödder/Herlinghaus/van Lishaut/*Schumacher* UmwStG § 16 Rn. 2.
[219] Dötsch/Pung/Möhlenbrock/*Dötsch* UmwStG § 16 Rn. 1.
[220] Dazu mit Beispielen Rödder/Herlinghaus/van Lishaut/*Schumacher* UmwStG § 16 Rn. 10; zustimmend Dötsch/Pung/Möhlenbrock/*Dötsch* UmwStG § 16 Rn. 5.

2. Regelungsgehalt des § 16 UmwStG

184 Der Regelungsgehalt des § 16 UmwStG beschränkt sich auf Verweisungen auf andere Vorschriften des UmwStG hinsichtlich Voraussetzungen und Rechtsfolgen, soweit im Rahmen einer Aufspaltung oder Abspaltung Vermögen auf eine Personengesellschaft übergeht.

3. Erfasst Fälle

185 § 16 UmwStG ist gemäß § 1 Abs. 1 S. 1 Nr. 1 UmwStG nur auf die Aufspaltung und die Abspaltung im Sinne des § 123 Abs. 1 und 2 UmwG von einer Körperschaft auf eine Personengesellschaft anwendbar. Wie bei UmwStG § 15 ist für die Anwendung des § 16 UmwStG Voraussetzung, dass eine zivilrechtlich wirksame Spaltung nach UmwG oder ein vergleichbarer ausländischer Spaltungsvorgang vorliegt. Zivilrechtliche Alternativgestaltungen werden grundsätzlich nicht erfasst.

186 Dazu → Rn. 8 ff.

II. Entsprechende Anwendung des § 15 Abs. 1 und 2 UmwStG

187 Der Verweis des § 16 UmwStG auf die Tatbestände des UmwStG § 15 ist umfassend. Grundsätzlich kommen daher sämtliche Absätze des UmwStG § 15 im Rahmen einer Aufspaltung und Abspaltung einer Körperschaft auf eine Personengesellschaft zur Anwendung.

188 Gemäß § 16 S. 1 i. V. m. § 15 Abs. 1 S. 2 UmwStG erfordert eine ertragsteuerneutrale Spaltung, dass auf die übernehmenden Personengesellschaften jeweils ein Teilbetrieb übertragen wird und im Falle einer Abspaltung mindestens ein Teilbetrieb bei der übertragenden Körperschaft verbleibt. Kernproblem der Spaltung auf eine Personengesellschaft ist daher das Vorliegen von Teilbetrieben.[221] Auf die Ausführungen zu UmwStG § 15 wird verwiesen (→ Rn. 13 ff.).

189 Ferner gelten bei einer Aufspaltung und Abspaltung von einer Körperschaft auf eine Personengesellschaft die speziellen Missbrauchstatbestände des § 15 Abs. 2 UmwStG entsprechend.[222] Grundsätzlich kann daher auf die Ausführungen zu UmwStG § 15 verwiesen werden (→ Rn. 92 ff.). Hierbei sind allerdings Besonderheiten der Beteiligung von Personengesellschaften bei der Spaltung zu berücksichtigen. Im Schrifttum wird teilweise vertreten, dass die entsprechende Anwendung der § 15 Abs. 2 S. 2 bis 4 UmwStG bei der Spaltung auf Personengesellschaften nur die Anteile an der übertragenden Körperschaft umfasst.[223] Dies ergebe sich aus dem Wortlaut sowie aus dem Sinn und Zweck der Vorschrift, der ein Erfassen der Veräußerung von Anteilen an der übernehmenden Personengesellschaft nicht erfordert, da die Veräußerung dieser Anteile wie eine Veräußerung des Teilbetriebs der Besteuerung unterliege. Diese Auffassung wird von der Finanzverwaltung und der überwiegenden Auffassung im Schrifttum nicht geteilt, sondern auch Veräußerungen von Anteilen an der übernehmenden Personengesellschaft erfasst.[224]

---

[221] A. A. Haritz/Menner/*Asmus* UmwStG § 16 Rn. 10 ff., der bezweifelt, dass das Teilbetriebserfordernis im Rahmen des § 16 UmwStG eine Rolle spielt.

[222] BMF IV C 2 – S 1978 – b/08/10001, BStBl. I 2011, 1314 Tz. 16.02; zustimmend Dötsch/Pung/Möhlenbrock/*Dötsch* UmwStG § 16 Rn. 9; a A *Thieme* BB 2005, 2042, nach dem die Missbrauchsregelung nach § 15 Abs. 2 S. 3 und 4 UmwStG im Rahmen des § 16 UmwStG keine Anwendung findet.

[223] Rödder/Herlinghaus/van Lishaut/*Schumacher* UmwStG § 16 Rn. 17; Frotscher/Maas/*Frotscher* UmwStG § 16 Rn. 41.

[224] BMF IV C 2 – S 1978 – b/08/10001, BStBl. I 2011, 1314 Tz. 16; gl. A. Dötsch/Pung/Möhlenbrock/*Dötsch* UmwStG § 16 Rn. 9; Schmitt/Hörtnagl/Stratz/*Hörtnagl* UmwStG § 16 Rn. 15; Widmann/Mayer/*Schießl* UmwStG § 16 Rn. 85.

III. Rechtsfolgen
1. Entsprechende Anwendung der §§ 3 bis 8 UmwStG

Unabhängig vom Vorliegen weiterer Voraussetzungen ordnet § 16 UmwStG bei Vorliegen einer zivilrechtlich wirksamen Aufspaltung oder Abspaltung die entsprechende Anwendung der §§ 3 bis 8 und 10 UmwStG an. Die Aufspaltung und die Abspaltung werden somit ertragsteuerlich als Teilverschmelzung behandelt.[225] 190

Liegen die Voraussetzungen für eine steuerneutrale Spaltung gemäß UmwStG § 15 oder § 3 Abs. 2 UmwStG nicht vor, sind die stillen Reserven des übergehenden Vermögens nach § 3 Abs. 1 UmwStG aufzudecken. In Bezug auf das übertragene Vermögen besteht für die übertragende Körperschaft die Verpflichtung, eine steuerliche Schlussbilanz zu erstellen und abzugeben. D. h., bei einer Abspaltung eines Teilbetriebs ist eine steuerliche Schlussbilanz auf den steuerlichen Übertragungsstichtag isoliert nur für den abgespaltenen Teilbetrieb zu erstellen.[226] Die übertragenen Wirtschaftsgüter sind in dieser steuerlichen Schlussbilanz mit dem gemeinen Wert anzusetzen. 191

Sofern die Voraussetzungen für eine ertragsteuerneutrale Spaltung gemäß UmwStG § 15 erfüllt werden, können die im Rahmen einer Aufspaltung oder Abspaltung übertragenen Wirtschaftsgüter entsprechend § 3 Abs. 2 UmwStG mit dem Buchwert oder einem höheren Wert, der den gemeinen Wert nach § 3 Abs. 1 UmwStG[227] nicht überschreitet, angesetzt werden, soweit auch die Voraussetzungen des § 3 Abs. 2 UmwStG erfüllt werden. Der übertragenden Körperschaft steht in diesem Fall ein Bewertungswahlrecht hinsichtlich der übertragenen Wirtschaftsgüter zu. § 3 Abs. 2 S. 1 UmwStG erfordert, dass (Nr. 1) die übergehenden Wirtschaftsgüter Betriebsvermögen bei der übernehmenden Personengesellschaft werden und deren Besteuerung mit Einkommensteuer oder Körperschaftsteuer sichergestellt ist (→ § 48 Rn. 24 ff.), (Nr. 2) das Besteuerungsrecht der Bundesrepublik Deutschland hinsichtlich des Gewinns aus der Veräußerung der übertragenen Wirtschaftsgüter bei den Gesellschaftern der übernehmenden Personengesellschaft weder ausgeschlossen noch beschränkt ist (→ § 48 Rn. 27) und (Nr. 3) keine Gegenleistung gewährt wird oder diese nur in Gesellschaftsrechten besteht (→ § 48 Rn. 28 f.). 192

Zur Besteuerung der übertragenden Körperschaft → § 48 Rn. 31. 193

Die übernehmende Personengesellschaft hat die auf sie übergegangenen Wirtschaftsgüter mit dem in der steuerlichen Schlussbilanz der übertragenden Körperschaft enthaltenen Wert zu übernehmen (→ § 48 Rn. 34 f.). Ferner hat die übernehmende Personengesellschaft das Übernahmeergebnis aufzusplitten in (1) Bezüge i. S. d. § 7 UmwStG in Höhe der offenen Rücklagen und (2) in den danach verbleibenden Übernahmegewinn oder Übernahmeverlust, deren steuerliche Behandlung in § 4 Abs. 6 und 7 UmwStG geregelt ist (ausführlich dazu → § 48 Rn. 41 f.).[228] 194

Die entsprechende Anwendung des § 5 UmwStG bedeutet bei einer Spaltung auf eine Personengesellschaft mit Betriebsvermögen, dass für die Anteilseigner der übertragenden Körperschaft, die an der Ermittlung des Übernahmegewinns oder Übernahmeverlustes teilhaben, keine besonderen Grundsätze gelten, sondern die Ausführungen zu § 5 UmwStG auch bei der Aufspaltung und Abspaltung auf eine Personengesellschaft zu beachten sind.[229] 195

Nach § 7 UmwStG sind die offenen Gewinnrücklagen bei der Spaltung auf eine Personengesellschaft jedem Gesellschafter der übertragenden Körperschaft anteilig als Einkünfte nach § 20 Abs. 1 Nr. 1 EStG zuzurechnen. Dies gilt jedoch nur für die Gesellschafter, die tatsächlich in Folge der Aufspaltung oder Abspaltung Anteile an der Personengesell- 196

---

[225] Rödder/Herlinghaus/van Lishaut/*Schumacher* UmwStG § 16 Rn. 2.
[226] BMF IV C 2 – S 1978 – b/08/10001, BStBl. I 2011, 1314 Tz. 15.14.
[227] Bzw. für Pensionsrückstellungen der sich nach § 6a Abs. 3 EStG ergebende Teilwert.
[228] Dötsch/Pung/Möhlenbrock/*Dötsch* UmwStG § 16 Rn. 12.
[229] Dötsch/Pung/Möhlenbrock/*Dötsch* UmwStG § 16 Rn. 13.

schaft erhalten.[230] Der Aufteilungsmaßstab entspricht demjenigen bei der Ermittlung des Übernahmeergebnisses und orientiert sich somit am Verhältnis der gemeinen Werte der übertragenen bzw. zurückbehaltenen Vermögensteile.[231]

2. Entsprechende Anwendung des § 15 Abs. 3 UmwStG

197 Im Falle einer Abspaltung gehen verrechenbare Verluste, verbleibende Verlustvorträge, nicht ausgeglichene negative Einkünfte, ein Zins- und EBITDA-Vortrag im Sinne des § 4h Abs. 1 EStG[232] anteilig entsprechend § 15 Abs. 3 UmwStG unter. Insoweit wird auf die Ausführungen zu § 15 Abs. 3 verwiesen (→ Rn. 150).

198 Obwohl § 15 Abs. 3 UmwStG keine Regelung für den Untergang der Verlustvorträge im Falle einer Aufspaltung enthält, gehen diese vollständig gemäß § 16 S. 1 i. V. m. § 4 Abs. 2 S. 2 UmwStG unter.

3. Sonstige Rechtsfolgen

199 Die Ausführungen zu UmwStG § 15 gelten hinsichtlich der sonstigen Rechtsfolgen für die Spaltung von einer Körperschaft auf eine Personengesellschaft entsprechend. Insoweit wird vollumfänglich hierauf verwiesen (→ Rn. 156 ff.). Insbesondere ist der Bestand des steuerlichen Einlagekontos der übertragenden Körperschaft (anteilig) zu reduzieren, auch wenn die übernehmende Personengesellschaft ein steuerliches Einlagekonto im Sinne des § 27 KStG nicht führen kann.[233]

IV. Besonderheiten bei einer rückwirkenden Spaltung

200 Die Ausführungen zu den Besonderheiten der Rückwirkung in Fällen einer Spaltung gelten für die Spaltung von einer Körperschaft auf eine Personengesellschaft entsprechend. Insoweit wird auf diese verwiesen (→ Rn. 179 ff.).

C. Auf- und Abspaltung von Personengesellschaften auf Körperschaften

I. Einordnung der konkreten Abspaltung für Besteuerungszwecke

201 Für die Auf- oder Abspaltung von Personengesellschaften auf Kapitalgesellschaften gelten im Kern die oben unter § 48 Rn. 76 ff. zur Verschmelzung von Personengesellschaften auf Kapitalgesellschaften erläuterten Grundsätze entsprechend. Allerdings bestehen teilweise zusätzliche Voraussetzungen oder es liegen – insbesondere bei Upstream-Sachverhalten – Besonderheiten bzgl. Der Rechtsgrundlagen vor.

II. Keine explizite Regelung der up-stream Aufspaltung oder Abspaltung

202 Up-stream Sachverhalte sind – wie unter § 48 Rn. 76 zur Verschmelzung einer Personengesellschaft auf eine Kapitalgesellschaft dargestellt – nicht explizit gesetzlich geregelt. Die up-stream Abspaltung aus der Personengesellschaft auf die Mutterkapitalgesellschaft dürfte aus systematischer Sicht zumindest bei Abspaltung eines Teilbetriebs (→ Rn. 13 ff.) einschließlich der wesentlicher Betriebsgrundlagen steuerneutral möglich sein.

Rechtsgrundlagen können je nach Ausgestaltung Realteilungsgrundsätze nach § 16 Abs. 3 S. 2 ff. EStG sein.[234] Denkbar wäre – je nach Ausgestaltung – auch eine Anwendung von § 6 Abs. 3 EStG (→ § 48 Rn. 76).

---

[230] Rödder/Herlinghaus/van Lishaut/*Schumacher* UmwStG, § 16 Rn. 25.
[231] Schmitt/Hörtnagl/Stratz/*Hörtnagl*, UmwStG § 16 Rn. 32.
[232] Verrechenbare Verluste, verbleibende Verlustvorträge, nicht ausgeglichene negative Einkünfte, Zins- und EBITDA-Vorträge nach § 4h Abs. 1 EStG werden im Folgenden zusammenfassend als Verlustvorträge bezeichnet, sofern diese nicht im Einzelfall konkretisiert werden.
[233] BMF IV C 2 – S 1978 – b/08/10001, BStBl. I 2011, 1314 Tz. K. 06.
[234] Vgl. BMF IV C 6 – S 2242/07/10002: 004, BStBl. I 2017, 36, unter Abschnitt II.

Umfasst die Abspaltung nur einzelne Wirtschaftsgüter und keinen steuerlichen Teilbetrieb, kann sich die Steuerneutralität im up-stream Fall aus § 6 Abs. 5 Satz 3 EStG ergeben. Hierbei ist allerdings nach (umstrittener) derzeitiger Rechtslage zu beachten, dass eine Mitabspaltung von Verbindlichkeiten die Steuerneutralität einschränken kann.[235]

Im Fall der up-stream Aufspaltung einer Personengesellschaft auf mehrere Mutterkapitalgesellschaften dürften die Realteilungsgrundsätze nach § 16 Abs. 3 Satz 2 ff. EStG anwendbar sein. **203**

In allen Fällen ist bei der konkreten Ausgestaltung genau zu prüfen, dass der Abgang des Betriebsvermögens durch die Auf- oder Abspaltung gegen Kapitalkonten gebucht wird und welches konkrete Kapitalkonto angesprochen wird. **204**

III. Anwendung von § 20 UmwStG bei der side-stream-Aufspaltung oder Abspaltung

Die Abspaltung auf eine Kapitalgesellschaft oder die Aufspaltung auf zwei oder mehrere Kapitalgesellschaften fällt unter § 20 UmwStG. Zusätzliche Voraussetzung gegenüber dem Übergang des gesamten Betriebsvermögens mit einer Verschmelzung ist, dass für eine Anwendbarkeit von § 20 UmwStG steuerliche **Teilbetriebe** einschließlich der wesentlichen Betriebsgrundlagen oder Mitunternehmeranteile übergehen müssen. Diese Voraussetzung entspricht den Anforderungen an die Steuerneutralität bei einer Abspaltung aus Kapitalgesellschaften (→ Rn. 13 ff.). Wesentliche Betriebsgrundlagen im Sonderbetriebsvermögen der übertragenden Personengesellschaft, die dem übergehenden Teilbetrieb / Mitunternehmeranteil zuzuordnen sind, müssen auf die übernehmende Kapitalgesellschaft übertragen werden. Stellt das durch die Abspaltung übergehende Betriebsvermögen keinen steuerlichen Teilbetrieb dar oder werden zum Teilbetrieb gehörende wesentliche Betriebsgrundlagen des Betriebsvermögens der Personengesellschaft oder des Sonderbetriebsvermögens nicht mit übertragen, ist § 20 UmwStG nicht anwendbar und die Abspaltung bzw. Aufspaltung führt zur Aufdeckung stiller Reserven. **205**

Um eine Anwendbarkeit von § 20 UmwStG zu erreichen, muss die übernehmende bzw. müssen die übernehmenden Kapitalgesellschaften (jeweils) eine Kapitalerhöhung durchführen (siehe oben unter § 48 Rn. 83 ff.). Ein Verzicht auf eine Kapitalerhöhung ist bei der Abspaltung/Aufspaltung zur Aufnahme daher steuerschädlich. Die Abspaltung/Aufspaltung führt zu einer Gewährung neuer Anteile an den Gesellschafter der übertragenden Personengesellschaft. Bei einfachem Lesen des Wortlauts von § 20 UmwStG könnten im Hinblick auf die Anwendbarkeit von § 20 UmwStG Zweifel aufkommen, da der übertragende Rechtsträger und der Rechtsträger, dem die neuen Anteile gewährt werden, auseinanderfallen. Die daraus resultierenden dogmatischen Fragen waren lang Zeit unklar, können heute jedoch durch die explizite Aufnahme der Abspaltung in § 1 Abs. 3 Nr. 1 UmwStG sowie klarstellende Regelungen im UmwSt-Erlass[236] für die Praxis als geklärt angesehen werden. **206**

§ 20 UmwStG erfordert auch nicht, dass Anteile verhältniswahrend ausgegeben werden, d. h. die gewährten Anteile den Beteiligungsquoten an der übertragenden Personengesellschaft entsprechend. Die nicht-verhältniswahrende Aufspaltung/Abspaltung ist zulässig, ebenso wie die Aufspaltung „zu Null", bei der beispielsweise die beiden bisher beteiligten Gesellschafter A und B jeweils Alleingesellschafter der übernehmenden Kapitalgesellschaften werden (d. h. die Anteile an der übernehmenden A-GmbH erhält ausschließlich A und die Anteile an der übernehmenden B-GmbH erhält ausschließlich B).[237] Gleiches gilt für **207**

---

[235] Vgl. BMF IV C 6 – S 2241/10/10002, BStBl. I 2013, 1164; BMF IV C 6 – S 2241/10/10002, BStBl. I 2011, 1279; BFH X R 28/12, BStBl. II 2016, 81 = FR 2016, 318; BFH IV R 1/08, BFH/NV 2012, S. 1536 = FR 2012, 1079. Mit Beschluss vom 27.10.2015 (X R 28/12, BStBl. II 2016, 81) wurde die Rechtsfrage dem Großen Senat zur Entscheidung vorgelegt.

[236] BMF IV C 2 – S 1978 – b/08/10001, BStBl. I 2011, 1314 Tz. 20.03.

[237] Vgl. BT-Drucksache 12/6885, S. 25, zum insoweit nicht veränderten UmwStG 1995.

den Fall der Abspaltung, wenn beispielsweise ein Teilbetrieb abgespalten wird und der Gesellschafter A alleine die Anteile an der übernehmenden Kapitalgesellschaft erhält und dafür aus der übertragenden KG ausscheidet, bei der der Gesellschafter B dann zum alleinigen am Festkapital beteiligten Gesellschafterwird. Die Zulässigkeit ergibt sich nach der hier vertretenen Auffassung ua daraus, dass § 1 Abs. 3 Nr. 1 UmwStG alle Formen der Abspaltung von Personengesellschaften auf Personengesellschaften in den Anwendungsbereich des § 20 UmwStG verweist, also auch etwaige nicht-verhältniswahrende Aufspaltungen oder Abspaltungen. Unumstritten ist dies allerdings nicht, so dass in diesen Fällen vorab eine verbindliche Auskunft eingeholt werden sollte.

208 Im Übrigen sind die weiteren unter § 48 Rn. 87 ff. aufgeführten Voraussetzungen (Sicherstellung der Besteuerung mit Körperschaft; kein negatives Kapitalkonto; kein Verlust des deutschen Besteuerungsrechts; keine schädliche Gegenleistung > 25 % des Buchwerts) zu erfüllen.

209 Schließlich begründet die unter § 20 UmwStG fallende Abspaltung/Aufspaltung auf eine Kapitalgesellschaft die unter § 48 Rn. 106 ff. im Einzelnen erläuterten Sperrfristen nach § 22 UmwStG.

D. Auf- und Abspaltung von Personengesellschaften auf Personengesellschaften

I. Einordnung der konkreten Abspaltung für Besteuerungszwecke

210 Für die Auf- oder Abspaltung von Personengesellschaften auf Personengesellschaften gelten im Kern die oben unter § 48 Rn. 120 ff. erläuterten Grundsätze zur Verschmelzung von Personengesellschaften auf Personengesellschaften bzw. die unter Rn. 201 erläuterten Grundsätze zur Auf-/Abspaltung von Personengesellschaften auf Kapitalgesellschaften entsprechend mit wenigen Besonderheiten bzw. zusätzlichen Voraussetzungen.

II. Keine explizite Regelung der up-stream Aufspaltung oder Abspaltung

211 Die up-stream Abspaltung/Aufspaltung einer Personengesellschaft auf Personengesellschaften als Anteilseigner ist nicht explizit gesetzlich geregelt. Sie dürfte aus systematischer Sicht zumindest bei Abspaltung eines Teilbetriebs (→ Rn. 13 ff.) einschließlich der wesentlichen Betriebsgrundlagen steuerneutral möglich sein. Für die Einzelheiten kann auf die Erläuterungen zu Rn. 202 verwiesen werden, da es in diesen Fallgestaltungen nicht auf die Rechtsform des Gesellschafters der übertragenden Personengesellschaft ankommt. Ob das Betriebsvermögen der übertragenden Personengesellschaft auf eine Kapital- oder Personengesellschaft als Anteilseigner übergeht, macht in diesen Kostellationen keinen Unterschied. Mögliche Rechtsgrundlagen für eine Steuerneutralität sind die Realteilungsregelungen, § 6 Abs. 3 EStG oder § 6 Abs. 5 EStG im Falle der Übertragung von Einzelwirtschaftsgütern durch die Abspaltung/Aufspaltung.

III. Anwendung von § 24 UmwStG bei der side-stream Aufspaltung oder -abspaltung

212 Die Abspaltung aus einer Personengesellschaft auf eine Personengesellschaft oder die Aufspaltung auf zwei oder mehrere Kapitalgesellschaften fällt unter § 24 UmwStG. Zusätzliche Voraussetzung gegenüber dem Übergang des gesamten Betriebsvermögens mit einer Verschmelzung ist, dass für eine Anwendbarkeit von § 24 UmwStG steuerliche **Teilbetriebe** einschließlich der wesentlichen Betriebsgrundlagen oder Mitunternehmeranteile übergehen müssen. Diese Voraussetzung entspricht den Anforderungen an die Steuerneutralität bei einer Abspaltung aus Kapitalgesellschaften (→ Rn. 13 ff.). Wesentliche Betriebsgrundlagen im Sonderbetriebsvermögen der übertragenden Personengesellschaft, die dem

übergehenden Teilbetrieb / Mitunternehmeranteil zuzuordnen sind, müssen auf die übernehmende Personengesellschaft übertragen oder zumindest wieder dort zu Sonderbetriebsvermögen werden.²³⁸ Stellt das durch die Abspaltung übergehende Betriebsvermögen keinen steuerlichen Teilbetrieb dar oder werden zum Teilbetrieb gehörende wesentliche Betriebsgrundlagen des Betriebsvermögens der Personengesellschaft oder des Sonderbetriebsvermögens nicht mit übertragen, ist § 24 UmwStG nicht anwendbar. Ggf. kommt als Auffangregelung § 6 Abs. 5 EStG in Betracht, wobei die Anwendbarkeit auf die hier vorliegenden Übertragungen auf Schwesterpersonengesellschaften umstritten ist.²³⁹

Um eine Anwendbarkeit von § 24 UmwStG zu erreichen, muss die übernehmende bzw. **213** müssen die übernehmenden Personengesellschaften (jeweils) das Festkapital erhöhen und es muss eine Mitunternehmerstellung eingeräumt/erweitert werden (→ § 48 Rn. 129 ff.). Ein Verzicht auf eine Festkapitalerhöhung bzw. Einräumung/Erweiterung der Mitunternehmerstellung ist bei der Abspaltung/Aufspaltung zur Aufnahme daher steuerschädlich. Die Abspaltung/Aufspaltung führt zu einer Gewährung neuer Anteile an den Gesellschafter der übertragenden Personengesellschaft. Bei einfachem Lesen des Wortlauts von § 24 UmwStG könnten im Hinblick auf die Anwendbarkeit von § 24 UmwStG Zweifel aufkommen, da der übertragende Rechtsträger und der Rechtsträger, dem die neuen Anteile gewährt werden, auseinanderfallen. Die daraus resultierenden dogmatischen Fragen waren lang Zeit unklar, können heute jedoch durch die explizite Aufnahme der Abspaltung in § 1 Abs. 3 Nr. 1 UmwStG sowie klarstellende Regelungen im UmwSt-Erlass²⁴⁰ für die Praxis als geklärt angesehen werden.

Wie § 20 UmwStG (siehe oben unter Rn. 207) erfordert auch § 24 UmwStG nicht, dass **214** Anteile verhältniswahrend ausgegeben werden, d. h. die gewährten Anteile den Beteiligungsquoten an der übertragenden Personengesellschaft entsprechend. Die nicht-verhältniswahrende Aufspaltung/Abspaltung ist zulässig, ebenso wie die Aufspaltung „zu Null", bei der beispielsweise die beiden bisher beteiligten Gesellschafter A und B jeweils alleinige am Festkapital der übernehmenden Personengesellschaft beteiligte Gesellschafter werden (d. h. die Anteile an der übernehmenden A-KG erhält ausschließlich A und die Anteile an der übernehmenden B-KG erhält ausschließlich B).²⁴¹ Gleiches gilt für den Fall der Abspaltung, wenn beispielsweise ein Teilbetrieb abgespalten wird und der Gesellschafter A alleine die Anteile an der übernehmenden Personengesellschaft erhält und dafür aus der übertragenden KG ausscheidet, bei der der Gesellschafter B dann zum alleinigen am Festkapital beteiligten Gesellschafter wird. Die Zulässigkeit ergibt sich nach der hier vertretenen Auffassung u. a. daraus, dass § 1 Abs. 3 Nr. 1 UmwStG alle Formen der Abspaltung von Personengesellschaften auf Personengesellschaften in den Anwendungsbereich des § 24 UmwStG verweist, also auch etwaige nicht-verhältniswahrende Aufspaltungen oder Abspaltungen. Unumstritten ist dies allerdings nicht, so dass in diesen Fällen vorab eine verbindliche Auskunft eingeholt werden sollte.

Im Übrigen sind die weiteren unter § 48 Rn. 133 ff. aufgeführten Voraussetzungen **215** (Sicherstellung der Besteuerung mit Einkommen- oder Körperschaftsteuer; kein Verlust des deutschen Besteuerungsrechts; keine schädliche Gegenleistung > 25 % des Buchwerts) zu beachten sowie die Vorgabe, dass die Gutschrift der zugehenden Buchwerte entweder ausschließlich auf einem Festkapitalkonto oder auf einem Festkapitalkonto und weiteren

---

²³⁸ BMF IV C 2 – S 1978 – b/08/10001, BStBl. I 2011, 1314 Tz. 24.05.
²³⁹ Der Bundesfinanzhof hat diese Rechtsfrage zwischenzeitlich dem Bundesverfassungsgericht zur Entscheidung vorgelegt (vgl. BFH I R 80/12, BStBl. II 2013, 1004, anhängig beim BVerfG unter Az. 2 BvL 8/13). Zudem ist unter dem Aktenzeichen IV R 11/15 ein weiteres Verfahren vor dem Bundesfinanzhof anhängig, das – neben anderen Rechtsfragen – ebenfalls die Anwendung von § 6 Abs. 5 EStG zwischen Schwesterpersonengesellschaften zum Gegenstand hat.
²⁴⁰ BMF IV C 2 – S 1978 – b/08/10001, BStBl. I 2011, 1314 Tz. 24.03 i. V. m. 20.03.
²⁴¹ Vgl. BT-Drucksache 12/6885, S. 25, zur insoweit vergleichbaren Regelung in § 20 UmwStG UmwStG 1995.

Kapitalkonten nach steuerlichen Grundsätzen zu erfolgen hat, nicht jedoch auf Verrechnungskonten mit Forderungs-/Verbindlichkeitscharakter.

E. Ausgliederung

I. Ausgliederung auf eine Kapitalgesellschaft

216 Die Ausgliederung von Betriebsvermögen auf eine Kapitalgesellschaft wird steuerlich nach § 20 UmwStG behandelt. Dies ist unabhängig von der Rechtsform des übertragenden Rechtsträgers, der beispielsweise Einzelunternehmer, Personengesellschaft oder Kapitalgesellschaft sein kann.

217 Wesentliche Voraussetzung für eine Anwendbarkeit von § 20 UmwStG ist, dass im Rahmen der Ausgliederung qualifiziertes Betriebsvermögen in Form eines Betriebs, eines Teilbetriebs oder eines Mitunternehmeranteils, jeweils einschließlich der wesentlichen Betriebsgrundlagen auf die übernehmende Kapitalgesellschaft übergehen muss. Diese Voraussetzung entspricht den Anforderungen an die Steuerneutralität bei einer Abspaltung aus Kapitalgesellschaften (siehe oben unter Rn. 205 ff.). Stellt das durch die Ausgliederung übergehende Betriebsvermögen keinen steuerlichen Teilbetrieb dar oder werden zugehörige wesentliche Betriebsgrundlagen nicht mit übertragen (eine Nutzungsüberlassung reicht nicht aus), ist § 20 UmwStG nicht anwendbar und die Ausgliederung führt zur Aufdeckung stiller Reserven.

218 Um eine Anwendbarkeit von § 20 UmwStG zu erreichen, muss die übernehmende Kapitalgesellschaften zwingend eine Kapitalerhöhung durchführen (siehe oben unter § 48 Rn. 83 ff.). Ein Verzicht auf eine Kapitalerhöhung ist bei der Ausgliederung daher steuerschädlich.

219 Im Übrigen sind die weiteren unter § 48 Rn. 87 ff. aufgeführten Voraussetzungen (Sicherstellung der Besteuerung mit Körperschaft; kein negatives Kapitalkonto; kein Verlust des deutschen Besteuerungsrechts; keine schädliche Gegenleistung > 25 % des Buchwerts) zu erfüllen.

220 Schließlich begründet die unter § 20 UmwStG fallende Ausgliederung auf eine Kapitalgesellschaft die unter § 48 Rn. 106 ff. im Einzelnen erläuterten Sperrfristen nach § 22 UmwStG.

221 Besteht das ausgegliederte Vermögen ausschließlich aus einem Anteil an einer Kapitalgesellschaft, ist statt § 20 UmwStG § 21 UmwStG zu prüfen. § 21 UmwStG regelt die Steuerfolgen des **Anteilstauschs**. Die Voraussetzungen in § 21 UmwStG und die Rechtsfolgen ähneln § 20 UmwStG. Insbesondere ist auch eine Kapitalerhöhung notwendig. Anstelle der Übertragung qualifizierten Betriebsvermögens verlangt § 21 UmwStG für einen Buchwertansatz und damit für eine Steuerneutralität, dass die übernehmende Gesellschaft nach Übernahme des Anteils an der Kapitalgesellschaft die Mehrheit der Stimmrechte an der Gesellschaft, deren Anteile eingebracht wurden, hält (vgl. § 21 Abs. 1 S. 2 Nr. 1 UmwStG). Mit Anwendung des Buchwertansatzes nach § 21 UmwStG werden die unter § 48 Rn. 114 ff. im Einzelnen erläuterten Sperrfristen nach § 22 Abs. 2 UmwStG begründet. Eine Rückwirkung ist im Falle des Arbeitstauschs nach § 21 UmwStG aber ausgeschlossen.

II. Ausgliederung auf eine Personengesellschaft

222 Die Ausgliederung von Betriebsvermögen auf eine Personengesellschaft wird steuerlich nach § 24 UmwStG behandelt. Dies ist unabhängig von der Rechtsform des übertragenden Rechtsträgers, der beispielsweise Einzelunternehmer, Personengesellschaft oder Kapitalgesellschaft sein kann.

223 Wesentliche Voraussetzung für eine Anwendbarkeit von § 24 UmwStG ist, dass im Rahmen der Ausgliederung qualifiziertes Betriebsvermögen in Form eines Betriebs, eines

Teilbetrieb oder eines Mitunternehmeranteils, jeweils einschließlich der wesentlichen Betriebsgrundlagen auf die übernehmende Personengesellschaft übergehen muss. Diese Voraussetzung entspricht der Anforderungen an die Steuerneutralität bei einer Ausgliederung auf eine Kapitalgesellschaften (→ Rn. 217). Ausnahme bzw. Erleichterung ist hier, dass ein Übergang wesentlicher Betriebsgrundlagen in das Sonderbetriebsvermögen der übernehmenden Personengesellschaft ausreicht.[242] So kann beispielsweise Grundbesitz bei der Ausgliederung zurückbehalten werden, wenn dieser von dem Gesellschafter an die übernehmende Personengesellschaft zur Nutzung überlassen wird.

224 Stellt das durch die Ausgliederung übergehende Betriebsvermögen kein qualifiziertes Betriebsvermögen dar oder werden zugehörige wesentliche Betriebsgrundlagen nicht zu Gesamthandsvermögen der übernehmenden Personengesellschaft oder Sonderbetriebsvermögen bei der übernehmenden Personengesellschaft, ist § 24 UmwStG nicht anwendbar. Ggf. kommt als Auffangregelung § 6 Abs. 5 EStG in Betracht, wobei dann die Mitübertragung von Verbindlichkeiten/Schulden schädlich für die Steuerneutralität sein kann (→ § Rn. 202).

225 Um eine Anwendbarkeit von § 24 UmwStG zu erreichen, muss die übernehmende Personengesellschaft das Festkapital erhöhen und es muss eine Mitunternehmerstellung eingeräumt/erweitert werden (→ § 48 Rn. 129 ff.). Ein Verzicht auf eine Festkapitalerhöhung bzw. Einräumung/Erweiterung der Mitunternehmerstellung ist bei der Ausgliederung daher steuerschädlich. Als Auffangnorm kommt auch dann ggf. § 6 Abs. 5 EStG in Betracht mit den vorgenannten Einschränkungen bei der Mitübertragung von Verbindlichkeiten.

226 Im Übrigen sind die weiteren unter § 48 Rn. 133 ff. aufgeführten Voraussetzungen (Sicherstellung der Besteuerung mit Einkommen- oder Körperschaftsteuer; kein Verlust des deutschen Besteuerungsrechts; keine schädliche Gegenleistung > 25 % des Buchwerts) zu beachten sowie die Vorgabe, dass die Gutschrift der zugehenden Buchwerte entweder ausschließlich auf einem Festkapitalkonto oder auf einem Festkapitalkonto und weiteren Kapitalkonten nach steuerlichen Grundsätzen zu erfolgen hat, nicht jedoch auf Verrechnungskonten mit Forderungs-/Verbindlichkeitscharakter.

§ 50 Formwechsel

Übersicht

	Rdnr.		Rdnr.
I. Formwechsel einer Kapitalgesellschaft in eine Personengesellschaft	1–16	bb) Besteuerung offener Rücklagen	12
1. Grundlagen	1–5	cc) Ermittlung Übernahmeergebnis	13–16
a) Überblick	1, 2	II. Formwechsel einer Personengesellschaft in eine Kapitalgesellschaft	17–19
b) Steuerlicher Übertragungsstichtag	3	1. Anwendbarkeit der Vorschriften zur Einbringungen (§§ 20 ff. UmwStG)	17
c) Steuerliche Rückwirkung	4, 5	2. Zeitpunkt des Wirksamwerdens	18
2. Anwendung der Grundsätze über die Verschmelzung von Körperschaften auf Personengesellschaften	6–16	3. Wesentliche Betriebsgrundlagen im Sonderbetriebsvermögen	19
		4. Weitere Vorraussetzungen des § 20 UmwStG	20
a) Steuerliche Auswirkungen bei der formwechselnden Kapitalgesellschaft	6–10	5. Sperrfristen	21
b) Steuerliche Auswirkungen bei der neuen Personengesellschaft	11–16	III. Formwechsel einer Personengesellschaft in eine andere Rechtsform der Personengesellschaft	22
aa) Wertverknüpfung und Bilanzierung	11	IV. Formwechsel einer Kapitalgesellschaft in eine andere Rechtsform der Kapitalgesellschaften	23

---

[242] BMF IV C 2 – S 1978 – b/08/10001, BStBl. I 2011, 1314 Tz. 24.05.

I. Formwechsel einer Kapitalgesellschaft in eine Personengesellschaft

1. Grundlagen

1 **a) Überblick.** Zivilrechtlich vollzieht sich der Formwechsel als identitätswahrende Umwandlung ohne Vermögensübergang.[1] Aufgrund des mit dem heterogenen Formwechsels verbundenen Wechsels des Besteuerungskonzepts ist für steuerliche Zwecke aber ein Vermögensübergangs zu fingieren.[2] Diese Fiktion ist erforderlich, um den Wechsel des Besteuerungssubjekts von der ertragsteuerlich – mit Ausnahme der GewSt – transparenten Personengesellschaft, deren Gewinn zwar auf Gesellschaftsebene ermittelt, allerdings direkt ihren Gesellschaftern zugerechnet wird, auf die Körperschaft als selbständiges Steuersubjekt, deren Gewinn auf Gesellschaftsebene der Besteuerung unterliegt, steuerlich abbilden zu können.[3] Ausgenommen bleiben das Grunderwerb- und Umsatzsteuerrecht, die sich ohne abweichende Fiktionen an dem Zivilrecht orientieren, sodass der Formwechsel mangels Vermögensübertragung neutral behandelt wird.[4]

2 Der fiktive Übergang des Vermögens führt zu einem wechselseitigen fiktiven Veräußerungs- und Anschaffungsgeschäft zwischen den beteiligten Rechtsträgern, das grundsätzlich die Realisierung stiller Reserven impliziert. Die formwechselnde Kapitalgesellschaft gilt in dieser Beziehung als übertragender Rechtsträger und die neu entstehende Personengesellschaft als übernehmender Rechtsträger. Das Umwandlungssteuerrecht bietet hier die Möglichkeit einer Steuerneutralität, indem § 9 S. 1 UmwStG auf den Zweiten Teil des UmwStG verweist und die Regelungen in §§ 3 bis 7, 10 UmwStG für entsprechend anwendbar erklärt. Im Ergebnis wird der Formwechsel einer Kapitalgesellschaft in eine Personengesellschaft einem Verschmelzungsvorgang von einer Kapitalgesellschaft auf eine Personengesellschaft gleichgestellt.

3 **b) Steuerlicher Übertragungsstichtag.** Der steuerliche Übertragungsstichtag entspricht grundsätzlich dem Tag des Wirksamwerdens des Formwechsels, der mit Eintragung der Kapitalgesellschaft in das Handelsregister (§ 202 Abs. 1 Nr. 1 UmwG) eintritt.[5] Auf diesen Umwandlungsstichtag hat die formwechselnde Kapitalgesellschaft rein für steuerliche Zwecke eine Schlussbilanz i. S. d. § 3 UmwStG und die Zielpersonengesellschaft eine Eröffnungsbilanz zu erstellen.[6] Eine Handelsbilanz auf den Stichtag ist indes nicht erforderlich.

4 **c) Steuerliche Rückwirkung.** § 9 S. 3 UmwStG enthält eine eigenständige, von § 2 UmwStG losgelöste Regelung für den steuerlichen Rückbezug des Formwechsels.[7] Danach kann auf Antrag – ohne weitere Voraussetzungen – von dem regulären Stichtag abgewichen werden und ein beliebiger Tag in einem Zeitraum von acht Monaten vor der Anmeldung des Formwechsel zur Eintragung in das Handelsregister als steuerlicher Übertragungsstichtag gewählt werden.[8] In der Praxis wird üblicherweise ein Umwandlungsstichtag bestimmt, der mit dem handelsrechtlichen Bilanzstichtag zusammenfällt, um eine unterjährige Ergebnisabgrenzung zwischen der Sphäre der Kapitalgesellschaft und der Sphäre der Personengesellschaft zu vermeiden.[9] Das Einkommen und Vermögen der Kapitalgesellschaft sowie der Personengesellschaft sind dann so zu ermitteln, als ob das Vermögen der formwechselnden

---

[1] Vgl. Haritz/Menner/*Greve* UmwStG § 9 Rn. 35; Lutter/*Moszka* Anh. UmwStG Rn. 632.

[2] Vgl. Haritz/Menner/*Greve* UmwStG § 9 Rn. 35; Lutter/*Moszka* Anh. UmwStG Rn. 633; Schmitt/Hörtnagl/Stratz/*Schmitt* UmwStG § 9 Rn. 8.

[3] Vgl. Lutter/*Moszka* Anh. UmwStG Rn. 634 ff.

[4] Vgl. BFH II B 116/96, BStBl. II 1997, 661 = DStR 1997, 112.

[5] Vgl. BMF IV C 2 – S 1978 – b/08/10001, BStBl. I 2011, 1314 Tz. 09.01.

[6] Vgl. § 9 S. 2 UmwStG.

[7] Vgl. Rödder/Herlinghghaus/van Lishaut/*Birkemeier* UmwStG § 9 Rn. 35; Schmitt/Hörtnagl/Stratz/*Schmitt* UmwStG § 9 Rn. 16.

[8] Vgl. FGS/BDI/*Cordes/Dremel/Carstens* UmwStErlass, 226.

[9] Vgl. Haritz/Menner/*Greve* UmwStG § 9 Rn. 39.

Kapitalgesellschaft mit Ablauf des Stichtags dieser Bilanz auf die Personengesellschaft übergegangen wäre.[10] Dies hat zur Folge, dass sämtliche Rechtshandlungen der formwechselnden Kapitalgesellschaft im Rückwirkungszeitraum steuerlich der zivilrechtlich noch nicht existenten Personengesellschaft zuzurechnen sind.[11]

Der Antrag unterliegt keinen speziellen Fristen. Er ist zudem abänderbar, solange die relevanten Steuerfestsetzungen nach den Vorschriften der Abgabenordnung geändert werden können. Angaben in dem Formwechselbeschluss zu wirtschaftlichen Stichtagen für den Formwechsel sind für die Besteuerung nicht relevant und entfalten keine Bindungswirkung gegenüber der Finanzbehörde. Entscheidend ist allein die Ausübung des Wahlrechts in der Kommunikation mit dem Finanzamt. Diese kann auch von etwaigen im Vertrag genannten Stichtagen abweichen. In der Praxis ist zur Vermeidung von Missverständnissen indes zu empfehlen, in den Formwechselbeschluss keine Stichtagsangaben aufzunehmen, da dies dem Wesen des Formwechsels als identitätswahrende Umwandlung auch fremd ist.

2. Anwendung der Grundsätze über die Verschmelzung von Körperschaften auf Personengesellschaften

a) Steuerliche Auswirkungen bei der formwechselnden Kapitalgesellschaft.
Der Wertansatz in der steuerlichen Schlussbilanz der formwechselnden Kapitalgesellschaft richtet sich danach, ob der Formwechsel in eine Personengesellschaft mit oder ohne Betriebsvermögen erfolgt. Je nachdem sind unterschiedliche Vorschriften des Zweiten Teils des UmwStG einschlägig. Maßgebend sind die Verhältnisse im Zeitpunkt des steuerlichen Übertragungsstichtags.

Scheitert die Betriebsvermögenseigenschaft des Vermögens in der neuen Personengesellschaft daran, dass diese weder gewerblich noch land- und forstwirtschaftlich bzw. freiberuflich tätig ist, findet § 8 UmwStG Anwendung.[12] Darin ist der zwingende Ansatz der Wirtschaftsgüter in der steuerlichen Schlussbilanz der formwechselnden Kapitalgesellschaft mit dem gemeinen Wert vorgesehen.[13] Dies schließt selbst geschaffene immaterielle Wirtschaftsgüter, insbesondere einen etwaigen Geschäfts- und Firmenwert, ein.

Für den in der Praxis gängigeren Fall, dass der Formwechsel in eine Personengesellschaft mit Betriebsvermögen vollzogen wird, gelten die Grundsätze aus § 3 UmwStG (→ § 48 Rn. 18 ff.).[14] Ebenso wie bei der Verschmelzung einer Kapitalgesellschaft auf eine Personengesellschaft ist das Vermögen in der steuerlichen Schlussbilanz prinzipiell mit dem gemeinen Wert unter Aufdeckung der stillen Reserven anzusetzen.[15] Auf Antrag kann davon abweichend der Ansatz des Vermögens mit dem Buchwert oder einem Zwischenwert, höchstens jedoch mit dem gemeinen Wert, erfolgen. Der Antrag ist bis zur erstmaligen Abgabe der steuerlichen Schlussbilanz der formwechselnden Kapitalgesellschaft zu stellen und ist unwiderruflich. Er sollte schriftlich gestellt werden und wird in der Regel durch die Vertreter der aus dem Formwechsel hervorgehenden Personengesellschaft ausgeübt.

Der Buchwert- oder Zwischenwertansatz ist an bestimmte Voraussetzungen gebunden, die kumulativ vorliegen müssen (Betriebsvermögenseigenschaft des übergehenden Vermögens bei der übernehmenden Personengesellschaft, Sicherstellung der späteren Besteuerung der übergehenden Wirtschaftsgüter mit Einkommen- oder Körperschaftsteuer, keine Beschränkung und kein Ausschluss des deutschen Besteuerungsrechts, keine Gegenleistung

---

[10] Vgl. Dötsch/Patt/Pung/Möhlenbrock/*Möhlenbrock* UmwStR § 9 Rn. 24.
[11] Vgl. Rödder/Herlinghaus/van Lishaut/*Birkemeier* UmwStG § 9 Rn. 36; Dötsch/Patt/Pung/Möhlenbrock/*Möhlenbrock* UmwStR § 9 Rn. 26.
[12] Vgl. Schmitt/Hörtnagl/Stratz/*Schmitt* UmwStG § 9 Rn. 40.
[13] Der Formwechsel einer Kapitalgesellschaft in eine Personengesellschaft, die im „Treuhand-Modell" strukturiert ist, fällt nach der hier vertretenen Auffassung ebenfalls unter §§ 3 ff. UmwStG mit der Möglichkeit zur Inanspruchnahme des Buchwertansatzes (→ § 48 Rn. 26)
[14] Vgl. Schmitt/Hörtnagl/Stratz/*Schmitt* UmwStG § 9 Rn. 40.
[15] Vgl. § 9 S. 1 i. V. m. § 3 Abs. 1 S. 1 UmwStG.

bzw. Gegenleistung in Gesellschaftsrechten). Für Einzelheiten zu den Anforderungen und unter welchen Bedingungen diese erfüllt werden oder nicht, wird auf die Ausführungen zu § 3 UmwStG verwiesen (→ § 48 Rn. 23 ff.)

10 Falls die Buchwerte des Vermögens der formwechselnden Kapitalgesellschaft nicht fortgeführt werden, sind die Buchwerte in der steuerlichen Schlussbilanz um die realisierten stillen Reserven gleichmäßig und verhältnismäßig aufzustocken. Der sich aus der Aufstockung ergebende Übertragungsgewinn ist bei der formwechselnden Kapitalgesellschaft zu erfassen und ist voll körperschaftsteuer- und gewerbesteuerpflichtig. Soweit der Übertragungsgewinn auf Anteile an Kapitalgesellschaften entfällt, ist der darauf entfallende Gewinnanteil ggf. im Rahmen von § 8b Abs. 2 und 3 KStG steuerfrei.

11 **b) Steuerliche Auswirkungen bei der neuen Personengesellschaft. aa) Wertverknüpfung und Bilanzierung.** Die Personengesellschaft hat nach dem Grundsatz der Wertverknüpfung in ihre Eröffnungsbilanz die in der Schlussbilanz der formwechselnden Kapitalgesellschaft enthaltenen Werte zu übernehmen.[16] Gleichzeitig tritt die Personengesellschaft – unabhängig von dem Wertansatz in der Schlussbilanz – hinsichtlich der übernommenen Wirtschaftsgüter und der AfA in die Rechtstellung der formwechselnden Kapitalgesellschaft ein. Im Fall der Buchwertaufstockung ist die AfA für Gebäude nach der bisherigen Bemessungsgrundlage fortführen, was zu einer Verlängerung der Abschreibungsdauer führt; in den übrigen Fällen erhöht sich die AfA-Bemessungsgrundlage im Zuge der Neubewertung in der Schlussbilanz der formwechselnden Kapitalgesellschaft. Soweit der Zeitraum der Zugehörigkeit eines Wirtschaftsguts zum Betriebsvermögen von Bedeutung ist, ist die Betriebsvermögenszugehörigkeit der formwechselnden Kapitalgesellschaft der neuen Personengesellschaft zuzurechnen.

12 **bb) Besteuerung offener Rücklagen.** Das anteilige Eigenkapital in der Steuerbilanz der formwechselnden Kapitalgesellschaft abzüglich des Bestands des steuerlichen Einlagekontos nach Anwendung des § 29 Abs. 1 KStG gilt an die Gesellschafter im Verhältnis ihrer Anteile am Nennwert als ausgeschüttet.[17] Die ausgeschütteten Gewinnrücklagen werden als Bezüge i. S. d. § 20 Abs. 1 Nr. 1 EStG (Gewinnausschüttung) besteuert und unterliegen dem Kapitalertragsteuerabzug nach § 43 Abs. 1 Nr. 1 EStG. Dabei sind die Regelungen in § 3 Nr. 40 EStG und § 8b Abs. 1 und 5 KStG zu beachten. Die Ausschüttung der offenen Rücklagen wird nach der hier vertretenen Auffassung bereits durch die aus dem Formwechsel hervorgehende Personengesellschaft bezogen, da nach der Einlagefiktion des § 5 UmwStG die Anteile an der formwechselnden Kapitalgesellschaft als zum steuerlichen Übertragungsstichtag eingelegt gelten. Im Hinblick auf die Gewerbesteuer ist hier jedenfalls § 9 Nr. 2a GewStG einschlägig, da der Anteil an der formwechselnden Kapitalgesellschaft dem Betriebsvermögen der entstehenden Personengesellschaft von Anfang an zuzurechnen ist kraft Einlagefiktion nach § 5 UmwStG.

13 **cc) Ermittlung Übernahmeergebnis.** Im Zuge des fingierten Vermögenstransfers entsteht ein Übernahmegewinn/ -verlust in Höhe des Unterschiedsbetrags zwischen dem Wert, mit dem die übergegangenen Wirtschaftsgüter von der neuen Personengesellschaft übernommen wurden, abzüglich der Kosten für die Übertragung und dem Wert der Anteile an der formwechselnden Kapitalgesellschaft.[18] Der sich so ergebende Übernahmegewinn/ -verlust erster Stufe ist um die separat besteuerten offenen Gewinnrücklagen zu kürzen.[19] Die Differenz stellt sodann den Übernahmegewinn/ -verlust zweiter Stufe dar. Das Übernahmeergebnis ist für jeden Gesellschafter gesondert zu ermitteln.[20]

---

[16] Vgl. § 9 S. 1 i. V. m. § 4 Abs. 1 UmwStG.
[17] Vgl. § 9 S. 1 i. V. m. § 7 S. 1 UmwStG.
[18] Vgl. § 9 S. 1 i. V. m. § 4 Abs. 5 S. 1 UmwStG.
[19] Vgl. § 9 S. 1 i. V. m. § 4 Abs. 5 S. 2 UmwStG.
[20] Vgl. Lutter/*Moszka* Anh. UmwStG Rn. 691; Schmitt/Hörtnagl/Stratz/*Schmitt* UmwStG § 9 Rn. 33.

Im Rahmen der Ermittlung des Übernahmeergebnisses erster Stufe sind daher beim 14 Formwechsel stets die Rechtfolgen der Einlagefiktion aus § 5 Abs. 2 und 3 UmwStG zu berücksichtigen.[21]

Die Einlagefiktion bewirkt die fiktive Einlage steuerverstrickter Anteile an der form- 15 wechselnden Kapitalgesellschaft in die neue Personengesellschaft zum Buchwert bzw. Anschaffungskosten. Im Einzelnen sind wesentliche Anteile i. S. v. § 17 Abs. 1 EStG, demnach im Privatvermögen gehaltene Beteiligungen von mindestens 1 % am Nennkapital einer Kapitalgesellschaft, zum steuerlichen Übertragungsstichtag in das Betriebsvermögen zu den (historischen) Anschaffungskosten einzulegen.[22] Für Anteile im Betriebsvermögen eines Gesellschafters ist eine Überführung in das Betriebsvermögen der neuen Personengesellschaft im steuerlichen Übertragungszeitpunkt zum Buchwert, erhöht um noch vorhandene frühere steuerwirksame Abschreibungen und um steuerwirksame Übertragungen nach § 6b EStG, höchstens jedoch dem gemeinen Wert, vorgesehen.[23] Soweit sonstige Anteile von unter 1 % zum Privatvermögen eines Gesellschafters gehören, nehmen diese nicht an der Ermittlung des Übernahmeergebnisses teil. Die entsprechenden Gesellschafter treten mit dem auf sie entfallenden Anteil am Buchwert des übernommenen Betriebsvermögens in die Mitunternehmerschaft ein.[24]

Der auf einen Gesellschafter entfallende Übernahmegewinn wird – vergleichbar der 16 Besteuerung der offenen Rücklagen – einer Ausschüttung gleichgestellt. Daher sind die Begünstigungen aus § 3 Nr. 40 EStG und § 8b Abs. 1 und 5 KStG hinzuzuziehen.[25] Verbleibt ein Übernahmeverlust bleibt ein solcher außer Ansatz, soweit er einer Körperschaft zuzurechnen ist.[26] In den übrigen Fällen ist der Übernahmeverlust zu 60 %, höchstens jedoch in Höhe von 60 % der Bezüge nach § 7 UmwStG, zu berücksichtigen. Ein darüber hinaus gehender Verlust geht unter.[27] Zu Einzelheiten und Risiken → § 48 Rn. 46.

II. Formwechsel einer Personengesellschaft in eine Kapitalgesellschaft

1. Anwendbarkeit der Vorschriften zur Einbringung (§§ 20 ff. UmwStG)

§ 25 UmwStG regelt die Behandlung des Formwechsels einer Personengesellschaft in 17 eine Kapitalgesellschaft. Dabei verweist § 25 UmwStG auf eine entsprechende Anwendung der §§ 20 bis 23 UmwStG, also die Vorschriften zur Einbringung qualifizierten Betriebsvermögens (Betrieb, Teilbetrieb, Mitunternehmeranteil) in eine Kapitalgesellschaft. Entgegen der zivilrechtlichen Behandlung wird für Zwecke der Ertragsteuern ein Übergang von Wirtschaftsgütern von einer Personen- auf eine Kapitalgesellschaft fingiert.[28] Durch den Verweis auf § 20 UmwStG wird erreicht, dass ein Formwechsel einer Personen- in eine Kapitalgesellschaft grundsätzlich ohne Aufdeckung stiller Reserven erfolgen kann. Zur Vermeidung von Wiederholungen wird auf die Erläuterungen zu § 20 UmwStG unter → § 48 Rn. 74 ff. vollumfänglich verwiesen und im Folgenden nur wenige ganz elementare Aspekte aufgeführt.

---

[21] Vgl. Haritz/Menner/*Greve* UmwStG § 9 Rn. 57; Schmitt/Hörtnagl/Stratz/*Schmitt* UmwStG § 9 Rn. 25.
[22] Vgl. Haritz/Menner/*Greve* UmwStG § 9 Rn. 59; Schmitt/Hörtnagl/Stratz/*Schmitt* UmwStG § 9 Rn. 28.
[23] Vgl. Haritz/Menner/*Greve* UmwStG § 9 Rn. 60; Widmann/Mayer/*Widmann* UmwStG § 9 Rn. 29.
[24] Vgl. BFH I R 39/09, BStBl. II 2012, 728 = NJW-RR 2013, 43; Rödder/Herlinghaus/van Lishaut/*Birkemeier* UmwStG § 9 Rn. 23.
[25] Vgl. Schmitt/Hörtnagl/Stratz/*Schmitt* UmwStG § 9 Rn. 34.
[26] Vgl. § 9 S. 1 i. V. m. § 4 Abs. 6 S. 1 UmwStG.
[27] Vgl. § 9 S. 1 i. V. m. § 4 Abs. 6 S. 4 UmwStG.
[28] Vgl. BMF IV C 2 - S 1978 - b/08/10001, BStBl. I 2011, 1314 Tz. 25.01; Rödder/Herlinghaus/van Lishaut/*Rabback* UmwStG, § 25 Rn. 1; Schmitt/Hörtnagl/Stratz/*Schmitt* UmwStG, § 25 UmwStG Rn. 1.

2. Zeitpunkt des Wirksamwerdens

18 Zivilrechtlich wird der Formwechsel mit seiner Eintragung in das Handelsregister wirksam.[29] Für die steuerliche Wirksamkeit verweist § 25 S. 2 UmwStG auf § 9 S. 2 und 3 UmwStG. Der Stichtag kann daher innerhalb der achtmonatigen Rückwirkungsfrist beliebig und unabhängig von Handelsbilanzen festgelegt werden (→ Rn. 4).

3. Wesentliche Betriebsgrundlagen im Sonderbetriebsvermögen

19 Steuerrechtlich gehört zum Betriebsvermögen einer Personengesellschaft nicht nur das Gesamthandsvermögen, sondern auch das sog. Sonderbetriebsvermögen. Dabei handelt es sich um Wirtschaftsgüter, die der Gesellschafter der Personengesellschaft überlässt (→ § 48 Rn. 85). § 20 UmwStG fordert, dass alle wesentlichen Betriebsgrundlagen im Betriebsvermögen der Personengesellschaft zu Betriebsvermögen der aus dem Formwechsel hervorgehenden Kapitalgesellschaft werden. Dies ist im Hinblick auf das Gesamthandsvermögen idR unproblematisch, es sei denn wesentliche Betriebsgrundlagen wurden vorab steuerneutral in andere Betriebsvermögen übertragen.[30] Kritisch sind idR aber wesentliche Betriebsgrundlagen im **Sonderbetriebsvermögen**. Insoweit ist sicherzustellen, dass diese in Zusammenhang mit dem Formwechsel auf die Kapitalgesellschaft durch Einzelrechtsnachfolge übertragen werden. In der Praxis empfiehlt es sich idR, in der Urkunde mit dem Formwechselbeschluss am Ende die entsprechenden Regelungen aufzunehmen, um den einheitlichen Zusammenhang zu dokumentieren. Der dingliche Übergang kann dann beispielsweise auf den Tag der Handelsregistereintragung des Formwechsels bestimmt werden. Die Übertragung des Sonderbetriebsvermögens ist dann von der Steuerneutralität des Formwechsels nach §§ 20, 25 UmwStG erfasst.

4. Weitere Vorrausetzungen des § 20 UmwStG

20 Im Rahmen des Formwechsels gelten auch die Ansässigkeitsvoraussetzungen für die beteiligten Gesellschafter wie bei der unter § 20 UmwStG fallenden Verschmelzung (→ § 48 Rn. 82), so dass für außerhalb der EU/EWR ansässige Gesellschafter ggf. eine Steuerneutralität des Formwechsels ausgeschlossen ist. Im Übrigen sind die weiteren unter → § 48 Rn. 87 ff. aufgeführten Voraussetzungen (Sicherstellung der Besteuerung mit Körperschaft; kein negatives Kapitalkonto; kein Verlust des deutschen Besteuerungsrechts; keine schädliche Gegenleistung > 25 % des Buchwerts) zu erfüllen. Die Steuerneutralität setzt nach § 20 Abs. 2 UmwStG einen fristgebundenen Antrag (siehe dazu oben unter → § 48 Rn. 93 voraus, der idealerweise schriftlich gestellt werden sollte.

5. Sperrfristen

21 Schließlich begründet der unter §§ 25, 20 UmwStG fallende Formwechsel in eine Kapitalgesellschaft die unter → § 48 Rn. 106 ff. im Einzelnen erläuterten Sperrfisten nach § 22 UmwStG.

III. Formwechsel einer Personengesellschaft in eine andere Rechtsform der Personengesellschaft

22 Der Formwechsel von Personengesellschaften in eine andere Rechtsform, die zu der Gruppe der Personengesellschaften gehört („homogener Formwechsel"[31]), wird auch ertragsteuerlich als „identitätswahrender" Formwechsel angesehen, an den **keine weiteren steuerlichen Folgen** anknüpfen. Daher ist der homogene Formwechsel nicht vom Anwendungsbereich des Umwandlungssteuergesetzes erfasst (→ § 47 Rn. 17).

---

[29] Vgl. Rödder/Herlinghaus/van Lishaut/*Rabback* UmwStG, § 25 Rn. 9.
[30] Vgl. BMF IV C 2 - S 1978 - b/08/10001, BStBl. I 2011, 1314 Tz. 20.07.
[31] Vgl. Rödder/Herlinghaus/van Lishaut/*Graw* UmwStG § 1 Rn. 11.

IV. Formwechsel einer Kapitalgesellschaft in eine andere Rechtsform der Kapitalgesellschaften

Der Formwechsel von Kapitalgesellschaften in eine andere Rechtsform, die zu der Gruppe der Kapitalgesellschaften gehört („homogener Formwechsel"[32]), wird auch ertragsteuerlich als „identitätswahrender" Formwechsel angesehen, an den **keine weiteren steuerlichen Folgen** anknüpfen. Regelungen im UmwStG existieren dazu folglich nicht (→ § 47 Rn. 17). **23**

§ 51 Sonstige Umwandlungsmaßnahmen

Übersicht

	Rdnr.		Rdnr.
I. Vermögensübertragung	1–5	a) Überblick	6
1. Grundlagen	1	b) Steuerliche Auswirkungen auf Ebene des übertragenden Rechtsträgers	7–10
2. Kreis der beteiligten Rechtsträger	2, 3		
3. Steuerlicher Übertragungsstichtag	4	c) Steuerliche Auswirkungen auf Ebene des übernehmenden Rechtsträgers	11–15
4. Steuerliche Rückwirkung	5		
II. Vollübertragung	6–16		
1. Anwendung der Grundsätze über die Verschmelzung von Körperschaften	6–16	d) Steuerliche Auswirkungen auf Ebene der Anteileigner	16
		III. Teilübertragung	17–20

I. Vermögensübertragung

1. Grundlagen

Auf Vermögensübertragungen i. S. d. § 174 UmwG findet der Zweite bis Fünfte Teil des UmwStG Anwendung.[1] Die Vermögensübertragung kann als Vollübertragung, vergleichbar einer Verschmelzung,[2] oder als Teilübertragung, vergleichbar einer Spaltung,[3] ausgestaltet werden.[4] Der wesentliche Unterschied zwischen einer Voll- bzw. einer Teilübertragung zu einer Verschmelzung respektive einer Spaltung besteht darin, dass dem Anteilsinhaber des übertragenden Rechtsträgers bzw. dem übertragenden Rechtsträger selbst als Gegenleistung keine neuen Anteile oder Mitgliedschaften an dem übernehmenden Rechtsträger, sondern Gegenleistungen anderer Art gewährt werden, insbesondere Barleistungen.[5] Außerdem lässt eine Vermögensübertragung stets nur einen übertragenden Rechtsträger zu, d. h. eine Vermögensübertragung unter der Beteiligung mehrerer übertragender Rechtsträger ist ausgeschlossen.[6] Der Übergang des Vermögens vollzieht sich wie bei der Verschmelzung bzw. der Spaltung im Wege der Gesamtrechtsnachfolge und resultiert bei der Vollübertragung in einer Auflösung ohne Abwicklung.[7] **1**

2. Kreis der beteiligten Rechtsträger

Die Vermögensübertragung ist auf einen bestimmten Kreis von beteiligten Rechtsträgern begrenzt und zielt damit als Umwandlungsform vor allem auf Vermögensübertragungen **2**

---

[32] Vgl. Rödder/Herlinghaus/van Lishaut/*Graw* UmwStG § 1 Rn. 11.
[1] Vgl. § 1 Abs. 1 S. 1 Nr. 4 UmwStG.
[2] Entsprechende Anwendung von §§ 11 – 13, 19 UmwStG.
[3] Entsprechende Anwendung von § 15 i. V. m. §§ 11 – 13, 19 UmwStG. Die Vermögensübertragung durch Aufspaltung ist gemäß § 174 Abs. 2 Nr. 3 UmwG aber nicht begünstigt.
[4] Vgl. BMF IV C 2 - S 1978 - b/08/10001, BStBl. I 2011, 1314 Tz. 01.18.
[5] Vgl. BMF IV C 2 - S 1978 - b/08/10001, BStBl. I 2011, 1314 Tz. 01.18; Rödder/Herlinghaus/van Lishaut/*Rödder* UmwStG Einführung Rn. 21.
[6] Vgl. Rödder/Herlinghaus/van Lishaut/*Graw* UmwStG § 1 Rn. 136.
[7] Vgl. Rödder/Herlinghaus/van Lishaut/*Rödder* UmwStG Einführung Rn. 21.

unter der Beteiligung von Unternehmen aus dem öffentlichen Sektor ab.[8] Die Bedeutung einer Vermögensübertragung in der Praxis bleibt prinzipiell eher sekundär.[9] Scheidet jedoch z. B. eine Verschmelzung aufgrund von tatbestandlich nicht gegebenen Voraussetzungen aus,[10] kann eine Vermögensübertragung einschlägig sein. Als übertragender Rechtsträger einer Vermögensübertragung i. S. d. § 174 ff. UmwG kommen neben einer Kapitalgesellschaft eine Versicherungs-AG, ein Versicherungsverein auf Gegenseitigkeit oder ein öffentlich-rechtliches Versicherungsunternehmen in Betracht. Übernehmender Rechtsträger können die öffentliche Hand, eine Versicherungs-AG, ein Versicherungsverein auf Gegenseitigkeit oder ein öffentlich-rechtliches Versicherungsunternehmen sein.[11]

3   Zudem ist die Vermögensübertragung von einer Kapitalgesellschaft auf die Bundesrepublik Deutschland, ein Bundesland oder eine sonstige Gebietskörperschaft oder auf einen Zusammenschluss von Gebietskörperschaften, wie z. B. einen Zweckverband, möglich. Ferner ist die Vermögensübertragung zwischen Versicherungsvereinen auf Gegenseitigkeit, öffentlich-rechtlichem Versicherungsunternehmen und Versicherungs-AGs unter der Prämisse zugelassen, dass der übertragende und der übernehmende Rechtsträger von differenter Rechtsform sind.[12]

3. Steuerlicher Übertragungsstichtag

4   Für Zwecke des handelsrechtlichen Übertragungsstichtags verweist § 176 bzw. § 177 UmwG auf die entsprechenden Regelungen für die Verschmelzung respektive die Spaltung. Danach stimmt der Übertragungsstichtag mit dem im Übertragungsvertrag bestimmten Bilanzstichtag nach § 17 Abs. 2 UmwG überein und liegt insofern eine juristische Sekunde vor dem zivilrechtlichen Übertragungsstichtag. Hieran knüpft das Steuerrecht an. Der steuerliche Übertragungsstichtag fällt damit auf den Stichtag der Schlussbilanz des übertragenden Rechtsträgers, auf dem der Vermögenstransfer beruht.[13] Der Stichtag darf nicht mehr als acht Monate vor der Anmeldung der Vermögensübertragung zum Register liegen.[14] Soll die Umwandlung also z. B. auf den regulären Bilanzstichtag 31.12. erfolgen, muss die Vermögensübertragung bis spätestens zum 31.8. des Folgejahres angemeldet werden.

4. Steuerliche Rückwirkung

5   § 2 regelt die steuerliche Rückbeziehung von Umwandlungen, Vermögensübertragungen eingeschlossen.[15] Diese ermöglicht, das Einkommen und das Vermögen des übertragenden und des übernehmenden Rechtsträgers so zu ermitteln, als sei das Vermögen bereits mit Ablauf des steuerlichen Übertragungsstichtags ganz oder teilweise übergegangen (→ § 48 Rn. 7 ff.). Im Rückwirkungszeitraum erfolgte Geschäftsvorfälle des übertragenden Rechtsträgers sind dem übernehmenden Rechtsträger zuzurechnen.

II. Vollübertragung

1. Anwendung der Grundsätze über die Verschmelzung von Körperschaften

6   **a) Überblick.** Der Dritte Teil des UmwStG behandelt die ertragsteuerlichen Folgen der Verschmelzung einer Körperschaft auf eine andere Körperschaft. Von den Regelungen wird auch die Vermögensübertragung in Form der Vollübertragung erfasst.[16] Das dreigliedrige

---

[8] Vgl. BMF IV C 2 – S 1978 – b/08/10001, BStBl. I 2011, 1314 Tz. 01.19.
[9] Vgl. Lutter/*Wilm* UmwG § 178 Rn. 2.
[10] Dies betrifft vor allem die fehlende Verschmelzungsfähigkeit eines beteiligten Rechtsträgers.
[11] Vgl. § 175 UmwG.
[12] Vgl. BMF IV C 2 – S 1978 – b/08/10001, BStBl. I 2011, 1314 Tz. 01.19.
[13] Vgl. BMF IV C 2 – S 1978 – b/08/10001, BStBl. I 2011, 1314 Tz. 02.02.
[14] Vgl. § 17 Abs. 2 S. 4 UmwG.
[15] Vgl. Rödder/Herlinghaus/van Lishaut/*van Lishaut* UmwStG § 2 Rn. 11.
[16] Vgl. § 1 Abs. 1 S. 1 Nr. 4 UmwStG.

Prüfungsschema ist daher auch bei der Vermögensübertragung durch Vollübertragung anzulegen:

(i) Ebene des übertragenden Rechtsträgers (§ 11 UmwStG)
(ii) Ebene des übernehmenden Rechtsträgers (§ 12 UmwStG)
(iii) Ebene der Anteilseigner des übertragenden Rechtsträgers (§ 13 UmwStG).

b) Steuerliche Auswirkungen auf Ebene des übertragenden Rechtsträgers. Die 7 Grundsätze zur Verschmelzung von Körperschaften sind daher auch in Bezug auf die Vermögensübertragung in Form der Vollübertragung maßgebend. Im Einzelnen hat der übertragende Rechtsträger eine steuerliche Schlussbilanz auf den steuerlichen Übertragungsstichtag aufzustellen. Die Wirtschaftsgüter sind – Pensionsrückstellungen ausgenommen, deren Ansatz mit dem nach § 6a EStG gesondert zu ermittelnden Wert erfolgt – grundsätzlich mit dem gemeinen Wert zu bewerten.[17] Auf Antrag können die übergehenden Wirtschaftsgüter aber auch abweichend mit dem Buchwert oder einem höheren Wert, höchstens jedoch mit dem gemeinen Wert, angesetzt werden.[18]

Das Bewertungswahlrecht ist an die Voraussetzungen geknüpft, dass (i) die Besteuerung 8 des übernehmenden Rechtsträgers mit Körperschaftsteuer sichergestellt ist; (ii) das Besteuerungsrechts der Bundesrepublik Deutschland im Hinblick auf das übergehende Vermögen weder ausgeschlossen noch beschränkt wird und (iii) eine Gegenleistung nicht gewährt wird oder in Gesellschaftsrechten besteht.[19] Die Vermögensübertragung weist die Besonderheit auf, dass als Gegenleistung gerade keine neuen Anteile oder Mitgliedschaften an den übernehmenden Rechtsträger ausgegeben werden, sondern die Gegenleistung in der Regel in Barleistungen bestehen. Die Anforderung in § 11 Abs. 2 S. 1 Nr. 3 UmwStG kann daher nicht erfüllt werden, sodass es grundsätzlich zu einem Ansatz der gemeinen Werte nach § 11 Abs. 1 UmwStG kommt.[20] Infolgedessen steht die Ausgestaltung der Vermögensübertragung der Möglichkeit, das Wahlrecht zur Buchwertfortführung in der steuerlichen Schlussbilanz in Anspruch nehmen zu können, in der Regel entgegen.[21]

Ein vollständig steuerneutraler Vermögensübergang ist nur insoweit möglich, wie das 9 Vermögen des übertragenden Rechtsträgers auf ihren alleinigen Anteilseigner übertragen wird.[22] Der UmwSt-Erlass[23] nennt als Beispiel die Vermögensübertragung (Vollübertragung) einer 100 %-igen Tochterkapitalgesellschaft auf eine Gemeinde, als ihre alleinige Anteilsinhaberin. Im Zuge einer solchen Upstream-Vermögensübertragung geht die Beteiligung an der übertragenden Tochterkapitalgesellschaft unter und in einer untergehenden Beteiligung ist keine Gegenleistung i. S. d. § 11 Abs. 2 S. 1 Nr. 3 UmwStG zu sehen.[24] Die übrigen Voraussetzungen des § 11 Abs. 2 UmwStG müssen allerdings einschlägig sein. Dies bedeutet für den vorliegenden Fall, dass das übergehende Betriebsvermögen in einen Betrieb gewerblicher Art zu überführen ist.[25] Eine teilweise Steuerneutralität wird folglich bei Vorliegen eines „Mischfalls" erreicht, bei dem der übernehmende Rechtsträger teilweise beteiligt ist. In Höhe des prozentualen Umfangs der Beteiligung sollte dann eine Steuerneutralität bei Erfüllen der übrigen Voraussetzungen möglich sein. Aus gestalterischer

---

[17] Vgl. § 11 Abs. 1 S. 1 UmwStG.
[18] Vgl. § 11 Abs. 2 S. 1 UmwStG.
[19] Vgl. § 11 Abs. 2 S. 1 Nr. 1 bis 3 UmwStG.
[20] Vgl. BMF IV C 2 - S 1978 - b/08/10001, BStBl. I 2011, 1314 Tz. 11.14; Dötsch/Patt/Pung/Möhlenbrock/*Dötsch* UmwStR § 11 Rn. 9; Schmitt/Hörtnagl/Stratz/*Schmitt* UmwStG § 11 Rn. 4.
[21] So auch Rödder/Herlinghaus/van Lishaut/*Rödder* UmwStG § 11 Rn. 148.
[22] Vgl. Dötsch/Patt/Pung/Möhlenbrock/*Dötsch* UmwStR § 11 Rn. 9; Rödder/Herlinghaus/van Lishaut/*Rödder* UmwStG § 11 Rn. 148.
[23] Vgl. BMF IV C 2 - S 1978 - b/08/10001, BStBl. I 2011, 1314 Tz. 11.15.
[24] Vgl. BMF IV C 2 - S 1978 - b/08/10001, BStBl. I 2011, 1314 Tz. 11.15 i. V. m. 11.10 i. V. m. 03.21; Rödder/Herlinghaus/van Lishaut/*Rödder* UmwStG § 11 Rn. 139.
[25] Vgl. Vgl. Dötsch/Patt/Pung/Möhlenbrock/*Dötsch* UmwStR § 11 Rn. 9; Rödder/Herlinghaus/van Lishaut/*Rödder* UmwStG § 11 Rn. 148.

Sicht würde es sich in diesen Fällen aber anbieten, wenn der übernehmende Rechtsträger zunächst auch die übrigen Anteile erwirbt, um auf 100 % aufzustocken.

10 Der Ansatz der übergegangenen Wirtschaftsgüter mit dem gemeinen Wert führt zwingend zur Realisierung eines Übertragungsgewinns. Der Übertragungsgewinn in Höhe des Unterschiedsbetrags zwischen dem steuerlichen Bewertungsansatz (gemeine Wert) und dem Buchwert ist beim übertragenden Rechtsträger der Körperschaft- und Gewerbesteuer zu unterwerfen.

c) Steuerliche Auswirkungen auf Ebene des übernehmenden Rechtsträgers.

11 Hinsichtlich der steuerlichen Folgen für den übernehmenden Rechtsträger gelten die Bestimmungen aus § 12 UmwStG. Der übernehmende Rechtsträger hat die auf ihn übergegangenen Wirtschaftsgüter mit dem in der steuerlichen Schlussbilanz des übertragenden Rechtsträgers enthaltenen Wert zu übernehmen.[26] Die Übernahme findet mit Wirkung zum steuerlichen Übertragungsstichtag statt.[27]

12 Auf Ebene des übernehmenden Rechtsträgers entsteht ein Übernahmegewinn durch Gegenüberstellung des Übernahmewerts und dem – ggf. durch eine Beteiligungskorrektur erhöhten[28] – Buchwert der Anteile an dem übertragenden Rechtsträger abzüglich der Kosten für den Vermögensübergang.[29] Das so ermittelte Übernahmeergebnis bleibt grundsätzlich außer Ansatz. Im Umfang der Beteiligung des übernehmenden Rechtsträgers an dem übertragenden Rechtsträger – soweit vorhanden – entfällt die Steuerneutralität zu Lasten einer Besteuerung unter Berücksichtigung von § 8b KStG.[30]

13 Der übernehmende Rechtsträger tritt in die steuerliche Rechtsstellung des übertragenden Rechtsträgers ein. Dies betrifft insbesondere die Besitzzeitanrechnung für steuerliche Zwecke, die Fortführung der bisherigen AfA-Bemessungsgrundlage bei Abschreibungen nach § 7 Abs. 4 S. 1 und Abs. 5 EStG sowie die Beibehaltung des bisherigen AfA-Satzes bei erhöhter Bemessungsgrundlage in den übrigen Abschreibungsfällen.[31]

14 Vorhandene körperschaftsteuerliche und gewerbesteuerliche Verlustvorträge, verrechenbare Verluste, nicht ausgeglichene negative Einkünfte sowie Zinsvorträge der übertragenden Kapitalgesellschaft gehen unter und nicht auf die übernehmende Kapitalgesellschaft über.[32]

15 Im Falle einer Gewinnrealisierung durch Konfusion von korrespondierenden Forderungen und Verbindlichkeiten aufgrund abweichender Bewertungsansätze kann für den Übernahmefolgegewinn eine gewinnmindernde Rücklage gebildet werden, die in den folgenden drei Wirtschaftsjahren mit mindestens je einem Drittel gewinnerhöhend aufzulösen ist.[33]

16 **d) Steuerliche Auswirkungen auf Ebene der Anteileigner.** Die Regelungen zu § 13 UmwStG sind Umwandlungen vorbehalten, bei denen an den beteiligten Rechtsträgern Gesellschaftsanteile bestehen. Fehlt es auf Gesellschafterebene an Gesellschaftsanteilen ist der Tausch von Anteilen ausgeschlossen.[34] Die Vorschrift ist somit der Vermögensübertragung nicht zugänglich, da im Zuge der Vermögensübertragung den Anteilseignern des übernehmenden Rechtsträgers nur Gegenleistungen anderer Art, die nicht in Gesellschaftsrechten bestehen, gewährt werden.[35]

---

[26] Vgl. § 12 Abs. 1 S. 1 UmwStG.
[27] Vgl. BMF IV C 2 - S 1978 - b/08/10001, BStBl. I 2011, 1314 Tz. 12.02 i. V. m. 04.01.
[28] Vgl. § 12 Abs. 1 S. 2 i. V. m. § 4 Abs. 1 S. 2 und 3 UmwStG.
[29] Vgl. § 12 Abs. 2 S. 1 UmwStG.
[30] Vgl. § 12 Abs. 2 S. 2 UmwStG.
[31] Vgl. § 12 Abs. 3 UmwStG iVm § 4 Abs. 2 und 3 UmwStG.
[32] Vgl. § 12 Abs. 3 i. V. m. § 4 Abs. 2 S. 2 UmwStG.
[33] Vgl. § 12 Abs. 4 i. V. m. § 6 UmwStG. Zu Einzelheiten → § 48 Rn. 47 ff.
[34] Vgl. Dötsch/Patt/Pung/Möhlenbrock/*Dötsch* UmwStR § 13 Rn. 4; Rödder/Herlinghaus/van Lishaut/*Neumann* UmwStG § 13 Rn. 10.
[35] Vgl. Dötsch/Patt/Pung/Möhlenbrock/*Dötsch* UmwStR § 13 Rn. 4; Rödder/Herlinghaus/van Lishaut/*Neumann* UmwStG § 13 Rn. 10.

III. Teilübertragung

Die Teilübertragung in Form der Auf- oder Abspaltung i. S. d. § 174 Abs. 2 Nr. 1 und 2 UmwG fällt steuerlich unter UmwStG § 15. UmwStG § 15 verweist – neben der Definition weiterer Voraussetzungen für die Steuerneutralität – zur steuerlichen Abbildung der Teilübertragung/Abspaltung auf die §§ 11 bis 13 UmwStG.[36] **17**

Theoretisch erfasst § 15 Abs. 1 UmwStG auch die Teilübertragung durch Ausgliederung i. S. d. § 174 Abs. 2 Nr. 3 UmwStG.[37] Dies ist in der Praxis jedoch ohne Bedeutung, weil die Gegenleistung wiederum nicht in Gesellschaftsrechten erbracht wird und damit ein Buchwertansatz verwehrt bleibt.[38] **18**

Die Regelungen in UmwStG § 15 sind nur dann eröffnet, wenn bei der Teilübertragung durch Auf- oder Abspaltung ein Teilbetrieb auf den übernehmenden Rechtsträger übergeht und soweit die Abspaltung betroffen ist, auch ein Teilbetrieb bei dem übertragenden Rechtsträger verbleibt. Für den steuerlichen Teilbetriebsbegriff wird auf die umfassenden Ausführungen in → § 49 Rn. 13 ff. verwiesen. **19**

Aufgrund der entsprechenden Anwendung der §§ 11 bis 13 UmwStG gelten im Übrigen die zur Vollübertragung getroffenen Aussagen. D. h. insbesondere, dass die Gegenleistung bei einer Teilübertragung von anderer Art als Gesellschaftsanteile ist und üblicherweise in Form einer Barleistung gewährt wird. Dies hat zur Folge, dass die Möglichkeit die übergehenden Wirtschaftsgüter mit dem Buchwert oder einen Zwischenwert, höchstens jedoch mit dem gemeinen Wert, anzusetzen, bereits dem Grunde nach verschlossen ist. Eine vollständige Ertragsteuerneutralität der Teilübertragung kann nur eintreten, wenn bei Übertragung auf den alleinigen Anteilseigner keine Gegenleistung gewährt wird (→ Rn. 9). **20**

§ 52 Grunderwerbsteuerliche Aspekte

Übersicht

	Rdnr.
A. Einleitung	1
B. Überblick	2–15
I. Grunderwerbsteuer als Rechtsverkehrsteuer	2–5
II. Grunderwerbsteuer bei Umwandlungen und Einbringungen	6–15
1. Unterscheidung zwischen übertragenden Umwandlungen/Einbringungen und formwechselnden Umwandlungen	6, 7
2. Grunderwerbsteuerrechtliche Bemessungsgrundlage bei Umwandlungsvorgängen	8–12
3. Grunderwerbsteuersätze	13, 14
4. Entstehung der Grunderwerbsteuer	15
C. Übertragende Umwandlungen und Einbringungen	16–55
I. Unmittelbare grunderwerbsteuerliche Auswirkungen	17–21
1. Allgemeines	17–20
2. Steuerschädliche Unterbrechung von grunderwerbsteuerlichen Behaltensfristen	21
II. Mittelbare grunderwerbsteuerliche Auswirkungen	22–49
1. Mittelbare Umwandlungs- und Einbringungsfolgen bei Änderungen im Gesellschafterbestand einer Personengesellschaft gemäß § 1 Abs. 2a GrEStG	23–33
a) Grunderwerbsteuerpflicht nach § 1 Abs. 2a GrEStG	23–31
b) Besonderheiten bezüglich der Steuervergünstigung nach § 6 Abs. 3 GrEStG	32, 33
2. Mittelbare Umwandlungs- und Einbringungsfolgen bei Anteilsvereinigungen gemäß § 1 Abs. 3 GrEStG	34–45
a) Grundsätze der Anteilsvereinigung (§ 1 Abs. 3 GrEStG)	34, 35
b) Mittelbare Anteilsvereinigung	36–38

---

[36] Vgl. Rödder/Herlinghaus/van Lishaut/*Schumacher* UmwStG § 15 Rn. 4.
[37] Die Teilübertragung durch Aufspaltung ist durch § 1 Abs. 1 S. 2 UmwStG nicht explizit aus dem Anwendungsbereich des Zweiten bis Fünften Teils des UmwStG ausgeschlossen.
[38] So auch Rödder/Herlinghaus/van Lishaut/*Schumacher* UmwStG § 15 Rn. 23.

	Rdnr.		Rdnr.
c) Keine Anteilsvereinigung bei Verstärkung einer bestehenden Anteilsvereinigung	39–41	3. Vorab-Übertragung zur Vermeidung mehrfacher Grunderwerbsteuer	55
		D. Formwechselnde Umwandlungen	56–68
d) Anwendung von § 6 Abs. 2 GrEStG bei Vereinigung aller Anteile einer grundbesitzenden Personengesellschaft	42	I. Allgemeines	56
		II. Ebene der Gesellschaft	57, 58
		III. Ebene der Gesellschafter	59–67
		1. Verhältniswahrender Formwechsel	59
e) Nachversteuerung nach § 5 Abs. 3 oder § 6 Abs. 3 S. 2 GrEStG	43	2. Nicht verhältniswahrender Formwechsel	60, 61
f) Mögliche Ausweichgestaltungen	44, 45	3. Auswirkungen eines Formwechsels auf §§ 5 und 6 GrEStG	62–67
		IV. Verfahrensrechtliches	68
3. Mittelbare Umwandlungs- und Einbringungsfolgen bei wirtschaftlicher Anteilsvereinigung gemäß § 1 Abs. 3a GrEStG	46–49	E. Steuervergünstigung bei Umstrukturierungen im Konzern nach § 6a GrEStG	69–102
		I. Überblick	69, 70
		II. Voraussetzungen für die Steuervergünstigung nach § 6a GrEStG	71–94
a) Grundsätze der wirtschaftlichen Anteilsvereinigung (§ 1 Abs. 3a GrEStG)	46–48	1. Begünstigungsfähige Rechtsvorgänge	71–74
		2. Beteiligte	75–94
b) Nachversteuerung nach § 5 Abs. 3 oder § 6 Abs. 3 S. 2 GrEStG	49	a) Grundsatz	75–79
		b) Herrschendes Unternehmen	80–85
III. Allgemeine Gestaltungsüberlegungen zur Vermeidung oder Verringerung der Grunderwerbsteuerbelastung	50–55	c) Abhängige Gesellschaften	86, 87
		d) Vorbehaltensfrist	88–90
		e) Nachbehaltensfrist	91–94
1. Umfang der übertragenen Grundstücke reduzieren	51, 52	III. Rechtsfolgen	95–102
		1. Umfang der Befreiung	95–99
2. Vorab-Übertragung unter Anwendung der Regelbemessungsgrundlage	53, 54	2. Verhältnis zu §§ 5, 6 GrEStG	100
		3. Folgen der Verletzung der Nachbehaltensfrist	101, 102

Schrifttum: *Behrens/Schmitt* „Grunderwerbsteuer durch quotenwahrenden Formwechsel einer grundbesitzenden Personengesellschaft mit mindestens 95%igem Gesellschafter in eine Kapitalgesellschaft?", UVR 2008, 53–57; *Behrens*, „Grunderwerbsteuer durch quotenwahrenden Formwechsel einer grundbesitzenden Personengesellschaft mit mindestens 95%igem Gesellschafter in eine Kapitalgesellschaft?", UVR 2008, 16–21; *Behrens*, „Schlussfolgerungen aus den gleich lautenden Länder-Erlassen zu § 1 Abs. 3a und § 6a GrEStG n. F. vom 9.10.2013", DStR 2013, 2726–2734; *Behrens*, „Strittige Fragen bei § 6a GrEStG – Anmerkungen zum gleich lautenden Ländererlass vom 1.12.2010 (BStBl. I 2010, S. 1300)", Ubg 2010, 845–858; *Behrens*, „Zur Auslegung des Begriffs „Anteil der Gesellschaft" i. S. von § 1 Abs. 3 GrEStG bei Personengesellschaften", BB 2014, 2647–2651; *Engers/Schwäbe*, „Urteil des BVerfG zur Ersatzbemessungsgrundlage bei der Grunderwerbsteuer – Anmerkung und Bedeutung für die Beratungspraxis", BB 2015, 2465–2469; *Heine, Kurt*, „Anteile an Personen- und Kapitalgesellschaften im Sinne des § 1 Abs. 2a und 3 GrEStG", INF 2003, 817–820; *Hofmann*, „Heterogener Formwechsel und Anteilsvereinigung", UVR 2007, 222–224; *Joisten/Liekenbrock*, „Die neue Anti-RETT-Blockerregelung nach § 1 Abs. 3a GrEStG", Ubg 2013, 469–479; *Jüptner*, „Zweigliedrige Personengesellschaft, Formwechsel und Grunderwerbsteuer", UVR 2009, 62–64; *Kroschewski*, „Grunderwerbsteuer bei der GmbH & Co. KG", GmbHR 2003, 757–760; *Küperkoch*, „Notarielle Mitteilungspflichten", RNotZ 2002, 297–318; *Mack*, „Grunderwerbsteuerpflicht bei quotenwahrendem Formwechsel?", UVR 2009, 254–256; *Rogall/Mörwald*, „Zum Umfang des herrschenden Unternehmens – Wie weit ist der umsatzsteuerliche Unternehmerbegriff auf § 6a GrEStG übertragbar?", Ubg 2015, 347–353; *Schaflitzl/Stadler*, „Die grunderwerbsteuerliche Konzernklausel des § 6a GrEStG", DB 2010, 185–189; *Schanko*, „Der Anwendungserlass zum neuen Ergänzungstatbestand § 1 Abs. 3a GrEStG", UVR 2014, 44–54; *Schwerin*, „Grunderwerbsteuer bei Umwandlungen", RNotZ 2003, 479–503; *Wagner/Mayer*, „Der neue § 1 Abs. 3a GrEStG als „Super-Auffangtatbestand"? – Offene Fragen nach den gleichlautenden Erlassen der Länder vom 9.10.2013", BB 2014, 279–289; *Wagner/Lieber*, „GrESt bei share deals: Erwartete Klarstellung zur § 1 Abs. 3a GrEStG durch die Finanzverwaltung", DB 2013, 2295–2297.

A. Einleitung

Neben den in den §§ 47–51 beschriebenen ertragsteuerlichen Folgen können Umwandlungen auch steuerrechtliche Folgen außerhalb der Ertragsteuern haben. In allen Fällen, in denen die an der Umwandlung beteiligten Rechtsträger inländischen Grundbesitz halten, sind die grunderwerbsteuerlichen Folgen zu berücksichtigen. Insbesondere beim Vorhandensein von umfangreichem Grundbesitz kann die aufgrund der Umwandlung anfallende Grunderwerbsteuer eine aus wirtschaftlichen Gründen angestrebte Umstrukturierung erschweren. Bei komplexen Umstrukturierungen droht – ohne entsprechende Gestaltung – nicht selten sogar die Verwirklichung mehrerer Grunderwerbsteuertatbestände, wodurch auf den betroffenen Grundbesitz bezogen gleich mehrfach Grunderwerbsteuer anfällt. Da sich in Umwandlungsfällen die Bemessung der Grunderwerbsteuer an den Verkehrswerten orientiert, ist die Grunderwerbsteuerneutralität der Umstrukturierung nicht selten ebenso bedeutsam wie ihre ertragsteuerliche Neutralität.

Das UmwStG enthält keine eigenständigen Regelungen über die grunderwerbsteuerlichen Folgen von Umwandlungen. Es ermöglicht vielmehr lediglich – unter den in → Rn. 6 ff. aufgezeigten Voraussetzungen – ertragsteuerliche Neutralität von Umwandlungen. Die grunderwerbsteuerlichen Folgen von Umwandlungen richten sich allein nach dem Grunderwerbsteuergesetz („**GrEStG**"[1]).[2]

B. Überblick

I. Grunderwerbsteuer als Rechtsverkehrssteuer

Die Grunderwerbsteuer ist eine **Rechtsverkehrssteuer**.[3] Sie fällt auf die in § 1 GrEStG abschließend aufgezählten Rechtsvorgänge an, die auf den unmittelbaren oder mittelbaren Rechtsträgerwechsel an inländischen Grundstücken oder grundstücksgleichen Rechten im Sinne von § 2 GrEStG gerichtet sind.

Rechtsträger im grunderwerbsteuerlichen Sinne sind nicht nur alle natürlichen und juristischen Personen, sondern auch bestimmte Personengesellschaften (GbR, OHG, KG, Partnerschaftsgesellschaft, EWIV).[4] Auch ausländische Rechtsträger sind der Grunderwerbsteuer unterworfen, sofern der von ihnen verwirklichte Erwerbsvorgang ein inländisches Grundstück im Sinne von § 2 GrEStG erfasst.[5]

Gegenstand der Besteuerung sind Rechtsvorgänge, die sich auf **inländische Grundstücke** beziehen (vgl. § 1 Abs. 1 GrEStG). Grundstücke im Sinne des GrEStG sind zunächst Grundstücke im Sinne des bürgerlichen Rechts (§ 2 Abs. 1 S. 1 GrEStG), sodass auch die Bestandteile eines Grundstücks im Sinne der §§ 93 ff. BGB erfasst sind[6]. Nicht zu den Grundstücken im grunderwerbsteuerlichen Sinne zählen Maschinen und sonstige Betriebsvorrichtungen[7], Mineralgewinnungsrechte und sonstige Gewerbeberechtigungen sowie der Erbbauzins (vgl. § 2 Abs. 1 S. 2 GrEStG). Über das bürgerliche Recht hinaus

---

[1] Grunderwerbsteuergesetz vom 17.12.1982, BGBl. I 1982, 1777, neu bekannt gemacht durch Gesetz vom 26.2.1997, BGBl. I 1997, 418, berichtigt 1804, und zuletzt geändert durch Art. 18 Gesetz zur Modernisierung des Besteuerungsverfahrens vom 18.7.2016, BGBl. I 2016, 1679.
[2] *Pahlke* GrEStG § 1 Rn. 22.
[3] *Pahlke* GrEStG Einleitung Rn. 8; ausführlich zur Rechtsnatur der GrEStG: Boruttau/*Fischer* GrEStG Vorb Rn. 131 ff.
[4] Boruttau/*Fischer* GrEStG § 1 Rn. 85.
[5] BFH II R 23/00, BFH/NV 2003, 505 = GmbHR 2003, 487; BFH II R 23/05, BFH/NV 2006, 2306 = DStRE 2007, 110; Boruttau/*Fischer* GrEStG § 1 Rn. 67.
[6] Vgl. Boruttau/*Viskorf* GrEStG § 2 Rn. 26.
[7] Soweit diese Zubehör des Grundstücks sind (§§ 97, 98 BGB), sind diese als selbständige Sache schon iSd BGB kein Bestandteil des Grundstücks. Grunderwerbsteuerlich zählen jedoch auch solche

gehören zu den Grundstücken im grunderwerbsteuerlichen Sinne auch **Erbbaurechte**, Gebäude auf fremden Boden sowie dinglich gesicherte Sondernutzungsrechte im Sinne des § 15 WEG und § 1010 BGB (vgl. § 2 Abs. 2 GrEStG).

5 Das GrEStG erfasst nicht nur solche Rechtsvorgänge, die zu einem Rechtsträgerwechsel durch Übertragung des Grundstücks gegen Entgelt führen, sondern auch solche Rechtsträgerwechsel, die nicht Teil eines Leistungsaustausches „Grundstück gegen Entgelt" sind.[8] Damit unterfallen insbesondere auch **durch Umwandlungen herbeigeführte Rechtsträgerwechsel** der Besteuerung.[9] Davon geht auch § 6a GrEStG aus, der unter bestimmten Voraussetzungen eine Steuerbefreiung von Umwandlungsvorgängen vorsieht (→ Rn. 69 ff.).

II. Grunderwerbsteuer bei Umwandlungen und Einbringungen

1. Unterscheidung zwischen übertragenden Umwandlungen/Einbringungen und formwechselnden Umwandlungen

6 In grunderwerbsteuerlicher Hinsicht ist grundlegend zu unterscheiden zwischen den grundsätzlich **steuerbaren übertragenden Umwandlungen** – Verschmelzung (§§ 2 ff. UmwG), Spaltung (§§ 123 ff. UmwG), Ausgliederungen und Vermögensübertragungen (§§ 174 ff. UmwG) – und der **nicht steuerbaren formwechselnden Umwandlung**.

7 Die im UmwStG aus §§ 2, 20 Abs. 6 UmwStG folgende steuerliche **Rückwirkung** findet für die GrESt **keine Anwendung**.[10]

2. Grunderwerbsteuerrechtliche Bemessungsgrundlage bei Umwandlungsvorgängen

8 Die Grunderwerbsteuer ist im Grundsatz eine sogenannte **Gegenleistungssteuer**.[11] Gemäß § 8 Abs. 1 GrEStG bemisst sich die Steuer grundsätzlich nach dem Wert der Gegenleistung. Anstelle dieser Regelbemessungsgrundlage kommt ein **Ersatzwert** nur in den in § 8 Abs. 2 GrEStG gesondert genannten Fällen in Betracht, in denen es an einer Gegenleistung fehlt. Gemäß § 8 Abs. 2 S. 1 Nr. 2 GrEStG bemisst sich die Steuer bei Umwandlungsvorgängen, bei Einbringungen sowie bei anderen Erwerbsvorgängen auf gesellschaftsvertraglicher Grundlage nach den **Grundbesitzwerten iSd § 151 Abs. 1 S. 1 Nr. 1 iVm. § 157 Abs. 1 bis Abs. 3 BewG**.[12] Gleiches gilt in den Fällen des § 1 Abs. 2a, Abs. 3 und Abs. 3a (vgl. § 8 Abs. 1 S. 1 Nr. 3 GrEStG).

9 Gemäß § 157 Abs. 1 BewG sind die Grundbesitzwerte unter Berücksichtigung der tatsächlichen Verhältnisse und **Wertverhältnisse zum Bewertungsstichtag** festzustellen. Erstreckt sich der Erwerbsvorgang auf ein noch zu errichtendes Gebäude oder beruht die Änderung des Gesellschafterbestandes iSd § 1 Abs. 2a GrEStG auf einem vorgefassten Plan zur Bebauung eines Grundstücks, ist der Wert abweichend von § 157 Abs. 1 S. 1 BewG nach den tatsächlichen Verhältnissen im Zeitpunkt der Fertigstellung des Gebäudes maßgebend (§ 8 Abs. 2 S. 2 GrEStG).

Betriebsvorrichtungen nicht zum Grundstück, die bürgerlich-rechtlich wesentliche Bestandteile des Grundstücks sind, vgl. ausführlich: Boruttau/*Viskorf*, GrEStG, § 2 Rn. 91 ff.
[8] BFH II B 60/03, BFH/NV 2005, 69.
[9] BFH II B 60/03, BFH/NV 2005, 69 = BeckRS 2004, 25006985; BFH II R 32/06, BFH/NV 2008, 1526 = DStRE 2008, 1526; BFH II R 53/06, BStBl. II 2009, 544 = DB 2008, 1304; Boruttau/ *Fischer* GrEStG Vorb Rn. 153.
[10] Boruttau/*Fischer* GrEStG § 1 Rn. 517.
[11] Lademann/*Behrens* UmwStG GrESt Rn. 31.
[12] § 8 Abs. 2 GrEStG in der aktuellen Fassung ist auf alle nach dem 31.12.2008 verwirklichten Erwerbsvorgänge anzuwenden. Für vor dem 1.1.2009 verwirklichte Erwerbsvorgänge waren die §§ 138 ff. BewG anzuwenden. Bei formal bestandskräftigen Bescheiden gilt jedoch das Verböserungsverbot des § 176 AO. Ausführlich zur Neuregelung der Ersatzbemessungsgrundlage vgl. *Engers/ Schwäbe* BB 2015, 2465; Lademann/*Behrens* UmwStG GrESt Rn. 36 ff.

Für wirtschaftliche Einheiten des **land- und forstwirtschaftlichen Vermögens** und 10
für **Betriebsgrundstücke iSd § 99 Abs. 1 Nr. 2 BewG** sind die Grundbesitzwerte unter
Anwendung der §§ 158 bis 175 BewG zu ermitteln (vgl. § 157 Abs. 2 BewG). Jedoch sind
stehende Betriebsmittel, der normale Bestand an umlaufenden Betriebsmitteln und immaterielle Wirtschaftsgüter, soweit sie nach § 158 Abs. 3 Nr. 3, Nr. 4, Nr. 5 BewG zu den
Wirtschaftsgütern des land- und forstwirtschaftlichen Vermögens gehören, bei der Bewertung für Zwecke der Grunderwerbsteuer auszuscheiden, da für die grunderwerbsteuerliche
Bemessungsgrundlage allein auf den Grundstücksbegriff des § 2 GrEStG abzustellen ist.[13]
Für wirtschaftliche Einheiten des **Grundvermögens** und für **Betriebsvermögen iSd
§ 99 Abs. 1 Nr. 1 GrEStG** sind die Grundbesitzwerte unter Anwendung der §§ 159 und
176 bis 198 BewG zu ermitteln (vgl. § 157 Abs. 3 BewG). Gemäß § 177 BewG sind den
Bewertungen nach §§ 179, 182 bis 196 der **gemeine Wert** iSv § 9 BewG zugrunde zu
legen. Sollte der Steuerpflichtige nachweisen, dass der gemeine Wert niedriger ist als der
nach §§ 179, 182 bis 196 BewG ermittelte Wert der wirtschaftlichen Einheit, ist der
niedrigere gemeine Wert anzusetzen (§ 198 S. 1 BewG).

Gemäß § 179 S. 1 BewG sind **unbebaute Grundstücke** mit den Bodenrichtwerten 11
ohne jegliche Abschläge zu bewerten. Für die Bewertung **bebauter Grundstücke** iSv
§ 180 BewG unterscheidet § 181 BewG:

– **Ein- und Zweifamilienhäuser** (§ 181 Abs. 2 BewG) sowie **Wohnungs- und Teileigentum** (§ 181 Abs. 4 und Abs. 5 BewG) sind im **Vergleichswertverfahren** zu
 bewerten (vgl. §§ 182 Abs. 2, 183 BewG); soweit sich ein Vergleichswert nicht ermitteln
 lässt, gilt das **Sachwertverfahren** gemäß §§ 182 Abs. 4, 189 ff.;
– **Mietwohngrundstücke** (§ 181 Abs. 3 BewG), **Geschäftsgrundstücke** (§ 181 Abs. 6
 BewG) und **gemischt genutzte Grundstücke** (§ 181 Abs. 7 BewG), für die sich auf
 dem örtlichen Grundstücksmarkt eine übliche Miete ermitteln lässt, sind mit dem
 Ertragswertverfahren zu bewerten (vgl. §§ 182 Abs. 3, 184 ff. BewG);
– **Geschäftsgrundstücke**, für die sich auf dem örtlichen Grundstücksmarkt **keine übliche Miete** ermitteln lässt, sowie sonstige bebaute Grundstücke (§ 181 Abs. 8 BewG)
 sind im **Sachwertverfahren** zu bewerten (vgl. §§ 182 Abs. 4, 189 ff. BewG);
– Ist das Grundstück mit einem **Erbbaurecht** belastet, sind die Grundbesitzwerte für die
 wirtschaftliche Einheit „Erbbaurecht" und das belastete Grundstück gesondert zu bewerten (vgl. § 192 BewG); ebenso sind in Fällen von **Gebäuden auf fremdem Grund und
 Boden** die Werte für die wirtschaftliche Einheit des Gebäudes auf fremdem Grund und
 Boden und die wirtschaftliche Einheit des belasteten Grundstücks gesondert zu ermitteln
 (vgl. § 195 BewG).

Die Grundbesitzwerte sind in einem gesonderten Feststellungsverfahren **gesondert fest-** 12
zustellen (§ 17 Abs. 3 GrEStG). In die gesonderte Feststellung sind die Grundstückswerte,
wenn die Steuer nach der Ersatzbemessungsgrundlage des § 8 Abs. 2 GrEStG zu bemessen
ist, nicht mitaufzunehmen (§ 17 Abs. 3 GrEStG).

3. Grunderwerbsteuersätze

Gemäß § 11 Abs. 1 GrEStG beträgt der **Grunderwerbsteuersatz** grundsätzlich 3,5 %. 13
Seit 1.9.2006 dürfen jedoch die Bundesländer den Grunderwerbsteuersatz abweichend von
der bundeseinheitlichen Steuersatzregelung in § 11 Abs. 1 GrEStG selbst festlegen. Nur
soweit dies nicht erfolgt ist, gilt der in § 11 Abs. 1 GrEStG genannte Steuersatz von 3,5 %.
Mit Ausnahme von Bayern und Sachsen haben alle Bundesländer von dieser Befugnis
Gebrauch gemacht.

Seit 1.1.2017 gelten die folgenden Steuersätze: 14

---

[13] Lademann/*Behrens* UmwStG GrESt Rn. 40.

Bundesland	Steuersatz
Baden-Württemberg	5,0 %
Bayern	3,5 %
Berlin	6,0 %
Brandenburg	6,5 %
Bremen	5,0 %
Hamburg	4,5 %
Hessen	6,0 %
Mecklenburg-Vorpommern	5,0 %
Niedersachsen	5,0 %
Nordrhein-Westfalen	6,5 %
Rheinland-Pfalz	5,0 %
Saarland	6,5 %
Sachsen	3,5 %
Sachsen-Anhalt	5,0 %
Schleswig-Holstein	6,5 %
Thüringen	6,5 %

4. Entstehung der Grunderwerbsteuer

15   Gemäß § 38 AO entsteht der Steueranspruch, sobald der Tatbestand verwirklicht ist, an den das Gesetz die Steuerpflicht knüpft. Grunderwerbsteuer entsteht, sobald ein steuerbarer Erwerb verwirklicht ist.[14] In den Fällen des § 1 Abs. 3 Nr. 2, 4 Abs. 3a GrEStG fällt der Zeitpunkt der Verwirklichung des Erwerbsvorganges stets mit dem Zeitpunkt der Entstehung der Grunderwerbsteuer zusammen.[15] Der Grunderwerbsteuertatbestand wird jedoch noch nicht durch den Abschluss des der Umwandlung zugrunde liegenden Vertrages oder der Fassung der Zustimmungsbeschlüsse der Gesellschafterversammlung verwirklicht, sondern erst mit der rechtlichen Vereinigung der Anteile im Zeitpunkt der **Eintragung des Umwandlungsvorgangs im Handelsregister.**[16]

C. Übertragende Umwandlungen und Einbringungen

16   Verschmelzungen (§§ 2 ff. UmwG), Spaltungen (§§ 123 ff. UmwG), Ausgliederungen und Vermögensübertragungen (§§ 174 ff. UmwG) führen als übertragende Umwandlungen im Zeitpunkt der Eintragung im Handelsregister des übernehmenden Rechtsträgers (bei Verschmelzung) bzw. des übertragenden Rechtsträgers (bei Spaltung) zu einem Übergang des Vermögens vom übertragenden Rechtsträger auf den übernehmenden Rechtsträger. Gehören zum Vermögen des übertragenden Rechtsträgers inländische Grundstücke iSv § 2 GrEStG, ist die übertragende Umwandlung grunderwerbsteuerpflichtig. Gleiches gilt für Einbringungen.

---

[14] Klein/*Ratschow* AO § 38 Rn. 35.
[15] *Pahlke* GrEStG § 23 Rn. 5; BFH, II R 67/89, BStBl. II 1993, 308 = DStR 1993, 474; BFH, II R 23/04, BStBl. II 2006, 137 = DB 2006, 29.
[16] BFH, II R 130/67, BStBl. II 1975, 456 = BB 1975, 690; Boruttau/*Viskorf* GrEStG § 14 Rn. 34; Widmann/Mayer/*Pahlke* UmwStG Anhang 12 Rn. 220.

I. Unmittelbare grunderwerbsteuerliche Auswirkungen

1. Allgemeines

Gehen im Wege einer übertragenden Umwandlung oder Einbringung inländische 17
Grundstücke vom übertragenden Rechtsträger auf den übernehmenden Rechtsträger über, so liegt ein grunderwerbsteuerbarer Erwerbsvorgang vor:

– Bei einer **Verschmelzung** wird das gesamte Vermögen eines oder mehrerer Rechtsträger als Ganzes entweder auf einen schon bestehenden Rechtsträger (Verschmelzung zur Aufnahme) oder auf einen neu gegründeten Rechtsträger (Verschmelzung zur Neugründung) im Wege der Gesamtrechtsnachfolge übertragen. Der Übergang von Grundstücken ist nach § 1 Abs. 1 Nr. 3 GrEStG steuerbar.[17] Dem Eigentumsübergang an dem Grundstück ist, weil er sich im Wege der Gesamtrechtsnachfolge unmittelbar kraft Gesetzes mit Eintragung der Verschmelzung im Handelsregister vollzieht (§ 20 Abs. 1 Nr. 1 UmwG), kein Rechtsgeschäft im Sinne von § 1 Abs. 1 Nr. 1 GrEStG vorausgegangen.[18]

– Bei einer **Aufspaltung** geht das Vermögen eines Rechtsträgers unter dessen Auflösung auf mindestens zwei bestehende oder neu gegründete Rechtsträger gegen Gewährung von Anteilen an den übernehmenden Rechtsträgern an die bisherigen Anteilseigner über.

– Bei einer **Abspaltung** geht ein Teil des Vermögens eines Rechtsträgers auf einen oder mehrere, schon bestehende oder neu gegründete Rechtsträger gegen Gewährung von Anteilen an den übernehmenden Rechtsträgern an die bisherigen Anteilseigner über. Auch die (Auf- bzw. Ab-) Spaltung führt bezüglich der übergehenden Grundstücke iSv § 2 GrEStG zu einem nach § 1 Abs. 1 Nr. 3 GrEStG steuerpflichtigen Rechtsträgerwechsel.[19] Der die Rechtsgrundlage für die Spaltung bildende Spaltungs- und Übernahmevertrag begründet für sich gesehen keinen Anspruch auf Übereignung eines Grundstücks iSv § 1 Abs. 1 Nr. 1 GrEStG und unterliegt deshalb nicht der Grunderwerbsteuer. Die Wirksamkeit der Spaltung wird erst mit der Eintragung in das zuständige Register herbeigeführt. Erst mit dieser vollzieht sich – kraft Gesetz – der Eigentumsübergang an den Grundstücken (§§ 131 Abs. 1 Nr. 1, 135 Abs. 1 Nr. 1 GrEStG).

– Bei einer **Ausgliederung** geht ein Teil des Vermögens eines Rechtsträgers auf einen oder mehrere, schon bestehende oder neu gegründete Rechtsträger gegen Gewährung von Anteilen an dem aufnehmenden Rechtsträger an den übertragenden Rechtsträger über. Auch bei einer Ausgliederung liegt aufgrund der nach § 131 Abs. 1 Nr. 1 UmwG eintretenden partiellen Gesamtrechtsnachfolge bezogen auf die übergehenden Grundstücke ein nach § 1 Abs. 1 Nr. 3 GrEStG steuerbarer Vorgang vor.[20]

– Auch soweit bei einer **Vermögensübertragung** (§§ 174 ff. UmwG) Grundstücke auf den übernehmenden Rechtsträger im Wege der (partiellen) Gesamtrechtsnachfolge übergehen, unterfällt der Vorgang nach § 1 Abs. 1 Nr. 3 GrEStG der Grunderwerbsteuer.

Erfasst werden alle inländischen Grundstücke, die im zivilrechtlichen Eigentum des über- 18
tragenden Rechtsträgers stehen und im Rahmen der Umwandlung auf den übernehmenden Rechtsträger übergehen. Aufgrund dieser sachenrechtlichen Anknüpfung ist unerheblich, ob der übertragende Rechtsträger einen (schuldrechtlichen) Anspruch auf Übereig-

---

[17] BFH, II 105/64, BStBl. II 1970, 816 = BB 1971, 210; BFH, II R 59/73, BStBl. II 1979, 683 = BB 1979, 1542; BFH, II R 36/89, BStBl. II 1992, 418 = DStR 1992, 908; BFH, II B 96/02, BFH/NV 2003, 1090 = BeckRS 2003, 25001904; BFH, II R 32/06, BFH/NV 2008, 1526 = HFR 2008, 1254; BFH, II B 90/11, BFH/NV 2012, 998 = BeckRS 2012, 94929; *Pahlke* GrEStG § 1 Rn. 167; Boruttau/*Fischer* GrEStG, § 1 Rn. 530.

[18] *Pahlke* GrEStG § 1 Rn. 167.

[19] BFH II R 48/73, BStBl. II 1978, 320 = NJW 1978, 1992; II R 28/86, BStBl. II 1989, 466 = DB 1989, 1217; II B 95/08, BFH/NV 2009, 1148 = BeckRS 2009, 25015004.

[20] BFH II B 95/08, BFH/NV 2009, 1148 = BeckRS 2009, 25015004.

nung eines Grundstücks hat oder ob er das Grundstück zuvor schuldrechtlich an einen Dritten verkauft hatte.[21]

19 Bei einer Verschmelzung durch Neugründung erfasst § 1 Abs. 1 Nr. 3 GrEStG sämtliche inländischen Grundstücke der sich verschmelzenden Gesellschaften.[22] Bei der Verschmelzung durch Aufnahme werden hingegen nur die vom übertragenden auf den übernehmenden Rechtsträger übergehenden Grundstücke erfasst; bezüglich der beim übernehmenden Rechtsträger verbleibenden Grundstücke liegt kein grunderwerbsteuerbarer Vorgang vor. Bei einer Spaltung oder Vermögensübertragung erstreckt sich die Steuerbarkeit auf alle auf den übernehmenden Rechtsträger übergehende Grundstücke, die sich zu diesem Zeitpunkt im Eigentum des übertragenden Rechtsträgers befinden.

20 Aus der Anknüpfung des § 1 Abs. 1 Nr. 3 GrEStG an das zivilrechtliche Eigentum folgt, dass allein ein Anspruch auf Grundstücksübertragung, der durch die Umwandlung übergeht, nicht grunderwerbsteuerpflichtig ist.[23] Andererseits unterliegt auch ein im Zeitpunkt der Steuerentstehung bereits an einen Dritten verkauftes, aber noch nicht übereignetes, Grundstück der Grunderwerbsteuer. In letzterem Fall ist jedoch entweder die Bemessungsgrundlage (Grundbesitzwert iSv § 8 Abs. 2 GrEStG) mit 0 EUR anzusetzen[24] oder – so nun auch die Finanzverwaltung[25] – die Grunderwerbsteuer insoweit aus sachlichen Billigkeitsgründen zu erlassen[26].

2. Steuerschädliche Unterbrechung von grunderwerbsteuerlichen Behaltensfristen

21 Übertragen mehrere Miteigentümer oder ein Alleineigentümer ein Grundstück auf eine Personengesellschaft (z. B. GbR, OHG, KG), so ist der Erwerb der Personengesellschaft gemäß § 5 Abs. 1 und 2 GrEStG insofern von der Grunderwerbsteuer befreit, als der Anteil des am Vermögen der Gesamthand Beteiligten seinem Bruchteil am Grundstück entspricht. Gemäß § 5 Abs. 3 GrEStG sind § 5 Abs. 1 und Abs. 2 GrEStG jedoch insoweit nicht anzuwenden, als sich der Anteil des Veräußerers am Vermögen der Gesamthand innerhalb von fünf Jahren nach dem Übergang des Grundstücks auf die Gesamthand vermindert. Eine nach § 5 Abs. 3 GrEStG schädliche Verminderung des Anteils des Veräußerers am Vermögen der Gesamthand kann auch durch einen nachfolgenden Umwandlungsvorgang eintreten. So entfällt bei einer der Grundstücksübertragung nachfolgenden **Verschmelzung** des einbringenden Rechtsträgers dessen Berechtigung an der Gesamthand, weil er durch die Verschmelzung erlischt.[27] Gleiches gilt bei einer **Aufspaltung** des einbringenden Rechtsträgers.[28] Dagegen bleiben bei einer **Abspaltung** oder **Ausgliederung** die Begünstigungen des § 5 Abs. 1 und Abs. 2 GrEStG insoweit bestehen, als der grundstückseinbringende Gesamthänder selbst an der Gesamthand beteiligt bleibt.[29] Zu den Auswirkungen eines nachfolgenden Formwechsels → § 52 Rn. 62 ff.

II. Mittelbare grunderwerbsteuerliche Auswirkungen

22 Auch ohne unmittelbaren Übergang eines Grundstücks können sich im Rahmen von übertragenden Umwandlungs- und Einbringungsvorgängen grunderwerbsteuerliche Folgen ergeben, sofern der übertragende Rechtsträger an einer grundbesitzenden Kapital-

---

[21] BFH II B 53/00, BFH/NV 2001, 817 = BeckRS 2000, 25005561; Boruttau/*Fischer* GrEStG § 1 Rn. 534; *Schwerin* RNotZ 2003, 480, 482. – Allerdings sind diese Umstände ggf. bei der Bewertung des Grundstücks zu berücksichtigen, vgl. *Schwerin* RNotZ 2003, 480, 482.

[22] Boruttau/*Fischer* GrEStG § 1 Rn. 535.

[23] Widmann/Mayer/*Pahlke* UmwStG Anhang 12 Rn. 57.

[24] Vgl. BFH II R 125/90, BStBl. II 1994, 886 zu § 8 GrEStG a. F. = DStR 1994, 1190.

[25] FinMin Baden-Württemberg 3 S 4500/71, StEK § 1 GrEStG Nr. 65 = DStR 2003, 1794.

[26] *Heine* UVR 1998, 146, 148; *Pahlke* GrEStG § 1 Rn. 164, *Hofmann* GrEStG § 8 Rn. 39.

[27] *Hofmann* GrEStG § 5 Rn. 28.

[28] *Hofmann* GrEStG § 5 Rn. 28.

[29] *Hofmann* GrEStG § 5 Rn. 28.

oder Personengesellschaft beteiligt ist, die im Rahmen der Umwandlung bzw. Einbringung auf den übernehmenden Rechtsträger übertragen wird.

1. Mittelbare Umwandlungs- und Einbringungsfolgen bei Änderungen im Gesellschafterbestand einer Personengesellschaft gemäß § 1 Abs. 2a GrEStG

a) Grunderwerbsteuerpflicht nach § 1 Abs. 2a GrEStG. Ist der übertragende Rechtsträger am Gesellschaftsvermögen einer grundbesitzenden Personengesellschaft beteiligt, kann die übertragende Umwandlung oder Einbringung zu einer gemäß § 1 Abs. 2a GrEStG steuerbaren **Änderung im Gesellschafterbestand der Personengesellschaft** führen. Dies gilt auch bei einer mittelbaren Änderung des Gesellschafterbestandes, sofern der übertragende Rechtsträger über zwischengeschaltete Gesellschaften an der grundbesitzenden Personengesellschaft beteiligt ist. 23

Gemäß **§ 1 Abs. 2a S. 1 GrEStG** ist die mittelbare und unmittelbare Übertragung von mindestens 95 % der Anteile am Gesellschaftsvermögen einer grundbesitzenden Personengesellschaft innerhalb von fünf Jahren auf neue Gesellschafter grunderwerbsteuerpflichtig. 24

§ 1 Abs. 2a GrEStG gilt ausschließlich für Personengesellschaften. Er findet keine Anwendung auf Kapitalgesellschaften. Neben inländischen Personengesellschaften werden auch ausländische Gesellschaften erfasst, sofern es sich bei diesen um Gesamthandsgemeinschaften handelt.[30] Erforderlich ist weiterhin, dass der Personengesellschaft im **Zeitpunkt** der Umwandlung ein inländisches Grundstück gehört. Schließlich setzt § 1 Abs. 2a GrEStG eine Änderung im Gesellschaftsbestand der Personengesellschaft durch Übergang von **mindestens 95 % der Anteile** am Gesellschaftsvermögen **auf neue Gesellschafter** innerhalb eines fünf Jahres Zeitraums voraus. Damit verlangt das Gesetz eine Unterscheidung zwischen Alt-Gesellschaftern und Neu-Gesellschaftern. 25

Anteilsveränderungen im Kreis der **Alt-Gesellschafter** sind **nicht** gemäß § 1 Abs. 2a GrEStG **steuerbar**. Altgesellschafter sind die unmittelbaren Gründungsgesellschafter und alle Gesellschafter, die vor Beginn des in § 1 Abs. 2a GrEStG geregelten Fünf-Jahres-Zeitraums bzw. im Zeitpunkt des Erwerbs des jeweiligen Grundstücks an der Personengesellschaft beteiligt waren.[31] 26

Beispiel: An einer grundbesitzenden KG sind seit 2010 die A-GmbH zu 80 %, die B-GmbH zu 16 % und die C-GmbH zu 4 % beteiligt. Im Jahr 2017 wird die A-GmbH auf die B-GmbH verschmolzen.

Die Verschmelzung löst keine Grunderwerbsteuer nach § 1 Abs. 2a GrEStG aus, weil sowohl die A-GmbH als auch die B-GmbH Altgesellschafter sind.[32]

Wenn der übernehmende Rechtsträger ein **Neu-Gesellschafter** ist, ist der Vorgang nach § 1 Abs. 2a GrEStG steuerbar. Dabei genügt ein Anteilsübergang auf nur einen Neu-Gesellschafter, sofern **mindestens 95 % der Anteile** betroffen sind. Für die Ermittlung der maßgeblichen Beteiligungsgröße ist auf das Verhältnis der Beteiligung der Neugesellschafter zu der fortbestehenden Beteiligung von Altgesellschaftern nach dem Gesellschafterwechsel abzustellen. 27

Beispiel: An einer grundbesitzenden KG sind seit 2010 die A GmbH zu 50 % sowie B mit 45 % und C mit 5 % beteiligt. Im Jahr 2014 hat B seine Beteiligung an D veräußert. Im Jahr 2015 wird die A-GmbH auf die Z-AG verschmolzen.

Die Verschmelzung ist nach § 1 Abs. 2a GrEStG grunderwerbsteuerpflichtig. Es hat sich innerhalb der Fünf-Jahres-Frist der Gesellschafterbestand der KG unmittelbar durch Übergang von 95 % der Anteile auf neue Gesellschafter (D und Z-GmbH) geändert. Zur Anwendung von § 6 Abs. 3 GrEStG → § 52 Rn. 32 f.

---

[30] Gleichlautender Erlass betr. Anwendung des § 1 Abs. 2a GrEStG v. 18.2.2014, BStBl. I 2014, 561, Tz. 1.1.
[31] Gleichlautender Erlass betr. Anwendung des § 1 Abs. 2a GrEStG v. 18.2.2014, BStBl. I 2014, 561, Tz. 2.1 – dort auch zur Behandlung von mehrstöckigen Beteiligungsstrukturen.
[32] → § 1 Abs. 3 GrEStG.

28 Unter § 1 Abs. 2a GrEStG fallen nicht nur unmittelbare Änderungen im Gesellschafterbestand einer grundbesitzenden Personengesellschaft, sondern auch lediglich **mittelbare Änderungen**. Ist eine Kapitalgesellschaft über eine Personengesellschaft an einer grundbesitzenden Personengesellschaft beteiligt, wird der Anteil am Gesellschaftsvermögen mittels Durchrechnens der Beteiligungsquoten ermittelt (§ 1 Abs. 2a S. 2 GrEStG). Ist eine Kapitalgesellschaft an einer grundbesitzenden Personengesellschaft unmittelbar beteiligt, liegt ein mittelbarer Übergang dieser Beteiligung vor, wenn mindestens 95 % der Anteile an der Kapitalgesellschaft auf neue Gesellschafter übergehen. Ist diese 95 %-Grenze erreicht, ist der mittelbare Übergang in voller Höhe (und nicht lediglich zu 95 %) zu berücksichtigen.[33] Ist eine Kapitalgesellschaft mittelbar über eine andere Kapitalgesellschaft an einer grundbesitzenden Personengesellschaft beteiligt, gilt sie als Neu-Gesellschafterin, wenn an ihr mindestens 95 % der Anteile auf neue Gesellschafter übergehen. Die Änderungsquote ist auf jeder Beteiligungsstufe zu prüfen. Der Tatbestand des § 1 Abs. 2a GrEStG ist erfüllt, wenn auf jeder Beteiligungsebene mindestens 95 % der Anteile übergehen.

Beispiel: An der grundbesitzenden KG sind die A-GmbH zu 95 % und die B-GmbH zu 5 % beteiligt. An der A GmbH ist die C-GmbH zu 96 % beteiligt; die übrigen Anteile an der A-GmbH hält D. Alleinige Gesellschafterin der C-GmbH ist die D-GmbH.
Wird die D-GmbH auf die X-GmbH verschmolzen, liegt ein grunderwerbsteuerbarer Erwerbsvorgang nach § 1 Abs. 2a GrEStG vor. Aufgrund der Verschmelzung gilt die C-GmbH als Neu-Gesellschafterin der A-GmbH, da alle ihre Anteile auf eine neue Gesellschaft (X-GmbH) übergegangen sind. Infolgedessen wird die A-GmbH Neu-Gesellschafterin der KG, weil 96 % der Anteile an der A-GmbH auf eine neue Gesellschafterin (die B-GmbH) übergegangen sind.
Dagegen wäre der Tatbestand des § 1 Abs. 2a GrEStG nicht erfüllt, wenn die C-GmbH lediglich zu 90 % an der A-GmbH beteiligt wäre. In diesem Fall wären der A-GmbH lediglich 90 % ihrer Anteile auf eine neue Gesellschafterin (die C-GmbH) übergegangen. Dieses Quantum reicht jedoch nicht aus, um die A-GmbH als Neu-Gesellschafterin der KG zu fingieren.

29 Besonderheiten bestehen für Veränderungen innerhalb einer bereits bestehenden Beteiligungskette. Die reine **Verkürzung der Kette** mittelbarer Beteiligungen von Kapitalgesellschaften an einer grundbesitzenden Personengesellschaft ist nicht nach § 1 Abs. 2a GrEStG steuerbar.

Beispiel: An der grundbesitzenden KG ist die A GmbH seit mehr als fünf Jahren zu 100 % beteiligt. Alleinige Gesellschafterin der A-GmbH ist die B-GmbH, deren einzige Gesellschafterin die C-GmbH ist. Die B-GmbH wird auf die C-GmbH (up-stream) verschmolzen.
Durch die Verschmelzung der B-GmbH auf die C-GmbH wird der Tatbestand des § 1 Abs. 2a GrEStG nicht erfüllt. Die Altgesellschaftereigenschaft der A-GmbH bleibt durch die Verkürzung der Kette der an ihr beteiligten Kapitalgesellschaften erhalten.[34]

30 Anderes soll jedoch gelten, wenn sich eine **mittelbare Beteiligung zu einer unmittelbaren Beteiligung verstärkt** und der mittelbare Übergang der Anteile nicht der Grunderwerbsteuer unterlegen hat.[35]

31 **Steuerschuldner** in Fällen des § 1 Abs. 2a GrEStG ist gemäß § 13 Nr. 6 GrEStG die Personengesellschaft. Die Steuer bemisst sich nach den Grundbesitzwerten iSv § 151 Abs. 1 S. 1 Nr. 1 iVm § 157 Abs. 1 bis 3 BewG (§ 8 Abs. 2 S. 1 Nr. 3 GrEStG, → § 52 Rn. 8).

b) Besonderheiten bezüglich der Steuervergünstigung nach § 6 Abs. 3 GrEStG.

32 Soweit ein Alt-Gesellschafter nach einer steuerbaren Änderung des Gesellschafterbestandes iSv § 1 Abs. 2a GrEStG an der Personengesellschaft beteiligt bleibt, ist die Grunderwerbsteuer in entsprechender Anwendung von § 6 Abs. 3 S. 1 i. V. m. Abs. 1 S. 1 GrEStG nicht

---

[33] Gleichlautender Erlass betr. Anwendung des § 1 Abs. 2a GrEStG v. 18.2.2014, BStBl. I 2014, 561, Tz. 3 und Beispiel in Tz. 3.3.

[34] Gleichlautender Erlass betr. Anwendung des § 1 Abs. 2a GrEStG v. 18.2.2014, BStBl. I 2014, 561, Tz. 2.1.

[35] Vgl. ausführlich Boruttau/*Meßbacher-Hönsch* GrEStG § 1 Rn. 883 – mit weiteren Hinweisen auch auf die abweichende Ansicht.

zu erheben.[36] Besonderheiten gelten jedoch für die **mittelbare Änderung** des Gesellschafterbestandes der grundbesitzenden Personalgesellschaft. In diesen Fällen müssen die Fiktionen des § 1 Abs. 2a GrEStG konsequent auf § 6 Abs. 3 GrEStG übertragen werden.[37]

Beispiel: An der grundbesitzenden KG sind die A-GmbH zu 96 % und die B-GmbH zu 4 % beteiligt. Alleingesellschafterin der C-GmbH ist die D-GmbH. Die D-GmbH wird auf die X-GmbH verschmolzen.

Die Verschmelzung der D-GmbH führt hinsichtlich der KG zu einer mittelbaren Änderung des Gesellschafterbestandes iSd § 1 Abs. 2a GrEStG. Bei wortgetreuer Anwendung von § 6 Abs. 3 GrEStG wäre der Vorgang steuerbefreit, da auf der unmittelbaren Beteiligungsebene der Gesellschafterbestand der KG unverändert bleibt. Die vom Gesetzgeber ausdrücklich beabsichtigte Steuerbarkeit von mittelbaren Gesellschafterwechseln würde durch die gegenläufige Begünstigung des § 6 Abs. 3 GrEStG wieder neutralisiert.[38] Nach ganz überwiegender Ansicht ist in diesen Fällen die Wertung des § 1 Abs. 2a GrEStG zu berücksichtigen: Fingiert wird ein Grunderwerb von der alten KG (unmittelbar beteiligt: A-GmbH zu 96 % und B-GmbH zu 4 %) und der neuen KG (unmittelbar beteiligt: A-GmbH fiktiv zu 96 % und B-GmbH zu 4 %). Mithin kommt eine Begünstigung nach § 6 Abs. 3 S. 1 GrEStG lediglich in Höhe von 4 % in Betracht.

Die Begünstigung des § 6 Abs. 3 S. 1GrEStG unterliegt zudem den Einschränkungen des § 6 Abs. 3 S. 2 GrEStG. Danach sind die Vergünstigungen insoweit zu versagen, als sich der Anteil am Vermögen der erwerbenden Gesamthand **innerhalb von fünf Jahren** nach dem Übergang des Grundstücks von der einen auf die andere Gesamthand **vermindert**.[39]

2. Mittelbare Umwandlungs- und Einbringungsfolgen bei Anteilsvereinigungen gemäß § 1 Abs. 3 GrEStG

a) Grundsätze der Anteilsvereinigung (§ 1 Abs. 3 GrEStG). Gehören zum Vermögen des übertragenden Rechtsträgers Anteile an einer grundbesitzenden Kapital- oder Personengesellschaft und gehen diese im Zuge der übertragenden Umwandlung oder Einbringung auf den übernehmenden Rechtsträger über, kann der Vorgang nach **§ 1 Abs. 3 GrEStG steuerbar** sein. Um Steuerumgehungen zu vermeiden, behandelt § 1 Abs. 3 GrEStG den Inhaber von mindestens 95 % der Anteile an einer grundbesitzenden Gesellschaft so, als sei er Eigentümer der Grundstücke der Gesellschaft. Gemäß § 1 Abs. 3 GrEStG steuerbar ist die **unmittelbare oder mittelbare Vereinigung von mindestens 95 % der Anteile** an einer grundbesitzenden Gesellschaft in einer Hand (§ 1 Abs. 3 Nr. 1 und Nr. 2 GrEStG) und die **unmittelbare oder mittelbare Übertragung von bereits zuvor vereinigten Anteilen** (§ 1 Abs. 3 Nr. 3 und Nr. 4 GrEStG). Die § 1 Abs. 3 Nr. 1 und Abs. 3 Nr. 3 GrEStG knüpfen an Rechtsgeschäfte an, die den Anspruch oder die Übertragung von Anteilen begründen. Sie sind mithin dann einschlägig, wenn der Anteilserwerb auf einem Verpflichtungsgeschäft beruht.[40] Der Abschluss eines Umwandlungsvertrages (z. B. Verschmelzungsvertrag) stellt kein Rechtsgeschäft dar, das den Anspruch auf Übertragung von Vermögensgegenständen begründet.[41] Als Erwerbsvorgänge ohne vorangegangenes anteilsbezogenes Verpflichtungsgeschäft werden Umwandlungsvorgänge von § 1 Abs. 3 Nr. 2 und Abs. 3 Nr. 4 GrEStG erfasst.

Gesellschaften iSv § 1 Abs. 3 GrEStG sind **sowohl Kapital- als auch Personengesellschaften**. Für Personengesellschaften ist jedoch **§ 1 Abs. 2a GrEStG vorrangig**. Soweit der Vorgang jedoch nicht unter § 1 Abs. 2a GrEStG fällt – etwa bei Anteilsübertragungen unter Alt-Gesellschaftern oder einer Anteilsänderung nach Ablauf der Fünf-Jahres-Frist – kann § 1 Abs. 3 GrEStG zur Anwendung kommen.

---

[36] Gleichlautender Erlass betr. Anwendung des § 1 Abs. 2a GrEStG v. 18.2.2014, BStBl. I 2014, 561, Tz. 8.
[37] Boruttau/*Viskorf* GrEStG § 1 Rn. 544 f.; *Pahlke* GrEStG § 6 Rn. 48.
[38] Boruttau/*Viskorf* GrEStG § 1 Rn. 544 f.; *Pahlke* GrEStG § 6 Rn. 43.
[39] Vgl. dazu ausführlich: Boruttau/*Viskorf* GrEStG § 1 Rn. 544 f.; *Pahlke* GrEStG § 6 Rn. 51 ff.
[40] Rödder/Herlinghaus/van Lishaut/*van Lishaut*, UmwStG, Anhang 9, Rn. 106.
[41] *Hofmann* GrEStG § 1 Rn. 47.

36 **b) Mittelbare Anteilsvereinigung.** § 1 Abs. 3 GrEStG stellt für alle Tatbestände auf eine Quote von mindestens 95 % der Anteile an der grundbesitzenden Gesellschaft ab. Der Grunderwerbsteuer unterliegen deshalb **unmittelbare und mittelbare** Anteilsvereinigungen und Übertragungen vereinigter Anteile von mindestens 95 %.

37 Im Zusammenhang mit **zwischengeschalteten Gesellschaften** gilt, dass der Tatbestand des § 1 Abs. 3 GrEStG immer dann erfüllt wird, wenn die Beteiligungsquote von 95 % auf jeder Beteiligungsstufe erreicht wird; ein Durchrechnen mittels Multiplikation der auf den jeweiligen Beteiligungsstufen bestehenden Beteiligungsquoten erfolgt nicht.[42]

Beispiel: An der B-GmbH sind die A-GmbH zu 96 % und die X-GmbH zu 4 % beteiligt. Die B-GmbH hält 95 % der Anteile an der C-GmbH, die ihrerseits 96 % der Anteile an der grundbesitzenden D-GmbH hält. Die A-GmbH wird auf die X-GmbH verschmolzen.

Hinsichtlich der Anteile an der grundbesitzenden D-GmbH liegt in den Händen der X-GmbH eine mittelbare Anteilsvereinigung gemäß § 1 Abs. 3 GrEStG vor. Entscheidend ist, dass die X-GmbH auf jeder Beteiligungsstufe zu mindestens 95 % beteiligt ist. Dass die X-GmbH nach der Verschmelzung durchgerechnet lediglich zu (100 % x 95 % x 96 % =) 91,2 % an der D-GmbH beteiligt ist, ist unerheblich. § 1 Abs. 3 GrEStG vermutet im Wege einer Fiktion die Verfügungsmacht über die Grundstücke einer grundbesitzenden Gesellschaft, wenn der Gesellschafter mindestens 95 % der Anteile an der Gesellschaft hält.

38 Fraglich ist, ob eine **mittelbare Anteilsvereinigung auch über eine Personengesellschaft** vermittelt werden kann. Bei einer Personengesellschaft ist unter „Anteil an der Gesellschaft" iSv § 1 Abs. 3 GrEStG die **gesamthänderische Mitberechtigung** und nicht die vermögensmäßige Beteiligung am Gesellschaftsvermögen zu verstehen.[43] Dementsprechend können die Anteile, die eine Personengesellschaft an einer anderen Gesellschaft hält, grundsätzlich nicht dem allein vermögensmäßig beteiligten Gesellschafter zugerechnet werden (sog. Pro-Kopf-Betrachtung).

Beispiel:[44] An der grundbesitzenden T-GmbH ist die M-GmbH zu 94,9 % beteiligt. Die übrigen 5,1 % der Anteile an der T-GmbH hält die M-KG, an der die M-GmbH zu 100 % und ein fremder Dritter zu 0 % vermögensmäßig beteiligt ist. Der Alleingesellschafter der M-GmbH wird auf einen anderen Rechtsträger verschmolzen.

Nach bisher ganz überwiegender Ansicht ist die Verschmelzung nicht nach § 1 Abs. 3 Nr. 2 GrEStG steuerpflichtig, weil aufgrund der gesamthänderischen Mitberechtigung des fremden Dritten an der M-KG lediglich 94,9 % der Anteile an der T-GmbH mittelbar im Rahmen der Verschmelzung übertragen werden. Die mittelbar über die M-KG gehaltenen 5,1 % der Anteile an der T-GmbH können der M-GmbH nicht – auch nicht anteilig – zugerechnet werden.

Der BFH[45] hat jedoch in einer neueren Entscheidung zu einer Einheits-GmbH & Co. KG entschieden, dass die sogenannte Pro-Kopf-Betrachtung nur in Bezug auf Anteile unmittelbar an der grundbesitzenden Personengesellschaft selbst gilt, nicht aber für Anteile an zwischengeschalteten Personengesellschaften, die ihrerseits Anteile an grundbesitzenden Gesellschaften halten. In diesen Fällen sei auch bei mittelbarer Beteiligung über eine Personengesellschaft durchzurechnen. Es ist jedoch noch offen, ob dies nur in Fällen einer Einheits-GmbH & Co. KG gelten soll oder bei jeder mittelbaren Beteiligung über eine Personengesellschaft. Auch die Finanzverwaltung hat sich bisher noch nicht geäußert, ob sie sich dem anschließen wird.

39 **c) Keine Anteilsvereinigung bei Verstärkung einer bestehenden Anteilsvereinigung.** Nicht vom Tatbestand des § 1 Abs. 3 GrEStG erfasst wird dagegen die **Verstärkung** einer bereits bestehenden Anteilsvereinigung in der Hand einer Person.

Beispiel: Wie oben; allerdings wird die X-GmbH auf die A-GmbH verschmolzen.

---

[42] BFH, II R 65/08, BStBl. II 2011, 225 = GmbHR 2011, 161.
[43] BFH II R 68/92, BStBl. II 1995, 736 = DB 1995, 1946; BFH, II R 66/98, BStBl. II 2002, 156 = GmbHR 2001, 1065.
[44] Nach Gleichlautendem Erlass betr. Anwendung des § 1 Abs. 3a GrEStG vom 9.10.2013, BStBl. I 2013, 1364, Tz. 5 (Beispiel 5).
[45] BFH II R 51/12, BFHE 245, 381 = GmbHR 2014, 950; kritisch zu der Entscheidung: *Behrens* BB 2014, 2647.

Die Anteile an der grundbesitzenden D-GmbH waren bereits vor der Verschmelzung in den Händen der A-GmbH mittelbar vereinigt, da sie auf jeder Beteiligungsstufe zu mindestens 95 % beteiligt war. Der Zuerwerb von weiteren Anteilen an der B-GmbH durch die Verschmelzung der X-GmbH führt lediglich zu einer Verstärkung einer bereits bestehenden Anteilsvereinigung, die nicht nach § 1 Abs. 3 GrEStG steuerbar ist.

Ebenfalls keine Grunderwerbsteuer wird ausgelöst, wenn bereits vereinigte Anteile auf **mehrere Tochtergesellschaften übertragen** werden, ohne dass eine der Tochtergesellschaften erstmals mindestens 95 % der Anteile an der grundbesitzenden Gesellschaft auf sich vereinigt. **40**

Beispiel: Die A-GmbH ist alleinige Gesellschafterin sowohl der grundbesitzenden G-GmbH als auch der T1-GmbH und der T2-GmbH. Die A-GmbH gliedert ihre Beteiligung an der G-GmbH jeweils zur Hälfte auf die T1-GmbH und die T2-GmbH aus.
Die Ausgliederung ist nicht grunderwerbsteuerpflichtig. Das Grundstück der G-GmbH war bereits vor der Ausgliederung grunderwerbsteuerrechtlich auch dem Vermögen der A-GmbH zuzurechnen. Daran ändert sich durch die Ausgliederung der Beteiligung an der G-GmbH auf die T1-GmbH und die T2-GmbH nichts. Unerheblich sollte sein, ob die A-GmbH anlässlich des Erwerbs der Anteile an der G-GmbH in Bezug auf das jetzt noch zum Vermögen der G-GmbH gehörende Grundstück Grunderwerbsteuer nach § 1 Abs. 3 GrEStG ausgelöst hatte.[46]

Auch im Rahmen von konzerninternen Umstrukturierungen kann es jedoch zu einer nach § 1 Abs. 3 GrEStG steuerbaren Anteilsvereinigung (oder Anteilsübertragung) kommen. Dabei sind die Voraussetzungen des gesetzlichen Tatbestandes auf **jeder Beteiligungsebene** zu prüfen. Dass eine Anteilsvereinigung bereits auf Ebene der Muttergesellschaft besteht, schließt nicht aus, dass durch eine Verschmelzung auf Ebene von Tochtergesellschaften eine grunderwerbsteuerbare Anteilsvereinigung eintritt. **41**

Beispiel: Die A-GmbH ist alleinige Gesellschafterin sowohl der B-GmbH als auch der C-GmbH, welche zu je 50 % an der grundbesitzenden D-GmbH beteiligt sind. Die B-GmbH wird auf die C-GmbH verschmolzen.
In den Händen der C-GmbH kommt es zu einer nach § 1 Abs. 3 GrEStG steuerbaren Anteilsvereinigung an den Anteilen an der D-GmbH. Nach der Verschmelzung hält die C-GmbH erstmalig mindestens 95 % der Anteile an der D-GmbH. Für die Anteilsvereinigung auf Ebene der C-GmbH ist unerheblich, dass auf Ebene der A-GmbH bereits vor der Verschmelzung eine mittelbare Anteilsvereinigung vorlag.

d) Anwendung von § 6 Abs. 2 GrEStG bei Vereinigung aller Anteile einer grundbesitzenden Personengesellschaft. Grundsätzlich kann auch bei der Vereinigung der Anteile an einer grundbesitzenden Personengesellschaft **§ 6 Abs. 2 GrEStG** zur Anwendung kommen.[47] Danach wird die Steuer, wenn ein Grundstück von einer Gesamthand in das Alleineigentum einer an der Gesamthand beteiligten Person übergeht, in Höhe des Anteils nicht erhoben, zu dem der Erwerber am Vermögen der Gesamthand beteiligt ist. Zwar setzt § 6 Abs. 2 GrEStG seinem Wortlaut nach den zivilrechtlichen Übergang des Grundstücks von der Gesamthand auf den Gesamthänder voraus, es ist jedoch anerkannt, dass die Befreiungsvorschrift auch zur Anwendung kommt, wenn das Grundstück zivilrechtlich bei der Gesamthand verbleibt, jedoch gemäß § 1 Abs. 3 GrEStG ein Übergang des Grundstücks für Zwecke der Grunderwerbsteuer auf den Gesamthänder fingiert wird.[48] **42**

Beispiel: Die A-GmbH ist die alleinige Kommanditistin einer grundbesitzenden GmbH & Co. KG. Nicht am Kommanditkapital beteiligte Komplementärin ist die B-GmbH, deren alleinige Gesellschafterin die A-GmbH ist. Im Jahr 2011 hat die A-GmbH die gesamte Beteiligung an der B-GmbH

---

[46] Gleich lautende Ländererlasse vom 2.12.1999 – 3 – S 4500/43, StEK § 1 GrEStG Tz. 141 Anmerkung 3. – Unklar, ob sich aus BFH II R 26/12, HFR 2015, 147, etwas anderes ergibt.
[47] Gleichlautender Ländererlass vom 6.3.2013, BStBl. I 2013, 773, Tz. 3.; ebenso: BFH II R 38/69 = NJW 1975, 2119; BStBl. II 1975, 834; BFH II R 68/92, BStBl. II 1995, 736 = DStR 1995, 1507.
[48] FM Baden-Württemberg, Erlass v. 18.12.2009 – 3 – S 4505/18, StEK § 1 GrEStG Nr. 189 Anmerkung b.

sowie einen 94,9%igen Kommanditanteil an die D-GmbH übertragen. Im Jahr 2017 wird die A-GmbH auf die D-GmbH verschmolzen.

Die Verschmelzung im Jahr 2017 verwirklicht nicht den Tatbestand des § 1 Abs. 2a S. 1 GrEStG, da die D-GmbH nach Ablauf von fünf Jahren nach dem Erwerb der 94,9%igen Kommanditbeteiligung zum Altgesellschafter geworden ist und nicht innerhalb von fünf Jahren mindestens 95 % der Beteiligung an der KG auf sie übergegangen sind.

Die Verschmelzung ist jedoch nach § 1 Abs. 3 Nr. 2 GrEStG grunderwerbsteuerpflichtig, da sich im Jahr 2017 sämtliche Anteile an der KG in der Hand der D-GmbH vereinigen. § 1 Abs. 3 GrEStG fingiert den Übergang des Grundstücks der KG auf die D-GmbH. Gem. § 6 Abs. 2 GrEStG bleibt die Grunderwerbsteuer jedoch im Falle einer Übertragung eines Grundstück von der Gesamthand auf einen ihrer Gesamthänder insoweit unerhoben, als der Gesamthänder an der Gesamthand beteiligt ist. Voraussetzung ist jedoch nach § 6 Abs. 4 S. 1 GrEStG, dass die Beteiligung seit mindestens fünf Jahren besteht. Mithin steht die Befreiung des § 6 Abs. 2 GrEStG im vorliegenden Fall zu 94,9 % zur Verfügung, da die D-GmbH seit 2011 in dieser Höhe an der KG beteiligt ist. In Höhe der verbleibenden 5,1 % kommt eine Befreiung hingegen nicht in Betracht, da die D-GmbH insoweit erst durch den den Tatbestand des § 1 Abs. 3 Nr. 2 GrEStG verwirklichenden Erwerbstatbestand an der KG beteiligt wird und damit die Vorbehaltsfrist des § 6 Abs. 4 S. 1 GrEStG nicht erfüllt ist.

43   e) **Nachversteuerung nach § 5 Abs. 3 oder § 6 Abs. 3 S. 2 GrEStG.** Anteilsvereinigungen nach § 1 Abs. 3 GrEStG können, sofern sie innerhalb der **Fünf-Jahres-Frist** der §§ 5 Abs. 3 oder 6 Abs. 3 S. 2 GrEStG erfolgen, zu einer **nachträglichen Festsetzung von Grunderwerbsteuer** hinsichtlich der Übertragung des Grundstücks auf die Personengesellschaft führen. Zu einer rückwirkenden Versagung der Steuerbefreiung kommt es jedoch insoweit nicht, als die Anteilsvereinigung selbst Grunderwerbsteuer nach § 1 Abs. 3 GrEStG auslöst.[49]

Beispiel:[50] An der K-KG sind die A-GmbH und die B-GmbH jeweils zu 50 % beteiligt. Auch die Anteile an der Komplementär GmbH halten die A-GmbH und die B-GmbH zu gleichen Teilen. Im Jahr 2015 überträgt die A-GmbH zunächst ein Grundstück auf die K-KG. Im Jahr 2017 wird die A-GmbH auf die B-GmbH verschmolzen.

Im Jahr 2015 wird die Grunderwerbsteuer für die nach § 1 Abs. 1 Nr. 1 GrEStG steuerbare Grundstücksübertragung gemäß § 5 Abs. 2 GrEStG in Höhe von 50 % nicht erhoben, weil die A-GmbH in dieser Höhe an der K-KG beteiligt ist.

Durch die Verschmelzung im Jahr 2017 wird auf Ebene der B-GmbH eine Anteilsvereinigung iSd § 1 Abs. 3 Nr. 2 GrEStG ausgelöst. Insoweit findet § 6 Abs. 2 GrEStG Anwendung: Die Grunderwerbsteuer bleibt zu 50 % unerhoben, weil die B-GmbH bereits im Zeitpunkt des Erwerbs des Grundstücks durch die K-KG in Höhe von 50 % gesamthänderisch an der KG beteiligt gewesen ist.

Da der Anteil der A-GmbH an der K-KG innerhalb der Fünfjahresfrist des § 5 Abs. 3 GrEStG übertragen wurde, wäre grundsätzlich die 50%ige Steuervergünstigung bezüglich der Grundstücksübertragung im Jahr 2015 rückgängig zu machen. Da die Verschmelzung insoweit jedoch selbst zu einem grunderwerbsteuerpflichtigen Rechtsvorgang nach § 1 Abs. 3 Nr. 2 GrEStG führt (§ 6 Abs. 2 GrEStG ist insoweit nicht anwendbar), kommt § 5 Abs. 3 GrEStG nicht zur Anwendung und die hälftige Steuerbefreiung der Übertragung aus dem Jahr 2015 bleibt erhalten. Die Überwachung nach § 5 Abs. 3 GrEStG endet mit der Verwirklichung der Anteilsvereinigung nach § 1 Abs. 3 GrEStG.

44   f) **Mögliche Ausweichgestaltungen.** Droht durch eine übertragende Umwandlung eine grunderwerbsteuerpflichtige Anteilsvereinigung beim übernehmenden Rechtsträger, können vor der Umwandlung durchgeführte Umstrukturierungen den Anfall von Grunderwerbsteuer ggf. verhindern oder zumindest verringern.

45   Ist der übertragende Rechtsträger Alleingesellschafter einer grundbesitzenden Kapitalgesellschaft, kann erwogen werden, vor Eintragung der übertragenden Umwandlung im Handelsregister einen **fremden Dritten** zu mehr als 5 % an der Tochter-Kapitalgesellschaft zu beteiligen. In diesem Fall wird weder nach § 1 Abs. 3 noch Abs. 3a GrEStG Grund-

---

[49] Gleich lautende Erlasse betr. Anwendung der §§ 5 und 6 GrEStG vom 9.12.2015, BStBl. I 2016, 1029, Tz. 7.8.2.

[50] Nach Gleich lautende Erlasse betr. Anwendung der §§ 5 und 6 GrEStG vom 9.12.2015, BStBl. I 2016, 1029, Tz. 7.8.2 (Beispiel 13).

erwerbsteuer ausgelöst. Ist der übertragende Rechtsträger dagegen zu mehr als 95 % an einer Personengesellschaft beteiligt, ist die vorherige Übertragung auf einen fremden Dritten nicht zielführend, da auch nach Übertragung an den Dritten durch die übertragende Umwandlung Grunderwerbsteuer nach § 1 Abs. 2a GrEStG anfällt, wenn Übertragung und Umwandlung innerhalb von fünf Jahren erfolgen. Erforderlich wäre in diesem Fall zunächst der Formwechsel der grundbesitzenden Tochter-Personengesellschaft in eine Kapitalgesellschaft und sodann die Übertragung von mehr als 5 % der Anteile an der Kapitalgesellschaft an den Dritten, bevor die restlichen Anteile an der Tochter-Kapitalgesellschaft im Rahmen der übertragenden Umwandlung auf den übernehmenden Rechtsträger übergehen.

Beispiel:[51] An der grundbesitzenden T-GmbH sind die A-AG zu 70 % und die G-GmbH zu 30 % beteiligt. Die G-GmbH soll auf die A-AG verschmolzen werden. Vor der Verschmelzung gründet die T-GmbH mit einem Dritten, der sich zu 5,1 % beteiligt, die Z-KG, auf die die T-GmbH ihren Grundbesitz überträgt.

Die Übertragung des Grundbesitzes der T-GmbH auf die Z-KG ist grunderwerbsteuerpflichtig. Die Steuer bleibt jedoch nach § 5 Abs. 2 GrEStG in Höhe von 94,9 % (Beteiligung der T-GmbH an der Z-KG) unerhoben. Durch die anschließende Verschmelzung der G-GmbH auf die A-AG wird keine Grunderwerbsteuer ausgelöst, weil das Grundstück nicht mehr zum Vermögen der G-GmbH gehört. Die fünfjährige Nachbehaltensfrist des § 5 Abs. 3 GrEStG ist ebenfalls nicht verletzt, da die G-GmbH in Höhe von 94,9 % an der Z-KG beteiligt bleibt.

3. Mittelbare Umwandlungs- und Einbringungsfolgen bei wirtschaftlicher Anteilsvereinigung gemäß § 1 Abs. 3a GrEStG

a) Grundsätze der wirtschaftlichen Anteilsvereinigung (§ 1 Abs. 3a GrEStG).
Mit Wirkung ab dem 7.6.2013 erweitert **§ 1 Abs. 3a GrEStG** die Fälle der Anteilsvereinigung nach § 1 Abs. 3 GrEStG. Als Anteilsvereinigung im Sinne von § 1 Abs. 3 GrEStG gilt danach – soweit eine Besteuerung nach § 1 Abs. 2a und Abs. 3 GrEStG nicht in Betracht kommt – auch ein Rechtsvorgang, aufgrund dessen ein Rechtsträger unmittelbar oder mittelbar oder teils unmittelbar, teils mittelbar eine wirtschaftliche Beteiligung in Höhe von mindestens 95 % am Kapital oder Vermögen einer grundbesitzenden Gesellschaft innehat. Bei Beteiligungsketten sind für die Ermittlung der mittelbaren Beteiligung die Beteiligungsquoten auf jeder Ebene zu multiplizieren (vgl. § 1 Abs. 3a S. 3 GrEStG). Nach § 1 Abs. 3a GrEStG sind mithin alle Rechtsvorgänge steuerbar, die dazu führen, dass ein Rechtsträger erstmalig eine **wirtschaftliche Beteiligung von mindestens 95 %** an einer grundbesitzenden Gesellschaft innehat. Der Tatbestand kann durch jeden Rechtsvorgang verwirklicht werden, auch durch Umwandlung.[52]

§ 1 Abs. 3a GrEStG stellt auf eine wirtschaftliche Beteiligung an einer Gesellschaft ab. Gesellschaften im Sinne des § 1 Abs. 3a GrEStG sind sowohl Kapital- als auch Personengesellschaften.[53] Der Begriff der wirtschaftlichen Beteiligung wird in § 1 Abs. 3a S. 2 definiert als „Summe der unmittelbaren und mittelbaren Beteiligung am Kapital oder am Vermögen der Gesellschaft". Damit gilt nicht die sachenrechtliche Betrachtungsweise, wonach bei grundbesitzenden Personengesellschaften jede Gesamthandsbeteiligung gleich viel zählt.[54] Vielmehr sind – sowohl bei Kapital- als auch bei Personengesellschaft – **alle unmittelbaren und mittelbaren Beteiligungen zusammenzurechnen**. Für die Ermittlung der mittelbaren Beteiligung sind die Prozentsätze der jeweiligen Beteiligungsstufen – ebenfalls unabhängig von der Gesellschaftsform – **durchzurechnen**. Hat ein Rechtsträger aufgrund eines Rechtsvorgangs insgesamt erstmals eine wirtschaftliche Beteiligung von mindestens 95 % inne, ist § 1 Abs. 3a GrEStG verwirklicht. Dagegen ist die **Aufsto-**

---
[51] Nach Lademann/*Behrens* UmwStG GrESt Rn. 178.
[52] Vgl. Boruttau/*Meßbacher-Hönsch* GrEStG § 1 Rn. 1202.
[53] Vgl. Boruttau/*Meßbacher-Hönsch* GrEStG § 1 Rn. 1214.
[54] Gleichlautender Erlass betr. Anwendung des § 1 Abs. 3a GrEStG v. 9.10.2013, BStBl. I 2013, 1364, Tz. 5.

ckung einer bereits bestehenden wirtschaftlichen Beteiligung (beispielsweise von 95 % auf 100 %) **nicht** nach § 1 Abs. 3a GrEStG **steuerbar**.[55] Dies gilt auch für Grundstücke, die nach dem Überschreiten der 95 % Grenze hinzuerworben werden.[56]

Beispiel: Die A-GmbH ist zu 94,9 % an der grundbesitzenden T-KG beteiligt. Die übrigen 5,1 % an der T-KG hält die B-GmbH, an der die A-GmbH ebenfalls zu 94,9 % beteiligt ist. Die verbleibenden 5,1 % der Geschäftsanteile der B-GmbH hält die D-AG. Die A-GmbH wird im Jahr 2017 auf die C-GmbH verschmolzen.

§ 1 Abs. 2a GrEStG ist bei der T-KG nicht verwirklicht: Unmittelbar sind durch die Verschmelzung lediglich 94,9 % der Anteile am Vermögen auf die C-GmbH übergegangen. Da auch lediglich 94,9 % der Anteile an der B-GmbH übergegangen sind, bleibt diese weiterhin Altgesellschafterin bei der T-KG.

Auch § 1 Abs. 3 GrEStG ist nicht einschlägig: Wegen der Beteiligung der D-AG in Höhe von 5,1 % an der B-GmbH können der C-GmbH die Anteile an der B-GmbH nicht zugerechnet werden.

Die Verschmelzung ist aber nach § 1 Abs. 3a GrEStG steuerbar: Die C-GmbH ist aufgrund der Verschmelzung zu 94,9 % unmittelbar und mittelbar über die B-GmbH zu weiteren (94,9 % x 5,1 %) 4,834 % an der grundbesitzenden T-KG beteiligt.

48 Nach Auffassung der Finanzverwaltung kann eine wirtschaftliche Beteiligung in allen Varianten des § 1 Abs. 3 GrEStG verwirklicht werden.[57] Dies bedeutet, dass § 1 Abs. 3a GrEStG bereits durch den Abschluss des schuldrechtlichen Verpflichtungsgeschäfts verwirklicht werden kann. Folgt dem schuldrechtlichen Geschäft ein dingliches Rechtsgeschäft, ist letzteres nicht mehr steuerbar.[58] In der Literatur wird dagegen teilweise nur der rechtliche Übergang des Eigentums an den Gesellschaftsanteilen als tatbestandserfüllend angesehen.[59] Für Umwandlungen ist grundsätzlich auf den Zeitpunkt der Eintragung im Handelsregister abzustellen.[60]

49 **b) Nachversteuerung nach § 5 Abs. 3 oder § 6 Abs. 3 S. 2 GrEStG.** Ebenso wie Anteilsvereinigungen nach § 1 Abs. 3 GrEStG können auch wirtschaftliche Anteilsvereinigungen nach § 1 Abs. 3a GrEStG, sofern sie innerhalb der Fünf-Jahres-Frist der §§ 5 Abs. 3 oder 6 Abs. 3 S. 2 GrEStG erfolgen, zu einer **nachträglichen Festsetzung von Grunderwerbsteuer** hinsichtlich der Übertragung des Grundstücks auf die Personengesellschaft führen.

Beispiel:[61] An der O-OHG sind die A-GmbH und die B-GmbH zu jeweils 48 % und die C-GmbH zu 4 % beteiligt. Im Jahr 2014 überträgt die A-GmbH ein Grundstück auf die O-OHG. Im Jahr 2015 überträgt die A-GmbH eine Beteiligung von 10 % an der O-OHG auf die B-GmbH. Im Jahr 2016 wird die A-GmbH auf die B-GmbH verschmolzen.

Die im Jahr 2014 erfolgte Grundstücksübertragung von der A-GmbH auf die O-OHG ist nach § 1 Abs. 1 Nr. 1 GrEStG steuerpflichtig. Die Steuer bleibt jedoch nach § 5 Abs. 2 GrEStG zu 48 % unerhoben, weil die A-GmbH in dieser Höhe an der O-OHG beteiligt ist.

Die Anteilsübertragung in Höhe von 10 % im Jahr 2015 ist selbst nicht steuerpflichtig. Sie stellt jedoch eine Anteilsminderung dar, sodass die Steuervergünstigung hinsichtlich der Grundstücksübertragung im Jahr 2014 nach § 5 Abs. 3 GrEStG in Höhe von 10 % rückwirkend zu versagen ist.

---

[55] Gleichlautender Erlass betr. Anwendung des § 1 Abs. 3a GrEStG v. 9.10.2013, BStBl. I 2013, 1364, Tz. 2.

[56] Gleichlautender Erlass betr. Anwendung des § 1 Abs. 3a GrEStG v. 9.10.2013, BStBl. I 2013, 1364, Tz. 2.

[57] Gleichlautender Erlass betr. Anwendung des § 1 Abs. 3a GrEStG v. 9.10.2013, BStBl. I 2013, 1364, Tz. 1; ebenso: *Schanko* UVR 2014, 44, 46; *Wagner/Mayer* BB 2014, 279, 282; Boruttau/ Meßbacher-Hönsch GrEStG § 1 Rn. 1231.

[58] Boruttau/*Meßbacher-Hönsch* GrEStG § 1 Rn. 1231.

[59] *Pahlke* GrEStG § 1 Rn. 438; *Hofmann* GrEStG § 1 Rn. 191, *Behrens* DStR 2013, 2726, 2728 f.; *Wagner/Lieber* DB 2013, 2295, 2296; *Joisten/Liekenbrock* Ubg 2013, 469, 473.

[60] Boruttau/*Meßbacher-Hönsch* GrEStG § 1 Rn. 1230; *Pahlke* GrEStG § 1 Rn. 438.

[61] Nach Gleich lautende Erlasse betr. Anwendung der §§ 5 und 6 GrEStG vom 9.12.2015, BStBl. I 2016, 1029, Tz. 7.8.3 (Beispiel 15).

Die Verschmelzung im Jahr 2016 verwirklicht nicht den Grunderwerbsteuertatbestand nach § 1 Abs. 2a GrEStG, weil die B-GmbH bereits im Zeitpunkt des Grundstückserwerbs durch die O-OHG unmittelbar an der O-OHG beteiligt war und deshalb als Altgesellschafterin gilt. Auch § 1 Abs. 3 GrEStG wird nicht verwirklicht, weil die B-GmbH ab Eintragung der Verschmelzung im Handelsregister lediglich eine von zwei Gesamthandsbeteiligungen an der O-OHG hält.

Die Verschmelzung ist aber nach § 1 Abs. 3a GrEStG steuerbar, weil die B-GmbH erstmals eine wirtschaftliche Beteiligung von 96 % an der O-OHG innehat. Die Steuer bleibt jedoch in Höhe von insgesamt 58 % nach § 6 Abs. 2 GrEStG unerhoben (in Höhe von 48 % ist § 6 Abs. 4 GrEStG nicht anwendbar, weil die B-GmbH zum Zeitpunkt des Grundstückerwerbs durch die O-OHG bereits zu 48 % an der O-OHG beteiligt war und in Höhe von weiteren 10 %, da der Erwerb der 10%igen Beteiligung an der O-OHG von der A-GmbH im Jahr 2015 nach § 5 Abs. 3 GrEStG zu einer Versagung der Vergünstigung geführt hat). Da sich der Anteil der A-GmbH an der O-OHG innerhalb der 5-Jahresfrist des § 5 Abs. 3 GrEStG verringert hat, ist die Steuervergünstigung für die Grundstücksübertragung im Jahr 2014 um weitere 38 % zu verringern. Damit ist der B-GmbH dann aber auch für die durch die Verschmelzung hinzuerworbenen 38 % der Anteile an der O-OHG die Vergünstigung nach § 6 Abs. 2 GrEStG zu gewähren. Ein Ausschluss nach § 6 Abs. 4 S. 1 GrEStG kommt nicht in Betracht, da die Verschmelzung zu einer Versagung der Vergünstigung nach § 5 Abs. 3 GrEStG geführt hat. Insgesamt ist die Verschmelzung mithin zu 96 % steuerfrei.

III. Allgemeine Gestaltungsüberlegungen zur Vermeidung oder Verringerung der Grunderwerbsteuerbelastung

Im Rahmen von übertragenden Umwandlungen und Einbringungen kann die Grunderwerbsteuerbelastung durch entsprechende Gestaltungen zum Teil reduziert oder gar gänzlich vermieden werden.

1. Umfang der übertragenen Grundstücke reduzieren

Eine **Reduktion der Grunderwerbsteuerbelastung** kann zunächst dadurch erreicht werden, dass der durch die Umwandlung übergehende Grundbesitz möglichst gering gehalten wird.

Im Rahmen einer Verschmelzung sollte beispielsweise auf den Rechtsträger mit dem wertmäßig größten Grundbesitz verschmolzen werden.[62] Einer Verschmelzung zur Neugründung ist die Verschmelzung zur Aufnahme regelmäßig vorzuziehen. Schließlich kann eine Belastung mit Grunderwerbsteuer vermieden werden, soweit nach Maßgabe des UmwG anstelle der Verschmelzung ein Formwechsel in Betracht kommt (z. B. bei Formwechsel einer Kapitalgesellschaft in eine Personalgesellschaft, vgl. §§ 228 ff. UmwG).[63]

Bei der Spaltung ist aus grunderwerbsteuerlicher Sicht grundsätzlich die Abspaltung der Aufspaltung vorzuziehen. Bei einer Aufspaltung fällt, da der bisherige Rechtsträger untergeht, für den Übergang sämtlicher Grundstücke Grunderwerbsteuer an. Dagegen werden bei einer Abspaltung nur diejenigen Grundstücke grunderwerbsteuerlich erfasst, die auf den neuen Rechtsträger übergehen. Aus grunderwerbsteuerlicher Sicht kann es zudem vorteilhaft sein, die geplante Aufspaltung in eine Abspaltung und Verschmelzung aufzuteilen, wenn dadurch der Übergang von Grundstücken auf einen neuen Rechtsträger vermieden werden kann.[64]

Beispiel: Die grundbesitzende X-GmbH soll in die Y-GmbH, der sämtliche Grundstücke übertragen werden sollen, und die Z-GmbH aufgespalten werden. Die Aufspaltung löst Grunderwerbsteuer hinsichtlich der auf die Y-GmbH übergehenden Grundstücke aus. Alternativ könnte von der X-GmbH auf die Z-GmbH das anderweitige Vermögen (ohne die Grundstücke) abgespalten und anschließend die Y-GmbH auf die X-GmbH verschmolzen werden, ohne dass Grunderwerbsteuer anfiele.

---

[62] *Pahlke* GrEStG § 1 Rn. 167.
[63] *Pahlke* GrEStG § 1 Rn. 167.
[64] *Pahlke* GrEStG § 1 Rn. 168.

2. Vorab-Übertragung unter Anwendung der Regelbemessungsgrundlage

53 Soll im Rahmen einer übertragenden Umwandlung Grundbesitz übertragen werden oder hält die übertragende Gesellschaft Anteile an grundbesitzenden Gesellschaften und entstünde durch die Umwandlungsmaßnahme Grunderwerbsteuer auf Grundlage der Ersatzbemessungsgrundlage, kann die grunderwerbsteuerliche Bemessungsgrundlage eventuell durch eine **Veräußerung** der inländischen Grundstücke an den übernehmenden Rechtsträger **vor der Umwandlung** verringert werden.

54 Bemessungsgrundlage für den durch eine solche Veräußerung ausgelösten Rechtsträgerwechsel ist gemäß § 8 Abs. 1 GrEStG die im Kaufvertrag **vereinbarte Gegenleistung**. Auch wenn der vereinbarte Kaufpreis **unter dem gemeinen (Verkehrs-)Wert** liegt, ist grundsätzlich anerkannt, dass insoweit auf den zivilrechtlich wirksam vereinbarten Kaufpreis abzustellen ist.[65] Nach Ansicht des BFH ist ein solcher Kaufvertrag als einheitliches Rechtsgeschäft zu beurteilen, sodass der Verkauf grunderwerbsteuerlich nicht in ein teils entgeltliches, teils unentgeltliches Rechtsgeschäft aufgeteilt werden kann.[66] Anderes könnte allenfalls dann gelten, wenn der Kaufvertrag lediglich einen **symbolischen Kaufpreis** enthält, der nicht als ernsthaft vereinbarte Gegenleistung angesehen werden kann. Ein solcher unbeachtlicher symbolischer Kaufpreis soll nicht nur dann vorliegen, wenn er als solcher im Vertrag bezeichnet wird, sondern auch dann, wenn der vereinbarte Kaufpreis zum Wert des übertragenen Grundvermögens außer Verhältnis steht und er sich deshalb nach den gesamten Umständen mangels eines ernsthaften Gegenleistungscharakters zu dem Wert des übertragenen Vermögens überhaupt nicht in Relation bringen lässt.[67] Wann es sich um einen symbolischen Kaufpreis handelt, ist nur nach den Umständen des Einzelfalls zu bestimmen. Verbreitet wird ein Kaufpreis in Höhe von 10 % (teilweise sogar von 5 %) des Verkehrswertes unter Berücksichtigung der BFH-Rechtsprechung als anerkennenswert angesehen.[68] Liegt der handelsbilanzielle Buchwert des Grundstücks (deutlich) unter dem Verkehrswert, kann ggf. auch dieser als Kaufpreis vereinbart werden.[69] Vor einem Verkauf sollte jedoch – insbesondere wenn dieser (deutlich) unter dem Verkehrswert erfolgt – sichergestellt werden, dass **keine Vorkaufsrechte** der Gemeinde oder Dritter bestehen bzw. dass etwaige Vorkaufsberechtigte vorab wirksam auf die Ausübung ihres Vorkaufsrechts verzichtet haben.

3. Vorab-Übertragung zur Vermeidung mehrfacher Grunderwerbsteuer

55 Insbesondere im Rahmen von Umstrukturierungen eines Konzerns sind häufig mehrere Umwandlungsschritte in enger zeitlicher Abfolge geplant. Sind von diesen jeweils Grundstücke betroffen, so tritt unter Umständen eine mehrfache Grunderwerbsteuerbelastung für jeden Umwandlungsschritt ein. Sofern Erwerber der Grundstücke jeweils unterschiedliche Rechtsträger sind, scheidet die von § 1 Abs. 6 S. 2 GrEStG vorgesehene Anrechnung der Grunderwerbsteuer aufgrund der fehlenden Erwerberidentität aus. In solchen Fällen kann der mehrfache Anfall von Grunderwerbsteuer gegebenenfalls dadurch vermieden werden, dass die Grundstücke im Wege der Einzelübertragung direkt an den Zielrechtsträger veräußert werden. Die Bemessungsgrundlage der aufgrund der Einzelübertragung anfallenden Grunderwerbsteuer kann durch Vereinbarung eines niedrigen Kaufpreises verringert werden (→ § 52 Rn. 54).

---

[65] BFH II R 95/86, BStBl. II 1990, 186 = MittRhNotK 1990, 110: Verkehrswert 1,9 Millionen DM zum Kaufpreis von DM 116.332 DM; ebenso: Boruttau/*Viskorf* GrEStG § 8 Rn. 42.

[66] Vgl. BFH II B 54/02, BStBl. II 2003, 483 = GmbGR 2003, 669.

[67] vgl. Boruttau/*Viskorf* GrEStG § 8 Rn. 42 unter Hinweis auf BFH II R 9/92, BStBl. II 1995, 268 = DStR 1995, 485 für einen Kaufpreis von 1 DM und übertragenen Vermögen in Höhe von mehreren Millionen DM; ebenso: FG Berlin-Brandenburg 3 K 1500/02, EFG 2005, 1957.

[68] Lademann/*Behrens* UmwStG GrESt Rn. 52; *Schanko* UVR 2012, 158; BFH II R 65/04, BFH/NV 2006, 2128 = UVR 2006, 354; BFH II B 61/10, BFH/NV 2011, 307 = BeckRS 2010, 25016634; FG Hamburg 3 K 128/08, EFG 2009, 956.

[69] *Weilbach* GrEStG § 8 Rn. 6.

D. Formwechselnde Umwandlungen

I. Allgemeines

Der Formwechsel gem. §§ 1 Abs. 1 Nr. 4, 190 ff. UmwG ist gekennzeichnet durch einen Wechsel der Rechtsform bei **Wahrung der Identität des Rechtsträges** (vgl. § 202 Abs. 1 Nr. 1 UmwG; → § 50 Rn. 1 ff.).[70] Hinsichtlich der grunderwerbsteuerlichen Folgen des Formwechsels muss unterschieden werden zwischen den Rechtswirkungen auf Ebene der Gesellschaft und denjenigen auf Ebene der Gesellschafter.

II. Ebene der Gesellschaft

Da der Formwechsel aufgrund seines identitätswahrenden Charakters nicht zu einem Rechtsträgerwechsel führt, ist er auf Ebene des formwechselnden Rechtsträger **nicht grunderwerbsteuerbar**. Dies ist für den sog. **homogenen Formwechsel** – das heißt einem Formwechsel von einer Kapitalgesellschaft in eine andere Kapitalgesellschaft bzw. den Formwechsel von einer Personengesellschaft in eine andere Personengesellschaft – seit jeher unstreitig.[71] Gleiches gilt nach nunmehr ständiger Rechtsprechung des BFH[72], der sich die Finanzverwaltung angeschlossen hat[73], auch für den **heterogenen Formwechsel** einer Personengesellschaft in eine Kapitalgesellschaft (vgl. §§ 214 ff. UmwG) und einer Kapitalgesellschaft in eine Personengesellschaft (vgl. §§ 226, 228 ff. UmwG).[74] An der Nichtsteuerbarkeit eines heterogenen Formwechsels ändert sich auch dann nichts, wenn im Zuge der Umwandlung einer GmbH in eine GmbH & Co. KG bzw. einer GmbH & Co. KG in eine GmbH ein neuer Gesellschafter als nicht am Kapital beteiligter Komplementär beitritt bzw. ausscheidet[75] (zu den Folgen auf Ebene der Gesellschafter → § 52 Rn. 59 ff.).

Nicht steuerbar ist schließlich auch der „Formwechsel" einer **Vorgesellschaft** in die mit Handelsregistereintragung entstehende AG bzw. GmbH.[76]

III. Ebene der Gesellschafter

1. Verhältniswahrender Formwechsel

Ein **verhältniswahrender Formwechsel** hat auch auf Ebene der Gesellschafter **keine grunderwerbsteuerlichen** Folgen.[77] So unterliegt insbesondere der verhältniswahrende

---

[70] BFH II B 116/96, BStBl. II 1997, 661 = GmbHR 1997, 136; BFH II R 66/05, BStBl. II 2007, 621 = NJW-RR 2008, 197; BFH III R 6/02 = FR 2004, 371; BFH/NV 2004, 293; *Pahlke* GrEStG § 1 Rn. 23.

[71] BFH II B 116/96, BStBl. II 1997, 661 = GmbHR 1997, 136; BFH II B 5/07, BFH/NV 2007, 2351 = NWB 2008, 13; koordinierter Ländererlass FM Baden-Württemberg vom 19.12.1997, DStR 1998, 82, zuletzt geändert durch FM Baden-Württemberg vom 31.1.2000, DStR 2000, 284, unter A. IV. 2.; ebenso: Boruttau/*Fischer* GrEStG § 1 Rn. 542; *Pahlke* GrEStG § 1 Rn. 23, 26 (für den nicht dem UmwG unterfallenden Formwechsel einer Personengesellschaft in eine andere Personengesellschaft); Rödder/Herlinghaus/van Lishaut/*van Lishaut* UmwStG Anh. 9 Rn. 3.

[72] BFH II B 116/96, BStBl. II 1997, 661 = GmbHR 1997, 136; BFH II R 57/98, BStBl. II 2001, 587 = GmbHR 2001, 208; BFH II R 6/02, BStBl. II 2004, 85 = GmbHR 2004, 196.

[73] Koordinierter Ländererlass FM Baden-Württemberg vom 19.12.1997, DStR 1998, 82, zuletzt geändert durch FM Baden-Württemberg vom 31.1.2000, DStR 2000, 284, unter A. IV. 2.

[74] Zustimmend die ganz herrschende Ansicht in der Literatur, vgl. Boruttau/*Fischer* GrEStG § 1 Rn. 544 f.; *Pahlke* GrEStG § 1 Rn. 23; Rödder/Herlinghaus/van Lishaut/*van Lishaut* UmwStG Anh. 9 Rn. 3; *Schwerin* RNotZ 2003, 480, 493 m. w. N. zur früheren abweichenden Ansicht.

[75] vgl. *Hofmann* GrEStG § 1 Rn. 11.

[76] *Hofmann* GrEStG § 1 Rn. 7 – anders hingegen bei „unechter" Vorgesellschaft bzw. der Vorgründungsgesellschaft, vgl. ausführlich *Hofmann* GrEStG § 1 Rn. 7.

[77] *Pahlke* GrEStG § 1 Rn. 24.

Formwechsel einer grundbesitzenden Personengesellschaft in eine Kapitalgesellschaft mangels Rechtsträgerwechsel nicht der Besteuerung nach § 1 Abs. 3 Nr. 2 GrEStG.[78] Auch der verhältniswahrende Formwechsel eines Gesellschafters einer Personengesellschaft führt aufgrund der Identität des Rechtsträgers nicht zu einer Besteuerung nach § 1 Abs. 2a GrEStG.[79] Ebenso stellt der verhältniswahrende Formwechsel eines Gesellschafters keinen Erwerbsvorgang im Sinne von § 1 Abs. 3 GrEStG dar.[80]

2. Nicht verhältniswahrender Formwechsel

60 Nicht geklärt sind hingegen die grunderwerbsteuerlichen Folgen eines **nicht verhältniswahrenden Formwechsels**. Nach Ansicht der Finanzverwaltung soll ein nach § 1 Abs. 3 Nr. 2 GrEStG steuerbarer Vorgang vorliegen, soweit durch den nicht verhältniswahrenden Formwechsel die Anteilsgrenze des § 1 Abs. 3 GrEStG in Höhe von 95 % überschritten wird.[81]

61 Für das **Ausscheiden** eines am Gesellschaftsvermögen nicht beteiligten Gesellschafters aus einer **zweigliedrigen Personengesellschaft** im Rahmen eines Formwechsels folgt daraus: Scheidet der Gesellschafter bereits vor Eintragung des Formwechsels im Handelsregister aus, kann eine Anwachsung vorliegen, die nach § 1 Abs. 1 Nr. 3 GrEStG steuerbar ist. Wird der Gesellschafter hingegen zunächst an der formgewechselten Kapitalgesellschaft (mit einem Zwerganteil unter 5 %) beteiligt und sein Anteil sodann auf den verbliebenen Gesellschafter übertragen oder erfolgt das Ausscheiden im Rahmen des Formwechsels, sollte nach hier vertretener Ansicht hingegen kein nach § 1 Abs. 3 Nr. 2 GrEStG steuerbarer Vorgang vorliegen.[82]

3. Auswirkungen eines Formwechsels auf §§ 5 und 6 GrEStG

62 Übertragen mehrere Miteigentümer oder ein Alleineigentümer ein Grundstück auf eine Personengesellschaft (z. B. GbR, OHG, KG), so ist der Erwerb der Personengesellschaft gem. § 5 Abs. 1 und 2 GrEStG insofern von der Grunderwerbsteuer befreit, als der Anteil des am Vermögen der Gesamthand Beteiligten seinem Bruchteil am Grundstück entspricht. Wird die erwerbende **Personengesellschaft nach dem Grundstückserwerb in eine Kapitalgesellschaft umgewandelt**, so ist dieser Formwechsel nicht grunderwerbsteuerbar. Zu beachten ist jedoch, dass der Formwechsel zu einem nachträglichen **Wegfall der Steuervergünstigung** nach § 5 Abs. 1 und 2 GrEStG führen kann. Gemäß § 5 Abs. 3 GrEStG sind die Vergünstigungen des § 5 Abs. 1 und Abs. 2 GrEStG insoweit nicht anzuwenden, als sich der Anteil des Veräußerers am Vermögen der Personengesellschaft innerhalb von fünf Jahren nach dem Übergang des Grundstücks auf die Personengesellschaft vermindert.

63 Wird die **erwerbende Personengesellschaft** innerhalb von fünf Jahren nach der Übertragung des Grundstücks formwechselnd in eine Kapitalgesellschaft umgewandelt, führt

---

[78] Pahlke GrEStG § 1 Rn. 24 – Soweit nach dem verhältniswahrenden Formwechsel eine Übertragung des Anteils an der (neuen) Kapitalgesellschaft erfolgt, kommt hingegen ein nach § 1 Abs. 3 Nr. 1 oder Nr. 2 GrEStG steuerbarer Rechtsvorgang in Betracht, vgl. Widmann/Mayer/Pahlke UmwStG Anh. 12 Rn. 13.3.

[79] Pahlke GrEStG § 1 Rn. 24.

[80] Pahlke GrEStG § 1 Rn. 24.

[81] OFD Rheinland v. 5.9.2012, Tz. 2.5.3, GrESt-Kartei NW § 1 Abs. 1 Karte 8; ebenso: Behrens/Schmitt UVR 2008, 53, 56; ähnlich Jüptner UVR 2009, 62, 64; Mack UVR 2009, 254, 255; wohl a A: Pahlke GrEStG § 1 Rn. 24 und Behrens/Schmitt UVR 2008, 53, 56 f., wonach ein Anteilsübergang lediglich im Umfang der Quotenverschiebung vorliege (wie die h. M. hingegen: Widmann/Mayer/Pahlke UmwStG Anh. 12 Rn. 13.4).

[82] ebenso: Behrens/Schmitt UVR 2008, 16; dies. UVR 2008, 55; wohl auch: Hofmann UVR 2007, 222, 224; a. A. wohl Pahlke GrEStG § 1 Rn. 24.

dies zu einem nachträglichen Wegfall der Steuervergünstigung nach § 5 Abs. 1 und 2 GrEStG.[83]

Wird hingegen der **grundstückseinbringende bzw. -veräußernde Rechtsträger** 64 innerhalb von fünf Jahren nach dem Übergang des Grundstücks auf die Personengesellschaft formwechselnd umgewandelt, gilt folgendes: Ein **homogener Formwechsel** des übertragenden Rechtsträgers (von einer Kapitalgesellschaft in eine Kapitalgesellschaft anderer Rechtsform) führt wegen der rechtlichen Identität des formwechselnden Rechtsträgers mit der Übertragerin nicht zu einem Wegfall der Vergünstigungen nach § 5 Abs. 1 und 2 GrEStG.[84] Anderes gilt hingegen nach Ansicht der Finanzverwaltung[85] im Fall eines **heterogenen Formwechsels**, wenn also die übertragende Kapitalgesellschaft formwechselnd in eine Personengesellschaft umgewandelt wird. In diesem Fall verliere der grundstückseinbringende Gesamthänder seine gesamthänderische Mitberechtigung an dem eingebrachten Grundstück, weshalb die nach § 5 Abs. 1 und Abs. 2 GrEStG gewährten Steuervergünstigungen gemäß § 5 Abs. 3 GrEStG zu versagen sei.

Ein Formwechsel kann darüber hinaus auch zum **Wegfall einer Steuervergünstigung** 65 **nach § 6 GrEStG** führen. Gemäß § 6 Abs. 1 und 2 GrEStG ist der Übergang eines Grundstücks von einer Personengesellschaft in das Miteigentum oder Alleineigentum der an der Personengesellschaft beteiligten Personen begünstigt, soweit der Bruchteil, den der einzelne Gesellschafter erhält, seiner Beteiligung am Vermögen der Personengesellschaft entspricht. Entsprechendes gilt gemäß § 6 Abs. 3 GrEStG, wenn ein Grundstück von einer Personengesellschaft auf eine andere Personengesellschaft übergeht. Voraussetzung für die Steuerbegünstigungen ist jedoch, dass der Gesellschafter seinen Anteil an der Personengesellschaft nicht innerhalb von fünf Jahren vor dem Erwerbsvorgang durch Rechtsgeschäft unter Lebenden erworben hat (vgl. § 6 Abs. 4 GrEStG). Bei Übergang eines Grundstücks von einer Personengesellschaft auf eine andere Personengesellschaft gilt neben dieser fünfjährigen Vorbehaltensfrist zudem eine fünfjährige Nachbehaltensfrist (vgl. § 6 Abs. 3 S. 2 GrEStG).

Hinsichtlich Formwechseln innerhalb der **fünfjährigen Nachbehaltensfristen** gelten 66 die zu § 5 Abs. 3 GrEStG gemachten Ausführungen entsprechend:[86] Der Formwechsel der grundstückserwerbenden Personengesellschaft in eine Kapitalgesellschaft innerhalb von fünf Jahren nach Übertragung des Grundstücks führt zum Wegfall der Steuervergünstigung gemäß § 6 Abs. 3 S. 2 GrEStG. Dagegen ist lediglich der heterogene Formwechsel der grundstückübertragenden Gesellschaft schädlich, während insofern ein homogener Formwechsel nicht zum Wegfall der Steuervergünstigung führt.

Die **fünfjährige Vorbehaltensfrist** beginnt bei dem Formwechsel einer Kapitalgesell- 67 schaft in eine Personengesellschaft erst in dem Zeitpunkt, in dem die neue Rechtsform in das Handelsregister eingetragen wird.[87]

---

[83] BFH II R 2/12, BStBl. II 2014, 329 = NZG 2014, 280; BFH II B 151/10, BFH/NV 2011, 1395 = GmbH-Stpr. 2011, 272; OFD Nordrhein-Westfalen S 4514-2014/00008-St 255, GrESt-Kartei NW § 5 GrEStG Karte 4; FM Baden-Württemberg (koordinierter Ländererlass) 3 S 4400/15, DStR 2002, 360, unter 2; ebenso: Boruttau/*Viskorf* GrEStG § 5 Rn. 97; Widmann/Mayer/*Pahlke* UmwStG, Anh. 12 Rn. 22. – Nachfolgende übertragende Umwandlungsvorgänge (z. B. Verschmelzung oder Spaltungen) führen hingegen nicht zur Anwendung des § 5 Abs. 3 GrEStG, weil diese Vorgänge der GrESt unterliegen, vgl. Boruttau/*Viskorf* GrEStG § 5 Rn. 104 m. w. N.
[84] Vgl. OFD Nordrhein-Westfalen S 4514-2014/00008-St 255, GrESt-Kartei NW § 5 GrEStG Karte 4; FM Baden-Württemberg (koordinierter Ländererlasse 3 S 4400/15, DStR 2002, 360, unter 2; ebenso: Boruttau/*Viskorf* GrEStG § 5 Rn. 93; Widmann/Mayer/*Pahlke* UmwStG Anh. 12 Rn. 25.
[85] OFD Nordrhein-Westfalen S 4514-2014/00008-St 255, GrESt-Kartei NW § 5 GrEStG Karte 4; ebenso: Boruttau/*Viskorf* GrEStG § 5 Rn. 94; *Pahlke* GrEStG § 5 Rn. 110; *Hofmann* GrEStG § 5 Rn. 28; (noch) a A: *Heine* INF 2003, 817 819 f.; *Kroschewski* GmbHR 2003, 757, 759 (für den Fall der Umwandlung einer Personengesellschaft in eine Kapitalgesellschaft).
[86] OFD Nordrhein-Westfalen S 4514-2014/00008-St 255, GrESt-Kartei NW § 5 GrEStG Karte 4.
[87] Boruttau/*Viskorf* GrEStG § 6 Rn. 80; Widmann/Mayer/*Pahlke* UmwStG, Anh. 12 Rn. 31 – Dabei ist zu differenzieren zwischen dem Grundstückserwerb des formgewechselten Rechtsträgers und dem seiner Gesellschafter, vgl. Boruttau/*Viskorf* GrEStG § 6 Rn. 81.

IV. Verfahrensrechtliches

68 Nicht abschließend geklärt ist, ob ein Formwechsel **gemäß § 18 GrEStG anzeigepflichtig** ist. Die Länderfinanzbehörden haben Merkblätter über die Beistandspflichten der Notare auf dem Gebiet der GrESt herausgegeben, die im Laufe der Jahre jeweils auf Länderebene fortentwickelt wurden und deshalb nicht wörtlich übereinstimmen.[88] Im Zweifelsfalle sei deshalb empfohlen, auch einen Formwechsel der Grunderwerbsteuerstelle anzuzeigen.[89]

E. Steuervergünstigung bei Umstrukturierungen im Konzern nach § 6a GrEStG

I. Überblick

69 Der durch das Wachstumsbeschleunigungsgesetz vom 22. Dezember 2009[90] mit Wirkung ab 1.1.2010 eingefügte und in der Folge mehrfach angepasste **§ 6a GrEStG** befreit übertragende Umwandlungen sowie Einbringungen und andere Erwerbsvorgänge auf gesellschaftsvertraglicher Grundlage unter bestimmten, im Einzelnen noch ungeklärten Voraussetzungen von der Grunderwerbsteuer. § 6a GrEStG findet Anwendung auf übertragenden Umwandlungen, die nach dem 31.12.2009 im Handelsregister eingetragen worden sind[91] sowie auf Einbringungen und andere Erwerbsvorgänge, die nach dem 6.6.2013 verwirklicht wurden[92].

70 Mit Datum vom 19.6.2012 haben die obersten Finanzbehörden der Länder einen **Gleichlautenden Erlass betreffend die Anwendung des § 6a GrEStG** veröffentlicht.[93] Da der Erlass an die nachfolgenden Gesetzesänderungen in den Jahren 2013 und 2014 nicht angepasst worden ist, verbleibt weiterhin eine erhebliche Rechtsunsicherheit. Mit Beschluss vom 30.5.2017 hat der BFH dem EuGH die Frage vorgelegt, ob § 6a GrEStG eine verbotene Beihilfe iSv Art. 107 Abs. 1 AEUV darstellt.[94]

II. Voraussetzungen für die Steuervergünstigung nach § 6a GrEStG

1. Begünstigungsfähige Rechtsvorgänge

71 Gemäß § 6a S. 1 GrEStG wird die Steuer für einen nach § 1 Abs. 1 Nr. 3 S. 1, Abs. 2, Abs. 2a, Abs. 3 oder Abs. 3a GrEStG steuerbaren Rechtsvorgang auf Grund einer Umwandlung iSd § 1 Abs. 1 Nr. 1 bis 3 UmwG, einer Einbringung oder eines anderen Erwerbsvorgangs auf gesellschaftsvertraglicher Grundlage nicht erhoben, sofern die Voraussetzungen der Sätze 2 bis 4 vorliegen. Gemäß § 1 Abs. 1 Nr. 1 bis 3 UmwG können **Rechtsträger mit Sitz im Inland** umgewandelt werden durch Verschmelzung, Spaltung (Aufspaltung, Abspaltung und Ausgliederung) und Vermögensübertragung. Begünstigungs-

---

[88] Z. B.: Merkblatt der LFSt Bayern – Stand Mai 2006 – betreffend Beistandspflichten der Notare, Ziffer 2.1.1. (abgedruckt bei *Viskorf*, in: Boruttau, § 18 Rn. 51), wonach auch „Umwandlungen nach dem Umwandlungsgesetz, sofern dadurch Grundstückseigentum auf einen anderen Rechtsträger übergeht" anzeigepflichtig sind; anders hingegen OFD Münster S 3841-10-St 23–35, Ziffer 2.1.1. (abgedruckt bei: *Pahlke* GrEStG § 18 Rn. 22), wonach „Rechtsvorgänge nach dem Umwandlungsgesetz (Verschmelzungen, Spaltungen, Vermögensübertragungen)" anzeigepflichtig seien.
[89] Für eine generelle Anzeigepflicht auch: *Pahlke* GrEStG § 18 Rn. 6; dagegen: *Küperkoch*, RNotZ 2002, 297, 303 (m. w. N.).
[90] BGBl. I 2009, 3950.
[91] Vgl. § 23 Abs. 8 S. 1 GrEStG; beachte die in S. 2 geregelte Ausnahme, wenn der Erwerbsvorgang rückgängig gemacht wird.
[92] Vgl. § 23 Abs. 11 GrEStG.
[93] Gleichlautender Erlass betr. Anwendung des § 6a GrEStG vom 19.6.2012, BStBl. I 2012, 662.
[94] BFH II R 62/14, DStR 2017, 1324.

fähig sind zudem übertragende Umwandlungen von **SE** und **SCE** sowie **grenzüberschreitende Umwandlungen** von Gesellschaften aus verschiedenen Mitgliedsstaaten.[95] Auf Umwandlungen, Einbringungen sowie andere Erwerbsvorgänge auf gesellschaftsrechtlicher Grundlage auf Grund des Rechts eines EU/-EWR-Mitgliedsstaates findet die Begünstigung ebenfalls Anwendung (vgl. § 6a S. 2 GrEStG).[96]

Nicht erfasst vom Tatbestandsmerkmal „Umwandlung" iSv § 6a S. 1 GrEStG wird der **72 Formwechsel** iSv § 1 Abs. 1 Nr. 4 i. V. m. §§ 190 ff. UmwG. Soweit ein Formwechsel (ausnahmsweise) Grunderwerbsteuer auslösen sollte (→ § 52 Rn. 60), stellt er jedoch einen „anderen Erwerbsvorgang auf gesellschaftsrechtlicher Grundlage" dar.[97]

Einbringungen sind Rechtsvorgänge, durch die ein Gesellschafter ein Grundstück zur **73** Erfüllung seiner Sacheinlageverpflichtung oder Beitragspflicht auf eine Gesellschaft überträgt. Soweit die Einbringung nach den Vorschriften des § 1 Abs. 1 Nr. 1 bis 3 UmwG vollzogen wird, liegt bereits eine „Umwandlung" iSv § 6a S. 1 Alt. 1 GrEStG vor.

Andere Erwerbsvorgänge auf gesellschaftsrechtlicher Grundlage sind alle Er- **74** werbsvorgänge, die die Gesellschafterstellung des beteiligten Gesellschafters und damit das Gesellschaftsverhältnis in rechtlicher Hinsicht beeinflussen. Der Begriff entspricht dem in § 8 Abs. 2 S. 1 Nr. 2 GrEStG verwendeten Begriff und ist ebenso auszulegen.[98] Erfasst werden insbesondere:
– die Übertragung eines Grundstücks oder von Gesellschaftsanteilen an einer grundbesitzenden Gesellschaft auf einen oder mehrere Gesellschafter im Rahmen der Auflösung einer Gesellschaft, sofern sie kraft Gesetz erfolgen
– die Anwachsung auf den letzten Gesellschafter
– die Aufstockung und Verminderung von Beteiligungsquoten
– die Sachkapitalerhöhung
– der Formwechsel, sofern dieser Grunderwerbsteuer auslöst; z. B. bei einem quotenverschiebenden Formwechsel.

2. Beteiligte

a) Grundsatz. Ein Umwandlungsvorgang, eine Einbringung oder ein anderer Erwerbs- **75** vorgang auf gesellschaftsvertraglicher Grundlage ist nur nach § 6a GrEStG begünstigt, wenn an dem Rechtsvorgang ausschließlich
– entweder das **herrschende Unternehmen** und eine oder mehrere von diesem **abhängige Gesellschaft(en)**
– oder **mehrere** von dem herrschenden Unternehmen **abhängige Gesellschaften** beteiligt sind (vgl. § 6a S. 3 GrEStG). Unerheblich ist, ob sich der Sitz der beteiligten Gesellschaften im Inland oder Ausland befindet.[99]

Die **Finanzverwaltung** umschreibt im Gleichlautenden Erlass vom 19.6.2012 den Kreis **76** der an einem nach § 6a GrEStG begünstigungsfähigen Rechtsvorgang als einen **Verbund**.[100] Nach dem Verständnis der Finanzverwaltung gibt es nicht den einzigen Verbund aller konzernangehörigen Rechtsträger. Vielmehr sei der jeweilige Verbund spezifisch für

---

[95] Gleichlautender Erlass betr. Anwendung des § 6a GrEStG vom 19.6.2012, BStBl. I 2012, 662 Tz. 3.2; Boruttau/*Viskorf* GrEStG § 6a Rn. 27 (zu grenzüberschreitenden Verschmelzungen von Kapitalgesellschaften).
[96] Vgl. Gleichlautender Erlass betr. Anwendung des § 6a GrEStG vom 19.6.2012, BStBl. I 2012, 662 Tz. 3.2 zu Fragen, wann eine Vergleichbarkeit vorliegt.
[97] Widmann/Mayer/*Pahlke* UmwStG Anh. 12 Rn. 31.3; *Wischott/Keller/Graessner* NWB 2013, 3460, 3469; *Behrens* DStR 2013, 2726.
[98] Boruttau/*Viskorf* GrEStG § 8 Rn. 74 f.
[99] Gleichlautender Erlass betr. Anwendung des § 6a GrEStG vom 19.6.2012, BStBl. I 2012, 662 Tz. 2.1.
[100] Gleichlautender Erlass betr. Anwendung des § 6a GrEStG vom 19.6.2012, BStBl. I 2012, 662 Tz. 1 und 2.

den konkreten Umwandlungsvorgang bzw. für die jeweilige Einbringung oder den Erwerbsvorgang auf gesellschaftsvertraglicher Grundlage im Einzelfall zu bestimmen.[101] Er bestehe aus dem herrschenden Unternehmen und der oder den am begünstigten Rechtsvorgang beteiligten abhängigen Gesellschaft(en) sowie den dieses Beteiligungsverhältnis vermittelnden abhängigen Gesellschaften.

77   Der Umwandlungsvorgang, durch den der **Verbund begründet oder beendet** wird, ist nach Auffassung der Finanzverwaltung **nicht** nach § 6a GrEStG **begünstigt**.[102] § 6a GrEStG soll deshalb z. B. keine Anwendung finden, wenn die (letzte) am Umwandlungsvorgang abhängige Gesellschaft durch den Umwandlungsvorgang auf das herrschende Unternehmen verschmolzen wird.

   Beispiel:[103] Die M-GmbH hält jeweils 95 % der Anteile an der T1-GmbH und der T2-GmbH. Die grundbesitzende T2-GmbH wird auf die M-GmbH verschmolzen.
   Die Verschmelzung der T2-GmbH auf die M-GmbH ist nach Auffassung der Finanzverwaltung nicht nach § 6a GrEStG begünstigt, da durch die Verschmelzung der Verbund erlischt.[104] Auf die Beteiligung an der T1-GmbH kommt es nicht an, weil diese weder am Umwandlungsvorgang beteiligt ist noch hat sie die Beteiligung der M-GmbH an der T2-GmbH als abhängige Gesellschaft vermittelt. Gegen die Ansicht der Finanzverwaltung lässt sich anführen, dass § 6a S. 1 GrEStG nach seinem Wortlaut die Verschmelzung von abhängigen Gesellschaften auf das herrschende Unternehmen begünstigt. Diese Begünstigung durch ein im Gesetz nicht genanntes Tatbestandsmerkmal des „Verbundes" zum Nachteil des Steuerpflichtigen einzuschränken, erscheint höchst problematisch. Das FG Nürnberg hat mit Urteil vom 16.10.2014[105] entschieden, dass es für die Anwendung des § 6a GrEStG entgegen der Ansicht der Finanzverwaltung nicht auf die Aufrechterhaltung eines sogenannten Verbundes ankomme. Für den Fall, dass ein „Verbund" innerhalb eines Konzerns durch Verschmelzung der abhängigen Gesellschaft auf das herrschende Unternehmen nach einer Vorbehaltensfrist von fünf Jahren ende, seien keine über den Wortlaut des § 6a S. 4 GrEStG hinausgehenden Gründe für eine Einschränkung der Begünstigung des § 6a GrEStG ersichtlich.

78   Nach Ansicht der Finanzverwaltung ist eine Verschmelzung einer abhängigen Gesellschaft auf das herrschende Unternehmen auch dann **nicht nach § 6a GrEStG begünstigt**, wenn die übertragende Tochtergesellschaft ihrerseits zu mindestens 95 % an grundbesitzenden Gesellschaften beteiligt ist.

   Beispiel:[106] Die M-GmbH hält jeweils 95 % der Anteile an der T1-GmbH und der T2-GmbH. Die T2-GmbH hält sämtliche Anteile an der grundbesitzenden E1-GmbH. Die grundbesitzende T2-GmbH wird auf die M-GmbH verschmolzen.
   Nach Ansicht der Finanzverwaltung ist auch in diesem Fall § 6a GrEStG nicht anzuwenden, da der Verbund durch die Verschmelzung erlösche. Unerheblich sei, dass die E1-GmbH ebenfalls Grundstücke besitze, da die E1-GmbH in Bezug auf den konkreten Umwandlungsvorgang nicht am Verbund beteiligt sei.
   Die aus der Verschmelzung beruhende Verkürzung der Beteiligungskette in Bezug auf die E1-GmbH ist dagegen nicht steuerbar.
   Anderes gilt nach der Auffassung der Finanzverwaltung wohl, wenn die E1-GmbH auf die T2-GmbH verschmolzen würde. In diesem Fall endet der Verbund durch die Verschmelzung nicht, da die M-GmbH weiterhin herrschendes Unternehmen und die T2-GmbH abhängige Gesellschaft bleibt.

79   § 6a GrEStG soll nach Ansicht der Finanzverwaltung auch dann **keine Anwendung** finden, wenn der **Verbund** durch den Umwandlungsvorgang **begründet** wird, etwa

---

[101] Gleichlautender Erlass betr. Anwendung des § 6a GrEStG vom 19.6.2012, BStBl. I 2012, 662 Tz. 2.1 Abs. 2..
[102] Gleichlautender Erlass betr. Anwendung des § 6a GrEStG vom 19.6.2012, BStBl. I 2012, 662 Tz. 2.1 Abs. 3
[103] Vgl. Gleichlautender Erlass betr. Anwendung des § 6a GrEStG vom 19.6.2012, BStBl. I 2012, 662 Tz. 2.1, Beispiel 1.
[104] Ebenso: FG München 4 K 1304/13, EFG 2014, 1703.
[105] FG Nürnberg 4 K 1059/13, EFG 2015, 424 (Revision anhängig: BFH II R 62/14).
[106] Vgl. Gleichlautender Erlass betr. Anwendung des § 6a GrEStG vom 19.6.2012, BStBl. I 2012, 662 Tz. 2.1, Beispiel 2.

durch Ausgliederung oder Abspaltung zur Neugründung aus einem herrschenden Unternehmen.

Beispiel:[107] Die seit über fünf Jahren unternehmerisch tätige M-GmbH hält seit über fünf Jahren alle Anteile an der T1-GmbH. Nunmehr überträgt sie im Wege der Ausgliederung zur Neugründung einen Teilbetrieb mit Grundstück auf die T2-GmbH.
Die Ausgliederung unterliegt nach § 1 Abs. 1 Nr. 3 S. 1 GrEStG der Grunderwerbsteuer. Nach Ansicht der Finanzverwaltung ist § 6a GrEStG nicht anwendbar, da durch die Ausgliederung erstmalig ein Verbund entsteht. Auch diese Auffassung erscheint fraglich, da durch das im Gesetz nicht enthaltene Tatbestandsmerkmal des „Verbundes" die Begünstigungsvorschrift des § 6a GrEStG eingeschränkt wird.

Demgegenüber kommt § 6a GrEStG wohl auch nach Ansicht der Finanzverwaltung zur Anwendung, wenn die M-GmbH den Teilbetrieb und das Grundstück auf die T1-GmbH im Wege der Ausgliederung zur Aufnahme übertragen hätte. Da die M-GmbH seit über 5 Jahren an der T1-GmbH zu mindestens 95% beteiligt war, besteht insofern ein Verbund, sodass § 6a GrEStG eingreift.

b) Herrschendes Unternehmen. Das herrschende Unternehmen der abhängigen Gesellschaften kann eine **natürliche oder juristische Person** oder einer **Personengesellschaft** sein.[108] Eine natürliche Person darf die Anteile an den abhängigen Gesellschaften jedoch nicht im Privatvermögen halten.[109] Auch eine **Gebietskörperschaft** kann herrschendes Unternehmen sein, soweit die Beteiligungen an den abhängigen Gesellschaften dem unternehmerischen Bereich zuzuordnen sind.[110]

Nach Ansicht der Finanzverwaltung muss das herrschende Unternehmen selbst **Unternehmer im umsatzsteuerlichen Sinn** sein.[111] Unternehmer iSd UmwStG ist, wer eine gewerbliche oder berufliche Tätigkeit selbständig ausübt und nachhaltig zur Erzielung von Einnahmen tätig wird. Damit scheidet nach Ansicht der Finanzverwaltung beispielsweise eine reine **Finanzholdinggesellschaft** als herrschendes Unternehmen aus.[112] Auch das Finanzgericht Hamburg[113] verlangt die umsatzsteuerliche Unternehmer-Eigenschaft des herrschenden Unternehmens. Dagegen setzt nach Auffassung des Finanzgerichts Niedersachsen[114] und einer starken Meinung in der Literatur[115] die Einordnung als herrschendes Unternehmen iSv § 6a GrEStG nicht die umsatzsteuerliche Unternehmereigenschaft voraus. Eine Entscheidung des BFH zu dieser Frage steht noch aus.[116]

Die Finanzverwaltung ist zudem der Auffassung, dass bezogen auf die konkret zu beurteilende Umwandlung **nur ein** Unternehmen im Konzern das herrschende Unternehmen sein könne.[117] Herrschendes Unternehmen iSv § 6a GrEStG sei **stets der oberste**

---

[107] Vgl. Gleichlautender Erlass betr. Anwendung des § 6a GrEStG vom 19.6.2012, BStBl. I 2012, 662 Tz. 4, Beispiel 1.
[108] Vgl. Gleichlautender Erlass betr. Anwendung des § 6a GrEStG vom 19.6.2012, BStBl. I 2012, 662 Tz. 2.2 Abs. 1.
[109] Vgl. Gleichlautender Erlass betr. Anwendung des § 6a GrEStG vom 19.6.2012, BStBl. I 2012, 662 Tz. 2.2 Abs. 2; FG Münster 8 K 1507/11, EFG 2014, 306 (Revision anhängig: BFH II R 50/13); a.A: Boruttau/*Viskorf* GrEStG § 6a Rn. 85.
[110] Vgl. Gleichlautender Erlass betr. Anwendung des § 6a GrEStG vom 19.6.2012, BStBl. I 2012, 662 Tz. 2.2 Abs. 2.
[111] Vgl. Gleichlautender Erlass betr. Anwendung des § 6a GrEStG vom 19.6.2012, BStBl. I 2012, 662 Tz. 2.2 Abs. 1.
[112] Vgl. Gleichlautender Erlass betr. Anwendung des § 6a GrEStG vom 19.6.2012, BStBl. I 2012, 662 Tz. 2.2 Abs. 2.
[113] FG Hamburg 3 K 149/12, EFG 2014, 570.
[114] FG Niedersachsen 7 K 135/12, EFG 2015, 1739 (Revision anhängig: BFH, II R 63/14, BStBl. II 2016, 170).
[115] *Behrens* Ubg 2010, 845 846 f. – m. w. N.; vermittelnd: *Rogall/Mörwald* Ubg 2015, 347, 353.
[116] FG Niedersachsen 7 K 135/12, EFG 2015, 1739 (Revision anhängig: BFH II R 63/14, BStBl. II 2016, 170).
[117] Vgl. Gleichlautender Erlass betr. Anwendung des § 6a GrEStG vom 19.6.2012, BStBl. I 2012, 662 Tz. 1.

Rechtsträger, der die Voraussetzungen des § 6a S. 4 GrEStG erfülle und umsatzsteuerlicher Unternehmer sei. Welches Unternehmen dies sei, müsse im Zeitpunkt der Verwirklichung des Umwandlungsvorgangs beurteilt werden.[118] Dieses Unternehmen müsse sämtliche Tatbestandsmerkmale des § 6a GrEStG – insbesondere die Mindestbeteiligungsquote und die Unternehmereigenschaft – innerhalb der Vor- und Nachbehaltensfristen ununterbrochen erfüllen.[119] Die Ansicht der Finanzverwaltung überzeugt nicht.[120] Aus dem Gesetzeswortlaut des § 6a GrEStG ergibt sich weder, dass es nur ein herrschendes Unternehmen geben könne, noch dass dieses zum Zeitpunkt der Verwirklichung des Umwandlungsvorgangs zu bestimmen sei. Vielmehr kann aus der Legaldefinition der abhängigen Gesellschaft in § 6a S. 4 GrEStG geschlossen werden, dass herrschendes Unternehmen jeder Rechtsträger sein kann, der – im Nachhinein betrachtet – sowohl die Vor- als auch die Nachbehaltensfrist erfüllt.

83 Nach Ansicht der **Finanzverwaltung** ist zur **Bestimmung des herrschenden Unternehmens** wie folgt vorzugehen:[121]

(1) Zunächst ist von unten nach oben der oberste Rechtsträger zu bestimmen, der ausgehend von den am Umwandlungsvorgang beteiligten Gesellschaften die Mindestbeteiligungshöhe an diesen erfüllt.

(2) Beginnend bei dem so ermittelten Rechtsträger ist nach unten zu prüfen, welcher Rechtsträger als oberster die umsatzsteuerliche Unternehmereigenschaft erfüllt.

(3) Erfüllt der so ermittelte Rechtsträger die Vorbehaltensfrist (Unternehmereigenschaft und Mindestbeteiligungshöhe hinsichtlich der am Umwandlungsvorgang beteiligten Gesellschaften), ist dieser das herrschende Unternehmen. Andernfalls ist die Prüfung nach unten solange fortzusetzen, bis das herrschende Unternehmen gefunden ist.

(4) Soweit kein Rechtsträger die vorstehenden Voraussetzungen erfüllt, ist eine Anwendung des § 6a GrEStG ausgeschlossen.

84 Zur Bestimmung des herrschenden Unternehmens nachfolgende Beispiele:

Beispiel:[122] Die M-GmbH ist seit über fünf Jahren zu 95 % an der T-GmbH beteiligt, welche ihrerseits seit über fünf Jahren zu 90 % an der E-GmbH beteiligt ist. Die E-GmbH hält seit mehr als fünf Jahren sämtliche Anteile an der U-GmbH. Vor zwei Jahren hatte die U-GmbH ihre seit über fünf Jahren bestehenden 100%igen Tochtergesellschaften Y-GmbH und Z-GmbH in die X-GmbH durch Umwandlungsvorgang eingebracht. Nunmehr wird die grundbesitzende Y-GmbH auf die Z-GmbH verschmolzen. Die M-GmbH, T-GmbH und U-GmbH sind Unternehmer im umsatzsteuerlichen Sinne; nicht jedoch die E-GmbH und die X-GmbH.

Zur Bestimmung des herrschenden Unternehmens ist zunächst ist zu prüfen, bis zu welcher Stufe im Zeitpunkt der Verwirklichung des Erwerbsvorgangs (Verschmelzung) die Mindestbeteiligungshöhe erreicht wird. Danach kommt zunächst die E-GmbH als herrschendes Unternehmen in Betracht. Die T-GmbH scheidet aus, da sie an den am Umwandlungsvorgang beteiligten Gesellschaften nicht in der Mindestbeteiligungshöhe von 95 % beteiligt ist. Eine weitere Prüfung nach oben (M-GmbH) entfällt, da die Beteiligungskette hier unterbrochen ist.

Nach Ansicht der Finanzverwaltung kommt die E-GmbH jedoch nicht als herrschendes Unternehmen in Betracht, weil diese kein umsatzsteuerlicher Unternehmer ist. Oberster Rechtsträger, der die Unternehmereigenschaft erfüllt, ist die U-GmbH. Bei der Prüfung der Vorbehaltensfirst ist auf den konkreten Umwandlungsvorgang abzustellen, mithin auf die Beteiligung der U-GmbH an der Y-GmbH und der Z-GmbH. An beiden ist die U-GmbH seit mehr als fünf Jahren beteiligt. Dass sich die

---

[118] Vgl. Gleichlautender Erlass betr. Anwendung des § 6a GrEStG vom 19.6.2012, BStBl. I 2012, 662 Tz. 2.2 Abs. 3.

[119] Vgl. Gleichlautender Erlass betr. Anwendung des § 6a GrEStG vom 19.6.2012, BStBl. I 2012, 662 Tz. 2.2 Abs. 3.

[120] Ebenso: *Behrens* Ubg 2010, 847, 857; zweifelnd auch: Boruttau/*Viskorf* GrEStG § 6a GrEStG Rn. 88 ff.

[121] Vgl. Gleichlautender Erlass betr. Anwendung des § 6a GrEStG vom 19.6.2012, BStBl. I 2012, 662 Tz. 2.2 Abs. 4.

[122] Nach Gleichlautender Erlass betr. Anwendung des § 6a GrEStG vom 19.6.2012, BStBl. I 2012, 662 Tz. 2.2, Beispiel 1.

Beteiligung durch den Einschub der X-GmbH vor zwei Jahren von einer unmittelbaren zu einer mittelbaren abgeschwächt hat, ist unerheblich. Nach Ansicht der Finanzverwaltung ist die U-GmbH das herrschende Unternehmen. Nach vorzugswürdiger Meinung ist hingegen (auch) die E-GmbH herrschendes Unternehmen, da es auf die umsatzsteuerliche Unternehmereigenschaft nicht ankommt.

Beispiel:[123] An der M-GmbH sind A und B zu je 50 % beteiligt. Die M-GmbH hält zunächst 75 % an der T-GmbH, die ihrerseits 95 % der Anteile an der E-GmbH hält. Die E-GmbH hält jeweils sämtliche Anteile an der grundbesitzenden U1-GmbH und der U2-GmbH. Im Jahr 2014 erwirbt die M-GmbH die restlichen Anteile an der T-GmbH und ist nunmehr alleinige Anteilseignerin der T-GmbH. Im Jahr 2015 spaltet die U1-GmbH ihr Grundstück auf die U2-GmbH ab. Im Jahr 2017 überträgt die E-GmbH ihre Beteiligung an der U2-GmbH auf die T-GmbH. Die M-GmbH und die E-GmbH sind während des gesamten Zeitraums umsatzsteuerliche Unternehmer. Die T-GmbH ist zunächst Unternehmer im umsatzsteuerlichen Sinne, ist jedoch im Jahr 2011 kein Unternehmer, weil sie beschließt keine Leistungen gegen Entgelt nachhaltig an Dritte zu erbringen. Erst Anfang 2012 wird sie aufgrund neuerlichen Beschlusses wieder unternehmerisch tätig.

Fraglich ist, wer bezüglich der Abspaltung des Grundstücks von der U1-GmbH auf die U2-GmbH im Jahr 2015 herrschendes Unternehmen im Sinne von § 6a GrEStG ist.

Zur Bestimmung des herrschenden Unternehmens ist zunächst zu prüfen, bis zu welcher Beteiligungsstufe im Jahr 2015 die Mindestbeteiligungsquote erfüllt war. Dies ist die M-GmbH, die auch seit mindestens fünf Jahren umsatzsteuerliche Unternehmerin ist. Jedoch erfüllt die M-GmbH nicht die fünfjährige Vorbehaltensfrist, da sie erst seit 2014 zu mindestens 95 % an der T-GmbH beteiligt ist. Eine mindestens 95%ige Beteiligung an den an der Abspaltung beteiligten U1-GmbH und U2-GmbH liegt während der vorgelagerten fünf Jahre auf Ebene der T-GmbH vor. Die T-GmbH war jedoch innerhalb der fünfjährigen Vorbehaltensfrist nicht ununterbrochen umsatzsteuerliche Unternehmerin, sodass sie – nach Ansicht der Finanzverwaltung – ebenfalls als herrschendes Unternehmen ausscheidet. Mithin ist weiter nach unten zu prüfen, welcher Rechtsträger innerhalb der Vorbehaltensfrist die Unternehmereigenschaft und die Mindestbeteiligungsquote erfüllt. Dies ist die E-GmbH. Weil diese jedoch ihre Beteiligung an der U2-GmbH bereits im Jahr 2017 auf die T-GmbH überträgt, wird die fünfjährige Nachbehaltensfrist nicht erfüllt, sodass nach Ansicht der Finanzverwaltung im Jahr 2017 nachträglich Grunderwerbsteuern ach § 1 Abs. 1 Nr. 3 GrEStG auf die im Jahr 2015 durch Abspaltung ausgelöste Grundstücksübertragung festzusetzen ist. Nach vorzugswürdiger Ansicht ist eine Unternehmereigenschaft hingegen nicht zu verlangen, sodass (auch) die T-GmbH als herrschendes Unternehmen in Betracht kommt. Da diese über das Jahr 2017 hinaus herrschendes Unternehmen sowohl in Bezug auf die U1-GmbH als auch die U2-GmbH bleibt, besteht die Befreiung nach § 6a GrEStG über das Jahr 2017 hinaus.

c) Abhängige Gesellschaften. Abhängige Gesellschaften können sowohl **Kapitalgesellschaften** als auch **Personengesellschaften** sein.[124] Abhängig ist eine Gesellschaft, an deren Kapital oder Gesellschaftsvermögen das herrschende Unternehmen innerhalb von fünf Jahren vor und fünf Jahren nach dem Rechtsvorgang unmittelbar oder mittelbar oder teils unmittelbar, teils mittelbar zu mindestens 95 % ununterbrochen beteiligt ist (vgl. § 6a S. 4 GrEStG). Abzustellen ist für die Berechnung der **Fünfjahres-Zeiträume** auf den Zeitpunkt der Verwirklichung des Erwerbsvorgangs. Bei Umwandlungsvorgängen ist der Erwerbsvorgang mit der Eintragung der Umwandlung im Handelsregister verwirklicht.[125] Bei Einbringungen und anderen Erwerbsvorgängen auf gesellschaftsvertraglicher Grundlage wird in der Regel ein schuldrechtlicher Verpflichtungsvertrag abgeschlossen, der nach § 1 Abs. 3 Nr. 1 und Nr. 3 GrEStG grunderwerbsteuerpflichtig ist. Für die Berechnung der Fünfjahres-Zeiträume kommt es dann auf den Zeitpunkt des unbedingten Wirksamwerdens der schuldrechtlichen Anteilsübertragungsansprüche an.

Eine **mittelbare Beteiligung** des herrschenden Unternehmens am Kapital oder Gesellschaftsvermögen einer Gesellschaft in Höhe von mindestens 95 % liegt nach Ansicht der

---

[123] Nach Lademann/*Behrens* UmwStG GrESt Rn. 289.
[124] Vgl. Gleichlautender Erlass betr. Anwendung des § 6a GrEStG vom 19.6.2012, BStBl. I 2012, 662 Tz. 2.3 Abs. 1.
[125] Vgl. Gleichlautender Erlass betr. Anwendung des § 6a GrEStG vom 19.6.2012, BStBl. I 2012, 662 Tz. 2.3 Abs. 2.

Finanzverwaltung dann vor, wenn **auf jeder Stufe** mindestens eine kapital- oder vermögensmäßige Beteiligung in Höhe von 95 % vorliegt.[126] Dass das herrschende Unternehmen „durchgerechnet" zu weniger als 95 % an der abhängigen Gesellschaft beteiligt ist, ist für die Anwendung von § 6a GrEStG unschädlich.

88 **d) Vorbehaltensfrist.** Gemäß § 6a S. 4 GrEStG muss die Mindestbeteiligung des herrschenden Unternehmens von 95 % an der am Umwandlungsvorgang beteiligten Gesellschaft (bzw. den am Umwandlungsvorgang beteiligten Gesellschaften) vor dem Umwandlungsvorgang bereits seit mindestens fünf Jahren ununterbrochen bestanden haben. Gesellschaften, die vor weniger als fünf Jahren vor dem zu begünstigenden Rechtsvorgang entstanden sind, können nach Ansicht der Finanzverwaltung grundsätzlich keine abhängigen Gesellschaften sein.[127] Ausgenommen von dem Erfordernis der fünfjährigen Vorbehaltensfrist sind nach Ansicht der Finanzverwaltung lediglich sogenannte **„verbundsgeborene" Gesellschaften**. „Verbundsgeboren" sind solche Gesellschaften, die durch einen Umwandlungsvorgang ausschließlich aus einer oder mehreren Gesellschaften entstanden sind, die spätestens im Zeitpunkt des zu beurteilenden Erwerbsvorgangs abhängige Gesellschaft ist bzw. abhängige Gesellschaften sind.[128]

> **Beispiel:**[129] Im Jahr 2011 überträgt die M-GmbH, die seit mindestens fünf Jahren unternehmerisch tätig ist, im Wege der Ausgliederung zur Neugründung einen Teilbetrieb mit Grundbesitz auf die T-GmbH.
> Im Jahr 2013 überträgt die T-GmbH ebenfalls im Wege der Ausgliederung zur Neugründung einen Teilbetrieb mit Grundbesitz auf die E-GmbH.
> Im Jahr 2015 überträgt die E-GmbH im Wege der Ausgliederung zur Neugründung einen Teilbetrieb mit Grundbesitz auf die U-GmbH.
> Im Jahr 2016 überträgt die U-GmbH im Wege der Ausgliederung zur Neugründung einen Teilbetrieb mit Grundbesitz auf die Z-GmbH.
> Die Ausgliederungen in den Jahren 2011, 2013, 2015 und 2016 unterliegen jeweils nach § 1 Abs. 1 Nr. 3 S. 1 GrEStG der Grunderwerbsteuer.
> Auf die Ausgliederung der M-GmbH auf die T-GmbH im Jahr 2011 ist § 6a GrEStG nach Ansicht der Finanzverwaltung bereits deshalb nicht anwendbar, weil durch den Umwandlungsvorgang erstmalig ein Verbund entsteht.
> Auch auf die Ausgliederungen in den Jahren 2013 und 2015 ist § 6a GrEStG nicht anwendbar, weil bei Eintragung der Ausgliederung in den Jahren 2013 bzw. 2015 der Verbund erst seit zwei bzw. vier Jahren besteht.
> Für die Ausgliederung im Jahr 2016 ist § 6a GrEStG dagegen anwendbar. Die U-GmbH besteht zwar erst seit einem Jahr und erfüllt deshalb die Vorbehaltensfrist nicht in eigener Person. Sie ist aber aufgrund der Ausgliederung aus der E-GmbH eine sog. „verbundsgeborene" Gesellschaft, so dass ihr die Vorbehaltensfrist der E-GmbH zuzurechnen ist. Die E-GmbH ist ihrerseits eine „verbundsgeborene" Gesellschaft, sodass zusätzlich auch die Behaltensfrist der T-GmbH zuzurechnen ist. Zusammengerechnet (U-GmbH ein Jahr, E-GmbH zwei Jahre und T-GmbH zwei Jahre) ist somit die Vorbehaltensfrist erfüllt.

89 Nach Ansicht der Finanzverwaltung können nur solche Gesellschaften „verbundsgeboren" sein, die durch einen Umwandlungsvorgang hervorgegangen sind. Ungeklärt ist, ob auch Gesellschaften als „verbundsgeboren" angesehen werden können, die nicht durch Umwandlung, sondern durch **Bar- oder Sachgründung** ausschließlich durch eine oder mehrere Verbundsgesellschaften entstanden sind.

---

[126] Vgl. Gleichlautender Erlass betr. Anwendung des § 6a GrEStG vom 19.6.2012, BStBl. I 2012, 662 Tz. 2.4; teilweise a. A. Lademann/*Behrens* UmwStG GrESt Rn. 298, der zusätzlich die Mindestbeteiligung auch bei einer durchgerechneten Quote von mindestens 95 % als erfüllt ansieht.

[127] Vgl. Gleichlautender Erlass betr. Anwendung des § 6a GrEStG vom 19.6.2012, BStBl. I 2012, 662 Tz. 4 Abs. 2.

[128] Vgl. Gleichlautender Erlass betr. Anwendung des § 6a GrEStG vom 19.6.2012, BStBl. I 2012, 662 Tz. 4 Abs. 2.

[129] Vgl. Gleichlautender Erlass betr. Anwendung des § 6a GrEStG vom 19.6.2012, BStBl. I 2012, 662 Tz. 4.

Beispiel: Die M-GmbH ist seit mehr als fünf Jahren umsatzsteuerliche Unternehmerin und zu 95 % an der T-GmbH beteiligt, die ihrerseits an der Z-GmbH beteiligt ist, der ein inländisches Grundstück gehört. Die T-GmbH gründet die E-GmbH und bringt im Rahmen der Sachgründung die Anteile an der Z-GmbH in die E-GmbH ein.

Hätte die T-GmbH die Anteile an der Z-GmbH zur Neugründung in die E-GmbH ausgegliedert, wäre nach der Verwaltungsansicht § 6a GrEStG anwendbar, da die E-GmbH durch die Umwandlung aus dem Verbund heraus entstanden ist und damit eine „verbundsgeborene" Gesellschaft darstellt. Nichts anderes sollte gelten, wenn die T-GmbH die Anteile im Rahmen einer Sachgründung einbringt. Auch insoweit sollte es sich bei der E-GmbH um eine „verbundsgeborene" Gesellschaft handeln und § 6a GrEStG anwendbar sein.

Keine Anwendung fände § 6a GrEStG jedoch, wenn die T-GmbH nicht Anteile an der grundbesitzenden Z-GmbH in die E-GmbH einbringt, sondern ein Grundstück selbst. Die Einbringung verwirklicht dann den Tatbestand des § 1 Abs. 1 Nr. 1 GrEStG, auf den § 6a GrEStG keine Anwendung findet.

90 Jede **Veränderung der Art der Beteiligung** – beispielsweise eine vollständige oder teilweise **Verkürzung** oder **Verlängerung der Beteiligungskette** – ist unbeachtlich. Voraussetzung ist jedoch, dass die erforderliche Mindestbeteiligung des herrschenden Unternehmens von 95 % erhalten bleibt.[130]

91 e) **Nachbehaltensfrist.** Neben der fünfjährigen Vorbehaltensfrist verlangt § 6a S. 4 GrEStG, dass das herrschende Unternehmen innerhalb von fünf Jahren nach dem Rechtsvorgang ununterbrochen unmittelbar oder mittelbar (oder teils unmittelbar, teils mittelbar) an der abhängigen Gesellschaft (bzw. den abhängigen Gesellschaften) beteiligt bleibt. **Erlischt die übertragende abhängige Gesellschaft** bei der Umwandlung, so muss nur die übernehmende abhängige Gesellschaft fünf Jahre fortbestehen und an ihr die Mindestbeteiligung von 95 % bestehen bleiben.[131]

92 Erlöschen die übertragende oder übernehmende abhängige Gesellschaft **innerhalb der Nachbehaltensfrist** durch einen weiteren Umwandlungsvorgang (z. B. Kettenumwandlungen) ausschließlich mit anderen abhängigen Gesellschaften, sind die Behaltensfristen zusammenzurechnen, sofern an diesen Gesellschaften die Mindestbeteiligung von 95 % besteht.

Beispiel:[132] Die M-GmbH ist seit über fünf Jahren umsatzsteuerliche Unternehmerin und an der T1-GmbH und der T2-GmbH zu 100 % beteiligt. Die Die T2-GmbH ist alleinige Gesellschafterin der grundbesitzenden T3-GmbH. Im Jahr 2014 wird zunächst die T3-GmbH auf die T2-GmbH verschmolzen. Im Jahr 2017 wird die T2-GmbH auf die T1-GmbH verschmolzen.

Die Verschmelzung der T3-GmbH auf die T2-GmbH im Jahr 2014 unterliegt nach § 1 Abs. 1 Nr. 3 S. 1 GrEStG der Grunderwerbsteuer. § 6a GrEStG ist anwendbar, da der Rechtsvorgang durch einen Umwandlungsvorgang ausgelöst wird, an dem nur abhängige Gesellschaften im Sinne § 6a S. 4 GrEStG beteiligt sind.

Die Verschmelzung der T2-GmbH auf die T1-GmbH im Jahr 2017 unterliegt ebenfalls nach § 1 Abs. 1 Nr. 3 S. 1 GrEStG der Grunderwerbsteuer. § 6a GrEStG ist anwendbar, weil der Rechtsvorgang durch einen Umwandlungsvorgang ausgelöst wird, an dem nur abhängige Gesellschaften beteiligt sind. Die von der T2-GmbH zu erfüllende Nachbehaltensfrist aufgrund der Verschmelzung im Jahr 2014 ist von der T3-GmbH als übernehmende abhängige Gesellschaft fortzuführen.

93 Die Finanzverwaltung lässt in Tz. 5 Abs. 2 der Gleichlautenden Erlasse vom 19.6.2012 die **Fortführung der nachgelagerten Fünfjahresfrist** nur bei nachgelagerten Umwandlungen der abhängigen Gesellschaften auf andere abhängige Gesellschaften zu. Anderes soll nach Ansicht der Finanzverwaltung wohl gelten, wenn das herrschende Unterneh-

---

[130] Vgl. Gleichlautender Erlass betr. Anwendung des § 6a GrEStG vom 19.6.2012, BStBl. I 2012, 662 Tz. 4 a. E.
[131] Vgl. Gleichlautender Erlass betr. Anwendung des § 6a GrEStG vom 19.6.2012, BStBl. I 2012, 662 Tz. 5.
[132] Vgl. Gleichlautender Erlass betr. Anwendung des § 6a GrEStG vom 19.6.2012, BStBl. I 2012, 662 Tz. 5, Beispiel 2.

men durch eine nachfolgende Umwandlung auf eine abhängige Gesellschaft verschmolzen wird.

An der M-GmbH sind A und B zu je 50% beteiligt. Die M-GmbH ist alleinige Gesellschafterin der T-GmbH, die ihrerseits alle Anteile an der E-GmbH hält. Die Struktur besteht bereits seit mehr als fünf Jahren in dieser Form. Im Jahr 2015 gliedert die E-GmbH einen Teilbetrieb mit Grundstück zur Neugründung auf die U-GmbH aus. Im Jahr 2017 wird die M-GmbH auf die T-GmbH *down-stream* verschmolzen. M-GmbH und T-GmbH sind im gesamten Zeitraum umsatzsteuerliche Unternehmer.

Die Ausgliederung im Jahr 2015 unterliegt nach § 1 Abs. 1 Nr. 3 S. 1 GrEStG der Grunderwerbsteuer. § 6a GrEStG findet zunächst Anwendung. Nach Ansicht der Finanzverwaltung ist die M-GmbH herrschendes Unternehmen, weil diese der oberste Rechtsträger ist, der die Voraussetzungen des § 6a GrEStG innerhalb der Vorbehaltensfrist erfüllt.

Die Finanzverwaltung wird jedoch davon ausgehen, dass durch die Verschmelzung im Jahr 2017 die Nachbehaltensfrist des § 6a S. 4 GrEStG verletzt wird. Die M-GmbH als herrschendes Unternehmen besteht aufgrund der Verschmelzung auf die T-GmbH nach dem Zeitpunkt der Umwandlung im Handelsregister im Jahr 2015 keine fünf Jahre fort. Das Ergebnis erscheint wenig überzeugend: Zum einen sollte die Nachbehaltensfrist aufgrund der Verschmelzung auf die T-GmbH von der T-GmbH fortgeführt werden können, zum anderen sollte bereits die T-GmbH (auch) als herrschendes Unternehmen anzusehen sein (→ § 52 Rn. 80 ff.), sodass die Steuerbefreiung nach § 6a GrEStG durch die Verschmelzung im Jahr 2017 erhalten bleibt.

94 **Unschädlich** für die Einhaltung der Nachbehaltensfrist ist die Veräußerung von Anteilen an Gesellschaften, die den übertragenden bzw. übernehmenden Rechtsträgern nachgeordnet sind.[133] Sie sind nicht Beteiligte des Umwandlungsvorgangs. Ebenso soll nach Ansicht der Finanzverwaltung unerheblich sein, ob der zur Nichteinhaltung der Nachbehaltensfrist führende Vorgang selbst der Grunderwerbsteuer unterliegt.[134]

III. Rechtsfolgen
1. Umfang der Befreiung

95 Die Grunderwerbsteuer nach § 1 Abs. 1 Nr. 3 S. 1, Abs. 2, Abs. 2a, Abs. 3 oder Abs. 3a GrEStG wird für einen begünstigungsfähigen Rechtsvorgang nach § 6a GrEStG **nicht erhoben**.

96 Nach Ansicht der Finanzverwaltung ist die Begünstigung nach § 6a GrEStG in den Fällen des **§ 1 Abs. 2a GrEStG** insoweit **anteilig** zu gewähren, als durch die Umwandlung § 1 Abs. 2a GrEStG erfüllt wird oder die Umwandlung innerhalb der vorangehenden Fünfjahresfrist zur Erfüllung des Tatbestandes beiträgt.[135] Dabei sei die Begünstigung auf die vermögensmäßige Beteiligung des übertragenden Rechtsträger an der Personengesellschaft begrenzt. Ob die grundbesitzende Personengesellschaft selbst zum Verbund gehöre, sei unerheblich. Für Anteilsübergänge, die durch Einbringungen oder andere Erwerbsvorgänge auf gesellschaftsvertraglicher Grundlage bewirkt werden, wird die Finanzverwaltung wohl ebenso verfahren.[136]

Beispiel: An der grundbesitzenden K-KG sind seit über fünf Jahren zu je 50% die T-GmbH und der D beteiligt. Alleinige Gesellschafterin der T-GmbH ist – ebenfalls seit über fünf Jahren – die M-AG. Im Jahr 2014 wird die T-GmbH auf die X-GmbH verschmolzen. Alleinige Gesellschafterin der X-GmbH ist seit über fünf Jahren ebenfalls die M-AG. Im Jahr 2017 überträgt D seine 50%ige Kommanditbeteiligung an der K-KG auf den bisher nicht beteiligten Z.

Die Anteilsübertragung des D im Jahr 2017 ist nach § 1 Abs. 2a GrEStG grunderwerbsteuerpflichtig. Die Grunderwerbsteuer bleibt jedoch zu 50% gemäß § 6a GrEStG unerhoben, weil die im Jahr

---

[133] Vgl. Gleichlautender Erlass betr. Anwendung des § 6a GrEStG vom 19.6.2012, BStBl. I 2012, 662 Tz. 5 Abs. 5.

[134] Vgl. Gleichlautender Erlass betr. Anwendung des § 6a GrEStG vom 19.6.2012, BStBl. I 2012, 662 Tz. 5 Abs. 4.

[135] Vgl. Gleichlautender Erlass betr. Anwendung des § 6a GrEStG vom 19.6.2012, BStBl. I 2012, 662 Tz. 3 Abs. 2.

[136] Lademann/*Behrens* UmwStG GrESt Rn. 326.

2014 eingetragene Verschmelzung der T-GmbH auf die X-GmbH zur Verwirklichung des Tatbestandes der § 1 Abs. 2a GrEStG beigetragen hat. Die Befreiung bleibt jedoch nur aufrechterhalten, wenn die M-AG die fünfjährige Nachbehaltensfrist des § 6a S. 4 GrEStG erfüllt. Fraglich ist, ob diese Nachbehaltensfrist mit der nach § 1 Abs. 2a GrEStG grunderwerbsteuerpflichtigen Anteilsübertragung im Jahr 2017 oder bereits mit dem Zeitpunkt der Eintragung der Verschmelzung im Jahr 2014 beginnt. Die Finanzverwaltung äußert sich zu dieser Frage nicht; die besseren Gründe sprechen wohl dafür, auf den Zeitpunkt der Verwirklichung des Tatbestandes des § 1 Abs. 2a GrEStG (im Jahr 2017) abzustellen.[137]

Verwirklicht ein nach § 6a GrEStG begünstigter Rechtsvorgang den Tatbestand des **§ 1 Abs. 3 Nr. 2 GrEStG**, so bleibt die Steuer nach § 6a GrEStG in **vollem Umfang unerhoben**. Unerheblich ist, wann und wodurch der Erwerber die ihm bereits zustehenden Anteile erworben hat und ob diese vorherigen Anteilserwerbe von § 6a GrEStG begünstigt gewesen wären.[138] **97**

Beispiel: An der grundbesitzenden G-GmbH sind zu 50 % die T-GmbH und zu je 25 % zwei fremde Dritte beteiligt. Seit über fünf Jahren ist alleinige Gesellschafterin der T-GmbH die M-AG, die in dieser Zeit ebenfalls ununterbrochen alleinige Gesellschafterin der X-GmbH war. In den Jahren 2014 und 2015 erwirbt die X-GmbH zunächst die beiden 25%igen Beteiligungen an der G-GmbH von den fremden Dritten. Im Jahr 2017 wird die T-GmbH auf die X-GmbH verschmolzen.
Erst die Verschmelzung der T-GmbH auf die X-GmbH im Jahr 2017 ist nach § 1 Abs. 3 Nr. 2 GrEStG grunderwerbsteuerpflichtig. Nach zutreffender Ansicht der Finanzverwaltung bleibt die Grunderwerbsteuer jedoch in voller Höhe gemäß § 6a GrEStG unerhoben, obwohl die X-GmbH die beiden 25%igen Anteile an der G-GmbH im Wege der Einzelrechtsübertragung erworben hatte. Entscheidend ist, dass der Grunderwerbsteuer auslösende Rechtsvorgang die Voraussetzungen des § 6a GrEStG erfüllt.
Anderes wird aber wohl gelten müssen, wenn lediglich einer der vorangegangenen Anteilserwerbe von § 6a GrEStG begünstigt wäre, der nach § 1 Abs. 3 GrEStG auslösende Rechtsvorgang dagegen nicht § 1 Abs. 3 GrEStG unterfällt. In diesem Fall kommt § 6a GrEStG meines Erachtens auch nicht anteilig zu Anwendung.[139]

Führt ein nach § 6a GrEStG begünstigter Rechtsvorgang dazu, dass sich der Anteil am Vermögen einer Gesamthand innerhalb der fünfjährigen Frist iSv § 5 Abs. 3, § 6 Abs. 3 S. 2 GrEStG verringert, steht § 6a GrEStG nach Ansicht der Finanzverwaltung nicht der Festsetzung von Grunderwerbsteuer für die Übertragung des Grundstücks auf die Gesamthand entgegen.[140] **98**

Für die Anwendung von § 6a GrEStG auf Rechtsvorgänge iSv **§ 1 Abs. 3a GrEStG** gelten die in Rn. 46 ff. gemachten Ausführungen entsprechend.[141] **99**

2. Verhältnis zu §§ 5, 6 GrEStG

Die Steuervergünstigung nach § 6a GrEStG besteht **gleichrangig** neben den Steuervergünstigungen nach § 5 und § 6 GrEStG. Soweit die Voraussetzungen für eine Steuervergünstigung nicht vorliegen oder später entfallen, kann eine andere Steuervergünstigung von Amts wegen gewährt werden, sofern ihre Voraussetzungen vorliegen.[142] **100**

Beispiel:[143] Seit dem Jahr 2010 besteht folgende Ausgangssituation: A und B sind zu je 50 % an der M-GmbH beteiligt, die ihrerseits alle Anteile an der T-GmbH hält. Die T-GmbH ist alleinige

---

[137] Vgl. Behrens/Bock NWB 8/2011, 615, 628 f.
[138] Vgl. Gleichlautender Erlass betr. Anwendung des § 6a GrEStG vom 19.6.2012, BStBl. I 2012, 662 Tz. 3 Abs. 4.
[139] A. A.: Lademann/Behrens UmwStG GrESt Rn. 328, der auch in diesen Fällen § 6a GrEStG anwenden möchte.
[140] Vgl. Gleichlautender Erlass betr. Anwendung des § 6a GrEStG vom 19.6.2012, BStBl. I 2012, 662 Tz. 3 Abs. 5; a. A.: Lademann/Behrens UmwStG GrESt Rn. 328.
[141] Vgl. Erlasse vom 9.10.2013, BStBl. I 2013, 1375.
[142] Vgl. Gleichlautender Erlass betr. Anwendung des § 6a GrEStG vom 19.6.2012, BStBl. I 2012, 662 Tz. 7.
[143] Nach Lademann/Behrens UmwStG GrESt Rn. 336.

§ 53 1–2   2. Kapitel. Steuerrecht

Kommanditistin und zu 100 % am Kommanditkapital der grundbesitzenden K-KG beteiligt. Im Jahr 2016 gliedert die T-GmbH ein Grundstück auf die K-KG aus. Im Jahr 2017 veräußert die M-GmbH 30 % der Anteile an der T-GmbH an die A-AG.
Die Ausgliederung im Jahr 2016 ist nach § 1 Abs. 1 Nr. 3 GrEStG steuerpflichtig. Die Grunderwerbsteuer bleibt jedoch unerhoben – sowohl nach § 6a GrEStG als auch nach § 5 Abs. 2 GrEStG. Durch die Veräußerung von 30 % der Anteile an der T-GmbH im Jahr 2017 wird die fünfjährige Nachbehaltensfrist des § 6a S. 4 GrEStG verletzt, sodass die Befreiung nach § 6a GrEStG vollständig wegfällt. Zu einer nachträglichen Steuerfestsetzung auf die Ausgliederung im Jahr 2016 kommt es gleichwohl nicht, da Voraussetzungen für die Steuerbefreiung nach § 5 Abs. 2 GrEStG fortbestehen.

3. Folgen der Verletzung der Nachbehaltensfrist

101 Die Steuerpflichtigen haben eine Änderung der Beherrschungsverhältnisse innerhalb der fünfjährigen Nachbehaltensfrist des § 6a S. 4 GrEStG nach § 19 Abs. 2 Nr. 4a GrEStG **anzuzeigen**. Nach Ansicht der Finanzverwaltung ist nicht nur das Absinken der Beteiligung an einer abhängigen Gesellschaft auf unter 95 % anzeigepflichtig, sondern auch die Beendigung des Verbundes oder der Wegfall der umsatzsteuerlichen Unternehmereigenschaft beim herrschenden Unternehmen.[144]

102 Mit der Verletzung der Nachbehaltensfrist entfällt die Begünstigung. Die Verletzung stellt ein **rückwirkendes Ereignis** iSd § 175 Abs. 2 S. 2 AO dar und die Grunderwerbsteuer nach § 175 Abs. 1 S. 1 Nr. 2 AO festzusetzen.[145] Die **Festsetzungsfrist** beginnt nach § 175 Abs. 1 S. 2 AO mit dem Ablauf des Kalenderjahres, in das das rückwirkende Ereignis fällt. Ob das Grundstück dem oder den übernehmenden Rechtsträger(n) noch gehört (oder zuzuordnen ist), ist unerheblich.[146]

§ 53 Umsatzsteuer in der Umwandlung

Übersicht

	Rdnr.		Rdnr.
I. Grundlagen	1	1. Nicht steuerbarer Innenumsatz auf Grund Organschaft	5–7
II. Geschäftsveräußerung im Ganzen	2–4	2. Leistungsaustausch mit Vorsteuerabzug	8–10
III. Rechtsfolgen beim fehlenden Vorliegen einer Geschäftsveräußerung im Ganzen	5–11	IV. Praxisempfehlungen	11

I. Grundlagen

1 Ähnlich wie die Grunderwerbsteuer knüpft auch die Umsatzsteuer an den Übergang von Eigentum an Vermögensgegenständen an. Von daher sind übertragende Umwandlungen grundsätzlich auch aus umsatzsteuerlicher Perspektive zu überprüfen. Allerdings bestehen insbesondere durch das nachfolgend geschilderte Institut der sog. Geschäftsveräußerung im Ganzen rechtliche Regelungen, die in vielen Fällen negative umsatzsteuerliche Auswirkungen bei einer Umstrukturierung oder Umwandlung verhindern.

II. Geschäftsveräußerung im Ganzen

2 Eine Geschäftsveräußerung liegt nach deutschem Umsatzsteuerrecht vor, wenn ein Unternehmen oder ein in der Gliederung eines Unternehmens gesondert geführter Betrieb im Ganzen entgeltlich oder unentgeltlich übereignet oder in eine Gesellschaft eingebracht

---

[144] Vgl. Gleichlautender Erlass betr. Anwendung des § 6a GrEStG vom 19.6.2012, BStBl. I 2012, 662 Tz. 6.1.
[145] Vgl. Gleichlautender Erlass betr. Anwendung des § 6a GrEStG vom 19.6.2012, BStBl. I 2012, 662 Tz. 6.2 Abs. 1.
[146] Vgl. Gleichlautender Erlass betr. Anwendung des § 6a GrEStG vom 19.6.2012, BStBl. I 2012, 662 Tz. 6.2 Abs. 3.

wird.[1] Die zugrundeliegenden Umsätze sind dann nicht steuerbar. Eine solche Konstellation ist in Umwandlungsfällen grundsätzlich anzustreben.

Von der Übertragung eines Unternehmens oder eines gesondert geführten Betriebes ist auszugehen, wenn die wesentlichen Grundlagen eines Unternehmens in einer Weise übertragen werden, die es dem erwerbenden Unternehmer ermöglicht, das Unternehmen ohne großen finanziellen Aufwand fortzusetzen.[2] Im Gegensatz zu der ertragsteuerlichen Betriebsveräußerung nach § 16 EStG setzt die umsatzsteuerliche Geschäftsveräußerung im Ganzen also eine Fortführung durch den Erwerber voraus. Somit ist es ausreichend für eine Geschäftsveräußerung im Ganzen, wenn einzelne wesentliche Betriebsgrundlagen nicht übereignet werden, soweit sie dem Übernehmer langfristig überlassen werden.[3] Dies entspricht im Ergebnis auch der EuGH-Rechtsprechung.[4] In dem der EuGH-Entscheidung zugrundeliegenden Sachverhalt hatte die Unternehmerin den Warenbestand und die Ladeneinrichtung eines Einzelhandelsgeschäfts veräußert und das Ladenlokal an den Erwerber der Waren lediglich unbefristet vermietet. Das Gericht hielt es für ausreichend, wenn das Geschäftslokal dem Erwerber mittels eines Mietvertrags zur Verfügung gestellt wird oder der Erwerber selbst über eine geeignete Immobilie verfügt, in die er sämtliche übertragenen Gegenstände verbringen und die betreffende wirtschaftliche Tätigkeit weiterhin ausüben kann.[5] Die umsatzsteuerliche Definition der Geschäftsveräußerung im Ganzen ist daher prinzipiell etwas weiter als der ertragsteuerliche Teilbetriebsbegriff.

Bezogen auf die gängigen Umwandlungsformen bedeutet dies Folgendes:

– **Verschmelzungen** führen – soweit der übertragene Rechtsträger ein Unternehmen im umsatzsteuerlichen Sinne ist – in der Regel nicht zu umsatzsteuerlichen Auswirkungen, da die verschmelzungsbedingte Übertragung des ganzen Unternehmens bereits eine Geschäftsveräußerung im Ganzen darstellt. Anders als im Ertragsteuerrecht kommt es insoweit auch nicht auf die Verschmelzungsrichtung oder die Rechtsform der beteiligten Rechtsträger an.
– Bei **Spaltungen** (Abspaltungen, Aufspaltungen, Ausgliederungen) hängen die umsatzsteuerlichen Auswirkungen von der Art des übertragenen Vermögens ab. Liegt ein Betrieb oder Teilbetrieb im ertragsteuerlichen Sinne vor, so stellen die Umsatzsteuerrichtlinien klar, dass auch eine Geschäftsveräußerung im Ganzen gegeben ist.[6] Sofern aus einkommensteuerlichen oder außenertragsteuerlichen Gründen eine verbindliche Auskunft zur Steuerneutralität der Umstrukturierung eingeholt wird, bietet es sich daher an, auch das Vorliegen einer Geschäftsveräußerung im Ganzen mit bestätigen zu lassen.
– Der **Formwechsel** ist zivilrechtlich identitätswahrend. Dies wird von der Umsatzsteuer anerkannt, ebenso wie im Grunderwerbsteuerrecht. Von daher löst der Formwechsel umsatzsteuerlich keinen Eigentumswechsel / Rechtsträgerwechsel für die Vermögensgegenstände aus. Ein umsatzsteuerlicher Anknüpfungspunkt ist mithin nicht gegeben.

III. Rechtsfolgen beim fehlenden Vorliegen einer Geschäftsveräußerung im Ganzen

1. Nicht steuerbarer Innenumsatz auf Grund Organschaft

In den wenigen verbleibenden Umwandlungsfällen, in denen danach keine Geschäftsveräußerung im Ganzen vorliegt, ist zunächst zu prüfen, ob sich die Umwandlung innerhalb eines **umsatzsteuerlichen Organkreises** nach § 2 Abs. 2 UStG vollzieht. Im umsatzsteuerrechtlichen Sinn liegt eine Organschaft vor, wenn eine juristische Person nach dem

---

[1] Vgl. § 1 Abs. 1a S. 2 UStG
[2] Vgl. BFH V R 3/01, BStBl. II 2004, 665 = DStR 2003, 203.
[3] Vgl. BFH V R 3/01, BStBl. II 2004, 665 = DStR 2003, 203; A 1.5 Abs. 3 S. 1 UStAE.
[4] Vgl. EuGH C-444/10, Slg. I 2011, 11074 = DStRE 2011, 1490.
[5] Vgl. EuGH C-444/10, Slg. I 2011, 11074 = DStRE 2011, 1490.
[6] Vgl. A 1.5 Abs. 6 S. 4 UStAE.

Gesamtbild der tatsächlichen Verhältnisse finanziell, wirtschaftlich und organisatorisch in ein Unternehmen eingegliedert ist (vgl. § 2 Abs. 2 Nr. 2 UStG).

– Finanzielle Eingliederung: Eine finanzielle Eingliederung setzt eine unmittelbare oder mittelbare Beteiligung des Organträgers an der Organgesellschaft voraus. Unter der finanziellen Eingliederung ist der Besitz der entscheidenden Anteilsmehrheit an der Organgesellschaft zu verstehen.
– Wirtschaftliche Eingliederung: Die Organgesellschaft muss nach dem Willen des Unternehmers im Rahmen des Gesamtunternehmens, und zwar in engem wirtschaftlichen Zusammenhang mit diesem, wirtschaftlich tätig sein. Hierfür genügt ein vernünftiger wirtschaftlicher Zusammenhang i. S. einer wirtschaftlichen Einheit, Kooperation oder Verflechtung. Die Tätigkeiten von Organträger und Organgesellschaft müssen lediglich aufeinander abgestimmt sein und sich fördern und ergänzen. Daneben reicht für eine wirtschaftliche Eingliederung auch eine Verflechtung von Unternehmensbereichen unterschiedlicher Organgesellschaften aus.[7]

6 Liegen die vorgenannten Voraussetzungen in Bezug auf die an der Umwandlung beteiligten Rechtsträger vor, handelt es sich um einen umsatzsteuerlichen **Innenumsatz**, der nicht zur Besteuerung führt. Liegen Zweifel an einer Geschäftsveräußerung im Ganzen vor, kann die Implementierung einer umsatzsteuerlichen Organschaft bzw. das aktive Gestalten eines umsatzsteuerlichen Organkreises daher eine Alternative sein.

7 Positiv entwickelt hat sich die Rechtslage insoweit auch im Hinblick darauf, dass nicht nur Kapitalgesellschaften, sondern nach neuer Rechtslage auch Personengesellschaften unter bestimmten Voraussetzungen Organgesellschaft sein können.[8] § 2 Abs. 2 UStG sieht vor, dass grds. nur Kapitalgesellschaften Organgesellschaften einer umsatzsteuerlichen Organschaft sein können. Seitens der Praxis besteht jedoch häufig der Bedarf, nicht nur Tochterkapitalgesellschaften sondern auch Tochterpersonengesellschaften in eine umsatzsteuerliche Organschaft einzubinden. Der BFH hat mit Urteil vom 2.12.2015[9] die Bestimmungen in § 2 UStG nach einer vorherigen EuGH Entscheidung **erweiternd ausgelegt** und lässt nunmehr in bestimmten Fällen die Personengesellschaft als Organgesellschaft zu. Diese Rechtsprechung ist sehr zu begrüßen. Die Voraussetzungen der Eingliederung müssen dabei im Verhältnis zu allen Gesellschaftern der nachgeordneten Personengesellschaft, d. h. insbesondere zu den Komplementären, gegeben sein.[10]

2. Leistungsaustausch mit Vorsteuerabzug

8 Sollte auch keine umsatzsteuerliche Organschaft vorliegen, ist von einem steuerbaren und bei der Übertragung von Wirtschaftsgütern in Deutschland grundsätzlich auch steuerpflichtigen Umsatz auszugehen. Dann sind ggf. Steuerbefreiungen für Grundvermögen oder Anteile an Kapitalgesellschaften nach § 4 UStG zu prüfen.

9 Im Übrigen ist sicherzustellen, dass die Übertragung **entgeltlich**, d. h. gegen Gewährung neuer Anteile erfolgt, damit die für die Übertragung entstehende Umsatzsteuer bei der übernehmenden Gesellschaft als Vorsteuer abgezogen werden kann.[11] Dies setzt selbstverständlich voraus, dass die übernehmende Gesellschaft im Grundsatz zum Vorsteuerabzug berechtigt ist und dieser Vorsteuerabzug auch nicht nach § 15 UStG prozentual eingeschränkt ist.

10 Für die Praxis muss allerdings empfohlen werden, die umsatzsteuerlichen Auswirkungen beim Nichtvorliegen einer Geschäftsveräußerung im Ganzen und Nichtbestehen einer umsatzsteuerlichen Organschaft im Detail zu prüfen und ggf. über eine verbindliche Auskunft abzusichern. Ansonsten können mit der Umsatzsteuer erhebliche Steuerbelastungen

---

[7] Vgl. A 2.8 Abs. 6 S. 4 UStAE.
[8] Vgl. OFD Frankfurt am Main S 7105 A-22-St 110, GmbHR 2016, 1007.
[9] Vgl. BFH V R 25/13, BFHE 251, 534 = NZG 2016, 316.
[10] Vgl. A 2.8 Abs. 2 S. 5 iVm Abs. 5a UStAE.
[11] Vgl. z. B. A 1.6 Abs. 2 S. 4 UStAE.

einhergehen, wenn ein Risiko besteht, dass der Vorsteuerabzug bei der übernehmenden Gesellschaft versagt wird oder eingeschränkt ist. Zudem muss der ggf. bestehende Liquiditätseffekt (Zeitdifferenz zwischen Abführung der Umsatzsteuer und der Geltendmachung der Vorsteuer) bei der Planung der Umwandlung berücksichtigt werden und es sind ggf. im Vorfeld Maßnahmen zu ergreifen, dass der Vorsteuerabzug zügig nach Abgabe der Voranmeldung gewährt wird.

IV. Praxisempfehlungen

In der Praxis sollte idealerweise erreicht werden, dass eine Geschäftsveräußerung im Ganzen vorliegt bzw. ausgestaltet wird, damit die Vermögensübergänge auf Grund der Umwandlungsmaßnahme nicht umsatzsteuerbar sind. Gelingt dies nicht, ist zu prüfen, ob ggf. ein umsatzsteuerlicher Organkreis mit den an der Umstrukturierung beteiligten Unternehmen begründet werden kann, damit auf Grund des Innenumsatzes in der Organschaft keine Umsatzsteuerbarkeit ausgelöst wird. Sollte das geplante Vorhaben danach immer noch umsatzsteuerbar und umsatzsteuerpflichtig sein, sollte sich der Übergang der Vermögensgegenstände gegen Gesellschaftsrechte vollziehen, damit ein Vorsteuerabzug möglich ist. **11**

§ 54 Auswirkungen von Umwandlungen auf ertragsteuerliche Organschaftsverhältnisse

Übersicht

	Rdnr.		Rdnr.
A. Grundsätze der ertragsteuerlichen Organschaft	1–23	3. Behandlung organschaftlicher Ausgleichsposten	35–38
I. Begründung einer ertragsteuerlichen Organschaft	1–17	II. Umwandlung durch Spaltung und Ausgliederung	39–44
1. Finanzielle Eingliederung	2–5	1. Spaltung	41, 42
2. Persönliche Eignung des Organträgers	6	a) Fortführung einer bestehenden Organschaft	41
3. Zugehörigkeit zu einer inländischen Betriebsstätte	7	b) Behandlung organschaftlicher Ausgleichsposten	42
4. Abschluss und Durchführung eines Gewinnabführungsvertrags	8–17	2. Ausgliederung	43, 44
		III. Umwandlung durch Formwechsel	45–49
a) Abschluss eines wirksamen Gewinnabführungsvertrags	9, 10	IV. Folgen der Fortführung einer bestehenden Organschaft	50, 51
b) Mindestlaufzeit von fünf Jahren	11–13	V. Begründung einer Organschaft mit neu gegründeter Organgesellschaft	52–55
c) Tatsächliche Durchführung des Gewinnabführungsvertrags	14–17	D. Organträger als übernehmender Rechtsträger	56, 57
II. Rechtsfolgen der Begründung einer Organschaft	18–20	E. Umwandlung der Organgesellschaft	58–67
III. Rechtsfolgen bei Nichterfüllen der Voraussetzungen	21–23	I. Umwandlung durch Verschmelzung	58–60
B. Überblick über Problemkreise	24, 25	II. Umwandlung durch Spaltung und Ausgliederung	61–63
C. Umwandlung des Organträgers	26–55	III. Umwandlung durch Formwechsel	64, 65
I. Umwandlung durch Verschmelzung	26–38	IV. Behandlung eines Übertragungsgewinns bzw. -verlustes	66, 67
1. Fortsetzung einer bestehenden Organschaft	27–32	F. Organgesellschaft als übernehmender Rechtsträger	68, 69
2. Besonderheiten bei Auf- und Abwärtsverschmelzung	33, 34	I. Fortführung einer Organschaft	68
		II. Behandlung eines Übernahmegewinns bzw. -verlustes	69

Schrifttum: *Benecke/Staats,* Steuerneutrale Abspaltung eines Teilbetriebs nur bei Übertragung, nicht bei bloßer Vermietung sämtlicher wesentlicher Betriebsgrundlagen, FR 2010, 893; *Blumers/Goerg,* Gewerblichkeit von Organträger-Personengesellschaften, BB 2003, 2203; *Dötsch,* Umwandlung und Organschaft nach dem UmwSt-Erlass 2011, GmbHR 2012, 175; *Dötsch,* Umwandlungen und Organschaft, Ubg 2011, 20; *Dötsch/Pung*, Gesetz zur Änderung und Vereinfachung der Unternehmensbesteuerung und des steuerlichen Reisekostenrechts: Die Änderungen bei der Organschaft, DB 2013, 305; *Füger/Rieger/Schell*, Die Behandlung von Ergebnisabführungsverträgen beim Unternehmensverkauf – gesellschafts-, steuer- und insolvenzrechtliche Aspekte, DStZ 2015, 404; *Hageböke*, Sind alle Umwandlungen „Veräußerungen"? – Kritische Anmerkung zur Ausgangsthese der Finanzverwaltung im UmwStEE, Ubg 2011, 689; *Hahn*, Vertragsfreiheit bei Unternehmensverträgen, DStR 2009, 593; *Hahn*, Gesamtrechtsnachfolge und Verschmelzung, DStZ 1998, 561; *Käshammer/Schümmer*, Zurechnung von Übergangsgewinnen bei Umwandlung einer Organgesellschaft zum Organträger, Zurechnung, Umwandlung, Ubg 2011, 244; *Korn*, Kleine Organschaftsreform durch das Gesetz zur Vereinfachung und Änderung der Unternehmensbesteuerung und des steuerlichen Reisekostenrechts, SteuK 2013, 111; *Löwenstein/Maier/Lohrmann*, Erfordernis der gewerblichen Tätigkeit der Personengesellschaft als Organträgerin nach dem StVergAbG – Die gesetzgeberische Dublette: Auf die Mehrmütterorganschaft gezielt – alle Personengesellschaften getroffen!, Beihefter zu DStR 29/2003, 2; *Rödder*, Umwandlungen und Organschaft – Kritische Anmerkungen zu den Org.-Textziffern des UmwSt-Erlass-Entwurfs vom 2.5.2011, DStR 2011, 1053; *Schumacher*, Umwandlungssteuerrecht und Organschaft zum übernehmenden Rechtsträger – Zugleich Anmerkung zur Verfügung der OFD Frankfurt/M. vom 21.11.2005, DStR 2006, 124; *Sistermann*, Umwandlungen und Organschaft, Beihefter zu DStR 2/2012, 18; *Werder/Rudolf*, Ausgewählte Steuerfragen bei Compliance-Untersuchungen, BB 2015, 665

A. Grundsätze der ertragsteuerlichen Organschaft

I. Begründung einer ertragsteuerlichen Organschaft

1 § 14 Abs. 1 KStG setzt für die Begründung und steuerliche Anerkennung einer körperschaftsteuerlichen und gewerbesteuerlichen Organschaft voraus, dass sich eine Europäische Gesellschaft, Aktiengesellschaft oder Kommanditgesellschaft auf Aktien mit Geschäftsleitung im Inland und Sitz in einem Mitgliedstaat der Europäischen Union oder in einem Vertragsstaat des EWR-Abkommens (Organgesellschaft) durch einen Gewinnabführungsvertrag i. S. d. § 291 Abs. 1 AktG verpflichtet, ihren ganzen Gewinn an ein einziges anderes gewerbliches Unternehmen (Organträger) abzuführen, und weitere nachfolgend erläuterte Voraussetzungen erfüllt sind.

1. Finanzielle Eingliederung

2 Der Organträger muss an der Organgesellschaft vom Beginn ihres Wirtschaftsjahres an ununterbrochen in einem solchen Maße beteiligt sein, dass ihm die Mehrheit der Stimmrechte aus den Anteilen an der Organgesellschaft zusteht. Dies setzt voraus, dass dem Organträger die Beteiligung an der Organgesellschaft nach ertragsteuerlichen Grundsätzen zuzurechnen ist und diese Beteiligung die Mehrheit der Stimmrechte vermittelt.

3 Die Beteiligung an der Organgesellschaft ist dem Organträger steuerlich zuzurechnen, wenn der Organträger das wirtschaftliche Eigentum gemäß § 39 Abs. 2 Nr. 1 AO an der Beteiligung hat.[1] Dies ist der Fall, wenn der Organträger die Chance auf Wertsteigerung, aber auch das Risiko der Wertminderung der Beteiligung trägt.[2]

4 Eine Beteiligung an der Organgesellschaft vermittelt dem Organträger die Mehrheit der Stimmrechte, wenn dieser über seine Stimmrechte in der Lage ist, seinen Willen in der Organgesellschaft durchzusetzen. In der Regel setzt dies eine einfache Mehrheit, also mehr als 50 % der Stimmrechte, voraus.[3] Etwas anderes kann jedoch gelten, wenn die Satzung der Organgesellschaft zur Beschlussfassung über übliche Angelegenheiten eine andere Regelung vorsieht.

5 Besonderheiten bei der Zurechnung von Stimmrechten zu einer Beteiligung an einer Organgesellschaft können bestehen, wenn die Beteiligung und die Befugnis zur Stimm-

---

[1] Abschnitt 57 S. 1 KStR; Gosch/*Neumann* KStG § 14 Rn. 128.
[2] Vgl. z. B. BFH I R 88/13, BStBl. II 2016, 961 = NJW 2016, 671; I R 2/12, NZG 2014, 1317.
[3] Blümich/*Danelsing* KStG, § 14 Rn. 69; Gosch/*Neumann* § 14 Rn. 131.

rechtsausübung auseinanderfallen, also verschiedenen Berechtigten zustehen. Da allerdings Verwaltungsrechte und nichtvermögensrechtliche Ansprüche des Gesellschafters notwendig mit der Beteiligung verbunden sind, können diese nicht isoliert und selbständig übertragen werden. Zu diesen Verwaltungsrechten gehören auch Stimmrechte.[4] Ein Auseinanderfallen von Stimmrecht und Beteiligung ist folglich nur möglich, wenn der Stimmberechtigte seine Befugnis aus einem eigenen Recht, d. h. einer dinglichen Befugnis ableitet. Regelmäßig setzt das voraus, dass das rechtliche Eigentum und das wirtschaftliche Eigentum an der Beteiligung auseinanderfallen.[5] Schuldrechtliche Vereinbarungen, wie Stimmrechtsvollmacht, Stimmrechtsvereinbarung oder Stimmrechtsleihe begründen kein Auseinanderfallen von Stimmrechten und Beteiligung, so dass das Stimmrecht dem Inhaber der Beteiligung zuzurechnen ist.[6]

2. Persönliche Eignung des Organträgers

Der Organträger kann gemäß § 14 Abs. 1 S. 1 Nr. 2 KStG eine unbeschränkt steuerpflichtige natürliche Person oder eine nicht steuerbefreite Körperschaft, Personenvereinigung oder Vermögensmasse i. S. d. § 1 KStG mit Geschäftsleitung im Inland sein. Der Organträger kann auch eine Personengesellschaft i. S. d. § 15 Abs. 1 S. 1 Nr. 2 EStG sein, wenn sie eine Tätigkeit i. S. d. § 15 Abs. 1 S. 1 Nr. 1 EStG ausübt. Die finanzielle Eingliederung der Organgesellschaft muss allerdings im Verhältnis zur Personengesellschaft selbst erfüllt sein. Das bedeutet, dass die Beteiligung an der Organgesellschaft zum Gesamthandsvermögen der Personengesellschaft gehören muss. Eine Zugehörigkeit der Beteiligung an der Organgesellschaft zum Sonderbetriebsvermögen der Personengesellschaft ist nicht ausreichend.

3. Zugehörigkeit zu einer inländischen Betriebsstätte

Die Beteiligung muss gemäß § 14 Abs. 1 S. 1 Nr. 2 S. 4 KStG ununterbrochen während der gesamten Dauer der Organschaft einer inländischen Betriebsstätte i. S. d. § 12 AO des Organträgers zuzuordnen sein. Eine Betriebsstätte ist gemäß § 12 S. 1 AO jede feste Geschäftseinrichtung oder Anlage, die der Tätigkeit eines Unternehmens dient. Eine inländische Betriebsstätte i. S. d. § 14 Abs. 1 S. 1 Nr. 2 KStG ist nur gegeben, wenn die dieser Betriebsstätte zuzurechnenden Einkünfte sowohl nach innerstaatlichem Steuerrecht als auch nach einem anzuwendenden Abkommen zur Vermeidung der Doppelbesteuerung der inländischen Besteuerung unterliegen.

4. Abschluss und Durchführung eines Gewinnabführungsvertrags

Der Gewinnabführungsvertrag muss auf mindestens fünf Jahre abgeschlossen und während seiner gesamten Geltungsdauer durchgeführt werden. Sofern der Gewinnabführungsvertrag während der Mindestlaufzeit von fünf Jahren fehlerhaft durchgeführt wird, fingiert § 14 Abs. 1 Nr. 3 S. 4 KStG die Durchführung in bestimmten Fällen.

a) Abschluss eines wirksamen Gewinnabführungsvertrags. Für den Abschluss und Bestand eines wirksamen Gewinnabführungsvertrags müssen allein die notwendigen aktienrechtlichen Erfordernisse der §§ 291 ff. AktG erfüllt sein. Zusätzliche Anforderungen bestehen nach dem Steuerrecht nicht.[7] Ein den Anforderungen der §§ 291 ff. AktG genügender Gewinnabführungsvertrag wird mit Eintragung in das Handelsregister der abhängigen Gesellschaft wirksam.[8]

---

[4] Vgl. in der zivilrechtlichen Betrachtung BGH II ZR 287/63, NJW 1965, 1378; II ZR 91/65, NJW 1968, 396; II ZR 96/86, NJW 1987, 780; Baumbach/Hopt/*Hopt* HGB § 119 Rn. 19; Hölters/*Hirschmann* AktG § 133 Rn. 15; und in der steuerrechtlichen Betrachtung BFH VIII R 34/01, BStBl. II 2005, 857; X R 17/05, BStBl. II 2008, 579.
[5] Blümich/*Danelsing* KStG § 14 Rn. 72; Lademann/*Gassner* KStG § 14 Rn. 45.
[6] Gosch/*Neumann* KStG § 14 Rn. 133.
[7] Gosch/*Neumann* KStG § 14 Rn. 207.
[8] Abschnitt 60 Abs. 1 KStR; BMF IV B 7 – S 2270 – 24105 BStBl. I 2005, 1038 Rn. 3.

10 Anders als im Zivilrecht gelten die Grundsätze zur Behandlung fehlerhafter Unternehmensverträge, wonach nichtige, dennoch von den Vertragsparteien vollzogene Unternehmensverträge für die Vergangenheit Bestand haben und sich die Parteien nur für Zukunft auf die Unwirksamkeit berufen können, im Steuerrecht nicht.[9]

11 **b) Mindestlaufzeit von fünf Jahren.** § 14 Abs. 1 S. 1 Nr. 3 Satz 1 KStG verlangt, dass der Gewinnabführungsvertrag auf mindestens fünf Jahre geschlossen wird. Die Mindestlaufzeit muss ausdrücklich in den Vertrag aufgenommen werden oder sich anderweitig eindeutig aus dem Vertrag, erforderlichenfalls im Wege der Auslegung nach objektiven Gesichtspunkten, die sich aus dem Vertrag selbst erschließen lassen, ergeben. Das ist z. B. der Fall, wenn die Ausübung des ordentlichen Kündigungsrechts erst nach Ablauf des Fünf-Jahreszeitraums ermöglicht wird.[10] Nicht ausreichend ist es, wenn eine vertragliche Regelung fehlt, der Vertrag aber tatsächlich mindestens fünf Jahre läuft.

12 Die h. M. im Schrifttum bemisst die Mindestlaufzeit nach Zeitjahren und nicht nach Kalender- oder Wirtschaftsjahren.[11] Grundsätzlich ist auch die Rechtsprechung der Ansicht, dass der Gewinnabführungsvertrag zunächst auf fünf Zeitjahre geschlossen werden muss. Wird die Organschaft dann – z. B. durch Bildung eines Rumpfwirtschaftsjahres – vorzeitig nach fünf Wirtschaftsjahren beendet, soll dies keinen Verstoß gegen die Fünf-Jahresfrist darstellen.[12] Wird der Gewinnabführungsvertrag hingegen von Anfang an nur auf fünf Wirtschaftsjahre geschlossen, ist dies stets schädlich.[13]

13 Unschädlich ist ein Unterschreiten der Mindestlaufzeit gemäß § 14 Abs. 1 S. 1 Nr. 3 S. 2 KStG lediglich, wenn eine Beendigung des Gewinnabführungsvertrags aus einem wichtigen Grund erfolgt. Indem der Gesetzgeber eine vorzeitige Beendigung des GAV nur dann als steuerlich unschädlich betrachtet, wenn ein wichtiger Grund die Kündigung rechtfertigt, bringt er zum Ausdruck, dass keine beliebige Loslösung vom Gewinnabführungsvertrag möglich sein soll, sondern – entsprechend der allgemeinen zivilrechtlichen Grundsätze zur Beendigung von Dauerschuldverhältnissen aus wichtigem Grund – nur eine Verkürzung der Mindestlaufzeit unter außergewöhnlichen Umständen unschädlich ist.[14] Dies ist insbesondere bei wesentlichen Störungen der Vertragsbeziehungen, die bei Vertragsschluss nicht vorhersehbar waren, der Fall. Der Gesetzgeber will folglich verhindern, dass eine Organschaft zum Zweck willkürlicher Beeinflussung der Besteuerung und zu Einkommensverlagerungen von Fall zu Fall abgeschlossen bzw. beendet wird.[15]

14 **c) Tatsächliche Durchführung des Gewinnabführungsvertrags.** Nach § 14 Abs. 1 S. 1 Nr. 3 S. 1 KStG muss der Gewinnabführungsvertrag in seiner gesamten Geltungsdauer durchgeführt werden. Eine Abweichung von der vertraglichen Vereinbarung führt grundsätzlich zur steuerlichen Aberkennung der Organschaft.

15 Die tatsächliche Durchführung des Gewinnabführungsvertrags umfasst in erster Linie die Abführung eines Gewinns der Organgesellschaft an den Organträger sowie den Ausgleich eines Verlustes der Organgesellschaft durch den Organträger nach den Regelungen der §§ 301, 302 AktG. Dazu gehört vor allem die effektive Erfüllung der nach handelsrechtlichen Grundsätzen ordnungsmäßiger Buchführung (GoB) ermittelten Forderungen und Verbindlichkeiten.[16] Hierfür muss die Organgesellschaft ihr handelsrechtliches Ergebnis

---

[9] BFH I R 7/97, BStBl. II 1998, 33 = NJW-RR 1998, 467.
[10] Gosch/*Neumann* § 14 Rn. 212, m. w. N.
[11] BFH I R 3/10, BStBl. II 2011, 727 = NZG 2011, 596; Dötsch/Pung/Möhlenbrock/*Dötsch* KStG § 14 Rn. 216; Gosch/*Neumann* KStG § 14 Rn. 212; Ernst & Young/*Walter* KStG § 14 Rn. 637.
[12] BFH I R 45/12, NZG 2014, 558.
[13] Gosch/*Neumann* KStG § 14 Rn. 212a.
[14] *Hahn* DStR 2009, 589, 593.
[15] BFH I R 45/12, NZG 2014, 558; I R 3/10, BStBl. II 2011, 727 = NZG 2011, 596.
[16] Vgl. *Füger/Rieger/Schell* DStZ 2015, 404, 412 f., die auch auf Streitstände hinsichtlich der Zulässigkeit von Erfüllungssurrogaten eingehen.

durch eine objektiv richtige Handelsbilanz ermittelt haben.[17] Bei der Bildung von Gewinnrücklagen ist § 14 Abs. 1 S. 1 Nr. 4 KStG zu berücksichtigen. Danach dürfen Gewinnrücklagen nur gebildet werden, wenn dies bei vernünftiger kaufmännischer Beurteilung wirtschaftlich begründet ist.

Bei einer fehlerhaften Ergebnisabführung aufgrund einer gegen handelsrechtliche GoB verstoßenden Handelsbilanz kann eine Heilung nach § 14 Abs. 1 S. 1 Nr. 3 S. 4 KStG erfolgen. Danach gilt der Gewinnabführungsvertrag als durchgeführt, wenn der abgeführte Gewinn oder ausgeglichene Verlust auf einem Jahresabschluss beruht, der fehlerhafte Bilanzansätze enthält, sofern a) der Jahresabschluss wirksam festgestellt ist, b) die Fehlerhaftigkeit bei Erstellung des Jahresabschlusses unter Anwendung der Sorgfalt eines ordentlichen Kaufmanns nicht hätte erkannt werden müssen und c) ein von der Finanzverwaltung beanstandeter Fehler spätestens in dem nächsten nach dem Zeitpunkt der Beanstandung des Fehlers aufzustellenden Jahresabschluss der Organgesellschaft und des Organträgers korrigiert und das Ergebnis entsprechend abgeführt oder ausgeglichen wird, soweit es sich um einen Fehler handelt, der in der Handelsbilanz zu korrigieren ist.

Das Vorliegen der Voraussetzung des § 14 Abs. 1 S. 1 Nr. 3 S. 4 lit. b) KStG wird gemäß § 14 Abs. 1 Nr. 3 S. 5 KStG fingiert, wenn (1) ein uneingeschränkter Bestätigungsvermerk nach § 322 Abs. 3 HGB zum Jahresabschluss, zu einem Konzernabschluss, in den der handelsrechtliche Jahresabschluss einbezogen worden ist, oder über die freiwillige Prüfung des Jahresabschlusses oder (2) eine Bescheinigung eines Steuerberaters oder Wirtschaftsprüfers über die Erstellung eines Jahresabschlusses mit umfassenden Beurteilungen vorliegt.

II. Rechtsfolgen der Begründung einer Organschaft

Die Begründung einer ertragsteuerlichen Organschaft führt dazu, dass das Einkommen der Organgesellschaft, welches auf ihrer Ebene ermittelt wird, steuerlich dem Organträger zugerechnet wird und von diesem zu versteuern ist. Eine erstmalige steuerliche Zurechnung des Einkommens der Organgesellschaft erfolgt gemäß § 14 Abs. 1 S. 2 KStG frühestens in dem Wirtschaftsjahr, in dem der Gewinnabführungsvertrag wirksam wird, d. h. in dem er in das Handelsregister der Organgesellschaft eingetragen wird.

Bei der Einkommensermittlung auf Ebene der Organgesellschaft sind Besonderheiten zu beachten, die in § 15 KStG normiert sind. Dies betrifft insbesondere die Anwendung der Regelungen zur Zinsschranke gemäß § 4h EStG, zum Verlustvortrag gemäß § 10d EStG sowie zum Schachtelprivileg gemäß § 8b KStG.

Abweichungen zwischen dem handelsrechtlichen und dem steuerlichen abzuführenden Gewinn bzw. auszugleichenden Verlust führen zu sog. Mehr- bzw. Minderabführungen, für die gemäß § 14 Abs. 4 S. 1 KStG ein Ausgleichsposten in der Steuerbilanz des Organträgers zu bilden ist.[18] Gemäß § 14 Abs. 4 S. 2 KStG ist ein bestehender Ausgleichsposten im Zeitpunkt der Veräußerung der Organbeteiligung aufzulösen. Durch dessen Auflösung erhöht oder verringert sich das Einkommen des Organträgers.

III. Rechtsfolgen bei Nichterfüllen der Voraussetzungen

Sofern die Voraussetzungen der ertragsteuerlichen Organschaft nicht während der gesamten Mindestlaufzeit von fünf Jahren erfüllt werden, d. h. wenn insbesondere die finanzielle Eingliederung der Organgesellschaft in das Unternehmen des Organträgers wegfällt oder der Gewinnabführungsvertrag nicht tatsächlich durchgeführt wird, wird die Organschaft von Anfang an steuerlich nicht anerkannt.

In diesem Fall ist das von der Organgesellschaft erzielte Einkommen ohne Berücksichtigung von § 15 KStG zu ermitteln und von dieser selbst zu versteuern. Eine steuerliche

---

[17] BGH II ZR 361/02, NZG 2005, 481; *Dötsch/Pung* DB 2013, 305, 308; *Korn* SteuK 2013, 111; *Werder/Rudolf* BB 2015, 665, 667.
[18] Allgemein zu Mehr- und Minderabführungen Gosch/*Neumann* KStG § 14 Rn. 416a ff.

Zurechnung des Einkommens zum Organträger findet nicht statt. Bereits nach den Grundsätzen der ertragsteuerlichen Organschaft gegenüber dem Organträger und der Organgesellschaft erlassene Steuerbescheide sind rückwirkend gemäß § 175 S. 1 Nr. 2 AO zu ändern.

23 Sofern die Voraussetzungen für die ertragsteuerliche Organschaft nach Ablauf der Mindestlaufzeit von fünf Jahren wegfallen, wird die Organschaft ab dem Wirtschaftsjahr nicht mehr anerkannt, in dem die Voraussetzungen der Organschaft weggefallen sind.

B. Überblick über Problemkreise

24 Das Steuerrecht kennt mit Ausnahme des § 14 Abs. 4 S. 2 bis 5 KStG keine besonderen gesetzlichen Regelungen hinsichtlich der Auswirkung von Umwandlungsvorgängen auf Organschaftsverhältnisse. Lediglich verschiedene Verwaltungsanweisungen handeln einzelne, insoweit besonders wichtige Fragestellungen ab.[19] Zu den Fragestellungen gehören insbesondere, ob und unter welchen Voraussetzungen eine ertragsteuerliche Organschaft in Umwandlungsfällen mit dem übernehmenden Rechtsträger fortgeführt oder neu begründet werden kann. Rückwirkende Umwandlungen nehmen dabei ein besonderes Interesse ein.

25 Bei der Beantwortung der vorgenannten Fragen stehen die finanzielle Eingliederung, das Bestehen eines wirksamen Gewinnabführungsvertrags sowie die tatsächliche Durchführung des Gewinnabführungsvertrags im Vordergrund. Die Finanzverwaltung behandelt in den Tz. Org.01 bis Org.34 des Umwandlungssteuererlasses vom 11.11.2011[20] insbesondere die Fragen der Fortführung oder Begründung einer finanziellen Eingliederung und die Behandlung von steuerlichen Ausgleichsposten bei der Umwandlung des Organträgers oder der Organgesellschaft.

C. Umwandlung des Organträgers

I. Umwandlung durch Verschmelzung

26 Bei einer Verschmelzung des Organträgers geht sein Vermögen und damit auch die Beteiligung an der Organgesellschaft mit Ablauf des steuerlichen Übertragungsstichtags im Wege der Gesamtrechtsnachfolge auf den übernehmenden Rechtsträger über. Grundsätzlich tritt der übernehmende Rechtsträger auch in den Gewinnabführungsvertrag ein.[21]

1. Fortsetzung einer bestehenden Organschaft

27 Nach § 4 Abs. 2 S. 1 UmwStG bzw. § 12 Abs. 3 UmwStG tritt der übernehmende Rechtsträger bei einer Verschmelzung in die steuerliche Rechtsstellung des übertragenden Rechtsträgers. Wie die Konsequenzen des Eintritts in die steuerliche Rechtsstellung des übertragenden Rechtsträgers im Zusammenhang mit Fragen zur Fortführung oder Begründung einer Organschaft zu beurteilen sind, sind umstritten.

28 Die Finanzverwaltung vertritt die Auffassung, dass dem Rechtsträger mit Wirkung ab dem steuerlichen Übertragungsstichtag eine im Verhältnis zwischen dem übertragenden Rechtsträger und der Organgesellschaft bestehende finanzielle Eingliederung zuzurechnen sei und die Voraussetzungen einer Organschaft somit vom Beginn des Wirtschaftsjahres der Organgesellschaft an erfüllt seien, wenn dem übernehmenden Rechtsträger auch die Beteiligung an der Organgesellschaft steuerlich rückwirkend zum Beginn des Wirtschaftsjahres der Organgesellschaft zuzurechnen sei.[22] In den Fällen, in denen der steuerliche Über-

---
[19] Dazu Rödder/Herlinghaus/van Lishaut/*Herlinghaus* UmwStG Anh. 4 Rn. 3.
[20] BStBl. I 2011, 1314.
[21] Dazu *Dötsch* GmbHR 2012, 175, 176.
[22] BMF IV C 2 – S 1978 – b/08/10001, BStBl. I 2011, 1314 Tz. Org. 02.

tragungsstichtag nicht auf den Beginn eines Wirtschaftsjahres der Organgesellschaft fällt, wird die Organschaft zwischen der Organgesellschaft und dem übertragenden Rechtsträger nach Auffassung der Finanzverwaltung zerstört. Zudem kann eine Organschaft mit dem übernehmenden Rechtsträger als Organträger noch nicht begründet werden kann.

Im Schrifttum wird die Auffassung der Finanzverwaltung zu Recht kritisiert. Die steuerrechtliche Rechtsnachfolge führt vielmehr dazu, dass die finanzielle Eingliederung der Organgesellschaft in das Unternehmen des übertragenden Rechtsträgers als Organträger dem übernehmenden Rechtsträger für das gesamte Wirtschaftsjahr, in das der steuerliche Übertragungsstichtag fällt, zugerechnet werden muss.[23] Dies ergibt sich insbesondere aus der Erwägung, dass nach § 4 Abs. 2 S. 1 UmwStG und § 12 Abs. 3 Hs. 1 UmwStG der übernehmende Rechtsträger in die steuerliche Rechtsstellung des übertragenden Rechtsträgers tritt. Dies führt insbesondere dazu, dass auch für die Prüfung der Mindestvertragslaufzeit des Gewinnabführungsvertrags die auf den übertragenden und den übernehmenden Rechtsträger entfallenden Besitzzeiten zusammenzurechnen sind.[24] Ertragsteuerliche Organschaften lassen sich demnach auch bei einer unterjährigen Verschmelzung ununterbrochen fortführen.

Beispiel:[25] Kapitalgesellschaft A ist im Rahmen einer anerkannten steuerlichen Organschaft Organträger der Organgesellschaft OG. Beiden haben ein dem Kalenderjahr entsprechendes Wirtschaftsjahr. A wird mit steuerlichem Übertragungsstichtag 30.12.2015 auf Kapitalgesellschaft B verschmolzen. Die Anmeldung zum Handelsregister erfolgt am 30.6.2016, die Eintragung in das Handelsregister am 30.9.2016.

Die steuerrechtliche Rechtsnachfolge der übernehmenden Kapitalgesellschaft B führt dazu, dass ihr die finanzielle Eingliederung von OG in das Unternehmen von A für das gesamte Jahr 2015 zugerechnet wird. Aufgrund der Rückwirkung der Verschmelzung nach § 2 Abs. 1 UmwStG kann die Organschaft ununterbrochen fortgeführt werden.

Für die erstmalige Begründung einer ertragsteuerlichen Organschaft mit dem übernehmenden Rechtsträger als Organträger kann – wiederum entgegen der Auffassung der Finanzverwaltung[26] – nichts anderes gelten.

2. Besonderheiten bei Auf- und Abwärtsverschmelzung

Wenn der Organträger auf die Organgesellschaft oder umgekehrt die Organgesellschaft auf den Organträger verschmolzen wird, geht der Gewinnabführungsvertrag aufgrund einer Konfusion mit Wirkung zum steuerlichen Übertragungsstichtag unter. Die Organschaft wird folglich mit Wirkung zum steuerlichen Übertragungsstichtag beendet. Sofern der Gewinnabführungsvertrag bereits fünf Jahre bestanden hat, ergeben sich keine weiteren Fragestellungen hinsichtlich der Anerkennung der Organschaft als die zuvor genannten. Gleiches gilt aber auch bei Unterschreiten der fünfjährigen Mindestlaufzeit, da die Verschmelzung einen wichtigen Grund im Sinne § 14 Abs. 1 S. 1 Nr. 3 S. 2 KStG darstellt.[27]

Mit Wirkung zum steuerlichen Übertragungsstichtag wird bei einer Auf- und Abwärtsverschmelzung von Organgesellschaft und Organträger auch die finanzielle Eingliederung der Organgesellschaft in das Unternehmen des Organträgers beendet. Fraglich ist, welche Konsequenzen dies für das Wirtschaftsjahr hat, in das der steuerliche Übertragungsstichtag fällt. Im Falle einer Aufwärtsverschmelzung ist die Organschaft jedenfalls dann anzuerkennen und das Einkommen der Organgesellschaft dem Organträger zuzurechnen, wenn

---

[23] FGS/BDI/*Rödder/Jonas/Montag* 556; *Dötsch* Ubg 2011, 20; *Rödder* DStR 2011, 1053; *Sistermann* Beihefter zu DStR 2/2012, 18, 19.
[24] So auch die Finanzverwaltung in BMF IV C 2 – S 1978 – b/08/10001, BStBl. I 2011, 1314 Tz. Org. 11.
[25] Beispiel nach *Rödder* DStR 2011, 1053.
[26] BMF IV C 2 – S 1978 – b/08/10001, BStBl. I 2011, 1314 Tz. Org. 03.
[27] BMF IV C 2 – S 1978 – b/08/10001, BStBl. I 2011, 1314 Tz. Org. 03.

der steuerliche Übertragungsstichtag auf das Ende des Wirtschaftsjahres der Organgesellschaft fällt.[28] Liegt der steuerliche Übertragungsstichtag im laufenden Wirtschaftsjahr der Organgesellschaft, entsteht bei dieser ein Rumpfwirtschaftsjahr. Ungeklärt ist bisher, ob auch für dieses Rumpfwirtschaftsjahr eine Gewinnabführung erfolgen kann. Die Bildung eines Rumpfwirtschaftsjahres bei der Organgesellschaft steht einer Gewinnabführung grundsätzlich, d. h. in anderen Fällen als der Verschmelzung, nicht entgegen. Es ist aber auch kein Grund ersichtlich, weshalb die Bildung eines Rumpfwirtschaftsjahres und die Zurechnung des Einkommens dieses Wirtschaftsjahres im Fall einer Aufwärtsverschmelzung anders zu behandeln ist als in anderen Fällen der Bildung eines Rumpfwirtschaftsjahres.[29]

3. Behandlung organschaftlicher Ausgleichsposten

35 Nach Auffassung der Finanzverwaltung stellt jede Verschmelzung einen Veräußerungsvorgang dar.[30] Dementsprechend ist die Verschmelzung des Organträgers als Veräußerung der Beteiligung an der Organgesellschaft anzusehen, so dass die auf dieses Organschaftsverhältnis entfallenden organschaftliche Ausgleichsposten nach § 14 Abs. 4 S. 2 KStG zum steuerlichen Übertragungsstichtag aufzulösen sind (vgl. zur Bildung und Auflösung organschaftlicher Ausgleichsposten Rn. 20).

36 Abweichend von diesem Grundsatz ist die Finanzverwaltung der Auffassung, dass die organschaftlichen Ausgleichsposten nicht aufzulösen sind, wenn die Verschmelzung des Organträgers zum Buchwert erfolgt und die Organschaft vom übernehmenden Rechtsträger zulässigerweise fortgeführt wird. In diesem Fall hat der übernehmende Rechtsträger die organschaftlichen Ausgleichsposten fortzuführen.[31] Erfolgt die Verschmelzung hingegen nicht unter Fortführung der Buchwerte, sind die organschaftlichen Ausgleichsposten bei Verschmelzung zum gemeinen Wert vollständig und bei Verschmelzung zum Zwischenwert anteilig aufzulösen.

37 Die Ausgangsprämisse der Finanzverwaltung, dass nämlich jede Verschmelzung einen Veräußerungsvorgang begründet, wird im Schrifttum zu Recht kritisiert. Ein Veräußerungsvorgang kann nur dann angenommen werden, wenn der übernehmende Rechtsträger den Gesellschaftern des übertragenden Rechtsträgers eine Gegenleistung gewährt.[32] Die Gewährung von Gesellschaftsrechten im Rahmen der Verschmelzung kann insoweit als Gegenleistung angesehen werden.[33] Keine Veräußerung liegt insbesondere vor, wenn bei einer Verschmelzung keine Anteile gewährt werden, wie z. B. im Falle einer Aufwärtsverschmelzung.

38 Die von der Finanzverwaltung ferner vertretene Auffassung, dass die Fortführung der Ausgleichsposten im Falle des Buchwertansatzes nur bei Fortführung der Organschaft in Betracht kommt, wird im Schrifttum ebenfalls nicht geteilt. Danach sind die organschaftlichen Ausgleichsposten bei einer Verschmelzung zu Buchwerten stets neben dem Beteiligungsbuchwert fortzuführen.[34] Begründet wird dies mit dem Argument, dass der organschaftliche Ausgleichsposten ein Korrekturposten zum Beteiligungsbuchwert darstellt,[35] der bei Fortführung des Beteiligungsbuchwerts auch mit fortgeführt werden muss.

---

[28] FGS/BDI/*Rödder*/*Jonas*/*Montag* 558.
[29] Rödder/Herlinghaus/van Lishaut/*Herlinghaus* UmwStG Anh. 4 Rn. 12, der bei unterjähriger Beendigung des Gewinnabführungsvertrags aufgrund einer Umwandlungsmaßnahme auf die Möglichkeit der Bildung eines Rumpfwirtschaftsjahres der Organgesellschaft hinweist.
[30] BMF IV C 2 – S 1978 – b/08/10001, BStBl. I 2011, 1314 Tz. 00.02.
[31] BMF IV C 2 – S 1978 – b/08/10001, BStBl. I 2011, 1314 Tz. Org. 05.
[32] FGS/BDI/*Hageböke*/*Schmidt-Fehrenbacher* 31; *Hageböke* Ubg 2011, 689 ff.
[33] *Benecke*/*Staats* FR 2010, 893, 895; *Hahn* DStZ 1998, 561, 563.
[34] FGS/BDI/*Rödder*/*Jonas*/*Montag*, 558.
[35] BFH I R 5/05, DStR 2007, 895, m. w. N.; so auch die Finanzverwaltung in BMF IV A 2 – S 2770 – 18/03, BStBl. I 2003, 437 Tz. 43.

II. Umwandlung durch Spaltung und Ausgliederung

Bei einer Spaltung bzw. Ausgliederung geht das Vermögen des Organträgers bzw. ein Teil davon mit Ablauf des steuerlichen Übertragungsstichtags im Wege einer partiellen Gesamtrechtsnachfolge auf den oder die übernehmenden Rechtsträger über. Verbleibt die Beteiligung an der Organgesellschaft bei einer Abspaltung oder Ausgliederung beim übertragenden Rechtsträger als Organträger, wird das Organschaftsverhältnis durch die Abspaltung bzw. Ausgliederung in der Regel nicht berührt.[36] Etwas anderes gilt, wenn durch die Umwandlung erstmals außenstehende Aktionäre an dem Organträger beteiligt werden. In diesem Fall wird der Gewinnabführungsvertrag gemäß § 307 AktG beendet.[37]

Sofern die Beteiligung an der Organgesellschaft zum übertragenen Vermögen gehört, tritt der die Beteiligung an der Organgesellschaft übernehmende Rechtsträger nach Maßgabe des Spaltungsvertrags oder Spaltungsplans nach § 131 Abs. 1 Nr. 1 UmwG auch in den Gewinnabführungsvertrag ein. Für die Spaltung gilt gemäß § 15 Abs. 1 S. 1 UmwStG die Regelung des § 12 Abs. 3 Hs. 1 UmwStG entsprechend, nach der die übernehmende Körperschaft in die steuerliche Rechtsstellung der übertragenden Körperschaft eintritt.[38] Nur in diesem Fall stellen sich die nachfolgend dargestellten Probleme.

1. Spaltung

a) Fortführung einer bestehenden Organschaft. Im Wesentlichen gilt das zur Verschmelzung Dargestellte bei einer Aufspaltung des Organträgers und einer Abspaltung vom Organträger entsprechend. Dem die Beteiligung an der Organgesellschaft übernehmenden Rechtsträger ist eine gegenüber dem übertragenden Rechtsträger bestehende finanzielle Eingliederung gemäß § 4 Abs. 2 S. 1, § 12 Abs. 3 Hs. 1 bzw. § 23 Abs. 1 UmwStG zuzurechnen. Hierbei gehen wiederum die Auffassung der Finanzverwaltung und des Schrifttums hinsichtlich der Möglichkeit zur Fortführung einer zwischen dem übertragenden Rechtsträger und der Organgesellschaft als übertragenes Vermögen bestehenden Organschaft auseinander. Die Finanzverwaltung vertritt, dass nur eine zu Beginn des Wirtschaftsjahres der Organgesellschaft bestehende finanzielle Eingliederung dem übernehmenden Rechtsträger zugerechnet werden kann, wohingegen das überwiegende Schrifttum dem übernehmenden Rechtsträger die finanzielle Eingliederung für das gesamte Wirtschaftsjahr zurechnet (vgl. Rn. 28 ff.).

b) Behandlung organschaftlicher Ausgleichsposten. Wie bei einer Verschmelzung des Organträgers ist ein organschaftlicher Ausgleichsposten im Rahmen einer Aufspaltung des Organträgers aufzulösen, wenn eine Buchwertfortführung nicht beantragt oder nicht möglich ist. Nach Auffassung der Finanzverwaltung ist ein organschaftlicher Ausgleichsposten bei einer Buchwertfortführung nur dann nicht aufzulösen, wenn die Organschaft mit dem übernehmenden Rechtsträger als Organträger fortgeführt wird (vgl. dazu Rn. 35 ff.).

2. Ausgliederung

Auch bei der Ausgliederung gehen die Auffassung der Finanzverwaltung und des Schrifttums auseinander, inwieweit eine Zurechnung der finanziellen Eingliederung in das Unternehmen des übertragenden Rechtsträgers dem übernehmenden Rechtsträger zugerechnet werden kann. Die Finanzverwaltung geht hierbei wiederum davon aus, dass eine Zurechnung der finanziellen Eingliederung erst ab dem steuerlichen Übertragungsstichtag erfolgen kann. In den Fällen des Anteilstauschs nach § 21 UmwStG sei dies der Zeitpunkt, zu dem das wirtschaftliche Eigentum an den Anteilen übergeht. Deshalb schlussfolgert die Finanzverwaltung, dass in den Fällen eines Anteilstausches nach § 21 UmwStG die Fortsetzung einer Organschaft nur möglich ist, wenn das betreffende Wirtschaftsjahr der Organgesell-

---

[36] BMF IV C 2 – S 1978 – b/08/10001, BStBl. I 2011, 1314 Tz. Org. 09.
[37] Rödder/Herlinghaus/van Lishaut/*Herlinghaus* UmwStG Anh. 4 Rn. 8.
[38] Bei der Spaltung von einer Körperschaft auf eine Personengesellschaft gilt Entsprechendes nach § 16 S. 1 i. V. m. § 4 Abs. 2 S. 1 UmwStG.

schaft nach dem steuerlichen Übertragungsstichtag beginnt.³⁹ Nach Auffassung des Schrifttums wird auch in den Fällen einer Ausgliederung die finanzielle Eingliederung für das gesamte Wirtschaftsjahr der Organgesellschaft, in das der steuerliche Übertragungsstichtag fällt, dem übernehmenden Rechtsträger zugerechnet, so dass die Organschaft lückenlos fortgeführt werden kann.⁴⁰

44 Hinsichtlich der Auflösung organschaftlicher Ausgleichsposten ergeben sich dieselben Streitpunkte wie bei einer Verschmelzung bzw. einer Aufspaltung oder Abspaltung (vgl. Rn. 35 ff.).

III. Umwandlung durch Formwechsel

45 Der Formwechsel des Organträgers hat auf den Fortbestand eines Gewinnabführungsvertrags in der Regel keinen Einfluss und berührt das Organschaftsverhältnis daher nicht, wenn beim übernehmenden Rechtsträger die persönlichen Voraussetzungen nach § 14 Abs. 1 S. 1 Nr. 2 KStG vorliegen. Insbesondere bei einem Formwechsel einer Kapitalgesellschaft in eine Personengesellschaft ist daher zu beachten, dass diese originär gewerblich tätig ist und die Gewerblichkeit nicht bloß aufgrund einer Prägung i. S. d. § 15 Abs. 3 Nr. 2 EStG gegeben ist.⁴¹ Etwas anderes gilt, wenn durch die Umwandlung erstmals außenstehende Aktionäre an dem Organträger beteiligt werden. In diesem Fall wird der Gewinnabführungsvertrag gemäß § 307 AktG beendet.⁴²

46 Hinsichtlich der Zurechnung einer finanziellen Eingliederung der Organgesellschaft in das Unternehmen des übertragenden Rechtsträgers zu dem übernehmenden Rechtsträger ergeben sich wiederum die zur Verschmelzung dargestellten Differenzen zwischen der Auffassung der Finanzverwaltung und der im Schrifttum vertretenen Auffassung (vgl. Rn. 28 ff.).

47 Ferner bestehen in Bezug auf das Auflösen von organschaftlichen Ausgleichsposten die zur Verschmelzung dargestellten Streitpunkte zwischen der Finanzverwaltung und dem Schrifttum (vgl. Rn. 35 ff.).

48 Bei der Beendigung eines Gewinnabführungsvertrags im Rahmen eines Formwechsels ergibt sich ein weiterer Streitpunkt: Grundsätzlich stellt die Umwandlung eines Organträgers einen wichtigen Grund dar, einen noch nicht fünf aufeinander folgende Jahre durchgeführten Gewinnabführungsvertrag zu kündigen oder einvernehmlich zu beenden (vgl. Rn. 13). Nach Auffassung der Finanzverwaltung soll dies jedoch nicht für einen Formwechsel gemäß § 190 UmwG gelten.⁴³ Weshalb die Beendigung des Gewinnabführungsvertrags aus wichtigem Grund gerade bei einem Formwechsel ausgeschlossen sein soll, ist nicht nachvollziehbar. Denn insbesondere bei einem Formwechsel einer Kapitalgesellschaft in eine Personengesellschaft stellt sich die Frage, ob der übernehmende Rechtsträger die persönlichen Voraussetzungen des § 14 Abs. 1 S. 1 Nr. 2 KStG erfüllen kann. Zu denken ist hierbei nicht nur an den Formwechsel einer vermögensverwaltenden Kapitalgesellschaft in eine Personengesellschaft, sondern auch an den Formwechsel einer dem Grunde nach freiberuflich tätigen Kapitalgesellschaft in eine Freiberufler-Personengesellschaft.⁴⁴

---

³⁹ BMF IV C 2 – S 1978 – b/08/10001, BStBl. I 2011, 1314 Tz. Org. 08.
⁴⁰ FGS/BDI/*Rödder/Jonas/Montag* 560.
⁴¹ Dazu *Blumers/Goerg*, BB 2003, 2203 ff.; *Löwenstein/Maier/Lohrmann* Beihefter zu DStR 29/2003, 2 ff.
⁴² Rödder/Herlinghaus/van Lishaut/*Herlinghaus* UmwStG Anh 4 Rn. 8.
⁴³ Vgl. BMF IV C 2 – S 1978 – b/08/10001, BStBl. I 2011, 1314 Tz. Org. 12, die auf R 60 Abs. 6 S. 2 KStR 2004 (entspricht R 14.5 Abs. 6 S. 2 KStR 2015) Bezug nimmt.
⁴⁴ Ebenso FGS/BDI/*Rödder/Jonas/Montag*, 560/561.

IV. Folgen der Fortführung einer bestehenden Organschaft

Sofern eine bestehende Organschaft nach einer Umwandlung des bisherigen Organträgers mit dem übernehmenden Rechtsträger als neuen Organträger fortgeführt wird und dieser aufgrund der Umwandlung in den bestehenden Gewinnabführungsvertrag eintritt, sind die Laufzeit bei dem bisherigen Organträger und die Laufzeit bei dem neuen Organträger für die Prüfung der Mindestlaufzeit des Gewinnabführungsvertrags nach § 14 Abs. 1 S. 1 Nr. 3 KStG zusammenzurechnen.[45]

Das Einkommen der Organgesellschaft ist dem Organträger für das Kalenderjahr zuzurechnen, in dem die Organgesellschaft das Einkommen bezogen hat.[46] Bei Fortsetzung einer bestehenden Organschaft ist das Einkommen der Organgesellschaft demjenigen Rechtsträger zuzurechnen, der am Schluss des Wirtschaftsjahres der Organgesellschaft als Organträger anzusehen ist.[47]

V. Begründung einer Organschaft mit neu gegründeter Organgesellschaft

Im Falle einer Umwandlung zur Neugründung, z. B. einer Ausgliederung eines Teilbetriebs zur Neugründung auf eine Kapitalgesellschaft, mit der ein Organschaftsverhältnis begründet werden soll, gelten die vorstehenden Grundsätze zur finanziellen Eingliederung der an der Organgesellschaft gewährten Anteile und zum Abschluss eines wirksamen Gewinnabführungsvertrags entsprechend.

Die im Rahmen einer Einbringung i. S. d. § 20 UmwStG (z. B. im Fall der Ausgliederung zur Neugründung) erhaltenen Anteile an der übernehmenden Kapitalgesellschaft sind dem übertragenden Rechtsträger (Einbringender) mit Ablauf des steuerlichen Übertragungsstichtags zuzurechnen. Grundsätzlich kann ab diesem Zeitpunkt eine Organschaft zwischen dem Einbringenden und dem übernehmenden Rechtsträger begründet werden, wenn auch ein Gewinnabführungsvertrag bis zum Ende des betreffenden Wirtschaftsjahres der Organgesellschaft wirksam wird.[48]

Im Falle einer Umwandlung mit steuerlicher Rückwirkung gemäß § 20 Abs. 6 UmwStG gilt die neu gegründete Organgesellschaft für steuerliche Zwecke als am steuerlichen Übertragungsstichtag entstanden, ihr Wirtschaftsjahr beginnt zu diesem Zeitpunkt und auch die Anteile, die dem übertragenden Rechtsträger an der neu gegründeten Organgesellschaft gewährt werden, gelten als am steuerlichen Übertragungsstichtag entstanden. Damit ist auch die finanzielle Eingliederung ab diesem Zeitpunkt rückwirkend gegeben.[49]

Für den Fall, dass die Umwandlung steuerlich als Einbringung i. S. d. § 21 UmwStG zu behandeln ist, kann diese nicht rückwirkend erfolgen. Daraus schließt die Finanzverwaltung, dass eine Organschaft zwischen dem übernehmenden Rechtsträger und der erworbenen Gesellschaft (Einbringungsgegenstand) frühestens ab dem Beginn des auf die Einbringung folgenden Wirtschaftsjahres der erworbenen Gesellschaft begründet werden kann.[50] Die Auffassung der Finanzverwaltung verkennt aber, dass unabhängig von der Möglichkeit einer rückwirkenden Umwandlung der übernehmende Rechtsträger bei einem Anteilstausch i. S. d. § 21 UmwStG mit Buchwert- oder Zwischenwertansatz in eine steuerliche Rechtsnachfolge eintritt. Die finanzielle Eingliederung der Organgesellschaft in den über-

---

[45] BMF IV C 2 – S 1978 – b/08/10001, BStBl. I 2011, 1314 Tz. Org. 11.
[46] BFH I R 240/72, BStBl. II 1975, 126.
[47] BMF IV C 2 – S 1978 – b/08/10001, BStBl. I 2011, 1314 Tz. Org. 19.
[48] BMF IV C 2 – S 1978 – b/08/10001, BStBl. I 2011, 1314 Tz. Org. 13.
[49] BFH I R 89/09, NZG 2010, 1337; Rödder/Herlinghaus/van Lishaut/*Herlinghaus* UmwStG Anh. 4 Rn. 39; Schmitt/Hörtnagl/Stratz/*Hörtnagl* UmwStG § 2 Rn. 86; Schmitt/Hörtnagl/Stratz/*Schmitt* UmwStG § 23 Rn. 33; FGS/BDI/*Rödder/Jonas/Montag* 561; Ernst & Young/*Walter* KStG, § 14 Rn. 357.1, 366; Schumacher DStR 2006, 124, 126.
[50] BMF IV C 2 – S 1978 – b/08/10001, BStBl. I 2011, 1314 Tz. Org. 15.

tragenden Rechtsträger ist dem übernehmenden Rechtsträger auch in diesem Fall zuzurechnen (dazu auch Rn. 43).[51]

D. Organträger als übernehmender Rechtsträger

56 Wenn ein Organträger übernehmender Rechtsträger im Rahmen einer Umwandlung ist, hat dies auf bestehende Organschaftsverhältnisse des Organträgers mit seinen Organgesellschaften in der Regel keine Auswirkung.[52]

57 Für den Eintritt des übernehmenden Rechtsträgers in eine bestehende Organschaft des übertragenden Rechtsträger zu seiner Organgesellschaft gelten die vorstehenden Ausführungen zur steuerlichen Rechtsnachfolge entsprechend. Gleiches gilt für die Neubegründung einer Organschaft durch den übernehmenden Rechtsträger als Organträger.

E. Umwandlung der Organgesellschaft

I. Umwandlung durch Verschmelzung

58 Bei der Verschmelzung einer Organgesellschaft auf einen anderen Rechtsträger wird ein Gewinnabführungsvertrag zwingend beendet und nicht vom übernehmenden Rechtsträger fortgeführt.[53] Aus diesem Grund kommt die Fortführung des Organschaftsverhältnisses bei einer Verschmelzung der Organgesellschaft nicht in Betracht. Die Verschmelzung stellt nach Auffassung der Finanzverwaltung grundsätzlich eine Veräußerung dar; nach Auffassung im Schrifttum nur, wenn der übernehmende Rechtsträger den Gesellschaftern des übertragenden Rechtsträgers eine Gegenleistung, z. B. in Form von Anteilen, gewährt (vgl. Rn. 37). Da das Organschaftsverhältnis zwischen dem Organträger und dem übertragenden Rechtsträger (der zu verschmelzenden Organgesellschaft) beendet wird, ist nach Auffassung der Finanzverwaltung ein organschaftlicher Ausgleichsposten gemäß § 14 Abs. 4 S. 2 KStG stets in voller Höhe aufzulösen.[54] Demgegenüber wird im Schrifttum vertreten, dass ein organschaftlicher Ausgleichsposten auch bei einer Beendigung der Organschaft nicht aufzulösen ist, wenn die Verschmelzung unter Fortführung der Buchwerte erfolgt (vgl. dazu Rn. 36).

59 In Bezug auf die Möglichkeit, ein neues Organschaftsverhältnis zwischen dem Organträger und dem übernehmenden Rechtsträger als neue Organgesellschaft zu begründen, soll die finanzielle Eingliederung zwischen dem Organträger und dem übernehmenden Rechtsträger nach Auffassung der Finanzverwaltung erst ab der zivilrechtlichen Wirksamkeit der Verschmelzung bestehen können.[55] Wenn der Organträger bisher nicht mehrheitlich an dem übernehmenden Rechtsträger beteiligt war, ist die Begründung einer Organschaft demnach erst mit Beginn des folgenden Wirtschaftsjahres des übernehmenden Rechtsträgers möglich. Eine steuerliche Rückwirkung der Verschmelzung wirke nicht gegenüber dem Anteilseigner des übertragenden Rechtsträgers.

60 Es stellt sich allerdings die Frage, ob die finanzielle Eingliederung der Anteile des Organträgers am übertragenden Rechtsträger auf die Anteile an dem übernehmenden Rechtsträger übergehen und die Begründung einer Organschaft somit bereits für das Wirtschaftsjahr, in das der steuerliche Übertragungsstichtag fällt, möglich ist. Aus Sicht des Organträgers liegt ein Anteilstausch nach § 13 UmwStG vor, so dass bei entsprechender

---

[51] BFH I R 89/09, NZG 2010, 1337; FGS/BDI/*Rödder/Jonas/Montag* 564.
[52] Eine Ausnahme stellt z. B. die Aufwärtsverschmelzung der Organgesellschaft auf den Organträger dar.
[53] Ernst & Young/*Walter* KStG § 14 Rn. 348, m. w. N.; Beck'sches Handbuch der GmbH/*Vogt* § 17 Rn. 236, m. w. N.
[54] BMF IV C 2 – S 1978 – b/08/10001, BStBl. I 2011, 1314 Tz. Org. 21.
[55] BMF IV C 2 – S 1978 – b/08/10001, BStBl. I 2011, 1314 Tz. Org. 21.

§ 54 Auswirkungen von Umwandlungen 61–66 § 54

Wahlrechtsausübung gemäß § 13 Abs. 2 S. 2 UmwStG die Anteile an dem übernehmenden Rechtsträger steuerlich an die Stelle der Anteile an dem übertragenden Rechtsträger treten. Da das „an die Stelle Treten" der neuen Anteile ähnliche Konsequenzen hat wie eine steuerliche Rechtsnachfolge,[56] lässt sich durchaus vertreten, dass auch die finanzielle Eingliederung der Anteile am übertragenden Rechtsträger auf die Anteile am übernehmenden Rechtsträger übergeht.[57]

II. Umwandlung durch Spaltung und Ausgliederung

Bei einer Abspaltung und einer Ausgliederung von Vermögen der Organgesellschaft als 61
übertragender Rechtsträger werden weder die finanzielle Eingliederung der Anteile an der Organgesellschaft in das Unternehmen des Organträgers noch der Bestand des Gewinnabführungsvertrags berührt.

Nach Auffassung der Finanzverwaltung stellt die Abspaltung aus dem Vermögen der 62
Organgesellschaft gemäß § 15 Abs. 1 S. 1 i. V. m. § 13 UmwStG im Zeitpunkt des Wirksamwerdens der Abspaltung eine anteilige Veräußerung der Beteiligung des Organträgers an der Organgesellschaft dar. Ein bestehender organschaftlicher Ausgleichsposten ist demnach gemäß § 14 Abs. 4 S. 2 KStG nach Maßgabe des § 15 Abs. 3 UmwStG anteilig aufzulösen.[58] Soweit ein organschaftlicher Ausgleichsposten bestehen bleibt, ist dieser vom Organträger fortzuführen.

Bei einer Aufspaltung der Organgesellschaft wird die Organschaft zwingend beendet, da 63
in diesem Fall der Gewinnabführungsvertrag beendet wird.[59] Es gelten die Ausführungen zur Verschmelzung der Organgesellschaft entsprechend (vgl. Rn. 58 ff.).

III. Umwandlung durch Formwechsel

Der Formwechsel einer Organgesellschaft in eine Kapitalgesellschaft anderer Rechtsform 64
berührt den Bestand eines Organschaftsverhältnisses nicht. Bei einem Formwechsel der Organgesellschaft in eine Personengesellschaft endet die Organschaft hingegen, da eine Personengesellschaft grundsätzlich nicht Organgesellschaft einer ertragsteuerlichen Organschaft sein kann. In diesem Fall ist ein bestehender organschaftlicher Ausgleichsposten nach § 14 Abs. 4 S. 5 KStG in voller Höhe aufzulösen.

Die Beendigung des Gwinnabführungsvertrags innerhalb der Mindestlaufzeit von fünf 65
Jahren aufgrund einer Umwandlung der Organgesellschaft ist grundsätzlich ein wichtiger Grund i. S. d. § 14 Abs. 1 S. 1 Nr. 3 S. 2 KStG. Dies lehnt die Finanzverwaltung allerdings bei einem Formwechsel ab. Unklar ist hierbei, ob die Finanzverwaltung dies nur für den Formwechsel einer Kapitalgesellschaft in eine Kapitalgesellschaft anderer Rechtsform vertritt oder ganz generell. Da der Umwandlungssteuer-Erlass auf die Körperschaftsteuer-Richtlinien Bezug nimmt, lässt sich letzteres nicht sicher ausschließen.[60]

IV. Behandlung eines Übertragungsgewinns bzw. -verlustes

Bei der Umwandlung einer Organgesellschaft kann bei dieser ein Übertragungsgewinn 66
entstehen. Fraglich ist, ob dieser von der Organgesellschaft zu versteuern oder im Rahmen der Organschaft dem Organträger zuzurechnen und von diesem zu versteuern ist. Nach

---

[56] Vgl. allein die Ausführungen der Finanzverwaltung zu den Konsequenzen in BMF IV C 2 – S 1978 – b/08/10001, BStBl. I 2011, 1314 Tz. 13.11.
[57] So auch FGS/BDI/*Rödder/Jonas/Montag* 568.
[58] BMF IV C 2 – S 1978 – b/08/10001, BStBl. I 2011, 1314 Tz. Org. 22.
[59] So jedenfalls zur Aufspaltung zur Aufnahme Beck'sches Handbuch der GmbH/*Vogt* § 17 Rn. 237, m. w. N.
[60] Vgl. BMF IV C 2 – S 1978 – b/08/10001, BStBl. I 2011, 1314 Tz. Org. 26, mit Bezug auf R 14.5 Abs. 6 S. 2 KStR 2015.

Auffassung der Finanzverwaltung kommt die Zurechnung eines Übertragungsgewinns zum Organträger nur in den Fällen einer Abspaltung und Ausgliederung in Betracht.[61]

67 Dies wird im Schrifttum zu Recht kritisiert. Für die Zurechnung eines Übertragungsgewinns kommt es nicht darauf an, ob die übertragende Organgesellschaft fortbesteht. Vielmehr ist entscheidend, ob ein Übertragungsgewinn im Rahmen eines Gewinnabführungsvertrags nach handelsrechtlichen Kriterien abzuführen ist. Da dies regelmäßig der Fall ist, ist in steuerlicher Hinsicht auch eine entsprechende Einkommenszurechnung zum Organträger vorzunehmen.[62]

F. Organgesellschaft als übernehmender Rechtsträger

I. Fortführung einer Organschaft

68 Ein bestehendes Organschaftsverhältnis wird durch die Umwandlung einer anderen Gesellschaft auf die Organgesellschaft nicht berührt, wenn die finanzielle Eingliederung der Organgesellschaft in das Unternehmen des Organträgers nach der Umwandlung fortbesteht.

II. Behandlung eines Übernahmegewinns bzw. -verlustes

69 Bei der Umwandlung auf eine Organgesellschaft kann bei dieser ein Übernahmegewinn entstehen. Grundsätzlich ist ein Übernahmegewinn der Organgesellschaft im Rahmen der Organschaft dem Organträger zuzurechnen und von diesem zu versteuern. Eine Ausnahme gilt jedoch bei der Seitwärtsverschmelzung einer Schwestergesellschaft auf die Organgesellschaft. Soweit der Übernahmegewinn zur Aufstockung des Nennkapitals verwendet oder in die Kapitalrücklage eingestellt wird, unterliegt er nicht der handelsrechtlichen Abführungsverpflichtung.[63] Insoweit ist der Übernahmegewinn steuerlich auch nicht dem Organträger zuzurechnen.

---

[61] BMF IV C 2 – S 1978 – b/08/10001, BStBl. I 2011, 1314 Tz. Org. 27.
[62] FGS/BDI/*Rödder/Jonas/Montag* 570; *Käshammer/Schümmer* Ubg 2011, 244.
[63] BMF IV C 2 – S 1978 – b/08/10001, BStBl. I 2011, 1314 Tz. Org. 30.

3. Kapitel. Arbeitsrecht

§ 55 Umwandlungen und Arbeitsrecht – eine Einführung

Übersicht

	Rdnr.		Rdnr.
I. Überblick über die arbeitsrechtlichen Aspekte der verschiedenen Umwandlungsarten	1–8	b) Allgemeine arbeitsrechtliche Vorschriften	11–14
II. Einschlägige Rechtsquellen	9–17	2. Verhältnis des UmwG zu anderen arbeitsrechtlichen Rechtsquellen	15, 16
1. Rechtsquellen für arbeitsrechtliche Vorgaben in Bezug auf Umwandlungen	9–14	3. Analoge Anwendung von umwandlungsrechtlichen Schutzvorschriften	17
a) Umwandlungsgesetz	9, 10		

Schrifttum: *Bachner/Köstler/Matthießen/Trittin*, Arbeitsrecht bei Umwandlungen und Betriebsübergang, 4. Aufl. 2012; *Boecken*, Unternehmensumwandlungen und Arbeitsrecht, 1996; *Limmer*, Handbuch der Unternehmensumwandlung, 5. Aufl. 2016; *Willemsen/Hohenstatt/Schweibert/Seibt*, Umstrukturierung und Übertragung von Unternehmen, 5. Aufl. 2016; *Willemsen*, Arbeitsrecht im Umwandlungsgesetz – Zehn Fragen aus der Sicht der Praxis, NZA 1996, 791.

I. Überblick über die arbeitsrechtlichen Aspekte der verschiedenen Umwandlungsarten

Umwandlungen bringen nicht nur mitunter grundstürzende Veränderungen für die beteiligten Rechtsträger und ihre Gesellschafter mit sich. Auch die Arbeitnehmer und ihre Vertretungen können durch Umwandlungen in ihrer Rechtsstellung berührt werden. Man könnte auch sagen: **Umwandlungen** sind **gesellschaftsrechtliche Vorgänge**, die mehr oder minder **zwangsläufige arbeitsrechtliche Konsequenzen** haben.[1] Dem trägt das UmwG Rechnung, wenngleich der Gesetzgeber den Schutz der Arbeitnehmer nicht so prominent in den Vordergrund gestellt hat wie den Schutz der Anteilsinhaber und der Gläubiger. 1

Kommt es durch eine **Verschmelzung**, **Spaltung** oder **Vermögensübertragung** zum Arbeitgeberwechsel, stellt sich für die Arbeitnehmer wie auch für die beteiligten Unternehmen in erster Linie die Frage, ob ein Betriebsübergang vorliegt und die Rechtsfolgen des § 613a BGB eintreten oder ob sich Änderungen für die einzelnen Arbeitsverhältnis ergeben. 2

Spaltungen von Unternehmen wie auch **Teilübertragungen** gehen häufig mit einer Betriebsspaltung einher, und die **Verschmelzung** zweier Unternehmen auf einen übernehmenden Rechtsträger führt möglicherweise zu einer Zusammenlegung von bisher selbständigen Betrieben. Beides kann eine Betriebsänderung i. S. d. § 111 S. 3 Nr. 3 BetrVG darstellen, zu Übergangs- oder Restmandaten des Betriebsrats führen und die Beendigung von Betriebsratsämtern mit sich bringen. 3

Betriebsräte und Gewerkschaften werden bei **allen Umwandlungsarten** außerdem aufmerksam verfolgen, ob durch die Umwandlungsmaßnahme die Voraussetzungen nach dem DrittelbG oder nach dem MitbestG für einen mitbestimmten Aufsichtsrat der betroffenen Gesellschaften geschaffen werden oder wegfallen. 4

Für die Mitglieder der Leitungsorgane schließlich können **Umwandlungen unter Auflösung des übertragenden Rechtsträgers** bedeuten, dass ihre Dienste gar nicht mehr benötigt werden, weil die bisher ausgefüllte Position ersatzlos entfällt. Beim **Formwechsel** 5

---

[1] Willemsen/Hohenstatt/Schweibert/Seibt/*Willemsen* B Rn. 55.

oder wenn eine **übertragende Umwandlung** dazu führt, dass ein Unternehmen oder Unternehmensteil **auf eine Gesellschaft anderer Rechtsform** übergeht, können sie ihre bisherige Aufgabe möglicherweise nur unter spürbar veränderten Rahmenbedingungen ausüben; man denke etwa an die bisher weisungsfrei agierenden Vorstandsmitglieder einer AG, denen angesonnen wird, nach der Umwandlung als Geschäftsführer einer GmbH die Geschicke des Unternehmens zu leiten.

6 Diese Auswirkungen auf die Arbeitnehmer eines Unternehmens und ihre Vertretungen können selbstverständlich auch durch andere strukturverändernde Maßnahmen ausgelöst werden, z. B. durch einen Unternehmenskauf im Wege des *asset deals* oder durch die Einbringung eines Betriebsteils in ein anderes Unternehmen per Einzelrechtsnachfolge (zu Strukturmaßnahmen außerhalb des UmwG → § 3 Rn. 11 ff.). Umwandlungen weisen jedoch eine Reihe von Besonderheiten auf, die es rechtfertigen, sich auch in einem gesellschaftsrechtlichen Handbuch intensiver mit dem Arbeitsrecht bei Umwandlungen zu befassen. So kennt das UmwG **eigene arbeitsrechtliche Vorschriften**, die sowohl Voraussetzungen für die Durchführung von Umwandlungsmaßnahmen formulieren als auch die arbeitsrechtlichen Folgen von Umwandlungen selbständig regeln. Werden diese Vorschriften nicht bereits bei der Planung von Umwandlungsmaßnahmen beachtet, kann dies den Zeitplan und sogar die Durchführung der Umwandlung als solche gefährden. Auch bieten Umwandlungen **arbeitsrechtliche Gestaltungsmöglichkeiten**, die andere Maßnahmen nicht bieten, insbesondere aufgrund der (partiellen) Gesamtrechtsnachfolge.

7 Das vorliegende Kapitel richtet sich zum einen an diejenigen Beraterinnen und Berater, die mit der gesellschaftsrechtlichen Planung und Umsetzung von Umwandlungsmaßnahmen betraut sind. Ihnen soll es das **Grundwissen** vermitteln, das sie benötigen, **um** bereits **im Vorfeld** von Umwandlungsmaßnahmen die **arbeitsrechtlichen Auswirkungen** einer solchen Maßnahme **abzuschätzen** und **zu berücksichtigen**. Zum anderen befasst sich dieses Kapitel eingehend mit den arbeitsrechtlichen Besonderheiten von Umwandlungen, die sich aus den speziellen umwandlungsrechtlichen Vorschriften, aber auch aus der Anwendung des allgemeinen Arbeitsrechts in Zusammenhang mit Umwandlungen ergeben. Insoweit richtet es sich dann auch an arbeitsrechtliche Beraterinnen und Berater.

8 Der **Gang der Darstellung** orientiert sich grob an dem **Ablauf einer Umwandlung**. Zunächst werden die **arbeitsrechtlichen Vorgaben** für die **Planung und Durchführung von Umwandlungen** dargestellt. Hier geht es insbesondere um die Frage, welche Angaben in den Verträgen, Plänen und Beschlüssen nach dem UmwG enthalten sein müssen, und um die Beteiligung etwa vorhandener Arbeitnehmervertretungen, sei es aufgrund der allgemeinen Regelungen des BetrVG zur Betriebsspaltung oder aufgrund der Zuleitung von Umwandlungsvertrag oder Formwechselbeschluss, die das UmwG vorsieht. Sodann werden die **arbeitsrechtlichen Folgen von Umwandlungsmaßnahmen** behandelt. Dieser Teil des Kapitels befasst sich mit den Folgen von Umwandlungen für Arbeitsverhältnisse und kollektivrechtliche Vereinbarungen sowie für die unternehmerische Mitbestimmung und insbesondere mit den Folgen von Betriebsübergängen, die durch Umwandlungsmaßnahmen ausgelöst werden.

II. Einschlägige Rechtsquellen

1. Rechtsquellen für arbeitsrechtliche Vorgaben in Bezug auf Umwandlungen

9 a) **Umwandlungsgesetz.** Das Umwandlungsgesetz enthält zwei Arten von Vorschriften, die einen arbeitsrechtlichen Bezug aufweisen: Die einen sind nur mittelbar arbeitsrechtlicher Natur und enthalten vordergründig **Vorgaben für den Inhalt** des Verschmelzungsvertrages (§ 5 Abs. 1 Nr. 9 UmwG), des Verschmelzungsberichts bei grenzüberschreitenden Verschmelzungen (§ 122e UmwG), des Spaltungsvertrages (§ 126 Abs. 1 Nr. 11 UmwG) oder des Formwechselbeschlusses (§ 194 Abs. 1 Nr. 7 UmwG). Die Einhaltung dieser Vorschriften sorgt in erster Linie dafür, dass das Registergericht die angemeldete Umwandlungsmaßnahme beanstandungslos in das Handelsregister einträgt

und ihr so zur Wirksamkeit verhilft. Zugleich sollen dadurch aber auch die Betriebsräte, denen der Entwurf des entsprechenden Umwandlungsvertrags[2] oder Umwandlungsbeschlusses zugeleitet werden muss, über die arbeitsrechtlichen Folgen der geplanten Umwandlung unterrichtet werden.

Die anderen arbeitsrechtlichen Vorschriften des Umwandlungsgesetzes finden sich ganz am Ende unter der Überschrift „**Übergangs- und Schlussvorschriften**": Die §§ 322 bis 325 UmwG enthalten einige wenige, aber **bedeutsame Bestimmungen zum Schutz der Arbeitnehmer**. Sie betreffen einzelne arbeitsrechtliche Aspekte von Umwandlungen und wurden zum Teil erst ganz am Ende des Gesetzgebungsverfahrens im Jahr 1994 in das UmwG aufgenommen.[3] Nicht zuletzt dieser Gesetzgebungsgeschichte ist es zu verdanken, dass diese vereinzelten umwandlungsrechtlichen Vorschriften zum Schutz der Arbeitnehmer nach wie vor und trotz zwischenzeitlicher Anpassungen[4] nicht in der Weise mit dem allgemeinen Arbeitsrecht verknüpft sind, wie dies zu wünschen wäre.[5]

b) Allgemeine arbeitsrechtliche Vorschriften. Daneben finden die **allgemeinen arbeitsrechtlichen Vorschriften** Anwendung, sofern deren Voraussetzungen durch eine Umwandlungsmaßnahme erfüllt werden und sofern sie nicht durch die umwandlungsrechtlichen Spezialvorschriften verdrängt werden (dazu sogleich). Die wichtigste Norm, auf die § 324 UmwG ausdrücklich verweist, ist **§ 613a BGB**. Dieser regelt auch im Fall von Umwandlungen, welche Rechtsfolgen ein dadurch ausgelöster arbeitsrechtlicher Betriebsübergang nach sich zieht.

Sind die von der Umwandlung betroffenen Betriebe oder Betriebsteile groß genug, reglementiert das **Kündigungsschutzgesetz**, unter welchen Voraussetzungen der alte oder der neue Arbeitgeber die bei ihm verbliebenen oder auf ihn übergegangenen Arbeitsverhältnisse kündigen kann. Dies ist besonders bedeutsam bei Spaltungen, die einen Betriebsübergang auslösen, wenn übergehende Arbeitnehmer von ihrem Widerspruchsrecht nach § 613a Abs. 6 BGB Gebrauch machen.

Ob nach einer Verschmelzung oder einer Spaltung bei dem übernehmenden Rechtsträger neue Betriebsräte zu bilden sind, ob bestehende Betriebsräte der beteiligten Rechtsträger im Amt bleiben und welche Mitbestimmungsrechte die vorhandenen Arbeitnehmervertretungen im Hinblick auf Umwandlungsmaßnahmen haben, richtet sich nach dem **Betriebsverfassungsgesetz**. Stellt eine Umwandlungsmaßnahme zugleich eine Betriebsänderung, insbesondere eine Betriebsspaltung oder eine Zusammenlegung von Betrieben dar, finden §§ 111, 112 BetrVG Anwendung. Dies kann u. a. dazu führen, dass der übertragende Arbeitgeber lange vor der Zuleitung des Umwandlungsvertrages in Beratungen mit dem Betriebsrat eintreten muss oder dass eine Umwandlung sozialplanpflichtig ist.

Wie die betriebliche, so richtet sich auch die unternehmerische Mitbestimmung im Grundsatz nach den allgemeinen Vorschriften, insbesondere nach dem **Drittelbeteiligungsgesetz** und dem **Mitbestimmungsgesetz**. Dem steht nicht entgegen, dass der

---

[2] Soweit im Folgenden von Umwandlungsvertrag bzw. Spaltungsvertrag gesprochen wird, ist damit immer auch ein entsprechender Spaltungsplan in den Fällen der Spaltung zur Neugründung (§ 136 UmwG) gemeint, sofern nicht etwas anderes ausdrücklich vermerkt ist.

[3] Zur Gesetzgebungsgeschichte des UmwBerG siehe *Boecken* Rn. 1–3; Limmer/*Limmer* Teil 1 Rn. 8–17.

[4] Durch das Gesetz zur Reform des Betriebsverfassungsgesetzes (BGBl. I (2001), S. 1852) wurde die Regelung in § 321 UmwG a. F. zum Übergangsmandat im Wesentlichen unverändert in § 21a BetrVG übernommen und § 321 UmwG a. F. gestrichen. Zugleich wurde § 322 Abs. 1 UmwG a. F., der an § 321 UmwG a. F. anknüpfte, ebenfalls aufgehoben, und Abs. 2 jener Vorschrift wurde zum neuen § 322 UmwG. Mit dem Gesetz zur Änderung des Seemannsgesetzes und anderer Gesetze (BGBl. I (2002), S. 1163) wurde lediglich die Bezugnahme in § 324 Abs. 1 UmwG auf § 613a BGB angepasst, um künftig auch die Informationspflicht und den Widerruf in § 613a Abs. 5 und Abs. 6 BGB zu erfassen. § 323 UmwG und § 325 UmwG sind seit 1994 unverändert.

[5] So schon zur ursprünglichen Gesetzesfassung *Willemsen* NZA 1996, 791, 792.

§ 56

Gesetzgeber diese Materie als besonders missbrauchsanfällig eingestuft und mit § 325 Abs. 1 UmwG den Gestaltungsmöglichkeiten gewisse Grenzen gesetzt hat. Umwandlungen waren und sind zulässige und wirkungsvolle Mittel, um die Anwendung dieses oder jenes Mitbestimmungsregimes zu verhindern oder auch – in der Praxis eher selten – herbeizuführen.

2. Verhältnis des UmwG zu anderen arbeitsrechtlichen Rechtsquellen

15   Soweit die arbeitsrechtlichen Regelungen des UmwG nicht lediglich auf die allgemeinen arbeitsrechtlichen Vorschriften verweisen, sondern **eigenständige Regelungen** enthalten, **gehen** Sie den allgemeinen Vorschriften **als speziellere Regelungen vor**. Außerdem sind die materiellen arbeitsrechtlichen Vorschriften des UmwG gemäß § 1 Abs. 3 UmwG **abschließend**; Vorschriften des allgemeinen Arbeitsrechts, die denselben Regelungsgegenstand betreffen, finden daneben keine Anwendung, soweit das Gesetz dies nicht ausdrücklich zulässt (→ § 4 Rn. 9 f.).

16   Auch eine **Abweichung** durch Satzung und Gesellschaftsvertrag, Tarifvertrag und Betriebsvereinbarung oder eine andere Art von Rechtsgeschäft ist **nicht möglich**. Dies bedeutet, dass insbesondere § 323 UmwG (Beibehaltung der kündigungsrechtlichen Stellung) und § 325 UmwG (Mitbestimmungsbeibehaltung) auch nicht von Betriebs- oder Tarifparteien abbedungen werden können. Wie andere Anforderungen des UmwG, etwa in Bezug auf Mehrheitserfordernisse, so stellen diese arbeitsrechtlichen Vorgaben jedoch lediglich **Mindestanforderungen** dar. Eine striktere Regelung zugunsten der Arbeitnehmer wäre daher zulässig, dürfte aber in der Praxis kaum vorkommen.

3. Analoge Anwendung von umwandlungsrechtlichen Schutzvorschriften

17   Wie bereits an anderer Stelle in diesem Band erläutert wurde, ist die Frage **umstritten**, ob Vorschriften des UmwG **analog auf andere Umstrukturierungen** angewendet werden können (→ § 4 Rn. 5 ff.). Dies gilt insbesondere auch für einige der arbeitsrechtlichen Vorschriften des Umwandlungsrechts. Da sich diese Frage jedoch nicht einfach durch einen Verweis auf § 1 Abs. 2 UmwG und den *numerus clausus* der Umwandlungsarten sowie das daraus abgeleitete Analogieverbot erledigen lässt (näher zur Reichweite der Regelung → § 4 Rn. 61 ff.),[6] wird die entsprechende Anwendung arbeitsrechtlicher Schutzvorschriften im Zusammenhang mit der jeweiligen Norm behandelt.

§ 56 Arbeitsrechtliche Vorgaben für die Vorbereitung und die Durchführung von Umwandlungen

Übersicht

	Rdnr.		Rdnr.
A. Überblick	1–3	b) Formwechsel	18–23
B. Arbeitsrechtliche Vorgaben des UmwG	4–68	c) Grenzüberschreitende Verschmelzungen	24–31
I. Arbeitnehmerschutz durch Transparenz	4–10	2. Angaben bei fehlendem Betriebsrat und bei arbeitnehmerlosen Gesellschaften	32–34
1. Inhaltliche Vorgabe, Zuleitung und Eintragungsvoraussetzung	4, 5		
2. Zielsetzung	6–10	3. Rechtsfolgen fehlender oder unvollständiger Angaben zu den Folgen der Umwandlung für die Arbeitnehmer und ihrer Vertretungen	35–41
II. Arbeitsrechtliche Angaben in Umwandlungsverträgen	11–41		
1. Umfang der Angaben	11–31		
a) Verschmelzung und Spaltung	11–17		

---

[6] Die Norm lautet: „*Eine Umwandlung i. S. d. Absatzes 1 ist außer in den in diesem Gesetz geregelten Fällen nur möglich, wenn sie durch ein anderes Bundesgesetz oder ein Landesgesetz ausdrücklich vorgesehen ist.*" Zur Trennung von *numerus clausus* und Analogieverbot Semler/Stengel/*Semler* UmwG § 1 Rn. 58 ff. und *K. Schmidt* GesR § 13 I 3, S. 363 ff.

	Rdnr.
a) Prüfungsrecht des Registergerichts	35–37
b) Beschlussmängel	38–40
c) Schadensersatzansprüche der Arbeitnehmer	41
III. Zuleitung von Umwandlungsverträgen etc. an die zuständigen Betriebsräte	42–66
1. Gegenstand der Zuleitung	42–44
2. Adressaten der Zuleitung und des Zuleitungserfordernisses	45–49
3. Form und Nachweis der Zuleitung	50, 51
4. Frist für die Zuleitung und Verzicht	52–56
5. Änderungen des Vertrages nach Zuleitung	57–59
6. Rechtsfolgen einer unterbliebenen oder nicht rechtzeitigen Zuleitung	60, 61
7. Besonderheiten der grenzüberschreitenden Verschmelzung	62–66
IV. Rechtsschutzmöglichkeiten des Betriebsrats bei Verletzung umwandlungsrechtlicher Vorschriften	67
V. Anwendbarkeit des UmwG auf andere Arbeitnehmervertretungsgremien	68
C. Beteiligungsrechte nach dem BetrVG	69–143
I. Unterrichtung des Wirtschaftsausschusses	69–77
1. Pflicht zur Unterrichtung über den Zusammenschluss oder die Spaltung von Unternehmen	69
2. Art und Weise der Unterrichtung	70–75
3. Rechtsfolgen einer Verletzung der Unterrichtungspflicht	76, 77
II. Das Mitbestimmungsrecht des Betriebsrats bei Betriebsänderungen	78–138
1. Überblick	78
2. Begriff der Betriebsänderung	79–90
3. Unterrichtung über die geplante Betriebsänderung	91–100
a) Rechtzeitige Unterrichtung	91–98
b) Umfassende Unterrichtung	99, 100
4. Interessenausgleich und Sozialplan	101–127
a) Überblick	101–103
b) Gegenstand und Inhalt des Interessenausgleichs	104–108
c) Gegenstand und Inhalt des Sozialplans	109–114
d) Verfahren und Form	115–120
e) Zuständigkeit	121, 122
f) Rechtsnatur, Bindungswirkung und Verhältnis zu Tarifverträgen	123–127
5. Pflicht zum Nachteilsausgleich gemäß § 113 BetrVG	128–130
6. Rechtsschutzmöglichkeiten des Betriebsrats gegen Betriebsänderungen	131–137
7. Tendenzbetriebe	138
III. Sonstige Beteiligungsrechte des Betriebsrats in Zusammenhang mit Umwandlungen	139–142
IV. Keine Beteiligungsrechte weiterer Arbeitnehmervertretungsgremien nach dem BetrVG	143
D. Beteiligungsrechte anderer Mitbestimmungsgremien	144–157
I. Sprecherausschuss	144–148
II. Europäischer Betriebsrat	149–155
III. Sonstige Gremien	157, 157

Schrifttum: *Annuß/Kühn/Rudolph/Rupp,* Europäisches Betriebsräte-Gesetz: EBRG, SEDB, MgVG, SCEBG, 2014; *Ascheid, Preis, Schmidt* (Hrsg.), Kündigungsrecht 5. Aufl 2017; *Blechmann,* Die Zuleitung des Umwandlungsvertrags an den Betriebsrat, NZA 2005, 1143; *Bungert,* Darstellungsweise und Überprüfbarkeit der Angaben über Arbeitnehmerfolgen im Umwandlungsvertrag, DB 1997, 2209; *Däubler/Kittner/Klebe/Wedde* (Hrsg.), Betriebsverfassungsgesetz, Kommentar für die Praxis mit Wahlordnung und EBR-Gesetz, 15. Aufl. 2016; *A. Drygala,* Die Reichweite der arbeitsrechtlichen Angaben im Verschmelzungsvertrag, ZIP 1996, 1365; *Dzida,* Die Unterrichtung des „zuständigen" Betriebsrats bei innerstaatlichen und grenzüberschreitenden Verschmelzungen, GmbHR 2009, 459; *ders./Schramm,* Arbeitsrechtliche Pflichtangaben bei innerstaatlichen und grenzüberschreitenden Verschmelzungen, NZG 2008, 521; *Engelmeyer,* Die Informationsrechte des Betriebsrats und der Arbeitnehmer bei Strukturänderungen, DB 1996, 2542; *Fauser/Nacken,* Die Sicherung des Unterrichtungs- und Beratungsanspruchs des Betriebsrats aus §§ 111, 112 BetrVG. Unter besonderer Berücksichtigung gemeinschaftsrechtlicher Vorgaben, NZA 2006, 1136; *Franzen,* Begriff der Entlassung nach der Massenentlassungsrichtlinie, NZA 2016, 26; *Gaul,* Beteiligungsrechte von Wirtschaftsausschuss und Betriebsrat bei Umwandlung und Betriebsübergang, DB 1995, 2265; *ders.,* Das Arbeitsrecht der Betriebs- und Unternehmensspaltung, 2002; *ders./B. Schmidt,* Wirtschaftliche Vertretbarkeit eines Sozialplans im Konzern, DB 2014, 300; *Gillen/Hörle,* Betriebsänderungen in Tendenzbetrieben, NZA 2003, 1225; *Göpfert/Dornbusch/Rottmeier,* „Odar" – Diskriminierung bei Sozialplanabfindung – auch im Sozialtarifvertrag? NZA 2015, 1172; *Göpfert/S. Krieger,* Wann ist die Anrufung der Einigungsstelle bei Interessenausgleichs- und Sozialplanverhandlungen zulässig? NZA 2005, 254; *Goutier/Knopf/Tulloch,* Kommentar zum Umwandlungsrecht. Umwandlungsgesetz – Umwandlungssteuergesetz, 1996; *Habersack/Drinhausen,* SE-Recht mit grenzüberschreitender Verschmelzung, 2. Aufl. 2016; *Henssler/Strohn,* Gesellschaftsrecht, 3. Aufl. 2016; *Hohenstatt,* Sozialplanansprüche befristet Beschäftigter aus Gleichbehandlung?, NZA 2016, 1446; *Hohenstatt/Kröpelin/Bertke,* Die Novellierung des Gesetzes über Europäische Betriebsräte (EBRG): Handlungsbedarf bei freiwilligen Vereinbarungen?, NZA 2011, 1313; *Joost,* Arbeitsrechtliche Angaben im Umwandlungsvertrag, ZIP 1995, 976; *Joussen,* Die normative Wirkung kirchlicher Dienstvereinbarungen nach § 36 Abs. 3 MVG.EKD und § 38 Abs. 3a MAVO, RdA 2016, 320; *Kiem,* Anm. zu LG Essen 42 T 1/02, EWiR 2002, 637; *Kortmann,* Beamte als Arbeitnehmer i. S. d. BetrVG – eine Fiktion mit Folgen, öAT 2010, 201; *Krause,* Wie lang ist ein Monat? – Fristberechnung am Beispiel des § 5 III UmwG, NJW 1999, 1448; *S. Krieger/Terhorst,* Absprachen zwischen Arbeitgeber und Betriebsrat über künftige Betriebsänderungen. Das Modell des prozessorientierten Interessenausgleichs, NZA 2014, 689; *Langner/Widhammer,* Abgrenzung zwischen Vorbereitungshandlung und Betriebs(teil-)stilllegung, NZA 2011, 430; *Lipinski/Reinhardt,* Kein Unterlassungsanspruch des Betriebsrats bei Betriebsänderungen – auch nicht bei Berücksichtigung der Richtlinie 2002/14/EG!, NZA 2009, 1184; *Maiß/Pauken,* Mitwirkungsrechte des Europäischen Betriebsrats bei grenzüberschreitenden Betriebsänderungen, BB 2013, 1589; *C. Meyer,* Der Firmentarif-Sozialplan als Kombinationsvertrag, DB 2005, 830; *ders.,* Die Dauersozialpläne als neuartige Regelungsform des Sozialplans, NZA 1996, 239; *ders.,* Die Nachwirkung von Sozialplänen gem. § 77 VI BetrVG. Unter besonderer Berücksichtigung der unterschiedlichen Regelungsformen, NZA 1997, 289; *H.-F. Müller,* Der Schutz der Minderheitsgesellschafter bei der grenzüberschreitenden Verschmelzung, Der Konzern 2007, 81; *ders.,* Internationalisierung des Deutschen Umwandlungsrechts: Die Regelung der grenzüberschreitenden Verschmelzung, ZIP 2007, 1081; *K. J. Müller,* Die Zuleitung des Verschmelzungsvertrages an den Betriebsrat gemäß § 5 Abs. 3 UmwG, DB 1997, 713; *Nicolai,* Zur Zulässigkeit tariflicher Sozialpläne – zugleich ein Beitrag zu den Grenzen der Tarifmacht, RdA 2006, 33; *Nießen,* Die Zuleitung von Umwandlungsverträgen an den Betriebsrat, Der Konzern 2009, 321; *Preis/Willemsen,* Umstrukturierung von Betrieb und Unternehmen im Arbeitsrecht, 1999; *Rehberg,* Die kollisionsrechtliche Behandlung „europäischer Betriebsvereinbarungen", NZA 2013, 73; *Richardi,* Betriebsverfassungsgesetz, 15. Aufl. 2016; *Röder/Göpfert,* Unterrichtung des Wirtschaftsausschusses bei Unternehmenskauf und Umwandlung, BB 1997, 2105; *Rolfs/Heikel,* Betriebsrentenanpassung im Vertragskonzern, NZA 2014, 1161; *Salamon/v. Stechow,* Planung und Durchführung einer Betriebsänderung während der Beteiligung des Betriebsrats. Wertungen zu Interessenausgleich und Nachteilsausgleich, NZA 2016, 85; *Schädle,* Die Beteiligung des Betriebsrats bei grenzüberschreitenden Verschmelzungen von Kapitalgesellschaften nach dem Umwandlungsgesetz, 2014; *Schweibert,* Berechnungsdurchgriff im Konzern zum Zwecke der Sozialplanfinanzierung – Schimäre oder reale Chance?, NZA 2016, 321; *Simon/Rubner,* Die Umsetzung der Richtlinie über grenzüberschreitende Verschmelzungen ins deutsche Recht, Der Konzern 2006, 835; *Temming,* Für einen Paradigmenwechsel in der Sozialplanrechtsprechung. Konsequenzen des Verbots der Altersdiskriminierung, RdA 2008, 205; *v. Tiling,* Die konkurrierende Zuständigkeit von Personalrat und Betriebsrat bei der Personalgestellung, öAT 2013, 117; *Ulmer, Habersack, Henssler,* Mitbestimmungsrecht. Kommentierung des MitbestG, DrittelbG, des SEBG und des MgVG, 3. Auflage 2013; *Vetter,* Die Regelung der grenzüberschreitenden Verschmelzung im UmwG, AG 2006, 613; *Völksen,* Unterlassungsanspruch des Betriebsrats bei interessenausgleichspflichtigen Betriebsänderungen – Entscheidungshilfe aus Erfurt?, RdA 2010, 354; *Vogt/Oltmanns,* Sprachanforderungen und Einführung einer einheitlichen Sprache im Konzern, NZA 2014, 181; *Wank,* Aktuelle Probleme des Arbeitskampfrechts. Unterstützungsstreik, Streik um Tarifsozialplan, Schadensersatz und einstweilige Verfügung, RdA 2009, 1; *Weber,* Neuere Rechtsprechung des EuGH zur Massenentlassungsrichtlinie, NZA 2016, 727; *Willemsen,* Sinn und Grenzen des gesetzlichen Sozialplans. Zugleich Besprechung des EuGH-Urteils v. 6.12.2012 – Rs. C-152/11 (Odar), RdA 2013, 166; *Willemsen/Hohenstatt,* Chancen und Risiken von Vereinbarungen gemäß Artikel 13 der „Euro-Betriebsrat"-Richtlinie, NZA 1995, 399; *Willemsen Hohenstatt Schweibert Seibt,* Umstrukturierung und Übertragung von Unternehmen 5. Aufl 2016; *Willemsen/Lembke,* Die Neuregelung von Unterrichtung und Widerspruchsrecht der Arbeitnehmer beim Betriebsübergang, NJW 2002, 1159; *Wißmann/Kleinsorge/Schubert,* Mitbestimmungsrecht, 5. Aufl. 2017; *Wlotzke,* Arbeitsrechtliche Aspekte des neuen Umwandlungsrechts, DB 1995, 40.

A. Überblick

1   Die arbeitsrechtlichen Anforderungen des UmwG im Vorfeld einer Umwandlungsmaßnahme sorgen dafür, dass vorhandene Betriebsräte wenigstens einen Monat vor der Beschlussfassung über jene Maßnahme das zentrale Umwandlungsdokument oder seinen

Entwurf erhalten bzw. – im Fall der grenzüberschreitenden Verschmelzung – Einsicht in den Verschmelzungsbericht nehmen können. Hieraus ergeben sich jedoch keine eigenständigen Mitbestimmungsrechte. Das **UmwG** sieht vielmehr bestimmte **arbeitsrechtliche Pflichtangaben** in Umwandlungsverträgen etc. vor, damit die **Arbeitnehmervertreter** spätestens durch die Zuleitung dieser Dokumente über die Umwandlungsmaßnahme informiert werden und **prüfen** können, **ob** ihnen aufgrund allgemeiner arbeitsrechtlicher Vorschriften **Beteiligungs- und Mitbestimmungsrechte zustehen.**

Ein Beteiligungsrecht wird in aller Regel dem **Wirtschaftsausschuss** zustehen. Besteht ein solcher bei einem der beteiligten Rechtsträger, so ist dieser zumeist noch vor dem Betriebsrat über die Umwandlungsmaßnahme zu unterrichten. Von zentraler Bedeutung auch für die gesellschaftsrechtliche Praxis sind sodann die **Rechte des Betriebsrats** nach §§ 111, 112 BetrVG bei Betriebsänderungen und die Frage, inwieweit der Betriebsrat durch eine prozessuale Geltendmachung dieser Rechte eine Umwandlung verzögern kann. Außerdem können personelle Einzelmaßnahmen im Vorfeld einer Umwandlung erforderlich werden, die ggf. ein Mitbestimmungsrecht gemäß §§ 99 ff. BetrVG auslösen. Im Anschluss werden die Mitwirkungsrechte eines **Europäischen Betriebsrats** in grenzüberschreitend tätigen Unternehmen und Unternehmensgruppen überblicksartig dargestellt und kursorisch **andere Arbeitnehmervertretungsorgane** behandelt, die an die Stelle des Betriebsrats treten, wenn ein Unternehmen in öffentlich-rechtlicher oder in kirchlicher Trägerschaft an einer Umwandlung beteiligt ist.

Die Darstellung orientiert sich insbesondere an den Bedürfnissen des **gesellschaftsrechtlichen Beraters** einer Umwandlung. Dieser benötigt ein arbeitsrechtliches Grundwissen, um die **Einhaltung** dieser Mitbestimmungsrechte frühzeitig **bei der Planung und Durchführung** der Umwandlungsmaßnahme zu **berücksichtigen**. Außerdem vermag er auf dieser Grundlage zu erkennen, ab wann sich die Hinzuziehung weiterer Berater empfiehlt.

B. Arbeitsrechtliche Vorgaben des UmwG

I. Arbeitnehmerschutz durch Transparenz

1. Inhaltliche Vorgabe, Zuleitung und Eintragungsvoraussetzung

Das UmwG selbst schützt die Arbeitnehmer der an einer Umwandlung beteiligten Unternehmen durch **Transparenz**. Es verpflichtet die Unternehmen, in einem zentralen Dokument die **Folgen der Umwandlung für die Arbeitnehmer und ihre Vertretungen** und die insoweit vorgesehenen Maßnahmen zu beschreiben.[1] Außerdem schreibt das Gesetz vor, das betreffende Dokument den **zuständigen Betriebsräten** vor der Beschlussfassung über die Umwandlung **zuzuleiten**.[2] Flankierend hat der Gesetzgeber angeordnet, dass der Nachweis über die Zuleitung des entsprechenden Dokuments an die zuständigen Betriebsräte der Anmeldung der Umwandlung als Anlage beizufügen ist.[3]

---

[1] § 5 Abs. 1 Nr. 9 UmwG: Verschmelzungsvertrag/-plan; § 122e S. 1 UmwG: Verschmelzungsbericht; § 126 Abs. 1 Nr. 11 UmwG: Spaltungsvertrag/-plan; § 194 Abs. 1 Nr. 7 UmwG: Formwechselbeschluss; für die verschiedenen Formen der Vermögensübertragung des Vierten Buches gelten die Vorschriften zur Verschmelzung bzw. zur Spaltung entsprechend, §§ 176 Abs. 1, 177 Abs. 1, 178 Abs. 1, 179 Abs. 1, 180 Abs. 1 und 184 Abs. 1 UmwG. Auf diese Umwandlungsarten wird im Folgenden nicht mehr gesondert eingegangen, für sie gelten die Ausführungen zu Verschmelzung und Spaltung jeweils entsprechend.
[2] § 5 Abs. 3 UmwG für die Verschmelzung; § 122e S. 2 UmwG für die grenzüberschreitende Verschmelzung; § 126 Abs. 3 UmwG für die Spaltung und § 194 Abs. 2 UmwG für den Formwechsel. Auch insoweit verweisen die Regelungen des Vierten Buches zur Vermögensübertragung auf die Vorschriften für die Verschmelzung bzw. die Spaltung.
[3] § 17 Abs. 1 UmwG für die Verschmelzung und i. V. m. § 125 S. 1 UmwG auch für die Spaltung; § 199 UmwG für den Formwechsel.

§ 56 5–7   3. Kapitel. Arbeitsrecht

Ohne diesen Nachweis wird das Registergericht die Umwandlung nicht eintragen.[4] Hierbei handelt es sich um eine originäre Erfindung des deutschen Gesetzgebers, die kein Vorbild in den europäischen Richtlinien hat, deren Umsetzung das UmwBerG seinerzeit diente.[5]

5 Anders ist Information über die Auswirkungen auf die Arbeitnehmer bei der grenzüberschreitenden Verschmelzung geregelt. Dort ist der Verschmelzungsbericht mit den Angaben nach § 122e S. 2 UmwG dem zuständigen Betriebsrat nicht zuzuleiten, sondern nach § 63 Abs. 1 Nr. 4 UmwG zugänglich zu machen.[6] Existiert kein Betriebsrat, muss der Verschmelzungsbericht gemäß § 122 S. 2 UmwG den Arbeitnehmern selber zugänglich gemacht werden. Anders als die Zuleitung im Fall von Verschmelzung, Spaltung und Formwechsel ist das Zugänglichmachen bei der grenzüberschreitenden Verschmelzung jedoch keine Eintragungsvoraussetzung.[7]

2. Zielsetzung

6 Durch die **Kombination** von **inhaltlicher Vorgabe, Zuleitung** und **Eintragungsvoraussetzung** möchte der Gesetzgeber jedenfalls bei inländischen Umwandlungen sicherstellen, dass „insbesondere den Arbeitnehmervertretungen" eine frühzeitige Information über die betreffende Umwandlungsmaßnahme und über die durch sie bewirkten Folgen für die Arbeitnehmer zur Verfügung gestellt wird. Dadurch soll bereits im Vorfeld des Umwandlungsvorgangs dessen sozialverträgliche Durchführung erleichtert werden.[8]

7 Ziel dieser reinen Berichtspflicht ist nicht die Schaffung eines neuen Mitbestimmungsrechts, sondern die **Information der Betriebsräte**.[9] Diese sollen spätestens anhand der Angaben im Umwandlungsvertrag prüfen können, ob ihnen ein Mitbestimmungsrecht nach den allgemeinen Regeln des BetrVG zusteht.[10] Das Gesetz bietet auf diese Weise lediglich einen **Mindestschutz**. Es will verhindern, dass eine Umwandlungsmaßnahme ohne Wissen der Betriebsräte durchgeführt wird. Damit nimmt das Gesetz bewusst das Risiko einer mehrfachen Information der Arbeitnehmervertretungen in Kauf:[11] Zum einen zählen der Zusammenschluss und die Spaltung von Unternehmen zu den wirtschaftlichen Angelegenheiten, über die der Wirtschaftsausschuss in Unternehmen mit in der Regel mehr als 100 Beschäftigten gemäß § 106 Abs. 3 Nr. 8 BetrVG unterrichtet werden muss (→ § 56 Rn. 69 ff.). Zum anderen verlangt das BetrVG selbst, dass Arbeitgeber ihre Betriebsräte aktiv über mitbestimmungspflichtige Maßnahmen unterrichten, bevor diese umgesetzt werden (vgl. § 111 S. 1 BetrVG bei Betriebsänderungen oder § 99 Abs. 1 S. 1 BetrVG bei personellen Einzelmaßnahmen, → § 56 Rn. 78 ff. und Rn. 141). Diese Mitbestimmungsrechte und die damit zusammenhängenden Unterrichtungspflichten werden

---

[4] Schmitt/Hörtnagl/Stratz/*Langner* UmwG § 5 Rn. 128; Henssler/Strohn/*Heidinger* UmwG § 5 Rn. 29.

[5] Mit dem UmwBerG wurden Vorgaben des Art. 13 RL 77/91/EWG, der RL 78/855/EWG und der RL 82/891/EWG umgesetzt. Die Formulierung in § 5 Abs. 1 Nr. 9 UmwG und den Parallelvorschriften für die Spaltung und den Formwechsel orientiert sich an Art. 6 Abs. 1 der ursprünglichen Betriebsübergangs-RL 77/187/EWG, deren Neufassung in Art. 7 Abs. 1 RL 2001/23/EG ihrerseits durch das Gesetz zur Änderung des Seemannsgesetzes und anderer Gesetze vom 23.3.2002, BGBl. I S. 1163, in § 613a Abs. 5 und 6 BGB umgesetzt wurde, vgl. *Willemsen/Lembke* NJW 2002, 1159.

[6] Zur Unterscheidung zwischen Zuleitung und Zugänglichmachen → § 56 Rn. 65.

[7] ErfK/*Oetker*, UmwG § 122e Rn. 4; zu § 63 UmwG Schmitt/Hörtnagl/Stratz/*Junker* UmwG § 63 Rn. 8; Semler/Stengel/*Diekmann* UmwG § 63 Rn. 26.

[8] RegBegr., BT-Drucks. 12/6699, S. 83 zur Verschmelzung.

[9] Ganz hM: vgl. Schmitt/Hörtnagl/Stratz/*Langner* UmwG § 5 Rn. 91; ErfK/*Oetker* UmwG § 5 Rn. 1; Semler/Stengel/*Simon* UmwG § 5 Rn. 79; iE wohl auch *Bachner* NJW 1995, 2881, 2886, der das Mitbestimmungsrecht des Betriebsrats bei Betriebsänderungen dadurch auf die gesellschaftsrechtliche Ebene vorverlagern möchte, dass er dem Betriebsrat einen im Wege des einstweiligen Rechtsschutzes durchsetzbaren Unterlassungsanspruch zuerkennt, vgl. → § 56 Rn. 134.

[10] Kallmeyer/*Willemsen* UmwG § 5 Rn. 48.

[11] Dagegen Lutter/*Drygala* UmwG § 5 Rn. 110, 113: „sinnlose Doppelinformation".

durch das UmwG nicht verdrängt.[12] Sind entsprechende Maßnahmen in Verbindung mit einer Umwandlung geplant, wird die Unterrichtungspflicht nach dem BetrVG vielmehr in aller Regel deutlich früher eingreifen als das Zuleitungserfordernis des Umwandlungsvertrages oder des Formwechselbeschlusses nach §§ 5 Abs. 3, 126 Abs. 3, 194 Abs. 2 UmwG. Gleichwohl behält auch in diesem Fall die Information der Betriebsräte nach dem UmwG ihre Berechtigung. Kommt der Arbeitgeber diesen Pflichten nach, erscheinen die Angaben im Umwandlungsvertrag in der Tat als lästige Formsache. Verstößt der Arbeitgeber aber gegen seine betriebsverfassungsrechtlichen Informationspflichten, schützt die Unterrichtungspflicht nach dem UmwG die Betriebsräte insbesondere bei Betriebsänderungen weitaus effektiver als das BetrVG selbst. Denn ein Verstoß gegen die §§ 111, 112 BetrVG führt lediglich zu einem individuellen Nachteilsausgleichsanspruch der Arbeitnehmer gemäß § 113 BetrVG. Ein (grober) Verstoß gegen die Pflicht zur Unterrichtung der Betriebsräte über den Umwandlungsvertrag oder den Formwechselbeschluss gefährdet dagegen unter Umständen die Eintragung und damit das Wirksamwerden der gesamten Umwandlung (→ § 56 Rn. 35 ff.).

Mittelbar dienen die Angaben nach jenen Vorschriften außerdem den **Interessen der** 8 **Arbeitnehmer**, und zwar auch dann, wenn kein Betriebsrat vorhanden ist. Denn die Unternehmensleitungen der beteiligten Rechtsträger müssen sich bei der Abfassung des Umwandlungsvertrages bzw. des Formwechselbeschlusses mit den Folgen für die Arbeitnehmer und ihre Vertretungen konkret befassen. Bereits dies wird vielfach dazu führen, dass bei einer Umwandlung die Belange dieser Gruppen nicht unberücksichtigt bleiben.[13]

Umstritten ist, ob neben den zuständigen Betriebsräten auch die **Anteilseigner der** 9 **beteiligten Rechtsträger** zu den Adressaten der §§ 5 Abs. 1 Nr. 9, 126 Abs. 1 Nr. 11, 194 Abs. 2 UmwG gehören.[14] Die Gesetzesbegründung zu § 5 Abs. 1 Nr. 9 UmwG schließt dies jedenfalls nicht aus. Danach soll durch die Unterrichtung „insbesondere" den Arbeitnehmervertretungen eine frühzeitige Information zur Verfügung gestellt werden; weiter heißt es dort, dass § 5 Abs. 1 Nr. 9 UmwG „somit auch" dem sozialen Frieden diene.[15] Außerdem können die personalwirtschaftlichen und betrieblichen Auswirkungen einer Umwandlung von erheblicher Bedeutung etwa für die dadurch ausgelösten Kosten und damit für die Beurteilung der Wirtschaftlichkeit der Umwandlungsmaßnahme sein. Aus dem Grund berühren die „Folgen der Umwandlung für die Arbeitnehmer und ihre Vertretung" mittelbar sehr wohl auch die Interessen der Anteilseigner.[16]

Soweit die arbeitsrechtlichen Folgen einer Umwandlung zugleich die Anteilseigner 10 tangieren, sind diese hierüber jedoch nicht durch den Umwandlungsvertrag, sondern **allein durch den Umwandlungsbericht** zu informieren, in dem die Unternehmensleitungen den Anteilseignern u. a. auch den Umwandlungsvertrag oder Formwechselbeschluss gemäß §§ 8 Abs. 1, 192 Abs. 1 S. 1 UmwG rechtlich und wirtschaftlich begründen und erläutern müssen. Demgegenüber sind die Angaben im Umwandlungsvertrag über die Folgen der Umwandlung für die Arbeitnehmer und ihre Vertretungen durch den Zusammenhang mit der Zuleitung ausschließlich auf die Unterrichtung der Betriebsräte zugeschnitten. **Materiell-rechtlich** ist daher die Regelung des § 5 Abs. 1 Nr. 9 UmwG mitsamt dessen Parallelvorschriften und den ergänzenden Regelungen zur Zuleitung eine **betriebsverfassungsrechtliche Vorschrift**.

---

[12] Schmitt/Hörtnagl/Stratz/*Langner* UmwG § 5 Rn. 91 f.
[13] Vgl. *Dzida/Schramm* NZG 2008, 521, 524.
[14] Dafür Lutter/*Drygala* UmwG § 5 Rn. 146; *Hausch* RNotZ 2007, 308, 317 f.; dagegen Limmer/ Ahrend/Pohlmann-Weide Teil 2 Rn. 191; Limmer/*Limmer* Teil 2 Rn. 214; wohl auch Willemsen/ Hohenstatt/Schweibert/Seibt/*Willemsen* C Rn. 462.
[15] RegBegr., BT-Drucks. 12/6699, S. 83. Hierauf beruft sich v. a. *Hausch* RNotZ 2007, 308, 317 f.
[16] Anders Limmer/*Ahrend/Pohlmann-Weide* Teil 2 Rn. 191.

II. Arbeitsrechtliche Angaben in Umwandlungsverträgen

1. Umfang der Angaben

11 a) **Verschmelzung und Spaltung.** In Umwandlungsverträgen (wie auch in Formwechselbeschlüssen) sind „die Folgen (...) für die Arbeitnehmer und ihre Vertretungen sowie die insoweit vorgesehenen Maßnahmen" anzugeben. Hiervon sind unstrittig die **unmittelbaren Folgen** einer Umwandlung erfasst. Seitdem das UmwBerG jene eher vage Formulierung in §§ 5 Abs. 1 Nr. 9, 126 Abs. 1 Nr. 11 UmwG zum Gesetz gemacht hat, besteht jedoch Streit darüber, inwieweit auch darüber hinausgehende sog. **mittelbare Folgen** im Umwandlungsvertrag anzugeben sind.[17] Eine sehr **enge Auffassung** der einschlägigen Vorschriften gelangt aufgrund von Sinn und Zweck der arbeitsrechtlichen Folgenbeschreibung zu dem Ergebnis, dass mittelbare Folgen nicht zu den Pflichtangaben im Umwandlungsvertrag gehören.[18] Die übrige Literatur möchte die Pflichtangaben weiter fassen, bemüht sich zugleich aber um eine Begrenzung der Informationspflicht, damit diese handhabbar bleibt.[19] Dies reicht bis hin zu der sehr **weiten Auffassung**, im Umwandlungsvertrag seien „alle möglichen Folgen einer Umwandlung"[20] für die Arbeitnehmer und ihre Vertretungen einschließlich mittelbarer, tatsächlicher Folgen der Umwandlung offenzulegen.[21]

12 Die Rechtsprechung trägt wenig zur Lösung des Streits bei. Nach Ansicht des **OLG Düsseldorf** darf das Registergericht die Eintragung einer Verschmelzung jedenfalls dann ablehnen, wenn der Verschmelzungsvertrag gar keine Angaben nach § 5 Abs. 1 Nr. 9 UmwG enthält oder wenn es „an jeder nachvollziehbaren Darstellung der arbeitsrechtlichen Folgen fehlt."[22] Den Streit um die Einbeziehung auch der mittelbaren Folgen lässt das Gericht ausdrücklich offen. In der Folge zählt das Gericht dann jedoch „personelle Veränderungen wie etwa Umgruppierungen, Versetzungen, Zuweisung neuer Arbeitsplätze" zu den Folgen einer Verschmelzung, die im Verschmelzungsvertrag genannt werden müssten.[23] Diese Maßnahmen fallen unstrittig nicht unter die unmittelbaren rechtlichen Folgen einer Verschmelzung oder auch einer Spaltung, sondern sind als mittelbare Folgen anzusehen.[24] Das **OLG Frankfurt** hat in einem Beschluss zu § 5 Abs. 1 Nr. 7 und 8 UmwG *obiter* ausgeführt, dass fehlende Angaben i. S. d. § 5 Abs. 1 Nr. 9 UmwG nicht als konkludente Negativerklärung ausgelegt werden könnten. Nach Ansicht des Gerichts gehört es aber auch zu den Folgen der Verschmelzung für die Arbeitnehmer und ihre Vertretungen, wenn sich für die Arbeitnehmer der beteiligten Rechtsträger nichts ändert.[25] Eine weitergehende gerichtliche Klärung dürfte kaum zu erwarten sein, da die an einer Umwandlung beteiligten Unternehmen zur Vermeidung von Zwischenverfügungen häufig in Kauf nehmen, dass ihre ausführlichen Angaben im Umwandlungsvertrag über das

---

[17] Vgl. die Literaturangaben bei Willemsen/Hohenstatt/Schweibert/Seibt/*Willemsen* C Rn. 452. Eine ausführliche Darstellung des Streitstands unter Einbeziehung der älteren Literatur findet sich bei *Hausch* RNotZ 2007, 308, 320 ff.

[18] Lutter/*Drygala* UmwG § 5 Rn. 88; Lutter/*Priester* UmwG § 126 Rn. 78; Sagasser/Bula/Brünger/*Sagasser/Luke* § 9 Rn. 162 f.

[19] Willemsen/Hohenstatt/Schweibert/Seibt/*Willemsen* C Rn. 455 ff; Goutier/Knopf/Tulloch/*Bermel/Hannappel* UmwG § 5 Rn. 98 f.; *A. Drygala* ZIP 1996, 1365, 1368 ff.; *Gaul* DB 1995, 2265, 2266; Schmitt/Hörtnagl/Stratz/*Stratz* UmwG § 5 Rn. 95; Widmann/Mayer/*Mayer* UmwG § 5 Rn. 182 ff., 200.

[20] Widmann/Mayer/*Mayer* UmwG Einführung zum handelsrechtlichen Teil Rn. 199.

[21] Bachner/Köstler/Matthießen/Trittin/*Bachner* § 4 Rn. 268; *Bachner* NJW 1995, 2881, 2886; *Boecken* Rn. 319 („sowohl die rechtlichen wie auch tatsächlichen Auswirkungen"); *Blechmann* NZA 2005, 1143, 1146; *Gaul* § 29 Rn. 27; *Hjort* NJW 1999, 750, 751; *Joost* ZIP 1995, 976, 979; *Wlotzke* DB 1995, 45; *Fitting* BetrVG § 1 Rn. 169.

[22] OLG Düsseldorf 3 Wx 156/98, NZA 1998, 766, 767.

[23] OLG Düsseldorf 3 Wx 156/98, NZA 1998, 766, 767.

[24] Vgl. Willemsen/Hohenstatt/Schweibert/Seibt/*Willemsen* C Rn. 452; *Wlotzke* DB 1995, 40, 41.

[25] OLG Frankfurt 20 W 466/10, NZG 2011, 1278, 1279.

gesetzliche erforderliche Maß hinausgehen, um es so gar nicht erst zu einer Auseinandersetzung mit dem Registergericht kommen zu lassen.

Berichtspflichtig sind nach der hier vertretenen Auffassung in Übereinstimmung mit der 13 von *Willemsen* erarbeiteten Konzeption zunächst **alle Folgen** einer Umwandlung, die sich allein **aus der (rechtlichen) Umwandlung als solcher** ergeben, ohne dass es insoweit noch weiterer Entscheidungen der an der Umwandlung beteiligten Rechtsträger bedarf.[26] Hierunter fallen insbesondere die folgenden Auswirkungen von Verschmelzungen und Spaltungen:

- **Übergang von Arbeitsverhältnissen** gemäß § 613a Abs. 1 BGB, § 324 UmwG[27] (bei einer Spaltung nur, wenn ein arbeitsrechtlicher Betrieb oder Betriebsteil Gegenstand der Spaltung ist oder wenn zulässigerweise Arbeitsverhältnisse im Spaltungsvertrag der übernehmenden Gesellschaft zugeordnet werden,[28] → § 57 Rn. 92 ff.).
- **Anwendbarkeit** von **Tarifverträgen** unter Berücksichtigung etwaiger **Bezugnahmeklauseln**.[29]
- **Anwendbarkeit** von **Betriebsvereinbarungen** auf normativer Rechtsgrundlage oder gemäß § 613a Abs. 1 S. 2 BGB und etwaige Ablösung gemäß § 613a Abs. 1 S. 3 und 4 BGB.[30]
- **Änderungen** der **betriebsverfassungsrechtlichen Struktur** kraft Gesetzes (z. B. Wegfall eines Gesamtbetriebsrats, erstmalige Möglichkeit der Bildung eines Konzernbetriebsrats).[31]
- Auswirkungen auf den **gesetzlichen Kündigungsschutz** (vgl. § 323 Abs. 1 UmwG).[32]
- Änderungen in Bezug auf das **Mitbestimmungsstatut** (vgl. § 325 UmwG).[33]
- **Haftungsfolgen** nach §§ 20, 22 UmwG (Verschmelzung) und §§ 133, 134 UmwG (Spaltung).[34]

Zum Teil decken sich diese Angaben mit den „rechtlichen, wirtschaftlichen und sozialen 14 Folgen des Übergangs", über welche die Arbeitnehmer zu unterrichten sind, die aufgrund eines Betriebsübergangs auf einen neuen Arbeitgeber übergehen (§ 613a Abs. 5 Nr. 3 BGB). Jedoch unterscheidet sich der Schutzzweck jener Vorschrift von dem Zweck der §§ 5 Abs. 1 Nr. 9, 126 Abs. 1 Nr. 11 UmwG. Aufgrund der **Unterrichtung gemäß § 613a Abs. 5 BGB** soll der einzelne Arbeitnehmer prüfen und entscheiden können, ob

---

[26] Willemsen/Hohenstatt/Schweibert/Seibt/*Willemsen* C Rn. 447, dort sog. „Primärfolgen kraft rechtlichen Zusammenhangs".
[27] Willemsen/Hohenstatt/Schweibert/Seibt/*Willemsen* C Rn. 447; Semler/Stengel/*Simon* UmwG § 5 Rn. 82, Fn. 214; der Einordnung steht nicht entgegen, dass ein Betriebsübergang zusätzlich die tatsächliche Fortführung des Betriebs oder Betriebsteils erfordert. Dies wird der Regelfall sein, während eine Stilllegung des Betriebs durch den Erwerber eine zusätzliche rechtliche Entscheidung und eine aktive tatsächliche Umsetzung erfordern.
[28] Lutter/*Drygala* UmwG § 5 Rn. 89 f.; Schmitt/Hörtnagl/Stratz/*Langner* UmwG § 5 Rn. 103; Kölner Kommentar-UmwG/*Hohenstatt/Schramm* UmwG § 5 Rn. 161 f.
[29] Schmitt/Hörtnagl/Stratz/*Langner* UmwG § 5 Rn. 103; Semler/Stengel/*Simon* UmwG § 5 Rn. 89.
[30] Kallmeyer/*Willemsen* UmwG § 5 Rn. 53; Schmitt/Hörtnagl/Stratz/*Langner* UmwG § 5 Rn. 103.
[31] Lutter/*Drygala* UmwG § 5 Rn. 97; Schmitt/Hörtnagl/Stratz/*Langner* UmwG § 5 Rn. 103; *Joost* ZIP 1995, 976, 981 f.
[32] Schmitt/Hörtnagl/Stratz/*Langner* UmwG § 5 Rn. 103; Widmann/Mayer/*Mayer* UmwG § 5 Rn. 192; a.A. Semler/Stengel/*Simon* UmwG § 5 Rn. 86.
[33] Lutter/*Drygala* UmwG § 5 Rn. 102; Schmitt/Hörtnagl/Stratz/*Langner* UmwG § 5 Rn. 103.
[34] Für die Verschmelzung Lutter/*Drygala* UmwG § 5 Rn. 92; Schmitt/Hörtnagl/Stratz/*Langner* UmwG § 5 Rn. 103; für die Spaltung Schmitt/Hörtnagl/Stratz/*Langner* UmwG § 126 Rn. 108; Semler/Stengel/*Simon* UmwG § 126 Rn. 89; Willemsen/Hohenstatt/Schweibert/Seibt/*Willemsen* C Rn. 447, die nur die spezifisch arbeitsrechtlichen Haftungsfolgen der §§ 133 Abs. 2, 134 UmwG für angabepflichtig halten. § 613a Abs. 2 BGB wird nach der hier vertretenen Ansicht vollständig von den spezielleren umwandlungsrechtlichen Vorschriften verdrängt (→ § 57 Rn. 139).

§ 56   15   3. Kapitel. Arbeitsrecht

er bei dem neuen Arbeitgeber bleiben oder sein Widerspruchsrecht nach § 613a Abs. 6 BGB ausüben möchte.[35] Hierfür sind andere und vor allem weitergehende Angaben erforderlich, als sie der Betriebsrat benötigt, um das Vorliegen eines Mitbestimmungsrechts nach dem BetrVG prüfen zu können (→ § 57 Rn. 40 ff.). Wenn im Umwandlungsvertrag im Wesentlichen dieselben Angaben gemacht werden wie im Informationsschreiben gemäß § 613a Abs. 5 BGB, so dürfte dies deutlich über das nach dem Gesetz erforderliche Maß hinausgehen.[36] Zugleich besteht jedoch Einigkeit darüber, dass die Angaben im Umwandlungsvertrag und die Angaben im Unterrichtungsschreiben für die einzelnen Arbeitnehmer unbedingt aufeinander abgestimmt sein müssen.[37] Denn die Betriebsräte werden das Unterrichtungsschreiben selbstverständlich auch dann zur Kenntnis nehmen, wenn keines ihrer Mitglieder zu den nach § 613a Abs. 1 BGB übergehenden Arbeitnehmern zählen sollte. In der Praxis empfiehlt es sich daher, parallel zur Formulierung der Folgenbeschreibung nach dem UmwG auch die Arbeitnehmerinformation gemäß § 613a Abs. 5 BGB zu entwerfen.

15 Aufgrund der Zielsetzung der Folgenbeschreibung im Umwandlungsvertrag (→ § 56 Rn. 7) umfasst diese außerdem alle weiteren Angaben, die erforderlich sind, damit die zuständigen Betriebsräte prüfen können, ob ihnen Mitbestimmungsrechte nach dem BetrVG zustehen. Hierzu zählen sämtliche Folgen, insbesondere Änderungen der Betriebsstruktur, hinsichtlich derer **vor Abschluss des Umwandlungsvertrages** bereits eine **konkrete Planung** der beteiligten Rechtsträger vorliegt.[38] Hierbei mag man dann noch unterscheiden zwischen solchen Maßnahmen, über die sich die beteiligten Rechtsträger vor Abschluss des Umwandlungsvertrages notwendigerweise eine abschließende Meinung bilden müssen,[39] und sonstigen Betriebsänderungen und tatsächlichen Maßnahmen.[40] Die Entscheidung über die erstgenannte Art von Folgen können die beteiligten Rechtsträger nicht aufschieben. Die Planung sonstiger Maßnahmen können die beteiligten Rechtsträger dagegen auch erst in der Phase nach dem Wirksamwerden der Umwandlung aufnehmen und auf diese Weise ihre Unterrichtungspflicht sowie das Eingreifen etwaiger Mitbestimmungsrechte des Betriebsrats hinauszögern.[41] Legt man diesen Maßstab zugrunde, ist in Umwandlungsverträgen regelmäßig auch über die nachstehenden Folgen der Umwandlung zu berichten:

- Betriebsstruktur nach Übertragung eines Betriebsteils im Wege der Spaltung (Beibehaltung der betrieblichen Organisation im Rahmen eines gemeinsamen Betriebs gemäß § 1 Abs. 2 Nr. 2 BetrVG, § 322 UmwG; Verselbständigung des Betriebsteils; Verbindung mit vorhandenen Betrieben oder Betriebsteilen des übernehmenden Rechtsträgers).[42]
- Fortbestand oder Zusammenlegung von Betrieben nach einer Verschmelzung.[43]
- Betriebsstilllegungen und sonstige Betriebsänderungen.[44]

---

[35] BAG 8 AZR 824/12, NZA 2014, 610, 612; BAG 8 AZR 1116/06, NZA 2008, 642, 643; MünchKommBGB/*Müller-Glöge* BGB § 613a Rn. 104.
[36] Vgl. etwa Semler/Stengel/*Simon* UmwG § 5 Rn. 86, wonach die Gestaltungsrechte des einzelnen Arbeitnehmers gemäß § 613a Abs. 6 BGB nicht zu den Mindestangaben i. S. d. §§ 5 Abs. 1 Nr. 9, 126 Abs. 1 Nr. 11 UmwG zählen.
[37] Willemsen/Hohenstatt/Schweibert/Seibt/*Willemsen* C Rn. 464.
[38] Widmann/Mayer/*Mayer* UmwG § 5 Rn. 184; *Joost* ZIP 1995, 976, 979.
[39] Willemsen/Hohenstatt/Schweibert/Seibt/*Willemsen* C Rn. 447; diese sog. „Primärfolgen kraft direkten Sachzusammenhangs" zählen danach zusammen mit den „Primärfolgen kraft rechtlichen Zusammenhangs" zu den „unmittelbaren" Folgen.
[40] Willemsen/Hohenstatt/Schweibert/Seibt/*Willemsen* C Rn. 455 f., der diese Folgen als mittelbare Folgen der Umwandlung klassifiziert.
[41] Willemsen/Hohenstatt/Schweibert/Seibt/*Willemsen* C Rn. 456.
[42] Schmitt/Hörtnagl/Stratz/*Langner* UmwG § 126 Rn. 103.
[43] Kallmeyer/*Willemsen* UmwG § 5 Rn. 55; Schmitt/Hörtnagl/Stratz/*Langner* UmwG § 126 Rn. 103; *Wlotzke* DB 1995, 40, 45.
[44] Willemsen/Hohenstatt/Schweibert/Seibt/*Willemsen* C Rn. 455; Schmitt/Hörtnagl/Stratz/*Langner* UmwG § 126 Rn. 103.

• Personelle Maßnahmen (Versetzungen, Umgruppierungen, Kündigungen).[45]

Berichtspflichtig sind solche Maßnahmen dann, wenn sie nicht mehr nur Gegenstand von Vorüberlegungen sind und die entsprechenden Pläne des Arbeitgebers – nicht der Konzernobergesellschaft[46] – eine gewisse Reife erlangt haben; der Arbeitgeber muss im Prinzip entschlossen sein, eine bestimmte Maßnahme durchzuführen.[47] Maßnahmen, die dieses konkrete Planungsstadium noch nicht erreicht haben, müssen auch dann nicht im Umwandlungsvertrag erwähnt werden, wenn sie naheliegend oder zu erwarten sind.[48] Insbesondere handelt es sich dabei nicht um die „insoweit vorgesehenen Maßnahmen" i. S. d. §§ 5 Abs. 1 Nr. 9, 126 Abs. 1 Nr. 11, 194 Abs. 1 Nr. 7 UmwG; dieser Formulierung kommt neben den „mittelbaren Folgen" in dem oben dargestellten Sinne keine eigenständige Bedeutung für den Inhalt des Umwandlungsvertrages zu.

16

Einigkeit besteht dann wieder über die erforderliche Intensität der Angaben: Es ist **nicht** erforderlich, die arbeitsrechtlichen Folgen der Umwandlung **in allen Einzelheiten** darzustellen und rechtlich abschließend zu beurteilen.[49] Entsprechend der Zwecksetzung der Unterrichtungspflicht ist es ausreichend, wenn der Betriebsrat mithilfe der Angaben im Umwandlungsvertrag oder Umwandlungsbeschluss beurteilen kann, inwieweit ihm aufgrund der Umwandlung und der sich daraus für die Arbeitnehmer ergebenden Folgen allgemeine Mitbestimmungsrechte zustehen.[50]

17

b) Formwechsel. Im Ausgangspunkt gelten die Ausführungen zu Verschmelzung und Spaltung auch für den Formwechsel. Der Gesetzgeber des UmwBerG sah in § 194 Abs. 1 Nr. 7 UmwG ausdrücklich eine Parallelvorschrift zu §§ 5 Abs. 1 Nr. 9, 126 Abs. 1 Nr. 11 UmwG, die keiner weitergehenden Begründung bedurfte.[51] Daher sind auch bei einem Formwechsel nicht nur die unmittelbaren rechtlichen Folgen des Formwechsels nach § 194 Abs. 1 Nr. 7 UmwG anzugeben, sondern auch darüber hinausgehende, vor der Fassung des Formwechsels bereits konkret geplante Folgen (→ § 56 Rn. 15).

18

Der Formwechsel unterscheidet sich von Verschmelzung und Spaltung vor allem dadurch, dass diese Umwandlungsmaßnahme keinen Vermögensübergang von einem Rechtsträger auf einen anderen Rechtsträger und damit **keinen Wechsel des Arbeitgebers** herbeiführt. Daher entfallen bei einem Formwechsel sämtliche Angaben zum Übergang von Arbeitsverhältnissen. Gleiches gilt für Angaben zu den Folgen des Übergangs für Tarifverträge und Betriebsvereinbarungen; hierzu sind Ausführungen in Formwechselbeschluss nur erforderlich, wenn die Anwendbarkeit solcher **kollektivrechtlicher Vereinbarungen** ausnahmsweise einmal von der Rechtsform des Arbeitgebers abhängen sollte.

19

Die **betriebliche Organisation** der formwechselnden Gesellschaft wird **durch** die **Umwandlung selbst nicht berührt.** Anders als bei einer Unternehmensspaltung, die zugleich eine Betriebsspaltung darstellen kann (und sei die Folge auch nur die Bildung eines gemeinsamen Betriebes, vgl. § 1 Abs. 2 Nr. 2 BetrVG), ist beim Formwechsel immer zusätzlich eine selbstständige organisatorische Maßnahme erforderlich, damit es zu einer Spaltung oder Zusammenlegung von Betrieben kommt. Der formwechselnde Rechtsträger kann diese Maßnahmen mit dem Formwechsel verknüpfen, muss es aber nicht. Auf diese

20

---

[45] Schmitt/Hörtnagl/Stratz/*Langner* UmwG § 126 Rn. 109; Semler/Stengel/*Simon* UmwG § 5 Rn. 86; *Joost* ZIP 1995, 976, 979.
[46] Richardi/*Annuß* BetrVG § 111 Rn. 145, näher → § 56 Rn. 97.
[47] Vgl. Richardi/*Annuß* BetrVG § 111 Rn. 144; *Fitting* BetrVG § 111 Rn. 108.
[48] Willemsen/Hohenstatt/Schweibert/Seibt/*Willemsen* C Rn. 456.
[49] Semler/Stengel/*Simon* UmwG § 5 Rn. 81; Kallmeyer/*Willemsen* UmwG § 5 Rn. 54; *Joost* ZIP 1995, 976, 984.
[50] Semler/Stengel/*Simon* UmwG § 5 Rn. 81; Schmitt/Hörtnagl/Stratz/*Langner* UmwG § 5 Rn. 91.
[51] RegBegr., BT-Drucks. 12/6699, S. 140. Kritisch Schmitt/Hörtnagl/Stratz/*Langner* UmwG § 194 Rn. 9f.

Weise kann er die Unterrichtung nach § 111 S. 1 BetrVG von der Zuleitung des Entwurfs des Formwechselbeschlusses gemäß § 194 Abs. 2 UmwG trennen.[52] Soll aber anlässlich des Formwechsels eine Betriebsänderung stattfinden, die zum Zeitpunkt, zu dem der Formwechselbeschluss dem zuständigen Betriebsrat zuzuleiten ist, so konkret geplant wurde, dass der Betriebsrat gemäß § 111 S. 1 BetrVG unterrichtet werden muss, so ist dies nach der hier vertretenen Auffassung eine mittelbare Folge des Formwechsels, die auch im Formwechselbeschluss beschrieben werden muss.[53]

21 Jedoch kann der Wechsel des „Rechtskleides"[54] auch ohne Arbeitgeberwechsel unmittelbar eintretende Auswirkungen auf den **Inhalt der Arbeitsverhältnisse** haben. Dies ist insbesondere dann der Fall, wenn eine Aktiengesellschaft ihren Arbeitnehmern **Aktienoptionen** als Teil einer variablen Vergütung gewährt und durch bedingtes Kapital gesichert hat. Dies ist nach dem Formwechsel in eine GmbH oder eine Personengesellschaft nicht mehr möglich.[55]

22 Nach der hier vertretenen Ansicht gehören zu den notwendigen Angaben i. S. d. §§ 5 Abs. 1 Nr. 9, 126 Abs. 1 Nr. 11, 194 Abs. 1 Nr. 7 UmwG auch Aussagen zur Haftung der beteiligten Rechtsträger bzw. – beim Formwechsel – der Gesellschafter. Gemäß § 224 Abs. 1 UmwG berührt der Formwechsel einer Personengesellschaft in eine Kapitalgesellschaft nicht die **Haftung der bisherigen persönlich haftenden Gesellschafter** gemäß § 128 Abs. 1 HGB. Jedoch sieht § 224 Abs. 2 UmwG in Anlehnung an die Regelung der Haftung nach einer Spaltung gemäß § 133 f. UmwG eine Haftungsbegrenzung auf solche Verbindlichkeiten vor, die innerhalb von fünf Jahren nach dem Wirksamwerden des Formwechsels fällig werden (→ § 36 Rn. 52). Gleiches gilt für die Haftungstatbestände gemäß §§ 237, 249 und 254 UmwG beim Formwechsel einer Kommanditgesellschaft auf Aktien (→ § 38 Rn. 82).

23 Die in der Praxis häufigste unmittelbare Folge eines Formwechsels für die Arbeitnehmer betrifft die **unternehmerische Mitbestimmung** (→ § 57 Rn. 169 ff.). Aufgrund des Formwechsels unterliegt die Gesellschaft möglicherweise erstmals oder nicht mehr der Pflicht zur Bildung eines Aufsichtsrats, in den auch die Arbeitnehmer Vertreter entsenden. Die drittelparitätische Mitbestimmung im Aufsichtsrat findet nur Anwendung auf Kapitalgesellschaften, Genossenschaften und Versicherungsvereine auf Gegenseitigkeit,[56] und die Pflicht zur Bildung eines paritätisch mitbestimmten Aufsichtsrats besteht lediglich für Kapitalgesellschaften und Genossenschaften, wenn sie die weiteren Voraussetzungen des MitbestG erfüllen.[57] Auch wenn die Pflicht zur Bildung eines mitbestimmten Aufsichtsrates erst nach Durchführung des Statusverfahrens feststeht, so handelt es sich bei der Veränderung des Mitbestimmungsstatuts gleichwohl um eine unmittelbare Folge des Formwechsels. Anzugeben sind das Gesetz, nach dem sich künftig die Mitbestimmung richtet und die Art der Mitbestimmung (drittelparitätisch/paritätisch). Außerdem sollte der Formwechselbeschluss einen Hinweis auf das Statusverfahren gemäß §§ 97 ff. AktG (analog) enthalten. Darüberhinausgehende Angaben sind dagegen nicht im Formwechselbeschlusses, sondern in der Bekanntmachung über die Zusammensetzung des Aufsichtsrats gemäß § 97 Abs. 1 S. 1 AktG zu machen.

24 **c) Grenzüberschreitende Verschmelzungen.** Bei der grenzüberschreitenden Verschmelzung einer Kapitalgesellschaft mit Sitz in Deutschland und mindestens einer weiteren

---

[52] Vgl. Willemsen/Hohenstatt/Schweibert/Seibt/ *Willemsen* C Rn. 456 und 471c f.
[53] Anders Kallmeyer/ *Willemsen* UmwG § 194 Rn. 58 für personelle Maßnahmen, die im zeitlichen Zusammenhang mit dem Formwechsel durchgeführt werden.
[54] Vgl. Schmitt/Hörtnagl/Stratz/ *Stratz* UmwG § 190 Rn. 1.
[55] Vgl. *Rinnert* NZG 2001, 865; *Hausch* RNotZ 2007, 309, 343.
[56] § 1 Abs. 1 DrittelbG.
[57] § 1 Abs. 1 Nr. 1 MitbestG. Zum MontanMitbestG und zum MitbestErgG wird auf die allgemeinen Kommentierungen verwiesen, vgl. etwa Wißmann/Kleinsorge/Schubert/ *Wißmann* Montan-MitbestG § 1 Rn. 1 ff. und MitbestErgG § 1 Rn. 1 ff.; ErfK/ *Oetker* Montan-MitbestG § 1 Rn. 1 ff.

Gesellschaft, die ihren Sitz in einem anderen EU- Mitgliedsstaat hat, hat der **Verschmelzungsplan** als Pendant zum Verschmelzungsvertrag gemäß § 122c Abs. 2 UmwG ebenfalls bestimmte Mindestangaben zu enthalten (→ § 18 Rn. 76 ff.).[58] Anders als die Angaben zur Anteilsgewährung gemäß § 122c Abs. 2 Nr. 2, 3 und 5 UmwG sind diese Angaben bei Mutter-Tochter-Verschmelzungen nicht nach § 122c Abs. 3 UmwG *per se* entbehrlich.[59]

§ 122c Abs. 2 Nr. 4 UmwG verpflichtet die beteiligten Unternehmen zu Angaben über „die voraussichtlichen **Auswirkungen** der Verschmelzung **auf die Beschäftigung**". Auf den ersten Blick wirkt die Norm wie eine Parallelregelung zu § 5 Abs. 1 Nr. 9 UmwG. Anders als der Verschmelzungsvertrag gemäß § 5 Abs. 3 UmwG ist der Verschmelzungsplan jedoch weder den zuständigen Betriebsräten noch den Arbeitnehmern der an einer Verschmelzung beteiligten Unternehmen zugänglich zu machen. Daher besteht in der Literatur Streit darüber, welche Angaben an dieser Stelle des Verschmelzungsplans erforderlich sind. Zum Teil wird der Sache nach vertreten, dass die „voraussichtlichen Auswirkungen auf die Beschäftigung" gemäß § 122c Abs. 2 Nr. 4 UmwG inhaltlich den „Folgen der Verschmelzung für die Arbeitnehmer" nach § 5 Abs. 1 Nr. 9 UmwG entsprechen.[60] Nach anderer und mE vorzugswürdiger Ansicht dienen die Angaben zu den voraussichtlichen Auswirkungen auf die Beschäftigung im Verschmelzungsplan alleine der Information der Anteilseigner; danach sind **nur** solche **Informationen** in den Verschmelzungsplan aufzunehmen, **die für** die Entscheidung der **Anteilseigner** über die grenzüberschreitende Verschmelzung **von Bedeutung sind**,[61] etwa die erwartete Gesamtzahl der Arbeitnehmer, der Sitz der Zentralverwaltung und die Besetzung der Arbeitsplätze auf den oberen Führungsebenen (inklusive dem Leitungsorgan der Zielgesellschaft) sowie etwaige Personalmaßnahmen (insbesondere ein geplanter Personalabbau), die eine unmittelbare Auswirkung auf das zukünftige Ergebnis der Zielgesellschaft haben.[62] Kann der Inhalt des Verschmelzungsplans nicht vorab mit dem Registergericht abgestimmt werden, mag es sich anbieten, vorsorglich auch in den Verschmelzungsplan jedenfalls diejenigen Angaben gemäß § 5 Abs. 1 Nr. 9 UmwG aufzunehmen, die sich mit den Folgen der Verschmelzung für die Arbeitnehmer befassen.[63] Dabei ist immer auch zu berücksichtigen, dass ein Mehr an Information „Präjudizwirkung" für künftige grenzüberschreitende Verschmelzungen unter Beteiligung des selben Registergerichts haben kann. Überwiegend Einigkeit besteht darüber, dass § 122c Abs. 2 Nr. 4 UmwG keine Angaben zu den Folgen der Verschmelzung für die Vertretungen der Arbeitnehmer verlangt.[64]

Nach § 122c Abs. 2 Nr. 10 UmwG muss der Verschmelzungsplan außerdem ggf. Angaben zu dem **Verfahren** machen, **nach dem** die Einzelheiten über die **Beteiligung der Arbeitnehmer an** der **Festlegung ihrer Mitbestimmungsrechte** in der aus der grenzüberschreitenden Verschmelzung hervorgehenden Gesellschaft **geregelt** werden. Hat die übernehmende bzw. die aus der Verschmelzung hervorgehende Gesellschaft ihren Sitz im

---

[58] Dazu auch ausführlich MHdb GesR VI/*Hoffmann* § 53 Rn. 39 ff.
[59] Schmitt/Hörtnagl/Stratz/*Hörtnagl* UmwG § 122c Rn. 19; aA für § 122c Abs. 2 Nr. 4 UmwG Lutter/*Bayer* UmwG § 122c Rn. 20.
[60] Widmann/Mayer/*Mayer* UmwG § 122c Rn. 98 unter Verweis auf BT-Drucks. 16/2919, S. 15; Semler/Stengel/*Drinhausen* UmwG § 122c Rn. 21; wohl auch Kallmeyer/*Willemsen* UmwG § 122c Rn. 17.
[61] Lutter/*Bayer* UmwG § 122c Rn. 19; Schmitt/Hörtnagl/Stratz/*Hörtnagl* UmwG § 122c Rn. 19; Henssler/Strohn/*Polley* UmwG § 122c Rn. 15; Sagasser/Bula/Brünger/*Gutkès* § 13 Rn. 71; *Dzida/Schramm* NZG 2008, 521, 526; *Simon/Hinrichs* NZA 2008, 391, 393; *Vetter* AG 2006, 613, 620; *Simon/Rubner* Der Konzern 2006, 835, 838.
[62] *Simon/Hinrichs* NZA 2008, 391, 393; *Vetter* AG 2006, 613, 620; *Simon/Rubner* Der Konzern 2006, 835, 838; aA zu Kosten eines beabsichtigten Personalabbaus *Dzida/Schramm* NZG 2008, 521, 526.
[63] Kallmeyer/*Willemsen* UmwG § 122c Rn. 17; Widmann/Mayer/*Mayer* UmwG § 122c Rn. 98; Semler/Stengel/*Drinhausen* UmwG § 122c Rn. 21.
[64] Anders wohl nur Kallmeyer/*Willemsen* UmwG § 122c Rn. 17.

§ 56   27, 28   3. Kapitel. Arbeitsrecht

Inland, gilt hierfür das Gesetz über die Mitbestimmung der Arbeitnehmer bei der grenzüberschreitenden Verschmelzung (MgVG), mit dem der deutsche Gesetzgeber Art. 16 RL 2005/56/EG umgesetzt hat. Dann ist im Verschmelzungsplan das Verfahren in seinen Grundzügen darzustellen, d. h. wie das besondere Verhandlungsgremium gebildet wird und dass dies entweder zum Abschluss einer schriftlichen Vereinbarung zwischen den Leitungen und dem besonderen Verhandlungsgremium gemäß §§ 15 Abs. 1, 22 MgVG oder zur Anwendbarkeit der gesetzlichen Auffangregelung gemäß §§ 23–28 MgVG führen kann.[65] Liegt das Ergebnis bei der Aufstellung des Verschmelzungsplans bereits vor, weil das Verfahren gemäß §§ 6 ff. MgVG zulässigerweise bereits vor der Offenlegung des Verschmelzungsplans abgeschlossen wurde,[66] ist auch dies kurz darzustellen.[67] Hat die übernehmende bzw. die aus der Verschmelzung neu hervorgehende Gesellschaft ihren Sitz in einem anderen EU-Mitgliedstaat, so finden im Grundsatz die in diesem Staat geltenden gesetzlichen Regelungen zur Umsetzung von Art. 16 RL 2005/56/EG Anwendung. Die Teilnahme der Arbeitnehmer des inländischen Rechtsträgers im besonderen Verhandlungsgremium richtet sich dagegen weiterhin nach dem MgVG.[68] Dies gehört ebenfalls zu den Mindestangaben nach § 122c Abs. 2 Nr. 10 UmwG.[69] Schließlich ist eine Negativerklärung in den Verschmelzungsplan aufzunehmen, wenn die Voraussetzungen für die Durchführung eines Beteiligungsverfahrens nicht vorliegen.[70]

27   Das Pendant zu §§ 5 Abs. 1 Nr. 9, 126 Abs. 1 Nr. 11, 194 Abs. 1 Nr. 7 UmwG befindet sich dagegen nicht im Verschmelzungsplan, sondern im **Verschmelzungsbericht** über die grenzüberschreitende Verschmelzung. Gemäß § 122e S. 1 UmwG sind darin die „**Auswirkungen der grenzüberschreitenden Verschmelzung auf** die Gläubiger und **die Arbeitnehmer** der an der Verschmelzung beteiligten Gesellschaft zu erläutern." Der Verschmelzungsbericht ist außerdem gemäß § 122e S. 2 UmwG dem zuständigen Betriebsrat und, wenn ein solcher fehlt, auch den Arbeitnehmern zugänglich zu machen (→ § 56 Rn. 63).

28   Der **Wortlaut** der Norm **unterscheidet sich** deutlich von § 5 Abs. 1 Nr. 9 UmwG und seinen Parallelvorschriften und orientiert sich eng am Wortlaut der Richtlinie 2005/56/EG über die grenzüberschreitende Verschmelzung.[71] Danach sind **nur** die **Auswirkungen auf die Arbeitnehmer** zu erläutern, und dies im Grundsatz nur für die Arbeitnehmer der inländischen Gesellschaft, die an der Verschmelzung beteiligt ist.[72] **Nicht erwähnt** werden **Auswirkungen auf die Vertretungen** der Arbeitnehmer und „**insoweit vorgesehene Maßnahmen**". Bereits dies wirft die Frage auf, ob für die erforderlichen Angaben gemäß § 122e S. 1 UmwG die Ausführungen zur Verschmelzung ohne Auslandsbezug entsprechend gelten können,[73] oder ob sich der Umfang der Unterrichtung bei

---

[65] Henssler/Strohn/*Polley* UmwG § 122c Rn. 21; Kallmeyer/*Willemsen* UmwG § 122c Rn. 29; Semler/Stengel/*Drinhausen* UmwG § 122c Rn. 31.
[66] Vgl. Semler/Stengel/*Drinhausen* UmwG § 122c Rn. 31; Ulmer/Habersack/Henssler/*Habersack* MgVG § 6 Rn. 1 unter Verweis auf Ulmer/Habersack/Henssler/*Henssler* SEBG § 4 Rn. 6.
[67] Kallmeyer/*Willemsen* UmwG § 122c Rn. 29; Semler/Stengel/*Drinhausen* UmwG § 122c Rn. 31.
[68] Vgl. Lunk/Hinrichs NZA 2007, 773, 775 f.
[69] Henssler/Strohn/*Polley* UmwG § 122c Rn. 21.
[70] Schmitt/Hörtnagl/Stratz/*Hörtnagl* UmwG § 122c Rn. 27.
[71] Vgl. Art. 7 RL 2005/56/EU: „(…) Auswirkungen der grenzüberschreitenden Verschmelzung auf die Gesellschafter, die Gläubiger und die Arbeitnehmer (…)".
[72] Insofern unstrittig, vgl. ErfK/*Oetker* UmwG § 122e Rn. 2; Schmitt/Hörtnagl/Stratz/*Hörtnagl* UmwG § 122e Rn. 10; MHdb GesR VI/*Hoffmann* § 53 Rn. 62. Anders nur bei Erstattung eines gemeinsamen Verschmelzungsberichts der beteiligten Rechtsträger, vgl. Lutter/*Bayer* UmwG § 122e Rn. 7; Schmitt/Hörtnagl/Stratz/*Hörtnagl* UmwG § 122e Rn. 7, 10; Semler/Stengel/*Drinhausen* UmwG § 122e Rn. 9.
[73] ErfK/*Oetker* UmwG § 122e Rn. 2; KK-UmwG/*Simon/Rubner* UmwG § 122e Rn. 7; Schmitt/Hörtnagl/Stratz/*Hörtnagl* UmwG § 122e Rn. 10; MHdb GesR VI/*Hoffmann* § 53 Rn. 64.

grenzüberschreitenden Verschmelzungen von den erforderlichen Ausführungen bei inländischen Verschmelzungen unterscheidet.[74]

Die Bestimmung der „Auswirkungen auf die Arbeitnehmer", die nach § 122e S. 1 **29** UmwG zwingend in den Verschmelzungsbericht aufzunehmen sind, fällt aus mehreren Gründen nicht leicht: Der deutsche Gesetzgeber hat den Wortlaut des Art. 7 Abs. 1 RL 2005/56/EG übernommen, ohne sich damit auseinanderzusetzen, welche Folgen diese Abweichung von § 5 Abs. 1 Nr. 9 UmwG und seinen Parallelvorschriften haben würde.[75] Die Regelung zu Verschmelzung und Spaltung war seinerzeit ein Novum, das keine Entsprechung in der Verschmelzungs-RL 78/855/EWG hatte und von seinem Wortlaut her eher von Art. 7 Abs. 1 und 6 RL 77/187/EWG (= Art. 7 Abs. 1 und 6 RL 2001/23/EG) inspiriert gewesen sein dürfte, der die Unterrichtung bei Betriebsübergängen regelt. Angesichts der sehr weiten Ausdehnung, welche die korrespondierende Unterrichtungspflicht nach § 613a Abs. 5 BGB durch das BAG erfahren hat,[76] lässt sich weder mit dem Wortlaut der Norm noch mit der Entstehungsgeschichte der zugrunde liegenden europäischen Richtlinie eine enge Interpretation des Informationsumfangs nach § 122e S. 1 UmwG begründen.[77] Dies gilt umso mehr, als die finale Fassung von Art. 7 Abs. 1 RL 2005/56/EG damit begründet wurde, dass es ein grundlegendes Recht der Arbeitnehmer und ihrer Vertreter sei, über die „(meistens äußerst komplexen, unsicheren und weitreichenden) Konsequenzen einer grenzüberschreitenden Verschmelzung" unterrichtet zu werden.[78] Diese sehr pauschale Angabe in der Begründung der Richtlinie passt wiederum nicht zu deren Wortlaut, der deutlich hinter Art. 7 Abs. 1 und 6 RL 2001/23/EG zurückbleibt; zudem wurde schon zur Verschmelzung ausgeführt, dass auch der weite Unterrichtungsumfang beim Betriebsübergang nicht der richtige Maßstab sein kann (→ § 56 Rn. 14).

Damit bleibt nur der Zweck der Informationen nach § 122e S. 1 UmwG als Richt- **30** schnur. Dieser dürfte aber, jedenfalls soweit es um die Unterrichtung des Betriebsrats geht, dem Zweck der §§ 5 Abs. 3, 126 Abs. 3, 194 Abs. 2 UmwG entsprechen. Im Ergebnis sprechen daher trotz des unterschiedlichen Wortlauts mE die besseren Argumente dafür, dass die zwingenden Angaben im Verschmelzungsvertrag gemäß § 5 Abs. 1 Nr. 9 UmwG auch im Verschmelzungsbericht gemäß § 122e S. 1 UmwG enthalten sein müssen. Zwar hat der Gesetzgeber diese Unterrichtungspflicht nicht in gleicher Weise abgesichert wie bei inländischen Umwandlungen (vgl. → § 56 Rn. 59). Dies alleine spricht aber nicht entscheidend dafür, dass diese Unterrichtung einen anderen Inhalt haben muss. Im Ergebnis kann daher grundsätzlich auf die Ausführungen zu Verschmelzung und Spaltung verwiesen werden (→ § 56 Rn. 11 ff.).

Besonderheiten können sich bei grenzüberschreitenden Verschmelzungen etwa daraus **31** ergeben, dass ein inländischer Arbeitgeber künftig erstmals Arbeitnehmer in Betriebsstätten im EU-Ausland beschäftigt. Dies kann insbesondere dazu führen, dass die übernehmende Gesellschaft einen Europäischen Betriebsrat nach dem EBRG bilden muss.

2. Angaben bei fehlendem Betriebsrat und bei arbeitnehmerlosen Gesellschaften

Die Angaben nach den §§ 5 Abs. 1 Nr. 9, 126 Abs. 1 Nr. 11, 194 Abs. 1 Nr. 7 UmwG **32** sind **auch dann** zwingend aufzunehmen, **wenn** bei einem oder allen beteiligten Gesellschaften **kein Betriebsrat besteht**. Zwar erfolgen die Angaben im Umwandlungsvertrag

---

[74] So *Dzida/Schramm* NZG 2008, 521, 525 f.; vgl. auch *Schädle* S. 35 ff., die aber i. E. für § 122e S. 1 UmwG zu demselben Ergebnis kommt, das hier zu § 5 Abs. 1 Nr. 9 UmwG vertreten wird (→ § 56 Rn. 16).
[75] RegBegr., BT-Drucks. 16/2919, S. 15.
[76] Vgl. BAG 2 AZR 783/13, NZA 2015, 866, 868 Rn. 25 (→ § 57 Rn. 39 ff.).
[77] Anders *Dzida/Schramm* NZG 2008, 521, 525 f.
[78] Bericht über den Vorschlag für eine Richtlinie des Europäischen Parlaments und des Rates über die Verschmelzung von Kapitalgesellschaften aus verschiedenen Mitgliedstaaten vom 25.4.2005, COM (2003) 0703, S. 20 und 46.

bzw. im Formwechselbeschluss allein wegen der materiell-rechtlich dem Betriebsverfassungsrecht zuzuordnenden Pflicht des jeweiligen Rechtsträgers zur Zuleitung an den zuständigen Betriebsrat (→ § 56 Rn. 7). Dieser Zweck hat aber im derzeit gültigen Wortlaut der einschlägigen Vorschriften keinen Niederschlag gefunden. Die Ansicht, dass die Angaben nach den genannten Vorschriften entbehrlich seien, wenn es bei keiner beteiligten Gesellschaft einen Betriebsrat gibt,[79] ist daher als *contra legem* abzulehnen.[80]

33   Bei der **grenzüberschreitenden Verschmelzung** ist der Verschmelzungsbericht bereits von Gesetzes wegen den Arbeitnehmern zugänglich zu machen, wenn die beteiligte inländische Gesellschaft nicht über einen Betriebsrat verfügt (→ § 56 Rn. 63), so dass sich hier die Frage nach der Entbehrlichkeit arbeitnehmerschützender Angaben gemäß § 122e S. 1 UmwG gar nicht erst stellt.

34   Beschäftigt ein Rechtsträger **keine Arbeitnehmer**, so kann die Umwandlung keine Auswirkungen auf diese haben. In diesen Fällen empfiehlt es sich, eine entsprechende **Negativerklärung** in den Umwandlungsvertrag oder den Formwechselbeschluss aufzunehmen. Beschäftigt keine der beteiligten Gesellschaften Arbeitnehmer, beschränken sich die Angaben zu den Folgen für die Arbeitnehmer und ihre Vertretungen insgesamt auf diese Negativerklärung. Die Ansicht, der zufolge fehlende Angaben zu den Folgen der Umwandlung für die Arbeitnehmer und ihre Vertretungen stets als eine solche Negativerklärung auszulegen sein sollen,[81] hat sich bislang dagegen nicht durchsetzen können, zumal die Rechtsprechung dieser Auffassung ausdrücklich nicht gefolgt ist.[82] Eine entsprechende Negativerklärung sollte ggf. auch in den Verschmelzungsbericht gemäß § 122e S. 1 UmwG bei der grenzüberschreitenden Verschmelzung aufgenommen werden.

3. Rechtsfolgen fehlender oder unvollständiger Angaben zu den Folgen der Umwandlung für die Arbeitnehmer und ihrer Vertretungen

35   **a) Prüfungsrecht des Registergerichts.** Die Bedeutung, die den gesetzlichen Vorgaben für den Inhalt von Umwandlungsvertrag, Verschmelzungsbericht und Formwechselbeschluss zukommen, hängt maßgeblich davon ab, welche Rechtsfolgen ausgelöst werden, wenn die Angaben gemäß §§ 5 Abs. 1 Nr. 9, 122e S. 1, 126 Abs. 1 Nr. 11, 194 Abs. 1 Nr. 7 UmwG nicht den gesetzlichen Anforderungen genügen. Ähnlich wie bei der Bestimmung des genauen Umfangs jener Angaben besteht auch über die die Rechtsfolgen Streit. Als erstes stellt sich die Frage, ob dem **Registergericht** ein **Prüfungsrecht** zusteht, das sich nicht nur auf die Einhaltung der formalen Anforderungen des UmwG erstreckt, sondern auch darauf, **ob** die erforderlichen **Angaben** in den für eine Umwandlung erforderlichen Dokumenten **inhaltlich zutreffend** sind.

36   **Unstrittig** ist, dass dem Registergericht ein **formelles Prüfungsrecht** zusteht, aufgrund dessen es prüfen darf, ob die einschlägigen umwandlungsrechtlichen Dokumente die vom Gesetz vorgesehenen Mindestangaben enthalten. Es muss die Umwandlung dann nicht eintragen (und darf es auch nicht[83]), wenn der Verschmelzungsvertrag, der Spaltungsvertrag oder der Formwechselbeschluss **keinerlei Angaben** zu den Folgen der Umwandlung für die Arbeitnehmer und ihrer Vertretungen enthält.[84] Mit dem OLG Düsseldorf ist dies auch

---

[79] LG Stuttgart 4 KfH T 1/96, DNotZ 1996, 701, 702; für den Formwechsel Lutter/*Decher*/*Hoger* UmwG § 194 Rn. 31; offengelassen von OLG Düsseldorf 3 Wx 156/98, NZA 1998, 766, 767.

[80] Mit gleicher Begründung Widmann/Mayer/*Mayer* UmwG § 5 Rn. 202; iE ebenso Kallmeyer/ *Willemsen* UmwG § 5 Rn. 49 und § 126 Rn. 43 (mittelbarer Schutz über die Pflicht der Rechtsträger zur Befassung mit den Folgen für die Arbeitnehmer); ErfK/*Oetker* UmwG § 5 Rn. 6; Schmitt/ Hörtnagl/Stratz/*Langner* UmwG § 5 Rn. 107; Semler/Stengel/*Simon* UmwG § 5 Rn. 93.

[81] Kallmeyer/*Willemsen* UmwG § 5 Rn. 59; Semler/Stengel/*Simon* UmwG § 5 Rn. 92.

[82] OLG Düsseldorf 3 Wx 156/98, NZA 1998, 766, 767; OLG Frankfurt 20 W 466/10, NZG 2011, 1278, 1279: Der „negative Tatbestand", dass sich für die Arbeitnehmer nichts ändere, stelle eine anzugebende Folge der Verschmelzung dar.

[83] Vgl. *Krafka*/*Kühn* E Rn. 166.

[84] Ähnlich Kallmeyer/*Willemsen* UmwG § 5 Rn. 60.

in dem Fall zu bejahen, wenn es „an **jeder nachvollziehbaren Darstellung** der arbeitsrechtlichen Folgen **fehlt**."[85] Ein bloßer Verweis auf die einschlägigen umwandlungsrechtlichen und arbeitsrechtlichen Vorschriften ist daher nicht ausreichend. Außerdem darf das Registergericht die Eintragung der Umwandlung ablehnen, wenn die Angaben **unvollständig** sind, d. h. wenn die Angaben (ggf. in Verbindung mit Negativerklärungen) nicht sämtliche Themen abdecken, die unstrittig von den einschlägigen Vorschriften des UmwG erfasst sind. Angesichts der oben dargestellten Diskussion wird man davon ausgehen müssen, dass schon eine vergleichsweise knappe Darstellung den formalen Anforderungen des UmwG genügen kann und daher vom Registergericht **nur ausnahmsweise** beanstandet werden darf.[86]

Umstritten ist dagegen, inwieweit dem Registergericht darüber hinaus ein **materielles** 37 **Prüfungsrecht** zukommt, inwieweit es also über das Vorhandensein und die formale Vollständigkeit von Angaben hinaus auch prüfen darf, ob diese Angaben zu den Folgen der Umwandlung für die Arbeitnehmer und ihre Vertretungen inhaltlich schlüssig oder gar zutreffend sind. Es ist jedoch **nicht die Aufgabe des** gesellschaftsrechtlichen **Registerverfahrens, arbeitsrechtliche Streitigkeiten zu entscheiden**. Zum Teil wird versucht, dem durch die Unterscheidung zwischen „offensichtlichen" und anderen Unrichtigkeiten gerecht zu werden.[87] Angesichts der Komplexität der betroffenen Rechtsfragen, die noch dazu in hohem Maße von der Rechtsprechung geprägt sind, lässt sich diese Unterscheidung jedoch nicht in einer für die Praxis handhabbaren Weise durchführen. Das Registergericht ist daher **weder berechtigt noch verpflichtet**, eine **rechtliche Schlüssigkeitsprüfung durchzuführen** und zu untersuchen, ob die Angaben zu den Folgen für die Arbeitnehmer und ihre Vertretungen ggf. „gerade eben noch" vertretbar sind.[88] Selbst eine auf den ersten Blick unrichtige Subsumtion unter die einschlägigen gesetzlichen Regelungen ist daher nach hier vertretener Ansicht nicht geeignet, ein Prüfungsrecht und damit ein Beanstandungsrecht des Registergerichts auszulösen. Im Ergebnis muss daher das Registergericht unter Umständen eine Umwandlung eintragen, obwohl bestimmte Angaben gemäß § 5 Abs. 1 Nr. 9 UmwG oder § 194 Abs. 1 Nr. 7 UmwG nach Ansicht des Gerichts materiell „offensichtlich" unrichtig sind.[89] In der Praxis dürfte diese vermeintlich strenge Auslegung dadurch abgemildert werden, dass ein Umwandlungsvertrag, dessen arbeitsrechtliche Folgenbeschreibung an einem derartigen inhaltlichen Mangel leidet, auch in anderer Hinsicht mangelhaft ist und dem Registergericht andere Möglichkeiten zur Beanstandung bietet.

b) Beschlussmängel. Sodann wird darüber gestritten, ob **fehlende oder unrichtige** 38 **Angaben** zu den Folgen der Umwandlung für die Arbeitnehmer und ihre Vertretungen zur **Anfechtbarkeit oder** gar zur **Nichtigkeit des** zugrunde liegenden **Umwandlungsbeschlusses** führen. Unstrittig dürfte heutzutage sein, dass fehlerhafte oder selbst fehlende Angaben i. S. d. §§ 5 Abs. 1 Nr. 9, 126 Abs. 1 Nr. 11, 194 Abs. 1 Nr. 7 UmwG weder den Umwandlungsvertrag noch den Zustimmungsbeschluss nichtig machen.[90]

Allerdings wird diskutiert, ob ein Umwandlungsbeschluss in diesem Fall von den Anteils- 39 inhabern[91] mit der **Anfechtungsklage** angegriffen werden kann.[92] Zum Teil wird dies

---

[85] OLG Düsseldorf 3 Wx 156/98, NZA 1998, 766, 767.
[86] Vgl. auch Kallmeyer/*Willemsen* UmwG § 5 Rn. 60.
[87] Ausführlich zum Streitstand unter Einbeziehung der älteren umwandlungsrechtlichen Literatur *Hausch* RNotZ 2008, 396, 408 f.
[88] So iE *Krafka/Kühn* E Rn. 162 a. E.; Limmer/*Limmer* Teil 2 Rn. 216.
[89] Kallmeyer/*Willemsen* UmwG § 5 Rn. 60; aA Sagasser/Bula/Brüner/*Sagasser/Luke* § 9 Rn. 165.
[90] Schmitt/Hörtnagl/Stratz/*Langner* UmwG § 5 Rn. 106, 113; Limmer/*Limmer* Teil 2 Rn. 200; vgl. *A. Drygala* ZIP 1996, 1365, 1367 Fn. 17.
[91] Eine gesellschaftsrechtliche Anfechtungsbefugnis des Betriebsrats scheidet aus, vgl. OLG Naumburg 7 U 236/96, NZA-RR 1997, 177, 178; Lutter/*Drygala* UmwG § 5 Rn. 156; Kallmeyer/ *Willemsen* UmwG § 5 Rn. 57.
[92] Schmitt/Hörtnagl/Stratz/*Langner* UmwG § 5 Rn. 110; *A. Drygala* ZIP 1996, 1365, 1367 f.

unter Hinweis darauf bejaht, dass sich die Anteilseigner zum Sachwalter der Interessen der Arbeitnehmer machen könnten, da die entsprechend anzuwendenden §§ 241 ff. AktG nicht nur der Wahrung subjektiver Rechte der Antragsteller, sondern auch der objektiven Rechtskontrolle dienten. Der überwiegende Teil der Literatur lehnt diese Ansicht mE mit Recht ab.[93] Zwar nimmt der BGH in ständiger Rechtsprechung an, dass sich das Rechtsschutzbedürfnis für die Anfechtungsklage gegen einen Gesellschafterbeschluss bei einer Kapitalgesellschaft bereits daraus ergibt, dass ihre Erhebung der Herbeiführung eines dem Gesetz und der Satzung entsprechenden Rechtszustandes dient.[94] Soweit die Angaben im Umwandlungsvertrag oder im Formwechselbeschluss aber formal den Anforderungen des UmwG entsprechen, mögen sie auch materiell unrichtig sein, fehlt es schon an einem Rechtsverstoß. Darüber hinaus kommt eine Anfechtungsklage auch nach § 243 Abs. 4 S. 1 AktG nicht in Betracht. Die Norm bestimmt, dass ein Beschluss wegen unrichtiger, unvollständiger oder verweigerter Erteilung von Informationen nur angefochten werden kann, wenn ein objektiv urteilender Aktionär die Erteilung der Information als wesentliche Voraussetzung für die sachgerechte Wahrnehmung seiner Teilnahme- und Mitgliedschaftsrechte angesehen hätte. Dies erscheint bei nicht ordnungsgemäßen Angaben gemäß §§ 5 Abs. 1 Nr. 9, 126 Abs. 1 Nr. 11, 194 Abs. 1 Nr. 7 UmwG ausgeschlossen: Zum einen dienen sie ausschließlich der Information der Betriebsräte und Arbeitnehmer und nicht der Information der Anteilseigner. Außerdem haben die Angaben keinerlei Regelungsgehalt und bewirken weder für die an der Umwandlung beteiligten Rechtsträger noch für die Arbeitnehmer und ihre Vertretungen Rechte oder Pflichten (auch nicht aus einem Vertrag zugunsten Dritter gemäß § 328 BGB)[95] (→ § 56 Rn. 7 und Rn. 41).[96]

40 Mit dem gleichen Argument dürfte die Anfechtung des Zustimmungsbeschlusses zu einer grenzüberschreitenden Verschmelzung ausgeschlossen sein. Die Angaben zu den Auswirkungen der grenzüberschreitenden Verschmelzung auf die Arbeitnehmer dienen der Unterrichtung der Betriebsräte und ggf. der Arbeitnehmer selbst. Daher sollten nicht ordnungsgemäße Informationen hierüber für die Entscheidung der Anteilsinhaber nicht von Bedeutung sein, vgl. § 243 Abs. 4 S. 1 AktG.[97]

41 **c) Schadensersatzansprüche der Arbeitnehmer.** Gerade weil sich die Informationen gemäß §§ 5 Abs. 1 Nr. 9, 126 Abs. 1 Nr. 11, 194 Abs. 1 Nr. 7 UmwG an die Betriebsräte und dadurch mittelbar auch an die Arbeitnehmer richten, stellt sich die Frage, ob die Arbeitnehmer wegen fehlerhafter Angaben aufgrund der Vorschriften des UmwG Schadensersatz verlangen können. In Betracht käme hierfür alleine § 25 UmwG, der u. a. den Gläubigern eines übertragenden Rechtsträgers einen Schadensersatzanspruch gegen die Mitglieder des Vertretungsorgans oder des Aufsichtsorgans jenes übertragenden Rechtsträgers gewährt. Dies schützt die Gläubiger jedoch nur mit Blick auf ihre Vermögensinteressen. Die Vermögensinteressen der Arbeitnehmer werden aber nicht durch die fehlerhaften Informationen als solche berührt, welche keinerlei gestaltende Wirkung haben. Daher ist der Schutzzweck des § 25 UmwG nicht berührt und es dürfte an der erforderlichen Kausalität von Pflichtverletzung und Schaden fehlen.[98] Ein Schadensersatzanspruch nach § 25 UmwG kommt daher auch dann nicht in Betracht, wenn den Arbeitnehmern ein Vermögensschaden entstanden ist, weil sie sich im Vertrauen auf die Angaben im Umwandlungsvertrag oder Formwechselbeschluss in einer bestimmten Weise

---

[93] Henssler/Strohn/*Wardenbach* UmwG § 126 Rn. 44; Limmer/*Limmer* Teil 2 Rn. 200.
[94] BGH II ZR 206/88, BGHZ 107, 296 = NJW 1989, 2689, 2691 (Anfechtung eines Verschmelzungsbeschlusses einer AG wegen Fehlerhaftigkeit des Verschmelzungsberichts); vgl. auch BGH II ZR 142/14, NZG 2015, 1227, 1232; Michalski/*Römermann* GmbHG Anh. § 47 Rn. 393.
[95] Semler/Stengel/*Simon* UmwG § 5 Rn. 79; Kallmeyer/*Willemsen* UmwG § 5 Rn. 49.
[96] Allgemein zum Anfechtungsrecht der Anteilsinhaber bei fehlerhaften Angaben → § 14 Rn. 54 ff.
[97] Kallmeyer/*Marsch-Barner* UmwG § 122e Rn. 10; Widmann/Mayer/*Mayer* UmwG § 122e Rn. 42.
[98] Semler/Stengel/*Simon* UmwG § 5 Rn. 99; Sagasser/Bula/Brünger/*Sagasser/Luke* § 9 Rn. 166.

verhalten haben.[99] Unberührt hiervon bleibt ein möglicher Schadensersatzanspruch wegen einer Verletzung arbeitsvertraglicher Nebenpflichten nach den allgemeinen Regeln, insbesondere nach § 280 BGB, wenn dessen Voraussetzungen im Einzelfall gegeben sein sollten.[100]

III. Zuleitung von Umwandlungsverträgen etc. an die zuständigen Betriebsräte

1. Gegenstand der Zuleitung

Gemäß §§ 5 Abs. 3, 126 Abs. 3 UmwG ist der **Verschmelzungsvertrag** bzw. **Spaltungsvertrag** oder sein **Entwurf** dem zuständigen Betriebsrat zuzuleiten. Beim Formwechsel ist stets der **Entwurf des Formwechselbeschlusses** Gegenstand der Zuleitung, § 194 Abs. 2 UmwG. Es entspricht allgemeiner Meinung, dass nicht nur die Angaben zu den Folgen der Umwandlung für die Arbeitnehmer und ihre Vertretungen zuzuleiten sind, sondern der vollständige Vertrags- bzw. Beschlusstext.[101]

Umstritten ist aber, inwieweit auch Anlagen zum Umwandlungsvertrag oder zum Formwechselbeschluss zuzuleiten sind. Ausgehend vom Wortlaut der Norm wird überwiegend vertreten, dass alles zuzuleiten ist, was Gegenstand der Anmeldung zur Eintragung sein muss und soll, und damit auch **alle Anlagen**.[102] Die Gegenauffassung orientiert sich an Sinn und Zweck der Zuleitung, die gewährleisten soll, dass der Betriebsrat möglichst frühzeitig über die Folgen der Umwandlung unterrichtet wird, um eine möglichst sozialverträgliche Durchführung der Umwandlung zu erleichtern (→ § 56 Rn. 7). Danach sollen Anlagen **nur** dann zuzuleiten sein, **wenn sie Einfluss auf** die **Beurteilung** des Umwandlungsvorgangs **durch** den **Betriebsrat haben könnten**, was aber regelmäßig nicht der Fall sei.[103] Sinn und Zweck des Zuleitungserfordernisse gebieten mE nicht die Zuleitung von Anlagen. Das Gesetz sieht die Zuleitung des Umwandlungsvertrages wegen der darin enthaltenen Folgenbeschreibung für die Arbeitnehmer vor, nicht als allgemeine Informationsquelle für den Betriebsrat. Der Wortlaut lässt jedoch die Differenzierung zwischen Vertragstext und Anlagen nicht zu, und jede abstrakte Unterscheidung der Anlagen, etwa nach wesentlichen und unwesentlichen Anlagen, dürfte kaum praktikabel sein.[104] Für die Umwandlungspraxis ist daher davon ausgehen, dass dem Betriebsrat der gesamte Umwandlungsvertrag bzw. sein Entwurf nebst Anlagen zuzuleiten ist.

Einen Sonderfall stellt der Gesellschaftsvertrag der neuen, durch eine Verschmelzung oder Spaltung zur Neugründung entstehenden Gesellschaft dar. Dieser ist aufgrund von § 37 UmwG, auf den auch § 135 Abs. 1 UmwG für die Spaltung zur Neugründung verweist, zusammen mit dem Umwandlungsvertrag zuzuleiten.[105]

2. Adressaten der Zuleitung und des Zuleitungserfordernisses

Der Umwandlungsvertrag oder sein Entwurf sowie der Entwurf des Formwechselbeschlusses sind dem „zuständigen" Betriebsrat zuzuleiten. Da das UmwG keine Aussage

---

[99] *Bungert* DB 1997, 2209, 2214; *Gaul* DB 1995, 2265, 2266; Semler/Stengel/*Simon* UmwG § 5 Rn. 99; aA *Engelmeyer* DB 1996, 2542, 2544.
[100] Dazu ErfK/*Preis* BGB § 611 Rn. 610 ff.; MünchKommBGB/*Müller-Glöge* BGB § 611 Rn. 981 ff.
[101] Semler/Stengel/*Schröer* UmwG § 5 Rn. 141; *Nießen* Der Konzern 2009, 321, 322.
[102] OLG Naumburg 7 Wx 6/02, NZG 2004, 734; Schmitt/Hörtnagl/Stratz/*Langner* UmwG § 5 Rn. 117; Kallmeyer/*Willemsen* UmwG § 5 Rn. 74; Henssler/Strohn/*Heidinger* UmwG § 5 Rn. 39; ErfK/*Oetker* UmwG § 5 Rn. 9; *Nießen* Der Konzern 2009, 321, 323.
[103] Semler/Stengel/*Schröer* UmwG § 5 Rn. 141; *Blechmann* NZA 2005, 1143, 1148 unter Berufung auf LG Essen 42 T 1/02, NZG 2002, 736, 737, das die Zuleitung der Anlagen bei einer Abspaltung für entbehrlich gehalten hat, über die bereits zuvor ein Interessenausgleich geschlossen worden war; zustimmend *Kiem* EWiR 2002, 637, 638, der jedenfalls im Grundsatz kein schutzwürdiges Interesse des Betriebsrats an einer Zuleitung der Anlagen als gegeben sieht.
[104] ErfK/*Oetker* UmwG § 5 Rn. 9.
[105] Semler/Stengel/*Schröer* UmwG § 5 Rn. 141.

über die Zuständigkeit trifft, richtet sich diese nach dem BetrVG.[106] Besteht in einem Unternehmen nur ein (**Einzel-**)**Betriebsrat**, ist dieser ohne weiteres zuständig i. S. d. §§ 5 Abs. 3, 126 Abs. 3,194 Abs. 2 UmwG. Dies gilt auch dann, wenn etwa aufgrund eines Tarifvertrags gemäß § 3 Abs. 1 Nr. 1 lit. a) BetrVG ein unternehmenseinheitlicher Betriebsrat gebildet wurde.

46 Bestehen in einem Unternehmen mehrere Betriebsräte und haben diese in Übereinstimmung mit § 47 Abs. 1 BetrVG einen **Gesamtbetriebsrat** gebildet, so ist dieser gemäß § 50 Abs. 1 S. 1 UmwG für die Behandlung von Angelegenheiten zuständig, die das Gesamtunternehmen oder mehrere Betriebe betreffen und nicht durch einzelne Betriebsräte innerhalb ihrer Betriebe geregelt werden können. Hierzu zählen mE alle umwandlungsrechtlichen Maßnahmen, für die der Gesamtbetriebsrat daher stets ausschließlich zuständig ist.[107] Dies gilt unabhängig davon, ob im Einzelfall, etwa bei der Abspaltung eines einzelnen Betriebs, der dort gebildete Einzelbetriebsrat in der Lage wäre, einen ggf. erforderlichen Interessenausgleich zu schließen.[108] Denn die Zuleitung des Umwandlungsvertrages oder seines Entwurfs und des Entwurfs des Formwechselbeschlusses sollen verhindern, dass der zuständige Betriebsrat durch die Umwandlung vor vollendete Tatsachen gestellt wird und seine Beteiligungsrechte nicht ausüben kann. Dem ist aber bereits dann genüge getan, wenn dem für das Gesamtunternehmen zuständigen Gremium die Folgenbeschreibung für die Arbeitnehmer zugeleitet wird. Ebenso wie arbeitsrechtliche Streitigkeiten sollten auch keine Kompetenzstreitigkeiten zwischen verschiedenen Betriebsräten eines Unternehmens in das Registerverfahren hineingetragen werden. Die damit verbundene Rechtsunsicherheit könnte vermieden werden, indem die Zuleitung nach dem UmwG vorsorglich stets an alle Betriebsräte der beteiligten Unternehmen erfolgt, was in der Literatur nicht selten empfohlen wird.[109] Dies entspricht aber nicht dem UmwG („dem zuständigen Betriebsrat") und wäre den beteiligten Unternehmen mit Blick auf die Monatsfrist der §§ 5 Abs. 3, 126 Abs. 3, 194 Abs. 2 UmwG und die „faktische Anmeldefrist" des § 17 Abs. 2 S. 4 UmwG sowie sich die daraus ergebenden Herausforderungen für eine rechtzeitige Zuleitung an alle Betriebsräte nicht zuzumuten. Im Umkehrschluss folgt daraus zugleich: Ist in einem Unternehmen gesetzwidrig kein Gesamtbetriebsrat gebildet worden, muss der Umwandlungsvertrag oder sein Entwurf wie auch ein Formwechselbeschluss trotz der damit verbundenen Erschwernisse **allen Betriebsräten** des Unternehmens zugeleitet werden.[110] Abgesehen von diesem Sonderfall sollte die vorsorgliche Zuleitung an alle in Frage kommenden Betriebsräte mE nur ganz ausnahmsweise erwogen werden. Denn damit gehen die beteiligten Unternehmen das Risiko ein, dass sie für künftige Umwandlungen ein nur schwer wieder zu beseitigendes „Präjudiz" setzen.

47 **Nicht** zuständig für die Zuleitung i. S. d. UmwG sind dagegen der **Konzernbetriebsrat** nach §§ 54, 58 BetrVG und der **Europäische Betriebsrat** gemäß §§ 1 ff. EBRG.[111] Dies gilt für den Konzernbetriebsrat auch dann, wenn zwei Unternehmen desselben Konzerns an der Umwandlung beteiligt sind.[112]

---

[106] Semler/Stengel/*Schröer* UmwG § 5 Rn. 142; *Dzida* GmbHR 2009, 459, 460.
[107] Willemsen/Hohenstatt/Schweibert/Seibt/*Willemsen* C Rn. 440.
[108] Danach differenzierend *Hausch* RNotZ 2007, 308, 312; *Blechmann* NZA 2005, 1143, 1147 f.
[109] Vgl. Willemsen/Hohenstatt/Schweibert/Seibt/*Willemsen* C Rn. 440; Henssler/Strohn/*Heidinger* UmwG § 5 Rn. 42.
[110] Schmitt/Hörtnagl/Stratz/*Langner* UmwG § 5 Rn. 117; KK-UmwG/*Hohenstatt/Schramm* UmwG § 5 Rn. 251; Engelmeyer DB 1996, 2542, 2544; *Joost* ZIP 1995, 976, 984; aA *Dzida* GmbHR 2009, 459, 461; *Hausch* RNotZ 2007, 308, 312 Fn. 35: „unzumutbare Formalie" bei Ausgliederungen einzelner Vermögensgegenstände aus einem von mehreren Betrieben.
[111] Kallmeyer/*Willemsen* UmwG § 5 Rn. 76.
[112] Ausführlich *K.J. Müller* DB 1997, 713, 715, der eine Zuständigkeit des Konzernbetriebsrats allein für den Fall annimmt, dass das herrschende Unternehmen selbst als übertragender Rechtsträger an einer Verschmelzung teilnimmt; *Hausch* RNotZ 2007, 308, 313.

Die Zuleitung erfolgt an den **Vorsitzenden** des Betriebsrats und im Verhinderungsfall an 48 den stellvertretenden Vorsitzenden, die den Betriebsrat gemäß § 26 Abs. 2 S. 1 BetrVG vertreten. Ist auch der Stellvertreter verhindert, kann der Umwandlungsvertrag oder sein Entwurf bzw. der Formwechselbeschluss jedem Betriebsratsmitglied wirksam zugeleitet werden.[113] Auf der Unternehmensseite ergibt sich die Zuständigkeit nicht aus dem Gesetz. Da die Zuleitung nicht die Abgabe einer Willenserklärung umfasst, reicht es aus, wenn die Zuleitung durch mindestens einen der an der Umwandlung beteiligten Rechtsträger zurechenbar veranlasst wird; die Zuleitung kann daher auch durch die Rechtsabteilung oder die Personalabteilung anstelle des Geschäftsleitungsorgans erfolgen.[114] Wer die Zuleitung vornimmt, ist durch ein Übersendungsschreiben oder durch eine Übersendungs- E-Mail zu dokumentieren.

Fehlt ein **Betriebsrat** in einem der beteiligten Rechtsträger, so **entfällt** damit die 49 **Zuleitung** ersatzlos. Der Umwandlungsvertrag oder sein Entwurf sowie der Entwurf des Formwechselbeschlusses sind in diesem Fall nicht den Arbeitnehmern zugänglich zu machen oder gar formal zuzuleiten.[115] In dem Fall ist in den Umwandlungsvertrag oder seinen Entwurf bzw. in den Formwechselbeschluss eine entsprechende Negativerklärung aufzunehmen. Hierdurch dürfte das Nichtbestehen (irgend-)eines Betriebsrats in den beteiligten Unternehmen bereits hinreichend nachgewiesen sein.[116] Gleichwohl empfiehlt es sich, dies zusätzlich dem Registergericht in der Handelsregisteranmeldung mitzuteilen.

3. Form und Nachweis der Zuleitung

Eine bestimmte **Form** ist für die Zuleitung selbst nach § 5 Abs. 3 UmwG und seinen 50 Parallelvorschriften nicht vorgesehen. Der Umwandlungsvertrag oder sein Entwurf muss dem Betriebsrat zugehen i. S. d. § 130 Abs. 1 S. 1 BGB;[117] der Betriebsrat muss anhand des Vertrages prüfen können, ob ihm im Zusammenhang mit der Umwandlung Mitbestimmungsrechte zustehen. Dazu dürfte es wie für die Unterrichtung der Arbeitnehmer gemäß § 613a Abs. 5 BGB erforderlich, aber auch ausreichend sein, wenn die Zuleitung in Textform gemäß § 126b BGB erfolgt. Die Zuleitung kann daher insbesondere auch per E-Mail erfolgen.[118] Ein bloßes Zugänglichmachen, zum Beispiel über das Intranet, ist dagegen aufgrund des Umkehrschlusses zu § 122e S. 2 UmwG nicht ausreichend.

§ 17 Abs. 1 a. E. UmwG verlangt, dass die beteiligten Rechtsträger ihrer Anmeldung der 51 Umwandlung zur Eintragung in das Handelsregister einen **Nachweis über die rechtzeitige Zuleitung** in Urschrift oder Abschrift beifügen. Nach der Vorstellung des Gesetzgebers kann dieser Nachweis durch ein Übersendungsschreiben oder eine Empfangsbestätigung geführt werden.[119] In der Praxis etabliert und bewährt hat sich das durch den Vorsitzenden des Betriebsrats unter Datumsangabe unterzeichnete Empfangsbekenntnis.[120] Für den Fall, dass der Vorsitzende die Erteilung des Empfangsbekenntnisses verweigern sollte, kommen aber auch andere Nachweise in Betracht, insbesondere eine schriftliche Erklärung des Boten, der die Zuleitung vorgenommen hat.[121] Die Vorlage des Übersendungsschrei-

---

[113] Widmann/Mayer/*Mayer* UmwG § 5 Rn. 258; *Nießen* Der Konzern 2009, 321, 324; allgemein zur Entgegennahme von Erklärungen gegenüber dem Betriebsrat Richardi/*Thüsing* BetrVG § 26 Rn. 42.
[114] *Nießen* Der Konzern 2009, 321, 325.
[115] Kallmeyer/*Willemsen* UmwG § 5 Rn. 79.
[116] Semler/Stengel/*Schröer* UmwG § 5 Rn. 148; Kallmeyer/*Willemsen* UmwG § 5 Rn. 79: Nachweis durch „einfache" schriftliche Erklärung.
[117] Semler/Stengel/*Schröer* UmwG § 5 Rn. 141.
[118] *Nießen* Der Konzern 2009, 321, 326.
[119] RegBegr., BT-Drucks. 12/6699, S. 90.
[120] Kallmeyer/*Willemsen* UmwG § 5 Rn. 74; Semler/Stengel/*Schröer* UmwG § 5 Rn. 141.
[121] Widmann/Mayer/*Mayer* UmwG § 5 Rn. 258.

bens dürfte dagegen ungeachtet der Gesetzesbegründung allenfalls in Verbindung mit einem Nachweis über die Aufgabe zur Post ausreichen.[122]

4. Frist für die Zuleitung und Verzicht

52 Die Zuleitung hat gemäß §§ 5 Abs. 3, 126 Abs. 3, 194 Abs. 2 UmwG spätestens einen Monat vor dem Tag der Anteilsinhaberversammlung jedes beteiligten Rechtsträgers zu erfolgen, die über die Zustimmung zum Umwandlungsvertrag bzw. zum Formwechsel beschließen soll. Diese Monatsfrist ist gesondert für jede Zuleitung in entsprechender Anwendung von §§ 187 Abs. 1, 188 Abs. 2 BGB rückwärts zu berechnen.[123] Wie dies zu geschehen hat, war nach Inkrafttreten des UmwBerG im Jahr 1995 stark umstritten, dürfte aber inzwischen geklärt sein.[124] Das auslösende Ereignis für die Fristberechnung ist die Anteilsinhaberversammlung; daher wird der Tag, an dem diese stattfindet, analog § 187 Abs. 1 BGB nicht mitberechnet. Die Frist beginnt einen Tag vor der Anteilsinhaberversammlung und endet an dem Tag des vorangehenden Monats, welcher durch seine Zahl dem Tage entspricht, an dem die Anteilsinhaberversammlung stattfindet. Das Ende der Frist ist spiegelbildlich zu § 187 Abs. 2 BGB nicht der Ablauf, sondern den Beginn jenes Tages, so dass die Zuleitung gemäß §§ 5 Abs. 3, 126 Abs. 3, 194 Abs. 2 UmwG **einen Monat und einen Tag vor der Anteilsinhaberversammlung** zu erfolgen hat.[125] Nur so hat der Betriebsrat einen vollen Monat Zeit für seine Prüfung, welche Mitbestimmungsrechte ihm aufgrund der geplanten Umwandlung zustehen.[126]

53 **Beispiel 1: Fristberechnung bei der Zuleitung** Die Anteilsinhaberversammlung soll am 15. August eines Jahres über die Umwandlung beschließen. Die Rückwärtsberechnung der Frist beginnt am 14. August und endet mit Beginn des 15. Juli. Der letzte Tag, an dem der Umwandlungsvertrag oder sein Entwurf dem zuständigen Betriebsrat des betreffenden Rechtsträgers zugeleitet werden kann, ist daher der 14. Juli. Fällt dieser Tag auf einen Sonnabend, Sonn- oder Feiertag, hat die Zuleitung in entsprechender Anwendung des § 193 BGB spätestens an dem *davor* liegenden Werktag zu erfolgen.[127]

54 Einen Sonderfall stellen die **Konzernverschmelzungen** des § 62 UmwG dar (→ § 16 Rn. 5 ff.). Im Fall des § 62 Abs. 1 S. 1 UmwG (90 %-Beteiligung der übernehmenden AG an der übertragenden Kapitalgesellschaft) entfällt das Erfordernis einer Hauptversammlung auf Ebene der übernehmenden AG. In dem Fall kommt es für die Zuleitung nur auf den Zeitpunkt der Anteilsinhaberversammlung der übertragenden Gesellschaft an.[128] Ist jedoch auch diese gemäß § 62 Abs. 4 S. 1 und S. 2 UmwG entbehrlich (100 %-Beteiligung der übernehmenden AG an der übertragenden Kapitalgesellschaft bzw. verschmelzungsrechtlicher Squeeze-out), enthält § 62 Abs. 4 S. 2 und S. 3 UmwG eine von § 5 Abs. 3 UmwG abweichende Regelung. In dem Fall sind nach § 62 Abs. 4 S. 3 UmwG die Unterlagen gemäß §§ 62 Abs. 3, 63 Abs. 1 UmwG nach Abschluss des Verschmelzungsvertrages für die Dauer eines Monats auszulegen oder über die Internetseite der Gesellschaft zugänglich

---

[122] Lutter/*Drygala* UmwG § 5 Rn. 150; zweifelnd Semler/Stengel/*Schröer* UmwG § 5 Rn. 141. Zum Nachweis bei Übersendung per E-Mail *Nießen* Der Konzern 2009, 321, 326 f.

[123] Schmitt/Hörtnagl/Stratz/*Langner* UmwG § 5 Rn. 126; allgemein BGH XII ZB 427/11, NJW 2013, 2199, 2200 Rn. 11; Erman/*Maier-Reimer* BGB § 187 Rn. 8.

[124] Zum früheren Streitstand ausführlich *Krause* NJW 1999, 1148.

[125] Semler/Stengel/*Schröer* UmwG § 5 Rn. 144; Kallmeyer/*Willemsen* UmwG § 5 Rn. 77; Widmann/Mayer/*Mayer* UmwG § 5 Rn. 256; *K. J. Müller* DB 1997, 713, 716 f.; *Krause* NJW 1999, 1448. Anders wohl nur noch Goutier/Knopf/Tulloch/*Bermel-Hannappel* UmwG § 5 Rn. 124, wonach die Zuleitung einen Monat und zwei Tage vor der Anteilsinhaberversammlung zu erfolgen hat.

[126] Dies betonen auch BGH XII ZB 427/11, NJW 2013, 2199 Rn. 11; OLG Braunschweig 2 UF 92/11 und OLG Brandenburg 13 UF 128/11, beide veröffentlicht in FamRZ 2012, 892 zur Rückwärtsberechnung der Frist nach § 137 Abs. 1 S. 1 FamFG („spätestens zwei Wochen vor der mündlichen Verhandlung").

[127] Widmann/Mayer/*Mayer* UmwG § 5 Rn. 256.

[128] Widmann/Mayer/*Mayer* UmwG § 5 Rn. 257; aA *Nießen* Der Konzern 2009, 321, 325: Tag der Anmeldung der Umwandlung zur Eintragung in das Handelsregister der übernehmenden Gesellschaft.

zu machen. Die Zuleitungsverpflichtung gemäß § 5 Abs. 3 UmwG ist dann nach § 62 Abs. 4 S. 4 UmwG spätestens bei Beginn der vorgenannten Auslegungsfrist zu erfüllen.[129]

Die zuständigen **Betriebsräte können** nach ganz überwiegender Ansicht **auf die Einhaltung der** vollen **Monatsfrist verzichten** und **diese** dadurch **verkürzen**.[130] Die Verzichtserklärung des betreffenden Betriebsrats ist dem Registergericht zusammen mit dem Nachweis über Zuleitung gemäß § 17 Abs. 1 UmwG vorzulegen. Der Verzicht kann vor oder nach Ablauf der Zuleitungsfrist eingeholt werden, allerdings steht dem Arbeitgeber gegen den Betriebsrat kein Anspruch auf den Verzicht zu. 55

Umstritten ist nach wie vor, ob der **Betriebsrat** auch auf die **Zuleitung insgesamt verzichten** kann.[131] *Mayer* und *Schröer* legen mE überzeugend dar, warum der Betriebsrat hieran sowohl unter gesellschaftsrechtlichen, als auch unter betriebsverfassungsrechtlichen Gesichtspunkten nicht gehindert ist, doch dürfte die praktische Relevanz eines solchen Totalverzichts eher gering sein. Bei der Vorbereitung einer Umwandlungsmaßnahme sollte der gesellschaftsrechtliche Berater daher zunächst von der Notwendigkeit einer Zuleitung ausgehen. Verzichtet der Betriebsrat auf die Einhaltung der Monatsfrist, ist den beteiligten Rechtsträgern zu empfehlen, dass sie den Vertrag oder seinen Entwurf im Regelfall nicht später als eine Woche vor dem Tag der Gesellschafterversammlung dem zuständigen Betriebsrat zuleiten.[132] 56

5. Änderungen des Vertrages nach Zuleitung

Ein Verzicht auf die Einhaltung der Monatsfrist erlangt insbesondere dann Bedeutung, wenn die Parteien des Umwandlungsvertrages oder der formwechselnde Rechtsträger mit **Änderungen des Vertrages oder des Beschlusses** rechnen, die erst kurz vor der Beschlussfassung vorgenommen werden können. Dies kann etwa der Fall sein, weil die Finanzverwaltung im Rahmen einer Abspaltung gemäß § 123 Abs. 2 UmwG vor der Erteilung einer verbindlichen Auskunft gemäß § 89 Abs. 2 S. 1 AO verlangt, dass Vermögensgegenstände anders zugeordnet werden. Denn die Zuleitung nach §§ 5 Abs. 3, 126 Abs. 3, 194 Abs. 2 UmwG entfaltet **Bindungswirkung**: Dem Betriebsrat ist der Umwandlungsvertrag oder sein Entwurf im Grundsatz in der Fassung zuzuleiten, über die später Beschluss gefasst wird.[133] Zugleich besteht Einigkeit darüber, dass **nicht jede Änderung** des Vertragstextes ein **erneutes Zuleitungserfordernis** auslöst.[134] Wie aber die relevanten Änderungen von den unbedeutenden Abweichungen abgegrenzt werden sollen, ist nach wie vor unklar. Es soll darauf ankommen, ob die Änderungen „auf die Arbeitnehmer wirken",[135] ob sie „die Belange der Arbeitnehmer betreffen",[136] „Auswirkungen auf die Unternehmensstruktur oder die Belegschaft des Betriebs" haben[137] oder ob sie „wesentlich" sind, was bei solchen Änderungen der Fall sein soll, „die nicht rein rechtstechnischer oder redaktioneller Natur sind, sondern Interessen der Arbeitnehmer und ihrer Vertretun- 57

---

[129] Widmann/Mayer/*Mayer* UmwG § 5 Rn. 257.
[130] OLG Naumburg 7 Wx 6/02, NZG 2004, 734; LG Gießen 6 T 12/04, Der Konzern 2004, 622 f.; LG Stuttgart 4 KfH T 17 u. 18/99, GmbHR 2000, 622; Semler/Stengel/*Schröer* UmwG § 5 Rn. 145; aA Preis/Willemsen/*Joost* C Rn. 69.
[131] Dafür Semler/Stengel/*Schröer* UmwG § 5 Rn. 146; Widmann/Mayer/*Mayer* UmwG § 5 Rn. 266; dagegen OLG Naumburg 7 Wx 6/02, NZG 2004, 734; Lutter/*Drygala* UmwG § 5 Rn. 147; Kallmeyer/*Willemsen* UmwG § 5 Rn. 77b.
[132] Vgl. LG Gießen 6 T 12/04, Der Konzern 2004, 622 f., das eine Verkürzung auf vier Tage noch für zulässig erachtet hat.
[133] Henssler/Strohn/*Heidinger* UmwG § 5 Rn. 43.
[134] Willemsen/Hohenstatt/Schweibert/Seibt/*Willemsen* C Rn. 445; vgl. auch OLG Naumburg 7U 236/96, NZA-RR 1997, 177, 178.
[135] Schmitt/Hörtnagl/Stratz/*Langner* UmwG § 5 Rn. 120.
[136] Henssler/Strohn/*Heidinger* UmwG § 5 Rn. 43.
[137] Semler/Stengel/*Schröer* UmwG § 5 Rn. 141; vgl. auch OLG Naumburg 7 U 236/96, NZA-RR 1997, 177, 178: keine erneute Zuleitungspflicht, wenn Änderungen keine Auswirkungen „auf die Unternehmensstruktur (…) [und] auch keine gesonderten Auswirkungen auf die Belegschaft" haben.

gen berühren können".[138] Sicher dürfte danach lediglich sein, dass die Korrektur von Schreibfehlern sowie Änderungen, die den Vertragstext als solchen unverändert lassen, kein erneutes Zuleitungserfordernis auslösen. Gehen Änderungen darüber hinaus und ist nicht auszuschließen, dass diese sich auf die Interessen der Arbeitnehmer auswirken können, sollten die beteiligten Rechtsträger in der Praxis entweder auf die Änderung verzichten oder den geänderten Vertragsentwurf vorsorglich erneut zuleiten.

58 Der Wortlaut der einschlägigen Normen gebietet diese sehr weitgehende „Änderungssperre" jedoch nicht. Da die Zuleitung an den zuständigen Betriebsrat nach hier vertretener Auffassung allein wegen der Angaben zu den Auswirkungen der Umwandlung auf die Arbeitnehmer und ihre Vertretungen erfolgt (→ § 56 Rn. 7), sollten mE nur solche Änderungen ein erneutes Zuleitungserfordernis auslösen, die sich konkret auf die Beschreibung der Folgen der Umwandlung für die Arbeitnehmer oder ihre Vertretungen beziehen.[139] Werden die Ausführungen gemäß §§ 5 Abs. 1 Nr. 9, 126 Abs. 1 Nr. 11, 194 Abs. 1 Nr. 7 UmwG – wie dies in der Praxis regelmäßig geschieht – in einem eigenen Paragraphen zusammengefasst, lässt sich die Gefahr einer erneuten Zuleitung wirksam begrenzen. Um Missbräuchen vorzubeugen, müssen im Streitfall die beteiligten Rechtsträger darlegen und ggf. beweisen, dass der betreffende Paragraph die erforderlichen Angaben vollständig enthält und diese nicht im Widerspruch zu Ausführungen im Rest des Vertrages stehen.

59 **Praxishinweis:** Bei der Formulierung der Angaben gemäß §§ 5 Abs. 1 Nr. 9, 126 Abs. 1 Nr. 11, 194 Abs. 1 Nr. 7 UmwG tut der gesellschaftsrechtliche Berater einer Umwandlungsmaßnahme gut daran, frühzeitig auch den arbeitsrechtlichen Berater einzubinden. Dies gilt insbesondere dann, wenn die Umwandlung zu einem Betriebsübergang führt. In dem Fall sollten sich die arbeitsrechtliche Folgenbeschreibung im Umwandlungsvertrag und das Unterrichtungsschreiben gemäß § 613a Abs. 5 UmwG tunlichst nicht widersprechen. Zu diesem Zweck empfiehlt es sich, auch das Unterrichtungsschreiben frühzeitig zu entwerfen und seine Formulierung mit derjenigen des Umwandlungsvertrages abzugleichen. Ergibt sich aufgrund der Erstellung des Unterrichtungsschreibens, dass die Angaben zu den Auswirkungen der Umwandlung auf die Arbeitnehmer und ihre Vertretungen inhaltlich geändert werden müssen, kommen die beteiligten Rechtsträger nicht um eine erneute Zuleitung des Vertragsentwurfs an die zuständigen Betriebsräte herum.

6. Rechtsfolgen einer unterbliebenen oder nicht rechtzeitigen Zuleitung

60 Die rechtzeitige Zuleitung ist bei nationalen Umwandlungen Eintragungsvoraussetzung für die betreffende Umwandlungsmaßnahme. Wird dem Registergericht nicht nach § 17 Abs. 1 UmwG nachgewiesen, dass der Verschmelzungsvertrag, der Spaltungsvertrag oder der Formwechselbeschluss im Entwurf oder nach seiner Beurkundung rechtzeitig zugeleitet wurden, darf und muss es die Eintragung der Umwandlung verweigern. Das bedeutet, dass der Einhaltung der Zuleitungsfrist insbesondere bei einer Beschlussfassung gegen Ende der Achtmonatsfrist des § 17 Abs. 2 S. 4 UmwG eine nicht zu unterschätzende Bedeutung zukommt.

61 **Praxishinweis:** Aufgrund des Zuleitungserfordernisses nach den §§ 5 Abs. 3, 126 Abs. 3, 194 Abs. 2 UmwG kommt der Frage, ob bei den beteiligten Rechtsträgern einer Umwandlung Betriebsräte bestehen, eine erhebliche praktische Bedeutung zu. Dies ist vielen Unternehmen nicht bewusst. Umso wichtiger ist, dass der federführende Berater einer Umwandlungsmaßnahme die sich im Zusammenhang mit der Zuleitung stellenden Fragen und insbesondere die Monatsfrist frühzeitig in der Zeitplanung berücksichtigt und mit den Mandanten erörtert. Unter Umständen kann hiervon das Gelingen oder Scheitern der gesamten Umwandlungsmaßnahme abhängen.

---

[138] Kallmeyer/*Willemsen* UmwG § 5 Rn. 78; vgl. auch Widmann/Mayer/*Mayer* UmwG § 5 Rn. 261.
[139] Willemsen/Hohenstatt/Schweibert/Seibt/*Willemsen* C Rn. 445, demzufolge aber auch Änderungen relevant sein sollen, die „sonst (…) wesentlich sind"; Bachner/Köstler/Matthießen/Trittin/*Bachner* § 4 Rn. 279; iE ähnlich OLG Naumburg 7 U 236/96, NZA-RR 1997, 177, 178.

7. Besonderheiten der grenzüberschreitenden Verschmelzung

Der **Verschmelzungsplan** gemäß § 122c UmwG oder sein Entwurf ist nach ganz 62 überwiegender Ansicht **nicht** in entsprechender Anwendung von § 5 Abs. 3 UmwG dem zuständigen Betriebsrat **zuzuleiten**.[140] Zwar verweist § 122a Abs. 2 UmwG allgemein auf die Vorschriften des Ersten Teils des Zweiten Buches und damit auf die §§ 2–122 UmwG. Jedoch liegt hierin kein Verweis auf § 5 Abs. 3 UmwG. Aus dem Umstand, dass § 122c UmwG im Gegensatz zu §§ 5 Abs. 3, 126 Abs. 3, 194 Abs. 2 UmwG keine Zuleitungsvorschrift enthält, während § 122e S. 2 UmwG lediglich eine „Zugänglichmachung" vorsieht, wird man auf ein bewusstes Schweigen des Gesetzgebers schließen müssen.[141]

Auch der **Verschmelzungsbericht** ist dem Betriebsrat **nicht formal** in dem Sinne 63 **zuzuleiten**, wie dies die §§ 5 Abs. 3, 126 Abs. 3, 194 Abs. 2 UmwG bei inländischen Umwandlungen vorsehen. Der Gesetzgeber hat sich vielmehr darauf beschränkt, den Wortlaut der Richtlinie umzusetzen. Nach Art. 7 S. 2 RL 2005/56/EU ist der Verschmelzungsbericht bei einer grenzüberschreitenden Verschmelzung den Anteilsinhabern und dem zuständigen Betriebsrat sowie, bei Fehlen eines Betriebsrats, den Arbeitnehmern zugänglich zu machen. Dies erfolgt durch eine **Auslegung in** den **Geschäftsräumen** und ggf. durch Zusendung einer Abschrift **oder** über eine **Veröffentlichung** des Verschmelzungsberichts **auf der Internetseite** der inländischen Gesellschaft, wie sich aus dem Verweis auf § 63 Abs. 1 Nr. 4 UmwG i. V. m. § 63 Abs. 3 und 4 UmwG ergibt.[142] Abzulehnen ist die Ansicht, dass daneben § 5 Abs. 3 UmwG auf den Verschmelzungsbericht analog anzuwenden sei.[143]

Die Literatur diskutiert in diesem Zusammenhang die Frage, ob ein **Verzicht der** 64 **Anteilsinhaber auf** die **Erstattung des Verschmelzungsberichts** zulässig ist, obwohl § 122e S. 3 UmwG die Anwendung des § 8 Abs. 3 UmwG und damit u. a. einen Verzicht aller Anteilsinhaber aller beteiligten Rechtsträger ausdrücklich ausschließt.[144] Ein Teil der Literatur möchte § 122e S. 3 UmwG mE zu Recht teleologisch reduzieren und erklärt den Verschmelzungsbericht für entbehrlich, wenn die Anteilsinhaber hierauf verzichten und entweder keine Arbeitnehmer vorhanden sind oder auch der Betriebsrat bzw. die Arbeitnehmer auf die Erstattung des Verschmelzungsberichts verzichten.[145] Die Einzelheiten einer solchen Verzichtsmöglichkeit sind jedoch umstritten; außerdem hat sich der Gesetzgeber bei der Schaffung des § 122e S. 3 UmwG bewusst gegen eine Verzichtsmöglichkeit entschieden.[146] Bis zu der dringend wünschenswerten Korrektur dieser Entscheidung ist der Praxis daher zu raten, einen **Verschmelzungsbericht** zu erstellen, **selbst wenn alle** an

---

[140] Habersack/Drinhausen/*Kiem* UmwG § 122c Rn. 8; Semler/Stengel/*Drinhausen* UmwG § 122c Rn. 44; Widmann/Mayer/*Mayer* UmwG § 122c Rn. 29; aA *H.-F. Müller* ZIP 2007, 1081, 1083.

[141] Kallmeyer/*Willemsen* UmwG § 122c Rn. 18.

[142] Lutter/*Bayer* UmwG § 122e Rn. 20; Kallmeyer/*Marsch-Barner* UmwG § 122e Rn. 6; *Schädle*, S. 64; aA MHdb GesR VI/*Hoffmann* § 53 Rn. 66, wonach § 63 Abs. 4 UmwG nicht für die Information der Arbeitnehmer gelten soll (zu § 122e S. 2 UmwG → § 18 Rn. 162).

[143] Dafür MHdb GesR VI/*Hoffmann* § 53 Rn. 66; *Drinhausen/Keinath* BB 2006, 725, 727; wie hier KK-UmwG/*Simon/Rubner* UmwG § 122e Rn. 16; Semler/Stengel/*Drinhausen* UmwG § 122c Rn. 44; Schmitt/Hörtnagl/Stratz/*Hörtnagl* UmwG § 122c Rn. 38; Lutter/*Bayer* UmwG § 122c Rn. 33; *Kiem* WM 2006, 1091, 1096; einschränkend Kallmeyer/*Willemsen* UmwG § 122e Rn. 19, der eine vorsorgliche Zuleitung vorschlägt.

[144] Dazu ausführlich Semler/Stengel/*Drinhausen* UmwG § 122e Rn. 12 f.; Habersack/Drinhausen/*Kiem* UmwG § 122e Rn. 22 f.

[145] Schmitt/Hörtnagl/Stratz/*Hörtnagl* UmwG § 122e Rn. 14; Semler/Stengel/*Drinhausen* UmwG § 122e Rn. 13; *H.-F. Müller* Der Konzern 2007, 81, 82; einschränkend KK-UmwG/*Simon/Rubner* UmwG § 122e Rn. 12: nur bei Fehlen von Arbeitnehmern; gegen eine Verzichtsmöglichkeit Limmer/*Limmer* Teil 6 Rn. 101; Widmann/Mayer/*Mayer* UmwG § 122e Rn. 2; ebenso ErfK/*Oetker* UmwG § 122e Rn. 1, da der Verschmelzungsbericht auch dem Gläubigerschutz diene.

[146] Vgl. Schmitt/Hörtnagl/Stratz/*Hörtnagl* UmwG § 122e Rn. 14.

der grenzüberschreitenden Verschmelzung beteiligten **Gesellschaften arbeitnehmerlos** sind.[147]

65 Fraglich ist, ob dem Registergericht **nachzuweisen** ist, **dass** der **Verschmelzungsbericht** dem Betriebsrat sowie gegebenenfalls den Arbeitnehmern gemäß § 122e S. 2 UmwG **zugänglich gemacht** wurde. Um die erforderliche **Verschmelzungsbescheinigung** zu erhalten, muss das Vertretungsorgan der inländischen übertragenden Gesellschaft zur Eintragung in das Handelsregister anmelden, dass die sie betreffenden Voraussetzungen für die grenzüberschreitende Verschmelzung vorliegen, § 122k Abs. 1 S. 1 UmwG (→ § 18 Rn. 256 ff.). Gemäß § 122k Abs. 1 S. 2 UmwG gilt § 17 UmwG entsprechend. Gleichwohl ist der Anmeldung kein Nachweis im Sinne einer Bestätigung seitens des Betriebsrats oder gar der bzw. aller Arbeitnehmer darüber beizufügen, dass diesen der Verschmelzungsbericht zugänglich gemacht wurde; denn es ist eben nicht eine Zuleitung und damit der Zugang des Verschmelzungsberichts i. S. d. § 130 BGB erforderlich, sondern lediglich die Schaffung einer Möglichkeit zur Kenntnisnahme durch die Aktionäre, den Betriebsrat und gegebenenfalls die Arbeitnehmer.[148] Stattdessen ist notwendig, aber auch hinreichend, wenn die **Mitglieder des Vertretungsorgans** der übertragenden inländischen Gesellschaften in vertretungsberechtigter Zahl **gegenüber dem Registergericht** in der Anmeldung **erklären, dass** der **Verschmelzungsbericht** dem Betriebsrat bzw. ggf. den Arbeitnehmern **zugänglich gemacht** wurde oder dass der Verschmelzungsbericht ausnahmsweise entbehrlich ist.[149] Dies gilt auch dann, wenn der Betriebsrat gemäß §§ 122e S. 2, 63 Abs. 3 UmwG eine Abschrift des Verschmelzungsberichts erhalten haben sollte.

67 Für die **Anmeldung** der grenzüberschreitenden Verschmelzung **zur Eintragung** in das Handelsregister am Sitz der übernehmenden Gesellschaft gemäß § 122l Abs. 1 S. 1 UmwG (→ § 18 Rn. 291 ff.) kann nichts anderes gelten: Auch hier ist kein Nachweis in Form einer Unterlage i. S. d. § 17 Abs. 1 UmwG beizubringen;[150] an deren Stelle tritt die Erklärung der Vertretungsorgane des übernehmenden Rechtsträgers in vertretungsberechtigter Zahl, dass der Verschmelzungsbericht in der von § 122e S. 2 UmwG geforderten Form zugänglich gemacht wurde oder ausnahmsweise nicht zu erstellen war.[151]

IV. Rechtsschutzmöglichkeiten des Betriebsrats bei Verletzung umwandlungsrechtlicher Vorschriften

67 Nach allgemeiner Meinung steht dem Betriebsrat wegen einer Verletzung umwandlungsrechtlicher Vorschriften durch den Arbeitgeber gegen diesen kein Anspruch auf Unterlassung zu, den der Betriebsrat im Beschlussverfahren und ggf. im Wege der einstweiligen Verfügung durchsetzen könnte[152] (zu den Rechtsschutzmöglichkeiten bei Verstoß gegen das BetrVG → § 56 Rn. 131 ff.).

---

[147] Limmer/*Limmer* Teil 6 Rn. 101.
[148] Lutter/*Bayer* UmwG § 122k Rn. 11; Schmitt/Hörtnagl/Stratz/*Hörtnagl* UmwG § 122k Rn. 9.
[149] Habersack/Drinhausen/*Kiem* UmwG § 122k Rn. 10, der in diesem Zusammenhang zu Recht auf die Strafbarkeit einer vorsätzlich falschen Erklärung gemäß § 122k UmwG nach § 314a UmwG hinweist; Schmitt/Hörtnagl/Stratz/*Hörtnagl* UmwG § 122k Rn. 12; aA Semler/Stengel/*Drinhausen* UmwG § 122k Rn. 10 Fn. 26, der diese Erklärung nur vorsorglich empfiehlt, sie aber nicht für erforderlich hält.
[150] Vgl. aber Habersack/Drinhausen/*Kiem* UmwG § 122l Rn. 5.
[151] Entgegen Schmitt/Hörtnagl/Stratz/*Hörtnagl* UmwG § 122l Rn. 12; Henssler/Strohn/*Polley* UmwG § 122l Rn. 10; Kallmeyer/*Zimmermann* UmwG § 122l Rn. 13; diese halten eine solche Erklärung für sinnvoll bzw. empfehlenswert, aber wohl nicht für erforderlich.
[152] Willemsen/Hohenstatt/Schweibert/Seibt/*Willemsen* C Rn. 470; Semler/Stengel/*Simon* UmwG § 5 Rn. 100; A. Drygala ZIP 1996, 1368, 1371.

V. Anwendbarkeit des UmwG auf andere Arbeitnehmervertretungsgremien

Das Gesetz spricht in den §§ 5 Abs. 3, 126 Abs. 3, 194 Abs. 2 UmwG sowie in § 122e 68 S. 2 UmwG ausdrücklich von dem zuständigen „Betriebsrat". Die Gesetzesbegründung spricht allgemein von „Arbeitnehmervertretungen (vgl. Abs. 3)".[153] Daraus zieht die Literatur überwiegend den Schluss, die Vorschriften seien entsprechend auf **Personalräte** und **kirchliche Arbeitnehmervertretungen** anzuwenden.[154] Auch wenn diese Auffassung eher auf praktischer Vernunft als auf juristischen Erwägungen beruhen dürfte, ist ihr im Ergebnis zuzustimmen, zumal in dieser Frage eine Klärung weder durch den Gesetzgeber noch durch die Rechtsprechung zu erwarten steht.[155]

C. Beteiligungsrechte nach dem BetrVG

I. Unterrichtung des Wirtschaftsausschusses

1. Pflicht zur Unterrichtung über den Zusammenschluss oder die Spaltung von Unternehmen

Gleich zu Beginn der Planungen, die eine Umstrukturierung und möglicherweise eine 69 Umwandlung zum Gegenstand haben, stellt sich die Frage nach einer Unterrichtung gemäß § 106 BetrVG. Beschäftigt ein Unternehmen ständig mehr als 100 Arbeitnehmer, sind der Betriebsrat oder gegebenenfalls der Gesamtbetriebsrat gemäß §§ 106, 107 BetrVG verpflichtet, einen **Wirtschaftsausschuss** zu bilden.[156] Dieses Gremium hat die Aufgabe, wirtschaftliche Angelegenheiten mit dem Unternehmer zu beraten und den Betriebsrat zu unterrichten, § 106 Abs. 1 BetrVG.[157] Damit der Wirtschaftsausschuss diese Aufgabe wahrnehmen kann, muss ihn der Unternehmer gemäß § 106 Abs. 2 S. 1 BetrVG rechtzeitig und umfassend über die **wirtschaftlichen Angelegenheiten** des Unternehmens unter Vorlage der erforderlichen Unterlagen **unterrichten** sowie die sich daraus ergebenden **Auswirkungen auf die Personalplanung darstellen**. Diese Unterrichtungspflicht besteht jedoch nur, soweit dadurch nicht die Betriebs- und Geschäftsgeheimnisse des Unternehmens gefährdet werden. Zu den wirtschaftlichen Angelegenheiten des Unternehmens zählen u. a. der **Zusammenschluss oder** die **Spaltung von Unternehmen** oder Betrieben, § 106 Abs. 3 Nr. 8 BetrVG. Es entspricht allgemeiner Meinung, dass hiervon auch Verschmelzungen und Spaltungen i. S. d. UmwG erfasst sind, und zwar auch dann, wenn hiermit keine Veränderungen auf betrieblicher Ebene einhergehen.[158] Über den Formwechsel gemäß §§ 190 ff. UmwG ist der Wirtschaftsausschuss dagegen nur zu unterrichten, sofern es sich hierbei im Einzelfall um einen sonstigen Vorgang i. S. d. § 106 Abs. 3 Nr. 10

---

[153] RegBegr., BT-Drucks. 12/6699, S. 83.

[154] Schmitt/Hörtnagl/Stratz/*Langner* UmwG § 5 Rn. 118; für den Personalrat auch Widmann/Mayer/*Mayer* UmwG § 5 Rn. 250; *Hausch* RNotZ 2007, 308, 315, der meint, der Gesetzgeber habe diese Frage schlicht übersehen. Gegen ein Zuleitungserfordernis im öffentlichen Dienst Lutter/H. *Schmidt* UmwG Einf v UmwG § 168 Rn. 11.

[155] Für eine vorsorgliche Zuleitung an kirchliche Arbeitnehmervertretungen MHdb GesR V/*Gottschald/Knoop* § 110 Rn. 17.

[156] Zu den Voraussetzungen für die Pflicht zur Bildung eines Wirtschaftsausschusses vgl. allg. ErfK/*Kania* BetrVG § 106 Rn. 2; Richardi/*Annuß* BetrVG § 106 Rn. 6–16; zur Bildung eines Wirtschaftsausschusses, wenn ein herrschendes und ein abhängiges Unternehmen i. S. d. § 17 Abs. 1 AktG einen gemeinsamen Betrieb führen, BAG 1 ABR 10/14, NJW 2016, 2363.

[157] Das Mitbestimmungsrecht nach § 106 BetrVG kann auch dann bestehen, wenn es kein als „Wirtschaftsausschuss" bezeichnetes separates Gremium gibt: Der (Gesamt-)Betriebsrat kann diese Aufgabe auch stattdessen einem seiner Ausschüsse übertragen, § 107 Abs. 3 S. 1 BetrVG.

[158] Richardi/*Annuß* BetrVG § 106 Rn. 53; BeckOK ArbR/*Besgen* BetrVG § 106 Rn. 28; Schmitt/Hörtnagl/Stratz/*Langner* UmwG § 5 Rn. 92.

BetrVG handelt, der die Interessen der Arbeitnehmer des Unternehmens wesentlich berühren kann.[159]

2. Art und Weise der Unterrichtung

70 Die Unterrichtung des Wirtschaftsausschusses hat **rechtzeitig** zu erfolgen. Der Unternehmer muss den Wirtschaftsausschuss vor einer geplanten Verschmelzung oder Spaltung so frühzeitig und umfassend informieren, dass der Wirtschaftsausschuss wie auch der Betriebsrat durch seine Stellungnahme und eigenen Vorschläge noch Einfluss auf die Maßnahme und ihre Planung nehmen kann.[160] Ist die Entscheidung des zuständigen Unternehmensorgans bereits gefallen, so dass der Wirtschaftsausschuss vor vollendete Tatsachen gestellt wird, erfolgt die Unterrichtung zu spät.[161] Dies ist erst recht der Fall, wenn die Unterrichtung zeitgleich mit der Zuleitung an den Betriebsrat nach dem UmwG erfolgt.[162] Der Wirtschaftsausschuss dürfte auch nicht erst dann zu unterrichten sein, wenn sich die Unternehmensleitung dazu entschließt, den Anteilsinhabern oder dem Aufsichtsrat eine Verschmelzung oder Spaltung vorzuschlagen. Vielmehr besteht die Pflicht zur Unterrichtung in diesem Fall schon **während** der Phase, in der die **Unternehmensleitung** noch **Alternativen** zu einer Umwandlung oder ggf. zu der beabsichtigten Strukturveränderung als solcher **prüft**; gerade dies ist mit dem Wirtschaftsausschuss zu diskutieren.[163] Außerdem soll der Wirtschaftsausschuss an den Betriebsrat berichten können, damit dieser anschließend ebenfalls Einfluss auf die Maßnahme nehmen kann.[164]

71 Der Wirtschaftsausschuss ist außerdem **umfassend** zu unterrichten. Das Unternehmen muss ihm alle Informationen zur Verfügung stellen, die er benötigt, um die geplante Maßnahme sinnvoll mit dem Unternehmen beraten und eigene Vorschläge machen zu können.[165] Die Informationen müssen sich auf die **Maßnahme** selbst sowie auf ihre **Gründe** und ihre **Auswirkungen** beziehen,[166] sie müssen außerdem **glaubwürdig** und **verständlich** sein.[167] Das Unternehmen hat dem Wirtschaftsausschuss jedoch nur die Informationen zur Verfügung zu stellen, über die es selber verfügt (sog. „**Informationsparität**").[168]

72 Diskutiert wird in der Literatur, ob der Wirtschaftsausschuss (mindestens) einen **Anspruch auf** diejenigen **Informationen** hat, **die** nach den §§ 5 Abs. 1 Nr. 9, 126 Abs. 1 Nr. 11, 194 Abs. 1 Nr. 7 UmwG **in den Umwandlungsvertrag** bzw. in den Formwechselbeschluss **aufzunehmen sind**.[169] Dies ist mE insofern zu eng, als diese Angaben lediglich die Folgen der Umwandlung für die Arbeitnehmer und ihre Vertretung betreffen, und nicht auch deren Gründe. Auf der anderen Seite ist die Ansicht zu weitgehend, da der Betriebsrat durch die spezielleren Vorschriften des UmwG sowie durch den Unterrichtungs- und Beratungsanspruch gemäß § 111 S. 1 BetrVG hinreichend geschützt ist.

---

[159] Richardi/*Annuß* BetrVG § 106 Rn. 53; GK/*Oetker* BetrVG § 106 Rn. 87, 109 für einen Formwechsel, der zum Wechsel des Haftungsregimes führt (Bsp.: OHG in GmbH); strenger Däubler/Kittner/Klebe/Wedde/*Däubler* BetrVG § 106 Rn. 84: Formwechsel fällt „i. d. R." unter Nr. 10.
[160] Vgl. BAG 1 ABR 38/89, BAGE 67, 97 = NZA 1991, 649, 650; BAG 1 ABR 43/99, NZA 2001, 402, 405; LAG Berlin-Brandenburg 10 TaBV 2362/11, BeckRS 2012, 69525.
[161] ErfK/*Kania* BetrVG § 106 Rn. 4; Richardi/*Annuß* BetrVG § 106 Rn. 24.
[162] *Fitting* BetrVG § 106 Rn. 31.
[163] Vgl. Schmitt/Hörtnagl/Stratz/*Langner* UmwG § 5 Rn. 93 f.
[164] *Fitting* BetrVG § 106 Rn. 30.
[165] ErfK/*Kania* BetrVG § 106 Rn. 5; *Fitting* BetrVG § 106 Rn. 34; vgl. auch LAG Köln 8 TaBV 72/03, NZA-RR 2005, 32, 33.
[166] Richardi/*Annuß* BetrVG § 106 Rn. 25.
[167] BAG 1 ABR 59/85, NZA 1987, 747, 750; *Fitting* BetrVG § 106 Rn. 34.
[168] Willemsen/Hohenstatt/Schweibert/Seibt/*Willemsen* C Rn. 407; GK/*Oetker* BetrVG § 106 Rn. 121, 124.
[169] Bachner/Köstler/Matthießen/Trittin/*Bachner* § 4 Rn. 308: Untergrenze; *Röder/Göpfert* BB 1997, 2105, 2106: Übertragung der Unterrichtungsanforderungen liegt nahe.

Der Wirtschaftsausschuss ist unter **Vorlage der erforderlichen Unterlagen** zu unter- 73
richten, § 106 Abs. 2 S. 1 BetrVG. Für die Frage, welche Unterlagen hierzu zählen, gilt im
Ausgangspunkt wieder der Grundsatz der Informationsparität: Das Unternehmen muss
Unterlagen, die noch nicht existieren oder ihm nicht vorliegen, für die Unterrichtung des
Wirtschaftsausschusses nicht herstellen oder beschaffen.[170] Aufgrund des frühen Zeitpunkts,
zu dem die Unterrichtung im Fall einer Umwandlung zu erfolgen hat, werden aber die
wesentlichen gesellschafsrechtlichen Dokumente für eine Umwandlung – Umwandlungsvertrag oder Formwechselbeschluss und, soweit nicht ausnahmsweise entbehrlich,
Umwandlungsbericht und Umwandlungsprüfungsbericht – in aller Regel nicht einmal im
Entwurfsstadium vorliegen. Diese **müssen** daher **nicht für die Unterrichtung** des Wirtschaftsausschusses **erstellt werden**, und sie müssen auch nicht zu einem späteren Zeitpunkt
nachgereicht werden.[171] Für den Umwandlungsvertrag und ggf. den Formwechselbeschluss
folgt dies schon aus der spezielleren Vorschrift des § 5 Abs. 3 UmwG und seinen Parallelvorschriften. Sollte sich allerdings bei der Vorbereitung der Umwandlung herausstellen, dass
die Maßnahme **andere oder weitergehende Auswirkungen** auf die Personalplanung und
die Arbeitnehmer des Unternehmens haben wird als bei der erstmaligen Unterrichtung
angenommen, kann sich aus der Pflicht zur unaufgeforderten Unterrichtung gemäß § 106
Abs. 2 S. 1 BetrVG und dem Grundsatz der vertrauensvollen Zusammenarbeit gemäß § 2
Abs. 1 BetrVG[172] ein Anspruch auf **nochmalige Unterrichtung** ergeben. Dies gilt jedenfalls dann, wenn der Unternehmer zu diesem Zeitpunkt noch keine Beratungen mit dem
Betriebsrat aufgenommen hat und deshalb die Unterrichtung des Betriebsrats durch den
Wirtschaftsausschuss nach § 106 Abs. 1 S. 2 a. E. BGB noch praktische Bedeutung besitzt.

Der Unternehmer ist auch grundsätzlich verpflichtet, den Wirtschaftsausschuss über 74
Betriebs- und Geschäftsgeheimnisse zu informieren. Die Unterrichtungspflicht ist
gemäß § 106 Abs. 2 S. 1 BetrVG eingeschränkt, soweit Betriebs- und Geschäftsgeheimnisse des Unternehmens **gefährdet** werden. Dies soll allerdings nach der Rechtsprechung
ausnahmsweise der Fall sein, etwa aufgrund der besonderen Bedeutung einer Tatsache für
den Bestand oder die Entwicklung des Unternehmens oder wegen der persönlichen
Umstände eines Mitglieds des Wirtschaftsausschusses.[173] Dabei ist zu berücksichtigen, dass
für die Mitglieder des Wirtschaftsausschusses nach § 107 Abs. 3 S. 4 BetrVG die gleiche
Verschwiegenheitspflicht gilt wie für Betriebsratsmitglieder nach § 79 BetrVG.

Sofern die Umwandlung nur eine von mehreren Maßnahmen ist, etwa wenn sie der 75
Vorbereitung eines Unternehmensverkaufs dient, ist der Wirtschaftsausschuss selbstverständlich auch über die anderen in demselben Zusammenhang geplanten Maßnahmen
gemäß § 106 Abs. 2 S. 1 BetrVG zu unterrichten.

3. Rechtsfolgen einer Verletzung der Unterrichtungspflicht

Verletzt das Unternehmen seine Pflichten gemäß § 106 Abs. 2 S. 1 BetrVG, so hat dies – 76
anders als eine unterbliebene Zuleitung des Umwandlungsvertrages – **keine gesellschaftsrechtlichen Auswirkungen** auf die Umwandlungsmaßnahme. Besteht Streit darüber, ob
das Unternehmen seiner Unterrichtungspflicht vollständig und rechtzeitig nachgekommen
ist, kann der Betriebsrat (nicht der Wirtschaftsausschuss) gemäß § 109 S. 2 BetrVG die
Einigungsstelle anrufen und wie auch der Unternehmer ggf. im **Beschlussverfahren**
gegen deren Spruch vorgehen.[174] Allerdings kann der Betriebsrat die Erteilung bestimmter

---

[170] GK/*Oetker* BetrVG § 106 Rn. 129.
[171] Anders Bachner/Köstler/Matthießen/Trittin/*Bachner* § 4 Rn. 308: Umwandlungsverträge bzw.
Entwürfe sind dem Wirtschaftsausschuss in ihrem jeweiligen Entwicklungsstand zur Kenntnis zu
bringen; ähnlich *Röder/Göpfert* BB 1997, 2105, 2106: Unterrichtung unter Vorlage des Spaltungsplanes
bzw. dessen Entwurfs; auch nach GK/*Oetker* BetrVG § 106 Rn. 131 kann der Spaltungsplan zu den
vorzulegenden Unterlagen gehören.
[172] Vgl. BAG 1 ABR 61/88, BAGE 62, 294 = NZA 1990, 150, 155.
[173] LAG Köln 9 TaBV 94/10, BeckRS 2012, 66873.
[174] Vgl. BAG 1 ABR 43/99, NZA 2001, 402; ErfK/*Kania* BetrVG § 109 Rn. 7.

Informationen oder die Einsicht von Unterlagen nicht vor der Entscheidung der Einigungsstelle im Wege der einstweiligen Verfügung durchsetzen.[175] Außerdem begeht der Unternehmer, der seine Unterrichtungspflicht gemäß § 106 Abs. 2 BetrVG mindestens bedingt vorsätzlich verletzt,[176] eine **Ordnungswidrigkeit** gemäß § 121 Abs. 1 BetrVG, die mit einer Geldbuße bis zu 10 000 EUR geahndet werden kann.[177] Darüber hinaus wird vertreten, dass in der verspäteten, unvollständigen oder vollständig unterlassenen Information des Wirtschaftsausschusses unter Umständen eine **grobe Pflichtverletzung** des Arbeitgebers liegt, aufgrund derer dem Betriebsrat gemäß § 23 Abs. 3 BetrVG ein gerichtlich durchsetzbarer **Unterlassungsanspruch** zustehen kann.[178] Dem dürfte mE in aller Regel entgegenstehen, dass dem Betriebsrat mit § 109 S. 2 BetrVG ein eigenes Verfahren zur Verfügung steht, um die Unterrichtung des Wirtschaftsausschusses sicherzustellen. Solange nähere gesetzliche Bestimmungen dazu fehlen, wann eine Unterrichtung rechtzeitig geschieht und welche Informationen und Unterlagen für eine vollständige Unterrichtung erforderlich sind, ist bei der Annahme einer groben Pflichtverletzung jedenfalls **große Zurückhaltung geboten**. Kommt es zu einer rechtskräftigen gerichtlichen Entscheidung i. S. d. § 23 Abs. 3 BetrVG und verstößt der Arbeitgeber hiergegen, kann ihm ein Ordnungsgeld von höchstens 10 000 EUR auferlegt werden, § 23 Abs. 3 S. 5 BetrVG.

77 Dieser Überblick zeigt, dass der Unterrichtungsanspruch des Wirtschaftsausschusses zwar nicht in gleicher Weise geeignet ist, die Umsetzung einer geplanten Umwandlung zu gefährden wie die nicht rechtzeitige Zuleitung des Umwandlungsvertrages oder des Formwechselbeschlusses an den zuständigen Betriebsrat. Auch dürfte die Höhe einer möglichen Geldbuße oder eines Ordnungsgeldes die Arbeitgeber für sich genommen wenig schrecken. Andererseits wird kein Arbeitgeber leichtfertig in Kauf nehmen wollen, dass ihm ein Arbeitsgericht wegen der unzureichenden Unterrichtung des Wirtschaftsausschusses eine grobe Verletzung seiner Pflichten nach dem BetrVG attestiert und ihn zur Vornahme oder Unterlassung einer bestimmten Handlung verpflichtet. Daher sollte vorsorglich auch der gesellschaftsrechtliche Berater einer Umwandlungsmaßnahme frühzeitig auf die Unterrichtungspflicht gemäß § 106 Abs. 2 S. 1 BetrVG hinweisen, wenn bei einem der beteiligten Rechtsträger Wirtschaftsausschuss besteht.

II. Das Mitbestimmungsrecht des Betriebsrats bei Betriebsänderungen

1. Überblick

78 Das zentrale Mitbestimmungsrecht im Bereich der wirtschaftlichen Angelegenheiten steht jedoch nicht dem Wirtschaftsausschuss zu, sondern dem **Betriebsrat**: das Recht zur Mitbestimmung bei Betriebsänderungen gemäß **§§ 111, 112 BetrVG**. In Unternehmen mit in der Regel mehr als 20 wahlberechtigten Arbeitnehmern hat der Unternehmer den Betriebsrat gemäß § 111 S. 1 BetrVG über geplante **Betriebsänderungen**, die wesentliche Nachteile für die Belegschaft oder erhebliche Teile der Belegschaft zur Folge haben können, rechtzeitig und umfassend zu **unterrichten** und die geplanten Betriebsänderungen mit dem Betriebsrat zu **beraten**. Ähnlich wie bei der Unterrichtung des Wirtschaftsausschusses stellt sich auch hier die Frage, wann der Arbeitgeber dem Betriebsrat welche Informationen zukommen lassen muss. Anders als § 106 BetrVG beinhalten die §§ 111, 112 BetrVG jedoch kein reines Unterrichtungsrecht. Ziel der Unterrichtung des Betriebsrats und der Beratung mit dem Arbeitgeber ist aus Sicht der Arbeitnehmervertretung vielmehr der Abschluss eines **Interessenausgleichs** und ggf. eines **Sozialplans**. Auf diese

---

[175] ArbG Wetzlar 1 BVGa 4/89, NZA 1989, 443; *Fitting* BetrVG § 109 Rn. 5; Schmitt/Hörtnagl/Stratz/*Langner* UmwG § 5 Rn. 96; aA Däubler/Kittner/Klebe/Wedde/*Däubler* BetrVG § 109 Rn. 16.
[176] Richardi/*Annuß* BetrVG § 121 Rn. 9 f.
[177] Hierzu *Röder*/*Göpfert* BB 1997, 2105.
[178] LAG Berlin-Brandenburg 10 TaBV 2362/11, BeckRS 2012, 69525; BeckOK ArbR/*Besgen* BetrVG § 23 Rn. 42; zu einem neben § 23 Abs. 3 BetrVG tretenden Unterlassungsanspruch insbesondere gegen Betriebsänderungen → § 56 Rn. 134.

Weise kann der Betriebsrat unmittelbar Einfluss auf die geplante Betriebsänderung nehmen. Von besonderer Bedeutung für die Planung und Durchführung von Umwandlungen, die in Zusammenhang mit Betriebsänderungen stehen, ist die seit langem und kontrovers diskutierte Frage, inwieweit dem Betriebsrat ein Unterlassungsanspruch zusteht, wenn das Unternehmen seinen Pflichten gemäß §§ 111,112 BetrVG nicht nachkommt, und inwieweit dieser im Wege des einstweiligen Rechtsschutzes geltend gemacht werden kann. Führt der Unternehmer eine Betriebsänderung durch, ohne seine Pflichten nach den §§ 111,112 BetrVG einzuhalten, steht gemäß § 113 BetrVG den einzelnen Arbeitnehmern ein Anspruch auf „**Nachteilsausgleich**" gegen den Arbeitgeber zu.

2. Begriff der Betriebsänderung

Die Formulierungen des § 111 BetrVG haben dazu geführt, dass seit Jahrzehnten über den **Begriff der Betriebsänderung** gestritten wird. Das Gesetz selbst definiert den Begriff nicht.[179] Laut § 111 S. 1 BetrVG bezieht sich die Pflicht des Unternehmers zur Unterrichtung und Beratung auf „geplante Betriebsänderungen, die wesentliche Nachteile für die Belegschaft oder erhebliche Teile der Belegschaft zur Folge haben können". § 111 S. 3 BetrVG listet sodann **fünf Maßnahmen** auf, die − unstrittig − als Betriebsänderungen „gelten":
1. Einschränkung und Stilllegung des ganzen Betriebs oder von wesentlichen Betriebsteilen,
2. Verlegung des ganzen Betriebs oder von wesentlichen Betriebsteilen,
3. Zusammenschluss mit anderen Betrieben oder die Spaltung von Betrieben,
4. grundlegende Änderungen der Betriebsorganisation, des Betriebszwecks oder der Betriebsanlagen,
5. Einführung grundlegend neuer Arbeitsmethoden und Fertigungsverfahren.

Weitgehend geklärt sein dürfte, dass sich aus der in **§ 111 S. 1 BetrVG** enthaltenen Regelung **keine zusätzliche Voraussetzung für** die Annahme einer Betriebsänderung in Fällen des **§ 111 S. 3 BetrVG** ergibt: Liegt ein Katalogtatbestand vor, muss nicht zusätzlich geprüft werden, ob diese Maßnahme wesentliche Nachteile für die Belegschaft oder erhebliche Teile davon bewirken kann; vielmehr unterstellt der Gesetzgeber diese Gefahr bei den genannten Maßnahmen.[180] Ergibt sich bei der Beratung mit dem Betriebsrat, dass die konkret geplante Maßnahme i. S. d. § 111 S. 3 BetrVG keine wirtschaftlichen Nachteile für die Belegschaft mit sich bringen wird, kann sich ein etwaiger Interessenausgleich auf eine entsprechende Feststellung beschränken, und der Abschluss eines erzwingbaren Sozialplans (→ § 56 Rn. 119 f.) kommt in dem Fall nicht in Betracht.[181] Die Ansicht, bei Satz 1 handele es sich um eine „Interpretationshilfe" für Satz 3,[182] vermag hieraus mE keine praktisch nutzbaren Abgrenzungskriterien abzuleiten, und die besonders weitreichenden Tatbestände in Nr. 4 und Nr. 5 können über die darin selbst enthaltenen unbestimmten Rechtsbegriffe („grundlegende Änderungen", „grundlegend neue(r) Arbeitsmethoden") eingegrenzt werden.[183] Sofern Betriebsräte mithilfe der §§ 111, 112 BetrVG versuchen sollten, unliebsame Maßnahmen zu behindern, obwohl diese definitiv keine wesentlichen

---

[179] Richardi/*Annuß* BetrVG § 111 Rn. 39.
[180] BAG 1 ABR 40/80, BAGE 46, 30 = NJW 1983, 1870, 1871 (Betriebsverlegung um 4 km); BAG 1 ABR 32/96, BAGE 85, 1 = NZA 1997, 898, 899 (Verselbständigung eines Betriebsteils knapp unterhalb der Grenze des § 17 KSchG); ErfK/*Kania* BetrVG § 111 Rn. 8; *Fitting* BetrVG § 111 Rn. 42; GK/*Oetker* BetrVG § 111 Rn. 62.
[181] Vgl. BAG 1 ABR 1/99, NZA 2000, 1069, 1070: Sozialplan aufgrund Einigungsstellenspruchs kann nur diejenigen Nachteile ausgleichen bzw. mildern, die die Betriebsänderung selbst verursacht.
[182] Richardi/*Annuß* BetrVG § 111 Rn. 47 ff.; *Fitting* BetrVG § 111 Rn. 43; vgl. aber die zurückhaltenden Aussagen der in Bezug genommenen Entscheidung des BAG 1 ABR 40/80, BAGE 46, 30 = AP Nr. 11 zu § 111 BetrVG 1972 (insoweit nicht abgedruckt in NJW 1983, 1870).
[183] BAG 1 ABR 40/80, BAGE 46, 30 = AP Nr. 11 zu § 111 BetrVG 1972.

Nachteile für die Arbeitnehmer mit sich bringen können, ist dem ggf. der Einwand des Rechtsmissbrauchs entgegenzuhalten.

81 Stärker umstritten ist die Frage, ob der **Katalog des § 111 S. 3 BetrVG** eine **abschließende Aufzählung** enthält[184] oder ob es sich lediglich um **Regelbeispiele** handelt, so dass auch Maßnahmen eine Betriebsänderung darstellen können, die nicht in § 111 S. 3 BetrVG erwähnt sind.[185] Die Aufzählung in Satz 3 ist derart weitgehend, dass eine Betriebsänderung, die nur unter Satz 1, nicht aber unter Satz 3 fällt, kaum denkbar erscheint.[186] Nichtsdestotrotz ist es von praktischer Bedeutung, dass insbesondere auch die Rechtsprechung die Aufzählung in Satz 3 nicht für abschließend hält. Denn nur so bleibt Raum für die vehement umstrittene Frage, ob es sich bei einem **Betriebsübergang** i. S. d. **§ 613a BGB für sich genommen** um eine **Betriebsänderung** gemäß § 111 S. 1 BetrVG handeln kann[187] oder ob eine Betriebsänderung in diesem Fall nur dann vorliegt, wenn im Zusammenhang mit dem Betriebsübergang weitere Maßnahmen wie etwa eine Betriebsstilllegung geplant sind.[188] Auf der Grundlage des BetrVG ist es mE zutreffend, den Betriebsübergang in Form des **bloßen Inhaberwechsels nicht** als **Betriebsänderung** zu klassifizieren. Denn auch wenn ein solcher Wechsel unbestreitbar wesentliche Nachteile für die Arbeitnehmer mit sich bringen kann,[189] resultieren diese Nachteile nicht aus dem Wechsel des Betriebsinhabers selbst, sondern aus möglichen Maßnahmen des neuen Betriebsinhabers, die sodann ihrerseits Betriebsänderungen darstellen und unzweifelhaft Mitbestimmungsrechte auslösen können. Die Sorge, der Betriebsinhaber könnte künftig einmal zu solchen Maßnahmen greifen, weil er sich möglicherweise schon vor dem Erwerb des Betriebes in wirtschaftlichen Schwierigkeiten befindet, rechtfertigt die Anwendung der §§ 111, 112 BetrVG dagegen nicht. Der Betriebsrat könnte durch einen Interessenausgleich die wirtschaftliche Lage des Betriebserwerbers nicht verändern; damit eine Pflicht zur Beratung gemäß §§ 111, 112 BetrVG in diesen Fällen überhaupt Sinn ergäbe, müsste der Interessenausgleich schon auf die Verhinderung des Betriebsübergangs gerichtet sein. Dies wäre aber ein unzulässiger Eingriff in die unternehmerische Freiheit des Arbeitgebers gemäß Art. 12 GG. Ob sich vor diesem Hintergrund die Ansicht durchzusetzen vermag, dass der Betriebsübergang aufgrund einer richtlinienkonformen Auslegung des § 613a BGB als Betriebsänderung qualifiziert werden müsse,[190] bleibt abzuwarten.

82 Was bedeutet dies für die betriebsverfassungsrechtliche Einordnung von Umwandlungsmaßnahmen? Der **Formwechsel** als reine Änderung des „Rechtskleids", aber auch die **Verschmelzung**, die für sich genommen lediglich einen Betriebsübergang gemäß §§ 324, 613a BGB auslöst, stellen als solche **keine Betriebsänderung** dar und lösen dementsprechend kein Mitbestimmungsrecht des Betriebsrats gemäß §§ 111, 112 BetrVG aus. Vielmehr ist erforderlich, dass die beteiligten Unternehmen planen, entweder im Vorfeld der Umwandlung oder nach ihrer Durchführung weitere Maßnahmen umzusetzen, bei denen es sich um Betriebsänderungen i. S. d. § 111 BetrVG handelt.[191]

83 **Beispiel 2: Verschmelzung mit Betriebsänderung** Die A-GmbH mit einem Euskirchener Betrieb soll auf die B-GmbH mit einem Betrieb in Bonn verschmolzen werden. Im Zuge der

---

[184] Richardi/*Annuß* BetrVG § 111 Rn. 41.
[185] BAG 1 AZR 345/09, NZA 2011, 466, 467; LAG Mainz 7 TaBV 22/16, BeckRS 2016, 110822 Rn. 44; GK/*Oetker* BetrVG § 111 Rn. 56; *Fitting* BetrVG § 111 Rn. 44; Däubler/Kittner/Klebe/Wedde/*Däubler* BetrVG § 111 Rn. 45 f.
[186] Schaub-Arb-Hdb/*Koch* § 244 Rn. 7.
[187] Dafür Däubler/Kittner/Klebe/Wedde/*Däubler* BetrVG § 111 Rn. 125 ff.; GK/*Fabricius* (6. Aufl. 1997) BetrVG § 111 Rn. 267, 296; *Gaul* § 28 Rn. 103 ff.
[188] So die hM: BAG 1 AZR 223/14, NZA 2015, 1212; BAG 8 AZR 695/05, NZA NJOZ 2008, 108; Richardi/*Annuß* BetrVG § 111 Rn. 124; *Fitting* BetrVG § 111 Rn. 50; Schaub-ArbR-Hdb/*Koch* § 244 Rn. 8.
[189] Däubler/Kittner/Klebe/Wedde/*Däubler* BetrVG § 111 Rn. 125.
[190] *Gaul* § 28 Rn. 103 ff. unter Hinweis auf Art. 7 Abs. 1 und 2 RL 2001/23/EG.
[191] Vgl. Willemsen/Hohenstatt/Schweibert/Seibt/*Schweibert* C Rn. 121 f.

Vorbereitung der Verschmelzung trifft die Geschäftsführung der B-GmbH bereits die Entscheidung, mit dem Wirksamwerden der Verschmelzung den Betrieb der A-GmbH nach Bonn zu verlegen und mit dem bisherigen Betrieb der B-GmbH zusammenzuschließen. Gegenstand des Verfahrens gemäß §§ 111, 112 BetrVG ist in dem Fall nicht die Verschmelzung, sondern die geplante Verlegung des Euskirchener Betriebs und sein Zusammenschluss mit dem Betrieb in Bonn.

Beispiel 3: Verschmelzung ohne Betriebsänderung Gibt die B-GmbH diese Pläne vor der Verschmelzung auf, steht den Betriebsräten beider Betriebe wegen der Verschmelzung kein Anspruch auf Verhandlung über einen Interessenausgleich zu. Dies gilt auch dann, wenn die Betriebsräte damit rechnen, dass die B-GmbH die Pläne zur Verlegung und zum Zusammenschluss in absehbarer Zeit weiterverfolgen könnte. Allein dadurch, dass die Verschmelzung dem Betriebserwerber künftige Betriebsänderungen ermöglicht, wird die Verschmelzung nicht selbst zu einer Betriebsänderung. 84

Bei der **Spaltung** nach dem UmwG dürfte dagegen wie folgt zu differenzieren sein: Führt die Spaltung zur **Übertragung ganzer Betriebe** auf den übernehmenden Rechtsträger, und bleiben bei dem übertragenden Rechtsträger nur bislang bereits bestehende Betriebe unverändert zurück, so liegt hierin ebenfalls **keine Betriebsänderung** gemäß § 111 BetrVG. Ein Mitbestimmungsrecht des Betriebsrats besteht in diesen Fällen daher wie bei dem Formwechsel der Verschmelzung nur, wenn im Vorfeld oder im Nachgang zu der Spaltung zusätzliche Maßnahmen geplant sind, die ihrerseits als Betriebsänderung gemäß § 111 BetrVG anzusehen sind. Führt die geplante Spaltung dagegen zur **Übertragung eines bereits bestehenden Betriebsteils** gemäß § 613a BGB, der nicht erst durch eine vorbereitende Maßnahme aus Anlass der Spaltung geschaffen wurde, so beinhaltet die gesellschaftsrechtliche Spaltung zugleich auch die Spaltung eines Betriebs und damit eine **Betriebsänderung** gemäß § 111 S. 3 Nr. 3 BetrVG. 85

Beispiel 4: Spaltung mit vorangehender Betriebsänderung Der Vorstand der X-AG möchte das operative Geschäft der Gesellschaft im Wege einer Ausgliederung nach § 123 Abs. 3 UmwG auf zwei Tochtergesellschaften aufteilen und sich selbst auf die Ausübung von Holdingfunktionen beschränken. Da bei der X-AG bislang nur ein einheitlicher Geschäftsbetrieb besteht, der einem Betrieb im arbeitsrechtlichen Sinne entspricht, wird zusammen mit der Ausgliederung der beiden operativen Sparten die Bildung entsprechender Geschäftsbereiche und eines Bereichs „Holding" bei der X-AG geplant. Hierin dürfte jedenfalls eine grundlegende Änderung der Betriebsorganisation gemäß § 111 S. 3 Nr. 4 BetrVG liegen, ggf. auch schon die Spaltung von Betrieben gemäß § 111 S. 3 Nr. 3 BetrVG, über die mit dem Betriebsrat gemäß § 111 S. 1 BetrVG nach rechtzeitiger Unterrichtung zu beraten ist. Die Ausgliederung selbst ist dagegen nicht Gegenstand des Mitbestimmungsrechts. 86

Beispiel 5: Spaltung als Betriebsänderung Sind die Holdingfunktion und die operativen Tätigkeiten zwar in einem Betrieb zusammengefasst, aber organisatorisch so verselbstständigt, dass es sich um Betriebsteile handelt, könnten die Ausgliederungen ohne vorbereitende organisatorische Maßnahmen durchgeführt werden. In dem Fall würde die einzelne Ausgliederung selbst zur Betriebsspaltung führen und damit eine Betriebsänderung gemäß § 111 S. 3 Nr. 3 BetrVG beinhalten.[192] Dies ist insbesondere auch dann der Fall, wenn für die drei Teilbereiche nur deshalb ein einziger Betriebsrat gebildet wurde, weil die X-AG zulässigerweise einen Tarifvertrag gemäß § 3 Abs. 1 Nr. 1 lit. a) BetrVG über die Bildung eines unternehmenseinheitlichen Betriebsrats abgeschlossen hat.[193] 87

Beispiel 6: Spaltung ohne Betriebsänderung Bestehen dagegen bei Beginn der Planungen für die Ausgliederung drei separate Betriebe i.S.d. § 1 S. 1 BetrVG für die Holdingfunktionen und die beiden operativen Geschäftsbereiche, führen die geplanten Ausgliederungen auch nicht mittelbar zu einer Betriebsänderung gemäß § 111 BetrVG. 88

Allerdings sind nicht alle Änderungen im Vorfeld oder im Nachgang zu einer Umwandlungsmaßnahme Betriebsänderungen, auch wenn sie auf den ersten Blick einen der Kata- 89

---

[192] Vgl. auch LAG Schleswig-Holstein 6 Sa 427/15, BeckRS 2016, 74768 Rn. 13, in Bezug auf eine Unternehmensaufspaltung gemäß § 123 Abs. 1 UmwG, die zu einer Betriebsaufspaltung führt.
[193] GK/*Franzen* BetrVG § 3 Rn. 61; GK/*Oetker* BetrVG § 111 Rn. 134; Willemsen/Hohenstatt/Schweibert/Seibt/*Hohenstatt* D Rn. 192.

logtatbestände des § 111 S. 3 BetrVG zu erfüllen scheinen. Finden ohnehin Gespräche über einen Interessenausgleich statt, so wird man häufig ungeachtet der rechtlichen Einordnung jener weiteren Maßnahme nicht umhin kommen, auch hierüber Regelungen mit dem Betriebsrat zu treffen. Rechtlich wäre es aber durchaus möglich, derartige Tatbestände von den Beratungen gemäß § 111 S. 1 BetrVG auszuklammern, ohne dass hieraus ein Anspruch auf Nachteilsausgleich gemäß § 113 BetrVG oder ggf. ein Unterlassungsanspruch des Betriebsrats erwachsen könnte.

90 **Beispiel 7: Begleitende Maßnahmen, die keine Betriebsänderungen sind** Im Beispiel 4 (vgl. → § 56 Rn. 86) beschließt der Vorstand der X-AG, mit dem Holdingbereich unmittelbar vor oder nach der Spaltung in ein größeres Gebäude umzuziehen. Das Gebäude befindet sich unmittelbar gegenüber dem bisherigen Verwaltungsgebäude und verfügt ebenfalls über eine eigene Tiefgarage und eine eigene Kantine. In dem Umzug könnte eine Betriebsänderung gemäß § 111 S. 3 Nr. 2 BetrVG liegen, nämlich die Verlegung eines ganzen Betriebs oder eines wesentlichen Betriebsteils. Jedoch ist nicht jede Ortsveränderung eine Verlegung. Vielmehr kommt es darauf an, ob sich dadurch die räumliche Lage mehr als nur geringfügig ändert.[194] Bei dem bloßen „Wechsel der Straßenseite" dürfte dies nicht der Fall sein.[195]

3. Unterrichtung über die geplante Betriebsänderung

91 **a) Rechtzeitige Unterrichtung.** Ist eine Betriebsänderung geplant, so muss der Unternehmer den Betriebsrat **rechtzeitig** hierüber unterrichten. Im Stadium von Vorüberlegungen greift diese Unterrichtungspflicht nach einhelliger Ansicht noch nicht.[196] Der Betriebsrat soll durch die Verhandlungen über einen Interessenausgleich die Gestaltung einer im Einzelfall geplanten Betriebsänderung gezielt beeinflussen können; dazu müssen **Art und Umfang** einer hinreichend bestimmten, in Einzelheiten bereits absehbaren Maßnahme **bekannt** sein, deren Durchführung der Arbeitgeber konkret anstrebt.[197] Die Pläne des Arbeitgebers müssen eine **gewisse Reife** erlangt haben, er muss im Prinzip zu der Maßnahme entschlossen sein.[198] Dies gilt es zu berücksichtigen, wenn es in einer älteren Entscheidung des BAG heißt, der Betriebsrat sei über eine geplante Betriebsänderung **so früh wie möglich** zu unterrichten.[199]

92 Damit der Betriebsrat aber noch eine Einwirkungsmöglichkeit auf die endgültige Entscheidung des Unternehmers und deren nähere Durchführung hat, muss er in jedem Fall unterrichtet werden, **bevor** die **endgültige Entscheidung** über eine Maßnahme gefallen ist und bevor ihre Modalitäten festliegen,[200] **damit** der Betriebsrat **Einfluss auf das Ob und auf das Wie** der geplanten Maßnahme nehmen kann.[201] Jedoch ist nicht jede Entscheidung, die Gesellschaftsorgane im Vorfeld betriebsändernder Maßnahmen treffen, als endgültige Entscheidung anzusehen. Daher ist die Pflicht zur rechtzeitigen Unterrichtung insbesondere nicht bereits immer dann verletzt, wenn die Geschäftsleitung vor der Unterrichtung des Betriebsrats eine Entscheidung der **Gesellschafterversammlung**[202] oder des

---

[194] BAG 1 ABR 40/80, BAGE 46, 30 = NJW 1983, 1870, 1871: Verlegung bejaht bei einer Standortverlagerung um 4,3 km innerhalb Berlins; offengelassen von BAG 1 ABR 35/05, NZA 2006, 1289, 1290 Rn. 14 für eine Verlagerung um 3 Kilometer in derselben politischen Gemeinde.
[195] ErfK/*Kania* BetrVG § 111 Rn. 14; *Fitting* BetrVG § 111 Rn. 81.
[196] Willemsen/Hohenstatt/Schweibert/Seibt/*Schweibert* C Rn. 141; Däubler/Kittner/Klebe/Wedde/*Däubler* BetrVG § 111 Rn. 162.
[197] BAG 1 AZR 97/01, NZA 2002, 992, 993; *Fitting* BetrVG § 111 Rn. 108; zur Abgrenzung von Vorbereitung und Beginn einer Betriebs(teil-)Stilllegung *Langner/Widhammer* NZA 2011, 430.
[198] Richardi/*Annuß* BetrVG § 111 Rn. 144.
[199] Vgl. BAG 1 AZR 784/75, DB 1977, 309; ebenso Willemsen/Hohenstatt/Schweibert/Seibt/*Schweibert* C Rn. 141.
[200] BAG 1 AZR 784/75, DB 1977, 309.
[201] BAG 1 AZR 97/01, NZA 2002, 992, 993 f.; ErfK/*Kania* BetrVG § 111 Rn. 22; *Fitting* BetrVG § 111 Rn. 107.
[202] BAG 1 AZR 7/03, NZA 2004, 931, 932 f.; *Fitting* BetrVG § 111 Rn. 109.

Aufsichtsrats[203] einholt. Nach Ansicht des BAG zementieren solche Entscheidungen anderer Gesellschaftsorgane nur dann das Ob und Wie der Maßnahme, **wenn** die **Geschäftsleitung** des Arbeitgebers hierdurch tatsächlich oder rechtlich darin **gehindert** wird, die sich infolge der Verhandlungen ergebenden Alternativen an ihre Gesellschafter weiterzuleiten, um ggf. eine **Änderung der Pläne zu erreichen**.[204]

Beispiel 8: Unschädliche Entscheidungen anderer Gesellschaftsorgane Sichert sich die Geschäftsleitung zunächst nur das Einverständnis des Aufsichtsrats, mit der konkreten Planung und Vorbereitung der Maßnahme zu beginnen, und muss der Aufsichtsrat vor der Durchführung der Maßnahme erneut hierüber entscheiden, ist die anschließende Unterrichtung des Betriebsrats in jedem Fall noch rechtzeitig. Auch ein Gesellschafterbeschluss über die Stilllegung eines Betriebs stellt nach Ansicht des BAG nicht zwingend die finale Entscheidung des Arbeitgebers über die Betriebsänderung dar, so dass selbst danach noch eine Unterrichtung des Betriebsrats rechtzeitig sein kann.[205] Letztlich handelt es sich hierbei daher wie so oft um eine Frage des Einzelfalls.[206]

Beispiel 9: Endgültige Entscheidung der Geschäftsleitung in AR-Sitzung Entscheidet der Aufsichtsrat abschließend über die ihm vorgestellte Maßnahme und entschließt sich die Geschäftsleitung daraufhin noch in derselben Aufsichtsratssitzung endgültig zur Durchführung, hat die Arbeitgeberseite das Stadium der Planung verlassen.[207] Die anschließende Unterrichtung erfolgt daher verspätet.

Auch die **Zuleitung** des Entwurfs von **Umwandlungsvertrag** oder **Formwechselbeschluss** nach §§ 5 Abs. 3, 126 Abs. 3, 194 Abs. 2 UmwG markiert danach nicht automatisch den Zeitpunkt, bis zu dem der Betriebsrat gemäß § 111 S. 1 BetrVG unterrichtet worden sein muss. Eine Umwandlung, die nicht selbst eine Betriebsänderung darstellt (vgl. → § 56 Rn. 83 und 85), verpflichtet die Geschäftsleitung weder rechtlich noch tatsächlich zur Umsetzung einer im Zusammenhang mit der Umwandlung geplanten Betriebsänderung, so dass mit der Entscheidung für die Umwandlung noch nicht die Entscheidung für die Betriebsänderung gefallen sein muss. Allerdings dürfte diese Frage in den meisten Fällen eher theoretischer Natur sein. Denn in der Praxis werden die Planungen für umwandlungsbegleitende betriebsändernde Maßnahmen bereits mit der Planung der Umwandlungsmaßnahme beginnen und den nötigen Reifegrad – spätestens – parallel zur Umwandlung erlangen.[208]

Praxishinweis: Ist ein Verfahren gemäß §§ 111, 112 BetrVG bei Beginn der konkreten Planungen für die angestrebte Umwandlung noch nicht eingeleitet und werden im Zusammenhang mit der Umwandlung Maßnahmen erwogen, die Betriebsänderungen darstellen könnten, hat der gesellschaftsrechtliche Berater nicht nur die Durchführung von Verhandlungen über einen Interessenausgleich und ggf. einen Sozialplan bei der Erstellung des Zeit- und Maßnahmenplans zu berücksichtigen. Er sollte zudem darauf hinwirken, dass das Verfahren gemäß §§ 111, 112 BetrVG frühzeitig begonnen wird, damit es – auch bei Durchführung eines Einigungsstellenverfahrens – abgeschlossen werden kann, bevor die Zuleitung des Entwurfs von Umwandlungsvertrag oder Formwechselbeschluss an den Betriebsrat zu erfolgen hat. Denn nach der hier vertretenen Ansicht gehören derartige Maßnahmen zu den Angaben i. S. d. §§ 5 Abs. 1 Nr. 9, 126 Abs. 1 Nr. 11, 194 Abs. 1 Nr. 7 UmwG (→ § 56 Rn. 15 f.), deren Änderung nach erfolgter Zuleitung ein erneutes Zuleitungserfordernis auslösen (→ § 56 Rn. 58).

In **Konzernsachverhalten** werden sowohl die Umwandlungsmaßnahme als auch etwaige betriebsändernde Maßnahmen nicht selten von der Konzernobergesellschaft oder einer konzernangehörigen Service-Gesellschaft geplant. Diese Planungen beginnen unter Um-

---

[203] Richardi/*Annuß* BetrVG § 111 Rn. 147; *Fitting* BetrVG § 111 Rn. 109; aA Däubler/Kittner/Klebe/Wedde/*Däubler* BetrVG § 111 Rn. 164.
[204] BAG 1 AZR 7/03, NZA 2004, 931, 932 f.
[205] Vgl. BAG 1 AZR 794/13, NZA 2015, 1147, 1149 Rn. 24; *Fitting* BetrVG § 111 Rn. 110.
[206] Willemsen/Hohenstatt/Schweibert/Seibt/*Schweibert* C Rn. 141.
[207] BAG 1 AZR 784/75, DB 1977, 309, 310.
[208] Zur rechtzeitigen Unterrichtung bei grenzüberschreitenden Verschmelzungen *Schädle* S. 126 ff.

ständen, noch bevor die Geschäftsleiter der unmittelbar an der Umwandlungsmaßnahme beteiligten Konzernunternehmen hiervon erfahren oder jedenfalls in die Planung eingebunden werden. Die Pflicht zur Beteiligung des Betriebsrates gemäß § 111 S. 1 BetrVG besteht jedoch auch in diesen Fällen alleine für den Arbeitgeber und Betriebsinhaber, der damit ggf. auch Schuldner des Nachteilsausgleichs i. S. d. § 113 BetrVG ist.[209] Aus dem Grund **kommt** eine generelle (gegenseitige) **„Zurechnung"** von Maßnahmen konzernzugehöriger Unternehmen i. R. d. §§ 111, 112 BetrVG **nicht in Betracht**.[210]

98 In jedem Fall **zu spät** ist eine Unterrichtung, **wenn** die Geschäftsleitung schon mit der **Durchführung** der Betriebsänderung **begonnen** hat.[211] Die Rechtsprechung ist recht großzügig, wenn es darum geht, ob bestimmte Handlungen der Vorbereitung dienen oder schon zur Durchführung der Betriebsänderung zählen. Jedenfalls dann aber, wenn der Arbeitgeber die bestehenden Arbeitsverhältnisse zum Zwecke der Betriebsstilllegung kündigt, schafft er damit nach Ansicht des BAG vollendete Tatsachen im Hinblick auf die Stilllegung und beginnt mit deren Durchführung.[212]

99 b) Umfassende Unterrichtung. Auch die Anforderungen an eine **umfassende** Unterrichtung sind aus dem Sinn und Zweck des Mitbestimmungsrechts gemäß §§ 111, 112 BetrVG abzuleiten. Die Unterrichtung soll den Betriebsrat befähigen, zu der geplanten Betriebsänderung Stellung zu nehmen und darüber zu entscheiden, wie ein Interessenausgleich herbeigeführt werden kann und ob ein Sozialplan aufgestellt werden soll; daher muss die Unterrichtung den **Umfang** der Maßnahmen, deren **Gründe** und die **zu erwartenden Auswirkungen** auf die Belegschaft erkennen lassen.[213] Zugleich ist nicht erforderlich, dass der Betriebsrat vor der Durchführung der Betriebsänderung in die Lage versetzt wird, einen gegen alle Einwände abgesicherten Entwurf eines Sozialplans vorzulegen.[214]

100 Die Pflicht, dem Betriebsrat die **erforderlichen Unterlagen** zur Verfügung zu stellen, folgt aus der allgemeinen Regelung des § 80 Abs. 2 S. 2 BetrVG. Erforderlich sind nur Unterlagen, die sich auf die geplante Betriebsänderung beziehen.[215] Andere Einschränkungen, insbesondere im Hinblick auf Betriebs- und Geschäftsgeheimnisse analog § 106 Abs. 2 S. 1 a. E. BetrVG, bestehen *de lege lata* nicht.[216] Allerdings muss der Arbeitgeber auch dem Betriebsrat i. R. d. § 111 BetrVG nur Unterlagen zur Verfügung stellen, über die er selbst verfügt.[217]

4. Interessenausgleich und Sozialplan

101 a) Überblick. Auf der Grundlage der Informationen und Unterlagen, die der Arbeitgeber dem Betriebsrat zur Verfügung gestellt hat, haben Arbeitgeber und Betriebsrat über die geplante Betriebsänderung zu beraten. Die **Beratung** ist jedoch **kein Selbstzweck**. Sie hat nach der Vorstellung des Gesetzgebers vielmehr zum **Ziel**, dass der Arbeitgeber und der Betriebsrat **bindende Vereinbarungen** abschließen: einen **Interessenausgleich** über die geplante Betriebsänderung i. S. d. § 112 Abs. 1 S. 1 BetrVG und ggf. einen **Sozialplan** i. S. d. § 112 Abs. 1 S. 2 BetrVG.[218]

---

[209] BAG 1 AZR 94/90, NZA 1991, 681, 683; vgl. GK/*Oetker* BetrVG § 113 Rn. 10, 81; ebenso für die Konsultationspflicht bei Massenentlassungen EuGH C-44/08, NZA 2009, 1083, 1086 Rn. 62 – Akavan Erityisalojen Keskusliitto.
[210] BAG 1 AZR 794/13, NZA 2015, 1147, 1148 Rn. 16; Richardi/*Annuß* BetrVG § 111 Rn. 146.
[211] BeckOK ArbR/*Besgen* BetrVG § 111 Rn. 30; *Fitting* BetrVG § 111 Rn. 110; vgl. auch BAG 1 AZR 25/05, NZA 2006, 1122, 1124 Rn. 17.
[212] BAG 1 AZR 794/13, NZA 2015, 1147, 1149 Rn. 22.
[213] Richardi/*Annuß* BetrVG § 111 Rn. 150.
[214] BAG 1 AZR 7/03, NZA 2004, 931, 932 f.
[215] Richardi/*Annuß* BetrVG § 111 Rn. 151.
[216] BAG 1 AZR 409/69, AP NR. 8 zu § 72 BetrVG 1952 zur Vorgängernorm; ErfK/*Kania* BetrVG § 111 Rn. 23; GK/*Oetker* BetrVG § 111 Rn. 192.
[217] *Fitting* BetrVG § 111 Rn. 113.
[218] Vgl. Richardi/*Annuß* BetrVG § 111 Rn. 156.

Mit dem Interessenausgleich sollen Nachteile verhindert, mit dem Sozialplan dennoch **102** entstehende wirtschaftliche Nachteile ausgeglichen oder gemildert werden. Obwohl die Vereinbarungen im Grundsatz dieselbe Maßnahme betreffen, **unterscheidet** der **Gesetzgeber bewusst** zwischen ihnen und gestaltet diese sowohl inhaltlich als auch mit Blick auf das Verfahren zum Teil unterschiedlich aus. Der Interessenausgleich, der sich mit der Ausgestaltung einer Betriebsänderung befasst und dem Betriebsrat damit die unmittelbare Einflussnahme auf die unternehmerische Maßnahme als solche ermöglicht, muss vom Arbeitgeber lediglich ernsthaft „versucht" werden. Verletzt der Arbeitgeber dieses Mitbestimmungsrecht des Betriebsrats, können allein die einzelnen Arbeitnehmer Ansprüche auf Nachteilsausgleich unter den Voraussetzungen des § 113 BetrVG geltend machen. Dagegen vermag der Betriebsrat einen Sozialplan, der „nur" die Folgen einer Betriebsänderung betrifft und dem nach § 112 Abs. 1 S. 3 BetrVG die Wirkung einer Betriebsvereinbarung zukommt, gemäß § 112 Abs. 4 BetrVG im Einigungsstellenverfahren zu erzwingen.

Die komplementäre Funktion beider Vereinbarungen, der weitgehende Gleichlauf des **103** von § 112 BetrVG vorgesehenen Verfahrens sowie die Tatsache, dass in der Praxis nicht selten Interessenausgleich und Sozialplan in einer Urkunde niedergelegt werden, rechtfertigen es, diese beiden Vereinbarungen im Folgenden weitgehend gemeinsam zu betrachten.

b) Gegenstand und Inhalt des Interessenausgleichs. Bei dem **Interessenausgleich** **104** handelt es sich um eine **Vereinbarung**, die das **Ob und Wie** einer **konkret geplanten Maßnahme** zum Gegenstand hat und deren Aufgabe darin besteht, **Nachteile** jeglicher Art für die Arbeitnehmer möglichst zu **verhindern**.[219] Daraus folgt: Vereinbaren die Betriebsparteien vorsorglich Verfahrensweisen für mögliche künftige Betriebsänderungen, die noch nicht konkret geplant sind und auf deren Eigenheiten eine abstrakt-vorsorgliche Planung keine Rücksicht nehmen kann, so wird das Mitbestimmungsrecht des Betriebsrats hierdurch nicht erschöpft.[220] Der Arbeitgeber ist daher auch nach Abschluss einer solchen Vereinbarung verpflichtet, den Betriebsrat rechtzeitig und umfassend i. S. d. § 111 S. 1 BetrVG zu unterrichten, wenn er sich im Grundsatz zu einer bestimmten Betriebsänderung entschlossen hat (→ § 56 Rn. 91 f.), und einen Interessenausgleich zu versuchen. Hat der Arbeitgeber eine Betriebsänderung bereits durchgeführt, kann für diese Betriebsänderung ebenfalls kein Interessenausgleich mehr geschlossen werden, weil sich die Durchführung einer bereits erfolgten Maßnahme nicht nachträglich regeln lässt.[221]

Den **Inhalt** eines Interessenausgleichs bestimmen die Parteien. Sind sich Arbeitgeber und **105** Betriebsrat darüber einig, dass die geplante Maßnahme keine Nachteile für die Belegschaft mit sich bringen wird, können Sie die Zustimmung des Betriebsrats zu der geplanten Maßnahme im Interessenausgleich niederlegen.[222] In dem Fall kann der Arbeitgeber die Betriebsänderung sofort in der geplanten Form umsetzen. Einigen sich Arbeitgeber und Betriebsrat dagegen darauf, die geplante Maßnahme zu unterlassen, entfällt nach Abschluss eines entsprechenden Interessenausgleichs die Pflicht zur Verhandlung über einen Sozialplan.[223] Im Übrigen reichen die denkbaren Regelungen eines Interessenausgleichs von der knappen Feststellung, dass eine näher bezeichnete Maßnahme durchgeführt werden soll,[224] bis hin zu der ausführlichen Regelung der geplanten Maßnahme in all ihren Einzelhei-

---

[219] ErfK/*Kania* BetrVG § 112 Rn. 1; BeckOK ArbR/*Besgen* BetrVG § 112 Rn. 2.
[220] BAG 1 AZR 342/98, NZA 1999, 949, 950; *Fitting* BetrVG §§ 112, 112a Rn. 10; ErfK/*Kania* BetrVG § 112 Rn. 4.
[221] *Fitting* BetrVG §§ 112, 112a Rn. 11.
[222] Vgl. GK/*Oetker* BetrVG §§ 112, 112a Rn. 10.
[223] Richardi/*Annuß* BetrVG § 112 Rn. 20; *Fitting* BetrVG §§ 112, 112a Rn. 17; Däubler/Kittner/Klebe/Wedde/*Däubler* BetrVG §§ 112, 112a Rn. 21.
[224] Vgl. BAG 10 AZR 186/93, NZA 1995, 89, 91: Regelungen in einem Sozialplan über die Kündigung einer bestimmten Arbeitnehmergruppe innerhalb eines bestimmten Zeitraums können materiell einen Interessenausgleich darstellen.

ten.[225] Beiden Seiten bietet sich so die Chance, die Modalitäten der geplanten Maßnahme derart zu verändern, dass diese entweder keine oder lediglich deutlich geringere Nachteile für die Arbeitnehmer verursacht und dadurch eine größere Zustimmung seitens der Belegschaft erfährt.[226]

> **Beispiel 10: Typische Regelungen in einem Interessenausgleich insbesondere Änderungen der** geplanten **Maßnahme selbst**, z. B. Betriebseinschränkungen mehrerer Betriebe statt Stilllegung eines einzigen Betriebs, Betriebsverlegung an einen anderen als den geplanten Standort, Organisationsänderung durch Bildung von vier statt nur zwei neuen Abteilungen.
> **Personelle Maßnahmen** wie Versetzungen zur Vermeidung verlängerter Anfahrtswege im Fall von Betriebsverlegungen, Versetzungen und Umschulungen zur Vermeidung von Entlassungen, Kündigungen und Freistellungen bei Betriebsstilllegungen.
> Festlegungen zum **zeitlichen Ablauf** der Betriebsänderung, z. B. stufenweises Wirksamwerden von Organisationsänderungen, Festlegung von Umzugsterminen bei Betriebsverlegungen oder Kündigungsterminen bei Betriebsstilllegungen.
> **Ausschluss betriebsbedingter Kündigungen** oder eine **Standortgarantie** für einen bestimmten Zeitraum bei einer Betriebseinschränkung oder einer Betriebsspaltung.
> **Rückkehrrecht** der übergehenden Arbeitnehmer bei einer Betriebsspaltung durch eine Spaltung nach dem UmwG für den Fall, dass der neue Arbeitgeber innerhalb eines bestimmten Zeitraums Insolvenz anmeldet oder aus der Unternehmensgruppe ausscheidet.

106 In der Literatur findet sich bisweilen die aus der Rechtsprechung des BAG[227] abgeleitete Aussage, dass der Interessenausgleich und der Sozialplan in einem **Ausschließlichkeitsverhältnis** stünden; was Gegenstand des Interessenausgleichs sei, könne nicht Gegenstand des Sozialplans sein und umgekehrt.[228] Das BAG hat jedoch lediglich entschieden, dass die Einigungsstelle Regelungen über das Ob und Wie einer Maßnahme (also Regelungen eines Interessenausgleichs) nicht zum Gegenstand ihrer verbindlichen Entscheidung über einen Sozialplan nach § 112a Abs. 4 BetrVG machen könne, der gemäß § 112 Abs. 1 S. 2 BetrVG den Ausgleich oder die Milderung entstehender wirtschaftlicher Nachteile zum Gegenstand hat.[229] Dagegen hat es in derselben Entscheidung ausdrücklich für zulässig erklärt, dass die Betriebsparteien in einer mit „Sozialplan" überschriebenen freiwilligen Vereinbarung auch Regelungen treffen, die nach der Konzeption des Gesetzgebers materiell-rechtlich dem Interessenausgleich zuzuordnen sind.[230] Hieraus lässt sich mE **keine rechtliche Einschränkung für** den **Inhalt eines Interessenausgleichs** ableiten, denn dieser kann nie gegen den Willen einer Betriebspartei durchgesetzt werden. Er erfordert immer – auch nach Anrufung der Einigungsstelle – eine freiwillige Vereinbarung von Arbeitgeber und Betriebsrat.[231] Ob es angesichts der unterschiedlichen Wirkungen von Interessenausgleich einerseits und Sozialplan andererseits sinnvoll ist, diese beiden Vereinbarungen miteinander zu kombinieren, steht auf einem anderen Blatt (vgl. → § 56 Rn. 124 f.).

---

[225] Vgl. z. B. LAG Schleswig-Holstein 6 Sa 427/15, BeckRS 2016, 74768 Rn. 13 zu einem Interessenausgleich im Falle einer Betriebsaufspaltung, die durch eine Unternehmensaufspaltung gemäß § 123 Abs. 1 UmwG herbeigeführt wird.
[226] *Fitting* BetrVG §§ 112, 112a Rn. 15.
[227] BAG 2 AZR 211/82, BAGE 43, 357 = NJW 1984, 1648, 1649: „Inhalt des Interessenausgleichs kann alles sein, was nicht dem Sozialplan zugeordnet ist".
[228] ErfK/*Kania* BetrVG § 112 Rn. 1; MünchKommBGB/*Hergenröder* KSchG § 1a Rn. 37; vgl. auch Däubler/Kittner/Klebe/Wedde/*Däubler* BetrVG §§ 112, 112a Rn. 20, wonach alles in den Interessenausgleich aufgenommen werden könne, was nicht Gegenstand des Sozialplans sei.
[229] BAG 1 ABR 23/91, NZA 1992, 227, 229.
[230] BAG 1 ABR 23/91, NZA 1992, 227, 229 unter II. 1 der Gründe (vor II. 2); ähnlich BGH XII ZR 197/98, BGHZ 146, 64 = NJW 2001, 439, 440: Regelungen zum Ausgleich von wirtschaftlichen Nachteilen in einem Interessenausgleich hätten dort zwar an sich „nichts zu suchen", entfalteten aber gleichwohl die Wirkung nach § 112 Abs. 1 S. 3 BetrVG.
[231] *Fitting* BetrVG §§ 112, 112a Rn. 21; zum Verfahren → § 56 Rn. 117 ff.

Von praktischer Bedeutung sind die Wirkungen, die verschiedene gesetzliche Regelungen an eine namentliche Auflistung von Arbeitnehmern im Interessenausgleich (sog. „Namensliste") knüpfen:

- Kommt bei einer **Umwandlung** (mit Ausnahme des Formwechsels) ein Interessenausgleich zustande, in dem diejenigen Arbeitnehmer namentlich bezeichnet werden, die nach der Umwandlung einem bestimmten Betrieb oder Betriebsteil zugeordnet werden, so kann die **Zuordnung** der Arbeitnehmer gemäß § 323 Abs. 2 UmwG durch das Arbeitsgericht **nur** auf **grobe Fehlerhaftigkeit überprüft** werden.
- Sind bei einer **Kündigung** auf Grund einer Betriebsänderung die zu kündigenden Arbeitnehmer in einem Interessenausgleich namentlich bezeichnet, wird gemäß § 1 Abs. 5 S. 1 KSchG sowie nach § 125 Abs. 1 S. 1 Nr. 1 InsO **vermutet**, dass die **Kündigung** durch **dringende betriebliche Erfordernisse** i. S. d. § 1 Abs. 2 KSchG **bedingt** ist.
- Außerdem kann die **soziale Auswahl** der Arbeitnehmer gemäß § 1 Abs. 5 S. 2 KSchG sowie nach § 125 Abs. 1 S. 1 Nr. 2 InsO **nur** auf **grobe Fehlerhaftigkeit überprüft** werden.
- Gemäß § 1 Abs. 5 S. 4 KSchG wie auch nach § 125 Abs. 2 InsO **ersetzt** der Interessenausgleich nach § 1 Abs. 5 S. 1 KSchG bzw. nach § 125 Abs. 1 InsO schließlich **bei Massenentlassungen** die **Stellungnahme des Betriebsrats** gemäß § 17 Abs. 3 S. 2 KSchG.

Die kündigungsrechtliche Bedeutung des **Interessenausgleichs mit Namensliste** ist offenkundig und soll hier nicht näher vertieft werden.[232] Die Bedeutung, die der namentlichen Bezeichnung von Arbeitnehmern in einen Interessenausgleich bei Umwandlungen zukommt, hängt maßgeblich davon ab, ob die Umwandlungsmaßnahme zu einem **Betriebsübergang** gemäß § 613a BGB führt. Ist dies der Fall, kommt den Betriebsparteien nach allgemeiner Ansicht nur insoweit ein **Zuordnungsspielraum** zu, als die von der Umwandlung betroffenen Arbeitnehmer nicht eindeutig einem bestimmten Betrieb oder Betriebsteil zuzuordnen sind (Stichwort „**Querschnittsfunktionen**", → § 57 Rn. 99 f.). Liegt dagegen **kein Betriebsübergang** gemäß § 613a BGB vor, eröffnet § 323 Abs. 2 UmwG den Betriebsparteien einen größeren Spielraum. Denn in dem Fall folgt die grobe Fehlerhaftigkeit der Zuordnung nicht bereits daraus, dass die Vorgaben des § 613a BGB nicht eingehalten werden. Vielmehr können die Betriebsparteien die Arbeitnehmer **frei** zuordnen, sofern die Zuordnung **nicht willkürlich oder** unter **Verstoß gegen** die **guten Sitten** erfolgt.[233] Ein grober Verstoß i. S. d. § 323 Abs. 2 UmwG liegt vor, wenn die Zuordnung bei Berücksichtigung der tatsächlich von dem jeweiligen Arbeitnehmer zu erledigenden Tätigkeiten unter keinem Gesichtspunkt sachlich nachvollziehbar oder wenigstens vertretbar erscheint.[234]

c) Gegenstand und Inhalt des Sozialplans. Der Sozialplan, die zweite Vereinbarung, über die der Arbeitgeber im Falle eine Betriebsänderung mit dem Betriebsrat zu verhandeln hat, beinhaltet nach der Legaldefinition des § 112 Abs. 1 S. 2 BetrVG die **Einigung über** den **Ausgleich oder** die **Milderung** der **wirtschaftlichen Nachteile**, die den Arbeitnehmern infolge der geplanten Betriebsänderung entstehen. Der Sozialplan soll daher in erster Linie einen zukunftsbezogenen Ausgleich für die zu erwartenden Nachteile schaffen, die durch die Betriebsänderung entstehen („**Ausgleichs- und Überbrückungsfunktion**"); Abfindungszahlungen stellen dagegen kein zusätzliches Entgelt für in der Vergangenheit

---

[232] Vgl. dazu Ascheid/Preis/Schmidt/*Kiel* KSchG § 1 Nr. 706 ff.; ErfK/*Oetker* KSchG § 1 Rn. 360 ff.; ErfK/*Gallner* InsO § 125 Rn. 3 ff.
[233] Kallmeyer/*Willemsen* UmwG § 324 Rn. 60.
[234] LAG Schleswig-Holstein 6 Sa 427/15, BeckRS 2016, 74768 Rn. 96, 98 ff., das maßgeblich darauf abzustellen scheint, ob mehr als 50 % der Tätigkeiten des Arbeitnehmers in dem neuen Betrieb ausgeübt werden, dem er im Zuge der Spaltung nicht zugeordnet wurde.

geleistete Dienste dar.[235] Außerdem soll der Sozialplan die innerbetriebliche Akzeptanz der geplanten Betriebsänderung erhöhen („**Befriedungsfunktion**"); das bedeutet im Kern, dass bei der Berechnung von Abfindungsleistungen auch die Dauer der Betriebszugehörigkeit und das Lebensalter berücksichtigt werden dürfen.[236] Vom persönlichen Anwendungsbereich eines Sozialplans gemäß § 112 BetrVG sind nur Arbeitnehmer i. S. d. § 5 BetrVG erfasst, nicht dagegen leitende Angestellte oder Organmitglieder.[237]

110 In der Literatur wird nach wie vor die Frage debattiert, ob dem Sozialplan daneben auch die **vergangenheitsbezogene Funktion** zukommt, die Arbeitnehmer für den Verlust des Arbeitsplatzes zu **entschädigen**.[238] Praktische Bedeutung dürfte dieser Frage aber kaum noch zukommen, seit das BAG die oben beschriebene Befriedungsfunktion des Sozialplans entdeckt hat und seit der EuGH entschieden hat, dass § 10 S. 3 Nr. 6 AGG mit der Antidiskriminierungs-RL 2000/78/EG vereinbar ist.[239] Danach ist es zulässig, in Sozialplänen eine nach Alter oder Betriebszugehörigkeit gestaffelte Abfindungsregelung zu vereinbaren, die es den Betriebsparteien im Ergebnis erlaubt, Sozialplanabfindungen für ältere Arbeitnehmer mit dem Argument zu deckeln, dass sie nur noch eine vergleichsweise geringe Zeit bis zum frühestmöglichen Rentenbeginn zu überbrücken haben.

111 Ein Sozialplan bezieht sich nach der Vorstellung des Gesetzgebers wie ein Interessenausgleich auf eine konkret geplante Betriebsänderung i. S. d. § 111 S. 1 BetrVG. Nur ein solcher, in seinem Anwendungsbereich begrenzter Sozialplan ist gemäß § 112 Abs. 4 BetrVG über die Einigungsstelle erzwingbar.[240] Andererseits besteht Einigkeit darüber, dass es den Betriebsparteien offensteht, freiwillig **vorsorgliche Sozialpläne** für erwartete, aber noch nicht konkret geplante Maßnahmen zu vereinbaren oder für Maßnahmen, von denen noch nicht sicher ist, ob es sich um eine Betriebsänderung handelt;[241] in die Kategorie der vorsorglichen Sozialpläne fallen auch **Rahmensozialpläne**, die Bedingungen für den Abschluss künftiger Sozialpläne festlegen, und **Dauersozialpläne**, die sich von vorsorglichen Sozialplänen vor allem dadurch unterscheiden, dass sie im Ausgangspunkt die Folgen einer konkreten Betriebsänderung regeln, aber bewusst mit einer langen Laufzeit abgeschlossen werden, um dem Unternehmer wie auch der Belegschaft Planungssicherheit für künftige Maßnahmen zu bieten.[242] Davon zu trennen ist die Frage, inwieweit der Betriebsrat auf diese Weise sein Mitbestimmungsrecht gemäß §§ 111, 112 BetrVG verbraucht. Während die Pflicht zu Verhandlungen über einen Interessenausgleich hiervon nicht berührt wird, geht das BAG davon aus, dass ein freiwilliger Sozialplan Bindungswirkung für beide Betriebsparteien entfalten und einen Anspruch auf (erneute) Sozialplanverhandlungen sperren kann, wenn die für möglich gehaltene Betriebsänderung eintritt und bei Abschluss

---

[235] BAG 4 AZR 796/13, NZA 2015, 1388, 1393 Rn. 39; BAG 1 AZR 102/13, BAGE 150, 136 = NZA 2015, 365, 366 Rn. 23; GK/*Oetker* BetrVG §§ 112, 112a Rn. 139.

[236] BAG 1 AZR 254/04, NZA 2005, 997, 998; BAG 1 AZR 58/02, NZA 2003, 1287, 1289; *Fitting* BetrVG §§ 112, 112a Rn. 123.

[237] GK/*Oetker* BetrVG §§ 112, 122a Rn. 148, 150; BeckOK ArbR/*Besgen* BetrVG § 112 Rn. 16.

[238] *Temming* RdA 2008, 205; für ein Wahlrecht der Betriebsparteien Däubler/Kittner/Klebe/Wedde/*Däubler* BetrVG §§ 112, 112a, Rn. 82; zurückhaltend *Fitting* BetrVG §§ 112, 112a Rn. 122; Richardi/*Annuß* BetrVG § 112 Rn. 55.

[239] EuGH C-152/11, AP Richtlinie 2000/78/EG Nr. 27 Rn. 37 ff. – Odar; dazu *Willemsen* RdA 2013, 166.

[240] BAG 1 ABR 12/14, NZA 2016, 894, 895 Rn. 12; BAG 1 AZR 119/11, BAGE 141, 101 = NZA 2012, 1240, 1242 Rn. 23; BAG 1 ABR 77/06, BAGE 126, 169 = NZA 2008, 957, 958 Rn. 10; *Fitting* BetrVG §§ 112, 112a Rn. 99.

[241] BAG 10 ABR 17/97, NZA 1998, 768, 770 f. für die potentiell betriebsbedingten Kündigungen nach einem Auftragsverlust, falls dieser nicht zu einem Betriebsübergang gemäß § 613a BGB führt; zu den Risiken vorsorglicher Sozialpläne vgl. Willemsen/Hohenstatt/Schweibert/Seibt/*Schweibert* C Rn. 224.

[242] Vgl. BAG 1 ABR 12/14, NZA 2016, 894, 895 Rn. 12; GK/*Oetker* BetrVG §§ 112, 112a Rn. 144 f.; *S. Krieger/Terhorst* NZA 2014, 689, 690 f.; zu Dauersozialplänen BAG 1 AZR 1004/06, NZA 2008, 719, 721 Rn. 17 f.; *C. Meyer* NZA 1996, 239 ff.

des Sozialplans zumindest in groben Zügen schon Konturen angenommen hatte;[243] dagegen soll dies nicht der Fall sein, wenn ein Sozialplan Regelungen für Betriebsänderungen enthält, deren Vornahme, Gegenstand und Ausmaß sowie Rahmenbedingungen noch völlig ungewiss sind.[244]

Im Sozialplan werden regelmäßig bestimmte **finanzielle Leistungen** zum Ausgleich für die wirtschaftlichen Nachteile festgelegt, die den Arbeitnehmern infolge des Betriebsübergangs entstehen. Arbeitgeber und Betriebsrat steht eine weitgehende Regelungskompetenz zu (vgl. §§ 112 Abs. 1 S. 3 und 4, 88 BetrVG). Sie haben einen **Beurteilungsspielraum**, wenn es um die Frage geht, welche wirtschaftlichen Nachteile die Betriebsänderung voraussichtlich auslösen wird. Außerdem steht es im Grundsatz im Ermessen der Betriebsparteien, welche wirtschaftlichen Nachteile sie ausgleichen wollen und ob dies durch **pauschale oder typisierende Leistungen** geschieht oder aber durch Leistungen, die sich an der konkret errechneten Höhe bestimmter wirtschaftlicher Nachteile orientieren.[245] **Grenzen** ergeben sich aus **zwingendem Gesetzesrecht**, insbesondere aus dem betriebsverfassungsrechtlichen Gleichbehandlungsgrundsatz sowie aus den Diskriminierungsverboten des Grundgesetzes, des Europäischen Rechts[246] und des einfachen nationalen Gesetzesrechts.[247] Aus dem Gleichbehandlungsgrundsatz folgt u. a., dass Sozialplanleistungen nicht von einem Verzicht des Arbeitnehmers auf die Erhebung einer Kündigungsschutzklage gemäß § 4 S. 1 KSchG abhängig gemacht werden dürfen.[248] Außerdem haben die Betriebsparteien die oben beschriebenen **Funktionen des Sozialplans** zu beachten. Daraus wird insbesondere abgeleitet, dass Regelungen, die ausschließlich zu Lasten der Arbeitnehmer gehen, nicht in einem Sozialplan vereinbart werden können.[249] Allerdings sind die Betriebsparteien bei der Gestaltung eines einvernehmlichen Sozialplans nicht an die Vorgaben gebunden, die sich aus § 112 Abs. 5 BetrVG für den Spruch der Einigungsstelle ergeben.[250]

Beispiel 11: Typische Regelungen in einem Sozialplan insbesondere **Abfindungen** zum Ausgleich des Verdienstausfalls nach einer Kündigung und **Überbrückungsgelder** zur Ergänzung des Arbeitslosengeldes.
Lohnausgleich für Entgelteinbußen auf einem neu zugewiesenen Arbeitsplatz.
Wegegelder oder **Mobilitätsprämien** zum Ausgleich für längere Fahrtzeiten zwischen Wohnort und neuem Betriebsstandort.
Ausgleichszahlungen für den Verlust eines Dienstwagens.
Gewährung betrieblicher Versorgungsleistungen bei vorzeitigem Eintritt in den Ruhestand.
Aufrechterhaltung von **Versorgungsanwartschaften**, die bei Auflösung des Arbeitsverhältnisses noch nicht unverfallbar sind.
Gewährung von **Urlaub** und Urlaubsgeld sowie Zahlung der **Gratifikationen** für das Jahr, in dem die Entlassung durchgeführt wird.
Weitergewährung von **Deputaten** und **Beiträgen** an **Versorgungseinrichtungen**.
Weiterbelassung von **Werkswohnungen** und **Arbeitgeberdarlehen** sowie **Erhaltung** des Rechts auf **verbilligten Bezug** von Waren und Dienstleistungen.
Übernahme von **Kosten** für **Umschulungen**,[251] **Umzug** und **Bewerbungen**.

---

[243] BAG 1 AZR 342/98, NZA 1999, 949, 950.
[244] BAG 1 ABR 12/97, NZA 1998, 216, 219; für die Möglichkeit einer Sperrwirkung auch Willemsen/Hohenstatt/Schweibert/Seibt/*Schweibert* C Rn. 224; ErfK/*Kania* BetrVG §§ 112, 112a Rn. 15; *Fitting* BetrVG §§ 112, 112a Rn. 99; aA Richardi/*Annuß* BetrVG § 112 Rn. 64; Däubler/Kittner/Klebe/Wedde/*Däubler* BetrVG §§ 112, 112a Rn. 195.
[245] ErfK/*Kania* BetrVG §§ 112, 112a Rn. 27.
[246] Vgl. EuGH C-596/14, NZA 2016, 1193, 1195 f. Rn. 45 ff. – Ana de Diego Porras/Ministerio de Defensa, zum Ausschluss befristet Beschäftigter von Sozialplanabfindungen; dazu *Hohenstatt* NZA 2016, 1446, 1449.
[247] *Fitting* BetrVG §§ 112, 112a Rn. 139.
[248] BAG 2 AZR 536/15, NZA 2017, 121, 122 Rn. 22.
[249] *Fitting* BetrVG §§ 112, 112a Rn. 124; BeckOK ArbR/*Besgen* BetrVG § 112 Rn. 17.
[250] Richardi/*Annuß* BetrVG § 112 Rn. 82.
[251] Vgl. BAG 1 ABR 9/86, NZA 1988, 203, 204.

113 Einigen sich Arbeitgeber und Betriebsrat nicht innerbetrieblich über den Inhalt eines Sozialplans, entscheidet die **Einigungsstelle** gemäß § 112 Abs. 4 BetrVG. Für deren Entscheidung, die sich ebenfalls an der Funktion des Sozialplans sowie an zwingendem Gesetzesrecht zu orientieren hat, enthält § 112 Abs. 5 BetrVG weitere Vorgaben. Gemäß Satz 1 hat die Einigungsstelle sowohl die **sozialen Belange** der betroffenen Mitarbeiter zu **berücksichtigen** als auch **auf** die **wirtschaftliche Vertretbarkeit** ihrer Entscheidung für das Unternehmen zu **achten**. § 112 Abs. 5 S. 2 BetrVG stellt außerdem vier Grundsätze auf, an denen sich die Einigungsstelle bei ihrer Ermessensentscheidung orientieren soll. Besonders hingewiesen sei zunächst auf § 112 Abs. 5 S. 2 Nr. 1 BetrVG, der die Einigungsstelle dazu anhält, zum Ausgleich oder zur Milderung wirtschaftlicher Nachteile Leistungen vorzusehen, die „in der Regel" den **Gegebenheiten des Einzelfalles** Rechnung tragen. Gleichwohl darf auch die Einigungsstelle bei der Prognose, welche Nachteile entstehen, typisierende und pauschalierende Annahmen treffen.[252] Außerdem hat die Einigungsstelle gemäß § 112 Abs. 5 S. 2 Nr. 3 BetrVG bei der **Bemessung des Gesamtbetrages** der Sozialplanleistungen darauf zu achten, dass der Fortbestand des Unternehmens oder die nach Durchführung der Betriebsänderung verbleibenden Arbeitsplätze nicht gefährdet werden. Die Grenzen des § 113 Abs. 1 und 3 BetrVG können hierfür nicht herangezogen werden.[253] Der Sozialplan darf aber jedenfalls keinen größeren Leistungsumfang vorsehen, als zum vollen Ausgleich der durch die Betriebsänderung entstehenden Nachteile erforderlich ist.[254]

114 Eine insbesondere auch bei Umwandlungen bedeutsame Frage ist nach wie vor nicht abschließend von der Rechtsprechung geklärt: Unter welchen Umständen darf die Einigungsstelle bei der Bemessung des Gesamtbetrages der Sozialplanleistungen auch die wirtschaftliche Leistungsfähigkeit anderer Konzernunternehmen berücksichtigen (sog. „**Konzern- oder Berechnungsdurchgriff**")? Führt eine **Spaltung** nach dem UmwG dazu, dass die zur Führung eines Betriebes notwendigen Vermögensteile nicht mehr dem Rechtsträger gehören, der den Betrieb führt, sondern diesem zur Nutzung überlassen werden (Betriebsaufspaltung in eine **Anlagegesellschaft** und eine **Betriebsgesellschaft**), und sind an den beteiligten Gesellschaften im Wesentlichen dieselben Personen beteiligt, haftet die Anlagegesellschaft gemäß § 134 Abs. 1 S. 1 UmwG als Gesamtschuldnerin auch für die Forderungen der Arbeitnehmer der Betriebsgesellschaft, die binnen fünf Jahren nach dem Wirksamwerden der Spaltung auf Grund der §§ 111–113 BetrVG begründet werden. Diese **Haftung** gilt nach vorzugswürdiger Ansicht nur gegenüber den Arbeitnehmern, die bereits vor dem Wirksamwerden der Spaltung bei der Betriebsgesellschaft beschäftigt sind, und nicht gegenüber erst danach eingestellten Arbeitnehmern, die sich von vornherein auf eine Tätigkeit in einer reinen Betriebsgesellschaft ohne eigenes Anlagenvermögen eingelassen haben.[255] Die Abgrenzung ist deshalb bedeutsam, weil § 134 Abs. 1 S. 1 BetrVG im Gegensatz zu § 133 Abs. 1 UmwG nicht nur an Ansprüche anknüpft, die bereits bei Wirksamwerden der Spaltung begründet waren und binnen fünf Jahren fällig werden, sondern auch an Ansprüche, die nach der Spaltung erst noch entstehen. Umstritten ist, ob aus dieser Haftung auch ein **Berechnungsdurchgriff** folgt. Das BAG meint, im Falle des § 134 Abs. 1 UmwG sei auch das Vermögen der Anlagegesellschaft bei der Dotierung des Sozialplanes zu berücksichtigen, das der Betriebsgesellschaft durch die Spaltung entzogen wurde.[256] Außerhalb

---

[252] BAG 1 ABR 11/02, BB 2004, 218, 220; BeckOK ArbR/*Besgen* BetrVG § 112 Rn. 23; Richardi/*Annuß* BetrVG § 112 Rn. 151.

[253] Richardi/*Annuß* BetrVG § 112 Rn. 165.

[254] BAG 1 ABR 23/03, NZA 2005, 302, 305; *Fitting* BetrVG §§ 112, 112a Rn. 256.

[255] Für eine teleologische Reduktion des § 134 UmwG Semler/Stengel/*Seulen* UmwG § 134 Rn. 37; Kallmeyer/*Willemsen* UmwG § 134 Rn. 17; aA ErfK/*Oetker* UmwG § 134 Rn. 6; Lutter/ *Schwab* UmwG § 134 Rn. 74.

[256] BAG 1 ABR 97/09, NZA 2011, 1112, 1114 f. Rn. 31 f.; ebenso *Schweibert* NZA 2016, 321, 326; aA Kallmeyer/*Willemsen* UmwG § 134 Rn. 19 f.; Schmitt/Hörtnagl/Stratz/*Hörtnagl* UmwG § 134 Rn. 41.

derartiger **gesetzlicher Haftungstatbestände** einschließlich des existenzvernichtenden Eingriffs gibt es mE mit *Schweibert* nur dann eine rechtliche Grundlage für einen Konzerndurchgriff, wenn sich die Konzernobergesellschaft oder der unmittelbare Gesellschafter **ausdrücklich** dazu **verpflichtet** hat, Sozialplanansprüche gegen den Arbeitgeber mitzutragen.[257]

d) Verfahren und Form. Die **Initiativlast** für Interessenausgleich und Sozialplan liegt beim **Arbeitgeber**, der hierüber auch in den Fällen des § 112a BetrVG mit dem Betriebsrat zu beraten hat;[258] der **Betriebsrat** wiederum hat sich auf das Angebot von Verhandlungen **einzulassen**.[259] Je nach Komplexität der geplanten Maßnahmen sowie der hieraus resultierenden Folgen werden hierfür ein oder mehrere Verhandlungstermine erforderlich sein. Bei deren Planung ist zu berücksichtigen, dass die beteiligten Betriebsratsvorsitzenden gemäß § 26 Abs. 2 S. 1 BetrVG nur aufgrund eines Zustimmungsbeschlusses den Interessenausgleich bzw. Sozialplan abschließen können[260] und dass in großen Unternehmen und Unternehmensgruppen reguläre Sitzungstermine der Arbeitnehmervertretungen häufig weit im Voraus festgelegt werden.

Einigen sich die Betriebsparteien auf einen Interessenausgleich und ggf. auf einen Sozialplan, so sind diese gemäß § 112 Abs. 1 S. 1 und 2 BetrVG **schriftlich** niederzulegen und vom Unternehmer und dem Betriebsrat zu unterschreiben. Der Unternehmer wird hierbei nach den allgemeinen Regeln vertreten; im Falle der rechtsgeschäftlichen Bevollmächtigung ist zu empfehlen, den Abschluss von Interessenausgleichen und Sozialplänen ausdrücklich in die Vollmacht aufzunehmen.[261] Der Betriebsrat wird gemäß § 26 Abs. 2 BetrVG durch seinen Vorsitzenden vertreten.[262] Erforderlich ist die **eigenhändige Unterzeichnung** gemäß § 126 Abs. 1 BGB.[263] Sowohl für den Interessenausgleich als auch für den Sozialplan ist die Wahrung der Schriftform eine **Wirksamkeitsvoraussetzung**.[264] Beide Vereinbarungen können ggf. in einer Urkunde miteinander verbunden oder separat abgeschlossen werden. Soll eine „**Namensliste**" i. S. d. § 323 Abs. 2 UmwG oder nach § 1 Abs. 5 S. 1 KSchG Bestandteil des Interessenausgleichs werden, so muss diese nicht **im Text** des Interessenausgleichs **selbst** enthalten sein. Es reicht, wenn die Namensliste eine **Anlage** zum Interessenausgleich bildet und mit dieser zu einer Urkunde verbunden ist. Wird die Namensliste **getrennt** vom Interessenausgleich erstellt, muss sie von den Betriebsparteien **ebenfalls unterzeichnet** werden und **auf den Interessenausgleich Bezug nehmen**.[265]

---

[257] *Schweibert* NZA 2016, 321, 327; *Gaul/B. Schmidt* DB 2014, 300, 303, die allerdings für den Vertragskonzern von einem Berechnungsdurchgriff ausgehen; aA *Rolfs/Heikel* NZA 2014, 1161, 1164 zur Anpassung von Betriebsrenten. Vgl. auch BAG 1 ABR 97/09, NZA 2011, 1112, 1115 f.; zum existenzvernichtenden Eingriff als Innenhaftung BGH II ZR 3/04 – Trihotel, NJW 2007, 2689; BAG 3 AZR 839/13, NZA 2016, 235, 240 ff. Rn. 42 ff., zum Berechnungsdurchgriff i. R. d. § 16 BetrAVG.
[258] Vgl. Richardi/*Annuß* BetrVG § 112a Rn. 2.
[259] BeckOK ArbR/*Besgen* BetrVG § 112 Rn. 4; *Fitting* BetrVG §§ 112, 112a Rn. 22 f.
[260] Richardi/*Annuß* BetrVG § 112 Rn. 237; für den Interessenausgleich BAG 2 AZR 581/00, NJOZ 2003, 1631, 1634 f.
[261] Vgl. aber BeckOK HGB/*Meyer* HGB § 49 Rn. 11, demzufolge der Abschluss eines Sozialplans kein Grundlagengeschäft darstellen und daher von der Prokura umfasst sein soll; zur Vertretung des Unternehmers GK/*Oetker* BetrVG §§ 112, 112a Rn. 49.
[262] Richardi/*Annuß* BetrVG § 112 Rn. 27.
[263] BAG 2 AZR 111/02, AP BetrVG 1972 § 112 Namensliste Nr. 1 = NJOZ 2005, 5103, 5108; weniger streng *Fitting* BetrVG §§ 112, 112a Rn. 24, wonach auch die elektronische Form gemäß § 126a BGB ausreichen soll; dagegen Richardi/*Annuß* BetrVG § 112 Rn. 27, 78.
[264] Für den Interessenausgleich BAG 1 AZR 493/03, NZA 2005, 237, 238; *Fitting* BetrVG §§ 112, 112a Nr. 24; für den Sozialplan BeckOK ArbR/*Besgen* BetrVG § 112 Rn. 15; Richardi/*Annuß* BetrVG § 112 Rn. 78.
[265] BAG 2 AZR 551/08, NZA 2011, 114, 115 Rn. 17; BAG 2 AZR 111/02, AP BetrVG 1972 § 112 Namensliste Nr. 1 = NJOZ 2005, 5103, 5108; Ascheid/Preis/Schmidt/*Kiel* KSchG § 1 Rn. 710.

§ 56   117–119

117   Kommt eine innerbetriebliche Einigung nicht zustande, kann jede Betriebspartei den **Vorstand** der **Agentur für Arbeit** gemäß § 112 Abs. 2 S. 1 BetrVG bitten, einen **Vermittlungsversuch** zu unternehmen. Der Vorstand bzw. der von diesem gemäß § 112 Abs. 2 S. 1 Hs. 2 BetrVG beauftragte Bedienstete der Agentur für Arbeit ist verpflichtet, dieser Bitte Folge zu leisten.[266] Der Vertreter der Agentur für Arbeit bestimmt das Verfahren und kann einen Vergleichsvorschlag unterbreiten, aber keine verbindliche Entscheidung der Angelegenheit treffen. Gemäß § 112 Abs. 2 S. 2 BetrVG kann eine Partei die Einigungsstelle anrufen, wenn kein Vermittlungsersuchen erfolgt oder der Vermittlungsversuch durch die Agentur für Arbeit erfolglos bleibt. Hieraus wird zum Teil geschlossen, dass vor Anrufung der Einigungsstelle alle Verhandlungsmöglichkeiten im Vermittlungsverfahren ausgeschöpft werden müssten.[267] Nach der Gegenauffassung sind die Betriebsparteien verpflichtet, sich am Vermittlungsverfahren zu beteiligen, können aber eine laufende Vermittlung **jederzeit durch** die **Anrufung** der **Einigungsstelle beenden**.[268] Dies ist mE die einzig praxistaugliche Lösung, da das Gesetz das Vermittlungsverfahren nicht näher ausgestaltet. Ohne die Möglichkeit, die Einigungsstelle auch während eines Vermittlungsverfahrens jederzeit anzurufen, müssten die Betriebsparteien aus Gründen der Rechtssicherheit *de facto* stets abwarten, bis die Agentur für Arbeit das Verfahren trotz mangelnder Einigung für beendet erklärt hat. Außerdem ermöglicht § 112 Abs. 2 S. 3 BetrVG dem Vorsitzenden der Einigungsstelle, einen Vertreter der Agentur für Arbeit am Einigungsstellenverfahren zu beteiligen, so dass auch in diesem Stadium auf die Unterstützung der Agentur für Arbeit zurückgegriffen werden kann.

118   Das **Verfahren vor** der **Einigungsstelle** – ihre Anrufung, Bildung und Beschlussfassung – richtet sich im Wesentlichen nach den **allgemeinen Vorschriften** der §§ 76, 76a BetrVG.[269] Die Einigungsstelle besteht nach § 76 Abs. 2 BetrVG aus Beisitzern, die je zur Hälfte vom Arbeitgeber und vom Betriebsrat bestellt werden, und aus einem unparteiischen Vorsitzenden. Können sich die Betriebsparteien nicht auf dessen Person einigen, bestellt das Arbeitsgericht den Vorsitzenden im Beschlussverfahren gemäß §§ 80 ff., 100 ArbGG. Die Betriebspartei, welche die Einigungsstelle anruft, bestimmt durch ihren Antrag, ob sich die Einigungsstelle sowohl mit dem Interessenausgleich als auch mit dem Sozialplan befassen soll, oder ob sie sich auf eine der beiden Vereinbarungen zu beschränken hat.[270] Die **andere Partei** ist **verpflichtet**, sich auf das Verfahren **einzulassen**.[271] Kommt es in diesem Verfahren zu einer Einigung der Parteien, ist diese ebenfalls schriftlich niederzulegen und von den beiden Betriebsparteien zu unterzeichnen. Außerdem hat der Vorsitzende der Einigungsstelle die Vereinbarung gemäß § 76 Abs. 3 S. 4 BetrVG mit zu unterzeichnen; hierbei handelt es sich allerdings nicht um eine Wirksamkeitsvoraussetzung für einen in der Vereinbarung enthaltenen Interessenausgleich oder Sozialplan.[272]

119   Kommt es nicht zu einer Einigung, ist für den weiteren Verlauf des Verfahrens wie folgt zu unterscheiden: Mit Blick auf den **Interessenausgleich** trifft den Arbeitgeber die **Pflicht**, hierüber **ernsthaft** mit dem Betriebsrat **zu verhandeln**. Hierzu gehört nach überwiegender Ansicht nicht nur, dass der Arbeitgeber sich um Verhandlungen mit dem Betriebsrat

---

[266] GK/*Oetker* BetrVG §§ 112, 112a Rn. 277; *Fitting* BetrVG §§ 112, 112a Rn. 30; Däubler/Kittner/Klebe/Wedde/*Däubler* BetrVG §§ 112, 112a Rn. 5.

[267] Däubler/Kittner/Klebe/Wedde/*Däubler* BetrVG §§ 112, 112a Rn. 5: Die andere Betriebspartei kann verpflichtet sein, einen Vermittlungsvorschlag abzuwarten.

[268] *Fitting* BetrVG §§ 112, 112a Rn. 31; GK/*Oetker* BetrVG §§ 112, 112a Rn. 289; vgl. auch LAG Rheinland-Pfalz, 10 TaBV 44/10, BeckRS 2011, 68008, wonach ein Vermittlungsversuch der Agentur für Arbeit parallel zur Einigungsstelle fortgeführt werden kann.

[269] *Fitting* BetrVG §§ 112, 112a Rn. 34, 36; zur Frage, ab wann die Einigungsstelle angerufen werden kann, vgl. *Göpfert/S. Krieger* NZA 2005, 254.

[270] Richardi/*Annuß* BetrVG § 112 Rn. 226.

[271] *Fitting* BetrVG §§ 112, 112a Rn. 36.

[272] Richardi/*Annuß* BetrVG § 112 Rn. 237.

§ 56 Arbeitsrechtliche Vorgaben für Umwandlungen   120, 121   § 56

bemüht und diese mit dem ernsthaften Willen zur Einigung führt;[273] gelingt eine innerbetriebliche Einigung nicht, muss der Arbeitgeber selbst die Einigungsstelle anrufen und versuchen, auf diesem Wege eine Einigung über den Interessenausgleich herbeizuführen, um Nachteilsausgleichsansprüche der Arbeitnehmer gemäß § 113 BetrVG zu vermeiden.[274] **Scheitert** der ernsthafte **Einigungsversuch**,[275] kann die Einigungsstelle einen **Interessenausgleich nicht einseitig** durch Beschluss und damit ggf. mit der Stimme des Vorsitzenden gegen die Stimmen der Arbeitgeberseite festlegen. Vielmehr ist der **Arbeitgeber** in dem Fall trotz Fehlens eines Interessenausgleichs **berechtigt**, die geplante **Betriebsänderung durchzuführen**, ohne dass den Arbeitnehmern Ansprüche gemäß § 113 BetrVG gegen den Arbeitgeber zustehen. Der **Sozialplan** kann dagegen **durch** einen **Beschluss** der Einigungsstelle gemäß § 112 Abs. 4 BetrVG i. V. m. § 76 Abs. 3 S. 3 BetrVG mit den Stimmen des Vorsitzenden auch **gegen** die **Stimmen der Arbeitgeberseite** verabschiedet werden. Mithilfe dieser Mechanik kann der Betriebsrat nach allgemeiner Meinung den Arbeitgeber **mittelbar** auch zum **Abschluss eines Interessenausgleichs zwingen**, indem er die einvernehmliche Festlegung von Sozialplanansprüchen von der vorherigen Einigung über einen Interessenausgleich abhängig macht.[276]

In den Fällen des **§ 112a BetrVG** kann der Betriebsrat ausnahmsweise keinen Sozialplan **120** erzwingen, obwohl – anders als bei vorsorglichen Sozialplänen – eine konkrete Betriebsänderung i. S. d. § 111 BetrVG vorliegt. Wenn eine Betriebsänderung **ausschließlich** in der **Entlassung von Arbeitnehmern** besteht, die innerhalb bestimmter Schwellenwerte liegt, sowie **in** den **ersten vier Jahren** nach der **Gründung** eines Unternehmens[277] ist der Arbeitgeber von der Sozialplanpflicht befreit. Neugründungen im Zusammenhang mit der rechtlichen Umstrukturierung von Unternehmen und Konzernen, wozu auch Umwandlungen zur Neugründung nach dem UmwG zählen,[278] sind jedoch nicht privilegiert. Sofern kein freiwilliger Sozialplan besteht, der ausnahmsweise eine erneute Verhandlung über den Sozialplan sperrt (→ § 56 Rn. 111),[279] ist daher auch bei Betriebsänderungen im Zusammenhang mit Umwandlungen zur Neugründung von einer Sozialplanpflicht auszugehen.

e) Zuständigkeit. Auf **Arbeitgeberseite** ist für die Verhandlungen über einen Interes- **121** senausgleich und einen Sozialplan sowie für deren Abschluss dasjenige Unternehmen zuständig, das den Betrieb führt, bei dem die Betriebsänderung erfolgen soll. Besteht die Betriebsänderung in der Spaltung eines bislang gemeinsamen Betriebes gemäß § 1 Abs. 1 S. 2 BetrVG, so sind beide Arbeitgeber gemeinsam zu Verhandlungen über Interessenausgleich und Sozialplan verpflichtet.[280] Mehrere von einer Betriebsänderung betroffene Unternehmen einer Unternehmensgruppe können eines von ihnen oder das herrschende Unternehmen dazu bevollmächtigen, die Verhandlungen für sie zu führen und den Interessenausgleich oder den Sozialplan abzuschließen.[281]

---

[273] ErfK/*Kania* BetrVG §§ 112, 112a Rn. 8.
[274] BAG 1 AZR 44/10, AP BetrVG 1972 § 113 Nr. 55 Rn. 11; BAG 1 AZR 97/01, NZA 2002, 992, 993; *Fitting* BetrVG §§ 112, 112a Rn. 33.
[275] Vgl. BAG 2 AZR 276/16, NZA 2017, 175, 181 Rn. 74; BAG 1 AZR 44/1, NJOZ 2012, 498, 499 Rn. 12 ff.: Ob die Einigung ernsthaft versucht wurde, hängt nicht von einer förmlichen Entscheidung der Einigungsstelle über das Scheitern der Einigungsbemühungen ab; ebenso ErfK/*Kania* BetrVG §§ 112, 112a Rn. 8.
[276] Richardi/*Annuß* BetrVG § 112 Rn. 24; *Fitting* BetrVG §§ 112, 112a Rn. 23.
[277] Zur Sozialplanpflicht bei Neugründungen BAG 8 AZR 824/12, NJW 2014, 1755, 1757 Rn. 27; BAG 1 ABR 18/05, NZA 2007, 106, 110 Rn. 43.
[278] RegBegr. BT-Drucks. 10/2102, 28; Willemsen/Hohenstatt/Schweibert/Seibt/*Schweibert* C Rn. 237; Richardi/*Annuß* BetrVG § 112a Rn. 18.
[279] Zur Zulässigkeit von freiwilligen Sozialplänen in den Fällen des § 112a BetrVG BAG 1 AZR 119/11, BAGE 141, 101 = NZA 2012, 1240, 1242 Rn. 27; Richardi/*Annuß* BetrVG § 112a Rn. 2.
[280] LAG Nürnberg 4 TaBV 33/94, NZA-RR 1996, 91, 92 f.
[281] Vgl. BAG 1 AZR 191/07, 1 AZR 191/07, BeckRS 2011, 72409; für einen Sozialplan LAG München 3 Sa 59/06, 3 Sa 59/06, BeckRS 2009, 68004.

122 Auf Seiten der **Arbeitnehmervertretungen** richtet sich die Zuständigkeit nach den allgemeinen Vorschriften des BetrVG. Gesamtbetriebsrat oder Konzernbetriebsrat können anstelle der örtlichen Betriebsräte zuständig sein, wenn die Voraussetzungen des § 50 BetrVG bzw. des § 58 BetrVG erfüllt sind. Nach der Rechtsprechung ist die **Zuständigkeit für** den **Interessenausgleich** einerseits **und** den **Sozialplan** andererseits **separat zu prüfen**; allein aus der Zuständigkeit einer Arbeitnehmervertretung für den Interessenausgleich folgt danach nicht automatisch die Zuständigkeit auch für den Sozialplan. So kann der Gesamtbetriebsrat eines Unternehmens für den Abschluss eines Interessenausgleichs zuständig sein, während der Abschluss von Sozialplänen wegen derselben Betriebsänderung in der Zuständigkeit der örtlichen Betriebsräte verbleibt.[282] **Bei Zweifeln** über die Zuständigkeit muss der Arbeitgeber die in Frage kommenden **Betriebsräte auffordern**, die **Zuständigkeitsfrage** untereinander **zu klären**, da Verhandlungen mit einem unzuständigen Betriebsrat möglicherweise nicht ausreichen, um der Pflicht zum Nachteilsausgleich gemäß § 113 BetrVG zu entgehen.[283]

123 f) **Rechtsnatur, Bindungswirkung und Verhältnis zu Tarifverträgen.** Haben sich die Betriebsparteien auf einen Interessenausgleich oder einen Sozialplan geeinigt oder hat die Einigungsstelle gemäß § 112 Abs. 4 BetrVG einen Sozialplan beschlossen, stellt sich die Frage nach deren Rechtsnatur und Bindungswirkung.

124 Von der Rechtsnatur des **Interessenausgleichs** hängt ab, ob dem Betriebsrat ein Durchführungsanspruch gegen den Unternehmer zusteht und ob Arbeitnehmer aus Regelungen zu ihren Gunsten wie z. B. Kündigungsverbote oder das Angebot von Umschulungsmaßnahmen im Interessenausgleich individuelle Ansprüche herleiten können.[284] Das Gesetz enthält hierzu keine Regelung, insbesondere findet § 112 Abs. 1 S. 3 BetrVG, wonach der Sozialplan als Betriebsvereinbarung gilt, keine Anwendung auf den Interessenausgleich.[285] Laut BAG entfaltet ein Interessenausgleich i. S. d. § 112 Abs. 1 S. 1 BetrVG grundsätzlich **keine normative Wirkung** für die Arbeitsverhältnisse der Arbeitnehmer[286] und ist keine Betriebsvereinbarung gemäß § 77 BetrVG.[287] Daraus folgt, dass für den Interessenausgleich die **allgemeinen Auslegungsgrundsätze** der Rechtsgeschäftslehre gelten.[288] Die Betriebsparteien haben es also zunächst selbst in der Hand, welche Bindungswirkung sie ihrer Vereinbarung beilegen wollen. Schließen die Betriebsparteien den Interessenausgleich **ausdrücklich** als **freiwillige Betriebsvereinbarung** ab, wirkt dieser Interessenausgleich gemäß § 77 Abs. 4 S. 1 BetrVG zwingend und unmittelbar und verschafft den betroffenen Arbeitnehmern einen einklagbaren Anspruch auf etwaige in dem Interessenausgleich zugesagte Leistungen.[289] Schließen die Betriebsparteien dagegen die Bindungswirkung ausdrücklich aus, können weder Betriebsrat noch Arbeitnehmer Ansprüche aus der Vereinbarung herleiten. Zum Teil wird in der Literatur die Ansicht vertreten, dass Ansprüche der Arbeitnehmer – nicht des Betriebsrats[290] –

---

[282] BAG 1 AZR 193/01, BAG 100, 60 = NZA 2002, 688, 690; vgl. auch BAG 1 AZR 119/11, BAG 141, 101 = NZA 2012, 1240, 1242 Rn. 23, 37; aA Richardi/*Annuß* BetrVG §§ 112 Rn. 31: Zuständigkeit für den Interessenausgleich bedingt zwingend Zuständigkeit für den zugehörigen Sozialplan.

[283] Vgl. BAG 1 AZR 542/95, NZA 1996, 1107, 1109.

[284] Ausführlich zu dem hieraus zwangsläufig resultierenden Streit um die Rechtsnatur Richardi/*Annuß* BetrVG § 112 Rn. 35 ff.

[285] *Fitting* BetrVG §§ 112, 112a Rn. 43.

[286] BAG 1 AZR 40/06, BAGE 120, 73 = NZA 2007, 339, 341 Rn. 16.

[287] BAG 1 AZR 576/02, BAGE 107, 347 = NZA 2004, 440, 443.

[288] Richardi/*Annuß* BetrVG § 112 Rn. 45; *Fitting* BetrVG §§ 112, 112a Rn. 45.

[289] Richardi/*Annuß* BetrVG § 112 Rn. 46.

[290] Richardi/*Annuß* BetrVG § 112 Rn. 46: kein kollektiver Erfüllungsanspruch des Betriebsrats zugunsten der Arbeitnehmer; vgl. auch *Fitting* BetrVG §§ 112, 112a Rn. 47, wonach sich „der einzelne Arbeitnehmer gegenüber dem Arbeitgeber" auf Regelung eines qualifizierten Interessenausgleichs berufen kann.

immer dann begründet werden, wenn ein Interessenausgleich Regelungen vorsieht, die den Arbeitnehmern zugutekommen sollen.[291] Der Arbeitgeber schließt den Interessenausgleich jedoch in erster Linie zu dem Zweck, die Betriebsänderung zu ermöglichen und sich keinen Nachteilsausgleichsansprüchen auszusetzen. Um dieses Ziel zu erreichen, ist weder die Begründung einer vertraglichen Verpflichtung zur Durchführung der Betriebsänderung gegenüber dem Betriebsrat noch die Einräumung unmittelbarer Ansprüche der Arbeitnehmer erforderlich; vielmehr wird eine Abweichung vom Interessenausgleich nach dem Willen des Gesetzgebers alleine über § 113 Abs. 1 BetrVG sanktioniert.[292] Arbeitgeber und Betriebsrat können einen geschlossenen Interessenausgleich einvernehmlich ändern, was insbesondere dann erforderlich werden kann, wenn aus Sicht der Betriebsparteien anerkennenswerte Gründe für ein Abweichen vom bisherigen Interessenausgleich vorliegen, die aber keine „zwingenden Gründe" i. S. d. § 113 Abs. 1 BetrVG bilden.[293]

Der **Sozialplan** aus Anlass einer konkreten Betriebsänderung hat gemäß § 112 Abs. 1 S. 3 BetrVG stets die **Wirkung einer Betriebsvereinbarung** gemäß § 77 BetrVG, gleichgültig ob er das Ergebnis rein innerbetrieblicher Verhandlungen ist oder auf einem Spruch der Einigungsstelle beruht. Dies bedeutet, dass er unmittelbar und zwingend auf die Arbeitsverhältnisse der Arbeitnehmer einwirkt und diesen einen eigenen Anspruch auf die vorgesehenen Sozialplanleistungen gewährt, auf welche die Arbeitnehmer grundsätzlich nur mit Zustimmung des Betriebsrats verzichten können.[294] Für die **Änderung** und **Aufhebung** von Sozialplänen sowie den damit ggf. verbundenen Eingriff in bereits entstandene Rechte der Arbeitnehmer gelten die **allgemeinen Regeln** für Betriebsvereinbarung, insb. § 77 BetrVG sowie die Grundsätze des Vertrauensschutzes und der Verhältnismäßigkeit.[295] Die **ordentliche (Teil-)Kündigung** ist – vorbehaltlich einer ausdrücklichen Regelung im Sozialplan – allenfalls möglich, soweit Sozialplanleistungen für eine gewisse Dauer oder auf unbestimmte Zeit gewährt werden.[296] Ob eine **außerordentliche Kündigung** solcher Dauerregelungen möglich ist, hat die Rechtsprechung dagegen bislang offengelassen. Anerkannt ist aber, dass der Wegfall der Geschäftsgrundlage eines erzwingbaren Sozialplans Anpassungsbedarf auslösen kann.[297] In all diesen Fällen ist die Nachwirkung gemäß § 77 Abs. 6 BetrVG zu beachten. Diese führt dazu, dass der Sozialplan auch aufgrund einer wirksamen Kündigung nicht entfällt, sondern von den Betriebsparteien angepasst werden muss.[298] Bei **vorsorglichen**, nicht erzwingbaren **Sozialplänen** findet § 77 Abs. 6 BetrVG keine Anwendung.[299] Wird daher ein solcher Sozialplan nicht einvernehmlich angepasst,[300]

---

[291] So *Fitting* BetrVG §§ 112, 112a Rn. 47; Richardi/*Annuß* BetrVG § 112 Rn. 46.
[292] BAG 7 ABR 72/90, NZA 1992, 41, 42; aA Däubler/Kittner/Klebe/Wedde/*Däubler* BetrVG §§ 112, 112a Rn. 24 ff., der regelmäßig von einer Bindungswirkung zwischen den Betriebsparteien ausgeht, diese aber bereits dann für ausgeschlossen hält, wenn die beabsichtigte Betriebsänderung im Interessenausgleich lediglich beschrieben wird.
[293] MAH ArbR/*Liebers* Teil K, § 58 Rn. 29.
[294] BAG 10 AZR 719/05, NZA 2007, 1066, 1067 Rn. 26; *Fitting* BetrVG §§ 112, 112a Rn. 177; GK/*Oetker* BetrVG § 112 Rn. 161; zum Verzicht BAG 1 AZR 148/03, BAGE 109, 244 = NZA 2004, 667, 668 f.
[295] ErfK/*Kania* BetrVG §§ 112, 112a Rn. 39.
[296] BAG 10 AZR 719/05, NZA 2007, 1066, 1067 Rn. 26; BAG 10 ABR 61/93, BAGE 77, 313 = NZA 1995, 314, 316; BAG 1 AZR 805/78, BAGE 35, 160 = NJW 1982, 70 f.; ErfK/*Kania* BetrVG §§ 112, 112a Rn. 40; aA Richardi/*Annuß* BetrVG § 112 Rn. 185; *Fitting* BetrVG §§ 112, 112a Rn. 216: keine ordentliche Kündbarkeit, auch soweit Dauerregelungen enthalten sind.
[297] BAG 10 ABR 61/93, BAGE 77, 313 = NZA 1995, 314, 317 f.
[298] BAG 10 ABR 61/93, BAGE 77, 313 = NZA 1995, 314, 316; BAG 1 AZR 805/78, BAGE 35, 160 = NJW 1982, 70 f.; *Fitting* BetrVG §§ 112, 112a Rn. 217; Willemsen/Hohenstatt/Schweibert/Seibt/*Schweibert* C Rn. 340.
[299] *C. Meyer* NZA 1997, 289, 290 f.; allgemein zu freiwilligen Betriebsvereinbarungen BAG 1 ABR 39/12, NZA 2014, 1040, 1041 Rn. 17.
[300] Vgl. BAG 1 AZR 1004/06, NZA 2008, 719, 721 Rn. 17.

sondern ordentlich gekündigt,[301] entfällt die Sozialplanregelung ersatzlos. Dagegen führt der Wegfall bzw. die Störung der Geschäftsgrundlage (vgl. § 313 Abs. 1 BGB) auch bei vorsorglichen Sozialplänen nur zu einer Anpassungspflicht.[302]

126 Das **Verhältnis** von **erzwingbaren Sozialplänen** und **Tarifverträgen** wird maßgeblich durch § 112 Abs. 1 S. 4 BetrVG beeinflusst. Danach findet § 77 Abs. 3 BetrVG keine Anwendung auf den Sozialplan, so dass **auch tarifübliche Regelungen** im Sozialplan vereinbart werden dürfen. Aus diesem Grund darf der Sozialplan von einem für den Betrieb geltenden Tarifvertrag, z. B. einem tariflichen Rationalisierungsschutzabkommen, abweichen. Allerdings gilt insoweit das Günstigkeitsprinzip, so dass nur eine Abweichung zugunsten der Arbeitnehmer möglich ist.[303] Die Betriebsparteien können unstrittig vereinbaren, dass tarifliche Leistungen des Arbeitgebers, die dem Ausgleich oder der Milderung von wirtschaftlichen Nachteilen infolge einer Betriebsänderung dienen, auf Sozialplananspüche der Arbeitnehmer angerechnet werden sollen.[304] Darüber hinaus sind nach Ansicht der Rechtsprechung auch sog. „**Tarifsozialpläne**" zulässig und sollen sogar erstreikt werden können.[305]

127 **Praxishinweis:** Die unterschiedliche Rechtsnatur von Interessenausgleich und Sozialplanregelungen bleibt im Grundsatz auch dann erhalten, wenn die beiden **Vereinbarungen** nicht voneinander getrennt geschlossen, sondern **miteinander vermengt** werden. Regelungen, die den Ausgleich oder die Milderung von Nachteilen infolge der geplanten Betriebsänderungen zum Ziel haben, gewähren den Arbeitnehmern unmittelbare Ansprüche gegen den Arbeitgeber, auch wenn die einheitliche Vereinbarung mit „Interessenausgleich" überschrieben ist.[306] Umgekehrt entfalten Regelungen über die Durchführung der Betriebsänderung nicht deshalb eine Bindungswirkung im Verhältnis zum Betriebsrat oder zu den Arbeitnehmern, weil sie in einem als „Sozialplan" bezeichneten Dokument enthalten sind.[307] Eine gemeinsame Regelung wird häufig sinnvoll sein, um Nachteilsvermeidung und Nachteilsausgleich so gut wie möglich aufeinander abzustimmen. Umso mehr ist aber darauf zu achten, dass die Parteien sauber regeln, welche Wirkung den einzelnen Vorschriften zukommen soll. Dies gilt insbesondere für Regelungen, die materiell-rechtlich dem Interessenausgleich zuzurechnen sind, da diese nicht zwingend eine Bindungswirkung entfalten.

5. Pflicht zum Nachteilsausgleich gemäß § 113 BetrVG

128 Weicht der Arbeitgeber von einem Interessenausgleich über die geplante Betriebsänderung ohne zwingenden Grund ab, so können Arbeitnehmer, die infolge dieser Abweichung entlassen werden, gemäß § 113 Abs. 1 BetrVG eine **Abfindung** einklagen. Für die Höhe der Abfindung verweist die Norm auf § 10 KSchG. Danach beträgt die Abfindung **bis zu zwölf Monatsverdienste**, bei Arbeitnehmern, die das 50. Lebensjahr vollendet haben und über eine bestimmte Betriebszugehörigkeit verfügen, auch bis zu 15 bzw. bis zu 18 Monatsverdienste. Außerdem erhalten Arbeitnehmer gemäß § 113 Abs. 2 BetrVG einen **Ausgleich anderer wirtschaftlicher Nachteile**, die sie aufgrund einer solchen Abweichung erleiden, für **bis zu zwölf Monate**. Diese Ansprüche stehen den Arbeitnehmern eines Betriebes gemäß § 113 Abs. 3 BetrVG auch dann zu, wenn der Unternehmer eine

---

[301] Vgl. BAG 10 ABR 61/93, BAGE 77, 313 = NZA 1995, 314, 316: Kein Grund zur Annahme, dass auch ein vorsorglicher Sozialplan nicht ordentlich kündbar sein soll, wenn die Parteien diese Möglichkeit nicht explizit vereinbaren.
[302] BAG 3 AZR 849/11, AP BetrAVG § 2 Nr. 74 Rn. 40; BAG 1 AZR 119/11, BAGE 141, 101 = NZA 2012, 1240, 1243 Rn. 28.
[303] BAG 1 AZR 252/06, BAGE 122, 134 = NZA 2007, 987, 995 Rn. 84.
[304] BAG 1 AZR 40/06, BAGE 120, 73 = NZA 2007, 339, 341 f.: Rn. 21 ff., 28; *Fitting* BetrVG §§ 112, 112a Rn. 183.
[305] BAG 4 AZR 796/13, NZA 2015, 1388, 1395 Rn. 64; BAG 1 AZR 252/06, BAGE 122, 134 = NZA 2007, 987, 994 f. Rn. 77 ff.; zustimmend *Göpfert/Dornbusch/Rottmeier* NZA 2015, 1172, 1173; *Wank* RdA 2009, 1, 6; aA *Nicolai* RdA 2006, 33, die nur tarifliche Rationalisierungsschutzabkommen, nicht aber Tarifsozialpläne für zulässig erachtet; *C. Meyer* DB 2005, 830, 832.
[306] BAG 1 AZR 40/06, NZA 2007, 339, 341 Rn. 16.
[307] Vgl. BAG 10 AZR 186/93, NZA 1995, 89, 90.

geplante Betriebsänderung nach § 111 BetrVG durchführt, die Arbeitnehmer infolge der Maßnahme entlassen werden oder andere wirtschaftliche Nachteile erleiden und der Unternehmer vorher nicht einen Interessenausgleich mit dem Betriebsrat versucht.

Der Nachteilsausgleich nach § 113 Abs. 3 BetrVG ist nach Ansicht des BAG **Sanktion für** das betriebsverfassungswidrige **Verhalten des Arbeitgebers**, der seiner gesetzlichen Beratungspflicht bei Betriebsänderungen nicht genügt hat, und soll die vorgeschriebene Beteiligung des Betriebsrats an einer unternehmerischen Maßnahme sicherstellen.[308] Er ist **unabhängig von** einem **Verschulden des Arbeitgebers** und auch davon, ob ggf. doch noch ein Sozialplan zustande kommt. Andererseits besteht nach Auffassung des BAG nur eine teilweise Zweckidentität zwischen Abfindungs- und Ausgleichsansprüchen aufgrund eines **Sozialplans** und dem **Nachteilsausgleich**. Insofern können diese **nicht kumulativ** verlangt werden.[309]

Ein zwingender Grund für eine Abweichung von dem einmal vereinbarten Interessenausgleich wird nur in sehr seltenen Fällen vorliegen.[310] Andererseits müssen die Arbeitnehmer ihren **Individualanspruch** nach § 113 BetrVG jeweils selbständig bei dem zuständigen Arbeitsgericht einklagen. Eine Sammel- oder Musterklage durch den Betriebsrat, die ein weiteres Mitbestimmungsrecht des Betriebsrats darstellte, ist nicht vorgesehen. Vor diesem Hintergrund wird immer wieder diskutiert, ob diese Sanktion für eine Abweichung vom Interessenausgleich oder eine vollständige Missachtung des Mitbestimmungsrechts nach §§ 111, 112 BetrVG hinreichend wirksam ist.[311]

6. Rechtsschutzmöglichkeiten des Betriebsrats gegen Betriebsänderungen

In jedem Fall führt die vielfach als gering empfundene Sanktionswirkung des Nachteilsausgleichsanspruchs gemäß § 113 BetrVG dazu, dass eine andere Frage intensiv diskutiert wird: Steht dem Betriebsrat ein **Unterlassungsanspruch gegen** den **Arbeitgeber** zu, wenn dieser eine Betriebsänderung plant und durchführt, ohne den Betriebsrat in der gesetzlich vorgesehenen Weise zu beteiligen, oder wenn er bei der Durchführung von einem vereinbarten Interessenausgleich abweicht? Der hierüber entbrannte Streit ist von unmittelbarer praktischer Bedeutung, falls eine Spaltung nach dem UmwG selbst eine Betriebsänderung darstellt. Aber auch dann, wenn eine geplante Betriebsänderung in einem engen zeitlichen und sachlichen Zusammenhang mit einer Umwandlung steht, kann eine gerichtliche Auseinandersetzung mit dem Betriebsrat die (rechtzeitige) Durchführung der gesamten geplanten Maßnahme gefährden.

Fest steht, dass § 23 Abs. 3 BetrVG dem Betriebsrat **bei groben Verstößen des Arbeitgebers** gegen seine Verpflichtungen aus dem BetrVG das Recht gewährt, die **Unterlassung, Vornahme** oder **Duldung** einer bestimmten Maßnahme durch den Arbeitgeber **gerichtlich** geltend zu machen. Wird der Arbeitgeber durch eine rechtskräftige gerichtliche Entscheidung entsprechend verpflichtet und kommt er auch dieser Verpflichtung nicht nach, setzt das Arbeitsgericht auf Antrag ein Ordnungsgeld bzw. ein Zwangsgeld fest. Unabhängig von der Frage, wie wirksam ein solches Verfahren sein kann, wenn die Zwangsmittel im Höchstmaß 10 000 EUR je Einzelfall betragen,[312] sind die Voraussetzungen an einen groben Verstoß des Arbeitgebers hoch: Die **Pflichtverletzung** muss **objektiv erheblich** und **offensichtlich schwerwiegend** sein. Vertritt der Arbeitgeber in einer schwierigen und ungeklärten Rechtsfrage eine Rechtsansicht, die

---

[308] BAG 1 AZR 97/01, NZA 2002, 992, 993.
[309] BAG 8 AZR 693/06, NZA 2007, 1296, 1300 Rn. 39.
[310] Vgl. *Fitting* BetrVG § 113 Rn. 8: Abweichung nur, wenn der Arbeitgeber gar nicht anders kann; Richardi/*Annuß* BetrVG § 113 Rn. 16 nennt als Beispiele u. a. einen plötzlich auftretenden Rohstoffmangel, gesetzgeberische Maßnahmen und Störungen der Betriebseinrichtungen.
[311] Vgl. *Völksen* RdA 2010, 354, 362 ff., der diese Sanktion auch vor dem Hintergrund der Debatte um Art. 8 Abs. 2 RL 2002/14/EG für ausreichend hält.
[312] Vgl. ErfK/*Koch* BetrVG § 23 Rn. 26; *Fitting* BetrVG § 23 Rn. 88, 95.

sich später als unzutreffend herausstellt, ist seine Pflichtverletzung jedenfalls nicht offensichtlich schwerwiegend.[313]

133 Wendet man diese Grundsätze auf die **Betriebsänderung** an, so dürfte die mangelnde Beteiligung des Betriebsrats bei Betriebsänderungen **nur ausnahmsweise** zu einem **groben Verstoß** gegen die Verpflichtungen des Arbeitgebers aus den §§ 111, 112 BetrVG führen. Zwar ist ein solches Verhalten, so es eine Pflichtverletzung darstellt, mE stets objektiv erheblich. Angesichts der umfangreichen Rechtsprechung und Literatur zu den Detailfragen der Katalogtatbestände des § 111 S. 3 BetrVG wie auch zu den Anforderungen des § 111 S. 1 BetrVG und des § 112 BetrVG an die Unterrichtung und Beratung mit dem Betriebsrat wird man aber nur in krassen Fällen zu dem Ergebnis gelangen können, dass darin zugleich eine offensichtlich schwerwiegende Pflichtverletzung liegt. Dies ist denkbar, wenn sich der Arbeitgeber entweder auf eine bereits rechtskräftig abgelehnte, von keinem Gericht mehr vertretene Rechtsauffassung stützt oder wenn er seine Pflichten nach §§ 111, 112 BetrVG gar nicht in Abrede stellt, sondern sich bewusst hierüber hinwegsetzt. Hinzu kommt, dass zwischen den Landesarbeitsgerichten und in der Literatur **Streit** darüber herrscht, ob in einem gerichtlichen Verfahren nach § 23 Abs. 3 BetrVG eine **einstweilige Verfügung** erlassen werden kann[314] oder ob dies unzulässig ist, weil der Anspruch nur dazu dient, den Arbeitgeber künftig zur Einhaltung seiner betriebsverfassungsrechtlichen Pflichten anzuhalten.[315]

134 Einfacher fiele dem Betriebsrat die Durchsetzung seiner Mitbestimmungsrechte, wenn ihm immer schon dann ein **Unterlassungsanspruch** gegen den Arbeitgeber zustünde, **sobald** dieser zu erkennen gibt, dass er eine vom Betriebsrat als **Betriebsänderung** eingestufte Maßnahme **ohne Einhaltung des** Verfahrens gemäß **§ 111 BetrVG** durchführen möchte. Ein Teil der Landesarbeitsgerichte leitet einen solchen Unterlassungsanspruch unmittelbar aus § 111 S. 1 BetrVG her und meint, der Betriebsrat könne vom Arbeitgeber die Unterlassung betriebsändernder Maßnahmen verlangen, wenn und solange das Interessenausgleichsverfahren gemäß §§ 111, 112 BetrVG nicht ausgeschöpft sei.[316] Dies gelte jedenfalls dann, wenn der Arbeitgeber kurz davor stehe, durch diese Maßnahmen, die der Umsetzung und nicht nur der Vorbereitung dienen, vollendete, unumkehrbare Tatsachen zu schaffen.[317] Andere Landesarbeitsgerichte lehnen einen solchen Unterlassungsanspruch generell ab und verweisen darauf, dass der Gesetzgeber den Fall gesehen und abschließend geregelt habe, und zwar durch den Nachteilsausgleichsanspruch gemäß § 113 Abs. 3 BetrVG.[318] Auch die Literatur ist gespalten in jene, die einen Unterlassungsanspruch aufgrund richtlinienkonformer Auslegung der §§ 111, 112 BetrVG bejahen,[319] und die Vertreter der Gegenauffassung, die einen solchen Unterlassungsanspruch nicht aus der einschlägigen RL 2002/14/EG zur Festlegung eines allgemeinen Rahmens für die Unter-

---

[313] BAG 1 ABR 55/08, NZA 2010, 659, 662 Rn. 29; BAG 1 ABR 63/88, NZA 1990, 198, 200; Richardi/*Thüsing* BetrVG § 23 Rn. 101.
[314] In diesem Sinne LAG Schleswig-Holstein 4 TaBVGa 2/07, NZA-RR 2007, 639; *Fitting* BetrVG § 23 Rn. 76.
[315] LAG Nürnberg 6 TaBV 41/05, NZA-RR 2006, 137, 138; Richardi/*Thüsing* BetrVG § 23 Rn. 113 mit einem ausführlichen Überblick über den Streitstand.
[316] LAG Hamm 7 TaBVGa 1/15, NZA-RR 2015, 247, 248 und 10 TaBVGa 3/12, BeckRS 2012, 70259; LAG Berlin-Brandenburg 17 TaBVGa 2058/13, BeckRS 2014, 66466; LAG Schleswig-Holstein 3 TaBVGa 12/10, DB 2011, 714.
[317] LAG Hessen 4 TaBVGa 3/10, NZA-RR 2010, 187.
[318] LAG Rheinland-Pfalz 4 TaBVGa 4/14, NZA-RR 2015, 197, 198; LAG Baden-Württemberg 20 TaBVGa 1/09, BeckRS 2010, 66550; LAG Nürnberg 6 TaBVGa 2/09, BeckRS 2009, 69297; LAG Düsseldorf 12 TaBV 60/05, BeckRS 2006, 40566; LAG Köln 5 Ta 166/04, NZA-RR 2005, 199; zweifelnd auch LAG Rheinland-Pfalz 6 TaBVGa 2/16, BeckRS 2016, 74414.
[319] Richardi/*Annuß* BetrVG § 111 Rn. 168; *Fauser/Nacken* NZA 2006, 1136, 1143; vgl. auch *Bachner* NJW 1995, 2881, 2886.

richtung und Anhörung der Arbeitnehmer in der Europäischen Gemeinschaft ableiten wollen.[320]

Das BAG hat zwar für das Mitbestimmungsrecht in sozialen Angelegenheiten gemäß § 87 BetrVG entschieden, dass dem Betriebsrat unabhängig von den Voraussetzungen des § 23 Abs. 3 BetrVG ein Unterlassungsanspruch zusteht, wenn der Arbeitgeber eine mitbestimmungspflichtige Maßnahme durchführt, ohne vorher die erforderliche Zustimmung des Betriebsrats einzuholen; es begründet dies damit, dass das Mitbestimmungsrecht des Betriebsrats andernfalls nicht hinreichend gesichert sei und dass § 23 Abs. 3 BetrVG keine abschließend Regelung enthalte.[321] Auf der anderen Seite ist das BAG aber ausdrücklich der Ansicht, dass das Bestehen eines Unterlassungsanspruchs für jeden Mitbestimmungstatbestand separat zu prüfen sei und dass kein Widerspruch darin liege, einen Unterlassungsanspruch bei Verstößen gegen § 87 BetrVG zu bejahen, ihn aber im Zusammenhang mit der Mitbestimmung bei personellen Einzelmaßnahmen oder in wirtschaftlichen Angelegenheiten zu verneinen.[322]

135

Maßgeblich ist mE, dass die Mitbestimmung in wirtschaftlichen Angelegenheiten und insbesondere die Pflicht zu Verhandlungen über einen Interessenausgleich in die durch Art. 12, 14 GG geschützte wirtschaftliche Betätigungsfreiheit des Unternehmers eingreifen.[323] Aus dem Grund hat der Gesetzgeber sich auf die Sanktion über den Nachteilsausgleich gemäß § 113 BetrVG beschränkt, und aus dem Grund ist ein eigenständiger, von den Voraussetzungen des § 23 Abs. 3 BetrVG losgelöster Unterlassungsanspruch nicht anzuerkennen. Allerdings sollte dem Betriebsrat dann ein Unterlassungsanspruch gegen akute Beeinträchtigungen seines Mitbestimmungsrechts zustehen, wenn sich der Arbeitgeber unter Einnahme einer nicht mehr vertretbaren Rechtsauffassung über das Mitbestimmungsrecht des Betriebsrats aus § 111 S. 1 BetrVG hinwegsetzt. Zugleich sollte dieser Unterlassungsanspruch allerdings im Wege des einstweiligen Rechtsschutzes geltend gemacht werden können.

136

Aufgrund der bereits beschriebenen verfassungsrechtlichen Relevanz des § 111 S. 1 BetrVG kann sich ein jeglicher Unterlassungsanspruch nicht gegen die Betriebsänderung selbst richten, da deren Durchführung als solche der betrieblichen Mitbestimmung entzogen ist.[324] Bejaht man einen Unterlassungsanspruch des Betriebsrats im Zusammenhang mit der Durchführung von Betriebsänderungen, gleich auf welcher Rechtsgrundlage, kann dieser nur der Sicherung seines Verhandlungsanspruchs dienen, nicht aber losgelöst hiervon der Untersagung der Betriebsänderung selbst.[325] Ist eine Betriebsänderung bereits durchgeführt worden, kann der Betriebsrat seinen Verhandlungsanspruch im Hinblick auf einen beabsichtigten Interessenausgleich nicht mehr durchsetzen und ein Unterlassungsanspruch scheidet aus.[326] Erst recht kommt aus den dargelegten Gründen ein Anspruch auf „Folgenbeseitigung" hinsichtlich einer bereits durchgeführten Betriebsänderung aufgrund der klaren gesetzlichen Ausgestaltung der Mitbestimmungsrechte einschließlich der vorgesehenen Sanktionsregelungen nicht in Betracht.[327]

137

---

[320] *Völksen* RdA 2010, 354, 361; *Lipinski/Reinhardt* NZA 2009, 1184, 1188 f.
[321] BAG 1 ABR 24/93, BAGE 76, 364 = NZA 1995, 40, 44 ff.
[322] BAG 1 ABR 24/93, BAGE 76, 364 = NZA 1995, 40, 42.
[323] Vgl. LAG Rheinland-Pfalz 6 TaBVGa 2/16, BeckRS 2016, 74414; LAG Hamm 7 TaBVGa 1/15, NZA-RR 2015, 247, 248; LAG Berlin-Brandenburg 7 TaBVGa 1219/14, BeckRS 2014, 71664.
[324] LAG Rheinland-Pfalz 6 TaBVGa 2/16, BeckRS 2016, 74414; LAG Hamm 7 TaBVGa 1/15, NZA-RR 2015, 247, 248; LAG Berlin-Brandenburg 7 TaBVGa 1219/14, BeckRS 2014, 71664; so wohl auch *Salomon/v. Stechow* NZA 2016, 85, 89.
[325] LAG Rheinland-Pfalz 6 TaBVGa 2/16, BeckRS 2016, 74414; LAG Berlin-Brandenburg 7 TaBVGa 1219/14, BeckRS 2014, 71664.
[326] LAG Rheinland-Pfalz 6 TaBVGa 2/16, BeckRS 2016, 74414; LAG Hamm 7 TaBVGa 1/15, NZA-RR 2015, 247, 248.
[327] Anders LAG Rheinland-Pfalz 3 TaBVGa 5/14, BeckRS 2015, 66363, das aber im konkreten Fall keinen Verfügungsgrund gegeben sah.

7. Tendenzbetriebe

138 Für Tendenzbetriebe gilt das BetrVG nur mit **Einschränkungen**, die sich unmittelbar auf die **Mitbestimmung** des Betriebsrats **in wirtschaftlichen Angelegenheiten** i. S. d. §§ 106 ff. BetrVG auswirken. Tendenzbetriebe sind Unternehmen und Betriebe, die unmittelbar und überwiegend politischen, koalitionspolitischen, konfessionellen, karitativen, erzieherischen, wissenschaftlichen oder künstlerischen Bestimmungen oder die Zwecken der Berichterstattung oder Meinungsäußerung dienen, auf die Art. 5 Abs. 1 S. 2 GG Anwendung findet (§ 118 Abs. 1 S. 1 BetrVG). Zum einen finden die Vorschriften des Betriebsverfassungsgesetzes in diesen Betrieben keine Anwendung, soweit die Eigenart des Unternehmens oder des Betriebs dem entgegensteht. Darüber hinaus gelten gemäß § 118 Abs. 1 S. 2 BetrVG die §§ 106–110 BetrVG für diese Unternehmen und Betriebe gar nicht, und die Regelungen über Betriebsänderungen (§§ 111–113 BetrVG) sind nur insoweit anzuwenden, als sie den Ausgleich oder die Milderung wirtschaftlicher Nachteile für die Arbeitnehmer regeln. Mit anderen Worten: Erfolgt eine Betriebsänderung in einem Tendenzbetrieb, besteht die Pflicht des Arbeitgebers zur Unterrichtung des Betriebsrats gemäß § 111 S. 1 BetrVG und zu Verhandlungen gemäß §§ 111, 112 BetrVG nur mit Blick auf einen möglichen Sozialplan. Dagegen muss der Arbeitgeber im Vorfeld einer Betriebsänderung keinen Interessenausgleich versuchen. Das BAG leitet aus dem eingeschränkten Verweis des § 118 Abs. 1 S. 2 BetrVG auf § 113 BetrVG gleichwohl ab, dass den Arbeitnehmern dann ein Anspruch auf Nachteilsausgleich nach jener Vorschrift zusteht, wenn der Unternehmer die Betriebsänderung durchführt, ohne den Betriebsrat unterrichtet und so Verhandlungen über einen Sozialplan ermöglicht zu haben.[328]

III. Sonstige Beteiligungsrechte des Betriebsrats in Zusammenhang mit Umwandlungen

139 Neben dem Mitbestimmungsrecht des Betriebsrats bei Betriebsänderungen können den Arbeitnehmervertretern im Zusammenhang mit Umwandlungen **weitere Mitbestimmungsrechte nach dem BetrVG** zustehen. Für diese muss unter Umständen ebenfalls Zeit im Vorfeld der Umwandlungsmaßnahme eingeplant werden, sodass ein kurzer Blick hierauf gerechtfertigt erscheint.

140 Die Mitbestimmungsrechte in **sozialen Angelegenheiten** gemäß §§ 87 ff. BetrVG spielen dabei eher eine untergeordnete Rolle. § 87 S. 1 BetrVG listet diejenigen sozialen Angelegenheiten auf, die der zwingenden Mitbestimmung durch den Betriebsrat unterliegen. Hierzu gehören u. a. Fragen der Ordnung des Betriebs und des Verhaltens der Arbeitnehmer im Betrieb (Nr. 1), Einführung und Anwendung von technischen Einrichtungen, die dazu bestimmt sind, das Verhalten oder die Leistung der Arbeitnehmer zu überwachen (Nr. 6), und Fragen der betrieblichen Lohngestaltung, insbesondere die Aufstellung von Entlohnungsgrundsätzen und die Einführung und Anwendung von neuen Entlohnungsmethoden sowie deren Änderung (Nr. 10). Der Arbeitgeber wird jedoch, zumal bei konzerninternen Umwandlungsvorgängen, von sich aus weder bestehende Betriebsvereinbarungen über derartige Angelegenheiten antasten noch den erstmaligen Abschluss solcher Betriebsvereinbarungen anregen. Denkbar ist, dass vorher begonnene **Verhandlungen** über den Neuabschluss oder die Änderung von Betriebsvereinbarungen in sozialen Angelegenheiten noch **andauern** oder dass sich der **Betriebsrat** seit Jahren **vergeblich um** den Abschluss einer **Betriebsvereinbarung** zu einem ganz bestimmten Thema **bemüht**. Zumindest im ersten Fall kann es sich anbieten, zunächst die Verhandlungen abzuschließen, bevor der Arbeitgeber mit dem Umwandlungsthema an den Betriebsrat herantritt. Andernfalls ist möglicherweise mehr Zeit für die Verhandlungen über

---

[328] BAG 1 AZR 766/97, BAGE 90, 65 = NZA 1999, 328, 330; BAG 1 AZR 7/03, NZA 2004, 931, 933; *Fitting* BetrVG § 113 Rn. 4; aA GK/*Weber* BetrVG § 118 Rn. 157; Henssler/Willemsen/Kalb/*Hohenstatt/Dzida* BetrVG § 118 Rn. 30; *Gillen/Hörle* NZA 2003, 1225, 1231 f.

Interessenausgleich und Sozialplan einzukalkulieren, weil der Betriebsrat versucht sein könnte, **beide Verhandlungsstränge** miteinander zu **verbinden**. Gleiches gilt im Übrigen mit Blick auf laufende Tarifverhandlungen, insbesondere über Entgelttarife.

Häufiger dürfte das Mitbestimmungsrecht des Betriebsrats in personellen Angelegenheiten Einfluss auf eine geplante Umwandlungsmaßnahme haben. Neben der Mitbestimmung in **allgemeinen personellen Angelegenheiten** wie bei der Personalplanung gemäß § 92 BetrVG oder der Aufstellung von Auswahlrichtlinien u. a. über die personelle Auswahl bei Versetzungen und Kündigungen spielen die Mitbestimmungsrechte bei **personellen Einzelmaßnahmen** gemäß §§ 99 ff. BetrVG eine Rolle. In Unternehmen mit in der Regel mehr als 20 wahlberechtigten Arbeitnehmern hat der Arbeitgeber den Betriebsrat gemäß § 99 Abs. 1 S. 1 BetrVG u. a. vor jeder Einstellung und Versetzung insbesondere zu unterrichten und die Zustimmung des Betriebsrats einzuholen. Verweigert der Betriebsrat seine Zustimmung, ohne dass hierfür einer der in § 99 Abs. 2 BetrVG genannten Gründe vorliegt, kann das Arbeitsgericht die Zustimmung auf Antrag des Arbeitgebers gemäß § 99 Abs. 4 BetrVG ersetzen. Nicht selten müssen Mitarbeiter vor einer geplanten Umwandlung noch in einen anderen Betrieb oder einen anderen Betriebsteil organisatorisch und ggf. auch räumlich versetzt werden,[329] damit sichergestellt ist, dass sie gemäß § 613a BGB auf den übernehmenden Rechtsträger übergehen oder gerade nicht übergehen. Wird ein Arbeitnehmer von einem Betrieb seines Arbeitgebers in einen anderen Betrieb versetzt, ist dies möglicherweise sogar doppelt mitbestimmungspflichtig: Hierbei handelt es sich um eine Versetzung aus Sicht des abgebenden Betriebsrats und zugleich um eine Einstellung aus Sicht des Betriebsrats des übernehmenden Rechtsträgers.[330] Geschieht die Versetzung auf Wunsch des Arbeitnehmers, ist allerdings nur die Zustimmung des Betriebsrats im aufnehmenden Betrieb erforderlich; der Betriebsrat des abgebenden Betriebs ist in dem Fall lediglich zu informieren.[331]

Schließlich sei an dieser Stelle kurz auf § 17 KSchG verwiesen, der die Einhaltung eines bestimmten Verfahrens bei näher gesetzlich näher definierten **Massenentlassungen** vorsieht.[332] Neben der Massenentlassungsanzeige, die der Agentur für Arbeit zu erstatten ist, hat der Arbeitgeber, der Entlassungen i. S. d. § 17 Abs. 1 KSchG beabsichtigt, auch den **Betriebsrat** nach Maßgabe des § 17 Abs. 2 KSchG zu **unterrichten**, um Möglichkeiten zu beraten, Entlassungen zu vermeiden oder einzuschränken oder ihre Folgen zu mildern, § 17 Abs. 2 S. 2 KSchG. Sowohl diese Mitteilung als auch eine Stellungnahme des Betriebsrats sind zusammen mit der Massenentlassungsanzeige der Agentur für Arbeit zuzuleiten. **Unterlässt** der **Arbeitgeber** die **Konsultation** des Betriebsrats, so liegt hierin ein **eigenständiger Unwirksamkeitsgrund** für die im Rahmen einer Massenentlassung geplanten Kündigungen.[333]

IV. Keine Beteiligungsrechte weiterer Arbeitnehmervertretungsgremien nach dem BetrVG

Die Mitglieder der **Schwerbehindertenvertretung** gemäß §§ 94, 95 SGB IX und der **Jugend- und Auszubildendenvertretung** gemäß §§ 60 ff. BetrVG können über die Teilnahme an Betriebsratssitzungen sowie über den Antrag auf Aussetzung von Beschlüssen des Betriebsrats (vgl. §§ 35, 66 BetrVG, § 95 Abs. 4 S. 2 Hs. 2 SGB IX) auf Betriebsänderungen einwirken. Darüber hinaus steht diesen Arbeitnehmervertretungsgremien kein eigenständiges Mitbestimmungsrecht bei geplanten Betriebsänderungen zu.

---

[329] Vgl. BAG 1 ABR 35/05, NZA 2006, 1289, 1291 Rn. 15: Zuweisung eines drei Kilometer vom bisherigen Arbeitsort entfernten neuen Arbeitsort ist keine Versetzung i. S. d. § 99 BetrVG.
[330] ErfK/*Kania* BetrVG § 99 Rn. 15.
[331] BAG 1 ABR 39/95, NZA 1997, 219, 220 f. (bloßes Einverständnis mit einer vom Arbeitgeber gewollten Versetzung reicht danach nicht); BAG 1 ABR 37/90, NZA 1991, 195, 198.
[332] Vgl. hierzu *Weber* NZA 2016, 727; *Franzen* NZA 2016, 26.
[333] BAG 6 AZR 601/14, NZA 2016, 490, 492 Rn. 16; ErfK/*Kiel* KSchG § 17 Rn. 35.

D. Beteiligungsrechte anderer Mitbestimmungsgremien

I. Sprecherausschuss

144 Neben dem Betriebsrat gibt es weitere Gremien der Arbeitnehmervertretung, die im Falle einer Umwandlung zu beteiligen sein können. Als erstes ist hier der **Sprecherausschuss** zu nennen, also das Vertretungsorgan der leitenden Angestellten eines Betriebes. In Betrieben mit in der Regel mindestens zehn leitenden Angestellten i. S. d. § 5 Abs. 3 BetrVG können diese gemäß § 1 Abs. 1 SprAuG Sprecherausschüsse wählen. Dies setzt jedoch voraus, dass die Mehrheit der leitenden Angestellten dies zuvor ausdrücklich verlangt, § 7 Abs. 2 S. 4 SprAuG.

145 Dem Sprecherausschuss stehen **Mitwirkungsrechte** in Bezug auf Arbeitsbedingungen und Beurteilungsgrundsätze (§ 30 SprAuG), bei personellen Maßnahmen (§ 31 SprAuG) und in wirtschaftlichen Angelegenheiten (§ 32 SprAuG) zu. Diese Mitwirkungsrechte sind jedoch deutlich **schwächer ausgestaltet** als die Mitbestimmungsrechte des Betriebsrats. Der Sprecherausschuss ist in erster Linie zu unterrichten. Einzig bei der Kündigung von leitenden Angestellten steht ihm gemäß § 31 Abs. 2 SprAuG ein Anhörungsrecht zu, dass entsprechend § 102 BetrVG ausgestaltet ist und bei seiner Missachtung zur Unwirksamkeit der Kündigung führt.

146 Die Mitwirkung in wirtschaftlichen Angelegenheiten besteht zum einen darin, dass der Unternehmer den Sprecherausschuss gemäß § 32 Abs. 1 S. 1 SprAuG mindestens einmal im Kalenderhalbjahr **über die wirtschaftlichen Angelegenheiten** des Betriebs und des Unternehmens i. S. d. § 106 Abs. 3 BetrVG zu **unterrichten** hat. Außerdem hat der Unternehmer den Sprecherausschuss rechtzeitig und umfassend über **geplante Betriebsänderungen** i. S. d. § 111 BetrVG zu **unterrichten**, die auch wesentliche Nachteile für leitende Angestellte zu Folge haben können, § 32 Abs. 2 S. 1 SprAuG. Entstehen leitenden Angestellten infolge der geplanten Betriebsänderung wirtschaftliche Nachteile, so hat der Unternehmer gemäß § 32 Abs. 2 S. 2 SprAuG mit dem Sprecherausschuss **über Maßnahmen** zum Ausgleich oder zur Milderung dieser Nachteile zu **beraten**.

147 Ein vorhandener Sprecherausschuss ist danach stets über **Umwandlungen** zu unterrichten. Erfolgt die Umwandlung, **ohne** dass mit ihr eine **Betriebsänderung** einhergeht – führt die Umwandlung insbesondere lediglich zu einem Betriebsübergang –, so bleibt es bei der Pflicht zur **Unterrichtung gemäß § 32 Abs. 1 SprAuG**. Nach dem Wortlaut der Norm muss das Unternehmen den Sprecherausschuss nicht „rechtzeitig" unterrichten, und er muss die wirtschaftlichen Angelegenheiten auch nicht mit dem Sprecherausschuss beraten.[334] Zum einen gilt jedoch auch im Verhältnis zum Sprecherausschuss das Gebot der vertrauensvollen Zusammenarbeit, § 2 Abs. 1 S. 1 SprAuG. Daraus wird man ableiten dürfen, dass der Unternehmer den **Sprecherausschuss** ebenso wie den Wirtschaftsausschuss **nicht vor vollendete Tatsachen stellen** darf. Zum anderen steht dem Sprecherausschuss ein Initiativrecht nach Maßgabe der §§ 25 Abs. 2 S. 2, 28 SprAuG zu, so dass dieser die Zurverfügungstellung von Informationen sowie **Beratungen verlangen** kann, soweit dies zur Erfüllung seiner gesetzlichen Aufgaben gemäß § 25 SprAuG erforderlich ist.[335]

148 Ist mit einer Umwandlung **zugleich** eine **Betriebsänderung** verbunden, ergibt sich die Pflicht zur rechtzeitigen und umfassenden **Unterrichtung** über die Betriebsänderung aus **§ 32 Abs. 2 SprAuG**. Anders als mit dem Betriebsrat muss der Unternehmer mit dem Sprecherausschuss jedoch nicht über einen Interessenausgleich, d. h. über eine Regelung der geplanten Betriebsänderung als solcher verhandeln. Nur dann, wenn mindestens ein

---

[334] ErfK/*Oetker* SprAuG § 32 Rn. 6.
[335] ErfK/*Oetker* SprAuG § 32 Rn. 6; für eine Pflicht des Unternehmens zur Unterrichtung analog § 106 Abs. 2 S. 1 BetrVG MHdbArbR/*Joost* § 235 Rn. 99.

leitender Angestellter aufgrund der geplanten Betriebsänderung einen wirtschaftlichen Nachteil erleiden wird, besteht eine **Pflicht zur Verhandlung über einen Sozialplan**.[336] Im Unterschied zu dem Sozialplan gemäß § 112 BetrVG handelt es sich bei dem Sozialplan i. S. d. § 32 Abs. 2 S. 2 SprAuG stets um eine freiwillige, **nicht erzwingbare Vereinbarung** gemäß § 28 SprAuG. Hierbei ist insbesondere der Gleichbehandlungsgrundsatz einzuhalten, der sich jedoch nur auf die vom Sprecherausschuss vertretenden leitenden Angestellten bezieht und nicht auf die übrige Belegschaft des Betriebs.[337]

II. Europäischer Betriebsrat

Ähnlich schwach ausgestaltet sind die Mitwirkungsrechte des kraft Gesetzes errichteten Europäischen Betriebsrats gemäß §§ 1 Abs. 1 S. 2, 21 ff. EBRG. Das Europäische Betriebsräte-Gesetz dient der Umsetzung der Europäischen Betriebsrat-Richtlinie, die sich zum Ziel gesetzt hat, das Recht auf Unterrichtung und Anhörung der Arbeitnehmer in gemeinschaftsweit operierenden Unternehmen und Unternehmensgruppen zu stärken, Art. 1 RL 2009/38/EG. Das Gesetz findet gemäß § 2 Abs. 1 EBRG Anwendung auf **gemeinschaftsweit tätige Unternehmen** mit Sitz im Inland und **gemeinschaftsweit tätige Unternehmensgruppen**, wenn sich der Sitz des herrschenden Unternehmens im Inland befindet. Gemeinschaftsweit tätig sind Unternehmen gemäß § 3 Abs. 1 EBRG, wenn das Unternehmen mindestens 1000 Arbeitnehmer in den Mitgliedstaaten beschäftigt und davon jeweils mindestens 150 Arbeitnehmer in mindestens zwei Mitgliedstaaten. Nach dem Wortlaut des § 3 Abs. 2 EBRG ist eine Unternehmensgruppe dann gemeinschaftsweit tätig, wenn sie insgesamt 1000 Arbeitnehmer in den Mitgliedstaaten beschäftigt und wenn ihr mindestens zwei Unternehmen angehören, die – abgesehen von der Gesamtzahl der Arbeitnehmer – jeweils die Voraussetzungen des § 3 Abs. 1 EBRG erfüllen. Inwieweit dieser Wortlaut richtlinienkonform zu erweitern ist, wird in der Literatur kontrovers diskutiert.[338]

In gemeinschaftsweit tätigen Unternehmen und Unternehmensgruppen gemäß §§ 2, 3 EBRG wird auf Initiative des (herrschenden) Unternehmens (der „zentralen Leitung", § 1 Abs. 6 EBRG) oder auf Antrag von den Arbeitnehmern oder ihren Vertretern ein **besonderes Verhandlungsgremium** gebildet, § 9 EBRG. Dieses Gremium hat gemäß § 8 EBRG die Aufgabe, mit der zentralen Leitung eine freiwillige **Vereinbarung über eine grenzübergreifende Unterrichtung und Anhörung** der Arbeitnehmer abzuschließen.[339] Gelingt dies, richten sich die Unterrichtung- und Anhörungsrechte der Arbeitnehmer und ihrer Vertretungen in grenzüberschreitenden Angelegenheiten allein nach dieser Vereinbarung. Nur wenn eine Vereinbarung mit dem besonderen Verhandlungsgremium aus den in § 21 Abs. 1 EBRG genannten Gründen nicht zustande kommt, wird gemäß § 1 Abs. 2 S. 2 EBRG i. V. m. § 21 Abs. 1 S. 1 EBRG ein **Europäischer Betriebsrat kraft Gesetzes** errichtet.[340] Die Zusammensetzung und die Bestellung der inländischen Vertreter richten sich nach §§ 22, 23 EBRG.

Gemäß § 1 Abs. 2 S. 1 EBRG ist der Europäische Betriebsrat zuständig in Angelegenheiten, die das gemeinschaftsweit tätige Unternehmen oder die gemeinschaftsweit tätige

---

[336] Weitergehend ErfK/*Oetker* SprAuG § 32 Rn. 10: wenn Nachteile „aller Wahrscheinlichkeit nach" entstehen.

[337] MHdbArbR/*Joost* § 235 Rn. 115.

[338] Annuß/Kühn/Rudolph/Rupp/*Annuß* EBRG § 3 Rn. 3 ff.; *Fitting* Übersicht EBRG Rn. 18; Däubler/Kittner/Klebe/Wedde/*Däubler* EBRG § 3 Rn. 4 ff.

[339] Hierzu *Hohenstatt/Kröpelin/Bertke* NZA 2011, 1313, 1317 f.; *Willemsen/Hohenstatt* NZA 1995, 399 ff.; zu sog. „Europäischen Betriebsvereinbarungen", insbesondere zum anwendbaren innerstaatlichen Recht *Vogt/Oltmanns* NZA 2014, 181, 186; *Rehberg* NZA 2013, 73, 76 ff.

[340] Vgl. EuGH C-440/00, NZA 2004, 160, 163 Rn. 54 – Kühne & Nagel und BAG 1 ABR 32/99, BAGE 111, 191 = NZA 2005, 118, 120 ff. zum Auskunftsanspruch gegen die fingierte zentrale Leitung gemäß Art. 4 und 11 RL 94/45/EG.

Unternehmensgruppe insgesamt oder mindestens zwei Betriebe oder zwei Unternehmen in verschiedenen Mitgliedstaaten betreffen. Hieraus wird mE zutreffend abgeleitet, dass auch die **Mitwirkungsrechte** gemäß §§ 29, 30 EBRG **ausschließlich in** derartigen **grenzüberschreitenden Angelegenheiten** bestehen.[341] Umwandlungen, an denen ausschließlich Unternehmen mit Sitz im Inland beteiligt sind, können daher allenfalls dann in die Zuständigkeit eines Europäischen Betriebsrats fallen, wenn sie sich auch auf die im Ausland beschäftigten Arbeitnehmer mindestens eines der beteiligten Unternehmen auswirken. Dies dürfte bei einer Verschmelzung wie auch bei einem Formwechsel stets der Fall sein. Bei einer Spaltung dagegen kommt es darauf an, ob hiervon auch ausländische Betriebe betroffen sind. Zwingend ist dies nur der Fall bei einer Aufspaltung gemäß § 123 Abs. 1 UmwG unter Auflösung des übertragenden Rechtsträgers.

152 Ist ein grenzüberschreitend tätiges Unternehmen oder eine grenzüberschreitend tätige Unternehmensgruppe an einer Umwandlung beteiligt und stellt diese eine grenzüberschreitende Angelegenheit dar, ist der Europäische Betriebsrat hierüber im Rahmen der **jährlichen Unterrichtung** gemäß **§ 29 Abs. 1 EBRG** zu informieren. Nach jener Vorschrift hat die zentrale Leitung mindestens einmal im Kalenderjahr den Europäischen Betriebsrat über die Entwicklung der Geschäftslage und Perspektiven des gemeinschaftsweit tätigen Unternehmens oder der gemeinschaftsweit tätigen Unternehmensgruppe unter rechtzeitiger Vorlage der erforderlichen Unterlagen zu unterrichten und anzuhören. § 29 Abs. 2 EBRG listet beispielhaft Umstände auf, die von diesem Mitwirkungsrecht des Europäischen Betriebsrats erfasst sind. Während § 29 Abs. 2 Nr. 1 bis 4 EBRG Informationsgegenstände nennt, die den wirtschaftlichen Angelegenheiten des § 106 Abs. 3 BetrVG ähneln, finden sich in § 29 Abs. 2 Nr. 5 bis 10 EBRG neben klassischen Betriebsänderungen wie der Einführung neuer Arbeits- und Fertigungsverfahren (§ 29 Abs. 2 Nr. 6 EBRG) auch Mischtatbestände wie die bei Umwandlungen einschlägigen **Zusammenschlüsse oder Spaltungen von Unternehmen oder Betrieben** (§ 29 Abs. 2 Nr. 8 EBRG). Die Begriffe „Unterrichtung" und „Anhörung" sind in § 1 Abs. 4 und 5 EBRG im Einzelnen definiert und miteinander verknüpft. Die Unterrichtung des Europäischen Betriebsrats hat in einer Weise zu erfolgen, die es dem Gremium ermöglicht, die Auswirkungen der geplanten Maßnahme auf die Arbeitnehmer zu bewerten und ggf. eine Anhörung vorzubereiten. Die Anhörung soll es dem Europäischen Betriebsrat anschließend ermöglichen, eine Stellungnahme abzugeben, die innerhalb des gemeinschaftsweit tätigen Unternehmens oder der gemeinschaftsweit tätigen Unternehmensgruppe berücksichtigt werden kann.[342] Gemäß § 1 Abs. 7 EBRG sind Unterrichtung und Anhörung spätestens gleichzeitig mit der (frühesten) Unterrichtung und Anhörung der beteiligten nationalen Arbeitnehmervertretungen durchzuführen (sog. „Ansteckungsklausel").[343]

153 § 30 Abs. 1 S. 1 EBRG verpflichtet die zentrale Leitung außerdem, den Europäischen Betriebsrat über **außergewöhnliche Umstände oder Entscheidungen**, die erhebliche Auswirkungen auf die Interessen der Arbeitnehmer haben, **rechtzeitig** unter Vorlage der erforderlichen Unterlagen zu unterrichten und auf Verlangen anzuhören. Beispielhaft nennt § 30 Abs. 1 S. 2 EBRG drei Maßnahmen, die zugleich zu den Angelegenheiten des § 29 Abs. 2 EBRG gehören, nämlich die Verlegung und die Stilllegung von Unternehmen, Betrieben oder wesentlichen Betriebsteilen sowie Massenentlassungen. Über diese Maßnahmen ist daher **auch außerhalb der jährlichen Sitzung** zu unterrichten, wenn sie nicht bis dahin warten können; gleiches dürfte auch für die anderen Tatbestände des § 29 Abs. 2 EBRG gelten, da § 30 Abs. 1 S. 2 EBGR keine abschließende Aufzählung ent-

---

[341] Willemsen/Hohenstatt/Schweibert/Seibt/*Willemsen* C Rn. 517, 519; aA *Gaul* NJW 1996, 3378, 3383.
[342] Vgl. Annuß/Kühn/Rudolph/Rupp/*Annuß* EBRG § 1 Rn. 13, der die Bezeichnungen „Beratung" oder „Konsultation" für treffender hält.
[343] *Fitting* Übersicht EBRG Rn. 15.

hält.³⁴⁴ Das bedeutet: **Umwandlungen** können **auch** dann unter § 30 EBRG fallen, **wenn** sie **nicht mit** einer **Betriebsänderung** i. S. d. § 111 BetrVG einhergehen. Unabhängig davon kann der Europäische Betriebsrat allerdings wie der Sprecherausschuss nicht den Abschluss eines Interessenausgleichs oder eines Sozialplans verlangen und ggf. erzwingen.³⁴⁵

Im Anschluss an die Unterrichtung und die Anhörung nach §§ 29, 30 BetrVG hat der Europäische Betriebsrat die **örtlichen Arbeitnehmervertretungen** oder, falls es solche nicht gibt, die Arbeitnehmer der betroffenen Unternehmen gemäß § 36 Abs. 1 EBRG über die Unterrichtung und Anhörung zu **informieren**. Besteht eine örtliche bzw. nationale Arbeitnehmervertretung, darf der Europäische Betriebsrat nicht direkt mit den Arbeitnehmern des grenzüberschreitend tätigen Unternehmens bzw. der Mitgliedsunternehmen der grenzüberschreitend tätigen Unternehmensgruppe in Kontakt treten.³⁴⁶ **154**

Erfüllt die zentrale Leitung ihre Unterrichtungspflichten nicht, kann dies gemäß § 45 EBRG mit einem **Bußgeld** bis zu 15.000 EUR geahndet werden. Mangels einer korrespondierenden Regelung zu § 23 Abs. 3 BetrVG im EBRG sowie aufgrund der Tatsache, dass der Europäische Betriebsrat keine Vereinbarung der Zentralleitung erzwingen kann, steht dem Europäischen Betriebsrat dagegen **kein Unterlassungsanspruch** gegen geplante grenzübergreifende Maßnahmen zu.³⁴⁷ **155**

III. Sonstige Gremien

Die Beteiligungsrechte des **Personalrats**, insbesondere bei Privatisierungen von bislang öffentlich-rechtlichen Dienststellen, richten sich nach den Personalvertretungsgesetzen des Bundes und der Länder.³⁴⁸ Unterliegen Maßnahmen der Mitbestimmung durch den Personalrat, dürfen sie im Grundsatz nur mit seiner Zustimmung durchgeführt werden.³⁴⁹ Steht dem Personalrat ein Mitwirkungsrecht zu, so kann eine näher bestimmte Dienstbehörde des öffentlichen Arbeitgebers nach ggf. mehrfachen Verhandlungen mit Personalvertretungen, jedoch ohne Anrufung einer Einigungsstelle über die Maßnahme entscheiden.³⁵⁰ Darüber hinaus stehen dem Personalrat Anhörungs- und Erörterungsrechte **156**

---

³⁴⁴ Annuß/Kühn/Rudolph/Rupp/*Kühn* EBRG § 30 Rn. 2 f.
³⁴⁵ LAG Köln 13 Ta 267/11, BB 2012, 197, 199; *Maiß/Pauken* BB 2013, 1589, 1590.
³⁴⁶ LAG Baden-Württemberg 11 TaBV 6/13, BeckRS 2015, 67996.
³⁴⁷ LAG Baden-Württemberg 9 TaBV 2/15, NZA-RR 2016, 358, 360; LAG Köln 13 Ta 267/11, BB 2012, 197, 199; *Maiß/Pauken* BB 2013, 1589, 1591.
³⁴⁸ Zu Umstrukturierungen unter Beteiligung der öffentlichen Hand und Privatisierungen Willemsen/Hohenstatt/Schweibert/Seibt/*Willemsen* B Rn. 85 ff.
³⁴⁹ Vgl. insbesondere die folgenden Vorschriften: Bund: § 69 Abs. 1 BPersVG; Baden-Württemberg: § 73 Abs. 1 S. 1 LPVG; Bayern: Art. 70 Abs. 2 S. 1 BayPVG; Berlin: § 79 Abs. 1 PersVG; Brandenburg: § 61 Abs. 1 PersVG; Bremen: § 58 Abs. 1 S. 1 BremPVG; Hamburg: § 80 Abs. 4 HmbPVG; Hessen: § 69 Abs. 1 S. 1 HPVG; Mecklenburg-Vorpommern: § 62 Abs. 1 PersVG; Niedersachsen: § 68 Abs. 1 NPersVG; Nordrhein-Westfalen: § 66 Abs. 1 S. 1 LPVG; Rheinland-Pfalz: § 74 Abs. 1 S. 1 LPersVG; Saarland: § 73 Abs. 1 SPersVG; Sachsen: § 79 Abs. 1 SächsPVG; Sachsen-Anhalt: § 61 Abs. 1 PersVG LSA; Schleswig-Holstein: § 52 Abs. 1 MBG Schl.-H.; Thüringen: § 69 Abs. 1 ThürPersVG.
³⁵⁰ Vgl. insbesondere die folgenden Vorschriften: Bund: § 72 BPersVG; Baden-Württemberg: §§ 80, 82 LPVG B-W; Bayern: Art. 72 BayPVG; Berlin: § 84 PersVG; Brandenburg: § 67 PersVG; Hessen: § 72 HPVG; Mecklenburg-Vorpommern: § 62 Abs. 10 PersVG; Niedersachsen: § 70 Abs. 4 NPersVG; Nordrhein-Westfalen: §§ 66 Abs. 6 und 7, 68 LPVG; Rheinland-Pfalz: § 82 LPersVG; Saarland: § 74 SPersVG; Sachsen: § 76 SächsPersVG; Sachsen-Anhalt: § 62 Abs. 5 und 6 PersVG LSA; Schleswig-Holstein: §§ 54 Abs. 4, 55 MBG Schl.-H.; Thüringen: §§ 69 Abs. 4 und 7, 75 ThürPersVG; in Bremen liegt das Letztentscheidungsrecht „in personellen Angelegenheiten der Beamten und in organisatorischen Angelegenheiten" beim Dienstherrn (§ 61 Abs. 4 S. 3 BremPVG) und in Hamburg sieht § 82 Abs. 6 HmbPVG für bestimmte Entscheidungen der Einigungsstelle die Möglichkeit vor, dass diese „wegen ihrer Auswirkungen auf das Gemeinwesen" aufgehoben werden können.

zu.³⁵¹ Nur das Saarland sieht gemäß § 84 Nr. 7 SPersVG noch eine echte Mitbestimmung des Personalrats bei Privatisierungen vor, in allen anderen Bundesländern hat der Personalrat insoweit nur ein Mitwirkungs- oder Anhörungsrecht.³⁵² Sind Beamte oder Arbeitnehmer des öffentlichen Dienstes in Betrieben privatrechtlich organisierter Unternehmen tätig, fallen sie insoweit in den **Anwendungsbereich des BetrVG**, vgl. § 5 Abs. 1 S. 3 BetrVG.³⁵³

157 Für die **kirchlichen Arbeitnehmervertretungen** gelten die jeweils einschlägigen Mitarbeitervertretungsregelung, insbesondere die von dem Verband der Diözesen Deutschlands verabschiedete Rahmenordnung für eine Mitarbeitervertretungsordnung (MAVO) und die darauf beruhenden Mitarbeitervertretungsordnungen der einzelnen Bistümer für Einrichtungen in katholischer Trägerschaft und das Mitarbeitervertretungsgesetz der Evangelischen Kirchen in Deutschland (MVG-EKD).³⁵⁴ Diese Regelwerke sehen in wirtschaftlichen Angelegenheiten in erster Linie Informations- und Anhörungsrechte bzw. ein Mitberatungsrecht vor (§§ 27a, 29 MAVO, § 46 lit. a) MVG-EKD). Ähnlich wie in Tendenzbetrieben besteht aber ein Zustimmungsrecht bei Maßnahmen zum Ausgleich und zur Milderung von wesentlichen wirtschaftlichen Nachteilen für die Mitarbeiterinnen und Mitarbeiter wegen Schließung, Einschränkung, Verlegung oder Zusammenlegung von Einrichtungen oder wesentlichen Teilen von diesen (§ 36 Abs. 1 Nr. 11 MAVO, § 40 lit. f) MVG-EKD). Darüber hinaus bestehen Zustimmungsrechte vor allem in bestimmten personellen Angelegenheiten (§§ 18, 34–36 MAVO, § 39 MVG-EKD).

§ 57 Arbeitsrechtliche Folgen von Umwandlungen

Übersicht

	Rdnr.		Rdnr.
A. Umwandlung und Betriebsübergang ...	1–143	2. Pflicht zur Unterrichtung der Arbeitnehmer	41–63
I. Überblick	1–5	a) Gegenstand und Zweck	41, 42
II. Voraussetzungen des Betriebsübergangs und ihre Verwirklichung durch Umwandlungen	6–38	b) Inhalt der Unterrichtung ...	43–55
1. Betrieb oder Betriebsteil	6–12	c) Verpflichtete und Berechtigte der Unterrichtung	56–58
2. Fortführung unter Wahrung der Betriebsidentität durch den Erwerber	13–24	d) Form und Zeitpunkt der Unterrichtung	59–62
3. Übergang auf einen anderen Inhaber	25–36	e) Rechtsfolgen bei Verletzung der Unterrichtungspflicht ..	63
4. Rechtsgeschäftliche Grundlage für den Übergang	37, 38	3. Widerspruchsrecht der Arbeitnehmer	62–84
III. Unterrichtung und Widerspruchsrecht bei Umwandlungen	39–82	a) Rechtsnatur, Zweck und umwandlungsrechtliche Besonderheiten	64–66
1. Überblick	39, 40		

---

³⁵¹ Vgl. z. B. §§ 66 Abs. 1, 86, 87 BPersVG; Baden-Württemberg: §§ 68 Abs. 1 S. 1, 87 LPVG B-W; Bayern: Art. 67 Abs. 1 S. 1, 86 BayPVG; Berlin: § 70 Abs. 1 S. 1 PersVG; Brandenburg: § 57 Abs. 1 PersVG; Bremen: § 52 Abs. 3 BremPVG; Hamburg: §§ 76 Abs. 2 S. 1, 97 HmbPVG; Hessen: § 72 HPVG; Mecklenburg-Vorpommern: § 58 Abs. 1 PersVG; Niedersachsen: §§ 62 Abs. 1 S. 1, 88 NPersVG; Nordrhein-Westfalen: §§ 63 Abs. 1 S. 1, 75, LPVG; Rheinland-Pfalz: §§ 55 Abs. 2, 83 Abs. 3, 84 LPersVG; Saarland: §§ 69 Abs. 1 S. 1, 80 Abs. 3, 93 SPersVG; Sachsen: §§ 71 Abs. 1 S. 1, 73, 93 SächsPersVG; Sachsen-Anhalt: §§ 56 Abs. 1 S. 1, 67 Abs. 2, 82 Abs. 2 PersVG LSA; Schleswig-Holstein: § 47 Abs. 1 S. 1 MBG Schl.-H.; Thüringen: §§ 66 Abs. 1 S. 1, 77, 78 ThürPersVG.
³⁵² Vgl. Schaub ArbR-Hdb/*Ahrendt/Koch* § 116 Rn. 56.
³⁵³ Zur konkurrierenden Zuständigkeit von Betriebsrat und Personalrat *von Tiling* öAT 2013, 117, 119; *Kortmann* öAT 2010, 201, 202 ff.
³⁵⁴ Vgl. zum sog. Dritten Weg des kirchlichen Arbeitsrecht BAG 1 AZR 179/11, BAGE 143, 354 = NZA 2013, 448, 456 ff. Rn. 56 ff; zur normativen Wirkung kirchlicher Dienstvereinbarungen *Joussen* RdA 2016, 320, 323 ff.

	Rdnr.
b) Ausübung des Widerspruchsrechts: Form, Adressaten, Kollektivwiderspruch	67–76
c) Frist des Widerspruchs, Verzicht und Verwirkung	77–80
d) Rechtsfolge eines wirksamen Widerspruchs	81, 82
IV. Folgen des Betriebsübergangs für die Arbeitsbedingungen der betroffenen Arbeitnehmer	83–143
1. Überblick	83, 84
2. Folgen für die Arbeitsverhältnisse auf individualvertraglicher Ebene	85–117
a) Übergang der Arbeitsverhältnisse	85–110
aa) Wechsel des Arbeitgebers	85
bb) Eintritt in die Rechte und Pflichten aus den Arbeitsverhältnissen	86–91
cc) Vom Betriebsübergang erfasste Arbeitsverhältnisse	92–95
dd) Zuordnung von Arbeitsverhältnissen zum Betrieb oder Betriebsteil	96–108
ee) Zwingende Wirkung des § 613a Abs. 1 S. 1 BGB	109
ff) Verhältnis von Gesamtrechtsnachfolge und Übergang gemäß § 613a BGB	110
b) Kündigungsrechtliche Stellung der übergehenden Arbeitnehmer	111–117
aa) Ausschluss von Kündigungen „wegen des Betriebsübergangs"	111–113
bb) Beibehaltung der kündigungsrechtlichen Stellung nach dem UmwG	114–117
3. Folgen für die Betriebsverfassung und kollektivrechtliche Regelungen	118–136
a) Folgen für die Betriebsverfassung	118–129
aa) Betriebsverfassungsrechtliche Spaltung von Betrieben	118–124
bb) Zusammenlegung von Betrieben	125
cc) Auswirkungen auf Gesamtbetriebsrat und Konzernbetriebsrat	126–129
b) Kollektivrechtliche Fortgeltung von Betriebsvereinbarungen und Tarifverträgen	130–132
aa) Betriebsvereinbarungen	130
bb) Tarifverträge	131, 132

	Rdnr.
c) Fortgeltung von Betriebsvereinbarungen und Tarifverträgen gemäß § 613a Abs. 1 S. 2 bis 4 BGB	133–136
4. Gesamtschuldnerische Nachhaftung gegenüber Arbeitnehmern	137–143
B. Folgen des Formwechsels für die Arbeitsverhältnisse der betroffenen Arbeitnehmer	144, 145
C. Folgen für die unternehmerische Mitbestimmung	146–177
I. Überblick	146–148
II. Verschmelzungen und unternehmerische Mitbestimmung	149–155
1. Auswirkungen von Verschmelzungen auf die unternehmerische Mitbestimmung bei dem übertragenden Rechtsträger	149–152
2. Auswirkungen von Verschmelzungen auf die unternehmerische Mitbestimmung bei dem übernehmenden Rechtsträger	153–155
III. Spaltungen und unternehmerische Mitbestimmung	156–168
1. Auswirkungen von Spaltungen auf die unternehmerische Mitbestimmung bei dem übertragenden Rechtsträger	156–167
a) Grundsatz: Beibehaltung der Mitbestimmung für fünf Jahre (§ 325 Abs. 1 S. 1 UmwG)	156–164
b) Ausnahme: Wegfall der Mitbestimmung bei Unterschreiten von Mindestarbeitnehmerzahlen (§ 325 Abs. 1 S. 2 UmwG)	165–167
2. Auswirkungen von Spaltungen auf die unternehmerische Mitbestimmung bei dem übernehmenden Rechtsträger	168
IV. Formwechsel und unternehmerische Mitbestimmung	169–172
1. Überblick	169
2. Formwechsel von einer nicht mitbestimmungspflichtigen Rechtsform in eine mitbestimmungspflichtige Rechtsform	170
3. Formwechsel von einer mitbestimmungspflichtigen Rechtsform in eine nicht mitbestimmungspflichtige Rechtsform	171
4. Formwechsel von einer mitbestimmungspflichtigen Rechtsform in eine ebenfalls mitbestimmungspflichtige Rechtsform	172
V. Umwandlungen und Statusverfahren	173–177

§ 57
3. Kapitel. Arbeitsrecht

Schrifttum: *Altenburg/Leister,* Der Widerspruch des Arbeitnehmers beim umwandlungsbedingten Betriebsübergang und seine Folgen, NZA 2005, 15; *Ascheid, Preis, Schmidt* (Hrsg.), Kündigungsrecht 5. Aufl 2017; *Bachner,* Individualarbeits- und kollektivrechtliche Auswirkungen des neuen Umwandlungsgesetzes, NJW 1995, 2881; *Baeck/Winzer,* Aktuelle Entwicklungen im Arbeitsrecht. Auswirkungen umwandlungsrechtlicher Vorgänge auf Tarifverträge, NZG 2013, 655; *Bauer/v. Medem,* § 613a BGB: Übergang von Leiharbeitsverhältnissen bei Übertragung des Entleiherbetriebs?, NZA 2011, 20; *Bauer/v. Steinau-Steinrück,* Neuregelung des Betriebsübergangs: Erhebliche Risiken und viel mehr Bürokratie!, ZIP 2002, 457; *Bayer,* Die Erosion der deutschen Mitbestimmung, NJW 2016, 1930; *Bayreuther,* Vorbehaltlose dynamische Bezugnahmeklauseln nach einem Betriebsübergang – Neues vom EuGH, NJW 2017, 2158; *Brodhun,* Mitbestimmungsbeibehaltung nach Abspaltung oder Ausgliederung gem. § 325 I UmwG, NZG 2012, 1050; *Buchner/Schlobach,* Die Auswirkungen der Umwandlung von Gesellschaften auf die Rechtsstellung ihrer Organpersonen, GmbHR 2004, 1; *Commandeur/Kleinenbrink,* Läuft das Kündigungsverbot bei einem Betriebsübergang ins Leere?, BB 2012, 1857; *Däubler/Kittner/Klebe/Wedde* (Hrsg.), Betriebsverfassungsgesetz, Kommentar für die Praxis mit Wahlordnung und EBR-Gesetz, 15. Aufl. 2016; *Deck,* Zur unmittelbaren Geltung des MgVG ab dem Zeitpunkt der Eintragung einer grenzüberschreitenden Verschmelzung, NZG 2017, 968; *Dzida/Wagner,* Vertragsänderungen nach Betriebsübergang, NZA 2008, 571; *Elking,* Zuordnungsentscheidung und Versetzung vor Betriebsübergang, NZA 2014, 295; *Franzen,* Informationspflichten und Widerspruchsrecht beim Betriebsübergang nach § 613a Abs. 5 und 6 BGB, RdA 2002, 258; *Fuhlrott/Oltmanns,* Das Schicksal von Betriebsräten bei Betriebs(teil)übergängen, BB 2015, 1013; *Gaul,* Sozialauswahl nach Widerspruch gegen Betriebsübergang, NZA 2005, 730; *Gaul/Naumann,* Rechtsfolgen eines Betriebsübergangs für unternehmens- und konzernspezifische Sonderleistungen, NZA 2011, 121; *Gaul/Otto,* Konsequenzen einer Spaltung nach § 123 UmwG für Firmentarifverträge, BB 2014, 500; *dies.,* Unterrichtungsanspruch und Widerspruchsrecht bei Betriebsübergang und Umwandlung, DB 2002, 634; *Göpfert/Winzer,* Nach-Unterrichtungspflicht beim Betriebsübergang? ZIP 2008, 761; *Graef,* Das Widerspruchsrecht nach § 613a VI BGB beim umwandlungsbedingten Erlöschen des übertragenden Rechtsträgers, NZA 2006, 1078; *Grobys,* Die Neuregelung des Betriebsübergangs in § 613a BGB, BB 2002, 726; *Gruber,* Die Haftung nach HGB und BGB nach Übertragung eines Unternehmens (Teil I), DStR 1991, 777; *Habersack,* „Germany first"? Kritische Bemerkungen zum EuGH-Urteil in Sachen „Erzberger./. TUI AG", NZG 2017, 1021; *Hauck,* Information über einen Betriebsübergang nach § 613a V BGB und Widerspruch nach § 613a VI BGB, NZA-Beil. 2009, 18; *Henssler/Strohn,* Gesellschaftsrecht, 3. Aufl. 2016; *Hjort,* Wahlrecht der Arbeitnehmer zu mehreren Aufsichtsräten in Gemeinschaftsbetrieben?, NZA 2001, 696; *Hohenstatt/Grau,* Arbeitnehmerunterrichtung beim Betriebsübergang, NZA 2007, 13; *Hohenstatt/Schramm,* Der Gemeinschaftsbetrieb im Recht der Unternehmensmitbestimmung, NZA 2010, 846; *Kiem/Uhrig,* Der umwandlungsbedingte Wechsel des Mitbestimmungsstatuts – am Beispiel der Verschmelzung durch Aufnahme zwischen AGs, NZG 2001, 680; *Kreitner,* Die Zuordnung von Arbeitsverhältnissen beim Betriebsinhaberwechsel, NZA 1990, 429; *Kuhlmann,* Die Mitbestimmungsfreiheit in den ersten Aufsichtsrat einer AG gemäß § 30 II AktG, NZG 2010, 46; *Löwisch/Rieble,* Tarifvertragsgesetz, 4. Aufl. 2017; *Lunk,* Schadensersatz wegen Verstoßes gegen die Unterrichtungspflicht bei einem Betriebsübergang gemäß § 613a Abs. 5 BGB, RdA 2009, 48; *Niklas,* „Übernahme" des nach Zahl und Sachkunde wesentlichen Personals, BB 2013, 2165; *Mückl/Götte,* Zuordnung nach § 323 II UmwG kann frei von § 613a BGB erfolgen, GWR 2016, 106; *Olbertz,* Arbeitsrechtliche Aspekte beim Formwechsel, GWR 2017, 314; *Otto/Mückl,* Aufspaltung, Verschmelzung, Anwachsung – Schadensersatz bei unzureichender Unterrichtung trotz Erlöschen des übertragenden Rechtsträgers?, BB 2011, 1978; *Richardi,* Betriebsverfassungsgesetz, 15. Aufl. 2016; *Rieble,* Kollektivwiderspruch nach § 613a VI BGB, NZA 2005, 1; *ders.,* Widerspruch nach § 613a VI BGB – die (ungeregelte) Rechtsfolge, NZA 2004, 1; *ders.,* Verschmelzung und Spaltung von Unternehmen und ihre Folgen für Schuldverhältnisse mit Dritten, ZIP 1997, 301; *Rupp,* Das Problem widersprüchlicher Unterrichtungen bei § 613a V BGB, NZA 2007, 301; *Sagan,* Anm. zu BAG AP BGB § 613a Nr. 449; *ders.,* Die kollektive Fortgeltung von Tarifverträgen und Betriebsvereinbarungen nach § 613a Abs. 1 Sätze 2–4 BGB, RdA 2011, 163; *Salamon,* Die Konzernbetriebsvereinbarung beim Betriebsübergang, NZA 2009, 471; *Tappert,* Auswirkungen eines Betriebsübergangs auf Aktienoptionsrechte von Arbeitnehmern, NZA 2002, 1188; *Theiselmann,* Praxishandbuch des Restrukturierungsrechts, 3. Aufl. 2016; *Trittin/Gilles,* Mitbestimmungsbeibehaltung nach Umstrukturierung, RdA 2011, 46; *Ubber/Massig,* Die Betriebsvereinbarungsoffenheit Allgemeiner Geschäftsbedingungen – ein Ausweg aus der „Ewigkeitsbindung" durch Bezugnahmeklauseln?, BB 2017, 2230; *Ulmer/Habersack/Henssler,* Mitbestimmungsrecht, 3. Aufl. 2012; *Wienbracke,* Deutsches Mitbestimmungsgesetz arbeitnehmerfreizügigkeitskonform, NZA 2017, 1036; *Willemsen* „Freikauf durch Einkauf?" – Vermeidung des § 613a BGB durch Austausch wesentlicher Betriebsmittel, NZA 2017, 953; *ders.*, Erosion des Arbeitgeberbegriffs nach der Albron-Entscheidung des EuGH? Betriebsübergang bei gespaltener Arbeitgeberfunktion, NJW 2011, 1546; *ders./Lembke*, Die Neuregelung von Unterrichtung und Widerspruchsrecht der Arbeitnehmer beim Betriebsübergang, NJW 2002, 1159; *Willemsen*, Die Kündigung wegen Betriebsübergangs – Zur Auslegung des § 613a Abs. 4 BGB, ZIP 1983, 411; *Willemsen/Hohenstatt/Schweibert/Seibt*, Umstrukturierung und Übertragung von Unternehmen, 5. Aufl. 2016; *Wißmann/Kleinsorge/Schubert*, Mitbestimmungsrecht, 5. Aufl. 2017; *Wißmann/Niklas*, Asklepios – Der Vorhang zu und neue Fragen offen, NZA 2017, 697; *Wlotzke*, Arbeitsrechtliche Aspekte des neuen Umwandlungsrechts, DB 1995, 40; *Worzalla*, Neue Spielregeln bei Betriebsübergang – Die Änderungen des § 613a BGB, NZA 2002, 353.

A. Umwandlung und Betriebsübergang

I. Überblick

Als § 324 UmwG am 1.1.1995 Gesetz wurde und bestimmte, dass § 613a Abs. 1 und 4 **1** BGB durch die Wirkungen der Eintragung einer **Verschmelzung**, **Spaltung** oder **Vermögensübertragung** unberührt bleibt, war noch umstritten, ob die genannten Umwandlungsmaßnahmen einen Betriebsübergang gemäß § 613a Abs. 1 BGB auslösen konnten. Bis heute gilt im Grundsatz, dass nur ein Betriebsinhaberwechsel „**im Rahmen vertraglicher Beziehungen**" den Tatbestand des Art. 1 Abs. 1 lit. a) RL 2001/23/EG[1] sowie des § 613a Abs. 1 S. 1 BGB[2] erfüllt und dass über dieses Tatbestandsmerkmal Übergänge im Wege der gesetzlich angeordneten Gesamtrechtsnachfolge vom Anwendungsbereich der beiden Regelungen ausgeschlossen werden sollen.[3] Umwandlungen nach den Vorläuferregelungen des UmwG (z. B. §§ 339 ff. AktG, SpTrUG) lösten daher nach überkommener Ansicht keinen Betriebsübergang aus.[4] Im Zuge der Diskussion darüber, ob § 324 UmwG eine Rechtsgrund- oder eine Rechtsfolgenverweisung darstellt (dazu sogleich), hat sich jedoch die Auffassung durchgesetzt, dass auch Umwandlungen nach dem UmwG **tatbestandlich** einen **Betriebsübergang darstellen können**,[5] zumal Art. 1 Abs. 1 bzw. Art. 1 Abs. 1 lit. a) der Betriebsübergangsrichtlinie (früher RL 77/187/EWG, seit dem 11.4.2001 RL 2001/23/EG) die Verschmelzung ausdrücklich erwähnt.[6] Würde das UmwBerG heute erdacht, wäre daher die Klarstellung, die der Gesetzgeber mit § 324 UmwG bezweckte,[7] schlicht überflüssig.[8]

---

[1] EuGH C-509/14, NZA 2016, 31, 32 Rn. 28 – Aira Pascual; EuGH C-463/09, NZA 2011, 148, 149 Rn. 29 f. – CLECE.
[2] BAG 8 AZR 53/15, NZA-RR 2017, 183, 125 Rn. 25; vgl. auch BAG 8 AZR 139/14, NZA 2015, 1325, 1326 Rn. 19.
[3] BAG 9 AZR 95/00, NZA 2001, 1200, 1202; MünchKommBGB/*Müller-Glöge* BGB § 613a Rn. 63.
[4] BAG 5 AZR 411/83, NZA 1985, 735, 738 f.; *Gruber* DStR 1991, 777, 778; ebenso *Loh* DStR 1992, 1246 zum SpTrUG; zum UmwG vgl. *Salje* RdA 2000, 126, der am Vorliegen des erforderlichen Rechtsgeschäfts zweifelt.
[5] MünchKommBGB/*Müller-Glöge* BGB § 613a Rn. 63; ErfK/*Preis* BGB § 613a Rn. 58; offen gelassen von BAG 1 AZR 247/01, NZA 2003, 449, 450, wonach Arbeitsverhältnisse bei einer Verschmelzung jedenfalls von der Gesamtrechtsnachfolge erfasst sind.
[6] Vgl. außerdem EuGH C-108/10, NZA 2011, 1077, 1079 f. Rn. 63 – Scattolon: „Der EuGH hat die Wendung, durch vertragliche Übertragung oder durch Verschmelzung' (…) sowohl auf Grund der Abweichungen in den Sprachfassungen dieser Richtlinie als auch wegen des unterschiedlichen Inhalts der Begriffe im nationalen Recht so weit ausgelegt, dass sie dem Zweck der Richtlinie, die Arbeitnehmer bei einer Übertragung ihres Unternehmens zu schützen, gerecht wird".
[7] Begr. Empfehlung Rechtsausschuss, BT-Drucks. 12/7850, S. 145.
[8] Vgl. ErfK/*Preis* BGB § 613a Rn. 58.

2 § 324 UmwG enthält nach heute einhelliger Ansicht eine **Rechtsgrundverweisung** auf die darin in Bezug genommenen Absätze des § 613a BGB.[9] Das bedeutet, dass auch eine Verschmelzung, Spaltung oder Vermögensübertragung nur dann einen Betriebsübergang auslöst, wenn die einzelnen Voraussetzungen jener Regelungen erfüllt sind. Es muss ein **Betrieb oder Betriebsteil** i. S. d. § 613a Abs. 1 S. 1 BGB bei dem übertragenden Rechtsträger bestehen, eine Frage, die sich bei Spaltungen regelmäßig stellt (→ Rn. 6 ff.). Die Umwandlung muss zu einem **Wechsel des Betriebsinhabers** führen, und der Erwerber muss den Betrieb oder Betriebsteil **identitätswahrend fortführen**. Bei der Verschmelzung, die zur Auflösung des bisherigen Betriebsinhabers führt, kann ein Betriebsübergang allenfalls durch die sofortige Einstellung des Betriebs durch den übernehmenden Rechtsträger verhindert werden; bei der Spaltung sind dagegen auch Gestaltungen denkbar, die trotz des Vermögensübergangs verhindern, dass die Betriebsinhaberschaft auf den übernehmenden Rechtsträger übergeht (→ Rn. 25 ff.). Schließlich muss der **Übergang durch Rechtsgeschäft** erfolgen, was aber wie bereits dargelegt kein Ausschlusskriterium mehr für die Anwendung des § 613a Abs. 1 BGB auf Umwandlungen darstellt (→ Rn. 37 ff.).

3 Schon im Zusammenhang mit den arbeitsrechtlichen Unterrichtungsanforderungen nach dem UmwG spielte die **Unterrichtung der übergehenden Arbeitnehmer** gemäß § 613a Abs. 5 BGB eine Rolle. Von ihrer ordnungsgemäßen Vornahme hängt ab, ob das **Widerspruchsrecht der übergehenden Arbeitnehmer** nach § 613a Abs. 6 BGB wie vom Gesetz vorgesehen binnen eines Monats nach Zugang der Unterrichtung endet oder ob dieses Widerspruchsrecht fortbesteht und nur durch eine etwaige Verwirkung entfällt. Bei der Verschmelzung stellt sich in dem Zusammenhang das Sonderthema, wie mit dem Wegfall des übertragenden Rechtsträgers und bisherigen Arbeitgebers umzugehen ist (→ Rn. 64 ff.). Bei Spaltungsmaßnahmen können die strengen Anforderungen der Rechtsprechung an eine ordnungsgemäße und vollständige Unterrichtung dagegen zu einer nicht unerheblichen Rechtsunsicherheit beitragen (→ Rn. 52 ff.).

4 Wird ein Betriebsübergang durch eine Umwandlung ausgelöst, tritt zu den von § 613a BGB angeordneten **Rechtsfolgen** die (partielle) Gesamtrechtsnachfolge nach dem UmwG hinzu. Auf diesem Weg übernimmt der neue Arbeitgeber – im Ausgangspunkt unabhängig von § 613a BGB – das gesamte Vermögen des bisherigen Arbeitgebers oder wenigstens Teile davon. Dies wirft zum einen die Frage auf, in welchem Verhältnis die beiden Übergangstatbestände zueinander stehen (→ Rn. 110), und eröffnet zum anderen Gestaltungsspielräume, insbesondere auch mit Blick auf die kollektiven Arbeitsbedingungen in den übergehenden Betrieben und Betriebsteilen (→ Rn. 130 ff).

5 Die folgende Darstellung konzentriert sich auf die Voraussetzungen, unter denen Umwandlungen einen Betriebsübergang darstellen, und auf die Auswirkungen, die sich hieraus für den Umwandlungsprozess ergeben. Denn die Frage, ob man durch eine veränderte Transaktionsstruktur einen Betriebsübergang sicherstellen oder vermeiden kann, ist ebenso von Bedeutung für den Ablauf der Umwandlung wie die Frage, wann und wie die von der Umwandlung betroffenen Arbeitnehmer hierüber gemäß § 613a BGB zu unterrichten sind. Die Folgen des Betriebsübergangs für die Arbeitsbedingungen der übergehenden Arbeitnehmer werden dagegen knapper dargestellt und vor allem mit Blick darauf, inwieweit das UmwG und die Besonderheiten der Gesamtrechtsnachfolge die allgemeinen Folgen modifizieren.

---

[9] BAG 2 AZR 316/04, NZA 2006, 990, 993 f. Rn. 41; BAG 8 AZR 416/99, NZA 2000, 1115, 1117; LAG Schleswig-Holstein 5 Sa 437/14, BeckRS 2016, 66237; Semler/Stengel/*Simon* UmwG § 324 Rn. 3; Kallmeyer/*Willemsen* UmwG § 324 Rn. 2; aA *Salje* RdA 2000, 126.

II. Voraussetzungen des Betriebsübergangs und ihre Verwirklichung durch Umwandlungen

1. Betrieb oder Betriebsteil

Damit es durch eine Umwandlung zu einem Betriebsübergang kommen kann, muss beim übertragenden Rechtsträger mindestens ein **Betrieb oder Betriebsteil** bestehen, der von der Umwandlung erfasst wird. § 613a Abs. 1 S. 1 BGB definiert den Betrieb(steil) begriff nicht. Dafür bietet Art. 1 Abs. 1 lit. b) der Betriebsübergangsrichtlinie (früher RL 77/87/EWG, heute 2001/23/EG) seit 1998 immerhin einen ersten Anhaltspunkt dafür, was als Gegenstand des Betriebsübergangs anzusehen ist. Danach gilt als Übergang im Sinne jener Richtlinie der Übergang einer ihre Identität bewahrenden **wirtschaftlichen Einheit** im Sinne einer organisierten Zusammenfassung von Ressourcen zur Verfolgung einer wirtschaftlichen Haupt- oder Nebentätigkeit. Diese Beschreibung des Richtliniengebers, die ihrerseits auf der Rechtsprechung des EuGH beruhte, hat der Gerichtshof seinerseits fortentwickelt[10] und definiert die wirtschaftliche Einheit i. S. d. Art. 1 Abs. 1 lit. b) RL 2001/23/EG inzwischen als „auf Dauer angelegte **organisierte Gesamtheit** von Personen und Sachen zur **Ausübung einer wirtschaftlichen Tätigkeit** mit **eigener Zielsetzung**, die **hinreichend strukturiert und selbständig** ist und deren Tätigkeit nicht auf die Ausführung eines bestimmten Vorhabens beschränkt ist.[11] Dem folgt das BAG in ständiger Rechtsprechung.[12]

Der EuGH konzentriert sich auf den Begriff der wirtschaftlichen Einheit und definiert die in Art. 1 Abs. 1 lit. a) RL 2001/23/EG verwendeten Begriffe „Unternehmen" und „Unternehmensteil" sowie „Betrieb" und „Betriebsteil" nicht. Das BAG zieht dagegen neben der Definition des EuGH weiterhin auch die die von ihm entwickelte **Definition des Betriebsteils** heran, um zu überprüfen, ob eine hinreichend strukturierte wirtschaftliche Einheit i. S. d. Rechtsprechung des EuGH vorliegt. In diesem Zusammenhang begreift es den Betriebsteil als „**selbständig abtrennbare organisatorische Einheit**, mit der innerhalb des betrieblichen Gesamtzwecks ein **Teilzweck** erfüllt wurde".[13] Im Betriebsteil, vom BAG oft auch Teilbetrieb genannt, müssen keine andersartigen Zwecke als im übrigen Betrieb verfolgt werden.[14] Ausdrücklich zieht das BAG das Merkmal des „Teilzwecks" zur Abgrenzung der erforderlichen organisatorischen Einheit heran, so dass das BAG mit seiner Unterscheidung zwischen Betrieb und Betriebsteil in der Sache nicht von der Linie des EuGH abweicht. Der **Unterscheidung zwischen** dem ganzen **Betrieb** oder Unternehmen **und** einem **Teil** desselben kommt daher **keine entscheidende Bedeutung** mehr zu.[15]

---

[10] Ausführlich zur Entwicklung des Betriebsbegriffs Willemsen/Hohenstatt/Schweibert/Seibt/Willemsen G Rn. 1 ff., Rn. 47–121.
[11] EuGH C-458/12, NZA 2014, 423, 425, Rn. 31 – Amatori; EuGH C-108/10, NZA 2011, 1077, 1079 f., Rn. 42 – Scattolon; EuGH C-458/05, NZA 2007, 1151, 1152, Rn. 31 – Jouini u. a./PPS; EuGH C-127/96, C-229/96 und C-74/97, BeckEuRS 1998, 230234, Rn. 26 f. – Hernández Vidal u. a.; vgl. auch EuGH C-13/95, NZA 1997, 433 f., Rn. 13 – Ayse Süzen.
[12] BAG 8 AZR 53/15, NZA-RR 2017, 123, 125 f. Rn. 26; BAG 8 AZR 271/05, NJW 2007, 106 = NZA 2006, 1101, 1103 f. Rn. 20; BAG 8 AZR 426/94, BAGE 87, 296 = NZA 1998, 532 f.
[13] BAG 8 AZR 648/13, NZA 2015, 167, 169 Rn. 16; BAG 8 AZR 326/09, NZA 2011, 1162, 1164 Rn. 23; vgl. ErfK/Preis BGB § 613a Rn. 8, der die zuweilen zu beobachtende Anlehnung des BAG an § 4 Abs. 1 S. 1 Nr. 2 BetrVG für „bedenklich" hält. Mit Blick auf Art. 7 Abs. 6 RL 2001/23/EG kann auch ein Kleinstbetrieb eine wirtschaftliche Einheit darstellen, vgl. in anderem Zusammenhang Grobys BB 2002, 726.
[14] BAG 8 AZR 181/11, NZA-RR 2013, 6, 9 Rn. 33; BAG 8 AZR 718/98, NJW 2000, 1589 = NZA 2000, 144, 145.
[15] Vgl. aber Willemsen/Hohenstatt/Schweibert/Seibt/Willemsen G Rn. 120 zur prozesstaktischen Bedeutung dieser Unterscheidung.

8 Die **Identität** einer wirtschaftlichen Einheit ergibt sich nach der Rechtsprechung **aus mehreren zusammenhängenden Merkmalen** wie ihrem Personal, ihren Führungskräften, ihrer Arbeitsorganisation, ihren Betriebsmethoden und ggf. den ihr zur Verfügung stehenden Betriebsmitteln.[16] Zu einer hinreichend strukturierten und organisierten Gesamtheit von Personen und Sachen wird eine solche Gruppe von Arbeitnehmern vor allem durch eine ausreichende „**funktionelle Autonomie**": Es muss eine Leitung der betreffenden Gruppe von Arbeitnehmern geben, der Befugnisse eingeräumt sind, um die Arbeit dieser Gruppe relativ frei und unabhängig zu organisieren und insbesondere Weisungen zu erteilen und Aufgaben auf die zu dieser Gruppe gehörenden untergeordneten Arbeitnehmer zu verteilen, ohne dass andere Organisationsstrukturen des Arbeitgebers dabei dazwischengeschaltet sind.[17] Trotz der Vorgaben des Arbeitgebers, durch die dieser weitgehend Einfluss auf die Tätigkeiten der Gruppe nimmt, muss die Gruppe für die Organisation und Durchführung ihrer Aufgaben doch eine gewisse Freiheit haben.[18] Eine **bloße Tätigkeit** stellt dagegen für sich genommen **keine wirtschaftliche Einheit** dar.[19]

9 Unter Heranziehung dieser Erwägungen hat die Rechtsprechung das Vorliegen einer wirtschaftlichen Einheit etwa in folgenden Fällen **bejaht**:

- Ein **Forschungsschiff** mit seiner wissenschaftlichen und organisatorischen Einrichtung, das Bestandteil einer Flotte von Forschungsschiffen im Eigentum des Landes Schleswig-Holstein war.[20]
- Der Bereich **IT-Service** eines Unternehmens, mit dem EDV-Wartungs- und Dienstleistungen gegenüber dem Mutterunternehmen des Unternehmens sowie gegenüber konzernfremden Kunden erbracht werden.[21]
- Der Bereich „**Möbelverkauf**" eines Möbelhauses, das darüber hinaus über die Bereiche „Deko" und „Haustischlerei" sowie ein Restaurant, das Verwaltungsbüro, die Haustechnik und die Reinigung verfügt.[22]

10 Dagegen hat die Rechtsprechung in den folgenden Fällen eine wirtschaftliche Einheit **verneint**:

- **Geschäftsbereiche eines Speditionsunternehmens**, die zwar separate Profitcenter bilden, deren Personal aber auch in den jeweils anderen Geschäftsbereichen eingesetzt werden kann und tatsächlich eingesetzt wird, ohne dass hierfür Spezialkenntnisse benötigt werden.[23]
- Eine **Gruppe von Leiharbeitnehmern**, die sowohl vom ursprünglichen Verleiher als auch überwiegend von dessen Auftragsnachfolger ausschließlich bei demselben Entleiher eingesetzt wurden.[24]

---

[16] EuGH C-463/09, NZA 2011, 148, 150 Rn. 41– CLECE; EuGH C-13/95, NZA 1997, 433 f., Rn. 15 – Ayse Süzen; BAG 8 AZR 409/13, NZG 2016, 35, 38 Rn. 49.

[17] EuGH C-458/12, NZA 2014, 423, 425, Rn. 32 – Amatori; EuGH C-108/10, NZA 2011, 1077, 1079 f., Rn. 51 – Scattolon; vgl. BAG 8 AZR 409/13, NZG 2016, 35, 38 Rn. 48, wo dieser Begriff vorausgesetzt wird; zustimmend ErfK/*Preis* BGB § 613a Rn. 8; *Willemsen* NZA 2014, 1010, 1011.

[18] EuGH C-108/10, NZA 2011, 1077, 1079 f., Rn. 51 – Scattolon.

[19] BAG 8 AZR 455/10, NZA 2012, 504, 507 Rn. 37; BAG 8 AZR 258/08, NZA 2009, 1412, 1415 Rn. 27.

[20] BAG 8 AZR 147/05, NZA 2006, 1105, 1107 Rn. 13 ff.

[21] BAG 8 AZR 181/11, NZA-RR 2013, 6, 9 Rn. 35.

[22] LAG Düsseldorf 14 Sa 274/16, BeckRS 2016, 74007 [Rn. 75 ff.].

[23] BAG 8 AZR 409/13, NZG 2016, 35, 38 Rn. 48 f.

[24] BAG 8 AZR 1032/12, NZA 2014, 436, 438 Rn. 21 f.; vgl. auch EuGH C-458/05, NZA 2007, 1151, 1152, Rn. 37 – Jouini u. a./PPS: „allein die Gesamtheit aus Verwaltungsangestellten, Leiharbeitnehmern und Fachkenntnissen" kann einen eigenen Zweck haben und eine wirtschaftliche Einheit darstellen; anders BAG 8 AZR 481/07, NZA 2009, 144, 147 Rn. 33 f. = AP BGB § 613a Nr. 354 mit Anm. *Hamann*: Betriebsübergang bejaht bei Übernahme einer Gruppe von drei Reinigungskräften durch eine konzerninterne Service-GmbH, welche die Arbeitnehmer anschließend als Leiharbeitnehmer für die gleichen Zwecke beim Arbeitgeber einsetzte.

- **Vier von neun Arbeitnehmern einer Abteilung** inkl. Abteilungsleiter und zugehörigen Produktlinien, Hardware und Softwarelizenzen, da die Tätigkeit dieser Arbeitnehmer eng mit der Tätigkeit der übrigen Arbeitnehmer der Abteilung verknüpft war und sich nicht allein auf die Betreuung der übernommenen Produktlinien beschränkte.[25]
- **Drei LKW** eines Speditionsunternehmens, die keine Besonderheiten aufweisen, für sämtliche Aufträge der Spedition in gleicher Weise wie andere LKW eingesetzt werden können und deren Fahrer gegen Fahrer anderer LKW ausgetauscht werden können.[26]

Eine wirtschaftliche Einheit liegt schließlich **nicht nur** dann vor, wenn die damit verfolgte wirtschaftliche Tätigkeit auf **Gewinnerzielung** ausgerichtet ist:[27] **Betriebe der Daseinsvorsorge** können ebenso Gegenstand eines Betriebsübergangs gemäß § 613a Abs. 1 S. 1 BGB sein[28] wie **Betriebe der öffentlichen Hand**, es sei denn, sie erfüllen hoheitliche Aufgaben.[29]

Praxishinweis: Berater einer **Spaltung** gemäß § 123 UmwG oder einer **Vermögensübertragung** in Form der Teilübertragung nach §§ 174 Abs. 2, 175 UmwG tun gut daran, das Vorliegen eines Betriebs oder Betriebsteils sauber von der sogleich zu behandelnden Frage zu trennen, ob der ggf. vorhandene Betrieb oder Betriebsteil unter Wahrung seiner Identität vom Erwerber fortgeführt wird. Wenn nicht das gesamte Unternehmen Gegenstand der Spaltung ist oder diese sich aus anderen Gründen auf einen Betriebsteil beziehen muss (etwa bei der Spaltung steuerlicher Teilbetriebe, → § 49 Rn. 13 ff.), scheitert die Verursachung eines Betriebsübergangs gemäß § 613a BGB durch die Spaltung möglicherweise bereits daran, dass bei dem übertragenden Rechtsträger keine vom Gesamtbetrieb abgrenzbaren wirtschaftlichen Einheiten bestehen, die Gegenstand eines Betriebsübergangs sein können. Dann kommt es nicht mehr darauf an, welche Vermögensgegenstände auf den Erwerber übertragen werden und wie er diese einsetzt. Ist ein Betriebsübergang erwünscht, kann es daher erforderlich sein, vor einer Spaltung zunächst eine wirtschaftliche Einheit i. S. d. § 613a Abs. 1 S. 1 BGB zu schaffen oder die bestehenden Einheiten neu zuzuschneiden,[30] um mithilfe der Spaltung einen gewünschten Betriebsteilübergang auch tatsächlich herbeizuführen. Hierbei wird es sich in der Regel um eine Betriebsänderung handeln, die ggf. Mitwirkungsrechte der Arbeitnehmervertretungen auslöst (→ § 56 Rn. 78 ff.).

Die **Verschmelzung** gemäß § 2 UmwG erfasst dagegen infolge der uneingeschränkten Gesamtrechtsnachfolge stets den gesamten Betrieb bzw. alle Betriebe der übertragenden Rechtsträger. Gleiches gilt für die Vollübertragung gemäß §§ 174 Abs. 1, 175 UmwG.

2. Fortführung unter Wahrung der Betriebsidentität durch den Erwerber

Damit es zum Betriebsübergang kommt, muss die beim übertragenden Rechtsträger bestehende wirtschaftliche Einheit i. S. eines Betriebs oder Betriebsteils gemäß § 613a Abs. 1 S. 1 BGB durch die Umwandlung auf den Erwerber übergehen und von diesem **unter Wahrung ihrer Identität** tatsächlich **fortgeführt** werden. In ständiger Rechtsprechung prüfen EuGH und BAG das Vorliegen dieser Voraussetzung im Wege einer **typologischen Gesamtbetrachtung** sämtlicher den betreffenden Vorgang kennzeichnenden Tatsachen. Um diese Gesamtbetrachtung für die Rechtspraxis handhabbar zu machen, hat der EuGH die folgenden **sieben Kriterien** entwickelt,[31] anhand derer die Wahrung

---

[25] BAG 8 AZR 455/10, NZA 2012, 504, 508 Rn. 43 ff., womit das BAG die Klage des Herrn Klarenberg endgültig abwies, vgl. EuGH C-466/07, NZA 2009, 251, 253 Rn. 47 f. – Klarenberg (→ Rn. 21).
[26] BAG 8 AZR 718/98, NJW 2000, 1589 = NZA 2000, 144, 145.
[27] EuGH C-343/98, NZA 2000, 1279, 1281 Rn. 30 – Collino und Chiappero; EuGH C-382/92, BeckEuRS 1994, 203914– Vereinigtes Königreich.
[28] BAG 8 AZR 639/10, AP BGB § 613a Nr. 429 Rn. 34.
[29] EuGH C-108/10, NZA 2011, 1077, 1079 f. Rn. 63 – Scattolon; BAG 8 AZR 1069/12, NZA 2014, 1335, 1337 f. Rn. 24–26.
[30] Vgl. LAG Schleswig-Holstein 4 Sa 28/15, BeckRS 2016, 66460: Die bisherigen Organisationseinheiten wurden vor der Aufspaltung eines Unternehmens des Lufthansakonzerns gemäß § 123 Abs. 1 UmwG in neue Betriebe eingeteilt.
[31] EuGH C-463/09, NZA 2011, 148, 149 Rn. 29 f. – CLECE.

der Identität zu prüfen ist und die das BAG in ständiger Rechtsprechung ebenfalls heranzieht:[32]

- Beibehaltung der **Art des Unternehmens** und des **Betriebszwecks**
- Übernahme **materieller Betriebsmittel**
- Übernahme **immaterieller Betriebsmittel**
- Übernahme einer **organisierten Belegschaft**
- Übernahme der **Kundschaft**
- **Ähnlichkeit der Tätigkeiten** vor und nach der Übernahme
- **Dauer einer** etwaigen **Unterbrechung der Geschäftstätigkeit**

14 Im Ausgangspunkt zieht die Rechtsprechung stets **alle Kriterien** heran, um zu prüfen, ob ein Betrieb oder Betriebsteil seine Identität beim Erwerber gewahrt hat. Es müssen jedoch nicht immer sämtliche oder pauschal die Mehrzahl der Kriterien für oder gegen die Identitätswahrung sprechen. Vielmehr sind die Kriterien **je nach Eigenart des** betroffenen **Betriebs** oder Betriebsteils zu **gewichten**.[33] Auf diese Weise kann ein Kriterium in einem Fall eine derart herausragende Bedeutung erlangen, dass es alle anderen Kriterien in den Hintergrund drängt, und in einem anderen Fall irrelevant oder jedenfalls nicht allein entscheidend für die Identitätswahrung sein.

15 Kommt es **im Wesentlichen** auf die **menschliche Arbeitskraft** an, kann eine strukturierte **Gesamtheit von Arbeitnehmern** trotz des Fehlens nennenswerter materieller oder immaterieller Vermögenswerte eine **wirtschaftliche Einheit** darstellen. Wenn eine Einheit ohne nennenswerte Vermögenswerte funktioniert, kann die Wahrung ihrer Identität nach ihrer Übernahme nicht von der Übernahme derartiger Vermögenswerte abhängen. Die **Wahrung der Identität** der wirtschaftlichen Einheit ist in einem solchen Fall anzunehmen, wenn der neue Betriebsinhaber (nicht nur) die betreffende **Tätigkeit weiterführt**, sondern auch einen **nach Zahl und Sachkunde wesentlichen Teil des Personals** übernimmt.[34] Diese Übernahme kann durch eine dreiseitige Vereinbarung zwischen dem bisherigen Arbeitgeber, dem neuen Betriebsinhaber und dem Arbeitnehmer erfolgen,[35] aber auch durch eine Übertragung der zu einem betriebsmittelarmen Betrieb oder Betriebsteil gehören Arbeitsverhältnisse im Wege einer Spaltung nach dem UmwG (→ Rn. 105 ff.). Die **bloße Fortführung der Tätigkeit** ohne Übernahme des Personals, wie dies bei der Funktionsnachfolge oder bei der bloßen Übernahme eines Auftragsverhältnisses durch einen anderen (sog. Auftragsnachfolge) der Fall ist, stellt dagegen **keinen Betriebsübergang** dar.[36]

Beispiel 12: Betriebsmittelarme Betriebe und Betriebsteile

16 - Allgemeininternistische Arztpraxis[37]
- Reinigungsbetriebe[38]

---

[32] Ebenso MünchKommBGB/*Müller-Glöge* BGB § 613a Rn. 20.
[33] EuGH C-173/96 und C-247/96, NJW 1999, 1697 = NZA 1999, 189, 190 Rn. 29 – Hildago und Ziemans
[34] EuGH C-509/14, NZA 2016, 31, 32 Rn. 35 – Aira Pascual; EuGH C-108/10, NZA 2011, 1077, 1080 Rn. 49 – Scattolon; EuGH C-463/09, NZA 2011, 148, 150 Rn. 36. – CLECE; EuGH C-173/96 und C-247/96, NJW 1999, 1697 = NZA 1999, 189, 190 Rn. 26 – Hildago und Ziemans; EuGH C-13/95, NZA 1997, 433, 434 Rn. 21 – Ayse Süzen; BAG 8 AZR 53/15, NZA-RR 2017, 123, 126 Rn. 28; BAG 8 AZR 1069/12, BAGE 148, 168 = NZA 2014, 1335, 1337 Rn. 22. Vgl. auch BAG 8 AZR 648/13, NZA 2015, 167, 169 Rn. 16 und 18, das ausdrücklich von einer „Gesamtheit von Personen und/oder Sachen" spricht.
[35] Vgl. *Niklas* BB 2013, 2165, 2166 f., der eine „Übernahme" durch bloße Weiterarbeit für nicht ausreichend hält.
[36] EuGH C-463/09, NZA 2011, 148, 150 Rn. 36, 41– CLECE; BAG 8 AZR 53/15, NZA-RR 2017, 123, 126 Rn. 30; BAG 8 AZR 1069/12, NZA 2014, 1335, 1337 Rn. 23.
[37] BAG 8 AZR 107/10, NZA-RR 2012, 119, 122 Rn. 37 f.; anders danach aber wohl bei einer gerätemedizinisch ausgerichteten radiologischen oder nuklearmedizinischen Arztpraxis.
[38] EuGH C-13/95, NZA 1997, 433, 434 Rn. 21 – Ayse Süzen; BAG 8 AZR 158/07, NZA 2009, 905, 908 Rn. 25.

- Bewachungsbetriebe (sofern es in erster Linie auf das Personal ankommt)[39]
- Hausverwaltungen[40]
- Callcenter[41]
- Rechtsanwaltskanzlei[42]

Kommt es dagegen nicht im Wesentlichen auf die menschliche Arbeitskraft an, da die **17** Tätigkeit beispielsweise **in erheblichem Umfang materielle Betriebsmittel** wie z. B. technische Einrichtungen, Produktionsanlagen oder Maschinen, Gebäude, Fahrzeuge etc. erfordert, ist bei der Würdigung zu berücksichtigen, ob diese vom alten auf den neuen Inhaber übergegangen sind. Vor diesem Hintergrund kann der Übergang materieller Betriebsmittel ein wesentliches Kriterium sein, aufgrund dessen allein ein Betriebsübergang anzunehmen ist bzw. dessen Nichterfüllung einen Betriebsübergang ausschließen kann.[43] Allerdings ist genau zu prüfen, ob die materiellen Betriebsmittel tatsächlich die Identität der Einheit prägen oder ob es sich nur um Hilfsmittel für die von der menschlichen Arbeitskraft geprägte Einheit handelt, mögen sie auch wichtig oder gar unverzichtbar sein.[44]

Beispiel 13: Betriebsmittelgeprägte Betriebe und Betriebsteile
- Rettungsdienstbetrieb[45] **18**
- Tankstelle[46]
- Hafenstauerei- und Umschlagbetrieb[47]
- Bewachungsbetriebe, die ein auf das zu bewachende Unternehmen zugeschnittenes zentrales Alarmmanagementsystem benutzen müssen[48]
- IT-Service[49]
- Sicherheitskontrolle am Flughafen[50]
- Forschungsschiff[51]
- Linienbusdienst[52]

In diesen Fällen **reicht die Übernahme von Arbeitnehmern** bei einer typologischen **19** Gesamtbetrachtung **regelmäßig nicht** aus, um einen identitätswahrenden Übergang der wirtschaftlichen Einheit zu begründen, mögen die Arbeitnehmer auch „mitprägend" sein.[53] Umgekehrt kann die „Nichtübernahme" der materiellen Betriebsmittel bei derart betriebsmittelgeprägten Betrieb einen Betriebsübergang ausschließen bzw. die Übernah-

---

[39] BAG 8 AZR 197/11, NZA-RR 2013, 179, 183 Rn. 50 ff.; BAG 8 AZR 607/07, NZA-RR 2009, 469, 473 Rn. 47 ff. (Bewachung eines Truppenübungsplatzes); vgl. auch BAG 8 AZR 139/14, NZA 2015, 1325, 1327 Rn. 32 f. (Bewachung einer Hochschule).
[40] BAG 8 AZR 683/11, NJW 2013, 2379, 2380 Rn. 28 ff.
[41] BAG 8 AZR 258/08, NZA 2009, 1412, 1415 Rn. 29–31.
[42] BAG 8 AZR 397/07, NZA 2009, 485, 487 f. Rn. 32 f.
[43] EuGH C-160/14, EuZW 2016, 111, 113 Rn. 28 –Ferreira da Silva e Brito u. a.; EuGH C-172/99, NZA 2001, 249, 252 Rn. 39, 42 – Liikenne; BAG 8 AZR 53/15, NZA-RR 2017, 123, 126 Rn. 29.
[44] Vgl. BAG 8 AZR 150/14, NJOZ 2015, 1665, 1667 Rn. 27: Hausschlüssel sind für einen Zeitungszustellbetrieb zwar unverzichtbar, aber gleichwohl nicht prägend.
[45] BAG 8 AZR 53/15, NZA-RR 2017, 123, 126 Rn. 33; BAG 8 AZR 639/10, AP BGB § 613a Nr. 429 Rn. 34; in beiden Fällen wurde der Übergang wegen fehlender Übernahme der sächlichen Betriebsmittel verneint; vgl. zu möglichen dogmatischen Auswirkungen dieser Rechtsprechung *Willemsen* NZA 2017, 953.
[46] BAG 8 AZR 733/13, NZA 2015, 97, 100 Rn. 26 f.
[47] BAG 8 AZR 521/12, AP BGB § 613a Nr. 444 Rn. 49.
[48] BAG 8 AZR 207/12, AP BGB § 613a Nr. 441 Rn. 30 ff.
[49] BAG 8 AZR 181/11, NZA-RR 2013, 6, 9 Rn. 35.
[50] BAG 8 AZR 271/05, NZA 2006, 1101, 1104 Rn. 24.
[51] BAG 8 AZR 147/05, NZA 2006, 1105, 1107 Rn. 13 ff.
[52] EuGH C-172/99, NZA 2001, 249, 252 Rn. 39 – Liikenne.
[53] Vgl. BAG 8 AZR 53/15, NZA-RR 2017, 123, 126 Rn. 34 – (Rettungsdienstbetrieb).

me der materiellen Betriebsmittel auch ohne Übernahme eines einzigen Arbeitnehmers vom bisherigen Betriebsinhaber den Betriebsübergang in der Gesamtbetrachtung auslösen.[54]

20 **Praxishinweis:** Je weniger eindeutig eine wirtschaftliche Einheit in erster Linie durch die organisierte Belegschaft oder durch ihre materiellen Betriebsmittel geprägt ist, umso wichtiger ist die genaue Erfassung des Sachverhalts und dessen Überprüfung anhand der sieben Kriterien des EuGH. Sind Betriebsmittel oder die Arbeitnehmer nur einer von mehreren prägenden Faktoren, kann ein Betriebsübergang trotz deren Übernahme oder Nichtübernahme abzulehnen oder zu bejahen sein. Nicht zuletzt für die Argumentation im Rahmen eines Streits über den rechtzeitigen Widerspruch eines Arbeitnehmers wegen angeblich mangelhafter Unterrichtung gemäß § 613a Abs. 5 BGB (→ Rn. 41 ff.) sollten sowohl die vorgefundene betriebliche Wirklichkeit als auch die typologischen Gesamtbetrachtung hinreichend dokumentiert werden.

21 Die identitätswahrende Fortführung eines Betriebs oder Betriebsteils scheidet unabhängig von der Art der betroffenen Einheit aus, wenn die **betriebliche Identität** trotz Übernahme von Arbeitnehmern, materiellen oder immateriellen Betriebsmitteln **nicht gewahrt** bleibt. Laut EuGH ist dies der Fall, **wenn** die **funktionelle Verknüpfung** der Wechselbeziehung und gegenseitigen Ergänzung zwischen den Produktionsfaktoren beim anderen Unternehmer **verloren geht**.[55] Bei einer Eingliederung der übertragenen Einheit in die Struktur des Erwerbers fällt der Zusammenhang dieser funktionellen Verknüpfung der Wechselbeziehung und gegenseitigen Ergänzung zwischen den für einen Betriebsübergang maßgeblichen Faktoren aber nach Ansicht des EuGH nicht zwangsläufig weg. Die Beibehaltung der „organisatorischen Selbständigkeit" ist daher entgegen der früheren Rechtsprechung des BAG[56] nicht erforderlich, wohl aber die Beibehaltung des Funktions- und Zweckzusammenhangs zwischen den verschiedenen übertragenen Faktoren, der es dem Erwerber erlaubt, diese Faktoren, auch wenn sie in eine neue, andere Organisationsstruktur eingegliedert werden, zur Verfolgung derselben oder einer gleichartigen wirtschaftlichen Tätigkeit zu nutzen.[57]

22 Das BAG hat diese Formulierung übernommen und bemüht sich nunmehr, kritische Fälle dadurch zu lösen, dass es bereits das Vorliegen einer übergangsfähigen wirtschaftlichen Einheit beim Veräußerer verneint (vgl. → Rn. 96 f.). Außerdem versucht das BAG, den Ansatz des EuGH mit seiner eigenen Rechtsprechungslinie zu versöhnen, indem es seither ergänzt, dass auch **wesentliche Änderungen in** der **Organisation**, der **Struktur oder im Konzept der betrieblichen Tätigkeit** einer Identitätswahrung entgegenstehen können.[58] Dies lässt sich durchaus mit der Rechtsprechung des EuGH in Einklang bringen, da es sich bei der Beibehaltung der Art des Unternehmens und des Betriebszwecks und bei der Beibehaltung der Kundschaft um zwei der sieben Kriterien handelt, anhand derer die

---

[54] EuGH C-340/01, NZA 2003, 1385, 1386 Rn. 37 – Carlito Abler u.a. (Versorgung eines Krankenhauses mit Speisen und Getränken); BAG 8 AZR 53/15, NZA-RR 2017, 123, 126 Rn. 33 (Rettungsdienstbetrieb); BAG 8 AZR 350/03, NZA 2004, 1383, 1388 (Gefahrstofflager). Zur „Rettungsdienst"-Entscheidung des BAG näher *Willemsen* NZA 2017, 953, 956 f.; der die „kumulative" Betrachtung von Personal und Betriebsmitteln begrüßt, aber die Vermeidung eines Betriebsübergangs durch den Austausch der Betriebsmittel bei „Mischbetrieben" kritisch sieht.

[55] Vgl. aber EuGH C-458/12, NZA 2014, 423, 425, Rn. 36 ff. – Amatori, wonach es den Mitgliedstaaten nicht verwehrt ist, die Wahrung der Arbeitnehmerrechte auch für den Fall anzuordnen, dass die funktionelle Autonomie nach dem Übergang nicht mehr fortbesteht.

[56] Vgl. BAG 8 AZR 249/04, BAGE 117, 361 = NZA 2006, 1039, 1042 Rn. 23 ff. (Bistrobewirtschaftung); BAG 8 AZR 421/02, NZA 2004, 316, 319 (Schießplatz).

[57] EuGH C-466/07, NZA 2009, 251, 253 Rn. 47 f. – Klarenberg; BAG 8 AZR 207/12 AP BGB § 613a Nr. 441 Rn. 24 (insoweit nicht abgedruckt in BB 2014, 61); ein instruktives Beispiel bietet LAG Düsseldorf 14 Sa 274/16, BeckRS 2016, 74007 (unveränderte Fortführung des Bereichs „Möbelverkauf" eines Möbelhauses durch mehrere Erwerber).

[58] BAG 8 AZR 1023/12, NZA 2014, 436, 437 Rn. 14; BAG 8 AZR 521/12, AP BGB § 613a Nr. 444 Rn. 43 f.; BAG 8 AZR 433/11, BeckRS 2012, 73034.

Identitätswahrung zu prüfen ist. Insbesondere eine wesentliche Veränderung des Betriebszwecks kann daher nach wie vor dazu führen, dass die Identität der betrieblichen Einheit nicht gewahrt wird.[59]

Im Ergebnis kommt es auch nach der „Klarenberg"-Rechtsprechung des EuGH dann zu einem **Betriebsübergang** nach § 613a Abs. 1 S. 1 BGB, **wenn sich** der **Erwerber** durch die Übernahme von Personal, Betriebsmitteln und die Beibehaltung deren funktionellen Zusammenhangs **„ins gemachte Bett"**[60] **legt** und von der bereits beim bisherigen Betriebsinhaber bestehenden, „funktionierenden" wirtschaftlichen Einheit profitiert. Übernimmt der Erwerber dagegen lediglich einzelne Betriebsmittel oder einzelne Arbeitnehmer und setzt er sie in einem veränderten Zusammenhang ein, scheidet eine Anwendung der RL 2001/23/EG sowie des § 613a BGB aus. 23

Praxishinweis: Bei Verschmelzungen und bei Spaltungen von steuerlichen Teilbetrieben (vgl. → § 49 Rn. 13 ff.) sind die zu übertragenden Vermögensgegenstände weitgehend von der Art der Umwandlungsmaßnahme bzw. den steuerlichen Teilbetriebsanforderungen vorgegeben. Hier kommt es im Grundsatz nur dann nicht zu einem Übergang eines Betriebs oder Teilbetriebs gemäß § 613a Abs. 1 S. 1 BGB, wenn die übernehmende Gesellschaft durch wesentliche Änderungen in der Organisation, der Struktur oder dem Konzept der betrieblichen Tätigkeit bzw. durch die Aufhebung der funktionellen Verknüpfung zwischen den übernommenen Produktionsfaktoren die bisherige betriebliche Identität beseitigt. 24

In anderen Fällen dagegen können die an einer Spaltung oder Teilübertragung beteiligten Rechtsträger bereits durch den Zuschnitt des zu übertragenden Vermögens gemäß § 126 Abs. 1 Nr. 9 UmwG u. U. einen Betriebsübergang herbeiführen oder vermeiden, indem sie prägende materielle oder immaterielle Betriebsmittel zurückbehalten oder mit übertragen.

3. Übergang auf einen anderen Inhaber

Für den Betriebsübergang gemäß § 613a Abs. 1 S. 1 BGB ist außerdem erforderlich, dass es zu einem **Wechsel des Betriebsinhabers** kommt. Der Zeitpunkt dieses Wechsels ist der **Zeitpunkt des Betriebsübergangs**. Betriebsinhaber ist, wer für den Betrieb der übertragenen Einheit verantwortlich ist. Verantwortlich ist die Person, die den Betrieb tatsächlich im eigenen Namen führt und nach außen als Betriebsinhaber auftritt. Einer besonderen Übertragung einer irgendwie gearteten Leitungsmacht bedarf es wegen des Merkmals der Fortführung des Betriebs nicht. Der bisherige Inhaber muss seine wirtschaftliche Betätigung in dem Betrieb oder Betriebsteil einstellen.[61] **Kein Inhaberwechsel** in diesem Sinne liegt vor, wenn sich lediglich **Änderungen** auf der Ebene **der Gesellschafter** des Betriebsinhabers ergeben, wenn etwa ein neuer Anteilseigner sämtliche Anteile an einer Gesellschaft erwirbt, die ihrerseits einen oder mehrere arbeitsrechtliche Betriebe innehat.[62] 25

Wer Betriebsinhaber i. S. d. RL 2001/23/EG ist, kann aber in **besonderen Konstellationen** fraglich sein, seit der EuGH im Zusammenhang mit der (konzerninternen) Leih- 26

---

[59] BAG 8 AZR 119/14, AP BGB § 613a Nr. 464 Rn. 26, 30 (Lokalredaktion); BAG 8 AZR 1019/08, NZA 2010, 499, 502 (Betriebskantine/Kaltmamsell); vgl. auch die folgenden Beispiele aus der Rechtsprechung des BAG vor der Klarenberg-Entscheidung des EuGH: BAG 8 AZR 299/05, NZA 2006, 1096, 1100 Rn. 34 (Verändertes Konzept für ein Frauenhaus, das nur noch in Notfällen als Unterkunft dienen sollte); BAG 8 AZR 331/05, NZA 2006, 1357, 1359 Rn. 19 (Verkauf von Möbeln zum Selbstabholen und -aufbauen zum Discountpreis statt Angebot eines Möbelvollsortiments); BAG 8 AZR 555/95, BAGE 86, 271 = NZA 1998, 31, 32 f. (Änderung einer Gaststätte mit gutbürgerlicher Küche in ein Restaurant mit arabischer Küche und Bauchtanz).
[60] Vgl. BAG 8 AZR 249/04, BAGE 117, 361 = NZA 2006, 1039, 1042 Rn. 26, das einen Betriebsübergang allerdings noch wegen des Wegfalls der organisatorischen Einheit infolge einer Eingliederung in den Erwerberbetrieb verneint hat.
[61] BAG 8 AZR 107/10, NZA-RR 2012, 119, 122 Rn. 26; BAG 8 AZR 397/07, NZA 2009, 485, 487 Rn. 31.
[62] BAG 8 AZR 91/15, BB 2017, 2174, 2172 Rn. 17.

arbeit die Differenzierung zwischen vertraglichem Arbeitgeber und nichtvertraglichem Arbeitgeber eingeführt hat.[63]

27 **Beispiel 14: Arbeitnehmerüberlassung im Konzern** Im Heineken-Konzern waren nahezu sämtliche Arbeitnehmer bei einer konzerninternen Servicegesellschaft angestellt und wurden jeweils im Wege der Arbeitnehmerüberlassung an die einzelnen operativen Konzernunternehmen überlassen. Als ein Konzernunternehmen seinen (betriebsmittelgeprägten) Kantinenbetrieb an ein Unternehmen außerhalb des Konzerns veräußerte, erblickte der EuGH darin einen Betriebsübergang, der auch in der Kantine arbeitenden Arbeitnehmer der Personalservicegesellschaft erfasste.

28 Richtig daran ist, dass § 613a BGB nicht durch die dauerhafte Aufspaltung der Stellung als Vertragsarbeitgeber (Verleihunternehmen) einerseits und als Arbeitgeber aufgrund der Ausübung des Weisungsrechts (Entleihunternehmen) andererseits umgangen werden darf. Dies betrifft jedoch **nur** die **konzerninterne Arbeitnehmerüberlassung** und ggf. auch gemeinsame Betriebe gemäß § 1 Abs. 1 S. 2 BetrVG, und kommt mE ausschließlich zur **Eindämmung von Missbrauchsfällen** in Betracht. Auf die reguläre Zeitarbeit kann diese Rechtsprechung des EuGH dagegen nicht übertragen werden.[64]

29 Ein Inhaberwechsel tritt daher nicht automatisch mit dem Eigentumsübergang an übertragenen sächlichen Betriebsmitteln oder dem Übergang von Kundenbeziehungen und sonstigen Verträgen oder weiteren materiellen oder immateriellen Betriebsmitteln ein. Allerdings fällt bei Umwandlungen der Übergang der Betriebsmittel durch das **Wirksamwerden der Umwandlung** aufgrund der Eintragung im Handelsregister (§§ 20, 131 UmwG) **regelmäßig** mit dem **Wechsel des Betriebsinhabers** zusammen. Bei der Verschmelzung und der Aufspaltung folgt dies bereits notwendigerweise aus der Auflösung des bisherigen Betriebsinhabers, der danach keinerlei wirtschaftliche Betätigung mehr entfalten kann, und auch bei der Abspaltung und der Ausgliederung wird der übernehmende Rechtsträger die Arbeitgeberpflichten wie Gehaltsabrechnungen etc. regelmäßig erst mit der Eintragung übernehmen. Aufgrund der Rechtsgrundverweisung des § 324 UmwG muss dies aber nicht so sein: Wenn der übertragende und der übernehmende Rechtsträger bereits im Vorfeld einer Umwandlung einen Betriebspachtvertrag oder einen Nutzungsüberlassungsvertrag schließen und der spätere übernehmende Rechtsträger den arbeitsrechtlichen Betrieb des übertragenden Rechtsträgers schon vor dem Wirksamwerden der Spaltungsmaßnahme führt, geht der Betrieb über, bevor es zu der Umwandlung kommt.[65] Dies kann insbesondere bei Kettenumwandlungen und bei der Übertragung steuerlicher Teilbetriebe unerwünscht sein.

30 Anders kann dies sein, wenn der bisherige Betriebsinhaber parallel zur Abspaltung von Vermögensgegenständen auf einen anderen Rechtsträger mit diesem einen **Betriebsführungsvertrag** schließt. Geschieht die Betriebsführung zwar auf fremde Rechnung, nämlich auf Rechnung des übernehmenden Rechtsträgers, aber im eigenen Namen des Betriebsführers (sog. **unechte Betriebsführung**),[66] bleibt der Betriebsführer Inhaber des abgespalteten arbeitsrechtlichen Betriebs. Auf diese Weise kann eine Betriebsaufspaltung herbeigeführt werden (vgl. § 134 Abs. 1 S. 1 UmwG → § 56 Rn. 114), ohne dass es, wie z. B. bei einer Verpachtung des Betriebes von der Eigentümergesellschaft an die künftige Betriebsgesellschaft, zu einem Betriebsübergang kommt. Umgekehrt ist anerkannt, dass der Abschluss eines unechten Betriebsführungsvertrages auch dazu eingesetzt werden kann, einen Betriebsübergang gemäß § 613a Abs. 1 S. 1 BGB herbeizuführen, ohne das Eigentum an den zugehörigen sächlichen Betriebsmitteln zu übertragen.[67] Allerdings ist umstrit-

---

[63] EuGH C-242/09, NZA 2010, 1225, 1226 Rn. 24 ff., 31 – Albron Catering.
[64] *Willemsen* NJW 2011, 1546, 1549; *Bauer/v. Medem* NZA 2011, 20, 22 f.
[65] BAG 8 AZR 416/99, BAGE 95, 1 = NZA 2000, 1115, 1117.
[66] Vgl. Emmerich/Habersack Aktien-/GmbH-KonzernR/*Emmerich* AktG § 292 Rn. 55; MünchKommAktG/*Altmeppen* AktG § 292 Rn. 144.
[67] LAG Berlin-Brandenburg 2 Sa 2118/15, BeckRS 2016, 70011; vgl. auch BAG 3 AZR 584/83, NZA 1985, 393 f.: Es reicht aus, wenn ein Treuhänder, der im Innenverhältnis Bindungen unterliegt,

ten, ob es ausreicht, wenn die Betriebsführung im eigenen Namen nur gegenüber den Arbeitnehmern erfolgt,[68] oder ob der Betriebsführer auch im Außenverhältnis gegenüber Kunden und Lieferanten im eigenen Namen auftreten muss.[69] Abgesehen von Fällen eines offenkundigen Gestaltungsmissbrauchs, anhand derer die letztgenannte Ansicht offenkundig entwickelt wurde, muss es mE weiterhin ausreichen, wenn der arbeitsrechtliche Betrieb – nur zu diesem verhält sich § 613a BGB – vom Betriebsführer im eigenen Namen geführt wird. Liegt ein Fall des § 134 Abs. 1 UmwG vor, dürfte der Einwand des Gestaltungsmissbrauchs bereits wegen des Berechnungsdurchgriffs ausscheiden, den das BAG in diesen Fällen annimmt (→ § 56 Rn. 114).

Werden mehrerer Umwandlungsmaßnahmen in der Weise durch aufschiebende Bedingungen miteinander verknüpft, dass eine Umwandlung erst und nur dann wirksam werden soll, wenn zuvor eine andere Umwandlung in das Handelsregister derselben Gesellschaft eingetragen worden ist, so spricht man von einer „**Kettenumwandlung**" (zum Begriff und zur Zulässigkeit am Beispiel der Verschmelzung → § 6 Rn. 48). Kettenumwandlungen werden üblicherweise gleichzeitig zur Eintragung in das Handelsregister angemeldet, und auch die Eintragungen erfolgen zwar in einer bestimmten Reihenfolge, aber so kurz hintereinander, dass man von einer „logischen" oder „juristischen" Sekunde spricht. 31

Beispiel 15: Kettenumwandlung Die M-AG möchte ihre Konzernstruktur vereinfachen: Es soll im Konzern nur noch Tochter-GmbHs geben, und an jedem Konzernstandort soll nur noch eine Gesellschaft bestehen. In Berlin wird dies die B-GmbH sein. Daher ist geplant, dass die Enkelgesellschaft E-AG mit ihrem Betrieb in Berlin *upstream* auf ihre Muttergesellschaft T-GmbH verschmolzen wird. Anschließend soll die T-GmbH, die Betriebe an mehreren Standorten in Norddeutschland unterhält, ihren eigenen Berliner Betrieb zusammen mit dem von der E-AG übernommenen Betrieb auf die B-GmbH abspalten. Die E-AG ist ebenso wie die B-GmbH nicht tarifgebunden, während die T-GmbH Mitglied im Arbeitgeberverband ist, der einen Tarifvertrag geschlossen hat, welcher sachlich auf den Betrieb der E-AG Anwendung fände. Um sicherzustellen, dass die Abspaltung von der T-GmbH auf die B-GmbH erst dann erfolgt, wenn die Verschmelzung der E-AG auf die T-GmbH wirksam geworden ist, kann die Abspaltung unter die aufschiebende Bedingung gestellt werden, dass zuvor die Verschmelzung von der E-AG auf die T-GmbH wirksam geworden ist. 32

Käme es in diesem Beispiel zunächst zu einem Betriebsübergang von der E-AG auf die T-GmbH, und sodann von der T-GmbH auf die B-GmbH, hätte dies weitreichende Folgen: Die Arbeitsbedingungen der Arbeitnehmer der E-AG würden – eine persönliche Tarifbindung vorausgesetzt – im ersten Schritt kollektivrechtlich gemäß §§ 3 Abs. 1, 4 Abs. 1 S. 1 TVG durch die Regelungen des bei der T-GmbH geltenden Tarifvertrages bestimmt. Diese Regelungen würden die ehemaligen Arbeitnehmer der E-AG gemäß § 613a Abs. 1 S. 2 BGB „im Vorbeigehen" mit in die nicht tarifgebundene B-GmbH hineintragen. In den Fällen der Kettenumwandlung kommt es jedoch nicht zu einem solchen doppelten Betriebsinhaberwechsel. Denn die T-GmbH erwirbt zwar als „Zwischengesellschaft" die materiellen Betriebsmittel der übertragenden E-AG für einen kurzen Moment; sie führt aber zu keiner Zeit deren arbeitsrechtlichen Betrieb tatsächlich fort und übt keine Leitungsmacht gegenüber den Arbeitnehmern der E-AG aus. Vielmehr kommt es in diesem Fall zu einem unmittelbaren Betriebsübergang von der E-AG auf die B-GmbH. 33

---

nach außen als Vollrechtsinhaber auftritt; Willemsen/Hohenstatt/Schweibert/Seibt/*Willemsen* G Rn. 78.

[68] LAG Berlin-Brandenburg 2 Sa 2118/15, BeckRS 2016, 70011; Willemsen/Hohenstatt/Schweibert/Seibt/*Willemsen* G Rn. 78.

[69] LAG Thüringen 1 Sa 406, BeckRS 2016, 73205; LAG Berlin-Brandenburg 15 Sa 108/16, DStR 2016, 2236, 2238 Rn. 32 (nicht rechtskräftig, Revision anhängig unter 8 AZR 338/16); LAG Baden-Württemberg 17 Sa 58/15, BeckRS 2016, 68073; in beiden Fällen argumentieren die Gerichte damit, dass der bisherige Betriebsinhaber gegenüber dem Betriebsführer Richtlinien und Weisungen für die Betriebsführung erlassen kann und ausschließlich ein Arbeitgeberwechsel bezweckt wird.

34 **Praxishinweis:** Nicht nur bei Kettenumwandlungen, aber insbesondere dort können unterschiedliche Arbeitsbedingungen die Reihenfolge der Umwandlungsschritte wie auch deren „Richtung" beeinflussen. Daher ist bereits bei der Planung von Umstrukturierungen darauf zu achten, dass diese nicht ausschließlich unter konzernorganisatorischen und steuerlichen Aspekten betrachtet werden, sondern auch im Hinblick auf die arbeitsrechtlichen Auswirkungen der in Betracht kommenden Transaktionsstrukturen.

35 Zu einem Betriebsinhaberwechsel kommt es schließlich auch dann nicht, wenn eine **Betriebsstilllegung** vorliegt. Diese **schließt** nach allgemeiner Ansicht einen **Betriebsübergang aus**, wenn der bisherige Betriebsinhaber den Betrieb vor der Veräußerung von Betriebsmitteln stilllegt.[70] Unter einer Betriebsstillegung versteht das BAG die Auflösung der zwischen Arbeitgeber und Arbeitnehmer bestehenden Betriebs- und Produktionsgemeinschaft, die ihre Veranlassung und zugleich ihren unmittelbaren Ausdruck darin findet, dass der Unternehmer die bisherige wirtschaftliche Betätigung in der ernstlichen Absicht einstellt, die Verfolgung des bisherigen Betriebszwecks dauernd oder für eine ihrer Dauer nach unbestimmte, wirtschaftlich nicht unerhebliche Zeitspanne nicht weiter zu verfolgen.[71] Abgeschlossen ist die Stilllegung dann, wenn die Arbeitsverhältnisse der Arbeitnehmer beendet sind.[72] Kommt es nach Ausspruch betriebsbedingter Kündigungen zu einem Betriebsübergang gemäß § 613a BGB, können die Arbeitnehmer, die der übergehenden Einheit zugeordnet waren, allerdings unter Umständen sogar dann noch einen Wiedereinstellungsanspruch gegen den Betriebserwerber geltend machen, wenn der Betriebsübergang erst nach Ablauf der Kündigungsfrist vollzogen wird.[73]

36 Umstritten ist, ob auch die **sofortige Einstellung** des Betriebs **durch** den **Erwerber** dazu führt, dass **kein Betriebsübergang** eintritt.[74] Unstrittig führt der Erwerber den Betrieb in diesen Fällen tatsächlich nicht fort. Soweit trotzdem mit Blick auf die besondere Schutzfähigkeit der Arbeitnehmer eine Anwendung des § 613a BGB bejaht wird,[75] ist dem nicht zuzustimmen. In diesen Fällen werden die Arbeitnehmer allein durch §§ 111 S. 3 Nr. 1, 112 BetrVG und die Pflicht des Arbeitgebers zur Verhandlung über einen Interessenausgleich und zum Abschluss eines Sozialplans geschützt. Um allerdings eine Umgehung des § 613a BGB zu vermeiden, dürfen die Voraussetzungen eines Betriebsübergangs im Rahmen der gebotenen Gesamtbetrachtung aller Umstände des Einzelfalls nicht vorschnell verneint werden, sofern im Zusammenhang mit der Einstellung die Veräußerung der Vermögensgegenstände des Betriebsinhabers geplant ist und der Erwerber die übernommenen Betriebsmittel weiterhin nutzt.

4. Rechtsgeschäftliche Grundlage für den Übergang

37 Ein Betriebsübergang gemäß § 613a Abs. 1 S. 1 BGB liegt schließlich nur dann vor, wenn die Übertragung des Betriebs oder Betriebsteils durch Rechtsgeschäft erfolgt. Wie eingangs bereits angedeutet, ist hierfür erforderlich, dass sich der Wechsel des Betriebsinhabers **im Rahmen vertraglicher Beziehungen** vollzieht. Nicht erforderlich ist, dass

---

[70] BAG 8 AZR 153/12, AP KSchG 1969 § 1 Betriebsbedingte Kündigung Nr. 201 Rn. 28; BAG 8 AZR 693/10, NZA-RR 2012, 465, 468 Rn. 39; ErfK/*Preis* BGB § 613a Rn. 56.

[71] BAG 8 AZR 766/08 NZA-RR 2010, 660, 663 Rn. 32; BAG 8 AZR 695/05, NJOZ 2008, 108, 113 Rn. 33; BAG 8 AZR 319/01, NZA 2003, 93, 96; MünchKommBGB/*Müller-Glöge* BGB § 613a Rn. 61.

[72] BAG 8 AZR 766/08 NZA-RR 2010, 660, 663 Rn. 32; zum Schicksal gekündigter Arbeitsverhältnisse, wenn es entgegen der ursprünglichen Absicht doch zu einem Betriebsübergang kommt → § 57 Rn. 92.

[73] BAG 8 AZR 197/11, NZA-RR 2013, 179, 181 f. Rn. 37; BAG 8 AZR 607/07, NZA-RR 2009, 469, 471 Rn. 33.

[74] In diesem Sinne MünchKommBGB/*Müller-Glöge* BGB § 613a Rn. 58, 61; *Gaul* § 6 Rn. 200.

[75] So ErfK/*Preis* BGB § 613a Rn. 52, für den Fall, dass der Erwerber kraft Rechtsgeschäfts ein Unternehmen erwirbt, es aber ohne auch nur geringfügige Weiterführung mit dem Erwerb einstellt und liquidiert, unter Hinweis auf EuGH C-171/94 u. C-172/94, NZA 1996, 413, 414 Rn. 23 – *Merckx* und *Neuhuys*.

ein Rechtsgeschäft unmittelbar zwischen dem bisherigen und dem neuen Betriebsinhaber zustande kommt. Ein rechtsgeschäftlicher Übergang liegt auch vor, wenn er durch ein Rechtsgeschäft **mit** einem **Dritten** oder durch ein „**Bündel von Rechtsgeschäften**" (eine Reihe von verschiedenen Rechtsgeschäften bzw. durch rechtsgeschäftliche Vereinbarungen mit verschiedenen Dritten) veranlasst wird.[76] Auch die Kündigung eines Pachtvertrages mit anschließender Fortführung des Betriebs durch den Verpächter reicht aus,[77] und selbst der bloße Abschluss von Arbeitsverträgen mit mehreren Arbeitnehmern eines im Wesentlichen durch die menschliche Arbeitskraft geprägten Betriebs kann unter Umständen den notwendigen Rahmen vertraglicher Beziehungen bilden.[78]

Bei Umwandlungen ergibt sich der erforderliche, aber auch hinreichende Rahmen durch 38 den **Vertragsschluss zwischen** den an der Umwandlung **beteiligten Rechtsträgern**, d. h. bei der Verschmelzung, der Spaltung zur Aufnahme und in den entsprechenden Fällen der Vermögensübertragung. In den Fällen der Spaltung zur Neugründung tritt gemäß § 136 UmwG der **Spaltungsplan** an die Stelle des Spaltungsvertrages. Hierbei handelt es sich auch um ein Rechtsgeschäft, wenngleich nicht in Form eines Vertrages, sondern einer einseitigen, nicht empfangsbedürftigen Willenserklärung.[79] Aus diesem Grund und angesichts der weiten Auslegung, die das Merkmal der rechtsgeschäftlichen Übertragung durch die Rechtsprechung des EuGH erfahren hat, ist auch die Spaltung zur Neugründung als rechtsgeschäftlicher Betriebsinhaberwechsel anzusehen.[80]

III. Unterrichtung und Widerspruchsrecht bei Umwandlungen

1. Überblick

Führt eine Umwandlung zu einem Betriebsübergang, so **verpflichtet** § 613a Abs. 5 39 BGB die beteiligten **Rechtsträger** dazu, **die betroffenen Arbeitnehmer** einschließlich der Auszubildenden unmittelbar über den Betriebsübergang **zu unterrichten**. Möchten die Mitarbeiter nicht, dass ihr Arbeitsverhältnis auf einen anderen Arbeitgeber übergeht, können sie dies durch einen Widerspruch nach § 613a Abs. 6 BGB oder, wenn der übertragende Rechtsträger erlischt, durch eine außerordentliche fristlose Kündigung gemäß § 626 Abs. 1 BGB verhindern. Auf diese Weise schützt der deutsche Gesetzgeber die Arbeitnehmer vor einem ungewollten und von ihnen andernfalls nicht beeinflussbaren Arbeitgeberwechsel.

Unterrichtung und Widerspruch sind in der Weise miteinander verknüpft, dass (nur) die 40 ordnungsgemäße Unterrichtung nach § 613a Abs. 5 BGB die Frist für den Widerspruch nach § 613a Abs. 6 BGB auslöst. Die Anforderungen, die das BAG an diese Unterrichtung stellt, sind nicht unerfüllbar, aber sehr hoch. Daher stellt die ordnungsgemäße Unterrichtung der Arbeitnehmer gemäß § 613a Abs. 5 BGB eine der arbeitsrechtlichen Aufgabenstellungen mit dem höchsten Haftungsrisiko aus Beratersicht dar, auch wenn Umwandlungen häufig konzernintern erfolgen und oftmals die Arbeitnehmer in dieser Konstellation kein Interesse an einem Widerspruch zeigen. Spätestens wenn eine Abspaltung oder Ausgliederung dazu dient, den Verkauf von Unternehmensteilen an einen konzern-

---

[76] BAG 8 AZR 181/11, NZA-RR 2013, 6, 13 Rn. 64 f.; BAG 5 AZR 173/84, BAGE 48, 376 = NZA 1985, 773, 775.
[77] Vgl. BAG 8 AZR 230/10, NZA 2012, 267, 270 Rn. 33 für die Fortführung eines Hotels durch den Zwangsverwalter des Hotelgrundstücks nach Kündigung des Pachtvertrages im Rahmen der Zwangsverwaltung.
[78] Willemsen/Hohenstatt/Schweibert/Seibt/*Willemsen* G Rn. 43 f., der allerdings betont, dass ein wettbewerbswidriges Abwerben von Arbeitnehmern nach dem Verlust eines Dienstleistungsauftrags nicht zu einem Betriebsübergang führen dürfe.
[79] Henssler/Strohn/*Wardenbach* UmwG § 136 Rn. 2; Schmitt/Hörtnagl/Stratz/*Hörtnagl* UmwG § 136 Rn. 3.
[80] *Gaul/Otto* BB 2014, 500, 503.

fremden Erwerber vorzubereiten, werden die betroffenen Arbeitnehmer genau prüfen, ob es nicht doch ratsam sein könnte, bei dem übertragenden Rechtsträger zu verbleiben.

2. Pflicht zur Unterrichtung der Arbeitnehmer

41 **a) Gegenstand und Zweck.** Der bisherige Arbeitgeber oder der neue Inhaber, bei einer Umwandlung mithin der übertragende oder der übernehmende Rechtsträger, hat die von dem Betriebsübergang betroffenen Arbeitnehmer gemäß § 613a Abs. 5 BGB zu unterrichten über:

1. den **Zeitpunkt** oder den geplanten Zeitpunkt des Übergangs,
2. den **Grund** für den Übergang,
3. die **rechtlichen, wirtschaftlichen** und **sozialen Folgen** des Übergangs für die Arbeitnehmer und
4. die hinsichtlich der Arbeitnehmer **in Aussicht genommenen Maßnahmen**.

42 Im Zusammenhang mit den Angaben zu den Folgen der Umwandlung für die Arbeitnehmer in Umwandlungsverträgen wurde bereits erwähnt, dass die Angaben gemäß § 613a Abs. 5 BGB nur teilweise mit jenen Angaben übereinstimmen, die gemäß §§ 5 Abs. 1 Nr. 9, 126 Abs. 1 Nr. 11 UmwG im Verschmelzungs- bzw. Spaltungsvertrag zu machen sind (→ § 56 Rn. 11 ff.). Die Unterrichtung der einzelnen Arbeitnehmer soll **unabhängig von** der **Betriebsgröße** und unabhängig davon, ob ein **Betriebsrat** besteht oder nicht, erfolgen. Die Arbeitnehmer sollen dadurch **in die Lage versetzt** werden, **über** die Ausübung des in § 613a Abs. 6 BGB geregelten **Widerspruchsrechts zu entscheiden**.[81]

43 **b) Inhalt der Unterrichtung.** Das BAG verlangt für eine ordnungsgemäße Unterrichtung, dass die darin enthaltenen Angaben **zutreffend, vollständig** und **präzise** sind. Dabei kommt es auf den **subjektiven Kenntnisstand** von altem und neuem Betriebsinhaber **zum Zeitpunkt der Unterrichtung** an.[82] Eine ergänzende Unterrichtung über neu eingetretene Umstände ist nur dann erforderlich, wenn es sich aufgrund dieser Umstände nicht mehr um denselben Betriebsübergang handelt, etwa weil der übernehmende Rechtsträger wechselt.[83]

44 Die **Angaben zu** den **rechtlichen Folgen** des Betriebsübergangs müssen **juristisch fehlerfrei** sein. Lediglich „im Kern" richtige Angaben genügen den gesetzlichen Anforderungen nicht.[84] Allerdings erkennt das BAG an, dass eine Unterrichtung über komplexe Rechtsfragen dann nicht fehlerhaft ist, wenn der alte oder der neue Arbeitgeber bei angemessener Prüfung der Rechtslage, die ggf. die Einholung von Rechtsrat über die höchstrichterliche Rechtsprechung beinhaltet, **rechtlich vertretbare Positionen** gegenüber dem Arbeitnehmer einnimmt.[85] In keinem Fall reicht die reine Wiederholung des Gesetzeswortlauts.[86]

45 Die Unterrichtung kann mittels eines **Standardschreibens** vorgenommen werden, § 613a Abs. 5 BGB erfordert keine individuelle, auf den einzelnen Arbeitnehmer zugeschnittene Unterrichtung,[87] wohl aber eine konkrete betriebsbezogene Darstellung in einer auch **für** juristische **Laien** möglichst **verständlichen Sprache**.[88] Eine standardisierte Information muss aber etwaige **Besonderheiten des Arbeitsverhältnisses** erfas-

---

[81] RegBegr., BT-Drucks. 14/7760, S. 19.
[82] BAG 8 AZR 430/10, NJOZ 2012, 860, 865 f. Rn. 24.
[83] Vgl. BAG 8 AZR 303/05, BAGE 119, 81 = NZA 2006, 1273, 1276 Rn. 31; aA *Göpfert/Winzer* ZIP 2008, 761, die eine erneute Unterrichtung wegen geänderter Umstände ablehnen; dagegen empfiehlt ErfK/*Preis* BGB § 613a Rn. 92, nicht nur eine Korrektur, sondern ggf. auch eine „Ergänzung" des Unterrichtungsschreibens.
[84] BAG 8 AZR 538/08, BAGE 131, 258 = NZA 2010, 89, 93 Rn. 31.
[85] BAG 8 AZR 430/10, NJOZ 2012, 860, 866 Rn. 41; BAG 8 AZR 303/05, BAGE 119, 81 = NZA 2006, 1273, 1275 Rn. 23.
[86] BAG 8 AZR 305/05, BAGE 119, 91 = NZA 2006, 1268, 1271 Rn. 21.
[87] BAG 8 AZR 430/10, NJOZ 2012, 860, 865 Rn. 36.
[88] BAG 8 AZR 305/05, BAGE 119, 91 = NZA 2006, 1268, 1271 Rn. 21.

sen.[89] Auch wenn dies ausdrücklich nicht gefordert ist,[90] wird es sich daher häufig allein schon aus Gründen der Verständlichkeit und Übersichtlichkeit der Unterrichtung anbieten, separate Schreiben für unterschiedliche Arbeitnehmergruppen zu erstellen (z. B. für Tarifangestellte einerseits und außertarifliche Mitarbeiter andererseits).

Die Kunst besteht darin, die Rechtsfolgen des Betriebsübergangs im **Unterrichtungsschreiben** gemäß § 613a Abs. 5 BGB zugleich für den juristischen Laien verständlich und doch juristisch zutreffend und präzise zu beschreiben. Dies in Einklang zu bringen, ist nach wie vor **mit großen Unsicherheiten behaftet**, wenngleich sich das BAG um eine Hilfestellung für die Arbeitgeber bemüht: Im Siemens/BenQ-Fall war die Unterrichtung u. a. noch deshalb fehlerhaft, weil den Arbeitnehmern als juristischen Laien „auch ansatzweise nicht" erklärt wurde, wann ein Anspruch entsteht und wann er fällig wird;[91] für den Fall eines Betriebsübergangs von der Deutsche Telekom AG auf eine Tochtergesellschaft hat das BAG sodann entschieden, dass die Arbeitnehmer über die Haftungsverteilung nach § 613a Abs. 2 BGB durch die Verwendung des Begriffs „fällig" und ohne weitere Erklärung jedenfalls in einer „nicht offensichtlich fehlerhaften Weise informiert" worden seien. Allerdings ist die **Hilfestellung** überwiegend **prozessualer Natur**.[92] Denn das BAG verpflichtet den Arbeitnehmer im Rahmen der abgestuften Darlegungslast nach § 138 Abs. 3 ZPO dazu, einen behaupteten Mangel der Unterrichtung näher darzulegen, wenn die Unterrichtung zunächst formal den gesetzlichen Anforderungen genügt und nicht offensichtlich fehlerhaft ist; nur wenn solche konkreten Einwände vorgebracht werden, obliegt anschließend dem Urheber der Unterrichtung die Darlegungs- und Beweislast für die ordnungsgemäße Erfüllung der Unterrichtungspflicht.[93] Auch wenn dadurch das Prozessrisiko verringert wird, wäre es wünschenswert, dass das BAG zugleich seine materiellen Anforderungen in einer Weise fortentwickelt, die zweierlei ermöglicht: Eine sachgerechte Unterrichtung der Arbeitnehmer, die diese, ggf. nach Einholung von Rechtsrat, in die Lage versetzt, eine informierte Entscheidung über die Ausübung des Widerspruchsrechts zu treffen, und die zugleich mit sehr hoher Wahrscheinlichkeit die Monatsfrist des § 613a Abs. 6 BGB auslöst.

Bei Umwandlungen sind die Arbeitnehmer gemäß § 613a Abs. 5 Nr. 1 BGB in der Regel nicht über den tatsächlichen Zeitpunkt, sondern über den **geplanten Zeitpunkt** des Betriebsübergangs zu unterrichten.[94] Wie oben ausgeführt wurde (→ Rn. 29), tritt der Betriebsübergang bei Umwandlungen üblicherweise mit dem zivilrechtlichen Wirksamwerden der Maßnahme durch ihre Eintragung in das Handelsregister ein. Auch wenn der Eintragungstermin nicht selten im Vorfeld mit dem Registergericht abgestimmt wird, sollte dieses Datum stets deutlich als „geplanter Zeitpunkt" bezeichnet werden. Anders ist dies nur, wenn die beteiligten Rechtsträger den Zeitpunkt selbst bestimmen, weil der übernehmende Rechtsträger bereits vorher die tatsächliche Leitungsmacht über den zu übertragenden Betrieb oder Betriebsteil übernimmt, oder wenn die Unterrichtung erst nach erfolgter Eintragung der Umwandlung und Übernahme der tatsächlichen Leitungsmacht geschieht.

Unter dem **Grund für den Übergang** wird gemeinhin die rechtsgeschäftliche Grundlage verstanden, im Umwandlungsfall also der Abschluss eines Umwandlungsvertrages, der in Verbindung mit der Handelsregistereintragung der Umwandlung und der tatsächlichen Betriebsfortführung die Folgen des § 613a Abs. 1 BGB auslöst.[95] Die dahinter stehenden wirtschaftlichen Gründe für die Umwandlung, wie etwa die ertragsteuerneutrale Über-

---

[89] BAG 8 AZR 305/05, BAGE 119, 91 = NZA 2006, 1268, 1271 Rn. 21.
[90] Laut BAG 8 AZR 430/10, NJOZ 2012, 860, 865 Rn. 36 begegnet die Verwendung eines einheitlichen Schreibens für alle Arbeitnehmergruppen keinen Bedenken.
[91] BAG 8 AZR 538/08, BAGE 131, 258 = NZA 2010, 89, 93 Rn. 34.
[92] ErfK/*Preis* BGB § 613a Rn. 86a.
[93] BAG 8 AZR 430/10, NJOZ 2012, 860, 864 Rn. 24.
[94] BeckOK ArbR/*Gussen* BGB § 613a Rn. 146.
[95] MünchKommBGB/*Müller-Glöge* BGB § 613a Rn. 107.

tragung von Teilbetrieben zur Veränderung der Konzernstruktur oder die Vorbereitung des Verkaufs von Unternehmensanteilen, sind schlagwortartig darzustellen, wenn sie ausschlaggebend für die Ausübung des Widerspruchsrechts durch den Arbeitnehmer sein können.[96] Nicht anzugeben sind dagegen die wirtschaftlichen Ursachen der zum Betriebsübergang führenden Maßnahme.[97]

49 Weder Art. 7 Abs. 6 RL 2001/23/EG noch § 613a Abs. 5 Nr. 3 BGB grenzen näher ein, über welche **rechtlichen, wirtschaftlichen** und **sozialen Folgen** die Arbeitnehmer bei einem Betriebsübergang zu unterrichten sind. Daher verwundert es nicht, dass hier, ähnlich wie bei § 5 Abs. 1 Nr. 9 UmwG, vieles umstritten ist. Einigkeit herrscht noch darüber, dass unter dieser Überschrift die **Person des Erwerbers**, d. h. des übernehmenden Rechtsträgers, unter Angabe von Firma, Sitz und Anschrift sowie Informationen zur gesetzlichen Vertretung oder ggf. einer natürlichen Person mit Personalkompetenz näher zu bezeichnen ist.[98] Im Fall der Umwandlung zur Neugründung sind der oder die übernehmenden Rechtsträger mithilfe der entsprechenden Festsetzungen des Verschmelzungsvertrages oder des Spaltungsplans und des zugehörigen Umwandlungsbeschlusses zu bezeichnen. Auch etwaige Konzernverflechtungen des Erwerbers sind nach Ansicht des BAG Unterrichtungsgegenstand.[99] Außerdem müssen die Arbeitnehmer über den **Gegenstand des Betriebsübergangs** unterrichtet werden, d. h. über den Betrieb oder Betriebsteil, der auf den übernehmenden Rechtsträger übergehen soll.

50 Die weiteren **rechtlichen Folgen**, über die zu unterrichten ist, ergeben sich nach Auffassung des Gesetzgebers vor allem aus § 613a Abs. 1 bis 4 BGB und betreffen die Fragen der Weitergeltung oder Änderung der bisherigen Rechte und Pflichten aus dem Arbeitsverhältnis, der Haftung des bisherigen Arbeitgebers und des neuen Inhabers gegenüber dem Arbeitnehmer sowie des Kündigungsschutzes.[100] Unstrittig sind daher zunächst alle **unmittelbaren** oder „primären" **rechtlichen Folgen** darzustellen, d. h. diejenigen Folgen, die sich „im Wege schlichter Subsumtion"[101] **aus § 613a BGB** ableiten lassen.[102] Die von der Rechtsprechung geforderte präzise und juristisch korrekte Darstellung setzt **hohe Genauigkeit bei der Formulierung** voraus; schon der Eindruck, der Übergang der Arbeitsverhältnisse beruhe nicht auf Gesetz, sondern hänge vom Willen des Übernehmers ab, soll schädlich sein.[103] Bei Umwandlungen ist daher genau darauf zu achten, dass Aussagen zur (partiellen) Gesamtrechtsnachfolge keine falschen Vorstellungen über das Zusammenspiel von § 324 UmwG und § 613a BGB auslösen (vgl. → Rn. 110). Ungeachtet dessen muss die Unterrichtung aber die Besonderheiten berücksichtigen, die sich daraus ergeben, dass der Betriebsübergang in Verbindung mit einer Umwandlungsmaßnahme erfolgt. Hierzu gehören insbesondere die Beibehaltung der kündigungsrechtlichen Stellung gemäß § 323 Abs. 1 UmwG (→ Rn. 114) und eine etwaige Beibehaltung des anzuwendenden Mitbestimmungsstatuts nach Spaltungen gemäß § 325 Abs. 1 UmwG (→ Rn. 156 ff.), aber auch die gegenüber § 613a Abs. 2 BGB deutlich erweiterte Nachhaftung nach §§ 133, 134 BGB (→ Rn. 137 ff.) oder die Folgen, die sich daraus ergeben, dass der übernehmende Rechtsträger aufgrund der Umwandlung künftig Vertragspartei

---

[96] BAG 8 AZR 763/05, NZA 2007, 682, 684 Rn. 32; BAG 8 AZR 305/05, BAGE 119, 91 = NZA 2006, 1268, 1271 Rn. 29; *Willemsen/Lembke* NJW 2002, 1159, 1162; ErfK/*Preis* BGB § 613a Rn. 87.
[97] MünchKommBGB/*Müller-Glöge* BGB § 613a Rn. 107; *Worzalla* NZA 2002, 353, 354.
[98] BAG 8 AZR 538/08, BAGE 131, 258 = NZA 2010, 89, 91 Rn. 20; BAG 8 AZR 407/07, NZA-RR 2009, 62, 65 Rn. 37; ErfK/*Preis* BGB § 613a Rn. 88.
[99] BAG 8 AZR 538/08, BAGE 131, 258 = NZA 2010, 89, 91 Rn. 22.
[100] RegBegr., BT-Drucks. 14/7760, S. 19.
[101] *Willemsen/Lembke* NJW 2002, 1159, 1163.
[102] BAG 8 AZR 430/10, NJOZ 2012, 860, 864 Rn. 27; MünchKommBGB/*Müller-Glöge* BGB § 613a Rn. 108.
[103] BAG 8 AZR 305/05, BAGE 119, 91 = NZA 2006, 1268, 1271 Rn. 36.

eines vom übertragenden Rechtsträgers abgeschlossenen Firmentarifvertrags wird (vgl. → Rn. 312).

Ebenfalls unstrittig sind die sich aus diesen **unmittelbaren** rechtlichen Folgen ergebenden **sozialen** und **wirtschaftlichen Folgen** von der Unterrichtungspflicht erfasst, zumal eine scharfe Abgrenzung ohnehin nicht möglich ist:[104] Die unveränderte Fortgeltung eines Entgelttarifvertrages (wie auch dessen Ablösung durch schlechtere Bedingungen beim übernehmenden Rechtsträger) ist eine rechtliche und zugleich eine wirtschaftliche Folge des Betriebsübergangs, ebenso wie die bereits erwähnte Haftung der an der Umwandlung beteiligten Rechtsträger nach erfolgtem Betriebsübergang; die Auswirkungen auf den Kündigungsschutz sind rechtlicher Natur, werden aber zugleich den sozialen Folgen zugeordnet; gleiches gilt für die **Auswirkungen**, die der Betriebsübergang infolge der Umwandlung **auf Betriebsräte** und **sonstige Arbeitnehmervertretungen** hat.[105] 51

Umstritten ist dagegen wie schon bei den Angaben im Umwandlungsvertrag, inwieweit § 613a Abs. 5 Nr. 3 BGB auch Angaben zu **mittelbaren** oder sekundären **Folgen** für die Arbeitnehmer erfordert, d. h. zu Folgen, die von weiteren Ereignissen abhängen. Eng damit verbunden ist die Reichweite der Unterrichtungspflicht nach § 613a Abs. 5 Nr. 4 BGB über die hinsichtlich der Arbeitnehmer **in Aussicht genommenen Maßnahmen**. Nach richtiger Ansicht ist immer dann über in Aussicht genommene Maßnahmen und die sich daraus ergebenden mittelbaren Folgen zu unterrichten, wenn diese Folgen auf **demselben einheitlichen unternehmerischen Konzept** beruhen wie die Maßnahme, die zum Betriebsübergang führt, und wenn in Bezug auf diese Maßnahmen zum Unterrichtungszeitpunkt „ein **Stadium konkreter Planungen** erreicht ist".[106] Die Unterscheidung zwischen rechtlichen, wirtschaftlichen und sozialen Folgen spricht dafür, dass – trotz der mangelnden klaren Abgrenzbarkeit – hierunter nicht nur unmittelbare rechtliche Folgen verstanden werden können, die zugleich als wirtschaftliche oder soziale Folgen einzuordnen sind. Von der Unterrichtungspflicht erfasst sind daher alle durch den bisherigen oder neuen Betriebsinhaber geplanten erheblichen Änderungen der rechtlichen, wirtschaftlichen oder sozialen Situation der von dem Übergang betroffenen Arbeitnehmer,[107] soweit sie durch ein einheitliches unternehmerisches Konzept mit der den Betriebsübergang auslösenden Umwandlung verbunden sind. Außerdem erfasst die Unterrichtungspflicht nach der Gesetzesbegründung Maßnahmen, die der beruflichen Weiterentwicklung der betroffenen Arbeitnehmer dienen, insbesondere Weiterbildungsmaßnahmen.[108] 52

Vom BAG aufgeworfen, aber nicht abschließend geklärt ist die Frage, ob bzw. in welchem Umfang die wirtschaftliche Lage des Erwerbers und deren mögliche Entwicklung darzustellen sind. Nach Auffassung des BAG müssen alter oder neuer Betriebsinhaber die Arbeitnehmer jedenfalls dann gemäß § 613a Abs. 5 BGB über mittelbare Folgen eines Betriebsübergangs informieren, wenn die ökonomischen Rahmenbedingungen des Betriebsübergangs zu einer so **gravierenden Gefährdung der wirtschaftlichen Absicherung** der Arbeitnehmer beim neuen Betriebsinhaber führen, dass diese Gefährdung **als** ein **wesentliches Kriterium für** einen möglichen **Widerspruch** der Arbeitnehmer anzusehen ist; dies soll vor allem der Fall sein, wenn die Arbeitsplatzsicherheit beim Betriebserwerber maßgeblich betroffen ist.[109] In dem Ausgangsfall dieser Rechtspre- 53

---

[104] MünchKommBGB/*Müller-Glöge* BGB § 613a Rn. 108.
[105] Vgl. Ascheid/Preis/Schmidt/*Steffan* BGB § 613a Rn. 213; ErfK/*Preis* BGB § 613a Rn. 88b.
[106] Willemsen/Hohenstatt/Schweibert/Seibt/*Willemsen* G Rn. 223 unter Bezugnahme auf BAG 8 AZR 430/10, NJOZ 2012, 860, 864 Rn. 30; BAG 8 AZR 303/05, BAGE 119, 81 = NZA 2006, 1273, 1276 Rn. 30; ebenso *Worzalla* NZA 2002, 353, 355.
[107] Vgl. BAG 8 AZR 430/10, NJOZ 2012, 860, 864 Rn. 30 und 868 Rn. 52 für den geplanten Abschluss neuer Arbeitsverträge zum Zwecke der Entgeltabsenkung; ähnlich *Hohenstatt/Grau* NZA 2007, 13, 17.
[108] RegBegr., BT-Drucks. 14/7760, S. 19.
[109] BAG 8 AZR 824/12, NZA 2014, 610, 613 Rn. 30; grundlegend BAG 8 AZR 1116/06, NZA 2008, 642, 643 Rn. 32; vgl. auch BAG 2 AZR 783/13, NZA 2015, 866, 868 Rn. 25.

chungslinie hätten die Arbeitnehmer aus diesem Grund darüber informiert werden müssen, dass der Erwerber nur die beweglichen Anlageteile, nicht aber das **Betriebsgrundstück und** das **Anlagevermögen** des bisherigen Betriebsinhabers übernehmen würde.[110] Der Rechtsprechungslinie als solcher ist im Grundsatz zuzustimmen, allerdings darf sie mE nicht dahingehend verstanden werden, dass über jede mittelbare Folge, die ein Kriterium für einen möglichen Widerspruch sein könnte, zu unterrichten ist.[111] Vielmehr wird man diese Rechtsprechung auf die gravierende Gefährdung der wirtschaftlichen Absicherung und der Arbeitsplatzsicherheit beschränken müssen, damit die Unterrichtung nach § 613a Abs. 5 BGB nicht noch weiter mit Unsicherheit belastet wird. Außerdem wird in der Literatur zu Recht darauf hingewiesen, dass die Konzentration des BAG auf das Grundvermögen dazu führen kann, dass das Unterrichtungsschreiben einen für die Arbeitnehmer befremdlichen Schwerpunt erhält, der zu Fehlsteuerungen bei der Ausübung des Widerspruchsrechts führen kann.[112] Bei Spaltungen nach dem UmwG dürfte zudem deshalb nicht über eine Aufteilung in eine Betriebs- und eine Besitzgesellschaft zu unterrichten sein, da die Arbeitnehmer in dem Fall über § 134 UmwG geschützt sind.

54 Immerhin hat das BAG anerkannt, dass die Arbeitnehmer von dem Unterrichtungsschreiben **keine persönliche Rechtsberatung** verlangen können. Eine wichtige Folge dessen ist, dass das Unterrichtungsschreiben nach § 613a Abs. 5 BGB zwar über das Widerspruchsrecht als solches und die unmittelbaren Folgen seiner Ausübung informieren muss,[113] **nicht** aber über **sämtliche Konsequenzen** eines Verbleibs beim Betriebsveräußerer **nach Ausübung des Widerspruchsrechts**.[114] Daher ist es nicht überzeugend, wenn das BAG an anderer Stelle meint, es müsse darüber informiert werden, ob ein widersprechender Arbeitnehmer in den Anwendungsbereich eines bei dem bisherigen Arbeitgeber geltenden oder noch abzuschließenden Sozialplans falle[115] oder dass es sich beim Betriebserwerber um eine Neugründung i. S. d. § 112a Abs. 2 BetrVG handelt, obwohl keine Entlassungen oder andere sozialplanpflichtige Maßnahmen konkret geplant sind.[116]

55 **Negativerklärungen** für den Fall, dass gar keine oder bestimmte Maßnahmen hinsichtlich der Arbeitnehmer geplant sind bzw. bestimmte mittelbare Folgen nicht eintreten werden, sind zwar **nicht verpflichtend**.[117] Sie können aber geeignet sein, den vom Betriebsübergang erfassten Arbeitnehmern wie auch vorhandenen Betriebsräten die Ungewissheit über ihre Situation nach dem Betriebsübergang zu nehmen und Spekulationen im Betrieb oder Unternehmen zu begegnen.

56 **c) Verpflichtete und Berechtigte der Unterrichtung.** Zur Unterrichtung verpflichtet[118] sind der **Betriebsinhaber und** der **Betriebserwerber als Gesamtschuldner**, vgl. § 613a Abs. 5 BGB. Die Unterrichtungspflicht kann durch einen der beiden Rechts-

---

[110] BAG 8 AZR 1116/06, NZA 2008, 642, 644 Rn. 34; ebenso MünchKommBGB/*Müller-Glöge* BGB § 613a Rn. 108; BeckOK ArbR/*Gussen* BGB § 613a Rn. 142.
[111] In diese Richtung aber BAG 2 AZR 783/13, NZA 2015, 866, 868 Rn. 25; wie hier *Hohenstatt/Grau* NZA 2007, 13, 16 f.
[112] Willemsen/Hohenstatt/Schweibert/Seibt/*Willemsen* G Rn. 224; *Dzida* NZA 2009, 641, 643 f.
[113] ErfK/*Preis* BGB § 613a Rn. 88a; BeckOK ArbR/*Gussen* BGB § 613a Rn. 149; aA *Bauer/v. Steinau-Steinrück* ZIP 2002, 457, 463.
[114] BAG 8 AZR 430/10, NJOZ 2012, 860, 868 Rn. 50.
[115] BAG 8 AZR 303/05, BAGE 119, 81 = NZA 2006, 1273, 1276 Rn. 26; dagegen *Hohenstatt/Grau* NZA 2007, 13, 16 f.
[116] BAG 8 AZR 824/12, AP BGB § 613a Nr. 449 = NZA 2014, 610, 612 f. Rn. 30 f.; dem folgend wohl Willemsen/Hohenstatt/Schweibert/Seibt/*Willemsen* G Rn. 223; aA *Sagan* Anm. zu BAG AP BGB § 613a Nr. 449.
[117] *Hohenstatt/Grau* NZA 2007, 13, 17.
[118] Zur Rechtsqualität der Unterrichtungspflicht ErfK/*Preis* BGB § 613a Rn. 94; *Franzen* RdA 2002, 258, 262.

träger mit Wirkung auch für den anderen erfolgen[119] oder, wie bei konzerninternen Umwandlungen häufig, durch beide gemeinsam. Informiert nur einer der beiden Rechtsträger die Arbeitnehmer und verfügt er nicht über sämtliche Informationen, die er hierfür benötigt, so steht ihm aufgrund der gesamtschuldnerischen Unterrichtungspflicht gegenüber den Arbeitnehmern ein Auskunftsanspruch gegen den anderen Rechtsträger zu.[120] Denkbar ist auch, dass nicht einer der beteiligten Rechtsträger die Arbeitnehmer vollständig informiert, sondern dass die Arbeitnehmer mehrere Schreiben erhalten, die in der Gesamtschau eine ordnungsgemäße Information darstellen. Einander widersprechende Unterrichtungen können jedoch dazu führen, dass eine ursprünglich ordnungsgemäße Unterrichtung nachträglich unrichtig und der Lauf der Widerspruchsfrist unterbrochen wird.[121]

Beispiel 14: Widersprüchliche Unterrichtungsschreiben Die P-GmbH beabsichtigte, den Geschäftsbereich „Strategisches Facility-Management" mit den zugehörigen Arbeitsverhältnissen und Betriebsmitteln durch Abschluss eines Überleitungsvertrages zum 1.12.2009 auf die A-GmbH zu übertragen. Hierüber informierte sie die zu diesem Geschäftsbereich gehörenden Arbeitnehmer einschließlich des Klägers mit Schreiben vom 6.11.2009, in dem auch mitgeteilt wurde, dass die P-GmbH im Anschluss auf die P1-GmbH verschmolzen werden solle. Mit weiterem Schreiben vom 19.11.2009 wurden die Arbeitnehmer des Geschäftsbereichs „Strategisches Facility-Management" sodann darüber informiert, dass ihr Arbeitsverhältnis zum 1.12.2009 auf die P1-GmbH übergehen werde, ohne dass der Übergang auf die A-GmbH hierin erwähnt wurde. Nachdem der Kläger sich über das zweite Schreiben sehr erfreut gezeigt und schriftlich mitgeteilt hatte, dass er den Betriebsübergang auf die P1-GmbH gerne annehme, erhielt er am 4.12.2009 ein drittes Schreiben. Darin teilte ihm die P1-GmbH mit, dass das zweite Schreiben vom 19.11.2009 nur für den Fall gedacht war, dass ein Arbeitnehmer dem Betriebsübergang auf die A-GmbH widersprechen sollte. Mit Schreiben vom 2.1.2010, das spätestens am 3.1.2010 bei der P-GmbH und der P1-GmbH zuging, widersprach der Kläger dem Betriebsübergang. Der Widerspruch erfolgte rechtzeitig. Denn das zweite Schreiben stand im Widerspruch zu dem – an sich zutreffenden – ersten Schreiben. In einem solchen Fall beginnt die Widerspruchsfrist erst, wenn die beteiligten Rechtsträger den Widerspruch in Textform auflösen, d.h. im Beispielsfall am 4.12.2009. Der spätestens am 3.1.2010 zugegangene Widerspruch erfolgte daher rechtzeitig und führte dazu, dass das Arbeitsverhältnis des Klägers nicht auf die A-GmbH, sondern mit der Verschmelzung der P-GmbH auf die P1-GmbH auf diese übergegangen war.[122]

Berechtigt sind **alle Arbeitnehmer** (einschließlich der Auszubildenden, vgl. § 10 Abs. 2 BBiG),[123] **die dem Betrieb oder Betriebsteil angehören**, der im Wege der Umwandlung auf den übernehmenden Rechtsträger übergehen soll, und deren Arbeitsverhältnis vom Anwendungsbereich des § 613a Abs. 1 S. 1 BGB erfasst ist.[124] Daher sind Mitglieder der Geschäftsleitungsorgane nicht nach § 613a Abs. 5 BGB zu unterrichten, obwohl ihr Anstellungsverhältnis im Falle der Umwandlung von der vollständigen oder partiellen Gesamtrechtsnachfolge erfasst ist (→ Rn. 93).[125]

d) Form und Zeitpunkt der Unterrichtung. Die Unterrichtung hat in **Textform** gemäß § 126b BGB zu erfolgen. Eine E-Mail genügt zur Wahrung dieser Form ebenso wie ein gar nicht unterzeichnetes oder nur mit Faksimile-Unterschriften versehenes Schreiben, wenn sich daraus ergibt, welche Person das Schreiben unterzeichnet hat, und wenn der

---

[119] Ascheid/Preis/Schmidt/*Steffan* BGB § 613a Rn. 203; *Willemsen/Lembke* NJW 2002, 1159, 1162; aA *Worzalla* NZA 2002, 353, 354.
[120] BeckOK ArbR/*Gussen* BGB § 613a Rn. 143.
[121] LAG Baden-Württemberg 9 Sa 96/10, BeckRS 2011, 74248; vgl. zu näher widersprüchlichen Informationen nach § 613a Abs. 5 BGB *Rupp* NZA 2007, 301, 302 ff.
[122] LAG Baden-Württemberg 9 Sa 96/10, BeckRS 2011, 74248.
[123] BAG 8 AZR 382/05, NZA 2006, 1406, 1407 Rn. 17, zu § 3 Abs. 2 BBiG a. F.
[124] Ascheid/Preis/Schmidt/*Steffan* BGB § 613a Rn. 203.
[125] Schmitt/Hörtnagl/Stratz/*Stratz* UmwG § 20 Rn. 45; Henssler/Strohn/*Wardenbach* UmwG § 131 Rn. 26; hierzu ausführlich *Buchner/Schlobach* GmbHR 2004, 1, 5 ff. und 15 f.

Abschluss des Schreibens erkennbar ist.[126] Nicht ausreichend ist dagegen die bloße mündliche Mitteilung auf einer Betriebsversammlung.[127]

60 Aufgrund der immensen Bedeutung des Unterrichtungszeitpunkts sollte dieser in einer Weise dokumentiert werden, die im Streitfall den **Nachweis des Zugangs und seines Zeitpunkts** ermöglicht. Der sicherste Weg besteht darin, sich bei der persönlichen Übergabe des Schreibens ein Empfangsbekenntnis unterzeichnen zu lassen. Kommt eine Übergabe nicht in Betracht, kann das Empfangsbekenntnis mit dem Schreiben zusammen versandt werden. Im Übrigen sei auf die Ausführungen zur Dokumentation der Zuleitung des Entwurfs des Umwandlungsvertrages an den Betriebsrat verwiesen (→ § 56 Rn. 51).

61 Die Unterrichtung hat gemäß § 613a Abs. 5 BGB **vor dem Übergang** zu erfolgen. Eine besondere Frist ist hierfür, anders als bei der Unterrichtung des Betriebsrat nach §§ 5 Abs. 3, 126 Abs. 3, 194 Abs. 3 UmwG, nicht einzuhalten. Die Unterrichtung könnte daher z. B. an dem Tag erfolgen, für den die an einer Umwandlung beteiligten Rechtsträger die Eintragung der Maßnahme und die Übernahme der tatsächlichen Betriebsführung durch den übernehmenden Rechtsträger erwarten, ohne dass dies verspätet wäre. Erfüllen die beteiligten Rechtsträger ihre Pflicht nicht rechtzeitig, geht diese jedoch nicht unter; **auch nach** dem **Betriebsübergang** bleiben Betriebsveräußerer und Betriebserwerber **verpflichtet**, die von dem Übergang betroffenen Arbeitnehmer nach § 613a Abs. 5 BGB zu informieren.[128] Die Verspätung ist in erster Linie dadurch sanktioniert, dass die Frist für den Widerspruch gemäß § 613a Abs. 6 BGB erst mit der ordnungsgemäßen Unterrichtung der Arbeitnehmer zu laufen beginnt.[129]

62 Wurden die Arbeitnehmer nicht ordnungsgemäß informiert, kann die Information durch eine **Korrektur** nachgeholt werden. Eine solche Korrektur führt dazu, dass die **Monatsfrist** gemäß § 613a Abs. 6 BGB erst **ab dem Zugang der korrigierten Unterrichtung** zu laufen beginnt.[130] Daher empfiehlt es sich in einem solchen Fall, das bisherige Schreiben zu ergänzen und den Arbeitnehmern im Ganzen erneut zur Verfügung zu stellen.

63 **e) Rechtsfolgen bei Verletzung der Unterrichtungspflicht.** Die Pflicht zur Unterrichtung der Arbeitnehmer gemäß § 613a Abs. 5 BGB ist eine **Rechtspflicht**, keine Obliegenheit. Wenigstens in der Theorie kann der Arbeitnehmer daher die **Erfüllung** dieser Pflicht **einklagen**[131] und im Falle ihrer Verletzung **Schadensersatz** gemäß § 280 Abs. 1 BGB verlangen.[132] Wurde ein Arbeitnehmer nicht ordnungsgemäß unterrichtet und ist ihm daraus ein Schaden entstanden, so hat ihn der Arbeitgeber so zu stellen, wie er gestanden hätte, wenn er richtig und vollständig informiert worden wäre.[133] Das Verschulden des unterrichtenden Rechtsträgers wird gemäß § 280 Abs. 1 S. 2 BGB vermutet. Danach ist denkbar, dass ein Arbeitnehmer z. B. Schadensersatz in Höhe einer Sozialplanabfindung verlangen kann, wenn er darlegt und ggf. beweist, dass er bei ordnungsgemäßer Unterrichtung dem Übergang seines Arbeitsverhältnisses widersprochen und sodann eine Abfindung nach einem bei dem früheren Betriebsinhaber geltenden Sozialplan erhalten

---

[126] *Franzen* RdA 2002, 258 f.
[127] ErfK/*Preis* BGB § 613a Rn. 92.
[128] MünchKommBGB/*Müller-Glöge* BGB § 613a Rn. 114; Willemsen/Hohenstatt/Schweibert/Seibt/*Willemsen* G Rn. 226; Gaul § 11 Rn. 27.
[129] RegBegr., BT-Drucks. 14/7760, S. 20; ErfK/*Preis* BGB § 613a Rn. 92; aA *Bauer/v. Steinau-Steinrück* ZIP 2002, 457, 459 und 464: Nur ordnungsgemäße Unterrichtung vor dem Betriebsübergang löst Frist gemäß § 613a Abs. 6 BGB aus, danach besteht ein unbefristetes Widerspruchsrecht; zu den weiteren Folgen einer nicht ordnungsgemäßen Unterrichtung → § 57 Rn. 63.
[130] BAG 8 AZR 538/08, BAGE 131, 258 = NZA 2010, 89, 91 Rn. 21; ErfK/*Preis* BGB § 613a Rn. 92.
[131] BeckOK ArbR/*Gussen* BGB § 613a Rn. 142.
[132] BAG 8 AZR 382/05, NZA 2006, 1406, 1411 Rn. 44; *Lunk* RdA 2009, 48, 51 f; *Willemsen/Lembke* NJW 2002, 1159, 1164.
[133] BAG 8 AZR 1116/06, NZA 2008, 642, 644 Rn. 38 f.

§ 57 Arbeitsrechtliche Folgen von Umwandlungen 64, 65 § 57

hätte[134] (zu den **Folgen** der fehlerhaften Unterrichtung **für** den Lauf der **Widerspruchsfrist** → Rn. 78 f.).

3. Widerspruchsrecht der Arbeitnehmer

a) Rechtsnatur, Zweck und umwandlungsrechtliche Besonderheiten. Die Arbeitnehmer können gemäß § 613a Abs. 6 BGB dem Betriebsübergang widersprechen. Mit dem **Widerspruch**, der wie jede andere **Willenserklärung** auch unter den Voraussetzungen der §§ 119 ff. BGB anfechtbar ist,[135] **verhindert** der Arbeitnehmer, dass ihm ein **neuer Vertragspartner** aufgezwungen wird, den er sich nicht selbst ausgesucht hat. Zugleich sorgt der Arbeitnehmer mit seinem Widerspruch dafür, dass sein **Arbeitsverhältnis mit** dem **bisherigen Arbeitgeber fortbesteht**. Diese zweite Rechtsfolge unterscheidet das Widerspruchsrecht i. S. d. § 613a Abs. 6 BGB von dem Widerspruchsrecht, das der EuGH zwischenzeitlich dem Europäischen Recht entnommen hat,[136] ohne dass dies bislang in der Betriebsübergangs-RL 2001/23/EG kodifiziert worden wäre: Der EuGH verlangt nur, dass der Arbeitnehmer sich durch seinen Widerspruch dagegen wehren kann, dass ihm ein neuer Arbeitgeber aufgezwungen wird. Bei dem Widerspruchsrecht des § 613a Abs. 6 BGB handelt es sich um ein **bedingungsfeindliches Gestaltungsrecht**, dessen Ausübung nicht davon abhängig gemacht werden kann, dass der übertragende Rechtsträger eine betriebsbedingte Kündigung ausspricht.[137] Das BAG hatte ein Widerspruchsrecht in dem Sinne, wie es seit 2002 in § 613a Abs. 6 BGB geregelt ist, bereits zuvor aus Art. 12 Abs. 1 GG und dem **Grundrecht auf freie Wahl des Arbeitsplatzes** abgeleitet.[138] Zugleich verneint das BAG (letztlich zugunsten der öffentlichen Hand) eine entsprechende Anwendung des § 613a Abs. 6 BGB auf einen Übergang von Arbeitnehmern, der kraft Gesetzes eintritt, und lehnt in diesem Zusammenhang ein „Europäischen Grundrecht" auf einen Widerspruch in dem Sinne, wie ihn § 613a Abs. 6 BGB vorsieht, ab.[139]

Bei **Verschmelzungen** und **Aufspaltungen** nach dem UmwG sowie bei **Anwachsungen** von Personengesellschaften erlischt der übertragende Rechtsträger. In diesen Fällen können die Arbeitnehmer nicht dafür sorgen, dass ihr Arbeitsverhältnis mit dem erloschenen übertragenden Rechtsträger fortbesteht, da ihnen nach Ansicht des BAG **kein Widerspruchsrecht** zusteht.[140] Stattdessen haben die betroffenen Arbeitnehmer ein **Recht zur**

---

[134] Vgl. BAG 8 AZR 1116/06, NZA 2008, 642, 644 Rn. 41, das im konkreten Fall eine Schadensersatzpflicht mangels schlüssiger Darlegung eines Schadens abgelehnt hat.

[135] BAG 8 AZR 220/11, NZA 2012, 1101, 1103 Rn. 24; BeckOK ArbR/*Gussen* BGB § 613a Rn. 160.

[136] EuGH C-132/91, 138/91, 139/91, NZA 1993, 169, 170 Rn. 28 ff. und Rn. 34 f. – Katsikas u. a.: Die Richtlinie hindert einen Arbeitnehmer nicht daran, der Fortsetzung seines Arbeitsverhältnisses mit dem Betriebserwerber zu widersprechen; sie verpflichtet aber die Mitgliedstaaten nicht, für diesen Fall die Aufrechterhaltung des bisherigen Arbeitsverhältnisses bei dem Veräußerer vorzusehen.

[137] BeckOK ArbR/*Gussen* BGB § 613a Rn. 160; Erman/*Edenfeld* BGB § 613a Rn. 50; ein Widerspruch kann aber unter eine Rechtsbedingung, wie z. B. das Vorliegen eines Betriebsübergangs, gestellt werden, BAG 8 AZR 382/05, NZA 2006, 1406, 1408 Rn. 26; vgl. auch BAG 8 AZR 773/14, NZA 2016, 647, 653 Rn. 43, das es für zulässig erachtet, wenn ein Widerspruch nur für den Fall erklärt wird, dass der Widerspruch gegen einen vorangegangenen Betriebsübergang durchgreift.

[138] BAG 5 AZR 504/73, BAGE 26, 301 = NJW 1975, 1378 ff.

[139] BAG 8 AZR 124/05, NZA 2006, 848, 853 Rn. 43 f.; BAG 3 AZR 499/03, NZA 2005, 639, 642.

[140] BAG 8 AZR 157/07, BAGE 126, 105 = NZA 2008, 815, 817 Rn. 23 f., das sich ausdrücklich zu Verschmelzung und Aufspaltung äußert, obwohl der Fall eine Anwachsung außerhalb des UmwG betraf; aA *Altenburg/Leister* NZA 2005, 15, 19, die ein Widerspruchsrecht auch nach dem Erlöschen des Rechtsträgers bejahen; kritisch auch BeckOK ArbR/*Gussen* BGB § 613a Rn. 178 c f.; im Ergebnis kommen aber auch diese Autoren zur Beendigung des bisherigen Arbeitsverhältnisses im Falle eines Widerspruchs; zum uneinheitlichen Meinungsstand vor der Entscheidung des BAG vgl. *Graef* NZA 2006, 1078, 1079 ff.; *Altenburg/Leister* NZA 2005, 15, 16 ff.

außerordentlich fristlosen Kündigung gemäß § 626 Abs. 1 BGB, um den Übergang auf einen nicht genehmen Arbeitnehmer zu verhindern. Der wichtige Grund für die Kündigung besteht (alleine) in dem Erlöschen des übertragenden Rechtsträgers, so dass Schadensersatzansprüche gemäß § 628 Abs. 2 BGB gegen den bisherigen Arbeitgeber oder den übernehmenden Rechtsträger als Rechtsnachfolger nicht in Betracht kommen.[141] Die Arbeitnehmer sind über ihr Kündigungsrecht in entsprechender Anwendung des § 613a Abs. 5 BGB zu **unterrichten**, allerdings hängt hiervon nicht der Lauf der **Zwei-Wochen-Frist** des § 626 Abs. 2 BGB ab; anders als die Widerspruchsfrist gemäß § 613a Abs. 6 BGB beginnt jene Frist erst **ab Kenntnis von der Eintragung** der zum Erlöschen des bisherigen Arbeitgebers führenden Umwandlung zu laufen.[142] Die Unterrichtung ist deshalb aber nicht entbehrlich, und auch wenn das Risiko einer Schadensersatzverpflichtung in dieser Konstellation noch geringer sein dürfte, als bei der fehlerhaften Unterrichtung über ein bestehendes Widerspruchsrecht,[143] so ist insbesondere in Konzernkonstellationen zu empfehlen, das Unterrichtungsschreiben mit einer ähnlichen Sorgfalt zu erstellen wie bei Abspaltungen oder Ausgliederungen. Denn den Arbeitnehmern und ihren Vertretungen wird zu Recht nicht einleuchten, warum sich die Konzerngesellschaften mal mehr und mal weniger Mühe bei der Abfassung der Informationen geben, die ein für die Arbeitnehmer zumeist sehr bedeutsames Ereignis in ihrer Erwerbsbiographie betrifft. Außerdem ist dem oder den übertragenden Rechtsträgern dringend zu raten, die Arbeitnehmer in diesen Fällen so schnell wie möglich über das genaue Datum der Handelsregistereintragung (nicht: der Bekanntmachung, vgl. → § 19 Abs. 3 UmwG) zu informieren.

66 **Unterrichten** die an einer Verschmelzung oder Aufspaltung **beteiligten Rechtsträger** die Arbeitnehmer nach § 613a Abs. 5 BGB **fälschlicherweise darüber**, dass ihnen ein **Widerspruchsrecht** zustehe, geht ein anschließend rechtzeitig erklärter **Widerspruch** ins Leere. Er **bewirkt nicht**, dass das **Arbeitsverhältnis** des widersprechenden Arbeitnehmers entweder mit der nachfolgenden Eintragung der Verschmelzung oder mit Zugang des „Widerspruchs" **automatisch erlischt**. Der Widerspruch kann in diesem Fall auch **nicht** als **Erklärung der außerordentlichen Kündigung** verstanden werden. Vielmehr wird man in diesen Fällen ähnlich wie bei der Ergänzung von unvollständigen Informationen davon ausgehen müssen, dass den Arbeitnehmern so lange ein Recht zur Kündigung aus wichtigem Grund zusteht, bis sie zum einen über die Eintragung der Umwandlung und zum anderen über das Bestehen eines Rechts zur außerordentlichen Kündigung unterrichtet worden sind.

67 **b) Ausübung des Widerspruchsrechts: Form, Adressaten, Kollektivwiderspruch.** Der Widerspruch hat schriftlich zu erfolgen. Dies setzt die **eigenhändige Unterzeichnung** des Widerspruchs durch den Arbeitnehmer gemäß § 126 Abs. 1 BGB voraus. Hierbei handelt es sich um ein gesetzlich angeordnetes Schriftformerfordernis, so dass die Erleichterungen des § 127 Abs. 2 S. 1 BGB nicht gelten. Insbesondere die **Textform** (E-Mail, nicht unterzeichnetes Schreiben in einer Datei etc.) **reicht** daher **nicht** aus.

68 Der Widerspruch kann sowohl gegenüber dem **bisherigen Arbeitgeber** als auch gegenüber dem **neuen Betriebsinhaber** erklärt werden. In aller Regel bereitet dies keine Schwierigkeiten, zumal die Widerspruchsmodalitäten den Arbeitnehmern im Unterrichtungsschreiben gemäß § 613a Abs. 5 BGB mitzuteilen sind. **Schwierigkeiten** ergeben sich in den Fällen, in denen ein Betrieb oder Betriebsteil **mehrfach** gemäß § 613a BGB den **Betriebsinhaber gewechselt** hat, wenn ein Arbeitnehmer geltend machen möchte, dass sein Arbeitsverhältnis entweder gar nicht oder jedenfalls nicht auf den letzten Arbeitgeber übergegangen sei.

69 **Beispiel 15: Mehrfacher Betriebsübergang und Widerspruchsrecht** Arbeitnehmer A war ursprünglich bei der beklagten D beschäftigt. Mit Schreiben vom 26.7.2007 wurde er darüber unter-

---

[141] BAG 8 AZR 157/07, BAGE 126, 105 = NZA 2008, 815, 818 Rn. 24.
[142] BAG 8 AZR 157/07, BAGE 126, 105 = NZA 2008, 815, 818 Rn. 24.
[143] Eingehend *Otto/Mückl* BB 2011, 1978, 1980 ff.

richtet, dass sein Arbeitsverhältnis im Wege eines Betriebsübergangs mit Wirkung zum 1.9.2017 auf die V-GmbH übergehen würde. Nach dem Betriebsübergang arbeitete A für die V-GmbH. Mit Schreiben vom 25.10.2008 wurde A sodann darüber unterrichtet, dass sein Arbeitsverhältnis erneut übergehen sollte, und zwar von der V-GmbH auf die T&G-GmbH. Dieser zweite Betriebsübergang erfolgte zum 1.12.2008, und A arbeitete anschließend für die T&G-GmbH. Nachdem im Jahr 2011 das BAG in Bezug auf ein anderes Arbeitsverhältnis entschieden hatte, dass ein wortlautidentisches Unterrichtungsschreiben der V-GmbH vom 26.7.2007 fehlerhaft war, widersprach A mit zwei Schreiben vom 3.11.2011 den beiden Betriebsübergängen: Den Widerspruch gegen den ersten Betriebsübergang richtete er an D, den Widerspruch gegen den zweiten Betriebsübergang richtete A an die V-GmbH. Die T&G-GmbH legte ihren Betrieb zum 30.6.2012 still und kündigte alle Arbeitsverhältnisse betriebsbedingt. A klagte gegen D und die V-GmbH auf Feststellung, dass er zu diesen über den Stichtag des jeweiligen Betriebsübergangs hinaus weiterhin in einem Arbeitsverhältnis stehe. Nach der Klageerhebung gegen D wurde die Klage des A gegen die V-GmbH rechtskräftig abgewiesen.[144]

Das BAG hatte gleich mehrfach über Klagen im Zusammenhang mit den beiden in Beispiel 15 beschriebenen Betriebsübergängen zu entscheiden. Dabei das BAG **zwei Grundsätze** formuliert, die zu einer **nicht unerheblichen Einschränkung der Widerspruchsmöglichkeiten** führen, wenn Arbeitnehmer mehrfach hintereinander von einem Betriebsübergang betroffen sind:[145]

Zum einen ist nach Ansicht des BAG „bisheriger Arbeitgeber" i. S. d. § 613a Abs. 6 S. 2 BGB nur derjenige, der bis zum letzten Betriebsübergang, also vor dem (letzten) neuen Inhaber den Betrieb innehatte,[146] oder, anders formuliert: Der **Widerspruch** gemäß § 613a Abs. 6 S. 1 BGB kann sich immer **nur gegen den letzten** noch nicht wirksam „beseitigten" **Betriebsübergang** richten. Im Beispiel 15 hätte daher der Arbeitnehmer zunächst erfolgreich dem Übergang seines Arbeitsverhältnisses von der V-GmbH auf die T&G-GmbH widersprechen müssen. Erst anschließend wäre die D wieder „bisheriger" Arbeitgeber geworden, so dass ein Widerspruch gegen den ersten Betriebsübergang möglich gewesen wäre.

Zum anderen ist das BAG der Ansicht, dass der Arbeitnehmer **bei mehreren Betriebsübergängen** dem ersten Betriebsübergang **nicht unbefristet widersprechen** kann, auch wenn das zugehörige Unterrichtungsschreiben fehlerhaft war. Zwar beginnt in einem solchen Fall die Widerspruchsfrist in Bezug auf diesen spezifischen Betriebsübergang nicht zu laufen, und es bedarf sowohl eines gewissen Zeitablaufs als auch einer Disposition des Arbeitnehmers über sein Arbeitsverhältnis, bevor der Arbeitnehmer sein Widerspruchsrecht verwirkt haben kann (→ Rn. 78 f.). Doch das BAG entnimmt § 613a Abs. 6 BGB eine **Befriedungsfunktion**, die nach Ansicht des Gerichts nicht erreicht werden kann, wenn bei mehreren Betriebsübergängen zeitlich unbegrenzt auch die früheren Arbeitgeberwechsel noch infrage gestellt werden könnten.[147] Daraus leitet das BAG de facto eine **spezifische einmonatige Widerspruchsfrist** her, die folgendes voraussetzt:[148]

- Der Arbeitnehmer wird nach dem ersten Betriebsübergang darüber **informiert**, dass es zu einem weiteren Betriebsübergang kommen soll.
- Die Information über den weiteren Betriebsübergang enthält Angaben zum **Zeitpunkt** oder zum **geplanten Zeitpunkt** sowie zum **Gegenstand des** jeweiligen **Betriebsübergangs** und des jeweiligen **Betriebsübernehmers**, d. h. **bezogen auf beide Betriebsübergänge**.

---

[144] Nach BAG 8 AZR 773/14, NZA 2016, 647, 648.

[145] Hierbei handelt es sich nicht um die sog. Kettenumwandlungen, die gerade nicht zu mehrfachen Betriebsübergängen, sondern nur zu einem Betriebsübergang vom ersten übertragenden Rechtsträger auf den letzten übernehmenden Rechtsträger führen, vgl. Rn. 31 ff.

[146] BAG 8 AZR 773/14, NZA 2016, 647, 650 Rn. 22; BAG 8 AZR 943/13, NZA 2015, 481, 482 Rn. 29 ff.; BAG 8 AZR 369/13, BAGE 148, 90 = NZA 2014, 1074, 1075 Rn. 21.

[147] BAG 8 AZR 773/14, NZA 2016, 647, 651 Rn. 28 f.

[148] BAG 8 AZR 773/14, NZA 2016, 647, 649 Rn. 15 und 651 Rn. 30 ff.

- Die Information geht dem Arbeitnehmer so rechtzeitig zu, dass die **Frist von einem Monat ab Zugang** dieser Information **noch vor** dem **Eintritt** dieses weiteren **Betriebsübergangs** abläuft.

73 Sind diese Voraussetzungen erfüllt, muss der Arbeitnehmer **innerhalb der Monatsfrist** zugleich dem **neuen Betriebsübergang und** dem **ersten Betriebsübergang widersprechen**, wenn er geltend machen möchte, dass sein Arbeitsverhältnis mit seinem ursprünglichen Arbeitgeber fortbesteht. **Unbedeutend** ist, ob die vom BAG geforderte Information eine **ordnungsgemäße Unterrichtung** i. S. d. § 613a Abs. 5 BGB **über** den **zweiten Betriebsübergang** darstellt. Widerspricht der Arbeitnehmer wie im Beispiel nur dem zweiten Betriebsübergang, so kommt es nicht mehr darauf an, ob der Widerspruch gegen diesen weiteren Betriebsübergang erfolgreich war. Läuft die Frist von einem Monat nach der Information i. S. jener Rechtsprechung des BAG erst nach dem Eintritt des zweiten Betriebsübergangs ab, muss der Arbeitnehmer zwar ebenfalls beide Betriebsübergänge angreifen, um sein Ziel zu erreichen; dann ist er aber nicht an die Frist von einem Monat nach der Unterrichtung über den zweiten Betriebsübergang gebunden.

74 Diese eher **großzügige Heilung von Unterrichtungsmängeln** in der Vergangenheit steht in einem auffälligen Gegensatz zur Strenge, die das BAG bei der Unterrichtung nach § 613a Abs. 5 BGB üblicherweise an den Tag legt, und sowohl die gegriffen erscheinende Frist als auch ihre dogmatische Begründung vermögen nur schwerlich zu überzeugen.[149] Ungeachtet dessen ist Unternehmen in einer entsprechenden Lage bis auf weiteres zu raten, die Unterrichtung gemäß § 613a Abs. 5 BGB um Angaben zu früheren Betriebsübergängen zu ergänzen und diese so rechtzeitig vorzunehmen, dass die Frist von einem Monat nach dem Zugang dieser Unterrichtung vor dem Eintritt des Betriebsübergangs abläuft. **Bis zu einer wünschenswerten praxisgerechten Neupositionierung des BAG** zu den Anforderungen an Unterrichtungsschreiben nach § 613a Abs. 5 BGB sollte **jede Möglichkeit genutzt** werden, **um** die **Unterrichtung** über die Folgen des Betriebsübergangs für die Arbeitnehmer und ihre Vertretungen **in der Praxis beherrschbar** zu machen.

75 Für einen ordnungsgemäßen Widerspruch ist nach hM **kein sachlicher Grund erforderlich**.[150] Hieraus wird abgeleitet, dass es **zulässig** ist und einem wirksamen Widerspruch nicht entgegensteht, wenn mehrere Arbeitnehmer gleichzeitig und ggf. sogar nach vorheriger Abstimmung untereinander widersprechen (sog. „**Kollektivwiderspruch**"). Die Arbeitnehmer dürfen „gemeinsam" den Wechsel ihrer Arbeitsverhältnisse zu einem bestimmten Arbeitgeber und damit im Ergebnis auch den Betriebsübergang insgesamt verhindern. Wie jedes Recht unterliegt aber auch das Widerspruchsrecht gemäß § 613a Abs. 6 S. 1 BGB dem **Einwand des Rechtsmissbrauchs**. Aus dem Grund soll ein Kollektivwiderspruch dann nach § 242 BGB unwirksam sein, wenn der Widerspruch gezielt dazu eingesetzt wird, den Betriebsübergang an sich zu verhindern oder Vergünstigungen zu erzielen, auf welche die Arbeitnehmer keinen Rechtsanspruch haben.[151] Trotz der hohen Anforderungen des BAG an die Darlegung eines Rechtsmissbrauchs kann ein solcher außerdem zu bejahen sein, wenn der bisherige und der neue Betriebsinhaber über Gewinnabführungsverträge unmittelbar oder mittelbar mit derselben Konzernobergesellschaft verbunden sind und sich deshalb die wirtschaftlichen Rahmenbedingungen für die Arbeitnehmer durch den Betriebsübergang im konkreten Fall nicht grundlegend verändern.

76 Ein **Kollektivwiderspruch** kann bei Umwandlungen insbesondere in **Konzernkonstellationen** dann enorme Auswirkungen haben, wenn ein steuerlicher Teilbetrieb durch

---

[149] Eingehend ErfK/*Preis* BGB § 613a Rn. 99 f. und Rn. 111.
[150] ErfK/*Preis* BGB § 613a Rn. 110; BeckOK ArbR/*Gussen* BGB § 613a Rn. 166.
[151] BAG 8 AZR 462/03, BAGE 112, 124 = NZA 2005, 43, 48; Ascheid/Preis/Schmidt/*Steffan* BGB § 613a Rn. 231; aA *Rieble* NZA 2005, 1, 3 ff.: Unzulässig ist die Ausübung kollektiven Drucks mit der Folge, dass den betroffenen Arbeitgebern und Arbeitnehmern Schadensersatzansprüche gegen die Initiatoren des Kollektivwiderspruchs zustehen können.

eine Abspaltung oder Ausgliederung übertragen werden soll. Verhindert der Kollektivwiderspruch den Betriebsübergang als solchen, kann dies unter Umständen der steuerneutralen Übertragung des Teilbetriebs entgegenstehen (→ § 49 Rn. 20 ff.).

c) Frist des Widerspruchs, Verzicht und Verwirkung. Arbeitnehmer, die dem **77** Übergang ihres Arbeitsverhältnisses auf den übernehmenden Rechtsträger widersprechen möchten, müssen den Widerspruch **binnen eines Monats ab** dem **Zugang der Unterrichtung** gemäß § 613a Abs. 5 BGB erklären. Maßgeblich für die Wahrung der Widerspruchsfrist ist der Zugang der Widerspruchserklärung entweder bei dem bisherigen oder bei dem neuen Betriebsinhaber. Für die Fristberechnung gelten die §§ 187 Abs. 1, 188 Abs. 2 BGB.[152]

Ist die Unterrichtung gemäß § 613a Abs. 5 BGB nicht ordnungsgemäß erfolgt (vgl. **78** → Rn. 43 ff.), so beginnt die Widerspruchsfrist nicht zu laufen. Die Arbeitnehmer können in diesem Fall dem Übergang ihres Arbeitsverhältnisses **grundsätzlich unbefristet widersprechen**. Die **Grenze** bildet in diesen Fällen die **Verwirkung** als Sonderfall der unzulässigen Rechtsausübung gemäß § 242 BGB. Die Verwirkung setzt zum einen voraus, dass der Arbeitnehmer sein Widerspruchsrecht längere Zeit nicht geltend gemacht hat (**Zeitmoment**), und zum anderen, dass diese Untätigkeit unter Umständen geschehen ist, die den Eindruck erweckten, dass er sein Recht nicht mehr geltend machen wolle, sodass der Verpflichtete sich darauf einstellen durfte, nicht mehr in Anspruch genommen zu werden (**Umstandsmoment**).[153] Die Länge des Zeitablaufs ist in **Wechselwirkung** zu dem Umstandsmoment zu setzen: Je stärker das gesetzte Vertrauen oder die Umstände, die eine Geltendmachung für den Anspruchsgegner unzumutbar machen, sind, desto schneller kann ein Anspruch verwirken.[154] In die erforderliche **Gesamtbetrachtung** sind alle Umstände des Einzelfalls einzubeziehen, zu denen auch die Nichtkenntnis des Berechtigten von den für die Geltendmachung seines Rechts bedeutsamen Tatsachen gehören kann.[155] Eine Verwirkung kommt nur in Betracht, wenn diese Gesamtabwägung ergibt, dass das Erfordernis des Vertrauensschutzes auf Seiten des bisherigen Arbeitgebers bzw. des neuen Betriebsinhabers das Interesse des Arbeitnehmers an der Ausübung des Widerspruchs derart überwiegen, dass ihnen die **Folgen des Widerspruchs nicht mehr zuzumuten** sind.[156]

Die Rechtsprechung erhält sich durch die Betonung der Wechselwirkung von Umstands- **79** und Zeitmoment eine gewisse **Flexibilität**, die sich vor allem darin äußert, dass es **keine festen Fristen** für die Verwirklichung des Zeitmoments gibt und **keine Umstände, die** als Regelbeispiele **stets** ein hinreichendes, schutzwürdiges **Vertrauen** darauf **begründen**, der Arbeitnehmer werde sein Widerspruchsrecht nicht ausüben. Die Frist für das für die Verwirkung maßgebliche Zeitmoment beginnt jedenfalls nicht erst mit der umfassenden Unterrichtung des Arbeitnehmers über den Betriebsübergang und seine Folgen zu laufen, und es ist auch nicht erforderlich, dass der Arbeitnehmer die Fehlerhaftigkeit der Unterrichtung erkannt hat.[157] Je nach dem Gewicht des Umstandsmoments kann auch eine knapp fünfmonatige Frist nach dem Ende der hypothetischen Widerspruchsfrist (d. h. nach Ablauf der Monatsfrist, die bei ordnungsgemäßer Unterrichtung gegolten hätte) ausreichen, etwa wenn der Arbeitnehmer gegen den Betriebserwerber auf Feststellung klagt, dass ein Arbeitsverhältnis besteht, dem bisherigen Arbeitgeber den Streit verkündet und sich mit dem Betriebserwerber in einem Vergleich darauf einigt, dass kein Betriebsübergang stattgefunden habe (sic!), dass zwischen ihnen kein Arbeitsverhältnis besteht und dass der

---

[152] MünchKommBGB/*Müller-Glöge* BGB § 613a Rn. 119.
[153] BAG 8 AZR 974/12 NZA 2014, 774, 776 Rn. 26; ErfK/*Preis* BGB § 613a Rn. 101.
[154] BAG 8 AZR 382/05, NZA 2006, 1406, 1409 Rn. 33.
[155] Vgl. BAG 8 AZR 178/07, AP BGB § 613a Widerspruch Nr. 9 = BeckRS 2009, 72150 Rn. 17; ErfK/*Preis* BGB § 613a Rn. 101.
[156] Vgl. BAG 8 AZR 974/12 NZA 2014, 774, 776 Rn. 26; BeckOK ArbR/*Gussen* BGB § 613a Rn. 164b.
[157] BAG 8 AZR 357/08, NZA 2010, 393, 396 Rn. 39.

Arbeitnehmer eine nicht näher bezeichnete Zahlung von 45 000 Euro erhält.[158] Damit ist zugleich das **zentrale Kriterium** der Rechtsprechung **für das Umstandsmoment** beschrieben, nämlich die **Disposition über das Arbeitsverhältnis** mit dem neuen Arbeitgeber.[159] Schließt der Arbeitnehmer vor seinem Widerspruch einen Aufhebungsvertrag mit dem Betriebserwerber, so führt dies zur Verwirkung, wenn der Widerspruch erst 15 Monate nach dem Zugang der fehlerhaften Unterrichtung erfolgt.[160] Gleiches gilt, wenn der Arbeitnehmer nach Abschluss eines Aufhebungsvertrages eine Drittbeschäftigung eingeht oder einen dreiseitigen Vertrag mit dem Betriebserwerber und einer Beschäftigungs- und Qualifizierungsgesellschaft abschließt, sofern der Widerspruch erst ca. 14 bzw. 17 Monate nach der Unterrichtung widerspricht.[161] Wurde der Arbeitnehmer aber vom Betriebserwerber zum Abschluss des Aufhebungsvertrages veranlasst und wusste der Erwerber zu dem Zeitpunkt, dass er seine Verpflichtungen aus dem Vertrag nicht mehr würde erfüllen können, dürfte dies der Verwirkung entgegenstehen.[162] Auch die Hinnahme einer Kündigung kann als Disposition verwirkungsbegründend sein, nicht dagegen die Erhebung der Kündigungsschutzklage oder der Widerspruch gegen den Betriebsübergang nach Kündigung durch den Betriebserwerber innerhalb der Dreiwochenfrist des § 4 KSchG.[163] Behält sich der Arbeitnehmer seine Rechte aus § 613a BGB vor, so hat dies dagegen weder verwirkungshemmende noch verwirkungsbegründende Wirkung.[164] Nicht ausreichend für eine Verwirkung sind neben der bloßen Weiterarbeit für den Betriebserwerber auch Veränderungen der einzelvertraglichen Arbeitsbedingungen.[165] Der alte oder der neue Betriebsinhaber müssen Kenntnis von den die Verwirkung begründenden Umständen haben; die Kenntnis des einen wird dabei stets dem anderen zugerechnet.[166]

80 Wie auf andere Rechte auch steht es dem Arbeitnehmer **frei, auf** sein **Widerspruchsrecht zu verzichten.** Auch wenn hier vieles streitig ist, wird man lediglich verlangen dürfen, dass sich der Widerspruch auf einen **konkret bevorstehenden Betriebsübergang** bezieht[167] und wie ein etwaiger Widerspruch auch **schriftlich** erfolgt.[168] Eine vorherige **Unterrichtung** nach § 613a Abs. 5 BGB ist dagegen nach richtiger Ansicht **keine Voraussetzung** für einen wirksamen Verzicht.[169] Von dieser Möglichkeit wird man in der Praxis allerdings nur in wohl ausgesuchten Fällen Gebrauch machen können. Zum einen unterliegen **vorgefertigte Verzichtserklärungen** den **Grenzen** der Regelungen über **allgemeine Geschäftsbedingungen** in §§ 305 ff. BGB, zum anderen erregt möglicherweise schon das Ansinnen, auf den Widerspruch zu verzichten, das Misstrauen der Belegschaft und einer ggf. vorhandenen Arbeitnehmervertretung. Ohne deren Einbindung wird sich daher ein Verzicht höchstens in vereinzelten Fällen herbeiführen lassen.

---

[158] BAG 8 AZR 974/12 NZA 2014, 774, 777 Rn. 29.
[159] MünchKommBGB/*Müller-Glöge* BGB § 613a Rn. 121.
[160] BAG 8 AZR 357/08, NZA 2010, 393, 397 Rn. 42 und 45.
[161] BAG 8 AZR 530/07, NZA 2010, 761, 764 Rn. 27 ff. (17 Monate); BAG 8 AZR 174/07, BAGE 128, 328 = NZA 2009, 552 556 Rn. 33 (15 Monate).
[162] Vgl. BAG 8 AZR 585/08, AP BGB § 613a Widerspruch Nr. 23 = BeckRS 2010, 73534 Rn. 44 f. (im konkreten Fall abgelehnt).
[163] BAG 8 AZR 152/08, AP BGB § 613a Nr. 395 = BeckRS 2011, 70756 Rn. 22; BAG 8 AZR 178/07, AP BGB § 613a Widerspruch Nr. 9 = BeckRS 2009, 72150 Rn. 27.
[164] BAG 8 AZR 974/12 NZA 2014, 774, 777 Rn. 33.
[165] BAG 8 AZR 185/09, AP BGB § 613a Nr. 390 = BeckRS 2011, 69271 Rn. 34.
[166] BAG 8 AZR 174/07, BAGE 128, 328 = NZA 2009, 552, 556 Rn. 34; vgl. auch BAG 8 AZR 369/13, BAGE 148, 90 = NZA 2014, 1074, 1075 Rn. 21.
[167] ErfK/*Preis* BGB § 613a Rn. 104; BeckOK ArbR/*Gussen* BGB § 613a Rn. 165; *Gaul/Otto* DB 2002, 634, 638; vgl. auch *obiter* BAG 8 AZR 139/97, BAGE 88, 196 = NZA 1998, 750, 752.
[168] BeckOK ArbR/*Gussen* BGB § 613a Rn. 165; *Gaul/Otto* DB 2002, 634, 638.
[169] MünchKommBGB/*Müller-Glöge* BGB § 613a Rn. 115; *Bauer/v. Steinau-Steinrück* ZIP 2002, 457, 464; aA *Hauck* NZA-Beil. 2009, 18, 22.

d) Rechtsfolge eines wirksamen Widerspruchs. Übt der Arbeitnehmer sein Wider- 81
spruchsrecht ordnungsgemäß und fristgerecht aus, **bleibt** sein **Arbeitsverhältnis mit** dem
bisherigen Betriebsinhaber, d. h. bei Umwandlungen mit dem übertragenden Rechtsträger einer Abspaltung oder Ausgliederung sowie einer Vermögensübertragung **bestehen**.
Er wird nach hM so behandelt, als wäre sein Arbeitsverhältnis nie auf den übernehmenden
Rechtsträger übergegangen, der **Widerspruch wirkt** auf den Zeitpunkt des Betriebsübergangs **zurück**.[170] Hat er in der Zwischenzeit bei dem übernehmenden Rechtsträger
gearbeitet, so richtet sich das Rechtsverhältnis zwischen diesen beiden nach den Grundsätzen des faktischen Arbeitsverhältnisses.[171] Entgelt, das der Arbeitnehmer bei dem übernehmenden Rechtsträger erwirbt oder hätte zumutbarer Weise erwerben können, wird ggf.
nach § 615 S. 2 BGB auf etwaige Ansprüche gegen den übernehmenden Rechtsträger
angerechnet.[172]

Besteht **bei** dem **Veräußerer keine Weiterbeschäftigungsmöglichkeit** für den 82
widersprechenden Arbeitnehmer und liegen auch die übrigen Voraussetzungen für eine
betriebsbedingte Kündigung vor, kann der Veräußerer dem „zurückgekehrten" Arbeitnehmer kündigen, ohne dass er damit gegen § 613a Abs. 4 S. 2 BGB verstoßen
würde. Dies gilt uneingeschränkt, wenn der übertragende Rechtsträger seinen gesamten
Betrieb übertragen hat, etwa im Falle der Ausgliederung. Aber auch dann, wenn nur
ein Betriebsteil übertragen wurde und sich der Arbeitnehmer hiergegen erfolgreich mit
einem Widerspruch wehrt, kommt eine betriebsbedingte Kündigung in Betracht. In
dem Fall muss der Arbeitgeber allerdings **ggf.** eine **Sozialauswahl** durchführen mit
der Folge, dass unter Umständen nicht der widersprechende, sondern ein in dem nicht
von der Übertragung betroffenen Betriebsteil beschäftigter Mitarbeiter zu kündigen
ist.[173]

IV. Folgen des Betriebsübergangs für die Arbeitsbedingungen der betroffenen Arbeitnehmer

1. Überblick

Die Regelungen des § 613a BGB sollen die von einem Betriebs- oder Betriebsteilüberg- 83
ang betroffenen Arbeitnehmer vor Nachteilen schützen, die sich aus dem Wechsel des
Betriebsinhabers und Arbeitgebers ergeben können. Zu diesem Zweck ordnet § 613a BGB
verschiedene **Rechtsfolgen** an, die sich **auf unterschiedlichen Ebenen** auswirken,
nämlich sowohl auf der Ebene des **individuellen** arbeitsvertraglichen Rechtsverhältnisses
zwischen Arbeitgeber und Arbeitnehmer als auch auf der Ebene der **kollektivrechtlich**
geregelten Arbeitsbedingungen.

Die folgende Darstellung erfolgt mit Blick auf den gesellschaftsrechtlichen Berater, der 84
bereits **bei der Planung** einer Umwandlung und insb. bei der Abstimmung mehrerer
miteinander verknüpfter Umwandlungsmaßnahmen untereinander die **Folgen möglicher
Betriebsübergänge** zu **berücksichtigen** haben wird, die ggf. durch die Umwandlungen
ausgelöst werden. Diese Folgen **können** je nach Konstellation die **Transaktionsstruktur**

---

[170] BAG 9 AZR 731/11, NZA 2013, 850, 852 Rn. 26; BAG 8 AZR 382/05, NZA 2006, 1406, 1410 Rn. 37 f.; MünchKommBGB/*Müller-Glöge* BGB § 613a Rn. 122; kritisch Willemsen/Hohenstatt/Schweibert/Seibt/*Willemsen* G Rn. 154; ablehnend *Rieble* NZA 2004, 1, 8 f.
[171] LAG Berlin-Brandenburg 21 Sa 866/13 und 21 Sa 960/13, BeckRS 2014, 68419; ErfK/*Preis* BGB § 613a BGB Rn. 105.
[172] BAG 8 AZR 139/97, NZA 1998, 750, 752; MünchKommBGB/*Müller-Glöge* BGB § 613a Rn. 123.
[173] Grundlegend BAG 2 AZR 218/06, BAGE 123, 1 = NZA 2008, 33, 38 f. Rn. 51 ff. nach der Änderung des § 1 Abs. 2 S. 1 BetrVG zum 1.1.2004; zustimmend ErfK/*Preis* BGB § 613a Rn. 108, der korrespondierend eine erweiterte Rechtsmissbrauchskontrolle fordert; *Gaul* NZA 2005, 730, 732 f.; einschränkend Ascheid/Preis/*Steffan* BGB § 613a Rn. 228, der für die Einbeziehung in die Sozialauswahl weiterhin einen sachlichen Grund verlangt.

entscheidend beeinflussen. In Kombination mit anderen Erwägungen wie z. B. steuerlichen Überlegungen führen sie sogar möglicherweise dazu, dass einzelne Schritte der geplanten Transaktion nicht umgesetzt werden oder dass das Potential der Transaktion zur steuerlichen oder organisatorischen Optimierung mit Rücksicht auf die arbeitsrechtlichen Folgen der Maßnahmen nicht ausgeschöpft wird.

2. Folgen für die Arbeitsverhältnisse auf individualvertraglicher Ebene

85 **a) Übergang der Arbeitsverhältnisse. aa) Wechsel des Arbeitgebers.** Hat der übertragende Rechtsträger einen Betrieb oder Betriebsteil durch eine Verschmelzung oder Spaltung auf den übernehmenden Rechtsträger übertragen, so tritt der übernehmende Rechtsträger gemäß §§ 324 Abs. 1 UmwG, 613a Abs. 1 S. 1 BGB zum Zeitpunkt des Betriebsübergangs in die Rechte und Pflichten aus den Arbeitsverhältnissen ein, die im Zeitpunkt des Übergangs bei dem übertragenden Rechtsträger bestanden. Zugleich erlischt das Arbeitsverhältnis zum übertragenden Rechtsträger als bisherigem Betriebsinhaber. Knüpft eine tarifvertragliche Ausschlussfrist für Ansprüche gegen den bisherigen Arbeitgeber an das Ausscheiden aus dem Arbeitsverhältnis an, beginnt diese in jenem Zeitpunkt zu laufen.[174] Dieser **Wechsel des Vertragspartners** lässt das Arbeitsverhältnis im Übrigen unberührt.[175] Die betroffenen Arbeitnehmer müssen dem Übergang nicht zustimmen, sie können ihn aber wie gesehen durch einen Widerspruch verhindern.

86 **bb) Eintritt in die Rechte und Pflichten aus den Arbeitsverhältnissen.** Der übernehmende Rechtsträger als Betriebserwerber tritt in **alle Rechte und Pflichten** ein, die sich **aus individualrechtlichen Vereinbarungen** zwischen dem bisherigen Arbeitgeber und den Arbeitnehmern ergeben, gleichgültig ob sie auf dem Arbeitsvertrag selbst, Zusatzvereinbarungen, einer betrieblichen Übung oder einer Gesamtzusage[176] beruhen.[177] Allerdings kann der übernehmende Rechtsträger eine noch nicht verbindlich gewordene betriebliche Übung einstellen und dadurch das Entstehen individualrechtlicher Ansprüche der übergegangenen Arbeitnehmer aus einer beim übertragenden Rechtsträger begonnenen Übung verhindern.[178]

87 Zu den erfassten Rechten bzw. Pflichten zählen u. a. **rückständige Leistungsansprüche** der Arbeitnehmer, Ansprüche auf **Personalrabatte**, wenn die vergünstigten Produkte oder Leistungen auch beim Erwerber hergestellt bzw. erbracht werden,[179] **Versorgungsanwartschaften**, gleichgültig ob bereits unverfallbar oder nicht,[180] und im Grundsatz auch Rechte und Pflichten aus Vereinbarungen über **Aktienoptionen**, jedenfalls wenn die Vereinbarung zwischen dem Altarbeitgeber und dem Arbeitnehmer besteht.[181] Auch die beim Altarbeitgeber erdiente **Betriebszugehörigkeit** der Arbeitnehmer muss der übernehmende Rechtsträger gemäß § 613a Abs. 1 S. 1 BGB gegen sich gelten lassen, soweit die Dauer der Betriebszugehörigkeit bereits beim übertragenden Rechtsträger anspruchsbegründend gewirkt hat.[182] Bietet der Betriebserwerber dagegen neue Leistungen an, die es beim übertragenden Rechtsträger nicht gab, ist er nicht gehalten, die bislang allein gegenüber dem bisherigen Arbeitgeber erbrachte Betriebstreue bzw. Betriebszugehörigkeit anzusetzen (z. B. wenn der Betriebserwerber erstmalig eine Jubiläumsgabe oder Leistungen

---

[174] BAG 10 AZR 937/93, NZA 1995, 742 f.
[175] ErfK/*Preis* BGB § 613a Rn. 66.
[176] BAG 4 AZR 421/07, NZA 2008, 1360, 1365 Rn. 40 ff.
[177] Bachner/Köstler/Matthießen/Trittin/*Bachner* § 6 Rn. 140.
[178] MünchKommBGB/*Müller-Glöge* BGB § 613a Rn. 95.
[179] ErfK/*Preis* BGB § 613a Rn. 73.
[180] BAG 3 AZR 247/91, NZA 1992, 1080.
[181] *Tappert* NZA 2002, 1188, 1191 f.; vgl. BAG 10 AZR 299/02, BAGE 104, 324 = NZA 2003, 487, 488 f. Zu Lösungsmöglichkeiten, wenn der Erwerber keine Aktien anbieten kann vgl. auch Bachner/Köstler/Matthießen/Trittin/*Bachner* § 6 Rn. 150.
[182] EuGH BAG 4 AZR 714/06, BeckRS 2008, 51005 Rn. 25.

der betrieblichen Altersversorgung zusagt).[183] **Handlungsvollmachten** erlöschen automatisch im Falle eines Betriebsübergangs infolge der Umwandlung, es sei denn, diese werden ausdrücklich im Spaltungsvertrag genannt und dem zu übertragenden Betrieb oder Betriebsteil zugeordnet.[184] Führt der Betriebsübergang zu Unterschieden zwischen den individualvertraglichen Arbeitsbedingungen der übergehenden Arbeitnehmer einerseits und der zuvor bereits beschäftigten Bestandsmitarbeiter des übernehmenden Rechtsträger andererseits, so kann **keine** der beiden Gruppen mithilfe des arbeitsrechtlichen Gleichbehandlungsgrundsatzes eine **Anpassung an** die für sie jeweils **günstigeren Bedingungen** der anderen Gruppe beanspruchen, solange der übernehmende Rechtsträger den übergegangenen Arbeitnehmern lediglich die Leistungen gewährt, die er nach § 613a Abs. 1 BGB von Gesetzes wegen zu erbringen hat.[185]

Besondere Beachtung verdienen in diesem Zusammenhang sog. **Bezugnahmeklauseln**, 88 d. h. Vereinbarungen in einem Arbeitsvertrag, aufgrund derer ein Tarifvertrag auf das betreffende Arbeitsverhältnis Anwendung finden soll. Diese können sich auf einen konkreten Tarifvertrag in einer ganz bestimmten Fassung (statische Bezugnahme), auf einen bestimmten Tarifvertrag ein bestimmtes Tarifwerk in seiner jeweils gültigen Fassung (kleine dynamische oder zeitdynamische Bezugnahme) oder auf die jeweils geltenden Tarifverträge (große dynamische Bezugnahme oder Tarifwechselklausel) beziehen.[186]

Beispiel 16: Eintritt in Bezugnahmeklauseln Die K-GmbH übernimmt ein Krankenhaus von 89 der öffentlichen Hand und vereinbart mit ihren Mitarbeitern einzelvertraglich, dass sich die Arbeitsverhältnisse nach dem bisher kollektivrechtlich anwendbaren, für den öffentlichen Dienst geschlossenen Bundesmanteltarifvertrag für Arbeiter gemeindlicher Verwaltungen und Betriebe (BMT-G II) und den diesen ergänzenden, ändernden und ersetzenden Tarifverträgen richten soll. Die K-GmbH selbst ist nicht Mitglied eines Arbeitgeberverbandes und wird sodann Teil des A-Konzerns, dem mehrere Unternehmen des Krankenhauswesens angehören. Im Jahr 2008 geht ein Betriebsteil der K-GmbH auf das Schwesterunternehmen A-GmbH über, das ebenfalls nicht Mitglied eines Arbeitgeberverbands ist. Im Jahr 2009 wird der BMT-G II durch den für die Arbeitnehmer teilweise günstigeren Tarifvertrag für den öffentlichen Dienst (TVöD) ersetzt.[187]

Nach der ständigen Rechtsprechung des BAG erfasst der **Eintritt in** die Arbeitsverhält- 90 nisse aufgrund der übergehenden Arbeitnehmer auch **dynamische Bezugnahmeklauseln**.[188] Das bedeutet, dass der neue Arbeitgeber Änderungen des auf vertraglicher Basis anwendbaren Tarifvertrags ebenso gegen sich gelten lassen muss wie die im Beispiel 16 eingetretene vollständige Ersetzung eines Tarifwerks durch ein neues Tarifwerk.[189] Allerdings haben mehrere Entscheidungen des EuGH Zweifel daran aufkommen lassen, ob

---

[183] BAG 10 AZR 657/06, NZA 2007, 1426, 1428 Rn. 21 f. (Jubiläumsgabe); BAG 3 AZR 469/04, NJOZ 2005, 2721, 2725 (Versorgungszusage); ErfK/*Preis* BGB § 613a Rn. 76.

[184] ErfK/*Preis* BGB § 613a Rn. 78; Willemsen/Hohenstatt/Schweibert/Seibt/*Willemsen* G Rn. 170; Bachner/Köstler/Matthießen/Trittin/*Bachner* § 6 Rn. 140.

[185] BAG 5 AZR 517/04, BAGE 115, 367 = NZA 2006, 265, 266 Rn. 16 f.

[186] Vgl. BAG 4 AZR 784/07, BAGE 128, 165 = NZA 2009, 151, 153 Rn. 21 ff. zur Terminologie und zur Differenzierung der verschiedenen Bezugnahmeklauseln; BAG 4 AZR 414/14, BeckRS 2016, 115173 Rn. 30 f. und BAG 4 AZR 536/04, NZA 2006, 607, 609 f. Rn. 19 ff. zur Auslegung von Bezugnahmeklauseln als Gleichstellungsabrede bei Altverträgen; *Löwisch/Rieble* TVG § 3 Rn. 593 ff. allgemein zur Auslegung von Bezugnahmeklauseln.

[187] Nach BAG 4 AZR 61/14 (A), NZG 2016, 628, 631 f. Rn. 32 ff.

[188] BAG 4 AZR 100/08, 4 AZR 100/08, BAGE 130, 237= NZA 2010, 41, 43 Rn. 28; BAG 4 AZR 784/07, BAGE 128, 165 = NZA 2009, 151, 153 Rn. 23; BAG 4 AZR 767/06, BAGE 124, 34 = NZA 2008, 364, 365 Rn. 14; ErfK/*Preis* BGB § 613a Rn. 127a f.

[189] So zuletzt BAG 4 AZR 95/14, FD-ArbR 2017, 394235; vgl. aber BAG 4 AZR 462/16, NZA 2017, 587, 589 Rn. 18: nur noch statische Anwendung eines Verbandstarifvertrages, wenn dieser lediglich aufgrund eines im Arbeitsvertrag in Bezug genommenen Anerkennungstarifvertrages gilt, sobald der Anerkennungstarifvertrag nur noch nachwirkt. Zu den Auswirkungen auf Tarifnormen, die beim übernehmenden Arbeitgeber kollektivrechtlich bzw. nach § 613a Abs. 1 S. 2 BGB fortgelten → § 57 Rn. 133 ff.

diese Rechtsprechung mit Art. 3 Abs. 3 RL 2001/23/EG vereinbar ist.[190] Das **BAG** hat daher **dem EuGH** die Frage **vorgelegt**, ob jene Regelung der deutschen Behandlung von dynamischen Bezugnahmeklauseln bei Betriebsübergängen entgegensteht.[191] Der zuständige **Generalanwalt** hat die Ansicht vertreten, dass ein **dynamisches Verständnis der Bezugnahme** im vorgelegten Fall – beide Unternehmen waren nicht an der Aushandlung der in Bezug genommenen Kollektivverträge beteiligt – **nicht mit** Art. 3 Abs. 1 und 3 **RL 2001/23/EG vereinbar** sei.[192] Der EuGH ist dem Votum des Generalanwalts in diesem Fall nicht gefolgt und hat entschieden, dass Art. 3 RL 2001/23/EG dem Übergang einer „dynamische" Vertragsklausel grundsätzlich nicht entgegensteht, wenn diese Klausel vom Veräußerer und dem Arbeitnehmer frei vereinbart wurde und zum Zeitpunkt des Übergangs in Kraft ist. Der Erwerber eines Betriebs sei vor der daraus resultierenden Bindung hinreichend durch die nationalen Regelungen geschützt, die sowohl einvernehmliche als auch einseitige Möglichkeiten für den Erwerber vorsähen, um die zum Zeitpunkt des Übergangs bestehenden Arbeitsbedingungen nach dem Übergang anzupassen.[193] Ein übernehmender Rechtsträger kann sich daher von der dynamischen einzelvertraglichen Bindung an künftige, von ihm oftmals nicht zu beeinflussende Änderungen der in Bezug genommenen Tarifverträge allenfalls dann befreien, wenn es ihm gelingt, die Arbeitsverträge einvernehmlich mit den Arbeitnehmern zu ändern, oder wenn die Voraussetzungen vorliegen, um die Bezugnahme durch eine Änderungskündigung zu beseitigen.[194]

91 Die **individualvertraglichen Rechte** müssen **bereits bei** dem **übertragenden Rechtsträger** bestanden haben, andernfalls findet die Änderungssperre des § 613a Abs. 1 BGB von vornherein keine Anwendung auf diese Rechte.[195] Der **Betriebserwerber und** der **Arbeitnehmer** können den Arbeitsvertrag aber **einvernehmlich abändern**, sofern dadurch nicht ausnahmsweise die Wirkung des § 613a BGB umgangen werden soll.[196] Insbesondere sind sie nicht daran gehindert, die bestehenden einzelvertraglichen Rechte des Arbeitnehmers wie z. B. Gehaltsbestandteile, die nicht durch einen Tarifvertrag vorgegeben sind, zu ändern und auch zu verschlechtern.

92 **cc) Vom Betriebsübergang erfasste Arbeitsverhältnisse.** Vom Betriebsübergang werden **alle Arbeitsverhältnisse** erfasst, die dem übergehenden Betrieb oder Betriebsteil zuzuordnen sind (zur Zuordnung → Rn. 88). Trotz der europarechtlichen Grundlage des § 613a BGB ist nach Ansicht des EuGH der jeweilige nationale Arbeitnehmerbegriff entscheidend.[197] Unstrittig gehen daher die Vertragsverhältnisse von **aktiven Arbeitneh-**

---

[190] EuGH C-426/11, NZA 2013, 835, 836 Rn. 36 – Alemo-Herron; EuGH C 499/04, NZA 2006, 376, 378 Rn. 34 f. – Werhof (zu Art. 3 RL 77/187/EWG); vgl. auch EuGH C-328/13, NZA 2014, 1092, 1093 Rn. 31 – Österreichischer Gewerkschaftsbund.
[191] BAG 4 AZR 61/14 (A), NZG 2016, 628, 629.
[192] GA EuGH – C-680/15 und C-681/15, BeckRS 2017, 100231– Asklepios.
[193] EuGH C-680/15, C-681/15, NZA 2017, 571, 572 Rn. 21, 24 – Asklepios; zustimmend *Bayreuther* NJW 2017, 2158, 2159; kritisch zur dogmatischen Begründung *Wißmann/Niklas* NZA 2017, 697, 699 ff.; *Ubber/Massig* BB 2017, 2230, 2232.
[194] *Löwisch/Rieble* TVG § 3 Rn. 653; vgl. außerdem *Ubber/Massig* BB 2017, 2230, 2233 ff., die eine „Entdynamisierung" mithilfe der Rechtsprechung des BAG zur Betriebsvereinbarungsoffenheit von Allgemeinen Geschäftsbedingungen erreichen möchten (vgl. BAG 1 AZR 417/12, NZA 2013, 916). Dies setzt allerdings auch nach Ansicht der Autoren voraus, dass der zuständige Betriebsrat an der vorgeschlagenen Betriebsvereinbarung zur Entdynamisierung mitwirkt.
[195] BAG 4 AZR 1005/06, BAGE 124, 240 = NZA 2008, 713, 719 Rn. 62; vgl. MünchKommBGB/*Müller-Glöge* BGB § 613a Rn. 97 (zur Betriebszugehörigkeit des Arbeitnehmers), Rn. 100 (zur Kündigungsmöglichkeit des Erwerbers).
[196] BAG 5 AZR 1007/06, BAGE 124, 345 = NZA 2008, 530, 531 Rn. 15; ErfK/*Preis* BGB § 613a Rn. 66.
[197] EuGH C-108/10, EuZW 2011, 798, 799 Rn. 39 – Scattolon; EuGH C-343/98, NZA 2000, 1279, 1281 Rn. 36 – Collino und Chiappero; EuGH C-173/96 u. C-247/96, NZA 1999, 189, 190 Rn. 24 – Hidalgo u. a.

mern einschließlich der leitenden Angestellten[198] und **Auszubildenden** (§ 10 BBiG) gemäß § 613a Abs. 1 BGB auf den Betriebserwerber über. Gleiches gilt für **ruhende Arbeitsverhältnisse**, z. B. während des Mutterschutzes, in der Elternzeit und in der Freistellungsphase der Altersteilzeit oder aufgrund einer unbezahlten Arbeitsbefreiung.[199] Ein ruhendes Arbeitsverhältnis kann auch dadurch entstehen, dass ein Arbeitnehmer durch formlose Vereinbarung zum **Mitglied des Geschäftsleitungsorgans** seines Arbeitgebers bestellt wird.[200] Ob dieses Arbeitsverhältnis losgelöst von dem Anstellungsverhältnis gemäß § 613a BGB übergehen kann,[201] erscheint wegen der im Zweifel fehlenden Eingliederung in den Betrieb oder Betriebsteil jedenfalls dann **fraglich**, wenn nicht der einzige Betrieb eines Arbeitgebers übertragen werden soll. Bei Umwandlungen kann dieses Arbeitsverhältnis aber im Wege der Gesamtrechtsnachfolge auf den übernehmenden Rechtsträger überführt werden (→ Rn. 110). **Unzweifelhaft** von einem Betriebsübergang erfasst sind dann wieder **faktische Arbeitsverhältnisse**, die auf einem unwirksamen oder anfechtbaren Arbeitsvertrag beruhen,[202] und auch **gekündigte Arbeitsverhältnisse** gehen gemäß § 613a Abs. 1 BGB auf den Betriebserwerber über, wenn der Betriebsübergang vor Ablauf der Kündigungsfrist erfolgt.

Demgegenüber gehen **Beamtenverhältnisse** wie auch **freie Dienstverhältnisse**,[203] insbesondere **Anstellungsverhältnisse** von **Vorständen** und **Geschäftsführern**, im Grundsatz **nicht** gemäß § 613a Abs. 1 BGB auf einen Betriebserwerber über.[204] Anders ist dies bei der Verschmelzung und in solchen Spaltungsfällen, in denen das Anstellungsverhältnis im Spaltungsvertrag ausdrücklich dem übernehmenden Rechtsträger zugeordnet wird.[205]

Ebenfalls **nicht** von einem Betriebsübergang gemäß § 613a BGB erfasst sein sollen **Arbeitnehmer**, die zwar bereits einen Arbeitsvertrag abgeschlossen haben, **die** aber vor dem Betriebsübergang noch nicht ihre Arbeit aufgenommen haben und daher **noch nicht in den Betrieb integriert** sind.[206] Jedoch wird ein solcher Arbeitsvertrag in **Umwandlungsfällen** von der **Gesamtrechtsnachfolge** gemäß §§ 20 Abs. 1 Nr. 1, 131 Abs. 1 Nr. 1 UmwG erfasst und geht auf den übernehmenden Rechtsträger über. **In Spaltungsfällen** setzt dies allerdings voraus, dass das zugrunde liegende Arbeitsvertragsverhältnis **dem übernehmenden Rechtsträger zugewiesen** wird. Geschieht dies nicht ausdrücklich im Spaltungsvertrag, kann sich die Zuordnung m. E. auch daraus ergeben, dass das Arbeits-

---

[198] BAG 5 AZR 800/76, AP BGB § 613a Nr. 11; MünchKommBGB/*Müller-Glöge* BGB § 613a Rn. 80.
[199] ErfK/*Preis* BGB § 613a Rn. 67; Bachner/Köstler/Matthießen/Trittin/*Bachner* § 6 Rn. 150; vgl. BAG 4 AZR 580/10, BeckRS 2012, 71257 (Übergang eines Arbeitsverhältnisses gemäß § 613a Abs. 1 BGB während der Elternzeit); BAG 8 AZR 392/02, NZA 2005, 1411, 1415 (Übergang eines ruhenden Arbeitsverhältnisses gemäß § 613a BGB während einer Auslandsentsendung); BAG 8 AZR 621/02, NZA 2004, 791, 793 (Freistellung wegen beabsichtigter Kündigung wirkt für und gegen den Betriebserwerber).
[200] Vgl. BAG 10 AZB 28/13, BeckRS 2014, 73465 Rn. 18; BAG 10 AZB 32/10, NZA 2011, 874, 875 Rn. 12 f.: ohne schriftliche Vereinbarung gemäß § 623 BGB keine wirksame Beendigung des Arbeitsverhältnisses; grundlegend zur Auslegung schriftlicher Geschäftsführer-Dienstverträge mit Arbeitnehmern als Aufhebungsvereinbarungen BAG 5 AZB 100/08, NZA 2009, 669, 670; BAG 2 AZR 260/93, NZA 1994, 212, 214.
[201] So wohl ErfK/*Preis* BGB § 613a Rn. 67; BeckOK ArbR/*Gussen* BGB § 613a Rn. 87 unter Berufung auf BAG 8 AZR 654/01, NZA 2003, 552, 555, das aber die erstmalige Begründung eines Arbeitsverhältnisses mit dem Betriebserwerber und den Übergang eines ruhenden Arbeitsvertrages behandelt.
[202] MünchKommBGB/*Müller-Glöge* BGB § 613a Rn. 80.
[203] BAG 8 AZR 59/02, NZA 2003, 854, 855 f.
[204] Buchner/Schlobach GmbHR 2004, 1, 5 ff., 15 f.
[205] Schmitt/Hörtnagl/Stratz/*Stratz* UmwG § 20 Rn. 45; *Buchner/Schlobach* GmbHR 2004, 1, 11 f., 14.
[206] MünchKommBGB/*Müller-Glöge* BGB § 613a Rn. 80.

verhältnis bereits im Vorfeld formal dem übergehenden Betrieb oder Betriebsteil zugeordnet wird und der Spaltungsvertrag hierauf hinreichend Bezug nimmt.

95 **Nicht** von § 613a Abs. 1 BGB erfasst sind **Leiharbeitnehmer, die im** übergehenden **Betrieb des Entleihers** eingesetzt sind. Dies liegt auch daran, dass diese Arbeitnehmer ausweislich des § 14 AÜG und trotz des aktiven Wahlrechts im Entleiherbetrieb gemäß § 7 S. 2 BetrVG nicht in den Entleiherbetrieb eingegliedert sind, sondern weiterhin dem Verleiherbetrieb angehören (zur Zuordnung der Arbeitsverhältnisse → Rn. 96 ff.). Vor allem aber stehen sie gar nicht in einem arbeitsvertraglichen Verhältnis zum Entleiher und Betriebsveräußerer, so dass es schon an einem Arbeitsverhältnis mit dem Betriebsveräußerer fehlt. Etwas anderes kann ausnahmsweise gelten, wenn die Arbeitnehmerüberlassung konzernintern zur Umgehung des § 613a BGB eingesetzt wird (→ Rn. 28).[207] Wird jedoch der zugrunde liegende Arbeitnehmerüberlassungsvertrag zwischen dem Verleiher und dem übertragenden Rechtsträger (ggf. nach einer Vertragsaufteilung) zusammen mit dem übergehenden Betrieb oder Betriebsteil auf den übernehmenden Rechtsträger übertragen, kommt m. E. ein Missbrauch und damit ein Übergang von Leiharbeitsverhältnissen zusammen mit dem Entleiherbetrieb auch in Konzernkonstellationen keinesfalls in Betracht.

96 dd) **Zuordnung von Arbeitsverhältnissen zum Betrieb oder Betriebsteil.** Kommt es zu einem Betriebs- oder Betriebsteilübergang, so gehen gemäß § 613a Abs. 1 BGB nur solche **Arbeitsverhältnisse** auf den Erwerber über, **die dem** übertragenen **Betrieb oder Betriebsteil zugeordnet** sind. Die Zuordnung richtet sich zunächst nach dem **Willen der Arbeitsvertragsparteien**. Liegt ein solcher weder in ausdrücklicher noch in konkludenter Form vor, so erfolgt die Zuordnung grundsätzlich – ausdrücklich oder konkludent – durch den Arbeitgeber auf Grund seines **Direktionsrechts**.[208] Allerdings ist ein Arbeitnehmer einem Betrieb oder Betriebsteil nur dann zugeordnet, wenn er in diesen auch **tatsächlich eingegliedert** ist.[209] Aus dem Grund scheidet der Übergang eines Arbeitsverhältnisses nach § 613a Abs. 1 BGB wie bereits gesehen aus, wenn der Betriebsübergang vor der Arbeitsaufnahme durch den Arbeitnehmer erfolgt (→ Rn. 94). Probleme bereitet die tatsächliche Eingliederung außerdem immer dann, wenn die Zuordnung durch die Arbeitsvertragsparteien bzw. den Arbeitgeber nicht eindeutig ist. Dies ist häufig bei Arbeitnehmern der Fall, die übergeordnete Aufgaben für mehr als einen Betrieb oder für mehrere Betriebsteile übernehmen, z. B. in kaufmännischen Verwaltungsbereichen, im Controlling, im Personalwesen oder in der IT. In diesen Fällen richtet sich die Zuordnung im Ausgangspunkt nach dem Schwerpunkt der Tätigkeit. Maßgeblich ist aber, dass der Arbeitnehmer auch **in die Struktur des übergehenden Teils eingebunden** ist. Die bloße Ausübung von Tätigkeiten für einen Betrieb oder Betriebsteil reicht daher selbst dann nicht für eine tatsächliche Eingliederung aus, wenn die Tätigkeiten des Arbeitnehmers (nahezu) ausschließlich oder überwiegend dem übergehenden Betriebsteil zugutegekommen sind.[210] Sind diese Arbeitnehmer in die bei dem übertragenden Rechtsträger bestehende wirtschaftliche Einheit „Verwaltungsbetrieb" eingegliedert, können sie mit diesem übergehen, wenn dieser Bereich übertragen wird.[211] Ist eine **Zuordnung** nach dem Schwerpunkt der Tätigkeit ausnahmsweise gar **nicht möglich**, z. B. bei sog. „Springern", bei isoliert tätigen Arbeitsverhältnissen (Pförtner, Gärtner) oder bei Mitarbeitern, deren Zuordnung je nach Projekt wechselt, und kommt es weder zu einer einvernehmlichen

---

[207] Vgl. EuGH C-242/09, NZA 2010, 1225, 1226 Rn. 24 ff., 31 – Albron Catering.
[208] BAG 8 AZR 763/12, NZA-RR 2014, 175, 176 Rn. 24; BAG, 8 AZR 877/11, NZA 2013, 617, 620 Rn. 35.
[209] BAG 8 AZR 763/12, NZA-RR 2014, 175, 177 Rn. 34; BAG 8 AZR 181/11, NZA-RR 2013, 6, 14 Rn. 75; BeckOK ArbR/*Gussen* BGB § 613a Rn. 90.
[210] EuGH C-186/83, BeckEuRS 1985, 119168, Rn. 16 – Botzen; BAG 8 AZR 763/12, NZA-RR 2014, 175, 177 Rn. 35; BAG 8 AZR 556/05, AP BGB § 613a Nr. 315 = NJOZ 2007, 5216, 5221 f. Rn. 25.
[211] Vgl. BAG 8 AZR 556/05, AP BGB § 613a Nr. 315 = NJOZ 2007, 5216, 5221 Rn. 26.

§ 57 Arbeitsrechtliche Folgen von Umwandlungen   97–99   § 57

Zuordnung noch zu einer Zuordnung durch den Arbeitgeber im Wege des Direktionsrechts, soll dem Arbeitnehmer (nicht: dem Arbeitgeber) nach umstrittener Ansicht ein Wahlrecht zustehen.[212] Nach m. E. zutreffender Ansicht **verbleiben** diese **Arbeitnehmer jedoch bei** dem **übertragenden Rechtsträger**, da es für die Zuordnung zum übergehenden Betriebsteil an einer gesetzlichen oder vertraglichen Grundlage fehlt;[213] **wird dieser** im Rahmen einer Spaltung oder Vermögensübertragung **aufgelöst** oder geht der bisherige Betrieb komplett auf zwei oder mehr Erwerber über, ohne dass eine Zuordnung zu einem der Betriebsteile erfolgt bzw. nach objektiven Kriterien möglich ist, sollte dem **übertragenden Rechtsträger** ein **Recht zur einseitigen Bestimmung** entsprechend § 315 BGB zugestanden werden.[214]

Für **Verschmelzungen, Spaltungen** und **Vermögensübertragungen** enthält § 323 97 Abs. 2 UmwG eine Sondervorschrift, die diese Abgrenzungsschwierigkeiten verringern möchte. Nach jener Norm kann die Zuordnung der Arbeitnehmer durch das Arbeitsgericht **nur** auf **grobe Fehlerhaftigkeit** überprüft werden, wenn bei einer Verschmelzung, Spaltung oder Vermögensübertragung ein **Interessenausgleich** zustande kommt, in dem diejenigen **Arbeitnehmer namentlich bezeichnet** werden, die nach der Umwandlung einem bestimmten Betrieb oder Betriebsteil zugeordnet werden.

Voraussetzung ist zunächst, dass eine der genannten Umwandlungsarten vorliegt und dass 98 durch oder in Zusammenhang mit dieser Umwandlung ein **Interessenausgleich** geschlossen wird. Die Verwendung dieses Begriffs verweist auf §§ 111 S. 1, 112 Abs. 1 S. 1 BetrVG, so dass eine Anwendung von § 323 Abs. 2 UmwG voraussetzt, dass es durch oder im Zusammenhang mit der Umwandlung zu einer **Betriebsänderung** (regelmäßig einer Betriebsspaltung) kommt.[215] Bei **Verschmelzungen** setzt dies eine separate Entscheidung über die Veränderung der Betriebsstruktur kurz vor oder nach der Verschmelzung voraus.[216] Gleiches gilt bei **Spaltungen** und **Vermögensteilübertragungen**, auch wenn diese unabhängig von einer ggf. beabsichtigten Steuerneutralität regelmäßig Zuordnungsfragen aufwerfen, da nicht zwingend sämtliche Betriebe oder Betriebsteile übergehen oder jedenfalls – bei der Aufspaltung – nicht auf denselben übernehmenden Rechtsträger übertragen werden. § 323 Abs. 2 UmwG findet daher auch bei Spaltungen nur Anwendung, wenn entweder die Spaltung selbst eine Betriebsänderung in Form einer Betriebsspaltung auslöst (→ § 56 Rn. 85 und Rn. 87, Beispiel 5) oder wenn eine solche Maßnahme im Zusammenhang mit der Spaltung erfolgt. Soll dagegen die Betriebsstruktur als solche unverändert bleiben, findet die Privilegierung des § 323 Abs. 2 UmwG keine Anwendung.[217]

Beispiel 17: Abspaltung ohne Zuordnung gemäß § 323 Abs. 2 UmwG Die A-GmbH unter- 99 hält an ihrem einzigen Standort die zwei arbeitsrechtlichen Betriebe „Produktion" und „Vertrieb". Außerdem besteht bei der A-GmbH ein Verwaltungsbereich, für den kein Betriebsrat gewählt wurde und dessen Arbeitnehmer bislang auch nicht an Betriebsratswahlen teilgenommen haben. Der Betrieb „Produktion" wird von der A-GmbH auf die neugegründete Schwestergesellschaft N-GmbH abgespalten und unverändert von dieser fortgeführt. Mangels Betriebsänderung kann ein Interessenausgleich i. S. d. § 112 Abs. 1 S. 1 BetrVG nicht abgeschlossen werden, so dass eine etwaige Zuordnung

---

[212] LAG Thüringen 6 Sa 41/11, BeckRS 2016, 66425; ErfK/*Preis* BGB § 613a Rn. 72; aA *Gaul* § 12 Rn. 39 ff. und Rn. 87 ff., der stets eine Zuordnung durch den bisherigen Arbeitgeber, d. h. den übertragenden Rechtsträger nach billigem Ermessen (§ 315 BGB) favorisiert; wieder anders *Kreitner* NZA 1990, 429, 432, der nicht eindeutig zuordenbare Arbeitsverhältnisse stets vom Betriebsübergang ausnehmen will.
[213] So auch *Kreitner* NZA 1990, 429, 431, der aber den nachfolgenden Fall der Auflösung des bisherigen Arbeitgebers bzw. des bisherigen Betriebs nicht behandelt.
[214] Willemsen/Hohenstatt/Schweibert/Seibt/*Willemsen* G Rn. 137; für die gerichtliche Überprüfung ebenso *Gaul* § 12 Rn. 107, der aber zuvor eine zweistufige Zuordnung zunächst von Arbeitsplätzen und dann von Arbeitnehmern für erforderlich hält, vgl. § 12 Rn. 74 ff.
[215] Willemsen/Hohenstatt/Schweibert/Seibt/*Willemsen* G Rn. 139 f.
[216] Vgl. Schmitt/Hörtnagl/Stratz/*Langner* UmwG § 323 Rn. 15.
[217] Willemsen/Hohenstatt/Schweibert/Seibt/*Willemsen* G Rn. 140.

von Arbeitnehmern des Verwaltungsbereichs (Stichwort: steuerlicher Teilbetrieb) nicht einmal dann dem eingeschränkten Überprüfungsmaßstab des § 323 Abs. 2 UmwG unterläge, wenn die A-GmbH mit dem Betriebsrat des Produktionsbetriebs einen freiwilligen Interessenausgleich schließen würde.

100 Allerdings erfolgt **auch bei Umwandlungen** die **Zuordnung zunächst nach** den oben beschriebenen **allgemeinen Grundsätzen**, denn die Spezialvorschrift des § 323 Abs. 2 UmwG führt **nicht** dazu, dass die Parteien eines Umwandlungsvertrages die Arbeitnehmer den Betrieben oder Betriebsteilen des übertragenden Rechtsträgers **frei zuordnen** könnten, sofern nur ein Interessenausgleich mit Namensliste mit dem zuständigen Betriebsrat zustande kommt.[218] **Nur wenn** sich die **Zuordnung** der Arbeitnehmer nach allgemeinen Grundsätzen **nicht eindeutig** vornehmen lässt, greift die Erleichterung des § 323 Abs. 2 UmwG mit der Folge, dass eine im Interessenausgleich vorgenommene Zuordnung lediglich dann **keine Wirksamkeit** entfaltet, **wenn** sie **grob fehlerhaft** ist. Grobe Fehlerhaftigkeit liegt vor, wenn sich die Zuordnung **unter keinem Gesichtspunkt sachlich rechtfertigen** lässt und gegen grundlegende Zuordnungsprinzipien und gesetzliche Wertungen verstößt.[219] Danach ist eine Zuordnung jedenfalls dann grob fehlerhaft, wenn die Betriebsparteien eine eindeutige Zuordnung nach den allgemeinen Grundsätzen missachten. Gleiches soll gelten, wenn sie einseitig nur Arbeitgeber- oder nur Arbeitnehmerbelange berücksichtigen oder wenn die Betriebsparteien den ausdrücklichen Wunsch eines Arbeitnehmers missachten, ohne dass hierfür ein sachlicher Grund vorliegt.[220] Die **Darlegungs- und Beweislast** für die grobe Fehlerhaftigkeit trägt der **Arbeitnehmer**, wobei die Grundsätze der abgestuften Darlegungs- und Beweislast Anwendung finden.[221] Es gibt **keine Frist für** die **Geltendmachung** der fehlerhaften Zuordnung, weder nach dem UmwG noch nach allgemeinen gesetzlichen Vorschriften. Insbesondere kann die Monatsfrist des § 613a Abs. 6 BGB mE nicht entsprechend herangezogen werden, da § 323 Abs. 2 UmwG nicht voraussetzt, dass es im Zusammenhang mit der Umwandlung überhaupt zu einem Betriebsübergang kommt.[222] Vielmehr findet die Norm gerade auch dann Anwendung, wenn eine Spaltung zur Zerschlagung der bislang bestehenden Betriebe führt.[223] Gelingt es nicht, im Interessenausgleich eine **Ausschlussfrist** für die Geltendmachung zu **vereinbaren**,[224] und gilt auch keine tarifvertragliche Ausschlussfrist für das betroffene Arbeitsverhältnis, so greifen hier allein die Grundsätze der **Verwirkung**.

101 Im Zusammenhang mit Spaltungen wird diskutiert, inwieweit auch eine **Zuordnung von Arbeitnehmern zu Betrieben oder Betriebsteilen im Spaltungsvertrag** in Betracht kommt. Hier gilt es, verschiedene Fallgestaltungen zu unterscheiden:

---

[218] Vgl. BAG 2 AZR 250/11, AP KSchG 1969 § 1 Betriebsbedingte Kündigung Nr. 192 = BeckRS 2013, 65579 Rn. 39; ebenso LAG Hamburg 6 Sa 76/16, BeckRS 2017, 120082 (Rn. 78 f.) und die 4., 5. und 6. Kammer des LAG Schleswig-Holstein in Parallelentscheidungen zur Umstrukturierung bei einem Dienstleistungsunternehmend des Lufthansa-Konzerns, vgl. LAG Schleswig-Holstein 4 Sa 415/14, BeckRS 2016, 66610 (Rn. 95); 5 Sa 437/14, BeckRS 2016, 66237 (Rn. 51); 6 Sa 427/15, BeckRS 2016, 74768; ErfK/*Oetker* UmwG § 323 Rn. 9.
[219] KK-UmwG/*Hohenstatt/Schramm* UmwG § 323 Rn. 43; Widmann/Mayer/*Wälzholz* UmwG § 323 Rn. 37; iE auch Schmitt/Hörtnagl/Stratz/*Langner* UmwG § 323 Rn. 20.
[220] ErfK/*Oetker* UmwG § 323 Rn. 10.
[221] ErfK/*Oetker* UmwG § 323 Rn. 9; Semler/Stengel/*Simon* UmwG § 323 Rn. 30; aA Widmann/Mayer/*Wälzholz* UmwG § 323 Rn. 37.
[222] LAG Hamburg 6 Sa 76/16, BeckRS 2017, 120082 [Rn. 78]; anders Lutter/*Joost* UmwG § 323 Rn. 41; Semler/Stengel/*Simon* UmwG § 323 Rn. 31.
[223] LAG Schleswig-Holstein 5 Sa 437/14, BeckRS 2016, 66237 (Rn. 51); in diesen Fällen ist eine sachliche Zuordnung losgelöst von den Wertungen des § 613a BGB möglich, *Mückl/Götte* GWR 2016, 106; beachte aber *Elking* NZA 2014, 295, 298, der § 613a Abs. 4 BGB auf Versetzungs- und Zuordnungsentscheidungen entsprechend anwenden und auf diese Weise die Zuordnungsmöglichkeit einschränken will.
[224] Zur Zulässigkeit Semler/Stengel/*Simon* UmwG § 323 Rn. 31.

Führt die **Spaltung** eines Unternehmens zu einem **Betriebs- oder Betriebsteilüber- 102 gang** gemäß § 613a Abs. 1 BGB, und geschieht dies **unabhängig davon, ob** die zu dem Betrieb oder Betriebsteil gehörenden **Arbeitsverhältnisse** ausdrücklich im Wege der Spaltung **übertragen werden**, so hat eine **Zuordnung** von Arbeitnehmern bzw. von Arbeitsverhältnissen **im Spaltungsvertrag** oder seinen Anlagen **im Grundsatz** nur **deklaratorische Bedeutung**. Eine Zuordnung unter Verstoß gegen die nach allgemeinen Grundsätzen vorzunehmende Zuordnung zu den zurückbleibenden und den übergehenden Betrieben oder Betriebsteilen entfaltet keine Rechtswirkung, und insbesondere gelten die Erleichterungen des § 323 Abs. 2 UmwG nicht für diesen Fall, selbst wenn die Unternehmensspaltung nach § 123 UmwG zugleich eine Betriebsspaltung i. S. d. § 111 S. 3 Nr. 3 BetrVG auslösen sollte. Ist jedoch die Zuordnung von einzelnen Arbeitnehmern zu den zurückbleibenden oder übergehenden Betrieben oder Betriebsteilen nicht eindeutig möglich, und steht dem übertragenden Rechtsträger insoweit ein Bestimmungsrecht zu (→ Rn. 96), kann er dieses Recht – unter voller Nachprüfbarkeit durch das Arbeitsgericht – im Spaltungsvertrag ausüben.[225]

Beispiel 18: Zuordnung von Arbeitsverträgen im Spaltungsvertrag bei betriebsmittel- 103 geprägtem Betrieb Die E-KG betreibt eine Werkstatt und eine Lackiererei, in der jeweils sowohl PKW als auch LKW repariert bzw. lackiert werden. Hierbei handelt es sich um je einen eigenen arbeitsrechtlichen Betrieb. Zwei Arbeitnehmer der E-KG, A und B, sind jeweils zur Hälfte für die Werkstatt und zur Hälfte für die Lackiererei tätig, ohne dass sie zu einem übergeordneten Querschnittsbereich gehören. Die E-KG gründet eine Tochter-GmbH und gliedert den Lackiereribetrieb auf diese aus. Im Spaltungsvertrag wird das Anlage- und Umlaufvermögen des Betriebs einschließlich der Lackieranlagen, Gebäude und Lacke der Tochter-GmbH zugewiesen. In der Anlage „Übergehendes Personal nach Personalnummern" fehlen versehentlich fünf Arbeitnehmer der E-KG, die ausschließlich für die Lackiererei tätig sind. Außerdem ist darin nur A, nicht aber auch B dem Lackiereribetrieb zugewiesen. Bei der Lackiererei dürfte es sich um einen sog. betriebsmittelgeprägten Betrieb handeln (→ Rn. 17). Daher gehen die fünf Arbeitnehmer, die versehentlich nicht in der Personalliste aufgeführt sind, ohne Weiteres auf die Tochter-GmbH über. Die Zuordnung von A konnte dagegen nach der hier vertretenen Auffassung (→ Rn. 96) von der E-KG wie geschehen festgelegt werden, sofern keine Gründe dafür vorliegen, dass diese Zuordnung ermessensfehlerhaft i. S. d. § 315 BGB war.

Kommt es dagegen **nur** dann zu einem **Betriebsübergang gemäß § 613a Abs. 1 104 BGB, wenn auch** die **Arbeitsverhältnisse** eines Betriebs oder Betriebsteils auf den übernehmenden Rechtsträger **übergehen**, oder möchte der übertragende Rechtsträger einzelne Arbeitsverhältnisse übertragen, obwohl ihm bewusst ist, dass die Übernahme der Arbeitsverhältnisse keinen Betriebsübergang auslösen kann, so stellt sich die **Frage, ob** für den Übergang der Arbeitnehmer die **Zustimmung** der Arbeitnehmer **erforderlich** ist oder ob die Arbeitsverhältnisse wie andere Vertragsverhältnisse auch im Wege der Gesamtrechtsnachfolge auf den übernehmenden Rechtsträger übergehen, ohne dass es hierfür auf eine Mitwirkung der Arbeitnehmer ankommt.

Beispiel 19: Abspaltung von Arbeitsverhältnissen zwecks Auslösung eines Betriebsüber- 105 gangs Die X-AG unterhält u. a. ein Callcenter mit 50 Arbeitnehmern, das als Betriebsteil organisiert ist, und möchte dieses auf C-GmbH abspalten, die bereits Callcenter-Dienstleistungen für den gesamten Konzern erbringt. Zu diesem Zweck schließen die X-AG und die C-GmbH einen Abspaltungsvertrag, in dem ausdrücklich sämtliche Arbeitsverhältnisse des Callcenters auf die C-GmbH abgespalten werden. Außerdem erhält die C-GmbH noch die zugehörige Computerhardware sowie Standardsoftware und Inventar. Ein Callcenter wird nicht maßgeblich durch sächliche oder immaterielle Betriebsmittel geprägt; vielmehr bildet in diesem Fall die strukturierte Gesamtheit von Arbeitnehmern die übergangsfähige wirtschaftliche Einheit (vgl. → Rn. 15). Die Übertragung von Hard- und Software sowie Inventar löst in diesem Fall keinen Betriebsübergang aus. Es kommt vielmehr darauf an, ob die übernehmende C-GmbH durch die Abspaltung der Arbeitsverhältnisse den nach Zahl und Sachkunde wesentlichen Teil der Belegschaft des Callcenters (ca. 80 %) wirksam übernehmen kann.

---

[225] Semler/Stengel/*Simon* UmwG § 323 Rn. 38.

Beispiel 20: Abspaltung von Arbeitsverhältnissen aus verschiedenen Betrieben Im X-Konzern sollen künftig sämtliche Dienstleistungen auf dem Gebiet des Rechnungswesens, des Controllings, des Personals sowie der Rechts- und Steuerberatung in einer neuen Servicegesellschaft S-GmbH gebündelt werden, die anschließend die entsprechenden Dienstleistungen für alle Konzerngesellschaften erbringen soll. Zu diesem Zweck sollen insgesamt 100 Arbeitnehmer der Holding X-AG und drei weiterer Konzerngesellschaften in die S-GmbH wechseln, die aber bei keiner der Gesellschaften einen Betriebsteil bilden. Die X-AG erwägt, jeweils nur die betreffenden Arbeitsverhältnisse im Wege mehrerer Abspaltungsverträge auf die S-GmbH zu überführen.

106 Die **konstitutive Abspaltung von Arbeitsverhältnissen** ist seit langem **umstritten**. Kern des Streits ist die Frage, ob ein Arbeitsverhältnis – anders als andere Vertragsverhältnisse – trotz der mit der Spaltung verbundenen Gesamtrechtsnachfolge gemäß § 131 UmwG nur mit Zustimmung des Vertragspartners auf den übernehmenden Rechtsträger übergehen kann.[226] Zur Begründung stützen sich die Vertreter dieser Ansicht auf **§ 613 S. 1 und S. 2 BGB**. Diese Vorschriften regeln allgemein für alle Dienstverträge, dass der zur Dienstleistung Verpflichtete die Dienste im Zweifel in Person zu leisten hat und dass der Anspruch auf die Dienste im Zweifel nicht übertragbar ist. Daraus folgt jedoch zunächst nur, dass – im Rahmen eines bestehenden Arbeitsverhältnisses – der Arbeitnehmer im Zweifel nicht einen anderen seine Arbeit erbringen lassen darf und dass der Arbeitgeber den Anspruch auf die Dienstleistung im Zweifel nicht (isoliert) abtreten darf.[227] **Über die vollständige Übertragung eines Arbeitsverhältnisses** unter Beendigung der entsprechenden Rechtsbeziehungen zum bisherigen Arbeitgeber **sagt** diese **Norm** selbst **nichts** aus.[228] Außerdem ist **anerkannt**, dass die **Stellung als Arbeitgeber** gemäß § 1922 Abs. 1 BGB **vererbbar** ist, auch ohne dass die Voraussetzungen des § 613a Abs. 1 BGB vorliegen.[229] Daher sollte mE die **gesetzlich angeordnete Gesamtrechtsnachfolge des § 131 UmwG** ebenso wie die Gesamtrechtsnachfolge nach § 1922 BGB und die Gesamtrechtsnachfolge nach § 20 UmwG bei der Verschmelzung **generell** als **Ausnahme zu § 613 BGB** anerkannt werden, bei deren Vorliegen gerade kein Zweifel an der Übertragbarkeit als solcher besteht.[230] Danach ist die Übertragung von Arbeitsverhältnissen im Wege der Aufspaltung,[231] Abspaltung und Ausgliederung unabhängig von der Zustimmung des Arbeitnehmers möglich, und zwar unabhängig davon, ob sich durch die Übertragung der Inhalt des Arbeitsverhältnisses ändert.[232]

---

[226] So Kallmeyer/*Kallmeyer* UmwG § 126 Rn. 35; Lutter/*Priester* UmwG § 126 Rn. 69; Semler/Stengel/*Simon* UmwG § 323 Rn. 39 (der aber von einer konkludenten Zustimmung durch Weiterarbeit ausgeht).

[227] Dieser Grundsatz hat auch in der modernen Arbeitswelt unstrittig nichts von seiner Bedeutung verloren, vgl. Willemsen/Hohenstatt/Schweibert/Seibt/*Willemsen* G Rn. 144.

[228] In der Literatur wird die Anwendbarkeit des § 613 BGB auf die Übertragung des gesamten Arbeitsverhältnisses damit begründet, dass § 613 S. 2 BGB einen Sonderfall des Abtretungsverbots gemäß § 399 BGB darstelle, welches seinerseits auf die Übertragung von ganzen Vertragsverhältnissen Anwendung finde, vgl. Willemsen/Hohenstatt/Schweibert/Seibt/*Willemsen* G Rn. 143.

[229] ErfK/*Preis* BGB § 613 Rn. 11.

[230] Vgl. zur Erbfolge ErfK/*Preis* BGB § 613 Rn. 11, demzufolge selbst ein Krankenpflegevertrag oder der Vertrag mit einem Privatsekretär übergehen sollen, aber als auflösend bedingt auf den Tod des Arbeitgebers ausgelegt werden könnten. Eine besondere Behandlung der Aufspaltung, wie sie im Schrifttum unter Geltung des § 132 UmwG a. F. hatte, ist nach hier vertretener Ansicht nicht erforderlich.

[231] Zu der bereits unter Geltung des § 132 S. 2 UmwG a. F. vertretenen Ansicht, dass die Aufspaltung von § 613 S. 2 BGB nicht erfasst werde, vgl. Willemsen/Hohenstatt/Schweibert/Seibt/*Willemsen* G Rn. 143.

[232] Für eine Übertragbarkeit ohne vorherige Zustimmung bei fehlender Inhaltsänderung Semler/Stengel/*Schröer* UmwG § 126 Rn. 73; *Boecken* Rn. 106; wohl auch Willemsen/Hohenstatt/Schweibert/Seibt/*Willemsen* G Rn. 144, der aber vorsorglich die Einholung der Zustimmung des betroffenen Arbeitnehmers empfiehlt.

Eine andere Frage ist, wie man den **Schutz des Arbeitnehmers vor** dem **ungewollten** 107 **Wechsel des Arbeitgebers** sicherstellt. Soweit der Gesetzgeber zulässt, dass der Arbeitgeber durch Rechtsgeschäft ohne Zustimmung des Arbeitnehmers ausgewechselt wird, trifft ihn nach Ansicht des Bundesverfassungsgerichts aufgrund des **Art. 12 Abs. 1 GG** eine Schutzpflicht, die nicht nur das Interesse des Arbeitnehmers am Erhalt seines Arbeitsplatzes trotz Arbeitgeberwechsels, sondern auch seine privatautonome Entscheidung über die Person des Vertragspartners beachten muss.[233] Dieser **Schutzpflicht** ist aber nach Ansicht des Gerichts **mit § 613a BGB** für den Fall des Betriebsübergangs **Rechnung getragen** worden, wobei das BVerfG maßgeblich darauf abstellt, dass der Fortbestand des Arbeitsverhältnisses nach dem Übergang gesichert ist und dass dem Arbeitnehmer ein Widerspruchsrecht zusteht.[234] Diese Voraussetzungen sind zum einen erfüllt, wenn – wie in Beispiel 19 – das Personal eines betriebsmittelarmen Betriebs im Wege einer Abspaltung statt etwa mittel einzelner Überleitungsverträge auf einen neuen Rechtsträger überführt werden soll. Sie sind aber auch bei der Übertragung einzelner Arbeitsverhältnisse im Wege der Spaltung gegeben, wenn man den Arbeitnehmern für diesen Fall ein **Widerspruchsrecht entsprechend § 613a Abs. 6 BGB** zugesteht,[235] was ohne einen **Unterrichtungsanspruch analog § 613a Abs. 5 BGB** wenig Sinn ergäbe. Die Nichteinhaltung der Unterrichtungspflicht hat aber in diesen Fällen ebenfalls keine Auswirkungen auf die Wirksamkeit der Übertragung, sondern führt wie auch sonst bei § 613a Abs. 6 BGB nur dazu, dass die Frist für den Widerspruch nicht zu laufen beginnt. Die **kündigungsrechtliche Stellung** der übergehenden Arbeitnehmer verschlechtert sich auch ohne zugrunde liegenden Betriebsübergang wegen **§ 323 Abs. 1 UmwG** nicht, und krasse Fälle – Abschluss eines Abspaltungsvertrages mit dem Ziel, lediglich das Arbeitsverhältnis eines einzelnen missliebigen Betriebsratsmitglieds auf einen anderen Rechtsträger zu überführen – werden in der Praxis bereits dadurch verhindert, dass Umwandlungsmaßnahmen wegen der erforderlichen Zuleitungsfrist gemäß § 126 Abs. 3 UmwG und der Pflicht zur notariellen Beurkundung gemäß §§ 6, 13 Abs. 3 S. 1 UmwG zeit- und kostenintensiv sind.

Im Ergebnis können daher die Arbeitsverhältnisse sowohl in Beispiel 19 als auch im 108 Beispiel 20 im Wege der Spaltung ohne Zustimmung der Arbeitnehmer übertragen werden. Die Arbeitnehmer sind aber gemäß § 613a Abs. 5 UmwG zu unterrichten. Außerdem können sie der Abspaltung ihres Arbeitsverhältnisses in entsprechender Anwendung des § 613a Abs. 6 BGB widersprechen.

ee) Zwingende Wirkung des § 613a Abs. 1 S. 1 BGB. Der **Bestandsschutz**, den 109 § 613a Abs. 1 BGB vermittelt, ist zwingend und kann weder einzelvertraglich noch durch Tarifvertrag oder Betriebsvereinbarung abbedungen werden.[236] So sind z. B. Regelungen in Arbeitsverträgen, die einen Betriebsübergang für das betreffende Arbeitsverhältnis ausschließen, im Grundsatz unwirksam.[237] Auf der anderen Seite wurde oben bereits ausgeführt, dass § 613a BGB nicht die **Vertragsfreiheit** von Arbeitnehmer und Arbeitgeber einschränken möchte und dass einvernehmliche Vereinbarungen zur Abänderung von Rechten und Pflichten aus übergehenden oder bereits übergegangenen Arbeitsverhältnissen möglich sind (→ Rn. 91). Dieses **Spannungsverhältnis** zwischen Bestandsschutz und Vertragsfreiheit im Rahmen von Betriebsübergängen ist noch **nicht abschließend austariert**. Einerseits hat das BAG inzwischen wiederholt vertreten, dass jedenfalls in der Regel kein sachlicher

---

[233] BVerfG 1 BvR 1741/09, NZA 2011, 400, 402 Rn. 73.
[234] BVerfG 1 BvR 1741/09, NZA 2011, 400, 402 Rn. 73.
[235] So iE Theiselmann/Nießen Kap. 7 Rn. 115; *Rieble* ZIP 1997, 301, 306; vgl. auch *Gaul* § 12 Rn. 43 ff., der aber § 613a BGB auch dann unmittelbar anwenden will, wenn kein Betrieb oder Betriebsteil übertragen wird.
[236] BAG 8 AZR 1/13, NZA 2014, 1095, 1097 Rn. 24; BeckOK ArbR/*Gussen* BGB § 613a Rn. 83.
[237] ErfK/*Preis* BGB § 613a Rn. 82, der auch auf mögliche Ausnahmen von diesem Grundsatz hinweist.

Grund für eine einvernehmliche Änderung von Arbeitsbedingungen zu Lasten des Arbeitnehmers erforderlich sei.[238] Andererseits hat es bislang ausdrücklich offengelassen, ob dies auch für Verträge gilt, die den **Erlass rückständiger Arbeitnehmeransprüche** regeln oder die **betriebliche Altersversorgung** zu Lasten des Arbeitnehmers **verschlechtern**.[239] Derartige Veränderungen sollten daher in der Praxis weiterhin nur dann vereinbart werden, wenn hierfür ein **sachlicher Grund** besteht, etwa wenn der Verzicht auf Leistungen wegen der wirtschaftlichen Schwierigkeiten des von § 613a BGB Abs. 1 BGB erfassten Betriebs und mit dem Ziel der Arbeitsplatzerhaltung erfolgt.[240]

110   ff) **Verhältnis von Gesamtrechtsnachfolge und Übergang gemäß § 613a BGB.** Die Rechtsgrundverweisung des § 324 UmwG führt dazu, dass die Übertragung von Vermögen eines Unternehmens im Wege der Gesamtrechtsnachfolge **bei Verschmelzungen und Spaltungen** nach §§ 20 Abs. 1 Nr. 1, 131 Abs. 1 Nr. 1 UmwG zugleich einen Betriebsübergang gemäß § 613a Abs. 1 BGB darstellen kann. Sind dessen Voraussetzungen erfüllt, **gehen** die zum übertragenen Betrieb oder Betriebsteil gehörenden **Arbeitsverhältnisse aus zweierlei Rechtsgründen über**, nämlich sowohl gemäß § 613a Abs. 1 BGB als auch aufgrund der umwandlungsrechtlichen Gesamtrechtsnachfolge auf den oder die übernehmenden Rechtsträger über.[241] In der Praxis hat die gleichzeitig stattfindende **Gesamtrechtsnachfolge** zumeist **keine eigenständige Bedeutung**. Anders ist dies aber, wenn bei einer Verschmelzung einzelne Arbeitsverhältnisse des übertragenden Rechtsträgers nicht von § 613a Abs. 1 BGB erfasst werden (insb. **ruhende Arbeitsverhältnisse von Organmitgliedern**, → Rn. 92) oder wenn man mit der hier vertretenen Ansicht die **Abspaltung von Arbeitsverhältnissen** ohne gleichzeitige Übertragung eines arbeitsrechtlichen Betriebs oder Betriebsteils für zulässig erachtet (→ Rn. 106).

111   b) **Kündigungsrechtliche Stellung der übergehenden Arbeitnehmer. aa) Ausschluss von Kündigungen „wegen des Betriebsübergangs".** Durch die Einführung des § 613a BGB und die Anordnung eines Übergangs sämtlicher Arbeitsverhältnisse eines Betriebs oder Betriebsteils auf dessen Erwerber sollte nicht nur sichergestellt werden, dass die Arbeitnehmer wenigstens für eine Übergangszeit ihre bisherigen Arbeitsbedingungen behalten. Zugleich sollte verhindert werden, dass sich der Erwerber allein wegen der Übernahme des Betriebs ohne weiteres von den besonders schutzbedürftigen älteren, schwerbehinderten, unkündbaren oder sonst sozial schwächeren Arbeitnehmern trennen kann.[242] Aus dem Grund ordnet § 613a Abs. 4 S. 1 BGB an, dass die **Kündigung** des Arbeitsverhältnisses eines Arbeitnehmers durch den bisherigen Arbeitgeber oder durch den neuen Inhaber **wegen des Übergangs** eines Betriebs oder eines Betriebsteils **unwirksam** ist. Zugleich hat der Gesetzgeber dafür gesorgt, dass der Betriebsübergang nicht zu einem überschießenden Schutz vor Kündigungen führt, den die Arbeitnehmer ohne den Betriebsübergang nicht genössen; denn § 613a Abs. 4 S. 2 BGB stellt klar, dass das **Recht zur Kündigung** des Arbeitsverhältnisses **aus anderen Gründen unberührt** bleibt.

112   Diese Kombination führt dazu, dass nicht jede Kündigung im Zusammenhang mit einem Betriebsübergang als **Kündigung „wegen" des Betriebsübergangs** unwirksam ist. Vielmehr kommt es nach der Formulierung der Rechtsprechung darauf an, dass der **Betriebsübergang** der **tragende Grund** und nicht nur der äußere Anlass für die

---

[238] BAG 4 AZR 414/14, BeckRS 2016, 115173 Rn. 15; BAG 5 AZR 1007/06, BAGE 124, 345 = NZA 2008, 530, 531 Rn. 17.
[239] Vgl. BAG 5 AZR 1007/06, BAGE 124, 345 = NZA 2008, 530, 531 Rn. 17; hierzu *Dzida/Wagner* NZA 2008, 571, 573.
[240] Vgl. BAG 5 AZR 95/75, NJW 1977, 1168.
[241] ErfK/*Oetker* UmwG § 324 Rn. 3; zur Verschmelzung vgl. BAG 1 AZR 247/01, NZA 2003, 449, 450, das allerdings offenlässt, ob der Übergang der Arbeitsverhältnisse zusätzlich zu § 20 Abs. 1 Nr. 1 UmwG auch nach § 613a Abs. 1 BGB erfolgt.
[242] BAG 2 AZR 477/81, BAGE 43, 13 = NJW 1984, 627, 630.

Kündigung ist.[243] Keine Kündigung i. S. d. § 613a Abs. 4 S. 1 BGB ist insbesondere die betriebsbedingte Kündigung des Arbeitnehmers, für den nach einem Widerspruch keine Beschäftigungsmöglichkeit mehr bei dem übertragenden Rechtsträger besteht.[244] Nach der Rechtsprechung ist damit der **praktische Anwendungsfall** der Kündigung „wegen des Betriebsübergangs" die Kündigung, mit der **„zu teure" Arbeitsverhältnisse** vor einem Betriebsübergang **beendet** werden sollen.[245]

Im Ergebnis dürfte sich die praktische Bedeutung des Kündigungsverbots gemäß § 613a Abs. 4 BGB auf willkürliche Fälle beschränken, in denen auch ohne Geltung des Kündigungsschutzgesetzes eine Kündigung nach §§ 138, 242 BGB unwirksam wäre.[246]

bb) Beibehaltung der kündigungsrechtlichen Stellung nach dem UmwG. Zusätzlich zu dem allgemeinen **Schutz vor Kündigungen wegen des Betriebsübergangs** gemäß § 613a Abs. 4 BGB werden die Arbeitnehmer, die aufgrund einer Spaltung zu einem anderen Arbeitgeber wechseln, durch § 323 Abs. 1 BGB geschützt. Nach jener Norm **behalten Arbeitnehmer**, die im Zuge der Spaltung auf einen anderen Arbeitgeber übergehen, ihre **kündigungsrechtliche Stellung** für die Dauer von **zwei Jahren**. Auch wenn die Vorschrift ihre endgültige Fassung erst durch den Vermittlungsausschuss erhalten hat,[247] war der Schutz der Arbeitnehmer gegen eine Erleichterung von Kündigungen infolge von Unternehmensspaltungen bereits im Regierungsentwurf des UmwBerG vorgesehen.[248] Unstrittig hat die Norm den Zweck, den Arbeitnehmern einen bei dem übertragenden Rechtsträger bestehenden Schutz durch das Kündigungsschutzgesetz zu erhalten, auch wenn der maßgebliche Schwellenwert für die Anwendung jenes Gesetzes durch die Spaltung unterschritten wird.[249]

Beispiel 21: Erhalt der kündigungsrechtlichen Stellung Wird ein Betriebsteil mit sieben Arbeitnehmern aus einem Betrieb mit 30 Arbeitnehmern auf eine bisher arbeitnehmerlose Gesellschaft abgespalten und bildet dieser Betriebsteil anschließend den gesamten arbeitsrechtlichen Betrieb des übernehmenden Rechtsträgers, so kann der neue Arbeitgeber die übernommenen Arbeitsverhältnisse nicht mit dem Argument, der Schwellenwert des § 23 Abs. 1 KSchG von in der Regel mehr als zehn Arbeitnehmern sei nicht überschritten, ohne Beachtung des § 1 KSchG kündigen.

Über den **weitergehenden Anwendungsbereich** des § 323 Abs. 1 UmwG herrscht dagegen Streit. So wird diskutiert, ob die Regelungen zur **Massenentlassung** gemäß §§ 17 ff. KSchG von der Norm erfasst sind.[250] Umstritten ist auch, ob über § 323 Abs. 1 UmwG der bei dem übertragenden Rechtsträger bislang bestehende Betrieb für Zwecke der **Sozialauswahl** als fortbestehend fingiert wird.[251] Außerdem wird vertreten, dass zur kündigungsrechtlichen Stellung auch **Regelungen aus Tarifverträgen oder Betriebsvereinbarungen** gehören, etwa über verlängerte Kündigungsfristen oder über den Aus-

---

[243] BAG 8 AZR 97/02, BAGE 105, 338 = NZA 2003, 1027, 1028 im Anschluss an *Willemsen* ZIP 1983, 411, 413.
[244] BAG 6 AZR 249/05, NZA 2007, 387, 389 Rn. 33; vgl. auch BVerfG 1 BvR 1741/09, NZA 2011, 400, 402 Rn. 73 zum verfassungsrechtlich nicht zu beanstandenden Risiko der betriebsbedingten Kündigung durch den Altarbeitgeber nach einem Widerspruch.
[245] BAG 8 AZR 97/02, BAGE 105, 338 = NZA 2003, 1027, 1028.
[246] Anders *Commandeur/Kleinenbrink* BB 2012, 1857, 1861, die keinen tatbestandlichen Anwendungsbereich für § 613a Abs. 4 BGB erkennen.
[247] BT-Drucks., 12/8415, Anlage.
[248] BT-Drucks., 12/6699, S. 61.
[249] BT-Drucks., 12/6699, S. 175; Willemsen/Hohenstatt/Schweibert/Seibt/*Willemsen* H Rn. 151.
[250] Däubler/Kittner/Klebe/Wedde/*Däubler* BetrVG § 21a Rn. 56 (danach betrifft § 323 Abs. 2 UmwG auch die Mitbestimmungsrechte des Betriebsrats bei Kündigungen nach §§ 102, 103 BetrVG); *Boecken* Rn. 275; aA Willemsen/Hohenstatt/Schweibert/Seibt/*Willemsen* H Rn. 152.
[251] Dagegen BAG 6 AZR 526/04, BAGE 116, 19 = NZA 2006, 658, 660 Rn. 28 unter Bezugnahme auf Willemsen/Hohenstatt/Schweibert/Seibt/*Willemsen* H Rn. 154; aA *Bachner* NJW 1995, 2881, 2884.

schluss betriebsbedingter Kündigungen für Arbeitnehmer, die eine bestimmte Betriebszugehörigkeit und ein bestimmtes Mindestalter erreicht haben.[252]

117 Der **Gesetzeswortlaut** spricht dafür, dass der Gesetzgeber durchaus bewusst zwischen dem „kündigungs*schutz*rechtlichen" Betrieb in § 322 UmwG und der „kündigungsrechtlichen" Stellung des § 323 Abs. 1 UmwG unterschieden hat. Anderseits besagt die **Gesetzesbegründung**, dass sich die kündigungsrechtliche Stellung „auch dann nicht verschlechtern [können soll], wenn in dem neuen (...) Rechtsträger die für die Anwendbarkeit kündigungsrechtlicher Regelungen notwendige Beschäftigtenzahl nicht erreicht wird". Als Regelbeispiel für eine solche Regelung, bei der es auf die Beschäftigtenzahl ankommt, nennt der Gesetzgeber sodann § 23 Abs. 1 KSchG. Tarifvertragliche oder betriebliche Regelungen in dem oben genannten Sinne knüpfen aber üblicher Weise nicht an eine Beschäftigtenzahl an. Außerdem wird deren Fortgeltung bereits durch § 613a Abs. 1 S. 1 und 2 BGB bestimmt, etwa wenn es um die Anerkennung der Betriebszugehörigkeit (→ Rn. 87) oder um die Transformation bislang kollektivrechtlich geltender Regelungen (→ Rn. 133 ff.) geht. Dass der Gesetzgeber mit § 323 Abs. 1 UmwG eine Ausnahme von dem nur auf ein Jahr begrenzten Verschlechterungsverbot des § 613a Abs. 1 S. 2 BGB regeln wollte, erscheint vor dem Hintergrund von § 324 UmwG und der knappen Gesetzesbegründung sehr weitgehend. Hinzu kommt, dass § 323 Abs. 1 UmwG nach zustimmungswürdiger Ansicht des BAG nicht dazu dient, bloße indirekte bzw. reflexartige Vorteile zu bewahren, die sich allein aus der tatsächlichen Situation im Ursprungsbetrieb ergeben haben; vielmehr will die Vorschrift **lediglich** solche **Verschlechterungen** der rechtlichen Situation der übergegangenen Arbeitnehmer verhindern, die sich **als unmittelbare Folge der Spaltung** darstellen.[253] Dies alles spricht für eine **enge Auslegung** von § 323 Abs. 1 UmwG.

3. Folgen für die Betriebsverfassung und kollektivrechtliche Regelungen

118 **a) Folgen für die Betriebsverfassung. aa) Betriebsverfassungsrechtliche Spaltung von Betrieben.** Durch die **Spaltung nach dem UmwG** wird der übertragende Rechtsträger, d. h. das **Unternehmen, gespalten**. Dies kann, wie auch eine Verschmelzung nach dem UmwG, ohne jede Auswirkung auf die Betriebsverfassung der bei dem übertragenden Rechtsträger vorhandenen Betriebe geschehen, wenn Betriebe im Ganzen übertragen werden, ohne dass deren Organisation oder Identität angetastet wird. In dem Fall liegt lediglich ein **Betriebsinhaberwechsel** vor. In diesem Fall bleibt der **bisherige Betriebsrat** unverändert **im Amt**, und zwar aufgrund seines bereits bisher bestehenden Vollmandats, das erst mit dem Ende der für den Betrieb laufenden Wahlperiode gemäß § 13 Abs. 1 oder Abs. 3 BetrVG endet. Die Unternehmensspaltung löst in diesen Fällen keine Neuwahlen aus.[254]

119 Außerdem wird gemäß § 1 Abs. 2 Nr. 2 UmwG ein **gemeinsamer Betrieb** mehrerer Unternehmen **vermutet**, wenn die Spaltung eines Unternehmens zur Folge hat, dass von einem Betrieb ein oder mehrere Betriebsteile einem an der Spaltung beteiligten anderen Unternehmen zugeordnet werden, ohne dass sich dabei die Organisation des betroffenen Betriebs wesentlich ändert. Hierbei handelt es sich um eine **widerlegbare Vermutung**, die bei Vorliegen der Voraussetzungen davon ausgeht, dass die Betriebsteile, die nach der Spaltung unterschiedlichen Rechtsträgern gehören, weiterhin unter einer einheitlichen, nunmehr **gemeinsamen Führung** stehen.[255] Diese Vermutung, die bei allen Arten der

---

[252] Dafür *Wlotzke* DB 1995, 40, 44; *Bachner* NJW 1995, 2881, 2884.
[253] BAG 6 AZR 526/04, BAGE 116, 19 = NZA 2006, 658, 659 f. Rn. 22, 28.
[254] Vgl. BAG 2 AZR 1005/12, NZA 2015, 889, 892 Rn. 36; BAG 2 AZR 62/11, BAGE 142, 36 = NZA 2013, 277, 282 Rn. 49.
[255] BAG 7 ABR 36/11, NZA-RR 2013, 521, 524 Rn. 29; BAG 4 AZR 491/06, NZA 2008, 307, 313 Rn. 73; Richardi/*Richardi* BetrVG § 1 Rn. 78; iE wohl auch ErfK/*Koch* BetrVG § 1 Rn. 15, der von einer nicht widerlegbaren gesetzlichen Fiktion ausgeht, aber meint, dass bei Nichtvorliegen der Voraussetzungen kein gemeinsamer Betrieb bestehe.

Spaltung und insbesondere auch bei der Aufspaltung gemäß § 123 Abs. 1 UmwG in Betracht kommt, kann durch den Nachweis eines fehlenden einheitlichen Leitungsapparats widerlegt werden; sie führt dazu, dass es auch in diesem Fall nicht zu einer Betriebsspaltung i. S. d § 111 S. 3 Nr. 3 BetrVG kommt und der **bisherige Betriebsrat** unverändert für die Dauer der laufenden Wahlperiode im Amt bleibt.[256]

Anders ist dies, wenn eine **umwandlungsrechtliche Spaltung** oder **Verschmelzung** **zugleich** auch eine **Betriebsspaltung** i. S. d. § 111 S. 3 Nr. 3 BetrVG mit sich bringt. Während bei der Verschmelzung hierfür stets eine weitere organisatorische Maßnahme erforderlich ist,[257] kann eine Unternehmensspaltung wie bereits im Zusammenhang mit der Vorbereitung von Umwandlungen und den Angaben nach § 126 Abs. 3 UmwG erläutert durchaus zugleich eine Betriebsspaltung darstellen (→ § 56 Rn. 85 ff.). Zu einer Betriebsspaltung kommt es jeweils, **wenn** durch die oder in Zusammenhang mit der Spaltung bzw. im Zusammenhang mit einer Verschmelzung der **Teil eines Betriebes** von diesem abgetrennt und bei dem übernehmenden Rechtsträger **einer eigenständigen organisatorischen Leitung unterstellt** wird.[258] Dabei sind, ähnlich wie bei der Spaltung nach dem UmwG, zwei Fälle zu unterscheiden: Bei der **Betriebsabspaltung** behält der bisherige Betrieb seine Identität, und es entsteht lediglich eine neue Einheit beim übernehmenden Rechtsträger. Bei der **Betriebsaufspaltung** dagegen wird die Identität des bisherigen Betriebs zerstört, und es entstehen auch bei dem übertragenden Rechtsträger eine oder mehrere „neue" Einheiten.[259]

Kommt es zu einer Betriebsspaltung, so stellt sich die Frage, wer nunmehr die betrieblichen Interessen der von der Betriebsspaltung betroffenen Arbeitnehmer wahrnimmt. Dies regelt § 21a BetrVG, der gemäß § 21a Abs. 3 BetrVG auch dann in Gänze Anwendung findet, wenn eine Betriebsspaltung im Zusammenhang mit einer Umwandlung nach dem UmwG erfolgt. Danach bleibt der Betriebsrat des gespaltenen Betriebs im Amt und führt die Geschäfte für die ihm bislang zugeordneten Betriebsteile weiter, soweit sie die Voraussetzungen des § 1 Abs. 1 Satz 1 BetrVG erfüllen und nicht in einen Betrieb eingegliedert werden, in dem ein Betriebsrat besteht (**Übergangsmandat** gemäß Legaldefinition des § 21a Abs. 1 S. 1 BetrVG). Sinn und Zweck ist der Schutz der zum neu geschaffenen Betriebsteil gehörenden Arbeitnehmer vor einem Fehlen der betrieblichen Interessenvertretung zu einem Zeitpunkt, zu dem sie besonders schutzwürdig sind.[260] § 21a Abs. 1 BetrVG gilt gemäß § 21a Abs. 3 BetrVG ausdrücklich für die Spaltung von Betrieben im Zusammenhang mit einer Umwandlung nach dem UmwG. **Behält der bisherige Betrieb** des übertragenen Rechtsträgers, der Gegenstand der Betriebsspaltung ist, **seine** betriebliche **Identität**, so übt dessen Betriebsrat das **Übergangsmandat** gemäß § 21a Abs. 1 S. 1 BetrVG **allein für** den **abgespaltenen Teil** aus; im Übrigen bleibt dieser Betriebsrat wie bisher **für** den bei dem übertragenden Rechtsträger **fortbestehenden Betrieb** aufgrund seines **regulären Mandats** im Amt. Kommt es dagegen zu einer **Betriebsaufspaltung** und verliert der bisherige Betrieb seine Identität, so übt dieser für **sämtliche** aus der Aufspaltung hervorgegangenen **betriebsratsfähigen Einheiten** ein **Übergangsmandat** gemäß § 21a Abs. 1 S. 1 BetrVG aus.[261] Dies gilt auch dann, wenn eine der durch die Betriebsspaltung entstandenen betrieblichen Einheiten in einen anderen Betrieb eingegliedert wird, sofern für den eingliedernden Betrieb kein Betriebsrat gewählt wurde. Eine **Eingliederung** liegt dann vor, wenn zwei oder mehrere Betriebe oder Betriebsteile organisatorisch zusammengeführt werden und wenn dadurch ein Betrieb oder Betriebsteil

---

[256] Willemsen/Hohenstatt/Schweibert/*Hohenstatt* D Rn. 13; Richardi/*Richardi* BetrVG § 1 Rn. 76, 78.
[257] Vgl. das Beispiel bei Kallmeyer/*Willemsen* UmwG § 322 Vorbemerkung Rn. 23.
[258] BAG 1 ABR 32/96, BAGE 85, 1 = NZA 1997, 898, 899.
[259] BAG 2 AZR 62/11, BAGE 142, 36 = NZA 2013, 277, 282 Rn. 48.
[260] BeckOK ArbR/*Besgen* BetrVG § 21a Rn. 1.
[261] BeckOK ArbR/*Besgen* BetrVG § 21a Rn. 6; *Fitting* BetrVG § 21a Rn. 11a; aA Richardi/*Thüsing* BetrVG § 21a Rn. 13, der sich für diesen Fall gegen ein Übergangsmandat ausspricht.

seine Identität verliert, während die Identität der anderen Betriebe oder Betriebsteile erhalten bleibt.[262] Der aufnehmende Betrieb wird lediglich größer, ohne dass er dadurch tiefgreifende Veränderungen erfährt.[263] Ob eine Eingliederung vorliegt, ist im Wesentlichen **anhand des Gesamteindrucks** der organisatorischen Einheit vorher und nachher zu bestimmen.[264] Erfolgt die **Eingliederung** dagegen **in** einen **Betrieb, für den** bereits ein **Betriebsrat besteht,** so kommt es nicht zu einem Übergangsmandat des früher zuständigen Betriebsrats für den eingegliederten Betriebsteil. In dem Fall **vertritt** der **Betriebsrat** des aufnehmenden Betriebs die übergehenden **Arbeitnehmer** im Rahmen seines **regulären Betriebsratsmandats** für jenen Betrieb.[265]

122   Das Übergangsmandat ist ein **Vollmandat,** d. h. dem Betriebsrat stehen sämtliche betriebsverfassungsrechtlichen Mitbestimmungs- und Mitwirkungsrechte wie bisher auch zu, einschließlich des Rechts zum Abschluss von Betriebsvereinbarungen und der Einleitung von Rechtsstreitigkeiten.[266] Aufgrund des Übergangsmandats hat der Betriebsrat unverzüglich Wahlvorstände für die aus der Spaltung hervorgegangenen Einheiten zu bestellen, § 21a Abs. 1 S. 2 BetrVG; daraus folgt in Verbindung mit dem Wortlaut des Gesetzes, dass die neu entstandene Einheit, für die das Übergangsmandat ausgeübt wird, betriebsratsfähig sein muss.[267] Die Bestellung der Wahlvorstände richtet sich nach § 16 BetrVG.[268] Mit der Bekanntgabe der Wahlergebnisse in den Betriebsteilen, **spätestens** jedoch **sechs Monate nach** dem Wirksamwerden der **Betriebsspaltung endet** das Übergangsmandat nach § 21a Abs. 1 S. 3 BetrVG, und die zeitliche Höchstgrenze kann gemäß § 21 Abs. 1 S. 4 BetrVG **durch Tarifvertrag oder Betriebsvereinbarung** um **weitere sechs Monate** verlängert werden. Zu den Einzelheiten des Inhalts und der Dauer des Übergangsmandats sei an dieser Stelle auf die betriebsverfassungsrechtliche Literatur verwiesen.

123   Die Regelungen zum Übergangsmandat gemäß § 21a BetrVG werden ergänzt durch das **Restmandat** gemäß § 21b BetrVG, eine Norm, die neben der Betriebsspaltung auch die Stilllegung und die Zusammenlegung von Betrieben regelt. **Geht** ein **Betrieb** durch Spaltung **unter,** so wurde eben dargelegt, dass insoweit **kein Übergangsmandat** gemäß § 21a Abs. 1 BetrVG entsteht; dies betrifft vielmehr nur die neu entstandenen Einheiten und besteht gegenüber dem übernehmenden Rechtsträger als neuem Betriebsinhaber. Es ist **aber** denkbar, dass noch **betriebliche Mitwirkungs- und Mitbestimmungsrechte** in Bezug auf den Betrieb bestehen, der bisher bei dem übertragenden Rechtsträger bestand. Man denke nur an noch nicht abgeschlossene **Verhandlungen** über einen **Interessenausgleich** und einen **Sozialplan**. Um auch insoweit eine Vertretung der Arbeitnehmer sicherzustellen, ordnet § 21b BetrVG an, dass der **bisherige Betriebsrat** so lange **im Amt bleibt,** wie dies **zur Wahrnehmung der** mit der Betriebsspaltung in Zusammenhang stehenden **Mitwirkungs- und Mitbestimmungsrechte erforderlich** ist. Hauptanwendungsfall in den Spaltungsfällen ist die Betriebsaufspaltung, durch der bisherige Betrieb des übertragenden Rechtsträgers seine Identität verliert.[269] Außerdem soll ein Restmandat

---

[262] Fitting BetrVG § 21a Rn. 14; Richardi/Thüsing BetrVG § 21a Rn. 5.
[263] LAG Hessen 9 TaBVGa 61/04, BeckRS 2004, 30450086.
[264] BeckOK ArbR/Besgen BetrVG § 21a Rn. 6; GK/Kreutz BetrVG § 21a Rn. 62.
[265] BeckOK ArbR/Besgen BetrVG § 21a Rn. 6; Richardi/Thüsing BetrVG § 21a Rn. 6; Fitting BetrVG § 21a Rn. 14; GK/Kreutz BetrVG § 21a Rn. 29.
[266] Fuhlrott/Oltmanns BB 2015, 1013; ErfK/Koch BetrVG § 21a Rn. 5; Fitting BetrVG § 21a Rn. 20.
[267] Die durch die Betriebsspaltung neu entstandenen Einheiten müssen jeweils betriebsratsfähig sein (mindestens fünf ständige wahlberechtigte Arbeitnehmer und davon mindestens drei wahlberechtigte Arbeitnehmer), da andernfalls die Pflicht zur Bestellung von Wahlvorständen keinen Sinn ergäbe, ErfK/Koch BetrVG § 21a Rn. 3; Kallmeyer/Willemsen UmwG § 322 Vorbemerkung Rn. 33; Willemsen/Hohenstatt/Schweibert/Seibt/Hohenstatt D Rn. 233.
[268] BAG 7 ABR 78/98, BAGE 95, 15 = NZA 2000, 1350, 1353; ErfK/Koch BetrVG § 21a Rn. 5.
[269] BeckOK ArbR/Besgen BetrVG § 21b Rn. 6 f; Willemsen/Hohenstatt/Schweibert/Seibt/Hohenstatt D Rn. 77 Fn. 231.

für den Betrieb oder Betriebsteil bestehen, der in einen Betrieb mit Betriebsrat eingegliedert wird.[270] Das Restmandat ist, wie sich aus dem Vorstehenden bereits ergibt, kein Vollmandat, sondern ein nachwirkendes Mandat, das nur dann entsteht, wenn in Bezug auf die Betriebsspaltung noch Regelungsbedarf besteht.[271] Es bleibt bestehen, solange noch Mitwirkungs- und Mitbestimmungsrechte auf Grund des Untergangs des Betriebs ausgeübt werden können und ein Betriebsratsmitglied bereit ist, das Amt auszuüben.[272]

Hat die Spaltung oder Teilübertragung eines Rechtsträgers die Spaltung eines Betriebes zur Folge, kann gemäß § 325 Abs. 2 S. 1 UmwG durch **Betriebsvereinbarung oder Tarifvertrag** vereinbart werden, dass diese **Rechte und Beteiligungsrechte des Betriebsrats** für die aus der Spaltung hervorgegangenen Betriebe **fortgelten**, wenn sie andernfalls entfallen würden. Die Vorschrift betrifft nur den Fall, dass durch die Spaltung oder Teilübertragung **betriebsratsfähige Einheiten** entstehen, und greift nicht ein im Fall der Eingliederung oder Zusammenlegung von Betrieben.[273] Sie soll im Wesentlichen ermöglichen, dass die Betriebs- oder die Tarifparteien die Fortgeltung von solchen Regelungen vereinbaren können, die eine bestimmte Betriebs- oder Unternehmensgröße vorsehen.[274] **Ausdrücklich ausgenommen** sind gemäß § 325 Abs. 2 S. 2 UmwG die Regelungen über die **Zahl der Betriebsratsmitglieder** in § 9 BetrVG und über die **Zahl der Betriebsausschussmitglieder** gemäß § 27 BetrVG. Eine entsprechende Vereinbarung muss in einem zeitlichen Zusammenhang mit der Spaltung geschlossen werden.[275] Ihre Geltungsdauer steht im Belieben der Betriebs- oder der Tarifparteien, wobei umstritten ist, ob bei der Vereinbarung im Wege einer Betriebsvereinbarung eine Nachwirkung vereinbart werden kann.[276]

bb) Zusammenlegung von Betrieben. Spiegelbildlich zur Spaltung von Betrieben kann es sowohl im Zusammenhang mit Verschmelzungen als auch im Zusammenhang mit Spaltungen zur „Zusammenfassung" von Betriebsteilen oder ganzen Betrieben i. S. d. § 21a Abs. 2 BetrVG zu neuen Betrieben kommen. Für den Fall ordnet § 21a Abs. 2 S. 1 BetrVG an, dass der Betriebsrat des nach der Zahl der wahlberechtigten Arbeitnehmer größten Betriebs oder Betriebsteils das **Übergangsmandat** wahrnimmt. Im Übrigen soll § 21a Abs. 1 BetrVG entsprechend gelten, § 21a Abs. 2 S. 2 BetrVG. Voraussetzung ist, dass durch die Zusammenfassung eine **betriebsratsfähige Einheit** entsteht, für die sinnvoller Weise Wahlvorstände gemäß § 21 Abs. 2 S. 2 BetrVG i. V. m. §§ 16, 21a Abs. 1 S. 2 BetrVG bestellt werden können und dass bei **mindestens** einem der zusammengefassten Betriebe oder Betriebsteile **ein Betriebsrat** bestanden hat.[277] Die Zusammenfassung ist von der Eingliederung anzugrenzen. Bei einer Eingliederung verliert einer der an der Zusammenfassung beteiligten Betriebe oder Betriebsteile seine Identität nicht, während bei der Zusammenfassung keiner der beteiligten Betriebe oder Betriebsteile seine Identität wahrt. Wurde für den der Zahl der wahlberechtigten Arbeitnehmer nach größten Betrieb kein Betriebsrat gewählt, so nimmt der nächstgrößere Betrieb, bei dem ein Betriebsrat besteht, das Übergangsmandat wahr.[278]

cc) Auswirkungen auf Gesamtbetriebsrat und Konzernbetriebsrat. Verschmelzungen und Spaltungen wirken sich regelmäßig auch auf **Gesamtbetriebsräte** aus, die

---

[270] ErfK/*Koch* BetrVG § 21a Rn. 2; Richardi/*Thüsing* BetrVG § 21a Rn. 7.
[271] BeckOK ArbR/*Besgen* BetrVG § 21b Rn. 9.
[272] BAG 1 AZR 48/00, BAGE 96, 15 = NZA 2001, 849, 851.
[273] Semler/Stengel/*Simon* UmwG § 325 Rn. 30.
[274] Schmitt/Hörtnagl/Stratz/*Langner* UmwG § 325 Rn. 17 mit Beispielen.
[275] Lutter/*Joost* UmwG § 325 Rn. 47.
[276] Vgl. einerseits Schmitt/Hörtnagl/Stratz/*Langner* UmwG § 325 Rn. 17 (Nachwirkung scheidet gemäß § 77 Abs. 6 BetrVG wegen mangelnder Erzwingbarkeit aus); andererseits Semler/Stengel/*Simon* UmwG § 325 Rn. 36 (Nachwirkung kann ausdrücklich vereinbart werden).
[277] ErfK/*Koch* BetrVG § 21a Rn. 4.
[278] BeckOK ArbR/*Besgen* BetrVG § 21a Rn. 7; Richardi/*Thüsing* BetrVG § 21a Rn. 14.

gemäß § 47 Abs. 1 BetrVG bei den an der Umwandlung beteiligten Unternehmen gebildet wurden.

127 Recht einfach ist der Fall, dass bei dem **übernehmenden Rechtsträger** ein Gesamtbetriebsrat besteht. Dieser wird durch die Übernahme weiterer Betriebe im Wege einer Verschmelzung oder Spaltung in seinem **Bestand** als solchen **nicht beeinträchtigt**. Die hinzukommenden Betriebe, in denen Betriebsräte bestehen oder künftig gewählt werden, entsenden künftig Mitglieder in den Gesamtbetriebsrat des übernehmenden Rechtsträgers, der dadurch wächst und sich in seiner Zusammensetzung verändert. Je nach Zahl der hinzugekommenen Arbeitnehmer mag sich auch das Stimmengewicht zugunsten der neu hinzugekommenen Arbeitnehmervertreter verschieben.

128 Bei dem **übertragenden Rechtsträger** hängen die Rechtsfolgen von verschiedenen Umständen ab. Scheiden **einzelne Betriebe** im Wege einer Spaltung aus dem Unternehmen aus, **berührt** dies das **Gremium** als solches **nicht**. Die Mitgliedschaft der aus den ausgeschiedenen Betrieben entsandten Mitglieder des Gesamtbetriebsrats endet, und der Gesamtbetriebsrat ist nicht länger für den ausgeschiedenen Betrieb zuständig.[279] Überträgt der Rechtsträger jedoch seinen **vorletzten Betrieb, für den** ein **Betriebsrat gewählt** wurde, auf ein anderes Unternehmen, **entfallen** die **Voraussetzungen für** die Bildung des **Gesamtbetriebsrats** gemäß § 47 Abs. 1 BetrVG; in dem Fall enden der Gesamtbetriebsrat als solcher und die Ämter der entsandten Mitglieder. Werden dagegen **sämtliche Betriebe des übertragenden Rechtsträgers** durch eine Verschmelzung oder Spaltung auf den übernehmenden Rechtsträger übertragen, so stellt sich die Frage, ob bzw. unter welchen Umständen der Gesamtbetriebsrat des übertragenden Rechtsträgers als **Gesamtbetriebsrat** des übernehmenden Rechtsträgers **unverändert fortbestehen** kann.[280] Ein Fortbestand kommt nur dann in Betracht, wenn der übertragende Rechtsträger nicht selbst über arbeitsrechtliche Betriebe verfügt. Für den Fall, der etwa bei der Übertragung auf eine Vorratsgesellschaft gegeben wäre, hat das BAG angedeutet, dass es möglicherweise von einem Fortbestand des Gesamtbetriebsrats ausgehen würde, **wenn sämtliche Betriebe** des übertragenden Rechtsträgers **unverändert** auf den übernehmenden Rechtsträger **übergehen**.[281] In dem zugrunde liegenden Fall war dies aus Sicht des BAG jedoch nicht gegeben, da ein Teil des Betriebs „Hauptverwaltung" auf ein drittes Unternehmen übertragen worden war. Dem ist mE zuzustimmen, da es ungerechtfertigt erschiene, wenn infolge einer Verschmelzung oder Spaltung, die das Betriebsgefüge unangetastet lässt, der Gesamtbetriebsrat neu gewählt und konstituiert werden müsste.

129 Auf den **Konzernbetriebsrat** haben Umwandlungen zumeist noch weniger Auswirkungen als auf Gesamtbetriebsräte, da der Konzernbetriebsrat nicht von der betrieblichen Situation eines einzelnen Konzernunternehmens abhängt. Sofern durch eine Spaltung die Zahl der Konzerngesellschaften mit Betriebsräten oder Gesamtbetriebsräten vermehrt wird, kann dies zu einer **Erhöhung der Mitgliederzahl** des Konzernbetriebsrats führen, ebenso wie die Verschmelzung von Konzernunternehmen oder die Spaltung von Betrieben auf nicht dem Konzern angehörige Unternehmen heraus zu einer **Verkleinerung des Konzernbetriebsrats** führen können. Nur in dem **Sonderfall**, dass das vorletzte Konzernunternehmen mit einem Gesamtbetriebsrat oder Betriebsrat auf das letzte andere Unternehmen dieser Art im Konzern verschmolzen wird, **entfällt** durch die Umwandlung die **Möglichkeit zur Bildung eines Konzernbetriebsrats**. Gleichermaßen entfallen die Voraussetzungen des § 54 BetrVG, wenn durch eine Spaltung eines von zwei verbundenen Unternehmen seine sämtlichen arbeitsrechtlichen Betriebe

---

[279] Willemsen/Hohenstatt/Schweibert/Seibt/*Hohenstatt* D Rn. 99.
[280] Zu den Vorteilen Willemsen/Hohenstatt/Schweibert/Seibt/*Hohenstatt* D Rn. 102 f.
[281] BAG 1 ABR 54/01, NZA 2003, 670, 674; BAG 7 ABR 17/01, BAGE 101, 273 = NZA 2003, 336, 337; zustimmend *Fitting* BetrVG § 47 Rn. 17; Willemsen/Hohenstatt/Schweibert/Seibt/*Hohenstatt* D Rn. 101.

auf ein drittes, konzernfremdes Unternehmen überträgt, so dass im Konzern i. S. d. § 18 AktG anschließend nur noch ein Unternehmen mit Arbeitnehmern und Betriebsräten besteht.

b) Kollektivrechtliche Fortgeltung von Betriebsvereinbarungen und Tarifverträgen. aa) Betriebsvereinbarungen. Rechte und Pflichten, die durch Betriebsvereinbarungen geregelt sind, gelten kollektivrechtlich fort, wenn sich infolge der Verschmelzung oder Spaltung die **Betriebsidentität nicht ändert.** Geht ein Betrieb vollständig und ohne Änderung seiner Organisationsstruktur auf den übernehmenden Rechtsträger über, so dass der für diesen Betrieb gewählte Betriebsrat im Amt bleibt, finden auch die in diesem Betrieb geltenden **Betriebsvereinbarungen** weiterhin unverändert **kollektivrechtlich** Anwendung. Dies gilt **auch** für **Gesamtbetriebsvereinbarungen**, sofern ihr Anwendungsbereich den übergehenden Betrieb erfasst. Hierfür ist nicht erforderlich, dass auch der Gesamtbetriebsrat oder der Konzernbetriebsrat fortbesteht, denn das BAG nimmt an, dass Bezugsobjekt und Regelungssubstrat auch von Gesamtbetriebsvereinbarungen stets nur die einzelnen Betriebe sind.[282] **Konzernbetriebsvereinbarungen** gelten unverändert kollektivrechtlich fort, wenn der übertragende und der übernehmender Rechtsträger zu demselben Konzern gehören. Andernfalls ist die Rechtsprechung des BAG zu Gesamtbetriebsvereinbarungen nach richtiger Auffassung auf diese Art von Betriebsvereinbarungen zu übertragen, so dass auch Konzernbetriebsvereinbarungen nach einem Betriebsübergang „aus dem Konzern hinaus" als Einzelbetriebsvereinbarungen auf Ebene der von der Umwandlung erfassten Betriebe gelten.[283]

bb) Tarifverträge. Tarifverträge gelten dann kollektivrechtlich fort, wenn **vor und nach der Umwandlungsmaßnahme** eine **beiderseitige Tarifbindung** gemäß § 3 Abs. 1 TVG in Bezug auf den bislang anwendbaren Tarifvertrag besteht. Besteht bei dem übertragenden Rechtsträger ein **Verbandstarifvertrag**, so kommt es in der Regel zu dessen kollektivrechtlicher Fortgeltung, wenn der übernehmende Rechtsträger **Mitglied desselben Arbeitgeberverbands** ist, wie der übertragende Rechtsträger.[284] Eine kollektivrechtliche Fortgeltung kann auch dadurch herbeigeführt werden, dass der übernehmende Rechtsträger mit den am bisher geltenden Tarifvertrag beteiligten Gewerkschaften einen **Anerkennungstarifvertrag als Firmentarifvertrag** abschließt.[285]

Bei **Firmentarifverträgen** besteht gerade im Rahmen von **Umwandlungen** noch eine weitere Möglichkeit: Die **Übertragung** des Firmentarifvertrags **auf den übernehmenden Rechtsträger**, der dadurch zur Tarifvertragspartei gemäß § 3 Abs. 1 TVG wird.[286] In diesen Fällen kommt es nach inzwischen wohl unumstrittener Ansicht zum Eintritt des übernehmenden Rechtsträgers in die Rechtsstellung des übertragenden Rechtsträgers im Wege der **(partiellen) Gesamtrechtsnachfolge** gemäß § 20 Abs. 1 Nr. 1, 131 Abs. 1 Nr. 1 UmwG.[287] Fraglich ist in diesen Fällen allerdings der **Geltungsbereich** des Haustarifvertrags. Für die **Verschmelzung** einer an einen Haustarifvertrag gebundenen Gesellschaft **auf eine tariflose andere Gesellschaft** hat das BAG entschieden, dass sich der – nicht explizit auf einzelne Betriebe beschränkte – **Geltungsbereich** des Firmentarifvertrags regelmäßig auf **sämtliche Betriebe des übernehmenden Rechtsträgers** erstreckt

---

[282] BAG BAGE 151, 302 = 1 AZR 763/13, NZA 2015, 1331, 1334 f. Rn. 50; BAG 1 ABR 54/01, NZA 2003, 670, 673, jeweils für Gesamtbetriebsvereinbarungen.
[283] MAH ArbR/*Cohnen* Teil J § 54 Rn. 44; vgl. auch *Salamon* NZA 2009, 471.
[284] BeckOK ArbR/*Giesen* TVG § 3 Rn. 32.
[285] BAG 4 ABR 21/08, NZA 2010, 51, 53 Rn. 28.
[286] BAG 4 AZR 805/14, NZA 2017, 326, 329 f. Rn. 36 (Verschmelzung); BAG 4 AZR 85/11, BAGE 144, 36 = NZA 2013, 512, 513 f. Rn. 25 (Ausgliederung); *Löwisch/Rieble* TVG § 3 Rn. 504, der darauf hinweist, dass demgegenüber ein Übergang der Mitgliedschaft im Arbeitgeberverband nicht in Betracht komme.
[287] BAG 4 AZR 805/14, NZA 2017, 326, 329 f. Rn. 36; BAG 4 AZR 491/06, BAGE 123, 213 = NZA 2008, 307, 310 Rn. 41; Kallmeyer/*Marsch-Barner* UmwG § 20 Rn. 12; aA *Gaul* § 24 Rn. 145.

und nicht nur, wie es bisher der wohl hM im Schrifttum entsprach,[288] auf die früheren Betriebe des übertragenden Rechtsträgers.[289] Das BAG meint, Haustarifverträge würden in der Regel für alle Arbeitsverhältnisse des tarifschließenden Unternehmens vereinbart.[290] Eine abweichende Auslegung, die sich aus den Umständen des Einzelfalles ergeben könne, komme nicht wegen der Besonderheiten der Verschmelzung in Betracht, da diese den Inhalt der übergehenden Vertragsverhältnisse unverändert lasse.[291] Besteht allerdings bereits ein Tarifvertrag bei dem übernehmenden Rechtsträger, kommt es insoweit zu einer Tarifkonkurrenz, sofern der bisherige Tarifvertrag mit derselben Gewerkschaft geschlossen wurde, andernfalls zur Tarifkollision.[292] Auch wenn das BAG hierüber noch nicht zu entscheiden hatte – der oben zur Ausgliederung zitierte Fall betraf zwei ausdrücklich auf ganz bestimmte Betriebe bezogene Haustarifverträge –, so steht zu erwarten, dass das BAG **auch im Fall der Spaltung** im Grundsatz eine Erstreckung des tariflichen Geltungsbereichs auf alle Betriebe des übernehmenden Rechtsträgers bejahen wird, sofern dieser nicht bereits anderweitig tarifgebunden ist. Beim Neuabschluss von Haustarifverträgen sollte daher der Geltungsbereich präzise räumlich eingegrenzt werden, ggf. mit ausdrücklichen Öffnungsklauseln für neu hinzukommende Betriebe. In den Fällen, in denen die **Anpassung des unbegrenzten Geltungsbereichs** eines Haustarifvertrages im Vorfeld einer anstehenden Umstrukturierung nicht mehr möglich oder opportun erscheint,[293] muss man als Berater über eine **Alternativgestaltung ohne Gesamtrechtsnachfolge** nachdenken.

133 c) **Fortgeltung von Betriebsvereinbarungen und Tarifverträgen gemäß § 613a Abs. 1 S. 2 bis 4 BGB.** Kommt es im Zuge einer Umwandlung nicht zur kollektivrechtlichen Fortgeltung von Betriebsvereinbarungen oder Tarifverträgen, stehen die übergehenden Arbeitnehmer gleichwohl nicht schutzlos da, sofern ein **Betriebsübergang** vorliegt. Denn in dem Fall besteht ein besonderer Schutzmechanismus: die sog. **Transformation** von **Betriebsvereinbarungen** und **Tarifverträgen** gemäß § 613a Abs. 1 S. 2 BGB. Sind Rechte und Pflichten aus den übergehenden Arbeitsverhältnissen durch Rechtsnormen eines Tarifvertrags oder durch eine Betriebsvereinbarung geregelt, so werden sie nach jener Norm **Inhalt des Arbeitsverhältnisses** zwischen dem neuen Inhaber und dem Arbeitnehmer und dürfen **nicht vor Ablauf eines Jahres** nach dem Zeitpunkt des Übergangs **zum Nachteil des Arbeitnehmers geändert** werden. Entgegen dem Wortlaut des § 613a Abs. 1 S. 2 BGB werden die Betriebsvereinbarungen und Tarifnormen, die vor dem Betriebsübergang kollektivrechtlich galten, nicht zu einzelvertraglichen Bestimmungen.[294] Vielmehr bleibt nach Ansicht des BAG der **kollektivrechtliche Charakter** der Normen beim Betriebsübernehmer **erhalten**, und der Erwerber ist an die transformierten Regelungen in einer Weise gebunden, die der **Nachbindung** des aus einem tarifschließenden Arbeitgeberverband ausgetretenen Arbeitgebers **gemäß § 3 Abs. 3 TVG weitgehend entspricht**, allerdings zeitlich begrenzt auf eine Dauer von einem Jahr.[295] Dementsprechend kommt den fortwirkenden früheren Kollektivnormen keine größere Wirkungstiefe zu als unmittelbar wirkenden Normen von Tarifverträgen oder Betriebsvereinbarungen;

---

[288] Vgl. Willemsen/Hohenstatt/Schweibert/Seibt/*Hohenstatt* D Rn. 102 (Auslegung des Tarifvertrags wird nur ausnahmsweise ergeben, dass dieser in jeder denkbaren Konstellation für alle Betriebe des Arbeitgebers gelten solle); Lutter/*Joost* UmwG § 324 Rn. 34 (Tarifpluralität); *Baeck/Winzer* NZG 2013, 655, 657.

[289] BAG 4 AZR 805/14, NZA 2017, 326, 332 ff. Rn. 60 ff.; noch offengelassen von BAG 4 AZR 491/06, BAGE 123, 213 = NZA 2008, 307, 310 Rn. 43.

[290] BAG 4 AZR 805/14, NZA 2017, 326, 330 Rn. 40.

[291] BAG 4 AZR 805/14, NZA 2017, 326, 331 Rn. 47.

[292] *Löwisch/Rieble* TVG § 3 Rn. 504 und § 4 Rn. 149; zur Auflösung von Tarifkonkurrenz und Tarifkollision BeckOK ArbR/*Giesen* TVG § 4 Rn. 15 und Rn. 20 ff.

[293] Vgl. *Löwisch/Rieble* TVG § 4 Rn. 150.

[294] Kritisch *Sagan* RdA 2011, 163, 164 f.

[295] BAG 5 AZR 969/08, NZA 2010, 173, 174 Rn. 20.

insbesondere **gehen** sie **günstigeren** einzelvertraglichen **Vereinbarungen nicht vor**.[296]
Die **Bindungswirkung** an die transformierten kollektivrechtlichen Regelungen **endet** **134**
gemäß § 613a Abs. 1 S. 4 BGB zum einen dann vor Ablauf der Jahresfrist, **wenn** die
Betriebsvereinbarung oder der **Tarifvertrag nicht mehr gilt**. Hiermit sind die Fälle
gemeint, in denen der bislang kollektivrechtlich wirkende Tarifvertrag wegen einer ausgelaufenen Befristung oder einer bereits vor dem Betriebsübergang erklärten Kündigung
nur noch gemäß § 4 Abs. 5 TVG nachwirkt.[297] Außerdem können der **Arbeitnehmer**
und der **übernehmende Rechtsträger** gemäß § 613a Abs. 1 S. 4 BGB die **Anwendbarkeit eines Tarifvertrages vereinbaren**, wenn dieser nicht bereits aufgrund beiderseitiger Tarifbindung gemäß § 3 Abs. 1 TVG auf das Arbeitsverhältnis Anwendung findet,
wenn das Arbeitsverhältnis aber in dessen sachlichen Anwendungsbereich fällt und wenn
der Tarifvertrag in seiner Gesamtheit von den Parteien für anwendbar erklärt wird.[298]
Hiermit soll dem Arbeitgeber die Möglichkeit verschafft werden, die Arbeitsbedingungen
der übernommenen Arbeitnehmer an die in seinem Unternehmen im Übrigen geltenden
tariflichen Regelungen anzupassen.[299]

Die Besonderheit der „Transformationswirkung" nach § 613a Abs. 1 S. 2 BGB zeigt sich **135**
zum einen daran, dass sowohl beim übernehmenden Rechtsträger bereits **bestehende** als
auch **später in Kraft tretende Betriebsvereinbarungen** und **Tarifverträge** die **transformierten Normen** gemäß § 613a Abs. 1 S. 3 BGB **ablösen**, soweit sie den gleichen
Gegenstand betreffen.[300] In dem Verhältnis findet also nicht etwa das Günstigkeitsprinzip
Anwendung. **Umstritten** ist, inwieweit eine sog. **„Überkreuzablösung"** möglich ist,
also die Ablösung eines bei dem übertragenden Rechtsträger bestehenden Tarifvertrags
durch eine im Erwerberbetrieb geltende Betriebsvereinbarung oder die Ablösung einer
nach § 613a Abs. 1 S. 3 BGB transformierten Betriebsvereinbarung durch einen im Betrieb
des Erwerbers geltenden Tarifvertrag. Das BAG lässt die Ablösung einer transformierten
Betriebsvereinbarung durch Tarifvertrag zu, lehnt dies umgekehrt aber unter Hinweis auf
§ 4 Abs. 3 TVG und § 77 Abs. 3 BetrVG jedenfalls für den Bereich der nicht erzwingbaren
Mitbestimmung ab.[301]

Der **mangelnde individualvertragliche Charakter** der nach § 613a Abs. 1 S. 2 BGB **136**
transformierten Tarifverträge und Betriebsvereinbarungen zeigt sich schließlich auch daran,
dass diese im Falle eines **erneuten Betriebsübergangs** anders als arbeitsvertragliche
Regelungen **nicht** gemäß § 613a Abs. 1 S. 1 BGB übergehen. Stattdessen behalten sie
ihren Charakter als transformierte Regelungen i. S. d. § 613a Abs. 1 S. 2 BGB und können
weiterhin unter Beachtung der vorstehenden Grundsätze sowie vorbehaltlich des § 613a
Abs. 1 S. 4 BGB nur durch gegenstandsgleiche Tarifverträge bzw. Betriebsvereinbarungen
abgelöst werden.

4. Gesamtschuldnerische Nachhaftung gegenüber Arbeitnehmern

Kommt es zu einem Betriebsübergang, **haften** der **Betriebsveräußerer** und der **Be- 137
triebserwerber** an sich gemäß § 613a Abs. 2 BGB als **Gesamtschuldner** für **sämtliche
Ansprüche** der übergehenden Arbeitnehmer, die vor dem Zeitpunkt des Übergangs entstanden sind und **vor Ablauf eines Jahres** seit diesem Zeitpunkt **fällig** werden.

---

[296] BAG 4 AZR 100/08, NZA 2010, 41, 43 Rn. 30.
[297] MünchKomm-BGB/*Müller-Glöge* BGB § 613a Rn. 137.
[298] MünchKomm-BGB/*Müller-Glöge* BGB § 613a Rn. 138; *Gaul* § 24 Rn. 53 ff.
[299] BeckOK ArbR/*Gussen* BGB § 613a Rn. 250. Zur sozialen Rechtfertigung einer Änderungskündigung mit dem Ziel, die Anwendbarkeit eines solchen Tarifvertrags zu vereinbaren, vgl. ErfK/*Preis* BGB § 613a Rn. 122.
[300] Vgl. BAG 4 AZR 100/08, BAGE 120, 137 = NZA 2010, 41, 46 Rn. 61.
[301] BAG 4 AZR 961/11, BAGE 145, 324 = NZA-RR 2014, 80, 81 Rn. 18 f.; BAG 4 AZR 768/08, BAGE 134, 130 = AP BGB § 613a Nr. 387 Rn. 44–46; weitergehend ErfK/*Preis* BGB § 613a Rn. 126, der jede Überkreuzablösung von Tarifverträgen durch Betriebsvereinbarungen ablehnt; aA BeckOK ArbR/*Gussen* BGB § 613a Rn. 256: Überkreuzablösung grundsätzlich zulässig.

138 Beruht der Betriebsübergang auf einer **Spaltung** oder **Vermögensteilübertragung** nach dem UmwG, so stellt sich die Frage, in welchem Verhältnis die allgemein Haftungsregel des § 613a Abs. 2 BGB zu der **umwandlungsspezifische Haftungsregelung** des § 133 Abs. 1 und Abs. 3 UmwG steht.[302] Nach jener Vorschrift haften die an der Spaltung beteiligten Rechtsträger für die Verbindlichkeiten des übertragenden Rechtsträgers, die vor dem Wirksamwerden der Spaltung begründet worden sind, als Gesamtschuldner. Nach § 133 Abs. 3 S. 1 UmwG haften diejenigen Rechtsträger, denen die Verbindlichkeiten des übertragenden Rechtsträgers nach § 133 Abs. 1 S. 1 UmwG im Spaltungs- und Übernahmevertrag nicht zugewiesen worden sind, für diese Verbindlichkeiten, wenn sie vor Ablauf von fünf Jahren nach der Spaltung fällig und daraus Ansprüche gegen sie in einer näher bezeichneten Weise geltend gemacht werden. Mit anderen Worten: Anders als nach § 613a Abs. 2 BGB **haftet** nicht nur der Betriebsveräußerer und **übertragende Rechtsträger** für eine Übergangszeit **zusammen mit** dem Betriebserwerber und **übernehmendem Rechtsträger** als **Gesamtschuldner** für Altverbindlichkeiten der übergegangenen Arbeitnehmer. **Auch** der übernehmende Rechtsträger haftet gemeinsam mit dem übertragenden Rechtsträger **für** solche **Verbindlichkeiten**, die **nicht** auf ihn **übergegangen** sind. Außerdem beträgt die Frist, innerhalb der Ansprüche fällig werden müssen, um von der gesamtschuldnerischen Haftung erfasst zu werden, **fünf Jahre** und nicht nur ein Jahr. Für vor dem Wirksamwerden der Spaltung begründete **Versorgungsverpflichtungen** auf Grund des Betriebsrentengesetzes wird die in § 133 Abs. 3 S. 1 UmwG genannte Frist sogar noch auf **zehn Jahre** erhöht, § 133 Abs. 3 S. 2 UmwG. Wer einen Betrieb oder Betriebsteil im Wege einer Spaltung erwirbt, haftet daher unter Umständen für Betriebsrentenansprüche von Arbeitnehmern, die nie für ihn tätig waren und erst Jahre nach dem Betriebsübergang aus dem Erwerbsleben ausscheiden.

139 Nach ganz überwiegender Ansicht findet diese deutlich strengere **Nachhaftung gemäß § 133 UmwG** bei Spaltungen und Vermögensteilübertragungen **auch** auf **Verbindlichkeiten der Arbeitnehmer** des übertragenden Rechtsträgers (und zwar aller Arbeitnehmer!) Anwendung; die Vorschrift wird bei Vorliegen eines Betriebsübergangs nicht von § 613a Abs. 2 BGB verdrängt.[303] Auf die Aufspaltung, bei welcher der übertragende Rechtsträger erlischt, findet Abs. 2 gemäß § 613a Abs. 3 BGB ohnehin keine Anwendung.

140 **Maßgeblich für** die **Enthaftung** nach fünf bzw. zehn Jahren gemäß § 133 Abs. 3 S. 1 und S. 2 UmwG ist die möglichst eindeutige **Zuweisung** der Verbindlichkeit **zu** dem einen oder anderen **Rechtsträger** im Spaltungsvertrag. Für die Verbindlichkeiten aus Arbeitsverhältnissen reicht deren Zuordnung über die zurückbleibenden und zu übertragenden Betriebsteile. Nur wenn kein Betriebsübergang vorliegt, müssen diese Verbindlichkeiten dem betreffenden Rechtsträger unter Beachtung der allgemeinen Anforderungen an die Zuordnung von Forderungen und Verbindlichkeiten in einem Spaltungsvertrag gesondert zugewiesen werden. Treffen die Parteien allerdings darüber hinaus keine weiteren Abreden, gilt für die Haftungsverteilung im **Innverhältnis** weiterhin § **426 BGB**, so dass übertragender und übernehmender Rechtsträger die Verbindlichkeiten **je zur Hälfte** tragen. Möchten die Parteien die **Haftung** für Verbindlichkeiten im Innenverhältnis **in Übereinstimmung mit** ihrer **Zuweisung** im Spaltungsvertrag regeln, ist hierfür eine **ausdrückliche Vereinbarung** erforderlich, die sich regelmäßig ebenfalls im Spaltungsvertrag selbst findet.

141 Ebenfalls über § 613a Abs. 2 BGB hinaus geht die Haftung gemäß § 134 UmwG bei der sog. Betriebsaufspaltung (zum Berechnungsdurchgriff bei der Sozialplandotierung

---

[302] Zum Verhältnis zwischen § 133 UmwG und den darin genannten weiteren Haftungsregelungen der §§ 25, 26 und 28 HGB siehe Semler/Stengel/*Seulen* UmwG § 133 Rn. 111 ff.
[303] Lutter/*Joost* UmwG § 324 Rn. 79; MAHArbR/*Cohnen* Teil J § 54 Rn. 129; *Gaul* § 15 Rn. 12; aA *Boecken* Rn. 228 ff., der in § 613a BGB ein einheitliches Schutzsystem für Arbeitnehmer sieht, das unabhängig davon anzuwenden sei, wie der Betriebsübergang ausgelöst werde.

→ § 56 Rn. 114). Überträgt eine Betriebsgesellschaft die zur Führung eines Betriebes notwendigen Vermögensteile durch eine **Spaltung** nach dem UmwG auf eine andere Gesellschaft und überlässt diese Anlagegesellschaft anschließend die Vermögensgegenstände der Betriebsgesellschaft zur Nutzung, so liegt eine sog. **Betriebsaufspaltung** vor. Sind in einem derartigen Fall an den beteiligten Gesellschaften im Wesentlichen dieselben Personen beteiligt, haftet die Anlagegesellschaft gemäß § 134 Abs. 1 S. 1 UmwG als Gesamtschuldnerin auch für solche Forderungen der Arbeitnehmer der Betriebsgesellschaft, die binnen fünf Jahren nach dem Wirksamwerden der Spaltung auf Grund der §§ 111–113 BetrVG begründet werden, allerdings nur gegenüber den Arbeitnehmern, die im Zeitpunkt der Spaltung bei der Betriebsgesellschaft beschäftigt sind.[304] Diese Haftung geht insoweit über § 133 Abs. 1 UmwG hinaus, als § 134 Abs. 1 S. 1 BetrVG nicht nur an Ansprüche anknüpft, die bereits bei Wirksamwerden der Spaltung begründet waren und binnen fünf Jahren fällig werden, sondern an Ansprüche, die nach der Spaltung erst noch entstehen. Die Haftung für Versorgungsverpflichtungen nach dem Betriebsrentengesetz geht dagegen im Ergebnis nicht über die Zehnjahresfrist gemäß § 133 Abs. 3 S. 2 UmwG hinaus.

Im Falle der **Verschmelzung** kommt eine Haftung des übertragenden Rechtsträgers schon deshalb nicht in Betracht, weil dieser wie bei der Aufspaltung erlischt, vgl. § 613a Abs. 3 BGB. Die Arbeitnehmer werden in diesem Fall zum einen **durch** die **Gesamtrechtsnachfolge** des übernehmenden Rechtsträgers in das Vermögen des bisherigen Arbeitgebers **geschützt**. Darüber hinaus können die Arbeitnehmer lediglich wie alle anderen Gläubiger auch unter den Voraussetzungen des § 22 UmwG **Sicherheitsleistung** für solche Ansprüche verlangen, für die sie (noch) keine Befriedigung verlangen können und für die sie glaubhaft machen können, dass deren Erfüllung durch die Verschmelzung gefährdet wird. Damit scheidet eine Sicherheitsleistung in jedem Fall für solche Versorgungsanwartschaften aus, für die eine Insolvenzsicherung gemäß §§ 7 ff. BetrAVG über den Pensionssicherungsverein besteht.[305]

Für den Fall der **Verschmelzung einer Personengesellschaft** auf eine Kapitalgesellschaft sieht schließlich § 45 UmwG vor, dass die **persönlich haftenden Gesellschafter** des übertragenden Rechtsträgers für dessen Verbindlichkeiten haften, wenn sie vor Ablauf von **fünf Jahren** nach der Verschmelzung fällig und daraus Ansprüche gegen den Gesellschafter in einer näher bezeichneten Weise geltend gemacht werden. Diese Regelung richtet sich nicht gegen den (untergegangenen) ehemaligen Arbeitgeber, so dass ihre Anwendung **auch zugunsten der Arbeitnehmer** der verschmolzenen Personengesellschaft nicht durch § 613a Abs. 3 BGB ausgeschlossen ist.[306]

B. Folgen des Formwechsels für die Arbeitsverhältnisse der betroffenen Arbeitnehmer

Der **Formwechsel** führt wie bereits eingangs erläutert **nicht** zu einem **Betriebsübergang** gemäß § 613a Abs. 1 S. 1 BGB, da nur das „Rechtskleid" des Betriebsinhabers, nicht aber der Betriebsinhaber selber wechselt (→ § 36 Rn. 5). Daher stellen sich typische Fragen des Betriebsübergangs aufgrund einer Verschmelzung oder Spaltung nicht, z. B. nach der Haftung für bis zum Formwechsel begründete Verbindlichkeiten. Die **Organstellung** von Mitgliedern der Geschäftsleitung des formwechselnden Rechtsträgers **endet**, das zugrunde liegende **Anstellungsverhältnis** dagegen **besteht fort**, sofern nicht darin explizit etwas

---

[304] Für eine teleologische Reduktion des § 134 UmwG Semler/Stengel/*Seulen* UmwG § 134 Rn. 37; Kallmeyer/*Willemsen* UmwG § 134 Rn. 17; aA ErfK/*Oetker* UmwG § 134 Rn. 6; Lutter/ *Schwab* UmwG § 134 Rn. 74.
[305] Willemsen/Hohenstatt/Schweibert/Seibt/*Willemsen* G Rn. 207; Semler/Stengel/*Seulen* UmwG § 22 Rn. 71, 75.
[306] Vgl. Willemsen/Hohenstatt/Schweibert/Seibt/*Willemsen* G Rn. 208.

anderes geregelt ist.[307] **Auswirkungen** auf die Arbeitsverhältnisse hat der Formwechsel selbst daher nur dann, **wenn nach** der **Änderung der Rechtsform** bestimmte **Vereinbarungen** mit den Arbeitnehmern des formwechselnden Rechtsträgers **nicht oder** jedenfalls **nicht in gleicher Weise fortgeführt** werden können (zu den Folgen des Formwechsels für die unternehmerische Mitbestimmung → Rn. 169 ff.).[308]

145 Ein praxisrelevantes Beispiel hierfür ist das **Schicksal von Aktienoptionen**, die ein Rechtsträger in der Form einer Aktiengesellschaft zur Vergütung seiner Mitarbeiter ausgegeben hat, wenn dieser Rechtsträger in eine andere Rechtsform als die SE oder eine Kommanditgesellschaft auf Aktien umgewandelt wird. Ausgeübte Aktienoptionen bereiten keine Schwierigkeiten, da die so zu Aktionären gewordenen Arbeitnehmer als Anteilseigner der Gesellschaft in neuer Rechtsform beteiligt bleiben.[309] Für noch nicht ausgeübte Optionen gelten im Grundsatz die Ausführungen zum Schutz von Sonderrechtsinhabern gemäß § 204 UmwG entsprechend (vgl. → § 36 Rn. 53 ff.).

C. Folgen für die unternehmerische Mitbestimmung

I. Überblick

146 Der zweite Teil dieses arbeitsrechtlichen Kapitels widmet sich den Auswirkungen, die Umwandlungen auf die **unternehmerische Mitbestimmung** der beteiligten Rechtsträger haben. In Unternehmen mit einer bestimmten Rechtsform, deren regelmäßige Belegschaftsstärke bestimmte Schwellenwerte überschreitet, steht den Arbeitnehmern ein Mitbestimmungsrecht im Aufsichtsrat des Unternehmens zu. Verfügt das Unternehmen noch nicht über ein solches Organ, weil dies wie etwa bei der GmbH von Gesetzes wegen nicht zwingend vorgesehen ist, so ist ein Aufsichtsrat erstmalig zu bilden. Die Arbeitnehmervertreter werden von der Belegschaft gewählt. Ist ein Aufsichtsrat nicht vollständig besetzt, können einzelne Mitglieder unter vom Gesetz näher definierten Voraussetzungen vom Gericht bestellt werden. Sie sollen im Interesse der Arbeitnehmer eines Unternehmens Einfluss auf die unternehmerischen Entscheidungen der Geschäftsleitung ausüben können. Je nach Intensität der Mitbestimmung reicht dies von der bloßen Überwachung der Geschäftsleitung bis hin zu deren Bestellung.

147 Die folgenden Ausführungen konzentrieren sich auf die beiden gängigen Formen der unternehmerischen Mitbestimmung, die weder an eine bestimmte Branchenzugehörigkeit anknüpfen noch von einer Stichtagsregelung abhängen: Dies ist zum einen die drittelparitätische Mitbestimmung, die das **DrittelbG** anordnet, wenn insbesondere inländische Kapitalgesellschaften in der Regel mehr als 500 Arbeitnehmer beschäftigen, und die dazu führt, dass der Aufsichtsrat dieser Unternehmen zu einem Drittel mit Arbeitnehmervertretern zu besetzen ist. Zum anderen wird es im Folgenden um die paritätische Mitbestimmung nach dem **MitbestG** gehen, die einen zu gleichen Teilen mit Anteilseigner- und Arbeitnehmervertretern besetzten Aufsichtsrat vorsieht, wenn ein Unternehmen (ggf. aufgrund großzügiger Zurechnungsbestimmungen) in der Regel mehr als 2 000 Arbeitnehmer beschäftigt. Wegen der Einzelheiten dieser Mitbestimmungsstatute wie etwa der sich daraus für den Aufsichtsrat und die Arbeitnehmerbank ergebenden Rechte oder den umstrittenen Fragen nach dem aktiven und passiven Wahlrecht von Arbeitnehmern in ausländischen Betrie-

---

[307] *Olbertz* GWR 2017, 314, 316; *Buchner/Schlobach* GmbHR 2004, 1, 3 f. Vgl. auch Willemsen/Hohenstatt/Schweibert/Seibt/*Willemsen* H Rn. 160a: Eine Klausel, nach der das Anstellungsverhältnis automatisch mit Beendigung der Organstellung endet („Koppelungsklausel"), erfasst im Zweifel nicht den Fall des Formwechsels.

[308] Vgl. LAG Rheinland-Pfalz 8 Sa 266/15, BeckRS 2016, 68975 zur wirksamen Kündigung eines Arbeitsverhältnisses, die fälschlicherweise schon im Namen der AG ausgesprochen wurde, obwohl der Formwechsel von einer GmbH in diese neue Rechtsform noch gar nicht wirksam geworden war.

[309] Zu den Folgen des Formwechsels für die Anteilseigner → § 36 Rn. 19 ff.

ben³¹⁰ sowie deren Berücksichtigung bei der Ermittlung der regelmäßig beschäftigten Arbeitnehmer³¹¹ sei ebenso wie wegen der Folgen von Umwandlungen für Unternehmen, die der Montanmitbestimmung unterliegen, auf die allgemeine mitbestimmungsrechtliche Literatur verwiesen.³¹²

Inländische **Umwandlungen**³¹³ können sich **auf verschiedene Weise** auf die unternehmerische Mitbestimmung **auswirken**: Der Wegfall eines Rechtsträgers infolge der Verschmelzung oder der Aufspaltung führt naturgemäß auch zum Wegfall der unternehmerischen Mitbestimmung bei dieser Gesellschaft. Die Veränderung der Belegschaftsstärke bei den übernehmenden bzw. – in den Fällen der Abspaltung und der Ausgliederung – bei den übertragenden Rechtsträgern kann sich auf die Pflicht zur Bildung eines mitbestimmten Aufsichtsrats auswirken, und im Falle des Formwechsels ist es die Veränderung der Rechtsform, die eine **Pflicht zur unternehmerischen Mitbestimmung entstehen lassen oder beseitigen** kann. Neben der materiellen Frage nach dem anwendbaren Mitbestimmungsstatut stellt sich außerdem die **prozessuale Frage**, wie die Veränderungen auf Aufsichtsratsebene in Verbindung mit einer Umwandlungsmaßnahme umzusetzen sind. Soweit das UmwG hierzu eigenen Regelungen bereithält, sei auf die entsprechenden Ausführungen in den voranstehenden gesellschaftsrechtlichen Kapiteln verwiesen. Hier soll lediglich kurz darauf eingegangen werden, wie das aktienrechtliche Statusverfahren dazu genutzt werden kann, möglichst bald nach dem Wirksamwerden der statusändernden Umwandlung einen funktionsfähigen mitbestimmten Aufsichtsrat zu implementieren.

II. Verschmelzungen und unternehmerische Mitbestimmung

1. Auswirkungen von Verschmelzungen auf die unternehmerische Mitbestimmung bei dem übertragenden Rechtsträger

Die Auswirkungen, die eine Verschmelzung auf die unternehmerische Mitbestimmung bei dem übertragenden Rechtsträger hat, sind schnell erläutert: **Mit** der **Auflösung der Gesellschaft** im Augenblick der Handelsregistereintragung **erlischt** der **Aufsichtsrat** wie alle anderen Unternehmensorgane, und die Mitgliedschaft der Aufsichtsratsmitglieder endet *ipso iure*.³¹⁴ **Aufsichtsratsbeschlüsse**, die bis zu jenem Zeitpunkt nicht gefasst wurden, vor allem Bestellungs-, Abberufungs- oder Entlastungsbeschlüsse, **können nicht mehr** von dem Aufsichtsrat **gefasst werden**. Auch ein neben der Organstellung zwischen der Gesellschaft und dem Aufsichtsrat bestehendes gesetzliches oder vertragliches **Schuldverhältnis**

---

³¹⁰ Vgl. KG 14 W 89/15, NZG 2015, 1311, 1312 Rn. 14, das diese Frage dem EuGH vorgelegt hat; für eine entsprechende europarechtskonforme Auslegung OLG Zweibrücken 3 W 150/13, NZG 2014, 740. Vgl. EuGH C-566/15, NZG 2017, 949, 950, Rn. 30 und 951 Rn. 35, 39 f. - Erzberger./.TUI AG: Beschränkung des aktiven und passiven Wahlrechts auf inländische Arbeitnehmer verstößt nicht gegen das Diskriminierungsverbot nach Art. 18 AEUV und verletzt auch nicht die Freizügigkeit der Arbeitnehmer gemäß Art. 45 AEUV; ebenso zuvor bereits OLG Zweibrücken 3 W 150/13, NZG 2014, 740; zweifelnd das vorlegende Urteil des KG 14 W 89/15, NZG 2015, 1311, 1312 Rn. 14; kritisch *Habersack* NZG 2017, 1021, 1022.

³¹¹ Ablehnend LG München I 5 HK O 20285/14, DStR 2015, 2505, 2506 f., eine Vorlage an den EuGH für überflüssig hält; für eine Zurechnung LG Frankfurt 3–16 O 1/14, NZG 2015, 683, 684 Rn. 15. Das Beschwerdeverfahren in der letztgenannten Sache wurde vom OLG Frankfurt mit Blick auf das Vorlageverfahren vor dem EuGH in der Sache „Erzberger./.TUI" ausgesetzt, OLG Frankfurt 21 W 91/15, NZG 2016, 1186, 1187 Rn.9. Nach der ablehnenden Entscheidung des EuGH zum aktiven und passiven Wahlrecht ausländischer Arbeitnehmer dürften nunmehr die besseren Argumente gegen eine Berücksichtigung sprechen, vgl. *Wienbracke* NZA 2017, 1036, 1039.

³¹² Vgl. Wißmann/Kleinsorge/Schubert/*Wißmann*, Montan-MitbestG § 1 Rn. 1; MHdb. GesR IV/*Hoffmann-Becking* § 28 Rn. 1 ff.; aus rechtspolitischer Sicht *Bayer* NJW 2016, 1930.

³¹³ Zu den mitbestimmungsrechtlichen Folgen grenzüberschreitender Umwandlungen MHdb. GesR VI/*Brandes* § 57 Rn. 1 ff.

³¹⁴ OLG München 7 U 3916/00, NZG 2001, 616, 617; Henssler/Strohn/*Heidinger* UmwG § 20 Rn. 46; Schmitt/Hörtnagl/Stratz/*Stratz* UmwG § 20 Rn. 9.

geht mit dem Wirksamwerden der Verschmelzung **unter**, so dass den ehemaligen Aufsichtsratsmitgliedern steht daher **kein Vergütungsanspruch** mehr zusteht.[315]

150 Aufsichtsratsmitglieder des übertragenden Rechtsträgers werden auch nicht automatisch Mitglieder eines Aufsichtsrats, der bei der übernehmenden Gesellschaft besteht oder infolge der Verschmelzung erstmals zu bilden ist.[316] Dieser **neue Aufsichtsrat** tritt **nicht an** die **Stelle des bisherigen Gremiums**, sondern ist ggf. neu zu bilden oder durch neu zu bestellende Mitglieder zu ergänzen.[317]

151 Bisweilen schließen die Gesellschafter eines Unternehmens mit einer im Unternehmen vertretenen Gewerkschaft eine **schuldrechtliche Mitbestimmungsvereinbarung**, die eine freiwillige paritätische Mitbestimmung vorsieht, obwohl die Gesellschaft von Gesetzes wegen gar nicht oder nur der drittelparitätischen Mitbestimmung gemäß DrittelbG unterläge.[318] Dies geschieht in der Praxis insbesondere in Verbindung mit Umstrukturierungsmaßnahmen, die entweder sofort oder – wie im Falle der Spaltung – ggf. erst nach einer Übergangsfrist zu einem Wegfall der bisher verpflichtenden paritätischen Mitbestimmung führen.[319] Unproblematisch ist der Fall, wenn die Konzernobergesellschaft eine entsprechende Vereinbarung für sämtliche Gesellschaften schließt, an denen sie unmittelbar oder mittelbar mehrheitlich beteiligt ist. Dann ist und bleibt die Konzernmutter gegenüber der vertragschließenden Gewerkschaft zur Einsetzung paritätischer Aufsichtsräte verpflichtet, solange die erfassten Gesellschaften zur Unternehmensgruppe gehören.

152 In der Literatur diskutiert wird die Frage, ob eine derartige **Mitbestimmungsvereinbarung von** der **Gesamtrechtsnachfolge** nach § 20 UmwG **erfasst** wird.[320] Diese Frage stellt sich mE **nur** dann, **wenn** neben dem oder den Gesellschaftern auch die **Gesellschaft** selbst ausdrücklich als **Partei** an **der Mitbestimmungsvereinbarung** beteiligt ist. Andernfalls geht die Mitbestimmungsvereinbarung nach dem Wirksamwerden der Verschmelzung schlicht ins Leere, weil die Gesellschaft weggefallen ist, auf die sich die Vereinbarung bezieht.[321] Nach hier vertretener Ansicht kann aber auch die durch eine dreiseitige Vereinbarung begründete **Bindung** der bisherigen Gesellschafter außerhalb des beschriebenen Konzernszenarios **nicht auf andere**, nur an der übernehmenden Gesellschaft beteiligte **Anteilseigner** übertragen werden. Werden die bisherigen Gesellschafter daher nicht auch Gesellschafter des übernehmenden Rechtsträgers, endet die Mitbestimmungsvereinbarung ebenfalls mit dem Wirksamwerden der Verschmelzung. **Bleiben** dagegen die **bisherigen Gesellschafter** des übertragenden Rechtsträgers **an der übernehmenden Gesellschaft beteiligt** (also im gesetzlichen Regelfall), ist kein rechtlicher Grund ersichtlich, warum diese Gesellschafter nicht **weiterhin verpflichtet** sein sollten, ihr Stimmrecht in der Weise auszuüben, dass sie **für** geeignete Kandidaten der **Arbeitnehmer als Aufsichtsratsmitglieder** der Anteilseigner **votieren**. Verfügen allerdings die übrigen Gesellschafter über eine Mehrheit, können sie mE eine freiwillige Mitbestimmung der Gesellschaft verhindern,

---

[315] Schmitt/Hörtnagl/Stratz/*Stratz* UmwG § 20 Rn. 49; zum vertraglichen Anspruch Kallmeyer/ *Marsch-Barner* UmwG § 20 Rn. 16.

[316] Henssler/Strohn/*Heidinger* UmwG § 20 Rn. 47.

[317] Vgl. OLG München 7 U 3916/00, NZG 2001, 616, 618: Keine Entlastung der ehemaligen Aufsichtsratsmitglieder des übertragenden Aufsichtsrats durch ein Organ des übernehmenden Rechtsträgers.

[318] Zur Zulässigkeit solcher Vereinbarungen MünchKommGmbHG/*Spindler* GmbHG § 52 Rn. 73 f.; Michalski/*Giedinghagen* GmbHG § 52 Rn. 46; die darauf hinweisen, dass solche Vereinbarungen nicht als Tarifvertrag abgeschlossen werden können; einschränkend für die AG Ulmer/ Habersack/Henssler/*Ulmer/Habersack* Einl Rn. 49.

[319] Vgl. das Beispiel bei Willemsen/Hohenstatt/Schweibert/Seibt/*Seibt* F Rn. 91, der sich in Rn. 93 zu Recht kritisch gegenüber einer solchen „Überkompensation" zeigt.

[320] Willemsen/Hohenstatt/Schweibert/Seibt/*Seibt* F Rn. 91 ff.

[321] So i. E. auch Willemsen/Hohenstatt/Schweibert/Seibt/*Seibt* F Rn. 92, der allerdings nicht danach zu differenzieren scheint, ob die Gesellschaft selbst Vertragspartei geworden ist, und der die Mitbestimmungsvereinbarung als höchstpersönliches Rechtsverhältnis einstufen möchte.

ohne dass dies vertrags- oder gar treuwidrig wäre. Letztlich handelt es sich hierbei stets um eine **Frage der Auslegung** der entsprechenden Vereinbarung, was zusammen mit dem Mangel einschlägiger Rechtsprechung zu einer erheblichen **Rechtsunsicherheit** führt. Dieser Unsicherheit kann ggf. bei der Abfassung von Mitbestimmungsvereinbarungen begegnet werden, etwa indem Mitbestimmungsvereinbarungen nicht von der Gesellschaft selbst abgeschlossen werden und durch die Vereinbarung einer automatischen Beendigung oder eines Kündigungsrechts für den Fall der Verschmelzung oder der Spaltung, soweit dies im Einzelfall durchsetzbar sein sollte.

2. Auswirkungen von Verschmelzungen auf die unternehmerische Mitbestimmung bei dem übernehmenden Rechtsträger

Bei dem **übernehmenden Rechtsträger** kann eine Verschmelzung nach dem UmwG dazu führen, dass dieser ab dem wirksamen Übergang der Arbeitsverhältnisse **erstmals** in der Regel mehr als 500 oder 2000 Arbeitnehmer beschäftigt und aus diesem Grund gemäß § 1 Abs. 1 DrittelbG oder § 1 Abs. 1 MitbestG **einer** (anderen) **unternehmerischen Mitbestimmung unterliegt**. In dem Fall ist ein Statusverfahren einzuleiten (vgl. → Rn. 173 ff.).[322] Dies gilt nach hM auch dann, wenn sich zwar das Mitbestimmungsstatut nicht ändert, die Verschmelzung aber zu einer Erhöhung der zu wählenden Aufsichtsratsmitglieder nach § 7 Abs. 1 S. 1 Nr. 2 oder 3 MitbestG führt.[323]

Voraussetzung für die erstmalige Mitbestimmungspflicht ist zunächst, dass der **übernehmende Rechtsträger in** einer **der Mitbestimmung** nach dem jeweiligen Gesetz **unterliegenden Form** organisiert ist. Wird eine AG oder GmbH auf eine GmbH & Co. KG verschmolzen, und beschäftigt die übernehmende Gesellschaft nach der Verschmelzung z. B. 1000 Arbeitnehmer, so findet im Grundsatz keine Mitbestimmung nach dem DrittelbG statt, da das Gesetz insbesondere keine Zurechnungsnorm kennt, wie sie § 4 Abs. 1 MitbestG enthält. Auf einen solchen Fall ist § 325 Abs. 1 UmwG (vgl. → Rn. 156) auch nicht entsprechend anwendbar,[324] und es ist – abgesehen von offenkundig rechtsmissbräuchlichen Fällen – auch **nicht treuwidrig**, wenn die Gesellschafter die Pflicht zur unternehmerischen Mitbestimmung durch eine **Verschmelzung auf eine nicht mitbestimmungspflichtige Rechtsform** beenden.[325]

Zu einer erstmaligen oder geänderten Mitbestimmungspflicht kommt es nur, **wenn „in der Regel"** eine **bestimmte Beschäftigtenzahl überschritten** wird. Die Feststellung der hierfür maßgeblichen Unternehmensgröße erfordert **sowohl** eine **vorausschauende, als auch** eine **rückblickende Betrachtung**, für die ein Zeitraum **zwischen sechs Monaten bis zwei Jahren** als angemessen erachtet wird.[326] Im Fall der **Kettenumwandlung** kommt es daher **nicht** zu einer unternehmerischen **Mitbestimmung bei** einer der beteiligten „**Zwischengesellschaften**", etwa wenn eine Gesellschaft wie im Beispiel 15 (→ Rn. 32) nach einer Verschmelzung einen Unternehmensteil abspaltet und während der logischen Sekunde zwischen dem Wirksamwerden der Verschmelzung und dem Wirksamwerden der Spaltung die Grenze von 500 Arbeitnehmern überschreitet. Auch ein auf andere Weise eintretendes, bereits bei Wirksamwerden der Verschmelzung absehbares Absinken der Arbeitnehmerzahl unter die Grenze des § 1 Abs. 1 DrittelbG (oder des § 1 MitbestG) führt dazu, dass sich der mitbestimmungsrechtliche Status der Gesellschaft durch die Verschmelzung nicht ändert.

---

[322] Dies gilt auch für den Sonderfall der Verschmelzung auf eine junge AG, vgl. Willemsen/Hohenstatt/Schweibert/Seibt/*Seibt* F Rn. 95. Gegen die Erforderlichkeit eines Statusverfahrens bei grenzüberschreitenden Verschmelzungen unter Geltung des MgVG *Deck* NZG 2017, 968, 970 ff.

[323] Vgl. allgemein *Hüffer/Koch* AktG § 97 Rn. 3; MünchKommAktG/*Habersack* AktG § 97 Rn. 14; MHdb. GesR IV/*Hoffmann-Becking* § 28 Rn. 60.

[324] Willemsen/Hohenstatt/Schweibert/Seibt/*Seibt* F Rn. 100.

[325] Vgl. OLG Naumburg AG 1998, 430.

[326] BAG 7 ABR 42/13, NZA 2016, 559, 564 Rn. 36; ErfK/*Preis* MitbestG § 1 Rn. 9: Berücksichtigung der Unternehmensplanung über 17 bis 20 Monate.

III. Spaltungen und unternehmerische Mitbestimmung

1. Auswirkungen von Spaltungen auf die unternehmerische Mitbestimmung bei dem übertragenden Rechtsträger

156 **a) Grundsatz: Beibehaltung der Mitbestimmung für fünf Jahre (§ 325 Abs. 1 S. 1 UmwG).** Kommt es zur **Aufspaltung** einer der unternehmerischen Mitbestimmung unterliegenden Gesellschaft nach § 123 Abs. 1 UmwG, entsprechen deren **Folgen** für die unternehmerische Mitbestimmung bei der übertragenden Gesellschaft denjenigen **einer Verschmelzung** (→ Rn. 149 ff.). Anders ist dies bei der **Abspaltung** gemäß § 123 Abs. 2 UmwG oder bei der **Ausgliederung** gemäß § 123 Abs. 3 UmwG. In diesen beiden Fällen bleibt der übertragende Rechtsträger bestehen, und es stellt sich die Frage, welche Auswirkungen es auf eine bei diesem Unternehmen bestehende unternehmerische Mitbestimmung hat, wenn sich die **Arbeitnehmerzahl** der Gesellschaft infolge der Abspaltung oder Ausgliederung wesentlich **verringert**. Wendete man § 1 Abs. 1 DrittelbG oder § 1 Abs. 1 MitbestG an, käme es **an sich** ggf. zu einer **sofortigen Verringerung oder** gar einem **Wegfall der Mitbestimmung**, wenn die jeweiligen Schwellenwerte nach der Abspaltung oder Ausgliederung unterschritten würden. Um dies zu verhindern, wurde das neue UmwG im Vermittlungsausschuss um **§ 325 Abs. 1 UmwG** ergänzt.[327] Diese Vorschrift sieht ausdrücklich eine **befristete Mitbestimmungsbeibehaltung** vor: Entfallen nämlich durch eine solche Spaltung bei einem übertragenden Rechtsträger die gesetzlichen Voraussetzungen für die Beteiligung der Arbeitnehmer im Aufsichtsrat, so finden die vor der Spaltung geltenden Vorschriften noch **für einen Zeitraum von fünf Jahren** nach dem Wirksamwerden der Abspaltung oder Ausgliederung Anwendung. Die Auswirkungen dieser Regelung seien an zwei Beispielen illustriert:

157 **Beispiel 23: Mitbestimmungsbeibehaltung (MitBestG)** Die A-GmbH beschäftigt in der Regel 2200 Arbeitnehmer und hat einen paritätisch mitbestimmten Aufsichtsrat gebildet. Sie überträgt im Rahmen einer Gesellschafterauseinandersetzung einen Teilbetrieb mit 1300 Arbeitnehmern im Wege der Abspaltung (Spaltung zu Null, vgl. → § 25 Rn. 22 ff.) auf ein unverbundenes Unternehmen und beschäftigt anschließend nur noch 900 Arbeitnehmer.

158 **Beispiel 24: Mitbestimmungsbeibehaltung (DrittelbG)** Die X-AG, die keiner Unternehmensgruppe angehört und in der Regel 800 Arbeitnehmer beschäftigt, verfügt über einen drittelparitätisch mitbestimmten Aufsichtsrat. Die Gesellschaft überträgt einen Teilbetrieb mit 400 in der Regel beschäftigten Arbeitnehmern im Wege der Ausgliederung auf ihre neu gegründete Tochtergesellschaft T-GmbH.

159 Voraussetzung für die Anwendung des § 325 Abs. 1 S. 1 UmwG ist eine **Abspaltung** oder **Ausgliederung** nach dem **UmwG**. Eine entsprechende Anwendung dieser Vorschrift auf andere Umwandlungen und erst recht auf Umstrukturierungen außerhalb des UmwG kommt nicht in Betracht.[328] Sie bezieht sich ausschließlich auf Rechtsträger, die selbst als **übertragende Rechtsträger** an einer Abspaltung oder Ausgliederung beteiligt sind, und nicht auf Gesellschafter oder das herrschende Unternehmen eines Konzerns. Entfallen die Voraussetzungen für eine Zurechnung von Arbeitnehmern nach § 5 Abs. 1 MitbestG, weil diese im Wege einer Abspaltung (z. B. wie im Beispiel 19) aus dem Konzern ausscheiden, und sinkt dadurch die im Konzern maßgebliche Arbeitnehmerzahl unter 2000, findet § 325 Abs. 1 S. 1 UmwG auf das herrschende Unternehmen keine Anwendung.[329]

160 Durch die Abspaltung oder Ausgliederung müssen außerdem die **gesetzlichen Voraussetzungen** für die **Beteiligung der Arbeitnehmer** im Aufsichtsrat entfallen. In der Literatur werden **unterschiedliche Ansichten** dazu vertreten, was mit dem „Entfallen der

---

[327] Vgl. Beschlussempfehlung Vermittlungsausschuss, BT-Drucks., 12/8415, S. 2; RegBegr., UmwBerG, BR-Drucks., 75/94, S. 75 ff., näher *Boecken* Rn. 425 Fn. 277 ff.
[328] Semler/Stengel/*Simon* UmwG § 325 Rn. 3; aA *Trittin/Gilles* RdA 2011, 46, 48.
[329] ErfK/*Oetker* UmwG § 325 Rn. 3; Willemsen/Hohenstatt/Schweibert/Seibt/*Seibt* F Rn. 110; Widmann/Mayer/*Wißmann* UmwG § 325 Rn. 9 f.

gesetzlichen Voraussetzungen" gemeint ist. Nach einigen Stimmen soll es nur darauf ankommen, ob die Gesellschaft in einer mitbestimmungspflichtigen Rechtsform besteht und einer der **maßgeblichen Schwellenwerte** des MitbestG etc. erreicht ist.[330] Die Gegenauffassung verlangt für die Mitbestimmungsbeibehaltung gemäß § 325 Abs. 1 UmwG, dass vor der Abspaltung ein **mitbestimmter Aufsichtsrat** bei der übertragenden Gesellschaft **gebildet** wurde.[331] Auch wenn die Geschäftsleitungsorgane des übertragenden Rechtsträgers die Initiativlast für ein Statusverfahren trifft, haben Betriebsräte, Gewerkschaften und die Belegschaft ebenfalls die Möglichkeit, gemäß § 98 Abs. 1 AktG eine gerichtliche Entscheidung über die Mitbestimmungspflicht eines Unternehmens herbeizuführen. Bei dem Statusverfahren handelt es sich um eine notwendige Voraussetzung für die Bildung eines mitbestimmten Aufsichtsrats, die für Rechtssicherheit sorgen soll. Daher und angesichts des Ausnahmecharakters der Vorschrift ist mit der zweitgenannten Ansicht davon auszugehen, dass das Gesetz **nur** die **bestehende Mitbestimmung** im Aufsichtsrat und nicht die Möglichkeit zur Mitbestimmung im Aufsichtsrat aufrechterhalten will.[332]

Einigkeit besteht dann wieder darüber, dass die Norm nicht nur dann anwendbar ist, **161** wenn die **Mitbestimmungspflicht in Gänze entfällt**, weil die Arbeitnehmerzahl auf 500 oder weniger sinkt. Auch dann, wenn die Zahl der regelmäßig Beschäftigten bei der übertragenden Gesellschaft infolge der Spaltung weniger als 2000, aber mehr als 500 beträgt, wenn es also nach den allgemeinen Regeln nur zu einem **Wechsel des einschlägigen Mitbestimmungsregimes** käme, verhindert § 325 Abs. 1 UmwG dies für die Dauer von fünf Jahren nach der Eintragung der Abspaltung oder Ausgliederung.[333] Dagegen ist § 325 Abs. 1 UmwG nach hM **nicht** einschlägig, **wenn** sich durch die Abspaltung oder Ausgliederung nicht das anzuwendende Gesetz, sondern **nur** die **Anzahl** der Aufsichtsratsmitglieder gemäß § 7 Abs. 1 MitbestG **verringert**.[334]

Im Einzelnen sind weitere Fragen zu den Voraussetzungen des § 325 Abs. 1 UmwG **162** umstritten. Nach hM entfallen die Voraussetzungen für die Mitbestimmungspflicht dann nicht, wenn übertragender und übernehmender Rechtsträger nach der Spaltung einen **gemeinsamen Betrieb** i. S. d. § 1 Abs. 1 S. 2 BetrVG bilden, da in dem Fall die Arbeitnehmer beider Unternehmen dem jeweils anderen Rechtsträger zugerechnet werden,[335] jedenfalls sofern auch das übertragende Unternehmen die Leitung über den gemeinsamen Betrieb gemeinsam mit dem übernehmenden Rechtsträger ausübt.[336] § 325 Abs. 1 UmwG greift nach hier vertretener Ansicht aufgrund seines Ausnahmecharakters und gemäß dem Wortlaut der Norm außerdem nur ein, wenn die Verringerung der Arbeitnehmerzahl unter die Schwellenwerte des MitbestG oder des DrittelbG **durch die Abspaltung oder Ausgliederung** und nicht in Verbindung mit anderen Umstrukturierungen wie z. B. einem gleichzeitig stattfindenden Personalabbau herbeigeführt wird (**Stichtagsprinzip**).[337]

---

[330] Widmann/Mayer/*Wißmann* UmwG § 325 Rn. 5.
[331] KK-UmwG/*Hohenstatt*/*Schramm* UmwG § 325 Rn. 8; Brodhun NZG 2012, 1050, 1053; nunmehr auch Semler/Stengel/*Simon* UmwG § 325 Rn. 4 unter stillschweigender Aufgabe der in der Vorauflage vertretenen Gegenansicht.
[332] Zum Wegfall der Mitbestimmungspflicht wegen erstmaliger Tendenzbindung gemäß § 1 Abs. 4 MitbestG vgl. ErfK/*Oetker* UmwG § 325 Rn. 8.
[333] ErfK/*Oetker* UmwG § 325 Rn. 6.
[334] Semler/Stengel/*Simon* UmwG § 325 Rn. 7; Lutter/*Joost* UmwG § 325 Rn. 20; Widmann/Mayer/*Wißmann* UmwG § 325 Rn. 12; aA ErfK/*Oetker* UmwG § 325 Rn. 6 für den Fall, dass die Aufsichtsratsgröße nicht in der Satzung festgeschrieben ist.
[335] LG Hamburg 417 O 171/07, ZIP 2008, 2364 = BeckRS 2009, 07094; *Hjort* NZA 2001, 696, 701; aA Semler/Stengel/*Simon* UmwG § 325 Rn. 5; mit ausführlicher Begründung Hohenstatt/Schramm NZA 2010, 846, 847 ff.
[336] ErfK/*Oetker* MitbestG § 1 Rn. 6; Willemsen/Hohenstatt/Schweibert/Seibt/*Seibt* F Rn. 18.
[337] Willemsen/Hohenstatt/Schweibert/Seibt/*Seibt* F Rn. 124; Semler/Stengel/*Simon* UmwG § 325 Rn. 11; aA Widmann/Mayer/*Wißmann* UmwG § 325 Rn. 17; Gaul § 34 Rn. 28; Boecken Rn. 431.

163 Kein Anwendungsfall des § 325 Abs. 1 UmwG liegt außerdem vor, **wenn** eine Gesellschaft nach der Abspaltung oder Ausgliederung **aufgrund** einer **Zurechnung** gemäß § 2 Abs. 1 DrittelbG, § 4 Abs. 1 MitbestG oder § 5 Abs. 1, 3 MitbestG **weiterhin** zur **Bildung eines mitbestimmten Aufsichtsrats** verpflichtet bleibt, obwohl die eigene Arbeitnehmerzahl unter die Schwellenwerte von § 1 Abs. 1 DrittelbG oder § 1 Abs. 1 MitbestG gesunken ist.[338]

164 Sowohl im Beispiel 22 als auch im Beispiel 23 kommt es danach zu einer Beibehaltung des Mitbestimmungsstatuts: Beide Gesellschaften haben einen gesetzlich mitbestimmten Aufsichtsrat gebildet. Die übertragende A-GmbH unterliegt gemäß § 325 Abs. 1 S. 1 UmwG auch nach der Spaltung mit nur 900 Arbeitnehmern für weitere fünf Jahre der paritätischen Mitbestimmung gemäß MitbestG, und die X-AG hat für weitere fünf Jahre einen drittelparitätisch mit Arbeitnehmervertretern besetzten Aufsichtsrat zu bilden, obwohl sie nur noch in der Regel 400 Arbeitnehmer beschäftigt.

165 b) Ausnahme: Wegfall der Mitbestimmung bei Unterschreiten von Mindestarbeitnehmerzahlen (§ 325 Abs. 1 S. 2 UmwG). Der Gesetzgeber hat die **Beibehaltung des** bisherigen **Mitbestimmungsstatuts nicht uneingeschränkt** angeordnet. Gemäß § 325 Abs. 1 S. 2 UmwG findet **keine Mitbestimmungsbeibehaltung** statt, wenn die betreffenden Vorschriften eine Mindestzahl von Arbeitnehmern voraussetzen und die danach berechnete **Zahl der Arbeitnehmer** des übertragenden Rechtsträgers auf **weniger als in der Regel ein Viertel dieser Mindestzahl** sinkt. Für das **MitbestG** ist diese Mindestzahl mehr als 2000, **ein Viertel** hiervon sind **501**. Nach dem **DrittelbG** ist eine Belegschaftsstärke von in der Regel mehr als 500 Arbeitnehmern erforderlich, **ein Viertel** hiervon beträgt **126**.

166 Überführt die A-GmbH im **Beispiel 19** von ihren 2200 Arbeitnehmern 1700 Arbeitnehmer im Wege der Abspaltung auf die übernehmende Gesellschaft und beschäftigt sie anschließend in der Regel exakt 500 Arbeitnehmer, so entfällt jegliche Mitbestimmung bei der A-GmbH: Zu einer Mitbestimmungsbeibehaltung kommt es gemäß § 325 Abs. 1 S. 2 UmwG nicht, da die Gesellschaft weniger als ein Viertel der Mindestzahl nach dem MitbestG beschäftigt, und nach allgemeinen Vorschriften findet das DrittelbG keine Anwendung, da die Mindestzahl nach § 1 Abs. 1 DrittelbG mehr als 500 beträgt. Ebenso im **Beispiel 19**, wenn die X-AG nicht 400, sondern 675 Arbeitnehmer per Ausgliederung auf ihre Tochtergesellschaft überleitet. Dann beschäftigt die X-AG genau 125 Arbeitnehmer und damit einen weniger, als nach § § 25 Abs. 1 S. 2 UmwG für eine Mitbestimmungsbeibehaltung erforderlich ist. Unberührt bleibt in beiden Fällen die Mitbestimmung bei den beiden übernehmenden Gesellschaften, die von § 325 Abs. 1 UmwG nicht erfasst wird.

167 § 325 Abs. 1 S. 2 UmwG gilt nicht nur dann, wenn die Abspaltung oder die Ausgliederung selbst zu einer Unterschreitung der oben genannten Werte führt. **Auch wenn** die **Arbeitnehmerzahl** der übertragenden Gesellschaft **zu einem späteren Zeitpunkt** im Laufe der Fünfjahresfrist des § 325 Abs. 1 S. 1 UmwG **unter die** genannten **Schwellen sinkt**, endet die Mitbestimmungspflicht.[339] Wie bei der Ermittlung der erstmaligen Mitbestimmungspflicht ist eine **Prognose über** die künftige **regelmäßige Beschäftigtenzahl** anzustellen, die Rückschau und Ausblick miteinander verbindet und sich auf einen Zeitraum von mindestens sechs Monaten erstreckt (→ Rn. 155). Ist danach die Mitbestimmung in Anwendung des § 325 Abs. 1 S. 2 UmwG entfallen, **lebt sie nicht wieder auf, wenn** die **regelmäßige Belegschaftsstärke** bei dem übertragenden Rechtsträger innerhalb der Fünfjahresfrist die **Grenzen gemäß § 325 Abs. 1 S. 2 UmwG** wieder **überschreiten** sollte. Wird dagegen die Grenze des § 1 Abs. 1 DrittelbG oder des § 1 Abs. 1 MitbestG innerhalb der Fünfjahresfrist überschritten, nachdem zuvor die Mitbestimmung nach § 325

---

[338] ErfK/*Oetker* UmwG § 325 Rn. 7; Kallmeyer/*Willemsen* UmwG § 325 Rn. 5.
[339] Willemsen/Hohenstatt/Schweibert/Seibt/*Seibt* F Rn. 118; Lutter/*Joost* UmwG § 325 Rn. 31; Widmann/Mayer/*Wißmann* UmwG § 325 Rn. 36; *Wlotzke* DB 1995, 40, 47; *Boecken* Rn. 434.

Abs. 1 S. 2 UmwG entfallen war, kommt es zu einer erneuten Mitbestimmungspflicht unabhängig von § 325 Abs. 1 UmwG allein aufgrund der allgemeinen gesetzlichen Regelungen. Beteiligt sich die Gesellschaft später an einer weiteren Abspaltung und liegen auch diesmal die Voraussetzungen des § 325 Abs. 1 S. 1 UmwG für eine Mitbestimmungsbeibehaltung vor, beginnt eine neue Fünfjahresfrist, auch wenn zu jenem Zeitpunkt die ursprünglich ausgelöste Frist noch nicht abgelaufen war.

2. Auswirkungen von Spaltungen auf die unternehmerische Mitbestimmung bei dem übernehmenden Rechtsträger

Bei dem übernehmenden Rechtsträger hat eine Spaltung **dieselben Auswirkungen** **wie** eine **Verschmelzung**: Kommt es durch die Spaltung zu einer Erhöhung der Zahl der regelmäßig beschäftigten Arbeitnehmer der übernehmenden Gesellschaft, und überschreitet deren Belegschaft dadurch einen für die Mitbestimmung gemäß § 1 Abs. 1 DrittelbG oder gemäß § 1 Abs. 1 MitbestG maßgeblichen Schwellenwert, hat die übernehmende Gesellschaft künftig einen Aufsichtsrat zu bilden, der nach den einschlägigen Vorschriften mitbestimmt ist. Zur Möglichkeit eines vorgezogenen Statusverfahrens in diesen Fällen → Rn. 173 ff.

IV. Formwechsel und unternehmerische Mitbestimmung

1. Überblick

Ein **Formwechsel** führt **keine Veränderung der Arbeitnehmerzahlen** des formwechselnden Rechtsträgers herbei, kann aber **gleichwohl Auswirkungen** auf die Regelungen haben, nach denen der Aufsichtsrat der formwechselnden Gesellschaft künftig zu bilden oder zusammenzusetzen ist. Zum einen kann ein Formwechsel erstmals eine **Mitbestimmungspflicht begründen**, etwa weil ein Verein oder eine Kommanditgesellschaft mit einer natürlich Person als Komplementärin in eine der Mitbestimmung unterliegende Rechtsform umgewandelt wird. Im umgekehrten Fall löst der Formwechsel einen **Wegfall der Mitbestimmung** aus, wenn eine Gesellschaft, die ihrer Rechtsform nach der Mitbestimmung unterliegt, in eine mitbestimmungsfreie Gesellschaftsform umgewandelt wird. Gesetzlich geregelt ist in § 203 S. 1 UmwG jedoch allein der Fall, dass nach dem Formwechsel bei dem Rechtsträger neuer Rechtsform in gleicher Weise wie bei dem formwechselnden Rechtsträger ein Aufsichtsrat gebildet und zusammengesetzt wird.

2. Formwechsel von einer nicht mitbestimmungspflichtigen Rechtsform in eine mitbestimmungspflichtige Rechtsform

Führt der Formwechsel dazu, dass die Gesellschaft **erstmals** der **Mitbestimmung** unterliegt, z. B. weil eine GmbH & Co. KG mit 1500 Arbeitnehmern in eine KGaA umgewandelt wird, so gelten im Grundsatz die **Ausführungen zu** den mitbestimmungsrechtlichen Auswirkungen einer **Verschmelzung** auf den übernehmenden Rechtsträger entsprechend (→ Rn. 149 ff.). Besonderheiten ergeben sich aufgrund der anzuwendenden Gründungsvorschriften (vgl. § 197 S. 1 UmwG) bei der **Aktiengesellschaft**. Dort sorgt § 31 AktG dafür, dass bei der Sachgründung oder Sachübernahme einer AG durch Einbringung eines Unternehmens entgegen der sonst anwendbaren Regelung des § 30 Abs. 2 AktG keine Mitbestimmungsfreiheit in dem bereits für Gründungszwecke zu bestellenden ersten Aufsichtsrat besteht.[340] Über **§ 197 S. 3 UmwG** ist § 31 AktG auch auf den Formwechsel in eine AG anzuwenden, so dass die Gesellschafter des formwechselnden Rechtsträgers im Grundsatz nur so viele Aufsichtsratsmitglieder wählen dürfen, wie ihnen unter Berücksichtigung der angenommenen Mitbestimmungspflicht zustehen; anschließend ist gemäß §§ 197 S. 3 UmwG, 31 Abs. 3 UmwG ein Statusverfahren einzuleiten.[341] Bei der **GmbH** stellt sich diese Frage nicht, da für die Anmeldung der Gründung (und damit des Formwechsels) die **Mit-**

---

[340] Vgl. *Kuhlmann* NZG 2010, 46, 50 f.; Schmitt/Hörtnagl/Stratz/*Stratz* UmwG § 197 Rn. 9.
[341] Semler/Stengel/*Bärwaldt* UmwG § 197 Rn. 70 f.

wirkung eines etwaigen **Aufsichtsrats nicht erforderlich** ist. Bei der GmbH ist daher ohne Weiteres das Statusverfahren erst nach der Eintragung des Formwechsels einzuleiten, sofern nicht ein vorgezogenes Statusverfahren in Betracht kommt (→ Rn. 173 ff.).

3. Formwechsel von einer mitbestimmungspflichtigen Rechtsform in eine nicht mitbestimmungspflichtige Rechtsform

171 Entfallen die **Voraussetzungen** für die Mitbestimmung durch den Formwechsel, weil der Rechtsträger neuer Rechtsform nicht mehr der unternehmerischen Mitbestimmung unterliegt, so **erlischt** der **Aufsichtsrat** mit Eintragung des Formwechsels.[342] Insofern kann auch insoweit auf die Erläuterungen zu den mitbestimmungsrechtlichen Auswirkungen einer Verschmelzung auf den übertragenden Rechtsträger verwiesen werden, die mitbestimmungspflichtige Rechtsform erlischt sozusagen, auch wenn der Rechtsträger als solcher fortbesteht. Eine **Mitbestimmungsbeibehaltung** analog § 325 Abs. 1 UmwG **tritt** in diesem Fall **nicht ein**, und der Formwechsel sowie der Mitbestimmungsverlust lassen sich mE selbst dann nicht als rechtsmissbräuchlich verhindern, wenn die künftige Vermeidung der Mitbestimmung erklärtes Ziel des Formwechsels ist.[343]

4. Formwechsel von einer mitbestimmungspflichtigen Rechtsform in eine ebenfalls mitbestimmungspflichtige Rechtsform

172 Unterlag die formwechselnde Gesellschaft bereits vor dem Formwechsel der unternehmerischen Mitbestimmung und ändert sich durch den Formwechsel das auf die Bildung und Zusammensetzung des Aufsichtsrats anwendbare Recht nicht, so bleiben die Aufsichtsratsmitglieder gemäß § 203 S. 1 UmwG ohne Rücksicht auf den Formwechsel für den Rest ihrer Wahlzeit im Amt (**Grundsatz der Amtskontinuität**). Dies ist regelmäßig dann der Fall, wenn **nach** dem **Formwechsel dieselben gesetzlichen Regelungen** (DrittelbG, MitbestG, MontanMitbestG, MitbeErgG) für die Bildung und die Zusammensetzung des Aufsichtsrats **einschlägig** sind. In diesem Fall kann sich durch den Formwechsel als solchen, der keine Veränderung der Arbeitnehmerzahlen mit sich bringt, **keine Änderung der Zusammensetzung des Aufsichtsrats** ergeben,[344] sofern es sich bei der formwechselnden Gesellschaft nicht um eine Alt-Aktiengesellschaft i. S. d. § 76 BetrVG 1952 handelt.[345] Allenfalls ist denkbar, dass eine zusammen mit dem Formwechsel stattfindenden Kapitalerhöhung die höchstens zulässige Gesamtzahl der Aufsichtsratsmitglieder erhöht (vgl. § 95 S 4 AktG, ggf. i. V. m. § 1 Abs. 1 Nr. 3 DrittelbG). Ein **Statusverfahren** ist in den Fällen des § 203 S. 1 UmwG daher **nicht erforderlich**. Allerdings erlaubt § 203 S. 2 UmwG den Anteilseignern, im Formwechselbeschluss die Amtszeit der von ihnen gewählten Vertreter zu beenden; auf die Arbeitnehmervertreter findet diese Regelung keine Anwendung. Sind Arbeitnehmer aufgrund einer Vereinbarung über eine freiwillige Mitbestimmung von den Anteilseignern gewählt worden, gelten diese zwar formal als Anteilseignervertreter;[346] eine Anwendung des § 203 S. 2 UmwG dürfte aber in aller Regel der zugrunde liegenden Mitbestimmungsvereinbarung widersprechen.

---

[342] Semler/Stengel/*Simon* UmwG § 203 Rn. 2; Raiser/*Veil* MitbestG § 6 Rn. 19, *arg. e contrario* zu § 203 S. 1 UmwG.

[343] Vgl. Willemsen/Hohenstatt/Schweibert/Seibt/*Seibt* F Rn. 78, der wie bei der Verschmelzung auf eine nicht der unternehmerischen Mitbestimmung unterliegende Rechtsform allenfalls dann einen Rechtsmissbrauch annehmen will, wenn der Formwechsel zum Zwecke der Mitbestimmungsvermeidung „wider alle wirtschaftliche Vernunft" ist, was in der Praxis kaum je zu bejahen sein dürfte.

[344] Zu den Auswirkungen, die sich ergeben, wenn sich zwar nicht das Mitbestimmungsstatut, wohl aber rechtsformabhängige gesetzliche Vorschriften oder gesellschaftsvertragliche Regelungen für die Bildung oder Zusammensetzung des Aufsichtsrats ändern, vgl. Semler/Stengel/*Simon* UmwG § 203 Rn. 2; Willemsen/Hohenstatt/Schweibert/Seibt/*Seibt* F Rn. 71.

[345] Hierzu BAG II ZB 14/11, NJW-RR 2012, 610 Rn. 9: Fortbestand der drittelparitätischen Mitbestimmung nur, solange die Alt-AG noch mindestens fünf Arbeitnehmer beschäftigt; Willemsen/Hohenstatt/Schweibert/Seibt/*Seibt* F Rn. 71.

[346] Spindler/Stilz/*Spindler* AktG § 101 Rn. 20; Michalski/*Giedinghagen* GmbHG § 52 Rn. 46.

V. Umwandlungen und Statusverfahren

Führt eine Umwandlung zu einer Änderung des Mitbestimmungsstatuts oder zu einer Veränderung der Anzahl der Aufsichtsratsmitglieder, so ist das sog. **Statusverfahren** gemäß §§ 97 ff. AktG einzuleiten.[347] Hierbei handelt es sich um ein förmliches Verfahren, das nicht nur auf **Aktiengesellschaften** und **Kommanditgesellschaften auf Aktien** anwendbar ist, sondern auch auf **GmbHs** und **Genossenschaften**, soweit diese der **Mitbestimmung** nach dem DrittelbG oder nach dem MitbestG **unterliegen**, vgl. § 1 Abs. 1 Nr. 3 und 5 DrittelbG und § 6 Abs. 2 S. 1 MitbestG. Im Folgenden soll nach einem kurzen Überblick über den Ablauf des Verfahrens insbesondere die zeitliche Verknüpfung von Umwandlungsmaßnahmen mit einem Statusverfahren im Vordergrund stehen.

Das jeweilige **Geschäftsleitungsorgan** hat das Verfahren **unverzüglich** einzuleiten, wenn es der Ansicht ist, dass der Aufsichtsrat nicht nach den für ihn maßgebenden gesetzlichen Vorschriften zusammengesetzt ist; dies geschieht, indem Vorstand oder Geschäftsführung in den Gesellschaftsblättern und gleichzeitig durch Aushang in den Betrieben der Gesellschaft und ihrer Konzernunternehmen **bekannt machen, nach welchen gesetzlichen Vorschriften** sich ihrer Auffassung nach der **Aufsichtsrat zusammenzusetzen** hat, § 97 Abs. 1 S. 1 und 2 AktG. In der Bekanntmachung ist gemäß § 97 Abs. 1 S. 3 AktG darauf hinzuweisen, dass sich der Aufsichtsrat nach den angegebenen Vorschriften zusammensetzt, wenn nicht innerhalb eines Monats nach der Bekanntmachung im Bundesanzeiger das nach § 98 Abs. 1 AktG zuständige Gericht angerufen wird. Ändern sich die maßgebenden gesetzlichen Vorschriften für die Zusammensetzung des Aufsichtsrats durch eine Umwandlung, so geschieht dies mit deren Wirksamwerden und also im Zeitpunkt der Eintragung der Umwandlung in das Handelsregister gemäß §§ 19, 130 UmwG.

Ist streitig oder ungewiss, nach welchen gesetzlichen Vorschriften der Aufsichtsrat zusammenzusetzen ist, können bestimmte **Antragsberechtigte** bei dem **Landgericht**, in dessen Bezirk die Gesellschaft ihren Sitz hat, gemäß § 98 Abs. 1 AktG eine **Entscheidung** hierüber **beantragen**. Zu den Antragsberechtigten zählen gemäß § 98 Abs. 2 AktG u. a. Vorstand bzw. **Geschäftsführung**, jedes **Aufsichtsratsmitglied**, jeder **Anteilseigner** und bestimmte **Arbeitnehmervertreter**, darunter der Gesamtbetriebsrat oder ggf. der einzige Betriebsrat der Gesellschaft, sowie ein bestimmtes **Quorum von Mitarbeitern** in Fällen, in denen die Anwendung des Mitbestimmungsgesetzes oder einzelne seiner Vorschriften streitig oder ungewiss ist. Streit oder Ungewissheit über die anzuwendenden Vorschriften kann sich im Zusammenhang mit einer Umwandlung wie im Zusammenhang mit anderen Strukturmaßnahmen ergeben, wenn die Anzahl der Arbeitnehmer, die nach dem Wirksamwerden der Umwandlung bei dem übernehmenden Rechtsträger beschäftigt sind, die Schwellenwerte nach dem DrittelbG oder dem MitbestG bzw. das Quorum gemäß § 325 Abs. 1 UmwG nicht eindeutig über- oder unterschreiten.

Wird **nicht binnen eines** Monats nach der Bekanntmachung gemäß § 97 Abs. 1 S. 1 AktG im Bundesanzeiger eine **gerichtliche Entscheidung beantragt, oder** liegt eine **rechtskräftige Entscheidung** über die anzuwendenden gesetzlichen Vorschriften vor, ist der **Aufsichtsrat nach** den in der **Bekanntmachung** genannten oder durch das Gericht festgestellten Vorschriften **zusammenzusetzen**. Die Satzung bzw. das Statut der Gesellschaft oder Genossenschaft soll diesen Regelungen nicht entgegenstehen. Daher ordnet § 97 Abs. 2 S. 2 AktG an, dass die **Bestimmungen der Satzung** über die Zusammensetzung des Aufsichtsrats, über die Zahl der Aufsichtsratsmitglieder sowie über die Wahl, Abberufung und Entsendung von Aufsichtsratsmitgliedern **insoweit außer Kraft** treten, **als sie** den nunmehr anzuwendenden gesetzlichen Vorschriften **widersprechen**. Der maßgebliche Zeitpunkt hierfür ist die **Beendigung der ersten Anteilseignerversammlung, die nach Ablauf der Anrufungsfrist** einberufen wird, spätestens jedoch sechs Monate nach Ablauf dieser Frist. Zum gleichen Zeitpunkt erlischt gemäß § 97 Abs. 2 S. 3 AktG

---

[347] Vgl. MHdb. GesR IV/*Hoffmann-Becking* § 28 Rn. 54–73.

das Amt der bisherigen Aufsichtsratsmitglieder. Um die Ersetzung der dem Gesetz entgegenstehenden Satzungsbestimmungen zu erleichtern, kann eine Anteilseignerversammlung, die innerhalb der vorgenannten Frist von 6 Monaten stattfindet, die entsprechende Satzungsänderung in Abweichung von §§ 179 Abs. 2 S. 1 AktG, 53 Abs. 2 S. 1 GmbHG mit einfacher Mehrheit beschließen. Kommt es zur **gerichtlichen Entscheidung** über die anzuwendenden Vorschriften, findet § 97 Abs. 2 AktG entsprechende Anwendung; die Frist von sechs Monaten beginnt in dem Fall jedoch **ab Eintritt der Rechtskraft**.

177 Eine **zeitliche Herausforderung** stellt sich im Zusammenhang mit Verschmelzungen und Spaltungen. Diese führen in der Regel (vgl. → Rn. 29) erst mit ihrer Eintragung zum Übergang der Arbeitsverhältnisse, und erst ab diesem Zeitpunkt ändert sich das anwendbare Mitbestimmungsstatut. Bei enger Auslegung des § 97 Abs. 1 S. 1 AktG müsste die Geschäftsleitung der übernehmenden Gesellschaft daher die **Eintragung** der Verschmelzung oder Spaltung **abwarten, bevor sie** die neuen Regelungen, nach denen sich der Aufsichtsrat der Gesellschaft zusammensetzt, **bekanntmachen dürften**. Ähnlich beim Formwechsel von einer mitbestimmungsfreien Rechtsform in eine der Mitbestimmung unterliegende Rechtsform, etwa wenn eine GmbH & Co. KG mit mehr 500, aber weniger als 2.000 regelmäßig Beschäftigten in eine GmbH umgewandelt wird: Auch hier müsste die Geschäftsleitung der formwechselnden Gesellschaft an sich erst die Eintragung abwarten, um sodann das Statusverfahren gemäß §§ 97 ff. AktG einleiten zu können. Im Rahmen dieses Verfahrens müsste dann auch die Satzung der mitbestimmungspflichtigen Gesellschaft geändert werden, was bedeuten kann, dass insb. Aktiengesellschaften eine außerordentliche Hauptversammlung einberufen müssten. Daher wird im Schrifttum mit Recht vertreten, dass das **Statusverfahren bereits vor** dem Zeitpunkt der durch die **Umwandlung** geänderten Mitbestimmungspflicht eingeleitet werden kann, wenn es aus Sicht der Geschäftsleitung des übernehmenden Rechtsträgers mit hinreichender Wahrscheinlichkeit zu einer mitbestimmungsrelevanten Umwandlungsmaßnahme kommen wird.[348] In diesem Fall können die Anteilseigner zusammen mit der Umwandlung eine Satzungsänderung für den Fall beschließen, dass die Anrufungsfrist des § 97 Abs. 2 S. 1 AktG verstrichen ist, ohne dass das Gericht angerufen wurde. Zugleich können sie die Anteilseignervertreter für den neuen Aufsichtsrat aufschiebend bedingt auf das Wirksamwerden jener Satzungsänderung wählen.[349] Spätestens nach der Eintragung hat dann die Bekanntmachung gemäß § 97 Abs. 1 S. 1 AktG zu erfolgen, und nach Ablauf der Anrufungsfrist kann der neue Aufsichtsrat durch Anmeldung der Satzungsänderung zur Eintragung in das Handelsregister ohne erneute Anteilseignerversammlung implementiert werden.[350] Konsequenterweise muss es dann **auch** schon vor dem Wirksamwerden der Umwandlung möglich sein, die **Wahl der Arbeitnehmervertreter** durch die Arbeitnehmer einzuleiten,[351] zumal das Wahlverfahren in aller Regel nicht abgeschlossen sein wird, bevor die Umwandlung wirksam geworden und die Arbeitnehmer des übertragenden zu Arbeitnehmern des übernehmenden Rechtsträgers geworden sind. Allerdings kann es wünschenswert sein, dass dem mitbestimmten Aufsichtsrat ab dem Wirksamwerden der Umwandlung auch bereits Arbeitnehmervertreter angehören, etwa wenn die Umwandlung nur einen von mehreren Schritten im Rahmen einer komplexen Umstrukturierung darstellt, die weitergehende Auswirkungen auf die Arbeitnehmer hat, und wenn hierfür weitere Aufsichtsratsbeschlüsse erforderlich sind. In diesen Fällen werden regelmäßig die Voraussetzungen für eine **gerichtliche Bestellung** der Arbeitnehmer gemäß **§ 104 AktG** vorliegen.[352]

---

[348] Willemsen/Hohenstatt/Schweibert/Seibt/ *Seibt* F Rn. 206; MHdb. GesR IV/*Hoffmann-Becking* § 28 Rn. 71; *Kiem/Uhrig* NZG 2001, 680, 683; aA *Kauffmann-Lauven/Lenze* AG 2010, 532, 534.
[349] Vgl. MHdb. GesR IV/*Hoffmann-Becking* § 28 Rn. 71.
[350] Hierzu und zu weiteren Gestaltungsmöglichkeiten *Kiem/Uhrig* NZG 2001, 680, 684 f.
[351] Willemsen/Hohenstatt/Schweibert/Seibt/ *Seibt* F Rn. 206.
[352] Vgl. *Kiem/Uhrig* NZG 2001, 680, 687.

4. Kapitel. Bilanzrecht

§ 58 Verschmelzung

Übersicht

	Rdnr.		Rdnr.
A. Einführung	1	c) Verschmelzung ohne Gewährung neuer / Hingabe eigener Anteile	57–64
B. Bilanzierung beim übertragenden Rechtsträger	2–34	aa) Aufwärtsverschmelzung (Upstream merger)	57, 58
I. Allgemein	2	bb) Abwärtsverschmelzung (Downstream merger)	59–62
II. Die Schlussbilanz	3–24	cc) Seitwärtsverschmelzung (Sidestream merger)	63, 64
1. Die Einreichung der „Schlussbilanz" und ihrer Bestandteile	4	d) Mischfälle	65, 66
2. Aufstellung und Prüfung der Schlussbilanz	5–9	e) Verteilung der Anschaffungskosten / Behandlung eines Geschäfts- oder Firmenwerts	67–69
3. Inhalt der Schlussbilanz (Ansatz und Bewertung)	10–14	2. Bewertung bei Buchwertverknüpfung	70–89
4. Inventur auf Stichtag der Schlussbilanz	15	a) Allgemeines	70–74
5. Stichtag der Schlussbilanz	16–21	b) Verschmelzung unter Gewährung neuer Anteile	75–79
6. Besonderheit bei AG als übertragender Rechtsträger: Zwischenbilanz nach § 63 Abs. 1 Nr. 3 UmwG	22–24	c) Verschmelzung unter Hingabe eigener Anteile	80, 81
III. Bilanzierungspflicht während schwebender Verschmelzung	25–34	d) Verschmelzung ohne Gewährung neuer / Hingabe eigener Anteile	82–87
1. Keine Bilanz auf Eintragung der Verschmelzung	25	aa) Aufwärtsverschmelzung (Upstream merger)	82, 83
2. Bilanzierung am regulären Abschlussstichtag	26–34	bb) Abwärtsverschmelzung (Downstream merger)	84, 85
a) Verpflichtung zur Aufstellung des regulären Jahresabschlusses	27–29	cc) Seitwärtsverschmelzung (Sidestream merger)	86, 87
b) Ausweis von Vermögensgegenständen und Schulden im regulären Jahresabschluss	30–32	e) Mischfälle	88, 89
c) Ergebniszuordnung im regulären Jahresabschluss	33, 34	D. Bilanzierung bei Anteilsinhabern der beteiligten Rechtsträger	90–100
C. Bilanzierung beim übernehmenden Rechtsträger	35–89	I. Folgen bei den Anteilsinhabern des übertragenden Rechtsträgers	91–97
I. Allgemein	35	1. Allgemeines	91, 92
II. Zeitpunkt der Erfassung	36–39	2. Verschmelzung unter Gewährung neuer Anteile	93
1. Jahresbilanz oder Eröffnungsbilanz	36, 37	3. Verschmelzung unter Hingabe eigener Anteile	94
2. Ergebniszuordnung	38, 39	4. Verschmelzung ohne Gewährung neuer / Hingabe eigener Anteile	95–97
III. Ansatz der übernommenen Vermögensgegenstände und Schulden	40–48	a) Aufwärtsverschmelzung (Upstream merger)	95
1. Ansatz bei Bilanzierung mit Anschaffungskosten	41–44	b) Abwärtsverschmelzung (Downstream merger)	96
2. Ansatz bei Buchwertverknüpfung	45–48	c) Seitwärtsverschmelzung (Sidestream merger)	97
IV. Bewertung der übernommenen Vermögensgegenstände und Schulden	49–89	II. Folgen bei den Anteilsinhabern des übernehmenden Rechtsträgers	98–100
1. Bewertung mit tatsächlichen Anschaffungskosten	50–69	E. Besonderheiten bei grenzüberschreitender Verschmelzung	101–107
a) Verschmelzung unter Gewährung neuer Anteile	51–54	I. Hinaus-Verschmelzung	102, 103
b) Verschmelzung unter Hingabe eigener Anteile	55, 56	II. Herein-Verschmelzung	104–107

Link

Schrifttum: IDW Stellungnahme zur Rechnungslegung: Auswirkungen einer Verschmelzung auf den handelsrechtlichen Jahresabschluss (IDW RS HFA 42), WPg Supplement 4/2012, 91; *Kiem*, Die schwebende Umwandlung, ZIP 1999, 173; *Müller*, Bilanzierungsfragen bei der grenzüberschreitenden Umwandlung und Sitzverlegung, in: Festschrift für Arndt Raupach zum 70. Geburtstag, Steuer- und Gesellschaftsrecht zwischen Unternehmerfreiheit und Gemeinwohl, 2006, 261 ff.; *Priester*, Kapitalschutz beim Downstream merger, in: Festschrift für Sebastian Spiegelberger zum 70. Geburtstag, Vertragsgestaltung im Zivil- und Steuerrecht, 2009, 890 ff.; *Simon*, Verschmelzung und Spaltung unter Verzicht auf Anteilsgewährung. Rechtliche, steuerliche und bilanzielle Überlegungen zu §§ 54 Abs. 1 Satz 3, 68 Abs. 1 Satz 3 UmwG, in: Steuerzentrierte Rechtsberatung, Festschrift für Harald Schaumburg zum 65. Geburtstag, 2009, 1341 ff.

A. Einführung

1   Dieses Kapitel beschreibt die handelsbilanziellen Folgen einer Verschmelzung nach §§ 2 ff. UmwG. Dabei ist zu unterscheiden zwischen der Bilanzierung (i) beim übertragenden Rechtsträger (→ Rn. 2 ff.), (ii) beim übernehmenden Rechtsträger (→ Rn. 35 ff.) sowie (iii) bei den Anteilsinhabern der beteiligten Rechtsträger (→ Rn. 90 ff.). Abschließend wird auf Besonderheiten der grenzüberschreitenden Verschmelzung eingegangen (→ Rn. 101 ff.). Da die bilanziellen Folgen weitgehend rechtsformunabhängig sind, wird auf Unterschiede der bilanziellen Behandlung z. B. von Kapital- und Personenhandelsgesellschaften nur eingegangen, sofern relevant. Die Darstellung ist auf die bilanziellen Folgen im HGB-Jahresabschluss beschränkt. Ausgeklammert werden etwaige bilanzielle Auswirkungen der Verschmelzung auf einen IFRS-Einzelabschluss sowie einen HGB- oder IFRS-Konzernabschluss.[1]

B. Bilanzierung beim übertragenden Rechtsträger

I. Allgemein

2   Wie die Bilanzierung einer Verschmelzung beim übertragenden Rechtsträger erfolgen soll, ist im Gesetz nur angedeutet. In § 17 Abs. 2 UmwG ist (lediglich) geregelt, dass der Anmeldung der Verschmelzung zum Register des Sitzes jedes der übertragenden Rechtsträger eine Bilanz dieses Rechtsträgers (die sog. Schlussbilanz) beizufügen ist. Für diese Schlussbilanz sollen die Vorschriften über die Jahresbilanz und deren Prüfung entsprechend gelten (§ 17 Abs. 2 S. 2 UmwG). Aus dieser Norm wird allgemein abgeleitet, dass der übertragende Rechtsträger auf einen bestimmten Stichtag im Zusammenhang mit der Verschmelzung (wenn auch nicht auf den sog. Verschmelzungsstichtag, zur Abgrenzung → Rn. 19) eine Schlussbilanz aufzustellen hat.[2] Die in der Schlussbilanz des übertragenden Rechtsträgers angesetzten Vermögensgegenstände und deren Bewertung können nach Maßgabe des § 24 UmwG die Bilanzierung beim übernehmenden Rechtsträger prädeterminieren (→ Rn. 35 ff.). Das Fehlen einer (ordnungsgemäßen) Schlussbilanz ist Eintragungshindernis. Die Schlussbilanz des übertragenden Rechtsträgers ist somit konstitutives Element einer Verschmelzung.

II. Die Schlussbilanz

3   Unter Schlussbilanz ist ein nach den Grundsätzen des HGB aufgestellter Einzelabschluss zu verstehen (d. h. weder ein HGB-Konzernabschluss noch ein nach den Grundsätzen der

---

[1] Zu den Auswirkungen einer Verschmelzung auf den HGB-Konzernabschluss siehe Sagasser/Bula/Brünger/*Bula/Thees*, § 10 Rz. 303 ff.
[2] Ausführlich zu Zweck und Funktion der Schlussbilanz Sagasser/Bula/Brünger/*Bula/Thees*, § 10 Rz. 23 ff.; Winkeljohann/Förschle/Deubert/*Deubert/Henckel*, Kap. H Rz. 90.

IFRS aufgestellter Einzel- oder Konzernabschluss)³. In der Praxis wird aus Gründen der Zeit- und Kostenersparnis regelmäßig die letzte reguläre HGB-Jahresbilanz des übertragenden Rechtsträgers verwendet. Dies ist grundsätzlich zulässig⁴, wenn auch nur unter den zeitlichen Voraussetzungen des § 17 Abs. 2 S. 4 UmwG (dazu näher unter → Rn. 16). Andernfalls muss eine auf einen anderen Stichtag neu aufgestellte Zwischenbilanz (zu deren Inhalt unter → Rn. 10 ff.) als Schlussbilanz verwendet werden.⁵

1. Die Einreichung der „Schlussbilanz" und ihrer Bestandteile

Da das Gesetz im Zusammenhang mit der Schlussbilanz nur den Begriff „Bilanz" verwendet, muss auch lediglich eine solche eingereicht werden, d. h. die Einreichung einer **Gewinn- und Verlustrechnung** oder eines **Anhangs** ist nicht erforderlich.⁶ Allerdings sind bei Nichteinreichung des Anhangs die sog. Wahlpflichtangaben (z. B. nach §§ 251, 268 Abs. 7 HGB), die wahlweise in der Bilanz oder dem Anhang zu machen sind, in die Schlussbilanz selbst aufzunehmen oder als Anlage zur Bilanz beizufügen.⁷ Ist der übertragende Rechtsträger prüfungspflichtig, muss die Schlussbilanz geprüft und der Bestätigungsvermerk des Abschlussprüfers mit eingereicht werden (dazu näher unter → Rn. 5 ff.).⁸

2. Aufstellung und Prüfung der Schlussbilanz

Nach § 17 Abs. 2 S. 2 UmwG gelten für die Schlussbilanz die handelsrechtlichen Vorschriften über die „Jahresbilanz und deren Prüfung" entsprechend. Damit soll (auch wenn der Begriff „Jahresbilanz" im HGB nicht vorkommt) auf die §§ 242 ff., 316 ff. HGB verwiesen werden.

§ 17 Abs. 2 UmwG begründet keine (eigenständige) Buchführungspflicht, d. h. zur Aufstellung einer Schlussbilanz ist nur verpflichtet, wer bereits nach allgemeinen HGB buchführungs- und jahresabschlusspflichtig ist, nicht also z. B. ein kleiner Kaufmann oder ein eingetragener Verein. Dieser hat anstelle der Schlussbilanz seine üblichen Rechnungsunterlagen auf den relevanten Stichtag einzureichen.⁹ Dies gilt u. E. auch dann, wenn der übernehmende Rechtsträger seinerseits buchführungspflichtig ist.¹⁰

Der Verweis auf die handelsrechtlichen Vorschriften bedeutet, dass die Schlussbilanz zumindest dann durch einen **Abschlussprüfer** geprüft werden muss, wenn ein Jahresabschluss auf diesen Stichtag kraft Gesetzes (z. B. nach § 316 Abs. 1 HGB) prüfungspflichtig wäre.¹¹ Ansonsten besteht ein Eintragungshindernis (jedoch u. E. Heilung durch Nachholen der Prüfung innerhalb der 8-Monatsfrist des § 17 Abs. 2 S. 4 UmwG möglich).¹² § 17 UmwG begründet allerdings keine originäre Prüfungspflicht, d. h. wenn eine Gesellschaft nicht prüfpflichtig ist, wird sie dies auch nicht für Zwecke der Verschmelzung. Bei prüfpflichtigen Gesellschaften sind allerdings die folgenden Besonderheiten zu beachten: Wird als Schlussbilanz die letzte reguläre geprüfte Jahresbilanz verwendet, bedarf es keiner

---

³ So auch Lutter/*Priester*, § 24 UmwG Rz. 93.
⁴ IDW RS HFA 42, Rz. 8.
⁵ Diese Zwischenbilanz als Unterfall der Schlussbilanz ist nicht zu verwechseln mit der „Zwischenbilanz" i. S. v. § 63 Abs. 1 Nr. 3 UmwG, die bei Aktiengesellschaften als übertragenden Rechtsträgern darüber hinaus erforderlich werden kann (siehe dazu unter → Rn. 22 ff.).
⁶ IDW RS HFA 42, Rz. 7; Lutter/*Decher*, § 17 UmwG Rz. 8; KK/*Simon*, § 17 UmwG Rz. 32; Schmitt/Hörtnagl/Stratz/*Hörtnagl*, § 17 UmwG Rz. 14; Kallmeyer/*Lanfermann*, § 17 UmwG Rz. 20; Widmann/*Fronhöfer*, § 17 UmwG Rz. 69.
⁷ IDW RS HFA 42, Rz. 7; KK/*Simon*, § 17 UmwG Rz. 32; Schmitt/Hörtnagl/Stratz/*Hörtnagl*, § 17 UmwG Rz. 14; Kallmeyer/*Lanfermann*, § 17 UmwG Rz. 20.
⁸ IDW RS HFA 42, Rz. 7.
⁹ KK/*Simon*, § 17 UmwG Rz. 31; Schmitt/Hörtnagl/Stratz/*Hörtnagl*, § 17 UmwG Rz. 17; Kallmeyer/*Lanfermann*, § 17 UmwG Rz. 12.
¹⁰ So auch Lutter/*Priester*, § 24 UmwG Rz. 12; a. A. *Germann*, GmbHR 1999, 591, 592.
¹¹ KK/*Simon*, § 17 UmwG Rz. 35; Schmitt/Hörtnagl/Stratz/*Hörtnagl*, § 17 UmwG Rz. 20.
¹² So auch Sagasser/Bula/Brünger/*Bula/Thees*, § 10 Rz. 55.

(erneuten) gesonderten Prüfung der Schlussbilanz (Ausnahme: die bereits geprüfte Jahresbilanz wird im Zusammenhang mit der Verwendung als Schlussbilanz geändert).[13] Wird allerdings eine Zwischenbilanz verwendet, ist diese (separat) zu prüfen.[14] Der Abschlussprüfer ist gesondert zu bestellen, weil die Bestellung als Abschlussprüfer der Jahresbilanz sich nicht auf die Zwischenbilanz erstreckt.[15] Das Fehlen des **Bestätigungsvermerks** rechtfertigt eine Ablehnung der Eintragung der Verschmelzung.[16] Ob auch die Versagung oder die Einschränkung eines **Bestätigungsvermerks** die Ablehnung rechtfertigen, ist umstritten. U. E. fehlt dafür die Rechtsgrundlage, da § 17 Abs. 2 S. 2 UmwG nur eine geprüfte, nicht aber eine „richtige" Schlussbilanz verlangt.[17]

8   Unstreitig ist, dass der Zwischenabschluss durch das auch für den Jahresabschluss zuständige **Organ** aufgestellt und unterschrieben werden muss.[18] Welche weiteren Anforderungen aus der entsprechenden Geltung der Vorschriften über die Jahresbilanz und deren Prüfung abgleitet werden müssen, ist umstritten. Nach h. M. ist die Schlussbilanz jedenfalls nicht durch einen **Aufsichtsrat**, falls ein solcher besteht, zu prüfen.[19] Umstrittener, nach unsere Auffassung jedoch zu verneinen, ist die Frage, ob die Schlussbilanz der Feststellung durch das Feststellungsorgan bedarf und ob sie der Hauptversammlung oder den Gesellschaftern vorgelegt werden muss.[20]

9   Eine Pflicht zur **Bekanntmachung / Offenlegung** der Schlussbilanz besteht jedenfalls nicht (so ausdrücklich § 17 Abs. 2 S. 3 UmwG)[21], es sei denn, es handelt sich um die reguläre Jahresbilanz.

3. Inhalt der Schlussbilanz (Ansatz und Bewertung)

10 Für die Schlussbilanz gelten die inhaltlichen Vorschriften für den HGB-Einzelabschluss (§§ 242 ff. HGB).[22] Ggf. sind §§ 150 ff. AktG und § 42 GmbHG zu beachten.[23] Wird bei entsprechendem Stichtag der Schlussbilanz der **reguläre Jahresabschluss** verwendet, ergeben sich insoweit inhaltlich keine Besonderheiten. Muss demgegenüber eine **Zwischenbilanz** erstellt werden, ist diese aus der Bilanz des letzten Jahresabschlusses unter Berücksichtigung zwischenzeitlicher Geschäftsvorfälle nach den handelsrechtlichen Vorschriften (einschließlich der Grundsätze ordnungsmäßiger Buchführung) zu entwickeln.[24]

11 Dabei ist dem Umstand Rechnung zu tragen, dass der übertragende Rechtsträger bis zur Eintragung der Verschmelzung fortbesteht, d. h. auch wenn der übertragende Rechtsträger infolge der Verschmelzung in naher Zukunft untergehen wird, ist für Zwecke der Schlussbilanz bei der Bilanzierung und Bewertung der Vermögensgegenstände und Schulden des übertragenden Rechtsträgers grds. von einer **Fortführung der Unternehmenstätigkeit** i. S. d. § 252 Abs. 1 Nr. 2 HGB auszugehen.[25] Dies bedeutet insbesondere, dass Forderun-

---

[13] Schmitt/Hörtnagl/Stratz/*Hörtnagl*, § 17 UmwG Rz. 21.
[14] Schmitt/Hörtnagl/Stratz/*Hörtnagl*, § 17 UmwG Rz. 21.
[15] KK/*Simon*, § 17 UmwG Rz. 35; Kallmeyer/*Lanfermann*, § 17 UmwG Rz. 38.
[16] Lutter/*Decher*, § 17 UmwG Rz. 9; Schmitt/Hörtnagl/Stratz/*Hörtnagl*, § 17 UmwG Rz. 23; Widmann/*Widmann*, § 24 UmwG Rz. 145.
[17] So Schmitt/Hörtnagl/Stratz/*Hörtnagl*, § 17 UmwG Rz. 23 und Kallmeyer/*Lanfermann*, § 17 UmwG Rz. 39; differenzierend Lutter/*Decher*, § 17 UmwG Rz. 9 und Widmann/*Widmann*, § 24 UmwG Rz. 145, die bei Versagung ein Eintragungshindernis sehen.
[18] Lutter/*Decher*, § 17 UmwG Rz. 10.
[19] IDW RS HFA 42, Rz. 13; Lutter/*Decher*, § 17 UmwG Rz. 10.
[20] So offenbar ein Teil der Registergerichte. Vgl. zum Streitstand Lutter/*Decher*, § 17 UmwG Rz. 10; ablehnend demgegenüber IDW RS HFA 42, Rz. 13.
[21] KK/*Simon*, § 17 UmwG Rz. 36; Schmitt/Hörtnagl/Stratz/*Hörtnagl*, § 17 UmwG Rz. 18; Kallmeyer/*Lanfermann*, § 17 UmwG Rz. 40.
[22] Schmitt/Hörtnagl/Stratz/*Hörtnagl*, § 17 UmwG Rz. 25.
[23] Lutter/*Priester*, § 24 Rz. 14.
[24] IDW RS HFA 42, Rz. 15 und Schmitt/Hörtnagl/Stratz/*Hörtnagl*, § 17 UmwG Rz. 31.
[25] IDW RS HFA 42, Rz. 15.

gen und Verbindlichkeiten gegen die Übernehmerin ebenso auszuweisen sind[26] wie Anteile an der Übernehmerin oder eigene Anteile[27] (wobei letztere vor Inkrafttreten des MoMiG bereits abgeschrieben werden konnten, da sie infolge der Verschmelzung untergehen werden).[28]

Nach dem Grundsatz der **Bilanzstetigkeit** (§ 252 Abs. 1 Nr. 6 HGB) sind die beim vorhergehenden Jahresabschluss angewandten Ansatz- und Bewertungsmethoden sowie die Form der Darstellung grundsätzlich beizubehalten. Allerdings können z. B. Zuschreibungen geboten sein, wenn die Gründe, die zu einer außerplanmäßigen Abschreibung geführt haben, zwischenzeitlich entfallen sind (§ 253 Abs. 5 HGB).[29] Ob darüber hinaus die Schlussbilanz den Rahmen für eine **Neubewertung von Vermögensgegenständen und Schulden** bietet, ist umstritten.[30] Dogmatischer Ansatzpunkt ist die Frage, ob die Verschmelzung einen „begründeten Ausnahmefall" i. S. d. § 252 Abs. 2 HGB für eine Durchbrechung des Grundsatzes der Bilanzstetigkeit darstellt. U. E. ist wie folgt zu differenzieren: Wählt der übernehmende Rechtsträger eine Bilanzierung zu Anschaffungskosten, ist für eine Wertaufstockung in der Schlussbilanz des übertragenden Rechtsträgers kein Raum. Wählt er demgegenüber die Buchwertfortführung, sollte eine Anpassung an die Ansatz- und Bewertungsmethoden des übernehmenden Rechtsträgers bereits in der Schlussbilanz möglich sein.[31] Obergrenze für eine Wertaufstockung sind dabei u. E. die historischen Anschaffungs- / Herstellungskosten beim übertragenden Rechtsträger[32] (ausführlich zur Bilanzierung beim übernehmenden Rechtsträger → Rn. 35 ff.).

Änderungen des Eigenkapitals des übertragenden Rechtsträgers nach dem Stichtag der Schlussbilanz sind – auch wenn sich durch sie das übergehende Reinvermögen vermindert oder erhöht – in der Schlussbilanz nicht abzubilden, sondern (erst) in der Bilanz des übernehmenden Rechtsträgers zu berücksichtigen. Dazu zählen Minderungen (z. B. infolge von Gewinnausschüttungen) ebenso wie Erhöhungen (z. B. infolge von Kapitalerhöhungen oder Zuzahlungen zur Kapitalrücklage).[33] Gleiches gilt für **verschmelzungsbedingte Ertragsteuern** aufgrund eines steuerlichen Übertragungsgewinns.[34] Demgegenüber sind **Verschmelzungskosten**[35], soweit sie vom übertragenden Rechtsträger zu tragen sind, bereits zu berücksichtigen.

Nach Sinn und Zweck der Schlussbilanz brauchen in ihr **Vorjahreszahlen** nicht angegeben zu werden.[36]

---

[26] Schmitt/Hörtnagl/Stratz/*Hörtnagl*, § 17 UmwG Rz. 26.
[27] Schmitt/Hörtnagl/Stratz/*Hörtnagl*, § 17 UmwG Rz. 26.
[28] So auch Lutter/*Priester*, § 24 UmwG Rz. 14 sowie Kallmeyer/*Lanfermann*, § 17 UmwG Rz. 34, der zutreffend darauf hinweist, dass sich diese Frage nach Inkrafttreten des MoMiG erledigt hat (da nunmehr offene Absetzung der eigenen Anteile vom gezeichneten Kapital und von den frei verfügbaren Rücklagen).
[29] IDW RS HFA 42, Rz. 15, 17.
[30] Ausführlich Lutter/*Priester*, § 24 UmwG Rz. 15 ff.
[31] So Lutter/*Priester*, § 24 UmwG Rz. 17, Schmitt/Hörtnagl/Stratz/*Hörtnagl*, § 17 UmwG Rz. 26, 33, Kallmeyer/*Lanfermann*, § 17 UmwG Rz. 33, Sagasser/Bula/Brünger/*Bula/Thees*, § 10 Rz. 49; Winkeljohann/Förschle/Deubert/*Deubert/Henckel*, Kap. H Rz. 111 und (wohl) auch IDW RS HFA 42, Rz. 17; a. A. KK/*Simon*, § 24 UmwG Rz. 9.
[32] So auch Lutter/*Priester*, § 24 UmwG Rz. 15.
[33] IDW RS HFA 42, Rz. 18 f., Schmitt/Hörtnagl/Stratz/*Hörtnagl*, § 17 UmwG Rz. 30, Sagasser/Bula/Brünger/*Bula/Thees*, § 10 Rz. 43.
[34] So zutreffend IDW RS HFA 42, Rz. 20, und zwar trotz steuerlichen Rückbezugs der Verschmelzung; a. A. Schmitt/Hörtnagl/Stratz/*Hörtnagl*, § 17 UmwG Rz. 29; Widmann/*Widmann*, § 24 UmwG Rz. 93.
[35] Schmitt/Hörtnagl/Stratz/*Hörtnagl*, § 17 UmwG Rz. 29.
[36] IDW RS HFA 42, Rz. 16; Schmitt/Hörtnagl/Stratz/*Hörtnagl*, § 17 UmwG Rz. 14.

4. Inventur auf Stichtag der Schlussbilanz

15 Auf die Durchführung einer körperlichen Inventur auf den Stichtag der Schlussbilanz kann verzichtet werden, wenn gesichert ist, dass der Bestand der Vermögensgegenstände nach Art, Menge und Wert auch ohne körperliche Bestandsaufnahme auf diesen Stichtag gewährleistet ist (§ 17 Abs. 2 S. 2 UmwG i. V. m. § 241 Abs. 2 HGB).[37]

5. Stichtag der Schlussbilanz

16 Nach § 17 Abs. 2 S. 4 UmwG muss die Schlussbilanz auf einen **Stichtag** aufgestellt sein, der nicht mehr als **acht Monate** vor dem Tag der Handelsregisteranmeldung (nicht: Eintragung) der Verschmelzung liegt.[38] Relevant ist die Anmeldung am Sitz des übertragenden Rechtsträgers. Eine **wirksame Handelsregisteranmeldung** setzt nach überwiegender Auffassung voraus, dass die wesentlichen Unterlagen (Verschmelzungsvertrag sowie Verschmelzungs- und Zustimmungsbeschlüsse) eingereicht werden; ggf. könnten Unterlagen (sogar die Schlussbilanz selbst) noch nachgereicht werden.[39] Auch wenn dieser Auffassung aus Praktikabilitätserwägungen zuzustimmen ist, kann nicht ausgeschlossen werden, dass einzelne Gerichte dies anders sehen könnten. Der Stichtag kann innerhalb dieses 8-Monats-Zeitraums vor/nach Abschluss des Verschmelzungsvertrags und vor/nach Fassung des Verschmelzungsbeschlusses, keinesfalls aber zeitlich nach der Handelsregisteranmeldung liegen.[40] Regelmäßig wird man versuchen, die Anmeldung zeitlich so zu takten, dass als Schlussbilanz die letzte Jahresbilanz genommen werden kann. Andernfalls ist eine Zwischenbilanz aufzustellen. Grundsätzlich kann dabei jeder beliebige Stichtag gewählt werden[41]; in der Praxis wird man den Stichtag aber auf ein Monatsende legen (s. auch → Rn. 19). Die Verwendung einer Zwischenbilanz führt u. E. jedoch nicht zu einem **Rumpfgeschäftsjahr** des übertragenden Rechtsträgers.[42] Zu einer **variablen Stichtagsregelung** siehe unter → Rn. 21.

17 Die **Fristberechnung** erfolgt nach den Regeln des BGB (§§ 186 ff. BGB). Fristauslösendes Ereignis ist die (wirksame) Handelsregisteranmeldung, von der aus die Frist rückwärts gerechnet wird. Sie beginnt damit (§ 188 Abs. 2 BGB analog) mit dem Beginn des Tages (0:00 Uhr) der Handelsregisteranmeldung und endet damit um 0:00 Uhr des Tages, der diesem zahlenmäßig acht Monate vorher entspricht.[43]

Beispiel 1: A soll auf B verschmolzen werden. Es soll die auf den 31.12.2015 aufgestellte Jahresbilanz als Schlussbilanz verwendet werden. Die Anmeldung muss spätestens am 31.8.2016 erfolgen, denn dann beginnt die Frist am 31.8.2016 (0:00 Uhr) und endet – zurück gerechnet – am 31.12.2015 (0:00 Uhr), d. h. zu Beginn dieses Tages. Damit ist der 31.12.2015 selbst (noch) in der Frist.[44]

Erfolgt die Handelsregisteranmeldung an einem Tag, der im Monat des Fristablaufs fehlt, endet die Frist (§ 188 Abs. 3 BGB analog) am Anfang des letzten Tages dieses Monats.

Beispiel 2: A soll auf B verschmolzen werden. Die Verschmelzung wird am 31.10.2016 angemeldet. Dann beginnt die Frist am 31.10.2016 (0:00 Uhr) und endet – zurück gerechnet – am 28.2.2016 (0:00

---

[37] IDW RS HFA 42, Rz. 14; Schmitt/Hörtnagl/Stratz/*Hörtnagl*, § 17 UmwG Rz. 19; Kallmeyer/*Lanfermann*, § 17 UmwG Rz. 18; Widmann/*Fronhöfer*, § 17 UmwG Rz. 75.

[38] Vgl. zur Fristberechnung und zu den Anforderungen an die Fristwahrung ausführlich Lutter/*Decher*, § 17 UmwG Rz. 11 ff.

[39] Vgl. Sagasser/Bula/Brünger/*Bula/Thees*, § 10 Rz. 14 (m. w. N.).

[40] So auch Schmitt/Hörtnagl/Stratz/*Hörtnagl*, § 17 UmwG Rz. 36; vgl. auch Widmann/*Widmann*, § 24 UmwG Rz. 71.

[41] Schmitt/Hörtnagl/Stratz/*Hörtnagl*, § 17 UmwG Rz. 36.

[42] So auch Lutter/*Priester*, § 24 UmwG Rz. 13; KK/*Simon*, § 17 UmwG Rz. 30; Schmitt/Hörtnagl/Stratz/*Hörtnagl*, § 17 UmwG Rz. 34; Kallmeyer/*Lanfermann*, § 17 UmwG Rz. 18; Widmann/*Widmann*, § 24 UmwG Rz. 7.

[43] KK/*Simon*, § 17 UmwG Rz. 38; Schmitt/Hörtnagl/Stratz/*Hörtnagl*, § 17 UmwG Rz. 43.

[44] Beispiel nach KK/*Simon*, § 17 UmwG Rz. 39; im Ergebnis auch Schmitt/Hörtnagl/Stratz/*Hörtnagl*, § 17 UmwG Rz. 43.

Uhr), d. h. zu Beginn dieses Tages. Eine Schlussbilanz auf den 28.2.2016 wäre damit noch in der Frist.[45]

Die **Feiertagsregelung** des § 193 BGB findet u. E. weder im Hinblick auf den Tag der **18** Handelsregisteranmeldung (denn diese wird an einem Feiertag schwerlich erfolgen) noch auf den Tag der Schlussbilanz Anwendung[46], d. h. selbst wenn z. B. der 31.12. ein Feiertag ist, führt dies weder dazu, dass auf diesen Tag keine Schlussbilanz aufgestellt werden könnte, noch dass sich der Beginn des Achtmonatszeitraums dadurch nach vorne oder hinten verschiebt.

Nach überwiegender Auffassung ist als Stichtag der Schlussbilanz die logische Sekunde **19** **unmittelbar vor dem Verschmelzungsstichtag** zu wählen.[47] Der Verschmelzungsstichtag ist in § 5 Abs. 1 Nr. 6 UmwG definiert als der Tag, von dem an die Handlungen des übertragenden Rechtsträgers als für Rechnung des übernehmenden Rechtsträgers vorgenommen gelten; der Verschmelzungsstichtag ist im Verschmelzungsvertrag (oder dessen Entwurf) anzugeben. Die Schlussbilanz dient damit der Abgrenzung des Ergebnisses, das der übertragende Rechtsträger nunmehr für Rechnung des übernehmenden Rechtsträgers erwirtschaftet.[48]

Beispiel: A soll auf B verschmolzen werden. Als Verschmelzungsstichtag wird der 1.1.2017 vereinbart. Damit führt der übertragende Rechtsträge (A) ab Beginn dieses Tages (0:00 Uhr) die Geschäfte für Rechnung des übernehmenden Rechtsträgers (B). Die Schlussbilanz ist auf den 31.12.2016, 24:00 Uhr aufzustellen.

Von diesem Grundsatz wird in der Praxis bei sog. **Kettenverschmelzungen** eine Aus- **20** nahme gemacht. Eine Kettenverschmelzung liegt vor, wenn zwei oder mehrere Verschmelzungsvorgänge derart hintereinander geschaltet werden soll, dass der übernehmende Rechtsträger der ersten Verschmelzung noch vor deren Wirksamwerden einen zweiten Verschmelzungsvertrag, diesmal als übertragender Rechtsträger, mit einem weiteren übernehmenden Rechtsträger abschließt. Dort können die Schlussbilanzen der beteiligten Rechtsträger jeweils auf den gleichen Zeitpunkt aufgestellt werden.[49] In diesem Fall sind z. B. die Vermögensgegenstände und Schulden des (ersten) übertragenden Rechtsträgers in der Schlussbilanz des ersten übernehmenden (und somit zweiten übertragenden) Rechtsträgers noch nicht enthalten. Die endgültig übertragenen Vermögensgegenstände und Schulden ergeben sich vielmehr in Summe aus den Schlussbilanzen sämtlicher übertragender Rechtsträger.[50]

In Verschmelzungsverträgen finden sich gelegentlich **variable Stichtagsregelungen**, **21** wonach sich der Verschmelzungsstichtag bei (Nicht-)Eintritt bestimmter Ereignisse (z. B.

---

[45] Beispiel nach KK/*Simon*, § 17 UmwG Rz. 40; im Ergebnis auch Schmitt/Hörtnagl/Stratz/*Hörtnagl*, § 17 UmwG Rz. 43 und Widmann/*Fronhöfer*, § 17 UmwG Rz. 89 sowie Kallmeyer/ *Lanfermann*, § 17 UmwG Rz. 27, Semler/Stengel/*Schwanna*, § 17 UmwG Rz. 17 und Widmann/ *Widmann*, § 24 UmwG Rz. 69, die jedoch in diesen Fällen eine Abstimmung mit dem Registergericht für erforderlich halten; a. A. OLG Köln, GmbHR 1998, 1085 f.
[46] So auch KK/*Simon*, § 17 UmwG Rz. 40; Schmitt/Hörtnagl/Stratz/*Hörtnagl*, § 17 UmwG Rz. 43; Widmann/*Fronhöfer*, § 17 UmwG Rz. 89; Widmann/*Widmann*, § 24 UmwG Rz. 69.
[47] IDW RS HFA 42, Rz. 11; Lutter/*Priester*, § 24 UmwG Rz. 13; Schmitt/Hörtnagl/Stratz/*Hörtnagl*, § 17 UmwG Rz. 37; kritisch demgegenüber Semler/Stengel/*Moszka*, § 24 UmwG Rz. 12; Kallmeyer/*Lanfermann*, § 17 UmwG Rz. 14; Widmann/*Fronhöfer*, § 17 UmwG Rz. 83; Widmann/ *Widmann*, § 24 UmwG Rz. 65.
[48] IDW RS HFA 42, Rz. 10 f.
[49] IDW RS HFA 42, Rz. 12; Lutter/*Priester*, § 24 UmwG Rz. 13; Schmitt/Hörtnagl/Stratz/*Hörtnagl*, § 17 UmwG Rz. 39. Theoretisch wäre es auch denkbar, bei Kettenverschmelzungen verschiedene Zeitpunkte innerhalb eines Tages (z. B. 0:00 Uhr, 0:01 Uhr etc.) zu verwenden. Die Finanzverwaltung erkennt dies jedoch nicht an (vgl. BMF, Schreiben vom 11.11.2011, BStBl. I 1314 Rz. 02.02). Wenn man eine klare zeitliche Abfolge dokumentieren will, bieten sich demgegenüber Tagesschritte an, vgl. dazu Schmitt/Hörtnagl/Stratz/*Hörtnagl*, § 17 UmwG Rz. 39.
[50] IDW RS HFA 42, Rz. 21; Schmitt/Hörtnagl/Stratz/*Hörtnagl*, § 17 UmwG Rz. 25.

Nichtanmeldung oder Nichteintragung der Verschmelzung bis zu einem bestimmten Zeitpunkt) nach hinten verschoben. Umwandlungsrechtlich sind solche Regelungen grds. nicht zu beanstanden.[51] Da der Verschmelzungsstichtag den Stichtag der Schlussbilanz bestimmt[52], muss bei Verschiebung des Verschmelzungsstichtags eine neue Schlussbilanz aufgestellt werden.[53]

6. Besonderheit bei AG als übertragender Rechtsträger: Zwischenbilanz nach § 63 Abs. 1 Nr. 3 UmwG

22 Von der Schlussbilanz, die als reguläre Jahresbilanz oder als Zwischenbilanz aufgestellt werden kann, strikt zu trennen ist die **Zwischenbilanz nach § 63 Abs. 1 Nr. 3 UmwG**. Diese betrifft Aktiengesellschaften sowie Genossenschaften (§ 82 Abs. 1 UmwG), eingetragene Vereine (§ 101 Abs. 1 UmwG), genossenschaftliche Prüfungsverbände (§ 106 UmwG) und Versicherungsvereine auf Gegenseitigkeit (§ 112 Abs. 1 UmwG).

23 Eine solche Zwischenbilanz ist aufzustellen, wenn sich der letzte Jahresabschluss des übertragenden Rechtsträgers auf ein Geschäftsjahr bezieht, das mehr als 6 Monate vor dem Abschluss des Verschmelzungsvertrags (oder des Entwurfs) abgelaufen ist. In diesem Fall muss die Zwischenbilanz auf einen Stichtag, der nicht vor dem ersten Tag des dritten Monats, der dem Abschluss des Verschmelzungsvertrags (oder der Aufstellung seines Entwurfs) vorausgeht, aufgestellt werden.

24 Ausreichend ist die Bilanz (ggf. ergänzt um Wahlpflichtangaben). GuV und Lagebereich sind nicht erforderlich. Eine Prüfungspflicht besteht nicht. Inhaltlich ist die Zwischenbilanz grds. nach den Vorschriften der letzten Jahresbilanz aufzustellen, wobei bestimmte sich aus § 63 Abs. 2 UmwG ergebende Erleichterungen bestehen. Ansatz- und Bewertungswahlrechte sind in gleicher Weise auszuüben wie in der letzten Jahresbilanz. Raum für Wertaufstockungen etc. besteht nicht.[54]

III. Bilanzierungspflicht während schwebender Verschmelzung

1. Keine Bilanz auf Eintragung der Verschmelzung

25 Einigkeit besteht, dass auf den **Tag des Erlöschens** des übertragenden Rechtsträgers, d. h. den Tag der Eintragung der Verschmelzung ins Handelsregister, kein gesonderter (weiterer) Jahresabschluss aufgestellt werden muss.[55]

2. Bilanzierung am regulären Abschlussstichtag

26 Interessanter sind Fälle, in denen zwischen dem Stichtag der Schlussbilanz und der Eintragung der Verschmelzung ein regulärer Abschlussstichtag der übertragenden (und ggf. auch der übernehmenden) Gesellschaft liegt. Dann stellen sich zwei Fragen: (1) Muss der übertragende Rechtsträger den regulären Jahresabschluss aufstellen? Wenn ja: (2) Sind die Folgen der Verschmelzung bereits in diesem Jahresabschluss zu berücksichtigen?

27 **a) Verpflichtung zur Aufstellung des regulären Jahresabschlusses.** Zwar bleibt die **Rechnungslegungspflicht** der übertragenden Gesellschaft trotz Abschlusses des Verschmelzungsvertrags / Beschlussfassung über die Verschmelzung bestehen.[56] Allerdings erlischt diese Pflicht (und geht auch nicht infolge der Verschmelzung auf den übernehmen-

---

[51] IDW RS HFA 42, Rz. 25 f.; Lutter/*Priester*, § 24 UmwG Rz. 13.
[52] So ausdrücklich auch Semler/Stengel/*Schröer*, § 5 UmwG Rz. 54; Schmitt/Hörtnagl/Stratz/*Hörtnagl*, § 17 UmwG Rz. 40.
[53] So auch Sagasser/Bula/Brünger/*Bula/Thees*, § 10 Rz. 17.
[54] Siehe zur Zwischenbilanz nach § 63 Abs. 1 Nr. 3 UmwG ausführlich Lutter/*Priester*, § 24 UmwG Rz. 18 ff., Widmann/*Widmann*, § 24 UmwG Rz. 178 ff. und Sagasser/Bula/Brünger/*Bula/Thees*, § 10 Rz. 20 ff.
[55] Lutter/*Priester*, § 24 UmwG Rz. 27; IDW RS HFA 42, Rz. 24; KK/*Simon*, § 24 UmwG Rz. 11.
[56] Schmitt/Hörtnagl/Stratz/*Hörtnagl*, § 17 UmwG Rz. 67; Kallmeyer/*Lanfermann*, § 17 UmwG Rz. 21.

den Rechtsträger über)[57], wenn der übertragende Rechtsträger zu dem Zeitpunkt, an dem mit der Abschlusserstellung begonnen wird, bereits infolge der Eintragung ins Handelsregister erloschen ist.[58] Dies gilt unabhängig davon, ob die Handelsregistereintragung vor oder nach dem Abschlussstichtag des übertragenden Rechtsträgers erfolgt.[59]

Beispiel 1: A soll auf B verschmolzen werden. Der Verschmelzungsvertrag wird am 10.10.2015 geschlossen. Als Verschmelzungsstichtag wird der 1.9.2015 vereinbart. Wirtschaftsjahr von A und B ist jeweils das Kalenderjahr. Die Eintragung der Verschmelzung erfolgt am 15.2.2016. Mit den Arbeiten am Jahresabschluss wird im April 2016 begonnen.

Im vorstehenden Beispiel muss A somit keinen regulären Jahresabschluss für das Jahr 2015 mehr aufstellen. Die Schlussbilanz auf den 31.10.2015, 24 Uhr, ist die letzte Bilanz des A. Die Geschäftsvorfälle ab dem Verschmelzungsstichtag sind vielmehr im regulären Jahresabschluss des B für das Jahr 2015 zu erfassen (dazu näher unter → Rn. 36 ff.).

Etwas anderes gilt, wenn im Zeitpunkt der Abschlusserstellung (z. B. aufgrund anhängiger Anfechtungsklage) noch nicht absehbar ist, ob/wann die Verschmelzung eingetragen wird.[60]

Beispiel 2: A soll auf B verschmolzen werden. Der Verschmelzungsvertrag wird am 10.10.2015 geschlossen. Als Verschmelzungsstichtag wird der 1.9.2015 vereinbart. Wirtschaftsjahr von A und B ist jeweils das Kalenderjahr. Aufgrund einer erhobenen Anfechtungsklage erfolgt die Eintragung der Verschmelzung erst am 15.2.2017. Mit den Arbeiten am Jahresabschluss 2015 wird im April 2016 begonnen. Muss A einen Jahresabschluss für 2015 aufstellen?

Im vorstehenden Beispiel müssen die Organe des A für das Jahr 2015 einen regulären Jahresabschluss aufstellen, denn diese Verpflichtung ist in 2016 (da die Eintragung der Verschmelzung erst in 2017 erfolgt) noch nicht erloschen.[61] Es stellt sich die Folgefrage, ob die Wirkungen der Verschmelzung bereits in diesem Abschluss nachvollzogen werden müssen (oder ob A seine Vermögensgegenstände und Schulden trotz Verschmelzungsvertrags weiterhin bilanzieren muss).

b) Ausweis von Vermögensgegenständen und Schulden im regulären Jahresabschluss. Zwar stellen sich die Beteiligten im Verschmelzungsvertrag durch Festlegung des Verschmelzungsstichtags schuldrechtlich so, also ob zu diesem Zeitpunkt (ggf. rückwirkend) die Vermögensgegenstände und Schulden auf den übernehmenden Rechtsträger übergegangen wären. Allerdings führt nach h. M. diese Vereinbarung nicht dazu, dass die Vermögensgegenstände / Schulden in einem nach dem Verschmelzungsstichtag aufzustellenden Jahresabschluss des übertragenden Rechtsträgers zwingend nicht (mehr) auszuweisen wären. Entscheidend ist vielmehr, ob der übertragende Rechtsträger zum Abschlussstichtag noch das wirtschaftliche Eigentum (§ 246 Abs. 2 HGB) an diesen Vermögensgegenständen / Schulden hat oder es bereits auf den übernehmenden Rechtsträger übergegangen ist.[62] Für den **Übergang des wirtschaftlichen Eigentums** müssen nach u. E. zutreffender Auffassung des IDW am Abschlussstichtag folgende Voraussetzungen kumulativ erfüllt sein:[63]

---

[57] Kallmeyer/*Lanfermann*, § 17 UmwG Rz. 22.
[58] Vgl. Lutter/*Priester*, § 24 UmwG Rz. 27; IDW RS HFA 42, Rz. 22 f.; Schmitt/Hörtnagl/Stratz/ *Hörtnagl*, § 17 UmwG Rz. 41; Kallmeyer/*Lanfermann*, § 17 UmwG Rz. 21.
[59] IDW RS HFA 42, Rz. 23.
[60] Ausführlich dazu *Kiem*, ZIP 1999, S. 173 ff.
[61] Vgl. Schmitt/Hörtnagl/Stratz/*Hörtnagl*, § 17 UmwG Rz. 72.
[62] Lutter/*Priester*, § 24 UmwG Rz. 27 ff.; Schmitt/Hörtnagl/Stratz/*Hörtnagl*, § 17 UmwG Rz. 73; Kallmeyer/*Lanfermann*, § 17 UmwG Rz. 23; a. A. Widmann/*Widmann*, § 24 UmwG Rz. 554 ff.: Zeitpunkt der Eintragung sei relevant.
[63] IDW RS HFA 42, Rz. 29.

- Der Verschmelzungsvertrag muss formwirksam abgeschlossen sein; ggf. müssen Verschmelzungsbeschlüsse / Zustimmungserklärungen der Anteilsinhaber formwirksam erfolgt sein.
- Der Verschmelzungsstichtag muss vor dem Abschlussstichtag liegen oder mit diesem zusammenfallen.
- Die Eintragung der Verschmelzung muss bis zur Abschlussaufstellung erfolgt oder mit an Sicherheit grenzender Wahrscheinlichkeit gewährleistet sein.[64]
- Es muss rechtlich (oder zumindest faktisch) sichergestellt sein, dass der übertragende Rechtsträger über die Vermögensgegenstände nur im Rahmen eines ordnungsgemäßen Geschäftsgangs oder mit Einwilligung des übernehmenden Rechtsträgers verfügen kann.

31 Sind diese Voraussetzungen nicht erfüllt (wovon u. E. bei einem laufenden Anfechtungsverfahren wie im Beispiel 2 regelmäßig auszugehen ist), muss der übertragende Rechtsträger seine Vermögensgegenstände / Schulden weiterhin regulär bilanzieren. Für eine Wertaufstockung wie in der Schlussbilanz ist u. E. kein Raum (zur Ergebniszuordnung siehe gleich → Rn. 33 f.). Sind die vorgenannten Voraussetzungen erfüllt, sind sämtliche **Vermögensgegenstände** und **Schulden** auszubuchen, ohne dass es dazu weiterer Maßnahmen (wie z. B. Mitwirkung der Gläubiger, Schuldübernahme o. ä.) bedarf.[65] Zur Behandlung beim übernehmenden Rechtsträger siehe gleich Rn. 38 f.

32 Kommt es später zur Eintragung der Verschmelzung, wird dadurch u. E. der Bestand der in der Interimsperiode erstellten Jahresabschlüsse des übertragenden Rechtsträgers nicht betroffen. Sie werden weder unwirksam noch müssen sie nachträglich geändert werden.[66]

33 c) **Ergebniszuordnung im regulären Jahresabschluss.** Die Ergebniszuordnung folgt grds. der Zuordnung der Vermögensgegenstände und Schulden: Liegt am Abschlussstichtag das **wirtschaftliche Eigentum beim übernehmenden Rechtsträger**, erzielt dieser ab dem Zeitpunkt des Übergangs des wirtschaftlichen Eigentums originäre Aufwendungen und Erträge aus den übergegangenen Vermögensgegenständen / Schulden.[67] Aus Vereinfachungsgründen erlaubt die Praxis dem übernehmenden Rechtsträger dabei zu unterstellen, das wirtschaftliche Eigentum sei bereits am Verschmelzungsstichtag übergegangen[68] (siehe auch → Rn. 38 f.). Eine Erfassung dieser Geschäftsvorfälle beim übertragenden Rechtsträger ist ausgeschlossen.

34 Liegt demgegenüber (z. B. infolge einer Anfechtungsklage)[69] am Abschlussstichtag das **wirtschaftliche Eigentum noch beim übertragenden Rechtsträger**, ist der bilanzielle Ausweis umstritten. Hat der übertragende Rechtsträger in der Zeit seit dem Verschmelzungsstichtag einen **Gewinn** erzielt, steht dieser wirtschaftlich dem übernehmenden Rechtsträger zu. Nach Ansicht des IDW ist im Jahresabschluss (lediglich) zu erläutern, dass dieser Gewinn für eine Ausschüttung an die Anteilseigner nicht zur Verfügung steht.[70] Sachgerechter erscheint es u. E. stattdessen insoweit eine Rückstellung zu bilden.[71] Dies

---

[64] Letzteres soll nach IDW bei Verschmelzung von 100%ige Tochtergesellschaften auf die Mutter regelmäßig der Fall sein, IDW RS HFA 42, Rz. 29.

[65] IDW RS HFA 42, Rz. 30; differenzierend Schmitt/Hörtnagl/Stratz/*Hörtnagl*, § 17 UmwG Rz. 75 der übertragende Rechtsträger darf von der Passivierung von *Schulden* nur absehen, wenn der übernehmende Rechtsträger aufgrund ausdrücklicher Regelung die gesamtschuldnerische Mithaftung übernommen hat.

[66] Wie hier Lutter/*Priester*, § 24 UmwG Rz. 31.

[67] Schmitt/Hörtnagl/Stratz/*Hörtnagl*, § 17 UmwG Rz. 78.

[68] IDW RS HFA 42, Rz. 31.

[69] Ausführlich zu den Folgen von ggf. mehrjährigen Verzögerungen Kallmeyer/*Lanfermann*, § 17 UmwG Rz. 25.

[70] IDW RS HFA 42, Rz. 31.

[71] So ausdrücklich auch Lutter/*Priester*, § 24 UmwG Rz. 28; *Kiem*, ZIP 1999, 173, 179; Schmitt/Hörtnagl/Stratz/*Hörtnagl*, § 17 UmwG Rz. 80 f.; kritisch demgegenüber mit ausführlicher Begründung Sagasser/Bula/Brünger/*Bula/Thees*, § 10 Rz. 78.

wird vom IDW aber ausdrücklich abgelehnt.[72] Hat der übertragende Rechtsträger in der Interimsperiode demgegenüber einen **Verlust** erzielt, ist dieser auszuweisen. Insbesondere darf u. E. (noch) kein Ausgleichsanspruch gegen den übernehmenden Rechtsträger eingebucht werden.[73] Zur korrespondierenden Behandlung dieser Fälle beim übernehmenden Rechtsträger siehe gleich → Rn. 39.

C. Bilanzierung beim übernehmenden Rechtsträger

I. Allgemein

Mit Eintragung der Verschmelzung gehen sämtliche Vermögensgegenstände und Schulden des übertragenden Rechtsträgers auf den übernehmenden Rechtsträger über. Aus seiner Sicht stellt sich dieser Vermögensübergang als **Anschaffungsvorgang** dar.[74] Der übernehmende Rechtsträger gewährt als Gegenleistung für den Erwerb der Vermögensgegenstände und Schulden entweder neue Anteile (Verschmelzung mit Kapitalerhöhung) oder eigene Anteile (Verschmelzung ohne Kapitalerhöhung), sofern die Anteilsinhaber des übertragenden Rechtsträgers nicht auf die Gewährung von Anteilen verzichten (§ 54 Abs. 1 S. 3 UmwG; § 68 Abs. 1 S. 3 UmwG).[75] Die Verschmelzung erfolgt ohne Anteilsgewährung, soweit der übernehmende Rechtsträger am übertragenden Rechtsträger beteiligt ist. In diesem Fall gehen die Anteile am übertragenden Rechtsträger infolge der Verschmelzung unter.[76] Für den übernehmenden Rechtsträger stellen sich dabei folgende Fragen: (1) In welcher Bilanz sind die Vermögensgegenstände und Schulden erstmalig zu erfassen (**zeitliche Komponente**, siehe → Rn. 36 ff.), (2) welche Positionen sind in der Bilanz des übernehmende Rechtsträgers anzusetzen (**Ansatzebene**, siehe → Rn. 40 ff.) und (3) mit welchen Werten sind diese Positionen anzusetzen (**Bewertungsebene**, siehe → Rn. 49 ff.). Das Gesetz enthält dabei nur rudimentäre Hinweise zur Ansatz- und Bewertungsebene, indem es dem übernehmenden Rechtsträger in § 24 UmwG das Wahlrecht einräumt, statt der tatsächlichen Anschaffungskosten i. S. d. § 253 Abs. 1 HGB auch die in der Schlussbilanz des übertragenden Rechtsträgers angesetzten Werte anzusetzen.

II. Zeitpunkt der Erfassung

1. Jahresbilanz oder Eröffnungsbilanz

Bei einer **Verschmelzung zur Aufnahme** ist eine gesonderte Übernahmebilanz nicht zu erstellen[77], und zwar weder auf den Verschmelzungsstichtag noch auf den Zeitpunkt der Eintragung der Verschmelzung.[78] Die Verschmelzung ist vielmehr wie ein laufender Geschäftsvorfall zu behandeln und in der nächsten **Jahresbilanz** nach dem Übergang des wirtschaftlichen Eigentums an den Vermögensgegenständen und Schulden (siehe → Rn. 30 f.) abzubilden.[79] Dies ist spätestens die Jahresbilanz nach Eintragung der Verschmelzung ins Handelsregister. Buchhaltungstechnisch richtet sich der Bestand der zu übernehmenden Vermögensgegenstände und Schulden (zum Ansatz von Rechnungsabgrenzungsposten und Bilanzierungshilfen siehe → Rn. 42) nach dem Gerüst der Schluss-

---

[72] IDW RS HFA 42, Rz. 31; so nunmehr auch Kallmeyer/*Lanfermann*, § 15 UmwG Rz. 24; .
[73] So auch *Kiem*, ZIP 1999, 173, 179; Kallmeyer/*Lanfermann*, § 17 UmwG Rz. 24.
[74] Ausführlich dazu Schmitt/Hörtnagl/Stratz/*Hörtnagl*, § 24 UmwG Rz. 10 ff.
[75] Vgl. IDW RS HFA 42, Rz. 3; Lutter/*Priester*, § 24 UmwG Rz. 4 ff.
[76] Vgl. IDW RS HFA 42, Rz. 3; Lutter/*Priester*, § 24 UmwG Rz. 6.
[77] Lutter/*Decher*, § 17 UmwG Rz. 7; Lutter/*Priester*, § 24 UmwG Rz. 21. Wenn man diese zu Dokumentationszwecken gleichwohl erstellt, hat sie weder handelsrechtliche noch steuerliche Bedeutung.
[78] Eine Ausnahme besteht, wenn der übernehmende Rechtsträger durch die Verschmelzung erstmals buchführungspflichtig wird. Dann hat er eine Eröffnungsbilanz zu erstellen, → Rn. 37.
[79] IDW RS HFA 42, Rz. 32; Lutter/*Priester*, § 24 UmwG Rz. 21.

bilanz.[80] Dies gilt selbst in Fällen, in denen das wirtschaftliche Eigentum erst, z. B. aufgrund von Anfechtungsklagen, mehrere Jahre nach dem Verschmelzungsstichtag auf den Übernehmer übergeht.

37 Bei einer **Verschmelzung zur Neugründung** hat die neu entstehende Gesellschaft demgegenüber eine **Eröffnungsbilanz** aufzustellen.[81] Auf welchen Stichtag dies geschehen soll, ist umstritten. Dogmatisch konsequent wäre der Tag des Wirksamwerdens der Verschmelzung, da die neue Gesellschaft erst zu diesem Zeitpunkt entsteht. Die überwiegende Ansicht hält demgegenüber eine Eröffnungsbilanz auf den Verschmelzungsstichtag für zulässig und geboten[82], bei mehreren übertragenden Rechtsträgern mit unterschiedlichen Verschmelzungsstichtagen den frühesten Verschmelzungsstichtag.[83] Dies erscheint zumindest dann vertretbar, wenn die Eintragung der Verschmelzung zeitnah erfolgt, nicht jedoch, wenn sich die Eintragung z. B. aufgrund von Anfechtungsklagen über mehrere Jahre hinauszögert.

2. Ergebniszuordnung

38 Unabhängig vom Stichtag der Jahres- oder Eröffnungsbilanz sind die Geschäftsvorfälle des übertragenden Rechtsträgers ab dem **Verschmelzungsstichtag** dem übernehmenden Rechtsträger zuzuordnen und in der betreffenden Bilanz erfolgswirksam zu erfassen.[84] Die Einbuchung kann in Gestalt der Einzelposten (durch Erfassung der einzelnen Aufwendungen und Erträge) oder als Saldo (z. B. unter der Bezeichnung „vom übertragenden Rechtsträger für fremde Rechnung erwirtschaftetes Ergebnis") erfolgen.[85] Auch Minderungen / Erhöhungen des Eigenkapitals beim übertragenden Rechtsträger (z. B. infolge von Gewinnausschüttungen oder Kapitalerhöhungen) ab dem Verschmelzungsstichtag sowie verschmelzungsbedingte Ertragsteuern sind bereits beim übernehmenden Rechtsträger zu berücksichtigen (siehe auch → Rn. 13 und → Rn. 43).

39 Wenn die Eintragung der Verschmelzung z. B. infolge von Anfechtungsklagen erst nach mehreren Jahren erfolgt[86], liegt das wirtschaftliche Eigentum an den übergehenden Vermögensgegenständen / Schulden am Abschlussstichtag der Jahresbilanz, der dem Verschmelzungsstichtag unmittelbar folgt, regelmäßig noch beim übertragenden Rechtsträger (vgl. bereits → Rn. 31). Einigkeit besteht, dass der übernehmende Rechtsträger in seiner betreffenden Jahresbilanz den betreffenden Gewinn des übertragenden Rechtsträgers noch nicht ausweisen darf.[87] Wie mit Verlusten des übertragenden Rechtsträgers umzugehen ist, ist umstritten. U. E. erscheint es sachgerecht, dass der übernehmende Rechtsträger aus Vorsichtsgründen eine entsprechende Rückstellung passiviert.[88] Dies wird vom IDW aber ausdrücklich abgelehnt.[89] Zur korrespondierenden Behandlung dieser Fälle beim übertragenden Rechtsträger siehe bereits → Rn. 34.

III. Ansatz der übernommenen Vermögensgegenstände und Schulden

40 Nach § 24 UmwG hat der übernehmende Rechtsträger die erworbenen Vermögensgegenstände und Schulden in seiner Bilanz wahlweise nach §§ 253 Abs. 1, 255 Abs. 1

---

[80] Lutter/*Priester*, § 24 UmwG Rz. 24.
[81] Lutter/*Priester*, § 24 UmwG Rz. 22.
[82] S. zum Streitstand Lutter/*Priester*, § 24 UmwG Rz. 22; vgl. auch IDW RS HFA 42, Rz. 40, KK/ *Simon*, § 24 UmwG Rz. 26 ff. und Schmitt/Hörtnagl/Stratz/*Hörtnagl*, § 24 UmwG Rz. 8.
[83] Lutter/*Priester*, § 24 UmwG Rz. 22.
[84] IDW RS HFA 42, Rz. 33.
[85] IDW RS HFA 42, Rz. 33; Lutter/*Priester*, § 24 UmwG Rz. 24; Schmitt/Hörtnagl/Stratz/*Hörtnagl*, § 17 UmwG Rz. 83.
[86] Ausführlich zu den Folgen von ggf. mehrjährigen Verzögerungen Kallmeyer/*Lanfermann*, § 17 UmwG Rz. 25.
[87] Vgl. *Kiem*, ZIP 1999, S. 173, 179; Schmitt/Hörtnagl/Stratz/*Hörtnagl*, § 17 UmwG Rz. 82.
[88] So auch *Kiem*, ZIP 1999, S. 173, 179; Schmitt/Hörtnagl/Stratz/*Hörtnagl*, § 17 UmwG Rz. 82.
[89] IDW RS HFA 42, Rz. 31.

HGB mit den tatsächlichen Anschaffungskosten oder mit den Buchwerten aus der Schlussbilanz des übertragenden Rechtsträgers, die dann als Anschaffungskosten gelten, zu bewerten. Nach allgemeiner Ansicht wirkt sich dieses Wahlrecht (siehe dazu → Rn. 49) nicht nur auf die Bewertungs-, sondern auch auf die Ansatzebene aus.[90]

1. Ansatz bei Bilanzierung mit Anschaffungskosten

Ist der übernehmende Rechtsträger nach §§ 238 ff. HGB rechnungslegungspflichtig, hat er die auf ihn übergehenden Vermögensgegenstände und Schulden wie bei einem „normalen" Anschaffungsvorgang einzubuchen. Er ist insoweit an die **allgemeinen Ansatzvorschriften** der §§ 246 bis 251 HGB gebunden, die ggf. bei Kapitalgesellschaften um die §§ 269 bis 274 HGB ergänzt werden. Insbesondere muss er das Vollständigkeitsgebot (§ 246 Abs. 1 S. 1 HGB) beachten.[91] Dies gilt sowohl für die **Aktiv-** als auch für die **Passivseite**. Allerdings gelten bestimmte verschmelzungsbedingte Besonderheiten. 41

Da aus Sicht des übernehmenden Rechtsträgers ein Anschaffungsvorgang vorliegt, sind auch vom übertragenden Rechtsträger **selbst geschaffene immaterielle Vermögensgegenstände des Anlagevermögens** beim Übernehmer anzusetzen. Das Aktivierungswahlrecht nach § 248 Abs. 2 S. 1 HGB bzw. das Aktivierungsverbot nach § 248 Abs. 2 S. 2 HGB finden keine Anwendung.[92] Ein vom Übertragenden entgeltlich erworbener **Geschäftswert** ist nicht separat auszuweisen, sondern geht im anlässlich des Vermögensübergangs zu ermittelnden Geschäfts- oder Firmenwert auf (siehe dazu → Rn. 44).[93] Auch **geringwertige Wirtschaftsgüter** sind anzusetzen, können jedoch gleich vollständig abgeschrieben werden.[94] **Aktive und passive Rechnungsabgrenzungsposten** sind anzusetzen[95], nicht jedoch **Bilanzierungshilfen**.[96] Den **Rückstellungsbedarf** hat der übernehmende Rechtsträger selbst zu bestimmen. Er ist insoweit nicht an den Ansatz (oder die Bewertung) beim übertragenden Rechtsträger gebunden.[97] Übernommene **Altersversorgungsverpflichtungen** sind unabhängig vom Ansatz beim übertragenden Rechtsträger vollständig zu passivieren; ein Passivierungswahlrecht nach Art. 28 Abs. 1 EGHGB oder ein Verteilungswahlrecht nach Art. 67 Abs. 1 S. 1 EGHGB bestehen nicht.[98] Beim übertragenden Rechtsträger bilanzierte **aktive / passive latente Steuern** sind nicht fortzuführen. Der übernehmende Rechtsträger muss vielmehr neu prüfen, ob latente Steuern anzusetzen sind.[99] Der IDW erlaubt es „aufgrund des Residualcharakters eines Geschäftswerts" (u. E. nicht unproblematisch) bei der Ermittlung latenter Steuern eine temporäre Differenz zwischen dem handelsrechtlichen und steuerlichen Wertansatz des infolge der Verschmelzung eingebuchten Geschäftswerts unberücksichtigt zu lassen.[100] 42

---

[90] Lutter/*Priester*, § 24 UmwG Rz. 38.
[91] Vgl. Lutter/*Priester*, § 24 UmwG Rz. 32.
[92] IDW RS HFA 42, Rz. 36; Lutter/*Priester*, § 24 UmwG Rz. 35; Schmitt/Hörtnagl/Stratz/*Hörtnagl*, § 24 UmwG Rz. 26.
[93] IDW RS HFA 42, Rz. 36; Lutter/*Priester*, § 24 UmwG Rz. 24; nunmehr auch Kallmeyer/*Lanfermann*, § 24 UmwG Rz. 6.
[94] Schmitt/Hörtnagl/Stratz/*Hörtnagl*, § 24 UmwG Rz. 26; Semler/Stengel/*Moszka*, § 24 UmwG Rz. 23.
[95] IDW RS HFA 42, Rz. 3 Fn. 3; Schmitt/Hörtnagl/Stratz/*Hörtnagl*, § 24 UmwG Rz. 22; einschränkend Lutter/*Priester*, § 24 UmwG Rz. 35, KK/*Simon*, § 24 UmwG Rz. 51 und Semler/Stengel/*Moszka*, § 24 UmwG Rz. 25 (nur soweit sie Vermögens- oder Verbindlichkeitscharakter haben).
[96] Lutter/*Priester*, § 24 UmwG Rz. 33; KK/*Simon*, § 24 UmwG Rz. 50; Schmitt/Hörtnagl/Stratz/ *Hörtnagl*, § 24 UmwG Rz. 23.
[97] Schmitt/Hörtnagl/Stratz/*Hörtnagl*, § 24 UmwG Rz. 21.
[98] IDW RS HFA 42, Rz. 37; Lutter/*Priester*, § 24 UmwG Rz. 35; Schmitt/Hörtnagl/Stratz/*Hörtnagl*, § 24 UmwG Rz. 27.
[99] IDW RS HFA 42, Rz. 39; Lutter/*Priester*, § 24 UmwG Rz. 34; Schmitt/Hörtnagl/Stratz/*Hörtnagl*, § 24 UmwG Rz. 25; Kallmeyer/*Lanfermann*, § 24 UmwG Rz. 9; Semler/Stengel/*Moszka*, § 24 UmwG Rz. 24.
[100] IDW RS HFA 42, Rz. 59.

43 Bestanden **gegenseitige Forderungen und Verbindlichkeiten** zwischen übertragendem und übernehmendem Rechtsträger, gehen diese durch Konfusion unter und sind daher nicht länger zu bilanzieren.[101] Vom übertragenden Rechtsträger gehaltene **eigene Anteile** sind ebenfalls nicht zu bilanzieren, da sie infolge der Verschmelzung untergehen.[102] Hat der übertragende Rechtsträger nach dem Verschmelzungsstichtag eine **Gewinnausschüttung** vorgenommen, ist diese als Minderung des Reinvermögens erfolgsneutral (durch Passivierung einer Verbindlichkeit) in der Bilanz des übernehmenden Rechtsträgers zu berücksichtigen (siehe dazu auch → Rn. 38 f.).[103] Zum Sonderfall der **Downstream-Verschmelzung**, bei der der übertragende Rechtsträger Anteile am übernehmenden Rechtsträger hält, siehe unter → Rn. 59 ff.

44 Sind alle Vermögensgegenstände und Schulden angesetzt und ergibt sich danach eine Differenz zu den Gesamtanschaffungskosten (siehe dazu → Rn. 67 f.), ist dieser Differenzbetrag vom übernehmenden Rechtsträger als **Geschäfts- oder Firmenwert** i. S. v. § 246 Abs. 1 S. 4 HGB zu aktivieren.[104]

2. Ansatz bei Buchwertverknüpfung

45 Entscheidet sich der übernehmende Rechtsträger für eine Buchwertverknüpfung (siehe dazu ausführlich → Rn. 70 ff.), ist er nicht nur an die Werte, sondern auch an die Ansätze (insbesondere die Ansatzwahlrechte) des übertragenden Rechtsträgers gebunden.

46 Dies führt insbesondere zu folgenden Abweichungen im Verhältnis zur Bilanzierung mit Anschaffungskosten (→ Rn. 42): **Immaterielle Vermögensgegenstände des Anlagevermögens** des übertragenden Rechtsträgers können vom übernehmenden Rechtsträger nur angesetzt werden, soweit sie nach § 248 Abs. 2 HGB auch beim Übertragenden angesetzt waren.[105] Gleiches gilt für **Bilanzierungshilfen** oder einen vom Übertragenden entgeltlich erworbenen **Geschäftswert**.[106] Bei der Übernahme von **Altersversorgungsverpflichtungen** besteht eine Bindung an die Bilanzierungsentscheidung des Übertragenden (Passivierungswahlrecht nach Art. 28 Abs. 1 EGHGB; Verteilungswahlrecht nach Art. 67 Abs. 1 S. 1 EGHGB).[107] Trotz grundsätzlich bestehender Buchwertverknüpfung sind bilanzierte **aktive / passive latente Steuern** nur fortzuführen, soweit die Unterschiede zwischen handelsrechtlichem und steuerlichem Wertansatz fortbestehen.[108]

47 Keine Besonderheiten bestehen u. E. bei **gegenseitige Forderungen und Verbindlichkeiten**, bei vom übertragenden Rechtsträger gehaltenen **eigenen Anteilen**[109] sowie bei **Gewinnausschüttungen des übertragenden Rechtsträgers** nach dem Verschmelzungsstichtag (siehe jeweils → Rn. 43). Zum Sonderfall der **Downstream-Verschmelzung**, bei der der übertragende Rechtsträger Anteile am übernehmenden Rechtsträger hält, siehe unter → Rn. 84 f.

---

[101] IDW RS HFA 42, Rz. 38; Lutter/*Priester*, § 24 UmwG Rz. 36; Schmitt/Hörtnagl/Stratz/*Hörtnagl*, § 24 UmwG Rz. 28.

[102] IDW RS HFA 42, Rz. 38; Lutter/*Priester*, § 24 UmwG Rz. 36; Schmitt/Hörtnagl/Stratz/*Hörtnagl*, § 24 UmwG Rz. 28.

[103] IDW RS HFA 42, Rz. 18; Lutter/*Priester*, § 24 UmwG Rz. 35; vgl. auch (allerdings Stand 1997) Widmann/*Widmann*, § 24 UmwG Rz. 408.

[104] IDW RS HFA 42, Rz. 58; Lutter/*Priester*, § 24 UmwG Rz. 37; Schmitt/Hörtnagl/Stratz/*Hörtnagl*, § 24 UmwG Rz. 26 und Semler/Stengel/*Moszka*, § 24 UmwG Rz. 76.

[105] IDW RS HFA 42, Rz. 65; Lutter/*Priester*, § 24 UmwG Rz. 39; Schmitt/Hörtnagl/Stratz/*Hörtnagl*, § 24 UmwG Rz. 67.

[106] KK/*Simon*, § 24 UmwG Rz. 56; Schmitt/Hörtnagl/Stratz/*Hörtnagl*, § 24 UmwG Rz. 67.

[107] IDW RS HFA 42, Rz. 60; Lutter/*Priester*, § 24 UmwG Rz. 39; Schmitt/Hörtnagl/Stratz/*Hörtnagl*, § 24 UmwG Rz. 68; dazu ausführlicher Kallmeyer/*Lanfermann*, § 24 UmwG Rz. 10.

[108] IDW RS HFA 42, Rz. 61; Lutter/*Priester*, § 24 UmwG Rz. 39; Schmitt/Hörtnagl/Stratz/*Hörtnagl*, § 24 UmwG Rz. 69.

[109] So zutreffend Schmitt/Hörtnagl/Stratz/*Hörtnagl*, § 24 UmwG Rz. 70; vgl. zu abweichenden Ansichten Lutter/*Priester*, § 24 UmwG Rz. 39.

Anders als bei der Bilanzierung mit Anschaffungskosten darf der Differenzbetrag zwischen den Gesamtanschaffungskosten und dem Buchwert der übergegangenen Vermögensgegenstände und Schulden **nicht als Geschäfts- oder Firmenwert** i. S. v. § 246 Abs. 1 S. 4 HGB oder als Verschmelzungsmehrwert angesetzt werden. Es entsteht vielmehr ein sofort aufwandswirksam zu behandelnder Verschmelzungsverlust.[110] Kosten der Verschmelzung (z. B. Anwalts-, Notar- und Gerichtskosten oder Grunderwerbsteuer) können nicht als Anschaffungsnebenkosten aktiviert werden, sondern sind sofort abzugsfähiger Aufwand.[111] **48**

IV. Bewertung der übernommenen Vermögensgegenstände und Schulden

§ 24 UmwG räumt dem übernehmenden Rechtsträger das u. E. grds. uneingeschränkte[112] **Wahlrecht** ein, die übergehenden Vermögensgegenstände und Schulden entweder nach §§ 253 Abs. 1, 255 Abs. 1 HGB mit den **tatsächlichen Anschaffungskosten** (siehe dazu → Rn. 50 ff.) oder mit den **Buchwerten aus der Schlussbilanz** des übertragenden Rechtsträgers (siehe dazu → Rn. 70 ff.), die dann als Anschaffungskosten gelten, zu bewerten. Das Wahlrecht ist im relevanten Abschluss[113] (siehe dazu → Rn. 36 f.) des übernehmenden Rechtsträgers **einheitlich** für alle Vermögensgegenstände / Schulden je Verschmelzungsvorgang auszuüben (und zwar auch dann, wenn die Verschmelzung teils mit, teils ohne Anteilsgewährung stattfindet).[114] Werden jedoch mehrere übertragende Rechtsträger auf den Übernehmer verschmolzen, kann das Wahlrecht (im gleichen Abschluss) je Verschmelzungsvorgang unterschiedlich ausgeübt werden.[115] **49**

1. Bewertung mit tatsächlichen Anschaffungskosten

Das UmwG enthält keinen Hinweis, wie die tatsächlichen Anschaffungskosten zu bestimmen (d. h. zu **bewerten**) sind. Es gelten daher allgemeine Grundsätze, d. h. die Anschaffungskosten bestimmen sich nach den zum Erwerb eines Vermögensgegenstands geleisteten Aufwendungen (§ 255 Abs. 1 HGB). Wie hoch diese Aufwendungen sind, richtet sich nach der Art der Durchführung der Verschmelzung, d. h. ob die Verschmelzung mit oder ohne Gewährung neuer Anteile erfolgt. Siehe zur vorgelagerten Frage, welche Vermögensgegenstände / Schulden überhaupt **anzusetzen** sind → Rn. 41 ff. **50**

a) Verschmelzung unter Gewährung neuer Anteile. Bei einer **Verschmelzung auf Kapitalgesellschaften** ist die Gewährung neuer Anteile am übernehmenden Rechtsträger an die (bisherigen) Gesellschafter des übertragenden Rechtsträgers der gesetzliche Regelfall (§ 55 UmwG). Zu möglichen Ausnahmen siehe gleich unter → Rn. 55 ff. Rechtstechnisch erfolgt die Gewährung im Wege einer Kapitalerhöhung (Verschmelzung zur Aufnahme) oder bei Gründung (Verschmelzung zur Neugründung) des übernehmenden Rechtsträgers. In beiden Fällen gelten die Grundsätze über die Bewertung von **Sacheinlagen** entsprechend.[116] Die Anschaffungskosten werden dabei **51**

---

[110] IDW RS HFA 42, Rz. 70; Lutter/*Priester*, § 24 UmwG Rz. 40.
[111] Lutter/*Priester*, § 24 UmwG Rz. 41.
[112] Lutter/*Priester*, § 24 UmwG Rz. 82 ff., KK/*Simon*, § 24 UmwG Rz. 37 ff.; Schmitt/Hörtnagl/Stratz/*Hörtnagl*, § 24 UmwG Rz. 87 ff. und Semler/Stengel/*Moszka*, § 24 UmwG Rz. 78 ff. – jeweils auch zu den in der Literatur diskutierten ungeschriebenen Einschränkungen. Kritisch demgegenüber insbesondere Kallmeyer/*Lanfermann*, § 24 UmwG Rz. 18 ff., 50 ff. sowie Sagasser/Bula/Brünger/*Bula*/Thees, § 10 Rz. 94 ff. in den dort näher beschriebenen Fällen.
[113] Eine Ausübung des Wahlrechts bereits im Verschmelzungsvertrag ist demgegenüber (noch) nicht ausreichend, vgl. KK/*Simon*, § 24 UmwG Rz. 31 ff; ausführlich zum Zeitpunkt der Wahlrechtsausübung Kallmeyer/*Lanfermann*, § 24 UmwG Rz. 17 ff.
[114] IDW RS HFA 42, Rz. 35; Lutter/*Priester*, § 24 UmwG Rz. 77.
[115] IDW RS HFA 42, Rz. 35; Lutter/*Priester*, § 24 UmwG Rz. 77.
[116] IDW RS HFA 42, Rz. 41. Zwar bringen die Gesellschafter des übertragenden Rechtsträgers die Vermögensgegenstände / Schulden nicht unmittelbar ein; jedoch soll die Einbringung für deren Rechnung erfolgen, Lutter/*Priester*, § 24 UmwG Rz. 44.

durch den **Ausgabebetrag der gewährten Anteile** (Nennbetrag zuzüglich etwaigen Aufgeldes) bestimmt. Ob sich aus § 24 UmwG Besonderheiten ergeben, ob insbesondere der übernehmende Rechtsträger das Wahlrecht (oder gar die Verpflichtung) hat, die übernommenen Vermögensgegenstände mit dem (höheren) Zeitwert anzusetzen, ist umstritten.[117] U. E. wird zunächst die Obergrenze der Anschaffungskosten – und damit der maximale Ausgabebetrag der gewährten Anteile – durch den Zeitwert des übergehenden Vermögens am Verschmelzungsstichtag bestimmt.[118] Der *IDW* geht darüber hinaus – u. E. zutreffend – von folgenden Grundsätzen aus:[119]

- Wird im Kapitalerhöhungsbeschluss neben der Bestimmung des Nennbetrags / geringsten Ausgabebetrags der neuen Anteile auch ein **beziffertes Aufgeld (Agio)** festgesetzt, setzen sich die Anschaffungskosten zusammen aus dem Nennbetrag / geringsten Ausgabebetrag der Anteile und dem Aufgeld.
- Wird im Kapitalerhöhungsbeschluss bestimmt, dass eine Differenz zwischen dem Zeitwert der übernommenen Vermögensgegenstände / Schulden und dem Nennbetrag / geringsten Ausgabebetrag der neuen Anteile (**unbeziffertes Agio**) in die Kapitalrücklage nach § 272 Abs. 2 Nr. 1 HGB einzustellen ist, setzen sich die Anschaffungskosten zusammen aus dem Nennbetrag / geringsten Ausgabebetrag der Anteile und dem diesen Betrag übersteigenden Teil des Zeitwertes.
- Wird im Kapitalerhöhungsbeschluss nur der Nennbetrag / geringste Ausgabebetrag der neuen Anteile festgelegt, ist durch Auslegung zu ermitteln, ob die Anschaffungskosten durch den Nennbetrag / geringsten Ausgabebetrag der neuen Anteile bestimmt sind oder ob ein Agio in Höhe des Unterschiedsbetrags zwischen dem Nennbetrag / geringsten Ausgabebetrag der neuen Anteile und dem Zeitwert der übernommenen Vermögensgegenstände / Schulden – mit der Folge entsprechend höherer Anschaffungskosten – in die Kapitalrücklage nach § 272 Abs. 2 Nr. 1 HGB einzustellen ist.

52 Beispiel: A ist zu 100 % an der A-GmbH beteiligt. B ist zu 100 % an der B-GmbH beteiligt. Die A-GmbH soll auf die B-GmbH verschmolzen werden.

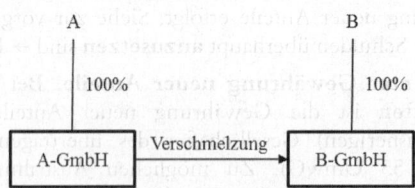

Die Bilanzen der beiden Rechtsträger sehen vor der Verschmelzung wie folgt aus:

---

[117] Vgl. zum Streitstand Lutter/*Priester*, § 24 R UmwG z. 45. Ausführlich zum zwingenden Zeitwertansatz Schmitt/Hörtnagl/Stratz/*Schmitt*, § 24 UmwG Rz. 31 ff.; bei Ansatz mit dem Zeitwert wäre die Differenz zum Ausgabebetrag u. E. nach § 272 Abs. 2 Nr. 1 HGB in die Kapitalrücklage einzustellen. Einen anderen Ansatz verfolgt *Widmann*, der grundsätzlich von einem Zeitwertansatz ausging, wenn nicht steuerliche Vorschriften einen niedrigeren Ansatz voraussetzten, Widmann/*Widmann*, § 24 UmwG Rz. 364 ff.
[118] IDW RS HFA 42, Rz. 42; Lutter/*Priester*, § 24 UmwG Rz. 45 weist zutreffend darauf hin, dass andernfalls der übernehmende Rechtsträger eine Ausgleichsforderung gegen die Gesellschafter des übernehmenden Rechtsträgers aktivieren müsste.
[119] IDW RS HFA 42, Rz. 43; Kallmeyer/*Lanfermann*, § 24 UmwG Rz. 27; ausführlich dazu und zu anderen Bilanzierungsmöglichkeiten Sagasser/Bula/Brünger/*Bula*/*Thees*, § 10 Rz. 131 ff.

A-GmbH			B-GmbH		
Anlagevermögen	500	Stammkapital	100	Anlagevermögen	1.000	Stammkapital	100
Umlaufvermögen	100	Kapitalrücklage	200	Umlaufvermögen	500	Kapitalrücklage	200
		Fremdkapital	300			Fremdkapital	900
	__600__		__600__		__1.500__		__1.500__

Unternehmenswert:	1.000	Unternehmenswert:	2.000
stille Reserven		stille Reserven	
• im Anlagevermögen	100	• im Anlagevermögen	300
• Firmenwert	600	• Firmenwert	1.100

Damit A entsprechend der Wertverhältnisse beider Unternehmen zukünftig an der B-GmbH zu 1/3 beteiligt ist, soll das Stammkapital der B-GmbH um 50 erhöht und der entsprechende Anteil von A gezeichnet werden.

Es wird eine Bilanzierung zu Anschaffungskosten gewählt. Die Differenz zwischen dem Nennbetrag der neuen Anteile und dem Zeitwert des übernommenen Vermögens soll in die Kapitalrücklage nach § 272 Abs. 2 Nr. 1 HGB eingestellt werden.

Lösung: Nach der Verschmelzung sieht die Bilanz der B-GmbH wie folgt aus:

B-GmbH		
Anlagevermögen	1.600	Stammkapital	150
Umlaufvermögen	600	Kapitalrücklage	1.450
Firmenwert	600	Fremdkapital	1.200
	__2.800__		__2.800__

Da die Kapitalerhöhung nur zu 50 erfolgte, war die Differenz zum Zeitwert des übergehenden Vermögens von 1.000 (=950) in die Kapitalrücklage der B-GmbH einzustellen. Die stillen Reserven im Vermögen der A-GmbH waren vollständig aufzudecken.

Zu den Anschaffungskosten gehören **bare Zuzahlungen** (§§ 54 Abs. 4, 68 Abs. 3 UmwG), auch wenn sie erst später aufgrund eines Spruchverfahrens (vgl. § 15 UmwG) zu leisten sind, nicht jedoch **Barabfindungen** nach § 29 UmwG.[120] Zu den Anschaffungskosten zählen die **Anschaffungsnebenkosten**, wobei dieser Begriff u. E. weit zu verstehen ist und neben der Grunderwerbsteuer z. B. auch Beurkundungs- und Beratungskosten umfasst.[121] Besonderheiten bestehen, wenn wechselseitige Forderungen und Verbindlichkeiten durch **Konfusion** untergehen: Wenn z. B. eine Forderung übergeht, die im ersten Schritt die Anschaffungskosten erhöht, müssen die Anschaffungskosten in einem zweiten Schritt infolge der untergehenden Verbindlichkeit reduziert werden.[122] Zur **Aufteilung** der Anschaffungskosten auf einzelne Vermögensgegenstände / Schulden siehe gleich unter → Rn. 67 f.

Bei einer **Verschmelzung auf Personenhandelsgesellschaften** gelten die unter → Rn. 51 bis 53 beschriebenen Grundsätze entsprechend: Die Anschaffungskosten ergeben

---

[120] Ausführlich dazu jeweils Lutter/*Priester*, § 24 UmwG Rz. 46, Schmitt/Hörtnagl/Stratz/*Hörtnagl*, § 24 UmwG Rz. 59, Kallmeyer/*Lanfermann*, § 24 UmwG Rz. 57 ff. und Semler/Stengel/*Moszka*, § 24 UmwG Rz. 42 f.
[121] Str., vgl. zum Streitstand Lutter/*Priester*, § 24 UmwG Rz. 46 und Sagasser/Bula/Brünger/*Bula/Thees*, § 10 Rz. 169 ff.
[122] Vgl. Lutter/*Priester*, § 24 UmwG Rz. 46.

sich aus den **Kapitalkonten**, die den neuen Gesellschaftern eingeräumt werden, etwa vorgesehenen Zahlungen in die **Rücklage** nach § 264c Abs. 2 S. 1 Ziffer II. HGB sowie u. E. auch etwaigen Gutschriften auf den **Darlehenskonten**.[123] Soll ein höherer Zeitwert der übergehenden Vermögensgegenstände / Schulden angesetzt werden, entsteht in Höhe der Differenz ein nach den geltenden Gewinnverteilungsregeln ausschüttbarer Verschmelzungsgewinn, denn bei Personenhandelsgesellschaften ist eine Zuführung zur Kapitalrücklage nach § 272 Abs. 2 Nr. 1 HGB nicht möglich.[124]

55   **b) Verschmelzung unter Hingabe eigener Anteile.** Hält der übernehmende Rechtsträger eigene Anteile, können den Gesellschaftern des übertragenden Rechtsträgers auch diese eigenen Anteile als Gegenleistung für den Vermögensübergang hingegeben werden, d. h. insoweit ist eine Kapitalerhöhung nicht erforderlich (vgl. § 54 Abs. 1 S. 2 Nr. 1 UmwG; § 68 Abs. 1 S. 2 Nr. 1 UmwG). Nach u. E. zutreffender Ansicht des IDW ist dieser Vorgang gemäß § 272 Abs. 1b HGB ähnlich einer Kapitalerhöhung abzubilden. In der Sache handelt es sich u. E. um einen **Tauschvorgang**, so dass grundsätzlich folgendes Bewertungswahlrecht besteht:[125]

– Ansatz mit dem *Buchwert* der hingegebenen eigenen Anteile
– Ansatz mit dem höheren *Zeitwert* der hingegebenen eigenen Anteile, der sich nach dem (vorsichtig geschätzten) Zeitwert des übergehenden Reinvermögens zum Verschmelzungsstichtag bestimmt
– Ansatz mit einem erfolgsneutralen *Zwischenwert*[126]

Ein Unterschiedsbetrag bei Ansatz des Zeitwerts ist in die Kapitalrücklage nach § 272 Abs. 2 Nr. 1 HGB einzustellen.[127]

56   **Beispiel:** A ist zu 100 % an der A-GmbH beteiligt. B ist zu 100 % an der B-GmbH beteiligt. Die A-GmbH soll auf die B-GmbH verschmolzen werden. Die B-GmbH hält eigene Anteile.

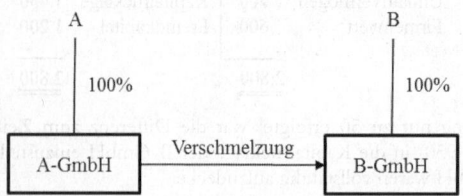

Die Bilanzen der beiden Rechtsträger sehen vor der Verschmelzung wie folgt aus:

---

[123] Vgl. IDW RS HFA 42, Rz. 44; Lutter/*Priester*, § 24 UmwG Rz. 49; Sagasser/Bula/Brünger/*Bula/Thees*, § 10 Rz. 141 ff.

[124] Lutter/*Priester*, § 24 UmwG Rz. 49; kritisch Schmitt/Hörtnagl/Stratz/*Hörtnagl*, § 24 UmwG Rz. 34; ausführlicher Kallmeyer/*Lanfermann*, § 24 UmwG Rz. 26.

[125] Siehe ausführlich zum Streitstand Lutter/*Priester*, § 24 UmwG Rz. 54; so im Ergebnis Sagasser/Bula/Brünger/*Bula/Thees*, § 10 Rz. 150 ff. und (wohl) auch IDW RS HFA 42, Rz. 53, KK/*Simon*, § 24 UmwG Rz. 71 ff. und Kallmeyer/*Lanfermann*, § 24 UmwG Rz. 31; für eine zwingende Bewertung mit dem Zeitwert ausführlich Schmitt/Hörtnagl/Stratz/*Hörtnagl*, § 24 UmwG Rz. 38 ff.; ähnlich Semler/Stengel/*Moszka*, § 24 UmwG Rz. 41.

[126] Gemeint ist der Buchwert der hingegebenen eigenen Anteile zuzüglich einer etwaigen Ertragsteuerbelastung, falls der Tausch ertragsteuerlich zu einer Gewinnrealisierung führt, und ggf. zuzüglich anderer mit der Verschmelzung verbundenen Kosten. Auf diese Weise werden Kosten bilanziell „neutralisiert", vgl. Lutter/*Priester*, § 24 UmwG Rz. 54. Andere Zwischenwerte seien demgegenüber nicht zulässig. Für die Zulässigkeit auch anderer Zwischenwerte zumindest in dieser Konstellation Kallmeyer/*Lanfermann*, § 24 UmwG Rz. 28.

[127] IDW RS HFA 42, Rz. 53; Sagasser/Bula/Brünger/*Bula/Thees*, § 10 Rz. 150: Kallmeyer/*Lanfermann*, § 24 UmwG Rz. 36; a.A. KK/*Simon*, § 24 UmwG Rz. 73; Kapitalrücklage nach § 272 Abs. 2 Nr. 4 HGB.

A-GmbH			B-GmbH			
Anlagevermögen	500	Stammkapital 100	Anlagevermögen	1.000	Stammkapital	150
Umlaufvermögen	100	Kapitalrücklage 200	Umlaufvermögen	500	./. eigene Anteile 50	100
		Fremdkapital 300			Kapitalrücklage	500
					Fremdkapital	900
	600	600		1.500		1.500

Unternehmenswert:	1.000		Unternehmenswert:	2.000
stille Reserven			stille Reserven	
• im Anlagevermögen	100		• im Anlagevermögen	300
• Firmenwert	600		• Firmenwert	1.100

A soll entsprechend den Wertverhältnissen beider Unternehmen zukünftig an der B-GmbH zu 1/3 beteiligt sein. Anstelle einer Kapitalerhöhung soll die A den von der B-GmbH gehaltenen Anteil in Höhe von 50 (der 1/3 des Stammkapitals entspricht) erhalten.

Es wird eine Bilanzierung zu Anschaffungskosten gewählt. Das übergehende Vermögen soll mit dem Zeitwert der hingegebenen eigenen Anteile bilanziert werden (der sich nach dem Zeitwert des übergehenden Vermögens richtet). Der Unterschiedsbetrag soll in die Kapitalrücklage nach § 272 Abs. 2 Nr. 1 HGB eingestellt werden.

Lösung: Nach der Verschmelzung sieht die Bilanz der B-GmbH wie folgt aus:

B-GmbH			
Anlagevermögen	1.600	Stammkapital	150
Umlaufvermögen	600	Kapitalrücklage	1.450
Firmenwert	600	Fremdkapital	1.200
	2.800		2.800

Da die eigenen Anteile nur mit 50 ausgewiesen waren, war die Differenz zum Zeitwert des übergehenden Vermögens von 1.000 (=950) in die Kapitalrücklage der B-GmbH einzustellen. Die stillen Reserven im Vermögen der A-GmbH waren vollständig aufzudecken.

c) Verschmelzung ohne Gewährung neuer / Hingabe eigener Anteile. aa) Aufwärtsverschmelzung (Upstream merger). Im typischen Aufwärtsverschmelzungsfall (zu Mischfällen siehe → Rn. 65) gehören dem übernehmenden Rechtsträger sämtliche Anteile am übertragenden Rechtsträger. In diesem Fall darf der übernehmende Rechtsträger sein Stamm- bzw. Grundkapital nicht erhöhen (§ 54 Abs. 1 S. 1 Nr. 1 UmwG; § 68 Abs. 1 S. 1 Nr. 1 UmwG). Die Anteile am übertragenden Rechtsträger gehen infolge der Verschmelzung unter und werden durch das übergehende Reinvermögen substituiert. U. E. sind daher – wie bei der Hingabe eigener Anteile – Tauschgrundsätze anzuwenden, so dass grundsätzlich folgendes Bewertungswahlrecht besteht:[128]

– Ansatz mit dem *Buchwert* der untergehenden Anteile
– Ansatz mit dem höheren *Zeitwert* der untergehenden Anteile, der sich nach dem Zeitwert des übergehenden Reinvermögens zum Verschmelzungsstichtag bestimmt

---

[128] IDW RS HFA 42, Rz. 46; Lutter/*Priester*, § 24 UmwG Rz. 55 (auch mit Hinweis auf abweichende Auffassungen); Kallmeyer/*Lanfermann*, § 24 UmwG Rz. 31; für eine zwingende Bewertung mit dem Zeitwert ausführlich Schmitt/Hörtnagl/Stratz/*Hörtnagl*, § 24 UmwG Rz. 44; ähnlich Semler/Stengel/*Moszka*, § 24 UmwG Rz. 45 ff.; für einen zwingenden Buchwertansatz Sagasser/Bula/Brünger/*Bula*/*Thees*, § 10 UmwG Rz. 145 ff.; ausführlich zum Streitstand (allerdings Stand 1997) Widmann/*Widmann*, § 24 UmwG Rz. 374 ff.

– Ansatz mit einem erfolgsneutralen *Zwischenwert*[129]

Ein Unterschiedsbetrag bei Ansatz des Zeitwerts (d. h. die Aufdeckung von stillen Reserven) führt zu einer sofortigen Ertragswirkung;[130] ein Einstellen des Differenzbetrags in die Kapitalrücklage ist u. E. nicht möglich. Deshalb und da es sich um einen rein konzerninternen Sachverhalt handelt, ist der Zeitwert des übergehenden Vermögens vorsichtig zu schätzen.[131]

58 **Beispiel:** B ist zu 100 % an der B-GmbH beteiligt, die ihrerseits zu 100 % an der A-GmbH beteiligt ist. Die A-GmbH soll auf die B-GmbH verschmolzen werden.

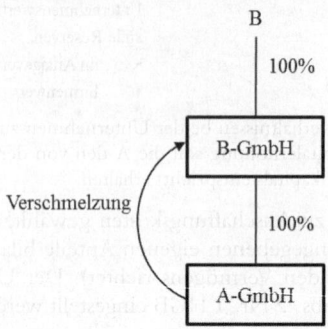

Die Bilanzen der beiden Rechtsträger sehen vor der Verschmelzung wie folgt aus:

A-GmbH				B-GmbH			
Anlagevermögen	500	Stammkapital	100	Beteiligung an A-GmbH	50	Stammkapital	100
Umlaufvermögen	100	Kapitalrücklage	200	sonst. Anlagevermögen	950	Kapitalrücklagen	500
		Fremdkapital	300	Umlaufvermögen	500	Fremdkapital	900
	600		600		1.500		1.500

Unternehmenswert:	1.000	Unternehmenswert:	2.000
stille Reserven		stille Reserven	
• im Anlagevermögen	100	• im Anlagevermögen	1.000
• Firmenwert	600	• Firmenwert	400

Es wird eine Bilanzierung zu Anschaffungskosten gewählt. Das übergehende Vermögen soll mit dem Zeitwert der untergehenden Anteile an der B-GmbH bilanziert werden (der sich nach dem Zeitwert des übergehenden Vermögens richtet).

---

[129] Siehe oben Fn. 126.
[130] IDW RS HFA 42, Rz. 46; hier hält Kallmeyer/*Lanfermann*, § 24 UmwG Rz. 35 andere Zwischenwerte ebenfalls nicht für zulässig; mit ausführlicher Begründung gegen eine sofortige Erfolgswirkung stattdessen Sagasser/Bula/Brünger/*Bula*/*Thees*, § 10 Rz. 145 ff.
[131] Ausführlich dazu Lutter/*Priester*, § 24 UmwG Rz. 56 ff.

Lösung: Nach der Verschmelzung sieht die Bilanz der B-GmbH wie folgt aus:

	B-GmbH		
Anlagevermögen	1.550	Stammkapital	100
Umlaufvermögen	600	Kapitalrücklage	500
Firmenwert	600	Gewinn	950
		Fremdkapital	1.200
	2.750		2.750

Da die Anteile am übertragenden Rechtsträger (A-GmbH) nur mit 50 bilanziert waren, war die Differenz zum Zeitwert des übergehenden Vermögens von 1.000 (=950) sofort als Gewinn zu erfassen.

bb) Abwärtsverschmelzung (Downstream merger). Im **typischen Abwärtsverschmelzungsfall** (zu Mischfällen siehe → Rn. 66) gehören dem übertragenden Rechtsträger sämtliche Anteile am übernehmenden Rechtsträger. Infolge der Verschmelzung fallen die Anteile des übertragenden Rechtsträgers am übernehmenden Rechtsträger den Anteilsinhabern des übertragenden Rechtsträgers nach h.M. unmittelbar, d.h. ohne Durchgangserwerb beim übertragenden Rechtsträger, zu (Direkterwerb, vgl. § 20 Abs. 1 Nr. 3 UmwG). Der *übertragende Rechtsträger* (= die Mutter) hat folglich insoweit nichts zu verbuchen. Die *übernehmende Tochtergesellschaft* hat demgegenüber (nur) das Restvermögen, d.h. die übrigen Vermögensgegenstände und Schulden der Mutter zu erfassen. Die bilanzielle Behandlung bei der Tochter hängt davon ab, ob das übergehende Reinvermögen (wichtig: ohne Ansatz / Bewertung der Beteiligung an der Tochter)[132] positiv oder negativ ist. Die Bewertung der Vermögensgegenstände und Schulden zur Ermittlung des Reinvermögens ist umstritten.[133] U.E. ist einzig eine Bewertung zu Zeitwerten sachgerecht.[134]

Ergibt sich ein **positives Reinvermögen**, liegt u.E. aus Sicht des übernehmenden Rechtsträgers (der Tochter) eine unentgeltliche Gesellschafterleistung vor, so dass der Differenzbetrag in die Kapitalrücklage nach § 272 Abs. 2 Nr. 4 HGB einzustellen ist.[135] Der Ausweis eines laufenden Verschmelzungsgewinns scheidet demgegenüber aus.[136] Nach u.E. zutreffender Auffassung des IDW gilt die Verpflichtung zur Dotierung der Kapitalrücklage auch für einen aus dem Vermögensübergang resultierenden Gewinn aus der Vereinigung von Forderungen und Verbindlichkeiten (Konfusion).[137]

Ergibt sich demgegenüber ein **negatives Reinvermögen**, ist dieses konsequenterweise als Sachentnahme unmittelbar, d.h. ohne Berührung der Gewinn- und Verlustrechnung, mit dem Eigenkapital der Tochtergesellschaft zu verrechnen.[138] Dies gilt u.E. auch für einen Verlust aus der Vereinigung von Forderungen und Verbindlichkeiten (Konfusion). Insbesondere darf die Tochtergesellschaft nicht infolge der Verschmelzung einen Firmenwert ansetzen (denn aus Sicht der Tochter liegt insoweit kein Realisierungsvorgang vor).[139] Der Übergang negativen Reinvermögens kann mit dem **Grundsatz der Kapitalerhaltung** (§ 30 GmbHG; § 57 AktG) kollidieren.[140] Relevant kann dies in Fällen werden, in denen ein Erwerbsvehikel, das (hohe) Darlehensverbindlichkeiten aufgenommen hat, auf

---

[132] Lutter/*Priester*, § 24 UmwG Rz. 63.
[133] Ausführlich zum Streitstand Lutter/*Priester*, § 24 UmwG Rz. 61; KK/*Simon*, § 24 UmwG Rz. 79; Semler/Stengel/*Moszka*, § 24 UmwG Rz. 48 ff.
[134] So auch Schmitt/Hörtnagl/Stratz/*Hörtnagl*, § 24 UmwG Rz. 50.
[135] So auch IDW RS HFA 42, Rz. 48.
[136] A.A. hingegen Lutter/*Priester*, § 24 UmwG Rz. 61; KK/*Simon*, § 24 UmwG Rz. 79; Kallmeyer/*Lanfermann*, § 24 UmwG Rz. 39; Sagasser/Bula/Brünger/*Bula/Thees*, § 10 Rz. 157 ff.
[137] IDW RS HFA 42, Rz. 48.
[138] IDW RS HFA 42, Rz. 49; a.A. Schmitt/Hörtnagl/Stratz/*Hörtnagl*, § 24 UmwG Rz. 52: erfolgswirksam zu erfassender Verlust.
[139] Vgl. Lutter/*Priester*, § 24 UmwG Rz. 62; Schmitt/Hörtnagl/Stratz/*Hörtnagl*, § 24 UmwG Rz. 52.
[140] Ausführlich Lutter/*Priester*, § 24 UmwG Rz. 62 m.w.N; *Priester*, in FS Spiegelberger, 2009, 890 ff.

die Tochter (d. h. die erworbene Zielgesellschaft) verschmolzen wird (sog. *debt-push-down*) oder in Fällen, in denen die Muttergesellschaft ausschließlich zur Fremdfinanzierung einer Kapitalerhöhung bei der Tochtergesellschaft gegründet wurde. Es ist daher bei Abwärtsverschmelzungen mit negativem Reinvermögen stets zu prüfen, ob bei der Tochter hinreichend frei verfügbare Eigenkapitalanteile (Stamm- / Grundkapital plus offen ausgewiesene Rücklagen) vorhanden sind. Ansonsten kann die Verschmelzung bereits gesellschaftsrechtlich unzulässig sein.[141]

62 **Beispiel:** A ist zu 100 % an der A-GmbH beteiligt, die ihrerseits zu 100 % an der B-GmbH beteiligt ist. Die A-GmbH soll auf die B-GmbH verschmolzen werden.

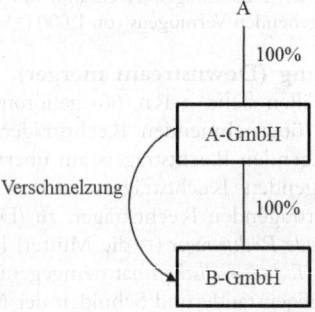

Die Bilanzen der beiden Rechtsträger sehen vor der Verschmelzung wie folgt aus:

A-GmbH				B-GmbH			
Beteiligung an B-GmbH	1.000	Stammkapital	100	Anlagevermögen	1.000	Stammkapital	100
Sonst. Anlagevermögen	500	Kapitalrücklage	1.200	Umlaufvermögen	500	Kapitalrücklagen	500
Umlaufvermögen	100	Fremdkapital	300			Fremdkapital	900
	1.600		1.600		1.500		1.500
Unternehmenswert:	3.000			Unternehmenswert:	2.000		
stille Reserven				stille Reserven			
• in Beteiligung	1.000			• im Anlagevermögen	1.000		
• in Anlagevermögen	100			• Firmenwert	400		
• Firmenwert	600						

Es wird eine Bilanzierung zu Anschaffungskosten gewählt. Das übergehende Vermögen soll mit dem Zeitwert angesetzt werden.

Lösung: Nach der Verschmelzung sieht die Bilanz der B-GmbH wie folgt aus:

B-GmbH			
Anlagevermögen	1.600	Stammkapital	100
Umlaufvermögen	600	Kapitalrücklage	1.500
Firmenwert	600	Fremdkapital	1.200
	2.800		2.800

---

[141] Vgl. auch IDW RS HFA 42, Rz. 49 sowie Kallmeyer/*Lanfermann*, § 24 UmwG Rz. 41 f. zum Schutz von Minderheitsgesellschaftern.

Die übernehmende B-GmbH hat (nur) das Netto-Reinvermögen der Mutter (A-GmbH) zu erfassen, d. h. ohne die Beteiligung an der B-GmbH. Dieses ist hier positiv:

AV:	600	
+ UV:	100	
+ Firmenwert:	600	
./. FK:	300	
	1.000	

In dieser Höhe von 1.000 war die Kapitalrücklage der B-GmbH zu dotieren.

cc) Seitwärtsverschmelzung (Sidestream merger). Der übernehmende Rechtsträ- 63 ger darf von der Gewährung von Anteilen absehen, wenn alle Gesellschafter des übertragenden Rechtsträgers darauf verzichten (§ 54 Abs. 1 S. 3 UmwG; § 68 Abs. 1 S. 3 UmwG). Auch wenn der Gesetzeswortlaut nicht auf diese Fälle beschränkt ist, kommt dies in der Praxis insbesondere bei der Seitwärtsverschmelzung von 100%igen Schwestergesellschaften sowie bei Konzernsachverhalten vor.[142] Aus Sicht des übernehmenden Rechtsträgers fehlt es (wie bei der Abwärtsverschmelzung) an der Gewährung einer Gegenleistung. U. E. erscheint es daher sachgerecht, die bilanziellen **Grundsätze der Abwärtsverschmelzung** entsprechend anzuwenden,[143] d. h. (1) zur Ermittlung des übergehenden Reinvermögens sind Zeitwerte anzusetzen[144], (2) ein positives Reinvermögen ist in die Kapitalrücklage nach § 272 Abs. 2 Nr. 4 HGB einzustellen und (3) ein negatives Reinvermögen ist unmittelbar mit dem Eigenkapital des übernehmenden Rechtsträgers zu verrechnen (siehe dazu unter → Rn. 59 ff.). Die **Grundsätze der Kapitalerhaltung** können auch hier zu einer Unzulässigkeit der Verschmelzung führen (siehe dazu unter → Rn. 61).

Beispiel: A ist zu 100 % sowohl an der A-GmbH als auch an der B-GmbH beteiligt. Die A-GmbH 64 soll auf die B-GmbH verschmolzen werden.

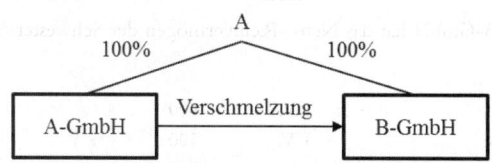

---

[142] In bestimmten Verschmelzungskonstellationen im Konzern können u. U. jedoch auch Spaltungsgrundsätze Anwendung finden, siehe das Beispiel bei IDW RS HFA 42, Rz. 51.
[143] IDW RS HFA 42, Rz. 50; im Ergebnis auch Schmitt/Hörtnagl/Stratz/*Hörtnagl*, § 24 UmwG Rz. 54 f.
[144] Der Meinungsstreit zur Behandlung beim Downstream merger (→ Rn. 59 ff.) setzt sich beim Sidestream merger fort, siehe nur Lutter/*Priester*, § 24 UmwG Rz. 63b und KK/*Simon*, § 24 UmwG Rz. 82 ff.; ausführlich *Simon*, in: FS-Schaumburg, 1341, 1355 f.

Die Bilanzen der beiden Rechtsträger sehen vor der Verschmelzung wie folgt aus:

A-GmbH				B-GmbH			
Anlagevermögen	500	Stammkapital	100	Anlagevermögen	1.000	Stammkapital	100
Umlaufvermögen	100	Kapitalrücklage	200	Umlaufvermögen	500	Kapitalrücklagen	500
		Fremdkapital	300			Fremdkapital	900
	600		600		1.500		1.500

Unternehmenswert:		1.000	Unternehmenswert:		2.000
stille Reserven			stille Reserven		
• in Anlagevermögen		100	• im Anlagevermögen		300
• Firmenwert		600	• Firmenwert		1.100

Es wird eine Bilanzierung zu Anschaffungskosten gewählt. Das übergehende Vermögen soll mit dem Zeitwert angesetzt werden.

Lösung: Nach der Verschmelzung sieht die Bilanz der B-GmbH wie folgt aus:

B-GmbH			
Anlagevermögen	1.600	Stammkapital	100
Umlaufvermögen	600	Kapitalrücklage	1.500
Firmenwert	600	Fremdkapital	1.200
	2.800		2.800

Die übernehmende B-GmbH hat das Netto-Reinvermögen der Schwester (A-GmbH) zu erfassen. Dieses ist hier positiv:

```
    AV:          600
+   UV:          100
+   Firmenwert:  600
./. FK:          300
                -----
               1.000
```

In dieser Höhe von 1.000 war die Kapitalrücklage der B-GmbH zu dotieren.

65 **d) Mischfälle.** Bei der **Aufwärtsverschmelzung** kommt es zu einem Mischfall, wenn der übernehmende Rechtsträger zu weniger als 100% am übertragenden Rechtsträger beteiligt ist. Dann findet die Aufwärtsverschmelzung teils gegen Kapitalerhöhung, teils gegen Wegfall der eigenen Beteiligung statt. Die Verschmelzung ist beim übernehmenden Rechtsträger als Kombination einer Verschmelzung mit und ohne Gewährung von Anteilen abzubilden.[145] Es gelten (anteilig) die Grundsätze in → Rn. 51 sowie → Rn. 57 f. entsprechend. Da die Anschaffungskosten der übergehenden Vermögensgegenstände / Schulden in Bezug auf neue Anteile u. U. anders zu berechnen sind als in Bezug auf die untergehenden Anteile, sind die Gesamtanschaffungskosten auf die Vermögensgegenstände / Schulden aufzuteilen. Soweit ein dabei entstehender Verschmelzungsgewinn auf die Kapitalerhöhung entfällt, ist er gemäß § 272 Abs. 2 Nr. 1 HGB in die Kapitalrücklage

---

[145] IDW RS HFA 42, Rz. 54 f.

einzustellen. Soweit er auf die Beteiligung entfällt, wird er sofort ergebniswirksam. Ein Verschmelzungsverlust ist stets sofort erfolgswirksam.[146]

Bei einer **Abwärtsverschmelzung** oder einer **Seitwärtsverschmelzung** ist ein Misch- **66** fall denkbar, wenn es neben der Mutter noch andere Anteilseigner gibt. Im Übrigen besteht ein Wahlrecht zur Kapitalerhöhung, wenn die Anteile der Mutter voll eingezahlt sind, ansonsten ist sie verboten (vgl. § 54 Abs. 1 S. 1 Nr. 3, S. 2 Nr. 2 UmwG; § 58 Abs. 1 S. 1 Nr. 3, S. 2 Nr. 2 UmwG). Auch in diesen Fällen ist die Verschmelzung beim übernehmenden Rechtsträger als Kombination einer Verschmelzung mit und ohne Gewährung von Anteilen abzubilden.[147] Es gelten (anteilig) die Grundsätze in → Rn. 51 sowie → Rn. 59 ff. entsprechend.

e) Verteilung der Anschaffungskosten / Behandlung eines Geschäfts- oder Fir- 67 menwerts. Die sich infolge der Verschmelzung in den vorstehend beschriebenen Konstellationen ergebenen (Gesamt-)Anschaffungskosten des übernehmenden Rechtsträgers sind auf die einzelnen übergegangenen Vermögensgegenstände / Schulden sachgerecht zu verteilen.[148] Dabei gilt der Grundsatz der Einzelbewertung (§ 252 Abs. 1 Nr. 3 HGB). Je nach Ausübung von Bewertungswahlrechten dürfen jedenfalls die Zeitwerte der Vermögensgegenstände nicht überschritten und die Zeitwerte der Schulden nicht unterschritten werden.[149] **Verbindlichkeiten** sind mit dem Rückzahlungsbetrag, **Rückstellungen** mit dem nach vernünftiger kaufmännischer Beurteilung notwendigen Erfüllungsbetrag anzusetzen (§ 253 Abs. 1 S. 2 u. 3, Abs. 2 HGB). Bei **Vermögensgegenständen** kommt eine Aufstockung (die durch den Zeitwert begrenzt ist), ggf. auch eine Abstockung in Betracht. Aufstockungen / Abstockungen sind dabei regelmäßig im Verhältnis der Zeitwerte zueinander vorzunehmen.[150] Hatte der übertragende Rechtsträger **Bewertungseinheiten** gebildet, gilt das Verteilungsverfahren auch für die Vermögensgegenstände / Schulden, die in der Schlussbilanz des übertragenden Rechtsträgers Teil dieser Bewertungseinheiten waren. Ggf. kann der übernehmende Rechtsträger die übergegangenen Vermögensgegenstände / Schulden unter den Voraussetzungen des § 254 HGB seinerseits (neuen) Bewertungseinheiten zuordnen.[151]

Sind die Anschaffungskosten höher als die Summe der Zeitwerte, ist die Differenz als **68 Firmenwert** (§ 246 Abs. 1 S. 4 i. V. m. S. 1 HGB) anzusetzen.[152] Liegen die Anschaffungskosten unter den Buchwerten des übergehenden Vermögens und kommt – z. B. bei Positionen wie Kasse oder Bank – eine Abstockung nicht in Betracht, ist u. E. als Passivposten ein negativer Firmenwert auszuweisen.[153] Im Ergebnis ist die Verschmelzung zu Anschaffungskosten damit **erfolgsneutral**; Erfolgswirkungen können sich jedoch aus der Folgebewertung der übernommenen Vermögensgegenstände und Verbindlichkeiten ergeben.[154]

Bei Kapitalgesellschaften ist das Verteilungsverfahren im **Anhang** zu erläutern (§ 284 **69** Abs. 2 Nr. 1 HGB). Die übernommenen Vermögensgegenstände sind im **Anlagespiegel** (§ 268 Abs. 2 HGB) als Zugang zu zeigen.[155]

---

[146] Lutter/*Priester*, § 24 UmwG Rz. 60.
[147] Lutter/*Priester*, § 24 UmwG Rz. 63.
[148] IDW RS HFA 42, Rz. 56; Lutter/*Priester*, § 24 UmwG Rz. 51.
[149] IDW RS HFA 42, Rz. 56.
[150] Lutter/*Priester*, § 24 UmwG Rz. 51.
[151] IDW RS HFA 42, Rz. 57.
[152] IDW RS HFA 42, Rz. 58; Lutter/*Priester*, § 24 UmwG Rz. 52; a. A. Widmann/*Widmann*, § 24 UmwG Rz. 367, für den dieser Fall nach seiner Konzeption nicht denkbar ist.
[153] So auch Lutter/*Priester*, § 24 UmwG Rz. 52 und Sagasser/Bula/Brünger/*Bula/Thees*, § 10 Rz. 192 ff. (ausführlich mit einem Buchungsbeispiel und Nachweisen zu Gegenauffassungen).
[154] Sagasser/Bula/Brünger/*Bula/Thees*, § 10 Rz. 122.
[155] IDW RS HFA 42, Rz. 56; Lutter/*Priester*, § 24 UmwG Rz. 52.

2. Bewertung bei Buchwertverknüpfung

70 **a) Allgemeines. Buchwertverknüpfung** bedeutet, dass der übernehmende Rechtsträger für die übergegangenen Vermögensgegenstände und Schulden die Wertansätze des übertragenden Rechtsträgers aus der **Schlussbilanz** übernimmt.[156] Inhaltlich betrifft dies zunächst die Ansatzebene, d. h. die Frage, welche Vermögensgegenstände / Schulden der übertragende Rechtsträger ansetzen muss bzw. darf (siehe dazu ausführlich unter → Rn. 45 ff.). Für die hier relevante Bewertungsebene bedeutet dies grds. eine strikte Bindung an die vom übertragenden Rechtsträger getroffene Bilanzierungsentscheidung. Dies gilt selbst dann, wenn dem übernehmenden Rechtsträger bestimmte rechtsformabhängige Wahlrechte nicht selbst zugestanden hätten[157] (z. B. muss eine übernehmende Kapitalgesellschaft Unterbewertungen der übertragenden Personengesellschaft nach § 253 Abs. 4 HGB fortführen).[158] Eine Ausnahme besteht bei fehlerhaften Wertansätzen in der Schlussbilanz: Diese sind durch fehlerfreie Ansätze zu substituieren.[159] Da der übernehmende Rechtsträger nur in Ausnahmefällen eine Eröffnungsbilanz aufstellt, wirkt sich die Buchwertfortführung regelmäßig erst in seiner nächsten Jahresbilanz aus (vgl. dazu → Rn. 36 f.), in der die seit dem Stichtag der Schlussbilanz nach den Grundsätzen des übertragenden Rechtsträgers fortentwickelten Buchwerte anzusetzen sind.[160]

71 Buchwertfortführung bedeutet umgekehrt aber keineswegs, dass (auch) der übertragende Rechtsträger in seiner Schlussbilanz seine Buchwerte fortführen muss. Im Gegenteil: Er darf die Buchwerte **aufstocken**, in bestimmten Konstellation ist eine solche Aufstockung sogar geboten (siehe dazu → Rn. 12 und Rn. 77). Der übernehmende Rechtsträger übernimmt dann im Rahmen der „Buchwert"-Fortführung die aufgestockten Buchwerte des übertragenden Rechtsträgers.[161]

72 Die vom übernehmenden Rechtsträger angesetzten Werte *gelten* dabei als **Anschaffungskosten** des übernehmenden Rechtsträgers und nicht lediglich als Fortführung der Buchposition des übertragenden Rechtsträgers[162], d. h. zukünftige Zuschreibungen sind nur bis zur Höhe des (übernommenen) Buchwerts möglich.[163] Die so ermittelten Anschaffungskosten sind als Zugangswerte im **Anlagenspiegel** auszuweisen.[164] Allerdings betrifft die Bindung nur die Anschaffungskosten als solche, d. h. für künftige Jahresabschlüsse ist der übernehmende Rechtsträger an die Entscheidungen des übertragenden Rechtsträgers nicht gebunden. Insoweit gilt der **Stetigkeitsgrundsatz** (§ 252 Abs. 1 Nr. 6 HGB) nicht.[165] Auch für die Bemessung der künftigen Abschreibungen ist die Restnutzungsdauer neu zu schätzen.[166]

73 Verschmelzungskosten etc. dürfen nicht als **Anschaffungsnebenkosten** aktiviert werden. Sie stellen vielmehr sofort abzugsfähigen Aufwand dar (siehe auch → Rn. 76).[167] Zu **baren Zuzahlungen** und **Barabfindungen** siehe → Rn. 74.

---

[156] IDW RS HFA 42, Rz. 60; Lutter/*Priester*, § 24 UmwG Rz. 64.
[157] IDW RS HFA 42, Rz. 60; Schmitt/Hörtnagl/Stratz/*Hörtnagl*, § 24 UmwG Rz. 71.
[158] Beispiel nach Lutter/*Priester*, § 24 UmwG Rz. 65.
[159] Lutter/*Priester*, § 24 UmwG Rz. 65.
[160] Lutter/*Priester*, § 24 UmwG Rz. 67.
[161] Vgl. Lutter/*Priester*, § 24 UmwG Rz. 86.
[162] IDW RS HFA 42, Rz. 64; Lutter/*Priester*, § 24 UmwG Rz. 66.
[163] IDW RS HFA 42, Rz. 64; Lutter/*Priester*, § 24 UmwG Rz. 66.
[164] Die ursprünglichen Anschaffungskosten und die kumulierten Abschreibungen des übertragenden Rechtsträgers können weiterhin zu Dokumentationszwecken erfasst und auch in den Anlagespiegel des übernehmenden Rechtsträgers einbezogen werden. Dies setzt jedoch voraus, dass der Zugang zu den ursprünglichen Anschaffungskosten und der Zugang zu den kumulierten Abschreibungen jeweils in einer Sonderspalte ausgewiesen oder entsprechende Angaben im Anhang gemacht werden, IDW RS HFA 42, Rz. 64.
[165] IDW RS HFA 42, Rz. 60; Lutter/*Priester*, § 24 UmwG Rz. 66.
[166] Lutter/*Priester*, § 24 UmwG Rz. 66; Schmitt/Hörtnagl/Stratz/*Hörtnagl*, § 24 UmwG Rz. 72.
[167] IDW RS HFA 42, Rz. 62; Lutter/*Priester*, § 24 UmwG Rz. 66; Schmitt/Hörtnagl/Stratz/*Hörtnagl*, § 24 UmwG Rz. 73; differenzierend Sagasser/Bula/Brünger/*Bula/Thees*, § 10 Rz. 275 ff..

§ 58 Verschmelzung

In Bezug auf die Buchwertfortführung enthält das UmwG keinen Hinweis, wie die tatsächliche Verbuchung bei den einzelnen Verschmelzungsvorgängen zu erfolgen hat. Konkret geht es um die Behandlung der **Unterschiedsbeträge** zwischen dem zu Buchwerten übernommenen Reinvermögen und der Gegenleistung des übernehmenden Rechtsträgers. Sind, ggf. nachträglich, **bare Zuzahlungen** erfolgt, verändert sich der Unterschiedsbetrag entsprechend.[168] **Barabfindungen** (§ 29 AktG) haben demgegenüber keinen Einfluss auf den Unterschiedsbetrag.[169] Zur Behandlung des Unterschiedsbetrags ist (wie bei der Bewertung zu Anschaffungskosten) danach zu differenzieren, ob die Verschmelzung mit oder ohne Gewährung neuer / Hingabe eigener Anteile erfolgt.

b) Verschmelzung unter Gewährung neuer Anteile. Bei einer **Verschmelzung auf Kapitalgesellschaften** ist das Zusammenspiel zwischen der Buchwertfortführung nach § 24 UmwG und allgemeinen Anschaffungsgrundsätzen bei der Gewährung neuer Anteile umstritten. Der IDW und die h. M. differenzieren u. E. zutreffend danach, ob der Unterschiedsbetrag des übernommenen Vermögens im Verhältnis zum Ausgabebetrag der neuen Anteile (ggf. unter Berücksichtigung barer Zuzahlungen) positiv oder negativ ist.

Ist das übernommene Reinvermögen zu Buchwerten **höher als der Ausgabebetrag** der dafür zu gewährenden Anteile, ist der Differenzbetrag (unter Abzug von als Verbindlichkeiten auszuweisenden oder bereits gezahlten baren Zuzahlungen)[170] in die Kapitalrücklage nach § 272 Abs. 2 Nr. 1 HGB einzustellen.[171] Eine Ausnahme besteht, wenn der Buchwert des übertragenen Vermögens über seinem Zeitwert liegt, z. B. wenn der übertragende Rechtsträger bestimmte Pensionsverbindlichkeiten gemäß Art. 28 Abs. 1 EGHGB nicht passiviert hat. In diesem Fall darf die Differenz zum Zeitwert nicht in die Kapitalrücklage eingestellt, sondern muss als Verbindlichkeit passiviert werden.[172] Anders als bei einer Bilanzierung zu Anschaffungskosten sind **sonstige Verschmelzungskosten / Anschaffungsnebenkosten**[173] sofort abzugsfähig. Ebenfalls anders als bei der Bilanzierung zu Anschaffungskosten sind Gewinne / Verluste aus der **Konfusion** wechselseitiger Forderungen und Verbindlichkeiten sofort erfolgswirksam.[174]

Ist das übernommene Reinvermögen zu Buchwerten **niedriger als der Ausgabebetrag** der dafür zu gewährenden Anteile, entsteht ein sofort aufwandswirksam zu behandelnder Verschmelzungsverlust.[175] Dieser darf weder durch Ansatz eines Aktivpostens (Geschäfts- oder Firmenwert) ausgeglichen noch mit den Rücklagen verrechnet werden.[176] Wird durch den Ausweis des Verschmelzungsverlusts die Vermögens- und Ertragslage des übernehmenden Rechtsträgers erheblich beeinflusst, ist ein gesonderter Ausweis in der GuV oder eine Erläuterung im Anhang erforderlich.[177] In diesen Fällen kann es sinnvoll sein, die Buchwerte in der Schlussbilanz des übertragenden Rechtsträgers bereits insoweit **aufzustocken**

---

[168] Ausführlich dazu Kallmeyer/*Lanfermann*, § 24 UmwG Rz. 57 ff.; Schmitt/Hörtnagl/Stratz/*Hörtnagl*, § 24 UmwG Rz. 83; so im Ergebnis (wohl) auch Widmann/*Widmann*, § 24 UmwG Rz. 343.
[169] Schmitt/Hörtnagl/Stratz/*Hörtnagl*, § 24 UmwG Rz. 83.
[170] IDW RS HFA 42, Rz. 68.
[171] IDW RS HFA 42, Rz. 68; Lutter/*Priester*, § 24 UmwG Rz. 71 (auch mit Hinweis auf abweichende Auffassungen); so schon Widmann/*Widmann*, § 24 UmwG Rz. 331.
[172] Lutter/*Priester*, § 24 UmwG Rz. 72.
[173] IDW RS HFA 42, Rz. 62; Lutter/*Priester*, § 24 UmwG Rz. 66; für eine Rücklagenbuchung bei baren Zuzahlungen demgegenüber KK/*Simon*, § 24 UmwG Rz. 89.
[174] Lutter/*Priester*, § 24 UmwG Rz. 73.
[175] Dies bedeutet keineswegs, dass die Verschmelzung wirtschaftlich keinen Sinn macht. Die Ursache des Verschmelzungsverlustes liegt vielmehr regelmäßig darin, dass im übertragenden Rechtsträger nicht bilanzierte stille Reserven und/oder ein Firmenwert vorhanden sind und diese (nicht bilanzierten) Werte mit den gewährten Anteilen abgegolten werden sollen.
[176] IDW RS HFA 42, Rz. 70; Lutter/*Priester*, § 24 UmwG Rz. 70; Schmitt/Hörtnagl/Stratz/*Hörtnagl*, § 24 UmwG Rz. 76; Widmann/*Widmann*, § 24 UmwG Rz. 332; Sagasser/Bula/Brünger/Bula/Thees, § 10 Rz. 233.
[177] So zutreffend Lutter/*Priester*, § 24 UmwG Rz. 70.

(vgl. dazu → Rn. 71), dass im Rahmen der Buchwertfortführung beim übernehmenden Rechtsträger kein Verschmelzungsverlust entsteht.[178]

78 **Beispiel:** A ist zu 100 % an der A-GmbH beteiligt. B ist zu 100 % an der B-GmbH beteiligt. Die A-GmbH soll auf die B-GmbH verschmolzen werden.

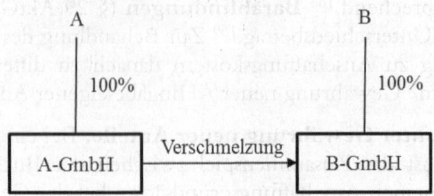

Die Bilanzen der beiden Rechtsträger sehen vor der Verschmelzung wie folgt aus:

A-GmbH				B-GmbH			
Anlagevermögen	500	Stammkapital	100	Anlagevermögen	1.000	Stammkapital	100
Umlaufvermögen	100	Kapitalrücklage	200	Umlaufvermögen	500	Kapitalrücklagen	500
		Fremdkapital	300			Fremdkapital	900
	600		600		1.500		1.500

Unternehmenswert:		1.000	Unternehmenswert:		2.000
stille Reserven			stille Reserven		
• in Anlagevermögen		100	• im Anlagevermögen		300
• Firmenwert		600	• Firmenwert		1.100

Damit A entsprechend der Wertverhältnisse beider Unternehmen zukünftig an der B-GmbH zu 1/3 beteiligt ist, soll das Stammkapital der B-GmbH um 50 erhöht und der entsprechende Anteil von A gezeichnet werden.

Es wird eine Bilanzierung zu Buchwerten gewählt.

Lösung: Nach der Verschmelzung sieht die Bilanz der B-GmbH wie folgt aus:

B-GmbH			
Anlagevermögen	1.500	Stammkapital	150
Umlaufvermögen	600	Kapitalrücklage	750
		Fremdkapital	1.200
	2.100		2.100

Da die Kapitalerhöhung nur zu 50 erfolgte, war die Differenz zum Buchwert des übergehenden Vermögens von 300 (=250) in die Kapitalrücklage der B-GmbH einzustellen. Die stillen Reserven im Vermögen der A-GmbH wurden nicht aufgedeckt.

79 Bei einer **Verschmelzung auf Personenhandelsgesellschaften** gelten die unter → Rn. 76 f. beschriebenen Grundsätze entsprechend: Ein die Pflichteinlage übersteigender Betrag ist in die **Rücklage** nach § 264c Abs. 2 S. 1 Ziffer II. HGB einzustellen bzw. es hat eine beteiligungsproportionale Zuschreibung zu den **Kapitalkonten** aller Gesellschafter

---

[178] Ausführlich dazu Lutter/*Priester*, § 24 UmwG Rz. 70, 86.

(und zwar sowohl der alten als auch der neuen) zu erfolgen.[179] Die Behandlung übersteigender Beträge bei (bei Personengesellschaften der Höhe nach grds. unbegrenzten) **baren Zuzahlungen** ist unklar. Der IDW erlaubt insoweit eine individuelle verschmelzungsvertragliche Regelung.[180]

c) Verschmelzung unter Hingabe eigener Anteile. Hält der übernehmende Rechtsträger eigene Anteile, können den Gesellschaftern des übernehmenden Rechtsträgers auch diese eigenen Anteile als Gegenleistung für den Vermögensübergang hingegeben werden. Nach Ansicht des IDW ist dieser Vorgang gemäß § 272 Abs. 1b HGB ähnlich einer Kapitalerhöhung abzubilden.[181] Dann erscheint es konsequent, bei einer Buchwertfortführung einen **positiven Differenzbetrag** zum Buchwert der eigenen Anteile (ggf. unter Berücksichtigung barer Zuzahlungen) in die Kapitalrücklage nach § 272 Abs. 2 Nr. 1 HGB einzustellen.[182] Bei einem **negativen Differenzbetrag** entsteht demgegenüber ein sofort abzugsfähiger Verschmelzungsverlust (vgl. dazu → Rn. 77).

Beispiel: A ist zu 100% an der A-GmbH beteiligt. B ist zu 100% an der B-GmbH beteiligt. Die A-GmbH soll auf die B-GmbH verschmolzen werden. Die B-GmbH hält eigene Anteile.

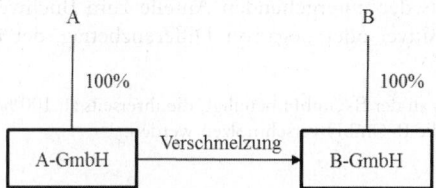

Die Bilanzen der beiden Rechtsträger sehen vor der Verschmelzung wie folgt aus:

A-GmbH				B-GmbH			
Anlagevermögen	500	Stammkapital	100	Anlagevermögen	1.000	Stammkapital	150
Umlaufvermögen	100	Kapitalrücklage	200	Umlaufvermögen	500	./. eigene Anteile	50	100
		Fremdkapital	300			Kapitalrücklage		200
						Fremdkapital		900
	600		600		1.500			1.500

Unternehmenswert:	1.000		Unternehmenswert:	2.000
stille Reserven			stille Reserven	
• im Anlagevermögen	100		• im Anlagevermögen	300
• Firmenwert	600		• Firmenwert	1.100

A soll entsprechend den Wertverhältnissen beider Unternehmen zukünftig an der B-GmbH zu 1/3 beteiligt sein. Anstelle einer Kapitalerhöhung soll die A den von der B-GmbH gehaltenen Anteil in Höhe von 50 (der 1/3 des Stammkapitals entspricht) erhalten.

Es wird eine Bilanzierung zu Buchwerten gewählt.

---

[179] IDW RS HFA 42, Rz. 69; Lutter/*Priester*, § 24 UmwG Rz. 70; vgl. schon Widmann/*Widmann*, § 24 UmwG Rz. 334.
[180] IDW RS HFA 42, Rz. 69.
[181] IDW RS HFA 42, Rz. 53.
[182] So auch Lutter/*Priester*, § 24 UmwG Rz. 71 und (wohl) auch IDW RS HFA 42, Rz. 73; a. A. Schmitt/Hörtnagl/Stratz/*Hörtnagl*, § 24 UmwG Rz. 78 und Semler/Stengel/*Moszka*, § 24 UmwG Rz. 62: Kapitalrücklage nach § 272 Abs. 2 Nr. 4 HGB; differenzierend Kallmeyer/*Lanfermann*, § 24 UmwG Rz. 48.

Lösung: Nach der Verschmelzung sieht die Bilanz der B-GmbH wie folgt aus:

B-GmbH

Anlagevermögen	1.500	Stammkapital	150
Umlaufvermögen	600	Kapitalrücklage	750
		Fremdkapital	1.200
	2.100		2.100

Da die eigenen Anteile nur mit 50 ausgewiesen waren, war die Differenz zum Buchwert des übergehenden Vermögens von 300 (=250) in die Kapitalrücklage der B-GmbH einzustellen. Die stillen Reserven im Vermögen der A-GmbH wurden nicht aufgedeckt.

82   **d) Verschmelzung ohne Gewährung neuer / Hingabe eigener Anteile. aa) Aufwärtsverschmelzung (Upstream merger).** Im **typischen Aufwärtsverschmelzungsfall** (zu Mischfällen siehe → Rn. 88) gehören dem übernehmenden Rechtsträger sämtliche Anteile am übertragenden Rechtsträger. Infolge der Verschmelzung ergibt sich aus der Differenz des Buchwerts der untergehenden Anteile zum Buchwert des übernommenen Reinvermögens ein positiver oder negativer Differenzbetrag, der u. E. erfolgswirksam in der GuV zu erfassen ist.[183]

83   **Beispiel:** B ist zu 100 % an der B-GmbH beteiligt, die ihrerseits zu 100 % an der A-GmbH beteiligt ist. Die A-GmbH soll auf die B-GmbH verschmolzen werden.

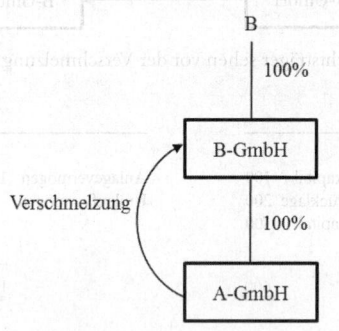

---

[183] IDW RS HFA 42, Rz. 72; Lutter/*Priester*, § 24 UmwG Rz. 71; Schmitt/Hörtnagl/Stratz/ *Hörtnagl*, § 24 UmwG Rz. 79; ähnlich Semler/Stengel/*Moszka*, § 24 UmwG Rz. 62 und Widmann/ *Widmann*, § 24 UmwG Rz. 336: (auch) Einstellen in Gewinnrücklage möglich.

Die Bilanzen der beiden Rechtsträger sehen vor der Verschmelzung wie folgt aus:

A-GmbH

Anlagevermögen	500	Stammkapital	100
Umlaufvermögen	100	Kapitalrücklage	200
		Fremdkapital	300
	600		600

B-GmbH

Beteiligung an A-GmbH	50	Stammkapital	100
sonst. Anlagevermögen	950	Kapitalrücklage	500
Umlaufvermögen	500	Fremdkapital	900
	1.500		1.500

Unternehmenswert:	1.000		Unternehmenswert:	2.000
stille Reserven			stille Reserven	
• im Anlagevermögen	100		• im Anlagevermögen	1.000
• Firmenwert	600		• Firmenwert	400

Es wird eine Bilanzierung zu Buchwerten gewählt.

Lösung: Nach der Verschmelzung sieht die Bilanz der B-GmbH wie folgt aus:

B-GmbH

Anlagevermögen	1.450	Stammkapital	100
Umlaufvermögen	600	Kapitalrücklage	500
		Gewinn	250
		Fremdkapital	1.200
	2.050		2.050

Da die Anteile am übertragenden Rechtsträger (A-GmbH) nur mit 50 bilanziert waren, war die Differenz zum Buchwert des übergehenden Vermögens von 300 (=250) sofort als Gewinn zu erfassen.

bb) Abwärtsverschmelzung (Downstream merger). Im typischen **Abwärtsver-** 84
schmelzungsfall (zu Mischfällen siehe → Rn. 89) gehören dem übertragenden Rechtsträger sämtliche Anteile am übernehmenden Rechtsträger. Die bilanzielle Behandlung beim übernehmenden Rechtsträger ist umstritten. Ergibt sich ein nach Buchwerten **positives Reinvermögen**, ist der Differenzbetrag u. E. in die Kapitalrücklage nach § 272 Abs. 2 Nr. 4 HGB einzustellen[184] (wobei dies u. E. auch hier nur insoweit möglich ist, als der Buchwert nicht über dem Zeitwert des übertragenen Vermögens gilt, vgl. → Rn. 76). Ergibt sich demgegenüber ein **negatives Reinvermögen**, ist dieses konsequenterweise als Sachentnahme unmittelbar, d. h. ohne Berührung der Gewinn- und Verlustrechnung, mit dem Eigenkapital der Tochtergesellschaft zu verrechnen.[185] Auch hier ist der **Grundsatz der Kapitalerhaltung** (§ 30 GmbHG; § 57 AktG) zu beachten (vgl. dazu → Rn. 61).

Beispiel: A ist zu 100 % an der A-GmbH beteiligt, die ihrerseits zu 100 % an der B-GmbH beteiligt 85
ist. Die A-GmbH soll auf die B-GmbH verschmolzen werden.

---

[184] So auch IDW RS HFA 42, Rz. 74; a. A. Kallmeyer/*Lanfermann*, § 24 UmwG Rz. 48 und Widmann/*Widmann*, § 24 UmwG Rz. 350: ergebniswirksame Vereinnahmung und Semler/Stengel/ *Moszka*, § 24 UmwG Rz. 62: Einstellung in Gewinnrücklage.

[185] IDW RS HFA 42, Rz. 73; a. A. Schmitt/Hörtnagl/Stratz/*Hörtnagl*, § 24 UmwG Rz. 78 und Widmann/*Widmann*, § 24 UmwG Rz. 349: erfolgswirksam als außerordentlicher Aufwand.

§ 58 86 4. Kapitel. Bilanzrecht

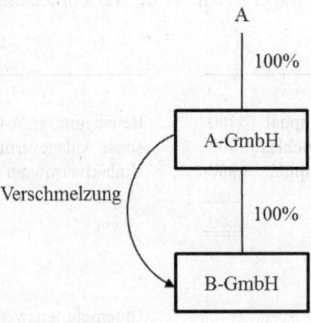

Die Bilanzen der beiden Rechtsträger sehen vor der Verschmelzung wie folgt aus:

A-GmbH				B-GmbH			
Beteiligung an B-GmbH	1.000	Stammkapital	100	Anlagevermögen	1.000	Stammkapital	100
Sonst. Anlagevermögen	500	Kapitalrücklagen	1.200	Umlaufvermögen	500	Kapitalrücklagen	500
Umlaufvermögen	100	Fremdkapital	300			Fremdkapital	900
	1.600		1.600		1.500		1.500

Unternehmenswert:		3.000	Unternehmenswert:	2.000
stille Reserven			stille Reserven	
• in Beteiligung		1.000	• im Anlagevermögen	1.000
• in Anlagevermögen		100	• Firmenwert	400
• Firmenwert		600		

Es wird eine Bilanzierung zu Buchwerten gewählt.

Lösung: Nach der Verschmelzung sieht die Bilanz der B-GmbH wie folgt aus:

B-GmbH			
Anlagevermögen	1.500	Stammkapital	100
Umlaufvermögen	600	Kapitalrücklage	800
		Fremdkapital	1.200
	2.100		2.100

Die übernehmende B-GmbH hat (nur) das Netto-Reinvermögen der Mutter (A-GmbH) zu Buchwerten zu erfassen, d. h. ohne die Beteiligung an der B-GmbH. Dieses ist hier positiv:

	AV:	500
+	UV:	100
./.	FK:	300
		300

In dieser Höhe von 300 war die Kapitalrücklage der B-GmbH zu dotieren.

86 cc) Seitwärtsverschmelzung (Sidestream merger). Der übernehmende Rechtsträger darf von der Gewährung von Anteilen absehen, wenn alle Gesellschafter des übertragenden Rechtsträgers darauf verzichten (§ 54 Abs. 1 S. 3 UmwG; § 68 Abs. 1 S. 3

UmwG). Aus Sicht des übernehmenden Rechtsträgers fehlt es (wie bei der Abwärtsverschmelzung) an der Gewährung einer Gegenleistung. U. E. erscheint es daher sachgerecht, die bilanziellen **Grundsätze der Abwärtsverschmelzung** entsprechend anzuwenden (siehe → Rn. 84),[186] d. h. ein positives Reinvermögen (zu Buchwerten) ist grds. in die Kapitalrücklage nach § 272 Abs. 2 Nr. 4 HGB einzustellen und ein negatives Reinvermögen (zu Buchwerten) ist unmittelbar mit dem Eigenkapital des übernehmenden Rechtsträgers zu verrechnen.[187] Entsprechend können auch hier die Grundsätze der Kapitalerhaltung zu einer Unzulässigkeit der Verschmelzung führen.

Beispiel: A ist zu 100 % sowohl an der A-GmbH als auch an der B-GmbH beteiligt. Die A-GmbH soll auf die B-GmbH verschmolzen werden. 87

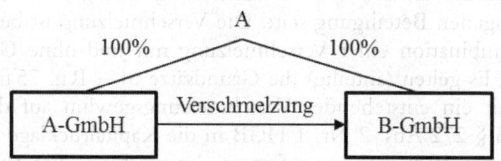

Die Bilanzen der beiden Rechtsträger sehen vor der Verschmelzung wie folgt aus:

A-GmbH				B-GmbH			
Anlagevermögen	500	Stammkapital	100	Anlagevermögen	1.000	Stammkapital	100
Umlaufvermögen	100	Kapitalrücklage	200	Umlaufvermögen	500	Kapitalrücklage	500
		Fremdkapital	300			Fremdkapital	900
	600		600		1.500		1.500

Unternehmenswert:	1.000		Unternehmenswert:	2.000
stille Reserven			stille Reserven	
• in Anlagevermögen	100		• im Anlagevermögen	300
• Firmenwert	600		• Firmenwert	1.100

Es wird eine Bilanzierung zu Buchwerten gewählt.

Lösung: Nach der Verschmelzung sieht die Bilanz der B-GmbH wie folgt aus:

B-GmbH			
Anlagevermögen	1.500	Stammkapital	100
Umlaufvermögen	600	Kapitalrücklage	800
		Fremdkapital	1.200
	2.100		2.100

---

[186] IDW RS HFA 42, Rz. 75.
[187] A. A. bei negativem Reinvermögen Schmitt/Hörtnagl/Stratz/*Hörtnagl*, § 24 UmwG Rz. 80: ergebniswirksame Verbuchung als außerordentlicher Aufwand.

Link

Die übernehmende B-GmbH hat (nur) das Netto-Reinvermögen der Schwester (A-GmbH) zu Buchwerten zu erfassen. Dieses ist hier positiv:

	AV:	500
+	UV:	100
./.	FK:	300
		300

In dieser Höhe von 300 war die Kapitalrücklage der B-GmbH zu dotieren.

88 **e) Mischfälle.** Bei der **Aufwärtsverschmelzung** kommt es zu einem Mischfall, wenn der übernehmende Rechtsträger zu weniger als 100% am übertragenden Rechtsträger beteiligt ist. Dann findet die Aufwärtsverschmelzung teils gegen Kapitalerhöhung, teils gegen Wegfall der eigenen Beteiligung statt. Die Verschmelzung ist beim übernehmenden Rechtsträger als Kombination einer Verschmelzung mit und ohne Gewährung von Anteilen abzubilden.[188] Es gelten (anteilig) die Grundsätze in → Rn. 75 ff. sowie → Rn. 82 f. entsprechend. Soweit ein entstehender Verschmelzungsgewinn auf die Kapitalerhöhung entfällt, ist er gemäß § 272 Abs. 2 Nr. 1 HGB in die Kapitalrücklage einzustellen. Soweit er auf die Beteiligung entfällt, wird er sofort ergebniswirksam. Ein Verschmelzungsverlust ist stets sofort erfolgswirksam.[189]

89 Bei einer **Abwärtsverschmelzung** oder einer **Seitwärtsverschmelzung** ist ein Mischfall denkbar, wenn es neben der Mutter noch andere Anteilseigner gibt. Auch hier ist die Verschmelzung beim übernehmenden Rechtsträger als Kombination einer Verschmelzung mit und ohne Gewährung von Anteilen abzubilden.[190] Es gelten (anteilig) die Grundsätze in → Rn. 75 ff. sowie → Rn. 84 f. entsprechend.

D. Bilanzierung bei Anteilsinhabern der beteiligten Rechtsträger

90 Die Folgen einer Verschmelzung bei den Anteilsinhabern der beteiligten Rechtsträger sind gesetzlich nicht geregelt. Zu unterscheiden sind die bilanziellen Folgen bei den **Anteilsinhabern des übertragenden Rechtsträgers** (→ Rn. 91 ff.) von den bilanziellen Folgen bei den **Anteilsinhabern des übernehmenden Rechtsträgers** (→ Rn. 98 ff.). Zudem bestehen Unterschiede, je nachdem ob die Verschmelzung unter Gewährung neuer Anteile, unter Hingabe eigener Anteile oder ohne Gewährung neuer / Hingabe eigener Anteile erfolgt. Die Behandlung bei den Anteilsinhabern ist grds. unabhängig davon, wie der übernehmende Rechtsträger das Bewertungswahrecht nach § 24 UmwG ausgeübt hat[191] (zur Ausnahme bei der Aufwärtsverschmelzung siehe unter → Rn. 95).

I. Folgen bei den Anteilsinhabern des übertragenden Rechtsträgers

1. Allgemeines

91 Aus Sicht des Anteilsinhabers des übertragenden Rechtsträgers liegt dabei regelmäßig ein **Tausch oder zumindest tauschähnlicher Vorgang** vor, d.h. seine „alten" Anteile am übertragenden Rechtsträger gehen unter und werden ggf. durch Anteile am übernehmenden Rechtsträger ersetzt.[192]

92 Hinsichtlich der **zeitlichen Erfassung** des Vorgangs ist u. E. auf den Zeitpunkt des Übergangs des wirtschaftlichen Eigentums an den Vermögensgegenständen / Schulden (d. h. nicht auf den Verschmelzungsstichtag und nicht auf den Zeitpunkt der Eintragung der Verschmelzung) abzustellen (siehe dazu → Rn. 30 f.)[193], denn erst bzw. schon zu diesem

---

[188] IDW RS HFA 42, Rz. 54 f.
[189] Lutter/*Priester*, § 24 UmwG Rz. 60.
[190] Lutter/*Priester*, § 24 UmwG Rz. 63.
[191] Schmitt/Hörtnagl/Stratz/*Hörtnagl*, § 24 UmwG Rz. 101.
[192] IDW RS HFA 42, Rz. 77; Schmitt/Hörtnagl/Stratz/*Hörtnagl*, § 24 UmwG Rz. 99.
[193] IDW RS HFA 42, Rz. 79.

Zeitpunkt werden die Maßnahmen, die den Tauschvorgang verursacht haben, bilanziell relevant.

2. Verschmelzung unter Gewährung neuer Anteile

Bei einer **Verschmelzung unter Gewährung neuer Anteile** gelten u. E. allgemeine 93
Tauschgrundsätze, d. h. der Wert der untergehenden Anteile bestimmt die Anschaffungskosten für die neuen Anteile. Für den Anteilsinhaber besteht damit u. E. grundsätzlich folgendes Bewertungswahlrecht:[194]

– Ansatz mit dem *Buchwert* der untergehenden Anteile
– Ansatz mit dem *Zeitwert* der untergehenden Anteile (u. E. ermittelt auf den Verschmelzungsstichtag)
– Ansatz mit einem erfolgsneutralen Zwischenwert[195]

Ein Unterschiedsbetrag ist sofort erfolgswirksam.

3. Verschmelzung unter Hingabe eigener Anteile

Auch bei einer Verschmelzung unter Hingabe eigener Anteile gelten u. E. allgemeine 94
Tauschgrundsätze.[196] Die Ausführungen in → Rn. 93 gelten entsprechend.

4. Verschmelzung ohne Gewährung neuer / Hingabe eigener Anteile

a) Aufwärtsverschmelzung (Upstream merger). Im typischen **Aufwärtsver-** 95
schmelzungsfall gehören dem übernehmenden Rechtsträger sämtliche Anteile am übertragenden Rechtsträger, d. h. hier ist der Anteilsinhaber des übertragenden Rechtsträgers zugleich der übernehmende Rechtsträger. Die Anteile des Anteilsinhabers des übertragenden Rechtsträgers gehen unter und an deren Stelle treten die Vermögensgegenstände / Schulden des übertragenden Rechtsträgers. In diesem Fall gelten für den Anteilsinhaber des übertragenden Rechtsträgers (= den übernehmenden Rechtsträger) die oben unter → Rn. 57 f. und 82 beschriebenen Folgen (je nachdem ob die Aufwärtsverschmelzung zu Anschaffungskosten oder zu Buchwerten erfolgt).

b) Abwärtsverschmelzung (Downstream merger). Im typischen **Abwärtsver-** 96
schmelzungsfall gehören dem übertragenden Rechtsträger sämtliche Anteile am übernehmenden Rechtsträger. Infolge der Verschmelzung fallen die Anteile des übertragenden Rechtsträgers am übernehmenden Rechtsträger den Anteilsinhabern des übertragenden Rechtsträgers nach h. M. unmittelbar, d. h. ohne Durchgangserwerb beim übertragenden Rechtsträger, zu (Direkterwerb, vgl. § 20 Abs. 1 Nr. 3 UmwG).[197] Bei den Anteilsinhabern des übertragenden Rechtsträgers gelten u. E. somit auch hier allgemeine Tauschgrundsätze. Die Ausführungen in → Rn. 93 gelten entsprechend.

c) Seitwärtsverschmelzung (Sidestream merger). Im Fall der **typischen Seit-** 97
wärtsverschmelzung (= Verschmelzung auf eine Schwestergesellschaft) verzichten die Anteilsinhaber des übertragenden Rechtsträgers auf eine Gewährung neuer Anteile, da sie bereits am übernehmenden Rechtsträger beteiligt sind. Folglich fehlt es formal an einem Anschaffungsvorgang. Gleichwohl erhöht sich der innere Wert der bereits bestehenden Beteiligung am übernehmenden Rechtsträger infolge der Verschmelzung (und damit auch infolge des Untergangs der Beteiligung am übertragenden Rechtsträger). U. E. erscheint es daher sachgerecht, auch in diesen Fällen (wie vom IDW vorgeschlagen)[198] einen Tausch-

---

[194] IDW RS HFA 42, Rz. 79, 46; a. A. Schmitt/Hörtnagl/Stratz/*Hörtnagl*, § 24 UmwG Rz. 100: zwingender Zeitwertansatz; großzügiger Widmann/*Widmann*, § 24 UmwG Rz. 547: Buchwert, Zeitwert oder jeder Zwischenwert.
[195] Siehe dazu in Fn. 126.
[196] IDW RS HFA 42, Rz. 79, 46.
[197] Vgl., Lutter/*Priester*, § 24 UmwG Rz. 61.
[198] IDW RS HFA 42, Rz. 78; abweichend Schmitt/Hörtnagl/Stratz/*Hörtnagl*, § 24 UmwG Rz. 102: Hinzuaktivierung des Buchwerts der untergehenden Beteiligung sei unter dem Gesichtspunkt der nachhaltigen Wertsteigerung möglich.

vorgang zu fingieren und für die (Neu-)Bewertung der (bestehenden) Anteile am übernehmenden Rechtsträger Tauschgrundsätze anzuwenden. Die Ausführungen in → Rn. 93 gelten entsprechend.[199]

II. Folgen bei den Anteilsinhabern des übernehmenden Rechtsträgers

98 Da die Anteile der Gesellschafter des übernehmenden Rechtsträgers infolge der Verschmelzung im Regelfall nicht „bewegt" werden, ergeben sich für die Anteilsinhaber des übernehmenden Rechtsträgers grundsätzlich **keine bilanziellen Konsequenzen**.[200]

99 Dies gilt auch im **typischen Abwärtsverschmelzungsfall**, in dem dem übertragenden Rechtsträger sämtliche Anteile am übernehmenden Rechtsträger gehören. Infolge der Verschmelzung fallen die Anteile am übernehmenden Rechtsträger den Anteilsinhabern des übertragenden Rechtsträgers nach h. M. unmittelbar, d. h. ohne Durchgangserwerb beim übertragenden Rechtsträger, zu. Damit hat der Gesellschafter des übernehmenden Rechtsträgers (= der übertragende Rechtsträger) auch hier insoweit nichts zu verbuchen.[201]

100 Besonderheiten bestehen im Fall der **typischen Seitwärtsverschmelzung**, bei der die Anteilsinhaber des übertragenden Rechtsträgers regelmäßig auf eine Gewährung neuer Anteile verzichten, da sie bereits am übernehmenden Rechtsträger beteiligt sind. Zur Behandlung der Anteilsinhaber des übernehmenden Rechtsträgers, die zugleich am übertragenen Rechtsträger beteiligt waren, siehe bereits unter → Rn. 97.

E. Besonderheiten bei grenzüberschreitender Verschmelzung

101 Nach §§ 122a ff. UmwG ist eine grenzüberschreitende Verschmelzung von inländischen Kapitalgesellschaften möglich. Zum einen kann eine inländische Kapitalgesellschaft als übertragender Rechtsträger auf eine ausländische, in der EU / dem EWR ansässige Kapitalgesellschaft als übernehmender Rechtsträger grenzüberschreitend verschmolzen werden (sog. **Hinaus-Verschmelzung**). Zum anderen kann eine ausländische, in der EU / dem EWR ansässige Kapitalgesellschaft als übertragender Rechtsträger auf eine inländische Kapitalgesellschaft als übernehmender Rechtsträger grenzüberschreitend verschmolzen werden (sog. **Herein-Verschmelzung**).[202] Allerdings enthalten weder die SE-Verordnung[203] noch die Verschmelzungsrichtlinie[204] (noch deren Umsetzung in nationales Recht) ausdrückliche Regelungen zur Bilanzierung. Nach h. M. gilt damit grundsätzlich § 24 UmwG[205], wobei je nach Verschmelzungsrichtung bestimmte Besonderheiten zu beachten sind.

I. Hinaus-Verschmelzung

102 Bei der Hinaus-Verschmelzung einer inländischen Gesellschaft gelten (nur) für diese die §§ 122a ff. UmwG. Dies bedeutet, dass die **übertragende inländische Gesellschaft** eine

---

[199] Zum Sonderfall, dass in einem Konzernsachverhalt die Anteilsinhaber des übertragenden Rechtsträgers auf eine Gewährung von Anteilen am übernehmenden Rechtsträger verzichten, obwohl sie selbst nicht zugleich Anteilsinhaber des übernehmenden Rechtsträgers sind, siehe IDW RS HFA 42, Rz. 80, 51 f.
[200] IDW RS HFA 42, Rz. 81.
[201] So zutreffend Lutter/*Priester*, § 24 UmwG Rz. 61.
[202] Zur Zulässigkeit der nicht von §§ 122a ff. UmwG erfassten Verschmelzungen unter Beteiligung von Drittlandsgesellschaften s. ausführlich Beck'sches Hdb. Umwandlungen International/*Krüger*, 2. Teil Rz. 316 ff., 684 ff.
[203] VO (EG) Nr. 2157/2001, ABl. Nr. L 294/1.
[204] RL 2005/56/EG v. 26.10.2005, ABl. Nr. L 310/1, zuletzt geändert durch RL 2014/59/EU v. 15.5.2014, Abl. Nr. L 173/190.
[205] Lutter/*Priester*, § 24 UmwG Rz. 95.

Schlussbilanz aufstellen muss (§ 122k Abs. 1 S. 2 i. V. m § 17 Abs. 2 UmwG), für deren Stichtag, Aufstellung und Prüfung grds. keine Unterschiede zur Schlussbilanz bei einer inländischen Verschmelzung bestehen[206] (siehe dazu im Detail → Rn. 3 ff.). Die Schlussbilanz muss auch hier den handelsrechtlichen Vorgaben entsprechen. Daraus folgt, dass eine vorweggenommenen Anpassung an die (ausländischen) Ansatz- und Bewertungsmethoden der übernehmenden ausländischen Gesellschaft nicht zulässig ist, soweit dies zu Ansätzen / Werten führen würde, die mit den handelsrechtlichen Vorschriften nicht vereinbar sind[207] (vgl. demgegenüber → Rn. 12 zu den weiterreichenden Möglichkeiten bei einer Inlandsverschmelzung).

Die Bilanzierung bei der **übernehmenden ausländischen Gesellschaft** richtet sich nach den Vorschriften des Staates, in dem sie ihren statutarischen Sitz hat.[208] Da § 24 UmwG ausschließlich einen inländischen (übernehmenden) Rechtsträger betrifft, hat diese Vorschrift bei der Hinaus-Verschmelzung keine Bedeutung.[209] Ggf. können aber Regelungen des ausländischen Staates ein vergleichbares Wahlrecht einräumen. 103

II. Herein-Verschmelzung

Bei der Herein-Verschmelzung gelten für die **übertragende ausländische Gesellschaft** (ausschließlich) die Vorschriften des Staates, in dem sie ihren statutarischen Sitz hat. Insbesondere verpflichtet § 24 UmwG die ausländische Gesellschaft keinesfalls, eine Schlussbilanz aufzustellen.[210] 104

Für die **übernehmende inländische Gesellschaft** gelten demgegenüber (ausschließlich) die Vorschriften der §§ 122a ff. UmwG und damit – über den Verweis in § 122a Abs. 2 UmwG – auch das Ansatz- und Bewertungswahlrecht in § 24 UmwG, d. h. die übergehenden Vermögengegenstände und Schulden können grundsätzlich entweder nach §§ 253 Abs. 1, 255 Abs. 1 HGB mit den Anschaffungskosten oder mit den Buchwerten aus der Schlussbilanz des übertragenden Rechtsträgers angesetzt / bewertet werden.[211] Die **Ausübung dieses Wahlrechts** muss dabei bereits im Verschmelzungsplan (§ 122c Abs. 2 Nr. 11 UmwG) erfolgen.[212] 105

Bei einer **Verschmelzung zu Anschaffungskosten** bestehen im Vergleich zu einer inländischen Verschmelzung keine Abweichungen[213] (vgl. dazu → Rn. 41 ff. und → Rn. 50 ff.). 106

Voraussetzung für eine **Verschmelzung zu Buchwerten** ist zunächst, dass die übertragende ausländische Gesellschaft nach ihrem nationalen Recht oder aufgrund Vereinbarung im Verschmelzungsplan verpflichtet ist, eine Schlussbilanz aufzustellen.[214] Diese Schlussbilanz muss keineswegs nach deutschen Rechnungslegungsvorschriften aufgestellt werden, sondern richtet sich regelmäßig nach ausländischem Bilanzrecht.[215] Der inländische übernehmende Rechtsträger hat die darin angesetzten (ggf. nach ausländischem Bilanzrecht ermittelten) Vermögengegenstände / Schulden und deren Werte grundsätzlich zu übernehmen.[216] Insoweit gelten die gleichen Grundsätze wie bei einer inländischen 107

---

[206] IDW RS HFA 42, Rz. 83 f.; Lutter/*Priester*, § 24 UmwG Rz. 97; zu möglichen Besonderheiten vgl. *Lanfermann*, in: FS-Raupach, 261, 269 f.; Beck'sches Hdb. Umwandlungen International/*Landgraf/ Schmid*, 2. Teil Rz. 295 ff.

[207] IDW RS HFA 42, Rz. 84; Lutter/*Priester*, § 24 UmwG Rz. 97.

[208] IDW RS HFA 42, Rz. 85; Lutter/*Priester*, § 24 UmwG Rz. 97.

[209] Lutter/*Priester*, § 24 UmwG Rz. 97.

[210] IDW RS HFA 42, Rz. 86.

[211] IDW RS HFA 42, Rz. 87; Lutter/*Priester*, § 24 UmwG Rz. 96; zu Besonderheiten siehe Beck'sches Hdb. Umwandlungen International/*Landgraf/Schmid*, 2. Teil Rz. 611 ff.

[212] IDW RS HFA 42, Rz. 87.

[213] IDW RS HFA 42, Rz. 88; Lutter/*Priester*, § 24 UmwG Rz. 96.

[214] IDW RS HFA 42, Rz. 87; Lutter/*Priester*, § 24 UmwG Rz. 96; *Lanfermann*, in: FS-Raupach, 261, 271; Schmitt/Hörtnagl/Stratz/*Hörtnagl*, § 24 UmwG Rz. 112.

[215] Schmitt/Hörtnagl/Stratz/*Hörtnagl*, § 24 UmwG Rz. 112.

§ 59

Verschmelzung mit Buchwertfortführung (vgl. dazu → Rn. 45 ff. und → Rn. 70 ff.), jedoch mit folgenden Ausnahmen: Zum einen sind Anpassungen erforderlich, soweit die Buchwerte der Aktiva deren Zeitwert am Stichtag der Schlussbilanz übersteigen oder die Buchwerte der Schulden zu diesem Stichtag niedriger sind als deren Zeitwerte.[217] Zum anderen können Posten aus der (ausländischen) Schlussbilanz, die nach deutschen handelsrechtlichen Vorschriften nicht angesetzt werden dürfen, nicht fortgeführt werden.[218] Spätestens in der nächsten nach HGB zu erstellenden Bilanz (regelmäßig ist dies die nächste Jahresbilanz, ausnahmsweise die Eröffnungsbilanz) sind die entsprechenden Korrekturen vorzunehmen.[219]

§ 59 Spaltung

Übersicht

	Rdnr.		Rdnr.
A. Einführung	1	3. Ansatz der übernommenen Vermögensgegenstände und Schulden	20–22
B. Aufspaltung	2–55	a) Ansatz bei Bilanzierung mit Anschaffungskosten	21
I. Bilanzierung beim übertragenden Rechtsträger	3–15	b) Ansatz bei Buchwertverknüpfung	22
1. Die Schlussbilanz	4–11	4. Bewertung der übernommenen Vermögensgegenstände und Schulden	23–40
a) Gesamtschlussbilanz oder Teilschlussbilanzen?	5	a) Bewertung mit tatsächlichen Anschaffungskosten	24–32
b) Die Einreichung der „Schlussbilanz" und ihrer Bestandteile	6	aa) Aufspaltung unter Gewährung neuer Anteile	24–27
c) Aufstellung und Prüfung der Schlussbilanz	7	bb) Aufspaltung unter Hingabe eigener Anteile	28, 29
d) Inhalt der Schlussbilanz (Ansatz und Bewertung)	8	cc) Aufspaltung ohne Gewährung neuer / Hingabe eigener Anteile	30, 31
e) Inventur auf Stichtag der Schlussbilanz	9	dd) Verteilung der Anschaffungskosten / Behandlung eines Geschäfts- oder Firmenwerts	32
f) Stichtag der Schlussbilanz	10	b) Bewertung bei Buchwertverknüpfung	33–40
g) Besonderheit bei AG als übertragender Rechtsträger: Zwischenbilanz nach § 63 Abs. 1 Nr. 3 UmwG	11	aa) Aufspaltung unter Gewährung neuer Anteile	34–36
2. Bilanzierungspflicht während schwebender Aufspaltung	12–14	bb) Aufspaltung unter Hingabe eigener Anteile	37, 38
a) Keine Bilanz auf Eintragung der Aufspaltung	12	cc) Aufspaltung ohne Gewährung neuer / Hingabe eigener Anteile	39, 40
b) Bilanzierung am regulären Abschlussstichtag	13, 14	III. Bilanzierung bei Anteilsinhabern der beteiligten Rechtsträger	41–48
3. Kapitalerhaltung beim übertragenden Rechtsträger	15		
II. Bilanzierung beim übernehmenden Rechtsträger	16–40		
1. Allgemein	16		
2. Zeitpunkt der Erfassung	17–19		
a) Jahresbilanz oder Eröffnungsbilanz	17, 18		
b) Ergebniszuordnung	19		

---

[216] IDW RS HFA 42, Rz. 89; Lutter/*Priester*, § 24 UmwG Rz. 96; *Lanfermann*, in: FS-Raupach, 261, 271.

[217] IDW RS HFA 42, Rz. 90.

[218] IDW RS HFA 42, Rz. 90 mit dem zutreffenden Hinweis, dass die Buchwerte / Ansätze aus der Schlussbilanz nicht retrospektiv an die Buchwerte / Ansätze anzupassen sind, die sich ergeben hätten, wenn die ausländische Gesellschaft schon immer nach HGB bilanziert hätte.

[219] Lutter/*Priester*, § 24 UmwG Rz. 96; *Müller*, in: FS-Raupach, 261, 272; vgl. auch IDW RS HFA 42, Rz. 91.

§ 59 Spaltung

	Rdnr.
1. Folgen bei den Anteilsinhabern des übertragenden Rechtsträgers	42–46
a) Allgemeines	42, 43
b) Aufspaltung unter Gewährung neuer Anteile	44
c) Aufspaltung unter Hingabe eigener Anteile	45
d) Aufspaltung ohne Gewährung neuer / Hingabe eigener Anteile	46
2. Folgen bei den Anteilsinhabern des übernehmenden Rechtsträgers	47, 48
IV. Bilanzierung der gesamtschuldnerischen Haftung nach § 133 UmwG	49–55
1. Allgemeines	49–52
2. Bilanzielle Abbildung der Verpflichtungen	53, 54
3. Bilanzielle Abbildung einer etwaigen Sicherheitsleistung	55
C. Abspaltung	56–110
I. Bilanzierung beim übertragenden Rechtsträger	57–78
1. Die Schlussbilanz	57–60
a) Gesamtschlussbilanz oder Teilschlussbilanzen?	58
b) Grundsätze zur Aufstellung, Prüfung und Inhalt der Schlussbilanz	59, 60
2. Abbildung der Abspaltung im regulären Jahresabschluss	61–68
a) Keine Bilanz auf Eintragung der Abspaltung	61
b) Bilanzierung am regulären Abschlussstichtag	62–68
aa) Allgemeines	62–64
bb) Bilanzielle Abbildung der Abspaltung	65–68
3. Kapitalerhaltung beim übertragenden Rechtsträger	69–78
a) Erklärung zur Kapitalerhaltung	69, 70
b) Maßnahmen zur Kapitalerhaltung	71–78
II. Bilanzierung beim übernehmenden Rechtsträger	79–100
1. Allgemeines	79
2. Bewertung der übernommenen Vermögensgegenstände und Schulden	80–100
a) Bewertung mit tatsächlichen Anschaffungskosten	81–90
aa) Abspaltung unter Gewährung neuer Anteile	81–83
bb) Abspaltung unter Hingabe eigener Anteile	84, 85
cc) Abspaltung ohne Gewährung neuer / Hingabe eigener Anteile	86–90
b) Bewertung bei Buchwertverknüpfung	91–100
aa) Abspaltung unter Gewährung neuer Anteile	92, 93

	Rdnr.
bb) Abspaltung unter Hingabe eigener Anteile	94, 95
cc) Abspaltung ohne Gewährung neuer / Hingabe eigener Anteile	96–100
III. Bilanzierung bei Anteilsinhabern der beteiligten Rechtsträger	101–107
1. Folgen bei den Anteilsinhabern des übertragenden Rechtsträgers	102–105
a) Abspaltung unter Gewährung neuer Anteile	102
b) Abspaltung unter Hingabe eigener Anteile	103
c) Abspaltung ohne Gewährung neuer / Hingabe eigener Anteile	104, 105
aa) Aufwärtsabspaltung (upstream spin-off)	104
bb) Seitwärtsabspaltung (sidestream spin-off)	105
2. Folgen bei den Anteilsinhabern des übernehmenden Rechtsträgers	106, 107
IV. Bilanzierung der gesamtschuldnerischen Haftung nach § 133 UmwG	108–110
D. Ausgliederung	111–138
I. Bilanzierung beim übertragenden Rechtsträger	112–125
1. Die Schlussbilanz	112–115
a) Gesamtschlussbilanz oder Teilschlussbilanzen?	113
b) Grundsätze zur Aufstellung, Prüfung und Inhalt der Schlussbilanz	114, 115
2. Abbildung der Ausgliederung im regulären Jahresabschluss	116–122
a) Keine Bilanz auf Eintragung der Ausgliederung	116
b) Bilanzierung am regulären Abschlussstichtag	117–122
aa) Allgemeines	117–119
bb) Bilanzielle Abbildung der Ausgliederung	120–122
3. Kapitalerhaltung beim übertragenden Rechtsträger	123–125
II. Bilanzierung beim übernehmenden Rechtsträger	126–133
1. Allgemeines	126
2. Bewertung der übernommenen Vermögensgegenstände und Schulden	127–133
a) Bewertung mit tatsächlichen Anschaffungskosten	128–130
b) Bewertung bei Buchwertverknüpfung	131–133
III. Bilanzierung bei Anteilsinhabern der beteiligten Rechtsträger	134, 135
1. Folgen bei den Anteilsinhabern des übertragenden Rechtsträgers	134
2. Folgen bei den Anteilsinhabern des übernehmenden Rechtsträgers	135

Link

Rdnr.	Rdnr.
IV. Bilanzierung der gesamtschuldnerischen Haftung nach § 133 UmwG 136–138	I. Hinaus-Spaltung 140, 141
E. Besonderheiten bei grenzüberschreitender Spaltung 139–143	II. Herein-Spaltung 142, 143

Schrifttum: IDW Stellungnahme zur Rechnungslegung: Auswirkungen einer Spaltung auf den handelsrechtlichen Jahresabschluss (IDW RS HFA 43), WPg Supplement 4/2012, 104; *Heeb*, Bilanzierung bei Spaltungen im handelsrechtlichen Jahresabschluss (IDW RS HFA 43), WPg 2014, 189; *Kleindiek*, Vertragsfreiheit und Gläubigerschutz im künftigen Spaltungsrecht nach dem Referentenentwurf UmwG, ZGR 1992, 513; *Teichmann*, Die Spaltung von Rechtsträgern als Akt der Vermögensübertragung, ZGR 1993, 396.

A. Einführung

1 Die bilanziellen Folgen der einzelnen Spaltungsvorgänge (Aufspaltung, Abspaltung, Ausgliederung) sind im Gesetz – wie bereits bei der Verschmelzung – nur angedeutet. Durch § 125 S. 1 UmwG wird auf die bilanziellen Folgen der Verschmelzung (insbes. § 17 Abs. 2 und § 24 UmwG) verwiesen, sofern in §§ 126 ff. UmwG keine Sonderregelungen enthalten sind. Der Generalverweis auf die bilanziellen Folgen der Verschmelzung verwundert, da zwischen der Verschmelzung und den einzelnen Spaltungsarten wesentliche konzeptionelle Unterschiede bestehen: Während es bei der Verschmelzung um die Zusammenführung von mehreren Unternehmen geht, führt die Spaltung (spiegelbildlich) zur Trennung von Unternehmensteilen. Gleichwohl stellen sich ähnliche Fragen (Bilanzierung beim übertragenden Rechtsträger, Bilanzierung bei den übernehmenden Rechtsträgern, Behandlung der Anteilseigner etc.). In der nachfolgenden Darstellung wird, soweit hilfreich, auf die bei der Verschmelzung dargestellten Grundlagen verwiesen und der Fokus auf die Besonderheiten der Spaltung gelegt. Wie bei der Verschmelzung ist die Darstellung auf die bilanziellen Folgen im HGB-Jahresabschluss beschränkt. Ausgeklammert werden etwaige bilanzielle Auswirkungen der Spaltung auf einen IFRS-Einzelabschluss sowie einen HGB- oder IFRS-Konzernabschluss.

B. Aufspaltung

2 Bei der Aufspaltung (§ 123 Abs. 1 UmwG) spaltet ein übertragender Rechtsträger sein Vermögen unter Auflösung ohne Abwicklung durch Übertragung der Vermögensteile jeweils als Gesamtheit auf (mindestens) zwei andere bestehende übernehmende Rechtsträger (Spaltung zur Aufnahme) oder auf andere von ihm dadurch gegründete neue Rechtsträger (Spaltung zur Neugründung) auf. Dies erfolgt grds. gegen Gewährung von Anteilen oder Mitgliedschaften des übernehmenden Rechtsträgers an die Anteilsinhaber des übertragenden Rechtsträgers, sofern die Anteilsinhaber nicht darauf verzichten (vgl. § 125 S. 1 i. V. m. § 54 Abs. 1 S. 3 UmwG (für GmbH) bzw. § 68 Abs. 1 S. 3 UmwG (für AG)).

I. Bilanzierung beim übertragenden Rechtsträger

3 Wie bei der Verschmelzung erlischt der übertragende Rechtsträger mit Eintragung der Aufspaltung in das Handelsregister des Sitzes des übertragenden Rechtsträgers (§ 131 Abs. 1 Nr. 2 Satz 1 UmwG). Die handelsbilanziellen Folgen der Aufspaltung sind damit beim übertragenden Rechtsträger mit denen der Verschmelzung weitgehend identisch.[1]

---

[1] IDW RS HFA 43, Rz. 10; Schmitt/Hörtnagl/Stratz/*Hörtnagl*, § 17 UmwG Rz. 53.

1. Die Schlussbilanz

Nach § 125 S. 1 i. V. m. § 17 Abs. 2 UmwG ist der Anmeldung der Aufspaltung zum 4 Register des Sitzes des übertragenden Rechtsträgers eine Schlussbilanz beizufügen. Das Fehlen einer (ordnungsgemäßen) Schlussbilanz ist Eintragungshindernis. Die Schlussbilanz des übertragenden Rechtsträgers ist somit konstitutives Element einer Aufspaltung. Wie bei der Verschmelzung ist auch bei der Aufspaltung unter Schlussbilanz ein nach den Grundsätzen des HGB aufgestellter Einzelabschluss zu verstehen, d. h. weder ein HGB-Konzernabschluss noch ein nach den Grundsätzen der IFRS aufgestellter Einzel- oder Konzernabschluss (s. dazu und zur Möglichkeit der Nutzung einer Zwischenbilanz anstelle des letzten HGB-Jahresabschlusses → § 58 Rn. 2 f.).

a) Gesamtschlussbilanz oder Teilschlussbilanzen? Für die Schlussbilanz sollen die 5 Vorschriften über die Jahresbilanz und deren Prüfung entsprechend gelten (§ 125 S. 1 i. V. m. § 17 Abs. 2 S. 2 UmwG). Ob dabei die Einreichung einer **Gesamtschlussbilanz** (d. h. einer Bilanz, die das Gesamtvermögen des übertragenden Rechtsträgers umfasst) ausreichend ist oder ob darüber hinaus (oder stattdessen) die Einreichung von **Teilschlussbilanzen** (die jeweils das auf die einzelnen übernehmenden Rechtsträger zu übertragende Vermögen ausweisen) erforderlich oder möglich ist, ist umstritten. Nach u. E. zutreffender Auffassung der h. M. ergibt sich aus dem Gesetz an keiner Stelle der Zwang zur Aufstellung von Teilschlussbilanzen, auch wenn deren Aufstellung für die Festlegung des auf die einzelnen übernehmenden Rechtsträger zu verteilenden Vermögens und/oder aus Gläubigerschutzgesichtspunkten hilfreich sein kann.[2] Die Aufstellung (und Einreichung) einer Gesamtschlussbilanz ist daher u. E. in jedem Fall ausreichend. Davon losgelöst ist die Frage zu beurteilen, ob anstelle einer Gesamtschlussbilanz auch zwei (oder mehrere) Teilschlussbilanzen aufgestellt (und eingereicht) werden können. Dies wird von der h. M. mit zweifelhafter dogmatischer Begründung (wohl insbesondere aus Praktikabilitätsgründen) bejaht.[3] Die Einreichung (nur) von Teilschlussbilanzen sollte vorsorglich mit dem zuständigen Registergericht abgestimmt werden.

b) Die Einreichung der „Schlussbilanz" und ihrer Bestandteile. Da das Gesetz im 6 Zusammenhang mit der Schlussbilanz nur den Begriff „Bilanz" verwendet, muss auch lediglich eine solche eingereicht werden, d. h. wie bei der Verschmelzung ist die Einreichung einer **Gewinn- und Verlustrechnung** oder eines **Anhangs** nicht erforderlich.[4] Allerdings sind dann die sog. Wahlpflichtangaben in die Schlussbilanz selbst aufzunehmen oder als Anlage zur Bilanz beizufügen (s. dazu → § 58 Rn. 4).

c) Aufstellung und Prüfung der Schlussbilanz. Wie bei der Verschmelzung ist zur 7 Aufstellung einer Schlussbilanz nur verpflichtet, wer bereits nach allgemeinen HGB-Regeln **buchführungspflichtig** ist. Es gelten die allg. Regeln zur Aufstellung, insbes. zu den Organzuständigkeiten (→ § 58 Rn. 5 ff.). Ggf. müssen die Schlussbilanz oder, wenn nur Teilschlussbilanzen eingereicht werden, diese[5] durch einen **Abschlussprüfer** geprüft werden (s. dazu und zum ggf. bestehenden Erfordernis eines **Bestätigungsvermerks** → § 58 Rn. 7). Eine Pflicht zur **Bekanntmachung / Offenlegung** der Schlussbilanz besteht grundsätzlich nicht (→ § 58 Rn. 9).

---

[2] So auch Schmitt/Hörtnagl/Stratz/*Hörtnagl*, § 17 UmwG Rz. 51 ff.; Sagasser/Bula/Brünger/*Bula/Thees*, § 19 Rz. 16 ff.; IDW RS HFA 43, Rz. 8 mit dem zutreffenden Hinweis, dass die genaue Bezeichnung der übergehenden Gegenstände des Aktiv- und Passivvermögens und deren Aufteilung auf die beteiligten übernehmenden Rechtsträger im Spaltungs- und Übernahmevertrag bzw. im Spaltungsplan oder dessen Entwurf erfolgt; a. A. Widmann/Mayer/*Widmann*, § 24 Rz. 163.
[3] IDW RS HFA 43, Rz. 8; WP-HdB Bd. II F Rz. 119; Kallmeyer/Lanfermann, § 125 Rz. 35a; kritisch hingegen Schmitt/Hörtnagl/Stratz/*Hörtnagl*, § 17 UmwG Rz. 51; Sagasser/Bula/Brünger/ *Bula/Thees*, § 19 Rz. 20 f.
[4] S. zum Streitstand konkret bei der Spaltung Sagasser/Bula/Brünger/*Bula/Thees*, § 19 Rz. 11 f.
[5] IDW RS HFA 43, Rz. 8.

8 **d) Inhalt der Schlussbilanz (Ansatz und Bewertung).** Wie bei der Verschmelzung gelten auch bei der Spaltung für die Schlussbilanz die inhaltlichen Vorschriften für den HGB-Einzelabschluss (§§ 242 ff. HGB). Wird bei entsprechendem Stichtag der Schlussbilanz der **reguläre Jahresabschluss** verwendet, ergeben sich insoweit inhaltlich keine Besonderheiten. Muss demgegenüber eine **Zwischenbilanz** erstellt werden, ist diese aus der Bilanz des letzten Jahresabschlusses zu entwickeln. Dabei ist dem Umstand Rechnung zu tragen, dass der übertragende Rechtsträger bis zur Eintragung der Aufspaltung fortbesteht (Grundsatz der **Fortführung der Unternehmenstätigkeit** i. S. d. § 252 Abs. 1 Nr. 2 HGB). Nach dem Grundsatz der **Bilanzstetigkeit** (§ 252 Abs. 1 Nr. 6 HGB) sind die beim vorhergehenden Jahresabschluss angewandten Ansatz- und Bewertungsmethoden sowie die Form der Darstellung grundsätzlich beizubehalten. Eine **Neubewertung von Vermögensgegenständen und Schulden** im Sinne einer Anpassung an die Ansatz- und Bewertungsmethoden der übernehmenden Rechtsträger sollte bereits in der Schlussbilanz möglich sein (s. zum Inhalt der Schlussbilanz im Einzelnen → § 58 Rn. 10 ff.).

9 **e) Inventur auf Stichtag der Schlussbilanz.** Wie bei der Verschmelzung kann auf die Durchführung einer körperlichen Inventur auf den Stichtag der Schlussbilanz u. U. verzichtet werden (s. → § 58 Rn. 15).

10 **f) Stichtag der Schlussbilanz.** Wie bei der Verschmelzung muss auch bei der Spaltung die Schlussbilanz auf einen **Stichtag** aufgestellt sein, der nicht mehr als **acht Monate** vor dem Tag der Anmeldung (nicht: Eintragung) der Spaltung beim Registergericht am Sitz des übertragenden Rechtsträgers liegt (§ 125 S. 1 i. V. m. § 17 Abs. 2 S. 4 UmwG). Die **Fristberechnung** erfolgt nach den Regeln des BGB (§§ 186 ff. BGB). Der Stichtag kann innerhalb dieses Zeitraums vor/nach Abschluss des Spaltungsvertrags und vor/nach Fassung des Spaltungsbeschlusses, keinesfalls aber zeitlich nach der Handelsregisteranmeldung liegen. Nach überwiegender Auffassung liegt der Stichtag der Schlussbilanz **unmittelbar vor dem Spaltungsstichtag** (§ 5 Abs. 1 Nr. 6 UmwG), d. h. dem Tag, von dem an die Handlungen des übertragenden Rechtsträgers als für Rechnung der übernehmenden Rechtsträger vorgenommen gelten (s. zur Fristberechnung im Einzelnen → § 58 Rn. 16 ff.).

11 **g) Besonderheit bei AG als übertragender Rechtsträger: Zwischenbilanz nach § 63 Abs. 1 Nr. 3 UmwG.** Wie bei der Verschmelzung ist von der Schlussbilanz, die als reguläre Jahresbilanz oder als Zwischenbilanz aufgestellt werden kann, die **Zwischenbilanz nach § 63 Abs. 1 Nr. 3 UmwG** strikt zu trennen (s. dazu → § 58 Rn. 22 ff.).

2. Bilanzierungspflicht während schwebender Aufspaltung

12 **a) Keine Bilanz auf Eintragung der Aufspaltung.** Auf den **Tag des Erlöschens** des übertragenden Rechtsträgers, d. h. den Tag der Eintragung der Aufspaltung ins Handelsregister, muss – wie bei der Verschmelzung – kein gesonderter Jahresabschluss aufgestellt werden (s. dazu → § 58 Rn. 25).

13 **b) Bilanzierung am regulären Abschlussstichtag.** Wie bei der Verschmelzung bleibt die **Rechnungslegungspflicht** der übertragenden Gesellschaft trotz Abschluss des Spaltungsvertrags / Beschlussfassung über die Aufspaltung bestehen.[6] Allerdings erlischt diese Pflicht (und geht auch nicht infolge der Aufspaltung auf die übernehmenden Rechtsträger über), wenn der übertragende Rechtsträger zu dem Zeitpunkt, an dem mit der Abschlusserstellung begonnen wird, bereits infolge der Eintragung ins Handelsregister erloschen ist (s. dazu → § 58 Rn. 27).

14 Zwar stellen sich die Beteiligten im Spaltungsvertrag durch Festlegung des Spaltungsstichtags schuldrechtlich so, als ob zu diesem Zeitpunkt (ggf. rückwirkend) die Vermögensgegenstände und Schulden auf die übernehmenden Rechtsträger übergegangen wären.

---

[6] Schmitt/Hörtnagl/Stratz/*Hörtnagl*, § 17 UmwG Rz. 67; Sagasser/Bula/Brünger/*Bula/Thees*, § 19 Rz. 31.

Allerdings führt nach h. M. diese Vereinbarung nicht dazu, dass bei einer Aufspaltung die Vermögensgegenstände / Schulden in einem nach dem Spaltungsstichtag aufzustellenden Jahresabschluss des übertragenden Rechtsträgers zwingend nicht (mehr) auszuweisen wären. Wie bei der Verschmelzung ist für den **Ausweis der Vermögensgegenstände / Schulden** in einem nach dem Spaltungsstichtag aufzustellenden Jahresabschluss des übertragenden Rechtsträgers vielmehr entscheidend, ob dieser zum Abschlussstichtag noch das wirtschaftliche Eigentum (§ 246 Abs. 2 HGB) an diesen Vermögensgegenständen / Schulden hat (s. dazu und zu den Voraussetzungen für den Übergang des wirtschaftlichen Eigentums → § 58 Rn. 30 ff.).[7] Die **Ergebniszuordnung** folgt dabei grds. der Zuordnung der Vermögensgegenstände und Schulden (s. dazu → § 58 Rn. 33 ff.).[8]

3. Kapitalerhaltung beim übertragenden Rechtsträger

Das Gesetz spricht die Grundsätze der Kapitalerhaltung (infolge der Spaltung darf beim übertragenden Rechtsträger keine Unterbilanz entstehen) nur bei der Abspaltung und der Ausgliederung an (§§ 139 f. UmwG für GmbH; §§ 145 f. UmwG für AG), s. dazu und zu deren Inhalt → Rn. 69 ff. und 123 ff. Dies beruht auf der Überlegung, dass bei einer Aufspaltung der übertragende Rechtsträger erlischt, so dass keine Unterbilanz bei einem verbleibenden „Teil" des übertragenden Rechtsträgers entstehen kann.[9] Dies ist grds. richtig, gilt aber nur, wenn das wirtschaftliche Eigentum an sämtlichen Vermögensgegenständen zeitgleich auf die übernehmenden Rechtsträger übergeht.[10] Werden demgegenüber unterschiedliche Spaltungsstichtage vereinbart[11] oder geht das wirtschaftliche Eigentum aus anderen Gründen zu unterschiedliche Zeitpunkten auf die übernehmenden Rechtsträger über, kann es für den übertragenden Rechtsträger notwendig sein, in seinem regulären Jahresabschluss nur (noch) einen Teil seines ursprünglichen Vermögens auszuweisen. Dann müssten u. E. die Kapitalerhaltungsgrundsätze der Abspaltung entsprechend gelten.[12] In der Praxis ist daher bei unterschiedlichen Spaltungsstichtagen Vorsicht geboten.

II. Bilanzierung beim übernehmenden Rechtsträger

1. Allgemein

Mit Eintragung der Aufspaltung gehen die von der Aufspaltung erfassten Vermögensgegenstände und Schulden des übertragenden Rechtsträgers auf die übernehmenden Rechtsträger über. Aus ihrer Sicht stellt sich dieser Vermögensübergang als **Anschaffungsvorgang** dar.[13] Die übernehmenden Rechtsträger gewähren als Gegenleistung für den Erwerb der Vermögensgegenstände und Schulden entweder neue Anteile (Aufspaltung mit Kapitalerhöhung) oder eigene Anteile (Aufspaltung ohne Kapitalerhöhung), sofern die Anteilsinhaber des übertragenden Rechtsträgers nicht auf die Gewährung von Anteilen verzichten (§ 54 Abs. 1 S. 3 UmwG; § 68 Abs. 1 S. 3 UmwG).[14] Die Aufspaltung erfolgt ohne Anteilsgewährung, soweit ein übernehmender Rechtsträger am übertragenden Rechtsträger beteiligt ist. Wie bei der Verschmelzung stellen sich für die übernehmenden Rechtsträger auch bei der Aufspaltung die folgende Fragen: (1) In welcher Bilanz sind die Vermögensgegenstände und Schulden erstmalig zu erfassen (**zeitliche Komponente**, siehe → Rn. 17 ff.), (2) welche Positionen sind in der Bilanz des übernehmenden Rechtsträgers anzusetzen (**Ansatzebene**, siehe → Rn. 20 ff.) und (3) mit welchen Werten sind diese Positionen anzusetzen (**Bewertungsebene**, siehe → Rn. 23 ff.). Das Gesetz räumt dabei –

---

[7] Zur Anwendung der Verschmelzungsgrundsätze IDW RS HFA 43, Rz. 10.
[8] Zur Anwendung der Verschmelzungsgrundsätze IDW RS HFA 43, Rz. 10.
[9] So wohl Lutter/*Priester*, § 140 Rn. 3.
[10] So zutreffend Sagasser/Bula/Brünger/*Bula/Thees*, § 19 Rz. 39 f.
[11] Zur Zulässigkeit s. WP-HdB Bd. II F Rz. 122.
[12] So (wohl) auch Sagasser/Bula/Brünger/*Bula/Thees*, § 19 Rz. 40.
[13] IDW RS HFA 43, Rz. 24.
[14] IDW RS HFA 43, Rz. 25; Sagasser/Bula/Brünger/*Bula/Thees*, § 19 Rz. 78.

wie bei der Verschmelzung – den übernehmenden Rechtsträgern in § 24 UmwG das Wahlrecht ein, statt der tatsächlichen Anschaffungskosten i. S. d. § 253 Abs. 1 HGB auch die in der Schlussbilanz des übertragenden Rechtsträgers angesetzten Werte anzusetzen.

2. Zeitpunkt der Erfassung

17 **a) Jahresbilanz oder Eröffnungsbilanz.** Bei einer **Aufspaltung zur Aufnahme** ist eine gesonderte Übernahmebilanz nicht zu erstellen, und zwar weder auf den Spaltungsstichtag noch auf den Zeitpunkt der Eintragung der Aufspaltung. Die Aufspaltung ist vielmehr wie ein laufender Geschäftsvorfall zu behandeln und in der nächsten **Jahresbilanz** nach dem Übergang des wirtschaftlichen Eigentums an den Vermögensgegenständen und Schulden abzubilden.[15] Dies ist – wie bei der Verschmelzung – spätestens die Jahresbilanz nach Eintragung der Aufspaltung ins Handelsregister (vgl. dazu → § 58 Rn. 36).

18 Bei einer **Aufspaltung zur Neugründung** hat die neu entstehende Gesellschaft demgegenüber eine **Eröffnungsbilanz** aufzustellen,[16] und zwar – wie bei der Verschmelzung – idR auf den Spaltungsstichtag (vgl. dazu → § 58 Rn. 37).

19 **b) Ergebniszuordnung.** Unabhängig vom Stichtag der Jahres- oder Eröffnungsbilanz sind die Geschäftsvorfälle des übertragenden Rechtsträgers – wie bei der Verschmelzung – ab dem **Spaltungsstichtag** den übernehmenden Rechtsträgern zuzuordnen und in der betreffenden Bilanz erfolgswirksam zu erfassen (siehe dazu und zum Sonderfall der mehrjährigen Verzögerung der Eintragung der Aufspaltung → § 58 Rn. 38 f.). Für die an der Aufspaltung beteiligten übernehmenden Rechtsträger können dabei unterschiedliche Spaltungsstichtage vereinbart werden.

3. Ansatz der übernommenen Vermögensgegenstände und Schulden

20 Wie bei der Verschmelzung haben die übernehmenden Rechtsträger bei der Aufspaltung die erworbenen Vermögensgegenstände und Schulden in ihrer Bilanz nach § 24 UmwG wahlweise nach §§ 253 Abs. 1, 255 Abs. 1 HGB mit den tatsächlichen Anschaffungskosten oder mit den Buchwerten aus der Schlussbilanz des übertragenden Rechtsträgers, die dann als Anschaffungskosten gelten, zu bewerten.[17] Nach allgemeiner Ansicht wirkt sich dieses Wahlrecht nicht nur auf die Bewertungs-, sondern auch auf die Ansatzebene aus.

21 **a) Ansatz bei Bilanzierung mit Anschaffungskosten.** Ist ein übernehmender Rechtsträger nach §§ 238 ff. HGB rechnungslegungspflichtig, hat er die auf ihn übergehenden Vermögensgegenstände und Schulden wie bei einem „normalen" Anschaffungsvorgang einzubuchen. Er ist insoweit an die **allgemeinen Ansatzvorschriften** der §§ 246 bis 251 HGB gebunden, die ggf. bei Kapitalgesellschaften um die §§ 269 bis 274 HGB ergänzt werden. Allerdings gelten bestimmte umwandlungsrechtlich bedingte Besonderheiten. Insoweit wird vollumfänglich auf die Darstellung bei der Verschmelzung verwiesen (→ § 58 Rn. 41 ff.).[18]

22 **b) Ansatz bei Buchwertverknüpfung.** Entscheiden sich die übernehmenden Rechtsträger demgegenüber für eine Buchwertverknüpfung, sind sie nicht nur an die Werte, sondern auch an die Ansätze (insbesondere die Ansatzwahlrechte) des übertragenden Rechtsträgers gebunden. Insoweit wird ebenfalls vollumfänglich auf die Darstellung bei der Verschmelzung verwiesen (→ § 58 Rn. 45 ff.).[19]

---

[15] Sagasser/Bula/Brünger/*Bula/Thees*, § 19 Rz. 70; Kallmeyer/*Lanfermann*, § 125 Rz. 35e; Lutter/ *Priester*, Anh. nach § 134 UmwG Rz, § 24 UmwG Rz. 9.
[16] Sagasser/Bula/Brünger/*Bula/Thees*, § 19 Rz. 71; Kallmeyer/*Lanfermann*, § 125 Rz. 35e; Lutter/ *Priester*, Anh. nach § 134 UmwG Rz, § 24 UmwG Rz. 9.
[17] Sagasser/Bula/Brünger/*Bula/Thees*, § 19 Rz. 72.
[18] Ausführlich Sagasser/Bula/Brünger/*Bula/Thees*, § 19 Rz. 73 ff.
[19] Ausführlich Sagasser/Bula/Brünger/*Bula/Thees*, § 19 Rz. 91 ff.

4. Bewertung der übernommenen Vermögensgegenstände und Schulden

Wie bei der Verschmelzung räumt § 24 UmwG den übernehmenden Rechtsträgern das 23 u. E. grds. uneingeschränkte **Wahlrecht** ein, die übergehenden Vermögensgegenstände und Schulden entweder nach §§ 253 Abs. 1, 255 Abs. 1 HGB mit den **tatsächlichen Anschaffungskosten** oder mit den **Buchwerten aus der Schlussbilanz** des übertragenden Rechtsträgers, die dann als Anschaffungskosten gelten, zu bewerten (siehe dazu auch → § 58 Rn. 49 ff.). Das Wahlrecht kann bei der Aufspaltung von den übernehmenden Rechtsträgern unterschiedlich ausgeübt werden.

a) Bewertung mit tatsächlichen Anschaffungskosten. aa) Aufspaltung unter Ge- 24 **währung neuer Anteile.** Bei einer **Aufspaltung auf Kapitalgesellschaften** ist die Gewährung neuer Anteile an den übernehmenden Rechtsträgern an die (bisherigen) Gesellschafter des übertragenden Rechtsträgers der gesetzliche Regelfall (§ 55 UmwG). Rechtstechnisch erfolgt die Gewährung im Wege einer Kapitalerhöhung (Aufspaltung zur Aufnahme) oder bei Gründung (Aufspaltung zur Neugründung) der übernehmenden Rechtsträger. In beiden Fällen gelten die Grundsätze über die Bewertung von **Sacheinlagen** entsprechend.[20] Die Anschaffungskosten werden dabei durch den **Ausgabebetrag der gewährten Anteile** (Nennbetrag zuzüglich etwaigen Aufgeldes) bestimmt. Wie bei der Verschmelzung wird u. E. zunächst die Obergrenze der Anschaffungskosten – und damit der maximale Ausgabebetrag der gewährten Anteile – durch den Zeitwert des übergehenden Vermögens am Spaltungsstichtag bestimmt. Der *IDW* geht darüber hinaus – u. E. zutreffend – von folgenden Grundsätzen aus:[21]

– Wird im Kapitalerhöhungsbeschluss neben der Bestimmung des Nennbetrags / geringsten Ausgabebetrags der neuen Anteile auch ein **beziffertes Aufgeld (Agio)** festgesetzt, setzen sich die Anschaffungskosten zusammen aus dem Nennbetrag / geringsten Ausgabebetrag der Anteile und dem Aufgeld.

– Wird im Kapitalerhöhungsbeschluss bestimmt, dass eine Differenz zwischen dem Zeitwert der übernommenen Vermögensgegenstände / Schulden und dem Nennbetrag / geringsten Ausgabebetrag der neuen Anteile (**unbeziffertes Agio**) in die Kapitalrücklage nach § 272 Abs. 2 Nr. 1 HGB einzustellen ist, setzen sich die Anschaffungskosten zusammen aus dem Nennbetrag / geringsten Ausgabebetrag der Anteile und dem diesen Betrag übersteigenden Teil des Zeitwertes.

– Wird im Kapitalerhöhungsbeschluss nur der Nennbetrag / geringste Ausgabebetrag der neuen Anteile festgelegt, ist durch Auslegung zu ermitteln, ob die Anschaffungskosten durch den Nennbetrag / geringsten Ausgabebetrag der neuen Anteile bestimmt sind oder ob ein Agio in Höhe des Unterschiedsbetrags zwischen dem Nennbetrag / geringsten Ausgabebetrag der neuen Anteile und dem Zeitwert der übernommenen Vermögensgegenstände / Schulden – mit der Folge entsprechend höherer Anschaffungskosten – in die Kapitalrücklage nach § 272 Abs. 2 Nr. 1 HGB einzustellen ist.

Zur Ermittlung der Anschaffungskosten (insbes. zur Behandlung von **baren Zuzahlun-** 25 **gen** und zur Ermittlung der **Anschaffungsnebenkosten**) gelten die gleichen Grundsätze wie bei der Verschmelzung (s. → § 58 Rn. 53).

Beispiel: A ist zu 100 % an der AB-GmbH beteiligt. Die AB-GmbH soll dergestalt aufgespalten 26 werden, dass Sparte A sich zukünftig in der A-GmbH und Sparte B sich zukünftig in der B-GmbH befindet. Beide Gesellschaften A-GmbH und B-GmbH sollen durch die Aufspaltung neu gegründet werden.

---

[20] Ausführlich Sagasser/Bula/Brünger/*Bula*/*Thees*, § 19 Rz. 80 ff.
[21] IDW RS HFA 43, Rz. 24 f.

§ 59   27, 28   4. Kapitel. Bilanzrecht

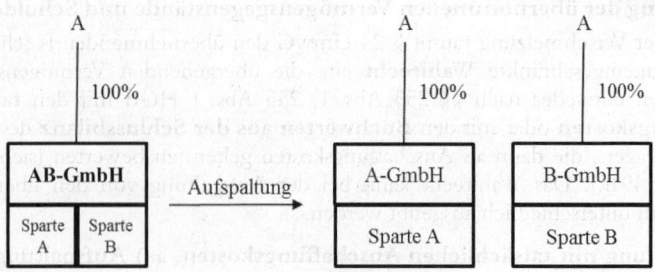

Die Bilanz des übertragenden Rechtsträgers sieht vor der Aufspaltung wie folgt aus:

AB-GmbH

Grundstück	1.000	Stammkapital	100
Anlagevermögen	500	Kapitalrücklage	800
Umlaufvermögen	600	Fremdkapital	1.200
	2.100		**2.100**

Unternehmenswert AB:	3.000	Sparte A (Unternehmenswert: 2.000)		Sparte B (Unternehmenswert: 1.000)	
stille Reserven		Vermögensgegenstände:		Vermögensgegenstände:	
• im Grundstück	800	• Grundstück	1.000	• Anlagevermögen	500
• im Anlagevermögen	100	• Umlaufvermögen	400	• Umlaufvermögen	200
• Firmenwert	1.200	• Fremdkapital	800	• Fremdkapital	400
		stille Reserven		stille Reserven	
		• im Grundstück	800	• im Anlagevermögen	100
		• Firmenwert	600	• Firmenwert	600

Die Aufspaltung soll zur Neugründung gegen Sacheinlage erfolgen. A soll jeweils Stammkapital in Höhe von 50 erhalten.

Es wird eine Bilanzierung zu Anschaffungskosten gewählt. Die Differenz zwischen dem Nennbetrag der neuen Anteile und dem Zeitwert des übernommenen Vermögens soll jeweils in die Kapitalrücklage nach § 272 Abs. 2 Nr. 1 HGB eingestellt werden.

Lösung: Die Bilanzen der beiden übernehmenden Rechtsträger sehen nach der Aufspaltung wie folgt aus:

A-GmbH				B-GmbH			
Grundstück	1.800	Stammkapital	50	Anlagevermögen	600	Stammkapital	50
Umlaufvermögen	400	Kapitalrücklage	1.950	Umlaufvermögen	200	Kapitalrücklage	950
Firmenwert	600	Fremdkapital	800	Firmenwert	600	Fremdkapital	400
	2.800		**2.800**		**1.400**		**1.400**

Da die A-GmbH und die B-GmbH jeweils nur mit Stammkapital in Höhe von 50 gegründet wurden, war die Differenz zum Zeitwert des übergehenden Vermögens bei der A-GmbH von 2.000 (=1.950) und bei der B-GmbH von 1.000 (=950) in die Kapitalrücklage einzustellen. Die stillen Reserven im Vermögen der AB-GmbH waren vollständig aufzudecken.

27   Zu Besonderheiten bei einer **Aufspaltung auf Personenhandelsgesellschaften** siehe die entsprechenden Ausführungen zur Verschmelzung unter (s. → § 58 Rn. 54).

28   **bb) Aufspaltung unter Hingabe eigener Anteile.** Hält ein übernehmender Rechtsträger eigene Anteile, können den Gesellschaftern des übertragenden Rechtsträgers auch diese eigenen Anteile als Gegenleistung für den Vermögensübergang hingegeben werden,

d. h. insoweit ist eine Kapitalerhöhung nicht erforderlich (vgl. § 54 Abs. 1 S. 2 Nr. 1 UmwG; § 68 Abs. 1 S. 2 Nr. 1 UmwG). Nach u. E. zutreffender Ansicht des IDW ist dieser Vorgang wie bei einer Verschmelzung gemäß § 272 Abs. 1b HGB ähnlich einer Kapitalerhöhung abzubilden. In der Sache handelt es sich u. E. um einen **Tauschvorgang**, so dass grundsätzlich folgendes Bewertungswahlrecht besteht:

– Ansatz mit dem *Buchwert* der hingegebenen eigenen Anteile
– Ansatz mit dem höheren *Zeitwert* der hingegebenen eigenen Anteile, der sich nach dem (vorsichtig geschätzten) Zeitwert des übergehenden Reinvermögens zum Spaltungsstichtag bestimmt
– Ansatz mit einem erfolgsneutralen *Zwischenwert*

Ein Unterschiedsbetrag bei Ansatz des Zeitwerts ist in die Kapitalrücklage nach § 272 Abs. 2 Nr. 1 HGB einzustellen (siehe dazu die parallelen Ausführungen zur Verschmelzung → § 58 Rn. 55 ff.).

Beispiel: A ist zu 100% an der AB-GmbH beteiligt. Die AB-GmbH soll dergestalt aufgespalten werden, dass Sparte A sich zukünftig in der A-GmbH und Sparte B sich zukünftig in der B-GmbH befindet. Die A-GmbH soll durch die Aufspaltung neu gegründet werden. A soll an der B-GmbH infolge der Aufspaltung beteiligt werden. Die B-GmbH hält eigene Anteile.

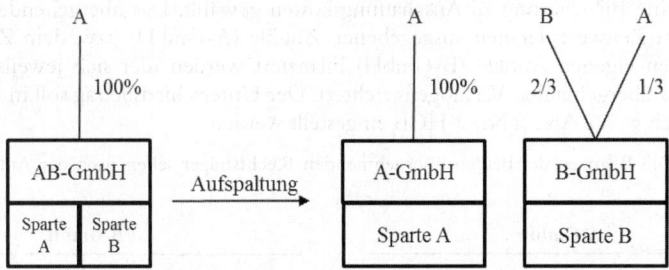

Die Bilanz des übertragenden Rechtsträgers sieht vor der Aufspaltung wie folgt aus:

AB-GmbH

Grundstück	1.000	Stammkapital	100
Anlagevermögen	500	Kapitalrücklage	800
Umlaufvermögen	600	Fremdkapital	1.200
	2.100		2.100

Unternehmenswert AB:	3.000	Sparte A (Unternehmenswert: 2.000)		Sparte B (Unternehmenswert: 1.000)	
stille Reserven		Vermögensgegenstände:		Vermögensgegenstände:	
• im Grundstück	800	• Grundstück	1.000	• Anlagevermögen	500
• im Anlagevermögen	100	• Umlaufvermögen	400	• Umlaufvermögen	200
• Firmenwert	1.200	• Fremdkapital	800	• Fremdkapital	400
		stille Reserven		stille Reserven	
		• im Grundstück	800	• im Anlagevermögen	100
		• Firmenwert	600	• Firmenwert	600

Die Bilanz des übernehmenden Rechtsträgers B-GmbH sieht vor der Aufspaltung wie folgt aus:

B-GmbH

Anlagevermögen	1.000	Stammkapital	150
Umlaufvermögen	500	./. eigene Anteile 50	100
		Kapitalrücklage	500
		Fremdkapital	900
	1.500		1.500

Unternehmenswert:	2.000
stille Reserven	
• im Anlagevermögen	300
• Firmenwert	1.100

A soll entsprechend den Wertverhältnissen der übertragenen Sparte B zur B-GmbH zukünftig an der B-GmbH zu 1/3 beteiligt sein. Anstelle einer Kapitalerhöhung soll A den von der B-GmbH gehaltenen Anteil in Höhe von 50 (der 1/3 des Stammkapitals entspricht) erhalten.

Es wird eine Bilanzierung zu Anschaffungskosten gewählt. Das übergehende Vermögen soll mit dem Zeitwert der neu ausgegebenen Anteile (A-GmbH) bzw. dem Zeitwert der hingegebenen eigenen Anteile (B-GmbH) bilanziert werden (der sich jeweils nach dem Zeitwert des übergehenden Vermögens richtet). Der Unterschiedsbetrag soll in die Kapitalrücklage nach § 272 Abs. 2 Nr. 1 HGB eingestellt werden.

Lösung: Die Bilanzen der beiden übernehmenden Rechtsträger sehen nach der Aufspaltung wie folgt aus:

A-GmbH				B-GmbH			
Grundstück	1.800	Stammkapital	50	Anlagevermögen	1.600	Stammkapital	150
Umlaufvermögen	400	Kapitalrücklage	1.950	Umlaufvermögen	700	Kapitalrücklage	1.450
Firmenwert	600	Fremdkapital	800	Firmenwert	600	Fremdkapital	1.300
	2.800		2.800		2.900		2.900

Da die A-GmbH nur mit Stammkapital in Höhe von 50 gegründet wurde, war die Differenz zum Zeitwert des übergehenden Vermögens von 2.000 (=1.950) in die Kapitalrücklage einzustellen. Da bei der B-GmbH die eigenen Anteile nur mit 50 ausgewiesen waren, war die Differenz zum Zeitwert des übergehenden Vermögens von 1.000 (=950) in die Kapitalrücklage der B-GmbH einzustellen. Die stillen Reserven im Vermögen der AB-GmbH waren vollständig aufzudecken.

30 cc) Aufspaltung ohne Gewährung neuer / Hingabe eigener Anteile. Ein übernehmender Rechtsträger darf von der Gewährung von Anteilen absehen, wenn alle Gesellschafter des übertragenden Rechtsträgers darauf verzichten (§ 54 Abs. 1 S. 3 UmwG; § 68 Abs. 1 S. 3 UmwG). Als einzig praxisrelevanter Fall ist bei der Aufspaltung u. E. an die **Seitwärtsaufspaltung (sidestream split-up)** zu denken. Aus Sicht des übernehmenden Rechtsträgers fehlt es dabei (wie bereits bei der Seitwärtsverschmelzung) an der Gewährung einer Gegenleistung. U. E. erscheint es daher sachgerecht, die bilanziellen **Grundsätze der Seitwärtsverschmelzung** entsprechend anzuwenden,[22] d. h. (1) zur Ermittlung des übergehenden Reinvermögens sind Zeitwerte anzusetzen, (2) ein positives Reinvermögen ist in die Kapitalrücklage nach § 272 Abs. 2 Nr. 4 HGB einzustellen und (3) ein negatives Reinvermögen ist unmittelbar mit dem Eigenkapital des übernehmenden Rechtsträgers zu verrechnen (siehe dazu unter → § 58 Rn. 63 ff.). Beim übernehmenden Rechtsträger sind die **Grundsätze der Kapitalerhaltung** zu beachten (vgl. → § 58 Rn. 63). Ein **Mischfall**

---

[22] IDW RS HFA 43, Rz. 25; im Ergebnis auch Kallmeyer/*Lanfermann*, § 125 Rz. 35g.

ist denkbar, wenn es neben der Mutter noch andere Anteilseigner an den übernehmenden Rechtsträgern gibt (vgl. → § 58 Rn. 66).

Beispiel: A ist zu 100 % an der AB-GmbH, der A-GmbH als auch an der B-GmbH beteiligt. Die AB-GmbH soll dergestalt aufgespalten werden, dass Sparte A sich zukünftig in der A-GmbH und Sparte B sich zukünftig in der B-GmbH befindet.

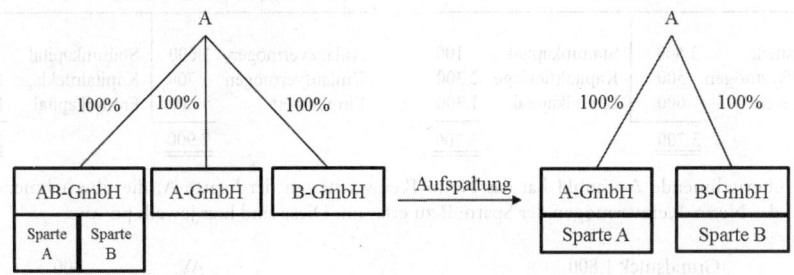

Die Bilanz des übertragenden Rechtsträgers sieht vor der Aufspaltung wie folgt aus:

AB-GmbH

Grundstück	1.000	Stammkapital	100
Anlagevermögen	500	Kapitalrücklage	800
Umlaufvermögen	600	Fremdkapital	1.200
	2.100		2.100

Unternehmenswert AB:	3.000	Sparte A (Unternehmenswert: 2.000)		Sparte B (Unternehmenswert: 1.000)	
stille Reserven		Vermögensgegenstände:		Vermögensgegenstände:	
• im Grundstück	800	• Grundstück	1.000	• Anlagevermögen	500
• im Anlagevermögen	100	• Umlaufvermögen	400	• Umlaufvermögen	200
• Firmenwert	1.200	• Fremdkapital	800	• Fremdkapital	400
		stille Reserven		stille Reserven	
		• im Grundstück	800	• im Anlagevermögen	100
		• Firmenwert	600	• Firmenwert	600

Die Bilanzen der beiden Rechtsträger sehen vor der Aufspaltung wie folgt aus:

A-GmbH   **B-GmbH**

Grundstück	800	Stammkapital	100	Anlagevermögen	50	Stammkapital	100
Umlaufvermögen	100	Kapitalrücklage	300	Umlaufvermögen	500	Kapitalrücklagen	500
		Fremdkapital	500			Fremdkapital	900
	900		900		1.500		1.500

Unternehmenswert:	1.000			Unternehmenswert:	2.000		
stille Reserven				stille Reserven			
• im Grundstück	600			• im Anlagevermögen	300		
				• Firmenwert	1.100		

Die Aufspaltung soll ohne Anteilsgewährung erfolgen.

Es wird eine Bilanzierung zu Anschaffungskosten gewählt. Das übergehende Vermögen soll mit dem Zeitwert angesetzt werden.

Lösung: Die Bilanzen der beiden übernehmenden Rechtsträger sehen nach der Aufspaltung wie folgt aus:

A-GmbH				B-GmbH			
Grundstück	2.600	Stammkapital	100	Anlagevermögen	1.600	Stammkapital	100
Umlaufvermögen	500	Kapitalrücklage	2.300	Umlaufvermögen	700	Kapitalrücklage	1.500
Firmenwert	600	Fremdkapital	1.300	Firmenwert	600	Fremdkapital	1.300
	3.700		3.700		2.900		2.900

Die übernehmende A-GmbH hat das Netto-Reinvermögen der Sparte A, die übernehmende B-GmbH das Netto-Reinvermögen der Sparte B zu erfassen. Diese sind hier jeweils positiv:

	Grundstück	1.800		AV:	600
+	UV:	400	+	UV:	200
+	Firmenwert:	600	+	Firmenwert:	600
./.	FK:	800	./.	FK:	400
		2.000			1.000

In der entsprechenden Höhe waren die Kapitalrücklagen der A-GmbH und der B-GmbH zu dotieren.

32 **dd) Verteilung der Anschaffungskosten / Behandlung eines Geschäfts- oder Firmenwerts.** Die sich infolge der Aufspaltung in den vorstehend beschriebenen Konstellationen ergebenen (Gesamt-)Anschaffungskosten der übernehmenden Rechtsträger sind auf die einzelnen übergegangenen Vermögensgegenstände / Schulden sachgerecht zu verteilen. Es gelten dabei die bei der Verschmelzung dargestellten Grundsätze entsprechend (vgl. → § 58 Rn. 67 ff.).[23]

33 **b) Bewertung bei Buchwertverknüpfung. Buchwertverknüpfung** bedeutet, dass ein übernehmender Rechtsträger für die übergegangenen Vermögensgegenstände und Schulden die Wertansätze des übertragenden Rechtsträgers aus der **Schlussbilanz** übernimmt. Inhaltlich betrifft dies zunächst die Ansatzebene, d. h. die Frage, welche Vermögensgegenstände / Schulden der übertragende Rechtsträger ansetzen muss bzw. darf (siehe dazu unter → Rn. 22). Für die hier relevante Bewertungsebene bedeutet dies grds. eine strikte Bindung an die vom übertragenden Rechtsträger getroffene Bilanzierungsentscheidung (s. dazu ausführlich die bei der Verschmelzung dargestellten Grundsätze → § 58 Rn. 70 ff.).

34 **aa) Aufspaltung unter Gewährung neuer Anteile.** Bei einer **Aufspaltung auf Kapitalgesellschaften** ist das Zusammenspiel zwischen der Buchwertfortführung nach § 24 UmwG und allgemeinen Anschaffungsgrundsätzen bei der Gewährung neuer Anteile umstritten. Wie bei der Verschmelzung ist u. E. danach zu differenzieren, ob der Unterschiedsbetrag des übernommenen Vermögens im Verhältnis zum Ausgabebetrag der neuen Anteile (ggf. unter Berücksichtigung barer Zuzahlungen) positiv oder negativ ist. Ist das übernommene Reinvermögen zu Buchwerten **höher als der Ausgabebetrag** der dafür zu gewährenden Anteile, ist der Differenzbetrag in die Kapitalrücklage nach § 272 Abs. 2 Nr. 1 HGB einzustellen (s. zu Einzelheiten → § 58 Rn. 76). Ist das übernommene Reinvermögen zu Buchwerten **niedriger als der Ausgabebetrag** der dafür zu gewährender Anteile, entsteht ein sofort aufwandswirksam zu behandelnder Spaltungsverlust. Dieser dar

---

[23] S. auch Sagasser/Bula/Brünger/*Bula/Thees*, § 19 Rz. 86 ff.

weder durch Ansatz eines Aktivpostens (Geschäfts- oder Firmenwert) ausgeglichen noch mit den Rücklagen verrechnet werden (s. zu Einzelheiten → § 58 Rn. 77).

Beispiel: A ist zu 100 % an der AB-GmbH beteiligt. Die AB-GmbH soll dergestalt aufgespalten 35 werden, dass Sparte A sich zukünftig in der A-GmbH und Sparte B sich zukünftig in der B-GmbH befindet. Beide Gesellschaften A-GmbH und B-GmbH sollen durch die Aufspaltung neu gegründet werden.

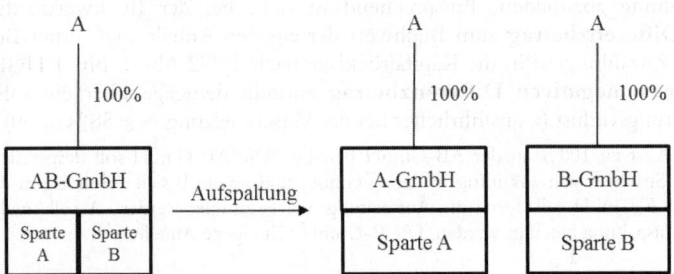

Die Bilanz des übertragenden Rechtsträgers sieht vor der Aufspaltung wie folgt aus:

AB-GmbH

Grundstück	1.000	Stammkapital	100
Anlagevermögen	500	Kapitalrücklage	800
Umlaufvermögen	600	Fremdkapital	1.200
	2.100		2.100

Unternehmenswert AB:	3.000	Sparte A (Unternehmenswert: 2.000)		Sparte B (Unternehmenswert: 1.000)	
stille Reserven		Vermögensgegenstände:		Vermögensgegenstände:	
• im Grundstück	800	• Grundstück	1.000	• Anlagevermögen	500
• im Anlagevermögen	100	• Umlaufvermögen	400	• Umlaufvermögen	200
• Firmenwert	1.200	• Fremdkapital	800	• Fremdkapital	400
		stille Reserven		stille Reserven	
		• im Grundstück	800	• im Anlagevermögen	100
		• Firmenwert	600	• Firmenwert	600

Die Aufspaltung soll zur Neugründung gegen Sacheinlage erfolgen. A soll jeweils Stammkapital in Höhe von 50 erhalten.

Es wird eine Bilanzierung zu Buchwerten gewählt.

Lösung: Die Bilanzen der beiden übernehmenden Rechtsträger sehen nach der Aufspaltung wie folgt aus:

A-GmbH				B-GmbH			
Grundstück	1.000	Stammkapital	50	Anlagevermögen	500	Stammkapital	50
Umlaufvermögen	400	Kapitalrücklage	550	Umlaufvermögen	200	Kapitalrücklage	250
		Fremdkapital	800			Fremdkapital	400
	1.400		1.400		700		700

Da die A-GmbH und die B-GmbH jeweils nur mit Stammkapital in Höhe von 50 gegründet wurden, war die Differenz zum Buchwert des übergehenden Vermögens bei der A-GmbH von 600 (=550) und bei der B-GmbH von 300 (=250) in die Kapitalrücklage einzustellen. Die stillen Reserven im Vermögen der AB-GmbH wurden nicht aufgedeckt.

§ 59 36–38   4. Kapitel. Bilanzrecht

36   Zu Besonderheiten bei einer **Aufspaltung auf Personenhandelsgesellschaften** siehe die entsprechenden Ausführungen zur Verschmelzung unter (s. → § 58 Rn. 79).

37   **bb) Aufspaltung unter Hingabe eigener Anteile.** Hält der übernehmende Rechtsträger eigene Anteile, können den Gesellschaftern des übertragenden Rechtsträgers auch diese eigenen Anteile als Gegenleistung für den Vermögensübergang hingegeben werden. Wie bei der Verschmelzung ist dieser Vorgang gemäß § 272 Abs. 1b HGB ähnlich einer Kapitalerhöhung abzubilden. Entsprechend ist u. E. bei der Buchwertfortführung ein **positiver Differenzbetrag** zum Buchwert der eigenen Anteile (ggf. unter Berücksichtigung barer Zuzahlungen) in die Kapitalrücklage nach § 272 Abs. 2 Nr. 1 HGB einzustellen. Bei einem **negativen Differenzbetrag** entsteht demgegenüber ein sofort abzugsfähiger Spaltungsverlust (s. ausführlicher bei der Verschmelzung → § 58 Rn. 80).

38   **Beispiel:** A ist zu 100 % an der AB-GmbH beteiligt. Die AB-GmbH soll dergestalt aufgespalten werden, dass Sparte A sich zukünftig in der A-GmbH und Sparte B sich zukünftig in der B-GmbH befindet. Die A-GmbH soll durch die Aufspaltung neu gegründet werden. A soll an der B-GmbH infolge der Aufspaltung beteiligt werden. Die B-GmbH hält eigene Anteile.

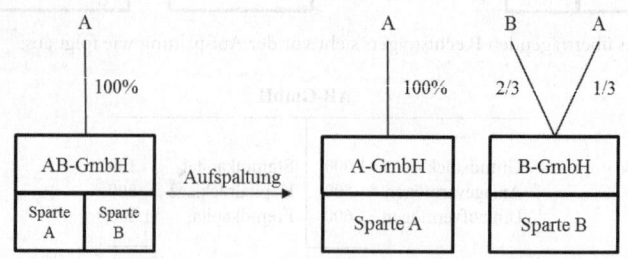

Die Bilanz des übertragenden Rechtsträgers sieht vor der Aufspaltung wie folgt aus:

AB-GmbH

Grundstück	1.000	Stammkapital	100
Anlagevermögen	500	Kapitalrücklage	800
Umlaufvermögen	600	Fremdkapital	1.200
	2.100		2.100

Unternehmenswert AB: stille Reserven		3.000	Sparte A (Unternehmenswert: 2.000) Vermögensgegenstände:		Sparte B (Unternehmenswert: 1.000) Vermögensgegenstände:	
• im Grundstück		800	• Grundstück	1.000	• Anlagevermögen	500
• im Anlagevermögen		100	• Umlaufvermögen	400	• Umlaufvermögen	200
• Firmenwert		1.200	• Fremdkapital	800	• Fremdkapital	400
			stille Reserven		stille Reserven	
			• im Grundstück	800	• im Anlagevermögen	100
			• Firmenwert	600	• Firmenwert	600

Die Bilanz des übernehmenden Rechtsträgers B-GmbH sieht vor der Aufspaltung wie folgt aus:

B-GmbH

Anlagevermögen	1.000	Stammkapital	150	
Umlaufvermögen	500	./. eigene Anteile	50	100
		Kapitalrücklage		500
		Fremdkapital		900
	1.500			1.500

Unternehmenswert:	2.000
stille Reserven	
• im Anlagevermögen	300
• Firmenwert	1.100

A soll entsprechend den Wertverhältnissen der übertragenen Sparte B zur B-GmbH zukünftig an der B-GmbH zu 1/3 beteiligt sein. Anstelle einer Kapitalerhöhung soll A den von der B-GmbH gehaltenen Anteil in Höhe von 50 (der 1/3 des Stammkapitals entspricht) erhalten.

Es wird eine Bilanzierung zu Buchwerten gewählt.

Lösung: Die Bilanzen der beiden übernehmenden Rechtsträger sehen nach der Aufspaltung wie folgt aus:

A-GmbH				B-GmbH			
Grundstück	1.000	Stammkapital	50	Anlagevermögen	1.500	Stammkapital	150
Umlaufvermögen	400	Kapitalrücklage	550	Umlaufvermögen	700	Kapitalrücklage	750
		Fremdkapital	800			Fremdkapital	1.300
	1.400		1.400		2.200		2.200

Da die A-GmbH nur mit Stammkapital in Höhe von 50 gegründet wurde, war die Differenz zum Buchwert des übergehenden Vermögens von 600 (=550) in die Kapitalrücklage einzustellen. Da bei der B-GmbH die eigenen Anteile nur mit 50 ausgewiesen waren, war die Differenz zum Buchwert des übergehenden Vermögens von 300 (=250) in die Kapitalrücklage der B-GmbH einzustellen. Die stillen Reserven im Vermögen der AB-GmbH wurden nicht aufgedeckt.

cc) Aufspaltung ohne Gewährung neuer / Hingabe eigener Anteile. Ein übernehmender Rechtsträger darf von der Gewährung von Anteilen absehen, wenn alle Gesellschafter des übertragenden Rechtsträgers darauf verzichten (§ 54 Abs. 1 S. 3 UmwG; § 68 Abs. 1 S. 3 UmwG). Als einzig praxisrelevanter Fall ist u. E. dabei an die **Seitwärtsaufspaltung (sidestream split-up)** zu denken. Aus Sicht der übernehmenden Rechtsträger fehlt es (wie bei der Seitwärtsverschmelzung) an der Gewährung einer Gegenleistung, so dass es sachgerecht erscheint, die bilanziellen **Grundsätze der Seitwärtsverschmelzung** entsprechend anzuwenden (siehe → § 58 Rn. 86), d. h. ein positives Reinvermögen (zu Buchwerten) ist grds. in die Kapitalrücklage nach § 272 Abs. 2 Nr. 4 HGB einzustellen und ein negatives Reinvermögen (zu Buchwerten) ist unmittelbar mit dem Eigenkapital des übernehmenden Rechtsträgers zu verrechnen. Beim übernehmenden Rechtsträger sind die **Grundsätze der Kapitalerhaltung** zu beachten (vgl. → § 58 Rn. 86). Ein **Mischfall** ist denkbar, wenn es neben der Mutter noch andere Anteilseigner am übernehmenden Rechtsträger gibt (vgl. → § 58 Rn. 89).

Beispiel: A ist zu 100 % an der AB-GmbH, der A-GmbH als auch an der B-GmbH beteiligt. Die AB-GmbH soll dergestalt aufgespalten werden, dass Sparte A sich zukünftig in der A-GmbH und Sparte B sich zukünftig in der B-GmbH befindet.

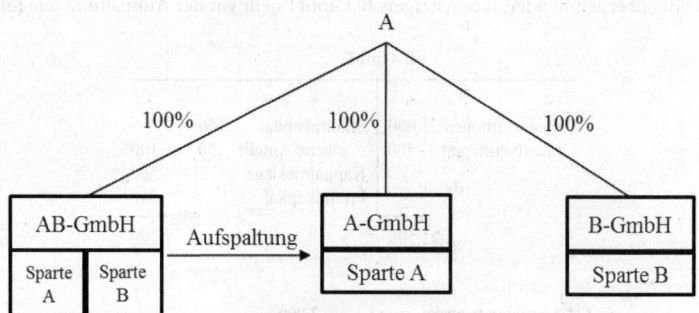

Die Bilanz des übertragenden Rechtsträgers sieht vor der Aufspaltung wie folgt aus:

AB-GmbH

Grundstück	1.000	Stammkapital	100
Anlagevermögen	500	Kapitalrücklage	800
Umlaufvermögen	600	Fremdkapital	1.200
	2.100		2.100

Unternehmenswert AB:	3.000	Sparte A (Unternehmenswert: 2.000)		Sparte B (Unternehmenswert: 1.000)	
stille Reserven		Vermögensgegenstände:		Vermögensgegenstände:	
• im Grundstück	800	• Grundstück	1.000	• Anlagevermögen	500
• im Anlagevermögen	100	• Umlaufvermögen	400	• Umlaufvermögen	200
• Firmenwert	1.200	• Fremdkapital	800	• Fremdkapital	400
		stille Reserven		stille Reserven	
		• im Grundstück	800	• im Anlagevermögen	100
		• Firmenwert	600	• Firmenwert	600

Die Bilanzen der beiden übernehmenden Rechtsträger sehen vor der Aufspaltung wie folgt aus:

A-GmbH				B-GmbH			
Grundstück	800	Stammkapital	100	Anlagevermögen	1.000	Stammkapital	100
Umlaufvermögen	100	Kapitalrücklage	300	Umlaufvermögen	500	Kapitalrücklagen	500
		Fremdkapital	500			Fremdkapital	900
	900		900		1.500		1.500

Unternehmenswert:	1.000	Unternehmenswert:	2.000	
stille Reserven		stille Reserven		
• im Grundstück	600	• im Anlagevermögen	300	
		• Firmenwert	1.100	

Die Aufspaltung soll ohne Anteilsgewährung erfolgen.
Es wird eine Bilanzierung zu Buchwerten gewählt.

Lösung: Die Bilanzen der beiden übernehmenden Rechtsträger sehen nach der Aufspaltung wie folgt aus:

A-GmbH				B-GmbH			
Grundstück	1.800	Stammkapital	100	Anlagevermögen	1.500	Stammkapital	100
Umlaufvermögen	500	Kapitalrücklage	900	Umlaufvermögen	700	Kapitalrücklage	800
		Fremdkapital	1.300			Fremdkapital	1.300
	2.300		2.300		2.200		2.200

Die übernehmende A-GmbH hat das Netto-Buchvermögen der Sparte A, die übernehmende B-GmbH das Netto-Buchvermögen der Sparte B zu erfassen. Diese sind hier jeweils positiv:

Grundstück	1.000		AV:	500
+ UV:	400		+ UV:	200
./. FK:	800		./. FK:	400
	600			300

In der entsprechenden Höhe waren die Kapitalrücklagen der A-GmbH und der B-GmbH zu dotieren.

III. Bilanzierung bei Anteilsinhabern der beteiligten Rechtsträger

Die Folgen einer Aufspaltung bei den Anteilsinhabern der beteiligten Rechtsträger sind gesetzlich nicht geregelt. Zu unterscheiden sind die bilanziellen Folgen bei den **Anteilsinhabern des übertragenden Rechtsträgers** (→ Rn. 42 ff.) von den bilanziellen Folgen bei den **Anteilsinhabern der übernehmenden Rechtsträger** (→ Rn. 47 f.). Zudem bestehen Unterschiede, je nachdem ob die Aufspaltung unter Gewährung neuer Anteile, unter Hingabe eigener Anteile oder ohne Gewährung neuer / Hingabe eigener Anteile erfolgt. Wie bei der Verschmelzung ist die Behandlung bei den Anteilsinhabern grds. unabhängig davon, wie der übernehmende Rechtsträger das Bewertungswahlrecht nach § 24 UmwG ausgeübt hat. 41

1. Folgen bei den Anteilsinhabern des übertragenden Rechtsträgers

a) Allgemeines. Wie bei der Verschmelzung liegt bei der Aufspaltung aus Sicht des Anteilsinhabers des übertragenden Rechtsträgers regelmäßig ein **Tausch oder zumindest tauschähnlicher Vorgang** vor, d. h. seine „alten" Anteile am übertragenden Rechtsträger gehen unter und werden ggf. durch Anteile an den übernehmenden Rechtsträgern ersetzt.[24] 42

Hinsichtlich der **zeitlichen Erfassung** des Vorgangs ist wie bereits bei der Verschmelzung u. E. auf den Zeitpunkt des Übergangs des wirtschaftlichen Eigentums an den Vermögensgegenständen / Schulden (d. h. nicht auf den Spaltungsstichtag und nicht auf den Zeitpunkt der Eintragung der Aufspaltung) abzustellen, denn erst bzw. schon zu diesem Zeitpunkt werden die Maßnahmen, die den Tauschvorgang verursacht haben, bilanziell relevant (vgl. → § 58 Rn. 92). 43

b) Aufspaltung unter Gewährung neuer Anteile. Bei einer **Aufspaltung unter Gewährung neuer Anteile** gelten allgemeine Tauschgrundsätze, d. h. der Wert der untergehenden Anteile bestimmt die Anschaffungskosten für die neuen Anteile. Für den Anteilsinhaber besteht damit u. E. grundsätzlich folgendes Bewertungswahlrecht:[25] 44

– Ansatz mit dem *Buchwert* der untergehenden Anteile
– Ansatz mit dem *Zeitwert* der untergehenden Anteile (u. E. ermittelt auf den Spaltungsstichtag)
– Ansatz mit einem erfolgsneutralen Zwischenwert

---

[24] IDW RS HFA 43, Rz. 32; Sagasser/Bula/Brünger/*Bula/Thees*, § 19 Rz. 109.
[25] IDW RS HFA 43, Rz. 32; Sagasser/Bula/Brünger/*Bula/Thees*, § 19 Rz. 109.

Ein Unterschiedsbetrag ist sofort erfolgswirksam. Bei der Aufspaltung ist zu berücksichtigen, dass der Buchwert / Zeitwert der Beteiligung am aufzuspaltenden Rechtsträger in Beteiligungen an (mindestens) zwei aufnehmenden Rechtsträgern aufzuteilen ist. Diese Aufteilung hat u. E. nach Maßgabe der Zeitwerte des jeweils übergehenden Reinvermögens zu erfolgen.[26] Diese Zeitwerte sind nach Auffassung des IDW auf den Spaltungsstichtag zu ermitteln.[27]

45 c) **Aufspaltung unter Hingabe eigener Anteile.** Wie bei der Verschmelzung gelten u. E. auch bei einer Aufspaltung unter Hingabe eigener Anteile allgemeine Tauschgrundsätze.[28] Die Ausführungen in → Rn. 44 gelten entsprechend.

46 d) **Aufspaltung ohne Gewährung neuer / Hingabe eigener Anteile.** Im einzig praxisrelevanten Fall der **Seitwärtsaufspaltung (sidestream split-up;** s. → Rn. 30) verzichten die Anteilsinhaber des übertragenden Rechtsträgers auf eine Gewährung neuer Anteile, da sie bereits an den übernehmenden Rechtsträgern beteiligt sind. Folglich fehlt es formal an einem Anschaffungsvorgang. Gleichwohl erhöht sich der innere Wert der bereits bestehenden Beteiligungen an den übernehmenden Rechtsträgern infolge der Aufspaltung (und damit auch infolge des Untergangs der Beteiligung am übertragenden Rechtsträger). U. E. erscheint es daher sachgerecht, auch in diesen Fall (wie bereits bei der **Seitwärtsverschmelzung,** → § 58 Rn. 97) einen Tauschvorgang zu fingieren und für die (Neu-)Bewertung der (bestehenden) Anteile an den übernehmenden Rechtsträgern Tauschgrundsätze anzuwenden.[29] Die Ausführungen in → Rn. 44 gelten entsprechend.

2. Folgen bei den Anteilsinhabern der übernehmenden Rechtsträger

47 Da die Anteile der Gesellschafter der übernehmenden Rechtsträger infolge der Aufspaltung im Regelfall nicht „bewegt" werden, ergeben sich für die Anteilsinhaber der übernehmenden Rechtsträger – wie bei der Verschmelzung – u. E. grundsätzlich **keine bilanziellen Konsequenzen.**

48 Besonderheiten bestehen im Fall der **Seitwärtsaufspaltung**, wenn die Anteilsinhaber des übertragenden Rechtsträgers auf eine Gewährung neuer Anteile verzichten, weil sie bereits an den übernehmenden Rechtsträgern beteiligt sind. Zur Behandlung der Anteilsinhaber der übernehmenden Rechtsträger, die zugleich am übertragenen Rechtsträger beteiligt waren, siehe bereits unter → Rn. 46.

IV. Bilanzierung der gesamtschuldnerischen Haftung nach § 133 UmwG
1. Allgemeines

49 Nach § 133 Abs. 1 UmwG haften die an der Spaltung beteiligten Rechtsträger für diejenigen Verbindlichkeiten des übertragenden Rechtsträgers, die vor dem Wirksamwerden der Spaltung begründet worden sind, als Gesamtschuldner. Diese Regelung dient dem Schutz der Gläubiger des spaltenden Rechtsträgers.[30] Der Begriff der **Verbindlichkeit** entspricht dem bilanzrechtlichen Begriff „Schulden" i. S. d. § 246 Abs. 1 S. 1 HGB und umfasst somit sowohl Verbindlichkeiten als auch Rückstellungen (jeweils im bilanziellen Sinne).[31] Die Verbindlichkeit muss vor der Spaltung begründet worden sein (nicht notwendig auch fällig geworden) sein, d. h. der Rechtsgrund für die Entstehung der Forderung muss vor dem maßgebenden Zeitpunkt gelegt worden sein.[32] Da bei der Aufspaltung der übertragende Rechtsträger erlischt, gilt die gesamtschuldnerische Haftung bei der Aufspaltung nur im Verhältnis der beiden (oder weiteren) übernehmenden Rechtsträger.

---

[26] IDW RS HFA 43, Rz. 32; Sagasser/Bula/Brünger/*Bula/Thees*, § 19 Rz. 109.
[27] IDW RS HFA 43, Rz. 39.
[28] IDW RS HFA 42, Rz. 79, 46.
[29] So IDW RS HFA 43, Rz. 35; Kallmeyer/*Lanfermann*, § 125 Rz. 35i.
[30] Sagasser/Bula/Brünger/*Bula/Thees*, § 19 Rz. 100.
[31] IDW RS HFA 43, Rz. 28; Lutter/*Priester*, Anh. nach § 134 UmwG Rz. 12.
[32] Semler/Stengel/*Seulen*, § 133 Rz. 10 ff.

Bei den Verbindlichkeiten, für die eine Haftung der übernehmenden Rechtsträger in 50
Betracht kommt, ist wie folgt zu unterscheiden: Unabhängig von der Regelung des § 133
Abs. 1 UmwG haftet ein übernehmender Rechtsträger zunächst für diejenigen Verbindlichkeiten, die ihm infolge der Aufspaltung (durch den Spaltungs- und Übernahmevertrag bzw. den Spaltungsplan) zugewiesen worden sind (**eigene Verbindlichkeiten**). Daneben haftet er aufgrund der Anordnung des § 133 Abs. 1 UmwG gesamtschuldnerisch auch für diejenigen Verbindlichkeiten des übertragenden Rechtsträgers, die infolge der Aufspaltung einem anderen übernehmenden Rechtsträger zugewiesen worden sind (**Haftung nach § 133 UmwG**).

Die Haftung nach § 133 UmwG gilt jedoch nur, wenn und soweit die entsprechenden 51
Verbindlichkeiten vor Ablauf von **fünf Jahren** nach der Spaltung fällig und Ansprüche daraus in einem gerichtlichen oder behördlichen Verfahren geltend gemacht werden.[33]

Ggf. muss ein an der Spaltung beteiligter Rechtsträger **Sicherheiten** für gegen ihn 52
gerichtete Ansprüche leisten (§ 133 Abs. 1 S. 2 i. V. m. §§ 125, 22 UmwG). Bei der Aufspaltung ist das ein übernehmender Rechtsträger, soweit er eine bestimmte Verbindlichkeit als eigene Verbindlichkeit übernommen hat.[34]

2. Bilanzielle Abbildung der Verpflichtungen

Die einem übernehmenden Rechtsträger infolge der Aufspaltung als **eigene Verbind-** 53
lichkeiten zugewiesenen Verpflichtungen muss dieser nach allgemeinen Grundsätzen passivieren.[35]

Umstritten ist, ob ein übernehmender Rechtsträger darüber hinaus eine Verbindlichkeit 54
passivieren muss, die ihm (nur) infolge der gesamtschuldnerischen **Haftung nach § 133 UmwG** zugewiesen wurde. U. E. ist mit der hM wie folgt zu unterscheiden: Nur sofern die allgemeinen Voraussetzungen für eine Passivierung als Rückstellung oder Verbindlichkeit gegeben sind (d. h. bei drohender oder tatsächlicher Inanspruchnahme) ist eine entsprechende Rückstellung / Verbindlichkeit auszuweisen.[36] Gleichzeitig kann die Aktivierung einer Ausgleichsforderung gegen den anderen übernehmenden Rechtsträger in Betracht kommen, denn im Innenverhältnis besteht ein solcher Ausgleichsanspruch.[37] Sind die Voraussetzungen für eine Passivierung als Rückstellung / Verbindlichkeit (noch) nicht erfüllt, muss eine betroffene mittelgroße oder große Kapital- oder Personenhandelsgesellschaft eine entsprechende Angabe im Anhang machen, wenn diese Angabe für die Beurteilung ihrer Finanzlage von Bedeutung ist (§ 285 Nr. 3a HGB).[38] Nach u. E. zutreffender Auffassung des IDW besteht vor Verpflichtung zur Passivierung als Rückstellung / Verbindlichkeit für einen übernehmenden Rechtsträger jedenfalls keine Verpflichtung zum Vermerk der gesamtschuldnerischen Haftung als Haftungsverhältnis unter der Bilanz i. S. v. § 251 HGB.[39] Denn diese Vorschrift gilt nicht für gesetzliche Haftungsverhältnisse.

---

[33] Vgl. dazu Semler/Stengel/*Seulen*, § 133 Rz. 77 ff.
[34] So auch Schmitt/Hörtnagl/Stratz/*Hörtnagl*, § 133 UmwG Rz. 22.
[35] IDW RS HFA 43, Rz. 26; Schmitt/Hörtnagl/Stratz/*Hörtnagl*, § 133 UmwG Rz. 40; Sagasser/Bula/Brünger/*Bula*/*Thees*, § 19 Rz. 104; Limmer/*Bilitewski*, Teil 7 Kap. 2 Rn. 874; Lutter/*Priester*, Anh. nach § 134 UmwG Rz. 15.
[36] Schmitt/Hörtnagl/Stratz/*Hörtnagl*, § 133 UmwG Rz. 40; Sagasser/Bula/Brünger/*Bula*/*Thees*, § 19 Rz. 104 ff.; Limmer/*Bilitewski*, Teil 7 Kap. 2 Rn. 875; Lutter/*Priester*, Anh. nach § 134 UmwG Rz. 19; a. A. Kleindiek, ZGR 1992, 513, 526 ff.; Teichmann, ZGR 1993, 396, 417: allein aufgrund der (theoretischen) Haftung nach § 133 UmwG Passivierung als Verbindlichkeit erforderlich.
[37] Schmitt/Hörtnagl/Stratz/*Hörtnagl*, § 133 UmwG Rz. 41; Limmer/*Bilitewski*, Teil 7 Kap. 2 Rn. 875; Lutter/*Priester*, Anh. nach § 134 UmwG Rz. 20.
[38] IDW RS HFA 43, Rz. 30; Schmitt/Hörtnagl/Stratz/*Hörtnagl*, § 133 UmwG Rz. 40; Lutter/*Priester*, Anh. nach § 134 UmwG Rz. 17.
[39] IDW RS HFA 43, Rz. 30; Schmitt/Hörtnagl/Stratz/*Hörtnagl*, § 133 UmwG Rz. 40; Limmer/*Bilitewski*, Teil 7 Kap. 2 Rn. 876; a. A. (möglicherweise) Sagasser/Bula/Brünger/*Bula*/*Thees*, § 19 Rz. 104; Lutter/*Priester*, Anh. nach § 134 UmwG Rz. 17.

3. Bilanzielle Abbildung einer etwaigen Sicherheitsleistung

55 Hier stellt sich die Frage, ob nicht jedenfalls etwaige zu leistenden Sicherheiten als Haftungsverhältnisse i. S. v. § 251 HGB auszuweisen sind. Dies wird jedoch von der h. M. mit der u. E. zutreffenden Begründung abgelehnt, dass § 251 HGB die Haftung für eine fremde Schuld voraussetzt. Bei den Sicherheiten nach § 133 Abs. 1 S. 2 i. V. m. §§ 125, 22 UmwG handelt es sich demgegenüber um Sicherheiten für eigene Verbindlichkeiten.[40] Sie sind jedoch ggf. nach § 285 Nr. 1b) HGB im Anhang auszuweisen.[41]

C. Abspaltung

56 Bei der Abspaltung (§ 123 Abs. 2 UmwG) spaltet ein übertragender Rechtsträger einen Teil oder mehrere Teile seines Vermögens durch Übertragung jeweils als Gesamtheit auf einen (oder mehrere) bestehende übernehmende Rechtsträger (Spaltung zur Aufnahme) oder auf einen (oder mehrere) von ihm dadurch gegründete neue Rechtsträger (Spaltung zur Neugründung) ab. Dies erfolgt grds. gegen Gewährung von Anteilen oder Mitgliedschaften des übernehmenden Rechtsträgers an die Anteilsinhaber des übertragenden Rechtsträgers, sofern die Anteilsinhaber nicht darauf verzichten (vgl. § 125 S. 1 i. V. m § 54 Abs. 1 S. 3 UmwG (für GmbH) bzw. § 68 Abs. 1 S. 3 UmwG (für AG)). Anders als bei der Aufspaltung besteht der übertragende Rechtsträger nach der Abspaltung fort, da nur ein Teil seines Vermögens übertragen wird.

I. Bilanzierung beim übertragenden Rechtsträger

1. Die Schlussbilanz

57 Wie bei der Aufspaltung ist auch bei der Abspaltung der Anmeldung zum Register des Sitzes des übertragenden Rechtsträgers eine Schlussbilanz beizufügen (§ 125 S. 1 i. V. m. § 17 Abs. 2 UmwG. Das Fehlen einer (ordnungsgemäßen) Schlussbilanz ist Eintragungshindernis. Es gelten die Ausführungen zur Aufspaltung entsprechend (s. dazu → Rn. 4).

58 **a) Gesamtschlussbilanz oder Teilschlussbilanzen?** Da auch bei der Abspaltung für die Schlussbilanz die Vorschriften über die Jahresbilanz und deren Prüfung „entsprechend" gelten sollen (§ 125 S. 1 i. V. m. § 17 Abs. 2 S. 2 UmwG), ist auch bei der Abspaltung umstritten, ob die Einreichung einer **Gesamtschlussbilanz** (d. h. einer Bilanz, die das Gesamtvermögen des übertragenden Rechtsträgers umfasst) ausreichend ist oder ob darüber hinaus (oder stattdessen) die Einreichung von **Teilschlussbilanzen** (die jeweils das auf die einzelnen übernehmenden Rechtsträger zu übertragende Vermögen ausweisen) erforderlich oder möglich sein soll. Nach u. E. zutreffender Auffassung der h. M. ergibt sich auch bei der Abspaltung aus dem Gesetz an keiner Stelle der Zwang zur Aufstellung von Teilschlussbilanzen, so dass die Aufstellung (und Einreichung) einer Gesamtschlussbilanz ausreichend sein sollte (vgl. dazu auch → Rn. 5). Davon losgelöst ist die Frage, ob anstelle einer Gesamtschlussbilanz auch zwei (oder mehrere) Teilschlussbilanzen aufgestellt (und eingereicht) werden können. Dies wird von der h. M. mit zweifelhafter dogmatischer Begründung (wohl insbesondere aus Praktikabilitätsgründen) bejaht.[42] Bei der Abspaltung soll es laut *IDW* aus Vereinfachungsgründen sogar zulässig sein, nur eine Teilbilanz für das zu übertragende Vermögen einzureichen, wenn das zu übertragende Vermögen im Verhältnis zum Gesamtvermögen des übertragenden Rechtsträgers unwesentlich ist.[43] Die

---

[40] IDW RS HFA 43, Rz. 31; Sagasser/Bula/Brünger/*Bula/Thees*, § 19 Rz. 107.
[41] Sagasser/Bula/Brünger/*Bula/Thees*, § 19 Rz. 107.
[42] IDW RS HFA 43, Rz. 8; WP-HdB Bd. II F Rz. 119; Kallmeyer/*Lanfermann*, § 125 Rz. 35a; kritisch hingegen Schmitt/Hörtnagl/Stratz/*Hörtnagl*, § 17 UmwG Rz. 51; Sagasser/Bula/Brünger/ *Bula/Thees*, § 19 Rz. 20 f.
[43] IDW RS HFA 43, Rz. 8.

Einreichung (nur) von Teilschlussbilanzen sollte vorsorglich mit dem zuständigen Registergericht abgestimmt werden.

b) Grundsätze zur Aufstellung, Prüfung und Inhalt der Schlussbilanz. Bei der 59 Abspaltung ergeben sich im Hinblick auf die **Einreichung der Schlussbilanz und ihrer Bestandteile** (siehe dazu → Rn. 6), die **Aufstellung und Prüfung der Schlussbilanz** (siehe dazu → Rn. 7), den **Inhalt der Schlussbilanz** (siehe dazu → Rn. 8), die **Inventur** (siehe dazu → Rn. 9), den **Stichtag der Schlussbilanz** (siehe dazu → Rn. 10) und die **Besonderheiten bei einer AG als übertragendem Rechtsträger** (§ 63 Abs. 1 Nr. 3 UmwG; siehe dazu → Rn. 11) im Verhältnis zur Aufspaltung keine Besonderheiten. Auf die dortigen Ausführungen wird daher vollumfänglich verwiesen.

Besonderheiten ergeben sich jedoch daraus, dass der übertragende Rechtsträger nach der 60 Abspaltung fortbesteht. Dies hat Auswirkungen auf die Abbildung der Abspaltung in dem **nach Wirksamwerden der Abspaltung aufzustellenden Jahresabschluss** (siehe dazu gleich unter → Rn. 62 ff.).

2. Abbildung der Abspaltung im regulären Jahresabschluss

a) Keine Bilanz auf Eintragung der Abspaltung. Da der übertragende Rechtsträger 61 trotz der Abspaltung fortbesteht, stellt sich nicht die Frage, ob auf den **Tag des Wirksamwerdens der Abspaltung**, d. h. den Tag der Eintragung der Abspaltung ins Handelsregister, ein gesonderter Jahresabschluss aufgestellt werden muss.

b) Bilanzierung am regulären Abschlussstichtag. aa) Allgemeines. Anders als bei 62 der Aufspaltung besteht die **Rechnungslegungspflicht** der übertragenden Gesellschaft trotz Abschluss des Spaltungsvertrags / Beschlussfassung über die Abspaltung / Eintragung der Abspaltung ins Handelsregister fort.[44]

Wie bei der Aufspaltung ist für die Frage des **Ausweises der Vermögensgegenstände 63 / Schulden**, die von der Abspaltung betroffen sind, in einem nach dem Spaltungsstichtag aufzustellenden Jahresabschluss des übertragenden Rechtsträgers entscheidend, ob dieser zum Abschlussstichtag noch das wirtschaftliche Eigentum (§ 246 Abs. 2 HGB) an diesen Vermögensgegenständen / Schulden hat (s. dazu → Rn. 14). Die **Ergebniszuordnung** folgt dabei grds. der Zuordnung der Vermögensgegenstände und Schulden (s. dazu → Rn. 14).

Liegt das **wirtschaftliche Eigentum** des abgespaltenen Vermögens am Abschlussstichtag 64 bereits beim übernehmenden Rechtsträger (wovon spätestens im Jahresabschluss, welcher der Eintragung der Abspaltung ins Handelsregister folgt, auszugehen ist), sind die bilanziellen Folgen der Abspaltung im regulären Jahresabschluss zu erfassen.

bb) Bilanzielle Abbildung der Abspaltung. Aus Sicht des übertragenden Rechts- 65 trägers ist die Abspaltung (wie auch die Aufspaltung) ein Anschaffungs- und Veräußerungsgeschäft. Allerdings handelt es sich dabei nicht um einen laufenden Geschäftsvorfall des übertragenden Rechtsträgers, der als laufender Aufwand oder Ertrag in der GuV zu erfassen wäre.[45] Grund ist, dass die aus der Abspaltung resultierende Vermögensminderung oder Vermögensmehrung im Gesellschaftsverhältnis begründet liegt. Anders formuliert stellt die Abspaltung eine auf einer Beschlussfassung der Anteilsinhaber des übertragenden Rechtsträgers beruhende, und damit durch das Gesellschaftsverhältnis veranlasste Vermögensauskehrung (bei **Abspaltung eines positiven bilanziellen Vermögenssaldos (= positiver Buchwertsaldo)**) bzw. Vermögenseinlage (bei **Abspaltung eines negativen bilanziellen Vermögenssaldos (= negativer Buchwertsaldo)**) dar.[46]

---

[44] Sagasser/Bula/Brünger/*Bula/Thees*, § 19 Rz. 43.
[45] IDW RS HFA 43, Rz. 11; Schmitt/Hörtnagl/Stratz/*Hörtnagl*, § 17 UmwG Rz. 51; Sagasser/Bula/Brünger/*Bula/Thees*, § 19 Rz. 46 f.; Kallmeyer/*Lanfermann*, § 125 Rz. 35c; Lutter/*Priester*, Anh. nach § 134 UmwG Rz. 3; a. A. Widmann/Mayer/*Widmann*, § 24 Rz. 167.
[46] IDW RS HFA 43, Rz. 11.

66 Für Zwecke der hier näher dargestellten bilanziellen Abbildung der Abspaltung in der Jahresbilanz des übertragenden Rechtsträgers kommt es ausschließlich auf den **Saldo der Buchwerte** des zu übertragenden Vermögens an. Dies gilt im Übrigen unabhängig davon, ob die (Ab-)Spaltung zu Buchwerten oder zu Anschaffungskosten (Wahlrecht nach § 24 UmwG) erfolgt. Davon zu trennen ist die Frage, ob der **Saldo der Verkehrswerte** des zu übertragenden Vermögens positiv oder negativ ist (dies ist für den übernehmenden Rechtsträger insbesondere bei der Spaltung zur Neugründung relevant, vgl. dazu → Rn. 81).

67 Die **Abspaltung eines positiven Buchwertsaldos** führt dazu, dass sich das bilanzielle Eigenkapital des übertragenden Rechtsträgers vermindert (sog. abspaltungsbedingte bilanzielle Vermögensminderung).[47] Wirtschaftlich wird in diesem Fall infolge der Abspaltung ein Teil des Vermögens der übertragenden Gesellschaft an die Anteilseigner ausgeschüttet. Die entspricht dem Vorgang der Ergebnisverwendung. In der Praxis wird daher die Abspaltung eines positiven Buchwertsaldos in der GuV (wie andere Formen der Ergebnisverwendung) nach dem Posten „Jahresüberschuss/Jahresfehlbetrag" gesondert als **„Vermögensminderung durch Abspaltung"** ausgewiesen[48], und zwar sowohl bei der AG als auch bei der GmbH.[49] Zum Zusammenspiel der Abspaltung eines positiven Buchwertsaldos mit den **Grundsätzen der Kapitalerhaltung** siehe gleich unter → Rn. 69 ff.

68 Die **Abspaltung eines negativen Buchwertsaldos** führt dazu, dass sich das bilanzielle Eigenkapital des übertragenden Rechtsträgers erhöht (sog. abspaltungsbedingte bilanzielle Vermögensmehrung).[50] Da diese Mehrung wirtschaftlich durch die Anteilseigner erfolgt, erscheint es sachgerecht, diesen Fall einer Kapitalzuführung durch die Anteilseigner gleichzustellen und den Saldo in der Kapitalrücklage nach § 272 Abs. 2 Nr. 4 HGB zu erfassen.[51]

3. Kapitalerhaltung beim übertragenden Rechtsträger

69 **a) Erklärung zur Kapitalerhaltung.** Die Abspaltung eines positiven Buchwertsaldos kollidiert beim übertragenden Rechtsträger mit den **Grundsätzen der Kapitalerhaltung**, wenn infolge der Abspaltung eine Unterbilanz entstehen würde. Um eine solche Situation zu verhindern, sieht das Gesetz vor, dass die **gesetzlichen Vertreter einer AG oder GmbH** als übertragender Gesellschaft bei der Anmeldung der Abspaltung ins Handelsregister die Erklärung abgeben, dass die Voraussetzungen der Gründung der Gesellschaft unter Berücksichtigung der Abspaltung im Zeitpunkt der Anmeldung vorliegen (§ 140 UmwG für die GmbH; § 146 Abs. 1 UmwG für die AG). Damit soll sichergestellt werden, dass die Mindesthöhe des gezeichneten Kapitals (Stammkapital; Grundkapital) des übertragenden Rechtsträgers infolge der Abspaltung nicht unterschritten wird.[52] Die Erklärung ist gemäß § 313 Abs. 2 UmwG strafbewehrt.

70 Da es auf den **Zeitpunkt der Anmeldung** ankommt, ist das sich aus der Schlussbilanz ergebende Eigenkapital fortzuentwickeln. Zu berücksichtigen sind zum einen Gewinne/Verluste aus der Zeit zwischen dem Bilanzstichtag und dem Zeitpunkt der Anmeldung zum Handelsregister[53], zum anderen (und insbesondere) Eigenkapitalmaßnahmen (wie Kapital-

---

[47] IDW RS HFA 43, Rz. 12; Sagasser/Bula/Brünger/*Bula/Thees*, § 19 Rz. 48; Kallmeyer/*Lanfermann*, § 125 Rz. 35c.

[48] IDW RS HFA 43, Rz. 17 f.; Schmitt/Hörtnagl/Stratz/*Hörtnagl*, § 17 UmwG Rz. 57; Sagasser/Bula/Brünger/*Bula/Thees*, § 19 Rz. 47; Lutter/*Priester*, Anh. nach § 134 UmwG Rz. 7.

[49] IDW RS HFA 43, Rz. 17 f.

[50] IDW RS HFA 43, Rz. 19; Sagasser/Bula/Brünger/*Bula/Thees*, § 19 Rz. 58; Kallmeyer/*Lanfermann*, § 125 Rz. 35c.

[51] So die h. M. s. IDW RS HFA 43, Rz. 19; Sagasser/Bula/Brünger/*Bula/Thees*, § 19 Rz. 59 f.; Kallmeyer/*Lanfermann*, § 125 Rz. 35c; Lutter/*Priester*, Anh. nach § 134 UmwG Rz. 7; zustimmend Schmitt/Hörtnagl/Stratz/*Hörtnagl*, § 17 UmwG Rz. 58, der allerdings den Gesellschaftern (auch) das Recht einräumt, die Vermögensmehrung als (außerordentlichen) Ertrag über die GuV-Rechnung zu erfassen (Erfolgsbeitrag/Erfolgszuschuss).

[52] Siehe dazu näher Sagasser/Bula/Brünger/*Bula/Thees*, § 19 Rz. 49 ff.

[53] IDW RS HFA 43, Rz. 16; Sagasser/Bula/Brünger/*Bula/Thees*, § 19 Rz. 51.

herabsetzungen, Kapitalerhöhungen und Gewinnausschüttungen), die in dieser Interimsperiode bilanziell wirksam geworden sind.[54] Siehe zu möglichen Kapitalerhaltungsmaßnahmen unter → Rn. 71 ff.

b) Maßnahmen zur Kapitalerhaltung. Würde infolge der Abspaltung eine Unterbilanz entstehen, muss der übertragende Rechtsträger zuvor Maßnahmen zum Ausgleich der abspaltungsbedingten Vermögensminderung ergreifen. Das gilt u. E. auch dann, wenn bereits zuvor (d. h. ohne die Abspaltung) eine Unterbilanz bestand. 71

In einem ersten Schritt sind zunächst sämtliche **ungebundenen Eigenkapitalteile** (Gewinnvortrag, Gewinnrücklagen, Kapitalrücklagen) in voller Höhe aufzulösen.[55] Bei einer **AG** ist eine bestimmte Reihenfolge zu beachten: Zunächst sind die frei verfügbaren Rücklagen, danach die Kapitalrücklagen nach § 272 Abs. 2 Nr. 1 bis 3 HGB und schließlich die gesetzliche Rücklage nach § 150 AktG aufzulösen, letztere aber nur soweit die gesetzliche Rücklage und die Kapitalrücklagen nach § 272 Abs. 2 Nr. 1 bis 3 HGB zusammen den Betrag von 10 % des nach der Spaltung verbleibenden Grundkapitals übersteigen.[56] Auch bei einer **GmbH** ist nach § 58a Abs. 2 GmbHG zunächst der Teil der Kapital- und Gewinnrücklagen aufzulösen, der über 10 % des nach der Spaltung verbleibenden Stammkapitals hinausgeht. Von der Auflösung ausgenommen sind die Rücklage für Anteile an einem herrschenden oder mehrheitlich beteiligten Unternehmen gemäß § 272 Abs. 4 HGB sowie Rücklagenteile, die nach § 268 Abs. 8 HGB gegen Ausschüttungen gesperrt sind, soweit die mit der Rücklage in wirtschaftlichem Zusammenhang stehenden Vermögensgegenstände beim übertragenden Rechtsträger verbleiben.[57] 72

Reichen diese Maßnahmen nicht aus, hält das UmwG das Institut der **vereinfachten Kapitalherabsetzung** (§ 139 UmwG i. V. m. § 58a GmbHG für die GmbH; § 145 UmwG i. V. m. §§ 229 ff. AktG für die AG) bereit. Der Vorteil dieses Verfahrens im Vergleich zur ordentlichen Kapitalherabsetzung besteht insbesondere im Verzicht auf die andernfalls geltende Sperrfrist und dient damit der Verfahrensbeschleunigung.[58] 73

Diese Vereinfachungsregelungen gelten aber nur, wenn die (vereinfachte) Kapitalherabsetzung **erforderlich** ist. Dies bedeutet, dass zuvor alle ungebundenen Eigenkapitalanteile (→ Rn. 72) in voller Höhe aufgelöst worden sein müssen.[59] Die Erforderlichkeit richtet sich nach dem aus der Schlussbilanz fortentwickelten Eigenkapital unter Berücksichtigung sämtlicher Eigenkapitalmaßnahmen, die in der Zeit nach dem Spaltungsstichtag bis zur Beschlussfassung über die Abspaltung beschlossen bzw. ohne Beschluss vorgenommen wurden.[60] Nach u. E. zutreffender Ansicht des IDW berühren Gewinn oder Verluste, die nach dem Stichtag der Schlussbilanz aber bis zur Anmeldung der Spaltung zum Handelsregister eintreten, die Zulässigkeit der vereinfachten Kapitalherabsetzung nicht.[61] Eine Kapitalherabsetzung kann danach jedoch unterbleiben, soweit ein Gewinn zwischen dem Stichtag der Schlussbilanz und der Anmeldung aus dem verbleibenden Vermögen erzielt und dieser durch eine Zwischenbilanz nachgewiesen worden ist.[62] 74

Die vereinfachte Kapitalherabsetzung unterliegt **Beschränkungen**. Sie darf insbesondere nicht dazu führen, dass das gesetzliche Mindestkapital (25.000 Euro bei der GmbH, 50.000 Euro bei der AG) unterschritten wird.[63] Ferner ist die vereinfachte Kapitalherabsetzung u. E. nur bis zur Höhe der spaltungsbedingten Vermögensminderung möglich; eine 75

---

[54] Vgl. IDW RS HFA 43, Rz. 15; Sagasser/Bula/Brünger/*Bula/Thees*, § 19 Rz. 51.
[55] Sagasser/Bula/Brünger/*Bula/Thees*, § 19 Rz. 53; Schmitt/Hörtnagl/Stratz/*Hörtnagl*, § 17 UmwG Rz. 57.
[56] IDW RS HFA 43, Rz. 14.
[57] IDW RS HFA 43, Rz. 14.
[58] Sagasser/Bula/Brünger/*Bula/Thees*, § 19 Rz. 55.
[59] IDW RS HFA 43, Rz. 14; Sagasser/Bula/Brünger/*Bula/Thees*, § 19 Rz. 56.
[60] IDW RS HFA 43, Rz. 15.
[61] IDW RS HFA 43, Rz. 16.
[62] IDW RS HFA 43, Rz. 16.
[63] Sagasser/Bula/Brünger/*Bula/Thees*, § 19 Rz. 55.

darüber hinaus gehende Unterbilanz wäre ggf. nach den Regeln der normalen Kapitalherabsetzung zu beseitigen.[64]

76 Der aus der vereinfachten Kapitalherabsetzung gewonnene Ertrag ist bei der AG als „**Ertrag aus der Kapitalherabsetzung**" in der GuV (wie bereits der Posten „Vermögensminderung durch Abspaltung") gesondert auszuweisen (§ 240 AktG). Nach u. E. zutreffender Auffassung des IDW[65] erscheint auch bei der GmbH ein entsprechender Ausweis als sachgerecht.

77 Führt auch die vereinfachte Kapitalherabsetzung nicht zu einer Beseitigung der Unterbilanz, müssen **sonstige Maßnahmen** ergriffen werden, die zu einer Erhöhung des Kapitals beim übertragenden Rechtsträger führen (wie z. B. Forderungsverzichte, Schuldübernahmen, freiwillige Zuschüsse oder sonstige Kapitalzuführungen). Andernfalls ist die Abspaltung unzulässig.[66]

78 **Beispiel:** A ist zu 100 % an der AB-GmbH beteiligt. Von der AB-GmbH soll die Sparte A auf die A-GmbH abgespalten werden. Die A-GmbH soll durch die Abspaltung neu gegründet werden.

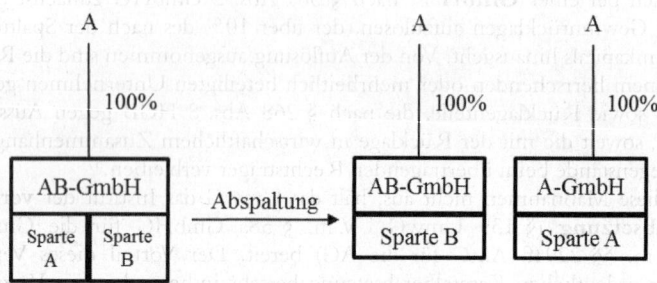

Die Bilanz des übertragenden Rechtsträgers sieht vor der Abspaltung wie folgt aus:

AB-GmbH

Grundstück	1.000	Stammkapital	100
Anlagevermögen	500	Kapitalrücklage	800
Umlaufvermögen	600	Fremdkapital	1.200
	2.100		2.100

Unternehmenswert AB:	3.000	Sparte A (Unternehmenswert: 2.000)		Sparte B (Unternehmenswert: 1.000)	
stille Reserven		Vermögensgegenstände:		Vermögensgegenstände:	
• im Grundstück	800	• Grundstück	1.000	• Anlagevermögen	500
• im Anlagevermögen	100	• Umlaufvermögen	400	• Umlaufvermögen	200
• Firmenwert	1.200	• Fremdkapital	550	• Fremdkapital	650
		stille Reserven		stille Reserven	
		• im Grundstück	550	• im Anlagevermögen	400
		• Firmenwert	600	• Firmenwert	550

Die Abspaltung soll zur Neugründung gegen Sacheinlage erfolgen, d. h. A soll Stammkapital in Höhe von 50 erhalten.

Es wird eine Bilanzierung zu Buchwerten gewählt.

---

[64] So (wohl) Sagasser/Bula/Brünger/*Bula/Thees*, § 19 Rz. 56.
[65] IDW RS HFA 43, Rz. 18.
[66] Sagasser/Bula/Brünger/*Bula/Thees*, § 19 Rz. 57 weist zutreffend darauf hin, dass in einem solchen Fall über ein Aufspaltung als Ausweg nachgedacht werden könnte.

Lösung: Die Bilanz des übertragenden Rechtsträgers sieht nach der Abspaltung wie folgt aus:

AB-GmbH

Anlagevermögen	500	Stammkapital	50
Umlaufvermögen	200	Kapitalrücklage	0
		Fremdkapital	650
	700		700

Sparte B (Unternehmenswert: 1.000)
Vermögensgegenstände:

- Anlagevermögen 500
- Umlaufvermögen 200
- Fremdkapital 650

stille Reserven

- im Anlagevermögen 400
- Firmenwert 550

Zur Vermeidung einer Unterbilanz der AB-GmbH nach Abspaltung musste zunächst die Kapitalrücklage vollständig aufgelöst und zudem eine vereinfachte Kapitalherabsetzung um 50 vorgenommen werden.

II. Bilanzierung beim übernehmenden Rechtsträger

1. Allgemeines

Mit Eintragung der Abspaltung gehen die von der Abspaltung erfassten Vermögensgegenstände und Schulden des übertragenden Rechtsträgers auf den übernehmenden Rechtsträger über. Wie bei der Aufspaltung stellt sich dieser Vermögensübergang aus seiner Sicht als **Anschaffungsvorgang** dar: Der übernehmende Rechtsträger gewährt als Gegenleistung für den Erwerb der Vermögensgegenstände und Schulden entweder neue Anteile (Abspaltung mit Kapitalerhöhung) oder eigene Anteile (Abspaltung ohne Kapitalerhöhung), sofern die Anteilsinhaber des übertragenden Rechtsträgers nicht auf die Gewährung von Anteilen verzichten (§ 54 Abs. 1 S. 3 UmwG; § 68 Abs. 1 S. 3 UmwG). Wie auch die Aufspaltung erfolgt die Abspaltung ohne Anteilsgewährung, soweit der übernehmende Rechtsträger am übertragenden Rechtsträger beteiligt ist. Es gelten daher weitgehend die gleichen bilanziellen Folgen wie bei der Aufspaltung. Es wird insoweit vollumfänglich auf die entsprechenden Ausführungen bei der Aufspaltung zur **zeitlichen Erfassung** (d. h. in welcher Bilanz sind die Vermögensgegenstände und Schulden erstmalig zu erfassen, → Rn. 17 ff.) und zur **Ansatzebene** (d. h. welche Positionen sind in der Bilanz des übernehmenden Rechtsträgers anzusetzen, → Rn. 20 ff.) verwiesen. Aus Gründen der besseren Veranschaulichung wird die **Bewertungsebene** (d. h. die Frage mit welchen Werten die übergegangenen Vermögensgegenstände und Schulden beim übernehmenden Rechtsträger anzusetzen sind) nachfolgend näher dargestellt. Auch dort gelten die Grundsätze zur Abspaltung (→ Rn. 23 ff.) jedoch entsprechend, sofern sich aus den nachfolgenden Abschnitten nichts Gegenteiliges ergibt.

2. Bewertung der übernommenen Vermögensgegenstände und Schulden

Wie bei der Aufspaltung räumt § 24 UmwG dem übernehmenden Rechtsträger das u. E. grds. uneingeschränkte **Wahlrecht** ein, die übergehenden Vermögensgegenstände und Schulden entweder nach §§ 253 Abs. 1, 255 Abs. 1 HGB mit den **tatsächlichen An-**

schaffungskosten oder mit den **Buchwerten aus der Schlussbilanz** des übertragenden Rechtsträgers, die dann als Anschaffungskosten gelten, zu bewerten (→ Rn. 23).

81 **a) Bewertung mit tatsächlichen Anschaffungskosten. aa) Abspaltung unter Gewährung neuer Anteile.** Bei der **Abspaltung auf eine Kapitalgesellschaft** ist die Gewährung neuer Anteile am übernehmenden Rechtsträger an die (bisherigen) Gesellschafter des übertragenden Rechtsträgers der gesetzliche Regelfall (§ 55 UmwG). Rechtstechnisch erfolgt die Gewährung im Wege einer Kapitalerhöhung (Abspaltung zur Aufnahme) oder bei Gründung (Abspaltung zur Neugründung) des übernehmenden Rechtsträgers. In beiden Fällen gelten die Grundsätze über die Bewertung von **Sacheinlagen** entsprechend. Die Anschaffungskosten werden dabei durch den **Ausgabebetrag der gewährten Anteile** (Nennbetrag zuzüglich etwaigen Aufgeldes) bestimmt. Wie bei der Aufspaltung wird die Obergrenze der Anschaffungskosten – und damit der maximale Ausgabebetrag der gewährten Anteile – durch den Zeitwert des übergehenden Vermögens am Spaltungsstichtag bestimmt. Darüber hinaus gelten folgende Grundsätzen (vgl. → Rn. 24):

– Wird im Kapitalerhöhungsbeschluss neben der Bestimmung des Nennbetrags / geringsten Ausgabebetrags der neuen Anteile auch ein **beziffertes Aufgeld (Agio)** festgesetzt, setzen sich die Anschaffungskosten zusammen aus dem Nennbetrag / geringsten Ausgabebetrag der Anteile und dem Aufgeld.

– Wird im Kapitalerhöhungsbeschluss bestimmt, dass eine Differenz zwischen dem Zeitwert der übernommenen Vermögensgegenstände / Schulden und dem Nennbetrag / geringsten Ausgabebetrag der neuen Anteile (**unbeziffertes Agio**) in die Kapitalrücklage nach § 272 Abs. 2 Nr. 1 HGB einzustellen ist, setzen sich die Anschaffungskosten zusammen aus dem Nennbetrag / geringsten Ausgabebetrag der Anteile und dem diesen Betrag übersteigenden Teil des Zeitwertes.

– Wird im Kapitalerhöhungsbeschluss nur der Nennbetrag / geringste Ausgabebetrag der neuen Anteile festgelegt, ist durch Auslegung zu ermitteln, ob die Anschaffungskosten durch den Nennbetrag / geringsten Ausgabebetrag der neuen Anteile bestimmt sind oder ob ein Agio in Höhe des Unterschiedsbetrags zwischen dem Nennbetrag / geringsten Ausgabebetrag der neuen Anteile und dem Zeitwert der übernommenen Vermögensgegenstände / Schulden – mit der Folge entsprechend höherer Anschaffungskosten – in die Kapitalrücklage nach § 272 Abs. 2 Nr. 1 HGB einzustellen ist.

82 Zur Ermittlung der Anschaffungskosten (insbes. zur Behandlung von **baren Zuzahlungen** und zur Ermittlung der **Anschaffungsnebenkosten**) sowie zu Besonderheiten bei einer **Abspaltung auf eine Personenhandelsgesellschaft** wird auf die entsprechenden Ausführungen zur Aufspaltung verwiesen (s. Rn. 25 und 27).

83 **Beispiel:** A ist zu 100 % an der AB-GmbH beteiligt. Von der AB-GmbH soll die Sparte A auf die A-GmbH abgespalten werden. Die A-GmbH soll durch die Abspaltung neu gegründet werden.

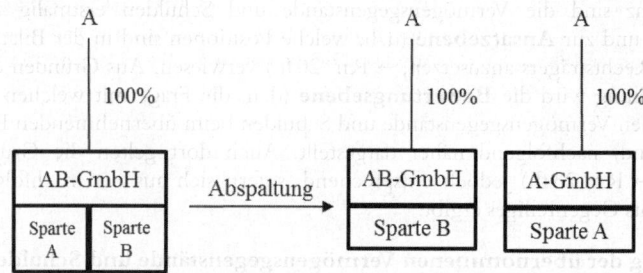

Die Bilanz des übertragenden Rechtsträgers sieht vor der Abspaltung wie folgt aus:

AB-GmbH

Grundstück	1.000	Stammkapital	100
Anlagevermögen	500	Kapitalrücklage	800
Umlaufvermögen	600	Fremdkapital	1.200
	2.100		2.100

Unternehmenswert AB:	3.000	Sparte A (Unternehmenswert: 2.000)		Sparte B (Unternehmenswert: 1.000)	
stille Reserven		Vermögensgegenstände:		Vermögensgegenstände:	
• im Grundstück	800	• Grundstück	1.000	• Anlagevermögen	500
• im Anlagevermögen	100	• Umlaufvermögen	400	• Umlaufvermögen	200
• Firmenwert	1.200	• Fremdkapital	800	• Fremdkapital	400
		stille Reserven		stille Reserven	
		• im Grundstück	800	• im Anlagevermögen	100
		• Firmenwert	600	• Firmenwert	600

Die Abspaltung soll zur Neugründung gegen Sacheinlage erfolgen, d. h. A soll Stammkapital in Höhe von 50 erhalten.

Es wird eine Bilanzierung zu Anschaffungskosten gewählt. Die Differenz zwischen dem Nennbetrag der neuen Anteile und dem Zeitwert des übernommenen Vermögens soll in die Kapitalrücklage nach § 272 Abs. 2 Nr. 1 HGB eingestellt werden.

Lösung: Die Bilanz des übernehmenden Rechtsträgers sieht nach der Abspaltung wie folgt aus:

A-GmbH

Grundstück	1.800	Stammkapital	50
Umlaufvermögen	400	Kapitalrücklage	1.950
Firmenwert	600	Fremdkapital	800
	2.800		2.800

Da die A-GmbH nur mit Stammkapital in Höhe von 50 gegründet wurde, war die Differenz zum Zeitwert des übergehenden Vermögens von 2.000 (=1.950) in die Kapitalrücklage einzustellen. Die betreffenden stillen Reserven im Vermögen der AB-GmbH waren aufzudecken.

bb) Abspaltung unter Hingabe eigener Anteile. Hält der übernehmende Rechtsträger eigene Anteile, können den Gesellschaftern des übertragenden Rechtsträgers auch diese eigenen Anteile als Gegenleistung für den Vermögensübergang hingegeben werden, d. h. insoweit ist eine Kapitalerhöhung nicht erforderlich (vgl. § 54 Abs. 1 S. 2 Nr. 1 UmwG; § 68 Abs. 1 S. 2 Nr. 1 UmwG). Dieser Vorgang ist wie bei der Aufspaltung als **Tauschvorgang** abzubilden, so dass grundsätzlich folgendes Bewertungswahlrecht besteht:
– Ansatz mit dem *Buchwert* der hingegebenen eigenen Anteile
– Ansatz mit dem höheren *Zeitwert* der hingegebenen eigenen Anteile, der sich nach dem (vorsichtig geschätzten) Zeitwert des übergehenden Reinvermögens zum Spaltungsstichtag bestimmt
– Ansatz mit einem erfolgsneutralen *Zwischenwert*.

Ein Unterschiedsbetrag bei Ansatz des Zeitwertes ist in die Kapitalrücklage nach § 272 Abs. 2 Nr. 1 HGB einzustellen (vgl. → Rn. 28).

Beispiel: A ist zu 100 % an der AB-GmbH beteiligt. Von der AB-GmbH soll die Sparte B auf die B-GmbH abgespalten werden. Die B-GmbH hält eigene Anteile.

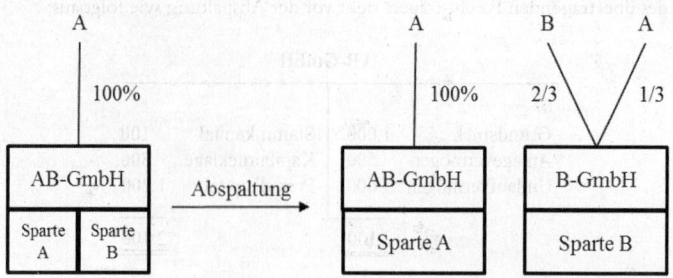

Die Bilanz des übertragenden Rechtsträgers sieht vor der Abspaltung wie folgt aus:

AB-GmbH

Grundstück	1.000	Stammkapital	100
Anlagevermögen	500	Kapitalrücklage	800
Umlaufvermögen	600	Fremdkapital	1.200
	2.100		2.100

Unternehmenswert AB:	3.000	Sparte A (Unternehmenswert: 2.000)		Sparte B (Unternehmenswert: 1.000)	
stille Reserven		Vermögensgegenstände:		Vermögensgegenstände:	
• im Grundstück	800	• Grundstück	1.000	• Anlagevermögen	500
• im Anlagevermögen	100	• Umlaufvermögen	400	• Umlaufvermögen	200
• Firmenwert	1.200	• Fremdkapital	800	• Fremdkapital	400
		stille Reserven		stille Reserven	
		• im Grundstück	800	• im Anlagevermögen	100
		• Firmenwert	600	• Firmenwert	600

Die Abspaltung soll zur Aufnahme gegen Gewährung eigener Anteile erfolgen. A soll Anteile in Höhe von 50 erhalten.

Die Bilanz des übernehmenden Rechtsträgers sieht vor der Abspaltung wie folgt aus:

B-GmbH

Anlagevermögen	1.000	Stammkapital		150
Umlaufvermögen	500	./. eigene Anteile	50	100
		Kapitalrücklage		500
		Fremdkapital		900
	1.500			1.500

Unternehmenswert:	2.000
stille Reserven	
• im Anlagevermögen	300
• Firmenwert	1.100

A soll entsprechend den Wertverhältnissen der übertragenen Sparte B zur B-GmbH zukünftig an der B-GmbH zu 1/3 beteiligt sein. Anstelle einer Kapitalerhöhung soll A den von der B-GmbH gehaltenen Anteil in Höhe von 50 (der 1/3 des Stammkapitals entspricht) erhalten.

Es wird eine Bilanzierung zu Anschaffungskosten gewählt. Das übergehende Vermögen soll mit dem Zeitwert der hingegebenen eigenen Anteile bilanziert werden (der sich nach dem Zeitwert des übergehenden Vermögens richtet). Der Unterschiedsbetrag soll in die Kapitalrücklage nach § 272 Abs. 2 Nr. 1 HGB eingestellt werden.

Lösung: Die Bilanz des übernehmenden Rechtsträgers sieht nach der Abspaltung wie folgt aus:

B-GmbH			
Anlagevermögen	1.600	Stammkapital	150
Umlaufvermögen	700	Kapitalrücklage	1.450
Firmenwert	600	Fremdkapital	1.300
	2.900		2.900

Da bei der B-GmbH die eigenen Anteile nur mit 50 ausgewiesen waren, war die Differenz zum Zeitwert des übergehenden Vermögens von 1.000 (=950) in die Kapitalrücklage der B-GmbH einzustellen. Die entsprechenden stillen Reserven im Vermögen der AB-GmbH waren aufzudecken.

cc) Abspaltung ohne Gewährung neuer / Hingabe eigener Anteile. Wie bei der Aufspaltung darf der übernehmende Rechtsträger von der Gewährung von Anteilen absehen, wenn alle Gesellschafter des übertragenden Rechtsträgers darauf verzichten (§ 54 Abs. 1 S. 3 UmwG; § 68 Abs. 1 S. 3 UmwG). Bei der Abspaltung ist dies in den folgenden zwei Konstellationen relevant.

(1) Aufwärtsabspaltung (upstream spin-off). Bei der **Aufwärtsabspaltung** gehören dem übernehmenden Rechtsträger sämtliche Anteile am übertragenden Rechtsträger (ein **Mischfall** ist denkbar, wenn es neben der Mutter noch andere Anteilseigner am übertragenden Rechtsträger gibt). In diesem Fall darf der übernehmende Rechtsträger sein Stamm- bzw. Grundkapital nicht erhöhen (§ 54 Abs. 1 S. 1 Nr. 1 UmwG; § 68 Abs. 1 S. 1 Nr. 1 UmwG). Dem Vermögensübergang steht bei der Muttergesellschaft eine entsprechende Wertminderung ihrer Beteiligung an der Tochter gegenüber. Nach u. E. zutreffender Auffassung des IDW erscheint es in diesem Fall sachgerecht, die Wertminderung bilanziell so abzubilden, als seien anteilig Anteile am übertragenden Unternehmen aufgegeben worden (wobei auf die Wertverhältnisse des abgespaltenen Vermögens im Verhältnis zum gesamten Vermögen des übertragenden Rechtsträgers abzustellen ist).[67] Es sind daher – wie bei der Aufwärtsverschmelzung (vgl. → § 58 Rn. 57) – Tauschgrundsätze anzuwenden, so dass grundsätzlich folgendes Bewertungswahlrecht besteht:[68]

– Ansatz mit dem *Buchwert* der sich auf das abgespaltene Vermögen beziehenden, „untergehenden" Anteile
– Ansatz mit dem höheren *Zeitwert* der „untergehenden" Anteile, der sich nach dem Zeitwert des übergehenden Reinvermögens zum Spaltungsstichtag bestimmt
– Ansatz mit einem erfolgsneutralen *Zwischenwert*

Ein Unterschiedsbetrag bei Ansatz des Zeitwerts (d. h. die Aufdeckung von stillen Reserven) führt zu einer sofortigen Ertragswirkung;[69] ein Einstellen des Differenzbetrags in die Kapitalrücklage ist u. E. nicht möglich.

Beispiel: A ist zu 100 % an der A-GmbH beteiligt, die ihrerseits zu 100 % an der AB-GmbH beteiligt. Von der AB-GmbH soll die Sparte A auf die A-GmbH abgespalten werden.

---

[67] IDW RS HFA 43, Rz. 33; Limmer/*Bilitewski*, Teil 7 Kap. 2 Rn. 870.
[68] Limmer/*Bilitewski*, Teil 7 Kap. 2 Rn. 870; Kallmeyer/*Lanfermann*, § 125 Rz. 35f; a. A. Sagasser/Bula/Brünger/*Bula/Thees*, § 19 Rz. 83ff.: maximal Buchwert des untergehenden Teils der Beteiligung.
[69] Limmer/*Bilitewski*, Teil 7 Kap. 2 Rn. 871; Kallmeyer/*Lanfermann*, § 125 Rz. 35f.

§ 59   88   4. Kapitel. Bilanzrecht

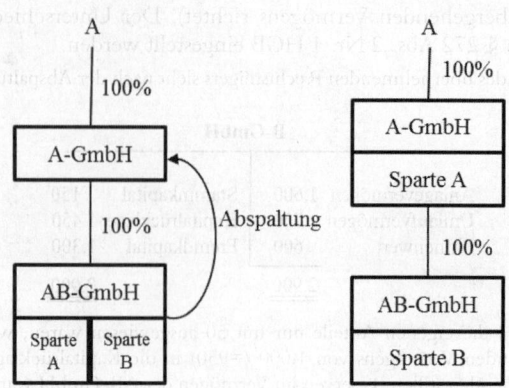

Die Bilanz des übertragenden Rechtsträgers sieht vor der Abspaltung wie folgt aus:

AB-GmbH

Grundstück	1.000	Stammkapital	100
Anlagevermögen	500	Kapitalrücklage	800
Umlaufvermögen	600	Fremdkapital	1.200
	2.100		2.100

Unternehmenswert AB:	3.000	Sparte A (Unternehmenswert: 2.000)		Sparte B (Unternehmenswert: 1.000)	
stille Reserven		Vermögensgegenstände:		Vermögensgegenstände:	
• im Grundstück	800	• Grundstück	1.000	• Anlagevermögen	500
• im Anlagevermögen	100	• Umlaufvermögen	400	• Umlaufvermögen	200
• Firmenwert	1.200	• Fremdkapital	800	• Fremdkapital	400
		stille Reserven		stille Reserven	
		• im Grundstück	800	• im Anlagevermögen	100
		• Firmenwert	600	• Firmenwert	600

Die Bilanz des übernehmenden Rechtsträgers sieht vor der Abspaltung wie folgt aus:

A-GmbH

Beteiligung AB	1.500	Stammkapital	150
Anlagevermögen	1.000	Kapitalrücklage	1.950
Umlaufvermögen	500	Fremdkapital	900
	3.000		3.000

Unternehmenswert:		4.000
stille Reserven		
• Beteiligung AB-GmbH		1.500
• Firmenwert		400

Es wird eine Bilanzierung zu Anschaffungskosten gewählt.

Lösung: Die Bilanz des übernehmenden Rechtsträgers sieht nach der Abspaltung wie folgt aus:

A-GmbH			
Beteiligung AB	500	Stammkapital	150
Grundstück	1.800	Kapitalrücklage	1.950
Anlagevermögen	1.000	Gewinn	1.000
Umlaufvermögen	900	Fremdkapital	1.700
Firmenwert	600		
	4.800		4.800

Der Buchwert der Beteiligung an der AB-GmbH hat sich im Verhältnis des Wertes des abgespaltenen Vermögens zum Gesamtvermögen (hier: 2/3) vermindert, d. h. um 1.000. Die übergehenden Vermögensgegenstände/Schulden wurden mit dem Zeitwert angesetzt (hier: 2.000). Die Differenz war als Gewinn zu erfassen. Die entsprechenden stillen Reserven im Vermögen der AB-GmbH waren aufzudecken.

(2) Seitwärtsabspaltung (sidestream spin-off). Aus Sicht des übernehmenden Rechtsträgers fehlt es bei der Seitwärtsabspaltung (wie bereits bei der Seitwärtsaufspaltung) an der Gewährung einer Gegenleistung. U. E. erscheint es daher sachgerecht, die bilanziellen **Grundsätze der Seitwärtsaufspaltung** entsprechend anzuwenden (s. → Rn. 30), d. h. (1) zur Ermittlung des übergehenden Reinvermögens sind Zeitwerte anzusetzen, (2) ein positives Reinvermögen ist in die Kapitalrücklage nach § 272 Abs. 2 Nr. 4 HGB einzustellen und (3) ein negatives Reinvermögen ist unmittelbar mit dem Eigenkapital des übernehmenden Rechtsträgers zu verrechnen. Beim übernehmenden Rechtsträger sind die **Grundsätze der Kapitalerhaltung** zu beachten (vgl. → Rn. 30). Ein **Mischfall** ist denkbar, wenn es neben der Mutter noch andere Anteilseigner am übernehmenden Rechtsträger gibt (vgl. → Rn. 30).

Beispiel: A ist zu 100 % an der AB-GmbH und der A-GmbH beteiligt. Von der AB-GmbH soll die Sparte A auf die A-GmbH abgespalten werden.

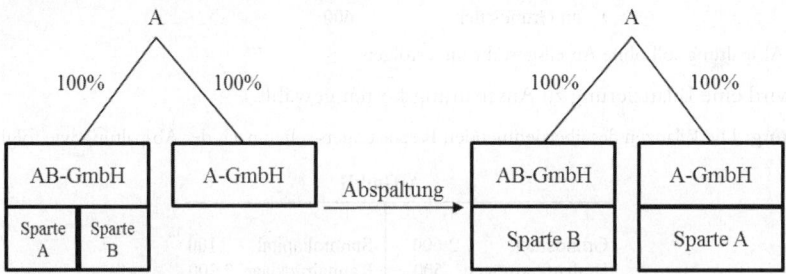

Die Bilanz des übertragenden Rechtsträgers sieht vor der Abspaltung wie folgt aus:

AB-GmbH

Grundstück	1.000	Stammkapital	100
Anlagevermögen	500	Kapitalrücklage	800
Umlaufvermögen	600	Fremdkapital	1.200
	2.100		2.100

Unternehmenswert AB:	3.000	Sparte A (Unternehmenswert: 2.000)		Sparte B (Unternehmenswert: 1.000)	
stille Reserven		Vermögensgegenstände:		Vermögensgegenstände:	
• im Grundstück	800	• Grundstück	1.000	• Anlagevermögen	500
• im Anlagevermögen	100	• Umlaufvermögen	400	• Umlaufvermögen	200
• Firmenwert	1.200	• Fremdkapital	800	• Fremdkapital	400
		stille Reserven		stille Reserven	
		• im Grundstück	800	• im Anlagevermögen	100
		• Firmenwert	600	• Firmenwert	600

Die Bilanz des übernehmenden Rechtsträgers sieht vor der Abspaltung wie folgt aus:

A-GmbH

Grundstück	800	Stammkapital	100
Umlaufvermögen	100	Kapitalrücklage	300
		Fremdkapital	500
	900		900

Unternehmenswert: 1.000
stille Reserven
• im Grundstück 600

Die Abspaltung soll ohne Anteilsgewährung erfolgen.

Es wird eine Bilanzierung zu Anschaffungskosten gewählt.

Lösung: Die Bilanzen des übernehmenden Rechtsträgers sehen nach der Abspaltung wie folgt aus:

A-GmbH

Grundstück	2.600	Stammkapital	100
Umlaufvermögen	500	Kapitalrücklage	2.300
Firmenwert	600	Fremdkapital	1.300
	3.700		3.700

Die übernehmende A-GmbH hat das Netto-Reinvermögen der Sparte A zu erfassen. Dieses ist hier positiv:

	Grundstück	1.800
+	UV:	400
+	Firmenwert:	600
./.	FK:	800
		2.000

In der entsprechenden Höhe war die Kapitalrücklage der A-GmbH zu dotieren.

b) Bewertung bei Buchwertverknüpfung. Buchwertverknüpfung bedeutet, dass 91
der übernehmende Rechtsträger für die übergegangenen Vermögensgegenstände und
Schulden die Wertansätze des übertragenden Rechtsträgers aus der **Schlussbilanz** übernimmt (s. näher dazu bei der Aufspaltung unter → Rn. 33).

aa) Abspaltung unter Gewährung neuer Anteile. Bei der **Abspaltung auf eine** 92
Kapitalgesellschaft ist – wie bereits bei der Aufspaltung – danach zu differenzieren, ob
der Unterschiedsbetrag des übernommenen Vermögens im Verhältnis zum Ausgabebetrag
der neuen Anteile (ggf. unter Berücksichtigung barer Zuzahlungen) positiv oder negativ ist.
Ist das übernommene Reinvermögen zu Buchwerten **höher als der Ausgabebetrag** der
dafür zu gewährenden Anteile, ist der Differenzbetrag in die Kapitalrücklage nach § 272
Abs. 2 Nr. 1 HGB einzustellen. Ist das übernommene Reinvermögen zu Buchwerten
niedriger als der Ausgabebetrag der dafür zu gewährenden Anteile, entsteht ein sofort
aufwandswirksam zu behandelnder Spaltungsverlust. Dieser darf weder durch Ansatz eines
Aktivpostens (Geschäfts- oder Firmenwert) ausgeglichen noch mit den Rücklagen verrechnet werden (s. auch → Rn. 34). Zu Besonderheiten bei einer **Abspaltung auf Per-**
sonenhandelsgesellschaften siehe → Rn. 36).

Beispiel: A ist zu 100 % an der AB-GmbH beteiligt. Von der AB-GmbH soll die Sparte A auf die 93
A-GmbH abgespalten werden. Die A-GmbH soll durch die Abspaltung neu gegründet werden.

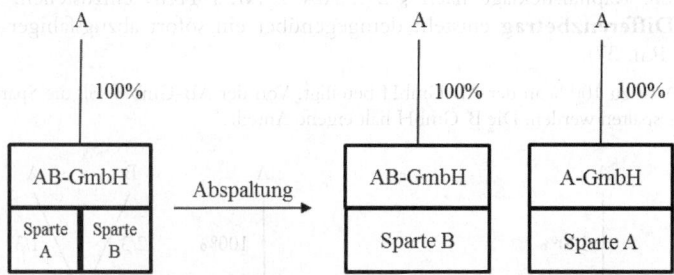

Die Bilanz des übertragenden Rechtsträgers sieht vor der Abspaltung wie folgt aus:

AB-GmbH

Grundstück	1.000	Stammkapital	100
Anlagevermögen	500	Kapitalrücklage	800
Umlaufvermögen	600	Fremdkapital	1.200
	2.100		2.100

Unternehmenswert AB:	3.000	Sparte A (Unternehmenswert: 2.000)		Sparte B (Unternehmenswert: 1.000)	
stille Reserven		Vermögensgegenstände:		Vermögensgegenstände:	
• im Grundstück	800	• Grundstück	1.000	• Anlagevermögen	500
• im Anlagevermögen	100	• Umlaufvermögen	400	• Umlaufvermögen	200
• Firmenwert	1.200	• Fremdkapital	800	• Fremdkapital	400
		stille Reserven		stille Reserven	
		• im Grundstück	800	• im Anlagevermögen	100
		• Firmenwert	600	• Firmenwert	600

Die Abspaltung soll zur Neugründung gegen Sacheinlage erfolgen, d. h. A soll Stammkapital in
Höhe von 50 erhalten.

Es wird eine Bilanzierung zu Buchwerten gewählt.

Lösung: Die Bilanz des übernehmenden Rechtsträgers sieht nach der Abspaltung wie folgt aus:

A-GmbH

Grundstück	1.000	Stammkapital	50
Umlaufvermögen	400	Kapitalrücklage	550
		Fremdkapital	800
	1.400		**1.400**

Da die A-GmbH nur mit Stammkapital in Höhe von 50 gegründet wurde, war die Differenz zum Buchwert des übergehenden Vermögens von 600 (=550) in die Kapitalrücklage einzustellen. Es wurden keine stillen Reserven im Vermögen der AB-GmbH aufgedeckt.

94 **bb) Abspaltung unter Hingabe eigener Anteile.** Hält der übernehmende Rechtsträger eigene Anteile, können den Gesellschaftern des übernehmenden Rechtsträgers auch diese eigenen Anteile als Gegenleistung für den Vermögensübergang hingegeben werden. Wie bei der Aufspaltung ist dieser Vorgang gemäß § 272 Abs. 1b HGB ähnlich einer Kapitalerhöhung abzubilden, d. h. bei der Buchwertfortführung ist ein **positiver Differenzbetrag** zum Buchwert der eigenen Anteile (ggf. unter Berücksichtigung barer Zuzahlungen) in die Kapitalrücklage nach § 272 Abs. 2 Nr. 1 HGB einzustellen. Bei einem **negativen Differenzbetrag** entsteht demgegenüber ein sofort abzugsfähiger Spaltungsverlust (s. → Rn. 37).

95 **Beispiel:** A ist zu 100 % an der AB-GmbH beteiligt. Von der AB-GmbH soll die Sparte B auf die B-GmbH abgespalten werden. Die B-GmbH hält eigene Anteile.

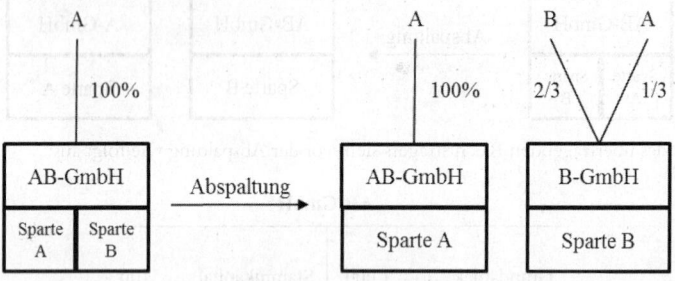

Die Bilanz des übertragenden Rechtsträgers sieht vor der Abspaltung wie folgt aus:

AB-GmbH

Grundstück	1.000	Stammkapital	100
Anlagevermögen	500	Kapitalrücklage	800
Umlaufvermögen	600	Fremdkapital	1.200
	2.100		**2.100**

Unternehmenswert AB:	3.000	Sparte A (Unternehmenswert: 2.000)		Sparte B (Unternehmenswert: 1.000)	
stille Reserven		Vermögensgegenstände:		Vermögensgegenstände:	
• im Grundstück	800	• Grundstück	1.000	• Anlagevermögen	500
• im Anlagevermögen	100	• Umlaufvermögen	400	• Umlaufvermögen	200
• Firmenwert	1.200	• Fremdkapital	800	• Fremdkapital	400
		stille Reserven		stille Reserven	
		• im Grundstück	800	• im Anlagevermögen	100
		• Firmenwert	600	• Firmenwert	600

Die Abspaltung soll zur Aufnahme gegen Gewährung eigener Anteile erfolgen. A soll Anteile in Höhe von 50 erhalten.

Die Bilanz des übernehmenden Rechtsträgers sieht vor der Abspaltung wie folgt aus:

B-GmbH

Anlagevermögen	1.000	Stammkapital	150	
Umlaufvermögen	500	./. eigene Anteile	50	100
		Kapitalrücklage		500
		Fremdkapital		900
	1.500			1.500

Unternehmenswert:	2.000
stille Reserven	
• im Anlagevermögen	300
• Firmenwert	1.100

A soll entsprechend den Wertverhältnissen der übertragenen Sparte B zur B-GmbH zukünftig an der B-GmbH zu 1/3 beteiligt sein. Anstelle einer Kapitalerhöhung soll A den von der B-GmbH gehaltenen Anteil in Höhe von 50 (der 1/3 des Stammkapitals entspricht) erhalten.

Es wird eine Bilanzierung zu Buchwerten gewählt.

Lösung: Die Bilanz des übernehmenden Rechtsträgers sieht nach der Abspaltung wie folgt aus:

B-GmbH

Anlagevermögen	1.500	Stammkapital	150
Umlaufvermögen	700	Kapitalrücklage	750
		Fremdkapital	1.300
	2.200		2.200

Da bei der B-GmbH die eigenen Anteile nur mit 50 ausgewiesen waren, war die Differenz zum Buchwert des übergehenden Vermögens von 300 (=250) in die Kapitalrücklage der B-GmbH einzustellen. Im Vermögen der AB-GmbH waren keine stillen Reserven aufzudecken.

cc) Abspaltung ohne Gewährung neuer / Hingabe eigener Anteile. Wie bei der Aufspaltung darf der übernehmende Rechtsträger von der Gewährung von Anteilen absehen, wenn alle Gesellschafter des übertragenden Rechtsträgers darauf verzichten (§ 54 Abs. 1 S. 3 UmwG; § 68 Abs. 1 S. 3 UmwG).

(1) Aufwärtsabspaltung (upstream spin-off). Bei der **Aufwärtsabspaltung** gehören dem übernehmenden Rechtsträger sämtliche Anteile am übertragenden Rechtsträger (ein **Mischfall** ist denkbar, wenn es neben der Mutter noch andere Anteilseigner am übertragenden Rechtsträger gibt). In diesem Fall darf der übernehmende Rechtsträger sein Stamm- bzw. Grundkapital nicht erhöhen (§ 54 Abs. 1 S. 1 Nr. 1 UmwG; § 68 Abs. 1 S. 1 Nr. 1 UmwG). Dem Vermögensübergang steht bei der Muttergesellschaft eine entsprechende Wertminderung ihrer Beteiligung an der Tochter gegenüber. Die Wertminderung ist bilanziell so abzubilden, als seien anteilig Anteile am übertragenden Unternehmen aufgegeben worden (wobei auf die Wertverhältnisse des abgespaltenen Vermögens im Verhältnis zum gesamten Vermögen des übertragenden Rechtsträgers abzustellen ist). U. E. ergibt sich wie bei der **Aufwärtsverschmelzung** aus der Differenz des Buchwerts der (fiktiv) untergehenden Anteile zum Buchwert des übernommenen Reinvermögens ein positiver oder negativer Differenzbetrag, der erfolgswirksam in der GuV zu erfassen ist[70] (vgl. → § 58 Rn. 82).

---

[70] So im Ergebnis auch Sagasser/Bula/Brünger/*Bula/Thees*, § 19 Rz. 96 f.

98 Beispiel: A ist zu 100% an der A-GmbH beteiligt, die ihrerseits zu 100% an der AB-GmbH beteiligt. Von der AB-GmbH soll die Sparte A auf die A-GmbH abgespalten werden.

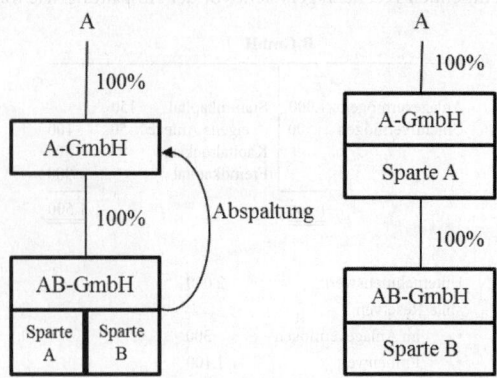

Die Bilanz des übertragenden Rechtsträgers sieht vor der Abspaltung wie folgt aus:

AB-GmbH

Grundstück	1.000	Stammkapital	100
Anlagevermögen	500	Kapitalrücklage	800
Umlaufvermögen	600	Fremdkapital	1.200
	2.100		2.100

Unternehmenswert AB:	3.000	Sparte A (Unternehmenswert: 2.000)		Sparte B (Unternehmenswert: 1.000)	
stille Reserven		Vermögensgegenstände:		Vermögensgegenstände:	
• im Grundstück	800	• Grundstück	1.000	• Anlagevermögen	500
• im Anlagevermögen	100	• Umlaufvermögen	400	• Umlaufvermögen	200
• Firmenwert	1.200	• Fremdkapital	800	• Fremdkapital	400
		stille Reserven		stille Reserven	
		• im Grundstück	800	• im Anlagevermögen	100
		• Firmenwert	600	• Firmenwert	600

Die Bilanz des übernehmenden Rechtsträgers sieht vor der Abspaltung wie folgt aus:

A-GmbH

Beteiligung AB	1.500	Stammkapital	150
Anlagevermögen	1.000	Kapitalrücklage	1.950
Umlaufvermögen	500	Fremdkapital	900
	3.000		3.000

Unternehmenswert:	4.000
stille Reserven	
• Beteiligung AB-GmbH	1.500
• Firmenwert	400

Es wird eine Bilanzierung zu Buchwerten gewählt.

Lösung: Die Bilanz des übernehmenden Rechtsträgers sieht nach der Abspaltung wie folgt aus:

A-GmbH			
Beteiligung AB	500	Stammkapital	150
Grundstück	1.000	Kapitalrücklage	1.950
Anlagevermögen	1.000	Fremdkapital	1.700
Umlaufvermögen	900		
Verlust	400		
	3.800		3.800

Der Buchwert der Beteiligung an der AB-GmbH hat sich im Verhältnis des Wertes des abgespaltenen Vermögens zum Gesamtvermögen (hier: 2/3) vermindert, d. h. um 1.000. Die übergehenden Vermögensgegenstände/Schulden wurden mit dem Buchwert angesetzt (hier: 600). Die Differenz war als Verlust zu erfassen. Im Vermögen der AB-GmbH waren keine stillen Reserven aufzudecken.

(2) Seitwärtsabspaltung (sidestream spin-off). Aus Sicht des übernehmenden Rechtsträgers fehlt es bei der **Seitwärtsabspaltung** (wie bei der Seitwärtsaufspaltung) an der Gewährung einer Gegenleistung, so dass es sachgerecht ist, die bilanziellen **Grundsätze der Seitwärtsaufspaltung** entsprechend anzuwenden (siehe → Rn. 39), d. h. ein positives Reinvermögen (zu Buchwerten) ist grds. in die Kapitalrücklage nach § 272 Abs. 2 Nr. 4 HGB einzustellen und ein negatives Reinvermögen (zu Buchwerten) ist unmittelbar mit dem Eigenkapital des übernehmenden Rechtsträgers zu verrechnen. Beim übernehmenden Rechtsträger sind die **Grundsätze der Kapitalerhaltung** zu beachten (siehe dazu und zu möglichen **Mischfällen** → Rn. 39).

Beispiel: A ist zu 100 % an der AB-GmbH und der A-GmbH beteiligt. Von der AB-GmbH soll die Sparte A auf die A-GmbH abgespalten werden.

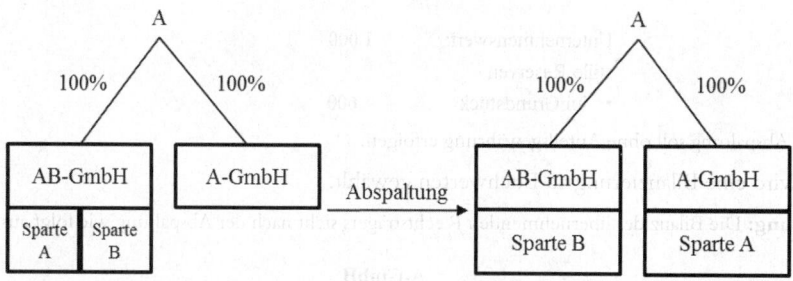

§ 59   100   4. Kapitel. Bilanzrecht

Die Bilanz des übertragenden Rechtsträgers sieht vor der Abspaltung wie folgt aus:

AB-GmbH

Grundstück	1.000	Stammkapital	100
Anlagevermögen	500	Kapitalrücklage	800
Umlaufvermögen	600	Fremdkapital	1.200
	2.100		2.100

Unternehmenswert AB:	3.000	Sparte A (Unternehmenswert: 2.000)		Sparte B (Unternehmenswert: 1.000)	
stille Reserven		Vermögensgegenstände:		Vermögensgegenstände:	
• im Grundstück	800	• Grundstück	1.000	• Anlagevermögen	500
• im Anlagevermögen	100	• Umlaufvermögen	400	• Umlaufvermögen	200
• Firmenwert	1.200	• Fremdkapital	800	• Fremdkapital	400
		stille Reserven		stille Reserven	
		• im Grundstück	800	• im Anlagevermögen	100
		• Firmenwert	600	• Firmenwert	600

Die Bilanz des übernehmenden Rechtsträgers sieht vor der Abspaltung wie folgt aus:

A-GmbH

Grundstück	800	Stammkapital	100
Umlaufvermögen	100	Kapitalrücklage	300
		Fremdkapital	500
	900		900

Unternehmenswert:	1.000
stille Reserven	
• im Grundstück	600

Die Abspaltung soll ohne Anteilsgewährung erfolgen.

Es wird eine Bilanzierung zu Buchwerten gewählt.

Lösung: Die Bilanz des übernehmenden Rechtsträgers sieht nach der Abspaltung wie folgt aus:

A-GmbH

Grundstück	1.800	Stammkapital	100
Umlaufvermögen	500	Kapitalrücklage	900
		Fremdkapital	1.300
	2.300		2.300

Die übernehmende A-GmbH hat das Netto-Reinvermögen der Sparte A zu erfassen. Dieses ist hier (zu Buchwerten) positiv:

	Grundstück	1.000
+	UV:	400
./.	FK:	800
		600

In der entsprechenden Höhe war die Kapitalrücklage der A-GmbH zu dotieren.

Link

III. Bilanzierung bei Anteilsinhabern der beteiligten Rechtsträger

Zu unterscheiden sind die bilanziellen Folgen der Abspaltung bei den **Anteilsinhabern** 101 **des übertragenden Rechtsträgers** (→ Rn. 102 ff.) von den bilanziellen Folgen bei den **Anteilsinhabern des übernehmenden Rechtsträgers** (→ Rn. 106 f.). Zudem bestehen Unterschiede, je nachdem ob die Abspaltung unter Gewährung neuer Anteile, unter Hingabe eigener Anteile oder ohne Gewährung neuer / Hingabe eigener Anteile erfolgt. Wie bei der Aufspaltung ist die Behandlung bei den Anteilsinhabern grds. unabhängig davon, wie der übernehmende Rechtsträger das Bewertungswahlrecht nach § 24 UmwG ausgeübt hat (zur Ausnahme bei der Aufwärtsabspaltung siehe unter Rn. 104).

1. Folgen bei den Anteilsinhabern des übertragenden Rechtsträgers

a) Abspaltung unter Gewährung neuer Anteile. Anders als bei der Aufspaltung 102 bleibt bei der Abspaltung der übertragende Rechtsträger bestehen. Damit behält der Anteilsinhaber zwar rechtlich seine „alten" Anteile, gleichwohl mindert sich deren „innerer Wert" infolge der Abspaltung. Es erscheint daher sachgerecht, wie vom IDW vorgeschlagen, bei den Anteilsinhabern des übertragenden Rechtsträgers einen mengenmäßigen Abgang auf deren Beteiligung infolge der Abspaltung zu buchen.[71] Im Ergebnis mindert sich der Buchwert der Anteile im Verhältnis der Zeitwerte des abgespaltenen Vermögens zum ursprünglichen Vermögen des übertragenden Rechtsträgers. Dies soll nach u. E. zutreffender Ansicht des IDW unabhängig davon gelten, ob bei der Abspaltung Kapital- oder Gewinnrücklagen aufgelöst werden oder eine Kapitalherabsetzung vorgenommen wird.[72] Für die Bestimmung der Anschaffungskosten der im Gegenzug am übernehmenden Rechtsträger gewährten Anteile gelten **Tauschgrundsätze**.[73] Insoweit wird auf die Ausführungen zur Aufspaltung (auch zur zeitlichen Erfassung) verwiesen (→ Rn. 42 ff.).

b) Abspaltung unter Hingabe eigener Anteile. Auch hier gelten u. E. (wie bereits 103 bei der Aufspaltung unter Hingabe eigener Anteile) die vorstehend unter → Rn. 102 beschriebenen Tauschgrundsätze.

c) Abspaltung ohne Gewährung neuer / Hingabe eigener Anteile. aa) Aufwärts- 104 **abspaltung (upstream spin-off).** Im **typischen Aufwärtsabspaltungsfall** gehören dem übernehmenden Rechtsträger sämtliche Anteile am übertragenden Rechtsträger, d. h. hier ist der Anteilsinhaber des übertragenden Rechtsträgers zugleich der übernehmende Rechtsträger. Der „innere Wert" der Anteile des Anteilsinhabers des übertragenden Rechtsträgers vermindert sich und an deren Stelle treten die abgespaltenen Vermögensgegenstände / Schulden des übertragenden Rechtsträgers. In diesem Fall gelten für den Anteilsinhaber des übertragenden Rechtsträgers (= den übernehmenden Rechtsträger) die oben unter → Rn. 87 und 97 beschriebenen Folgen (je nachdem ob die Aufwärtsabspaltung zu Anschaffungskosten oder zu Buchwerten erfolgt).

bb) Seitwärtsabspaltung (sidestream spin-off). Bei der **Seitwärtsabspaltung (si-** 105 **destream spin-off**; s. → Rn. 46) verzichten die Anteilsinhaber des übertragenden Rechtsträgers auf eine Gewährung neuer Anteile, da sie bereits am übernehmenden Rechtsträger beteiligt sind. Folglich fehlt es formal an einem Anschaffungsvorgang. Gleichwohl erhöht sich der innere Wert der bereits bestehenden Beteiligung am übernehmenden Rechtsträger infolge der Abspaltung (und zugleich vermindert sich der innere Wert der verbleibenden Beteiligung am übertragenden Rechtsträger). U. E. erscheint es daher sachgerecht, auch in diesen Fall (wie bereits bei der **Seitwärtsaufspaltung**, → Rn. 46) einen Tauschvorgang zu fingieren und für die (Neu-)Bewertung der (bestehenden) Anteile am übernehmenden

---

[71] IDW RS HFA 43, Rz. 33; so auch Kallmeyer/*Lanfermann*, § 125 Rz. 35i und Sagasser/Bula/ Brünger/*Bula*/*Thees*, § 19 Rz. 111.
[72] IDW RS HFA 43, Rz. 33.
[73] IDW RS HFA 43, Rz. 34; Kallmeyer/*Lanfermann*, § 125 Rz. 35i; Sagasser/Bula/Brünger/*Bula*/ *Thees*, § 19 Rz. 110.

Rechtsträger Tauschgrundsätze anzuwenden.[74] Die Ausführungen in → Rn. 102 gelten entsprechend.

2. Folgen bei den Anteilsinhabern des übernehmenden Rechtsträgers

106 Da die Anteile der Gesellschafter des übernehmenden Rechtsträgers infolge der Abspaltung im Regelfall nicht „bewegt" werden, ergeben sich für die Anteilsinhaber des übernehmenden Rechtsträgers – wie bei der Aufspaltung – u. E. grundsätzlich **keine bilanziellen Konsequenzen**.

107 Besonderheiten bestehen im Fall der **Seitwärtsabspaltung**, wenn die Anteilsinhaber des übertragenden Rechtsträgers auf eine Gewährung neuer Anteile verzichten, weil sie bereits am übernehmenden Rechtsträger beteiligt sind. Siehe dazu unter → Rn. 105.

IV. Bilanzierung der gesamtschuldnerischen Haftung nach § 133 UmwG

108 Nach § 133 Abs. 1 UmwG haften die an der Spaltung beteiligten Rechtsträger für diejenigen Verbindlichkeiten des übertragenden Rechtsträgers, die vor dem Wirksamwerden der Spaltung begründet worden sind, als Gesamtschuldner. Zum Begriff der **Verbindlichkeit** siehe → Rn. 49. Bei der Abspaltung kommt zum einen eine gesamtschuldnerische Haftung eines übernehmenden Rechtsträgers für auf andere übernehmende Rechtsträger übergehende oder beim übertragenden Rechtsträger verbleibende Verbindlichkeiten in Betracht. Umgekehrt kann der übertragende Rechtsträger für die auf die übernehmenden Rechtsträger übergegangenen Verbindlichkeiten gesamtschuldnerisch haften.[75]

109 Auch bei der Abspaltung ist zwischen **eigenen Verbindlichkeiten**, die beim übertragenen Rechtsträger zurückbleiben (oder auf einen übernehmenden Rechtsträger übergehen), und der **Haftung nach § 133 UmwG** zu unterscheiden. Auch bei einer Abspaltung kommt die Stellung von **Sicherheiten** für eigene Verbindlichkeiten in Betracht (s. dazu → Rn. 50 ff.).

110 Für den **bilanziellen Ausweis** der **eigenen Verbindlichkeiten**, der **Haftung nach § 133 UmwG** sowie der Gestellung von **Sicherheiten** gelten die Ausführungen zur Aufspaltung (→ Rn. 53 ff.) entsprechend.

D. Ausgliederung

111 Bei der Ausgliederung (§ 123 Abs. 3 UmwG) gliedert ein übertragender Rechtsträger aus seinem Vermögen einen Teil oder mehrere Teile durch Übertragung jeweils als Gesamtheit auf einen (oder mehrere) bestehende übernehmende Rechtsträger (Ausgliederung zur Aufnahme) oder auf einen (oder mehrere) von ihm dadurch gegründete neue Rechtsträger (Ausgliederung zur Neugründung) aus. Anders als bei der Aufspaltung / Abspaltung gewährt der übernehmende Rechtsträger im Gegenzug Anteile oder Mitgliedschaften an den übertragenden Rechtsträger selbst (und nicht an dessen Anteilsinhaber). Ein Verzicht auf die Gewährung von Anteilen am übernehmenden Rechtsträger ist nicht möglich. § 125 S. 1 UmwG erklärt die entsprechenden Vorschriften des § 54 Abs. 1 S. 3 UmwG (für die GmbH) bzw. des § 68 Abs. 1 S. 3 UmwG (für die AG) bei der Ausgliederung als nicht anwendbar. Anders als bei der Aufspaltung besteht der übertragende Rechtsträger nach der Ausgliederung fort, da nur ein Teil seines Vermögens übertragen wird.

I. Bilanzierung beim übertragenden Rechtsträger

1. Die Schlussbilanz

112 Wie bei der Aufspaltung ist auch bei der Ausgliederung der Anmeldung zum Register des Sitzes des übertragenden Rechtsträgers eine Schlussbilanz beizufügen (§ 125 S. 1

---

[74] So IDW RS HFA 43, Rz. 36; Kallmeyer/*Lanfermann*, § 125 Rz. 35i.
[75] Sagasser/Bula/Brünger/*Bula/Thees*, § 19 Rz. 101.

i. V. m. § 17 Abs. 2 UmwG. Das Fehlen einer (ordnungsgemäßen) Schlussbilanz ist Eintragungshindernis. Es gelten die Ausführungen zur Aufspaltung entsprechend (s. dazu → Rn. 4).

a) Gesamtschlussbilanz oder Teilschlussbilanzen? Da auch bei der Ausgliederung 113 für die Schlussbilanz die Vorschriften über die Jahresbilanz und deren Prüfung „entsprechend" gelten sollen (§ 125 S. 1 i. V. m. § 17 Abs. 2 S. 2 UmwG), ist auch bei der Abspaltung umstritten, ob die die Einreichung einer **Gesamtschlussbilanz** (d. h. einer Bilanz, die das Gesamtvermögen des übertragenden Rechtsträgers umfasst) ausreichend ist oder ob darüber hinaus (oder stattdessen) die Einreichung von **Teilschlussbilanzen** (die jeweils das auf die einzelnen übernehmenden Rechtsträger zu übertragende Vermögen ausweisen) erforderlich oder möglich sein soll. Nach u. E. zutreffender Auffassung der h. M. ergibt sich auch bei der Ausgliederung aus dem Gesetz an keiner Stelle der Zwang zur Aufstellung von Teilschlussbilanzen, so dass die Aufstellung (und Einreichung) einer Gesamtschlussbilanz daher ausreichend sein sollte (vgl. dazu auch → Rn. 5). Davon losgelöst ist die Frage zu beurteilen, ob anstelle einer Gesamtschlussbilanz auch zwei (oder mehrere) Teilschlussbilanzen aufgestellt (und eingereicht) werden können. Bei der Ausgliederung wird es von der h. M. sogar für ausreichend erachtet, nur eine Teilbilanz für das zu übertragende Vermögen einzureichen, da das Vermögen des übertragenden Rechtsträgers durch die Ausgliederung nicht gemindert werde.[76] Die Einreichung (nur) von Teilschlussbilanzen sollte vorsorglich mit dem zuständigen Registergericht abgestimmt werden.

b) Grundsätze zur Aufstellung, Prüfung und Inhalt der Schlussbilanz. Bei der 114 Ausgliederung ergeben sich im Hinblick auf die **Einreichung der Schlussbilanz und ihrer Bestandteile** (siehe dazu → Rn. 6), die **Aufstellung und Prüfung der Schlussbilanz** (siehe dazu → Rn. 7), den **Inhalt der Schlussbilanz** (siehe dazu → Rn. 8), die **Inventur** (siehe dazu → Rn. 9), den **Stichtag der Schlussbilanz** (siehe dazu → Rn. 10) und die **Besonderheiten bei einer AG als übertragendem Rechtsträger** (§ 63 Abs. 1 Nr. 3 UmwG; siehe dazu → Rn. 11) im Verhältnis zur Aufspaltung keine Besonderheiten. Auf die dortigen Ausführungen wird daher vollumfänglich verwiesen.

Besonderheiten ergeben sich jedoch daraus, dass der übertragende Rechtsträger nach der 115 Ausgliederung fortbesteht. Dies hat Auswirkungen auf die Abbildung der Ausgliederung in dem **nach Wirksamwerden der Ausgliederung aufzustellenden Jahresabschluss** (siehe dazu gleich unter → Rn. 117 ff.).

2. Abbildung der Ausgliederung im regulären Jahresabschluss

a) Keine Bilanz auf Eintragung der Ausgliederung. Da der übertragende Rechts- 116 träger trotz der Ausgliederung fortbesteht, stellt sich nicht die Frage, ob auf den **Tag des Wirksamwerdens der Ausgliederung**, d. h. den Tag der Eintragung der Ausgliederung ins Handelsregister, ein gesonderter Jahresabschluss aufgestellt werden muss.

b) Bilanzierung am regulären Abschlussstichtag. aa) Allgemeines. Anders als bei 117 der Aufspaltung besteht die **Rechnungslegungspflicht** der übertragenden Gesellschaft trotz Abschluss des Ausgliederungsvertrags / Beschlussfassung über die Ausgliederung / Eintragung der Ausgliederung ins Handelsregister fort.[77]

Wie bei der Aufspaltung ist für die Frage des **Ausweises der Vermögensgegenstände /** 118 **Schulden**, die von der Ausgliederung betroffen sind, in einem nach dem Spaltungsstichtag aufzustellenden Jahresabschluss des übertragenden Rechtsträgers entscheidend, ob dieser zum Abschlussstichtag noch das wirtschaftliche Eigentum (§ 246 Abs. 2 HGB) an diesen Vermögensgegenständen / Schulden hat (s. dazu → Rn. 14). Die **Ergebniszuordnung** folgt dabei grds. der Zuordnung der Vermögensgegenstände und Schulden (s. dazu → Rn. 14).

---

[76] IDW RS HFA 43, Rz. 9; Kallmeyer/*Lanfermann*, § 125 Rz. 35a; Lutter/*Priester*, § 140 Rn. 2; kritisch hingegen Schmitt/Hörtnagl/Stratz/*Hörtnagl*, § 17 UmwG Rz. 51; Sagasser/Bula/Brünger/ *Bula/Thees*, § 19 Rz. 20 f.

[77] Sagasser/Bula/Brünger/*Bula/Thees*, § 19 Rz. 43.

119 Liegt das **wirtschaftliche Eigentum** des ausgegliederten Vermögens am Abschlussstichtag bereits beim übernehmenden Rechtsträger (wovon spätestens im Jahresabschluss, welcher der Eintragung der Ausgliederung ins Handelsregister folgt, auszugehen ist), sind die bilanziellen Folgen der Ausgliederung im regulären Jahresabschluss zu erfassen.

120 bb) Bilanzielle Abbildung der Ausgliederung. Nach überwiegender und u. E. zutreffender Auffassung handelt es sich auch bei der Ausgliederung aus Sicht des übertragenden Rechtsträgers um ein Anschaffungs- und Veräußerungsgeschäft.[78] Dieses **Tauschgeschäft** ist allerdings (anders als die Auf- oder Abspaltung) nicht durch das Gesellschaftsverhältnis veranlasst, da es hier der übertragende Rechtsträger selbst ist, der als Gegenleistung für die Hingabe des auszugliedernden Vermögens Anteile am übernehmenden Rechtsträger erhält. Die Ausgliederung ist daher in der Bilanz des übertragenden Rechtsträgers erfolgswirksam als **laufender Geschäftsvorfall** erfassen.[79]

121 Da Tauschgrundsätze gelten, hat der übertragende Rechtsträger nach u. E. zutreffender Auffassung des IDW folgendes **Bewertungswahlrecht**:[80]

– Ansatz mit dem *Buchwert* des übergehenden Vermögens

– Ansatz mit dem höheren *Zeitwert* der erhaltenen Anteile, der sich nach dem (vorsichtig geschätzten) Zeitwert des übergehenden Reinvermögens zum Spaltungsstichtag bestimmt

– Ansatz mit einem erfolgsneutralen *Zwischenwert*

Übertragungsergebnisse, die aus der Differenz zwischen dem Ansatz der zugegangenen Anteile und dem Buchwert des übertragenen Vermögens resultieren, sind **ertragswirksam in der GuV** zu erfassen.[81]

122 Das vorstehend beschriebene Wahlrecht ist insbesondere relevant, wenn ein positiver bilanzieller Vermögenssaldo (= **positiver Buchwertsaldo**) ausgegliedert wird. Wird demgegenüber ein negativer bilanzieller Vermögenssaldo (= **negativer Buchwertsaldo**) ausgegliedert, sind die zugegangenen Anteile zumindest mit einem Merkposten in der Bilanz des übertragenden Rechtsträgers anzusetzen.[82] Wie bei der Abspaltung kommt es auch hier für Zwecke der bilanziellen Abbildung auf den **Saldo der Buchwerte** des zu übertragenden Vermögens an. Dies gilt im Übrigen unabhängig davon, ob die Ausgliederung zu Buchwerten oder zu Anschaffungskosten (Wahlrecht nach § 24 UmwG) erfolgt. Davon zu trennen ist die Frage, ob der **Saldo der Verkehrswerte** des zu übertragenden Vermögens positiv oder negativ ist (dies ist für den übernehmenden Rechtsträger insbesondere bei der Ausgliederung zur Neugründung relevant, vgl. dazu → Rn. 128).

3. Kapitalerhaltung beim übertragenden Rechtsträger

123 Die Ausgliederung eines positiven Buchwertsaldos kollidiert beim übertragenden Rechtsträger mit den **Grundsätzen der Kapitalerhaltung**, wenn infolge der Ausgliederung eine Unterbilanz entstehen würde. Um eine solche Situation zu verhindern, sieht das Gesetz (wie bereits bei der Abspaltung) vor, das die gesetzlichen Vertreter einer AG oder GmbH als übertragender Gesellschaft bei der Anmeldung der Ausgliederung ins Handelsregister die Erklärung abgeben, dass die Voraussetzungen der Gründung der Gesellschaft

---

[78] IDW RS HFA 43, Rz. 21; Schmitt/Hörtnagl/Stratz/*Hörtnagl*, § 17 UmwG Rz. 59; Kallmeyer/ *Lanfermann*, § 125 Rz. 35d; Lutter/*Priester*, Anh. nach § 134 UmwG Rz. 8; a. A. Sagasser/Bula/ Brünger/*Bula*/*Thees*, § 19 Rz. 62 ff.: kein Umsatzakt.

[79] IDW RS HFA 43, Rz. 21; Schmitt/Hörtnagl/Stratz/*Hörtnagl*, § 17 UmwG Rz. 59; Kallmeyer/ *Lanfermann*, § 125 Rz. 35d; Lutter/*Priester*, Anh. nach § 134 UmwG Rz. 8.

[80] IDW RS HFA 43, Rz. 21; Kallmeyer/*Lanfermann*, § 125 Rz. 35d; a. A. Schmitt/Hörtnagl/ Stratz/*Hörtnagl*, § 17 UmwG Rz. 60: Ansatz zwingend mit Zeitwert des gewährten Anteils; Sagasser/ Bula/Brünger/*Bula*/*Thees*, § 19 Rz. 62 ff.: mangels Umsatzaktes ist Buchwertsaldo des hingegebenen Vermögens relevant.

[81] IDW RS HFA 43, Rz. 21; Schmitt/Hörtnagl/Stratz/*Hörtnagl*, § 17 UmwG Rz. 59; Kallmeyer/ *Lanfermann*, § 125 Rz. 35d; Lutter/*Priester*, Anh. nach § 134 UmwG Rz. 8.

[82] IDW RS HFA 43, Rz. 21; Limmer/*Bilitewski*, Teil 7 Kap. 2 Rn. 862.

unter Berücksichtigung der Ausgliederung im Zeitpunkt der Anmeldung vorliegen (§ 140 UmwG für die GmbH; § 146 Abs. 1 UmwG für die AG). Siehe dazu → Rn. 69.

Allerdings stellt sich bei der Ausgliederung (anders als bei der Abspaltung) das Thema der **124** Kapitalerhaltung in der Praxis regelmäßig nicht. Denn infolge der Anwendung von Tauschgrundsätzen wird der übertragende Rechtsträger bei drohender Unterbilanz die Anteile, die er als Gegenleistung für das (mit positiven Buchwertsaldo) übertragene Vermögen erhalten hat, mit dem höheren Zeitwert (des übertragenen Vermögens) ansetzen. Auf diese Weise kann eine Unterbilanz regelmäßig *a priori* vermieden werden.

In der Literatur[83] wird u. E. zutreffend darauf hingewiesen, dass ein Kapitalerhaltungs- **125** thema ausnahmsweise (und zwar bei der Ausgliederung zur Aufnahme) entstehen kann, wenn der übernehmende Rechtsträger bislang überschuldet war. Dann müsste u. U. der übertragende Rechtsträger den Ansatz des erhaltenen Anteils (der eigentlich mit dem Zeitwert des übertragenen Vermögens anzusetzen wäre) nach unten korrigieren. In diesem Fall wären zuvor die oben bei der Abspaltung unter → Rn. 72 ff. beschriebenen Kapitalerhaltungsmaßnahmen durchzuführen.

II. Bilanzierung beim übernehmenden Rechtsträger

1. Allgemeines

Mit Eintragung der Ausgliederung gehen die von der Ausgliederung erfassten Ver- **126** mögensgegenstände und Schulden des übertragenden Rechtsträgers auf den übernehmenden Rechtsträger über. Wie bei der Aufspaltung stellt sich dieser Vermögensübergang aus seiner Sicht als **Anschaffungsvorgang** dar: Der übernehmende Rechtsträger gewährt als Gegenleistung für den Erwerb der Vermögensgegenstände und Schulden neue Anteile (Ausgliederung mit Kapitalerhöhung). Anders als bei der Auf-/Abspaltung ist bei der Ausgliederung eine Hingabe eigener Anteile oder ein Verzicht auf die Gewährung von Anteilen am übernehmenden Rechtsträger nicht (u. E. nicht einmal bei einer Ausgliederung auf eine 100%ige Tochtergesellschaft)[84] möglich. Bei der Ausgliederung gelten für den übernehmenden Rechtsträger weitgehend die gleichen bilanziellen Folgen wie bei der Aufspaltung. Es wird insoweit vollumfänglich auf die entsprechenden Ausführungen bei der Aufspaltung zur **zeitlichen Erfassung** (d. h. in welcher Bilanz sind die Vermögensgegenstände und Schulden erstmalig zu erfassen, → Rn. 17 ff.) und zur **Ansatzebene** (d. h. welche Positionen sind in der Bilanz des übernehmenden Rechtsträgers anzusetzen, → Rn. 20 ff.) verwiesen. Aus Gründen der besseren Veranschaulichung wird die **Bewertungsebene** (d. h. die Frage mit welchen Werten die übergegangenen Vermögensgegenstände und Schulden beim übernehmenden Rechtsträger anzusetzen sind) nachfolgend näher dargestellt. Auch dort gelten die Grundsätze zur Aufspaltung (→ Rn. 23 ff.) entsprechend, sofern sich aus den nachfolgenden Abschnitten nichts Gegenteiliges ergibt.

2. Bewertung der übernommenen Vermögensgegenstände und Schulden

Wie bei der Aufspaltung räumt § 24 UmwG dem übernehmenden Rechtsträger das u. E. **127** grds. uneingeschränkte **Wahlrecht** ein, die übergehenden Vermögensgegenstände und Schulden entweder nach §§ 253 Abs. 1, 255 Abs. 1 HGB mit den **tatsächlichen Anschaffungskosten** oder mit den **Buchwerten aus der Schlussbilanz** des übertragenden Rechtsträgers, die dann als Anschaffungskosten gelten, zu bewerten (→ Rn. 23).

a) **Bewertung mit tatsächlichen Anschaffungskosten.** Bei der **Ausgliederung auf** **128** **eine Kapitalgesellschaft** erfolgt die **Gewährung der Anteile** am übernehmenden Rechtsträger im Wege einer Kapitalerhöhung (Ausgliederung zur Aufnahme) oder bei Gründung (Ausgliederung zur Neugründung). In beiden Fällen gelten die Grundsätze über die Bewertung von **Sacheinlagen** entsprechend. Die Anschaffungskosten werden dabei

---
[83] Limmer/*Bilitewski*, Teil 7 Kap. 2 Rn. 864.
[84] Vgl. dazu Semler/Stengel/*Schwanna*, § 123 UmwG Rn. 24 f. m. w. N. zum Streitstand.

durch den **Ausgabebetrag der gewährten Anteile** (Nennbetrag zuzüglich etwaigen Aufgeldes) bestimmt. Wie bei der Aufspaltung wird die Obergrenze der Anschaffungskosten – und damit der maximale Ausgabebetrag der gewährten Anteile – durch den Zeitwert des übergehenden Vermögens am Spaltungsstichtag bestimmt. Darüber hinaus gelten folgende Grundsätzen (vgl. → Rn. 24):

– Wird im Kapitalerhöhungsbeschluss neben der Bestimmung des Nennbetrags / geringsten Ausgabebetrags der neuen Anteile auch ein **beziffertes Aufgeld (Agio)** festgesetzt, setzen sich die Anschaffungskosten zusammen aus dem Nennbetrag / geringsten Ausgabebetrag der Anteile und dem Aufgeld.

– Wird im Kapitalerhöhungsbeschluss bestimmt, dass eine Differenz zwischen dem Zeitwert der übernommenen Vermögensgegenstände / Schulden und dem Nennbetrag / geringsten Ausgabebetrag der neuen Anteile (**unbeziffertes Agio**) in die Kapitalrücklage nach § 272 Abs. 2 Nr. 1 HGB einzustellen ist, setzen sich die Anschaffungskosten zusammen aus dem Nennbetrag / geringsten Ausgabebetrag der Anteile und dem diesen Betrag übersteigenden Teil des Zeitwertes.

– Wird im Kapitalerhöhungsbeschluss nur der Nennbetrag / geringste Ausgabebetrag der neuen Anteile festgelegt, ist durch Auslegung zu ermitteln, ob die Anschaffungskosten durch den Nennbetrag / geringsten Ausgabebetrag der neuen Anteile bestimmt sind oder ob ein Agio in Höhe des Unterschiedsbetrags zwischen dem Nennbetrag / geringsten Ausgabebetrag der neuen Anteile und dem Zeitwert der übernommenen Vermögensgegenstände / Schulden – mit der Folge entsprechend höherer Anschaffungskosten – in die Kapitalrücklage nach § 272 Abs. 2 Nr. 1 HGB einzustellen ist.

129 Zur Ermittlung der Anschaffungskosten (insbes. zur Behandlung von **baren Zuzahlungen** und zur Ermittlung der **Anschaffungsnebenkosten**) sowie zu Besonderheiten bei einer **Ausgliederung auf eine Personenhandelsgesellschaft** wird auf die entsprechenden Ausführungen zur Aufspaltung verwiesen (s. Rn. 25 und 27).

130 **Beispiel:** A ist zu 100 % an der AB-GmbH beteiligt. Von der AB-GmbH soll die Sparte A auf die A-GmbH ausgegliedert werden. Die A-GmbH soll durch die Ausgliederung neu gegründet werden.

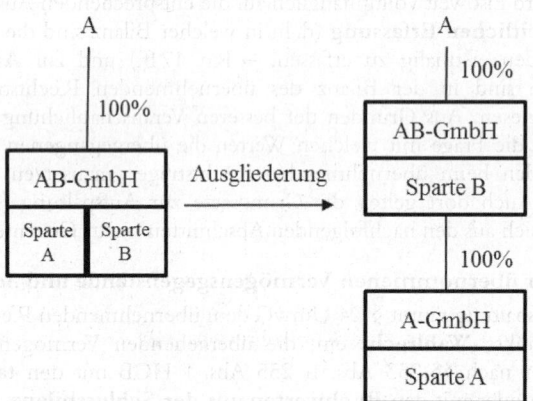

Die Bilanz des übertragenden Rechtsträgers sieht vor der Ausgliederung wie folgt aus:

AB-GmbH

Grundstück	1.000	Stammkapital	100
Anlagevermögen	500	Kapitalrücklage	800
Umlaufvermögen	600	Fremdkapital	1.200
	2.100		2.100

Unternehmenswert AB:	3.000	Sparte A (Unternehmenswert: 2.000)		Sparte B (Unternehmenswert: 1.000)	
stille Reserven		Vermögensgegenstände:		Vermögensgegenstände:	
• im Grundstück	800	• Grundstück	1.000	• Anlagevermögen	500
• im Anlagevermögen	100	• Umlaufvermögen	400	• Umlaufvermögen	200
• Firmenwert	1.200	• Fremdkapital	800	• Fremdkapital	400
		stille Reserven		stille Reserven	
		• im Grundstück	800	• im Anlagevermögen	100
		• Firmenwert	600	• Firmenwert	600

Die Ausgliederung soll zur Neugründung gegen Sacheinlage erfolgen, d. h. A soll Stammkapital in Höhe von 50 erhalten.

Es wird eine Bilanzierung zu Anschaffungskosten gewählt. Die Differenz zwischen dem Nennbetrag der neuen Anteile und dem Zeitwert des übernommenen Vermögens soll in die Kapitalrücklage nach § 272 Abs. 2 Nr. 1 HGB eingestellt werden.

Lösung: Die Bilanz des übernehmenden Rechtsträgers sieht nach der Ausgliederung wie folgt aus:

A-GmbH

Grundstück	1.800	Stammkapital	50
Umlaufvermögen	400	Kapitalrücklage	1.950
Firmenwert	600	Fremdkapital	800
	2.800		2.800

Da die A-GmbH nur mit Stammkapital in Höhe von 50 gegründet wurde, war die Differenz zum Zeitwert des übergehenden Vermögens von 2.000 (=1.950) in die Kapitalrücklage einzustellen. Die betreffenden stillen Reserven im Vermögen der AB-GmbH waren aufzudecken.

b) Bewertung bei Buchwertverknüpfung. Buchwertverknüpfung bedeutet, dass der übernehmende Rechtsträger für die übergegangenen Vermögensgegenstände und Schulden die Wertansätze des übertragenden Rechtsträgers aus der **Schlussbilanz** übernimmt (s. näher dazu bei der Aufspaltung unter → Rn. 33).

Bei der **Ausgliederung auf eine Kapitalgesellschaft** ist – wie bereits bei der Aufspaltung – danach zu differenzieren, ob der Unterschiedsbetrag des übernommenen Vermögens im Verhältnis zum Ausgabebetrag der neuen Anteile (ggf. unter Berücksichtigung barer Zuzahlungen) positiv oder negativ ist. Ist das übernommene Reinvermögen zu Buchwerten **höher als der Ausgabebetrag** der dafür zu gewährenden Anteile, ist der Differenzbetrag in die Kapitalrücklage nach § 272 Abs. 2 Nr. 1 HGB einzustellen. Ist das übernommene Reinvermögen zu Buchwerten **niedriger als der Ausgabebetrag** der dafür zu gewährenden Anteile, entsteht ein sofort aufwandswirksam zu behandelnder Spaltungsverlust. Dieser darf weder durch Ansatz eines Aktivpostens (Geschäfts- oder Firmenwert) ausgeglichen noch mit den Rücklagen verrechnet werden (s. auch → Rn. 34). Zu Besonderheiten bei einer **Ausgliederung auf Personenhandelsgesellschaften** siehe → Rn. 36.

133 Beispiel: A ist zu 100% an der AB-GmbH beteiligt. Von der AB-GmbH soll die Sparte A auf die A-GmbH ausgegliedert werden. Die A-GmbH soll durch die Ausgliederung neu gegründet werden.

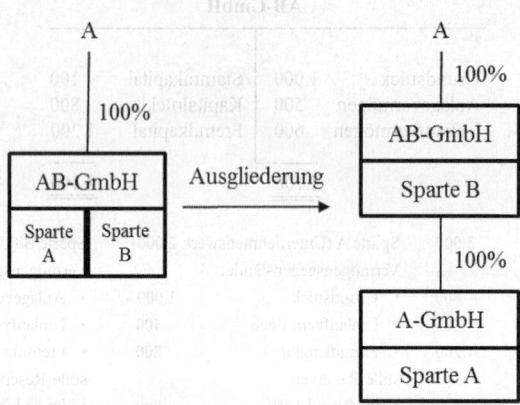

Die Bilanz des übertragenden Rechtsträgers sieht vor der Ausgliederung wie folgt aus:

AB-GmbH

Grundstück	1.000	Stammkapital	100
Anlagevermögen	500	Kapitalrücklage	800
Umlaufvermögen	600	Fremdkapital	1.200
	2.100		2.100

Unternehmenswert AB:	3.000	Sparte A (Unternehmenswert: 2.000)		Sparte B (Unternehmenswert: 1.000)	
stille Reserven		Vermögensgegenstände:		Vermögensgegenstände:	
• im Grundstück	800	• Grundstück	1.000	• Anlagevermögen	500
• im Anlagevermögen	100	• Umlaufvermögen	400	• Umlaufvermögen	200
• Firmenwert	1.200	• Fremdkapital	800	• Fremdkapital	400
		stille Reserven		stille Reserven	
		• im Grundstück	800	• im Anlagevermögen	100
		• Firmenwert	600	• Firmenwert	600

Die Ausgliederung soll zur Neugründung gegen Sacheinlage erfolgen, d. h. A soll Stammkapital in Höhe von 50 erhalten.

Es wird eine Bilanzierung zu Buchwerten gewählt.

Lösung: Die Bilanz des übernehmenden Rechtsträgers sieht nach der Ausgliederung wie folgt aus:

A-GmbH

Grundstück	1.000	Stammkapital	50
Umlaufvermögen	400	Kapitalrücklage	550
		Fremdkapital	800
	1.400		1.400

Da die A-GmbH nur mit Stammkapital in Höhe von 50 gegründet wurde, war die Differenz zum Buchwert des übergehenden Vermögens von 600 (=550) in die Kapitalrücklage einzustellen. Es wurden keine stillen Reserven im Vermögen der AB-GmbH aufgedeckt.

III. Bilanzierung bei Anteilsinhabern der beteiligten Rechtsträger

1. Folgen bei den Anteilsinhabern des übertragenden Rechtsträgers

Da bei der Ausgliederung der übertragende Rechtsträger (und nicht dessen Anteilsinhaber) die Anteile am übernehmenden Rechtsträger erhält, wirkt sich die Ausgliederung auf die Anteilsinhaber des übertragenden Rechtsträgers weder mengen- noch wertmäßig aus (d. h. sie hat **keine bilanziellen Konsequenzen**).[85] 134

2. Folgen bei den Anteilsinhabern des übernehmenden Rechtsträgers

Bei der Ausgliederung ist der Anteilsinhaber des übernehmenden Rechtsträgers zugleich der übertragene Rechtsträger. Für ihn gelten infolge der Ausgliederung die oben unter → Rn. 128 ff. und 131 ff. beschriebenen Folgen (je nachdem ob die Ausgliederung zu Anschaffungskosten oder zu Buchwerten erfolgt). 135

IV. Bilanzierung der gesamtschuldnerischen Haftung nach § 133 UmwG

Nach § 133 Abs. 1 UmwG haften die an der Spaltung beteiligten Rechtsträger für diejenigen Verbindlichkeiten des übertragenden Rechtsträgers, die vor dem Wirksamwerden der Spaltung begründet worden sind, als Gesamtschuldner. Zum Begriff der **Verbindlichkeit** siehe → Rn. 49. Bei der Ausgliederung kommt zum einen eine gesamtschuldnerische Haftung eines übernehmenden Rechtsträgers für auf andere übernehmende Rechtsträger übergehende oder beim übertragenden Rechtsträger verbleibende Verbindlichkeiten in Betracht. Umgekehrt kann der übertragende Rechtsträger für auf den (oder die) übernehmenden Rechtsträger übergegangenen Verbindlichkeiten gesamtschuldnerisch haften. 136

Auch bei der Ausgliederung ist zwischen **eigenen Verbindlichkeiten**, die beim übertragenden Rechtsträger zurückbleiben (oder auf einen übernehmenden Rechtsträger übergehen) und der **Haftung nach § 133 UmwG** zu unterscheiden. Auch hier kommt die Stellung von **Sicherheiten** für eigene Verbindlichkeiten in Betracht (s. dazu → Rn. 50 ff.). 137

Für den **bilanziellen Ausweis** der **eigenen Verbindlichkeiten**, der **Haftung nach § 133 UmwG** sowie der Gestellung von **Sicherheiten** gelten die Ausführungen zur Aufspaltung (→ Rn. 53 ff.) entsprechend. 138

E. Besonderheiten bei grenzüberschreitender Spaltung

Das UmwG enthält – anders als bei der Verschmelzung – keine Regelungen zur grenzüberschreitenden Spaltung. Insbesondere sind aufgrund der Formulierung in § 125 UmwG die für die grenzüberschreitende Verschmelzung in der EU / dem EWR geltenden Vorschriften der §§ 122a ff. UmwG nicht anwendbar. Die Zulässigkeit der Spaltung von Vermögensteilen eines inländischen übertragenden Rechtsträgers auf ausländische übernehmende Rechtsträger (sog. **Hinaus-Spaltung**) und korrespondierend die Zulässigkeit der Spaltung von Vermögensteilen eines ausländischen übertragenden Rechtsträgers auf einen (oder mehrere) inländische Rechtsträger (sog. **Herein-Spaltung**) ist umstritten.[86] Entsprechend ungeklärt ist die bilanziellen Behandlung. 139

I. Hinaus-Spaltung

Bei der Hinaus-Spaltung erscheint es sachgerecht, dass die **übertragende inländische Gesellschaft** die gleichen Bilanzierungsregeln anwenden muss, die für sie auch 140

---

[85] IDW RS HFA 43, Rz. 37; Kallmeyer/*Lanfermann*, § 125 Rz. 35j; Sagasser/Bula/Brünger/*Bula*/ *Thees*, § 19 Rz. 112.
[86] Ausführlich dazu Beck'sches Hdb. Umwandlungen International/*Veith*, 3. Teil Rz. 1 ff., 164 ff., 199 ff., 354 ff.; Münchener Hdb. des GesR/*Hoffmann*, Bd. 6, § 56 Rz. 1 ff.

bei einer inländischen Spaltung gelten würden.[87] Auf die entsprechenden Ausführungen bei der **Aufspaltung** (→ Rn. 3 ff.), **Abspaltung** (→ Rn. 57 ff.) und **Ausgliederung** (→ Rn. 112 ff.) wird daher verwiesen.[88]

141 Die Bilanzierung bei einer **übernehmenden ausländischen Gesellschaft** richtet sich u. E. (ausschließlich) nach den Vorschriften des Staates, in dem sie ihren statutarischen Sitz hat.

II. Herein-Spaltung

142 Umgekehrt gelten bei der Herein-Verschmelzung für die **übertragende ausländische Gesellschaft** u. E. (ausschließlich) die Vorschriften des Staates, in dem sie ihren statutarischen Sitz hat.

143 Daneben erscheint es sachgerecht, dass für eine **übernehmende inländische Gesellschaft** die gleichen Bilanzierungsvorschriften gelten wie bei einer inländischen Spaltung.[89] Auf die entsprechenden Ausführungen bei der **Aufspaltung** (→ Rn. 16 ff.), **Abspaltung** (→ Rn. 79 ff.) und **Ausgliederung** (→ Rn. 126 ff.) wird verwiesen.[90] Dies schließt u. E. das Ansatz- und Bewertungswahlrecht in § 24 UmwG ein. Allerdings sind dabei die bei der Herein-Verschmelzung dargestellten Besonderheiten (insbesondere zu den Voraussetzungen des Buchwertansatzes) zu beachten (s. dazu → § 58 Rn. 105 ff.).

---

[87] So mit zutreffender dogmatischer Begründung Beck'sches Hdb. Umwandlungen International/*Landgraf/Schmid*, 3. Teil Rz. 140.
[88] Siehe zu etwaigen Besonderheiten Beck'sches Hdb. Umwandlungen International/*Landgraf/Schmid*, 3. Teil Rz. 140 ff.
[89] So mit zutreffender dogmatischer Begründung Beck'sches Hdb. Umwandlungen International/*Landgraf/Schmid*, 3. Teil Rz. 337.
[90] Siehe zu etwaigen Besonderheiten Beck'sches Hdb. Umwandlungen International/*Landgraf/Schmid*, 3. Teil Rz. 337 ff.

§ 60 Formwechsel

Übersicht

	Rdnr.		Rdnr.
A. Einführung	1–3	2. Bilanzierung nach Wirksamwerden des Formwechsels	43–50
B. Formwechsel einer Personengesellschaft in eine Kapitalgesellschaft	4–34	a) Zwang zur Buchwertfortführung	43
I. Bilanzierung beim formwechselnden Rechtsträger	4–32	b) Anpassung an Besonderheiten der „neuen" Rechtsform	44–47
1. Bilanzierung anlässlich des Formwechsels	4–20	c) Behandlung von Umwandlungskosten	48
a) Keine Schlussbilanz / keine Übernahmebilanz	4, 5	d) Behandlung von Abfindungen	49, 50
b) Bilanzierungspflicht während schwebenden Formwechsels	6, 7	II. Bilanzierung bei Anteilsinhabern des formwechselnden Rechtsträgers	51, 52
c) Aufbringung und Festsetzung des Eigenkapitals	8–20	D. Formwechsel einer Kapitalgesellschaft in eine Kapitalgesellschaft anderer Rechtsform	53–68
aa) Anwendung von Gründungsvorschriften	8, 9	I. Bilanzierung beim formwechselnden Rechtsträger	53–67
bb) Kapitalaufbringungsgrundsätze	10–14	1. Bilanzierung anlässlich des Formwechsels	53–62
cc) Festsetzung des Eigenkapitals	15–20	a) Keine Schlussbilanz / keine Übernahmebilanz	53
2. Bilanzierung nach Wirksamwerden des Formwechsels	21–32	b) Bilanzierungspflicht während schwebenden Formwechsels	54
a) Zwang zur Buchwertfortführung	21, 22	c) Aufbringung und Festsetzung des Eigenkapitals	55–62
b) Anpassung an Besonderheiten der „neuen" Rechtsform	23–29	aa) Anwendung von Gründungsvorschriften	55
c) Behandlung von Umwandlungskosten	30	bb) Kapitalaufbringungsgrundsätze	56–58
d) Behandlung von Abfindungen	31, 32	cc) Festsetzung des Eigenkapitals	59–62
II. Bilanzierung bei Anteilsinhabern des formwechselnden Rechtsträgers	33, 34	2. Bilanzierung nach Wirksamwerden des Formwechsels	63–67
C. Formwechsel einer Kapitalgesellschaft in eine Personengesellschaft	35–52	a) Zwang zur Buchwertfortführung	63
I. Bilanzierung beim formwechselnden Rechtsträger	35–50	b) Anpassung an Besonderheiten der „neuen" Rechtsform	64
1. Bilanzierung anlässlich des Formwechsels	35–42	c) Behandlung von Umwandlungskosten	65
a) Keine Schlussbilanz / keine Übernahmebilanz	35	d) Behandlung von Abfindungen	66, 67
b) Bilanzierungspflicht während schwebenden Formwechsels	36	II. Bilanzierung bei Anteilsinhabern des formwechselnden Rechtsträgers	68
c) Aufbringung und Festsetzung des Eigenkapitals	37–42	E. Besonderheiten beim grenzüberschreitenden Formwechsel	69–71
aa) Keine Kapitalaufbringungsgrundsätze	37	I. Hinaus-Formwechsel	70
bb) Festsetzung des Eigenkapitals	38–42	II. Herein-Formwechsel	71

Schrifttum: IDW Stellungnahme zur Rechnungslegung: Auswirkungen eines Formwechsels auf den handelsrechtlichen Jahresabschluss (IDW RS HFA 41), WPg Supplement 4/2012, 85; IDW Stellungnahme zur Rechnungslegung: Handelsrechtliche Rechnungslegung bei Personenhandelsgesellschaften (IDW RS HFA 7), WPg Supplement 1/2012, 73 ff.; *Breuninger*, Der Formwechsel als hybrides Umwandlungsinstrument zwischen Gesellschafts- und Steuerrecht – Überlegungen zu den §§ 14, 25 UmwStG und sich daraus ergebende Gestaltungsfragen, in: Umwandlungen im Zivil- und Steuerrecht,

§ 60   1–4   4. Kapitel. Bilanzrecht

Festschrift für Siegfried Widmann zum 65. Geburtstag am 22. Mai 2000, 2000, 203 ff.; *Busch*, Die Deckung des Grundkapitals bei Formwechsel einer GmbH in eine Aktiengesellschaft, Zur Auslegung der §§ 245 Abs. 1 S. 2, 220 Abs. 1 UmwG, AG 1995, 555; *Joost*, Formwechsel von Personenhandelsgesellschaften, in: Kölner Umwandlungsrechtstage: Verschmelzung, Spaltung, Formwechsel nach neuem Umwandlungsrecht und Umwandlungssteuerrecht, 1995, 245 ff.; *Kallmeyer*, Der Formwechsel der GmbH oder GmbH & Co. in die AG oder KGaA zur Vorbereitung des Going public, GmbHR 1995, 888; *Lempenau*, Der Formwechsel zwischen Kapitalgesellschaft und Personengesellschaft im Spannungsfeld von Zivilrecht und Steuerrecht, in: Steuerrecht und Gesellschaftsrecht als Gestaltungsaufgabe, Freundesgabe für Franz Josef Haas zur Vollendung des 70. Lebensjahres, 1996, 225 ff.; *Limmer*, Der Identitätsgrundsatz beim Formwechsel in der Praxis, in: Umwandlungen im Zivil- und Steuerrecht, Festschrift für Siegfried Widmann zum 65. Geburtstag am 22. Mai 2000, 2000, 51 ff.

A. Einführung

1 Der Formwechsel unterscheidet sich grundlegend von der Verschmelzung und der Spaltung, da beim Formwechsel kein Vermögensübergang stattfindet. Durch den Formwechsel ändert der formwechselnde Rechtsträger (lediglich) sein Rechtskleid, d. h. er erhält eine andere Rechtsform (§ 190 Abs. 1 UmwG) und besteht nach Eintragung des Formwechsels im Handelsregister mit gleicher Identität (Grundsatz der **Identitätswahrung**), aber in neuer Rechtsform weiter (§ 202 Abs. 1 Nr. 1 UmwG).[1] Es gibt somit keinen übertragenden Rechtsträger, der von einem übernehmenden Rechtsträger zu unterscheiden wäre, sondern durchgehend einen einzigen, den sog. **formwechselnden Rechtsträger**.

2 Aufgrund des fehlenden Verweises der §§ 190 ff. UmwG auf § 17 Abs. 2 UmwG kann der Formwechsel – anders als die Verschmelzung oder Spaltung – handelsrechtlich nicht auf einen früheren Zeitpunkt zurückbezogen werden (**keine Rückwirkung**).[2] Damit ist auch handelsbilanziell der (einzig) entscheidende Zeitpunkt das zivilrechtliche Wirksamwerden des Formwechsel, d. h. die Eintragung des Formwechsels ins Handelsregister (§ 198, 202 UmwG).[3]

3 Die nachfolgende Darstellung ist auf die bedeutenden im UmwG geregelten Fälle des Formwechsels beschränkt, nämlich den Formwechsel einer **Personengesellschaft in eine Kapitalgesellschaft** (s. → Rn. 4 ff.), den Formwechsel einer **Kapitalgesellschaft in eine Personengesellschaft** (s. → Rn. 35 ff.) und den Formwechsel einer **Kapitalgesellschaft in eine Kapitalgesellschaft anderer Rechtsform** (s. → Rn. 53 ff.).[4]

B. Formwechsel einer Personengesellschaft in eine Kapitalgesellschaft

I. Bilanzierung beim formwechselnden Rechtsträger

1. Bilanzierung anlässlich des Formwechsels

4 **a) Keine Schlussbilanz / keine Übernahmebilanz.** Aufgrund des identitätswahrenden Charakters des Formwechsels sind **weder** die Aufstellung einer handelsrechtlichen **Schlussbilanz noch** die Aufstellung einer Übernahme- oder **Eröffnungsbilanz** notwen-

---

[1] Vgl. IDW RS HFA 41, Rz. 3; Sagasser/Bula/Brünger/*Bula*/*Thees*, § 27 Rz. 1.
[2] IDW RS HFA 41, Rz. 3; Sagasser/Bula/Brünger/*Bula*/*Thees*, § 27 Rz. 10; a. A. *Lempenau* in FS Haas, 225, 232.
[3] Steuerlich ist demgegenüber unter bestimmten Voraussetzungen eine Rückwirkung möglich, vgl. Sagasser/Bula/Brünger/*Bula*/*Thees*, § 27 Rz. 11.
[4] Einen Überblick über die vom UmwG erfassten Formen des Formwechsels gibt Winkeljohann/Förschle/Deubert/*Deubert*/*Hoffmann*, Kap. L Rz. 1 ff.; zum bilanziell (recht) unproblematischen Formwechsel einer Personengesellschaft in eine Personengesellschaft anderer Rechtsform vgl. Winkeljohann/Förschle/Deubert/*Deubert*/*Hoffmann*, Kap. L Rz. 8.

dig noch geboten.⁵ Dies folgt bereits aus dem Gesetz, denn die §§ 190 ff. UmwG verweisen nicht auf die §§ 17 Abs. 2, 24 UmwG. Der Formwechsel ist vielmehr ein laufender Geschäftsvorfall⁶, dem keine (gesonderte) Bilanz zugrunde zu legen ist.⁷ Auch führt der Formwechsel nicht zum Entstehen eines Rumpf-Geschäftsjahres.⁸ Die bilanziellen Folgen des Formwechsels zeigen sich daher erst im nächsten regulären Jahresabschluss des formwechselnden Rechtsträgers (s. → Rn. 21).

Die ursprünglich bestehende Verpflichtung zur Abgabe einer **Vermögensaufstellung**, 5 in der die Gegenstände und Verbindlichkeiten des formwechselnden Rechtsträgers mit dem „wirklichen Wert" anzusetzen waren (§ 192 Abs. 2 S. 1 UmwG a. F.), wurde infolge des 2. Gesetzes zur Änderung des Umwandlungsgesetzes mit Wirkung zum 25.4.2007 aufgehoben.

b) Bilanzierungspflicht während schwebenden Formwechsels. Da die Kapitalge- 6 sellschaft erst mit Eintragung entsteht, gelten für die formwechselnde Personengesellschaft die ggf. abweichenden Bilanzierungsregeln für Kapitalgesellschaften erst ab dem Eintragungszeitpunkt. Wird der Formwechsel **nach dem Abschlussstichtag** aber vor tatsächlicher Aufstellung des Jahresabschlusses in das Handelsregister eingetragen, bestimmt sich die **Pflicht zur Rechnungslegung** sowie grundsätzlich auch die **Pflicht zur Prüfung und Offenlegung** des Jahresabschlusses und ggf. des Lageberichts nach den Vorschriften, die für die Rechtsform des formwechselnden Rechtsträgers am Abschlussstichtag maßgeblich waren. Dies gilt selbst dann, wenn die Eintragung kurz nach dem Abschlussstichtag erfolgt.⁹ Eine zum Abschlussstichtag bestehende Prüfungspflicht wird durch den erst danach wirksam werdenden Formwechsel weder rückwirkend aufgehoben noch begründet. Gleiches gilt für Offenlegungspflichten: Eine Erweiterung oder Beschränkung der Offenlegungspflichten tritt durch den Formwechsel (rückwirkend) nicht ein.¹⁰

Allerdings sind diese Pflichten nun von den zuständigen Organen des Rechtsträgers neuer 7 Rechtsform zu erfüllen. Es empfiehlt sich aus Gründen der Klarheit, im Jahresabschluss und ggf. dem Lagebericht neben der Firma sowohl den alten als auch den neuen Rechtsformzusatz anzugeben und beides entsprechend offenzulegen.¹¹

c) Aufbringung und Festsetzung des Eigenkapitals. aa) Anwendung von Grün- 8 **dungsvorschriften.** Durch § 197 UmwG wird angeordnet, dass bei einem Formwechsel einer Personengesellschaft in eine Kapitalgesellschaft die **Gründungsvorschriften für Kapitalgesellschaften** (zumindest grundsätzlich) anwendbar sind. Dies sind beim Formwechsel in eine AG die §§ 27 bis 38 AktG und beim Formwechsel in eine GmbH die §§ 5 bis 11 GmbHG. Auf diese Weise soll verhindert werden, dass die strengen Gründungs- und Kapitalaufbringungsvorschriften für Kapitalgesellschaften durch die regelmäßig formlose Gründung einer Personengesellschaft und den anschließenden Formwechsel in eine Kapitalgesellschaft unterlaufen werden.¹²

Neben der Anwendung der Vorschriften über die **Kapitalaufbringung** (siehe dazu 9 → Rn. 10) bedeutet dies insbesondere, dass ein **(Sach-)Gründungsbericht** erstellt werden muss (§ 32 AktG / § 5 Abs. 4 S. 2 GmbHG), in dem auch der bisherige Geschäftsverlauf und die Lage der formwechselnden Gesellschaft darzulegen sind (§ 220 Abs. 2 UmwG).

---

⁵ Sagasser/Bula/Brünger/*Bula/Thees*, § 27 Rz. 4; Winkeljohann/Förschle/Deubert/*Deubert/Hoffmann*, Kap. L Rz. 30; Schmitt/Hörtnagl/Stratz/*Hörtnagl*, § 17 UmwG Rz. 84; kritisch Widmann/Mayer/*Widmann*, § 24 Rz. 198.
⁶ Limmer/*Bilitewski*, Teil 7 Kap. 2 Rn. 877.
⁷ Davon zu unterscheiden ist das steuerliche Erfordernis zur Aufstellung von Schluss- und Übernahmebilanzen beim Formwechsel einer Personengesellschaft in eine Kapitalgesellschaft, da insoweit unterschiedliche Besteuerungsregime bestehen, s. Sagasser/Bula/Brünger/*Bula/Thees*, § 27 Rz. 5.
⁸ Winkeljohann/Förschle/Deubert/*Deubert/Hoffmann*, Kap. L Rz. 30.
⁹ Winkeljohann/Förschle/Deubert/*Deubert/Hoffmann*, Kap. L Rz. 40.
¹⁰ IDW RS HFA 41, Rz. 24 f.; Sagasser/Bula/Brünger/*Bula/Thees*, § 27 Rz. 12 f.
¹¹ IDW RS HFA 41, Rz. 24; Sagasser/Bula/Brünger/*Bula/Thees*, § 27 Rz. 13.
¹² Sagasser/Bula/Brünger/*Bula/Thees*, § 27 Rz. 15.

Beim Formwechsel in eine AG hat zudem eine **Gründungsprüfung** durch Vorstand und Aufsichtsrat (§ 33 Abs. 1 AktG) sowie stets durch einen oder mehrere Gründungsprüfer stattzufinden (§ 220 Abs. 3 UmwG i. V. m. § 33 Abs. 2 AktG).

10   bb) **Kapitalaufbringungsgrundsätze.** Nach § 220 Abs. 1 UmwG darf der Nennbetrag des Stammkapitals einer GmbH oder des Grundkapitals einer AG oder KGaA das nach Abzug der Schulden verbleibende Vermögen der formwechselnden Gesellschaft nicht übersteigen. Anders formuliert: Das Stamm- oder Grundkapital der Gesellschaft nach dem Formwechsel muss durch das Nettoeinvermögen gedeckt sein. Kann der in § 220 Abs. 1 UmwG geforderte **Kapitalaufbringungsnachweis** nicht erbracht werden, darf der Formwechsel nicht in das Handelsregister eingetragen werden.[13]

11   Zwar enthält das Gesetz keine ausdrückliche Regelung, ob für den Nachweis der Kapitalaufbringung die Vermögensgegenstände und Schulden der Personengesellschaft mit ihrem Zeitwert oder ihrem Buchwert anzusetzen sind. Da der Formwechsel nach der gesetzlichen Konzeption mit einer Sachgründung vergleichbar ist, erscheint es u. E. zutreffend, mit dem IDW eine **Bewertung zu Zeitwerten** zu verlangen.[14] Anders formuliert: Der erforderliche Kapitalaufbringungsnachweis gelingt auch dann, wenn das Stamm- oder Grundkapital durch das Nettobuchvermögen nicht erreicht wird, in den (bilanzierten und bislang nicht bilanzierten) Vermögensgegenständen jedoch entsprechende stille Reserven vorhanden sind.[15] Dies gilt u. E. nicht nur, wenn das Nettobuchvermögen (lediglich) geringer ist als das festgesetzte Grund- oder Stammkapital, sondern auch dann, wenn das Nettobuchvermögen negativ ist.[16] Siehe zur Festsetzung des Eigenkapitals in diesen Fällen → Rn. 19.

12   Der Kapitalaufbringungsnachweis nach § 220 Abs. 1 UmwG wird in der Regel durch eine **Unternehmensbewertung nach IDW S 1** und die Ausstellung einer Werthaltigkeitsbescheinigung durch einen Sachverständigen (bei Formwechsel in eine GmbH) oder die Prüfung durch einen Formwechsel-/Gründungsprüfer (bei Formwechsel in eine AG) erbracht.[17] Eine solche Unternehmensbewertung ist u. E. selbst dann erforderlich und geboten, wenn das Nettobuchvermögen positiv ist und zur Deckung des Grund- oder Stammkapitals nach dem Formwechsel ausreicht.[18] In den Kapitalaufbringungsnachweis sind ausstehende Einlagen der Gesellschafter, auch soweit diese noch nicht eingefordert wurden, miteinzubeziehen, wobei bei ausstehenden Sacheinlagen das Gebot der vollständigen Erbringung von Sacheinlageverpflichtungen (§ 36a Abs. 2 S. 1 AktG; 7 Abs. 3 GmbHG) zu beachten ist.[19] Vom formwechselnden Rechtsträger zu tragende Umwandlungskosten sind bei der Werthaltigkeitsprüfung entsprechend den bei der Gründung geltenden Regeln nicht miteinzubeziehen.[20]

13   Nicht abschließend geklärt ist, auf welchen **Zeitpunkt** der Kapitalaufbringungsnachweis erbracht werden muss. Aus Vorsichtsgründen wird man hier u. E. auf den Zeitpunkt der Anmeldung des Formwechsels zur Eintragung in das Handelsregister abstellen müssen.[21] In der Literatur wird es demgegenüber für ausreichend erachtet, auf einen „zeitnahen" Stichtag vor der Anmeldung abzustellen. Als Maßstab wird auf die Acht-Monats-Frist der

---

[13] IDW RS HFA 41, Rz. 15; Sagasser/Bula/Brünger/*Bula/Thees*, § 27 Rz. 20.
[14] IDW RS HFA 41, Rz. 16.
[15] So im Ergebnis auch Sagasser/Bula/Brünger/*Bula/Thees*, § 27 Rz. 22; Winkeljohann/Förschle/Deubert/*Deubert/Hoffmann*, Kap. L Rz. 45; Limmer/*Bilitewski*, Teil 7 Kap. 2 Rn. 877; *Timmermanns*, DB 1999, 948 ff.; *Limmer* in FS Widmann, 51, 60; A. A. *Joost* in Lutter, Kölner Umwandlungsrechtstage 1995, 245, 257 f., wonach bereits die Nettobuchwerte das gezeichnete Kapital erreichen müssen.
[16] So auch ausdrücklich Limmer/*Bilitewski*, Teil 7 Kap. 2 Rn. 889; *Breuninger* in FS Widmann, 203, 211; Winkeljohann/Förschle/Deubert/*Deubert/Hoffmann*, Kap. L Rz. 46.
[17] IDW RS HFA 41, Rz. 16, 21; Limmer/*Bilitewski*, Teil 7 Kap. 2 Rn. 891.
[18] A. A. möglicherweise Limmer/*Bilitewski*, Teil 7 Kap. 2 Rn. 891.
[19] IDW RS HFA 41, Rz. 17.
[20] IDW RS HFA 41, Rz. 18; Limmer/*Bilitewski*, Teil 7 Kap. 2 Rn. 891.
[21] So ausdrücklich IDW RS HFA 41, Rz. 15.

Schlussbilanz bei der Verschmelzung / Spaltung verwiesen.[22] Das Abstellen auf einen früheren Zeitpunkt sollte zur Sicherheit mit dem Handelsregister abgestimmt werden.

Reicht der Zeitwert des Nettoreinvermögens des formwechselnden Rechtsträgers nicht zur Deckung des vorgesehenen Grund- oder Stammkapitals aus, muss entweder ein geringeres Grund- oder Stammkapital (innerhalb der gesetzlichen Mindestgrenzen) festgesetzt werden (siehe → Rn. 16) oder der Personengesellschaft noch vor dem Formwechsel Eigenkapital zugeführt werden.[23]

cc) Festsetzung des Eigenkapitals. Die Höhe des zum Zeitpunkt der Wirksamkeit des Formwechsels (= Eintragung des Formwechsels) vorhandenen Eigenkapitals der Personengesellschaft wird durch den Formwechsel nicht berührt. Das Eigenkapital wird in seiner Summe zum Eigenkapital der Kapitalgesellschaft.[24] Die individuellen Kapitalkonten verlieren damit ihre Bedeutung. Allerdings gelten – unabhängig von ihrer Bezeichnung – Verbindlichkeiten gegenüber den Gesellschaftern nicht als Eigenkapital der Personengesellschaft.[25] Der Eigenkapitalbetrag ist auf den Zeitpunkt der Wirksamkeit des Formwechsels zu ermitteln und aus dem letzten Jahresabschluss dadurch abzuleiten, dass das dort ausgewiesene Eigenkapital um Einlagen und Entnahmen korrigiert wird.[26] Die Gesellschafter der formwechselnden Personengesellschaft haben damit die Möglichkeit, durch unterjährige Einlagen oder Entnahmen noch vor Wirksamwerden des Formwechsels die Höhe des Eigenkapitals der Kapitalgesellschaft frei zu gestalten (siehe aber → Rn. 16).[27] Das anteilige Jahresergebnis bis zum Zeitpunkt des Formwechsels bleibt hingegen unberücksichtigt, da das Ergebnis des Jahres des Formwechsels (und zwar vollständig) erst im nächsten Jahresabschluss als Ergebnis der Kapitalgesellschaft zu zeigen ist.[28]

Das **Stamm- oder Grundkapital der Kapitalgesellschaft** (= gezeichnetes Kapital) wird im Rahmen der gesetzlichen Mindestkapitalanforderungen (25.000 EUR für GmbH; 50.000 EUR für AG) durch den Gesellschaftsvertrag / die Satzung von den Gesellschaftern frei festgelegt (§ 3 Abs. 1 Nr. 3 GmbHG; § 23 Abs. 3 Nr. 3 AktG).[29] Es empfiehlt sich dabei zu regeln, welcher Teil des Eigenkapitals der Personengesellschaft (d. h. welches Kapitalkonto) dem gezeichneten Kapital der Kapitalgesellschaft zuzuführen ist. Da das gezeichnete Kapital die zukünftigen Beteiligungsquoten bestimmt, wird ihm in aller Regel der Teil des Eigenkapitals der Personengesellschaft zugeordnet, der auf den (ursprünglichen) Gesellschaftereinlagen beruht, d. h. regelmäßig der Betrag auf dem Kapitalkonto I. Falls die dort vorhandenen Beträge nicht ausreichen, sind ggf. Beträge auf anderen Kapitalkonten (sofern diese ebenfalls Eigenkapital darstellen, insbesondere die Gewinnrücklagen) heranzuziehen.[30] Je nachdem welche Höhe an Eigenkapital die Personengesellschaft zum Zeitpunkt des Formwechsels hat, bestehen drei Möglichkeiten:

Entspricht das gezeichnete Kapital genau der Höhe des Eigenkapitals zum Formwechselzeitpunkt (oder wurde dies durch entsprechende Gestaltungen erreicht, siehe → Rn. 15), sind grds. keine weiteren (Buchungs-)Überlegungen anzustellen. Das Eigenkapital kann vollumfänglich zum gezeichneten Kapital werden.[31]

---

[22] Sagasser/Bula/Brünger/*Bula/Thees*, § 27 Rz. 25.
[23] Vgl. Sagasser/Bula/Brünger/*Bula/Thees*, § 27 Rz. 26.
[24] IDW RS HFA 41, Rz. 7; Sagasser/Bula/Brünger/*Bula/Thees*, § 27 Rz. 27.
[25] Winkeljohann/Förschle/Deubert/*Deubert/Hoffmann*, Kap. L Rz. 47; siehe zur Abgrenzung IDW RS HFA 7, Rz. 13 ff.
[26] Winkeljohann/Förschle/Deubert/*Deubert/Hoffmann*, Kap. L Rz. 47.
[27] Sagasser/Bula/Brünger/*Bula/Thees*, § 27 Rz. 27.
[28] Winkeljohann/Förschle/Deubert/*Deubert/Hoffmann*, Kap. L Rz. 47.
[29] IDW RS HFA 41, Rz. 8; siehe zum Sonderfall, dass das gezeichnete Kapital der AG/GmbH geringer ist als das Haftkapital einer formwechselnden KG Winkeljohann/Förschle/Deubert/*Deubert/Hoffmann*, Kap. L Rz. 46; Limmer/*Bilitewski*, Teil 7 Kap. 2 Rn. 893.
[30] Sagasser/Bula/Brünger/*Bula/Thees*, § 27 Rz. 28; Winkeljohann/Förschle/Deubert/*Deubert/Hoffmann*, Kap. L Rz. 49.
[31] Limmer/*Bilitewski*, Teil 7 Kap. 2 Rn. 892.

18 Übersteigt das bilanzielle Eigenkapital der Personengesellschaft das gezeichnete Kapital, ist der übersteigende Betrag den weiteren Eigenkapitalposten nach §§ 272 Abs. 2 ff., 266 Abs. 3 A. HGB zuzuordnen. Die Zuordnung erfolgt dabei grds. danach, welche Komponenten bei der Personengesellschaft welchen Komponenten bei der Kapitalgesellschaft am Ehesten vergleichbar sind. U. E. ist wie folgt zu differenzieren:

(i) Das der Personengesellschaft durch (die ursprünglichen) Gesellschaftereinlagen zugeführte Kapital (regelmäßig ausgewiesen auf dem Kapitalkonto I) ist dem gezeichneten Kapital zuzuordnen;[32]

(ii) Der verbleibende Betrag der (ursprünglichen) Gesellschaftereinlagen kann u. E. entweder in die Kapitalrücklage nach § 272 Abs. 2 Nr. 1 HGB (Sachnähe zum Agio) oder in die Kapitalrücklage nach § 272 Abs. 2 Nr. 4 HGB eingestellt werden.[33] Diese Unterscheidung kann für den Formwechsel in eine AG bedeutsam werden, da die Kapitalrücklage nach § 272 Abs. 2 Nr. 4 HGB nicht den Verwendungsrestriktionen des § 150 AktG unterliegt;

(iii) Soweit in dem verbleibenden Betrag thesaurierte Gewinne enthalten sind, ist u. E. eine Einstellung in die Gewinnrücklagen nach § 272 Abs. 3 HGB geboten.[34] Dies gilt u. E. auch für (in Vorjahren) erwirtschaftete positive Jahresergebnisse, die der sog. gesamthänderisch gebundenen Rücklage zugewiesen worden sind.[35]

19 Ist das bilanzielle Eigenkapital der Personengesellschaft (das Nettobuchvermögen) geringer als das gezeichnete Kapital, ist bei Erbringung eines entsprechenden Kapitalaufbringungsnachweises der Formwechsel gleichwohl zulässig (siehe → Rn. 10 ff.). Würde man in diesen Fällen das Eigenkapital der Personengesellschaft schlicht fortführen, würde eine Unterbilanz entstehen.[36] Andererseits darf der formwechselnde Rechtsträger (aufgrund des Identitätsgrundsatzes und der Verpflichtung zur Buchwertfortführung) anlässlich des Formwechsels keine stillen Reserven aufdecken.[37] Um diesem Dilemma zu begegnen, schlägt der IDW (u. E. sachgerecht) folgende Vorgehensweise vor: Der negative Unterschiedsbetrag ist, soweit er durch Verluste der Personengesellschaft entstanden ist, als Verlustvortrag, andernfalls in einem gesonderten Abzugsposten innerhalb des bilanziellen Eigenkapitals (z. B. als „Fehlbetrag zum festgesetzten Stammkapital / Grundkapital") auszuweisen.[38] Nach Auffassung des IDW ist dieser Abzugsbetrag in der Folgezeit wie ein Verlustvortrag zu behandeln, d. h. eine Ausschüttung ist erst zuzulassen, wenn dieser getilgt ist.[39] Dem IDW

---

[32] IDW RS HFA 41, Rz. 8; Sagasser/Bula/Brünger/*Bula/Thees*, § 27 Rz. 28; Winkeljohann/Förschle/Deubert/*Deubert/Hoffmann*, Kap. L Rz. 51.

[33] So im Ergebnis auch IDW RS HFA 41, Rz. 8, Schmitt/Hörtnagl/Stratz/*Hörtnagl*, § 17 UmwG Rz. 87, Sagasser/Bula/Brünger/*Bula/Thees*, § 27 Rz. 29 und Limmer/*Bilitewski*, Teil 7 Kap. 2 Rn. 892, die grds. von einer Zuführung zur Kapitalrücklage nach § 272 Abs. 2 Nr. 4 HGB ausgehen und eine Zuweisung zur Kapitalrücklage nach § 272 Abs. 2 Nr. 1 HGB nur bei (ausdrücklicher) Regelung im Formwechselbeschluss für zulässig erachten; abweichend Winkeljohann/Förschle/Deubert/*Deubert/Hoffmann*, Kap. L Rz. 51 (ausschließlich § 272 Abs. 2 Nr. 1 HGB).

[34] Demgegenüber für ein Wahlrecht (d. h. auch Zuordnung zu § 272 Abs. 2 Nr. 4 HGB möglich): IDW RS HFA 41, Rz. 8, Schmitt/Hörtnagl/Stratz/*Hörtnagl*, § 17 UmwG Rz. 87; Limmer/*Bilitewski*, Teil 7 Kap. 2 Rn. 892.

[35] Winkeljohann/Förschle/Deubert/*Deubert/Hoffmann*, Kap. L Rz. 52 (mit näheren Ausführungen zur Frage, ob und welcher Teil davon bei einer AG der gesetzlichen Gewinnrücklage nach § 150 AktG zuzuordnen ist); demgegenüber für ein Wahlrecht (d. h. auch Zuordnung zu § 272 Abs. 2 Nr. 4 HGB möglich): IDW RS HFA 41, Rz. 8, Schmitt/Hörtnagl/Stratz/*Hörtnagl*, § 17 UmwG Rz. 87; Limmer/*Bilitewski*, Teil 7 Kap. 2 Rn. 892.

[36] Limmer/*Bilitewski*, Teil 7 Kap. 2 Rn. 890.

[37] Sagasser/Bula/Brünger/*Bula/Thees*, § 27 Rz. 23.

[38] IDW RS HFA 41, Rz. 9; Limmer/*Bilitewski*, Teil 7 Kap. 2 Rn. 892; Winkeljohann/Förschle/Deubert/*Deubert/Hoffmann*, Kap. L Rz. 53; Kallmeyer/*Lanfermann*, § 220 UmwG Rz. 11; enger Widmann/Mayer/*Widmann*, § 24 UmwG Rz. 486: Stets Ausweis als Abzugsposten.

[39] IDW RS HFA 41, Rz. 9.

ist darin zuzustimmen, dass bei einer solchen Behandlung eine Gläubigergefährdung nicht zu erkennen ist.[40]

Beispiel: A und B sind zu je 50% an der AB-OHG beteiligt. Die AB-OHG soll in eine AG formgewechselt werden

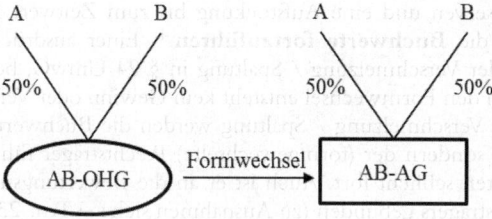

Die Bilanz der AB-OHG sieht vor dem Formwechsel wie folgt aus (Beträge in TEUR):

AB-OHG

Grundstück	1.000	Eigenkapital	40
Anlagevermögen	500	Fremdkapital	2.060
Umlaufvermögen	600		
	2.100		2.100

Unternehmenswert AB-OHG: 2.000
stille Reserven
- im Grundstück 800
- im Anlagevermögen 100
- Firmenwert 1.060

Das Eigenkapital setzt sich wie folgt zusammen:
- Gesellschaftereinlagen (Kapitalkonto I): 20
- thesaurierte Gewinne: 20

Die AB-AG soll das statutarische Mindestgrundkapital von TEUR 50 haben.

Lösung: Die Bilanz der AB-AG sieht nach dem Formwechsel wie folgt aus:

AB-AG

Grundstück	1.000	Grundkapital		50
Anlagevermögen	500	./. Fehlbetrag zum		
Umlaufvermögen	600	festgesetzten Grundkapital	10	40
		Fremdkapital		2.060
	2.100			2.100

Der Formwechsel war zulässig, da der Kapitalaufbringungsnachweis gelingt. Da das Mindestgrundkapital der AB-AG von TEUR 50 durch das Eigenkapital der AB-OHG nicht dargestellt werden konnte, war ein gesonderter Abzugsposten zu bilden.

---

[40] IDW RS HFA 41, Rz. 9; Limmer/*Bilitewski*, Teil 7 Kap. 2 Rn. 892.

2. Bilanzierung nach Wirksamwerden des Formwechsels

21 **a) Zwang zur Buchwertfortführung.** Die bilanziellen Folgen des Formwechsels sind erst im nächsten **regulären Jahresabschluss** des formwechselnden Rechtsträgers nachzuvollziehen. Da die rechtliche Identität des formwechselnden Rechtsträgers unberührt bleibt und somit kein Veräußerungs- / Anschaffungsvorgang vorliegt, ist für eine Realisierung von stillen Reserven und eine Aufstockung bis zum Zeitwert kein Raum. Es sind vielmehr zwingend die **Buchwerte fortzuführen**.[41] Einer ausdrücklichen gesetzlichen Regelung, wie bei der Verschmelzung / Spaltung in § 24 UmwG, bedarf es beim Formwechsel nicht. Durch den Formwechsel entsteht kein Gewinn oder Verlust.

22 Anders als bei der Verschmelzung / Spaltung werden die Buchwerte nicht als Anschaffungskosten fingiert, sondern der (formgewechselte) Rechtsträger führt die Anschaffungs- und Herstellungskosten schlicht fort. Auch ist er an die Bewertungsmethoden des (formwechselnden) Rechtsträgers gebunden (zu Ausnahmen siehe → Rn. 23 ff.).[42] Dies bedeutet insbesondere, dass die fortzuführenden Buchwerte nach dem Formwechsel nicht die Bewertungsobergrenze darstellen und damit z. B. die Verpflichtung für den (formgewechselten) Rechtsträger bestehen kann, vor dem Formwechsel vorgenommene außerplanmäßige Abschreibungen durch Zuschreibungen wieder rückgängig zu machen, wenn Wertaufholung eingetreten ist.[43] Anders als bei der Verschmelzung / Spaltung darf die betriebsgewöhnliche Nutzungsdauer nicht neu geschätzt und insbesondere auch keine neue Abschreibungsmethode gewählt werden.[44]

23 **b) Anpassung an Besonderheiten der „neuen" Rechtsform.** Unterschiede in der Rechnungslegung ergeben sich insbesondere, wenn die Personengesellschaft infolge des Formwechsels **erstmalig die §§ 264 bis 289 HGB für Kapitalgesellschaften** anzuwenden hat, also die Personengesellschaft nicht bereits zuvor gemäß § 264a HGB oder § 5 Abs. 1 PublG nach den Regelungen für Kapitalgesellschaften zu bilanzieren hatte.[45]

24 Für die Einstufung in die **Größenklasse** der (formgewechselten) Kapitalgesellschaft kommt es in Abweichung von allgemeinen Grundsätzen nicht auf das Erfüllen der in § 267 HGB genannten Größenkriterien an zwei aufeinander folgenden Bilanzstichtagen, sondern ausschließlich auf den ersten Abschlussstichtag nach dem Formwechsel an (§ 267 Abs. 4 S. 2 HGB).[46]

25 Hinsichtlich der **Gliederung** der Bilanz und der GuV sind von der Kapitalgesellschaft die Vorgaben der §§ 266, 275 zu beachten.[47] Zwar führt der Formwechsel aufgrund der Identitätswahrung nicht zu einer Beeinträchtigung der **Vergleichbarkeit der Vorjahreszahlen** (§ 265 Abs. 2 S. 2 HGB). Ändert sich jedoch die Gliederung der Bilanz, erscheint es geboten, die Vorjahresposten entsprechend den neuen Vorgaben umzugliedern und die Umgliederung im Anhang zu erläutern.[48]

26 Eine mittlere oder große Kapitalgesellschaft muss ein **Anlagegitter** aufstellen (§ 284 Abs. 3 HGB), in dem die historischen Anschaffungskosten der einzelnen Vermögensgegenstände aufgeführt werden müssen. Nach u. E. zutreffender Auffassung der Literatur soll es aus Vereinfachungsgründen analog Art. 48 Abs. 5 EGHGB unter bestimmten Voraussetzungen möglich sein, stattdessen auf die Buchwerte aus dem letzten Jahresabschluss zurückzugreifen.[49]

---

[41] IDW RS HFA 41, Rz. 5, 27; Limmer/*Bilitewski*, Teil 7 Kap. 2 Rn. 879; Schmitt/Hörtnagl/ Stratz/*Hörtnagl*, § 17 UmwG Rz. 85; Sagasser/Bula/Brünger/*Bula/Thees*, § 27 Rz. 6 f.

[42] Sagasser/Bula/Brünger/*Bula/Thees*, § 27 Rz. 8; Limmer/*Bilitewski*, Teil 7 Kap. 2 Rn. 880; Winkeljohann/Förschle/Deubert/*Deubert/Hoffmann*, Kap. L Rz. 75.

[43] Limmer/*Bilitewski*, Teil 7 Kap. 2 Rn. 880.

[44] Limmer/*Bilitewski*, Teil 7 Kap. 2 Rn. 880.

[45] Sagasser/Bula/Brünger/*Bula/Thees*, § 27 Rz. 38.

[46] Sagasser/Bula/Brünger/*Bula/Thees*, § 27 Rz. 39.

[47] IDW RS HFA 41, Rz. 31; Sagasser/Bula/Brünger/*Bula/Thees*, § 27 Rz. 41.

[48] IDW RS HFA 41, Rz. 26; Winkeljohann/Förschle/Deubert/*Deubert/Hoffmann*, Kap. L Rz. 78.

[49] Winkeljohann/Förschle/Deubert/*Deubert/Hoffmann*, Kap. L Rz. 77.

§ 60 Formwechsel

Kapitalgesellschaften haben grds. die Bilanz um einen **Anhang** (§ 285 HGB) und einen 27 **Lagebericht** (§ 289 HGB) zu ergänzen.[50] Dabei sind alle zeitraumbezogenen Angaben für das gesamte Geschäftsjahr zu machen, auch wenn der Formwechsel unterjährig wirksam wurde.[51]

Der Formwechsel rechtfertigt insoweit eine Durchbrechung des Grundsatzes der Ansatz- 28 (§ 246 Abs. 3 HGB) und der Bewertungsstetigkeit (§ 252 Abs. 1 Nr. 6 HGB), als für die neue Rechtsform (hier: Kapitalgesellschaft) **abweichende Ansatz- oder Bewertungsmethoden** angewendet werden müssen oder dürfen.[52] Seit Geltung des BilMoG hat sich die Anzahl der praxisrelevanten Fälle deutlich reduziert. Besonderheiten bestehen in folgenden Konstellationen: Hat die Personengesellschaft das **Wahlrecht zur Aktivierung selbst geschaffener immaterieller Vermögensgegenstände des Anlagevermögens** (§ 248 Abs. 2 HGB) ausgeübt, behalten diese Vermögensgegenstände auch nach dem Formwechsel ihren Sonderstatus; jedoch muss nun die Ausschüttungssperre nach § 268 Abs. 8 HGB beachtet werden.[53] Hatte die Personengesellschaft **außerplanmäßige Abschreibungen** nach §§ 253 Abs. 4, 254 HGB (idF vor Geltung des BilMoG) vorgenommen und in Ausübung des Wahlrechts nach Art. 67 Abs. 4 S. 1 EGHGB fortgeführt, müssen diese nach dem Formwechsel in die Kapitalgesellschaft nicht rückgängig gemacht werden, auch wenn eine Kapitalgesellschaft diese Abschreibungen nach § 279 Abs. 1 S. 1, Abs. 2 HGB a. F. eigentlich nicht hätte vornehmen dürfen.[54]

Eine mittlere oder große Kapitalgesellschaft muss **latente Steuern** nach § 274 HGB 29 bilanzieren. Ein daraus resultierender latenter Steueraufwand / -ertrag ist erfolgswirksam zu erfassen.[55]

c) Behandlung von Umwandlungskosten. Umwandlungskosten (wie Rechtsbera- 30 tungs- und Notarkosten) sind im Jahresabschluss nach dem Formwechsel erfolgswirksam als Aufwand zu berücksichtigen. Mangels Veräußerungs- und Anschaffungsvorgang scheidet eine Behandlung als Anschaffungsnebenkosten aus.[56]

d) Behandlung von Abfindungen. Nach § 196 UmwG kann ein Gesellschafter von 31 der formwechselnden Personengesellschaft Ausgleich verlangen, wenn seine Anteile an der Kapitalgesellschaft zu niedrig bemessen sind oder für ihn diese Anteile keinen ausreichenden Gegenwert für seine bisherigen Anteile an der Personengesellschaft darstellen. Diese **baren Zuzahlungen** sind im Jahresabschluss nach dem Formwechsel als Aufwand zu erfassen. Wirtschaftlich handelt es sich um Gründungskosten. Es sind Kapitalerhaltungsregeln (§ 57 AktG; § 30 GmbHG) zu beachten.[57]

Nach § 207 UmwG hat der formwechselnde Rechtsträger jedem Anteilsinhaber, der 32 gegen den Umwandlungsbeschluss Widerspruch zur Niederschrift erklärt, den Erwerb seiner umgewandelten Anteile gegen eine angemessene **Barabfindung** anzubieten. Rechtlich handelt es sich in der Konstellation des Formwechsel einer Personengesellschaft in eine Kapitalgesellschaft um einen Ankauf eigener Anteile durch die (formgewechselte) Kapitalgesellschaft. Seit dem BilMoG sind eigene Anteile nicht mehr als Vermögensgegenstand auf der Aktivseite mit korrespondierender Rücklage für eigene Anteile auf der Passivseite zu

---

[50] Sagasser/Bula/Brünger/*Bula/Thees*, § 27 Rz. 40.
[51] Winkeljohann/Förschle/Deubert/*Deubert/Hoffmann*, Kap. L Rz. 79 ff. (auch zu Besonderheiten bei den Angaben zu Organmitgliedern und deren Bezügen).
[52] IDW RS HFA 41, Rz. 23.
[53] Winkeljohann/Förschle/Deubert/*Deubert/Hoffmann*, Kap. L Rz. 75.
[54] IDW RS HFA 41, Rz. 30; Sagasser/Bula/Brünger/*Bula/Thees*, § 27 Rz. 42; Winkeljohann/Förschle/Deubert/*Deubert/Hoffmann*, Kap. L Rz. 76.
[55] IDW RS HFA 41, Rz. 29. Siehe ausführliche zur Bilanzierung von latenten Steuern beim Formwechsel einer Personengesellschaft in eine Kapitalgesellschaft Winkeljohann/Förschle/Deubert/*Deubert/Hoffmann*, Kap. L Rz. 85 ff.
[56] Sagasser/Bula/Brünger/*Bula/Thees*, § 27 Rz. 47 f.
[57] Sagasser/Bula/Brünger/*Bula/Thees*, § 27 Rz. 49 f.; Winkeljohann/Förschle/Deubert/*Deubert/Hoffmann*, Kap. L Rz. 60.

bilanzieren. Stattdessen ist der Nennbetrag der erworbenen eigenen Anteile vom gezeichneten Kapital offen in Abzug zu bringen. Bei der Bilanzierung hat die (formgewechselte) Kapitalgesellschaft die Restriktionen des § 71 Abs. 1 Nr. 3 AktG (bei Formwechsel in AG) oder des § 33 Abs. 3 GmbHG (bei Formwechsel in GmbH) sowie die Kapitalerhaltungsregeln (§ 57 AktG; § 30 GmbHG) zu beachten. Ist aufgrund des Umfangs des zur Niederschrift erklärten Widerspruchs damit zu rechnen, dass diese Restriktionen durch den Ankauf der eigenen Anteile verletzt würden, darf der Formwechsel nicht durchgeführt werden.[58]

II. Bilanzierung bei Anteilsinhabern des formwechselnden Rechtsträgers

33 Nach § 202 Abs. 2 Nr. 2 S. 1 UmwG bleiben die Anteilsinhaber des formwechselnden Rechtsträgers an diesem nach den für den neuen Rechtsträger (hier: die Kapitalgesellschaft) geltenden Vorschriften beteiligt. Es erfolgt kein Anteilstausch. Damit gilt für einen bilanzierenden Anteilsinhaber zwingend die **Buchwertfortführung**, d. h. es gelten keine Tauschgrundsätze und er kann den Formwechsel nicht zum Anlass nehmen, die Anteile zum Zeitwert zu bewerten.[59] Wie auf Ebene des formwechselnden Rechtsträgers (→ Rn. 22) werden die Buchwerte nicht als Anschaffungskosten fingiert, sondern der Anteilsinhaber führt seine Anschaffungskosten schlicht fort, so dass die fortzuführenden Buchwerte nicht die Bewertungsobergrenze darstellen und damit z. B. die Verpflichtung bestehen kann, vor dem Formwechsel vorgenommene außerplanmäßige Abschreibungen durch Zuschreibungen wieder rückgängig zu machen, wenn Wertaufholung eingetreten ist.[60]

34 Da der Formwechsel einer Personen- in eine Kapitalgesellschaft für den Anteilsinhaber den Wechsel des Besteuerungsregimes nach sich zieht (vereinfacht gesprochen werden einem Anteilsinhaber bei einer Personengesellschaft deren Einkünfte ohne Ausschüttung zugerechnet, sog. transparente Besteuerung, während er bei einer Kapitalgesellschaft nur mit Ausschüttungen steuerpflichtig ist, sog. intransparente Besteuerung), hat der Formwechsel bei einem bilanzierenden Anteilseigner, der § 274 HGB anwenden muss, regelmäßig Auswirkungen auf die Höhe der im nächsten Jahresabschluss auszuweisenden **latenten Steuern**.[61]

C. Formwechsel einer Kapitalgesellschaft in eine Personengesellschaft

I. Bilanzierung beim formwechselnden Rechtsträger

1. Bilanzierung anlässlich des Formwechsels

35 **a) Keine Schlussbilanz / keine Übernahmebilanz.** Auch beim Formwechsel einer Kapitalgesellschaft in eine Personengesellschaft sind aufgrund des identitätswahrenden Charakters des Formwechsels **weder** die Aufstellung einer handelsrechtlichen **Schlussbilanz noch** die Aufstellung einer Übernahme- oder **Eröffnungsbilanz** notwendig noch geboten. Die bilanziellen Folgen des Formwechsels zeigen sich vielmehr erst im nächsten regulären Jahresabschluss des formwechselnden Rechtsträgers (s. ausführlich → Rn. 4 f.).[62]

---

[58] Ausführlich dazu sowie zu Möglichkeiten, den Formwechsel in einer solchen Situation noch zu retten Winkeljohann/Förschle/Deubert/*Deubert/Hoffmann*, Kap. L Rz. 64 f.; Sagasser/Bula/Brünger/ *Bula/Thees*, § 27 Rz. 43 ff.

[59] IDW RS HFA 41, Rz. 35; Schmitt/Hörtnagl/Stratz/*Hörtnagl*, § 17 UmwG Rz. 86; Sagasser/ Bula/Brünger/*Bula/Thees*, § 27 Rz. 57 ff.; Limmer/*Bilitewski*, Teil 7 Kap. 2 Rn. 900; Winkeljohann/ Förschle/Deubert/*Deubert/Hoffmann*, Kap. L Rz. 170 ff.

[60] Vgl. Sagasser/Bula/Brünger/*Bula/Thees*, § 27 Rz. 58.

[61] IDW RS HFA 41, Rz. 35 Fn. 11; ausführlich dazu Winkeljohann/Förschle/Deubert/*Deubert/ Hoffmann*, Kap. L Rz. 180 ff.

[62] Vgl. auch Winkeljohann/Förschle/Deubert/*Deubert/Hoffmann*, Kap. L Rz. 100.

b) Bilanzierungspflicht während schwebenden Formwechsels. Da die Personen- 36
gesellschaft erst mit Eintragung entsteht, gelten für die formwechselnde Kapitalgesellschaft die ggf. abweichenden Bilanzierungsregeln für Personengesellschaften erst ab dem Eintragungszeitpunkt. Wird der Formwechsel **nach dem Abschlussstichtag** aber vor tatsächlicher Aufstellung des Jahresabschlusses in das Handelsregister eingetragen, bestimmt sich die **Pflicht zur Rechnungslegung** sowie grundsätzlich auch die **Pflicht zur Prüfung und Offenlegung** des Jahresabschlusses und ggf. des Lageberichts nach den Vorschriften, die für die Rechtsform des formwechselnden Rechtsträgers am Abschlussstichtag maßgeblich waren. Unterliegt die Personengesellschaft nicht den Voraussetzungen des § 264a HGB, gelten für sie grds. nur die Vorschriften für alle Kaufleute (§§ 238 bis 263 HGB), so dass die bislang für die Kapitalgesellschaft geltenden Offenlegungs- und Prüfungspflichten zukünftig nicht mehr gelten. Nach u. E. zutreffender Auffassung des IDW entfallen in einem solchen Fall die zum Zeitpunkt der Eintragung des Formwechsels ins Handelsregister noch nicht erfüllten Prüfungs- und Offenlegungspflichten zwar nicht rückwirkend, aber doch *ex nunc* auch mit Wirkung für den früheren Abschluss, so dass dessen Prüfung und Offenlegung nicht mehr erfolgen muss.[63] Im Übrigen gelten die Ausführungen zum Formwechsel einer Personengesellschaft in eine Kapitalgesellschaft entsprechend (s. → Rn. 6 f.).

c) Aufbringung und Festsetzung des Eigenkapitals. aa) Keine Kapitalaufbrin- 37
gungsgrundsätze. Anders als beim Formwechsel in eine Kapitalgesellschaft (s. → Rn. 8 ff.) sind beim Formwechsel einer Kapitalgesellschaft in eine Personengesellschaft **weder Gründungsvorschriften noch Kapitalaufbringungsgrundsätze** zu beachten. Es gibt bei Personengesellschaften kein garantiertes Haftkapital und folglich kein gesetzlich bestimmtes Kapitalaufbringungsgebot. Auch ist bei Anmeldung des Formwechsels zur Eintragung ins Handelsregister dem Registergericht kein Nachweis darüber zu erbringen, dass die Pflichteinlagen der Gesellschafter durch das Nettoreinvermögen gedeckt sind.[64]

bb) Festsetzung des Eigenkapitals. Anders als beim Formwechsel in eine Kapitalge- 38
sellschaft (s. → Rn. 15 ff.) muss beim Formwechsel einer Kapitalgesellschaft in eine Personengesellschaft das Eigenkapital i. S. v. § 272 HGB nicht in vollem Umfang Eigenkapital der Personengesellschaft werden. Die Gesellschafter sind vielmehr frei, das Eigenkapital auf **verschiedene Kategorien von Gesellschafterkonten** (z. B. festes Kapitalkonto I, variables Kapitalkonto II) durch Regelung im Umwandlungsbeschluss (ggf. in Verbindung mit einem Gesellschafterbeschluss) zu verteilen. Teile des Eigenkapitals können sogar in festverzinsliche Gesellschafterdarlehen umgewandelt werden.[65]

Die Verpflichtung, das Eigenkapital nach § 272 HGB zu gliedern, entfällt mit Wirk- 39
samkeit des Formwechsels. Eine **Personenhandelsgesellschaft nach § 264a Abs. 1 HGB** hat ihr Eigenkapital nach § 264c Abs. 2 HGB zu gliedern. Danach treten an die Stelle des Stamm- oder Grundkapitals der formwechselnden Kapitalgesellschaft die Kapitalanteile (Pflichteinlage, bedungene Einlage) der Gesellschafter, wobei die Kapitalanteile der Kommanditisten gesondert von den Kapitalanteilen der persönlich haftenden Gesellschafter auszuweisen sind (§ 264c Abs. 2 S. 2 und 6 HGB). Auch hier brauchen die betragsmäßig festzusetzenden **Pflichteinlagen** (bedungenen Einlagen) in der Summe nicht dem Stamm- oder Grundkapital des formwechselnden Rechtsträgers zu entsprechen. Auch hier ist eine Umwandlung in Gesellschafterdarlehen möglich.[66]

Bei einer Kommanditgesellschaft besteht ebenfalls keine Verpflichtung, die **Hafteinlage** 40
so zu bemessen, dass sie dem Grund- oder Stammkapital der formwechselnden Kapitalgesellschaft entspricht. Allerdings ist folgendes zu beachten:[67]

---

[63] IDW RS HFA 41, Rz. 25; Winkeljohann/Förschle/Deubert/*Deubert/Hoffmann*, Kap. L Rz. 105.
[64] IDW RS HFA 41, Rz. 21.
[65] Winkeljohann/Förschle/Deubert/*Deubert/Hoffmann*, Kap. L Rz. 110; Sagasser/Bula/Brünger/ Bula/Thees, § 27 Rz. 33.
[66] IDW RS HFA 41, Rz. 14.
[67] Ausführlich dazu Winkeljohann/Förschle/Deubert/*Deubert/Hoffmann*, Kap. L Rz. 111 f.

(i) Werden die Hafteinlagen niedriger gewählt als sie der Summe des bisher in der Kapitalgesellschaft gebundenen Eigenkapitals entsprechen, besteht das Risiko, dass für die Alt-Gläubiger Haftungsmasse verloren geht, so dass diese ggf. nach § 204 i. V. m. § 22 Abs. 1 UmwG Sicherheitsleistung für ihre Ansprüche verlangen können.

(ii) Werden die Hafteinlagen höher gewählt als sie der Summe des bisher in der Kapitalgesellschaft gebundenen Eigenkapitals entsprechen, gelten die Einlagen im Außenverhältnis nur insoweit als erbracht, als der Zeitwert des übergegangenen Vermögens der Kapitalgesellschaft die Summe der Hafteinlagen erreicht, so dass in Höhe der Differenz die persönliche Haftung des Kommanditisten entsteht.

41 Hält die Kapitalgesellschaft im Zeitpunkt des Formwechsels **eigene Anteile**, gehen diese infolge des Formwechsels unter, da eine Personengesellschaft keine eigenen Anteile halten kann.[68] Seit Geltung des BilMoG hat dies keine Auswirkungen mehr auf die Höhe des Eigenkapitals, da die eigenen Anteile bei der Kapitalgesellschaft bereits offen vom Eigenkapital abgesetzt waren.[69]

42 **Beispiel:** A und B sind zu je 50 % an der AB-AG beteiligt. Die AB-AG soll in eine OHG formgewechselt werden.

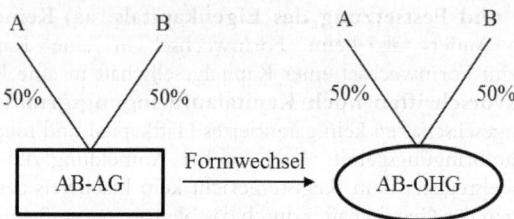

Die Bilanz der AB-AG sieht vor dem Formwechsel wie folgt aus (Beträge in TEUR):

AB-AG

Grundstück	1.000	Grundkapital	50
Anlagevermögen	500	Kapitalrücklage	250
Umlaufvermögen	600	Fremdkapital	1.800
	2.100		2.100

Den Gesellschaftern A und B soll bei der AB-OHG jeweils Festkapital (Kapitalkonto I) von 100 eingeräumt werden, das übrige Eigenkapital der AB-AG soll zu Gesellschafterdarlehen werden.

Lösung: Die Bilanz der AB-OHG sieht nach dem Formwechsel wie folgt aus:

AB-OHG

Grundstück	1.000	Eigenkapital	200
Anlagevermögen	500	Fremdkapital	1.900
Umlaufvermögen	600		
	2.100		2.100

---

[68] Winkeljohann/Förschle/Deubert/*Deubert/Hoffmann*, Kap. L Rz. 113.
[69] Limmer/*Bilitewski*, Teil 7 Kap. 2 Rn. 885.

2. Bilanzierung nach Wirksamwerden des Formwechsels

a) Zwang zur Buchwertfortführung. Wie beim Formwechsel in eine Kapitalgesellschaft (s. → Rn. 21) sind die bilanziellen Folgen des Formwechsels einer Kapitalgesellschaft in eine Personengesellschaft erst im nächsten **regulären Jahresabschluss** des formwechselnden Rechtsträgers nachzuvollziehen. Da die rechtliche Identität des formwechselnden Rechtsträgers unberührt bleibt und somit kein Veräußerungs- / Anschaffungsvorgang vorliegt, ist für eine Realisierung von stillen Reserven und eine Aufstockung bis zum Zeitwert kein Raum. Es sind vielmehr zwingend die **Buchwerte fortzuführen**. Die Ausführungen zum Formwechsel einer Personengesellschaft in eine Kapitalgesellschaft (s. → Rn. 21 f.) gelten entsprechend.

b) Anpassung an Besonderheiten der „neuen" Rechtsform. Muss die formgewechselte Personengesellschaft nach § 264a HGB **weiterhin die §§ 264 bis 289 HGB für Kapitalgesellschaften** anwenden, ändert sich im Grundsatz (aber s. unter → Rn. 46 f.) an den bisher anwendbaren Ansatz- und Bewertungsvorschriften nichts.[70]

Fällt die formgewechselte Personengesellschaft demgegenüber nicht unter § 264a HGB, darf sie nach u. E. zutreffender Ansicht des IDW die **strengeren Rechnungslegungsvorschriften der §§ 264 bis 289 HGB freiwillig** weiterhin (ggf. auch nur teilweise) anwenden.[71] Insbesondere darf sie freiwillig weiterhin einen **Anhang** oder **Lagebericht** erstellen. Es empfiehlt sich dann, im ersteren zu erläutern, inwieweit von diesem Wahlrecht Gebrauch gemacht wird.

Bei Sachverhalten, die bei der Kapitalgesellschaft unter die **Ausschüttungssperre des § 268 Abs. 8 HGB** fielen (aktivierte selbstgeschaffene Vermögensgegenstände des Anlagevermögens; aktiver Saldo latenter Steuern; über den Anschaffungskosten bewertete Vermögensgegenstände zur Deckung von Pensionsverpflichtungen), ist beim Formwechsel in eine Kommanditgesellschaft zu beachten, dass für einen Kommanditisten ein Aufleben seiner Haftung eintritt, wenn bei einer Entnahme seine Hafteinlage (s. → Rn. 40) buchmäßig nur durch derartige Bilanzierungshilfen gedeckt ist (vgl. § 172 Abs. 4 S. 3 HGB).[72]

Bilanzierte **latente Steuern** nach § 274 HGB muss die Personengesellschaft (in den Fällen des § 264a HGB) oder kann sie freiwillig (in allen übrigen Fällen) fortführen. Dabei ist jedoch jeweils zu beachten, dass sich die Steuerlatenz zukünftig nur auf die von der Personengesellschaft geschuldete Steuer (also nur noch die Gewerbesteuer, nicht länger jedoch die Körperschaftsteuer) beziehen darf. Denn Körperschaftsteuer kann bei ihr nicht (mehr) entstehen und eine etwaige Einkommen- oder Körperschaftsteuerbelastung betrifft zukünftig nur ihre Gesellschafter. Soweit die latenten Steuern also die Körperschaftsteuer betreffen, sind sie erfolgswirksam aufzulösen.[73] Von der Kapitalgesellschaft gebildete **Körperschaftsteuerrückstellungen** sind fortzuführen, solange die Steuerschuld noch nicht getilgt ist.[74]

c) Behandlung von Umwandlungskosten. Wie beim Formwechsel in eine Kapitalgesellschaft (s. → Rn. 30) sind Umwandlungskosten (wie Rechtsberatungs- und Notarkosten) im Jahresabschluss nach dem Formwechsel erfolgswirksam als Aufwand zu berücksichtigen.

d) Behandlung von Abfindungen. Nach § 196 UmwG kann ein Gesellschafter von der formwechselnden Kapitalgesellschaft Ausgleich verlangen, wenn seine Anteile an der Personengesellschaft zu niedrig bemessen sind oder für ihn diese Anteile keinen ausreichenden Gegenwert für seine bisherigen Anteile an der Kapitalgesellschaft darstellen. Diese

---

[70] Winkeljohann/Förschle/Deubert/*Deubert/Hoffmann*, Kap. L Rz. 127.
[71] IDW RS HFA 41, Rz. 32; Sagasser/Bula/Brünger/*Bula/Thees*, § 27 Rz. 43.
[72] Winkeljohann/Förschle/Deubert/*Deubert/Hoffmann*, Kap. L Rz. 126.
[73] IDW RS HFA 41, Rz. 33; Sagasser/Bula/Brünger/*Bula/Thees*, § 27 Rz. 44 f.; Limmer/*Bilitewski*, Teil 7 Kap. 2 Rn. 884; Winkeljohann/Förschle/Deubert/*Deubert/Hoffmann*, Kap. L Rz. 131 f.
[74] IDW RS HFA 41, Rz. 34; Sagasser/Bula/Brünger/*Bula/Thees*, § 27 Rz. 46; Limmer/*Bilitewski*, Teil 7 Kap. 2 Rn. 883; Winkeljohann/Förschle/Deubert/*Deubert/Hoffmann*, Kap. L Rz. 130.

baren Zuzahlungen sind im Jahresabschluss nach dem Formwechsel als Aufwand zu erfassen.[75]

50 Nach § 207 UmwG hat der formwechselnde Rechtsträger jedem Anteilsinhaber, der gegen den Umwandlungsbeschluss Widerspruch zur Niederschrift erklärt, den Erwerb seiner umgewandelten Anteile gegen eine angemessene **Barabfindung** anzubieten. Beim Formwechsel einer Kapitalgesellschaft in eine Personengesellschaft ist diese nach den Regeln für die Abfindung ausscheidender Gesellschafter aus Personengesellschaften zu behandeln. Dabei sind die Kapitalkonten des ausscheidenden Gesellschafters aufzulösen. Die Differenz zwischen dem Buchwert der Kapitalkonten und der Barabfindung ist u. E. erfolgswirksam zu erfassen.[76]

II. Bilanzierung bei Anteilsinhabern des formwechselnden Rechtsträgers

51 Wie beim Formwechsel in eine Kapitalgesellschaft (s. → Rn. 33) bleiben die Anteilsinhaber des formwechselnden Rechtsträgers an diesem nach den für den neuen Rechtsträger (hier: die Personengesellschaft) geltenden Vorschriften beteiligt (§ 202 Abs. 2 Nr. 2 S. 1 UmwG). Es erfolgt kein Anteilstausch. Damit gilt für einen bilanzierenden Anteilsinhaber zwingend die **Buchwertfortführung**. Siehe dazu ausführlich → Rn. 33.

52 Da der Formwechsel einer Kapital- in eine Personengesellschaft für den Anteilsinhaber den Wechsel des Besteuerungsregimes nach sich zieht, hat der Formwechsel bei einem bilanzierenden Anteilseigner, der § 274 HGB anwenden muss, regelmäßig Auswirkungen auf die Höhe der im nächsten Jahresabschluss auszuweisenden **latenten Steuern** (s. auch → Rn. 34).

D. Formwechsel einer Kapitalgesellschaft in eine Kapitalgesellschaft anderer Rechtsform

I. Bilanzierung beim formwechselnden Rechtsträger

1. Bilanzierung anlässlich des Formwechsels

53 **a) Keine Schlussbilanz / keine Übernahmebilanz.** Auch beim Formwechsel einer Kapitalgesellschaft in eine Kapitalgesellschaft anderer Rechtsform (z. B. von einer AG in eine GmbH oder umgekehrt, vgl. §§ 238 ff. UmwG) sind aufgrund des identitätswahrenden Charakters des Formwechsels **weder** die Aufstellung einer handelsrechtlichen **Schlussbilanz noch** die Aufstellung einer Übernahme- oder **Eröffnungsbilanz** notwendig noch geboten. Die bilanziellen Folgen des Formwechsels zeigen sich vielmehr erst im nächsten regulären Jahresabschluss des formwechselnden Rechtsträgers (s. ausführlich → Rn. 4 f.).[77]

54 **b) Bilanzierungspflicht während schwebenden Formwechsels.** Da die Kapitalgesellschaft neuer Rechtsform erst mit Eintragung entsteht, gelten für die formwechselnde Kapitalgesellschaft die ggf. abweichenden Bilanzierungsregeln erst ab dem Eintragungszeitpunkt. In der Praxis ist das weniger relevant, da z. B. eine AG und eine GmbH bis auf wenige rechtsformspezifische Besonderheiten den gleichen Rechnungslegungsnormen unterliegen (siehe aber → Rn. 64). Wird der Formwechsel **nach dem Abschlussstichtag,** aber vor tatsächlicher Aufstellung des Jahresabschlusses in das Handelsregister eingetragen, bestimmt sich die **Pflicht zur Rechnungslegung** sowie grundsätzlich auch die **Pflicht zur Prüfung und Offenlegung** des Jahresabschlusses und ggf. des Lageberichts nach den Vorschriften, die für die Rechtsform des formwechselnden Rechtsträgers am Abschluss-

---

[75] Sagasser/Bula/Brünger/*Bula/Thees*, § 27 Rz. 49 f.; Winkeljohann/Förschle/Deubert/*Deubert/Hoffmann*, Kap. L Rz. 120.

[76] Winkeljohann/Förschle/Deubert/*Deubert/Hoffmann*, Kap. L Rz. 124 (auch zu anderen Möglichkeiten der bilanziellen Erfassung).

[77] Vgl. auch Winkeljohann/Förschle/Deubert/*Deubert/Hoffmann*, Kap. L Rz. 100.

stichtag maßgeblich waren. Im Übrigen gelten die Ausführungen zum Formwechsel einer Personengesellschaft in eine Kapitalgesellschaft entsprechend (s. → Rn. 6 f.).

c) Aufbringung und Festsetzung des Eigenkapitals. aa) Anwendung von Gründungsvorschriften. Durch § 245 UmwG wird angeordnet, dass bei einem Formwechsel einer Kapitalgesellschaft in eine Kapitalgesellschaft anderer Rechtsform die **Gründungsvorschriften für die formgewechselte Kapitalgesellschaften** (zumindest im Grundsatz) Anwendung finden. Dies sind beim Formwechsel in eine AG die §§ 27 bis 38 AktG und beim Formwechsel in eine GmbH die §§ 5 bis 11 GmbHG. Neben der Anwendung der Vorschriften über die **Kapitalaufbringung** (siehe dazu → Rn. 56) bedeutet dies insbesondere, dass ein **(Sach-)Gründungsbericht** erstellt werden muss (§ 32 AktG / § 5 Abs. 4 S. 2 GmbHG), in dem auch der bisherige Geschäftsverlauf und die Lage der formwechselnden Gesellschaft darzulegen sind (§ 220 Abs. 2 UmwG). Beim Formwechsel in eine AG hat zudem eine **Gründungsprüfung** durch Vorstand und Aufsichtsrat (§ 33 Abs. 1 AktG) sowie stets durch einen oder mehrere Gründungsprüfer stattzufinden (§ 220 Abs. 3 UmwG i. V. m. § 33 Abs. 2 AktG). Siehe dazu auch → Rn. 8 f.

bb) Kapitalaufbringungsgrundsätze. Nach § 245 i. V. m. 220 Abs. 1 UmwG darf der Nennbetrag des Stammkapitals einer GmbH oder des Grundkapitals einer AG oder KGaA das nach Abzug der Schulden verbleibende Vermögen der formwechselnden Kapitalgesellschaft nicht übersteigen. Anders formuliert: Das Stamm- oder Grundkapital der Gesellschaft nach dem Formwechsel muss durch das **Nettoreinvermögen zu Zeitwerten** gedeckt sein. Kann der in § 220 Abs. 1 UmwG geforderte **Kapitalaufbringungsnachweis** nicht erbracht werden, darf der Formwechsel nicht in das Handelsregister eingetragen werden.

Wie bereits beim Formwechsel einer Personengesellschaft in eine Kapitalgesellschaft (s. → Rn. 10 ff.) gelingt der erforderliche Kapitalaufbringungsnachweis auch dann, wenn das Stamm- oder Grundkapital durch das Nettobuchvermögen nicht erreicht wird, in den (bilanzierten und bislang nicht bilanzierten) Vermögensgegenständen jedoch entsprechende stille Reserven vorhanden sind.[78]

Der Kapitalaufbringungsnachweis nach § 245 i. V. m. 220 Abs. 1 UmwG wird in der Regel durch eine **Unternehmensbewertung nach IDW S 1** und die Ausstellung einer Werthaltigkeitsbescheinigung durch einen Sachverständigen (bei Formwechsel in eine GmbH) oder die Prüfung durch einen Formwechsel-/Gründungsprüfer (bei Formwechsel in eine AG) erbracht.[79] Siehe dazu sowie zur Frage, auf welchen **Zeitpunkt** der Kapitalaufbringungsnachweis erbracht werden muss → Rn. 12 f. Reicht der Zeitwert des Nettoreinvermögens des formwechselnden Rechtsträgers nicht zur Deckung des vorgesehenen Grund- oder Stammkapitals aus, muss vor dem Formwechsel noch eine (ordentliche) Kapitalerhöhung durchgeführt werden.[80] Innerhalb dieser Grenzen steht eine Unterbilanz dem Formwechsel nicht entgegen.[81]

cc) Festsetzung des Eigenkapitals. Beim **Formwechsel einer GmbH in eine AG (oder KGaA)** wird das bisherige Stammkapital der GmbH zum Grundkapital der AG / KGaA. Bei der GmbH ausgewiesene Kapital- und Gewinnrücklagen werden von der AG fortgeführt. Die Kapitalrücklagen der GmbH nach § 272 Abs. 2 Nr. 1 bis 3 HGB sind Teil

---

[78] IDW RS HFA 41, Rz. 12; Winkeljohann/Förschle/Deubert/*Deubert/Hoffmann*, Kap. L Rz. 152; Sagasser/Bula/Brünger/*Bula/Thees*, § 27 Rz. 24; Limmer/*Bilitewski*, Teil 7 Kap. 2 Rn. 895; *Busch*, AG 1995, 555 ff.; a. A. *Kallmeyer*, GmbHR 1995, 888, 889.
[79] IDW RS HFA 41, Rz. 20; Limmer/*Bilitewski*, Teil 7 Kap. 2 Rn. 895. Von Teilen der Literatur wird wegen der unklaren Formulierung in § 245 Abs. 4 UmwG ein Formwechsel in eine GmbH sogar dann für zulässig gehalten, wenn das Nettoreinvermögen der AG zu Zeitwerten den Betrag des Stammkapitals der GmbH nicht erreicht, s. Winkeljohann/Förschle/Deubert/*Deubert/Hoffmann*, Kap. L Rz. 152 (m. w. N.).
[80] Limmer/*Bilitewski*, Teil 7 Kap. 2 Rn. 895; Winkeljohann/Förschle/Deubert/*Deubert/Hoffmann*, Kap. L Rz. 153.
[81] IDW RS HFA 41, Rz. 12.

der gesetzlichen Rücklage der AG nach § 150 Abs. 1 i. V. m. Abs. 2 Hs. 1 AktG. Soweit diese (noch) nicht in ausreichendem Maße vorhanden sind, bleibt es bei der Verpflichtung zur Dotierung der gesetzlichen Rücklage aus zukünftigen Jahresüberschüssen der AG / KGaA nach § 150 Abs. 2 AktG. Der Umwandlungsbeschluss kann allerdings eine zusätzliche Dotierung der gesetzlichen Rücklage nach § 150 Abs. 1 AktG aus den Gewinnrücklagen vorsehen.[82] In der Praxis entsteht ein Problem häufig dadurch, dass das im Gesellschaftsvertrag der (formwechselnde) GmbH festgesetzte Stammkapital der GmbH den **gesetzlichen Mindestnennbetrag des Grundkapitals einer AG von 50.000 EUR** nicht erreicht. In diesem Fall ist ein Formwechsel nur zulässig, wenn zuvor das Stammkapital der GmbH entsprechend erhöht wurde.[83] Diese Frage ist unabhängig davon zu beurteilen, ob das Nettoreinvermögen der GmbH zu Zeitwerten das Grundkapital der AG deckt (s. → Rn. 58), und damit die zweite Fallgestaltung, in der ein Formwechsel nur durchgeführt werden kann, wenn zuvor das Kapital der formwechselnden Gesellschaft (ordentlich) erhöht wurde.

60 Beim **Formwechsel einer AG (oder KGaA) in eine GmbH** wird das bisherige Grundkapital der AG / KGaA zum Stammkapital der GmbH. Bei der AG / KGaA ausgewiesene Kapital- und Gewinnrücklagen werden von der GmbH fortgeführt. Eine bei der AG / KGaA vorhandene gesetzliche Rücklage ist in die anderen Gewinnrücklagen nach § 272 Abs. 3 S. 2 HGB umzugliedern. Alternativ kommt eine Dotierung der satzungsmäßigen Rücklagen nach § 272 Abs. 3 S. 2 HGB in Betracht.[84]

61 Beim **Formwechsel einer AG in eine KGaA (oder umgekehrt)** bleiben das Grundkapital, die ausgewiesenen Kapital- und Gewinnrücklagen sowie die gesetzliche Rücklage nach § 150 AktG erhalten.[85]

62 **Beispiel:** A und B sind zu je 50 % an der AB-GmbH beteiligt. Die AB-GmbH soll in eine AG formgewechselt werden.

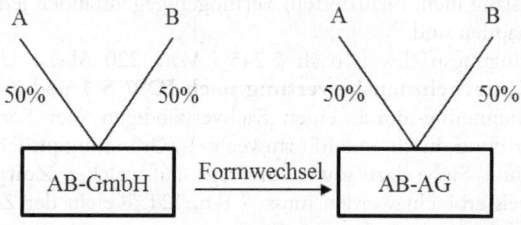

---

[82] IDW RS HFA 41, Rz. 10.
[83] IDW RS HFA 41, Rz. 11; Winkeljohann/Förschle/Deubert/*Deubert/Hoffmann*, Kap. L Rz. 150; Limmer/*Bilitewski*, Teil 7 Kap. 2 Rn. 894; Sagasser/Bula/Brünger/*Bula/Thees*, § 27 Rz. 31.
[84] IDW RS HFA 41, Rz. 13.
[85] Vgl. Sagasser/Bula/Brünger/*Bula/Thees*, § 27 Rz. 30.

Die Bilanz der AB-GmbH sieht vor dem Formwechsel wie folgt aus (Beträge in TEUR):

AB-GmbH

Grundstück	1.000	Stammkapital	25
Anlagevermögen	500	Kapitalrücklage	975
Umlaufvermögen	600	Fremdkapital	1.100
	2.100		2.100

Unternehmenswert AB-GmbH: 2.000
stille Reserven
- im Grundstück   800
- im Anlagevermögen 100
- Firmenwert   100

Die AB-AG soll das statutarische Mindestgrundkapital von TEUR 50 haben.

Lösung: Die Bilanz der AB-AG sieht nach dem Formwechsel wie folgt aus:

AB-AG

Grundstück	1.000	Grundkapital	50
Anlagevermögen	500	Kapitalrücklage	975
Umlaufvermögen	600	Fremdkapital	1.100
Kasse	25		
	2.125		2.125

Vor dem Formwechsel war eine Kapitalerhöhung um EUR T25 durchzuführen, da ansonsten das Grundkapital der AG nicht gedeckt und damit der Formwechsel unzulässig gewesen wäre.

2. Bilanzierung nach Wirksamwerden des Formwechsels

a) Zwang zur Buchwertfortführung. Wie beim Formwechsel einer Personengesellschaft in eine Kapitalgesellschaft (s. → Rn. 21) sind die bilanziellen Folgen des Formwechsels einer Kapitalgesellschaft in eine Kapitalgesellschaft anderer Rechtsform erst im nächsten **regulären Jahresabschluss** des formwechselnden Rechtsträgers nachzuvollziehen. Da die rechtliche Identität des formwechselnden Rechtsträgers unberührt bleibt und somit kein Veräußerungs- / Anschaffungsvorgang vorliegt, ist für eine Realisierung von stillen Reserven und eine Aufstockung bis zum Zeitwert kein Raum. Es sind vielmehr zwingend die **Buchwerte fortzuführen**. Die Ausführungen zum Formwechsel einer Personengesellschaft in eine Kapitalgesellschaft (s. → Rn. 21 f.) gelten entsprechend. **63**

b) Anpassung an Besonderheiten der „neuen" Rechtsform. Da die formgewechselte Kapitalgesellschaft **weiterhin die §§ 264 bis 289 HGB** anwenden muss, ändert sich im Grundsatz[86] an den bisher anwendbaren Ansatz- und Bewertungsvorschriften, sowie zur Pflicht einen **Anhang** oder **Lagebericht** aufzustellen nichts. Das gilt grds. auch für die Bilanzierung **latenter Steuern**. **64**

c) Behandlung von Umwandlungskosten. Wie beim Formwechsel einer Personengesellschaft in eine Kapitalgesellschaft (s. → Rn. 30) sind Umwandlungskosten (wie Rechtsberatungs- und Notarkosten) im Jahresabschluss nach dem Formwechsel erfolgswirksam als Aufwand zu berücksichtigen. **65**

---

[86] Vgl. zu möglichen Ausnahmen Winkeljohann/Förschle/Deubert/*Deubert/Hoffmann*, Kap. L Rz. 155, 165 f.

66 **d) Behandlung von Abfindungen.** Nach § 196 UmwG kann ein Gesellschafter von der formwechselnden Kapitalgesellschaft Ausgleich verlangen, wenn seine Anteile an der Kapitalgesellschaft anderer Rechtsform zu niedrig bemessen sind oder für ihn diese Anteile keinen ausreichenden Gegenwert für seine bisherigen Anteile an der Kapitalgesellschaft darstellen. Diese **baren Zuzahlungen** sind im Jahresabschluss nach dem Formwechsel als Aufwand zu erfassen.[87]

67 Nach § 207 UmwG hat der formwechselnde Rechtsträger jedem Anteilsinhaber, der gegen den Umwandlungsbeschluss Widerspruch zur Niederschrift erklärt, den Erwerb seiner umgewandelten Anteile gegen eine angemessene **Barabfindung** anzubieten. Beim Formwechsel einer Kapitalgesellschaft in eine Kapitalgesellschaft anderer Rechtsform handelt es sich dabei um einen Ankauf eigener Anteile durch die (formgewechselte) Kapitalgesellschaft (s. dazu → Rn. 32). Beim Formwechsel zwischen AG und KGaA sieht das Gesetz keine Abfindungen vor (§ 250 UmwG).[88]

II. Bilanzierung bei Anteilsinhabern des formwechselnden Rechtsträgers

68 Wie beim Formwechsel einer Personengesellschaft in eine Kapitalgesellschaft (s. → Rn. 33) bleiben die Anteilsinhaber des formwechselnden Rechtsträgers an diesem nach den für den neuen Rechtsträger (hier: die Kapitalgesellschaft anderer Rechtsform) geltenden Vorschriften beteiligt (§ 202 Abs. 2 Nr. 2 S. 1 UmwG). Es erfolgt kein Anteilstausch. Damit gilt für einen bilanzierenden Anteilsinhaber zwingend die **Buchwertfortführung**. Siehe dazu ausführlich → Rn. 33. Da der Formwechsel für den Anteilsinhaber regelmäßig keinen Wechsel des Besteuerungsregimes nach sich zieht (eine Ausnahme kann beim Formwechsel unter Beteiligung einer KGaA bestehen)[89], hat der Formwechsel einer Kapitalgesellschaft in eine Kapitalgesellschaft anderer Rechtsform regelmäßig keine Auswirkungen auf die Höhe der im nächsten Jahresabschluss auszuweisenden **latenten Steuern**.

E. Besonderheiten beim grenzüberschreitenden Formwechsel

69 Das UmwG enthält – anders als bei der Verschmelzung – keine Regelungen zum grenzüberschreitenden Formwechsel. Die Zulässigkeit eines identitätswahrenden grenzüberschreitenden Formwechsels einer deutschen Gesellschaft in eine ausländische Rechtsform (sog. **Hinaus-Formwechsel**) und korrespondierend die Zulässigkeit eines identitätswahrenden grenzüberschreitenden Formwechsels einer ausländischen Rechtsform in eine inländische Gesellschaft (sog. **Herein-Formwechsel**) ist umstritten.[90] Entsprechend ungeklärt ist die bilanziellen Behandlung.

I. Hinaus-Formwechsel

70 Bei einem Hinaus-Formwechsel erscheint es sachgerecht, dass sich die bilanziellen Folgen (ausschließlich) nach den **Vorschriften des ausländischen Staates** richten, in dem die formgewechselte Gesellschaft ihren statutarischen Sitz hat. Aus deutscher Sicht sind – wie bereits beim inländischen Formwechsel – insbesondere weder die Aufstellung einer Schussbilanz noch die Bildung eines Rumpf-Geschäftsjahres geboten (s. → Rn. 4). Die bilanziellen Folgen werden (erst) im regulären ausländischen Jahresabschluss sichtbar, der zeitlich dem Formwechsel nachfolgt.

---

[87] Winkeljohann/Förschle/Deubert/*Deubert/Hoffmann*, Kap. L Rz. 160.
[88] Winkeljohann/Förschle/Deubert/*Deubert/Hoffmann*, Kap. L Rz. 161.
[89] Winkeljohann/Förschle/Deubert/*Deubert/Hoffmann*, Kap. L Rz. 221.
[90] Ausführlich dazu Münchener Hdb. des GesR/*Hoffmann*, Bd. 6, § 56 Rz. 1 ff.; für die Zulässigkeit innerhalb der EU/EWR auch IDW RS HFA 41, Rz. 6.

II. Herein-Formwechsel

Umgekehrt erscheint es demgegenüber sachgerecht, dass sich die bilanziellen Folgen des Formwechsels, die erst im ersten Jahresabschluss nach Wirksamkeit des Formwechsels relevant werden, ausschließlich nach dem dann anwendbaren **inländischen Recht** richten.[91] Insofern gelten die Ausführungen zum inländischen Formwechsel (→ Rn. 1 ff.) entsprechend. 71

§ 61 Sonstige Umwandlungsmaßnahmen

Übersicht

	Rdnr.		Rdnr.
A. Vermögensübertragung	1–15	2. Bilanzierung beim übernehmenden Rechtsträger	12, 13
I. Vollübertragung	2–9		
1. Bilanzierung beim übertragenden Rechtsträger	3	3. Bilanzierung bei Anteilsinhabern der beteiligten Rechtsträger	14
2. Bilanzierung beim übernehmenden Rechtsträger	4–6	4. Fallbeispiel	15
		B. Anwachsung	16–25
3. Bilanzierung bei Anteilsinhabern der beteiligten Rechtsträger	7, 8	I. Bilanzierung beim übertragenden Rechtsträger	17–19
4. Fallbeispiel	9	II. Bilanzierung beim übernehmenden Rechtsträger	20–23
II. Teilübertragung	10–15		
1. Bilanzierung beim übertragenden Rechtsträger	11	III. Bilanzierung bei Anteilsinhabern der beteiligten Rechtsträger	24
		IV. Fallbeispiel	25

Schrifttum: IDW Stellungnahme zur Rechnungslegung: Auswirkungen einer Verschmelzung auf den handelsrechtlichen Jahresabschluss (IDW RS HFA 42), WPg Supplement 4/2012, 91; *Orth*, Umwandlung durch Anwachsung, DStR 1999, 1011, 1053; *Ropohl/Freck*, Die Anwachsung als rechtliches und steuerliches Gestaltungsinstrument, GmbHR 2009, 1076.

A. Vermögensübertragung

Die Vermögensübertragung ist in § 174 UmwG geregelt. Danach überträgt der übertragende Rechtsträger entweder sein Vermögen als Ganzes (sog. **Vollübertragung**, → Rn. 2 ff.) oder Teile seines Vermögens (sog. **Teilübertragung**, → Rn. 10 ff.) gegen Gewährung einer Gegenleistung, die nicht in Anteilen besteht, auf einen bestehenden übernehmenden Rechtsträger. Eine solche Voll- oder Teilübertragung ist nach § 175 UmwG nur in folgenden Konstellationen möglich: 1

– von einer Kapitalgesellschaft auf den Bund, ein Land, eine Gebietskörperschaft oder einen Zusammenschluss von Gebietskörperschaften,
– von einer Versicherungs-AG auf Versicherungsvereine auf Gegenseitigkeit (VVaG) oder auf öffentlich-rechtliche Versicherungsunternehmen,
– von einem VVaG auf Versicherungs-AGs oder auf öffentlich-rechtliche Versicherungsunternehmen,
– von einem öffentlich-rechtlichen Versicherungsunternehmen auf eine Versicherungs-AG oder einen VVaG.[1]

---

[91] So auch IDW RS HFA 41, Rz. 6.
[1] Ausführlich dazu und zu Besonderheiten z. B. für den kleinen VVaG (§ 53 Abs. 1 VAG), Winkeljohann/Förschle/Deubert/*Klingberg*, Kap. J Rz. 6 ff.

Link

I. Vollübertragung

2 Bei der Vollübertragung gelten umwandlungsrechtlich die Vorschriften über die Verschmelzung zur Aufnahme (weitgehend) entsprechend (§§ 176 Abs. 1, 178 Abs. 1, 180 Abs. 1, 186, 188 Abs. 1 UmwG). Die ist folgerichtig, denn die Vermögensübertragung unterscheidet sich von der Verschmelzung lediglich in der Art der zu gewährenden **Gegenleistung**: Während sie bei der Verschmelzung aus Anteilen oder Mitgliedschaften am übernehmenden Rechtsträger besteht, erhalten die Gesellschafter des übertragenden Rechtsträgers bei der Vollübertragung **andere Vermögenswerte**, d.h. eine Bar- oder Sachabfindung. Die Vollübertragung wird deshalb auch als „Liquidationsveräußerung mit Gesamtrechtsnachfolge" bezeichnet.[2] Unter bestimmten Voraussetzungen ist jedoch – analog zur Verschmelzung – keine Gegenleistung zu gewähren oder kann auf diese verzichtet werden.[3]

1. Bilanzierung beim übertragenden Rechtsträger

3 Aufgrund der umwandlungsrechtlichen Anwendbarkeit der Verschmelzungsregeln sind beim übertragenden Rechtsträger auch handelsbilanziell die Grundsätze der Verschmelzung zu beachten (siehe → § 58 Rn. 2 ff.). Insbesondere muss der übertragende Rechtsträger eine **Schlussbilanz** aufstellen (siehe zu deren **Inhalt** und **Prüfung** ausführlich → § 58 Rn. 3 ff.).[4] Dies gilt u. E. selbst dann, wenn die Vermögensübertragung auf die öffentliche Hand erfolgt, die als solche nicht bilanzierungspflichtig ist.[5] Zur Frage der **Bilanzierungspflicht während schwebender Vermögensübertragung** wird ebenfalls vollumfänglich auf die Ausführungen zur Verschmelzung (→ § 58 Rn. 25 ff.) verwiesen.

2. Bilanzierung beim übernehmenden Rechtsträger

4 Auch hier gelten die Grundsätze zur Verschmelzung (→ § 58 Rn. 35 ff.), insbesondere zum **Zeitpunkt der Erfassung** (→ § 58 Rn. 36 ff.), entsprechend. Der übernehmende Rechtsträger hat auch hier das **Wahlrecht**, die übergegangenen Vermögensgegenstände mit ihren Buchwerten oder den Anschaffungskosten anzusetzen und zu bewerten (§ 24 UmwG, → § 58 Rn. 40 ff., 49 ff.).

5 Anders als bei der Verschmelzung ermitteln sich bei einem **Ansatz / der Bewertung mit Anschaffungskosten** diese jedoch nicht anhand des Wertes der gewährten / hingegebenen Anteile am übernehmenden Rechtsträger, sondern am Wert der von der übernehmenden Gesellschaft hingegeben Gegenleistung (Bar- oder Sachwert). Bei einer **Barleistung** lassen sich die Anschaffungskosten ohne Weiteres ermitteln. Bei einer **Sachleistung** gelten u. E. Tauschgrundsätze, d. h. der übernehmende Rechtsträger hat (analog zu den Überlegungen bei der Verschmelzung gegen Gewährung eigener Anteile, → § 58 Rn. 55) in Bezug auf die übergegangenen Vermögensgegenstände / Schulden grundsätzlich folgendes Bewertungswahlrecht:

– Ansatz mit dem *Buchwert* der hingegebenen Sachleistung;
– Ansatz mit dem höheren *Zeitwert* der hingegebenen Sachleistung, der sich nach dem (vorsichtig geschätzten) Zeitwert des übergehenden Reinvermögens zum Übertragungsstichtag bestimmt;
– Ansatz mit einem erfolgsneutralen *Zwischenwert*.

Bei einer **gemischten Bar- und Sachleistung** sind u. E. die beiden vorstehend beschriebenen Grundsätze zu kombinieren (vgl. auch → Rn. 9).

---

[2] Winkeljohann/Förschle/Deubert/*Klingberg*, Kap. J Rz. 15.
[3] Siehe dazu Winkeljohann/Förschle/Deubert/*Klingberg*, Kap. J Rz. 16.
[4] Winkeljohann/Förschle/Deubert/*Klingberg*, Kap. J Rz. 25; Sagasser/Bula/Brünger/*Bula/Thees*, § 23 Rz. 4.
[5] Winkeljohann/Förschle/Deubert/*Klingberg*, Kap. J Rz. 25; Sagasser/Bula/Brünger/*Bula/Thees*, § 23 Rz. 4.

Besonderheiten bestehen bei einer **Vermögensübertragung auf die öffentliche Hand** 6
(§ 175 Nr. 1 UmwG): Die öffentliche Hand ist als solche nicht bilanzierungspflichtig (sog.
Kameralistik), so dass sich die Frage des Ansatzes / der Bewertung der übertragenen
Vermögensgegenstände / Schulden bei ihr im Grundsatz nicht stellt. Etwas anderes gilt
jedoch, wenn die öffentliche Hand einen Wirtschaftsbetrieb unterhält oder infolge der
Vermögensübertragung ein solcher bei ihr entsteht. Mit diesem (und nur mit diesem) ist die
öffentliche Hand Kaufmann i. S. d. HGB und damit buchführungs- und bilanzierungspflichtig.[6] Je nachdem, ob mit der Vermögensübertragung ein Wirtschaftsbetrieb entsteht
oder das Vermögen auf einen bestehenden Wirtschaftsbetrieb übertragen wird, ist eine
Eröffnungsbilanz aufzustellen oder die Vermögensübertragung als laufender Geschäftsvorfall
zu berücksichtigen.[7]

3. Bilanzierung bei Anteilsinhabern der beteiligten Rechtsträger

Aus Sicht des **Anteilsinhabers des übertragenden Rechtsträgers** stellt sich die Ver- 7
mögensübertragung als Tauschvorgang dar. Soweit als Gegenleistung eine **Barleistung**
gewährt wird, entsteht beim bilanzierenden Anteilseigner in Höhe der Differenz zum
Buchwert seiner Beteiligung ein Veräußerungsgewinn. Soweit als Gegenleistung eine
Sachleistung gewährt wird, gelten u. E. Tauschgrundsätze, d. h. der Anteilsinhaber hat
folgendes Bewertungswahlrecht:
- Ansatz mit dem *Buchwert* des hingegebenen Anteils;
- Ansatz mit dem höheren *Zeitwert* des hingegebenen Anteils, der sich nach dem (vorsichtig geschätzten) Zeitwert der übergehenden Sachleistung zum Übertragungsstichtag bestimmt;
- Ansatz mit einem erfolgsneutralen *Zwischenwert*.[8]

Bei einer **gemischten Bar- und Sachleistung** sind u. E. die beiden vorstehend beschriebenen Grundsätze zu kombinieren, d. h. der Buchwert des hingegebenen Anteils ist
auf die beiden Gegenleistungskomponenten aufzuteilen.[9]

Für den Anteilsinhaber des übernehmenden Rechtsträgers (sofern vorhanden) hat die 8
Vermögensübertragung im Regelfall **keine bilanziellen Konsequenzen**.

4. Fallbeispiel

Beispiel: A ist zu 100 % an der A-GmbH beteiligt. Die Anschaffungskosten seines Anteils betragen 9
TEUR 100, der Verkehrswert seiner Beteiligung beträgt TEUR 1.000. Das Vermögen der A-GmbH
(Unternehmenswert: TEUR 1.000) soll als Ganzes auf den Wirtschaftsbetrieb der B-Stadt übertragen
werden. A soll dafür von der B-Stadt (genauer: ihrem Wirtschaftsbetrieb) einen Geldbetrag von
TEUR 200 und ein Aktienpaket von TEUR 800 (bilanziert mit TEUR 800) erhalten.

---

[6] Winkeljohann/Förschle/Deubert/*Klingberg*, Kap. J Rz. 35; Sagasser/Bula/Brünger/*Bula/Thees*,
§ 23 Rz. 6.
[7] Winkeljohann/Förschle/Deubert/*Klingberg*, Kap. J Rz. 36; Sagasser/Bula/Brünger/*Bula/Thees*,
§ 23 Rz. 6.
[8] Winkeljohann/Förschle/Deubert/*Klingberg*, Kap. J Rz. 40; Sagasser/Bula/Brünger/*Bula/Thees*,
§ 23 Rz. 7.
[9] Winkeljohann/Förschle/Deubert/*Klingberg*, Kap. J Rz. 41; Sagasser/Bula/Brünger/*Bula/Thees*,
§ 23 Rz. 7.

§ 61   9   4. Kapitel. Bilanzrecht

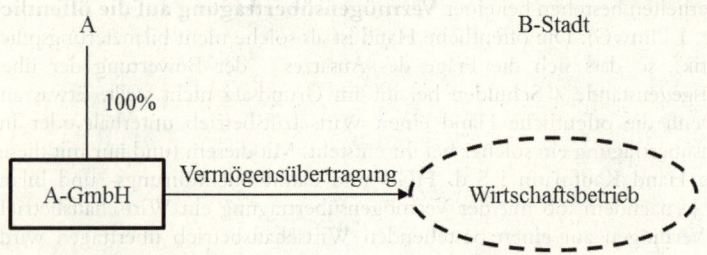

Die Bilanzen der beiden Rechtsträger sehen vor der Vermögensübertragung wie folgt aus (Beträge in TEUR):

A-GmbH				Wirtschaftsbetrieb B-Stadt			
Anlagevermögen	500	Stammkapital	100	Anlagevermögen	1.000	Eigenkapital	1.000
Umlaufvermögen	100	Kapitalrücklage	200	Grundstück	500	Fremdkapital	1.500
		Fremdkapital	300	Kasse	200		
				Aktien	800		
	600		600		2.500		2.500

Unternehmenswert:		1.000	Unternehmenswert:	2.000
stille Reserven			stille Reserven	
• im Anlagevermögen		100	• im Anlagevermögen	300
• Firmenwert		600	• Firmenwert	700

Es wird eine Bilanzierung zu Anschaffungskosten gewählt. Da der Buchwert der hingegebenen Aktien ihrem gemeinen Wert entsprach, stellte sich für die die B-Stadt die Frage nach einem Buchwert- oder Zeitwertansatz (vgl. → Rn. 5) nicht. Die stillen Reserven im Vermögen der A-GmbH waren zu realisieren.

Lösung: Nach der Vermögensübertragung sieht die Bilanz des Wirtschaftsbetriebs der B-Stadt wie folgt aus:

Wirtschaftsbetrieb B-Stadt			
Anlagevermögen	1.600	Eigenkapital	1.000
Umlaufvermögen	100	Fremdkapital	1.800
Grundstück	500		
Firmenwert	600		
	2.800		2.800

Ermittlung des Veräußerungsgewinns des A:
Aufteilung des Buchwertes der hingegebenen Anteile (= 100) auf Bar- und Sachkomponente im Verhältnis 20:80.

Barkomponente: Nominalwert 200
./. Buchwert Anteile 20
Gewinn 180

Sachkomponente: A kann (neutralen) Buchwertansatz wählen

Buchwert Aktien 80
./. Buchwert Anteile 80
Gewinn 0

Gesamtgewinn: 180

II. Teilübertragung

Bei der Teilübertragung gelten umwandlungsrechtlich die Vorschriften über die Spaltung zur Aufnahme (weitgehend) entsprechend (§§ 177 Abs. 1, 179 Abs. 1, 184 Abs. 1, 186, 189 Abs. 1 UmwG). Dies ist folgerichtig. Denn wie bei der Spaltung werden auch bei der Teilübertragung drei Formen unterschieden: **10**
- **Aufspaltende Teilübertragung** des Vermögens unter Auflösung ohne Abwicklung des übertragenden Rechtsträgers auf andere bestehende Rechtsträger (§ 174 Abs. 2 Nr. 1 UmwG);
- **Abspaltende Teilübertragung** eines Vermögensteils des übertragenden Rechtsträgers auf einen oder mehrere bestehende Rechtsträger (§ 174 Abs. 2 Nr. 2 UmwG);
- **Ausgliedernde Teilübertragung** eines Vermögensteils des übertragenden Rechtsträgers auf einen oder mehrere bestehende Rechtsträger (§ 174 Abs. 2 Nr. 3 UmwG).

Die Vermögensübertragung unterscheidet sich von der Spaltung lediglich in der Art der zu gewährenden **Gegenleistung**: Während sie bei der Aufspaltung, Abspaltung und Ausgliederung aus Anteilen oder Mitgliedschaften besteht, erhalten bei der auf- und abspaltenden Teilübertragung die Anteilsinhaber des übertragenden Rechtsträgers und bei der ausgliedernden Teilübertragung der ausgliedernde Rechtsträger selbst **andere Vermögenswerte**, d. h. eine Bar- oder Sachabfindung. Die auf- und abspaltende Teilübertragung werden daher auch als „Teilliquidationsverkauf", die ausgliedernde Teilübertragung als „Teilbetriebsveräußerung" bezeichnet.[10]

1. Bilanzierung beim übertragenden Rechtsträger

Aufgrund der umwandlungsrechtlichen Anwendbarkeit der Spaltung sind beim übertragenden Rechtsträger auch handelsbilanziell die Grundsätze der Aufspaltung (siehe → § 59 Rn. 2 ff.), Abspaltung (siehe → § 59 Rn. 56 ff.) oder Ausgliederung (siehe → § 59 Rn. 111 ff.) zu beachten. Insbesondere muss der übertragende Rechtsträger eine **Schlussbilanz** aufstellen (siehe zu deren **Inhalt** und **Prüfung** ausführlich für die Aufspaltung → § 59 Rn. 4 ff., für die Abspaltung → § 59 Rn. 57 ff. und für die Ausgliederung → § 59 Rn. 112 ff.). Dies gilt u. E. selbst dann, wenn die Vermögensübertragung auf die öffentliche Hand erfolgt, die als solche nicht bilanzierungspflichtig ist.[11] Zur Frage der **Bilanzierungspflicht während schwebender Vermögensübertragung** wird ebenfalls vollumfänglich auf die Ausführungen zur Aufspaltung (→ § 59 Rn. 12 ff.), Aufspaltung (→ § 59 Rn. 62 ff.) und Ausgliederung (→ § 59 Rn. 117 ff.) verwiesen. Darüber hinaus müssen – insbesondere **11**

---

[10] Winkeljohann/Förschle/Deubert/*Klingberg*, Kap. J Rz. 20 f.
[11] Winkeljohann/Förschle/Deubert/*Klingberg*, Kap. J Rz. 25; Sagasser/Bula/Brünger/*Bula/Thees*, § 23 Rz. 4.

bei der abspaltenden und ausgliedernden Teilübertragung – **Kapitalerhaltungsrundsätze** beachten werden[12], vgl. dazu die entsprechenden Ausführungen bei der Aufspaltung (→ § 59 Rn. 15), Abspaltung (→ § 59 Rn. 69 ff.) und Ausgliederung (→ § 59 Rn. 123 ff.).

2. Bilanzierung beim übernehmenden Rechtsträger

12 Auch hier gelten die Grundsätze zur Aufspaltung (→ § 59 Rn. 16 ff.), Abspaltung (→ § 59 Rn. 79 ff.) und Ausgliederung (→ § 59 Rn. 126 ff.), insbesondere zum **Zeitpunkt der Erfassung** (→ § 59 Rn. 17 ff., 79, 126) entsprechend. Der übernehmende Rechtsträger hat auch hier das **Wahlrecht**, die übergegangenen Vermögensgegenstände mit ihren Buchwerten oder den Anschaffungskosten anzusetzen und zu bewerten (§ 24 UmwG), s. → § 59 Rn. 20 ff. für die Aufspaltung, → § 59 Rn. 80 ff. für die Abspaltung und → § 59 Rn. 127 ff. für die Ausgliederung.

13 Anders als bei der Spaltung ermitteln sich bei einem **Ansatz / der Bewertung mit Anschaffungskosten** diese jedoch nicht anhand des Wertes der gewährten / hingegebenen Anteile am übernehmenden Rechtsträger, sondern anhand der Werte der von der übernehmenden Gesellschaft hingegeben Gegenleistung (Bar- oder Sachwert). Bei einer **Barleistung** lassen sich die Anschaffungskosten ohne Weiteres ermitteln. Bei einer **Sachleistung** gelten u. E. Tauschgrundsätze (siehe dazu ausführlich → Rn. 5). Zu den Besonderheiten bei einer **Vermögensübertragung auf die öffentliche Hand** siehe → Rn. 6.

3. Bilanzierung bei Anteilsinhabern der beteiligten Rechtsträger

14 Aus Sicht des **Anteilsinhabers des übertragenden Rechtsträgers** stellt sich die Vermögensübertragung als Tauschvorgang dar. Soweit als Gegenleistung eine **Barleistung** gewährt wird, entsteht beim bilanzierenden Anteilseigner in Höhe der Differenz zum Buchwert seiner Beteiligung ein Veräußerungsgewinn. Soweit als Gegenleistung eine **Sachleistung** gewährt wird, gelten u. E. Tauschgrundsätze (siehe dazu ausführlich → Rn. 7). Für den Anteilsinhaber des übernehmenden Rechtsträgers (sofern vorhanden) hat die Vermögensübertragung im Regelfall **keine bilanziellen Konsequenzen**.

4. Fallbeispiel

15 **Beispiel:** A ist zu 100 % an der AB-GmbH beteiligt. Die Anschaffungskosten seines Anteils betragen TEUR 300, der Verkehrswert seiner Beteiligung beträgt TEUR 3.000. Von der AB-GmbH soll die Sparte A (Unternehmenswert: TEUR 1.000) im Wege der abspaltenden Teilübertragung auf den Wirtschaftsbetrieb der B-Stadt übertragen werden. A soll dafür von der B-Stadt (genauer: ihrem Wirtschaftsbetrieb) einen Geldbetrag von TEUR 200 und ein Aktienpaket von TEUR 800 (bilanziert mit TEUR 800) erhalten.

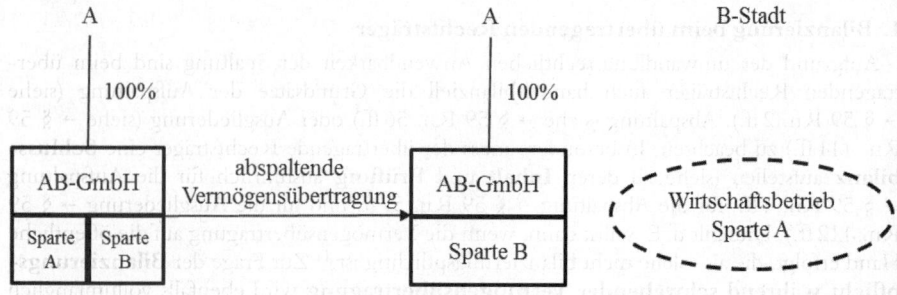

---

[12] Ausführlich Winkeljohann/Förschle/Deubert/*Klingberg*, Kap. J Rz. 22.

§ 61 Sonstige Umwandlungsmaßnahmen

Die Bilanzen der beiden Rechtsträger sehen vor der Vermögensübertragung wie folgt aus (Beträge in TEUR):

AB-GmbH

Grundstück	1.000	Stammkapital	100
Anlagevermögen	500	Kapitalrücklage	800
Umlaufvermögen	600	Fremdkapital	1.200
	2.100		2.100

Unternehmenswert AB:	3.000	Sparte A (Unternehmenswert: 1.000)		Sparte B (Unternehmenswert: 2.000)	
stille Reserven		Vermögensgegenstände:		Vermögensgegenstände:	
• im Grundstück	800	• Anlagevermögen	500	• Grundstück	1.000
• im Anlagevermögen	100	• Umlaufvermögen	200	• Umlaufvermögen	400
• Firmenwert	1.200	• Fremdkapital	400	• Fremdkapital	800
		stille Reserven		stille Reserven	
		• im Anlagevermögen	100	• im Grundstück	800
		• Firmenwert	600	• Firmenwert	600

Wirtschaftsbetrieb B-Stadt

Anlagevermögen	1.000	Eigenkapital	1.000
Grundstück	500	Fremdkapital	1.500
Kasse	200		
Aktien	800		
	2.500		2.500

Unternehmenswert:	2.000
stille Reserven	
• im Anlagevermögen	300
• Firmenwert	700

Es wird eine Bilanzierung zu Anschaffungskosten gewählt. Da der Buchwert der hingegebenen Aktien ihrem gemeinen Wert entsprach, stellte sich für die die B-Stadt die Frage nach einem Buchwert- oder Zeitwertansatz (vgl. → Rn. 13) nicht. Die stillen Reserven im Vermögen der AB-GmbH waren zu realisieren.

Lösung: Nach der Vermögensübertragung sieht die Bilanz des Wirtschaftsbetriebs der B-Stadt wie folgt aus:

Wirtschaftsbetrieb B-Stadt

Anlagevermögen	1.600	Eigenkapital	1.000
Umlaufvermögen	200	Fremdkapital	1.900
Grundstück	500		
Firmenwert	600		
	2.900		2.900

Link

Ermittlung des Veräußerungsgewinns des A:
Aufteilung des Buchwertes des fiktiv hingegebenen Teil-Anteils des A an der AB-GmbH in Höhe von 100 (vgl. → § 59 Rn. 102) auf Bar- und Sachkomponente im Verhältnis 20:80.

Barkomponente:	Nominalwert	200
	./. Buchwert Anteile	20
	Gewinn	180

Sachkomponente: A kann (neutralen) Buchwertansatz wählen

	Buchwert Aktien	80
	./. Buchwert Anteile	80
	Gewinn	0

Gesamtgewinn: 180

B. Anwachsung

16 Die Anwachsung stellt eine nicht im UmwG geregelte, besondere Art des Vermögensübergangs dar, die vom wirtschaftlichen Ergebnis her der Aufwärtsverschmelzung einer Personengesellschaft vergleichbar ist. Nach §§ 105 Abs. 2 HGB, 161 Abs. 2 HGB, 738 BGB tritt die Anwachsung ein, wenn alle Gesellschafter bis auf einen verbleibenden Gesellschafter aus einer Personengesellschaft ausscheiden. Rechtsfolge ist, dass die Personengesellschaft erlischt und ihre gesamten Vermögensgegenstände / Schulden auf den verbleibenden Gesellschafter im Wege der Gesamtrechtsnachfolge ohne Liquidation übergehen.[13] Die Anwachsung erfolgt entweder (i) durch Austritt des letzten Gesellschafters einer Personengesellschaft mit oder ohne Abfindung (sog. **klassisches** oder **einfaches Anwachsungsmodell**) oder (ii) bei einer GmbH & Co. KG durch Einbringung des Anteils des (einzigen) Kommanditisten in die Komplementär-GmbH (sog. **erweitertes Anwachsungsmodell**).[14]

I. Bilanzierung beim übertragenden Rechtsträger

17 Infolge des automatischen Erlöschens der Personengesellschaft aufgrund der Anwachsung ist die Aufstellung einer **Schlussbilanz** u. E. nicht erforderlich. Will der übernehmende Rechtsträger die Buchwerte der Personengesellschaft fortführen (vgl. → Rn. 20, 22), kann die Aufstellung einer Schlussbilanz auf den Zeitpunkt der Anwachsung jedoch sinnvoll sein.

18 Bei der Anwachsung handelt es sich um einen Realakt, d. h. die Rechtsfolgen treten automatisch mit rechtlichem Wirksamwerden des die Anwachsung auslösenden Schrittes ein. Eine schuldrechtliche Vereinbarung über einen **rückwirkenden Anwachsungsstichtag** (analog § 5 Abs. 1 Nr. 6 UmwG) mit dem Inhalt, dass von diesem Zeitpunkt an die Handlungen der untergehenden Personengesellschaft als für Rechnung des übernehmenden Rechtsträgers vorgenommen gelten, ist folglich nicht zulässig.[15]

19 Wird der ausscheidende Gesellschafter durch die Personengesellschaft **abgefunden** (vgl. § 738 Abs. 1 S. 2 BGB), müssten in einer gedachten Schlussbilanz der Personengesellschaft die anteilig auf den ausscheidenden Gesellschafter entfallenden und im Rahmen der Abfindung vergüteten stillen Reserven bei den betreffenden Vermögensgegenständen (eigentlich) hinzuaktiviert und/oder ein Firmenwert ausgewiesen werden.[16] Da bei der Anwachsung jedoch keine Schlussbilanz aufzustellen ist, wird diese Hinzuaktivierung / der

---

[13] IDW RS HFA 42, Rz. 92; ausführlich *Orth*, DStR 1999, 1011 f.
[14] Beck'sches Hdb. Umwandlungen International/*Krämer/Friedl*, 4. Teil Rz. 9.
[15] IDW RS HFA 42, Rz. 95.
[16] IDW RS HFA 7, Rz. 59.

Ausweis eines Firmenwerts erst beim übernehmenden Rechtsträger, und zwar für Frage, wie die übergegangenen Vermögensgegenstände anzusetzen und zu bewerten sind, relevant (s. → Rn. 22).[17]

II. Bilanzierung beim übernehmenden Rechtsträger

Wegen der Vergleichbarkeit der Anwachsung mit der Aufwärtsverschmelzung erscheint es u. E. mit dem IDW sachgerecht, dem übernehmenden Rechtsträger ein **Wahlrecht analog § 24 UmwG** einzuräumen, d. h. er kann die übergehenden Vermögensgegenstände /Schulden entweder (i) mit seinen Anschaffungskosten oder (ii) zu ihren Buchwerten bilanzieren:[18] **20**

Bei einer **Bewertung mit den Anschaffungskosten** sind u. E. wie bei der Aufwärtsverschmelzung (s. → § 58 Rn. 57) Tauschgrundsätze anzuwenden, so dass folgendes Bewertungswahlrecht besteht[19] **21**

– Ansatz mit dem *Buchwert* der untergehenden Anteile;
– Ansatz mit dem höheren *Zeitwert* der untergehenden Anteile, der sich nach dem Zeitwert des übergehenden Reinvermögens zum Zeitpunkt der Anwachsung bestimmt;
– Ansatz mit einem erfolgsneutralen *Zwischenwert*.

Ein Unterschiedsbetrag bei Ansatz des Zeitwerts (d. h. die Aufdeckung von stillen Reserven) führt zu einer sofortigen Ertragswirkung.

Bei einer **Buchwertfortführung** übernimmt der anwachsende Rechtsträger die bislang bei der Personengesellschaft bilanzierten Vermögensgegenstände / Schulden zu ihren Buchwerten. Eigentlich ist dabei auf die Schlussbilanz abzustellen. Da bei der Anwachsung jedoch keine Schlussbilanz aufzustellen ist, wären hier die Buchwerte einer gedachten Schlussbilanz heranzuziehen. Dabei kann sich aus der Differenz des Buchwerts der untergehenden Anteile zum Buchwert des übernommenen Reinvermögens ein positiver oder negativer Differenzbetrag ergeben, der u. E. erfolgswirksam in der GuV zu erfassen ist.[20] **22**

Besonderheiten sind beim **erweiterten Anwachsungsmodell** (→ Rn. 16) zu beachten: Hier ist die Transaktion in zwei Teilakte zu zerlegen, nämlich (i) die Sacheinlage der Beteiligung an der Personengesellschaft in die Komplementär-GmbH und (ii) die Anwachsung selbst. Die Sacheinlage ist mit ihren Anschaffungskosten (d. h. dem für die Begebung der neuen Geschäftsanteile festgesetzten Ausgabebetrag), dessen Obergrenze durch den Zeitwert der Anteile an der Personengesellschaft bestimmt wird, anzusetzen. Auf diese Weise ergibt sich der Buchwert des Anteils an der Personengesellschaft, der in einem zweiten Schritt infolge der Anwachsung untergeht.[21] **23**

III. Bilanzierung bei Anteilsinhabern der beteiligten Rechtsträger

Der letzte ausscheidende Anteilsinhaber (= Gesellschafter) der übertragenden Personengesellschaft ist der übernehmende Rechtsträger. Bei ihm gelten die unter (→ Rn. 20 ff.) beschriebenen Folgen. Auf die Anteilsinhaber des übernehmenden Rechtsträgers hat die Anwachsung keine Auswirkungen, da deren Anteile nicht bewegt werden. **24**

---

[17] Vgl. auch *Orth*, DStR 1999, 1011, 1014.
[18] IDW RS HFA 42, Rz. 93 f.; *Ropohl/Freck*, GmbHR 2009, 1076, 1077 f.; vgl. auch zum Streitstand *Orth*, DStR 1999, 1053, 1057 f. sowie Beck'sches Hdb. Umwandlungen International/*Landgraf/Schmied*, 4. Teil Rz. 105 ff.
[19] So auch *Orth*, DStR 1999, 1053, 1058.
[20] So auch *Orth*, DStR 1999, 1053, 1057.
[21] Vgl. dazu Hopt/*Kraft/Link*, III.H.1, Anm. 2.

IV. Fallbeispiel

25 Beispiel: An der AB GmbH & Co. KG ist die A-GmbH zu 0% als Komplementär und die B-GmbH zu 100% als Kommanditist beteiligt. Die A-GmbH tritt entschädigungslos aus der AB GmbH & Co. KG aus.

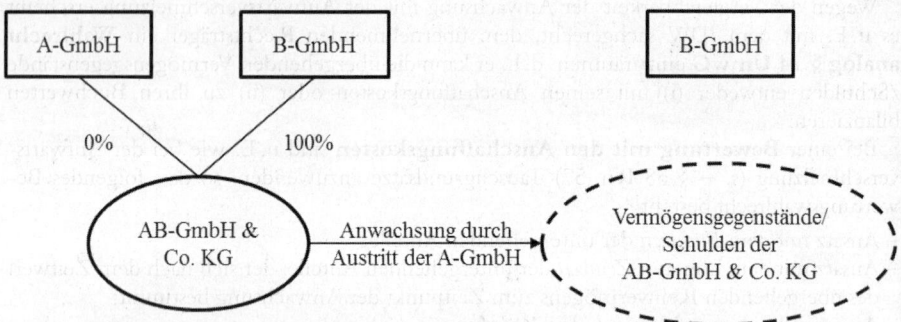

Die Bilanzen der beiden Rechtsträger sehen vor der Anwachsung wie folgt aus:

AB-GmbH & Co. KG

Anlagevermögen	500	Eigenkapital	300
Umlaufvermögen	100	Fremdkapital	300
	__600__		__600__

Unternehmenswert:	1.000
stille Reserven	
• im Anlagevermögen	100
• Firmenwert	600

B-GmbH

Beteiligung an		Stammkapital	100
AB-GmbH & Co. KG	50	Kapitalrücklagen	500
sonst. Anlagevermögen	950	Fremdkapital	900
Umlaufvermögen	500		
	__1.500__		__1.500__

Unternehmenswert:	2.000
stille Reserven	
• im Anlagevermögen	1.000
• Firmenwert	400

Es wird eine Bilanzierung zu Anschaffungskosten gewählt. Das übergehende Vermögen soll mit dem Zeitwert der untergehenden Anteile an der AB-GmbH & Co. KG bilanziert werden (der sich nach dem Zeitwert des übergehenden Vermögens richtet).

Lösung: Nach der Anwachsung sieht die Bilanz der B-GmbH wie folgt aus:

B-GmbH

Anlagevermögen	1.550	Stammkapital	100
Umlaufvermögen	600	Kapitalrücklage	500
Firmenwert	600	Gewinn	950
		Fremdkapital	1.200
	__2.750__		__2.750__

Da die Anteile am übertragenden Rechtsträger (AB-GmbH & Co. KG) nur mit 50 bilanziert waren, war die Differenz zum Zeitwert des übergehenden Vermögens von 1.000 (=950) sofort als Gewinn zu erfassen.

5. Kapitel. Kartellrecht

§ 62 Fusionskontrollrechtliche Anmeldepflicht der Umwandlungsmaßnahme[1]

Übersicht

	Rdnr.
A. Einleitung: Bedeutung des Kartellrechts für Umwandlungsmaßnahmen	1, 2
B. Voraussetzungen der Anmeldepflicht (europäische und deutsche Fusionskontrolle)	3–87
I. Begriff des Unternehmens	6–14
1. Europäisches Kartellrecht	7–12
a) Wirtschaftliche Tätigkeit	7
b) Einheitliches Unternehmen	8–12
2. Deutsches Kartellrecht	13, 14
II. Der Tatbestand des Zusammenschlusses	15–46
1. Europäische Fusionskontrolle	15–25
a) Fusion	16
b) Kontrollerwerb	17–23
c) Gründung eines Gemeinschaftsunternehmens	24
d) Beteiligung zweier Unternehmen erforderlich	25
2. Deutsche Fusionskontrolle	26–45
a) Vermögenserwerb	27–29
b) Anteilserwerb	30–32
c) Erwerb wettbewerblich erheblichen Einflusses	33–37
d) Gemeinschaftsunternehmen	38–41
e) Keine Verstärkung einer bestehenden Unternehmensverbindung	42, 43
f) Zusammenschlusstatbestände in einem einheitlichen wirtschaftlichen Vorgang	44
g) Beteiligung zweier Unternehmen nicht erforderlich	45
3. Verhältnis zu anderen Rechtsbegriffen	46
III. Die einzelnen Formen der Umwandlung als Zusammenschlüsse	47–66
1. Verschmelzung	48–52
2. Spaltung: Aufspaltung	53–56
3. Spaltung: Abspaltung	57–59
4. Spaltung: Ausgliederung	60–62
5. Formwechsel	63
6. Vermögensübertragung	64, 65
7. Grenzüberschreitende Umwandlung	66
IV. Die fusionskontrollrechtlichen Schwellenwerte	67–87
1. Europäische Fusionskontrolle	67–75

	Rdnr.
a) Die beteiligten Unternehmen	68
b) Umsatzberechnung und -zuordnung	69–71
c) Umsatzschwellen	72, 73
d) Inlandsauswirkungen kein zusätzliches Tatbestandsmerkmal	74
e) Aufteilung der Zuständigkeiten zwischen Kommission und Mitgliedstaaten	75
2. Deutsche Fusionskontrolle	76–87
a) Die beteiligten Unternehmen	77
b) Umsatzberechnung	78–80
c) Umsatzschwellen	81
d) Schwelle für Transaktionswert	82
e) Ausnahme: Bagatellklausel/„Anschlussklausel"	83
f) Inlandsauswirkungen und „extraterritoriale Anwendung" der Fusionskontrolle	84–87
C. Der materiell-rechtliche Prüfungsmaßstab	88–93
I. Europäische Fusionskontrolle	89–91
II. Deutsche Fusionskontrolle	92, 93
D. Überblick über das Fusionskontrollverfahren	94–101
I. Europäische Fusionskontrolle	94–97
II. Deutsche Fusionskontrolle	98–101
E. Das Vollzugsverbot	102–110
F. Anmelde- und Genehmigungspflichten außerhalb der Fusionskontrolle	111–122
I. Schutz der öffentlichen Sicherheit und Ordnung nach der Außenwirtschaftsverordnung	112–114
II. Erwerb von Beteiligungen an Finanzdienstleistungsunternehmen	115–120
III. Erwerb von Beteiligungen an Veranstaltern von Fernsehprogrammen	121, 122
G. Internationale Aspekte	123–135
I. Umwandlungen außerhalb des Geltungsbereichs des UmwG	123, 124
II. Fusionskontrolle nach ausländischen Rechtsordnungen	125–135
1. Auswirkungsprinzip	127

---

[1] Der Verfasser dankt seinen Kollegen Christoph Barth, Dr. David-Julien dos Santos Gonçalvez und Dr. Arne Karsten sowie Herrn Rechtsreferendar Sebastian Plötz für deren Hilfe.

	Rdnr.		Rdnr.
2. Zusammenschlusstatbestand und Schwellenwerte	128–133	4. Anmelde- und Genehmigungspflichten außerhalb der Fusionskontrolle	135
3. Der materielle Prüfungsmaßstab	134		

Schrifttum: *Baranowski/Glaßl*, M&A im Internet: Transaktionen von Daten und Content, BB 2017, 199; *de Bronett*, Die 9. GWB-Novelle – Kein Beitrag zur Beseitigung des „Enforcement-Flickenteppichs" des Kartellrechts in der EU, NZKart 2017, 46; *Fritzsche/Klöppner/Schmidt*, Die Praxis der privaten Kartellrechtsdurchsetzung in Deutschland – Teil 1: Aspekte des kartellrechtlichen Schadensersatzanspruchs, NZKart 2016, 412; *dies.*, Die Praxis der privaten Kartellrechtsdurchsetzung in Deutschland – Teil 2: Verjährung, Verzinsung und verfahrensrechtliche Aspekte, NZKart 2016, 501; *Kahlenberg/Helm*, Referentenentwurf der 9. GWB-Novelle: Mehr Effizienz für die private und behördliche Rechtsdurchsetzung, BB 2016, 1863, 1865; *Klumpe/Thiede*, Regierungsentwurf zur 9. GWB-Novelle: Änderungsbedarf aus Sicht der Praxis, BB 2016, 3011; *Könen*, Die Passivlegitimation des Kartellschadensersatzes nach der 9. GWB-Novelle, NZKart 2017, 15; *Kuhn*, Der Erwerb wettbewerblich erheblichen Einflusses in der Deutschen Zusammenschlusskontrolle – Kein Modell für Europa, ZWeR, 2011, 258; *Lettl*, Schadenersatz bei Kartellrechtsverstößen in der 9. GWB-Novelle, WM 2016, 1961; *Ost/Kallfaß/Roesen*, Einführung einer Unternehmensverantwortlichkeit im deutschen Kartellsanktionenrecht – Anmerkungen zum Entwurf der 9. GWB-Novelle, NZKart 2016, 447; *Podszun/Kreifels/Schmieder*, Streitpunkte der 9. GWB-Novelle: Bußgeldrecht, Schadenersatz, Verbraucherrechte und Ministererlaubnis, WuW 2017, 114; *Podszun/Schwalbe*, Digitale Plattformen und GWB-Novelle: Überzeugende Regeln für die Internetökonomie? NZKart 2017, 98; *Seeliger/de Crozals*, Zukunftsweisend: Die 9. GWB-Novelle, ZRP 2017, 37; *Seeliger/Gürer*, Kartellrechtsrisiken in M&A-Transaktionen – neuere Entwicklungen, BB 2017, 195; *Rossmann/Suchsland*, „Mit Netz und doppeltem Boden" – Bußgeldhaftung nach dem Referentenentwurf zur 9. GWB-Novelle, NZKart 2016, 342; *Rother*, Kartellschadensersatz nach der 9. GWB-Novelle, NZKart 2017, 1; *von Brevern*, Die „Gründung eines Gemeinschaftsunternehmens" nach Art. 3 Abs. 4 der Fusionskontrollverordnung, WuW 2012, 225; *Weiß*, Begründung und Grenzen internationaler Fusionskontrollzuständigkeiten – Teil 1, NZKart 2016, 202; *ders.*, Begründung und Grenzen internationaler Fusionskontrollzuständigkeiten – Teil 2, NZKart 2016, 265; *Zigelski*, Der wettbewerblich erhebliche Einfluss wird 20, WuW 2009, 1261.

A. Einleitung: Bedeutung des Kartellrechts für Umwandlungsmaßnahmen

1   Bei der Planung und Beratung von Umwandlungsmaßnahmen wird regelmäßig nicht das Kartellrecht im Vordergrund stehen. Dennoch gibt es, erstens, Umwandlungsmaßnahmen, die im In- und/oder Ausland der **Fusionskontrolle** unterliegen, und die Missachtung fusionskontrollrechtlicher Anmeldepflichten kann Sanktionen nach sich ziehen, u. a. die zivilrechtliche Unwirksamkeit der Maßnahme, Entflechtungsanordnungen und/oder Bußgelder. Für die Praxis wird hier die Prüfung im Vordergrund stehen, ob die Umwandlungsmaßnahme eine **unternehmens- oder konzerninterne Restrukturierung** ist, bei der regelmäßig die fusionskontrollrechtliche Anmeldepflicht in Deutschland und der Europäischen Union (im Folgenden: EU) entfällt. Bei der Beteiligung von Gesellschaften, die nicht zu 100 % von der gleichen Muttergesellschaft gehalten werden (und wenn die an der Umwandlung beteiligten Gesellschaften oder deren verbundene Gesellschaften im Ausland tätig sind), ist es jedoch ratsam, zumindest kurz Anmeldeerfordernisse nach ausländischen Rechtsordnungen zu prüfen. Hier kann es unliebsame Überraschungen geben, weil **ausländische Rechtsordnungen** zuweilen Vorgänge mit der Fusionskontrolle erfassen, die nach deutschem Verständnis unproblematisch konzernintern und kartellrechtlich irrelevant wären.

2   Zweitens kann darüber hinaus kann eine Umwandlungsmaßnahme, ist sie einmal umgesetzt, die Anwendung des Kartellrechts auf die beteiligten Gesellschaften verändern. Weil das Kartellrecht grundsätzlich auf das „**Unternehmen**" abstellt, ist die wichtigste mögliche Auswirkung die Veränderung der Größe und/oder Zusammensetzung, also der „Gestalt"

§ 62 Fusionskontrollrechtl. Anmeldepflicht d. Umwandlungsmaßnahme 3–5 § 62

eines Unternehmens als **Adressat der Vorschriften** über die Fusionskontrolle, über wettbewerbsbeschränkende Vereinbarungen und schließlich über marktbeherrschende Unternehmen o. ä. Auch oder gerade bei unternehmens- oder konzerninternen Umwandlungen praktisch relevant sind die Auswirkungen auf die **Haftung** der beteiligten Gesellschaften **für Bußgelder** wegen Verstößen gegen das Kartellrecht. Während nach europäischem Recht auch der Adressat eines Bußgeldes mittels des Unternehmensbegriffes bestimmt wird, gilt im deutschen Recht – grundsätzlich, aber zunehmend durchlöchert – das Rechtsträgerprinzip. Umwandlungsmaßnahmen wirken sich daher unmittelbar darauf aus, welcher Rechtsträger, welche Gesellschaft für ein Bußgeld haftet. Bei Bußgeldern im Bereich von zwei- oder dreistelligen Millionenbeträgen ist die Bedeutung dieser Frage offensichtlich.

B. Voraussetzungen der Anmeldepflicht (europäische und deutsche Fusionskontrolle)

Das deutsche wie das europäische Kartellrecht unterscheiden zwischen der Verhaltens- 3 kontrolle und der Strukturkontrolle. Die zentralen Vorschriften der **Verhaltenskontrolle** sind das Verbot wettbewerbsbeschränkender Vereinbarungen oder abgestimmter Verhaltensweisen (Art. 101 AEUV[2] und §§ 1–3 GWB[3]) und das Verbot des Missbrauchs einer marktbeherrschenden Stellung o. ä. (Art. 102 AEUV und §§ 19, 20 GWB). Die **Strukturkontrolle** knüpft an eine dauerhafte Veränderung der Marktstruktur an, die das Gesetz (in Art. 3 FKVO[4] und § 37 GWB) als **Zusammenschluss** bezeichnet. Das ist ein eigenständiger Rechtsbegriff, der im Wesentlichen den Erwerb von Beteiligungen und andere „Unternehmenstransaktionen" erfasst.

Eine gesellschaftsrechtliche Strukturmaßnahme, Unternehmenstransaktion o. ä. unterliegt 4 der Fusionskontrolle, wenn (a) sie einen **Zusammenschluss** darstellt, (b) dessen **beteiligte Unternehmen** bestimmte **Umsatzschwellen** überschreiten.[5] Dabei geht die europäische Fusionskontrolle nach der FKVO der deutschen Fusionskontrolle nach §§ 35 ff. GWB vor (vgl. Art. 21 Abs. 3 UAbs. 1 FKVO und § 35 Abs. 3 GWB), ebenso wie der nationalen Fusionskontrolle der anderen EU-Mitgliedstaaten, weil die Europäische Kommission (im Folgenden: Kommission) für die Prüfung von Zusammenschlüssen im Anwendungsbereich der FKVO ausschließlich zuständig ist. Die Fusionskontrolle in Drittstaaten hingegen bleibt unberührt (→ Rn. 136 ff.).

Als **Prüfungsreihenfolge** bietet sich daher an (wenn die beteiligten Gesellschaften 5 „Unternehmen" sind, → Rn. 6 ff.): (1) Liegt ein Zusammenschluss i. S. d. FVKO vor? – Wenn ja, Schritt 2; wenn nein, Schritt 3. (2) Hat dieser Zusammenschluss unionsweite Bedeutung, d. h. sind die Schwellenwerte des Art. 1 FKVO überschritten? – Wenn ja, ist

---

[2] Vertrag über die Arbeitsweise der Europäischen Union i. d. F. des Vertrags von Lissabon, ABl. EU Nr. C 115 vom 9.5.2008, S. 47.
[3] Gesetz gegen Wettbewerbsbeschränkungen, neu gefasst durch Bekanntmachung vom 26.6.2013, BGBl. I S. 1750, zuletzt geändert durch Art. 1 Neuntes Gesetz zur Änderung des Gesetzes gegen Wettbewerbsbeschränkungen vom 1.6.2017, BGBl. I S. 1416.
[4] Verordnung (EG) Nr. 139/2004 des Rates vom 20.1.2004 über die Kontrolle von Unternehmenszusammenschlüssen („EG-Fusionskontrollverordnung"), ABl. EU Nr. L 24 vom 29.1.2004, S. 1.
[5] Mit der 9. GWB-Novelle (Neuntes Gesetz zur Änderung des Gesetzes gegen Wettbewerbsbeschränkungen, BGBl. 2017 I S. 1416, trat neben die traditionellen Umsatzschwellen in § 35 Abs. 1 GWB eine Schwelle für den Kaufpreis oder das Transaktionsvolumen, → Rn. 89. Allgemein zur 9. GWB-Novelle siehe Kersting/Podszun, 9. GWB-Novelle, *passim*; *de Bronett*, NZKart 2017, 46; *Fritzsche/Klöppner/Schmidt*, NZKart 2016, 412; *dies.*, NZKart 2016, 501; *Kahlenberg/Helm*, BB 2016, 1863, 1865; *Klumpe/Thiede*, BB 2016, 3011; *Könen* NZKart 2017, 15; *Lettl*, WM 2016, 1961; *Ost/Kallfaß/Roesen*, NZKart 2016, 447; *Podszun/Kreifels/Schmieder*, WuW 2017, 114; *Podszun/Schwalbe*, NZKart 2017, 98; *Seeliger/de Crozals*, ZRP 2017, 37; *Seeliger/Gürer*, BB 2017, 195; *Rossmann/Suchsland*, NZKart 2016, 342; *Rother*, NZKart 2017, 1.

eine Anmeldung bei der Kommission erforderlich; wenn nein, Schritt 4.[6] (3) Liegt ein Zusammenschluss i. S. d. GWB vor? Wenn ja, Schritt 4; wenn nein, ist keine Anmeldung erforderlich. (4) Sind die Schwellenwerte des § 37 GWB überschritten? Wenn ja, ist eine Anmeldung beim Bundeskartellamt (im Folgenden: BKartA) erforderlich; wenn nein, ist keine Anmeldung erforderlich. (5) Wichtig ist, dass bei Sachverhalten mit – auch geringer – Auslandsberührung immer noch eine fusionskontrollrechtliche Anmeldung in einem anderen EU-Mitgliedstaat oder einem Drittstaat erforderlich sein kann (→ § 62 Rn. 136 ff.).

I. Begriff des Unternehmens

6   Der Rechtsbegriff des Zusammenschlusses setzt die Beteiligung von Unternehmen voraus: (a) Gerade Kapitalgesellschaften werden regelmäßig Unternehmen sein, aber u. U. ist eine Prüfung des Einzelfalls angezeigt darauf, ob die Betätigung einer Gesellschaft „**unternehmerisch**" und „**wirtschaftlich**" i. S. d. Kartellrechts ist. (b) Eine weitere Frage ist, ob verschiedene Gesellschaften zu *einem* Unternehmen gehören (einem, vereinfachend, und bei aller Vorsicht, dem „Konzern" vergleichbaren Rechtsbegriff). Das ist relevant für die Frage, ob – und welche – Zusammenschlusstatbestände zwischen solchen Gesellschaften überhaupt vorliegen können. Darauf ist bei der Darstellung der einzelnen Zusammenschlusstatbestände zurückzukommen, denn viele **unternehmens- oder konzerninterne Umwandlungsmaßnahmen**, insbesondere unter ausschließlicher Beteiligung von 100 %-igen Tochtergesellschaften einer Muttergesellschaft (und ggf. der Muttergesellschaft selbst) werden kaum einmal der Fusionskontrolle unterliegen (→ Rn. 29 und 50).

1. Europäisches Kartellrecht

7   **a) Wirtschaftliche Tätigkeit.** Im europäischen Kartellrecht umfasst der Begriff des Unternehmens „jede eine wirtschaftliche Tätigkeit ausübende Einheit unabhängig von ihrer Rechtsform und der Art ihrer Finanzierung".[7] Wirtschaftlich in diesem Sinne ist dabei „jede Tätigkeit, die darin besteht, **Güter oder Dienstleistungen auf einem bestimmten Markt anzubieten**".[8] Jedenfalls erfasst ist jede Form des entgeltlichen Angebots von Waren oder Dienstleistungen. Das Fehlen der Gewinnerzielungsabsicht schließt den wirtschaftlichen Charakter der Tätigkeit nicht aus.[9] Nicht vom Begriff der unternehmerischen Tätigkeit erfasst werden hingegen Tätigkeiten, wenn sie „nach ihrer Art, den für sie geltenden Regeln und ihrem Gegenstand keinen Bezug zum Wirtschaftsleben" haben[10] oder „mit der Ausübung hoheitlicher Befugnisse" zusammenhängen.[11] Der bloße Besitz und das **Halten von Beteiligungen** an anderen Unternehmen stellt keine wirtschaftliche Tätigkeit dar, solange damit nur die Ausübung der Rechte, die mit der Eigenschaft eines Anteilsinhabers verbunden sind (insbesondere Dividendenbezug) einhergeht. Die tatsächliche Ausübung der Kontrolle durch unmittelbare oder mittelbare Einflussnahme auf die Verwaltung der Gesellschaft ist hingegen eine wirtschaftliche Tätigkeit.[12]

---

[6] Denn dann liegt wegen § 37 Abs. 1 Nr. 2 GWB immer ein Zusammenschluss i. S. d. GWB vor (→ Rn. 30), so dass Schritt 3 entfallen kann.
[7] Siehe z. B. EuGH, 23.4.1991, C-41/90, Rn. 21 – Höfner und Elser.
[8] Siehe z. B. EuGH, 12.9.2000, C-180/98 bis C-184/98, Rn. 75 – Pavlov.
[9] EuGH, 29.10.1980, C-209/78–215/78 und 218/78, Rn. 88 – van Landewyck.
[10] EuGH, 17.2.1993, C-159/91 und C-160/91, Rn. 18 f. – Poucet und Pistre.
[11] EuGH, 19.1.1994, C-364/92, Rn. 30 – SAT Fluggesellschaft. Nicht-wirtschaftlich ist auch die privatwirtschaftliche Beschaffung, sofern sie nur zwecks Ausübung einer hoheitlichen Tätigkeit erfolgt, vgl. EuGH, 11.7.2006, C-205/03 P, Rn. 25 f. – Fenin. In diesem Punkt unterscheidet sich der europäische vom deutschen Unternehmensbegriff, → Rn. 15.
[12] EuGH, 10.1.2006, C-222/04, Rn. 111 f. – Ministero dell'Economia e delle Finanze.

b) Einheitliches Unternehmen. Ein einheitliches Unternehmen – oder „wirtschaft- 8
liche Einheit" – setzt nach europäischem Kartellrecht voraus, dass die Tochtergesellschaft
(o. ä.) trotz eigener Rechtspersönlichkeit ihr Marktverhalten **nicht autonom** bestimmt,
sondern im Wesentlichen Weisungen der Muttergesellschaft befolgt, und zwar vor allem
wegen der wirtschaftlichen, organisatorischen und rechtlichen Bindungen zwischen diesen
beiden Rechtssubjekten.[13] Es genügt also nicht, dass die Muttergesellschaft einen bestimmenden Einfluss auf ihre Tochtergesellschaft ausüben kann, sondern dieser Einfluss muss
tatsächlich ausgeübt werden. Dies ist im Einzelfall an Hand tatsächlicher Umstände
nachzuweisen.[14] Dabei sind „sämtliche Gesichtspunkte zu berücksichtigen, die im Zusammenhang mit den wirtschaftlichen, organisatorischen und rechtlichen Verbindungen" zwischen den Gesellschaften relevant sind und die „von Fall zu Fall variieren und daher nicht
abschließend aufgezählt" werden können.[15]

Neben der **Kapitalbeteiligung** sind verschiedene Gesichtspunkte relevant:[16] 9
– ob die Muttergesellschaft die Möglichkeit hat, die **Geschäftsleitung** und **Organmitglieder** der Tochtergesellschaft zu bestimmen, von diesen Rechten auch tatsächlich
Gebrauch macht, und insbesondere ob personelle Verflechtungen der Organe der Mut-
ter- und der Tochtergesellschaft bestehen, die Muttergesellschaft also „ihre Leute" in die
Organe der Tochtergesellschaft wählt;
– dass die Tochtergesellschaft für bestimmte geschäftspolitische Entscheidungen die **Zustimmung** der Muttergesellschaft braucht;
– dass Entscheidungen betreffend die wirtschaftliche **Strategie** der Tochtergesellschaft
durch das Management der Muttergesellschaft getroffen werden, insbesondere ob die
Muttergesellschaft die Preispolitik, die Herstellungs- und Vertriebsaktivitäten, die Ver-
kaufsziele, die Bruttomargen, die Verkaufskosten, den *cash flow*, die Lagerbestände und
das Marketing ihrer Tochtergesellschaft beeinflusst;
– (gesellschaftsrechtliche oder vertragliche) **Weisungsrechte**, ob die Tochtergesellschaft
präzise Weisungen der Muttergesellschaft erhält und befolgt, ob die Tochtergesellschaft
umfassend und regelmäßig an die Muttergesellschaft **berichtet**;
– **Konsolidierung** von Umsätzen der Tochter- bei der Muttergesellschaft;
– dass **Arbeitnehmer** der Muttergesellschaft (gleichzeitig oder phasenweise) bei der Tochtergesellschaft und umgekehrt eingesetzt werden;
– dass die Mutter und das Tochterunternehmen eine **gemeinsame Marketingstrategie**
hatten, dass die Muttergesellschaft eine zentral koordinierte Verkaufsabteilung unterhält;
– die Tochtergesellschaft nur **Marken** der Muttergesellschaft vertreibt;
– gemeinsames Auftreten im Außenverhältnis.

Wenn eine Muttergesellschaft **100 % des Kapitals** einer Tochtergesellschaft hält, kann die 10
Muttergesellschaft nach st. Rspr. erstens einen bestimmenden Einfluss auf das Verhalten
dieser Tochtergesellschaft ausüben und zweitens wird **widerleglich vermutet** (sog. „*Stora*-"
oder „*Akzo*-Vermutung"), dass die Muttergesellschaft diesen Einfluss tatsächlich ausübt.
Daher braucht die Kommission, will sie ein Bußgeld gegen die Muttergesellschaft verhängen wegen eines Verstoßes gegen das Kartellrecht, der aus der Tochtergesellschaft heraus
begangen wurde (→ § 63 Rn. 17), zunächst nur nachzuweisen, dass die Muttergesellschaft
das gesamte Kapital der Tochtergesellschaft hält. Es obliegt dann der Muttergesellschaft, die

---

[13] Siehe z. B. EuGH, 20.1.2011, C-90/09 P, Rn. 37 – General Química.
[14] Siehe z. B. EuG, 27.9.2006, T-314/01, Rn. 136 – Avebe.
[15] Siehe z. B. EuGH, 1.7.2010, C-407/08 P, Rn. 100 – Knauf Gips.
[16] Siehe dazu Loewenheim/*Grave*/*Nyberg*, Art. 101 Abs. 1 AEUV, Rn. 167, m. w. N. aus der Rspr.
und Entscheidungspraxis. Siehe auch Schlussanträge GA Kokott, 23.4.2009, C-97/08 P, Rn. 91 f. –
Akzo Nobel („Beispielsweise kann der Einfluss der Muttergesellschaft auf ihre Tochtergesellschaft in
Bezug auf die Unternehmensstrategie, Betriebspolitik, Betriebspläne, Investitionen, Kapazitäten, Fi-
nanzausstattung, Humanressourcen und Rechtsangelegenheiten mittelbar Auswirkungen auf das
Marktverhalten der Tochtergesellschaften und der gesamten Unternehmensgruppe haben").

Vermutung zu widerlegen und ausreichende Beweise beizubringen, dass ihre Tochtergesellschaft auf dem Markt eigenständig auftritt.[17] Diese Rspr. wird auch auf Beteiligungen von **„nahezu" 100 %** angewandt. Eine feste Untergrenze scheint es (noch) nicht zu geben.[18] Noch offen ist die Frage, ob diese Vermutung **nur im Bußgeldverfahren** und nur zu Gunsten der Kommission gilt, oder z. B. auch zu Gunsten von Gesellschaften, die als einheitliches Unternehmen einen Verschmelzungsvorgang nicht bei der Kommission anmelden. Die praktische Relevanz dieser Frage wird dadurch entschärft, dass – unabhängig von der Frage des einheitlichen Unternehmens – ein Zusammenschluss zwischen zwei Gesellschaften schon dann ausgeschlossen ist, wenn eine die andere bereits (unmittelbar oder mittelbar) kontrolliert i. S. v. Art. 3 Abs. 1 lit. b FKVO (→ Rn. 20 ff.). Denn dann kann es keinen (erneuten) „Erwerb" von Kontrolle geben, und abgesehen vom Übergang von gemeinsamer zu alleiniger Kontrolle ist Kontrolle i. S. d. FKVO nicht intensivierbar oder steigerbar (→ Rn. 27).

11 Nach neuerer Entscheidungspraxis können die Mutterunternehmen eines **Gemeinschaftsunternehmens** für Kartellverstöße des letzteren nach den allgemeinen Voraussetzungen (Möglichkeit, entscheidenden Einfluss auszuüben, und dessen tatsächliche Ausübung) gesamtschuldnerisch mit dem Gemeinschaftsunternehmen für dessen Verstöße haften (allgemein zur gesamtschuldnerischen Haftung für Kartellrechtsverstöße → § 63 Rn. 17).[19] Voraussetzung für die Haftung ist die Einflussnahme der Muttergesellschaft(en) auf strategische Entscheidungen des Gemeinschaftsunternehmens; die Einflussnahme auf operative Fragen des Tagesgeschäfts ist nicht Voraussetzung, so dass die Vollfunktionseigenschaft des Gemeinschaftsunternehmens der Haftung der Muttergesellschaften nicht entgegensteht (zum Begriff des Vollfunktionsgemeinschaftsunternehmens → Rn. 28).[20] Die Möglichkeit beider Muttergesellschaften, strategische Entscheidungen im Gemeinschaftsunternehmen zu blockieren (ähnlich der negativen Kontrolle in der Fusionskontrolle, → Rn. 22), kann bereits ausreichen, um einen gemeinsamen bestimmenden Einfluss der Mutterunternehmen zu begründen.[21] Auch wenn die Einzelheiten noch nicht letztlich geklärt sind, so ist dennoch davon auszugehen, dass **Gemeinschaftsunternehmen** außer für Fragen der Haftung **keine wirtschaftliche Einheit** mit seinen Mutterunternehmen bilden, sondern dass u. a. das Verbot wettbewerbsbeschränkender Vereinbarungen (Art. 101 AEUV, §§ 1–3 GWB) im Verhältnis zwischen Mutter- und Gemeinschaftsunternehmen anwendbar bleibt, und zwischen den Mutterunternehmen sowieso.[22] Daraus folgt auch, dass gesellschaftsrechtliche Strukturmaßnahmen unter Beteiligung einer Tochtergesellschaft und eines Gemeinschaftsunternehmens der Fusionskontrolle unterliegen können (→ Rn. 27).

12 Der Begriff der wirtschaftlichen Einheit kann nach der neuesten europäischen Rechtsprechung in Kartellbußgeldverfahren auch **Handelsvertreter**[23] und unter bestimmten Voraussetzungen **unternehmensfremde unabhängige Dritte** erfassen.[24]

---

[17] Vgl. EuGH, 16.11.2000, C-286/98 P, Rn. 29 – Stora Kopparbergs Bergslags; EuGH, 10.9.2009, C-97/08 P, Rn. 60 – Akzo Nobel.

[18] Vgl. EuGH, 22.5.2014, C-36/12 P, Rn. 18 – Armando Álvarez (Beteiligung von 98,6 %); Kommission, 11.6.2008, COMP/38.695, Rn. 396 – Natriumchlorat (97 %).

[19] EuGH, 26.9.2013, C-179/12 P, Rn. 52 f. und 58 – Dow Chemical, zuvor EuG, 2.2.2012, T-77/08, Rn. 74 und 89 – Dow Chemical; EuGH, 26.9.2013, C-172/12 P, Rn. 41 f., 47 – El du Pont, zuvor EuG, 2.2.2012, Rs. T-76/08, Rn. 41 – Du Pont.

[20] EuGH, 26.9.2013, Rs. C-179/12, Rn. 64 ff. – Dow Chemical.

[21] EuG, 2.2.2012, Rs. T-77/08, Rn. 92 – Dow Chemical.

[22] Siehe dazu EuGH, 28.7.2005, C-189/02 P, C-202/02 P, C-205/02 P und C-213/02 P, Rn. 118 – Dansk Rørindustri; Loewenheim/*Grave*/*Nyberg*, Art. 101 Abs. 1 AEUV, Rn. 183 f., 193, m. w. N.

[23] EuG, 15.7.2015, T-418/10, Rn. 153 ff. – voestalpine.

[24] Dazu müsste das Unternehmen das Verhalten des Dritten kennen oder vernünftigerweise vorhersehen können und bereit sein, die daraus resultierende Gefahr auf sich zu nehmen, vgl. EuGH, 21.7.2016, C-542/14, Rn. 29 – VM Remonts.

2. Deutsches Kartellrecht

Der Unternehmensbegriff im deutschen Kartellrecht entspricht – hinsichtlich der als **13** unternehmerisch erfassten Tätigkeiten – weitestgehend dem europäischen. Er erfasst „jede selbständige Tätigkeit im geschäftlichen Verkehr [..], die auf den Austausch von Waren oder gewerblichen Leistungen gerichtet ist, und sich nicht auf die Deckung des privaten Lebensbedarfs beschränkt"[25]. Der wesentliche **Unterschied** ist, dass hier auch die **Nachfragetätigkeit** als unternehmerisch betrachtet wird (selbst wenn die nachgefragten Güter dann für nicht-wirtschaftliche, hoheitliche Zwecke eingesetzt werden → Rn. 7).

Ein **einheitliches Unternehmen** bilden im deutschen Kartellrecht nach §§ 36 Abs. 2 **14** GWB, 17, 18 AktG zunächst die herrschende und die abhängige Gesellschaft, weiterhin alle zu einem Konzern gehörigen Gesellschaften. Für praktische Zwecke wird es hier keine Unterschiede zum europäischen Kartellrecht geben, wenn auch der Begriff der verbundenen Unternehmen nur die Möglichkeit voraussetzt, bestimmenden Einfluss auszuüben, nicht aber die tatsächliche Ausübung.[26] **Gemeinschaftsunternehmen**, gleich ob gemeinsam kontrolliert oder i. S. v. § 37 Abs. 1 Nr. 3 GWB (→ Rn. 43 ff.) gehören – trotz § 36 Abs. 2 Satz 2 GWB – nach ständiger Praxis nicht zum gleichen Unternehmen wie ihre Mutterunternehmen, wenn diese keinen (mit-)beherrschenden Einfluss ausüben.[27] Daher sind zwischen dem Gemeinschaftsunternehmen und seinen Mutterunternehmen wettbewerbsbeschränkende Absprachen genauso wie Zusammenschlüsse möglich (→ Rn. 27).

II. Der Tatbestand des Zusammenschlusses

1. Europäische Fusionskontrolle

Sowohl die europäische wie die deutsche Fusionskontrolle enthalten eine Definition des **15** Zusammenschlusses. Beide sind nicht deckungsgleich; der Begriff im GWB ist deutlich weiter als sein europarechtliches Gegenstück. Der Begriff des Zusammenschlusses nach Art. 3 Abs. 1 FKVO umfasst nur die Fusion (Abs. 1 lit. a) und den Kontrollerwerb (lit. b).

a) Fusion. Bei einer Fusion i. S. v. Art. 3 Abs. 1 lit. a FKVO schließen sich zwei **un- 16 abhängige Unternehmen** zusammen, so dass sie zukünftig einer **einheitlichen und gemeinsamen wirtschaftlichen Leitung** unterstehen (ohne dass dies die Leitung durch einen Gesellschafter eines der beiden beteiligten Unternehmen wäre – das fiele unter den Erwerb der Kontrolle, dazu sogleich). Das umfasst u. a. die Verschmelzung zweier Gesellschaften (miteinander) und die Verschmelzung zweier Gesellschaften auf ein drittes, neues Unternehmen.[28]

b) Kontrollerwerb. Kontrolle ist die Möglichkeit, einen **bestimmenden Einfluss** auf **17** die Tätigkeit eines anderen Unternehmens auszuüben; sie wird durch Beteiligung, Vertrag oder auf andere Weise begründet (Art. 3 Abs. 2 FKVO). Das Wesen des bestimmenden Einflusses ist die Mitsprache bei den **strategischen Entscheidungen** eines Unternehmens. Als solche strategischen Entscheidungen gelten i. d. R. die Besetzung der **Leitungsorgane**, die Genehmigung des Finanz- und **Geschäftsplans** und des Budgets sowie die Genehmigung größerer **Investitionen**.[29] Für praktische Zwecke ist die Kontrolle oder der bestimmende Einfluss regelmäßig gleichbedeutend mit dem beherrschenden Einfluss gemäß §§ 36 Abs. 2 GWB, 17 Abs. 1 AktG (→ Rn. 51).

Es genügt die **Möglichkeit**, einen bestimmenden Einfluss auszuüben, d. h. die Absicht **18** des Erwerbers, von den mit einer Beteiligung verbundenen Rechten keinen Gebrauch zu

---

[25] BGH, 6.11.2013, KZR 58/11, Rn. 43 – VBL-Gegenwert.
[26] Vgl. Immenga/Mestmäcker/*Thomas*, § 37 GWB, Rn. 86; *Bechtold/Bosch*, GWB, § 36 GWB, Rn. 63. Aus dem Konzernrecht siehe MünchKommAktG/*Bayer*, § 17, Rn. 11, m. w. N.
[27] Langen/Bunte/*Krauß*, § 1 GWB, Rn. 292.
[28] Vgl. Kommission, Konsolidierte Mitteilung zu Zuständigkeitsfragen, ABl. 2009 C 43, 10, Rn. 9 f.
[29] Kommission, Konsolidierte Mitteilung zu Zuständigkeitsfragen, ABl. 2009 C 43, 10, Rn. 67.

machen, sondern sich in die Leitung des Zielunternehmens nicht einzubringen, steht dem Kontrollerwerb nicht entgegen.[30]

19   Ein Gesellschafter kann auf ein Unternehmen bestimmenden Einfluss ausüben, indem er bestimmte strategische Entscheidungen durchsetzt (**positive Kontrolle**)[31] oder indem er bestimmte strategische Entscheidungen verhindert (**negative Kontrolle**), dadurch einen Einigungsdruck unter den Gesellschaftern erzeugt und die Berücksichtigung seiner eigenen Interessen erzwingt. Daher kann auch eine Minderheitsbeteiligung Kontrolle vermitteln, wenn der betreffende Gesellschafter ein **Vetorecht** über eine oder mehrere strategische Entscheidungen hat. Das Vetorecht eines Gesellschafters ergibt sich nicht stets aus der Rechtsform, sondern kann einem oder mehreren Gesellschaftern auch durch Konsortial- oder Stimmbindungsvertrag eingeräumt sein. Deren Prüfung kommt für die Ermittlung der Kontrollverhältnisse daher hohe praktische Bedeutung zu.

20   Die Kontrolle über eine Gesellschaft muss – für Zwecke des Kartellrechts – nicht rechtlich festgeschrieben oder abgesichert sein. Faktische Kontrolle genügt. Daher kontrolliert ein Minderheitsgesellschafter eine Aktiengesellschaft, wenn er verlässlich erwarten kann, in der Hauptversammlung über eine Mehrheit der präsenten Stimmen zu verfügen. Gerade bei **börsennotierten Gesellschaften** begründet daher eine vergleichsweise niedrige Beteiligung zuweilen (alleinige) Kontrolle.[32] Es genügt hier nämlich, dass ein Minderheitsgesellschafter erwarten kann, über die stabile **Mehrheit der Stimmen in der Hauptversammlung** zu verfügen. Dafür wird auf die zukünftige Gesellschafterstruktur des aufnehmenden Rechtsträgers abgestellt (und auf die Wahrscheinlichkeit, dass ein Gesellschafter in der Hauptversammlung präsent ist und seine Stimmrechte ausübt).

21   Das Konzept der negativen Kontrolle bedeutet, dass Kontrolle nicht nur von _einem_ Gesellschafter (alleinige Kontrolle) sondern auch von mehreren Gesellschaftern zugleich ausgeübt werden kann (**gemeinsame Kontrolle**), insbesondere wenn mehrere Gesellschafter jeweils ein Vetorecht bezüglich bestimmter strategischer Entscheidungen haben.[33] Das wird regelmäßig der Fall sein, wenn strategische Entscheidungen wie z. B. die Bestellung des Geschäftsführers einer besonderen Mehrheit bedürfen (wie 75 % der abgegebenen Stimmen) und mehrere Gesellschafter jeweils einen Anteil von 25 % oder mehr an der Gesellschaft halten. Diese Gesellschafter haben dann – jeder für sich – gemeinsame Kontrolle über das Zielunternehmen und der Erwerb einer 25 %-igen Beteiligung an diesem Unternehmen begründet einen Zusammenschluss. Diese Vetorechte können sich auch aus dem **Konsortialvertrag** ergeben, den alle oder einige Gesellschafter untereinander abgeschlossen haben.

22   Mitkontrolle wird regelmäßig bei **paritätischen Gemeinschaftsunternehmen** vorliegen, wenn beide Gesellschafter jeweils 50 % der Anteile halten und Entscheidungen mit Mehrheit getroffen werden.[34] Mitkontrolle wird nicht begründet durch Einstimmigkeitserfordernisse oder **Vetorechte** eines Minderheitsgesellschafters, die **nicht strategisch** im o. a. Sinne sind, daher das Verhalten des Zielunternehmens nicht in wettbewerblich erheblicher Weise einschränken, sondern lediglich dem Schutz der gesellschaftsrechtlichen Stel-

---

[30] Vgl. Kommission, Konsolidierte Mitteilung zu Zuständigkeitsfragen, ABl. 2009 C 43, 10, Rn. 16.

[31] Z. B. wenn der Alleingesellschafter der Komplementär-GmbH einer GmbH & Co. KG die Geschäftsleitung bestimmen kann, vgl. Kommission, Konsolidierte Mitteilung zu Zuständigkeitsfragen, ABl. 2009 C 43, 10, Rn. 57 f.

[32] Siehe dazu Langen/Bunte/_Käseberg_, Art. 3 FKVO, Rn. 55 ff., u. a. mit den Beispiel Kommission, 3.8.1993, IV/M.343, Rn. 6 ff. – Société Générale de Belgique / Générale de Banque (Erhöhung einer Beteiligung auf 25,96 % als Erwerb der Kontrolle).

[33] Vgl. Kommission, Konsolidierte Mitteilung zu Zuständigkeitsfragen, ABl. 2009 C 43, 10, Rn. 65 ff.

[34] Siehe dazu Langen/Bunte/_Käseberg_, Art. 3 FKVO, Rn. 63 f., m. w. N. aus der Entscheidungspraxis der Kommission.

lung des Minderheitsgesellschafters dienen (z. B. Vetorechte bei Satzungsänderungen oder Kapitalerhöhungen).[35]

Nicht nur der erstmalige Erwerb von Kontrolle über ein Unternehmen ist ein Zusammenschluss, sondern auch der Übergang **von alleiniger zu gemeinsamer Kontrolle** (z. B. bei Aufnahme weiterer Gesellschafter)[36] sowie der Übergang **von gemeinsamer zu alleiniger Kontrolle** (z. B. bei der vollständigen Übernahme eines Gemeinschaftsunternehmens durch einen Gesellschafter)[37]. Allerdings ist bei drei (oder mehr) kontrollierenden Gesellschaftern das Ausscheiden eines Gesellschafters kein Zusammenschluss. Ein Zusammenschluss liegt erst beim Übergang zu alleiniger Kontrolle vor.[38] Weiterhin liegt _kein_ Zusammenschluss vor, wenn ein bereits kontrollierender oder mitkontrollierender Gesellschafter seine **Einflussrechte stärkt**, z. B. weil er zusätzliche Vetorechte erhält.[39] In diesem Sinne ist Kontrolle nicht intensivierbar oder steigerbar, solange sich nicht die Natur der Kontrolle (alleinige oder gemeinsame Kontrolle) ändert. 23

c) Gründung eines Gemeinschaftsunternehmens. Ein Gemeinschaftsunternehmen (_joint venture_) ist eine unternehmerisch tätige Gesellschaft, die von **zwei** (oder mehr) **Gesellschaftern gemeinsam kontrolliert** wird. Die Gründung eines Gemeinschaftsunternehmens ist nach Art. 3 Abs. 4 FKVO nur dann ein Zusammenschluss, wenn das Gemeinschaftsunternehmen auf Dauer alle Funktionen einer selbständigen wirtschaftlichen Einheit erfüllt (sog. **Vollfunktions-Gemeinschaftsunternehmen**). Hier ist in zweierlei Hinsicht Vorsicht geboten: Erstens muss die Gründung eines Gemeinschaftsunternehmens von dem Zusammenschlusstatbestand abgegrenzt werden, dass „mehrere Unternehmen […] die […] Kontrolle über [ein anderes Unternehmen] erwerben" (Art. 3 Abs. 1 lit. b FKVO). Dabei stellt die Kommission darauf ab, ob (a) das Gemeinschaftsunternehmen von den späteren Gesellschaftern „**gebildet**"[40] wird, also aus Ressourcen zusammengefügt, die bisher schon den Gesellschaftern gehörten, oder ob (b) das Zielunternehmen ein „anderes Unternehmen"[41] ist, also zuvor nicht den Erwerbern gehörte. Nur im ersten Fall kommt es darauf an, ob das Gemeinschaftsunternehmen später Vollfunktions-Eigenschaft hat.[42] Zweitens kann die Gründung eines **Teilfunktions-Gemeinschaftsunternehmen** (welches also _nicht_ auf Dauer alle Funktionen einer selbständigen wirtschaftlichen Einheit erfüllt) immer noch der deutschen Fusionskontrolle unterliegen. Diese setzt nämlich die Vollfunktions-Eigenschaft nicht voraus (→ Rn. 45). 24

d) Beteiligung zweier Unternehmen erforderlich. Für Umwandlungsmaßnahmen gilt daher, dass (a) es innerhalb eines einheitlichen Unternehmens oder einer wirtschaftlichen Einheit sowie (b) zwischen (alleine) kontrollierender und kontrollierter Gesellschaft keinen – erneuten – Erwerb von Kontrolle und damit keine Anmeldepflicht nach der FKVO geben kann. Viele **unternehmens- oder konzerninterne Umwandlungsmaßnahmen** werden daher nicht der europäischen Fusionskontrolle unterliegen, insbesondere 25

---

[35] Kommission, Konsolidierte Mitteilung zu Zuständigkeitsfragen, ABl. 2009 C 43, 10, Rn. 66.
[36] Vgl. Kommission, Konsolidierte Mitteilung zu Zuständigkeitsfragen, ABl. 2009 C 43, 10, Rn. 85 ff.
[37] Vgl. Kommission, Konsolidierte Mitteilung zu Zuständigkeitsfragen, ABl. 2009 C 43, 10, Rn. 89.
[38] Vgl. Kommission, Konsolidierte Mitteilung zu Zuständigkeitsfragen, ABl. 2009 C 43, 10, Rn. 90.
[39] Vgl. Kommission, Konsolidierte Mitteilung zu Zuständigkeitsfragen, ABl. 2009 C 43, 10, Rn. 83, für den Übergang von alleiniger negativer zu alleiniger positiver Kontrolle.
[40] Vgl. Kommission, Konsolidierte Mitteilung zu Zuständigkeitsfragen, ABl. 2009 C 43, 10, Rn. 92.
[41] Vgl. Kommission, Konsolidierte Mitteilung zu Zuständigkeitsfragen, ABl. 2009 C 43, 10, Rn. 91.
[42] Zu den einzelnen Fallgruppen siehe auch _von Brevern_, WuW 2012, 225, _passim_.

nicht, wenn ausschließlich 100%-ige Tochtergesellschaften einer Muttergesellschaft (und ggf. diese selbst) beteiligt sind.[43]

2. Deutsche Fusionskontrolle

26 § 37 Abs. 1 GWB enthält die Legaldefinition des Zusammenschlusses für die Fusionskontrolle nach dem GWB. Es gibt **vier Zusammenschlusstatbestände**:

– Erwerb des Vermögens eines anderen Unternehmens ganz oder zu einem wesentlichen Teil (Vermögenserwerb, § 37 Abs. 1 Nr. 1, → Rn. 32 ff.);
– Erwerb der unmittelbaren oder mittelbaren Kontrolle durch ein oder mehrere Unternehmen über die Gesamtheit oder Teile eines oder mehrerer anderer Unternehmen (Kontrollerwerb, Nr. 2); dieser Zusammenschlusstatbestand wurde aus der FKVO übernommen und ist wie dort auszulegen (→ Rn. 20 ff.);[44]
– Erwerb von Anteilen an einem anderen Unternehmen, wenn diese Anteile allein oder zusammen mit sonstigen, dem Unternehmen bereits gehörenden Anteilen (a) 50% oder (b) 25% des Kapitals oder der Stimmrechte des anderen Unternehmens erreichen (Anteilserwerb, Nr. 3, → Rn. 35 ff.);
– jede sonstige Verbindung von Unternehmen, aufgrund derer ein oder mehrere Unternehmen unmittelbar oder mittelbar einen wettbewerblich erheblichen Einfluss auf ein anderes Unternehmen ausüben können (Erwerb wettbewerblich erheblichen Einflusses, Nr. 4, → Rn. 38 ff.).

Besonderer Beachtung bedarf auch der Begriff des Gemeinschaftsunternehmens gemäß § 37 Abs. 1 Nr. 3 Satz 3 GWB (→ Rn. 43 ff.). Nach § 37 Abs. 2 GWB sind zwischen Unternehmen, die bereits durch einen Zusammenschlusstatbestand verbunden sind, weitere Zusammenschlüsse nur bei **Verstärkung der bestehenden Unternehmensverbindung** möglich (→ Rn. 47 ff.). Nach § 37 Abs. 3 GWB („**Bankenklausel**") schließlich sind bestimmte, kurzfristige Beteiligungserwerbe durch Finanzinstitute etc. von der Fusionskontrolle ausgenommen.

27 **a) Vermögenserwerb.** Der erste Zusammenschlusstatbestand ist in § 37 Abs. 1 Nr. 1 GWB als „Erwerb des Vermögens eines anderen Unternehmens ganz oder zu einem wesentlichen Teil" beschrieben. Der Begriff des „**Vermögens**" meint das Aktivvermögen eines Unternehmens und umfasst alle einem Unternehmen zustehenden geldwerten Güter und Rechte. Dazu gehören neben den materiellen Vermögensgegenständen (Gebäude, Produktionsanlagen, Betriebsausstattung, Forderungen etc.) und den immateriellen Gütern (Lizenzen, Patente, Marken etc.), auch der Kundenkreis, die Absatzorganisation, das Know-how, sowie alle andere Umstände, die den Firmenwert (engl. *goodwill*) eines Unternehmens bilden. Ein Vermögenserwerb liegt nicht vor, wenn nur die Passiva eines Unternehmens übertragen werden.[45]

28 Der Erwerb des „**ganzen Vermögens**" eines anderen Unternehmens (engl. *asset deal*) ist unproblematisch ein Zusammenschluss (vgl. § 37 Abs. 1 Nr. 1 Alt. 1 GWB: „Erwerb des Vermögens eines anderen Unternehmens *ganz* oder …" – Hervorhebung nicht im Original). Erfasst sind auch Fälle der Gesamtrechtsnachfolge eines Rechtsträgers in die Rechtsposition eines anderen Rechtsträgers, so z. B. bei der Verschmelzung (§§ 2 ff. UmwG). Schwieriger ist der Erwerb eines „**Teils des Vermögens**" eines anderen Unternehmens zu beurteilen, denn dann ist die Frage zu beantworten, was das der „Erwerb des Vermögens

---

[43] Und kein Dritter eine derart starke Rechtsposition hat oder erhält, dass man von Mitkontrolle auf vertraglicher Grundlage ausgehen müsste; siehe auch Kommission, Konsolidierte Mitteilung zu Zuständigkeitsfragen, ABl. 2009 C 43, 10, Rn. 51.
[44] Siehe dazu Regierungsbegründung zum Entwurf der 6. GWB-Novelle, Bundestags-Drucksache 13/9720, S. 57; BKartA, Merkblatt zur deutschen Fusionskontrolle, 1.7.2005, S. 12 (allerdings weist das BKartA auf seiner Homepage darauf hin, dass das Merkblatt derzeit überarbeitet wird).
[45] Immenga/Mestmäcker/*Thomas*, § 37 GWB, Rn. 39; MünchKommKartellR/*Bach*, § 37 GWB, Rn. 8.

eines anderen Unternehmens ... *zu einem* **wesentlichen** *Teil*" ist (§ 37 Abs. 1 Nr. 1 Alt. 2 GWB, Hervorhebung nicht im Original). Der Erwerb des gesamten Vermögens eines anderen Unternehmens mit nur unwesentlichen Ausnahmen sowie eines Teils des Vermögens, das im Verhältnis zum Gesamtvermögen des Unternehmens „quantitativ ausreichend hoch" ist, ist als Erwerb zu einem wesentlichen Teil anzusehen.[46] Die Wesentlichkeit ist aber nicht nur quantitativ zu bestimmen. Es kommt nicht nur darauf an, ob die zu übertragenden Gegenstände einen bestimmten Teil des Vermögens des Veräußerers ausmachen oder ob sie das vorhandene Vermögen des Erwerbers in bestimmtem Umfang vergrößern. Vielmehr ist die Wesentlichkeit auch qualitativ zu bestimmen, d. h. sie ist gegeben, wenn eine betriebliche Teileinheit erworben wird, die „im Rahmen der gesamten nach außen gerichteten wirtschaftlichen Tätigkeit des Veräußerers (unabhängig von dessen Größe) qualitativ eine eigene Bedeutung hat".[47] Die Übertragung der Vermögenswerte muss dazu die Marktstellung des Erwerbers verändern, insbesondere weil zu erwarten ist, dass die **Marktstellung des Veräußerers** mit den Vermögenswerten auf den Erwerber **übergeht**. Auch einzelne Rechte (z. B. Schutzrechte für geistiges Eigentum wie Patente oder Marken) können „wesentlich" sein, wenn das Recht „tragende Grundlage der Unternehmensstellung" auf dem Markt ist. In diesem Fall ist das Recht oder die Marke nämlich geeignet, diese Marktstellung auf den Erwerber zu übertragen.[48]

Erwerb des Vermögens ist der Wechsel der Eigentümerstellung oder Inhaberschaft ohne Rücksicht auf die Übertragungsform.[49] Der Vermögenserwerb kann als Einzelerwerb (z. B. Verkauf von Anlagen) oder als Gesamtrechtsnachfolge (z. B. bei Verschmelzungen) erfolgen. Bei der Einräumung dinglicher und obligatorischer Nutzungsrechte, z. B. Miete, Pacht oder Leasing, liegt dagegen kein Vermögenserwerb vor. Diese Rechtgeschäfte könnten jedoch einen Kontrollerwerb nach § 37 Abs. 1 Nr. 2 GWB darstellen.

b) Anteilserwerb. Nach § 37 Abs. 1 Nr. 3 GWB liegt ein Zusammenschluss vor, wenn (vereinfacht) ein Unternehmen 25 oder 50% der Anteile oder Stimmrechte an einem anderen Unternehmen erwirbt. Der Begriff der „**Anteile**" in § 37 Abs. 1 Nr. 3 erfasst neben Anteilen an Kapitalgesellschaften auch Anteile an Personengesellschaften.

Die Bezugnahme auf die **25 und 50%-Schwellen** darf man nicht so lesen, als wäre (nur) der Erwerb von 25 oder 50% der Anteile an einem anderen Unternehmen ein Zusammenschluss. Vielmehr ist das erstmalige Erreichen (oder Überschreiten) der jeweiligen Stufe der Zusammenschluss. Wenn also eine bereits bestehende Beteiligung von 24,9% auf 25% erhöht wird, ist der Erwerb eines Kapitalanteils von 0,1% ein Zusammenschluss. Umgekehrt führt auch der Erwerb von 25% der Anteile nicht zu einem Zusammenschluss, wenn der Erwerber vorher bereits mehr als 50% der Anteile hielt (es sei denn, es kommt zum Übergang von gemeinsamer zu alleiniger Kontrolle, → Rn. 27). Die Schwellen von 25 und 50% beziehen sich auf die **Anteile oder Stimmrechte**. Wenn die Stimmrechte also nicht entsprechend den Anteilen verteilt sind, z. B. weil es stimmrechtslose Anteile wie Vorzugsaktien (vgl. § 139 Abs. 1 AktG) gibt, genügt es für den Zusammenschluss, wenn 25% (oder 50%) der Stimmrechte erworben werden, selbst wenn die kapitalmäßige Beteiligung dahinter zurückbleibt. Genauso genügt der Erwerb von 25 oder 50% des Kapitals, selbst wenn die Stimmrechte dahinter zurückbleiben. Der Erwerb einer Beteiligung von weniger als

---

[46] BKartA, 27.10.2005, B6–86/05, S. 11 f. – MSV Medien Spezial Vertrieb / Presse Nord, m. w. N.
[47] BGH, 23.10.1979, KVR 3/78, Rn. 8 – Zementmahlanlage II.
[48] BGH, 10.10.2006, KVR 32/05, Rn. 13 ff. – National Geographic I, zum Kontrollerwerb (§ 37 Abs. 1 Nr. 2 GWB), wo nach Auffassung des BGH aber ähnliche Erwägungen anzustellen sind wie beim Vermögenserwerb; grundlegend (und zu § 37 Abs. 1 Nr. 1 GWB) BGH, 7.7.1992, KVR 14/91, Rn. 9 ff. – Warenzeichenerwerb. Zu materiellen Vermögenswerten siehe auch BGH, 23.10.1979, KVR 3/78, Rn. 8 – Zementmahlanlage II; BGH, 12.2.1980, KVR 4/79, Rn. 43 – Bituminöses Mischgut; KG, 22.5.1985, WuW/E OLG 3591, 3594 – Coop Schleswig Holstein.
[49] BKartA, 13.12.2006, B10–29/06 und B3–1001/06, Rn. 34 – Klinikum Region Hannover.

25 % der Anteile und Stimmrechte erfüllt § 37 Abs. 1 Nr. 3 GWB nicht, kann aber unter Umständen einen wettbewerblich erheblichen Einfluss begründen (→ Rn. 40).

32 Im Rahmen des § 37 Abs. 1 Nr. 3 GWB erfolgt zunächst eine **Zurechnung** der Anteile oder Stimmen zum Erwerber, die von mit dem Erwerber **verbundenen Unternehmen** (§ 36 Abs. 2 GWB) gehalten werden. Auch **treuhänderisch gehaltene Anteile** werden dem Treugeber zugerechnet. Ein Treuhandverhältnis liegt jedenfalls vor, wenn der Anteilseigner die Weisungen des Treugebers in Bezug auf die Anteile, insbesondere die Ausübung der Stimmrechte, befolgen muss und der Treugeber zudem das wirtschaftliche Risiko des Anteilsbesitzes trägt, also ihm der Gewinn des Zielunternehmens und/oder der Erlös aus dem Verkauf der Beteiligung zusteht. Umstritten ist, ob es für ein Treuhandverhältnis ausreicht, dass die wirtschaftlichen Folgen nicht den Anteilseigner, sondern einen Dritten treffen.[50]

33 c) **Erwerb wettbewerblich erheblichen Einflusses.** Schließlich ist jede „Verbindung von Unternehmen, aufgrund derer ein oder mehrere Unternehmen unmittelbar oder mittelbar einen wettbewerblich erheblichen Einfluss auf ein anderes Unternehmen ausüben können" ein Zusammenschluss (§ 37 Abs. 1 Nr. 4 GWB).[51] Diese Vorschrift wurde als Auffangtatbestand eingefügt, um die Umgehung des Tatbestands Anteilserwerb zu verhindern, der trotz der Zurechnung von treuhänderisch gehaltenen Anteilen als formalistisch empfunden wurde. Daher kann auch der Erwerb eines **Anteils von weniger als 25 %** des Kapitals oder der Stimmen anmeldepflichtig sein.

34 Der wettbewerblich erhebliche Einfluss muss (auch) „**gesellschaftsrechtlich vermittelt**" sein, d. h. die Einflussmöglichkeit des Erwerbers auf das Zielunternehmen muss (auch – dazu sogleich) auf die Stellung des Erwerbers als Gesellschafter des Zielunternehmens zurückzuführen sein. Ein wettbewerblich erheblicher Einfluss ohne eine Beteiligung am oder Verflechtung mit dem Zielunternehmen ist daher regelmäßig ausgeschlossen.[52] Aber erstens können Einflussmöglichkeiten des Erwerbers, die ihre Grundlage *nicht* im Gesellschaftsverhältnis, sondern in anderen Rechtsverhältnissen zwischen Erwerber und Zielunternehmen haben, als zusätzliche Faktoren Gewicht erhalten (so genannte „Plusfaktoren", dazu sogleich). Mögliche Beispiele sind umfangreiche **Darlehen**, die der Erwerber dem Zielunternehmen gewährt, sowie **Liefer- oder Vertriebsverträge**, die für das Zielunternehmen von herausragender Bedeutung und nicht ohne weiteres zu ersetzen sind. Auch Rechtsverhältnisse zwischen dem Erwerber und Dritten können eine Rolle spielen, z. B. **Optionen** auf den Erwerb weiterer Anteile an dem Zielunternehmen und Vorkaufsrechte. Zweitens können umgekehrt Rechtsverhältnisse außerhalb des Gesellschaftsverhältnisses und ohne Beteiligung zwar keinen wettbewerblich erheblichen Einfluss, wohl aber die Kontrolle über das Zielunternehmen begründen (§ 37 Abs. 1 Nr. 2 GWB, → Rn. 20).

35 Den bloßen Erwerb einer Beteiligung hielt der Gesetzgeber erst ab 25 % der Anteile oder Stimmrechte für anmeldepflichtig. Zu einer Beteiligung von weniger als 25 % müssen daher weitere Gesichtspunkte hinzutreten, die so genannten „**Plusfaktoren**". Erst durch sie wird aus einer Beteiligung ein wettbewerblich erheblicher Einfluss. Dennoch ist die Schwelle niedrig, denn u. U., und gerade bei **börsennotierten Gesellschaften**, vermitteln schon mit einer Beteiligung von weniger als 25 % kraft Gesetzes verbundene Rechte wettbewerblich erheblichen Einfluss, insbesondere wenn ein Gesellschafter erwarten kann, in der

---

[50] Siehe dazu BGH, 21.11.2000, KVR 21/99, NJW-RR 2001, 757, 760 – Treuhanderwerb; OLG Düsseldorf, 27.10.2004, VI Kart 7/04, Rn. 42 ff. – Berliner Zeitungsmarkt; BKartA, 2.2.2004, B6–120/03, S. 27 ff. – Berliner Zeitungsmarkt (allerdings betreffend die Zurechnung für Zwecke der materiellen Prüfung).

[51] Allgemein zu dieser Vorschrift *Kuhn*, ZWeR, 2011, 258; *Zigelski*, WuW 2009, 1261.

[52] Rein faktische Abhängigkeiten genügen auch nicht; der Einfluss muss andererseits aber auch nicht ausschließlich gesellschaftsrechtlich vermittelt sein, vgl. Langen/Bunte/*Kallfaß*, § 37 GWB, Rn. 48; Loewenheim/*Steinbarth*, § 37 GWB, Rn. 28.

Hauptversammlung bestimmte Beschlüsse blockieren zu können.[53] Dafür wird sein erwarteter Anteil an den vertretenen Stimmen nach gleichen Maßstäben ermittelt wie für die Kontrolle[54] (→ Rn. 23; für den Anteilserwerb nach § 37 Abs. 1 Nr. 3 lit. a GWB wird allerdings auf alle vorhandenen Stimmrechte abgestellt).

Typische Plusfaktoren sind: 36
- das Recht, Mitglieder der **Leitungsorgane** des Zielunternehmens (Geschäftsführung, Vorstand, Aufsichtsrat, evtl. auch Beirat) zu besetzen, das entweder in Gesellschaftsvertrag oder Satzung verankert sein kann oder sich aus einer Vereinbarung mehrerer Gesellschafter (Konsortialvertrag) ergibt,
- **Vetorechte** über bestimmte Beschlussgegenstände in den Gremien der Gesellschaft (ohne dass diese Rechte bereits Kontrolle vermittelten),
- **Optionen** auf oder **Vorkaufsrechte** für den Erwerb weiterer Anteile am Zielunternehmen,
- Informationsrechte, d. h. die Möglichkeit des Erwerbers, von dem Zielunternehmen Angaben über dessen Verhältnisse zu erhalten.[55]

Der durch die Beteiligung und die Plusfaktoren vermittelte Einfluss ist nur dann „**wett-** 37 **bewerblich erheblich**", wenn Erwerber und Zielgesellschaft nicht mehr unabhängig voneinander am Markt auftreten. Dies ist insbesondere dann der Fall, wenn Erwerber und Zielgesellschaft tatsächliche oder potentielle Wettbewerber sind („Horizontalverhältnis") oder zueinander in einem „Vertikalverhältnis" stehen (zu diesen Begriffen → § 63 Rn. 6), ohne dass dafür ein tatsächliches Zuliefer-, Vertriebs- oder ähnliches Verhältnis bestehen müsste.

d) Gemeinschaftsunternehmen. Die Gründung eines Gemeinschaftsunternehmens 38 i. S. d. GWB ist kein eigener Zusammenschlusstatbestand, sondern eine Folge der Verwirklichung eines anderen Zusammenschlusstatbestands. Ein Gemeinschaftsunternehmen entsteht u. a. durch (a) **gemeinsame Gründung** einer neuen Gesellschaft, (b) **gemeinsamen Erwerb** einer Gesellschaft von einem Dritten oder (c) durch **Einstieg** eines neuen Gesellschafters in ein bestehendes Tochterunternehmen des anderen Gesellschafters (oder in ein bestehendes Gemeinschaftsunternehmen). Ein Gemeinschaftsunternehmen i. S. d. GWB wird im Rahmen des Anteilserwerbs in § 37 Abs. 1 Nr. 3 Satz 3 GWB definiert: „Erwerben mehrere Unternehmen gleichzeitig oder nacheinander Anteile im vorbezeichneten Umfang [d. h. 25 % oder 50 %] an einem anderen Unternehmen, gilt dies hinsichtlich der Märkte, auf denen das andere Unternehmen tätig ist, auch als Zusammenschluss der sich beteiligenden Unternehmen untereinander".

Ein Gemeinschaftsunternehmen i. S. d. GWB liegt also vor, wenn mindestens zwei 39 Gesellschafter an einer Gesellschaft Beteiligungen von jeweils mindestens 25 % halten.[56] Es ist daher möglich, dass

---

[53] Die Einzelheiten sind leider umstritten, vgl. Langen/Bunte/*Kallfaß*, § 37 GWB, Rn. 50 ff. Der Fall *A-TEC / Norddeutsche Affinerie* illustriert, dass bei einem börsennotierten Zielunternehmen bereits der Erwerb von knapp 14 % der Anteile die Fusionskontrolle auslösen kann, vgl. OLG Düsseldorf, 12.11.2008, VI-Kart 5/08 (V), Rn. 58 ff. – Kupferstranggussformate.

[54] Zum Beispiel kann bei einer erwarteten Präsenz von 60 % der Stimmen in der Hauptversammlung ein Gesellschafter mit 15 % der Anteile jeden Beschluss verhindern, der nur mit einer Mehrheit von 75 % der abgegebenen Stimmen getroffen werden kann. Darunter fallen u. a. Kapitalerhöhungen, vgl. § 182 AktG.

[55] Teilweise folgen diese Informationsrechte jedoch unmittelbar aus der Stellung als Gesellschafter. Ihre Bewertung als Plusfaktor, der einen Zusammenschluss begründet, steht daher in einem gewissen Spannungsverhältnis zu dem Gedanken, dass eine einfache Beteiligung ohne zusätzliche Rechte gerade keinen Zusammenschluss begründet.

[56] Ein Gemeinschaftsunternehmen im Sinne des europäischen Kartellrechts liegt nur vor, wenn zwei Gesellschafter über ein Unternehmen (gemeinsame) Kontrolle ausüben, → Rn. 28.

- ein Gemeinschaftsunternehmen **nach deutschem, aber nicht nach europäischem Recht** vorliegt, z. B. wenn ein Gesellschafter 49 % an dem Zielunternehmen erwirbt, der bisherige Alleingesellschafter jedoch 51 % der Anteile behält und Entscheidungen in der Gesellschafterversammlung nach wie vor mit einfacher Mehrheit getroffen werden. (Mit-)Kontrolle erwirbt der neue Gesellschafter dann nämlich nicht, aber das ist für § 37 Abs. 1 Nr. 3 Satz 3 GWB unerheblich;
- ein Gemeinschaftsunternehmen **nach europäischem, aber nicht nach deutschem Recht** vorliegt, z. B. weil der neue Gesellschafter nur 20 % an der Zielgesellschaft erwirbt, aber strategische Mitwirkungsrechte erhält, z. B. den Geschäftsführer mitbestimmen darf und dem jährlichen Wirtschafts- und Investitionsplan zustimmen muss.

40 Für die deutsche Fusionskontrolle ist es auch irrelevant, ob das Gemeinschaftsunternehmen „auf Dauer alle Funktionen einer selbstständigen wirtschaftlichen Einheit erfüllt", also ein **Vollfunktions-Gemeinschaftsunternehmen** darstellt. Das ist nur in der europäischen Fusionskontrolle von Bedeutung (→ Rn. 28). Die deutsche Fusionskontrolle erfasst auch Teilfunktions-Gemeinschaftsunternehmen.

41 Die Gründung eines Gemeinschaftsunternehmens i. S. d. GWB ist schon deshalb ein Zusammenschluss, weil *qua* Definition der Zusammenschlusstatbestand des Anteilserwerbs verwirklicht wird. Für die Beurteilung solcher Zusammenschlüsse, die ein Gemeinschaftsunternehmen (i. S. d. GWB) entstehen lassen, ordnet § 37 Abs. 1 Nr. 3 Satz 3 GWB zusätzlich an, dass die **Mutterunternehmen** des Gemeinschaftsunternehmens auf den Märkten, auf denen letzteres tätig ist, **als zusammengeschlossen gelten**. Das macht alle Gesellschafter, die zukünftig mehr als 25 % der Anteile an dem Gemeinschaftsunternehmen halten, zu beteiligten Unternehmen, deren Umsätze für die Schwellen des § 35 GWB zu berücksichtigen sind (selbst wenn diese Unternehmen die Beteiligung nicht „erwerben", sondern bereits halten). Das **erweitert den Anwendungsbereich** der deutschen Fusionskontrolle z. B. auf Fälle, in denen ein Unternehmen sich an einem „kleinen" bestehenden Gemeinschaftsunternehmen beteiligt (und wo der Zusammenschluss zwischen dem Erwerber und dem Gemeinschaftsunternehmen die Umsatzschwellen u. U. nicht erfüllt).

42 e) **Keine Verstärkung einer bestehenden Unternehmensverbindung.** Nach § 37 Abs. 2 GWB liegt ein Zusammenschluss nicht vor, obwohl einer der Tatbestände aus § 37 Abs. 1 Nr. 1–4 GWB erfüllt ist, wenn eine bereits bestehende Unternehmensverbindung nicht verstärkt wird. Daraus folgt zunächst, dass auch zwischen **bereits zusammengeschlossenen Unternehmen** (wenn also dieselben Unternehmen bereits einen Zusammenschlusstatbestand verwirklicht haben) ein Zusammenschluss möglich ist – selbst wenn zwei Gesellschaften bereits zum selben Unternehmen gehören, ist das möglich. Bedeutung hat § 37 Abs. 2 GWB in erster Linie für den Anteilserwerb, weil die anderen Zusammenschlusstatbestände (Vermögenserwerb, Kontrollerwerb, Erwerb wettbewerblich erheblichen Einflusses) fast ihrer Natur nach die Verstärkung einer Unternehmensverbindung voraussetzen, obwohl das die Prüfung im Einzelfall nicht ersetzt. So kann es an einem Zusammenschluss fehlen, wenn ein Gesellschafter, der bereits beteiligt ist und wettbewerblich erheblichen Einfluss auf das Zielunternehmen hat, nun seine Beteiligung auf 25 % erhöht (und dadurch keine wichtigen Vetorechte neu erhält).

43 Hingegen kommt es regelmäßig zu einem **(weiteren) Zusammenschluss**, u. a. wenn
- eine Gesellschaft auf eine andere wettbewerblich erheblichen Einfluss ausübt (§ 37 Abs. 1 Nr. 4 GWB), dann aber Kontrolle über diese zweite Gesellschaft erwirbt, sei es alleine oder gemeinsam mit Dritten (§ 37 Abs. 1 Nr. 2 GWB);
- wenn zwar eine Beteiligung von 25 % bereits besteht, die bislang keine Kontrolle vermittelt, und der Gesellschafter nun erstmals Kontrolle erwirbt (alleinige oder gemeinsame Kontrolle, § 37 Abs. 1 Nr. 2 GWB) oder eine Mehrheitsbeteiligung (§ 37 Abs. 1 Nr. 3 lit. a GWB);
- wenn eine Gesellschaft eine andere gemeinsam mit Dritten kontrolliert, dann aber – z. B. beim Ausscheiden der Mitgesellschafter – Alleinkontrolle erwirbt;

– wenn eine Gesellschaft eine andere bereits alleine kontrolliert (§ 37 Abs. 1 Nr. 2 GWB), nun aber – zusätzlich – eine Mehrheitsbeteiligung erwirbt. In solchen Fällen ist ein Zusammenschluss zwar nicht bei der Kommission anzumelden (denn es fehlt an einem Zusammenschluss i. S. d. FKVO, → Rn. 27), aber u. U. beim BKartA.

f) Zusammenschlusstatbestände in einem einheitlichen wirtschaftlichen Vorgang. 44
Die Zusammenschlusstatbestände der deutschen Fusionskontrolle sind nicht wechselseitig ausschließlich. Sie stehen vielmehr in einer Art **Stufenverhältnis**, das eine **immer engere Unternehmensverbindung** beschreibt. Das bedeutet nicht, dass ein Erwerbsvorgang, bei dem eine Gesellschaft eine Mehrheitsbeteiligung an und Alleinkontrolle über eine andere Gesellschaft erwirbt, zwei Mal der Fusionskontrolle unterläge. Vielmehr verwirklicht ein Erwerbsvorgang zwei Zusammenschlusstatbestände, löst aber nur eine einheitliche Anmeldepflicht aus. In der Anmeldung ist der Lebenssachverhalt zu beschreiben und der oder die Zusammenschlusstatbestände sind zu bezeichnen (§ 39 Abs. 3 Satz 1 GWB). Die Freigabe des BKartA gilt dann für den Lebenssachverhalt (soweit vollständig und zutreffend beschrieben) und alle durch diesen verwirklichten Zusammenschlusstatbestände. Diese einheitliche Anmeldung, Prüfung und Freigabe erfolgt für alle Zusammenschlusstatbestände, die Teil eines **einheitlichen wirtschaftlichen Vorgangs** sind.[57]

g) Beteiligung zweier Unternehmen nicht erforderlich. Aus den vorstehenden 45
Überlegungen folgt, dass **nicht unbedingt zwei Unternehmen** (oder wirtschaftliche Einheiten) beteiligt sein müssen – weder vor noch nach Umsetzung eines Erwerbsvorgangs o. ä. –, damit ein Zusammenschluss i. S. v. § 37 GWB vorliegt. Denn erstens bleiben beim Erwerb wettbewerblich erheblichen Einflusses (§ 37 Abs. 1 Nr. 4 GWB) zwei Unternehmen bestehen. So können gesellschaftsrechtliche Strukturmaßnahmen zwischen zwei Gesellschaften, von denen die erste auf die zweite bereits wettbewerblich erheblichen Einfluss ausübt, durchaus (erneut) der Fusionskontrolle unterliegen. Zweitens sind auch innerhalb eines bestehenden einheitlichen Unternehmens (weitere) Zusammenschlüsse denkbar, z. B. wenn eine Gesellschaft auf die sie kontrollierende Minderheitsgesellschafterin verschmolzen wird.

3. Verhältnis zu anderen Rechtsbegriffen

Ob eine Umwandlungsmaßnahme als Zusammenschluss der Fusionskontrolle unterliegt, 46
wird also von verschiedenen Rechtsbegriffen bestimmt, u. a. Kontrolle, bestimmender Einfluss und Beherrschung. Diese verhalten sich wie folgt zu anderen, aber verwandten Rechtsbegriffen:

– Das einheitliche Unternehmen und die wirtschaftliche Einheit sind nicht deckungsgleich mit **Kontrolle** (Art. 3 FKVO, § 37 Abs. 1 Nr. 2 GWB). Bei letzterer reicht die Möglichkeit, bestimmenden Einfluss auszuüben, wogegen für das einheitliche Unternehmen dieser Einfluss tatsächlich ausgeübt werden muss (→ Rn. 8). Daher sind innerhalb eines einheitlichen Unternehmens kein Erwerb der Kontrolle und damit kein Zusammenschluss i. S. d. FKVO mehr möglich. Umgekehrt begründet nicht jeder Erwerb von Kontrolle bereits das einheitliche Unternehmen (i. S. d. europäischen Kartellrechts).
– Die **Zurechnung von Umsätzen** in der europäischen Fusionskontrolle (Art. 5 Abs. 4 FKVO) zwecks Ermittlung der konzern- oder gruppenweiten Umsätze folgt weder dem Konzept der wirtschaftlichen Einheit noch dem der Kontrolle – jedenfalls nicht durchgehend. Hier gilt ein formaler Maßstab (vereinfacht: Mehrheit der Stimmrechte, Kapitalanteile oder Sitze in der Unternehmensleitung); lediglich Nr. (iv) dieser Vorschrift verweist mit dem „Recht, die Geschäfte [eines anderen] Unternehmens zu führen," auf eine der Kontrolle angenäherte, wenn auch engere Beziehung.[58]

---

[57] Vgl. *Bechtold/Bosch*, GWB, § 38, Rn. 17; Wiedemann/*Richter/Steinvorth*, § 21, Rn. 8.
[58] Zur Zurechnung der Umsätze nach Art. 5 Abs. 4 FKVO im Einzelnen Kommission, Konsolidierte Mitteilung zu Zuständigkeitsfragen, ABl. 2009 C 43, 10, Rn. 175 ff.

- Im deutschen Kartellrecht wird schon mit der **Beherrschung**, also der Möglichkeit, beherrschenden Einfluss auszuüben, das einheitliche Unternehmen begründet (§ 36 Abs. 2 Satz 1 GWB i. V. m. § 17 Abs. 1 AktG). Die **Zurechnung von Umsätzen** folgt aus dem einheitlichen Unternehmen; eine besondere Vorschrift gibt es hier nicht.
- Trotz der Verweisung auf die konzernrechtlichen Vorschriften in §§ 17, 18 AktG sind die Rechtsbegriffe des **einheitlichen Unternehmens** i. S. v. § 36 Abs. 2 Satz 1 GWB, der **verbundenen Unternehmen** i. S. v. §§ 15 ff. AktG und der **einheitlichen Leitung** und des **Konzerns** i. S. v. § 18 Abs. 1 AktG nicht vollständig deckungsgleich – wenn auch die potentiellen Unterschiede gering sein dürften: (a) Negative Kontrolle (→ Rn. 22) begründet einen Zusammenschluss, aber es ist umstritten, ob sie auch einen beherrschenden Einfluss und verbundene Unternehmen begründen kann. Jedenfalls ein Konzern mit einheitliche Leitung nach § 18 Abs. 1 AktG dürfte ausscheiden.[59] (b) Ähnlich führt die Möglichkeit, beherrschenden (oder bestimmenden[60]) Einfluss auszuüben, ohne dass dieser tatsächlich ausgeübt würde, erstens zum einheitlichen Unternehmen nach § 36 Abs. 2 Satz 1 GWB (nicht aber zwingend zum einheitlichen Unternehmen im europäischen Kartellrecht) und zweitens zu verbundenen Gesellschaften nach § 17 Abs. 1 AktG (nicht unbedingt jedoch zu einem Konzern nach § 18 Abs. 1 AktG, weil es immer noch an der einheitlichen Leitung fehlen kann).[61] (c) Nach der „Mehrmütterklausel" des § 36 Abs. 2 Satz 2 GWB kann eine Gesellschaft mehrere beherrschende Gesellschafter haben – dennoch bildet sie mit diesen nicht ohne Weiteres (und jedenfalls nicht mit allen) ein einheitliches Unternehmen (→ Rn. 43 ff.). Es ist nach h. M. auch nicht möglich, dass eine Gesellschaft zu zwei unterschiedlichen Konzernen gehört.[62]
- Im deutschen Recht kann es durchaus zu **Zusammenschlüssen** innerhalb eines **einheitlichen Unternehmens** und zwischen **verbundenen Gesellschaften** kommen (z. B. wenn ein Minderheitsgesellschafter Alleinkontrolle hat und dann eine Mehrheitsbeteiligung erwirbt, § 37 Abs. 1 Nr. 2 und 3 lit. a, Abs. 2 GWB), und es gibt Zusammenschlüsse, die kein einheitliches Unternehmen begründen (z. B. der Erwerb einer Beteiligung von 25 % ohne besondere Rechte, § 37 Abs. 1 Nr. 3 lit. a GWB).
- Durch den neuen § 81 Abs. 3a GWB (→ § 63 Rn. 22) wird nun die Haftung für Bußgelder auf weitere juristische Personen ausgedehnt, wenn diese zum Zeitpunkt der Tat „*das Unternehmen [...] gebildet*" und „*unmittelbar oder mittelbar einen bestimmenden Einfluss*" auf die kartellrechtswidrig handelnde juristische Person ausgeübt haben (Hervorhebung nur hier). Damit ist nun auch der bestimmende Einfluss Teil des (nationalen) deutschen Rechts.
- Zudem hat der Begriff der **wirtschaftlichen Einheit** inzwischen Eingang in das deutsche Recht gefunden. Denn nach § 81 Abs. 4 Satz 3 GWB ist für die Höhe einer Geldbuße wegen eines Kartellverstoßes auf den weltweiten Gesamtumsatz aller natürlichen und juristischen Personen abzustellen, die als „wirtschaftliche Einheit" operieren.

---

[59] Siehe dazu OLG Düsseldorf, 7.5.2008, VI–Kart 1/07 (V), WuW/E 2347, 2350 – Universitätsklinikum Greifswald; Immenga/Mestmäcker/*Thomas*, § 37 GWB, Rn. 832, m. w. N.

[60] Die Auslegung des Begriffs beherrschender Einfluss i. S. d. GWB orientiert sich an § 17 Abs. 1 AktG. Zwar definiert das AktG den Begriff auch nicht näher. Allgemein wird hierunter aber jeder Einfluss verstanden, der es einem Unternehmen ermöglicht, die gesetzlichen oder satzungsmäßigen Organe des abhängigen Unternehmens zu besetzen, vgl. Loewenheim/*Neuhaus*, § 36 GWB, Rn. 224. Der Unterschied zu den Rechtsbegriffen Kontrolle und bestimmender Einfluss ist daher gering, denn insbesondere ist es nicht erforderlich, dass die Kontrolle tatsächlich ausgeübt wird,→ Rn. 21.

[61] Siehe dazu *Hüffer/Koch*, AktG, § 17, Rn. 6; Wiedemann/*Richter/Steinvorth*, § 19, Rn. 31.

[62] Siehe MünchKommKartellR/*Becker/Knebel/Christiansen*, § 36 GWB, Rn. 325.

III. Die einzelnen Formen der Umwandlung als Zusammenschlüsse

Die einzelnen Formen der Umwandlung lassen sich regelmäßig wie im Folgenden dargestellt unter den Tatbestand des Zusammenschlusses (nach europäischer und/oder deutscher Fusionskontrolle subsumieren). Es sei – erneut – darauf hingewiesen, dass Umwandlungsmaßnahmen unter **ausschließlicher Beteiligung von 100 %-igen Tochtergesellschaften** einer Muttergesellschaft (oder der Muttergesellschaft selbst) weder der deutschen noch der europäischen Fusionskontrolle unterliegen.[63]

1. Verschmelzung

Die **Verschmelzung** (§§ 22 ff. UmwG) überträgt das Vermögen des übertragenden Rechtsträgers durch Gesamtrechtsnachfolge auf einen anderen Rechtsträger. Diesen kann es vor der Verschmelzung bereits geben (Verschmelzung durch Aufnahme) oder er wird anlässlich der Verschmelzung gegründet (Verschmelzung durch Neugründung). In beiden Fällen geht der übertragende Rechtsträger unter. Im Einzelnen → §§ 6 ff.

Für die Fusionskontrolle von besonderer Bedeutung ist, dass die Anteilseigner des übertragenden Rechtsträgers **Anteile am aufnehmenden Rechtsträger erhalten** können.[64] Die Einzelheiten regelt der Verschmelzungsvertrag.

Eine Verschmelzung kann folgende **Zusammenschlusstatbestände** der europäischen oder deutschen Fusionskontrolle erfüllen:
Europäische Fusionskontrolle
- Die Verschmelzung ist eine **Fusion** i. S. v. Art. 3 Abs. 1 lit. a FKVO, wenn (a) zwei bislang unabhängige unternehmerisch tätige Rechtsträger auf einen dritten Rechtsträger verschmolzen werden (wobei oft die Gesellschafter beider übertragender Rechtsträger Gesellschafter des aufnehmenden Rechtsträgers werden, ohne dass einer oder mehrere von diesen die Kontrolle über den aufnehmenden Rechtsträger erwerben). Die Verschmelzung ist auch eine Fusion, wenn ein Rechtsträger auf einen anderen verschmolzen wird (auch dann können die Gesellschafter des übertragenden Rechtsträgers Anteile am aufnehmenden Rechtsträger erhalten, aber typischerweise hat später weder ein Gesellschafter des übertragenden noch ein bisheriger Gesellschafter des aufnehmenden Rechtsträgers zukünftig Kontrolle über letzteren).[65]
- Steht der aufnehmende Rechtsträger nach der Verschmelzung unter der Kontrolle eines Dritten, so würde die Praxis diesen Vorgang als (mittelbaren) **Erwerb der Kontrolle** i. S. v. Art. 3 Abs. 1 lit. b FKVO über das Unternehmen des übertragenden Rechtsträgers einordnen.[66]

Deutsche Fusionskontrolle[67]
- Der aufnehmende Rechtsträger erwirbt das gesamte **Vermögen** des übertragenden Rechtsträgers (§ 37 Abs. 1 Nr. 1 GWB).
- Der oder die Gesellschafter des übertragenden Rechtsträgers (alle oder einige) erwerben möglicherweise eine **Beteiligung** i. S. v. § 37 Abs. 1 Nr. 3 GWB am aufnehmenden Rechtsträger.

---

[63] Zur Fusionskontrolle im Ausland → Rn. 136 ff.

[64] Die folgenden Ausführungen stellen auf den aufnehmenden Rechtsträger bei einer Verschmelzung zur Aufnahme ab. Für eine Verschmelzung zur Neugründung gelten die Ausführungen aber entsprechend.

[65] Der kartellrechtliche Begriff der Fusion geht über den der Verschmelzung hinaus, vgl. Kommission, Konsolidierte Mitteilung zu Zuständigkeitsfragen, ABl. 2009 C 43, 10, Rn. 10.

[66] Der wesentliche Unterschied zwischen Fusion und Kontrollerwerb ist, dass eine Fusion von den beiden beteiligten Unternehmen gemeinsam angemeldet werden muss, der Kontrollerwerb hingegen vom Erwerber (alleine), vgl. Art. 4 Abs. 2 FKVO.

[67] Sind für Zwecke der deutschen Fusionskontrolle durch einen einheitlichen wirtschaftlichen Vorgang mehrere Zusammenschlusstatbestände erfüllt, z. B. Vermögenserwerb und Kontrollerwerb, so bilden diese einen einheitlichen Verfahrensgegenstand, → Rn. 49.

– Die neue Beteiligung am aufnehmenden Rechtsträger kann einem oder mehreren Gesellschaftern des übertragenden Rechtsträgers (alleinige bzw. gemeinsame) **Kontrolle** über den aufnehmenden Rechtsträger vermitteln. Das gleiche gilt für den wettbewerblich erheblichen **Einfluss** über den aufnehmenden Rechtsträger (§ 37 Abs. 1 Nr. 4 GWB).

51 Das Ergebnis der Prüfung (für die europäische wie die deutsche Fusionskontrolle) muss sich im Einzelfall stets aus der gesellschaftsrechtlichen **Verfassung des aufnehmenden Rechtsträgers** ergeben, insbesondere dem Gesellschaftsvertrag oder der Satzung, aber auch Konsortial- und Gesellschaftervereinbarungen. Ändert sich diese Verfassung mit der Verschmelzung, z. B. weil anlässlich der Verschmelzung eine neue Satzung beschlossen wurde oder einige Gesellschafter eine Konsortialvereinbarung abschließen, kommt es auf die **neue Verfassung** an. Hier sind insbesondere folgende Faktoren wichtig:

– Wie sind die **Beteiligungsverhältnisse** nach der Verschmelzung, d. h. welcher zukünftige Gesellschafter des aufnehmenden Rechtsträgers hält eine Beteiligung in welcher Höhe?
– Welche **Rechte** als Gesellschafter des aufnehmenden Rechtsträgers hat welcher Gesellschafter zukünftig?
– Welcher Gesellschafter bestimmt über die Besetzung (und Abberufung) der **Geschäftsleitung** des übernehmenden Rechtsträgers?
– Welcher Gesellschafter bestimmt über das Budget, den **Wirtschaftsplan** o. ä. des übernehmenden Rechtsträgers (und über größere **Investitionsvorhaben**, über die nicht die Geschäftsleitung alleine befindet)?
– Welcher Gesellschafter hat zukünftig ein **Vetorecht** bei den vorgenannten Entscheidungen?

52 Ist der aufnehmende Rechtsträger nach der Verschmelzung (weiterhin) **börsennotiert**, so ist bei der Prüfung der Zusammenschlusstatbestände besonders zu bedenken, dass (a) die erwartete stabile **Mehrheit der Stimmen in der Hauptversammlung** selbst bei einer Minderheitsbeteiligung Kontrolle vermitteln (→ Rn. 23) und die Möglichkeit, bestimmte Beschlüsse zu verhindern, wettbewerblich erheblichen Einfluss begründen kann (→ Rn. 40).

2. Spaltung: Aufspaltung

53 Die umwandlungsrechtliche Spaltung eines Rechtsträgers ist in drei Formen denkbar: Aufspaltung, Abspaltung und Ausgliederung. Bei der **Aufspaltung** (§ 123 Abs. 1 UmwG) teilt der übertragende Rechtsträger sein Vermögen auf zwei oder mehr andere Rechtsträger auf, die jeweils durch partielle Gesamtrechtsnachfolge einen Teil des Vermögens des übertragenden Rechtsträgers erwerben. Der übertragende Rechtsträger geht dabei unter. Die aufnehmenden Rechtsträger können bereits bestehen oder bei der Aufspaltung neu gegründet werden (Aufspaltung zur Aufnahme bzw. Aufspaltung zur Neugründung). Im Einzelnen → § 20 Rn. 11 ff.

54 Mit der Aufspaltung erhalten die Anteilseigner des übertragenden Rechtsträgers **Anteile an den** (beiden oder mehr) **aufnehmenden Rechtsträgern**. Die Einzelheiten ergeben sich aus dem Spaltungsvertrag.

55 Grundsätzlich wird die **Aufspaltung zur Neugründung** weder die europäische noch die deutsche Fusionskontrolle auslösen, insbesondere dann nicht, wenn die aufnehmenden Rechtsträger die gleiche Rechtsform haben wie der übertragende Rechtsträger, die Anteile an den aufnehmenden Rechtsträgern *pro rata* ihrer bisherigen Beteiligung am übertragenden Rechtsträger erworben werden und die Verfassung der aufnehmenden Rechtsträger derjenigen des übertragenden Rechtsträgers entspricht. Selbst wenn die Gesellschafter dann durch die Aufspaltung Kontrolle oder wettbewerblich erheblichen Einfluss oder eine 50 oder 25 %-ige Beteiligung an den aufnehmenden Rechtsträgern erhalten, so *erwerben* sie doch diese Rechte nicht (erstmals) über diejenigen Teile des ursprünglichen Unternehmens des übertragenden Rechtsträgers, die nun auf die aufnehmenden Rechtsträger übergehen.

Es fehlt an der Veränderung der Marktstruktur, auf welche die Fusionskontrolle ausgerichtet ist. Eine genauere Prüfung ist aber angezeigt, wenn z. B. *qua* Rechtsform des aufnehmenden Rechtsträgers oder dessen Verfassung bestimmte Gesellschafter (erstmals) besondere Rechte in Bezug auf einen aufnehmenden Rechtsträger haben. Diese Gesellschafter erwerben dann ggf. Kontrolle oder wettbewerblich erheblichen Einfluss.

Die **Aufspaltung zur Aufnahme** ist fusionskontrollrechtlich komplizierter: (a) Hier kann es zu einem Zusammenschluss zwischen dem aufnehmenden Rechtsträger und einem Teil des Vermögens des übertragenden Rechtsträgers kommen, insbesondere durch Kontrollerwerb (Art. 3 Abs. 1 lit. b FKVO oder § 37 Abs. 1 Nr. 2 GWB) und Vermögenserwerb (§ 37 Abs. 1 Nr. 1 GWB). Das ist allerdings nur der Fall, wenn der aufnehmende Rechtsträger bereits unternehmerisch tätig ist (einschließlich der Gesellschaften, die mit ihm ein einheitliches Unternehmen bilden). (b) Die Gesellschafter des übertragenden Rechtsträgers können mit ihrer Beteiligung an dem bereits existierenden und ggf. schon unternehmerisch tätigen aufnehmenden Rechtsträger über diese Kontrolle oder wettbewerblich erheblichen Einfluss erwerben; sie erwerben u. U. auch eine 50 oder 25 %-ige Beteiligung.

3. Spaltung: Abspaltung

Bei der **Abspaltung** bleibt – anders als bei der Aufspaltung – der übertragende Rechtsträger bestehen. Er überträgt einen Teil seines Vermögens auf einen oder mehrere andere aufnehmende Rechtsträger. Diese können bereits existieren (Abspaltung zur Aufnahme) oder mit der Abspaltung gegründet werden (Abspaltung zur Neugründung). Im Einzelnen → § 20 Rn. 13.

Die Anteilseigner des übertragenden Rechtsträgers erhalten dabei **Anteile an dem oder den aufnehmenden Rechtsträger(n)**.

Für Zwecke der Fusionskontrolle folgt die Prüfung einer Abspaltung bezüglich der aufnehmenden Rechtsträger den Ausführungen zur **Aufspaltung** (→ Rn. 59 ff.). **Zusätzlich** ist aber zu bedenken, ob es durch die Abspaltung zu einem Zusammenschluss zwischen dem übertragenden Rechtsträger und einem oder mehreren seiner zukünftigen Gesellschafter kommt, was sich nach den zukünftigen Beteiligungsverhältnissen und der zukünftigen gesellschaftsrechtlichen Verfassung des übertragenden Rechtsträgers richtet.

4. Spaltung: Ausgliederung

Bei einer **Ausgliederung** überträgt der (fortbestehende) übertragende Rechtsträger einen Teil seines Vermögens oder sein gesamtes Vermögen auf einen oder mehrere aufnehmende Rechtsträger. Diese können bereits existieren (Ausgliederung zur Aufnahme) oder anlässlich der Ausgliederung gegründet werden (Ausgliederung zur Neugründung). Im Einzelnen → § 20 Rn. 14.

Anders als bei der Abspaltung erhält jedoch **ausschließlich der übertragende Rechtsträger die Anteile** an dem oder den aufnehmenden Rechtsträger(n).

Durch eine Ausgliederung wird weder die europäische noch die deutsche Fusionskontrolle ausgelöst. Die Kontroll- und sonstigen Machtverhältnisse im übertragenden Rechtsträger werden kraft dessen 100 %-iger Beteiligung am aufnehmenden Rechtsträger ohne Veränderung der Marktstruktur **fortgeschrieben**. Eine genauere Prüfung ist dann angezeigt, wenn sich mit der Ausgliederung die Beteiligungs- und/oder Machtverhältnisse im übertragenden Rechtsträger verändern und einer der Gesellschafter daher (erstmals) Kontrolle, wettbewerblich erheblichen Einfluss, eine 50 oder 25 %-ige Beteiligung am übertragenden Rechtsträger erwirbt. Das kann zugleich Erwerb der mittelbaren Kontrolle über den aufnehmenden Rechtsträger sein.

5. Formwechsel

Zum **Formwechsel** im Einzelnen → §§ 32 ff. Der Formwechsel eines Rechtsträgers nach §§ 190 ff. UmwG verwirklicht **grundsätzlich keinen Zusammenschlussstat-**

bestand (weder in der europäischen noch in der deutschen Fusionskontrolle). Eine nähere Prüfung ist angezeigt, wenn sich mit dem Formwechsel die Machtverhältnisse in einer Gesellschaft verschieben und ein Gesellschafter daher in Zukunft eine neue und stärkere Rechtsposition erlangt, z. B. *qua* Mehrheitserfordernissen im neuen Gesellschaftsvertrag bestimmte Beschlüsse der Gesellschafterversammlung verhindern kann.

6. Vermögensübertragung

64 Die Vermögensübertragung (§ 174 UmwG) ist im Wesentlichen für die **öffentliche Hand** und für die **Versicherungswirtschaft** relevant (vgl. § 175 UmwG). Auch hier wird das Vermögen eines übertragenden Rechtsträgers durch Gesamtrechtsnachfolge auf einen oder mehrere übernehmende Rechtsträger übertragen; der übertragende Rechtsträger erlischt. Die Anteilseigner des übertragenden Rechtsträgers erhalten statt Anteilen am übernehmenden Rechtsträger eine andere Gegenleistung, insbesondere eine Geldzahlung. Im Einzelnen → § 41.

65 Durch die Vermögensübertragung erwirbt der übernehmende Rechtsträger u. U. **Kontrolle** i. S. v. Art. 3 Abs. 1 lit. a FKVO und § 37 Abs. 1 Nr. 2 GWB über den Geschäftsbetrieb des übertragenden Rechtsträgers (oder Teile des Geschäftsbetriebs) und wesentliches Vermögen des übertragenden Rechtsträgers (§ 37 Abs. 1 Nr. 1 GWB). Gleichzeitig kann Erwerb der **(mittelbaren) Kontrolle** über den Geschäftsbetrieb des übertragenden Rechtsträgers durch die Gesellschafter des übernehmenden Rechtsträgers vorliegen. Ein Erwerb der Kontrolle über den übernehmenden Rechtsträger, der bei der Verschmelzung möglich ist (→ Rn. 55 ff.), entfällt jedoch, es sei denn anlässlich der Vermögensübertragung werden die Beteiligungsverhältnisse am übernehmenden Rechtsträger oder dessen gesellschaftsrechtliche Verfassung geändert.

7. Grenzüberschreitende Umwandlung

66 Während das UmwG nach § 1 Abs. 1 grundsätzlich nur auf Umwandlungen von inländischen Rechtsträgern anwendbar ist, ist die **grenzüberschreitende Umwandlung** (von Kapitalgesellschaften) in §§ 122a ff. UmwG geregelt. Gemeint ist hier die Umwandlung unter Beteiligung mindestens eines Rechtsträgers, der seinen Sitz in einem anderen EU-Mitgliedstaat oder EWR-Vertragsstaat hat. Im Einzelnen → §§ 18, 30 und 39. Solche Vorgänge, ebenso wie Umwandlungen unter Beteiligung von Rechtsträgern aus Nicht-EU/EWR-Ländern (→ § 42) unterliegen nach den allgemeinen Regeln der **Fusionskontrolle**, denn sowohl die deutsche als auch die europäische Fusionskontrolle erfassen jeden Vorgang, der die tatbestandlichen Voraussetzungen der Anmeldepflicht erfüllt, **ungeachtet der Rechtsform, des Sitzes oder der „Nationalität"** der beteiligten Gesellschaften. Die praktische Schwierigkeit wird allerdings oft sein, bei Gesellschaftsformen ausländischen Rechts zu erkennen, wie die zukünftigen Machtverhältnisse sind und ob eine bestimmte Beteiligung oder andere Rechtsposition z. B. Kontrolle begründet.

IV. Die fusionskontrollrechtlichen Schwellenwerte

1. Europäische Fusionskontrolle

67 Ein Zusammenschluss i. S. v. Art. 3 FKVO ist nur anmeldepflichtig, wenn er **unionsweite Bedeutung**[68] hat. Die unionsweite Bedeutung eines Zusammenschlusses bemisst sich nach den Umsatzerlösen der beteiligten Unternehmen und der geographischen Verteilung der Umsatzerlöse (vgl. Art. 1 Abs. 1–3 FKVO).

68 **a) Die beteiligten Unternehmen.** Die am Zusammenschluss beteiligten Unternehmen sind grds. das (oder die, wenn mehrere) Kontrolle **erwerbende Unternehmen** und das **Zielunternehmen**. Werden nur Teile eines Unternehmens erworben, so ist nur der Umsatz in Bezug auf diese Teile bei der Berechnung zu berücksichtigen. Die Umsätze des

---

[68] Der ursprüngliche Text der FKVO spricht von „gemeinschaftsweiter Bedeutung".

Veräußerers werden **nicht** berücksichtigt; er ist nicht am Zusammenschluss beteiligt. Im Einzelnen:[69]
- Bei einer Fusion sind die beiden fusionierenden Unternehmen beteiligt.
- Beim Erwerb der Kontrolle durch ein oder mehrere Unternehmen über ein oder mehrere andere Unternehmen sämtliche Erwerber und sämtliche Zielunternehmen.
- Beim Eintritt eines mitkontrollierenden Gesellschafters in eine bereits von einem oder mehreren anderen Unternehmen kontrollierte Gesellschaft ist jedoch nicht nur der Erwerber, sondern zudem **sämtliche zukünftig gemeinsam kontrollierenden Gesellschafter** beteiligt (auch wenn sie zuvor schon Mitkontrolle hatten).
- Scheidet aus einem Gemeinschaftsunternehmen ein Gesellschafter aus und erhält ein verbleibender Gesellschafter dadurch Alleinkontrolle, so sind dieser und das (ehemalige) Gemeinschaftsunternehmen beteiligt.
- Bei der Gründung eines Gemeinschaftsunternehmens nach Art. 3 Abs. 4 FKVO (→ Rn. 28) sind die beiden zukünftigen Muttergesellschaften beteiligt (und ihnen werden die Geschäftsbereiche, aus denen das spätere *joint venture* besteht, jeweils zugerechnet).

b) Umsatzberechnung und -zuordnung. Die Umsatzberechnung für Zwecke der 69 europäischen Fusionskontrolle richtet sich nach Art. 5 FKVO. Unter Umsätzen versteht die FKVO Umsätze mit Waren und Dienstleistungen, die in den Jahresabschlüssen regelmäßig als Umsatzerlöse deklariert werden.[70] Gemeint ist der **Nettoumsatz**, da Erlösschmälerungen, Mehrwertsteuer und andere unmittelbar auf den Umsatz bezogene Steuern abgezogen werden.[71] Maßgeblich sind die Umsätze im **letzten Geschäftsjahr** vor dem Zusammenschluss (Art. 5 Abs. 1 S. 1 FKVO). Die Umrechnung der Jahresumsätze erfolgt zum Durchschnittskurs der betroffenen zwölf Monate.[72] Für die **räumliche Zuordnung** von Umsätzen ist der Standort des Abnehmers bzw. der Leistungserbringung maßgeblich, also der Ort des Kunden.[73]

Art. 5 Abs. 4 FKVO bestimmt, dass neben dem Umsatz des beteiligten Unternehmens 70 auch der Umsatz der **gesamten Unternehmensgruppe** zu berücksichtigen ist, wenn das beteiligte Unternehmen auf bestimmte Art und Weise mit anderen Unternehmen verbunden ist, nämlich wenn ersteres (a) mehr als die Hälfte des Kapitals oder Betriebsvermögens besitzt, (b) über mehr als die Hälfte der Stimmrechte verfügt, (c) mehr als die Hälfte der Mitglieder des Aufsichtsrats, des Verwaltungsrats oder der zur gesetzlichen Vertretung berufenen Organe bestellen kann oder (d) das Recht hat, die Geschäfte des [anderen] Unternehmens zu führen.[74] Liegen diese Umstände vor, werden die so verbundenen Unternehmen als eine Unternehmensgruppe angesehen und die jeweiligen Umsätze den beteiligten Unternehmen **zugerechnet**. Bei **Gemeinschaftsunternehmen** sind die Umsätze den mitkontrollierenden Gesellschaftern zu gleichen Teilen („**nach Köpfen**") zuzurechnen, d. h. zu je ½ bei zwei Muttergesellschaften, zu je $1/3$ bei drei Muttergesellschaften usw.[75] Bei der Berechnung des Gesamtumsatzes eines beteiligten Unternehmens werden Umsätze zwischen den in Abs. 4 genannten Unternehmen, d. h. zwischen beteiligtem Unternehmen und verbundenen Unternehmen nicht berücksichtigt (Art. 5 Abs. 1 Satz 2 FKVO). Stichtag für die Zuständigkeit der Kommission, insbesondere

---

[69] Siehe dazu auch Kommission, Konsolidierte Mitteilung zu Zuständigkeitsfragen, ABl. 2009 C 43, 10, Rn. 129 ff.
[70] Kommission, Konsolidierte Mitteilung zu Zuständigkeitsfragen, ABl. 2009 C 43, 10, Rn. 157.
[71] Kommission, Konsolidierte Mitteilung zu Zuständigkeitsfragen, ABl. 2009 C 43, 10, Rn. 164 f.
[72] Kommission, Konsolidierte Mitteilung zu Zuständigkeitsfragen, ABl. 2009 C 43, 10, Rn. 204.
[73] Kommission, Konsolidierte Mitteilung zu Zuständigkeitsfragen, ABl. 2009 C 43, 10, Rn. 196.
[74] Siehe dazu Kommission, Konsolidierte Mitteilung zu Zuständigkeitsfragen, ABl. 2009 C 43, 10, Rn. 175 ff.
[75] Kommission, Konsolidierte Mitteilung zu Zuständigkeitsfragen, ABl. 2009 C 43, 10, Rn. 186.

im Hinblick auf mögliche Veränderungen struktureller Art wie den Kauf oder Verkauf von Unternehmensteilen, ist der Zeitpunkt der Anmeldefähigkeit oder der Anmeldung.[76]

71 Für **Finanzinstitute** und **Versicherungsgesellschaften** gelten besondere Regeln (siehe Art. 5 Abs. 3 FKVO). Hier treten im Einzelnen definierte banktechnische Erträge bzw. Bruttoprämieneinnahmen an die Stelle der Umsatzerlöse. Zudem werden diese Erlöse dem Land der Niederlassung des beteiligten Unternehmens zugerechnet, nicht dem Land des Kunden. Bei erheblichem grenzüberschreitendem Dienstleistungsverkehr ist das ein bedeutsamer Unterschied zu den allgemeinen Regeln.

72 **c) Umsatzschwellen.** Art. 1 FKVO enthält zur Bestimmung der unionsweiten Bedeutung eines Zusammenschlusses zwei „Sätze" von Schwellenwerten. Die beiden Sätze sind alternativ, d. h. jeder von ihnen begründet die unionsweite Bedeutung unabhängig vom anderen. Aber die einzelnen Bedingungen innerhalb jeden Satzes sind kumulativ, d. h. sie müssen alle zugleich erfüllt sein. Nach dem sog. **ersten Satz Schwellenwerte** hat ein Zusammenschluss unionsweite Bedeutung, wenn (a) der weltweite Gesamtumsatz aller beteiligter Unternehmen € 5 Mrd. übersteigt und (b) der unionsweite Gesamtumsatz[77] von mindestens zwei beteiligten Unternehmen bei jeweils mehr als € 250 Mio. liegt.

73 Wenn diese Schwellenwerte nicht überschritten werden, hat ein Zusammenschluss dennoch unionsweite Bedeutung (sog. **zweiter Satz Schwellenwerte**), wenn (a) der weltweite Gesamtumsatz aller beteiligter Unternehmen zusammen mehr als € 2,5 Mrd. beträgt, (b) der Gesamtumsatz aller beteiligter Unternehmen in mindestens drei Mitgliedstaaten jeweils € 100 Mio. übersteigt, (c) in jedem von diesen mindestens drei Mitgliedstaaten der Gesamtumsatz von mindestens zwei beteiligten Unternehmen jeweils mehr als € 25 Mio. beträgt, und (d) der gemeinschaftsweite Gesamtumsatz von mindestens zwei beteiligten Unternehmen jeweils € 100 Mio. beträgt. Allerdings hat ein Zusammenschluss keine unionsweite Bedeutung (ungeachtet ob der erste und/oder der zweite Satz Schwellenwerte erfüllt sind), wenn jedes der beteiligten Unternehmen über 2/3 seines unionsweiten Umsatzes in ein und demselben Mitgliedstaat erzielt (sog. **Zwei-Drittel-Klausel**).

74 **d) Inlandsauswirkungen kein zusätzliches Tatbestandsmerkmal.** Sind die Umsatzschwellen überschritten, ist die Kommission auch in Fällen ohne besonders festgestellte Auswirkungen des Zusammenschlusses in der EU zuständig. Folglich kann die **Gründung eines Gemeinschaftsunternehmens in einem Drittland**, das in keiner Weise in der EU tätig wird (oder werden soll oder auch nur kann) und schon deswegen in der EU keine Wettbewerbsbedenken auslösen kann, allein wegen der Umsatzerlöse der Muttergesellschaften anmeldepflichtig sein.[78] Zwar ermöglicht die Kommission in solchen Fällen eine stark vereinfachte Anmeldung, die praktisch ohne wettbewerbliche Würdigung auskommt.[79] Gleichzeitig wird daraus aber deutlich, dass die Kommission schon davon ausgeht, auch solche Fälle seien grundsätzlich anzumelden und dass es – jenseits der Umsatzschwellen – kein zusätzliches, ungeschriebenes Tatbestandsmerkmal Inlandsauswirkungen gibt. Das ist in der deutschen Fusionskontrolle anders (→ Rn. 92 ff.).

e) Aufteilung der Zuständigkeiten zwischen Kommission und Mitgliedstaaten.
75 Grundsätzlich hat die Kommission die ausschließliche Zuständigkeit für alle Zusammenschlüsse mit unionsweiter Bedeutung, allerdings (a) kann sie auf Antrag eines Mitgliedstaates die Prüfung ganz oder teilweise an einen Mitgliedstaat **verweisen**, wenn der Zusammen-

---

[76] Kommission, Konsolidierte Mitteilung zu Zuständigkeitsfragen, ABl. 2009 C 43, 10, Rn. 155.

[77] Seit 1.7.2013 – und bis zum Austritt des Vereinigten Königreichs – besteht die Europäische Union aus 28 Mitgliedstaaten: Belgien, Bulgarien, Dänemark, Deutschland, Estland, Finnland, Frankreich, Griechenland, Irland, Italien, Kroatien, Lettland, Litauen, Luxemburg, Malta, Niederlande, Österreich, Polen, Portugal, Rumänien, Schweden, Slowakische Republik, Slowenien, Spanien, Tschechische Republik, Vereinigtes Königreich, Ungarn und Zypern.

[78] Siehe dazu Weiß, NZKart 2016, 265, 266 f.

[79] Vgl. Kommission, Memo vom 5.12.2013, *Mergers: Commission adopts package simplifying procedures under the EU Merger Regulation – Frequently asked questions.*

schluss erhebliche Auswirkungen innerhalb dieses Mitgliedstaates hat (Art. 9 FKVO), oder (b) kann ein Mitgliedstaat Maßnahmen gegen einen Zusammenschluss ergreifen, der seine **legitimen Interessen** berührt, z. B. Angelegenheiten der öffentlichen Sicherheit, Vielfalt der Medien und aufsichtsrechtliche Angelegenheiten (Art. 21 Abs. 4 FKVO). Umgekehrt behält i. d. R. ein Mitgliedstaat die Entscheidungszuständigkeit für alle Zusammenschlüsse, die keine unionsweite Bedeutung haben. Allerdings kann in einem solchen Fall ein Mitgliedstaat die Verweisung des Falls an die Kommission beantragen und andere Mitgliedstaaten können sich diesem Antrag anschließen (Art. 22 Abs. 1 FKVO). Die Unternehmen können ihrerseits bei einem Zusammenschluss von unionsweiter Bedeutung nach Art. 4 Abs. 4 FKVO bei der Kommission einen Antrag auf Verweisung an die Mitgliedstaaten stellen. Hat ein Zusammenschluss (es muss sich um einen Zusammenschluss i. S. v. Art. 3 FKVO handeln) keine unionsweite Bedeutung, fällt aber in den Anwendungsbereich der nationalen Fusionskontrolle von mindestens drei EU-Mitgliedstaaten, so können die Zusammenschlussbeteiligten den Fall an die Kommission zur ausschließlichen Prüfung durch letztere verweisen lassen (sog. „**Drei-plus-Regel**", vgl. Art. 4 Abs. 5 FKVO).

2. Deutsche Fusionskontrolle

Ein Zusammenschluss (i. S. v. § 37 GWB) ist anmeldepflichtig, wenn die beteiligten Unternehmen die Umsatzschwellen des § 35 GWB überschreiten. Daher sind zunächst die beteiligten Unternehmen und deren Umsatzerlöse zu bestimmen.

a) Die beteiligten Unternehmen. Wer die beteiligten Unternehmen sind, richtet sich nach der **Art des Zusammenschlusses**. Dabei sind die an dem *Zusammenschluss* beteiligten Unternehmen (materiell Beteiligte) sind nicht unbedingt mit den am *Verfahren* Beteiligten (formell Beteiligte) identisch.

- Gemäß § 38 Abs. 5 GWB ist beim Vermögenserwerb (§ 37 Abs. 1 Nr. 1 GWB) für die Berechnung der Umsätze (und Marktanteile) nur auf den veräußerten Vermögensteil abzustellen. Die beteiligten Unternehmen sind daher der Erwerber und der der übernommene Vermögensteil, **nicht der Veräußerer**.
- Beteiligte Unternehmen beim Kontrollerwerb (§ 37 Abs. 1 Nr. 2 GWB) sind der Erwerber und das Zielunternehmen. Beim Erwerb gemeinsamer Kontrolle sind alle (zukünftig) kontrollierenden Gesellschafter sowie das Zielunternehmen beteiligt.
- Beteiligte Unternehmen beim Anteilserwerb (§ 37 Abs. 1 Nr. 3 GWB) sind der Erwerber und das Zielunternehmen.[80] Hält ein anderes Unternehmen 25 % oder mehr an der Zielgesellschaft oder behält der Veräußerer 25 % der Anteile oder mehr, ist **auch das andere Unternehmen** bzw. der **Veräußerer** beteiligtes Unternehmen, weil dann ein Gemeinschaftsunternehmen entsteht (§ 37 Abs. 1 Nr. 3 Satz 3).
- Beteiligte Unternehmen beim Erwerb eines wettbewerblich erheblichen Einflusses (§ 37 Abs. 1 Nr. 4 GWB) sind der Erwerber und die Zielgesellschaft – nicht jedoch die anderen Gesellschafter des Zielunternehmens.
- Bei der Gründung eines **Gemeinschaftsunternehmens** (gemeint sind hier beide Formen, d. h. die Begründung gemeinsamer Kontrolle oder der Erwerb einer mindestens 25 %-igen Beteiligung durch zwei oder mehr Gesellschafter, → Rn. 43 ff.) sind das Gemeinschaftsunternehmen selbst und die beiden (oder mehr) zukünftigen Anteilseigner beteiligt. Beim Einstieg eines neuen Partners in ein bestehendes Tochterunternehmen ist damit auch der Veräußerer beteiligt (wenn er bei der Gründung eines Gemeinschaftsunternehmens Mitkontrolle und/oder eine mindestens 25 %-ige Beteiligung zurückbehält).

b) Umsatzberechnung. Die Umsatzberechnung für Zwecke der deutschen Fusionskontrolle richtet sich nach handelsrechtlichen Grundsätzen (§ 38 Abs. 1 GWB i. V. m.

---

[80] Zur Anmeldung verpflichtet und am Verfahren beteiligt, nicht aber am Zusammenschluss beteiligt, ist auch der Verkäufer der Beteiligung, siehe § 39 Abs. 2 Nr. 2 GWB.

§ 277 Abs. 1 HGB). Danach sind **Umsatzerlöse** „die Erlöse aus dem Verkauf und der Vermietung oder Verpachtung von Produkten sowie aus der Erbringung von Dienstleistungen [...] nach Abzug von Erlösschmälerungen und der Umsatzsteuer sowie sonstiger direkt mit dem Umsatz verbundener Steuern".[81] Ist ein beteiligtes Unternehmen mit weiteren Unternehmen **verbunden** und bildet mit diesen ein einheitliches Unternehmen i. S. v. § 36 Abs. 2 GWB, so sind die Gesamtumsatzerlöse für alle miteinander verbundenen Unternehmen anzugeben. Das gilt auch für die Umsatzerlöse von Gesellschaften, die nur **gemeinsam mit Dritten beherrscht** werden (§ 36 Abs. 2 S. 2 GWB) – sie werden *voll* zugerechnet. Außer Betracht bleiben jedoch die **Innenumsätze**, d. h. die Umsatzerlöse für Lieferungen oder Leistungen zwischen den verbundenen Unternehmen werden abgezogen (§ 38 Abs. 1 Satz 2 GWB). Relevant sind die Umsatzerlöse aus dem **letzten abgeschlossenen Geschäftsjahr** (nicht unbedingt dem letzten Kalenderjahr) vor dem Vollzug des Zusammenschlusses. Wichtig ist, dass *sämtliche* **Umsatzerlöse** der Beteiligten (und die ihrer verbundenen Unternehmen) zu errechnen sind, ungeachtet mit welchen Lieferungen oder Leistungen sie erzielt wurden. Nicht in **Euro** ausgedrückte Umsatzerlöse müssen umgerechnet werden. Eine ausdrückliche Regelung gibt es dazu nicht, aber es empfiehlt sich die Verwendung des durchschnittlichen Wechselkurses für das betreffende Jahr, wie er von der Europäischen Zentralbank veröffentlicht wird.

79   Zu beachten sind einige Sondervorschriften für die Berechnung von Umsatzerlösen in bestimmten Wirtschaftszweigen: (a) Für den **Handel mit Waren** sind nur drei Viertel der Umsatzerlöse in Ansatz zu bringen (§ 38 Abs. 2 GWB). (b) Für bestimmte Tätigkeiten in Bezug auf **Zeitungen, Zeitschriften und Rundfunkprogramme** ist das Achtfache der Umsatzerlöse in Ansatz zu bringen (§ 38 Abs. 3 GWB). (c) Bei **Kreditinstituten** treten die sog. „banktechnischen Erlöse" an die Stelle der Umsatzerlöse (§ 38 Abs. 4 Satz 1 GWB). (d) Bei **Versicherungsunternehmen** sind die Prämieneinnahmen maßgeblich (§ 38 Abs. 4 S. 2 und 3 GWB).

80   Um die Umsatzerlöse der beteiligten Unternehmen in der EU und in Deutschland angeben zu können (siehe § 39 Abs. 3 Nr. 3 GWB), müssen die insgesamt weltweit erzielten Umsatzerlöse eines Unternehmens **geographisch zugeordnet** werden, d. h. für jeden Umsatz ist zu entscheiden, in welchem Land er erzielt wurde. Hierbei wird *nicht* auf den Standort des Betriebs, der Herstellung oder der Erbringung der Dienstleistung abgestellt, sondern auf den Sitz des Kunden. Anders als in der europäischen Fusionskontrolle (→ Rn. 78) gibt es keine hiervon abweichende besondere Vorschrift für Kreditinstitute und Versicherungsunternehmen. Vertreten wird jedoch eine analoge Anwendung der Sonderregelungen des europäischen Rechts.[82]

81   c) **Umsatzschwellen.** Ein Zusammenschlussvorhaben ist beim Bundeskartellamt anzumelden, wenn (§ 35 Abs. 1 GWB), (a) die am Zusammenschluss beteiligten Unternehmen im letzten abgeschlossenen Geschäftsjahr **weltweit** insgesamt (d. h. **gemeinsam**) Umsatzerlöse von mehr als € 500 Mio. erzielten, (b) mindestens **ein** beteiligtes Unternehmen im **Inland** Umsatzerlöse von mehr als € 25 Mio. erzielte und (c) mindestens **ein weiteres** beteiligtes Unternehmen im **Inland** Umsatzerlöse von mindestens € 5 Mio. erzielte. Mehrere Erwerbsvorgänge binnen zwei Jahren zwischen den gleichen Beteiligten werden für Zwecke der Anwendung der fusionskontrollrechtlichen Schwellen zusammengefasst (§ 38 Abs. 5 GWB).

---

[81] Die Beschränkung auf die gewöhnliche Geschäftstätigkeit des Unternehmens ist entfallen, vgl. Gesetz zur Umsetzung der Richtlinie 2013/34/EU des Europäischen Parlaments und des Rates vom 26. Juni 2013 über den Jahresabschluss, den konsolidierten Abschluss und damit verbundene Berichte von Unternehmen bestimmter Rechtsformen und zur Änderung der Richtlinie 2006/43/EG des Europäischen Parlaments und des Rates und zur Aufhebung der Richtlinien 78/660/EWG und 83/349/EWG des Rates (Bilanzrichtlinie-Umsetzungsgesetz), BGBl. 2015 I S. 1245.

[82] Wiedemann/*Richter/Steinvorth*, § 19, Rn. 156, m. w. N.; in diese Richtung auch BKartA, 22.11.2012, B3–64/12, Rn. 22 – Lenzing / Kelheim Hygiene Fibres.

d) Schwelle für Transaktionswert. Mit § 35 Abs. 1a GWB hat die 9. GWB-Novelle **82** den **Wert der Gegenleistung**, also das Transaktionsvolumen, als **neuartigen Schwellenwert** in die deutsche Fusionskontrolle eingeführt.[83] Eine fusionskontrollrechtliche Anmeldung ist danach erforderlich, wenn

– die beteiligten Unternehmen im letzten abgeschlossenen Geschäftsjahr insgesamt weltweit Umsatzerlöse von mehr als EUR 500 Mio. erzielt haben,
– ein beteiligtes Unternehmen Umsatzerlöse von mehr als EUR 25 Mio. im Inland erzielt hat,
– aber weder das zu erwerbende noch ein anderes beteiligtes Unternehmen Umsatzerlöse von jeweils mehr als 5 EUR Mio. erzielt haben,
– sofern der Wert der Gegenleistung für den Zusammenschluss mehr als EUR 400 Mio. beträgt und
– das zu erwerbende Unternehmen in erheblichem Umfang im Inland tätig ist.

Durch die neue Vorschrift soll die Fusionskontrolle zukünftig auch den Erwerb eines Unternehmens erfassen, das stark wächst oder zu wachsen verspricht, dessen zukünftige Marktstellung sich aber noch nicht in Umsatzerlösen niederschlägt. Die Bagatellmarktklausel (→ Rn. 102) gilt dann nicht. Als Beispiel für das Regelungsbedürfnis wird regelmäßig auf den Erwerb von *WhatsApp* durch *Facebook* verwiesen.

e) Ausnahme: Bagatellklausel/ „Anschlussklausel". Es ist im Ergebnis zutreffend, **83** dass unternehmens- oder konzerninterne Vorgänge (zumeist) von der Fusionskontrolle ausgenommen sind, aber das ist keine Ausnahme im strengen Sinne von einem anderweitig anmeldepflichtigen Vorgang, sondern hier fehlt es ggf. an einem Zusammenschluss. Eine echte Ausnahme von der Anmeldepflicht gilt für bestimmte Zusammenschlüsse mit einem (sehr) kleinen Unternehmen.[84] Eine Anmeldepflicht besteht gemäß § 35 Abs. 2 GWB nämlich nicht, wenn sich ein Unternehmen, das im letzten Geschäftsjahr weltweit Umsatzerlöse von weniger als € 10 Mio. erzielte („**Kleinunternehmen**"), mit einem anderen Unternehmen zusammenschließt. Nur eines der beteiligten Unternehmen muss unterhalb dieser Umsatzschwelle bleiben. Nach Auffassung des Bundeskartellamts sind folgende Konstellationen von der Ausnahme erfasst:[85] (a) ein Unternehmen erwirbt ein Kleinunternehmen; (b) ein Kleinunternehmen erwirbt ein anderes Unternehmen; (c) ein Kleinunternehmen gründet gemeinsam mit einem anderen Unternehmen ein Gemeinschaftsunternehmen.[86] Eine wichtige Einschränkung des § 35 Abs. 2 GWB ist, dass das beteiligte Unternehmen mit einem Umsatz von weniger als € 10 Mio. **nicht „abhängig"** sein darf. Ein Unternehmen ist abhängig, wenn es von einem anderen Unternehmen „beherrscht" wird (§ 36 Abs. 2 GWB). Ein Unternehmen kann also nur unter § 35 Abs. 2 GWB fallen, wenn es keinen beherrschenden oder kontrollierenden Gesellschafter gibt. Durch Auslegung ist der Anwendungsbereich des § 35 Abs. 2 GWB jedoch auch auf Sachverhalte erweitert worden (oder die Vorschrift wird analog angewandt), bei denen das Zielunterneh-

---

[83] Der Regierungsentwurf der 9. GWB-Novelle (Bundestags-Drucksache 18/10207, S. 43) ging davon aus, dass pro Jahr nur eine sehr geringe Zahl von Zusammenschlüssen – ca. drei – von dieser Regelung betroffen sein würden. Zu der neuen Vorschrift siehe u. a. Kersting/Podszun/*Meyer-Lindemann*, 9. GWB-Novelle, S. 309 ff.; *Baranowski/Glaßl*, BB 2017, 199, 205 f.; *Kahlenberg/Helm*, BB 2016, 1863, 1865; *Seeliger/de Crozals*, ZRP 2017, 37, 39 f.

[84] Der frühere zweite Ausnahmetatbestand, die sogenannte „Bagatellmarktklausel", gilt seit der 8. GWB-Novelle von 2013 nicht mehr. Zuvor war keine Anmeldung erforderlich, wenn der relevante Produktmarkt seit mindestens fünf Jahren bestand und der Gesamtumsatz auf diesem Markt in Deutschland im letzten Kalenderjahr € 15 Mio. nicht überstieg. Zusammenschlüsse auf solchen „Bagatellmärkten" unterliegen nunmehr der Anmeldepflicht, der Zusammenschluss darf aber nicht wegen der Auswirkungen auf diesen Märkten untersagt werden. vgl. § 36 Abs. 1 Satz 2 Nr. 2.

[85] BKartA, Tätigkeitsbericht 1999/2000, S. 17.

[86] Die Vorschrift geht in ihrer heutigen Fassung über den „Anschluss" eines kleinen an ein großes Unternehmen (also den Erwerb eines kleinen durch ein großes Unternehmen) hinaus; siehe *Bechtold/Bosch*, § 35 GWB, Rn. 39.

men zwar von einem Gesellschafter beherrscht wird und von diesem abhängt, aber das Zielunternehmen und der beherrschende Gesellschafter (und die weiteren verbundenen Unternehmen) Umsatzerlöse von weniger als € 10 Mio. erzielen.

84 f) **Inlandsauswirkungen und „extraterritoriale Anwendung" der Fusionskontrolle.** Nur mittelbar, nämlich aus § 130 Abs. 2 GWB, ergibt sich eine weitere Bedingung für die Anmeldepflicht für einen Zusammenschluss: Dieser muss sich im Geltungsbereich des GWB auswirken, also **„Inlandsauswirkungen" in Deutschland** haben. Das Bundeskartellamt **legt** den Begriff der Inlandsauswirkungen **weit aus**.[87] Weil das Versäumen der Anmeldung, auch weil die Inlandsauswirkungen nicht erkannt wurden, zu einem Verstoß gegen das Vollzugsverbot führen kann, empfiehlt es sich unter Umständen, mit dem Bundeskartellamt informell Kontakt aufzunehmen.

85 Die Inlandsauswirkungen folgen bei Zusammenschlüssen mit **zwei beteiligten Unternehmen** typischerweise schon daraus, dass die Umsatzschwellen erfüllt sind (dann sind nämlich beide beteiligten Unternehmen im Inland tätig – auf direkten Wettbewerb kommt es bei dieser Prüfung nicht an). Wenn jedoch zwei in Deutschland tätige Unternehmen Beteiligungen an einem (nur) im Ausland tätigen dritten Unternehmen erwerben, hat das Tatbestandsmerkmal der Inlandsauswirkungen eine eigenständige Bedeutung. Erzielt dieses **dritte Unternehmen keine Umsatzerlöse in Deutschland**, werden die Inlandsauswirkungen vom Bundeskartellamt bejaht, wenn infolge des Zusammenschlusses eine Verstärkung der Wirtschaftskraft des im Inland tätigen Erwerbers wahrscheinlich ist, etwa durch den Transfer von Schutzrechten (z. B. Patenten), Know-how oder Finanzmitteln. Eine Anmeldepflicht besteht auch, wenn zu erwarten ist, dass die bisher nicht in Deutschland tätige Zielgesellschaft zukünftig nach Deutschland liefern wird.[88]

86 Zusammenschlüsse, die unter den neuen § 35 Abs. 1a GWB (**Schwellenwert für Transaktionsvolumen**) fallen, werden deshalb regelmäßig Inlandsauswirkungen haben, weil ein beteiligtes Unternehmen erhebliche Umsätze in Deutschland erzielt (§ 35 Abs. 1a Nr. 2 lit. a GWB) und das Zielunternehmen „im erheblichen Umfang im Inland tätig ist" (Nr. 4). Inlandsauswirkungen werden in diesem Sinne vom Tatbestand der Anmeldepflicht vorausgesetzt.

87 Hat ein Zusammenschluss Inlandsauswirkungen, so findet die deutsche Fusionskontrolle auch dann Anwendung, wenn (a) der Zusammenschluss im Ausland vollzogen wird, und/ oder (b) an dem Zusammenschluss – ausschließlich oder teilweise – Gesellschaften mit ausländischer Rechtsform oder Sitz im Ausland beteiligt sind.

C. Der materiell-rechtliche Prüfungsmaßstab

88 Die materiell-rechtlichen Maßstäbe für die Prüfung von Zusammenschlüssen in der europäischen und deutschen Fusionskontrolle (Art. 2 FKVO und § 36 Abs. 1 GWB) sind seit der 8. GWB-Novelle von 2013[89] weitgehend **angeglichen**. Fortbestehende **Unterschiede** sind (a) die kodifizierte Abwägungsklausel (§ 36 Abs. 1 Satz 2 Nr. 1 GWB), (b) die Bagatellmarktklausel (Nr. 2, → Rn. 102), (c) die besonderen Vorschriften für die Sanierungsfusion im Pressewesen (Nr. 3), insbesondere aber (d) die Marktbeherrschungsvermutungen (§ 18 Abs. 4 und 6 GWB).

---

[87] Siehe dazu im Einzelnen Bundeskartellamt, Merkblatt zu Inlandsauswirkungen in der Fusionskontrolle, 30.9.2014, Rn. 10.
[88] Siehe BKartA, Merkblatt zu Inlandsauswirkungen in der Fusionskontrolle, 30.9.2014, Rn. 19.
[89] Achtes Gesetz zur Änderung des Gesetzes gegen Wettbewerbsbeschränkungen vom 26.6.2013, BGBl. 2013 I S. 1738.

I. Europäische Fusionskontrolle

Ob ein Zusammenschluss von der Kommission freigegeben wird, richtet sich danach, ob **89** er **wirksamen Wettbewerb** auf dem Gemeinsamen Markt oder einem wesentlichen Teil des Gemeinsamen Marktes **erheblich behindert** (*significant impediment of effective competition*, daher auch *SIEC*-Test, vgl. Art. 2 FKVO). Dies ist insbesondere zu erwarten, wenn der Zusammenschluss eine **marktbeherrschende Stellung begründet oder verstärkt**. Die Begründung oder Verstärkung einer marktbeherrschenden Stellung ist damit ein Regelbeispiel der erheblichen Wettbewerbsbehinderung. Unter dem SIEC-Test können aber auch wettbewerbsschädliche Zusammenschlüsse in oligopolistischen Märkten untersagt werden, ohne dass die beteiligten Unternehmen marktbeherrschend sind oder werden.

Bei der Prüfung werden die Wettbewerbsbedingungen mit und ohne den Zusammen- **90** schluss verglichen. Im Vordergrund stehen einige sog. **Schadenstheorien**, d. h. wettbewerbsschädliche Wirkungen des Zusammenschlusses, nämlich:

- Einschränkung des (**„horizontalen"**) **Wettbewerbs** zwischen den am Zusammenschluss beteiligten Unternehmen: Durch den Zusammenschluss entfällt der Wettbewerb zwischen den beteiligten Unternehmen, wodurch der Wettbewerbsdruck auf zumindest einen Beteiligten spürbar nachlässt. Diesem fallen dadurch erweiterte Verhaltensspielräume zu, die er zu Lasten seiner Abnehmer und/oder Wettbewerber nutzen kann, z. B. können nun Preiserhöhungen möglich werden, oder das Unternehmen kann es sich leisten, seine Innovationsanstrengungen zurückzufahren, ohne im Wettbewerb zurückzufallen.
- (**„Vertikale"**) **Marktverschließung**: Die beteiligten Unternehmen können nach dem Zusammenschluss ihre Wettbewerber von unverzichtbaren Lieferbeziehungen (*input foreclosure*) oder Kundenbeziehungen (*customer foreclosure*) abschneiden oder zumindest den Zugang der Wettbewerber verschlechtern. Dadurch lässt der Wettbewerbsdruck auf das neue Unternehmen nach und es gewinnt zusätzliche Verhaltensspielräume.
- Bei den **konglomeraten Schadenstheorien** schließlich ist es den beteiligten Unternehmen nach ihrem Zusammenschluss nun möglich, ihre Marktmacht von einem Produktbereich auf einen anderen zu übertragen.

Der Prüfung dieser Schadenstheorien geht regelmäßig die Bestimmung des **(sachlich und räumlich) relevanten Marktes** voraus, d. h. der Bestimmung der Produkte oder Leistungen, die wegen ihrer Austauschbarkeit aus Sicht der Nachfrager miteinander im Wettbewerb stehen oder sonst – insbesondere weil die Produktion leicht von einem Produkt auf das andere umgestellt werden kann – einheitlichen Wettbewerbsbedingungen ausgesetzt sind.

Als Faustregel lässt sich festhalten, dass geringe bis mittlere **Marktanteile (bis 40 %) 91** regelmäßig keinen Anlass zu fusionskontrollrechtlichen Bedenken geben – jedenfalls solange die **Zahl der unmittelbaren Wettbewerber** auch nach dem Zusammenschluss noch ausreichend hoch ist (**mindestens vier**) und es sonst keine Anhaltspunkte für koordinierte Wirkungen (des Zusammenschlusses) oder gemeinsame Marktbeherrschung gibt. Denn die Kommission berücksichtigt ebenfalls, ob der Zusammenschluss die Wettbewerbsbedingungen derart verändert, dass die Wahrscheinlichkeit einer (stillschweigenden oder ausdrücklichen) Koordinierung des Verhaltens der in einem Markt tätigen Unternehmen erhöht wird.

II. Deutsche Fusionskontrolle

Auch das Bundeskartellamt wird einen Zusammenschluss untersagen, durch den **wirk- 92 samer Wettbewerb erheblich behindert** würde, insbesondere wenn eine **marktbeherrschende Stellung entsteht oder verstärkt** wird (§ 36 Abs. 1 Satz 1 GWB). Anders als das europäische Recht enthält das GWB aber Vorschriften, nach denen das Vorliegen einer **marktbeherrschenden Stellung (widerleglich) vermutet** wird (vgl. 18 GWB) nämlich wenn (a) ein Unternehmen einen Marktanteil von 40 % (alleinige Marktbeherrschung) hat, (b) drei oder weniger Unternehmen zusammen einen Marktanteil von 50 % erreichen, oder (c) fünf oder weniger Unternehmen einen gemeinsamen Marktanteil von zwei Drittel erreichen (jeweils gemeinsame Marktbeherrschung).

93   Eine Ausnahme vom Untersagungstatbestand gilt auch für Zusammenschlüsse auf einem so genannten „**Bagatellmarkt**" (§ 35 Abs. 2 Nr. 2 GWB). Ein Bagatellmarkt ist ein Markt, auf welchem im letzten Kalenderjahr weniger als € 15 Mio. umgesetzt wurden. Allerdings sind neu entstehende Märkte von dieser Vorschrift ausgenommen, d. h. auf dem Bagatellmarkt müssen seit mindestens fünf Jahren Waren oder gewerbliche Leistungen angeboten werden, und es darf sich nicht überhaupt um einen Markt handeln, auf dem Leistungen unentgeltlich erbracht werden (§ 36 Abs. 1 Satz 2 Nr. 2 i. V. m. 18 Abs. 2a GWB). Ist der räumlich relevante Markt größer als Deutschland, so ist **nur** das auf **Deutschland** entfallende Marktvolumen zu berücksichtigen.[90] Allerdings können mehrere Bagatellmärkte im Einzelfall für die Anwendung der € 15 Mio.-Schwelle zusammen betrachtet werden („**gebündelt** werden"), wenn sich ein Zusammenschluss auf mehrere sachlich eng benachbarte Märkte auswirkt, sich Nachfrager und Wettbewerber einer einheitlichen Strategie der beteiligten Unternehmen gegenübersehen und die Wettbewerbsbedingungen auf den betroffenen Märkten nicht unabhängig voneinander betrachtet werden können.[91]

D. Überblick über das Fusionskontrollverfahren

I. Europäische Fusionskontrolle

94   Zusammenschlüsse mit unionsweiter Bedeutung müssen bei der Kommission **angemeldet** werden und dürfen vor Freigabe durch die Kommission **nicht vollzogen** werden (→ Rn. 112 ff.). Die beteiligten Unternehmen dürfen anmelden, sobald sie ihre „ernsthafte Absicht" zum Zusammenschluss darlegen können (z. B. durch einen Letter of Intent – bindende Verträge sind nicht erforderlich, vgl. Art. 4 Abs. 1 UAbs. 2 FKVO).

95   Anmeldungen bei der Kommission sind im Vergleich zu Anmeldungen beim Bundeskartellamt (→ Rn. 107) wesentlich **umfangreicher** und damit auch zeitaufwendiger.[92] Dem hat die Kommission durch die Möglichkeit einer Anmeldung in Kurzform Rechnung getragen, in der die Unternehmen deutlich weniger Informationen beibringen müssen, wenn ein Zusammenschluss keine wettbewerblichen Bedenken erwarten lässt.[93] Es ist üblich, noch vor der förmlichen Anmeldung die für eine vollständige Anmeldung erforderlichen Informationen in vertraulichen **Vorgesprächen** mit der Kommission abzuklären.[94]

96   Grundsätzlich muss die Kommission innerhalb von 25 Arbeitstagen nach Erhalt der vollständigen Anmeldung entscheiden (sog. **Phase I**), ob sie den Zusammenschluss freigibt oder ob sie in eine detaillierte Prüfung (sog. **Phase II**) eintritt. Die Frist verlängert sich, wenn ein EU-Mitgliedstaat eine Verweisung antragt oder die beteiligten Unternehmen Abhilfemaßnahmen anbieten. Wenn die zweite Phase eingeleitet ist, muss die Kommission binnen 90 bis 125 Arbeitstagen ab Beginn der zweiten Phase entscheiden, ob der Zusammenschluss mit dem gemeinsamen Markt vereinbar ist. Die genaue Verfahrensdauer hängt von verschiedenen Faktoren ab, u. a. ob das Verfahren wegen unvollständiger Informationen (z. B. nicht beantwortete Auskunftsersuchen) unterbrochen wird und/oder die beteiligten Unternehmen Abhilfemaßnahmen anbieten. Die beteiligten Unternehmen können näm-

---

[90] Vgl. BGH, 25.9.2007, KVR 19/07, Rn. 14 ff. – Sulzer / Kelmix.
[91] Vgl. BGH, 22.6.1981, KVR 7/80, Rn. 21 f. – Transportbeton Sauerland; BKartA, Tätigkeitsbericht 1999/2000, S. 18.
[92] Siehe dazu das sog. Formblatt CO in ABl. 2013 L 336, 4.
[93] Siehe dazu das sog. Vereinfachte Formblatt CO in ABl. 2013 L 336, 18.
[94] Siehe dazu DG Competition, Best Practices on the conduct of EC merger control proceedings, Rn. 3 ff.

lich sowohl in der ersten als auch in der zweiten Prüfungsphase **Abhilfemaßnahmen** anbieten, z. B. den Verkauf eines Unternehmensteils, der die Wettbewerbsbedenken auslöst. Die Kommission wird dann die Freigabe mit Bedingungen und/oder Auflagen versehen (vgl. Art. 6 Abs. 2, Art. 8 Abs. 2 FKVO).

Die Entscheidungen der Kommission können innerhalb von zwei Monaten vor dem Europäischen Gericht (früher: Europäisches Gericht erster Instanz), anschließend vor dem Europäischen Gerichtshof, **angefochten** werden (vgl. Art. 263 AEUV, Art. 10 Abs. 5 FKVO). 97

II. Deutsche Fusionskontrolle

Auch in der deutschen Fusionskontrolle gibt es ein **Vollzugsverbot** (→ Rn. 112 ff.) und die Möglichkeit, ohne einen bindenden Kaufvertrag o. ä. ein Zusammenschlussvorhaben anzumelden. Der **Inhalt der Anmeldung** ergibt sich aus § 39 Abs. 3 GWB; die Anmeldungen zum Bundeskartellamt sind regelmäßig deutlich kürzer als die zur Kommission (müssen allerdings auch nicht die Wettbewerbsbedingungen für die gesamte EU beschreiben). Informelle und vertrauliche Vorgespräche mit der Behörde sind möglich, aber weniger üblich. 98

Nach Eingang einer vollständigen Anmeldung muss das Bundeskartellamt den Zusammenschluss binnen eines Monats freigeben (**Vorprüfverfahren** oder **Phase I**) oder in das sog. **Hauptprüfverfahren** (oder **Phase II**) eintreten. Tut es dies nicht, gilt der Zusammenschluss als freigegeben (vgl. § 40 Abs. 1 GWB). Tritt das Bundeskartellamt in das Hauptprüfverfahren ein, stehen ihm weitere drei Monate zur Verfügung, um zu entscheiden, ob es den Zusammenschluss freigibt, untersagt oder unter Auflagen und/oder Bedingungen freigibt (§ 40 Abs. 2 Satz 1 und Abs. 3 Satz 1 GWB). Sofern das Bundeskartellamt den Zusammenschluss nicht innerhalb der Frist (grundsätzlich insgesamt vier Monate ab Eingang der vollständigen Anmeldung) untersagt, gilt der Zusammenschluss als freigegeben (vgl. § 40 Abs. 2 Satz 2 GWB). Der Lauf der Viermonats-Frist wird gehemmt, wenn das Bundeskartellamt von einem am Zusammenschluss beteiligten Unternehmen eine Auskunft erneut anfordern muss, weil das Unternehmen ein vorheriges Auskunftsverlangen aus Umständen, die von ihm zu vertreten sind, nicht rechtzeitig oder nicht vollständig beantwortet hat (§ 40 Abs. 2 Satz 5 GWB). Die Viermonats-Frist verlängert sich um einen weiteren Monat, wenn ein anmeldendes Unternehmen in einem Verfahren dem Bundeskartellamt erstmals Vorschläge für Bedingungen oder Auflagen unterbreitet (§ 40 Abs. 2 Satz 7 GWB). Der **Vollzug** eines freigegebenen Zusammenschlusses ist dem Bundeskartellamt **anzuzeigen** (§ 39 Abs. 6 GWB). 99

Eine Vollzugsanzeige ist auch dann einzureichen, wenn die Parteien die Anmeldepflicht der Transaktion **übersehen** und den Zusammenschluss **bereits vollzogen** haben. Das Bundeskartellamt wird dann ein **Entflechtungsverfahren** einleiten. Falls der vollzogene Zusammenschluss den wirksamen Wettbewerb erheblich behindert, wird das Bundeskartellamt den Zusammenschluss auflösen („entflechten"). Darüber hinaus kann das Bundeskartellamt Bußgelder verhängten (→ Rn. 118). Wird dagegen das Entflechtungsverfahren eingestellt, ist der nicht angemeldete, aber nachträglich angezeigte Zusammenschluss trotz Verstoßes gegen das Vollzugsverbot zivilrechtlich wirksam (vgl. § 41 Abs. 1 Satz 3 Nr. 3 GWB); insoweit steht die Einstellung des Entflechtungsverfahrens der Freigabe gleich. Die Einstellung des Entflechtungsverfahrens steht aber ggf. der Verhängung eines Bußgelds wegen unterlassener Anmeldung nicht entgegen. 100

Nach Untersagung eines Zusammenschlusses durch das Bundeskartellamt können die anmeldenden Unternehmen – neben oder statt eines Rechtsmittels – eine besondere Erlaubnis des Ministers für Wirtschaft und Energie beantragen (sog. **Ministererlaubnis**, vgl. § 42 GWB). Der Minister kann einen Zusammenschluss erlauben, wenn die Wettbewerbsbeschränkung durch gesamtwirtschaftliche Vorteile kompensiert wird oder durch ein überragendes Interesse der Allgemeinheit gerechtfertigt ist. Diese Ministererlaubnis ist 101 sehr selten. Wird der Zusammenschluss durch das Bundeskartellamt untersagt, steht den Parteien innerhalb eines Monats nach Zustellung der Untersagungsverfügung der **Rechtsweg** zum Oberlandesgericht Düsseldorf und danach zum Bundesgerichtshof offen (§§ 63 ff., 74 ff. GWB).

E. Das Vollzugsverbot

102 Sowohl die europäische wie die deutsche Fusionskontrolle beruhen auf dem Grundsatz der **vorherigen Genehmigung**, d. h. anmeldepflichtige Zusammenschlüsse dürfen vor der Freigabe durch die zuständige Kartellbehörde oder vor Ablauf der Prüfungsfrist **nicht „vollzogen"** werden (vgl. Art. 7 Abs. 1 FKVO für Zusammenschlüsse, die der europäischen Fusionskontrolle unterliegen, bzw. § 41 Abs. 1 Satz 1 GWB für Zusammenschlüsse, die der deutschen Fusionskontrolle unterliegen).

103 Unter „Vollzug" eines Zusammenschlusses fällt dabei nicht nur die endgültige Umsetzung der gesellschaftsrechtlichen Maßnahme, welche den Zusammenschluss ausmacht, sondern **jede Vorwegnahme der wirtschaftlichen Wirkungen** des Zusammenschlusses. Insbesondere darf der spätere Erwerber also nicht vor Freigabe des Zusammenschlusses – und auch nicht während des noch laufenden Fusionskontrollverfahrens – in den gewöhnlichen Geschäftsgang des Zielunternehmens eingreifen. Die beteiligten Unternehmen dürfen lediglich den Vollzug des Zusammenschlusses „vorbereiten" – was die schwierige Frage nach der Abgrenzung von **(verbotenem) Teilvollzug** und **(erlaubter) Vorbereitung** aufwirft.

104 Verbotene Vollzugshandlungen sind alle Maßnahmen, die bereits vor der Freigabe zu einer strukturellen Veränderung der Wettbewerbsbedingungen führen. Beispiele sind die **Wahrnehmung von Gesellschafterrechten** z. B. bei Abstimmungen, die Neubesetzung der **Geschäftsleitung** oder die Entsendung von Mitarbeitern des Erwerbers in die Geschäftsführung des Zielunternehmens (und sei es ohne Stimmrecht), die **Koordination der Geschäftsstrategie**, z. B. durch Abstimmung des Produktportfolios oder Koordination von **Kundenbesuchen**. Diese Maßnahmen greifen alle in den gewöhnlichen Geschäftsgang des Zielunternehmens ein, was dem Erwerber verwehrt ist. Der Erwerber darf allerdings außergewöhnliche Maßnahmen, d. h. **Maßnahmen außerhalb des gewöhnlichen Geschäftsganges** des Zielunternehmens, auch vor der Freigabe schon unter den Vorbehalt seiner Zustimmung stellen, z. B. die Einstellung von Geschäftszweigen oder außergewöhnlich große Investitionen.

105 Umwandlungen sind zuweilen Teil eines Restrukturierungsvorhabens, das der bisherige Eigentümer eines Unternehmens bereits vor dinglicher Veräußerung des Unternehmens, und damit ggf. vor Erhalt der fusionskontrollrechtlichen Freigaben, in Absprache mit dem späteren Erwerber beginnt und durchführt (**„Restrukturierung nach Erwerberkonzept"**). Regelmäßig werden solche Restrukturierungsmaßnahmen wettbewerblich unbedenklich sein, wenn sie nur die Organisation, nicht aber die Zusammensetzung des Unternehmens bereits vor der fusionskontrollrechtlichen Freigabe verändern. Es ist dann darauf zu achten, dass der Erwerber nicht bereits in wettbewerblich relevante Entscheidungen des Zielunternehmens eingreift.

106 Das Vollzugsverbot gilt weder in der europäischen noch in der deutschen Fusionskontrolle (Art. 7 Abs. 2 FKVO bzw. § 41 Abs. 1a GWB) für den Erwerb von Anteilen (a) von mehreren Veräußerern durch ein **öffentliches Übernahmeangebot** oder (b) durch eine Vielzahl von Wertpapiergeschäften an einer **Börse**. Der Erwerber muss dann aber, um nicht gegen das Vollzugsverbot zu verstoßen, den Zusammenschluss unverzüglich anmelden und darf bis zur Freigabe die **Stimmrechte** aus den erworbenen Anteilen **nicht ausüben**. Sowohl die Kommission als auch das Bundeskartellamt können **Befreiungen** vom Vollzugsverbot erteilen (Art. 7 Abs. 3 Satz 1 FKVO und § 41 Abs. 2 Satz 1 GWB). Sie werden diese aber oft mit einer Anordnung verbinden, wonach die beteiligten Unternehmen nicht

integriert werden dürfen, bis das Fusionskontrollverfahren abgeschlossen ist (vgl. Art. 7 Abs. 3 Satz 2 FKVO und § 41 Abs. 2 Satz 2 GWB).

Die **Rechtsfolgen** eines Verstoßes gegen das Vollzugsverbot sind potentiell drastisch: Die 107 Kartellbehörden können **Bußgelder** verhängen (vgl. Art. 14 Abs. 2 lit. b FKVO und § 81 Abs. 2 Nr. 1 i. V. m. § 41 Abs. 1 Satz 1 GWB) und Rechtsgeschäfte, die gegen das Vollzugsverbot verstoßen, sind grundsätzlich **schwebend unwirksam** (Art. 7 Abs. 4 UAbs. 1 FKVO und § 41 Abs. 1 Satz 2 GWB). Zudem können die Kartellbehörden die Rückabwicklung eines Zusammenschlusses (oder die anderweitige **Entflechtung** der zusammengeschlossenen Unternehmen) anordnen, wenn ein Zusammenschluss sich bei nachträglicher Prüfung als wettbewerbswidrig erweist (Art. 8 Abs. 4 FKVO und § 41 Abs. 3, 4 GWB). Bis zum Ergebnis dieser Prüfung können die Kartellbehörden durch **vorläufige Maßnahmen** die Integration der beteiligten Unternehmen untersagen (Art. 8 Abs. 5 FKVO und § 60 Nr. 3 i. V. m. § 41 Abs. 3 GWB).

Eine besondere Vorschrift und **Ausnahme von der Nichtigkeitsfolge** enthält § 41 108 Abs. 1 Satz 3 Nr. 2 GWB u. a. für Umwandlungen. Selbst bei Verletzung des Vollzugsverbots sind Umwandlungsvorgänge wirksam (oder jedenfalls nicht wegen Verstoßes gegen das Vollzugsverbot nichtig), wenn sie **im Handelsregister eingetragen** sind. Die Eintragung ins Handelsregister und die zivilrechtliche Wirksamkeit der Umwandlungsmaßnahme schützen die beteiligten Unternehmen jedoch nicht vor einem Bußgeld oder vor der Pflicht zur Entflechtung (wenn der Zusammenschluss wettbewerbswidrig ist).

Eine dem § 41 Abs. 1 Satz 3 Nr. 2 GWB GWB vergleichbare Vorschrift **fehlt in der** 109 **europäischen Fusionskontrolle** – hier kann sich der Vorrang des europäischen vor dem nationalen Recht daher durchaus als Nichtigkeit einer im Handelsregister eingetragenen Umwandlung niederschlagen und mit Grundsätzen des Vertrauensschutzes kollidieren.

Geheilt wird die zivilrechtliche Unwirksamkeit von vorzeitigen Vollzugshandlungen im 110 deutschen Kartellrecht, wenn der Zusammenschluss nach Vollzug angezeigt wird und das **Entflechtungsverfahren** des Bundeskartellamts **eingestellt** wird (§ 41 Abs. 1 Satz 3 Nr. 3 GWB, → Rn. 109). Für die europäische Fusionskontrolle gelten – ohne ausausdrückliche Regelung – ähnliche Erwägungen.[95]

F. Anmelde- und Genehmigungspflichten außerhalb der Fusionskontrolle

Nicht Gegenstand dieses Beitrages sind Anmelde- und Genehmigungspflichten außerhalb 111 der Fusionskontrolle. Aber ähnlich wie in der Fusionskontrolle kann es hier Anmeldepflichten geben, wenn an einer gesellschaftsrechtlichen Strukturmaßnahme nicht ausschließlich 100 %-ige Tochtergesellschaften einer Muttergesellschaft beteiligt sind (und ggf. die Muttergesellschaft selbst). Dabei gibt es sowohl **branchenübergreifende** Genehmigungserfordernisse wie auch **branchenspezifische**. Die wichtigsten sind im Folgenden besprochen, nämlich die Regelungen der Außenwirtschaftsverordnung, die Regelungen über den Erwerb von Beteiligungen an Finanzdienstleistungsunternehmen und an Veranstaltern von Fernsehprogrammen.

I. Schutz der öffentlichen Sicherheit und Ordnung nach der Außenwirtschaftsverordnung

Anmeldeerfordernisse nach der **Außenwirtschaftsverordnung** (AWV)[96] sind bei Um- 112 wandlungsvorgängen eher die Ausnahme. Denn auch wenn dies nicht ausdrücklich geregelt ist, so ist die AWV nach h. M. nicht anwendbar auf Erwerbsvorgänge zwischen verbunde-

---

[95] Siehe dazu Langen/Bunte/*Maass*, Art. 7 FKVO, Rn. 34 ff.
[96] Außenwirtschaftsverordnung vom 2.8.2013, BGBl. 2013 I S. 2865, geändert durch Art. 1 Verordnung vom 14. Juli 2017 (BAnz AT 17.7.2017 V1); siehe auch Runderlass Außenwirtschaft Nr. 5/2013, Bundesanzeiger amtlicher Teil, 5.8.2013, B1.

nen **Unternehmen** i. S. v. § 15 AktG.[97] Ob eine Anmeldung beim Bundesministerium für Wirtschaft und Energie (BMWi) erforderlich oder empfehlenswert ist, richtet sich, ebenso wie die Einzelheiten des Verfahrens, nach dem Tätigkeitsfeld des Zielunternehmens. Der Regelfall ist die (zumeist freiwillige) sektorübergreifende Prüfung (§§ 55–59 AWV). Ist das Zielunternehmen in besonders sicherheitssensiblen Bereichen tätig, so ist eine sektorspezifische Prüfung verpflichtende (§§ 60–62 AWV).

113 Die **sektorübergreifende Prüfung** erfasst den unmittelbaren oder mittelbaren Erwerb von mindestens **25 % der Stimmrechte**[98] an einem inländischen Unternehmen[99] durch einen **Unionsfremden**[100]. Nicht der AWV unterfällt der Erwerb weiterer Anteile bei einer bestehenden Beteiligung von mindestens 25 % der Stimmrechte. Dem unmittelbaren Erwerb von Anteilen ist nach §§ 55 Abs. 1, 56 Abs. 1 AWV der Erwerb einer mittelbaren Beteiligung gleichgestellt, wenn z. B. der Unionsfremde an einem Unternehmen mit Sitz in einem EU- oder EFTA-Staat direkt oder indirekt die Mehrheit hält und über dieses die Beteiligung am inländischen Unternehmen erwirbt.[101] Ebenso werden (bestimmte) „Umgehungen" erfasst, in denen der unionsfremde Erwerber ein Erwerbsvehikel in der EU für die Transaktion einschaltet.[102] Eine **Anmeldepflicht** besteht nur, wenn das Zielunternehmen in einer der in § 55 Abs. 1 S. 2 AWV abschließend aufgezählten Bereiche tätig ist (§ 55 Abs. 4 AWV). Dies sind u. a. Unternehmen, die **Kritische Infrastrukturen** im Sinne von § 2 Abs. 10 des Gesetzes über das Bundesamt für Sicherheit in der Informationstechnik (BSI-Gesetz) betreiben[103], branchenspezifische Software zum Betrieb von Kritischen Infrastrukturen entwickeln, mit Überwachungsmaßnahmen nach § 110 des Telekommunikationsgesetzes (TKG) betraut sind, *cloud computing*-Dienstleistungen erbringen oder in die Telematik-Infrastruktur der Krankenkassen eingebunden sind (siehe dazu §§ 291 ff. Sozialgesetzbuch V – SGB V). In allen übrigen Fällen ist eine Anmeldung **freiwillig**, allerdings hat das BMWi die Möglichkeit, ein Verfahren *ex officio* innerhalb von drei Monaten ab Kenntniserlangung vom schuldrechtlichen Verpflichtungsgeschäft ein-

---

[97] Siehe etwa Wolffgang/*Weerth*, AWR-Kommentar, Abschnitt 2: Prüfung von Unternehmenserwerben, Rn. 13.

[98] Die Anknüpfung an Stimmrechte bedeutet, dass etwa der Erwerb von stimmrechtslosen Vorzugsaktien (auch oberhalb der Grenze von 25%), Genussrechten, stillen Beteiligungen, Optionsrechten und Vorkaufsrechten nicht anzumelden ist.

[99] Zum Begriff des Inländers siehe § 2 Abs. 15 Außenwirtschaftsgesetz (AWG): (a) natürliche Personen (z. B. Einzelkaufleute) mit Wohnsitz oder gewöhnlichem Aufenthaltsort im Inland (d. h. im Hoheitsgebiet der Bundesrepublik Deutschland), unabhängig von Ihrer Staatsangehörigkeit, (b) juristische Personen und Personenhandelsgesellschaften mit Sitz oder Ort der Leitung im Inland, (c) Zweigniederlassungen ausländischer juristischer Personen oder Personenhandelsgesellschaften, wenn diese ihre Leitung im Inland haben und es für sie eine gesonderte Buchführung gibt, und (d) Betriebsstätten ausländischer Personen oder Personengesellschaften, wenn die Betriebsstätte ihre Verwaltung im Inland hat.

[100] Erwerber aus einem Land der EU ebenso wie Erwerber aus Ländern der Europäischen Freihandelszone (*European Free Trade Association* – EFTA) fallen nicht in den Anwendungsbereich der sektorübergreifenden Prüfung (§ 55 Abs. 2 AWV). Zweigniederlassungen und Betriebsstätten eines unionsfremden Erwerbers gelten nicht als unionsansässig.

[101] Vgl. Bundestags-Drucksache 16/10730, S. 23.

[102] Siehe dazu § 55 Abs. 2 AWV, wonach eine Anmeldung insbesondere erforderlich sein kann, wenn der Erwerber keiner über den Erwerb hinausgehenden nennenswerten eigenständigen Wirtschaftstätigkeit nachgeht oder innerhalb der EU keine auf Dauer angelegte eigene Präsenz in Gestalt von Geschäftsräumen, Personal oder Ausrüstungsgegenständen unterhält.

[103] Erfasst sind damit Unternehmen aus den Wirtschaftszweigen Energieversorgung, Wasserversorgung, Ernährung, Informationstechnik und Telekommunikation, Gesundheitswesen, Finanz- und Versicherungswesen. Die Einzelheiten ergeben sich aus der Verordnung zur Bestimmung Kritischer Infrastrukturen nach dem BSI-Gesetz (BSI-KritisV) v. 22.4.2016, BGBl. 2016 I S. 958, zuletzt geändert durch Art. 1 Verordnung v. 21.6.2017, BGBl. 2017 I, S. 1903.

zuleiten.[104] Dieses Recht erlischt **fünf Jahre nach Abschluss des Vertrages**. Aufgrund der langen Zeit, in der das BMWi Fälle aufgreifen kann, richten Erwerber oft (und auch außerhalb des Katalogs des § 55 Abs. 1 AWV) freiwillig einen **Antrag auf** Erteilung einer **Unbedenklichkeitsbescheinigung** an das BMWi. Eröffnet das BMWi nach Eingang des schriftlichen Antrages nicht innerhalb von **zwei Monaten** das Prüfverfahren, so gilt der Antrag als erteilt. Wird das **Prüfverfahren** eröffnet, so sind weitere Unterlagen einzureichen, die sich einerseits nach der Allgemeinverfügung[105] richten, darüber hinaus aber auch nach weiteren fallspezifischen Anforderungen des BMWi. Nach Eingang der vollständigen Unterlagen hat das BMWi **vier Monate** Zeit, über den Fall zu entscheiden. In der Praxis fordert das BMWi allerdings, wenn es eine Prüfung für erforderlich hält, Unterlagen sukzessive nach, sodass die Viermonatsfrist ggfs. erst verzögert zu laufen beginnt. Eine Untersagung oder Freigabe unter Auflagen ist möglich, wenn das BMWi eine **Gefahr für die öffentliche Sicherheit oder Ordnung der Bundesrepublik Deutschland**[106] feststellt und bedarf der Zustimmung durch die Bundesregierung (§§ 59 Abs. 1 Satz 2 AWV, § 13 Abs. 2 Nr. 2 lit. c AWG). Führt das BMWi mit den beteiligten Unternehmen Verhandlungen über Auflagen, so ist für die Dauer dieser Verhandlungen die Prüfungsfrist gehemmt.

Die **sektorspezifische Prüfung** nach §§ 60–62 AWV erfasst die gleichen Erwerbstatbestände wie die sektorübergreifende Prüfung, aber nur wenn das Zielunternehmen Güter herstellt oder entwickelt, die in § 60 AWV aufgezählt sind. Es handelt sich dabei insbesondere um militärische sicherheitsrelevante Technologien, vor allem die Herstellung und Entwicklung von Kriegswaffen oder anderen Rüstungsgütern sowie von Kryptosystemen und Produkten mit IT-Sicherheitsfunktionen. § 60 AWV begründet eine **Meldepflicht** für den ausländischen Erwerber.[107] Eröffnet das BMWi nicht innerhalb von **drei Monaten** nach Eingang des Antrages ein Prüfverfahren, so gilt die Unbedenklichkeitsbescheinigung als erteilt. Für das Prüfverfahren selbst gilt ebenfalls eine Frist von **drei Monaten**, die während etwaiger Verhandlungen über Auflagen gehemmt ist. Eine Untersagung oder Freigabe unter Auflagen ist möglich, wenn dies erforderlich ist, um wesentliche Sicherheitsinteressen für die Bundesrepublik Deutschland zu gewährleisten (§ 62 Abs. 2 AWV).

II. Erwerb von Beteiligungen an Finanzdienstleistungsunternehmen

Nach § 2c Abs. 1 Kreditwesengesetz (KWG) und nach § 17 Abs. 1 Versicherungsaufsichtsgesetz (VAG), jeweils i. V. m. § 1 Inhaberkontrollverordnung (InhKontrollV), ist der Erwerb einer bedeutenden Beteiligung an (a) einem **Kredit- oder Finanzdienstleistungsinstitut**, das nach dem KWG beaufsichtigt wird, bzw. an einem ein **Versicherungsunternehmen**, einem **Pensionsfonds** oder einer **Versicherungs-Holdinggesellschaft** i. S. d. § 7 Nr. 31 VAG anzeige- und genehmigungspflichtig.[108] Anzeigepflichtig ist, wer (a) beabsichtigt, allein oder im Zusammenwirken mit anderen Personen oder Unternehmen eine bedeutende Beteiligung an einem Zielunternehmen zu erwerben, (b) beabsichtigt,

---

[104] Bei öffentlichen Übernahmen nach dem WpÜG ist anstelle des Vertragsschlusses auf die Veröffentlichung der Entscheidung zur Abgabe des Angebots oder die Veröffentlichung der Kontrollerlangung abzustellen.
[105] Allgemeinverfügung des BMWi zu den gemäß § 57 der Außenwirtschaftsverordnung einzureichenden Unterlagen (sektorübergreifende Prüfung), BAnz AT v. 6.9.2013 B1.
[106] Der Prüfungsmaßstab ist erheblich strenger als der polizei- und ordnungsrechtliche Begriff der „öffentlichen Sicherheit und Ordnung" und es muss eine Gefährdung eines Grundinteresses der Gesellschaft vorliegen; siehe dazu Bundestags-Drucksache 16/10730, S. 15 sowie Neunte Verordnung der Bundesregierung zur Änderung der Außenwirtschaftsverordnung v. 14.7.2017.
[107] Zu den Informationserfordernissen siehe Runderlass Außenwirtschaft Nr. zur 13/2004.
[108] Die folgenden Ausführungen sind eine Zusammenfassung von Bundesanstalt für Finanzdienstleistungsaufsicht (BaFin), Merkblatt zur Inhaberkontrolle, 27.11.2015.

allein oder im Zusammenwirken mit anderen Personen oder Unternehmen den Betrag einer gehaltenen bedeutenden Beteiligung so zu erhöhen, dass die Schwellen von 20 %, 30 % oder 50 % der Stimmrechte oder des Kapitals erreicht oder überschritten werden oder dass das Zielunternehmen unter seine Kontrolle kommt, (c) beabsichtigt, eine bedeutende Beteiligung an einem Zielunternehmen unter eine der o. a. Schwellen zu senken.

116 Der Begriff der **bedeutenden Beteiligung** wird für das KWG in § 1 Abs. 9 Satz 1 KWG i. V. m. Art. 4 Abs. 1 Nr. 36 Verordnung (EU) Nr. 575/2013[109] definiert: das direkte oder indirekte Halten von **mindestens 10 % des Kapitals oder der Stimmrechte** eines Unternehmens oder eine andere Möglichkeit der Wahrnehmung eines **maßgeblichen Einflusses** auf die Geschäftsführung dieses Unternehmens. Für das VAG wird die bedeutende Beteiligung in § 7 Nr. 3 VAG definiert: wenn, ob im Eigen- oder im Fremdinteresse, unmittelbar oder mittelbar über ein oder mehrere Tochterunternehmen oder ein gleichartiges Verhältnis oder durch Zusammenwirken mit anderen Personen oder Unternehmen mindestens 10 % des Kapitals oder der Stimmrechte einer Versicherungsaktiengesellschaft gehalten oder des Gründungsstocks eines Versicherungsvereins auf Gegenseitigkeit gehalten werden oder wenn auf die Geschäftsführung eines anderen Unternehmens ein maßgeblicher Einfluss ausgeübt werden kann.

117 Anzeigepflichtig ist also auch die Möglichkeit, einen **maßgeblichen Einfluss** auf das Zielunternehmen auszuüben. Eine gesetzliche Definition des Kriteriums des maßgeblichen Einflusses existiert im HGB nicht. § 311 Abs. 1 Satz 2 HGB stellt insoweit zwar die widerlegliche Vermutung auf, dass ein maßgeblicher Einfluss ab einem **Anteilsbesitz von 20 %** anzunehmen ist. Ein maßgeblicher Einfluss kann jedoch auch unabhängig von einem bestimmten Anteilsbesitz bestehen. Relevante Gesichtspunkte können u. a. personelle Verflechtungen, vertragliche Einflussnahme oder die Verfügbarkeit von Informationen sein. Zu bedenken ist dabei, dass die bloße Möglichkeit der Einflussnahme ausreicht und daher eine tatsächliche Einflussnahme auf das Zielunternehmen nicht erforderlich ist.

118 Ein **Zusammenwirken mit anderen Personen oder Unternehmen** ist insbesondere dann anzunehmen, wenn sich mehrere interessierte Erwerber dahingehend absprechen, dass sie zeitgleich ein Zielunternehmen in Teilen oder als Ganzes erwerben wollen. Ein solches Zusammenwirken mit anderen kann sich bspw. durch vertragliche Absprachen mit anderen Investoren des gleichen Zielunternehmens ergeben, kann im Einzelfall aber auch bei rein faktisch abgestimmtem Handeln angenommen werden. Es kommt nicht auf die Rechtsform des **Erwerbers** oder desjenigen an, der eine bedeutende Beteiligung zu halten beabsichtigt oder hält. Anzeigepflichtig sind damit unternehmerisch tätige Rechtsträger genauso wie andere.

119 Die Anzeigepflicht entsteht zeitlich nicht erst mit dem Vollzug des Erwerbs der bedeutenden Beteiligung, sondern bereits dann, wenn die **Absicht** besteht, eine solche zu erwerben. Dieser Zeitpunkt ist bspw. spätestens mit der Aufnahme hinreichend konkreter **Vertragsverhandlungen** hinsichtlich des Erwerbs der Beteiligung als gegeben anzusehen. Die Anzeigepflicht kann im Einzelfall aber auch schon zu einem früheren Zeitpunkt entstehen. Bei der Absichtsanzeige sind vorgegebene Formulare zu verwenden, die Anlage zur InhKontrollV sind. Nach Eingang der Anzeige prüft die BaFin, ob die Anzeige vollständig ist, und bestätigt dann den Erhalt der Anzeige. Sie prüft den Vorgang dann binnen **60 Arbeitstagen**.

120 Die **Untersagungsgründe** ergeben sich abschließend aus § 2c Abs. 1b Satz 1 und 2 KWG und § 18 Abs. 1 VAG. Die wesentlichen Untersagungsgründe sind Unzuverlässigkeit des Erwerbers oder seiner Organe, die Befürchtung, das Unternehmen werde seinen aufsichtsrechtlichen Verpflichtungen nicht nachkommen, die Befürchtung, das Zielunter-

---

[109] Verordnung (EU) Nr. 575/2013 des Europäischen Parlaments und des Rates vom 26.6.2013 über Aufsichtsanforderungen an Kreditinstitute und Wertpapierfirmen und zur Änderung der Verordnung (EU) Nr. 646/2012, ABl. 2013 L 176, 1.

nehmen könne in Zukunft nicht mehr wirksam beaufsichtigt werden, mangelnde finanzielle Solidität des Anzeigenden;

III. Erwerb von Beteiligungen an Veranstaltern von Fernsehprogrammen

Zum Zweck der Sicherung der Meinungsvielfalt im privaten Rundfunk (siehe § 25 Rundfunkstaatsvertrag – RStV[110]) unterliegt der Erwerb von **Beteiligungen an privaten Rundfunkveranstaltern** nach § 29 RStV der Genehmigung durch die zuständige Landesmedienanstalt.[111] Der Erwerb von Anteilen an **börsennotierten Gesellschaften** von bis zu 5 % (wenn nicht zugleich die 25, 50 oder 75 %-Schwellen überschritten werden) sind von der Anmeldepflicht ausgenommen.[112]

121

Gemeinsam mit der Kommission zur Ermittlung der Konzentration im Medienbereich (KEK, vgl. § 35 Abs. 1 Nr. 2 RStV) prüft die Landesmedienanstalt das Beteiligungsvorhaben darauf, ob es zu **vorherrschender Meinungsmacht** führt. Vorherrschende Meinungsmacht wird vermutet (vgl. § 26 Abs. 2 RStV), wenn (a) ein Unternehmen selbst oder durch ihm zurechenbare Unternehmen einen durchschnittlichen **Zuschaueranteil von 30 %** erreicht oder (b) wenn bei einer geringfügigen Unterschreitung dieses Zuschaueranteils das Unternehmen auf einem medienrelevanten verwandten Markt eine marktbeherrschende Stellung hat oder (c) eine Gesamtbeurteilung seiner Aktivitäten im Fernsehen und auf medienrelevanten verwandten Märkten ergibt, dass der dadurch erzielte Meinungseinfluß dem einem Unternehmen mit einem Zuschaueranteil von 30 % im Fernsehen entspricht. § 28 Abs. 1 RStV bestimmt, dass dabei einem Unternehmen **bestimmte Fernsehprogramme zuzurechnen** sind, nämlich die es selbst veranstaltet oder die von einem anderen Unternehmen veranstaltet werden, an dem es unmittelbar mit 25 % oder mehr an dem Kapital oder an den Stimmrechten beteiligt ist. Dem Unternehmen sind ferner alle Programme von Unternehmen zuzurechnen, an denen es unmittelbar beteiligt ist, sofern diese Unternehmen zu ihm im Verhältnis eines verbundenen Unternehmens i. S. v. § 15 AktG stehen und diese Unternehmen am Kapital oder an den Stimmrechten eines Veranstalters mit 25 % oder mehr beteiligt sind. § 27 RStV regelt Einzelheiten zur Ermittlung des Zuschaueranteils.

122

G. Internationale Aspekte

I. Umwandlungen außerhalb des Geltungsbereichs des UmwG

Die Umwandlung nach dem UmwG ist nur grundsätzlich für Rechtsträger mit Sitz im Inland möglich (vgl. § 1 Abs. 1 UmwG). Dennoch können an Umwandlungsvorgängen auch Rechtsträger mit **Sitz im Ausland** beteiligt sein, insbesondere bei der „grenzüberschreitenden Umwandlung" (→ §§ 18, 30, 39 und 42), und Umwandlungsvorgänge können selbstverständlich *ausschließlich* unter Beteiligung von Rechtsträgern ausländischer Rechtsform und/oder mit Sitz im Ausland stattfinden. Die deutsche und europäische **Fusionskontrolle** sind gegenüber diesen Kriterien **agnostisch**. Ausländische Umwandlungsvorgänge unterliegen der Fusionskontrolle, wenn sie die Tatbestandsmerkmale der

123

---

[110] RStV i. d. F. des Fünfzehnten Rundfunkänderungsstaatsvertrages vom 13.12.2011, veröffentlicht u. a. in Gesetz- und Verordnungsblatt Nordrhein-Westfalen 2013, S. 675.

[111] Hingegen unterliegt der Erwerb eines Zeitungs- oder Zeitschriftenverlages nur der Fusionskontrolle, mit zum Teil gegenüber den allgemeinen Regeln verschärften Vorschriften (vgl. § 38 Abs. 3 GWB zur Umsatzberechnung), zum Teil mit Erleichterungen (vgl. § 36 Abs. 1 Satz 2 Nr. 3 GWB zur Sanierungsfusion bei Presseverlagen).

[112] Siehe dazu im Einzelnen Richtlinie nach § 29 Satz 5 RStV zur Ausnahme von der Anmeldepflicht bei geringfügigen Veränderungen von Beteiligungsverhältnissen bei börsennotierten Aktiengesellschaften vom 14.7.1997, zuletzt geändert am 10.1.2017.

Anmeldepflicht erfüllen, also einen Zusammenschlusstatbestand verwirklichen,[113] die Schwellenwerte überschreiten (und ggf. Inlandsauswirkungen haben). Letzteres sollte man bei ausländischen Umwandlungsvorgängen natürlich genau prüfen, aber ansonsten liegt die praktische Schwierigkeit eher darin zu ermitteln, ob eine bestimmte Beteiligung o. ä. an einer Gesellschaft ausländischer Rechtsform Kontrolle oder wettbewerblich erheblichen Einfluss vermittelt. Denn das beurteilt sich nach dem Statut der Zielgesellschaft und daher einer ausländischen Rechtsordnung.

124 Als Faustregel lässt sich aber festhalten, dass weder die europäische noch die deutsche Fusionskontrolle (und auch die Fusionskontrolle nach dem nationalen Recht der anderen EU-Mitgliedsstaaten) Umwandlungsvorgänge als anmeldepflichtige Zusammenschlüsse ansehen, die **ausschließlich unter Beteiligung von 100 %-igen Tochtergesellschaften** derselben Muttergesellschaft (und ggf. dieser Muttergesellschaft) stattfinden, solange nicht Dritte besondere Rechte haben. Dies gilt allerdings außerhalb der EU nicht unbedingt. So können Fusionskontrollanmeldungen nach dem Recht der Ukraine oder Russlands auch bei (nach deutschem Rechtsverständnis) unternehmens- oder konzerninternen Restrukturierungen erforderlich sein, z. B. wenn die unmittelbare Kontrolle über eine inländische Gesellschaft verändert wird.

II. Fusionskontrolle nach ausländischen Rechtsordnungen

125 Bei der Planung eines Umwandlungsvorgangs ist zu bedenken, dass letzterer auch in anderen Ländern der Fusionskontrolle unterliegen kann. Umwandlungsvorgänge, die nach deutscher Fusionskontrolle beim Bundeskartellamt anzumelden sind, können zugleich in **anderen Mitgliedstaaten** der EU und/oder in **Drittstaaten** anmeldepflichtig sein, Umwandlungsvorgänge, die nach der FKVO bei der Kommission anzumelden sind, in Drittstaaten. Selbst Umwandlungsvorgänge, die weder nach dem GWB noch der FKVO anmeldepflichtig sind, können in Drittstaaten anmeldepflichtig sein.

126 Gibt es Anmeldepflichten im Ausland, so muss bei der Planung der Umwandlungsmaßnahme die **erforderliche Zeit** für die Vorbereitung der Anmeldung sowie die wahrscheinliche Dauer für das Verfahren bedacht werden. Selbst bei materiell unproblematischen Fällen kann das einige Zeit in Anspruch nehmen: Das Prüfungsverfahren selbst vor europäischen Kartellbehörden dauert regelmäßig ein bis zwei Monate, vor der Kommission oft auch länger (wegen des nicht fristgebundenen informellen Vorverfahrens, → Rn. 104). Außerhalb der EU gibt es längere Fristen; z. B. in Indien kann auch die Prüfung eines unproblematischen Falles bis zu 120 Kalendertage dauern. Zu erheblichen Verzögerungen können auch die **formellen Anforderungen** an Anmeldungen führen, z. B. wenn der Anmeldung notariell beglaubigte, apostillierte oder gar von einem Konsulat legalisierte Dokumente (wie die Satzung einer Gesellschaft, ein Handelsregisterauszug o. ä.) beigefügt werden müssen.

1. Auswirkungsprinzip

127 Ein wesentlicher Faktor ist die Geltung des sog. **Auswirkungsprinzips** (*domestic effects doctrine*) in der Fusionskontrolle, wonach ein Land einen ausländischen Umwandlungsvorgang seiner eigenen Rechtsordnung – und seiner eigenen Fusionskontrolle – unterwerfen darf, wenn dieser Vorgang sich im Inland „auswirkt". Das ist mit dem völkerrechtlichen Einmischungsverbot vereinbar, das dieses nur verbietet, ohne hinreichenden Anknüpfungspunkt ausländische Tatbestände der eigenen Rechtsordnung zu unterwerfen. Infolgedessen

---

[113] Viele der anderen europäischen Rechtsordnungen stellen für ihren Zusammenschlussbegriff ausschließlich auf den – oft aus der FKVO übernommenen – Begriff der Kontrolle ab und erfassen damit insbesondere den Erwerb einer Mehrheitsbeteiligung als Zusammenschluss. Damit sind ausländische Unternehmen typischerweise vertraut. Die 25 %-Schwelle des § 37 Abs. 1 Nr. 3 lit. a GWB – ebenso wie der wettbewerblich erhebliche Einfluss nach Nr. 4 – ist jedoch im internationalen Vergleich eher ungewöhnlich und wird daher oft, insbesondere von ausländischen Investoren, übersehen.

ist die Anwendbarkeit ausländischer Fusionskontroll-Vorschriften regelmäßig unabhängig von dem gesellschaftsrechtlichen Status der beteiligten Unternehmen – obwohl es jedem Land freisteht, die Anmeldepflicht an solche Kriterien zu knüpfen. So stellen einige Länder in ihren Vorschriften über die Fusionskontrolle auf die **Beteiligung einer inländischen Gesellschaft** ab, oder wenigstens darauf, dass eine inländische Gesellschaft Teil der beteiligten Unternehmen ist oder eine inländische Niederlassung unterhält, gleich ob diese eine eigenständige Gesellschaft ist (z. B. Russland und Kasachstan). Manchmal gelten auch unterschiedliche Schwellenwerte für Zusammenschlüsse, an denen – direkt oder als Teil eines Unternehmens – eine inländische Gesellschaft beteiligt ist (z. B. in Südkorea). Folge der unterschiedlichen und weiten Anknüpfungsmöglichkeiten für nationale Rechtsordnungen ist aber, dass ein Umwandlungsvorgang, Transaktion o. ä. sich in vielen Ländern auswirken kann und – je nach Schwellenwerten (dazu sogleich) – in diversen Ländern anzumelden ist. Sog. **Mehrfachanmeldungen** sind für die Praxis an der Tagesordnung.

2. Zusammenschlusstatbestand und Schwellenwerte

Überwiegend stellt knüpft die Fusionskontrolle im Ausland – in EU-Mitgliedstaaten wie in Drittländern – an Kriterien an, welche, statt des Sitzes und/oder der Nationalität der unmittelbar oder mittelbar beteiligten Rechtsträger die **geschäftlichen Tätigkeiten der beteiligten Unternehmen** beschreiben. Derartige Kriterien können gleichermaßen von Transaktionen (auch Umwandlungsvorgängen) nach inländischem wie ausländischem Recht und gleichermaßen durch inländische wie ausländische Gesellschaften erfüllt werden. Beispiele für solche Kriterien sind Umsatzerlöse (mit Kunden im Inland), (im Inland belegene) Vermögenswerte und Marktanteile (auf einem inländischen Markt). Bei wie auch immer gearteter **Auslandsberührung des Umwandlungsvorgangs** empfiehlt sich daher eine zumindest kursorische Prüfung auf ausländische Fusionskontrolle gemäß folgendem Schema:

An Hand der geschäftlichen Aktivitäten der beteiligten Unternehmen (es wird regelmäßig nicht ausreichen, auf die unmittelbar beteiligten _Gesellschaften_ abzustellen) werden die Länder ermittelt, für die bei „bloßer Draufsicht" eine **Anmeldepflicht denkbar** erscheint. Die Praxis stellt hier regelmäßig auf folgende Kriterien ab: In welchen Ländern **erzielt das Zielunternehmen Umsätze**[114], in welchen Ländern hat es Tochtergesellschaften oder Niederlassungen oder sonst inländische Vermögenswerte? In welchen Ländern erzielen die anderen beteiligten Unternehmen Umsatzerlöse, haben Tochtergesellschaften, Niederlassungen oder Vermögenswerte? Für jedes dieser Länder wird dann geprüft:

Liegt ein **Zusammenschluss** vor? – Das richtet sich nach dem jeweiligen nationalen Rechtsbegriff und setzt daher einen gewissen Rechercheaufwand voraus. Typische Fusionskontrolltatbestände sind jedoch: (a) Viele EU-Mitgliedstaaten stellen auf den Erwerb von Kontrolle ab, einen Rechtsbegriff, der aus der FKVO übernommen ist und wie dort ausgelegt wird; (b) Schwellenwerte für Beteiligungen an einer anderen Gesellschaft, insbesondere die Mehrheitsbeteiligung von 50 %, aber auch bestimmte Minderheitsbeteiligungen, die typischerweise mit besonderen Mitwirkungsrechten für den Anteilseigner einhergehen (z. B. Beteiligungen von 25 % in Österreich); (c) Zusammenschlusstatbestände, die strukturelle Verflechtungen zwischen vormals selbständigen Unternehmen erfassen, ohne dass ein einheitliches Unternehmen neu entstünde, z. B. der – dem wettbewerblich erheblichen Einfluss nach § 37 Abs. 1 Nr. 4 GWB vergleichbare – _material influence_ in der Fusionskontrolle des Vereinigten Königreichs (wo die Anmeldung allerdings freiwillig ist).

---

[114] Zumeist gelten dabei Umsatzerlöse als „im Inland erzielt", wenn sie mit im Inland ansässigen Kunden erzielt wurden, unabhängig davon, ob die Lieferung oder Leistung aus einer inländischen oder ausländischen Gesellschaft des betroffenen Unternehmens heraus erfolgte. Daher kann für die Ermittlungen der Umsätze in einem bestimmten Land oft _nicht_ einfach auf die Gewinn- und Verlustrechnung der inländischen Tochtergesellschaft abgestellt werden. Zu den schwierigen Abgrenzungsfragen siehe Kommission, Konsolidierte Mitteilung zu Zuständigkeitsfragen, ABl. 2009 C 43, 10, Rz. 195 ff.

Es ist übrigens ungewöhnlich, dass ein Umwandlungsvorgang unter ausschließlicher Beteiligung von 100%-igen Tochtergesellschaften einer Muttergesellschaft (oder dieser selbst) der Fusionskontrolle unterliegen (in der EU ist dies nicht der Fall) – es ist aber leider nicht auszuschließen. Anmeldeerfordernisse können sich z. B. in Russland oder der Ukraine ergeben.

131 Sind in den Ländern, nach deren Recht ein Zusammenschluss vorliegt, die **Umsatzschwellen oder sonstigen Schwellenwerte** erfüllt? – Auch diese Schwellenwerte sind dem jeweiligen nationalen Recht zu entnehmen. Weltweit verbreitet ist insbesondere die Anknüpfung der fusionskontrollrechtlichen Anmeldepflicht an die Umsätze der beteiligten Unternehmen (im Inland oder insgesamt/weltweit[115]; alleine für das Zielunternehmen oder mehrere beteiligte Unternehmen, insbesondere Erwerber und Zielunternehmen), Wert von Aktiva oder Vermögenswerten der beteiligten Unternehmen (im Inland oder weltweit), Marktanteile (als absoluter Schwellenwert oder anknüpfend an die Erhöhung der Marktanteile) und das Transaktionsvolumen/der Kaufpreis (z. B. des Zielunternehmens oder anteilig für den inländischen Teil des Zielunternehmens). Ein Problem ist, dass die **fusionskontrollrechtliche Terminologie nicht** einmal in der EU – geschweige denn darüber hinaus – **harmonisiert** wäre. Rechtsbegriffe, die über die Anmeldepflicht mitbestimmen, können daher von Land zu Land verschieden sein, selbst wenn das Wort identisch ist. Daher sind u. U. die verbundenen Gesellschaften nicht überall identisch, und entsprechend die konzernweiten o. ä. Umsatzerlöse schon gar nicht.[116] Die Praxis behilft sich hier regelmäßig in der Weise, dass eine vorläufige Prüfung der Anmeldeerfordernisse anhand eines Datensatzes erfolgt, der nach den Regeln eines bestimmten Landes erstellt wurde (z. B. das Land, in dem die Konzernmutter rechnungslegungspflichtig ist) und eine Anpassung an nationale Besonderheiten nur erfolgt, wenn ein Überschreiten der Schwellenwerte nach überschlägiger Prüfung möglich erscheint.

132 Manchmal sind die **Inlandsauswirkungen** des Zusammenschlusses gesondert zu prüfen. Auch dieser Rechtsbegriff wird – in den sehr weiten Grenzen des Völkerrechts – vom nationalen Recht ausgeformt. Es kommt daher in jedem Land darauf an, ob die *dortigen* Behörden und Gerichte (a) die Einwendung der mangelnden Inlandsauswirkungen überhaupt akzeptieren, wenn die Schwellenwerte erfüllt sind (das ist z. B. in der EU und in China nicht der Fall), und (b) wie genau der Begriff in der dortigen Praxis gehandhabt wird. In Österreich greift die Entscheidungspraxis sehr weit aus und potentielle Auswirkungen können schon eine Inlandsauswirkung begründen, also selbst wenn das Zielunternehmen derzeit in Österreich noch nicht tätig ist.

133 Weil Zusammenschlusstatbestand und Schwellenwerte Bedingungen für die Anmeldepflicht sind, die kumulativ erfüllt sein müssen, mag es sich lohnen, die **Prüfungsreihenfolge** an die Gegebenheiten des Falles anzupassen: Ist die Umwandlung ein unternehmens- oder konzerninterner Vorgang, so sollte die Prüfung des Zusammenschlusstatbestandes Vorrang haben; hier wird man regelmäßig Anmeldepflichten in nahezu allen Ländern ausschließen können, und muss dann nur in den (wenigen) verbleibenden Ländern die Schwellenwerte prüfen. Sind umgekehrt an dem Umwandlungsvorgang konzernfremde

---

[115] Regelmäßig gemeint sind dann sämtliche Umsätze der beteiligten Unternehmen, und nicht nur Umsätze im von der Transaktion betroffenen Geschäftsbereich oder relevanten Markt.

[116] So stellen die USA z. B. alleine auf Mehrheitsbeteiligungen ab. In Österreich sind hingegen die Umsätze eines Anteilseigners, der – nach Vollzug des Zusammenschlusses – nur 25% (oder mehr) an einem beteiligten Unternehmen hält, letzterem zuzurechnen. Ein weiteres Beispiel für die international unterschiedliche Berechnung der Gesamtumsätze eines Unternehmens ist, dass die Umsatzerlöse von Gemeinschaftsunternehmen und gemeinsam mit Dritten kontrollierter Gesellschaften für Zwecke der deutschen Fusionskontrolle *jedem* mitkontrollierenden Gesellschafter *vollständig* zugerechnet werden (§ 36 Abs. 2 Satz 2 GWB). Das ist nach Art. 5 Abs. 4 lit. b) (iv) FKVO für die europäische Fusionskontrolle anders, ebenso wie in Ländern, deren Rechtsterminologie der FKVO folgt. Dort werden die Umsätze des Gemeinschaftsunternehmens nämlich „nach Köpfen", d. h. gleichmäßig unter den mitkontrollierenden Gesellschaftern verteilt.

Gesellschaften beteiligt, aber die beteiligten Unternehmen sind nur in wenigen Ländern substantiell tätig, so zieht man zweckmäßigerweise die Prüfung der Schwellenwerte vor, kann so die meisten denkbaren Anmeldepflichten ausschließen und muss nur noch für einige wenige Länder den potentiell komplexen Zusammenschlussbegriff prüfen.

3. Der materielle Prüfungsmaßstab

Angesichts der sehr unterschiedlichen Regelungskonzepte, nach denen Unternehmenstransaktionen einer fusionskontrollrechtlichen Anmeldepflicht unterworfen werden, sind die **materiell-rechtlichen Prüfungsmaßstäbe** erstaunlich einheitlich. Sie stellen u. a. ab auf (a) die Entstehung oder Verstärkung einer marktbeherrschenden Stellung, (b) die erhebliche Verringerung des Wettbewerbs (*significant lessening of compeititon*, kurz „SLC") oder (c) gerade in Europa die erhebliche Behinderung wirksamen Wettbewerbs (*significant impediment to effective competition*, kurz „SIEC"). Aber die Prüfung konzentriert sich – auch international – zunehmend die für die europäische Fusionskontrolle genannten Schadenstheorien (→ Rn. 99). Die Faustregel, dass geringe bis mittlere Marktanteile keinen Anlass zu Bedenken geben (→ Rn. 100), gilt allerdings dort nicht, wo die Fusionskontrolle auch **anderen als kartellrechtlichen oder wettbewerbspolitischen Zwecken** dient, gleich ob sich diese anderen Ziele nun explizit aus dem Gesetz ergeben (wie in den folgenden Beispielen) oder *de facto* ein Element der behördlichen Entscheidungsfindung sind). So verfolgt die chinesische Fusionskontrolle auch industriepolitische Zwecke und schützt die Marktstellung, Bezugs- oder Absatzwege inländischer Unternehmen (ggf. trotz funktionierenden Wettbewerbs). In Südafrika ist die Sicherheit der Arbeitsplätze in den beteiligten Unternehmen ein Prüfungskriterium.

4. Anmelde- und Genehmigungspflichten außerhalb der Fusionskontrolle

Außerhalb der Fusionskontrolle gibt es auch in ausländischen Rechtsordnungen weitere Vorschriften, welche **ausländische Investitionen im Inland** (oder – aus Sicht deutscher Gesellschaften – ausländische Investitionen inländischer Gesellschaften) einer besonderen Genehmigung unterwerfen. Bei Investitionen aus anderen EU-Mitgliedstaaten gilt allerdings die Freiheit des Kapitalverkehrs und die anderen EU-Mitgliedstaaten dürfen daher Investitionen und Beteiligungserwerbe durch deutsche Gesellschaften nur in engen Grenzen beschränken.[117] Daneben kann es stets **branchenspezifische Genehmigungsverfahren** geben. Auch international ist die Wahrscheinlichkeit am höchsten in Wirtschaftszweigen, die auch in Deutschland besonderen Vorschriften unterliegen, also Finanzdienstleister und Medienunternehmen (→ Rn. 127 ff. und 132 ff.).

§ 63 Kartellrechtliche Auswirkungen einer Umwandlungsmaßnahme

Übersicht

	Rdnr.		Rdnr.
A. Auswirkungen auf die Fusionskontrolle	2–4	2. Haftung nach europäischem Kartellrecht	14–16
B. Auswirkungen auf das Kartell- und Missbrauchsverbot	5–10	3. Haftung nach deutschem Kartellrecht	17–19
I. Verbot wettbewerbsbeschränkender Vereinbarungen	6–9	II. Haftung für Bußgelder nach der Umwandlungsmaßnahme (und fortdauernde Verstöße)	20–33
II. Das Verbot des Missbrauchs einer marktbeherrschenden Stellung	10	1. Haftung des Rechtsnachfolgers nach europäischem Kartellrecht	21–27
C. Auswirkungen auf die Haftung für Verstöße gegen das Kartellrecht	11–41	a) Anteilserwerb und Vermögenserwerb	22, 23
I. Haftung für Bußgelder für Verstöße vor der Umwandlungsmaßnahme	12–19		
1. Anwendbares Recht	12, 13		

---

[117] Siehe dazu u. a. EuGH, 14.3.2000, C-54/99, Rn. 17 ff. – Association Église de scientologie de Paris.

	Rdnr.		Rdnr.
b) Die einzelnen Formen der Umwandlung	24–26	b) Anteilserwerb und Vermögenserwerb	32
c) Fortsetzung des Verstoßes nach Übertragung	27	c) Die einzelnen Formen der Umwandlung	33
2. Haftung des Rechtsnachfolgers nach deutschem Kartellrecht	28–33	III. Zivilrechtliche Haftung	34–41
		1. Unterlassungs- und Beseitigungsanspruch	35
a) Entwicklung	28–31	2. Schadensersatzanspruch	36–41

Schrifttum: *Achenbach*, Die 8. GWB-Novelle und das Wirtschaftsstrafrecht, wistra 2013, 369; *de Bronett*, Die 9. GWB-Novelle – Kein Beitrag zur Beseitigung des „Enforcement-Flickenteppichs" des Kartellrechts in der EU, NZKart 2017, 46; *Fritzsche/Klöppner/Schmidt*, Die Praxis der privaten Kartellrechtsdurchsetzung in Deutschland – Teil 1: Aspekte des kartellrechtlichen Schadensersatzanspruchs, NZKart 2016, 412; *dies.*, Die Praxis der privaten Kartellrechtsdurchsetzung in Deutschland – Teil 2: Verjährung, Verzinsung und verfahrensrechtliche Aspekte, NZKart 2016, 501; *Heinichen*, Unternehmensbegriff und Haftungsnachfolge im Europäischen Kartellrecht, 2011; *Kahlenberg/Helm*, Referentenentwurf der 9. GWB-Novelle: Mehr Effizienz für die private und behördliche Rechtsdurchsetzung, BB 2016, 1863, 1865; *Kersting/Preuß*, Umsetzung der Kartellschadensersatzrichtlinie durch die 9. GWB-Novelle, WuW 2016, 394; *Könen*, Die Passivlegitimation des Kartellschadensersatzes nach der 9. GWB-Novelle, NZKart 2017, 15; *Lettl*, Schadensersatz bei Kartellrechtsverstößen in der 9. GWB-Novelle, WM 2016, 1961; *Mäger/von Schreitter*, Abschütteln von Kartellgeldbußen durch Umstrukturierung? – Eine Zwischenbilanz nach der 8. GWB-Novelle, DB 2014, 643; *Mühlhoff*, Lieber der Spatz in der Hand ... oder: Nach der Novelle ist vor der Novelle! Zu den wesentlichen Änderungen des allgemeinen Ordnungswidrigkeitenrechts und des Kartellordnungswidrigkeitenrechts durch die 8. GWB-Novelle, NZWiSt 2013, 321; *Podszun/Kreifels/Schmieder*, Streitpunkte der 9. GWB-Novelle: Bußgeldrecht, Schadensersatz, Verbraucherrechte und Ministererlaubnis, WuW 2017, 114; *Ost/Kallfaß/Roesen*, Einführung einer Unternehmensverantwortlichkeit im deutschen Kartellsanktionenrecht – Anmerkungen zum Entwurf der 9. GWB-Novelle, NZKart 2016, 447; *Rother*, Kartellschadensersatz nach der 9. GWB-Novelle, NZKart 2017, 1; *Scheidtmann*, Schadensersatzansprüche gegen eine Muttergesellschaft wegen Verstößen einer Tochtergesellschaft gegen Europäisches Kartellrecht? WRP 2010, 499; *Seeliger/de Crozals*, Zukunftsweisend: Die 9. GWB-Novelle, ZRP 2017, 37; *Seeliger/Gürer*, Kartellrechtsrisiken in M&A-Transaktionen – neuere Entwicklungen, BB 2017, 195; *Thomas*, Unternehmensverantwortlichkeit und -umstrukturierung nach EG-Kartellrecht, 2005.

1 Eine bereits durchgeführte Umwandlungsmaßnahme kann sich darauf auswirken, wie das Kartellrecht *danach* auf die beteiligten Unternehmen angewandt wird. Grundsätzlich ist das für alle Regelungsbereiche des Kartellrechts relevant, also die Fusionskontrolle, das Verbot wettbewerbsbeschränkender Vereinbarungen und das Verbot des Missbrauchs einer marktbeherrschenden Stellung. Letztlich ist das aber keine Besonderheit von Umwandlungsmaßnahmen, sondern folgt direkt daraus, dass eine Umwandlungsmaßnahme die **Gestalt des Unternehmens** oder der wirtschaftlichen Einheit als Adressat kartellrechtlicher Vorschriften **verändern kann**. Daher soll hier ein Abriss der materiellen Regelungen des Kartellrechts genügen, auf die sich eine Umwandlungsmaßnahme auswirken kann. Denn unmittelbar folgt aus diesen Grundsätzen, dass Umwandlungsmaßnahmen die Anwendung des (materiellen) Kartellrechts auf ein Unternehmen oder eine Gesellschaft nicht verändern, wenn an der Umwandlungsmaßnahme **nur 100 %-ige Tochtergesellschaften** einer Muttergesellschaft (und ggf. diese selbst) beteiligt sind – solange Dritte hier keine besonderen Rechte haben. Eine Ausnahme von diesem Grundsatz ist jedoch die Haftung bestimmter Rechtsträger für die Bußgelder, die der Rechtsvorgänger o. ä. verwirkt hatte. Das ist über weite Strecken eine dem deutschen Gesellschaftsrecht unbekannte Durchbrechung des Rechtsträgerprinzips. Zudem haben Rechtsprechung und Gesetzgeber den Anwendungsbereich dieser Ausnahme und damit die **Haftung des Rechtsnachfolgers für Kartellbußgelder** sukzessive erweitert.

A. Auswirkungen auf die Fusionskontrolle

So wie eine Umwandlungsmaßnahme die gesellschaftsrechtliche Struktur eines Unter- 2
nehmens verändert, kann sie die den Umfang der zu berücksichtigenden Rechtsträger für
die Ermittlung des Konzerns, der Unternehmensgruppe o. ä. erweitern oder verringern,
und sich so auf die verschiedenen Maßgrößen auswirken, an Hand derer eine Anmeldepflicht für zukünftige Transaktionen bestimmt wird, insbesondere die **unternehmens-
oder konzernweiten Umsätze**. Schwierigkeiten bereitet in der Praxis allenfalls die
korrekte Bestimmung einer Anmeldepflicht bei **zeitlich ineinander greifenden Transaktionen**.

– So wird nach deutscher Fusionskontrolle die Anmeldepflicht zum – tatsächlichen – Vollzugszeitpunkt bestimmt (und muss daher von den beteiligten Unternehmen vorausschau-
end geprüft werden). Relevant für die Anwendung der Schwellenwerte ist die Gestalt der
beteiligten Unternehmen zum Vollzugszeitpunkt (weshalb die Wirkung anstehender
Transaktionen auf die Gestalt der Unternehmen bei der Prüfung ggf. vorwegzunehmen
ist). Das gilt allerdings nur für Vorgänge, die bis zu diesem Zeitpunkt wirksam oder
dinglich vollzogen sind; der Abschluss eines Kaufvertrages reicht dafür nicht.

– Nach europäischer Fusionskontrolle wird die Anmeldepflicht zum Zeitpunkt der ersten
(ggf. noch unverbindlichen) Vereinbarung[1] zwischen den beteiligten Unternehmen geprüft, dem sog. auslösenden Ereignis (*triggering event*) i. S. v. Art. 4 Abs. 1 UAbs. 2 FKVO,
spätestens bei Anmeldung. Relevant ist also die Gestalt der beteiligten Unternehmen zu
diesem Zeitpunkt (und auch hier sind nur Vorgänge relevant, die bis zu diesem Zeitpunkt
wirksam und dinglich vollzogen sind).

Was die inhaltliche Prüfung von Zusammenschlüssen angeht, so kann eine Umwand- 3
lungsmaßnahme – wie jede andere gesellschaftsrechtliche Strukturmaßnahme oder Unternehmenstransaktion – die **Gestalt** und damit die **Marktstellung** der beteiligten Unternehmen verändern. Zukünftige Zusammenschlüsse können damit leichter oder schwieriger
(oder gar unmöglich) werden. Auch strukturelle Verflechtungen, die kein einheitliches
Unternehmen entstehen lassen, können durch Umwandlungsvorgänge entstehen (oder
entfallen) und sich auf die materielle Prüfung in der Fusionskontrolle auswirken.

Wiederum werden Umwandlungsmaßnahmen unter **ausschließlicher Beteiligung** 4
von 100 %-igen Tochtergesellschaften einer Muttergesellschaft (oder der Muttergesellschaft selbst) die materielle Prüfung eines Zusammenschlussvorhabens nicht verändern (wie
stets: solange Dritte keine besonderen Rechte haben). Auf die Anmeldepflichten für
zukünftige Zusammenschlüsse – gerade nach der deutschen und europäischen Fusionskontrolle – werden sich solche Umwandlungen auch nicht auswirken. In Ausnahmefällen
können sich ausländische Anmeldepflichten dann verändern, wenn durch eine Umwandlungsmaßnahme eine inländische Gesellschaft, an deren Existenz die Anmeldepflicht anknüpft, entsteht oder entfällt (→ § 62 Rn. 138).

B. Auswirkungen auf das Kartell- und Missbrauchsverbot

Auf die Vorschriften der sog. Verhaltenskontrolle, insbesondere das Verbot wettbewerbs- 5
beschränkender Vereinbarungen und das Verbot des Missbrauchs einer marktbeherrschenden Stellung wirken sich Umwandlungsmaßnahmen in erster Linie durch Veränderungen
der **Gestalt** und **Marktstellung** eines Unternehmens aus. Das entspricht den Überlegungen zur Fusionskontrolle und ist keine Besonderheit von Umwandlungsmaßnahmen. An
dieser Stelle sollen daher einige Hinweise auf solche Vorschriften oder Grundsätze des
Kartellrechts genügen, auf welche sich eine Umwandlungsmaßnahme auswirken könnte

---

[1] Z. B. ein sog. *letter of intent*, ein *memorandum of understanding* oder *heads of terms*.

(außer – wie stets – es handelt sich um eine Umwandlungsmaßnahme unter ausschließlicher Beteiligung von 100%-igen Tochtergesellschaften einer Muttergesellschaft und/oder der Muttergesellschaft selbst).

I. Verbot wettbewerbsbeschränkender Vereinbarungen

6 Das **Verbot** wettbewerbsbeschränkender Vereinbarungen und abgestimmter Verhaltensweisen ist in Art. 101 AEUV und §§ 1, 2 GWB niedergelegt. Dabei enthalten Art. 101 Abs. 1 AEUV und § 1 GWB das grundsätzliche Verbot, und Art. 101 Abs. 3 AEUV bzw. § 2 GWB die sog. **Freistellung** (vom Verbot) wettbewerbsbeschränkender Vereinbarungen, wenn diese überwiegende wettbewerbsfördernde Wirkungen erwarten lassen. Diese Vorschriften werden z. T. durch sog. **Gruppenfreistellungsverordnungen** der Kommission konkretisiert,[2] die durch § 2 Abs. 2 GWB in das deutsche Recht übertragen werden. Beide Vorschriften erfassen sowohl „**horizontale**" Vereinbarungen (also Vereinbarungen zwischen Unternehmen, die tatsächliche oder potentielle Wettbewerber sind) wie auch „**vertikale**" Vereinbarungen (also Vereinbarungen zwischen Unternehmen, die für Zwecke der Vereinbarung auf unterschiedlichen Wirtschaftsstufen tätig sind). Neben den Kartellen im strengen Sinne (z. B. Preisabsprachen unter Wettbewerbern) erfassen diese Vorschriften damit u. a. **Kooperationsverträge** zwischen einem Unternehmen und seinen Wettbewerbern (z. B. gemeinsame Forschung und Entwicklung) auch sämtliche **Zuliefer- und Vertriebsverträge** eines Unternehmens mit den vor- bzw. nachgelagerten Wirtschaftsstufen.

7 Zwar ist das europäische Kartellrecht nur auf Vereinbarungen o. ä. anwendbar, die sich auf den **zwischenstaatlichen Handel** in der EU auswirken,[3] während §§ 1, 2 GWB schon bei Inlandsauswirkungen i. S. v. § 130 Abs. 2 GWB (in Deutschland) anwendbar sind. Inhaltlich sind die beiden Vorschriften aber weitestgehend parallel.

8 Die zutreffende (kartell-)rechtliche Bewertung von solchen Verträgen ist deshalb wichtig, weil eine Vereinbarung, die gegen das Kartellrecht verstößt, **nichtig** ist (für das europäische Kartellrecht: Art. 101 Abs. 2 AEUV, für das deutsche Kartellrecht: § 134 BGB); ggf. können auch **Bußgelder** von bis zu 10% des konzernweiten Umsatzes verhängt werden (für das europäische Kartellrecht: Art. 23 Verordnung 1/2003, für das deutsche Kartellrecht: § 81 GWB).

9 **Adressat** des Art. 101 AEUV und der §§ 1, 2 GWB ist jeweils das **Unternehmen**. Für die Anwendung dieser Vorschriften wird innerhalb der Rechtsträger, die das Unternehmen ausmachen, daher das Verhalten und die Marktstellung wechselseitig zugerechnet; entscheidend ist also, ob das Unternehmen insgesamt eine bestimmte Marktstellung hat und/oder ob (irgend-)ein Rechtsträger, der zum Unternehmen gehört, sich in einer bestimmten Art verhalten hat. Die folgende Aufstellung enthält eine Auswahl derjenigen Vorschriften und Grundsätze mit Bezug zu Art. 101 AEUV und §§ 1,2 GWB, auf die sich eine Umwandlungsmaßnahme auswirken kann – wenn sie denn die Gestalt des Unternehmens verändert:

---

[2] Siehe z. B. Verordnung (EU) Nr. 1218/2010 vom 14.12.2010 über die Anwendung von Art. 101 Abs. 3 AEUV auf bestimmte Gruppen von Spezialisierungsvereinbarungen, ABl. 2010 L 335, 43; Verordnung (EU) Nr. 1217/2010 vom 13.12.2010 über die Anwendung von Art. 101 Abs. 3 AEUV auf bestimmte Gruppen von Vereinbarungen über Forschung und Entwicklung (im Folgenden: FuE-GVO), ABl. 2010 L 335, 36; Verordnung (EU) Nr. 330/2010 vom 20.4.2010 über die Anwendung von Art. 101 Abs. 3 AEUV auf Gruppen von vertikalen Vereinbarungen und abgestimmte Verhaltensweisen (im Folgenden: Vertikal-GVO), ABl. 2010 L 102, 1; Verordnung (EU) Nr. 316/2014 vom 21.3.2004 über die Anwendung von Art. 101 Abs. 3 AEUV auf Gruppen von Technologietransfer-Vereinbarungen (im Folgenden: TT-GVO), ABl. 2014 L 93, 7.

[3] Siehe dazu Kommission, Leitlinien über den Begriff der Beeinträchtigung des zwischenstaatlichen Handels in den Artikeln 81 und 82 des Vertrags (jetzt: Art. 101 bzw. 102 AEUV), ABl. 2004 C 101, 81.

– **Wettbewerbsbeschränkungen** werden von Art. 101 AEUV nur erfasst, wenn sie **spürbar** sind. Zwar sind **bezweckte** Wettbewerbsbeschränkungen stets spürbar, aber **bewirkte** Wettbewerbsbeschränkungen sind nach Auffassung der Kommission nur dann spürbar, wenn die beteiligten Unternehmen bestimmte **Marktanteilsschwellen** überschreiten.[4] Bei der Bestimmung des Marktanteils eines Unternehmens sind alle Gesellschaften zu berücksichtigen, die zu dem Zeitpunkt, für den die Beurteilung erfolgen soll, zum Unternehmen gehören.[5] Nach Umwandlungs- oder ähnlichen Maßnahmen ist die Beurteilung daher u. U. anzupassen.
– Auch viele **Gruppenfreistellungsverordnungen** enthalten **Marktanteilsschwellen**.[6] Dafür gelten die vorstehenden Ausführungen entsprechend.
– Ähnlich der Spürbarkeit einer Wettbewerbsbeschränkung muss auch die **Beeinträchtigung des zwischenstaatlichen Handels** spürbar sein. Auch dafür stellt die Kommission auf quantitative Merkmale ab, mit denen sie die an der Vereinbarung beteiligten Unternehmen beschreibt[7] – und die nach Vollzug einer Umwandlungsmaßnahme ggf. neu zu prüfen sind.

II. Das Verbot des Missbrauchs einer marktbeherrschenden Stellung

Art. 102 AEUV und §§ 19 ff. GWB enthalten das Verbot des Missbrauchs einer marktbeherrschenden Stellung und anderer einseitiger Verhaltensweisen (d. h. solcher Verhaltensweisen, die nicht in Vereinbarungen bestehen).[8] Es ist dabei eine Besonderheit des deutschen Kartellrechts, auch für Unternehmen, die nicht marktbeherrschend sind (siehe dazu § 18 GWB), sondern – nur – **relativ marktmächtig** (gegenüber bestimmten Anbietern oder Nachfragern) sind oder **überlegene Marktmacht** (im Vergleich zu bestimmten Wettbewerbern) haben, besondere Verhaltenspflichten festzuschreiben (vgl. § 20 GWB). Als **marktbeherrschende Stellung** eines Unternehmens wird allgemein eine Marktposition verstanden, bei der das Unternehmen Verhaltensspielräume hat, die sich bei wirksamem Wettbewerb nicht ergeben würden und die das marktbeherrschende Unternehmen nutzen kann, um z. B. Preise für seine Leistungen durchzusetzen, die bei wirksamem Wettbewerb nicht möglich wären. Der zentrale Indikator für die Marktbeherrschung ist der Marktanteil des Unternehmens (siehe dazu § 18 Abs. 4 GWB). Jedes Verhalten eines solchen Normadressaten ist dabei im **Zeitpunkt** seines Auftretens auf Missbräuchlichkeit zu prüfen. Daher können Umwandlungs- und ähnliche Maßnahmen sich auf die Marktstellung des Unternehmens, auf die marktbeherrschende Stellung etc. auswirken.[9] Ähnlich

---

[4] Siehe dazu im Einzelnen Kommission, Bekanntmachung über Vereinbarungen von geringer Bedeutung, die Sinne des Artikels 101 Absatz 1 des Vertrages über die Arbeitsweise der Europäischen Union den Wettbewerb nicht spürbar beschränken (De-minimis-Bekanntmachung), ABl. 2014 C 291, 1.
[5] Die De-minimis-Bekanntmachung der Kommission (ABl. 2014 C 291, 1), Rz. 15/16, stellt allerdings nicht auf die wirtschaftliche Einheit ab, sondern auf den eigens definierten Begriff der verbundenen Unternehmen, der eher an die Bestimmungen über die Berechnung des Gesamtumsatzes in Art. 5 Abs. 4 FKVO angelehnt ist. In der Praxis werden die Unterschiede gering sein.
[6] Siehe z. B. Art. 3 Vertikal-GVO, ABl. 2010 L 102, 1; Art. 3 TT-GVO, ABl. 2014 L 93, 7; Art. 7 FuE-GVO, ABl. 2010 L 335, 36.
[7] Kommission, Leitlinien über den Begriff der Beeinträchtigung des zwischenstaatlichen Handels in den Artikeln 81 und 82 des Vertrags [jetzt: Art. 101 bzw. 102], ABl. 2004 C 101, 81 (Rn. 52).
[8] Das Verhältnis der beiden Vorschriften zueinander ist ähnlich dem zwischen Art. 101 AEUV und §§ 1, 2 GWB (→ Rn. 7), denn auch Art. 102 AEUV enthält das Tatbestandsmerkmal der Beeinträchtigung des zwischenstaatlichen Handels,
[9] Zu den wesentlichen Verhaltensweisen, die u. U. missbräuchlich und verboten sind, gehören: Treuerabatte, ausschließliche Bindung von Abnehmern oder Lieferanten (Alleinbezug und Alleinbelieferung), das Angebot eigener Leistung unter Kosten, Kosten-Preis-Schere, Kopplung und Bündelung, Diskriminierung von Abnehmern oder Lieferanten, Lieferverweigerung oder Verweigerung des Zugangs zu einer wesentlichen Einrichtung (*essential facility*).

wie beim Verbot wettbewerbsbeschränkender Vereinbarungen ist ein Rechtsgeschäft, das gegen das Verbot des Missbrauchs einer marktbeherrschenden Stellung o. ä. verstößt, nichtig. Die Kartellbehörden können zudem Bußgelder verhängen.

C. Auswirkungen auf die Haftung für Verstöße gegen das Kartellrecht

11   Zu den Rechtsfolgen eines Verstoßes gegen das Kartellrecht gehört neben der zivilrechtlichen Nichtigkeit der Vereinbarung o. ä., dass gegen die am Verstoß beteiligten Unternehmen ein Bußgeld verhängt werden kann und/oder das geschädigte Dritte Schadenersatz fordern können. Gesellschaftsrechtliche Strukturmaßnahmen wie Umwandlungen werfen daher die Frage auf, **welcher Rechtsträger** für welche (und wessen) Verstöße **zivilrechtlich oder bußgeldrechtlich verantwortlich** ist. Dabei ist in zeitlicher Hinsicht zu unterscheiden: (a) Welcher Rechtsträger ist bis zum Vollzug der Umwandlungsmaßnahme verantwortlich für Verstöße, die bis zum Vollzug der Umwandlungsmaßnahme begangen werden? (b) Welcher Rechtsträger ist nach dem Vollzug der Umwandlungsmaßnahme verantwortlich für Verstöße, die vor dem Vollzug der Umwandlungsmaßnahme begangen werden? (c) Welcher Rechtsträger ist nach dem Vollzug der Umwandlungsmaßnahme verantwortlich für Verstöße, die nach Vollzug der Umwandlungsmaßnahme begangen werden? – Das dritte Szenario bedarf dabei keiner besonderen Behandlung, denn die Verantwortlichkeit für Verstöße im *steady state* des Unternehmens folgt den gleichen Grundsätzen wie im ersten Szenario.

I. Haftung für Bußgelder für Verstöße vor der Umwandlungsmaßnahme

1. Anwendbares Recht

12   Art. 3 Abs. 1 Satz 1 Verordnung 1/2003 regelt die parallele Anwendbarkeit des europäischen und nationalen (materiellen) Kartellrechts auf Sachverhalte mit zwischenstaatlichem Bezug. Wettbewerbsbehörden der EU-Mitgliedstaaten haben bei solchen Sachverhalten die nationalen (z. B. § 1 GWB) und die **europäischen Vorschriften** (Art. 101 AEUV) **parallel anzuwenden**. Dabei sind Art. 101 (einschließlich des Abs. 3) und 102 AEUV unmittelbar geltendes Recht; es bedarf keiner vorherigen Entscheidung der Kommission. Außer bei einseitigen Verhaltensweisen darf das nationale materielle Kartellrecht dabei nach Art. 3 Abs. 2 Satz 1 Verordnung 1/2003 bei grenzüberschreitenden Sachverhalten nicht strenger sein als das europäische Recht.

13   Für die Durchsetzung des europäischen Kartellrechts sind die nationalen Kartellbehörden verantwortlich (Art. 5 Satz 2 Verordnung 1/2003), wenn nicht die Kommission selbst ein Verfahren über den gleichen Gegenstand eingeleitet hat (Art. 11 Abs. 6 Verordnung 1/2003). Die nationalen Kartellbehörden haben folglich nach Art. 5 Satz 2 Verordnung 1/2003 die Möglichkeit, Verstöße gegen Art. 101, 102 AEUV zu ahnden; das Verfahren sowie die Bußgeldbemessung hingegen richten sich nach nationalem Recht.[10] Dies bedeutet im Ergebnis, dass sich die **Haftung** für Kartellverstöße in Bußgeldverfahren nach **nationalen Regeln** richtet, wenn **nationale Wettbewerbsbehörden** das Kartellverfahren durchführen (sowohl wenn diese europäische als auch deutsche materielle Vorschriften anwenden) und nach **europäischen Regeln**, wenn die **Kommission** (die nur europäisches materielles Recht anwendet) das Kartellverfahren führt.

2. Haftung nach europäischem Kartellrecht

14   **Adressat** von materieller Vorschrift sowie der Sanktion nach europäischem Recht ist das **Unternehmen**. Diesem werden die Handlungen aller Mitarbeiter zugerechnet (nicht nur der Organe o. ä.), die tatsächlich für sie gehandelt haben, unabhängig von ihrer Befugnis dazu. Gehören **mehrere Rechtssubjekte** der wirtschaftlichen Einheit an (z. B. eine

---

[10] OLG Düsseldorf, 17.12.2012, V-1 Kart 7/12 (OWi), Rn. 34 – Silostellgebühr.

Muttergesellschaft und eine Tochtergesellschaft), kann die Kommission nach ihrem Ermessen ein Bußgeld gegenüber einem oder allen Rechtssubjekten der wirtschaftlichen Einheit auferlegen.[11] Mehrere Adressaten eines Bußgeldes haften **gesamtschuldnerisch**. In der Praxis bebußt die Kommission regelmäßig die Muttergesellschaft für Verstöße, welche aus der Tochtergesellschaft heraus begangen wurden. Es ist dafür _nicht_ erforderlich, dass Organe oder Mitarbeiter der Muttergesellschaft an dem Kartellverstoß beteiligt waren, von ihm wussten, oder überhaupt die Möglichkeit hatten, ihn zu verhindern. Die Höhe des Bußgeldes bemisst sich nach den finanziellen Verhältnissen der wirtschaftlichen Einheit; insbesondere bemisst sich die 10 %-Bußgeldobergrenze anhand des Umsatzes der wirtschaftlichen Einheit (vgl. Art. 23 Abs. 2 Verordnung 1/2003).

Wird die Kommission zur Verfolgung von Kartellverstößen gegen Art. 101, 102 AEUV tätig, leitet sie ein **Kartellverwaltungsverfahren** i. S. d. Verordnung Nr. 1/2003 ein. Hier stehen ihr die Abstellungsverfügung sowie einstweilige Maßnahmen zur Verfügung; sie kann außerdem Verpflichtungen der Unternehmen für verbindlich erklären (vgl. Art. 7–9 Verordnung 1/2003). Der Begriff des Verwaltungsverfahrens nach der Verordnung 1/2003 darf nicht darüber hinwegtäuschen, dass in diesem Verfahren drastische Sanktionen verhängt werden können (allerdings nur gegen Unternehmen, nicht gegen natürlich Personen).[12] So hat die Europäische Kommission auch die Befugnis, Geldbußen und Zwangsgelder zu verhängen. Das Kartellbußgeldverfahren der Kommission richtet sich nach der Verordnung 1/2003; die **Bußgelder** selbst sind in Art. 23 Verordnung 1/2003 geregelt. Im Gegensatz zu den Zwangsgeldern[13] (Art. 24 Verordnung 1/2003) sanktionieren Geldbußen vergangenes rechtswidriges Verhalten. Bußgelder können sowohl wegen Verstößen im Verfahren (Art. 23 Abs. 1 Verordnung 1/2003, also z. B. bei unrichtigen Angaben in Antworten auf Auskunftsverlangen) als auch materiell rechtlichen Verstößen festgesetzt werden (Art. 23 Abs. 2 Verordnung 1/2003, hierzu gehören Verstöße gegen Art. 101 und 102 AEUV, gegen einstweilige Maßnahmen der Kommission oder Verpflichtungszusagen). Das Bußgeld kann bis zu **10 % des Umsatzes** der wirtschaftlichen Einheit im der Bußgeldentscheidung vorangegangenen Geschäftsjahr ausmachen (Art. 23 Abs. 2 Satz 2 Verordnung 1/2003). Maßgebliche Kriterien bei der im Ermessen der Kommission stehenden Festsetzung der Geldbuße sind die Art und Schwere der Zuwiderhandlung sowie die Dauer des Verstoßes.[14]

Auch wenn der Normadressat z. B. beim Kartellverbot das Unternehmen ist, so muss sich die Bußgeldentscheidung an einen oder mehrere **Rechtsträger** richten, schon um zustellbar und vollstreckbar zu sein (was sich nach nationalem Recht richtet und daher nach einem Rechtsträger verlangt, vgl. Art. 299 AUEV, § 750 Abs. 1 Satz 1 i. V. m. § 166 ZPO).

3. Haftung nach deutschem Kartellrecht

Anders als im europäischen Recht (→ Rn. 17) fallen im deutschen Kartellrecht Norm- und Sanktionsadressat auseinander. Während Normadressat u. a. des § 1 GWB und des Art. 101 AEUV das Unternehmen ist, richtet sich der **Sanktionsadressat** nach dem deutschen Ordnungswidrigkeitsrecht. Im deutschen Recht ist ein Bußgeld gegenüber **natürlichen oder juristischen Personen** möglich. § 30 Abs. 1 OWiG eröffnet die Möglichkeit, ein Bußgeld gegen die juristische Person, deren Organe o. ä. den Kartellverstoß begangen hat (aber auch nur gegen diese). Bis zur Einführung der 9. GWB-

---

[11] Siehe z. B. EuG, 14.12.2006, T-259/02, Rn. 331 – Raiffeisen Zentralbank Österreich.
[12] Art. 23 Abs. 5 Verordnung 1/2003 stellt klar, dass die Geldbuße keinen strafrechtlichen Charakter hat, sondern lediglich Verwaltungsunrecht ahnden soll. Dies vermeidet die Rechtsfolgen auf Grund nationaler Vorschriften, die bei einer strafrechtlichen Verurteilung eintreten, vgl. _Bechtold/Bosch/Brinker_, EU-Kartellrecht, Art. 23 VO 1/2003, Rn. 90.
[13] Zwangsgelder sollen die Unternehmen dazu anhalten, Sach- oder Verfahrensentscheidungen der Kommission zu befolgen, siehe dazu Art. 24 Verordnung 1/2003.
[14] Siehe im Einzelnen Kommission, Leitlinien für das Verfahren zur Festsetzung von Geldbußen gemäß Artikel 23 Abs. 2 lit. a) der VO (EG) Nr. 1/2003, ABl. 2010 C 210, 2.

Novelle[15] gab es eine Haftung der wirtschaftlichen Einheit im deutschen Recht folglich nicht.

18 Durch den neuen § 81 Abs. 3a GWB i. d. F. der 9. GWB-Novelle wird nun die Haftung für Bußgelder auf weitere juristische Personen ausgedehnt, wenn diese zum Zeitpunkt der Tat „*das Unternehmen* [...] *gebildet*" und „*unmittelbar oder mittelbar einen bestimmenden Einfluss*" auf die kartellrechtswidrig handelnde juristische Person ausgeübt haben (Hervorhebung nur hier).[16] Folglich kann auch im deutschen Recht zukünftig die **Muttergesellschaft** auch ohne ein eigenes Verschulden haften, wenn sie bestimmenden Einfluss auf die den Kartellverstoß begehende **Tochtergesellschaft** hat, auch ohne dass die Muttergesellschaft, ihre Organe oder Mitarbeiter an dem Verstoß beteiligt waren, von ihm wussten oder ihn auch nur hätten verhindern können.

19 Die Mittel des deutschen **Kartellverwaltungsverfahrens** (§§ 54 ff. GWB) ähneln im Wesentlichen den europäischen Maßnahmen (bis auf die Bußgelder, dazu sogleich). Zu ihnen gehören die Abstellungsverfügung nach § 32 Abs. 1 GWB, die nachträgliche Feststellung der Zuwiderhandlung nach § 32 Abs. 3 GWB, die Anordnung der Rückerstattung von Vorteilen nach § 32 Abs. 2a GWB, einstweilige Maßnahmen nach § 32a GWB, Verpflichtungszusagen nach § 32b GWB, die Entscheidung über Nichteinschreiten nach § 32c GWB, der Entzug der Freistellung nach 32d GWB und die Vorteilsabschöpfung nach § 34 GWB. Das **(Kartell-)Bußgeldverfahren** ist in den §§ 81 ff. GWB, im OWiG und in der StPO geregelt. Verstöße gegen das deutsche oder europäische Kartellrecht können als Ordnungswidrigkeit mit einem Bußgeld gegenüber natürlichen und juristischen Personen geahndet werden. Die Geldbuße darf gegenüber natürlichen Personen EUR 1 Mio. nicht überschreiten. Gegen ein Unternehmen oder eine Unternehmensvereinigung kann eine höhere Geldbuße von bis zu **10 %** des der Behördenentscheidung vorausgegangenen Geschäftsjahr erzielten **Gesamtumsatzes des Unternehmens** (wirtschaftlichen Einheit) verhängt werden. Im Falle wettbewerbsbeschränkender Absprachen bei Ausschreibungen droht darüber hinaus den beteiligten natürlichen Personen eine Freiheitsstrafe von bis zu fünf Jahren (§ 298 StGB).

II. Haftung für Bußgelder nach der Umwandlungsmaßnahme (und fortdauernde Verstöße)

20 Ähnlich wie die Haftung des Rechtsträgers für einen Verstoß gegen das Kartellrecht bis zur einer Umwandlungs- oder sonstigen gesellschaftsrechtlichen Strukturmaßnahme ist auch für die Haftung nach einer solchen Maßnahme danach zu unterscheiden, ob ein Bußgeld in einem **Verfahren der Kommission** (also einem Verfahren nach der Verordnung 1/2003) oder in einem **Verfahren einer deutschen Kartellbehörde** (also einem Verfahren nach GWB, OWiG und StPO) verhängt werden soll. Wenn auch die 9. GWB-Novelle von 2017 zu einer Angleichung der beiden Rechtsordnungen geführt hat, bestehen gewisse Unterschiede bei der Haftung des Rechtsnachfolgers für vergangene Verstöße fort. Hingegen kommt es nicht darauf an, ob das Bußgeld für einen Verstoß gegen das europäische oder deutsche Kartellrecht verhängt wird.

1. Haftung des Rechtsnachfolgers nach europäischem Kartellrecht

21 Wird ein Unternehmen nach der Beendigung eines Verstoßes, aber noch vor einer Sanktionierung, d. h. vor dem Erlass eines Bußgeldbescheids und ggf. vor Einleitung eines Kartellbußgeldverfahrens durch die Kommission, auf einen Rechtsnachfolger übertragen, stellt sich die Frage der **Haftung des Rechtsnachfolgers**. Die Rspr. des EuGH sieht eine sehr weitgehende Haftung des Rechtsnachfolgers in diesen Fällen vor. Es sind jedoch

---

[15] Zur 9. GWB-Novelle von 2017 → § 62 Rn. 4 (Fußnote 5) m. w. N.
[16] Zu dieser neuen Vorschrift vgl. Kersting/Podszun/*Meyer-Lindemann*, 9. GWB-Novelle, S. 389 ff.; *Kahlenberg/Heim*, BB 2016, 1863, 1869 f.; *Seeliger/Gürer*, BB 2017, 195, 196 f.

verschiedene Rechtsnachfolgetatbestände zu unterscheiden. Den einzelnen Formen der Umwandlung vorangestellt sei eine Beschreibung, wie sich ein Anteilserwerb (*share deal*) und ein Vermögenserwerb (*asset deal*) bezüglich des kartellbefangenen Unternehmens(teils) auf die Haftung für Bußgelder auswirken. Sie illustrieren wesentliche Grundsätze und Anwendungsfälle des **Grundsatzes der wirtschaftlichen Kontinuität**, der im europäischen Kartellrecht über die Haftung des Rechtsnachfolgers entscheidet.

a) Anteilserwerb und Vermögenserwerb. Beim **Anteilserwerb** bleiben die ursprünglichen Rechtsträger der wirtschaftlichen Einheit erhalten, die weiterhin für den Kartellverstoß haften. Für das Bußgeld haftet daher primär die **Tochtergesellschaft**, aus der heraus der Verstoß begangen wurde, und die nach der Anteilsübertragung ihre eigene Rechtspersönlichkeit behält.[17] Die ursprüngliche und fortexistierende **Muttergesellschaft** (also der Veräußerer) kann für den Verstoß der ehemaligen Tochtergesellschaft weiterhin in Anspruch genommen werden, wenn sie während des Verstoßes bestimmenden Einfluss hatte und diesen auch ausübte. Der **Erwerber** der Anteile kann hingegen nicht für die vergangene Zuwiderhandlung in Anspruch genommen werden.[18]

Beim **Vermögenserwerb** gibt es keine (Gesamt-)Rechtsnachfolge, sondern es werden die einzelnen Vermögenswerte übertragen. Daher bleibt die kartellrechtliche Verantwortlichkeit grundsätzlich beim **veräußernden Rechtsträger**.[19] Dieser soll sich nicht durch Veräußerung der Vermögenswerte seiner kartellrechtlichen Verantwortlichkeit entziehen können. Erlischt jedoch der veräußernde Rechtsträger nach der Übertragung der Vermögenswerte, haftet der **erwerbende Rechtsträger** wegen des sog. Grundsatzes der wirtschaftlichen Kontinuität.[20] Existiert der Veräußerer fort und verfügt über hinreichende Vermögenswerte, so bleibt er auch dann Adressat des Bußgeldes, wenn er jegliche Geschäftsaktivitäten eingestellt hat.[21] Hat der (fortbestehende) veräußernde Rechtsträger keine hinreichenden Vermögenswerte mehr, hat jegliche Geschäftstätigkeit eingestellt und die Vermögenswerte _konzernintern_ übertragen, hat die Kommission schon ein Bußgeld gegen den Erwerber der Vermögenswerte verhängt, da die wirtschaftliche Identität erhalten geblieben sei.[22] Es ist folglich zu prüfen, ob eine unternehmensinterne Übertragung der Vermögenswerte oder eine Übertragung an Dritte vorlag. Bei unternehmensinternen Umstrukturierungen, d. h. wenn eine **strukturelle Verbindung zwischen Veräußerer und Erwerber** besteht, kann trotz bei Fortexistenz des Veräußerers der (wirtschaftliche) Nachfolger in Anspruch genommen werden.[23] Ohne eine solche strukturelle Verbindung kann der Erwerber nicht für den bei Übertragung bereits beendeten Kartellverstoß haftbar gemacht werden.[24] Allerdings wird der Begriff der strukturellen Verbindung anscheinend aber so ausgelegt, dass er mögliche Umgehungsgeschäfte erfasst.[25]

b) Die einzelnen Formen der Umwandlung. Der **Formwechsel** hat keine Änderung des Rechtsträgers zur Folge. Infolge der rechtlichen und wirtschaftlichen Identität

---

[17] Siehe z. B. Kommission, 6.9.1989, IV/31.553, Rn. 195 – Betonstahlmatten.
[18] EuGH, Urteil vom 16.11.2000, C-286/98 P, Rn. 38 f. – Stora Koppparbergs Bergslags.
[19] Kommission, 8.12.2010, COMP/39.309, Rn. 340 – LCD; Kommission, 8.7.2009, COMP/39.401, Rn. 273 – E.ON / GDF; Kommission, 28.1.2009, COMP/39.406, Rn. 326 f. – Marineschläuche.
[20] Kommission, 8.12.2010, COMP/39.309, Rn. 340 – LCD.
[21] Kommission, 11.12.2001, COMP/E-1/37.028, Rn. 243 – Zinkphosphat.
[22] Vgl. Kommission, 29.11.2006, COMP/F/38.638, Rn. 368 – Butadien-Kautschuk.
[23] EuGH, 7.12.2004, C-204/00 P, Rn. 356 ff. – Aalborg Portland; *Ost/Kallfaß/Roesen*, NZKart 2016, 447, 450.
[24] EuGH, 7.1.2004, C-204/00 P, C-205/00 P, C-213/00 P, C-217/00 P u. C-219/00 P, Rn. 59 – Aalborg Portland, Rn. 59; EuGH, 11.12.2007, C-280/06, Rn. 40 ff. – ETI.
[25] Siehe dazu den Fall EuG, 20.32002, T-9/99, Rn. 106 f. – HFB Holding für Fernwärmetechnik.

bleibt der Rechtsträger des Unternehmens Adressat des Kartellbußgelds.[26] Hat eine Gesellschaft einen Verstoß gegen das Kartellrecht begangen und wird diese Gesellschaft später auf einen anderen Rechtsträger **verschmolzen**, so existiert diese Gesellschaft nicht fort. Dann haftet der übernehmende Rechtsträger für das Bußgeld.[27]

25   Bei der **Spaltung** ist im Hinblick auf die Haftung des übertragenden und übernehmenden Rechtsträgers zwischen (a) der Aufspaltung und (b) der Abspaltung und Ausgliederung zu unterscheiden. Bei einer **Aufspaltung** trifft die bußgeldrechtliche Haftung regelmäßig den übernehmenden Rechtsträger, der die wirtschaftliche Tätigkeit fortführt, in welcher der Kartellverstoß begangen wurde. Dieser haftet dann für das Bußgeld.[28] Anknüpfungspunkt für diese Überlegung ist wiederum der Grundsatz der wirtschaftlichen Kontinuität. Der ursprüngliche Rechtsträger wird im Rahmen der Aufspaltung aufgelöst und kann nicht mehr Bußgeldadressat sein. Der die wirtschaftliche Tätigkeit nicht weiterführende andere Rechtsträger kann mangels wirtschaftlicher Kontinuität nicht in Anspruch genommen werden. Kann keinem der übernehmenden Rechtsträger die Fortführung des kartellbefangenen Wirtschaftsbetrieb zugeordnet werden, liegt folglich eine Unternehmensdiskontinuität vor und wurden die kartellbefangenen Vermögenswerte zwischen den übernehmenden Rechtsträgern aufgeteilt, dürfte hingegen eine Haftung der übernehmenden Rechtsträger ausscheiden, wenn die übernehmenden Rechtsträger wiederum keine wirtschaftliche Einheit bilden, in der die Vermögenswerte gegenseitig zurechenbar wären.[29]

26   Bei der **Abspaltung** und **Ausgliederung** bleibt der ursprüngliche Rechtsträger bestehen. Die Kommission hat in Fällen der Abspaltung und Ausgliederung bereits Bußgelder sowohl gegen den ursprünglichen Rechtsträger[30] (auf Basis der Rechtsfigur der wirtschaftlichen Einheit) als auch gegen den abgespaltenen Rechtsträger[31] als wirtschaftlichen Nachfolger verhängt. Folglich ist davon auszugehen, dass bei der Abspaltung und Ausgliederung ein Kartellbußgeld sowohl gegenüber dem ursprünglichen Rechtsträger als auch dem abgespaltenen Rechtsträger möglich ist. Dabei kann der abgespaltene Rechtsträger nur in Anspruch genommen werden, wenn er den kartellbefangenen Unternehmensteil wirtschaftlich fortführt. Der ursprüngliche Rechtsträger kann nach der Abspaltung oder Ausgliederung in Anspruch genommen werden, wenn er den kartellbefangenen Unternehmensteil fortführt (und natürlich für den Verstoß bis zur Abspaltung oder Ausgliederung, weil er bis dahin bestimmenden Einfluss über abgespaltenen bzw. ausgegliederten Unternehmensteil ausübte).[32]

---

[26] EuGH, 7.1.2004, C-204/00 P, C-213/00 P, C-217/00 P u. C-219/00 P, Rn. 59 – Aalborg Portland; EuGH, 16.11.200, C-29798, Rn. 27 ff. – SCA. Das gilt auch, *a fortiori*, für die Firmenänderung, vgl. EuGH, 11.12.2007, C-280/06, Rn. 42 f. – ETI; EuGH, 7.1.2004, C-204/00 P, C-213/00 P, C-217/00 P u. C-219/00 P, Rn. 59 – Aalborg Portland.

[27] Siehe Kommission, 11.6.2002, COMP/36.571/D-1, Rn. 480 – Österreichische Banken, zu einem Fall, wo ein Unternehmen veräußert und eine der Zielgesellschaften später auf die neue Muttergesellschaft verschmolzen wurde. Der Kommission bleibt es aber unbenommen, die ursprüngliche Muttergesellschaft, sofern diese noch existiert, zusammen mit der neuen Muttergesellschaft gesamtschuldnerisch haftbar zu machen. Die ursprüngliche Muttergesellschaft haftet, weil sie zum Tatzeitpunkt mit der Zielgesellschaft eine wirtschaftliche Einheit bildete, und die neue Muttergesellschaft, auf welche das Zielunternehmen verschmolzen wurde, haftet nach dem Grundsatz der wirtschaftlichen Kontinuität, vgl. Kommission, 3.5.2006, COMP/F/38.620, Rn. 423 – Hydrogenperoxid.

[28] Kommission, 6.9.1989, IV/31.553, Rn. 195 – Betonstahlmatten.

[29] *Thomas*, Unternehmensverantwortlichkeit und -umstrukturierung nach EG-Kartellrecht, 2005, S. 124; *Heinichen*, Unternehmensbegriff und Haftungsnachfolge im Europäischen Kartellrecht, 2011, S. 280.

[30] Kommission, 24.7.2002, COMP/E-3/36.700, Rn. 22 f. und 404 – Industriegase.

[31] Vgl. EuG, 24.3.2011, T-386/06, Rn. 100 – Pegler; Kommission, 11.11.2009, COMP/38.589, Rn. 56 und 660 f. – Wärmestabilisatoren.

[32] Kommission, 24.7.2002, COMP/E-3/36.700, Rn. 23 und 195 – Industriegase.

c) Fortsetzung des Verstoßes nach Übertragung. Wird der Kartellverstoß nach der 27
Übertragung des Unternehmens fortgesetzt, haftet der **übernehmende Rechtsträger**
unabhängig von der Übertragungsform (Verschmelzung, Spaltung, Anteilserwerb, Vermögenserwerb) jedenfalls für sämtliche Kartellrechtsverstöße, die nach der Übertragung
begangen werden. Die Rechtsträger der neuen wirtschaftlichen Einheit haften gesamtschuldnerisch mit ihm. Für Verstöße, die vor der Übertragung begannen und nach dieser
fortgesetzt wurden, ist die **Verantwortlichkeit** *pro rata temporis* auf die unmittelbar
haftenden Rechtsträger und deren jeweilige (d. h. zum jeweiligen Zeitpunkt) wirtschaftliche Einheiten **zu verteilen**. Folglich kann es in solchen Fällen zu einer Aufteilung des
Bußgelds zwischen dem Erwerber und dem Veräußerer kommen.[33]

2. Haftung des Rechtsnachfolgers nach deutschem Kartellrecht

a) Entwicklung. Ursprünglich galt auch im Kartellbußgeldrecht der Grundsatz, dass 28
nur der **Rechtsträger, dessen Organe** o. ä. (siehe § 30 Abs. 1 OWiG) den **Verstoß
begangen** hatten, für das Bußgeld haftete, nicht jedoch sein Rechtsnachfolger. Allerdings
hatte der BGH mangels spezieller Regelung der Rechtsnachfolge eine **Haftung des
Rechtsnachfolgers** angenommen, wenn im Falle der Gesamtrechtsnachfolge bei wirtschaftlicher Betrachtungsweise zwischen der früheren und der neuen Vermögensverbindung nahezu Identität bestand („**wirtschaftliche Identität**"). Dies setzte voraus, dass das
haftende Vermögen in einer anderen Organisation weiterhin vom Vermögen des gemäß
§ 30 OWiG Verantwortlichen getrennt war, in gleicher oder ähnlicher Weise wie bisher
eingesetzt wurde und in der neuen juristischen Person einen wesentlichen Teil des Gesamtvermögens ausmachte.[34] Nach dieser Rechtsprechung haftete jedoch der Rechtsnachfolger
bei Einzelrechtsnachfolge nicht, und zum anderen schied bei Gesamtrechtsnachfolge eine
Haftung des Rechtsnachfolgers aus, wenn das übertragene Unternehmen in der neuen
juristischen Person nicht einen wesentlichen Teil des Gesamtvermögens ausmachte. Allerdings dehnte der Fall *Melitta* den Tatbestand der Rechtsnachfolge in die Haftung auf Fälle
der „**doppelten Identität**" aus, wonach auch bei annähernd gleich großen Vermögen der
verschmelzenden Einheiten eine bußgeldrechtliche Rechtsnachfolge eintreten kann, wenn
branchenverschiedene Geschäftsfelder ohne engen wirtschaftlichen/sachlichen Zusammenhang zusammengeführt werden, die Geschäftsbereiche betriebsorganisatorisch getrennt
ohne wesentliche Koordinierung fortgeführt und daher das Vermögen als dieselbe abgrenzbare Wirtschaftseinheit mit lediglich ausgewechselter gesellschaftsrechtlicher Organisationsform wiederzuerkennen ist.[35]

Eine erste gesetzgeberische Reaktion erfolgte im Jahr 2013 mit der Einführung eines 29
neuen § 30 Abs. 2a OWiG durch die 8. GWB-Novelle.[36] Danach konnte im Fall einer
Gesamtrechtsnachfolge (d. h. Verschmelzung, Vollübertragung gemäß § 175 Abs. 1
UmwG oder Anwachsung) sowie einer partiellen Gesamtrechtsnachfolge durch **Aufspaltung** (§ 123 Abs. 1 UmwG) ein Bußgeld gegenüber dem Rechtsnachfolger festgesetzt
werden. Die Höhe des Bußgelds durften den Wert des übernommenen Vermögens sowie
die Höhe der gegenüber dem Rechtsvorgänger angemessene Geldbuße nicht übersteigen.
Dennoch gab es weiterhin Regelungslücken, insbesondere bei der Abspaltung, Ausgliederung und Einzelrechtsnachfolge.

Die 9. GWB-Novelle von 2017 weitete die Bußgeldhaftung des Rechtsnachfolgers 30
jüngst erheblich aus. § 81 Abs. 3a GWB führt in der Sache die unternehmens- oder

---

[33] Kommission, 8.12.2010, COMP/39.309, Rn. 340 – LCD.
[34] Siehe u. a. BGH, 10.8.2011, KRB 2/10, Rn. 7 ff. – Transportbeton; BGH, 16.12.2014, KRB 55/10, Rn. 18 ff. – Versicherungsfusion; BGH, 16.12.20114, KRB 47/13, Rn. 15 ff. – Silostellgebühren.
[35] BGH, 27.1.2015, KRB 39/14, Rn. 3 f. – Melitta, zuvor OLG Düsseldorf, 10.2.2014, V-4 Kart 5/11 (OWi), Rn. 234 – Melitta.
[36] Siehe dazu *Mühlhoff*, NZWiSt 2013, 321; *Achenbach*, wistra 2013, 369; *Mäger/von Schreitter*, DB 2014, 643.

konzernweite Haftung für Kartellrechtsverstöße einer Gesellschaft ein.[37] Die neu eingeführten § 81 Abs. 3b und 3c sollen den Zugriff auf den **Rechtsnachfolger** und **wirtschaftlichen Nachfolger** eines Kartellteilnehmers erleichtern.[38] § 81 Abs. 3b GWB sieht vor, dass ein Bußgeld auch gegen den (partiellen) Gesamtrechtsnachfolger festgesetzt werden kann. § 81 Abs. 3b GWB beschränkt sich auf solche Fälle, in denen der ursprüngliche Rechtsträger erlischt und erfasst daher **nicht** die **Abspaltung** und **Ausgliederung**. Die Begrenzung der Höhe des Bußgeldes auf das übernommene Vermögen (vgl. § 30 Abs. 2a OWiG) gilt hier nicht, § 81 Abs. 3b Satz 3 GWB. § 81 Abs. 3c GWB erweitert dies auf die juristischen Personen oder Personenvereinigungen, die das Unternehmen wirtschaftlich fortführen und erfasst somit die wirtschaftliche Nachfolge.

31   Die 9. GWB-Novelle überträgt im Ergebnis die Rechtsbegriffe der wirtschaftlichen Einheit sowie wirtschaftlichen Kontinuität in das deutsche Recht. In Nuancen dürften weiterhin **Unterschiede** zwischen der europäischen und deutschen Entscheidungspraxis bestehen. Dies ist darauf zurückzuführen, dass das deutsche Sanktionssystem weiterhin im Ordnungswidrigkeitsrecht verankert ist. Während im europäischen Recht ein Verstoß eines **jeden Mitarbeiters** genügt, verlangt das deutsche Recht weiterhin ein Fehlverhalten einer **Leitungsperson** im Sinne des § 30 Abs. 1 Nr. 1–5 OWiG. Für die Beurteilung der verschiedenen Umwandlungsformen (dazu sogleich) dürfte die 9. GWB-Novelle eine Vereinheitlichung der deutschen und europäischen Entscheidungspraxis zur Folge haben. Die Anknüpfung an die europäischen Begriffe des Unternehmens und der wirtschaftlichen Kontinuität könnte auch den Weg für **Vorabentscheidungsverfahren** nach Art. 267 AEUV zur Klärung der neu eingeführten Begrifflichkeiten im deutschen Recht eröffnen.[39]

32   **b) Anteilserwerb und Vermögenserwerb.** Wie nach der europäischen Rechtslage führt beim **Anteilserwerb** dieselbe juristische Person das Unternehmen in wirtschaftlicher Kontinuität fort. Der Erwerber haftet nur mittelbar im Form der Wertminderung seiner Beteiligung, nicht aber als Bußgeldadressat. Der Veräußerer kann nach § 81 Abs. 3a GWB auch nach dem Verkauf seiner Anteile in Anspruch genommen werden. Die bis zur 9. GWB-Novelle bestehende Lücke im Rahmen des **Vermögenserwerbs durch Einzelrechtsnachfolge** wurde durch den neuen § 81 Abs. 3c GWB geschlossen. Hier kommt es nun auf die „wirtschaftliche Kontinuität" an. Erlischt der ursprüngliche Rechtsträger, ist hiervon regelmäßig auszugehen. Bleibt dieser bestehen, dürfte regelmäßig bei unternehmens- und konzernfremden Erwerbern weiterhin der Veräußerer haften, bei unternehmens- und konzerninternen Vorgängen und etwaiger Vermögenslosigkeit der veräußernden Gesellschaft dürfte hingegen regelmäßig der Erwerber in Anspruch genommen werden.[40]

33   **c) Die einzelnen Formen der Umwandlung.** Beim **Formwechsel** kann das Bußgeld weiterhin gegen den fortbestehenden Rechtsträger festgesetzt werden. Die Änderung der Firma (Namen) des Rechtsträgers des Unternehmens hat ebenfalls keine Auswirkung auf die Haftung des weiterhin existierenden Rechtsträger. Als Tatbestand der Gesamtrechtsnachfolge ist die **Verschmelzung** seit der 8. GWB-Novelle ausdrücklich geregelt. Der ursprüngliche Rechtsträger erlischt und die bußgeldrechtliche Verantwortung geht auf den Gesamtrechtsnachfolger über, § 30 Abs. 2a OWiG.

Für die partielle Gesamtrechtsnachfolge durch **Aufspaltung** i. S. d. § 123 Abs. 1 UmwG sieht das Gesetz nun die Möglichkeit vor, die Geldbuße auch gegen den oder die Rechts-

---

[37] Das ist natürlich besonders haftungsträchtig im Zusammenspiel mit den neueren Erweiterungen des Unternehmensbegriffs auf Handelsvertreter und u. U. unternehmensfremde Dritte, → § 62 Rn. 14. Zu der neuen Vorschrift allg. siehe Kersting/Podszun/*Meyer-Lindemann*, 9. GWB-Novelle, S. 389 ff.; *Podszun/Kreifels/Schmieder*, WuW 2017, 114, 115 ff.; *Seeliger/de Crozals*, ZRP 2017, 37, 38 ff.
[38] Siehe zu dieser Vorschrift Kersting/Podszun/*Meyer-Lindemann*, 9. GWB-Novelle, S. ; *Kahlenberg/Heim*, BB 2016, 1863, 1870; *Seeliger/de Crozals*, ZRP 2017, 37, 39.
[39] *Ost/Kallfaß/Roesen*, NZKart 2016, 447, 458.
[40] *Ost/Kallfaß/Roesen*, NZKart 2016, 447, 458.

nachfolger festzusetzen, § 81 Abs. 3b Alt. 2 GWB. Die **Abspaltung** und **Ausgliederung** waren bis zur 9. GWB-Novelle von 2017nicht von den Regelungen zur Rechtsnachfolge im Ordnungswidrigkeitenrecht erfasst. § 81 Abs. 3b Alt. 2 GWB erfasst diesen Fall (weiterhin) nicht. Jedoch sieht § 81 Abs. 3c (nun) GWB vor, dass der das Unternehmen in wirtschaftlicher Kontinuität fortführende Rechtsträger für das Bußgeld haften soll. Es ist daher zu prüfen, welcher Rechtsträger das Unternehmen fortführt, welches gegen das Kartellrecht verstoßen hat. Dies kann der übertragende Rechtsträger oder einer von mehreren aufnehmenden Rechtsträgern sein.

III. Zivilrechtliche Haftung

Neben einem Bußgeld können Kartellverstöße auch zivilrechtliche Folgen haben. Den Betroffenen stehen **Unterlassungs-** und **Beseitigungsanspruch** sowie **Schadensersatzanspruch** zu. Die Einzelheiten sind in §§ 33 ff. GWB geregelt. Diese Ansprüche sind zivilrechtliche Ansprüche, die im Falle einer Umwandlung wie andere deliktische Ansprüche behandelt werden. Der Beachtung bedürfen aber die besonderen Vorschriften über die Verjährung von kartellrechtlich begründeten Schadenersatzansprüchen. 34

1. Unterlassungs- und Beseitigungsanspruch

Dem Betroffenen eines Kartellrechtsverstoßes steht nach § 33 GWB ein Beseitigungs- und Unterlassungsanspruch zu. Voraussetzung ist ein (drohender) Verstoß gegen Vorschriften des Ersten Teils des GWB, insbesondere gegen §§ 1, 19–21, 29 GWB oder Art. 101, 102 AEUV. Daneben kann auch bei einem Verstoß gegen eine Verfügung der Kartellbehörde ein Beseitigungs- und Unterlassungsanspruch geltend gemacht werden. Betroffener und somit Aktivlegitimierter ist nach § 33 Abs. 3 GWB, wer als Mitbewerber oder sonstiger Marktbeteiligter durch den Verstoß beeinträchtigt ist. Nicht erforderlich ist, dass sich die Vereinbarung oder abgestimmte Verhaltensweise gezielt gegen bestimmte Abnehmer oder Lieferanten richtet. **Mitbewerber** sind insbesondere Unternehmen, die auf dem gleichen sachlich und räumlich relevanten Markt tätig sind. **Sonstige Marktbeteiligte** sind insbesondere Mitglieder der Marktgegenseite (z. B. Lieferanten oder Abnehmer). Die Rechtsfolge des Beseitigungsanspruchs ist darauf gerichtet, eine aktuell bestehende, rechtswidrige Beeinträchtigung zu beseitigen. Ebenso wie der Unterlassungsanspruch (siehe unten), aber anders als der Schadensersatzanspruch ist der Beseitigungsanspruch verschuldensunabhängig. Voraussetzung ist aber die Fortdauer des Störungszustands. Anders als der Beseitigungsanspruch ist der Unterlassungsanspruch ausschließlich auf die Zukunft gerichtet. Tatbestandsvoraussetzung ist daher – ergänzend zu den Tatbestandsvoraussetzungen des Beseitigungsanspruchs – eine Wiederholungsgefahr, vgl. § 33 Abs. 1 Alt. 2 GWB. 35

2. Schadenersatzanspruch

Der durch die 9. GWB-Novelle novellierte Schadensersatzanspruch ist nun in § 33a Abs. 1 GWB geregelt. Die Neuregelung geht auf die europäische **Kartellschadensersatz-Richtlinie** 2014/104/EU zurück.[41] Schadensersatzpflichtig ist, wer einen Verstoß nach § 33 Abs. 1 GWB vorsätzlich oder fahrlässig begeht. Neu eingefügt in das Gesetz wurde **widerlegbare Vermutung** in § 33a Abs. 2 GWB, dass ein „Kartell" einen Schaden verursacht. Dies setzt Art. 17 Abs. 2 der Kartellschadensersatz-Richtlinie um. Was unter einem Kartell zu verstehen ist, definiert § 33a Abs. 2 Satz 2 GWB in Übereinstimmung mit Art. 2 Nr. 14 Kartellschadensersatz-Richtlinie und nennt dafür in Satz 3 Nr. 1–4 nicht 36

---

[41] Richtlinie 2014/104/EU des Europäischen Parlaments und des Rates vom 16.11.2014 über bestimmte Vorschriften für Schadensersatzklagen nach nationalem Recht wegen Zuwiderhandlungen gegen wettbewerbsrechtliche Bestimmungen der Mitgliedstaaten und der Europäischen Union, ABl. 2014 L 349, 1. Vgl. zur Umsetzung im Rahmen der 9. GWB-Novelle Kersting/Podszun/*Kersting*, *Mackenrodt, Preuß, Ollerdißen*, 9. GWB-Novelle, S. 115, 173, 213, 245 und 291; *de Bronett*, NZKart 2017, 46; *Fritzsche/Klöppner/Schmidt*, NZKart 2016, 412; *Könen*, NZKart 2017, 15; *Lettl*, WM 2016, 1961; *Rother*, NZKart 2017, 1.

abschließende Beispiele. Widerlegbar vermutet wird neben der Tatsache, dass es zu einem Schaden gekommen *ist* (der Wortlaut ist insoweit undeutlich) auch die haftungsausfüllende Kausalität, also der ursächliche Zusammenhang zwischen Kartell und Schaden.[42]

37   Dass ein Kartell im Sinne der Norm vorgelegen hat und der Anspruchsteller davon betroffen ist, muss der Anspruchsteller beweisen, genauso wie die **Höhe seines Anspruchs**. Im Hinblick auf das Vorliegen eines Kartells dürfte dem Anspruchsteller die **Bindungswirkung** nach § 33b GWB zu Gute kommen, wonach das Gericht an **bestandskräftige Entscheidungen der Kartellbehörden** (Kommission, Bundeskartellamt, Wettbewerbsbehörden anderer EU-Mitgliedstaaten) sowie Feststellungen in rechtskräftigen Gerichtsentscheidungen gebunden ist. Die Schadenshöhe ist zwar auch im Kartellrecht grundsätzlich nach der Differenzhypothese zu ermitteln. Soweit eine konkrete Bezifferung des Schadens problematisch ist, z. B. weil sich der Preis, wie er sich ohne das Kartell ergeben hätte, nicht ermitteln lässt, hilft das Gesetz dem Kläger. Es eröffnet dem Kläger die Möglichkeit, den Schaden nach §§ 33a Abs. 3 GWB, 287 ZPO durch das Gericht **schätzen** zu lassen.

38   Die Kartellschadenersatz-Richtlinie bezeichnet als **Schuldner** des Schadenersatzanspruches ohne nähere Erläuterung das „**Unternehmen**" (vgl. Art. 2 Nr. 2 Kartellschadenersatz-Richtlinie). In das deutsche Rechtssystem passt das Unternehmen als Zuordnungssubjekt von Rechten und Pflichten nur ausgesprochen schlecht, aber seit die unternehmensweite Haftung für Bußgelder nun in § 81 Abs. 3a GWB n. F. (→ Rn. 22) ausdrücklich geregelt ist, wird die Frage auch für die privatrechtlichen Schadenersatzansprüche verschärft diskutiert. Denn der Wortlaut des § 33a Abs. 1 GWB („Wer […] einen Verstoß begeht") beantwortet die Frage nicht, ob damit der Begriff des Unternehmens in das deutsche Schadenersatzrecht übernommen werden sollte.[43] Der Einwand der „Weiterwälzung" des Schadens (*passing on defence*) ist nunmehr in § 33c GWB geregelt.

39   § 33d GWB enthält nunmehr eine explizite Regelung für die **gesamtschuldnerische Haftung** mehrerer Schuldner und deren **Ausgleichsansprüche im Innenverhältnis**. Abs. 1 kommt dabei lediglich deklaratorischer Charakter zu, da sich die gesamtschuldnerische Haftung dem Grunde nach bereits aus §§ 830, 840 Abs. 1 BGB ergibt.[44] Der Haftungsumfang für den einzelnen Gesamtschuldner im Innenverhältnis bestimmt sich insbesondere nach der relativen Verantwortung der Schädiger.[45] Wonach sich das Maß der Verursachung bestimmt, ist von der Richtlinie nicht vorgegeben und daher den Gesetzen der EU-Mitgliedstaaten überlassen. Anhaltspunkte ergeben sich aber aus der bisherigen Rechtsprechung sowie aus Erwägungsgrund 37 der Richtlinie, die Kriterien wie Umsatz, Marktanteile und – in Anlehnung an § 254 Abs. 1 BGB – Verursachungsbeiträge und Verschulden[46] nennen. Nach der Gesetzesbegründung kommt es in erster Linie auf das Maß der Verursachung an, wogegen das Verschulden zu vernachlässigen sein soll.[47]

40   § 33d Abs. 3–5 GWB setzen Art. 11 Abs. 2 und 3 der Richtlinie um und enthalten Ausnahmeregelungen und Beschränkungen für **kleine und mittlere Unternehmen** im Hinblick auf Schäden, die anderen als ihren eigenen unmittelbaren und mittelbaren Abnehmern entstehen. Eine weitere Beschränkung des Schadenersatzanspruchs folgt aus dem neuen § 33e GWB, der der Besorgnis, die Umsetzung der Schadenersatzrichtlinie könnte das Kronzeugenprogramm der Kommission gefährden, Rechnung tragen soll. Danach ist ein gegen einen **Kronzeugen** gerichteter Schadenersatzanspruch der Höhe nach auf den

---

[42] Vgl. Bundestags-Drucksache 18/10207, S. 55.
[43] Siehe dazu Kersting/Podszun/*Kersting*, 9. GWB-Novelle, S. 118 f.; *Kersting/Preuß*, WuW 2016, 394, 395; *Könen*, NZKart 2017, 15, 19; *Seeliger/Gürer*, BB 2017, 195, 197; mit nach wie vor überzeugenden Gründen gegen die Übernahme des Unternehmensbegriffs *Scheidtmann*, WRP 2010, 499, 505.
[44] BGH, 28.6.2011, KZR 75/10, Rn. 80 – ORWI.
[45] Bundestags-Drucksache 18/10207, S. 58.
[46] BGH, 28.6.2011, KZR 75/10, Rn. 41 – ORWI.
[47] Bundestags-Drucksache 18/10207, S. 58.

Schaden begrenzt, der seinen unmittelbaren und mittelbaren Abnehmern und Lieferanten entstanden ist, es sei denn eine vollständige Kompensation der anderen Geschädigten wäre sonst nicht möglich, § 33e Abs. 1 Satz 2 GWB. Gleichzeitig ist im Innenverhältnis der Gesamtschuldner eine Inanspruchnahme des Kronzeugen nach § 33d Abs. 2 GWB nur bis zur Höhe des Schadens möglich, den er nach Abs. 1 schulden würde.

Die Verjährung von Unterlassungs-, Beseitigungs- und Schadensersatzansprüchen ist **41** einheitlich in § 33h geregelt. Die Norm orientiert sich dabei an § 199 BGB und enthält drei Fristen: Im Grundsatz gilt nun eine einheitliche Verjährungsfrist von **fünf Jahren** (bis zur 9. GWB-Novelle: drei Jahre), wobei der Verjährungsbeginn u. a. die Kenntnis oder grob fahrlässige Unkenntnis der Anspruchsberechtigten voraussetzt. Unabhängig von der Kenntnis verjähren Ansprüche gemäß Abs. 3 spätestens zehn Jahre nach der Beendigung des Verstoßes. Im Übrigen gilt die 30-jährige Verjährungsfrist des Abs. 4. Abs. 7 und 8 enthalten jeweils auf die in § 33d Abs. 2, Abs. 3 Satz 2 und § 33e Abs. 1 Satz 2 geregelten Sonderkonstellationen zugeschnittene Verjährungsregelungen. Darüber hinaus enthält Abs. 6 nunmehr die Regelung über die Hemmung der Verjährung, wonach – vereinfacht – die Verjährung des Schadenersatzanspruches gehemmt ist, solange ein Verfahren vor der Kartellbehörde zum gleichen Verstoß nicht rechtskräftig abgeschlossen ist.

6. Kapitel. Weitere Besonderheiten

§ 64 Bankaufsichtsrecht

Übersicht

	Rdnr.		Rdnr.
A. Einführung	1–15	bb) Erlaubniserfordernisse	71
I. Beaufsichtigte Unternehmen	3, 4	c) Kombination der Abspaltung zur Aufnahme und zur Neugründung	72
II. Funktionen und Instrumente der Aufsicht	5–7	3. Ausgliederung	73–75
III. Aufsicht in der Bankenunion	8–13	V. Formwechsel	76–86
1. Das Single Rulebook	9	1. Formwechsel von Personengesellschaften (§§ 214 ff. UmwG)	77, 78
2. SSM, SRM und DGS	10–13	a) Anzeigeerfordernisse	77
IV. Aufsichtsrechtliche Anforderungen an Umwandlungen	14, 15	b) Erlaubniserfordernisse	78
B. Anzeige- und Erlaubniserfordernisse	16–95	2. Formwechsel von Kapitalgesellschaften (§§ 226 ff. UmwG)	79, 80
I. Zuständiger Anzeigeadressat und zuständige Erlaubnisbehörde im SSM	16–18	a) Anzeigeerfordernisse	79
1. Anzeigeadressaten	17	b) Erlaubniserfordernisse	80
2. Zuständigkeit im SSM-Erlaubnisverfahren	18	3. Formwechsel eingetragener Genossenschaften (§§ 258 ff. UmwG)	81–83
II. Anwendbares Verfahrensrecht für Anzeige- und Erlaubniserfordernisse	19, 20	a) Anzeigeerfordernisse	82
		b) Erlaubniserfordernisse	83
III. Verschmelzung	21–50	4. Formwechsel von Anstalten des öffentlichen Rechts (§§ 301 ff. UmwG)	84–86
1. Verschmelzung durch Aufnahme	24–43	a) Anzeigeerfordernisse	85
a) Anzeigeerfordernisse	25–41	b) Erlaubniserfordernisse	86
b) Erlaubniserfordernisse	42–43	VI. Vermögensübertragung	87, 88
2. Verschmelzung durch Neugründung	44–50	VII. Grenzüberschreitende Umwandlungen	89–95
a) Anzeigeerfordernisse	45–48	1. Aufsichtszuständigkeiten der EZB	90, 91
b) Erlaubniserfordernisse	49, 50		
IV. Spaltung	51–75	2. Umwandlungen unter Beteiligung von Instituten aus EWR-Staaten	92
1. Aufspaltung	52–61		
a) Aufspaltung zur Aufnahme	53–56	3. Umwandlungen unter Beteiligung von Instituten aus Drittstaaten	93, 94
aa) Anzeigeerfordernisse	54, 55		
bb) Erlaubniserfordernisse	56	4. Exkurs: Auswirkungen des Brexit	95
b) Aufspaltung zur Neugründung	57–60	C. Umwandlungen in der Krise	96–110
aa) Anzeigeerfordernisse	58, 59	I. Besondere aufsichtsrechtliche Anforderungen und Befugnisse	100–107
bb) Erlaubniserfordernisse	60	1. Befugnisse nach KWG	100–103
c) Kombination der Aufspaltung zur Aufnahme und zur Neugründung	61	2. Anforderungen und Befugnisse nach SAG	104–106
2. Abspaltung	62–72	3. Befugnisse nach Art. 16 SSM-VO	107
a) Abspaltung zur Aufnahme	63–67		
aa) Anzeigeerfordernisse	64, 65	II. Umwandlungsähnliche Abwicklungsmaßnahmen	108–110
bb) Erlaubniserfordernisse	66, 67		
b) Abspaltung zur Neugründung	68–71		
aa) Anzeigeerfordernisse	69, 70		

Schrifttum: *Arhold*, Globale Finanzkrise und europäisches Beihilfenrecht – Die (neuen) Spielregeln für Beihilfen an Finanzinstitute und ihre praktische Anwendung, EuZW 2008, 713; *Bauer/Hildner*, Die Sanierung, Abwicklung und Insolvenz von Banken – Ein vollendeter Dreiklang?, DZWir 2015, 251; *Baur/Skorobogatov*, Der Einheitliche Abwicklungsmechanismus für Banken („Single Resolution Mechanism", SRM) – die zweite Säule der Europäischen Bankenunion, jurisPR-BKR 10/2015; *Berger*, Der einheitliche Aufsichtsmechanismus (SSM) – Bankenaufsicht im europäischen Verbund, WM 2015,

501; *Berger*, Die neue Einlagensicherung, BKR 2016, 144; *Berger*, Rechtsanwendung durch die EZB im Single Supervisory Mechanism (SSM) – Teil I, WM 2016, 2325; *Berger*, Rechtsanwendung durch die EZB im Single Supervisory Mechanism (SSM) – Teil II, WM 2016, 2361; *Berger*, Stützung, Abwicklung und Entschädigung: Aktuelle Abgrenzungsfragen in der Bankenunion, in: Kayser/Smid/Riedemann (Hrsg.), Festschrift für Klaus Pannen zum 65. Geburtstag, 2017, S. 3; *Beuthien*, Inwieweit können Sparkassen und Genossenschaftsbanken zusammenwirken?, WM 2003, 1881; *Dombret*, Baustelle europäische Bankenunion – gemeinsame Aufsicht, gemeinsame Abwicklung, gemeinsame Einlagensicherung?, Kreditwesen 2016, 632; *Fahrenschon*, Für eine europäische Einlagensicherung der Eigenverantwortung, nicht der Zwangsvergemeinschaftung, Kreditwesen 2016, 636; *Ganter*, Der Einlagensicherungsfonds des Bundesverbandes des deutschen Bankgewerbes und die Insolvenz einer ihm angehörenden Mitgliedsbank, in: Kayser/Smid/Riedemann (Hrsg.), Festschrift für Klaus Pannen zum 65. Geburtstag, 2017, S. 41; *Grundmann*, Bankenunion und Privatrecht – Spannungspunkte, Einflusslinien, Beispiele, ZHR 2015, 563; *Kämmerer*, Rechtsschutz in der Bankenunion (SSM, SRM), WM 2016, 1; *Lackhoff*, Single Supervisory Mechanism, 2017; *Martini/Weinzierl*, Nationales Verfassungsrecht als Prüfungsmaßstab des EuGH?, NVwZ 2017, 177; *Nemeczek/Pitz*, Die Auswirkungen des Brexit auf den Europäischen Pass für CRR-Kreditinstitute und Wertpapierhandelsunternehmen, WM 2017, 120; *Triantafyllakis*, Italienische Banken: Wenn nicht alle Wege zum Bail-in führen, WM 2016, 2248; *V. Bonin/Olthoff*, Zulässigkeit der Bankenmitteilung und der Gläubigerbeteiligung bei der Rettung und Abwicklung von Banken, EuZW 2016, 778; *Varentsov*, Staatshaftungsrechtliche Grundlagenprobleme bei der Durchführung von nationalen Vorschriften im Rahmen der Bankenaufsicht durch die Europäische Zentralbank, DÖV 2017, 53; *Weber/Weber*, Vom Feuerwehrfonds zu EDIS – Ziele und Wege der Einlagensicherung der privaten Banken, in: Kayser/Smid/Riedemann (Hrsg.), Festschrift für Klaus Pannen zum 65. Geburtstag, 2017, S. 105.

A. Einführung

Die Umwandlung von Banken im Sinne von § 1 Abs. 1 UmwG hat große praktische Bedeutung. Sie kommt sowohl bei **wirtschaftlich gesunden Häusern** als auch bei **Banken in der Krise** häufig vor. Neben spektakulären Fusionen großer Banken, wie der Verschmelzung der WGZ Bank auf die DZ Bank im Jahr 2016 oder der Dresdner Bank AG auf die Commerzbank AG im Jahr 2009, finden fortlaufend auch Umwandlungen mittlerer und kleiner Häuser statt. Umwandlungen im Sinne der vorliegenden Darstellung erfolgen bei den **privatrechtlich organisierten Banken** nach dem UmwG und bei den **öffentlich-rechtlichen Banken** nach den einschlägigen bundes- oder landesrechtlichen Bestimmungen (§ 1 Abs. 2 UmwG). Sie sind dadurch gekennzeichnet, dass sie auf der freien Entscheidung der beteiligten Unternehmen und ihrer Gesellschafter bzw. Träger über die Durchführung der Maßnahme beruhen (**freiwillige Umwandlungsmaßnahmen**). Insoweit sind Umwandlungen im hiesigen Sinne abzugrenzen von umwandlungsähnlichen Abwicklungsmaßnahmen wie etwa Vermögensübertragungen und Ausgliederungen von Geschäftsteilen auf eine sog. Bad Bank, die im Krisenfall von staatlicher Seite durch hoheitliche Anordnungen zur Abwendung einer Bestandsgefährdung insbesondere bei systemrelevanten Banken ergriffen werden (**hoheitliche Abwicklungsmaßnahmen**).

Die Umwandlung von Banken unterliegt den **Anforderungen des Bankaufsichtsrechts**. Die beteiligten Unternehmen sollten in einem Umwandlungsprozess frühzeitig darauf achten, die formellen und materiellen Anforderungen der Bankenaufsicht in ihre Planungen einzubeziehen und **Abstimmungen mit der Aufsichtsbehörde** herbeizuführen. Dies gilt für die Umwandlung einer wirtschaftlich gesunden Bank (**Umwandlung im „Normalmodus"**) ebenso wie für die **Umwandlung in der Krise**. Generell sind bei allen Umwandlungen die Anforderungen nach dem KWG zu beachten. Bei der Umwandlung einer Bank in der Krise können zudem aufsichtsrechtliche **Sanierungs- und Abwicklungsregeln** Anwendung finden, die eine Umwandlung nach den allgemeinen Regeln des Umwandlungsgesetzes einschränken oder ausschließen.

Nachfolgend werden zunächst die im Hinblick auf die Umwandlung einer Bank wichtigsten Grundlagen der Bankenaufsicht im Überblick aufgezeigt.

I. Beaufsichtigte Unternehmen

3 Banken im bankaufsichtsrechtlichen Sinne sind **Institute, die Bankgeschäfte** gewerbsmäßig oder in einem Umfang **betreiben**, der einen in kaufmännischer Weise eingerichteten Geschäftsbetrieb erfordert (§ 1 Abs. 1 S. 1 KWG). Die Aufsicht ist besonders umfassend, wenn die Tätigkeit der Institute darin besteht, Einlagen oder andere rückzahlbare Gelder des Publikums entgegenzunehmen und Kredite für eigene Rechnung zu gewähren. Diese Institute werden heute bankaufsichtsrechtlich als **CRR-Kreditinstitute** bezeichnet.[1] Nachfolgend werden die Begriffe Bank und Institut synonym mit dem Begriff der CRR-Kreditinstitute verwendet; Bankenaufsicht im hiesigen Sinne ist die Aufsicht über CRR-Kreditinstitute.

4 Die Bankenaufsicht ist **unabhängig von der Rechtsform** der Institute. Anders als die Versicherungsaufsicht[2] kennt die Bankenaufsicht keinen strengen numerus clausus zulässiger Rechtsformen für das Betreiben von Bankgeschäften. Banken dürfen in privater Rechtsform wie der einer **SE, AG, GmbH, KG oder Genossenschaft** ebenso betrieben werden wie in der Rechtsform einer **Anstalt des öffentlichen Rechts**. In Deutschland sind derzeit ca. 250 Banken in der Rechtsform einer AG, GmbH oder KG, ca. 1000 Banken in der Rechtsform der Genossenschaft und ca. 500 Banken in der Rechtsform einer Anstalt des öffentlichen Rechts (**Sparkassen, Landesbanken und Förderbanken**) zum Bankgeschäft zugelassen.[3] Die Aufsicht über öffentlich-rechtliche Banken in Deutschland ist unabhängig davon, ob diese wie Sparkassen und Landesbanken am Wettbewerbsgeschäft teilnehmen oder wie die Förderbanken nur außerhalb des Wettbewerbs tätig werden. Einen Sonderstatus hat die **Kreditanstalt für Wiederaufbau** (KfW) als Förderbank des Bundes;[4] die Aufsicht über die KfW bleibt nachfolgend außer Betracht.

II. Funktionen und Instrumente der Aufsicht

5 Die Bankenaufsicht dient primär der **Gewährleistung eines funktionierenden Bankwesens**, mit den Unterzielen eines leistungsfähigen Zahlungsverkehrssystems, der Sicherstellung der Kreditversorgung und des Gläubigerschutzes. Daneben dient sie der **Verhinderung der Geldwäsche**, sonstiger strafbarer Handlungen und der Terrorismusfinanzierung sowie dem Verbraucherschutz. Die Bankenaufsicht ist Teil der Finanzmarktaufsicht, die das **Funktionieren und** die **Stabilität des Finanzmarktes** als Ganzes gewährleisten und dem Entstehen von Banken- und Staatsschuldenkrisen entgegenwirken soll.[5]

6 Den Bankenaufsichtsbehörden stehen verschiedene **Aufsichtsinstrumente** zur Verfügung.[6] Die wichtigsten Instrumente sollen das Entstehen von Gefahren für das Bankwesen verhindern (**präventive Instrumente**). Dabei handelt es sich um **Erlaubnis- und Anzeigeerfordernisse**, aber auch um Prüfungsprogramme wie Stresstests, die Handlungspflichten der Institute auslösen können. Das Bankaufsichtsrecht hält zudem eine Vielzahl von behördlichen Eingriffsbefugnissen bereit, die eingreifen, wenn ein Institut die gesetzlichen Anforderungen nicht erfüllt oder eine Gefahr bzw. ein Missstand vorliegt (**repressive**

---

[1] Vgl. § 1 Abs. 3d KWG.

[2] Vgl. § 8 Abs. 2 VAG.

[3] Angaben nach Informationen der BaFin in ihrer Unternehmensdatenbank, zugänglich unter https://portal.mvp.bafin.de/database/InstInfo/ sowie des Bundesverbandes deutscher Banken e.V. (BdB) auf seiner Internetseite in der Rubrik Statistik zugänglich unter https://bankenverband.de/statistik/banken-deutschland/kreditinstitute-und-bankstellen/.

[4] Vgl. § 2 Abs. 1 Nr. 2 KWG, § 12a KfW-Gesetz i. V. m. KfW-Verordnung; näher hierzu s. Boos/Fischer/Schulte-Mattler/*Schäfer* KWG Bd. 1 § 2 Rn. 4 f.

[5] Vgl. *Auerbach* Teil B Rn. 4; vgl. *Berger* WM 2015, 501, 501; Canaris/Habersack/Schäfer/*Grundmann* HGB Bd. 10/1 1. Teil Rn. 56; vgl. § 6 Abs. 2 bis 4 KWG, Erwägungsgründe 5, 6, 30 sowie Art. 1 S. 1 SSM-VO.

[6] Einen exemplarischen Überblick über mögliche Aufsichtsinstrumente geben etwa die §§ 6 ff. KWG und die Art. 4 Abs. 1 sowie 9 bis 18 SSM-VO.

Instrumente). In der Praxis der Bankenaufsicht finden repressive Instrumente indes selten Anwendung. Die Aufsicht ist traditionell von einer **kooperativen Verfahrensweise** zwischen den Aufsichtsbehörden und den beaufsichtigten Unternehmen geprägt, die auf eine konsensuale Problemlösung und die Vermeidung gerichtlicher Auseinandersetzungen gerichtet ist. Dementsprechend werden in der Praxis auch **Umwandlungsmaßnahmen** bereits in der Planungsphase regelmäßig mit den Aufsichtsbehörden **informell abgestimmt**, um Beanstandungen im Erlaubnis- und Anzeigeverfahren möglichst zu vermeiden.

Zentrale Bedeutung für die europaweite Tätigkeit von Banken hat der mit einer **Bankerlaubnis** im Bereich des unionsweit harmonisierten Aufsichtsrechts verbundene **Europäische Pass**. Der Begriff des Europäischen Passes beschreibt den Umstand, dass die Zulassung eines Instituts in seinem Heimatstaat unter bestimmten Voraussetzungen auch zu Bankgeschäften in anderen Staaten des europäischen Wirtschaftsraums (EWR) berechtigt, die im Wege des **Niederlassungs-** und/oder **Dienstleistungsverkehrs** durchgeführt werden. Insoweit gilt das Prinzip der Anerkennung der von einem Heimatstaat erteilten Bankerlaubnis, wonach die Aufsichtsbehörde des Aufnahmestaats nur eingeschränkte Aufsichtsrechte hat (**Heimatstaatkontrolle**).[7] Im Verhältnis zu **Drittstaaten** außerhalb des EWR gilt der Europäische Pass nicht.

III. Aufsicht in der Bankenunion

Die Bankenaufsicht erfolgt heute im Rahmen der europäischen Bankenunion.[8] Die Bankenunion besteht aus einem normativen und einem institutionellen Teil.

1. Das Single Rulebook

Normativ umfasst die Bankenunion das sog. **Single Rulebook**, das Aufsichtsregeln für alle in der Europäischen Union beaufsichtigten Banken enthält. Es enthält **materielle Anforderungen** ebenso wie **Verfahrensbestimmungen** und soll für die Verlässlichkeit und Einheitlichkeit der Bankenaufsicht in der Union sorgen.[9] Das Single Rulebook besteht aus in allen Mitgliedstaaten unmittelbar anwendbaren europäischen Verordnungen, insbesondere der **Capital Requirements Regulation** (CRR)[10], den europäische Richtlinien umsetzenden Aufsichtsgesetzen der Mitgliedstaaten, wie in Deutschland dem u. a. die **Capital Requirements Directive IV** (CRD IV)[11] umsetzenden **KWG**, sowie auf (rechtlich unverbindlichen) Leitlinien und Empfehlungen der Europäischen Bankenaufsichtsbehörde (EBA). Während die CRR Regelungen zu Eigenkapitalanforderungen für Banken enthält, regelt die CRD IV insbesondere Fragen der Governance von CRR-Kreditinstituten. Aufsichtsrechtlich bedeutsame Normen sind zudem in dem die **Bank Recovery and Resolution Directive** (BRRD)[12] umsetzenden **Sanierungs- und Abwicklungsgesetz**

---

[7] Vgl. etwa *Auerbach* Teil B Rn. 2; *Nemeczek/Pitz* WM 2017, 120 f.
[8] Zur Entstehung etwa Canaris/Habersack/Schäfer/*Grundmann* HGB Bd. 10/1 1. Teil Rn. 36 ff.
[9] *Berger* WM 2015, 501, 501 m. w. N.; *Auerbach* Teil B, Rn. 930 ff.; Canaris/Habersack/Schäfer/*Grundmann* HGB Bd. 10/1 1. Teil Rn. 47 f.
[10] Verordnung (EU) Nr. 575/2013 des Europäischen Parlaments und des Rates vom 26. Juni 2013 über Aufsichtsanforderungen an Kreditinstitute und Wertpapierfirmen und zur Änderung der Verordnung (EU) Nr. 646/2012, ABl. L 176, 1.
[11] Richtlinie 2013/36/EU des Europäischen Parlaments und des Rates vom 26. Juni 2013 über den Zugang zur Tätigkeit von Kreditinstituten und die Beaufsichtigung von Kreditinstituten und Wertpapierfirmen, zur Änderung der Richtlinie 2002/87/EG und zur Aufhebung der Richtlinien 2006/48/EG und 2006/49/EG, ABl. L 176, 338.
[12] Richtlinie 2014/59/EU des Europäischen Parlaments und des Rates vom 15. Mai 2014 zur Festlegung eines Rahmens für die Sanierung und Abwicklung von Kreditinstituten und Wertpapierfirmen und zur Änderung der Richtlinie 82/891/EWG des Rates, der Richtlinien 2001/24/EG, 2002/47/EG, 2004/25/EG, 2005/56/EG, 2007/36/EG, 2011/35/EU, 2012/30/EU und 2013/36/EU sowie der Verordnungen (EU) Nr. 1093/2010 und (EU) Nr. 648/2012 des Europäischen Parlaments und des Rates, ABl. L 173, 190.

(SAG) und dem die **Deposit Guarantee Schemes Directive** (DGSD)[13] umsetzenden **Einlagensicherungsgesetz** (EinSiG) enthalten. Zu beachten ist indes, dass in der Bankenaufsicht neben den Regeln des Single Rulebook auch **autonom gesetztes mitgliedstaatliches Aufsichtsrecht** und darauf beruhende Verwaltungsvorschriften der nationalen Aufsichtsbehörden zur Anwendung kommen. Dies kann – je nachdem, welcher Aufsichtsbereich im Einzelfall betroffen ist – erhebliche Bedeutung für das Aufsichtsverfahren und den Rechtsschutz der beaufsichtigten Banken haben.[14]

2. SSM, SRM und DGS

10 Institutionell besteht die Bankenunion aus **drei Säulen**: dem einheitlichen Aufsichtsmechanismus (**Single Supervisory Mechanism, SSM**), dem einheitlichen Abwicklungsmechanismus (**Single Resolution Mechanism, SRM**) und der europäischen Einlagensicherung (**Deposit Guarantee Scheme, DGS**).[15]

11 Seit November 2014 wird die **Bankenaufsicht in der Eurozone** durch den SSM ausgeübt. Die Aufsicht umfasst insbesondere die Anwendung der CRR und des KWG, aber auch der auf die Sanierung von Banken bezogenen Bestimmungen des SAG. Rechtsgrundlage des SSM ist die europäische **SSM-Verordnung** (SSM-VO).[16] Der SSM ist ein europäischer Verwaltungsverbund, in dem die **Europäische Zentralbank** (EZB) die Aufsicht gemeinsam mit den **nationalen zuständigen Behörden** (NCAs) ausübt. In Deutschland ist die **Bundesanstalt für Finanzdienstleistungsaufsicht** (BaFin) zuständige nationale Behörde (§§ 6 ff. KWG).[17] Die EZB ist im SSM alleine zuständig für die Erteilung und den Entzug der Zulassung eines CRR-Kreditinstituts sowie für den Erwerb von wesentlichen Beteiligungen an CRR-Kreditinstituten. Zudem übt sie die unmittelbare Aufsicht über alle **bedeutenden CRR-Kreditinstitute** i. S. v. § 6 Abs. 4 SSM-VO aus. **Weniger bedeutende CRR-Kreditinstitute** werden dagegen in der Regel von den NCAs beaufsichtigt. Zur Sicherstellung der kohärenten Anwendung der Aufsichtsstandards kann die EZB aber im Einzelfall die Aufsicht über solche Institute übernehmen. Bei der Erfüllung ihrer Aufgaben wirken die EZB und NCAs eng zusammen. Die EZB überwacht die NCAs bei ihrer Aufsichtstätigkeit. Die NCAs unterstützen die EZB durch den Austausch von Informationen und bereiten Beschlussentwürfe für die EZB vor. Außerdem senden sie Vertreter in **gemeinsame Aufsichtsteams** (Joint Supervisory Teams, JST), die die EZB für die Aufsicht über bestimmte Institute oder Institutsgruppen bildet.[18] Einzelheiten der Zusammenarbeit der Behörden sind in der **SSM-Rahmenverordnung**[19] geregelt.[20] Die **Rechtsanwendung im SSM** ist kompliziert. Die EZB

---

[13] Richtlinie 2014/49/EU des Europäischen Parlaments und des Rates vom 16. April 2014 über Einlagensicherungssysteme, ABl. 173, 149.

[14] Dazu im Einzelnen *Berger* WM 2016, 2325, 2333 ff. und *Berger* WM 2016, 2361, 2367 ff. m. w. N. Kritik im Hinblick auf den verfassungsrechtlichen Rechtsschutz haben jüngst *Martini/Weinzier* NVwZ 2017, 177 geäußert; haftungsrechtliche Fragen im Verhältnis zur EZB erörtert *Varentsov* DÖV 2017, 53, 57 ff.

[15] Vgl. dazu *Berger* WM 2015, 501, 501; *Berger* BKR 2016, 144, 144 f.; *Berger* WM 2016, 2325, 2325 f.; *Berger* FS Pannen, 2017, S. 3, 4 ff.; *Auerbach* Teil B Rn. 930 ff.; Canaris/Habersack/Schäfer/*Grundmann* HGB Bd. 10/1 1. Teil Rn. 47 f; je m. w. N.

[16] Verordnung 1024/2013/EU des Rates vom 15. Oktober 2013 zur Übertragung besonderer Aufgaben im Zusammenhang mit der Aufsicht über Kreditinstitute auf die Europäische Zentralbank, ABl. EU L 287, 63.

[17] *Berger* WM 2015, 501, 501.

[18] *Berger* WM 2015, 501, 502 m. w. N.

[19] Verordnung (EU) Nr. 468/2014 der Europäischen Zentralbank vom 16. April 2014 zur Einrichtung eines Rahmenwerks für die Zusammenarbeit zwischen der Europäischen Zentralbank und den nationalen zuständigen Behörden und den national benannten Behörden innerhalb des einheitlichen Aufsichtsmechanismus, ABl. L 141, 1.

[20] *Berger* WM 2015, 501, 501 ff.; Canaris/Habersack/Schäfer/*Grundmann* HGB Bd. 10/1 1. Teil Rn. 52 ff.

wendet neben dem unmittelbar geltenden Unionsrecht auch nationales Recht an, soweit es der Umsetzung von Unionsrecht dient („**einschlägiges Unionsrecht**").[21] Die BaFin wendet hingegen neben dem einschlägigen Unionsrecht auch das **autonom gesetzte nationale Recht** an.[22]

Seit Januar 2016 unterliegt die **Bankenabwicklung in der Eurozone** vollständig dem SRM, dessen Grundlage die europäische **SRM-Verordnung** (SRM-VO) ist.[23] Der SRM wendet die auf die Abwicklung von Banken bezogenen Bestimmungen des SAG an. Der SRM ist ebenso wie der SSM ein europäischer Verwaltungsverbund; im SRM wird die **europäische Abwicklungsbehörde** (Single Resolution Board, SRB) gemeinsam mit den **nationalen Abwicklungsbehörden** (NRAs) tätig. In Deutschland ist die **Finanzmarktstabilisierungsanstalt** (FMSA) zuständige Abwicklungsbehörde (§ 3 Abs. 1 SAG).[24] Das Zusammenspiel von SRB und FMSA ähnelt strukturell dem von EZB und BaFin im SSM.[25] Die Wahrnehmung von Abwicklungsinstrumenten ist grundsätzlich der FMSA als Abwicklungsbehörde zugewiesen. 12

Die Einlagensicherung erfolgt in der Bankenunion weiterhin dezentral durch **nationale DGS-Systeme**, deren Handeln seit Juli 2015 jedoch weitgehend aufgrund der DGSD harmonisiert ist und die eng kooperieren. In Deutschland bestehen **vier Einlagensicherungssysteme**, die für die verschiedenen Sektoren der deutschen Kreditwirtschaft zuständig sind.[26] Ob Bestrebungen der Europäischen Kommission, die Einlagensicherung durch Errichtung eines **European Deposit Insurance Scheme** (EDIS) in Anlehnung an den SRM auch institutionell auf europäischer Ebene zu verankern, erfolgreich sein werden, bleibt abzuwarten.[27] 13

IV. Aufsichtsrechtliche Anforderungen an Umwandlungen

Umwandlungen von Banken „**im Normalmodus**" lösen aufsichtsrechtlich regelmäßig **Anzeigepflichten** aus und können zugleich die **Einholung neuer Bankerlaubnisse** erforderlich machen (hierzu näher → Rn. 16 – 95). Aufsichtsbehördliche Anordnungen, die Banken die Vornahme einer Umwandlung im Einzelfall vorschreiben, sind nicht vorgesehen. Die Entscheidung über das „Ob" und das „Wie" einer Umwandlung liegt vielmehr in der – auch grundrechtlich geschützten – unternehmerischen Freiheit der beteiligten Unternehmen und ihrer Gesellschafter bzw. Träger. Obwohl die EZB im Rahmen des SSM befugt ist, die **Nachhaltigkeit der Geschäftsmodelle** von Banken zu 14

---

[21] Hierzu ausführlich *Lackhoff* Teil D Rn. 420 ff.
[22] *Berger* WM 2016, 2325, 2330.
[23] Verordnung (EU) Nr. 806/2014 des Europäische Parlaments und des Rates vom 15. Juli 2014 zur Festlegung einheitlicher Vorschriften und eines einheitlichen Verfahrens für die Abwicklung von Kreditinstituten und bestimmten Wertpapierfirmen im Rahmen eines einheitlichen Abwicklungsmechanismus und eines einheitlichen Abwicklungsfonds sowie zur Änderung der Verordnung (EU) Nr. 1093/2010, ABl. L 225, 1. Nach Art. 99 Abs. 2 bis 5 SRM-VO haben die Vorschriften der SRM-VO zeitlich gestuft Geltung erlangen; gemäß Art. 99 Abs. 3 SRM-VO gelten die Befugnisse des Ausschusses für die einheitliche Abwicklung hinsichtlich der Erhebung von Informationen und der Zusammenarbeit mit den nationalen Abwicklungsbehörden bei der Ausarbeitung von Abwicklungsplänen seit dem 1.1.2015; gemäß Art. 99 Abs. 2 SRM-VO hat die SRM-VO am 1.1.2016 vollständige Geltung erhalten.
[24] *Berger* FS Pannen, 2017, 3, 5.
[25] *Kämmerer* WM 2016, 1, 9; s. auch *Baur/Skorobogatov*, jurisPR-BKR 10/2015, Anm. 1.
[26] Dazu im Einzelnen *Berger* BKR 2016, 144.
[27] Siehe den Vorschlag für eine Verordnung zur Änderung der Verordnung (EU) Nr. 806/2014 (EDIS), zugänglich unter http://ec.europa.eu/finance/general-policy/docs/banking-union/european-deposit-insurance-scheme/151124-proposal_en.pdf; dazu *Berger* BKR 2016, 144, 144 f.; zur Kritik an der Vergemeinschaftung *Dombret* Kreditwesen 2016, 632 und *Fahrenschon* Kreditwesen 2016, 636.

prüfen[28] und eine **Konsolidierung des europäischen Bankensektors** im aufsichtlichen Interesse stehen kann,[29] hat die EZB kein Mandat, eine Konsolidierung durch Aufsichtsmaßnahmen herbeizuführen. Eine **Pflicht zur Umwandlung** einer gesunden Bank darf von der Aufsicht nicht begründet werden.

15 Die **Umwandlung** von Banken **in der Krise** unterliegt aufsichtsrechtlich einem sehr viel komplexeren Rahmen (hierzu näher → Rn. 96 – 110). Soll eine Bank in der Krise nach den Regeln des Umwandlungsrechts umgewandelt werden, finden auf den Vorgang zunächst die allgemeinen **Anzeige- und Erlaubnispflichten** Anwendung (→ Rn. 16 – 95). Die unternehmerische Freiheit der beteiligten Banken, eine Umwandlung vorzunehmen, kann in der Krise indes **zusätzlich** durch **aufsichtsrechtliche Vorgaben und Maßnahmen** nach dem KWG, dem SAG oder der SRM-Verordnung eingeschränkt bzw. determiniert sein. Kann die Krise einer Bank hingegen nur durch eine **hoheitliche Abwicklungsmaßnahme** nach dem SAG bewältigt werden, scheidet eine Umwandlung nach den Regeln des Umwandlungsrechts regelmäßig aus; die in einem solchen Fall anzuwendenden Abwicklungsinstrumentarien gehen privatautonomen Krisenbewältigungsmaßnahmen vor.

B. Anzeige- und Erlaubniserfordernisse

I. Zuständiger Anzeigeadressat und zuständige Erlaubnisbehörde im SSM

16 Die Umwandlung einer Bank im „Normalmodus" löst vielfältige **Anzeigepflichten** und ggf. auch **Erlaubniserfordernisse** aus, die von den beteiligten Unternehmen und ihren Gesellschaftern bzw. Trägern frühzeitig im Planungsprozess berücksichtigt werden sollten. An welche Behörde die Anzeige oder der Erlaubnisantrag im SSM zu richten ist, hängt von einer **mehrschichtigen Zuständigkeitsordnung** zwischen BaFin und EZB ab.

1. Anzeigeadressaten

17 An welche Aufsichtsbehörde deutsche Institute **Anzeigen nach § 24 KWG** richten müssen, hängt von ihrer **Größe und Bedeutung** ab. **Weniger bedeutende Institute** richten ihre Anzeigen gemäß § 24 Abs. 1 i. V. m. § 1 Abs. 5 Nr. 2 KWG stets an die **BaFin**. Demgegenüber ist die Lage für **bedeutende Institute** komplizierter. Anzeigen nach **§ 24 KWG** sind gemäß § 24 Abs. 3c S. 1 KWG an die **BaFin** zu richten. Darüber hinaus ist grundsätzlich nach § 24 Abs. 1 i. V. m. § 1 Abs. 5 Nr. 1 KWG, Art. 95 Abs. 1 SSM-Rahmenverordnung **zusätzlich eine Anzeige an die EZB** erforderlich. Ausnahme hiervon sind die gestuften Verfahren der SSM-Rahmenverordnung, bei denen **auch bedeutende Institute nur gegenüber der BaFin** anzeigepflichtig sind.[30] Dies gilt nach § 24 Abs. 3c S. 2 KWG für die Anzeigepflichten aus § 24 Abs. 1 Nr. 1, Nr. 2, Nr. 15 und Nr. 15a KWG.[31] In diesen Fällen benachrichtigt die BaFin die EZB unverzüglich über die

---

[28] Die Prüfung der Geschäftsmodelle und Bestimmungsfaktoren der Ertragskraft der Banken stellt einen Schwerpunkt der Aufsichtstätigkeit der EZB dar. Vgl. *EZB-Bankenaufsicht*: Prioritäten des SSM im Jahr 2017, abrufbar unter www.bankingsupervision.europa.eu.

[29] Vgl. *Lautenschläger* in Süddeutsche Zeitung vom 2. November 2016, abrufbar unter www.bankingsupervision.europa.eu.

[30] Dies betrifft die Ausübung der Dienstleistungs- oder Niederlassungsfreiheit nach Art. 11 Abs. 1, Art. 12 Abs. 1, Art. 17 Abs. 1 SSM-Rahmenverordnung, den Erwerb einer qualifizierten Beteiligung nach Art. 85 Abs. 1 SSM-Rahmenverordnung sowie die Änderung der Mitglieder von Leitungsorganen und die Änderung von Tatsachen hinsichtlich deren Eignung nach Art. 93 Abs. 1, 94 Abs. 1 SSM-Rahmenverordnung.

[31] Dies liegt an der Zuweisung der ausschließlichen Zuständigkeit an die nationalen zuständigen Behörden in Art. 93, 94 SSM-Rahmenverordnung, worauf die EZB in einer Anhörung im Gesetzgebungsverfahren zur Einführung von § 24 Abs. 3c S. 1 KWG hinwies, vgl. BT-Drs. 18/3088 S. 329.

angezeigten Änderungen.³² Demgegenüber haben bedeutende Institute solche Anzeigepflichten allein gegenüber der EZB zu erfüllen, die sich nur aus Art. 95 SSM-Rahmenverordnung in Verbindung mit anderem Unionsrecht ergeben, das nicht in § 24 Abs. 1 bis 3a KWG in deutsches Recht umgesetzt wurde.³³ Denn hierfür gilt die Regelung des § 24 Abs. 3c S. 1 KWG nicht.

2. Zuständigkeit im SSM-Erlaubnisverfahren

Die **EZB** hat die **ausschließliche Kompetenz** zur Erteilung der Bankerlaubnis an sämtliche Kreditinstitute in der Eurozone gemäß Art. 4 Abs. 1 lit. a iVm Art. 6 Abs. 4 UAbs. 1 SSM-VO. Trotz dieser ausschließlichen EZB-Kompetenz ist ein **gestuftes Antragsverfahren** vorgesehen.³⁴ Hiernach hat das Institut gemäß Art. 14 Abs. 1 SSM-VO den Antrag auf Erlaubnis an die **NCA** zu richten. Diese prüft die Zulassungsvoraussetzungen nach nationalem Recht und erlässt bei deren Vorliegen einen positiven Beschlussentwurf, der der EZB und dem Antragsteller zugeleitet wird.³⁵ Widerspricht die EZB nicht binnen einer Frist von zehn Arbeitstagen, gilt der Beschlussentwurf als von der EZB angenommen.³⁶ Wenn das Institut hingegen nicht die nationalen Erlaubnisvoraussetzungen erfüllt, lehnt die NCA den Zulassungsantrag ohne Befassung der EZB ab.³⁷ Mithin hat die EZB zwar die Erlaubniskompetenz, das Antragsverfahren ist aber in erster Linie vor der nationalen Aufsichtsbehörde zu führen.

18

II. Anwendbares Verfahrensrecht für Anzeige- und Erlaubniserfordernisse

Das Anzeige- und Erlaubnisverfahren ist in Deutschland neben dem KWG in der nach § 24 Abs. 4 KWG erlassenen **Anzeigenverordnung** (AnzV)³⁸ und für die Anzeigen nach § 2c KWG in der **Inhaberkontrollverordnung** (InhKontrollV)³⁹ geregelt. Gegenüber der BaFin und Bundesbank gelten mithin die Verfahrensanforderungen der AnzV und InhKontrollV. Dies entspricht dem Grundsatz, dass nationale Behörden beim indirekten Vollzug nationales Verfahrensrecht anwenden.⁴⁰ Gemäß § 1 Abs. 1 S. 1 AnzV sind die Anzeigen bei der Aufsichtsbehörde i. S. v. § 1 Abs. 5 KWG (d. h. BaFin oder EZB) und der für das Institut zuständigen Hauptverwaltung der Deutschen Bundesbank jeweils in einfacher schriftlicher Ausfertigung einzureichen. Das im Entwurf der Änderung der AnzV zum 8. Dezember 2016 vorgeschlagene Erfordernis einer zusätzlichen elektronischen Einreichung wurde nicht eingeführt.⁴¹ **Verbandsgeprüfte Kreditinstitute** (Sparkassen und Kreditgenossenschaften), die von der BaFin beaufsichtigt werden, reichen die Anzeigen stets gemäß § 1 Abs. 2 AnzV über den Verband, der sie an die BaFin weiterleitet mit je

19

---

³² Für die unterschiedlichen Anzeigepflichten gilt das nach Art. 11 Abs. 1 S. 3, Art. 12 Abs. 1 S. 3, Art. 17 Abs. 1 S. 2, Art. 85 Abs. 1, Art. 93 Abs. 1 S. 2 SSM-Rahmenverordnung.
³³ Beispiele für solche Anzeigepflichten, die ausschließlich dem Unionsrecht entspringen, nicht in nationales Recht umgesetzt sind und zudem bei Umwandlungen relevant werden können, sind jenseits des Organisationsrechts insbesondere in der CRR zu finden, z. B. Art. 94 Abs. 3, 143 Abs. 4 und 312 CRR.
³⁴ Zu den Einzelheiten *Berger* WM 2015, 501, 503 f.
³⁵ Art. 14 Abs. 2 S. 1 und 2 SSM-VO.
³⁶ Art. 14 Abs. 3 SSM-VO.
³⁷ Art. 14 Abs. 2 S. 3 SSM-VO.
³⁸ Anzeigenverordnung der BaFin vom 19. Dezember 2006 (BGBl. I S. 3245), zuletzt geändert durch Art. 1 der Verordnung vom 5. Dezember 2016 (BGBl. I S. 2796).
³⁹ Inhaberkontrollverordnung vom 20. März 2009 (BGBl. I S. 562, 688), zuletzt geändert durch Art. 1 der Verordnung vom 6. November 2015 (BGBl. I S. 1947).
⁴⁰ Kopp/Ramsauer/*Ramsauer* VwVfG Einführung II Rn. 39; Stelkens/Bonk/Sachs/*U. Stelkens* VwVfG EuR Rn. 126 ff.
⁴¹ Vgl. zur Einführung eines § 1a AnzV zur Form der Anzeigen im Referentenentwurf der BaFin für eine zweite Verordnung zur Änderung der Anzeigenverordnung vom 24. März 2016, S. 4, verfügbar unter: https://www.bafin.de/SharedDocs/Downloads/DE/Konsultation/2016/dl_kon_0316_Anzeigenverordnung_Referentenentwurf.pdf?__blob=publicationFile&v=1.

einer weiteren für den Verband bestimmten Ausfertigung ein.[42] Somit wird auch dem Verband ein eigenständiges Prüfrecht eingeräumt.[43] Die Anzeigen sind **formlos** einzureichen, es sei denn, die AnzV schreibt die **Einhaltung eines Formulars** vor.

20 Nach bisherigem Recht war fraglich, welches **Verfahrensrecht** für Anzeigen und Erlaubnisverfahren gegenüber der **EZB** galt.[44] Mit Wirkung vom 5. Dezember 2016 gilt die AnzV gemäß **§ 1 Abs. 1 S. 1 AnzV iVm § 1 Abs. 5 Nr. 1 KWG** nun auch für **Verfahren gegenüber der EZB**. Damit ist Verfahrensgleichheit zwischen bedeutenden und weniger bedeutenden Kreditinstituten desselben Mitgliedstaats hergestellt und der reibungslose Ablauf der gestuften Verfahren innerhalb des SSM gefördert. Gemäß Art. 4 Abs. 3 UAbs. 1 SSM-VO darf die EZB im Rahmen des SSM nationale Rechtsvorschriften anwenden, sofern sie EU-Richtlinien umsetzen oder durch sie in EU-Verordnungen überlassene Wahlrechte ausgeübt werden („**einschlägiges Unionsrecht**"). Laut Referentenentwurf ist die Erstreckung der AnzV auf die EZB explizite Reaktion auf die SSM-VO und dient der Anpassung an die SSM-Zuständigkeitsordnung im KWG.[45] Zudem dient die AnzV der CRD IV-Umsetzung.[46]

III. Verschmelzung

21 Da die Verschmelzung der praktisch bedeutsamste Fall von Umwandlungen ist, werden hier die bei Umwandlungen typischerweise betroffenen Anzeige- und Erlaubniserfordernisse ausführlich dargestellt. Gegenstand sind organisationsrechtliche **Anzeigeerfordernisse** hinsichtlich der **Binnenorganisation, Leitung und Beteiligungsfragen**, die sich bei Umwandlungen zwangsläufig stellen. Nicht behandelt werden Anzeigeerfordernisse zu Eigenkapitalfragen, z. B. nach § 24 Abs. 1 Nr. 16 KWG, die bei Umwandlungen ebenfalls auftreten können, sich aber nicht notwendig stellen.

22 Bei der Verschmelzung erlischt gemäß § 2 UmwG der übertragende Rechtsträger und das Geschäft wird auf einen übernehmenden Rechtsträger übertragen. Die **Einstellung des Geschäftsbetriebs** des übertragenden Instituts und die **Fortführung dieser Geschäfte** durch das übernehmende Unternehmen können Anzeige- und Erlaubnispflichten auslösen.

23 Die nachfolgende Darstellung gilt entsprechend für die **Verschmelzung von Anstalten des öffentlichen Rechts**. Diese gehören zwar nicht zu den nach § 3 UmwG verschmelzungsfähigen Rechtsträgern. Die Verschmelzung von Anstalten des öffentlichen Rechts untereinander, insbesondere von Sparkassen oder Landesbanken, vollzieht sich als öffentlich-rechtlicher Vorgang nach den Regelungen der jeweiligen **Landessparkassengesetze** und **Landesbankengesetze** (§ 1 Abs. 2 UmwG). Sparkassen können nicht mit Banken anderer Rechtsform vereinigt werden.[47]

1. Verschmelzung durch Aufnahme

24 Bei der Verschmelzung durch Aufnahme werden gemäß **§ 2 Nr. 1 UmwG** die Geschäfte eines erlöschenden übertragenden Rechtsträgers auf einen bereits bestehenden überneh-

---

[42] S. z. B. Boos/Fischer/Schulte-Mattler/*Braun* KWG Bd. 1 § 24 Rn. 77.

[43] Zum geschäftsleiterbezogenen Verbandsprüfrecht vgl. Boos/Fischer/Schulte-Mattler/*Braun* KWG Bd. 1 § 24 Rn. 70 f.

[44] Bei der InhKontrollV stellte sich die Frage nicht, da für die Entgegennahme von Anzeigen nach § 2c KWG nicht die Aufsichtsbehörde und damit für bedeutende Institute die EZB, sondern stets die nationale Aufsichtsbehörde zuständig ist.

[45] Referentenentwurf der BaFin für eine zweite Verordnung zur Änderung der Anzeigenverordnung vom 24. März 2016, S. 22.

[46] Dies ergibt sich aus der Überschrift der AnzV, die auf die Umsetzung der Vorgängerrichtlinien der CRD IV verweisen, sowie aus nachträglichen Änderungen der AnzV, die der Umsetzung der CRD IV dienten. Vgl. zudem Referentenentwurf der BaFin für eine zweite Verordnung zur Änderung der Anzeigenverordnung vom 24. März 2016, S. 1.

[47] Dazu Semler/Stengel/*Scholderer* § 79 Rn. 5.

menden Rechtsträger übertragen. Besonderheit ist, dass ein bereits existierendes Unternehmen mit eigener Verwaltungsstruktur und eigener Geschäftstätigkeit die Bankgeschäfte übernimmt.

a) **Anzeigeerfordernisse.** Anzeigeerfordernisse bestehen für Banken insbesondere nach § 24 KWG gegenüber der Aufsichtsbehörde und der Deutschen Bundesbank. Sämtliche Anzeigen nach § 24 Abs. 1–2, 24a Abs. 1 KWG sind unverzüglich abzugeben, also ohne schuldhaftes Zögern i. S. d. § 121 BGB.[48] Im Folgenden werden zunächst Anzeigepflichten behandelt, bei denen die Absicht zu einer künftigen Maßnahme anzuzeigen ist (**Absichtsanzeigepflichten**). Danach werden solche erläutert, die vollzogene Maßnahmen betreffen (**Vollzugsanzeigepflichten**). 25

Vor der Verschmelzung bestehen folgende **Absichtsanzeigepflichten.** 26

Ausgangspunkt einer Verschmelzung ist die Absicht eines Instituts, sich mit einem anderen zu verschmelzen. Gemäß **§ 24 Abs. 2 KWG** besteht eine **unverzügliche Anzeigepflicht** über die Absicht der Vereinigung eines Kreditinstituts mit einem anderen. Grundsätzlich muss jedes an einer Verschmelzung beteiligte Institut eine Anzeige nach § 24 Abs. 2 KWG erstatten. Der Pflicht kann jedoch durch eine gemeinsam unterschriebene Meldung genügt werden.[49] Das Tatbestandsmerkmal der **Vereinigung** ist nicht gesetzlich definiert. In § 10 S. 2 und S. 3 AnzV wird es durch den Begriff der **Fusion** ersetzt. Die Begriffe Vereinigung und Fusion umfassen jedenfalls die Umwandlungsform der Verschmelzung.[50] Darüber hinaus lässt sich der offene Begriff des § 24 Abs. 2 KWG so verstehen, dass **jedwede Absicht der Vereinigung** unabhängig von der rechtlichen Form anzuzeigen ist. Gemäß § 10 S. 1 AnzV ist die Vereinigungsabsicht anzuzeigen, sobald aufgrund der geführten Verhandlungen anzunehmen ist, dass die Vereinigung tatsächlich zustande kommen wird. Dies wird so ausgelegt, dass die Verschmelzung **weitgehend entscheidungsreif verhandelt** sein muss, um die Anzeigepflicht auszulösen.[51] Unverbindliche Vorgespräche und interne Planungen einer möglichen Verschmelzung reichen nicht aus.[52] Der frühe Zeitpunkt der Meldung soll der Aufsicht einen rechtzeitigen **Eingriff in Fusionsverhandlungen** ermöglichen.[53] Für die Anzeige ist die übliche Schriftform ausreichend, darüber hinausgehende Formerfordernisse bestehen für Anzeigen nach § 24 Abs. 2 KWG nicht.[54] Die Vereinigungsabsicht ist gemäß § 24 Abs. 2 KWG der Aufsichtsbehörde und der Bundesbank anzuzeigen. Gemäß § 10 AnzV müssen neben der Verschmelzungsabsicht auch das **Scheitern der Fusionsverhandlungen** (S. 2) sowie der rechtliche **Vollzug der Vereinigung** (S. 3) unverzüglich angezeigt werden. 27

Nach **§ 2c Abs. 1 S. 1 KWG** müssen die **Anteilsinhaber des übertragenden Rechtsträgers** Anzeige erstatten, wenn der **Erwerb einer bedeutenden Beteiligung** beabsichtigt ist. Eine bedeutende Beteiligung ist nach § 1 Abs. 9 S. 1 KWG iVm Art. 4 Abs. 1 Nr. 36 CRR das direkte oder indirekte Halten von mindestens 10 % des Kapitals oder der Stimmrechte eines Unternehmens oder eine andere Möglichkeit der Wahrnehmung eines maßgeblichen Einflusses auf dessen Geschäftsführung. Die Anzeige muss die nach §§ 4 – 16 InhKontrollV zur Prüfung der **Zuverlässigkeit und weiterer Versagungsgründe** nach § 2c Abs. 1b KWG erforderlichen Angaben enthalten. Hierzu zählen Lebensläufe der Geschäftsleiter des übernehmenden Instituts nach § 10 InhKontrollV sowie sämtliche bereits bestehenden qualifizierten Beteiligungs- oder Konzernver- 28

---

[48] Boos/Fischer/Schulte-Mattler/*Braun* KWG Bd. 1 § 24 Rn. 53.
[49] Reischauer/Kleinhans/*Albert* KWG Bd. 2 Erg.-Lfg. 4/12 § 24 Rn. 67.
[50] So verweist z. B. Reischauer/Kleinhans/*Albert* KWG Bd. 2 Erg.-Lfg. 4/12 § 24 Rn. 67 in seiner Kommentierung des § 24 Abs. 2 KWG bei dem Begriff der Fusion auf § 2 UmwG; Schwennicke/Auerbach/*Süßmann* KWG § 24 Rn. 63; vgl. auch Beck/Samm/Kokemoor/*Erm* KWG Bd. 2 119. Aktualisierung 2006 § 24 Rn. 172.
[51] Boos/Fischer/Schulte-Mattler/*Braun* KWG Bd. 1 § 24 Rn. 240.
[52] Schwennicke/Auerbach/*Süßmann* KWG § 24 Rn. 63.
[53] Reischauer/Kleinhans/*Albert* KWG Bd. 2 Erg.-Lfg. 4/12 § 24 Rn. 67.
[54] Boos/Fischer/Schulte-Mattler/*Braun* KWG Bd. 1 § 24 Rn. 239.

hältnisse nach § 11 InhKontrollV. Die Anzeige der Erwerbsabsicht sollte **ein bis zwei Tage vor dem signing** erfolgen.[55] Teilweise wird die Anzeige bereits zum Zeitpunkt der *due diligence*-Prüfung verlangt.[56] Zu spät erscheint eine Anzeige am Tag des *signing*, an dem die (wenn auch häufig bedingte) Verpflichtung zum Kauf begründet wird.[57] Damit die Aufsicht vor der Begründung von Pflichten präventive Kontrolle ausüben kann, ist ein gewisser Vorlauf nötig. Ein **Muster der Anzeige** findet sich in Anlage 1 zur InhKontrollV.[58] Die Anzeige nach § 2c Abs. 1 S. 1 KWG ist stets nur an die BaFin und die Deutsche Bundesbank zu richten. Grund hierfür ist das gestufte Verfahren nach Art. 15 SSM-VO, demzufolge die nationale Aufsichtsbehörde der EZB die Anzeige und einen Beschlussentwurf zuleitet (vgl. auch § 2c Abs. 1a S. 10 KWG) und die EZB dann über die Zulässigkeit des Erwerbs entscheidet.

29 Der bei Verschmelzungen typische **Wechsel von Geschäftsleitern** und der zur **Einzelvertretung ermächtigten Personen** ist gemäß **§ 24 Abs. 1 Nr. 1 KWG** anzuzeigen. Hier ist sowohl die Absicht des übernehmenden Rechtsträgers anzuzeigen als auch die Aufgabe oder die Änderung einer solchen Absicht. Die Pflicht besteht, selbst wenn die zu benennenden Personen bereits Geschäftsleiter beim übertragenden Institut und als solche der Aufsicht bekannt waren.[59] Es kann lediglich darauf verzichtet werden, die bereits der BaFin vorliegenden Unterlagen einzureichen.[60] Die Bestellungsabsicht muss **vor Abschluss des Dienstvertrages** angezeigt werden.[61] Normzweck ist nämlich die präventive Kontrolle der **Eignung und Zuverlässigkeit des Geschäftsleiters** sowie dessen zeitliche Verfügbarkeit.[62] Die Pflicht entsteht nicht bei vagen Absichten, sondern erst bei hinreichender Konkretisierung der Absicht durch gesellschaftsinternen Bestellungs- oder Ermächtigungsbeschluss.[63] Die formellen Anforderungen wurden durch die zum 8. Dezember 2016 erfolgte AnzV-Änderung u. a. zur Umsetzung von EBA-Leitlinien[64] deutlich erhöht. Gemäß § 5 Abs. 1 AnzV ist für die Anzeige das in Anlage 1 zur AnzV veröffentlichte **Formular „Personelle Veränderung bei den Geschäftsleitern"** zu beachten. Beizufügen ist gemäß § 5a AnzV ein lückenloser, eigenhändig unterzeichneter **Lebenslauf** mit umfassenden Angaben zur Person, der fachlichen Vorbildung und der bisherigen beruflichen Tätigkeit. Gemäß § 5b Abs. 1 AnzV muss eine vom zu bestellenden Geschäftsleiter **unterzeichnete Erklärung** über jewedes gegen ihn bzw. ein von ihm geleitetes Unternehmen Straf-, Ordnungswidrigkeits- oder Insolvenzverfahren sowie Verfahren zur Abgabe einer eidesstattlichen Versicherung eingereicht werden. Zusätzlich erforderlich sind nach § 5b Abs. 2 AnzV umfassende **Angaben zu Angehörigkeitsverhältnissen** mit Geschäftsleitern oder Mitgliedern des Kontrollorgans, der Geschäftsbeziehung von Angehörigen zum anzeigenden Unternehmen, weiteren Mandaten und Tätigkeiten als Geschäftsleiter oder Mitglied des Kontrollorgans sowie **Angaben zu für die zeitliche Verfügbarkeit relevanten Tatsachen**. Darüber hinaus müssen nach § 5c AnzV ein **Führungszeugnis** und nach § 5d AnzV ein Auszug aus dem **Gewerbezentralregister** nach § 150 GewO eingereicht werden. Die Anzeige ist gemäß § 24 Abs. 3c S. 2 KWG nur gegenüber der BaFin und der Deutschen Bundesbank abzugeben.

30 Bei einer Verschmelzung nicht einschlägig ist **§ 24 Abs. 1 Nr. 8 KWG**, der eine Anzeigepflicht über die **Auflösungsabsicht** eines Instituts statuiert. Zwar ist eine Ver-

---

[55] Schwennicke/Auerbach/*Süßmann* KWG § 2c Rn. 8.
[56] Beck/Samm/Kokemoor/*Erm* KWG Bd. 1 143. Aktualisierung 2010 § 2c Rn. 33.
[57] Beck/Samm/Kokemoor/*Erm* KWG Bd. 1 143. Aktualisierung 2010 § 2c Rn. 33.
[58] Im Einzelnen s. Boos/Fischer/Schulte-Mattler/*Schäfer* KWG Bd. 1 § 2c Rn. 8 f.
[59] Boos/Fischer/Schulte-Mattler/*Braun* KWG Bd. 1 § 24 Rn. 60.
[60] Reischauer/Kleinhans/*Albert* KWG Bd. 2 Erg.-Lfg. 4/12 § 24 Rn. 24.
[61] Reischauer/Kleinhans/*Albert* KWG Bd. 2 Erg.-Lfg. 4/12 § 24 Rn. 20.
[62] Schwennicke/Auerbach/*Süßmann* KWG § 24 Rn. 9.
[63] Boos/Fischer/Schulte-Mattler/*Braun* KWG Bd. 1 § 24 Rn. 62.
[64] EBA-Leitlinien vom 22.11.2012 zur Beurteilung der Eignung von Mitgliedern des Leitungsorgans und von Inhabern von Schlüsselfunktionen, abrufbar unter www.eba.europa.eu.

schmelzung nach § 2 UmwG eine Auflösung einer Gesellschaft, jedoch eine Auflösung ohne Abwicklung. Dem Normzweck nach ist der Auflösungsbegriff des KWG eng und auf den **Abwicklungsfall** beschränkt.[65]

Soll der übernehmende Rechtsträger nach Vollzug Bankgeschäfte in EWR-Staaten auf Grundlage des **Europäischen Passes** (→ Rn. 7) durchführen, bedarf es rechtzeitiger **Anzeigen** zur Errichtung einer Zweigniederlassung und/oder der Aufnahme des grenzüberschreitenden Dienstleistungsverkehrs nach § 24a KWG. Dies gilt sowohl im Fall einer grenzüberschreitenden Verschmelzung auf ein deutsches Institut (→ Rn. 89 – 92) als auch bei der Verschmelzung inländischer Rechtsträger, wenn der übertragende Rechtsträger über eine Zweigniederlassung oder im Dienstleistungsverkehr Bankgeschäfte im EWR-Ausland betreibt. Die **Errichtung einer Zweigniederlassung** in anderen Staaten EWR ist gemäß **§ 24a Abs. 1 KWG** anzuzeigen. Die Anzeige muss nach § 24a Abs. 1 S. 2 KWG den Mitgliedstaat der Zweigniederlassung, den Geschäftsplan, eine Zustellungsanschrift im Aufnahmemitgliedstaat und die Leiter der Zweigniederlassung beinhalten. Nach § 12 Abs. 4 AnzV müssen hierbei die gesetzlichen Beschränkungen des Erlaubnisumfangs, der organisatorische Aufbau der Zweigniederlassung und die geplanten Geschäfte einzeln erläutert und die Lebensläufe der Zweigniederlassungsleiter beigefügt werden. Soll die Zweigniederlassung in einem SSM-Staat zum Vollzugstag der Verschmelzung errichtet und die Tätigkeit aufgenommen werden, ist die Anzeige wegen der Kontrollfristen zugunsten der EZB und der NCAs nach Art. 11 Abs. 3 S. 1 und Abs. 4 S. 1 SSM-Rahmenverordnung mindestens zwei Monate vor dem angestrebten Vollzugstermin abzugeben; soll die Zweigniederlassung in einem anderen EWR-Staat errichtet werden, ist nach dem jeweiligen nationalen Aufsichtsrecht zu bestimmen, ob ebenfalls eine Kontrollfrist für die Rechtzeitigkeit der Anzeige zu berücksichtigen ist. Eine Anzeigepflicht besteht gemäß § 24a Abs. 3 KWG auch bei der Absicht, in einem EWR-Mitgliedstaat im Wege des grenzüberschreitenden **Dienstleistungsverkehrs** Bankgeschäfte zu betreiben, Finanzdienstleistungen oder Zahlungsdienste zu erbringen. Die Anzeigen sind gemäß § 12 Abs. 1 S. 1 AnzV **für jeden Staat der Niederlassung oder grenzüberschreitenden Bankdienstleistung** gesondert einzureichen. Nach § 12 Abs. 1 S. 2 AnzV müssen Übersetzungen der Anzeigen in der Amtssprache des Aufnahmestaates und bei Aufnahmestaaten mit Deutsch als Amtssprache (Österreich, Liechtenstein und Luxemburg) eine zweite deutsche Ausführung beigefügt werden. Die Anzeige muss als Anzeige iSv § 24a KWG benannt werden, ist aber im Übrigen **formlos**.[66] Zur Orientierung können Formblätter von der Internetseite der BaFin verwendet werden.[67] Die Anzeige ist immer gegenüber der BaFin abzugeben, auch wenn die EZB Aufsichtsbehörde ist (§ 24a Abs. 4a S. 1 KWG). Bedeutende Institute müssen zudem der EZB Anzeige erstatten, wenn die Niederlassung oder grenzüberschreitende Dienstleistung in einem EWR-Staat erfolgen soll, der kein EU-Mitgliedstaat ist.

Hinsichtlich **vollzogener Maßnahmen** treffen den **übertragenden Rechtsträger** folgende Anzeigepflichten.

Nach **§ 24 Abs. 1 Nr. 2 KWG** ist das **Ausscheiden von Geschäftsleitern** oder der **Entzug der Ermächtigung zur Einzelvertretung** für den gesamten Geschäftsbereich anzeigepflichtig. Bei Verschmelzungen ist die Anzeige von Bedeutung, um der Aufsicht frühzeitig einen Überblick über die Besetzung der Führungsebene zu geben.[68] Die Anzeigepflicht entsteht mit der Rechtswirksamkeit des Ausscheidens des Geschäftsleiters bzw. der Entziehung der Einzelvertretungsermächtigung.[69] Im Verschmelzungsfall muss der übertragende Rechtsträger das Ausscheiden der bisherigen Geschäftsleiter und der zur

---

[65] Reischauer/Kleinhans/*Albert* KWG Bd. 2 Erg.-Lfg. 4/12 § 24 Rn. 36.
[66] Boos/Fischer/Schulte-Mattler/*Braun* KWG Bd. 1 § 24a Rn. 24.
[67] Zugänglich unter: https://www.bafin.de/SharedDocs/Downloads/DE/Formular/WA/fo_wa_071102_anl1.doc?__blob=publicationFile&v=2.
[68] Beck/Samm/Kokemoor/*Erm* KWG Bd. 2 119. Aktualisierung 2006 § 24 Rn. 39.
[69] Boos/Fischer/Schulte-Mattler/*Braun* KWG Bd. 1 § 24 Rn. 74.

Einzelvertretung ermächtigten Personen anzeigen, selbst wenn diese bei dem aufnehmenden Institut erneut als solche bestellt werden.[70] Dies führt zu dem Paradox, dass der übertragende Rechtsträger eine Anzeigepflicht nach seiner Auflösung hat, durch die das Ausscheiden der Geschäftsleiter im Regelfall wirksam wird. Daher ist zu empfehlen, dass der übertragende Rechtsträger bereits das bevorstehende Ausscheiden der Geschäftsleiter kurz vor der Verschmelzung anzeigt. Alternativ kann der übernehmende Rechtsträger nach Verschmelzungsvollzug die Anzeige erstatten. Gemäß § 5e Abs. 1 AnzV muss die Anzeige in der Form des Formulars nach Anlage 1 zur AnzV erstattet werden unter Nennung der Gründe für das Ausscheiden oder die Entziehung der Befugnis. Nach § 24 Abs. 3c S. 2 KWG müssen alle Institute nur gegenüber der BaFin und der Deutschen Bundesbank Anzeige erstatten.

34 Das übertragende Institut hat das **Ausscheiden** eines Mitglieds und stellvertretender **Mitglieder** des **Verwaltungs- oder Aufsichtsorgans** stets nach **§ 24 Abs. 1 Nr. 15a KWG** anzuzeigen. Die Anzeigepflicht besteht gesondert zur Anzeige der Einstellung des Geschäftsbetriebs, da die Norm bezweckt, der Aufsicht aktuelle Daten über die limitierten Kontrollmandate einzelner Mitglieder nach § 25d Abs. 3, 3a KWG zu verschaffen.[71] Wie bei der Anzeige nach § 24 Abs. 1 Nr. 2 KWG ist die Anzeige zwar eigentlich erst nach Vollzug des Ausscheidens zu erstatten. Da dieser Moment aber durch die Verschmelzung mit dem Erlöschen des anzeigepflichtigen Rechtsträgers übereinstimmt, sollte auch hier das Ausscheiden von dem übertragenden Rechtsträger bereits kurz vor dem Vollzug der Verschmelzung angezeigt werden. Gemäß § 5e Abs. 2 AnzV muss das Institut bei der Anzeige das Formular nach Anlage 2 zur AnzV beachten und die Gründe des Ausscheidens nennen. Die Anzeige nach § 24 Abs. 1 Nr. 15a KWG ist gemäß § 24 Abs. 3c S. 2 KWG nur gegenüber der BaFin und der Deutschen Bundesbank abzugeben.

35 Nach **§ 24 Abs. 1 Nr. 7 KWG** ist die **Einstellung des Geschäftsbetriebs** eines Instituts der Aufsichtsbehörde anzuzeigen. Da bei einer Verschmelzung stets der übertragende Rechtsträger erlischt, besteht für diesen immer eine Anzeigepflicht.[72] Die Pflicht muss unabhängig von der Handelsregistereintragung zum Zeitpunkt der tatsächlichen Aufgabe der Geschäftstätigkeit erfüllt werden.[73] Bei einer Verschmelzung ist also der Zeitpunkt der tatsächlichen Übertragung des Geschäftsbetriebs auf den übernehmenden Rechtsträger entscheidend. Die Übertragung kann vor der Registereintragung erfolgen, wenn das Vermögen bereits vor der Eintragung tatsächlich wie buchmäßig vereinigt wird und der übertragende Rechtsträger de facto für Rechnung des übernehmenden Rechtsträgers arbeitet.[74] Hier muss das übertragende Institut Anzeige erstatten. Wenn der übertragende Rechtsträger hingegen bis zur Handelsregistereintragung Bankgeschäfte betreibt, fällt die Einstellung des Geschäftsbetriebs auf den Zeitpunkt der Registereintragung.[75] In diesem Fall gibt es zwei Möglichkeiten. Entweder erstattet der übernehmende Rechtsträger nach der Registereintragung Anzeige.[76] Alternativ kann das übertragende Institut ebenso wie bei der Anzeigepflicht nach § 24 Abs. 1 Nr. 2 KWG bereits kurz vor Verschmelzungsvollzug die Betriebseinstellung anzeigen.

36 Sollte der übertragende Rechtsträger **Zweigniederlassungen in einem EWR-Staat** gehabt haben, ist der Vollzug ihrer Schließung gemäß **§ 24a Abs. 4 KWG iVm § 12 Abs. 2 AnzV** anzuzeigen. Sowohl im Fall der Übernahme durch den übernehmenden Rechtsträger als auch im Fall der endgültigen Schließung der Niederlassung stellt sich auch

---

[70] Boos/Fischer/Schulte-Mattler/*Braun* KWG Bd. 1 § 24 Rn. 60; Luz/Neus/Schaber/Schneider/Wagner/Weber/*Rüdenauer/Weber* KWG § 24 Rn. 30.
[71] Vgl. BT-Drs. 17/10974 S. 84.
[72] Reischauer/Kleinhans/*Albert* KWG Bd. 2 Erg.-Lfg. 4/12 § 24 Rn. 35.
[73] Boos/Fischer/Schulte-Mattler/*Braun* KWG Bd. 1 § 24 Rn. 117.
[74] Reischauer/Kleinhans/*Albert* KWG Bd. 2 Erg.-Lfg. 4/12 § 24 Rn. 35.
[75] Reischauer/Kleinhans/*Albert* KWG Bd. 2 Erg.-Lfg. 4/12 § 24 Rn. 35.
[76] Schwennicke/Auerbach/*Süßmann* KWG § 24 Rn. 24.

hier das Problem des zeitlichen Gleichlaufs der Schließung mit dem Verschmelzungsvollzug, das wie bei der Einstellung des Geschäftsbetriebs zu lösen ist.

Nach § 24 Abs. 1 Nr. 6 KWG sind die **Errichtung**, die **Verlegung** und die **Schlie-** 37 **ßung** einer **Zweigstelle in einem Drittstaat** anzuzeigen sowie die Aufnahme und die Beendigung der Erbringung grenzüberschreitender Dienstleistungen ohne Errichtung einer Zweigstelle. Dies kann bei Verschmelzungen für den übertragenden Rechtsträger im Zuge der Schließung von Filialen im Ausland bzw. der Beendigung von Auslandstätigkeit einschlägig sein. Drittstaaten sind gem. § 1 Abs. 5a S. 2 KWG Staaten außerhalb des Europäischen Wirtschaftsraums. Anzeigepflichtig ist erst die tatsächliche Umsetzung, nicht bereits die Absicht.[77] Gemäß 6 AnzV muss die Anzeige Angaben zum Staat und der Anschrift der Zweigstelle sowie die Bezeichnung der Bankgeschäfte enthalten. Sollte die Schließung von Zweigstellen im Drittstaat zeitlich mit der Auflösung des übertragenden Rechtsträgers zusammenfallen, stellt sich das gleiche Problem wie beim Ausscheiden der Geschäftsleiter und ist entsprechend zu lösen.

Der **übernehmende Rechtsträger** hat folgende **Vollzugsanzeigen** zu erstatten. 38

Gemäß § 24 Abs. 1 Nr. 10 KWG ist der **Erwerb** oder die **Aufgabe bedeutender** 39 **Beteiligungen** an dem eigenen Institut (**Passivbeteiligungen**) anzuzeigen. Durch die Gewährung von Anteilen an die Anteilsinhaber des übertragenden Instituts kann eine bedeutende Beteiligung dieser am aufnehmenden Institut entstehen. Die Anzeigepflicht entsteht, wenn das Institut positive Kenntnis von einer bevorstehenden Änderung der Beteiligungsverhältnisse erlangt.[78] Das Institut muss sich entsprechende Informationen nicht aktiv beschaffen, aber vorhandene Informationen auswerten.[79] Spätestens mit dem Abschluss des Verschmelzungsvertrags hat der übernehmende Rechtsträger Kenntnis vom bevorstehenden Erwerb durch die Anteilseigner des übertragenden Rechtsträgers. Gemäß § 8 Abs. 1 S. 1 AnzV ist für die Anzeige das Formular „Passivische Beteiligungsanzeige" nach Anlage 5 zur AnzV zu verwenden.[80] Gemäß §§ 8 Abs. 3, 7 Abs. 6 S. 1 AnzV soll die Anzeige im papierlosen Verfahren in elektronischer Form im Wege der Datenfernübertragung an die Deutschen Bundesbank erfolgen.[81] Die Bundesbank leitet die Anzeigen nach § 7 Abs. 6 S. 3 AnzV an die BaFin weiter. Wird die Anzeige hingegen in Papierform eingereicht, ist sie nach § 7 Abs. 6 S. 6 iVm § 1 AnzV sowohl an die BaFin als auch an die Deutsche Bundesbank zu richten. Anzeigen nach § 24 Abs. 1 Nr. 10 KWG über Passivbeteiligungen sind ebenso wie solche über Aktivbeteiligungen nach § 2c KWG unabhängig von der Institutsgröße nach dem gestuften Verfahren gemäß Art. 15 Abs. 1 SSM-VO an die nationale Aufsichtsbehörde zu richten.

Gemäß § 24 Abs. 2 KWG iVm § 10 S. 3 AnzV hat der übernehmende Rechtsträger 40 auch den erfolgreichen **Vollzug der Verschmelzung** anzuzeigen. Die Anzeigepflicht entsteht mit Eintragung der Verschmelzung im Handelsregister. Gemäß § 24 Abs. 1 Nr. 1 KWG hat der übernehmende Rechtsträger auch eine Anzeigepflicht hinsichtlich der vollzogenen **Bestellung** eines **Geschäftsleiters** oder der **Ermächtigung** einer **Person zur Einzelvertretung** des Instituts in dessen gesamten Geschäftsbereich. Die Vollzugsanzeige ist dann zu erstatten, wenn die Bestellung bzw. Ermächtigung rechtswirksam wird, also in der Regel mit dem Abschluss des Dienstvertrags bzw. der Erklärung der Vertretungsmacht.[82] Eine eventuelle Registereintragung oder Veröffentlichung der Bestellung bzw. Entscheidung ist nicht maßgeblich.[83] Wird im Zuge der Übernahme des übertragenden Rechtsträgers die **Firma** des übernehmenden Rechtsträgers geändert, ist dies gemäß § 24

---

[77] Reischauer/Kleinhans/*Albert* KWG Bd. 2 Erg.-Lfg. 4/12 § 24 Rn. 34.
[78] Schwennicke/Auerbach/*Süßmann* KWG § 24 Rn. 33.
[79] Boos/Fischer/Schulte-Mattler/*Braun* KWG Bd. 1 § 24 Rn. 136.
[80] Näher dazu Reischauer/Kleinhans/*Albert* KWG Bd. 2 Erg.-Lfg. 4/12 § 24 Rn. 9; s. a. Boos/Fischer/Schulte-Mattler/*Braun* KWG Bd. 1 § 24 Rn. 135.
[81] Boos/Fischer/Schulte-Mattler/*Braun* KWG Bd. 1 § 24 Rn. 142.
[82] Luz/Neus/Schaber/Schneider/Wagner/Weber/*Rüdenauer*/*Weber* KWG § 24 Rn. 27.
[83] Boos/Fischer/Schulte-Mattler/*Braun* KWG Bd. 1 § 24 Rn. 63.

Abs. 1 Nr. 3 2. Alt. KWG anzuzeigen. Die Anzeigepflicht entsteht, wenn die Firmenänderung wirksam wird, also spätestens mit der Eintragung in das entsprechende Register.[84] Sollte sich durch die Verschmelzung der **Sitz** des übernehmenden Instituts ändern, z. B. durch Verlegung an den Sitz des übertragenden Instituts, so ist dies nach **§ 24 Abs. 1 Nr. 5 KWG** anzeigepflichtig. Gleiches gilt für eine etwaige Verlegung einer Niederlassung. Die Anzeigepflicht entsteht mit der tatsächlichen Sitzverlegung.[85] Dennoch melden Institute die Verlegung in der Praxis häufig bereits vor dem Vollzug. Beim übernehmenden Rechtsträger kann zudem das Anzeigeerfordernis des **§ 24 Abs. 1 Nr. 6 KWG** einschlägig sein. Dies ist der Fall, wenn mit der Verschmelzung eine **Zweigstelle in einem Drittstaat** errichtet, verlegt oder geschlossen werden soll oder zur Aufnahme grenzüberschreitender Dienstleistungen führt.

41 Ändern sich im Zuge der Verschmelzung die Mitglieder oder stellvertretenden **Mitglieder im Kontrollorgan**, besteht eine Anzeigepflicht gemäß **§ 24 Abs. 1 Nr. 15 KWG**. Hiernach sind Tatsachen anzuzeigen, die zur Beurteilung ihrer Zuverlässigkeit, Sachkunde und der ausreichenden zeitlichen Verfügbarkeit für die Wahrnehmung ihrer Aufgaben notwendig sind. Mit eingereicht werden muss eine umfassende Erklärung zu bisherigen Straf-, Ordnungswidrigkeits- und Insolvenzverfahren nach § 5b Abs. 1 AnzV. Zudem sind nach § 5b Abs. 2 AnzV umfassende Angaben zu Angehörigkeitsverhältnissen mit Geschäftsleitern oder Mitgliedern des Kontrollorgans, der Geschäftsbeziehung von Angehörigen zum anzeigenden Unternehmen, weiteren Mandaten und Tätigkeiten als Geschäftsleiter oder Mitglied des Kontrollorgans sowie Angaben zur zeitlichen Verfügbarkeit erforderlich. Darüber hinaus müssen nach §§ 5c, 5d AnzV ein Führungszeugnis und ein Auszug aus dem Gewerbezentralregister nach § 150 GewO eingereicht werden. Für die Anzeige ist gemäß § 5 Abs. 2 AnzV das Formular nach Anlage 2 zu verwenden. Die Anzeige ist gemäß § 24 Abs. 3c S. 2 KWG nur gegenüber der BaFin und der Deutschen Bundesbank abzugeben.

42 b) **Erlaubniserfordernisse.** Hinsichtlich der Folgen einer Verschmelzung für die Bankerlaubnis nach § 32 Abs. 1 KWG ist nach den beteiligten Rechtsträgern zu differenzieren.

Die **Bankerlaubnis des übertragenden Instituts erlischt** mit der Auflösung des Instituts. Da die Bankerlaubnis einen höchstpersönlichen Charakter besitzt, kann sie nicht auf den übernehmenden Rechtsträger übergehen.[86] Die Verschmelzung ist zwar kein ausdrücklicher Erlöschensgrund nach § 35 Abs. 1 KWG. Die Norm ist aber nicht abschließend.[87]

43 Hatte der übernehmende Rechtsträger vor der Verschmelzung keine **eigene Bankerlaubnis**, so muss er rechtzeitig eine eigene beantragen.[88] Wird hingegen auf ein bereits **zugelassenes Kreditinstitut** verschmolzen, so reicht dessen Bankerlaubnis grundsätzlich aus. Denn bei der Verschmelzung durch Aufnahme wird nach hM die rechtliche Identität grundsätzlich gewahrt.[89] Eine **Ergänzung** der Erlaubnis ist aber erforderlich, soweit Bankgeschäfte auf den übernehmenden Rechtsträger übergehen, für die er noch keine Erlaubnis hat. Eine vollständig **neue Erlaubnis** trotz bereits bestehender Erlaubnis ist nur erforderlich, wenn durch die Verschmelzung ein neuer Erlaubnisträger mit **neuer rechtlicher**

---

[84] Boos/Fischer/Schulte-Mattler/*Braun* KWG Bd. 1 § 24 Rn. 77.
[85] Reischauer/Kleinhans/*Albert* KWG Bd. 2 Erg.-Lfg. 4/12 § 24 Rn. 33.
[86] Boos/Fischer/Schulte-Mattler/*Fischer/Müller* KWG Bd. 1 § 35 Rn. 12. Die Verschmelzung bewirkt zwar eine Gesamtrechtsnachfolge, mit der grundsätzlich auch öffentlich-rechtliche Rechtspositionen übertragen werden. Hiervon ausgenommen sind jedoch personenbezogene Erlaubnisse und Genehmigungen wie die Bankerlaubnis nach § 32 KWG, vgl. Kallmeyer/*Marsch-Barner* § 2 Rn. 8; Widmann/Mayer/*Vossius* Bd. 2 152. Erg.-Lfg. 2015 § 20 Rn. 248; Henssler/Strohn/*Wardenbach* § 131 UmwG Rn. 22.
[87] Schwennicke/Auerbach/*Schwennicke* KWG § 32 Rn. 15.
[88] Reischauer/Kleinhans/*Albert* KWG Bd. 3 Erg.-Lfg. 9/12 § 32 Rn. 10b.
[89] Reischauer/Kleinhans/*Albert* KWG Bd. 3 Erg.-Lfg. 9/12 § 32 Rn. 10b; Schwennicke/Auerbach/*Schwennicke* KWG § 32 Rn 17.

Identität entsteht.[90] Dies ist der Fall bei Verschmelzungen unter Beteiligung von Kreditgenossenschaften nach §§ 79 ff. UmwG, da sich durch den mit der Verschmelzung verbundenen Formwechsel die rechtliche Identität des übernehmenden Instituts.[91]

2. Verschmelzung durch Neugründung

Bei der Verschmelzung durch Neugründung übertragen gemäß **§ 2 Nr. 2 UmwG** zwei oder mehrere Rechtsträger jeweils ihr Vermögen als Ganzes auf einen neuen, von ihnen dadurch gegründeten Rechtsträger. Die übertragenden Rechtsträger erlöschen und der übernehmende Rechtsträger entsteht gemäß § 36 UmwG durch die Verschmelzung. Hinsichtlich des Inhalts, Zeitpunkts und der Form der einschlägigen Anzeigepflichten sei zunächst auf die obigen Darstellungen verwiesen (→ Rn. 25–41). 44

a) Anzeigeerfordernisse. Auch bei der Verschmelzung gilt, dass zunächst die **Absicht der Vereinigung** der beiden übertragenden Institute nach **§ 24 Abs. 2 KWG** anzeigepflichtig ist. 45

Daneben bestehen keine weiteren Absichtsanzeigepflichten. Die Anteilsinhaber der übertragenden Rechtsträger müssen keine Anzeige nach **§ 2c Abs. 1 S. 1 KWG** erstatten. Denn diese Pflicht betrifft nur den **Erwerb von Beteiligungen** an bereits bestehenden Instituten.[92] Aus demselben Grund ist auch die Anzeigepflicht über die Absicht der Bestellung von Geschäftsleitern nach § 24 Abs. 1 Nr. 1 KWG nicht einschlägig. Der noch nicht bestehende Rechtsträger kann keine Änderungsabsicht haben. Auch eine Anzeigepflicht hinsichtlich eventueller Zweigniederlassungen nach § 24a Abs. 1 KWG kann erst mit Wirksamkeit der Neugründung für den übernehmenden Rechtsträger entstehen. 46

Für die **übertragenden Institute** ergeben sich folgende **Vollzugsanzeigepflichten**. Das **Ausscheiden** der **Geschäftsleiter** durch Erlöschen des Instituts und der Entzug der Ermächtigung zur Einzelvertretung sind für die übertragenden Rechtsträger nach § 24 Abs. 1 Nr. 2 KWG anzeigepflichtig. Ebenso müssen die erlöschenden übertragenden Institute nach § 24 Abs. 1 Nr. 15a KWG das **Ausscheiden** der Mitglieder und stellvertretender **Mitglieder** des **Verwaltungs- oder Aufsichtsorgans** anzeigen. Zudem haben die erlöschenden übertragenden Institute immer eine Anzeigepflicht nach § 24 Abs. 1 Nr. 7 KWG über die **Einstellung des Geschäftsbetriebs**. Außerdem kann die Anzeigepflicht nach § 24a Abs. 4 KWG iVm § 12 Abs. 2 AnzV einschlägig sein, wenn **Filialen in einem EWR-Staat** von der Verschmelzung betroffen sind oder **grenzüberschreitende Bankdienstleistungen** dorthin eingestellt werden. Sollte der übertragende Rechtsträger Zweigniederlassungen in einem Drittstaat gehabt haben, ist der Vollzug ihrer Schließung gemäß **§ 24 Abs. 1 Nr. 6 KWG** anzuzeigen. 47

Das **neu gegründete, übernehmende Institut** muss der Aufsichtsbehörde den Vollzug der Verschmelzung gemäß **§ 24 Abs. 2 KWG iVm § 10 S. 3 AnzV** anzeigen. Ist eine Zweigstelle in einem EWR-Staat oder eine grenzüberschreitende Dienstleistung dorthin geplant, so sind diese vom übernehmenden Rechtsträger gemäß **§ 24a Abs. 1 und 3 KWG** anzuzeigen. Die Anzeigepflicht nach **§ 24 Abs. 1 Nr. 6 KWG** ist einschlägig, wenn der übernehmende Rechtsträger eine Zweigstelle in einem Drittstaat errichtet oder grenzüberschreitende Dienstleistungen dorthin erbringt. 48

b) Erlaubniserfordernisse. Wie auch bei der Verschmelzung durch Aufnahme gehen die Bankerlaubnisse der übertragenden Institute nicht auf das neu gegründete Institut über, sondern erlöschen. Die Neugründung im Rahmen der Verschmelzung ist stets eine erlaubnispflichtige Rechtsformänderung gemäß § 32 Abs. 1 KWG, die die rechtliche Identität der Erlaubnisträger ändert.[93] 49

---

[90] Reischauer/Kleinhans/*Albert* KWG Bd. 3 Erg.-Lfg. 9/12 § 32 Rn. 10b; Schwennicke/Auerbach/*Schwennicke* KWG § 32 Rn 17.
[91] Boos/Fischer/Schulte-Mattler/*Fischer*/*Müller* KWG Bd. 1 § 32 Rn. 40.
[92] Boos/Fischer/Schulte-Mattler/*Schäfer* KWG Bd. 1 § 2c Rn. 2.
[93] Boos/Fischer/Schulte-Mattler/*Fischer*/*Müller* KWG Bd. 1 § 32 Rn. 40.

50 Der gemäß § 36 UmwG **neu entstehende Rechtsträger** bedarf stets einer eigenen, **neu zu erteilenden Erlaubnis**. Die Erlaubnis muss alle Geschäfte abdecken, die den übertragenden Rechtsträgern erlaubt waren. Sie ist rechtzeitig vor dem Vollzug der Verschmelzung zu beantragen. Denn die Erlaubnis ist gemäß § 43 Abs. 1 KWG Voraussetzung für die Eintragung ins Handelsregister, durch die die Verschmelzung nach § 20 Abs. 1 UmwG vollzogen wird. Im Zweifel wird die Erlaubnis aufschiebend bedingt auf den Zeitpunkt der Verschmelzung erteilt.

IV. Spaltung

51 Bei der Spaltung werden Vermögensteile als Gesamtheit auf einen oder mehrere Rechtsträger übertragen. Gemäß **§ 1 Abs. 1 Nr. 2 UmwG** gibt es die drei Spaltungsarten Aufspaltung, Abspaltung und Ausgliederung. Für die Anzeige- und Erlaubniserfordernisse ist maßgebend, welche Art von Geschäft übertragen wird.

1. Aufspaltung

52 Im Gegensatz zur Abspaltung und Ausgliederung wird bei der Aufspaltung gemäß **§ 123 Abs. 1 UmwG** der übertragende Rechtsträger aufgelöst und dabei sein Vermögen vollständig auf mehrere aufnehmende Rechtsträger übertragen.

53 a) **Aufspaltung zur Aufnahme.** Bei der Aufspaltung zur Aufnahme spaltet ein Rechtsträger gemäß **§ 123 Abs. 1 Nr. 1 UmwG** unter Auflösung ohne Abwicklung sein Vermögen durch gleichzeitige Übertragung der Vermögensteile jeweils als Gesamtheit auf andere bestehende Rechtsträger. Maßgebend ist hier, in welchem Umfang die aufnehmenden Rechtsträger bereits über eigene Erlaubnisse verfügen und inwieweit das bestehende Unternehmen geändert wird.

54 aa) **Anzeigeerfordernisse.** Auf der Seite des **übertragenden Rechtsträgers** entstehen folgende Anzeigepflichten. Zunächst haben die Anteilsinhaber des übertragenden Rechtsträgers eine Anzeige nach **§ 2c Abs. 1 S. 1 KWG** gegenüber der BaFin und der Deutschen Bundesbank zu erstatten, wenn durch die Gewährung von Anteilen am übernehmenden Rechtsträger als Institut der Erwerb einer bedeutenden Beteiligung an diesem Institut beabsichtigt ist. Da bei der Aufspaltung der übertragende Rechtsträger aufgelöst wird, ist stets das Ausscheiden von Geschäftsleitern des sich auflösenden Instituts nach **§ 24 Abs. 1 Nr. 2 KWG** anzuzeigen. Bei dem übertragenden Institut ist zudem nach **§ 24 Abs. 1 Nr. 15a KWG** das Ausscheiden eines Mitglieds und stellvertretender Mitglieder des Verwaltungs- oder Aufsichtsorgans anzuzeigen. Schließlich entsteht für den übertragenden Rechtsträger gemäß **§ 24 Abs. 1 Nr. 7 KWG** immer eine Anzeigepflicht über die Einstellung des Geschäftsbetriebs. Die Anzeigepflicht nach **§ 24a Abs. 1 und 3 KWG** kann auch bei Aufspaltungen unter Schließung von Filialen in EWR-Staaten sowie der Beendigung von grenzüberschreitenden Dienstleistungen dorthin einschlägig sein. Gemäß **§ 24 Abs. 1 Nr. 6 KWG** besteht dieselbe Pflicht bezüglichen Zweigstellen und grenzüberschreitenden Dienstleistungen in Drittstaaten.

55 Die **aufnehmenden Rechtsträger** haben folgende Anzeigen zu erstatten. Sollten bei den aufnehmenden Rechtsträgern neue Geschäftsleiter bestellt werden oder Personen zur Einzelvertretung ermächtigt werden, besteht das Anzeigeerfordernis nach **§ 24 Abs. 1 Nr. 1 KWG**. Hier ist sowohl im Vorhinein die Absicht, als auch später der Vollzug anzuzeigen. Die aufnehmenden Rechtsträger müssen die Bestellung neuer Mitglieder des Verwaltungs- oder Aufsichtsorgans gemäß **§ 24 Abs. 1 Nr. 15 KWG** anzeigen, wenn die Aufspaltung zu einer solchen führt. Sollte sich bei der Aufspaltung die Firma eines übernehmenden Instituts ändern, so ist diese Änderung gemäß **§ 24 Abs. 1 Nr. 3, 2. Alt. KWG** anzuzeigen. Sofern der Sitz oder die Niederlassung der aufnehmenden Institute im Rahmen der Aufspaltung geändert wird, ist dies anzeigepflichtig nach **§ 24 Abs. 1 Nr. 5 KWG**. Die Anzeigepflicht nach **§ 24 Abs. 1 Nr. 6 KWG** kann auch bei Aufspaltungen bei Schließung von Filialen im Ausland sowie der Beendigung von Auslandstätigkeit oder bei der Übernahme solcher Tätigkeiten beim aufnehmenden Rechtsträger einschlägig sein. Daneben kann auch die Anzeigepflicht nach § 24a Abs. 1 und 3 KWG über die Errichtung einer Zweigniederlassung und Erbringung grenzüberschreitender Dienstleistungen in EWR-Staaten einschlägig sein. Sofern die Anteilseigener des übertragenden Instituts durch die Gewährung der Anteile an einem aufnehmenden Institut eine bedeutende Beteiligung erhalten, hat das aufnehmende Institut dies gemäß § 24 Abs. 1 Nr. 10 KWG anzuzeigen.

bb) Erlaubniserfordernisse. Bei einer Aufspaltung zur Aufnahme erlischt das über- 56 tragende Institut und mit ihm seine personenbezogene Bankerlaubnis. Für die Erlaubnispflicht der aufnehmenden Rechtsträger gelten die Ausführungen durch Verschmelzung zur Aufnahme entsprechend (→ Rn. 41–43). Die **aufnehmenden Rechtsträger** bedürfen **keiner neuen Erlaubnis** nach § 32 Abs. 1 KWG, soweit sie bereits über eine entsprechende ausreichende Erlaubnis verfügen. Sollen Geschäfte jenseits der bestehenden Erlaubnis getätigt werden, muss eine Erweiterung beantragt werden. Wenn die aufnehmenden Rechtsträger nach der Aufspaltung erstmalig erlaubnispflichtige Bankgeschäfte aufnehmen, benötigen sie eine eigene neue Erlaubnis.

b) Aufspaltung zur Neugründung. Bei der Aufspaltung zur Neugründung spaltet ein 57 Rechtsträger gemäß § 123 Abs. 1 Nr. 2 UmwG unter Auflösung ohne Abwicklung sein Vermögen durch gleichzeitige Übertragung der Vermögensteile jeweils als Gesamtheit auf andere, von ihm dadurch gegründete neue Rechtsträger auf.

aa) Anzeigeerfordernisse. Im Hinblick auf den übertragenden Rechtsträger ergeben 58 sich hier keine Besonderheiten im Vergleich zur Abspaltung zur Aufnahme. Auch hier wird der übertragende Rechtsträger aufgelöst, daher ist stets das Ausscheiden der Geschäftsleiter des sich auflösenden Instituts nach § 24 Abs. 1 Nr. 2 KWG anzuzeigen. Bei dem übertragenden Institut ist nach § 24 Abs. 1 Nr. 15a KWG das Ausscheiden eines Mitglieds und stellvertretender Mitglieder des Verwaltungs- oder Aufsichtsorgans anzuzeigen. Die Anzeigepflicht nach § 24a Abs. 1 und 3 KWG ist bei Aufspaltungen einschlägig, wenn damit die Schließung von Filialen in einem EWR-Staat oder die Beendigung grenzüberschreitender Dienstleistungen einhergeht. Die gleiche Pflicht gilt bei der Schließung von Zweigstellen in Drittstaaten oder der Einstellung grenzüberschreitender Bankdienstleistungen dorthin nach § 24 Abs. 1 Nr. 6 KWG. Insbesondere entsteht durch das Erlöschen des übertragenden Rechtsträgers nach § 24 Abs. 1 Nr. 7 KWG immer eine Anzeigepflicht über die Einstellung des Geschäftsbetriebs.

Bei den neu gegründeten aufnehmenden Rechtsträgern kann eine Anzeigepflicht nach 59 § 24a Abs. 1 und 3 KWG oder § 24 Abs. 1 Nr. 6 KWG auch bei Aufspaltungen einschlägig sein, wenn eine Zweigstelle in einem EWR-Staat oder Drittstaat errichtet oder grenzüberschreitende Bankdienstleistungen dorthin erbracht werden sollen.

bb) Erlaubniserfordernisse. Die Bankerlaubnis des übertragenden Rechtsträgers er- 60 lischt bei der Aufspaltung zur Neugründung. Die **neu gegründeten aufnehmenden Rechtsträger** verfügen über keinerlei bestehende Erlaubnis und bedürfen daher **stets einer eigenen Erlaubnis**. Es gelten die Ausführungen zur Verschmelzung durch Neugründung entsprechend (→ Rn. 49 – 50).

c) Kombination der Aufspaltung zur Aufnahme und zur Neugründung. Eine 61 Kombination der beiden Spaltungsformen ist ausdrücklich erlaubt gemäß § 123 Abs. 4 UmwG. Für den Teil der Spaltung zur Aufnahme gilt das unter (→ Rn. 53 – 56), für den Teil der Spaltung zur Neugründung das unter (→ Rn. 57 – 60) Dargestellte.

2. Abspaltung

Bei der Abspaltung überträgt der übertragende Rechtsträger gemäß § 123 Abs. 2 62 UmwG nur einen Teil seines Vermögens auf einen oder mehrere andere Rechtsträger. Der übertragende Rechtsträger bleibt bestehen und es entsteht eine Schwestergesellschaft. Damit ist für die Beurteilung von Anzeige- und Erlaubniserfordernissen maßgeblich, welche Geschäfte übertragen werden und ob der aufnehmende Rechtsträger bei Übernahme des Bankgeschäfts selbst schon Träger einer Erlaubnis ist.

63　a) **Abspaltung zur Aufnahme.** Bei der Abspaltung zur Aufnahme spaltet der übertragende Rechtsträger gemäß **§ 123 Abs. 2 Nr. 1 UmwG** einen Teil oder mehrere Teile von seinem Vermögen ab durch Übertragung dieses Teils oder dieser Teile jeweils als Gesamtheit auf einen bestehenden oder mehrere bestehende Rechtsträger.

64　aa) **Anzeigeerfordernisse.** Zunächst werden die Anzeigepflichten dargestellt, die den **übertragenden Rechtsträger** betreffen. Die Anteilsinhaber des übertragenden Rechtsträgers haben im Vorhinein gegenüber der BaFin und der Deutschen Bundesbank eine Anzeige nach **§ 2c Abs. 1 S. 1 KWG** zu erstatten, wenn durch die Gewährung von Anteilen am übernehmenden Rechtsträger als Institut der Erwerb einer bedeutenden Beteiligung an diesem Institut beabsichtigt ist. Den übertragenden Rechtsträger trifft das Anzeigeerfordernis nach **§ 24 Abs. 1 Nr. 2 KWG** über das Ausscheiden und nach **§ 24 Abs. 1 Nr. 1 KWG** über die Bestellung von Geschäftsleitern, wenn das Bankgeschäft des übertragenden Rechtsträgers leitende Geschäftsleiter zu einem aufnehmenden Rechtsträger wechseln. Sofern Bankgeschäft beim übertragenden Rechtsträger verbleibt, ist bei diesem auch die Bestellung eines neuen Geschäftsleiters anzeigepflichtig. Bei dem übertragenden Institut ist nach **§ 24 Abs. 1 Nr. 15a KWG** das Ausscheiden eines Mitglieds und stellvertretender Mitglieder des Verwaltungs- oder Aufsichtsorgans anzuzeigen, sofern diese im Rahmen der Abspaltung wechseln. Sollte sich bei der Abspaltung die Firma des das Bankgeschäft ausübenden Instituts ändern, ist dies nach **§ 24 Abs. 1 Nr. 3, 2. Alt. KWG** anzeigepflichtig. Gleiches gilt für eine Änderung des Sitzes oder der Niederlassung nach **§ 24 Abs. 1 Nr. 5 KWG**. Ebenso kann bei der Abspaltung eines Geschäftsteils die Schließung von Zweigstellen in einem Drittstaat nach **§ 24 Abs. 1 Nr. 6 KWG** anzeigepflichtig sein. Wird das Bankgeschäft vollständig übertragen und damit beim übertragenden Rechtsträger eingestellt, ist dies gemäß **§ 24 Abs. 1 Nr. 7 KWG** anzeigepflichtig.

65　Die **aufnehmenden Rechtsträger** haben insbesondere folgende Anzeigen zu erstatten. Werden bei den aufnehmenden Rechtsträgern neue Geschäftsleiter bestellt oder Personen zur Einzelvertretung ermächtigt, besteht das Anzeigeerfordernis nach **§ 24 Abs. 1 Nr. 1 KWG**. Hier ist bereits die Anzeige der Absicht erforderlich. Sollte sich bei der Abspaltung die Firma des übernehmenden Instituts ändern, so ist diese Änderung gemäß **§ 24 Abs. 1 Nr. 3 2. Alt. KWG** anzuzeigen. Sofern der Sitz oder die Niederlassung der aufnehmenden Institute im Rahmen der Abspaltung geändert wird, ist dies anzeigepflichtig nach **§ 24 Abs. 1 Nr. 5 KWG**. Die Anzeigepflicht nach **§ 24a Abs. 1 KWG** ist einschlägig, wenn mit der Abspaltung Filialen in EWR-Staaten übernommen oder grenzüberschreitende Dienstleistungen dorthin begonnen werden. Gleichfalls besteht eine Anzeigepflicht nach **§ 24 Abs. 1 Nr. 6 KWG** bezüglich Zweigstellen in Drittstaaten sowie grenzüberschreitenden Dienstleistungen dorthin. Sofern die Anteilseigner des übertragenden Instituts durch die Gewährung der Anteile an dem aufnehmenden Institut eine bedeutende Beteiligung erhalten, hat das aufnehmende Institut diese gemäß **§ 24 Abs. 1 Nr. 10 KWG** anzuzeigen, sobald es Kenntnis hiervon hat. Ändern sich die Mitglieder des Verwaltungs- oder Aufsichtsorgans bei den aufnehmenden Rechtsträgern, so ist dies gemäß **§ 24 Abs. 1 Nr. 15 und 15 a KWG** anzuzeigen.

66　bb) **Erlaubniserfordernisse.** Die Erlaubnis des übertragenden Rechtsträgers bleibt bestehen, auch wenn kein Bankgeschäft bei ihm verbleibt. Erst sechs Monate nach der Beendigung der letzten erlaubten Geschäftsart kann die Aufsichtsbehörde die Erlaubnis gemäß § 35 Abs. 2 Nr. 1 KWG aufheben.[94] Allerdings kann der übertragende Rechtsträger auf die Erlaubnis ganz oder teilweise verzichten.[95] Die Erlaubnis erlischt dann ganz oder

---

[94] Boos/Fischer/Schulte-Mattler/*Fischer/Müller* KWG Bd. 1 § 35 Rn. 17.
[95] Schwennicke/Auerbach/*Schwennicke* KWG § 35 Rn 20, 53.

teilweise mit Zugang der Verzichtserklärung bei der BaFin, ohne dass es einer gesonderten Bestätigung oder Erlaubnisrücknahme durch die BaFin bedarf.[96]

Für die Erlaubnispflicht des aufnehmenden Rechtsträgers gelten die Ausführungen zur 67 Verschmelzung durch Aufnahme entsprechend (→ Rn. 42 – 43). Er bedarf **keiner neuen Erlaubnis**, soweit er bereits über eine entsprechende Erlaubnis selbst verfügt. Eventuell müssen weitere Erlaubnistatbestände beantragt werden. Soll der aufnehmende Rechtsträger erstmals erlaubnispflichtige Geschäfte führen, bedarf er stets einer neuen Erlaubnis.

b) Abspaltung zur Neugründung. Bei der Abspaltung zur Neugründung spaltet der 68 übertragende Rechtsträger gemäß **§ 123 Abs. 2 Nr. 2 UmwG** einen Teil oder mehrere Teile von seinem Vermögen ab durch Übertragung dieses Teils oder dieser Teile jeweils als Gesamtheit auf einen oder mehrere, von ihm dadurch gegründeten neuen oder gegründete neue Rechtsträger.

aa) Anzeigeerfordernisse. Die Anzeigeerfordernisse seitens des **übertragenden** 69 **Rechtsträgers** richten sich danach, in welchem Umfang das Bankgeschäft übertragen wird. Die Anteilsinhaber des übertragenden Rechtsträgers müssen eine Anzeige nach **§ 2c Abs. 1 S. 1 KWG** gegenüber der BaFin und der Deutschen Bundesbank erstatten, wenn durch die Gewährung von Anteilen am übernehmenden Rechtsträger als Institut der Erwerb einer bedeutenden Beteiligung an diesem Institut beabsichtigt ist. Wenn das Bankgeschäft leitende Geschäftsleiter des übertragenden Rechtsträgers zu einem aufnehmenden Rechtsträger wechseln, entsteht eine Anzeigepflicht nach **§ 24 Abs. 1 Nr. 2 KWG** über das Ausscheiden. Verbleibt noch Bankengeschäft beim übertragenden Rechtsträger, muss dieser die Bestellung eines neuen Geschäftsleiters nach **§ 24 Abs. 1 Nr. 1 KWG** anzeigen. Bei dem übertragenden Institut ist nach **§ 24 Abs. 1 Nr. 15a KWG** das Ausscheiden eines Mitglieds und stellvertretender Mitglieder des Verwaltungs- oder Aufsichtsorgans anzuzeigen, sofern diese im Rahmen der Abspaltung wechseln. Sollte sich bei der Abspaltung die Firma des das Bankgeschäft ausübenden Instituts ändern, ist dies nach **§ 24 Abs. 1 Nr. 3 2. Alt. KWG** anzeigepflichtig. Entsprechendes gilt für eine Änderung des Sitzes oder der Niederlassung nach **§ 24 Abs. 1 Nr. 5 KWG**. Werden durch die Abspaltung Zweigstellen in einem EWR-Staat übertragen oder geschlossen oder grenzüberschreitende Dienstleistungen eingestellt, trifft den übertragenden Rechtsträger eine Anzeigepflicht nach **§ 24a Abs. 1 und 3 KWG**. Entsprechendes gilt nach **§ 24 Abs. 1 Nr. 6 KWG** für Fälle, die Drittstaaten betreffen. Wird das Bankgeschäft komplett übertragen und damit beim übertragenden Rechtsträger eingestellt, ist dies gemäß **§ 24 Abs. 1 Nr. 7 KWG** anzeigepflichtig.

Demgegenüber ergeben sich auf Seite der **aufnehmenden Rechtsträger** folgende 70 Anzeigepflichten, die insbesondere dem Umstand Rechnung tragen, dass die neu gegründeten aufnehmenden Rechtsträger zuvor nicht existiert haben. Die Anzeigepflicht nach **§ 24a Abs. 1 und 3 KWG** ist bei Aufspaltungen einschlägig, wenn der aufnehmende Rechtsträger eine Zweigniederlassung in einem EWR-Staat oder grenzüberschreitende Dienstleistungen dorthin übernimmt. Entsprechendes gilt nach **§ 24 Abs. 1 Nr. 6 KWG** bezüglich Drittstaaten.

bb) Erlaubniserfordernisse. Beim übertragenden Rechtsträger richtet sich das Schick- 71 sal der Bankerlaubnis danach, ob und in welchem Umfang das Bankgeschäft übertragen wird (→ Rn. 67). Für die Erlaubnispflicht der aufnehmenden, neu gegründeten Rechtsträger gelten die Ausführungen zur Verschmelzung durch Neugründung entsprechend (→ Rn. 49 – 50). Sie bedürfen stets einer **eigenen Bankerlaubnis** nach § 32 Abs. 1 KWG, soweit das Bankgeschäft übertragen wird.

c) Kombination der Abspaltung zur Aufnahme und zur Neugründung. Eine 72 Kombination der beiden Spaltungsformen ist ausdrücklich erlaubt gemäß **§ 123 Abs. 4**

---

[96] Schwennicke/Auerbach/*Schwennicke* KWG § 35 Rn 53.

UmwG. Für den Teil der Spaltung zur Aufnahme gilt das unter (→ Rn. 63 – 67), für den Teil der Spaltung zur Neugründung das unter (→ Rn. 68 – 71) Dargestellte.

3. Ausgliederung

73 Die Ausgliederung ähnelt der Abspaltung dahingehend, dass der übertragende Rechtsträger bestehen bleibt. Der Unterschied besteht gemäß **§ 123 Abs. 3 UmwG** darin, dass die Anteile des übernehmenden Rechtsträgers als Gegenleistung für die Übertragung dem übertragenden Rechtsträger selbst gewährt werden. Durch die Ausgliederung entsteht eine Tochtergesellschaft.[97] Auch die Ausgliederung gibt es als Ausgliederung zur Aufnahme und Ausgliederung zur Neugründung.

74 Gegenüber der Abspaltung liegt die Besonderheit darin, dass das weiter übertragende Institut selbst Anteile an dem aufnehmenden Institut erhält, nicht wie sonst die Anteilseigner. Werden Bankgeschäfte ausgegliedert, muss das übertragende Institut gemäß **§ 2c Abs. 1 KWG** anzeigen, dass es eine bedeutende Beteiligung am aufnehmenden Rechtsträger erhält. Werden andere als Bankgeschäfte ausgegliedert, ist eine Anzeige nach **§ 24 Abs. 1 Nr. 13 KWG** zu erstatten. Zu denken ist insbesondere an die Ausgliederung einer IT-Gesellschaft oder anderen Nichtbankgeschäfte betreibenden Dienstleistungsgesellschaft. Für die Anzeige ist gemäß § 7 Abs. 1 S. 1 AnzV das Formular „Aktivische Beteiligungsanzeige" nach Anlage 3 zur AnzV zu verwenden. Die Einreichung erfolgt gemäß § 7 Abs. 6 AnzV über das papierlose Verfahren. In Bezug auf die übrigen Anzeige- und Erlaubniserfordernisse ergeben sich keine Unterschiede zur Abspaltung (→ Rn. 62 – 72). Entscheidend ist auch hier, welche Geschäfte übertragen werden und welche Erlaubnisse bei dem aufnehmenden Rechtsträger bereits bestehen.

75 Eine Kombination der beiden Ausgliederungsformen ist ausdrücklich erlaubt gemäß **§ 123 Abs. 4 UmwG.** Für den Teil der Ausgliederung zur Aufnahme gilt das unter (→ Rn. 63 – 67), für den Teil der Ausgliederung zur Neugründung das unter (→ Rn. 68 – 71) Dargestellte.

V. Formwechsel

76 Gemäß **§ 190 Abs. 1 UmwG** kann ein Rechtsträger durch Formwechsel eine andere Rechtsform erhalten. Wesentliches Merkmal des Formwechsels ist, dass gemäß § 202 Abs. 1 Nr. 1 UmwG grundsätzlich die Identität des Rechtsträgers erhalten bleibt und dieser lediglich eine neue Rechtsform erhält (sog. Rechtsträgeridentität).[98] Dies ist insbesondere bei der Frage nach dem Erfordernis einer Bankerlaubnis zu beachten.

1. Formwechsel von Personengesellschaften (§§ 214 ff. UmwG)

77 a) **Anzeigeerfordernisse.** Bei einem Formwechsel ist insbesondere das Erfordernis der Anzeige der Änderung der Rechtsform nach **§ 24 Abs. 1 Nr. 3 1. Alt. KWG** relevant. Sofern der Formwechsel kein Erlaubniserfordernis auslöst, ist er stets anzuzeigen. Typischerweise ergeben sich weitere Anzeigepflichten gemäß **§ 24 Abs. 1 Nr. 15 und 15a KWG** daraus, dass bei einem Formwechsel eine Amtskontinuität im Aufsichtsrat nach § 203 S. 1 UmwG in der Praxis die Ausnahme ist.[99] Ebenso können sich Anzeigeerfordernisse nach **§ 24 Abs. 1 Nr. 1 und 2 KWG** bei durch den Rechtsformwechsel verursachten Änderungen bei den Geschäftsleitern ergeben.[100] Darüber hinaus entstehen in der Regel keine weiteren Anzeigepflichten, da das Unternehmen grundsätzlich wie zuvor fortbesteht und seine Geschäfte wie zuvor weiterführt.

---

[97] Henssler/Strohn/*Wardenbach* § 123 UmwG Rn. 7.
[98] Lutter/*Decher/Hoger* Bd. 2 § 202 Rn. 7.
[99] Vgl. Lutter/*Decher/Hoger* Bd. 2 § 202 Rn. 26.
[100] Lutter/*Decher/Hoger* Bd. 2, § 202 Rn. 39.

b) Erlaubniserfordernisse. Es ist **keine neue Erlaubnis** erforderlich, sofern der **Charakter des Rechtsträgers erhalten** bleibt.[101] Dies hängt davon ab, in welche Rechtsform gewechselt wird. Nach dem KWG wird bei einer formwechselnden Umwandlung auf die strukturelle Identität abgestellt.[102] Wird eine **Personengesellschaft in eine Personengesellschaft** umgewandelt, muss keine neue Erlaubnis beantragt werden. Denn in diesem Fall wird die rechtliche Identität strukturell nicht berührt.[103] Wird hingegen eine **Personengesellschaft in eine Kapitalgesellschaft** umgewandelt oder umgekehrt oder eine Kapital- oder Personengesellschaft in eine Genossenschaft umgewandelt, ändert sich die rechtliche Identität und es entsteht ein Erlaubniserfordernis.[104]

2. Formwechsel von Kapitalgesellschaften (§§ 226 ff. UmwG)

a) Anzeigeerfordernisse. Der Wechsel von einer Kapitalgesellschaft in eine andere Kapitalgesellschaft, also z. B. von einer GmbH in eine AG, ist anzeigepflichtig nach **§ 24 Abs. 1 Nr. 3 1. Alt. KWG**.[105] Wird sonst keine wesentliche Änderung vorgenommen, sind in der Regel neben den Anzeigen nach **§ 24 Nr. 1, 2, 15 und 15a KWG** hinsichtlich durch den Rechtsformwechsel verursachter Änderungen in den Leitungs- und Aufsichtsorganen keine weiteren Anzeigen erforderlich.

b) Erlaubniserfordernisse. Nach dem Prinzip der Erlaubnisträgeridentität sind Formwechsel einer Kapitalgesellschaft in eine andere Kapitalgesellschaft nicht erlaubnispflichtig.[106] So bedarf z. B. ein Formwechsel einer AG in eine GmbH und umgekehrt, bei der nur die Rechtsform verändert wird, keiner Erlaubnis.[107] Erlaubnispflichtig sind demgegenüber Formwechsel von Kapitalgesellschaften in eine Personengesellschaft oder in eine Genossenschaft.[108]

3. Formwechsel eingetragener Genossenschaften (§§ 258 ff. UmwG)

Durch die Einführung des Umwandlungsgesetzes sind ehemalige Beschränkungen nach dem Genossenschaftsgesetz entfallen. Auch Genossenschaften können sich daher grundsätzlich beliebig umwandeln.[109] Ein Formwechsel ist jedoch nach **§ 258 Abs. 1 UmwG** nur in eine Kapitalgesellschaft möglich.[110]

a) Anzeigeerfordernisse. Generell gilt auch hier, dass stets das Erfordernis der Anzeige der Änderung der Rechtsform nach **§ 24 Abs. 1 Nr. 3 1. Alt. KWG** relevant ist, sofern keine Erlaubnis erforderlich ist. Im Übrigen zieht ein Formwechsel neben regelmäßig einschlägigen Anzeigeerfordernissen nach **§ 24 Abs. 1 Nr. 1, 2, 15 und 15a KWG** bei durch den Rechtsformwechsel verursachten Änderungen in den Leitungs- und Aufsichtsorganen in der Regel keine weiteren Anzeigeerfordernisse nach sich.

b) Erlaubniserfordernisse. Auch hier gilt, dass die Bankerlaubnis von der Identität des Erlaubnisträgers abhängt. Durch den Wechsel einer Genossenschaft in eine Kapitalgesellschaft wird die rechtliche Identität geändert, sodass eine neue Bankerlaubnis gemäß § 32 Abs. 1 KWG erforderlich ist.[111]

---

[101] Schwennicke/Auerbach/*Schwennicke* KWG § 32 Rn. 17.
[102] Boos/Fischer/Schulte-Mattler/*Fischer/Müller* KWG Bd. 1 § 32 Rn. 39.
[103] Schwennicke/Auerbach/*Schwennicke* KWG § 32 Rn. 17.
[104] Boos/Fischer/Schulte-Mattler/*Braun* KWG Bd. 1 § 32 Rn. 40.
[105] Vgl. Boos/Fischer/Schulte-Mattler/*Braun* KWG Bd. 1 § 24 Rn. 78.
[106] Reischauer/Kleinhans/*Albert* KWG Bd. 3 Erg.-Lfg. 9/12 § 32 Rn. 10b.
[107] Boos/Fischer/Schulte-Mattler/*Fischer/Müller* KWG Bd. 1 § 32 Rn. 41.
[108] Boos/Fischer/Schulte-Mattler/*Braun* KWG Bd. 1 § 24 Rn. 79.
[109] Vgl. Semler/Stengel/*Scholderer* § 79 Rn. 1.
[110] S. auch Lutter/*Bayer* Bd. 2 § 258 Rn. 4.
[111] Boos/Fischer/Schulte-Mattler/*Braun* KWG Bd. 1 § 24 Rn. 79.

4. Formwechsel von Anstalten des öffentlichen Rechts (§§ 301 ff. UmwG)

84 Es besteht ein praktisches Bedürfnis für die formwechselnde Umwandlung von öffentlichen Banken, wie es die Umwandlungen der Bayerischen Staatsbank, der Landesbank Berlin oder der Deutschen Genossenschaftsbank in Aktiengesellschaften zeigen.[112] Solche Formwechsel finden in der Regel aufgrund spezialgesetzlicher Regelungen außerhalb des UmwG statt. Kreditinstitute in der Form der Anstalt des öffentlichen Rechts sind insbesondere Landesbanken und Sparkassen. Sie können gemäß **§ 191 Abs. 1 Nr. 6 UmwG** einen Formwechsel vollziehen. Ein Formwechsel nach dem Umwandlungsgesetz ist gemäß **§ 301 Abs. 1 UmwG**, soweit gesetzlich nichts anderes bestimmt ist, nur in eine Kapitalgesellschaft möglich. Gemäß § 301 Abs. 2 UmwG ist ein Formwechsel nur möglich, wenn das maßgebliche Bundes- oder Landesrecht einen Formwechsel vorsieht oder zulässt. Den Vorschriften des Umwandlungsgesetzes kommt nur subsidiäre Bedeutung zu.[113] Der Formwechsel muss gemäß §§ 193, 302 S. 2 UmwG von den zuständigen Organen in notariell beurkundeter Form beschlossen werden und nach § 198 Abs. 1 UmwG im Handelsregister eingetragen werden. Anzuwendende Gründungsvorschriften bei dem Formwechsel sind dann gemäß § 197 S. 1 UmwG die für die neue Rechtsform geltenden Regelungen, soweit sich aus dem UmwG nicht etwas anderes ergibt.[114]

85 **a) Anzeigeerfordernisse.** Generell gilt auch hier, dass stets das Erfordernis der Anzeige der Änderung der Rechtsform nach **§ 24 Abs. 1 Nr. 3 1. Alt. KWG** relevant ist, sofern keine Erlaubnis erforderlich ist. Im Übrigen zieht ein Formwechsel neben der Anzeigepflicht nach § 24 Abs. 1 Nr. 15 und 15a KWG und ggf. § 24 Abs. 1 Nr. 1 und 2 KWG bei mit dem Rechtsformwechsel einhergehenden Änderungen in den Leitungs- und Aufsichtsorganen in der Regel keine weiteren Anzeigeerfordernisse nach sich.

86 **b) Erlaubniserfordernisse.** Formwechsel von Anstalten des öffentlichen Rechts erzeugen **stets eine Erlaubnispflicht** gemäß § 32 Abs. 1 KWG. Denn für sie ist ein Formwechsel nach § 301 Abs. 1 UmwG grundsätzlich nur in eine Kapitalgesellschaft möglich, der stets die rechtliche Identität berührt.

VI. Vermögensübertragung

87 Die nach § 1 Abs. 1 Nr. 3 UmwG weitere vorgesehene Form der Umwandlung ist die Vermögensübertragung nach **§§ 174 ff. UmwG**. Im Gegensatz zur Verschmelzung und Spaltung wird bei der Vermögensübertragung gemäß § 174 Abs. 1 UmwG eine Gegenleistung an die Anteilsinhaber des übertragenden Rechtsträgers oder diesen selbst gewährt, die nicht in Anteilen oder Mitgliedschaften besteht.[115] Der dem Umwandlungsgesetz immanente adäquate Vermögensausgleich erfolgt nicht durch die Gewährung von Anteilen, sondern auf andere Weise, meist durch eine Barleistung.[116] Besonders relevant ist diese Form der Umwandlung bei der Übertragung des Vermögens oder von Vermögensteilen einer Kapitalgesellschaft auf einen öffentlich-rechtlichen Rechtsträger, da dieser über keine Anteile als mögliche Gegenleistung verfügt.

88 Die **aufsichtsrechtlichen Erfordernisse** entsprechen den oben dargestellten Besonderheiten der **korrespondierenden Umwandlungsformen**. Denn inhaltlich vollzieht sich die Vermögensübertragung grundsätzlich nach den Verschmelzungsvorschriften (§ 176 UmwG) oder den Spaltungsvorschriften (§ 177 UmwG). Bei der **Vollübertragung** entsprechen die Anzeige- und Erlaubniserfordernisse derjenigen der Verschmelzung (→ Rn. 21 – 50). Für die **Teilübertragung** gelten die Ausführungen zur Spaltung

---

[112] Vgl. dazu Lutter/*Schmidt* Bd. 2 Vor § 301 Rn. 2.
[113] Semler/Stengel/*Perlitt* § 301 Rn. 2.
[114] *Beuthien* WM 2003, 1881, 1882.
[115] Semler/Stengel/*Fonk* § 174 Rn. 1.
[116] Semler/Stengel/*Semler* § 1 Rn. 53.

(→ Rn. 51 – 75). Auch bei der Vermögensübertragung werden drei Unterarten differenziert: die aufspaltende, die abspaltende und die ausgliedernde Teilübertragung.[117]

VII. Grenzüberschreitende Umwandlungen

Wenn und soweit die grenzüberschreitende Umwandlung von Banken umwandlungsrechtlich zulässig ist (→ § 5 Rn. 99 ff.), gelten im Grundsatz die oben dargestellten Anzeige- und Erlaubniserfordernisse (→ Rn. 16 – 88). Folgende Besonderheiten sind hervorzuheben. 89

1. Aufsichtszuständigkeiten der EZB

Bei grenzüberschreitenden Umwandlungen unter **Beteiligung bedeutender Institute innerhalb des SSM** ist die EZB zuständige Aufsichtsbehörde. Für Anzeigen sehen Art. 11 und 12 SSM-Rahmenverordnung hier ein gestuftes Verfahren vor. Bei grenzüberschreitenden Umwandlungen von **weniger bedeutenden Instituten sind grundsätzlich die NCAs zuständig**. Die EZB kann jedoch gemäß Art. 6 Abs. 5 lit. b SSM-VO die **Aufsichtskompetenz an sich ziehen**. Der Binnenmarktbezug bietet Argumentationsmaterial für das Erfordernis der kohärenten Anwendung hoher Aufsichtsstandards. Die Übernahme der Kompetenz durch die EZB ist insbesondere dann zu erwarten, wenn bei der grenzüberschreitenden Verschmelzung ein bedeutendes Institut entsteht. Dies ist der Fall, wenn das Institut als Mutterunternehmen nach der Umwandlung in mindestens zwei Mitgliedstaaten Institute als Tochterunternehmen hat oder die grenzüberschreitenden Aktiva oder Passiva mindestens 20 % der gesamten Aktiva oder Passiva überschreiten und der Gesamtwert der Aktiva 5 Mrd. Euro übersteigt.[118] Ist die EZB nicht zuständig, muss die NCA des Herkunftsstaats der EZB und der NCA des Aufnahmemitgliedstaates die Anzeige weiterleiten.[119] In materieller Hinsicht ist bei der grenzüberschreitenden Verschmelzung auf ein deutsches Institut insbesondere eine Anzeige nach § 24a Abs. 1 KWG über die Absicht der Eröffnung einer EWR-Zweigniederlassung hinsichtlich des zu übernehmenden ausländischen Geschäfts zu erstatten. 90

Bei grenzüberschreitenden Umwandlungen, an denen **Institute aus nicht am SSM teilnehmenden EU-Mitgliedstaaten** beteiligt sind, ist die **EZB nach Art. 4 Abs. 1 lit. b und Abs. 2 SSM-VO** zuständig, da das übernehmende Institut nach grenzüberschreitenden Verschmelzungen stets durch Zweigniederlassungen im Staat des aufnehmenden Rechtsträgers grenzüberschreitend tätig wird. Die EZB ist sowohl für die Aufsicht von bedeutenden SSM-Kreditinstituten zuständig, die in einem EU-Staat außerhalb des SSM eine Zweigniederlassung errichten oder grenzüberschreitende Dienstleistungen erbringen wollen, als auch für die Aufsicht des SSM-Staats, in dem Kreditinstitute aus nicht am SSM teilnehmenden EU-Staaten eine bedeutende Zweigniederlassung errichten oder grenzüberschreitende Dienstleistungen erbringen wollen.[120] Für die **Anzeigen** ist in jedem Fall ein **gestuftes Verfahren** vorgesehen, dem zufolge die Anzeigen stets an die NCAs zu richten sind, die dann die Anzeigen an die EZB weiterleiten.[121] Auch bei weniger bedeutenden Instituten ist die EZB stets zu informieren. 91

2. Umwandlungen unter Beteiligung von Instituten aus EWR-Staaten

Bei Umwandlungen unter Beteiligung von Instituten aus EU- bzw. EWR-Staaten greift der **Europäische Pass** (→ Rn. 7). Dementsprechend sind grenzüberschreitende Umwandlungen von Banken unter Aufnahme bzw. Fortführung von Bankgeschäften in einem EU- 92

---

[117] Semler/Stengel/*Fonk* § 174 Rn. 4.
[118] Art. 6 Abs. 4 UAbs. 1 lit. iii und UAbs. 3 SSM-VO iVm Art. 59 Abs. 1 und 2 SSM-Rahmenverordnung.
[119] Art. 11 Abs. 4 S. 2 und Art. 12 Abs. 1 S. 2 und 3 SSM-Rahmenverordnung.
[120] Art. 14 Abs. 1, Art. 16 Abs. 1, Art. 17 Abs. 1 S. 3 SSM-Rahmenverordnung.
[121] Art. 13 Abs. 1, Art. 15 S. 2, Art. 17 Abs. 1 S. 2 SSM-Rahmenverordnung.

bzw. einem EWR-Staat erlaubnisfrei möglich, sofern das Kreditinstitut eine Bankerlaubnis hat, die Erlaubnis die getätigten Geschäfte abdeckt und das Kreditinstitut von der zuständigen Behörde nach EU-Recht beaufsichtigt wird (vgl. auch § 53b KWG). Insbesondere die Anzeigepflichten nach § 24a KWG zur Errichtung einer Zweigniederlassung und Erbringung grenzüberschreitender Dienstleistungen in anderen Staaten des EWR tragen dem grenzüberschreitenden Aspekt einer Umwandlung Rechnung (→ Rn. 31).

3. Umwandlungen unter Beteiligung von Instituten aus Drittstaaten

93 Grenzüberschreitende Umwandlungen mit **Instituten aus Staaten außerhalb des EWR (Drittstaaten)** sind **nach hM nicht vom Anwendungsbereich des UmwG erfasst**, da § 1 Abs. 1 UmwG den Anwendungsbereich auf Unternehmen mit Sitz im Inland beschränkt.[122] Nur vereinzelt wird vertreten, dass eine Umwandlung unter Beteiligung von US-Unternehmen analog §§ 122a ff. UmwG wegen der Gleichbehandlungsklausel des deutsch-amerikanischen Freundschafts-, Handels- und Schifffahrtsvertrags vom 29.10.1954 möglich sei.[123]

94 Aus aufsichtsrechtlicher Perspektive können **Institute mit Sitz in Drittstaaten** indes **keine Erlaubnisträger** iSd § 32 KWG sein. Wenn sie in Deutschland Bankgeschäfte ausüben wollen, muss nach § 53 Abs. 1 iVm § 32 Abs. 1 KWG eine **Zweigniederlassung** gegründet und für diese eine **Bankerlaubnis** beantragt werden, bevor eine Umwandlung im Rahmen des UmwG möglich ist. Besteht bereits eine zugelassene Zweigniederlassung des Drittstaateninstituts im EWR, gilt die Erlaubnisfreiheit des Europäischen Passes nach § 53b Abs. 1 KWG.

4. Exkurs: Auswirkungen des Brexit

95 Für den Fall, dass Großbritannien im Rahmen des **Brexit** aus der EU und dem EWR ausscheiden sollte und keine vertraglichen Sonderregeln mit der Europäischen Union über eine Fortgeltung des Europäischen Passes vereinbart werden können, werden die Banken aus dem Vereinigten Königreich in Deutschland wie **Banken aus Drittstaaten** behandelt werden müssen.[124] Dies sollte bereits heute im Hinblick auf geplante Umwandlungsmaßnahmen unter Beteiligung deutscher und britischer Banken beachtet werden.

C. Umwandlungen in der Krise

96 Umwandlungen in der Krise einer Bank sind sehr viel stärker in aufsichtsrechtliche Strukturen eingebunden, als dies für den „Normalmodus" gilt. **§ 12 Abs. 1 S. 2 SAG** definiert den Krisenfall einer Bank als Zustand, in dem sich die **Finanzlage** eines Instituts **wesentlich verschlechtert** und diese Verschlechterung zu einer **Bestandsgefährdung** führen kann. Zur Vermeidung einer Krise und Abwendung einer Bestandsgefährdung sehen die einschlägigen Gesetze ein **abgestuftes Instrumentarium** vor, dass von **Krisenbewältigungs- und Sanierungsmaßnahmen** zu **Abwicklungsmaßnahmen** und/oder der **Einleitung des Insolvenzverfahrens** führt. Das Krisen- und Sanierungsregime für Banken ergibt sich aus Normen des KWG, der SSM-VO, des SAG und des KredReorgG. Das Abwicklungsregime ergibt sich aus dem SAG im Zusammenspiel mit der SRM-VO und dem KredReorgG. Das Insolvenzregime der InsO wird bei Banken teilweise von Bestimmungen des KWG modifiziert.[125] Obwohl das Krisen- und Sanierungsregime dem

---

[122] Semler/Stengel/*Semler* § 1 Rn. 41.
[123] Böttcher/Habighorst/Schulte/*Althoff* § 122a Rn. 12.
[124] Vgl. *Nemeczek/Pitz* NVwZ 2017, 120, 126.
[125] Dazu näher Jahn/Schmitt/Geier/*Pannen* HdB Bankensanierung und –abwicklung B. X. Rn. 33 ff.

Abwicklungs- und Insolvenzregime vorgelagert ist,[126] kann es praktisch zu einem Nebeneinander beider kommen.[127] Private Umwandlungsmaßnahmen bei Banken sind in diesem besonderen aufsichtsrechtlichen Rahmen nur teilweise und unter qualifizierten Voraussetzungen zulässig.

Von den vorbezeichneten besonderen aufsichtsrechtlichen Regeln zur Bewältigung der Krise einer Bank sind **beihilfenrechtliche Anforderungen** abzugrenzen, wenn der Staat – wie in der Finanzkrise häufig – **staatliche Mittel zur Bankenrettung** einsetzt.[128] Das Beihilfenrecht steht unabhängig neben dem Aufsichtsrecht; indes können Auflagen in Genehmigungen der EU-Kommission für Beihilfen zur Bankenrettung Umwandlungsmaßnahmen auslösen, die ihrerseits den aufsichtsrechtlichen Anforderungen unterliegen.

Auch Maßnahmen der – freiwilligen und privat organisierten – **Institutssicherung und Einlagensicherung**[129] können zu Umwandlungsmaßnahmen bei Banken führen, die den allgemeinen aufsichtsrechtlichen Anforderungen unterliegen und von staatlichen Aufsichts- und Abwicklungsmaßnahmen abzugrenzen sind. Anerkannten institutsbezogenen Sicherungssystemen steht dabei die Möglichkeit alternativer Maßnahmen nach § 49 EinSiG offen, um die Abwicklung und Insolvenz von Instituten durch Stützungsmaßnahmen abzuwenden.[130]

Nachfolgend werden unter I. (→ Rn. 100 – 107) die besonderen aufsichtsrechtlichen Anforderungen und Befugnisse im Überblick dargestellt, die die Entscheidung über das „Ob" und das „Wie" einer Umwandlung in der Krise einer Bank beeinflussen können. Anschließend werden unter II. (→ Rn. 108 – 110) die besonderen hoheitlichen Abwicklungsinstrumente kurz dargestellt, die ähnlich wie private Umwandlungsmaßnahmen wirken, deren Anordnung die Durchführung privater Maßnahmen aber ausschließt.

I. Besondere aufsichtsrechtliche Anforderungen und Befugnisse

1. Befugnisse nach KWG

Neben die Anzeige- und Erlaubniserfordernisse des KWG (dazu Teil B (→ Rn. 16 – 95)) treten in der Krise eines Instituts die **§§ 45 ff. KWG**. Danach kann die Aufsichtsbehörde unter bestimmten Voraussetzungen auf die Durchführung einer Umwandlungsmaßnahme hinwirken, wenn diese zur Abwendung einer Krise geeignet und erforderlich ist. Die der

---

[126] So zum Verhältnis von KredReorgG und dem Insolvenzrecht auch *Bauer/Hildner* DZWir 2015, 251, 253.

[127] Von einer zum Teil schwer zu überschauenden Gemengelage sprechen *Bauer/Hildner* DZWir 2015, 251, 252.

[128] Zum Einfluss der Europäischen Kommission mittels der Beihilfenaufsicht auf die Krisenbewältigung von Kreditinstituten *Arhold* EuZW 2008, 713. Mit Inkrafttreten der sanierungs- und abwicklungsrechtlichen Bestimmungen, deren Zielsetzung gerade die Verhinderung staatlicher Krisenfinanzierung (bail-out) ist, ist die Bedeutung beihilfenrechtlicher Erlaubnisverfahren zumindest fraglich geworden. Indes ist das Verhältnis zwischen Beihilfenrecht und Sanierungs- und Abwicklungsregime in den Einzelheiten nicht geklärt: So eröffnet das Sanierungs- und Abwicklungsregime die Möglichkeit von Beihilfen als ultima ratio (Art. 32 Abs. 4 lit. d BRRD), was wiederum die Beihilfenkontrolle der Art. 107 ff. AEUV auslöst (V. *Bonin/Olthoff* EuZW 2016, 778, 779; *Triantafyllakis* WM 2016, 2248). Die Qualifikation der Gewährung von Mitteln aus Einlagensicherungsfonds (dazu Bankenmitteilung v. 30.7.2013, Nr. 63, ABl. C 216, 1) und dem Abwicklungsfonds (dazu Bankenmitteilung v. 30.7.2013, Nr. 64, ABl. C 216, 1; sog. „unechtes Beihilfenverfahren" nach Art. 18 Abs. 9, 19 SRM-VO, vgl. *Kämmerer* WM 2016, 1, 9 und *Grundmann* ZHR 2015, 563, 588) als Beihilfen i. S. d. Art. 107 AEUV ist zweifelhaft (a. A. bzgl. Mitteln der italienischen gesetzlichen Einlagensicherung FITD die Kommission in der vor dem EuG anhängigen Rs. T-196/16 „Banca Tercas").

[129] Dazu *Berger* BKR 2016, 144; zur Einlagensicherung der privaten Banken *Weber/Weber* FS Pannen, 2017, S. 105; zum freiwilligen Einlagensicherungsfonds der privaten Banken *Ganter* FS Pannen, 2017, S. 41.

[130] Zur Abgrenzung von Stützung, Abwicklung und Entschädigung im Einzelnen *Berger* FS Pannen, 2017, S. 3, 7 ff.

Aufsichtsbehörde eingeräumten Eingriffsinstrumente stehen in einem vom Grad der Gefährdung abhängigen Stufenverhältnis.[131]

101 § 45 KWG eröffnet als **zentrale Frühinterventionsnorm** des KWG[132] Eingriffsmöglichkeiten bei der Verschlechterung der Liquidität und Eigenkapitalausstattung eines Instituts.[133] Nach § 45 Abs. 1 S. 1 Nr. 2 KWG kann die Aufsichtsbehörde als sog. Vorfeldmaßnahme[134] anordnen, dass das Institut Maßnahmen zur besseren Abschirmung oder Reduzierung der vom Institut als wesentlich identifizierten Risiken und damit verbundener Risikokonzentrationen prüft. Dabei sollen auch Konzepte für den **Ausstieg aus einzelnen Geschäftsbereichen** oder die **Abtrennung von Instituts- oder Gruppenteilen** erwogen werden. Die vom Institut durchzuführende Prüfung von Maßnahmen zur Risikoverminderung hat demnach auch umwandlungsrechtliche Maßnahmen zu berücksichtigen. Wenn Maßnahmen nach Abs. 1 keine ausreichende Gewähr für die Einhaltung der Anforderungen bieten (§ 45 Abs. 1 S. 3 KWG) oder die konkreten Kennziffern des Abs. 2 unterschritten werden, eröffnet Abs. 2 weitere Eingriffsmöglichkeiten. So kann von der Aufsichtsbehörde nach § 45 Abs. 2 S. 1 Nr. 7 KWG die Darlegung eines **Restrukturierungsplans** durch das Kreditinstitut verlangt werden, der Ausführungen zu möglichen umwandlungsrechtlichen Maßnahmen enthalten kann. Gemäß § 45 Abs. 2 S. 1 Nr. 8 KWG kann die Aufsichtsbehörde die **Umsetzung von Handlungsoptionen** aus einem erlassenen Sanierungsplans gemäß § 13 SAG anordnen. Die in einem solchen Plan etwa vorgesehenen umwandlungsrechtlichen Maßnahmen sind dann zwangsweise einzuleiten. Bei der Durchführung handelt es sich indes weiterhin um eine privatautonome Umwandlung, die den unter B (→ Rn. 16–95) dargestellten Anforderungen unterliegt.

102 § 46 KWG ermächtigt die Aufsichtsbehörde zu **einstweiligen Maßnahmen** bei Gefahren für die Erfüllung der Verpflichtungen eines Instituts gegenüber seinen Gläubigern oder dem begründeten Verdacht, dass eine wirksame Aufsicht nicht möglich ist.[135] Während für Maßnahmen nach § 45 KWG bereits eine entfernte Gefahrenquelle genügt, setzt § 46 KWG eine konkrete Gefahr voraus.[136] Nach § 46 Abs. 1 S. 1 Nr. 1 KWG kann die Aufsichtsbehörde **Anweisungen an die Geschäftsführung** des Instituts erlassen. Darunter fallen sowohl Ge- als auch Verbote, die die Geschäftspolitik und -organisation betreffen.[137] Die Behörde kann hierdurch zumindest vorläufig auch die Durchführung von Umwandlungsmaßnahmen verhindern. Eine Befugnis der Behörde zur Anordnung von Umwandlungsmaßnahmen ist § 46 Abs. 1 KWG hingegen nicht zu entnehmen. Dies würde dem vorläufigen Charakter der zugelassenen Maßnahmen widersprechen. Auch ein nach § 46 Abs. 1 S. 2 Nr. 4 KWG verhängtes **Veräußerungs- und Zahlungsverbot** kann die Durchführung von Umwandlungsmaßnahmen beschränken. Das Veräußerungs- und Zahlungsverbot soll einen Vermögensabfluss zulasten einzelner Gläubiger verhindern, während die Aufsichtsbehörde Zeit für die Prüfung von Sanierungs- und Abwicklungsmöglichkeiten gewinnt.[138]

103 Die Bundesregierung kann nach § 46g Abs. 1 KWG ein Moratorium durch **Rechtsverordnung** anordnen, wenn wirtschaftlichen Schwierigkeiten eines Kreditinstituts zu befürchten sind, die schwerwiegende Gefahren für die Gesamtwirtschaft erwarten las-

---

[131] Gottwald/*Obermüller* Insolvenrechts-HdB § 103 Rn. 2.
[132] Boos/Fischer/Schulte-Mattler/*Lindemann* KWG Bd. 1 § 45 Rn. 1.
[133] Boos/Fischer/Schulte-Mattler/*Lindemann* KWG Bd. 1 § 45 Rn. 1.
[134] Boos/Fischer/Schulte-Mattler/*Lindemann* KWG Bd. 1 § 45 Rn. 57.
[135] Dazu Boos/Fischer/Schulte-Mattler/*Lindemann* KWG Bd. 1 § 46 Rn. 57 ff.
[136] Boos/Fischer/Schulte-Mattler/*Lindemann* KWG Bd. 1 § 46 Rn. 29.
[137] Boos/Fischer/Schulte-Mattler/*Lindemann* KWG Bd. 1 § 46 Rn. 68; mögliche Maßnahmen bei *Pannen* Kap. 1 Rn. 48 ff.
[138] Boos/Fischer/Schulte-Mattler/*Lindemann* KWG Bd. 1 § 46 KWG Rn. 85; zu den Eingriffsvoraussetzungen im Einzelnen *Pannen* Kap. 1 Rn. 31 ff; Boos/Fischer/Schulte-Mattler/*Lindemann* KWG Bd. 1 § 46 Rn. 49.

sen.¹³⁹ Eine Anordnung nach § 46g Abs. 1 Nr. 1 KWG gewährt einem Kreditinstitut einen **Aufschub für die Erfüllung seiner Verbindlichkeiten** auch aus bankfremden Geschäften.¹⁴⁰ Dies umfasst auch Verbindlichkeiten der betroffenen Bank aus einem Umwandlungsvertrag.

2. Anforderungen und Befugnisse nach SAG

Von zentraler Bedeutung für die Abwehr von Krisenfällen bei Banken sind die **sanierungsrechtlichen Vorschriften des SAG**, insbesondere die Bestimmungen über die **Sanierungsplanung** (§§ 12 – 21a SAG). Nach § 12 Abs. 1 SAG sind für Krisenfälle durch die Institute Sanierungspläne aufzustellen, in denen dargelegt wird, mit welchen von dem Institut zu treffenden Maßnahmen die **finanzielle Stabilität** gesichert oder wiederhergestellt werden kann. Sanierungspläne dienen dazu, das Institut in die Lage zu versetzen, eine **Krise** zu **bewältigen** und eine **Abwicklung** zu **vermeiden**.¹⁴¹ § 13 Abs. 2 Nr. 3 SAG sieht für den Sanierungsplan das Erfordernis einer Darstellung der zur Verfügung stehenden **Handlungsoptionen** vor, zu denen auch Maßnahmen zählen, mit denen der **Abbau von risikogewichteten Aktiva**, insbesondere durch Verkauf von Beteiligungen, Geschäftsbereichen oder sonstigen Vermögensgegenständen erreicht wird.¹⁴² Die Handlungsoptionen können auch Umwandlungsmaßnahmen umfassen, die – wie der Sanierungsplan insgesamt – unter dem Vorbehalt der **Prüfung und Bewertung durch die Aufsichtsbehörde** stehen (§ 15 Abs. 2 SAG). 104

Entscheidet sich ein Institut im Krisenfall ohne vorherige behördliche Maßnahme, eine **Umwandlungsmaßnahme zur Sanierung** durchzuführen, greifen die allgemeinen aufsichtsrechtlichen **Anzeige- und Erlaubniserfordernisse** (Teil B → Rn. 16 – 95) ein. Der Umstand, dass die Aufsichtsbehörde zu einem früheren Zeitpunkt den Sanierungsplan einschließlich einer darin als Handlungsoption dargestellten Umwandlungsmaßnahme geprüft und akzeptiert hat, macht die späteren aufsichtsrechtlichen Verfahren im Hinblick auf eine konkrete Umwandlungsmaßnahme nicht entbehrlich. 105

Für den Fall ausbleibender oder nicht zielführender Sanierungsmaßnahmen durch ein Institut in der Krise ermächtigen die §§ 36 – 39 SAG die Aufsichtsbehörde, **Frühinterventionsmaßnahmen** zu ergreifen. Diese Befugnisse stehen unabhängig neben der Interventionsbefugnis nach § 45 KWG. Nach § 36 Abs. 1 S. 1 SAG kann die Aufsichtsbehörde gegenüber dem Institut **Maßnahmen** anordnen, die geeignet und erforderlich sind, um eine **signifikant verschlechterte wirtschaftliche Situation** des Instituts zu **verbessern**. Nach § 36 Abs. 1 S. 3 Nr. 1 lit. b SAG kann die Aufsichtsbehörde insbesondere verlangen, dass ein Institut eine oder mehrere **Handlungsoptionen des Sanierungsplans** umsetzt, also auch eine etwaige vorgesehene Umwandlungsmaßnahme ergreift. Darüber hinaus kann die Aufsichtsbehörde nach § 36 Abs. 1 S. 3 Nr. 1 lit. e SAG unabhängig vom Sanierungsplan verlangen, dass ein Institut seine **Geschäftsstrategie** sowie seine **rechtlichen und operativen Strukturen** ändert. Auch in diesem Fall bleibt die Umsetzung jedoch dem Institut überantwortet und vollzieht sich daher in privatrechtlichen Bahnen. Die allgemeinen aufsichtsrechtlichen Anzeige- und Erlaubniserfordernisse (Teil B → Rn. 16 – 95) finden auch in diesem Fall Anwendung. 106

---

¹³⁹ Dazu im Detail Boos/Fischer/Schulte-Mattler/*Lindemann* KWG Bd. 1 § 46g Rn. 4 ff.
¹⁴⁰ Boos/Fischer/Schulte-Mattler/*Lindemann* KWG Bd. 1 § 46g Rn. 11 ff.
¹⁴¹ Jahn/Schmitt/Geier/*Sedlak* HdB Bankensanierung und –abwicklung A. IV. Rn. 5.
¹⁴² S. die Erläuterungen zu Abschnitt E.3.1 Nr. 1 MaSan des Rundschreibens 3/2014 (BA) – Mindestanforderungen an die Ausgestaltung von Sanierungsplänen (MaSan), abrufbar unter https://www.bafin.de/SharedDocs/Downloads/DE/Rundschreiben/dl_rs_1403_ba_erl%C3%A4uterungen_masan.pdf?__blob=publicationFile&v=1; die von der BaFin veröffentlichten MaSan geben einen Rahmen für die Ausgestaltung von Sanierungsplänen durch Kreditinstitute vor, die von der Aufsicht als in Deutschland potentiell systemgefährdend identifiziert worden sind, abrufbar unter https://www.bafin.de/SharedDocs/Veroeffentlichungen/DE/Rundschreiben/rs_1403_masan_ba.html.

3. Befugnisse nach Art. 16 SSM-VO

107 In Art. 16 SSM-VO finden sich schließlich spezielle, der EZB als Aufsichtsbehörde eröffnete **Frühinterventionsbefugnisse** gegenüber bedeutenden Instituten, die parallel zu den Befugnissen nach KWG und SAG bestehen[143] Danach kann die EZB u. a. die **Geschäftsbereiche**, die Tätigkeiten oder das Netz von Instituten einschränken oder begrenzen oder die **Veräußerung von Geschäftszweigen**, die für die Solidität des Instituts mit zu großen Risiken verbunden sind, verlangen (Art. 16 Abs. 2 lit. e SSM-Verordnung). Im Einzelfall kann das Veräußerungsverlangen der EZB auch umwandlungsrechtliche Maßnahmen erforderlich machen, die dann unter die allgemeinen aufsichtsrechtlichen Anzeige- und Erlaubniserfordernisse fallen.

II. Umwandlungsähnliche Abwicklungsmaßnahmen

108 Umwandlungsrechtliche Maßnahmen zur Abwendung der Krise einer Bank können nicht mehr vorgenommen werden, wenn und soweit die Abwicklungsbehörde **hoheitliche Abwicklungsmaßnahmen** nach dem SAG angeordnet hat.[144] Eine Abwicklung zielt darauf, die mit einer **langwierigen Insolvenz** eines systemisch relevanten Instituts einhergehende Verunsicherung der Märkte durch eine rasche Intervention zu **vermeiden**, die **systemisch wichtigen Funktionen** des Instituts aufrechtzuerhalten und die **Finanzstabilität** sicherzustellen.[145] Dabei sollen die **finanziellen Lasten** der Maßnahme vorrangig von den Eigentümern und Gläubigern des Kreditinstituts über das **Bail-in-Instrument** getragen werden. Gemäß § 62 Abs. 1 SAG bedarf es für die Anordnung von Abwicklungsmaßnahmen einer **Bestandsgefährdung** des Instituts (§ 63 SAG), die Maßnahme muss erforderlich und verhältnismäßig zur **Erreichung von Abwicklungszielen** i. S. d. § 67 SAG sein und alternative Maßnahmen des privaten Sektors und der Aufsichtsbehörde dürfen nicht mehr zur Verfügung stehen (**doppelte Subsidiarität der Abwicklung**).[146]

109 Als Abwicklungsmaßnahmen kommen u. a. die in **§ 77 Abs. 1 Nr. 1 SAG** genannten **Abwicklungsinstrumente** in Betracht, deren Wirkung teilweise mit der von umwandlungsrechtlichen Maßnahmen vergleichbar ist. Das ist insbesondere der Fall bei der **Übertragung von Anteilen, Vermögenswerten, Verbindlichkeiten und Rechtsverhältnissen** nach §§ 107 – 135 SAG. Bei der Übertragungsanordnung handelt es sich um einen Verwaltungsakt (§ 137 Abs. 1 S. 1 SAG), wobei die Übertragung mit Bekanntgabe Wirksamkeit erlangt (§ 114 Abs. 1 SAG). Die Übertragungsanordnung bedarf der Einwilligung des übernehmenden (§ 109 SAG), nicht aber des abzuwickelnden Rechtsträgers (oder dessen Gläubigers oder Schuldners). Nach § 113 Abs. 1 SAG handelt es sich bei abwicklungsrechtlichen Übertragungen um **Übertragungen sui generis**.[147]

110 **Umwandlungsrecht** nach dem UmwG findet auf die Übertragungsvorgänge nach SAG keine Anwendung.[148] Auch die allgemeinen **aufsichtsrechtlichen Erfordernisse** gelten nur modifiziert. So kann zwar die Übertragung auf einen Dritten nach § 107 Abs. 1 Nr. 1 lit. a SAG Erlaubniserfordernisse bei dem übernehmenden Rechtsträger auslösen (§ 118 Abs. 1 SAG). Die Abwicklungsanordnung gilt aber bereits als Antrag auf Erteilung der Erlaubnis, wenn der übernehmende Rechtsträger noch nicht über die erforderlichen

---

[143] *Bauer/Hildner* DZWir 2015, 251, 255; zur daraus resultierenden Rechtsunsicherheit Boos/Fischer/Schulte-Mattler/*Lindemann* KWG Bd. 1 § 45 Rn. 25 f.
[144] Zu Begriff, Funktionen und Voraussetzungen von Abwicklungsmaßnahmen im Einzelnen *Berger* FS Pannen, 2017, S. 3, 12 ff.
[145] Erwägungsgrund 1 und 4 BRRD.
[146] Dazu *Berger* FS Pannen, 2017, S. 3, 15 f.
[147] BT-Drs. 18/2575 S. 181.
[148] Vgl. auch Jahn/Schmitt/Geier/*Lehmann* HdB Bankensanierung und –abwicklung B. IX. Rn. 21 ff. zu Überlegungen einer entsprechenden Anwendung des Umwandlungsrechts im Kollisionsrecht.

Erlaubnisse verfügt (§ 119 Abs. 2 SAG). Bis zur Entscheidung über die zu erteilenden Erlaubnisse greift zudem eine **Erlaubnisfiktion** (§ 119 Abs. 3 S. 1 SAG).

§ 65 Versicherungsaufsichtsrecht

Übersicht

	Rdnr.		Rdnr.
I. Allgemeines	1–4	2. Prüfungsumfang	8–13
II. Genehmigungsvorbehalt	5–15	3. Rechtsmittel und Rechtsfolgen	14, 15
1. Zuständige Behörde	7		

Schrifttum: *Bähr* (Hrsg.), Handbuch des Versicherungsaufsichtsrechts, 2011; *Benkel*, Der Versicherungsverein auf Gegenseitigkeit, 2002; *Fahr/Kaulbach/Bähr Pohlmann* (Hrsg.), Versicherungsaufsichtsgesetz, 5. Auflage 2012; *Laars*, Versicherungsaufsichtsgesetz, 3. Auflage 2015; *Martiensen*, Fusionen von Versicherungsvereinen auf Gegenseitigkeit, Diss. 2006; Münchener Kommentar zum VVG, *Langheid/Wandt* (Hrsg.), Band 3: Nebengesetze, Systematische Darstellungen, 2. Auflage 2017; *Prölss* (Hrsg.), Versicherungsaufsichtsgesetz, 12. Auflage 2005; *Semler/Stengel* (Hrsg.), Kommentar zum UmwG, 4. Auflage 2017; *Terbille/Höra* (Hrsg.), Münchener Anwaltshandbuch Versicherungsrecht, 3. Aufl. 2013.

I. Allgemeines

Alle privaten und öffentlich-rechtlichen Versicherer, die in Deutschland die private Erst- 1 und Rückversicherung betreiben und ihren Sitz in Deutschland haben, stehen entweder unter der Aufsicht der Bundesanstalt für Finanzdienstleistungsaufsicht (BaFin) oder von Landesaufsichtsbehörden. Dabei beaufsichtigt die **BaFin** diejenigen in Deutschland tätigen privaten Versicherer, die wirtschaftlich von erheblicher Bedeutung sind und die öffentlich-rechtlichen Wettbewerbsversicherer, die über die Grenzen eines Bundeslandes hinaus tätig sind (§ 320 Abs. 1 VAG). Die **Landesaufsichtsbehörden** für Versicherung sind vor allem für die öffentlich-rechtlichen Versicherer zuständig, deren Tätigkeit auf das jeweilige Bundesland beschränkt ist und für diejenigen privatrechtlichen Versicherer, die wirtschaftlich von geringerer Bedeutung sind; dabei erfolgt die Übertragung der Aufsicht durch das Bundesministerium der Finanzen auf Antrag der BaFin mit Zustimmung der Landesaufsichtsbehörde (§§ 320, 321 VAG).

Die deutsche Versicherungsaufsicht stellt eine materielle Staatsaufsicht dar, die den Auf- 2 sichtsbehörden die Möglichkeit einräumt, aktiv gegenüber den Versicherungsunternehmen tätig zu werden.[1] Die **Rechtsgrundlagen der Versicherungsaufsicht** in Deutschland gehen zurück auf das Reichsversicherungsaufsichtsgesetz vom 1.1.1902.[2] Auch vor Erlass des Reichsversicherungsaufsichtsgesetzes wurde eine Versicherungsaufsicht in Deutschland praktiziert.[3] Zentrale Rechtsgrundlage der heutigen deutschen Versicherungsaufsicht ist das **Gesetz zur Beaufsichtigung der Versicherungsunternehmen** (VAG)[4]. Das VAG wird flankiert durch eine Vielzahl an Rechtsverordnungen, Verwaltungsakten und Rundschreiben der BaFin. Zu den bedeutenden **Rechtsverordnungen** gehören etwa die Verordnung über die Kapitalausstattung von Versicherungsunternehmen (Kapitalausstattungsverordnung – KapAusstV), die Verordnung über Rechnungsgrundlagen für die Deckungsrückstellungen (Deckungsrückstellungsverordnung – DeckRV) oder die Versicherungs-Vergütungsverordnung (VersVergV). Sie stellen öffentlich-rechtliche Rechtsquellen der Versicherungsaufsicht dar und konkretisieren überwiegend Regelungen im VAG.[5] Der Erlass von **Verwaltungs-**

---
[1] Dazu ausführlich z. B. Bähr/*Schenke*, § 1; MünchKomm/VVG/*Langheid*, Band 3, 100. Versicherungsaufsichtsrecht Rn. 86.
[2] RGBl. 1901 S. 489.
[3] Terbille/Höra/*Höra*, Münch. Hdb. VersR, § 1 Rn. 14.
[4] Zuletzt geändert durch Gesetz vom 26.7.2016 BGBl. I S. 1824 mit Wirkung vom 1.1.2017.
[5] Beckmann/Matusche-Beckmann/*Lorenz*, Hdb. VersR § 1 Rn. 62.

akten ist Ausprägung des öffentlich-rechtlichen Dauerverhältnisses zwischen Aufsichtsbehörde und überwachten Versicherungsunternehmen. **Rundschreiben** der BaFin konkretisieren demgegenüber vielmehr unverbindlich das Verwaltungshandeln der Aufsichtsbehörde, können jedoch unter Umständen zu einer Selbstbindung der Aufsichtsbehörde führen[6].

3   Das VAG ist durch den europäischen Gesetzgeber und die **Solvency II-Vorgaben** maßgeblich geändert worden. Die Solvency II-Vorgaben folgen dabei einem **mehrstufigen Verfahren**. Auf Ebene 1 verlangt die **Solvency II-Rahmenrichtlinie**[7], die noch vor der nationalen Umsetzung durch die **VAG-Novelle** von 2016 durch die Omnibus II-Richtlinie[8] angepasst wurde, die Umsetzung eines „**Drei-Säulen-Modells**" auf nationaler Ebene betreffend quantitativer Kapitalanforderungen (Säule 1), der Implementierung von Risikomanagement-Systemen (Säule 2) und Offenlegungsmaßgaben zur Sicherstellung von Markttransparenz (Säule 3). Auf Ebene 2 hat die Europäische Kommission einen unmittelbar geltenden **delegierten Rechtsakt** erlassen, der regulatorische Kapitalanforderungen, das Governance-System, Berichtspflichten und die Gruppenaufsicht näher regelt[9]. Zu den unmittelbar geltenden Vorgaben gehören ferner die von der Europäischen Aufsichtsbehörde für das Versicherungswesen und die betriebliche Altersversorgung (EIOPA) entwickelten **technischen Standards**, die von der Europäischen Kommission bindend erlassen wurden und vornehmlich das Drei-Säulen-Modell konkretisieren. Auf Ebene 3 gewähren die Solvency II-Vorgaben schließlich der EIOPA die Befugnis zur Setzung von **Leitlinien und Empfehlungen**. Bei diesen handelt es sich um *Soft Law* ohne unmittelbare Rechtswirkung[10]. Entsprechend muss die BaFin nach dem Art. 16 Abs. 3 EIOPA-VO[11] festgelegten „**comply-or-explain**"-Grundsatz ein Abweichen von den Leitlinien und Empfehlungen zwar erklären, diese jedoch nicht national verbindlich umsetzen[12].

4   Zentrales Element der Aufsicht ist, dass Erst- und Rückversicherungsunternehmen zum Geschäftsbetrieb der **Erlaubnis** der zuständigen Aufsichtsbehörde bedürfen[13]. Die Erlaubnis darf nur Aktiengesellschaften einschließlich der Europäischen Gesellschaft, Versicherungsvereinen auf Gegenseitigkeit sowie Körperschaften und Anstalten des öffentlichen Rechts erteilt werden.[14] Mit dem Geschäftsplan, der Bestandteil des Antrags auf Erlaubnis der Geschäftstätigkeit ist, muss die Satzung der Gesellschaft bei der Aufsichtsbehörde eingereicht werden[15]. Ausfluss dieser **Rechtsformstrenge**, die mithin eine Grundlage der Genehmigungsentscheidung darstellt, sind verschiedene Beschränkungen der Umwandlungsmöglichkeiten, die für Verschmelzungen, Spaltungen und Formwechsel von Versicherungsvereinen bereits im Umwandlungsgesetz angelegt sind[16]. Für Umwandlungsvorgänge von Versicherungsunternehmen in den weiteren zulässigen Rechtsformen ergeben sich vergleichbare Einschränkungen im Rahmen der aufsichtsrechtlichen Kontrolle, die im Genehmigungsprozess die Einhaltung der zulässigen Rechtsformen zu prüfen hat.

II. Genehmigungsvorbehalt

5   Jede Umwandlung, also Verschmelzungen, Spaltungen und Formwechsel sowie grenzüberschreitende Verschmelzungen von Erstversicherungsunternehmen, bedarf nach § 14

---

[6] MünchKommVVG/*Langheid*, Band 3, 100. Versicherungsaufsichtsrecht, Rn. 104.
[7] Richtlinie 2009/138/EG vom 25.11.2009.
[8] Richtlinie 2014/51/EU vom 22.5.2014.
[9] Delegierte Verordnung 2015/35/EU vom 10. Oktober 2014, Amtsblatt der Europäischen Union vom 17.1.2015.
[10] MünchKommVVG/*Sasserath-Alberti*, Band 3, 100. Versicherungsaufsichtsrecht, Rn. 100.
[11] Verordnung (EU) Nr. 1094/2010 des Europäischen Parlaments und des Rates vom 24. November 2010.
[12] MünchKommVVG/*Sasserath-Alberti*, Band 3, 100. Versicherungsaufsichtsrecht, Rn. 100.
[13] § 8 Abs. 1 VAG.
[14] § 8 Abs. 2 VAG.
[15] § 9 Abs. 2 Nr. 1 VAG.
[16] → Verschmelzung § 15 Rn. 549 ff., Spaltung § 29 Rn. 328 ff. und Formwechsel § 38 Rn. 339 ff.

VAG der **Genehmigung** durch die zuständige Aufsichtsbehörde. Bei Rückversicherungsunternehmen gibt es eine Erleichterung: Es bedürfen nur solche Umwandlungen der Genehmigung, bei denen Rückversicherungsverträge zu den von der Umwandlung erfassten Vermögensgegenständen gehören[17]. Betrifft der Umwandlungsvorgang des Rückversicherers andere Vermögenswerte oder Geschäftsbereiche, wie zum Beispiel bei einer Ausgliederung der IT in eine separate Gesellschaft, ist lediglich die Absicht der Umwandlung der Aufsichtsbehörde **anzuzeigen**[18].

Hinsichtlich der Genehmigungsvoraussetzungen und -verfahren greift das Gesetz weitgehend auf die Regelungen zur Genehmigung von **Bestandsübertragungen** zurück. Mit dem Genehmigungsvorbehalt für Umwandlungen und Bestandsübertragungen nach § 14 VAG und § 13 VAG wird eine effektive Versicherungsaufsicht in den wesentlichen Fällen der Umstrukturierung von Versicherungsunternehmen sichergestellt[19]. Das Verfahren richtet sich grundsätzlich nach dem VwVfG, ergänzt durch das VAG um die Anhörungspflicht der Aufsichtsbehörde und die Anzeigepflicht bei Rückversicherern[20] sowie den nachfolgend beschriebenen Sonderregeln.

1. Zuständige Behörde

Soweit an der Umwandlung Versicherer beteiligt sind, die wirtschaftlich von erheblicher Bedeutung sind, ist die **BaFin** für die Genehmigung zuständig[21]. Für die Versicherungsunternehmen von geringerer wirtschaftlicher Bedeutung, also auch für sogenannte kleinere Versicherungsvereine nach § 210 VAG, können besondere Landesbehörden zuständig sein[22]. Sind an der Umwandlung mehrere Versicherungsunternehmen beteiligt, die in den Zuständigkeitsbereich verschiedener Aufsichtsbehörden fallen, ist die Genehmigung aller Aufsichtsbehörden erforderlich[23]. Bei der Umwandlung eines inländischen Versicherungsunternehmens mit **grenzüberschreitenden Versicherungsverträgen** bzw. unter Beteiligung eines Versicherungsunternehmens mit Sitz in einem Mitglieds- oder Vertragsstaat als aufnehmender Rechtsträger ist ferner vorab die Genehmigung der Aufsichtsbehörde des betreffenden Mitglieds- oder Vertragsstaats einzuholen, bevor die inländische Aufsichtsbehörde die Genehmigung erteilt[24].

2. Prüfungsumfang

Die Aufsichtsbehörde bezieht in ihre Prüfung sowohl aufsichtsrechtliche als auch umwandlungsrechtliche Vorschriften ein. Aufsichtsrechtlich steht die Wahrung der Belange der Versicherten[25], die dauernde Erfüllbarkeit der Verpflichtungen aus den Versicherungsverträgen[26], die Beachtung des Spartentrennungsgrundsatzes[27] und die Werterhaltung der Überschussbeteiligung[28] im Vordergrund.

Eine Umwandlungsmaßnahme eines Erstversicherers ist zu genehmigen, wenn die Belange der Versicherten gewahrt sind und die Verpflichtungen aus den Versicherungen als

---

[17] § 166 Abs. 3 Satz 1 VAG.
[18] §§ 47 Nr. 4, 166 Abs. 3 Satz 4 VAG.
[19] Semler/Stengel/*Niemeyer*, Anh. § 119 Rn. 74.
[20] Anhörungspflicht der Behörde: §§ 14 Abs. 1 Satz 2, 13 Abs. 1 Satz 2 Halbsatz 2, 9 Abs. 5 VAG; Anzeigepflicht der Rückversicherers: §§ 47 Nr. 4, 166 Abs. 3 Satz 4 VAG.
[21] § 320 VAG iVm. §§ 1, 4 FinDAG.
[22] § 321 Abs. 1 VAG.
[23] Semler/Stengel/*Niemeyer*, Anh. § 119 Rn. 79.
[24] §§ 14 Abs. 1 Satz 2, 13 Abs. 2 VAG; Widmann/Mayer/*Vossius*, § 109 Rn. 61; Semler/Stengel/ *Niemeyer*, Anh. § 119 Rn. 82; siehe außerdem BT-Drucks. 16/6518 S. 14.
[25] §§ 14 Abs. 1 Satz 2, 13 Abs. 1 Satz 2 VAG.
[26] §§ 14 Abs. 1 Satz 2, 13 Abs. 1 Satz 2 VAG; dazu auch Widmann/Mayer/*Vossius*, § 109 Rn. 65 ff.
[27] §§ 14 Abs. 1 Satz 2, 13 Abs. 1 Satz 2, 8 Abs. 4 VAG.
[28] §§ 14 Abs. 1 Satz 2, 13 Abs. 4 VAG.

dauernd erfüllbar dargetan sind[29]. Die Darlegung der **dauerhaften Erfüllbarkeit der Verpflichtungen** ist nach § 9 Abs. 1 VAG bereits im Rahmen der Erteilung der Erlaubnis zum Geschäftsbetrieb ein wesentlicher Prüfungsgegenstand. Das übernehmende Erstversicherungsunternehmen muss nach der Übertragung insbesondere über ausreichende anrechnungsfähige Eigenmittel zur Einhaltung der Solvabilitätskapitalanforderung verfügen[30]. Daneben hat das Kriterium der **Wahrung der Belange der Versicherten** gegenüber dem Kriterium der dauernden Erfüllbarkeit der Verpflichtungen aus den Versicherungen eine eigenständige Bedeutung[31]. Es dürfen keine schutzwürdigen Interessen der Versicherten dergestalt beeinträchtigt werden, dass dies unter Berücksichtigung der Gesamtheit der beteiligten Interessen unangemessen wäre[32]. Die Versicherten dürfen durch die Umwandlung z. B. keinem Schuldner minderer Bonität (auch wenn er die Solvabilitätskapitalanforderungen erfüllt)[33] oder gravierend nachteiligen Vertriebs- oder Servicestrukturen ausgesetzt sein[34]. Reinen **Rückversicherern** wird die Genehmigung erteilt, wenn nachgewiesen ist, dass das übernehmende Unternehmen unter Berücksichtigung der Übertragung über anrechnungsfähige Eigenmittel zur Einhaltung der Solvabilitätskapitalanforderung verfügt[35]; einer Prüfung weiterer Belange der Versicherten bedarf es nicht.

10 Sind Versicherungsverhältnisse mit Überschussbeteiligung betroffen, darf die Übertragung nur genehmigt werden, wenn der Wert der Überschussbeteiligung der Versicherten des übertragenden und des übernehmenden Rechtsträgers nach der Übertragung nicht niedriger ist als vorher[36]; eine **Wertminderung der Überschussbeteiligung** ist zu vermeiden. Dies betrifft nicht nur Lebensversicherungsverträge, sondern alle Versicherungsarten, bei denen es eine Überschussbeteiligung gibt, also auch Krankenversicherungs- und Unfallversicherungsverträge[37]. Die Aktiva und Passiva sind stichtagsbezogen zum Zeitwert (fair value) zu vergleichen, so dass es Bewertungsreserven nicht geben kann und stille Reserven berücksichtigt werden[38]; handelsrechtliche Bewertungsansätze sind insoweit nicht anwendbar[39].

11 Der **Spartentrennungsgrundsatz**[40] gebietet, dass Lebens- oder Krankenversicherer nur an Versicherungsunternehmen übertragen werden können, die ausschließlich die Lebens- oder Krankenversicherung betreiben[41].

12 Der Umfang, in dem die Aufsichtsbehörde neben dem Registergericht ebenfalls zur **Prüfung umwandlungsrechtlicher Vorschriften** berechtigt ist, wird in der Literatur nicht einheitlich bewertet. Wohl mehrheitlich wird angenommen, die Aufsichtsbehörde habe unter dem Gesichtspunkt des Schutzes der Versicherten gesellschaftsrechtliche Interessen nur insoweit zu prüfen, als diese Interessen potenziell werthaltig sind und nicht

---

[29] §§ 14 Abs. 1 Satz 2, 13 Abs. 1 Satz 2 VAG; die Vorgängerregelung wurde vom BVerfG (BVerfG NJW 2005, 2363, 2369) beanstandet: Nach § 14 Abs. 1 Satz 3 iVm. § 8 Abs. 1 Satz 1 Nr. 3 VAG aF konnte die Genehmigung nur dann versagt werden, wenn die Belange der Versicherten nicht ausreichend gewahrt waren. Nach diesem Maßstab hinderte selbst eine unangemessene Berücksichtigung der Interessen der Versicherten die Erteilung der Genehmigung nicht, wenn die Aufsichtsbehörde sie nicht als derart schwerwiegend einordnete, dass ein Eingreifen gerechtfertigt war, vgl. BVerwG NJW 1994, 2561.
[30] Böttcher/Habighorst/Schulte/*Kammerer-Galahn*, § 109 Rn. 37; Semler/Stengel/*Niemeyer*, Anh. § 119 Rn. 25; Widmann/Mayer/*Vossius*, § 109 Rn. 68; vgl. auch § 13 Abs. 2 Nr. 1 VAG.
[31] Widmann/Mayer/*Vossius*, § 109 Rn. 81; Semler/Stengel/*Niemeyer*, Anh. § 119 Rn. 24.
[32] Böttcher/Habighorst/Schulte/*Kammerer-Galahn*, § 109 Rn. 36.
[33] So Semler/Stengel/*Niemeyer*, Anh. § 119 Rn. 24.
[34] So Widmann/Mayer/*Vossius*, § 109 Rn. 81.
[35] § 166 Abs. 3, Satz 2, Abs. 1 Satz 3 VAG.
[36] § 13 Abs. 4 Satz 1 VAG.
[37] Semler/Stengel/*Niemeyer*, Anh. § 119 Rn. 28; BT-Drucks. 16/6518 S. 13.
[38] BT-Drucks. 16/6518 S. 13 f.; Semler/Stengel/*Niemeyer*, Anh. § 119 Rn. 29.
[39] BT-Drucks. 16/6518 S. 14.
[40] §§ 14 Abs. 1 Satz 2, 13 Abs. 1 Satz 2, 8 Abs. 4 VAG.
[41] Semler/Stengel/*Niemeyer*, Anh. § 119 Rn. 31; Widmann/Mayer/*Vossius*, § 109 Rn. 63.

ausreichend in anderer Weise geschützt werden[42]. Nach anderer Auffassung hat die Aufsichtsbehörde umfassend sämtliche Umwandlungsvorschriften zu prüfen[43]. Zwar ist letzterer Auffassung zuzugeben, dass sich weder dem Wortlaut des § 14 Abs. 2 VAG, noch den relevanten Gesetzesbegründungen[44] etwas entnehmen lässt, was für eine eingeschränkte Prüfung spräche[45]. Jedoch ist bereits unter Effizienzgesichtspunkten zweifelhaft, ob eine Versicherungsaufsichtsbehörde dazu berufen ist, die ohnehin und standardmäßig von Registergerichten durchgeführten Prüfungen ebenfalls vorzunehmen. Verdeutlicht wird dies dadurch, dass der Rechtsweg gegen Entscheidungen der Aufsichtsbehörde vor die Verwaltungsgerichte führt, während das Registergericht Teil der Zivilgerichte ist, so dass es zu unterschiedlichen Urteilen und Rechtswegen zu den gleichen Fragen kommen könnte[46]. In der Praxis ist jedoch anzuraten, unklare Rechtsfragen im Vorfeld **mit dem Registergericht und mit der Aufsichtsbehörde** abzuklären. Bei ihren umwandlungsrechtlichen Prüfungen hat die Aufsichtsbehörde jedenfalls ein Ermessen, das sie pflichtgemäß auszuüben hat[47].

Im Rahmen von Umwandlungsmaßnahmen ist ferner darauf zu achten, dass die allgemeinen aufsichtsrechtlichen Anforderungen an den Geschäftsbetrieb eingehalten werden. Zum Beispiel müssen neu bestellte **Vorstandsmitglieder** des neuen oder übernehmenden Rechtsträgers nicht nur die allgemeinen persönlichen Voraussetzungen mitbringen[48], sondern darüber hinaus über ausreichende theoretische und praktische Kenntnisse in Versicherungsgeschäften sowie Leitungserfahrung verfügen[49]. Auch für die Abschlussprüfer gelten besondere persönliche Voraussetzungen[50]; deren Bestellung ist durch die Vorstände der übertragenden Versicherer der Aufsichtsbehörde anzuzeigen[51].

3. Rechtsmittel und Rechtsfolgen

Die Genehmigung der Aufsichtsbehörde kann lediglich unter solchen **Auflagen** erfolgen, die keine Rechtsunsicherheit zur Folge haben, wie z. B. eine Befristung, weil dies dem auf Rechtssicherheit ausgerichteten System des Umwandlungsrechts widerspricht[52]. Die Entscheidung über die Genehmigung ist ein Verwaltungsakt[53], gegen den **Widerspruch** möglich ist. Ist die zuständige Aufsichtsbehörde die BaFin, ist sie selbst auch Widerspruchsbehörde[54]. Nach dem Widerspruchsverfahren können die Antragsteller gegen eine ablehnende Entscheidung Verpflichtungsklage vor dem Verwaltungsgericht Frankfurt am Main erheben[55]. **Widerspruchs- und anfechtungsberechtigt** sind auch die Versicherten, soweit ihre Belange als Versicherte betroffen sind[56].

Ob die **Erlaubnis zum Geschäftsbetrieb** im Zuge einer Umwandlung übergeht, wird nicht einheitlich beurteilt: Da die Erlaubnis zum Betreiben des Versicherungsgeschäfts eine personenbezogene öffentlich-rechtliche Erlaubnis sei, soll sie grundsätzlich nicht überge-

---

[42] Vgl. *Laars*, § 14a Rn. 1; Fahr/Kaulbach/Bähr/Pohlmann/*Kaulbach*, § 14a Rn. 4; Lutter/*Wilm*, § 109 Rn. 23; siehe auch *Martiensen*, Fusionen von VVaG, S. 316; Prölss/*Weigel* § 44 VAG Rn. 4.
[43] Semler/Stengel/*Niemeyer*, Anh. § 119 Rn. 84; Widmann/Mayer/*Vossius* § 109 Rn. 82.3 ff.; siehe auch *Benkel*, Der Versicherungsverein auf Gegenseitigkeit, S. 290.
[44] Vgl. BT-Drucks. V/4253 S. 4f., 7 f. und BT-Drucks. 12/6699 S. 180.
[45] So Semler/Stengel/*Niemeyer*, Anh. § 119 Rn. 84.
[46] Dies räumt auch Semler/Stengel/*Niemeyer*, Anh. § 119 Rn. 84, ein.
[47] § 14 Abs. 2 VAG: „kann"; dazu Widmann/Mayer/*Vossius* § 109 Rn. 82.7.
[48] Für VVaG: § 188 Abs. 1 VAG, § 76 Abs. 3 AktG.
[49] § 24 Abs. 1 VAG; näher dazu z. B. Bähr/*Bähr*, § 12.
[50] §§ 341k Abs. 1 Satz 2, 319 Abs. 1 Satz 1, Abs. 2 und 3 HGB.
[51] Analog § 36 Abs. 1 Satz 1 VAG.
[52] Widmann/Mayer/*Vossius* § 109 Rn. 82.36 f.; Semler/Stengel/*Niemeyer*, Anh. § 119 Rn. 85.
[53] Prölss/*Präve*, § 14 VAG Rn. 32; Widmann/Mayer/*Vossius* § 109 Rn. 82.35.
[54] § 73 Abs. 1 Nr. 2 VwGO.
[55] §§ 52 Nr. 2 VwGO; 1 Abs. 3 Satz 1 FinDAG.
[56] *Martiensen*, Fusionen von VVaG, S. 270; Semler/Stengel/*Niemeyer*, Anh. § 119 Rn. 86.

hen[57]. Andererseits würden die aufsichtsrechtlichen Belange bereits im Rahmen des Genehmigungsverfahrens geprüft und deren Wahrung somit sichergestellt, so dass bei Umwandlungen von Versicherungsunternehmen ausnahmsweise ein Übergang der Erlaubnis stattfände[58]. In der Praxis sollte dies mit der Aufsichtsbehörde im Vorfeld geklärt werden.

§ 66 Kapitalmarktrecht

Übersicht

	Rdnr.		Rdnr.
A. Kapitalmarktrechtliche Aspekte der Umwandlung	1–56	b) Aufschub der Veröffentlichung einer Insiderinformation	47, 48
I. Allgemeines	1, 2	2. Stimmrechtsmitteilungspflichten	49–55
II. Börsenzulassung der ausgegebenen Anteile	3–9	a) Überblick	49
1. Formwechsel	4, 5	b) Verschmelzung	50, 51
2. Verschmelzung	6, 7	c) Spaltung	52, 53
3. Spaltung	8, 9	d) Formwechsel	54, 55
III. Prospektpflicht und -haftung	10–25	3. Pflicht zur Veröffentlichung der Gesamtzahl der Stimmrechte	56
1. Prospektpflicht und Ausnahmen	10–13	B. Übernahmerechtlicher Squeeze-out	57–106
2. Anforderungen an einen Prospekt	14–21	I. Überblick	57–60
a) Allgemeine Anforderungen / Mindestangaben	14	II. Beteiligte	61, 62
b) Inhalt eines Prospekts	15–19	III. Verfahren	63–84
c) Billigungsverfahren / Veröffentlichung	20, 21	1. Tatbestandsvoraussetzungen	63–70
3. Prospekthaftung	22–25	a) Vorausgegangenes Übernahme-/Pflichtangebot	63
IV. Pflichtangebot nach WpÜG	26–42	b) Anforderungen an die Beteiligungshöhe	64–70
1. Anwendbarkeit des WpÜG auf umwandlungsrechtliche Vorgänge	27	aa) Erforderliche Beteiligungsschwelle	64–67
2. Verschmelzung und Spaltung	28–35	bb) Berechnung der Beteiligungshöhe, Zurechnung von Aktien, Abzug eigener Aktien	68, 69
a) Verschmelzung und Spaltung	28–33		
aa) Kontrollerwerb durch Gesamtrechtsnachfolge	28, 29	cc) Relevanter Zeitpunkt	70
bb) Kontrollerwerb durch Anteilsgewährung am übernehmenden Rechtsträger	30–33	2. Verfahrensmodalitäten	71–84
		a) Vorgeschaltete Meldepflichten	71
b) Formwechsel	34, 35	b) Antrag und zuständiges Gericht	72, 73
3. Nichtberücksichtigung von Stimmrechten und Befreiung von einem Pflichtangebot	36–40	c) Verfahrensablauf	74–81
		d) Kosten	82, 83
a) Nichtberücksichtigung von Stimmrechten	37, 38	e) Verhältnis zum aktienrechtlichen Squeeze-out-Verfahren	84
b) Befreiung von einem Pflichtangebot	39, 40	IV. Abfindung	85–94
		1. Überblick	85
4. Gegenleistung	41, 42	2. Angemessenheitsvermutung	86–90
V. Kapitalmarktrechtliche Meldepflichten	43–56	3. Unwiderlegbarkeit der Angemessenheitsvermutung	91, 92
1. Veröffentlichungspflicht von Insiderinformationen	43–48	4. Nichteingreifen der Angemessenheitsvermutung	93, 94
a) Vorliegen einer Insiderinformation	44–46	V. Rechtsschutz	95–99
		VI. Andienungsrecht	100–106

---

[57] Vgl. BFH, Urt. v. 22.11.2011, Az. VII R 22/11, BFHE 235, 95 = BeckRS 2012, 94027; Lutter/ Wilm, § 117 Rn. 2; wohl auch Widmann/Mayer/*Vossius*, § 117 Rn. 8 zur Verschmelzung durch Neugründung.
[58] So im Ergebnis Kölner Kommentar-UmwG/*Beckmann*, § 117 Rn. 3; Böttcher/Habighorst/ Schulte/*Kammerer-Galahn*, § 117 Rn. 2; Semler/Stengel/*Niemeyer*, § 109 Rn. 5.

§ 66 Kapitalmarktrecht

Schrifttum: *Assmann,* Unternehmenszusammenschlüsse und Kapitalmarktrecht, ZHR 172 (2008), 635; *Austmann,* Übernahmerechtlicher Squeeze-out und Sell-out, NZG 2004, 846; *Bachmann,* Kapitalmarktrechtliche Probleme bei der Zusammenführung von Unternehmen, ZHR 172 (2008), 597; *Baum,* Vorzüge und Genussrechte in übernahmerechtlicher Sicht, ZBB 2003, 9; *Bork,* Zur Einbeziehung von Paketerwerben in die Erfolgsquote nach § 39a III 3 WpÜG, NZG 2011, 650; *Boucsein/Schmiady,* Aktuelle Entwicklungen bei der Durchführung von Übernahmeangeboten nach dem Wertpapiererwerbs- und Übernahmegesetz (WpÜG), AG 2016, 597; *Deilmann,* Aktienrechtlicher versus übernahmerechtlicher Squeeze-out, NZG 2007, 721; *Giering,* Das neue Kapitalmarktmissbrauchsrecht für Emittenten, CCZ 2016, 214; *Grunewald,* Die Auswirkungen der Macrotron-Entscheidung auf das kalte Delisting, ZIP 2004, 542; *Harrer/Carbonare/Fritsche,* Börsennotierung nach Abspaltung als Handlungsalternative zum klassischen Börsengang, BKR 2013, 309; *Heidel/Lochner,* Verfassungsmäßigkeit der Squeeze-out-Regelungen der umzusetzenden EU-Übernahmerichtlinie, DB 2005, 2564; *Heidel/Lochner,* Der übernahmerechtliche Squeeze- und Sell-out gem. §§ 39a ff. WpÜG, Der Konzern 2006, 653; *Holzborn/Israel,* Das neue Wertpapierprospektrecht, ZIP 2005, 1668; *Johannsen-Roth/Illert,* Paketerwerbe und öffentliche Übernahmeangebote im Lichte des neuen übernahmerechtlichen Squeeze out nach § 39a WpÜG, ZIP 2006, 2157; *Kießling,* Der übernahmerechtliche Squeeze-out gem. §§ 39a, 39b WpÜG, 2008; *Klöhn,* Ad-hoc-Publizität und Insiderverbot im neuen Marktmissbrauchsrecht, AG 2016, 423; *Maul,* Die EU-Übernahmerichtlinie – ausgewählte Fragen, NZG 2005, 151; *Merkner/Sustmann,* BGH beendet Streit über die Berücksichtigung von Nacherwerben bei der Ermittlung des erforderlichen Aktienbesitzes für übernahmerechtlichen Squeeze-out, NZG 2013, 374; *Nikoleyczik,* Neues zum übernahmerechtlichen Squeeze-out, GWR 2014, 207; *Ott,* Der übernahmerechtliche Squeeze-out gem. §§ 39a f. WpÜG, WM 2008, 384; *Paefgen,* Der neue übernahmerechtliche Squeeze-out – die bessere Alternative?, FS Westermann, 2008, S. 1221; *Paefgen,* Zum Zwangsausschluss im neuen Übernahmerecht, WM 2007, 765; *Pföhler/Erchinger/Doleczik/Küster/Feldmüller,* Anwendungsfälle für kombinierte und Carve-out-Abschlüsse nach IFRS, WPG 2014, 475; *Pluskat,* Going Private durch reguläres Delisting, WM 2002, 833; *Pluskat,* Zum kalten Delisting, EWiR 2005, 275; *Poelzig,* Insider- und Marktmanipulationsverbot im neuen Marktmissbrauchsrecht, NZG 2016, 528; *Posdziech,* Zur Rechtsnatur der Angemessenheitsvermutung beim übernahmerechtlichen Squeeze-Out, WM 2010, 787; *Rühland,* Der übernahmerechtliche Squeeze-out im Regierungsentwurf des Übernahmerichtlinie-Umsetzungsgesetzes, NZG 2006, 401; *Schlitt/Ries/Becker,* Der Ausschluss der übrigen Aktionäre gem. §§ 39a, 39b WpÜG, NZG 2008, 700; *Schwichtenberg,* Going Private und Squeezeouts in Deutschland, DStR 2001, 2075; *Schüppen,* WpÜG-Reform: Alles Europa, oder was?, BB 2006, 165; *Seibt,* Übernahmerecht: Update 2010/11, CFL 2011, 213; *Seibt/Heiser,* Analyse des Übernahmerichtlinie-Umsetzungsgesetzes (Regierungsentwurf), AG 2006, 301; *Seibt/von Bonin/Isenberg,* Prospektfreie Zulassung von Aktien bei internationalen Aktientausch-Transaktionen mit gleichwertigen Dokumentenangaben (§ 4 Abs. 2 Nr. 3 WpPG), AG 2008, 565; *Seibt/Wollenschläger,* Revision des Marktmissbrauchsrechts durch Marktmissbrauchsverordnung und Richtlinie über strafrechtliche Sanktionen für Marktmanipulation, AG 2014, 593; *Simons,* Die Insiderliste (Art. 18 MMVO), CCZ 2016, 221; *Veil,* Prognosen im Kapitalmarktrecht, AG 2006, 690; *Veil/Wundenberg,* Prospektpflichtbefreiung nach § 4 Abs. 2 Nr. 3 WpPG bei Unternehmensübernahmen, WM 2008, 1285; *von der Linden,* Das neue Marktmissbrauchsrecht im Überblick, DStR 2016, 1036.

A. Kapitalmarktrechtliche Aspekte der Umwandlung

I. Allgemeines

Erfolgen Umwandlungsmaßnahmen unter Beteiligung von börsennotierten Gesellschaften bzw. halten die an der Umwandlungsmaßnahme beteiligten Unternehmen Beteiligungen an börsennotierten Unternehmen, so sind in diesem Zusammenhang auch kapitalmarktrechtliche Themen zu berücksichtigen. Hierbei handelt es sich typischerweise um Fragen der Börsenzulassung der Anteile (→ Rn. 3 ff.) und damit verbunden der Prospektpflicht / -haftung (→ Rn. 10 ff.). Daneben kann in Folge der Umwandlungsmaßnahme die Situation entstehen, dass ein beteiligtes Unternehmen bzw. einer der Aktionäre mehr als 30 % der Stimmrechte an einer börsennotierten Gesellschaft hält und damit grds. zur Abgabe eines öffentlichen Angebots an alle übrigen Aktionäre der Gesellschaft gemäß § 35 Abs. 2 WpÜG verpflichtet ist (→ Rn. 26 ff.). Ferner können – neben einer Pflicht zur

§ 66 2–5   6. Kapitel. Weitere Besonderheiten

Veröffentlichung der Transaktion im Wege einer Ad-hoc-Mitteilung gem. Art. 17 der EU-Marktmissbrauchsverordnung[1] (Market Abuse Regulation – „MAR") – bei einer Beteiligung von mind. 3 % an einer börsennotierten Gesellschaft Stimmrechtsmeldepflichten gem. §§ 21 ff. WpHG entstehen (→ Rn. 49 ff.).

2 Daneben soll – zur Abrundung der Erörterung des verschmelzungsrechtlichen Squeeze-out gemäß § 62 Abs. 5 UmwG in § 17 und dessen Wesensverwandtheit zu Umwandlungsmaßnahmen – eine Darstellung des übernahmerechtlichen Squeeze-out gem. §§ 39a ff. WpÜG erfolgen (→ Rn. 57 ff.).

II. Börsenzulassung der ausgegebenen Anteile

3 Bei Umwandlungsmaßnahmen unter Beteiligung von Unternehmen, deren Aktien zum Handel an einem regulierten Markt zugelassen sind, stellt sich die Frage nach dem Fortbestehen der für die jeweiligen Wertpapiere erteilten Börsenzulassung, und zwar – abhängig von der konkreten Maßnahme – der Zulassung der bereits ausgegebenen Anteile bzw. der im Rahmen der jeweiligen Umwandlungsmaßnahme an Aktionäre neu ausgegebenen Anteile.

1. Formwechsel

4 Bei einem Formwechsel führt die Eintragung der neuen Rechtsform in das Register des formwechselnden Rechtsträgers nach § 202 Abs. 1 Nr. 1 UmwG (bzw. Art. 37 Abs. 2 SE-VO bei der Umwandlung in eine Societas Europaea) dazu, dass der formwechselnde Rechtsträger in der im Umwandlungsbeschluss bestimmten Rechtsform weiterbesteht. Aufgrund dieser **Identitätswahrung** bleiben dem formwechselnden Rechtsträger erteilte öffentlich-rechtliche Erlaubnisse grds. bestehen.[2] Als begünstigender Verwaltungsakt ist die Börsenzulassung, durch welche der formwechselnde Rechtsträger in seiner Eigenschaft als Emittent berechtigt wird, die Börseneinrichtungen im Hinblick auf die zugelassenen Wertpapiere zu benutzen, eine solche öffentlich-rechtliche Erlaubnis.[3] Die bestehende Börsenzulassung der betreffenden Aktien wird bei einem Formwechsel nicht berührt; eine erneute Zulassung der Aktien gemäß § 32 BörsG ist nicht notwendig.[4] Dies ist unstreitig für die Umwandlung einer Aktiengesellschaft in eine Societas Europaea.[5] Für den Fall der Umwandlung einer Aktiengesellschaft in eine Kommanditgesellschaft auf Aktien (oder umgekehrt) vertritt die Geschäftsführung der Frankfurter Wertpapierbörse – im Gegensatz zu den Geschäftsführungen verschiedener anderer Börsen – jedoch die Auffassung, dass eine erneute Zulassung der Aktien der Aktiengesellschaft bzw. der Kommanditgesellschaft auf Aktien notwendig ist.[6] Dies ist bereits auf Grund der in § 250 AktG zum Ausdruck kommenden gesetzlichen Wertung abzulehnen.[7]

5 Erfolgt im Wege eines sog. „**kalten Delisting**" hingegen ein Formwechsel eines börsennotierten Rechtsträgers in einen nichtbörsenfähigen Rechtsträger, gehen die Aktien als Mitgliedschaft in dem formwechselnden Rechtsträger unter.[8] Durch den Untergang der Aktien erlischt die Börsenzulassung als begünstigender Verwaltungsakt nach § 43 Abs. 2

---

[1] Verordnung (EU) Nr. 596/2014 vom 16. April 2014 über Marktmissbrauch (Marktmissbrauchsverordnung), ABl. EU Nr. L 173 v. 12.6.2014, S. 1.
[2] Kallmeyer/*Meister*/*Klöcker*, § 202 Rn. 20; Lutter/*Bayer*/*Vetter*, § 202 Rn. 38.
[3] Schwark/Zimmer/*Beck* § 4 BörsG Rn. 3; *Groß* § 39 BörsG Rn. 12.
[4] *Groß* § 3 WpPG Rn. 11a; FrankfKommentar-WpPG/*Schnorbus* § 3 Rn. 63.
[5] *Groß* § 3 WpPG Rn. 11a; FrankfKommentar-WpPG/*Schnorbus* § 3 Rn. 63.
[6] vgl. Umwandlungsbericht zum Formwechsel der HSBC Trinkhaus & Burkhard KGaA in eine Aktiengesellschaft sowie Zulassungsprospekt der Dräger AG anlässlich des Wechsels der Rechtsform von einer AG in eine KGaA.
[7] Ebenso *Groß* § 3 WpPG Rn. 11a; FrankfKommentar-WpPG/*Schnorbus* § 3 Rn. 63.
[8] *Groß* § 39 BörsG Rn. 12.

VwVfG durch Erledigung.[9] Die Erledigung tritt ipso jure ein, eine Erledigungsentscheidung der Geschäftsführung des jeweiligen Börsenträgers ist nicht erforderlich.[10]

2. Verschmelzung

Im Falle der Eintragung einer Verschmelzung in das Handelsregister des übernehmenden Rechtsträger erlischt der übertragende Rechtsträger, § 20 Abs. 1 Nr. 2 UmwG; dementsprechend bestehen auch die Aktien an einem (zuvor börsennotierten) **übertragenden Rechtsträger** nicht mehr.[11] Ist der übernehmende Rechtsträger nicht börsenfähig, so ergibt sich die Beendigung der Börsenzulassung bereits hieraus. Doch auch wenn der übernehmende Rechtsträger selbst börsennotiert ist, kann die Börsenzulassung aufgrund des Erlöschens des Rechtsträgers und dessen Aktien nicht im Wege der Verschmelzung übergehen.[12] Durch den Untergang der Aktien **erlischt die Börsenzulassung**, die – wie bereits der Wortlaut des § 32 BörsG zeigt – im Hinblick auf das konkrete Wertpapier des übertragenden Rechtsträger erteilt wurde, durch Erledigung nach § 43 Abs. 2 VwVfG ipso jure[13].

Die Börsenzulassung der (bestehenden) Aktien eines **übernehmenden Rechtsträgers** wird durch eine Verschmelzung zur Aufnahme hingegen **nicht berührt**.[14] Werden für Zwecke der Verschmelzung neue Aktien des übernehmenden Rechtsträgers ausgegeben, müssen diese auf Grund der **Vollzulassungspflicht** des § 69 BörsZulV grds. ebenfalls zugelassen werden.[15] Erfolgt eine Verschmelzung zur Neugründung und soll der neue Rechtsträger börsennotiert sein, bedürfen die Aktien des neuen Rechtsträgers der Zulassung gem. § 32 BörsG.[16] Selbiges gilt für die Aktien des übernehmenden Rechtsträgers im Kontext einer Verschmelzung zur Aufnahme, sofern ein zuvor nicht börsennotierter übernehmender Rechtsträger im Rahmen der Verschmelzung an die Börse gebracht werden soll. Soweit keine der Ausnahmen des § 4 Abs. 2 WpPG einschlägig ist, ist gem. § 3 Abs. 4 WpPG (iVm § 32 Abs. 3 Nr. 2 BörsG) für die Zulassung der Aktien durch die Börsengeschäftsführung jeweils die Erstellung eines von der BaFin zu billigenden **Wertpapierprospekts** erforderlich (→ Rn. 10 ff.).

3. Spaltung

Im Falle einer **Aufspaltung** nach § 123 Abs. 1 UmwG gehen grds. sämtliche Vermögensgegenstände, einschl. öffentlich-rechtliche Erlaubnisse, auf die übernehmenden Rechtsträger über. Da der **übertragende Rechtsträger** nach § 131 Abs. 1 Nr. 2 UmwG durch die Eintragung der Aufspaltung in das Register des Sitzes des übertragenden Rechtsträgers erlischt, erlöschen auch dessen Aktien in dem übertragenden Rechtsträger. Somit **erledigt sich** ipso jure die **Börsenzulassung** der Aktien nach § 43 Abs. 2 VwVfG.[17] Dagegen bleibt der übertragende Rechtsträger sowohl bei der Abspaltung nach § 123 Abs. 2 UmwG als auch bei der Ausgliederung nach § 123 Abs. 3 UmwG bestehen, sodass

---

[9] *Groß* § 39 BörsG Rn. 4, 14; *Pluskat* WM 2002, 833.
[10] *Pluskat* EWiR 2005, 275, 276; *Groß* § 39 BörsG Rn. 12; *Schwark/Zimmer/Heidelbach* § 39 BörsG Rn. 42.
[11] *Groß* § 39 BörsG Rn. 12a; Richard/Weinheimer/Oetker/Heise, Handbuch Going Private, S. 355 f.
[12] *Schwark/Zimmer/Heidelbach* § 39 BörsG Rn. 42; *Groß* § 39 BörsG Rn. 12; *Schwichtenberg* DStR 2001, 2075, 2076.
[13] *Groß* § 39 BörsG Rn. 4, 12a; *Pluskat* EWiR 2005, 275, 276; *Schwark/Zimmer/Heidelbach* § 39 BörsG Rn. 42.
[14] *Groß* § 39 BörsG Rn. 4; FrankfKommentar-WpPG/*Schnorbus* § 3 WpPG Rn. 61.
[15] *Schwark/Zimmer/Heidelbach* § 32 BörsG Rn. 21 f.
[16] *Schwark/Zimmer/Heidelbach* § 32 BörsG Rn. 23.
[17] *Groß* § 39 BörsG Rn. 12a; *Grunewald* ZIP 2004, 542.

in diesen beiden Fällen die Börsenzulassung des übertragenden Rechtsträgers nicht beendet wird.[18]

9 Erfolgt eine Spaltung zur Neugründung und soll der neue Rechtsträger börsennotiert sein, bedürfen die Aktien des neuen Rechtsträgers der Zulassung gemäß § 32 BörsG. Selbiges gilt, falls im Falle der Spaltung zur Aufnahme ein zuvor nicht börsennotierter übernehmender Rechtsträger an die Börse gebracht werden soll bzw. – im Falle eines bereits börsennotierten übernehmenden Rechtsträgers – auf Grund der **Vollzulassungspflicht** des § 69 BörsZulV für die im Wege der Spaltung neu geschaffenen Aktien des übernehmenden Rechtsträgers. Soweit keine der Ausnahmen des § 4 Abs. 2 WpPG einschlägig ist, ist gem. § 3 Abs. 4 WpPG (iVm § 32 Abs. 3 Nr. 2 BörsG) für die Zulassung der Aktien durch die Börsengeschäftsführung jeweils die Erstellung eines von der BaFin zu billigenden **Wertpapierprospekts** erforderlich (→ Rn. 10 ff.).

III. Prospektpflicht und -haftung

1. Prospektpflicht und Ausnahmen

10 Soweit kein Ausnahmetatbestand eingreift (→ Rn. 11 ff.), ist gemäß § 3 Abs. 4 WpPG für die Zulassung der Aktien des übernehmenden Rechtsträger zum Handel an einem regulierten Markt im Inland die Veröffentlichung eines **Wertpapierprospekts** notwendig, der nach den Vorgaben des **WpPG** und der **EU-Prospektverordnung**[19] erstellt, von der **BaFin gebilligt** und von dem gem. § 5 Abs. 4 S. 2 WpPG den Zulassungsantrag stellenden Kredit- bzw. Finanzdienstleistungsinstitut mitunterzeichnet worden ist.[20]

11 § 4 Abs. 2 WpPG normiert verschiedene **Ausnahmetatbestände**, bei deren Vorliegen trotz Zulassung von Aktien kein Zulassungsprospekt erstellt und veröffentlicht werden muss. Die Ausnahmen bestehen von Gesetzes wegen und sind demnach nicht von einer (im Ermessen der Börse) stehenden Befreiung abhängig.[21]

12 Die Anwendbarkeit des Ausnahmetatbestands des § 4 Abs. 2 Nr. 1 WpPG, der von der Pflicht zur Veröffentlichung eines Prospekts befreite, sofern über einen Zeitraum von 12 Monaten weniger als **10 % an neuen Aktien** derselben Gattung zugelassen werden sollten, scheiterte oftmals daran, dass im Rahmen der Umwandlungsmaßnahme typischerweise (deutlich) mehr als 10 % an neuen Aktien des übernehmenden Rechtsträgers ausgegeben und dementsprechend auch zugelassen werden sollten. Art. 1 Abs. 5. lit. (a) der insoweit seit 20.7.2017 anwendbaren EU-Prospektverordnung 2017 hat diesen Ausnahmetatbestand auf 20 % erhöht.

13 Daneben erfolgt gem. § 4 Abs. 2 Nr. 4 WpPG eine prospektfreie Zulassung neuer Aktien des übernehmenden Rechtsträgers, die anlässlich einer Verschmelzung oder Spaltung angeboten oder zugeteilt werden (sollen), sofern ein Dokument verfügbar ist, dessen

---

[18] Habersack/Mülbert/Schlitt-Unternehmensfinanzierung/*Habersack* § 40 Rn. 29; *Grunewald* ZIP 2004, 542.

[19] Verordnung (EG) Nr. 809/2004 der Kommission vom 29.4.2004, ABl. EU Nr. L 149 v. 30.4.2004, S. 1; Berichtigung in ABl. EU Nr. L 215 v. 16.6.2004, S. 3; zuletzt geändert durch ABl. EU Nr. L 58 v. 4.3.2016, S. 13. Die vorgenannte Verordnung wie auch weite Teile des WpPG werden auf Grund der am 20.7.2017 in Kraft getretenen Verordnung (EU) 2017/1129 („**EU-Prospektverordnung 2017**") abgelöst werden, die größtenteils 24 Monate nach ihrem Inkrafttreten anwendbar sein wird.

[20] Die Veröffentlichung eines Prospekts auf Grund eines öffentlichen Angebots von Wertpapieren gem. § 3 Abs. 1 WpPG ist im Zusammenhang mit einer Verschmelzung oder Spaltung nach dem UmwG hingegen grds. nicht notwendig, da sich der Anteilserwerb an dem übernehmenden Rechtsträger automatisch mit Eintragung der Verschmelzung bzw. Spaltung in das Handelsregister des übernehmenden Rechtsträgers vollzieht, so dass kein Entscheidungsspielraum des Anlegers im Hinblick auf den Anteilserwerb besteht, vgl. Holzborn/*Holzborn*/*Mayston* § 4 WpPG Rn. 7; FrankfKommentar-WpPG/*Schnorbus* § 4 Rn. 76, 27 ff.; *Harrer*/*Carbonare*/*Fritsche* BKR 2013, 309, 312.

[21] *Groß* § 4 WpPG Rn. 8; Just/Voß/Ritz/Zeising/*Zeising* WpPG § 4 Rn. 27; Assmann/Schlitt/von Kopp-Colomb/*Schlitt*/*Schäfer* § 4 WpPG Rn. 34; *Holzborn*/*Israel* ZIP 2005, 1668, 1670.

Angaben denen des Prospekts **gleichwertig** sind. Die Bestimmung der Gleichwertigkeit des zur Verfügung stehenden Dokuments erweist sich in der Praxis oft als schwierig, zumal hinreichend belastbare Kriterien fehlen. Die Verschmelzungsdokumentation nach dem UmwG, gerade der Verschmelzungs- bzw. Spaltungsbericht nach §§ 8, 127 UmwG, ist zwar sehr umfassend; er dient aber vor allem der Information über eine zu beschließende gesellschaftsrechtliche Strukturmaßnahme und genügt nicht den Anforderungen an einen Wertpapierprospekt nach dem WpPG. Insbesondere lassen sich in einem solchen Bericht nicht die Prospektinhalte nach § 7 WpPG wie „*Zusammenfassung*"[22], „*Risikofaktoren*"[23], „*Ausgewählte Finanz-, und Geschäftsinformationen*"[24], sowie eine „*Darstellung und Analyse der Vermögens-, Finanz-, und Ertragslage*"[25] wiederfinden. Demzufolge stellen die Pflichtangaben eines Verschmelzungs- bzw. Spaltungsberichts in der Regel wohl nur dann einem Prospekt gleichwertige Inhalte dar, wenn zusätzlich ergänzende freiwillige Angaben gemacht werden.[26] Daneben besteht – auch im Hinblick auf ein etwaig zu durchlaufendes Freigabeverfahren (→ § 14 Rn. 143 ff.) eine zeitliche Diskrepanz zwischen einem Verschmelzungs- bzw. Spaltungsbericht und einem Wertpapierzulassungsprospekt. Während der Verschmelzungs- bzw. Spaltungsbericht vor Einberufung der Hauptversammlung zu veröffentlichen ist (§ 63 Abs. 1 Nr. 4 UmwG (iVm § 125 UmwG)), wird der Zulassungsprospekt erst kurz vor der Zulassung veröffentlicht.[27] In der Praxis werden daher regelmäßig sowohl ein separater Verschmelzungs-, bzw. Spaltungsbericht als auch ein vollständiger Börsenzulassungsprospekt erstellt und veröffentlicht.[28] Der Prospekt kann dabei nicht nur als Zulassungs-, sondern auch als Angebotsdokument für die Vermarktung eines etwaig entstehenden Angebotsüberhangs nach Vollzug der Umwandlungsmaßnahme verwendet werden.[29]

2. Anforderungen an einen Prospekt

a) Allgemeine Anforderungen / Mindestangaben. Nach § 5 Abs. 1 WpPG muss der Wertpapierprospekt **sämtliche Angaben** enthalten, die notwendig sind, damit sich die Anleger ein **zutreffendes Urteil** über die wirtschaftliche Situation und die Zukunftsaussichten des Emittenten sowie über die mit den angebotenen bzw. zuzulassenden Wertpapieren verbundenen Rechte bilden können. Diese sind in leicht zu analysierender und verständlicher Form darzulegen. Der Prospekt muss dabei nach § 5 Abs. 1 S. 3 WpPG in einer Form abgefasst sein, die sein Verständnis und seine Auswertung erleichtern.[30] Daneben sind die in der EU-Prospektverordnung (in der jeweils geltenden Fassung) geforderten **Mindestangaben** zwingend in den Prospekt aufzunehmen, § 7 WpPG.[31] Dabei

---

[22] Art. 24 EU-Prospektverordnung.
[23] Art. 4 Abs. 1 EU-Prospektverordnung in Verbindung mit Anhang I Nr. 4.
[24] Art. 4 Abs. 1 EU-Prospektverordnung in Verbindung mit Anhang I Nr. 3 und 20.
[25] Art. 4 Abs. 1 EU-Prospektverordnung in Verbindung mit Anhang I Nr. 9.
[26] Assmann/Schlitt/von Kopp-Colomb/*Schlitt/Schäfer* § 4 WpPG Rn. 17; Schäfer/Hamann/*Gebhard* § 4 WpPG Rn. 12; Heidel/*Grosjean* § 4 WpPG Rn. 5; Veil/*Wundenberg* WM 2008, 1285, 1288; Seibt/von Bonin/Isenberg AG 2008, 565, 570; *Bachmann* ZHR 172 (2008), 597, 619; *Assmann* ZHR 172 (2008), 635, 660; aA *Groß* § 4 WpPG Rn. 14, wonach abgesehen von den Prospektabschnitten „Zusammenfassung" und „Risikofaktoren" sowie der Verantwortungsklausel die Informationen in Verschmelzungsberichten „jedenfalls im Wesentlichen denen des Prospekts gleichwertig anzusehen" seien; dem zustimmend Schwark/Zimmer/*Heidelbach* § 4 WpPG Rn. 14.
[27] *Groß* § 4 WpPG Rn. 15; *Harrer/Carbonare/Fritsche* BKR 2013, 309, 312 (Fn. 43); FrankfKommentar-WpPG/*Schnorbus* § 4 Rn. 83.
[28] *Groß* § 4 WpPG Rn. 13; FrankfKommentar-WpPG/*Schnorbus* § 4 Rn. 81; ob die korrespondierende Ausnahmevorschrift von Art. 1 Abs. 5 lit. (f) der EU-Prospektverordnung 2017, die vom 21.7.2019 anwendbar sein wird und deren Wortlaut auf die Gleichwertigkeit des Dokuments verzichtet, zu einer Veränderung führen wird, bleibt abzuwarten.
[29] Habersack/Mülbert/Schlitt-Unternehmensfinanzierung/*Grosse/Wilczek* § 5 Rn. 104, 106.
[30] *Groß* § 21 WpPG Rn. 30 ff.; Habersack/Mülbert/Schlitt-Unternehmensfinanzierung/*Meyer* § 36 Rn. 14 f.
[31] Habersack/Mülbert/Schlitt-Unternehmensfinanzierung/*Meyer* § 36 Rn. 24.

unterscheidet die EU-Prospektverordnung bei den Anforderungen an Form und Inhalt der in Registrierungsformular und Wertpapierbeschreibung vorzunehmenden Angaben nach den Arten von Wertpapieren und Emittenten. Die jeweils geltenden Mindestangaben finden sich in den Anhängen zur Prospektverordnung.[32]

15 **b) Inhalt eines Prospekts.** Der Börsenzulassungsprospekt im Kontext einer Umwandlungsmaßnahme behandelt in der Praxis die folgenden Themenbereiche:[33]
– Zusammenfassung
– Risikofaktoren
– Allgemeine Informationen
– Information zur Umwandlungsmaßnahme
– Gründe für die Umwandlungsmaßnahme / Kosten
– Dividendenpolitik
– Kapitalausstattung und Netto-Finanzverschuldung
– Ausgewählte Finanzinformationen
– Darstellung und Analyse der Vermögens-, Finanz- und Ertragslage
– Marktumfeld
– Geschäftstätigkeit des Unternehmens
– Beziehungen mit nahestehenden Personen
– Aktionärsstruktur
– Allgemeine Informationen über Gesellschaft und Konzern
– Kapital der Gesellschaft
– Organe der Gesellschaft
– Besteuerung
– Finanzteil (einschl. Pro-Formas)
– Geschäftsgang und Ausblick

16 Die dem Prospekt voranzustellende **Zusammenfassung** darf 7% des Gesamtumfangs oder 15 Seiten nicht überschreiten. Unzulässig sind hierbei Querverweise auf andere Teile des Prospektes, um zu gewährleisten, dass die Zusammenfassung aus sich heraus verständlich ist.[34] Nach den Vorgaben des Anhangs XXII der EU-Prospektverordnung hat die Zusammenfassung aus den folgenden fünf Abschnitten zu bestehen: Einleitung und Warnhinweise, Emittent und etwaige Garantiegeber, Wertpapiere, Risiken und Angebot. Ist der Wertpapierprospekt in Einklang mit § 19 Abs. 1 (bzw. 3) WpPG nicht in deutscher Sprache, sondern in einer in internationalen Finanzkreisen gebräuchlichen Sprache (dh in englischer Sprache[35]) erstellt, so muss die Zusammenfassung zusätzlich in deutscher Sprache erstellt werden.

17 Die in einem separaten Abschnitt aufzuführenden **Risikofaktoren** müssen eine Darstellung der Risiken umfassen, die für die jeweilige Situation des Emittenten und/oder die Wertpapiere spezifisch sind und die die Anlageentscheidungen erheblich beeinflussen, vgl. Art. 2 Nr. 3 sowie Anh. I Nr. 4, Anh. III Nr. 2 EU-Prospektverordnung.[36] Die im Rahmen der Risikofaktoren beschriebenen Risiken umfassen typischerweise Risiken, die sich aus dem Marktumfeld ergeben, Risiken aus der Geschäftstätigkeit der Gesellschaft,

---

[32] *Groß* § 7 WpPG Rn. 6.
[33] Vgl. Zulassungsprospekt der Aktien der Uniper SE vom 2.9.2016; vgl. auch Angebots- und Zulassungsprospekt der Aktien der innogy SE vom 23.9.2016 sowie Angebots- und Zulassungsprospekt der Aktien der Covestro AG vom 18.9.2015; zum Inhalt eines Aktienemissionsprospekts ausführlich Habersack/Mülbert/Schlitt-Kapitalmarktinformation/*Grosse/Wilczek* § 5 sowie Habersack/Mülbert/Schlitt-Unternehmensfinanzierung/*Meyer* § 36.
[34] Habersack/Mülbert/Schlitt-Unternehmensfinanzierung/*Meyer* § 36 Rn. 24.
[35] Beschlussempfehlung und Bericht des Finanzausschusses BT-Drs. 15/5373, S. 50; Just/Voß/Ritz/Zeising/*Ritz/Voß* § 19 Rn. 13; *Groß* § 19 Rn. 5.
[36] Habersack/Mülbert/Schlitt-Unternehmensfinanzierung/*Meyer* § 36 Rn. 53.

Risiken aus der Umwandlungsmaßnahme selbst (einschl. steuerliche Risiken) sowie Risiken aus dem Halten der Aktien.

Bei den **Finanzinformationen** handelt es sich um einen wesentlichen Bestandteil von 18 Wertpapierprospekten, die auf Grund der umfangreichen Vorgaben in den Anhängen zur EU-Prospektverordnung nicht selten die Hälfte des Prospekts ausmachen. Darunter fallen unter anderem **historische Finanzinformationen**, dh für die letzten drei Geschäftsjahre des Emittenten sind geprüfte Finanzinformationen für jedes Geschäftsjahr in den Prospekt aufzunehmen, die nach Ziff. 20.1 Abs. 1 S. 1 des Anh. I der Prospektverordnung grds. nach IFRS zu erstellen sind.[37] Existieren darüber hinaus Veröffentlichungen von Quartals- oder Halbjahres-Finanzinformationen seit dem Stichtag eines letzten geprüften Jahresabschlusses, sind diese gem. Ziff. 20.6.1 des Anh. I der EU-Prospektverordnung zwingend in den Prospekt aufzunehmen; sind die Zwischenfinanzinformationen ungeprüft, ist dies hervorzuheben, Ziff. 20.6.1 Satz 2, 3 des Anh. I der EU-Prospektverordnung. Des Weiteren sind gem. Ziff. 20.2 des Anh. I der EU-Prospektverordnung **Pro-Forma-Finanzinformationen** aufzunehmen, sofern erhebliche Veränderungen aufgrund einer konkreten Unternehmenstransaktion (einschl. der Umwandlungsmaßnahme) aufgetreten sind bzw. auftreten. Nach Erwägungsgrund 9 zur EU-Prospektverordnung liegt eine solche bedeutende Veränderung vor, wenn sich ein oder mehrere Abschlussposten, die den Umfang der Geschäftstätigkeit des Emittenten bedeutend beeinflussen, infolge einer Transaktion um mehr als 25 % verändern; dies betrifft insbesondere die Positionen Bilanzsumme, Umsatzerlöse und Jahresergebnis.[38] Zusätzlich zu den reinen Finanzangaben hat der Prospekt auch eine Erläuterung der Entwicklung der Vermögens-, Finanz- und Ertragslage des Emittenten und ihrer Ursachen zu enthalten.[39]

In den Prospekt sind zudem **zukunftsgerichtete Aussagen** wie etwa Ausführungen zur 19 Geschäftsentwicklung des Emittenten nach dem Stichtag des letzten Jahresabschlusses sowie Angaben über die Geschäftsaussichten des Emittenten für das laufende Geschäftsjahr aufzunehmen, Ziff. 12 des Anh. I der EU-Prospektverordnung. Solche zukunftsgerichteten Aussagen sind von der Prospekthaftung nicht ausgenommen und müssen ausreichend durch Tatsachen gestützt und kaufmännisch vertretbar sein.[40] Sind Risiken bekannt, die ihren Eintritt in Frage stellen könnten, ist auf diese hinzuweisen.

c) Billigungsverfahren / Veröffentlichung. Bevor ein Prospekt veröffentlicht wird, 20 muss er zwingend gem. § 13 Abs. 1 WpPG durch die BaFin gebilligt werden. Die **BaFin** überprüft iRd Billigungsverfahrens die **Vollständigkeit** des Prospekts sowie die **Kohärenz** (dh die innere Widerspruchsfreiheit[41]) und **Verständlichkeit** der Informationen. Über die Billigung ist nach dem Wortlaut des § 13 Abs. 2 WpPG binnen zehn (bzw. bei Erstemissionen noch nicht börsennotierter Emittenten binnen 20) Werktagen zu entscheiden; die Prüfungsfristen gelten jedoch erst ab Einreichung eines vollständigen, billigungsfähigen Prospekts und beginnen des Weiteren bei Informationsanforderungen seitens der BaFin von Neuem, § 13 Abs. 3 WpPG. Ferner besteht keine Billigungsfiktion nach Ablauf der Fristen.[42] In der Praxis hat sich daher folgender (unverbindlicher) Zeitplan herausgebildet: (i) Erste Prüfungsfrist der BaFin von 13 Arbeitstagen nach Ersteinreichung des Prospekts; Übersendung von Anmerkungen zum Prospekt seitens der BaFin; (ii) erneute Prüfungsfrist von 10 Arbeitstagen nach erneuter Einreichung des Prospekts; erneute Übersendung von Anmerkungen zum Prospekt seitens der BaFin; (iii) Billigung des Prospekts 3–5 Arbeitstage

---

[37] Zur Erstellung von hierfür häufig notwendigen sog. kombinierten bzw. Carve-out Abschlüssen vgl. *Pföhler/Erchinger/Doleczik/Küster/Feldmüller* WPg 2014, 475 ff.
[38] Habersack/Mülbert/Schlitt-Unternehmensfinanzierung/*Meyer* § 36 Rn. 39 ff.
[39] Habersack/Mülbert/Schlitt-Unternehmensfinanzierung/*Meyer* § 36 Rn. 47 ff.
[40] *Veil* AG 2006, 690, 696; *Groß* § 21 WpPG Rn. 52.
[41] *Groß* § 13 WpPG Rn. 8; Assmann/Schlitt/von Kopp-Colomb/*von Kopp-Colomb* § 13 WpPG Rn. 9.
[42] Vgl. zum Ganzen auch *Groß* § 13 WpÜG Rn. 10 f.; Holzborn/*Leuering* § 13 WpPG Rn. 24 ff.

nach weiterer Einreichung des Prospekts. Bei bereits börsennotierten Gesellschaften verringern sich die drei Prüfungsfristen typischerweise von 13/10/3–5 Arbeitstage auf 10/8/4 Arbeitstage.[43]

21 Ein von der BaFin gebilligter Prospekt ist gem. § 14 Abs. 1 WpPG bei der BaFin zu hinterlegen und unverzüglich zu veröffentlichen. Des Weiteren macht die BaFin den gebilligten Wertpapierprospekt für die Dauer von 12 Monaten auf ihrer Internetseite zugänglich, § 13 Abs. 4 WpPG. Treten nach Billigung des Prospekts durch die BaFin bis zur Einführung der Aktien in den Handel am regulierten Markt wesentliche neue Umstände auf, die die Beurteilung der Wertpapiere beeinflussen könnten, ist gem. § 16 Abs. 1 WpPG eine von der BaFin zu billigender **Prospektnachtrag** zu veröffentlichen.[44]

3. Prospekthaftung

22 Ist der für die Zulassung der Wertpapiere zum Börsenhandel am regulierten Markt zu veröffentlichende Börsenzulassungsprospekt fehlerhaft, greift das Haftungsregime der §§ 21 ff. WpPG.[45] Haftungsvoraussetzung gem. § 21 Abs. 1 WpPG ist, dass der Prospekt bzw. ein nach § 16 WpPG veröffentlichter Nachtrag in dem für die Beurteilung der Aktien **wesentlichen Angaben unrichtig** oder **unvollständig** ist. Relevanter Beurteilungszeitpunkt ist die Einführung der Aktien in den Handel im regulierten Markt, so dass später eintretende Umstände keine Fehlerhaftigkeit des Prospekts bzw. des Nachtrags begründen können.[46]

23 Die Wesentlichkeit der Angabe ist aus der der **objektivierten Sicht** eines **verständigen Anlegers**[47] zu beurteilen; wesentlich sind all die Angaben, die für die Anlageentscheidung eines verständigen Anlegers erheblich sind und damit die wertbildenden Faktoren.[48] Davon umfasst sind etwa Angaben zur derzeitigen und zu erwartenden Ertragslage, zu finanziellen und rechtlichen Risiken oder Produkt- und Markenstrategien, nicht dagegen Angaben technischer Art wie etwa die Zahl- oder Hinterlegungsstelle oder unbedeutende Bilanzpositionen.[49]

24 **Anspruchsgegner** des Schadensersatzanspruches sind gem. § 21 Abs. 1 S. 1 WpPG als Gesamtschuldner der Emittent, dessen Aktien zum Handel im regulierten Markt zugelassen werden, die emissionsbegleitenden (und den Prospekt mitunterzeichnenden) Kreditinstitute sowie diejenigen, von denen der Erlass des Prospektes ausgeht. Prospektveranlasser in diesem Sinne kann etwa das Konzernmutterunternehmen[50] sein; dies dürfte insbesondere bei Abspaltungsmaßnahmen der Fall sein. Gläubiger des Anspruchs sind die Aktionäre des Emittenten, die die Aktien innerhalb von sechs Monaten nach Veröffentlichung des Prospekts und Einführung der Aktien erworben haben, § 21 Abs. 1 S. 1 WpPG. Hierbei handelt es sich um eine materielle Ausschlussfrist, der der Gedanken zu Grunde liegt, dass

---

[43] FrankfKommentar-WpPG/*Berrar* § 13 WpPG Rn. 41; *Groß* § 13 WpPG Rn. 10.
[44] Selbiges gilt für wesentliche Unrichtigkeiten in Bezug auf Prospektangaben, § 16 Abs. 1 S. 1 WpPG.
[45] Ausführlich zur Prospekthaftung Habersack/Mülbert/Schlitt-Kapitalmarktinformation/*Habersack* § 29 sowie MHdB GesR VII/*Busch/Link* § 45 Rn. 3 ff.
[46] Habersack/Mülbert/Schlitt-Kapitalmarktinformation/*Habersack* § 29 Rn. 24; *Groß* § 21 WpPG Rn. 59 ff; vgl. auch OLG Frankfurt 5 U 122/03, ZIP 2004, 1411, 1413.
[47] Der BGH stellt insoweit auf einen durchschnittlichen Anleger ab, der als Adressat des Prospekts in Betracht käme; bei einem Börsenzulassungsprospekt sei dies ein Anleger, der es verstehe, eine Bilanz zu lesen, aber nicht unbedingt mit der in eingeweihten Kreisen gebräuchlichen Schlüsselsprache vertraut zu sein brauche, vgl. BGH XI ZR 344/11, NZG 2012, 1265, BGH II NR 175/81, WM 1982, 865.
[48] Habersack/Mülbert/Schlitt-Kapitalmarktinformation/*Habersack* § 29 Rn. 17; *Groß* § 21 WpPG Rn. 68; Schwark//Zimmer/*Schwark* §§ 44, 45 BörsG Rn. 27; MHdB GesR VII/*Busch/Link* § 45 Rn. 5.
[49] Habersack/Mülbert/Schlitt-Kapitalmarktinformation/*Habersack* § 29 Rn. 17; *Groß* § 21 WpPG Rn. 68.
[50] *Groß* § 21 Rn. 35.

nur innerhalb dieses Zeitraums eine entsprechende „Anlagestimmung" besteht.[51] Der Schadensersatz ist gemäß § 21 Abs. 1 S. 1 WpPG auf Erstattung des Erwerbspreises gegen Übertragung der erworbenen Wertpapiere gerichtet.

§ 23 WpPG normiert verschiedene **Ausschlussgründe**, für die der Anspruchsgegner darlegungs- und beweispflichtig ist.[52] So ist der Anspruchsgegner nicht zum Schadensersatz verpflichtet, sofern er die Unrichtigkeit oder Unvollständigkeit der Angaben des Prospekts nicht gekannt hat, sofern diese Unkenntnis nicht auf grober Fahrlässigkeit beruht (Abs. 1). Daneben kann es insbesondere an der Kausalität der unrichtigen oder unvollständigen Angabe für den Schaden fehlen, wenn etwa die Wertpapiere nicht auf Grund des Prospekts erworben wurden (Abs. 2 Nr. 1) oder der Erwerber die Unrichtigkeit bzw. Unvollständigkeit des Prospekts kannte (Abs. 2 Nr. 3). Daneben kann der Schadensersatzanspruch entfallen, sofern die unrichtige oder unvollständige Angabe vor dem Abschluss des Erwerbsgeschäfts in hinreichender Weise berichtigt wurde (Abs. 2 Nr. 4) oder – unter bestimmten Voraussetzungen – sofern sich die Unrichtigkeit/Unvollständigkeit lediglich aus Angaben in der Zusammenfassung ergibt (Abs. 2 Nr. 5).

IV. Pflichtangebot nach WpÜG

Gem. § 35 WpÜG ist jede Person/Gesellschaft, die (auch unter Berücksichtigung von gem. § 30 WpÜG zugerechneten Stimmrechten) **30% oder mehr** der Stimmrechte an einer Gesellschaft erwirbt, grds. zur Abgabe eines Pflichtangebots an alle anderen Aktionäre einer Gesellschaft verpflichtet, deren Aktien an einem **regulierten Markt** zum Handel zugelassen sind (§ 1 Abs. 1, § 2 Abs. 7 WpÜG). Auch im Rahmen von Umwandlungsmaßnahmen kann es dazu kommen, dass eine beteiligte Person/Gesellschaft mind. 30% der Stimmrechte an einer börsennotierten Gesellschaft erwirbt, sei es etwa auf Grund eines Formwechsels des Unternehmens oder des Erwerbs von stimmberechtigten Aktien eines übernehmenden Rechtsträgers als Gegenleistung. Dies stellt zum einen die Frage nach dem grundsätzlichen Verhältnis von Übernahmerecht und Umwandlungsrecht und zum anderen, ob in solchen Konstellationen trotz eines Erwerbs von 30% der Stimmrechte an der börsennotierten Gesellschaft Ausnahmetatbestände, insbes. gem. §§ 36, 37 WpÜG, von der Angebotspflicht befreien können.

1. Anwendbarkeit des WpÜG auf umwandlungsrechtliche Vorgänge

Der Gesetzgeber hat bewusst auf eine ausdrückliche Regelung des Verhältnisses des Übernahmerechts zum Umwandlungsrecht verzichtet. Die strukturändernden Maßnahmen seien nach den Vorschriften der jeweils einschlägigen Rechtsmaterie zu beurteilen; zudem sollten Erfahrungswerte gesammelt werden, ob eine besondere gesetzliche Regelung notwendig sei.[53] Da der Begriff der Kontrollerlangung (dh des Erwerbs von mind. 30% der Stimmrechte an der börsennotierten Gesellschaft, § 29 Abs. 2 WpÜG) in § 35 WpÜG untechnisch zu verstehen ist, wird übernahmerechtlich nicht danach differenziert, ob eine Kontrollerlangung aufgrund umwandlungsrechtlicher Vorgänge erfolgt.[54] Die BaFin geht daher von der Anwendbarkeit des WpÜG auf umwandlungsrechtliche Vorgänge aus.[55] Soweit in der Literatur teilweise eine gegenteilige Ansicht mit dem Begründung vertreten wird, dass das UmwG bereits ausreichende Schutzmechanismen für die Aktionäre durch Informationsrechte, Erfordernis von Hauptversammlungsbeschlüssen und einem unter-

---

[51] MHdB GesR VII/*Busch/Link* § 45 Rn. 10.
[52] *Groß* § 21 Rn. 88; MHdB GesR VII/*Busch/Link* § 45 Rn. 11 ff.
[53] Begr. RegE, BT-Drucks. 14/7034, S. 31.
[54] Assmann/Pötzsch/Schneider/*Krause/Pötzsch* § 35 Rn. 136; Kölner Kommentar-WpÜG/*Hasselbach* § 35 Rn. 78, 107; Baums/Thoma/*Baums/Hecker* § 35 Rn. 110.
[55] BaFin Jahresbericht 2002, S. 172, bzgl. der Verschmelzung von Carl Zeiss Ophthalmic Systems AG auf die Asclepion-Meditech AG.

schiedslos geltenden Umtauschverhältnis gewähre,[56] kann dem nicht gefolgt werden. Es ist auf Grund der unterschiedlichen Schutzrichtung von WpÜG und UmwG – im Einklang mit der Verwaltungspraxis der BaFin – von der Anwendbarkeit des WpÜG auf umwandlungsrechtliche Vorgänge auszugehen. Ein nach § 35 Abs. 2 WpÜG abzugebendes Pflichtangebot vermittelt den Aktionären eine Möglichkeit durch die Annahme eines Pflichtangebots aus der Gesellschaft zu einem angemessenen Preis auszuscheiden. Das UmwG knüpft hingegen keine Folgen an einen etwaigen Kontrollwechsel; zudem wird lediglich den Aktionären des übertragenden Rechtsträgers in einem begrenzten Rahmen (vgl. § 29 UmwG) eine Austrittsmöglichkeit gewährt.[57]

2. Verschmelzung und Spaltung

28 **a) Verschmelzung und Spaltung. aa) Kontrollerwerb durch Gesamtrechtsnachfolge.** Erwirbt mit Eintragung einer Verschmelzung/Spaltung ein **übernehmender Rechtsträger** im Wege der Gesamtrechtsnachfolge gem. § 20 Abs. 1 Nr. 1 UmwG bzw. § 131 Abs. 1 Nr. 1 UmwG von einem übertragenden Rechtsträger 30% oder mehr der stimmberechtigten Aktien und damit die Kontrolle über eine börsennotierte Gesellschaft, so ist der übernehmende Rechtsträger zur Abgabe eines Pflichtangebots nach § 35 Abs. 2 WpÜG an alle Aktionäre der börsennotierten Gesellschaft verpflichtet.[58] Der übernehmende Rechtsträger tritt aufgrund der Gesamtrechtsnachfolge auch regelmäßig in zurechnungsbegründende Gestaltungen des übertragenden Rechtsträgers nach § 30 Abs. 1, 2 WpÜG ein, sodass nunmehr eine entsprechende Zurechnung zum übernehmenden Rechtsträger erfolgt.[59]

29 Erwirbt hingegen im Zuge einer **Umstrukturierung** mittels einer Verschmelzung/Spaltung innerhalb eines **Konzerns** eine Konzerngesellschaft als übernehmender Rechtsträger die Kontrolle über eine börsennotierte Gesellschaft, sind die erworbenen stimmberechtigten Anteile der betreffenden Konzerngesellschaft nach § 36 Nr. 3 WpÜG unter den entsprechenden formalen Voraussetzungen (→ Rn. 37) auf Antrag nicht zu berücksichtigen.[60] Die materielle Kontrollsituation der Zielgesellschaft hat sich durch eine konzerninterne Umstrukturierung nicht maßgeblich verändert, da die Konzernmutter weiterhin die börsennotierte Konzerntochter kontrolliert.

bb) Kontrollerwerb durch Anteilsgewährung am übernehmenden Rechtsträger.
30 Erlangt eine Person mit Eintragung einer Verschmelzung/Spaltung und der damit verbundenen Anteilsgewährung gem. § 20 Abs. 1 Nr. 3 UmwG bzw. § 131 Abs. 1 Nr. 3 UmwG die Kontrolle iSv § 29 Abs. 2 WpÜG über einen (bereits) börsennotierten **übernehmenden Rechtsträger**, ist diese ebenfalls nach § 35 Abs. 2 WpÜG zur Abgabe eines Pflichtangebots an die übrigen Aktionäre des übernehmenden Rechtsträgers verpflichtet.[61] Die Zustimmung zum Verschmelzungs-/Spaltungsbeschluss oder das Fehlen eines Widerspruchs gegen diesen Beschluss können nicht als (konkludenter) Verzicht seitens der anderen Aktionäre des übernehmenden Rechtsträgers auf das Pflichtangebot verstanden werden, zumal die Zustimmung bzw. Nichterhebung auch durch die Aussicht, im Wege

---

[56] So etwa MüKoAktG/*Schlitt/Ries* § 35 WpÜG Rn. 126; Heckschen/Simon/*Heckschen* § 6 Rn. 16.
[57] Kölner Kommentar-WpÜG/*Hasselbach* § 35 Rn. 109; Assmann/Pötzsch/Schneider/*Krause/Pötzsch* § 35 Rn. 139; Baums/Thoma/*Baums/Hecker* § 35 Rn. 110.
[58] Paschos/Fleischer/*Rothenfußer* § 11 Rn. 121; Kölner Kommentar-WpÜG/*Hasselbach* § 35 Rn. 112.
[59] Kölner Kommentar-WpÜG/*Hasselbach* § 35 Rn. 111.
[60] Baums/Thoma/*Baums/Hecker* § 36 Rn. 55 ff.; MüKoAktG/*Schlitt/Ries* § 36 WpÜG Rn. 36; Kölner Kommentar-WpÜG/*v. Bülow* § 36 Rn. 51 ff.
[61] Assmann/Pötzsch/Schneider/*Krause/Pötzsch* § 35 Rn. 143; Kölner Kommentar-WpÜG/*Hasselbach* § 35 Rn. 116; Baums/Thoma/*Baums/Hecker* § 35 Rn. 112.

der Annahme des Pflichtangebots aus der Gesellschaft ausscheiden zu können, erteilt worden sein könnte.[62]

Hatte der die Kontrolle über den übernehmenden Rechtsträger erlangende Aktionär vor der Umwandlungsmaßnahme die **Kontrolle** über den **übertragenden Rechtsträger** inne, ist umstritten, ob die Aktionäre des übertragenden Rechtsträgers, die mit der Eintragung der Verschmelzung/Spaltung Aktionäre des übernehmenden Rechtsträgers werden, vom Pflichtangebot ausgenommen werden können. Nach einer Ansicht hat sich das Pflichtangebot auch auf die früheren Aktionäre des übertragenden Rechtsträgers zu erstrecken.[63] Richtigerweise können in einer solchen Konstellation die Voraussetzungen für eine (teilweise) Befreiung im Sinne des § 37 Abs. 1 Alt. 1 WpÜG wg. der Art der Kontrollerlangung gegeben sein. Für die Minderheitsaktionäre des übertragenden Rechtsträgers hat sich faktisch nichts an der bereits zuvor bestehenden Kontrollsituation geändert, so dass es insoweit an deren Schutzbedürftigkeit fehlt.[64] Hierbei ist sicherzustellen, dass die Aktien der Neuaktionäre des übernehmenden Rechtsträgers von denen der Altaktionäre des übernehmenden Rechtsträgers mittels unterschiedlicher ISIN zu unterscheiden sind.[65]

Kein Pflichtangebot ist dann abzugeben, wenn eine Person bereits vor der Verschmelzung/Spaltung die **Kontrolle** über den **übernehmenden Rechtsträger** innehatte und dies auch nach der Verschmelzung/Spaltung unverändert der Fall ist.[66] Dies gilt auch gegenüber den Altaktionären des übertragenden Rechtsträgers, die im Rahmen der Umwandlungsmaßnahme Neuaktionäre des übernehmenden Rechtsträgers werden.[67] Es fehlt an dem für § 35 WpÜG notwendigen Erwerb der Kontrolle über den übernehmenden Rechtsträger im Zusammenhang mit der Umwandlungsmaßnahme.

Bei einer Verschmelzung auf eine **NewCo** sowie bei einer Verschmelzung oder Spaltung zur **Neugründung** ist des Weiteren **kein Pflichtangebot** abzugeben, wenn eine Person durch die Verschmelzung bzw. Spaltung 30% oder mehr der stimmberechtigten Aktien an dem übernehmenden Rechtsträger erwirbt. Da eine Zulassung nur für bestehende Aktien erteilt werden kann,[68] erfolgt der Erwerb von mind. 30% der stimmberechtigten Aktien und damit die Kontrollerlangung zu einem Zeitpunkt, zu dem der Anwendungsbereich des WpÜG noch nicht eröffnet ist.[69] Auch die nachfolgende Börsenzulassung der Aktien des übernehmenden Rechtsträgers führt nicht zu einem ein Pflichtangebot auslösenden Kontrollerwerb im Sinne des § 35 WpÜG.

b) Formwechsel. Bei einem Formwechsel einer (bereits) börsennotierten Aktiengesellschaft in eine börsennotierte Societas Europaea (und umgekehrt) findet kein ein Pflichtangebot auslösender Kontrollerwerb nach § 35 WpÜG statt, da eine etwaige Kontrollbeteiligung an dem formwechselnden Rechtsträger nur erhalten bleibt.[70] Bei einem Form-

---

[62] Steinmeyer/*Steinmeyer* WpÜG § 35 Rn. 46; Kölner Kommentar-WpÜG/*Hasselbach* § 35 Rn. 113; Baums/Thoma/*Baums*/*Hecker* § 35 Rn. 112; Assmann/Pötzsch/Schneider/*Krause*/*Pötzsch* § 35 Rn. 144.
[63] Paschos/Fleischer/*Rothenfußer* § 11 Rn. 125.
[64] Kölner Kommentar-WpÜG/*Hasselbach* § 35 Rn. 119; Assmann/Pötzsch/Schneider/*Krause*/*Pötzsch* § 35 Rn. 14.
[65] Angerer/Geibel/Süßmann/*Meyer* § 35 Rn. 48; Baums/Thoma/*Baums*/*Hecker* § 35 Rn. 113; Assmann/Pötzsch/Schneider/*Krause*/*Pötzsch* § 35 Rn. 146.
[66] Schwark/Zimmer/*Noack*/*Zetsche* § 35 WpÜG Rn. 20 f.; Baums/Thoma/*Baums*/*Hecker* § 35 Rn. 116; Paschos/Fleischer/*Rothenfußer* § 11 Rn. 127.
[67] Paschos/Fleischer/*Rothenfußer*, § 11 Rn. 127; Kölner Kommentar-WpÜG/*Hasselbach* § 35 Rn. 121; Assmann/Pötzsch/Schneider/*Krause*/*Pötzsch* § 35 Rn. 149.
[68] *Groß* BörsZulV Rn. 8; Schwark/Zimmer/*Heidelbach* § 4 BörsZulV Rn. 1.
[69] Assmann/Pötzsch/Schneider/*Krause*/*Pötzsch* § 35 Rn. 155; Baums/Thoma/*Baums*/*Hecker* § 35 Rn. 119; MüKoAktG/*Schlitt*/*Ries* § 35 WpÜG Rn. 145; a. A. FrankKommentar-WpÜG/*Hommelhoff*/*Witt* § 35 Rn. 68; *Seibt*/*Heiser* ZHR 165 (2001), 466, 480 f.
[70] MüKoAktG/*Schlitt*/*Ries* § 36 WpÜG Rn. 28; Schwark/Zimmer/*Noack*/*Zetsche* § 36 WpÜG Rn. 9.

wechsel einer (börsennotierten) Aktiengesellschaft oder Societas Europaea in eine Kommanditgesellschaft auf Aktien findet jedenfalls dann kein Kontrollerwerb des neu eintretenden Komplementärs statt, wenn die Stimmrechte bei den Kommanditaktionären verbleiben. Dass dem Komplementär gem. § 285 Abs. 2 AktG ein Zustimmungsrecht zu bestimmten Hauptversammlungsbeschlüssen zusteht, ist für die Frage des Kontrollerwerbs im Sinne des § 29 Abs. 2 WpÜG unerheblich.[71]

35 Hält ferner eine GmbH & Co. KG mehr als 30 % der Stimmrechte an einer börsennotierten Aktiengesellschaft oder Societas Europaea und wächst der Komplementär-GmbH auf Grund des Ausscheidens der Kommanditisten das Vermögen der Kommanditgesellschaft zu (zu diesen sog. **Anwachsungsmodellen** → § 3 Rn. 19 ff.), kommt eine Nichtberücksichtigung von Stimmrechten nach § 36 Nr. 2 WpÜG in Betracht.[72]

3. Nichtberücksichtigung von Stimmrechten und Befreiung von einem Pflichtangebot

36 Wir vorstehend dargelegt, besteht unter gewissen Voraussetzungen gem. §§ 36, 37 WpÜG die Möglichkeit, dass die BaFin eine Person/Gesellschaft, die im Zusammenhang mit einer Umwandlungsmaßnahme mehr als 30 % der Stimmrechte an einer börsennotierten Gesellschaft und damit die Kontrolle iSd § 29 Abs. 2 WpÜG erlangt, von der Abgabe eines Pflichtangebots befreit.

37 **a) Nichtberücksichtigung von Stimmrechten.** Die BaFin lässt nach § 36 WpÜG auf schriftlichen Antrag zu, dass Stimmrechte aus Aktien der Zielgesellschaft bei der Berechnung des für eine Kontrollerlangung relevanten Stimmrechtsanteils unberücksichtigt bleiben. Dann werden die betreffenden Stimmrechte bei der Berechnung des Erreichens der Kontrollschwelle nicht mitgezählt bzw. nicht nach § 30 WpÜG zugerechnet. Dies ist insbesondere der Fall, wenn die Aktien durch **Rechtsformwechsel** (§ 36 Nr. 2 WpÜG) oder **Umstrukturierungen** innerhalb eines **Konzerns** (§ 36 Nr. 3 WpÜG) erlangt wurden. Dabei entscheidet die BaFin nur auf Antrag und nach Kontrollerlangung darüber, ob die Aktien nicht berücksichtigt werden.[73] Da es sich dabei allerdings um eine **gebundene Entscheidung** handelt, muss die BaFin den Antrag positiv bescheiden, wenn die Voraussetzungen nach § 36 WpÜG vorliegen.[74] Der Antrag sollte innerhalb der Frist des § 35 Abs. 1 WpÜG und damit unverzüglich (spätestens innerhalb von 7 Kalendertagen) nach Kenntnis oder Kennenmüssen der Kontrollerlangung gestellt werden, um eine Suspendierung der Pflichten nach § 35 WpÜG zu erreichen.[75]

38 Wenn die BaFin dem Antrag auf Nichtberücksichtigung stattgibt, so wird der Antragsteller so gestellt, als hätte er ein Pflichtangebot abgegeben. Jeder weitere Erwerb von Aktien der Zielgesellschaft bzw. die weitere Zurechnung von Aktien unterhalb der Kontrollschwelle löst damit kein Pflichtangebot aus, weil dies keine neue Kontrollerlangung mehr darstellt.[76]

39 **b) Befreiung von einem Pflichtangebot.** Die BaFin kann nach § 37 Abs. 1 WpÜG auf schriftlichen Antrag von der Pflicht zur Abgabe eines Pflichtangebots befreien, sofern dies im Hinblick auf die Art der Erlangung der Kontrolle, die mit der Erlangung der Kontrolle beabsichtigte Zielsetzung, ein nach der Erlangung der Kontrolle erfolgendes

---

[71] Assmann/Pötzsch/Schneider/*Assmann* § 29 Rn. 25; Steinmeyer/*Steinmeyer* § 29 Rn. 17.
[72] Assmann/Pötzsch/Schneider/*Schneider/Rosengarten* § 36 Rn. 7; Kölner Kommentar-WpÜG/*v. Bülow* § 36 Rn. 42; aA Angerer/Geibel/Süßmann/*Meyer* § 36 Rn. 19.
[73] Assmann/Pötzsch/Schneider/*Schneider/Rosengarten* § 36 Rn. 1.
[74] MünchKommAktG/*Ries/Schlitt* § 36 WpÜG Rn. 67; Assmann/Pötzsch/Schneider/*Schneider/Rosengarten* § 36 Rn. 18.
[75] Kölner Kommentar-WpÜG/*v. Bülow* § 36 Rn. 82; Assmann/Pötzsch/Schneider/*Schneider/Rosengarten* § 36 Rn. 14.
[76] Kölner Kommentar-WpÜG/*v. Bülow* § 36 Rn. 108f; FrankfKommentar-WpÜG/*Hommelhoff/Witt* § 36 Rn. 56 ff.; Assmann/Pötzsch/Schneider/*Schneider/Rosengarten* § 36 Rn. 21; MüKoAktG/*Schlitt/Ries* § 36 WpÜG Rn. 75.

Unterschreiten der Kontrollschwelle, die Beteiligungsverhältnisse an der Zielgesellschaft oder die tatsächliche Möglichkeit zur Ausübung der Kontrolle unter Berücksichtigung der Interessen des Antragstellers und der Inhaber der Aktien der Zielgesellschaft gerechtfertigt erscheint. § 9 der WpÜG-AV konkretisiert die Befreiung nach § 37 Abs. 1 WpÜG in nicht abschließender Weise. In Betracht kommen insbesondere auch Befreiungen aufgrund der allgemeinen Befreiungsermächtigung nach § 37 Abs. 1 WpÜG, wenn der Sachverhalt mit den konkretisierten Interessenlagen nach § 9 WpÜG-AV vergleichbar ist.[77]

Der Antrag auf Befreiung von einem Pflichtangebot muss spätestens innerhalb von sieben **40** Kalendertagen nach Kenntnis oder Kennenmüssen der Kontrollerlangung gestellt werden (§ 8 Satz 2 WpÜG-AV) und es liegt im pflichtgemäßen **Ermessen der BaFin**, ob eine solche Befreiung erteilt wird.[78] In vielen Fällen versieht die BaFin die Befreiung mit Nebenbestimmungen wie Auflagen, Bedingungen oder Widerrufsvorbehalten.[79]

4. Gegenleistung

Die im Rahmen eines **Pflichtangebots** den anderen Aktionären anzubietende **Min-** **41** **destgegenleistung** ist grundsätzlich gemäß § 5 WpÜG-AV anhand des volumengewichteten **Durchschnittskurses** des Dreimonatszeitraums vor Veröffentlichung der Kontrollerlangung nach § 5 WpÜG-AV zu bemessen. Bei einer Verschmelzung/Spaltung ist dies in der Regel der Zeitpunkt der Eintragung der Umwandlungsmaßnahme im Handelsregister. Ist es in Folge der Ankündigung der Umwandlungsmaßnahme zu einem Kursanstieg gekommen, ist dieser mit einzuberechnen.[80] Dies kann durch die Abgabe eines **freiwilligen Übernahmeangebots** an die Aktionäre des übernehmenden Rechtsträgers im Vorgriff auf die Verschmelzung/Spaltung vermieden werden.[81] Nach § 35 Abs. 3 WpÜG ist ein Kontrollerwerber von der Verpflichtung zur Veröffentlichung der Kontrolle und Abgabe eines Pflichtangebots befreit, sofern die Kontrolle über die Zielgesellschaft auf Grund eines Übernahmeangebots erworben wurde. Der hierfür notwendige zeitliche und sachliche Zusammenhang zwischen dem Übernahmeangebot und der späteren Kontrollerlangung[82] ist gewahrt, wenn der Umwandlungsprozess vor Ablauf der Annahmefrist des Übernahmeangebots eingeleitet wurde und die zur Kontrollerlangung führende Eintragung der Umwandlungsmaßnahme erst nach Ablauf der (weiteren) Annahmefrist des freiwilligen Übernahmeangebots erfolgt und in der Angebotsunterlage auf diesen Umstand hingewiesen wird.[83] Verzögerungen bei der Eintragung der Umwandlungsmaßnahme sind unter diesen Voraussetzungen unschädlich.[84]

Daneben bildet grds. jeder **Vorerwerb** von Aktien der Zielgesellschaft innerhalb der **42** letzten sechs Monate vor Veröffentlichung der Angebotsunterlage gem. § 4 WpÜG-AV ebenfalls den Mindestpreis für das Übernahmeangebot; des Weiteren führen Parallelerwerbe während des Laufs der Annahmefrist über dem Angebotspreis gem. § 31 Abs. 4 WpÜG zu einer automatischen Erhöhung der Angebotsgegenleistung und (außerbörsliche) Nach-

---

[77] Assmann/Pötzsch/Schneider/*Krause*/*Pötzsch*/*Seiler* § 37 Rn. 24.

[78] Kölner Kommentar-WpÜG/*Versteegen* § 37 Rn. 78; Assmann/Pötzsch/Schneider/*Krause*/*Pötzsch*/*Seiler* § 37 Rn. 79 ff.

[79] Assmann/Pötzsch/Schneider/*Krause*/*Pötzsch*/*Seiler* § 37 Rn. 85 ff.; Kölner Kommentar-WpÜG/ *Versteegen* § 37 Rn. 89.

[80] Assmann/Pötzsch/Schneider/*Krause* § 4 WpÜG-AngebotsVO Rn. 21.

[81] Paschos/Fleischer/*Rothenfußer* § 11 Rn. 125.

[82] BaFin, Merkblatt – Auslegung des § 35 Abs. 3 WpÜG durch die Bundesanstalt für Finanzdienstleistungsaufsicht (Stand: 12.7.2007) für die Verschmelzung; Kölner Kommentar-WpÜG/*Hasselbach* § 35 Rn. 255; Assmann/Pötzsch/Schneider/*Krause*/*Pötzsch* § 35 Rn. 283.

[83] BaFin, Merkblatt – Auslegung des § 35 Abs. 3 WpÜG durch die Bundesanstalt für Finanzdienstleistungsaufsicht (Stand: 12.7.2007) für die Verschmelzung; Assmann/Pötzsch/Schneider/*Krause*/ *Pötzsch* § 35 Rn. 283; Kölner Kommentar-WpÜG/*Hasselbach* § 35 Rn. 255.

[84] BaFin, Merkblatt – Auslegung des § 35 Abs. 3 WpÜG durch die Bundesanstalt für Finanzdienstleistungsaufsicht (Stand: 12.7.2007) für die Verschmelzung; Kölner Kommentar-WpÜG/*Hasselbach* § 35 Rn. 255; Assmann/Pötzsch/Schneider/*Krause*/*Pötzsch* § 35 Rn. 283.

erwerbe innerhalb eines Jahres nach Veröffentlichung der Ergebnisbekanntmachung iSd § 23 Abs. 1 S. 1 Nr. 2 WpÜG gem. § 31 Abs. 5 WpÜG zu einer entsprechenden Nachzahlungspflicht hinsichtlich des Differenzbetrages. Die im Rahmen der **Umwandlungsmaßnahme** am übernehmenden Rechtsträger ausgegebenen Anteile stellen jedoch ausweislich der Nacherwerbsvorschrift des § 31 Abs. 5 S. 2 WpÜG und der in der Gesetzbegründung[85] zum Ausdruck kommenden gesetzgeberischen Intention **keinen angebotspreisrelevanten Erwerb** von Aktien der Zielgesellschaft dar. Dies gilt in gleicher Weise für eine Anteilsgewährung am übernehmenden Rechtsträger im Rahmen der Umwandlungsmaßnahme während der relevanten Vor- und Parallelerwerbsfristen.[86]

V. Kapitalmarktrechtliche Meldepflichten

1. Veröffentlichungspflicht von Insiderinformationen

43   Gemäß Art. 17 Abs. 1 MAR ist ein Emittent zur unverzüglichen Veröffentlichung von den Emittenten unmittelbar betreffenden Insiderinformationen verpflichtet, sofern der Emittent die Veröffentlichung nicht nach Art. 17 Abs. 4 MAR aufschieben kann (→ Rn. 47 f.). Diese **Ad-hoc-Veröffentlichungspflicht** erfasst alle Emittenten, deren Finanzinstrumente (etwa Aktien oder Anleihen) an einem regulierten Markt oder einer Multilateral Trading Facility (dies umfasst in Deutschland den Freiverkehr[87]) mit Zustimmung des Emittenten zum Handel in einem EU-Mitgliedstaat zugelassen sind oder einbezogen wurden (bzw. eine entsprechende Zulassung oder Einbeziehung beantragt wurde).[88]

44   a) **Vorliegen einer Insiderinformation.** Insiderinformationen sind alle **nicht öffentlich** bekannten, **präzisen** Informationen, die im Falle des öffentlichen Bekanntwerdens geeignet wären, den **Kurs** der Finanzinstrumente oder damit verbundener Finanzinstrumente **erheblich zu beeinflussen** (Art. 7 Abs. 1 lit. a MAR). Informationen sind nicht nur im Hinblick auf bereits eingetretene Umstände als präzise anzusehen, sondern auch dann, wenn sie ein zukünftiges Ereignis betreffen, das vernünftigerweise eintreten wird, dh eine Eintrittswahrscheinlichkeit von mehr als 50 % besteht.[89] Darüber hinaus muss die Information spezifisch genug sein, um einen Schluss auf die möglichen Auswirkungen der Information auf den Börsenkurs zuzulassen.[90] Handelt es sich um einen zeitlich gestreckten Vorgang, der ein bestimmtes Ereignis herbeiführen soll, so können des Weiteren bereits Zwischenschritte als Insiderinformationen zu qualifizieren sein, wenn sie die entsprechenden Anforderungen an eine Insiderinformation erfüllen, Art. 7 Abs. 3 MAR.[91] Dementsprechend kann eine Ad-hoc-Veröffentlichungspflicht bereits in einem Transaktionsstadium entstehen, zu dem die Transaktionswahrscheinlichkeit (noch) unter 50 % liegt, sofern der Information über den **Zwischenschritt** bereits ein erhebliches Kursbeeinflussungspotential

---

[85] BT-Drucks. 14/7034, S. 56.

[86] Assmann/Pötzsch/Schneider/*Krause* § 31 Rn. 150; Paschos/Fleischer/*Reinhardt/Kocher* § 15 Rn. 141; Schwark/Zimmer/*Noack/Zetsche* § 31 WpÜG Rn. 91; Pflichtangebot der Carl Zeiss Jena GmbH an die Aktionäre der Carl Zeiss Meditec AG vom 25.7.2002, S. 14 f.

[87] BaFin, FAQs zu Art. 17 MAR – Veröffentlichung von Insiderinformationen (Stand 20.6.2017), II. 2.

[88] BaFin, FAQs zu Art. 17 MAR – Veröffentlichung von Insiderinformationen (Stand 20.6.2017), II. 1. Für Emittenten, deren Finanzinstrumente lediglich zum Handel an einem organisierten Handelssystem zugelassen bzw. einbezogen worden (oder ein entsprechender Antrag gestellt wurde), gelten diese Verpflichtungen aufgrund der Verschiebung der europäischen Finanzmarktrichtlinie 2014/65/EU (Markets in Financial Instruments Directive II – MiFID II) erst ab dem 3.1.2018.

[89] *Klöhn* AG 2016, 423, 428; *Giering* CCZ 2016, 214, 215.

[90] EuGH Rs. C-628/13, ZIP 2015, 627.

[91] *Von der Linden* DStR 2016, 1036, 1037; *Poelzig* NZG 2016, 528, 532; *Klöhn* AG 2016, 423, 428 f.

zukommt.[92] Gerade in diesen Konstellationen kommt aber der Aufschub der Ad-hoc-Veröffentlichung nach Art. 17 Abs. 4 MAR bei Vorliegen der entsprechenden Voraussetzungen in Betracht.[93]

45 Die Frage, ob und ab wann im Rahmen einer Umwandlungsmaßnahme, die unter der Beteiligung von börsennotierten Gesellschaften erfolgt, vom Vorliegen einer Insiderinformation und damit dem grundsätzlichen Entstehen einer Ad-hoc-Veröffentlichungspflicht auszugehen ist, kann nur anhand der konkreten Umstände des Einzelfalles beantwortet werden. So wird im Rahmen einer konzerninternen Verschmelzung auch bei einer Börsennotierung der Konzernmutter typischerweise keine Ad-hoc-Veröffentlichungspflichten entstehen. Dies ist hingegen anders zu beurteilen bei der (geplanten) Verschmelzung zweier (unabhängiger) börsennotierter Gesellschaften oder auch dem beabsichtigten Spin-Off eines substantiellen Geschäftsbereichs eines börsennotierten Unternehmens. Auch im Zuge eines verschmelzungsrechtlichen Squeeze-Out können auf Ebene der börsennotierten Gesellschaft, deren Minderheitsaktionäre ausgeschlossen werden sollen, Insiderinformationen entstehen (→ § 17 Rn. 48).

46 Die Frage und der mögliche Zeitpunkt des Vorliegens einer Insiderinformation (wie die Möglichkeit des Aufschubs der Veröffentlichung) ist daher bereits bei den ersten Projektüberlegungen im Hinblick auf eine Umwandlungsmaßnahme zu analysieren (und nachfolgend kontinuierlich zu überprüfen). Dies gilt nicht zuletzt auf Grund der substantiellen Bußgeldandrohung bei Abgabe einer verspäteten Ad-hoc-Mitteilung[94] sowie möglichen Schadensersatzansprüchen von Aktionären der börsennotierten Gesellschaft gem. §§ 37b, c WpHG. Bereits zu diesem Zeitpunkt sind des Weiteren Insiderlisten (im Sinne des Art. 18 MAR und der dazu erlassenen Durchführungsverordnung[95]) der beteiligten Personen anzulegen. Die Insider sind zudem – falls noch nicht erfolgt – über Ihre Pflichten als Insider gem. Art. 14 MAR, dh insbesondere das Verbot des Insiderhandels, entsprechender Empfehlungen und der unrechtmäßigen Offenlegung von Insiderinformationen, zu belehren (Art. 18 Abs. 2 MAR).[96] Ferner sind entsprechende Maßnahmen zur Sicherstellung der Vertraulichkeit im Hinblick auf das Projekt zu schaffen, nicht zuletzt um das Vorliegen der Aufschubvoraussetzungen (→ Rn. 47) nicht zu unterminieren.

47 **b) Aufschub der Veröffentlichung einer Insiderinformation.** Trotz Vorliegens einer Insiderinformation ist ein Emittent gem. Art. 17 Abs. 4 MAR[97] unter bestimmten Voraussetzungen berechtigt (aber nicht verpflichtet), von der unverzüglichen Veröffentlichung einer Insiderinformation abzusehen. Ein **Aufschub** ist möglich, sofern die **berechtigten Interessen des Emittenten** durch die unverzügliche Veröffentlichung gefährdet würden, **keine Irreführung** zu befürchten und die **Geheimhaltung der Information** sichergestellt ist. Mit den MAR-Leitlinien zum Aufschub der Offenlegung von

---

[92] Die Transaktionswahrscheinlichkeit ist dann aber natürlich im Rahmen der Prüfung des erheblichen Kursbeeinflussungspotentials zu berücksichtigen, vgl. *Seibt/Wollenschläger*, AG 2014, 593, 597 Fn. 44; *Klöhn*, AG 2016, 423, 429.
[93] EnzEuR Band 6/*Zetzsche/Wachter* § 7 D Rn. 152.
[94] Von bis zu einer Million Euro und im Falle einer juristischen Person oder Personenvereinigung den höheren der Beträge von zweieinhalb Millionen Euro und 2 Prozent des Gesamtumsatzes, den die juristische Person oder Personenvereinigung im der Behördenentscheidung vorangegangenen Geschäftsjahr erzielt hat, bzw. über die genannten Beträge hinaus mit einer Geldbuße bis zum Dreifachen des aus dem Verstoß gezogenen wirtschaftlichen Vorteils, vgl. § 39 Abs. 3d Nr. 6 iVm.Abs. 4a WpHG.
[95] Durchführungsverordnung (EU) 2016/347; zu Insiderlisten vgl. auch *Simons*, CCZ 2016, 221.
[96] Zu den Verbotstatbeständen des Art. 14 MAR ausführlich *von der Linden*, DStR 2016, 1036, 1037; *Poelzig*, NZG 2016, 528, 532 ff.
[97] Daneben besteht für Finanzinstitute die Möglichkeit, unter den in Art. 17 Abs. 5 MAR näher spezifizierten Voraussetzungen zur Wahrung der Stabilität des Finanzsystems mit Zustimmung der BaFin die Veröffentlichung einer Insiderinformation aufzuschieben; vgl. hierzu auch *Klöhn*, AG 2016, 423, 432.

Insiderinformationen hat die Europäische Wertpapier- und Marktaufsichtsbehörde (European Securties and Markets Authority – „**ESMA**") unter Aufgreifen der in Erwägungsgrund 50 MAR genannten Fallbeispiele eine nicht abschließende indikative Liste der berechtigten Interessen des Emittenten sowie von zur Irreführung geeigneten Fällen veröffentlicht.[98] Insbesondere hat die ESMA in diesen Leitlinien als berechtigte Interessen des Emittenten das Führen von Verhandlungen über beispielsweise Fusionen, Übernahmen, Aufspaltungen und Spin-offs, Umstrukturierungen und Reorganisationen anerkannt, deren Ergebnis durch die unverzügliche öffentliche Bekanntgabe wahrscheinlich gefährdet würde.[99] Ebenfalls als berechtigtes Interesse anerkannt sind die ausstehende Zustimmung durch ein anderes Organ, sofern vor einer endgültigen Entscheidung die korrekte Bewertung der Informationen durch das Publikum gefährdet würde und dafür Sorge getragen wurde, dass die endgültige Entscheidung durch das andere Organ so schnell wie möglich getroffen wird.[100] Ob jeweils die Voraussetzungen eines Aufschubs in der konkreten Situation gegeben sind, hängt von den **konkreten Umständen des Einzelfalls** ab. Insbesondere dann, wenn die ins Auge gefasste Umwandlungsmaßnahme der Mitwirkung einer unabhängigen Partei bedarf (wie etwa die Verschmelzung zweier börsennotierter Unternehmen), so wird man häufig für den Zeitraum der Verhandlungen ein entsprechendes berechtigtes Geheimhaltungsinteresse annehmen können, da durch eine frühzeitige Veröffentlichung laufende Verhandlungen mit der unabhängigen Partei gefährden würden. Eine ausstehende Gremienzustimmung, etwa des Aufsichtsrats, allein wird vor dem Hintergrund der mit dem Eintritt in das MAR-Regime verschärften diesbezüglichen Anforderungen wohl nur seltener als in der Vergangenheit einen Aufschub rechtfertigen können.

48 Erfolgt in solchen Fällen ein Aufschub der Veröffentlichung, so muss der Rechtsträger die Insiderinformation unverzüglich veröffentlichen, sobald die Voraussetzungen des Aufschubs nicht mehr bestehen, also etwa die Verhandlungen abgeschlossen sind bzw. das Gremium zugestimmt hat. Eine Pflicht zur unverzüglichen Veröffentlichung besteht nach Art. 17 Abs. 7 MAR auch dann, wenn ein Marktgerücht ausreichend präzise auf die nicht veröffentlichte Insiderinformation Bezug nimmt.[101] Nach Auffassung der BaFin ist ein Gerücht dann ausreichend präzise, wenn die daraus abzuleitende Information darauf schließen lässt, dass ein Informationsleck entstanden ist, sodass die Vertraulichkeit nicht länger als gewahrt gelten kann.[102] Dabei kommt es – anders als in der früheren Verwaltungspraxis der BaFin vor Inkrafttreten der MAR[103] – nicht mehr darauf an, in wessen Sphäre eine zum Marktgerücht führende Vertraulichkeitslücke entstanden ist.[104]

2. Stimmrechtsmitteilungspflichten

49 **a) Überblick.** Die §§ 21 ff. WpHG normieren Mitteilungspflichten bei **Veränderungen des Stimmrechtsanteils** an Emittenten, deren Aktien zum Handel im **regulierten Markt** zugelassen sind, § 21 Abs. 2 WpHG. Zunächst besteht ein Melderegime gem. § 21 Abs. 1 WpHG für gehaltene sowie nach § 22 WpHG zugerechnete Stimmrechte; ein Stimmrechtsmeldepflicht wird bei Erreichen, Überschreiten und Unterschreiten der Schwellen von 3 %, 5 %, 10 %, 15 %, 20 %, 25 %, 30 %, 50 % oder 75 % der Stimmrechte des Emittenten ausgelöst. Daneben besteht ein Melderegime gem. § 25 Abs. 1 WpHG für Instrumente, die bei Fälligkeit ein Recht auf Erwerb von mit Stimmrechten verbundenen und bereits ausgegebenen Aktien eines Emittenten verleihen oder eine vergleichbare wirt-

---

[98] ESMA, ESMA/2016/1478 DE.
[99] ESMA, ESMA/2016/1478 DE, S. 4 f.
[100] ESMA, ESMA/2016/1478 DE, S. 5.
[101] EnzEuR Band 6/*Zetzsche/Wachter* § 7 D Rn. 154.
[102] BaFin, FAQs zu Art. 17 MAR – Veröffentlichung von Insiderinformationen (Stand 20.6.2017), III. 3.
[103] BaFin, Emittentenleitfaden, 2013 IV.3.3.
[104] BaFin, FAQs zu Art. 17 MAR – Veröffentlichung von Insiderinformationen (Stand 20.6.2017), III. 3.

schaftliche Wirkung haben, unabhängig davon, ob sie einen Anspruch auf physische Lieferung einräumen. Gem. § 25 Abs. 2 WpHG sollen insbesondere Optionen, Terminkontrakte, Swaps, Zinsausgleichsvereinbarungen und Differenzgeschäfte von der Meldepflicht umfasst sein. Schließlich normiert § 25a WpHG ein Melderegime für die Gesamtposition aus Stimmrechten gem. §§ 21, 22 WpHG und Instrumenten gem. § 25 WpHG. Die Meldeschwellen für die Regime nach § 25 WpHG und § 25a WpHG entsprechen denen des Melderegimes nach § 21 WpHG mit Ausnahme der 3%-Schwelle. Die Mitteilungspflicht ist gem. § 21 Abs. 1 S. 1 WpHG (iVm § 25 Abs. 1 WpHG bzw. § 25a Abs. 1 WpHG) jeweils unverzüglich nach Berührung der relevanten Meldeschwelle und spätestens innerhalb von vier Handelstagen (§ 30 WpHG) durch Mitteilung gegenüber BaFin und Emittent zu erfüllen.

b) Verschmelzung. Nimmt ein Aktionär, der eine meldepflichtige Beteiligung im Sinne der §§ 21 ff. WpHG hielt, an einer Verschmelzung als übernehmender Rechtsträger teil, so erlöschen seine Mitteilungspflichten mit Eintragung der Verschmelzung und dem damit verbundenen Erlöschen des Rechtsträgers. Eine Herabmeldung der Beteiligung wg. des Erlöschens des übertragenden Rechtsträgers ist nicht notwendig.[105] Die im Wege der Gesamtrechtsnachfolge auf den übernehmenden Rechtsträger übergegangenen Anteile, deretwegen eine Mitteilungspflicht des übertragenden Rechtsträgers bestand, lösen bei Erreichen, Über- oder Unterschreiten einer relevanten Schwelle (unter Berücksichtigung etwaiger sonstiger bereits bestehender Positionen) auf Seiten des übernehmenden Rechtsträgers eine Mitteilungspflicht gem. der entsprechenden Norm der §§ 21 ff. WpHG aus. 50

Sofern ferner im Zuge einer Verschmelzung die Anteile eines **Aktionärs** an einem börsennotierten übernehmenden Rechtsträger einen der Schwellenwerte der § 21 ff. WpHG erreichen, überschreiten oder unterschreiten, entsteht eine entsprechende Mitteilungspflicht. Der im Zuge der Verschmelzung mit Eintragung erfolgende Erwerb von Aktien an dem übernehmenden Rechtsträger stellt jedoch kein Instrument iSv § 25 WpHG dar und kann selbst keine Mitteilungspflichten nach § 25 oder § 25a WpHG begründen.[106] Altaktionäre eines börsennotierten übertragenden Rechtsträgers müssen ihre (frühere) Beteiligung an dem erloschenen Rechtsträger zudem nicht gem. §§ 21 ff. WpHG abmelden.[107] 51

c) Spaltung. War ein aufgespaltener Rechtsträger bisher Meldepflichtiger im Sinne der §§ 21 ff. WpHG, so erlöschen seine Mitteilungspflichten mit Eintragung der Spaltung und dem damit verbundenen Erlöschen des Rechtsträgers gem. § 131 Abs. 1 Nr. 2 S. 2 UmwG.[108] Die im Wege der Gesamtrechtsnachfolge auf den übernehmenden Rechtsträger übergegangenen Anteile, deretwegen eine Mitteilungspflicht des aufgespaltenen Rechtsträgers bestand, lösen bei Erreichen, Über- oder Unterschreiten einer relevanten Schwelle auf Seiten des übernehmenden Rechtsträgers eine Mitteilungspflicht gem. der entsprechenden Norm der §§ 21 ff. WpHG aus. 52

Erreicht, über- oder unterschreitet der Anteil eines **Aktionärs** an einem börsennotierten übernehmenden Rechtsträger im Zuge der Spaltung einen der Schwellenwerte der §§ 21 ff. WpHG, ist dieser ebenfalls zur Abgabe einer Stimmrechtsmitteilung verpflichtet. Ferner ist eine Abmeldung der Beteiligung an einem aufgespaltenen börsennotierten Rechtsträger – entsprechend der Rechtslage bei der Verschmelzung – nicht notwendig. 53

---

[105] BaFin, Emittentenleitfaden, 2013, VIII.2.3.4.2.1.1.; Assmann/Schneider/*Schneider* § 21 Rn. 75; Fuchs/*Zimmermann* § 21 Rn. 16.
[106] BaFin, FAQ zu den Transparenzpflichten des WpHG in den Abschnitten 5 (§§ 21 ff.) und 5a (§§ 30a ff.) (Stand 28.11.2016), Nr. 42.
[107] BaFin, Emittentenleitfaden, 2013, S. 107.
[108] Assmann/Schneider/*Schneider* § 21 Rn. 75; Fuchs/*Zimmermann* § 21 Rn. 16.

54 **d) Formwechsel.** Ein **Formwechsel** eines Aktionärs führt ebenso wie eine **Umfirmierung** nicht zu einer Mitteilungspflicht nach § 21 WpHG.[109] In beiden Fällen findet aufgrund der Identität des formgewechselten oder umfirmierten Meldepflichtigen weder eine Änderung der Beteiligungsstruktur noch der rechtlichen Zuordnung der damit verbundenen Stimmrechte statt.[110]

55 Erfolgt dagegen nach einem **Formwechsel** eines (zuvor nicht börsennotierten) Rechtsträgers eine Zulassung der Aktien zum Handel an einem regulierten Markt, wird nach § 21 Abs. 1a WpHG zum Zeitpunkt der **erstmaligen Zulassung** eine Mitteilungspflicht für einen an diesem Rechtsträger beteiligten Aktionär unter Maßgabe der Schwellen von § 21 Abs. 1 WpHG ausgelöst.[111]

3. Pflicht zur Veröffentlichung der Gesamtzahl der Stimmrechte

56 Ist der von einer Umwandlungsmaßnahme betroffene Rechtsträger ein Inlandsemittent iSv § 2 Abs. 6 WpHG und verändert sich im Zuge der Durchführung der Umwandlungsmaßnahme die Gesamtzahl der Stimmrechte, so muss er diese Änderung gemäß § 26a Abs. 1 WpHG unverzüglich, spätestens innerhalb von zwei Handelstagen (§ 30 WpHG) veröffentlichen.[112]

B. Übernahmerechtlicher Squeeze-out

I. Überblick

57 In Umsetzung von Art. 15 f. der Übernahmerichtlinie (2004/25/EG) hat der Gesetzgeber in den §§ 39a, b WpÜG den sog. übernahmerechtlichen Squeeze-out normiert. Dieser ermöglicht es einem Bieter im **Anschluss an ein Übernahme- oder Pflichtangebot** bei Erreichen der erforderlichen Beteiligungshöhe von **95 % der Stimmrechte** bzw. des Grundkapitals an der börsennotierten Zielgesellschaft, die verbliebenen Minderheitsaktionäre aus der Gesellschaft auszuschließen und so die Unternehmensführung effizienter und kostengünstiger zu gestalten.[113]

58 Entsprechend der Diskussion zum aktienrechtlichen Squeeze-out gem. §§ 327a ff. AktG[114] wurde die Verfassungsmäßigkeit der Normen bezweifelt.[115] Das BVerfG hat die **Verfassungsmäßigkeit** des übernahmerechtlichen Squeeze-out, auch im Hinblick auf die Angemessenheitsvermutung des § 39a Abs. 3 S. 3 WpÜG (→ Rn. 86 ff.), bestätigt.[116] Zwar unterfällt das in der Aktie verkörperte Anteilseigentum dem Schutz des Art. 14 GG, so dass der Aktionär für den Verlust seiner mitgliedschaftlichen Rechtsstellung und der vermögensrechtlichen Ansprüche wirtschaftlich voll zu entschädigen ist und die Abfindungshöhe der gerichtlichen Überprüfung unterliegen muss. Dem wird die Regelung des übernahmerechtlichen Squeeze-out aber gerecht. Zum einen bilden der gewichtete Dreimonatsdurchschnittskurs vor Ankündigung des Übernahme- bzw. Pflichtangebots (§ 4 WpÜG-AV) und der höchste in den letzten sechs Monaten vor Veröffentlichung der Angebotsunterlage für einen Aktienerwerb gezahlte bzw. vereinbarte Preis (§ 5 WpÜG-AV) den Mindestpreis des vorangegangenen Übernahme- bzw. Pflichtangebots. Wird das Angebot von 90 % der

---

[109] BaFin, Emittentenleitfaden, 2013, VIII.2.3.4.2.2; OLG Düsseldorf, 6 W 30/08 AG 2009, 40, 41; OLG Düsseldorf, 17 U 63/08 AG 2009, 535, 536; Fuchs/*Zimmermann* § 21 Rn. 47.
[110] BaFin, Emittentenleitfaden, 2013, VIII.2.3.4.2.2; Fuchs/*Zimmermann* § 21 Rn. 47.
[111] Fuchs/*Zimmermann* § 21 Rn. 56; Assmann/Schneider/*Schneider* § 21 Rn. 102.
[112] Er muss außerdem die Veröffentlichung der BaFin gleichzeitig mitteilen und sie sodann dem Unternehmensregister übermitteln
[113] BT-Drucks. 14/7034, S. 28.
[114] MHdB GesR IV/*Austmann* § 75 Rn. 5.
[115] *Heidel/Lochner* DB 2005, 2564; *Heidel/Lochner* Der Konzern 2006, 653, 656; *Rühland* NZG 2006, 401, 405; *Schüppen* BB 2006, 165, 168; *Posdziech* WM 2010, 787, 792 ff.
[116] BVerfG 1 BvR 96/09, NZG 2012, 907; Angerer/Geibel/Süßmann/*Süßmann* § 39a Rn. 3.

angebotsgegenständlichen Aktien angenommen und greift daher gem. § 39a Abs. 3 S. 3 WpÜG die Vermutung, dass der Angebotspreis eine angemessene Abfindung iRd Squeezeout darstellt, wird durch das 90%ige Annahmequorum hinreichend sichergestellt, dass der Angebotspreis auch dem Verkehrswert der Aktien entspricht. Zum anderen sind sowohl der Ausschluss der Minderheitsaktionäre als auch die Angemessenheit der Abfindung in dem Verfahren gem. § 39b WpÜG gerichtlich überprüfbar.[117]

Neben dem übernahmerechtlichen und dem bereits genannten **aktienrechtlichen Squeeze-out**, der gem. § 327a Abs. 1 AktG eine Beteiligungshöhe von 95 % des Grundkapitals voraussetzt, besteht seit 2011 zudem – an letzteren angelehnt – bei Erreichen einer Beteiligungsschwelle von 90 % des Grundkapitals die Möglichkeit, einen sog. **verschmelzungsrechtlichen Squeeze-out** gem. § 62 Abs. 5 UmwG durchzuführen, sofern die Aktiengesellschaft in diesem Zusammenhang zudem auf ihren Großaktionär verschmolzen wird (→ § 17). Sowohl der Ausschluss der Minderheitsaktionäre nach §§ 327a ff. AktG als auch der nach § 62 Abs. 5 UmwG bedürfen zu ihrer Wirksamkeit neben der Zustimmung der Hauptversammlung der Gesellschaft der Eintragung in das Handelsregister. Die Übertragung der Aktien der Minderheitsaktionäre iRd übernahmerechtlichen Squeeze-out erfolgt hingegen durch (rechtskräftigen) Gerichtsbeschluss (§ 39b Abs. 5 S. 3 WpÜG). Während beim aktienrechtlichen und verschmelzungsrechtlichen Squeeze-out Streitigkeiten über die Angemessenheit der Abfindung an die Minderheitsaktionäre für den Verlust ihrer Aktien gem. § 1 Nr. 3 SpruchG dem Spruchverfahren vorbehalten sind und ein Spruchverfahren die Wirksamkeit des Ausschlusses der Minderheitsaktionäre nicht hindert, ist die Möglichkeit der Durchführung eines **Spruchverfahrens** beim übernahmerechtlichen Squeeze-out **nicht** eröffnet.[118] Die Angemessenheit der Abfindung ist beim übernahmerechtlichen Squeeze-out vielmehr im gerichtlichen Ausschlussverfahren gem. § 39b WpÜG selbst zu bestimmen.[119] Dies birgt ein erhebliches **Verzögerungspotential** und lässt den Ausschluss gem. §§ 39a ff. WpÜG nur dann als in praktischer Hinsicht ratsam erscheinen, sofern das vorangegangene Übernahme- bzw. Pflichtangebot von mind. 90 % des angebotsgegenständlichen Grundkapitals angenommen worden ist und damit die **Angemessenheitsvermutung** des § 39a Abs. 3 S. 3 WpÜG (→ Rn. 86 ff.) des Angebotspreises für die Abfindung iRd nachfolgenden Squeeze-out greift.[120] Wird diese Hürde verfehlt, muss der Bieter die Angemessenheit der Abfindung selbst darlegen und beweisen.[121] Die durch die Einführung des übernahmerechtlichen Squeeze-out eigentlich bezweckte Verfahrensbeschleunigung kann in solchen Konstellationen nicht erreicht werden.[122]

Die praktische Notwendigkeit der Erfüllung der Angemessenheitsvermutung des § 39a Abs. 3 S. 3 WpÜG gepaart mit dem Umstand, dass das übernahmerechtliche Squeeze-out-Verfahren das Erreichen der Beteiligungsschwelle von 95 % im engen Zusammenhang mit einem Übernahme- bzw. Pflichtangebot voraussetzt und zudem Aufstockungsangebote aus einer bestehenden Kontrollposition heraus nicht erfasst werden (→ Rn. 63), hat sich in der Praxis als hinderlich herausgestellt,[123] zumal auch in Deutschland vermehrt aktivistische Aktionäre den Erfolg und damit eine hohe Annahmequote eines öffentlichen Übernahmeangebots zu torpedieren suchen.[124] Die praktische Häufigkeit von übernahmerechtlichen

---

[117] BVerfG 1 BvR 96/09, NZG 2012, 907, 909 ff.
[118] Auch eine analoge Anwendung scheidet aus, OLG Stuttgart 20 W 13/08, NZG 2009, 950; OLG Celle 9 W17/10, AG 2010, 456 f.; Kölner Kommentar-WpÜG/*Hasselbach* § 39a Rn. 58.
[119] Assmann/Pötzsch/Schneider/*Seiler* § 39a Rn. 112; Paschos/Fleischer/*Diekmann* § 26 Rn. 99.
[120] Baums/Thoma/*Merkner/Sustmann* § 39a Rn. 49; Ott WM 2008, 384, 391; Kölner Kommentar-WpÜG/*Hasselbach* § 39a Rn. 61; Angerer/Geibel/Süßmann/*Süßmann* § 39a Rn. 22.
[121] Baums/Thoma/*Merkner/Sustmann* § 39b Rn. 17; Heidel/*Heidel/Lochner* § 39b WpÜG Rn. 8; Kölner Kommentar-WpÜG/*Hasselbach* § 39b Rn. 16.
[122] Ott WM 2008, 384, 391; FrankfKommentar-WpÜG/*Schüppen/Tretter* Vor § 39a Rn. 23.
[123] *Nikoleyczik* GWR 2014, 207; *Merkner/Sustmann* NZG 2013, 374.
[124] Assmann/Pötzsch/Schneider/*Seiler* § 39a Rn. 31; *Seibt* CFL 2011, 213, 238.

Squeeze-out-Verfahren hat daher in den letzten Jahren abgenommen. Gleichwohl bleibt es im Falle des Erreichens der Angemessenheitsvermutung des § 39a Abs. 3 S. 3 WpÜG die zu präferierende Ausschlussmethode, da dann insbesondere die für einen aktien- bzw. umwandlungsrechtlichen Squeeze-out notwendigen (aufwändigen) Bewertungsarbeiten nicht getätigt werden müssen und zudem eine Hauptversammlung der Zielgesellschaft sowie eine potentielle nachfolgende Erhöhung der Abfindung im Spruchverfahren vermieden werden kann.[125]

II. Beteiligte

61 Das übernahmerechtliche Squeeze-out-Verfahren kann nur vom **Bieter** eines vorangegangenen, gem. den Bestimmungen des WpÜG abgegebenen **Übernahme- oder Pflichtangebots** betrieben werden. Wer Bieter ist, bestimmt sich nach § 2 Abs. 4 WpÜG.[126] Bieter ist demzufolge jede natürliche oder juristische Person oder Personengesellschaft, die ein Angebot abgegeben hat (formeller Bieterbegriff), nicht hingegen, wem Stimmrechte des eigentlichen Bieters lediglich zugerechnet werden oder wer als eine mit dem Bieter gem. § 2 Abs. 5 WpÜG gemeinsam handelnde Person gilt.[127] Sitz oder Rechtsform des Bieters sind irrelevant.[128]

62 Als **Zielgesellschaft** eines übernahmerechtlichen Squeeze-out kommen nur **inländische** Aktiengesellschaften, Kommanditgesellschaften auf Aktien (jeweils § 2 Abs. 3 Nr. 1 WpÜG) oder Societates Europaea (§ 9 Abs. 1 lit. c ii SE-Verordnung) in Betracht, auch wenn ihre Aktien ausschließlich in einem anderen EWR-Staat zum Handel zugelassen sind, § 1 Abs. 2 WpÜG iVm § 1 Nr. 19 WpÜG-AnwendbarkeitsVO. Ausgeschlossen vom übernahmerechtlichen Squeeze-out-Verfahren sind auf Grund fehlender Bezugnahme in § 2 WpÜG-AnwendbarkeitsVO hingegen ausländische Zielgesellschaften, unabhängig davon, ob ihre Aktien am inländischen organisierten Markt zum Handel zugelassen sind.[129]

III. Verfahren

1. Tatbestandsvoraussetzungen

63 **a) Vorausgegangenes Übernahme-/Pflichtangebot.** Das übernahmerechtliche Squeeze-out-Verfahren kann gem. der expliziten Regelung des § 39a Abs. 1 S. 1 WpÜG nur im Anschluss an ein Übernahmeangebot im Sinne des § 29 Abs. 1 WpÜG bzw. ein Pflichtangebot nach § 35 WpÜG durchgeführt werden. **Nicht erfasst** sind **einfache Erwerbsangebote** im Sinne des § 10 WpÜG in der Form von sog. Aufstockungsangeboten, die durch Aktionäre abgegeben werden, die bereits eine entsprechende Kontrollposition über die Zielgesellschaft im Sinne des § 29 Abs. 2 WpÜG (dh mind. 30 % der Stimmrechte) innehaben und – etwa auf Grund eines früheren Übernahme- oder Pflichtangebots – nicht zur Abgabe eines Pflichtangebots verpflichtet sind.[130]

64 **b) Anforderungen an die Beteiligungshöhe. aa) Erforderliche Beteiligungsschwelle.** Hält der Bieter nach Durchführung des Übernahme- bzw. Pflichtangebots mindestens **95 % des stimmberechtigten Kapitals**, kann er gem. § 39a Abs. 1 Satz 1 WpÜG die Übertragung der übrigen stimmberechtigten Aktien im Wege des übernahmerechtlichen Squeeze-out-Verfahrens verlangen. Will er darüber hinaus, soweit vorhanden,

---

[125] Kölner Kommentar-WpÜG/*Hasselbach* § 39a Rn. 3; Hölters/*Müller-Michaels* § 39a WpÜG Rn. 1; Baums/Thoma/*Merkner/Sustmann* § 39a Rn. 5.
[126] KG Berlin 2 U 3/09, BeckRS 2013, 2470.
[127] Hölters/*Müller-Michaels* § 39a WpÜG Rn. 4; Angerer/Geibel/Süßmann/*Süßmann* § 39a Rn. 6; *Ott* WM 2008, 384, 386.
[128] Angerer/Geibel/Süßmann/*Süßmann* § 39a Rn. 6.
[129] *Ott* WM 2008, 384, 386; Angerer/Geibel/Süßmann/*Süßmann* § 39a Rn. 5.
[130] BT Drucks. 16/1003, S. 21; Assmann/Pötzsch/Schneider/*Seiler* § 39a Rn. 38; KölnerKommentar-WpÜG/*Hasselbach* § 39a Rn. 33; aA *Austmann* NZG 2004, 846.

auch die Inhaber von Vorzugsaktien aus der Gesellschaft ausschließen und deren **Vorzugsaktien** erwerben, so ist zusätzlich erforderlich, dass ihm auch ein **95%iger Anteil am Grundkapital** der Zielgesellschaft zusteht, § 39a Abs. 1 S. 2 WpÜG. Der isolierte Ausschluss allein der Vorzugsaktionäre ist auf Grund des eindeutigen Wortlauts der Norm nicht möglich.[131]

Der Wortlaut des § 39 Abs. 1 S. 1 WpÜG („gehören") setzt die **dingliche Berechtigung** **65** des Bieters an den Aktien der Zielgesellschaft voraus. Erforderlich ist grds., dass der Bieter Eigentümer der Anteile ist bzw. ihm die Aktien nach § 39a Abs. 2 WpÜG iVm **§ 16 Abs. 4 AktG** zugerechnet werden (→ Rn. 69). Das (nur vorübergehende) Erreichen der notwendigen Beteiligungsschwelle mittels eines Wertpapierdarlehens ist nicht rechtsmissbräuchlich.[132] Bloß schuldrechtliche Ansprüche auf Übertragung der Aktien genügen dem grds. nicht. Eine Ausnahme ist hier jedoch für die Aktien zu machen, für die die Annahme des öffentlichen Angebots erklärt worden ist. Auch wenn es sich hier vor Vollzug des Übernahme- bzw. Tauschangebots nur um Ansprüche aus Kauf- bzw. Tauschvertrag auf Übertragung der Aktien der Zielgesellschaft in einem Umfang handelt, in dem das Übernahme- bzw. Pflichtangebot angenommen worden ist, sind diese – wie bereits die Vorschrift des § 39 Abs. 4 S. 2 WpÜG zeigt – bei Berechnung der Beteiligungshöhe zu berücksichtigen.[133] Praktisch relevant wird dies insbesondere in Konstellationen, in denen etwa auf Grund ausstehender fusionskontrollrechtlicher und/oder finanzaufsichtsrechtlicher Genehmigungen ein Vollzug des Übernahme- bzw. Pflichtangebots erst längere Zeit nach Ablauf der Annahmefrist des öffentlichen Angebots erfolgt (zum relevanten Zeitpunkt für das Erreichen der 95 % Beteiligungsschwelle → Rn. 70).[134] Zum Zeitpunkt der Entscheidung des Gerichts über den Ausschlussantrag muss das Angebot jedoch vollzogen sein (→ Rn. 77)

Des Weiteren sind etwaige **Stimmrechtsverluste** nach § 28 WpHG bei der Berech- **66** nung der Beteiligungshöhe irrelevant. Dies ergibt sich daraus, dass der Rechtsverlust aus § 28 WpHG nur die Rechte aus den Aktien betrifft. Die dingliche Rechtsstellung, auf die allein der Wortlaut des § 39a WpÜG abstellt, bleibt von § 28 WpHG unberührt. Zudem erfordert der übernahmerechtliche Squeeze-out keinen Hauptversammlungsbeschluss, sodass die Ausübung der Stimmrechte insoweit auch ohne Bedeutung ist.[135]

Anders als iRd Angemessenheitsvermutung nach § 39a Abs. 3 WpÜG (→ Rn. 86 ff.) ist **67** es für die bloße Eröffnung des übernahmerechtlichen Squeeze-out-Verfahrens nicht erforderlich, dass der Bieter die gebotene Beteiligungshöhe gerade auf Grund des vorangegangenen Übernahme- bzw. Pflichtangebots erlangt hat.[136] Berücksichtigung finden daher auch **Börsenerwerbe** und **Paketerwerbe**.[137] Auch Aktien, die der Bieter bereits vor dem Übernahme- bzw. Pflichtangebot an der Zielgesellschaft gehalten hat, sind bei Berechnung der Beteiligungshöhe zu berücksichtigen.[138]

---

[131] Hölters/Müller-Michaels § 39a WpÜG Rn. 7; Steinmeyer/Santelmann § 39a Rn. 16; MüKo-AktG/Grunewald § 39a WpÜG Rn. 24; Assmann/Pötzsch/Schneider/Seiler § 39a Rn. 62; Kölner Kommentar-WpÜG/Hasselbach § 39a Rn. 42; Paefgen WM 2007, 765, 770; Schwark/Zimmer/Noack/Zetzsche § 39a WpÜG Rn. 7.

[132] Steinmeyer/Santelmann § 39a WpÜG Rn. 13; Kölner Kommentar-WpÜG/Hasselbach § 39a Rn. 37; vgl. hierzu auch BGH II ZR 302/06, NJW-RR 2009, 828 zum aktienrechtlichen Squeeze-out gem. §§ 327a ff. AktG.

[133] BGH II ZR 198/11, NZG 2013, 223, 224; Assmann/Pötzsch/Schneider/Seiler § 39a Rn. 127.

[134] BT-Drucks. 16/1003, S. 22; Kölner Kommentar-WpÜG/Hasselbach § 39a WpÜG Rn. 37; Schwark/Zimmer/Noack/Zetzsche § 39a WpÜG Rn. 14.

[135] OLG Frankfurt/Main WpÜG 3/13, NZG 2014, 543, Nikoleyczik GWR 2014, 207, 209; Steinmeyer/Santelmann § 39a Rn. 14; aA Schwark/Zimmer/Noack/Zetzsche § 39a WpÜG Rn. 5; Kölner Kommentar-WpÜG/Hasselbach § 39a Rn. 38.

[136] BGH II ZR 198/11, NZG 2013, 223, 224.

[137] BT-Drucks. 16/1003, S. 21; Schwark/Zimmer/Noack/Zetzsche § 39a WpÜG Rn. 8; Frankf-Kommentar-WpÜG/Schüppen/Tretter § 39a Rn. 16; MüKoAktG/Grunewald § 39a WpÜG Rn. 20.

[138] Ott WM 2008, 384, 388; MüKoAktG/Grunewald § 39a WpÜG Rn. 20.

68 **bb) Berechnung der Beteiligungshöhe, Zurechnung von Aktien, Abzug eigener Aktien.** Die Beteiligungsquote errechnet sich bei Nennbetragsaktien aus dem Verhältnis zwischen Nennbetrag der dem Bieter gehörenden Aktien zum Nennkapital der Gesellschaft, bei Stückaktien aus dem Verhältnis zwischen Anzahl der dem Bieter gehörenden Aktien zur Gesamtzahl der Aktien der Zielgesellschaft.[139] Bei Berechnung des Grundkapitals in Abzug zu bringen sind gem. § 39a Abs. 2 WpÜG iVm § 16 Abs. 2 S. 2, 3 AktG eigene Aktien der Zielgesellschaft sowie solche, die ein anderes Unternehmen für Rechnung der Zielgesellschaft hält.[140] Zum stimmberechtigten Kapital gehören aus Gründen der Rechtssicherheit allein die Stammaktien, nicht aber die Vorzugsaktien, auch wenn deren Stimmrecht gem. § 140 Abs. 2 AktG wieder aufleben sollte.[141]

69 Gem. § 39a Abs. 2 WpÜG findet § 16 Abs. 4 AktG bei der Berechnung der relevanten Beteiligung Anwendung. Dem Bieter werden somit auch die Aktien zugerechnet, die einem von ihm abhängigen Unternehmen oder einem anderen Unternehmen für Rechnung des Bieters oder eines von diesem abhängigen Unternehmen gehören.[142] Da es nur auf das Eigentum an den Aktien ankommt, ist die Stimmrechtsverteilung irrelevant. Zurechnungstatbestände nach § 30 WpÜG sind somit ohne Bedeutung,[143] sofern diese nicht gleichzeitig den Zurechnungstatbestand des § 16 Abs. 4 WpÜG erfüllen. Ferner reicht ein abgestimmtes Verhalten iSd § 2 Abs. 5 WpÜG nicht aus, um Aktien einer gemeinsam handelnden Person dem Bieter zuzurechnen.[144]

70 **cc) Relevanter Zeitpunkt.** Nach Inkrafttreten der §§ 39a, b WpÜG war nicht zuletzt auf Grund des offenen Wortlauts des § 39a Abs. 1 S. 1 WpÜG („nach einem Übernahme- oder Pflichtangebot") zunächst umstritten, zu welchem Zeitpunkt spätestens die Beteiligungshöhe in Höhe von 95 % der stimmberechtigten Aktien bzw. des Grundkapitals erreicht werden musste, um einen Antrag auf Einleitung des übernahmerechtlichen Squeeze-out stellen zu können.[145] Der BGH hat insoweit für die Praxis Klarheit geschaffen, als nur Erwerbe bis zum **Ablauf der Annahmefrist** zu berücksichtigen sind.[146] Ob hier bei Übernahmeangeboten – zutreffenderweise – auch Angebotsannahmen/Erwerbe innerhalb der sog. weiteren Annahmefrist (§ 16 Abs. 2 WpÜG) zu berücksichtigen sind, hat der BGH letztlich offengelassen, das OLG Frankfurt aber nachfolgend bejaht.[147]

2. Verfahrensmodalitäten

71 **a) Vorgeschaltete Meldepflichten.** Der Bieter hat gem. § 23 Abs. 1 S. 1 Nr. 4 WpÜG das Erreichen der Schwelle von 95 % im Internet und im Bundesanzeiger (§ 14 Abs. 3 WpÜG) zu veröffentlichen und der BaFin mitzuteilen. Der Inhalt der Veröffentlichung richtet sich nach den Vorgaben des § 23 Abs. 1 WpÜG, auch wenn die Beteiligungsschwelle des § 39a WpÜG insoweit anders berechnet wird (keine Stimmrechts-

---

[139] Schwark/Zimmer/*Noack*/*Zetzsche* § 39a WpÜG Rn. 11.
[140] Kölner Kommentar-WpÜG/*Hasselbach* § 29a Rn. 44; Assmann/Pötzsch/Schneider/*Seiler* § 39a Rn. 43.
[141] Schwark/Zimmer/*Noack*/*Zetzsche* § 39a WpÜG Rn. 12; unklar *Ott* WM 2008, 384, 386.
[142] Assmann/Pötzsch/Schneider/*Seiler* § 39b Rn. 43; Kölner Kommentar-WpÜG/*Hasselbach* § 29a Rn. 43.
[143] FrankfKommentar-WpÜG/*Schüppen*/*Tretter* § 39a Rn. 14; Assmann/Pötzsch/Schneider/*Seiler* § 39a Rn. 46.
[144] BGH II ZR 198/11, NZG 2013, 225.
[145] Vgl. etwa OLG Frankfurt WpÜG 10/11, ZIP 2012, 1602 sowie Schwark/Zimmer/*Noack*/*Zetzsche* § 39a WpÜG Rn. 9 (3 Monate nach Ablauf der Annahmefrist); *Deilmann* NZG 2007, 721, 722 (4 Wochen nach Ablauf der Annahmefrist); *Kießling*, S. 51 f. (6 Wochen nach Ablauf der Annahmefrist); *Bork* NZG 2011, 650, 651 sowie *Johannsen-Roth*/*Illert* ZIP 2006, 2157, 2159 (Umstände des Einzelfalls).
[146] BGH II ZR 198/11, NZG 2013, 23, 24; dem folgend OLG Frankfurt WpÜG 2/13, NZG 2014, 543; kritisch Kölner Kommentar-WpÜG/*Hasselbach* § 39a Rn. 38; Schwark/Zimmer/*Noack*/*Zetzsche* § 39a WpÜG Rn. 5.
[147] OLG Frankfurt WpÜG 2/13, NZG 2014, 543.

zurechnung nach § 30 WpÜG, sondern Beteiligungszurechnung gem. § 16 Abs. 4 AktG, → Rn. 69).[148]

b) Antrag und zuständiges Gericht. Das Ausschlussverfahren wird nur auf **Antrag** 72 **des Bieters** eingeleitet. Dieser muss gem. § 39a Abs. 4 S. 1 WpÜG binnen drei Monaten nach Ablauf der Annahmefrist beim gem. § 39a Abs. 5 WpÜG sachlich und örtlich ausschließlich zuständigen **LG Frankfurt/Main** gestellt werden. Die Fristberechnung erfolgt gem. §§ 39b Abs. 1 WpÜG, § 16 Abs. 2 FamFG, § 222 Abs. 1 ZPO nach den §§ 187 ff. BGB.

Der Bieter kann den Antrag gem. § 39a Abs. 4 S. 2 WpÜG bereits dann stellen, 73 wenn das Angebot in ausreichendem Umfang angenommen worden ist. Der Vollzug des Übernahme- bzw. Pflichtangebots ist zur Antragsstellung nicht erforderlich.[149] Dies hat praktische Relevanz insbesondere in den Fällen, in denen der Vollzug des Übernahme- bzw. Pflichtangebots auf Grund ausstehender Vollzugsbedingungen nicht innerhalb von drei Monaten nach Ablauf der Annahmefrist vollzogen werden kann. Dies kann etwa bei komplexen fusionskontroll- und/oder finanzaufsichtsrechtlichen Verfahren der Fall sein.

c) Verfahrensablauf. Das durch den Antrag des Bieters in Gang gesetzte Ausschluss- 74 verfahren erfolgt – soweit § 39b WpÜG nichts Abweichendes regelt – nach den Vorschriften des FamFG, § 39b Abs. 1 WpÜG. Bei etwaigen Regelungslücken kann, soweit die Besonderheiten der **freiwilligen Gerichtsbarkeit** nicht entgegenstehen, auf die ZPO zurückgegriffen werden.[150]

Auf Grund der Anwendbarkeit des FamFG gilt insbesondere der **Amtsermittlungs-** 75 **grundsatz**, § 26 FamFG, der gewisse Modifikationen erfährt. So obliegt es dem Bieter, das Erreichen der Ausschlussmehrheit von 95 % der stimmberechtigten Aktien bzw. des Grundkapitals glaubhaft zu machen. Dafür wird regelmäßig die Vorlage von Aktienurkunden bzw. Depotauszügen sowie einer beglaubigten Kopie der Satzung, aus der sich Grundkapital und Aktienstückelung ergeben, ausreichend sein.[151] IRd Zurechnungstatbestands des § 39a Abs. 2 WpÜG iVm § 16 Abs. 4 AktG ist die gesellschaftsrechtliche Abhängigkeit darzulegen sowie ein Depotauszug des abhängigen Unternehmens vorzulegen.[152] Will sich der Bieter auf die Angemessenheitsvermutung nach § 39a Abs. 3 S. 3 WpÜG berufen, so hat er auch das Erreichen einer 90%igen Annahmequote darzulegen. Dies kann mittels einer Bestätigung des die Angebotsabwicklung betreuenden Wertpapierdienstleistungsunternehmens erfolgen, aus der die Anzahl der umgebuchten Aktien hervorgeht.[153] Erreicht der Bieter nicht die Annahmeschwelle der Angemessenheitsvermutung des § 39a Abs. 3 S. 3 WpÜG, hat er die Angemessenheit der Abfindung regelmäßig durch entsprechende Bewertungsgutachten darzulegen.[154]

Das LG Frankfurt/Main hat den Ausschlussantrag in den Gesellschaftsblättern der Zielge- 76 sellschaft und damit jedenfalls im Bundesanzeiger (§ 25 AktG) bekanntzumachen, § 39b Abs. 2 WpÜG. Dadurch sollen die Aktionäre der Zielgesellschaft informiert werden und ihnen die Möglichkeit eingeräumt werden, sich an dem Verfahren zu beteiligen.[155] Vom Ausschluss betroffene Minderheitsaktionäre, die einen entsprechenden Antrag stellen, sind

---

[148] MüKoAktG/*Wackerbarth* § 23 WpÜG Rn. 19; Angerer/Geibel/Süßmann/*Thun* § 23 Rn. 33; aA FrankfKommentar-WpÜG/*Schröder* § 23 Rn. 33a.
[149] MüKoAktG/*Grunewald* § 39a WpÜG Rn. 40.
[150] Kölner Kommentar-WpÜG/*Hasselbach* § 39b Rn. 7 f.; Baums/Thoma/*Merkner/Sustmann* § 39b Rn. 2; Assmann/Pötzsch/Schneider/*Seiler* § 39b Rn. 7.
[151] Hölters/*Müller-Michaels* § 39b WpÜG Rn. 4; Schwark/Zimmer/*Noack/Zetzsche* § 39b WpÜG Rn. 8.
[152] Baums/Thoma/*Merkner/Sustmann* § 39b Rn. 16 ff.; *Kießling*, S. 192.
[153] *Kießling*, S. 194.
[154] Assmann/Pötzsch/Schneider/*Seiler*, § 39a Rn. 108 f.; Kölner Kommentar-WpÜG/*Hasselbach* § 39a Rn. 81.
[155] BT-Drucks. 16/1003, S. 22.

gem. § 7 Abs. 2 Nr. 1 FamFG zwingend am Verfahren zu beteiligen. Minderheitsaktionäre, die keinen Antrag auf Verfahrensbeteiligung gestellt haben, können von Amts wegen und nach gerichtlichem Ermessen gem. § 7 Abs. 3 FamFG zum Verfahren hinzugezogen werden. Dies dürfte jedoch regelmäßig nicht erfolgen.[156]

77 Das LG Frankfurt/Main entscheidet durch einen mit Gründen versehenen **Beschluss**, § 39b Abs. 3 S. 1 WpÜG. Dieser darf frühestens einen Monat nach Bekanntmachung der Antragstellung im Bundesanzeiger und erst dann erfolgen, wenn der Bieter glaubhaft gemacht hat, dass ihm Aktien in Höhe des zum Ausschluss mindestens erforderlichen Anteils am stimmberechtigten bzw. gesamten Grundkapital der Zielgesellschaft gehören, § 39b Abs. 3 S. 2 WpÜG. Die Monatsfrist soll gewährleisten, dass die Minderheitsaktionäre rechtliches Gehör finden. Daneben muss der Vollzug des Übernahme- bzw. Pflichtangebots zu diesem Zeitpunkt erfolgt sein,[157] da § 39a Abs. 4 S. 2 WpÜG sich nur auf die Antragstellung bezieht und es den Minderheitsaktionären nicht zugemutet werden kann, ihre Aktien im Wege des übernahmerechtlichen Squeeze-out zu verlieren, obwohl das vorangegangene öffentliche Angebot wg. Ausfalls einer Vollzugsbedingung nicht vollzogen wird.

78 Im Rahmen des aktienrechtlichen Squeeze-out hat der Großaktionär zur Absicherung der Abfindungszahlung eine entsprechende Bankgarantie vorzulegen (§ 327b Abs. 3 AktG). Beim übernahmerechtlichen Squeeze-out hat der Gesetzgeber auf einen solchen Sicherungsmechanismus verzichtet. Auch die im Rahmen eines Barangebots vom Bieter beizubringende und der Angebotsunterlage beizufügende Finanzierungsbestätigung eines unabhängigen Wertpapierdienstleistungsunternehmens im Sinne des § 13 Abs. 1 S. 2 WpÜG erfasst schon nach dem Wortlaut der Vorschrift die Abfindungszahlung im Rahmen eines nachfolgenden übernahmerechtlichen Squeeze-out nicht. Gleichwohl ist das über den Ausschluss entscheidende Gericht nicht verpflichtet, eine entsprechende **Sicherheitsleistung** zu verlangen. Ist die Zahlung der Abfindungsansprüche im Ausnahmefall gefährdet, kann das Gericht jedoch die Leistung einer entsprechenden geschäftsüblichen Sicherheit anordnen.[158]

79 Die Entscheidung wird erst mit ihrer **Rechtskraft** wirksam (§ 39b Abs. 5 S. 1 WpÜG), somit gem. § 45 FamFG frühestens mit Ablauf der Beschwerdefrist nach § 39b Abs. 3 S. 3 WpÜG, § 63 FamFG.[159] Sie wirkt für und gegen alle Aktionäre, § 39b Abs. 5 S. 2 WpÜG. Diese **inter omnes Wirkung** gilt sowohl für eine dem Antrag stattgebende als auch eine den Antrag zurückweisende Entscheidung.[160] Wird dem Antrag stattgegeben, gehen mit Rechtskraft der Entscheidung alle betroffenen Aktien der Zielgesellschaft kraft Gesetzes auf den Bieter über und ausgegebene Aktienurkunden verbriefen bis zu ihrer Aushändigung nur noch den Anspruch auf eine angemessene Abfindung, § 39b Abs. 5 S. 3, 4 WpÜG.

80 Von dem Übergang erfasst sind alle Aktien der Minderheitsaktionäre der Zielgesellschaft, nicht hingegen solche, die dem Antragsteller nach § 16 Abs. 4 AktG bei der Berechnung des erforderlichen Kapitalanteils zuzurechnen sind oder die gem. § 16 Abs. 2 AktG abzuziehen sind.[161] Der Wortlaut von § 39b Abs. 5 S. 3 WpÜG („alle Aktien der übrigen Aktionäre") ist insoweit weniger eindeutig als der des § 327e Abs. 3 S. 1 AktG („alle Aktien der Minderheitsaktionäre"). Jedoch würde ein anderes Ergebnis Sinn und Zweck der Norm widersprechen, da dem Bieter gerade eine Umstrukturierung seines Konzerns

---

[156] Ebenso Assmann/Pötzsch/Schneider/*Seiler* § 39b Rn. 17.
[157] Marsch-Barner/Schäfer/*Drinkuth* § 60 Rn. 348; Assmann/Pötzsch/Schneider/*Seiler* § 39a Rn. 130; Kölner Kommentar-WpÜG/*Hasselbach* § 39a Rn. 95; aA Hölters/*Müller-Michaels* § 39b WpÜG Rn. 4.
[158] Assmann/Pötzsch/Schneider/*Seiler* § 39a Rn. 141; FrankfKommentar-WpÜG/*Schüppen/Tretter* § 39b Rn. 17; Kölner Kommentar-WpÜG/*Hasselbach* § 39b Rn. 28.
[159] Heidel/*Heidel/Lochner* § 39b WpÜG Rn. 26.
[160] Steinmeyer/*Santelmann* § 39b Rn. 36.
[161] Assmann/Pötzsch/Schneider/*Seiler* § 39a Rn. 136 f.; MüKoAktG/*Grunewald* § 39b WpÜG Rn. 18.

zur Durchführung des Squeeze-out-Verfahrens – ua aus steuerrechtlichen Gründen – nicht zugemutet werden soll.[162]

Die Entscheidung ist gem. § 39b Abs. 4 S. 1 WpÜG dem Bieter, der Zielgesellschaft **81** und den übrigen Aktionären, sofern diese im Beschlussverfahren angehört wurden, zuzustellen.[163] Das Gericht hat die Entscheidung außerdem ohne Angabe der Gründe in den Gesellschaftsblättern der Zielgesellschaft bekannt zu geben, § 39b Abs. 4 S. 2 WpÜG. Die rechtskräftige Entscheidung ist anschließend vom Vorstand unverzüglich zum Handelsregister einzureichen, § 39b Abs. 5 S. 5 WpÜG. Der Wortlaut spricht dafür, dass sowohl eine dem Antrag stattgebende als auch eine ihn als unzulässig verwerfende oder als unbegründet zurückweisende Entscheidung einreichungspflichtig ist. Auch bei einem verwerfenden oder zurückweisenden Beschluss besteht ein entsprechendes Informationsinteresse am Prozess nicht teilnehmender Dritter hinsichtlich der Frage, ob noch Minderheitsaktionäre an der Gesellschaft beteiligt sind.[164] Eine Eintragung der Entscheidung im Handelsregister findet nicht statt,[165] und wäre ohnehin nur deklaratorischer Natur.[166]

d) Kosten. § 39b Abs. 6 WpÜG regelt die Kostentragung des Verfahrens. Die Gerichts- **82** kosten für das Verfahren erster Instanz fallen unabhängig vom Ausgang des Verfahrens dem Antragsteller zur Last, § 22 Abs. 1 GNotKG, § 39b Abs. 6 S. 2 WpÜG. Die Anwaltskosten hat im Grundsatz jede Partei selbst zu tragen. Gem. § 39b Abs. 6 S. 2 WpÜG kann das Gericht jedoch anordnen, dass Kosten des Antragsgegners, die zur zweckentsprechenden Erledigung der Angelegenheit notwendig waren, vom Antragsteller zu ersetzen sind, soweit dies der Billigkeit entspricht. Ob der Antragsgegner im Verfahren obsiegt hat oder unterlegen war, soll dafür nicht allein maßgeblich sein.[167] Die Zuweisung der Kosten an den Antragsteller kommt beispielsweise bei unzulässigen oder offensichtlich unbegründeten Anträgen oder einer Rücknahme des Antrags in Betracht, aber auch wenn dem Squeezeout-Antrag zwar stattgegeben wird, der Bieter entsprechende Nachweise aber erst spät vorgelegt hat.[168]

Maßgeblich für die Höhe der gerichtlichen Gebühren im Ausgangs- und Rechtsmittel- **83** verfahren ist der Geschäftswert, der gem. § 73 GNotKG dem Wert der Aktien, auf deren Ausschluss sich der Antrag des Bieters bezieht, entspricht. Er beträgt mindestens 200.000 €

---

[162] Baums/Thoma/*Merkner/Sustmann* § 39b Rn. 76; MüKoAktG/*Grunewald* § 39b WpÜG Rn. 18.
[163] MüKoAktG/*Grunewald* § 39b WpÜG Rn. 15; aA Baums/Thoma/*Merkner/Sustmann* § 39b Rn. 45 (Zustellung an alle am Verfahren beteiligten Aktionäre).
[164] So auch MüKoAktG/*Grunewald* § 39b WpÜG Rn. 22; Heidel/*Heidel/Lochner* § 39b WpÜG Rn. 29; aA Baums/Thoma/*Merkner/Sustmann* § 39b Rn. 80; Steinmeyer/*Santelmann* § 39b Rn. 48; Angerer/Geibel/Süßmann/*Süßmann* § 39b Rn. 9 (nur stattgebende Entscheidung).
[165] OLG Frankfurt/Main WpÜG 2/08, NZG 2009, 74, 80; Steinmeyer/*Santelmann* § 39b Rn. 49; MüKoAktG/*Grunewald* § 39b WpÜG Rn. 23.
[166] Angerer/Geibel/Süßmann/*Süßmann* § 39b Rn. 9; Kölner Kommentar-WpÜG/Hasselbach § 39b Rn. 69.
[167] OLG Frankfurt/Main WpÜG 2/08, NZG 2009, 74, 79 f.; aA FrankfKommentar-WpÜG/ *Schüppen/Tretter* § 39b Rn. 27; Heidel/*Heidel/Lochner* § 39b WpÜG Rn. 51; Baums/Thoma/*Merkner/Sustmann* § 39b Rn. 84: Bei Zurückweisung des Antrags und Beachtlichkeit der Einwände der Antragsgegner entspreche die Kostenübernahme durch den Antragsteller regelmäßig der Billigkeit.
[168] OLG Frankfurt/Main WpÜG 1/09, NZG 2010, 744 (für den Fall einer Antragsrücknahme); Steinmeyer/*Santelmann* § 39 b. Rn. 51; MüKoAktG/*Grunewald* § 39b WpÜG Rn. 26; weitergehend Heidel/*Heidel/Lochner* § 39b WpÜG Rn. 34, die davon ausgehen, dass eine entsprechende Billigkeitsentscheidung außer in krassen Ausnahmefällen stets zu treffen sei, da anders als in Verfahren nach §§ 1, 15 SpruchG die Minderheitsaktionäre kaum über Informationen, die zur zweckentsprechenden Erledigung der Angelegenheit erforderlich sind, namentlich Informationen bzgl. des Vorliegens der tatsächlichen Antragsvoraussetzungen und des Erreichens der erforderlichen Schwellenwerte, verfügen werden. Dies ist abzulehnen, da ansonsten das Regel-Ausnahme-Verhältnis der Norm umgekehrt und der vorgesehene Entscheidungsspielraum des Gerichts aufgegeben würde, vgl. Assmann/Pötzsch/Schneider/*Seiler* § 39b Rn. 46 und Baums/Thoma/*Merkner/Sustmann* § 39b Rn. 84.

und höchstens 7,5 Millionen €. Für dessen Bestimmung ist der Zeitpunkt der Antragstellung entscheidend, § 59 GNotKG.[169] Umstritten ist, ob für seine Berechnung auf den Börsenwert der Aktien zum Zeitpunkt der Antragstellung[170] oder auf die vom Bieter angebotene Barabfindung[171] abzustellen ist. Erstere Ansicht erscheint vorzugswürdig.

84 **e) Verhältnis zum aktienrechtlichen Squeeze-out-Verfahren.** Der Bieter ist in seiner Wahl frei, welches Ausschlussverfahren er durchführen will, allein das Nebeneinander eines übernahmerechtlichen und eines aktien- (bzw. verschmelzungsrechtlichen) Ausschlussverfahrens ist nicht zulässig.[172] Das übernahmerechtliche Ausschlussverfahren verdrängt ab Antragstellung das aktienrechtliche Ausschlussverfahren, § 39a Abs. 6 WpÜG. Erst nach der rechtskräftigen Entscheidung oder der (jederzeit möglichen) Antragsrücknahme sind die §§ 327a ff. AktG wieder anwendbar.

IV. Abfindung

1. Überblick

85 Der Bieter ist gemäß § 39a Abs. 1 S. 1 WpÜG verpflichtet, den ausscheidenden Aktionären eine **angemessene Abfindung** für den Verlust ihrer Aktien an der Zielgesellschaft zu entrichten. Die **Art der Abfindung** hat hierbei gem. § 39a Abs. 3 S. 1 WpÜG der Gegenleistung des Angebots zu entsprechen. Erfolgte das vorangegangene Übernahme- bzw. Pflichtangebot in Form eines Tauschangebots, hat der Bieter zusätzlich eine Barabfindung anzubieten.[173] Entspricht auf Grund der Anwendbarkeit der Angemessenheitsvermutung des § 39a Abs. 3 S. 3 WpÜG (→ Rn. 86 ff.) der Angebotspreis eines vorangegangenen Tauschangebots der im Rahmen des übernahmerechtlichen Squeeze-out zu entrichtenden Abfindung, so ist der Wert der Sachgegenleistung des vorangegangenen öffentlichen Angebots nach den Vorgaben des § 7 WpÜG-AV iVm §§ 5 f. WpÜG-AV anhand des gewichteten Dreimonatsdurchschnittskurses der als Gegenleistung angebotenen Aktien vor dem Zeitpunkt der Veröffentlichung der Entscheidung zur Abgabe eines Übernahmeangebots (§ 10 Abs. 1 WpÜG) bzw. der Kontrollerlangung (§ 35 Abs. 1 WpÜG) zu bestimmen.[174]

2. Angemessenheitsvermutung

86 Die Angebotsgegenleistung des vorangegangen Übernahme- bzw. Pflichtangebots gilt gem. § 39a Abs. 3 S. 3 WpÜG dann als angemessene Abfindung, wenn das öffentliche Angebot von **90 % der angebotsgegenständlichen Aktien** angenommen worden ist. Hinter diesem sog. **Markttest** steht die Erwägung, dass bei einer solch breiten Zustimmung zu einem Übernahme- bzw. Pflichtangebot durch unabhängige Marktteilnehmer, die ihre Desinvestitionsentscheidung ausschließlich auf Grund ökonomischer Erwägungen treffen, davon ausgegangen werden kann, dass die Angebotsgegenleistung dem Verkehrswert ent-

---

[169] Begründung RegE 2. KostRMoG, BT-Drucks. 17/11471, S. 176; Baums/Thoma/*Merkner/ Sustmann*, § 39b Rn. 82; Heidel/*Heidel/Lochner* § 39b WpÜG Rn. 32.
[170] So DAV-Handelsrechtsausschuss, NZG 2006, 177, 181; Assmann/Pötzsch/Schneider/*Seiler* § 39b Rn. 44; Kölner Kommentar-WpÜG/*Hasselbach* § 39b Rn. 74.
[171] So Baums/Thoma/*Merkner/Sustmann* § 39b Rn. 82; MüKoAktG/*Grunewald* § 39b WpÜG Rn. 25; Steinmeyer/*Santelmann* § 39b Rn. 54.
[172] Vgl. BT-Drucks. 16/1003, S. 14, 22; Heidel/*Heidel/Lochner* § 39a WpÜG Rn. 73.
[173] Angerer/Geibel/Süßmann/*Süßmann* § 39b Rn. 15; Kölner Kommentar-WpÜG/*Hasselbach* § 39a Rn. 55.
[174] Kölner Kommentar-WpÜG/*Hasselbach* § 39a Rn. 82; Baums/Thoma/*Merkner/Sustmann* § 39a Rn. 29; FrankfKommentar-WpÜG/*Schüppen/Tretter* § 39a Rn. 20; aA Assmann/Pötzsch/Schneider/ *Seiler* § 39a Rn. 69 sowie Steinmeyer/*Santelmann* § 39a Rn. 26, die Vorerwerbe und Börsenkurs der Zielgesellschaft gemäß §§ 4, 5 WpÜG-AV heranziehen wollen; dies verkennt jedoch, dass die §§ 4, 5 WpÜG-AV allein der Mindestpreisbestimmung des öffentlichen Angebots dienen und eine etwaige in der Angebotsgegenleistung enthaltene Prämie so nicht berücksichtigt wird.

spricht.[175] Gemäß § 39a Abs. 3 S. 4 WpÜG ist die Annahmequote getrennt für Stamm- und Vorzugsaktien zu bestimmen.[176] Das BVerfG hat die Verfassungsmäßigkeit der Angemessenheitsvermutung des § 39a Abs. 3 S. 3 WpÜG bestätigt.[177]

Angebotsgegenständliche Aktien sind nur solche, auf deren Erwerb sich das Übernahme- bzw. Pflichtangebot bezieht, also alle Aktien der Zielgesellschaft mit Ausnahme solcher, die bereits im Eigentum des Bieters stehen oder im Einklang mit § 35 Abs. 2 S. 3 WpÜG von dem öffentlichen Angebot ausgenommen sind, also insbesondere eigene Aktien der Zielgesellschaft. Ausgenommen – und damit weder im Zähler noch im Nenner zu berücksichtigen – sind ferner solche Aktien, die iRd Angebots von Mutter- oder Schwestergesellschaften des Bieters an den Bieter übertragen werden. Denn auch diese Transaktionen können regelmäßig kein Indiz für die Angemessenheit des Angebots darstellen. Bei solchen Transaktionen stehen typischerweise konzerninterne Umstrukturierungserwägungen im Vordergrund, sodass entsprechende Aktien nicht „auf Grund des Angebots" erworben werden.[178] Dies gilt auch generell für Aktien, die von anderen mit dem Bieter gemeinsam handelnden Personen im Sine des § 2 Abs. 5 WpÜG übertragen werden.[179] 87

Sog. **Parallelerwerbe** von Aktien der Zielgesellschaft, dh Erwerbe, die nach Ankündigung des Übernahme- bzw. Pflichtangebots gemäß § 10 Abs. 1 WpÜG bzw. § 35 Abs. 1 WpÜG bis zum Ablauf der Annahmefrist erfolgen, sind im Rahmen des § 39a Abs. 3 S. 3 WpÜG zu berücksichtigen.[180] Zwar stellt der Wortlaut der Vorschrift auf einen Erwerb „auf Grund des Angebots" ab, jedoch ist der iRd § 39 Abs. 3 S. 3 WpÜG relevante Markttest bei einem Parallelerwerb in gleicher Weise erfüllt. Zwar haben sich diese Veräußerer bewusst entschlossen, das Angebot nicht anzunehmen, sondern die Aktien während des Angebotszeitraums außerhalb des Angebots zu einem Preis, der dem des Angebots entspricht oder sogar darunter liegt, zu veräußern. Diese Aktionäre werden nur verkaufen, wenn sie die Gegenleistung für angemessen halten.[181] Die Regelung des § 4 WpÜG-AV bzw. § 31 Abs. 4 WpÜG stellt des Weiteren sicher, dass der Angebotspreis stets mindestens der Gegenleistung beim Parallelerwerb entspricht.[182] Da während des Laufs der weiteren Annahmefrist Nacherwerbe von Aktien der Zielgesellschaft zu einem höheren Preis als die Angebotsgegenleistung nur dann angebotspreiserhöhend wirken, wenn diese außerbörslich erfolgen (§ 31 Abs. 5 WpÜG), sind börsliche Nacherwerbe im Rahmen der Angemessenheitsvermutung des § 39a Abs. 3 S. 3 WpÜG hingegen nur dann zu berücksichtigen, sofern diese nicht zu einem über dem Angebotspreis liegenden Preis erfolgen. Ausgenommen sind ferner Aktien, hinsichtlich derer sich ein Aktionär gegenüber dem Bieter vor dem Zeitpunkt der Angebotsankündigung gem. § 10 Abs. 1 WpÜG zur Übertragung außerhalb des Angebot verpflichtet hat. In diesem Fall fehlt es an der erforderlichen Kausalität zwischen Angebotsverfahren und Aktienerwerb.[183] 88

Einzubeziehen sind ferner solche Aktien, für die das Übernahme- bzw. Pflichtangebot angenommen wurde, auch wenn der Annahme der Abschluss sog. **Irrevocable Underta-** 89

---

[175] LG Frankfurt/Main 3-5 O 116/12, NZG 2013, 424; *Bork* NZG 2011, 650, 651; *Deilmann* NZG 2007, 721, 723.
[176] Assmann/Pötzsch/Schneider/*Seiler* § 39a Rn. 71.
[177] BVerfG 1 BvR 96/09, NZG 2012, 907; für eine Prüfung anhand europarechtlicher Maßstäbe auf Grund des Vorrangs des Unionsrechts: Baums/Thoma/*Merkner/Sustmann*, § 39a Rn. 70; *Schüppen* BB 2006, 165, 168 hält die Angemessenheitsvermutung hingegen für verfassungswidrig.
[178] OLG Frankfurt/Main WpÜG 10/11, ZIP 2012, 1607.
[179] LG Frankfurt/Main 3-5 O 116/12, NZG 2013, 424.
[180] OLG Frankfurt/Main WpÜG 10/11, ZIP 2012, 1607; LG Frankfurt/Main 3-5 O 53/11, ZIP 2011, 2472; Baums/Thoma/*Merkner/Sustmann* § 39a Rn. 39; Kölner Kommentar-WpÜG/*Hasselbach* § 39a Rn. 66; MüKoAktG/*Grunewald*, § 39a WpÜG Rn. 30; *Bork* NZG 2011, 650, 653.
[181] LG Frankfurt/Main 3-5 O 53/11, ZIP 2011, 2472.
[182] Assmann/Pötzsch/*Schneider/Seiler* § 39a Rn. 80; *Bork* NZG 2011, 650, 654; *Ott*, WM 2008, 384, 389.
[183] LG Frankfurt/Main 3-5 O 116/12, NZG 2013, 424.

kings vorausging.[184] Dabei handelt es sich um im Vorfeld oder während des Angebotsverfahrens abgeschlossene Vereinbarungen, bei denen sich Aktionäre verpflichten, ein späteres Übernahme- oder Pflichtangebot anzunehmen.[185] Insoweit ist ua relevant, dass der formale Aktienerwerb trotz des vorangegangenen Abschlusses eines Irrevocable Undertakings „auf Grund des Angebots" erfolgt.

90 Zudem finden Aktienerwerbe von aktuellen oder künftigen **Organmitgliedern** grds. Berücksichtigung iRd § 39 Abs. 3 S. 3 WpÜG. Eine Ausnahme besteht bei Anhaltspunkten, dass diese über den Erwerbspreis hinaus andere relevante geldwerte Vorteile gegenüber den übrigen Aktionären erhalten haben.[186]

3. Unwiderlegbarkeit der Angemessenheitsvermutung

91 Ob die Angemessenheitsvermutung des § 39a Abs. 3 S. 3 WpÜG widerlegbar oder unwiderlegbar ist, war seit Inkrafttreten der Vorschrift umstritten. Der Wortlaut der Vorschrift enthält insoweit keine Anhaltspunkte. Auch das Europarecht stellt diesbezüglich keine konkreten Vorgaben auf.[187] Der deutsche Gesetzgeber hat ausdrücklich eine unwiderlegbare Vermutung vorgesehen.[188] Dies diene der Durchsetzung des Normzwecks, nämlich aufwändige Unternehmensbewertungen zu vermeiden und ein zügiges und sicheres Ausschlussverfahren bereitzustellen.[189]

92 Entgegen der Rechtsprechung des OLG Stuttgart[190] hat das LG Frankfurt/Main zunächst die Widerlegbarkeit auf Grund einer in Hinblick auf Art. 14 GG verfassungskonformen Auslegung der Norm angenommen;[191] das OLG Frankfurt/Main als Beschwerdeinstanz hat die Frage auf Grund mangelnder Entscheidungsrelevanz bisher offenlassen können.[192] In späteren Urteilen haben jedoch sowohl das LG Frankfurt/Main als auch das OLG Frankfurt/Main dies relativiert:[193] Eine Erschütterung der Angemessenheitsvermutung wird **nur** noch **im Einzelfall** und unter hohen Voraussetzungen möglich sein, wenn nachgewiesen werden kann, dass entweder der **Börsenkurs**, der Grundlage des Angebots ist, oder der Markttest der 90%-Schwelle **ausnahmsweise keine Aussagekraft** haben. Dies ist insbesondere dann der Fall, wenn der Börsenkurs manipuliert wurde oder das Angebotsverfahren in wesentlichen Aspekten fehlerhaft verlaufen ist.[194] Die Widerlegbarkeit der Vermutung allein durch eine Unternehmensbewertung wurde ausdrücklich ausgeschlossen.[195] Unter den gegebenen Voraussetzungen hat die Frage der Widerlegbarkeit bzw. Unwiderlegbarkeit der Angemessenheitsvermutung für die Praxis nur geringe Relevanz.

---

[184] OLG Frankfurt/Main WpÜG 3/13, ZIP 2014, 621 f.; LG Frankfurt/Main 3-5 O 15/08, ZIP 2008, 1769; Steinmeyer/*Santelmann* § 39a Rn. 29; *Schlitt/Ries/Becker* NZG 2008, 700; Angerer/Geibel/Süßmann/*Süßmann* § 39a Rn. 11; Schwark/Zimmer/*Noack/Zetzsche* § 39a WpÜG Rn. 25; aA Heidel/*Heidel/Lochner* § 39a WpÜG Rn. 65a; FrankfKommentar-WpÜG/*Schüppen/Tretter* § 39a Rn. 25.

[185] Vgl. etwa Paschos/Fleischer/*Kiesewetter* § 8 Rn. 162 ff.

[186] OLG Frankfurt/Main WpÜG 10/11, ZIP 2012, 1606; Assmann/Pötzsch/Schneider/*Seiler* § 39a Rn. 82; aA Heidel/*Heidel/Lochner* § 39a WpÜG Rn. 65a.

[187] MüKoAktG/*Grunewald* § 39a WpÜG Rn. 5 ff.; teilweise wird vertreten, nur eine widerlegbare Vermutung stehe im Einklang mit der Richtlinie, vgl. *Maul* NZG 2005, 151, 157; *Paefgen* FS Westermann, 2008, S. 1221, 1237 ff.; *Paefgen* WM 2007, 765, 767.

[188] BT Drucks. 16/1003, S. 22.

[189] OLG Stuttgart 20 W 13/08, NZG 2009, 950.

[190] OLG Stuttgart 20 W 13/08, NZG 2009, 950.

[191] LG Frankfurt/Main 3-5 O 15/08, NZG 2008, 665, 666 ff.

[192] OLG Frankfurt/Main WpÜG 2/08, NJW 2009, 375 und WpÜG 10/11, ZIP 2012, 1602.

[193] OLG Frankfurt/Main WpÜG 10/11, ZIP 2012, 1602; LG Frankfurt/Main 3-5 O 53/11, ZIP 2011, 2469.

[194] OLG Frankfurt/Main WpÜG 3/13, NZG 2014, 543; dazu *Nikoleyczik*, GWR 2014, 207, 210.

[195] LG Frankfurt/Main 3-5 O 53/11, ZIP 2011, 2469.

4. Nichteingreifen der Angemessenheitsvermutung

Wurde die 90%-Schwelle des § 39a Abs. 3 S. 3 WpÜG nicht erreicht, obliegt es dem 93
Bieter, eine angemessene Abfindung festzusetzen. Er muss dabei die Angemessenheit
darlegen und beweisen, damit dem Squeeze-out-Antrag stattgegeben wird.[196] Typischerweise kommt dann ein im Rahmen einer **Unternehmensbewertung** ermittelter Betrag
in Betracht.[197] Hält das Gericht die angebotene Abfindung für unangemessen, hat es den
Squeeze-out-Antrag zurückzuweisen. Die selbstständige Festsetzung einer angemessenen
Abfindung steht ihm nicht zu.[198] Aus Gründen der Prozessökonomie liegt es aber nahe,
dem Antragsteller in einem solchen Fall eine Nachbesserungsmöglichkeit einzuräumen.[199]

Gleichwohl ist von der Durchführung eines übernahmerechtlichen Squeeze-out bei 94
Nichtvorliegen der Voraussetzungen der Angemessenheitsvermutung abzuraten, da die –
im Rahmen des aktien- und verschmelzungsrechtlichen Squeeze-out bewusst in das nachfolgende Spruchverfahren ausgelagerten – Bewertungsstreitigkeiten ein erhebliches **Verzögerungspotential** des gerichtlichen Ausschlussverfahrens und damit des Wirksamwerdens des übernahmerechtlichen Squeeze-out darstellen.[200]

V. Rechtsschutz

Gegen die Entscheidung des LG Frankfurt/Main kann **Beschwerde** eingelegt werden, 95
§ 39b Abs. 3 S. 3 WpÜG, § 58 Abs. 1 FamFG. Dies geschieht durch Einreichung der
Beschwerdeschrift beim LG Frankfurt/Main als iudex a quo. Die Beschwerdeschrift soll
gem. § 65 Abs. 1 FamFG begründet werden. Nach § 68 Abs. 1 FamFG entscheidet das LG
Frankfurt/Main zunächst über eine etwaige Abhilfe, bevor es die Beschwerde dem OLG
Frankfurt/Main vorlegt. Eine wirksam eingelegte Beschwerde hat aufschiebende Wirkung,
§ 39b Abs. 3 S. 3 Hs. 2 WpÜG. Die Beschwerde eröffnet gem. § 65 Abs. 3 FamFG eine
vollwertige zweite Tatsachen- und Rechtsinstanz, dh die Beschwerde kann sowohl auf
rechtliche Rügen als auch auf Tatsachen und Beweise, die im erstinstanzlichen Verfahren
noch nicht vorgebracht wurden, gestützt werden.[201]

Die Beschwerde ist innerhalb einer Notfrist von einem Monat einzulegen, § 63 Abs. 1 96
FamFG. Die Frist beginnt grds. mit Bekanntmachung der Entscheidung des LG Frankfurt/
Main im Bundesanzeiger, § 39b Abs. 4 S. 4 WpÜG, und ist gem. § 16 Abs. 2 FamFG iVm
§ 222 Abs. 1 ZPO nach den Vorschriften der §§ 187 ff. BGB zu berechnen. Für den
Antragsteller und die übrigen beteiligten Aktionäre, denen die Entscheidung zuzustellen
ist, beginnt die Beschwerdefrist nicht vor Zustellung der Entscheidung, § 39b Abs. 4 S. 4
Hs. 2 WpÜG.[202]

Beschwerdebefugt sind der Bieter sowie die übrigen Aktionäre der Zielgesellschaft, 97
§ 39b Abs. 4 S. 3 WpÜG. Erforderlich ist eine Beeinträchtigung in eigenen Rechten. Hat
das LG Frankfurt/Main dem Antrag des Bieters stattgegeben, sind somit alle Aktionäre,

---

[196] Insoweit wird der Amtsermittlungsgrundsatz modifiziert, vgl. Baums/Thoma/*Merkner/Sustmann*
§ 39b Rn. 17 f.; MüKoAktG/*Grunewald* § 39a WpÜG Rn. 36; in Anlehnung an § 327b Abs. 1 S. 2
AktG nimmt *Kießling*, S. 176, zutreffend die Pflicht des Vorstands der Zielgesellschaft an, dem Bieter
die hierfür erforderlichen Unterlagen und Informationen offenzulegen.
[197] Angerer/Geibel/Süßmann/*Süßmann* § 39a Rn. 21; Assmann/Pötzsch/Schneider/*Seiler* § 39a
Rn. 108.
[198] Baums/Thoma/*Merkner/Sustmann* § 39b Rn. 21; Steinmeyer/*Santelmann* § 39b Rn. 14.
[199] So Baums/Thoma/*Merkner/Sustmann* § 39b Rn. 21; Assmann/Pötzsch/Schneider/*Seiler* § 39a
Rn. 107.
[200] Assmann/Pötzsch/Schneider/*Seiler* § 39a Rn. 113; Paschos/Fleischer/*Diekmann* § 26 Rn. 99.
[201] Schwark/Zimmer/*Noack/Zetzsche* § 39b WpÜG Rn. 26.
[202] MüKoAktG/*Grunewald* § 39b WpÜG Rn. 16; FrankfKommentar-WpÜG/*Schüppen/Tretter*
§ 39b Rn. 21.

denen der Verlust ihrer Aktionärsstellung droht, antragsberechtigt.[203] Wird dem Antrag hingegen nicht stattgegeben, ist nur der Bieter beschwerdebefugt. Die Teilnahme an dem gerichtlichen Verfahren in erster Instanz wird nicht vorausgesetzt, wie sich aus dem Wortlaut der Vorschrift ergibt („und den übrigen Aktionären").[204] Jedoch muss gemäß § 61 Abs. 1 FamFG der Beschwerdegegenstand einen Mindestwert von 600 € übersteigen,[205] der unter Berücksichtigung des Börsenkurses zum Zeitpunkt der Beschwerdeeinlegung ermittelt wird.[206]

98 Das OLG Frankfurt/Main entscheidet regelmäßig durch einen mit Gründen versehenen Beschluss, § 69 Abs. 1 S. 1 u. Abs. 2 FamFG. Dieser ist den Beteiligten gem. §§ 69 Abs. 3, 40 Abs. 1 FamFG bekannt zu machen, Antragsteller, Zielgesellschaft und angehörten Minderheitsaktionären analog § 39b Abs. 4 S. 1 u. 2 WpÜG zuzustellen und in den Gesellschaftsblättern der Zielgesellschaft zu veröffentlichen.[207]

99 Die Entscheidung des OLG Frankfurt/Main im Beschwerdeverfahren kann bei Zulassung durch das OLG mittels **Rechtsbeschwerde** gem. § 70 Abs. 1 FamFG beim BGH (§ 133 GVG) auf verfahrens- oder materiellrechtliche Rechtsverletzungen überprüft werden. Die Zulassung ist gem. § 70 Abs. 2 S. 1 FamFG bei grundsätzlicher Bedeutung der Rechtssache zu erteilen oder wenn sie zur Fortbildung des Rechts oder der Sicherung einer einheitlichen Rechtsprechung erforderlich ist. Die Rechtsbeschwerde ist innerhalb eines Monats nach schriftlicher Bekanntgabe des Beschlusses durch Einreichen der Beschwerdeschrift beim BGH als iudex ad quem einzulegen, § 70 Abs. 1 S. 1 FamFG. Der BGH ist an die Tatsachenfeststellungen der Vorinstanz gem. § 74 Abs. 3 S. 4 FamFG iVm § 559 ZPO gebunden.[208]

VI. Andienungsrecht

100 Den Minderheitsaktionären der Zielgesellschaft steht nach § 39c WpÜG das Recht zu, ein Übernahme- bzw. Pflichtangebot auch noch nach Ablauf der Annahmefrist anzunehmen, sofern bei dem Bieter die materiellen Voraussetzungen zur Durchführung eines übernahmerechtlichen Squeeze-out-Verfahrens gem. §§ 39a, b WpÜG gegeben sind (sog. **Sell-out**).[209] Das Andienungsrecht setzt ein Übernahme- oder Pflichtangebot voraus, ein einfaches Erwerbsangebot in der Form des Aufstockungsangebots begründet kein Andienungsrecht nach § 39c WpÜG.[210]

101 Das Andienungsrecht für Inhaber von **stimmberechtigten Aktien** setzt voraus, dass der Bieter mindestens **95 % des stimmberechtigten Grundkapitals** erlangt hat. Inhaber von **Vorzugsaktien** können das Sell-out-Verfahren nur dann anstrengen, wenn der Bieter

---

[203] Steinmeyer/*Santelmann* § 39b Rn. 30; MüKoAktG/*Grunewald* § 39b WpÜG Rn 13; Baums/Thoma/*Merkner/Sustmann* § 39b Rn. 48; aA Heidel/*Heidel/Lochner* § 39b WpÜG Rn. 24: alle übrigen Aktionäre der Zielgesellschaft sind beschwerdebefugt.

[204] Assmann/Pötzsch/Schneider/*Seiler* § 39b Rn. 30; Baums/Thoma/*Merkner/Sustmann* § 39b Rn. 47; MüKoAktG/*Grunewald* § 39b WpÜG Rn 13; Angerer/Geibel/Süßmann/*Süßmann* § 39b Rn. 10.

[205] OLG Frankfurt/Main WpÜG 3/13, ZIP 2014, 618; OLG Frankfurt/Main WpÜG 10/11, ZIP 2012, 1603; Baums/Thoma/*Merkner/Sustmann* § 39b Rn. 49; Angerer/Geibel/Süßmann/*Süßmann* § 39b Rn. 10; aA Heidel/*Heidel/Lochner* § 39b WpÜG Rn. 24: kein Mindestbeschwerdewert, da sonst eine verfassungsrechtlich unzulässige Enteignung ohne Rechtsbehelfsmöglichkeit stattfände.

[206] OLG Frankfurt/Main WpÜG 3/13, ZIP 2014, 618; jeweils auf den Schlusskurs am Tag der Einlegung der Beschwerde abstellend Assmann/Pötzsch/Schneider/*Seiler* § 39c Rn. 31 sowie Kölner Kommentar-WpÜG/*Hasselbach* § 39b WpÜG Rn. 45.

[207] Baums/Thoma/*Merkner/Sustmann* § 39b Rn. 63; Kölner Kommentar-WpÜG/*Hasselbach* § 39b Rn. 51.

[208] BGH XII ZB 229/11, NJW 2013, 161, 165.

[209] BGH II ZR 198/11, NZG 2013, 223; Assmann/Pötzsch/Schneider/*Seiler* § 39c Rn. 15.

[210] Baums/Thoma/*Merkner/Sustmann* § 39c Rn. 9.

zugleich auch mindestens **95 % des gesamten Grundkapitals** hält.[211] Nach Rechtsprechung des BGH ist zudem erforderlich, dass der Bieter die erforderliche Mehrheit spätestens innerhalb der (weiteren) Annahmefrist nach § 16 Abs. 2 WpÜG erlangt (→ Rn. 70). Liegt diese Voraussetzung nicht vor, ist das Andienungsrecht der Minderheitsaktionäre auch dann ausgeschlossen, wenn der Bieter noch innerhalb der Dreimonatsfrist nach § 39a Abs. 4 S. 1 WpÜG die erforderlichen Beteiligungsschwellen erreicht.[212] Ein zeitweiliger Stimmrechtsverlust nach § 28 WpHG steht dem Andienungsrecht nicht entgegen, sonst stünde dieses zur Disposition des Bieters.[213] Auch ein nachfolgendes Unterschreiten der Beteiligungsschwelle durch den Bieter lässt ein einmal wirksam entstandenes Andienungsrecht nach § 39c WpÜG nicht wieder entfallen.[214]

Das Andienungsrecht gibt die Möglichkeit einer **Annahme des ursprünglichen Angebots** nach Ablauf der Annahmefrist.[215] Dem Minderheitsaktionär steht es dabei offen, wie viele seiner Aktien er dem Bieter andient[216] und so – entsprechend der Rechtslage beim vorangegangenen Übernahme- oder Pflichtangebot – einen Kauf- bzw. Tauschvertrag über die Übertragung der Aktien der Zielgesellschaft gegen Gewährung der Angebotsgegenleistung (vorbehaltlich des Eintritts der ggf. noch ausstehenden Vollzugsbedingungen des Angebots) abschließt. Der dingliche Erwerb der Aktien folgt typischerweise den in der Angebotsunterlage für das ursprüngliche Übernahme- bzw. Pflichtangebot vorgesehenen Modalitäten.[217] Die Angebotsunterlage kann bereits Regelungen für die Abwicklung des Andienungsverfahren nach § 39c WpÜG enthalten;[218] alternativ erfolgt dies in der Bekanntmachung nach § 23 Abs. 1 S. 1 Nr. 4 WpÜG, mit der der Bieter auf das Erreichen der 95 %-Schwelle entsprechend hinweist.[219] **102**

Die Gegenleistung im Andienungsverfahren nach § 39c WpÜG entspricht der des vorangegangenen Übernahme- bzw. Pflichtangebots. Nach der Verwaltungspraxis der BaFin schließt die **Angebotsfinanzierungspflicht** gem. § 13 Abs. 1 S. 1 WpÜG das Andienungsrecht gemäß § 39c WpÜG mit ein.[220] Wenn die Angebotsgegenleistung keine Geldleistung vorsah, ist der Bieter – anders als beim übernahmerechtlichen Squeeze-out – nicht verpflichtet, eine solche als Alternative anzubieten.[221] Aktionäre, die ihre Aktien im Rahmen des Andienungsrecht gemäß § 39c WpÜG angedient haben, können in einem übernahmerechtlichen Squeeze-out auch nicht mehr an der obligatorischen Barabfindung partizipieren.[222] **103**

Das Sell-out-Verfahren kann innerhalb der in § 39c WpÜG genannten **Dreimonatsfrist** nach Ablauf der Annahmefrist des § 16 Abs. 1 WpÜG (bei Pflichtangeboten) bzw. der **104**

---

[211] Kölner Kommentar-WpÜG/*Hasselbach* § 39c Rn. 24; Hölters/*Müller-Michaelis* § 39c WpÜG Rn. 2; Angerer/Geibel/Süßmann/*Süßmann* § 39c Rn. 3; Seibt/*Heiser* AG 2006, 301, 320.
[212] BGH II ZR 198/11, NZG 2013, 223, 224; Seibt/*Heiser* AG 2006, 301, 318.
[213] Schwark/Zimmer/*Noack/Zetzsche*, § 39c WpÜG Rn. 8; Baums/Thoma/*Merkner/Sustmann*, § 39c Rn. 16.
[214] Kölner Kommentar-WpÜG/*Hasselbach* § 39c Rn. 23; Assmann/Pötzsch/Schneider/*Seiler* § 39c Rn. 21.
[215] BT-Drucks. 16/1003, S. 14, 23; Heidel/*Heidel/Lochner*, § 39c WpÜG Rn. 7; Baums/Thoma/*Merkner/Sustmann* § 39c Rn. 29; MüKoAktG/*Grunewald* § 39c WpÜG Rn. 17; Hölters/*Müller-Michaelis* § 39c WpÜG Rn. 1.
[216] Heidel/*Heidel/Lochner* § 39c WpÜG Rn. 7; MüKoAktG/*Grunewald* § 39c WpÜG Rn. 17.
[217] MüKoAktG/*Grunewald* § 39c WpÜG Rn. 17; Baums/Thoma/*Merkner/Sustmann* § 39c Rn. 30.
[218] Assmann/Pötzsch/Schneider/*Seiler* § 39c Rn. 36; Kölner Kommentar-WpÜG § 39c Rn. 44.
[219] Vgl. Kölner Kommentar-WpÜG/*Hasselbach* § 39c Rn. 46.
[220] *Boucsein/Schmiady* AG 2016, 597, 610.
[221] Assmann/Pötzsch/Schneider/*Seiler* § 39c Rn. 31; Kölner Kommentar-WpÜG/*Hasselbach* § 39c Rn. 31; Hölters/*Müller-Michaels* § 39c WpÜG Rn. 5.
[222] Steinmeyer/*Santelmann* § 39c Rn. 8; Kölner Kommentar-WpÜG/*Hasselbach* § 39c Rn. 34.

weiteren Annahmefrist des § 16 Abs. 2 WpÜG (bei Übernahmeangeboten)[223] durchgeführt werden. Die Annahmefrist beginnt gem. § 39c S. 2 WpÜG erst mit ordnungsgemäßer Veröffentlichung des Erreichens der Ausschlussmehrheit nach § 23 Abs. 1 S. 1 Nr. 4 WpÜG. Wesentlich unrichtige und unvollständige Veröffentlichungen werden dabei fehlenden Veröffentlichungen gleichgestellt.[224] Unschädlich sind aber Bagatellfehler, die nicht dazu führen, dass dem verständigen Minderheitsaktionär die Feststellung, dass die Voraussetzungen von § 39a WpÜG gegeben sind, nicht mehr möglich ist.[225]

105 Auf Grund des Verweises von § 39c S. 1 WpÜG auf § 39a Abs. 4 S. 2 WpÜG kann das Andienungsrecht bereits vor Vollzug des Übernahme- bzw. Pflichtangebots ausgeübt werden. Da das Andienungsrecht des § 39c WpÜG als Verlängerung der Annahmefrist des öffentlichen Angebots konzipiert ist, kann keine Situation entstehen, in der das Übernahme- bzw. Pflichtangebot wg. Bedingungsausfalls nicht vollzogen wird, der Bieter aber gleichwohl zum Erwerb der nach § 39c WpÜG angedienten Aktien verpflichtet ist.[226]

106 Keine explizite gesetzliche Regelung hat die **Durchsetzung der Ansprüche** aus den Kauf- oder Tauschverträgen, die infolge der Geltendmachung des Andienungsrechts zustande gekommen sind, erfahren. Einschlägig ist daher die allgemeine Leistungsklage nach der ZPO. Sachlich zuständig ist gem. § 66 Abs. 1 S. 1 WpÜG streitwertunabhängig das LG. Die örtliche Zuständigkeit richtet sich neben den Gerichtsständen nach §§ 12 ff. ZPO va nach § 66 Abs. 1 S. 3 WpÜG, der eine zusätzliche örtliche Zuständigkeit des Landgerichts vorsieht, in dessen Bezirk die Zielgesellschaft ihren Sitz hat. Wird ein Erfüllungsanspruch geltend gemacht, ist das Landgericht, in dessen Bezirk die Zielgesellschaft ihren Sitz hat, zudem gem. § 32b Abs. 1 Nr. 3 ZPO ausschließlich örtlich zuständig.[227]

§ 67 Immobilienrecht bei Umwandlungen

Übersicht

	Rdnr.		Rdnr.
I. Übergang von Grundstücken und Grundstücksrechten	1–17	c) Vermögensübertragung und Formwechsel	10, 11
1. Rechtsübergang außerhalb des Grundbuchs	1–11	2. Grundbuchberichtigung	12–17
		II. Mietverträge	18–33
a) Verschmelzung	1–4	1. Umwandlung des Vermieters	19–25
b) Spaltung	5–9	2. Umwandlung des Mieters	26–33

Schrifttum: *Berner/Klett*, Die Aufteilung von Vertragsverhältnissen – Ein Beitrag zu mehr Rechtssicherheit bei umwandlungsrechtlichen Spaltungen, NZG 2008, 601; *Böhringer*, Grundbuchberichtigung bei Umwandlungen nach dem Umwandlungsgesetz, Rpfleger 2001, 59; *Gärtner*, Verschmelzung von Kapitalgesellschaften und Grundstücksfragen, DB 2000, 409; *Kandelhard*, Die Änderung der Rechtsform des Gewerberaummieters, NZM 1999, 440; *Latinovic/Quennet*, Abdingbarkeit von § 566 I BGB („Kauf bricht nicht Miete") – Möglichkeiten und Konsequenzen, NZM 2009, 843; *Müntefering*, Die Bedeutung der § 1059a BGB, § 77a GenG bei Spaltungen nach dem Umwandlungsgesetz, NZG 2005, 64; *Mutter*, Teilbarkeit von Grundstücksmietverträgen in der Unternehmensspaltung?, ZIP 1997,

---

[223] In diese Richtung auch BGH II ZR 198/11, ZIP 2012, 308, 309 f.; Kölner Kommentar-WpÜG/*Hasselbach* § 39c Rn 27; FrankfKommentar-WpÜG/*Schüppen/Tretter* § 39c Rn. 2 u. § 39a Rn. 32 ff.; Angerer/Geibel/Süßmann/*Süßmann* § 39c Rn. 4; Baums/Thoma/*Merkner/Sustmann* § 39c Rn. 25; aA (Beginn mit Ende der regulären Annahmefrist) Schwark/Zimmer/*Noack/Zetzsche*, § 39c WpÜG Rn. 10; Heidel/*Heidel/Lochner*, § 39c WpÜG Rn. 8; Seibt/*Heiser*, AG 2006, 301, 320.
[224] Vgl. BT-Drucks. 16/1003, S. 23; so auch Steinmeyer/*Santelmann*, § 39c Rn. 11.
[225] Baums/Thoma/*Merkner/Sustmann* § 39c Rn. 23; Kölner Kommentar-WpÜG/*Hasselbach* § 39c Rn. 28.
[226] Baums/Thoma/*Merkner/Sustmann* § 39c Rn. 10; Assmann/Pötzsch/Schneider/*Seiler* § 39c Rn. 19 f.; dies verkennen etwa FrankfKommentar-WpÜG/*Schüppen/Tretter* § 39c Rn. 6 oder MüKo-AktG/*Grunewald* § 39c WpÜG Rn. 12.
[227] MüKoAktG/*Grunewald* § 39c WpÜG Rn. 39; Baums/Thoma/*Merkner/Sustmann* § 39c Rn. 32.

139; *Thiele/König*, Die Anforderungen an die Bezeichnung der zu übertragenden Gegenstände des Aktiv- und Passivvermögens gem. § 126 I Nr. 9 UmwG, NZG 2015, 178.

I. Übergang von Grundstücken und Grundstücksrechten

1. Rechtsübergang außerhalb des Grundbuchs

a) Verschmelzung. Im Falle der umwandlungsrechtlichen **Verschmelzung** gehen das **1** Eigentum an Grundstücken – sowie **grundstücksgleiche Rechte** (Erbbaurechte, Wohnungs- und Gebäudeeigentum) – des übertragenden Rechtsträgers mit Eintragung der Verschmelzung im Register des Sitzes des übernehmenden Rechtsträgers (= Wirksamwerden der Verschmelzung) automatisch auf den übernehmenden Rechtsträger über (§ 20 Abs. 1 Nr. 1 UmwG). Auch der **Besitz** des übertragenden Rechtsträgers geht ohne weiteres Tätigwerden auf den übernehmenden Rechtsträger über.[1] Dieser gesetzlich angeordnete **Grundsatz der Gesamtrechtsnachfolge** (ausführlich → § 13 Rn. 13 ff.) ist **zwingend** und kann nicht durch Vereinbarung im Verschmelzungsvertrag für bestimmte Gegenstände abbedungen werden. Die Gesamtrechtsnachfolge hat den Vorteil, dass Einzelübertragungsakte der Vermögensgegenstände nach Maßgabe der jeweils geltenden Vorschriften entbehrlich sind. Die Grundstücksübertragung bedarf mit anderen Worten **keiner Auflassung und Eintragung**, vielmehr erfolgt der Eigentumsübergang außerhalb des Grundbuchs.[2] Mit der Registereintragung kommt es folglich zu einer Divergenz von materieller Rechtslage und Grundbuch. Das Grundbuch ist gem. §§ 894 BGB, 22 GBO zu berichtigen (→ Rn. 12 f.). Maßgeblich für den Eigentumsübergang ist die wahre Rechtslage. Ein **gutgläubiger Erwerb** durch die Übernehmerin ist ausgeschlossen.[3]

Die Gesamtrechtsnachfolge erfasst grundsätzlich auch im **Ausland gelegene Grund-** **2** **stücke**. Zum Eigentumsübergang kann jedoch im Einzelfall auch das am Ort der Belegenheit maßgebliche Recht (lex rei sitae) zu beachten sein. Zwar stellt Art. 19 Abs. 1 lit. a) Fusionsrichtlinie (→ § 5 Rn. 2) klar, dass die Verschmelzung ipso jure den Übergang des gesamten Aktiv- und Passivvermögens auf die übernehmende Gesellschaft bewirkt. Unberührt hiervon bleiben gemäß Art. 19 Abs. 3 S. 1 der Richtlinie jedoch etwaige Rechtsvorschriften der Mitgliedstaaten, die für die Wirksamkeit der Übertragung besondere Formerfordernisse vorsehen. In derartigen Fällen empfiehlt sich neben dem Verschmelzungsvertrag der Abschluss eines gesonderten Veräußerungsvertrages zwecks Erfüllung der Formerfordernisse des betreffenden Mitgliedstaates.[4]

Ein Übergang von **Nießbrauch**, **Dienstbarkeiten** sowie **dinglichen Vorkaufsrechten** **3** im Wege der Gesamtrechtsnachfolge ist ebenfalls möglich (vgl. §§ 1059a Abs. 1 Nr. 1, 1092 Abs. 2, 1098 Abs. 3 BGB). Beim Nießbrauch kann der Übergang allerdings im Verschmelzungsvertrag[5] oder bereits bei seiner Bestellung (str.[6]) ausgeschlossen werden mit der Folge, dass er mit der Gesamtrechtsnachfolge erlischt.

Der Übergang im Wege der Gesamtrechtsnachfolge umfasst schließlich **4**

- eine dem übertragenden Rechtsträger gegenüber bereits erteilte **Eintragungsbewilligung** (§ 19 GBO) sowie
- eine zu Gunsten des übertragenden Rechtsträgers durch **Vormerkung** (§ 883 BGB) gesicherte Rechtsposition.

---

[1] Statt aller: KK-UmwG/*Simon*, § 20 Rn. 18.
[2] Henssler/Strohn/*Heidinger*, § 20 Rn. 30; Hessler/Strohn/*Wardenbach*, § 131 Rn. 15; Lutter/*Grunewald*, § 20 Rn. 9; Widmann/Mayer/*Vossius*, § 131 Rn. 72.
[3] Lutter/*Grunewald*, § 20 Rn. 10; Widmann/Mayer/*Vossius*, § 20 Rn. 27.
[4] Vgl. dazu: Kallmeyer/*Marsch-Barner*, § 20 Rn. 5; Lutter/*Grunewald*, § 20 Rn. 11; Semler/Stengel/*Kübler*, § 20 Rn. 10.
[5] MünchKommBGB/*Pohlmann*, § 1059a Rn. 7; Palandt/*Bassenge*, § 1059a Rn. 1.
[6] AA: BeckOK BGB/*Wegmann*, § 1059a Rn. 6.

§ 67   5, 6   6. Kapitel. Weitere Besonderheiten

Umgekehrt ist der übernehmende Rechtsträger seinerseits an eine vom übertragenden Rechtsträger unter den Voraussetzungen des § 873 Abs. 2 BGB erklärte Einigung bzw. an eine von ihm erteilte Eintragungsbewilligung gebunden.[7]

5   **b) Spaltung.** Mit der Eintragung der **Spaltung** im Register am Sitz des übertragenden Rechtsträgers gehen dessen Eigentum an Grundstücken sowie dessen grundstücksgleiche Rechte entsprechend der im Spaltungs- und Übernahmevertrag vorgesehenen Aufteilung automatisch auf den/die im Vertrag vorgesehenen Rechtsträger über (§ 131 Abs. 1 Nr. 1 UmwG). Bei der Spaltung gilt im Unterschied zur Verschmelzung (nur) eine **partielle Gesamtrechtsnachfolge** (ausführlich → § 27 Rn. 7 ff.). Das bedeutet: Die Vermögensübertragung vollzieht sich zwar im Wege der Gesamtrechtsnachfolge (→ Rn. 1). Jedoch muss von der Spaltung einerseits nicht zwingend das gesamte Vermögen des übertragenden Rechtsträgers umfasst sein; andererseits können die Vermögensgegenstände mehreren übernehmenden Rechtsträgern zugewiesen werden. Aus diesem Grund müssen die zu übertragenden Vermögensgegenstände sowie ihre Zuordnung zu den übernehmenden Rechtsträgern aus dem Spaltungsvertrag ersichtlich sein. Im Einzelnen:

6   § 126 Abs. 1 und 2 UmwG regeln die inhaltlichen Anforderungen an den Spaltungsvertrag. § 126 Abs. 1 Nr. 9 UmwG verlangt die genaue Bezeichnung und Aufteilung der zu übertragenden Gegenstände. Erforderlich, aber auch ausreichend ist eine so hinreichend genaue Individualisierung im Vertrag, anhand der eine Bestimmbarkeit des Vermögensgegenstandes durch einen sachkundigen Dritten möglich ist.[8] Bei der Übertragung von Grundstücken sind darüber hinaus die Anforderungen des § 28 GBO zu beachten (§ 126 Abs. 2 S. 2 UmwG). Diese Vorschrift der Grundbuchordnung stellt (über ihren Wortlaut hinaus) für alle Grundbucherklärungen[9] bestimmte Anforderungen an den sachenrechtlichen Bestimmtheitsgrundsatz, indem sie die **Bezeichnung des Grundstücks** vorsieht (§ 28 S. 1 GBO). Nach Auffassung des BGH[10] verlangt das UmwG diesen Bestimmtheitsgrad bereits für den Spaltungs- und Übernahmevertrag. Das bedeutet: Grundstücke, die mit Wirksamwerden der Spaltung auf den übernehmenden Rechtsträger übergehen sollen, sind bereits **im Spaltungsvertrag** nach Maßgabe des § 28 Satz 1 GBO zu bezeichnen.[11] Es müssen Grundbuchbezirk, Grundbuchblatt oder Gemarkung mit Flurstücksnummer angegeben werden.[12] Eine Nachholung der Grundstücksbezeichnung im Grundbuchberichtigungsverfahren ist nicht möglich.[13] Dabei handelt es sich um eine materiell-rechtliche Wirksamkeitsvoraussetzung, die das Grundbuchamt im Eintragungsverfahren zu beachten hat.[14] Auch bei Vorliegen einer Berichtigungsbewilligung des übertragenden Rechtsträgers bedarf es zur Grundbuchberichtigung deshalb – neben der Vorlage eines (beglaubigten) Registerauszugs, aus dem die Eintragung der Spaltung in das Register des Sitzes des übertragenden Rechtsträgers ersichtlich ist – zusätzlich der Vorlage einer beglaubigten Abschrift des Spaltungsvertrags, die das Recht gem. § 28 S. 1 GBO ausweist, um den Vortrag der (erfolgten) partiellen Gesamtrechtsnachfolge schlüssig zu machen.[15]

---

[7] Schmitt/Hörtnagl/Stratz/*Stratz*, § 20 Rn. 80; Widmann/Mayer/*Vossius*, § 20 Rn. 190 und § 131 Rn. 72.
[8] *Heckschen*, in: Beck'scher Notar-Handbuch, D. IV. Umwandlung Rn. 161.
[9] OLG München, 34 Wx 341/11, NJOZ 2012, 608.
[10] BGH, V ZR 79/07, NZG 2008, 436; bestätigt durch OLG Hamm, 15 W 452/10, NZG 2011, 393 und KG, 1 W 213/14, 1 W 214/14, NZG 2015, 602; kritisch: *Limmer*, DNotZ 2008, 471 f.; dezidiert aA *Lieder*, Die rechtsgeschäftliche Sukzession, 2015, S. 742 ff.
[11] Vgl. zu den Anforderungen an die Bezeichnung der zu übertragenden Gegenstände nach § 126 UmwG eingehend: *Thiele/König*, NZG 2015, 178.
[12] *Böhringer*, Rpfleger 2001, 59 (63) m. w. N.; vgl. zum Bezeichnungsgebot des § 28 GBO auch: BeckOK GBO/*Wilsch*, § 28 Rn. 31 ff.
[13] KG, 1 W 213/14, 1 W 214/14, NZG 2015, 602.
[14] OLG Hamm, 15 W 452/10, NZG 2011, 393
[15] vgl. OLG Hamm, 15 W 452/10, NZG 2011, 393

Die im Spaltungsvertrag zugewiesenen Grundstücke gehen zusammen mit ihren **wesent- 7 lichen Bestandteilen** i. S. v. § 94 BGB über; eine gesondert von der Hauptsache erfolgte Übereignung ist von Gesetzes wegen nicht möglich (vgl. § 93 BGB).[16] **Scheinbestandteile** (§ 95 Abs. 1 BGB) und **Zubehör** (§ 97 BGB) können dagegen vom Grundstück getrennt zugewiesen werden.[17] Auch können im Rahmen der Spaltung nur **Teilflächen** eines Grundstücks übertragen werden.[18] Des Weiteren kann ein Grundstück durch die Einräumung von **Miteigentumsanteilen** auf verschiedene Rechtsträger aufgeteilt werden.[19]

Sollen bei der Spaltung **Grundpfandrechte** übertragen werden, so gehen auch diese 8 grundsätzlich nur dann mit der Registereintragung auf den übernehmenden Rechtsträger über, wenn die zu übertragenden Rechte gem. § 28 GBO in dem Spaltungsvertrag bezeichnet sind.[20] Aus dem Prinzip der Untrennbarkeit von Forderung und **Hypothek** (§ 1153 Abs. 2 BGB) folgt, dass Letztere zwingend auf den übernehmenden Rechtsträger der gesicherten Forderung übergeht. Eine **Grundschuld** kann hingegen isoliert von der durch sie gesicherten Forderung übertragen bzw. bei einer Abspaltung oder Ausgliederung zurückgehalten werden.[21]

Auch eine Übertragung des **Nießbrauchs** ist – unter Beachtung des § 28 GBO – im 9 Wege der Spaltung möglich. Dabei greift nach wohl h. M.[22] wie im Falle der Gesamtrechtsnachfolge § 1059a Abs. 1 Nr. 1 BGB. Auch hinsichtlich der Übertragung von **Dienstbarkeiten** sowie **dinglichen Vorkaufsrechten** gilt das zur Verschmelzung Gesagte (→ Rn. 3).

c) **Vermögensübertragung und Formwechsel.** Da ein **Formwechsel** nach 10 §§ 190 ff. UmwG lediglich zur Änderung der Rechtsform eines Rechtsträgers bei Wahrung seiner rechtlichen und wirtschaftlichen Identität führt[23] (→ § 36 Rn. 1 ff.), gibt es bei einer formwechselnden Umwandlung **keinen Eigentumswechsel**.[24]

Bei der **Vermögensübertragung** (§§ 174 ff. UmwG) verweist das Gesetz hinsichtlich 11 der Rechtsfolgen auf die Vorschriften für die Verschmelzung (§ 176 UmwG – Vollübertragung) bzw. auf die Spaltungsvorschriften (§ 177 UmwG – Teilübertragung).

2. Grundbuchberichtigung

Wie oben (→ Rn. 5) dargestellt, erfolgt der Eigentumsübergang bei Grundstücken 12 außerhalb des Grundbuchs und macht dieses nachträglich materiell unrichtig. Es bedarf im Nachgang zur Umwandlungsmaßnahme daher einer Grundbuchberichtigung nach §§ 894 BGB, 22 GBO. Die Grundbuchberichtigung sollte möglichst zeitnah zu den Registereintragungen erfolgen. Denn sie ist aus Sicht des übernehmenden Rechtsträgers und neuen Eigentümers unter zwei Aspekten von **zentraler Bedeutung**: Sie schützt ihn vor einem Rechtsverlust durch gutgläubigen Erwerb Dritter (§§ 892 f. BGB) und schafft die formellen

---

[16] MünchKommBGB/*Stresemann*, § 93 Rn. 15 f. m. w. N.
[17] Semler/Stengel/*Schröer*, § 131 Rn. 22; Schmitt/Hörtnagl/Stratz/*Hörtnagl*, § 131 Rn. 16; Lutter/*Teichmann*, § 131 Rn. 33 und 35.
[18] Schmitt/Hörtnagl/Stratz/*Hörtnagl*, § 131 Rn. 15; Kallmeyer/*Müller*, § 131 Rn. 7; Widmann/Mayer/*Vossius*, § 131 Rn. 106.
[19] Semler/Stengel/*Schröer*, § 131 Rn. 22.
[20] KG, 1 W 213/14, 1 W 214/14, NZG 2015, 602; OLG Schleswig, 2 W 241/08, NJW-RR 2010, 592.
[21] Lutter/*Teichmann*, § 131 Rn. 37.
[22] BeckOK BGB/*Wegmann*, § 1059a Rn. 5; Schmitt/Hörtnagl/Stratz/*Hörtnagl*, § 131 Rn. 17; aA Lutter/*Teichmann*, § 131 Rn. 38: Danach greift bei partieller Gesamtrechtsnachfolge die Sonderregelung des § 1059a Abs. 1 Nr. 2 BGB; vgl. zum Meinungsstreit: *Müntefering*, NZG 2005, 64; MünchKommBGB/*Pohlmann*, § 1059a Rn. 5;
[23] Henssler/Strohn/*Drinhausen*/*Keinath*, § 190 Rn. 6.
[24] MünchKommBGB/*Kanzleiter*, § 311b Rn. 18.

Voraussetzungen nach § 39 Abs. 1 GBO[25] für (weitere) Verfügungen über die Grundstücksrechte durch ihn.

13 Die Grundbuchberichtigung erfolgt (nur) auf **Antrag** (§ 13 Abs. 1 S. 1 GBO). **Antragsberechtigt** ist gemäß § 13 Abs. 1 S. 2 GBO jeder, dessen Recht von der Eintragung betroffen wird (Betroffener = verlierender Teil) oder zu dessen Gunsten die Eintragung erfolgen soll (Begünstigter = gewinnender Teil).[26] Im Falle der Insolvenz eines der Beteiligten ist gemäß § 80 InsO nur der Insolvenzverwalter antragsberechtigt.[27] Der Antrag steht (auch wenn keine Rechtspflicht zur Berichtigung besteht) nicht im Belieben der Antragsberechtigten. Das Grundbuchamt hat vielmehr die Möglichkeit eines **Berichtigungszwangs** (§ 82 GBO).

14 Der Berichtigungsantrag bedarf (ebenso wie die Antragsberechtigung sowie die Vollmacht zur Antragstellung) keiner **Form**; er muss **inhaltlich** die Person des Antragstellers, den Inhalt der begehrten Eintragung und das Begehren der Eintragung enthalten.[28]

15 Die Grundbuchberichtigung erfolgt unter zwei **alternativen Voraussetzungen** (vgl. §§ 19 Abs. 1, 22 Abs. 1 u. 2 GBO), wobei der Antragsteller die Wahl hat:

- Berichtigungsbewilligung[29] des übertragenden Rechtsträgers und Zustimmung des übernehmenden Rechtsträgers

oder

- Nachweis der Unrichtigkeit des Grundbuchs mit den Beweismitteln des § 29 GBO

16 Existiert der bisherige Rechtsträger nach der Umwandlung nicht mehr und ist damit kein bewilligungsberechtigtes Organ mehr vorhanden (z. B. in den Fällen der Verschmelzung oder Aufspaltung), bleibt freilich nur noch die Möglichkeit der Grundbuchberichtigung durch Nachweis der Unrichtigkeit des Grundbuchs. Dieser wird regelmäßig durch Vorlage einer beglaubigten Abschrift des den Umwandlungsvorgang dokumentierenden Handelsregisterauszuges geführt.[30] Der zusätzlichen Vorlage des Verschmelzungsvertrages bedarf es – im Gegensatz zum Spaltungsvertrag (→ Rn. 6) – nicht.[31]

17 Da auch die berichtigende Eintragung eines Eigentumswechsels an einem Grundstück einen dem Grunderwerbsteuergesetz unterliegenden Erwerbsvorgang i. S. v. § 22 GrEStG darstellt, ist dem Grundbuchamt eine **Unbedenklichkeitsbescheinigung** des zuständigen Finanzamts (§ 17 Abs. 1 GrEStG) vorzulegen.[32] Gemäß § 6a GrEStG sind Konzerngesellschaften bei der Umwandlung von der Grunderwerbsteuer befreit. Hierdurch sollen konzerninterne Umstrukturierungen erleichtert werden.[33] Begünstigt werden alle Verschmelzungs- und Spaltungsvorgänge, Vermögensübertragungen und auch die grenzüberschreitende Verschmelzung von Kapitalgesellschaften nach deutschem Recht (§ 122a UmwG).

II. Mietverträge

18 Bei der Behandlung von Mietverhältnissen, die sich auf die von der Umwandlung betroffene Immobilie erstrecken, ist zwischen einer Umwandlung des Vermieters (→ Rn. 19 ff.) und einer Umwandlung des Mieters (→ Rn. 26 ff.) zu differenzieren.

---

[25] Eine Eintragung kann danach nur erfolgen, wenn die Person, deren Recht durch sie betroffen ist, als der Berechtigte eingetragen ist.

[26] Ausführlich: Beck OK GBO/*Reetz* § 13 Rn. 56 ff. und 63 f.; wohl aA: MünchKommBGB/*Kohler*, § 894 Rn. 19 und 20: Danach ist der übertragende Rechtsträger als Buchberechtigter nicht antragsberechtigt.

[27] RGZ 77, 106 (108 f.); BeckOK BGB/*H.-W. Eckert*, § 894 Rn. 22.

[28] *Böhringer*, Rpfleger 2001, 59 (60).

[29] Vgl. hierzu *Böhringer*, Rpfleger 2001, 59 (60).

[30] Böttcher/Habighorst/Schulte/*Schulte* § 20 Rn. 13; vgl. zu weiteren Möglichkeiten des Nachweises: *Böhringer*, Rpfleger 2001, 59 (60 f.).

[31] AA: *Gärtner*, DB 2000, 410.

[32] Boruttau/*Viskorf*, GrEStG, § 22 Rn. 12.

[33] Wilms/Jochum/*Heine*, GrEStG, § 6a Rn. 5.

1. Umwandlung des Vermieters

Gemäß § 566 BGB tritt der Erwerber bei Veräußerung der Mietsache in die Rechte und Pflichten des Veräußerers bei bestehenden Mietverhältnissen[34] ein. Nach ständiger Rechtsprechung des BGH[35] erfolgt der **Eintritt des Erwerbers unmittelbar kraft Gesetzes** in der Weise, dass im Zeitpunkt des Grundstückserwerbs ein neues Mietverhältnis mit dem Mieter entsteht, welches den Inhalt des alten Mietvertrages hat. Trotz dieses dogmatischen Ansatzes des BGH (neues inhaltsgleiches Mietverhältnis) läuft § 566 BGB in der Praxis faktisch auf die Fortsetzung des bestehenden Vertrages mit demselben Inhalt hinaus. Dies stellt auch der BGH nicht in Frage. 19

Die im vorliegenden Zusammenhang interessierende Frage, ob § 566 BGB auch **(analoge) Anwendung** auf die Übertragung von Grundstücken im Wege einer Umwandlung findet, ist höchstrichterlich nicht entschieden und wird in der Literatur **kontrovers diskutiert**: Teilweise wird die (entsprechende) Heranziehung der §§ 566 ff. BGB pauschal abgelehnt, da es sich bei Umwandlungen nicht um Veräußerungen der Mietsache i. S. d. § 566 BGB handle.[36] Hiergegen wird angeführt, dass die (analoge) Anwendbarkeit des § 566 BGB auch auf andere Kausalgeschäfte als die Veräußerung und auch auf den Eigentumserwerb kraft Gesetz anerkannt sei.[37] Nach richtiger Auffassung muss zwischen den verschiedenen Umwandlungsformen differenziert werden[38]: 20

Mit der Eintragung der **Verschmelzung** in das Handelsregister des übernehmenden Rechtsträgers geht das Gesamtvermögen der übertragenden Rechtsträger einschließlich der Rechte und Pflichten aus bestehenden Verträgen auf den übernehmenden Rechtsträger über (Grundsatz der Gesamtrechtsnachfolge, § 20 Abs. 1 Nr. 1 UmwG). Der übernehmende Rechtsträger tritt damit automatisch nicht nur in die Eigentümerstellung hinsichtlich der von den übertragenden Rechtsträgern gehaltenen Immobilien ein. Vielmehr tritt er zugleich auch in die Vermieterstellung aus von den übertragenden Rechtsträgern geschlossenen Mietverträgen sowie in die Rolle des Sicherheitennehmers aus etwaigen mietvertraglich bestellten Sicherheiten (z. B. Mietbürgschaft, Kaution) ein.[39] Individuell vereinbarte Übertragungsgeschäfte oder Zustimmungserklärungen der Vertragspartner sind nicht erforderlich.[40] Dennoch vorgenommene Änderungen der Parteibezeichnung in bestehenden Mietverträgen haben rein deklaratorische Bedeutung und ändern nichts an der bereits kraft Gesetzes eintretenden Rechtsnachfolge. 21

Bei **Spaltung** der vermietenden Gesellschaft greift (je nach der gewählten Variante) eine partielle Gesamtrechtsnachfolge gemäß § 131 Abs. 1 Nr. 1 UmwG ein. Bei der **Abspaltung** oder **Ausgliederung** eines Teils des übertragenden Rechtsträgers auf den übernehmenden Rechtsträger rückt Letzterer in die Vermieterposition ein. Voraussetzung hierfür ist, dass der Mietvertrag zu den gemäß § 126 Abs. 1 Nr. 9 UmwG im Spaltungs- und Übernahmevertrag bezeichneten Vermögensgegenständen bzw. Betriebsteilen gehört, die auf den übernehmenden Rechtsträger übergehen sollen. Das kann durch individuelle Benennung des Mietvertrags geschehen oder durch eine sogenannte **All-Klausel,** nach der 22

---

[34] Die Norm gilt gleichermaßen für Wohn- und Gewerberaummietverträge sowie für (Land-)Pachtverträge.
[35] BGH, XII ZR 163/12, NJW 2014, 3775; BGH IX ZR 67/02, NJW 2006, 1800, Rn. 14; so auch Palandt/*Weidenkaff*, § 566 Rn. 15; aA: MünchKommBGB/*Häublein*, § 566 Rn. 23; *Lieder*, Die rechtsgeschäftliche Sukzession, 2015, S. 691 ff.: gesetzlich angeordnete Vertragsübernahme.
[36] *Latinovic/Quennet*, NZM 2009, 843 (844); Lindner-Figura/Oprée/Stellmann/*Tischler*, Kapitel 2. Rn. 238; wohl auch Schmidt-Futterer/*Streyl*, § 566 Rn. 33.
[37] BeckOK BGB/*Herrmann*, § 566 Rn. 8; Blank/Börstinghaus/*Blank*, Miete, § 566 BGB, Rn. 28; Jauernig/*Teichmann*, § 566 Rn. 2; jurisPK-BGB/*Tonner*, § 566 Rn. 19; Palandt/*Weidenkaff*, § 566 Rn. 8; aA: BeckOK/*Lehr*, Mietrecht, § 566 BGB, Rn. 24.
[38] So auch Ghassemi-Tabar/Guhling/Weitemeyer/*Wilk*, § 566 Rn. 211 ff.
[39] Lindner-Figura/Oprée/Stellmann/*Tischler*, Kapitel 2. Rn. 236.
[40] OLG Karlsruhe, 1 U 108/08, NJW-RR 2008, 1698 (1699); BeckOK BGB/*Ehlert* § 535 Rn. 164j; das gilt auch für den Fall der Spaltung (siehe unten Rn. 215 f.).

sämtliche, zu einem hinreichend bestimmten und abgrenzbaren Betriebsteil gehörenden Gegenstände, Rechte und Pflichten übergehen sollen.[41] Bei einer **Aufspaltung** geht der Mietvertrag zwangsläufig auf einen übernehmenden Rechtsträger über. Der Spaltungs- und Übernahmevertrag entscheidet dann nur noch darüber, welcher übernehmende Rechtsträger dies ist.

23   Bei einem **Formwechsel** bleibt der Vertragspartner in neuer Rechtsform erhalten (Grundsatz der Identität des jeweiligen Rechtsträgers, § 202 Abs. 1 Nr. 1 UmwG), es findet mithin kein Eigentumswechsel statt.[42] Die Frage eines Übergangs der Rechte und Pflichten aus bestehenden Mietverhältnissen nach § 566 BGB auf einen Dritten stellt sich mithin erst gar nicht. Dies gilt im Ergebnis auch beim Formwechsel zwischen **GbR**, **OHG** und **KG**, der sich außerhalb des Umwandlungsgesetzes vollzieht.[43]

24   Aus dem Austausch des Vermieters aufgrund einer Spaltung oder Verschmelzung sowie aus der Änderung seiner Rechtsform aufgrund eines Formwechsels ergeben sich in aller Regel keine Nachteile für den Mieter. Insbesondere entsteht ohne Hinzutreten besonderer Umstände **kein Kündigungsrecht**.[44]

25   Eine **Aufteilung eines Vertragsverhältnisses** auf den übertragenden und den übernehmenden bzw. auf mehrere übernehmende Rechtsträger, mit der Folge, dass aus einem einheitlichen mehrere selbstständige Schuldverhältnisse entstehen, wird **teilweise für unzulässig erachtet**.[45] Eine solche unzulässige Aufteilung wird z. B. angenommen, wenn im Rahmen der Spaltung ein Teil des Mietobjekts beim übertragenden Rechtsträger und ursprünglichen Vermieter verbleibt und ein anderer Teil auf den übernehmenden Rechtsträger übergeht.[46] Darüber hinaus wird befürchtet, dass die Spaltung rechtsmissbräuchlich eingesetzt werden könne, um einen Mieter vorzeitig aus einem langfristigen Vertrag zu drängen.[47] Dies sei dergestalt möglich, dass der Vermieter das Eigentum an der Mietsache und die vertragliche Vermieterstellung im Spaltungs- und Übernahmevertrag zwei unterschiedlichen Rechtsträgern zuweise. Zwischen diesen beiden Rechtsträgern könne dann ein neuer Überlassungsvertrag abgeschlossen werden, wodurch das vormalige Hauptmietverhältnis zum Untermietverhältnis herabgestuft werde. In einem dritten Schritt könne der untervermietende Rechtsträger gegenüber dem Hauptvermieter gezielt vertragsbrüchig werden, Letzterem damit eine außerordentliche Kündigung nach § 543 BGB ermöglichen und sich selbst die weitere Erfüllung des Untermietvertrags unmöglich machen. Eine solche Konstruktion des Spaltungsvertrags müsse daher, so die vorgeschlagene Lösung, „bezüglich des betroffenen Mietvertrags der Zustimmung des Mieters bedürfen."[48] Für ein solches Zustimmungserfordernis fehlt nach der hier vertretenen Auffassung die normative Grundlage. In der Systematik des UmwG, das keine vergleichbaren gläubigerseitigen Zustimmungserfordernisse enthält, würde es sich als Fremdkörper erweisen. Und auch funktional würde es jedenfalls bei der Aufspaltung nicht ausreichen, da das Vorenthalten der Zustimmung allein nicht über die Frage entscheiden könnte, ob sich Immobilie und Vermieterposition in dem einen oder dem anderen Rechtsträger vereinigen sollen. Eine sachgerechtere Lösung lässt sich stattdessen erreichen, indem **§ 566 BGB auf eine Spaltung des Vermieters analog angewendet** wird. Der dort angeordnete gesetzliche Eintritt des

---

[41] BGH (XII ZR 50/02) NJW-RR 2004, 123 (123 f.) (Übertragung eines Mietvertrags per All-Klausel); Kallmeyer/*Kallmeyer/Sickinger* § 131 Rn. 10.

[42] BeckOK BGB/*Ehlert* § 535 Rn. 164; Schmidt-Futterer/*Streyl*, § 566 Rn. 33.

[43] Vgl. dazu Palandt/*Weidenkaff*, § 566 Rn. 8; MünchKommBGB/*Häublein*, § 566 Rn. 22.

[44] BGH, LwZR 20/01, NJW 2002, 2168 (2169); Semler/Stengel/*Schröer* § 131 Rn. 37.

[45] Schmitt/Hörtnagl/Stratz/*Hörtnagl*, § 131 Rn. 57; Henssler/Strohn/*Wardenbach*, § 131 Rn. 21; vgl. zum Streitstand *Berner/Klett*, NZG 2008, 601 ff.

[46] Lindner-Figura/Oprée/Stellmann/*Tischler*, Kap. 2. Rn. 235;

[47] Lindner-Figura/Oprée/Stellmann/*Tischler* Kap. 2 Rdnr. 240.

[48] Lindner-Figura/Oprée/Stellmann/*Tischler* Kap. 2 Rdnr. 240 aE; ein Zustimmungserfordernis im Fall der Ausgliederung erwägend auch BGH (XII ZR 50/02) NJW-RR 2004, 123; ausdrücklich dagegen OLG Karlsruhe (1 U 108/08) NJW-RR 2008, 1698 (1699).

Erwerbers in den Mietvertrag (→ Rn. 19) geht dann einer ggf. im Spaltungs- und Übernahmevertrag angeordneten Trennung von Eigentum und Vertrag vor, und die Vermieterstellung folgt stets der Zuweisung des Immobilieneigentums.[49]

2. Umwandlung des Mieters

Auch die **Verschmelzung** einer mietenden Gesellschaft bewirkt nach § 20 Abs. 1 Nr. 1 UmwG eine Gesamtrechtsnachfolge des übernehmenden Rechtsträgers in die Mieterposition eines übertragenden Rechtsträgers. Einer individuellen Vertragsübernahme bedarf es nicht.[50]

26

Bei einer **Spaltung** des Mieters hängt das Schicksal des Mietverhältnisses davon ab, ob und ggf. wie dieses gemäß § 126 Abs. 1 Nr. 9 UmwG in den Spaltungs- und Übernahmevertrag einbezogen ist. Derjenige Rechtsträger, dem die Mieterrolle zugewiesen wird bzw. bei dem diese verbleibt, ist (auch) im Anschluss an die Spaltung Mieter. Grundsätzlich möglich ist es aber auch, ein vormals einheitliches Mietverhältnis mehreren Rechtsträgern gleichzeitig zuzuweisen und damit die Mieterstellung einseitig zu vervielfachen.[51] Das gilt etwa für Fälle, in denen zwei räumlich getrennte Teile eines vormals einem einzigen Rechtsträger zugeordneten Betriebs auf zwei verschiedene übernehmende Rechtsträger aufgespalten werden sollen; beiden übernehmenden Rechtsträgern kann dann gleichrangig die Mieterposition zugewiesen werden.[52]

27

Ein **Formwechsel** lässt die **Identität** des Rechtsträgers auch auf Mieterseite unberührt (§ 202 Abs. 1 Nr. 1 UmwG).[53] Die Frage einer Vertragsübernahme stellt sich – wie im Falle der formwechselnden Umwandlung des Vermieters (→ Rn. 23) – nicht.

28

Allein aus der Umwandlung des Mieters ergibt sich **kein Kündigungsrecht** des Vermieters.[54]

29

Als problematisch erweist sich eine Umwandlung des Mieters regelmäßig dann, wenn die Umwandlung dazu führt, dass eine geringer kapitalisierte und/oder intensiver haftungsbeschränkte Rechtsform in die Mieterstellung einrückt. So mag der Vermieter etwa beim Abschluss eines Mietvertrags mit einer OHG gerade im Vertrauen auf die persönliche Gesellschafterhaftung davon abgesehen haben, zusätzliche Sicherheiten zu fordern, und eine nachfolgende Verschmelzung der OHG auf eine GmbH daher als empfindliche Beeinträchtigung empfinden. Das UmwG trägt diesem Empfinden durch verschiedene Sicherheitsrechte und Nachhaftungsregelungen Rechnung. So können Gläubiger eines verschmelzenden, sich spaltenden oder formwechselnden Rechtsträgers, die ihren Anspruch innerhalb von sechs Monaten nach Bekanntmachung der Umwandlung anmelden, gemäß §§ 22, 125, 204 UmwG **Sicherheitsleistung** verlangen, wenn sie glaubhaft machen, dass durch die Umwandlung die Erfüllung ihrer Forderung gefährdet wird. Dasselbe Recht steht gemäß § 122j UmwG Gläubigern eines deutschen Rechtsträgers zu, der grenzüberschreitend auf einen Rechtsträger ausländischer Rechtsform verschmilzt, wenn sie glaubhaft

30

---

[49] Zutreffend Semler/Stengel/*Schröer* § 131 Rn. 36 Fn. 135 (mit Hinweis auf die gemäß § 95 VVG in derselben Weise ausgeschlossene Trennung von Sache und Sachversicherungsvertrag); Schmitt/Hörtnagl/Stratz/*Hörtnagl* § 131 Rn. 82.
[50] Vgl. BGH, LwZR 20/01, NJW 2002, 2168, 2168 (Pachtvertrag); Kallmeyer/*Marsch-Barner* § 20 Rn. 23.
[51] Lutter/*Priester* § 126 Rn. 64; *Mutter*, ZIP 1997, 139, 140; einschränkend Semler/Stengel/*Schröer* § 126 Rn. 72 (außerordentliches Kündigungsrecht des Vertragspartners, wenn Fortführung des Vertrags unzumutbar).
[52] So auch *Mutter*, ZIP 1997, 139.
[53] BeckOK BGB/*Ehlert* § 535 Rn. 164; *Kandelhard*, NZM 1999, 440, 441; im Ergebnis ebenso beim Formwechsel zwischen GbR, OHG und KG, welcher sich allerdings außerhalb des UmwG vollzieht.
[54] BGH, LwZR 15/09, NZM 2010, 280, 281 f.; BGH, LwZR 20/01, NJW 2002, 2168; OLG Karlsruhe, 1 U 108/08, NZG 2009, 315; Semler/Stengel/*Schröer* § 131 Rn. 37.

machen, dass die Verschmelzung ihre Forderung gefährdet und sie ihren Anspruch binnen zwei Monaten nach Bekanntmachung des Verschmelzungsplans anmelden.

31 Eine Gefährdung in diesem Sinne liegt insbesondere dann vor, wenn die Eigenkapitalquote oder Liquidität des übernehmenden Rechtsträgers erheblich niedriger bzw. geringer ausfällt als die des bisherigen Schuldners.[55] Abzusichern sind in diesem Fall zwar nur Altverbindlichkeiten, die vor der Umwandlung begründet wurden.[56] Darunter fallen **Ansprüche aus Dauerschuldverhältnissen** freilich auch insoweit, als sie zwar erst nach der Umwandlung entstehen, aber das Dauerschuldverhältnis selbst vor der Umwandlung begründet wurde.[57] Ein Vermieter kann daher nicht nur Sicherheitsleistung für Ansprüche aus der Zeit vor der Umwandlung, sondern auch für sich daran anschließende Mietzeiträume verlangen.[58]

32 Verschmilzt eine Personenhandelsgesellschaft, eine PartG oder eine KGaA[59] auf einen haftungsbeschränkten Rechtsträger, so schließt sich an die Bekanntmachung der Verschmelzung gemäß § 45 bzw. § 45c UmwG eine fünfjährige **Nachhaftungsfrist** an, innerhalb derer die vormaligen Personengesellschafter, Partner bzw. persönlich haftenden Gesellschafter für Altverbindlichkeiten ihrer Gesellschaft noch persönlich und gesamtschuldnerisch in Anspruch genommen werden können. Dieselbe fünfjährige Nachhaftungsperiode gilt gemäß §§ 224, 225c, 249 UmwG, wenn eine Personenhandelsgesellschaft oder PartG ihre Rechtsform wechselt oder wenn eine KGaA in eine GmbH oder AG formwechselt. Ebenfalls gesamtschuldnerisch haften gemäß § 133 Abs. 1 UmwG sämtliche Beteiligte einer Spaltung für Altverbindlichkeiten eines übertragenden Rechtsträgers.[60] Die Haftung derjenigen Spaltungsbeteiligten, denen der Spaltungs- und Übernahmevertrag die Verbindlichkeit nicht zuweist, ist dabei gemäß § 133 Abs. 3 S. 1 UmwG grundsätzlich[61] auf fünf Jahre begrenzt. Und ein Einzelkaufmann, der sich seines Unternehmens per Ausgliederung entledigt, bleibt für Altverbindlichkeiten hieraus gemäß §§ 156 f. UmwG ebenfalls fünf Jahre lang verhaftet.

33 Auch die Nachhaftung erstreckt sich auf **Ansprüche aus Dauerschuldverhältnissen,** wenn der zugrundeliegende Vertrag vor der Umwandlungsmaßnahme geschlossen wurde; erfasst sind dann – innerhalb der zeitlichen Grenze von fünf Jahren – auch künftige Ansprüche.[62] Einem Vermieter bleiben in dieser Zeit also die Haftungsbedingungen, auf die er sich bei Vertragsschluss eingelassen hatte, weitestgehend erhalten. Übersteigt die Vertragslaufzeit dagegen diese fünf Jahre, was bei langfristigen Gewerberaummietverträgen nicht selten der Fall sein wird, so bleibt dem Vermieter nur noch der übernehmende bzw. formgewechselte Rechtsträger als Schuldner der vertraglichen Ansprüche. Das mag auf den ersten Blick und vor dem Hintergrund der grundsätzlichen Zustimmungsbedürftigkeit eines Mieterwechsels unbillig erscheinen,[63] bietet jedoch durchaus einen sachgerechten

---

[55] Kallmeyer/*Marsch-Barner* § 22 Rn. 7; Semler/Stengel/*Maier-Reimer/Seulen*, § 22 Rn. 21.
[56] Lutter/*Grunewald* § 22 Rn. 7; Kallmeyer/*Marsch-Barner* § 22 Rn. 3.
[57] Lutter/*Grunewald* § 22 Rn. 7; Henssler/Strohn/*Müller* § 22 Rn. 4; zur Frage, ob der Anspruch auf Sicherheitsleistung dann analog §§ 45, 45c, 133 Abs. 3, 224, 225c, 249 UmwG auf einen fünfjährigen Zeitraum nach Umwandlung zu beschränken ist, siehe LG Augsburg, 2 HK O 363/08, BeckRS 2011, 18537; Lutter/*Grunewald* § 22 Rn. 24; Semler/Stengel/*Maier-Reimer/Seulen*, § 22 Rn. 47.
[58] Skeptisch zur Praktikabilität dieses Sicherungsmechanismus Lindner-Figura/Oprée/Stellmann/*Tischler* Kap. 2 Rn. 247; Kandelhard, NZM 1999, 440 (442 f).
[59] Die fehlende gesetzliche Anordnung einer Nachhaftung für die KGaA wird von der hM zurecht als Redaktionsversehen eingeordnet; Kallmeyer/*Kallmeyer/Kocher*, § 45 Rn. 2; Lutter/*H. Schmidt*, § 45 Rn. 11; Semler/Stengel/*Ihrig*, § 45 Rn. 5.
[60] Vgl. hierzu Ghassemi-Tabar/Guhling/Weitemeyer/*Burbulla*, § 566 Rn. 33.
[61] Die ausnahmsweise Verlängerung der Frist auf zehn Jahre gemäß § 133 Abs. 3 Satz 2 UmwG ist für mietvertragliche Ansprüche ohne Belang.
[62] Semler/Stengel/*Ihrig*, § 45 Rn. 27; Kallmeyer/*Kallmeyer/Sickinger*, § 133 Rn. 8; Lutter/*Joost*, § 224 Rn. 27.
[63] Kritisch etwa *Kandelhard*, NZM 1999, 440 (444).

Ausgleich zwischen dem Interesse des Vermieters an der Fortdauer der Haftungsvoraussetzungen auf Mieterseite und der Freiheit des Mieters, sich eigenständig einer Strukturmaßnahme zu unterziehen.

§ 68 Umweltrecht[1]

Übersicht

	Rdnr.		Rdnr.
A. Einführung	1–3	a) Nachfolge in Pflichten	80–88
B. Übergang der umweltrechtlichen Genehmigungen und der Haftung im Falle einer Umwandlung	4–119	aa) Konkretisierte und abstrakte Zustandsverantwortlichkeit	80, 81
I. Grundlagen der Nachfolge in öffentlich-rechtliche Rechte und Pflichten	7–10	bb) Konkretisierte Verhaltensverantwortlichkeit	82–85
II. Die umwandlungsbedingte vollständige Gesamtrechtsnachfolge in öffentlich-rechtliche Rechte und Pflichten (Verschmelzung)	11–76	cc) Abstrakte Verhaltensverantwortlichkeit	86–88
		b) Nachfolge in Rechte	89–96
		c) Allgemeines Missbrauchsverbot	97–101
1. Nachfolge in Pflichten	14–53	2. Vermögensübertragung	102
a) Nachfolge in konkretisierte Pflichten	17–30	3. Formwechsel	103–105
aa) Zustandsverantwortlichkeit	22–24	IV. Verfahrensrechtliche Stellung des Gesamtrechtsnachfolgers	106–119
bb) Verhaltensverantwortlichkeit	25–30	1. Umwandlung vor Einlegung eines Rechtsbehelfs	109, 110
b) Die Nachfolge in abstrakte Pflichten	31–38	2. Umwandlung nach Einlegung eines Rechtsbehelfs	111–118
aa) Zustandsverantwortlichkeit	33, 34	a) Verschmelzung und Aufspaltung	113–115
bb) Verhaltensverantwortlichkeit	35–38	b) Abspaltung und Ausgliederung	116–118
c) Materiell-rechtlicher Schutz des Gesamtrechtsnachfolgers	39–53	3. Umwandlung nach rechtskräftigem Urteil	119
aa) Grundsatz der Verhältnismäßigkeit	42–44	C. Die Anwendung umwandlungsrechtlicher Gläubigerschutzvorschriften auf öffentlich-rechtliche Pflichten	120–145
bb) Verjährung	45–49	I. Anspruch auf Sicherheitsleistung nach § 22 Abs. 1 UmwG	121–124
cc) Behördliche Duldung und Verwirkung	50–53	II. Weitere Gläubigerschutzvorschriften	125–145
2. Nachfolge in Rechte, namentlich Genehmigungen	54–73	1. Gläubigerschutz nach § 133 UmwG	126–136
a) Allgemeines	54–61	a) Von der Nachhaftung erfasste öffentlich-rechtliche Pflichten	130–133
b) Zur Höchstpersönlichkeit von Personal- und gemischten Genehmigungen	62–73	b) Umfang der Haftung	134
aa) Generelle Höchstpersönlichkeit und damit Übertragungshindernis?	63	c) Enthaftung	135, 136
		2. „Vergessene" Verbindlichkeiten	137–142
bb) Differenzierte Betrachtungsweise geboten	64–70	a) Abspaltung und Ausgliederung	139
cc) Sonderfälle	71, 72	b) Aufspaltung und Totalausgliederung	140–142
dd) Zwischenergebnis	73		
3. Nachfolge in Rechte und Pflichten aus öffentlich-rechtlichen Verträgen	74–76	3. Gläubigerschutz nach § 45 UmwG	143–145
III. Besonderheiten einzelner Umwandlungsvorgänge	77–105	D. Umwandlungsthemen in einzelnen Teilgebieten des Umweltrechts	146–349
1. Spaltung	77–101	I. Bodenschutz- und Altlastenrecht	148–189

---

[1] Der Verfasser dankt Frau Ref. iur. Nicole Krellmann, Herrn Rechtsanwalt Niclas Hellermann, LL. M. sowie Herrn Ref. iur. Franz A. Hahn für ihre wertvolle Unterstützung bei der Erstellung dieses Beitrages.

§ 68   6. Kapitel. Weitere Besonderheiten

Rdnr.

1. Die Haftung des Gesamtrechtsnachfolgers nach § 4 Abs. 3 S. 1 BBodSchG 151–171
   a) Zeitlicher Anwendungsbereich 153–156
   b) Anwendbarkeit auf die partielle Gesamtrechtsnachfolge 157–159
   c) Ewigkeitshaftung des Gesamtrechtsnachfolgers? 160
   d) Störerauswahl 161, 162
   e) Umfang der Haftung 163–166
   f) Haftung bei der Spaltung ... 167–171
      aa) Kollision mit § 133 UmwG 168–170
      bb) Möglichkeit der Trennung von Grundstück und Sanierungspflicht .. 171
2. Die Durchgriffshaftung nach § 4 Abs. 3 S. 4 Alt. 1 BBodSchG 172–185
   a) Haftung für Zustands- und Verhaltensverantwortlichkeit? 174
   b) Haftung des Eigentümers und des Inhabers der tatsächlichen Gewalt? 175, 176
   c) Einstandspflicht 177–180
   d) Störerauswahl 181, 182
   e) Inhalt der Einstandspflicht .. 183
   f) Übertragbarkeit der Einstandspflicht im Wege der Spaltung 184
   g) Fazit 185
3. Die Haftung des früheren Eigentümers nach § 4 Abs. 6 BBodSchG 186–189
II. Immissionsschutzrecht 190–234
1. Übergang der Genehmigung nach § 4 BImSchG 191–201
   a) Grundsatz: Anlagenbezug / Sachgenehmigung 191, 192
   b) Sonderfall: Untersagungsmöglichkeit bei Unzuverlässigkeit 193, 194
   c) Umwandlung bewirkt keine Unterbrechung 195
   d) Übergang der Auflagen 196
   e) Keine Anzeige- oder Genehmigungspflicht 197–201
2. Folgen der umwandlungsbedingten Teilung einer Anlage 202–215
   a) Genehmigungspflichtige Teilung einer Anlage 205–207
   b) Teilung einer Anlage ohne erneute Genehmigungspflicht 208–215
3. Folgen der umwandlungsbedingten Zusammenführung mehrerer Anlagen 216–227
   a) Auswirkungen auf die Genehmigungssituation nach BImSchG 217–219
   b) Störfallbetriebe 220–226

Rdnr.

   aa) Keine Genehmigungspflicht nach § 16 BImSchG 223
   bb) Genehmigungspflicht nach § 16a BImSchG .. 224, 225
   cc) Anzeige- und Genehmigungspflicht nach §§ 23a, 23b BImSchG . 226
   c) Zwischenergebnis 227
4. Übergang von Betreiberpflichten 228, 229
5. Übergang der Nachsorgepflichten aus § 5 Abs. 3 BImSchG ... 230–234
III. Atom- und Strahlenschutzrecht ... 235–254
1. Übertragung von Genehmigungen 236–247
   a) Arten und Charakteristika strahlenschutzrechtlicher Genehmigungen 236–239
   b) Grenzen der Übertragbarkeit strahlenschutzrechtlicher Genehmigungen 240–247
      aa) Folgen eines Betreiberwechsels 241, 242
      bb) Umwandlung ohne Betreiberwechsel 243, 244
      cc) Übergang von Nebenbestimmungen 245
      dd) Zwischenergebnis 246, 247
2. Übergang von strahlenschutzrechtlichen Pflichten 248–250
3. Nachhaftung für Stilllegung, Rückbau und Entsorgung 251–254
IV. Gewässerschutzrecht 255–275
1. Erlaubnis und Bewilligung nach § 8 WHG 258–271
   a) Übergang von Erlaubnis und Bewilligung nach § 8 Abs. 4 WHG 259–266
      aa) Gestattung bezieht sich auf die Wasserbenutzungsanlage 262
      bb) Gestattung bezieht sich auf das Benutzungsgrundstück 263–266
   b) Abweichende landesrechtliche Vorschriften 267
   c) Ausschluss der Rechtsnachfolge durch die Behörde ... 268–271
2. Indirekteinleitergenehmigung nach § 58 WHG 272, 273
3. Haftung und Sanierungspflicht nach §§ 89, 90 WHG 274, 275
V. Kreislaufwirtschaftsrecht 276–296
1. Zulassung von Abfallentsorgungsanlagen und Abfalldeponien nach § 35 KrWG 278–289
   a) Genehmigung von Abfallentsorgungsanlagen nach § 35 Abs. 1 KrWG 280–282
   b) Planfeststellung für Abfalldeponien nach § 35 Abs. 2 KrWG 283–289

	Rdnr.
2. Anzeige- und Genehmigungspflichten nach §§ 53, 54 KrWG	290–293
a) Anzeigepflicht nach § 53 Abs. 1 S. 1 KrWG	291
b) Genehmigungspflicht nach § 54 Abs. 1 KrWG	292, 293
3. Stilllegung einer Deponie nach § 40 KrWG	294, 295
4. Abstrakte Pflichten nach dem KrWG	296
VI. Naturschutzrecht	297–310
1. Abstrakte Pflichten	299–301
2. Naturschutzrechtliche Genehmigung nach § 17 BNatSchG	302–310
a) Übergang der naturschutzrechtlichen Genehmigung	304–308
aa) Eigenständige Genehmigung nach § 17 Abs. 3 BNatSchG	304
bb) Zulassung nach § 17 Abs. 1 BNatSchG	305–308
b) Übergang der Nebenbestimmungen	309, 310
VII. Emissionshandelsrecht	311–318
1. Emissionsgenehmigung nach § 4 Abs. 1 TEHG	312–315

	Rdnr.
2. Berechtigungen	316–318
VIII. Energierecht	319–327a
1. Genehmigung des Netzbetriebs nach § 4 EnWG	322–324
2. Befreiung von der EEG-Umlage nach § 67 EEG	325–327a
IX. Bergrecht	328–349
1. Bergbauberechtigungen	330–346
a) Bergrechte im engeren Sinne (Erlaubnis, Bewilligung und Bergwerkseigentum)	331–338
aa) Übergang von Erlaubnis und Bewilligung nach § 22 Abs. 2 BBergG	332–335
bb) Übergang des Bergwerkeigentums, § 23 BBergG	336–338
b) Bergrechte im weiteren Sinne (Betriebsplanzulassungen)	339–346
aa) Rahmenbetriebspläne	341, 342
bb) Andere Betriebspläne (Haupt-, Sonder- und Abschlussbetriebspläne)	343–346
2. Bergrechtliche Pflichten	347–349

Literatur: *Becker*, Die neue öffentlich-rechtliche Haftung für die Sanierung schädlicher Bodenveränderungen und Altlasten nach § 4 III BBodSchG, DVBl. 1999, 134; *Becker/Fett*, Verantwortlichkeit für Verunreinigungen nach dem neuen Bundesbodenschutzgesetz im Spannungsfeld von Umwelt- und Gesellschaftsrecht, NZG 1999, 1189; *Borst*, Die Verwaltungsvorschriften des Atomgesetzes, DVBl. 1960, 160; *Bremer*, Öffentlich-rechtliche Rechtspositionen im Rahmen von Spaltungen nach dem Umwandlungsgesetz, GMbHR 2000, 865; *Breuer*, Rechtsprobleme der Altlasten, NVwZ 1986, 751; *Dierkes*, Die Grundpflichten bei der Einstellung des Betriebes genehmigungsbedürftiger Anlagen gemäß § 5 Abs. 3 BImSchG, 1994; *Dombert*, Streben nach effektiverem Bodenschutz an den Grenzen des Grundgesetzes – Zur Verfassungsmäßigkeit des § 4 VI BBodSchG im Hinblick auf Art. 14 GG, NJW 2001, 927; *Eckert*, Der Formwechsel einer Kapitalgesellschaft in eine Personengesellschaft und seine Auswirkungen auf öffentlich-rechtliche Erlaubnisse, ZIP 1998, 1950; *Enderle/Rehs*, Die Übertragung bergrechtlicher Rechtspositionen – Praxisprobleme beim Betrieb unterirdischer Gasspeicheranlagen, NVwZ 2012, 338; *Erbguth/Stollmann*, Verantwortlichkeit im Bodenschutzrecht, DVBl. 2001, 601; *Erkens/Giedinghagen*, Zur Übergangsfähigkeit von Bergbauberechtigungen im Umwandlungsrecht, RdE 2012, 140; *Fluck*, Die immissionsschutzrechtliche Nachsorgepflicht als neues Instrument zur Verhinderung und Beseitigung von Altlasten, BB 1991, 1797; *Fluck*, Die anlagenbezogenen Vorschriften des Gentechnikrechts, BB 1990, 1716; *Fluck/Friedrich*, Umweltrechtliche Folgen einer Aufteilung bestehender Anlagen auf mehrere Betreiber: Der Anlagen- und Betreiberbegriff im Immissionsschutzrecht, der Betriebsbereich, NVwZ 2002, 1174; *Fuhrmann/Simon*, Praktische Probleme der umwandlungsrechtlichen Ausgliederung, AG 2000, 49; *Gaiser*, Die Umwandlung und ihre Auswirkungen auf personenbezogene öffentlich-rechtliche Erlaubnisse – Ein unlösbarer Konflikt zwischen Umwandlungsrecht und Gewerberecht?, DB 2000, 362; *Giesberts/Frank*, Sanierungsverantwortlichkeit nach BBodSchG bei Erwerb, Veräußerung und Umwandlung von Unternehmen und bei Grundstückstransaktionen, DB 2000, 505; *Ginzky*, Gesamtrechtsnachfolge von Unternehmen im Bodenschutzrecht – unter Berücksichtigung der Zeit des Nationalsozialismus und der Kontrolle durch die Alliierten, NuR 2003, 727; *Gruber*, Aktuelles zu den Adressaten deponierechtlicher Pflichten – Zugleich Anmerkung zum Urteil des BVerwG vom 10.1.2012 – 7 C 6/11, AbfallR 2012, 238; *Günther*, Photovoltaikanlagen und der Schatten geschützter Bäume – Klima- und Naturschutzrecht im Konflikt, NuR 2009, 387; *Habighorst*, Die „Gründe des öffentlichen Interesses" in § 23 BBergG, ZfB 2000, 230; *Hansmann*, Die Nachsorgepflichten im Immissionsschutzrecht, NVwZ 1993, 921; *Heckschen*, Öffentlich-rechtliche Rechtspositionen im Rahmen von Umwandlungen, ZIP 2014, 1605; *Hennrichs*, Formwechsel und Gesamtrechtsnachfolge bei Umwandlungen einschließlich Verschmelzung und Spaltung, 1995; *Hurst*, Probleme der Zustandshaftung nach dem Polizei- und Ordnungsrecht im Falle der Rechtsnachfolge, DVBl. 1963, 804; *Ihmels*, Zur Vererblichkeit von Polizei- und Ordnungs-

§ 68   6. Kapitel. Weitere Besonderheiten

pflichten, DVBl. 1972, 481; *Kahle/Pfannkuch*, Compliance in der Wasserwirtschaft – Teil 2: Abwasserentsorgung, KommJur 2015, 164; *Keller*, Kein Übergang einer personenbezogenen öffentlich-rechtlichen Erlaubnis durch Verschmelzung, GWR 2012, 74; *Knöpfle*, Die Nachfolge im Verwaltungsrecht, Festgabe für Theodor Maunz, 1971, S. 225; *Knopp*, Bundes-Bodenschutzgesetz und erste Rechtsprechung, DÖV 2001, 441; *Kothe*, Die Verantwortlichkeit bei der Altlastensanierung, VerwArch 1997 (88), 456; *Kreppel*, Rechtsnachfolge in anlagenbezogene Zulassungsakte im Bereich des Umweltrechts, 1998; *Kügel*, Die Entwicklung des Altlasten- und Bodenschutzrechts, NJW 2000, 107; *Kutscheidt*, Zulassung von Abfallentsorgungsanlagen – ein Schnellschuss des Gesetzgebers, NVwZ 1994, 209; *Müggenborg*, Umweltrechtliche Anforderungen an Chemie- und Industrieparks, 1. Aufl. 2008; *Müggenborg*, Die neue Störfall-Verordnung, NVwZ 2000, 1096; *Nisipeanu*, Wasserrechtliche Anforderungen an Indirekteinleitungen, ZfW 2016, 77; *Nolte*, Gesamtrechtsnachfolge in die abstrakte Verhaltenspflicht bei Altlasten vor und nach In-Kraft-Treten des § 4 II 1 Alt. 2 BBodSchG, NVwZ 2000, 1135; *Nolte/Niestedt*, Grundfälle zur Rechtsnachfolge im Öffentlichen Recht, JuS 2000, 1071; *Odenthal*, Das Schicksal personenbezogener gewerberechtlicher Erlaubnisse bei der Umwandlung von Gesellschaften, GewArch 2005, 132; *Ossenbühl*, Verzicht, Verwirkung und Verjährung als Korrektive einer polizeilichen Ewigkeitshaftung, NVwZ 1995, 547; *Ossenbühl*, Zur Haftung des Gesamtrechtsnachfolgers für Altlasten, 1. Aufl. 1995; *Ossenbühl*, Die Rechtsnachfolge des Erben in die Polizei- und Ordnungspflicht, NJW 1968, 1992; *Palme*, Das Urteil des BVerwG zur bodenschutzrechtlichen Haftung des Gesamtrechtsnachfolgers, NVwZ 2006, 1130; *Papier*, Zur rückwirkenden Haftung des Rechtsnachfolgers für Altlasten, DVBl. 1996, 125; *Peine*, Die Rechtsnachfolge in öffentliche Rechte und Pflichten, DVBl. 1980, 941; *Raetzke*, Die Veränderungsgenehmigung für Kernkraftwerke nach § 7 Atomgesetz, 2001; *Rau*, Die Rechtsnachfolge in Polizei- und Ordnungspflichten, JURA 2000, 37; *Ring*, Grundstrukturen des Bergwerkseigentums, NotBZ 2006, 37; *Ronellenfitsch*, Das atomrechtliche Genehmigungsverfahren, 1983; *Rubel/Sandhaus*, Der Wegfall des § 132 UmwG: Konsequenzen für die Beachtlichkeit von Übertragungshindernissen bei der Spaltung, Der Konzern 2009, 327; *Rumpf*, Die Rechtsnachfolge im öffentlichen Recht – Dargestellt am Beispiel des Baurechts, des Polizeirechts und des Organisationsrechts, VerwArch 1987 (78), 269; *Schall/Horn*, Der Übergang öffentlich-rechtlicher Pflichten in der Spaltung am Beispiel der abstrakten Polizeipflicht, ZIP 2003, 327; *Schenke*, Rechtsnachfolge in polizeiliche Pflichten?, GewArch 1976, 1; *Schink*, Verantwortlichkeit für die Gefahrenabwehr und die Sanierung schädlicher Bodenveränderungen nach dem Bundesbodenschutzgesetz, DÖV 1999, 797; *Schink*, Kontrollerlaubnis im Abfallrecht – Anforderungen an die Zulassung von Abfallentsorgungsanlagen nach Immissionsschutzrecht, DÖV 1993, 725; *Schink*, Grenzen der Störerhaftung bei der Sanierung von Altlasten, VerwArch 1991 (82), 357; *Schlabach/Simon*, Die Rechtsnachfolge beim Verhaltensstörer, NVwZ 1992, 143; *Schlemminger/Apfelbacher*, Ausgliederung/Abspaltung bodenschutzrechtlicher Umwelthaftungsrisiken, NVwZ 2013, 1389; *Schmidt*, Gläubigerschutz bei Umstrukturierungen – Zum Referentenentwurf eines Umwandlungsgesetzes, ZGR 1993, 366; *Schmidt-Becker*, Nationale Umsetzung der Seveso-III-Richtlinie, Immissionsschutz 2016, 61; *Schmidt-Kötters*, Teilbarkeit und Übertragbarkeit von Genehmigung und Anlagenbetrieb, WiVerw 2013, 199; *Schoch*, Grundfälle zum Polizei- und Ordnungsrecht, JuS 1994, 1026; *Spieth/Wolfers*, Die neuen Störer: Zur Ausdehnung der Altlastenhaftung in § 4 BBodSchG, NVwZ 1999, 355; *Spieth/Wolfers*, Haftung ohne Grenzen? Zur Erweiterung der Altlastenhaftung im Bundes-Bodenschutzgesetz, altlasten spektrum 1998, 75; *Spindler*, Gesellschaftsrechtliche Verantwortlichkeit und Bundesbodenschutzgesetz: Grundlagen und Grenzen, ZGR 2001, 385; *Stadie*, Rechtsnachfolge in Verwaltungsrecht, DVBl. 1990, 501; *Striewe*, Rechtsprobleme der Altlastenbeseitigung, ZfW 1986, 273; *Stückemann*, Die Rechtsnachfolge in die gefahrenabwehrrechtliche Verhaltens- und Zustandsverantwortlichkeit, JA 2015, 569; *Theuer*, Die Sanierungsverantwortlichkeit des Gesamtrechtsnachfolgers nach dem Bundesbodenschutzgesetz am Beispiel der Spaltung von Unternehmen, DB 1999, 621; *Tiedemann*, Die bodenschutzrechtliche Einstandsverantwortlichkeit und der existenzvernichtende Eingriff – Öffentlich-rechtliche Auswirkungen der Änderung der Rechtsprechung des BGH zur gesellschaftsrechtlichen Durchgriffshaftung, NVwZ 2008, 257; *Tiedemann*, Die Subsidiarität der bodenschutzrechtlichen Einstandsverantwortlichkeit bei der Auswahlentscheidung zwischen mehreren Störern, NVwZ 2003, 1477; *Tollmann*, Die Zustandsverantwortlichkeit des früheren Grundeigentümers gemäß § 4 Abs. 6 BBodSchG: ein Irrläufer der Geschichte?, ZUR 2008, 512; *Turiaux/Knigge*, Bundes-Bodenschutzgesetz – Altlastensanierung und Konzernhaftung, BB 1999, 377; *Vierhaus/Marx*, Ab wann haftet der Gesamtrechtsnachfolger?, NVwZ 2006, 45; *Vierhaus*, Das Bundes-Bodenschutzgesetz, NJW 1998, 1262; *V. Mutius*, Verwaltungsvollstreckung gegen den Rechtsnachfolger?, VerwArch 1980 (71), 93; *V. Mutius*, Höchstrichterliche Rechtsprechung zum Verwaltungsrecht (BayVGH, Urteil vom 13. März 1969, Az. 111 II 65), VerwArch 1971 (62), 84; *V. Mutius/Nolte*, Die Rechtsnachfolge im Bundes-bodenschutzgesetz – Zu ausgewählten Fragen des § 4 Abs. 3 S. 1 Var. 2 BBodSchG im System öffentlich-rechtlichen Pflichtenübergangs, DÖV 2000, 1; *Wallerath*, Die Rechtsnachfolge im Verwaltungs- und Verwaltungsprozessrecht – BayVGH, BayVBl. 1970, 328, JuS 1971, 461; *Winkelmann*, Die Nachfolge des Betreibers zulassungsbedürftiger Anlagen, 1998; *Zacharias*, Die Rechtsnachfolge im Öffentlichen Recht, JA 2001, 720; *Zeppezauer*, Genehmigungen in der Unternehmenswandlung, 2005; *Zeppezauer*, Genehmigungen in Verschmelzung und Spaltung – Zugleich Anmerkungen zur Aufhebung von § 132 UmwG, DVBl. 2007, 599.

A. Einführung

Öffentlich-rechtliche, speziell umweltrechtliche Fragen spielen häufig eine zentrale Rolle 1 in Umwandlungen. So kann die Handlungsfähigkeit der an dem Umwandlungsvorgang beteiligten Rechtsträger davon abhängen, ob Genehmigungen im Rahmen der Umwandlung übergehen. Darüber hinaus ist es aus wirtschaftlicher Sicht von erheblicher Bedeutung, ob Handlungs- oder Zahlungspflichten, etwa für die Sanierung von Bodenaltlasten, übertragen werden (können).

Vor diesem Hintergrund können umweltrechtliche Fragestellungen auch der Auslöser 2 und Hauptgrund für einen Umwandlungsvorgang sein. So hat es speziell im Atomrecht eine Diskussion darüber gegeben, ob Energieversorgungsunternehmen sich so umstrukturieren können, dass die Pflichten für die Stilllegung, den Einschluss und Abbau von Kernkraftwerken sowie für die geordnete Beseitigung der aus diesen Werken stammenden radioaktiven Abfälle ohne weiteres auf selbständige Tochtergesellschaften übergehen. Denn ein solcher Vorgang hätte evtl. zur Folge haben können, dass das übertragende Energieversorgungsunternehmen nur während der grundsätzlich fünfjährigen Mithaft weiter für diese Pflichten hätte einstehen müssen. Angesichts der erheblichen Kosten und der langen Zeiträume für die Erfüllung dieser Pflichten hat der Gesetzgeber entschieden, Sonderregelungen für derartige Umwandlungen im Bereich der Kernenergie zu schaffen.[2] In der Gesetzesbegründung führt er dazu aus:

> *„Bei entsprechender Nutzung gesellschaftsrechtlicher Umstrukturierungsmöglichkeiten durch die Konzerne bestünde die Gefahr der Zahlungsunfähigkeit der Betreibergesellschaften. Dies würde zu erheblichen finanziellen Risiken für Staat und Gesellschaft führen. Daher begründet das Gesetz zur Nachhaftung für Rückbau- und Entsorgungskosten eine subsidiäre und begrenzte Nachhaftung der Unternehmen, die die Betreibergesellschaften beherrschen."*[3]

Angesichts dieser erheblichen Bedeutung des Umweltrechts für Umwandlungsvorgänge 3 soll im Folgenden zunächst generell untersucht werden, wie öffentlich-rechtliche Genehmigungen und Pflichten im Rahmen von Umwandlungen übergehen können (B.). Eine besondere Rolle spielen dabei die Gläubigerschutzvorschriften des Umwandlungsrechts (C.). Anschließend ist auf spezifische Einzelheiten in verschiedenen Teilgebieten des Umweltrechts einzugehen (D.).

B. Übergang der umweltrechtlichen Genehmigungen und der Haftung im Falle einer Umwandlung

Umweltrelevante Tätigkeiten unterliegen häufig einem Genehmigungsvorbehalt. Solche 4 Genehmigungspflichten ergeben sich zum Beispiel aus § 4 Abs. 1 BImSchG oder § 8 Abs. 1 WHG. Soll eine genehmigungsbedürftige Anlage oder Tätigkeit im Wege der

---

[2] Gesetz zur Nachhaftung für Abbau- und Entsorgungskosten im Kernenergiebereich, BGBl. I 2017, S. 127.
[3] Deutscher Bundestag, Gesetzentwurf – Entwurf eines Gesetzes zur Neuordnung der Verantwortung in der kerntechnischen Entsorgung, Drs. 18/10496 vom 29.11.2016, S. 42.

Umwandlung übertragen werden, kommt es entscheidend darauf an, ob diese bestehende Genehmigung nach der Umwandlung erhalten bleibt oder nicht. Falls eine erneute Beantragung erforderlich wird, können damit ein erheblicher finanzieller und organisatorischer Mehraufwand sowie zeitliche Verzögerungen einhergehen. Überdies droht eine Verschärfung der Anforderungen.

5   Weiterhin sind im Umweltrecht Haftungsregelungen für Schädigungen der Umwelt und Verstöße gegen umweltrechtliche Vorschriften vorgesehen. Beispielsweise behandelt § 62 Abs. 1 Nr. 1 und Nr. 2 BImSchG den genehmigungslosen Betrieb einer genehmigungsbedürftigen Anlage oder den Verstoß gegen vollziehbare Auflagen als Ordnungswidrigkeit, was mit einer Geldbuße geahndet werden kann (Abs. 4). Die Frage der Übertragbarkeit und Nachfolgefähigkeit im Hinblick auf (bereits realisierte) Haftungstatbestände kann im Rahmen von Umwandlungen ebenfalls einen erheblichen Risikofaktor darstellen. Denn danach richtet sich, wer das Haftungsrisiko letztlich zu tragen hat und vom Staat in Anspruch genommen werden kann. Die Risiken sind dabei zudem nicht immer so eindeutig bestimmbar wie im Falle des § 62 Abs. 4 BImSchG, der je nach Art der Ordnungswidrigkeit eine Maximalstrafe von bis zu 50.000 EUR vorsieht. So sind zum Beispiel in § 90 WHG und § 4 BBodSchG Sanierungspflichten für Schäden vorgesehen, die grundsätzlich keiner Begrenzung unterliegen und somit teils schwer kalkulierbare Haftungsrisiken mit sich bringen.

6   Die grundlegenden Voraussetzungen für eine Rechtsnachfolge werden unter I. vorgestellt. Sodann soll die Rechtslage nur für den Fall der vollständigen Gesamtrechtsnachfolge als Grundfall erläutert werden (II.). Abweichungen ergeben sich für die Spaltung, die Vermögensübertragung und den Formwechsel (III.). Die verfahrensrechtliche Stellung des Gesamtrechtsnachfolgers wird unter IV. beleuchtet.

I. Grundlagen der Nachfolge in öffentlich-rechtliche Rechte und Pflichten

7   Eine Rechtsnachfolge, also der Übergang von Rechten und Pflichten von einem Rechtssubjekt auf ein anderes,[4] erfolgt jedenfalls dann, wenn sie ausdrücklich angeordnet ist.[5] Solche speziellen Übergangsregelungen finden sich zum Beispiel im WHG, im BBodSchG oder im BBergG.[6] Voraussetzungen und Umfang der Nachfolge richten sich in diesen Fällen nach der jeweiligen Regelung. Zum Beispiel kann die Nachfolge von einer Genehmigung abhängig gemacht[7] oder unter eine Anzeigepflicht gestellt[8] werden. Umgekehrt findet keine Nachfolge statt, wenn sie gesetzlich ausdrücklich ausgeschlossen wurde[9] – beispielsweise im OWiG.[10]

8   Schwieriger ist die Rechtslage, wenn solche ausdrücklichen Regelungen nicht bestehen. Eine Nachfolge wird dann überwiegend angenommen, wenn erstens ein **Nachfolgetatbestand**, also ein Rechtsgrund für die Rechtsnachfolge, und zweitens die **verwaltungsrechtliche Übergangsfähigkeit** kumulativ gegeben sind.[11]

9   Als Nachfolgetatbestand kommt neben der Einzelrechtsnachfolge auch die Gesamtrechtsnachfolge, speziell im Rahmen von Umwandlungsvorgängen in Betracht. Voraussetzung jedes Übergangs von Rechten oder Pflichten ist zunächst, dass eine Einzel- oder Gesamtrechtsnachfolge stattgefunden hat.

---

[4] *Rumpf*, VerwArch 1987 (78), 269, 272; *Zacharias*, JA 2001, 720, 721.
[5] Ehlers/Pünder/*Remmert*, § 18 Rn. 17; Schoch/*Schoch*, 2. Kap. Rn. 215.
[6] Vgl. § 22 BBergG, § 4 Abs. 3 S. 1 BBodSchG und § 8 Abs. 4 WHG.
[7] Vgl. § 8 Abs. 4 Hs. 1 WHG.
[8] Vgl. § 22 Abs. 2 BBergG.
[9] Ehlers/Pünder/*Remmert*, § 18 Rn. 17.
[10] Vgl. § 101 OWiG.
[11] Insoweit einig: Ehlers/Pünder/*Remmert*, § 18 Rn. 18; *Erbguth/Mann/Schubert*, Rn. 514, 515; *Nolte/Niestedt*, JuS 2000, 1071, 1072.

Inwiefern öffentlich-rechtliche, namentlich umweltrechtliche Rechte und Pflichten im 10 Wege der Umwandlung übergehen können, also nachfolgefähig sind, ist zunächst generell zu zeigen (II.), ehe anschließend auf die speziellen Fälle von Spaltung, Vermögensübertragung und Formwechsel (III.) eingegangen wird.

II. Die umwandlungsbedingte vollständige Gesamtrechtsnachfolge in öffentlich-rechtliche Rechte und Pflichten (Verschmelzung)

Grundsätzlich sind öffentlich-rechtliche Rechte und Pflichten nicht disponibel. Sie 11 können also nicht zum Gegenstand privatrechtlicher Vereinbarungen gemacht werden.[12] Zwar kann der Adressat eines belastenden Verwaltungsaktes, dem darin beispielsweise die Beseitigung von Gefahren aufgegeben wurde, mit einem Dritten einen privatrechtlichen Vertrag darüber schließen, dass der Dritte für ihn die Beseitigung besorgt. Haftender bleibt aber auch in diesem Fall der Adressat des Verwaltungsaktes. Insbesondere kann eine öffentlich-rechtliche Pflicht nicht einfach durch eine private Schuldübernahme nach § 414 BGB übernommen werden.[13]

Mit dem Umwandlungsgesetz hat der Gesetzgeber für Unternehmen die Möglichkeit 12 geschaffen, in vereinfachter Weise Umstrukturierungen vorzunehmen. Dies ermöglicht ihnen zwar nicht, über einzelne Rechte und Pflichten zu verfügen, jedoch können sie im Rahmen von Umwandlungen ihr gesamtes Vermögen oder jedenfalls einen Teil davon übertragen, sodass in gewissem Umfang auch die diesem Vermögen anhaftenden öffentlich-rechtlichen Pflichten (1.) und Rechte (2.) auf einen neuen Rechtsträger übergehen. Auch die Pflichten und Rechte aus öffentlich-rechtlichen Verträgen sind grundsätzlich übergangsfähig (3.).

Im Folgenden werden die allgemeinen Regeln anhand der Verschmelzung als Grundfall 13 der Umwandlung illustriert. In Abschnitt III. erfolgt sodann eine Erörterung von Besonderheiten bei speziellen Fällen der (partiellen) Gesamtrechtsnachfolge.

1. Nachfolge in Pflichten

Anders als die gesetzliche Nachfolge in Rechte führt der gesetzliche Übergang von 14 Pflichten zu einem Eingriff der öffentlichen Gewalt in Freiheit und Eigentum des übernehmenden Rechtsträgers. Er unterliegt damit grundsätzlich dem **Vorbehalt des Gesetzes aus Art. 20 Abs. 3 GG**. Die herrschende Meinung und insbesondere auch das Bundesverwaltungsgericht erkennt mittlerweile an, dass zivilrechtliche Normen zur Gesamtrechtsnachfolge, und damit auch solche des Umwandlungsrechts, zumindest in analoger Anwendung[14] eine hinreichende Grundlage für eine Rechtsnachfolge in öffentlich-rechtliche Pflichtenstellungen darstellen und nicht gegen den Gesetzesvorbehalt verstoßen.[15] Dies ist überzeugend, nicht zuletzt weil der Umwandlungsvorgang als solcher privat-autonom und mit dem konkreten Ziel oder zumindest unter Inkaufnahme des Übergangs von Rechten und Pflichten beschlossen wird. Zudem kann sich der Begriff des Vermögens in § 20 Abs. 1 Nr. 1 UmwG sinnvollerweise nicht auf privatrechtlich begründete Rechtsverhältnisse beschränken. Die Frage, ob eine Rechtsposition einen Vermögensgegenstand oder eine Verbindlichkeit darstellt, bestimmt sich nicht nach ihrem rechtlichen Ursprung, sondern nach ihrem Inhalt.[16]

Davon, dass öffentlich-rechtliche Pflichten vom Vermögensbegriff dieser Norm erfasst 15 sind, geht dementsprechend auch § 45 Abs. 1 Hs. 2 UmwG aus. Danach haften, sofern der

---

[12] Ius publicum privatorum pactis mutari non potest, Krieger/Schneider, § 34 Rn. 85 Fn. 6.
[13] Krieger/Schneider, § 34 Rn. 85.
[14] Schoch, JuS 1994, 1026, 1030; Wallerath, JuS 1971, 460, 464.
[15] BVerwG 7 C 3/05, juris Rn. 24 ff.; Nolte/Niestedt, JuS 2000, 1071, 1072; Papier, DVBl. 1996, 125, 126; Stadie, DVBl. 1990, 501, 502; Stückemann, JA 2015, 569, 570. A. A. Ehlers/Pünder/Remmert, § 18 Rn. 18; Erbguth/Mann/Schubert, § 15 Rn. 514 ff.; Peine, DVBl. 1980, 941, 947.
[16] Stadie, DVBl. 1990, 501, 502.

übertragende Rechtsträger eine Personenhandelsgesellschaft und der Rechtsnachfolger eine Kapitalgesellschaft ist, die persönlich haftenden Gesellschafter der übertragenden Gesellschaft für bestehende Verbindlichkeiten für fünf Jahre nach dem Wirksamwerden der Verschmelzung. Bei öffentlich-rechtlichen Verbindlichkeiten genügt nach Hs. 2 zur Einhaltung der Fünfjahresfrist der Erlass eines Verwaltungsaktes. Eine ähnliche Regelung enthält § 133 Abs. 3 UmwG.

16 Gleichwohl gibt es im Einzelnen Besonderheiten bei der Nachfolge in konkretisierte (a)) oder abstrakte Pflichten (b)). Diese können sich auch auf den Schutz des Gesamtrechtnachfolgers (c)) auswirken.

17 **a) Nachfolge in konkretisierte Pflichten.** Die Nachfolgefähigkeit öffentlich-rechtlicher Pflichten ist jedenfalls dann ausgeschlossen, wenn diese höchstpersönlich sind.[17]

18 Die früher herrschende Meinung in Rechtsprechung und Literatur ging davon aus, dass jede konkretisierte, das heißt sich aus einer bereits ergangenen behördlichen Verfügung ergebende[18] Verantwortlichkeit höchstpersönlich sei.[19] Denn das individuell auszuübende behördliche Ermessen bei Erlass einer Verfügung stehe der Übertragbarkeit der Verfügung entgegen.[20] Ausnahmen sollten – abgesehen von spezialgesetzlichen Anordnungen – nur für rein vermögensrechtliche Verpflichtungen, wie Abgabenforderungen oder Erstattungsansprüche bestehen. Viele Vertreter dieser Ansicht sahen sich durch einige wenige gesetzlich geregelte Ausnahmefälle in ihrer Annahme bestätigt.[21] *Schenke* ging sogar davon aus, dass diese Annahme durch ständige Übung der Gerichte als Gewohnheitsrecht anzusehen sei.[22]

19 Diese Ansicht ist heute in der Praxis jedoch überholt.[23] Stattdessen vertreten einige Autoren die Meinung, eine Pflicht sei bereits dann nicht höchstpersönlich, wenn sie vertretbar, ihre Vollstreckung also im Wege der Ersatzvornahme möglich sei.[24]

20 Nach anderer Auffassung ist dies zu weitgehend. So gebe es etwa im Privatrecht Pflichten, die einheitlich als höchstpersönlich verstanden würden, obwohl sie prinzipiell vertretbar seien.[25] Gleiches gelte für das öffentliche Recht. Auch sei ein Zwangsgeld im Rahmen der Verwaltungsvollstreckung aufgrund seines Charakters als Beugemittel eine höchstpersönliche Pflicht, obgleich dieses auch von einem anderen als dem Schuldner beglichen werden könne.[26] Daher folge aus der Unvertretbarkeit einer Handlung zwar zwingend die Höchstpersönlichkeit der Verpflichtung, nicht aber ergebe sich umgekehrt allein aus der Vertretbarkeit der Handlung ihre Nachfolgefähigkeit. Die Vertretbarkeit der Handlung wird mithin als wichtiges Indiz, nicht aber als hinreichende Bedingung angesehen.[27] Diese Auffassung fordert stattdessen, für jeden Einzelfall danach zu unterscheiden, ob die jeweilige Pflicht nach Charakter sowie nach Sinn und Zweck nur von dem ursprünglich Verpflichteten oder auch von einer anderen Person erfüllt werden kann. Insoweit wird auch von dem Kriterium der Abtrennbarkeit[28] oder Ablösbarkeit[29] gesprochen.[30]

---

[17] *Ehlers/Pünder/Remmert,* § 18 Rn. 18; *Papier,* DVBl. 1996, 125, 128; *Peine,* DVBl. 1980, 941, 944; *Schall/Horn,* ZIP 2003, 327, 332; *Stadie,* DVBl. 1990, 501, 503.
[18] *Erbguth/Mann/Schubert,* Rn. 520.
[19] Vgl. hierzu die Nachweise in *Ossenbühl,* S. 15 Fn. 1.
[20] Z. B. VGH Bayern 111 II 65, BayVBl. 1968, 328, 329; *Hurst,* DVBl. 1963, 804.
[21] *Hurst,* DVBl. 1963, 804.
[22] *Schenke,* GewArch 1976, 1, 7.
[23] *Nolte/Niestedt,* JuS 2000, 1071, 1072; *Papier,* DVBl. 1996, 125, 128 m. w. N.
[24] *Peine,* DVBl. 1980, 941, 943 m. w. N.
[25] *Schenke,* GewArch 1976, 1, 8 m. w. N.
[26] Für die Androhung eines Zwangsgeldes: BVerwG 7 C 6/11, NVwZ 2012, 888, 889.
[27] *Nolte/Niestedt,* JuS 2000, 1071, 1073; *Ossenbühl,* S. 60 ff., insb. S. 67; *Papier,* DVBl. 1996, 125, 127 f.; *Stadie,* DVBl. 1990, 501, 504.
[28] *Peine,* DVBl. 1980, 941, 945.
[29] *Knöpfle,* FS Maunz, 1971, S. 229. Ebenso *v. Mutius,* VerwArch 1980 (71), 93, 99.
[30] Ähnlich *Zacharias,* JA 2001, 720, 724.

Die Rechtsprechung stellt hingegen grundsätzlich auch auf die Vertretbarkeit ab. Dies ist 21 insbesondere relevant für Pflichten, die aus einer konkretisierten Zustands- (aa)) oder Verhaltensverantwortlichkeit (bb)) resultieren.

aa) Zustandsverantwortlichkeit. Zustandsverantwortlichkeit meint die Haftung für 22 Gefahren, die von einer Sache ausgehen. Diese trifft den Eigentümer oder den Inhaber der tatsächlichen Gewalt über die Sache.[31]

Pflichten, die sich aus einer **konkretisierten Zustandsverantwortlichkeit** ergeben, 23 sind grundsätzlich übergangsfähig.[32] Das hat zum Beispiel das Oberverwaltungsgericht Saarlouis im Zusammenhang mit einer Beseitigungsverfügung angenommen. Dabei ging es um eine grundstücksbezogene Pflicht, die durch Verwaltungsakt konkretisiert worden war und mit dem Grundstück auf einen anderen Rechtsträger übergehen sollte.[33] Inzwischen wird diese Annahme auch auf nicht grundstücksbezogene Pflichten ausgedehnt. Denn sachbezogene Pflichten sind naturgemäß nicht an eine bestimmte Person gebunden und folglich nicht höchstpersönlich.[34] Daran ändert auch eine Ermessensausübung vor Erlass des betreffenden konkretisierenden Verwaltungsakts nichts.

Der Sinn und Zweck der Zustandshaftung besteht vielmehr gerade darin, denjenigen in 24 Anspruch nehmen zu können, der aufgrund seiner Verfügungsmacht die rechtliche und tatsächliche Möglichkeit hat, auf die Sache einzuwirken.[35] Das ist insbesondere in der umweltrechtlichen Gefahrenabwehr von maßgeblicher Bedeutung.[36] Auch kann für die Durchsetzung eines bestandskräftigen Verwaltungsaktes nichts anderes gelten als für ein rechtskräftiges Urteil, das nach den §§ 325, 727, 750 ZPO lediglich auf den Rechtsnachfolger umgeschrieben werden muss.[37] In diesem Sinne verdeutlichte das Bundesverwaltungsgericht bereits in einer Entscheidung aus dem Jahr 1971, warum ein Übergang der Pflichten notwendig ist:

„Es kann keinem Zweifel unterliegen, daß es nicht nur für die Praxis der Verwaltungsbehörden, sondern auch für die Verwirklichung des Rechtsstaats unbefriedigend sein müßte, wenn rechtmäßige und sogar durch evtl. mehrere Gerichtsinstanzen als rechtmäßig bestätigte Beseitigungsanordnungen nur deswegen nicht sollten durchgesetzt werden dürfen, weil ein möglicherweise nur vorgeschobener – Eigentumswechsel herbeigeführt worden ist."[38]

bb) Verhaltensverantwortlichkeit. Die Verhaltensverantwortlichkeit knüpft an ein 25 bestimmtes Handeln oder Unterlassen des Verpflichteten an.[39] Sie kommt beispielsweise dann zum Tragen, wenn vom Betrieb eines Fahrzeuges schädliche Umwelteinwirkungen ausgehen – es etwa große Mengen Kraftstoff verliert. Wird der Boden dadurch verunreinigt, ist der Fahrzeugführer verhaltensverantwortlich, auch wenn das belastete Grundstück nicht in seinem Eigentum steht und er auch nicht die tatsächliche Gewalt darüber inne hat.

Im Fall der durch eine Anordnung **konkretisierten Verhaltensverantwortlichkeit** 26 kann im Grundsatz nichts Anderes als bei der Zustandsverantwortlichkeit gelten. Zwar knüpft diese an persönliche Verhaltensweisen an. Deshalb sehen Teile der Literatur sie

---

[31] Pieroth/Schlink/Kniesel, § 9 Rn. 33.
[32] BVerwG IV C 62/66, NJW 1971, 1624, 1624 f.; *Erbguth/Mann/Schubert*, Rn. 517; *v. Mutius*, VerwArch 1971 (62), 83, 86; *Schink*, VerwArch 1991 (82), 357, 384; *Stadie*, DVBl. 1990, 501, 504 f. A. A. *Schoch/Schoch*, Kap. 2 Rn. 222. Für den Fall der Einzelrechtsnachfolge: VGH Kassel 14 TG 2673/95, NVwZ 1998, 1315, 1316; VG Düsseldorf 17 L 745/09, BeckRS 2009, 41559.
[33] OVG Saarlouis II R 16/69, BeckRS 2013, 48159; ebenfalls grundstücksbezogen: BVerwG IV C 62/66, NJW 1971, 1624, 1624 f.
[34] *V. Mutius*, VerwArch 1971 (62), 83, 86.
[35] *V. Mutius*, VerwArch 1971 (62), 83, 86.
[36] So auch *Schmidt-Kötters*, WiVerw 2013, 199, 203.
[37] OVG Saarlouis II R 16/69, BeckRS 2013, 48159.
[38] BVerfG IV C 62/66, NJW 1971, 1624, 1625.
[39] *Erbguth/Mann/Schubert*, Rn. 488.

nach wie vor pauschal als höchstpersönlich und damit nicht übergangsfähig an. Schließlich liege eine Handlung als Haftungsgrund in der Person des Rechtsnachfolgers gerade nicht vor.[40] Nach *Papier* kann überhaupt nur derjenige verhaltensverantwortlich sein, der die Gefahr oder Störung unmittelbar verursacht hat. Als Handlungsstörer kämen demzufolge nur Personen in Frage, deren Verhalten bei wertender Betrachtung unter Einbeziehung sämtlicher Umstände des Einzelfalles selbst die Gefahrengrenze überschreitet, die also in zeitlicher und örtlicher Hinsicht der Gefahr und der Gefahrenquelle besonders nahestehen.[41]

27 Diese enge Sichtweise vermag aber nicht zu überzeugen. Vielmehr ist maßgeblich, ob die bereits entstandene Verpflichtung auch durch andere erfüllbar ist.[42] Die unmittelbare Verursachung ist allein für die Begründung der Verhaltenshaftung, nicht aber für deren Übergang erforderlich. Denn die Gesamtrechtsnachfolge ist gerade dadurch gekennzeichnet, dass der Nachfolger nicht beispielsweise nur eine Sache erwirbt, sondern in die volle Pflichtenstellung seines Vorgängers eintritt, ohne dass die Voraussetzungen in seiner Person erfüllt sein müssen – und auch ohne dass er überhaupt von bestimmten Pflichten gewusst haben muss.[43] Zwar können personale Elemente noch bei der Ermessensausübung vor Erlass eines Verwaltungsaktes eine bedeutende Rolle spielen, jedoch ändern sie nichts an dem Inhalt der in diesem festgesetzten Verpflichtung.[44]

28 In diesem Sinne hat sich auch das Bundesverwaltungsgericht in seiner Entscheidung vom 16.3.2006 positioniert. Nach dieser Entscheidung ist eine Nachfolge in Pflichten aus Verhaltensverantwortlichkeit grundsätzlich möglich.[45] Anderslautende vorangegangene Rechtsprechung erklärt es insoweit ausdrücklich für überholt. Was das Merkmal der Höchstpersönlichkeit angeht, sieht das Bundesverwaltungsgericht die Vertretbarkeit der Pflicht als maßgebliches Kriterium an. Wörtlich erklärt es:

> *„Höchstpersönlich ist [...] nur eine Rechtsbeziehung, die sich nicht von der Person des Trägers lösen lässt und sich in diesem Bezug erschöpft. Derartige, auf eine Person fixierte Rechtsverhältnisse kommen im Regelfall nur bei natürlichen Personen in Betracht; bei einer juristischen Person [...] fehlt von der Natur der Sache her diese Personenbezogenheit. Die [...] Verpflichtung ist schon von vornherein nicht höchstpersönlich, wenn die Beseitigung der Störung auch durch Dritte erfolgen kann und damit auch einer Ersatzvornahme zugänglich wäre.*"[46]

29 Für die Umwandlungspraxis kann damit als geklärt angesehen werden, dass eine konkretisierte Verhaltensverantwortlichkeit übergangsfähig ist und deshalb im Wege der Gesamtrechtsnachfolge übertragen werden kann, soweit es sich um eine vertretbare Handlung handelt.

30 Der Ansicht, dass die konkrete Verhaltensverantwortlichkeit bei der Gesamtrechtsnachfolge übergeht, sind auch die Gerichte der Länder gefolgt.[47]

31 **b) Die Nachfolge in abstrakte Pflichten.** Abstrakte Pflichten liegen vor, wenn noch keine konkrete behördliche Verfügung ergangen ist. Vielmehr ist nur ein Sachverhalt gegeben, der die Voraussetzungen einer materiellen Eingriffsermächtigung erfüllt und bei

---

[40] *Erbgut/Mann/Schubert*, Rn. 516; *Ossenbühl*, NJW 1968, 1992, 1995; *Papier*, DVBl. 1996, 125, 128; *Stückemann*, JA 2015, 569, 572; *Schenke*, Rn. 296. Ebenfalls ablehnend, jedoch aus anderen Gründen: Schoch/*Schoch*, Kap. 2 Rn. 223.

[41] *Papier*, DVBl. 1996, 125, 128.

[42] *Ehlers/Pünder/Remmert*, § 17 Rn. 18; *Ihmels*, DVBl. 1972, 481, 484; *v. Mutius*, VerwArch 1971 (62), 84, 87; *Nolte/Niestedt*, JuS 2000, 1071, 1074; *Ossenbühl*, NJW 1968, 1992, 1996; *Schall/Horn*, ZIP 2003, 327, 333.

[43] *Nolte/Niestedt*, JuS 2000, 1071, 1074; *Stadie*, DVBl. 1990, 501, 505.

[44] *Wallerath*, JuS 1971, 461, 463.

[45] BVerwG 7 C 3/05, juris. Bestätigt z. B. durch BVerwG 7 C 6/11, NVwZ 2012, 888.

[46] BVerwG 7 C 3/05, juris Rn. 27. Dem folgend auch die obergerichtliche Rechtsprechung der Länder, z. B. OVG Bautzen 1 S 708/96, LKV 1998, 62, 64.

[47] Statt vieler: OVG Bautzen 1 S 708/96, LKV 1998, 62, 64.

dem eine oder mehrere bestimmte Personen als Störer in Betracht kommen.[48] Auch hier wird bei der Beurteilung der Nachfolgefähigkeit zwischen Zustands- und Verhaltensverantwortlichkeit unterschieden.

Praktisch wichtig werden abstrakte Pflichten oftmals im Fall von Altlasten. Werden beim Betrieb einer Anlage Schadstoffe freigesetzt, die in den Boden sickern, dann wird die Existenz oder zumindest die Schädlichkeit dieser Stoffe nicht selten erst Jahrzehnte später bemerkt. Eine Pflicht zur Beseitigung der Schäden trifft den Betreiber bzw. Grundstückseigentümer in diesen Fällen aber nicht erst dann, wenn die Behörde von ihnen Kenntnis erlangt und eine entsprechende Ordnungsverfügung erlässt. Stattdessen entsteht die Verpflichtung bereits mit dem Eintritt der Gefahr. Bis zum behördlichen Tätigwerden besteht sie lediglich in abstrakter Form. 32

aa) Zustandsverantwortlichkeit. Die **abstrakte Zustandsverantwortlichkeit** geht unstreitig zusammen mit ihrem Haftungsgrund, also dem Eigentum oder der tatsächlichen Sachherrschaft an der Sache, über.[49] Aus rechtsdogmatischer Sicht ist dabei umstritten, ob die Verantwortlichkeit bei dem übernehmenden Rechtsträger originär neu entsteht (also gar kein Fall der Rechtsnachfolge vorliegt),[50] oder ob sie im Zuge der Umwandlung derivativ auf diesen übergeht.[51] In der Praxis kann diese Frage jedoch dahinstehen. Denn es ist unstreitig, dass den neuen Eigentümer oder Sachherrschaftsinhaber alle abstrakten Zustandsverantwortlichkeiten treffen, die mit dem Übergang von Eigentum oder Besitz an einer Sache verbunden sind. 33

Im Umweltrecht hat die Frage der Nachfolgefähigkeit abstrakter Pflichten insbesondere bei der Bewältigung von Altlasten Bedeutung erlangt. Auch wenn der übernehmende Rechtsträger als aktueller Zustandsverantwortlicher bei der Umwandlung keinerlei Kenntnis von den Altlasten hatte, kann er in die Pflicht genommen werden. Seine Gutgläubigkeit berührt nicht die grundsätzliche Verantwortlichkeit, sondern kann sich allein auf die Beurteilung der Verhältnismäßigkeit einer entsprechenden Ordnungsverfügung auswirken. 34

bb) Verhaltensverantwortlichkeit. In der Literatur nach wie vor umstritten ist der **Übergang abstrakter Verhaltensverantwortlichkeit**. Bleibt man beim soeben erörterten Beispiel der Altlasten,[52] dann stellt sich die Frage, ob eine Inanspruchnahme des gegenwärtigen Anlagenbetreibers auch dann möglich ist, wenn zwischen dem ursprünglichen Eintritt der Gefahr (Bsp. betriebsbedingte Bodenveränderung) und dem Tätigwerden der Behörde (Bsp. Ordnungsverfügung) ein oder mehrere Wechsel in der Person des Betreibers liegen. Im Kern geht es dabei um die Frage, ob bei abstrakten Pflichten schon mit Vorliegen der Tatbestandsmerkmale eine Pflichtenstellung entsteht,[53] oder ob diese die Behörde bloß dazu ermächtigen, zum Beispiel durch Erlass eines Verwaltungsaktes in die Rechte des Verhaltensverantwortlichen einzugreifen.[54] Im letztgenannten Fall entstünde eine nachfolgefähige Pflichtenstellung erst mit Erlass des konkretisierenden Verwaltungsaktes. Davor könnte eine Nachfolge demnach nicht stattfinden.[55] 35

---

[48] *Papier*, DVBl. 1996, 125, 126.
[49] M. w. N. *Erbguth/Mann/Schubert*, Rn. 515; *Knöpfle*, FS Maunz, 1971, S. 244 f.; *Schall/Horn*, ZIP 2003, 327, 332.
[50] So *Erbguth/Mann/Schubert*, Rn. 515; *Papier*, DVBl. 1996, 125, 127; *Rau*, JURA 2000, 37, 40; *Schink*, VerwArch 1991 (82), 357, 384; *Schlabach/Simon*, NVwZ 1992, 143, 144.
[51] M. w. N. *Schall/Horn*, ZIP 2003, 327, 332 (siehe dort Fn. 59).
[52] → § 68 Rn. 32.
[53] So im Grundsatz *Schall/Horn*, ZIP 2003, 327, 332.
[54] So *Breuer*, NVwZ 1987, 751, 756; *Erbguth/Mann/Schubert*, Rn. 516; *Papier*, DVBl. 1996, 125, 127; *Schoch/Schoch*, Kap. 2 Rn. 218; *Spieth/Wolfers*, NVwZ 1999, 355, 359.
[55] Näher dazu *Papier*, DVBl. 1996, 125, 127 f.; *Schoch/Schoch*, Kap. 2 Rn. 218; *Spieth/Wolfers*, NVwZ 1999, 355, 359; *Zacharias*, JA 2001, 720, 723.

36 Das Bundesverwaltungsgericht hat in der bereits zitierten Entscheidung vom 16.3.2006 die Nachfolgefähigkeit in abstrakte öffentlich-rechtliche Pflichten im Ergebnis bejaht.[56] Es erklärt, die Nachfolge in öffentlich-rechtliche Pflichten folge „*aus dem allgemeinen Grundsatz des Verwaltungsrechts, dass sachbezogene Verhaltenspflichten den zivilrechtlichen Bestimmungen des Erbrechts und des Umwandlungsrechts folgend rechtsnachfolgefähig sind.*"[57] Abstrakte Pflichten unterschieden sich im Hinblick auf ihre Nachfolgefähigkeit damit nicht von konkretisierten Pflichten. Sie stellten eine „*materielle Polizeipflicht [...] zur Mitwirkung bei der Gefahrbeseitigung und zur Minimierung des Schadens*" dar. Dabei entwickelt das Bundesverwaltungsgericht zur besseren Orientierung ein dreistufiges Modell der Pflichtenunterworfenheit: Auf der ersten Stufe besteht für den Bürger eine von der konkreten Gefahr unabhängige Unterworfenheit unter den abstrakt-generellen Gefahrenabwehrtatbestand, die mit der ebenfalls abstrakt-generellen Eingriffsermächtigung korreliert und nicht übergangsfähig ist. Auf Stufe zwei verdichtet sich die allgemeine Rechtsunterworfenheit bei Gefahreneintritt zu einem bestimmten Verhaltensgebot, nämlich der Verpflichtung zur Vermeidung eines Schadenseintritts. Diese Pflichtenstellung stellt danach bereits eine konkrete Pflichtigkeit dar, die durch Erlass eines Verwaltungsaktes auf der dritten Stufe gegebenenfalls nur noch umgesetzt wird. Der Senat spricht in diesem Zusammenhang auch von „*unfertigen Verpflichtungen*", die im Zeitpunkt der Gesamtrechtsnachfolge bereits angelegt und hinreichend bestimmt seien.[58]

37 Somit ist eine abstrakte polizeirechtliche Verhaltensverantwortlichkeit ebenso wie konkretisierte Pflichten zu behandeln.[59] Zwar mag es dadurch in Einzelfällen zu besonderen Härten kommen, insbesondere wenn der Rechtsnachfolger mit einer Pflicht nicht rechnen musste. Diesen Härten kann aber im Rahmen einer Verhältnismäßigkeitsprüfung bei dem Umfang der Inanspruchnahme Rechnung getragen werden. Im Übrigen sorgt es insgesamt für mehr Rechtssicherheit.[60]

38 Maßgeblich ist, dass die materielle Pflichtigkeit von Beginn an besteht und durch die Verfügung nur wiederholt wird.[61] Mit anderen Worten: Die Verfügung begründet die Verpflichtung nicht, sondern weist den Betroffenen nur auf deren Bestehen hin.[62] Auch ist diese Pflicht konkret genug. Ein entsprechender Verwaltungsakt begründet nicht die Pflicht, sondern bestimmt lediglich, wie diese erfüllt werden soll. Dabei wird auch das Opportunitätsprinzip nicht unterlaufen, da ein Ermessensspielraum der Behörden Rechtspflichten voraussetzt, nicht aber schafft oder verhindert.[63]

39 **c) Materiell-rechtlicher Schutz des Gesamtrechtsnachfolgers.** Nach den bisherigen Ergebnissen kann eine Behörde dann, wenn der übertragende Rechtsvorgänger öffentlich-rechtliche Verpflichtungen im Vorfeld der Umwandlung nicht erfüllt hat, den Gesamtrechtsnachfolger auf zwei verschiedenen Wegen zur Verantwortung ziehen: Entweder sie nimmt ihn aus einem bereits gegenüber dem Rechtsvorgänger erlassenen Verwaltungsakt in Anspruch bzw. vollstreckt diesen mit Mitteln der Verwaltungsvollstreckung oder sie erlässt erstmals eine Ordnungsverfügung gegen ihn.

---

[56] BVerwG 7 C 3/05, juris. Im Ergebnis ebenso verschiedene Oberverwaltungsgerichte im Hinblick auf landesrechtliche Normen: OLG Karlsruhe 8 U 83/12, BeckRS 2015, 02290 Rn. 36 ff.; OVG Schleswig-Holstein 2 L 29/99, DVBl. 2000, 1877, 1878 f.; OVG Lüneburg 7 M 3628/96, NJW 1998, 97, 98; OVG Münster 20 A 2640/94, NVwZ 1997, 507, 508 ff.; VGH Bayern 8 CS 87.02857, ZfW 1989, 147, 150 f.; OVG Münster 12 A 2194/82, UPR 1984, 279, 280; VG Köln 14 K 6068/92, NVwZ 1994, 927, 929. Offen gelassen durch OVG Bautzen 1 S 708/96, LKV 1998, 62, 64.
[57] BVerwG 7 C 3/05, juris Rn. 19.
[58] BVerwG 7 C 3/05, juris Rn. 19 – 22.
[59] Ebenso vgl. Anm b. 134 v. *Mutius*, VerwArch 1971 (62), 83, 85; *Nolte/Niestedt*, JuS 2000, 1071, 1074 f.; *Palme*, NVwZ 2006, 1130, 1131; *Peine*, DVBl. 1980, 941, 948; *Schink*, VerwArch 1991 (82), 357, 386 f.; *Schlabach/Simon*, NVwZ 1992, 143, 145; *Stadie*, DVBl. 1990, 501, 505.
[60] *Nolte/Niestedt*, JuS 2000, 1071, 1075.
[61] → § 68 Rn. 31; *Schall/Horn*, ZIP 2003, 327, 333.
[62] *Stadie*, DVBl. 1990, 501, 505.
[63] *Peine*, DVBl. 1980, 941, 948.

Angesichts dieses hoheitlichen Eingriffs stellt sich für den Gesamtrechtsnachfolger die **40** Frage, welchen materiell-rechtlichen Schutz er gegenüber der Behörde genießt. Die Bedeutung dieser Frage illustriert das Beispiel der Altlasten. Bejaht man die Nachfolgefähigkeit abstrakter Pflichten, dann kann auch Jahre nach der Verursachung einer Umweltbeeinträchtigung und nachdem ggf. bereits eine Vielzahl von Umwandlungen stattgefunden hat, im Rahmen derer die Verantwortlichkeit des jeweiligen Rechtsvorgängers in Vergessenheit geraten ist, eine Art Ewigkeitshaftung für den gegenwärtigen Rechtsnachfolger als letztes Glied in der Kette begründet werden.

Da spezialgesetzliche Haftungsrestriktionen regelmäßig fehlen, kommt es auf allgemeine **41** öffentlich-rechtliche Einwendungen an. Dabei ist unerheblich, ob diese in der Person des Rechtsnachfolgers selbst oder in der Person seines Vorgängers entstanden sind. Die Einwendungen zeichnen sich nämlich durch ihren akzessorischen Charakter aus; sie gehen im Zuge der Umwandlung zusammen mit der Verantwortlichkeit auf den Gesamtrechtsnachfolger über.[64]

aa) Grundsatz der Verhältnismäßigkeit. Die Inanspruchnahme des Gesamtrechts- **42** nachfolgers setzt grundsätzlich voraus, dass der behördliche Eingriff verhältnismäßig ist, insbesondere das behördliche Ermessen richtig ausgeübt wurde.[65]

Für die Fälle, in denen **mehrere Störer** vorhanden sind, hat die Rechtsprechung **43** Kriterien herausgearbeitet, die zur Verhältnismäßigkeit des Eingriffs beitragen sollen. So sind unter anderem die Effektivität der Gefahrenabwehr, die Nähe zur Gefahr, das Maß der Verursachung und die finanzielle Leistungsfähigkeit in das Auswahlermessen einzubeziehen.[66] In diesem Zusammenhang ist insbesondere zu beachten, dass zwischen dem schädigenden Ereignis und dem Gesamtrechtsnachfolger oftmals keine Nähebeziehung mehr besteht, die seine Heranziehung rechtfertigt.[67]

Als Korrektiv zur **Verhinderung einer Ewigkeitshaftung** kommt ferner die Eigen- **44** tumsgarantie aus Art. 14 Abs. 1 GG in Betracht. Insofern ist zu erwägen, die Haftung in Anlehnung an die bundesverfassungsgerichtliche Entscheidung zur Zustandsverantwortlichkeit[68] auf das übergegangene Vermögen zu begrenzen, da der Rechtsnachfolger ebenso wenig wie der Zustandsverantwortliche selbst die Gefahr verursacht hat.[69]

bb) Verjährung. Auch eine analoge Anwendung der Verjährungsregeln der §§ 195 ff. **45** BGB kann zu einer Haftungsbegrenzung beitragen.[70]

Zwar wenden verschiedene Autoren ein, dass es im öffentlichen Recht oftmals nicht bzw. **46** nur mittelbar um Vermögensinteressen gehe. Stattdessen werde der Verantwortliche bzw. sein Gesamtrechtsnachfolger zur primären Gefahrenabwehr herangezogen.[71] Wenn diese Pflichtigkeit verjährte, dann müsse der Verantwortliche nur warten und könne durch seine Untätigkeit einen rechtswidrigen Zustand legalisieren.[72] Zudem ginge dies zulasten des Zustandsstörers, der unabhängig vom Zeitpunkt der Verursachung handlungspflichtig bleibt.[73]

Für die Anwendung der Verjährungsvorschriften spricht aber, dass auch im öffentlichen **47** Recht und besonders für einen Rechtsnachfolger, der ansonsten theoretisch jederzeit mit einer behördlichen Inanspruchnahme rechnen muss, ein Bedürfnis nach Rechtssicherheit

---

[64] *v. Mutius/Nolte*, DÖV 2000, 1, 5.
[65] Ehlers/Pünder/*Ruffert*, § 22 Rn. 36.
[66] Näher dazu: *Erbguth/Stollmann*, DVBl. 2001, 601, 608.
[67] OVG Münster 20 A 2640/94, NVwZ 1997, 507, 511 f.
[68] BVerfG 1 BvR 242/91 und 315/99, juris.
[69] VG Köln 14 K 6068/92, NVwZ 1994, 927, 930; vgl. auch → § 68 Rn. 160.
[70] So *Kothe*, VerwArch 1997 (88), 456, 486; *Kügel*, NJW 2000, 107, 112; *Ossenbühl*, NVwZ 1995, 547 ff.
[71] *Erbguth/Stollmann*, DVBl. 2001, 601, 607; *v. Mutius/Nolte*, DÖV 2000, 1, 5; Stelkens/Bonk/Sachs/*Sachs*, § 53 Rn. 12; *Striewe*, ZfW 1986, 273, 290.
[72] *Striewe*, ZfW 1986, 273, 289.
[73] *Erbguth/Stollmann*, DVBl. 201, 601, 607.

und Erhaltung des Rechtsfriedens besteht.[74] Etwas Anderes dürfte allerdings im Bodenschutzrecht gelten, weil dieses in § 4 Abs. 3 BBodSchG gerade eine Fortwirkung der Haftung anordnet.

48 Für vermögensrechtliche Ansprüche wird die Möglichkeit der Verjährung dementsprechend inzwischen einheitlich bejaht.[75] Insoweit ist zu berücksichtigen, dass jede Polizeipflicht die Möglichkeit in sich trägt, sich zu einem Kostenersatzanspruch zu entwickeln. Dieser Aspekt ist auch in den Fällen der Sanierung von Altlasten bedeutsam, wenn es „nur" noch um die Kostentragung geht.[76]

49 Das VG Köln schlägt eine analoge Anwendung der Verjährungsvorschriften auch für die Gesamtrechtsnachfolge in *abstrakte* Pflichten vor.[77] So knüpfe der Übergang von Verbindlichkeiten und Pflichten in diesem Fall gerade an den Umstand an, dass auch die Vermögenspositionen vollständig übergingen. Damit liege eine vermögensrechtliche Komponente vor. Hinzu komme, dass auch die Rechtsgrundlagen, die den Übergang der Polizeipflicht ermöglichen, dem Zivilrecht entnommen würden, was für eine Geltung auch der zivilrechtlichen absoluten Haftungsgrenze von 30 Jahren (heute § 199 BGB) spreche.[78]

50 **cc) Behördliche Duldung und Verwirkung.** Insbesondere Schädigungen des Bodens oder von Gewässern werden häufig erst Jahre nach ihrem Entstehen festgestellt. Weiß die zuständige Behörde jedoch von einer konkreten, nicht genehmigungsfähigen Gefahr oder hätte sie davon wissen können und duldet sie diese über einen längeren Zeitraum hinweg, dann kommt die Einwendung der behördlichen Duldung in Betracht. Diese hat zwar keine Legalisierungswirkung, kann jedoch rechtfertigende Wirkung entfalten.[79]

51 Ein langjähriger Verzicht auf ein behördliches Tätigwerden stellt insbesondere die Verhältnismäßigkeit einer Inanspruchnahme in Abrede. So darf eine behördliche Maßnahme nicht über das zur Gefahrenabwehr unbedingt Erforderliche hinausgehen.[80]

52 Ab wann der Adressat der behördlichen Maßnahme die Einwendung geltend machen kann, ist unklar. Das Bundesverwaltungsgericht hat in einer älteren Entscheidung jedenfalls 20 Jahre der unterlassenen Beanstandung genügen lassen.[81]

53 Allerdings kommt auch schon vorher eine Verwirkung der Eingriffsbefugnisse in Betracht. Diese ist Ausfluss des Rechtsgedankens von Treu und Glauben (venire contra factum proprium) und im öffentlichen Recht seit Langem anerkannt.[82] Sie setzt voraus, dass seit der Möglichkeit, ein verzichtbares Recht geltend zu machen, längere Zeit verstrichen ist. Ein konkreter Zeitraum lässt sich hier allerdings nicht benennen. Auf das für die behördliche Duldung als maßgeblich angesehene Zeitmoment von 20 Jahren kann nicht entsprechend abgestellt werden, da im Unterschied zur behördlichen Duldung ein Wissen oder ein Wissenkönnen der Behörde nicht verlangt wird.[83] Neben dem Zeitmoment ist auch ein Umstandsmoment erforderlich. Danach muss die Behörde durch ihr Verhalten den Eindruck erwecken, sie wolle ihr Recht nicht mehr geltend machen und der Verpflichtete muss sich seinerseits hierauf einrichten, sodass ihm die verspätete Inanspruchnahme nicht mehr zugemutet werden kann.[84] Bei dem Gesamtrechtsnachfolger wird insbesondere das Merkmal der Zumutbarkeit genau zu prüfen sein.

---

[74] Ebenso *Striewe*, ZfW 1986, 273, 289.
[75] Bereits BVerwG VI C 98.65, BVerwGE 28, 336, 338 = VerwRspr 1968, 688, 689.
[76] VG Köln 14 K 6068/92, NVwZ 1994, 927, 930. So auch: *Kothe*, VerwArch 1997 (88), 456, 484; *Ossenbühl*, NJW 1968, 1992, 1996.
[77] VG Köln 14 K 6068/92, NVwZ 1994, 927, 930.
[78] VG Köln 14 K 6068/92, NVwZ 1994, 927, 930.
[79] *Striewe*, ZfW 1986, 273, 289.
[80] *Striewe*, ZfW 1986, 273, 289.
[81] BVerwG 4 C 71.75, DVBl. 1979, 67, 70.
[82] Vgl. bereits BVerwG III C 115.71, juris.
[83] *Striewe*, ZfW 1986, 273, 290 f.
[84] *V. Mutius/Nolte*, DÖV 2000, 1, 5; Stelkens/Bonk/Sachs/*Sachs*, § 53 Rn. 23 ff.

2. Nachfolge in Rechte, namentlich Genehmigungen

a) Allgemeines. Die Nachfolge in Rechte, insbesondere in Genehmigungen, verläuft 54 im Wesentlichen wie die Nachfolge in Pflichten. Der hauptsächliche Unterschied besteht darin, dass der Übergang von Rechten in der Regel keinen Eingriff in die Rechte des Rechtsnachfolgers darstellt, und daher aus grundrechtlicher Perspektive geringere Hürden bestehen.

Eine Rechtsnachfolge findet jedenfalls dann statt, wenn sie ausdrücklich geregelt ist. Dies 55 ist zum Beispiel in § 4 Abs. 3 EnWG der Fall.

Umgekehrt kann es nicht zu einer Rechtsnachfolge kommen, wenn die betreffende 56 Genehmigung an eine bestimmte Rechtsform des Genehmigungsempfängers anknüpft und wenn der übernehmende Rechtsträger diese Rechtsform nicht aufweist.[85] Beispiele dafür sind Genehmigungen nach § 8 Abs. 2 VAG und § 32 (in Verbindung mit § 2b) KWG. Im Umweltrecht sind Genehmigungen hingegen in der Regel nicht an eine bestimmte Rechtsform gebunden.

Ebenso scheidet eine automatische Rechtsnachfolge aus, wenn die Genehmigung in 57 ihren Nebenbestimmungen vorsieht, dass ein Übergang nur nach Anzeige bei der oder Zustimmung durch die zuständige Behörde erfolgen kann.

Außerhalb dieser Fälle gehen öffentliche Rechtspositionen grundsätzlich über, wenn sie 58 nicht höchstpersönlich sind.[86]

Unstreitig, nicht höchstpersönlich und damit übergangsfähig sind sogenannte **Sachge-** 59 **nehmigungen** (Sachkonzessionen).[87] Darunter sind solche Genehmigungen zu verstehen, deren Erteilung bloß an bestimmte Eigenschaften des Betriebes oder der Anlage, für die sie erteilt werden, anknüpft.[88] Exemplarisch kann hier die Genehmigung nach § 4 BImSchG genannt werden, die rein anlagenbezogen ist.[89]

Umstritten ist indes die Übergangsfähigkeit personenbezogener oder **Personalgeneh-** 60 **migungen** (Personalkonzessionen). Dabei handelt es sich um Genehmigungen, deren Erteilung von bestimmten Eigenschaften des Genehmigungsinhabers oder der bei diesen beschäftigten Personen abhängt.[90] Beispielsweise knüpft im Umweltrecht § 54 Abs. 1 S. 2 KrWG an „*die Zuverlässigkeit des Inhabers oder der für die Leitung und Beaufsichtigung des Betriebes verantwortlichen Personen*" sowie an deren „*notwendige Fach- und Sachkunde*" an.

Ebenso unklar ist die Nachfolgefähigkeit **gemischter Genehmigungen**, die Sach- und 61 Personalelemente aufweisen.[91] Als Beispiel kommt die atomrechtliche Genehmigung kerntechnischer Anlagen nach § 7 Abs. 1 und 2 AtG in Betracht, die sowohl an die Zuverlässigkeit des Betreibers als auch an anlagenbezogene Eigenschaften anknüpft. Gleichermaßen stellen der Planfeststellungsbeschluss oder die Plangenehmigung für Deponien nach § 36 Abs. 1 KrWG und Betriebsplanzulassungen nach § 55 BBergG gemischte Genehmigungen dar.[92]

b) Zur Höchstpersönlichkeit von Personal- und gemischten Genehmigungen. 62 Sofern Personal- und gemischte Genehmigungen als höchstpersönlich anzusehen sind, wäre ihre Übertragung bzw. Nachfolgefähigkeit – wie soeben bereits kurz angerissen – im Wege der Umwandlung grundsätzlich ausgeschlossen.

aa) Generelle Höchstpersönlichkeit und damit Übertragungshindernis? Nach 63 einer Ansicht sollen Personal- und gemischte Genehmigungen generell als höchstpersönlich

---

[85] Widmann/Mayer/*Vossius*, § 20 Rn. 249.
[86] *Gaiser*, DB 2000, 361, 363; Kallmeyer/*Marsch-Barner*, § 20 Rn. 26; Schmitt/Hörtnagl/Stratz/ Stratz § 20 Rn. 88.
[87] *Schmidt-Kötters*, WiVerw 2013, 199, 200; Semler/Stengel/*Kübler*, § 20 Rn. 69.
[88] *Zeppezauer*, DVBl. 2007, 599, 600.
[89] *Schmidt-Kötters*, WiVerw 2013, 199, 201.
[90] Widmann/Mayer/*Vossius*, § 20 Rn. 251.
[91] *Schmidt-Kötters*, WiVerw 2013, 199, 201.
[92] *Schmidt-Kötters*, WiVerw 2013, 199, 202.

und damit pauschal als nicht übergangsfähig anzusehen sein.[93] Folgte man dieser Auffassung, müssten umweltrechtliche Genehmigungen im Rahmen von Umwandlungen häufig neu beantragt werden oder es wäre eine Änderungsgenehmigung erforderlich. Dies würde Umwandlungsvorgänge erheblich erschweren und wäre (auch aus Sicht der Behörden) weder geboten noch effizient.

64 **bb) Differenzierte Betrachtungsweise geboten.** Vor diesem Hintergrund hat der VGH Kassel für eine atomrechtliche Genehmigung entschieden, dass eine ergänzende Genehmigung nur im Hinblick auf die personenbezogenen Voraussetzungen erforderlich ist.[94] Das BVerwG hat – weitergehend – die Frage aufgeworfen, ob selbst im Hinblick auf die personenbezogenen Voraussetzungen eine Genehmigung entbehrlich sein könnte, wenn sich die diese Voraussetzungen betreffenden Umstände nicht ändern.[95]

65 Zwar hat das BVerwG diese Frage im Ergebnis mangels Entscheidungserheblichkeit offen gelassen. Sie ist aber klar zu bejahen.

66 Danach kommt für den **sachbezogenen Teil**, der zweifellos nicht höchstpersönlich ist, ohne weiteres ein Übergang in Betracht. Es wäre mit den Grundsätzen von Vertrauens- und Bestandsschutz sowie mit der Verhältnismäßigkeit nicht vereinbar, der Behörde insofern eine erneute Prüfung und ggf. Verschärfung der Genehmigungsvoraussetzungen zu ermöglichen.[96]

67 Auch im Hinblick auf den **personenbezogenen Teil** ist nicht immer eine Neugenehmigung erforderlich.[97] Zunächst ist festzuhalten, dass nicht jede personenbezogene Genehmigungsvoraussetzung als höchstpersönlich anzusehen ist. Vielmehr beziehen sich zahlreiche Voraussetzungen auf Zuverlässigkeit sowie Fach- und Sachkunde des Betriebspersonals. Diese Eigenschaften sind nicht zwingend mit einer bestimmten Person verknüpft oder nur von einer bestimmten Person erfüllbar.[98] Das zeigt sich schon daran, dass die Genehmigung selbst in der Regel an eine juristische Person gerichtet ist.[99] Speziell Anforderungen, die personenbezogene Genehmigungen an die Organe einer juristischen Person stellen, müssen von den Mitgliedern des Organs erfüllt werden. Ein Wechsel der Organmitglieder ist aber oft nur einer Anzeigepflicht unterworfen und stellt nicht die gesamte Genehmigung in Frage.[100] In jedem Fall zeigen diese Ausführungen, dass trotz der personenbezogenen Voraussetzungen ein Genehmigungsübergang in Betracht kommt.

68 Ob dieser Übergang wiederum von einer teilweisen Neugenehmigung im Hinblick auf die personenbezogenen Elemente abhängt, ist im Einzelfall zu entscheiden. So erscheint eine Neugenehmigung entbehrlich, wenn – wie häufig im Falle von Umwandlungen – eine Kontinuität der Geschäftsbereiche, Organisations- und Unternehmenseinheiten gewährleistet ist. Das gilt jedenfalls bei Verschmelzungen und Formwechseln, aber häufig auch bei Spaltungen, die einen kompletten Betriebsbereich und damit auch das diesem zuzuordnende, verantwortliche Personal betreffen.

69 Zudem ist selbst ohne Genehmigung eine staatliche Kontrolle gewährleistet. Nachdem eine Genehmigung erteilt wurde, kann die Behörde im Wege der Ausübungskontrolle noch immer deren Einhaltung prüfen und ggf. Anordnungen erlassen. Dafür reicht jedenfalls eine

---

[93] BVerwG 7 C 6/11, NVwZ 2012, 888, 889; BFH VII R 22/11, BeckRS 2012, 94027 Rn. 7; OVG Münster 13 A 2661/11, BeckRS 2013, 48390; *Gaiser*, DB 2009, 361, 364; Henssler/Strohn/*Heidinger*, § 20 Rn. 36; Kallmeyer/*Marsch-Barner*, § 20 Rn. 26; Widmann/Mayer/*Vossius*, § 20 Rn. 251.
[94] VGH Hessen 8 A 2902/88, juris Rn. 133 ff.
[95] Im Ergebnis offen gelassen BVerwG 7 B 111.89, DVBl. 1990, 1167, 1169.
[96] So auch *Knöpfle*, FS Maunz, 1971, S. 225, 238; *Kreppel*, S. 137.
[97] In diese Richtung auch *Bremer*, GmbHR 2000, 865; Lutter/*Grunewald*, § 20 Rn. 13; *Schmidt-Kötters*, WiVerw 2013, 199, 227.
[98] *Schmidt-Kötters*, WiVerw 2013, 199, 227.
[99] Dazu, dass dies gegen Höchstpersönlichkeit spricht, s. BVerwG 7 C 3/05, juris Rn. 27.
[100] *Heckschen*, ZIP 2014, 1605, 1612 f.; *Zeppezauer*, DVBl. 2007, 599, 603.

Information der Behörde über den Umwandlungsvorgang aus – etwa im Wege einer Anzeige.[101]

Auch Personalgenehmigungen und gemischte Genehmigungen sind damit nach hier vertretener Ansicht grundsätzlich übergangsfähig, wobei das Erfordernis eines neuen Genehmigungsverfahrens im Einzelfall zu beurteilen ist. Bei Zweifelsfragen sollte jedoch aus Gründen der Rechtssicherheit und zur Vermeidung von Umwandlungshindernissen eine frühzeitige Abstimmung mit der Behörde erfolgen und ggf. auch eine Neugenehmigung beantragt werden.

cc) Sonderfälle. Besonderheiten gelten bei abweichenden spezialgesetzlichen Regelungen. Exemplarisch können hier § 14 VAG und § 34 KWG genannt werden. Weiter können Nebenbestimmungen des genehmigenden Verwaltungsaktes die Übergangsfähigkeit einer konkreten Genehmigung ausschließen. Auf solche Klauseln sind bestehende Genehmigungen vor Durchführung einer Umwandlung zwingend zu überprüfen.

Auch kann die Einholung einer Genehmigung dann erforderlich werden, wenn sich der Betrieb durch den Umwandlungsvorgang derart ändert, dass eine **Änderungsgenehmigung** erforderlich wird,[102] oder dass zum Beispiel durch die Zusammenlegung von Betrieben **erstmals** eine **Genehmigungsbedürftigkeit** entsteht.[103]

dd) Zwischenergebnis. Aufgrund der nicht abschließend geklärten Rechtslage und der erheblichen Folgen bei Fehlen der notwendigen Genehmigung ist es ratsam, schon im Vorfeld der Umwandlung das Fortbestehen einer Genehmigung so weit wie möglich – auch unter frühzeitiger Einbindung der Behörden – rechtlich abzusichern.[104]

3. Nachfolge in Rechte und Pflichten aus öffentlich-rechtlichen Verträgen

Öffentlich-rechtliche Rechte und Pflichten können sich nicht nur aus Verwaltungsakten, sondern auch aus öffentlich-rechtlichen Verträgen ergeben. Zwar findet sich im öffentlichen Recht keine ausdrückliche Regelung zu dem Schicksal solcher Rechte und Pflichten bei einer Umwandlung. Nach allgemeinen Grundsätzen ist aber von einer Nachfolgefähigkeit auszugehen. Dafür spricht bereits § 20 Abs. 1 Nr. 1 UmwG, wonach „das gesamte Vermögen des übertragenden Rechtsträgers auf den Gesamtrechtsnachfolger übergeht". Eine Differenzierung nach zivil- und öffentlich-rechtlichen Vermögenspositionen nimmt § 20 UmwG nicht vor.

In diesem Sinne ist auch für Rechte und Pflichten aus vertraglichen Schuldverhältnissen des Zivilrechts grundsätzlich anerkannt, dass der Gesamtrechtsnachfolger in diese eintritt.[105] Schließlich kommt es der anderen Partei regelmäßig nicht auf die Person des Vertragspartners an, sondern darauf, ob jener zur Erfüllung der vertraglichen Pflichten imstande und bereit ist.[106] Eine Mitwirkung oder ein Einverständnis der anderen Partei in den mit der Umwandlung verbundenen Wechsel des Vertragspartners ist daher nicht erforderlich.[107] Auch bedarf es keiner Änderung des Vertragsinhalts.[108]

Diese Grundsätze sind auf den öffentlich-rechtlichen Vertrag übertragbar. Denn es ist nicht ersichtlich, warum der Staat anders gestellt sein sollte als jede privatrechtliche Vertragspartei, der aufgrund von unternehmensinternen Umstrukturierungen ein neuer Ver-

---

[101] So auch *Keller*, GWR 2012, 74; *Rubel/Sandhaus*, Der Konzern 2009, 327, 335.
[102] Zum Beispiel nach §§ 25 f. BBergG bei der Vereinigung von Bergwerksfeldern oder nach § 16 BImSchG für die wesentliche Änderung genehmigungsbedürftiger Anlagen.
[103] Zum Beispiel nach § 4 BImSchG, wenn erstmals die Schwelle zur Genehmigungsbedürftigkeit überschritten wird.
[104] So auch *Schmidt-Kötters*, WiVerw 2013, 199, 227 f.
[105] Schmitt/Hörtnagl/Stratz/*Stratz*, § 20 Rn. 35, 37.
[106] Schmitt/Hörtnagl/Stratz/*Stratz*, § 20 Rn. 37.
[107] Henssler/Strohn/*Heidinger*, § 20 Rn. 11.
[108] Schmitt/Hörtnagl/Stratz/*Stratz*, § 20 Rn. 37.

tragspartner vorgesetzt wird. Vielmehr besteht für ihn im Ausnahmefall die Möglichkeit der Vertragsanpassung oder der außerordentlichen Kündigung nach § 60 VwVfG.[109]

III. Besonderheiten einzelner Umwandlungsvorgänge

1. Spaltung

77 Aufgrund der weitgehend parallelen gesetzlichen Regelung verläuft der Übergang der Pflichten (a)) und Rechte (b)) bei einer Spaltung im Wesentlichen ähnlich wie bei der Verschmelzung. Auch hier ist die Übertragung höchstpersönlicher Pflichten ausgeschlossen.[110] Allerdings gilt es wegen der Ausgestaltung der Spaltung als „partielle" Gesamtrechtsnachfolge einige Besonderheiten zu beachten.

78 So ist es für eine getrennte Übertragung von Vermögensmassen auf zwei oder mehrere übernehmende Rechtsträger zunächst notwendig, dass die betroffenen Vermögensgegenstände trennbar sind und nicht – wie etwa eine Anlage und deren Genehmigung – strukturell zusammengehören. Die fehlende Trennbarkeit folgt in diesen Fällen nicht aus spaltungsrechtlichen Beschränkungen, sondern aus dem Recht des einzelnen Vermögensgegenstandes selbst.[111] Dementsprechend können Genehmigungen nicht ohne den Betrieb, auf den sie sich beziehen, übertragen werden; ferner scheidet in der Regel auch eine Trennung von Betrieb und Genehmigung aus. Desgleichen lassen sich Verpflichtungen nicht von dem übertragenen Gegenstand lösen, an den sie geknüpft sind.[112]

79 Schließlich kann auch das allgemeine Missbrauchsverbot einem Transfer von Rechten und Pflichten im Wege der Spaltung entgegenstehen (c)).

80 **a) Nachfolge in Pflichten. aa) Konkretisierte und abstrakte Zustandsverantwortlichkeit.** Die Nachfolge in die **konkretisierte Zustandsverantwortlichkeit** im Rahmen der Spaltung weist zunächst keine grundlegenden Besonderheiten auf. So gehen die sich daraus ergebenden öffentlich-rechtlichen Verpflichtungen über. Auch Verpflichtungen aus der **abstrakten Zustandshaftung** sind grundsätzlich übertragbar bzw. entstehen originär in der Person des Rechtsnachfolgers.[113]

81 Jedoch ist in beiden Fällen der Grundsatz zu beachten, dass eine Zustandsverantwortlichkeit für einen Gegenstand nicht isoliert von diesem Gegenstand übergehen kann.[114] Beispielsweise kann eine Sanierungspflicht nicht ohne das zu sanierende Grundstück im Wege der Spaltung übertragen werden. Im Rahmen der Verschmelzung stellt sich diese Frage nicht, da bei dieser das gesamte Vermögen – also jeder Gegenstand und jede sich daraus ergebende Pflicht – ohnehin auf nur einen einzigen neuen Rechtsträger übergehen.

82 **bb) Konkretisierte Verhaltensverantwortlichkeit.** Öffentlich-rechtliche Pflichten, die sich aus bereits konkretisierter Verhaltensverantwortlichkeit ergeben, gelten grundsätzlich ebenfalls als nachfolgefähig, soweit ihr Inhalt nicht entgegensteht.[115] Ein Übertragungshindernis läge zum Beispiel dann vor, wenn nur eine bestimmte Person die Gefahr beseitigen kann. Berücksichtigt man jedoch, dass an Umwandlungen immer Gesellschaften bzw. Personenmehrheiten beteiligt sind, ist eine solche Konzentration auf nur eine Person kaum denkbar.

83 In der Regel wird es ohnehin nicht um die primäre Gefahrenabwehr, sondern um die Erstattung der dafür erforderlichen Kosten gehen – eine solche Zahlung kann grundsätzlich jedermann vornehmen.[116] Dementsprechend sind öffentlich-rechtliche Verpflichtungen

---

[109] Henssler/Strohn/*Heidinger*, § 20 Rn. 12. Vgl. auch OLG Karlsruhe 9 U 143/00, NJW-RR 2001, 1492, 1493.
[110] BT-Drs. 16/2919, S. 19; *Schall/Horn*, ZIP 2003, 327, 331.
[111] Lutter/*Teichmann*, § 131 Rn. 7 f.; Semler/Stengel/*Schröer*, § 131 Rn. 14.
[112] Ebenso Lutter/*Teichmann*, § 131 Rn. 8.
[113] Lutter/*Teichmann*, § 131 Rn. 80; Semler/Stengel/*Schröer*, § 131 Rn. 43.
[114] Schmitt/Hörtnagl/Stratz/*Hörtnagl*, § 131 Rn. 70; Semler/Stengel/*Schröer*, § 131 Rn. 43.
[115] Lutter/*Teichmann*, § 131 Rn. 79; Schmitt/Hörtnagl/Stratz/*Hörtnagl*, § 131 Rn. 70.
[116] Vgl. *Schall/Horn*, ZIP 2003, 327, 333.

insbesondere dann übertragungsfähig, wenn – wie in den praktisch meisten Fällen – das Kostenerstattungsinteresse betroffen ist, die Verpflichtung also in der Zahlung von einer bestimmten Geldsumme besteht.[117] Denn der Staat als Gläubiger sieht sich aufgrund der gesetzlich nach § 133 Abs. 1 S. 1 UmwG angeordneten gesamtschuldnerischen Haftung durch die Spaltung kaum zusätzlichen Risiken ausgesetzt. Insbesondere ist das Risiko, etwa eines Vermögensverzehrs durch ökonomische Fehlentscheidungen des übernehmenden Rechtsträgers,[118] für den Staat nicht größer als für jeden privaten Gläubiger.

Nicht auf Geld gerichtete öffentlich-rechtliche Verpflichtungen, etwa Handlungs- und **84** Unterlassungspflichten, binden nach Durchführung der Spaltung alle beteiligten Rechtsträger.[119] Dies ergibt sich aus dem Rechtsgedanken des § 133 Abs. 1 S. 1 UmwG, der die Mithaftung statuiert.

Umstritten ist, ob eine konkretisierte Verhaltensverantwortlichkeit auch dann übertragen **85** werden kann, wenn sie sich auf einen Gegenstand bezieht, der nicht übergehen soll.[120] Ein solcher Sachverhalt kann sich beispielsweise dann ergeben, wenn sich eine Stilllegungsverfügung nur auf den Teil einer Anlage bezieht, der beim ursprünglichen Eigentümer verbleibt. Die Beantwortung dieser Frage hängt von dem konkreten Einzelfall ab. Kann die Verhaltenspflicht auch ohne Zugriff auf den Gegenstand, etwa durch bloße Geldzahlung, erfüllt werden, dann ist kein Grund gegen eine separate Behandlung ersichtlich. Verlangt die Verhaltenspflicht hingegen Zugriff auf den betreffenden Gegenstand, kommt nur ein gemeinsames Schicksal in Betracht.

cc) Abstrakte Verhaltensverantwortlichkeit. In der Vergangenheit war eine Über- **86** tragung abstrakter Verhaltenspflichten, etwa zur Kostentragung für Gefahrerforschungsmaßnahmen bei einem Verdacht auf Altlasten oder schädliche Boden- oder Grundwasserveränderungen, durch § 131 Abs. 1 Nr. 1 S. 2 UmwG a. F. ausgeschlossen. Diese Norm lautet wie folgt:

„Gegenstände, die nicht durch Rechtsgeschäft übertragen werden können, verbleiben bei Abspaltung und Ausgliederung im Eigentum oder in Inhaberschaft des übertragenden Rechtsträgers."

Dementsprechend verneinte das Oberverwaltungsgericht Schleswig-Holstein in einem **87** Fall der Ausgliederung die Nachfolge in eine abstrakte Verhaltensverantwortlichkeit. Es begründete diese Entscheidung mit Verweis auf Art. 2 § 8 I Nr. 1 S. 2 ENeuOG, der im Wesentlich dem § 131 Abs. 1 Nr. 1 S. 2 a. F. entspricht. Dazu führte es aus, dass bestimmte öffentlich-rechtliche Pflichten nicht der Dispositionsbefugnis des Adressaten unterlägen.[121] Das Bundesverwaltungsgericht bestätigte diese Entscheidung im Wesentlichen.[122] Es ließ dabei aber offen, ob im allgemeinen Umwandlungsrecht – also außerhalb der konkret einschlägigen eisenbahnrechtlichen Vorschriften – eine Auslegung geboten sein könnte, die Übertragungshindernisse bei der partiellen Gesamtrechtsnachfolge weitestgehend ausschließt.

Die Frage hat sich jedoch durch eine zwischenzeitliche Gesetzesänderung erledigt. Denn **88** im Jahr 2007 hob der Gesetzgeber die einschränkenden Vorschriften in § 131 Abs. 1 Nr. 1 S. 2 und § 132 UmwG a. F. auf. Seither ist im Grundsatz von einer unbegrenzten Spal-

---

[117] Schmitt/Hörtnagl/Stratz/*Hörtnagl*, § 131 Rn. 70. – Anders im Falle von Steuerverbindlichkeiten. Für diese hat der BFH die Spaltfähigkeit abgelehnt. Allerdings ist insofern auch die Sondervorschrift des § 45 Abs. 1 AO zu beachten, BFH I R 99/00, NJW 2003, 1479, 1480.
[118] Zu derartigen Bedenken *Schall/Horn*, ZIP 2003, 327, 333; *Theuer*, DB 1999, 621, 622.
[119] Krieger/Schneider, § 34 Rn. 83.
[120] Gegen einen solchen Übergang Kallmeyer/*Kallmeyer*/*Sickinger*, § 131 Rn. 17; Lutter/*Teichmann*, § 131 Rn. 79; Semler/Stengel/*Schröer*, § 131 Rn. 43. – Dafür: Schmitt/Hörtnagl/Stratz/*Hörtnagl*, § 131 Rn. 70.
[121] OVG Schleswig-Holstein 2 L 29/99, DVBl. 2000, 1877, 1879. Zustimmend Henssler/Strohn/*Wardenbach*, § 131 Rn. 22.
[122] BVerwG 11 C 11.00, DVBl. 2001, 1287, 1288.

tungsfähigkeit auch abstrakter Verhaltenspflichten auszugehen.[123] Folgerichtig hat etwa das VG Meiningen entschieden, dass eine abstrakte Verhaltenspflicht (hier die bergrechtliche Sanierungsverantwortung i. S. v. § 58 BBergG) im Wege einer Ausgliederung auf den übernehmenden Rechtsträger übergehen kann.[124]

89 **b) Nachfolge in Rechte. Sachgenehmigungen** gehen grundsätzlich auf den Rechtsnachfolger über.[125] Allerdings können Erlaubnisse, die – wie häufig im Umweltrecht – mit einem bestimmten Vermögenswert verbunden sind, nur zusammen mit diesem übertragen werden.[126] So bezieht sich zum Beispiel eine immissionsschutzrechtliche Genehmigung regelmäßig auf einen bestimmten Betrieb und ist getrennt von diesem nicht nachfolgefähig.

90 Erlaubnisse, die **an die Rechtsform des Begünstigten gebunden** sind, erlöschen, wenn sie im Rahmen der Spaltung auf einen Rechtsträger übertragen werden, der die gesetzlich angeordnete Rechtsform nicht aufweist.[127]

91 Nicht abschließend geklärt ist die Spaltungsfähigkeit von **personenbezogenen und gemischten Genehmigungen**. So vertritt eine Ansicht, dass derartige Genehmigungen bei einer Aufspaltung erlöschen, da der übertragende Rechtsträger aufhört zu existieren. Bei Abspaltungen und Ausgliederungen verbleiben sie zwingend beim übertragenden Rechtsträger. Auch bei diesem könnten sie aber erlöschen oder zumindest widerrufen werden, wenn er die entsprechenden Voraussetzungen nicht mehr erfülle.[128]

92 Diese Ansicht ist nicht überzeugend. Sie führt dazu, dass das privatautonome Handeln der beteiligten Unternehmen beschränkt wird, ohne dass dafür eine Rechtsgrundlage besteht. So ist im Hinblick auf die Aufspaltung nicht ersichtlich, warum es auf den übertragenden Rechtsträger ankommen sollte. Vielmehr ist insofern entscheidend, dass Betrieb und dazugehörige Genehmigung auf denselben Rechtsträger übergehen und dieser alle sach- und personenbezogenen Voraussetzungen erfüllt.

93 Bei Abspaltungen und Ausgliederungen hat im Grundsatz dasselbe zu gelten. Danach ist auch von einem Übergang solcher Genehmigungen auszugehen, die zum Beispiel an bestimmte Kenntnisse, eine besondere Qualifikation oder die Zuverlässigkeit eines Genehmigungsinhabers anknüpfen, wenn der übernehmende Rechtsträger die jeweiligen Voraussetzungen erfüllt.[129]

94 Problematisch sind indes Fälle, in denen eben kein einheitlicher Betrieb samt Genehmigung auf einen Rechtsnachfolger übergeht, sondern der Betrieb auf mehrere Rechtsträger aufgeteilt wird. Das ist etwa der Fall, wenn nur Teile einer genehmigungsbedürftigen Anlage abgespalten werden sollen. Aufgrund der Komplexität vieler Genehmigungen, deren Teile oftmals sowohl tatsächlich als auch rechtlich miteinander im Zusammenhang stehen, dürfte es praktisch häufig nicht möglich sein, eine entsprechende Genehmigung

---

[123] Zweites Gesetz zur Änderung des Umwandlungsgesetzes (2. UmwGÄndG) vom 19.4.2007, BGBl. von 2007, Teil I Nr. 15, 542, 546.
[124] VG Meiningen 5 K 204/13 Me, juris Rn. 97.
[125] Kallmeyer/*Müller*, § 131 Rn. 17; Lutter/*Teichmann*, § 131 Rn. 79; Schmitt/Hörtnagel/Stratz/ *Hörtnagel*, § 131 Rn. 69; Semler/Stengel/*Schöer*, § 131 Rn. 43.
[126] Semler/Stengel/*Schröer*, § 131 Rn. 43.
[127] Semler/Stengel/*Schröer*, § 131 Rn. 43.
[128] Kallmeyer/*Kallmeyer/Sickinger*, § 131 Rn. 17; Lutter/*Teichmann*, § 131 Rn. 79; Odenthal, GewArch 2005, 132, 133; Semler/Stengel/Schröer, § 131 Rn. 43.
[129] Vgl. dazu etwa VG Meiningen 5 K 204/13 Me, juris Rn. 97: „Dies ergibt sich daraus, dass es bei Abspaltung oder Ausgliederung des entsprechenden Geschäfts-/Betriebsteils [...] mit dem hier vollzogenen Übergang der öffentlichrechtlichen Genehmigungen, hier insbesondere mit der des Bergwerkeigentums (§ 9 BBergG), auf der Pflichtenseite dazu kommt, dass der übernehmende Rechtsträger auch in die Verhaltenspflichten des übertragenden Rechtsträgers eintritt. [...] Dies gilt auch, soweit die Bergbauberechtigungen nicht nur sachbezogen sind, sondern auch personenbezogene Elemente enthalten." – Im Ergebnis ebenso Bremer, GmbHR 2000, 865, 866; Semler/Stengel/ Schröer, § 131 Rn. 43.

einfach aufzuteilen.[130] In diesen Fällen ist das weitergeführte Unternehmen zumeist auch kaum noch mit dem vor der Umwandlung bestehenden Unternehmen vergleichbar. Denn die Aufteilung eines Betriebes führt eher dazu, dass die Betriebsteile als neue Betriebe anzusehen sind, die jeweils auch einer neuen Genehmigung bedürfen.[131] Sind abgespaltenes Vermögen und Genehmigungsgegenstand nur teilweise identisch, dann kann die Genehmigung nicht geteilt werden, sondern verbleibt bei dem übertragenden Rechtsträger oder erlischt.[132]

In allen anderen Fällen ist der Übergang der Genehmigung jedoch vor dem Hintergrund, dass Umstrukturierungen ermöglicht und erleichtert werden sollen, auch bei der Spaltung zu bejahen. 95

Vor diesem Hintergrund ist bei Ausgestaltung des Spaltungs- und Übernahmevertrages darauf zu achten, dass kein Auseinanderfallen von Genehmigung und zugrunde liegendem Betrieb erfolgt. Im Übrigen kann es sich empfehlen, die Spaltungsfähigkeit (personenbezogener und gemischter) Genehmigungen mit der zuständigen Behörde abzustimmen, solange es an einer höchstrichterlichen Klärung dieser Frage fehlt. 96

c) Allgemeines Missbrauchsverbot. Da nicht auszuschließen ist, dass Unternehmen die partielle Gesamtrechtsnachfolge nutzen, um bestimmte Beschränkungen bewusst zu umgehen, fordern einige Autoren und Teile der Rechtsprechung Grenzen der Spaltung. Während in der Vergangenheit dazu § 131 Abs. 1 Nr. 1 S. 2 und § 132 UmwG a. F. als Anknüpfungspunkte in Betracht kamen, wird seit dem Wegfall dieser Normen nunmehr das allgemeine Missbrauchsverbot herangezogen, das sich aus dem Prinzip von Treu und Glauben ableitet.[133] 97

So geht eine Literaturansicht davon aus, dass ein unzulässiger Rechtsmissbrauch vorliege, wenn eine Rechtsgüter- und Interessenabwägung ergibt, dass die beabsichtigte Spaltung spezielle Interessen anderer in nicht hinnehmbarer Weise verletzt. Als „andere" würden dabei Gläubiger, Schuldner, Dritte und die Allgemeinheit in Betracht kommen.[134] Im Bereich des Umweltrechts wäre demnach danach zu fragen, ob und inwieweit das aufzuspaltende Unternehmen sich unzulässig öffentlich-rechtlichen Verpflichtungen entziehen könnte. 98

In diese Richtung zielt auch eine Entscheidung des Landgerichts Hamburg auf dem Gebiet des Arbeits- und Sozialrechts. Nach dem Gericht liege ein Missbrauch jedenfalls dann vor, wenn Verbindlichkeiten oder Haftungsrisiken auf einen anderen Rechtsträger übertragen werden, ohne ihn mit den erforderlichen Aktiva auszustatten, und wenn geplant ist oder zumindest in Kauf genommen wird, dass dieser Rechtsträger insolvent wird. Schließlich ende die Nachhaftung des übertragenden Rechtsträgers nach § 133 UmwG nach fünf Jahren, sodass auch auf diesen dann nicht mehr zurückgegriffen werden könne.[135] Deshalb seien bei jeder Übertragung von Passiva auch in hinreichendem Umfang Aktiva mit zu übertragen.[136] Diese Ansicht dürfte sich grundsätzlich auch auf den Bereich des Umweltrechts übertragen lassen. Damit wäre eine Abspaltung oder Ausgliederung auch dann rechtsmissbräuchlich, wenn auf den partiellen Gesamtrechtsnachfolger beispielsweise nur Unternehmensteile übertragen werden, an denen öffentlich-rechtliche Verpflichtungen haften – so zum Beispiel Sanierungspflichten. Dies dürfte zumindest dann gelten, wenn eine bereits durch Verwaltungsakt konkretisierte öffentlich-rechtliche Pflicht übertragen werden soll. Für die Übertragung abstrakter Verpflichtungen käme ein Missbrauch nur in 99

---

[130] *Zeppezauer*, DVBl. 2007, 599, 606.
[131] Zum Ganzen: *Zeppezauer*, S. 326 – 342.
[132] *Schmidt-Kötters*, WiVerw 2013, 199, 230 f.
[133] So unter anderem Henssler/Strohn/*Wardenbach*, § 131 Rn. 5; Lutter/*Teichmann*, § 131 Rn. 17 f.; s. auch LG Hamburg 417 T 16/05, ZIP 2005, 2331, 2332.
[134] Kölner Kommentar-UmwG/*Simon*, § 131 Rn. 19; Lutter/*Teichmann*, § 131 Rn. 10 ff. und 18.
[135] → § 68 Rn. 126 ff.
[136] LG Hamburg 417 T 16/05, ZIP 2005, 2331, 2332.

Betracht, soweit eine tatsächliche „Konkretisierung" wahrscheinlich und ihr Umfang zumindest absehbar ist. In der Praxis wäre daher jeder Einzelfall gesondert zu beurteilen.

100 Gegen ein solches generelles Missbrauchsverbot spricht jedoch zunächst, dass es an einer konkreten Rechtsgrundlage fehlt, um in den Grundsatz der Spaltungsfreiheit (Privatautonomie) einzugreifen.[137] Vielmehr gab es in der Vergangenheit Einschränkungen in Gestalt von § 131 Abs. 1 Nr. 1 S. 2 und § 132 UmwG a. F. Die Aufhebung dieser Normen erfolgte durch eine bewusste gesetzgeberische Entscheidung. Dadurch sollten zusätzliche Beschränkungen der Spaltung öffentlich-rechtlicher Rechte und Pflichten entfallen.[138] Es fehlt mithin an einer ungewollten Regelungslücke, die nunmehr durch den allgemeinen Grundsatz von Treu und Glauben zu schließen wäre. Zumal die Kriterien für die Anwendung dieses Grundsatzes im Detail schwer zu bestimmen und dementsprechend unklar sind.[139] Darüber hinaus war in § 123 Abs. 5 des Referentenentwurfs zum UmwG vom 15.4.1992 vorgesehen, dass eine Spaltung dann ausgeschlossen sei, wenn „im Wesentlichen nur ein einzelner Gegenstand übertragen oder eine einzelne Verbindlichkeit übergeleitet werden" sollte.[140] Der Gesetzgeber hat diesen Vorschlag jedoch nicht übernommen. Ihm erschien die Gefahr, dass die Spaltung zur Umgehung der Bestimmungen für Einzelrechtsübertragungen missbraucht werden könnte, nicht so groß, als dass eine solche Vorschrift unverzichtbar wäre.[141] Überdies ist zu beachten, dass auch der Staat als Gläubiger über § 133 Abs. 1 und 3 UmwG jedenfalls für fünf Jahre geschützt ist.

101 Im Ergebnis ist die partielle Gesamtrechtsnachfolge daher als grundsätzlich zulässig anzusehen, wenn keine konkrete gesetzliche Ausnahme eingreift.[142] In der Praxis sollte dennoch zur Vermeidung von Risiken das Urteil des Landgerichts Hamburg Berücksichtigung finden.

2. Vermögensübertragung

102 Außerhalb des Versicherungswesens und bundes- oder landesrechtlicher Spezialregelungen kommt die Vermögensübertragung nur von einer Kapitalgesellschaft auf den Bund, ein Land, eine Gebietskörperschaft oder einen Zusammenschluss von Gebietskörperschaften in Betracht. Dabei differenziert das Gesetz zwischen der **Vollübertragung** nach § 174 Abs. 1 UmwG und der **Teilübertragung** nach § 174 Abs. 2 UmwG. Für Erstere gelten im Grundsatz die Regelungen zur Verschmelzung; für Letztere die Vorschriften zur Spaltung. Vor diesem Hintergrund kann auf die obigen Ausführungen (Abschnitte II. und III. 1.) verwiesen werden.

3. Formwechsel

103 Nach §§ 190 ff. UmwG kann ein Rechtsträger eine andere Rechtsform erhalten. Jedenfalls im Umweltrecht hat dies allerdings keinerlei Auswirkungen auf öffentlich-rechtlich begründete Rechte und Pflichten.

104 Die maßgeblichen Rechtsfolgen eines Formwechsels ergeben sich aus § 202 Abs. 1 und §§ 214 ff. UmwG. Danach besteht der formwechselnde Rechtsträger in der in dem Umwandlungsbeschluss bestimmten Rechtsform weiter (§ 202 Abs. 1 Nr. 1 UmwG). Anders als im Rahmen der Verschmelzung und der Spaltung ist bei dem Formwechsel nur ein einziger Rechtsträger beteiligt, sodass eine Vermögensübertragung im Wege der Gesamtrechtsnachfolge nicht erforderlich ist.[143] Mit anderen Worten ändert sich zwar die

---

[137] *Zeppezauer*, DVBl. 2007, 599, 608 f.
[138] BT-Drs. 16/2919, S. 19.
[139] Lutter/*Teichmann*, § 131 Rn. 9; Semler/Stengel/*Schröer*, § 131 Rn. 17.
[140] BAG 3 AZR 358/06, juris Rn. 30.
[141] BT-Drs. 12/6699, S. 116.
[142] Im Ergebnis ebenso *Hennrichs*, S. 112 f.; *Schlemminger/Apfelbacher*, NVwZ 2013, 1389, 1390; *Zeppezauer*, DVBl. 2007, 599, 608 f.; wohl auch *Krieger/Schneider*, § 34 Rn. 81.
[143] BFH III R 6/02, NZG 2004, 439; Kallmeyer/*Meister/Klöcker*, § 202 Rn. 13; Lutter/*Decher/Hoger*, § 202 Rn. 7.

Rechtsform, nicht aber die Identität des Rechtsträgers. Nur das Normensystem, dem er unterliegt, wird ausgetauscht. Inhaber des Vermögens mit allen Rechten und Pflichten bleibt derselbe Rechtsträger. Damit bleiben auch öffentlich-rechtliche Verpflichtungen und Rechte in aller Regel unverändert wirksam.[144] Insofern ist es nicht erforderlich, den Formwechsel der zuständigen Behörde anzuzeigen oder von dieser genehmigen zu lassen. Für ein solches Erfordernis ist keine Rechtsgrundlage ersichtlich. Allerdings erlöschen Erlaubnisse und Genehmigungen, die eine bestimmte Rechtsform vorsehen, wenn der formgewechselte Rechtsträger nicht mehr diese Rechtsform gewählt aufweist.[145]

Umstritten ist im Rahmen des Formwechsels jedoch, was mit gewerberechtlichen Zulassungen geschieht, wenn eine Kapitalgesellschaft in eine Personengesellschaft umgewandelt wird.[146] Denn die oHG und KG weisen keine eigene Rechtspersönlichkeit auf und sind daher nicht gewerberechtsfähig. Vielmehr sind insoweit die Gesellschafter als Gewerbetreibende anzusehen. Für die daraus resultierenden Schwierigkeiten, die indes für das Umweltrecht weniger von Belang sind, werden verschiedene Lösungen vorgeschlagen. Am überzeugendsten erscheint es, von einem grundsätzlichen Fortbestand der gewerberechtlichen Zulassungen auszugehen.[147]

IV. Verfahrensrechtliche Stellung des Gesamtrechtsnachfolgers

Die in den §§ 20, 131 UmwG angeordnete Gesamtrechtsnachfolge besagt, dass der übernehmende Rechtsträger in den Großteil der öffentlich-rechtlichen Verpflichtungen und Berechtigungen eintritt, also in materiell-rechtlicher Hinsicht die Rechtsstellung des Vorgängers übernimmt. Fraglich ist, ob dies auch für Verfahren gilt, an denen der übertragende Rechtsträger beteiligt ist.

Unproblematisch ist insoweit der **Formwechsel**. Hier ändert sich die Situation für den betroffenen Rechtsträger trotz Wechsels seiner Identität nicht. Insbesondere Rechtsstreitigkeiten werden ohne Unterbrechung fortgeführt.[148]

Schwierigkeiten ergeben sich bei der Verschmelzung und der Spaltung. Insofern ist danach zu differenzieren, ob der Umwandlungsvorgang vor Einlegung des Rechtsbehelfs erfolgt (1.) oder danach (2.).

1. Umwandlung vor Einlegung eines Rechtsbehelfs

Ist ein Verwaltungsakt bei dem Rechtsvorgänger unanfechtbar und damit bestandskräftig geworden, dann muss der neue Rechtsträger das gegen sich gelten lassen; er hat also nicht mehr die Möglichkeit, rechtlich dagegen vorzugehen.[149] Dies folgt aus den allgemeinen Grundsätzen zur Gesamtrechtsnachfolge und findet eine Bestätigung in § 166 AO.[150]

Ist ein Verwaltungsakt noch anfechtbar, dann kann der Gesamtrechtsnachfolger nur innerhalb der für den Vorgänger maßgeblichen Frist einen Rechtsbehelf einlegen.[151]

2. Umwandlung nach Einlegung eines Rechtsbehelfs

Ist ein Rechtsträger Adressat eines belastenden Verwaltungsaktes oder wurde ihm eine beantragte Genehmigung nicht erteilt und geht er gegen die jeweilige behördliche Ent-

---

[144] *Gaiser*, DB 2000, 361, 362; Lutter/*Decher*/*Hoger*, § 202 Rn. 38; Semler/Stengel/*Kübler*, § 202 Rn. 11. So auch speziell für personenbezogene und höchstpersönliche Rechte: BFH III R 6/02, NZG 2004, 439, 440; Kallmeyer/*Meister*/*Klöcker*, § 202 Rn. 20.
[145] Semler/Stengel/*Kübler*, § 202 Rn. 11.
[146] Hierzu eingehend: *Eckert*, ZIP 1998, 1950.
[147] In diesem Sinne BFH III R 6/02, NZG 2004, 439, 440, zu einer GmbH & Co. KG, deren einziger Komplementär eine GmbH ist. Vgl. ferner *Eckert*, ZIP 1998, 1950, 1952 f.; *Odenthal*, GewArch 2005, 132, 134; Semler/*Stengel*/*Kübler*, § 202 Rn. 17. Anders z. T. *Gaiser*, DB 2000, 361, 363.
[148] Semler/Stengel/*Kübler*, § 202 Rn. 11.
[149] Kopp/Schenke/*Schenke*, § 121 Rn. 27; *Stadie*, DVBl. 1990, 501, 506.
[150] *Stadie*, DVBl. 1990, 501, 506.
[151] Kopp/Schenke/*Schenke*, § 74 Rn. 6.

scheidung vor, dann stellt sich die Frage, was geschieht, wenn die Umwandlung erst während des laufenden behördlichen oder gerichtlichen Verfahrens erfolgt. Denn dann existiert die Person, die die Klage oder einen sonstigen Rechtsbehelf ursprünglich erhoben hat, nicht mehr (so bei der Verschmelzung und bei der Aufspaltung; a)) oder neben ihr besteht ein weiterer Rechtsträger, auf den die streitgegenständliche Pflicht oder das Recht im Wege der Gesamtrechtsnachfolge übergegangen ist (so bei der Abspaltung und bei der Ausgliederung; b)). In der Regel wird der Gesamtrechtsnachfolger das Verfahren an Stelle des übertragenden Rechtsträgers weiterführen wollen.

112 In weiten Teilen kann hier auf die Ausführungen zum Zivilprozess verwiesen werden.[152] Für Verfahren vor den Verwaltungsgerichten ergeben sich im Vergleich dazu nur wenige Besonderheiten.

113 **a) Verschmelzung und Aufspaltung.** Im Falle einer Verschmelzung oder Aufspaltung nach Einlegung eines Rechtsbehelfs wird zunächst vertreten, dass **in Analogie zu den §§ 239, 246 ZPO** die Vorschriften für den Fall des Todes von natürlichen Personen anwendbar sind. Danach würde ein schwebender Rechtsstreit durch die Umwandlung **unterbrochen**, bis der Rechtsnachfolger diesen wieder aufnimmt.[153] Dafür spricht, dass bei der Umwandlung – wie bei einem Todesfall – eine Universalsukzession vorliegt.[154] Damit endet die Vergleichbarkeit jedoch. Denn der Tod eines Menschen tritt oftmals plötzlich ein und hinterlässt die Hinterbliebenen zunächst in vielen Fällen im Unklaren über ihre Stellung als Erben. Hingegen sind übertragende Umwandlungen regelmäßig von langer Hand geplant und die Person des Rechtsnachfolgers ist bereits zuvor bekannt. Damit ist kein Bedürfnis für eine Unterbrechung des Verfahrens ersichtlich.[155]

114 Alternativ zu der Unterbrechung könnten die **Regeln für den gewillkürten Parteiwechsel nach § 91 VwGO** zur Anwendung gelangen. Allerdings erscheint das Erfordernis einer solchen Klageänderung wenig prozessökonomisch. Zudem wäre es im Hinblick auf einen effektiven Rechtsschutz nicht nachvollziehbar, wenn der übernehmende Rechtsträger bestimmte Sachentscheidungsvoraussetzungen erneut erfüllen müsste,[156] obwohl der übertragende Rechtsträger diese bereits eingehalten hatte.[157]

115 Vor diesem Hintergrund ist es am sinnvollsten, den Gesamtrechtsnachfolger **automatisch in das laufende Verfahren einrücken** zu lassen, ohne das Verfahren zu unterbrechen oder den einschränkenden Regeln des gewillkürten Parteiwechsels zu unterwerfen.[158] Dies entspricht der Zielsetzung des UmwG, Umstrukturierungen möglichst zu erleichtern.[159] Ein entsprechender Rechtsgedanke findet sich in § 49 BauGB.[160] Auch das VG München hat sich in einer Entscheidung aus dem Jahr 2009 dieser Ansicht angeschlossen.[161]

116 **b) Abspaltung und Ausgliederung.** Grundsätzlich ist davon auszugehen, dass Prozessrechtsverhältnisse und Verfahrensstellungen als Rechtspositionen eigener Art nicht isoliert übertragen werden können, sondern den Grundsätzen des Prozessrechts folgen.[162] Eine Zuweisung im Spaltungsvertrag ist demnach nicht ohne Weiteres möglich.

---

[152] → § 13 Rn. 119; § 27 Rn. 80 ff.
[153] BFH II R 201/84, BStBl. II 1988, 681; BGH III ZR 103/68, NJW 1971, 1844; RG I 11/04, RGZ 56, 331, 332; Schmitt/Hörtnagl/Stratz/*Stratz*, § 20 Rn. 38.
[154] RG I 11/04, RGZ 56, 331, 332.
[155] Im Ergebnis ebenso *Hennrichs*, S. 85; Semler/Stengel/*Kübler*, § 20 Rn. 66.
[156] Zu entsprechenden Anforderungen vgl. Kopp/Schenke/*Schenke*, § 91 Rn. 31 f.
[157] So auch *Hennrichs*, S. 85.
[158] *Hennrichs*, S. 85; Semler/Stengel/*Kübler*, § 20 Rn. 66; *Stadie*, DVBl. 1990, 501, 506.
[159] *Hennrichs*, S. 85.
[160] *Stadie*, DVBl. 1990, 501, 506.
[161] VG München M 10 K 08.4263, juris Rn. 27.
[162] Kölner Kommentar-UmwG/*Simon*, § 131 Rn. 35; Schmitt/Hörtnagl/Stratz/*Hörtnagl*, § 131 Rn. 72.

Da eine Person bei der Abspaltung und bei der Ausgliederung nicht erlischt, sondern 117 bestehen bleibt, geht die herrschende Meinung davon aus, dass im Rahmen von **Aktivprozessen** die §§ 265, 325 ZPO anzuwenden sind. Dies gilt über § 173 VwGO auch für Prozesse vor der Verwaltungsgerichtsbarkeit.[163] Auch wenn das streitgegenständliche Recht (Bsp. Genehmigung) mithin übergegangen ist, führt der übertragende Rechtsträger demnach das Verfahren als gesetzlicher Prozessstandschafter fort.[164] Der Rechtsnachfolger darf gemäß § 265 Abs. 2 S. 2 ZPO den Prozess nicht ohne Zustimmung des Gegners übernehmen.

In **Passivprozessen** ist zu berücksichtigen, dass der übertragende Rechtsträger gemäß 118 § 133 UmwG auch dann weiter haftet, wenn die Verbindlichkeit auf einen anderen übertragen wird.[165] Aus diesem Grunde gehen Teile in der Literatur und die Rechtsprechung davon aus, dass der übertragende Rechtsträger das Verfahren auch nach der Umwandlung fortsetzt.[166] Andere wenden § 265 ZPO analog an und lassen auch im Passivprozess den übertragenden Rechtsträger das Verfahren als Prozessstandschafter fortführen.[167]

3. Umwandlung nach rechtskräftigem Urteil

Erfolgt die Umwandlung erst, nachdem ein Urteil rechtskräftig geworden ist, greift im 119 Verwaltungsprozess § 121 Nr. 1 VwGO ein. Nach dieser Vorschrift sind sowohl die ursprünglichen Beteiligten des Rechtsstreits als auch deren Rechtsnachfolger an das Urteil gebunden.

C. Die Anwendung umwandlungsrechtlicher Gläubigerschutzvorschriften auf öffentlich-rechtliche Pflichten

Die Gläubiger eines Unternehmens, das im Wege der Umwandlung von einem anderen 120 Rechtsträger übernommen wird, haben sich ihren neuen Schuldner nicht selbst ausgesucht. Mithin besteht keine Gewähr dafür, dass das aufnehmende oder neu gegründete Unternehmen die gleiche finanzielle Leistungsfähigkeit aufweist wie das übertragende Unternehmen. Auch der Staat als „Gläubiger" öffentlich-rechtlicher Verpflichtungen sieht sich nach jeder Umwandlung einem anderen Rechtsträger ausgesetzt, von dessen Solvenz oftmals abhängig ist, ob behördlich angeordnete Maßnahmen erfüllt werden oder nicht. Daher finden im Grundsatz auch auf die öffentliche Hand die Gläubigervorschriften, namentlich der Anspruch auf Sicherheitsleistung nach § 22 Abs. 1 UmwG (I.) sowie die umwandlungsrechtliche Nachhaftung (II.), Anwendung.

I. Anspruch auf Sicherheitsleistung nach § 22 Abs. 1 UmwG

§ 22 Abs. 1 UmwG gewährt Gläubigerschutz durch einen Anspruch auf Sicherheits- 121 leistung. Dieser Anspruch setzt voraus, dass der Anspruchsteller Gläubiger einer Forderung ist, die noch nicht fällig ist. Schuldner muss ein an der Verschmelzung beteiligter Rechtsträger sein – also entweder der übertragende oder der empfangene Rechtsträger. Sodann muss der Gläubiger glaubhaft machen, dass seine Forderung durch die Verschmelzung gefährdet ist. § 22 Abs. 1 UmwG gilt aufgrund entsprechender Verweisungen[168] für alle Umwandlungsformen und damit auch für die Spaltung und den Formwechsel.

---

[163] MüKo-ZPO/*Becker-Eberhard*, § 265 Rn. 14.
[164] OLG Hamburg 3 U 58/09, NJOZ 2011, 1597, 1598; Schmitt/Hörtnagl/Stratz/*Hörtnagl*, § 131 Rn. 73. A. A. Kölner Kommentar-UmwG/*Simon*, § 131 Rn. 39.
[165] → § 68 Rn. 126 ff.
[166] BGH XII ZR 219/98 BGH, NJW 2001, 1217, 1217 f.; Kölner Kommentar-UmwG/*Simon*, § 131 Rn. 39.
[167] Schmitt/Hörtnagl/Stratz/*Hörtnagl*, § 131 Rn. 74.
[168] §§ 125, 204, 176 UmwG.

122 Der Inhalt der Forderung ist unerheblich, solange diese einen Vermögenswert aufweist.[169] Damit wären potenziell sowohl Zahlungsansprüche, zum Beispiel auf Kostenerstattung, als auch andere Leistungsansprüche, wie die Beseitigung von Gefahren im öffentlich-rechtlichen Bereich erfasst.[170] Allerdings gehen einige Autoren davon aus, dass nur obligatorische Verbindlichkeiten umfasst sind.[171] Dies könnte dafür sprechen, dass öffentlich-rechtliche Ansprüche generell ausgeschlossen sein sollen und der Staat einen Anspruch aus § 22 Abs. 1 UmwG allein dann geltend machen kann, wenn er fiskalisch handelt.

123 Dagegen spricht jedoch, dass der Wortlaut des § 22 Abs. 1 UmwG für eine solch weitreichende Einschränkung des Gläubigerschutzes nicht hinreichend klar ist. Behandelt man die (partielle) Gesamtrechtsnachfolge in öffentlich-rechtliche Rechte und Pflichten im Grundsatz wie in privatrechtlichen Konstellationen, dann ist nicht einzusehen, warum der Staat als Gläubiger schlechter stehen sollte als alle anderen Gläubiger, obwohl für seine Forderung dieselbe Gefährdungslage besteht.[172] Zudem verweist § 133 Abs. 1 S. 2 UmwG, der öffentlich-rechtliche Verpflichtungen unstreitig erfasst,[173] explizit auf § 22 UmwG. So erweitert § 133 UmwG den möglichen Adressatenkreis einer öffentlich-rechtlichen Verpflichtung und stellt damit eine Ermächtigungsgrundlage für das Gebot einer Sicherheitsleistung gegenüber der öffentlichen Hand dar.

124 Im Ergebnis ist deshalb anzunehmen, dass der Anspruch auf Sicherheitsleistung auch zu Gunsten der öffentlichen Hand besteht.

II. Weitere Gläubigerschutzvorschriften

125 Neben der umwandlungsrechtlichen Sicherheitsleistung dient vor allem auch die umwandlungsrechtliche Mit- oder Nachhaftung dem Schutz der Gläubiger. Diese gilt sowohl für Fälle der Spaltung (1. und 2.) als auch bei einem Formwechsel, der zu einer Haftungsbeschränkung führt (3.).

1. Gläubigerschutz nach § 133 UmwG

126 Besondere Gefahren für die Interessen des Staates bestehen regelmäßig bei Spaltungen. Diese ermöglichen es einem Unternehmen, das zum Beispiel auf die Sanierung eines kontaminierten Grundstücks in Anspruch genommen wurde, sich durch Teilung von diesem Grundstück und mithin von der Sanierungspflicht zu befreien, während das sonstige Vermögen erhalten bleibt. Für den Fall, dass der Rechtsnachfolger vermögenslos ist, wurde die Nachhaftung gemäß § 133 UmwG entwickelt.

127 Diese Vorschrift soll im Fall von Spaltungen verhindern, dass Verbindlichkeiten mangels ausreichender Aktiva nicht mehr bedient werden können. Sie konstituiert eine gesamtschuldnerische Haftung des übertragenden und des übernehmenden Rechtsträgers und ist auch auf öffentlich-rechtliche Verbindlichkeiten anwendbar, wie Abs. 3 der Vorschrift verdeutlicht.

128 § 133 UmwG gilt für Aufspaltungen, Abspaltungen, Ausgliederungen und Vermögensteilübertragungen.[174] Da § 133 UmwG entscheidend darauf abstellt, welchem Rechtsträger die Verbindlichkeiten zugewiesen worden sind, spielt in diesem Fall der Spaltungs- und Übernahmevertrag eine besondere Rolle. So haftet bis zum Ablauf von grundsätzlich fünf Jahren auch derjenige Nachfolger gesamtschuldnerisch, dem die Verbindlichkeiten vertraglich nicht zugewiesen worden sind. Das aufgespaltene Vermögen wird also so behandelt, als wenn es noch ungeteilt zur Verfügung stünde.

---

[169] Schmitt/Hörtnagl/Stratz/*Stratz*, § 22 Rn. 5.
[170] In diesem Sinne Widmann/Mayer/*Vossius*, § 22 Rn. 21 ff.
[171] Schmitt/Hörtnagl/Stratz/*Stratz*, § 22 Rn. 5.
[172] Vgl. dazu Henssler/Strohn/*Müller*, § 22 Rn. 10.
[173] Semler/Stengel/*Seulen/Maier-Reimer*, § 22 Rn. 14.
[174] Widmann/Mayer/*Vossius*, § 133 Rn. 6.

Die Nachhaftung erfasst grundsätzlich alle öffentlich-rechtlichen Pflichten (a)) ohne Einschränkung des Haftungsumfangs (b)). Allerdings ist die Haftung zeitlich begrenzt (c)).

a) Von der Nachhaftung erfasste öffentlich-rechtliche Pflichten. Um nach einer Spaltung bei öffentlich-rechtlichen Verpflichtungen auch den Rechtsvorgänger des neuen Rechtsträgers oder einen anderen Beteiligten weiter in Anspruch nehmen zu können, bedarf es zunächst einer Verpflichtung, die bereits vor der Spaltung bestanden hat. Erfasst werden also nur Altschulden.

Dabei ist zu berücksichtigen, dass eine Polizeipflicht auch dann eine Verpflichtung begründet, wenn sie noch nicht durch einen Verwaltungsakt konkretisiert worden ist.[175] Damit genügt eine abstrakte (Verhaltens-) Verantwortlichkeit.[176] Dies ergibt sich speziell für § 133 UmwG aus der Gesetzesgeschichte. Während der Referentenentwurf zum UmwG noch verlangte, dass eine Verbindlichkeit vor der Spaltung fällig sein müsse, stellt die geltende Fassung des § 133 UmwG nur noch auf die Begründung der Verbindlichkeit ab.[177]

Zweifelhaft ist indes die Nachhaftung im Falle einer abstrakten Zustandsverantwortlichkeit, wenn das Eigentum im Rahmen einer Spaltung übergeht. So lässt sich argumentieren, dass mit Übergang der Sache, für die die Zustandsverantwortlichkeit besteht, die Haftung als Alteigentümer automatisch erlischt und die des neuen Eigentümers begründet wird. Denn die Zustandshaftung knüpft nicht an die Person des Störers und deren Vermögen, sondern an die gegenwärtige Beziehung einer Person zu einer potentiellen Störungsquelle an. Daher ist eine solche Zustandsverantwortlichkeit nicht als Altschuld anzusehen.

Darüber hinaus umfasst § 133 UmwG nicht öffentlich-rechtliche Beseitigungs- und Unterlassungsansprüche, da sich diese nur gegen den aktuellen Störer richten können.[178]

b) Umfang der Haftung. Der Umfang der Haftung ist im Grundsatz unbegrenzt. Zwar wollen einige Autoren aus Gründen der Verhältnismäßigkeit die Haftung auf das übernommene Vermögen beschränken, da ansonsten der Gläubiger übermäßig privilegiert werde.[179] Dagegen spricht allerdings, dass eine solche Begrenzung gerade nicht vorgesehen ist, obwohl die europäische Spaltungs-Richtlinie, auf der das UmwG beruht, die Möglichkeit dazu einräumt.[180]

c) Enthaftung. § 133 UmwG sieht grundsätzlich keine Ewigkeitshaftung des übertragenden Rechtsträgers und anderer Beteiligter vor. Stattdessen müssen diese bei den meisten Verbindlichkeiten lediglich für einen Zeitraum von fünf Jahren nach Registereintragung mit einer Inanspruchnahme rechnen. Dies gilt auch für öffentlich-rechtliche Verbindlichkeiten, wie § 133 Abs. 3 Hs. 2 UmwG verdeutlicht.[181] Erlässt die Behörde innerhalb der Fünf-Jahres-Frist keinen Verwaltungsakt, der die Erfüllung der Verpflichtung aufgibt, haftet forthin der übernehmende Rechtsträger allein. Maßgeblich für die Fristeinhaltung ist der Zugang des Verwaltungsaktes.[182]

Zu beachten ist, dass es sich bei der Nachhaftung um eine rechtsnachfolgefähige Verbindlichkeit handelt. Wird ein Unternehmen, das einen Betriebsteil abgespalten hat und daher gemäß § 133 UmwG nachhaftet, später zum Beispiel durch eine Verschmelzung umstrukturiert, geht die Nachhaftung mit über.[183]

---

[175] → § 68 Rn. 37.
[176] Insb. BVerwG 7 C 3/05, juris. Vgl. auch Lutter/*Schwab*, § 133 Rn. 120; *Schall/Horn*, ZIP 2003, 327, 334; Semler/Stengel/*Maier-Reimer/Seulen*, § 133 Rn. 20.
[177] *Becker/Fett*, NZG 1999, 1189, 1196.
[178] Semler/Stengel/*Maier-Reimer/Seulen*, § 133 Rn. 20. A. A. *Schall/Horn*, ZIP 2003, 327, 335.
[179] *Schall/Horn*, ZIP 2003, 327, 335 m. w. N.
[180] Vgl. Art. 12 Abs. 7 VO (EWG) Nr. 82/891.
[181] Statt vieler Semler/Stengel/*Maier-Reimer/Seulen*, § 133 Rn. 109.
[182] Kölner Kommentar-UmwG/*Simon*, § 133 Rn. 55.
[183] *Theuer*, DB 1999, 621, 624.

2. „Vergessene" Verbindlichkeiten

137 Insbesondere abstrakte Verantwortlichkeiten, wie zum Beispiel die Sanierungspflicht bei einer Verunreinigung des Erdreichs, werden im Rahmen von Spaltungsverträgen oftmals nicht berücksichtigt.[184] Fehlt eine vertragliche Vereinbarung und führt die Auslegung des Spaltungsvertrags nicht zur Offenbarung des von den Parteien übereinstimmend Gewollten, dann ist fraglich, welcher Rechtsträger von der Behörde in Anspruch genommen werden kann.

138 Hier ist zwischen Abspaltung und Ausgliederung einerseits (a)) sowie Aufspaltung und Totalausgliederung andererseits (b)) zu unterscheiden.

139 **a) Abspaltung und Ausgliederung.** Im Falle der Abspaltung und Ausgliederung ist davon auszugehen, dass die Spaltung nur Gegenstände erfassen sollte, die im Spaltungsvertrag aufgeführt sind. Folglich verbleiben „vergessene" Verbindlichkeiten bei dem übertragenden Rechtsträger.[185]

140 **b) Aufspaltung und Totalausgliederung.** Bei der Aufspaltung und Totalausgliederung werden vergessene Verbindlichkeiten nach herrschender Meinung auf alle übernehmenden Rechtsträger gesamtschuldnerisch übertragen. Diese kommen dann auch nicht in den Genuss der Nachhaftungsbegrenzung nach § 133 Abs. 3 UmwG, da sonst kein dauerhafter Verantwortlicher mehr zur Verfügung stünde.[186] Das Außerachtlassen einer Verbindlichkeit im Rahmen eines Spaltungsvertrages stellt auch keine (bewusste) Nichtzuweisung im Sinne von § 133 Abs. 3 UmwG dar.[187]

141 Ebenso wenig greift die Vorschrift des § 131 Abs. 3 UmwG ein. Denn diese gilt nur für Aktiva, nicht aber für Verbindlichkeiten. Dies ergibt sich bereits aus dem Willen des Gesetzgebers, der in der Begründung seinen Niederschlag gefunden hat.[188] Zudem kann es dem Staat im Hinblick auf eine effektive Gefahrenabwehr nicht zugemutet werden, mehrere Polizeipflichtige nach Anteilen in Anspruch zu nehmen.[189]

142 Um finanziellen Risiken möglichst vorzubeugen, empfiehlt es sich, über das Schicksal bestehender Gefahren, also abstrakter Verpflichtungen, möglichst bereits in dem Spaltungsvertrag zu entscheiden.[190] Auch eine vertragliche Generalklausel kann sinnvoll sein, die nicht ausdrücklich genannte oder zugewiesene Verbindlichkeiten erfasst und diese dem Nachfolger desjenigen Unternehmens oder Unternehmensteils zuweist, in dem die Verpflichtung entstanden ist.[191]

3. Gläubigerschutz nach § 45 UmwG

143 Bei Verschmelzungen besteht in der Regel nicht die Gefahr einer Übertragung von Verbindlichkeiten auf weitgehend vermögenslose Einheiten. Denn im Fall der Verschmelzung gehen stets mit allen Verbindlichkeiten auch alle Vermögenspositionen über.

144 Allerdings könnte sich der Gesellschafter einer Personenhandelsgesellschaft durch Verschmelzung von seiner unbeschränkten Haftung nach § 128 HGB (analog) zu befreien versuchen, indem die Personenhandelsgesellschaft von einer Kapitalgesellschaft mit Haftungsbegrenzung aufgenommen wird.

---

[184] Kölner Kommentar-UmwG/*Simon*, § 133 Rn. 70.
[185] Semler/Stengel/*Maier-Reimer/Seulen*, § 133 Rn. 37; Widmann/Mayer/*Vossius*, § 131 Rn. 219.
[186] *Giesberts/Frank*, DB 2000, 505 507; Kallmeyer/*Sickinger*, § 133 Rn. 17; Lutter/*Schwab*, § 131 Rn. 88; Schmitt/Hörtnagl/Stratz/*Hörtnagl*, § 131 Rn. 109 ff.; *Theuer*, DB 1999, 621, 623.
[187] Widmann/Mayer/*Vossius*, § 131 Rn. 220.
[188] Gesetzesentwurf der Bundesregierung, Drs. 75/94, S. 121; so auch *Schmidt*, ZGR 1993, 366, 387.
[189] Ähnlich Semler/Stengel/*Maier-Reimer/Seulen*, § 133 Rn. 37.
[190] Krieger/Schneider, § 34 Rn. 82.
[191] *Theuer*, DB 1999, 621, 623; Widmann/Mayer/*Vossius*, § 131 Rn. 221.

Um eine solche „Enthaftung" zu vermeiden, sieht § 45 UmwG eine dem § 133 UmwG entsprechende Nachhaftung der Personengesellschafter vor, die ebenfalls nach fünf Jahren erlischt, wenn in dieser Zeit keine behördliche Verfügung ergangen ist.

D. Umwandlungsthemen in einzelnen Teilgebieten des Umweltrechts

Nach den allgemeinen Überlegungen zu dem Verhältnis zwischen öffentlichem Recht und Umweltrecht sollen im Folgenden die Besonderheiten in einzelnen Teilgebieten des Umweltrechts erörtert werden. Der Begriff des Umweltrechts umfasst all diejenigen staatlichen Normen, die dem Schutz der Umwelt dienen.[192] Dies betrifft eine Reihe von Gesetzen, die ausdrücklich und spezifisch dazu bestimmt sind, einen Teilbereich der Umwelt zu schützen – so zum Beispiel das BBodSchG. Dieser sogenannte Kernbereich des Umweltrechts (oder Umweltrecht im engeren Sinne)[193] ist Gegenstand des vorliegenden Beitrages.

Umweltschützende Normen finden sich aber auch in einer Vielzahl anderer Gesetze, deren Hauptziel nicht der Umweltschutz ist. Nur exemplarisch seien hierfür § 35 Abs. 3 Nr. 3 BauGB sowie § 33a Abs. 2 Nr. 3 GewO genannt. Dieses Umweltrecht im weiteren Sinne wird in den folgenden Ausführungen nicht behandelt.

I. Bodenschutz- und Altlastenrecht

Das BBodSchG verfolgt nach seinem § 1 das Ziel, nachhaltig die Funktionen des Bodens zu sichern oder wiederherzustellen. Es regelt zum einen die Untersuchung und Sanierung von Altlasten und sonstigen Schadstoffbelastungen, zum anderen die Vorsorge gegen schädliche Bodenveränderungen durch Schadstoffbelastungen und landwirtschaftliche Nutzung.[194] Dabei gewährt es in erster Linie behördliche Eingriffsermächtigungen zur Verhinderung, Untersuchung und Beseitigung schädlicher Bodenverunreinigungen.[195] Eine gesonderte Genehmigung zur Nutzung des Bodens ist nach dem BBodSchG allerdings nicht erforderlich. Mithin beschränken sich die Fragen im Rahmen einer Umwandlung darauf, ob und wie bodenschutzrechtliche Pflichten auf den Rechtsnachfolger übergehen.

Abstrakte Pflichten ergeben sich im Bodenschutzrecht des Bundes insbesondere aus § 4 (Gefahrenabwehr) und § 7 BBodSchG (Vorsorge). Dabei handelt es sich um materielle oder abstrakte Polizeipflichten, die für den Adressaten auch ohne behördliche Anordnung gelten.[196] Notwendige Maßnahmen kann die nach Landesrecht zuständige Behörde gemäß §§ 9, 10 Abs. 1 BBodSchG treffen.

Die Hauptproblematik im Bereich des Bodenschutzes ist darin zu sehen, dass zwischen dem Eintrag von Schadstoffen in den Boden und der behördlichen Kenntnis davon, die ihrerseits Voraussetzung effektiver Gefahrenabwehr ist, oftmals beträchtliche Zeiträume liegen. In der Zwischenzeit kann umwandlungsbedingt oder durch Übertragungen ein mehrfacher Wechsel in der Verantwortlichkeit für ein Grundstück stattgefunden haben. Häufig ist daher nicht mehr feststellbar, wer die Schäden wann verursacht hat. Hier soll das am 1.3.1999 in Kraft getretene BBodSchG ansetzen.

1. Die Haftung des Gesamtrechtsnachfolgers nach § 4 Abs. 3 S. 1 BBodSchG

Mit § 4 Abs. 3 S. 1 BBodSchG ist erstmals eine Gesamtrechtsnachfolge in die abstrakte Verhaltensverantwortlichkeit ausdrücklich in einem Bundesgesetz geregelt worden. Danach ist nicht nur der Verursacher einer schädlichen Bodenveränderung oder Altlast, sondern

---
[192] Erbguth/Schlacke, § 2 Rn. 1.
[193] Erbguth/Schlacke, § 2 Rn. 4.
[194] Vgl. Koch/*Sanden*, § 8 Rn. 21.
[195] Koch/*Sanden*, § 8 Rn. 28.
[196] Landmann/Rohmer/*Dombert*/*Nies*, § 4 BBodSchG Rn. 3, § 7 BBodSchG Rn. 1.

auch dessen Gesamtrechtsnachfolger zur Sanierung verpflichtet. Davor war die Rechtsprechung im Bereich des Bodenschutzes diffus und unübersichtlich. Verschiedene Gerichte hatten aber auch schon vor 1999 eine Pflichtigkeit des Gesamtrechtsnachfolgers auf Grundlage landesrechtlicher Vorschriften[197] mehrfach bejaht.[198]

152 Mit Einführung des § 4 Abs. 3 BBodSchG wurde ein zivilrechtlicher Tatbestand direkt zum Anknüpfungspunkt öffentlich-rechtlicher Verantwortung gemacht. Liegt eine Rechtsnachfolge nach zivilrechtlichen Maßstäben vor, dann ist auch die Rechtsnachfolge im Sinne dieser Vorschrift zu bejahen. Erfasst ist allerdings ausschließlich eine – konkrete oder abstrakte – Verhaltensverantwortlichkeit.[199] Eine Rechtsnachfolge in die Pflichten des Zustandsstörers, namentlich des Grundstückseigentümers, ergibt sich hingegen nicht aus § 4 Abs. 3 BBodSchG, sondern aus allgemeinen Grundsätzen. Schließlich gilt § 4 Abs. 3 BBodSchG nur für die Gesamt- und nicht für die Einzelrechtsnachfolge.[200]

153 **a) Zeitlicher Anwendungsbereich.** Lange Zeit war unklar, ob der Rechtsnachfolger auch dann in Anspruch genommen werden konnte, wenn es um Altlasten ging, die *vor* Inkrafttreten des BBodSchG vorlagen, oder ob allein die Neufälle erfasst werden sollten.

154 Dass nach dem Willen des Gesetzgebers grundsätzlich auch Altlasten vor Inkrafttreten des BBodSchG unter die Vorschrift fallen sollen, lässt sich einem Rückschluss zu § 4 Abs. 5 und 6 entnehmen, in denen jeweils explizit klargestellt wird, dass nur Fälle ab Inkrafttreten erfasst werden. Auch § 1 Abs. 1 BBodSchG bezieht sich ausdrücklich auf in der Vergangenheit liegende Sachverhalte.[201]

155 Zahlreiche Autoren nahmen damit an, dass ein **Fall der echten Rückwirkung** vorliege. Eine solche ist grundsätzlich unzulässig und nur in eng zu fassenden Ausnahmefällen gerechtfertigt. Eine Ausnahme liegt nach der Rechtsprechung des Bundesverfassungsgerichts vor, wenn die bisherige Rechtslage unklar und verworren war.[202] Vor diesem Hintergrund entwickelte sich in der Literatur ein Streit darüber, ab welchem Zeitpunkt eine solche Unklarheit anzunehmen war. Einige Verfasser sahen bereits Sachverhalte nach 1968/69 als erfasst an.[203] Andere erachteten die sich widersprechenden gerichtlichen Entscheidungen aus den 1990er Jahren als Auslöser der Unklarheit.[204] Wieder andere argumentierten, dass die rechtswissenschaftliche Diskussion darüber in den 1980er Jahren begonnen hätte.[205] Dem schloss sich der Bundesgerichtshof in einer Entscheidung aus dem Jahr 2004 an.[206]

156 Das Bundesverwaltungsgericht beendete diese Diskussion mit seiner Entscheidung aus dem Jahr 2006.[207] Danach ist eine Rückwirkung nur zu bejahen, wenn ein Gesetz den Adressaten mit einer neuen Verpflichtung belastet. Dies sei aber aus Sicht des Bundesverwaltungsgerichts im Hinblick auf die Pflichten aus § 4 Abs. 3 BBodSchG gerade nicht der Fall. Denn bei diesen Pflichten handele es sich lediglich um die normative Feststellung

---

[197] Vgl. § 12 Abs. 1 Nr. 1 und 2 HessAltlG in der Fassung vom 20.12.1994; § 20 Abs. 1 Nr. 1 und 2 ThürAbfG in der Fassung vom 15.6.1999.
[198] OVG Lüneburg 7 M 3628/96, NJW 1998, 97, 98; VGH München 22 CS 94.1022, NVwZ-RR 1995, 647, 648; VGH Kassel 3 TH 1774/89, NVwZ 1990, 381, 382.
[199] *v. Mutius/Nolte*, DÖV 2000, 1, 2; *Kloepfer*, § 13 Rn. 302; Versteyl/Sondermann/*Versteyl*, § 4 Rn. 48.
[200] Koch/*Sanden*, § 8 Rn. 53; *v. Mutius/Nolte*, DÖV 2000, 1, 2.
[201] *Ginzky*, NuR 2003, 727, 728; *v. Mutius/Nolte*, DÖV 2000, 1, 3.
[202] Vgl. z. B. BVerfG 1 BvL 5/08, NVwZ 2014, 577.
[203] *Becker*, DVBl. 1999, 134, 136; *Ginzky*, NuR 2003, 727, 729; *Papier*, DVBl. 1996, 125, 133; *Vierhaus*, NVwZ 2006, 45, 45 f.
[204] *Spieth/Wolfers*, NVwZ 1999, 355, 359; *Spieth/Wolfers*, altlasten spektrum 1998, 75, 76.
[205] VGH Mannheim 10 S 1478/03, NuR 2006, 107, 109; VGH München 22 CS 98.2925, NVwZ-RR 2004, 648, 649; VG Darmstadt 3 G 42/04, juris, Rn. 29; VG Hamburg 8 VG 2167/01, juris Rn. 100; *v. Mutius/Nolte*, DÖV 2000, 1, 4.
[206] BGH V ZR 267/03, NVwZ 2004, 1267, 1268.
[207] → § 68 Rn. 36.

einer ohnehin bestehenden abstrakten Verhaltensverantwortlichkeit. Diese sei auch schon vor dem Inkrafttreten des BBodSchG nach allgemeinen Grundsätzen des Verwaltungsrechts übergangsfähig gewesen.[208] Folgt man damit der Annahme, dass die materielle Sanierungspflicht ohnehin bereits vor Erlass eines dahingehenden Verwaltungsaktes bestand, liegt keine Rückwirkung vor. Dadurch erübrigt sich der Streit um den zeitlichen Anwendungsbereich von § 4 Abs. 3 BBodSchG.

b) Anwendbarkeit auf die partielle Gesamtrechtsnachfolge. Trotz des unklaren Wortlauts ist davon auszugehen, dass das Tatbestandsmerkmal „Gesamtrechtsnachfolge" auch die partielle Gesamtrechtsnachfolge im Rahmen einer Spaltung oder Vermögensübertragung einschließt. Dies gilt allerdings nur insoweit, als das belastete Grundstück Teil des zu spaltenden Vermögens ist. Besteht zum Beispiel eine schädliche Bodenveränderung auf einem in Hamburg befindlichen Grundstück des übertragenden Unternehmens, dann geht die Sanierungspflicht des Rechtsträgers im Rahmen einer Abspaltung oder Ausgliederung nur dann auf den Rechtsnachfolger über, wenn die Verursacherstellung / Betreibereigenschaft für dieses Grundstück Gegenstand des zu spaltenden Unternehmensteils ist. Umfasst der zu spaltende Unternehmensteil hingegen nicht das Grundstück in Hamburg, sondern etwa nur eine Anlage in München, die mit der Verursachung keinerlei Zusammenhang aufweist, ist der übernehmende Rechtsträger nicht für den verbleibenden Teil (die Anlage in Hamburg) verantwortlich. Die Sanierungspflicht verbleibt dann bei dem Übertragenden.

Würde man einen Übergang der Sanierungspflicht auf den partiellen Gesamtrechtsnachfolger generell verneinen, würde dies eine leichte Umgehung der bodenschutzrechtlichen Haftung ermöglichen. So könnten Unternehmen durch Abspaltung oder Ausgliederung dafür sorgen, dass bei dem übertragenden Rechtsträger allein das Altlastengrundstück verbleibt und alle anderen Vermögenswerte übergehen. Bei einer Aufspaltung stünde aufgrund des Erlöschens des übertragenden Rechtsträgers zumindest nach dem BBodSchG keine sanierungsverantwortliche Person mehr zur Verfügung.

Daher geht auch die herrschende Meinung davon aus, dass der partielle Gesamtrechtsnachfolger von § 4 Abs. 3 S. 1 BBodSchG erfasst sein soll.[209] Zivilrechtlich gesehen liegt auch in diesen Fällen – wie die Norm es verlangt – eine Gesamtrechtsnachfolge und eben keine Einzelrechtsnachfolge vor.[210] Ferner wird aus der Vielzahl der Verpflichteten (§ 4 Abs. 3 S. 4, § 4 Abs. 6 BBodSchG) die Intention des Gesetzgebers deutlich, Umgehungen der gesetzlichen Sanierungspflicht unmöglich zu machen.[211]

c) Ewigkeitshaftung des Gesamtrechtsnachfolgers? Es erscheint verfassungsrechtlich bedenklich, dass die Verantwortung für Altlasten durch Verschmelzungen und Spaltungen theoretisch ad ultimum weitergegeben werden kann.[212] Wenn im Zuge vielfacher Umwandlungen eine Verantwortlichkeit möglicherweise über Jahrzehnte hinweg stets auf den Rechtsnachfolger übertragen wird, ist es unwahrscheinlich, dass bei Abschluss eines Übernahmevertrages noch alle Verantwortlichkeiten hinreichend bekannt sind und zwischen den Parteien eine entsprechende Verantwortungszuweisung erfolgen kann. Dies ist insbesondere im Hinblick auf die Eigentumsgarantie aus Art. 14 GG bedenklich. Denn das am Ende der Umwandlungskette stehende Unternehmen kann sich in einer Opferposition wiederfinden, die derjenigen des Zustandsstörers ähnlich ist. Etwaige Freistellungsansprü-

---

[208] BVerwG 7 C 3/05, NVwZ 2006, 928, 930 – Rn. 18 ff. So auch *Erbguth/Stollmann*, DVBl. 2001, 601, 602 f.; Sanden/Schoeneck/*Schoeneck*, § 4 Rn. 38.

[209] Giesberts/Reinhardt/*Giesberts/Hilf*, § 4 BBodSchG Rn. 28; *Ginzky*, NuR 2003, 725, 731; Theuer, DB 1999, 621, 622 f.; *Turiaux/Knigge*, BB 1999, 377, 380; wohl auch: *Spieth/Wolfers*, altlasten spektrum 1998, 75, 76. – Anders wohl VG Hannover 4 A 2022/09, juris Rn. 31, 35.

[210] *Giesberts/Frank*, DB 2000, 505; *Spieth/Wolfers*, altlasten spektrum 1998, 75, 76.

[211] Giesberts/Reinhardt/*Giesberts/Hilf*, § 4 BBodSchG Rn. 28; s. auch ausdrücklich in BT-Drs. 13/6701, S. 51.

[212] Näher dazu Landmann/Rohmer/*Dombert*, § 4 BBodSchG Rn. 35; *Spieth/Wolfers*, NVwZ 1999, 355, 360; *Spieth/Wolfers*, altlasten spektrum 1998, 75, 77.

che gegen den Rechtsvorgänger lassen sich vertraglich in solchen Fällen allenfalls noch durch Generalklauseln regeln. Daher sind an dieser Stelle – nach der Ansicht einiger Autoren – gesetzliche Korrekturen erforderlich.[213]

161 **d) Störerauswahl.** Sind die tatbestandlichen Voraussetzungen des § 4 Abs. 3 S. 1 BBodSchG erfüllt, treten auch im Hinblick auf die Rechtsfolge diverse Fragen auf. Zunächst fragt sich, wie das behördliche Ermessen nach § 10 Abs. 1 S. 1 BBodSchG im Rahmen der Störerauswahl sachgerecht auszuüben ist. Die Gesetzesbegründung hilft hier nicht weiter. Darin betont die Bundesregierung zwar, dass die Reihenfolge im Gesetz in der Regel eine Rangfolge sei. Zugleich wird aber erklärt, dass die Effektivität Vorrang habe.[214]

162 Nach herrschender Meinung soll die zuständige Behörde die Störer zum Zwecke einer effektiven Gefahrenabwehr in beliebiger Reihenfolge heranziehen können.[215] Allein die Reihenfolge im Gesetz könne nicht maßgeblich sein, da der Gesetzgeber irgendeine Reihenfolge zwangsläufig wählen musste.[216] Dafür spricht ferner, dass die Kostenausgleichsregelung des § 24 Abs. 2 BBodSchG ansonsten überflüssig wäre. Denn diese setzt eine Inanspruchnahme des Zustandsstörers voraus, obwohl ein leistungsfähiger Verursacher vorhanden ist.[217]

163 **e) Umfang der Haftung.** Aus § 4 Abs. 3 S. 1 BBodSchG geht nicht hervor, ob der Rechtsnachfolger nur mit dem übergegangenen oder auch mit seinem zuvor vorhandenen Vermögen haftet.

164 Eine Ansicht fordert, die Haftung auf den Wert des übergegangenen Vermögens zu begrenzen.[218] Die europäische Spaltungsrichtlinie, auf der das UmwG beruht, ermögliche eine solche Einschränkung.[219] Dafür könnte sprechen, dass der Zurechnungsgrund für die Haftung bei dem Rechtsnachfolger nicht in seinem eigenen Verhalten, sondern nur in dem vom Verursacher übernommenen Vermögen begründet ist.[220] Ferner entspricht diese Einschränkung der vom Bundesverfassungsgericht[221] eingeführten Begrenzung der Zustandshaftung des Eigentümers, der die Altlast ebenfalls nicht selbst verursacht hat.[222]

165 Gegen eine solche Einschränkung wird indes eingewandt, dass sich der unbegrenzt haftende Verursacher seiner Verantwortung dadurch entledigen könne, dass er sein Vermögen durch Umwandlung auf einen anderen Rechtsträger überträgt und so die Kosten der Gefahrbeseitigung, soweit sie den Wert des Altlastengrundstücks übersteigen, der Allgemeinheit aufbürdet.[223]

166 Im Ergebnis ist die Frage noch nicht abschließend geklärt. So hat der Gesetzgeber trotz der europarechtlich eingeräumten Möglichkeit zur Haftungsbegrenzung gerade keine ausdrückliche Regelung getroffen. Auch die Rechtsprechung hat die Frage der Haftungs-

---

[213] *Spieth/Wolfers*, altlasten spektrum 1998, 75, 77.
[214] BT-Drs. 13/6701, S. 35.
[215] VGH München 22 ZS 00.1994, NVwZ 2001, 458, 459; *Erbguth/Stollmann*, DVBl. 2001, 601, 608; *Kloepfer*, § 13 Rn. 327 f.; *Knopp*, DÖV 2001, 441, 447; *Turiaux/Knigge*, BB 1999, 377, 379. Anders z. B. Versteyl/Sondermann/*Versteyl*, § 4 Rn. 88a ff.: lediglich nachgeordnete Heranziehung des Gesamtrechtsnachfolgers.
[216] *Erbguth/Stollmann*, DVBl. 2001, 601, 608; Landmann/Rohmer/*Dombert*, § 4 BBodSchG Rn. 15.
[217] *Schink*, DÖV 1999, 797, 801; Versteyl/Sondermann/*Versteyl*, § 4 Rn. 88.
[218] VG Münster 20 A 2640/94, NVwZ 1997, 507; *Nolte*, NVwZ 2000, 1135, 1136; *Schall/Horn*, ZIP 2003, 327, 335; *Spieth/Wolfers*, NVwZ 1999, 355, 360; wohl auch *Bickel*, § 4 Rn. 26. A. A. Erbguth/Stollmann, DVBl. 2001, 601, 602; *Ginzky*, NuR 2003, 727, 730 f.
[219] Art. 12 Abs. 7 VO 82/891/EWG.
[220] *Knopp*, DÖV 2001, 441, 452; *Spieth/Wolfers*, NVwZ 1999, 355, 360.
[221] BVerfG 1 BvR 242/91 und 315/99, juris.
[222] *Knopp*, DÖV 2000, 441, 452; a. A. Giesberts/Reinhardt/*Giesberts/Hilf*, § 4 BBodSchG Rn. 30.
[223] *Müggenborg*, Rn. 460.

begrenzung des Gesamtrechtsnachfolgers bisher offen gelassen.[224] Auch dies zeigt, dass im Falle einer Umwandlung viel Sorgfalt auf die Bestimmung des übergehenden Vermögens und der Innenhaftung zwischen den beteiligten Rechtsträgern zu verwenden ist.

f) Haftung bei der Spaltung. Können nach einer Spaltung potenziell mehrere Rechtsträger als Sanierungspflichtige in Anspruch genommen werden, stellt sich die Frage, ob, in welchem Umfang und wie lange jeder Einzelne haftet und ob das zu sanierende Grundstück von der Sanierungsverbindlichkeit getrennt werden kann.

aa) Kollision mit § 133 UmwG. Grundsätzlich sieht § 133 UmwG vor, dass alle beteiligten Rechtsträger als Gesamtschuldner zur Verfügung stehen. Allerdings soll derjenige, dem die entsprechende Pflicht im Spaltungs- und Übernahmevertrag nicht zugewiesen wurde, grundsätzlich nach fünf Jahren nicht mehr haften.[225] Fraglich ist, in wieweit diese zivilrechtlichen Gläubigerschutzvorschriften auch im Bereich des Bodenschutzrechts anwendbar sind. Denn sie widersprechen der öffentlich-rechtlich angeordneten „Ewigkeitshaftung".

Für die Anwendbarkeit der zeitlichen Haftungsbegrenzung aus § 133 UmwG spricht, dass sich § 4 Abs. 3 S. 1 BBodSchG auf die Gesamtrechtsnachfolge, mithin auf ein geschlossenes zivilrechtliches Konzept bezieht. Dementsprechend sollten auch die zivilrechtlichen Regelungen gelten, die die Nachhaftung begrenzen.[226] Die Konstellation ist insofern mit einem anderen Fall der Gesamtrechtsnachfolge vergleichbar, nämlich der beschränkten Erbenhaftung bei behördlicher Inanspruchnahme der Erben, die das Bundesverwaltungsgericht explizit bejaht.[227] Auch werden öffentlich-rechtliche Verbindlichkeiten in § 133 Abs. 3 S. 1 Hs. 2 UmwG ausdrücklich genannt.[228] Vor dem Hintergrund, dass die Spaltung erst mit Eintragung in das Handelsregister und Bekanntmachung wirksam wird, ist es der Behörde durchaus zuzumuten, innerhalb von fünf Jahren der schädlichen Bodeneinwirkung nachzugehen und die abstrakte Ordnungspflicht durch eine Verfügung zu konkretisieren.[229] In diesem Fall haftet der Adressat aufgrund der Verfügung auch dann, wenn fünf Jahre vergangen sind.

Die Haftung des übernehmenden Rechtsträgers für die im Spaltungs- und Übernahmevertrag übernommene Sanierungsverpflichtung gilt damit unbefristet, während die Nachhaftung des übertragenden Rechtsträgers gemäß § 133 Abs. 3 S. 1 UmwG nach Ablauf von fünf Jahren erlischt.

bb) Möglichkeit der Trennung von Grundstück und Sanierungspflicht. Im Rahmen der Spaltung stellt sich die Frage, ob das zu sanierende Grundstück durch entsprechende Regelungen im Spaltungs- und Übernahmevertrag von der Sanierungsverbindlichkeit getrennt übertragen werden kann. Während eine Trennung von Grundstück und Sanierungsverbindlichkeit aus Zustandsverantwortlichkeit verneint wird,[230] ist die Trennung des Grundstücks von einer Verhaltensverantwortlichkeit durchaus möglich, da diese nicht allein aus der rechtlichen und tatsächlichen Einwirkungsmöglichkeit auf die Gefahrenquelle resultiert.[231]

---

[224] VGH Mannheim 10 S 2351/06, NVwZ-RR 2008, 605, 610.
[225] → § 68 Rn. 126 ff.
[226] *Giesberts/Frank*, DB 2000, 505, 506. Ebenso: *Ginzky*, NuR 2003, 725, 731; *Knopp/Löhr*, Rn. 86; *Lutter/Schwab*, § 133 Rn. 120; *Theuer*, DB 1999, 621, 624.
[227] BVerwG V C 74/62, NJW 1963, 1075, 1076.
[228] *Giesberts/Frank*, DB 2000, 505, 506.
[229] *Becker/Fett*, NZG 1999, 1189, 1197.
[230] *Schmitt/Hörtnagl/Stratz/Hörtnagl*, § 131 Rn. 70.
[231] *Ginzky*, NuR 2003, 725, 731; *Schlemminger/Apfelbacher*, NVwZ 2013, 1389, 1392; *Theuer*, DB 1999, 621, 622. A. A. *Lutter/Teichmann*, § 131 Rn. 79; *Semler/Stengel/Schröer*, § 131 Rn. 43; *Versteyl/Sondermann/Versteyl*, § 4 Rn. 54.

2. Die Durchgriffshaftung nach § 4 Abs. 3 S. 4 Alt. 1 BBodSchG

172 Gemäß § 4 Abs. 3 S. 4 Alt. 1 BBodSchG ist derjenige sanierungsverantwortlich, der „aus handelsrechtlichem oder gesellschaftlichem Rechtsgrund für eine juristische Person einzustehen hat, der ein Grundstück, das mit einer schädlichen Bodenveränderung oder einer Altlast belastet ist gehört". Diese Regelung verbindet erstmals handels- und gesellschaftsrechtliche Haftungstatbestände mit ordnungsrechtlichen Rechtsfolgen.[232]

173 Der Gesetzgeber wollte damit verhindern, dass sich Unternehmen der bodenschutzrechtlichen Haftung durch missbräuchliche gesellschaftsrechtliche Gestaltungen entziehen und die Sanierungsaufwendungen letztlich der öffentlichen Hand zur Last fallen, obwohl ein leistungsfähiger Verantwortlicher existiert.[233]

174 **a) Haftung für Zustands- und Verhaltensverantwortlichkeit?** Voraussetzung einer Durchgriffshaftung ist zunächst, dass das Altlastengrundstück einer juristischen Person „gehört". Dabei ist fraglich, ob die Norm eine Durchgriffshaftung nur für den Fall einer Zustandsverantwortlichkeit oder auch für die Verhaltensverantwortlichkeit der jeweiligen juristischen Person anordnet. Der Wortlaut weist auf eine Zustandsstörerhaftung hin, weil er – anders als Abs. 3 S. 1 – nicht von Verursachung spricht, sondern ausdrücklich an das „Gehören" anknüpft.[234]

175 **b) Haftung des Eigentümers und des Inhabers der tatsächlichen Gewalt?** Im Zusammenhang damit steht auch die Frage, ob § 4 Abs. 3 S. 4 Alt. 1 BBodSchG allein auf den Eigentümer verweist oder ob auch der Inhaber der tatsächlichen Gewalt angesprochen wird. Die Gesetzesbegründung schließt Letzteren ein.[235]

176 Der Wortlaut „gehören" weist allerdings auf eine Eigentümerstellung hin. Zudem geht es in der 2. Alt. des Abs. 3 S. 4 um die Aufgabe der Zustandsstörerhaftung durch Dereliktion, sodass sich jedenfalls diese expressis verbis nur auf das Eigentum bezieht.[236] Hinzu kommt, dass der Anwendungsbereich der Durchgriffshaftung schon im Gesellschaftsrecht nur eng umschränkte Ausnahmen erfassen soll und somit nicht ohne eindeutige Anordnung ausgedehnt werden kann.[237] Schließlich besteht das Hauptziel der Vorschrift darin, eine Situation zu vermeiden, in der Sanierungspflichten auf unvermögende juristische Personen verlagert und damit auf die öffentliche Hand abgewälzt werden.[238] Dies alles spricht dafür, dass allein die Eigentümerstellung der juristischen Person maßgeblich ist.[239]

177 **c) Einstandspflicht.** Eine Sanierungsverantwortlichkeit besteht nur bei einer Einstandspflicht der Gesellschafter, die sich aus einem handelsrechtlichen oder gesellschaftsrechtlichen Rechtsgrund ergibt. Darunter versteht man die Ausnahme von dem in § 13 Abs. 1 und 2 GmbHG verankerten Trennungsprinzip zwischen Gesellschaft und Gesellschafter. Ausnahmsweise soll also die Haftung der Gesellschaft nicht auf ihr eigenes Vermögen begrenzt sein, sondern auch auf die Gesellschafter ausgedehnt werden.[240] Zu der Frage, wann genau eine solche Einstandspflicht vorliegt, schweigt das Gesetz jedoch. Teilweise wird die Norm aus diesem Grund schon für nicht bestimmt genug gehalten und ihre Verfassungskonformität angezweifelt.[241]

---

[232] *Giesberts/Frank*, DB 2000, 505, 507.
[233] BT-Drs. 13/1607, S. 51 f.
[234] *Giesberts/Frank*, DB 2000, 505, 508; *Spindler*, ZGR 2001, 385, 389.
[235] BT-Drs. 13/6701, S. 51: „Geregelt wird zum einen die Sanierungsverantwortlichkeit im Falle einer Einstandspflicht für eine juristische Person, die Eigentümerin eines kontaminierten Grundstücks oder Inhaberin der tatsächlichen Gewalt über ein solches Grundstück ist." So auch Sanden/Schoeneck/*Schoeneck*, § 4 Rn. 40. – Dazu auch *Spindler*, ZGR 2001, 385, 389.
[236] *Spindler*, ZGR 2001, 385, 390.
[237] *Giesberts/Frank*, DB 2000, 505, 508.
[238] *Giesberts/Frank*, DB 2000, 505, 508; *Spindler*, ZGR 2001, 385, 390.
[239] *Kloepfer*, § 13 Rn. 312; *Spieth/Wolfers*, NVwZ 1999, 355, 357; *Vierhaus*, NJW 1998, 1262, 1265.
[240] Landmann/Rohmer/*Dombert*, § 4 BBodSchG Rn. 41.
[241] Siehe näher dazu: *Becker/Fett*, NZG 1999, 1189, 1190 ff.; *Tiedemann*, NVwZ 2008, 257, 260.

Typische Anwendungsfälle, die die Rechtsprechung entwickelt hat, sind die materielle **178** Unterkapitalisierung und der existenzvernichtende Eingriff (qualifizierte Konzernabhängigkeit). Im Umwandlungsrecht ist vor allem die **materielle Unterkapitalisierung** interessant. Eine solche ist immer dann möglich, wenn eine juristische Person Unternehmensteile zur Neugründung von Kapitalgesellschaften abspaltet oder ausgliedert und diese nicht mit dem zur Erreichung des Gesellschaftszwecks notwendigen, sondern etwa nur mit dem gesetzlichen Mindestkapital ausstattet. Wenn diesen Unternehmen kontaminierte Flächen ohne genügende Kapitalausstattung im Wege der Spaltung übertragen werden, kann dies dazu führen, dass das Unternehmen die Sanierung nicht mit eigenen Mitteln finanzieren kann. In diesen Fällen kann die zuständige Behörde grundsätzlich auf das Privatvermögen der Gesellschafter durchgreifen.

Allerdings ist im Einzelfall sorgfältig zu prüfen, ob eine Unterkapitalisierung tatsächlich **179** gegeben ist.[242] So kann der zu erreichende Gesellschaftszweck beispielsweise darin bestehen, das Grundstück an eine Betriebsgesellschaft zu verpachten. Hingegen geht es der Gesellschaft nicht darum, eine öffentlich-rechtliche Sanierungsverpflichtung zu erfüllen. Aus diesem Grund geht eine Ansicht davon aus, dass eine materielle Unterkapitalisierung nur dann anzunehmen sei, wenn eine behördliche Verfügung an eine bereits unterkapitalisierte Gesellschaft ergeht.[243]

Nach der Stellungnahme des Bundesrats soll bereits ein objektiver Missbrauch der gesell- **180** schaftsrechtlichen Organisationsformen für die Annahme einer materiellen Unterkapitalisierung genügen.[244] Da es bei der Beurteilung einer ausreichenden Kapitalausstattung aber auf den Gesellschaftszweck ankommt, können die Motive der Gesellschafter nicht unberücksichtigt bleiben. So ist keine bewusste, missbräuchliche Unterkapitalisierung anzunehmen, wenn den Gesellschaftern das Vorliegen von schädlichen Bodenveränderungen oder Altlasten nicht bekannt war und sich dieses nicht aufdrängen musste und dementsprechend „in gutem Glauben" nicht bei der Kapitalausstattung berücksichtigt wurde. In diesem Fall ist der Zugriff auf das Privatvermögen der Gesellschafter nicht zu rechtfertigen, wenn sich erst später herausstellt, dass die Gesellschaft unterkapitalisiert ist.[245]

d) Störerauswahl. Bei der Durchgriffshaftung stellt sich ebenfalls die Frage, ob die **181** Behörde bei mehreren Störern in ihrer Ermessensentscheidung bestimmten Beschränkungen unterliegt. Hier kann zum Teil auf die bereits im Rahmen der Haftung des Gesamtrechtsnachfolgers gemachten Ausführungen verwiesen werden.[246]

Im Grundsatz ist davon auszugehen, dass der Einstandsverantwortliche nur herangezogen **182** werden kann, wenn weder ein Verhaltens-, noch ein Zustandsstörer oder ein Gesamtrechtsnachfolger vorhanden ist.[247] Dafür spricht, dass der Einstandsverantwortliche in § 4 Abs. 3 BBodSchG nicht in einem Zuge mit den anderen Störern genannt wird, sondern von diesen durch die Sätze 2 und 3 getrennt wird.[248] Ferner soll § 4 Abs. 3 S. 4 Alt. 1 BBodSchG nach der Gesetzesbegründung die öffentliche Hand davor schützen, dass Sanierungskosten auf eine leistungsunfähige juristische Person abgewälzt werden.[249] Ist aber ein klassischer Störer vorhanden, dann realisiert sich diese Gefahr gerade nicht.[250]

---

[242] *Becker/Fett*, NZG 1999, 1189, 1192.
[243] *Becker/Fett*, NZG 1999, 1189, 1192; so insb. auch BSG 7 Rar 20/82, NJW 1984, 2117 ff. – Zu weiteren Konstellationen *Becker*, DVBl. 1999, 134, 138. – Strenger Giesberts/Reinhardt/ *Giesberts/Hilf*, § 4 BBodSchG Rn. 46.
[244] BT-Drs. 13/6701, S. 51. So auch *Kloepfer*, § 13 Rn. 319.
[245] Im Ergebnis ebenso *Giesberts/Frank*, DB 2000, 505, 509; Giesberts/Reinhardt/ *Giesberts/Hilf*, § 4 BBodSchG Rn. 47 m. w. N. Noch strenger: *Vierhaus*, NJW 1998, 1262.
[246] → § 68 Rn. 161 f.
[247] *Tiedemann*, NVwZ 2003, 1477.
[248] *Tiedemann*, NVwZ 2003, 1477, 1478.
[249] BT-Drs. 13/6701, S. 51 f.
[250] *Tiedemann*, NVwZ 2003, 1477, 1478.

183 **e) Inhalt der Einstandspflicht.** Streitig ist, ob § 4 Abs. 3 S. 4, Alt. 1 BBodSchG eine eigenständige öffentlich-rechtliche Pflicht zur Sanierung auferlegt oder ob sie lediglich eine Zahlungspflicht statuiert. Für Letzteres könnte sprechen, dass die gesellschaftsrechtliche Durchgriffshaftung grundsätzlich nur zu einer Zahlungspflicht führt.[251] Allerdings deutet der Wortlaut von § 4 Abs. 3 S. 4, Alt. 1 BBodSchG sehr klar auf eine Handlungspflicht hin („Zur Sanierung ist verpflichtet…").[252] Da das Bodenschutzrecht als lex specialis zu den allgemeinen Grundsätzen gesellschaftsrechtlicher Durchgriffshaftung anzusehen ist, ist von einer Handlungspflicht auszugehen.

184 **f) Übertragbarkeit der Einstandspflicht im Wege der Spaltung.** Die Durchgriffshaftung kann nicht als solche – isoliert – durch Abspaltung oder Ausgliederung übertragen werden, da die Einstandspflicht aus der Verantwortlichkeit für die verbundene juristische Person resultiert.[253]

185 **g) Fazit.** Eine Durgriffshaftung kommt nur in sehr seltenen Fällen in Betracht, weil bestimmte Voraussetzungen bei einer Umwandlung oftmals nicht erfüllt werden. So ist insbesondere erforderlich, dass (i) der übertragende Rechtsträger nach der Umwandlung fortbesteht, (ii) er den übernehmenden Rechtsträger beherrscht und (iii) der übernehmende Rechtsträger unterfinanziert ist (Missbrauch). Kumulativ sind diese Voraussetzungen in der Praxis nur im Ausnahmefall erfüllt.

3. Die Haftung des früheren Eigentümers nach § 4 Abs. 6 BBodSchG

186 Gemäß § 4 Abs. 6 BBodSchG kann nunmehr auch der frühere Eigentümer eines Grundstücks zur Sanierung verpflichtet werden, wenn er sein Eigentum nach dem 1.3.1999 übertragen hat und die schädliche Bodenveränderung oder Altlast hierbei kannte oder kennen musste.[254]

187 Damit schließt diese Vorschrift eine Haftungslücke, die dann entsteht, wenn ein kontaminiertes Grundstück und damit auch die Zustandshaftung an einen leistungsunfähigen Rechtsträger übertragen wird. Zuvor war teilweise versucht worden, den ehemaligen Eigentümer eines Grundstücks wegen des bloßen Unterlassens der Sanierung als Verhaltensstörer heranzuziehen. Gegen diese Versuche sprach jedoch, dass sie die bisherige Abgrenzung von Verursacher- und Zustandsverantwortlichkeit aufgeweicht hätten. Außerdem bestand und besteht kein Verbot, ein belastetes Grundstück zu veräußern,[255] es können hierfür im Gegenteil gute Gründe bestehen.

188 Fraglich ist, ob § 4 Abs. 6 BBodSchG auch auf Umwandlungsvorgänge Anwendung findet. Eine höchstrichterliche Klärung dieser Frage ist noch nicht erfolgt. Die besseren Argumente sprechen aber gegen eine Anwendbarkeit. So stellt bereits der Wortlaut nur auf eine Übertragung von Eigentum ab und bezieht sich damit auf die Einzelrechtsnachfolge im Sinne von §§ 873, 925 BGB. Hingegen wird im Falle von Umwandlungen nicht unmittelbar ein einzelner Gegenstand, sondern Vermögen transferiert.[256] Dieses Verständnis bestätigt auch ein systematischer Vergleich mit § 4 Abs. 3 S. 1 BBodSchG. Denn dort ist ausdrücklich von dem Gesamtrechtsnachfolger – und nicht von einem früheren oder späteren Eigentümer – die Rede. Damit zeigt das Gesetz, dass es klar zwischen Einzel- und Gesamtrechtsnachfolge differenziert und mit Abs. 6 nur den ersten Fall erfasst. Schließlich könnte eine weitere Auslegung zu weitreichenden Konsequenzen für den übertragenden Rechtsträger führen, die häufig gegen den Grundsatz der Verhältnismäßigkeit verstoßen

---

[251] *Spindler*, ZGR 2001, 385, 390 ff., insb. 395.
[252] So auch *Kloepfer*, § 13 Rn. 311; *Turiaux/Knigge*, BB 1999, 377, 381 f.
[253] *Schlemminger/Apfelbacher*, NVwZ 2013, 1389, 1392.
[254] Zur Frage der Verfassungsmäßigkeit der Norm s. *Dombert*, NJW 2001, 927; *Spieth/Wolfers*, altlasten spektrum 1998, 75, 79; *Spieth/Wolfers*, NVwZ 1999, 355 ff. – Ausführlich mit einer Gegenüberstellung der maßgeblichen Erwägungen Giesberts/Reinhardt/*Giesberts/Hilf*, § 4 BBodSchG Rn. 38.
[255] Vgl. Bezugnahme des VGH Baden-Württemberg 10 S 828/95, BB 1996, 392, 393 f.
[256] So *Krieger/Schneider*, § 34 Rn. 87; *Spindler*, ZGR 2001, 385, 401.

würden. Denn die herrschende Meinung geht davon aus, dass die Haftung nach § 4 Abs. 6 BBodSchG keinerlei zeitlichen Grenzen unterworfen ist.[257] Das Gesetz bezieht sich gerade nicht auf den „vorherigen", sondern auf den „früheren" Eigentümer, was darauf hinweist, dass jedes Unternehmen verantwortlich ist, in dessen Eigentum sich das kontaminierte Grundstück irgendwann einmal befunden hat – ohne dass es auf eine Verursacherrolle ankommt.[258]

Um gleichwohl das Risiko einer anderslautenden gerichtlichen Interpretation zu verringern, sollte in dem Spaltungs- und Übernahmevertrag eine Freistellungsklausel zu Gunsten des übernehmenden Rechtsträgers aufgenommen werden. Auch empfiehlt es sich, den gesetzlichen Anspruch auf den Gesamtschuldnerausgleich aus § 24 Abs. 2 BBodSchG vertraglich auszuschließen.[259] 189

II. Immissionsschutzrecht

Das Immissionsschutzrecht differenziert zwischen genehmigungsbedürftigen und genehmigungsfreien Anlagen. Genehmigungen nach § 4 BImSchG können grundsätzlich im Rahmen einer Umwandlung zusammen mit den betreffenden Anlagen übertragen werden (1.). Probleme können sich indes dann ergeben, wenn der Gegenstand, auf den sich die Genehmigung bezieht, auf mehrere Rechtsträger aufgeteilt werden soll (2.). Umgekehrt kann sich auch die umwandlungsbedingte Zusammenführung von Anlagen auf die Genehmigungssituation auswirken; diese Thematik spielt bei Störfallbetrieben eine besondere Rolle (3.). Schließlich können auch die allgemeinen Betreiber- (4.) und Nachsorgepflichten (5.) Gegenstand von Umwandlungsvorgängen sein. 190

1. Übergang der Genehmigung nach § 4 BImSchG
a) Grundsatz: Anlagenbezug / Sachgenehmigung. Die nach § 4 BImSchG erteilte Genehmigung für eine genehmigungsbedürftige Anlage stellt eine **Sachgenehmigung** dar, die gemäß § 6 Abs. 1 BImSchG nur anlagenbezogene Aspekte umfasst.[260] Anders als andere Erlaubnisse wird die immissionsschutzrechtliche Genehmigung mithin unabhängig von spezifischer Sachkunde oder Zuverlässigkeit des Betreibers erteilt.[261] Sie ist daher bei einer Verschmelzung oder Spaltung zusammen mit der Anlage grundsätzlich übergangsfähig.[262] 191

Betreiber ist nach fast einhelliger Auffassung derjenige, der den bestimmenden Einfluss auf Lage, Beschaffenheit und Betrieb der Anlage hat. Maßgebend ist, wer über das Ob und Wie des Betreibens der Anlage entscheidet.[263] Wer danach als Betreiber gilt, ist auch Inhaber der Genehmigung. Dies wird deutlich, wenn ein Betreiber seine Anlage veräußert und sogleich zurückpachtet. Dann bleibt er Genehmigungsinhaber.[264] Umgekehrt erlangt der Erwerber einer Anlage nicht notwendigerweise die dazugehörige Genehmigung – 192

---

[257] Statt vieler: *Giesberts/Frank*, DB 2000, 505, 510.
[258] *Giesberts/Frank*, DB 2000, 505, 510.
[259] So auch *Krieger/Schneider*, § 34 Rn. 90.
[260] *Jarass*, § 6 Rn. 4. Der Anlagenbegriff ist in § 3 Abs. 5 BImSchG legaldefiniert. Danach sind Anlagen 1. Betriebsstätten und sonstige ortsfeste Einrichtungen, 2. Maschinen, Geräte und sonstige ortsveränderliche technische Einrichtungen sowie Fahrzeuge, soweit sie nicht der Vorschrift des § 38 unterliegen, und 3. Grundstücke, auf denen Stoffe gelagert oder abgelagert oder Arbeiten durchgeführt werden, die Emissionen verursachen können, ausgenommen öffentliche Verkehrswege.
[261] BT-Drs. VII/179, S. 31; *Jarass*, § 6 Rn. 4; *Kreppel*, S. 149; *Landmann/Rohmer/Dietlein*, § 5 BImSchG Rn. 31. Eingehend zur Zuverlässigkeit *Kreppel*, S. 162 ff.
[262] BVerwG 4 C 36/86, NVwZ 1990, 464 f.; *Jarass*, § 6 Rn. 79 f.; *Landmann/Rohmer/Dietlein*, § 5 BImSchG Rn. 28, § 6 BImSchG Rn. 7; *Schmidt-Kötters*, WiVerw 2013, 199, 200 f. Missverständlich, aber mit dem gleichen Ergebnis VGH München 22 CS 06.166, NVwZ 2006, 1201.
[263] *Feldhaus/Rebentisch*, § 15 BImSchG Rn. 59; *Jarass*, § 3 Rn. 81; *Kotulla/Kotulla*, § 4 BImSchG Rn. 77; *Kreppel*, S. 151.
[264] *Jarass*, § 6 Rn. 79.

jedenfalls dann nicht, wenn er mit dem Eigentumserwerb nicht zugleich in die Betreiberstellung einrückt.

193 **b) Sonderfall: Untersagungsmöglichkeit bei Unzuverlässigkeit.** Eine gewisse Durchbrechung des Anlagenbezugs ergibt sich aus § 20 Abs. 3 BImSchG. Danach kann die zuständige Behörde den weiteren Betrieb einer genehmigungsbedürftigen Anlage untersagen, wenn der Betreiber unzuverlässig ist.

194 Im Falle einer Umwandlung ist indes davon auszugehen, dass die Unzuverlässigkeit auf Seiten des übernehmenden Rechtsträgers nicht automatisch zu einem Wegfall der Genehmigung führt. Vielmehr räumt § 20 Abs. 3 BImSchG der Behörde nur eine Untersagungsbefugnis im Hinblick auf den „weiteren Betrieb" ein. Danach bliebe selbst bei einer späteren Untersagung des Betriebes die übergegangene Genehmigung bestehen.[265]

195 **c) Umwandlung bewirkt keine Unterbrechung.** Die allgemeine bzw. partielle Gesamtrechtsnachfolge bewirkt keine Unterbrechung im Sinne des § 18 Abs. 1 Nr. 2 BImSchG, sodass eine Genehmigung nicht durch einen Umwandlungsvorgang erlischt.[266] Allerdings muss sich der Rechtsnachfolger die Zeit des Nicht-Betreibens durch den Vorgänger anrechnen lassen.[267]

196 **d) Übergang der Auflagen.** Mit dem Übergang der Genehmigung gehen auch die mit ihr verbundenen, nach § 12 BImSchG angeordneten Nebenbestimmungen über. Insbesondere die praktisch wichtigen Auflagen sind selbstständige Verwaltungsakte,[268] die sich an den Betreiber der Anlage richten und der Erfüllung der Voraussetzungen aus dem BImSchG dienen. Sie sind weder höchstpersönlich, noch unvertretbar.[269]

197 **e) Keine Anzeige- oder Genehmigungspflicht.** Schließlich erfordert die umwandlungsbedingte Nachfolge in eine bestehende Genehmigung im Grundsatz weder eine Anzeige noch eine Änderungsgenehmigung.[270] Denn angesichts der Sachbezogenheit der Genehmigung kommt es auf die Person des Genehmigungsinhabers in der Regel gerade nicht an. Vielmehr ist eine Änderungsanzeige nach § 15 Abs. 1 BImSchG nur dann erforderlich, wenn sich die Lage, die Beschaffenheit oder der Betrieb einer Anlage ändern. Diese werden durch einen Wechsel in der Person des Betreibers jedoch regelmäßig nicht tangiert. Auch über § 15 Abs. 3 BImSchG lässt sich keine Anzeigepflicht konstruieren, da ein Betriebsübergang nicht mit einer Betriebseinstellung vergleichbar ist.[271]

198 Eine Anzeige- oder Mitteilungspflicht kann sich indes dann ergeben, wenn sich infolge der Umwandlung die Betriebsorganisation ändert und insofern die Angaben nach § 52b BImSchG zu aktualisieren sind.[272]

199 Darüber hinaus kann die zuständige Behörde eine Anzeigepflicht durch Nebenbestimmung zu der Genehmigung festsetzen.[273] Eine solche Festsetzung würde es ihr zum Beispiel ermöglichen, bei Bedarf von ihrer Befugnis aus § 20 Abs. 3 BImSchG Gebrauch zu machen, wenn der neue Betreiber nicht mehr zuverlässig ist.

---

[265] Giesberts/Reinhardt/*Schmidt-Kötters*, § 4 BImSchG Rn. 95; Kotulla/*Kotulla*, § 6 BImSchG Rn. 43; Landmann/Rohmer/*Hansmann*, § 20 BImSchG Rn. 56; wohl auch *Jarass*, § 20 Rn. 45. – Anders (wohl) Feldhaus/*Peschau*, § 20 BImSchG Rn. 63; Kotulla/*Kühling/Dornbach*, § 20 BImSchG Rn. 58; Landmann/Rohmer/*Hansmann*, § 20 BImSchG Rn. 56.
[266] Feldhaus/*Scheidler*, § 18 BImSchG Rn. 27; Giesberts/Reinhardt/*Schack*, § 18 BImSchG Rn. 13.
[267] Landmann/Rohmer/*Hansmann*, § 18 BImSchG Rn. 30.
[268] Beck-OK VwVfG/*Tiedemann*, § 36 Rn. 67.
[269] *Kreppel*, S. 164; *Krieger/Schneider*, § 34 Rn. 88.
[270] Strenger: *Friedrich*, NVwZ 2002, 1174, 1177 f.
[271] *Fluck*, BB 1991, 1797, 1803; *Kreppel*, S. 157 f.
[272] Vgl. Landmann/Rohmer/*Hansmann/Röckinghausen*, § 52b BImSchG Rn. 21: „§ 52b enthält Dauerpflichten." Dazu auch *Kreppel*, S. 159.
[273] *Kreppel*, S. 159.

Auch Anordnungen nach § 17 BImSchG sowie der nachträgliche Erlass zusätzlicher **200**
Neben- und Inhaltsbestimmungen geben der Behörde die Möglichkeit, den infolge der
Umwandlung veränderten Umständen Rechnung zu tragen.

In Zweifelsfällen empfiehlt es sich, der Behörde den Wechsel in der Person des Betreibers **201**
rechtzeitig freiwillig mitzuteilen, um möglichst schnell Klarheit über eventuelle behördliche
Maßnahmen zu erlangen.

2. Folgen der umwandlungsbedingten Teilung einer Anlage

Der Übergang einer Genehmigung erweist sich vor allem dann als problematisch, wenn **202**
der Gegenstand, auf den sich die Genehmigung bezieht, auf mehrere Rechtsträger aufgeteilt werden soll. Dies gilt auch im Immissionsschutzrecht. Dabei sind Aufteilungen insbesondere aufgrund von Vertikalisierungs- und Spezialisierungsbestrebungen von Unternehmen in Industriegebieten und Chemieparks keine Seltenheit. Dass die Aufteilung einer Genehmigung auf mehrere Rechtsträger jedoch grundsätzlich möglich sein soll, zeigt Art. 4 Abs. 3 der Richtlinie 2010/75/EU[274] über Industrieemissionen. Danach kann eine einzelne Genehmigung verschiedene Anlagen mit verschiedenen Betreibern erfassen.[275]

Vor diesem Hintergrund ist zu unterscheiden zwischen einer Teilung, die einer neuen **203**
Genehmigung oder einer Änderungsgenehmigung bedarf (a)), und einer Teilung, die im Grundsatz kein erneutes Genehmigungsverfahren erforderlich macht (b)).

Den Maßstab bildet insoweit stets § 16 BImSchG. Danach ist eine neue oder eine **204**
Änderungsgenehmigung immer dann erforderlich, wenn sich Lage, Beschaffenheit oder Betrieb im Zuge der Umwandlung ändern und dadurch neue oder andere nachteilige Auswirkungen auf die Umwelt hervorgerufen werden können. Ob dies der Fall ist, haben die Beteiligten daher im Einzelfall sorgfältig zu prüfen. In Zweifelsfällen empfiehlt es sich, die Rechtsnachfolge der zuständigen Behörde zumindest mitzuteilen, damit diese prüfen kann, ob ein neues Genehmigungsverfahren zu eröffnen ist.

a) Genehmigungspflichtige Teilung einer Anlage. Diesem Maßstab entsprechend **205**
wird die Teilung einer Anlage im Rahmen einer Spaltung immer dann als genehmigungspflichtig angesehen, wenn Teile der Anlage oder Verfahrensschritte, die für die betreffende Anlage notwendig sind und mit dieser aus praktischen oder technischen Gründen eine Einheit darstellen, auf verschiedene Rechtsträger verteilt werden.[276]

Eine Anlage im Sinne des BImSchG besteht in der Regel aus einer Haupteinrichtung **206**
und ggf. mehreren Nebeneinrichtungen.[277] Die Haupteinrichtung stellt den Kernbereich der gesamten Anlage dar und umfasst gemäß § 1 Abs. 2 Nr. 1 der 4. BImSchV alle Anlagenteile und Verfahrensschritte, die zum Betrieb notwendig sind. Zum Kernbereich gehören demnach primär alle für den jeweils bezweckten Prozess der Herstellung, Gewinnung, Verarbeitung etc. unmittelbar eingesetzten oder benutzten Reaktionsbehälter, Brenner, Motoren, Rohrleitungen, Pumpen etc. Darüber hinaus sind auch die auf diesen Prozess bezogenen Hilfseinrichtungen (Messgeräte, Steuergeräte, Regelgeräte) als Teil des Kernbereichs anzusehen.[278] Nebeneinrichtungen sind hingegen Anlagenteile und Verfahrensschritte, die für die Erfüllung des Anlagenzwecks nicht erforderlich, aber dennoch auf die Haupteinrichtung ausgerichtet sind.[279] Genehmigungspflichtig ist aus immissionsschutzrechtlicher Sicht mithin jedenfalls die Aufteilung der Haupteinrichtung auf mehrere Betreiber infolge einer Aufspaltung.

Wird eine entsprechende Aufteilung der Anlage zivilrechtlich durch Spaltung gleichwohl **207**
vorgenommen, dann werden die übernehmenden Rechtsträger nicht jeweils Betreiber.

---

[274] Richtlinie 2010/75/EU über Industrieemissionen vom 24.11.2010.
[275] *Schmidt-Kötters*, WiVerw 2013, 199, 206.
[276] Giesberts/Reinhardt/*Schmidt-Kötters*, § 4 BImSchG Rn. 127; *Jarass*, § 6 Rn. 81.
[277] Näher dazu *Jarass*, § 4 Rn. 60 ff.
[278] BVerwG 7 B 6/10, NVwZ 2011, 429, 430; *Feldhaus*, § 4 BImSchG Rn. 23; *Jarass*, § 4 Rn. 64; *Schmidt-Kötters*, WiVerw 2013, 199, 208 und 218 f.
[279] *Feldhaus*, § 4 BImSchG Rn. 24.

Stattdessen sind sie nach dem **Grundsatz der Betreiberidentität** zusammen als ein einziger immissionsschutzrechtlicher Anlagenbetreiber anzusehen,[280] der einer neuen Genehmigung bedarf. Allerdings wird jeder einzelne übernehmende Rechtsträger gesamtschuldnerisch verpflichtet.[281]

208 **b) Teilung einer Anlage ohne erneute Genehmigungspflicht.** Grundsätzlich keiner erneuten Genehmigung bedarf die Teilung einer Anlage im Rahmen einer Spaltung in zwei Fällen:

209 Zum einen kann eine Anlage ohne Weiteres geteilt werden, wenn sie aus mehreren Teilanlagen besteht.[282] Dies ist beispielsweise bei gemeinsamen Anlagen der Fall, also bei Anlagen derselben Art, die in einem engen räumlichen und betrieblichen Zusammenhang stehen (vgl. § 1 Abs. 3 S. 1 der 4. BImSchV) und von demselben Betreiber betrieben werden.[283]

210 Zum anderen ist die Teilung der Anlage regelmäßig ohne behördliches Verfahren möglich, wenn eine Nebeneinrichtung abgespalten wird.[284] Diese wird dann als Anlage verselbstständigt.[285]

211 In diesen Fällen steht die immissionsschutzrechtliche Genehmigung den aufgeteilten Anlagen bzw. den entsprechenden Anlagenbetreibern als „Vollgenehmigung" zu. Beide können von der zuständigen Behörde verlangen, dass diese ihnen eine „eigene" Genehmigung formal bescheinigt.

212 Soweit Inhaltsbestimmungen oder Nebenbestimmungen der Ausgangsgenehmigung allein eine der aufgeteilten Anlagen betreffen, gelten sie allein für diese Anlage. Soweit dagegen Inhaltsbestimmungen oder Nebenbestimmungen sich auf die frühere Gesamtanlage beziehen und keinen spezifischen Bezug zu einer der aufgeteilten Anlagen aufweisen, werden die neuen Anlagenbetreiber gemeinsam (als eine Art Gesamtschuldner) verpflichtet, unabhängig von internen Absprachen.[286]

213 Sind die Teilanlagen allein nicht mehr genehmigungsbedürftig, dann bleibt die Genehmigung dennoch grundsätzlich bestehen.[287] Sie erlischt nicht gemäß § 18 Abs. 2 BImSchG, da das Genehmigungserfordernis nicht „aufgehoben" wird.

214 Von einer Anzeige- bzw. Genehmigungspflicht geht die ganz herrschende Meinung auch im Falle einer Spaltung nicht aus.[288] *Friedrich* macht das Erfordernis einer Anzeige oder Änderungsgenehmigung nach § 15 oder 16 BImSchG davon abhängig, ob die Umwandlung Auswirkungen auf die Schutzgüter des § 1 BImSchG oder auf die Betreiberpflichten nach § 5 BImSchG haben kann.[289] *Jarass* ist der Auffassung, dass eine Anzeigepflicht dann besteht, wenn der Anwendungsbereich des § 52b Abs. 1 BImSchG eröffnet ist.[290]

---

[280] OVG Münster 8 B 1476/08, NVwZ-RR 2009, 462, 463; Giesberts/Reinhardt/*Schmidt-Kötters*, § 4 BImSchG Rn. 127; *Jarass*, § 6 Rn. 81. – A. A. *Friedrich*, NVwZ 2002, 1174, 1177 f., der davon ausgeht, dass eine immissionsschutzrechtliche Genehmigung in diesem Fall mangels einheitlichen Betreiberwillens der einzelnen Betreiber nicht erteilt werden oder erhalten bleiben könne.

[281] *Jarass*, § 6 Rn. 81.

[282] *Jarass*, § 6 Rn. 82.

[283] VGH Kassel 9 A 224/13.Z, BeckRS 2015, 42250 Rn. 14–17; *Jarass*, § 4 Rn. 27–30. Das Urteil des BVerwG 4 C 9/03, NVwZ 2004, 1235 steht der Teilung gemeinsamer Anlagen nicht entgegen, da sich das BVerwG hier explizit auf den Sonderfall der Zulassung einer „Windfarm" beschränkt hat und die 4. BImSchV dieser Entscheidung folgend geändert wurde. Vgl. auch *Müggenborg*, Rn. 166.

[284] *Friedrich*, NVwZ 2002, 1174, 1178; Giesberts/Reinhardt/*Schmidt-Kötters*, § 4 BImSchG Rn. 126.1; *Jarass*, § 6 Rn. 82; *Schmidt-Kötters*, WiVerw 2013, 199, 208.

[285] Giesberts/Reinhardt/*Schmidt-Kötters*, § 4 BImSchG Rn. 126.

[286] *Jarass*, § 6 Rn. 82; *Schmidt-Kötters*, WiVerw 2013, 199, 214 f.

[287] Giesberts/Reinhardt/*Schmidt-Kötters*, § 4 BImSchG Rn. 126; *Müggenborg*, Rn. 160; a. A. *Friedrich*, NVwZ 2002, 1174, 1179.

[288] Giesberts/Reinhardt/*Schmidt-Kötters*, § 4 BImSchG Rn. 125; *Jarass*, § 6 Rn. 84; *Müggenborg*, Rn. 157; a. A. erneut *Friedrich*, NVwZ 2002, 1174, 1177 ff.

[289] *Friedrich*, NVwZ 2002, 1174, 1177 f.

[290] *Jarass*, § 6 Rn. 84.

Da die Verteilung der mit einer Gesamtgenehmigung einhergehenden Pflichten zwischen 215
den einzelnen Anlagenbetreibern zu Unstimmigkeiten und damit zu einer schlechteren
Befolgung dieser Pflichten führen kann, mag die Einleitung neuer Genehmigungsverfahren
aus behördlicher Sicht vorteilhaft erscheinen. Eine Pflicht dazu besteht allerdings nicht.
Auch ist ein solches Verfahren mit zum Teil erheblichen Kosten und dem Risiko strengerer
behördlicher Vorgaben infolge der erneut vorzunehmenden Prüfungen verbunden.[291]

3. Folgen der umwandlungsbedingten Zusammenführung mehrerer Anlagen

Weniger problematisch ist der Genehmigungsübergang bei der Zusammenführung meh- 216
rerer Anlagen. Als Beispielsfall ist hier die Eingliederung eines früheren Konkurrenten in
das eigene Unternehmen zu nennen. Eine derartige Zusammenführung kann zunächst
daraus resultieren, dass der übernehmende Rechtsträger infolge einer Verschmelzung oder
einer Spaltung eine Anlage erwirbt, die mit seiner bereits vorhandenen Anlage eine
gemeinsame Anlage im Sinne des § 1 Abs. 3 der 4. BImSchV bildet – etwa wenn zwei
benachbarte Tanklager oder Kraftwerke vereint werden. Eine Zusammenführung liegt auch
vor, wenn die erworbene Anlage zur **Nebeneinrichtung der bereits vorhandenen
Anlage** wird und dadurch den Charakter als selbstständige Anlage verliert.[292] Die Folgen
solcher Zusammenführungen unterscheiden sich danach, ob es sich um „einfache" genehmigungsbedürftige Anlagen (a)) oder Störfallbetriebe (b)) handelt.

a) Auswirkungen auf die Genehmigungssituation nach BImSchG. Bei einer ge- 217
meinsamen Anlage im Sinne des § 1 Abs. 3 der 4. BImSchV sind die maßgeblichen
Leistungsgrenzen und Anlagengrößen zusammenzurechnen, die für beide Anlagenteile
gelten. Als Folge der Eingliederung einer Anlage als Nebeneinrichtung in eine andere
Anlage verbinden sich die bestehenden immissionsschutzrechtlichen Genehmigungen der
einzelnen Anlagen zu einer einheitlichen Genehmigung.[293] Ergeben sich in diesem Zusammenhang Änderungen in Beschaffenheit oder Betrieb der Anlage, können diese nach
§ 16 BImSchG genehmigungsbedürftig sein. War vor der Zusammenführung lediglich eine
der Teilanlagen genehmigungsbedürftig, ist – da Leistung und Anlagengröße nun zusammengerechnet werden – keine Neugenehmigung, sondern gegebenenfalls eine **Änderungsgenehmigung gemäß § 16 BImSchG** erforderlich.[294] Nur wenn die Leistungsgrenze oder Anlagengröße durch die Erweiterung einer genehmigungsfreien Anlage erstmals überschritten wird, verlangt § 1 Abs. 5 der 4. BImSchV eine **Neugenehmigung**.
Wie im Rahmen der Teilung von Anlagen bereits erörtert wurde, ist es ratsam, eine etwaige
Erfüllung der Voraussetzungen des § 16 BImSchG der Behörde bereits im Voraus anzuzeigen.

Sind in den Nebenbestimmungen der einzelnen Anlagengenehmigungen Höchstwerte 218
(zum Beispiel für die Produktionskapazität) festgelegt, so finden im Falle einer Zusammenführung der Anlagen nicht die Einzelwerte Anwendung. Vielmehr werden diese zu einem
Gesamtwert addiert. Beschränkungen der Betriebsweise gelten für die Teilanlage, auf die sie
sich beziehen, fort. Gleiches gilt für Nebenbestimmungen (etwa zu Lärm- und Geruchsimmissionen), die auch nach der Zusammenführung fortgelten.[295]

Keine Zusammenführung liegt vor, wenn ein Anlagenbetreiber im Zuge einer Umwand- 219
lung eine weitere Anlage erwirbt, die weder zum Entstehen einer gemeinsamen Anlage
führt noch als Nebeneinrichtung anzusehen ist, sondern lediglich parallel zu der vorhandenen Anlage betrieben wird. Die bisherigen Genehmigungen bleiben dann separat bestehen,
sie haben lediglich denselben Inhaber.[296]

---

[291] Vgl. auch *Böhler*, DVBl. 2017, 403, 404.
[292] Giesberts/Reinhardt/*Schmidt-Kötters*, § 4 BImSchG Rn. 129b; *Schmidt-Kötters*, WiVerw 2013, 199, 220.
[293] *Jarass*, § 6 Rn. 85; *Schmidt-Kötters*, WiVerw 2013, 199, 221.
[294] Giesberts/Reinhardt/*Schmidt-Kötters*, § 4 BImSchG Rn. 129a; *Jarass*, § 6 Rn. 85.
[295] Zum Ganzen *Schmidt-Kötters*, WiVerw 2013, 199, 222.
[296] *Jarass*, § 6 Rn. 85.

220 **b) Störfallbetriebe.** Besonderheiten gelten für Anlagen, die in den Anwendungsbereich der Störfallverordnung (12. BImSchV) fallen.

221 Die 12. BImSchV zielt darauf ab, größere Komplexe gesamtheitlich zu betrachten und so potenziell gefährliche Wechselwirkungen zu kontrollieren. Sie stellt deswegen nicht auf einzelne Anlagen, sondern auf Betriebsbereiche ab. Ein Betriebsbereich umfasst gemäß § 3 Abs. 5a BImSchG den gesamten unter der Aufsicht eines Betreibers stehenden Bereich, in dem gefährliche Stoffe in einer oder mehreren Anlagen in bestimmten Mengen tatsächlich vorhanden oder zumindest vorgesehen sind. Die einzelnen Anlagen müssen nicht genehmigungsbedürftig sein.[297] Maßgeblich ist lediglich, dass sie unter der Aufsicht eines einzigen Betreibers stehen und gemeinsam die Mengenwerte der 12. BImSchV erreichen.

222 Werden im Zuge einer Umwandlung mehrere benachbarte Anlagen unter einem Betreiber konsolidiert (auch wenn dieser die Anlagen parallel nebeneinander fortbetreibt, also nicht zusammenlegt), können diese Mengenwerte überschritten werden, sodass fortan ein Störfallbetrieb vorliegt. In diesen Fällen kann eine weitere Genehmigung erforderlich sein.

223 **aa) Keine Genehmigungspflicht nach § 16 BImSchG.** Das Entstehen eines Störfallbetriebes durch einen umwandlungsbedingten Betreiberwechsel stellt jedenfalls keine Änderung im Sinne des § 16 BImSchG dar, da diese Vorschrift allein an tatsächliche Änderungen der Anlage anknüpft.[298] Sind mit dem Wechsel allerdings faktische Änderungen verbunden, ist eine Anzeige bzw. das Ingangsetzen eines neuen Genehmigungsverfahrens erforderlich. Es ist wahrscheinlich, dass die zuständige Behörde zu einem derartigen Genehmigungsverfahren drängen wird.

224 **bb) Genehmigungspflicht nach § 16a BImSchG.** Unklar ist, ob mit dem neuen § 16a BImSchG, der aufgrund der Seveso-III-Richtlinie[299] eingeführt wurde,[300] eine neue Genehmigungspflicht aufgestellt werden sollte. Danach ist eine Genehmigung bei genehmigungsbedürftigen Anlagen, die Betriebsbereich oder Bestandteil eines Betriebsbereichs sind, dann erforderlich, wenn durch eine störfallrelevante Änderung der angemessene Sicherheitsabstand zu benachbarten Schutzobjekten erstmalig oder weitergehend unterschritten oder eine erhebliche Gefahrenerhöhung ausgelöst wird. Ausweislich der Gesetzesmaterialien bedarf es dieses besonderen Genehmigungstatbestands, weil nicht jede störfallrelevante Änderung zugleich eine wesentliche Änderung im Sinne des § 16 Abs. 1 BImSchG darstellt.[301]

225 Eine störfallrelevante Änderung ist gemäß § 3 Abs. 5b BImSchG dann zu bejahen, wenn eine Anlage oder ein Betriebsbereich geändert wird. Erfasst wird neben der Änderung eines Lagers, eines Verfahrens oder der Art oder physikalischen Form der gefährlichen Stoffe auch die Änderung der Menge. Daraus ergibt sich, dass allein der Betreiberwechsel an sich keiner Genehmigung bedarf, wohl aber die damit einhergehende Mengenänderung der gefährlichen Stoffe, für die ein Betreiber verantwortlich ist. Die Genehmigungspflicht besteht jedoch auch in diesen Fällen nur, wenn mit der störfallrelevanten Änderung zugleich der angemessene Sicherheitsabstand unterschritten oder sonst eine erhebliche Gefahrenerhöhung ausgelöst wird.[302]

226 **cc) Anzeige- und Genehmigungspflicht nach §§ 23a, 23b BImSchG.** Auch die störfallrelevante Zusammenführung nicht genehmigungsbedürftiger Anlagen oder Betriebsbereiche bedarf gemäß § 23b BImSchG einer Genehmigung. Die Vorschrift gleicht inhaltlich dem § 16a BImSchG. Im Unterschied dazu ist der Gesamtrechtsnachfolger, der fortan einen Störfallbetrieb betreibt, zunächst nur anzeigepflichtig nach § 23a BImSchG. Über das

---

[297] *Müggenborg*, NVwZ 2000, 1096, 1097.
[298] → § 68 Rn. 191.
[299] Richtlinie 2012/18/EU vom 4.7.2012 zur Beherrschung der Gefahren schwerer Unfälle mit gefährlichen Stoffen, zur Änderung und anschließenden Aufhebung der Richtlinie 96/82/EG.
[300] Näher dazu *Schmidt-Becker*, Immissionsschutz 2016, S. 61 ff.
[301] BR-Drs. 237/16, S. 26.
[302] Im Ergebnis ebenso, aber insgesamt kritisch *Böhler*, DVBl. 2017, 403, 405.

Erfordernis einer Genehmigung nach § 23b BImSchG entscheidet sodann die zuständige Behörde.

c) **Zwischenergebnis.** Für die Praxis ist sowohl für die Zusammenführung mehrerer Anlagen als auch für die Aufteilung einer Anlage bedeutsam, dass schon vor Eintragung der Umwandlung in das Handelsregister klar ist, wer Betreiber ist und in welcher Weise die Anlage(n) künftig betrieben werden sollen. Ein Fall des OVG Münster aus dem Jahr 2008 zeigt, dass die Beteiligten selbst sich oftmals gar nicht bewusst sind, dass sie bei der unzulässigen Aufteilung einer Anlage ebenso wie bei dem nicht erkannten Entstehen einer gemeinsamen Anlage im Sinne von § 1 Abs. 3 der 4. BImSchV gemeinsam in die Betreiberstellung einrücken und entsprechende Verantwortung tragen müssen.[303]

4. Übergang von Betreiberpflichten

Auf Grundlage des BImSchG erlassene belastende Verwaltungsakte, wie beispielsweise Anordnungen nach §§ 17, 20 oder 24, 25 BImSchG und der Widerruf der Genehmigung nach § 21 BImSchG, gehen im Rahmen der Umwandlung nach den allgemeinen Grundsätzen auf den übernehmenden Rechtsträger über.

Ebenso erfolgt ein Übergang der abstrakten Betreiberpflichten aus § 5 BImSchG. Denn bei diesen handelt es sich nicht allein um Genehmigungsvoraussetzungen, sondern um dynamische Pflichten, die auch während des späteren Betriebs der Anlage unabhängig von einer Konkretisierung durch einen Verwaltungsakt zu beachten sind.[304] Dies gilt erst recht für die Pflichten aus § 22 BImSchG für genehmigungsfreie Anlagen.[305]

5. Übergang der Nachsorgepflichten aus § 5 Abs. 3 BImSchG

Umstritten ist die Frage, welchen Charakter die sogenannten Nachsorgepflichten aus § 5 Abs. 3 BImSchG haben und wer zu ihrer Erfüllung herangezogen werden kann. § 5 Abs. 3 BImSchG gebietet, genehmigungsbedürftige Anlagen so zu errichten, zu betreiben und stillzulegen, dass auch nach einer Betriebseinstellung keine Schäden, Gefahren oder sonstige Beeinträchtigungen im Sinne der Nr. 1 bis 3 davon ausgehen können.

Primär wird der Anlagenbetreiber zur Erfüllung der Nachsorgepflichten herangezogen. In der Stilllegungsphase ist derjenige Adressat entsprechender behördlicher Anordnungen, der die Anlage zuletzt betrieben hat.[306]

Unklar ist, ob auch frühere Anlagenbetreiber nachträglich in Anspruch genommen werden können. Wäre dies der Fall, könnte nach einer Umwandlung nicht nur der gegenwärtige Rechtsträger behördlich verpflichtet werden, sondern auch der übertragende Rechtsträger, der sich mit der Umwandlung aller Verpflichtungen entledigen wollte. Die besseren Gründe sprechen jedoch dafür, mit der herrschenden Meinung allein den letzten Anlagenbetreiber zur Verantwortung zu ziehen – und zwar auch dann, wenn ein früherer Betreiber seinen Pflichten nach § 5 Abs. 3 BImSchG nicht nachgekommen ist und auf diesem Verhalten eine Beeinträchtigung der Umwelt beruht.[307] Danach erlischt die abstrakte Pflicht mit Betriebsübergang und eine nachträgliche Inanspruchnahme ist nicht zu befürchten. Diese Lösung steht im Einklang mit dem Anlagenbezug der immissionsschutzrechtlichen Verantwortlichkeit.[308]

Etwas Anderes gilt nur dann, wenn im Zuge einer Spaltung die von der Betreiberhaftung erfassten Gegenstände aufgeteilt werden. Dann haftet der übernehmende Rechtsträger

---

[303] OVG Münster 8 B 1476/08, NVwZ-RR 2009, 462.
[304] Mit der herrschenden Meinung *Kreppel*, S. 148; Landmann/Rohmer/*Dietlein*, § 5 BImSchG Rn. 8.
[305] *Jarass*, § 22 Rn. 12; Kotulla/*Porger*, § 22 BImSchG Rn. 27.
[306] OVG Bautzen 4 A 511/08, juris Rn. 6; OVG Berlin-Brandenburg 11 N 30/07, NVwZ 2010, 594, 596; Giesberts/Reinhardt/*Schmidt-Kötters*, § 5 BImSchG Rn. 163.
[307] OVG Münster 8 L 1258/10, ZUR 2011, 263, 266 Rn. 21; Giesberts/Reinhardt/*Schmidt-Kötters*, § 5 BImSchG Rn. 163; auch *Jarass*, § 5 Rn. 107.
[308] Giesberts/Reinhardt/*Schmidt-Kötters*, § 5 BImSchG Rn. 163.1.

allein für die auf ihn übergegangenen Gegenstände, auch wenn fortan er allein die Anlage betreibt. Die sonstige Nachsorgepflicht verbleibt bei dem übertragenden Rechtsträger.[309]

234 Den letzten Anlagenbetreiber schützt eine weitere Übertragung der Anlage im Wege der Einzelrechtsnachfolge nach der Stilllegung nicht, da der Erwerber nicht mehr Betreiber, sondern nur Zustandsstörer wird.[310] Allerdings besteht nach allgemeinen Grundsätzen die Möglichkeit, diese abstrakte Zustandshaftung durch Verschmelzung oder Spaltung auf einen anderen Rechtsträger weiter zu übertragen.

III. Atom- und Strahlenschutzrecht

235 Das Strahlenschutzrecht dient vor allem zwei Zwecken: Zum einen ergibt sich aus § 1 AtG, dass die Nutzung der Kernenergie zur gewerblichen Erzeugung von Elektrizität geordnet beendet werden soll (Beendigungszweck). Zum anderen verfolgen das AtG und die Strahlenschutzverordnung (StrlSchV) das Ziel, Leben, Gesundheit und Sachgüter sowie die innere und äußere Sicherheit der Bundesrepublik Deutschland vor den Gefahren der Kernenergie und der schädlichen Wirkung ionisierender Strahlung zu schützen. Schließlich sollen die gesetzlichen Regelungen auf internationalem Recht beruhende Verpflichtungen der Bundesrepublik Deutschland umsetzen und den Schadensausgleich regeln.[311] Strahlenschutzrechtliche Genehmigungen haben in der Regel einen gemischten Charakter als Personal- und Sachkonzession, so dass im Falle der Umwandlung Besonderheiten zu beachten sind (1.). Der Übergang strahlenschutzrechtlicher Pflichten folgt im Wesentlichen allgemeinen Grundsätzen (2.). Um zu vermeiden, dass sich Unternehmen durch Umwandlung ihrer Pflichten der Stilllegung und des Rückbaus der Kernkraftwerke entziehen, hat der Gesetzgeber ein Nachhaftungsgesetz erlassen (3.).

1. Übertragung von Genehmigungen

236 **a) Arten und Charakteristika strahlenschutzrechtlicher Genehmigungen.** Die wichtigste Genehmigungsform im Strahlenschutzrecht stellt die Anlagengenehmigung in § 7 Abs. 1 S. 1 AtG dar. Danach bedarf einer Genehmigung, wer eine ortsfeste Anlage zur Erzeugung, Bearbeitung, Verarbeitung oder Aufarbeitung von Kernbrennstoffen errichtet, betreibt oder sonst innehat oder die Anlage oder ihren Betrieb wesentlich verändert. Anlage meint dabei die Reaktoren als Anlagenkern, aber auch alle Einrichtungen, die mit dem Reaktor in einem räumlichen und betrieblichen Zusammenhang stehen.[312] Zwar werden seit der Novelle des Atomgesetzes aus dem Jahr 2002 für die Errichtung und den Betrieb von neuen gewerblichen Kernkraftwerken keine Genehmigungen mehr erteilt, § 7 Abs. 1 S. 2 AtG. Von großer Bedeutung sind aber nach wie vor die **Veränderungsgenehmigung**, insbesondere im Hinblick auf die sicherheitstechnische Nachrüstung zum Schutz vor Terrorismus, sowie die **Stilllegungsgenehmigung**.[313] Im Umwandlungskontext behält auch die **Betriebsgenehmigung** ihre Bedeutung.

237 Nach § 7 Abs. 3 AtG ist zudem für die Stilllegung, den sicheren Einschluss und den Abbau von Anlagen und Anlagenteilen eine Genehmigung erforderlich. Darüber hinaus erfordern die Ein- und Ausfuhr (§ 3 AtG, §§ 19, 22 StrlSchV), die Beförderung (§ 4 Abs. 2 AtG, §§ 16 ff. StrlSchV) sowie der Besitz (§ 5 AtG) und die Aufbewahrung außerhalb der staatlichen Verwahrung (§ 6 Abs. 1 und 3 AtG) eine Genehmigung. Weitere Genehmigungserfordernisse sind in §§ 7, 11, 15 f., 19, 23, 25 StrlSchV zu finden.

238 Beispielhaft soll hier allein auf die bereits genannte Genehmigung aus § 7 AtG eingegangen werden. Bei dieser handelt es sich – wie bei allen anderen wesentlichen Genehmi-

---

[309] Vgl. hierzu BVerwG 7 C 38–97, NJW 1999, 1416, 1417.
[310] Giesberts/Reinhardt/*Schmidt-Kötters*, § 5 BImSchG Rn. 164.
[311] Zum Ganzen *Kloepfer*, § 16 Rn. 71 ff.
[312] BVerfG 7 C 65.82, BVerwGE 72, 300, 328 ff. = NVwZ 1986, 208, 210; *Kloepfer*, § 16 Rn. 99. Näher zum Anlagenbegriff: *Kreppel*, S. 206 f.
[313] So auch *Kloepfer*, § 16 Rn. 4.

gungen des Strahlenschutzrechts – um eine **gemischte Genehmigung**.[314] Von den Voraussetzungen in § 7 Abs. 2 AtG sind insbesondere die nach dem Stand von Wissenschaft und Technik erforderliche Vorsorge gegen Schäden, der erforderliche Schutz gegen Störmaßnahmen oder sonstige Einwirkungen Dritter und die Umweltvereinbarkeit (Nr. 4 bis 6) als sachlich einzustufen. Als personenbezogene Voraussetzungen sieht die Anlagengenehmigung in § 7 Abs. 2 Nr. 1 und 2 AtG Zuverlässigkeit, Sachkunde und Betriebskenntnis vor. In der Literatur wird auch das Erfordernis der Schadensvorsorge (Nr. 3) als teilweise personal angesehen. So enthalte diese mit der Einschätzung, welcher Risikoschutz erforderlich ist, eine subjektive Wertentscheidung darüber, welches Risiko so gering ist, dass man es vernachlässigen darf.[315]

239 Bei wem das subjektive Erfordernis der Zuverlässigkeit vorliegen muss, wenn der Betreiber eine juristische Person ist, ist umstritten. *Fischerhof* tendiert dazu, eine Gesamtwürdigung des Unternehmens vorzunehmen.[316] Andere stellen auf den gesetzlichen Vertreter, das heißt auf die strahlenschutzverantwortlichen Personen innerhalb des Vorstandes, ab.[317]

240 **b) Grenzen der Übertragbarkeit strahlenschutzrechtlicher Genehmigungen.** Gemischte Genehmigungen gehen nicht in jedem Fall automatisch bei Umwandlungen auf den Rechtsnachfolger über.

241 **aa) Folgen eines Betreiberwechsels.** Die herrschende Meinung, darunter auch das Bundesverwaltungsgericht, sieht jedenfalls in dem Wechsel des Betreibers einer genehmigungsbedürftigen Anlage eine „wesentliche Veränderung" im Sinne des § 7 Abs. 1 AtG, die einer **Änderungsgenehmigung** bedarf.[318]

242 Betreiber ist derjenige, der eine Anlage in Betrieb nimmt, also zumindest unmittelbar zur Bearbeitung, Verarbeitung oder Spaltung von Kernbrennstoffen oder zur Aufarbeitung bestrahlter Kernbrennstoffe ansetzt.[319] „Wesentlich" ist eine Veränderung jedenfalls dann, wenn sie Anlass zu erneuter Überprüfung gibt, weil sie sicherheitsrelevant ist.[320] Da der Gesetzgeber durch die Statuierung der personenbezogenen Voraussetzungen zum Ausdruck gebracht hat, dass der sichere Betrieb wesentlich von deren (ständiger) Erfüllung abhängt, ist die Wesentlichkeit bei Änderung der Person des Betreibers zu bejahen.[321] Der Prüfungsumfang im Genehmigungsverfahren ist dann allerdings begrenzt: Er erstreckt sich allein auf diejenigen Genehmigungsvoraussetzungen, deren Fortbestand durch den Betreiberwechsel gefährdet sind – mithin auf die personenbezogenen Elemente. Der anlagenbezogene Teil der Erstgenehmigung wirkt hingegen fort.[322] Mit anderen Worten gehen die Bestandteile der Genehmigung, die sachbezogen sind, auch bei einem umwandlungsbedingten Wechsel des Betreibers auf den neuen Betreiber über.[323]

243 **bb) Umwandlung ohne Betreiberwechsel.** Geht mit der Umwandlung kein Betreiberwechsel einher, ändern sich die personenbezogenen Voraussetzungen also nicht, lässt sich mit guten Gründen vertreten, dass eine Genehmigung nicht erforderlich ist. Aus Gründen der Rechtssicherheit empfiehlt es sich jedoch, zumindest eine deklaratorische Feststellung durch die Genehmigungsbehörde einzuholen.[324]

---

[314] *Haedrich*, § 7 Rn. 18; *Ronellenfitsch*, S. 189; *Schmidt-Kötters*, WiVerw 2013, 199, 202.
[315] *Koch/John*, § 10 Rn. 69.
[316] *Fischerhof*, § 3 Rn. 4.
[317] *Haedrich*, § 7 Rn. 52; *Kreppel*, S. 209.
[318] BVerwG 7 B 111/89, NVwZ 1990, 858, 859; *Haedrich*, § 7 Rn. 18; *Koch/John*, § 10 Rn. 84; *Kreppel*, S. 214; *Ronellenfitsch*, S. 189; jedenfalls „in der Regel" auch *Fischerhof*, § 7 Rn. 14.
[319] *Ronellenfitsch*, S. 186.
[320] OVG Lüneburg 7 OVG B 114/77, DVBl. 1981, 644; *Haedrich*, § 7 Rn. 13. Zur „wesentlichen Veränderung" eingehend: *Raetzke*, S. 33 ff.
[321] *Kreppel*, S. 215.
[322] *Kreppel*, S. 216–218; *Ronellenfitsch*, S. 189. A. A. noch *Borst*, DVBl. 1960, 160, 161, der vollständige Neugenehmigung verlangt.
[323] VGH Kassel 8 A 2902/88, juris Rn. 133 ff. und zweiter Leitsatz.
[324] Vgl. dazu BVerwG 7 B 111/89, NVwZ 1990, 858, 859 (im Ergebnis offengelassen).

244 Gegen ein Genehmigungserfordernis spricht insbesondere, dass nach dem Rechtsgedanken des § 4 Abs. 2 AtVfV bereits durchlaufene Verfahrensschritte nicht wiederholt werden sollen, wenn keine zusätzlichen, noch nicht erörterten Belange Dritter nachteilig berührt werden.[325] Für die Stilllegungsgenehmigung enthält § 7 Abs. 3 S. 3 AtG eine entsprechende Regelung.

245 **cc) Übergang von Nebenbestimmungen.** Grundsätzlich übergangsfähig sind die inhaltlichen Beschränkungen und Auflagen, mit denen die Anlagengenehmigung nach § 17 Abs. 1 S. 2 AtG versehen wurde.

246 **dd) Zwischenergebnis.** Bei einem umwandlungsbedingten Betreiberwechsel empfiehlt es sich für den Rechtsnachfolger, rechtzeitig eine Änderungsgenehmigung zu beantragen. Da es sich bei dem Betreiberwechsel um eine wesentliche Veränderung im Sinne des § 4 Abs. 4 AtVfV handelt, ist im Genehmigungsverfahren grundsätzlich eine erneute Bekanntmachung und Auslegung erforderlich.[326]

247 Beantragt der Rechtsnachfolger keine Änderungsgenehmigung, kann die zuständige Behörde gemäß § 19 Abs. 3 Nr. 3 AtG den Betrieb der Anlage einstweilen einstellen. Auch erfüllt derjenige, der eine kerntechnische Anlage ohne die erforderliche Genehmigung betreibt oder sonst inne hat den Straftatbestand des § 327 Abs. 1 Nr. 1 StGB. Im Hinblick auf den sachbezogenen Teil der Genehmigung kann die zuständige Behörde dem Rechtsnachfolger gemäß § 17 Abs. 1 S. 3 AtG nachträglich Pflichten auferlegen oder die Genehmigung modifizieren.

2. Übergang von strahlenschutzrechtlichen Pflichten

248 **Abstrakte Pflichten** finden sich unter anderem in § 9a AtG (Wiederaufarbeitung und standortnahe Zwischenlagerung).

249 **Konkrete Anordnungen** kann die zuständige Behörde nach § 19 AtG erlassen. Für die Rechtsnachfolge dieser Pflichten ergeben sich im Wesentlichen keine Besonderheiten gegenüber den allgemeinen Erwägungen.[327]

250 Die **Haftung für Kernanlagen** knüpft gemäß § 25 AtG an die Inhaberstellung an. Mit Inhaber ist gemäß § 17 Abs. 6 AtG der Genehmigungsinhaber gemeint. Damit besteht die Haftung mit Ausnahme von Abs. 2 und Abs. 5 unabhängig davon, ob jener die Gefahr tatsächlich verursacht hat oder nicht. Bewiesen werden muss nur, dass der Schaden durch ein nukleares Ereignis verursacht wurde, welches innerhalb der Kernanlage eingetreten ist. Geht die Genehmigung im Rahmen der Gesamtrechtsnachfolge über, dann haftet der neue Genehmigungsinhaber.

3. Nachhaftung für Stilllegung, Rückbau und Entsorgung

251 Mit dem Gesetz zur Nachhaftung für Rückbau- und Entsorgungskosten im Kernenergiebereich (*NachhaftungsG*) hat der Gesetzgeber eine Nachhaftung von herrschenden Unternehmen für die bei den von ihnen beherrschten Betreibergesellschaften verbleibenden nachbetrieblichen Pflichten neu geregelt. Die Nachhaftung erfasst die Kosten von Stilllegung und Rückbau der Kernkraftwerke, die fachgerechte Verpackung der radioaktiven Abfälle, die Zahlungsverpflichtungen an den Fonds sowie die im Falle der Nichtzahlung des Risikoaufschlages bestehende Nachschusspflicht für Kosten der Zwischen- und Endlagerung radioaktiver Abfälle.

252 Zwar sind die Betreiber der Kernkraftwerke derzeit gesellschaftsrechtlich in Konzerne eingegliedert und weitgehend durch Beherrschungs- und Ergebnisabführungsverträge innerhalb des Konzerns finanziell so gestellt, dass das Konzernvermögen für die Kosten von Stilllegung, Rückbau und Entsorgung haftet. Es gibt jedoch keine gesetzlichen Regelungen, die sicherstellen, dass diese Situation fortbesteht. Daher möchte der Gesetzgeber dem

---

[325] Vgl. auch *Kloepfer*, § 16 Rn. 157.
[326] *Kreppel*, S. 219.
[327] Vgl. → § 68 Rn. 17 ff. und 31 ff.

"Risiko" begegnen, dass sich infolge der Nutzung gesellschaftsrechtlicher Umstrukturierungsmöglichkeiten durch die Konzerne die Gefahr der Zahlungsunfähigkeit der Betreibergesellschaften realisiert und daraus erhebliche finanzielle Risiken für Staat und Gesellschaft resultieren.

Vor diesem Hintergrund soll das Gesetz zur Nachhaftung für Rückbau- und Entsorgungskosten eine subsidiäre und begrenzte Nachhaftung der Unternehmen begründen, die die Betreibergesellschaften beherrschen. Aufgrund der Neuregelung kann ein herrschendes Unternehmen in Anspruch genommen werden, wenn der von ihm im Sinne des Nachhaftungsgesetzes beherrschte Betreiber diese Zahlungsverpflichtungen nicht erfüllt, zum Beispiel im Fall seiner Insolvenz, oder wenn die gebildeten Rückstellungen nicht genügen. Die Nachhaftung wird ferner für besondere Fälle begründet, namentlich für Umstrukturierungen. So sieht § 3 Abs. 2 NachhaftungsG vor, dass die Übertragung der Haftung nach § 1 NachhaftungsG auf einen Dritten für das herrschende Unternehmen, das die Haftung überträgt, keine befreiende Wirkung hat. Der Gesetzgeber hält diese Regelung für erforderlich, um „im Falle einer nach dem Umwandlungsrecht grundsätzlich zulässigen Übertragung auch öffentlich-rechtlicher Verbindlichkeiten auf einen anderen Rechtsträger eine Enthaftung des bisher haftenden Unternehmens zu verhindern. Auf diese Weise kann eine gesetzeszweckwidrige Verringerung des der Haftung unterliegenden Vermögens vermieden werden."[328] Darüber hinaus bestimmt § 3 Abs. 3 NachhaftungsG, dass auch die übernehmenden Rechtsträger für die Zwecke der Nachhaftung als herrschende Unternehmen gewertet werden.[329]

Damit statuiert das NachhaftungsG eine weitreichende und verfassungsrechtlich nicht unbedenkliche Durchgriffshaftung, die allein durch Umwandlungsvorgänge grundsätzlich nicht ausgeschlossen werden kann.

IV. Gewässerschutzrecht

Das Gewässerschutzrecht umfasst sämtliche Regelungen, die dem Schutz des Umweltmediums Wasser vor Überbeanspruchung und Verunreinigung dienen.[330] Maßgebliche Rechtsgrundlagen befinden sich im Wasserhaushaltsgesetz (WHG), im Abwasserabgabengesetz (AbwAG) und in den Wassergesetzen der Länder.

Um oberirdische Gewässer, Küstengewässer und das Grundwasser, aber auch Meeresgewässer (vgl. § 2 WHG) gegen Schadstoffbelastungen, Verschmutzungen und andere Belastungen zu schützen, stellt das WHG zahlreiche Verpflichtungen auf. So enthalten exemplarisch das Gebot der nachhaltigen Gewässerbewirtschaftung (§ 6 Abs. 1 WHG), die allgemeine Sorgfaltspflicht (§ 5 Abs. 1 WHG) und die Duldungspflicht (§ 4 Abs. 4 WHG, ergänzt durch §§ 91, 92, 93 WHG) abstrakte Pflichten. Zudem sind in §§ 32 Abs. 2, 45 Abs. 2 und 48 Abs. 2 WHG allgemeine Sorgfaltspflichten für die Lagerung und den Transport gefährlicher Stoffe zu finden.

Grundsätzlich sind sowohl Rechte, namentlich solche aus Genehmigungen (1. und 2.), als auch Pflichten (3.) im Rahmen einer Umwandlung übertragbar.

1. Erlaubnis und Bewilligung nach § 8 WHG

Um menschliche Einwirkungen auf Gewässer zu kontrollieren und zu steuern, unterwirft das WHG zahlreiche Benutzungen (§ 9 WHG) dem Erfordernis einer Gestattung. Diese eröffnet beispielsweise das Recht, Wasser zu entnehmen oder Stoffe in ein Gewässer einzuleiten. Im Gewässerschutzrecht sind dabei nach § 8 WHG die Erlaubnis und die Bewilligung zu unterscheiden. Diese variieren nicht in Art oder Umfang der jeweils gestatteten Gewässerbenutzung, sondern in der eingeräumten Rechtsposition. Die **Erlaubnis** gewährt die nach § 18 Abs. 1 WHG *frei widerrufliche Befugnis*, ein Gewässer zu einem

---
[328] BT-Drs. 18/10469, S. 45.
[329] Zum Ganzen BT-Drs. 18/10469, S. 24 f., 42 ff.
[330] *Kloepfer*, § 14 Rn. 1.

bestimmten Zweck in einer nach Art und Maß bestimmten Weise zu benutzen, lässt aber private Rechte Dritter unberührt. Die in § 14 WHG geregelte **Bewilligung** enthält ein Nutzungs*recht* und wird deutlich seltener erteilt. Sie hat für den Genehmigungsinhaber jedoch den Vorteil, dass ein Widerruf nur unter den in § 18 Abs. 2 WHG bestimmten Voraussetzungen erfolgen kann und ihr eine privatrechtsgestaltende Wirkung (§ 16 Abs. 2 WHG) innewohnt. Zwischen Erlaubnis und Bewilligung steht die **gehobene Erlaubnis** (§ 15 WHG).[331]

259 **a) Übergang von Erlaubnis und Bewilligung nach § 8 Abs. 4 WHG.** Sowohl bei der Erlaubnis, als auch bei der Bewilligung handelt es sich um **Sachkonzessionen**.[332] Sie können also bei einer Umwandlung zusammen mit dem Betrieb oder der Anlage, für die sie erteilt wurden, oder mit dem verbundenen Grundstück übergehen. § 8 Abs. 4 WHG ordnet diesen Übergang ausdrücklich an – er erfolgt ipso iure, ohne dass es einer gesonderten Übertragung bedarf.[333] Da der Tatbestand des § 8 Abs. 4 WHG von „Rechtsnachfolger" spricht, sind Vorgänge des bürgerlichen Rechts – wie die Umwandlung – für die Auslösung des Übergangs maßgeblich. Aus diesem Grunde wird der gewässerschutzrechtlichen Gestattung auch eine „dingliche Wirkung" zugeschrieben.[334] Dabei ist unerheblich, ob die ursprüngliche Gestattung vor oder nach dem Zeitpunkt des Inkrafttretens des WHG erteilt worden ist.[335] Obwohl der Wortlaut nicht eindeutig ist, gilt § 8 Abs. 4 WHG ebenso für gehobene Erlaubnisse.[336] Entsprechende Anwendung soll die Vorschrift zudem bei bewilligungsähnlichen Altkonzessionen finden.[337]

260 Nur bei einer Änderung der Nutzung, die nicht allein in einer Reduzierung der bisherigen Nutzung liegt, ist eine erneute Gestattung erforderlich.[338]

261 Zu differenzieren ist bei der Rechtsnachfolge in § 8 Abs. 4 WHG danach, ob die ursprüngliche Gestattung mit Bezug auf eine Wasserbenutzungsanlage (aa)) oder auf das Benutzungsgrundstück (bb)) erteilt wurde. Auf die Person des Betreibers kommt es hingegen nicht an. Unter Wasserbenutzungsanlage wird dabei die unmittelbar der Benutzung dienende Einrichtung verstanden – zum Beispiel der Brunnen bei der Wasserversorgung, die Stauvorrichtung bei einer Bewässerung oder das Einleitungsbauwerk bei einer Triebwasserrückleitung.[339]

262 **aa) Gestattung bezieht sich auf die Wasserbenutzungsanlage.** Geht das Eigentum an einer Wasserbenutzungsanlage durch Umwandlung auf einen anderen Rechtsträger über, dann erhält der Rechtsnachfolger auch die dazugehörige Gestattung. Etwas anderes gilt nur, wenn im Wege der Spaltung das dingliche Nutzungsrecht an ihr bei dem Rechtsvorgänger bleibt oder einem anderen Rechtsträger übertragen wird.[340] Ansonsten wäre nicht nachvollziehbar, warum § 8 Abs. 4 WHG zwischen der Rechtsnachfolge hinsichtlich der Anlage und des Grundstücks unterscheidet.[341] Will der Rechtsvorgänger die Anlage nach der Umwandlung pachten und weiternutzen, dann muss er nach herrschender Meinung eine neue Gestattung beantragen, da die ursprüngliche Zulassung, die mit dem Eigentum

---

[331] Insgesamt dazu *Kloepfer*, § 14 Rn. 168 ff.
[332] *Czychowski/Reinhardt*, § 8 Rn. 52; *Kloepfer*, § 14 Rn. 181; Koch/*Laskowski/Ziehm*, § 5 Rn. 71; *Krieger/Schneider*, § 34 Rn. 94.
[333] Giesberts/Reinhardt/*Hasche*, § 8 WHG Rn. 13; Siedler/Zeitler/Dahme/*Knopp*, § 8 WHG Rn. 64.
[334] *Kloepfer*, § 14 Rn. 181.
[335] *Drost*, § 8 Rn. 57.
[336] Giesberts/Reinhardt/*Hasche*, § 8 WHG Rn. 12; Siedler/Zeitler/Dahme/*Knopp*, § 8 WHG Rn. 63.
[337] VGH München 8 B 99.147 und 98.3165, NuR 1999, 650.
[338] *Kreppel*, S. 183.
[339] *Drost*, § 8 Rn. 59.
[340] VGH Mannheim 5 S 2897/86, ZfW 1988, 354, 355; VG Halle A 3 K 133/98, SächsVBl 2002, 192, 195 f.
[341] VGH Mannheim 5 S 2897/86, ZfW 1988, 354, 355.

übergegangen ist, nicht schon bei Abschluss eines Pachtvertrages wieder an ihn zurückgeht.[342]

bb) Gestattung bezieht sich auf das Benutzungsgrundstück. Seltener ist der Fall, in dem die ursprüngliche Gestattung für das Grundstück, auf dem sich die Anlage befindet, erteilt wurde. Geht dieses Grundstück im Zuge einer Umwandlung über, dann wird der neue Grundstückseigentümer regelmäßig ebenfalls Inhaber der Gestattung, da die Gestattung durch die Verbindung mit dem Grundstück als dessen Bestandteil angesehen wird (vgl. § 96 BGB).[343]

Vorstellbar ist allerdings der Fall, dass im Rahmen einer Spaltung das Grundstück samt Erlaubnis oder Bewilligung auf einen Rechtsträger übergeht, während die Wasserbenutzungsanlage bei dem Rechtsvorgänger verbleibt oder einem anderen Rechtsträger übertragen wird. Dann würde es zu einem Auseinanderfallen von Bewilligung und Anlage kommen. Im Schrifttum ist man sich einig, dass dies nicht dem Willen des Gesetzgebers entsprechen kann.[344] So stünde ein Auseinanderfallen von Bewilligung und Anlage im Widerspruch zu § 10 Abs. 1 und § 14 Abs. 1 Nr. 2 WHG.[345] Daher wird vorgeschlagen, das „oder" vor dem zweiten Komma in § 8 Abs. 4 in „und" umzuformulieren und eine Rechtsnachfolge nur dann zuzulassen, wenn Grundstück *und* Anlage übergehen.[346] Dies entspricht auch § 81 Abs. 2 S. 1 des Preußischen Wassergesetzes (PrWG). In den meisten Fällen wird die Wasserbenutzungsanlage ohnehin wesentlicher Bestandteil des Grundstücks nach § 94 BGB sein, sodass eine Übertragung losgelöst vom Grundstück nicht möglich ist.[347]

Gehen das Grundstück und die Anlage nicht auf dieselbe Person über, erlischt die Gestattung.[348] Wird das herrschende Grundstück geteilt, dann geht die Gestattung auf den neuen Eigentümer des Teilgrundstücks über, auf dem sich die Anlage befindet (vgl. § 1025 S. 2 BGB und § 81 Abs. 2 S. 3 PrWG).[349] Fällt dieses Teilgrundstück im Zuge einer Spaltung zu realen Teilen an mehrere Erwerber, so erlischt das Benutzungsrecht, da sich die Gestattung nicht teilen lässt, ohne die für subjektive öffentlich-rechtliche Rechte notwendige Bestimmtheit zu verlieren.[350]

Wenn im Zuge einer Spaltung ein Grundstück und eine darauf befindliche Anlage auf verschiedene Rechtsträger übertragen werden, ist zu berücksichtigen, dass die Gestattung nicht das Recht gewährt, Gegenstände, die einem anderen gehören, oder Grundstücke und Anlagen, die im Besitz eines anderen stehen, in Gebrauch zu nehmen.[351] Früher war dies ausdrücklich in § 8 Abs. 1 S. 2 WHG a. F.[352] geregelt.

b) Abweichende landesrechtliche Vorschriften. Mangels gesetzlicher Anordnung bedarf es für den Gestattungsübergang grundsätzlich keiner Mitwirkung oder Zustimmung

---

[342] VG Aachen 3 K 564/84, ZfW Sonderheft 1986 Nr. 82. Ebenso *Czychowski/Reinhardt*, § 8 Rn. 56; *Drost*, § 8 Rn. 59; Giesberts/Hasche, § 8 WHG Rn. 13; Landmann/Rohmer/*Pape*, § 8 WHG Rn. 68. A. A. *Müggenborg*, Rn. 127; Siedler/Zeitler/Dahme/*Knopp*, § 8 WHG Rn. 64. A. A. aufgrund der dann vorhandenen Sachherrschaft über die Anlage *Böhler*, DVBl. 2016, 403, 407.
[343] *Czychowski/Reinhardt*, § 8 Rn. 57; *Kotulla*, § 8 WHG Rn. 59.
[344] *Czychowski/Reinhardt*, § 8 Rn. 58; *Drost*, § 8 Rn. 60; *Kreppel*, S. 182; Siedler/Zeitler/Dahme/*Knopp*, § 8 WHG Rn. 66.
[345] *Drost*, § 8 Rn. 60.
[346] Statt vieler: *Czychowski/Reinhardt*, § 8 Rn. 58.
[347] So auch *Müggenborg*, Rn. 124.
[348] *Czychowski/Reinhardt*, § 8 Rn. 55; *Müggenborg*, Rn. 120.
[349] *Czychowski/Reinhardt*, § 8 Rn. 58; *Drost*, § 8 Rn. 60.
[350] *Czychowski/Reinhardt*, § 8 Rn. 58; *Drost*, § 8 Rn. 60.
[351] Landmann/Rohmer/*Pape*, § 8 WHG Rn. 72; Siedler/Zeitler/Dahme/*Knopp*, § 8 WHG Rn. 62.
[352] In der Fassung vom 12.11.1996.

der zuständigen Behörde.³⁵³ Etwas Anderes gilt nur bei entsprechenden Bestimmungen in den Wassergesetzen der Länder. Hier sind exemplarisch § 8 Abs. 2 SächsWG, § 100 BremWG und § 23 WG LSA zu nennen, die Anzeigepflichten auferlegen. Teilweise ist der Verstoß gegen diese Pflichten bußgeldbewehrt.³⁵⁴

268 **c) Ausschluss der Rechtsnachfolge durch die Behörde.** Zudem kann die Behörde gemäß § 8 Abs. 4 WHG bereits bei der Erteilung der Erlaubnis oder Bewilligung ausdrücklich regeln, dass eine Rechtsnachfolge ausgeschlossen ist. Ein Ausschluss darf nach wohl herrschender Meinung nur ausnahmsweise aus Gründen des Allgemeinwohls³⁵⁵ und/oder aus Rücksicht auf andere³⁵⁶ bestimmt werden. So kommt eine Ausnahme von der Rechtsnachfolge beispielsweise dann in Betracht, wenn einem kommunalen Wasserwerk die Benutzung zur Grundwasserförderung bewilligt wird und verhindert werden soll, dass die Gestattung auf einen privaten Unternehmer übergeht, für dessen Benutzung keine Gründe des Allgemeinwohls sprechen.³⁵⁷ Andere lassen einen Ausschluss bereits nach pflichtgemäßem Ermessen zu.³⁵⁸ Jedenfalls können bei der Entscheidung über einen Ausschluss auch Eigenschaften des Gestattungsempfängers, wie die Zuverlässigkeit und Leistungsfähigkeit des beantragenden Unternehmens, eine Rolle spielen. Schließlich muss dieses die Benutzungsbedingungen und Auflagen erfüllen.³⁵⁹ Dadurch können trotz des Charakters als Sachkonzession personale Elemente quasi „durch die Hintertür" Einfluss auf die Entscheidung darüber nehmen, ob eine Rechtsnachfolge stattfindet oder nicht. Wurde die Rechtsnachfolge ausgeschlossen, dann erlischt die Erlaubnis oder Bewilligung im Zuge der Umwandlung.³⁶⁰

269 Als Minus zu einem Ausschluss kann die Behörde die Rechtsnachfolge von einer Anzeige oder Zustimmung abhängig machen.³⁶¹ Wurde ein Zustimmungsbedürfnis angeordnet, empfiehlt es sich, möglichst früh eine Abstimmung mit der zuständigen Behörde anzustreben, damit keine Verzögerung bei der Rechtsnachfolge eintritt. Wird ein Gewässer ohne Gestattung benutzt, kann dies strafrechtliche Folgen haben (vgl. §§ 324, 330 StGB). Auch stellt die Benutzung ohne Zulassung gemäß § 103 Abs. 1 Nr. 1 WHG eine Ordnungswidrigkeit dar.

270 Eine Rechtsnachfolge ist gemäß § 87 Abs. 2 S. 1 Nr. 1 WHG in das Wasserbuch einzutragen.³⁶² Allerdings ergibt sich aus § 87 Abs. 4 WHG, dass diese Eintragung nicht konstitutiv ist. Entspricht das Wasserbuch demnach nicht dem aktuellen Stand, dann hat dies keinerlei Auswirkungen auf die Wirksamkeit der Rechtsnachfolge.³⁶³

271 Durch die Möglichkeit des Widerrufs nach § 18 WHG und der nachträglichen Anordnung von Nebenbestimmungen nach § 13 Abs. 1 WHG kann die Behörde gegen den Rechtsnachfolger auch dann (repressiv) vorgehen, wenn der Umwandlungsvorgang keiner Zustimmung bedarf.

2. Indirekteinleitergenehmigung nach § 58 WHG

272 Die indirekte Einleitung von Abwasser in Gewässer über den Umweg über eine öffentliche Wasseranlage stellt im Gegensatz zur Direkteinleitung von Abwasser keine Benutzung

---

³⁵³ *Kreppel*, S. 183; *Krieger/Schneider*, § 34 Rn. 94.
³⁵⁴ Vgl. § 103 Abs. 1 Nr. 19 BremWG; § 122 Abs. 1 Nr. 3 SächsWG; § 114 Abs. 1 Nr. 1 WG LSA.
³⁵⁵ *Czychowski/Reinhardt*, § 8 Rn. 52.
³⁵⁶ *Drost*, § 8 Rn. 59.
³⁵⁷ Beispiel nach *Czychowski/Reinhardt*, § 8 Rn. 52.
³⁵⁸ *Landmann/Rohmer/Pape*, § 8 WHG Rn. 72; *Siedler/Zeitler/Dahme/Knopp*, § 8 WHG Rn. 65.
³⁵⁹ Vgl. *Siedler/Zeitler/Dahme/Knopp*, § 8 WHG Rn. 65.
³⁶⁰ *Czychowski/Reinhardt*, § 8 Rn. 55.
³⁶¹ *Hauschka/Meyer*, § 30 Rn. 10; *Kreppel*, S. 183; *Krieger/Schneider*, § 34 Rn. 94.
³⁶² *Czychowski/Reinhardt*, § 8 Rn. 54 und § 87 Rn. 12; *Landmann/Rohmer/Pape*, § 8 WHG Rn. 72.
³⁶³ Vgl. OLG Düsseldorf 18 U 23/87, ZfW 1988, 367, 368.

des Gewässers nach § 9 WHG dar.³⁶⁴ Daher unterliegt sie auch keiner Erlaubnispflicht nach § 8 WHG. Stattdessen ist grundsätzlich eine Genehmigung nach § 58 Abs. 1 WHG erforderlich. In § 58 Abs. 2 WHG ist festgelegt, dass diese nur erteilt werden darf, wenn bestimmte sachliche Voraussetzungen vorliegen. Damit handelt es sich auch hier um eine **Sachkonzession**, die grundsätzlich nachfolgefähig ist. Auch das Einleiten von Abwasser in private Anlagen bedarf gemäß § 59 WHG einer solchen Genehmigung.

Fraglich ist, ob eine Rechtsnachfolge in die Indirekteinleitergenehmigung ebenfalls aus § 8 Abs. 4 WHG folgt. Für § 7a WHG a. F., die Vorgängernorm des § 58 WHG, wurde dies damit bejaht, dass es sich lediglich um einen Spezialfall der Erlaubnis nach § 8 WHG handele.³⁶⁵ Heute ist eine entsprechende Anwendung v. a. angesichts der systematischen Stellung des § 58 WHG im dritten und nicht im ersten Abschnitt des Gesetzes wohl auszuschließen. Allerdings gelten die allgemeinen Grundsätze für die Gesamtrechtsnachfolge,³⁶⁶ sodass von einer Nachfolgefähigkeit der Indirekteinleitergenehmigung auszugehen ist.

3. Haftung und Sanierungspflicht nach §§ 89, 90 WHG

Bei Gewässerveränderungen finden sich Haftungsvorschriften in § 89 WHG. Nach dessen Abs. 1 S. 1 ist zum Schadensersatz verpflichtet, wer in ein Gewässer Stoffe einbringt oder einleitet oder wer in anderer Weise auf ein Gewässer einwirkt und dadurch die Wasserbeschaffenheit nachteilig verändert. Dabei handelt es sich um eine Verhaltenshaftung,³⁶⁷ die grundsätzlich nachfolgefähig ist. Abs. 2 knüpft hingegen an die Betreibereigenschaft an. Übernimmt der Rechtsnachfolger nach der Umwandlung auch den Betrieb, dann entsteht die Haftung für ihn originär aus der Stellung als Betreiber.

§ 90 Abs. 2 WHG statuiert für denjenigen, der Gewässerschäden verursacht hat, eine Sanierungspflicht. Ausweislich des Wortlauts knüpft diese an die Verhaltensverantwortlichkeit an. Damit ist sie sowohl in abstrakter als auch in konkretisierter Form nachfolgefähig.

V. Kreislaufwirtschaftsrecht

Das Kreislaufwirtschaftsrecht soll die geordnete und gefahrlose Verwertung und Entsorgung von Abfällen gewährleisten. Die maßgeblichen Rechtsgrundlagen befinden sich im KrWG, das nach seinem § 1 dem Schutz von Mensch und Umwelt bei der Erzeugung und Bewirtschaftung von Abfällen und der Ressourcenschonung dienen soll. Ergänzend dazu bestehen im Kreislaufwirtschaftsrecht zahlreiche Rechtsverordnungen³⁶⁸ und Sonderabfallgesetze.³⁶⁹ Außerdem haben viele Länder Abfallgesetze erlassen, bei denen es sich um Ausführungsgesetze handelt.³⁷⁰

Im Hinblick auf Umwandlungen ist v. a. von Interesse, inwiefern Zulassungen und Erlaubnisse (1. und 2.) sowie abstrakte und konkrete Pflichten übergehen (3. und 4.).

1. Zulassung von Abfallentsorgungsanlagen und Abfalldeponien nach § 35 KrWG

Nach § 28 Abs. 1 S. 1 KrWG dürfen Abfälle zum Zwecke der Beseitigung nur in den dafür zugelassenen Anlagen oder Einrichtungen (Abfallbeseitigungsanlagen) behandelt, gelagert oder abgelagert werden.³⁷¹

---

³⁶⁴ *Kahle/Pfannkuch*, KommJur 2015, 164, 166.
³⁶⁵ *Müggenborg*, Rn. 105.
³⁶⁶ → § 68 Rn. 54 ff.
³⁶⁷ *Kloepfer*, § 14 Rn. 387.
³⁶⁸ Z. B. Verordnung zur Bestimmung von überwachungsbedürftigen Abfällen zur Verwertung; Versorgung über Entsorgungsfachbetriebe; Verordnung über das Europäische Abfallverzeichnis; Altölverordnung; Verordnung über Deponie und Langzeitlager.
³⁶⁹ Z. B. Elektro- und Elektronikgerätegesetz; Batteriegesetz; Tierische Nebenprodukte-Beseitigungsgesetz.
³⁷⁰ *Kloepfer*, § 21 Rn. 68.
³⁷¹ *Erbguth/Schlacke*, § 21 Rn. 84.

279 Bei der Zulassung derartiger Anlagen ist insbesondere zwischen der Genehmigung von Abfallentsorgungsanlagen nach § 35 Abs. 1 KrWG (a)) und der Planfeststellung für Abfalldeponien nach § 35 Abs. 2 KrWG (b)) zu unterscheiden.

280 **a) Genehmigung von Abfallentsorgungsanlagen nach § 35 Abs. 1 KrWG.** Für die Errichtung, den Betrieb oder wesentliche Änderungen von Abfallentsorgungsanlagen ist gem. § 35 Abs. 1 KrWG eine Genehmigung nach dem BImSchG erforderlich. Dabei handelt es sich um eine Rechtsgrundverweisung,[372] sodass sich sowohl das Bestehen der Genehmigungspflicht selbst als auch die Voraussetzungen für die Genehmigungserteilung und deren Rechtswirkungen vollständig nach dem BImSchG richten. Diese Verweisung ist dynamisch, sodass stets die Vorschriften der gegenwärtigen Fassung des BImSchG gelten.[373]

281 Damit kann für die Gesamtrechtsnachfolge in die Zulassung nach § 35 Abs. 1 KrWG grundsätzlich auf die Ausführungen zum Immissionsschutzrecht verwiesen werden.[374] Die Zulassung nach § 35 Abs. 1 KrWG stellt eine reine **Sachkonzession** dar, die nachfolgefähig ist.[375] Da genehmigungsbedürftige Anlagen nach § 6 Abs. 1 BImSchG ausschließlich anlagenbezogene Voraussetzungen erfüllen müssen, hat eine umwandlungsbedingte Änderung in der Person des Rechtsträgers mithin keine Auswirkungen. Weder erlischt die Anlagengenehmigung noch besteht für den Übertragungsvorgang eine Anzeige- oder Genehmigungspflicht nach § 16 BImSchG.[376]

282 Falls die zuständige Behörde jedoch Bedenken gegen die Umwandlung, insbesondere gegen den Rechtsnachfolger hat, müsste sie die Möglichkeit einer nachträglichen Untersagung des Betriebs gemäß § 20 Abs. 3 BImSchG in Betracht ziehen. Davon bleibt der Bestand der Genehmigung jedoch unberührt. Auch der Erlass nachträglicher Nebenbestimmungen oder Anordnungen richtet sich nicht nach § 36 Abs. 4 KrWG, sondern nach §§ 12, 17 BImSchG.[377]

283 **b) Planfeststellung für Abfalldeponien nach § 35 Abs. 2 KrWG.** Für die Errichtung und den Betrieb von Deponien sowie für die wesentliche Änderung einer solchen Anlage oder ihres Betriebes ist gemäß § 35 Abs. 2 KrWG ein Planfeststellungsbeschluss erforderlich. In weniger bedeutenden Fällen kann eine Plangenehmigung gemäß § 35 Abs. 3 KrWG genügen.

284 Die jeweiligen Voraussetzungen sind in § 36 Abs. 1 KrWG geregelt. Danach setzen ein Planfeststellungsbeschluss und eine Plangenehmigung voraus, dass das Wohl der Allgemeinheit nicht beeinträchtigt wird und der Betreiber sowie weitere für die Deponie verantwortliche Personen zuverlässig sowie fach- und sachkundig sind. Auch dürfen keine nachteiligen Wirkungen für Rechte Dritter zu erwarten sein und verbindliche Feststellungen eines Abfallwirtschaftsplans dürfen nicht entgegenstehen.

285 Aus der Kombination von sachlichen (Wohl der Allgemeinheit, Rechte Dritter, Abfallwirtschaftsplan) und personenbezogenen Erfordernissen (Zuverlässigkeit; Fach- und Sachkunde) lässt sich schließen, dass es sich bei Planfeststellungsbeschluss und -genehmigung um eine **gemischte Genehmigung** handelt.[378] Diese sind einer verbreiteten Ansicht nicht nachfolgefähig, während nach hier vertretener Ansicht ein Übergang zumindest nicht ausgeschlossen ist.[379]

---

[372] Landmann/Rohmer/*Beckmann*, § 35 KrWG Rn. 16; Versteyl/Mann/Schomerus/*Mann*, § 35 Rn. 10.
[373] Fluck/*Guckelberger*, § 31 Rn. 79; Landmann/Rohmer/*Beckmann*, § 35 KrWG Rn. 16.
[374] → § 68 Rn. 191 f.
[375] *Kreppel*, S. 228; *Kutscheidt*, NVwZ 1994, 209, 213.
[376] Vgl. *Kreppel*, S. 228; Landmann/Rohmer/*Dietlein*, § 6 BImSchG Rn. 7, 8; Versteyl/Mann/Schomerus/*Mann*, § 35 Rn. 50. – Anders, aber nicht überzeugend, (wohl) *Schink*, DÖV 1993, 725, 736; Jarass/Petersen/Weidemann/*Hellmann-Sieg*, § 32 KrW-/AbfG Rn. 59.
[377] Versteyl/Mann/Schomerus/*Mann*, § 35 Rn. 50.
[378] VG Ansbach AN 11 K 08.01990, juris Rn. 32 („Mischform"). So auch *Kreppel*, S. 241; *Schmidt-Kötters*, WiVerw 2013, 199, 202; *Winkelmann*, S. 47 f.
[379] → § 68 Rn. 62 ff.

Vor dem Hintergrund der Anforderungen an Zuverlässigkeit, Fach- und Sachkunde spielt 286
die Person des Betreibers eine maßgebliche Rolle. Bei juristischen Personen kommt es
dabei auf die Zuverlässigkeit des gesetzlichen Vertreters[380] oder der ansonsten verantwortlichen Personen an.[381] Ohne die Beteiligung der Behörde kann die Zulassung daher grundsätzlich nicht wirksam auf Dritte übertragen werden. Vielmehr ist in der Regel eine
Änderungsgenehmigung notwendig, bis zu deren Erteilung der Rechtnachfolger die Anlage nicht betreiben darf.[382] In diesem Genehmigungsverfahren ist jedoch allein die Zuverlässigkeit erneut zu prüfen. Auch ist kein Erfordernis für eine nochmalige Öffentlichkeitsbeteiligung ersichtlich.[383]

Während das Erfordernis einer Änderungsgenehmigung in der Vergangenheit noch um- 287
stritten war,[384] bestätigte das Bundesverwaltungsgericht die Auffassung, dass eine Übertragung der Zulassung ohne Mitwirkung der Behörde nicht möglich sei.[385] Zwar bezog
sich der konkrete Fall auf eine Einzelrechtsnachfolge im Rahmen eines Kaufvertrages. Das
Bundesverwaltungsgericht verneinte die Nachfolgefähigkeit jedoch aufgrund der personalen Elemente, sodass sich diese Auffassung auf die Gesamtrechtsnachfolge im Zuge der
Umwandlung übertragen lässt. Als Hauptargument führte es an, dass sich die fehlende
Übergangsfähigkeit mittelbar aus § 22 KrWG (früher § 16 Abs. 1 KrW-/AbfG) ergebe, der
lediglich gestatte, sich bei der Führung der Deponie der Hilfe eines Dritten zu bedienen,
die Verantwortlichkeit für die Erfüllung der Pflichten davon aber unberührt lasse.[386] Eine
Änderungsgenehmigung der zuständigen Behörde sei mithin erforderlich.

Sofern allerdings mit der Umwandlung kein Betreiberwechsel einhergeht oder die für 288
die Errichtung, Leitung und Beaufsichtigung des Betriebs verantwortlichen Personen
trotz Betreiberwechsels gleich bleiben, lässt sich gut vertreten, dass im Falle der Umwandlung die bisherige Genehmigung fortbesteht und dass es keiner Änderungsgenehmigung bedarf.[387]

Zur Vermeidung von Rechtsunsicherheit sollte in der Praxis eine Änderungsgenehmi- 289
gung bereits frühzeitig vor dem beabsichtigten Rechtsübergang beantragt werden. Dies gilt
nicht zuletzt deshalb, weil das Betreiben einer Abfalldeponie ohne Genehmigung den
Straftatbestand des § 327 Abs. 2 Nr. 3 StGB erfüllt.

2. Anzeige- und Genehmigungspflichten nach §§ 53, 54 KrWG

Die Anzeige- und Genehmigungspflichten für Sammler, Beförderer, Händler und Makler 290
von (gefährlichen) Abfällen sind in den §§ 53, 54 KrWG geregelt.

a) **Anzeigepflicht nach § 53 Abs. 1 S. 1 KrWG.** Im Falle von nicht-gefährlichen 291
Abfällen genügt es gemäß § 53 Abs. 1 S. 1 KrWG, wenn deren Sammler, Beförderer,
Händler und Makler ihre Betriebstätigkeit vor deren Aufnahme der zuständigen Behörde
anzeigen. Fraglich ist, ob nach einer Umwandlung eine erneute Anzeige erfolgen muss.
Da Abs. 2 die Zuverlässigkeit sowie die notwendige Fach- und Sachkunde des Betriebsinhabers voraussetzt, erscheint dies jedenfalls bei einem Wechsel des Betriebsinhabers
ratsam.

---

[380] Versteyl/Mann/Schomerus/*Mann*, § 36 Rn. 30.
[381] Landmann/Rohmer/*Beckmann*, § 36 KrWG Rn. 30.
[382] *Kreppel*, S. 236.
[383] *Kreppel*, S. 237 f.
[384] Fluck/*Ebling*, § 32 KrW-/AbfG Rn. 46; Jarass/Petersen/Weidemann/*Spoerr*, § 31 KrW-/AbfG Rn. 167; Jarass/Petersen/Weidemann/*Hellmann-Sieg*, § 32 KrW-/AbfG Rn. 70; v. Lersner/Wendenburg/Versteyl/*v. Lersner*, § 32 KrW-/AbfG Rn. 23; Versteyl/Mann/Schomerus/*Mann*, § 36 Rn. 33. Offen gelassen durch VG Düsseldorf 17 K 419/07, BeckRS 2008, 36080.
[385] BVerwG 7 C 6/11, NVwZ 2012, 888, 889.
[386] BVerwG 7 C 6/11, NVwZ 2012, 888, 889.
[387] So auch *Kreppel*, S. 237.

292   **b) Genehmigungspflicht nach § 54 Abs. 1 KrWG.** Bei einem Bezug zu gefährlichen Abfällen ist gemäß § 54 Abs. 1 KrWG grundsätzlich[388] eine Erlaubnis erforderlich. Da diese ebenfalls an die Zuverlässigkeit des Betreibers und der weiteren verantwortlichen Personen sowie an die notwendige Fach- und Sachkunde anknüpft, ist sie als **Personalkonzession** einzuordnen.[389] Eine verbreitete Ansicht geht davon aus, dass es sich um eine Erlaubnis von höchstpersönlicher Natur handele, die nicht übertragbar sei.[390] Dies ergab sich in der Vergangenheit jedenfalls für die Sammlung und Beförderung von Abfällen explizit aus § 8 Abs. 1 S. 2 der Beförderungserlaubnisverordnung (BefErlV).[391]

293   Ein Ausschluss der Übertragbarkeit erscheint indes jedenfalls dann unverhältnismäßig, wenn die maßgeblichen Personen nach der Umwandlung dieselbe Stellung wie zuvor einnehmen. In derartigen Konstellationen ist eine Fortgeltung der Erlaubnis zu bejahen, um Umstrukturierungen nicht unnötig zu erschweren.[392]

3. Stilllegung einer Deponie nach § 40 KrWG

294   Für die beabsichtigte Stilllegung einer Deponie besteht keine Genehmigungs-, sondern nur eine Anzeigepflicht. Gemäß § 40 Abs. 2 S. 1 KrWG kann die zuständige Behörde dem Deponiebetreiber bestimmte Rekultivierungspflichten auferlegen. Diese gehen bei der Umwandlung nach den allgemeinen Grundsätzen auf den Gesamtrechtsnachfolger über. Möglicher Adressat kann nach dem Gesetzeswortlaut jeweils nur der gegenwärtige bzw. letzte Anlagenbetreiber sein, nicht der Grundstückseigentümer oder ein früherer Betreiber.[393] Daher haftet der übertragende Rechtsträger nach der Umwandlung allein nach § 133 UmwG weiter. Einer weiteren Anzeige durch den Rechtsnachfolger bedarf es jedenfalls nach Sinn und Zweck der Vorschrift nicht, weil die Rekultivierungspflichten bereits durch behördliche Anordnung konkretisiert sind und damit auch im Falle der Umwandlung bestehen bleiben. Somit bedarf es keines erneuten Tätigwerdens der Behörde.

295   Besteht der Verdacht, dass von einer endgültig stillgelegten Deponie schädliche Bodenveränderungen oder sonstige Gefahren für den Einzelnen oder die Allgemeinheit ausgehen, können gem. § 40 Abs. 2 S. 2 KrWG Maßnahmen zur Erfassung, Untersuchung, Bewertung und Sanierung nach dem BBodSchG getroffen werden. Fraglich ist, ob der Verweis auf das BBodSchG umfassend ist und somit i. S. v. § 4 Abs. 3 S. 1 BBodSchG auch Maßnahmen gegen den übertragenden und den übernehmenden Rechtsträger ermöglichen soll.[394] Dies ginge über den begrenzten Adressatenkreis von § 40 Abs. 2 S. 1 hinaus. Gegen einen solch weitreichenden Verweis spricht jedoch der gesetzgeberische Wille. Nach diesem soll das KrWG mit § 40 Abs. 2 S. 2 eine eigene, abfallspezifische Ermächtigung für die Anordnung von Maßnahmen erhalten, derzufolge vorrangig der Deponiebetreiber zu verpflichten ist. Für einen Rückgriff auf § 4 Abs. 3 BBodSchG besteht daher kein Raum; allenfalls können nach allgemeinen Regeln des Polizei- und Ordnungsrechts weitere Störer herangezogen werden.[395]

---

[388] Zu Ausnahmen s. § 54 Abs. 3 KrWG. So bedürfen insbesondere zertifizierte Entsorgungsfachbetriebe keiner zusätzlichen Genehmigung. Allerdings ist auch im Rahmen der Zertifizierung die Zuverlässigkeit und Sach- und Fachkunde des Personals zu prüfen, § 56 Abs. 3 S. 1 KrWG.
[389] Statt vieler *Schmidt-Kötters*, WiVerw 2013, 199, 201.
[390] VGH Kassel 5 TH 592/86, NJW 1987, 393, 394; Jarass/Petersen/*Hurst*, § 54 Rn. 27; *Kloepfer*, § 21 Rn. 590; Versteyl/Mann/Schomerus/*Schomerus*, § 54 Rn. 15. Zur Vorgängervorschrift (§ 49 KrW-/AbfG): Fluck/*Martens*, § 49 KrW-/AbfG Rn. 156; Jarass/Peters/Weidemann/*Hellmann-Sieg*, § 49 KrW-/AbfG Rn. 66.
[391] In der Fassung vom 24.2.2012, außer Kraft seit 31.5.2014.
[392] → § 68 Rn. 70.
[393] Jarass/Petersen/*Attendorn*, § 40 Rn. 105.
[394] So Schmehl/*Versteyl*, Rn. 39 f. Dies entspricht dem Willen des Bundesrates, BT-Drs. 17/6052, S. 119. Vgl. auch → § 68 Rn. 151 ff.
[395] BT-Drs. 17/6645, S. 6 f.

4. Abstrakte Pflichten nach dem KrWG

Das KrWG enthält eine Vielzahl von abstrakten Pflichten, die im Zuge einer Umwandlung grundsätzlich auf den Rechtsnachfolger übergehen. Exemplarisch verpflichtet § 7 Abs. 2 KrWG den Besitzer und den Erzeuger von Abfällen zu deren Verwertung. Die Pflicht des Besitzers ist an die tatsächliche Sachherrschaft über die Abfälle gebunden.[396] Diese Pflicht geht daher bei der Umwandlung nicht auf den Rechtsnachfolger über, sondern entsteht für diesen originär neu. Bei der Verpflichtung des Erzeugers handelt es sich um eine abstrakte Verhaltensverantwortlichkeit, die hingegen übergangsfähig ist, sofern keine Hindernisse entgegenstehen. Dem § 7 Abs. 2 KrWG ähnlich ist die Pflicht zur Abfallbeseitigung nach §§ 15, 16 KrWG.

VI. Naturschutzrecht

Das Naturschutzrecht umfasst alle Maßnahmen zur Erhaltung und Förderung der natürlichen Lebensgrundlagen der wild lebenden Arten und ihrer Lebensgemeinschaften sowie zur Sicherung von Landschaften und Landschaftsteilen unter natürlichen Bedingungen.[397] Maßgebliche Rechtsgrundlage ist das BNatSchG, das durch landesrechtliche Regelungen ergänzt wird.

Im Folgenden soll exemplarisch auf die „allgemeinen" Rechte und Pflichten eingegangen werden, namentlich das allgemeine Schonungsgebot (1.) und das Genehmigungserfordernis aus § 17 BNatSchG (2.).

1. Abstrakte Pflichten

Das in § 2 Abs. 1 BNatSchG statuierte **allgemeine Schonungsgebot** stellt eine „Jedermannspflicht" dar.[398] Allerdings ergeben sich aus diesem Gebot keine unmittelbaren Handlungs- oder Unterlassungspflichten, es ist damit nicht erzwingbar. Zudem enthält das BNatSchG für den Fall eines Zuwiderhandelns keine Sanktionsmöglichkeit.[399] Daher geht das Schonungsgebot im Zuge der Umwandlung zwar auf den Gesamtrechtsnachfolger über, ein Haftungsrisiko entsteht jedoch nicht.

§ 65 Abs. 1 S. 1 BNatSchG gibt Eigentümern und Nutzungsberechtigten von Grundstücken auf, Maßnahmen des Naturschutzes und der Landschaftspflege zu dulden, soweit die Nutzung des Grundstücks dadurch nicht unzumutbar beeinträchtigt wird. Diese abstrakte Pflicht ist an die Eigentümerstellung bzw. an den Nutzungsberechtigten gebunden. Im Falle einer Umwandlung entsteht sie bei dem Gesamtrechtsnachfolger originär neu.

Die Hauptpflichten zum Schutz von Natur und Landschaft sind in §§ 13 bis 15 BNatSchG geregelt. Dabei knüpft § 15 BNatSchG explizit an den Verursacher einer Beeinträchtigung an. Dieser ist verpflichtet, vermeidbare Beeinträchtigungen zu vermeiden (Abs. 1) und unvermeidbare Beeinträchtigungen auszugleichen oder zu ersetzen (Abs. 2). Der Fall der Rechtsnachfolge ist in § 15 Abs. 4 S. 3 BNatSchG explizit geregelt. Er ist nicht nur im Falle der Gesamtrechtsnachfolge anwendbar, sondern gilt auch für die Einzelrechtsnachfolge.[400] Danach ist für die Ausführung, Unterhaltung und Sicherung der Ausgleichs- und Ersatzmaßnahmen neben dem Verursacher dessen Rechtsnachfolger verantwortlich. Im Hinblick auf die Gesamtrechtsnachfolge ergibt sich dies bereits aus allgemeinen Grundsätzen,[401] sodass es sich insoweit um eine deklaratorische Vorschrift handelt.

---

[396] Vgl. *Erbguth/Schlacke*, § 12 Rn. 25. Vgl. auch § 3 Abs. 9 KrWG.
[397] Lorz/*Müller-Walter*, § 1 BNatSchG Rn. 3.
[398] Lütkes/Ewer/*Lütkes*, § 2 Rn. 5; Schlacke/*Wolf*, § 2 Rn. 2.
[399] Lütkes/Ewer/*Lütkes*, § 2 Rn. 5.
[400] Lütkes/Ewer/*Lütkes*, § 15 Rn. 63.
[401] → § 68 Rn. 31 ff.

2. Naturschutzrechtliche Genehmigung nach § 17 BNatSchG

302 Handlungen, die im Sinne von § 14 BNatSchG in die Natur und Landschaft eingreifen, bedürfen in aller Regel einer behördlichen Erlaubnis. Diese Erlaubnis wird nach § 17 Abs. 1 BNatSchG häufig im Rahmen eines sogenannten „**Huckepackverfahrens**" erteilt.[402] Immer dann, wenn ein Eingriff nach anderen Rechtsvorschriften genehmigungs- oder anzeigepflichtig ist, überprüft die dafür zuständige Behörde zugleich die Auswirkungen des Vorhabens auf Natur und Landschaft am Maßstab der §§ 14, 15 BNatSchG. Damit wird das Prüfungsprogramm der Fachbehörde um die naturschutzrechtlichen Belange ergänzt.[403] Diese muss grundsätzlich nur „im Benehmen" mit der für Naturschutz und Landschaftspflege zuständigen Behörde handeln.

303 Fehlt es an einer spezielleren Genehmigungspflicht, ist eine eigenständige Genehmigung der für Naturschutz und Landschaftspflege zuständigen Behörde erforderlich.[404]

304 **a) Übergang der naturschutzrechtlichen Genehmigung. aa) Eigenständige Genehmigung nach § 17 Abs. 3 BNatSchG.** Für die eigenständige naturschutzrechtliche Genehmigung nach § 17 Abs. 3 BNatSchG ist die Übergangsfähigkeit angesichts der Vorhabenbezogenheit zu bejahen. Denn die Behörde prüft am Maßstab der §§ 14, 15 BNatSchG nur, inwieweit Beeinträchtigungen von Natur und Landschaft vermieden, ausgeglichen oder ersetzt werden können.[405] Damit ist diese Genehmigung als **Sachkonzession** einzustufen.[406]

305 **bb) Zulassung nach § 17 Abs. 1 BNatSchG.** Komplexer ist der Übergang der Zulassung nach § 17 Abs. 1 BNatSchG, die aufgrund des gleichen Entscheidungsmaßstabs ebenfalls **sachbezogen** ist. Diese geht grundsätzlich gemeinsam mit der Genehmigung aus dem Trägerverfahren auf den Gesamtrechtsnachfolger über, schließlich ist sie deren Bestandteil. Dies gilt zumindest dann, wenn die Genehmigung aus dem Trägerverfahren anlagenbezogen ist – wie die Anlagengenehmigung nach § 4 BImSchG. Allerdings ist diese Kopplung dann problematisch, wenn die Hauptgenehmigung personenbezogene Elemente aufweist und damit nach verbreiteter Meinung nicht nachfolgefähig ist.[407] Eine solche Konstellation kann beispielsweise bei dem Übergang einer bergrechtlichen Genehmigung entstehen, in der stets auch naturschutzrechtliche Aspekte enthalten sind.

306 Man könnte annehmen, dass in diesem Fall auch die Genehmigung nach § 17 Abs. 1 BNatSchG bei dem übertragenden Rechtsträger verbleibt oder mit diesem erlischt. Schließlich handelt es sich rein formal gesehen nicht um eine eigenständige Genehmigung, sondern um die bloße Berücksichtigung naturschutzrechtlicher Belange innerhalb einer anderen Genehmigung. Dafür würde auch sprechen, dass Genehmigungen in der Regel nicht teilbar sind. Eine Quasi-Teilung wäre aber erforderlich, wenn man die naturschutzrechtlichen Aspekte der Genehmigung eigenständig übergehen lassen wollte.

307 Andererseits ist auch bei gemischten Genehmigungen anerkannt, dass deren sachbezogener Teil übergangsfähig ist und keiner erneuten Prüfung unterworfen werden darf.[408] Hinzu kommt, dass mit der Etablierung des „Huckepackverfahrens" das Ziel verfolgt wurde, ein eigenständiges Zulassungsverfahren zu vermeiden. Dies sollte wiederum der Verfahrens-

---

[402] Lütkes/Ewer/*Lütkes*, § 2 Rn. 5; Schlacke/*Wolf*, § 17 Rn. 4.

[403] Giesberts/Reinhardt/*Schrader*, § 17 BNatSchG Rn. 6; Landmann/Rohmer/*Gellermann*, § 17 BNatSchG Rn. 4; Lorz/*Mühlbauer*, § 17 BNatSchG Rn. 19.

[404] Exemplarisch ist hier ein Fall des VG Koblenz zu nennen, in dem zum Schutz von Futtermais vor Schwarzwild ein Zaun aus Baustahlmatten errichtet werden sollte, dieser nach dem Landesbaurecht jedoch genehmigungsfrei war. Um die Vereinbarkeit mit naturschutzrechtlichen Belangen sicherzustellen, musste hier eine gesonderte Genehmigung erteilt werden. Vgl. VG Koblenz 4 L 715/15.KO, BeckRS 2015, 53962 Rn. 16 f.

[405] Vgl. Lorz/*Mühlbauer*, § 17 BNatSchG Rn. 20.

[406] Vergleichbares gilt auch für Befreiungen nach § 67 BNatSchG.

[407] → § 68 Rn. 62 ff.

[408] → § 68 Rn. 60.

ökonomie dienen.[409] Eine „Zusammenlegung" der Verfahren würde dagegen den Gesamtrechtsnachfolger schlechter stellen als er bei einer eigenständigen naturschutzrechtlichen Genehmigung stände, da Letztere ohne weiteres nachfolgefähig ist. Auch würde auf diese Weise nicht verfahrensökonomisch agiert, sondern gerade ein neues Verfahren veranlasst. Daher muss die Zulassung nach § 17 Abs. 1 BNatSchG auch „selbstständig" übergangsfähig sein. Sinnvoll erscheint es, dem Gesamtrechtsnachfolger in diesen Fällen eine Neugenehmigung nach § 17 Abs. 3 BNatSchG zu erteilen, ohne dass nach dessen Satz 3 erneut die Anforderungen des § 15 BNatSchG überprüft werden.

Da es zu dieser Problematik bislang keine höchstrichterliche Rechtsprechung gibt, ist die Rechtslage unklar. Angesichts der Tatsache, dass die Behörde bei einem Eingreifen ohne Zulassung oder Anzeige nach § 17 Abs. 8 S. 1 BNatSchG regelmäßig dazu verpflichtet ist, die Durchführung des Eingriffs zu untersagen, sollte frühzeitig Kontakt zur Behörde aufgenommen und der Fortbestand der Genehmigung abgesichert werden. Ansonsten können auch Maßnahmen nach § 15 BNatSchG oder die Wiederherstellung des früheren Zustandes gemäß § 17 Abs. 8 S. 2 BNatSchG sowohl gegenüber dem Verhaltens-, als auch gegenüber dem Zustandsverantwortlichen erlassen werden.[410] 308

b) Übergang der Nebenbestimmungen. Mit der Genehmigung gehen auch die nach § 17 Abs. 1 bzw. Abs. 3 S. 4 BNatSchG behördlich angeordneten Nebenbestimmungen (im Huckepackverfahren oder eigenständig) auf den übernehmenden Rechtsträger über. 309

Allerdings haftet auch der übertragende Rechtsträger bis zum Ablauf von fünf Jahren nach § 133 UmwG. Zudem kann die Behörde gemäß § 17 Abs. 5 BNatSchG verlangen, dass der Antragsteller eine Sicherheit bis zur Höhe der voraussichtlichen Kosten für die Ausgleichs- oder Ersatzmaßnahmen nach § 15 BNatSchG leistet. Auch wenn diese Maßnahmen erst nach Ablauf der Fünf-Jahres-Frist erfolgen sollten, hat die Behörde zuvor ausreichend Zeit, um den liquiden Beteiligten zur Leistung der Sicherheit zu verpflichten. 310

VII. Emissionshandelsrecht

Das TEHG verfolgt nach § 1 das Ziel, für Tätigkeiten, die große Mengen an Treibhausgasen verursachen, die Grundlagen für einen unionsweiten Handel mit Berechtigungen zur Emission von Treibhausgasen zu schaffen. Dieser Emissionshandel stellt jedoch nur ein Mittel zum Zweck dar. Denn primär soll auf kosteneffiziente Weise ein Beitrag zum weltweiten Klimaschutz geleistet werden. Von besonderer Relevanz für Umwandlungen sind die Emissionsgenehmigung (1.) sowie der Umgang mit Berechtigungen (2.). 311

1. Emissionsgenehmigung nach § 4 Abs. 1 TEHG

Grundsätzlich bedarf jede Tätigkeit, die dem Anhang 1 des TEHG unterfällt, einer Genehmigung. Dieses Erfordernis ergibt sich aus § 4 Abs. 1 TEHG. Allerdings nimmt die Emissionsgenehmigung an der immissionsschutzrechtlichen Konzentrationswirkung nach § 13 BImSchG teil und wird daher zumeist zusammen mit der Anlagengenehmigung nach § 4 BImSchG erteilt.[411] Immissionsschutzrechtliche Genehmigungen, die vor dem 1.1.2013 erteilt worden sind, enthalten gemäß § 4 Abs. 4 S. 1 TEHG automatisch eine Emissionsgenehmigung. Aber auch unabhängig von einer bestehenden immissionsschutzrechtlichen Genehmigung hat ein Anlagenbetreiber Anspruch auf eine eigenständige Genehmigung nach § 4 Abs. 1 TEHG.[412] 312

---

[409] Lütkes/Ewer/*Lütkes*, § 17 Rn. 3.
[410] Giesberts/Reinhardt/*Schrader*, § 17 BNatSchG Rn. 60.
[411] Landmann/Rohmer/*Wolke*, § 4 TEHG Rn. 3.
[412] Landmann/Rohmer/*Wolke*, § 4 TEHG Rn. 2.

313 Da die immissionsschutzrechtliche Genehmigung als Sachkonzession im Zuge der Umwandlung auf den Gesamtrechtsnachfolger übergeht,[413] muss dies auch für die integrierte Emissionsgenehmigung gelten, die ebenfalls **rein anlagenbezogen** ist.[414]

314 Der Wechsel des Betreibers allein stellt noch keine Änderung der Anlage nach § 15 BImSchG dar, sodass sich aus dieser Norm keine Anzeigenpflicht ergibt.[415]

315 Dafür wird der Betreiber durch § 25 Abs. 1 S. 1 TEHG verpflichtet, Änderungen seiner Identität oder Rechtsform mitzuteilen. Diese Verpflichtung besteht mithin sowohl bei Verschmelzung, Spaltung und Ausgliederung als auch bei einem Formwechsel.[416] Die Anzeige muss unverzüglich, also ohne schuldhaftes Zögern[417] erfolgen. In diesem Zusammenhang ist auf § 32 Abs. 2 Nr. 3 TEHG hinzuweisen. Danach stellt die fehlende Anzeige eine Ordnungswidrigkeit dar.

2. Berechtigungen

316 Kern des Emissionshandelsrechts ist die Pflicht, jährlich eine bestimmte Anzahl von „Berechtigungen" abzugeben. Bei diesen Berechtigungen handelt es sich um sog. „Verschmutzungszertifikate", also die Befugnis zur Emission von einer Tonne Kohlendioxidäquivalent in einem bestimmten Zeitraum (§ 3 Nr. 3 TEHG). Diese Berechtigungen werden anlagenscharf zugewiesen; sofern sie für die betreffende Anlage nicht ausreichen, müssen entweder die CO_2-Emission reduziert oder eine größere Zahl an Berechtigungen zugekauft werden. Aufgrund ihres Anlagenbezugs gehen Berechtigungen im Falle einer Umwandlung mit der Anlage auf den übernehmenden Rechtsträger über. Allerdings erfolgt dieser Übergang nicht automatisch, wie dies beispielsweise bei der anlagenbezogenen Genehmigung nach dem BImSchG der Fall ist.[418] Die Deutsche Emissionshandelsstelle (DEHSt) führt verschiedene Arten von elektronischen Konten über die den Teilnehmern zustehenden Berechtigungen. Betreiber einer emissionshandelspflichtigen Anlage benötigen ein Anlagenkonto. Wechselt der Anlagenbetreiber dann müssen der bisherige und der neue Betreiber den Übergang unverzüglich anzeigen, damit dieses auf den neuen Betreiber umgeschrieben werden kann.[419]

317 Der übernehmende Rechtsträger tritt zugleich in die Pflichten aus dem TEHG, namentlich zur Ablieferung von Berechtigungen ein. § 25 Abs. 1 S. 2, Abs. 2 TEHG enthalten entsprechende deklaratorische Regelungen.[420]

318 Unter bestimmten Voraussetzungen haben Anlagenbetreiber nach § 27 Abs. 1 TEHG die Möglichkeit, sich von der Pflicht zur Abgabe von Emissionsberechtigungen nach § 7 TEHG befreien zu lassen. Diese Befreiung kommt allein für Kleinemittenten in Frage, die einen bestimmten Emissionswert nicht überschreiten. Da die zu erfüllenden Voraussetzungen und auch die mit der Genehmigung einhergehenden Pflichten ausschließlich anlagenbezogen sind, geht bei einer Umwandlung auch die von der zuständigen Behörde eingeräumte Befreiung mit über. So wird der Zweck der Befreiung – Kleinemittenten nicht unnötig zu belasten – auch gegenüber dem neuen Rechtsträger weiterhin erfüllt. Erhöht sich jedoch nach der Umwandlung die Menge der jährlich ausgestoßenen Treibhausgase über die in § 27 TEHG vorgesehenen Grenzwerte hinaus, dann erlischt die Befreiung gemäß § 27 Abs. 6 S. 1 TEHG automatisch.[421]

---

[413] → § 68 Rn. 191 f.
[414] So auch *Maslaton*, § 4 Rn. 6.
[415] *Müggenborg*, Rn. 157. Vgl. auch → § 68 Rn. 197.
[416] Vgl. Frenz/*Frenz/Theuer*, § 25 TEHG Rn. 3 ff.
[417] Frenz/*Frenz/Theuer*, § 25 TEHG Rn. 8.
[418] § 68 Rn. 191 f.
[419] Näheres dazu auf der Homepage der DEHSt unter www.dehst.de.
[420] So auch Frenz/*Frenz/Theuer*, § 25 TEHG Rn. 10.
[421] BT-Drs. 17/5296, S. 56; Frenz/*Theuer*, § 27 TEHG Rn. 32.

VIII. Energierecht

Das Energierecht ist kein Bestandteil des klassischen Umweltrechts. Jedoch weisen viele 319 Normen des Energierechts umweltschutzspezifische Bezüge auf.

Im Mittelpunkt des Energierechts steht zunächst das Energiewirtschaftsrecht, das die 320 leitungsgebundene Versorgung mit Elektrizität und Gas regelt.[422] Einschlägige Vorschriften befinden sich im **EnWG**. In dessen § 1 Abs. 1 wird jedenfalls die Umweltverträglichkeit der Energieversorgung ausdrücklich als Gesetzeszweck aufgeführt. Zur Förderung erneuerbarer Energiequellen wurde das **EEG** als maßgebliches Instrument entwickelt. Damit sollen die Integration erneuerbarer Energien in den Markt verbessert und die Kostenbelastung gerechter verteilt werden, wodurch mittelbar ein Beitrag zum Umweltschutz geleistet werden soll.[423]

Beide Gesetzen enthalten konkrete Regelungen zur Umwandlung von Unternehmen. 321 Das gilt namentlich für die Genehmigung des Netzbetriebs nach § 4 EnWG (1.) und für die Befreiung von der EEG-Umlage nach § 67 EEG (2.).

1. Genehmigung des Netzbetriebs nach § 4 EnWG

Um ein Energieversorgungsnetz betreiben zu dürfen, also um die Versorgung mit Strom 322 und Gas zu übernehmen, bedarf es gemäß § 4 Abs. 1 EnWG einer Genehmigung. Die Voraussetzungen dafür sind in § 4 Abs. 2 EnWG geregelt. So darf die Erlaubnis nur versagt werden, wenn der Antragsteller nicht die personelle, technische und wirtschaftliche Leistungsfähigkeit und Zuverlässigkeit besitzt, um den Netzbetrieb entsprechend den Vorschriften des EnWG dauerhaft zu gewährleisten. Als Beispiele für diese eher unbestimmten Versagungsgründe sind fehlende persönliche Zuverlässigkeit, mangelnde Sach- und Fachkunde, mangelnde Vorsorge gegen Versorgungsunterbrechungen sowie die unzureichende Kapitalausstattung zu nennen.[424] Damit handelt es sich um eine **gemischte Genehmigung**.

Für den Fall der Gesamtrechtsnachfolge nach dem UmwG sieht Abs. 3 eine gesonderte 323 Regelung vor. Danach geht die Genehmigung auf den Rechtsnachfolger über. Diese Regelung weicht von der verbreiteten Ansicht ab, derzufolge Genehmigungen mit personenbezogene Komponenten grundsätzlich nicht übergangsfähig sein sollen.[425]

Der Behörde bleibt als Korrekturmaßnahme lediglich die Möglichkeit, aufsichtsrechtlich 324 tätig zu werden und den Netzbetrieb nach § 4 Abs. 4 EnWG zu versagen oder die Genehmigung nach §§ 48, 49 VwVfG aufzuheben.

2. Befreiung von der EEG-Umlage nach § 67 EEG

Das EEG begründet einen Fördermechanismus, der die erhöhten Kosten ausgleichen soll, 325 welche mit der Pflicht zur vorrangigen Abnahme, Übertragung und Verteilung erneuerbarer Energien für Netzbetreiber entstehen. Teil dieses Mechanismus ist die EEG-Umlage für Elektrizitätsversorgungsunternehmen, Letztverbraucher und Eigenversorger, §§ 60 ff. EEG. Damit stromintensive Unternehmen durch die aus der EEG-Umlage resultierenden Zahlungspflichten nicht unverhältnismäßig belastet werden, kann für sie gemäß § 63 EEG auf Antrag die Umlage begrenzt werden.

Eine bestehende Begrenzung ist bei Umwandlungen gemäß § 67 Abs. 3 EEG unter 326 bestimmten Voraussetzungen übergangsfähig. Gleiches gilt grundsätzlich auch für eine bestehende Verfahrensposition, namentlich für die Aufrechterhaltung eines Antrags auf Befreiung. Denn zwischen Antragstellung und Erteilung der Befreiung liegen längere Zeiträume, so dass es aus Gründen der Rechtssicherheit und Wirtschaftlichkeit geboten ist, auch diese Verfahrensposition nach Antragstellung zu übertragen. In jedem Fall bedarf die

---

[422] *Kloepfer*, § 18 Rn. 16.
[423] *Klopfer*, § 18 Rn. 174.
[424] Danner/Theobald/*Theobald*, § 4 EnWG Rn. 16.
[425] Britz/Hellermann/Hermes/*Hermes*, § 4 Rn. 36 f.; Danner/Theobald/*Theobald*, § 4 EnWG Rn. 32.

Voland

Übertragung eines gesonderten Antrags. Das zuständige Bundesamt für Wirtschaft und Ausfuhrkontrolle prüft nach Antragstellung, ob die **wirtschaftliche und organisatorische Einheit** des Unternehmens zumindest fast vollständig auf den übernehmenden Rechtsträger übergegangen ist. Als maßgeblich werden insoweit vor allem Veränderungen im Hinblick auf die Betriebsmittel und die Arbeitnehmer erachtet.[426] Ist dies der Fall, dann wird auch die Begrenzung durch Verwaltungsakt übertragen.[427] Unabhängig von der Antragstellung muss ein Unternehmen, das eine Begrenzung beantragt oder bereits erhalten hat und nach dem Antrag oder der Begünstigung umgewandelt wird, dies gemäß § 67 Abs. 2 EEG dem Bundesamt für Wirtschaft und Ausfuhrkontrolle unverzüglich anzeigen. Nur unter dieser Voraussetzung können die Verfahrensposition oder die Begünstigung vom Rechtsnachfolger übernommen werden.[428]

327 Zu berücksichtigen ist, dass der Begriff der „Umwandlung" im EEG eigenständig definiert ist und nicht nur Umwandlung nach dem UmwG erfasst. So stellt darüber hinausgehend gemäß § 3 Nr. 45 EEG auch die Übertragung von Wirtschaftsgütern eines Unternehmens oder selbständigen Unternehmensteils im Wege der Singularsukzession eine Umwandlung im Sinne des EEG dar. Allerdings wird auch in diesem Fall per definitionem vorausgesetzt, dass die wirtschaftliche und organisatorische Einheit des Unternehmens oder selbständigen Unternehmensteils nach der Übertragung nahezu vollständig erhalten bleibt.

327a Für Unternehmen, die in den vergangenen drei Jahren nach dem UmwG umgewandelt wurden, sieht § 67 Abs. 1 EEG für das Antragsverfahren eine Sonderregelung vor. Sie können für den Nachweis der Anspruchsvoraussetzungen auf die Daten des Unternehmens vor seiner Umwandlung zurückgreifen. Dies setzt ebenfalls voraus, dass die wirtschaftliche und organisatorische Einheit erhalten geblieben ist. Andernfalls können umgewandelte Unternehmen gemäß § 67 Abs. 1 S. 2, § 64 Abs. 4 S. 1 bis 4 EEG grundsätzlich in den ersten Jahren nach der Umwandlung auf die Daten eines Rumpfgeschäftsjahres zurückgreifen.

IX. Bergrecht

328 Das Bergrecht umfasst sämtliche rechtliche Regelungen, die insbesondere das Aufsuchen, Gewinnen und Aufbereiten von Bodenschätzen sowie die diesbezügliche Vorbereitung und Nachsorge zum Gegenstand haben.[429] Damit ist es eher dem Fachplanungsrecht zuzuordnen.[430] Dennoch ist es umweltschutzrelevant, weil durch den Bergbau regelmäßig Konflikte mit den Zielen des Boden-, Natur-, Landschafts- und Gewässerschutzes entstehen.[431] Deshalb soll das Bergrecht an dieser Stelle im Hinblick auf die umwandlungsbedingten Folgen für öffentlich-rechtliche Rechte und Pflichten untersucht werden.

329 Maßgebliche Rechtsgrundlage ist neben der Allgemeinen Bundesbergverordnung und den landesrechtlichen Tiefbohrverordnungen das BBergG. Dieses stellt ausweislich seines § 1 kein spezifisches Umweltgesetz dar, sondern dient zuvorderst der Rohstoffsicherung, dem Lagerstättenschutz, der Betriebssicherheit und der Gefahrenvorsorge. Es regelt insbesondere Bergbauberechtigungen (1.) und bergrechtliche Pflichten (2.).

1. Bergbauberechtigungen

330 Bei Berechtigungen nach dem BBergG ist zwischen Bergrechten im engeren und Bergrechten im weiteren Sinne zu unterscheiden.[432] Während Erstere die Erlaubnis, die Bewil-

---

[426] Bundesamt für Wirtschaft und Ausfuhrkontrolle, Merkblatt für stromkostenintensive Unternehmen 2016, S. 52.
[427] Danner/Theobald/*Stein/Haupt*, § 67 EEG 2014 Rn. 36 ff.
[428] Vgl. auch Bundesamt für Wirtschaft und Ausfuhrkontrolle, Merkblatt für stromkostenintensive Unternehmen 2016, S. 52.
[429] *Kloepfer*, § 11 Rn. 449.
[430] *Kloepfer*, § 11 Rn. 450 ff.
[431] *Kloepfer*, § 11 Rn. 455.
[432] *Enderle/Rehs*, NVwZ 2012, 338.

ligung und das Bergwerkseigentum umfassen (a)), sind mit Letzteren vor allem Betriebspläne gemeint (b)).

a) Bergrechte im engeren Sinne (Erlaubnis, Bewilligung und Bergwerkseigentum). Wer bergfreie Bodenschätze[433] aufsuchen will, bedarf gemäß § 6 S. 1, Alt. 1 BBergG einer Erlaubnis. Für die Gewinnung bergfreier Bodenschätze bedarf es darüber hinausgehend einer Bewilligung (2. Alt.) oder eines Bergwerkeigentums (3. Alt.). 331

aa) Übergang von Erlaubnis und Bewilligung nach § 22 Abs. 2 BBergG. Sowohl die Erlaubnis, als auch die Bewilligung werden nur erteilt, wenn bestimmte Voraussetzungen erfüllt sind. Dabei sind in den §§ 11, 12 BBergG sachliche, aber auch personenbezogene Bedingungen geregelt. So muss der Antragsteller insbesondere zuverlässig (§ 11 Nr. 6 BBergG) und finanziell leistungsfähig (§ 11 Nr. 7 BBergG) sein. Damit handelt es sich um **gemischte Genehmigungen**. 332

Erlaubnis und Bewilligung stellen dennoch übergangsfähige öffentlich-rechtliche Berechtigungen dar. Dies ergibt sich aus § 22 BBergG, der die Übertragung regelt. Gemäß § 22 Abs. 1 BBergG ist diese grundsätzlich nur mit Zustimmung der zuständigen Behörde zulässig, die ihrerseits den Rechtsübergang bewirkt. 333

In Fällen der **(vollständigen) Gesamtrechtsnachfolge** sieht § 22 Abs. 2 S. 5 in Verbindung mit Abs. 2 S. 1 bis 3 BBergG allerdings eine Ausnahme von diesem Erfordernis vor. Demnach bedarf der umwandlungsbedingte Übergang der Genehmigungen keiner behördlichen Zustimmung.[434] Statt der Zustimmung ist gemäß § 22 Abs. 2 S. 3 BBergG lediglich eine Anzeige des Rechtsträgerwechsels notwendig. Die in § 22 Abs. 2 S. 4 BBergG statuierten Versagungsgründe (z. B. auch bei fehlender Zuverlässigkeit) greifen im Falle der Gesamtrechtsnachfolge gerade nicht, da sich der Verweis in S. 5 nur auf die S. 1 bis 3 bezieht. Eine Korrektur wird der Behörde einzig über den Widerruf nach § 18 BBergG ermöglicht. Damit ordnet das Gesetz selbst die Übergangsfähigkeit einer gemischten Genehmigung an. Mit dieser Regelung zielte der Gesetzgeber offenbar darauf ab, die „Kontinuität der Aufsuchungs- und Gewinnungstätigkeit" im Falle einer Gesamtrechtsnachfolge nicht zu gefährden."[435] 334

Auch die **partielle Gesamtrechtsnachfolge** soll nach herrschender Meinung eine zustimmungslose Nachfolge in die bergrechtlichen Genehmigungen herbeiführen.[436] 335

bb) Übergang des Bergwerkeigentums, § 23 BBergG. Die Übertragung von Bergwerkseigentum ist in § 23 BBergG geregelt. Danach bedürfen die rechtsgeschäftliche Veräußerung sowie der schuldrechtliche Vertrag hierüber der Genehmigung der zuständigen Behörde. Fraglich ist, ob dies auch für die Gesamtrechtsnachfolge im Zuge der Umwandlung gilt. Dies wird unterschiedlich beurteilt. 336

Die wohl herrschende Meinung verneint jedoch auch hier zu Recht das behördliche Zustimmungserfordernis.[437] Dafür spricht, dass sich die Regelung ihrem Wortlaut nach eindeutig auf zivilrechtliche Abreden zwischen den Parteien bezieht.[438] Die Umwandlung wird jedoch nicht allein durch rechtsgeschäftliche Erklärungen wirksam, sondern erst durch einen 337

---

[433] „Bergfrei" sind Bodenschätze auf die sich das Grundeigentum an einem Grundstück nicht erstreckt, § 3 Abs. 2 S. 2 BBergG. Antonym sind die sog. „grundeigenen Bodenschätze", die Teil des Grundeigentums sind, § 3 Abs. 2 S. 2 BBergG. Eine abschließende Zuordnung aller Bodenschätze findet sich in § 3 Abs. 3 und 4 BBergG.
[434] *Enderle/Rehs*, NVwZ 2012, 338, 340.
[435] BT-Drs. 8/1315, S. 93.
[436] Boldt/Weller/Kühne/v. Mäßenhausen/*Kühne*, § 23 Rn. 5; *Erkens/Giedinghagen*, RdE 2012, 140, 142.
[437] Boldt/Weller/Kühne/v. Mäßenhausen/*Kühne*, § 23 Rn. 5; *Erkens/Giedinghagen*, RdE 2012, 140, 143 f.; *Kremer/Neuhaus*, Rn. 136 f. Wohl auch *Ring*, NotBZ 2006, 37, 45. – Anders (Bestehen einer Genehmigungspflicht) *Habighorst*, ZfB 2000, 230, 233; Piens/Schulte/Graf Vitzthum/*Vitzthum/Piens*, § 23 Rn. 9.
[438] *Enderle/Rehs*, NVwZ 2012, 338, 340.

staatlichen Hoheitsakt in Form der Handelsregistereintragung. Im Vergleich zu § 22 BBergG ist die Gesamtrechtsnachfolge in § 23 BBergG zwar nicht gesondert geregelt, dies spricht aber nicht gegen die Annahme, dass es keiner Genehmigung bedarf. So ist der Inhalt der Berechtigung, die sich aus der Bewilligung und dem Bergwerkseigentum ergibt, im Wesentlichen identisch.[439] In diesem Sinne hat auch das VG Meiningen weder für die partielle, noch für die uneingeschränkte Gesamtrechtsnachfolge eine Erlaubnispflicht gefordert.[440]

338 Allerdings ist eine Genehmigung erforderlich, wenn durch den umwandlungsbedingten Übergang des Eigentums Bergwerksfelder vereinigt oder geteilt werden (§§ 25 ff. BBergG). Hier geht es allerdings nicht um den Übergang einer Genehmigung, sondern um eine Genehmigung für den Übertragungsvorgang selbst.

339 **b) Bergrechte im weiteren Sinne (Betriebsplanzulassungen).** Eine Bergbauberechtigung gibt zwar grundsätzlich das Recht, Bodenschätze aufzusuchen und zu gewinnen, nicht aber das Recht, diese Arbeiten auch tatsächlich auszuführen und entsprechende Anlagen zu betreiben.[441] Dazu ist vielmehr die Zulassung eines bergrechtlichen Betriebsplans nach §§ 50 ff. BBergG notwendig.

340 Bei einem solchen Plan handelt es sich um eine besondere Form der Anlagenzulassung. Das beantragende Unternehmen stellt zunächst einen Betriebsplan auf, den die Behörde anschließend zulässt. Die Voraussetzungen einer Zulassung sind in § 55 BBergG geregelt. Zu differenzieren ist zwischen Rahmen-, Haupt-, Sonder- und Abschlussbetriebsplänen.

341 **aa) Rahmenbetriebspläne.** Rahmenbetriebspläne beschreiben das Vorhaben in allgemein gehaltenen Angaben, ohne Einzelheiten darzulegen. Mit der Zulassung des Rahmenbetriebsplans erhält der Unternehmer die grundsätzliche bergrechtliche Billigung der Ausübung seines Aufsuchungs- und Gewinnungsrechts.[442] So wird die Erfüllung der in § 55 BBergG genannten Voraussetzungen festgestellt. Da es sich hier (durch Ausschluss der Zuverlässigkeit in § 55 Abs. 1 S. 2 BBergG) allein um sachliche Voraussetzungen handelt, stellt die Zulassung des Rahmenbetriebsplans eine **Sachkonzession** dar, die im Zuge der Umwandlung auf den Rechtsnachfolger übergeht.[443]

342 Allerdings hat ein Rahmenbetriebsplan in der Regel allein feststellende und keine Gestattungswirkung.[444] Insbesondere begründet er keinen Rechtsanspruch auf die automatische Zulassung von Haupt- und Sonderbetriebsplänen. Vielmehr ist seine Wirkung mit der eines rahmensetzenden Flächennutzungsplans vergleichbar (§ 8 Abs. 2 BBauGB).[445] Nur dann, wenn ein Rahmenbetriebsplan ausnahmsweise einen hohen Konkretisierungsgrad erreicht (zum Beispiel, wenn er durch Planfeststellungsbeschluss erlassen wurde), sollen die darin enthaltenen Regelungen verbindlich sein. Abweichungen sind dann allein unter besonderen Voraussetzungen möglich.[446]

343 **bb) Andere Betriebspläne (Haupt-, Sonder- und Abschlussbetriebspläne).** Von Rahmenbetriebsplänen abzugrenzen sind Haupt-, Sonder- und Abschlussbetriebspläne, die festlegen, welche bergrechtlichen Anforderungen im Einzelfall für die Errichtung, Führung und Einstellung eines Betriebs bestehen.[447] Im Hinblick auf die Zulässigkeit eines Vorhabens aus spezifisch bergrechtlicher Sicht sind diese verbindlich, sodass aus ihnen Rechte geltend gemacht werden können.[448]

---

[439] *Erkens/Giedinghagen*, RdE 2012, 140, 143.
[440] VG Meiningen 5 K 204/13 Me, juris Rn. 97: „So ist nach § 23 BBergG von seiner grundsätzlichen Verkehrs- und Übergangsfähigkeit auszugehen."
[441] Vgl. *Enderle/Rehs*, NVwZ 2012, 338; *Erkens/Giedinghagen*, RdE 2012, 140, 142.
[442] Boldt/Weller/Kühne/v. Mäßenhausen/*v. Hammerstein*, § 52 Rn. 29.
[443] *Erkens/Giedinghagen*, RdE 2012, 140, 144.
[444] BVerwG 4 C 25/94, NVwZ 1996, 712, 713; *Weller/Kullmann*, § 52 Rn. 1.
[445] BVerwG 7 C 25/90, NVwZ 1992, 980, 981.
[446] *Kloepfer*, § 11 Rn. 567; Piens/Schulte/Graf Vitzthum/*Piens*, § 52 Rn. 15.
[447] Boldt/Weller/Kühne/v. Mäßenhausen/*v. Mäßenhausen*, § 55 Rn. 1.
[448] *Kloepfer*, § 11 Rn. 536

Die Zulassung dieser Betriebspläne setzt – wie Erlaubnis und Bewilligung – sowohl 344
sachliche, als auch personenbezogene Elemente voraus, § 55 BBergG. Mithin handelt es
sich auch bei einer solchen Betriebsplanzulassung stets um eine **gemischte Genehmigung**.[449]

Auf die Frage, ob und wie solche Betriebsplanzulassungen im Zuge von Umwandlungen 345
auf den Gesamtrechtsnachfolger übertragen werden können, gibt das Gesetz keine Antwort.
Allerdings hält die wohl herrschende Meinung einen Übergang für möglich,[450] wobei die
Begründungen divergieren.[451] Für die Übergangsmöglichkeit spricht, dass der Gesetzgeber
ausdrücklich die Kontinuität der Aufsuchungs- und Gewinnungstätigkeit sicherstellen
will.[452] Lediglich der Weg zu diesem Ergebnis ist unterschiedlich.

Da es zu der Frage des umwandlungsbedingten Übergangs von Bergrechten noch keine 346
höchstrichterliche Entscheidung gibt, empfiehlt sich eine frühzeitige Kontaktaufnahme mit
der Behörde, um notfalls rechtzeitig eine Neugenehmigung beantragen zu können.

2. Bergrechtliche Pflichten

Konkrete Pflichten, die bei der Umwandlung auf den Rechtsnachfolger übergehen, 347
können sich aus der Betriebsplanzulassung ergeben.[453] Diese kann grundsätzlich mit
Nebenbestimmungen und gemäß § 56 Abs. 1 S. 2 BBergG auch noch nachträglich mit
Auflagen versehen werden.

Auch Rahmenbetriebspläne können mit Nebenbestimmungen versehen werden. Inwie- 348
fern diese Handlungspflichten statuieren können, ist umstritten. Jedenfalls können sie den
Rahmen für ggf. näher zu bestimmende Auflagen mit konkreten Handlungsanweisungen
abstecken (Auflagenvorbehalt).[454] Ob darin dann abstrakte, nachfolgefähige Pflichten zu
sehen sind, erscheint jedenfalls zweifelhaft.

Die zuständige Behörde kann gemäß § 56 Abs. 2 BBergG auch eine Sicherheitsleistung 349
verlangen, um die Einhaltung bergrechtlicher Pflichten zu sichern. Die Anordnung erfolgt
im Wege einer Nebenbestimmung zu der Zulassung des betreffenden Betriebsplans. Das
kann allerdings nicht nachträglich mit Blick auf einen bereits zugelassenen Betriebsplan
erfolgen. Eine Sicherheitsleistung kommt somit nur dann in Betracht, wenn eine erneute
Zulassung erforderlich ist. Geht man davon aus, dass Betriebsplanzulassungen trotz der
personenbezogenen Elemente im Wege der Umwandlung ohne erneutes Zulassungserfordernis übergehen, kann die Behörde allein wegen des Umwandlungsvorgangs keine Sicherheitsleistung festsetzen.

§ 69 Firmenrecht bei Umwandlungen

Übersicht

	Rdnr.		Rdnr.
I. Recht zur Firmenfortführung	1–33	b) Spaltung	18, 19
1. Überblick	1–4	c) Vermögensübertragung	20
2. Voraussetzungen der Firmenfortführung	5–26	d) Formwechsel	21–26
		3. Verhältnis zur Firmenfortführung nach § 22 HGB	27–30
a) Verschmelzung	5–17		

---

[449] *Enderle/Rehs*, NVwZ 2012, 338, 342; *Erkens/Giedinghagen*, RdE 2012, 140, 144; *Schmidt-Kötters*, WiVerw 2013, 199, 202.
[450] Statt vieler *Schmidt-Kötters*, WiVerw 2013, 199, 228.
[451] Für eine analoge Anwendung von § 22 Abs. 2 S. 5 BBergG *Enderle/Rehs*, NVwZ 2012, 338, 342; wohl auch Boldt/Weller/Kühne/v. Mäßenhausen/*Kühne*, § 22 Rn. 18 und § 50 Rn. 45. Für einen Übergang als Annex zur Bergbauberechtigung gem. § 413 BGB analog *Erkens/Giedinghagen*, RdE 2012, 140, 145.
[452] Vgl. auch → § 68 Rn. 334.
[453] A. A. Boldt/Weller/Kühne/v. Mäßenhausen/*v. Hammerstein*, § 52 Rn. 14.
[454] BVerwG 4 C 25/94, NVwZ 1996, 712, 713.

	Rdnr.		Rdnr.
4. Besonderheiten bei der Partner-schaftsgesellschaft	31–33	1. Haftung des Firmenfortführers nach § 25 HGB	34, 35
II. Haftung bei Firmenfortführung	34–36	2. Haftung nach dem UmwG	36

Schrifttum: *Bokelmann*, Die Firma im Fall der Umwandlung, ZNotP 1998, 265; *Limmer*, Firmenrecht und Umwandlung nach dem Handelsreformgesetz, NotBZ 2000, 101.

I. Recht zur Firmenfortführung

1. Überblick

1   Die Firma (§ 17 HGB) ist kein Vermögensgegenstand i. S. d. § 20 Abs. 1 Nr. 1 UmwG und geht bei einem Umwandlungsvorgang daher nicht von selbst im Wege der Gesamtrechtsnachfolge (ausführlich dazu → § 13 Rn. 13 ff.) auf den aufnehmenden Rechtsträger über. Mit dem Erlöschen des übertragenden Rechtsträgers (§ 20 Abs. 1 Nr. 2 UmwG) erlischt vielmehr auch dessen Firma, ohne dass es einer gesonderten Löschung im Handelsregister bedarf.[1] In der Praxis besteht jedoch das nachvollziehbare Bedürfnis, traditionsreiche und wertvolle Firmennamen zu erhalten.[2] Dem wollte der Gesetzgeber Rechnung tragen und hat mit § 18 UmwG als Spezialvorschrift zu § 22 HGB[3] dem übernehmenden Rechtsträger einer Verschmelzung die Möglichkeit der Firmenfortführung eröffnet, d. h. der grundsätzlich unveränderten Verwendung der Firma[4] des übertragenden Rechtsträgers. Ebenso wie § 22 HGB sieht auch § 18 UmwG **keine Pflicht zur Firmenfortführung** vor. Vielmehr „darf" der übernehmende Rechtsträger (unter bestimmten Voraussetzungen → Rn. 5 ff.) die Firma eines übertragenden Rechtsträgers mit oder ohne Nachfolgezusatz fortführen. Entscheidet sich der übernehmende Rechtsträger für die Firmenfortführung, erlischt seine bisherige Firma.[5]

2   § 18 UmwG gilt über den Verweis in § 125 UmwG auch bei der Spaltung (→ Rn. 18) und der Vermögensübertragung (→ Rn. 20). Eine **gesonderte Vereinbarung** über die Firmenfortführung im Verschmelzungs- oder Spaltungsvertrag ist zwar empfehlenswert, aber **nicht notwendig**, da das Recht zur Firmenfortführung kraft Gesetzes besteht.[6] Gesetzlich gefordert ist lediglich die Angabe der Firmen der beteiligten Rechtsträger (§§ 5 Abs. 1 Nr. 1, 126 Abs. 1 Nr. 1 UmwG).

3   Bei einem **Formwechsel** muss im **Umwandlungsbeschluss** die Firma des Rechtsträgers neuer Rechtsform bestimmt werden (vgl. § 194 Abs. 1 Nr. 2 UmwG). Die Zulässigkeit der Firma des Rechtsträgers neuer Rechtsform richtet sich nach § 200 UmwG sowie den rechtsformspezifischen Firmenvorschriften (§§ 17 ff. HGB, § 4 GmbHG, §§ 4, 278 Abs. 3 AktG, § 3 GenG).[7]

4   Der übernehmende Rechtsträger muss bei Fortführung der Firma des übertragenden Rechtsträgers den **Gesellschaftsvertrag** bzw. die **Satzung** entsprechend **ändern** (vgl. § 23 Abs. 3 Nr. 1 AktG, § 3 Abs. 1 Nr. 1 GmbHG) und – zusätzlich zur Verschmelzung – deren Eintragung im **Handelsregister** anmelden (vgl. § 181 AktG, § 54 GmbHG).

2. Voraussetzungen der Firmenfortführung

5   **a) Verschmelzung.** Die Firmenfortführung bei einer Verschmelzung durch Aufnahme (§ 2 Abs. 1 Nr. 1 UmwG) wird in § 18 UmwG geregelt. Die Vorschrift gilt über den Verweis in § 36 Abs. 1 UmwG auch für die Verschmelzung durch Neugründung (§ 2 Abs. 1 Nr. 2 UmwG). Für eine zulässige Firmenfortführung müssen bestimmte Voraus-

---

[1] Kölner Kommentar-UmwG/*Simon*, § 18 Rn. 22.
[2] Vgl. Begr. RegE, *Ganske*, S. 72.
[3] *Limmer*, NotBZ 2000, 101 (102).
[4] Vgl. zu den ausnahmsweise zulässigen Änderungen: Baumbach/Hopt/*Hopt*, § 22 Rn. 15.
[5] Henssler/Strohn/*Heidinger*, § 18 UmwG Rn. 6; Lutter/*Decher*, § 18 Rn. 5.
[6] Kallmeyer/*Marsch-Barner*, § 18 Rn. 2; Henssler/Strohn/*Heidinger*, § 18 Rn. 9.
[7] Semler/Stengel/*Bärwaldt*, § 194 Rn. 6.

setzungen erfüllt (→ Rn. 6 ff.) und die Reichweite des Rechts zur Firmenfortführung beachtet werden (→ Rn. 13 ff.).

§ 18 Abs. 1 UmwG setzt für eine Firmenfortführung zunächst voraus, dass der übernehmende Rechtsträger das unter der Firma bislang betriebene **Handelsgeschäft erwirbt**. Da eine Verschmelzung zwingend den Übergang des gesamten Vermögens des übertragenden Rechtsträgers einschließlich der Verbindlichkeiten auf den übernehmenden Rechtsträger bedeutet (§ 20 Abs. 1 Nr. 1 UmwG), ist diese Voraussetzung stets erfüllt. Zudem muss der übernehmende Rechtsträger das **Handelsgeschäft fortführen** (§ 18 Abs. 1 UmwG).

Sowohl dem übertragenden als auch dem übernehmenden Rechtsträger muss **Kaufmannseigenschaft** i. S. d. §§ 1 ff. HGB und damit Firmenfähigkeit zukommen.[8] Die **Firmenführung** muss in der Vergangenheit **rechtmäßig** gewesen sein.[9] Eine unzulässige Firma kann nur dann fortgeführt werden, wenn sie ausnahmsweise bei dem übernehmenden Rechtsträger zulässig wird.[10]

Da der übertragende Rechtsträger gem. § 20 Abs. 1 Nr. 2 S. 1 UmwG erlischt, besteht – mangels eines schutzwürdigen Interesses, das einer Weiterverwendung der alten Firma entgegenstünde – **grundsätzlich kein Einwilligungsvorbehalt** des bisherigen Geschäftsinhabers.[11]

Zum Schutz des allgemeinen Persönlichkeitsrechts sieht § 18 Abs. 2 UmwG ausnahmsweise einen **Einwilligungsvorbehalt zugunsten natürlicher Personen** vor, wenn die natürliche Person

- als Anteilseigner an einem der übertragenden Rechtsträger beteiligt ist,
- ihr Name Firmenbestandteil des übertragenden Rechtsträgers ist und
- sie am übernehmenden Rechtsträger nicht beteiligt wird, mithin ausscheidet, wobei das Ausscheiden im Zuge der Verschmelzung erfolgen muss, wovon insbesondere die Fälle des Ausscheidens gegen Abfindung (§ 29 UmwG) oder des Verzicht's auf die Anteilsgewährung (§§ 54 Abs. 1 S. 3, 68 Abs. 1 S. 3 UmwG) erfasst sind.[12]

Liegen die in → Rn. 9 genannten Voraussetzungen bei einer natürlichen Person als Anteilseigner vor, darf der übernehmende Rechtsträger den Namen dieses Anteilseigners nur dann in der fortgeführten oder neu gebildeten Firma verwenden, wenn die betreffende natürliche Person oder deren Erben ausdrücklich in die Verwendung einwilligen. Notwendig für die Annahme einer „ausdrücklichen" Einwilligung in diesem Sinne ist – in Anlehnung an die Rechtsprechung zu § 22 HGB – „die Feststellung von Tatsachen, aus denen sich die **Einwilligung unzweideutig** ergibt"[13]. Die Einwilligung muss jedoch **persönlich** erfolgen. Weder die Einwilligung durch den Testamentsvollstrecker oder den Nachlassverwalter noch durch den Insolvenzverwalter genügen.[14]

Obwohl die Erteilung der „Einwilligung" – entgegen dem Wortlaut des § 18 Abs. 2 UmwG (vgl. § 183 S. 1 BGB) – vor Eintragung der Firmierung in das Handelsregister genügt, wird zur Vermeidung einer Zwischenverfügung durch das Registergericht einhellig

---

[8] Kölner Kommentar-UmwG/*Simon*, § 18 Rn. 4; Schmitt/Hörtnagl/Stratz/*Stratz*, § 18 Rn. 12.
[9] Ebenroth/Boujong/Joost/Strohn/*Reuschle*, § 22 Rn. 83.
[10] Henssler/Strohn/*Heidinger*, § 18 UmwG Rn. 4; Kallmeyer/*Marsch-Barner*, § 18 Rn. 8; Kölner Kommentar-UmwG/*Simon*, § 18 Rn. 15.
[11] Heidel/Schall/*Lamsa/Ammon*, § 22 Rn. 35; Ebenroth/Boujong/Joost/Strohn/*Reuschle*, § 22 Rn. 83; MünchKommHGB/*Heidinger*, § 22 Rn. 96.
[12] Henssler/Strohn/*Heidinger*, § 18 Rn. 10; Schmitt/Hörtnagl/Stratz/*Stratz*, § 18 Rn. 16 f.; Lutter/*Decher*, § 18 Rn. 6.
[13] BGH, VIII ZR 34/93, NJW 1994, 2025 (2026).
[14] Kallmeyer/*Marsch-Barner*, § 18 Rn. 12; **aA** hinsichtlich des Insolvenzverwalters: Ebenroth/Boujong/Joost/Strohn/*Reuschle*, § 22 Rn. 73. Die Gegenauffassung überzeugt nicht: Durch die Eröffnung des Insolvenzverfahrens geht (nur) die Befugnis des Schuldners zur Verwaltung des zur Insolvenzmasse gehörenden Vermögens und zur Verfügung über die Vermögensgegenstände auf den Insolvenzverwalter über, nicht auch dessen Befugnis, über sein allgemeines Persönlichkeitsrecht selbst zu befinden.

empfohlen, die Einwilligung bereits **vor der Anmeldung der Verschmelzung** einzuholen.[15]

12 Der **Widerruf** der Einwilligung ist (zumindest nach der Eintragung der Verschmelzung) nur bei missbräuchlicher Verwendung der Firma zulässig.[16] Hingegen kann die Einwilligung ohne Weiteres unter einer auflösenden oder **aufschiebenden Bedingung** erteilt werden; der Nichteintritt der Bedingung stellt dann ein Eintragungshindernis dar.[17]

13 Sind die unter → Rn. 6 ff. genannten Voraussetzungen erfüllt, darf der übernehmende Rechtsträger die Firma fortführen, d. h. seine **bisherige Firma aufgeben** und durch die Firma des übertragenden Rechtsträgers ersetzen[18]. Grundsätzlich muss die Firmenfortführung in einer **im Wesentlichen unveränderten Form** erfolgen.[19]

14 Nach einer Verschmelzung ist auch eine **Vereinigung** der übernommenen Firma mit der bisher geführten Firma zu einer neuen Firma zulässig.[20] Vom Sinn und Zweck des § 18 UmwG (Erhalt traditionsreicher Firmennamen → Rn. 1) nicht gedeckt ist hingegen eine (beliebige) **Kombination** von Firmenbestandteilen mehrerer übertragender Rechtsträger im Wege der Firmenfortführung.[21] Dies ist vielmehr nur im Wege der Neubildung der Firma des übernehmenden Rechtsträgers unter Einhaltung der §§ 17, 18, 19 HGB möglich.[22]

15 Die Firmenfortführung ist auch dann ohne weiteres möglich, wenn der übernehmende Rechtsträger eine andere Rechtsform als der übertragende Rechtsträger hat, dessen Firma fortgeführt werden soll. Es müssen in diesem Fall zwingend der (neue) **zutreffende Rechtsformzusatz** angefügt und der alte Rechtsformzusatz in der Firma gestrichen oder (wahlweise) durch einen Nachfolgezusatz neutralisiert werden.[23]

16 Eine mit einem **akademischen Grad** oder einer **Berufsqualifikation** gebildete Firma kann fortgeführt werden, wenn der Fortführende bzw. ein Gesellschafter des übernehmenden Rechtsträgers zur Führung einer entsprechenden Bezeichnung berechtigt ist; ansonsten sind akademische Zusätze zu streichen.[24]

17 Von der Firmenfortführung werden sämtliche **Zweigniederlassungen** erfasst, da eine Handelsgesellschaft nur einen Namen tragen kann. Der übernehmende Rechtsträger kann das Handelsgeschäft des übertragenden Rechtsträgers auch als Zweigniederlassung fortführen. Voraussetzung ist allerdings, dass die neue Verbindung zur Hauptniederlassung durch einen entsprechenden Zusatz in der Firma der Zweigniederlassung erkennbar wird.[25]

18 **b) Spaltung.** Hinsichtlich des Rechts zur Firmenfortführung ist bei der Spaltung von Rechtsträgern zwischen den Erscheinungsformen der Aufspaltung, Abspaltung und Aus-

---

[15] Kölner Kommentar-UmwG/*Simon*, § 18 Rn. 26; Hensler/Strohn/*Heidinger*, § 18 UmwG Rn. 11; Kallmeyer/*Marsch-Barner*, § 18 Rn. 13; Lutter/*Decher*, § 18 Rn. 8.
[16] Schmitt/Hörtnagl/Stratz/*Stratz*, § 18 Rn. 22; Semler/Stengel/*Schwanna*, § 18 Rn. 8.
[17] Hensler/Strohn/*Heidinger*, § 18 UmwG Rn. 12; Schmitt/Hörtnagl/Stratz/*Stratz*, § 18 Rn. 20.
[18] Kölner Kommentar-UmwG/*Simon*, § 18 Rn. 23.
[19] BeckOK HGB/*Bömeke*, § 24 Rn. 15; Oetker/*Schlingloff*, § 22 Rn. 8; MünchKommHGB/*Heidinger*, § 22 Rn. 98; Böttcher/Habighorst/Schulte/*Schulte*, § 18 Rn. 5.
[20] Schmitt/Hörtnagl/Stratz/*Stratz*, § 18 Rn. 11 f.
[21] Hensler/Strohn/*Heidinger*, § 18 UmwG, Rn. 7; Kallmeyer/*Marsch-Barner*, § 18 Rn. 6; Lutter/*Decher*, § 18 Rn. 3; aA: Semler/Stengel/*Schwanna*, § 18 Rn. 2: Eine Kombination aus mehreren Firmen ist danach möglich, wenn dies nicht zur Irreführung des Verkehrs führt.
[22] Böttcher/Habishorst/Schulte/*Schulte*, § 18 Rn. 8; Kölner Kommentar-UmwG/*Simon*, § 18 Rn. 10.
[23] Hensler/Strohn/*Heidinger*, § 18 Rn. 8; Lutter/*Decher*, § 18 Rn. 5; Semler/Stengel/*Schwanna*, § 18 Rn. 2; Kallmeyer/*Marsch-Barner*, § 18 Rn. 9; **aA** Schmitt/Hörtnagl/Stratz/*Stratz*, § 18 Rn. 14: auch Irreführung trotz Beifügung eines eindeutigen Nachfolgezusatzes möglich, daher muss der nicht mehr aktuelle Rechtsformzusatz immer entfallen.
[24] Ebenroth/Boujong/Joost/Strohn/*Reuschle*, § 18 Rn. 64 m. w. N.; Hensler/Strohn/*Heidinger*, § 18 UmwG, Rn. 8 und Hensler/Strohn/*Wamser*, § 22 HGB Rn. 16.
[25] MünchKommHGB/*Heidinger*, § 22 Rn. 98; Semler/Stengel/*Schwanna*, § 18 Rn. 5; Kallmeyer/*Marsch-Barner*, § 18 Rn. 10; Lutter/*Decher*, § 18 Rn. 4.

gliederung zu unterscheiden. Bei der **Aufspaltung** ist eine Firmenfortführung ohne Weiteres möglich, weil hier der übertragende Rechtsträger und damit dessen Firma (wie bei der Verschmelzung) erlischt. Eine Grenze ergibt sich daraus, dass das Unternehmen im Kern übergeht, so dass die Unternehmenskontinuität gewahrt bleibt.[26]

Bei der **Abspaltung** (§ 123 Abs. 2 UmwG → § 20 Rn. 13) und der **Ausgliederung** 19 (§ 123 Abs. 3 UmwG → § 20 Rn. 14 ff.) ist eine **Firmenfortführung grundsätzlich unzulässig**, da in § 125 S. 1 UmwG für diese Spaltungsformen die Vorschrift des § 18 UmwG ausdrücklich von der Verweisung ausgenommen wird. Dies leuchtet unmittelbar ein: Bei der Abspaltung und Ausgliederung bleiben der übertragende Rechtsträger und dessen fortzuführende Firma bestehen. Die Gefahr des Erlöschens eines traditionsreichen Firmennamens ist nicht gegeben, im Gegenteil: Es gilt vielmehr eine unzulässige Vervielfältigung der Firma zu verhindern. Daher ist bei der Abspaltung und Ausgliederung grundsätzlich weder Raum für eine analoge Heranziehung des § 18 UmwG noch für die Anwendung von § 22 HGB.[27] Eine **Ausnahme** wird zu Recht in dem Fall zugelassen, dass das **gesamte Unternehmen ausgegliedert** wird (und die Firma somit erlischt). Hier wird für die Anwendbarkeit des § 18 UmwG durch teleologische Reduktion der Verweisung in § 125 UmwG[28] oder zumindest für die Möglichkeit der Firmenfortführung nach § 22 HGB[29] plädiert.

c) **Vermögensübertragung.** Für **Vollübertragungen** wird über §§ 176 Abs. 1, 178 20 Abs. 1 UmwG auf § 18 UmwG verwiesen. Eine Firmenfortführung ist daher möglich, denn bei einer Vollübertragung erlischt der übertragende Rechtsträger, so dass ein berechtigtes Interesse daran bestehen kann, die Firma zu erhalten. Bei einer **Teilübertragung** besteht hingegen kein Recht zur Firmenfortführung, da der übertragende Rechtsträger weiterbesteht.[30]

d) **Formwechsel.** § 200 UmwG fasst – wie in § 18 UmwG für die Verschmelzung – 21 die allgemeinen firmenrechtlichen Grundsätze zusammen, die es bei einem Formwechsel zu beachten gilt. Entsprechend dem beim Formwechsel geltenden Grundsatz der rechtlichen und wirtschaftlichen Kontinuität des Rechtsträgers (→ § 4 Rn. 44 und → § 36 Rn. 5 ff.) sieht § 200 Abs. 1 S. 1 UmwG vor, dass der Rechtsträger neuer Rechtsform seine bisher geführte Firma beibehalten darf (**Grundsatz der Kontinuität der Firma**[31], Ausnahme: Formwechsel in eine GbR → Rn. 26). Eine Fortführung des vor dem Formwechsel betriebenen Handelsgeschäfts wird nicht vorausgesetzt.[32] Wie der Wortlaut des § 200 Abs. 1 S. 1 UmwG verdeutlicht („darf"), muss der Rechtsträger neuer Rechtsform die bisherige Firma nicht beibehalten. Er kann vielmehr auch **nach allgemeinen Grundsätzen** (§§ 17 ff. HGB) eine **neue Firma bilden**. Um eine Neufirmierung nach §§ 17 ff. HGB handelt es sich auch dann, wenn nach Durchführung des Formwechsels die bisherige Firma nur teilweise beibehalten wird.[33] Eine Firmenfortführung nach § 22 HGB ist beim

---

[26] Heidel/Schall/*Lamsa/Ammon*, § 22 Rn. 36; Kölner Kommentar-UmwG/*Simon*, § 18 Rn. 38; vgl. auch Ebenroth/Boujong/Joost/Strohn/*Reuschle*, § 22 Rn. 87: Firmenfortführung nur bei Übergang des Handelsgeschäfts in seiner Gesamtheit.
[27] Kölner Kommentar-UmwG/*Simon*, § 18 Rn. 36; nach teilweise vertretener Auffassung (*Limmer*, Teil 5 Rn. 24 ff.; MünchkommHGB/*Heidinger*, § 22 Rn. 100 m. w. N.; **aA**: Bokelmann ZNotP1998, 265 [269]) ist bei einer Abspaltung eine Firmenfortführung nach § 22 HGB möglich.
[28] MünchKommAktG/*Heider*, § 4 Rn. 46; Widmann/Mayer/*Mayer*, § 155 Rn. 12; Henssler/Strohn/*Heidinger*, § 18 UmwG, Rn. 24; Heidel/Schall/*Lamsa/Ammon*, § 22 Rn. 37; MünchKommHGB/*Heidinger*, § 22 Rn. 100; Lutter/*Karollus*, § 15 Rn. 6: nur § 22 HGB.
[29] Lutter/*Karollus*, § 15 Rn. 6.
[30] MünchKommAktG/*Heider*, § 4 Rn. 47.
[31] Vgl. BR-Drs 75/94, S. 143.
[32] BR-Drs 75/94 zu § 200, S. 143.
[33] Semler/Stengel/*Schwanna*, § 200 Rn. 3; Kallmayer/*Meister/Klöcker*, § 200 Rn. 23; Lutter/*Decher/Hoger*, § 200 Rn. 3.

Formwechsel nicht möglich, da dies einen Vermögensübergang voraussetzt, der beim Formwechsel nicht stattfindet.

22 Entscheidet sich der Rechtsträger neuer Rechtsform für die Beibehaltung der bisherigen Firma gemäß § 200 Abs. 1 S. 1 UmwG, so hat er Folgendes zu beachten: § 200 Abs. 1 S. 2 UmwG stellt (insoweit selbstverständlich) klar, dass Bezeichnungen, die auf die Rechtsform der formwechselnden Gesellschaft hinweisen, nicht beibehalten werden dürfen. Wird beispielsweise die „XYZ KG" in die „XYZ GmbH" umgewandelt, darf der Rechtsträger neuer Rechtsform zwar die Firma „XYZ" behalten, aber nicht den Zusatz „KG", und zwar auch nicht mit einem Nachfolgezusatz. Ein **Nachfolgezusatz** ist weder erforderlich noch zulässig, da der Rechtsträger nicht erlischt, sondern vielmehr seine eigene Firma beibehält.[34] Allein der **Rechtsformzusatz** (§ 19 HGB, § 4 GmbHG, §§ 4, 279 AktG, § 3 GenG) muss gemäß § 200 Abs. 1 S. 2, Abs. 2 UmwG geändert werden.

23 Es kann grundsätzlich nur eine bisher zulässig geführte Firma fortgeführt werden, es sei denn, die Firma wird unter der neuen Rechtsform zulässig.[35] Die **neue Firmierung** muss gemäß § 194 Abs. 1 Nr. 1 UmwG zwingend im **Umwandlungsbeschluss** bestimmt werden (→ § 34 Rn. 21).

24 War an dem formwechselnden Rechtsträger eine **natürliche Person** beteiligt, deren Beteiligung an dem Rechtsträger neuer Rechtsform entfällt, so darf der Name dieses Anteilsinhabers nur dann in der beibehaltenen bisherigen oder in der neu gebildeten Firma verwendet werden, wenn der betreffende Anteilsinhaber oder dessen Erben ausdrücklich in die Verwendung des Namens einwilligen (§ 200 Abs. 3 UmwG). Die **Einwilligung** muss spätestens bei der Eintragung vorliegen und ist danach grundsätzlich nicht widerruflich.[36] Im Übrigen gilt hinsichtlich der Einwilligung das oben im Rahmen der Firmenfortführung bei Verschmelzung (→ Rn. 10) Gesagte.

25 Bei einer **Partnerschaftsgesellschaft** ist es erforderlich, stets den Namen mindestens eines Partners, den Rechtsformzusatz „und Partner" oder „Partnerschaft" sowie die Berufsbezeichnungen aller in der Partnerschaft vertretenen Berufe in der Firma aufzunehmen (§ 2 Abs. 1 S. 1 PartGG); reine Sach- oder Phantasiefirmen sind nicht zulässig.[37]

26 Die nach allgemeinen Regeln fehlende Firmenrechtsfähigkeit der **GbR**[38] wird auch durch den Formwechsel nicht begründet. Beim Formwechsel in eine GbR erlischt die Firma der formwechselnden Gesellschaft vielmehr ersatzlos (§ 200 Abs. 5 UmwG). Es kann weder eine Firma fortgeführt werden, noch eine neue Firma gebildet werden.[39] Zwar wird teilweise eine entsprechende Anwendbarkeit des § 24 HGB auf die unternehmerisch tätige GbR befürwortet.[40] Nach allgemeiner Auffassung gilt dies jedenfalls für andere firmenrechtliche Regelungen jedoch nicht.[41]

3. Verhältnis zur Firmenfortführung nach § 22 HGB

27 § 22 HGB enthält eine allgemeine Regelung zur Firmenfortführung. Die Vorschrift eröffnet bei Veräußerung eines Handelsgeschäfts die Möglichkeit, den Firmenwert durch Fortführung der bisherigen Firma für die Zukunft zu sichern.[42] § 22 HGB verfolgt mithin einen ähnlichen Zweck wie der umwandlungsrechtliche Sondertatbestand des § 18

---

[34] Lutter/*Decher*/*Hoger*, § 200 Rn. 1 und 6.
[35] Kallmayer/*Meister*/*Klöcker*, § 200 Rn. 19; Widmann/Mayer/*Fronhöfer*, § 200 Rn. 10.
[36] Henssler/Strohn/*Drinhausen*/*Keinath*, § 200 Rn. 4; Kallmayer/*Meister*/*Klöcker*, § 200 Rn. 27; Lutter/*Decher*/*Hoger*, § 200 Rn. 9.
[37] Vgl. dazu Meilicke u. a. PartGG/*Meilicke*, § 2 Rn. 2 ff.; MünchKommBGB/*Schäfer*, § 2 PartGG Rn. 5 ff. jeweils m. w. N.
[38] Vgl. Oetker/*Schlingloff*, § 17 Rn. 14: Die GbR kann allerdings unter einer Geschäftsbezeichnung handeln.
[39] Henssler/Strohn/*Drinhausen*/*Keinath*, § 200 Rn. 6; Lutter/*Decher*/*Hoger*, § 200 Rn. 11.
[40] OLG Naumburg, 8 U 3465/98, NZG 1999, 441; **aA**: BeckOK HGB/*Bömeke*, § 24 Rn. 4.
[41] Statt aller: Schmitt/Hörtnagel/Stratz/*Stratz*, § 200 Rn. 12.
[42] Ebenroth/Boujong/Joost/Strohn/*Heidinger*, § 22 Rn. 1.

UmwG: Eine traditionsreiche und wertvolle Firma soll erhalten werden können (→ Rn. 1). Umstritten ist, ob die Firmenfortführung nach einer Umwandlungsmaßnahme unabhängig von § 18 UmwG auch nach der allgemeinen Vorschrift des § 22 HGB erfolgen kann (so die vorzugswürdige hM[43]) oder ob § 18 UmwG eine abschließende Sondervorschrift für die Firmenfortführung bei Umwandlungen darstellt[44].

Bei der **Verschmelzung** ist die praktische Bedeutung des Meinungsstreits gering, zumal § 18 UmwG durch den grundsätzlichen Verzicht auf das Einwilligungserfordernis (→ Rn. 8) eine niedrigere Hürde für die Firmenfortführung darstellt.

Praktisch bedeutsamer ist dagegen die Anwendbarkeit des § 22 HGB neben §§ 125, 18 UmwG bei der **Spaltung**, da § 18 UmwG auf Abspaltungen und Ausgliederungen grundsätzlich nicht anwendbar ist (→ Rn. 19). Hier besteht jedenfalls dann ein naheliegendes Bedürfnis eine Firma fortzuführen, wenn das gesamte Unternehmen ausgegliedert wird. Wie oben (→ Rn. 19) dargestellt, wird in dieser Konstellation die Heranziehung des § 18 UmwG durch teleologische Reduktion des § 125 UmwG bzw. eine Anwendung von § 22 HGB befürwortet.

§ 22 HGB ist jedenfalls neben § 200 UmwG nicht anwendbar, da beim **Formwechsel** kein Vermögenserwerb stattfindet.[45]

4. Besonderheiten bei der Partnerschaftsgesellschaft

Da die Partnerschaftsgesellschaft kein Handelsgewerbe ausübt (vgl. § 1 Abs. 1 S. 2 PartGG), ist sie **nicht firmenfähig**, sondern gemäß § 2 Abs. 1 PartGG lediglich **namensfähig**. Über § 2 Abs. 2 PartGG sind hierbei einige Vorschriften des HGB zur Handelsfirma entsprechend anwendbar. Dieser Verweis soll sicherstellen, dass die für das Firmenrecht geltenden Grundsätze der Firmenwahrheit, der Firmenbeständigkeit und der Firmenausschließlichkeit auch für den Namen der Partnerschaft beachtet werden.[46] Flankierend dazu stellt § 18 Abs. 3 UmwG klar, dass bei Beteiligung einer Partnerschaftsgesellschaft an einer Verschmelzung – und zwar sowohl für den Fall, dass die Partnerschaftsgesellschaft übernehmender, als auch für den Fall, dass sie übertragender Rechtsträger ist – die **Grundsätze der Firmenfortführung** in Absatz 1 und 2 entsprechend Anwendung finden.

Daneben werden in § 18 Abs. 3 S. 2 und 3 UmwG die besonderen **Vorgaben des § 2 Abs. 1 PartGG** für die Namensgebung der Partnerschaftsgesellschaft für anwendbar erklärt. Der übernehmenden bzw. durch Verschmelzung neu gegründeten Partnerschaftsgesellschaft ist es damit nicht möglich, eine reine Sach- oder Fantasiefirma (wohl aber Mischformen) als Name fortzuführen.[47] Darüber hinaus darf eine Firma nur dann als Name einer Partnerschaftsgesellschaft fortgeführt werden, wenn sie gemäß § 2 Abs. 1 PartGG den Familiennamen mindestens eines der selbst als Freiberufler auch im aufnehmenden Rechtsträger tätigen Partners, den Rechtsformzusatz „und Partner" oder „Partnerschaft" und die Berufsbezeichnung aller in der Partnerschaft vertretenen Berufe enthält.[48] Die Namen anderer Personen als der Partner dürfen nicht in den Namen der übernehmenden Partnerschaft aufgenommen werden (§ 2 Abs. 1 S. 3 PartGG).

Ist eine Partnerschaftsgesellschaft übertragender Rechtsträger, so ist es der übernehmenden Personenhandels- oder Kapitalgesellschaft wegen der Verweisung in § 18 Abs. 3 S. 3

---

[43] Böttcher/Habighorst/Schulte/*Schulte*, § 18 Rn. 8; Semler/Stengel/*Schwanna*, § 18 Rn. 6; Henssler/Strohn/*Heidinger*, § 18 UmwG, Rn. 22 f. m. w. N.; Kallmayer/*Marsch-Barner*, § 18 Rn. 16; Heidel/Schall/*Lamsa/Ammon*, § 22 Rn. 35 ff. m. w. N.
[44] So Oetker/*Schlingloff*, § 22 Rn. 4; Kölner Kommentar-UmwG/*Simon*, § 18 Rn. 8 u. 36.
[45] Semler/Stengel/*Schwanna*, § 200 Rn. 8; Kallmayer/*Meister/Klöcker*, § 200 Rn. 12.
[46] MünchKommBGB/*Schäfer*, § 2 PartGG Rn. 16.
[47] Böttcher/Habighorst/Schulte/*Schulte*, § 18 Rn. 14; Henssler/Strohn/*Heidinger*, § 18 UmwG Rn. 16; Lutter/*Decher*, § 18 Rn. 9; Kallmayer/*Marsch-Barner*, § 18 Rn. 15; Schmitt/Hörtnagl/Stratz/*Stratz*, § 18 Rn. 25.
[48] Böttcher/Habighorst/Schulte/*Schulte*, § 18 Rn. 14; Kallmayer/*Marsch-Barner*, § 18 Rn. 15; Semler/Stengel/*Schwanna*, § 18 Rn. 9; Schmitt/Hörtnagl/Stratz/*Stratz*, § 18 Rn. 24.

§ 70

UmwG auf § 11 Abs. 1 PartGG nicht möglich, den Zusatz „und Partner" oder „Partnerschaft" fortzuführen[49] (vgl. § 11 Abs. 1 S. 1 PartGG). Im Übrigen hat die Verweisung auf § 11 PartGG keine praktische Relevanz.

II. Haftung bei Firmenfortführung

1. Haftung des Firmenfortführers nach § 25 HGB

34 Wer ein unter Lebenden erworbenes Handelsgeschäft unter der bisherigen Firma mit oder ohne Beifügung eines das Nachfolgeverhältnis andeutenden Zusatzes fortführt, haftet für alle im Betriebe des Geschäfts begründeten Verbindlichkeiten des früheren Inhabers (§ 25 Abs. 1 S. 1 HGB). Nach **ganz hM**[50] ist die zitierte Vorschrift bei einer Übertragung von Handelsgeschäften aufgrund einer Umwandlung **grundsätzlich nicht anwendbar**. Unterschiedlich sind die dogmatischen Ansätze: Nach einer Ansicht ist bei einer Umwandlung bereits der Anwendungsbereich des § 25 HGB nicht eröffnet, weil das Unternehmen nicht aufgrund eines Rechtsgeschäfts, sondern im Wege der Gesamtrechtsnachfolge kraft Gesetzes übergeht und speziell bei einem Formwechsel schon kein Erwerbstatbestand vorliegt.[51] Nach anderer Auffassung wird die Haftung nach § 25 HGB von den insoweit abschließenden Spezialregelungen des UmwG verdrängt.[52]

35 Da Umwandlungsmaßnahmen zu einem automatischen Übergang von Verbindlichkeiten auf den übernehmenden Rechtsträger bzw. den Rechtsträger neuer Rechtsform führen, ist der Haftungstatbestand des § 25 HGB nur von geringer praktischer Relevanz. Eine Anspruchskonkurrenz zwischen den umwandlungsrechtlichen Haftungsregelungen und der Haftung nach § 25 HGB besteht lediglich im Rahmen der gesamtschuldnerischen Haftung nach Spaltung[53] (vgl. § 133 Abs. 1 S. 2 UmwG). Im Übrigen ist der ganz hM zuzustimmen, wobei die dogmatische Begründung in der Praxis dahinstehen kann.

2. Haftung nach dem UmwG

36 Die Haftung nach dem UmwG knüpft nicht an die Firmenfortführung, sondern an die Übertragung des Vermögens im Wege der (partiellen) Gesamtrechtsnachfolge an. Insoweit sei an dieser Stelle auf die entsprechenden Ausführungen im Werk verwiesen: Zur Haftung nach Verschmelzung → § 13 Rn. 253 ff.; zur gesamtschuldnerischen Haftung der beteiligten Rechtsträger nach Spaltung → § 27 Rn. 114 ff.; zur Haftung nach Vermögensübertragung → § 41 Rn. 41 und 66.

§ 70 Notar- und Kostenrecht

Übersicht

	Rdnr.		Rdnr.
I. Notarrecht	1–53	a) Formzwecke	2, 3
1. Stellung des Notars	1	b) Beurkundungsumfang	4–10
2. Beurkundungserfordernis	2–12	c) Auslandsbeurkundung	11, 12

---

[49] Henssler/Strohn/*Heidinger*, § 18 UmwG Rn. 16; Semler/Stengel/Schwanna, § 18 Rn. 9; **aA**: Schmitt/Hörtnagl/Stratz/*Stratz*, § 18 Rn. 26: Die Firmenfortführung mit diesen Zusätzen kommt in Betracht, wenn ein eindeutiger Hinweis auf die andere Rechtsform hinzugefügt wird.

[50] **AA**: Heidel/Schall/*Schall/Ammon*, § 25 HGB Rn. 17: Dass aufgrund der Regelungen des Umwandlungsrechts eine Haftung aus § 25 HGB weitgehend überflüssig sei, schließe nicht aus, dass die Rechtsscheinhaftung nach § 25 HGB zusätzlich anwendbar sein kann.

[51] BeckOK HGB/*Bömeke* § 25 HGB Rn. 15; Ebenroth/Boujong/Joost/Strohn/*Reuschle*, § 25 Rn. 36; Oetker/*Vossler*, § 25 Rn. 23b; Staub/*Burgard*, § 25 Rn. 44.

[52] MünchHdb. GesR I/*Quinke*, § 49 Rn. 128; MünchHdb. GesR II/*Quinke*, § 3 Rn. 128; Baumbach/Hopt/*Hopt*, § 25 Rn. 4 a. E.; Röhricht/Graf von Westphalen/Haas/*Ries*, § 25 Rn. 14.

[53] Schmitt/Hörtnagl/Stratz/*Hörtnagl* § 133 UmwG Rn. 17; Henssler/Strohn/*Wardenbach* § 18 UmwG Rn. 16.

	Rdnr.		Rdnr.
3. Beurkundungsverfahren	13–37	c) Bilanz	59, 60
a) Umwandlungsverträge	13–16	d) Gebührensätze	61–65
b) Zustimmungs-/Verzichtserklärungen	17	e) Höchstwerte, Mehrheit von Umwandlungen	66–71
c) Beschlüsse der Anteilseignerversammlungen	18–20	f) Ermäßigungen	72
		2. Einzelne Umwandlungsmaßnahmen	73–87
d) Behandlung von Anlagen	21–23	a) Verschmelzung	73–75
e) Mängel der Beurkundung	24	b) Spaltung	76–80
f) Vollmachten, Genehmigungen	25–28	c) Formwechsel	81–84
g) Registeranmeldungen	29–33	d) Vermögensübertragung	85
h) Besonderheiten bei grenzüberschreitenden Umwandlungen	34–37	e) Besonderheiten bei grenzüberschreitenden Umwandlungen	86, 87
4. Elektronischer Rechtsverkehr	38–41	3. Nebentätigkeiten	88–90
5. Anzeige- und Mitteilungspflichten	42–47	4. Verpflichtung zu Umwandlungsmaßnahmen	91
6. Notarbescheinigungen	48, 49	5. Rechtsmittel	92
7. Berichtigungen in öffentlichen Registern und Titeln	50–53	III. Gerichtskosten	93–95
II. Notarkosten	54–92	1. Registergebühren	93, 94
1. Allgemeines	54–72	2. Grundbuchgebühren	95
a) Gebührenprinzip	54, 55	IV. Sonstige Kosten	96
b) Geschäftswert	56–58		

Schrifttum: *Austmann/Frost*, Vorwirkungen von Verschmelzungen, ZHR 169 (2005), 431; *Bergjan/Klotz*, Formale „Fallstricke" bei der Vollmachtserteilung in M&A-Transaktionen, ZIP 2016, 2300; *Blasche*, Die Bezeichnung von Grundstücken, unvermessenen Teilflächen und Rechten an Grundstücken im Spaltungs- und Übernahmevertrag, NZG 2016, 328; *Böhringer*, Grundbuchberichtigung bei Umwandlung von Gesellschaften, BWNotZ 2016, 154; *Diehn*, Notarkostenberechnungen, 4. Aufl. 2016; *Guinomet*, Break fee-Vereinbarungen, 2003; *Heidinger/Blath*, Die Vertretung im Umwandlungsrecht, FS Spiegelberger, 692; *Heilmeier*, Listeneinreichungszuständigkeit bei mittelbarer Mitwirkung eines Notars nach § 40 GmbHG, NZG 2012, 217; *Hilgard*, Break-up Fees beim Unternehmenskauf, BB 2008, 286; *Ising/von Loewenich*, Eingeschränkte Vorlesungspflicht gemäß § 14 BeurkG bei Bestandsverzeichnissen, ZNotP 2003, 176; *Ising*, Handelsregisteranmeldungen durch den beurkundenden Notar, NZG 2012, 289; *Melchior*, Vollmachten bei Umwandlungsvorgängen – Vertretungshindernisse und Interessenkollisionen, GmbHR 1999, 520; *Schaub*, Stellvertretung bei Handelsregisteranmeldungen, MittBayNot 1999, 539; *Schulz*, Informelle Abstimmungen mit dem Handelsregister, NJW 2016, 1483; *Sieger/Hasselbach*, Break Fee-Vereinbarung bei Unternehmenskäufen, BB 2000, 625; *Sikora/Schwab*, Das EHUG in der notariellen Praxis, MittBayNot 2007, 1; *Soutier*, Die Umschreibung von Vollstreckungsklauseln, MittBayNot 2011, 181, 275, 366.

I. Notarrecht

1. Stellung des Notars

Notare nehmen als unabhängiger und rechtskundiger Träger eines öffentlichen Amts bei Umwandlungen eine zentrale Rolle ein. Sie begleiten Umwandlungsvorgänge häufig von den ersten konzeptionellen Überlegungen bis hin zur Umsetzung bei Gerichten und sonstigen Behörden, einschließlich eines etwaigen Freigabeverfahrens (**Vollzug**).[1] Entsprechend regelt der Gesetzgeber auch außerhalb des UmwG verschiedene notarielle Mitwirkungspflichten anlässlich einer Umwandlung (→ Rn. 42 ff.). In der Praxis übernimmt der Notar meist auch die **Abstimmung mit den Registergerichten**, insbesondere zu Eintragungszeitpunkten oder zu rechtlichen Fragen, die bisher in der Rechtsprechung noch nicht geklärt, für den Vollzug der Umwandlung aber relevant sind.[2] Zentrale Rechtsnormen sind insoweit die Beurkundungsvorschriften des UmwG für Verschmelzungen, Spaltungen und Formwechsel.[3] Das UmwG 1994 hat die Mitwirkung des Notars durch die Einbeziehung

1

---

[1] Hauschild/Kallrath/Wachter/*Richardt* § 3 Rn. 46 ff.; ebenda/*Priester* § 1 Rn. 25 ff.
[2] Ein Anspruch auf eine solche informelle Abstimmung mit dem Registergericht besteht nicht, *Schulz* NJW 2016, 1483.
[3] §§ 6, 13 Abs. 3, § 125 iVm §§ 6, 13 UmwG und § 193 Abs. 3 S. 1 UmwG.

einiger Umwandlungsvarianten weiter verstärkt, wie etwa der Beurkundung von Verschmelzungsverträgen zwischen Genossenschaften und deren Mitgliederversammlungen, bei denen früher eine notarielle Mitwirkung nicht erforderlich war.[4]

2. Beurkundungserfordernis

2   a) **Formzwecke**. **Verschmelzungsverträge** bedürfen der notariellen Beurkundung;[5] dies gilt gleichermaßen für **Spaltungsverträge** und **Spaltungspläne**.[6] Auch Verträge über **Vermögensübertragungen** sind notariell zu beurkunden.[7] **Zustimmungsbeschlüsse** der Gesellschafter zu Verschmelzungen und Spaltungen sowie Formwechselbeschlüsse erfordern ebenfalls die notarielle Form;[8] dies gilt auch für **Zustimmungserklärungen**[9] und bestimmte **Verzichtserklärungen**[10].

3   Das **Beurkundungserfordernis** des Umwandlungsvertrags hat der Gesetzgeber mit der Parallele einer Verschmelzung zu einer Veräußerung des gesamten Vermögens gerechtfertigt, die nach § 311b Abs. 3 BGB der notariellen Beurkundung bedarf.[11] Der Verschmelzungsvertrag ist ein Organisationsakt, der in die Struktur der Gesellschaft eingreift, und damit außenstehende Dritte, insbesondere Gläubiger, Arbeitnehmer und Schuldner der beteiligten Rechtsträger einschließlich künftig beitretender Gesellschafter berührt.[12] Bei Spaltungen beruht das Erfordernis der Beurkundung auf der Bedeutung des Spaltungsvorgangs für die beteiligten Rechtsträger. Anderenfalls könnten Formvorschriften für die Übertragung bestimmter Vermögensgegenstände umgangen werden.[13] Bei einem Formwechsel ist nach der Gesetzesbegründung angesichts der besonderen wirtschaftlichen und rechtlichen Bedeutung eine Überwachung durch den Notar ebenfalls zweckmäßig.[14] Diese Rechtssicherheit durch notarielle Kontrolle gilt gleichermaßen auch für andere umwandlungsrechtliche Beschlüsse und zum Schutz besonderer Gesellschafter und Anteilsinhaber notwendiger Zustimmungserklärungen.[15] Die Beurkundungsbedürftigkeit bezweckt damit eine Prüfung durch den Notar (**Prüfungsfunktion**). Sie fungiert damit als **materielle Richtigkeitsgewähr**, die als Filter für die Registergerichte dient.[16] Weiter stellt die Beurkundung den Beweis der stattgefundenen Strukturmaßnahmen (**Beweisfunktion**) und die umfassende Belehrung der Beteiligten durch den Notar (**Warn- und Belehrungsfunktion**) sicher.[17] Die Pflicht zur notariellen Belehrung nach § 17 Abs. 1 BeurkG steht dabei nicht zur Disposition der Beteiligten.[18] Aufgrund der vielfältigen Formzwecke ordnet das UmwG nicht nur die Beurkundung des jeweiligen Umwandlungsvertrags an, sondern auch der Versammlungen sowie etwaiger Verzichtserklärungen der Anteilsinhaber.

---

[4] Tabellarische Übersicht zur Mitwirkung des Notars bei Umwandlungen, Beck'sches Notarhandbuch/*Heckschen* D. IV. Rn. 236.
[5] § 6 UmwG.
[6] § 125 S. 1 iVm § 6 UmwG.
[7] § 176 Abs. 1 bzw. § 178 Abs. 1 je iVm § 6 UmwG, § 177 Abs. 1 bzw. § 179 Abs. 1 UmwG je iVm § 125 S. 1, § 6 UmwG.
[8] § 13 Abs. 1 UmwG, § 125 S. 1 iVm § 13 Abs. 1 UmwG; § 193 Abs. 1 UmwG.
[9] § 13 Abs. 3 UmwG, § 125 S. 1 iVm § 13 Abs. 3 S. 1 UmwG, § 193 Abs. 3 S. 1 UmwG.
[10] § 8 Abs. 3, § 9 Abs. 3 UmwG.
[11] Begr.RegE § 6 UmwG, abgedruckt bei *Gankse*, Umwandlungsrecht, 1994, S. 42.
[12] *Limmer*, Unternehmensumwandlung, Teil 2. Kap. 1 Rn. 5.
[13] Begr.RegE § 126 UmwG, abgedruckt bei *Gankse*, Umwandlungsrecht, 1994, S. 138.
[14] Begr.RegE § 126 UmwG, abgedruckt bei *Gankse*, Umwandlungsrecht, 1994, S. 192.
[15] *Limmer*, Unternehmensumwandlung, Teil 2. Kap. 1 Rn. 496.
[16] Eingehend Widmann/Mayer/*Heckschen* § 6 UmwG Rn. 1 ff.; *Limmer*, Unternehmensumwandlung, Teil 2 Rn. 53 f.
[17] Lutter/*Drygala* § 13 UmwG Rn. 12; Widmann/Mayer/*Heckschen* § 13 UmwG Rn. 231.1; eingehend zu den Formzwecken DNotI-Report 2016, 93, 95.
[18] *Winkler* Einl. Rn. 91, § 17 BeurkG Rn. 1; Armbrüster/Preuß/Renner/*Armbrüster* § 17 BeurkG Rn. 15; aA BGH II ZB 6/13, DNotZ 2014, 457, 460 Tz. 14; s. a. BGH NotSt(Brfg) 1/14, DNotZ 2015, 461, 463 Tz. 29: die notarielle Belehrungspflicht sei eine" Kernregelung" des BeurkG.

b) Beurkundungsumfang. Das Formerfordernis umfasst den gesamten Umwandlungs- 4
vorgang, mithin den gesamten Inhalt des Verschmelzungs- bzw. Spaltungsvertrags. Dabei betrifft die Beurkundungspflicht grundsätzlich den Gesamtinhalt einer Vereinbarung, wenn insoweit noch keine Rechtswirkungen zwischen den Beteiligten eingetreten sind.[19] Maßgeblich sind alle Regelungen, die rechtliche Wirkungen erzeugen; diese unterliegen vollumfänglich der Beurkundung. Im Ergebnis ist damit alles zu beurkunden, was nach dem Willen der Parteien ein „untrennbares Ganzes" bilden soll.[20] Daher sind auch **Nebenabreden** in rechtlichem Zusammenhang mit der Umwandlung zu beurkunden.[21] Sie unterliegen ferner dem Zustimmungserfordernis der Anteilseigner im Umwandlungsbeschluss.[22] Entsprechend ist daher auch bei einer Verschmelzung zur Neugründung einer Personengesellschaft, der Gesellschaftsvertrag des übernehmenden Rechtsträgers als Anlage notariell zu beurkunden, obwohl dies nach den allgemeinen Regelungen des Personengesellschaftsrechts sonst nicht erforderlich wäre.[23]

Bei kombinierten Umwandlungen (etwa Mehrfach- oder Kettenumwandlungen[24]) ist zu 5
prüfen, ob die Umwandlungsvorgänge eine **rechtliche Einheit** darstellen, also miteinander stehen und fallen sollen.[25] In diesem Fall sind die Umwandlungen rechtlich zu verknüpfen.[26] Nicht beurkundungsbedürftig sind hingegen Vereinbarungen zu bloßen **Verhaltenspflichten** der Beteiligten bis zum Vollzug der Umwandlung.[27] Die Zusage von besonderen Vorteilen an ein Organmitglied bedarf hingegen zur Wirksamkeit der notariellen Beurkundung dieser Nebenabrede.[28]

Der Umwandlungsvertrag muss nicht notwendigerweise in einer Urkunde zusammenge- 6
fasst sein; er kann auch in **mehreren notariellen Urkunden** enthalten sein, die wechselseitig rechtlich verknüpft sind.[29] Nachträgliche Änderungen oder Ergänzungen zu einem abgeschlossenen Umwandlungsvertrag (**Nachtrag**) sind in einer gesonderten Niederschrift nach § 44a Abs. 2 S. 3 BeurkG zu beurkunden.[30] Davon zu unterscheiden sind **Berichtigungen** wegen offensichtlicher Unrichtigkeiten; diese können ohne Aufstellung einer Änderungsurkunde durch einen lediglich vom Notar zu unterzeichnenden Nachtragsvermerk richtig gestellt werden, § 44a Abs. 2 S. 1, 2 BeurkG.[31] Darüber hinausgehende inhaltliche Änderungen in Form eines Nachtrags führen jedoch dazu, dass die Verfahren zur Vorabinformation der Anteilsinhaber und Arbeitnehmer samt deren Vertretungen erneut durchzuführen sind.[32] Liegen die Zustimmungen der Anteilseigner bereits vor, sind erneut Zustimmungsbeschlüsse einzuholen.

Eine rechtliche **Auslegung** eines Umwandlungsvertrags ist möglich. Hierfür gelten 7
die Auslegungsgrundsätze formbedürftiger Erklärungen, d. h., Gegenstand der Auslegung ist nur der Inhalt der formgerecht abgegebenen Erklärung, nicht aber ein Wille der

---

[19] BGH V ZR 175/77, DNotZ 1979, 480.
[20] Widmann/Mayer/*Heckschen* § 6 UmwG Rn. 210; Semler/Stengel/*Schröer* § 126 UmwG Rn. 10; Lutter/*Priester* § 126 UmwG Rn. 13.
[21] Beck'sches Notarhandbuch/*Heckschen* D. IV. Rn. 38; Semler/Stengel/*Schröer* § 6 UmwG Rn. 5.
[22] Widmann/Mayer/*Heckschen* § 6 UmwG Rn. 20.
[23] Widmann/Mayer/*Heckschen* § 6 UmwG Rn. 37; Lutter/*Drygala* § 6 UmwG Rn. 2.
[24] → zum Begriff § 6 Rn. 48 ff.
[25] Hier kann die Rechtsprechung zu § 311b BGB herangezogen werden, s. Palandt/*Grüneberg* § 311b BGB Rn. 25; MünchKommBGB/*Kanzleiter* § 311b BGB Rn. 49 ff. jeweils m. w. N
[26] BGH IX ZR 76/99, DNotZ 2003, 632; Beck'sches Notarhandbuch/*Heckschen* D. IV. Rn. 53; Widmann/Mayer/*Heckschen* § 6 UmwG Rn. 19 ff.
[27] Semler/Stengel/*Schröer* § 6 UmwG Rn. 7; Lutter/*Drygala* § 6 UmwG Rn. 4; näher *Austmann/Frost* ZHR 169 (2005), 431, 449.
[28] LAG Nürnberg 2 Sa 463/02, ZIP 2005, 398.
[29] OLG Naumburg 7 Wx 6/02, NZG 2004, 734.
[30] *Winkler* § 44a BeurkG Rn. 24; Beck'sches Notarhandbuch/*Heckschen* D. IV. Rn. 38.
[31] Zum Vorliegen einer offensichtlichen Unrichtigkeit siehe *Winkler* § 44a BeurkG Rn. 16 ff.
[32] Widmann/Mayer/*Heckschen* § 6 UmwG Rn. 37; zur Einschränkung hinsichtlich der erneuten Information der Arbeitnehmer Widmann/Mayer/*Heckschen* § 6 UmwG Rn. 260 f.; → § 56 Rn. 56 f.

Parteien, der in dem Vertrag nicht auch andeutungsweise Ausdruck findet (**Andeutungstheorie**).[33]

8 Die Verpflichtung in einem **Vorvertrag**, einen Umwandlungsvertrag etwa nach Eintritt bestimmter Bedingungen abzuschließen, ist zu beurkunden.[34] Auch die Verpflichtung zur Fassung eines Umwandlungsbeschlusses ist formbedürftig.[35] Dies gilt ebenso für Regelungen, die zu einem Vertragsschluss mittelbar zwingen, etwa im Falle einer über einen lediglich pauschalierten Schadensersatz hinausgehenden Vertragsstrafe (break fee[36]) für den Fall, dass eine vereinbarte Umwandlung nicht zustande kommt.[37]

9 Zur Vereinfachung des Verfahrens und zur Vermeidung unnötiger Kosten ermöglicht das UmwG, dass die Versammlungen der Anteilseigner der beteiligten Rechtsträger zunächst nur über einen in Schriftform geschlossenen **Entwurf** für die geplante Umwandlung beschließen.[38] Für den Entwurf besteht lediglich das Erfordernis der Schriftform, § 4 Abs. 2 UmwG.[39] Erst nach Zustimmung der Anteilseigner wird der Umwandlungsvertrag dann beurkundet. Bei der späteren Beurkundung ist vom Notar die Übereinstimmung des zu beurkundenden Vertrags mit dem den Anteilseignern vorgelegten Entwurfstextes, der die Beschlussgrundlage für die Zustimmung bildete, zu prüfen. Abweichungen, die über bloße offensichtliche Unrichtigkeiten im Sinn des § 44 Abs. 2 S. 1 BeurkG, also etwa Rechtschreibfehler und dergleichen,[40] hinausgehen, erfordern erneute, ergänzende Zustimmungsbeschlüsse der Anteilseigner.[41] Etwaige Ergänzungen des Vertrags, die nach erfolgter Beschlussfassung der Versammlung hingegen vorgenommen werden, sind unwirksam.[42] Davon zu unterscheiden sind ergänzende Urkundsbestandteile nach §§ 8 ff. BeurkG, wie etwa die Bezeichnung der Beteiligten und des Notars, Feststellung der Erschienenen samt deren Vertretungsberechtigung, notarielle Schlussformel nach § 13 BeurkG und die Aufnahme notarieller Belehrungen nach § 17 ff. BeurkG samt notwendiger Ausfertigungsvermerke nach § 51 BeurkG. Solche Ergänzungen stellen keine Änderung des Entwurfs dar.

10 Die **Aufhebung** eines Umwandlungsvertrages kann von den Vertretungsorganen vor Wirksamkeit des Vertrages, d. h. bis zum Vorliegen des letzten erforderlichen Zustimmungsbeschlusses, schriftlich vereinbart werden.[43] Sobald die Zustimmungsbeschlüsse der Anteilseigner jedoch erfolgt sind und lediglich die Registereintragung noch fehlt, ist im Hinblick auf die Formzwecke sowie die Sicherung der Gläubiger, Arbeitnehmer und Anteilseigner die Aufhebung des Umwandlungsvertrags beurkundungsbedürftig.[44] Auf die (vermeintlich) geringere Komplexität des Aufhebungsaktes kann es dabei nicht ankom-

---

[33] KG 1 W 243/02, NZG 2004, 1172; zur Auslegung formbedürftiger Erklärungen Palandt/*Ellenberger* § 133 BGB Rn. 19.
[34] Lutter/*Drygala* § 6 UmwG Rn. 3; Widmann/Mayer/*Heckschen* § 6 UmwG Rn. 33; Semler/Stengel/*Schröer* § 6 UmwG Rn. 6.
[35] Widmann/Mayer/*Heckschen* § 13 UmwG Rn. 231.1; Zur Verpflichtung zu einem Formwechsel siehe DNot I, Gutachten zum Umwandlungsrecht, 1999, 375.
[36] Hierzu *Sieger/Hasselbach* BB 2000, 625; *Hilgard* BB 2008, 286.
[37] LG Paderborn 2 O 132/00, NZG 2000, 899 m. Anm. *Schröer*; *Guinomet*, S. 175 f.; aA *Sieger/Hasselbach* BB 2000, 625, 627.
[38] § 4 Abs. 2 UmwG für den Verschmelzungsvertrag; § 125 S. 1 iVm § 4 Abs. 2 UmwG für den Spaltungsvertrag; auch ein Spaltungsplan kann lediglich im Entwurf aufgestellt werden: Schmitt/Hörtnagl/Stratz/*Hörtnagl* § 135 Rn. 8.
[39] Für eine Beglaubigung zum Nachweis der Aufstellung durch die zuständigen Organe *de lege ferenda*, Widmann/Mayer/*Heckschen* § 6 UmwG Rn. 34.
[40] → Rn. 6.
[41] Widmann/Mayer/*Heckschen* § 6 UmwG Rn. 36; Semler/Stengel/*Schröer* § 6 UmwG Rn. 8.
[42] Widmann/Mayer/*Heckschen* § 6 UmwG Rn. 36.
[43] Kallmeyer/*March-Barner* § 4 Rn. 18; Semler/Stengel/*Schröer* § 6 UmwG Rn. 18.
[44] Beck'sches Notarhandbuch/*Heckschen* Kap. D. IV. Rn. 30; Widmann/Mayer/*Heckschen* § 6 Rn. 49 ff.; aA Semler/Stengel/*Schröer* § 6 UmwG Rn. 10; Kallmeyer/*Zimmermann* § 6 UmwG Rn. 9; Lutter/*Drygala* § 4 Rn. 20.

men.⁴⁵ Auch der Aufhebungsvertrag bedarf dann eines erneuten Zustimmungsbeschlusses der Anteilseigner. Dieser bedarf mangels weiterer Rechtswirkungen keiner notariellen Niederschrift.⁴⁶ Dies gilt ebenso für die Aufhebung eines Formwechselbeschlusses: bis zur konstitutiven Eintragung kann der Beschluss über einen Formwechsel mangels Bindungswirkung formfrei aufgehoben werden.⁴⁷

c) Auslandsbeurkundung. Ob die Beurkundung eines Umwandlungsvertrags, entsprechender Anteilseignerversammlungen oder Zustimmungserklärungen auch im Ausland durch einen ausländischen Notar (sog. **Auslandsbeurkundung**) wirksam erfolgen kann, ist eine der strittigsten Fragen im Umwandlungsrecht. Eine höchstrichterliche Entscheidung liegt bisher nicht vor. Aufgrund des Territorialprinzips ist die Beurkundung durch einen deutschen Notar im Ausland jedenfalls unwirksam.⁴⁸ **11**

Motive für Auslandsbeurkundungen sind die im Ausland zum Teil geringeren Notargebühren⁴⁹, die Vermeidung steuerlicher Anzeigepflichten und vermeintlich verfahrensmäßige Erleichterungen für die Beteiligten (Verzicht auf notarielle Belehrung und Prüfung).⁵⁰ Formale Erleichterungen sind mit der Beurkundung im Ausland jedenfalls nicht verbunden, da bei einem statusrelevanten Organisationsakt wie einer Umwandlung nicht die Ortsform, sondern das **Wirkungsstatut** nach § 11 Abs. 1 Var. 2 EGBGB maßgeblich ist.⁵¹ Die Rom-I-VO ist für gesellschaftsrechtliche Organisationsakte nicht anwendbar, Art. 1 Abs. 2 lit. f Rom-I-VO.⁵² Aufgrund des Wirkungsstatuts ist daher für eine wirksame Auslandsbeurkundung zu prüfen, ob eine Beurkundung vor einem ausländischen Notar die Beurkundung vor einem deutschen Notar ersetzen kann (**Substitution**).⁵³ Nach einer weit verbreiteten Ansicht können die Zwecke der notariellen Beurkundung auch durch einen ausländischen Notar erfüllt werden; es komme auf die **Gleichwertigkeit im Einzelfall** an.⁵⁴ Gleichwertigkeit ist gegeben, wenn der ausländische Notar nach Vorbildung und Stellung im Rechtsleben eine der Tätigkeit des deutschen Notars entsprechende Funktion ausübt und für die Urkunde ein Verfahrensrecht zu beachten hat, das den tragenden Grundsätzen des deutschen Beurkundungsrechts entspricht.⁵⁵ Jedenfalls für Beurkundungen von Verschmelzungsverträgen in der Schweiz und Österreich wurde dies in der Rechtsprechung angenommen.⁵⁶ Nach anderer Meinung wird eine Substitution mit gewichtigen Argumenten abgelehnt, da ein ausländischer Notar generell nicht in gleicher Weise die **12**

---

45 So aber Semler/Stengel/*Schröer* § 6 UmwG Rn. 10.
46 Kallmeyer/*Zimmermann* § 6 UmwG Rn. 9.
47 Widmann/Mayer/*Vollrath* § 193 UmwG Rn. 57.
48 *Winkler* Einl. 40.
49 Seit der Einführung von Geschäftswertobergrenzen für Umwandlungsverträge nach §§ 107 Abs. 1, 108 GNotKG bzw. ex-§ 39 Abs. 4 KostO (→ Rn. 66) ist diese Hauptmotivation entfallen; Semler/Stengel/*Schröer* § 6 UmwG Rn. 15.
50 Widmann/Mayer/*Heckschen* § 6 Rn. 58.
51 BGH II ZB 6/13, NJW 2014, 2026; LG Augsburg 2 HKT 2093/96, NJW-RR 1997, 420; LG Kiel 3 T 143/97, BB 1998, 120; Semler/Stengel/*Schröer* § 6 UmwG Rn. 16; Lutter/*Drygala* § 6 UmwG Rn. 7; Hauschild/Kallrath/Wachter/*Bayer/Meier-Wehrsdorfer* § 9 Rn. 6; *Limmer*, Unternehmensumwandlung, Teil 2 Kap. 1 Rn. 497; DNotI-Report 2016, 93, 94 mwN; aA Palandt/*Thorn* Art. 11 EGBGB Rn. 13.
52 EuGH C-483/14, NZG 2016, 513 – KA Finanz/Sparkassen Versicherung AG Vienna Insurance Group; MünchKommBGB/*Martiny* Art. 1 Rom-I-VO Rn. 65.
53 Hierzu BGH II ZR 330/13, BGHZ 203, 68 = NZG 2015, 18 Tz. 17.
54 Lutter/*Drygala* § 6 UmwG Rn. 10; Semler/Stengel/*Schröer* § 6 UmwG Rn. 17; Schmitt/Hörtnagel/Stratz/*Stratz* § 6 UmwG Rn. 17; Maulbetsch/Klumpp/Rose/*Maulbetsch* § 6 UmwG Rn. 14; Böttcher/Habighorst/Schulte/*Böttcher* § 6 UmwG Rn. 16.
55 BGH II ZR 330/13, BGHZ 203, 68 = NZG 2015, 18 Tz. 17; BGH II ZB 8/80, BGHZ 80, 76, 78 = NJW 1981, 1160.
56 LG Köln 87 T 20/89, GmbHR 1990, 171 (Verschmelzungsvertrag Zürich-Altstadt); LG Nürnberg-Fürth 4 HK T 489/91, NJW 1992, 633 (Verschmelzungsvertrag Basel); LG Kiel 3 T 143/97, BB 1998, 120 (Verschmelzungsvertrag Österreich).

materielle Richtigkeit der Beurkundung gewährleisten und damit die Formzwecke (→ Rn. 2 f.) bei einer Beurkundung im Ausland nicht erfüllt werden können.[57] Aus Gründen der Rechtssicherheit genügt es auch nicht, wenn im Einzelfall die ausländische Amtsperson vergleichbare Rechtskenntnisse haben sollte.[58] Angesichts der vielfältigen Formzwecke der notariellen Beurkundung von Umwandlungsvorgängen und der damit verbundenen Interessen der Gesellschafter, aber auch von Seiten Dritter, kann daher ein Umwandlungsvorgang nicht von einer ausländischen Urkundsperson beurkundet werden.[59]

3. Beurkundungsverfahren

13 **a) Umwandlungsverträge.** Umwandlungsverträge sind (zwingend) nach dem zweiten Abschnitt des Beurkundungsgesetzes über die **Beurkundung von Willenserklärungen** in Form einer Niederschrift gemäß §§ 8 ff. BeurkG vom Notar aufzunehmen. Die Niederschrift muss das rechtliche Ergebnis der Aufklärung des Sachverhalts und die Erforschung des Willens der Beteiligten durch den Notar wiedergeben; sie ist hierzu samt etwa in Bezug genommener Anlagen zu verlesen, von den erschienenen Personen zu genehmigen und von diesem und dem Notar eigenhändig zu unterschreiben, § 13 BeurkG.

14 Eine gleichzeitige Anwesenheit der Beteiligten schreibt das Gesetz nicht vor; es ist daher möglich, den Umwandlungsvertrag im Wege der **Sukzessivbeurkundung** nach § 128 BGB, also durch getrennte Beurkundung von Angebot und Annahme, zu errichten. Der Umwandlungsvertrag wird dabei mit Beurkundung der Annahme wirksam; eines Zugangs der Erklärung bei der anderen Partei bedarf es hierfür nicht.[60] Auch wenn zum Gesellschaftsvermögen Grundbesitz gehört, bedarf es keiner gleichzeitigen Anwesenheit nach § 925 BGB, da der Rechtsübergang nicht aufgrund Auflassung, sondern im Wege der Gesamtrechtsnachfolge erfolgt.[61] Vor Annahme muss die Angebotsurkunde in Ausfertigung zugegangen sein.[62]

15 Die **Bilanz** ist bei Verschmelzungen grundsätzlich nicht zu verlesen, da sie die Erklärungen der Beteiligten nicht ersetzt.[63] Sie ist lediglich der Handelsregisteranmeldung für das Gericht beizufügen, § 17 Abs. 2 S. 1 UmwG.[64] Soweit hingegen bei Spaltungen zur Individualisierung auf Inventare, Bilanzen oder sonstige **Bestandsverzeichnisse** verwiesen wird, sind diese als Anlage des Spaltungsvertrags bzw. Spaltungsplans zwingend mit zu beurkunden. Dies gilt jedenfalls solange wie die Bilanz die zu übertragenden Gegenstände konkretisiert.[65] Soweit die Individualisierung mit anderen Mitteln erfolgt, kann auch auf Grundlage einer **noch aufzustellenden Bilanz** beurkundet werden.[66] Lediglich dann, wenn im Rahmen einer Spaltung eine uneingeschränkte Übertragung aller Aktiva und Passiva im Wege der partiellen Gesamtrechtsnachfolge erfolgt, kann mangels Individualisierbarkeit der übergehenden Vermögensgegenstände auf die Mitbeurkundung der Schlussbilanz verzichtet werden.[67] Es genügt dann, lediglich zu Beweiszwecken die Schlussbilanz als unechte Bezugnahme[68] der Urkunde beizufügen. Ein Verlesen ist nicht erforderlich, sodass hierauf auch nicht etwa in der Urkunde zu verzichten ist.

---

[57] Eingehend DNotI-Report 2016, 93, 99; Widmann/Mayer/*Heckschen* § 6 UmwG Rn. 70.
[58] So bereits LG Augsburg 3 HKT 2093/96, NJW-RR 1997, 420; LG Mannheim 24 T 2/98, BWNotZ 2000, 150; DNotI-Report 2016, 93, 97.
[59] Ebenso *Limmer*, Unternehmensumwandlung, Teil 2 Kap. 1 Rn. 497; Beck'sches Handbuch Umwandlungen international/*Krüger*, 2. Teil Rn. 39; BeckOGK-UmwG/*Wicke* § 6 UmwG Rn. 22; Kallmeyer/*Zimmermann* § 6 UmwG Rn. 10;
[60] Widmann/Mayer/*Mayer* § 4 UmwG Rn. 55; Lutter/*Drygala* § 6 UmwG Rn. 6.
[61] Widmann/Mayer/*Heckschen* § 6 UmwG Rn. 47; Lutter/*Drygala* § 6 UmwG Rn. 6.
[62] Widmann/Mayer/*Heckschen* § 6 UmwG Rn. 48.
[63] Beck'sches Notarhandbuch/*Heckschen* D. IV. Rn. 40.
[64] § 17 Abs. 2 UmwG. → § 12 Rn. 31.
[65] Widmann/Mayer/*Mayer* § 126 UmwG Rn. 211.
[66] Hierzu Widmann/Mayer/*Mayer* § 126 UmwG Rn. 204.
[67] Widmann/Mayer/*Mayer* § 126 UmwG Rn. 211.
[68] Zum Begriff *Winkler* § 9 BeurkG Rn. 75 ff.

Bei einer Verschmelzung bzw. Spaltung zur Neugründung muss im Verschmelzungsver- **16** trag bzw. Spaltungsplan u. a. der **Gesellschaftsvertrag** bzw. die Satzung des neu zu gründenden Rechtsträgers gemäß § 37 UmwG (iVm § 125 S. 1 UmwG) enthalten sein oder festgestellt werden.[69] Da der Verschmelzungsvertrag bzw. Spaltungsplan der notariellen Beurkundung bedarf, hat dies zur Folge, dass auch der Gesellschaftsvertrag des neuzugründenden Rechtsträgers unabhängig von dessen Rechtsform mitbeurkundet werden muss.[70] Dies gilt gleichermaßen beim Formwechsel; auch hier ist der Gesellschaftsvertrag der neuen Rechtsform als zwingender Inhalt des Umwandlungsbeschlusses Teil der notariellen Beurkundung, vgl. §§ 218 Abs. 1, 234 Nr. 1, 253 Abs. 1 UmwG. Beurkundungstechnisch empfiehlt es sich, den Gesellschaftsvertrag als **Anlage** der Urkunde gemäß § 9 Abs. 1 S. 2 BeurkG beizufügen, um etwa die spätere Erstellung von **Satzungsbescheinigungen** bei Kapitalgesellschaften (§ 54 Abs. 1 S. 2 GmbHG, § 181 Abs. 1 S. 2 AktG) zu erleichtern.[71] Schließlich empfiehlt es sich, bei Umwandlungen zur Neugründung einer Aktiengesellschaft auch die Bestellung des Aufsichtsrats und, soweit gesetzlich erforderlich, des Abschlussprüfers in den Verschmelzungsvertrag bzw. Spaltungsplan aufzunehmen, da die jeweilige Bestellung nach § 30 Abs. 1 AktG der notariellen Beurkundung bedarf.

b) Zustimmungs-/Verzichtserklärungen. Zustimmungs- und Verzichtserklärungen **17** einzelner Anteilsinhaber einschließlich der erforderlichen Zustimmungserklärungen nicht erschienener Anteilsinhaber bedürfen nach § 13 Abs. 3 Satz 1 UmwG bzw. § 193 Abs. 3 Satz 1 UmwG der notariellen Beurkundung. Für die Beurkundung dieser Erklärungen gilt ebenfalls das Verfahren nach den §§ 8 ff. BeurkG über die notarielle Aufnahme von Willenserklärungen. Dies gilt auch, wenn diese im Rahmen eines Umwandlungsbeschlusses abgegeben werden. Systematisch sind sie als einseitige, empfangsbedürftige Willenserklärungen jedoch nicht Inhalt des Beschlusses. Ein bloßes Tatsachenprotokoll nach § 36 BeurkG wäre insoweit nicht ausreichend und würde zur Unwirksamkeit der Verzichtserklärung führen.[72]

c) Beschlüsse der Anteilseignerversammlungen. Nach § 13 Abs. 1 UmwG wird **18** ein Verschmelzungsvertrag unabhängig von der Rechtsform der beteiligten Rechtsträger nur wirksam, wenn die Anteilsinhaber dem Verschmelzungsvertrag durch Beschluss in einer Versammlung der Anteilseigner zustimmen. Für den Formwechsel ist gleichfalls ein Beschluss nach § 193 Abs. 1 UmwG notwendig. Da das Gesetz eine Zustimmung in einer **Versammlung** der Anteilseigner verlangt, vgl. §§ 13 Abs. 1 S. 2, 193 Abs. 1 S. 2 UmwG, sind Umlaufbeschlüsse und schriftliche Beschlussverfahren unzulässig.[73] Zustimmungsbeschlüsse können als gesellschaftsrechtliche Sozialakte in der Form einer **sonstigen Beurkundung** durch eine (vereinfachte) Niederschrift nach dem dritten Abschnitt des Beurkundungsgesetzes (**Tatsachenprotokoll**) gemäß §§ 36, 37 BeurkG aufgenommen werden. Die Niederschrift muss die Bezeichnung des Notars und den Bericht über seine Wahrnehmungen, dh den Beschluss im Wortlaut und die für sein Zustandekommen wesentlichen Umstände, enthalten. Sie ist vom Notar eigenhändig zu unterzeichnen.[74] Zur Wirksamkeit der Urkunde muss dies nicht zeitlich unmittelbar nach Aufnahme der Niederschrift erfolgen. Bei **Aktiengesellschaften** sind für die Niederschrift darüber hinaus die Anforderungen des § 130 Abs. 2, 3 AktG zu beachten. Soweit zusammen mit dem beurkundungsbedürftigen Verschmelzungsbeschluss weitere nicht-qualifizierte Beschlüsse in der Haupt-

---

[69] → § 8 Rn. 122; → § 22 Rn. 108 (Spaltung zur Neugründung, Anlage Gesellschaftsvertrag).
[70] Schmitt/Hörtnagel/Stratz/*Hörtnagel* § 136 Rn. 12; Widmann/Mayer/*Mayer* § 37 UmwG Rn. 26.
[71] Hauschild/Kallrath/Wachter/*Weiler* § 25 Rn. 176.
[72] Widmann/Mayer/*Wälzholz* § 207 UmwG Rn. 34.
[73] Widmann/Mayer/*Heckschen* § 13 UmwG Rn. 2; Semler/Stengel/*Gehling* § 13 UmwG Rn. 14; Lutter/*Drygala* § 13 UmwG Rn. 9. Zum Sonderfall des Beschlusses eines Stiftungsvorstands im Umlaufverfahren, DNotI-Report 2007, 115.
[74] §§ 37 Abs. 2, 13 Abs. 3 BeurkG, § 130 Abs. 4 AktG.

§ 70   19–21   6. Kapitel. Weitere Besonderheiten

versammlung gefasst werden, kann hierüber eine gesonderte Niederschrift mit den Formerleichterungen nach § 130 Abs. 1 Satz 3 AktG durch den Vorsitzenden des Aufsichtsrats errichtet werden.[75] Die Zustimmungsbeschlüsse mehrerer beteiligter Rechtsträger können grundsätzlich auch in einer Urkunde zusammengefasst werden.[76]

19   Dem Notar bleibt es unbenommen, auch die Zustimmungsbeschlüsse in Form einer **Niederschrift über Willenserklärungen** nach §§ 8 ff. BeurkG zu beurkunden.[77] Letzteres ist der Fall insbesondere bei der gemeinsamen Beurkundung von Umwandlungsvertrag, Beschlüssen der Gesellschafter der beteiligten Rechtsträger sowie deren Verzichts- bzw. Zustimmungserklärungen in einer notariellen Urkunde (**einheitliche Umwandlungsurkunde**). Eine solche Kombination ist zulässig.[78] Im Falle einer einheitlichen Beurkundung von Versammlungsbeschluss und Verzichtserklärungen, die sich insbesondere aus Gründen der Kosteneffizienz anbieten kann,[79] ist daher die gesamte Urkunde nach den Vorschriften über die Beurkundung von Willenserklärungen zu errichten.[80] Ebenso kann jedoch eine **gemischte Beurkundung** in Form eines Tatsachenprotokolls für die Beschlussfassungen und in Form der Beurkundung von Willenserklärungen für die nach dem UmwG erforderlichen Zustimmungs- und Verzichtserklärungen erfolgen.[81] Dabei sind sowohl die Vorschriften der §§ 36 ff. BeurkG als auch der §§ 8 ff. BeurkG zu beachten; bei Widersprüchen gelten die strengeren Vorschriften.

20   Zeitlich kann die Beurkundung von Zustimmungsbeschlüssen bereits vor Abschluss des eigentlichen Verschmelzungs- bzw. Spaltungsvertrags/-plans auf Basis eines Entwurfs erfolgen.[82]

21   **d) Behandlung von Anlagen.** Insbesondere bei Spaltungsvorgängen mit einer Vielzahl von Konkretisierungen der zu übertragenden Gegenstände, gibt es nicht selten umfangreiche Anlagen. Bei umfangreichen **Anlagen** können die beurkundungsrechtlichen Vereinfachungsvorschriften des § 13a BeurkG (Bezugsurkunde) und des § 14 BeurkG (Verzicht auf das Verlesen der Anlagen) genutzt werden. So kann etwa auf eine andere notariell beurkundete Niederschrift, eine sog. **Bezugsurkunde**[83], verwiesen werden, § 13a BeurkG.[84] Solche Bezugsurkunden werden dann im Vorfeld der Errichtung der Umwandlungsurkunde – häufig mit Vertretern der Vertragsparteien oder Mitarbeitern des beurkundenden Notars – gesondert beurkundet und werden dann durch entsprechende Verweisung zum Inhalt des Umwandlungsvertrages. Hierzu muss in der Umwandlungsurkunde auf die Bezugsurkunde verwiesen werden, die Beteiligten müssen erklären, dass ihnen der Inhalt der anderen Niederschrift bekannt ist und sie auf das Verlesen verzichten. Gegenstand der Verweisung kann nur eine andere Niederschrift sein. Die Bezugsurkunde

---

[75] BGH II ZR 176/14, NZG 2015, 867 = MittBayNot 2016, 252 m. Anm. *Weiler*; aA noch Widmann/Mayer/*Heckschen* § 13 UmwG Rn. 221.1.

[76] Widmann/Mayer/*Heckschen* § 13 UmwG Rn. 227.

[77] OLG München 31 Wx 135/09, DNotZ 2011, 142, 146 m. Anm. *Priester*; Widmann/Mayer/*Heckschen* § 13 UmwG Rn. 222; *Winkler* § 37 BeurkG Rn. 9, vor § 36 Rn. 15; Eylmann/Vaasen/*Limmer* § 20 BNotO Rn. 12, § 36 BeurkG Rn. 1.

[78] Für Verschmelzungen: Kallrath/Hauschild/Wachter/*Weiler*, § 25 Rn. 135. Für Spaltungen Semler/Stengel/*Schröer*, § 126 UmwG Rn. 11.

[79] → Rn. 63.

[80] *Limmer*, Unternehmensumwandlung, Teil 2 Rn. 56; Hauschild/Kallrath/Wachter/*Weiler*, § 25 Rn. 127.

[81] Widmann/Mayer/*Heckschen* § 13 UmwG 223; Eylmann/Vaasen/*Limmer* § 36 BeurkG Rn. 2.

[82] Semler/Stengel/*Schröer* § 6 UmwG Rn. 13. → Rn. 9.

[83] Zum Begriff Beck´sches Notar-Handbuch/*Bernhard* G. Rn. 193 ff.; Beck-OK BGB/*Litzenburger* § 13a BeurkG Rn. 1; *Winkler* § 13a BeurkG Rn. 32 ff.; Hauschild/Kallrath/Wachter/*Burmeister* § 23 Rn. 64 ff.;

[84] *Limmer*, Unternehmensumwandlung, Teil 3 Rn. 65; Lutter/*Priester* § 126 UmwG Rn. 13; Widmann/Mayer/*Mayer* § 126 UmwG Rn. 211.1.

selbst muss daher nach den Vorschriften für die Beurkundung von Willenserklärungen nach §§ 8 ff. BeurkG errichtet werden.[85]

Eine weitere Erleichterung bei der Beurkundung ist die **eingeschränkte Verlesungspflicht** für Bilanzen und Bestandsverzeichnisse nach § 14 BeurkG. Dabei genügt es, wenn auf die Bilanz bzw. das sonstige Bestandsverzeichnis in der notariellen Niederschrift verwiesen, dieses zur Kenntnisnahme den Urkundsbeteiligten vorgelegt und dieses als Anlage beigefügt wird. Die Beteiligten können dann auf das Vorlesen verzichten und haben stattdessen auf jeder Seite des Bestandsverzeichnisses zu unterschreiben. Diese Voraussetzungen sind vom Notar in der Urkunde festzustellen, vgl. § 14 BeurkG Abs. 2, 3 BeurkG.[86] Damit kann auf alle Bilanzen und sonstigen Anlagen, die lediglich Individualisierungs- bzw. Konkretisierungsfunktion haben, verwiesen werden. Dies umfasst reine Auflistungen und Zahlenwerke, die lediglich beschreibender Natur sind, wie etwa Verzeichnisse über Forderungen, Verbindlichkeiten, Vertragsverhältnisse, Rechtstreitigkeiten, Arbeitnehmer, gewerbliche Rechte oder Beteiligungen. In Praxis bestehen gelegentlich Zweifel hinsichtlich der Qualität einer Anlage als Bestandsverzeichnis; diese sind an Hand des vom Gesetzgeber verfolgten Zwecks zu lösen, nämlich Zahlenwerke und sonstige Aufzählungen von rein tatsächlicher Bedeutung aus der Verlesungspflicht auszuklammern und so den Beurkundungsvorgang zur Hervorhebung der Prüfungs- und Belehrungspflichten des Notars abzukürzen.[87] Soweit die Verzeichnisse hingegen Zusicherungen und ähnliche Beschaffenheitsvereinbarungen enthalten, die nach dem Willen der Beteiligten zum Vertragsinhalt gehören und deren Willenserklärungen konkretisieren, kann auf das Verlesen nicht verzichtet werden; eine Behandlung der Anlage nach § 14 BeurkG scheidet dann aus.

Der Niederschrift über die Zustimmung der Anteilsinhaber ist gemäß § 13 Abs. 3 S. 2 UmwG der **Umwandlungsvertrag** im Entwurf oder – soweit er bereits beurkundet wurde – in Ausfertigung oder beglaubigter Abschrift[88] als Anlage im Wege einer unechten Bezugnahme beizufügen. Damit soll sichergestellt werden, dass der Umwandlungsvertrag auch nach der Hauptversammlung oder Gesellschafterversammlung beim Registergericht eingesehen werden kann und das Registergericht in der Lage ist, die Identität des bei der Anmeldung der Umwandlung eingereichten Vertrages mit dem Vertrag, dem die Gesellschafter- bzw. Hauptversammlung zugestimmt hat, zu überprüfen.[89] Eine beurkundungsrechtliche Verweisung auf diese Anlage im Sinne der §§ 9 Abs. 1 S. 2 oder 13a UmwG ist nicht erforderlich;[90] ein Verlesen ist nicht erforderlich. Bei einer einheitlichen Umwandlungsurkunde ist ein nochmaliges Beifügen als Anlage nicht notwendig, da der Vertrag bereits Inhalt der notariellen Niederschrift ist.

e) Mängel der Beurkundung. Ein Verstoß gegen das Formerfordernis, eine nicht vollständige oder eine fehlerhafte Beurkundung führt zur **Nichtigkeit** des Umwandlungsvertrags einschließlich aller Nebenabreden, des betroffenen Beschlusses bzw. der entsprechenden Verzichtserklärung, §§ 125 S. 1, 139 BGB. Der Registerrichter ist zur Ablehnung der Eintragung verpflichtet. Eine dennoch erfolgende Eintragung im Handelsregister heilt die Nichtigkeit, § 20 Abs. 1 Nr. 4 UmwG.[91] Diese **Heilung** gilt auch für schriftliche, aber nicht beurkundete Nebenabreden.[92]

---

[85] *Limmer*, Unternehmensumwandlung, Teil 3 Rn. 65; zur Errichtung siehe auch Kallrath/Hauschild/Wachter/*Burmeister* § 23 Rn. 64 ff.
[86] Näher zum Verfahren *Winkler* § 14 BeurkG Rn. 38 ff.
[87] *Limmer*, Unternehmensumwandlung, Teil 3 Rn. 66; *Ising/von Loewenich* ZNotP 2003, 176.
[88] Widmann/Mayer/*Heckschen* § 13 UmwG Rn. 233; aA einfache Abschrift ausreichend: Lutter/*Drygala* § 13 UmwG Rn. 19; Semler/Stengel/*Gehling* § 13 UmwG Rn. 54; Kallmeyer/*Zimmermann* § 13 UmwG Rn. 39.
[89] *Limmer*, Unternehmensumwandlung, Teil 2 Kap. 1 Rn. 499.
[90] Widmann/Mayer/*Heckschen* § 13 UmwG Rn. 233.
[91] Semler/Stengel/*Schroer* § 4 UmwG Rn. 41.
[92] Lutter/*Drygala* § 6 UmwG Rn. 16; Semler/Stengel/*Schroer* § 6 UmwG Rn. 19; für Heilung auch bloßer mündlicher Nebenabreden Widmann/Mayer/*Heckschen* § 4 UmwG Rn. 69.

§ 70 6. Kapitel. Weitere Besonderheiten

25 **f) Vollmachten, Genehmigungen.** Ein **Umwandlungsvertrag** kann auch durch Vertreter aufgrund rechtsgeschäftlicher Vollmacht abgeschlossen werden; es handelt sich nicht um ein höchstpersönliches Rechtsgeschäft.[93] Die Vollmacht zum Abschluss eines Umwandlungsvertrags bedarf grundsätzlich nicht der Form des Rechtsgeschäfts, § 167 Abs. 2 BGB.[94] Aus Beweisgründen gegenüber Gericht und Notar ist zumindest Schriftform notwendig.[95] Bei Verschmelzungen oder Spaltungen zur **Neugründung einer Kapitalgesellschaft** ist jedoch notarielle Form für die Vollmacht erforderlich.[96] Dies gilt gleichermaßen bei einer Vollmacht für den mit einer Kapitalerhöhung beim aufnehmenden Rechtsträger verbundenen Umwandlungsvertrag, § 55 Abs. 1 GmbHG analog.[97]

26 Für die Stellvertretung aufgrund Vollmacht bei **Umwandlungsbeschlüssen** gelten zunächst die für die jeweilige Rechtsform bestehenden Formvorschriften nach Gesetz[98] bzw. Satzung/Gesellschaftsvertrag. Bei Personengesellschaften muss die Vertretung bei der Beschlussfassung im Gesellschaftsvertrag zugelassen sein; alternativ müssen alle Gesellschafter damit einverstanden sein. Im Hinblick auf § 13 Abs. 3 UmwG wird zum Teil für Vollmachten für Umwandlungsbeschlüsse generell notarielle Beglaubigung verlangt.[99] Richtigerweise gilt jedoch der Grundsatz des § 167 Abs. 2 BGB, sodass die Vollmacht formfrei erteilt werden kann.[100] Lediglich bei einer Umwandlung zur Neugründung einer GmbH oder AG sind nach § 36 Abs. 2 S. 1 UmwG deren Gründungsvorschriften zu beachten, sodass die Vollmacht nach § 2 Abs. 2 GmbHG bzw. § 23 Abs. 1 S. 2 AktG der notariellen Form bedarf.[101] Auch Vollmachten zur Abgabe von notariell zu beurkundenden **Zustimmungs- oder Verzichtserklärungen** bedürfen keiner besonderen Form.[102] Dies gilt gleichermaßen für eine Vollmacht zur Fassung eines **Formwechselbeschlusses**; diese bedarf ebenfalls keiner notariellen Beglaubigung.[103] Beim Formwechsel in eine Kapitalgesellschaft werde das Gründungsrecht insoweit verdrängt.[104] Soweit **unwiderrufliche Vollmachten** zur Durchführung einer Umwandlung erteilt werden sollen, bedürfen diese der notariellen Beurkundung, da faktisch das Hauptgeschäft vorweggenommen wird.[105]

27 Die **Genehmigung** einer Willenserklärung zum Abschluss eines Umwandlungsvertrages durch einen vollmachtlosen Vertreter ist möglich. Eine Beglaubigung ist nicht erforderlich,

---

[93] Ausführlich zur Vertretung im Umwandlungsrecht *Heidinger/Blath* FS Spiegelberger, 2009, S. 692 ff.

[94] Semler/Stengel/*Schröer* § 4 UmwG Rn. 9, § 6 UmwG Rn. 11; aA im Hinblick auf § 2 Abs. 2 GmbHG und dessen Formzwecke Widmann/Mayer/*Heckschen* § 6 UmwG Rn. 42 ff.

[95] Widmann/Mayer/*Heckschen* § 6 UmwG Rn. 46; *Melchior* GmbHR 1999, 520, 521; Lutter/*Drygala* § 6 UmwG Rn. 7, empfiehlt notarielle Beglaubigung.

[96] Analog § 2 Abs. 2 GmbHG, § 23 Abs. 1 S. 2 AktG; § 280 Abs. 1 S. 3 AktG; Widmann/Mayer/*Heckschen* § 6 UmwG Rn. 44, § 13 UmwG Rn. 106 ff.; Widmann/Mayer/*Mayer* § 4 UmwG Rn. 41; Lutter/*Drygala* § 6 UmwG Rn. 7; Semler/Stengel/*Schröer* § 6 UmwG Rn. 11.

[97] Sehr str. wie hier: Widmann/Mayer/*Heckschen* § 6 UmwG Rn. 45; Widmann/Mayer/*Mayer* § 4 UmwG Rn. 41; aA Lutter/*Drygala* § 6 UmwG Rn. 7; *Melchior* GmbHR 1999, 520, 521.

[98] Etwa Textform nach § 47 Abs. 3 GmbHG bzw. § 134 Abs. 3 S. 3 AktG.

[99] Widmann/Mayer/*Heckschen* § 13 UmwG Rn. 106 ff.

[100] Semler/Stengel/*Gehling* § 13 UmwG Rn. 16; Schmitt/Hörtnagel/Stratz/*Stratz* § 13 UmwG Rn. 47; Kallmeyer/*Zimmermann* § 13 UmwG Rn. 13.

[101] Widmann/Mayer/*Heckschen* § 13 UmwG Rn. 106; Schmitt/Hörtnagel/Stratz/*Stratz* § 13 UmwG Rn. 24; *Limmer*, Unternehmensumwandlung, Teil 2 Kap. 1 Rn. 431; aA Lutter/*Drygala* § 13 UmwG Rn. 9; Kallmeyer/*Zimmermann* § 13 UmwG Rn. 13.

[102] Kallmeyer/*Zimmermann* § 13 UmwG Rn. 13; *Bergjan/Klotz* ZIP 2016, 2300, 2304; aA Widmann/Mayer/*Heckschen* § 13 UmwG Rn. 113 f.; Schmitt/Hörtnagel/Stratz/*Stratz* § 193 UmwG Rn. 8.

[103] Kallmeyer/*Zimmermann* § 193 UmwG Rn. 11; Lutter/*Decher/Hoger* § 193 UmwG Rn. 4; Semler/Stengel/*Bärwaldt* § 193 UmwG Rn. 13; *Bergjan/Klotz* ZIP 2016, 2300, 2304; aA Widmann/Mayer/*Vollrath* § 193 UmwG Rn. 24 ff.; Schmitt/Hörtnagel/Stratz/*Stratz* § 193 UmwG Rn. 8.

[104] Kallmeyer/*Zimmermann* § 193 UmwG Rn. 11; Lutter/*Decher/Hoger* § 193 UmwG Rn. 6.

[105] *Bergjan/Klotz* ZIP 2016, 2300, 2305.

§ 182 BGB.[106] Der Umwandlungsvertrag wird rückwirkend wirksam mit Genehmigung durch das vertretungsberechtigte Organ des vollmachtlos vertretenen Rechtsträgers.[107] Die Genehmigung wirkt jedoch nicht für Verzichtserklärungen, da die vollmachtlose Vertretung bei einseitigen Rechtsgeschäften nicht zulässig ist, § 180 Abs. 1 BGB.[108] In diesen Fällen ist die betreffende Verzichtserklärung des vollmachtlos Vertretenen notariell zu beurkunden.

Bei allen Fällen der Vertretung bzw. Genehmigung von Umwandlungsverträgen und -beschlüssen sind ggf. unzulässige **In-sich-Geschäfte** bei Mehrfachvertretung analog § 181 BGB zu beachten.[109] Eine Vertretung eines Anteilsinhabers durch einen Mitgesellschafter setzt daher eine entsprechende Befreiung voraus. Eine solche kann auch konkludent in der Vollmachtserteilung enthalten sein.[110]

g) Registeranmeldungen. Umwandlungsvorgänge sind zu den jeweilig zuständigen Registerbehörden der beteiligten Rechtsträger anzumelden, § 16 Abs. 1 S. 1 UmwG, § 198 UmwG.[111] Lediglich bei kleineren Vereinen und bei öffentlich-rechtlichen Versicherungsunternehmen ist an Stelle einer Anmeldung der Antrag an die Aufsichtsbehörde auf Genehmigung zu stellen, § 186 UmwG, § 188 Abs. 3 S. 1 UmwG.[112] Die **Anmeldepflicht** betrifft alle beteiligten Rechtsträger einer Umwandlung. Die Anmeldung bedarf der **öffentlichen Beglaubigung**.[113] Diese kann durch eine (in der Praxis nicht übliche) Beurkundung der Erklärung ersetzt werden, § 129 Abs. 2 BGB.

Eine organschaftliche oder rechtsgeschäftliche Vertretung bei der Anmeldung ist zulässig, § 378 Abs. 1 FamFG.[114] Auch eine unechte Gesamtvertretung einer Gesellschaft, also Anmeldung durch Geschäftsführer bzw. Vorstände zusammen mit einem Prokuristen, ist zulässig.[115] Zum **Nachweis der organschaftlichen Vertretungsmacht** ist entweder die Vorlage eines amtlichen Registerauszugs oder eine notarielle Vertretungsbescheinigung nach § 21 Abs. 1 BNotO erforderlich. Entsprechend § 32 GBO genügt auch eine Bezugnahme unter Angabe von Gericht und Registerstelle auf das jeweilige elektronische Register.[116]

Eine Vollmacht für Registeranmeldungen kann sowohl allgemein als Generalvollmacht oder auch als Spezialvollmacht erteilt werden.[117] Eine gewillkürte Stellvertretung ist allerdings nur möglich, soweit in der Anmeldung nicht etwa **höchstpersönliche Erklärungen** abgegeben werden müssen.[118] Dies ist etwa bei höchstpersönlichen Versicherungen der neuen Geschäftsleitungsorgane der Fall, wenn eine Umwandlungsmaßnahme zur Neugründung erfolgt.[119] Soweit im Rahmen einer Umwandlung zur Aufnahme eine Kapitalerhöhung erfolgt, ist jedoch auch eine rechtsgeschäftliche Vertretung möglich, da in diesen Fällen keine entsprechende Versicherung nach § 57 Abs. 2 GmbHG bzw. 188 Abs. 2 AktG

---

[106] Semler/Stengel/*Schröer* § 4 UmwG Rn. 13, § 6 UmwG Rn. 12; Lutter/*Drygala* § 6 UmwG Rn. 7.
[107] Lutter/*Drygala* § 6 UmwG Rn. 7.
[108] *Melchior* GmbHR 1999, 520, 522.
[109] Widmann/Mayer/*Heckschen* § 13 UmwG Rn. 100.
[110] Schmitt/Hörtnagel/Stratz/*Stratz* § 13 UmwG Rn. 51.
[111] Näher zu den einzelnen Registeranmeldungen → § 12 Rn. 2 ff. (Verschmelzung); → § 26 Rn. 2 f. (Spaltung); → § 35 Rn. 3 ff. (Formwechsel); → § 41 Rn. 37 (Vermögensübertragung); → § 43 Rn. 85 f. (Gründung Holding-SE); → § 43 Rn. 107 f. (Gründung Tochter-SE).
[112] → § 41 Rn. 39 (Vermögensübertragung auf öffentlich-rechtliches Versicherungsunternehmen).
[113] § 12 Abs. 1 HGB, § 5 Abs. 2 PartGG, § 157 GenG, § 77 BGB.
[114] Auch eine Genehmigung einer zunächst formlos erfolgten Anmeldung ist zulässig, OLG Frankfurt 20 W 459/11, GmbHR 2012, 751.
[115] *Schaub* MittBayNot 1999, 539, 545.
[116] *Krafka/Kühn* Rn. 118.
[117] *Krafka/Kühn* Rn. 114.
[118] BGH II ZB 13/91, BGHZ 116, 190 = NJW 1992, 975; BayObLG BReg 3 Z 134/86, DB 1987, 215; BayObLG BReg 3 Z 29/86, NJW 1987, 136; *Krafka/Kühn* Rn. 115.
[119] Für die GmbH: § 8 Abs. 2 GmbHG; bei einer AG: § 37 Abs. 2 AktG.

abzugeben ist,[120] an welche die strafrechtliche Verantwortlichkeit anknüpft.[121] Hingegen soll für die höchstpersönliche Erklärung bzw. Versicherung, dass keine Klage gegen die Wirksamkeit der Umwandlung nach § 16 Abs. 2 Satz 1 UmwG erhoben wurde, eine Vertretung durch Bevollmächtigte ausgeschlossen sein.[122] Das Beglaubigungserfordernis gilt auch für **Vollmachten**, die die Organe der beteiligten Rechtsträger für die Abgabe der Registeranmeldungen erteilen, § 12 Abs. 1 S. 2 HGB.[123]

32 Zum **Nachweis des Bestehens** der Vollmacht ist diese der Anmeldung beizufügen bzw. zusammen mit dieser bei Gericht einzureichen. Aufgrund des elektronischen Rechtsverkehrs ist die Einreichung als notariell signierte elektronische Aufzeichnung der Urschrift oder einer Ausfertigung ausreichend, § 12 Abs. 2 S. 2 Hs. 2 HGB. Alternativ kann der Notar eine **notarielle Vollmachtsbescheinigung** nach § 21 Abs. 3 BNotO einreichen, § 12 Abs. 1 Satz 3 HGB. Eine solche Bescheinigung setzt voraus, dass der Notar sich durch Einsichtnahme in die Vollmachtsurkunden über die Begründung der Vertretungsmacht vergewissert hat. Zudem muss er angegeben, in welcher Form (Urschrift oder Ausfertigung) und wann die Vollmachtsurkunde dem Notar vorgelegen hat. Dagegen bedarf es keiner Beifügung einer beglaubigten Abschrift der Urschrift oder Ausfertigung der Vollmacht.[124] Eine solche notarielle Bescheinigung kann auch für eine Vollmachtskette und ggf. zusammen mit einer notariellen Vertretungsbescheinigung nach § 21 Abs. 1 S. 1 Nr. 1 BNotO kombiniert werden.[125]

33 Von besonderer Bedeutung ist die Möglichkeit der Vertretung bei der Registeranmeldung durch den die Umwandlung beurkundenden Notar.[126] Nach der **Vollmachtsvermutung** gemäß § 378 Abs. 2 FamFG gilt der Notar als ermächtigt, im Namen eines zur Anmeldung Verpflichteten die Eintragung zu beantragen, wenn er die zu einer Eintragung erforderliche Erklärung beurkundet oder unterschriftsbeglaubigt hat. Das Anmelderecht des Notars umfasst allerdings nicht höchstpersönliche Versicherungen oder Wissenserklärungen der Organe der beteiligten Rechtsträger. Basis kann jede materiell-rechtliche Eintragungsgrundlage sein, also etwa ein Umwandlungsvertrag, entsprechender Zustimmungsbeschluss oder sonstige Erklärung, die der Notar aufgenommen hat.[127] Auch eine Registeranmeldung selbst genügt als Grundlage,[128] was insbesondere für berichtigende Anmeldungen praxisrelevant ist. Grundlage der Vollmachtsvermutung ist ein durch die notarielle Amtshandlung begründetes Vertrauensverhältnis mit den Beteiligten. Daher kann der Notar, der eine Verschmelzung einer Kommanditistin beurkundet hat, nicht auch für deren an der Beurkundung nicht beteiligte Mitgesellschafter in der KG die Gesamtrechtsnachfolge zum Register anmelden.[129]

34 **h) Besonderheiten bei grenzüberschreitenden Umwandlungen.** Bei grenzüberschreitenden Verschmelzungen ist für die Aufstellung des **Verschmelzungsplans** ebenfalls notarielle Beurkundung erforderlich, § 122c Abs. 4 UmwG. Diese Klarstellung (vgl. bereits § 122a UmwG iVm § 6 UmwG) meint die Beurkundung durch einen deutschen Notar. Dies gilt auch dann, wenn das Personalstatut der ausländischen Gesellschaft ein solches Erfordernis nicht vorsieht, da sich das jeweilige strengste Recht durchsetzt (**Kombinationstheorie**).[130] Bei einer Beurkundung im Ausland sollen zusätzlich die allgemeinen

---

[120] Vgl. §§ 55 Abs. 1, 69 Abs. 1 S. 1 UmwG, ggf. iVm § 125 S. 1 UmwG.
[121] *Krafka/Kühn* Rn. 115.
[122] *Melchior* GmbHR 1999, 520; *Schaub* MittBayNot 1999, 539, 542; *Krafka/Kühn* Rn. 115; zweifelnd *Limmer*, Unternehmensumwandlung, Teil 2 Rn. 581.
[123] *Limmer*, Unternehmensumwandlung, Teil 2 Rn. 578; *Bergjan/Klotz* ZIP 2016, 2300, 2303.
[124] OLG Düsseldorf I-3 Wx 54/16, NZG 2016, 665.
[125] BGH V ZB 177/15, NZG 2017, 101.
[126] *Ising* NZG 2012, 289.
[127] *Krafka/Kühn* Rn. 123.
[128] OLG Karlsruhe 11 Wx 2/11, RPfleger 2011, 382; *Krafka/Kühn* Rn. 123 mwN.
[129] OLG München 31 Wx 60/15, NZG 2015, 604.
[130] Widmann/Mayer/*Mayer* § 122c UmwG Rn. 26, 178; hierzu auch MünchHdb. GesR VI/*Hoffmann* § 53 Rn. 53.

Regelungen dienen.[131] Dies wird dahingehend verstanden, dass jedenfalls bei grenzüberschreitenden Verschmelzungen eine **Auslandsbeurkundung** wirksam sei, wenn die ausländische Beurkundung der Beurkundung durch einen deutschen Notar gleichwertig ist.[132] Zu dem Erfordernis einer **Doppel- oder Mehrfachbeurkundung**, also einer Beurkundung in Deutschland zusätzlich zur ausländischen Beurkundung bzw. im Ausland zusätzlich zur deutschen, kommt es immer dann, wenn entweder die ausländische Rechtsordnung abweichende oder zusätzliche Formerfordernisse vorsieht, die ausländische Beurkundung nicht gleichwertig ist oder die deutsche Beurkundung im Ausland nicht anerkannt wird.[133]

Aufgrund der Einreichung des Verschmelzungsplans bei den jeweiligen nationalen Handelsregistern, ist für Verschmelzungspläne mit Beteiligung eines deutschen Rechtsträgers die deutsche **Sprache** erforderlich, § 488 Abs. 3 FamFG iVm § 184 GVG.[134] Die Beurkundung muss hingegen nicht zwingend in deutscher Sprache erfolgen. Es genügt, wenn eine **Übersetzung** durch einen öffentlich vereidigten Dolmetscher gefertigt wird.[135] Alternativ kann der Notar die deutsche Übersetzung einer Urkunde mit der Bescheinigung der Richtigkeit und Vollständigkeit versehen, wenn er selbst die Urkunde in fremder Sprache errichtet hat und für die Erteilung einer Ausfertigung zuständig ist, § 50 Abs. 1 S. 1 BeurkG. Eine derartige Übersetzung gilt widerlegbar als richtig und vollständig.[136] Da die meisten ausländischen Rechtsordnungen eine Aufstellung des Plans in ihrer Heimatsprache verlangen, ist es in der Praxis üblich, den Verschmelzungsplan in einer **mehrsprachigen Fassung** aufzustellen.[137] Ein deutscher Notar, der der fremden Sprache hinreichend kundig ist, kann daher den Verschmelzungsplan mehrsprachig errichten, § 5 Abs. 2 BeurkG. Für den Fall etwaiger inhaltlicher Divergenzen der Sprachfassungen, empfiehlt es sich, den Vorrang einer Sprachfassung festzulegen (**Konfliktklausel**).[138]

Zu beurkunden sind die auf die Aufstellung des gemeinsamen Verschmelzungsplans gerichteten Willenserklärungen der Vertretungsorgane der beteiligten Gesellschaften. Eine Beurkundung in einem Tatsachenprotokoll ist daher nicht ausreichend; das Beurkundungsverfahren richtet sich nach §§ 8 ff. BeurkG.[139] Im Falle einer Vertretung bei der Aufstellung des Verschmelzungsplans bedarf die **Vollmacht** nicht der notariellen Beurkundung, § 167 Abs. 2 BGB. Zu beachten ist jedoch, dass sich aus einer ausländischen Rechtsordnung eine strengere Form ergeben kann.[140] Erfolgt die Verschmelzung auf eine hierdurch neu gegründete deutsche Kapitalgesellschaft, bedarf die Vollmacht wegen der Feststellung der Satzung in jedem Fall zumindest der notariellen Beglaubigung.[141]

Auch die Gründung einer **SE** bzw. einer **SCE** im Wege der Verschmelzung bedarf der notariellen Beurkundung, Art. 18 SE-VO bzw. Art. 20 SCE-VO je iVm § 6 UmwG

---

[131] BegrRegE, BR-Drucks. 548/06, 31; BT-Drucks. 16/2919 S. 15.
[132] Semler/Stengel/*Drinhausen* § 122c UmwG Rn. 42; Lutter/*Bayer* § 122c UmwG Rn. 8; aA Widmann/Mayer/*Mayer* § 122c UmwG Rn. 182f.
[133] Semler/Stengel/*Drinhausen* § 122c UmwG Rn. 43; Lutter/*Bayer* § 122c UmwG Rn. 7; Kallmeyer/*Marsch-Barner* § 122c UmwG Rn. 41; Widmann/Mayer/*Mayer* § 122c UmwG Rn. 209.
[134] Hierzu auch MünchHdb. GesR VI/*Hoffmann* § 53 Rn. 54.
[135] Semler/Stengel/*Drinhausen* § 122c UmwG Rn. 5; Widmann/Mayer/*Mayer* § 122c UmwG Rn. 24; *Limmer*, Unternehmensumwandlung, Teil 6 Rn. 57; zweifelnd Lutter/*Bayer* § 122c UmwG Rn. 10.
[136] *Limmer*, Unternehmensumwandlung, Teil 6 Rn. 55; Widmann/Mayer/*Mayer* § 122c UmwG Rn. 24.
[137] Semler/Stengel/*Drinhausen* § 122c UmwG Rn. 5; Lutter/*Bayer* § 122c UmwG Rn. 10; Widmann/Mayer/*Mayer* § 122c UmwG Rn. 24.
[138] Lutter/*Bayer* § 122c UmwG Rn. 10; *Limmer*, Unternehmensumwandlung, Teil 6 Rn. 58; Widmann/Mayer/*Mayer* § 122c UmwG Rn. 24.
[139] Schmitt/Hörtnagl/Stratz/*Hörtnagl* § 122c UmwG Rn. 41; Hauschild/Kallrath/Wachter/*Zimmermann* § 24 Rn. 77.
[140] Widmann/Mayer/*Mayer* § 122c UmwG Rn. 210.
[141] Widmann/Mayer/*Mayer* § 122c UmwG Rn. 210; Schmitt/Hörtnagl/Stratz/*Hörtnagl* § 122c UmwG Rn. 41.

analog. Es gelten die gleichen Formzwecke wie bei reinen nationalen Umwandlungsvorgängen.[142] Die vorstehenden Ausführungen gelten auch für die Beurkundung (bisher) gesetzlich nicht geregelter transnationaler Umwandlungen wie grenzüberschreitende Formwechsel[143] oder Spaltungen[144].

4. Elektronischer Rechtsverkehr

38 Die Einreichung der Anmeldungen einer Umwandlung zum Handelsregister samt Anlagen zum Handels-, Partnerschafts- bzw. Genossenschaftsregister erfolgt ausschließlich in **elektronischer Form** mittels Übertragung an die jeweilige elektronische Poststelle der Gerichte, § 12 HGB, § 5 Abs. 2 PartGG, § 157 GenG.[145] Dem Notar steht hierfür das besondere Notarpostfach als Nachfolger der bisherigen EGVP[146]-Clienten zur Verfügung, das den geschützten Versand von Unterlagen über das Internet übernimmt. Eine sonstige Übermittlung etwa per E-Mail oder der Versand von Datenträgern ist nach den Rechtsverordnungen der Länder nicht statthaft.[147] Bei zahlreichen Gerichten erfolgt die Übermittlung nicht unmittelbar an diese selbst, sondern an ein zentrales elektronisches Justizpostfach. In diesem Fall liegt bereits ein **Zugang** – was etwa im Hinblick auf die 8-Monats-Frist des § 17 Abs. 2 S. 4 UmwG maßgeblich ist – vor, wenn die elektronischen Daten bei der von der Landesjustizverwaltung benannten Stelle angekommen sind.[148] Auf die Weiterleitung an das Registergericht kommt es nicht an, weil dieser Teil des Übertragungsweges nicht in der Sphäre der Einreichenden, sondern in der der Justiz liegt. Soweit der Notar schuldhaft die rechtzeitige Einreichung innerhalb der Frist versäumt, kann er sich schadensersatzpflichtig machen.[149]

39 Für die Anlagen, die in Urschrift oder einfacher Abschrift vorzulegen sind, erfolgt die Einreichung durch Übermittlung einer **elektronischen Aufzeichnung**, § 12 Abs. 2 S. 2 HS. 2 HGB.[150] Im Falle von Anlagen, die in Ausfertigung oder beglaubigter Abschrift einzureichen sind, ist ein mit einem **einfachen elektronischen Zeugnis** (§ 39a BeurkG) versehendes Dokument zu übermitteln, § 12 Abs. 2 HGB.[151] Beurkundungspflichtige Anlagen sind elektronisch in öffentlich beglaubigter Form einzureichen, § 12 Abs. 1 und 2 HGB, § 39a BeurkG. Sofern – wie etwa beim Umwandlungsbericht oder dem Zugangsnachweis nach § 194 Abs. 2 UmwG – keine notarielle Beurkundung vorgesehen ist, reicht hingegen nach § 12 Abs. 2 S. 1 HGB eine elektronische Aufzeichnung aus. Das Gesetz nimmt diese mangelnde Formqualität bewusst in Kauf, auch wenn der Notar aus Gründen der Authentizität der Erklärung und des mit öffentlichen Glauben (§ 15 HGB) versehenen Registers eine Einreichung in elektronisch beglaubigter Form anregen sollte.[152]

40 Insbesondere in Umwandlungsfällen kommt es immer wieder zu umfangreichen elektronischen Übermittlungen, bei denen aufgrund des Umfangs der Anlagen eine elektronische Übermittlung mittels EGVP-Client nicht möglich ist. Ist aufgrund **technischer Schwierigkeiten** eine elektronische Übermittlung nicht oder nicht rechtzeitig möglich, sehen die

---

[142] Semler/Stengel/*Schröer* § 6 UmwG Rn. 18; Lutter/*Drygala* § 6 UmwG Rn. 11.
[143] MünchHdb. GesR VI/*Hoffmann* § 54 Rn. 11; OLG Nürnberg 12 W 520/13, NZG 2014, 349; KG 22 W 64/15, ZIP 2016, 1223.
[144] MünchHdb. GesR VI/*Hoffmann* § 56 Rn. 37.
[145] Eingehend Sikora/Schwab MittBayNot 2007, 1; Schmidt/Sikora/Tiedtke/*Sikora* Rn. 180 ff.
[146] EGVP steht für Elektronisches Gerichts- und Verwaltungspostfach. Dieses ermöglicht den Nachweis der Tatsache und Zeitpunkt eines erfolgreichen Versands mittels einer Eingangsbestätigung.
[147] Schmidt/Sikora/Tiedtke/*Sikora* Rn. 181.
[148] Schmidt/Sikora/Tiedtke/*Sikora* Rn. 181; MünchKommHGB/*Krafka* § 12 Rn. 23; so OLG Schleswig 2 W 58/07, FGPrax 2007, 283; OLG Jena 6 W 524/02, NZG 2003, 43 – allerdings noch zur Rechtslage vor Inkrafttreten des EHUG.
[149] OLG Zweibrücken 7 U 25/02, RNotZ 2002, 516; Beck'sches Notarhandbuch/*Heckschen* D. IV. Rn. 82.
[150] Hierzu Schmidt/Sikora/Tiedtke/*Sikora* Rn. 185 ff.
[151] Schmidt/Sikora/Tiedtke/*Sikora* Rn. 195.
[152] Schmidt/Sikora/Tiedtke/*Sikora* Rn. 186.

Rechtsverordnungen der Länder vor, ob eine Wiedereinsetzung in den vorigen Stand in Betracht kommt.[153] Zuständig für die Zulassung einer Ersatzeinreichung im Einzelfall ist in der Regel der Vorstand des Gerichts oder der Leiter der Justizbehörde, vgl. etwa § 4 BayERVV. Auch kann möglicherweise zur Fristwahrung die **Übermittlung per Telefax** ausreichen, wenn der Eintragungsantrag formgerecht nachgereicht wird.[154]

Die Kommunikation mit dem Registergericht beschränkt sich nicht darauf, Dokumente elektronisch zu übermitteln. Der Notar hat ferner die für die Eintragung relevanten Registerdaten strukturiert im **Format X.Justiz-Register** aufzubereiten. Hierzu wurde von der Bundesnotarkammer in Abstimmung mit den Landesjustizverwaltungen die Software XNotar entwickelt, die nach einem bundeseinheitlichen Standard XML[155]-Strukturdaten erzeugt, aus denen nach Eingang bei Gericht unmittelbar der Entwurf der Registereintragung ganz oder zumindest teilweise erzeugt wird.[156] Kommt es dabei zu Abweichungen zwischen XML-Datensatz und Registeranmeldung, ist allein die Anmeldung maßgeblich.[157] Eine zwingende Datenübermittlung im XML-Format ist derzeit allerdings weder gesetzlich noch kraft Verordnung vorgesehen.[158]

5. Anzeige- und Mitteilungspflichten

Zur Sicherstellung der Steuererhebung knüpfen an die Mitwirkung des Notars an einer Umwandlung verschiedene steuerliche Anzeigepflichten. Bei der Beteiligung von **Kapitalgesellschaften** hat der Notar dem für die jeweilige Gesellschaft zuständigen Finanzamt – Körperschaftsteuerstelle – nach § 54 Abs. 1 S. 1 EStDV eine beglaubigte Abschrift aller im Zusammenhang mit der Umwandlung aufgrund gesetzlicher Vorschriften aufgenommenen oder beglaubigten Urkunden zu übersenden.[159] Das zuständige Finanzamt ist nach § 20 AO zu ermitteln. Die Pflicht ist binnen zwei Wochen nach Beurkundung zu erfüllen, vom Notar auf der Urschrift zu dokumentieren und die Abschrift an das Finanzamt mit der jeweiligen Steuernummer der Kapitalgesellschaft zu versehen, § 54 Abs. 2 EStDV. Erst nach Erfüllung dieser Verpflichtung ist der Notar berechtigt, den Beteiligten Ausfertigungen oder beglaubigte Abschriften zu übersenden, § 54 Abs. 3 EStDV.[160]

Daneben bestehen steuerliche Anzeigepflichten nach dem GrEStG, soweit durch die Umwandlung **inländischer Grundbesitz** auf einen anderen Rechtsträger übergeht. In diesem Fall ist die Umwandlung unter Verwendung eines Vordrucks beim Finanzamt – Grunderwerbsteuerstelle – anzuzeigen, §§ 18 ff. GrEStG. Die Anzeigen sind schriftlich nach amtlich vorgeschriebenem Vordruck (sog. Veräußerungsanzeige) zu erstatten, § 18 Abs. 1 Satz 1 GrEStG.[161] Den Notar trifft dabei keine besondere Nachforschungspflicht, allerdings hat er sich bei den Beteiligten nach Grundstücken im übergehenden Vermögen zu erkundigen.[162] Auch hier ist eine Aushändigung der Urkunde an die Beteiligten erst zulässig, wenn die Anzeige vollständig an das Finanzamt gesandt wurde, § 21 GrEStG. Zur notwendigen Berichtigung in den Grundbüchern der beteiligten Rechtsträger, erteilt das Finanzamt eine schriftliche Unbedenklichkeitsbescheinigung zur Vorlage bei den Grund-

---

[153] Vgl. etwa § 10 BayERVV.
[154] *Keidel/Krafka* Rn. 82; MünchKommHGB/*Krafka*, § 12 Rn. 24.
[155] XML steht für eXtensible Markup Language.
[156] *Keidel/Krafka* Rn. 138.
[157] BGH II ZB 27/12, NJW-RR 2013, 632; OLG Nürnberg 12 W 2217/14, FGPrax 2015, 22; zuvor bereits *Sikora/Schwab* MittBayNot 2007, 1, 3.
[158] *Keidel/Krafka* Rn. 138.
[159] Die Anzeigepflicht wurde durch das Steuerrechtsänderungsgesetz 1996, BGBl. I 1995, 1250, 1384 eingeführt; vgl. Widmann/Mayer/*Heckschen* § 6 UmwG Rn. 59.
[160] Näher etwa *LfSt Bayern*, Merkblatt über die steuerlichen Beistandspflichten der Notare, Teil D, BeckVerw 329715.
[161] Zu Form und Inhalt der Anzeigen etwa *LfSt Bayern*, Merkblatt über die steuerlichen Beistandspflichten der Notare, Teil B Ziffer 4., BeckVerw 329715.
[162] *LfSt Bayern*, Merkblatt über die steuerlichen Beistandspflichten der Notare, Teil B Ziffer 4.4, BeckVerw 329715.

buchbehörden, § 22 GrEStG. Zuständig ist das Finanzamt, in dessen Bezirk sich die Geschäftsleitung des übernehmenden Rechtsträgers befindet, § 17 Abs. 3 S. 1 Nr. 1 GrEStG. Die fristgemäße und vollständige Erfüllung der Anzeigepflicht ist auch Voraussetzung für eine etwaige steuerliche Rückgängigmachung eines grunderwerbsteuerlichen Erwerbsvorgangs, § 16 Abs. 5 GrEStG.

44 Schließlich besteht eine **schenkungsteuerliche Anzeigepflicht**, soweit im Zusammenhang mit Umwandlungsvorgängen eine Vermutung für eine freigiebige Zuwendung besteht, § 34 ErbStG. Dies soll der Fall sein etwa bei der Beteiligung naher Angehöriger an einem Unternehmen, der Übertragung von GmbH-Anteilen oder anderen Anteilen an Kapitalgesellschaften, insbesondere unter Angehörigen, wenn Anhaltspunkte dafür bestehen, dass ein etwaiges Entgelt unter dem Verkehrswert des Gesellschaftsanteils liegt, und schließlich bei Leistungen zwischen Kapitalgesellschaften, insbesondere Familiengesellschaften, und Gesellschaftern in Form verdeckter Einlagen oder Kapitalerhöhungen gegen zu geringes Aufgeld.[163] Zuständig für die Anzeigen nach §§ 7, 8 ErbStDV ist das Finanzamt am Wohnsitz oder gewöhnlichen Aufenthalt des Schenkers, hilfsweise des Erwerbers, § 35 ErbStG. Auch hier ist die Anzeige unverzüglich nach Beurkundung zu erstatten und die Absendung auf der Urkunde zu vermerken.

45 Eine weitere Anzeigepflicht besteht bei umwandlungsbedingten Veränderungen in den Personen der Gesellschafter einer GmbH oder des Umfangs ihrer Beteiligung. Hier ist der Notar verpflichtet eine neue **Gesellschafterliste** anstelle der Geschäftsführer zu unterzeichnen, diese mit einer Wirksamkeitsbescheinigung zu versehen und zum Handelsregister einzureichen, § 40 Abs. 2 GmbHG. Diese notarielle Pflicht besteht bei Verschmelzungen oder Spaltungen zur Aufnahme gegen Ausgabe neuer Geschäftsanteile oder bei der Zuweisung vorhandener Geschäftsanteile.[164] Die Pflicht besteht erst nach Wirksamwerden der Kapitalerhöhung.[165] Der Notar ist aber nach wohl überwiegender Meinung nicht gehindert, die aktualisierte Liste bereits vor Wirksamwerden der Veränderungen zu erstellen und mit der erforderlichen Notarbescheinigung zu versehen[166] Bei einer Verschmelzung oder Spaltung zur Neugründung sowie bei einem Formwechsel in eine GmbH als Zielrechtsträger ist hingegen jeweils der Geschäftsführer verpflichtet, die Gründungsgesellschafterliste nach § 36 Abs. 2 UmwG bzw. § 135 Abs. 2 UmwG iVm § 8 Abs. 1 Nr. 3 GmbHG zu unterzeichnen.[167]

46 Umstritten ist die Anzeigepflicht durch Übersendung einer notariell bescheinigten Gesellschafterliste, wenn der an der Umwandlung beteiligte Rechtsträger Gesellschafter einer **Tochter-GmbH** ist. Hier stellt sich die Frage, ob der die Umwandlung beurkundende Notar nach § 40 Abs. 2 GmbHG verpflichtet ist, infolge der **mittelbaren Mitwirkung** eine neue Gesellschafterliste zu erstellen und die Wirksamkeit des Anteilsübergangs zu bescheinigen.[168] Zum Teil wird eine Zuständigkeit des Notars abgelehnt, da der Begriff der Mitwirkung in § 40 Abs. 2 S. 1 GmbHG eng auszulegen sei.[169] Das OLG Hamm nimmt hingegen aufgrund einer weiten Auslegung generell eine Zuständigkeit des Notars aufgrund der Beurkundung einer Verschmelzung bei einem Gesellschafter an, (wohl) unabhängig davon, ob der Notar Kenntnis von der Beteiligung hat.[170] Nach überwiegender

---

[163] *LfSt Bayern*, Merkblatt über die steuerlichen Beistandspflichten der Notare, Teil C Ziffer 2.3.5, 2.3.6 und 2.3.7.

[164] Heckschen/Heidinger/*Heidinger* § 13 Rn. 323; Widmann/Mayer/*Mayer* § 52 UmwG Rn. 91.

[165] Die bisherige Verpflichtung des Geschäftsführers zur Einreichung einer neuen Gesellschafterliste nach ex-§ 52 Abs. 2 UmwG wurde durch das Dritte Gesetz zur Änderung des Umwandlungsgesetzes vom 11.7.2001, BGBl. I 2011, 1338, aufgehoben.

[166] OLG Jena 6 W 256/10, DNotZ 2011, 64.

[167] Widmann/Mayer/*Mayer* § 36 UmwG Rn. 94; § 56 UmwG Rn. 10; § 197 UmwG Rn. 58.

[168] Hierzu eingehend Heckschen/Heidinger/*Heidinger* § 13 Rn. 325 ff.

[169] *Heilmeier* NZG 2012, 217; Roth/Altmeppen/*Altmeppen* § 40 GmbHG Rn. 23; Lutter/Hommelhoff/*Bayer* § 40 GmbHG Rn. 56 je mwN.

[170] OLG Hamm 15 W 304/09, NZG 2010, 113.

Ansicht in der Literatur sei der Notar jedenfalls dann zu einer Listeneinreichung verpflichtet, wenn seine Mitwirkung auf die bewirkte Veränderung gerichtet sei (Finalitätskriterium).[171] Eine konkrete Kenntnis von der relevanten Veränderung in der Gesellschafterliste im Einzelfall sei hingegen nicht erforderlich. Nachdem die Zuständigkeit für die Erstellung der Liste im Falle einer mittelbaren Mitwirkung noch nicht höchstrichterlich geklärt ist, empfiehlt sich, die Gesellschafterliste vorsorglich sowohl von den Geschäftsführern (in vertretungsberechtigter Zahl) als auch vom Notar zu unterzeichnen.[172] Im Übrigen sollte der Notar die beteiligten Rechtsträger im Hinblick auf etwaige Gesellschaftsbeteiligungen befragen. Erfährt er nichts von einer betroffenen GmbH-Beteiligung, bleibt der Geschäftsführer verpflichtet, die Gesellschafterliste zu korrigieren, um eine Haftung nach § 40 Abs. 3 GmbHG zu vermeiden.

Kartellrechtliche Anzeigepflichten[173] betreffen nur die beteiligten Gesellschaften einer Umwandlung, § 39 Abs. 2 GWB bzw. Art. 4 Abs. 1 FKVO, führen jedoch nicht zu einer Mitteilungspflicht für den Notar. Dieser hat über die Anzeigepflichten jedoch zu belehren, § 17 Abs. 1 S. 1 BeurkG. Dies gilt gleichermaßen für **kapitalmarktrechtliche Mitteilungspflichten**[174].

6. Notarbescheinigungen

Im Rahmen von Umwandlungsmaßnahmen hat der Notar auch entsprechenden Bescheinigungen zu erteilen. Dies betrifft zum einen **Satzungsbescheinigungen** nach § 54 Abs. 1 Satz 2 GmbHG bzw. § 181 Abs. 1 S. 2 AktG, die etwa aufgrund Satzungsänderungen infolge von Kapitalmaßnahmen bei Verschmelzungen oder Spaltungen erforderlich sind. Weiter umfasst dies **Wirksamkeitsbescheinigungen** in Bezug auf Veränderungen der Gesellschafter einer GmbH nach § 40 Abs. 2 S. 1 GmbHG.[175] Bei Kapitalmaßnahmen soll (entgegen dem Gesetzeswortlaut) der Notar die aktualisierte Liste bereits vor Wirksamwerden der Veränderungen erstellen und mit der erforderlichen Notarbescheinigung versehen können.[176]

Nach Wirksamkeit einer Umwandlung und insbesondere auch unabhängig von einer etwaigen Mitwirkung an einem Umwandlungsvorgang, kann der Notar eine Bescheinigung über eine Umwandlung ausstellen, wenn sich diese Umstände aus einer Eintragung im Handelsregister oder einem ähnlichen Register ergeben, § 21 Abs. 1 S. 1 Nr. 2 BNotO (sog. **Umwandlungsbescheinigung**).[177] Da diese Bescheinigungen die gleiche Beweiskraft wie ein Zeugnis des Registergerichts haben, kann so an Stelle eines beglaubigten Handelsregisterauszugs ein Rechtsübergang nach § 20 Abs. 1 Nr. 1 UmwG oder Identitätswechsel auch mittels einer notariellen Bescheinigung nachgewiesen werden, in welcher der Notar auf Grund Einsicht in das Handelsregister bzw. einen beglaubigten Auszug desselben die Tatsache der Umwandlung bescheinigt. Diese Bescheinigung, die der Notar auch in einer Fremdsprache erstellen kann, ist insbesondere zum Nachweis des Rechtsübergangs in öffentlichen Registern im Inland, aber auch zum Einsatz im Ausland zweckmäßig (z. B. zur Berichtigung einer ausländischen Patent- oder Markenrolle oder zur Erfüllung der Mitteilungspflicht über die erfolgte Eintragung einer grenzüberschreitenden Verschmelzung nach § 122l Abs. 3 UmwG).[178]

---

[171] Heckschen/Heidinger/*Heidinger*, § 13 Rn. 327a ff.
[172] Dieses Vorgehen ist zulässig, vgl. OLG Hamm 15 W 322/09, DNotZ 2010, 792 = GmbHR 2010, 430 m. Anm. *Herrler*.
[173] → § 62 Rn. 3 ff. (Kartellrechtliche Anzeigepflichten)
[174] → § 66 Rn. 1 ff. (Kapitalmarktrechtliche Mitteilungspflichten)
[175] → Rn. 45 (bei unmittelbarer Mitwirkung), → Rn. 46 (bei mittelbarer Mitwirkung)..
[176] OLG Jena 6 W 256/10, MittBayNot 2010, 490.
[177] Hierzu Schippel/Bracker/*Reithmann* § 21 BNotO Rn. 1 ff.
[178] Widmann/Mayer/Vossius § 20 UmwG Rn. 58.3; § 122l UmwG Rn. 33.

7. Berichtigungen in öffentlichen Registern und Titeln

50 Infolge der Umwandlung eines Rechtsträgers sind häufig auch Eintragungen in **öffentlichen Register** zu berichten. Dies resultiert einerseits aus dem Übergang des Vermögens im Wege der Gesamtrechtsnachfolge bei Verschmelzungen und Spaltungen, § 20 Abs. 1 Nr. 1 UmwG (iVm § 125 S. 1 UmwG). Andererseits ergibt sich dies auf dem Wechsel der Identität des Rechtsträgers aufgrund eines Formwechsels. Das jeweilige öffentliche Register wird durch die Umwandlung unrichtig und ist daher zu berichten. Dies betrifft Eintragungen im Grundbuch, in Handelsregistern, in der Patentrolle, im Markenregister, etc.[179] Dies gilt gleichermaßen bei grenzüberschreitenden Umwandlungsmaßnahmen.

51 Bei **Grundbesitz** ist eine Auflassung weder erforderlich noch möglich.[180] Ausreichend aber auch erforderlich ist eine Berichtigung des Grundbuchs, die ggf. zwangsweise durchgesetzt werden kann, § 82 GBO. Für die Berichtigung infolge eines Rechtsübergangs ist die Vorlage der steuerlichen Unbedenklichkeitsbescheinigung nach dem GrEStG beim Grundbuchamt erforderlich. Bei einem Formwechsel liegt keine Unrichtigkeit des Grundbuchs nach § 22 GBO vor, sondern lediglich eine von Amts wegen vorzunehmende **Richtigstellung** der Bezeichnung der Berechtigten.[181] Bei einem identitätswahrenden Formwechsel (außerhalb des UmwG) einer GbR in eine GmbH & Co. KG ist im Übrigen eine Voreintragung der Komplementär-GmbH als aufgenommener Gesellschafter im Grundbuch nicht erforderlich.[182] Der Berichtigungsantrag nach § 13 GBO bedarf der schriftlichen Form und des Nachweises der Rechtsnachfolge in öffentlicher Form §§ 22, 29 GBO, etwa durch Vorlage eines beglaubigten Registerauszugs, einer notariellen Umwandlungsbescheinigung oder Verweis auf die beim gleichen Amtsgericht geführten Register nach § 34 GBO.[183] In Fällen der partiellen Gesamtrechtsnachfolge aufgrund Spaltung ist zur Bezeichnung der betroffenen Vermögensgegenstände (Grundstücke, dingliche Rechte) eine – ggf. auch nur auszugsweise – beglaubigte Abschrift des Spaltungsvertrages vorzulegen, aus der sich die grundbuchliche Bezeichnung der übergehenden Grundstücke und dinglichen Rechte ergibt.[184] Für im Wege der Spaltung übergegangene noch unvermessene Teilflächen ist im Zweifelsfall hingegen eine gesonderte Auflassung erforderlich.[185] Weitere Fälle der Grundbuchberichtigung in Folge von Umwandlungen ist die Berichtigung von Gläubigerbezeichnungen bei Vormerkungen, Hypotheken und Grundschulden. Zweckmäßigerweise wird der mit der Umwandlung betraute Notar mit der Durchführung der entsprechenden Grundbuchvollzüge beauftragt.[186] Dieser ist insbesondere auch in der Lage, einen Nachweis für die partielle Gesamtrechtsnachfolge bei Spaltungen in Bezug auf Grundpfandrechte durch eine auszugsweise beglaubigte Abschrift des Spaltungs- und Übernahmevertrags zusammen mit einem amtlichen Handelsregisterauszug bzw. einer entsprechenden Notarbescheinigung nach § 21 BNotO zu führen.[187]

52 Der Wechsel eines Grundpfandgläubigers aufgrund einer Umwandlung, etwa aufgrund Verschmelzungen von Kreditinstituten, erfordert die Berichtigung der auf den Gläubiger

---

[179] Widmann/Mayer/*Mayer* § 20 UmwG Rn. 57.

[180] Eingehend zur Grundbuchberichtigung bei Umwandlung von Gesellschaften, *Böhringer* BWNotZ 2016, 154.

[181] *Limmer*, Unternehmensumwandlung, Teil 4 Rn. 39; Widmann/Mayer/*Vossius* § 202 UmwG Rn. 26, 38; BayObLG 3Z BR 136/98, NJW-RR 1998, 1566; BayObLG 3Z BR 421/97, NZG 1998, 690.

[182] OLG Saarbrücken 5 W 78/10, BeckRS 2010, 30230; OLG München 34 Wx 70/15, NZG 2016, 275.

[183] Schöner/Stöber, Grundbuchrecht, Rn. 995a.

[184] *Limmer*, Unternehmensumwandlung, Teil 3 Rn. 400; Widmann/Mayer/*Mayer* § 126 UmwG Rn. 214.

[185] *Blasche* NZG 2016, 179; Widmann/Mayer/*Mayer* § 126 UmwG Rn. 212f.; → § 67 Rn. 7.

[186] Widmann/Mayer/*Mayer* § 20 UmwG Rn. 58.1.

[187] Widmann/Mayer/*Vossius* § 131 UmwG Rn. 144; eine isolierte Notarbescheinigung genügt indes nicht, OLG Frankfurt 20 W 308/11, NZG 2013, 143.

ausgestellten Titel. Nach Wirksamkeit der Rechtsnachfolge ist daher durch den Notar im **Klauselerteilungsverfahren** ein Vollstreckungstitel auf den Rechtsnachfolger neu zu erteilen, § 727 ZPO (sog. **Klauselumschreibung**).[188] Dies gilt gleichermaßen im Falle einer Rechtsnachfolge auf Schuldnerseite. Bei einer solchen **Titelumschreibung** ist ein Nachweis über die Rechtsnachfolge zu führen und zuzustellen, § 750 Abs. 2 ZPO. Der Nachweis ergibt sich regelmäßig durch Vorlage eines chronologischen Auszugs[189] aus dem Handels- oder Genossenschaftsregister, in dem die Umwandlung eingetragen ist. Alternativ kann der Beweis auch durch eine notarielle Umwandlungsbescheinigung nach § 21 Abs. 1 S. 1 Nr. 1 BNotO geführt werden. Wenn die Rechtsnachfolge offenkundig iSd § 291 ZPO[190] ist und der Notar dies im Rahmen der Neuerteilung der Vollstreckungsklausel nach § 727 Abs. 2 ZPO vermerkt, ist die Zustellung eines Registerauszugs entbehrlich.[191] Das Zustellerfordernis gilt jedoch nur für die Nachweise, auf welche sich der Notar bei der Klauselerteilung gestützt hat und die ihm als Beweis für die Rechtsnachfolge ausgereicht haben. Eine generelle Zustellung des Registerauszugs ist nicht erforderlich.[192] Eine Prüfung im Klauselverfahren durch den Notar, ob der Sicherungsvertrag auf den Rechtsnachfolger etwa in Spaltungsfällen ebenfalls übergegangen ist, ist infolge der Rechtsprechungsänderung des BGH nicht mehr erforderlich.[193]

Gehört zum Vermögen eines übertragenden oder formwechselnden Rechtsträgers eine Beteiligung an einer **Personenhandelsgesellschaft**, muss das betreffende Register berichtigt werden. Hierzu ist eine entsprechende Registeranmeldung durch sämtliche Gesellschafter in öffentlich beglaubigter Form zu unterzeichnen, § 108 S. 1 HGB.[194] Der Notar kann mangels einer Beurkundung für die infolge der Umwandlung nur mittelbar betroffene Gesellschaft die Beteiligten nicht nach § 378 Abs. 2 FamFG vertreten.[195] Im Falle einer Beteiligung des formwechselnden Rechtsträgers an einer **Tochter-GmbH** ist deren Gesellschafterliste zu korrigieren.[196]

II. Notarkosten

1. Allgemeines

a) Gebührenprinzip. Für die Beurkundung, Beratung, Vollzug und die sonstige Betreuung der Beteiligten bei einer Umwandlung richten sich die Notargebühren ausschließlich nach dem **Gerichts- und Notarkostengesetz** (GNotKG). Die Gebühren umfassen insbesondere auch die Erstellung von Entwürfen durch den Notar. Eine Abrechnung nach Zeitaufwand oder sonstige Vereinbarungen über Gebühren sind nicht zulässig, § 125

---

[188] Würzburger Notarhandbuch/*Volmer* Teil 1 Kap. 3 Rn. 92 ff.; Beck'sches Notarhandbuch/*Bernhard* G. Rn. 345 ff.; eingehend *Soutier* MittBayNot 2011, 181, 275, 366.
[189] Für das Handelsregister gemäß § 30a Abs. 4 S. 2 HRV.
[190] Offenkundigkeit liegt etwa vor bei der Verschmelzung von deutschen Großbanken ebenso wie bei lokalen Volks- und Raiffeisenbanken sowie Sparkassen, vgl. *Hertel* ZfIR 2013, 103; aA Widmann/Mayer/*Vossius* § 20 UmwG Rn. 61. Zu weitgehend LG Bonn 6 T 308/14, RNotZ 2015, 368, wonach eine Offenkundigkeit einer Rechtsnachfolge sich bereits aus dem allgemein zugänglichen Handelsregister unter www.handelsregister.de ergebe.
[191] BGH V ZB 124/12, BGHZ 192, 292 = NZG 2013, 33.
[192] BGH V ZB 174/15, NZG 2017, 30; aA noch BGH V ZB 124/12, NZG 2013, 33; BGH V ZB 109/13, NJW-RR 2014, 400 Rn. 5.
[193] Beck'sches Notarhandbuch/*Bernhard* G. Rn. 347.
[194] AA *Rawert/Endres* ZIP 2016, 1609, die eine teleologische Reduktion des § 108 S. 1 HGB bei der Übertragung einer Kommanditbeteiligung im Wege einer Spaltung befürworten und nur den ausscheidenden Gesellschafter für anmeldepflichtig halten. Da die Anmeldepflicht durch sämtliche Gesellschafter jedoch auch klageweise bzw. im Zwangsgeldverfahren nach § 14 HGB durchsetzbar ist, ist eine teleologische Reduktion des insoweit eindeutigen Wortlauts nicht geboten.
[195] OLG München 31 Wx 60/15, NZG 2015, 604.
[196] Zur streitigen Frage, ob diese Berichtigung vom Notar nach § 40 Abs. 2 GmbHG vorzunehmen und zu bescheinigen ist, oder ob dies Aufgabe des Geschäftsführers ist → Rn. 46.

GNotKG. Die an einer Umwandlung beteiligten Rechtsträger können die Kosten der Umwandlung frei zuordnen.[197] Nach der Reform des Kostenrechts im Jahr 2013 gelten die bisherigen Grundsätze zur Bewertung von Umwandlungsmaßnahmen im Wesentlichen weiter, lediglich hinsichtlich der Geschäftswertobergrenze haben sich relevante Veränderungen ergeben. Mit der Anhebung der Obergrenze auf 10 Mio. EUR in § 107 Abs. 1 GNotKG gegenüber der bisherigen Höhe von 5 Mio. EUR, ex-§ 39 Abs. 5 KostO, will der Gesetzgeber vor allem den Umstand einer möglichen Notarhaftung und Komplexität der Materie, die mit umwandlungsrechtlichen Verträgen verbunden ist, Rechnung tragen.[198]

55   Der Notar hat den für den Mandanten **kostengünstigsten Weg** zu wählen.[199] Eine Hinweispflicht auf einen kostengünstigeren Weg besteht aber nur dann, wenn für die Erreichung des vom Mandanten gewünschten Zieles zwei Wege offenstehen, die exakt zum selben Ergebnis führen. In keinem Fall muss der Notar auf rechtlich andere Möglichkeiten hinweisen, etwa darauf, dass an Stelle der vom Mandanten gewünschten Verschmelzung einer GmbH auf eine AG kostengünstiger die Verschmelzung der AG auf die GmbH beurkundet werden könnte.[200]

56   **b) Geschäftswert.** Die Kosten der notariellen Beurkundungen von Umwandlungsverträgen richten sich nach dem **Geschäftswert** der konkreten Maßnahme. Dieser bestimmt sich in der Regel nach dem in der Umwandlungsbilanz ausgewiesenen Aktivvermögen des übertragenden Rechtsträgers (im Fall der Verschmelzung oder des Formwechsels) bzw. dem übergehenden Aktivvermögen (im Falle der Spaltung), und zwar grundsätzlich ohne Schuldenabzug (**Bruttoprinzip**).[201] Werden mehrere Rechtsträger übertragen, so sind die Werte zu addieren. Die Summe der Aktiva sämtlicher übertragender Rechtsträger ist maßgeblich.

57   Der Geschäftswert für die Beurkundung von **Beschlüssen** nach dem Umwandlungsgesetz richtet sich ebenfalls nach dem Wert des Aktivvermögens des übertragenden oder formwechselnden Rechtsträgers, bei Abspaltung und Ausgliederung nach dem Wert des übergehenden Vermögens, § 108 Abs. 3 GNotKG.[202] Soweit die Beschlüsse der Gesellschaftsorgane des übertragenden und des übernehmenden Rechtsträgers in einer Urkunde niedergelegt werden, handelt es sich um denselben Beurkundungsgegenstand, da sie den gleichen Verschmelzungs- oder Spaltungsvertrag betreffen, § 109 Abs. 2 lit. g) GNotKG. Bei Beschlüssen mit unterschiedlichem Gegenstand, beispielsweise einem Verschmelzungsbeschluss und einem Beschluss zur Satzungsänderung, sind die Geschäftswerte zu addieren, § 35 Abs. 1 GNotKG. Dies betrifft etwa einen **Kapitalerhöhungsbeschluss**, der mit dem Erhöhungsbetrag anzusetzen ist, mindestens aber mit 30.000 EUR, §§ 108 Abs. 1 S. 2, 105 Abs. 1 S. 2 GNotKG. Die entsprechende Satzungsänderung ist nicht gesondert zu bewerten, § 109 Abs. 2 S. 1 Nr. 4 lit. b) GNotKG.[203]

58   Für **Registeranmeldungen** ist der Geschäftswert nach § 105 GNotKG zu ermitteln. Bei Idealvereinen fehlt eine gesonderte Wertvorschrift, sodass der Geschäftswert regelmäßig unter Berücksichtigung aller Umstände des Einzelfalls, insbesondere des Umfangs der Sache und der Vermögensverhältnisse sowie des Beitragsaufkommens, nach billigem Ermessen nach § 36 Abs. 2, 3 GNotKG zu bestimmen ist. Für alle durchschnittlichen Fälle ist der Regelfall mit 5.000 EUR zu bemessen, § 36 Abs. 3 GNotKG. Lediglich bei wirtschaftlich

---

[197] Beck'sches Notarhandbuch/*Heckschen* D. IV. Rn. 208.
[198] RegBegr, BT-Drucks. 17/11471, 283.
[199] Hierzu Korintenberg/*Tiedtke* § 21 GNotKG Rn. 12 ff.
[200] BayObLG 3Z BR 19/99, NZG 1999, 894; OLG Rostock 1 W 136/02 NotBZ 2003, 243.
[201] BayObLG 3Z BR 19/99, NZG 1999, 894; OLG Karlsruhe 11 Wx 59/00, NJW-RR 2000, 321; Bormann/Diehn/Sommerfeldt/*Diehn* § 38 GNotKG Rn. 2.
[202] Korintenberg/*Tiedtke* § 108 GNotKG Rn. 89.
[203] *Diehn*, Rn. 1513.

orientierten Vereinen, etwa bei Wohnstiften oder im Profisportbereich, ist der Geschäftswert angemessen bis zu einem Höchstwert von 1,0 Mio. EUR zu erhöhen.[204]

c) Bilanz. Die Ermittlung des maßgeblichen Geschäftswerts erfolgt auf Grundlage der **Bilanz** des betroffenen Rechtsträgers. Diese bildet im Regelfall den Unternehmenswert ab und ist daher für die Wertbestimmung maßgebend.[205] Auszugehen ist von der Summe der Aktiva; ein **Abzug von Schulden** ist nicht zulässig, § 38 GNotKG.[206] Zur Bewertung ist die zum Beurkundungstag zuletzt aufzustellende Bilanz entscheidend, da für die Wertberechnung der Zeitpunkt der Fälligkeit der Gebühr und damit der Beurkundungszeitpunkt maßgeblich ist, § 96 GNotKG. Soweit der Notar sichere Kenntnis hat, dass sich die Aktivsumme der Bilanz bis zum Beurkundungstag erhöht hat (etwa aufgrund vorhergehender Beurkundungen), so ist dies bei der Wertbestimmung durch Hinzurechnung zu berücksichtigen.[207] Kommt es nach dem Bilanzstichtag zu Veräußerungen von Vermögenswerten oder Ausschüttungen an die Gesellschafter, ist die Aktivsumme wertmindernd zu korrigieren, soweit das Vermögen von der Übertragung im Rahmen der Umwandlung nicht mehr erfasst wird.[208]

Die Bilanz ist dahingehend zu überprüfen, ob das GNotKG für bestimmte Bilanzpositionen andere Werte vorsieht als die in der Bilanz enthaltenen Werte. Daher sind Verlustvorträge auf der Aktivseite ebenso in Abzug zu bringen wie ein ggf. vorhandener nicht durch Eigenkapital gedeckter Fehlbetrag gemäß § 268 Abs. 3 HGB oder negative Gesellschafterkonten (zumeist bei Kommanditgesellschaften).[209] Umgekehrt müssen etwa vorhandene Grundstücke oder Finanzanlagen (meist Beteiligungen an anderen Unternehmen) im Sachanlagevermögen nach § 46 GNotKG mit dem Verkehrswert berücksichtigt werden.[210] Rechnungsabgrenzungsposten haben keinen Wertberichtigungscharakter und sind daher nicht abzuziehen. Ein Unterlassen einer solchen **Bilanzprüfung** kann einen Verstoß gegen das Verbot der Gebührenvereinbarung nach § 125 GNotKG darstellen. Ausreichend ist es, wenn der Notar die von der Rechtsprechung und Literatur aufgestellten Anforderungen erfüllt. Mangels der sonst notwendigen detaillierten Kenntnisse und entsprechender Überprüfungsmöglichkeiten ist eine weitergehende Bilanzprüfung nicht erforderlich.[211]

d) Gebührensätze. Für einen rechtsgeschäftlichen **Umwandlungsvertrag** fällt nach Nr. 21100 KV GNotKG eine 2,0-Gebühr aus dem Geschäftswert an, mindestens 120 EUR. Handelt es sich hingegen um eine einseitige rechtsgeschäftliche **Umwandlungserklärung**, wie bei einem Spaltungsplan zur Ausgliederung, Auf- oder Abspaltung zur Neugründung, wird lediglich eine 1,0-Gebühr aus dem Geschäftswert gemäß Nr. 21200 KV GNotKG geschuldet.[212]

Im Fall der **Sukzessivbeurkundung** von Angebot und Annahme eines Umwandlungsvertrages, ergeben sich abweichend zum bisherigen Rechtsstand zusätzliche Kosten: Für das Angebot wird nunmehr eine 2,0-Gebühr KV-Nr. 21100 GNotKG (mindestens 120 EUR) erhoben. Für die Annahme fällt eine 0,5-Gebühr KV-Nr. 21101 Nr. 1 GNotKG (mindestens 30 EUR) an. Daher empfiehlt sich aus Kostengründen die einheitliche Beurkundung eines Verschmelzungsvertrages anstelle einer Sukzessivbeurkundung.

---

[204] Baumann/Sikora/*Hopp/Baumann*, Hand- und Formularbuch des Vereinsrechts, § 17 Rn. 187.
[205] OLG Düsseldorf 10 W 58/98, MittBayNot 1998, 464.
[206] BayObLG 3 Z BR 283/96, MittBayNot 1997, 252; OLG Düsseldorf 10 W 58/98, MittBayNot 1998, 464.
[207] *Notarkasse*, Streifzug durch das GNotKG, Rn. 1297.
[208] Korintenberg/*Tiedtke* § 107 GNotKG Rn. 41a.
[209] *Notarkasse*, Streifzug durch das GNotKG, Rn. 1184.
[210] *Notarkasse*, Streifzug durch das GNotKG, Rn. 1183.
[211] Korintenberg/*Tiedtke* § 107 GNotKG Rn. 41; *Notarkasse*, Streifzug durch das GNotKG, Rn. 1297a.
[212] Bei einer Ausgliederung aus dem Vermögen eines Einzelkaufmanns auf eine schon existierende GmbH handelt sich auch dann um einen Umwandlungsvertrag, wenn der Einzelkaufmann alleiniger Gesellschafter der GmbH ist, OLG Zweibrücken 3 W 62/99, MittBayNot 1999, 402.

63 Notariell zu beurkundende **Verzichts- oder Zustimmungserklärungen** (zB gemäß § 8 Abs. 3 UmwG im Hinblick auf den Umwandlungsbericht oder nach § 9 Abs. 3 UmwG auf den Prüfungsbericht) sind als einseitige rechtsgeschäftliche Erklärungen mit einer 1,0-Gebühr aus einem nach § 36 Abs. 1 GNotKG zu schätzenden Wert zu bewerten, wobei 10–20 % des Anteilswertes des betroffenen Anteilsinhabers angemessen erscheinen.[213] Bei Verschmelzung und Spaltung sind diese Erklärungen bei Aufnahme in dieselbe Umwandlungsurkunde gegenstandsgleich i. S. v. § 109 Abs. 1 GNotKG mit dem Vertrag bzw. Plan, da sie der Durchführung der Umwandlung dienen und in einem Abhängigkeitsverhältnis zu dem Umwandlungsvertrag bzw. -plan stehen. Deshalb kommt eine gesonderte Bewertung regelmäßig nicht in Betracht.[214] Werden die Verzichtserklärungen aus sachlichen oder persönlichen Gründen (zB zeitversetzte Beurkundung des Verschmelzungsvertrages und der Beschlüsse) in der Beschlussurkunde oder gesondert abgegeben, sind sie gesondert zu bewerten.[215] Erfolgt die getrennte Beurkundung ohne sachlichen Grund, wird regelmäßig eine unrichtige Sachbehandlung nach § 21 GNotKG vorliegen.[216] Beim Formwechsel hingegen sind die Verzichtserklärungen mangels rechtsgeschäftlicher Grundlage der Umwandlung gesondert zu bewerten, da Beschlüsse und Erklärungen nach § 110 Nr. 1 GNotKG stets verschiedene Beurkundungsgegenstände haben.

64 **Zustimmungsbeschlüsse** bei den beteiligten Rechtsträgern zu einem Umwandlungsvertrag oder -plan sind ebenso wie ein Formwechselbeschluss Beschlüsse mit bestimmtem Geldwert, wobei der Geschäftswert nach den vorgenannten Grundsätzen zu bestimmen ist. Wird bei einem übernehmenden Rechtsträger das Kapital erhöht oder werden sonstige Beschlüsse gefasst, so sind diese **hinzuzurechnen**. Zu erheben ist eine 2,0-Gebühr, höchstens jedoch aus einem Geschäftswert von 5 Mio. EUR (§ 108 Abs. 5 GNotKG, dh die Gebühr beträgt maximal 16.270 EUR). Werden die Zustimmungsbeschlüsse zu einem Umwandlungsvertrag in einer Urkunde zusammengefasst, betreffen sie denselben Gegenstand, § 109 Abs. 2 Nr. 4 lit. g) GNotKG. Zur Kosteneinsparung bietet sich dieses Verfahren bei einem identischen Anteilseignerkreis oder bei Mutter-Tochter-Verschmelzungen an.

65 Für die **Registeranmeldungen** gilt, dass es sich bei Verschmelzung und Spaltung zur Aufnahme um Anmeldungen ohne bestimmten Geldwert handelt, § 105 Abs. 2, Abs. 4 GNotKG eingreift. Bei einer Kapitalgesellschaft beträgt der Geschäftswert somit ein Prozent des Grund- oder Stammkapitals, mindestens aber 30.000 EUR. Der Nennbetrag einer evtl. Kapitalerhöhung ist diesem Wert hinzuzurechnen, § 105 Abs. 1 S. 1 Nr. 3 oder iVm § 35 Abs. 1 GNotKG, mindestens aber mit 30.000 EUR nach § 105 Abs. 1 S. 2 GNotKG. Bei einem neu entstehenden Rechtsträger, sei es durch Verschmelzung bzw. durch Spaltung zur Neugründung oder durch Formwechsel, ist der Geschäftswert gemäß § 105 Abs. 1 GNotKG (Kapitalgesellschaft oder Kommanditgesellschaft) bzw. nach § 105 Abs. 3 GNotKG (zB Personengesellschaft oder Genossenschaft) zu bestimmen. Nach § 92 Abs. 2 GNotKG i. V. m. Nr. 24102 KV fällt eine 0,5-Gebühr an, wenn der Notar die Registeranmeldung entwirft. Beglaubigt der Notar hingegen lediglich einen ihm vorgelegten Fremdentwurf, fällt lediglich eine 0,2-Gebühr nach KV-Nr. 25100 GNotKG, mindestens 20 EUR, höchstens 70 EUR an.

66 e) **Höchstwerte, Mehrheit von Umwandlungen.** Der Geschäftswert für Verträge nach dem Umwandlungsgesetz beträgt gemäß § 107 Abs. 1 GNotKG mindestens 30.000 EUR und höchstens 10 Mio. EUR, was bei zweiseitigen Verträgen zu einer Gebühr von maximal 22.770 EUR führt (Umwandlungsplan: 11.385 EUR). Diese **Wertbeschränkung** gilt auch für Personengesellschaften und Genossenschaften, nicht jedoch für die Einbringung eines Vermögensgegenstandes außerhalb des Umwandlungsgesetzes

---

[213] *Notarkasse*, Streifzug durch das GNotKG, Rn. 1309.
[214] *Notarkasse*, Streifzug durch das GNotKG, Rn. 1306.
[215] *Notarkasse*, Streifzug durch das GNotKG, Rn. 1307.
[216] OLG Zweibrücken 3 W 74/02, FGPrax 2002, 274.

durch Einzelübertragung, auch wenn dies der Gründung einer KG oder einem Vertrag nach dem UmwG wirtschaftlich gleichkommt[217].

Der **Höchstwert** ist bei mehreren zusammen beurkundeten Umwandlungsvorgängen mehrfach zum Ansatz zu bringen, da auch bei der Verschmelzung mehrerer Rechtsträger zu einer Rechtseinheit nicht ein einheitliches Rechtsverhältnis iSd § 86 Abs. 2 GNotKG vorliegt.[218] Die Abhängigkeit der einen Umwandlung von der anderen Umwandlung genügt nicht, da neben dem Abhängigkeitsverhältnis das eine Rechtsgeschäft auch dem anderen Rechtsgeschäft unmittelbar dienen muss.[219] Nach Addition darf aber der Höchstwert nach § 35 Abs. 2 GNotKG von 60 Mio. EUR nicht überschritten werden. Eine Zusammenbeurkundung stellt keine unrichtige Sachbehandlung dar, wenn die Umwandlungen auf denselben Rechtsträger erfolgen.[220]

Bei **Kettenumwandlungen**[221] bilden die Aktivvermögen der beteiligten Rechtsträger im Zeitpunkt der Beurkundung den Geschäftswert. Das Vermögen des Rechtsträgers A ist bei Beurkundung noch nicht auf den Rechtsträger B übergegangen. Veränderungen durch die erste Verschmelzung bzw. Spaltung bleiben daher bei den Wertberechnungen in der Kette unberücksichtigt.[222] Umgekehrt ergibt sich keine Reduzierung des Geschäftswerts daraus, dass durch die Verschmelzung verbundener Kapitalgesellschaften Forderungen im Innenverhältnis durch Konfusion erlöschen.[223]

Der Geschäftswert für **Beschlüsse von Gesellschaftsorganen** beträgt höchstens 5 Mio. EUR, § 108 Abs. 5 GNotKG (Höchstgebühr damit 16.270 EUR). Dies gilt auch, wenn mehrere Beschlüsse mit verschiedenem Gegenstand in einem Beurkundungsverfahren zusammengefasst werden.

Bei einer Mehrheit von Umwandlungsvorgängen, beispielsweise bei einer **Kettenverschmelzung**, ist strittig, ob der Höchstwert für sämtliche Beschlüsse aller in der Urkunde enthaltenen Umwandlungsvorgänge anwendbar ist, oder ob der Höchstwert für jede Verschmelzung gesondert gilt. Für den Ansatz insgesamt nur eines Höchstwerts spricht, dass der Wortlaut des § 108 Abs. 5 Hs. 2 GNotKG anders als § 109 Abs. 2 lit. g) GNotKG nicht auf denselben Beschlussgegenstand abstellt, sondern generell von Beschlüssen mit verschiedenem Gegenstand spricht. Nach zutreffender hM fällt der Höchstwert von 5 Mio. EUR daher unabhängig von der Zahl der Umwandlungsvorgänge an, denen in der Niederschrift zugestimmt wird.[224] Bei Zusammenfassung von mehreren gegenstandsverschieden Umwandlungsvorgängen führt dies zu einer unterschiedlichen Handhabung des Höchstwertes bei Verträgen einerseits (mehrfacher Ansatz) und Beschlüssen andererseits (einmaliger Ansatz).[225]

Für **Zustimmungserklärungen** zu einem Formwechsel beträgt die Höchstgebühr 1 Mio. EUR, § 98 Abs. 4 GNotKG. Der Höchstwert für **Registeranmeldungen** beträgt 1 Mio. EUR, § 106 GNotKG.

f) Ermäßigungen. Bei der Ausgliederung von Regie- und Eigenbetrieben der öffentlichen Hand nach §§ 168 ff. UmwG besteht die Möglichkeit der **Ermäßigung der**

---

[217] BayObLG 3Z BR 225/98, NZG 1999, 27.
[218] OLG Hamm 15 W 268/01, MittBayNot 2004, 68, 69; Bormann/Diehn/Sommerfeld/*Bormann* § 109 GNotKG Rn. 67; Korintenberg/*Diehn* § 109 GNotKG Rn. 226.
[219] *Notarkasse*, Streifzug durch das GNotKG, Rn. 1299; *Schmidt/Sikora/Tiedtke*, Rn. 3321.
[220] *Notarkasse*, Streifzug durch das GNotKG, Rn. 1299
[221] Zum Begriff → § 6 Rn. 48 ff.
[222] *Notarkasse*, Streifzug durch das GNotKG, Rn. 1300a.
[223] OLG Düsseldorf 10 W 58/98, NJW-RR 1999, 399.
[224] Korintenberg/*Tiedtke* § 108 GNotKG Rn. 86; *Notarkasse*, Streifzug durch das GNotKG, Rn. 1303, Rn. 1332; kritisch Bormann/Diehn/Sommerfeldt/*Bormann* § 109 GNotKG Rn. 67, der darauf hinweist, dass sich bei Zusammenbeurkundung der Beschlüsse zu mehreren gegenstandsverschiedenen Umwandlungsvorgängen die Frage nach einer missbräuchlichen Zusammenfassung gemäß § 93 Abs. 2 S. 1 GNotKG sich regelmäßig in besonderer Schärfe stelle.
[225] Hauschild/Kallrath/Wachter/*Weiler*, § 25 Rn. 96.

§ 70 73–76   6. Kapitel. Weitere Besonderheiten

Gebühren nach § 91 GNotKG, soweit es sich bei dem ausgegliederten Regie- oder Eigenbetrieb nicht um ein wirtschaftliches Unternehmen handelt. Dies wird angenommen etwa bei der Ausgliederung von Altenheimen oder Tierkörperbeseitigungsanlagen. Gebühren sind hingegen nicht zu ermäßigen bei der Ausgliederung von Verkehrsbetrieben, Parkhäusern, eines Krankenhauses oder aus dem Vermögen der Stadtwerke.[226] Auch für den Formwechsel einer nach dem Haushaltsplan des Bundes oder eines Landes für Rechnung des Bundes oder eines Landes verwalteten Körperschaft oder Anstalt iSd § 91 Abs. 1 S. 1 Nr. 1 GNotKG, kann bei einer Ausgliederung nach §§ 301 ff. UmwG eine Gebührenermäßigung in Frage kommen.[227]

2. Einzelne Umwandlungsmaßnahmen

73   a) **Verschmelzung.** Der **Verschmelzungsvertrag gegen Aufnahme** ist ein Austauschvertrag nach § 97 Abs. 3 GNotKG, sodass die Summe der Aktiva gemäß der Verschmelzungsbilanz mit dem Wert der den Berechtigten des übertragenden Rechtsträger gewährten Gegenleistungen (Gesellschafts- /Mitgliedschaftsrechte oder etwa Aktien am Vermögen des aufnehmenden Rechtsträger) zu vergleichen ist.[228] Ist die Gegenleistung ausnahmsweise höher, ist diese als Geschäftswert maßgeblich. Erfolgt hingegen die Verschmelzung ohne Gegenleistungen, ist der Wert des übertragenen Vermögens maßgeblich, § 97 Abs. 1 GNotKG.[229] Das Aktivvermögen ist auch dann maßgebend, wenn zwischen den verschmelzenden Rechtsträgern ein Treuhandverhältnis besteht, wonach der übertragende Rechtsträger die Beteiligung an einer Gesellschaft im Auftrag und für Rechnung des übernehmenden Rechtsträgers hält.[230] Bei einer **Mutter-Tochter-Verschmelzung** ergibt sich bei der Festsetzung des Geschäftswerts keine Reduzierung daraus, dass durch die Verschmelzung Forderungen zwischen den Rechtsträgern durch Konfusion erlöschen.[231]

74   Diese Bewertungsgrundsätze gelten auch bei Verschmelzungen von **Vereinen**[232] und bei der Verschmelzung einer Kapitalgesellschaft auf ihren **Alleingesellschafter**.[233]

75   Ein Austauschvertrag nach § 97 Abs. 3 GNotKG liegt auch bei einer **Verschmelzung zur Neugründung** vor. Der Aktivwert des Vermögens des übertragenden Rechtsträgers ist dem Wert des neugegründeten Rechtsträgers gegenüber zu stellen. Verbindlichkeiten sind nicht abzuziehen, § 38 GNotKG. Der höhere Wert ist als Geschäftswert maßgebend.[234] Die Festlegung der Satzung des neuerrichteten Rechtsträgers ist derselbe Beurkundungsgegenstand mit dem Verschmelzungsvertrag, da ein Abhängigkeitsverhältnis vorliegt und die Satzung unmittelbar der Neugründung dient, § 109 Abs. 1 GNotKG.[235] Zusätzlich ist der Beschluss über die Bestellung der Geschäftsführungsorgane des neu gegründeten Rechtsträger zu bewerten.

76   b) **Spaltung.** Der Geschäftswert bei einer **Spaltung zur Aufnahme** ist wie bei einer Verschmelzung zur Aufnahme zu bestimmen. Es handelt sich um einen Austauschvertrag nach § 97 Abs. 3 GNotKG, soweit den Anteilsinhabern des übertragenden Rechtsträgers Anteilsrechte gewährt werden.[236] Maßgebend ist der Aktivwert des übergehenden Vermögens ohne Abzug von Verbindlichkeiten, § 38 GNotKG, soweit nicht im Einzelfall der

---

[226] *Notarkasse*, Streifzug durch das GNotKG, Rn 1341 mwN.
[227] *Notarkasse*, Streifzug durch das GNotKG, Rn. 1353.
[228] BayObLG BReg 3Z 144/74, DNotZ 1975, 676; BayObLG 3Z BR 83/92, DNotZ 1993, 273; Korinthenberg/*Tiedtke* § 107 GNotKG Rn. 41.
[229] BayObLG 3Z BR 19/99, NZG 1999, 894.
[230] OLG Karlsruhe 11 Wx 59/00, NJW-RR 2002, 321; Korintenberg/*Tiedtke* § 107 GNotKG Rn. 41 mwN.
[231] OLG Düsseldorf, 10 W 58/98 NJW-RR 1999, 399.
[232] LG Dresden 3 T 964/05, NZG 2008, 353.
[233] *Schmidt/Sikora/Tiedtke*, Rn. 3313.
[234] BayObLG BReg 3 Z 144/74, DNotZ 1975, 676.
[235] *Notarkasse*, Streifzug durch das GNotKG, Rn. 1296.
[236] BayObLG 3Z BR 145/96, NJW-RR 1997, 255.

Wert der Gegenleistungen höher ist. Bei einer Spaltung ohne Gegenleistungen richtet sich der Wert lediglich nach dem Wert des übergehenden Aktivvermögens ohne Schuldenabzug, § 97 Abs. 1 GNotKG. Grundlage ist die für den Spaltungs- und Übernahmevertrag maßgebliche Bilanz.[237] Bei einer **Spaltung zur Neugründung** ist die Errichtung des neuen Rechtsträgers Bestandteil des Spaltungsplans und kostenrechtlich daher kein eigenständiger Vorgang. Der Geschäftswert ist nach § 97 Abs. 1 GNotKG mit dem Aktivwert des übergehenden Vermögens festzusetzen.[238]

Bei der **Spaltung von Gesellschaftsbeteiligungen** ist nicht deren in der Bilanz enthaltender Buchwert maßgeblich, sondern der kostenrechtlich nach §§ 54, 38, 107 Abs. 2 GNotKG zu bestimmende Wert. Der Wert eines Kommanditanteils, eines Geschäftsanteils an einer GmbH bzw. von Aktien einer AG, die nicht überwiegend vermögensverwaltend tätig ist, ist nach der Quote am Eigenkapital der Gesellschaft nach § 266 Abs. 3 HGB zu bestimmen, § 54 S. 1 GNotKG. Handelt es sich bei der Kapitalgesellschaft hingegen um eine überwiegend vermögensverwaltende Gesellschaft, insbesondere eine Immobilienverwaltungs-, Objekt-, Holding-, Besitz- oder sonstige Beteiligungsgesellschaft, ist gemäß § 54 S. 3 GNotKG der auf den jeweiligen Anteil entfallende Wert des Vermögens maßgebend. Belastungen des Gesellschaftsanteils werden nicht in Abzug gebracht, § 38 GNotKG.[239] Der Wert der Beteiligung eines persönlich haftenden Gesellschafters (bei KG, oHG, BGB-Gesellschaft) ist hingegen nach der Quote am Vermögen der Gesellschaft zu bestimmen, § 97 Abs. 1 GNotKG, wobei Verbindlichkeiten der Gesellschaft bei der Berechnung des Gesellschaftsanteils nicht abgezogen werden dürfen.[240] 77

Hinsichtlich der **Gebührensätze**[241] und **Höchstwerte**[242] kann auf die vorstehenden allgemeinen Ausführungen verwiesen werden. Die Ausgliederung aus dem Vermögen eines Einzelkaufmanns auf eine bereits bestehende GmbH ist ebenfalls als Vertrag mit einer 2,0-Gebühr nach KV-Nr. 21100 GNotKG zu behandeln, wenn der Einzelkaufmann alleiniger Gesellschafter der GmbH ist.[243] Erfolgt hingegen die Ausgliederung auf eine GmbH zur Neugründung ist dies ein einseitiger Spaltungsvorgang, der mit einer 1,0-Gebühr nach KV-Nr. 21200 GNotKG zu bewerten ist. Bei der Zusammenbeurkundung mehrerer Spaltungsvorgänge in einer Urkunde liegen verschiedene Beurkundungsgegenstände vor. Die Geschäftswerte der jeweiligen Spaltung sind zusammenzurechnen.[244] 78

Geschäftswert der **Zustimmungsbeschlüsse** zur Spaltung ist der Wert des übergehenden Aktivvermögens, § 108 Abs. 2, 3 S. 2 GNotKG. Bei einer Spaltung zur Aufnahme gegen Kapitalerhöhung ist der Nennbetrag der Erhöhung hinzuzurechnen, weil ein verschiedener Gegenstand vorliegt. Der Mindestwert beträgt 30.000 EUR, § 108 Abs. 1 S. 2 GNotKG iVm § 105 Abs. 1 GNotKG. Die Gründung eines neuen Rechtsträger im Rahmen einer Spaltung zur Neugründung ist hingegen nicht zusätzlich zu bewerten. Zum Geschäftswert ist jedoch die Bestellung eines Geschäftsführungsorgans hinzurechnen; der Geschäftswert ergibt sich aus § 108 Abs. 1 GNotKG iVm § 105 Abs. 4, 6 GNotKG. Wird beim übertragenden Rechtsträger eine Kapitalherabsetzung beschlossen, ist dieser Beschluss gegenstandsverschieden zum Zustimmungsbeschluss. Geschäftswert ist der Nennbetrag der Kapitalherabsetzung (mindestens 30.000 EUR, § 108 Abs. 1 S. 2 GNotKG iVm § 105 Abs. 1 GNotKG). Die Werte des Zustimmungsbeschlusses und der Kapitalherabsetzung 79

---

[237] BayObLG 3Z BR 145/96, NJW-RR 1997, 255; Korintenberg/*Tiedtke* § 107 GNotKG Rn. 48.
[238] *Diehn*, Rn. 1523.
[239] Korintenberg/*Tiedtke* § 107 GNotKG Rn. 48; *Notarkasse*, Streifzug durch das GNotKG, Rn. 1323a.
[240] Korintenberg/*Tiedtke* § 107 GNotKG Rn. 50; *Notarkasse*, Streifzug durch das GNotKG, Rn. 1323b.
[241] → Rn. 61.
[242] → Rn. 66 ff.
[243] OLG Zweibrücken 3 W 62/99, MittBayNot 1999, 402.
[244] *Notarkasse*, Streifzug durch das GNotKG, Rn. 1329.

sind zusammenzurechnen, § 35 Abs. 1 GNotKG.[245] Bei der Zusammenbeurkundung mehrerer Zustimmungsbeschlüsse zu einem einheitlichen Spaltungsvorgang liegt derselbe Gegenstand nach § 109 Abs. 2 lit. g) GNotKG vor. Werden hingegen mehrere Zustimmungsbeschlüsse zu rechtlich selbständigen Spaltungen in einer Urkunde zusammengefasst, handelt es sich um zueinander gegenstandsverschiedene Beschlüsse; die Geschäftswerte der einzelnen Zustimmungsbeschlüsse sind zusammenzurechnen, § 35 Abs. 1 GNotKG. Der Geschäftswert beträgt jedoch insgesamt höchstens 5 Mio. EUR, § 108 Abs. 5 GNotKG.

80 **Verzichtserklärungen** und **Zustimmungserklärungen** (→ Rn. 63) sind ebenfalls nach den allgemeinen Grundsätzen zu bewerten. Für Registeranmeldungen gelten die Ausführungen zur Anmeldung einer Verschmelzung entsprechend. Wird bei einer Abspaltung beim übertragenden Rechtsträger gleichzeitig eine Kapitalherabsetzung angemeldet, liegen gegenstandsverschiedene Anmeldungen vor. Der Nennbetrag der Kapitalherabsetzung (mindestens 30.000 EUR, § 105 Abs. 1 S. 2 GNotKG) ist dem Wert für die Anmeldung der Spaltung hinzuzurechnen, § 35 Abs. 1 GNotKG.[246]

81 c) **Formwechsel.** Ein Formwechselbeschluss ist ein Beschluss mit einem **bestimmten Geldwert**. Als Geschäftswert ist das Aktivvermögen des formwechselnden Rechtsträgers maßgeblich, § 108 Abs. 3 GNotKG. Ein Schuldenabzug erfolgt nicht, § 38 GNotKG. Maßgeblich ist die dem Formwechsel zugrundeliegende **Bilanz**. Es gelten die vorstehenden Ausführungen zu Abzugs- und Hinzurechnungsposten der Bilanz.[247] Die Wertbestimmung gilt gleichermaßen für den Formwechsel eines rechtsfähigen Vereins oder einer eingetragenen Genossenschaft.[248] Der Gesellschaftsvertrag des formwechselnden Rechtsträgers in der neuen Rechtsform und der Formwechselbeschluss sind derselbe Beurkundungsgegenstand nach § 86 Abs. 1 GNotKG, sodass der Entwurf mit den Gebühren des Beurkundungsverfahrens für den Formwechsel abgegolten ist.[249]

82 **Verzichtserklärungen** und **Zustimmungserklärungen** (→ Rn. 63) nach dem UmwG sind als rechtsgeschäftliche Erklärungen zum Formwechselbeschluss verschiedene Beurkundungsgegenstände und daher gesondert zu bewerten, § 110 Nr. 1 GNotKG. Zu erheben ist eine 1,0-Gebühr nach KV-Nr. 21200 GNotKG. Werden Verzichts- und Zustimmungserklärungen in einer Urkunde zusammen aufgenommen, liegt zwischen diesen derselbe Gegenstand nach § 109 Abs. 1 GNotKG vor. Der Geschäftswert für Verzichtserklärungen ist ein geringer Teilwert nach § 36 Abs. 1 GNotKG aus dem Anteil des Verzichtenden am Vermögen des formwechselnden Rechtsträgers. Für Zustimmungserklärungen bestimmt sich der Geschäftswert nach § 98 Abs. 1, 2 GNotKG nach der Hälfte des Geschäftswerts des zugrundeliegenden Geschäfts. Bei einer Mitberechtigung ermäßigt sich dieser Wert auf den Bruchteil der Berechtigung, der dem Anteil des Anteilsinhabers am Vermögen des formwechselnden Rechtsträgers entspricht. Zwischen den Gebühren für den Beschluss und für die Verzichtserklärung ist wegen des unterschiedlichen Gebührensatzes eine Vergleichsberechnung durchzuführen, § 94 Abs. 1 GNotKG.[250] Der Geschäftswert beträgt höchstens 1 Mio. EUR, § 98 Abs. 4 GNotKG.

83 Für die **Registeranmeldung** eines Formwechsels nach § 198 Abs. 1 UmwG ist Geschäftswert der für die erstmalige Anmeldung maßgebliche Wert des neuen Rechtsträgers, § 105 Abs. 1, 3 GNotKG. Bei einer Kapitalgesellschaft ist dieser das einzutragende Stamm- bzw. Grundkapital, ggf. unter Hinzurechnung eines genehmigten Kapitals, mindestens jedoch 30.000 EUR. Bei einer KG bemisst sich der Geschäftswert nach der Summe der Kommanditeinlagen unter Hinzurechnung eines Betrags von 30.000 EUR für den ersten

---

[245] Korintenberg/*Tiedtke* § 107 GNotKG Rn. 50; *Notarkasse*, Streifzug durch das GNotKG, Rn. 1331.
[246] *Notarkasse*, Streifzug durch das GNotKG, Rn. 1335.
[247] → Rn. 59 ff.
[248] *Notarkasse*, Streifzug durch das GNotKG, Rn. 1345.
[249] *Diehn* Rn. 1541.
[250] Vgl. Korintenberg/*Tiedtke* § 94 GNotKG Rn. 14 ff.

und 15.000 EUR für jeden weiteren persönlich haftenden Gesellschafter. Bei einer OHG beträgt der Geschäftswert 45.000 EUR bei zwei Gesellschaftern; für den dritten und jeden weiteren Gesellschafter erhöht sich der Geschäftswert um jeweils 15.000 EUR. Dies gilt gleichermaßen bei der erstmaligen Anmeldung eines bisher nicht im Handelsregister eingetragenen Rechtsträgers nach § 198 Abs. 2 S. 1 UmwG. Im Falle einer zusätzlich erforderlichen Anmeldung des Formwechsels nach § 198 Abs. 2 S. 2ff. UmwG[251] handelt es sich um eine Anmeldung ohne bestimmten Geldwert. Der Geschäftswert ist nach § 105 Abs. 4 GNotKG zu bestimmen.[252] Hinsichtlich des Gebührensatzes kann auf die allgemeinen Ausführungen verwiesen werden.

Aufgrund des Formwechsels notwendige **berichtigende Anmeldungen** zu Registern **84** von Personenhandelsgesellschaften, an denen der formwechselnde Rechtsträger beteiligt ist, stellen Anmeldungen ohne einen bestimmten Geldwert dar. Da die Identität des formwechselnden Rechtsträgers gewahrt bleibt, liegt eine Anmeldung ohne wirtschaftliche Bedeutung vor, § 105 Abs. 5 GNotKG (Geschäftswert 5.000 EUR).

d) **Vermögensübertragung.** Für Vermögensübertragen im Falle einer **Vollübertra-** **85** **gung** nach § 176 UmwG gelten die kostenrechtlichen Ausführungen zu Verschmelzungen (→ Rn. 73 ff.) entsprechend. Bei einer **Teilübertragung** nach § 177 UmwG kann auf die Erläuterungen zur Spaltung (→ Rn. 76 ff.) verwiesen werden. Auch bei einer Vermögensübertragung gilt der Höchstwert von 10 Mio. EUR. Dies gilt auch bei der Übertragung des Versicherungsbestandes zwischen zwei Versicherungsunternehmen nach § 14 VAG, wenn es sich um eine Vermögensübertragung nach § 174 UmwG handelt. Für Vermögensübertragungen außerhalb des Umwandlungsgesetzes gilt die Höchstwertvorschrift nicht.[253]

e) **Besonderheiten bei grenzüberschreitenden Umwandlungen.** Bei grenzüber- **86** schreitenden Verschmelzungen tritt an die Stelle des Verschmelzungsvertrags der gemeinsame **Verschmelzungsplan** nach § 122c UmwG, der von den Vertretungsorganen der beteiligten Rechtsträger gemeinsam aufzustellen ist. Unabhängig davon, ob eine Verschmelzung zur Aufnahme oder Neugründung erfolgt, liegt in beiden Fällen eine übertragende Verschmelzung vor. Nach allgemeiner Ansicht handelt es sich rechtsdogmatisch um einen gesellschaftsrechtlichen Organisationsakt und nicht lediglich um einen einseitigen Rechtsakt.[254] Die Beurkundung eines Verschmelzungsplans löst daher eine 2,0-Gebühr nach KV-Nr. 21100 GNotKG aus.[255] Der Geschäftswert bemisst sich (mangels Gewährung höherwertiger Gegenleistungen) ebenfalls nach dem Aktivvermögen des übertragenden Rechtsträgers ohne Schuldenabzug. Darüber hinaus ergeben sich keine Besonderheiten gegenüber der kostenrechtlichen Behandlung bei inländischen Verschmelzungen. Dies gilt gleichermaßen bei der Beurkundung anderer grenzüberschreitender Umwandlungen, wie grenzüberschreitender Spaltungen oder Formwechsel.

Soweit der Notar eine **Verschmelzungsbescheinigung** nach § 122k Abs. 2 S. 1 **87** UmwG erteilt,[256] liegt ein Vollzug in besonderen Fällen vor, der wegen des höheren Aufwands infolge des internationalen Bezugs eine 1,0 Vollzugsgebühr nach Vorbemerkung 2.2.1.2 KV GNotKG auslöst.[257]

3. Nebentätigkeiten

Mit der Beurkundungsgebühr sind die Amtstätigkeiten des Notars einschließlich der **88** damit verbundenen Prüfungs- und Belehrungspflichten abgegolten. Für einzelne Tätig-

---

[251] → § 35 Rn. 8 ff.
[252] *Notarkasse,* Streifzug durch das GNotKG, Rn. 1353g.
[253] *Notarkasse,* Streifzug durch das GNotKG, Rn. 1343.
[254] → § 18 Rn. 66.
[255] Korintenberg/*Tiedtke,* § 107 GNotKG Rn. 46; Limmer/*Tiedtke,* Unternehmensumwandlung, Teil 8 Rn. 53; Bormann/Diehn/Sommerfeldt/*Bormann* § 107 GNotKG Rn. 35.
[256] → Rn. 49.
[257] Korintenberg/*Tiedtke* Vorbem. 2.2.1.2 KV GNotKG Rn. 5; Bormann/Diehn/Sommerfeldt/ *Diehn* Vorbem. 2.2.1.2 KV GNotKG Rn. 9.

keiten im Zusammenhang mit dem Vollzug und der Betreuung der Beteiligten, sieht das GNotKG neben den Gebühren für das Beurkundungsverfahren gesonderte Gebühren nach §§ 112, 113 GNotKG vor. Bei Umwandlungen betrifft dies etwa den Entwurf notwendiger Gesellschafterlisten, die Einholung von Genehmigungserklärungen bzw. Vollmachtsbestätigungen nicht erschienener Beteiligter, die Ermittlung des Inhalts ausländischer Register, Tätigkeiten unter Beteiligung eines ausländischen Gerichts oder die Erstellung der XML-Strukturdaten für den Registervollzug.[258] Der Geschäftswert bestimmt sich dabei nach dem Wert des zugrundeliegenden Beurkundungsverfahrens. Zu erheben ist eine 0,3 – 0,5 **Vollzugsgebühr** nach KV-Nr. 22110 ff. GNotKG, zum Teil beschränkt auf eine Höchstgebühr in Höhe von 50 EUR bzw. 250 EUR[259]. Beim Vollzug von Registeranmeldungen, die nicht der Notar vorbereitet hat (sog. **Fremdentwurf**), fällt eine erhöhte 0,6 Vollzugsgebühr nach KV-Nr. 22125 GNotKG an. Eine **Betreuungsgebühr** fällt hingegen bei der auftragsgemäßen Überwachung von Auflagen oder Weisungen der Beteiligten an, etwa für Vorlagesperren bei Grundbuchberichtigungen oder Einzahlungsversicherungen der Geschäftsführer.[260] Für die Erteilung der **bescheinigten Gesellschafterliste** nach § 40 Abs. 2 GmbHG, aufgrund Wirksamwerden einer Kapitalerhöhung oder Kapitalherabsetzung, fällt keine Betreuungsgebühr an, da die Kapitalerhöhung aufgrund des Vollzugs im Handelsregister erfolgt, die der Notar ohnehin zu überwachen hat.[261]

89 Soweit der Notar Verschmelzungs- oder Prüfungsberichte im Rahmen einer Umwandlung erstellt, ist eine gesonderte **Entwurfsgebühr** nach KV-Nr. 24101 GNotKG zu erheben. Je nach Umfang der Leistung ist eine Gebühr innerhalb des **Gebührenrahmens** von 0,3 bis 1,0 zu erheben; bei vollständiger Entwurfserstellung ist die Höchstgebühr zu berechnen, § 92 Abs. 2 GNotKG. Der Geschäftswert bemisst sich nach § 36 Abs. 1 GNotKG aus einem Teilwert des zu übertragenden Aktivvermögens. Teilwerte von 20–30 % erscheinen dabei angemessen. Beschränkt sich die notarielle Tätigkeit auf die Beratung bei der Erstellung der Berichte kommt eine **Beratungsgebühr** nach KV-Nr. 24201 GNotKG in Betracht, da der Bericht nicht Gegenstand des Beurkundungsverfahrens ist.[262] Der Gebührenrahmen ist zwischen einer 0,3- bis 0,5-Gebühr. Dies gilt entsprechend für die Mitwirkung am Zuleitungsschreiben samt Entwurf der Bestätigung bzw. Verzichtserklärungen für den Betriebsrat. Der Geschäftswert ist hier nach billigem Ermessen zu bestimmen, § 36 Abs. 1 GNotKG.[263]

90 Von kostenrechtlicher Relevanz sind schließlich Anträge auf **Grundbuchberichtigung**. Bei Mitbeurkundung des Berichtigungsantrags im Rahmen eines Umwandlungsvertrages oder -plans liegt Gegenstandsgleichheit vor, da die Berichtigung der Durchführung der Umwandlung dient, § 109 Abs. 1 GNotKG. Eine zusätzliche Bewertung kommt nur in Betracht, wenn der Antrag aus sachlichen Gründen getrennt gestellt wird, zB weil bei Beurkundung des Umwandlungsvertrages der übergehende Grundbesitz noch nicht endgültig feststeht. Der Geschäftswert ist nach dem vollen Wert des Grundbesitzes festzusetzen, § 46 GNotKG, da ein Eigentumswechsel auf einen neuen Rechtsträger vorliegt.[264] Nach KV-Nr. 21201 Nr. 4 fällt eine 0,5-Gebühr an. Bei einem Form-

---

[258] Siehe Vorbem. 2.2.1.1. KV GNotKG; *Notarkasse*, Streifzug durch das GNotKG, Rn. 1396 ff.

[259] Für die Erstellung von Gesellschafter- oder Übernehmerlisten ist die Vollzugsgebühr nach KV-Nr. 22213 GNotKG auf einen Höchstbetrag 250 EUR je Liste beschränkt. Für die Erstellung der für den Registervollzug notwendigen XML-Strukturdaten fällt ebenfalls eine beschränkte Vollzugsgebühr nach KV-Nr. 22114 GNotKG von höchstens 250 EUR je Registeranmeldung an.

[260] *Notarkasse*, Streifzug durch das GNotKG, Rn. 1405 f.

[261] Es liegt keine Prüfung von Umständen außerhalb der Urkunde vor. Korintenberg/*Tiedtke* KV-Nr. 22200 GNotKG Rn. 33; *Notarkasse*, Streifzug durch das GNotKG, Rn. 1147a ff., aA Bormann/Diehn/Sommerfeldt/*Bormann* KV-Nr. 22200 GNotKG Rn. 6; *Diehn*, Rn. 1256, 1515, 1531;

[262] *Notarkasse*, Streifzug durch das GNotKG, Rn. 1409 ff.

[263] *Notarkasse*, Streifzug durch das GNotKG, Rn. 1410a.

[264] *Notarkasse*, Streifzug durch das GNotKG, Rn. 1358 ff.

wechsel ist der Antrag hingegen stets zu bewerten, da Beschlüsse von Organen von Vereinigungen und Erklärungen immer verschiedene Beurkundungsgegenstände haben, § 110 Nr. 1 GNotKG.[265] Wegen der Wahrung der Identität des Rechtsträgers ist beim Formwechsel die Annahme eines Geschäftswerts von 10–30 % des Wertes des Grundbesitzes angemessen.[266]

4. Verpflichtung zu Umwandlungsmaßnahmen

Plant eine Gesellschaft eine Umwandlung und sind hierzu im Vorfeld Kapitalmaßnahmen oder Gesellschafterwechsel geplant, werden häufig im Vorgriff der Umwandlung vorvertragliche Vereinbarungen getroffen.[267] Kostenrechtlich ist dabei zwischen der Verpflichtung zur **konkreten Umwandlung** und den **sonstigen Vereinbarungen** im Vorfeld der Umwandlung zu unterscheiden. Die Verpflichtung, einer Umwandlung im Beschlusswege zuzustimmen, ist eine Vereinbarung, für die die Grundsätze der BGB-Gesellschaft anzuwenden sind. Dies gilt unabhängig, ob eine Verpflichtung zu einem Formwechsel, einer Verschmelzung oder Spaltung begründet wird. Die Bewertung hat daher nach den kostenrechtlichen Grundsätzen für gesellschaftsrechtliche Verträge zu erfolgen.[268] Geschäftswert ist der Wert des Aktivvermögens des betroffenen Rechtsträgers, höchstens jedoch 10 Mio. EUR nach § 107 Abs. 1 GNotKG.[269] Mit diesem Wert sind auch alle damit zusammenhängenden Verpflichtungen der Rechtsträger enthalten, wie z. B. die Zustimmungspflicht, die Verpflichtung zur Abgabe von Verzichtserklärungen oder der Verzicht auf eine Anfechtung.[270] **Vorgelagerte Verpflichtungen**, wie eine Verpflichtung zum Ausscheiden eines Gesellschafters oder Einlageverpflichtungen betreffen einen verschiedenen Gegenstand gemäß § 86 Abs. 2 GNotKG und sind daher nach § 97 Abs. 1 GNotKG, bei Austauschverhältnisses nach § 97 Abs. 3 GNotKG, gesondert zu bewerten. Der Geschäftswert bestimmt sich nach dem Wert des jeweiligen Gesellschaftsanteils bzw. dem Betrag der Einlageverpflichtung. Die Höchstwertbegrenzung nach § 107 Abs. 1 GNotKG ist nicht anwendbar, da es sich insoweit nicht um einen Gesellschaftsvertrag handelt.[271]

5. Rechtsmittel

Die Erhebung von Notargebühren kann im Rahmen eines Antrags auf gerichtliche Entscheidung überprüft werden, § 127 Abs. 1 GNotKG.[272] Der Antrag kann beim zuständigen Landgericht oder beim Notar gestellt werden. Das Recht auf gerichtliche Kostenprüfung ist grundsätzlich zeitlich nicht befristet.[273] Ein Anwaltszwang besteht nicht. Rechtsmittel können zum OLG und zum BGH eingelegt werden, § 129 GNotKG. Im Übrigen werden Notarkosten im Rahmen der Amtsprüfung durch die Aufsichtsbehörden regelmäßig geprüft, § 93 Abs. 2 BNotO.[274] Die Aufsichtsbehörde kann den Notar anweisen, eine Entscheidung des Landgerichts über die Kosten herbeizuführen, § 130 Abs. 2 GNotKG.

---

[265] *Notarkasse*, Streifzug durch das GNotKG, Rn. 1357.
[266] BayObLG 3 Z BR 93/95, MittBayNot 1995, 325; OLG München 34 Wx 522/11, ZNotP 2012, 478.
[267] Zur Beurkundungsbedürftigkeit solcher Vereinbarungen → Rn. 8.
[268] Limmer/Tiedtke, Unternehmensumwandlung Teil 8 Rn. 97.
[269] Korintenberg/Tiedtke, § 107 GNotKG Rn. 73.
[270] *Schmidt/Sikora/Tiedtke*, Rn. 3426.
[271] *Schmidt/Sikora/Tiedtke*, Rn. 3425.
[272] Ausführlich zu Rechtsmitteln Korintenberg/*Sikora* § 127 GNotKG Rn. 1 ff.; *Notarkasse*, Streifzug durch das GNotKG, Rn. 1886 ff.
[273] Korintenberg/*Sikora* § 127 GNotKG Rn. 23 ff.
[274] Im Bereich der Notarkassen wird die Kostenprüfung von diesen übernommen, § 113 Abs. 17 S. 9 f. iVm § 93 Abs. 3 S. 4 BNotO.

III. Gerichtskosten

1. Registergebühren

93 Die Eintragungsgebühren für Umwandlungsvorgänge bei Gericht richten sich nach der **HRegGebV** iVm § 58 GNotKG.[275] Die Gebühren werden nicht (mehr) wertbezogen, sondern aufwandsbezogen erhoben. Kernstück der Rechtsverordnung ist das nach § 1 HRegGebV als Anlage beigefügte **Gebührenverzeichnis**, das abschließend sämtliche Gebühren für Eintragungen in das Handels-, das Partnerschafts- und das Genossenschaftsregister für die Entgegennahme, Aufbewahrung und Prüfung der zu den Registern einzureichenden Unterlagen und für die Bekanntmachung von Verträgen und Vertragsentwürfen nach dem UmwG regelt. Eintragungsgebühren im Vereinsregister sind in KV-Nrn. 13100 f. GNotKG geregelt. Die Bemessung folgt den Grundsätzen der Entscheidungen des EuGH[276] zur gemeinschaftsrechtskonformen Berechnung für Eintragungsgebühren. Die aufwandsbezogenen Gebühren sind im Vergleich zum Umfang der registergerichtlichen Tätigkeit niedrig bemessen.[277]

94 Die Gebühren für die Eintragung der Umwandlung (Umwandlungsgebühr) fallen für jeden Rechtsträger an und ergeben sich aus dem Gebührenverzeichnis. Danach fallen für die **Eintragung** einer Umwandlung im Handelsregister A grundsätzlich[278] zwischen 150 EUR (Ersteintragung Einzelkaufmann aufgrund Umwandlung) und 180 EUR (Ersteintragung Gesellschaft aufgrund Umwandlung oder spätere Eintragung) an. Die Gebühren für Eintragungen von Umwandlungen im Handelsregister B (Kapitalgesellschaften) betragen 240 EUR für eine spätere Eintragung, 260 EUR für die Ersteintragung einer GmbH aufgrund Umwandlung und 660 EUR für die Ersteintragung einer Aktiengesellschaft oder KGaA aufgrund Umwandlung.[279] Für eine Kapitalerhöhung zum Zwecke einer Umwandlung fallen gesonderte Gebühren von 210 EUR (GmbH) bzw. 270 EUR (AG oder KGaA) an. Für die Entgegennahme und Bekanntmachung von Verträgen, eines Verschmelzungsplans oder entsprechender Entwürfe gemäß §§ 61 S. 2, 63 Abs. 3 S. 2 UmwG ist eine Gebühr von 50 EUR vom Registergericht zu erheben. Eintragungen im **Genossenschaftsregister** kosten zwischen 360 EUR (bei Ersteintragung) bzw. 300 EUR (bei späterer Eintragung). Die Kosten für Eintragungen im **Vereinsregister** betragen bei einer Ersteintragung eines Vereins 75 EUR, KV-Nr. 13100 GNotKG, im Übrigen 50 EUR nach KV-Nr. 13101 GNotKG. Eine zusätzliche „Löschungsgebühr" fällt für die Eintragung des Erlöschens aufgrund einer Verschmelzung oder Aufspaltung in das Register eines übertragenden Rechtsträgers neben der Umwandlungsgebühr nicht an.[280] Der Vermerk über das Wirksamwerden der Verschmelzung (§ 19 Abs. 2 Satz 2 UmwG) ist kostenfrei. Auslagen für Bekanntmachungen im elektronischen Kommunikations- und Informationssystem[281] werden nicht mehr erhoben, KV-Nr. 31004 GNotKG.

2. Grundbuchgebühren

95 Infolge einer Umwandlung sind regelmäßig die Grundbücher des übertragenden Rechtsträgers zu berichtigen. Im Falle der Berichtigung aufgrund einer Gesamtrechtsnachfolge durch Verschmelzung oder Spaltung fällt eine 1,0-Gebühr für die Berichtigung des Grundbuchs nach KV-Nr. 14110 GNotKG an. Geschäftswert ist der Wert des betroffenen Grund-

---

[275] HRegGebV v. 30.9.2004, BGBl. I, S. 2562.

[276] Vgl. etwa EuGH C-56/98, DNotZ 1999, 936 – Modelo m. Anm. *Görk*.

[277] Zur Anpassung im Jahr 2010 aufgrund einer stichprobenartigen Aufwandskontrolle, vgl. Korintenberg/*Thamke* § 58 GNotKG Rn. 28.

[278] Bei der Ersteintragung einer Gesellschaft mit mehr als drei Gesellschaftern entstehen zusätzliche Kosten i. H. v. € 70 pro weiterem Gesellschafter, vgl. GebVerz. Nr. 1104 f.

[279] Überblick bei Limmer/*Tiedtke*, Unternehmensumwandlung, Teil 8 Rn. 138.

[280] Vgl. jeweils Vorbem. (4) im GebVerz. Teil 1 bis 3. Für Vereine ergibt sich dies aus KV-Nr. 13101 GNotKG Anm. 3.

[281] Siehe etwa www.handelsregisterbekanntmachungen.de.

stücks. Die Erhebung solcher Grundbuchgebühren als Folge der Gesamtrechtsnachfolge ist rechtmäßig.[282] Ändert sich aufgrund eines Formwechsels lediglich die Firma, nicht jedoch die Identität des Eigentümers, so liegt kein Eigentumswechsel vor. Die Berichtigung im Grundbuch erfolgt kostenfrei.[283]

IV. Sonstige Kosten

Im Zusammenhang mit Umwandlungen fallen neben den Notar- und Registergebühren regelmäßig weitere Kosten für **sonstige Beratungstätigkeiten** an. Dies umfasst anwaltliche und steuerliche Beratungskosten, insbesondere die Kosten für die Erstellung von Umwandlungsbilanzen, im Falle von Kapitalerhöhungen Kosten für die Erstellung von Werthaltigkeitsbescheinigungen, Kosten für die Aufstellung von Umwandlungsberichten sowie für die Durchführung von Umwandlungsprüfungen. Die Höhe dieser Kosten richtet sich in der Regel nach einer Gebührenvereinbarung mit dem jeweiligen Berater, ansonsten gilt die Steuerberatervergütungsverordnung (StBVV). Bei Publikumsgesellschaften kommen weitere Kosten für die Information der Anteilseigner und der Durchführung der Haupt- bzw. Gesellschafterversammlungen hinzu.

96

§ 71 Straf- und Ordnungswidrigkeitenrecht

Übersicht

	Rdnr.		Rdnr.
I. Delinquenz im Unternehmen und deren Sanktionierung	1–5	4. Abgabe einer falschen Versicherung, § 314a UmwG	41–43
II. Falschangaben bei der Umwandlung, §§ 313 bis 314a UmwG	6–43	III. Verletzung der Geheimhaltungspflicht, § 315 UmwG	44–54
1. Einleitung	6–10	IV. Verbandsgeldbußen	55–96
2. Umwandlungsschwindel, § 313 UmwG	11–35	1. Verbandsgeldbuße nach § 30 OWiG	56–79
a) Allgemeines	11–18	a) Einleitung	56, 57
b) Falschangaben in Berichten, § 313 Abs. 1 Nr. 1 UmwG	19–29	b) Voraussetzungen	58–60
c) Falschangaben gegenüber Prüfern, § 313 Abs. 1 Nr. 2 UmwG	30–32	c) Haftung bei Rechtsnachfolge, § 30 Abs. 2a OWiG	61–71
d) Falschangaben gegenüber dem Registergericht, § 313 Abs. 2 UmwG	33–35	d) erweiterter Haftungsübergang aufgrund Unionsrecht?	72–74
3. Verletzung der Berichtspflicht, § 314 UmwG	36–40	e) Rechtsfolge	75–79
		2. Geldbußen nach deutschem und europäischem Kartellrecht	80–96
		a) Europäisches Kartellrecht	81–88
		b) deutsches Kartellrecht	89–95

Schrifttum: *Achenbach,* Das Schicksal der Verbandsgeldbuße nach § 30 OWiG bei Erlöschen des Täter-Unternehmensträgers durch Gesamtrechtsnachfolge, wistra 2012, 413; *Achenbach,* Die 8. GWB Novelle und das Wirtschaftsstrafrecht, wistra 2013, 369; *Eisele,* Gesamtschuldnerische Haftung – Eine neue Rechtsfigur im deutschen Sanktionenrecht?, wistra 2014, 81; *Funk/Wiedemann,* Umgehung von Kartellgeldbußen durch Umstrukturierung – Konzernhaftung als Lösung, BB 2015, 2627; *Gehring/Kasten/Mäger,* Unternehmensrisiko Compliance?: Fehlanreize für private Kriminalprävention durch EU-wettbewerbsrechtliche Haftungsprinzipien für Konzerngesellschaften CCZ 2013, 1; *Görner,* Die Gesamtrechtsnachfoge im Kartellbußgeldverfahren nach § 30 Abs. 2a OWiG, ZWeR 2014, 102; *Haas,* Die Rechtsfigur des „faktischen GmbH Geschäftsführers", NZI 2006, 494; *Hetzer,* Verbandsstrafe in Europa ..., EuZW 2007, 75; *Hetzer,* Schuldlose Sanktionssubjekte?, wistra 1999, 361; *Volk,* Zur Bestrafung von Unternehmen, JZ 1993, 429, 433; *Kersting,* Die Rechtsprechung des EuGH zur Bußgeldhaftung in der wirtschaftlichen Einheit, WuW 2014, 1156; *Kiethe,* Strafrechtlicher Anlegerschutz durch § 400 I Nr. 1 AktG, NStZ 2004, 73; *Krohs/Timmerbeil,* Die Durchsetzung von Kartell-

---

[282] EuGH C-264/04, NJW 2006, 2972 – Badischer Winzerkeller eG; OLG München 32 Wx 135/06, MittBayNot 2007, 76.
[283] Korintenberg/*Heyl* KV-Nr. 14110 GNotKG Rn. 18.

geldbußen gegen Rechtsnachfolger, BB 2012, 2447; *Kutschaty*, Deutschland braucht ein Unternehmensstrafrecht, ZRP 2013, 74; *Langheld*, Strafrechtlicher Haftungsübergang nach dem Unionsrecht bei Umwandlungen, NZG 2015, 1066; *Leitner*, Unternehmensstrafrecht in der Revision, StraFo 2010, 323; *Löbbe*, Konzernverantwortung und Umwandlungsrecht, ZHR 177 (2013), 518; *Löffelmann*, Der Entwurf eines Gesetzes zur Einführung der strafrechtlichen Verantwortlichkeit von Unternehmen und sonstigen Verbänden, JR 2014, 185; *Mühlhoff*, … Zu den wesentlichen Änderungen des allgemeinen Ordnungswidrigkeitenrechts und des Kartellordnungswidrigkeitenrechts durch die 8. GWB-Novelle, NZWiSt 2013, 321; *Schaal*, Strafrechtliche Verantwortlichkeit bei Gremienentscheidungen in Unternehmen, Dissertation, Duncker & Hunbolt, 2001; *Schnitzer*, Der Entwurf eines Verbandstrafgesetzbuches: Rechtspolitische Illusion oder zukünftige Rechtswirklichkeit?, Dissertation, Peter Lang, 2016; *Tiedemann*, Die „Bebußung" von Unternehmen nach dem 2. Gesetz zur Bekämpfung der Wirtschaftskriminalität, NJW 1988, 1169; *Timmerbeil/Mansdörfer*, Die Behandlung kartellrechtlicher Bußgeldrisiken im Rahmen von M&A-Transaktionen, BB 2011, 323; *Zielinski*, Die Verletzteneigenschaft des einzelnen Aktionärs im Klageerzwingungsverfahren bei Straftaten zum Nachteil der Aktiengesellschaft, wistra 1993, 6; *Verjans*, „Rechtsnachfolge" in die Verbandsgeldbuße … in Festschrift für Wolf Schiller, NOMOS 2014, S. 662; *Wachs*, Haftungsnachfolge in Kartellbußgelder? ZVertriebsR 2014, 90;

I. Delinquenz im Unternehmen und deren Sanktionierung

1 Spätestens seit Edwin H. Sutherland in der ersten Hälfte des 20. Jahrhunderts seine Studie „White Collar Crime" öffentlich vorstellte, ist das Bewusstsein dafür geschärft, dass selbst Ehrbarkeit, soziale Integration und hoher gesellschaftlicher Status nicht davor schützen, zum Täter delinquenten Handelns zu werden, gerade wenn Delikte im beruflichen Umfeld – hier etwa im Zusammenhang mit einer Umwandlung – begangen werden. Aus der weiteren Erforschung der **Wirtschaftskriminalität** hat sich zudem die Erkenntnis verfestigt, dass Straftaten, die aus Unternehmen heraus (und bestenfalls im missverstandenen Interesse des Unternehmens) begangen werden, mitunter weitreichende volkswirtschaftliche Schäden zur Folge haben können – man denke nur an die Wettbewerbsverzerrungen oder geschädigte Sozialsysteme – und deshalb bekämpft werden müssen. Der effektiven Verhinderung, Aufklärung und Verfolgung derlei sozialschädlichen Verhaltens kommt auch nach dem Grundgesetz eine hohe Bedeutung zu.[1]

2 Im Bereich der Umwandlungen hat der Gesetzgeber die für sozialschädlich erachtete Missachtung der Pflichten und des vorgeschriebenen Verfahrens nach dem UmwG in §§ 313 ff. **UmwG** nach dem Vorbild des AktG (§§ 399 ff. AktG) unter Strafe gestellt. Die Straftatbestände der §§ 313 bis 314a UmwG zu Falschangaben bei der Umwandlung (→ Rn. 6 ff.) gehören – ebenso wie die in § 315 UmwG unter Strafe gestellte Verletzung der Geheimhaltungspflicht eines an einer Umwandlung beteiligten Rechtsträgers (→ Rn. 44 ff.) – zu den in § 74c Abs. 1 Nr. 1 GVG genannten Wirtschaftsstraftaten. Darüber hinaus sieht § 316 UmwG (inhaltlich § 407 AktG entsprechend, hierzu aber spezieller) die Möglichkeit vor, dass das Registergericht (§§ 388 ff. FamFG) gegen vertretungsberechtigte Personen der an einer Umwandlung beteiligten Rechtsträger Zwangsgeld androht und festsetzt, um bestimmte Handlungspflichten im Rahmen einer Umwandlung durchzusetzen. Hierbei handelt es sich um eine außerstrafrechtliche Beugemaßnahme. Hier ebenfalls nicht behandelt werden sonstige Straftatbestände, die im Zuge von Umwandlungen realisiert werden können, zB Betrug (§ 263 StGB) und Untreue (§ 266 StGB) bei einer erforderlichen Kapitalerhöhung (vgl. § 53 UmwG).[2]

3 Normadressat der §§ 313 ff. UmwG ist stets eine natürliche Person. Nach dem in Deutschland immer noch herrschenden Verständnis kann eine Straftat nur von einer natürlichen Person begangen, ein sittliches Unwerturteil nur über menschliches Verhalten verhängt werden[3]. Das geltende deutsche Strafrecht kennt **keine Kriminalstrafen gegen juristische Personen** oder Personenvereinigungen. Es beruht auf dem Schuldgrundsatz.

---

[1] Vgl. BVerfG 2 BvR 236/08, NJW 2012, 833, 840.
[2] Dazu zB Müller-Guggenberger/*Wagenpfeil* § 27 Rn. 187 ff.
[3] Vgl. schon BGH 5 StR 723/52, BGHSt 5, 28 ff. = NJW 1953, 1838.

Dieser setzt die Eigenverantwortung des Menschen voraus, der sein Handeln selbst bestimmt und sich kraft seiner Willensfreiheit zwischen Recht und Unrecht entscheiden kann. Das Schuldprinzip hat seine Grundlage in der Menschenwürdegarantie des Art. 1 Abs. 1 GG und gehört zu der wegen Art. 79 Abs. 3 GG unverfügbaren Verfassungsidentität, die auch vor Eingriffen durch die supranational ausgeübte öffentliche Gewalt geschützt ist[4].

Der deutsche Gesetzgeber begegnet der Gefahr, dass Straftaten „im Schutz" von Unternehmen stattfinden, weil der wirklich Verantwortliche im Dickicht „organisierter Unverantwortlichkeit" nur noch schwer auszumachen ist[5], in erster Linie mit einer in § 30 OWiG geregelten Bußgeldsanktion eigener Art (→ Rn. 56 ff.), die das Handeln von Leitungspersonen eines Verbandes diesem zurechnet und so dessen Vermögen „in Haftung" nimmt. § 30 OWiG knüpft dabei an den Unternehmensträger, nicht das Unternehmen selbst an; für die im hier interessierenden Kontext interessierende Frage, ob und inwieweit ein übernehmender Rechtsträger für die im übertragenen Unternehmen begangenen Straftaten oder Ordnungswidrigkeiten zur Verantwortung gezogen werden kann, findet sich eine Regelung in § 30 Abs. 2a OWiG. Demgegenüber knüpft das europäische Kartellrecht (Art. 101, 102 AEUV, Art. 23 VO (EG) Nr. 1/2003) an das Unternehmen als wirtschaftliche Einheit an, weist diesem eine eigene Verantwortlichkeit zu und kommt so zu einer recht weitgehenden Haftung auch des Rechtsnachfolgers für vom Vorgänger begangener Wettbewerbsverstöße (→ Rn. 80 ff.). Dem nähert sich das deutsche Kartellrecht mit dem am 9.6.2017 in Kraft getretenen Neunten Gesetz zur Änderung des Gesetzes gegen Wettbewerbsbeschränkungen vom 1.6.2017 (9. GWB Novelle, BGBl. I 1416). § 81 GWB, der bis dato § 30 OWiG ergänzte, enthält nunmehr für Kartellverstöße und insoweit zu § 30 OWiG vorrangig eine Konzernhaftung (§ 81 Abs. 3a GWB), eine erweiterte Rechtsnachfolgerhaftung (§ 81 Abs 3b GWB) und eine Haftung des wirtschaftlichen Nachfolgers (§ 81 Abs. 3c GWB).

§ 30 OWiG und § 81 GWB werden von weiteren gegen Unternehmen gerichteten Sanktionen flankiert[6], etwa durch § 149 Abs. 2 Nr. 3 GewO, wonach rechtskräftige Bußgeldbescheide über mehr als 200 EUR in das Gewerberegister eingetragen werden. Ob diese unternehmensbezogenen Reaktionen auf delinquentes Verhalten in Unternehmen ausreichend sind, oder ob es – de lege ferenda – eines **Unternehmensstrafrechts** bedarf, wird seit langem kontrovers und neuerdings wieder beflügelt durch eine Gesetzesinitiative aus NRW[7] diskutiert. Es wird darauf verwiesen, dass zahlreiche andere Ländern Unternehmens(kriminal)strafen (etabliert) haben[8]. Allerdings muss bezweifelt werden, dass eine unter Bruch gegen ein tradiertes Rechtsverständnis geschaffene Kriminalstrafe gegen Unternehmen – deren Unterschied zu einer Sanktion ohne besondere sozial-ethische Missbilligung kaum spürbar ist[9]– größere präventive oder schuldausgleichende Wirkung herbeiführen kann als das zwischenzeitlich auch in seiner Anwendung etablierte Sanktionensystem mit § 30 OWiG im Mittelpunkt. Dieses wird unbeschadet seiner umstrittenen dogmatischen Einordnung schon längst als veritables „Unternehmensstrafrecht" wahrgenommen[10]. Die Möglichkeit, eine Geldbuße nach § 30 OWiG auch dann zu verhängen, wenn eine bestimmte Leistungsperson nicht als Täter ausgemacht und deshalb nicht verfolgt werden

---

[4] BVerfG 2 BvE 2/08 u. a., BVerfGE 123, 267 = NJW 2009, 2267 Rn. 364 – EUV-Lissabon.
[5] *Schünemann*, Unternehmenskriminalität und Strafrecht, 1979, 30 ff.; hierzu auch *Hetzer*, JZ 1993, 429, 433.
[6] Übersicht bei BeckOK-OWiG/*Meyberg* § 30 OWiG Rn. 4 m. w. N.
[7] Vgl. dazu *Kutschaty*, ZRP 2013, 74; *Löffelmann*, JR 2014, 185; *Schnitzer*, Der Entwurf eines Verbandstrafgesetzbuches, Diss. 2016.
[8] ausführlich zB Schönke/Schröder/*Cramer/Heine*, StGB, 29. Aufl. 2014, vor §§ 25 ff. Rn. 122; KK-OWiG/*Rogall* § 30 OWiG Rn. 263 ff; auch BT-Drs. 13/11425: Antwort der BReg auf Anfrage der SPD-Fraktion zur Einführung einer Verbandstrafe in Deutschland.
[9] *Trüg*, Zu den Folgen der Einführung eines Unternehemensstrafrechts, wistra 2010, 241, 246
[10] Graf/Jäger/Wittig/*Merz* § 14 StGB Rn. 66; *Leitner*, StraFo 2010, 323, 328.

kann (sog. anonyme Verbandsgeldbuße), lässt Unterschiede zu einer sogenannten Unternehmensstrafe nicht mehr erkennen. Ob und inwieweit sich Deutschland allerdings internationalem Druck nach einer „Umetikettierung ohne Präventionsgewinn"[11] wird widersetzen können, bleibt abzuwarten. Die Praxis braucht sie jedenfalls nicht[12]. Und auch das Unionsrecht nötigt nicht zu deren (mit dem Schuldgrundsatz ohnedies nicht nahtlos in Einklang zu bringenden) Einführung. Unionsrechtlichen Vorgaben an eine effektive Rechtsdurchsetzung konnte auch ohne Systembruch im deutschen Recht in § 81 GWB (neu) Rechnung getragen werden.

II. Falschangaben bei der Umwandlung, §§ 313 bis 314a UmwG

1. Einleitung

6   Das UmwG enthält in den §§ 313 bis 314a UmwG (an gleichnamige Strafnormen in AktG und HGB angelehnte) Straftatbestände, die die **Einhaltung des durch das UmwG vorgeschriebenen Verfahrens sichern** sollen. Besonders schadensträchtige Vorgehensweisen sollen unter Strafe gestellt sein, nämlich in § 313 UmwG verschiedene Falschangaben durch Personen, die für einen an der Umwandlung beteiligten Rechtsträger handeln, in § 314 die Verletzung der Berichtspflicht durch Prüfer und deren Gehilfen und in § 314a UmwG die Abgabe einer falschen Versicherung über die Leistung einer angemessenen Sicherheit nach § 122k UmwG.

7   Durch §§ 313 ff. UmwG wird ein ganzes „**Rechtsgutbündel" geschützt**[13]. Zum einen wird das Vertrauen der Allgemeinheit in die Richtigkeit und Vollständigkeit des Umwandlungsverfahrens geschützt[14]. Zum anderen sollen Individualinteressen der von inkorrekter Information Betroffenen geschützt werden, nach der gesetzgeberischen Intention allen voran die **Anteilseigner**, denn die bei einer Umwandlung gemachten Angaben haben unmittelbar oder mittelbar Einfluss auf deren Beschlüsse über die Verschmelzung, Spaltung, Vermögensübertragung oder den Formwechsel[15]. Geschützt werden sollen aber auch – jedenfalls teilweise – die **Gläubiger** der an einer Umwandlung beteiligten Rechtsträger[16]. In den Schutzbereich können aber in bestimmten Fällen auch Arbeitnehmer und andere Geschäftspartner fallen, wenn sie sich schutzwürdig auf die Richtigkeit der Erklärungen verlassen haben[17]. Diese Personen können die nach der StPO den Verletzten zustehenden Rechte und Befugnisse wahrnehmen, etwa im Klageerzwingungsverfahren (§ 172 StPO)[18], als Adhäsionskläger (§ 403 StPO) oder sonstige Auskunfts- und Beistandsrechte (§§ 406e StPO).

8   Bei allen in §§ 313 bis 314a UmwG genannten Tatbeständen handelt es sich um **Offizialdelikte**, die auch ohne Strafantrag von Amts wegen verfolgt werden. Unrichtige Angaben werden auch dann geahndet, wenn sie sich nicht zu Lasten von Gläubigern oder Gesellschaftern ausgewirkt haben. Können diese indes nachweisen, dass sie im Vertrauen auf die Richtigkeit der gemachten Angaben einen Schaden erlitten haben, können sie

---

[11] *Vogel*, Unrecht und Schuld in einem Unternehmensstrafrecht, StV 2012, 427; ähnlich Berndt/Theile/*Theile* Rn. 429.
[12] Statt vieler: Zeidler/van Rienen/*Nietsch*, Unternehmenssanktion im Umbruch, 2016, S. 37 ff.
[13] Kölner Kommentar-UmwG/*Rönnau* § 313 Rn. 11 ff.
[14] Lutter/*Kuhlen* § 313 Rn. 6; Semler/Stengel/*Taschke* § 314 Rn. 1.
[15] BT-Drs. 12/6699, S. 172.
[16] Böttcher/Habighorst/Schulte/*Böttcher* § 313 Rn. 2 m. w. N.
[17] vgl. BGH 1 StR 420/03, NJW 2005, 445, 447; BGH II ZR 217/03, NJW 2004, 2668; OLG Frankfurt 2 Ws 36/02, NStZ-RR 2002, 275, 276 jeweils zu § 400 AktG; OLG Düsseldorf 8 U 59/98, NZG 1999, 901, 903 zu § 332 HGB; MünchKommAktG/Schaal, § 400 Rn. 3 m. w. N.; Kiethe, Strafrechtlicher Anlegerschutz durch § 400 I Nr. 1 AktG, NStZ 2004, 73, 74.
[18] wie hier Henssler/Strohn/*Raum* UmwG § 313 Rn. 1; entgegen OLG Braunschweig wistra 1993, 31 (zu § 400 AktG) entfällt die Verletzteneigenschaft eines Anteilseigners nicht dadurch, dass er aus anderen Quellen die wahren Verhältnisse kennt, vgl. *Zielinski*, wistra 1993, 6 m. w. N.

zivilrechtlich Schadenersatz geltend machen: §§ 313 bis 314a UmwG sind nach ihrem Inhalt und Zweck **Schutzgesetze iSv § 823 Abs. 2 BGB**[19]. Für alle Delikte ist – sofern das Landgericht erstinstanzlich oder als Berufungsgericht zuständig ist – eine **Wirtschaftsstrafkammer** zuständig (§ 74 Abs. 1, Abs. 3, § 74c Abs. 1 Nr. 1 GVG). Es kann auf Geldstrafe oder Freiheitsstrafe bis zu drei bzw. fünf Jahren erkannt werden. Ferner kann Einziehung (§§ 73 ff. StGB) angeordnet werden. Eine Verurteilung wegen Umwandlungsschwindels nach § 313 UmwG hat zwingend den **Ausschluss vom Vorstandsamt einer AG** (§ 76 Abs. 3 Nr. 3d AktG) **und vom Geschäftsführeramt einer GmbH** (§ 6 Abs. 2 Nr. 3d GmbHG) für die Dauer von fünf Jahren ab Rechtskraft des Strafurteils zur Folge, ohne dass es einer Abberufung bedarf. Auch deswegen sollte die praktische Bedeutung der umwandlungsspezifischen Strafvorschriften nicht unterschätzt werden[20].

Nach § 318 UmwG gelten die § 313 ff. UmwG für alle **nach dem Inkrafttreten des UmwG** eingeleiteten Umwandlungen iSv § 1 UmwG. Sie gelten nach § 53 Abs. 1 SEAG auch für die europäische Aktiengesellschaft und nach § 36 Abs. 1 S. 1 SCEAG für die Europäische Genossenschaft. Soweit mit einer Umwandlung die **Neugründung** (einer AG, KgaA, oder GmbH) verbunden ist, sind auch die Strafvorschriften der §§ 399, 400 AktG, § 82 GmbHG zu beachten[21].

Auf die in §§ 122a ff. UmwG geregelten Fälle **grenzüberschreitender Verschmelzungen** von Kapitalgesellschaften sind §§ 313 ff. UmwG ohne weiteres anwendbar[22]. Ob diese Vorschriften bei anderen grenzüberschreitenden Umwandlungen – so diese überhaupt für zulässig erachtet werden (→ § 1 UmwG) – anwendbar sind, ist streitig. Finden auf einen an einer solchen Umwandlung beteiligten Rechtsträger die Vorschriften des deutschen UmwG Anwendung (also regelmäßig auf den inländischen Rechtsträger), so spricht meines Erachtens nichts dagegen und wäre nur konsequent, dessen Funktionsträger auch dem Sanktionsregime der §§ 313 ff UmwG zu unterwerfen. Die inhaltliche Bestimmtheit dieser Normen steht außer Frage, unklar mag allenfalls die Anwendbarkeit deutschen Rechts insgesamt sein. Das kann aber allenfalls einen (durch Einholung neutraler und sachkundiger Expertise, die regelmäßig geboten und zumutbar ist, vermeidbaren) Verbotsirrtum begründen, nicht aber verfassungsrechtliche Bedenken im Hinblick auf Art. 103 Abs. 2 GG[23].

2. Umwandlungsschwindel, § 313 UmwG

a) Allgemeines. Entsprechend und in Ergänzung zu § 331 HGB, § 400 AktG, § 82 GmbHG, § 147 GenG wird durch die Strafvorschrift des § 313 UmwG der strafrechtliche Schutz vor unrichtigen Darstellungen auf die Umwandlungssituation mit drei Tatbestandsvarianten erweitert: Umwandlungsschwindel durch unrichtige oder verschleiernde Angaben in Berichten, Auskünften und Darstellungen (§ 313 Abs. 1 Nr. 1 1. Alt. UmwG), durch falsche oder verschleiernde Angaben gegenüber Umwandlungsprüfern (§ 313 Abs. 1 Satz 1 Nr. 2 UmwG) und durch falsche Angaben nach §§ 52 Abs. 1, 140, 146 Abs. 1 UmwG (§ 131 Abs. 2 UmwG). Es handelt sich um **Sonderdelikte**, die nur von den in der Norm ausdrücklich und abschließend aufgezählten natürlichen Personen begangen werden können, und um **abstrakte Gefährdungsdelikte**, die einen konkreten Tatererfolg (etwa eine Schädigung der Anteilseigner) nicht voraussetzen[24].

---

[19] vgl. BGH II ZR 243/87, BGHZ 105, 121 = NJW 1988, 2794 zu § 399 AktG; Kallmeyer/ Marsch-Barner § 313 Rn. 2 mwN; Semler/Stengel/*Taschke* § 313 Rn. 8; Böttcher/Habighorst/Schulte/*Böttcher* § 313 Rn. 2; Achenbach/Ransiek/Rönnau/*Ransiek* § 8 Rn. 133, 137, 140.
[20] Graf/Jäger/Wittig/*von Häfen* § 313 UmwG Rn. 3; HK-UmwG/*Weinrich* § 313 Rn. 36 sieht allerdings Bedenken mit Blick auf Art. 12 GG.
[21] vgl. Achenbach/Ransiek/Rönnau/*Ransiek* § 8 Rn. 129 ff.
[22] Graf/Jäger/Wittig/*von Häfen* vor § 313 UmwG Rn. 5.
[23] aA Kölner Kommentar-UmwG/*Rönnau* § 313 Rn. 23 ff.
[24] Allg. Meinung, Kölner Kommentar- UmwG/*Rönnau* § 313 Rdn. 17; Lutter/*Kuhlen* § 313 Rn. 8.

§ 71 12–14   6. Kapitel. Weitere Besonderheiten

12 In allen Tatbestandsvarianten setzt § 313 UmwG **Vorsatz** (§ 15 StGB) voraus, der sich auf die in § 313 UmwG genannten und die darin in Bezug genommenen Tatbestandsvoraussetzungen beziehen muss. Eine Absicht ist nicht erforderlich, bedingter Vorsatz genügt. Es ist ausreichend aber (in Abgrenzung zur bewussten Fahrlässigkeit, die straflos ist) auch erforderlich, dass der Täter wenigstens für möglich hält und billigt, dass seine Angaben unrichtig oder verschleiernd sind, und er sich um eines erstrebten Ziels wegen damit anfreundet, mag ihm der Erfolg auch unerwünscht sein[25]. Wer als Organ eines Rechtsträgers Angaben oder Berichte ungeprüft wiedergibt, nimmt deren Unrichtigkeit regelmäßig billigend in Kauf. Irrt der Täter über die Vollständigkeit oder Richtigkeit seiner Angaben (was im Hinblick auf den als Täter in Betracht kommenden Personenkreis eher selten anzunehmen ist[26]) wird dies als ein Vorsatz ausschließender **Tatbestandsirrtum** nach § 16 Abs. 1 StGB angesehen. Als vorsatzausschließend ist auch die irrige Annahme des Täters gewertet worden, zu vollständigen Angaben nicht verpflichtet zu sein[27]. Meint der Täter hingegen, zu unrichtigen oder verschleiernden Angaben berechtigt zu sein, oder hält er sich mangels förmlicher Bestellung nicht für einen tauglichen Täter, liegt ein **Verbotsirrtum** iSv § 17 StGB vor. Dieser wird jedoch nur in seltenen Ausnahmefällen vermeidbar sein, denn von einem (wenigstens faktischen) Organmitglied kann man zum einen die Kenntnis des einschlägigen Rechtsrahmens und zum anderen die Einholung qualifizierten Rechtsrats erwarten[28].

13 Nach § 313 UmwG strafbare Falschangaben können nicht damit **gerechtfertigt** werden, zutreffende Angaben hätten der Gesellschaft geschadet (die gesetzliche Publizitätspflicht geht einem Geheimhaltungsinteresse vor, Falschangaben können kein geeignetes Mittel der Gefahrenabwehr sein[29]) oder Gesellschafter oder Aufsichtsrat hätten zugestimmt (diese können nicht über die durch § 313 UmwG geschützten, weitergehenden Interessen verfügen[30]).

14 Der **Versuch** ist nicht strafbar. **Vollendet** ist eine Tat nach § 313 UmwG mit Abgabe der unter Strafe gestellten Erklärung. Umstritten ist, ob dies, wie ein Teil der Literatur meint, erst dann der Fall ist, wenn die Erklärung einem bestimmungsgemäßen Empfänger zugeht [31] oder sogar erst, wenn dieser davon Kenntnis nimmt. Das beachtet aber den Deliktscharakter als abstraktes Gefährdungsdelikt nicht hinreichend. Ob der Empfänger die Angaben zur Kenntnis nimmt, getäuscht oder beeinflusst wird oder ob es zu einer Registereintragung kommt, ist für die durch eine nach außen kundgetane Erklärung geschaffene Gefahr unerheblich. Ausreichend für die Verwirklichung des in § 313 UmwG unter Strafe gestellten Tätigkeitsdelikts ist folglich, dass der Täter die Erklärung so in die Welt gesetzt hat, dass sie die Sphäre des Erklärenden verlassen hat und den bestimmungsgemäßen Empfänger erreichen kann[32]. Straflos bleibt also zB derjenige, der den Entwurf eines verschleiernden Berichts nicht hinausgibt, wer hingegen eine Übersicht über den Vermögensstand ins Internet stellt, macht sich strafbar, auch wenn niemand davon Kenntnis erlangt (oder dies nicht nachweisbar ist).

---

[25] vgl. BGH 5 StR 370/92, BGHSt 36, 1, 9 = NStZ 1993, 129 – Mauerschützen; *Fischer*, § 15 Rn. 9 ff; Lutter/*Kuhlen* § 313 Rn. 24; Semler/Stengel/*Taschke* § 313 Rn. 69; Böttcher/Habighorst/Schulte/*Böttcher* § 313 Rn. 24.
[26] Henssler/Strohn/*Raum* AktG § 400 Rn. 9.
[27] BGH 1 StR 804/92, NStZ 1993, 442.
[28] Kölner Kommentar-UmwG/*Rönnau*, § 313 Rn. 92; Semler/Stengel/*Taschke*, § 313 Rn. 77; Graf/Jäger/Wittig/*von Häfen*, § 313 UmwG Rn. 36; HK-UmwG/*Weinrich*, § 313 Rn. 28; vgl. auch BGH 1 StR 213/10, BGHSt 58, 15 = NJW 2013, 93 zu den Anforderungen an die erholte Auskunft.
[29] Achenbach/Ransiek/*Rönnau/Ransiek*, § 8 Rn. 52.
[30] Kölner Kommentar-UmwG/*Rönnau*, § 313 Rn. 75; Graf/Jäger/Wittig/*von Häfen*, § 313 UmwG Rn. 30.
[31] so Kölner Kommentar-UmwG/*Rönnau* § 313, Rn. 96 m.w.N.; Böttcher/Habighorst/Schulte/*Böttcher*, § 313 Rn. 11.
[32] vgl. Widmann/Mayer/*Vossius*, § 313 Rn. 7; Park/*Südbeck* § 33 UmwG Rn. 222.

Ist die Erklärung in diesem Sinne abgegeben, kann sie zwar noch **berichtigt** werden, 15
dies führt indes nach der geltenden Gesetzeslage nicht zur Straffreiheit. Anderes ist weder
rechtsdogmatisch begründbar (der strafbefreiende Rücktritt vom vollendeten Delikt oder
tätige Reue bedürften gesetzlicher Regelung), noch besteht hierfür ein anerkennenswertes
Bedürfnis, denn der Gesetzgeber wollte bewusst die Organe zu besonderer Sorgfalt bei den
schadensgeneigten Erklärungen anhalten (was ebenfalls gegen die von einem Teil der
Literatur befürwortete analoge Anwendung der – zahlreichen und bewusst gesetzten –
Vorschriften über die tätige Reue etwa in § 264 Abs. 5, § 264a Abs. 3 oder § 158 StGB
spricht[33]).

Hat die Erklärung den bestimmungsgemäßen Empfänger erreicht, ist die Tat **beendet**; 16
dies setzt die fünfjährige **Verjährungsfrist** (§ 78 Abs. 3 Nr. 4 StGB) in Lauf.

Mehrere falsche Angaben in einer Erklärung bilden eine rechtliche **Handlungseinheit**, 17
mehrere Erklärungen bilden hingegen selbständige, zueinander in **Tatmehrheit** (§ 53
StGB) stehende Straftaten. Werden Falschangaben gemacht, um ein Vermögensdelikt (etwa
Betrug, § 263 StGB, oder Untreue, § 266 StGB) zu begehen oder vorzubereiten, oder
wird umgekehrt eine Straftat begangen (etwa Urkundenfälschung, § 267 StGB), um eine
Falschangabe zu ermöglichen, wird § 313 UmwG jeweils **tateinheitlich** mitverwirklicht.
Idealkonkurrenz ist auch anzunehmen, soweit eine Straftat nach § 313 UmwG sich
zugleich als Anstiftung zur Verletzung der Berichtspflicht nach § 314 UmwG erweist[34].

Kommen zugleich auch § 331 Nr. 1 HGB (Falschangaben bei Eröffnungsbilanz, im 18
Jahresabschluss, im Lagebericht oder im Zwischenabschluss) oder § 331 Nr. 1a HGB
(Falschangaben in einem Einzelabschluss) zur Anwendung, tritt § 313 UmwG als **subsidiär**
zurück, nicht aber, wenn nur die Voraussetzungen einer Ordnungswidrigkeit nach § 334
HGB vorliegen[35]. § 313 UmwG verdrängt in seinem auf unrichtige Darstellungen nach
dem UmwG fokussierten Anwendungsbereich als spezieller Vorschrift die §§ 400 AktG, 82
GmbHG. Allerdings bleiben bei Umwandlungen mit Neugründungen die Strafvorschriften, die sich auf die Gründung beziehen (§ 399 Abs. 1, § 400 Abs. 2 AktG, § 82 Abs. 1
GmbHG), weiterhin anwendbar.

b) Falschangaben in Berichten, § 313 Abs. 1 Nr. 1 UmwG. Nach § 313 Abs. 1 19
Abs. 1 Nr. 1 UmwG macht sich strafbar, wer als eines der näher bezeichneten Organe eines
an einer Umwandlung beteiligten Rechtsträgers bei dieser Umwandlung unrichtige oder
verschleiernde Angaben in Berichten (1. Variante), in Darstellungen oder Übersichten (2.
Variante) oder in Vorträgen oder Auskünften (3. Variante) macht. § 313 Abs. 1 UmwG ist
ein **echtes Sonderdelikt**[36]. Nach § 313 Abs. 1 Nr. 1 UmwG können **Täter** (auch sog.
mittelbare Täter) eines Umwandlungsschwindels nur Mitglieder des Vertretungsorgans (also
insb. Geschäftsführer einer GmbH oder Vorstände einer AG, einer eG, eines eV oder einer
VVaG, einschließlich deren Stellvertreter), vertretungsberechtigte Gesellschafter (also insb.
Komplementäre einer KG oder KGaA) oder Partner (einer PartG), Mitglieder eines Aufsichtsrats (auch eines solchen nach § 52 Abs. 1 GmbHG, nicht aber eines diesem nur
ähnlichen Verwaltungs- oder Beirats[37]) oder Abwickler (zB nach § 265 Abs. 1, Abs. 2
AktG, § 66 Abs. 1, Abs. 2 GmbHG) sein. Die Sonderstellung des Täters muss sich in allen

---

[33] wie hier Kölner Kommentar-UmwG/*Rönnau*, § 313 Rn. 98; Lutter/*Kuhlen* § 313, Rn. 31; Graf/Jäger/Wittig/*von Häfen*, § 313 Rn. 34; aA Semler/Stengel/*Taschke* § 313 Rn. 49, 68; Widmann/Mayer/*Vossius* § 313 Rn. 7; vgl. auch KH-UmwG/*Weinrich*, § 313 Rn. 32, der die Möglichkeit des Rücktritt zwar befürwortet, aber hierfür keine gesetzliche Grundlage sieht.
[34] Kölner Kommentar-UmwG/*Rönnau* § 313 Rn. 101; aA Semler/Stengel/*Taschke* § 313 Rn. 81
[35] str., wie hier Kölner Kommentar/*Rönnau* § 313 Rn. 102, Lutter/*Kuhlen* § 313 Rn. 33 Fn. 1; Widmann/Mayer/*Vossius* § 313 Rn. 75; Böttcher/Habighorst/Schulte/*Böttcher* § 313 Rn. 13; a. A. Semler/Stengel/*Taschke* Rn. 78; Kallmeyer/*Marsch-Barner* Rn. 8.
[36] BGH 1 StR 420/03, NJW 2005, 445, 449 zu § 400 AktG.
[37] hM Köllner Kommentar-UmwG/*Rönnau* § 313 Rn. 31; Semler/Stengel/*Taschke* § 313 Rn. 14; Graf/Jäger/Wittig/*van Häfen* § 313 Rn. 6; aA HK-UmwG/*Weinrich* § 313 Rn. 21; Böttcher/Habighorst/Schulte/*Böttcher* § 313 Rn. 4.

Fällen auf einen an einer Umwandlung beteiligten Rechtsträger beziehen (zu ausländischen Rechtsträgern → Rn. 10). Die Täterqualität wird allein durch die Organstellung vermittelt, auf Vertretungsmacht im Einzelnen (zB etwaige Beschränkungen) kommt es nicht an. Wer keine Organstellung innehat kommt nur als Teilnehmer (Anstifter, § 26 StGB, oder Gehilfe, § 27 StGB) eines von einem Organ vorsätzlich begangenen Umwandlungsschwindels in Betracht.

20 Nach seinem Schutzzweck und seinem insoweit nicht einschränkenden Wortlaut ist die nach § 313 Abs. 1 UmwG vorausgesetzte Organstellung in einem funktionalen Sinn zu verstehen. Wie in § 400 AktG und § 82 GmbHG kommen daher neben oder zusammen mit den förmlich Bestellten[38] als Täter auch diejenigen in Betracht, die eine solche **Organstellung faktisch ausüben**[39]. Mit der Rechtsprechung des BGH zu § 14 Abs 1 Nr. 1 StGB gilt dies auch für vertretungsberechtigte Gesellschafter und Partner[40]. Eine faktische Organstellung haben jedenfalls diejenigen inne, die mit Einverständnis der (Mit-)Gesellschafter die Organaufgaben (i. d. R. also die Geschäftsführung) betriebsintern wie auch nach außen tatsächlich in erheblichem Umfang ausüben und gegenüber dem formellen Organ eine überragende Stellung einnehmen oder zumindest das deutliche Übergewicht haben[41]; die Feststellung der Täterqualifikation setzt dabei eine Gesamtbetrachtung der Umstände des Falles voraus[42]. Ob darüber hinaus auch eine einseitige Amtsanmaßung eine faktische Organstellung begründen kann, hat der BGH für einen beherrschenden Mehrheitsgesellschaft bejaht[43], für den Fall einer „Duldung" offengelassen[44], ansonsten aber verneint[45].

21 Die Tathandlung muss „bei dieser Umwandlung", also nicht erst nach Abschluss des Verfahrens begangen worden sein. Darüber hinaus wird teilweise angenommen, der Täter müsse **als Organ gehandelt** haben, also gerade in seiner Eigenschaft als Funktionsträger und nicht etwa privat[46]. Im Kontext des § 313 UmwG kommt dem jedoch keine eigenständige Bedeutung zu[47]; Äußerungen des Funktionsträgers über die Verhältnisse der Gesellschaft sind seinem Funktionsbereich zuzuordnen, weil sie gegenüber den in § 313 Abs. 1 UmwG genannten Adressaten erfolgen und eine „privat" gegenüber einem Großaktionär gemachte Falschangabe nicht weniger beeinflussungs- und schadensgeneigt ist, wie die vorangehende oder spätere Aussage in einer Anteilseignerversammlung oder dergleichen.

---

[38] auch wenn das bestellte Organ lediglich „Strohmann" ist, BGH 5 StR 16/02, BGHSt 47, 318, 324 f = NJW 2002, 2480; Graf/Jäger/Wittig/*von Häfen* § 313 UmwG Rn. 8; Kölner Kommentar-UmwG/*Rönnau* § 313 Rdn. 40 auch zur gegenteiligen Auffassung des KG NJW-RR 1997, 1126; Henssler/Strohn/*Raum* AktG § 399 Rn. 5.

[39] vgl. zB. BGH 1 StR 414/65, BGHSt 21, 101, 104 ff = BeckRS 9998, 112116(zur AG); BGH 5 StR 16/02, BGHSt 47, 318, 324 = NZG 2002, 72; BGH 3 StR 101/00, BGHSt 46, 62 = GmbHR 2000, 878 (zur GmbH); BGH 1 StR 327/86, BGHSt 34, 221, 223 = BeckRS 9998, 164247; BGH 3 StR 192/84, BGHSt 33, 21, 24 = NStZ 1985, 271 (zur GmbH & Co. KG); Lutter/*Kuhlen* § 313 Rn. 11 f.; Kallmeyer/*Marsch-Barner* § 313 Rn. 3; HK-UmwG/*Weinrich* § 313 Rn. 20 f.; einschränkend Böttcher/Habighorst/Schulte/*Böttcher* § 313 Rn. 4: nur bei gekorenen Geschäftsleitungsmitgliedern; aA Semler/Stengel/*Taschke* § 313 Rn. 21; Widmann/Mayer/*Vossius* § 313 Rn. 16; Achenbach/Ransiek/*Rönnau/Ransiek,* § 8 Rn. 135.

[40] Kölner Kommentar- UmwG/*Rönnau* § 313 Rn. 36; Graf/Jäger/Wittig/*von Häfen* § 313 Rn. 9; enger Kallmeyer/*Marsch-Barner* § 313 Rn. 3.

[41] BGH 3 StR 101/00, BGHSt 46, 62 = GmbHR 2000, 878; BGH 5 StR 407/12, NJW 2013, 624

[42] Vgl. BGH 5 StR 407/12, NJW 2013, 624; nach dem Gesamterscheinungsbild BGH II ZR 113/03, NZG 2005, 755; Henssler/Strohn/*Raum* UmwG § 313 Rn. 3; Kölner Kommentar-UmwG/*Rönnau* § 313 Rn. 37; MünchKommAktG/*Schaal* § 400 Rn. 23 ff.

[43] BGH VII ZR 37/73, BGHZ 65, 15, 19 ff = MDR 1974, 304.

[44] BGH 3 StR 287/82, BGHSt 31, 118, 123 = NStZ 1983, 124.

[45] BGH 5 StR 407/12, NJW 2013, 624; BGH 3 StR 101/00, BGHSt 46, 62 = GmbHR 2000, 878.

[46] Kölner Kommentar-UmwG/*Rönnau,* § 313 Rdn. 66; Graf/Jäger/Wittig/*van Häfen* § 313 Rn. 10.

[47] Achenbach/Ransiek/*Rönnau/Ransiek* § 8 Rn. 89, 135.

Liegt einer nach § 313 Abs. 1 UmwG strafbaren Falschangabe eine Entscheidung eines **22** **Kollegialorgans** zu Grunde, sind alle Mitglieder des betroffenen Organs **Mittäter**, die Kenntnis davon haben, dass eine unrichtige oder verschleiernde Erklärung beschlossen wird, und am Beschluss/Bericht mitwirken, gleich ob sie diesen unterzeichnen oder nicht. Zwar wird das Wissen des einen Organmitglieds nicht einem anderen zugerechnet. Hat ein Organmitglied allerdings eigene Kenntnis, kann es ihn nicht entlasten, dass er auch bei dahingehenden Bemühungen wegen des Widerstands der anderen Organmitglieder einen Beschluss nicht hätte verhindern können. Vielmehr hat er alles ihm Mögliche und Zumutbare zu tun, um das Zustandekommen eines solchen Beschlusses zu verhindern bzw. einen vertretbaren Beschluss herbeizuführen (etwa durch Unterrichtung anderer Organe, Einschalten der Aufsichtsbehörde oder Einberufung einer Anteilseignerversammlung) oder vor einer Beschlussfassung sein Amt niederzulegen[48]. Schwierigkeiten bereiten Fälle, in denen der Handelnde oder der Wissende nicht die Tätereigenschaft haben: delegiert ein tauglicher Täter die Handlung auf einen Mitarbeiter, der nicht zum Täterkreis gehört, kommt **mittelbare Täterschaft** in Betracht[49], täuscht umgekehrt ein Mitarbeiter ohne Täterqualität ein tätertaugliches Organ, das sodann handelt, kommt eine Strafbarkeit des Organs (und eine **Anstiftung** hierzu durch den Mitarbeiter) nur in Betracht, wenn das Organ die Unrichtigkeit der Angaben erkannt oder eine gebotene eigene Nachprüfung nicht vorgenommen hat.

§ 313 Abs. 1 Nr. 1 UmwG kann auch durch **Unterlassen** verwirklicht werden. Äußert **23** sich beispielsweise ein Mitglied eines Kollegialorgans spontan (also ohne dass dies zuvor beschlossen oder abgestimmt worden war) auf Anteilseignerversammlungen oder außerhalb, machen sich alle anderen anwesenden Mitglieder des Organs strafbar, wenn sie die Gefahr einer unrichtigen oder verschleiernden Aussage erkennen oder zumindest damit rechnen, gleichwohl aber nicht zu deren Beseitigung einschreiten. Da ein Dritter aus dem Schweigen Zustimmung schließen kann, trifft die nicht selbst handelnden Organmitglieder eine Pflicht zur Intervention, deren Unterlassen eine täterschaftliche Beteiligung am Falschangabedelikt begründet[50]. Strafbar ist es auch, eine später erkannte Unrichtigkeit nicht zu berichtigen[51].

Die **Tathandlungen** entsprechen sinngemäß den Tatbeständen des § 82 GmbHG und **24** des § 400 AktG. Strafbar ist die unrichtige Wiedergabe oder Verschleierung der **Verhältnisse** des Rechtsträgers. Darunter werden alle – nicht nur finanzielle – Daten, Tatsachen, Vorgänge und Umstände verstanden, die für die Beurteilung des Rechtsträgers erheblich sind oder sein können[52]. Beispielhaft nennt § 313 Abs. 1 Nr. 1 UmwG die Beziehungen zu verbundenen Unternehmen. Verfassungsrechtliche Bedenken aus Art. 103 Abs. 2 GG gegen dieses weite Verständnis der Norm bestehen nicht[53]. Allerdings sind mit Blick auf den Schutzzweck der Norm solche Umstände nicht vom Tatbestand des § 313 Abs. 1 Nr. 1 UmwG umfasst, die bei abstrakter Betrachtungsweise für Entscheidungen des von der Norm geschützten Personenkreises irrelevant sind[54].

Solche Umstände sind dann **unrichtig wiedergegeben** (gleich ob mündlich, schriftlich, **25** freiwillig oder aufgrund gesetzlicher Verpflichtung), wenn sie objektiv nicht mit der Wirk-

---

[48] Vgl. BGH 2 StR 549/89, BGHSt 37, 106 = NJW 1990, 2560 – Ledersprayl; *Kiethe*, Strafrechtlicher Anlegerschutz durch § 400 I Nr. 1 AktG, NStZ 2004, 73, 76 zu § 400 AktG m. w. N.; aA Böttcher/Habighorst/Schulte/*Böttcher* § 313 Rn. 5 m. w. N.
[49] HK-UmwG/*Weinrich* § 313 Rn. 26.
[50] *Kiethe*, NStZ 2004, 73, 76 zu § 400 AktG m. w. N.
[51] HK-UmwG/*Weinrich* § 313 Rn. 29.
[52] Kölner Kommentar-UmwG/*Rönnau* § 313 Rn. 42 m. w. N.; Böttcher/Habighorst/Schulte/*Böttcher* § 313 Rn. 6.
[53] BVerfG 2 BvR 131/05, ZIP 2006, 1096 zu § 400 AktG; aA Semler/Stengel/*Taschke* § 313 Rn. 33; HK-UmwG/*Weinrich* § 313 Rn. 4.
[54] BGH 5 StR 134/15, NJW 2017, 578 Rn. 43: Gesamtbetrachtung aller Umstände; OLG Frankfurt 2 Ws 36/02, NStZ-RR 2002, 275 jeweils zu § 400 AktG.

lichkeit übereinstimmen. Auch Wertungen und Prognosen können unrichtig sein, wenn sie auf falschen Tatsachen oder völlig unvertretbaren Schlussfolgerungen basieren[55]. Unrichtig kann eine Wiedergabe auch deswegen sein, weil Umstände (teilweise) verschwiegen werden; es ist dies kein Fall des Unterlassens, denn eine Erklärung wird aktiv, aber eben wegen Unvollständigkeit unrichtig oder verschleiernd abgegeben. Der Inhalt der abgegebenen Erklärung ist aus der Sicht eines mit dem Umwandlungssachverhalt vertrauten Empfängers zu bestimmen, etwa eines verständigen Anteilseigners oder eines bilanzkundigen Betrachters[56]. Ist aus dessen Sicht ein Bericht so **unvollständig**, dass er gemessen an den in der Praxis entwickelten Berichtsstandards keine geeignete Informationsgrundlage mehr bietet, ist er ebenfalls unrichtig[57].

26 Sind die Angaben über die Verhältnisse des an der Umwandlung beteiligten Rechtsträgers gemessen hieran richtig, vermitteln sie aber (zB weil unklar oder undeutlich dargestellt) ein unzutreffendes Bild oder wird das Erkennen des zutreffenden Sachverhalts erheblich erschwert, so stellt § 313 Abs. 1 Nr. 1 UmwG dies in der Tatbestandsvariante des **Verschleierns** unter Strafe.

27 Nicht alle unrichtigen oder verschleiernden Angaben im Zusammenhang mit einem Umwandlungsvorgang führen zu einer Strafbarkeit, sondern nur dann, wenn sie in einem der in § 313 Abs. 1 Nr. 1 UmwG abschließend aufgezählten **Tatmittel** wiedergegeben werden. Es sind dies in der **1. Tatvariante** nur die im UmwG vorgesehenen **schriftlichen Umwandlungsberichte** bei Verschmelzung (§ 8 UmwG), Spaltung (§§ 127, 135 Abs. 1 UmwG), Übertragung (§§ 176 ff. UmwG) und Formwechsel (§ 192 UmwG), auch wenn sie freiwillig (überobligatorisch) abgegeben wurden[58]. All diese Berichte sind die entscheidende Informationsunterlage für die Anteilseigner, so dass darin enthaltene falsche Angaben das Vermögen der Anteilseigner besonders gefährden können. Angaben in anderen Berichten (insb. Jahresabschlüssen und Lageberichten nach § 331 HGB) können nach § 331 HGB, §§ 399, 400 AktG oder § 82 GmbHG strafbar sein, § 313 UmwG tritt dann zurück[59]; zum Prüfbericht siehe § 314 UmwG.

28 § 313 Abs. 1 Nr. 1 **2. Tatvariante** erstreckt mit hinreichend konkretisierten Rechtsbegriffen[60] die Strafbarkeit von Falschangaben auf **Darstellungen und Übersichten zum Vermögensstand**, die im sachlichem und zeitlichem Zusammenhang mit der Umwandlung stehen. Hierzu rechnen Zahlenwerke (Zusammenstellungen) oder sonstige Berichte in welcher Form auch immer, die (vergleichbar mit Abschlüssen, die im Laufe eines Geschäftsjahres aufgestellt werden, Gewinn- und Verlustrechnungen oder Zwischenberichten für die Aktionäre) den Eindruck einer gewissen Vollständigkeit erwecken und einen Überblick über das Vermögen oder die wirtschaftliche Lage des an der Umwandlung beteiligten Rechtsträgers geben sollen[61]. Der Begriff des „Vermögensstands", auf den sich die Darstellungen und Übersichten nach dem Wortlaut des § 313 Abs. 1 Nr. 1 UmwG zwingend beziehen müssen, umfasst nicht nur die aktuelle Vermögenslage, sondern auch die Ertragslage der Gesellschaft und andere für ihre wirtschaftliche Entwicklung bedeutsame Faktoren. Auch Ad-hoc-Mitteilungen können Darstellungen oder Übersichten über den Vermögens-

---

[55] Graf/Jäger/Wittig/*von Häfele* § 313 Rn. 12; Kölner Kommentar-UmwG/*Rönnau* § 313 Rn. 52.
[56] BGH 1 StR 420/03, BGHSt 49, 381, 391 = NJW 2005, 445 zu § 400 AktG.
[57] Kölner Kommentar-UmwG/*Rönnau* § 313 Rn. 53 m. w. N.
[58] Kölner Kommentar-UmwG/*Rönnau*, § 313 Rn. 45; KH-UmwG/*Weinrich* § 313 Rn. 7; Böttcher/Habighorst/Schulte/*Böttcher* § 313 Rn. 8.
[59] Müller-Guggenberger/*Wagenpfeil* § 27 Rn. 183; Keßler/Kühberger/*Dahlke* § 313 UmwG Rn. 3; Achenbach/Ransiek/Rönnau/*Ransiek* § 8 Rn. 127.
[60] BVerfG 2 BvR 131/05, ZIP 2006, 1096 zu § 400 AktG.
[61] Semler/Stengel/*Taschke* § 313 Rn. 41; Lutter/*Kuhlen* § 313 Rn. 19; Kallmeyer/*Marsch-Barner* § 313 Rn. 7; Graf/Jäger/Wittig/*von Häfen* § 313 Rn. 15; Böttcher/Habighorst/Schulte/*Böttcher* § 313 Rn. 9; vgl. auch BGH 1 StR 420/03, BGHSt 49, 381, 391 = NJW 2005, 445 zu § 400 AktG; BGH II ZR 218/03, BGHZ 160, 134, 141 = NJW 2005, 2450; BGH II ZR 287/02, NJW 2004, 2664; aA HK-UmwG/*Weinrich* § 313 Rn. 8: auch fehlerhafte Einzelangaben.

stand sein, wenn sie nicht lediglich Berichte über Einzelereignisse enthalten, sondern umfangreiche Darstellungen über die wirtschaftliche Lage der Gesellschaft[62]. Dass die Darstellung die Vermögenslage des vom Täter vertretenen Rechtsträgers betrifft, ist nach dem Wortlaut des § 313 UmwG indes nicht vorausgesetzt[63]

In seiner **3. Tatvariante** stellt § 313 Abs. 1 Nr. 1 UmwG Falschangaben in **Vorträgen** 29 (also jedweden als ernsthaft aufzufassenden Stellungnahmen) **oder Auskünften in der Versammlung der Anteilseigner** (§ 13 UmwG) unter Strafe. Diese Angaben müssen keinen Bezug zu den Vermögensverhältnisses des an der Umwandlung beteiligten Rechtsträgers haben, wohl aber in einer nach dem UmwG vorgesehenen Versammlung (gleich ob gefragt oder ungefragt) erteilt werden[64]. Tatbestandsmäßig sind auch außerhalb der gesetzlichen Auskunftsverpflichtung erteilte Auskünfte. Ob eine Auskunft hätte verweigert werden können, ist unerheblich[65].

c) Falschangaben gegenüber Prüfern, § 313 Abs. 1 Nr. 2 UmwG. Die zweite 30 Grundlage für die Entscheidung der Anteilseigner sind die im Rahmen von Umwandlungen erstellten Berichte unabhängiger Prüfer. Daher muss in besonderem Maße dafür Sorge getragen werden, dass Prüfer zuverlässige tatsächliche Angaben erhalten (BT-Drs.12/ 6699, S. 171) und Falschangaben nicht durch „erschlichene Prüfberichte" untermauert werden[66]. In Ergänzung zu § 400 Abs. 1 Nr. 2 AktG, § 147 Abs. 2 Nr. 2 GenG, § 143 Abs. 2 VAG stellt § 313 Abs. 1 Nr. 2 UmwG daher unrichtige Angaben oder die unzutreffende oder verschleiernde Wiedergabe der Verhältnisse des an einer Umwandlung beteiligten Rechtsträgers **gegenüber Prüfern** (einschließlich den der Sphäre der Prüfer zuzurechnenden und entsprechend betrauten Prüfungsgehilfen[67]) unter Strafe. Die für die verschiedenen Rechtsformen geltenden Strafvorschriften, die Angaben gegenüber anderen Prüfern betreffen (zB Gründungsprüfer bei Umwandlungen zur oder durch Neugründung), werden durch § 313 Abs. 1 Nr. 2 UmwG nicht berührt[68]. Nicht vorausgesetzt ist, dass der Prüfer tatsächlich getäuscht wird; Falschangaben unterfallen § 313 Abs. 1 Nr. 2 UmwG auch dann, wenn der Funktionsträger mit dem Prüfer kollusiv zusammenwirkt[69].

§ 313 Abs. 1 Nr. 2 UmwG weicht von § 313 Abs. 1 Nr. 1 UmwG hinsichtlich der 31 Tätereigenschaft nicht (da Aufsichtsratsmitglieder keine Angaben machen müssen, hätte man sie aus der Liste möglicher Täter streichen können[70]) und hinsichtlich der Tathandlung nur insofern ab (im Übrigen kann auf → Rn. 23 ff. Bezug genommen werden), als auch **unrichtige Angaben** gegenüber Prüfern vom Tatbestand umfasst werden. Dies sind alle von den objektiven Gegebenheiten inhaltlich abweichende Aussagen (auch wertende oder prognostische, sofern ihnen ein objektiv nachprüfbarer Kern innewohnt[71]), die nicht notwendigerweise einen Bezug zu den Verhältnissen des an der Umwandlung beteiligten Rechtsträgers haben müssen, aber nicht völlig ohne Relevanz im Rahmen einer Umwandlung sind.[72]

---

[62] Vgl. BGH II ZR 402/02, NJW 2004, 2971; BGH II ZR 287/02, NJW 2004, 2664; OLG Frankfurt 2 Ws 36/02, NStZ-RR 2002, 275, 276 jeweils zu § 400 AktG; *Kort*, Die Haftung von Vorstandsmitgliedern für falsche Ad-hoc-Mitteilungen, AG 2005, 21, 24.
[63] HK-UmwG/*Weinrich* § 131 Rn. 8; aA Lutter/*Kuhlen* § 313 Rn. 18.
[64] Semler/Stengel/*Taschke* § 313 Rn. 42; HK-UmwG/*Weinrich* § 313 Rn. 9.
[65] Graf/Jäger/Wittig/*von Häfen*, § 313 Rdn. 16.
[66] Müller-Guggenberger/*Wagenpfeil* § 27 Rn. 185.
[67] Kölner Kommentar-UmwG/*Rönnau* § 313 Rn. 60; Graf/Jäger/Wittig/*von Häfen* § 313 Rdn. 23
[68] BT-Drs 12/6699, S. 171.
[69] Allg. Meinung; Kölner Kommentar-UmwG/*Rönnau*, § 313 Rn. 65; Semler/Stengle/*Taschke*, § 313 Rn. 58, HK-UmwG/*Weinrich* § 313 Rn. 14; Graf/Jäger/Wittig/*von Häfen*, § 313 UmwG Rn. 19
[70] Achenbach/Ransiek/Rönnau/*Ransiek* § 8 Rn. 141.
[71] Kölner Kommentar-UmwG/*Rönnau* § 313 Rn. 65 m. w. N.
[72] Graf/Jäger/Wittig/*von Häfen* § 313 Rn. 19.

§ 71 32–35   6. Kapitel. Weitere Besonderheiten

32   Als **Tatmittel** nennt § 313 Abs. 1 Nr. 2 UmwG **Aufklärungen und Nachweise**, die nach den Vorschriften des UmwG einem Verschmelzungs-, Spaltungs-, oder Übertragungsprüfer zu geben sind. Damit setzt der Tatbestand nach seinem Wortlaut zum einen voraus, dass eine **Auskunftspflicht** hinsichtlich der für eine sorgfältige Prüfung erforderlichen Erklärungen oder Unterlagen bestehen muss[73], zum anderen, dass es sich um eine **Pflichtprüfung** nach dem UmwG handelt und die Voraussetzungen dafür vorliegen (§§ 9 bis 12, 44, 45e, 48, 60, 78, 81 Abs. 2, 100, 122f UmwG, ggf. i. V. m. § 125 UmwG oder §§ 176 bis 180 UmwG)[74]. Freiwillige Angaben können nach § 313 Abs. 1 Nr. 1 UmwG strafbar sein. Da der Verschmelzungsprüfer gem. § 301 Abs. 2 Satz 2, § 11 Abs. 1 UmwG die zur Prüfung der Angemessenheit einer anzubietenden Barabfindung notwendigen Aufklärungen und Nachweise verlangen kann, zählt auch diese zu den in § 313 Abs. 1 Nr. 2 UmwG tatbestandsmäßigen Pflichtprüfungen[75]

33   d) **Falschangaben gegenüber dem Registergericht, § 313 Abs. 2 UmwG.** § 313 Abs. 2 UmwG stellt zwei **Spezialtatbestände**[76], nämlich fache Angaben oder Erklärungen gegenüber dem Registergericht bei der Anmeldung der Verschmelzung (vgl. § 52 Abs. 1 UmwG) einerseits und bei der Abspaltung oder Ausgliederung (vgl. § 140, 146 Abs. 1 UmwG) andererseits unter Strafe. Mit der **1. Variante** zielt der Gesetzgeber auf Fälle etwa einer Verschmelzung auf eine GmbH als übernehmende Rechtsträgerin, auf deren Geschäftsanteile nicht alle zu leistenden Einlagen in voller Höhe erbracht wurden; dem Schutz der Anteilseigner des übertragenden Rechtsträgers vor einer Ausfallhaftung in diesen Fällen (§ 24 GmbHG) dient das in § 51 UmwG geregelte Zustimmungserfordernis aller Anteilsinhaber. Hierauf und um die erforderliche Prüfung durch das Registergericht zu erleichtern, sieht § 52 Abs. 1 UmwG vor, dass die Vertretungsorgane der an der Verschmelzung beteiligten Rechtsträger bei der Anmeldung zur Registereintragung auch zu erklären haben, dass dem Zustimmungserfordernis Rechnung getragen wurde; durch die Strafsanktion soll sichergestellt werden, dass hierbei keine unrichtigen Angaben gemacht werden[77]. Mit der **2. Variante** soll sichergestellt werden, dass Geschäftsführer, Vorstandsmitglieder oder Komplementäre einer Kapitalgesellschaft bei der Handelsregisteranmeldung keine unrichtigen Angaben über das Vermögen der Rumpfgesellschaft machen, die durch Abspaltung oder Ausgliederung einer oder mehrerer Teile aus einer Kapitalgesellschaft entsteht. Zum Schutz der Gläubiger der Rumpfgesellschaft muss diese das in Gesellschaftsvertrag oder Satzung vorgesehene Stamm- oder Grundkapital auch noch nach der Abspaltung oder Ausgliederung abdecken, was die Vertretungsorgane nach §§ 140, 146 UmwG gegenüber dem Registergericht zu versichern haben[78].

34   § 313 Abs. 2 ist **Sonderdelikt** und kann nur von den in dieser Vorschrift bezeichneten Personen begangen werden. Dies sind (formell bestellte oder faktische, → Rn. 20) Geschäftsführer einer GmbH, Vorstandsmitglieder einer AG, vertretungsberechtigte Komplementäre einer KGaA und deren jeweils stellvertretenden Funktionsträger sowie Abwickler einer der genannten Gesellschaften.

35   **Tathandlungen** sind das Machen unrichtiger, also mit der objektiven Sachlage nicht übereinstimmender Angaben oder das Zugrundlegen (Verweisen, Inbezugnehmen) solcher

---

[73] Vgl. § 320 Abs. 2 Satz 1 HGB; aA HK-UmwG/*Weinrich* § 313 Rn. 13: auch freiwillige Angaben.
[74] Kölner Kommentar-UmwG/*Rönnau* § 313 Rn. 61, 62; Graf/Jäger/Wittig/*von Häfen* § 313 UmwG Rn. 21; Lutter/*Kuhlen* § 313 Rn. 20; Semler/Stengel/*Taschke* § 313 Rn. 53 ff; Böttcher/Habighorst/Schulte/*Böttcher* § 313 Rn. 16; Achenbach/Ransiek/*Rönnau*/*Ransiek* § 8 Rn. 142.
[75] Kölner Kommentar-UmwG/*Rönnau* § 313 Rdn. 63; Semler/Stengel/*Taschke* § 313 Rdn. 55; a. A. Widmann/Mayer/*Vossius*, § 313 Rdn. 54 mit Fn. 1.
[76] Die Aufzählung ist abschließend, Semler/Stengel/*Taschke* § 315 Rn 65, Lutter/*Kuhlen* § 315 Rn. 23; Keßler/Kühnberger/*Dahlke* § 315 Rn. 4; Henssler/Strohn/*Raum* UmwG § 313 Rn. 4; Böttcher/Habighorst/Schulte/*Böttcher* § 313 Rn. 21.
[77] BT-Drs. 12/6699, S. 172.
[78] BT-Drs. 12/6699, S. 172.

Angaben. § 313 Abs. 2 UmwG bezieht sich nach dem Wortlaut in seiner 1. Variante nur auf Erklärungen der Vertretungsorgane für die Zustimmung der Anteilseigner der von ihnen vertretenen Rechtsträger, sei es des übertragenden oder des übernehmenden[79], in seiner 2. Variante nur auf Erklärungen betreffend die Deckung des Stamm- oder Grundkapitals des übertragenden Rechtsträgers. Die Tathandlung ist hier, weil die genannten Erklärungen gegenüber dem Registergericht abzugeben sind, abweichend zu § 313 Abs. 1 UmwG, erst **vollendet** mit Eingang bei Gericht[80], Kenntnisnahme dort **beendet** die Tat.

3. Verletzung der Berichtspflicht, § 314 UmwG

Mit der in § 314 UmwG unter Strafe gestellten Verletzung der Berichtspflicht werden die für Abschluss-, Gründungs- und Sonderprüfer geltenden Regelungen in § 403 AktG, § 332 HGB, § 150 GenG und § 137 VAG durch eine **Spezialvorschrift** auf diejenigen Prüfer ausgedehnt, denen bei Umwandlungen besondere Aufgaben zugewiesen sind. Bestraft wird, wer als Verschmelzungs- Spaltungs- oder Übertragungsprüfer oder als Gehilfe eines solchen Prüfers das Ergebnis einer aus Anlass einer Umwandlung erforderlichen Prüfung falsch berichtet oder erhebliche Umstände im Prüfungsbericht verschweigt. Der Gesetzgeber wollte damit eine ansonsten bestehende Schutzlücke schließen[81] und hat § 314 UmwG – wie § 313 UmwG – als **abstraktes Gefährdungsdelikt** ausgestaltet, das den Eintritt eines bestimmtes Erfolges nicht erfordert. 36

§ 314 UmwG ist **Sonderdelikt** und kann nur von den genannten Tätern, also Verschmelzungs- Spaltungs- und Umwandlungsprüfern (und deren Gehilfen, also denjenigen, die den Prüfer mit Bezug zur Prüfungsaufgabe weisungsgebunden unterstützen und nicht lediglich nachgeordnete Schreib- oder IT-Aufgaben wahrnehmen[82]) begangen werden. Etwaige formelle Mängel bei deren gerichtlicher Bestellung (die auf Antrag erfolgt, § 10 UmwG) oder das Vorliegen eines Ausschlussgrundes (vgl. § 11 UmwG iVm § 319 Abs. 2 HGB) lassen die Täterqualität nicht entfallen, wenn eine Prüferbestellung vorliegt und die Prüfungstätigkeit **faktisch** aufgenommen wurde[83]. Ist eine Prüfgesellschaft beauftragt, kommen als Täter deren Vertreter, insbesondere die für die Prüfung zuständigen Vertreter, aber auch angestellte Wirtschaftsprüfer und/oder deren Gehilfen in Betracht[84]. Ein den Prüfer täuschendes Organ eines an der Umwandlung beteiligten Rechtsträgers kann nicht nach § 314 UmwG, sondern nach § 313 Abs. 1 Nr. 2 UmwG bestraft werden. 37

Die Prüfung muss „erforderlich" sein, d. h. es muss sich um eine **Pflichtprüfung** nach dem UmwG handeln[85]. Wegen Entbehrlichkeit (§ 9 Abs. 2 UmwG) oder Verzichts (§ 9 Abs. 3 UmwG) freiwillig durchgeführte Prüfungen erfasst der Tatbestand nicht, nach allgemeiner Ansicht auch nicht für die aus solchen Prüfungen resultierenden „Prüfberichte"[86]. Aus § 12 Abs. 1 UmwG, der vorsieht, dass das Ergebnis der Prüfung schriftlich zu berichten ist, wird zudem gefolgert, dass Angaben eines Prüfers nur dann iSv § 314 UmwG tatbestandsmäßig sind, wenn sie nicht lediglich vorbereitet sind und wenn sie **schriftlich** erstattet werden[87]. 38

---

[79] Graf/Jäger/Wittig/*von Häfen* § 313 Rdn. 25.
[80] Vgl. Böttcher/Habighorst/Schulte/*Böttcher* § 313 Rn. 23 m. w. N.
[81] BT-Drs 12/6699, S. 172.
[82] HK-UmwG/*Weinrich* § 313 Rn. 1; Keßler/Kühnberger/*Dahlke* § 314 Rn. 2 m. w. N.
[83] HM Kölner Kommentar-UmwG/*Rönnau* § 314 Rn. 8; Lutter/*Kuhlen* § 314 Rn. 4; Graf/Jäger/Wittig/*von Häfen* § 314 UmwG Rn. 4; Kallmeyer/*Marsch-Barner* § 314 Rn. 2 Böttcher/Habighorst/Schulte/Böttcher § 313 Rn; aA Semler/Stengel/*Taschke* § 314 Rn. 4.
[84] Böttcher/Habighorst/Schulte/*Böttcher* § 314 Rn. 6 m. w. N.
[85] Keßler/Kühnberger/*Dahlke* § 315 Rn. 2 m. w. N.
[86] Kölner Kommentar-UmwG/*Rönnau* § 314 Rn. 13; Lutter/*Kuhlen* § 314 Rn. 6; Graf/Jäger/Wittig/*von Häfen* § 314 UmwG Rn. 7; Kallmeyer/*Marsch-Barner* § 314 Rn. 2
[87] Graf/Jäger/Wittig/*von Häfen*, § 314 UmwG Rn. 8; Keßler/Kuhnberger/*Dahlke* § 314 Rn. 8; Semler/Stengel/*Taschke*, § 314 Rn. 12; Kallmeyer/*Marsch-Barner* § 314 Rn. 4; HK-UmwG/*Weinrich* § 313 Rn. 4.

39 **Tathandlung** ist das wenigstens bedingt vorsätzliche Erstatten eines falschen Prüfberichtes. **Falsch** ist die Berichterstattung, wenn sie das **Ergebnis der Prüfung unrichtig** wiedergibt. Geschützt ist nur eine „ehrliche Berichterstattung", dass also der Prüfer seine subjektiven Feststellungen und sein erlangtes Wissen zutreffend widergibt; vom Schutz nicht umfasst wird die objektive Richtigkeit und Vollständigkeit des Prüfberichts. Daher kann auch ein objektiv richtiger Bericht falsch iSv § 314 UmwG sein, wenn er nicht dem (objektiv unrichtigen) Prüfergebnis entspricht. Falsch ist ein Bericht auch dann, wenn der Prüfer nicht geprüft hat (sondern nur Angaben Dritter ungeprüft übernimmt) oder er bestehende Unsicherheiten nicht aufdeckt[88]. Werden **erhebliche Umstände verschwiegen**, ist der Bericht ebenfalls falsch, diese Tatbestandsvariante also gleichsam als besonders geregelter Unterfall anzusehen. Allgemein wird daraus abgeleitet, dass sich die Abweichung vom Prüfergebnis in allen Tatvarianten des § 314 UmwG auf für die Umwandlung **erhebliche Tatsachen** beziehen muss[89], namentlich solche, die für das Umtauschverhältnis und dessen Angemessenheit von Bedeutung sind. Da der Prüfer Garant für die Richtigkeit des Berichts ist, macht er sich – wegen Unterlassen – auch dann strafbar, wenn er später eine Unrichtigkeit iSv § 314 UmwG erkennt aber nicht berichtigt[90]. **Vollendet** ist die Tat – ähnlich wie bei § 313 Abs. 1 UmwG – wenn der Bericht so in die Welt gesetzt ist, dass Dritte davon Kenntnis nehmen können (→ Rn. 14).

40 § 314 UmwG enthält in Absatz 2 einen **Qaulifikatstatbestand**, der für Prüfer, die gegen Entgelt oder in der Absicht, sich oder einen anderen zu bereichern oder zu schädigen, Geld- oder Freiheitsstrafe bis zu fünf Jahren vorsieht. **Entgelt** ist dabei jeder materielle oder immaterielle Vorteil[91], der bereits geleistet oder in Aussicht gestellt wurde, weil oder damit der Prüfer eine Tat nach § 314 Abs. 1 UmwG begeht. Ob der Prüfer zur Tat bereits zuvor entschlossen war oder ob ein versprochener Vorteil tatsächlich gewährt wird, ist unerheblich. Die in der 2. Variante erforderliche **Absicht der Bereicherung oder der Schädigung** (dolus directus ersten Grades, dem Täter kommt es gerade darauf an) ist allein ausreichend, um einen erhöhten Strafrahmen zu eröffnen, weder bedarf es einer Vergütungs- oder Schädigungsvereinbarung, noch muss der erstrebte Erfolg eingetreten sein. Auch muss sich weder die Schädigungsabsicht auf das Vermögen beziehen[92] noch muss eine erstrebte Bereicherung rechtswidrig sein[93], so dass etwa ein Prüfbericht ohne durchgeführte Prüfung auch dann dem Qulifikatstatbestand unterfällt, wenn der Prüfer nur das vereinbarte Prüferhonorar vereinnahmen wollte[94].

4. Abgabe einer falschen Versicherung, § 314a UmwG

41 In Umsetzung der RL 2005/56/EG vom 26. Oktober 2005 hat der deutsche Gesetzgeber im Jahr 2007 in den §§ 122a ff. UmwG die **grenzüberschreitende Verschmelzung** deutscher Kapitalgesellschaften ermöglicht. Um dem erhöhten Sicherheitsbedürfnis der Gläubiger der inländischen Gesellschaft Rechnung zu tragen[95], wurde zugleich (nach dem Vorbild des § 53 Abs. 3 Nr. 2 SEAG) die Strafvorschrift des § 314a UmwG eingefügt[96], die die unrichtige Abgabe einer Versicherung über die Leistung einer angemessenen Sicherheit nach § 122k Abs. 1 Satz 3 UmwG unter Strafe stellt.

---

[88] Vgl. BGH II ZR 49/01, NJW 2003, 970, 972.
[89] Lutter/*Kuhlen* § 314 Rn. 7; Semler/Stengel/*Taschke* § 314 Rn. 12; Graf/Jäger/Wittig/*von Häfen* § 314 UmwG Rn. 11; Böttcher/Habighorst/Schulte/*Böttcher* § 314 Rn. 9 f.
[90] HK-UmwG/*Weinrich* § 313 Rn. 12.
[91] AA Graf/Jäger/Wittig/*von Häfen* § 314 UmwG Rn. 15: nur Vermögensvorteile.
[92] AA Semler/Stengel/*Taschke* § 314 Rn. 24.
[93] vgl. BGH 5 StR 303/93, NStZ 1993, 538 zu §§ 203, 272 StGB.
[94] Kölner Kommentar/*Rönnau* § 314 Rn. 10; Kallmeyer/*Marsch-Barner* § 314 Rn. 10; Lutter/*Kuhlen* § 314 Rn. 11; aA Semler/Stengel/*Taschke* § 314 Rn. 23; HK-UmwG/*Weinrich* § 313 Rn. 9.
[95] BT-Drs. 16/2919, S. 17, 20
[96] § 314a UmwG eingefügt mit Wirkung zum 25.4.2007 nach dem Vorbild des § 53 Abs. 3 Nr 2 SEAG, vgl. BT-Drs. 16/2919, S. 20.

Diese Versicherung ist von jedem der Mitgliedern des Vertretungsorgans der übertragen- 42
den inländischen Kapitalgesellschaft (nur diese kommen daher als **Täter** in Betracht[97])
höchstpersönlich gegenüber dem nach § 122k Abs. 1 Satz 1 UmwG zuständigen Registergericht abzugeben; bei Kollegialorganen müssen alle Mitglieder die Erklärung abgeben[98].
Die beteiligten ausländischen Gesellschaften unterliegen einer Kontrolle in ihrem Heimatstaat, sie werden von § 314a UmwG nicht erfasst[99].

Nur die **„nicht richtige"** Abgabe einer Versicherung erfüllt den Tatbestand. Wird eine 43
Versicherung überhaupt nicht abgegeben, muss dies nicht durch § 314a UmwG geschützt
werden, denn die Verschmelzung kann dann mangels Verschmelzungsbescheinigung
(§ 122k Abs. 3 Satz 4 UmwG) nicht wirksam werden. Eine abgegebene Versicherung ist
dann nicht richtig, wenn sie die objektive Wirklichkeit unzutreffend oder unvollständig
wiedergibt (weil etwa eine Sicherheit nicht oder nicht an alle oder keine angemessene
Sicherheit geleistet wurde). Ausreichend ist, dass die Erklärung eigenhändig unterschrieben
und abgesandt wurde[100]; ob das Registergericht sie zur Kenntnis erhält oder getäuscht wird,
ist nicht vorausgesetzt. Allgemein wird angenommen, dass auch eine Pflicht besteht, eine
erst später als unrichtig erkannte (also mangels Vorsatz bis dahin straflose) Versicherung
unverzüglich zu berichtigen, und dass das Unterlassen einer solchen Berichtigung ebenfalls
nach § 314a UmwG strafbar ist[101]. Der Versuch ist nicht strafbar; die Tat ist – wie bei § 313
Abs. 2 UmwG – mit Eingang beim Registergericht **vollendet**, mit Kenntnisnahme dort
beendet (→ Rn. 14).

III. Verletzung der Geheimhaltungspflicht, § 315 UmwG

Nach **§ 315 UmwG** macht sich strafbar, wer als Organ eines an einer Umwandlung 44
beteiligten Rechtsträgers (§ 315 Abs. 1Nr. 1 UmwG) oder als Umwandlungsprüfer (§ 315
Abs. 1 Nr. 2 UmwG) ein Geheimnis, namentlich ein Betriebs- oder Geschäftsgeheimnis
dieses oder eines anderen an der Umwandlung beteiligten Rechtsträgers unbefugt offenbart
(§ 315 Abs. 1 UmwG) oder unbefugt verwertet (§ 315 Abs. 2 Satz 2 UmwG). Dem liegt
die Erkenntnis zugrunde, dass insbesondere Betriebs- und Geschäftsgeheimnisse Schutz
bedürfen und verdienen – nicht nur wegen der regelmäßig in ihnen verkörperten Vermögenswerte. Nicht nur das Grundrecht der Berufsfreiheit, das auch auf juristische Personen anwendbar ist, soweit sie eine Erwerbszwecken dienende Tätigkeit ausüben, die
ihrem Wesen und ihrer Art nach in gleicher Weise einer juristischen wie einer natürlichen
Person offen steht, gewährleistet den **Schutz von Betriebs- und Geschäftsgeheimnissen**[102]. Einfachgesetzlich enthalten §§ 203, 204 StGB und insb. § 17 UWG rechtsform-
unabhängige Geheimschutzvorschriften, rechtsformabhängig werden in § 404 AktG, § 85
GmbHG, § 151 GenG und § 138 VAG die unbefugte Offenbarung oder Verwertung unter
Strafe gestellt. Als lex specialis zu den erstgenannten aber subsidiär[103] zu den letztgenannten
Vorschriften und diese ergänzend weitet § 315 UmwG die strafrechtlichen Vorschriften
gegen die Verletzung der Geheimhaltungspflicht auf Fälle aus, in denen an einer Umwand-
lung ein anderer Rechtsträger beteiligt ist, der nicht von anderen Vorschriften erfasst sind.
Das gilt insbesondere für Personenhandelsgesellschaften, Vereine und Stiftungen. § 315
UmwG will dabei auch dem Umstand Rechnung tragen, dass bei einer Umwandlung

---

[97] Böttcher/Habighorst/Schulte/*Böttcher* § 314a Rn. 4; Keßler/Kühnberger/*Dahlke*, § 314a Rn. 2; Achenbach/Ransiek/Rönnau/*Ransiek* § 8 Rn. 151.
[98] HK-UmwG/*Weinrich* § 314a Rn. 3.
[99] BT-Drs. 16/2919, 17.
[100] AA Graf/Jäger/Wittig/*von Häfen* § 314a UmwG Rn. 9.
[101] Graf/Jäger/Wittig/*von Häfen* § 314a UmwG Rn. 11.
[102] BVerfG 1 BvR 2087/03 u. a., NVwZ 2006, 1041.
[103] Keßler/Kühnberger/*Dahlke* § 315 Rn. 2 m. w. N.; die Subsidiarität mag auch die geringe praktische Bedeutung erklären.

§ 71   45–48   6. Kapitel. Weitere Besonderheiten

Geheimnisse des einen Rechtsträgers den Organen der anderen Rechtsträgern bekannt werden können[104].

45   **Geschützt** werden von § 315 UmwG alle umwandlungsfähigen Rechtsträger als Inhaber eines Geheimnisses, nach überwiegender Ansicht deren Vermögen[105], wohl aber (auch) deren informationelle Eigensphäre[106], nicht aber (auch wenn sie mittelbar profitieren) Anteilseigner, Gläubiger, Arbeitnehmer oder Geschäftspartner[107] oder gar die Allgemeinheit[108]. Nur der Rechtsträger ist Inhaber des geschützten Geheimnisses. Für alle an der Umwandlung beteiligten Rechtsträger ist die Strafvorschrift auch **Schutzgesetz** iSd § 823 Abs. 2 BGB[109].

46   **Tatgegenstand** sind **Geheimnisse**, also sämtliche Tatsachen, die 1. im Interesse oder zum Schutz der Gesellschaft nur einem begrenzten Personenkreis bekannt und damit nicht offenkundig sind, an deren Geheimhaltung das Unternehmen 2. ein objektives Interesse hat, und hinsichtlich der jedenfalls nach hM 3. ein Geheimhaltungswille besteht und zum Ausdruck gekommen ist[110]. Indem § 315 UmwG (wie zB § 404 AktG aber anders als zB § 17 UWG) Betriebs- und Geschäftsgeheimnisse nur beispielhaft nennt, macht er deutlich, dass dem Straftatbestand auch Geheimnisse ohne Vermögenswert oder wirtschaftlichen Bezug, also aus einem rein immaterielle Interessen heraus geheim zuhaltende Tatsachen unterfallen[111]. Eine Beschränkung auf Geheimnisse mit Bezug zur Umwandlung ist weder dem Wortlaut noch der Stellung im UmwG zu entnehmen[112].

47   Das für erforderlich gehaltene **Geheimhaltungsinteresse** wird über die zur Vertretung befugten Personen des Rechtsträgers gebildet aber auch aufgegeben. Damit diese sich nicht selbst einer Strafbarkeit entziehen können (etwa mit dem Argument, in der Offenbarung liege zugleich ein manifestierter Aufgabewille), ist es angezeigt, einen Verzicht im Interesse eines objektiven Geheimhaltungsinteresses (so man nicht ohnedies allein hierauf abstellen wollte[113]) für unwirksam zu erachten, wenn die Aufgabe des geheimhaltungsinteresse sachlich nicht vertretbar ist[114].

48   § 315 kann nur von den abschließend aufgezählten **Tätern** begangen werden (**Sonderdelikt**), nämlich einerseits den (wenigstens faktischen, → Rn. 20) Vertretungsorganen, vertretungsberechtigten Gesellschaftern oder Partner, Mitgliedern des Aufsichtsrats oder Abwickler (§ 315 Abs. 1 Nr. 1 UmwG; vgl. § 313 Abs, 1 Nr. 1 UmwG) und andererseits Verschmelzungs-, Spaltungs- oder Übertragungsprüfern und deren Gehilfen (§ 313 Abs. 1 Nr. 2 UmwG, vgl. § 314 Abs. 1 UmwG). Erforderlich ist darüber hinaus, dass das Geheimnis dem Täter nach dem Wortlaut des § 315 UmwG „in seiner Eigenschaft als" Funktionsträger bekannt geworden ist. Das setzt in zeitlicher Hinsicht voraus, dass der Täter bei Kenntniserlangung (aber nicht notwendigerweise bei Offenbarung oder Verwertung) die Funktion innehatte und dass ein funktionaler Zusammenhang zwischen Kenntniserlangung und Funktion besteht, das Geheimnis also dem Täter nicht privat bekannt wurde (was Tatfrage ist und regelmäßig zu verneinen sein dürfte). Die Forderung, das Geheimnis müsse dem Täter im Zusammenhang mit einer Umwandlung bekannt geworden sein, ist

---

[104] BT-Drs. 12/6699, S. 172.
[105] Lutter/*Kuhlen* § 315 Rn. 3; Semler/Stengel/*Taschke* § 315 Rn. 3 m. w. N.
[106] Vgl. Kölner Kommentar-UmwG/*Hohn* § 315 Rn. 5 m. w. N.
[107] Str.: wie hier Graf/Jäger/Wittig/*von Häfen* § 315 UmwG Rn. 2; Böttcher/Habighorst/Schulte/*Böttcher* § 315 Rn. 1; HK-UmwG/*Weinrich* § 315 Rn. 16 auch zur Gegenansicht.
[108] Kölner Kommentar-UmwG/*Hohn* § 315 Rn. 6 m. w. N. auch zu Gegenansicht.
[109] Henssler/Strohn/*Raum* UmwG § 315 Rn. 2; Böttcher/Habighorst/Schulte/*Böttcher* § 315 Rn. 2; Leitner/Rosenau/*Knierim/Kessler* § 333 HGB Rn. 33.
[110] Vgl. MünchKommStGB/*Kiethe* AktG § 404 Rn. 24; Graf/Jäger/Wittig/*von Häfen* § 315 UmwG Rn. 7
[111] Lutter/*Kuhlen* § 315 Rn. 7; aA HK-UmwG/*Weinrich* § 315 Rn. 3.
[112] AA Böttcher/Habighorst/Schulte/*Böttcher* § 315 Rn. 6.
[113] Vgl. Kölner Kommentar-UmwG/*Hohn* § 315 Rn. 15 ff., dort auch zu sog. Bagatellgeheimnissen
[114] Graf/Jäger/Wittig/*von Häfen* § 315 UmwG Rn. 8; aA HK-UmwG/*Weinrich*, § 315 Rdn. 4.

indes zu weitgehend und findet weder im Wortlaut, noch in der Gesetzesbegründung, noch in der Systematik eine Stütze[115]. Auch ein ehemaliger Funktionsträger, dem ein Geheimnis aus seiner früheren Tätigkeit bekannt wurde, kann sich dadurch nach § 315 UmwG strafbar machen, dass er dieses offenbart.

Tathandlung in der **Variante des § 315 Abs. 1 UmwG** ist das unbefugte **Offenbaren**. Umfasst ist jede Handlung, durch die Tatsachen, die zum Zeitpunkt der Handlung geheim sind, einem anderen als denjenigen, die die Tatsachen bis dahin kannten, mitgeteilt werden. Streitig ist, ob es hierfür ausreicht, dass ein bislang Uninformierter die Möglichkeit hat, vom Geheimnis Kenntnis zu nehmen[116] oder aber der Dritte tatsächlich Kenntnis genommen haben muss[117]. Diese Frage ist auch deshalb bedeutsam, weil er ein Versuch nicht strafbar ist, es somit darauf ankommt, wann die Tat iSv § 315 **vollendet** ist. Versteht man mit der herrschenden Meinung zutreffend auch § 315 UmwG als abstraktes Gefährdungsdelikt, so genügt zur Tatvollendung wie bei § 313 Abs. 1 UmwG (→ Rn. 14), dass das Geheimnis so aus der geschützten Sphäre herausgetragen wurde, gleich ob mündlich, in verkörperter Form oder auf sonstige Weise, dass mindestens ein Nichteingeweihter davon Kenntnis nehmen kann[118]. 49

Auch die Offenbarung eines Geheimnisses gegenüber einem selbst Schweigepflichtigen erfüllt den Tatbestand[119]. Soweit und solange die notwendige Täterfunktion zugleich eine Garantenstellung begründet[120], kann ein Geheimnis auch durch **Unterlassen** offenbart werden, etwa in dem der Versuch eines Dritten, sich Zugang zum Geheimnis zu verschaffen, nicht unterbunden wird[121]. 50

Unter den gleichen Voraussetzungen wie denen des § 314 Abs. 2 UmwG (gegen Entgelt oder mit Bereicherungs- oder Schädigungsabsicht → Rn. 40) liegt ein in § 315 Abs. 2 Satz 1 mit einem erhöhten Strafrahmen bedrohter, **qualifizierter Fall** des Offenbarens vor. In der mit dem gleichen erhöhten Strafrahmen bedrohten **Variante des § 315 Abs. 2 Satz 2 UmwG** ist Tathandlung das unbefugte **Verwerten**. Das ist jedes wirtschaftliche Nutzen des Geheimnisses, um für sich oder einen Dritten einen Vermögensvorteil zu realisieren[122]. In der Variante des Verwertens ist die Tat vollendet mit dem Beginn der ersten Nutzbarmachung. 51

Nach dem Wortlaut des § 315 UmwG muss das Offenbaren oder Verwerten **unbefugt** erfolgen. Damit wird nicht lediglich zum Ausdruck gebracht, dass die Handlung rechtswidrig sein müsse[123]. Zwar wird eine Tatsache zu einem Geheimnis gerade deswegen, weil sie nicht weitergegeben werden soll, das Offenbaren oder Verwerten indiziert somit die Unbefugtheit. Diese kann aber bei einer (wirksamen, sachlich nicht unvertretbaren) Zustimmung zur Weitergabe durch das zuständige Vertretungsorgan (bei GmbH die Gesellschafterversammlung) entfallen[124]. Werden Geheimnisse zwischen Organmitgliedern oder an Prüfer weitergeleitet, entfällt nicht etwa der Geheimnischarakter, sondern die Weitergabe erfolgt befugt und damit nicht tatbestandsmäßig. Während auch bestehende Auskunfts- 52

---

[115] Kölner Kommentar/*Rönnau* § 315 Rn. 4; Lutter/*Kuhlen* § 315 Rn. 7 Fn. 1; Semler/Stengel/ *Taschke* § 315 Rn. 8; a. A. Widmann/Mayer/Vossius § 315 Rn. 15; Graf/Jäger/Wittig/*von Häfen* § 315 UmwG Rn. 9
[116] So z. B. HK-UmwG/*Weinrich* § 313 Rn. 5.
[117] So z. B. Kölner Kommentar-UmwG/*Hohn* § 315 Rn. 42, der § 315 UmwG als Erfolgsverletzungsdelikt qualifiziert.
[118] Vgl. Böttcher/Habighorst/Schulte/*Böttcher* § 315 Rn. 10.
[119] BayObLG 2 St RR 157/94, NStZ 1995, 187, zu § 203 StGB.
[120] Kölner Kommentar-UmwG/*Hohn* § 315 Rn. 41.
[121] Vgl. Semler/Stengel/*Taschke* § 315 Rn. 24.
[122] Graf/Jäger/Wittig/*von Häfen* § 315 UmwG Rn. 13; Böttcher/Habighorst/Schulte/*Böttcher* § 315 Rn. 14.
[123] Böttcher/Habighorst/Schulte/*Böttcher* § 313 Rn. 9.
[124] Lutter/*Kuhlen* § 315 Rn. 11; Semler/Stengel/*Taschke* § 315 Rn. 21; Böttcher/Habighorst/ Schulte/*Böttcher* § 315 Rn. 9.

pflichten (etwa nach § 106 Abs. 2 BetrVG oder Zeugenpflichten in Zivil- oder Strafverfahren) stets die tatbestandsmäßige Unbefugtheit entfallen lassen[125], kann in Ausnahmefällen das Offenbaren von Geheimnissen zur Wahrnehmung berechtigter eigener Interessen nach § 34 StGB gerechtfertigt sein; ob hierzu auch das Offenbaren von Straftaten rechnet ist umstritten[126].

53 § 315 UmwG setzt hinsichtlich der in Abs. 1 genannten Tatbestandvoraussetzungen wenigstens bedingten **Vorsatz** voraus. Meint der Täter irrig (was Tatfrage ist), es läge kein Geheimnis vor oder er sei vom dafür zuständigen Organ zur Offenbarung des Geheimnisses befugt, befindet er sich in einem **Tatbestandsirrtum** (§ 16 StGB), meint er irrig, die Zustimmung durch ein hierzu nicht berufenes Organ lasse die Unbefugtheit entfallen, befindet er sich in einem (zumeist vermeidbaren) Verbotsirrtum (§ 17 StGB).

54 Die Verfolgung des Geheimnisverrates setzt stets einen **Strafantrag** voraus (§ 315 Abs. 3 UmwG), nicht ausreichend wäre, dass allein die Staatsanwaltschaft das öffentliche Interesse an der Strafverfolgung bejaht. **Antragsberechtigt** sind sämtliche an der Umwandlung beteiligten Rechtsträger, auch wenn das Geheimnis nicht aus ihrem Rechtskreis herrührt, weil alle im Interesse ihres Rechtsträgers die Möglichkeit haben müssen, ein Strafverfahren auch gegen Organmitglieder anderer beteiligter Rechtsträger herbeizuführen[127]. Das Antragsrecht wird durch das jeweilige Vertretungsorgan, nicht aber vom Anteilseigner ausgeübt wird. § 315 Abs. 3 Sätze 2 und 3 UmwG erweitert den Kreis der zur Ausübung des Antragsrechts Berufenen auf nichtvertretungsberechtigte Gesellschafter und Partner, um Interessenkonflikte und Schutzlücken in den Fällen zu vermeiden, in denen ein Mitglied eines Vertretungsorgans Täter ist. Der Strafantrag ist innerhalb von drei Monaten zu stellen, nachdem der Antragsberechtigte von der Tat und der Person des Täters Kenntnis erlangt hat, § 77b StGB; ist antragsbefugt ein Kollegialorgan, kommt es nach wohl überwiegender Meinung auf die Kenntnis aller seiner Mitglieder an, so dass die Kenntnis nur eines der Mitglieder die Antragsfrist nicht in Lauf setzt[128]. Der Strafantrag kann bis zum rechtskräftigen Abschluss des Strafverfahrens zurück genommen werden, dann allerdings nicht erneut gestellt werden.

IV. Verbandsgeldbußen

55 Sowohl nach deutschem als auch nach Unionsrecht können **gegen Unternehmen Geldbußen** verhängt werden, für die unter bestimmten Voraussetzungen **auch der Rechtsnachfolger** in Haftung genommen werden kann. Während auf europäischer Ebene (zentrale Norm ist insoweit Art. 23 VO 1/2003) Sanktionen nur gegen Unternehmen verhängt werden können, steht im deutschen Recht die individuelle Verantwortung der natürlichen Personen im Vordergrund. Als zentrale Norm eines unternehmensbezogenen Sanktionensystems hat der deutsche Gesetzgeber in § 30 OWiG die (notwendigerweise gesetzlich normierte) Möglichkeit eröffnet, dass gegen juristische Personen und Personenvereinigungen Geldbußen verhängt werden für Straftaten oder Ordnungswidrigkeiten, die Leitungspersonen eines Unternehmens begangen haben. Dieser enthält in Abs. 2a eine die Haftung bei Rechtsnachfolge betreffende Regelung. Anders als das europäische (Kartell-) Recht, bei dem kartellordnungswidrigkeitenrechtliche Zuwiderhandlungen einem Unternehmen im Sinne einer wirtschaftlichen Einheit zugerechnet werden, geht das deutsche

---

[125] HK-UmwG/*Weinrich* § 315 Rn. 6 m. w. N.
[126] Vgl. auch Kölner Kommentar- UmwG/*Hohn*, § 315 Rn. 37, der überwiegenden Auffassung folgend für eine auf schwere Straftaten oder Wiederholungsgefahr beschränkte, restriktive Handhabe plädiert
[127] BT-Drs 12/6699, S. 172; aA HK-UmwG/Weinrich § 315 Rn. 21; Böttcher/Habighorst/Schulte/*Böttcher* § 315 Rn. 18; Lutter/*Kuhlen* § 315 Rn. 16: antragsberechtigt nur der geschädigte Rechtsträger
[128] Graf/Jäger/Wittig/*von Häfen* § 315 UmwG Rn. 23; aA MünchKommStGB/*Kiethe* § 404 AktG Rn. 89.

Recht von einer dem Trennungsprinzip (§ 13 Abs. 2 GmbHG, § 1 Abs. 1 AktG) entsprechenden Haftung des jeweiligen Rechtsträgers für das Handeln von dessen Leistungspersonen aus (Rechtsträgerprinzip)[129]. Die vom Gesetzgeber in § 30 OWiG bewusst in Kauf genommenen Regelungslücken ermöglichen es Unternehmen, einer Bußgeldhaftung durch gesellschaftliche Umstrukturierungen zu entkommen. Dies ist insbesondere im Bereich des Kartellrechts ruchbar geworden, namentlich ein als „Wurstlücke" bekannt gewordener Fall: ein bekannter deutscher Wurstfabrikant, der an einem Kartell teilnahm, konnte sich einem vom BKartA verhängten Bußgeld in Höhe mehr als 125 Mio. EUR durch Vermögensverschiebungen und Umstrukturierungen erfolgreich entziehen. Das BKartA hat versucht, Regelungsdefiziten durch Verweisung von Bußgeldverfahren an die Europäische Kommission zu begegnen [130], was aber nicht befriedigen kann. Dies zusammen mit einem europarechtlichen Harmonisierungsdruck waren schließlich doch Anlass[131], die Bußgeldhaftung für den Bereich des Kartellrechts mit dem am 9.6.2017 in Kraft getretenen Neunten Gesetz zur Änderung des Gesetzes gegen Wettbewerbsbeschränkungen vom 1.6.2017 (9. GWB Novelle, BGBl. I 1416) zu verschärfen.

1. Verbandsgeldbuße nach § 30 OWiG

a) Einleitung. § 30 OWiG begründet **keinen eigenen Bußgeldtatbestand**, sondern eine **bußgeldrechtliche Sanktion eigener Art**. Es soll unlauterem Gewinnstreben vorgebeugt und juristische Personen und Verbände in Bezug auf die aus einer Straftat oder Ordnungswidrigkeit resultierenden Sanktionen mit natürlichen Personen gleichgestellt werden. Denn es gilt zu verhindern, dass die nur durch ihre Organe handlungsfähige juristische Person nicht auch den Nachteilen ausgesetzt ist, die als Folge von Rechtsverstößen beim Einzelunternehmer eintreten können. Während gegen diesen eine Geldbuße unter Berücksichtigung des wirtschaftlichen Wertes seines Unternehmens und des beabsichtigten oder erzielten Vorteils festgesetzt werden kann, würde sich die Geldbuße gegen die Leitungsperson einer juristischen Person oder Personenvereinigung nur nach deren persönlichen wirtschaftlichen Verhältnissen bemessen[132]. Zugleich sollen Unternehmen dazu motiviert werden, Leitungspersonen nach ihrer Rechtstreue auszuwählen und auf deren Rechtschaffenheit zu achten; die Leitungspersonen selbst sollen dazu motiviert werden, einem Gesetzesverstoß nicht um der möglichen wirtschaftlichen Vorteile wegen den Vorzug zu geben[133]. Die **Rechtsnatur** – und damit die Rechtfertigung der Norm – ist umstritten. Teilweise wird die Verbandsgeldbuße als Ausdruck eigener Verantwortlichkeit des Verbandes gesehen und dies mit der gesellschaftsrechtlichen Organtheorie begründet, der zufolge die juristische Person als Träger von Rechten und Pflichten zu betrachten ist[134]. Zutreffend wird man demgegenüber (ausgehend vom Zweck der Norm, den Verband beim Rechtsfolgenumfang einem Einzelkaufmann gleichzustellen) von einer bußgeldrechtlichen „Haftungsnorm" sprechen müssen, bei der das Verhalten eines Organs dem Verband zugerechnet wird[135]. Verfassungsrechtliche Bedenken bestehen nicht, weil die Verbands-

---

[129] Eine Konzernhaftung kennt das deutsche Recht nicht, auch wenn bei der Bußgeldbemessung die wirtschaftlichen Folgen im Konzern (der gesamten wirtschaftlichen Einheit) berücksichtigt werden können, BGH KRB 20/12, NJW 2013, 1972 – Grauzement
[130] *Krohs/Timmerbeil*, Die Durchsetzung von Kartellgeldbußen gegen Rechtsnachfolger, BB 2012, 2447
[131] Vgl. Begründung des Regierungsentwurfs BT-Drs. 18/10207 S. 38 ff.
[132] BT-Drs. 5/1269, 57 ff.
[133] BGH 1 Kart 18/85, NJW-RR 1987, 637, 638; *Hetzer*, EuZW 2007, 75, 77.
[134] KK-OWiG/*Rogall* § 30 Rn. 8 m. w. N.
[135] BGH KRB 55/10, NJW 2012, 164: „bußgeldrechtliche Haftung", „Haftung der Nebenbetroffenen"; BGH 1 StR 411/00, BGHSt 46, 207 = NJW 2001, 1436: „Haftung einer juristischen Person nach § 30 OWiG"; BeckOK OWiG/*Meyberg* § 30 Rn. 17; *Ransiek*, Zur strafrechtlichen Verantwortung von Unternehmen, NZWiSt 2012, 45, 48.

§ 71 57–60 6. Kapitel. Weitere Besonderheiten

geldbuße an ein schuldhaftes bzw. vorwerfbares Handeln einer für den Verband agierenden Leitungsperson an knüpft und dieses Voraussetzung für die Bußgeldhaftung ist[136].

57 Die gleichmäßige Anwendung der unternehmensbezogenen Bußgeldsanktionierung soll durch **Art. 180a RiStBV** gestärkt werden, der die Staatsanwaltschaften dazu anhält, in Fällen, in denen der Täter zum Leistungsbereich einer juristischen Person oder Personenvereinigung gehört, stets zu prüfen, ob neben der Verfolgung des Täters auch die Festsetzung einer Geldbuße gegen das Unternehmen in Betracht kommt und gegebenenfalls durch entsprechende Antragstellung darauf hinzuwirken[137].

58 **b) Voraussetzungen.** Eine Verbandsgeldbuße nach § 30 OWiG und damit auch eine Haftung eines eventuellen Rechtsnachfolgers kommt in Betracht, wenn eine Leitungsperson eines sanktionsfähigen Verbandes in dieser Eigenschaft eine Straftat oder Ordnungswidrigkeit – sog. Anknüpfungs- oder Bezugstat – begangen hat, durch die Pflichten des Verbandes verletzt worden sind oder durch die eine Bereicherung des Verbandes erreicht wurde oder werden sollte.

59 Der **Kreis der Personen (Anknüpfungstäter)**, deren delinquentes Verhalten eine Verbandsgeldbuße auslösen kann, ist in § 30 Abs. 1 OWiG abschließend geregelt. Es sind dies neben den in § 30 Abs. 1 Nr. 1 bis 4 OWiG genannten Leitungspersonen nach der Generalklausel des § 30 Abs. 1 Nr. 5 OWiG alle Personen, die wenigstens **materielle (faktische) Leitungsverantwortlichkeit** für das Unternehmen haben, ohne dass es auf die Wirksamkeit eines Bestellungsaktes ankommt[138]. Hierzu rechnen nicht nur die beispielhaft genannten Personen mit Überwachungs- und Kontrollbefugnissen, sondern auch Personen mit Leitungsverantwortung innerhalb bestimmter Bereiche, etwa einer unselbständigen Niederlassung[139]. Bei Kollegialorganen oder gemeinschaftlicher Vertretung ist das Handeln oder Unterlassen eines einzelnen ausreichend. Einer Verbandsgeldbuße steht weder entgegen, dass die Leitungsperson am Gesellschaftsvermögen beteiligt ist, noch dass sie interne Vertretungsbeschränkungen überschreitet[140], noch dass die Leitungsperson zum Zeitpunkt der Entscheidung über die Verbandsgeldbuße bereits aus dem Unternehmen ausgeschieden war, sofern sie die Leitungsfunktion zum Zeitpunkt der Tatbegehung innehatte. Handelt es sich bei dem Täter nicht um eine der in § 30 Abs. 1 OWiG genannten Leitungspersonen, kommt eine Haftung des Verbandes gleichwohl in Betracht, wenn ein Überwachungsverschulden i. S. v. **§ 130 OWiG** vorliegt. Die handelnde Leitungsperson muss nicht individualisiert oder individualisierbar sein („Hat jemand […]"), solange wenigstens festgestellt werden kann, dass eine Leitungsperson i. S. v. § 30 Abs. 1 schuldhaft/ vorwerfbar gehandelt hat (sog. „anonyme Verbandsgeldbuße").

60 Voraussetzung einer Verbandsgeldbuße (einer „Haftung") nach § 30 OWiG ist ferner, dass mindestens eine dieser Leitungspersonen im In- oder Ausland eine nach deutschen Recht[141] ahndbare **Straftat oder Ordnungswidrigkeit (Anknüpfungstat)** schuldhaft bzw. vorwerfbar begangen hat, die nicht verjährt ist (§ 30 Abs. 4 Satz 3 OWiG) und nach hM auch verfolgbar sein muss[142]. Die Tat muss in einem **doppelten Zurechnungszusammenhang** zum Verband stehen. Zum einen muss die Leitungsperson „als" solche gehandelt haben. Wie bei den umwandlungsspezifischen Falschangabedelikten (→ Rn. 6 ff.) kann der Verstoß gegen einen das Unternehmen betreffenden Pflichtenappell oder aber bei rechtsgeschäftlichem Tätigwerden im Namen des Unternehmens das Handeln einer Lei-

---

[136] Vgl. BVerfG 1 BvR 2172/96, NJW 1997, 1841 f..
[137] Einzelheiten bei BeckOK StPO/Meyberg, 180 RiStBV Rn. 2 ff.
[138] Wabnitz/Janovsky/*Raum* S. 324 mit Hinweis auf BGH 1 StR 414/65, BGHSt 21, 101 = NJW 1966, 2225; *Többens*, NStZ 1999, 1 (6).
[139] OLG Celle 2 Ws 81/12, NZWiSt 2013, 68, 70 f. mit Anm. *Rübenstahl*.
[140] BeckOK OWiG/ *Meyberg* § 30 Rdn. 51 mwN.
[141] Zu Anknüpfungstaten mit Auslandsbezug vgl. Leitner/Rosenau/*von Galen/Maass*, § 30 OWiG Rn. 122 ff m. w. N.
[142] Zu §§ 371, 378 AO vgl. *Reichling*, NJW 2013, 2233.

tungsperson diesen Zusammenhang indizieren, in anderen Fällen muss im Einzelfall das Tätigwerden der Leitungsperson von einem privaten Handeln „bei Gelegenheit" dieser Tätigkeit abgegrenzt werden. Wie dies zu geschehen hat (objektiv-funktional, nach einer normativen Zurechnungsbewertung oder nach dem tangierten (Geschäfts-)Interesse, nach wirtschaftlichen Gesichtspunkten oder aus subjektiver Sicht der Leitungsperson), ist vor allem mit Blick auf Taten, die sich unmittelbar zum Nachteil des Unternehmens auswirken, sehr streitig und kann hier nicht vertieft werden[143]. Zum anderen muss durch die Tat eine Pflicht, die den Verband trifft, also sich aus dessen besonderem Wirkungskreis ergibt (etwa zum Arbeitsschutz, zur Bekämpfung der Schwarzarbeit, das Verbot von Submissionsabsprachen nach § 298 StGB, die Aufsichtspflicht nach § 130 OWiG aber auch die zuvor dargestellten §§ 313 bis 315 UmwG), verletzt oder eine Bereicherung, also eine rechtswidrige Erhöhung des wirtschaftlichen Wertes des Vermögens des Verbands wenigstens erstrebt worden sein.

c) Haftung bei Rechtsnachfolge, § 30 Abs. 2a OWiG. § 30 Abs. 1 OWiG regelt, **61** wer **Adressat** einer Verbandsgeldbuße sein kann, nämlich juristische Personen (auch solche des öffentlichen Rechts), nicht rechtsfähige Vereine und sämtliche Personengesellschaften mit Rechtsfähigkeit (auch EWIV, PartG und die am Rechtsverkehr teilnehmende GbR), einschließlich der fehlerhaft zustande gekommenen sowie der Vor- und Vorgründungsgesellschaften. Gegen einen Einzelkaufmann bzw. ein einzelkaufmännisch organisiertes Unternehmen kann eine auf § 30 OWiG gestützte Geldbuße nicht verhängt werden. Hingegen kann auch gegen ein ausländisches Unternehmen Bußgeld nach § 30 OWiG festgesetzt werden, wenn eine rechtliche Vergleichbarkeit gegeben ist (zB ist die Sociedad Limitada spanischen Rechts typgleich mit einer deutschen GmbH) und die Bezugstat der deutschen Sanktionsgewalt (§§ 3 ff. StGB, § 5 OWiG) unterliegt[144].

Dieser abschließenden Aufzählung liegt zugrunde, dass die bußgeldrechtliche Sanktion **62** des § 30 OWiG nicht das Unternehmen als solches treffen soll, sondern jeweils die juristische Person oder Personenvereinigung, deren Leitungsperson delinquent wurde und die das Unternehmen betreibt (**Rechtsträgerprinzip**). Das gilt auch innerhalb von Konzernen: konzernabhängige Schwestergesellschaften sind im Verhältnis zueinander ebenso selbstständige juristische Personen wie in ihrem Verhältnis zur Muttergesellschaft. Für die Annahme einer allgemeinen bußgeldrechtlichen „**Konzernhaftung**" lässt § 30 OWiG angesichts seines eindeutigen Wortlautes keinen Raum[145].

Das Bußgeld kann solange verhängt werden, wie der **Rechtsträger Bestand** hat. Eine **63** **Änderung im Gesellschafterkreis** berührt den Bestand nicht und steht daher einer Sanktion ebenso wenig entgegen wie die **Insolvenz**[146] oder die noch nicht abgeschlossene **Liquidation**[147]. Eine **Umfirmierung** führt lediglich zu einer Änderung der Unternehmensbezeichnung, nicht aber zu einer bußgeldrelevanten Identitätsänderung[148]. Auch der bloße **Wechsel der Rechtsform** hat in der Regel keinen Einfluss auf den Bestand der Rechtsträgerschaft (§ 202 Abs. 1 Nr. UmwG) und ist damit ohne Einfluss auf die Verantwortlichkeit nach § 30 OWiG[149]. Wurde die Anknüpfungstat allerdings von einem Einzelkaufmann begangen, der sein Unternehmen nunmehr in der Rechtsform eines

---

[143] Vgl. KK-OWiG/*Rogall* OWiG § 9 Rn. 58 ff. und § 30 Rn. 106 ff.; BeckOK OWiG/*Meyberg* § 30 Rdn. 68 ff.; ausführlich auch z. B. MünchKommStGB/*Radtke* § 14 Rn. 58 ff.; ders. ZIP 2016, 1993; BeckOK StGB/*Momsen* § 14 Rn. 19 ff.
[144] KK-OWiG/*Rogall* § 30 Rn. 33; Leitner/Rosenau/*von Galen/Maass*, § 30 OWiG Rn. 120 f.; Berndt/Theile/*Theile* Rn. 310.
[145] BGH KRB 55/10, BGHSt 57, 193 = NJW 2012, 164 – Versicherungsfusion; eine Haftung der Konzernmutter kann aber bei „Doppelfunktionalität" des Handelnden und „doppelter Zurechnung" der Anknüpfungstat oder aber über § 130 OWiG in Betracht kommen.
[146] vgl. BGH 2 StR 366/98, NStZ 1999, 573.
[147] vgl. OLG Zweibrücken 1 Ss 264/94, NStZ 1995, 293.
[148] BGH KRB 23/04, NJW 2005, 1381 – Quotenkartell.
[149] BGH KRB 55/10, BGHSt 57, 193, 199 = NJW 2012, 164 – Versicherungsfusion.

§ 71   64, 65   6. Kapitel. Weitere Besonderheiten

sanktionsfähigen Verbands fortführt, kann eine Verbandsgeldbuße nicht festgesetzt werden, ebenso wenig, wenn ein sanktionsfähiger Verband durch einen Einzelunternehmer fortgeführt wird. Beim Wandel einer OHG in eine GbR muss das Verfahren nicht gegen deren Gesellschafter, sondern kann gegen die am Rechtsverkehr teilnehmende Außen-GbR fortgeführt werden[150].

64   Ist der **Rechtsträger erloschen**, wie etwa bei Verschmelzung (§ 20 Abs. 1 Nr. 2 UmwG) oder Aufspaltung (§ 131 Abs. 1 Nr. 2 UmwG), kann gegen diesen ein Bußgeld nicht mehr verhängt werden. Mit der Frage, ob der Rechtsnachfolger in bußgeldrechtliche Haftung genommen werden kann, befasst sich der durch **8. GWB Novelle** (Art. 4 Nr. 1 lit. b des Achten Gesetzes zur Änderung des Gesetzes gegen Wettbewerbsbeschränkungen vom 26.3.2013, BGBl. I 2013, 1738) mit Wirkung zum 30.6.2013 in Kraft getretenen **§ 30 Abs. 2a OWiG**. Der Gesetzgeber hat entgegen einer Empfehlung des Bundeskartellamtes am Rechtsträgerprinzip festgehalten, aber die Verbandsgeldbuße auch bei Gesamtrechtsnachfolge oder partieller Gesamtrechtsnachfolge durch Aufspaltung gem. § 123 Abs. 1 UmwG gegen den oder die Rechtsnachfolger nunmehr ausdrücklich zugelassen. Hiervon zu unterscheiden ist freilich die Frage, ob der Rechtsnachfolger aufgrund „eigener Delinquenz" im Zusammenhang mit der Anknüpfungstat haftet, etwa weil dessen Leitungspersonen die beim Rechtsvorgänger begangenen Taten fortsetzen und dadurch zu sukzessiven Mittätern der Anknüpfungstaten werden[151].

65   **Hintergrund** der Regelung in § 30 Abs. 2a OWiG ist, dass ohne diese Regelung eine Haftung des (Gesamt)Rechtsnachfolgers des bebußten oder zu bebußenden Rechtsträgers nur unter sehr restriktiven Voraussetzungen möglich war. Mit Blick auf die Wortlautgrenze des § 30 OWiG und das im Straf- und Ordnungswidrigkeitenrecht geltende Analogieverbot des Art. 103 Abs. 2 GG war nach der Rechtsprechung des BGH die Verhängung eines Bußgeldes nur möglich, wenn die betreffende juristische Person – etwa im Wege der Umwandlung – Gesamtrechtsnachfolgerin des Rechtsträgers geworden ist, dessen Leitungsperson eine Anknüpfungstat begangen hat, und wenn zwischen dem früheren und dem neuen Rechtsträger bei wirtschaftlicher Betrachtungsweise nahezu Identität besteht[152]. Durch diese „Nahezu-Identität" bei wirtschaftlicher Betrachtungsweise wurden die Voraussetzungen für eine Annahme einer Verantwortungszurechnung auch nach Ansicht des BVerfG hinreichend konkretisiert[153]. Wirtschaftliche Identität in diesem Sinne wurde bejaht, wenn das übernommene Vermögen eine wirtschaftlich selbstständige, die neue juristische Person prägende Stellung behalten hat, demgegenüber der neue Rechtsträger lediglich einen neuen rechtlichen und wirtschaftlichen Mantel bildet[154]. Wirtschaftliche Identität ist auch gegeben beim Wechsel der Vorgesellschaft in die juristische Person/Personenvereinigung oder zwischen fehlerhafter Gesellschaft und auf ihrer Grundlage fortgeführter Gesellschaft. Verneint wurde eine wirtschaftlichen Identität hingegen, wenn (etwa bei Fusion zweier Unternehmen mit annähernd gleicher Größe und fast identischen Marktanteilen, deren Geschäftsbereiche zusammengeführt werden) das Vermögen des Gesamtrechtsnachfolgers weder quantitativ noch qualitativ durch die übernommene Vermögensmasse geprägt wird[155]. Der BGH hat aber die „misslichen Konsequenzen", dass für betroffene Unternehmen die Möglichkeit eröffnet war, bußgeldrechtlichen Sanktionen durch Umwandlungen zu entgehen, herausgestellt und den Gesetzgeber hierfür in Verantwortung genommen. Dieser hat sich allerdings gegen die Empfehlung des BKartA nicht für eine umfassende Verantwortlichkeit von Rechtsnachfolgern entschieden, sondern mit

---

[150] BeckOK-OWiG/*Meyberg* § 30 OWiG Rn. 40 f. m. w. N.
[151] Vgl. BGH KRB 20/12, BGHSt 58, 158 = NZWiSt 2013, 180, 188 – Grauzement.
[152] BGH KRB 55/10, BGHSt 57, 193, 199 = NJW 2012, 164 – Versicherungsfusion; BGH KRB 2/10, wistra 2012, 152, 487 – Transportbeton; BayObLG 3 ObOWi 29/02, NStZ-RR 2002, 279; KK-OWiG/*Rogall* OWiG § 30 Rn. 51.
[153] BVerfG 1 BvR 980/15, NJW 2015, 3641.
[154] BGH KRB 39/14, NZWiSt 2016, 245.
[155] BGH KRB 55/10, BGHSt 57, 193, 199 = NJW 2012, 164 – Versicherungsfusion.

§ 30 Abs. 2a OWiG eine begrenzte Erweiterung der nach der bisherigen Rechtsprechung ohnedies bereits gegeben Haftung vorgenommen.

Verfassungsrechtliche Bedenken gegen § 30 Abs. 2a OWiG sind zwar mit Blick auf 66 den Schuldgrundsatz (→ Rn. 3) geltend gemacht worden, bestehen indes nicht. Denn es geht nur darum, dass der Rechtsnachfolger, der in die Rechtsstellung des Rechtsvorgänger eintritt, die für diesen bereits begründete Haftung für delinquentes Verhalten von Leitungspersonen übernimmt, nicht aber um Zuweisung einer eigenen Schuld an den Rechtsnachfolger[156].

Die in § 30 Abs. 2a OWiG nunmehr statuierte Haftung des **Gesamtrechtsnachfolgers** 67 betrifft insbesondere die Verschmelzung (§§ 2 ff. UmwG) und die Vollübertragung nach § 174 Abs. 1 UmwG. Auf eine wirtschaftliche Identität kommt es nicht mehr an. Ist diese gegeben, ist das Unternehmen also der Sache nach dasselbe geblieben, standen schon bisher weder Rechtsformwechsel noch Rechtsnachfolge einer Bußgeldhaftung entgegen; hieran hat § 30 Abs. 2a OWiG nichts geändert. Beim Zusammenschluss von Unternehmen kann gegen das neue Unternehmen eine Geldbuße verhängt werden, wenn vor dem Zusammenschluss gegen wenigstens eines der vormaligen Unternehmen eine Geldbuße hätte verhängt werden können.

§ 30 Abs. 2a S. 1 OWiG beschränkt die Fälle **partieller Rechtsnachfolge** auf die 68 Aufspaltung nach § 123 Abs. 1 UmwG und erfasst damit – bewusst – nicht die Fälle, bei denen der ursprüngliche Rechtsträger zumindest vorläufig Bestand hat. Erfasst werden somit nicht die Abspaltung nach § 123 Abs. 2 UmwG oder die Ausgliederung nach § 123 Abs. 3 UmwG. In diesen Fällen kann der übertragende Verband solange er Bestand hat weiterhin in Haftung genommen werden. Bei der Aufspaltung nach § 126 Abs. 1 UmwG überträgt der übertragende Rechtsträger unter Auflösung ohne Abwicklung sein ganzes Vermögen jeweils als Gesamtheit im Wege der partiellen Gesamtrechtsnachfolge auf mindestens zwei Rechtsträger, gegen die nach der Neuregelung eine Geldbuße festgesetzt werden kann. Gegen welche bzw. gegen welchen Teilrechtsnachfolger die Geldbuße festzusetzen ist, entscheidet die Verwaltungsbehörde bzw. das erkennende Gericht. Die Regelung des § 30 Abs. 2a OWiG orientiert sich am Prinzip der gesamtschuldnerischen Haftung gemäß § 133 UmwG, wonach die an der Spaltung beteiligten Rechtsträger für die Verbindlichkeiten des übertragenden Rechtsträgers, die vor dem Wirksamwerden der Aufspaltung begründet worden sind, als Gesamtschuldner haften. Der Bußgeldbehörde oder dem Gericht soll dabei ein Auswahlermessen zukommen, welcher Rechtsnachfolger in Anspruch genommen wird[157].

Die Neuregelung erfasst auch die **wiederholte (sukzessive) bzw. mittelbare Rechts-** 69 **nachfolge**. Erfolgen mehrere Umstrukturierungsmaßnahmen hintereinander, etwa um Geschäftsfelder innerhalb einer Unternehmensgruppe neu zu ordnen, kann eine Geldbuße nicht nur gegen den unmittelbaren Rechtsnachfolger, sondern auch gegen den Rechtsträger festgesetzt werden, der bspw. nach einer nachfolgenden Verschmelzung als Rechtsnachfolger an dessen Stelle tritt[158].

Nicht erfasst werden Fälle der **Einzelrechtsnachfolge**, bei denen einzelne wesentliche 70 Vermögensbestandteile im Wege der Einzelrechtsübertragung erworben werden. Dies ist – gemessen am Erfordernis effektiver Strafverfolgung und wirksamer Prävention – nicht unbedenklich. Insgesamt ist zu beobachten, dass es Unternehmen (vor allem in größeren Konzernen) trotz des geltenden § 30 Abs. 2a OWiG durch bestimmte Formen der Gesamtrechtsnachfolge (Abspaltung, Ausgliederung, teilweise Vermögensübertragung und Varian-

---

[156] Wie hier Achenbach/Ransiek/Rönnau/*Achenbach* § 1 Rn. 23; Eisele/Koch/Theile/*Eisele* S. 153, 165 ff.; *Achenbach* wistra 2013, 369, 372.
[157] Zum Ganzen BT-Drs. 17/11053, 22; KK-OwiG/*Rogall* § 30 Rn. 56; krit. *Eisele*, wistra 2014, 81, 86.
[158] BT-Drs. 17/11053, 22.

ten des Formwechsels) zunehmend gelingt, sich Geldbußen zu entziehen[159]. Das gelingt auch durch Einzelrechtsnachfolge, etwa indem die Veräußerung einer Gesellschaft nicht als share deal (Übertragung der Gesellschaftsanteile), sondern als **asset deal** (Übertragung des Gesamtbetriebs durch sachenrechtliche Geschäfte ohne Übertragung der Gesellschaftshülle) ausgestaltet wird, denn dann kommt eine Bußgeldhaftung nur bei wirtschaftlicher „Beinahe-Identität" in Betracht[160]; ob die für „Aushöhlung" bestehenden Grenzen der §§ 266, 283 StGB ausreichend sind[161], erscheint fraglich. Hinzu kommt die Möglichkeit, dass sich eine Gesellschaft durch Abgabe einzelner Vermögensgegenstände, insbesondere an Konzernschwestern, entreichert. Dem nicht Einhalt gebieten zu können begegnet mit Blick auf das Gebot effektiver und gleichmäßiger Sanktionierung sozialschädlichen Verhaltens ebenso Bedenken wie unter Gerechtigkeitsgesichtspunkten. Die Einführung einer Kriminalstrafe gegen Unternehmen würde hieran indes nichts ändern, da allein diese die Frage nach eigener Verantwortlichkeit eines Rechtsnachfolgers nicht zu beantworten vermag.

71   Der **zeitliche Anwendungsbereich des § 30 Abs. 2a OWiG** ist umstritten[162]. Richtigerweise ist zu differenzieren: Für die bis zum 29.6.2013 abgeschlossenen Rechtsumwandlungen kommt wegen des strafrechtlichen Rückwirkungsverbots (nulla poena sine lege, Art. 103 Abs. 2 GG, Art. 49 Abs. 1 GrCh [= EU-Grundrechte-Charta]) eine Haftung des Rechtsnachfolgers nur nach den von der Rechtsprechung entwickelten Grundsätzen zu § 30 OWiG in der bis dahin geltenden Fassung in Betracht[163]. Darüber hinaus, also für alle seit dem 30.6.2016 abgeschlossenen Umwandlungen, besteht – entgegen dem insoweit missverständlichen, weil vom Entscheidungssachverhalt nicht gedeckten Leitsatz in BGH NJW 2015, 2198 – keine Notwendigkeit danach zu differenzieren, ob die Anknüpfungstat vor oder nach dem 30.6.2016 beendet wurde. Denn das Rückwirkungsverbot ist nicht tangiert. Lagen zum Zeitpunkt der Beendigung der Anknüpfungstat die weiteren Voraussetzungen des § 30 OWiG (einem sanktionsfähigen Rechtsvorgänger zurechenbare Anknüpfungstat einer Leitungsperson) vor, ist die zu diesem Zeitpunkt gesetzlich normierte Sanktionsfolge einschließlich der Haftung des Verbandes realisiert. Für dessen Haftung hat nunmehr auch der in § 30 Abs. 2a OWiG genannte Rechtsnachfolger einzustehen, wobei diesem keine eigene Schuld zugewiesen wird, sondern er nach dem Vorbild einer gesamtschuldnerischen Haftung in die bereits bestehende Bußgeldhaftung des Rechtsvorgängers eintritt. Es besteht auch kein Anlass, die Haftung des Rechtsnachfolgers zu beschränken auf Fälle, in denen dem Erwerber bekannt ist oder wenigstens hätte sein können, dass im übernommenen Verband das Risiko einer Verbandsgeldbuße schlummert. Es entspricht dem Wesen der Gesamtrechtsnachfolge, nicht nur die bisherigen (und möglicherweise gar aus der Tat stammenden) Vorteile, sondern auch die Risiken und Belastungen zu übernehmen. Der Erwerber kann sich auch nicht auf Vertrauensschutz berufen, denn das Vertrauen, sich einer Verbandssanktion, wie zum Tatzeitpunkt möglich, durch Umwandlung noch nach dem 30.6.2013 entziehen zu können, ist nicht schutzwürdig.

72   **d) erweiterter Haftungsübergang aufgrund Unionsrecht?** Es wird geltend gemacht § 30 Abs. 2a OWiG werde (insbesondere unionsrechtlichen) Anforderungen an ein Mindestmaß an Effektivität bei der Bekämpfung der Wirtschaftskriminalität nicht gerecht; wegen der Anwendungsschwierigkeiten und weiterhin bestehender Umgehungsmöglichkeiten greife § 30 Abs. 2a OWiG zu kurz[164]. In der Tat umfasst § 30 Abs. 2a OWiG nicht alle Fälle der Rechtsnachfolge und lässt so „**Schlupflöcher**", wie sich Unternehmen durch Umstrukturierungen einer Sanktion entziehen können. Es ist deshalb zu fragen, ob eine

---

[159] Übersicht über Regelungslücken des § 30 OWiG bei *Funk/Wiedemann*, BB 2015, 2627, 2629
[160] Vgl. Lange/Bunte/*Raum* § 81 Rn. 4; 4*Mühlhoff*, NZWiSt 2013, 321, 327.
[161] KK-OWiG/*Rogall* § 30 Rn. 58.
[162] Vgl. Achenbach/Ransiek/Rönnau/*Achenbach* § 1 Rn. 26; KK-OWiG/*Rogall* § 30 Rn. 47; Leitner/Rosenau/*von Galen/Maass* § 30 OWiG Rn. 64 ff.)
[163] BGH KRB 47/13, NJW 2015, 2198.
[164] *Mühlhoff*, NZWiSt 2013, 311 mwN; krit. auch *Verjans* S. 662 ff

unionsrechtskonforme Auslegung von § 30 OWiG zu einer weitergehenderen Haftung von Rechtsnachfolgern führen muss und ob sich eine solche aus anderen unionsrechtlichen Normen ergeben kann.

Die erste Frage (**unionsrechtskonforme Auslegung des § 30 OWiG?**) hat der BGH 73 klar verneint[165]. Zwar erfordere der allgemeine Grundsatz der effektiven Durchsetzung des Wettbewerbsrechts der Union, dass das nationale Recht wirksame und hinreichend abschreckende Sanktionen bereithält, was die Pflicht beinhaltet, das einzelstaatliche Recht unter Ausnutzen aller verfügbaren Spielräume möglichst so auszulegen, dass bei einer Zuwiderhandlung effektive Sanktionen verhängt werden können. Diese Pflicht finde hier aber seine Schranken in der Wortsinngrenze (Analogieverbot) und damit in dem im deutschen und europäischen Verfassungsrecht verankerten Gesetzlichkeitsprinzip (Art. 103 Abs. 2 GG; Art. 49 Abs. 1 GRCh; Art. 7 MRK). Eine gesetzlich nicht vorgesehene strafrechtliche Verantwortlichkeit könne auf eine unionsrechtskonforme Auslegung selbst dann nicht gestützt werden, wenn die in Rede stehende nationale Regelung sich andernfalls als unionsrechtswidrig erweisen könnte.

Für die zweite Frage (**strafrechtlicher Haftungsübergang nach Unionsrecht?**) muss 74 man zunächst in den Blick nehmen, dass die EU über Art. 4 Abs. 3, Art. 83 und Art. 325 Abs. 4 AEUV hinaus keine Kompetenz zum Erlass von Strafvorschriften hat[166]. Der EuGH sieht die Mitgliedstaaten zwar zu nichtdiskriminierender und abschreckender, effektiver Sanktionierung von Verstößen gegen Unionsrecht aufgerufen, räumt ihnen aber bislang ein weites Sanktionsermessen ein[167]. Zwar sind im Bereich des Kartellrechts Sanktionskompetenzen auf die Europäische Union übertragen (dazu III.1.). Überlegungen, hieraus (namentlich aus Art. 5 VO (EG) Nr. 1/2003) eine über einzelstaatliche Ermächtigungen hinausgehende Befugnis deutscher Wettbewerbsbehörden abzuleiten, unabhängig von nationalen Bestimmungen gegen jeden Rechtsträger, der zu einem Unternehmen im wirtschaftlich-funktionalen Sinn des europäischen Wettbewerbsrechts gehört, ein (Kartell-)Bußgeld zu verhängen, hat der **BGH** eine klare Absage erteilt[168]. Die Auferlegung einer Sanktion wegen Zuwiderhandlung gegen das europäische Kartellrecht durch die Behörden der Mitgliedstaaten muss vielmehr sowohl hinsichtlich Grund als auch Höhe von dem jeweiligen einzelstaatlichen Recht gedeckt sein. Demgegenüber hat der **EuGH** in einer bislang vereinzelt gebliebenen Entscheidung aus Art. 19 der RL 78/855/EWG („Verschmelzungsrichtliche"; nunmehr Richtlinie 2011/35/EU des Europäischen Parlaments und des Rates vom 5.4.2011 über die Verschmelzung von Aktiengesellschaften) abgeleitet, dass im Falle einer Verschmelzung (konkret zweier portugiesischer Aktiengesellschaften) auf die übernehmende Gesellschaft auch die Verpflichtung zur Zahlung einer Geldbuße für eine vor der Verschmelzung von der übertragenden Gesellschaft begangene Tat (konkret arbeitsrechtliche Ordnungswidrigkeiten) übergehe, die erst nach der Verschmelzung mit einer endgültigen Entscheidung verhängt wird; die Übernahme des unionsrechtlich einheitlich zu determinierenden „Passivvermögens" umfasse auch eine schwebende ordnungswidrigkeitsrechtlichen Haftung, weil ohne deren Übergang die Haftung erlöschen würde[169]. Die Gleichsetzung des zivilrechtlichen mit einem straf- oder ordnungswidrigkeitenrechtlichen Haftungsübergang kann nicht überzeugen, denn sie lässt das für repressives Staatshandeln auch unionsrechtlich geltende Gesetzlichkeitsprinzip außer Acht[170]. Um nationale Geltung zu entfalten, bedürfte die Richtlinie der Umsetzung in nationales Recht, was mit § 20 UmwG geschehen ist. Wenn man sich noch einmal die letztlich zur Einfüh-

---

[165] BGH KRB 47/13, NJW 2015, 2198 – maxit.
[166] Im Einzelnen str., vgl. *Satzger*, Internationales und Europäisches Strafrecht, 7. Aufl. 2016; BeckOK StGB/Valerius, Lexikon: Europäisches Strafrecht, Rn. 6 ff. m. w. N.
[167] EuGH Rs 68/88, NJW 1990, 2245, Rn. 23 f.
[168] BGH KRB 47/13, NJW 2015, 2196 – maxit.
[169] EuGH C-343/1, NZG 2015, 436 Rn. 27 ff. – MCH.
[170] Zutreffend Langheld NZG 2015, 1066.

rung des § 30 Abs. 2a OWiG führende Rechtsprechung des BGH und der Zustimmung dazu durch das BVerfG vergegenwärtigt, dürfte kein Zweifel bestehen, dass diese Norm ebenso wenig wie die Regelungen der Verschmelzungsrichtlinie eine Befugnisnorm für eine weitergehende Haftung des Rechtsnachfolgers eines Unternehmens, dem der Delinquent angehörte, in Deutschland sein kann; dem steht das Analogieverbot entgegen, was auch durch Unionsrecht nicht übergangen werden kann[171].

75 **e) Rechtsfolge.** Unter den oben genannten Voraussetzungen kann zugleich und in einer einheitlichen Entscheidung (einheitlicher Bußgeldbescheid, einheitlicher Strafbefehl, einheitliches Urteil) sowohl gegen den Täter der Anknüpfungstat eine Sanktion als auch gegen den Verband eine Geldbuße festgesetzt werden, sog. **verbundenes Verfahren**. § 30 Abs. 4 OWiG ermöglicht darüber hinaus auch ein selbständiges Bußgeldverfahren (eine **selbständige Verbandsgeldbuße**) gegen den Verband, wenn ein Straf- oder Bußgeldverfahren gegen die (bekannte oder unbekannte) Leitungsperson aus anderen als rechtlichen Gründen nicht durchgeführt, nicht eingeleitet, eingestellt oder von Strafe abgesehen wird[172]. Ein gegen ein übertragendes Unternehmen begonnenes Verfahren kann – wenn die Voraussetzungen des § 30 Abs. 2a OWiG vorliegen – ohne Weiteres **gegen den Rechtsnachfolger** fortgesetzt werden[173]. Der Rechtsnachfolger tritt in die zum Zeitpunkt des Wirksamwerdens der Nachfolge bestehende Verfahrensstellung des Vorgängers ein, § 30 Abs. 2a Satz 3 OWiG. Dies gilt unabhängig davon, ob die dem Rechtsvorgängers zuzurechnende Tat bereits bekannt oder gegen diesen bereits ein Bußgeld verhängt war oder nicht. Verfahrenshandlungen gegenüber dem Rechtsvorgänger, wie insbesondere verjährungsunterbrechende Maßnahmen, wirken auch für und gegen den Rechtsnachfolger.

76 Über die Festsetzung der Geldbuße und deren Höhe ist nach pflichtgemäßem Ermessen („kann") zu entscheiden; es gilt das **Opportunitätsprinzip**, § 47 OWiG. Das Bußgeld setzt sich zusammen aus einem Abschöpfungsteil (§ 30 Abs. 3, § 17 Abs. 4 OWiG), der die Untergrenze der zu verhängenden Sanktion bildet, und einem Ahndungsteil. Der Ahnungsteil der Geldbuße unterliegt einem steuerlichen Abzugsverbot (§ 4 Abs. 5 Nr. 8 S. 1 und 4 EStG).

77 Mit der **Abschöpfung** sollen alle dem Unternehmen aus der Tat zugeflossenen Vorteile wieder entzogen werden. Wird gegen den Rechtsnachfolger ein Bußgeld verhängt, so kann der bei diesem wie auch der beim Rechtsvorgänger aus der Tat resultierende Vorteil abgeschöpft werden. Für den **Ahndungsteil** bestimmt § 30 Abs. 2 OWiG als gesetzliche Obergrenze einen nach vorsätzlicher (§ 30 Abs. 2 S. 1 Nr. 1 OWiG: 10 Mio. EUR) und fahrlässiger Straftat (§ 30 Abs. 2 S. 1 Nr. 2 OWiG: 5 Mio. EUR) sowie dem für die Ordnungswidrigkeit geltenden Höchstmaß (§ 30 Abs. 2 S. 2 OWiG) gestaffelten (mit Wirkung zum 30.6.2013 deutlich erhöhten) Bußgeldrahmen.

78 Für die **Haftung des Gesamt- oder Teilrechtsnachfolgers (§ 30 Abs. 2a OWIG)** – einschließlich der weiteren Rechtsnachfolger – enthält § 30 Abs. 2a S. 2 OWiG eine **zweifache Haftungsbegrenzung**, die nach dem Willen des Gesetzgebers insbes. auch dem Verhältnismäßigkeitsgrundsatz Rechnung tragen soll[174]. Die Geldbuße, die gegen den Rechtsnachfolger festgesetzt werden kann, darf die Höhe der gegenüber dem Rechtsvorgänger angemessenen Geldbuße nicht übersteigen. Dies erfordert ggf. die Feststellung der Umstände, die für die Bemessung der hypothetischen Geldbuße gegen den Rechtsvorgänger maßgeblich gewesen wären. Darüber hinaus kann es unter Zugrundelegung der allgemeinen Zumessungskriterien auch zur Reduzierung der Geldbuße aufgrund von Um-

---

[171] Ebenso *Haspl*, „Bußgeldrechtliche Haftung" des Rechtsnachfolgers nach der Verschmelzungsrichtlinie?, EuZW 2013, 888; Langheld NZG 2015, 1066.
[172] Ausführlich zu Zuständigkeit und Verfahren zB BeckOK-OWiG/Meyberg, § 30 Rdn. 110 ff.; Leitner/Rosenau/*von Galen/Maass*, § 30 OWiG Rn. 71 ff.
[173] AA Graf/Jäger/Wittig/*Niesler* § 30 OWiG Rn. 23: nur bei wirtschaftlicher Nahezu-Identität
[174] BT-Drs 17/11053, 22.

ständen, die nur beim Rechtsnachfolger vorliegen, kommen[175]. Zum anderen ist die Höhe der Geldbuße auf den Wert des übernommenen Vermögens begrenzt. Nach Auffassung des Gesetzgebers können für die hierzu erforderliche Wertermittlung insbesondere die regelmäßig für die gesellschaftsrechtlichen Umstrukturierungen erforderlichen Unternehensbewertungen die notwendigen Anhaltspunkte liefern, wobei allerdings eine auf der Passivseite der Bilanz erfolgte Berücksichtigung des drohenden Bußgeldes, etwa durch Rückstellungsbildung nach § 249 HGB, dem Unternehmenswert wieder hinzuzurechnen ist[176]. Mindestens gleich geeignet sind die den zuständigen Behörden zuzubilligenden Schätzungen[177], die freilich – wie auch sonst – auf solider und nachvollziehbarer Basis erfolgen müssen und vom betroffenen Unternehmen widerlegt werden können.

Die gegen einen Verband gerichtete Verpflichtung zur Zahlung der Geldbuße kann auch gegen den Gesamtrechtsnachfolge vollstreckt werden; § 101 OWiG ist weder unmittelbar noch analog anwendbar[178]. Es besteht die Möglichkeit, zur Sicherung der Geldforderung aus einem Bußgeldbescheid einen dinglichen Arrest anzuordnen, § 30 Abs. 6 OWiG, der auch den Rechtsnachfolger treffen kann[179]. **79**

2. Geldbußen nach deutschem und europäischem Kartellrecht

Ein besonderer **Schwerpunkt** im Rahmen von Bußgeldern gegen Unternehmen, der auch rechtliche **Besonderheiten** aufweist, hat sich im Kartellrecht herausgebildet. In diesem Bereich treffen nationales und europäisches Recht zusammen: materiell-rechtlich werden gleichlaufende Verbote etabliert (Verbot wettbewerbsbeschränkender Vereinbarungen und Verhaltensweisen, Art. 101 AUEV, § 1 GWB; Verbot des Missbrauchs marktbeherrschender Stellung, Art. 102 AEUV, §§ 19, 20 GWB), verfahrensrechtlich kommt es zu einer parallelen Zuständigkeit deutscher und europäischer Behörden, soweit es um die Durchsetzung europäischen Kartellrechts geht, die zu Mitteilungspflichten und Anhörungsrechten deutscher Kartellbehörden führen. **80**

a) Europäisches Kartellrecht. Fundament des **europäischen Kartellrechts** sind Art. 101 und 102 AUEV, die ergänzt werden insbesondere durch VO (EG) Nr 1/2003 des Rates vom 16.12.2002 (KartellVO), die in den Mitgliedstaaten unmittelbare Geltung entfaltet. Nach deren Art. 3 kommt dem europäischen Recht **Anwendungsvorrang** zu, d. h. dass die Anwendung nationalen Kartellrechts (außer bei einseitigen Handlungen) nicht zu anderen Ergebnissen (sei es Verbote, sei es Erlaubnisse) führen darf, als nach Unionsrecht. **81**

Nach **Art. 23 VO (EG) Nr. 1/2003** kann die Europäische Kommission (Wettbewerbskommissar) verschuldete Verstöße gegen Auskunfts- und Mitwirkungspflichten im Zusammenhang mit Nachprüfungen und Verstöße gegen materielles Kartellrecht (Art. 101, 102 AUEV) und Entscheidungen nach Art. 8, 9 der Verordnung durch Bußgeld ahnden. Diese Unternehmensgeldbuße soll (was in der Literatur aber angezweifelt wird) keinen strafrechtlichen Charakter haben, weil es an einem sozialethischen Unwerturteil fehle (vgl. Art. 23 Ab. 5 VO (EG) Nr. 1/2003). Dies kann indes nicht über den präventiven wie auch repressiven (strafrechtsähnlichen) Charakter der Norm täuschen, der mit dem deutschen Ordnungswidrigkeitenrecht vergleichbar ist[180]. **82**

Die **Zumessung der Geldbuße** erfolgt nach der Schwere der Zuwiderhandlung und deren Dauer in einem zweistufigen Verfahren, bei dem die in Art. 23 Abs. 1 und Abs. 2 VO (EG) Nr. 1/2003 genannten umsatzabhängigen Höchstgrenzen ebenso zu beachten **83**

---

[175] BT-Drs. 17/11053, 22.
[176] BT-Drs. 17/11053, 22.
[177] Leitner/Rosenau/*von Galen/Maass* § 30 OWiG Rn. 70; *Mühlhoff*, NZWiSt 2013, 321, 326.
[178] Mühlhoff NZWiSt 2013, 321, 326 m. w. N.
[179] Dazu BeckOK-OWiG/Meyberg § 30 Rn. 139b ff.
[180] Langen/Bunte/*Sura*, Bd. 2 Art. 23 VO Nr. 1/2003 Rn. 6; Loewenheim/Meessen/Riesenkampff/Kersting/Meyer-Lindemann /*Nowak*, Kartellrecht, 3. Aufl. 2016, VerfVO Art. 23 Rn. 50; Graf/Jäger/Wittig/*Böse* Art. 23 KartellVO Rn. 11 m. w. N.

sind, wie die von der Europäischen Kommission erlassenen Leitlinien mit erschwerenden und mildernden Umständen (ABl. Nr. C 210 vom 1.9.2006, S. 2) und die „Kronzeugenregelung" (ABl. Nr. C 298 vom 8.12.2006), mit dem das zuerst mit der Kommission kooperierende Unternehmen, das bis dahin unbekannte Beweise und Informationen zur Feststellung eines Wettbewerbsverstoßes liefert, mit dem Erlass der Geldbuße rechnen kann[181]. Die Kommission hat bei der Festsetzung der Geldbuße ein Ermessen, der EuGH hat allerdings bei Klagen gegen einen Bußgeldbeschluss die Befugnis zu unbeschränkter Nachprüfung auch der Ermessensentscheidung.

84 **Adressat der Geldbuße** sind ausschließlich **Unternehmen und Unternehmensvereinigungen.** Das Unternehmen wird dabei in einem funktionalen Sinn verstanden als jede natürliche oder juristische Person oder Personenvereinigung, die unabhängig von ihrer Rechtsform und der Art ihrer Finanzierung wirtschaftliche Tätigkeit ausübt[182]. Unternehmensvereinigung ist ein Zusammenschluss mehrerer Unternehmen, der nicht notwendigerweise mit eigener Rechtspersönlichkeit oder mit Gewinnerzielungsabsicht der Wahrung der Interessen seiner Mitglieder dient (und der somit dem Verbot des Art. 101 AEUV unterfällt). Anknüpfungspunkt der Kartellsanktion ist damit im Gegensatz zum deutschen Recht das **Unternehmen als wirtschaftliche Einheit**, nicht der einzelne Rechtsträger. Als Handlung „des Unternehmens" wird dabei jede Tätigkeit einer Person im Rahmen der ihr von dem Unternehmen eingeräumten Befugnisse oder einer ihr erteilten Weisung angesehen, gleich ob diese eine spezielle Vertretungsbefugnis hat oder die Unternehmensleitung von dem Verstoß Kenntnis hat[183]. Dem Unternehmen wird also nicht nur das Handeln einer Leitungsperson zugerechnet, sondern ihr eine eigene Verantwortlichkeit zugeschrieben (die vielfach im Unterlassen organisatorischer Maßnahmen zur Einhaltung der Rechtsordnung gesehen wird[184]).

85 Dieser funktionale/wirtschaftliche Unternehmensbegriff kommt auch in Fällen der **Rechtsnachfolge** zum Tragen mit der Folge, dass die Kommission gegen einen Rechtsnachfolger – selbstverständlich erst nach dessen Anhörung – ein Bußgeld auch dann verhängen darf, wenn das ursprünglich haftende Unternehmen nicht mehr existiert, weil es von einem Erwerber übernommen wurde. In diesem Fall kann die Verantwortung für die von dem übernommenen Unternehmen begangene Zuwiderhandlung dem Rechtsnachfolger zugerechnet, der **Erwerber in Haftung** genommen werden, jedenfalls dann, wenn das übernehmende Unternehmen in der wirtschaftlichen Kontinuität zu dem übernommenen Unternehmen steht, mit diesem wirtschaftlich identisch ist[185]. So wird verhindert, dass eine Sanktion ausbleiben muss, obwohl das Unternehmen seine Geschäftstätigkeit in gleicher oder ähnlicher Weise fortsetzt. Änderungen im Namen und in der Rechtsform ändern die wirtschaftliche Identität nicht. Auch Umwandlung und Verschmelzung berühren nach der ständigen Entscheidungspraxis der Kommission die Eigenschaft eines Unternehmens im Sinne der VO (EG) Nr. 1/2003 nicht; das „Täterunternehmen" besteht fort, es wird nur anderes adressiert. Fusioniert das „Täterunternehmen" mit einer anderen juristischen Person, besteht ebenfalls das „Unternehmen" fort; für den vor Fusion begangenen Verstoß wird die entstandene neue juristische Person Adressat der Geldbuße. Erst wenn die wirtschaftliche Einheit insgesamt stillgelegt wird, kann eine Geldbuße nicht mehr verhängt werden.

86 Neben der Haftung des Erwerbers (und der Muttergesellschaft, s. u.) kommt auch eine fortwirkende **Haftung des Veräußerers** in Betracht, etwa wenn die Rechtspersönlichkeit

---

[181] Zum Ganzen vgl. zB Berndt/Theile/*Theile* Rn. 351 ff; Graf/Jäger/Wittig/*Böse* Art. 23 KartVO Rn. 43

[182] St. Rspr., vgl. EuGH C-231/11, EuZW 2014, 713 Rn 45, 47 – Siemens Österreich; EuGH Rs C 41/90, NJW 1991, 2891 Rn. 21; Langen/Bunte/*Sura* Art. 23 VO Nr. 1/2003 Rn. 10 m. w. N.

[183] ZB EuGH T-25/95 BeckEuRS 2000, 241894.

[184] *Tiedemann*, NJW 1988, 1169.

[185] EuGH C-448/11 Rn. 28, BeckEuRS 2013, 744124– SNIA; EuGH C-434/13, EuZW 2015, 194 Rn. 49– Parker Hannifi; Graf/Jäger/Wittig/Böse Art. 23 VO 1/2003 Rn. 9 m. w. N.

des „Täter-Unternehmens" fortbesteht, aber eine gewerblich tätige Einheit (etwa die am betroffenen Markt tätige) veräußert wird oder wenn ein rechtlich unselbständiger Teil des Veräußerers, in dem der Wettbewerbsverstoß begangen wurde, nach Umwandlung oder Veräußerung eine eigene Rechtspersönlichkeit erlangt. Nach ständiger Rechtsprechung des EuGH muss grundsätzlich die natürliche oder juristische Person, die das „Täterunternehmen" leitete, als die Zuwiderhandlung begangen wurde, für diese einstehen, auch wenn sie zum Zeitpunkt der Bußgeldentscheidung nicht mehr für den Betrieb des Unternehmens verantwortlich ist[186]. Auf diese Weise können auch Fälle des sog. Asset Deals bei ansonsten fortbestehender wirtschaftlicher Einheit mitunter eine Bußgeldhaftung des Veräußerers oder des Erwerbers führen[187].

Bedeutung erlangt der wirtschaftliche Unternehmensbegriff auch bei innerhalb eines **87** **Konzerns** begangener Kartellordnungswidrigkeiten, denn neben der unmittelbar handelnden Konzerngesellschaft kommt so auch eine Haftung einer übergeordneten Konzerngesellschaft trotz deren jeweils eigener Rechtspersönlichkeit in Betracht. Hierzu hat der EuGH ausgehend von dem auch im Unionsrecht zu beachtenden Grundsatz der persönlichen Verantwortlichkeit allerdings gefordert, dass das Fehlverhalten einer Tochtergesellschaft der Mutter müsse zugerechnet werden können, was grundsätzlich eine kapitalmäßige Verflechtung und Leitungsmacht bzw. einen bestimmenden Einfluss (etwa im Rahmen einer einheitlichen Konzernleitung) voraussetzt, was bei einer 100% im Eigentum der Muttergesellschaft befindlichen Konzerntochter (widerleglich) vermutet wird, ebenso wenn die Mutter oder mehrere Konzernunternehmen an der Tat beteiligt waren[188]. Dies führt dazu, dass regelmäßig Umstrukturierungen innerhalb eines Konzerns nicht aus der Bußgeldhaftung führen können, was auch das erklärte Ziel von Kommission und EuGH ist.[189]

Art. 23 VO (EG) Nr. 1/2003 statuiert überdies eine **„gesamtschuldnerische" Haf- 88 tung** für alle an einer Unternehmensvereinigung beteiligten Unternehmen[190] und begründet auch auf diese Weise weitergehender als bislang im deutschen Recht eine Konzernhaftung. Wird „das Unternehmen", das den Wettbewerbsverstoß begangen hat, in die juristischen Personen, aus denen es sich zusammengesetzt hat, gespalten, steht dies einer gesamtschuldnerischen Haftung für die Zuwiderhandlung nicht entgegen. Nach der Rechtsprechung des EuGH und des EuG kann eine Verantwortlichkeit einem Unternehmen auch dann zugerechnet werden, wenn die juristische Person, die zum Zeitpunkt der Zuwiderhandlung dem Unternehmen anngehörte, nicht mehr dem Konzern angehört[191]. Dem Einwand, eine solche Haftung widerspreche dem Grundsatz der individuellen Verantwortung, hält der EuGH entgegen, dass die Muttergesellschaft stets auch Nutznießerin eines wettbewerbswidrig erlangten Wertzuwachses der Tochtergesellschaft sei[192].

b) deutsches Kartellrecht. Das deutsche Kartellrecht enthält in § 81 GWB **Bußgeld- 89 tatbestände** für Verstöße gegen Art. 101, 102 AEUV und im Einzelnen genannte nationale Wettbewerbsvorschriften des GWB. Insoweit besteht zur Verfolgung eine Sonderzuständigkeit der Kartellbehörden (§ 82 GWB). § 81 GWB bildet keine eigenständige Grundlage

---

[186] Vgl. EuGH C-280/06, EuZW 2008, 93 Rn. 40 – ETI; EuGH Cs-352/09 P, BeckRS 2011, 80310– ThyssenKrupp Nirosita.
[187] *Timmerbeil/Mansdörfer*, BB 2011, 323, 324; vgl. auch EuGH C-65/02 – Thyssen BeckEURs 2005, 405652.
[188] EuGH C-231/11, EuZW 2014, 713 RN. 46 – Siemens Österreich; EuGH C-440/11, BeckRS 2013, 81446 Rn. 40 ff.; EuGH C-97/08, EuZW 2009, 816 – Akzo Nobel mit Anm. krit. Anm. Kling WRP 2010, 506; Einzelheiten Immenga/Mestmäcker/*Dannecker/Biermann*, EU-Wettbewerbsrecht, 5. Aufl. 2012, vor Art. 23 KartVO Rn. 88 ff. mwN; *Gehring/Kasten/Mäger*, CCZ 2013, 1, 5.
[189] EuGH C 279/88 – Cascades, BeckEuRS 2004, 75938.
[190] Graf/Jäger/Wittig/Böse Art. 23 KartellVO.
[191] EuGH C-248/98, BeckEuRS 2000, 242240– KNP BT; EuG s T-386/06, BeckEuRS 2011, 562292 Rn. 100 – Pegler.
[192] Vgl. Immenga/Mestmäcker/*Dannecker/Biermann*, EU-Wettbewerbsrecht, 5. Aufl. 2012, Vor Art. 23 KartVO Rn. 103 ff. m. w. N.

§ 71   90   6. Kapitel. Weitere Besonderheiten

für die Verhängung einer Unternehmenssanktion. Die Frage, ob eine juristische Person überhaupt durch das Handeln ihrer Leitungsperson mit einem Bußgeld belegt werden darf, weil eine die Bußgeldhaftung auslösende Anknüpfungstat begangen wurde, bestimmt sich auch im Kartellrecht ausgehend von § 30 OWiG bestimmt. Die in § 30 Abs. 1 OWiG vorgesehene Begrenzung der Ahndung einer Organtat gegenüber derjenigen („dieser") juristischen Person, deren Organ die Tat begangen hat, kann weder § 81 Abs. 4 Satz 2 GWB noch durch Art. 5 VO (EG) Nr. 1/2003 überwunden werden. Dies wird nunmehr mit dem am 9.6.2017 in Kraft getretenen Neunten Gesetz zur Änderung des Gesetzes gegen Wettbewerbsbeschränkungen vom 1.6.2017 (9. GWB Novelle, BGBl. I 1416) erzielt. Der deutsche Gesetzgeber hat damit – in enger Anlehnung an das europäische Kartellrecht – die Bußgeldhaftung im Konzern und für Rechtsnachfolger signifikant verschärft[193]. Die neuen Regelungen insb. in § 81 Abs. 3a (Konzernhaftung), Abs. 3b (erweiterte Rechtsnachfolgerhaftung) und Abs. 3c GWB (Haftung des wirtschaftlichen Nachfolgers) gelten einerseits nur für die Ahndung von Kartellverstößen, gehen dann aber § 30 Abs. 2a OWiG vor und verdrängen diesen (§ 81 Abs. 3b S. 3, 4 GWB).

90   **Regelungsziel** der 9. GWB Novelle ist es, die Regelungsdefizite und Sanktionslücken bei der Kartellbußgeldhaftung, die auch durch den mit der 8. GWB Novelle geschaffenen § 30 Abs. 2a OWiG nicht beseitigt wurden (s. o.), zu schließen, um so eine konsequente Kartellverfolgung durch Bußgeldverhängung zu ermöglichen. Zugleich soll eine Angleichung an das europäische Recht (Art. 23 VO (EG) Nr. 1/2003) durch die Einführung einer unternehmensgerichteten Sanktion vorgenommen werden. Die Reform beschränkt die Schließung der Sanktionslücken auf das Kartellrecht. Begründet wird dies zum einen mit Besonderheiten des Kartellrechts, die in einem einheitlichen Wettbewerbsrecht der EU gesehen werden sowie darin, dass anders als in anderen Rechtsgebieten das Unternehmen im Kartellrecht in seiner Gesamtheit Normadressat der sanktionsbewehrten Gebote und Verbote sei. Auch der Hinweis in der Gesetzesbegründung auf den angeblich spezifisch kartellrechtlichen Begriff des Unternehmen, wie er von der Rechtsprechung des EuGH geprägt werde, und das scheinbar auf Wettbewerbsrecht beschränkte europarechtliche Effektivitätsgebot (effet utile, Art. 197 AEUV) lassen den Verdacht nicht schwinden, dass Unternehmenssanktionierung nur dort effektiviert wird, wo dies unausweichlich geworden ist. Andererseits vermeidet die Einfügung der erweiterten Bußgeldhaftung in das bestehende Regelungsgefüge (verfassungsrechtliche) Bedenken mit Blick auf den Schuldgrundsatz, denn die Bußgeldhaftung des Unternehmens knüpft weiterhin an das vorwerfbare Fehlerhaften einer natürlichen Person an; lediglich das hierfür haftende Zuweisungssubjekt wird den wirtschaftlichen Realitäten angepasst und auf das Unternehmen im Sinne einer wirtschaftlichen Einheit erweitert[194]. Das Argument, selbst einer optimalen Compliance sei eine Haftung nun nicht mehr zu vermeiden[195], vermag schon in tatsächlicher Hinsicht nicht zu überzeugen; Konzernobergesellschaften sind vielmehr aufgerufen, ihre Complianceaufgaben im Gesamtkonzern ernst zu nehmen, eine Kartellverstöße nicht erkennende Compliance ist nicht optimal. Wettbewerbsnachteile müssen deutsche Unternehmen nicht fürchten; vielmehr soll mit der bewussten (wenngleich sogar etwas abgeschwächten) Über-

---

[193] Ausführlich dazu zB *Bosch*, die Entwicklung des deutschen und des europäischen Kartellrechts, NJW 2017, 1714; *Chmeis*, Die kartellrechtliche Unternehmensverantwortlichkeit nach der 9. GWB Novelle, AL 2017, 172; *Kahlenberg/Heim*, Das deutsche Kartellrecht in der Reform, BB 2017, 1161; *Kersting/Podszun*, Die 9. GWB Novelle, BeckVerlag 2017; *Mäger/Schreitter*, Die kartellrechtliche Bußgeldhaftung nach der 9. GWB Novelle, NZKart 2017, 264; *Meixner*, 9. GWB Novelle…, WM 2017, 1241 (Teil I), 1281 (Teil II); *Ost/Kallfass/Roesen*, Einführung einer Unternehmensverantwortlichkeit im deutschen Kartellsanktionenrecht, NZKart 2016, 447; *Seeliger/de Crozals*, Die 9. GWB Novelle, ZRP 2017, 37.

[194] Die Vereinbarkeit der Konzernhaftung mit Verfassungsrecht ist umstritten, vgl. *Ackermann* ZHR 179 (2015), 538, 555, 559; *Kahlenberg/Heim* BB 2016, 1863, 1869 f mwN; *Mäger/von Schreitter*, DB 2016, 2159, 2161 ff; Ost u. a., NZKart 2016, 447, 455 ff.

[195] Kersting/Podszun/*Meyer-Lindemann*, 9. GWB Novelle, S. 395 mwN.

nahme des Grundkonzepts und der Begrifflichkeiten des Unionsrechts eine weitgehende Kohärenz der Ergebnisse auf europäischer Ebene erzielt werden. Dementsprechend soll eine europafreundliche Auslegung maßgeblich sein und bei Zweifelsfragen eine Klärung durch den EuGH im Rahmen einer Vorlage nach Art. 267 AEUV erzielt werden können.

In **§ 81 Abs. 3a GWB** wird unter Übernahme des europäischen Unternehmensbegriffs 91 eine **Konzernhaftung** für Kartellverstöße eingeführt; die Anknüpfungstat einer Leitungsperson im Sinne des § 30 As.1 OWiG löst nunmehr die Verantwortlichkeit des „Unternehmens" aus. Das Bußgeld kann auch gegen juristische Personen oder Personenvereinigungen verhängt werden, die das Unternehmen zum Zeitpunkt der Begehung der Ordnungswidrigkeit gebildet haben und die auf die juristische Person oder Personenvereinigung, deren Leitungsperson die Ordnungswidrigkeit begangen hat, unmittelbar oder mittelbar einen bestimmenden Einfluss ausgeübt haben. Nicht mehr verlangt wird also, dass deren Leitungspersonen am Kartellverstoß unmittelbar selbst beteiligt waren oder ihnen eine Aufsichtspflichtverletzung nach § 130 OWiG vorzuwerfen ist[196]. Die Bußgeldhaftung erfasst damit auch die Gesellschaften etc, die zusammen mit der „Tätergesellschaft" ein Unternehmen im Sinne einer wirtschaftlichen Einheit darstellen, zur selben Unternehmensgruppe gehören. Weitere – zwingende – Voraussetzung ist die Ausübung eines bestimmenden Einflusses. Dies trifft auf Konzernober- und -zwischengesellschaften zu, nicht aber auf Schwestergesellschaften; gemeint ist die tatsächliche Ausübung einer einheitlichen Leitung, für die eine enge, organisatorische, wirtschaftliche und rechtliche Bindung ausreichend ist[197]. Anders als im europäischen Kartellrecht reicht die Vermutung eines bestimmenden Einflusses (im Falle einer 100%-igen Beteiligung) nicht aus. Der Tatrichter, dessen volle tatrichterliche Überzeugung gefordert ist, wird sich mE aber auf (allgemein anerkannte) Erfahrungssätze stützen können.

Die **Haftung des oder der Rechtsnachfolger** ist in mehrfacher Hinsicht gegenüber 92 § 30 Abs. 2a OWiG erweitert. § 81 Abs. 3b GWB, der eine eigenständige Rechtsgrundlage für die Festsetzung von Geldbußen gegen Gesamtrechtsnachfolger in kartellrechtlichen Ordnungswidrigkeitenverfahren schafft, ermöglicht es, auch gegen die Gesamtrechtsnachfolger der Konzernleitungsgesellschaften (im Sinne des § 81 Abs. 3a GWB) eine Geldbuße festzusetzen. Dabei kann die Geldbuße den Wert des übernommenen Unternehmens übersteigen (§ 30 Abs. 2a Satz 2 OWiG findet keine Anwendung).

Um wirksam auszuschließen, dass sich Unternehmen etwa durch die Einzelübertragung 93 von Vermögenswerten auf innerhalb oder außerhalb des Unternehmens stehende juristische Personen oder Personenvereinigungen von Bußgeldforderungen befreien können, sieht § 81 Abs. 3c GWB darüber hinaus die Festsetzung von Geldbußen in Fällen der **wirtschaftlichen Nachfolge** vor. Bußgeldadressat können auch solche juristischen Personen oder Personenvereinigungen sein, die das Unternehmen in wirtschaftlicher Kontinuität fortführen. Dieser Begriff ist nach europäischem Recht auszulegen[198]. Erfasst werden sollen insbesondere auch Vermögensverlagerungen auf außerhalb des Konzerns tätige Unternehmen, asset deals oder Vermögensübertragungen, bei denen die Tätergesellschaft rechtlich oder wirtschaftlich in Wegfall gerät (etwa bei einer Verschmelzung). Wenn der ursprünglich haftende Betreiber rechtlich fortfällt oder wirtschaftlich nicht mehr existent ist, trifft die bußgeldrechtliche Verantwortung nunmehr den Erwerber, der die Wirtschaftsgüter der juristischen Person oder Personenvereinigung, deren Leitungsperson die Ordnungswidrigkeit begangen hat, vollständig oder in Teilen übernimmt und die Geschäftstätigkeit fortsetzt.

Flankiert wird die erweiterte Konzern- und Rechtsnachfolgehaftung durch eine **ge-** 94 **samtschuldnerische Haftung** (§ 81 Abs. 3e GWB), wonach die Vorschriften zur Gesamtschuld entsprechende Anwendung, soweit gegen mehrere juristische Personen oder

---

[196] BT-Drs. 18/10297, S. 89.
[197] BT-Drs. 18/10297, S. 89 f.; Zander NZKart 2016, 98.
[198] BT-Drs. 18/10207, S. 92.

§ 71 95   6. Kapitel. Weitere Besonderheiten

Personenvereinigungen wegen derselben Ordnungswidrigkeit Geldbußen festgesetzt werden. Allerdings sind bei der Bußgeldbemessung nun auch wirtschaftliche Veränderungen (Verschlechterungen) während oder nach der Tat infolge des Erwerbs durch einen Dritten zu berücksichtigen (§ 81Abs. 4a GWB). Für Kartellverstöße, die bei Inkrafttreten der 9. GWB Novelle bereits beendet waren, ordnet § 81a GWB eine **Ausfallhaftung** an, wonach ein Bußgeld wegen einer Kartellordnungswidrigkeit gegen Konzernobergesellschaften und ihre Nachfolger verhängt werden kann, wenn die Festsetzung oder Vollstreckung der Geldbuße durch Umstrukturierungen oder Vermögensverschiebungen nach Bekanntgabe der Verfahrenseinleitung vereitelt werden; die Verfassungsmäßigkeit dieser „Zahlpflicht" für nachgelagerte Vermögensverschiebungen wird bezweifelt[199].

95   Im Kartellordnungswidrigkeitenrecht ist ferner der § 30 Abs. 2 OWiG verdrängende **Sonderbußgeldrahmen** in § 81 Abs. 4 Satz 2 GWB zu bachten. Danach ist der Ahndungsteil der Geldbuße (der wirtschaftliche Vorteil kann gem. § 81 Abs. 5 Satz 1 GWB, § 17 Abs. 4 OWiG abgeschöpft werden) nicht auf 10 Mio € begrenzt, sondern kann bis zu 10 % des Vorjahresumsatzes betragen, wobei der Umsatz nicht nur des jeweiligen Unternehmens, sondern des Gesamtkonzerns zugrunde zu legen ist[200]. Dies will § 81 Abs. 4 Satz 2 GWB nunmehr durch die Formulierung „im Falle eines Unternehmens" (statt „gegen ein Unternehmen") klarstellen. Es handelt sich nach der Entscheidung des BGH v. 26.2.2013[201] bei verfassungskonformer Auslegung nicht um eine Kappungsgrenze (eines nach oben offenen Bußgeldrahmens), sondern um die Obergrenze des Bußgeldrahmens. Geldbußen bei Kartellordnungswidrigkeiten können (abweichend zu § 30 OWiG) auch rein ahndenden Charakter haben, § 81 Abs. 5 S. 2 GWB (wirtschaftliche Vorteile können nach Maßgabe des § 34 GWB entzogen werden), müssen dann aber geringer ausfallen[202]. In Kartellverfahren ist ferner die (dem Unionsrecht angepasste und mit § 47 Abs. 1 Satz 1 OWiG und § 87 Abs. 7 GWB zu rechtfertigende) „Bonus-Regelung" für aussteigewillige „Hardcore-Kartellteilnehmer"[203] zu beachten. Auf der anderen Seite besteht nach § 81 Abs. 6 GWB eine (verfassungsrechtlich nicht zu beanstandende[204]) Verzinsungspflicht gegen juristische Personen und Personenvereinigungen.

---

[199] Im Gesetzgebungsverfahren, vgl. *Meixner*, WM 2017, 1281, 1287 mwN; in der Literatur vgl. *Kahlenberg/Heim*, DB 2016, 1863, 1872; *Mäger/von Schreitter*, DB 2016, 2159, 2164; *Seeliger/de Crozals* ZRP 2017, 37, 39.
[200] BGH KRB 20/12 BeckRS 2013, 06316.
[201] BGH KRB 20/12 BeckRS 2013, 06316.
[202] BT-Drs. 15/3640, 42.
[203] Bekanntmachung Nr. 9/2006 über den Erlass und die Reduktion von Geldbußen in Kartellsachen vom 7.3.2006.
[204] BVerfG 1 BvL 18/11, NJW 2013, 1418.

7. Kapitel. Investmentrechtliches Umwandlungsrecht

§ 72 Aufsichtsrecht

Übersicht

	Rdnr.		Rdnr.
A. Einführung	1–6	2. Besonderheiten bei Umwandlungen unter Beteiligung von offenen Investmentaktiengesellschaften mit veränderlichem Kapital	97–102
I. Begriff und Arten von Investmentvermögen	1–5		
II. Umwandlungen von Investmentvermögen	6		
B. Umwandlungen von offenen Investmentvermögen	7–120	III. Umwandlungen von offenen Spezialinvestmentvermögen	103–120
I. Überblick	7–9	1. Umwandlungen von offenen Spezialsondervermögen	103–116
II. Umwandlungen von offenen Publikumsinvestmentvermögen	10–102	a) Allgemeine Grundsätze	103–105
1. Umwandlungen von offenen Publikumssondervermögen	10–96	b) Verschmelzungsvoraussetzungen	106–114
a) Allgemeine Grundsätze	10–12	aa) Reduzierter Verschmelzungsplan	107, 108
b) Verschmelzungen	13–96	bb) Prüfung der Verschmelzung	109, 110
aa) Verschmelzungsarten	13, 14	cc) Keine Bekanntmachung / Veröffentlichung	111
bb) Mögliche Verschmelzungen	15, 16	dd) Keine Genehmigungspflicht durch die BaFin	112
cc) Aufsichtsrechtliches Genehmigungsverfahren	17–44	ee) Zustimmung der Anleger	113, 114
dd) Der Verschmelzungsplan	45–55	c) Wirksamwerden und Rechtsfolgen der Verschmelzung	115, 116
ee) Verschmelzungsinformationen	56–69	2. Umwandlungen von offenen Spezialinvestmentaktiengesellschaften mit veränderlichem Kapital und offenen Investmentkommanditgesellschaften	117–120
ff) Anlegerrechte	70–76		
gg) Wirksamwerden und Rechtsfolgen der Verschmelzung	77–87		
hh) Nachträgliche Prüfung der Verschmelzung	88–93	C. Umwandlungen von geschlossenen Investmentvermögen	121
ii) Kosten der Verschmelzung	94–96		

Schrifttum: *Assmann/Schütze*, Handbuch des Kapitalanlagerechts, 4. Auflage 2015; *Baur/Tappen*, Investmentgesetze, 3. Auflage, Berlin 2015; *Beckmann/Scholtz/Vollmer*, Investment – Ergänzbares Handbuch für das gesamte Investmentwesen, Stand 10/2017; *Helios/Löschinger*, Steuer- und aufsichtsrechtliche Praxisfragen bei der Restrukturierung und Auflösung von Investmentfonds und Investmentaktiengesellschaften, DB 2009, 1724; *Obermann/Brill/Heeren*, Konsolidierungen in der Fondsindustrie – Eine Untersuchung der aufsichtsrechtlichen und steuerrechtlichen Behandlung der Verschmelzung von inländischen Sondervermögen und Investmentaktiengesellschaften, DStZ 2009, 152; *Patzner/Bruns*, Fondsverschmelzungen und weitere Kapitalmaßnahmen im internationalen Umfeld, IStR 2009, 668; *Weitnauer/Boxberger/Anders*, Kommentar zum Kapitalanlagegesetzbuch, 2015; *Zetzsche*, Das Gesellschaftsrecht des Kapitalanlagegesetzbuches, AG 2013, 613–630.

A. Einführung

I. Begriff und Arten von Investmentvermögen

Der Begriff des Investmentvermögens stellt einen Oberbegriff dar.[1] Investmentvermögen ist jeder Organismus für gemeinsame Anlagen, der von einer Anzahl von Anlegern Kapital

---

[1] Weitnauer/Boxberger/Anders/*Volhard/Jung* KAGB § 1 Rn. 2.

§ 72 2–5   7. Kapitel. Investmentrechtliches Umwandlungsrecht

einsammelt, um es gemäß einer festgelegten Anlagestrategie zum Nutzen dieser Anleger zu investieren und der kein operativ tätiges Unternehmen außerhalb des Finanzsektors ist (§ 1 Abs. 1 S. 1 KAGB). Dabei können folgende **Arten von Investmentvermögen** unterschieden werden:
– abhängig von den möglichen Anlagegegenständen OGAW und AIF,
– abhängig vom Anlegerkreis Publikums- und Spezialinvestmentvermögen,
– abhängig von der Rückgabemöglichkeit offene und geschlossene Investmentvermögen,
– abhängig von der Rechtsform als Investmentvermögen der Vertrags- oder Satzungsform.

2   Organismen für gemeinsame Anlagen in Wertpapieren, sogenannte **OGAW**, sind Investmentvermögen, die die Anforderungen der OGAW-Richtlinie[2] erfüllen (§ 1 Abs. 2 KAGB). OGAW sind zwingend offene Publikumsinvestmentvermögen. Ihr Anlagespektrum ist auf liquide Vermögensgegenstände begrenzt (z. B. Wertpapiere, Geldmarktinstrumente, Bankguthaben, bestimmte Investmentanteile). Alternative Investmentfonds, sogenannte **AIF**, sind alle Investmentvermögen, die keine OGAW sind (§ 1 Abs. 3 KAGB). AIF können über die für OGAW zulässigen liquiden Anlagen in eine Vielzahl von Vermögensgegenständen investieren. Für offene Publikums-AIF enthalten die §§ 218 ff. KAGB, für geschlossene Publikums-AIF § 261 KAGB und für offene Spezial-AIF §§ 282 ff. KAGB sowie für geschlossene Spezial-AIF § 285 KAGB Einschränkungen.

3   Das KABG unterteilt Investmentvermögen grundsätzlich in offene und geschlossene Publikumsinvestmentvermögen und Spezial-AIF (§ 1 Abs. 4 bis 6 KAGB). Ein **offenes Investmentvermögen** liegt vor, wenn die Anteile auch vor Beginn der Liquidationsphase auf Ersuchen eines Anlegers direkt oder indirekt aus den Vermögenswerten des Investmentvermögens nach dem Verfahren und mit der Häufigkeit, die in den Vertragsbedingungen, in der Satzung oder im Emissionsprospekt festgelegt sind, zurückgekauft oder zurückgenommen werden.[3] OGAWs sind stets offene Investmentvermögen, da für sie die Einräumung eines (grundsätzlich jederzeitigen) Rückgaberechts verpflichtend ist. AIF können hingegen auf ein Rückgaberecht verzichten und stellen dann **geschlossene Investmentvermögen** dar.

4   Während ein **Publikumsinvestmentvermögen** keine Einschränkungen hinsichtlich des Anlegerkreises vornimmt, richten sich **Spezialinvestmentvermögen** nur an einen beschränkten, speziellen Anlegerkreis. OGAWs sind stets Publikumsinvestmentvermögen. Spezial-AIF sind AIF, deren Anteile auf Grund von schriftlichen Vereinbarungen mit der Verwaltungsgesellschaft oder auf Grund der konstituierenden Dokumente des AIF nur von professionellen (§ 1 Abs. 19 Nr. 32 KAGB) oder semiprofessionellen (§ 1 Abs. 19 Nr. 33 KAGB) Anlegern erworben werden dürfen (§ 1 Abs. 6 S. 1 KAGB). Publikumsinvestmentvermögen dürfen dagegen auch von Privat- und Kleinanlegern erworben werden. Spezialinvestmentvermögen sind leichter, schneller und flexibler zu gestalten und zu verwalten.[4]

5   Investmentvermögen können schließlich in der **Vertrags- oder Satzungsform** organisiert sein. Im Gegensatz zu in der durch Satzung errichteten Investmentvermögen haben die durch Vertrag errichteten **Sondervermögen** keine eigene Rechtspersönlichkeit. Sondervermögen müssen deshalb zwingend von einer externen Verwaltungsgesellschaft für Rechnung der Anleger nach Maßgabe der gesetzlichen Vorschriften und der Anlagebedingungen verwaltet werden (§ 1 Abs. 10 KAGB). Offene Investmentvermögen können sowohl in der Satzungsform – als **Investmentaktiengesellschaft mit veränderlichem Kapital** – (§§ 108 ff. KAGB) oder **Spezial-Investmentkommanditgesellschaft** (§§ 124 ff. iVm § 91 Abs. 2 KAGB) – als auch als Sondervermögen (§§ 92 ff. KAGB) aufgelegt werden. Geschlossene Investmentvermögen können hingegen ausschließlich in

---

[2] Richtlinie 2009/65/EG des Europäischen Parlamentes und des Rates vom 13.7.2009 zur Koordinierung der Rechts- und Verwaltungsvorschriften betreffen bestimmte Organismen für gemeinsame Anlagen in Wertpapieren (OGAW), ABl. L 302 vom 17.11.2009, S. 1.
[3] Assmann/Schütze/*Eckhold/Balzer* Handbuch des Kapitalanlagerechts § 22 Rn. 46.
[4] Zetzsche AG 2013, 613, 613.

der Satzungsform – als **Investmentaktiengesellschaft mit fixem Kapital** (§§ 140 ff. KAGB) oder **geschlossene Investmentkommanditgesellschaft** (§§ 149 ff. KAGB) –, nicht jedoch in der Vertragsform als Sondervermögen gebildet werden (§ 139 KAGB).[5]

II. Umwandlungen von Investmentvermögen

Die **Notwendigkeit einer Umwandlung** einer von Investmentvermögen zeigt sich vor 6 allem in wirtschaftlich schwierigen Zeiten. Der europäische Markt für Investmentfonds zeichnet sich durch eine Vielzahl von Investmentvermögen aus.[6] Insbesondere im Vergleich zum US-amerikanischen Markt gibt es in Europa eine größere Zahl von Investmentfonds bei signifikant niedrigerem Fondsvolumen. In wirtschaftlich guten Zeiten bietet dies dem Anleger den Vorteil eines vielfältigen Angebots und die Möglichkeit aus unterschiedlichsten Anlagestrategien und Assetklassen zu wählen. Mit spezialisierten Nischenfonds wird jedoch häufig nur eine kurz- bis mittelfristige Nachfrage bedient.[7] Auch die mit kleineren Volumina regelmäßig verbundene **ungünstigere Kostenstruktur** mag in guten Zeiten keine vorrangige Rolle spielen. Dies ändert sich jedoch regelmäßig in Krisenzeiten. Durch höhere Volumina lassen sich auf Anbieterseite die Fixkosten (beispielsweise für Finanzanalysen, Werbung, Buchführung, Infrastruktur und Personal) reduzieren. Für den Anleger ermöglichen geringere Fixkosten eine höhere Rendite. Die Zusammenlegung von kleinvolumigen Investmentvermögen stellt damit – insbesondere in wirtschaftlich schweren Zeiten – ein wichtiges und effizientes Instrument zur **Konsolidierung des Angebots** dar. Dabei müssen die gesetzlichen Rahmenbedingungen, insbesondere bei offenen Publikumsinvestmentvermögen die rechtlichen Interessen der betroffenen Anleger in besonderem Maße berücksichtigen.

B. Umwandlungen von offenen Investmentvermögen

I. Überblick

Das KAGB enthält **Sonderregelungen für die Verschmelzung** von offenen Invest- 7 mentvermögen. **Andere Umwandlungsformen** (insbesondere Spaltungen) sind vom KAGB nicht vorgesehen und daher aufsichtsrechtlich **nicht zulässig**. Als Grundfall wird im KAGB die Verschmelzung von **offenen Publikumssondervermögen** geregelt. Die §§ 181 ff. KAGB normieren dafür die aufsichtsrechtlichen Voraussetzungen – insbesondere das aufsichtsrechtliche Genehmigungsverfahren sowie die Anforderungen an den Verschmelzungsplan und die Anlegerinformationen – und regeln die Rechte der Anleger sowie die Rechtsfolgen und das Wirksamwerden der Verschmelzung. Sonderregelungen für Verschmelzungen unter Beteiligung von offenen Investmentaktiengesellschaften enthält § 191 KAGB.

Die Verschmelzung von **offenen Spezialinvestmentvermögen** ist in § 281 KAGB 8 geregelt. Da die Anleger eines Spezialinvestmentvermögens die Verschmelzung regelmäßig selbst initiiert haben werden und der Verschmelzung zustimmen müssen, ist ihre Schutzbedürftigkeit geringer als diejenige von Anlegern in Publikumsinvestmentvermögen. Das Gesetz berücksichtigt diese unterschiedliche Interessenlage und lässt die Verschmelzung von Spezialinvestmentvermögen unter erleichterten Bedingungen – insbesondere reduzierter Verschmelzungsplan, keine Genehmigungspflicht durch die BaFin – zu.

Keine Regelungen enthält das **KAGB** für die Umwandlung von **geschlossenen** 9 **Investmentvermögen**. Hierfür können jedoch die allgemeinen Regelungen des UmwG Anwendung finden (→ § 72 Rn. 121).

---

[5] *Zetzsche* AG 2013, 613.
[6] *Ebner* DStZ 2007, 68, 68; *Moritz/Jesch/Helios/Bickert* InvStG, § 14 Rn. 8.
[7] *Moritz/Jesch/Helios/Bickert* InvStG, § 14 Rn. 8.

II. Umwandlungen von offenen Publikumsinvestmentvermögen

1. Umwandlungen von offenen Publikumssondervermögen

10 **a) Allgemeine Grundsätze.** Investmentsondervermögen werden durch den Abschluss eines Investmentvertrages zwischen einer verwaltenden Kapitalanlagegesellschaft, den Anlegern und einer Depotbank gegründet. Sie stellen **weder eine Körperschaft noch eine Personengesellschaft** dar.[8] Aus zivilrechtlicher Sicht sind sie nicht existent. Lediglich aus steuerrechtlicher Sicht stellen Sondervermögen ein Zweckvermögen im Sinne von § 1 Abs. 1 Nr. 5 KStG dar und haben mithin für steuerrechtliche Zwecke eine eigene Rechtspersönlichkeit.

11 Das **UmwG** findet auf Umwandlungen von Sondervermögen **keine Anwendung**. Sondervermögen haben als Zweckvermögen im Sinne von § 1 Abs. 1 Nr. 5 KStG lediglich für steuerliche Zwecke eine eigene Rechtspersönlichkeit, stellen jedoch weder einen verschmelzungsfähigen Rechtsträger im Sinne von § 3 UmwG noch einen an einer Vermögensübertragung beteiligungsfähigen Rechtsträger im Sinne von § 175 UmwG dar.[9] Aus den gleichen Gründen stellen Sondervermögen weder spaltungsfähige Rechtsträger im Sinne von § 124 UmwG dar noch können sie formwechselnde Rechtsträger im Sinne von § 191 UmwG sein. In sämtlichen Fällen ist die Aufzählung der umwandlungsfähigen Rechtsträger abschließend und kann deshalb nicht auf Sondervermögen ausgeweitet werden.

12 Rechtsgrundlagen für die Umwandlung von Sondervermögen finden sich somit ausschließlich im KAGB. Das KAGB enthält in seinem zweiten Kapitel im Unterabschnitt 3 (§§ 181 ff. KAGB) Regelungen über die **Verschmelzung von offenen Publikumsvermögen**. Für andere Umwandlungsvorgänge unter Beteiligung von Sondervermögen – z.B. Spaltungen – trifft das KAGB hingegen keine Regelungen. Mangels gesetzlicher Regelung sind deshalb andere Umwandlungen als Verschmelzungen von Sondervermögen nicht zulässig.

13 **b) Verschmelzungen. aa) Verschmelzungsarten.** § 1 Abs. 19 Nr. 37 KAGB definiert **zwei Arten von Verschmelzungen**: Einerseits die Übertragung sämtlicher Vermögensgegenstände und Verbindlichkeiten eines oder mehrerer übertragender offener Investmentvermögen auf ein anderes bestehendes Sondervermögen oder einen anderen bestehenden EU-OGAW oder eine andere bestehende übernehmende Investmentaktiengesellschaft mit veränderlichem Kapital (**Verschmelzung durch Aufnahme**). Andererseits die Übertragung sämtlicher Vermögensgegenstände und Verbindlichkeiten zweier oder mehrerer übertragender offener Investmentvermögen auf ein neues, dadurch gegründetes übernehmendes Sondervermögen, oder einen neuen, dadurch gegründeten übernehmenden EU-OGAW oder eine neue, dadurch gegründete übernehmende Investmentaktiengesellschaft mit veränderlichem Kapital (**Verschmelzung zur Neugründung**). Sowohl der Verschmelzung durch Aufnahme als auch der Verschmelzung zur Neugründung ist gemeinsam, dass es zur Auflösung des übertragenden Sondervermögens ohne Abwicklung kommt und den Anlegern oder Aktionären des übertragenden Investmentvermögens Anteile oder Aktien an dem übernehmenden Investmentvermögen sowie gegebenenfalls eine Barzahlung in Höhe von nicht mehr als 10% des Wertes eines Anteils oder einer Aktie am übertagenden Investmentvermögen gewährt werden.

14 Die OGAW IV-Richtlinie sieht neben der Verschmelzung durch Aufnahme und der Verschmelzung zur Neugründung in Art. 2 Abs. 1 Buchstabe p) Ziffer iii) eine weitere Verschmelzungsart vor, durch die ausschließlich Vermögensgegenstände übertragen werden, die Verbindlichkeiten jedoch im übertragenden Vehikel zur Tilgung verbleiben (sogenanntes „**Scheme of Arrangement**" oder „**Scheme of Amalgamation**"). Für inlän-

---

[8] Obermann/Brill/Heeren DStZ 2009, 152, 154.
[9] Obermann/Brill/Heeren DStZ 2009, 152, 154; Patzner/Bruns IStR 2009, 668, 670; Helios/Löschinger DB 2009, 1724, 1727.

dische bzw. grenzüberschreitende Verschmelzungen hat der deutsche Gesetzgeber diese Form der Verschmelzung in Einklang mit der Richtlinie nicht vorgesehen.[10] Da die OGAW IV-Richtlinie jedoch gebietet, dass das nationale Recht alle drei Verschmelzungsarten anerkennt, gewährleistet § 182 Abs. 2 KAGB die Zulässigkeit von Verschmelzungen eines EU-OGAW auf ein OGAW-Sondervermögen, eine OGAW-Investmentaktiengesellschaft oder ein Teilgesellschaftsvermögen einer OGAW-Investmentaktiengesellschaft, wenn das für das übergebende Vehikel maßgebliche ausländische Recht eine Verschmelzung nach Art. 2 Abs. 1 Buchstabe p) Ziffer iii) der OGAW IV-Richtlinie vorsieht.[11]

bb) Mögliche Verschmelzungen. § 181 Abs. 1 S. 1 KAGB stellt zunächst klar, dass 15 die Verschmelzung von **Publikumsinvestmentvermögen** auf (offene)[12] **Spezial-AIF** und umgekehrt von (offenen) Spezial-AIF auf Publikumsinvestmentvermögen unzulässig ist. OGAW dürfen nur mit AIF verschmolzen werden, wenn das übernehmende oder neu gegründete Investmentvermögen weiterhin ein OGAW ist (§ 181 Abs. 1 S. 2 KAGB).[13]

Aufsichtsrechtlich wird unterschieden zwischen inländischen und grenzüberschreitenden 16 Verschmelzungen. Dabei liegt eine **inländische Verschmelzung** vor, wenn ausschließlich inländische offene Sondervermögen beteiligt sind (§ 182 Abs. 1 Alternative 1 KAGB). Dagegen liegt eine **grenzüberschreitende Verschmelzung** vor, wenn ein inländisches OGAW-Sondervermögen auf einen EU-OGAW verschmolzen wird (§ 182 Abs. 1 Alternative 2 KAGB). Denkbar ist schließlich auch, dass ein EU-OGAW auf ein inländisches OGAW-Sondervermögen verschmolzen wird (§ 183 Abs. 1 KAGB).

cc) Aufsichtsrechtliches Genehmigungsverfahren. Die Verschmelzung von Sonder- 17 vermögen bedarf der Genehmigung der zuständigen Aufsichtsbehörden. Bei einer **inländischen Verschmelzung**, an der ausschließlich inländische Sondervermögen beteiligt sind, ist die BaFin für die Genehmigung der Verschmelzung zuständig. Bei einer grenzüberschreitenden Verschmelzung ist dagegen zu unterscheiden. Nach der Intention der OGAW IV-Richtlinie obliegt die Entscheidung über die Genehmigung der Verschmelzung der zuständigen Aufsichtsbehörde des übertragenden Sondervermögens. Damit soll dem besonderen Schutzbedürfnis der Anleger des übertragenden Sondervermögens Rechnung getragen werden. Die Aufsichtsbehörde des übernehmenden Sondervermögens ist jedoch insoweit eingebunden als ihr ein Recht zur Prüfung der eingereichten Verschmelzungsinformationen zusteht. Bei der **Verschmelzung eines inländischen Sondervermögens auf einen EU-OGAW** ist deshalb die BaFin als Aufsichtsbehörde des übertragenden inländischen Sondervermögens zuständig. Es findet grundsätzlich das bei inländischen Verschmelzungen geltende Verfahren Anwendung, das lediglich insoweit modifiziert wird als es eine Einbindung der ausländischen Aufsichtsbehörde vorsieht. Die **Verschmelzung eines EU-OGAW auf ein inländisches OGAW-Sondervermögen** unterliegt hingegen dem für das übertragende ausländische Sondervermögen geltenden ausländischen Aufsichtsrecht. In diesem Fall wird die BaFin als Aufsichtsbehörde des übernehmenden inländischen Sondervermögens lediglich in das ausländische Genehmigungsverfahren eingebunden.

(1) Genehmigungsverfahren der BaFin bei inländischen Verschmelzungen und 18 **grenzüberschreitenden Verschmelzungen von inländischen OGAW-Sondervermögen auf EU-OGAW.** Verschmelzungen von inländischen Sondervermögen und die grenzüberschreitende Verschmelzung von inländischen OGAW-Sondervermögen auf EU-OGAW bedürfen der Genehmigung der BaFin als zuständige Aufsichtsbehörde. Das **aufsichtsrechtliche Genehmigungsverfahren** beginnt mit der Einreichung eines **Antrags** auf Genehmigung der Verschmelzung durch die Kapitalverwaltungsgesellschaft des über-

---

[10] Baur/Tappen/Geese/Wülfert Investmentgesetze § 181 KAGB Rn. 14.
[11] Weitnauer/Boxberger/Anders/Sittmann/Springer KAGB § 181 Rn. 5; ausführlich: Baur/Tappen/Geese/Wülfert Investmentgesetze § 181 KAGB Rn. 15 f.
[12] Baur/Tappen/Geese/Wülfert Investmentgesetze § 181 KAGB Rn. 9.
[13] Vgl. auch Art. 1 Abs. 5 RL 2009/65/EG sowie § 281 Abs. 1 KAGB.

tragenden Sondervermögens (§ 182 Abs. 2 KAGB). Dem Antrag auf Genehmigung sind die folgenden Angaben und Unterlagen beizufügen:

19 – der **Verschmelzungsplan** nach § 184 KAGB (§ 182 Abs. 2 S. 1 Nr. 1 KAGB). → Rn. 45 ff.

20 – bei **grenzüberschreitender Verschmelzung** eine aktuelle Fassung des **Verkaufsprospekts** gemäß Art. 69 Abs. 1 und 2 der Richtlinie 2009/65/EG und der **wesentlichen Anlegerinformationen** gemäß Art. 78 der Richtlinie 2009/65/EG des übernehmenden Sondervermögens. Diese Voraussetzung betrifft nur den Fall der grenzüberschreitenden Verschmelzung eines inländischen OGAW auf einen EU-OGAW. Für inländische Verschmelzungen besteht insoweit auch keine Notwendigkeit, da das Verkaufsprospekt des übernehmenden inländischen Sondervermögens und die wesentlichen Anlegerinformationen der BaFin stets in aktueller Fassung vorliegen müssen.[14]

21 – **Erklärungen der Verwahrstellen** des übertragenden und des übernehmenden Sondervermögens oder des EU-OGAW zur Prüfung nach § 185 KAGB bzw. Art. 41 der Richtlinie 2009/65/EG.

22 Die Verwahrstellen haben die Aufgabe, die Verschmelzung in Hinblick auf bestimmte Kriterien und Unterlagen zu prüfen. § 185 Abs. 1 KAGB normiert eine **Prüfungspflicht** sowohl der Verwahrstelle des übertragenden als auch des übernehmenden Sondervermögens. Gegenstand der Prüfung sind Teile des Verschmelzungsplans, den die Vertretungsorgane der an der Verschmelzung beteiligten Rechtsträger aufzustellen haben (→ Rn. 45 ff.).

23 Die Prüfung der Verwahrstellen umfasst jedoch nicht den gesamten Verschmelzungsplan, sondern beschränkt sich auf die nachfolgenden, in § 185 Abs. 1 KAGB genannten Punkte:

– die **Art der Verschmelzung** und die **beteiligten Sondervermögen** nach § 184 S. 3 Nr. 1 KAGB. Dabei werden die Verwahrstellen insbesondere zu prüfen haben, ob die geplante Art der Verschmelzung vom Gesetz vorgesehen ist, ob die vorgesehenen Sondervermögen zulässigerweise Gegenstand der geplanten Verschmelzung sind, ob die betroffenen Sondervermögen zutreffend beschrieben sind und ob diese Angaben mit den Anforderungen des Gesetzes und den Anlagebedingungen des jeweiligen Sondervermögens übereinstimmen.[15]

– den geplanten **Übertragungsstichtag**, zu dem die Verschmelzung wirksam werden soll (§ 184 S. 3 Nr. 6 KAGB). Die Verwahrstellen werden insbesondere zu prüfen haben, ob das Geschäftsjahresende des übertragenden Sondervermögens als Übertragungsstichtag festgelegt wurde bzw. – falls ein davon abweichender Übertragungsstichtag gewählt wurde – ob die gegebenenfalls erforderlichen Zustimmungen rechtswirksam eingeholt wurden und ob die Angaben auch im Übrigen mit den Anforderungen des Gesetzes und den Anlagebedingungen des jeweiligen Sondervermögens übereinstimmen.[16]

– die Bestimmungen für die **Übertragung von Vermögenswerten** und den **Umtausch von Anteilen** (§ 184 S. 3 Nr. 7 KAGB). In diesem Zusammenhang werden die Verwahrstellen insbesondere prüfen, ob die Vorschriften für die Übertragung der Vermögenswerte und Verbindlichkeiten und für den Umtausch der Anteile den Vorschriften des Gesetzes und den Anlagebedingungen des jeweiligen Sondervermögens entsprechen.[17]

24 Die Prüfung der Verwahrstellen hat mit einer **Erklärung** abzuschließen, die im Rahmen des Antrages auf Genehmigung der Verschmelzung bei der BaFin einzureichen ist und in der die Verwahrstellen bestätigen, dass sie die Verschmelzungspläne vorab geprüft haben

---

[14] Baur/Tappen/*Geese/Wülfert* Investmentgesetze § 182 KAGB Rn. 11.
[15] Baur/Tappen/*Geese/Wülfert* Investmentgesetze § 185 KAGB Rn. 3.
[16] Baur/Tappen/*Geese/Wülfert* Investmentgesetze § 185 KAGB Rn. 3.
[17] Baur/Tappen/*Geese/Wülfert* Investmentgesetze § 184 KAGB Rn. 3.

und die Angaben in den Verschmelzungsplänen zu den in § 184 S. 3 Nr. 1, 6, 7 KAGB mit den Vorschriften des KAGB und den Anlagebedingungen des jeweiligen Sondervermögens übereinstimmen. Durch die Einreichung der Erklärung der Verwahrstellen über die Prüfung gemeinsam mit dem Genehmigungsantrag wird eine frühzeitige Einbindung der Verwahrstellen in den Verschmelzungsprozess sichergestellt.

– die **Verschmelzungsinformationen** nach § 186 Abs. 1 KAGB, die den Anlegern des übertragenden Sondervermögens und des übernehmenden Sondervermögens zu der geplanten Verschmelzung übermittelt werden sollen. Die Verschmelzungsinformationen dienen insbesondere dem Schutz der Interessen der betroffenen Anleger (→ Rn. 56). Im Rahmen des Genehmigungsverfahrens prüft die BaFin detailliert, ob die eingereichten Verschmelzungsinformationen den gesetzlichen Anforderungen genügen und für die Anleger eine ausreichende Entscheidungsgrundlage hinsichtlich der Geltendmachung ihrer Rechte darstellen. 25

Die vorgenannten Angaben und Unterlagen sind in deutscher **Sprache** bei der BaFin einzureichen (§ 182 Abs. 2 S. 4 KAGB). Bei einer grenzüberschreitenden Verschmelzung sind sie darüber hinaus auch in der Amtssprache oder in einer der Amtssprachen der zuständigen Stellen des Herkunftsmitgliedstaates des übernehmenden EU-OGAW oder in einer von diesem gebilligten Sprache einzureichen (§ 182 Abs. 2 S. 4 KAGB). 26

Bei einer **Verschmelzung zur Neugründung** sind über die genannten Unterlagen und Angaben hinaus weitere Anforderungen zu beachten (§ 182 Abs. 2 S. 2 ff. KAGB): Soll bei der Verschmelzung zur Neugründung ein inländisches Sondervermögen gegründet werden, so sind dem Antrag auf Genehmigung der Verschmelzung auch der Antrag auf Genehmigung der Anlagebedingungen des neu zu gründenden Sondervermögens nach den §§ 162, 163 KAGB beizufügen. Soll hingegen bei der Verschmelzung durch Neugründung ein EU-OGAW gegründet werden, so ist der Nachweis beizufügen, dass die Genehmigung der Anlagebedingungen des neu zu gründenden EU-OGAW bei der zuständigen Stelle des Herkunftsmitgliedsstaates beantragt wurde. 27

Mit der Einreichung der Genehmigungsunterlagen beginnt das aufsichtsrechtliche Genehmigungsverfahren. Die Prüfung der eingereichten Unterlagen und Angaben durch die BaFin erfolgt in **zwei Schritten**: 28

In einem **ersten Schritt** prüft die BaFin die erhaltenen Unterlagen und Angaben zunächst auf ihre **Vollständigkeit**. Stellt sie fest, dass die eingereichten Unterlagen **unvollständig** sind, fordert sie die fehlenden Angaben und Unterlagen innerhalb von **zehn Arbeitstagen** nach Eingang des Genehmigungsantrages nach (§ 182 Abs. 3 S. 1 KAGB). Als Arbeitstag in diesem Sinne gelten die Wochenarbeitstage Montag bis Freitag mit Ausnahme der bundesweit einheitlichen gesetzlichen Feiertage sowie der am Sitz der BaFin in Frankfurt am Main und Bonn geltenden landesgesetzlichen Feiertage.[18]

Das Gesetz regelt nicht, ob der Antrag **nach Ablauf von zehn Arbeitstagen** ohne Nachforderungsverlangen der BaFin als vollständig eingereicht gilt. In der Praxis wird die einreichende Kapitalverwaltungsgesellschaft jedoch auch Nachforderungsverlangen, die nach Ablauf von zehn Arbeitstagen erfolgen, nachkommen, da unvollständige Unterlagen regelmäßig dazu führen werden, dass die inhaltliche Prüfung des Antrags zu einem Nachbesserungsverlangen der BaFin führen wird.[19] Insofern richtet sich die Regelung des § 182 Abs. 3 S. 1 KAGB wohl in erster Linie an die BaFin, die zu einer zeitnahen Prüfung der Vollständigkeit der eingereichten Unterlagen und Angaben angehalten werden soll.[20] 29

Liegt ein **vollständiger Antrag** vor, **übermittelt** die BaFin bei einer grenzüberschreitenden Verschmelzung den zuständigen Stellen des Herkunftsstaates des übernehmenden EU-OGAW **unverzüglich** Abschriften der Angaben und Unterlagen. Unverzüglich ver- 30

---

[18] Baur/Tappen/*Geese/Wülfert* Investmentgesetze § 182 KAGB Rn. 20.
[19] Weitnauer/Boxberger/Anders/*Sittmann/Springer* KAGB § 182 Rn. 13.
[20] Weitnauer/Boxberger/Anders/*Sittmann/Springer* KAGB § 182 Rn. 13.

langt insofern ein Handeln der BaFin ohne schuldhaftes Zögern (vgl. § 121 Abs. 1 BGB). Dabei ist der BaFin jedoch eine angemessene Frist zur Prüfung und Bearbeitung zuzugestehen.[21]

31 Liegt der BaFin ein vollständiger Antrag vor, so beginnt in einem **zweiten Schritt** die **inhaltliche Prüfung** durch die BaFin. Schwerpunkt der materiellen Prüfung ist die Frage, ob den Anlegern des übertragenden und des übernehmenden Sondervermögens mit den eingereichten Verschmelzungsinformationen angemessene Unterlagen zur Verfügung gestellt werden (§ 182 Abs. 4 S. 1 KAGB). Dabei berücksichtigt die BaFin die potenziellen Auswirkungen der geplanten Verschmelzung auf die Anleger des übertragenden und des übernehmenden Sondervermögens. Die Zweckmäßigkeit und wirtschaftliche Sinnhaftigkeit der geplanten Verschmelzung ist dagegen von der BaFin nicht zu prüfen.[22] Vielmehr hat sich ihre Prüfung darauf zu konzentrieren, ob die Verschmelzungsinformationen den Anlegern ermöglichen, ihre Interessen zu wahren und die ihnen zustehenden Rechte im Rahmen der Verschmelzung auszuüben. Im Regelfall wird die geplante Verschmelzung den Anleger jedoch nur dann sinnvoll erläutert werden können, wenn für nachvollziehbare Gründe für die Verschmelzung angeführt werden können und sie zumindest auch den Anlegern zugutekommen wird.[23]

32 Kommt die BaFin zu dem Ergebnis, dass die Verschmelzungsinformationen **nicht angemessen** sind, ist zu unterscheiden:
- Soweit die BaFin die Verschmelzungsinformationen für die Anleger des **übertragenden Sondervermögens** als nicht angemessen erachtet, kann die BaFin von der Kapitalverwaltungsgesellschaft des übertragenden Sondervermögens schriftlich verlangen, dass die Verschmelzungsinformationen insoweit klarer gestaltet werden (§ 182 Abs. 4 S. 2 KAGB). Eine ausdrückliche Frist sieht das Gesetz insofern nicht vor. Da eine Entscheidung über die Genehmigung der Verschmelzung jedoch gemäß § 182 Abs. 6 S. 1 KAGB grundsätzlich innerhalb von 20 Arbeitstagen zu erfolgen hat, muss auch das Nachbesserungsverlangen innerhalb dieses Zeitraums erfolgen.[24]
- Soweit die BaFin die Verschmelzungsinformationen für die Anleger des **übernehmenden Sondervermögens** für unzureichend hält, kann sie innerhalb von **15 Arbeitstagen** nach dem Erhalt des vollständigen Antrages schriftlich eine Änderung verlangen.

33 Sind die vorgelegten Verschmelzungsinformationen – gegebenenfalls nach zufriedenstellender Erfüllung eines Nachbesserungsverlangens[25] – nach Ansicht der BaFin angemessen, **genehmigt** sie die geplante Verschmelzung, sofern auch die nachfolgenden **Voraussetzungen** erfüllt sind:
- die geplante Verschmelzung entspricht den Voraussetzungen der **§§ 183 bis 186 KAGB** (§ 182 Abs. 5 Nr. 1 KAGB). Dies betrifft neben der Prüfung der Verschmelzungsinformationen (vgl. § 186 KAGB) insbesondere die Prüfung der an den Verschmelzungsplan gestellten Voraussetzungen (§ 184 KAGB) sowie die (Vor-)Prüfung der Verschmelzung durch die Verwahrstellen (§ 185 KAGB).
- bei einer **grenzüberschreitenden Verschmelzung** für den übernehmenden EU-OGAW der **Vertrieb** der Anteile im Inland und in denjenigen Mitgliedstaaten der Europäischen Union oder Vertragsstaaten des Abkommens über den Europäischen Wirtschaftsraum **angezeigt** wurde, in denen auch für das übertragende Sondervermögen der Vertrieb der Anteile angezeigt wurde (§ 182 Abs. 5 Nr. 2 KAGB). Damit wird sichergestellt, dass den Anlegern des übertragenden Sondervermögens kein Investment angebo-

---

[21] Baur/Tappen/*Geese*/*Wülfert* Investmentgesetze § 182 KAGB Rn. 22.
[22] Ähnlich: Weitnauer/Boxberger/Anders/*Sittmann*/*Springer* KAGB § 182 Rn. 16.
[23] Baur/Tappen/*Geese*/*Wülfert* Investmentgesetze § 182 KAGB Rn. 24.
[24] Weitnauer/Boxberger/Anders/*Sittmann*/*Springer* KAGB § 182 Rn. 17.
[25] Zu Besonderheiten im Fall einer grenzüberschreitenden Verschmelzung vgl. § 182 Abs. 5 Nr. 3 KAGB.

ten wird, das nicht die Voraussetzungen des ursprünglich von ihnen gewählten Sondervermögens erfüllt.

– bei einer **Verschmelzung durch Neugründung** eines EU-OGAW ein Nachweis der **Genehmigung der Anlagebedingungen** des neu gegründeten EU-OGAW durch die zuständige Stelle des Herkunftsstaates bei der BaFin eingereicht wurde (§ 182 Abs. 5 Nr. 4 KAGB). Damit stellt die BaFin sicher, dass der neugegründete EU-OGAW alle aufsichtsrechtlichen Voraussetzungen erfüllt.

Bei der Entscheidung der BaFin über die Genehmigung der geplanten Verschmelzung **34** handelt es sich um eine **gebundene Entscheidung**.[26] Somit ist bei Vorliegen der Genehmigungsvoraussetzungen die Genehmigung zwingend zu erteilen; eine Zweckmäßigkeitsprüfung durch die BaFin hat nicht zu erfolgen.

§ 182 Abs. 6 S. 1 KAGB räumt der BaFin für die Bearbeitung des Genehmigungs- **35** antrages maximal **20 Arbeitstage** ab Einreichung der vollständigen Angaben ein. Diese **Bearbeitungsfrist** wird jedoch ausdrücklich nur durch einen **vollständigen Antrag** in Lauf gesetzt. Dabei ist zu beachten, dass die BaFin fehlende Angaben und Unterlagen innerhalb von zehn Arbeitstagen nach Eingang des Genehmigungsantrages nachzufordern hat (§ 182 Abs. 3 S. 1 KAGB, → Rn. 28). Erst wenn die BaFin nach Ablauf der 10-Arbeitstagesfrist zum Nachfordern von Angaben und Unterlagen kein Nachforderungsverlangen gestellt hat, kann mithin der Beginn der Bearbeitungsfrist mit Sicherheit festgestellt werden. Unterbleibt ein Nachforderungsverlangen, so beginnt die Bearbeitungsfrist nach dem eindeutigen Gesetzeswortlaut bereits mit der vollständigen Einreichung des Antrages und nicht erst nach Ablauf der Nachforderungsfrist.

Die Bearbeitungsfrist von 20 Arbeitstagen wird zudem **gehemmt**, solange die BaFin **36** eine Nachbesserung der Verschmelzungsinformationen verlangt oder ihr bei einer grenzüberschreitenden Verschmelzung eine Mitteilung der zuständigen Stellen des Herkunftsstaates des übernehmenden EU-OGAW vorliegt, dass die Verschmelzungsinformationen nicht zufriedenstellend seien (§ 182 Abs. 6 S. 2 KAGB). Sofern die Bearbeitungsfrist bei einer grenzüberschreitenden Verschmelzung aufgrund eines Nachbesserungsverlangens der zuständigen Stelle des Herkunftsstaates gehemmt ist, teilt die BaFin der Kapitalverwaltungsgesellschaft nach 20 Arbeitstagen mit, dass die Genehmigung erst erteilt werden kann, wenn sie eine Mitteilung der ausländischen Stelle erhalten hat, dass die Nachbesserung der Verschmelzungsinformationen zufriedenstellend ist und damit die Hemmung der Frist beendet ist.

Eine **Sonderregelung** besteht zudem bei einer **Verschmelzung durch Neugrün- 37 dung**. Grundsätzlich sind die Anlagebedingungen innerhalb einer Frist von vier Wochen nach Eingang des Antrages zu genehmigen, sofern sie den gesetzlichen Anforderungen entsprechen. Bei einer Verschmelzung durch Neugründung müssen jedoch auch die Anlagebedingungen des neuzugründenden Sondervermögens genehmigt werden. Um eine Vereinheitlichung der Fristen zu erreichen, bestimmt § 187 Abs. 7 KAGB, dass auch für die **Genehmigung der Anlagebedingungen** eine Frist von 20 Arbeitstagen gilt. Zugleich wird jedoch klar gestellt, dass der Lauf der Frist von 20 Arbeitstagen erneut beginnt, wenn fehlende oder geänderte Angaben oder Unterlagen angefordert werden.

(2) Grenzüberschreitende Verschmelzung eines EU-OGAW auf ein inländisches 38 OGAW-Sondervermögen. Gemäß Art. 39 Abs. 1 OGAW IV-Richtlinie ist für die Genehmigung der Verschmelzung grundsätzlich die Aufsichtsbehörde des übertragenden Sondervermögens zuständig.[27] Bei der **grenzüberschreitenden Verschmelzung eines EU-OGAW auf ein inländisches OGAW-Sondervermögen** ist dies die ausländische Aufsichtsbehörde. Das aufsichtsrechtliche Genehmigungsverfahren richtet sich in diesen Fällen nach dem Recht des Herkunftsstaates des übertragenden EU-OGAW. Die BaFin als

---

[26] Weitnauer/Boxberger/Anders/*Sittmann*/*Springer* KAGB § 182 Rn. 19.
[27] Weitnauer/Boxberger/Anders/*Sittmann*/*Springer* KAGB § 183 Rn. 3.

Aufsichtsbehörde des übernehmenden Sondervermögens treffen jedoch Mitwirkungspflichten, die in § 183 KAGB geregelt sind.

39 Die zuständige (ausländische) Aufsichtsbehörde des übertragenden EU-OGAW ist nach der Umsetzung von Art. 39 Abs. 3 OGAW IV-Richtlinie in das jeweilige nationale Recht verpflichtet, der BaFin die folgenden **Unterlagen zu übermitteln** (Art. 39 Abs. 2 OGAW IV-Richtlinie):

- den vom übertragenden EU-OGAW und vom übernehmenden inländischen OGAW-Sondervermögen gebilligten gemeinsamen **Verschmelzungsplan**,
- eine aktuelle Fassung des **Prospekts** und der **wesentlichen Anlegerinformationen** für die Anleger des übernehmenden inländischen OGAW-Sondervermögens,
- eine von allen **Verwahrstellen** des übertragenden EU-OGAW und des übernehmenden inländischen OGAW-Sondervermögen abgegebene Bestätigung im Sinne von Art. 41 OGAW IV-Richtlinie,
- die **Verschmelzungsinformationen**, die die jeweiligen Anleger des übertragenden EU-OGAW und des übernehmenden inländischen OGAW-Sondervermögen erhalten sollen.

Die Unterlagen sind der BaFin in **deutscher Sprache** zu übermitteln.[28]

40 Die BaFin hat die ihr übermittelten Unterlagen zu **prüfen** (§ 183 Abs. 1 S. 1 KAGB). Dabei **beschränkt** sich ihre Prüfung jedoch darauf, ob den Anlegern angemessene Verschmelzungsinformationen zur Verfügung gestellt werden, wobei sie die potenziellen Auswirkungen der geplanten Verschmelzung auf die Anleger des übernehmenden inländischen OGAW-Sondervermögens berücksichtigt (§ 183 Abs. 1 S. 1 KAGB). Durch die Verschmelzungsinformationen sollen die Anleger über die geplante Verschmelzung aufgeklärt und ihnen eine Entscheidung ermöglicht werden, ob sie weiterhin in dem übernehmenden Sondervermögen investiert bleiben wollen oder sich von ihren Anteilen trennen möchten (→ Rn. 56 ff.).

41 Ergibt die Prüfung der BaFin, dass die Interessen der Anleger des übernehmenden Sondervermögens **nicht angemessen** berücksichtigt wurden, kann sie innerhalb von 15 Arbeitstagen nach Erhalt der vollständigen Angaben und Unterlagen eine **Nachbesserung** der Verschmelzungsinformationen für die Anleger des übernehmenden Sondervermögens verlangen (§ 183 Abs. 1 S. 2 KAGB). Das Verlangen ist schriftlich direkt an die Kapitalverwaltungsgesellschaft des übernehmenden Sondervermögens (und nicht an die ausländische Aufsichtsbehörde) zu richten. Eine Frist, innerhalb derer die Nachbesserung zu erfolgen hat, sieht das KAGB nicht vor. Die Kapitalverwaltungsgesellschaft wird jedoch regelmäßig ein Interesse an einer zügigen Nachbesserung haben, um eine zeitnahe Zustimmung der BaFin zu der Verschmelzung zu erreichen. Nach Ablauf der Frist von 15 Arbeitstagen kann die BaFin eine Nachbesserung der Verschmelzungsinformationen nicht mehr verlangen.[29]

42 Über ein eventuelles Nachbesserungsverlangen gegenüber der Kapitalverwaltungsgesellschaft hat die BaFin die ausländische Aufsichtsbehörde zu unterrichten (§ 183 Abs. 2 S. 1 KAGB). Für diese **Unterrichtung der ausländischen Aufsichtsbehörde** sieht das KAGB keine Frist vor. Nach Art. 39 Abs. 3 Unterabsatz 3 OGAW IV-Richtlinie hat die Unterrichtung jedoch ebenfalls innerhalb von 15 Arbeitstagen zu erfolgen, so dass die BaFin diese der ausländischen Aufsichtsbehörde zeitgleich mit dem Nachforderungsverlangen an die Kapitalverwaltungsgesellschaft übermitteln wird.[30]

43 Die nachgebesserten Unterlagen unterzieht die BaFin einer **erneuten Prüfung**. Danach kann sie entweder eine weitere Nachbesserung verlangen oder – im Fall, dass sie eine zufriedenstellende Nachbesserung der Verschmelzungsinformationen erhalten hat – der

---

[28] Baur/Tappen/*Geese/Wülfert* Investmentgesetze § 183 KAGB Rn. 3.
[29] Weitnauer/Boxberger/Anders/*Sittmann/Springer* KAGB § 183 Rn. 10; Baur/Tappen/*Geese/Wülfert* Investmentgesetze § 183 KAGB Rn. 8.
[30] Vgl. Weitnauer/Boxberger/Anders/*Sittmann/Springer* KAGB § 184 Rn. 13.

ausländischen Aufsichtsbehörde ihr positives Prüfungsergebnis mitteilen. Die Mitteilung an die ausländische Aufsichtsbehörde hat spätestens innerhalb von 20 Arbeitstagen nach Erhalt der nachgebesserten, zufriedenstellenden Unterlagen zu erfolgen (§ 183 Abs. 2 S. 2 KAGB).

Eine **Verpflichtung zur Unterrichtung** der ausländischen Aufsichtsbehörde besteht 44 nur, wenn die BaFin von der Kapitalverwaltungsgesellschaft des übernehmenden Sondervermögens eine Nachbesserung der Verschmelzungsinformationen verlangt hat. Auch eine **Mitteilungspflicht** gegenüber der ausländischen Aufsichtsbehörde über den Erhalt von zufriedenstellenden nachgebesserten Informationen besteht nur, wenn die BaFin die ausländische Aufsichtsbehörde zuvor über ihr Nachbesserungsverlangen unterrichtet hat. Liegen dagegen aus Sicht der BaFin keine Beanstandungen vor, ist eine positive Rückmeldung an die ausländische Aufsichtsbehörde nicht erforderlich.[31]

dd) Der Verschmelzungsplan. Zentrales Dokument der Verschmelzung von offenen 45 Publikumssondervermögen ist der sogenannte **Verschmelzungsplan**. Er ist im Rahmen des Genehmigungsverfahrens bei der BaFin einzureichen (§ 182 Abs. 2 Ziffer 1 KAGB) und in Teilen von den Verwahrstellen zu prüfen (§ 185 Abs. 1 KAGB). Darüber hinaus dient er der internen Organisation der beteiligten Kapitalverwaltungsgesellschaften.[32]

Der Verschmelzungsplan wird durch die Vertretungsorgane der an der Verschmelzung 46 beteiligten Rechtsträger für gemeinschaftliche Rechnung der Anleger des übertragenden und übernehmenden Sondervermögens aufgestellt (§ 184 S. 1 KAGB).[33] Soweit an der Verschmelzung unterschiedliche Rechtsträger beteiligt sind, stellt der Verschmelzungsplan einen **Vertrag** dar (§ 184 S. 2 KAGB). § 311b Abs. 2 BGB, der Verträge zur Übertragung von zukünftigen Vermögen für nichtig erklärt, findet keine Anwendung.[34]

§ 184 S. 3 KAGB bestimmt den **Mindestinhalt** des Verschmelzungsplans. Darüber 47 hinausgehende Angaben sind ausdrücklich zulässig, können jedoch von der BaFin nicht verlangt werden (§ 184 S. 4 KAGB). Als weitere Angaben kommen beispielsweise die Aufteilung der Verschmelzungskosten oder Regelungen zur operativen Zuständigkeit für die einzelnen im Durchführungsprozess der Verschmelzung erforderlichen Schritte in Betracht.[35] Der Verschmelzungsplan muss nach § 184 S. 3 KAGB mindestens die folgenden Angaben enthalten:

– Die **Art der Verschmelzung** und die **beteiligten Sondervermögen oder EU-** 48 **OGAW** (§ 184 S. 3 Ziffer 1 KAGB). Als Verschmelzungsarten kommt eine Verschmelzung durch Aufnahme oder durch Neugründung in Betracht. Daneben sind die beteiligten Sondervermögen zu benennen. Dabei muss aus dem Verschmelzungsplan deutlich hervorgehen, ob lediglich Teilfonds oder ganze Umbrella-Fondsstrukturen verschmolzen werden sollen.[36] Nicht zwingend erforderlich, aber zweckmäßig und mit Blick auf § 184 S. 4 KAGB zulässig, ist die Nennung der Wertpapierkennnummer bzw. ISIN der beteiligten Sondervermögen.[37]

– Den **Hintergrund und die Beweggründe** der geplanten Verschmelzung (§ 184 S. 3 49 Ziffer 2 KAGB). Davon werden sowohl die tatsächlichen, objektiven Umstände für die Verschmelzung als auch die subjektive Motivation der beteiligten Kapitalverwaltungsgesellschaften erfasst. Mögliche Hintergründe und Beweggründe können beispielsweise ungünstige Kostenstrukturen bei volumenschwachen Sondervermögen, die beabsichtigte

---

[31] Baur/Tappen/*Geese/Wülfert* Investmentgesetze § 183 KAGB Rn. 12.
[32] Baur/Tappen/*Geese/Wülfert* Investmentgesetze § 184 KAGB Rn. 2.
[33] Baur/Tappen/*Geese/Wülfert* Investmentgesetze § 184 KAGB Rn. 4.
[34] Vgl. Weitnauer/Boxberger/Anders/*Sittmann/Springer* KAGB § 184 Rn. 2; Baur/Tappen/*Geese/ Wülfert* Investmentgesetze § 184 KAGB Rn. 5.
[35] Baur/Tappen/*Geese/Wülfert* Investmentgesetze § 184 KAGB Rn. 16.
[36] Vgl. Baur/Tappen/*Geese/Wülfert* Investmentgesetze § 184 KAGB Rn. 7.
[37] Weitnauer/Boxberger/Anders/*Sittmann/Springer* KAGB § 184 Rn. 4.

Aufgabe einer erfolglosen Anlagestrategie des übertragenden Sondervermögens oder die beabsichtige Auflösung der Kapitalverwaltungsgesellschaft darstellen.[38]

50 – Die erwarteten **Auswirkungen** der geplanten Verschmelzung auf die Anleger sowohl des übertragenden als auch des übernehmenden Sondervermögens (§ 184 S. 3 Ziffer 3 KAGB). Damit soll insbesondere der BaFin im Rahmen des Genehmigungsverfahrens ermöglicht werden, die möglichen Auswirkungen der Verschmelzung für die Anleger zu prüfen. Die erwarteten Auswirkungen sind auch Teil der an die Anleger gerichteten Verschmelzungsinformationen (→ Rn. 56 ff.). Mithin ist sicherzustellen, dass die Angaben in beiden Dokumenten aufeinander abgestimmt sind. Dabei kann jedoch zweckmäßigerweise berücksichtigt werden, dass sich der Verschmelzungsplan an die Aufsichtsbehörde richtet, während die Verschmelzungsinformationen an die (weniger erfahrenen) Anleger gerichtet sind.[39]

51 – Die beschlossenen Kriterien für die **Bewertung** der Vermögensgegenstände und Verbindlichkeiten im Zeitpunkt der Berechnung des Umtauschverhältnisses (§ 184 S. 3 Ziffer 4 KAGB). Diese Kriterien ergeben sich grundsätzlich aus den jeweiligen Verkaufsprospekten der Sondervermögen, die jedoch vor dem Hintergrund der konkreten Verschmelzung auf ihre Angemessenheit zu überprüfen sind. Um eine Benachteiligung entweder der Anleger des übertragenden oder des übernehmenden Sondervermögens zu vermeiden, kann gegebenenfalls auch erforderlich sein, eine dritte Bewertungsmechanik heranzuziehen.[40]

52 – Die **Methode zur Berechnung des Umtauschverhältnisses** (§ 184 S. 3 Ziffer 5 KAGB). In Betracht kommen beispielsweise die Ertragswertmethode, die Bilanzwertmethode oder die Börsenwertmethode.[41] Bei Sondervermögen nach der OGAW IV-Richtlinie richtet sich das Umtauschverhältnis nach der Höhe der Nettoinventarwerte pro Anteil des übertragenden und übernehmenden Sondervermögens auf Basis der Bewertung der einzelnen Vermögenswerte.[42]

53 – Den geplanten **Übertragungsstichtag**, zu dem die Verschmelzung wirksam wird (§ 184 S. 3 Ziffer 6 KAGB). Nach der Legaldefinition in § 189 Abs. 1 Ziffer 3 KAGB ist der Übertragungsstichtag das Ende des Geschäftsjahres des übertragenden Sondervermögens. Gemäß § 189 Abs. 2 KAGB ist jedoch auch ein vom Geschäftsjahresende abweichender Stichtag zulässig. Soweit von dieser Möglichkeit Gebrauch gemacht wird, ist auch dieser Stichtag – obwohl vom Gesetz nicht als Übertragungsstichtag benannt – anzugeben.[43]

54 – Die für die **Übertragung von Vermögenswerten und den Umtausch von Anteilen geltenden Bestimmungen** (§ 184 S. 3 Ziffer 7 KAGB). Soweit es sich um eine inländische Verschmelzung handelt, richten sich die Rechtsfolgen nach § 189 KAGB, auf den somit hinzuweisen ist. Bei einer grenzüberschreitenden Verschmelzung sind die entsprechenden ausländischen Normen zu nennen.

55 – Bei einer Verschmelzung durch Neugründung die **Anlagebedingungen** oder die **Satzung** des neu zu gründenden Sondervermögens (§ 184 S. 3 Ziffer 8 KAGB). Ausreichend ist die im Rahmen des Genehmigungsverfahrens eingereichte Version.[44]

56 **ee) Verschmelzungsinformationen.** Neben dem Verschmelzungsplan sind die Verschmelzungsinformationen das **zentrale Dokument** einer Verschmelzung von offenen Publikumssondervermögen. Während sich der Verschmelzungsplan in erster Linie an die

---

[38] Weitnauer/Boxberger/Anders/*Sittmann/Springer* KAGB § 184 Rn. 5.
[39] Baur/Tappen/*Geese/Wülfert* Investmentgesetze § 184 KAGB Rn. 10.
[40] Weitnauer/Boxberger/Anders/*Sittmann/Springer* KAGB § 184 Rn. 7.
[41] Weitnauer/Boxberger/Anders/*Sittmann/Springer* KAGB § 184 Rn. 8; Baur/Tappen/*Geese/Wülfert* Investmentgesetze § 184 KAGB Rn. 12.
[42] Baur/Tappen/*Geese/Wülfert* Investmentgesetze § 184 KAGB Rn. 12.
[43] Weitnauer/Boxberger/Anders/*Sittmann/Springer* KAGB § 184 Rn. 9.
[44] Weitnauer/Boxberger/Anders/*Sittmann/Springer* KAGB § 184 Rn. 11; Baur/Tappen/*Geese/Wülfert* Investmentgesetze § 184 KAGB Rn. 15.

Aufsichtsbehörden und die Verwahrstellen richtet, sind Adressat der Verschmelzungsinformationen die Anleger des übertragenden und des übernehmenden Sondervermögens. Die Verschmelzungsinformationen sind damit unverzichtbarer Bestandteil eines **wirksamen Anlegerschutzes**. Nur wenn die Anleger über die Konsequenzen der Verschmelzung angemessen informiert werden, können sie von den ihnen zustehenden Rechten wirksam Gebrauch machen. Erforderlich ist, dass die Anleger allein anhand dieser Informationen in die Lage versetzt werden, sich ein verlässliches Urteil über die Auswirkungen des Verschmelzungsvorhabens auf ihre Anlage zu bilden und ihre Rechte ausüben zu können (§ 186 Abs. 1 S. 1 KAGB).

Die Angaben in den Verschmelzungsinformationen sind **kurz** zu halten und in **allgemein verständlicher** Sprache abzufassen. Bei einer **grenzüberschreitenden Verschmelzung** sind sämtliche Begriffe und Verfahren, die sich von den im anderen Mitgliedstaat üblichen Begriffen und Verfahren unterscheiden, in leicht verständlicher Sprache zu erläutern (§ 186 Abs. 1 S. 2 KAGB, Art. 3 Abs. 1 der Richtlinie 2010/44/EU). 57

Die Verschmelzungsinformationen richten sich sowohl an die Anleger des übertragenden als auch des übernehmenden Sondervermögens. Bezüglich der **Anleger des übertragenden Sondervermögens** ist zu bedenken, dass diese durch die Verschmelzung Anleger eines neuen Sondervermögens werden, das sich durch seine Anlagepolitik und sein Vertragswerk von dem übertragenden Sondervermögen unterscheiden kann. Bei der Abfassung der Verschmelzungsinformationen ist davon auszugehen, dass die Anleger des übertragenden Sondervermögens von den Merkmalen und der Art der Tätigkeit des übernehmenden Sondervermögens keine Kenntnis haben. Dementsprechend haben die Verschmelzungsinformationen für sie neben Informationen zu den **wirtschaftlichen Konsequenzen** der Verschmelzung insbesondere auch die Aufforderung zu enthalten, sich mit den **Anlagebedingungen** des übernehmenden Sondervermögens auseinanderzusetzen (Art. 3 Abs. 2 S. 2 der Richtlinie 2010/44/EU). 58

Bei den Informationen für die **Anleger des übernehmenden Sondervermögens** liegt der Schwerpunkt auf dem Vorgang der Verschmelzung selbst und den potentiellen Auswirkungen auf das übernehmende Sondervermögen (Art. 3 Abs. 3 der Richtlinie 2010/44/EU). Für sie ist die Verschmelzung regelmäßig nicht mit einer Änderung der Anlagebedingungen verbunden, sodass die **wirtschaftlichen Konsequenzen** der Verschmelzung nicht im Vordergrund der Erläuterungen stehen dürften. 59

Trotz der unterschiedlichen Interessenslagen der Anleger des übertragenden und des übernehmenden Sondervermögens, sollte es zulässig sein, die Verschmelzungsinformationen in einem einheitlichen Informationsschreiben abzufassen. Dabei ist jedoch sicherzustellen, dass den Interessen beider Anlegergruppen ausreichend Rechnung getragen wird. Vor dem Hintergrund, dass die Verschmelzungsinformationen grundsätzlich kurz zu halten sind, erscheint jedoch eine **getrennte Darstellung** für die Anleger des übertragenden und des übernehmenden Sondervermögens empfehlenswert. 60

Die Verschmelzungsinformationen müssen die **folgenden Angaben** enthalten (§ 186 Abs. 3 KAGB): 61

– Den **Hintergrund** und die **Beweggründe** der geplanten Verschmelzung (§ 186 Abs. 3 Ziffer 1 KAGB). 62

– Die **potentiellen Auswirkungen** der geplanten Verschmelzung auf die Anleger (§ 186 Abs. 3 Ziffer 2 KAGB). Dabei müssen die Verschmelzungsinformationen insbesondere Angaben hinsichtlich der wesentlichen Unterschiede in Bezug auf Anlagepolitik und -strategie, Kosten, erwartetes Ergebnis, Jahres- und Halbjahresberichte, etwaige Beeinträchtigungen der Wertentwicklung und gegebenenfalls eine eindeutige Warnung an die Anleger enthalten, dass sich hinsichtlich ihrer steuerlichen Behandlung im Zuge der Verschmelzung Änderungen ergeben können. Art. 4 Abs. 1 der Richtlinie 2010/44/EU konkretisiert insofern, dass die Verschmelzungsinformationen auch die folgenden Informationen enthalten müssen: Einzelheiten zu den Unterschieden der Rechte von Anteils- 63 inhabern des übertragenden Sondervermögen vor und nach Wirksamwerden der vorgeschlagenen Verschmelzung, einen Vergleich unterschiedlicher Risiko- und Ertragsindikatoren, einen Vergleich sämtlicher Kosten, Gebühren und Aufwendungen beider Sondervermögen, eine Erläuterung der Erhebung von performanceabhängigen Gebühren durch das übertragende Sondervermögen bis zum Wirksamwerden der Verschmelzung, eine Erläuterung von performanceabhängigen Gebühren durch das übernehmende Sondervermögen unter Gewährleistung einer fairen Behandlung der Anteilsinhaber, die vorher Anteile des übertragenden Sondervermögens hielten und eine Erklärung, ob die Verwaltungs- oder Investmentgesellschaft des übertragenden Sondervermögens beabsichtigt vor Wirksamwerden der Verschmelzung eine Neuordnung des Portfolios vorzunehmen.

64 – Die **spezifischen Rechte** der Anleger in Bezug auf die geplante Verschmelzung (§ 186 Abs. 3 Ziffer 3 KAGB). Damit ist insbesondere auf die Rechte auf zusätzliche Informationen, auf Erhalt einer Abschrift des Prüfberichts (§ 185 Abs. 2 KAGB), auf kostenlose Rücknahme und gegebenenfalls Umtausch der Anteile (§ 187 Abs. 1 KAGB) hinzuweisen. Auch zu etwaigen Fristen zur Wahrnehmung dieser Rechte sind Angaben zu machen. Schließlich sollte in der Praxis darauf hingewiesen werden, dass es dem Anleger freisteht, seine Rechte auf Rücknahme und Umtausch nicht wahrzunehmen und dadurch Anleger des übernehmenden Sondervermögens zu werden.[45]

65 – Die **maßgeblichen Verfahrensaspekte** und den geplanten **Übertragungsstichtag** (§ 186 Abs. 3 Ziffer 4 KAGB). Dazu gehören auch Angaben über den Zeitraum, in dem der reguläre Handel mit den Anteilen an dem übertragenden Sondervermögen noch möglich ist. Außerdem ist der Zeitraum zu benennen, in dem die Anleger ihre Rechte ausüben können, und darzulegen, dass Anleger, die ihre Rechte auf Rücknahme oder Umtausch nicht wahrnehmen, Anleger des übernehmenden Sondervermögens werden. In Fällen, in denen die Verschmelzung von den Anlegern genehmigt werden muss, können auch Empfehlungen der Leitungsorgane einer Investmentgesellschaft aufgenommen werden.[46]

66 – Eine aktuelle Fassung der wesentlichen **Anlegerinformationen** des übernehmenden Sondervermögens (§ 186 Abs. 3 Ziffer 5 KAGB). Dabei sind Änderungen, die sich im Zusammenhang mit der Verschmelzung ergeben, zu berücksichtigen.

67   Werden zu Beginn der Verschmelzungsinformationen die wesentlichen Punkte der Verschmelzung zusammengefasst, ist darin auf den jeweiligen Abschnitt im Dokument zu **verweisen**, der die weiteren Informationen enthält (§ 186 Abs. 3 S. 2 KAGB).

68   Die Verschmelzungsinformationen sind den Anlegern **erst zu übermitteln, nachdem die zuständige Aufsichtsbehörde** (bei inländischen Verschmelzungen die BaFin, bei grenzüberschreitenden Hineinverschmelzungen die zuständige ausländische Aufsichtsbehörde) die geplante Verschmelzung **genehmigt** hat (§ 186 Abs. 2 S. 1 KAGB). Zugleich sind die Verschmelzungsinformationen den Anlegern jedoch so rechtzeitig zu übermitteln, dass zwischen der Übermittlung der Verschmelzungsinformationen und dem Fristablauf für einen Antrag auf Rücknahme oder gegebenenfalls Umtausch gemäß § 187 Abs. 1 KAGB ein Zeitraum von **mindestens 30 Tagen** verbleibt. Damit soll sichergestellt werden, dass die Anleger ausreichend Zeit haben, um sich über die geplante Verschmelzung zu informieren und gegebenenfalls auch eine Beratung zu den Verschmelzungsinformationen und möglichen Handlungsalternativen durch Fachberater einzuholen.[47] Gemäß § 186 Abs. 3 Sätze 5 und 6 KAGB gilt die Übermittlung der Verschmelzungsinformationen drei Tage nach Aufgabe zur Post oder Absendung als erfolgt, sofern nicht feststeht, dass die Informationen den Anleger nicht oder zu einem späteren Zeitpunkt erreicht haben. Durch die Drei-Tages-Fiktion wird insbesondere bei der Verschmelzung von Publikumssonderver-

---

[45] Weitnauer/Boxberger/Anders/*Sittmann*/*Springer* KAGB § 186 Rn. 30.
[46] Weitnauer/Boxberger/Anders/*Sittmann*/*Springer* KAGB § 186 Rn. 36.
[47] Baur/Tappen/*Geese*/*Wülfert* Investmentgesetze § 186 KAGB Rn. 17.

mögen Rechtssicherheit geschaffen und der Kapitalverwaltungsgesellschaft eine Terminierung der einzelnen Verschmelzungsschritte ermöglicht.

Die Verschmelzungsinformationen sind den Anlegern auf einem **dauerhaften Daten-** 69 **träger** zu übermitteln und außerdem auf der **Internetseite der Kapitalverwaltungsgesellschaft** zugänglich zu machen (§ 186 Abs. 3 S. 3 KAGB). Die Übermittlung der Verschmelzungsinformationen an die Anleger ist durch die Kapitalverwaltungsgesellschaft im **Bundesanzeiger** bekannt zu machen; dabei ist auch mitzuteilen, wo und auf welche Weise weitere Informationen zur Verschmelzung erlangt werden können (§ 186 Abs. 3 S. 4 KAGB). Die Verschmelzungsinformationen selbst müssen hingegen nicht im Bundesanzeiger veröffentlicht werden, wenngleich es jedoch überlegenswert sein kann, diese – über die gesetzliche Notwendigkeit hinaus – gleichwohl dort zu veröffentlichen.[48] Die Kosten für den dauerhaften Datenträger dürfen gemäß § 188 KAGB nicht den beteiligten Sondervermögen auferlegt werden.[49]

ff) **Anlegerrechte.** Die Anleger der von der Verschmelzung betroffenen Sonderver- 70 mögen haben **drei Möglichkeiten** auf die geplante Verschmelzung zu reagieren. Sie können, erstens, sich passiv verhalten und an der Verschmelzung teilnehmen und sind dann nach Vollzug der Verschmelzung an dem neuen Sondervermögen beteiligt (→ Rn. 85). Daneben räumt ihnen § 187 Abs. 1 KAGB die Möglichkeit ein, ihre Anteile zurückzugeben (S. 1 Ziffer 1) oder umzutauschen (S. 1 Ziffer 2). Diese Rechte stehen ausdrücklich sowohl den **Anlegern des übertragenden als auch des übernehmenden Sondervermögens** zu.[50]

Gemäß § 187 Abs. 1 S. 1 Ziffer 1 KAGB haben die Anleger des übertragenden und des 71 übernehmenden Sondervermögens das Recht, von der Kapitalverwaltungsgesellschaft die **Rücknahme** ihrer Anteile zu verlangen. Dem Anleger ist der Wert seines Anteils **ohne Abzug weitere Kosten** auszuzahlen. Einzig Kosten, die zur Deckung der Auflösungskosten einbehalten werden (z. B. Wirtschaftsprüferkosten), dürfen einbehalten werden. Mit dem Rückgaberecht soll sichergestellt werden, dass denjenigen Anlegern, die aufgrund der Verschmelzungsinformationen zu dem Ergebnis gekommen sind, eine Beteiligung an dem übernehmenden Sondervermögen nach der Verschmelzung entspreche nicht ihren Interessen, eine Verschmelzung nicht aufgezwungen werden kann.

Gemäß § 187 Abs. 1 S. 1 Ziffer 2 KAGB können die Anleger des übertragenden und des 72 übernehmenden Sondervermögens anstelle der Rücknahme von der Kapitalverwaltungsgesellschaft auch den **Umtausch** ihrer Anteile in Anteile eines anderen Sondervermögens verlangen. Wie durch die Rückgabe dürfen den Anlegern auch durch den Umtausch keine Kosten entstehen. Das Umtauschrecht ist jedoch in **doppelter Hinsicht eingeschränkt**: Zum einen kann lediglich ein Umtausch in Anteile solcher Sondervermögen verlangt werden, deren Anlagegrundsätze mit denjenigen des an der Verschmelzung betroffenen Sondervermögens vereinbar sind. Ob eine solche Vereinbarkeit eine Übereinstimmung der Anlagepolitik oder der Anlagebedingungen erfordert, ist nicht geklärt. Zum anderen ist das Umtauschrecht beschränkt auf Sondervermögen, die von derselben Kapitalverwaltungsgesellschaft oder von einem Unternehmen verwaltet werden, das von der Kapitalverwaltungsgesellschaft beherrscht (Konzerngesellschaft gemäß § 290 Abs. 1 S. 1 HGB) wird. Das Umtauschrecht der Anleger besteht darüber hinaus nur im Rahmen der Möglichkeiten. Soweit ein vergleichbares Sondervermögen nicht besteht, verbleibt den Anlegern nur die Möglichkeit zur Rückgabe der Anteile gemäß § 187 Abs. 1 S. 1 Ziffer 1 KAGB (→ Rn. 71).

Für Anleger in **Immobilien-Sondervermögen** enthält § 187 Abs. 1 S. 1 Ziffer 3 73 KAGB ein besonderes Umtauschrecht, das als **lex specialis** zu dem allgemeinen Um-

---

[48] vgl. auch Baur/Tappen/*Geese/Wülfert* Investmentgesetze § 187 KAGB Rn. 19.
[49] Vgl. die entsprechende Formulierung in Ziffer 4d) der Musterbausteine für die Kostenregelung der BaFin vom 4.9.2012.
[50] Baur/Tappen/*Geese/Wülfert* Investmentgesetze § 187 KAGB Rn. 2.

tauschrecht (§ 187 Abs. 1 S. 1 Ziffer 2 KAGB) zu sehen ist und diesem vorgeht.[51] Danach können Anleger in Immobilien-Sondervermögen den Umtausch ihrer Anteile ohne weitere Kosten in Anteile eines anderen Immobilien-Sondervermögens verlangen, das mit den bisherigen Anlagegrundsätzen vereinbar ist. Im Gegensatz zu dem allgemeinen Umtauschrecht ist das besondere Umtauschrecht für Immobilien-Sondervermögen **nicht** auf den Umtausch in Anteile eines Sondervermögens des **gleichen Konzerns** beschränkt. Die Kapitalverwaltungsgesellschaft muss den Anlegern mithin auch Anteile an Immobilien-Sondervermögen von Drittanbietern anbieten. Damit dürfte die Verschmelzung von Immobilien-Sondervermögen für Kapitalverwaltungsgesellschaften, die den Anlegern keinen Umtausch in eigene Immobilien-Sondervermögen anbieten können, eher unattraktiv sein.

74   Das Recht auf Rücknahme oder Umtausch besteht ab dem **Zeitpunkt**, zu dem die Anleger die Informationen über die geplante Verschmelzung erhalten haben. Es **erlischt** fünf Arbeitstage vor dem Zeitpunkt der Berechnung des Umtauschverhältnisses (§ 187 Abs. 1 S. 2 KAGB). Damit haben die Anleger zumindest den von § 186 Abs. 2 S. 2 KAGB verlangten 30-Tages-Zeitraum, um über die Geltendmachung ihrer Rechte zu entscheiden. Bei Berechnung der Fristen ist zwischen „Arbeitstagen" und „Tagen" zu unterscheiden.

75   Die besonderen **Rückgabefristen für Immobilien-Sondervermögen** (§ 255 Abs. 3 und 4 KAGB) bleiben bestehen. Soweit ein Anleger vor der Verschmelzung eine Rücknahmeerklärung bezüglich der von ihm gehaltenen Anteile abgegeben hat, gilt diese auch nach der Verschmelzung weiter und bezieht sich dann auf Anteile des Anlegers an dem übernehmenden Investmentvermögen zu den entsprechenden Werten (§ 187 Abs. 1 S. 4 KAGB).

76   Das Rückgaberecht der Anleger gemäß § 187 Abs. 1 S. 1 Ziffer 1 KAGB ist **ausgeschlossen**, wenn die BaFin gemäß § 98 Abs. 3 KAGB die Aussetzung der Rücknahme der Anteile verlangt oder gestattet hat.

77   **gg) Wirksamwerden und Rechtsfolgen der Verschmelzung.** Eine Verschmelzung von Sondervermögen kann entweder unter den Voraussetzungen des § 189 Abs. 1 KAGB zum Ende des Geschäftsjahres des übertragenden Sondervermögens oder unter den Voraussetzungen des § 189 Abs. 2 KAGB zu einem anderen Stichtag wirksam werden. Die Kapitalverwaltungsgesellschaft des übernehmenden Sondervermögens hat das **Wirksamwerden** der Verschmelzung im Bundesanzeiger und zusätzlich in einer Wirtschafts- oder Tageszeitung bzw. über in dem Verkaufsprospekt bezeichneten elektronischen Informationsmedien (regelmäßig die Homepage) bekannt zu machen (§ 189 Abs. 4 KAGB). Bei einer grenzüberschreitenden Verschmelzung ist die Wirksamkeit nach den entsprechenden Vorschriften des übernehmenden EU-Sondervermögens bekannt zu machen und die BaFin darüber zu unterrichten. Soweit eine ausländische Kapitalverwaltungsgesellschaft involviert ist, ist auch die entsprechende ausländische Aufsichtsbehörde über das Wirksamwerden der Verschmelzung zu unterrichten (§ 189 Abs. 4 S. 3 KAGB).

78   Soweit kein anderer Stichtag bestimmt wird (→ Rn. 83), wird die Verschmelzung mit **Ablauf des Geschäftsjahres** des übertragenden Sondervermögens **wirksam**, sofern kumulativ die vier nachfolgenden Voraussetzungen vorliegen:

79   – Die Verschmelzung ist im laufenden Geschäftsjahr **genehmigt** worden (§ 189 Abs. 1 Ziffer 1 KAGB). Genehmigungen der BaFin sind mit Nebenbestimmungen verbunden und stehen unter anderem unter dem Vorbehalt, dass die Kapitalverwaltungsgesellschaft die Verschmelzungsinformationen rechtzeitig den Anlegern zuleitet. Dies ist bei der Zeitplanung einer Verschmelzung im Hinblick auf ein Wirksamwerden zu einem bestimmten Stichtag zu berücksichtigen.[52]

80   – Die Hauptversammlungen der beteiligten Investmentvermögen der Verschmelzung zugestimmt haben, soweit eine **Zustimmung** erforderlich ist (§ 189 Abs. 1 Ziffer 2

---

[51] Weitnauer/Boxberger/Anders/*Sittmann*/*Springer* KAGB § 187 Rn. 11.
[52] Baur/Tappen/*Geese*/*Wülfert* Investmentgesetze § 189 KAGB Rn. 4.

KAGB). Bei Sondervermögen in Vertragsform entfällt dieses Kriterium.[53] Zu Investmentaktiengesellschaften, (→ Rn. 102).

– Die **Werte** des übernehmenden und des übertragenden Sondervermögens zum Ende des Geschäftsjahres des übertragenden Sondervermögens berechnet worden sind (§ 189 Abs. 1 Ziffer 3 KAGB). Durch das Abstellen auf einen einheitlichen Bewertungsstichtag soll eine mögliche Benachteiligung durch Auswahl unterschiedlicher Referenztage vermieden werden. **81**

– Das **Umtauschverhältnis** der Anteile (sowie gegebenenfalls der Barzahlung in Höhe von nicht mehr als 10 % des Nettoinventarwerts dieser Anteile) zum Übertragungsstichtag festgelegt worden ist (§ 189 Abs. 1 Ziffer 4 KAGB). **82**

Gemäß § 189 Abs. 2 KAGB kann auch ein vom Geschäftsjahresende des übertragenden Sondervermögens **abweichender Stichtag** gewählt werden. Insbesondere bei mehreren übertragenden Sondervermögen mit unterschiedlichen Geschäftsjahren führt die Bestimmung eines vom Geschäftsjahresende abweichenden Übertragungsstichtages zu administrativen Vereinfachungen (z. B. keine Notwendigkeit eines Rumpfgeschäftsjahres).[54] Ein vom Ende des Geschäftsjahres des übertragenden Sondervermögens abweichender Stichtag muss jedoch von der BaFin genehmigt werden. Bei Wahl eines abweichenden Stichtages sind die Werte des übernehmenden und des übertragenden Sondervermögens sowie die Festlegung des Umtauschverhältnisses der Anteile auf den abweichenden Stichtag zu ermitteln. **83**

§ 189 Abs. 5 KAGB stellt klar, dass die einmal wirksam gewordene Verschmelzung im Nachhinein **nicht mehr** für **nichtig** erklärt werden kann. **84**

Als **Rechtsfolge** einer Verschmelzung gehen alle Vermögensgegenstände und Verbindlichkeiten des übertragenden Sondervermögens auf das übernehmende Sondervermögen über, ohne dass es eines weiteren Aktes bedarf (§ 190 Abs. 1 Ziffer 1 für die Verschmelzung zur Aufnahme bzw. Abs. 2 Ziffer 1 KAGB für die Verschmelzung zur Neugründung). Eine nur **teilweise Übertragung** von Vermögensgegenständen oder das Zurückbehalten von Verbindlichkeiten ist im KAGB nicht vorgesehen. Zugleich werden die Anleger des übertragenden Sondervermögens Anleger des übernehmenden Sondervermögens (§ 190 Abs. 1 Ziffer 2, Abs. 2 Ziffer 2 KAGB). Auch § 190 Abs. 3 KAGB setzt voraus, dass an die Anleger des übertragenden Sondervermögens Anteile an dem übernehmenden Sondervermögen ausgegeben werden. Die neuen Anteile gelten mit Beginn des Tages, der dem Übertragungsstichtag folgt, als bei den Anlegern des übertragenden Sondervermögens ausgegeben. Zu beachten ist, dass Anteilsscheine nur als ganze Anteile über einen oder mehrere Anteile ausgegeben werden können (§ 95 Abs. 1 S. 3 KAGB), die depotführenden Zahlstellen können den Anlegern jedoch im Rahmen des technischen Umtauschs der Anteile auch buchtechnisch Bruchteile von Anteilsscheinen zuweisen.[55] Sofern es der Verschmelzungsplan vorsieht, haben die Anleger des übertragenden Sondervermögens einen Anspruch auf Barzahlung in Höhe von bis zu 10 % des Wertes ihrer Anteile. Eine Barzahlung erfolgt hingegen nicht, soweit das übernehmende Sondervermögen selbst Anteilseigner des übertragenden Sondervermögens ist (§ 190 Abs. 1 Ziffer 2 2. Halbsatz, Abs. 2 Ziffer 2 2. Halbsatz). Technisch abgewickelt wird der Umtausch durch die depotführende Zahlstelle des Anlegers.[56] **85**

Rechte Dritter, die an den Anteilen der Anleger des übertragenden Sondervermögens bestehen, bestehen an den an ihre Stelle tretenden Anteile an dem übernehmenden Sondervermögen weiter (§ 190 Abs. 1 Ziffer 2 3. Halbsatz, Abs. 2 Ziffer 2 3. Halbsatz KAGB). Dadurch wird sichergestellt, dass Dritte durch die Verschmelzung nicht benachteiligt werden. Dies betrifft beispielsweise den Fall, dass der Anleger seine Anteile am über- **86**

---

[53] Weitnauer/Boxberger/Anders/*Sittmann/Springer* KAGB § 189 Rn. 5.
[54] Baur/Tappen/*Geese/Wülfert* Investmentgesetze § 189 KAGB Rn. 9.
[55] Baur/Tappen/*Geese/Wülfert* Investmentgesetze § 190 KAGB Rn. 6.
[56] Baur/Tappen/*Geese/Wülfert* Investmentgesetze § 190 KAGB Rn. 5.

tragenen Sondervermögen verpfändet hat. Das Pfandrecht des Gläubigers besteht in diesem Fall an den Anteilen am übernehmenden Sondervermögen weiter.

87 Schließlich **erlischt** bei einer Verschmelzung zur Aufnahme das übertragende Sondervermögen bzw. erlöschen bei einer Verschmelzung zur Neugründung die übertragenden Sondervermögen (§ 190 Abs. 1 Ziffer 3, Abs. 2 Ziffer 3 KAGB). Bereits die Definition der Verschmelzung in § 1 Abs. 19 Ziffer 37 KAGB bestimmt, dass die Auflösung ohne Abwicklung des Sondervermögens erfolgt.

88 hh) **Nachträgliche Prüfung der Verschmelzung.** Die durchgeführte und wirksam gewordene Verschmelzung ist einer **nachträglichen Prüfung** zu unterziehen (§ 185 Abs. 2 KAGB). Diese nachgelagerte Prüfung ist zu unterscheiden von der Prüfung durch die Verwahrstellen vor Durchführung der Verschmelzung (→ Rn. 22 ff.). Im Gegensatz zur Vorabprüfung durch die Verwahrstellen, die auf einzelne Angaben des Verschmelzungsplans beschränkt ist, wird im Rahmen der nachträglichen Prüfung der gesamte Verschmelzungsvorgang dahingehend überprüft, ob die tatsächlich durchgeführte Verschmelzung den Anforderungen des KAGB und den Vertragsbedingungen der beteiligten Sondervermögen entspricht. Die Durchführung der nachträglichen Prüfung ist **keine Voraussetzung für die Wirksamkeit** der Verschmelzung.[57]

89 Im Rahmen der nachträglichen Verschmelzungsprüfung ist insbesondere zu prüfen, ob die vor der Verschmelzung aufgestellten Kriterien auch **tatsächlich** bei der Verschmelzung **beachtet** wurden. Dabei sind u. a. zu überprüfen:[58]
– die **Bewertung** der Vermögensgegenstände und Verbindlichkeiten unter Beachtung der beschlossenen Bewertungskriterien im Zeitpunkt der Berechnung des Umtauschverhältnisses;
– die zutreffende **Ermittlung der Nettoinventarwerte**;
– die korrekte **Bestimmung des Umtauschverhältnisses** – gegebenenfalls unter Beachtung der vorgesehenen Barzahlung – nach der im Verschmelzungsplan vorgesehenen Berechnungsmethode;
– der tatsächliche **Übergang aller Vermögensgegenstände und Verbindlichkeiten** des übertragenden Sondervermögen auf das übernehmende Sondervermögen sowie der Vollzug der dafür erforderlichen technischen Umbuchungen durch die beteiligten Kapitalverwaltungsgesellschaften und Verwahrstellen;
– das **Wirksamwerden** der Verschmelzung.

90 Die nachträgliche Prüfung der Verschmelzung ist mit einer **Erklärung** darüber abzuschließen, ob bei der Verschmelzung
1. die Kriterien, die im Zeitpunkt der Berechnung des Umtauschverhältnisses für die Bewertung der Vermögensgegenstände und gegebenenfalls der Verbindlichkeiten beschlossen worden sind, beachtet wurden,
2. die Barzahlung, sofern eine Barzahlung erfolgt, je Anteil entsprechend den getroffenen Vereinbarungen berechnet wurde,
3. die Methode, die zur Berechnung des Umtauschverhältnisses beschlossen worden ist, beachtet wurde und das tatsächliche Umtauschverhältnis zu dem Zeitpunkt, auf den die Berechnung dieses Umtauschverhältnisses erfolgte, nach dieser Methode errechnet wurde.

Dass die abschließende Prüfungserklärung nur die vorgenannten Voraussetzungen zu erfüllen hat, schränkt den Umfang der Prüfungspflicht indes nicht ein.[59] Zu **Aufbau, Umfang und Darstellung** des Prüfungsberichts macht § 185 Abs. 2 KAGB keine Vorgaben. § 185 Abs. 3 KAGB ermöglicht den Erlass einer konkretisierenden Rechtsverordnung. Das Bundesfinanzministerium hat von dieser Möglichkeit bisher keinen Gebrauch gemacht. Anhaltspunkte für die Gestaltung des Prüfberichts ergeben sich jedoch aus der

---

[57] Weitnauer/Boxberger/Anders/*Sittmann/Springer* KAGB § 185 Rn. 15.
[58] Vgl. Baur/Tappen/*Geese/Wülfert* Investmentgesetze § 185 KAGB Rn. 6.
[59] Baur/Tappen/*Geese/Wülfert* Investmentgesetze § 185 KAGB Rn. 8.

Kapitalanlage-Prüfungsberichte-Verordnung und den berufsständischen Prüfungsgrundsätzen der Wirtschaftsprüfer.[60]

Während die Vorabprüfung gemäß § 185 Abs. 1 KAGB zwingend durch die Verwahrstellen zu erfolgen hat, kann die nachträgliche Prüfung entweder durch eine **Verwahrstelle**, durch einen **Wirtschaftsprüfer** oder durch den **Abschlussprüfer** des übertragenden oder übernehmenden Sondervermögens erfolgen. Während nach § 185 Abs. 1 KAGB ausdrücklich nur die Abschlussprüfer des übertragenden oder übernehmenden Sondervermögens in Betracht kommen, besteht eine solche Einschränkung hinsichtlich der Verwahrstellen nicht. Möglich – wenngleich in der Praxis sicherlich die Ausnahme – erscheint deshalb, dass auch eine Verwahrstelle mit der Prüfung beauftragt wird, die diese Funktion weder für das übertragende noch für das übernehmende Sondervermögen innehat.[61] Das Gesetz lässt offen, wer den Prüfer bestimmt. Regelmäßig werden sich jedoch die Kapitalverwaltungsgesellschaften der beteiligten Sondervermögen auf einen Prüfer einigen. Aus Kostengesichtspunkten und zur Nutzung möglicher Synergieeffekte wird sich in der Praxis die Beauftragung des Abschlussprüfers eines der an der Verschmelzung beteiligten Sondervermögen anbieten. 91

Für die **Durchführung** der nachträglichen Prüfung der Verschmelzung sind § 318 Abs. 3 bis 8 HGB (Bestellung und Abberufung von Abschlussprüfern) sowie die §§ 319 (Auswahl der Abschlussprüfer und Ausschlussgründe), 319b (Netzwerk) und 323 (Verantwortlichkeit des Abschlussprüfers) HGB entsprechend anzuwenden.[62] 92

Der Prüfungsbericht richtet sich an die beauftragenden Kapitalverwaltungsgesellschaften. Er ist unverzüglich nach Abschluss der Prüfung bei der **BaFin einzureichen** (analog § 102 S. 6 KAGB).[63] Regelmäßig wird die unverzügliche Einreichung des Prüfungsberichts Nebenbestimmung zu der Genehmigung der BaFin sein.[64] Den **Anlegern** des übertragenden und des übernehmenden Sondervermögens ist von den Kapitalverwaltungsgesellschaften auf Anfrage kostenlos eine **Abschrift** der Erklärung des Prüfers nach § 185 Abs. 2 KAGB (nicht jedoch des gesamten Prüfungsberichtes) zur Verfügung zu stellen (§ 187 Abs. 3 KAGB). 93

ii) Kosten der Verschmelzung. Die mit der Vorbereitung und Durchführung der **Verschmelzung verbundenen Kosten** dürfen von der Kapitalverwaltungsgesellschaft weder dem übertragenden Sondervermögen noch dem übernehmenden Sondervermögen noch ihren jeweiligen Anlegern in Rechnung gestellt werden (§ 188 KAGB). Hintergrund der Regelung ist, dass die Entscheidung für eine Verschmelzung durch die Kapitalverwaltungsgesellschaft(en) getroffen wird, und die Anleger keine Möglichkeiten haben, diese zu verhindern. 94

Von dem **Verbot der Kostenbelastung** sind **jegliche Kosten**, die bei der Vorbereitung und Durchführung der Verschmelzung entstehen, erfasst. Dies betrifft solche Kosten, die über die normale Verwaltung eines Sondervermögens hinausgehen. Von dem Weiterbelastungsverbot werden z. B. Rechtsberatungskosten im Zusammenhang mit der Konzeption der Verschmelzung oder der Vorbereitung des Verschmelzungsplans und der Verschmelzungsinformationen ebenso erfasst wie Prüfungskosten, Druck- und Versandkosten für die Verschmelzungsinformationen, Veröffentlichungs- und Bekanntmachungskosten oder Marketingkosten.[65] Auch eine **Ausübung des Rückgabe- und Umtauschrechtes** darf für die Anleger nicht mit zusätzlichen Kosten verbunden sein (§ 187 Abs. 1 S. 1 KAGB). 95

Auch eine indirekte Belastung der Anleger durch Weiterbelastung der Verschmelzungskosten an die beteiligten Sondervermögen ist ausgeschlossen. Die mit der Verschmelzung 96

---

[60] Vgl. Baur/Tappen/*Geese/Wülfert* Investmentgesetze § 185 KAGB Rn. 9.
[61] Weitnauer/Boxberger/Anders/*Sittmann/Springer* KAGB § 185 Rn. 6.
[62] Vgl. ausführlich Baur/Tappen/*Geese/Wülfert* Investmentgesetze § 185 KAGB Rn. 16 ff.
[63] Baur/Tappen/*Geese/Wülfert* Investmentgesetze § 185 KAGB Rn. 14.
[64] Baur/Tappen/*Geese/Wülfert* Investmentgesetze § 185 KAGB Rn. 14.
[65] Baur/Tappen/*Geese/Wülfert* Investmentgesetze § 188 KAGB Rn. 5.

etwaig verbundenen Effizienzsteigerungen werden regelmäßig zugunsten der Kapitalverwaltungsgesellschaften ausfallen, sodass es angemessen erscheint, dass diese auch die notwendigen Kosten tragen.

2. Besonderheiten bei Umwandlungen unter Beteiligung von offenen Investmentaktiengesellschaften mit veränderlichem Kapital

97 Regelungen für Umwandlungen unter Beteiligung von **offenen Investmentaktiengesellschaften mit veränderlichem Kapital** bzw. Teilgesellschaftsvermögen derselben enthält § 191 KAGB.

98 Gemäß § 191 Abs. 1 KAGB sind die **§§ 181 bis 190 KAGB entsprechend** anzuwenden auf

- Verschmelzungen eines Sondervermögens auf eine Investmentaktiengesellschaft mit veränderlichem Kapital oder auf ein Teilgesellschaftsvermögen einer Investmentaktiengesellschaft mit veränderlichem Kapital,
- Verschmelzungen eines Teilgesellschaftsvermögens einer Investmentaktiengesellschaft mit veränderlichem Kapital auf ein anderes Teilgesellschaftsvermögen derselben Investmentaktiengesellschaft,
- Verschmelzungen eines Teilgesellschaftsvermögens einer Investmentaktiengesellschaft mit veränderlichem Kapital auf ein Teilgesellschaftsvermögen einer anderen Investmentaktiengesellschaft mit veränderlichem Kapital,
- Verschmelzungen eines Teilgesellschaftsvermögens einer Investmentaktiengesellschaft mit veränderlichem Kapital auf ein Sondervermögen oder auf einen EU-OGAW.

Nicht vorgesehen ist hingegen – freilich wenig überzeugend – die Verschmelzung eines Teilgesellschaftsvermögens einer Investmentaktiengesellschaft mit veränderlichem Kapital auf eine andere Investmentaktiengesellschaft mit veränderlichem Kapital.

99 § 191 Abs. 1 KAGB ermöglicht sowohl **inländische als auch grenzüberschreitende Verschmelzungen ins Ausland**. Dagegen werden **Verschmelzungen eines EU-OGAW ins Inland** auf eine OGAW-Investmentaktiengesellschaft mit veränderlichem Kapital oder auf ein Teilgesellschaftsvermögen einer OGAW-Investmentaktiengesellschaft mit veränderlichem Kapital von § 191 Abs. 2 KAGB erfasst, der die entsprechende Anwendung der §§ 183, 186, 189 und 190 KAGB bestimmt.

100 Für Verschmelzungen, bei denen eine **Investmentaktiengesellschaft mit veränderlichem Kapital als übertragender Rechtsträger** fungiert, bestimmt § 191 Abs. 3 KAGB die **entsprechende Anwendung der Vorschriften des Umwandlungsgesetzes** über Verschmelzungen, soweit sich aus den §§ 167, 182, 188, 189 Abs. 2 bis 5 und 190 KAGB nichts anderes ergibt. § 191 Abs. 3 erfasst die Verschmelzungen einer Investmentaktiengesellschaft mit veränderlichem Kapital als übertragender Rechtsträger auf folgende aufnehmende Rechtsträger:

- Verschmelzungen einer Investmentaktiengesellschaft mit veränderlichem Kapital auf eine andere Investmentaktiengesellschaft mit veränderlichem Kapital,
- Verschmelzungen einer Investmentaktiengesellschaft mit veränderlichem Kapital auf ein Teilgesellschaftsvermögen einer Investmentaktiengesellschaft mit veränderlichem Kapital,
- Verschmelzungen einer Investmentaktiengesellschaft mit veränderlichem Kapital auf ein Sondervermögen,
- Verschmelzungen einer Investmentaktiengesellschaft mit veränderlichem Kapital auf einen EU-OGAW.

Vorgesehen sind **ausschließlich Verschmelzungen**, andere im Umwandlungsgesetz vorgesehene Umwandlungsarten (z.B. Spaltung, Vermögensübertragung oder Formwechsel) sind ausgeschlossen.[66]

---

[66] Baur/Tappen/*Geese/Wülfert* Investmentgesetze § 191 KAGB Rn. 15.

Die **Vorschriften des UmwG** finden jedoch lediglich bei der Verschmelzung einer 101 Investmentaktiengesellschaft mit veränderlichem Kapital auf eine andere Investmentaktiengesellschaft mit veränderlichem Kapital Anwendung. In diesem Fall sind beide an der Verschmelzung beteiligten Publikumssondervermögen verschmelzungsfähige Rechtsträger im Sinne von § 3 UmwG. Dies folgt aus der Besonderheit der Rechtsform der Investmentaktiengesellschaft mit veränderlichem Kapital, die einerseits als Gesellschaft den aktienrechtlichen Vorschriften unterliegt, andererseits aber auch ein Investmentvehikel mit einem besonderen investmentrechtlichen Regelungsregime darstellt.[67] Für diesen Fall regelt § 191 Abs. 3 KAGB, dass sich die Verschmelzung grundsätzlich nach den Regelungen des UmwG zu richten hat, soweit sich aus §§ 167, 182, 188, 189 Abs. 2 bis 5 und 190 KAGB nichts anderes ergibt. Auf Verschmelzungen einer Investmentaktiengesellschaft mit veränderlichem Kapital auf ein **Teilgesellschaftsvermögen** einer Investmentaktiengesellschaft mit veränderlichem Kapital, ein Sondervermögen oder einen EU-OGAW, findet des UmwG hingegen **keine Anwendung**, da in diesen Fällen die aufnehmenden Rechtsträger keine verschmelzungsfähigen Rechtsträger im Sinne des UmwG sind. Insofern dürften die Regelungen für Verschmelzungen von offenen Publikumsinvestmentvermögen Anwendung finden.[68]

Soweit in den Satzungen der an der Verschmelzung beteiligten Investmentaktiengesell- 102 schaften mit veränderlichem Kapital vorgesehen, müssen die **Hauptversammlungen der Verschmelzung zustimmen**. Gemäß § 191 Abs. 4 KAGB darf hierfür bei allen von § 191 Abs. 1 bis 3 KAGB geregelten Verschmelzungen ein Quorum von nicht mehr als 75 % der tatsächlich abgegebenen Stimmen der bei der Hauptversammlung anwesenden oder vertretenen Aktionäre verlangt werden. § 191 Abs. 5 KAGB stellt schließlich klar, dass die Kosten der Verschmelzung entsprechend § 188 KAGB nicht den Anlageaktionären zugerechnet werden dürfen.

III. Umwandlungen von offenen Spezialinvestmentvermögen

1. Umwandlungen von offenen Spezialsondervermögen

a) Allgemeine Grundsätze. Regelungen über die **Verschmelzung von Spezialson-** 103 **dervermögen** finden sich in § 281 KAGB. Der Gesetzgeber trägt damit dem Bedürfnis institutioneller Anleger Rechnung, ihre in unterschiedlichen Investmentvehikeln angelegten Vermögenswerte miteinander zu verbinden. Bei Vorliegen der investmentsteuerrechtlichen Voraussetzungen kann dies steuerneutral, ohne Aufdeckung stiller Reserven erfolgen (→ § 73).

§ 281 Abs. 1 S. 1 KAGB stellt zunächst klar, dass **Spezialsondervermögen nicht auf** 104 **Publikumssondervermögen** und **Publikumssondervermögen nicht auf Spezialsondervermögen** verschmolzen werden dürfen. Damit wird der bereits in § 181 Abs. 1 S. 1 KAGB enthaltene Grundsatz des Verbots von Mischverschmelzungen – wenn auch mit abweichender Terminologie – nochmals wiederholt.[69]

Im Gegensatz zu den Vorschriften über die Verschmelzung von Publikumssonderver- 105 mögen erfasst § 281 KAGB aufgrund seiner Stellung innerhalb der Allgemeinen Vorschriften des dritten Kapitels für inländische Spezial-AIF nur die Verschmelzung **inländischer Spezialsondervermögen**. Eine **grenzüberschreitende Verschmelzung** von Spezialsondervermögen ist vom Gesetz nicht vorgesehen und deshalb **unzulässig**.[70] Für Spezialsondervermögen kommt lediglich eine Verschmelzung durch Aufnahme oder durch Neu-

---

[67] Baur/Tappen/Geese/Wülfert Investmentgesetze § 191 KAGB Rn. 16.
[68] Baur/Tappen/Geese/Wülfert Investmentgesetze § 191 KAGB Rn. 18.
[69] Ausführlich zur unterschiedlichen Terminologie: Moritz/Klebeck/Jesch/Decker KAGB § 281 Rn. 10; Weitnauer/Boxberger/Anders/Sittmann/Springer KAGB § 281 Rn. 2.
[70] Moritz/Klebeck/Jesch/Decker KAGB, § 281 Rn. 14.

gründung, nicht jedoch nach dem „Scheme of Arrangement" bzw. „Scheme of Amalgamation" in Betracht.[71]

106 **b) Verschmelzungsvoraussetzungen.** Gemäß § 281 Abs. 1 S. 2 KAGB gelten für Spezialsondervermögen die für offene Publikumssondervermögen anwendbaren **Vorschriften der §§ 184, 185, 189 und 190 KAGB mit gewissen Modifikationen** entsprechend. Ein umfassender Verweis auf die Vorschriften für offene Publikumssondervermögen wäre aufgrund der geringeren Schutzbedürftigkeit der Anleger in Spezialsondervermögen nicht angemessen, insbesondere da die Anleger in Spezialsondervermögen die Verschmelzung regelmäßig selbst initiiert haben werden und sie der Verschmelzung zustimmen müssen (§ 281 Abs. 1 S. 3 Halbs. 2 KAGB). Da deshalb nicht das Risiko besteht, dass den Anlegern durch die Verschmelzung unerwünschte Vertragsänderungen (z. B. neue Anlagestrategien oder Risikoprofile) aufgezwungen werden, sind vor allem die Regelungen über die besonderen Verschmelzungsinformationen des § 186 KAGB, die Sicherstellung der Anlegerrechte des § 187 KAGB und das Verbot der Kostenbelastung gemäß § 188 KAGB nicht anwendbar.

107 **aa) Reduzierter Verschmelzungsplan.** Gemäß § 281 Abs. 1 S. 2 KAGB ist auch bei der Verschmelzung eines Spezialsondervermögens ein **Verschmelzungsplan** aufzustellen. Er ist Grundlage für die nach § 281 Abs. 1 S. 3 KAGB erforderliche Zustimmung des Anlegers zur Verschmelzung (→ Rn. 45 ff.). Da bei Spezialsondervermögen die Verschmelzung regelmäßig vom Anleger ausgehen wird, können die Angaben nach § 184 S. 3 Nr. 1 – 4[72] (Angaben zur Art der Verschmelzung und zum Hintergrund der Maßnahme, Darstellung der Auswirkungen sowie Nennung der Bewertungskriterien der Vermögensgegenstände und Verbindlichkeiten) unterbleiben (§ 281 Abs. 1 S. 2 Nr. 1 KAGB). Dies gilt auch, soweit diese Informationen dem Anleger ausnahmsweise unbekannt sein sollten.[73]

108 **Erforderlich** sind im Verschmelzungsplan von Spezialsondervermögen die Darlegung der Methode zur Berechnung des Umtauschverhältnisses (§ 184 S. 3 Nr. 5 KAGB), der geplante Übertragungsstichtag (§ 184 S. 3 Nr. 6 KAGB), die für die Übertragung von Vermögenswerten und den Umtausch von Anteilen geltenden Bestimmungen (§ 184 S. 3 Nr. 7 KAGB) sowie bei einer Verschmelzung durch Neugründung gemäß § 1 Abs. 19 Nr. 37 Buchst. b KAGB die Anlagebedingungen oder die Satzung des neuen Investmentvermögens (§ 184 S. 3 Nr. 8 KAGB). Zu den einzelnen Voraussetzungen (→ Rn. 448 ff.). **Darüber hinausgehende Angaben** sind zulässig (§§ 281 Abs. 1 S. 2, 184 S. 4 KAGB), können jedoch ausweislich Gesetzeswortlauts nicht verlangt werden.[74]

109 **bb) Prüfung der Verschmelzung.** Gemäß § 281 Abs. 1 S. 2 Nr. 2 KAGB kann mit Zustimmung der Anleger eine **Prüfung der Verschmelzung durch die Verwahrstellen** nach § 185 Abs. 1 KAGB **unterbleiben**. Allerdings ist der gesamte Verschmelzungsvorgang von einem **Abschlussprüfer zu prüfen** (§ 281 Abs. 1 S. 2 Nr. 2 Halbs. 2 KAGB). Im Unterschied zu § 185 Abs. 2 KAGB, der auch eine Prüfung durch einen Wirtschaftsprüfer oder eine Verwahrstelle zulässt, muss die Prüfung bei Spezialsondervermögen ausweislich des Gesetzeswortlauts zwingend durch einen Abschlussprüfer vorgenommen werden.[75]

110 § 281 Abs. 1 S. 2 KAGB verweist nicht auf die Regelung des § 187 KAGB, sodass auch **keine Verpflichtung** zur **Weiterleitung des Prüfberichts an die Anleger** des übertragenden und übernehmenden Spezialsondervermögen entsprechend § 187 Abs. 3 KAGB besteht. Da die Anleger des Spezialsondervermögens jedoch regelmäßig die Verschmelzung

---

[71] Weitnauer/Boxberger/Anders/*Sittmann/Springer* KAGB § 281 Rn. 4.
[72] Der im Gesetzt enthaltene Verweis auf § 184 Abs. 1 S. 3 Nr. 1 bis 4 ist insoweit wohl ungenau, da § 184 lediglich einen Absatz hat.
[73] Moritz/Klebeck/Jesch/*Decker* KAGB § 281 Rn. 23.
[74] Moritz/Klebeck/Jesch/*Decker* KAGB § 281 Rn. 25.
[75] Weitnauer/Boxberger/Anders/*Sittmann/Springer* KAGB § 281 Rn. 7; ausführlich zur Person des Abschlussprüfers: Moritz/Klebeck/Jesch/*Decker* KAGB § 281 Rn. 29.

initiiert haben werden und in jedem Fall der Verschmelzung zustimmen müssen, sind die Anleger ausreichend geschützt. In der Praxis erscheint eine Weiterleitung des Prüfberichts an die Anleger regelmäßig zweckmäßig.

cc) Keine Bekanntmachung / Veröffentlichung. Bei der Verschmelzung von Spezialsondervermögen sind Bekanntmachungen, Veröffentlichungen und Unterrichtungen nach § 189 Abs. 4 KAGB **nicht erforderlich** (§ 281 Abs. 1 S. 2 Nr. 3 KAGB). Die Kapitalverwaltungsgesellschaft des übernehmenden Spezialsondervermögens muss deshalb das Wirksamwerden der Verschmelzung weder im Bundesanzeiger noch in einer hinreichend verbreiteten Wirtschafts- oder Tageszeitung bzw. in einem sonstigen Informationsmedium veröffentlichen. 111

dd) Keine Genehmigungspflicht durch die BaFin. Gemäß § 281 Abs. 1 S. 3 KAGB ist für die Verschmelzung von Spezialsondervermögen eine Genehmigung durch die BaFin **nicht erforderlich**. Die Regelung hat lediglich klarstellende Bedeutung, da die Genehmigungspflicht des § 182 KAGB auf Spezialsondervermögen bereits mangels Bezugnahme in § 281 Abs. 1 S. 2 KAGB nicht anwendbar ist. Dies entspricht der gesetzgeberischen Wertung, wonach ein behördliches Genehmigungsverfahren aufgrund der besonderen Anlegerstruktur und insbesondere der Anlegerbeteiligung im Rahmen der Verschmelzung von Spezialsondervermögen nicht erforderlich erscheint. 112

ee) Zustimmung der Anleger. Im Ausgleich für die fehlende behördliche Genehmigungspflicht durch die BaFin sieht § 281 Abs. 1 S. 3 Halbs. 2 KAGB jedoch die **Zustimmung der Anleger sowohl des übertragenden als auch des übernehmenden Spezialsondervermögens** zu der Verschmelzung vor. Das BGB versteht unter der Zustimmung sowohl die Einwilligung als vorherige Zustimmung (§ 183 BGB) als auch die Genehmigung als nachträgliche Zustimmung (§ 184 Abs. 1 BGB). Vorliegend erscheint jedoch – jedenfalls in der Praxis – einzig eine **Einwilligung der Anleger** im Vorfeld der Verschmelzung sachgerecht, da nur so sichergestellt werden kann, dass die Verschmelzung auf Anregung und Wunsch der Anleger erfolgt.[76] Vor Erteilung der Zustimmung ist den Anlegern der Verschmelzungsplan in der Form der §§ 281 Abs. 1 S. 2 i.V.m. § 184 KAGB vorzulegen. 113

Das Gesetz regelt weder die **Form** noch den **Adressaten** der Zustimmungserklärung. In der Praxis beschränkt man sich regelmäßig auf einen formlosen Konsens. Regelmäßig wird das Einverständnis der Anleger durch eine kurze schriftliche Zustimmungserklärung eingeholt.[77] Zu Recht wird jedoch in der Literatur der **Abschluss eines Verschmelzungsvertrages** zwischen allen Beteiligten empfohlen.[78] Mögliche Adressaten sind sowohl die Kapitalverwaltungsgesellschaft als auch die Verwahrstelle und zwar sowohl des/der übertragenden Spezialsondervermögens als auch des übernehmenden Spezialsondervermögens. In der Praxis empfiehlt es sich, die erforderliche Zustimmung aller Anleger des übertragenden und des übernehmenden Spezialsondervermögens einheitlich und umfänglich innerhalb eines Verschmelzungsvertrages einzuholen.[79] 114

c) Wirksamwerden und Rechtsfolgen der Verschmelzung. Für das Wirksamwerden der Verschmelzung verweist § 281 Abs. 1 S. 2 KAGB auf § 189 KAGB (→ Rn. 77 ff.). Da jedoch eine Genehmigung der BaFin für Verschmelzungen von Spezialsondervermögen nicht erforderlich ist (→ Rn. 112), sondern durch die Einwilligung der Anleger ersetzt wird, hängt der **Zeitpunkt des Wirksamwerdens** (unter anderem) von deren Einwilligung ab.[80] Auch für Spezialsondervermögen kann gemäß § 189 Abs. 2 i.V.m. § 281 115

---

[76] Moritz/Klebeck/Jesch/*Decker* KAGB § 281 Rn. 38.
[77] Moritz/Klebeck/Jesch/*Decker* KAGB § 281 Rn. 56.
[78] Moritz/Klebeck/Jesch/*Decker* KAGB § 281 Rn. 56.
[79] Moritz/Klebeck/Jesch/*Decker* KAGB § 281 Rn. 40.
[80] Moritz/Klebeck/Jesch/*Decker* KAGB § 281 Rn. 59.

Abs. 1 S. 2 KAGB ein anderer Stichtag als das Geschäftsjahresende des übertragenden Spezialsondervermögens bestimmt werden (→ Rn. 83).

116 Die **Rechtsfolgen** einer Verschmelzung von Spezialsondervermögen ergeben sich aus § 281 Abs. 1 S. 2 KAGB i. V. m. § 190 KAGB (→ Rn. 85 ff.).

2. Umwandlungen von offenen Spezialinvestmentaktiengesellschaften mit veränderlichem Kapital und offenen Investmentkommanditgesellschaften

117 Für die Verschmelzung von Spezialsondervermögen unter **Beteiligung von offenen Investmentaktiengesellschaften** mit veränderlichem Kapital und offenen Investmentkommanditgesellschaften enthalten § 281 Abs. 2 und Abs. 3 KAGB Sonderregelungen.

118 Gemäß § 281 Abs. 2 KAGB ist § 281 Abs. 1 (→ Rn. 103 ff.) **entsprechend anzuwenden** auf

– die Verschmelzung eines Spezialsondervermögens auf eine Spezialinvestmentaktiengesellschaft mit veränderlichem Kapital, auf eine offene Investmentkommanditgesellschaft, auf ein Teilgesellschaftsvermögen einer Spezialinvestmentaktiengesellschaft mit veränderlichem Kapital oder auf ein Teilgesellschaftsvermögen einer offenen Investmentkommanditgesellschaft,

– die Verschmelzung eines Teilgesellschaftsvermögens einer Spezialinvestmentaktiengesellschaft mit veränderlichem Kapital auf ein anderes Teilgesellschaftsvermögen derselben Investmentaktiengesellschaft sowie eines Teilgesellschaftsvermögens einer offenen Investmentkommanditgesellschaft auf ein anderes Teilgesellschaftsvermögen derselben Investmentkommanditgesellschaft,

– die Verschmelzung eines Teilgesellschaftsvermögens einer Spezialinvestmentaktiengesellschaft mit veränderlichem Kapital oder eines Teilgesellschaftsvermögens einer offenen Investmentkommanditgesellschaft auf ein Teilgesellschaftsvermögen einer anderen Spezialinvestmentaktiengesellschaft mit veränderlichem Kapital oder einer anderen offenen Investmentkommanditgesellschaft,

– die Verschmelzung eines Teilgesellschaftsvermögens einer Spezialinvestmentaktiengesellschaft mit veränderlichem Kapital oder eines Teilgesellschaftsvermögens einer offenen Investmentkommanditgesellschaft auf ein Spezialsondervermögen.

119 Auf Verschmelzungen, bei denen eine Spezialinvestmentaktiengesellschaft mit veränderlichem Kapital oder eine offene Investmentkommanditgesellschaft als übertragender Rechtsträger fungiert, bestimmt § 281 Abs. 3 KAGB die **entsprechende Anwendung der Vorschriften des Umwandlungsgesetzes** über Verschmelzungen, soweit sich aus den §§ 182 in Verbindung mit § 281 Abs. 1 S. 3, 189 Abs. 2, 3 und 4 und 190 KAGB nichts anderes ergibt. Erfasst werden von § 281 Abs. 3 KAGB die Verschmelzungen einer Spezialinvestmentaktiengesellschaft mit veränderlichem Kapital oder einer offenen Investmentkommanditgesellschaft als übertragende Rechtsträger auf folgende aufnehmende Rechtsträger:

– eine andere Spezialinvestmentaktiengesellschaft mit veränderlichem Kapital,
– eine andere offene Investmentkommanditgesellschaft,
– ein Teilgesellschaftsvermögen einer Spezialinvestmentaktiengesellschaft mit veränderlichem Kapital,
– ein Teilgesellschaftsvermögen einer offenen Investmentkommanditgesellschaft,
– ein Sondervermögen.

120 Auch im Rahmen von Spezialinvestmentaktiengesellschaften mit veränderlichem Kapital und offenen Investmentkommanditgesellschaften gilt jedoch wie bei offenen Investmentaktiengesellschaften (→ Rn. 100), dass das **UmwG nur Anwendung** findet, wenn sowohl der übertragende Rechtsträger als auch der aufnehmende Rechtsträger jeweils verschmelzungsfähige Rechtsträger im Sinne von § 3 UmwG sind. Auf die Verschmelzungen einer Investmentaktiengesellschaft mit veränderlichem Kapital oder einer offenen Investmentkommanditgesellschaft auf ein **Teilgesellschaftsvermögen** einer Investmentaktiengesellschaft mit veränderlichem Kapital bzw. ein Teilgesellschaftsvermögen einer offenen Invest-

mentkommanditgesellschaft oder auf ein **Sondervermögen**, findet des UmwG hingegen **keine Anwendung**, da die aufnehmenden Rechtsträger keine verschmelzungsfähigen Rechtsträger im Sinne des UmwG sind.[81] Insofern sollten nach hier vertretener Ansicht allein die Regelungen des KAGB Anwendung finden.[82]

C. Umwandlungen von geschlossenen Investmentvermögen

Geschlossene Investmentvermögen können in der Satzungsform – als **Investmentaktiengesellschaft mit fixem Kapital** (vgl. §§ 140 ff. KAGB) oder **geschlossene Investmentkommanditgesellschaft** (§§ 149 ff. KAGB) bestehen (§ 139 KAGB). Das **KAGB enthält keine Regelungen** für die Verschmelzung von geschlossener Investmentvermögen. Auch wenn für geschlossenen Investmentaktiengesellschaften in § 140 KAGB ein ausdrücklicher Verweis auf das UmwG fehlt, sind auf Umwandlungen unter Beteiligung geschlossener Investmentaktiengesellschaften die **allgemeinen Regelungen des UmwG** anwendbar.[83] Geschlossene Investmentkommanditgesellschaften sind ebenfalls verschmelzungsfähige Rechtsträger nach § 3 UmwG. Auf sie finden die Vorschriften der §§ 39 ff. UmwG Anwendung. 121

§ 73 Steuerrecht

Übersicht

	Rdnr.		Rdnr.
A. Einführung	1–7	4. Auswirkungen auf die Anleger	26–31
I. Überblick über das Besteuerungsregime des InvStG	1–6	II. Verschmelzung von ausländischen Investmentfonds (§ 17a InvStG)	32–42
II. Steuerliche Regelungen zur Verschmelzung von Investmentvermögen	7	1. Anwendungsbereich des § 17a InvStG	32–36
B. Verschmelzung von Investmentfonds	8–42	2. Voraussetzungen einer steuerneutralen Verschmelzung	37–40
I. Verschmelzung von inländischen Investmentfonds (§ 14 InvStG)	8–31	3. Rechtsfolgen der Verschmelzung	41, 42
1. Voraussetzungen einer steuerneutralen Verschmelzung	8–15	C. Verschmelzung von Investitionsgesellschaften	43, 44
2. Auswirkungen auf den übertragenden Investmentfonds	16–20	D. Ausblick auf die Auswirkungen der Neuregelung des InvStG 2018	45–48
3. Auswirkungen auf den übernehmenden Investmentfonds	21–25		

Schrifttum: *Baur/Tappen*, Investmentgesetze, 3. Auflage, Berlin 2015; *Beckmann/Scholtz/Vollmer*, Investment – Ergänzbares Handbuch für das gesamte Investmentwesen, *Stand 10/2017; Dyckmans*, Die Novellierung des Investmentsteuergesetzes durch das AIFM-Steuer-Anpassungsgesetz, Ubg 2014, 217–230; *Dyckmans*, Der Diskussionsentwurf des BMF zum Investmentsteuerreformgesetz: Ende der eingeschränkten Transparenz?, Ubg 2015, 531–542; *Dyckmans*, Grundlegende Neukonzeption der Investmentbesteuerung – Überblick über die wesentlichen Änderungen durch den Referentenentwurf zum Investmentsteuerreformgesetz, Ubg 2016, 62–71; *Ebner*, Verschmelzung von Sondervermögen nach dem InvStG, DStZ 2007, 68–74; *Moritz/Jesch*, Frankfurter Kommentar zum Kapitalanlagerecht, Band 2: InvStG, Frankfurt am Main 2015; *Stadler/Bindl*, Das neue InvStG – Überblick und Korrekturbedarf, DStR 2016, 1953–1966; *Zetzsche*, Das Gesellschaftsrecht des Kapitalanlagegesetzbuches, AG 2013, 613–630

---

[81] Moritz/Klebeck/Jesch/*Decker* KAGB § 281 Rn. 75; vgl. auch → Rn. 100.
[82] Ebenso zum InvG: Emde/Dornseifer/Dreibus/Hölscher/*Dornseifer* InvG § 99 Rn. 46, vgl. auch → Rn. 101 zur Investmentaktiengesellschaft mit veränderlichem Kapital. – **A.A.:** Moritz/Klebeck/Jesch/*Decker* KAGB § 281 Rn. 75, der solche Umwandlungen für unzulässig hält.
[83] *Zetzsche* AG 2013, 613, 527.

A. Einführung

I. Überblick über das Besteuerungsregime des InvStG

1 Die **ertragsteuerliche Behandlung von Investmentvermögen** und deren Anlegern regelt das **InvStG**. Die Regelungen des InvStG sind **lex-specialis** zu denjenigen des EStG, KStG und GewStG. In seiner aktuell geltenden Fassung orientiert sich das InvStG an den Begrifflichkeiten des KAGB. Es findet gemäß § 1 Abs. 1 S. 1 InvStG **Anwendung** auf Organismen für gemeinsame Kapitalanlagen in Wertpapieren („OGAW") im Sinne des § 1 Abs. 2 KAGB und Alternative Investmentfonds („AIF") im Sinne von § 1 Abs. 3 KAGB sowie auf Anteile an OGAW und AIF. Es gilt gleichermaßen für **in- und ausländische Investmentanlagen**. Werden im Rahmen der aufsichtsrechtlichen Möglichkeiten die OGAW oder AIF in Teilsondervermögen im Sinne des § 96 Abs. 2 S. 1 KAGB, Teilgesellschaftsvermögen im Sinne des § 117 KAGB oder des § 132 KAGB oder vergleichbare rechtliche Einheiten eines ausländischen OGAW oder AIF gebildet, gelten für Zwecke des InvStG diese rechtlich separierten Einheiten (sogenannte „Teilfonds") selbst als OGAW oder AIF (§ 1 Abs. 1 S. 2 InvStG).

2 Trotz des weitgehenden Gleichlaufs des Anwendungsbereichs des InvStG mit demjenigen des KAGB[1], findet die steuerlich privilegierende Fondsbesteuerung des InvStG nicht auf sämtliche Investmentvermögen des KAGB Anwendung. Das InvStG **unterscheidet** vielmehr **zwei unabhängige Besteuerungssysteme**; eines für sogenannte Investmentfonds und eines für sogenannte Investitionsgesellschaften, wobei letzteres wiederum zwischen Personen-Investitionsgesellschaften und Kapital-Investitionsgesellschaften unterscheidet:

 – Nur für Investmentvermögen, die die (strengen) Voraussetzungen des § 1 Abs. 1b S. 2 InvStG erfüllen (→ Rn. 3) und deshalb als **Investmentfonds im Sinne des InvStG** qualifizieren, findet das besondere Besteuerungsregime des InvStG Anwendung (→ Rn. 5).

 – Investmentvermögen, die nicht die Voraussetzungen eines Investmentfonds erfüllen, gelten als **Investitionsgesellschaften**. Dabei entspricht das Besteuerungsregime von **Personen-Investitionsgesellschaften** einer ertragsteuerlich transparenten Besteuerung mittels einer einheitlichen und gesonderten Gewinnfeststellung (vgl. § 18 InvStG) während das Besteuerungsregime von **Kapital-Investitionsgesellschaften** der ertragsteuerlich intransparenten Besteuerung von Kapitalgesellschaften und ihren Gesellschaftern und den damit verbundenen zwei Besteuerungsebenen entspricht (vgl. § 19 InvStG).

Für die Besteuerung sowohl des Investmentvehikels selbst als auch seiner Anleger ist mithin unter Geltung des InvStG von entscheidender Bedeutung, ob es sich um einen Investmentfonds im Sinne des InvStG handelt.

3 Gemäß § 1 Abs. 1b S. 2 InvStG ist ein **Investmentfonds** ein OGAW (im Sinne des § 1 Abs. 2 KAGB) oder ein AIF (im Sinne des § 1 Abs. 3 KAGB), der die weiteren dort genannte **Anlagevoraussetzungen** erfüllt. Dabei müssen die genannten Kriterien **kumulativ** vorliegen. Schon das Nichtvorliegen eines einzelnen Kriteriums hindert die Qualifikation als Investmentfonds. Im Einzelnen normiert § 1 Abs. 1b S. 2 InvStG die folgenden Anlagekriterien:[2]

 – Der OGAW, der AIF oder der Verwalter des AIF ist in seinem Sitzstaat einer **Investmentaufsicht** unterstellt (§ 1 Abs. 1b S. 2 Nr. 1 S. 1 InvStG),

 – Den Anlegern wird mindestens einmal im Jahr ein **Recht zur Rückgabe oder Kündigung** ihrer Anteile, Aktien oder Beteiligung eingeräumt (§ 1 Abs. 1b S. 2 Nr. 2 S. 1 InvStG),

---

[1] Beachte die Sonderregelungen des § 1 Abs. 1a InvStG.
[2] Ausführlich: Dyckmans Ubg 2014, 217; Moritz/Jesch/Gottschling/Schatz InvStG § 1 Rn. 68 ff.

– Der objektive **Geschäftszweck** ist auf die Anlage und Verwaltung der Mittel für gemeinschaftliche Rechnung der Anteils- oder Aktieninhaber beschränkt und eine aktive unternehmerische Bewirtschaftung der Vermögensgegenstände ist ausgeschlossen (§ 1 Abs. 1b S. 2 Nr. 3 S. 1 InvStG),
– Das Vermögen ist nach dem **Grundsatz der Risikomischung** angelegt (§ 1 Abs. 1b S. 2 Nr. 4 S. 1 InvStG),
– Die Vermögensanlage erfolgt zu mindestens 90 % des Wertes des OGAW oder des AIF in die in § 1 Abs. 1b S. 2 Nr. 5 InvStG **genannten Vermögensgegenstände** (insbesondere Wertpapiere, Geldmarktinstrumente, Derivate, Bankguthaben, Grundstücke, Beteiligungen an Immobilien-Gesellschaften im Sinne von § 1 Abs. 19 Nr. 22 KAGB, Betriebsvorrichtungen, Anteile an in- oder ausländischen Investmentfonds, Edelmetalle, unverbriefte Darlehensforderungen, Beteiligungen an Kapitalgesellschaften, wenn der Verkehrswert dieser Beteiligung ermittelt werden kann),
– Höchstens 20 % des Werts werden in Beteiligungen an Kapitalgesellschaften investiert, die **weder zum Handel an einer Börse** zugelassen noch in einem anderen organisierten Markt zugelassen oder in diesen einbezogen sind (§ 1 Abs. 1b S. 2 Nr. 6 InvStG),
– Durch § 1 Abs. 1b S. 2 Nr. 7 InvStG wird die **Höhe der Beteiligung an Kapitalgesellschaften** dadurch begrenzt, dass die Beteiligung unter 10 % des Kapitals der Kapitalgesellschaft liegen muss,
– Der OGAW oder AIF darf einen **Kredit** nur kurzfristig und nur bis zur Höhe von 30 % seines Wertes aufnehmen (vgl. § 1 Abs. 1b S. 2 Nr. 8 InvStG)[3].

§ 1 Abs. 1b S. 2 Nr. 9 InvStG verlangt schließlich, dass die vorstehend genannten Anlagebestimmungen oder die für OGAW geltenden Anlagebestimmungen des KAGB aus den **Anlagebedingungen** hervorgehen. Gemäß § 1 Abs. 2 S. 6 InvStG gelten als Anlagebedingungen insbesondere die Satzung, der Gesellschaftsvertrag oder vergleichbare konstituierende Dokumente eines OGAW oder AIF.

Das **Besteuerungsregime** für Investmentfonds folgt dem **(eingeschränkten) Transparenzprinzip**, wonach die Anleger – im Grundsatz – wie Direktanleger besteuert werden sollen. Dazu werden die Erträge auf Ebene des Investmentfonds ermittelt und dem Anleger – bei Ausschüttung oder bei Thesaurierung – zugerechnet. Abhängig vom Umfang der Erfüllung der investmentsteuerlichen Veröffentlichungs- und Berichtspflichten (vgl. § 5 InvStG) – erfolgt beim Anleger eine transparente oder semi-transparente Besteuerung bzw. die Pauschalbesteuerung gemäß § 6 InvStG.

Für steuerliche Zwecke gilt ein inländisches Sondervermögen als Zweckvermögen im Sinne des § 1 Abs. 1 Nr. 5 KStG und als sonstige juristische Person des privaten Rechts im Sinne des § 2 Abs. 3 GewStG (§ 11 Abs. 1 S. 1 InvStG). Der **Investmentfonds** selbst ist grundsätzlich von der **Körperschaft- und Gewerbesteuer befreit** (§ 11 Abs. 1 S. 2 und S. 3 InvStG).

II. Steuerliche Regelungen zur Verschmelzung von Investmentvermögen

Eine aus wirtschaftlichen Gründen angestrebte und unter den aufsichtsrechtlichen Voraussetzungen (→ § 72) zulässige Verschmelzung von Investmentvermögen ist auf **steuerliche Rahmenbedingungen** angewiesen, die sicherstellen, dass es durch die Verschmelzung weder auf Ebene des Investmentvermögens selbst noch auf Ebene der Anleger zu einer steuerlichen Mehrbelastung kommt. Diesem Bedürfnis kommt das InvStG durch Sonderregelungen für die **steuerneutrale Verschmelzung** von inländischen (§ 14 InvStG, → Rn. 8 ff.) und ausländischen (§ 17a InvStG, → Rn. 32 ff.) Investmentfonds nach. Dagegen fehlt für grenzüberschreitende Verschmelzungen eine vergleichbare Regelung, sodass es in diesen Fällen zwingend zu einer Besteuerung der stillen Reserven kommt. **Keine Regelung** enthält das InvStG auch für die Verschmelzung von Investmentvermögen, die

---
[3] Sonderregelungen gelten lediglich für Immobilienfonds.

nicht die besonderen steuerlichen Voraussetzungen des § 1 Abs. 1b S. 2 InvStG erfüllen und deshalb steuerlich als Investitionsgesellschaften qualifizieren. Für sie können jedoch die allgemeinen Vorschriften des UmwStG Anwendung finden (→ Rn. 43 f.).

B. Verschmelzung von Investmentfonds

I. Verschmelzung von inländischen Investmentfonds (§ 14 InvStG)

1. Voraussetzungen einer steuerneutralen Verschmelzung

8 Die steuerlichen Folgen der **Verschmelzung inländischer Investmentfonds** regelt § 14 InvStG. Nach § 14 Abs. 1 InvStG finden die Sonderregelungen der Absätze 2 bis 6 nur auf Verschmelzungen im Sinne des § 189 KAGB unter alleiniger Beteiligung inländischer Sondervermögen Anwendung. Aus der Stellung des § 14 InvStG im Zweiten Abschnitt des InvStG folgt zudem, dass die Regelungen **nur auf Investmentfonds** im Sinne des § 1 Abs. 1b InvStG Anwendung finden.[4]

9 § 14 Abs. 1 InvStG erfasst allein die Verschmelzung **inländischer Sondervermögen**. Auf eine **grenzüberschreitende Verschmelzung** unter Beteiligung eines ausländischen Sondervermögens findet § 14 InvStG ebenso wenig Anwendung wie auf die Verschmelzung ausländischer Investmentvermögen[5] (zur Verschmelzung ausländischer Investmentfonds (→ Rn. 32 ff.).

10 Voraussetzung für eine steuerneutrale Verschmelzung nach § 14 Abs. 1 InvStG ist, dass es sich um eine **Verschmelzung im Sinne von § 189 KAGB** handelt (→ § 72 Rn. 77). Wird bei einer Verschmelzung von Publikumssondervermögen die Genehmigung der BaFin erteilt, hat die Finanzverwaltung das Vorliegen der Voraussetzungen des § 189 KAGB nicht weiter zu prüfen.[6] Dagegen ist bei der Verschmelzung von Spezialsondervermögen die Genehmigung der BaFin gemäß § 281 Abs. 1 S. 2 KAGB nicht erforderlich, so dass in diesen Fällen die Finanzverwaltung das Vorliegen der Voraussetzungen des § 189 KAGB prüfen wird.[7]

11 Sind die Voraussetzungen des § 189 KAGB erfüllt, treten die steuerlichen Folgen des § 14 InvStG **zwangsläufig** ein.[8] Es müssen von den beteiligten Investmentfonds keine weiteren Voraussetzungen erfüllt werden. Insbesondere besteht – anders als ggf. bei der Verschmelzung von ausländischen Investmentfonds nach § 17a InvStG – kein Wahlrecht, ob die steuerlichen Folgen des § 14 InvStG trotz Vorliegen der Voraussetzungen des § 189 KAGB herbeigeführt werden sollen oder ob die Beteiligten für eine andere steuerliche Behandlung optieren wollen. Liegen die **Voraussetzungen des § 189 KAGB** hingegen **nicht vor**, kommt eine steuerneutrale Verschmelzung nicht in Betracht. Es finden die Tauschgrundsätze des § 6 Abs. 6 S. 1 EStG entsprechende Anwendung.[9]

12 Über die steuerneutrale Verschmelzung von inländischen Sondervermögen nach § 14 Abs. 1 InvStG hinaus ermöglicht § 14 Abs. 7 InvStG steuerneutrale Verschmelzungen unter Beteiligung von **(inländischen) Investmentaktiengesellschaften mit veränderlichem Kapital** oder Teilgesellschaftsvermögen einer solchen Investmentaktiengesellschaft.

---

[4] Moritz/Jesch/*Helios*/*Bickert* InvStG § 14 Rn. 9; Beckmann/Scholtz/Vollmer/*Heller*/*Hammer* Investment § 14 InvStG Rn. 2c.

[5] Moritz/Jesch/*Helios*/*Bickert* InvStG § 14 Rn. 11; Beckmann/Scholtz/Vollmer/*Heller*/*Hammer* Investment § 14 InvStG Rn. 2d.

[6] Moritz/Jesch/*Helios*/*Bickert* InvStG § 14 Rn. 14 unter Verweis auf BMF v. 18.8.2009, BStBl I 2009, 931 Rn. 234 (zur Vorgängervorschrift des § 40 InvG).

[7] Moritz/Jesch/*Helios*/*Bickert* InvStG § 14 Rn. 14.

[8] Moritz/Jesch/*Helios*/*Bickert* InvStG § 14 Rn. 15; Beckmann/Scholtz/Vollmer/*Heller*/*Hammer* Investment § 14 InvStG Rn. 12; Baur/Tappen/*Jesch*/*Siemko* § 14 InvStG Rn. 8.

[9] Ausführlich: Moritz/Jesch/*Helios*/*Bickert* InvStG § 14 Rn. 16.

Im Einzelnen werden von § 14 Abs. 7 InvStG die **nachfolgenden Verschmelzungen erfasst**:[10]

– Verschmelzung eines inländischen Sondervermögens auf eine (inländische) Investmentaktiengesellschaft mit veränderlichem Kapital,
– Verschmelzung eines Sondervermögens auf ein Teilgesellschaftsvermögen einer (inländischen) Investmentaktiengesellschaft mit veränderlichem Kapital,
– Verschmelzung eines Teilgesellschaftsvermögens einer (inländischen) Investmentaktiengesellschaft mit veränderlichem Kapital auf ein Teilgesellschaftsvermögen derselben Investmentaktiengesellschaft mit veränderlichem Kapital,
– Verschmelzung eines Teilgesellschaftsvermögens einer (inländischen) Investmentaktiengesellschaft mit veränderlichem Kapital auf ein Teilgesellschaftsvermögen einer anderen (inländischen) Investmentaktiengesellschaft mit veränderlichem Kapital,
– Verschmelzung einer (inländischen) Investmentaktiengesellschaft mit veränderlichem Kapital auf ein (inländisches) Sondervermögen,
– Verschmelzung eines Teilgesellschaftsvermögens einer (inländischen) Investmentaktiengesellschaft mit veränderlichem Kapital auf ein (inländisches) Sondervermögen,
– Verschmelzung einer (inländischen) Investmentaktiengesellschaft mit veränderlichem Kapital auf eine andere (inländische) Investmentaktiengesellschaft mit veränderlichem Kapital,
– Verschmelzung einer (inländischen) Investmentaktiengesellschaft mit veränderlichem Kapital auf ein Teilgesellschaftsvermögen einer anderen (inländischen) Investmentaktiengesellschaft mit veränderlichem Kapital.

Die Möglichkeit einer steuerneutralen Verschmelzung nach § 14 Abs. 7 InvStG besteht **13** jedoch nicht, sofern an der Verschmelzung ein **Spezial-Sondervermögen** oder eine **Spezial-Aktiengesellschaft** beteiligt sind (§ 14 Abs. 7 S. 2 InvStG). Ausweislich der Gesetzesbegründung sollen durch diesen Ausschluss nicht überschaubare steuerliche Gestaltungsmöglichkeiten verhindert werden.[11] **Nicht** in den **Anwendungsbereich** des § 14 InvStG fallen deshalb die Verschmelzung einer Investmentaktiengesellschaft mit veränderlichem Kapital oder eines Teilgesellschaftsvermögens einer Investmentaktiengesellschaft mit veränderlichem Kapital mit einem Spezial-Sondervermögen, einem Teilfonds eines solchen Spezial-Sondervermögens, einer Spezial-Investmentaktiengesellschaft mit veränderlichem Kapital oder mit einem Teilgesellschaftsvermögen einer Spezial-Investmentaktiengesellschaft mit veränderlichem Kapital. **Unberührt** von der Ausnahme des § 14 Abs. 7 S. 2 InvStG bleibt jedoch die Verschmelzung zweier Spezial-Sondervermögen, die nach § 14 Abs. 1 InvStG steuerneutral möglich ist.[12]

§ 14 InvStG erfasst sowohl die **Verschmelzung durch Aufnahme** (§ 1 Abs. 19 **14** Nr. 37a KAGB) als auch die **Verschmelzung durch Neugründung** (vgl. § 1 Abs. 19 Nr. 37b KAGB). § 14 Abs. 8 InvStG stellt zudem klar, dass auf einen Übertragungsstichtag auch **mehrere Übertragungen** auf ein und denselben Investmentfonds durchgeführt werden können. Die Regelung erfasst sowohl Verschmelzungen nach § 14 Abs. 1 als auch solche nach § 14 Abs. 7 InvStG.[13]

Nicht in den **Anwendungsbereich des § 14 InvStG** fällt dagegen mangels Rechts- **15** trägerwechsels die **Zusammenlegung von Anteilklassen** eines Investmentfonds.[14] Gemäß § 96 Abs. 1 KAGB können Anteile an Sondervermögen in verschiedene Anteilklassen unterteilt werden. In diesem Fall unterscheiden sich die Anteilklassen in Hinblick

---

[10] Vgl. Beckmann/Scholtz/Vollmer/*Heller/Hammer* Investment § 14 InvStG Rn. 4.
[11] BT-Drs. 17/2249, 80, 84.
[12] Moritz/Jesch/*Helios/Bickert* InvStG § 14 Rn. 19; Beckmann/Scholtz/Vollmer/*Heller/Hammer* Investment § 14 InvStG Rn. 7a.
[13] Beckmann/Scholtz/Vollmer/*Heller/Hammer* Investment § 14 InvStG Rn. 7.
[14] Moritz/Jesch/*Helios/Bickert* InvStG § 14 Rn. 21; Beckmann/Scholtz/Vollmer/*Heller/Hammer* Investment § 14 InvStG Rn. 7b.

auf ihre Ausgestaltungsmerkmale (z. B. hinsichtlich der Ertragsverwendung, des Ausgabeauf- bzw. Rücknameabschlages oder der Währung). Für steuerliche Zwecke werden die einzelnen Anteilsklassen wie selbstständige Sondervermögen behandelt.[15] Dennoch erfolgt bei der Zusammenlegung zweier Anteilklassen kein Rechtsträgerwechsel sondern lediglich eine **buchhalterische Umstrukturierung** innerhalb eines Investmentfonds ohne Realisierung von stillen Reserven auf dieser Ebene. Die Zusammenlegung von Anteilsklassen eines Investmentfonds erfolgt daher **steuerneutral**, wobei die Finanzverwaltung dies einschränkend nur zum Ende des Geschäftsjahres des Sondervermögens für möglich hält.[16] Dies gilt sowohl für die Zusammenlegung von Anteilsklassen eines Sondervermögens als auch für solche einer Investmentaktiengesellschaft mit veränderlichem Kapital oder eines Teilgesellschaftsvermögens einer Investmentaktiengesellschaft mit veränderlichem Kapital.[17]

2. Auswirkungen auf den übertragenden Investmentfonds

16 Die **Auswirkungen einer Verschmelzung** auf den übertragenden Investmentfonds regelt § 14 Abs. 2 InvStG. Die Regelungen finden sowohl auf ein übertragendes Sondervermögen (§ 14 Abs. 1 InvStG) als auch auf eine übertragende Investmentaktiengesellschaft mit veränderlichem Kapital bzw. ein Teilgesellschaftsvermögen einer Investmentaktiengesellschaft mit veränderlichem Kapital (§ 14 Abs. 7 InvStG) Anwendung.

17 Nach § 14 Abs. 2 S. 1 InvStG hat der übertragende Investmentfonds die zu übertragenden Vermögensgegenstände und Verbindlichkeiten, die Teil des Nettoinvantars sind, mit den Anschaffungskosten abzüglich Absetzungen für Abnutzungen oder Substanzverringerungen (**fortgeführte Anschaffungskosten**) zu seinem Geschäftsjahresende (Übertragungsstichtag) anzusetzen. Die Regelung bezieht sich nicht auf die investmentrechtlichen Werte, da die Ermittlung des Fondsvermögens und damit das Anteilswertes allein aufsichtsrechtlich geregelt ist.[18] Durch die Regelung wird klargestellt, dass die regulären Bewertungsvorschriften, die eine einem üblichen Geschäftsjahresende anzuwenden sind, auch zum Übertragungsstichtag der Verschmelzung anzuwenden sind.[19]

18 Der übernehmende Investmentfonds hat die übernommenen Vermögensgegenstände und Verbindlichkeiten mit den so ermittelten Werten anzusetzen. Durch den korrespondierenden Ansatz auf Ebene des übertragenden und des übernehmenden Investmentfonds kann **weder ein Übertragungsgewinn oder –verlust noch einer Übernahmegewinn oder –verlust entstehen** und die stillen Reserven gehen zwingend in voller Höhe auf den übernehmenden Investmentfonds über. Der freiwillige Ansatz von **Verkehrs- oder Zwischenwerten** ist **nicht zulässig**.[20]

19 Ein nach § 189 Abs. 2 S. 1 KAGB bestimmter **Übertragungsstichtag** gilt als Geschäftsjahresende des übertragenden Investmentfonds, § 14 Abs. 2 S. 2 InvStG. Nach § 189 Abs. 2 S. 1 KAGB kann auch ein vom gewöhnlichen Geschäftsjahresende des übertragenden Investmentfonds abweichender Übertragungsstichtag gewählt werden. In diesem Fall stellt § 14 Abs. 2 S. 2 InvStG sicher, dass für steuerliche Zwecke ein **Rumpfgeschäftsjahr** zu bilden ist. Die Erträge des letzten (Rumpf-)Geschäftsjahres des übertragenden Investmentfonds unterliegen grundsätzlich den allgemeinen Vorschriften der Abschnitte 1 und 2 des InvStG.[21] Insbesondere gelten die ausschüttungsgleichen Erträge mit dem Ablauf dieses letzten (Rumpf-)Geschäftsjahres den Anlegern als zugeflossen.

20 Mit der Übertragung sämtlicher Vermögensgegenstände und Verbindlichkeiten auf den übernehmenden Investmentfonds **geht der übertragende Investmentfonds unter**. Es

---

[15] BMF v. 18.8.2008, BStBl. I 2009, 931 Rn. 4.
[16] BMF v. 18.8.2008, BStBl. I 2009, 931 Rn. 233a.
[17] Beckmann/Scholtz/Vollmer/*Heller/Hammer* Investment § 14 InvStG Rn. 7b.
[18] Beckmann/Scholtz/Vollmer/*Heller/Hammer* Investment § 14 InvStG Rn. 13.
[19] Moritz/Jesch/*Helios/Bickert* InvStG § 14 Rn. 30.
[20] Moritz/Jesch/*Helios/Bickert* InvStG § 14 Rn. 31.
[21] Beckmann/Scholtz/Vollmer/*Heller/Hammer* Investment § 14 InvStG Rn. 13a.

verbleibt weder eine aufsichtsrechtliche noch steuerrechtliche Hülle noch irgendwie verwertbare Positionen.[22]

3. Auswirkungen auf den übernehmenden Investmentfonds

Der übernehmende Investmentfonds hat zu Beginn des dem Übertragungsstichtag folgenden Tages die **übernommenen Vermögensgegenstände und Verbindlichkeiten mit den fortgeführten Anschaffungskosten** anzusetzen (§ 14 Abs. 3 S. 1 InvStG). Durch den Ansatz erst an dem dem Übertragungsstichtag folgenden Tag wird eine doppelte Erfassung beim übertragenden und übernehmenden Investmentfonds verhindert.

Gemäß § 14 Abs. 3 S. 2 InvStG tritt der übernehmende Investmentfonds in die steuerliche Rechtsstellung des übertragenden Investmentfonds ein. Diese als „**Fußstapfentheorie**" auch in §§ 4 Abs. 2 S. 1, 12 Abs. 3 Halbs. 1, 23 Abs. 1 UmwStG bekannte steuerliche Rechtsnachfolge führt dazu, dass neben den Vermögensgegenständen und Verbindlichkeiten auch alle anderen Steuermerkmale des übertragenden Investmentfonds auf den übernehmenden Investmentfonds übergehen.[23] Erfasst werden hiervon beispielsweise:[24]

- **Behaltensfristen** für Grundstücke, die für die Ermittlung steuerpflichtiger Veräußerungsgewinne bedeutsam sind (§§ 1 Abs. 3 Nr. 2 InvStG i. V. m. § 23 Abs. 1 Nr. 1 EStG), sodass die Haltedauer beider Investmentfonds zusammengerechnet wird und ein steuerpflichtiger Veräußerungsgewinn nur entsteht, wenn das Grundstück von beiden Investmentfonds zusammen nicht länger als 10 Jahre gehalten wurde,
- **Afa-Bemessungsgrundlagen** und **Afa-Satz** gemäß § 7 EStG sowie die Abschreibungsmethode (linear oder degressiv),
- **Anschaffungsdaten** der übernommenen Vermögensgegenstände; insbesondere hinsichtlich ihrer Zuordnung zum Altbestand (Anschaffung vor 1.1.2009) oder Neubestand (Anschaffung nach dem 31.12.2008),
- **Bewertungen** und ggf. ausgeübte **Wahlrechte**, die fortzuführen sind.

§ 14 enthält keine Regelung zu den Auswirkungen der Verschmelzung auf etwaige **Verlustvorträge** des übertragenden Investmentfonds. Gemäß § 3 Abs. 3 S. 1 InvStG sind zunächst im Rahmen der Ermittlung der Erträge des übertragenden Investmentfonds die dort entstandenen negativen Erträge mit positiven Erträgen gleicher Art zu verrechnen. Danach nicht ausgeglichene Erträge sind in den folgenden Geschäftsjahren auszugleichen (§ 3 Abs. 4 S. 2 InvStG). Lediglich für inländische Spezial-Investmentfonds regelt § 15 Abs. 1 S. 6 InvStG, dass ein Verlustvortrag bei Verschmelzung des Spezial-Investmentfonds entfällt, sofern sich die Beteiligungsquote des Anlegers an den beteiligten Spezial-Investmentfonds verringert. Die herrschende Meinung in der Literatur folgt aus dieser Ausnahmevorschrift für Spezial-Investmentfonds, dass im Umkehrschluss bei Publikums-Investmentfonds bestehende Verlustvorträge im Rahmen einer Verschmelzung auf den übernehmenden Investmentfonds übergehen.[25] Gestützt wird diese Ansicht auch aus der in § 14 Abs. 3 S. 2 InvStG normierten allgemeinen steuerlichen Rechtsnachfolge.

Als Folge der allgemeinen steuerlichen Rechtsnachfolge tritt der übernehmende Investmentfonds auch in etwaige **Berichtigungspflichten** des übertragenden Investmentfonds ein. Erkennt die Kapitalverwaltungsgesellschaft nach der Verschmelzung, dass die für den übertragenden Investmentfonds nach § 5 Abs. 1 InvStG bekanntgemachte Besteuerungsgrundlagen unzutreffend sind, sind die betreffenden Unterschiedsbeträge gemäß § 13

---

[22] Beckmann/Scholtz/Vollmer/*Heller/Hammer* Investment § 14 InvStG Rn. 13b.
[23] Moritz/Jesch/*Helios/Bickert* InvStG § 14 Rn. 34.
[24] Moritz/Jesch/*Helios/Bickert* InvStG § 14 Rn. 34; Beckmann/Scholtz/Vollmer/*Heller/Hammer* Investment § 14 InvStG Rn. 14.
[25] Moritz/Jesch/*Helios/Bickert* InvStG § 14 Rn. 35; Beckmann/Scholtz/Vollmer/*Heller/Hammer* Investment § 14 InvStG Rn. 16d; Baur/Tappen/*Jesch/Siemko* § 14 InvStG Rn. 10.

Abs. 4 InvStG in der Bekanntmachung für das laufende Geschäftsjahr des übernehmenden Investmentfonds zu berücksichtigen.[26]

25 § 14 Abs. 6 InvStG regelt die Auswirkungen der Verschmelzung auf den **Fonds-Aktiengewinn**. Sofern beide Investmentfonds einen Aktiengewinn nach § 5 Abs. 2 InvStG ermitteln, darf sich der Aktiengewinn je Investmentanteil durch die Übertragung nicht verändern (§ 14 Abs. 1 S. 1 InvStG).[27] Sofern nur einer der **beiden Investmentfonds einen Aktiengewinn ermittelt**,[28] ist gemäß § 14 Abs. 6 S. 2 InvStG auf die Investmentanteile des Investmentfonds, der bisher einen Aktiengewinn ermittelt und veröffentlicht hat, § 8 Abs. 4 InvStG anzuwenden. Danach wird im Zeitpunkt der Verschmelzung eine Rückgabe und gleichzeitige Neuanschaffung der Investmentanteile fingiert. Die auf den fiktiven Veräußerungsgewinn anfallende Einkommen- oder Körperschaftsteuer gilt bis zur tatsächlichen Rückgabe oder Veräußerung der Anteile an dem übernehmenden Investmentfonds als zinslos gestundet.

4. Auswirkungen auf die Anleger

26 Die Umsetzung der Verschmelzung erfolgt bei den **Anlegern** durch Ausbuchung der Anteile an dem übertragenden Investmentfonds und Einbuchung von Anteilen an dem übernehmenden Investmentfonds. Rein faktisch erfolgt also ein Tausch der Anteile. § 14 Abs. 4 S. 1 InvStG bestimmt jedoch, dass die Ausgabe der Anteile an dem übernehmenden Investmentfonds für die Anleger des übertragenden Investmentfonds steuerlich **nicht als Tausch** gilt. Damit wird vermieden, dass es bei den Anlegern zu einer steuerlich relevanten Gewinnrealisation kommt, wie sie § 6 Abs. 6 EStG für einen Tausch vorsieht.

27 Gemäß § 14 Abs. 4 S. 2 InvStG treten die erworbenen Anteile an dem übernehmenden Investmentfonds an die Stelle der Anteile an dem übertragenden Investmentfonds. Auch auf Ebene des Anteilseigners gilt mithin die „**Fußstapfentheorie**". Auf Anlegerebene hat die Fußstapfentheorie insbesondere zwei Auswirkungen:

- die **historischen Anschaffungskosten und die Buchwerte der Anteile** an dem übertragenden Investmentfonds müssen als Anschaffungskosten und Buchwerte der Anteile an dem übernehmenden Investmentfonds **fortgeführt** werden. Auch für den Anleger besteht insofern kein Wahlrecht, die erhaltenen Anteile zum Zwischenwert oder dem gemeinen Wert anzusetzen[29];
- **Behaltensfristen** auf Anlegerebene beginnen **nicht neu** zu laufen bzw. werden nicht unterbrochen.[30] Von Bedeutung ist dies vor allem für Privatanleger, wenn es sich bei den Anteilen an dem übertragenden Investmentfonds um solche Anteile handelt, die aufgrund ihres Erwerbs vor dem 1.1.2009 bei Veräußerung nicht der Abgeltungsteuer unterliegen.

28 Erhält der Anleger aufgrund der Verschmelzung an dem übernehmenden Investmentfonds mehr oder weniger Anteile als er bislang an dem übertragenden Investmentfonds hielt, werden die bisherigen Anschaffungskosten und die in den „Alt-Anteilen" enthaltenen stillen Reserven grundsätzlich auf alle neu erhaltenen Anteile verteilt.[31] Das **Umtauschverhältnis** ermittelt sich aus dem Verhältnis des Werts eines Anteils am übertragenden Investmentfonds zu dem Wert eines Anteils am übernehmenden Investmentfonds.

Beispiel:[32] Investmentfonds B wird auf Investmentfonds A verschmolzen. Anteilseigner des Investmentfonds B ist B und des Investmentfonds A der A. Zum Übertragungsstichtag weisen die Investmentfonds die folgenden Werte aus:

---

[26] Moritz/Jesch/*Helios/Bickert*,InvStG § 14 Rn. 37.
[27] Ausführlich: Moritz/Jesch/*Helios/Bickert* InvStG § 14 Rn. 52.
[28] Dieser Fall kann nur bei Publikums-Investmentfonds Anwendung finden, da Spezial-Investmentfonds gemäß § 15 Abs. 1 S. 2 InvStG zur Ermittlung eines Aktiengewinns verpflichtet sind.
[29] Moritz/Jesch/*Helios/Bickert* InvStG § 14 Rn. 39.
[30] Beckmann/Scholtz/Vollmer/*Heller/Hammer* Investment § 14 InvStG Rn. 17.
[31] Moritz/Jesch/*Helios/Bickert* InvStG § 14 Rn. 39.
[32] Vgl. Moritz/Jesch/*Helios/Bickert* InvStG § 14 Rn. 39.

	Fondsvermögen	Anteilsscheine	Wert pro Anteil	Anschaffungskosten
Fonds A	1.600,00	200,00	8,00	1.300,00
Fonds B	500,00	100,00	5,00	600,00

Nach der Verschmelzung wird das Vermögen des Investmentfonds EUR 2.100,00 betragen.
Durch die Verschmelzung darf sich der Wert eines Anteils an dem Investmentfonds A nicht ändern und beträgt mithin weiterhin EUR 8,00. Das Umtauschverhältnis ermittelt sich aus dem Verhältnis des Wert eines Anteils am übertragenden Investmentfonds (B Fonds) zum Wert eines Anteils am übernehmenden Investmentfonds (A Fonds) und beträgt mithin 5,00/8,00 = 0,625.
Anleger B erhält somit für seine 100 Anteile am B Fonds nach der Verschmelzung 62,5 Anteile am A Fonds. Seine ursprünglichen Anschaffungskosten in Höhe von EUR 600,00 für 100 Anteile verteilen sich nach der Verschmelzung auf die 62,5 Anteile am A Fonds. Somit belaufen sich die Anschaffungskosten des B pro Anteil am A Fonds auf EUR 9,60.

29 Gemäß § 14 Abs. 5 S. 1 InvStG gelten – unabhängig davon ob es sich bei dem übertragenden Investmentfonds um einen ausschüttenden oder thesaurierenden Investmentfonds handelt – sämtliche **ausschüttungsgleiche Erträge** des übertragenden Investmentfonds als zugeflossen. Gemäß § 14 Abs. 5 S. 3 InvStG greift die **Zuflussfiktion auch für die noch nicht zu versteuernden angewachsenen Erträge** des übertragenden Investmentvermögens. Dazu gehören die angewachsenen (laufenden) ausschüttungsgleichen Erträge, die nicht bereits nach dem monatlichen Zufluss-Abfluss-Prinzip des § 3 Abs. 2 InvStG als Erträge erfasst sind und Erträge, die von einem ausschüttenden Investmentvermögen zur Ausschüttung in einem Ausschüttungsbeschluss entsprechend § 12 InvStG vorgesehen sind.[33] Keine Zurechnung erfolgt, wenn die Erträge gemäß § 2 Abs. 1 S. 1 InvStG zu den Einkünften nach § 22 Nr. 1 oder Nr. 5 EStG zählen (§ 14 Abs. 5 S. 2 InvStG).

30 Nach § 190 Abs. 1 Nr. 2 KAGB besteht die Möglichkeit, dass die Anteilseigner des übertragenden Sondervermögens einen **Anspruch auf eine Barzahlung** in Höhe von bis zu 10 % des Wertes ihrer Anteile am übertragenden Sondervermögens erhalten, sofern dies im Verschmelzungsplan vorgesehen ist (→ § 72 Rn. 45 ff.). Wird von dieser Möglichkeit Gebrauch gemacht, gilt die Barzahlung als **Erträge im Sinne des § 20 Abs. 1 Nr. 1 EStG**, sofern es sich nicht um Betriebseinnahmen des Anlegers, eine Leistung nach § 22 Nr. 1 S. 3 Buchstabe a) Doppelbuchstabe aa EStG oder eine Leistung nach § 22 Nr. 5 EStG handelt (§ 14 Abs. 4 S. 3 InvStG). Auf diese Erträge findet die (partielle) Steuerfreiheit nach § 3 Nr. 40 EStG und § 8b Abs. 1 KStG keine Anwendung (§ 14 Abs. 4 S. 3 2. Halbsatz). Die Barzahlung wird als Ausschüttung eines sonstigen Ertrags oder als Teil einer Ausschüttung nach § 6 InvStG behandelt und unterliegt dem Kapitalertragsteuerabzug nach § 7 Abs. 1 InvStG.[34] Besteuerungsgrundlagen nach § 5 InvStG sind für den Barausgleich nicht zu ermitteln (§ 14 Abs. 4 S. 3 2. Halbsatz).

31 Das Gesetz enthält in § 14 InvStG keine klare Regelung für die Ermittlung des Aktiengewinns auf Ebene der Anleger (sogenannter **Anleger-Aktiengewinn**). § 14 Abs. 6 InvStG normiert lediglich die Folgen für den Aktien-Gewinn auf Ebene des Investmentfonds und auf Ebene der Anleger, wenn einer der an der Verschmelzung beteiligten Investmentfonds keinen Aktiengewinn ermittelt. (→ § 73 Rn. 25). Für die ursprünglichen Anleger des übernehmenden Investmentfonds ergeben sich keine Besonderheiten.[35] Für die Anleger des übertragenden Investmentfonds ist anerkannt, dass die Ermittlung des Anleger-Aktiengewinns zweigeteilt zu ermitteln ist.[36] Der besitzzeitanteilige Anleger-Aktiengewinn setzt sich für sie zusammen aus dem besitzzeitanteiligen Aktiengewinn, aus dem über-

---

[33] Moritz/Jesch/*Helios/Bickert* InvStG § 14 Rn. 47.
[34] Moritz/Jesch/*Helios/Bickert* InvStG § 14 Rn. 46.
[35] Beckmann/Scholtz/Vollmer/*Heller/Hammer* Investment § 14 InvStG Rn. 21.
[36] Moritz/Jesch/*Helios/Bickert* InvStG § 14 Rn. 40; Beckmann/Scholtz/Vollmer/*Heller/Hammer* Investment § 14 InvStG Rn. 21.

tragenden Investmentfonds und dem besitzzeitanteiligen Aktiengewinn aus dem übernehmenden Investmentfonds.[37]

II. Verschmelzung von ausländischen Investmentfonds (§ 17a InvStG)

1. Anwendungsbereich des § 17a InvStG

32 Eine steuerneutrale Verschmelzung von **ausländischen Investmentfonds** ermöglicht § 17a InvStG. Wie auch § 14 InvStG für inländische Investmentfonds, findet auch § 17a InvStG nur auf ausländische **Investmentfonds im Sinne von § 1 Abs. 1b InvStG** Anwendung.[38] Ausländische Investmentvermögen, die diese Voraussetzungen nicht erfüllen, fallen nicht in den Anwendungsbereich des § 17a InvStG. Dazu gehören beispielsweise (geschlossene) alternative Investmentstrukturen, deren Verschmelzungen grundsätzlich nicht steuerneutral erfolgen können.[39]

33 § 17a InvStG gilt nur für Verschmelzung von Investmentfonds, die in **demselben EU-Mitgliedstaat** ansässig sind. **Grenzüberschreitende Verschmelzungen** mit oder ohne Beteiligung eines deutschen Investmentfonds werden **nicht erfasst**.[40] Jedoch erweitert § 17a S. 2 InvStG den Anwendungsbereich auf Staaten, auf die das **Abkommen über den Europäischen Wirtschaftsraum** anwendbar ist. Voraussetzung ist in diesen Fällen jedoch, dass ein umfassender Amtshilfe- und Auskunftsverkehr mit Deutschland besteht. Für alle drei EWR-Vertragsstaaten – Island, Liechtenstein und Norwegen – ist diese Voraussetzung aufgrund der großen Auskunftsklausel in den jeweiligen Doppelbesteuerungsabkommen erfüllt.[41] Die Ansässigkeit eines ausländischen Investmentfonds des Gesellschaftstyps bestimmt sich nach seinem Sitz, während bei ausländischen Investmentfonds des Vertragstyps auf den Sitz der Verwaltungsgesellschaft abzustellen ist.[42] Keine Anwendung findet § 17a InvStG auf Investmentfonds, die in Drittstaaten ansässig sind. Die Verschmelzung von solchen **Drittstaaten-Investmentfonds** stellt für die Anleger zwingend einen steuerpflichtigen Tausch dar.[43]

34 In sachlicher Hinsicht erfasst § 17a InvStG sowohl **Investmentfonds des Vertragstyps** (z. B. FCP) als auch solche des **Gesellschaftstyps** (z. B. SICAV).[44] **Ausgenommen** vom Anwendungsbereich sind jedoch ausländische **Spezial-Investmentfonds des Gesellschaftstyps** (§ 17a S. 6 InvStG). Keine Einschränkung enthält § 17a InvStG für die Richtung der Verschmelzung. Im Einzelnen sind die folgenden Verschmelzungen möglich:[45]

– Verschmelzung eines Investmentfonds des Vertragstyps auf einen anderen Investmentfonds des Vertragstyps,
– Verschmelzung eines Investmentfonds des Vertragstyps auf einen Investmentfonds des Gesellschaftstyps,
– Verschmelzung eines Investmentfonds des Vertragstyps auf ein Teilgesellschaftsvermögen eines Investmentfonds des Gesellschaftstyps,

---

[37] Beckmann/Scholtz/Vollmer/*Heller/Hammer* Investment § 14 InvStG Rn. 21; Moritz/Jesch/*Helios/Bickert* InvStG § 14 Rn. 40 – jeweils mit ausführlichen Berechnungsbeispielen.
[38] Zu Anwendungsvorschriften und Übergangsregelungen vgl. Beckmann/Scholtz/Vollmer/*Heller/Hammer* Investment § 17a InvStG Rn. 3a.
[39] Baur/Tappen/*Riegel/Königer* § 17a InvStG Rn. 15.
[40] Beckmann/Scholtz/Vollmer/*Heller/Hammer* Investment § 17 InvStG Rn. 2; Moritz/*Jesch/Haug* InvStG § 17a Rn. 12.
[41] Baur/Tappen/*Riegel/Königer* § 17a InvStG Rn. 23.
[42] Baur/Tappen/*Riegel/Königer* § 17a InvStG Rn. 21.
[43] Moritz/*Jesch/Haug*, InvStG § 17a Rn. 14.
[44] Beckmann/Scholtz/Vollmer/*Heller/Hammer* Investment § 17 InvStG Rn. 3; zum Verhältnis von § 17a InvStG zu § 20 Abs. 4a S. 1 EStG bei Investmentfonds des Gesellschaftstyps vgl. Baur/Tappen/*Riegel/Königer* § 17a InvStG Rn. 3.
[45] Beckmann/Scholtz/Vollmer/*Heller/Hammer* Investment § 17 InvStG Rn. 5.

- Verschmelzung eines Teilgesellschaftsvermögens eines Investmentfonds des Gesellschaftstyps auf ein Teilgesellschaftsvermögen desselben Investmentfonds,
- Verschmelzung eines Teilgesellschaftsvermögens eines Investmentfonds des Gesellschaftstyps auf ein Teilgesellschaftsvermögen eines anderen Investmentfonds des Gesellschaftsfonds,
- Verschmelzung eines Investmentfonds des Gesellschaftstyps auf einen Investmentfonds des Vertragstyps,
- Verschmelzung eines Teilgesellschaftsvermögens eines Investmentfonds des Gesellschaftstyps auf einen Investmentfonds des Vertragstyps,
- Verschmelzung eines Investmentfonds des Gesellschaftstyps auf einen anderen Investmentfonds des Gesellschaftstyps,
- Verschmelzung eines Investmentfonds des Gesellschaftstyps auf ein Teilgesellschaftsvermögen eines anderen Investmentfonds des Gesellschaftstyps.

Ebenso wie bei inländischen Investmentfonds ist auch im Rahmen von § 17a InvStG die **gleichzeitige Verschmelzung mehrerer ausländischer Investmentfonds** oder Teilgesellschaftsvermögen mit ein und demselben ausländischen Investmentfonds oder Teilgesellschaftsvermögen steuerneutral möglich, sofern dabei kein Spezial-Investmentfonds des Gesellschaftstyps beteiligt ist (vgl. § 17a S. 6 i. V. m. § 14 Abs. 8 InvStG). **35**

§ 17a InvStG findet Anwendung auf alle **Verschmelzungsvorgänge**. Der Begriff ist grundsätzlich im Sinne von § 2 UmwG zu verstehen und meint den Übergang sämtlicher Vermögensgegenstände und Verbindlichkeiten. Da jedoch auf die Verschmelzung allein ausländisches Recht Anwendung findet, muss eine Vergleichbarkeit mit einem inländischen Verschmelzungsvorgang genügen. § 17a S. 5 InvStG stellt zudem klar, dass eine steuerneutrale Verschmelzung auch dann möglich ist, wenn alle Vermögensgegenstände eines nach dem Investmentrecht des Sitzstaates abgegrenzten Teils eines Investmentfonds übertragen werden oder ein solcher Teil eines Investmentfonds alle Vermögensgegenstände eines anderen Investmentfonds oder eins nach dem Investmentrecht des Sitzstaates abgegrenzten Teils eines Investmentfonds übernimmt. Obwohl es sich in diesen Fällen mangels Untergang des übertragenden Rechtsträgers nicht um eine Verschmelzung handelt, findet § 17a S. 1 bis 4 InvStG gleichwohl entsprechende Anwendung. **Keine Anwendung** findet § 17a InvStG hingegen auf die **Zusammenlegung von reinen Anteilsklassen**. Wie bei inländischen Investmentfonds ist darin lediglich ein buchungstechnischer Vorgang zu sehen, der keinen Realisationsvorgang darstellt (→ § 73 Rn. 15).[46] **36**

2. Voraussetzungen einer steuerneutralen Verschmelzung

Voraussetzung einer steuerneutralen Verschmelzung nach § 17a InvStG ist zunächst, dass es sich um eine nach dem ausländischen Recht **aufsichtsrechtlich zulässige Verschmelzung** handelt. Dazu müssen die dem § 189 KAGB vergleichbaren ausländischen Vorschriften des Sitzstaates erfüllt sein und dies durch eine Bestätigung der ausländischen Aufsichtsbehörde **nachgewiesen** werden (§ 17a S. 1 Nr. 1 InvStG). **37**

Besondere Anforderungen an die **Vergleichbarkeit der ausländischen Vorschriften** mit der inländischen Regelung des § 189 KAGB sind nicht zu verlangen.[47] Insbesondere kann nicht verlangt werden, dass die ausländischen Vorschriften derjenigen des § 189 AKGB inhaltlich entspricht. Auch eine gesetzliche Regelung kann nicht verlangt werden, eine entsprechende Verwaltungspraxis genügt.[48] Ausreichend sollte sein, dass im Rahmen der Verschmelzung die im jeweiligen Sitzstaat geltenden Vorschriften angewandt worden **38**

---

[46] Baur/Tappen/*Riegel/Königer* § 17a InvStG Rn. 19; Beckmann/Scholtz/Vollmer/*Heller/Hammer* Investment § 17 InvStG Rn. 4b.
[47] Moritz/*Jesch/Haug* InvStG § 17a Rn. 20; Beckmann/Scholtz/Vollmer/*Heller/Hammer* Investment § 17 InvStG Rn. 7.
[48] Baur/Tappen/*Riegel/Königer* § 17a InvStG Rn. 26.

sind.[49] In der Praxis kommt es regelmäßig allein darauf an, dass die ausländische Aufsichtsbehörde die Zulässigkeit der Verschmelzung bestätigt.[50]

39 Zweite Voraussetzung für eine steuerneutrale Verschmelzung ist gemäß § 17a S. 1 Nr. 2 InvStG, dass der übernehmende Investmentfonds die **fortgeführten Anschaffungskosten** des übertragenden Investmentfonds für die Ermittlung der Investmenterträge **fortführt** und dies durch Vorlage einer **Bescheinigung** eines zur geschäftsmäßigen Hilfeleistung befugten Berufsträgers im Sinne von § 3 des Steuerberatungsgesetzes, einer behördlich anerkannten Wirtschaftsprüfungsgesellschaft oder einer vergleichbaren Stelle nachweist. Wie im Rahmen von § 14 InvStG bezieht sich das Erfordernis der Fortführung der Anschaffungskosten auch in § 17a S. 1 Nr. 2 InvStG lediglich auf die steuerlichen Werte und hat keine Auswirkungen auf die investmentrechtliche Bewertung.[51]

40 Die Bescheinigung der ausländischen Aufsichtsbehörde nach § 17 S. 1 Nr. 1 InvStG und die Berufsträgerbescheinigung nach § 17 S. 1 Nr. 2 InvStG sind beim BZSt einzureichen (§ 17a S. 3 InvStG). Eine **Frist zur Vorlage** enthält § 17a InvStG nicht. Jedoch verweist § 17a S. 4 InvStG auf § 5 Abs. 1 S. 1 Nr. 5 InvStG, wonach die dem BZSt gemachten Angaben innerhalb von drei Monaten zu machen sind. Unklar ist, ob daraus auch für Zwecke der Vorlage der Bescheinigungen nach § 17a S. 1 InvStG eine Dreimonatsfrist abgeleitet werden kann.[52] Jedenfalls ist in der Praxis zu empfehlen, die Verschmelzung erst durchzuführen, wenn die Wirksamkeitsbestätigung der ausländischen Aufsichtsbehörde vorliegt.

3. Rechtsfolgen der Verschmelzung

41 § 17a S. 1 InvStG verweist bezüglich der Rechtsfolgen auf die § 14 Abs. 4 bis 6 und 8 InvStG. Damit finden die für **inländische Investmentfonds geltenden Vorschriften entsprechende Anwendung** (→ § 73 Rn. 20 ff.). Insbesondere gilt die Ausgabe der Anteile am übernehmenden Investmentfonds an die Anleger des übertragenden Investmentfonds nicht als Tausch, sodass sich die Verschmelzung für den Anleger steuerneutral vollzieht (§ 17a S. 1 i. V. m. § 14 Abs. 4 InvStG). § 17a S. 1 InvStG verweist nicht auf § 14 Abs. 2 und 3 InvStG, die Regelungen zu den Rechtsfolgen auf Ebene des übertragenden und übernehmenden Investmentfonds enthalten. Für ausländische Investmentfonds fehlt dem inländischen Gesetzgeber insoweit die Regelungskompetenz. Aus § 17a S. 1 Nr. 2 InvStG folgt jedoch, dass übernehmende Investmentfonds die übertragenden Vermögensgegenstände und Verbindlichkeiten steuerrechtlich mit den fortgeführten Anschaffungskosten angesetzt haben muss, damit eine steuerneutrale Verschmelzung möglich ist.

42 Liegen die **Voraussetzungen des § 17a InvStG hingegen nicht vor**, kann in der Zuteilung der neuen Anteile an dem übernehmenden Investmentfonds an die inländischen Anleger des übertragenden Investmentfonds ein steuerpflichtiger Tausch liegen. Die Anschaffungskosten an den neuen Anteilen ergeben sich in diesem Fall aus dem Rücknahmepreis für die Anteile des übertragenden Investmentfonds am Übertragungsstichtag.

C. Verschmelzung von Investitionsgesellschaften

43 Die investmentsteuerrechtlichen Sonderregelungen des § 14 InvStG (für inländische Investmentfonds) und § 17a InvStG (für ausländische Investmentfonds) gelten aufgrund ihrer Stellung im 2. bzw. 3. Abschnitts des InvStG nur für Investmentfonds im Sinne von § 1 Abs. 1b InvStG. Erfüllt das Investmentvermögen dagegen nicht die Voraussetzungen des § 1 Abs. 1b S. 2 InvStG, handelt es sich um Investitionsgesellschaften im Sinne von § 1

---

[49] Baur/Tappen/*Riegel/Königer* § 17a InvStG Rn. 25.
[50] Moritz/*Jesch/Haug* InvStG § 17a Rn. 20.
[51] Beckmann/Scholtz/Vollmer/*Heller/Hammer* Investment § 17 InvStG Rn. 8.
[52] Dagegen: Moritz/*Jesch/Haug* InvStG § 17a Rn. 24; Beckmann/Scholtz/Vollmer/*Heller/Hammer* Investment § 17 InvStG Rn. 9.

Abs. 1c InvStG. Für **Verschmelzungen** von (Kapital- oder Personen-) **Investitionsgesellschaften** enthält das InvStG **keine (Sonder-)Vorschriften**.

Auf die Verschmelzung von Investitionsgesellschaften können die **allgemeinen Vorschriften** des Umwandlungssteuergesetzes Anwendung finden, sofern sie aufgrund ihrer Rechtsform als verschmelzungsfähiger Rechtsträger im Sinne von § 3 InvG qualifizieren.[53] Auch die Finanzverwaltung scheint davon auszugehen, dass die Sonderregelungen des InvStG nur für Investmentfonds abschließend sind.[54] Bei Verschmelzung ausländischer Investitionsgesellschaften des Gesellschaftstyps sollte auf Anlegerebene zudem § 20 Abs. 4a S. 1 EStG zur Anwendung kommen können.

D. Ausblick auf die Auswirkungen der Neuregelung des InvStG 2018

Mit dem Gesetz zur Reform der Investmentbesteuerung[55] hat der Gesetzgeber am 19. Juni 2016 eine umfassende **Neukonzeption der Besteuerung von Investmentvermögen** beschlossen. Die Neuregelung tritt zum **1. Januar 2018** in Kraft. Mit der Reform möchte der Gesetzgeber die Komplexität und den administrativen Aufwand, insbesondere für Publikumsfonds, reduzieren, europarechtliche Risiken ausräumen sowie Systemfehler und Steuergestaltungsmöglichkeiten beseitigen. Das ab 1. Januar 2018 anwendbare Investmentsteuergesetz basiert auf den folgenden Kernelementen:[56]

– **Intransparentes Besteuerungsregime für Publikumsfonds:** Bei Publikumsfonds wird das bisher geltende semi-transparente Besteuerungsprinzip durch ein intransparentes Besteuerungsregime ersetzt. Der Fonds selbst wird nicht länger vollständig steuerbefreit sein, sondern unterliegt mit bestimmten inländischen Einkünften der partiellen Steuerpflicht. Die Anleger besteuern die ihnen tatsächlich zugeflossenen Ausschüttungen, Veräußerungsgewinne sowie eine sogenannte Vorabpauschale (als Kompensation für den Wegfall der ausschüttungsgleichen Erträge). Als Ausgleich für die steuerliche Vorbelastung bestimmter Einkünfte auf Fondsebene, sind auf Anlegerebene pauschale Teilfreistellungen vorgesehen.

– **Beibehaltung der Semi-Transparenz bei Spezialfonds**: Bei Spezialfonds, die § 1 Abs. 1b S. 2 InvStG vergleichbare Voraussetzungen erfüllen müssen und deren Anlegerkreis begrenzt ist, bleibt es grundsätzlich bei dem bisher geltenden semi-transparenten Besteuerungsregime. Die Anleger besteuern auch weiterhin ausgeschüttete und ausschüttungsgleiche Erträge sowie Gewinne aus der Veräußerung der Fondsanteile. Im Grundsatz werden auch Spezial-Investmentfonds künftig partiell steuerpflichtig. Jedoch wird für diese ein (faktisches) Wahlrecht zur Steuerbefreiung eingeführt.

Auch unter Geltung des InvStG n. F. werden Investmentfonds wie im bisherigen Recht **steuerneutral** untereinander verschmolzen werden können. § 23 Abs. 1 InvStG n. F. führt die bisherigen Regelungen zur Bewertung des übertragenden und des übernehmenden Investmentfonds und zum Übertragungsstichtag nach § 14 Abs. 2 InvStG fort. Gemäß § 23 Abs. 2 InvStG n. F. tritt auch zukünftig der übernehmende Investmentfonds in die steuerliche Rechtsstellung des übertragenden Investmentfonds ein (vgl. § 14 Abs. 3 S. 2 InvStG). Auf Anlegerebene bleibt es dabei, dass die Ausgabe der Anteile am übernehmenden Investmentfonds an die Anleger der übertragenden Investmentfonds nicht als Tausch gilt (§ 23 Abs. 3 S. 1 InvStG n. F.). Die erworbenen Anteile an dem übernehmenden Investmentfonds treten auch weiterhin an Stelle der Anteile an dem übertragenden Investmentfonds (§ 23 Abs. 3 S. 2 InvStG n. F.).

---

[53] Bödecker/Ernst/Hartmann/*Kuhn* InvStG § 14 Rn. 26.2 f.
[54] BMF v. 18.1.2016, BStBl. I 2016, 85 Rn. 100.
[55] BGBl. I 2016, 1730.
[56] Ausführlich zur Neuregelung vgl. *Dyckmans* Ubg 2015, 531; *Dyckmans* Ubg 2016, 62; *Stadler/Bindl* DStR 2016, 1953.

§ 73   47, 48   7. Kapitel. Investmentrechtliches Umwandlungsrecht

47 Wie im bisherigen Recht werden auch zukünftig **keine grenzüberschreitenden steuerneutralen Verschmelzungen** von Investmentfonds möglich sein. Gemäß § 23 Abs. 4 InvStG erweitert jedoch den Anwendungsbereich der steuerneutralen Verschmelzung in Hinblick auf ausländische Investmentfonds. Zukünftig werden nicht nur Verschmelzungen von Investmentfonds innerhalb eines **EU- bzw. EWR-Staates** möglich sein, sondern auch innerhalb von **Drittstaaten**, die Amts- und Beitreibungshilfe leisten (vgl. § 2 Abs. 15 InvStG n. F.).

48 Für die **Verschmelzung von Spezial-Investmentfonds** im Sinne des § 26 InvStG n. F. gelten im Grundsatz die Regelungen für (Publikums-)Investmentfonds entsprechend (§ 54 Abs. 1 und 2 InvStG n. F.). Die steuerneutrale Verschmelzung eines Sondervermögens oder eines Teilinvestmentvermögens eines Sondervermögens mit einer Investmentaktiengesellschaft mit veränderlichem Kapital oder einem Teilgesellschaftsvermögen einer solchen Investmentaktiengesellschaft wird auch zukünftig nicht steuerneutral möglich sein (§ 54 Abs. 1 S. 2 InvStG n. F.). Gleiches wird auch für vergleichbare ausländische Spezial-Investmentfonds gelten (vgl. § 54 Abs. 2 S. 2 InvStG). Damit bleiben die bereits heute bestehenden Einschränkungen der §§ 14 Abs. 7 S. 2 und 17a S. 6 InvStG grundsätzlich bestehen.

8. Kapitel. Öffentlich-rechtliches Umwandlungsrecht[1]

Vorbemerkung

Das „öffentlich-rechtliche Umwandlungsrecht" bezeichnet keinen in sich abgeschlossenen und kohärenten Normenkomplex, sondern beschreibt diejenigen Konstellationen, in denen juristische Personen des öffentlichen Rechts an Umwandlungsvorgängen beteiligt sind. (Zu öffentlich-rechtlichen Aspekten der Umwandlung generell vgl. etwa → § 68 Umweltrecht.) Während Umwandlungsvorgänge im rein privatrechtlichen Bereich im UmwG sehr umfassend geregelt sind, fehlt es für Umwandlungsvorgänge unter Beteiligung der öffentlichen Hand an einem einheitlichen abschließenden Normengefüge. Grundlegende Vorgaben für solche Vorgänge ergeben sich aus einem Zusammenspiel einzelner, teils grundlegender Prinzipien des Europa-, Verfassungs- und sonstigen nationalen Rechts (→ § 74). Für die spezifische rechtliche Ausgestaltung einzelner Umwandlungsvorgänge lässt sich danach differenzieren, ob diese Vorgänge ausschließlich zwischen juristischen Personen des öffentlichen Rechts stattfinden (→ § 75), einen Wechsel von öffentlich-rechtlicher in privatrechtliche Rechtsform zum Gegenstand haben – formelle Privatisierung – (→ § 76) oder umgekehrt einen Wechsel von privatrechtlicher in öffentlich-rechtliche Rechtsform bewirken (→ § 77).

1

§ 74 Rechtsquellen und generelle Leitlinien für Umwandlungen unter Beteiligung der öffentlichen Hand

Übersicht

	Rdnr.		Rdnr.
A. Ausgangspunkt: Gesetzgeberische Gestaltungsfreiheit	2–12	c) Erlaubnis zur Aufgabenwahrnehmung über Landesgrenzen hinweg	33–35
I. Bedeutung des § 1 Abs. 2 UmwG	3–6	d) Beteiligung von juristischen Personen verschiedener Bundesländer an Umwandlungsmaßnahmen	36–38
II. Rechtstechnische Gestaltungsoptionen	7–12		
1. Umwandlung durch Gesetz?	8, 9		
2. Umwandlung aufgrund Gesetzes	10–12	3. Verbot der Mischverwaltung	39–41
B. Grenzen der Gestaltungsfreiheit	13–93	4. Demokratische Legitimation	42–50
I. Verfassungsrecht	14–70	a) Grundsatz: sachlich-inhaltliche und personelle Legitimation	43, 44
1. Vorbehalt des Gesetzes: Anforderungen an die gesetzliche Grundlage	15–25	b) Abweichende Gestaltungsmöglichkeiten im Rahmen funktionaler Selbstverwaltung	45–48
a) Maßstab: Wesentlichkeit der Regelung	16, 17		
b) Kriterien für die Beurteilung der Wesentlichkeit von Umwandlungsvorgängen	18–22	c) Beleihung	49, 50
		5. Gemeinwohlbindung / öffentlicher Auftrag	51–57
c) Umfang der parlamentarischen Regelung	23–25	a) Gemeinwohlbindung als verfassungsrechtliches Gebot	52, 53
2. Gesetzgebungskompetenz	26–38	b) Definition des Gemeinwohls vor allem durch den Gesetzgeber	54–56
a) Abgrenzung von Bundes- und Landeskompetenz	27–30		
b) Umfang der Gesetzgebungskompetenz	31, 32		

---

[1] Die Autoren danken Frau Lea Weischede und Frau Nicole Krellmann für ihre wertvolle Unterstützung bei der Erstellung dieses Kapitels.

§ 74 8. Kapitel. Öffentlich-rechtliches Umwandlungsrecht

	Rdnr.		Rdnr.
c) Verfolgung von Erwerbszwecken grundsätzlich zulässig	57	a) Anwendbarkeit der Wettbewerbsregeln auf öffentliche Unternehmen ..	79–81
6. Rechtssicherheit	58, 59	b) Verbot staatlicher Beihilfen	82–85
7. Eigentumsgarantie und Gläubigerschutz	60–70	3. Spezielles Sekundärrecht für einzelne Umwandlungsvorgänge ..	86–90
a) Nachhaftung und Verlustausgleich	61, 62	a) Spaltungs- und Verschmelzungsrichtlinie	87
b) Fortbestand von Gewährträgerhaftung und Anstaltslast	63–70	b) BRRD und SRM-Verordnung	88–90
aa) Gewährträgerhaftung ..	65, 66	III. Einfachgesetzliches (Bundes-) Recht	91–93
bb) Anstaltslast	67, 68	C. Überblick: Typologie öffentlich-rechtlicher Organisationsformen	94–107
cc) Enthaftung	69, 70	I. Körperschaft des öffentlichen Rechts	96–98
II. Europarecht	71–90	II. Anstalt des öffentlichen Rechts	99–101
1. Eigentumsordnung der Mitgliedstaaten	73–77	III. Stiftung des öffentlichen Rechts ...	102, 103
2. Wettbewerbsregeln und Diskriminierungsverbot	78–85	IV. Regie- und Eigenbetrieb	104–107

Schrifttum: *Badura,* Das öffentliche Unternehmen im europäischen Binnenmarkt, ZGR 1997, 291; *Bayer,* 1000 Tage neues Umwandlungsrecht – eine Zwischenbilanz, ZIP 1997, 1613; *Becker,* Die Vernetzung der Landesbanken. Eine Untersuchung über verfassungsrechtliche Bedingungen und Grenzen der Kapitalisierung und partiellen Übernahme von Landesbanken/Girozentralen sowie der Einrichtung länderübergreifender Institute, 1998; *Berg,* Die wirtschaftliche Betätigung des Staates als Verfassungsproblem, GewArch 1990, 225; *Britz,* Staatliche Förderung gemeinwirtschaftlicher Dienstleistungen in liberalisierten Märkten und Europäisches Wettbewerbsrecht, DVBl. 2000, 1641; *Büsch,* AG 1997, 357; *Cremer,* Gewinnstreben als öffentliche Unternehmen legitimierender Zweck: Die Antwort des Grundgesetzes, DÖV 2003, 921; *Ehlers,* Rechtsprobleme der Kommunalwirtschaft, DVBl. 1998, 498; *Epping/Hillgruber,* Grundgesetz Kommentar, 33 Ed 2017; *Franz,* Gewinnerzielung durch kommunale Daseinsvorsorge. Zugleich eine Untersuchung zu den Zwecken und Formen der kommunalwirtschaftlichen Betätigung, 2005; *Gruson,* Zum Fortbestehen von Anstaltslast und Gewährträgerhaftung zur Sicherung der Anleihen von Landesbanken, EuZW 1997, 357; *Hellermann,* Örtliche Daseinsvorsorge und gemeindliche Selbstverwaltung. Zum kommunalen Betätigungs- und Gestaltungsspielraum unter den Bedingungen europäischer und staatlicher Privatisierungs- und Deregulierungspolitik, 2000; *Jarass,* Kommunale Wirtschaftsunternehmen im Wettbewerb. Eine Analyse aktueller verfassungsrechtlicher, EG-rechtlicher und kommunalrechtlicher Probleme sowie ein Reformvorschlag, 2002; *Kämmerer,* Privatisierung, 2001; *Klein,* Die Privatisierung der Sparkassen und Landesbanken. Begründungen, Probleme und Möglichkeiten aus ökonomischer und rechtlicher Perspektive, 2003; *Koenig,* Begründen Anstaltslast und Gewährträgerhaftung unabhängig von ihrer Kodifizierung tragfähige Kreditmerkmale öffentlicher Finanzinstitute?, WM 1995, 821; *Kollhosser,* Der Wandel der westfälischen Landschaft (gem. § 385a AktG), AG 1988, 281; *Küchenhoff,* Die verfassungsrechtlichen Grenzen der Mischverwaltung, 2010; *Lange,* Die Beteiligung Privater an rechtsfähigen Anstalten des öffentlichen Rechts, 2008; *Leder,* Kohärenz und Wirksamkeit des kommunalen Wirtschaftsrechts im wettbewerbsrechtlichen Umfeld – Probleme und Lösungen unter Einschluss der Rechtsfigur „Wettbewerbsunternehmen", DÖV 2008, 173; *Mehrens/Voland,* Fortbestand der Gewährträgerhaftung nach der Umstrukturierung öffentlich-rechtlicher Kreditinstitute: Das Beispiel Versorgungsverbindlichkeiten, WM 2014, 831; *Ossenbühl,* Verwaltungsvorschriften und Grundgesetz, 1968; *Remmert,* Private Dienstleistungen in staatlichen Verwaltungsverfahren, 2003; *Sachs,* Verfassungsmäßigkeit der Organisations- und Entscheidungsstrukturen von Lippeverband und Emschergenossenschaft, JuS 2003, 1215; *Scharpf,* Die Konkretisierung des öffentlichen Zwecks, VerwArch 96 (2005), 485; *Schmidt,* Haftungskontinuität als unternehmensrechtliches Prinzip, ZHR 145 (1981), 2; *Schmidt-Aßmann,* Verwaltungsorganisation zwischen parlamentarischer Steuerung und exekutivischer Organisationsgewalt, FS Ipsen, 1977, S. 333; *Schneider,* Autonome Satzung und Rechtsverordnung – Unterschiede und Übergänge, FS Möhring, 1965, S. 521; *Schröder,* Rechtsprobleme der Beihilfekontrolle durch die Kommission, ZIP 1996, 2097; *Siekmann,* Die verwaltungsrechtliche Anstalt – eine Kapitalgesellschaft des öffentlichen Rechts?, NWVBl. 1993, 361; *Stelkens,* Organisationsgewalt und Organisationsfehler – Voraussetzungen der Errichtung von Behörden und juristischen Personen des öffentlichen Rechts und Rechtsfolgen ihrer Missachtung, LKV 2003, 489; *Stober,* Neuregelung des Rechts der öffentlichen Unternehmen, NJW 2002, 2357; *Suppliet,* Ausgliederung aus dem Vermögen von Gebietskörperschaften, NotBZ 1997, 37, 141; *Voland*, Die Bedeutung des Art. 345 AEUV für regulierte Sektoren – Zugleich Besprechung zum Urteil des EuGH vom 22. Oktober 2013 in Sachen „Niederlande gegen Essent u. a." (verb. Rs. EUGH Aktenzeichen C-105/12 bis C-107/12), EuR 2014, 237; *Volkert*, Die „Körperschaftsabspaltung", NVwZ 2004, 1438; *Wolf*, Die Anstalt des öffentlichen Rechts als Wettbewerbsunternehmen, 2002; *Wolfers/Kaufmann*, Öffentlich-rechtliche Rahmenbedingungen und Umstrukturierungsmodelle für Landesbanken und Sparkassen, in: Fischer (Hrsg.), Handbuch Wertmanagement in Banken und Versicherungen, 2004; *Wolfers/Kaufmann*, Öffentlich-rechtliche Rahmenbedingungen und Umstrukturierungsmodelle für Landesbanken und Sparkassen, in: Fischer (Hrsg.), Handbuch Wertmanagement in Banken und Versicherungen, 2004, S. 201; *Wolfers/Kaufmann*, Private als Anstaltsträger, DVBl. 2002, 507; *Wolfers/Voland*, Die Entstehung von Abwicklungsanstalten im rechtlichen „Wettbewerb der Systeme", in: Bolder/Wargers (Hrsg.), Modell „Bad Bank": Hintergrund – Konzept – Erfahrungen, 2012, S. 61.

Das UmwG regelt die Umwandlung juristischer Personen des öffentlichen Rechts nur **1** **fragmentarisch**. So sieht es nur drei Umwandlungsarten unter Beteiligung der öffentlichen Hand vor, die es lediglich sehr eingeschränkt ausgestaltet: Die §§ 168–173 UmwG betreffen die Ausgliederung aus dem Vermögen von Gebietskörperschaften oder Zusammenschlüssen von Gebietskörperschaften; die §§ 301–304 UmwG normieren den Formwechsel von Körperschaften und Anstalten des öffentlichen Rechts und die §§ 174–189 UmwG enthalten gesetzliche Bestimmungen zur Vermögensübertragung.[1] Das in diesen Abschnitten vorgesehene Umwandlungsregime für öffentlich-rechtliche Rechtsträger verweist zum Teil auf die Vorschriften, die für juristische Personen des Privatrechts gelten.[2] Zum Teil sieht es auch einen weitreichenden Vorbehalt bundes- oder landesrechtlicher Spezialregelungen vor.[3] Vor diesem Hintergrund spielen **Umwandlungen außerhalb** der **Vorgaben des UmwG** eine **besonders wichtige Rolle**.

A. Ausgangspunkt: Gesetzgeberische Gestaltungsfreiheit

Gem. § 1 Abs. 2 UmwG ist eine Umwandlung nach § 1 Abs. 1 UmwG – Verschmel- **2** zung, Spaltung, Vermögensübertragung oder Formwechsel – außer in den im UmwG geregelten Fällen nur dann möglich, wenn sie durch ein anderes Bundes- oder Landesgesetz ausdrücklich vorgesehen ist.[4] Die Regelung normiert damit einerseits einen *numerus clausus* der Umwandlungsmöglichkeiten, die dem UmwG unterfallen. Andererseits verdeutlicht § 1 Abs. 2 UmwG, dass Umwandlungen auch außerhalb des UmwG auf der Grundlage **spezieller bundes- oder landesrechtlicher Regelungen** erfolgen können. Damit wird deutlich, dass das UmwG Umwandlungsvorgänge nicht abschließend regelt.[5]

I. Bedeutung des § 1 Abs. 2 UmwG

§ 1 Abs. 2 UmwG enthält im Wesentlichen eine Klarstellung. Denn die Gestaltungs- **3** freiheit des **Bundesgesetzgebers** für (weitere) Umwandlungsvorgänge folgt bereits unmittelbar aus seiner Gesetzgebungskompetenz nach Art. 74 Abs. 1 Nr. 11 GG. Danach kann der Bundesgesetzgeber selbstverständlich abweichende oder ergänzende Regelungen erlassen, die nach allgemeinen Auslegungsmethoden als spätere und/oder speziellere Vorschriften den allgemeinen Vorgaben des UmwG vorgehen.

---

[1] Zur Ausgliederung nach §§ 168 ff. UmwG → § 29 Rn. 502 ff., zum Formwechsel nach §§ 301 ff. UmwG → § 38 Rn. 471 ff. sowie zur Vermögensübertragung nach §§ 174 ff. UmwG → § 41.
[2] Vgl. etwa §§ 176 Abs. 1, 177 Abs. 1, 178 Abs. 1, 179 Abs. 1, 180 Abs. 1, 184 Abs. 1, 186 und § 302 UmwG.
[3] Vgl. §§ 168, 169 S. 2, 301 Abs. 1 und Abs. 2, 302 UmwG, → § 29 Rn. 518 bzw. § 38 Rn. 480 ff.
[4] Beispiele für anderweitige gesetzliche Regelungen sind etwa die Anwachsung nach § 105 Abs. 2 HGB i. V. m. § 738 BGB oder die Verschmelzung von Sparkassen aufgrund landesgesetzlicher Regelungen, RegEBegr. BR-Drs. 75/94, S. 80.
[5] *Bayer*, ZIP 1997, 1613, 1625; *Lutter/Drygala*, § 1 Rn. 51; Schmitt/Hörtnagl/Stratz/*Hörtnagl*, § 1 Rn. 66. So auch RegEBegr. BR-Drs. 75/94, S. 80.

4 Auch im Hinblick auf Regelungen der **Länder** wirkt § 1 Abs. 2 UmwG vor allem deklaratorisch. So steht den Ländern nach den Kompetenzregelungen der Verfassung die Hoheit über ihre eigene Organisation zu. Denn die Organisationsgewalt, die auch die Befugnis umfasst, gesetzliche Regelungen für die Umwandlung juristischer Personen des öffentlichen Rechts zu schaffen, ist nach dem Grundgesetz je nachdem, ob diese eine des Bundes oder des Landes ist, föderal aufgeteilt. Danach gilt grundsätzlich, dass Bund und Länder jeweils selbst darüber zu entscheiden haben, wie sie ihre Verwaltungsorganisation gestalten.[6] Den Ländern kommt für Landesbehörden und landesunmittelbare juristische Personen des öffentlichen Rechts gem. Art. 84 Abs. 1 GG und Art. 85 Abs. 1 GG grundsätzlich[7] die Organisationsgewalt zu.

5 Damit sind Umwandlungsvorgänge, die allein die Binnenorganisation landeseigener und kommunaler Verwaltung betreffen, von vornherein der **Gesetzgebungskompetenz der Länder** vorbehalten. Die Gesetzgebungskompetenz der Länder für Umwandlungen landesrechtlicher öffentlich-rechtlicher Rechtsträger beruht aus verfassungsrechtlicher Sicht folglich nicht darauf, dass der Bund im UmwG Umwandlungsvorgänge unter ausschließlicher Beteiligung der öffentlichen Hand nicht vorgesehen hat und in § 1 Abs. 2 UmwG deshalb den Ländern einen entsprechenden Gesetzgebungsraum eröffnet hätte (Art. 72 Abs. 2 GG). Sie ergibt sich vielmehr unmittelbar aus der den Ländern originär zukommenden Gesetzgebungskompetenz gem. Art. 70 Abs. 1 GG.[8]

6 Darüber hinaus trägt § 1 Abs. 2 UmwG der Tatsache Rechnung, dass Gründung und Umwandlung öffentlich-rechtlicher Rechtsträger Ausdruck der **Organisationswahlfreiheit** des Staates zur optimalen Erfüllung seiner Aufgaben sind[9] und dass dabei aufgrund der unterschiedlichen Erscheinungsformen öffentlich-rechtlicher Rechtsträger[10] für die Frage der Umwandlung keine pauschalen Lösungen in Betracht kommen. Der (Landes-)Gesetzgeber muss folglich zur wirkungsvollen Nutzung seines verwaltungsorganisatorischen Gestaltungsspielraums die Möglichkeit haben, über die Umwandlungsfähigkeit im Einzelfall zu entscheiden. Dabei kann er nicht nur **zusätzliche Fälle der Umwandlung** jenseits des UmwG vorsehen, sondern auch die **Einzelheiten des Umwandlungsverfahrens weitgehend frei ausgestalten**.[11] Bedeutsam ist dies besonders für Rechtsträger, die das UmwG als Beteiligte generell oder für bestimmte Umwandlungsformen nicht vorsieht.[12]

II. Rechtstechnische Gestaltungsoptionen

7 Der Gesetzgeber kann seinen Gestaltungsspielraum in unterschiedlichem Umfang nutzen. In Betracht kommt zum einen eine gesetzliche Regelung, die den Umwandlungsvorgang unmittelbar vorsieht und eine Umwandlung **unmittelbar durch Gesetz** bewirkt (→ Rn. 8 f.). Zum anderen ist denkbar, eine Umwandlung auf Grundlage zu schaffender

---

[6] *Maurer*, § 21 Rn. 60.
[7] Zu den Möglichkeiten des Erlasses abweichender Organisations- und Verfahrensregelungen durch den Bund nach Art. 84 Abs. 1 GG bzw. Art. 85 Abs. 1 GG vgl. Schmidt-Bleibtreu/Hofmann/Henneke/*Henneke*, Art. 84 Rn. 15 ff. sowie Art. 85 Rn. 7.
[8] So auch der Ausgangspunkt des Bayerischen Landesgesetzgebers bei der Schaffung des Art. 1a BayLBG, auf dessen Grundlage die Bayerische Landesbausparkasse aus der Bayerischen Landesbank ausgegliedert wurde, vgl. Bayerischer Landtag Drs. 16/1391, S. 8.
[9] Vgl. Wolff/Bachof/Stober/*Kluth*, § 89 Rn. 1 ff. zum Verwaltungsorganisationsrecht als „Optimierungs- und Steuerungsressource". Allgemein zur Herleitung der Organisationsautonomie der Länder Hofmann-Riem/Schmidt-Aßmann/Voßkuhle/*Wißmann*, § 15 Rn. 25 ff.
[10] Sie werden auch als „Verwaltungsträger" bezeichnet. Einen Überblick verschafft *Maurer*, § 21 Rn. 1 ff., § 23 Rn. 31–36, 48.
[11] Semler/Stengel/*Perlitt*, § 301 Rn. 32.
[12] Regelungen zu beteiligungsfähigen Rechtsträgern finden sich in §§ 3, 124, 175 UmwG und § 191 UmwG. Nur in § 301 Abs. 1 UmwG sind die zulässigen Zielrechtsträger nicht abschließend geregelt → § 38 Rn. 473, 495.

gesetzlicher Regelungen des Bundes- oder Landesrechts durchzuführen (Umwandlung **aufgrund Gesetzes** → Rn. 10 f.).

1. Umwandlung durch Gesetz?

Bei einer Umwandlung unmittelbar durch gesetzliche Regelungen bedarf es zur Durchführung des Umwandlungsvorgangs grundsätzlich keiner weiteren Gremienbeschlüsse – die Umwandlung erfolgt **ipso iure mit Inkrafttreten der gesetzlichen Regelung**.[13] Ein solches Vorgehen des Gesetzgebers kann jedoch im Einzelfall Bedenken begegnen, z. B. dann, wenn die Umwandlung mit einem Vermögensübergang auf andere Rechtsträger verbunden ist. Denn dadurch würde der Gesetzgeber dem Ausgangsrechtsträger Vermögen entziehen, ohne dass dessen Träger oder Gremien einen Einfluss darauf hätten. 8

Zwar dürfte es sich dabei regelmäßig nicht um eine Enteignung i. S. v. Art. 14 Abs. 3 GG handeln, weil diese Vorschrift auf öffentlich-rechtliche Träger keine Anwendung findet.[14] Es kommt aber u. U. ein Kompetenzübergriff in die Zuständigkeiten der betroffenen Träger in Betracht. Vor diesem Hintergrund ist jeweils sorgfältig zu prüfen, ob auch im Rahmen einer Umwandlung unmittelbar durch Gesetz eine **Mitwirkung der Träger bzw. der zuständigen Gremien** durch entsprechende Beschlüsse erforderlich ist.[15] In der Praxis kommt eine Umwandlung aufgrund Gesetzes häufiger vor als eine Umwandlung durch Gesetz. Das gilt vor allen für Spaltungen. Die **Flexibilität** bei einer Umwandlung aufgrund Gesetzes ist deutlich höher als im Falle einer Umwandlung durch Gesetz. 9

2. Umwandlung aufgrund Gesetzes

Erscheint eine Umwandlung unmittelbar durch Gesetz in Anbetracht der soeben dargestellten Umstände nicht rechtssicher oder praktikabel, kommt eine Umwandlung **aufgrund gesetzlicher Regelungen und infolge entsprechender Gremienbeschlüsse** in Betracht. Der Gesetzgeber kann im Rahmen einer solchen gesetzlichen Regelung neben der ggf. noch vorzusehenden grundsätzlichen Zulässigkeit des Umwandlungsvorgangs[16] insbesondere auch die Einzelheiten dieser Umwandlung regeln oder zur Schaffung untergesetzlicher Regelungen ermächtigen. 10

So steht es dem Gesetzgeber frei, für den relevanten Umwandlungsvorgang – **das „Wie"** der Umwandlung – eine **selbständige, umfassende und damit vollständig vom UmwG losgelöste öffentlich-rechtliche Regelung** zu schaffen, die das UmwG teilweise oder vollumfänglich ausschließt. Der Gesetzgeber kann die Regelung entweder selbst in einem Parlamentsgesetz treffen oder, im Rahmen der verfassungsrechtlichen Grenzen, auf die Verwaltung delegieren, indem er, insbesondere für Detailbestimmungen, den Erlass 11

---

[13] So etwa die Umwandlung der WestLB in eine AG, § 8 Abs. 1 S. 1 des Gesetzes zur Errichtung der Landesbank Nordrhein-Westfalen und zur Umwandlung der Westdeutschen Landesbank Girozentrale (Gesetz zur Errichtung der Landesbank NRW) vom 2.7.2002 (GV.NRW 2002 S. 284) oder die Verschmelzung auf die HSH Nordbank AG durch den Staatsvertrag zwischen der Freien und Hansestadt Hamburg und dem Land Schleswig-Holstein über die Verschmelzung der Landesbank Schleswig-Holstein Girozentrale und der Hamburgischen Landesbank – Girozentrale – auf eine Aktiengesellschaft (HSH-Nordbank Staatsvertrag) vom 22.5.2003 (HmbGVBl. 2003 S. 119).
[14] Dazu Maunz/Dürig/*Remmert*, Art. 19 Abs. 3 Rn. 45 ff.
[15] Vgl. so etwa die Regelung in Art. 13 Abs. 1 des Staatsvertrags über die Bildung einer gemeinsamen Sparkassenorganisation Hessen-Thüringen (Helaba Staatsvertrag) vom 10.3.1992 (HessGVBl. 1992 I S. 190), nach der für Umwandlungen eine Beschlussfassung des Trägers sowie die Genehmigung der Aufsichtsbehörde erforderlich ist.
[16] So § 8 Abs. 3 des Gesetzes über die Rechtsverhältnisse der Westfälischen Provinzial-Versicherungsanstalten und über die Aufhebung des Gesetzes betreffend die öffentlichen Feuerversicherungsanstalten vom 16.11.2001 (GV.NRW 2001 S. 780).

einer Satzung oder anderer untergesetzlicher Regelungen vorsieht.[17] Diese Option des eigenständigen landesgesetzlichen Umwandlungsrechts ermöglicht eine **maßgeschneiderte, flexible Ausgestaltung des einzelnen Umwandlungsfalles**. Zwar erfordert sie eine intensive Befassung mit den konkreten Zielen und möglichen Umsetzungsschritten. Letztlich ist diese Arbeit aber ohnehin erforderlich, um Regelungslücken oder Fehler zu vermeiden. Diesen Weg – eigenständiges landesgesetzliches Umwandlungsrecht unter (teilweisem) Ausschluss des UmwG – wählte zum Beispiel der Berliner Landesgesetzgeber bei dem Rechtsformwechsel der Landesbank Berlin AöR in eine Aktiengesellschaft.[18] Der nordrhein-westfälische Landesgesetzgeber entschied sich für dieses Vorgehen bei der formwechselnden Umwandlung der Westdeutschen Landesbank Girozentrale in eine Aktiengesellschaft.[19]

12 **Alternativ** kann der Gesetzgeber in der den spezifischen Umwandlungsvorgang anordnenden öffentlich-rechtlichen Regelung **teilweise**[20] oder **vollständig auf** die entsprechenden Bestimmungen des **UmwG verweisen** und sich diese somit zu eigen machen. Zwar erscheint diese Vorgehensweise auf den ersten Blick weniger aufwendig als eine vollständige Neuregelung, da auf ein bereits vorhandenes Regelwerk zurückgegriffen werden kann. Dieser Eindruck trügt aber. Denn letztlich muss der Gesetzgeber auch bei dieser Regelungstechnik bedenken, ob bzw. inwieweit die Regelungen des UmwG auf den Einzelfall passen und ausreichen. Überdies bietet das UmwG für öffentlich-rechtliche Sonderfragen kaum Lösungsansätze. Diese müssen somit ohnehin einzelfallbezogen geprüft und häufig neu entwickelt werden. Schließlich sind auch bei diesem Vorgehen bestimmte Folgeregelungen, namentlich notwendige Änderungen der Satzungs- oder Gesetzesgrundlagen von Ausgangs- und Zielrechtsträger, nicht entbehrlich.

B. Grenzen der Gestaltungsfreiheit

13 Die gesetzgeberische Gestaltungsfreiheit bei der Regelung zusätzlicher Umwandlungsvorgänge ist nicht unbegrenzt. Beschränkungen ergeben sich insbesondere aus dem verfassungsrechtlich verankerten **Rechtsstaatsprinzip**[21] und der aus diesem abgeleiteten Bindung staatlichen Handelns an höherrangiges Recht. Nach dem Vorrang des Gesetzes als zentralem Grundsatz des Rechtsstaatsprinzips ist der Gesetzgeber an Verfassungsrecht (→ Rn. 14 ff.) und Europarecht (→ Rn. 71 ff.) gebunden.[22] Als weitere Schranke für den Landesgesetzgeber kommt nach Art. 31 GG einfachgesetzliches Bundesrecht hinzu[23] (→ Rn. 91 ff.). Für die Anwendbarkeit und Reichweite der nachstehend beschriebenen Grundsätze spielt die Richtung der Umwandlung – zu öffentlich-rechtlichen Rechtsformen oder zu solchen des Privatrechts – eine entscheidende Rolle. Im Folgenden soll daher zunächst ein allgemeiner Überblick gegeben werden, während Detailfragen zu einzelnen Umwandlungsvorgängen in den speziellen Abschnitten (→ §§ 75–77) Berücksichtigung finden.

---

[17] S. etwa den Verweis auf Satzungsregelungen in § 8 Abs. 2 S. 2 des Gesetzes über die LBS Westdeutsche Landesbausparkasse (LBSG) vom 4.7.2014 (GV.NRW 2014 S. 379) oder in Art. 1a Abs. 5 des Gesetzes über die Bayerische Landesbank (BayLaBG) vom 1.2.2003 (BayGVBl. 2003 S. 54). Zu den Grenzen von untergesetzlichen Normen → § 74 Rn. 15 ff.
[18] § 10 Abs. 6 Berliner Sparkassengesetz (Berl. SpkG) vom 28.6.2005 (Berl. GVBl. 2005 S. 346).
[19] § 8 Abs. 4 Gesetz zur Errichtung der Landesbank NRW.
[20] Vgl. etwa § 1 Abs. 8 HSH-Nordbank Staatsvertrag. Ferner § 2 Abs. 3 Gesetz zur Errichtung der Landesbank NRW; § 8a Abs. 8 Nr. 9 Finanzmarktstabilisierungsfondsgesetz (FMStFG); § 7 Abs. 5, § 8 Abs. 2 S. 3 und 4 LBSG.
[21] Vielfach wird das Rechtsstaatsprinzip auf Art. 20 Abs. 3 GG gestützt. Weitere Erwähnungen finden sich in Art. 23 Abs. 1 S. 1 GG und Art. 28 Abs. 1 S. 1 GG, dazu Jarass/Pieroth/*Jarass*, Art. 20 Rn. 37.
[22] Dreier/*Schulze-Fielitz*, Art. 20 (Rechtsstaat) Rn. 92 f.
[23] Vgl. Schmidt-Bleibtreu/Hofmann/Henneke/*Sannwald*, Art. 31 Rn. 21.

I. Verfassungsrecht

Zu den verfassungsrechtlichen Schranken gehört zunächst der Vorbehalt des Gesetzes, an dessen Maßstab zu beurteilen ist, inwieweit für Umwandlungsvorgänge unter Beteiligung der öffentlichen Hand ein förmliches Gesetz erforderlich ist (→ Rn. 15 ff.). Darüber hinausgehende Schranken des Verfassungsrechts ergeben sich aus kompetenzrechtlichen Erwägungen (→ Rn. 26 ff.), dem Verbot der Mischverwaltung (→ Rn. 39 ff.), dem Erfordernis demokratischer Legitimation staatlichen Handelns (→ Rn. 42 ff.), der Bindung an das Gemeinwohl (→ Rn. 51 ff.) und weiterer rechtsstaatlicher Gebote (→ Rn. 58 ff.) sowie der Eigentumsgarantie nach Art. 14 GG (→ Rn. 60 ff.).

1. Vorbehalt des Gesetzes: Anforderungen an die gesetzliche Grundlage

Die Frage, ob für die Anordnung und Ausgestaltung von Umwandlungen außerhalb des UmwG eine **formell-gesetzliche Regelung** erforderlich ist **oder** ob insoweit auch **Satzungsbestimmungen** öffentlich-rechtlicher juristischer Personen als untergesetzliche Normen eine ausreichende gesetzliche Grundlage darstellen, ist aufgrund genereller verfassungsrechtlicher Vorgaben zu beantworten. Ein Rückgriff auf § 1 Abs. 2 UmwG ist weder weiterführend noch ausreichend. Weiterführend ist er nicht, weil der Wortlaut der Vorschrift („durch ein anderes Bundesgesetz oder ein Landesgesetz") keine klare Aussage erlaubt. Als Gesetze im materiellen Sinn kommen auch Rechtsverordnungen und Satzungen in Betracht,[24] die die Parlamentsgesetze ergänzen. Darüber hinaus kann § 1 Abs. 2 UmwG als einfaches Bundesgesetz aber auch keine ausreichende Antwort geben. Denn der Bund würde in die Eigenständigkeit der Landesgesetzgebung eingreifen, wenn er für die Ausgestaltung landesrechtlicher Umwandlungsregelungen eine spezielle Rechtsformqualität verlangte.[25]

a) Maßstab: Wesentlichkeit der Regelung. Somit kommt es unmittelbar auf das Verfassungsrecht an. Der allgemein anerkannte Vorbehalt des Gesetzes[26] verpflichtet den Gesetzgeber, die entscheidenden Parameter staatlichen Handelns vorab durch ein Gesetz zu bestimmen. In welchem Umfang sich der parlamentarische Gesetzgeber mit einer Materie befassen muss, folgt aus dem **Wesentlichkeitsgrundsatz**. Nach diesem vom Bundesverfassungsgericht entwickelten Maßstab ist der Gesetzgeber verpflichtet, in grundlegenden normativen Bereichen, insbesondere im grundrechtsrelevanten Bereich, alle wesentlichen Entscheidungen selbst zu treffen.[27] Auch Organisationsentscheidungen bedürfen demnach einer formell-gesetzlichen Regelung, sofern sie wesentlich sind.[28]

Für die **Abgrenzung der Wesentlichkeit** einer Angelegenheit kommt es auf den jeweiligen Sachbereich und die Eigenart des betroffenen Regelungsgegenstandes an, wobei die Wertungskriterien den tragenden Prinzipien des Grundgesetzes zu entnehmen sind.[29] Neben ihrer Grundrechtsrelevanz können danach **für die Wesentlichkeit** einer Entscheidung die Größe des Adressatenkreises, die Langfristigkeit einer Festlegung, die finanziellen Auswirkungen sowie die Auswirkungen auf das Staatsgefüge und möglicherweise die politische Wichtigkeit bestimmend sein. **Gegen die Wesentlichkeit** sprechen unter ande-

---

[24] Zu dieser Differenzierung Dreier/*Brosius-Gersdorf*, Art. 76 Rn. 27.
[25] Vgl. *Kollhosser*, AG 1988, 281, 282; Lutter/*H. Schmidt*, § 301 Rn. 8.
[26] Dieser Grundsatz wird aus dem Rechtsstaats- und/oder Demokratieprinzip und/oder der Schutzfunktion der Grundrechte abgeleitet. Zu den verschiedenen Herleitungen Maunz/Dürig/*Grzeszick*, Art. 20 Abs. 3 Rn. 75 ff.
[27] Vgl. nur BVerfG 2 BvC 3, 4/07, BVerfGE 123, 39, 78 Rn. 132 = NVwZ 2009, 708, 712; BVerfG 2 BvF 3–90, BVerfGE 101, 1, 34 Rn. 124 = NJW 1999, 3253, 3254; BVerfG 2 BvL 8/77, BVerfGE 49, 89, 126 = NJW 1979, 359, 360. Ausführlich zum Wesentlichkeitsgrundsatz Dreier/*Schulze-Fielitz*, Art. 20 (Rechtsstaat) Rn. 113 ff.
[28] Sog. organisatorisch-institutioneller Gesetzesvorbehalt, vgl. VerfGH NRW, VerfGH 11–98, NJW 1999, 1243, 1245; *Kämmerer*, S. 202; *Maurer*, § 6 Rn. 30; *Ossenbühl*, S. 255, 269.
[29] BVerfG 1 BvR 1640-97, BVerfGE 98, 218, 251 = NJW 1998, 2515, 2520.

rem die Erforderlichkeit flexibler Regelungen, das Vorliegen entwicklungsoffener Sachverhalte, die Entlastung des Parlaments, das Bedürfnis nach dezentraler Regelung und bundesstaatlicher Koordinierung sowie das Einräumen von Beteiligungsrechten für die von der Regelung Betroffenen.[30]

18 **b) Kriterien für die Beurteilung der Wesentlichkeit von Umwandlungsvorgängen.** Jedenfalls bei Errichtung, Auflösung sowie wesentlichen Umwandlungen **bundes- und landesunmittelbarer juristischer Personen des öffentlichen Rechts** besteht ein institutioneller Gesetzesvorbehalt.[31] Für bundesunmittelbare juristische Personen ist dieser Grundsatz in Art. 87 Abs. 3 S. 1 GG ausdrücklich geregelt. Bereits aus diesem Grund bedarf es einer parlamentsgesetzlichen Regelung. Entsprechendes gilt für landesunmittelbare juristische Personen des öffentlichen Rechts. Das Parlamentsgesetz kann die Gründung einer neuen juristischen Person des öffentlichen Rechts selbst vornehmen oder zu einer solchen Gründung ermächtigen. Auch hierbei wird die Wahl des Weges maßgeblich von der Wesentlichkeit der neuen Person und ihrer Aufgaben abhängen.[32]

19 Demgegenüber wird teilweise für den Bereich der staatlichen Verwaltungsorganisation davon ausgegangen, dass Bildung, Auflösung und Umstrukturierung von **Behörden** sowie die Zuweisung von Zuständigkeiten ohne gesetzliche Grundlage möglich ist, soweit sich aus Vorgaben der Verfassung oder einfachem Gesetz nichts anderes ergibt.[33] Dies wird insbesondere mit Verweis auf die Regelung des Art. 86 S. 2 GG begründet, der die Bundesregierung zu Organisationsregelungen in Bezug auf die Einrichtung der Behörden im Rahmen der Bundesverwaltung ermächtigt.[34]

20 Sofern **Behörden** an Umwandlungsvorgängen beteiligt sind, ist unter Berücksichtigung des Wesentlichkeitsgrundsatzes auch in diesem Bereich nach der Bedeutung und dem Gewicht der jeweiligen Umstrukturierungsmaßnahme zu differenzieren.[35]

21 **Für die Wesentlichkeit** einer Umwandlungsmaßnahme kann allgemein sprechen, dass sie sich auf die Träger-, Anteilseigner- oder Eigentumsstellung der an der juristischen Person des öffentlichen Rechts Beteiligten auswirken kann. Auch erscheint es nicht gänzlich ausgeschlossen, dass die Wettbewerbssituation und damit ggf. die Berufsfreiheit von Mitbewerbern berührt wird.[36] Zudem betreffen Umwandlungsvorgänge unter Beteiligung der öffentlichen Hand unter Umständen die Wahrnehmung der öffentlichen Aufgabe oder die Verwendung und Anlage öffentlicher Gelder. Sofern die finanziellen Auswirkungen erheblich sein können, liegt – auch unter Berücksichtigung des allgemeinen Vorbehalts des Haushaltsgesetzes (Art. 110 GG) – die Wesentlichkeit nahe.[37] Zudem ist zu berücksichtigen, dass Umwandlungen öffentlich-rechtlicher Rechtsträger die Legitimationsstrukturen der handelnden Akteure verändern und somit das Demokratiegebot tangieren können. Vor dem Hintergrund des in Art. 20 Abs. 2 S. 2 GG verankerten Demokratiegebots sind derartige verfassungsausgestaltende Maßnahmen grundsätzlich dem Parlament

---

[30] Zum Ganzen Maunz/Dürig/*Grzeszick*, Art. 20 Abs. 3 Rn. 107.
[31] *Böckenförde*, S. 96 f.; *Maurer*, § 21 Rn. 66; *Remmert*, S. 294 f.; *Wolfers/Voland*, S. 61, 67.
[32] Vgl. etwa die Begründung zum Gesetz über die Bayerische Staatsforsten AöR, Bayerischer Landtag Drs. 15/1775, S. 1: *„Die Errichtung einer Anstalt des öffentlichen Rechts bedarf eines öffentlich-rechtlichen Gründungsaktes, der im vorliegenden Fall wegen der erheblichen Bedeutung des Staatswaldes – auch für die Öffentlichkeit – unmittelbar durch Gesetz erfolgt, nicht lediglich durch Schaffung einer gesetzlichen Ermächtigungsgrundlage."*
[33] *Stelkens*, LKV 2003, 489, 491.
[34] Dazu Maunz/Dürig/*Ibler*, Art. 86 Rn. 154 ff. Nach BVerfG 2 BvF 3/92, BVerfGE 97, 198, 224 = NVwZ 1998, 495, 498 kann aus Art. 86 GG abgeleitet werden, dass die Einrichtung der Bundesbehörden im Einzelnen im Organisationsermessen des Bundes liegt.
[35] *Remmert*, S. 295 Fn. 201.
[36] Zum Gläubigerschutz → § 74 Rn. 60 ff. Zum Schutz vor Verdrängungswettbewerb der öffentlichen Hand BVerwG 1 B 211/94, NJW 1995, 2938, 2939; BVerwG 7 B 186/76, BVerwGE 39, 329, 336 = GewArch 1979, 15 sowie → § 77 Rn. 37 ff. im Zusammenhang mit der Rekommunalisierung.
[37] Vgl. ausführlich zur (Organisations-)Privatisierung *Kämmerer*, S. 198 ff. m. w. N.

vorbehalten.³⁸ Schließlich bedarf es einer parlamentsgesetzlichen Regelung, wenn der übernehmende Rechtsträger hoheitlich mit Rechtsverbindlichkeit gegenüber Dritten handeln können soll.³⁹

Von diesen Grundsätzen ausgenommen ist die Errichtung von **Regie- oder Eigenbetrieben** durch die öffentliche Hand. Da diese nur eine interne Absonderung als Sondervermögen darstellen, reicht insoweit in der Regel ein Organisationsakt des Bundes, des Landes oder der Gemeinde aus.⁴⁰ 22

c) Umfang der parlamentarischen Regelung. Ist der Vorbehalt des Gesetzes einschlägig, sind die Reichweite und damit die inhaltlichen Anforderungen an ein entsprechendes Parlamentsgesetz festzulegen. Zentrale und damit gesetzlich zu regelnde Fragen im Zusammenhang mit Umwandlungen öffentlich-rechtlicher Unternehmen betreffen die **generelle Zulässigkeit** („Ob") und die **Arten der Umwandlung** („Wie"), insbesondere die Richtung und die beteiligten Rechtsträger, die rechtlichen Konsequenzen – Gesamt- oder Sonderrechtsnachfolge – sowie den Gläubigerschutz. 23

Die **weiteren Einzelheiten** von Umwandlungsvorgängen können demgegenüber auch durch **untergesetzliche** Normen geregelt werden. Hierfür kommt etwa eine Umsetzungsverordnung oder grundsätzlich auch das Statut oder eine besondere (Umwandlungs-) Satzung des jeweiligen Ausgangsrechtsträgers, ggf. ergänzend auch ein Verwaltungsakt, in Betracht.⁴¹ 24

In der **Rechtspraxis** findet sich ein breites Spektrum an Gestaltungsformen – von sehr detaillierten Umwandlungsregelungen in parlamentarischen Regelungen⁴² bis hin zur gesetzlichen Festlegung von Eckpunkten, die im Detail in Satzungsnormen ausgestaltet werden⁴³. 25

2. Gesetzgebungskompetenz

Das Organisationsrecht für juristische Personen des öffentlichen Rechts steht der Gebietskörperschaft zu, in deren Herrschaftsbereich die betreffende juristische Person fällt (a). Der Umfang der Gesetzgebungskompetenz ist im Einzelfall zu bestimmen (b). Dabei zeigt sich, dass ein Landesgesetzgeber unter Umständen auch Regelungen treffen kann, die sich auf andere Bundesländer auswirken (c). Ebenso kann vorgesehen werden, dass juristische Personen des öffentlichen Rechts, die der Hoheitsgewalt verschiedener Bundesländer unterstehen, gemeinsam an Umwandlungsvorgängen beteiligt sind (d). 26

a) Abgrenzung von Bundes- und Landeskompetenz. Die **Organisationsgewalt**, die auch die Befugnis umfasst, gesetzliche Regelungen für die Umwandlung öffentlich-rechtlicher Träger zu schaffen, ist nach dem Grundgesetz je nach Trägerschaft des betroffenen öffentlichen Funktionsträgers **föderal** aufgeteilt. Danach gilt grundsätzlich, dass Bund und Länder jeweils selbst darüber zu entscheiden haben, wie sie ihre Verwaltungsorganisation gestalten.⁴⁴ So ergibt sich die Kompetenz des Bundes für Umwandlungsvorgänge von Bundesbehörden und bundesunmittelbaren juristischen Personen des öffentlichen Rechts 27

---

³⁸ *Schmidt-Aßmann*, FS Ipsen, 1977, S. 333, 347 f.; *Wolff/Bachof/Stober/Kluth*, § 81 Rn. 23.
³⁹ In diesem Sinne BVerfG 2 BvL 5/98, NVwZ 2003, 974, 977; ähnlich – und mit ausführlicher Begründung – bereits BVerfG 1 BvR 518/62 und 308/64, BVerfGE 33, 125, 157 ff. = NJW 1972, 1504, 1506.
⁴⁰ *Klein/Uckel/Ibler*, 62.00. Dazu auch *Stelkens*, LKV 2003, 489, 491.
⁴¹ So etwa bei der Bayerischen Landesbank: Art. 1a Abs. 2 BayLaBG verweist für nähere Regelungen zur Umwandlung auf die Satzung der Bank.
⁴² Z. B. HSH-Staatsvertrag als Anlage des Gesetzes zu dem Staatsvertrag zwischen der Freien und Hansestadt Hamburg und dem Land Schleswig-Holstein über die Verschmelzung der Landesbank Schleswig-Holstein Girozentrale und der Hamburgischen Landesbank – Girozentrale – auf eine Aktiengesellschaft vom 22.5.2003 (HmbGVBl. 2003 S. 119).
⁴³ Vgl. z. B. Art. 1a BayLaBG i. V. m. §§ 28a-28d Satzung der Bayerischen Landesbank; ferner §§ 7, 8 LBSG.
⁴⁴ *Maurer*, § 21 Rn. 60.

aus Art. 86 f. GG. Den Ländern kommt für Landesbehörden und landesunmittelbare juristische Personen des öffentlichen Rechts gem. Art. 84 Abs. 1 GG und Art. 85 Abs. 1 GG grundsätzlich[45] die Organisationsgewalt zu.

28 Zwar hat der Bund mit dem UmwG von seiner konkurrierenden Gesetzgebungskompetenz nach Art. 72 Abs. 1, Art. 74 Abs. 1 Nr. 11 GG Gebrauch gemacht.[46] Eine Sperrwirkung für weitergehende landesrechtliche Regelungen zu Umwandlungsvorgängen folgt daraus jedoch nicht.[47] Das Organisationsrecht für landesrechtliche Anstalten des öffentlichen Rechts und sonstige öffentlich-rechtliche Rechtsträger ist Teil des Verwaltungsorganisationsrechts, für welches den Ländern gem. Art. 70 Abs. 1 GG die Gesetzgebungskompetenz zukommt[48] (→ Rn. 4, 5). Vor diesem Hintergrund ergibt sich die **Gesetzgebungskompetenz der Länder** für Umwandlungen landesrechtlicher öffentlich-rechtlicher Rechtsträger unmittelbar aus der den Ländern originär zukommenden Gesetzgebungskompetenz des Art. 70 Abs. 1 GG. Deshalb hat § 1 Abs. 2 UmwG keine konstitutive, sondern allein deklaratorische Bedeutung.[49]

29 Auf Grundlage des Kompetenztitels aus Art. 74 Abs. 1 Nr. 11 GG kann der **Bund** daneben Rechtsformen für öffentliche Unternehmen fakultativ zur Verfügung stellen, soweit er nicht in die Organisationshoheit der Träger auf Landes- und Kommunalebene eingreift oder Verbote aufstellt. Der Bund darf zudem im Rahmen der allgemeinen Rechtsetzung auch für öffentliche Unternehmen geltende Teil- und Fachregelungen, etwa im Kartellrecht, Steuerrecht, Dienstrecht und Staatshaftungsrecht, treffen.[50] Eine Verschiebung der Regelungskompetenz des Organisationsrechts öffentlicher Unternehmen insgesamt zu Gunsten des Bundes ergibt sich aus Art. 74 Abs. 1 Nr. 11 GG aber nicht.[51]

30 Regelmäßig sehen die durch den Landesgesetzgeber erlassenen **Gemeindeordnungen** zudem die Möglichkeit vor, auf Grundlage spezieller kommunalrechtlicher Regelungen Eigen- oder Regiebetriebe aus Gebietskörperschaften im Wege der Gesamtrechtsnachfolge in rechtsfähige Kommunalunternehmen umzuwandeln.[52]

31 **b) Umfang der Gesetzgebungskompetenz.** Die Gesetzgebungskompetenz umfasst auch solche Materien, die der Vorbereitung oder Durchführung der Umwandlung dienen (**Annexkompetenz**) und solche, in die unausweichlich übergegriffen wird (**Kompetenz kraft Sachzusammenhangs**).[53] Dabei ist der Landesgesetzgeber insoweit beschränkt, als er in angrenzenden Bereichen, für die der Bund die Gesetzgebungskompetenz hat, keine abweichenden Regelungen treffen darf. Relevant wird dies etwa bei dem Gründungsrecht privatrechtlicher Gesellschaftsformen (Art. 74 Abs. 1 Nr. 11 GG). Soweit die landesrechtliche Regelung nicht ohnehin auf das Gründungsrecht des Bundes verweist, darf diese jedenfalls insoweit keine abweichenden Bestimmungen vorsehen.[54]

---

[45] Zu den Möglichkeiten des Erlasses abweichender Organisations- und Verfahrensregelungen durch den Bund nach Art. 84 Abs. 1 GG bzw. Art. 85 Abs. 1 GG vgl. Schmidt-Bleibtreu/Hofmann/Henneke/*Henneke*, Art. 84 Rn. 15 ff. sowie Art. 85 Rn. 7.
[46] Vgl. Lutter/*H. Schmidt*, Vor § 168 Rn. 19.
[47] BAG 8 AZR 124/05, NZA 2006, 848, 850; BAG 9 AZR 95/00, NZA 2001, 1200, 1202. Zur Gründung von Kommunalunternehmen durch eine Ausgliederung auf Anstalten des öffentlichen Rechts → § 75 Rn. 10 ff.
[48] Maunz/Dürig/*Maunz*, Art. 74 Rn. 135, 154.
[49] So bereits → § 74 Rn. 4. So auch der Ausgangspunkt des Bayerischen Landesgesetzgebers bei der Schaffung des Art. 1a BayLBG, auf dessen Grundlage die Bayerische Landesbausparkasse aus der Bayerischen Landesbank ausgegliedert wurde, vgl. Bayerischer Landtag Drs. 16/1391, S. 8.
[50] Maunz/Dürig/*Maunz*, Art. 74 Rn. 154; *Püttner*, S. 149.
[51] Ausführlich *Püttner*, S. 144 ff.; *Stober*, NJW 2002, 2357, 2363 f.; statt vieler anders *Wolf*, S. 381.
[52] S. etwa § 114a GO NRW oder Art. 89 BayGO. Dazu → § 75 Rn. 10 ff.
[53] Zur Kompetenz kraft Sachzusammenhangs und zur Annexkompetenz Schmidt-Bleibtreu/Hofmann/Henneke/ *Sannwald*, Art. 70 Rn. 35 ff. und 39 ff.
[54] Lutter/*H. Schmidt*, Vor § 168 Rn. 19.

Die Reichweite der Gesetzgebungszuständigkeit hat besondere Bedeutung für **Form-** 32 **vorschriften**, deren privatrechtliche Normierung dem Bundesgesetzgeber vorbehalten ist. Aus dieser Kompetenz folgt zum einen, dass der Landesgesetzgeber bei Schaffung der landesrechtlichen Umwandlungsbestimmungen privatrechtliche Formvorschriften für dingliche und schuldrechtliche Übertragungsgeschäfte nicht abbedingen kann.[55] Zum anderen kann er keine zwingenden Formvorschriften schaffen, die automatisch die Nichtigkeitsfolge des § 125 BGB nach sich ziehen. Enthalten landesrechtliche Regelungen weitergehende Formvorgaben, handelt es sich dabei nicht um gesetzliche Formvorschriften des Privatrechts nach § 125 S. 1 BGB, sondern um ergänzende öffentlich-rechtliche Regelungen, die z. B. den Umfang der Vertretungsmacht von Organen juristischer Personen des öffentlichen Rechts beschränken können.[56] Bei der Ausgestaltung landesrechtlicher Umwandlungsregeln ist mithin zur Einhaltung der Kompetenzordnung darauf zu achten, dass sie sich nicht in Widerspruch zu den nicht abdingbaren Regeln des (Bundes-)**Privatrechts** setzen, insbesondere den Anforderungen des formellen **Grundbuchrechts**. Inwiefern privatrechtliche Formvorschriften (nicht) abdingbar sind, ist im Einzelfall zu beurteilen. So erscheint zum Beispiel eine landesrechtliche Abbedingung etwa der Anordnung des § 126 Abs. 2 S. 2 UmwG, der die Beurkundungspflicht gem. § 28 GBO auf alle Gegenstände des Passiv- und Aktivvermögens erstreckt, zulässig.

c) Erlaubnis zur Aufgabenwahrnehmung über Landesgrenzen hinweg. Aus der 33 soeben skizzierten Kompetenzabgrenzung folgt auch, dass es den einzelnen Bundesländern obliegt, die Reichweite der Aufgabenwahrnehmung durch ihre Behörden und durch die auf ihrem Recht beruhenden juristischen Personen zu bestimmen. Dabei besteht kein generelles Verbot der Aufgabenwahrnehmung **über Landesgrenzen hinweg**. So kann es der Landesgesetzgeber zulassen, dass etwa eine Anstalt des öffentlichen Landesrechts auch außerhalb der betreffenden Landesgrenzen tätig wird.[57] Umgekehrt kann ein Landesgesetzgeber (oder eine Landesregierung) erlauben, dass Behörden oder juristische Personen anderer Bundesländer auf seinem Territorium tätig werden; er muss diese Erlaubnis indes nicht erteilen.

Zu berücksichtigen sind Grenzen des höherrangigen Rechts. So soll zum Beispiel nach 34 einer Ansicht das sparkassenrechtliche **Regionalprinzip** in der kommunalen Selbstverwaltung gem. Art. 28 Abs. 2 GG verankert sein. Dies stehe einer überregionalen Aufgabenwahrnehmung durch Sparkassen grundsätzlich entgegen.[58]

Sofern es sich um öffentliche Aufgaben handelt, etwa bei Ausübung einer Tätigkeit als 35 Sparkassenzentralbank und als Staats- und Kommunalbank, läge zwar eine Geltung des Regionalprinzips nahe. Allerdings ist dies zum einen kein verfassungsrechtliches Gebot. Zum anderen müssen Bundesländer keine eigene Landesbank (mit Sparkassenzentralbankfunktion) errichten; vielmehr kommt auch eine **bewusste Inanspruchnahme von Landesbanken als Sparkassenzentralbanken nach dem Recht anderer Bundesländer** in Betracht. Dazu können die Bundesländer, die keine eigene Landesbank haben und die Dienste einer Landesbank nach dem Recht eines oder mehrerer anderer Bundesländer in

---

[55] Vgl. diesbezüglich § 28b Abs. 2 S. 1 Hs. 2 der Satzung der Bayerischen Landesbank, der klarstellt, dass gesetzlich zwingende Formvorschriften von der im 1. Hs. geregelten Befreiung des Spaltungsvertrags vom Erfordernis notarieller Beurkundung unberührt bleiben. Nur soweit es um die Frage geht, ob aus Gründen des Umwandlungsrechts der Vertrag oder Teile davon notariell zu beurkunden sind, legt die Vorschrift fest, dass es keiner Beurkundung bedarf.
[56] BGH VII ZR 174/92, NJW 1994, 1528; BGH VIII ZR 129-97, NJW 1998, 3058, 3059; BGH III ZR 47/83, NJW 1985, 1778, 1780; BeckOK BGB/*Wendtland*, § 125 Rn. 5.
[57] Vgl. etwa Art. 8 Abs. 1 Heleba Staatsvertrag, der vorsieht, dass der Landesbank Hessen-Thüringen (Helaba) „*insbesondere* die Aufgaben einer Sparkassenzentralbank und einer Kommunalbank in den Ländern Hessen und Thüringen" obliegen. Der Helaba kommt außerdem die Aufgabe der Sparkassenzentralbank im Land Nordrhein-Westfalen zu (§ 5 Abs. 1 Helaba-Satzung).
[58] *Berger*, § 4 Rn. 9 f. Gegen eine Verankerung des Regionalprinzips in Art. 28 Abs. 2 GG *Schlierbach*, S. 133; s. ferner S. 135 zum Charakter als „Grundsatz".

Anspruch nehmen möchten, dieser Landesbank entsprechend die Aufgaben als Sparkassenzentralbank, Staats- und Kommunalbank für ihr Landesgebiet zuweisen. Sie öffnen also ihr Gebiet für die Tätigkeit der betreffenden Landesbank. Ein solches Vorgehen wird gegenwärtig bereits verschiedentlich praktiziert. So ist zum Beispiel die Helaba nicht nur Sparkassenzentralbank in Hessen und Thüringen, sondern auch in Nordrhein-Westfalen und Brandenburg. Die LBBW übt nicht nur für die Sparkassen in Baden-Württemberg, sondern auch in Sachsen und Rheinland-Pfalz die Sparkassenzentralbankfunktion aus, obwohl weder Sachsen noch Rheinland-Pfalz als Träger oder Stammkapitalinhaber an der LBBW beteiligt sind.[59]

36   d) **Beteiligung von juristischen Personen verschiedener Bundesländer an Umwandlungsmaßnahmen.** In der Praxis existieren verschiedene Fälle von Anstalten nach dem Recht eines Bundeslandes, an denen auch juristische Personen nach dem Recht anderer Bundesländer beteiligt sind. Ein Beispiel bildet die Helaba im Hinblick auf die Trägerschaft und Kapitalbeteiligung durch RSGV und SVWL.[60] Exemplarisch kann auch die SaarLB genannt werden, die eine Anstalt nach saarländischem Landesrecht ist und an der von 1993 bis April 2014 die Bayerische Landesbank als Mitträgerin beteiligt war.[61]

37   Die **Befugnis**, derartige **länderübergreifende Beteiligungen** zuzulassen, ergibt sich aus der allgemeinen Gesetzgebungskompetenz der Länder, die Organisation der Wahrnehmung staatlicher und kommunaler Aufgaben und die Zulassung von Einrichtungen fremder Aufgabenträger zu regeln.[62]

38   Danach ist eine solche länderübergreifende Beteiligung an landesrechtlichen juristischen Personen möglich, wenn sie durch die Rechtsgrundlagen der betreffenden juristischen Person und der an ihr zu beteiligenden Einheit vorgesehen ist.[63]

3. Verbot der Mischverwaltung

39   Insbesondere bei der (teilweisen) Zusammenführung bundes- und landesrechtlicher Rechtsträger kann sich aus dem **Verbot unzulässiger Mischverwaltung von Bund und Ländern** eine weitere zu beachtende Schranke ergeben. Die Art. 30 und 83 ff. GG bestimmen die Kompetenzverteilung für die Ausübung der staatlichen Befugnisse. Es steht daher nicht im Ermessen der Länder oder des Bundes, dem jeweils anderen Verwaltungsträger Befugnisse einzuräumen, die über die grundgesetzliche Kompetenzverteilung hinausgehen oder dieser widersprechen. Verwaltungszuständigkeiten können selbst mit Zustimmung der Beteiligten nur in den vom Grundgesetz vorgesehenen Fällen zusammengeführt werden.[64]

40   Die Art. 83 ff. GG gehen dabei vom **Grundsatz der eigenverantwortlichen Aufgabenwahrnehmung** aus. Der Verwaltungsträger, dem durch eine Kompetenznorm des Grundgesetzes Verwaltungsaufgaben zugewiesen sind, soll diese mit eigenen personellen und sachlichen Mitteln wahrnehmen. Verwaltungskompetenzen werden grundsätzlich nicht gemeinsam ausgeübt, sondern alternativ.[65]

---

[59] S. http://www.lbbw.de/de/ueber_uns/ueber_uns.jsp.
[60] Vgl. Art. 13 Abs. 1 Nr. 1 Helaba Staatsvertrag i. V. m. § 3 Abs. 1, § 4 Abs. 1 Helaba Satzung.
[61] Vgl. § 32 Saarländisches Sparkassengesetz (SSpG) vom 17.12.1964 in der Fassung der Bekanntmachung vom 22.4.2009 (Saarl. Amtsbl. 2009 S. 662); § 1 Abs. 1 der Satzung der SaarLB sowie zur Unternehmenshistorie http://www.saarlb.de/fileadmin/user_upload/Daten/Ueber_uns/Portrait/Unternehmensstory_der_SaarLB/PDF/DE/Unternehmensgeschichte_SaarLB_13082014.pdf.
[62] In diesem Sinne auch BVerwG 1 C 81/78, NVwZ 1987, 221, 224 f.
[63] Wie dies z. B. in Art. 13 Abs. 1 Nr. 1 Helaba Staatsvertrag der Fall ist.
[64] BVerfG 2 BvR 2433/04 u. a., BVerfGE 119, 331, 364 = NVwZ 2008, 183; BVerfG 2 BvG 1/74, BVerfGE 41, 291, 311 = NJW 1976, 1443; BVerfG 2 BvF 1/72, BVerfGE 39, 96, 120 = NJW 1975, 819.
[65] BVerfG 2 BvR 2433/04 u. a., BVerfGE 119, 331, 367 = NVwZ 2008, 183, 185 f.; BVerfG 2 BvL 23/81, BVerfGE 63, 1, 41 = NVwZ 1983, 537, 540; *Küchenhoff*, S. 193; Maunz/Dürig/*Kirchhof*, Art. 83 Rn. 88.

Daraus folgt indes **kein totales Verbot des Zusammenwirkens** von Bund und Län- 41
dern in der Verwaltung. Nicht jede funktionelle oder organisatorische Verflechtung beider
Verwaltungsebenen ist unzulässig. Vielmehr sind Verschränkungen sogar notwendig, um
die Verwaltungstätigkeit zwischen Bund und Ländern zu koordinieren.[66] Folgende Fälle des
Zusammenwirkens von Bund und Ländern in der Verwaltung wurden von der Rechtsprechung indes als unzulässig erachtet:

- Überordnung einer Bundes- über eine Landesbehörde. Dies betrifft auch den Bereich der
  mittelbaren Staatsverwaltung.[67] Im umgekehrten Fall, d. h. bei einer Überordnung einer
  Landes- über eine Bundesbehörde, kann nichts anderes gelten.
- Zusammenwirken von Bundes- und Landesbehörden durch gegenseitige Zustimmungserfordernisse oder eine gemeinsame Aufsicht von Bund und Land über Behörden.[68]
  Ähnliches gilt, wenn eine Bundesbehörde die allgemeine Staatsaufsicht über eine juristische Person des Landesrechts ausüben soll – und umgekehrt.
- Mitplanungs-, Mitverwaltungs- oder Mitentscheidungsrechte des Bundes im Aufgabenbereich der Länder; zum Beispiel verbindliche Weisungen, Vetorechte, die die Integrität
  des Landes (oder anderer Gliedkörperschaften) beeinträchtigen können.[69]
- Organisatorische Verbindung von Bund und Ländern in gemeinsamen Verwaltungskörperschaften.[70]

4. Demokratische Legitimation

Das Demokratieprinzip ist als Staatsstrukturprinzip in Art. 20 Abs. 1 und Abs. 2 GG 42
verankert[71] und verlangt, dass alle Staatsgewalt zumindest mittelbar auf das Staatsvolk
zurückgeführt werden kann. Es hat im Grundgesetz und in der verfassungsgerichtlichen
Rechtsprechung verschiedene Ausformungen gefunden,[72] von denen einige auch für Umwandlungsvorgänge unter Beteiligung der öffentlichen Hand relevant sind.

a) Grundsatz: sachlich-inhaltliche und personelle Legimation. Im Bereich der 43
Verwaltung ist die Ausübung von Staatsgewalt demokratisch legitimiert, wenn sich die
Bestellung der Entscheidungsträger auf das Staatsvolk zurückführen lässt (**personelle Legitimation**) und diese im Auftrag und nach Weisung der Regierung, ohne inhaltliche
Bindung an eine außerhalb parlamentarischer Verantwortung stehende Stelle, handeln

---

[66] BVerfG 2 BvL 23/81, BVerfGE 63, 1, 38 = NVwZ 1983, 537, 539; Maunz/Dürig/*Kirchhof*,
Art. 83 Rn. 88 f.; *Maurer*, § 22 Rn. 42.
[67] BVerfG 1 BvR 190, 363, 401, 409, 471/58, BVerfGE 11, 105, 124 = NJW 1960, 1099.
[68] Beispiel „Jobcenter" als gemeinsame Verwaltungseinrichtungen: Der Gesetzgeber hatte im SGB II
die Schaffung sog. Arbeitsgemeinschaften (auch „Jobcenter") als gemeinschaftliche Verwaltungseinrichtungen der Bundesagentur für Arbeit (Bundesverwaltung) und der Städte und Gemeinden (kommunale Verwaltung) zum Vollzug der Grundsicherung für Arbeitsuchende (Arbeitsvermittlung und
Sicherung des Lebensunterhaltes) angeordnet. Sowohl das Bundesministerium für Arbeit und Soziales
als auch die Kommunalaufsicht waren für die Überwachung dieser Arbeitsgemeinschaften zuständig.
Das Bundesverfassungsgericht hat in der „Doppelaufsicht" einen unzulässigen Fall von Mischverwaltung gesehen (BVerfG 2 BvR 2433/04 u. a., BVerfGE 119, 331, 377 f. = NVwZ 2008, 183); vgl. auch
BVerfG 1 BvR 190, 363, 401, 409, 471/58, BVerfGE 11, 105, 124 = NJW 1960, 1099.
[69] Beispiel Finanzhilfen abhängig von Mitspracherechten: Es ist ein Fall unzulässiger Mischverwaltung, wenn die Länder das sog. Städtebauförderungsgesetz als eigene Angelegenheit ausführen (Art. 83
GG), der Bund jedoch in Art. 104 Finanzhilfen von Mitspracherechten beim Einsatz der Mittel
abhängig macht (BVerfG 2 BvF 1/72, BVerfGE 39, 96 = NJW 1975, 819).
[70] Beispiel „Jobcenter" als gemeinsame Verwaltungseinrichtungen. Vgl. → § 74 Fn. 68 [68]
[71] Weitere Erwähnungen finden sich in Art. 21, 38, 79 Abs. 3 GG. Art. 28 Abs. 1 GG verpflichtet
die Länder zudem, das Demokratieprinzip auch in ihren Verfassungsordnungen zu berücksichtigen.
Dem entsprechen die ausdrücklichen Niederlegungen in den Landesverfassungen, z. B. Art. 2, 3 Abs. 1
LVerf NRW oder Art. 2 BayVerf.
[72] Zu den verschiedenen Ausformungen ausführlich *Badura*, Staatsrecht, D Rn. 6 ff.

können (**sachlich-inhaltliche Legitimation**).[73] Grundsätzlich gilt, dass die Anforderungen an die demokratische Legitimation bei der öffentlichen Aufgabenwahrnehmung steigen, je weitreichender und grundrechtsrelevanter die konkreten hoheitlichen Befugnisse der juristischen Person des öffentlichen Rechts sind.[74]

44 Die demokratische Legitimation im Rahmen der Umstrukturierung öffentlich-rechtlicher Rechtsträger durch Umwandlung hat mithin grundsätzlich an zwei Bestimmungsfaktoren anzuknüpfen: zum einen an sachlich-inhaltliche Vorgaben und zum anderen an organisatorisch-personelle Vorgaben für die Ausübung der Staatsgewalt.

45 **b) Abweichende Gestaltungsmöglichkeiten im Rahmen funktionaler Selbstverwaltung.** Für abgegrenzte Bereiche der Erledigung öffentlicher Aufgaben außerhalb der unmittelbaren Staatsverwaltung erkennt das BVerfG jedoch auch z. T. **abweichende Gestaltungsformen** an: „*Außerhalb der unmittelbaren Staatsverwaltung und der in ihrem sachlich-gegenständlichen Aufgabenbereich nicht beschränkten gemeindlichen Selbstverwaltung ist das Demokratiegebot offen für andere, insbesondere vom Erfordernis lückenloser personeller demokratischer Legitimation aller Entscheidungsbefugten abweichende Formen der Organisation und Ausübung von Staatsgewalt.*"[75] Diese Entscheidung erging zu der Frage der demokratischen Legitimation der nordrhein-westfälischen Wasserverbände Lippeverband und Emscher Genossenschaft.

46 Daher sei der Gesetzgeber frei darin, Aufgaben auf **Selbstverwaltungseinheiten** zu übertragen, und auch „*[...] die Regelung der Strukturen und Entscheidungsprozesse, in denen diese bewältigt werden, stehen weitgehend im Ermessen des Gesetzgebers [...]. Die gesetzgeberische Gestaltungsfreiheit bei der Schaffung und näheren Ausgestaltung von Organisationseinheiten der Selbstverwaltung erlaubt auch, den Selbstverwaltungsträger zu verbindlichem Handeln mit Entscheidungscharakter zu ermächtigen; dies gilt in allerdings begrenztem Umfang auch für ein Handeln gegenüber Dritten, also Nichtmitgliedern.*"[76]

47 Verbindliches Handeln mit Entscheidungscharakter ist im Rahmen funktionaler Selbstverwaltung jedoch nur zulässig, wenn die Aufgaben und Handlungsbefugnisse der jeweiligen Organe in einem formellen Gesetz **ausreichend vorherbestimmt** sind und ihre Wahrnehmung der **Aufsicht** personell demokratisch legitimierter Amtswalter unterliegt.[77] Darüber hinaus formuliert das BVerfG auch den einschränkenden Grundsatz **angemessener Interessenberücksichtigung** und das Verbot der Privilegierung von Sonderinteressen, die der öffentlichen Aufgabenwahrnehmung bei der funktionalen Selbstverwaltung entgegen stehen.[78] Eine Verletzung dieses Verbots liegt dann vor, wenn die gewählte organisatorische Ausgestaltung keine verfassungsrechtlich zulässigen Zwecke verfolgt oder wenn auf Grund einer offenbar unrichtigen Tatsachengrundlage der Zweck ersichtlich nicht erreicht werden kann.[79]

48 In der Praxis lässt sich eine (personelle) demokratische Legitimation der Leitungspersonen von öffentlich-rechtlichen Rechtsträgern, die an Umwandlungsvorgängen beteiligt sind, dann unproblematisch erreichen, wenn das jeweilige Gremium zum überwiegenden Teil aus Vertretern des Staates oder anderer juristischer Personen des öffentlichen Rechts

---

[73] BVerfG 2 BvF 1/92, BVerfGE 93, 37, 66 f. = NVwZ 1996, 574, 757; BVerfG 2 BvF 3/89, BVerfGE 83, 60, 72 ff. = NJW 1991, 159, 160; Dreier/*Dreier*, Art. 20 (Demokratie), Rn. 111 ff.
[74] Vgl. OVG Münster 13 B 1557/10, NVwZ-RR 2011, 408, 410 ff.
[75] BVerfG 2 BvL 5/98 u. a., NVwZ 2003, 974 ff.; hierzu *Sachs*, JuS 2003, 1215 ff. – In neueren Entscheidungen hat das BVerfG diese Rechtsprechung bestätigt: BVerfG 2 BvR 1139/12 u. a., juris Rn. 169; BVerfG 2 BvR 1561/12 u. a., juris Rn. 158. Auch andere Gerichte haben sich angeschlossen: OVG Münster 17 A 1874/13, juris Rn. 20 ff.; OVG Münster 20 A 791/12, juris Rn. 39 ff.; VGH Kassel 7 A 418/12, juris Rn. 17, 25 f.
[76] BVerfG 2 BvL 5/98 u. a., NVwZ 2003, 974, 977; instruktiv daneben *Schneider*, FS Möhring, 1965, S. 521, 537 ff.
[77] BVerfG 2 BvL 5/98, 2 BvL 6/98, juris Rn. 144.
[78] BVerfG 2 BvL 5/98, 2 BvL 6/98, juris Rn. 145; s. auch Maunz/Dürig/*Grzeszick*, Art. 20 Rn. 178.
[79] BVerfG 2 BvL 5/98 u. a., NVwZ 2003, 974, 978.

besteht und Entscheidungen dieses Gremiums nicht gegen den Willen dieser „hoheitlichen" Mitglieder ergehen können. Insofern lässt sich in der Regel bereits nach allgemeinen Maßstäben die personelle Legitimation bejahen.[80]

c) **Beleihung.** Die Beleihung spielt unter anderem dann eine Rolle, wenn infolge einer Umwandlung ein privatrechtlich organisierter Rechtsträger öffentliche Aufgaben erfüllen soll. Praktisch sind vor allem die Fälle relevant, in denen privatrechtlich organisierte **Holdinggesellschaften** die Trägerstellung an Anstalten einnehmen[81] (→ § 76 Rn. 24). 49

Die Beleihung ist eine hoheitliche Kompetenzübertragung auf Privatpersonen. Der Beliehene erhält die Möglichkeit, öffentliche Aufgaben im eigenen Namen wahrzunehmen, also funktionell in begrenztem Umfang **hoheitlich zu handeln**.[82] Aus dieser Einbeziehung in die mittelbare Staatsverwaltung ergeben sich verschiedene **Anforderungen an den Beleihungsakt**. So bedarf die Beleihung zunächst einer gesetzlichen Grundlage, die entweder die Beleihung unmittelbar selbst anordnet oder zu einer solchen ermächtigt. In der Grundlage sind zudem die zu übertragenden hoheitlichen Zuständigkeiten und Befugnisse hinreichend bestimmt zu bezeichnen. Beleihungsfähig sind neben natürlichen Personen auch juristische Personen des Privatrechts, selbst wenn deren Anteile mehrheitlich in öffentlicher Hand liegen.[83] Schließlich folgt aus dem Gebot sachlich-inhaltlicher Legitimation das Erfordernis, die Aufgabenwahrnehmung durch den Beliehenen staatlich zu kontrollieren.[84] Verbreitet wird dabei eine umfassende Rechts- und Fachaufsicht über den Beliehenen verlangt, die zum Beispiel auch Weisungs-, Anhörungs- oder Informationsrechte umfasst.[85] 50

5. Gemeinwohlbindung / öffentlicher Auftrag

Nach ganz herrschender Meinung muss das Handeln der öffentlichen Hand unter dem Grundgesetz dem Gemeinwohl verpflichtet sein. 51

a) **Gemeinwohlbindung als verfassungsrechtliches Gebot.** Die Begründungen dafür sind unterschiedlich. Verschiedene Autoren verweisen auf das **republikanische Prinzip**, das nicht nur die Monarchie verbiete, sondern zugleich ein Bekenntnis zum Gemeinwesen, der res publica, enthalte. Daher müsse das Gemeinwohl im Sinne des „öffentlichen Interesses" im Auge behalten werden.[86] Nach anderer Ansicht folge die Gemeinwohlbindung aus dem **Rechtsstaatsprinzip**, da dieses alle staatliche Tätigkeit auf das Gemeinwohl als Staatszweck begrenze,[87] oder allgemein aus den Staatszielbestimmungen.[88] 52

---

[80] Dazu bereits *Wolfers/Kaufmann*, DVBl. 2002, 507, 513.
[81] S. z. B. Art. 3 Abs. 1 S. 2 BayLaBG oder § 3 Abs. 2 Berl. SpkG. Ausführlich dazu *Wolfers/Kaufmann*, DVBl. 2002, 507, 508; s. auch *dies.*, Öffentlich-rechtliche Rahmenbedingungen, S. 201, 212.
[82] *Maurer*, § 23 Rn. 56; *Wolfers/Kaufmann*, DVBl. 2002, 507, 508.
[83] Näher dazu *Wolfers/Kaufmann*, DVBl. 2002, 507, 509 f.
[84] BerlVerfGH VerfGH 42/99, NVwZ 2000, 794, 795 ff.; ferner BVerwG 6 C 2.97, BVerwGE 106, 64, 81 = BeckRS 1997, 30005425. Speziell für die Aufsicht über Beliehene BremStGH St 1/01, NVwZ 2003, 81, 83; *Dreier/Dreier*, Art. 20 (Demokratie) Rn. 128 ff.
[85] BremStGH St 1/01, NVwZ 2003, 81, 83 f.; Beschluss Nr. 13b) des 67. Deutschen Juristentages 2008, wiedergegeben in DVBl. 2008, 1490. *Lange*, S. 254 ff., hält dies demgegenüber für zu weitgehend und nicht in jedem Fall zwingend. Ausführlich zum Ganzen *Wolfers/Kaufmann*, DVBl. 2002, 507, 510 ff.
[86] v. Mangoldt/Klein/Starck/*Sommermann*, Art. 20 Rn. 14; ähnlich BeckOK GG/*Huster/Rux*, Art. 20 Rn. 174; ferner z. B. Bonner Kommentar GG/*Robbers*, Art. 20 Rn. 356. Gegen eine Zuordnung materieller Sinngehalte zum republikanischen Prinzip z. B. Sachs/*Sachs*, Art. 20 Rn. 9 f.
[87] *Scharpf*, VerwArch 96 (2005), 485, 486 f. Sinngemäß auch *Wolfers/Kaufmann*, Öffentlich-rechtliche Rahmenbedingungen, S. 201, 204.
[88] So *Berg*, GewArch 1990, 225, 228.

53 Auch das BVerfG geht von einer „verfassungsrechtlichen Pflicht" der staatlichen Organe aus, „dem gemeinen Wohl zu dienen"; dies gilt auch für den Gesetzgeber.[89] Hierzu hat das BVerfG mitunter (auch) auf das Rechtsstaatsprinzip rekurriert und ausgeführt, dass *„[d]ie Bindung an das Gemeinwohl im Übrigen selbstverständliche Voraussetzung jeder verfassungsrechtlich gebundenen Gesetzgebung [ist]."*[90]

54 **b) Definition des Gemeinwohls vor allem durch den Gesetzgeber.** Allerdings ist das **Gemeinwohl** keine feste, abstrakt bestimmbare Größe. Vielmehr bedarf es der **Konkretisierung** durch die zuständigen staatlichen Stellen. Dabei gibt die Verfassung keinen positiven, inhaltlich klar umrissenen Gemeinwohlrahmen vor. Vielmehr bestimmt sie eher negativ, wann eine demokratisch legitimierte Entscheidung nicht (mehr) dem Gemeinwohl entspricht – wenn sie zum Beispiel den Staat als Selbstzweck setzt (wie in einem totalen Staat) oder wenn sie Staatszielbestimmungen oder Grundrechte, insbesondere die Würde und Freiheit des Menschen, verletzt. Wegen dieser Offenheit des Gemeinwohlbegriffs ist unstrittig, dass den staatlichen Stellen für die Konkretisierung ein weiter Gestaltungsspielraum zusteht.[91]

55 So hat das Bundesverwaltungsgericht zum Beispiel im Hinblick auf die Betätigung von Gemeinden entschieden, dass die Bestimmung des allgemeinen Wohls hauptsächlich den Anschauungen und Entschließungen der Gemeindeorgane überlassen ist und von den örtlichen Verhältnissen, finanziellen Möglichkeiten der Gemeinde, Bedürfnissen der Einwohnerschaft und anderen Faktoren abhängt. Eine richterliche Beurteilung scheide weitestgehend aus.[92]

56 Im Übrigen ist zur Konkretisierung des Gemeinwohls vor allem der **Gesetzgeber** aufgerufen, der damit zugleich von dem „staatlichen Aufgabenerfindungsrecht" Gebrauch macht. Das ist in der Vergangenheit gerade auch mit Blick auf die Aufgabenzuweisungen der Landesbanken und öffentlich-rechtlichen Sparkassen immer wieder betont worden.[93]

57 **c) Verfolgung von Erwerbszwecken grundsätzlich zulässig.** Mit der Gemeinwohlbindung ist es im Grundsatz vereinbar, dass juristische Personen des öffentlichen Rechts – neben hoheitlichen Aufgaben – auch Erwerbszwecke verfolgen und auf die **Erzielung von Gewinnen** ausgerichtet sind. Eine solche Rechtslage verletzt weder Grundrechte noch steht sie im Widerspruch zu objektiv-rechtlichen Verfassungsprinzipien. Das Grundgesetz ist wirtschaftspolitisch neutral. Das Grundrecht der Berufsfreiheit schützt nach der Rechtsprechung des Bundesverfassungsgerichts nicht vor Konkurrenz, auch nicht vor dem Wett-

---

[89] BVerfG 2 BvL 8/77, BVerfGE 49, 89, 132 = NJW 1979, 359, 361; BVerfG 2 BvR 350/75, BVerfGE 42, 312, 331 f. = AP GG Art. 140 Nr. 5; vgl. aus der jüngeren Rechtsprechung z. B. auch BVerfG 1 BvR 1640-97, BVerfGE 98, 218, 246 = NJW 1998, 2515, 2519, wo von der „generellen Befugnis des Staates zum Handeln im Gemeinwohlinteresse" gesprochen wird.

[90] BVerfG 2 BvR 165/75, BVerfGE 50, 50, 50 f. = NJW 1979, 413; ähnlich BVerfG 2 BvR 113/81, BVerfGE 59, 216, 229 = NVwZ 1982, 367, 368: *„Die Ausrichtung an dem jeweils zu konkretisierenden Gemeinwohl ist zwingendes Erfordernis jeder rechtsstaatlich gebundenen Gesetzgebung (…)."*

[91] Vgl. nur *Britz*, NVwZ 2001, 380, 382: „Der Verpflichtung öffentlicher Unternehmen auf einen öffentlichen Zweck ist ohne Weiteres zuzustimmen. Weil der Staat nicht Selbstzweck, sondern auf Verwirklichung des Gemeinwohls gerichtet ist, ist staatliches Handeln stets in den Dienst öffentlicher Zwecke zu stellen. Die Schwierigkeit besteht in der Bestimmung des öffentlichen Zwecks. *Gemeinwohlbedingungen lassen sich nicht abstrakt beschreiben, sondern sind prozedural, d. h. von den demokratisch legitimierten Organen zu entwickeln.*"

[92] BVerwG I C 24.69, BVerwGE 39, 329, 334 = juris Rn. 17. Ähnlich *Ehlers*, DVBl. 1998, 498 f.; vgl. auch Widtmann/Grasser/ Glaser/Hermann/Marcic-Schaller/Scharpf, Art. 87 Rn. 15 m. w. N.

[93] *Becker*, S. 79 f.; vgl. ferner etwa auch *Klein*, S. 91: „Wenn sich der Staat (…) mit Eigenbetrieben einschaltet, darf er dies nur dann tun, wenn er dies hinreichend begründen kann. Die Ausübung entsprechender staatlicher Handlungskompetenzen setzt das Vorhandensein eines ‚öffentlichen Zwecks' (synonym: eines ‚öffentlichen Interesses') voraus (Prinzip der Zweckerfordernis). Für die Konkretisierung der staatlichen Betätigungsbefugnisse sind diese Begriffe als solche aber nur von geringem Nutzen, gehören sie doch (…) zu den verschwommensten, die das ohnehin flüssige Verfassungsrecht anzubieten hat.'„

bewerb der öffentlichen Hand. Darüber hinaus beschränkt das Grundgesetz nicht die Einnahmemöglichkeiten der öffentlichen Hand auf Steuern, sondern erlaubt auch Einnahmen aufgrund erwerbswirtschaftlicher Tätigkeit. Vor diesem Hintergrund hebt das Schrifttum hervor, dass die Verfassung selbst eine ausschließlich erwerbswirtschaftliche Betätigung öffentlicher Unternehmen, ohne weitere öffentliche Aufgaben, wie etwa Staats-, Kommunal- oder Sparkassenzentralbank, nicht verbietet.[94]

6. Rechtssicherheit

Rechtssicherheit erfordert ausreichende Klarheit des Bestandes und des Inhalts der Staatsakte.[95] Daher ist es geboten, dass auch Umwandlungsakte unter Beteiligung juristischer Personen des öffentlichen Rechts hinreichend **transparent und publik** sind. Dies zwingt indes nicht zu einer Handelsregistereintragung. Denn Publizität kann auch auf anderem Wege hergestellt werden. So gibt es für Gesetze und andere hoheitliche Regelungen Gesetz- und Verordnungsblätter; daneben existieren insbesondere Staatsanzeiger für sonstige Hoheitsakte. 58

In der **Praxis** bedeutet dies, dass die Umwandlung entweder durch gesetzliche Regelung selbst angeordnet wird[96] und somit durch die Verkündung des Gesetzes in dem offiziellen **Gesetz- (und Verordnungs-) Blatt** hinreichend transparent ist. Oder es muss zum Beispiel die aufsichtliche Genehmigung einer Umwandlung in einem Staatsanzeiger oder ähnlichen Medium veröffentlicht werden, damit die Umwandlung wirksam werden kann.[97] Hingegen kann die **Handelsregistereintragung** entfallen oder nur mit deklaratorischem Charakter versehen werden.[98] 59

7. Eigentumsgarantie und Gläubigerschutz

Gem. Art. 1 Abs. 3 GG ist zudem jedes staatliche Handeln, mithin auch die gesetzliche Ausgestaltung von Umwandlungsvorgängen, an die **Grundrechte** gebunden. Im Hinblick auf den Eigentumsschutz hat der Gesetzgeber daher zur Wahrung der in Art. 14 Abs. 1 GG verfassungsrechtlich verankerten Eigentumsgarantie die Gläubigerrechte zu berücksichtigen.[99] Für den Gläubigerschutz kommen eine möglicherweise vom UmwG abweichende Nachhaftung oder ein Äquivalent (a) sowie ggf. die Anordnung des Fortbestands einer zuvor bestehenden Gewährträgerhaftung oder Anstaltslast (b) in Betracht. 60

a) Nachhaftung und Verlustausgleich. Das UmwG setzt den Gläubigerschutz vor allem durch die Vorschriften zur **Nachhaftung und Sicherheitsleistung** um.[100] Diese Vorgaben müssen indes bei öffentlich-rechtlich geregelten Umwandlungsvorgängen nicht in identischer Weise gelten. Dementsprechend kann bei einer Beteiligung der öffentlichen Hand an einem Umwandlungsvorgang unter Umständen sogar vollständig auf entsprechende Regelungen verzichtet werden. Dies gilt insbesondere dann, wenn eine juristische Person des öffentlichen Rechts übernehmende Rechtsträgerin ist und den Gläubigern bereits kein Nachteil entsteht, wenn sich die wirtschaftliche Situation des übertragenden 61

---

[94] Vgl. z. B. *Britz*, NVwZ 2001, 380, 382; *Cremer*, DÖV 2003, 921, 922; *Franz*, S. 58 ff.; *Hellermann*, S. 154 f.; *Jarass*, S. 13 ff.; *Leder*, DÖV 2008, 173, 182; *Ruthig/Storr*, Rn. 707.
[95] Maunz/Dürig/*Grzeszick*, Art. 20 Rn. 51.
[96] So z. B. in Art. 5 Abs. 1 S. 1 des Gesetzes zur Errichtung des Unternehmens „Bayerische Staatsforsten" (StFoG) vom 9.5.2005 (BayGVBl. 2005 S. 138) oder § 2 Abs. 1 S. 1 Gesetz zur Errichtung der Landesbank NRW.
[97] S. etwa § 7 Abs. 3 S. 2 LBSG.
[98] So beispielsweise in § 28b Abs. 7 der Satzung der Bayerischen Landesbank. Ebenso § 2 Abs. 4 S. 1 Gesetz zur Errichtung der Landesbank NRW; den deklaratorischen Charakter der Handelsregistereintragung betont die Gesetzesbegründung, s. Gesetz zur Neuregelung der Rechtsverhältnisse der öffentlich-rechtlichen Kreditinstitute in Nordrhein-Westfalen, Landtag NRW Drs. 13/2124, B. zu Art. 1, zu § 2.
[99] Zu Forderungen als Teil des Schutzbereichs des Art. 14 GG vgl. BVerfG 1 BvR 929/90, BVerfGE 83, 201, 208 = NJW 1991, 1807; BVerfG 2 BvR 499/74, 1042/75, BVerfGE 45, 142, 179 = NJW 1977, 2024, 2016.
[100] Vgl. § 133 UmwG bzw. §§ 22 f., 125 UmwG.

Rechtsträgers durch die Umstrukturierung nachhaltig verbessert und/oder eine vergleichbare Absicherung besteht.[101]

62 Besteht eine solche Absicherung nicht und sind die Gläubiger folglich ggf. einem Insolvenzrisiko ausgesetzt, sind im Rahmen der gesetzlichen Ausgestaltung der Umwandlung auch **Regelungen des Gläubigerschutzes** vorzusehen. Dabei muss der Gesetzgeber die **Schutzvorschriften aus §§ 22 f. und § 133 UmwG nicht zwingend für anwendbar** erklären. Insbesondere die fünfjährige Nachhaftung bei der Spaltung gem. § 133 Abs. 3 UmwG ist verfassungsrechtlich nicht vorgegeben. Vielmehr kann der Gesetzgeber auch auf anderem Wege sicherstellen, dass die Gläubiger der übergehenden Forderungen durch die Umwandlung finanziell nicht wesentlich schlechter gestellt werden. Hierbei sind die Umstände des Einzelfalles maßgeblich. So kann eine Absicherung etwa durch einen oder mehrere der am Umwandlungsvorgang Beteiligten erfolgen. Insofern wäre dann, je nach der Person des Sicherungsgebers, zu prüfen, ob eine solche Absicherung im Einklang mit dem EU-Beihilferecht stünde (dazu → Rn. 82 ff.). Überdies wären bei einer Absicherung durch die öffentliche Hand auch haushaltsrechtliche Vorgaben zu berücksichtigen. Nach dem Vorbehalt des Gesetzes und der Haushaltsautonomie des Parlaments bedürfte es einer der Höhe nach bestimmten gesetzlichen Grundlage, wenn etwa eine Garantie durch den Bund oder ein Bundesland gewährt werden soll.[102] Alternativ kommen aber auch – zeitlich befristete – Garantien durch Banken zur Absicherung der Verbindlichkeiten des übernehmenden Rechtsträgers in Betracht. Ebenso kann erwogen werden, die Risiken im Zuge des Umwandlungsvorgangs mittels einer zweckgebundenen Finanzierung vollständig abzudecken.

63 **b) Fortbestand von Gewährträgerhaftung und Anstaltslast.** Das UmwG trifft keine Aussage darüber, ob bzw. in welchem Umfang Anstaltslast und Gewährträgerhaftung auch im Zuge von Umwandlungen fortbestehen. Die Beantwortung dieser Frage hängt daher in erster Linie davon ab, was der Bundes- oder Landesgesetzgeber im Rahmen der speziellen öffentlich-rechtlichen Umwandlungsvorschriften regelt. In der Vergangenheit hat der Gesetzgeber regelmäßig von dem ihm insoweit eingeräumten **gesetzgeberischen Gestaltungsspielraum** Gebrauch gemacht und Regelungen betreffend den Fortbestand der Gewährträgerhaftung vorgesehen.[103] Fehlt es an einer solchen Regelung, ist v. a. am Maßstab des in Art. 14 GG verfassungsrechtlich verankerten Gläubigerschutzes zu ermitteln, ob Anstaltslast oder Gewährträgerhaftung fortbestehen müssen.

64 Für den Sektor öffentlich-rechtlicher Kreditinstitute ist allerdings zu beachten, dass die Bedeutung von Gewährträgerhaftung und Anstaltslast abnimmt. Nachdem die Europäische Kommission beihilferechtliche Bedenken gegenüber der Anstaltslast und Gewährträgerhaftung für Landesbanken und Sparkassen geäußert hatte,[104] einigte sie sich mit der Bundesrepublik Deutschland am 17.12.2001 auf die Abschaffung beider Institute („Brüsseler Verständigung I")[105]. Die darin vorgesehene Übergangsphase endete am 31.12.2015. Allerdings

---

[101] So sieht § 8a Abs. 8 S. 1 Nr. 5 FMStFG vor, dass die Vorschriften zur Nachhaftung und Sicherheitsleistung auf Umwandlungen, an denen Abwicklungsanstalten als übernehmende Rechtsträger beteiligt sind, nicht anwendbar sind. Dem Gläubigerschutz dient stattdessen z. B. die Pflicht der Anteilsinhaber des übertragenden Rechtsträgers, eventuelle Verluste der Abwicklungsanstalt auszugleichen. Näher dazu die Gesetzesbegründung zu § 8a FMStFG in BT-Drs. 16/13591, S. 14; ferner *Wolfers/Voland*, S. 61, 71.

[102] Vgl. BVerwG VII C 14/73, BVerwGE 48, 305, 308 = NJW 1975, 1898; BVerwG VII C 6/57, BVerwGE 6, 282, 287 = NJW 1958, 1153. Siehe auch § 39 Abs. 1 BHO/LHO.

[103] Beispiele finden sich in Art. 1a Abs. 2 S. 2 BayLaBG, § 11 Berl. SpkG oder in § 8 des Gesetzes zur Errichtung der Landesbank NRW.

[104] Zum unionsrechtlichen Verbot staatlicher Beihilfen → § 74 Rn. 82 ff.

[105] Abrufbar unter http://www.lbbw.de/media/de/investor_relations/pdf_investorrelations/2001/eu_verstaendigung_anstaltslast_und_gwth_20010717.pdf. Die Bundesländer setzten die Brüsseler Verständigung I im Wesentlichen wortgleich durch Neufassung der einschlägigen sparkassen- und landesbankrechtlichen Regelungen um, vgl. z. B. für die Bayerische Landesbank Art. 4 Abs. 1 und 2 BayLaBG.

gilt die Gewährträgerhaftung für solche Verbindlichkeiten weiter, die bereits bis zum 18.7.2001 begründet waren. Das betrifft vor allem Versorgungsverbindlichkeiten, die keine feste Laufzeit haben.[106] Auch die bundes- oder landeseigenen Förderbanken mit wettbewerbsneutralem Struktur- und Fördergeschäft dürfen nach Maßgabe der „Brüsseler Verständigung II" vom 1.3.2002 Anstaltslast und Gewährträgerhaftung als staatliche Refinanzierungsgarantien behalten.[107]

aa) Gewährträgerhaftung. Bei der Gewährträgerhaftung handelt es sich um eine **gesetzlich angeordnete, subsidiäre Einstandspflicht** des Gewährträgers für Verbindlichkeiten einer Anstalt des öffentlichen Rechts.[108] Der Gewährträger haftet für die Verbindlichkeiten der Anstalt gegenüber den Gläubigern im Außenverhältnis unbeschränkt, soweit diese durch die Anstalt keine Befriedigung erlangen.

Gehen gewährträgerbehaftete Verbindlichkeiten im Wege der (partiellen) Gesamtrechtsnachfolge[109] auf einen neuen Schuldner über, stellt sich zunächst die Frage, ob die im Gesetz angeordnete Gewährträgerhaftung fortbesteht. Das liegt nicht auf der Hand. Denn in vielen Gesetzen sieht die Regelung zur Gewährträgerhaftung vor, dass der Gewährträger nur für die Verbindlichkeiten der darin konkret bezeichneten juristischen Personen des öffentlichen Rechts einsteht, nicht jedoch für die Verbindlichkeiten einer anderen Person des öffentlichen Rechts, selbst wenn diese der (partielle) Gesamtrechtsnachfolger sein sollte. Die Frage des Übergangs gewährträgerbehafteter Verbindlichkeiten ist deshalb **umstritten**. **Gegen einen Übergang** könnten, je nach Einzelfall, Wortlaut, Systematik und Zweck der gesetzlich vorgesehenen Gewährträgerhaftung sprechen. **Für einen Übergang und Fortbestand** der Gewährträgerhaftung streiten der verfassungsrechtlich in Art. 20 Abs. 3 GG verankerte Gedanke des Vertrauensschutzes sowie der durch Art. 14 GG gebotene Gläubigerschutz.[110] Dies gilt jedenfalls dann, wenn die Gläubiger nicht auf anderem Wege – etwa durch Anwendung der umwandlungsrechtlichen Nachhaftungsregelungen – geschützt werden.[111] Demgegenüber erscheint der Gewährträger weniger schutzbedürftig, da er häufig einen Einfluss darauf hat, ob der betreffende Rechtsträger Umwandlungsmaßnahmen durchführt.[112] Dieses Ergebnis steht auch im Einklang mit dem zivilrechtlichen Wertungen zu entnehmenden Grundsatz der Haftungskontinuität, nach dem ein Gläubiger einen für seine Forderung haftenden Schuldner nicht infolge eines Umstands verlieren darf, der seinem Einfluss entzogen ist.[113] Es lässt sich insoweit eine Parallele zur Nachhaftung ausgeschiedener persönlich haftender Gesellschafter einer Personengesellschaft ziehen. So besteht die Haftung nach § 128 HGB für bis zum Ausscheiden begründete Verbindlichkeiten fort, wenn der Gesellschafter durch eine Umwandlungsmaßnahme seine Stellung als persönlich haftender Gesellschafter verliert.[114] Dieser Gedanke könnte ggf. auf die Gewährträgerhaftung übertragen werden: Sowohl die Gewährträgerhaftung als auch die Haftung nach § 128 HGB begründen eine Haftung aufgrund einer besonderen „persönlichen

---

[106] Dazu ausführlich *Mehrens/Voland*, WM 2014, 831.
[107] Vgl. dazu das an die Bundesrepublik Deutschland gerichtete Schreiben der Europäischen Kommission vom 27.3.2002, abrufbar unter http://www.ibb.de/de/PortalData/1/Resources/content/download/ir/Verstaendigung_I_und_II_Text_EU-Kommision.pdf.
[108] Vgl. Schimansky/Bunte/Lwowski/*Rümker/Winterfeld*, § 124 Rn. 28.
[109] Diese Grundsätze lassen sich nicht auf den Übergang von Verbindlichkeiten mit Zustimmung der Gläubiger im Wege der Einzelrechtsnachfolge übertragen, sodass in diesem Fall die Gewährträgerhaftung entfallen dürfte, vgl. dazu ausführlich *Mehrens/Voland*, WM 2014, 831, 837.
[110] So auch *Busch*, AG 1997, 357, 360; *Gruson*, EuZW 1997, 357, 362; Semler/Stengel/*Perlitt*, § 304 Rn. 8; *Siekmann*, NWVBl. 1993, 361, 368.
[111] *Busch*, AG 1997, 357, 360; *Mehrens/Voland*, WM 2014, 831, 836.
[112] *Mehrens/Voland*, WM 2014, 831, 836.
[113] Dazu grundlegend *K. Schmidt*, ZHR 145 (1981), 2. Zum Grundsatz der Haftungskontinuität beim Ausscheiden eines Gesellschafters einer Personengesellschaft BGH II ZR 118/66, NJW 1968, 2006; BGH II ZR 74/59, NJW 1962, 536.
[114] Henssler/Strohn/*Steitz*, § 128 HGB Rn. 44.

Bindung" gegenüber den Gläubigern des Rechtsträgers.[115] Zwingend ist diese Parallele indes nicht.

67 **bb) Anstaltslast.** Demgegenüber erscheint der **Fortbestand einer Anstaltslast**, gestützt auf Art. 14 GG, mangels Verpflichtung des Anstaltsträgers im Außenverhältnis und mithin mangels Begründung eines subjektiven Rechts der Gläubiger[116] **zweifelhaft**. Die Anstaltslast erschöpft sich in der Verpflichtung der Errichtungskörperschaft, die Anstalt für die gesamte Dauer ihres Bestehens funktionsfähig zu halten und etwaige Lücken durch Zuschüsse oder auf andere geeignete Weise auszugleichen.[117] Der Anstaltslast kommt daher im Gegensatz zur Gewährträgerhaftung eine bloße Innenwirkung zu, indem sie der Sicherung der Anstalt selbst dient.

68 Zwar scheinen einige Autoren auch einen Fortbestand der Anstaltslast bejahen zu wollen.[118] Diese Sichtweise wirft jedoch bereits praktische Schwierigkeiten auf, wenn die Umwandlung durch Formwechsel in oder Spaltung auf einen privatrechtlichen Rechtsträger erfolgt. Denn in diesem Fall entfällt der Bezugspunkt für die Anstaltslast. Darüber hinaus widerspräche ein Fortbestand der Anstaltslast der Organisationshoheit des jeweiligen (öffentlichen) Anstaltsträgers. Dieser ist grundsätzlich nur während des Bestehens der Anstalt verpflichtet, ihre Funktionsfähigkeit und finanzielle Ausstattung aufrecht zu erhalten. Zugleich hat er das Recht, Anstalten auch wieder zu beseitigen. Denn es gibt keine Bestandsgarantie für bestimmte Anstalten.[119] Vor diesem Hintergrund ist **nicht** ersichtlich, wie sich ein **schutzwürdiges Vertrauen** von Gläubigern in den Fortbestand von Anstalten und damit auch einer Anstaltslast gebildet haben sollte.

69 **cc) Enthaftung.** Eine Beschränkung von Gewährträgerhaftung und Anstaltslast auf einen bestimmten Zeitraum in analoger Anwendung handels- und gesellschaftsrechtlicher Nachhaftungsregelungen erscheint **zweifelhaft**. So liegt speziell eine Analogie zu § 133 UmwG eher fern. Denn die Enthaftung durch Zeitablauf betrifft den übertragenden Rechtsträger, nicht aber – wie im Fall der Gewährträgerhaftung – einen haftenden Dritten.

70 Darüber hinaus sahen die ursprünglichen gesetzlichen Regelungen die Gewährträgerhaftung regelmäßig als unbefristete Haftung vor. Zwar ist der Gesetzgeber nach der Brüsseler Verständigung I von dieser Regelung abgewichen, indem er die Haftung im Grundsatz befristet und zugleich Übergangs- und Ausnahmeregelungen vorgesehen hat. Derartige Übergangs- und Ausnahmeregelungen genießen indes einen besonderen verfassungsrechtlichen Schutz.[120] Vor diesem Hintergrund sprechen, trotz gegensätzlicher Argumente aus

---

[115] Mehrens/Voland, WM 2014, 831, 836.
[116] Busch, AG 1997, 357, 360; Koenig, WM 1995, 821, 822.
[117] Vgl. Busch, AG 1997, 357, 358 m. w. N.
[118] So wohl Busch, AG 1997, 357, 361; Semler/Stengel/*Perlitt*, § 304 Rn. 8.
[119] Wolff/Bachof/Stober/Kluth, § 86 Rn. 19, 52.
[120] Vgl. etwa BVerfG 1 BvR 2821/11, NJW 2017, 217 Rn. 336: *„Enttäuscht der Gesetzgeber das Vertrauen in den Fortbestand einer begrenzten Übergangsvorschrift, die er aus Vertrauensschutzgründen erlassen hat, indem er sie vor Ausschöpfung ihres ursprünglich vorgesehenen Geltungsumfangs zu Lasten der Berechtigten beseitigt, so ist dies jedenfalls unter dem Gesichtspunkt des rechtsstaatlichen Vertrauensschutzes nur unter besonderen Anforderungen möglich. In einem solchen Fall geht es nicht allgemein um den Schutz des Vertrauens der Bürgerinnen und Bürger in den Fortbestand geltenden Rechts. Hier vertraut der Bürger vielmehr auf die Kontinuität einer Regelung, auf Grund deren altes Recht oder eine bestimmte Übergangsregelung noch für eine bestimmte Zeit in Bezug auf einen eingegrenzten Personenkreis nach Prüfung der Vereinbarkeit der Fortgeltung mit dem öffentlichen Interesse aufrechterhalten wird. Mit einer solchen Regelung hat der Gesetzgeber einen besonderen Vertrauenstatbestand geschaffen. Um sie vorzeitig aufzuheben oder zum Nachteil der Betroffenen zu ändern, genügt es nicht, dass sich die politische Bewertung der damit in Kauf genommenen Gefahren, Risiken oder Nachteile für die Allgemeinheit geändert hat. Es müssen darüber hinaus – vorausgesetzt, das Interesse der Betroffenen auf einen Fortbestand der Regelung ist schutzwürdig und hat hinreichendes Gewicht – schwere Nachteile für wichtige Gemeinschaftsgüter zu erwarten sein, falls die geltende Übergangsregelung bestehen bleibt."*

Wortlaut, Systematik und ggf. Regelungszweck, jedenfalls Gründe des Vertrauensschutzes für einen Fortbestand der Gewährträgerhaftung, selbst wenn diese befristet ist.[121]

II. Europarecht

Bei der Schaffung von Umwandlungsregeln haben Bundes- und Landesgesetzgeber nicht nur verfassungsrechtliche Determinanten, sondern auch unionsrechtliche Vorgaben zu beachten. Aus dem **Anwendungsvorrang des Unionsrechts**[122] folgt, dass jegliches nationales Recht nicht angewandt werden darf, soweit und solange es dem Unionsrecht entgegensteht.[123] Dabei umfasst das Unionsrecht begrifflich sowohl das aus den EU-Verträgen bestehende Primärrecht als auch das auf dessen Grundlage erlassene Sekundärrecht. 71

Zwar erlaubt das Europarecht den Mitgliedstaaten grundsätzlich die freie Entscheidung über eine Zuordnung von Eigentum in private oder öffentliche Hand (→ Rn. 73 ff.). Allerdings sind sowohl im Rahmen dieser Zuordnung als auch bei dem Handeln öffentlich-rechtlicher und privatrechtlicher Rechtsträger, an denen die öffentliche Hand beteiligt ist, zwingende unionsrechtliche Vorgaben zu beachten. Dazu gehören aus dem Primärrecht v. a. die Verbote von Wettbewerbsbeschränkungen und unzulässigen Beihilfen (→ Rn. 78 ff.). Daneben enthält auch das Sekundärrecht einige spezielle Vorgaben (→ Rn. 86 ff.). 72

1. Eigentumsordnung der Mitgliedstaaten

Eine der ältesten Vorschriften des Unionsrechts, Art. 345 AEUV, sieht vor, dass die **Eigentumsordnung in den Mitgliedstaaten unberührt** bleiben soll. Diese Regelung war in ähnlicher Weise schon in dem Vertrag über die Europäische Gemeinschaft für Kohle und Stahl enthalten. Die „Unberührtheit der Eigentumsordnung" sollte die Mitgliedstaaten vor Eingriffen der Gemeinschaftsorgane in bestimmte wirtschaftspolitische Entscheidungen schützen und zum Beispiel eine weitreichende Sozialisierung vermeiden.[124] 73

Während Art. 345 AEUV lange Zeit in der europäischen Rechtsprechung eine eher untergeordnete Rolle gespielt hatte, befasste sich der **EuGH** in der Sache „Niederlande gegen Essent u. a."[125] intensiv mit dieser Norm. So führte er zunächst aus, dass die Mitgliedstaaten gem. Art. 345 AEUV das Ziel verfolgen dürfen, für bestimmte Unternehmen eine Zuordnung des Eigentums in öffentliche Trägerschaft einzuführen oder aufrechtzuerhalten. Als eine solche Zuordnung erachtet der EuGH auch ein Privatisierungsverbot, sodass er Art. 345 AEUV insoweit für anwendbar hält.[126] 74

Allerdings ergänzte der EuGH, dass Art. 345 AEUV nicht dazu führe, dass die in den Mitgliedstaaten bestehenden Eigentumsordnungen den **Grundprinzipien des AEUV**, wie zum Beispiel der Kapitalverkehrsfreiheit, entzogen seien.[127] Das steht zwar im Einklang mit der vorangegangenen Rechtsprechung zu Art. 345 AEUV. Diese bezog sich aber auf andere Fälle, etwa Beschränkungen ausländischer Investitionen oder gesellschaftsrechtliche Sonderrechte (z. B. „golden shares") zu Gunsten staatlicher Einrichtungen. Insofern hatte der EuGH Art. 345 AEUV stets sehr knapp verworfen und eine Prüfung der betreffenden Maßnahme anhand der jeweils einschlägigen Vorschrift des Primärrechts vorgenommen. Das war auch überzeugend, weil beispielsweise ein staatliches Sonderrecht in einem privatisierten Unternehmen gerade keine generelle Zuweisung des Eigentums an den privaten oder öffentlichen Bereich darstellt. 75

---

[121] *Busch*, AG 1997, 357, 361 f.; *Mehrens/Voland*, WM 2014, 831, 836.
[122] Zu den verschiedenen Herleitungen von BVerfG und EuGH sowie den Grenzen des unionsrechtlichen Anwendungsvorrangs Calliess/Ruffert/*Ruffert*, Art. 1 AEUV Rn. 16 ff.
[123] Vgl. *Maurer*, § 4 Rn. 77.
[124] Näher dazu *Voland*, EuR 2014, 237, 238.
[125] EuGH C-105/12 bis C-107/12, EuZW 2014, 61 – Essent.
[126] EuGH C-105/12 bis C-107/12, EuZW 2014, 61 Rn. 31, 34, 53 – Essent.
[127] EuGH C-105/12 bis C-107/12, EuZW 2014, 61 Rn. 37 f., 47 – Essent.

76 In dem Verfahren „Niederlande gegen Essent u. a." war die Ausgangslage jedoch eine andere, da das dort in Rede stehende Privatisierungsverbot unmittelbar die Eigentumszuordnung betraf und nicht nur einzelne eigentumsrechtliche Aspekte ausgestaltete. Trotz der abweichenden Ausgangssituation prüfte der EuGH auch das **Privatisierungsverbot als Beschränkung am Maßstab der Kapitalverkehrsfreiheit** und verlangte eine Rechtfertigung.

77 Der EuGH hat mit seinem Urteil in der Rechtssache „Niederlande gegen Essent u. a." einerseits für Klarheit gesorgt. Denn er verdeutlicht, dass die Grundfreiheiten auch dann eingreifen, wenn eine staatliche Regelung die Eigentums(zu)ordnung betrifft und somit unter Art. 345 AEUV fällt. Dies erspart schwierige Abgrenzungen, weil künftig die Frage nach dem Vorliegen einer Beschränkung und deren Rechtfertigung unabhängig davon zu beantworten sein dürfte, ob der Anwendungsbereich des Art. 345 AEUV eröffnet ist. Folglich ist davon auszugehen, dass **Privatisierungsgebote und -verbote ebenso wie Rekommunalisierungen am Maßstab des Art. 345 AEUV zu messen** sind. Das hat wiederum Auswirkungen auf die Zulässigkeit und Ausgestaltung entsprechender Umwandlungsmaßnahmen. Andererseits wirft das Urteil die Frage auf, welche Bedeutung der Vorschrift des Art. 345 AEUV eigentlich noch zukommen soll und ob der EuGH mitgliedstaatliche Kompetenzen missachtet. Zwar führt der EuGH aus, dass die Gründe, die der Entscheidung hinsichtlich des Eigentumssystems zugrunde liegen, auch als Rechtfertigungsgründe für Beschränkungen des freien Kapitalverkehrs berücksichtigt werden können. Dies könnte man als neuen Rechtfertigungstatbestand verstehen. Dann bliebe aber noch zu klären, inwiefern dieser über die geschriebenen Rechtfertigungsgründe (z. B. Art. 65 AEUV) und die anerkannten zwingenden Gründe des Allgemeininteresses hinausgeht und welchen Grenzen (Verhältnismäßigkeit, Nichtdiskriminierung) er im Einzelnen unterliegt.[128]

2. Wettbewerbsregeln und Diskriminierungsverbot

78 Die Bindung auch staatlicher Unternehmen an die unionsrechtlichen Wettbewerbsregeln und an das Diskriminierungsverbot wird durch Art. 106 Abs. 1 AEUV bestätigt (→ Rn. 79 ff.). Von besonderer Relevanz im Rahmen der Durchführung und Ausgestaltung von Umwandlungsvorhaben der öffentlichen Hand ist dabei das in Art. 107 f. AEUV normierte Verbot staatlicher Beihilfen (→ Rn. 82 ff.).

79 **a) Anwendbarkeit der Wettbewerbsregeln auf öffentliche Unternehmen.** Zur Unterbindung von Vertragsverletzungen der Mitgliedstaaten durch Instrumentalisierung ihrer Gestaltungsfreiheit und ihres Einflusses auf öffentliche Unternehmen ordnet **Art. 106 Abs. 1 AEUV** die Anwendung des Diskriminierungsverbots sowie der Wettbewerbsregeln auch in Bezug auf öffentliche Unternehmen an.[129]

80 Der Regelung des Art. 106 Abs. 1 AEUV ist der **allgemeine Leitsatz** zu entnehmen, dass grundsätzlich alle Bestimmungen des Unionsrechts gleichermaßen auf alle Unternehmen anzuwenden sind – unabhängig davon, ob es sich dabei um private oder öffentliche Unternehmen handelt.[130] Die Wettbewerbsregeln der EU-Verträge, auf die Art. 106 Abs. 1 AEUV verweist, sind jedoch nur anwendbar, wenn eine **Tätigkeit mit wirtschaftlichem Charakter** vorliegt, die sich nicht in der Ausübung öffentlicher Verwaltung erschöpft. Für diese Abgrenzung ist mithin nicht die Rechtsform entscheidend, sondern die Art der Tätigkeit.[131]

---

[128] Ausführlich zu der Essent-Entscheidung und ihrer Bewertung *Voland*, EuR 2014, 237, 240 ff.
[129] *Badura*, ZGR 1997, 291, 296 f.; Streinz/*Kühling*, Art. 106 AEUV Rn. 1. Zum Begriff des öffentlichen Unternehmens i. S. d. Art. 106 Abs. 1 AEUV vgl. Hoppe/Uechtritz/Reck/*Ronellenfitsch*, § 3 Rn 21 ff. m. w. N.
[130] Calliess/Ruffert/*Jung*, Art. 106 AEUV Rn. 3 m. w. N.; *Kämmerer*, S. 97.
[131] *Wolff*/Bachof/Stober/Kluth, § 92 Rn. 58.

Ein Verstoß gegen Art. 106 Abs. 1 AEUV kommt insbesondere in Betracht, wenn 81
Kartellabsprachen oder Verstöße gegen das Missbrauchsverbot nach Art. 102 AEUV begünstigt werden oder das Diskriminierungsverbot nach Art. 18 AEUV nicht berücksichtigt wird. Allerdings enthält Art. 106 Abs. 2 AEUV einen Befreiungsvorbehalt für Unternehmen, die mit **Dienstleistungen von allgemeinem wirtschaftlichen Interesse** betraut sind, mithin wirtschaftliche Daseinsvorsorgeaufgaben wahrnehmen.[132]

b) Verbot staatlicher Beihilfen. Die in Art. 106 Abs. 1 AEUV getroffene Grundent- 82
scheidung, dass grundsätzlich alle Bestimmungen der EU-Verträge gleichermaßen auf öffentliche und privatrechtliche Unternehmen anzuwenden sind, gilt auch für das in **Art. 107, 108 AEUV** normierte **Verbot staatlicher Beihilfen**. Danach sind aus staatlichen Mitteln gewährte Beihilfen gleich welcher Art, die durch die Begünstigung bestimmter Unternehmen oder Produktionszweige den Wettbewerb verfälschen oder zu verfälschen drohen, mit dem Binnenmarkt nicht vereinbar, soweit sie den Handel zwischen den Mitgliedstaaten beeinträchtigen. Gem. Art. 108 Abs. 3 AEUV sind die Mitgliedstaaten verpflichtet, vor der Gewährung oder Umgestaltung einer Beihilfe die Europäische Kommission zu unterrichten.[133] Von dieser Notifizierungspflicht sind aber Beihilfen ausgenommen, deren Wert 100.000 EUR unterschreitet[134] oder die generell zulässig sind, etwa weil sie unter eine Beihilferegelung fallen.[135] Wird die Notifizierungspflicht nicht befolgt, ist die Beihilfe bereits aus formellen Gründen rechtswidrig.[136] Aus der Vorschrift folgt insofern ein Subventionsverbot mit Erlaubnisvorbehalt.

Der **Begriff der Beihilfe** ist gegenständlich **weit zu verstehen**. Dies beginnt bereits bei 83
dem Unternehmensbegriff, der „jede eine wirtschaftliche Tätigkeit ausübende Einheit unabhängig von ihrer Rechtsordnung und der Art ihrer Finanzierung"[137] umfasst. Weder eine fehlende Gewinnerzielungsabsicht der betroffenen wirtschaftlichen Einheit noch eine Organisation als juristische Person des öffentlichen Rechts schließen die Anwendung des beihilferechtlichen Unternehmensbegriffes aus.[138] Diesen Ansatz hat auch die Kommission bekräftigt.[139] Maßgeblich für eine „**wirtschaftliche Tätigkeit**" ist, ob Güter bzw. Dienstleistungen auf einem Markt angeboten werden. Dabei ist eine Einheit, die Beteiligungen an Gesellschaften hält, die am Markt tätig sind, aber (erst) dann als wirtschaftlich tätig anzusehen, wenn sie diese Kontrolle tatsächlich durch unmittelbare oder mittelbare Einflussnahme auf die Verwaltung der Gesellschaft ausübt.[140] Auch die Kommission hat diesen Ansatz aufgegriffen und entschieden, dass das alleinige Halten einer Beteiligung (auch einer Mehrheitsbeteiligung) an einem am Markt tätigen Unternehmen noch nicht automatisch auf eine Unternehmenseigenschaft schließen lasse.[141] Es müsse vielmehr eine über das bloße Halten der Beteiligung hinausgehende Einflussnahme auf die Marktätigkeit vorliegen.

Kernvoraussetzung des Beihilfetatbestandes ist das Vorliegen einer „Begünstigung". Un- 84
ter einer **Begünstigung** im Sinne von Art. 107 Abs. 1 AEUV **ist jeglicher wirtschaftli-**

---

[132] *Britz*, DVBl. 2000, 1641; Streinz/*Koenig*/*Paul*, Art. 106 AEUV Rn. 45 ff.
[133] *Schroeder*, ZIP 1996, 2097, 2101; v. der Groeben/Schwarze/Hatje/*Mederer*, Art. 108 AEUV Rn. 19.
[134] „De-minimis"-Beihilfe, vgl. Calliess/Ruffert/*Cremer*, Art. 107 AEUV Rn. 33 ff.
[135] Zu Letzterem s. etwa Verordnung (EU) Nr. 651/2014 der Kommission vom 17.6.2014 zur Feststellung der Vereinbarkeit bestimmter Gruppen von Beihilfen mit dem Binnenmarkt in Anwendung der Art. 107 und 108 AEUV, ABl. 2014 L 187, S. 1 ff.
[136] Zu Rechtsfolgen formell rechtswidrig gewährter Beihilfen Calliess/Ruffert/*Cremer*, Art. 108 AEUV Rn. 12 ff.
[137] EuGH C-364/92, BeckRS 9998, 95348– SAT/Eurocontrol.
[138] EuGH C-209/78, BeckEuRS 1980, 82400– Van Landewyck.
[139] Bekanntmachung der Kommission zum Begriff der staatlichen Beihilfe im Sinne des Art. 107 Abs. 1 AEUV, ABl. 2016 C 262/1 Rn. 9 m. w. N.
[140] EuGH C-222/04, EuZW 2006, 306, 310 – AceaElectrabel.
[141] Vgl. Bekanntmachung der Kommission zum Begriff der staatlichen Beihilfe im Sinne des Art. 107 Abs. 1 AEUV, ABl. 2016 C 262/1 Rn. 17.

cher Vorteil zu verstehen, den ein Unternehmen unter normalen Marktgegebenheiten nicht erhalten hätte.[142] Eine „Begünstigung" im beihilferechtlichen Sinne liegt dann vor, wenn einem Unternehmen ein geldwerter Vorteil eingeräumt wurde und dieser Vorteil nicht durch eine entsprechende marktgerechte Gegenleistung kompensiert wurde (sog. Private Market Investor Test). Anhand dieses Maßstabs ist zu prüfen, ob ein privater Gesellschafter in vergleichbarer Lage unter Zugrundelegung der Rentabilitätsaussichten und unabhängig von allen sozialen oder regionalpolitischen Überlegungen eine solche Kapitalzuführung gewährt hätte.[143] Vor diesem Hintergrund können insbesondere Ausgliederungen von Eigen- und Regiebetrieben, aber auch Neugründungen von Eigengesellschaften in Form der Ausgliederung unter Umständen als verbotene Kapitalzufuhr mit Beihilfecharakter eingeordnet werden[144] (→ § 75 Rn. 10ff.).

85 Demgegenüber sind staatliche Leistungen zum Ausgleich von Defiziten, die durch die Erfüllung von **Daseinsvorsorgeleistungen** entstehen, schon tatbestandlich **keine verbotenen Beihilfen**.[145] Diese staatlichen Begünstigungen verfälschen den zwischenstaatlichen Wettbewerb von vornherein nicht, weil jeder, der sich um die Leistungserfüllung bewirbt und den Zuschlag erhält, einen Anspruch auf die Ausgleichsleistung hat.[146]

3. Spezielles Sekundärrecht für einzelne Umwandlungsvorgänge

86 Neben den unionsrechtlichen Vorgaben aus dem Primärrecht ist zudem in Bezug auf bestimmte Umwandlungsvorhaben der öffentlichen Hand spezielles Sekundärrecht zu beachten.

87 **a) Spaltungs- und Verschmelzungsrichtlinie.** Nationale Umwandlungsvorgänge in Gestalt von Verschmelzung und Spaltung unter Beteiligung von Aktiengesellschaften nach dem UmwG sind insbesondere von den Vorgaben der **Spaltungs- und Verschmelzungsrichtlinie**[147] geprägt. Zur Sicherung der Konformität zwischen Richtlinie und nationalem Gesetzestext ist der nationale Rechtsanwender – soweit erforderlich –[148] nach Art. 4 Abs. 3 EUV i.V.m. Art. 288 Abs. 3 AEUV zu einer richtlinienkonformen Auslegung der nationalen Bestimmungen verpflichtet.[149] Allerdings betreffen die genannten Richtlinien **nur** Umwandlungen unter Beteiligung von **Aktiengesellschaften** und sind daher im Rahmen der Umwandlung öffentlich-rechtlicher Rechtsträger regelmäßig nicht relevant.[150]

88 **b) BRRD und SRM-Verordnung.** Beschränkungen können sich namentlich auch im Rahmen der **Umstrukturierung von Banken** aus der **Richtlinie über die Sanierung und Abwicklung von Kreditinstituten** (Bank Recovery and Resolution Directive – **BRRD**)[151] und der **Verordnung über den einheitlichen Abwicklungsmechanismus** (**SRM-VO**)[152] ergeben. Das neue europäische Regelungsregime zur Sanierung und Re-

---

[142] Bekanntmachung der Kommission zum Begriff der staatlichen Beihilfe im Sinne des Art. 107 Abs. 1 AEUV, ABl. 2016 C 262/1 Rn. 67.
[143] Vgl. nur EuGH 40/85, juris Rn. 12 – Belgien/Kommission.
[144] *Supplict*, NotBZ 1997, 141, 148.
[145] EuGH C-280/00, NJW 2003, 2515, 2518 – Altmark Trans; EuGH C-53/00, NVwZ 2002, 193, 194 – Ferring.
[146] Zu den einzelnen Voraussetzungen vgl. EuGH C-280/00, NJW 2003, 2515, 2518 – Altmark Trans.
[147] Richtlinie 82/891/EWG vom 17.12.1982, ABl. 1982 L 378/47 und Richtlinie 2011/35/EU vom 5.4.2011, ABl. 2011 L 110/1.
[148] Dazu Lutter/*Lutter*/*Bayer*, Einl. I Rn. 30ff.
[149] St. Rspr. des EuGH, vgl. EuGH C-97/11, NVwZ 2012, 1097; EuGH C-106/89, DB 1991, 157 – Marleasing; EuGH 79/83, 14/83, DB 1984, 1042 – von Colson und Kamann.
[150] Zur Bedeutung der Spaltungsrichtlinie für die Ausgliederung nach § 168 UmwG Lutter/*H. Schmidt*, Vor § 168 Rn. 6.
[151] Richtlinie 2014/59/EU vom 15.5.2014, ABl. 2014 L 173, S. 190, in deutsches Recht umgesetzt durch das Gesetz zur Sanierung und Abwicklung von Instituten und Finanzgruppen (SAG) vom 10.12.2014 (BGBl. I 2014 S. 2091).
[152] Verordnung (EU) Nr. 806/2014 vom 15.7.2014, ABl. 2014 L 225, S. 1.

strukturierung von Banken soll ein Instrumentarium bereitstellen, mit dem auch die Abwicklung großer systemrelevanter Institute möglich wird, ohne die Finanzstabilität zu gefährden. Überdies soll gewährleistet werden, dass vor allem Eigentümer und Gläubiger, nicht aber die Steuerzahler zur Krisenbewältigung bei Banken beitragen.[153]

In den **Anwendungsbereich** von BRRD und SRM-VO fallen u. a. öffentliche Banken, 89 darunter grundsätzlich auch Förderbanken.[154] Bei Letzteren ist jedoch zweifelhaft, ob sie überhaupt die allgemeinen Abwicklungsvoraussetzungen erfüllen können oder vielmehr aufgrund ihrer Besonderheiten (z. B. keine Insolvenzfähigkeit, Anstaltslast, Auflösung nur durch Gesetz) materiell aus der Anwendung von BRRD und SRM-VO auszunehmen sind.

Sofern die europarechtlichen Abwicklungsregeln eingreifen, stehen sie abweichenden 90 nationalen Strukturmaßnahmen grundsätzlich entgegen. So ist eine Bank mit Festlegung eines **Abwicklungskonzepts** abzuwickeln, wofür die notwendigen **Abwicklungsmaßnahmen** einzuleiten sind.[155] Im Rahmen dieser Abwicklungen können auch Umwandlungen eine Rolle spielen, etwa zur Übertragung von Vermögenspositionen auf ein Brückeninstitut oder zur Ausgliederung von Vermögenspositionen auf eine oder mehrere Zweckgesellschaften.[156] Umwandlungen, die außerhalb dieser Rahmenbedingungen erfolgen, sind im Abwicklungsfall in aller Regel unzulässig.[157]

III. Einfachgesetzliches (Bundes-)Recht

Schließlich hat der Gesetzgeber neben den benannten Vorgaben des Verfassungs- und 91 Europarechts auch **einfachgesetzliche Vorgaben des (Bundes-)Rechts** bei der gesetzlichen Ausgestaltung und Durchführung von Umwandlungsvorgängen zu berücksichtigen. So kann der Landesgesetzgeber nicht von bundesrechtlichen Vorgaben, etwa den Gründungsvorschriften für eine Aktiengesellschaft, abweichen.

Darüber hinaus werden privatisierende Umwandlungsvorhaben der öffentlichen Hand in 92 den **Landes- und Kommunalgesetzen bzw. Gemeindeordnungen** an bestimmte formelle und materielle Voraussetzungen geknüpft. Neben Beteiligungs- und Leitungskriterien betreffen diese insbesondere aufsichtsrechtliche Genehmigungsvorbehalte (→ § 29 Rn. 516). Sofern die maßgebliche gesetzliche Grundlage im Umwandlungsvorgang nicht geändert oder durch speziellere (und jüngere) Regelungen überlagert wird, sind diese Voraussetzungen einzuhalten.

Schließlich gilt es auch, die **steuerrechtlichen Folgen** von Umwandlungsvorgängen im 93 Blick zu behalten, also das (Umwandlungs-)Steuerrecht. Das UmwStG orientiert sich grundsätzlich an den Umwandlungstypen des UmwG. Daher ist bei Ausgestaltung der öffentlich-rechtlichen Umwandlungsregeln in der Regel darauf zu achten, dass keine Bestimmungen des UmwG ausgeschlossen oder geändert werden, die für die steuerrechtliche Einordnung etwa als Abspaltung oder Ausgliederung wesentlich sind. Darüber hinaus sollte in der Praxis auch stets eine frühzeitige Abstimmung mit den zuständigen Finanzbehörden erfolgen. Insbesondere empfiehlt sich die Einholung einer verbindlichen Auskunft,

---

[153] Vgl. BT-Drs. 18/2575, S. 1 sowie auch § 67 Abs. 1 Nr. 2 SAG. Vgl. ferner Erwägungsgrund 67 BRRD.
[154] Vgl. Art. 3 Abs. 2 SRM-VO i. V. m. Art. 2 Abs. 1 Nr. 2 BRRD i. V. m. Art. 4 Abs. 1 Nr. 1 VO (EU) Nr. 575/2013 und Art. 2 Nr. 5 RL 2013/36/EU. Letztere Vorschrift nimmt insbesondere die Kreditanstalt für Wiederaufbau (KfW) aus dem Anwendungsbereich aus.
[155] Vgl. z. B. Art. 18 Abs. 6 lit. a), Abs. 9, Art. 29 Abs. 1 SRM-VO.
[156] S. dazu insb. Art. 25 und 26 SRM-VO.
[157] Zwar sieht Art. 1 Abs. 2 BRRD unter bestimmten Voraussetzungen auch die Möglichkeit zusätzlicher nationaler Maßnahmen vor. Mit Inkrafttreten der SRM-VO zum 1.1.2016 hat diese Vorschrift für Deutschland jedoch an Bedeutung verloren. So fehlt es in der SRM-VO an einer dem Art. 1 Abs. 2 BRRD vergleichbaren Vorschrift. Auch legen Erwägungsgrund 7 und Art. 1 Abs. 1 SRM-VO nahe, dass die SRM-VO ein abschließendes Regime bilden soll.

sobald die geplante Umwandlungs- oder Transaktionsstruktur in ihren wesentlichen Zügen feststeht.

C. Überblick: Typologie öffentlich-rechtlicher Organisationsformen

94 Die öffentliche Hand kann in verschiedenen Rechtsformen an Umwandlungsvorgängen beteiligt sein. So wie dem Gesetzgeber bei Ausgestaltung und Durchführung von Umwandlungsvorgängen weitgehende Freiheit zukommt, ist er auch **hinsichtlich der Wahl und Gestaltung seiner Organisationsformen grundsätzlich nicht an starre Strukturvorgaben gebunden**.[158]

95 Im Gegensatz zum Privatrecht gibt es **keinen Numerus clausus öffentlich-rechtlicher Organisationsformen**, sodass auch Mischformen möglich sind. Der Gesetzgeber kann zum Beispiel in Anlehnung an das private Gesellschaftsrecht eine Körperschaft gründen und diese mit Stammkapital versehen. Er ist frei, eine Gestalt bzw. ein „Gebilde sui generis" zu wählen, das er für zweckmäßig hält, ohne an vorgegebene Formen gebunden zu sein.[159] Diese Freiheit im Hinblick auf die Verwaltungsorganisation ist nur im Einzelfall verfassungsrechtlich eingeschränkt.[160] Infolgedessen weisen die drei Standardtypen juristischer Personen des öffentlichen Rechts – Körperschaften (→ Rn. 96 ff.), Anstalten (→ Rn. 99 ff.) und Stiftungen des öffentlichen Rechts (→ Rn. 102 f.) – verschiedene Ausprägungen auf. Daneben kommen als weitere Gestaltungsvarianten Eigen- und Regiebetriebe der öffentlichen Hand (→ Rn. 104 ff.) in Betracht.

I. Körperschaft des öffentlichen Rechts

96 Die Körperschaft des öffentlichen Rechts bezeichnet eine durch staatlichen Hoheitsakt – mithin durch Gesetz oder aufgrund gesetzlicher Ermächtigung – errichtete, **mitgliedschaftlich verfasste Organisation**, die regelmäßig mit Hoheitsgewalt ausgestattet ist und der Wahrnehmung öffentlicher Aufgaben dient.[161] Es gibt eine **Vielzahl an Erscheinungsformen** von Körperschaften, die nach verschiedenen Merkmalen, wie Grad der Rechtsfähigkeit oder Selbständigkeit oder Art der Mitglieder, unterschieden werden können. Stellt man auf die Mitgliedschaft ab, so lässt sich zwischen Gebietskörperschaften, Realkörperschaften, Personalkörperschaften und Verbandskörperschaften differenzieren.[162]

97 Die **mitgliedschaftliche Struktur** ist das die Körperschaft tragende und **bestimmende Element**. Die Mitglieder steuern die Organisation als ihre Träger personell sowie sachlich und tragen in der Regel auch durch Beiträge ihre Finanzierung.[163] Körperschaften des öffentlichen Rechts kommt regelmäßig Rechtsfähigkeit zu – teilweise wird die Rechtsfähigkeit auch als Begriffsmerkmal angesehen. Durch die Rechtsfähigkeit wird die Körperschaft zu einer juristischen Person des öffentlichen Rechts.[164]

98 **Umwandlungsfähig** nach den Bestimmungen des UmwG sind rechtsfähige Körperschaften des öffentlichen Rechts zunächst gem. § 191 Abs. 1 Nr. 6, § 301 UmwG als Ausgangsrechtsträger im Rahmen eines Formwechsels (→ § 38 Rn. 471 ff.). Zudem kom-

---

[158] Hoffmann-Riem/Schmidt-Aßmann/Voßkuhle/*Jestaedt*, § 14 Rn. 29; *Wolff/Bachof/Stuber/Kluth*, § 80 Rn. 50 ff. Ausführlich zu Gestaltungsmöglichkeiten einzelner Organisationsformen *Lange*, S. 52 ff.

[159] So die Begründung zu § 49 des Gesetzes über die öffentlich-rechtlichen Kreditinstitute und die Sachsen-Finanzgruppe, Sächsischer Landtag Drs. 3/6573, S. 5.

[160] Vgl. etwa Art. 87 Abs. 3 S. 1 GG für den Bundesgesetzgeber; dazu Umbach/Clemens/*Jestaedt*, Art. 87 Rn. 50 f.

[161] *Maurer*, § 23 Rn. 37; *Wolff/Bachof/Stober/Kluth*, § 86 Rn. 7 ff.

[162] Hoffmann-Riem/Schmidt-Aßmann/Voßkuhle/*Jestaedt*, § 14 Rn. 27. Vgl. dazu auch ausführlich mit Beispielen *Wolff/Bachof/Stuber/Kluth*, § 85 Rn. 30 ff.

[163] *Wolff/Bachof/Stuber/Kluth*, § 85 Rn. 9.

[164] Vgl. Fabry/Augsten/*Fabry*, Teil 1 Rn. 9; *Maurer*, § 23 Rn. 39.

men Gebietskörperschaften und ihre Zusammenschlüsse, insbesondere der Zweckverband, nach §§ 168 ff. UmwG als übertragende Rechtsträger bei einer Ausgliederung in Betracht (→ § 29 Rn. 502 ff.).[165] Weitere, im UmwG nicht geregelte Umwandlungsvorgänge unter Beteiligung einer Körperschaft des öffentlichen Rechts können auf Grundlage der Öffnungsklausel des § 1 Abs. 2 UmwG durch landes- oder bundesrechtliche Regelungen ausgestaltet werden.

II. Anstalt des öffentlichen Rechts

Die Anstalt des öffentlichen Rechts ist zwar wie die Körperschaft des öffentlichen Rechts 99 durch staatlichen Hoheitsakt errichtet und beruht mithin unmittelbar oder mittelbar auf einer gesetzlichen Anordnung bzw. Ermächtigung. Im Unterschied zur Körperschaft fehlt ihr jedoch eine mitgliedschaftliche Organisationsstruktur. Vielmehr befindet sie sich in der Hand eines Trägers öffentlicher Verwaltung und anstelle von Mitgliedern hat sie Benutzer oder Anstaltsunterworfene.[166] Die Anstalt des öffentlichen Rechts zeichnet sich durch eine **organisatorische Zusammenfassung von sachlichen Mitteln und Personen zur verselbständigten Verwaltungseinheit** aus, die bestimmte Leistungen erbringt und durch **Benutzer** als Empfänger der Leistung beansprucht wird.[167]

Die Anstalt bietet ein **hohes Maß an Flexibilität** in ihrer organisationsrechtlichen 100 Ausgestaltung. Zudem ist sie – anders als die Stiftung – nicht wesensmäßig auf eine langfristige Vermögensverwaltung angelegt; im Unterschied zur Körperschaft hängt sie nicht von ihren Mitgliedern ab. Diese Eigenschaften führen dazu, dass die Anstalt bei der rechtlichen Verselbständigung öffentlicher Unternehmen unter Wahrung der öffentlich-rechtlichen Rechtsform in der Regel die **bevorzugte Rechtsform** ist.[168]

Rechtsfähig ist eine Anstalt des öffentlichen Rechts, wenn ihr dieser Status durch Gesetz 101 oder sonstigen staatlichen Hoheitsakt verliehen wird.[169] Der Begriff der Anstalt bezeichnet jedoch nicht immer rechtlich selbstständige und rechtsfähige juristische Personen des öffentlichen Rechts. In einigen Bereichen finden sich auch **teilrechtsfähige oder rechtlich unselbstständige** Anstalten des öffentlichen Rechts, die in andere Anstalten eingegliedert sind[170] oder als unselbstständiger Teil der allgemeinen Staatsverwaltung fungieren.[171] Diese werden im Wesentlichen wie rechtlich selbstständige Anstalten behandelt, nehmen aber am rechtlichen Schicksal der übergeordneten Rechtsträger teil und bedürfen bei Umwandlungsvorgängen gesonderter Betrachtung und Behandlung. Im UmwG sind nach §§ 191 Abs. 1 Nr. 6, 301 UmwG im Ausgangspunkt allein rechtsfähige Anstalten formwechselfähig (zur Umwandlungsfähigkeit teilrechtsfähiger Anstalten → § 38 Rn. 472). Für alle weiteren Umwandlungsvorgänge unter Beteiligung einer Anstalt des öffentlichen Rechts sind daher spezielle gesetzliche Regelungen des Landes- oder Gesetzgebers zu schaffen.

---

[165] *Volkert*, NVwZ 2004, 1438, 1440, verweist allerdings darauf, dass Körperschaften wegen ihrer mitgliedschaftlichen Verfassung bei Ausgliederungsvorgängen regelmäßig keine tauglichen Zielrechtsträger sind.
[166] Hoffmann-Riem/Schmidt-Aßmann/Voßkuhle/*Jestaedt*, § 14 Rn. 27.
[167] *Maurer*, § 23 Rn. 46 ff.; *Wolff/Bachof/Stober/Kluth*, § 86 Rn. 8.
[168] Vgl. zu dieser Entwicklung *Lange*, S. 46 ff.
[169] Kölner Kommentar-UmwG/*Leuering*, § 301 Rn. 8; Lutter/*H. Schmidt*, § 301 Rn. 6; Semler/Stengel/*Perlitt*, § 301 Rn. 21.
[170] Sog. „Anstalt in der Anstalt", z. B. die Wirtschafts- und Infrastrukturbank Hessen in der Landesbank Hessen-Thüringen Girozentrale, s. § 1 Abs. 1 Wirtschafts- und Infrastrukturbank Hessen-Gesetz vom 18.12.2006 (HessGVBl. 2006 S. 732) oder die Erste Abwicklungsanstalt innerhalb der Bundesanstalt für Finanzmarktstabilisierung (§ 8a FMStFG), die Bayerische Landesbodenkreditanstalt innerhalb der Bayerischen Landesbank sowie die Berliner Sparkasse innerhalb der Landesbank Berlin.
[171] *Maurer*, § 23 Rn. 48 ff.

III. Stiftung des öffentlichen Rechts

102 Eine Stiftung des öffentlichen Rechts ist eine Organisation, die einen von einem Stifter bereitgestellten **Bestand an Vermögenswerten** zur **Erfüllung einer bestimmten öffentlichen** Aufgabe verwaltet.[172] Damit steht bei der Stiftung das zweckgebundene Vermögen im Vordergrund und nicht – wie im Falle der Anstalt – die Erledigung laufender Verwaltungsaufgaben.[173] Weiterhin gibt es im Unterschied zu Körperschaft und Anstalt, die Mitglieder bzw. Benutzer haben, bei der Stiftung allenfalls Nutznießer (Destinäre).[174] Nur die rechtsfähige Stiftung des öffentlichen Rechts kann Verwaltungsträger sein. Sie wird durch Hoheitsakt gegründet, hat hoheitliche Befugnisse und unterliegt staatlicher Aufsicht.[175]

103 Stiftungen des öffentlichen Rechts sind im UmwG nicht als Rechtsträger vorgesehen, die an Umwandlungsvorgängen beteiligt sein können.[176] Umwandlungen mit öffentlich-rechtlich organisierten Stiftungen als Ausgangs- oder Zielrechtsträger kommen folglich ausschließlich auf Grundlage spezifischer landes- oder bundesrechtlicher Regelungen in Betracht.

IV. Regie- und Eigenbetrieb

104 Bei der Gründung von (kommunalen) Regie- und Eigenbetrieben erfolgt **keine rechtliche Verselbständigung** der jeweiligen Unternehmen. Gemeinsam ist ihnen daher, dass sie keine eigene Rechtspersönlichkeit besitzen und folglich im Außenverhältnis immer die Gemeinde selbst handelt.[177]

105 **Regiebetriebe** sind dabei Einrichtungen innerhalb der allgemeinen Verwaltung, die als Teil der Kommunalverwaltung keine rechtliche, organisatorische, personelle, haushaltsmäßige oder rechnungstechnische Verselbständigung aufweisen.[178] Sie zeichnen sich durch eine Unternehmenstätigkeit aus, die in die Verwaltung der Körperschaft integriert ist.[179] Ein Regiebetrieb entsteht aufgrund verwaltungsinterner Anordnung der zuständigen Gemeindeorgane.[180]

106 Demgegenüber ist der **Eigenbetrieb** durch seine zwar rechtlich unselbständige, aber organisatorisch weitgehend verselbständigte und finanzwirtschaftlich als Sondervermögen getrennt zu verwaltende Unternehmenstätigkeit gekennzeichnet.[181] Es handelt sich um eine haushalts- oder kommunalwirtschaftsrechtlich ermöglichte[182] Errichtung von Sondervermögen mit kaufmännischer Buchführung, deren Ergebnis in den öffentlichen Haushalt eingeht – entweder als Bruttobetrieb mit allen Ausgaben und Einnahmen oder als Nettobetrieb nur mit dem Endergebnis.[183]

107 Die Schaffung und Umgestaltung (Erweiterung, Verkleinerung etc.) von Eigen- und Regiebetrieben ist keine Umwandlung im hier vorausgesetzten Sinne, weil keine Übertragung von Vermögen, Aufgaben oder Unternehmen auf einen anderen Rechtsträger erfolgt.[184] Vielmehr handelt es sich um ein **reines Verwaltungsinternum**, das Vorstufe einer umwandlungsrechtlich relevanten Privatisierung sein kann. Demnach kann eine

---

[172] Fabry/Augsten/*Fabry*, Teil 1 Rn. 15; *Maurer*, § 23 Rn. 55.
[173] *Wolff/Bachof/Stober/Kluth*, § 86 Rn. 25.
[174] *Maurer*, § 23 Rn. 55.
[175] Hoffmann-Riem/Schmidt-Aßmann/Voßkuhle/*Jestaedt*, § 14 Rn. 27.
[176] Schmitt/Hörtnagl/Stratz/*Stratz*, § 301 Rn. 1; Widmann/Mayer/*Vossius*, § 301 Rn. 21.
[177] *Cronauge*, Rn. 147.
[178] Hoppe/Uechtritz/Reck/*Hellermann*, § 7 Rn. 23; *Gern*, Rn. 747.
[179] Schmitt/Hörtnagl/Stratz/*Hörtnagl*, § 168 Rn. 4.
[180] *Gern*, Rn. 747.
[181] *Lange*, S. 40 f. m. w. N.
[182] Vgl. etwa § 26 BHO, § 26 LHO NRW, § 26 Nds. LHO, § 114 GO NRW, § 140 NKomVG.
[183] *Volkert*, NVwZ 2004, 1438, 1439; *Wolff/Bachof/Stober/Kluth*, § 86 Rn. 36 ff.
[184] Vgl. auch *Volkert*, NVwZ 2004, 1438, 1439.

Umwandlung vorliegen, wenn ein Eigen- oder Regiebetrieb zum Beispiel in eine GmbH oder Anstalt des öffentlichen Rechts **formgewechselt** wird (z. B. bei der vergleichbaren Gründung der Bayerischen Staatsforsten AöR aus der bisherigen Staatsforstverwaltung des Staatsministeriums für Landwirtschaft). Umgekehrt kommt auch ein Umwandlungsvorgang in Betracht, bei dem ein rechtlich verselbstständigtes Unternehmen in die Form eines Eigenbetriebs zurückgeführt wird (→ § 77 Rn. 1 ff.).

§ 75 Umwandlungsvorgänge durch oder zwischen öffentlich-rechtlichen Rechtsträgern

Übersicht

	Rdnr.		Rdnr.
A. Grundlegende Motive für Umwandlungsvorgänge innerhalb der öffentlichen Hand	2–5	3. Verschmelzung von juristischen Personen verschiedener Länder	37–44
		a) Ziele und Relevanz	37–40
B. Rechtlicher Rahmen für Umwandlungen innerhalb der öffentlichen Hand	6–8	b) Voraussetzungen	41–44
I. Ausgangspunkt: Gestaltungsfreiheit des Organisationsrechtssetzers	7	4. Verschmelzung einer juristischen Person des Bundesrechts auf eine solche des Landesrechts oder umgekehrt	45–49
II. Schranken der gesetzlichen Ausgestaltung öffentlich-rechtlicher Umwandlungsvorgänge	8	III. Umwandlungen mit (partieller) Gesamtrechtsnachfolge zwischen juristischen Personen des öffentlichen Rechts	50–65
C. Ausgewählte Umwandlungsvorgänge	9–65	1. Ziele	51–59
I. Umwandlung von Regie- und Eigenbetrieben in Kommunalunternehmen	10–18	a) Allgemeines	51–54
1. Ziele	11–13	b) Speziell: Beachtung Schuldenbremse	55–59
2. Umwandlungsvorgang	14–18	2. Umwandlungsvorgang	60
II. Verschmelzung von juristischen Personen des öffentlichen Rechts	19–49	3. Öffentlich-rechtliche Holdingmodelle	61, 62
1. Überblick	19–23	4. „Trägerwechsel"	63–65
2. Zusammenlegung von Sparkassen	24–36	D. Folgen für Beschäftigte	66–75
a) Ziele und Reichweite von Möglichkeiten der Zusammenlegung	24, 25	I. Übergang der Arbeitsverhältnisse	67–70
		1. Keine Überleitung nach § 324 UmwG i. V. m. § 613a BGB	67, 68
b) Voraussetzungen der Zusammenlegung	26–36	2. Erforderlichkeit gesetzlicher Regelungen	69, 70
		II. Weiterbeschäftigung von Beamten	71–75

Schrifttum: *Baier/Müller,* Die Umwandlung von Regie- und Eigenbetrieben in ein Kommunalunternehmen aus kommunalrechtlicher, handelsrechtlicher und steuerlicher Sicht, BayVBl. 2011, 493; *Gaß,* Die Umwandlung gemeindlicher Unternehmen, 2003; *Gaul,* Das Schicksal von Tarifverträgen und Betriebsvereinbarungen bei der Umwandlung von Unternehmen, NZA 1995, 717; *Püttner,* Die öffentlichen Unternehmen, 1984; *Schulz,* Neue Entwicklungen im kommunalen Wirtschaftsrecht Bayerns, BayVBl. 1996, 97, 129; *Stelkens,* Organisationsgewalt und Organisationsfehler – Voraussetzungen der Errichtung von Behörden und juristischen Personen des öffentlichen Rechts und Rechtsfolgen ihrer Missachtung, LKV 2003, 489; *Stettner,* Die Stiftung des öffentlichen Rechts – Rechtsnatur, Zweckbestimmung, Nutzbarkeit für den öffentlich-rechtlichen Bundes- und Landesrundfunk, ZUM 2012, 202; *Volkert,* Die „Körperschaftsabspaltung", NVwZ 2004, 1438; *Wolfers/Kaufmann,* Öffentlich-rechtliche Rahmenbedingungen und Umstrukturierungsmodelle für Landesbanken und Sparkassen, in: Fischer (Hrsg.), Handbuch Wertmanagement in Banken und Versicherungen, 2004, S. 201; *Wolfers/Voland,* Die Entstehung von Abwicklungsanstalten im rechtlichen „Wettbewerb der Systeme", in: Bolder/Wargers (Hrsg.), Modell „Bad Bank": Hintergrund – Konzept – Erfahrungen, 2012, S. 61.

Umwandlungen, die sich **gänzlich im öffentlich-rechtlichen Bereich** abspielen, bei denen also auf keiner Seite des Vorgangs eine privatrechtliche juristische Person beteiligt ist, sieht das UmwG nicht vor. Daraus folgt, dass für eine solche – außerhalb des UmwG stattfindende – Umwandlung stets ein **spezielles bundes- oder landesrechtliches Gesetz erforderlich** ist (dazu bereits → § 74 Rn. 15 ff.). Mögliche Konstellationen sind etwa die Verschmelzung zweier Anstalten des öffentlichen Rechts oder die Spaltung von einer Anstalt auf eine andere Anstalt oder Körperschaft des öffentlichen Rechts. Derartige Vorgänge können unterschiedliche Ziele verfolgen (→ Rn. 2 ff.). Neben generellen Rahmenbedingungen (→ Rn. 6 ff.) sind für die einzelnen Umwandlungsmaßnahmen je nach ihrer Ausgestaltung auch spezielle Anforderungen zu beachten (→ Rn. 9 ff.). Eine besondere Rolle spielen die Folgen von Umwandlungsvorgängen zwischen öffentlich-rechtlichen Rechtsträgern für Beschäftigte (→ Rn. 63 ff.). Allerdings bestehen auch insofern – wie im Allgemeinen – Gestaltungsspielräume.

A. Grundlegende Motive für Umwandlungsvorgänge innerhalb der öffentlichen Hand

2   Umstrukturierungen innerhalb des öffentlichen Sektors dienen in der Regel dem **Ziel**, die Wahrnehmung öffentlicher Aufgaben effizienter zu gestalten, ohne eine Privatisierung durchzuführen. Dies kann u. a. dann bedeutsam sein, wenn eine Privatisierung öffentlicher Aufgaben ausscheidet, etwa weil die auszulagernden hoheitlichen Befugnisse zu wichtig oder staatsnah sind oder eine starke Anbindung an staatliche Hierarchien gewünscht ist (ausführlich zu privatisierenden Umwandlungsvorgängen und ihren Grenzen → § 76). Die Fortsetzung der Aufgabenwahrnehmung in hoheitlicher Form hat zudem den **Vorteil**, dass das Benutzungs- oder Mitgliedschaftsverhältnis weiterhin als öffentlich-rechtliches Sonderrechtsverhältnis ausgestaltet werden kann, sämtliche Handlungsformen des Verwaltungsverfahrensrechts zur Verfügung stehen sowie Beamtenverhältnisse erhalten bleiben können[1] (Zu den beamtenrechtlichen Implikationen → Rn. 71 ff.).

3   Als Handlungsäquivalent zur Privatisierung kann in diesen Fällen eine **Organisationsdifferenzierung** innerhalb der öffentlichen Hand in Betracht kommen. Öffentliche Aufgaben können dabei zum Beispiel auf bereits bestehende oder noch zu bildende Körperschaften, Anstalten oder Stiftungen des öffentlichen Rechts übertragen werden. Neben der Aufgabenübertragung auf **eigenständige Organisationseinheiten** können auch die **Verschmelzung** öffentlich-rechtlicher Rechtsträger oder die **teilweise Zusammenlegung** von Vermögensmassen ein Instrument sein, um durch ihre engere Kooperation Synergien und Effizienzpotentiale auszuschöpfen.[2]

4   Des Weiteren kann die **Schuldenbremse** Umwandlungen innerhalb des öffentlichen Sektors veranlassen (näher → Rn. 55 ff.).

5   Ferner kommen **unionsrechtliche Vorgaben** als Auslöser für Umstrukturierungen der öffentlichen Hand in Betracht. Nach dem Ausbruch der Finanzkrise im Jahr 2008 mussten – vor allem auf Ebene der Landesbanken – verschiedene öffentliche Kreditinstitute unter Einsatz erheblicher Finanzmittel von ihren Eigentümern oder Trägern und z. T. unter Einsatz von Bundesmitteln gerettet werden. Die hierin liegenden **Beihilfen** genehmigte die Europäische Kommission oftmals nur unter der Auflage weitreichender Umstrukturierungsmaßnahmen, teilweise auch innerhalb der öffentlichen Hand.[3]

---

[1] Vgl. *Volkert*, NVwZ 2004, 1438, 1439.

[2] So etwa die Gesetzesbegründung zum Gesetz zur Neuordnung der monetären Förderung in Hessen vom 16.7.2009 (HessGVBl. 2009 I S. 256), das eine Verschmelzung zweier öffentlich-rechtlicher Förderinstitute auf die Landesbank Hessen-Thüringen Girozentrale vorsieht, Hessischer Landtag Drs. 18/618, S. 10 f.

[3] Vgl. etwa die Veräußerung der LBS Bayerische Landesbausparkasse an den Sparkassenverband Bayern infolge des Beschlusses der Kommission vom 25.7.2012 über die staatliche Beihilfe SA. 28487 (C 16/2009 ex N 254/2009) der Bundesrepublik Deutschland und Österreichs an die Bayerische Landesbank (ABl. L 109/1 vom 5.2.2013), insb. Rn. 62 ff.

B. Rechtlicher Rahmen für Umwandlungen innerhalb der öffentlichen Hand

Das UmwG regelt Umwandlungsvorgänge zwischen öffentlich-rechtlichen Rechtsträgern 6
nicht. Es sieht in § 1 Abs. 2 UmwG aber ausdrücklich die Möglichkeit vor, dass der Bundes- oder Landesgesetzgeber eine solche Umwandlung außerhalb des UmwG auf Grundlage einer entsprechenden gesetzlichen Regelung durchführt (→ Rn. 7). Diese **Gestaltungskompetenz des Gesetzgebers** findet ihre Grenzen jedoch in maßgeblich verfassungsrechtlich verankerten Grundsätzen, insbesondere im Rechtsstaats- und Demokratieprinzip sowie dem Verbot unzulässiger Mischverwaltung von Bund und Ländern (→ Rn. 8).

I. Ausgangspunkt: Gestaltungsfreiheit des Organisationsrechtssetzers

Grundsätzlich kennt das Verwaltungsorganisationsrecht – anders als das private Gesell- 7
schaftsrecht – **keinen numerus clausus der Organisationsformen**. Es belässt dem Organisationsgesetzgeber damit einen **weiten Gestaltungs- und Kombinationsspielraum**.[4] Dies gilt auch für die dem Organisationsrecht eines öffentlich-rechtlichen Rechtsträgers zugehörigen Fragen, wie beispielsweise ob dessen Vermögen (teilweise) im Wege der Gesamtrechtsnachfolge auf eine andere juristische Person des öffentlichen Rechts übertragen werden kann oder ob er im Wege der Verschmelzung mit einem anderen öffentlich-rechtlichen Träger fusioniert werden kann. Es obliegt allein dem **Verwaltungsorganisationsrecht** und damit der Gestaltungskompetenz des Gesetzgebers, ob dieser einen solchen Vorgang überhaupt ermöglichen möchte, ob er ihn begrifflich als Umwandlung oder in anderer Weise bezeichnet (die Rechtspraxis kennt beides),[5] für welche Fälle und zu welchen Bedingungen er einen solchen Vorgang vorsieht und ob er die relevanten Rechtsfragen ausschließlich durch eigene spezielle gesetzliche Vorgaben regelt oder (teilweise) die Bestimmungen des UmwG für anwendbar erklärt (zu der entsprechenden Gesetzgebungskompetenz und der Rolle des § 1 Abs. 2 UmwG in diesem Kontext → § 74 Rn. 2 ff.).

II. Schranken der gesetzlichen Ausgestaltung öffentlich-rechtlicher Umwandlungsvorgänge

Die **Grenzen** des Gesetzgebers im Rahmen der Ausgestaltung öffentlich-rechtlicher 8
Umwandlungsvorgänge sind vor allem unter Rückgriff auf allgemeine, primär **verfassungsrechtlich verankerte Prinzipien** herzuleiten, da diesbezügliche spezifische Regelungen kaum bestehen.[6] Von besonderer Bedeutung sind insoweit der Vorbehalt des Gesetzes, Kompetenzregelungen, das Verbot der Mischverwaltung und das Demokratieprinzip (ausführlich dazu bereits → § 74 Rn. 14 ff.).

C. Ausgewählte Umwandlungsvorgänge

Angesichts der eher weit gezogenen (verfassungs-)rechtlichen Grenzen für Umwand- 9
lungsmaßnahmen innerhalb des öffentlichen Sektors ist die Zulässigkeit einer Umstruktu-

---

[4] Hoffmann-Riem/Schmidt-Aßmann/Voßkuhle/*Jestaedt*, § 14 Rn. 29 m. w. N; *Wolff/Bachof/Stober/Kluth*, § 80 Rn. 50 ff.
[5] So bezeichnet das Berliner Sparkassengesetz (Berl. SpkG) vom 28.6.2005 (Berl. GVBl. 2005 S. 346) den Formwechsel der Landesbank Berlin – Girozentrale – in die Landesbank Berlin AG in § 10 als „Formwechselnde Umwandlung". Demgegenüber spricht der die Verschmelzung der LRP Landesbank Rheinland-Pfalz auf die Landesbank Baden-Württemberg vorsehende Staatsvertrag zwischen dem Land Baden-Württemberg und dem Land Rheinland-Pfalz (LBBW/LRP Staatsvertrag) vom 17.6.2008 (GVBl. RP 2008 S. 100) stets von „Vereinigung".
[6] So auch *Stelkens*, LKV 2003, 489, 490.

rierung der öffentlichen Hand stets im Einzelfall zu prüfen. Allerdings lassen sich einige **generelle Maßstäbe und Regelungen** feststellen. Um entsprechende Gemeinsamkeiten, aber auch Besonderheiten zu skizzieren, sollen im Folgenden **exemplarisch** die Umwandlung von Regie- und Eigenbetrieben in rechtsfähige Kommunalunternehmen (→ Rn. 10 ff.), die Verschmelzung von juristischen Personen des öffentlichen Rechts (→ Rn. 19 ff.) sowie Umwandlungen mit partieller Gesamtrechtsnachfolge zwischen juristischen Personen des öffentlichen Rechts (→ Rn. 50 ff.) erörtert werden.

I. Umwandlung von Regie- und Eigenbetrieben in Kommunalunternehmen

10 Sonderregelungen für Umwandlungsvorgänge innerhalb der öffentlichen Hand finden sich auf Kommunalebene für die Ausgliederung von Regie- und Eigenbetrieben auf rechtlich selbständige Anstalten des öffentlichen Rechts, sog. **Kommunalunternehmen**.[7] Das UmwG sieht demgegenüber in § 168 nur die Ausgliederung eines Unternehmens aus einer Gebietskörperschaft in juristische Personen des Privatrechts vor. Dem Bund würde für eine weitergehende Regelung auch die Gesetzgebungskompetenz fehlen, da eine solche Ausgliederung der Organisation der landeseigenen und kommunalen Verwaltung zuzuordnen ist, für deren Regelung die Länder zuständig sind.[8]

1. Ziele

11 Seit den 1990er Jahren sehen zahlreiche Kommunalgesetze der Länder vor, dass die Gemeinden, Landkreise und Verwaltungsgemeinschaften Regie- und Eigenbetriebe in selbständige Anstalten des öffentlichen Rechts unter Eintritt von Gesamtrechtsnachfolge umwandeln können.[9] Angesichts dieser generellen Ermächtigungen bedarf es nicht mehr – wie noch in der Vergangenheit – spezieller Rechtsgrundlagen für einzelne Umwandlungsvorgänge. **Auf kommunaler Ebene** wurde damit eine **öffentlich-rechtliche Alternative zur Privatisierung** geschaffen, die der rechtsfähigen Anstalt des öffentlichen Rechts zu besonderer Bedeutung verholfen hat.[10]

12 Das Kommunalunternehmen soll die **Vorteile der Anstalt** als öffentlich-rechtliche Unternehmensform mit einer sonst den privatrechtlich organisierten Rechtsträgern vorbehaltenen größeren Autonomie und Flexibilität verbinden. Wegen ihrer **rechtlichen Selbständigkeit** sowie den **erweiterten wirtschaftlichen Handlungsmöglichkeiten** ist die Anstalt des öffentlichen Rechts gegenüber dem nur wirtschaftlich selbständigen Eigen- oder Regiebetrieb flexibler.[11] Des Weiteren kann die Anstalt im Rahmen ihrer Aufgabenerledigung im Gegensatz zum Eigenbetrieb hoheitlich tätig werden. – Dies erfasst etwa auch den Erlass von Satzungen, mit denen zum Beispiel ein Anschluss- und Benutzungszwang für bestimmte Leistungen in der Daseinsvorsorge und entsprechende Gebührenregelungen festgelegt werden können. Zugleich kann über die Rechtsform der Anstalt des öffentlichen Rechts – verglichen zu privatrechtlichen Organisationsformen – eine größere Einflussnahme der Gemeinde sichergestellt werden.[12]

13 Daneben gibt es weiterhin **spezielle Regelungen zur Umwandlung von Eigenbetrieben**. Ein Beispiel bildet das Berliner Betriebe-Gesetz, das nicht zuletzt dem Charakter von Berlin als Stadtstaat Rechnung trägt. Dieses Gesetz sieht vor, dass die Sonder-

---

[7] Dazu *Baier/Müller*, BayVBl. 2011, 493; *Schulz*, BayVBl. 1996, 97 und 129.
[8] BAG 8 AZR 799/07, juris Rn. 39 ff.; BAG 8 AZR 660/07, juris Rn. 39 ff. Vgl. auch Maunz/Dürig/*Maunz*, Art. 74 Rn. 135, 154.
[9] Vgl. § 1 Abs. 1 S. 1 AnstG LSA; Art. 89 Abs. 1 S. 1 BayGO; § 94 Abs. 1 BbgKVerf; § 114a Abs. 1 S. 1 GO NRW; § 86a Abs. 1 S. 1 GO RP; § 106a Abs. 1 S. 1 GO SH; § 141 Abs. 1 S. 1, 2 NKomVG.
[10] Dazu *Cronauge*, Rn. 31; *Wolff/Bachof/Stober/Kluth*, § 86 Rn. 11.
[11] Bayerischer Landtag Drs. 13/1182, S. 9; Niedersächsischer Landtag Drs. 14/3720, S. 5 f.
[12] Bayerischer Landtag Drs. 13/1182, S. 9; Landtag NRW Drs. 12/3730, S. 107; Begründung zum Kommunalrechtsreformgesetz in Brandenburg (GVBl. 2007 I S. 286), S. 17 f., abrufbar unter http://www.mik.brandenburg.de/media_fast/1069/Begr%C3%BCndung_KommRRefG.pdf.

vermögen der Stadtreinigungs-, Verkehrs- und Wasserbetriebe auf die entsprechend gegründeten Anstalten übertragen werden.[13] Zur Begründung führt es an, dass die Wahl der Anstaltsform dazu dienen soll, flexibler auf Erfordernisse sich immer schneller wandelnder Märkte reagieren und zugleich den Mitarbeitern ein hohes Niveau an sozialer Sicherheit bieten zu können.[14]

2. Umwandlungsvorgang

Grundlage für die Umwandlung eines Regie- oder Eigenbetriebs in eine Anstalt ist ein **Beschluss des zuständigen Organs**,[15] so zum Beispiel auf Gemeindeebene des Gemeinde- oder Stadtrates.[16] Alle einschlägigen kommunalrechtlichen Regelungen schreiben zudem verbindlich den Erlass einer Unternehmenssatzung für das Kommunalunternehmen vor, die ebenfalls von der Gemeinde beschlossen wird.[17]

Die **Durchführung** der Umwandlung erfolgt unmittelbar nach Maßgabe der einschlägigen Kommunalordnung oder des speziellen Gesetzes.

Der **Umfang des umgewandelten Vermögens** ergibt sich bei Eigenbetrieben aus dem Jahres- oder Zwischenabschluss, bei Regiebetrieben ist zunächst die Erstellung einer Eröffnungsbilanz erforderlich.[18]

Allen einschlägigen Kommunalgesetzen gemeinsam ist das verbindliche Erfordernis des Erlasses einer **Unternehmenssatzung**.[19] Die Satzung wird von der Gebietskörperschaft erlassen; diese bleibt auch für eventuelle spätere Änderungen der Satzung zuständig, d. h. anders als bei juristischen Personen des Privatrechts geht die Verantwortung für die Satzung nicht auf Anstaltsorgane über.[20] Die Satzung hat u. a. die Aufgaben des Unternehmens, die Organe (in der Regel Vorstand und Verwaltungsrat) und deren Besetzung, den Namen und – soweit vorhanden – die Höhe des Stammkapitals zu regeln.[21] Grundsätzlich übernimmt die Gebietskörperschaft die Kapitalausstattung und Haftung für Verbindlichkeiten ihres Unternehmens (bei Anstalten also Anstaltslast und Gewährträgerhaftung).[22]

Die Errichtung eines Kommunalunternehmens bedarf in der Regel **keiner aufsichtsrechtlichen Genehmigung**. Es ist lediglich eine Pflicht zur **Anzeige** der Errichtung, wesentlichen Erweiterung sowie Auflösung an die Aufsichtsbehörde vorgesehen.[23] Die Statuierung einer solchen Anzeigepflicht stellt sicher, dass die zuständige Aufsichtsbehörde von der Umwandlungsmaßnahme Kenntnis erlangt und bei Bedenken hinsichtlich ihrer rechtlichen Zulässigkeit nach Maßgabe des landesrechtlichen Aufsichtsrechts gegen die Maßnahme vorgehen kann.

---

[13] § 1 Abs. 1, 2 Berliner Betriebe-Gesetz (BerlBG) vom 14.7.2006 (Berl. GVBl. 2006 S. 827).
[14] S. die Gesetzesbegründung zum BerlBG, Abgeordnetenhaus Berlin Drs. 15/4938, S. 55.
[15] Vgl. etwa § 1 Abs. 1 S. 1 AnstG LSA, Art. 89 Abs. 1 S. 1 BayGO, § 94 Abs. 1 BbgKVerf, § 114a Abs. 1 S. 1 GO NRW, § 86a Abs. 1 S. 1 GO RP, § 106a Abs. 1 S. 1 GO SH sowie § 141 Abs. 1 S. 1, 2 und 4 NKomVG, die der Gemeinde das Recht zur Errichtung bzw. Umwandlung in ein Kommunalunternehmen einräumen.
[16] Vgl. detailliert für Bayern *Gaß*, S. 154 ff.
[17] Vgl. nur § 2 AnstG LSA; Art. 89 Abs. 3 S. 1 BayGO; § 94 Abs. 2 BbgKVerf; § 114a Abs. 2 S. 1 GO NRW; § 86a Abs. 2 S. 1 GO RP; § 106a Abs. 2 S. 1 GO SH; § 142 NKomVG.
[18] *Cronauge*, Rn. 230; Hoppe/Uechtritz/Reck/*Hellermann*, § 7 Rn. 69. Vgl. auch die ausdrückliche Regelung in § 141 Abs. 1 S. 3 NKomVG.
[19] § 2 AnstG LSA; Art. 89 Abs. 3 S. 1 BayGO; § 94 Abs. 2 BbgKVerf; § 114a Abs. 2 S. 1 GO NRW; § 86 Abs. 2 S. 1 GO RP; § 106a Abs. 2 S. 1 GO SH; § 142 NKomVG.
[20] Vgl. dazu *Schulz*, BayVBl. 1996, 97 und 129, 133.
[21] S. etwa Art. 89 Abs. 3 BayGO.
[22] Vgl. z. B. Art. 89 Abs. 4 BayGO.
[23] Art. 96 BayGO; § 123 Abs. 2 GO LSA; § 115 Abs. 1 S. 1 lit. h GO NRW; § 92 Abs. 2 Nr. 5 GO RP; §§ 106a Abs. 2 S. 4, 108 Abs. 1 Nr. 8 GO SH; § 152 Abs. 1 S. 1 Nr. 6 NKomVG.

II. Verschmelzung von juristischen Personen des öffentlichen Rechts

1. Überblick

19   Die Verschmelzung von juristischen Personen des öffentlichen Rechts ist **praktisch äußerst relevant**. Sie kann grundsätzlich alle öffentlich-rechtlichen Organisationsformen erfassen.

20   Das gilt etwa für Vereinigungen von **Krankenkassen**, die Körperschaften des öffentlichen Rechts sind.[24] Diese können sich innerhalb ihrer jeweiligen Kassenarten (z. B. Orts- oder Betriebskrankenkassen), aber auch kassenartübergreifend vereinigen. Infolge einer solchen Vereinigung entsteht eine neue Krankenkasse und die bisherigen Krankenkassen werden geschlossen.[25]

21   Im Bereich der **Stiftungen** ist zum Beispiel die Innovationsstiftung Hamburg, Stiftung des öffentlichen Rechts, unter Auflösung ohne Abwicklung im Wege der Aufnahme durch Übertragung des bei Wirksamwerden der Verschmelzung vorhandenen Vermögens auf die Hamburgische Investitions- und Förderbank, Anstalt des öffentlichen Rechts, übertragen worden.[26]

22   Die Verschmelzung von **Anstalten** des öffentlichen Rechts spielt im Recht der öffentlichen Banken und Sparkassen eine besonders große Rolle. So sehen verschiedene Sparkassengesetze die Möglichkeit der Zusammenlegung von Sparkassen vor (→ Rn. 24 ff.).

23   Besondere Herausforderungen ergeben sich, wenn juristische Personen unterschiedlicher Länder (→ Rn. 37 ff.) oder eine juristische Person des Bundes und eine solche eines Landes (→ Rn. 45 ff.) im Wege der Verschmelzung zusammengeführt werden sollen. In diesen Fällen stellt sich im Ausgangspunkt die Frage, wo die **Gesetzgebungskompetenz** für den Erlass einer entsprechenden Regelung liegt und welche Reichweite diese Kompetenz hat. Zudem wirft eine solche Verschmelzung besondere Fragen auf, da speziell Anstalten und Körperschaften des öffentlichen Rechts als Funktionseinheiten für die Erfüllung öffentlicher Aufgaben der Staatsaufsicht unterliegen, die auf Bundes- und Landesebene verschieden ist.[27] Sollen juristische Personen des öffentlichen Rechts verschmolzen werden, entweder untereinander oder auf eine dritte, neu zu gründende juristische Person des öffentlichen Rechts, muss daher diese Komplexität aufgelöst werden.

2. Zusammenlegung von Sparkassen

24   a) **Ziele und Reichweite von Möglichkeiten der Zusammenlegung.** Die **Fusionsmöglichkeiten** bei Sparkassen sind **abhängig von dem jeweiligen Landesrecht**. Sie reichen von der Zusammenlegung benachbarter Sparkassen[28] bis hin zur kreis-[29] und länderübergreifenden[30] (→ Rn. 37 ff.) Zusammenlegung. Diese Zusammenlegung kann aufgrund freiwilliger Entscheidung der beteiligten Träger oder unter Umständen auch durch zwangsweise Anordnung der Aufsicht erfolgen.[31]

---

[24] § 4 Abs. 1 SGB V.
[25] S. beispielsweise für Ortskrankenkassen § 144 SGB V; für die kassenartübergreifende Vereinigung § 171a Abs. 1 SGB V.
[26] S. § 1 Gesetz über die Verschmelzung der Innovationsstiftung Hamburg auf die Hamburgische Investitions- und Förderbank vom 5.4.2013 (HmbGVBl. 2013 S. 148).
[27] *Wolff/Bachof/Stober/Kluth*, § 86 Rn. 58.
[28] Z. B. Art. 16 Abs. 1 S. 1 Gesetz über die öffentlichen Sparkassen in Bayern (BaySpkG) vom 1.10.1956 (GVBl. 1956 S. 187).
[29] Z. B. § 27 Abs. 2 Sparkassengesetz Nordrhein-Westfalen (SpkG NRW) vom 18.11.2008 (GV.NRW 2008 S. 696).
[30] Z. B. § 2 Abs. 1, Abs. 2 S. 2 Niedersächsisches Sparkassengesetz (NSpG) vom 14.12.2004 (Nds. GVBl. 2004 S. 609).
[31] Zu Letzterer z. B. Art. 16 Abs. 3, Art. 17 Abs. 3 BaySpkG; § 27 Abs. 5 SpkG NRW; § 2 Abs. 4 NSpG.

Ziel einer solchen Fusion ist in der Regel, die **Leistungsfähigkeit** der Sparkasse zu 25
erhöhen, indem Synergiepotentiale erschlossen, Strukturen verschlankt und Eigenmittel
zusammengelegt werden. Ferner können Fusionen dazu dienen, (neue) kommunale Strukturen besser abzubilden.[32]

b) Voraussetzungen der Zusammenlegung. Die folgenden Voraussetzungen sind 26
den freiwilligen Vereinigungen im Grundsatz gemeinsam:

Übereinstimmende Beschlüsse der Träger (namentlich bei Gemeinden oder Kreisen 27
der Gemeinderat bzw. der Kreistag, bei Zweckverbänden die Verbandsversammlung).[33]

Vereinbarung über die Zusammenlegung in Form eines öffentlich-rechtlichen Vertrages 28
(**Fusionsvereinbarung**). Diese Vereinbarung regelt die Modalitäten der Sparkassenfusion
und ergänzt insofern maßgeblich die eher rudimentären gesetzlichen Vorgaben. **Inhalte**
der Vereinbarung sind u. a.:

Der **Zeitpunkt der Gesamtrechtsnachfolge** und ein ggf. davon abweichender, v. a. 29
steuerlich relevanter Zeitpunkt, von dem an die Handlungen der übertragenden Sparkasse
als für die Rechnung der übernehmenden Sparkasse vorgenommen werden sollen.

Die **Art der Zusammenlegung**. Als Arten der Zusammenlegung kommen die Über- 30
nahme einer Sparkasse durch eine andere (Vereinigung durch Aufnahme) ebenso in Betracht wie die Neubildung einer Sparkasse durch Verschmelzung zweier Sparkassen.[34]
Letzteres ist indes aus steuerlichen Gründen in der Regel unattraktiv.[35]

Klärung der künftigen Trägerschaft.[36] Träger der fusionierten Sparkasse wird häufig 31
ein Sparkassenzweckverband sein.[37] Allerdings kommen auch andere Träger in Betracht, in
Sachsen zum Beispiel die Sachsen-Finanzgruppe, eine Körperschaft des öffentlichen
Rechts.[38] Darüber hinaus sind auch Anstalten[39] oder juristische Personen des Privatrechts[40]
als Träger grundsätzlich denkbar.

Organbesetzung: Durch diese ist eine angemessene Einflussnahme der (ehemaligen) 32
Träger auf die fusionierte Sparkasse sicherzustellen. Daher können zum Beispiel Rotationen
innerhalb der Organe und Übergangsregelungen eine Rolle spielen.[41]

Künftiger Außenauftritt: Dieser umfasst u. a. die Frage des Mehrfachsitzes der ver- 33
einigten Sparkasse und ggf. die Fortführung der vertrauten Firmen durch die künftigen
Filialen.[42]

Ggf. **Ausgleichszahlungen**. Anders als bei Verschmelzungen nach UmwG, die neben 34
der Gewährung von Anteilen unter Umständen auch eine bare Zuzahlung erfordern,[43]

---

[32] Näher dazu *Berger*, § 2 Rn. 1 f.
[33] Aufzählung z. B. in § 6 Abs. 1 des Gesetzes über die öffentlich-rechtlichen Kreditinstitute im Freistaat Sachsen und die Sachsen-Finanzgruppe (SächsGörK) vom 13.12.2002 (SächsGVBl. 2002 S. 333); dort als Hauptorgane bezeichnet.
[34] Vgl. z. B. § 28 Abs. 1 SächsGörK.
[35] *Berger*, § 2 Rn. 8.
[36] Vgl. z. B. § 28 Abs. 2 SächsGörK.
[37] *Berger*, § 2 Rn. 9.
[38] § 49 Abs. 1, § 50 SächsGörK.
[39] So ist z. B. Trägerin der Frankfurter Sparkasse AöR (Fraspa) die Landesbank Hessen-Thüringen – Girozentrale –, eine Anstalt des öffentlichen Rechts, § 1 Abs. 2 Nr. 2 des Gesetzes zur Errichtung der Frankfurter Sparkasse als Anstalt des öffentlichen Rechts (Fraspa-Gesetz) vom 14.5.2007 (HessGVBl. 2007 I S. 283). Allerdings handelt es sich bei der Fraspa nicht um eine durch Fusion entstandene Sparkasse. Die NordLB, ebenfalls eine Anstalt des öffentlichen Rechts, ist Trägerin der Braunschweigischen Landessparkasse, § 13 Abs. 1 Staatsvertrag zwischen dem Land Niedersachsen, dem Land Sachsen-Anhalt und dem Land Mecklenburg-Vorpommern über die Norddeutsche Landesbank – Girozentrale (NordLB Staatsvertrag) vom 14.9.2011 (Nds. GVBl. 2011 S. 291).
[40] Trägerin der Berliner Sparkasse ist die Landesbank Berlin AG, die mit der Trägerschaft beliehen ist, § 3 Abs. 2 Berl. SpkG.
[41] *Wolfers/Kaufmann*, S. 211.
[42] *Wolfers/Kaufmann*, S. 211.
[43] S. nur § 2 a. E., § 5 Abs. 1 Nr. 3 UmwG.

sehen die sparkassenrechtlichen Vorschriften über Zusammenlegungen in der Regel keine Ausgleichszahlungen vor. Denn das Sparkassenvermögen dient als Verwaltungsvermögen der Erfüllung einer öffentlichen Aufgabe und folgt daher der Übertragung der Aufgabe auf den neuen Träger.[44] Allerdings erscheint es nicht ausgeschlossen, im Rahmen der Fusionsvereinbarung eine freiwillige Ausgleichszahlung zu vereinbaren. Dies kann eine flexible Gestaltung der Zusammenlegung durch erweiterte Kombinationsmöglichkeiten von Anteils- und Zahlungsumfang erleichtern.[45]

35   Der **Name** und **Sitz** der Sparkasse.

36   **Staatliche Genehmigung**. Diese dient der präventiven (Rechts-)Aufsicht und stellt einen Verwaltungsakt dar.[46]

3. Verschmelzung von juristischen Personen verschiedener Länder

37   **a) Ziele und Relevanz.** Um eine Verschmelzung von juristischen Personen verschiedener Länder handelt es sich zum Beispiel bei der länderübergreifenden Zusammenlegung von **Sparkassen**, wie sie etwa in § 2 Abs. 1, Abs. 2 S. 2 Niedersächsisches Sparkassengesetz vorgesehen ist. Ein weiteres Beispiel aus dem **öffentlichen Versicherungssektor** ist die Verschmelzung der Westfälische Provinzial-Lebensversicherungsanstalt auf die Provinzial Holding Westfalen AöR (ehemals Westfälische Provinzial-Feuersozietät) zum 1.1.2002. Auch im **Landesbankensektor** spielen Verschmelzungen eine Rolle, so beispielsweise bei der Vereinigung von Landesbank Baden-Württemberg (LBBW) und LRP Landesbank Rheinland-Pfalz, bei welcher Letztere unter Auflösung ohne Abwicklung auf die LBBW verschmolzen wurde.[47] Ein bereits älteres Beispiel bildet die Schaffung der NordLB aus einem Zusammenschluss der bis dahin selbständigen Finanzinstitute Niedersächsische Landesbank Girozentrale, Braunschweigische Staatsbank einschließlich Braunschweigische Landessparkasse, Hannoversche Landeskreditanstalt und Niedersächsische Wohnungskreditanstalt Stadtschaft.[48] Im Fall der HSH Nordbank AG erfolgte ebenfalls eine Fusion, nämlich der der Landesbank Schleswig-Holstein Girozentrale, Anstalt des öffentlichen Rechts, und der Hamburgischen Landesbank – Girozentrale –, Anstalt des öffentlichen Rechts. Allerdings ging diese mit einem Rechtsformwechsel einher. So wurden die beiden Anstalten unter Auflösung ohne Abwicklung im Wege der Neugründung durch Übertragung ihrer bei Wirksamwerden der Verschmelzung vorhandenen Vermögen jeweils als Ganzes auf eine dadurch gegründete Aktiengesellschaft verschmolzen.[49]

38   Neben den soeben genannten Fällen, die **Anstalten** des öffentlichen Rechts betreffen, kommt auch für landesrechtliche **Körperschaften** eine länderübergreifende Verschmelzung in Betracht. Eine solche Möglichkeit ist zum Beispiel in Art. 3 des Staatsvertrages über die Bildung einer gemeinsamen Sparkassenorganisation Hessen-Thüringen für den länderübergreifenden Zusammenschluss von Sparkassenverbänden vorgesehen.

39   Schließlich sind auch Fusionen von **Stiftungen** oder **anderer juristischer Personen** (des öffentlichen Rechts) zu einer neu gegründeten Stiftung des öffentlichen Rechts denkbar.

40   Ähnlich wie in anderen Fusionsfällen, etwa bei der Zusammenlegung von Sparkassen, verfolgen auch die länderübergreifenden Verschmelzungen v. a. das **Ziel** der Effizienzsteige-

---

[44] *Berger*, § 2 Rn. 12.
[45] Einschränkend hingegen *Berger*, § 2 Rn. 12.
[46] Näher dazu *Berger*, § 2 Rn. 16 f.
[47] S. LBBW/LRP Staatsvertrag.
[48] Gesetz über die Norddeutsche Landesbank – Girozentrale – vom 14.5.1970 (Nds. GVBl. 1970 S. 186). Vgl. auch § 2 Abs. 1 NordLB Staatsvertrag.
[49] § 1 des Staatsvertrags zwischen der Freien und Hansestadt Hamburg und dem Land Schleswig-Holstein über die Verschmelzung der Landesbank Schleswig-Holstein Girozentrale und der Hamburgischen Landesbank – Girozentrale – auf eine Aktiengesellschaft (HSH-Nordbank Staatsvertrag) vom 22.5.2003 (HmbGVBl. 2003 S. 119).

rung. So können insbesondere Doppelstrukturen bereinigt und Skaleneffekte erzielt werden (z. B. durch einheitliche Kundenansprache, die Bündelung von Kapital etc.).

b) Voraussetzungen. Da länderübergreifende Verschmelzungen die Regelungs- und Gestaltungskompetenzen mehrerer Hoheitsträger betreffen, ist eine Einigung auf der Ebene der Gleichordnung erforderlich. Hierfür kommen **Staatsverträge und Verwaltungsabkommen** in Betracht. Bei beiden handelt es sich um Formen der vertraglichen Kooperation, die sich indes danach unterscheiden, ob eine förmliche Zustimmung der Landesparlamente erforderlich ist (Staatsvertrag) oder nicht (Verwaltungsabkommen). Einer solchen Zustimmung bedarf es dann, wenn die zu regelnde Materie wegen ihrer Wesentlichkeit dem Parlamentsvorbehalt unterliegt.[50] Das dürfte für die Gründung neuer oder die Umgestaltung bestehender Anstalten in der Regel der Fall sein (zum Wesentlichkeitsgrundsatz bereits → § 74 Rn. 15 ff.).

In der Praxis verhandeln die zuständigen Ressorts der jeweiligen Landesregierungen unter Beteiligung von Vertretern der betroffenen Anstalten oder Körperschaften den Staatsvertrag. Dessen Entwurf ist dann den Parlamenten der beteiligten Länder zur Ratifikation vorzulegen.

Inhaltliche Regelungen des Vertrages umfassen nähere Angaben zu dem Prozess der Verschmelzung, den Zielrechtsträger und dessen Träger, ggf. die Bildung von Stammkapital im Zusammenhang mit der Verschmelzung, eine potentielle Öffnung für weitere Träger oder Kapitalbeteiligte infolge der Verschmelzung, Name und Sitz(e) des Zielrechtsträgers, Angaben zum Zeitpunkt des Wirksamwerdens der Verschmelzung durch Eintritt von Gesamtrechtsnachfolge, ggf. formale Anforderungen (z. B. Handelsregistereintragung oder Veröffentlichung in amtlichen Verkündungsblättern), unter Umständen eine Haftung für Altverbindlichkeiten sowie die Behandlung der Arbeitsverhältnisse[51] (näher zur Behandlung der Arbeitsverhältnisse → Rn. 67 ff.).

Darüber hinaus empfiehlt es sich, die Inhalte und regionale Reichweite der Tätigkeit des Zielrechtsträgers zumindest in groben Zügen zu skizzieren.[52] Eine juristische Person des öffentlichen Rechts kann auch ohne länderübergreifende Verschmelzung zweier Einheiten Aufgaben über die Landesgrenzen hinweg wahrnehmen. So lassen es verschiedene Bundesländer in Ermangelung eigener Sparkassenzentralbanken zu, dass Landesbanken nach dem Recht anderer Bundesländer in ihrem Gebiet tätig werden und dabei auch die Tätigkeiten als Sparkassenzentralbank und Girozentrale anbieten.[53] Beschränkungen für die grenzüberschreitende Tätigkeit ergeben sich insoweit erst, wenn die im Grundgesetz niedergelegte bundesstaatliche Gliederung oder die grundgesetzlich festgelegte Kompetenzverteilung dadurch verschoben würde.[54] Gleiches muss erst recht gelten, wenn ein durch Verschmelzung entstandener oder erweiterter Zielrechtsträger in den Ländern tätig wird, aus denen die ursprünglichen, miteinander verschmolzenen Einheiten stammen.

4. Verschmelzung einer juristischen Person des Bundesrechts auf eine solche des Landesrechts oder umgekehrt

Die Verschmelzung von öffentlich-rechtlichen juristischen Personen des Bundesrechts mit solchen des Landesrechts spielt **in der Praxis bislang keine bedeutende Rolle**. Gleichwohl erscheinen derartige Vorgänge **nicht ausgeschlossen**. So ist es etwa denkbar, dass eine Landesförderbank auf die Förderbank des Bundes, die Kreditanstalt für Wieder-

---

[50] Zum Ganzen Isensee/Kirchhof/*Rudolf*, § 105 Rn. 51 ff.
[51] Vgl. etwa LBBW/LRP Staatsvertrag. S. ferner HSH-Nordbank Staatsvertrag.
[52] Vgl. etwa § 1 LBBW/LRP Staatsvertrag.
[53] Z. B. übt die LBBW nicht nur in Baden-Württemberg, sondern auch in Sachsen und Rheinland-Pfalz die Sparkassenzentralbankfunktion aus, obwohl weder Sachsen noch Rheinland-Pfalz Träger oder Stammkapitalinhaber der LBBW sind, vgl. http://www.lbbw.de/de/ueber_uns/ueber_uns.jsp. Ähnliches gilt für die Helaba, die u. a. in Nordrhein-Westfalen und Brandenburg als Sparkassenzentralbank agiert.
[54] Dazu allgemein auch *Maurer*, § 22 Rn. 43.

aufbau (KfW), verschmolzen werden soll. Ebenso kommt grundsätzlich eine Fusion zwischen der bundesrechtlich geordneten DekaBank mit einer landesrechtlich geregelten Landesbank in Betracht; dafür könnte zum Beispiel die Deka auf die Landesbank oder umgekehrt die Landesbank auf die Deka verschmolzen werden. Schließlich könnte eine Verschmelzung von Bundes- und Landeseinheit auf eine neu gegründete Anstalt eines oder mehrerer Länder erfolgen. Sowohl die KfW als auch die DekaBank sind bundesunmittelbare Anstalten des öffentlichen Rechts.[55] Hingegen sind die meisten Förder- und Landesbanken landesunmittelbare Anstalten.[56]

46 In solchen Fällen spielt v. a. das Verbot der Mischverwaltung eine zentrale Rolle (Ausführlich → § 74 Rn. 39 ff.).

47 Ferner stellt sich die Frage, welche Körperschaft die **Gesetzgebungsbefugnis** zur Regelung des Verschmelzungsvorgangs und der Organisation und Tätigkeit der verschmolzenen Einheit hat. Die Beantwortung dieser Frage richtet sich grundsätzlich nach der allgemeinen Zuständigkeitsverteilung des Grundgesetzes für den von den zusammenzuführenden Rechtsträgern wahrgenommenen Aufgabenbereich sowie nach der Kompetenz zur Regelung der Verwaltungsorganisation. So ist der Bund grundsätzlich gehindert, den Ländern Verwaltungseinrichtungen gegen oder ohne ihren Willen „aufzudrängen".

48 Sofern die wahrzunehmenden Aufgaben sowohl in die Kompetenz des Bundes als auch in diejenige der Länder fallen, was angesichts des ursprünglichen Bestehens verschiedener Rechtsträger aus beiden Sphären in der Regel der Fall sein wird, kommt auch eine gemeinsame Ausgestaltung der Verschmelzung und ihrer Folgen durch einen **Bund-Länder-Staatsvertrag** in Betracht. Gleiches gilt, sofern besondere finanzielle Risiken in Rede stehen, beispielsweise aus einer vorhandenen Anstaltslast oder Gewährträgerhaftung. Einer solchen gemeinsamen Ausgestaltung können Bund-Länder-Staatsverträge dienen. Ähnlich wie Staatsverträge zwischen einzelnen Ländern sollen Bund-Länder-Staatsverträge eine Kooperation auf Ebene der Gleichordnung ermöglichen. Beispiele für Bund-Länder-Staatsverträge bilden der „Staatsvertrag über die Verteilung von Versorgungslasten bei bund- und länderübergreifenden Dienstherrenwechseln"[57] oder der Staatsvertrag zwischen der Stadt Hamburg und der Bundesrepublik Deutschland aus dem Jahr 1959 zur Gründung des Deutschen Elektronen-Synchrotrons.[58]

49 Die **Aufsicht** über den aus der Verschmelzung hervorgehenden Rechtsträger folgt der Natur dieses Rechtsträgers. Handelt es sich zum Beispiel um eine öffentlich-rechtliche juristische Person nach Landesrecht, so hat das betreffende Land die Aufsicht auszuüben. In diesem Fall schiede eine (ggf. auch zusätzliche) Aufsicht durch den Bund aus, weil sonst ein Konflikt mit dem **Verbot der Mischverwaltung** vorliegen könnte.

III. Umwandlungen mit (partieller) Gesamtrechtsnachfolge zwischen juristischen Personen des öffentlichen Rechts

50 Mehrere juristische Personen des öffentlichen Rechts können auch an Umwandlungsvorgängen mit (partieller) Gesamtrechtsnachfolge beteiligt sein. Dabei kommen alle Formen der **Spaltung** – Abspaltung, Ausgliederung und Aufspaltung – sowie Vermögensübertragungen in Betracht.

---

[55] Für die KfW s. § 1 Abs. 1 S. 1 KfW-Gesetz vom 23.6.1969 (BGBl. 1969 I S. 573). Für die DekaBank s. § 1 Abs. 1 der Satzung der DekaBank.
[56] Beispiel für eine Förderbank: NRW.BANK (§ 4 Abs. 1 des Gesetzes über die NRW.BANK vom 16.3.2004 (GV NRW 2004 S. 126)). Beispiele für Landesbanken: NordLB (§ 3 Abs. 1 NordLB Staatsvertrag); LBBW (§ 4 Abs. 1 des Gesetzes über die Landesbank Baden-Württemberg vom 11.11.1998 (GBl. BW 1998 S. 589); BayernLB (Art. 3 Abs. 1 S. 1 des Gesetzes über die Bayerische Landesbank (BayLaBG) vom 1.2.2003 (BayGVBl. 2003 S. 54)).
[57] Abgedruckt z. B. in HessGVBl. 2010 I S. 287.
[58] Dazu und zu weiteren Beispielen *Stettner*, ZUM 2012, 202, 210.

1. Ziele

a) Allgemeines. Wie im privatrechtlichen Bereich können Umwandlungsvorgänge mit 51 partieller Gesamtrechtsnachfolge auch bei juristischen Personen des öffentlichen Rechts verschiedenen Zwecken dienen. So kann zum Beispiel die Spaltung von Vermögenspositionen auf eine (neue) rechtlich selbständige Einheit erfolgen, um eine **größere Effizienz** in der Wahrnehmung öffentlicher Aufgaben zu erreichen.

So verfolgte etwa der bayerische Gesetzgeber mit der Errichtung des Unternehmens „Bayerische Staatsforsten" als selbständige Anstalt des öffentlichen Rechts und der Ausgliederung des erforderlichen Vermögens aus dem Staatshaushalt auf die Anstalt das Ziel, *„auf der Grundlage einer betriebswirtschaftlich ausgelegten Organisationsstruktur die bisher der Staatsforstverwaltung obliegenden Aufgaben zur Bewirtschaftung des Forstvermögens effektiver [zu] erbringen."*[59]

In verschiedenen Fällen waren derartige Umwandlungen auch **beihilferechtlich** veranlasst. Das gilt nicht nur für Umstrukturierungen öffentlicher Banken infolge der Finanzkrise,[60] sondern auch bereits nach Abschluss der Brüsseler Vereinbarungen I und II, die eine Trennung von Wettbewerbs- und Fördergeschäft als sinnvoll erscheinen ließen.[61] Denn bei Letzterem dürfen Anstaltslast und Gewährträgerhaftung fortbestehen. 52

Auch bei der **Bewältigung der Folgen der Finanzkrise** spielen Vorgänge der partiellen Gesamtrechtsnachfolge eine Rolle. So sieht § 8a Abs. 1 S. 1, Abs. 8 FMStFG die Möglichkeit vor, Risikopositionen und nichtstrategienotwendige Geschäftsbereiche im Wege der Spaltung auf (inzwischen gegründete) Abwicklungsanstalten zu übertragen und so die Bankbilanzen der übertragenden Institute zu entlasten.[62] Ähnliches gilt auf Landesebene nach § 8b Abs. 1 Nr. 2 FMStFG.[63] Von diesen Möglichkeiten ist im Hinblick auf die WestLB AG mit der Ersten Abwicklungsanstalt (EAA), im Hinblick auf die Hypo Real Estate AG mit der FMS-Wertmanagement und – auf Landesebene – für die HSH Nordbank AG mit der hsh portfoliomanagement AöR Gebrauch gemacht worden. Zwar handelt es sich in diesen Fällen bei den übertragenden Rechtsträgern um solche in privatrechtlicher Form. Dies ist aber keine Voraussetzung des FMStFG; vielmehr hätte das Gesetz auch die Übertragung von Risikopositionen und Geschäftsbereichen aus Anstalten heraus erlaubt. 53

Durch eine Ergänzung des § 8a FMStFG um einen neuen Abs. 8a können die EAA und 54 FMS-Wertmanagement ab 2018 auch als übertragende Rechtsträger an Ausgliederungen und Abspaltungen beteiligt sein.[64] Für die hsh portfoliomanagement AöR ist diese Möglichkeit in § 6 Abs. 7 hsh-portfoliomanagement Staatsvertrag vorgesehen.

b) Speziell: Beachtung Schuldenbremse. Auch die neuen verfassungsrechtlichen 55 Anforderungen durch die Schuldenbremse können eine Übertragung von Vermögenspositionen veranlassen. Art. 109 Abs. 3 und Art. 143d Abs. 1 GG verankern die **Schuldenbremse für Bund und Länder** im Grundgesetz. Danach gilt, dass die Haushalte von Bund

---

[59] Vgl. Begründung zu dem Gesetz über die Bayerische Staatsforsten AöR, Bayerischer Landtag Drs. 15/1775, S. 1, 10, 12.
[60] Vgl. z. B. die Veräußerung der LBS Bayerische Landesbausparkasse von der Bayerischen Landesbank an den Sparkassenverband Bayern infolge der Beihilfenentscheidung der EU-Kommission vom 25.7.2012 (SA. 28487, C 16/2009 ex N 254/2009).
[61] Z. B. Gesetz zur Neuregelung der Rechtsverhältnisse der öffentlich-rechtlichen Kreditinstitute in Nordrhein-Westfalen vom 2.7.2002 (GV NRW 2002 S. 764).
[62] Näher dazu *Wolfers/Voland*, S. 61, 68 ff.
[63] Zu dessen Anwendung in den Ländern Hamburg und Schleswig-Holstein im Hinblick auf die „hsh portfoliomanagment AöR" s. § 6 des Staatsvertrags zwischen der Freien und Hansestadt Hamburg und dem Land Schleswig-Holstein über die Errichtung der hsh portfoliomanagement AöR als rechtsfähige Anstalt des öffentlichen Rechts nach § 8b des Finanzmarktstabilisierungsfondsgesetzes (hsh-portfoliomanagement Staatsvertrag) vom 9.12.2015 (HmbGVBl. 2015 S. 344).
[64] Art. 1 Nr. 13f des Gesetzes zur Neuordnung der Aufgaben der Bundesanstalt für Finanzmarktstabilisierung (FMSA) vom 23.12.2016 (BGBl. 2016 I S. 3171, 3174 f.).

und Ländern grundsätzlich ohne Einnahmen aus Krediten auszugleichen sind.[65] Übergangsvorschriften finden sich in Art. 143d GG, wonach etwa die Länder noch bis Ende 2019 von der Schuldenbremse abweichen dürfen, diese aber spätestens ab dem 1.1.2020 umsetzen müssen.

56 Das **Nettokreditverbot** des Art. 109 Abs. 3 GG umfasst sämtliche Einnahmen aus Deckungskrediten, also solchen, die als nicht nur kurzfristige Deckungsmittel zur Haushaltsfinanzierung in Anspruch genommen werden. Dabei werden grundsätzlich auch Verschuldungshandlungen rechtlich unselbstständiger Sondervermögen erfasst. Das ergibt sich aus einem Umkehrschluss aus der Übergangsregelung des Art. 143d Abs. 1 S. 2 Hs. 2 GG, der Kreditermächtigungen für am 31.12.2010 bereits eingerichtete Sondervermögen explizit von der Schuldenbremse ausnimmt.[66] Überdies reflektiert die grundsätzliche Einbeziehung der Sondervermögen in den Anwendungsbereich der Schuldenbremse die rechtliche Abhängigkeit dieser Sondervermögen und ihre Berücksichtigung im Haushalt des jeweiligen Landes.

57 In Übereinstimmung mit dem übrigen Haushaltsverfassungsrecht wird auch für die Schuldenregel in Art. 109 Abs. 3 GG in der weit überwiegenden Literatur die Geltung des *haushaltsrechtlichen Rechtsträgerprinzips* angenommen.[67] Dieser allgemein anerkannte haushaltsrechtliche Grundsatz besagt, dass selbstständige juristische Personen des öffentlichen Rechts ihre Einnahmen und Ausgaben unabhängig von dem Haushalt des Bundes und der Länder verwalten.[68] Nach herrschender Ansicht in der Literatur erfasst die Schuldenregel des Art. 109 Abs. 3 GG daher nur eine Verschuldung des Bundes und der Länder sowie grundsätzlich ihrer unselbstständigen Sondervermögen. **Nicht erfasst** werden demgegenüber **Verschuldungshandlungen anderer selbstständiger Rechtsträger** des öffentlichen und des privaten Rechts, etwa selbstständiger Anstalten des öffentlichen Rechts oder rechtlich selbstständiger Sondervermögen.[69]

58 Zwar ziehen Teile der haushaltsrechtlichen Literatur eine Grenze der formalen Betrachtungsweise bei **missbräuchlichen Gestaltungen** durch den Bund oder die Länder, die allein auf eine Umgehung der haushaltsverfassungsrechtlichen Anforderungen zielen. Auch speziell für die neue Schuldenbremse wird in diesem Kontext für die Etablierung von Zurechnungsregeln votiert, die – wie schon die Umgehungsregeln für andere verfassungsrechtliche Haushaltsvorgaben – aus dem allgemeinen Verbot des Formenmissbrauchs abzuleiten sein sollen.[70] Dieser Ansicht ist indes entgegenzuhalten, dass sie der Systematik des Haushaltsrechts widersprechen. Die **haushaltsrechtliche Selbstständigkeit** juristischer Personen des öffentlichen Rechts ist nicht etwa ein eng auszulegender Ausnahmetatbestand, dessen Vorteile sich der Bund oder das Land erschleichen. Vielmehr handelt es sich um eine grundlegende systematische Regel der Haushaltsverfassung, die durch rechtmäßig getroffene Organisationsentscheidungen ausgelöst wird.[71] Der Zweck des **haushaltsrechtlichen**

---

[65] Zur unmittelbaren Geltung auch für die Länder s. etwa Maunz/Dürig/*Kube*, Art. 109 Rn. 154. Vgl. auch NRWVerfGH VerfGH 7/11, NVwZ-RR 2013, 665, 666 f., der eine Bindung ab 2020 andeutet, diese jedoch für das Haushaltsjahr 2011 ablehnt.
[66] Vgl. Maunz/Dürig/*Kube*, Art. 109 Rn. 117.
[67] Maunz/Dürig/*Kube*, Art. 109 Rn. 119; *Tappe*/*Westermann*, S. 110 Rn. 445.
[68] BerlVerfGH VerfGH 6/01, NVwZ-RR 2003, 537, 539. S. auch Dreier/*Heun*, Art. 109 Rn. 36; v. Mangoldt/Klein/Starck/*Wendt*, Art. 115 Rn. 64.
[69] Dreier/*Heun*, Art. 109 Rn. 36; Engels/Eibelshäuser/*Hauser*, Art. 109 Rn. 29; Jarass/Pieroth/*Jarass*, Art. 109 Rn. 12; Maunz/Dürig/*Kube*, Art. 109 Rn. 119 m.w.N.; *Tappe*/*Westermann*, S. 110 Rn. 445. A. A. Epping/Hillgruber/*Reimer*, Art. 109 Rn. 49a ff. und v. Mangoldt/Klein/Starck/*Kirchhof*, Art. 109 Rn. 83 f., wonach auch rechtlich selbstständige juristische Personen des öffentlichen Rechts erfasst werden sollen.
[70] Maunz/Dürig/*Kube*, Art. 109 Rn. 121; vgl. für den Bund auch v. Mangoldt/Klein/Starck/*Wendt*, Art. 115 Rn. 65. Vgl. zudem Dreier/*Heun*, Art. 115 Rn. 24, der die Zurechnung nur im Falle einer *„offensichtlich* missbräuchlichen" Umgehung zulassen will.
[71] So v. Mangoldt/Klein/Starck/*Hillgruber*, Art. 110 Rn. 23. Vgl. auch BerlVerfGH, VerfGH 6/01, NVwZ-RR 2003, 537, 540.

Rechtsträgerprinzips besteht gerade darin, durch die klare Unterscheidung der Haushalte verschiedener juristischer Personen Übersichtlichkeit und damit Planungssicherheit zu schaffen. Diesem Zweck widerspricht es, entgegen des klaren Wortlauts der Verfassung und Intention des Verfassungsgesetzgebers durch wertungsoffene Kriterien die Trennung zwischen unmittelbarer und mittelbarer Staatsverwaltung aufzuweichen. Das gilt umso mehr, als unter Umständen anstelle etwa einer Anstalt auch eine juristische Person des Privatrechts als neuer Rechtsträger gewählt werden könnte. Dabei wäre es aus haushaltsrechtlicher Sicht nicht nachvollziehbar, warum die privatrechtliche Einheit nicht unter die Schuldenbremse fallen sollte, die selbständige öffentlich-rechtliche Einheit hingegen doch.

Vor diesem Hintergrund können Spaltungen und Vermögensübertragungen auch dazu 59 dienen, Vermögenspositionen aus unselbstständigen Sondervermögen oder dem allgemeinen Haushalt auf Bundes- oder Landesebene in selbständige juristische Personen des öffentlichen Rechts zu übertragen, um dergestalt eine klare Trennung zu erreichen. Dies wiederum kann dazu beitragen, die Schuldenbremse einzuhalten und zugleich für transparente Haushalte der Gebietskörperschaften einerseits und der selbstständigen juristischen Personen des öffentlichen Rechts andererseits zu sorgen.

2. Umwandlungsvorgang

Wie erörtert, besteht für die Regelung des konkreten Umwandlungsvorgangs eine **weit-** 60 **gehende Gestaltungsfreiheit** des Gesetzgebers (→ § 74 Rn. 7 ff.). Dabei spielen insbesondere folgende **Themen** typischerweise eine Rolle, die der Gesetzgeber unmittelbar selbst regeln oder der näheren Ausgestaltung durch (Satzungs-)Bestimmungen[72] überlassen kann:

- **Parteien** des Umwandlungsvorgangs.
- Betroffene **Vermögenspositionen**: Zunächst ist generell zu regeln, welche Geschäftsbereiche, Unternehmensteile oder sonstigen Vermögensmassen Gegenstand etwa einer Abspaltung oder Ausgliederung sein sollen. Zur Konkretisierung der im Einzelnen betroffenen Vermögenspositionen und damit zur Herstellung von Rechtsklarheit kann ein (feststellender) Verwaltungsakt dienen. Dessen Ziel besteht darin, die zu übertragenden Gegenstände des Aktiv- und Passivvermögens, einschließlich aller betroffenen zivil- oder öffentlich-rechtlichen Rechtsverhältnisse, zu spezifizieren.[73]
- **Zeitpunkt des Eintritts der Gesamtrechtsnachfolge**: dies kann zum Beispiel das Inkrafttreten des zugrunde liegenden Rechtsakts (z. B. Veröffentlichung des Gesetzes im Gesetzblatt) oder die letzte Handelsregistereintragung sein – sofern eine solche nicht abbedungen oder nur mit deklaratorischer Wirkung versehen wurde (zur Handelsregistereintragung → § 74 Rn. 58 f.). Darüber hinaus kann ein (früherer) Stichtag für die Umwandlung festgelegt werden, ab dem alle Geschäfte des übertragenden Rechtsträgers, die das zu übertragende Vermögen betreffen, bereits dem neuen Rechtsträger zugerechnet werden.[74]
- **Gewährung einer Gegenleistung** und, wenn ja, welcher Art? Es ist zum Beispiel möglich, eine Ausgliederung so auszugestalten, dass der übertragende Rechtsträger keine Anteile an dem übernehmenden Rechtsträger erhält.[75]

---

[72] S. z. B. § 8 Abs. 2 S. 2 des Gesetzes über die LBS Westdeutsche Landesbausparkasse (LBSG) vom 4.7.2014 (GV.NRW 2014 S. 379).
[73] Vgl. das Beispiel in Art. 5 Abs. 1 S. 5 des Gesetzes zur Errichtung des Unternehmens „Bayerische Staatsforsten" (StFoG) vom 9.5.2005 (BayGVBl. 2005 S. 138) sowie die dazugehörige Begründung in Bayerischer Landtag Drs. 15/1775, S. 12 f. Ähnlich § 2 Abs. 1 S. 6 des Gesetzes zur Errichtung der Landesbank Nordrhein-Westfalen und zur Umwandlung der Westdeutschen Landesbank Girozentrale (Gesetz zur Errichtung der Landesbank NRW) vom 2.7.2002 (GV.NRW 2002 S. 284).
[74] Z. B. Art. 5 Abs. 1 S. 1 und 4 StFoG; § 2 Abs. 1 S. 1 und 3 Gesetz zur Errichtung der Landesbank NRW.
[75] Vgl. etwa § 28b Abs. 4 Nr. 2 BayernLB-Satzung.

- **Haftung** der beteiligten Rechtsträger / **Gläubigerschutz** sowie Fortbestand einer eventuell vorher existierenden Gewährträgerhaftung.[76]
- Frist, Form und konkrete Adressaten einer **Information der betroffenen Belegschaften**.
- Bestimmung der zugrunde zu legenden **Bilanz** oder Verzicht auf Bilanz.[77]
- Erfordernis oder Entbehrlichkeit eines **Spaltungsberichts** und einer **Prüfung der Spaltung**.[78]
- Sonderregelungen im Spaltungs- und Übertragungsvertrag.[79]
- **Zustimmungserfordernisse** von Gremien der beteiligten Rechtsträger.
- Aufsichtliche und/oder parlamentarische[80] Kontroll- und Zustimmungserfordernisse.
- Bei **Neugründung** des übernehmenden Rechtsträgers erst durch den Umwandlungsvorgang: v. a. Träger, Aufgaben, Name, Sitz(e) und Satzungshoheit des neuen Rechtsträgers.[81]

3. Öffentlich-rechtliche Holdingmodelle

61 Auch öffentlich-rechtliche Holdingmodelle können mit der partiellen Gesamtrechtsnachfolge im Zusammenhang stehen. So ist es möglich, Unternehmen oder Teile davon, Trägerschaften oder Kapitalanteile etwa im Wege einer Abspaltung auf eine **Holding** (z. B. in Form einer Anstalt des öffentlichen Rechts) zu übertragen und so **Kompetenzen zu bündeln** sowie eine **Zusammenarbeit** zwischen den betroffenen übertragenden Unternehmen zu **stärken**.[82]

62 Eine besondere Herausforderung besteht bei Holdingmodellen darin, einen hinreichenden **Einfluss** der Holding auf die von ihr abhängigen Unternehmen sicherzustellen. Da Holdingmodelle zumindest in Teilen Gesetzesänderungen erfordern und häufig mit einer gewissen Aufgabe von Kontrolle durch die ursprünglichen Träger verbunden sind, spielen sie in der Praxis bislang eine untergeordnete Rolle.[83]

4. „Trägerwechsel"

63 Ein Sonderfall der Umwandlung unter Beteiligung zweier öffentlich-rechtlicher Rechtsträger mit partieller oder vollständiger Gesamtrechtsnachfolge ist der Übergang auf einen neuen Träger durch gesetzliche Anordnung im Bereich des **Krankenhausrechts**. Hinter einem solchen Umwandlungsvorgang steht regelmäßig das Ziel, die Wirtschaftlichkeit der betroffenen Kliniken zu erhöhen oder klarere Profile und Schwerpunkte (z. B. als Universitätsklinikum) bilden zu können.[84]

64 Zur Umsetzung eines solchen „Trägerwechsels" errichtet der Zielträger in einem **ersten Schritt** durch Gesetz eine Anstalt des öffentlichen Rechts. Auf diese überträgt der Ausgangsträger in einem zweiten Schritt die Betriebsmittel und das Personal der Klinik. Dieser Übergang findet grundsätzlich unter dem Aspekt der Praktikabilität nicht durch viele Einzelübertragungen statt, sondern kraft gesetzlich angeordneter Gesamtrechtsnachfolge.[85]

---

[76] Beispiele für derartige Regelungen enthalten etwa Art. 1a Abs. 2 S. 1 und 2 BayLaBG.
[77] Z. B. § 2 Abs. 1 S. 4 Gesetz zur Errichtung der Landesbank NRW; § 8 Abs. 2 S. 1 letzter Hs., § 7 Abs. 2 S. 2 letzter Hs. LBSG; § 28b Abs. 3 S. 2 BayernLB-Satzung.
[78] Z. B. § 28b Abs. 3 S. 2 BayernLB-Satzung.
[79] Z. B. § 28b Abs. 4 BayernLB-Satzung.
[80] Diese sieht z. B. Art. 1a Abs. 1 S. 3 BayLaBG vor.
[81] Z. B. § 8 Abs. 1 S. 2 und 6 LBSG.
[82] S. etwa §§ 49 ff. SächsGörK.
[83] Zu den Holdingmodellen im Sparkassensektor *Wolfers/Kaufmann*, S. 201, 209 f.
[84] S. beispielsweise die Gesetzesbegründung zum Bayerischen Universitätsklinikagesetz, durch das die rechtliche Verselbstständigung der Bayerischen Universitätsklinken zu eigenen Anstalten des öffentlichen Rechts umgesetzt wurde, Bayerischer Landtag Drs. 15/4398, S. 1.
[85] Ein Beispiel für eine solche gesetzlich angeordnete Gesamtrechtsnachfolge bildet Art. 1 Abs. 2 Bayerisches Universitätsklinikagesetz (BayUniKlinG) vom 23.5.2006 (BayGVBl. 2006 S. 285) in der inzwischen abgeänderten Fassung vom 23.5.2006.

Ein weiteres Beispiel für eine Modifikation der Trägerstruktur mit (partieller) Gesamt- 65
rechtsnachfolge bietet die **Verselbstständigung der Universitäten in Nordrhein-Westfalen**, die der Landesgesetzgeber mit Wirkung zum 1.1.2007 im Zuge einer in mehreren Ländern parallel stattfindenden Reformierung der Hochschulen veranlasste.[86] Nach § 2 Abs. 1 des bis dato geltenden Hochschulgesetzes[87] waren die Landeshochschulen ihrem Rechtsstatus nach Körperschaften und zugleich staatliche Einrichtungen, besaßen also eine Doppelnatur. Während die akademischen Angelegenheiten zum Selbstverwaltungsbereich der jeweiligen Hochschule als rechtsfähige Körperschaft gehörten, wurden die staatlichen Angelegenheiten von der Hochschule als rechtlich unselbstständige Landeseinrichtung mit Behördencharakter wahrgenommen.[88] Dort, wo eine genaue Abgrenzung zwischen akademischen und staatlichen Angelegenheiten nicht möglich war, wirkten Hochschule und Land in besonderer Weise zusammen.[89] Mit Einführung des Art. 1 § 2 Abs. 1 Hochschulfreiheitsgesetz (HFG) wurde jedoch die Einordnung der Hochschulen als staatliche Einrichtungen aufgegeben und eine Verselbstständigung als rechtsfähige Körperschaften des öffentlichen Rechts durchgesetzt. Dabei erfolgte eine Übertragung der mit dem Land bestehenden Arbeitsverhältnisse sowie der Rechte und Pflichten des Landes im Wege der partiellen Gesamtrechtsnachfolge auf die jeweilige Körperschaft.[90]

D. Folgen für Beschäftigte

Bei Umwandlungsvorgängen innerhalb des öffentlichen Sektors ist zwischen den für den 66
Übergang der Arbeitsverhältnisse der **Arbeitnehmer und Angestellten** im öffentlichen Dienst maßgeblichen Bestimmungen (→ Rn. 67 ff.) und den für die Weiterbeschäftigung von **Beamten** einschlägigen Regelungen zu differenzieren (→ Rn. 71 ff.).[91]

I. Übergang der Arbeitsverhältnisse

1. Keine Überleitung nach § 324 UmwG i. V. m. § 613a BGB

Für Arbeitsverhältnisse von Angestellten und Arbeitern im öffentlichen Dienst gelten 67
grundsätzlich die **allgemeinen Vorschriften des Arbeitsrechts** und damit die §§ 611 ff. BGB.[92] § 613a BGB regelt die Folgen des Übergangs eines Betriebs oder Betriebsteils für die Arbeitsverhältnisse, wenn der Übergang auf einen anderen Inhaber „durch Rechtsgeschäft" erfolgt. Danach tritt der neue Arbeitgeber gem. § 613a Abs. 1 S. 1 BGB in das Arbeitsverhältnis ein und übernimmt damit alle Rechte und Pflichten aus dem einzelnen Arbeitsvertrag. Weil der Übergang bei übertragenden Umwandlungsvorgängen demgegenüber im Wege der Gesamtrechtsnachfolge erfolgt, war früher streitig, ob § 613a BGB Anwendung auf Umwandlungen findet.[93]

Mit der Regelung des **§ 324 UmwG** hat der Gesetzgeber nunmehr verdeutlicht, dass 68
§ 613a Abs. 1, 4–6 BGB auch auf die in § 1 Abs. 1 Nr. 1–3 UmwG genannten übertragenden Umwandlungsarten Anwendung findet, soweit die Voraussetzungen eines Be-

---

[86] Vgl. z. B. Gesetz zur Hochschulreform in Niedersachsen vom 24.6.2002.
[87] Gesetz über die Hochschulen des Landes Nordrhein-Westfalen vom 14. März 2000 (HG 2004).
[88] LT NRW Drs. 14/2063, S. 135.
[89] Vgl. § 108 HG 2004.
[90] Art. 7 §§ 2 f. Hochschulfreiheitsgesetz vom 31.10.2006 (GVBl. NRW 2006, S. 473 ff.).
[91] Im Folgenden wird nur auf öffentlich-rechtliche Besonderheiten eingegangen. Ausführlich zu den generellen arbeitsrechtlichen Vorgaben für die Vorbereitung und Durchführung von Umwandlungen → § 56 sowie → § 57 zu den arbeitsrechtlichen Folgen von Umwandlungen.
[92] *Püttner*, S. 283; StaudingerBGB/*Richardi/Fischinger*, § 611 Rn. 334.
[93] Nach BAG, AP Nr. 24 zu § 613a BGB ist der Übergang durch Gesamtrechtsnachfolge etwas anderes als der Übergang durch Rechtsgeschäft: Er beruhe auf dem Gesetz und löse daher die Anwendung des § 613a BGB nicht aus. Dieser Argumentation schloss sich auch die früher h. M. an, vgl. *Gaul*, NZA 1995, 717, 720.

triebsübergangs im Einzelfall vorliegen.[94] Die Anordnung der Anwendbarkeit des § 613a BGB durch § 324 UmwG betrifft jedoch nur die im UmwG geregelten Umwandlungsformen und gilt damit **nicht** für die auf Gesetz oder Hoheitsakt beruhenden **Umwandlungsvorgänge außerhalb des UmwG**.[95] Auch eine analoge Heranziehung des § 613a BGB ist nach überwiegender Auffassung in diesem Fall nicht möglich.[96]

2. Erforderlichkeit gesetzlicher Regelungen

69 Für Umwandlungsvorgänge außerhalb des UmwG – mithin für alle Umwandlungsvorgänge zwischen öffentlich-rechtlichen Rechtsträgern – sind daher **mangels Anwendbarkeit von § 613a BGB andere Regelungen zum Übergang der Arbeitsverhältnisse** zu treffen.[97]

70 In der Praxis orientieren sich diese Regelungen meist an § 613a BGB, nicht zuletzt um personalpolitischen Belangen Rechnung zu tragen.[98]

II. Weiterbeschäftigung von Beamten

71 Auf beamtenrechtliche Dienstverhältnisse findet § 613a BGB von vornherein keine Anwendung, so dass diese Verhältnisse von einem Betriebsübergang nicht erfasst sind. Denn die Arbeitspflicht der Beamten beruht nicht auf einem privatrechtlichen Vertrag, sondern auf einem **öffentlich-rechtlichen Dienstverhältnis**.[99] Bis 2009 waren die dienstrechtlichen Folgen für die betroffenen Beamten einheitlich und unmittelbar für den Bund und die Länder in den §§ 128–130 BRRG geregelt.[100] Im Rahmen der Föderalismusreform im Jahr 2006 ist die Rahmenkompetenz des Bundes zum Erlass des BRRG jedoch entfallen. An die Stelle der bisherigen Rahmengesetzgebung für die allgemeinen Rechtsverhältnisse der Landes- und Kommunalbediensteten ist seither eine **konkurrierende Gesetzgebungskompetenz des Bundes** getreten (Art. 74 Abs. 1 Nr. 27 GG), von der der Bund mit Erlass des BeamtStG weitgehend Gebrauch gemacht hat.[101] Heute ist daher hinsichtlich der maßgeblichen Verfahrensregeln für Beamte bei einem Dienstherrnwechsel infolge eines Umwandlungsvorgangs innerhalb der öffentlichen Hand nach den an der Umbildung beteiligten Trägern zu differenzieren: Der im Wesentlichen unveränderte Inhalt der §§ 128 ff. BRRG für Umbildungsfälle **innerhalb des Bundesbereichs** ist nunmehr in den §§ 134–138 BBG und für **länderübergreifende** Umbildungen in den §§ 13–19 BeamtStG geregelt.[102]

72 Gesetzliche Bestimmungen zu Umbildungsfällen **innerhalb eines Landes** finden sich demgegenüber weder im BBG noch im BeamtStG. Soweit man dem Bund insoweit im

---

[94] BT-Drs. 12/7850, S. 145. Vgl. auch BAG 8 AZR 416/99, ZIP 2000, 1630, 1634; Semler/Stengel/*Simon* § 324 Rn. 2.
[95] BAG 8 AZR 124/05, DB 2006, 1680; BAG 9 AZR 95/00, NZA 2001, 1200, 1202; Erman/*Edenfeld,* § 613a Rn. 29; StaudingerBGB/*Annuß,* § 613a Rn. 118.
[96] StaudingerBGB/*Annuß,* § 613a Rn. 118 m. w. N. Anders *Gaß,* S. 174 ff. und eine analoge Anwendung ebenfalls noch erwägen BAG 8 AZR 336/00, NZA 2001, 840, 842; BAG 3 AZR 586/92, NZA 1994, 848, 850.
[97] S. z. B. Art. 19 Abs. 1 Nr. 1 StFoG, der den Übergang des der Staatsforstverwaltung zugehörigen Personals auf die neu errichteten Bayerische Staatsforsten regelt. Ein weiteres Beispiel findet sich in § 4 des Gesetzes zur Gründung der Landesbank NRW.
[98] So etwa § 4 Abs. 3 des Gesetzes zur Gründung der Landesbank NRW.
[99] StaudingerBGB/*Richardi/Fischinger,* § 611 Rn. 334.
[100] Die damit eröffnete Möglichkeit, den Dienstherrn von Beamten ohne deren Zustimmung zu wechseln, steht kein hergebrachter Grundsatz des Berufsbeamtentums nach Art. 33 Abs. 5 GG entgegen, vgl. dazu BVerfG 2 BvL 12/62, BVerfGE 17, 172, 187 f. = NJW 1964, 491, 493; BVerwG 2 C 15/08, BVerwGE 135, 286, 288 = NVwZ-RR 2010, 565, 566.
[101] Dazu näher die Gesetzgebungsunterlagen zum daraufhin erlassenen BeamtStG, BT-Drs. 16/4027, S. 1.
[102] *Plog/Wiedow,* § 134 BBG Rn. 4; *Reich,* § 16 Rn. 1.

Rahmen seiner konkurrierenden Gesetzgebungskompetenz nach Art. 74 Abs. 1 Nr. 27 GG für zuständig ansieht, hat er diese Kompetenz mit dem BeamtStG folglich nicht vollumfänglich ausgeschöpft.[103] Daran schließt sich die Frage nach einer Fortgeltung der noch nicht aufgehobenen Vorschriften der §§ 128 ff. BRRG an (§ 63 Abs. 3 S. 2 BeamtStG) bzw. der Möglichkeit einer Ablösung durch Landesrecht.[104] Im Ergebnis kann das Verhalten des Bundesgesetzgebers wohl dahingehend ausgelegt werden, dass er den nicht in das BeamtStG übernommenen Teil des BRRG zwar vorerst nicht selbst aufheben, ihn aber den Ländern zur Ablösung freigeben wollte.[105] Es besteht daher für die Länder die Möglichkeit, in ihrem Landesrecht inhaltlich die Bestimmungen der §§ 128 ff. BRRG auf die Umwandlungen innerhalb ihres Landes auszudehnen. Auch Umstrukturierungen der öffentlichen Hand zwischen Bund und Land finden weder im BBG noch im BeamtStG ausdrückliche Erwähnung. In einem solchen Fall werden wohl aber in Anlehnung an die im Rahmen der Abordnung und Versetzung geltenden Grundsätze für einen Wechsel vom Bund zum Land die §§ 134 ff. BBG sowie vom Land zum Bund die §§ 13 ff. BeamtStG zugrunde zu legen sein.[106]

Grundlegende Voraussetzung für eine Weiterbeschäftigung von Beamten des übernehmenden Rechtsträgers bei einer Umwandlung ist dessen **Dienstherrnfähigkeit**, mithin das Recht, Beamte zu haben.[107] Dienstherrnfähigkeit besitzen nach § 2 BBG zum einen der Bund, bundesunmittelbare Körperschaften, Anstalten und Stiftungen des öffentlichen Rechts, denen dieses Recht durch Gesetz oder aufgrund eines Gesetzes verliehen wird, und zum anderen gemäß § 2 BeamtStG die Länder, Gemeinden und Gemeindeverbände (§ 2 Nr. 1 BeamtStG) sowie sonstige Körperschaften, Anstalten und Stiftungen des öffentlichen Rechts, denen dieses Recht durch ein Landesgesetz oder aufgrund eines Landesgesetzes[108] verliehen wird (§ 2 Nr. 2 BeamtStG). Besteht demgegenüber keine Dienstherrnfähigkeit, kann eine Beschäftigung nur nach den gleichen Modellen erfolgen, die auch bei den Privatrechtsformen gelten (dazu → § 76 Rn. 47 ff.).[109] 73

Besitzt der übernehmende Rechtsträger Dienstherrnfähigkeit, sind die bisher bei dem Ausgangsrechtsträger tätigen Beamten nach § 134 BBG bzw. § 16 BeamtStG zu übernehmen. Der **Dienstherrnwechsel im Rahmen der Umwandlung** öffentlich-rechtlicher Rechtsträger vollzieht sich dabei durch Übertritt kraft Gesetzes oder durch Übernahme mittels Verwaltungsakts. Der **Übertritt kraft Gesetzes** findet bei einer Gesamtrechtsnachfolge dergestalt statt, dass die Beamten automatisch in den Dienst des übernehmenden Rechtsträgers übertreten (§ 134 Abs. 1 BBG bzw. § 16 Abs. 1 BeamtStG). 74

Demgegenüber erfolgt die **Übernahme durch Verwaltungsakt**, wenn ein öffentlich-rechtlicher Rechtsträger vollständig in mehrere andere oder teilweise in einen oder mehrere andere Rechtsträger eingegliedert wird (§ 134 Abs. 2, 3 BBG bzw. § 16 Abs. 2 BeamtStG). In diesen Fällen muss das Personal des umgebildeten Rechtsträgers im Verhältnis des Aufgabenübergangs aufgeteilt werden.[110] Die Übernahmeverfügung führt zu einer 75

---

[103] Inwiefern das Absehen von einer Vollregelung als zulässige politische Entscheidung angesehen werden kann, wurde vom BVerwG bisher offen gelassen vgl. BVerwG 2 C 50/10, DÖD 2012, 223.
[104] Für einen solchen Fall findet sich in den Übergangsregelungen für die Föderalismusreform keine Vorschrift. Art. 125b Abs. 1 GG enthält – anders als Art. 125a Abs. 1 S. 2 GG – keine Regelung über eine Ersetzung durch Landesrecht.
[105] *Plog/Wiedow*, § 63 BeamtStG Rn. 6.
[106] Dazu *Plog/Wiedow*, § 134 BBG Rn. 4.
[107] Vgl. *Battis*, § 2 Rn. 2.
[108] So wurde etwa der Bayerischen Staatsforsten durch § 16 Abs. 2 der Satzung der Bayerischen Staatsforsten die Dienstherrnfähigkeit verliehen.
[109] In diesem Zusammenhang stellt die Regelung des Art. 90 Abs. 5 BayGO eine Besonderheit dar, die eine Zuweisung von Beamten an Kommunalunternehmen ermöglicht, ungeachtet ihrer fehlenden Dienstherrnfähigkeit, vgl. dazu näher *Gaß*, S. 171 f. m. w. N.
[110] Vgl. zum Ganzen *Plog/Wiedow*, § 134 BBG Rn. 6 ff. und § 16 BeamtStG Rn. 3 ff.

Fortsetzung des Beamtenverhältnisses auf der Grundlage des bisher erreichten Status, d. h. er verbleibt in einem Amt mit gleichem Endgrundgehalt.[111]

§ 76 Umwandlungsvorgänge von öffentlich-rechtlicher in privatrechtliche Rechtsform

Übersicht

	Rdnr.		Rdnr.
A. Motive für Privatisierungsvorhaben der öffentlichen Hand	3–5	1. Überleitung nach § 324 UmwG i. V. m. § 613a BGB	39–44
B. Privatisierungsformen	6–10	a) Anwendungsbereich	40
I. Organisationsprivatisierung	7	b) Individualarbeitsrechtliche Folgen	41–43
II. Aufgabenprivatisierung	8, 9	c) Fortgeltung der auf das Arbeitsverhältnis anwendbaren Kollektivnormen	44
III. Funktionale Privatisierung	10		
C. Rechtliche Vorgaben des UmwG für Privatisierungen	11–19	2. Übertragung kraft gesetzlicher Regelung	45, 46
I. Ausgliederung, §§ 168–173 UmwG	12, 13	II. Weiterbeschäftigung von Beamten	47–56
II. Formwechsel, §§ 301–304 UmwG	14–16	1. Entlassung	48, 49
III. Vermögensübertragung, §§ 174–189 UmwG	17–19	2. Sonderurlaub	50
D. Rechtliche Vorgaben für privatisierende Umwandlungen außerhalb des UmwG	20–37	3. Dienstüberlassung	51–53
		4. Zuweisung	54–56
I. Verfassungsrecht	22–34	F. Gestaltungsmöglichkeiten für privatisierende Umwandlungsvorgänge außerhalb des UmwG	57–67
1. Vorbehalt des Gesetzes	23–25		
2. Demokratische Legitimation	26, 27		
3. Obligatorische Staatsaufgaben	28–31	I. Formwechsel zu privatrechtlichen Rechtsformen	59–61
4. Beamtenrechtlicher Funktionsvorbehalt: Art. 33 Abs. 4 GG	32–34	II. Verschmelzung auf privatrechtliche Rechtsträger	62–64
II. Europarecht	35–37	III. Spaltung auf privatrechtliche Zielrechtsträger	65–67
E. Folgen von Privatisierungen für Beschäftigte	38–56		
I. Übergang der Arbeitsverhältnisse	39–46		

Schrifttum: *Badura*, Das öffentliche Unternehmen im europäischen Binnenmarkt, ZGR 1997, 291; *Burgi*, Funktionale Privatisierung und Verwaltungshilfe, 1999; *Di Fabio*, Privatisierung und Staatsvorbehalt, JZ 1999, 585; *Dreier*, Die drei Staatsgewalten im Zeichen von Europäisierung und Privatisierung, DÖV 2002, 537; *Droege*, Bundeseigenverwaltung durch Private? Die Reform der Flugsicherung und die Verfassungsgrenzen der Privatisierung, DÖV 2006, 861; *Gaß*, Die Umwandlung gemeindlicher Unternehmen, 2003; *Gramm*, Privatisierung und notwendige Staatsaufgaben, 2001; *Katz*, Verantwortlichkeiten und Grenzen bei „Privatisierung" kommunaler Aufgaben, NVwZ 2010, 405; *Kämmerer*, Privatisierung, 2001; *Krölls*, Rechtliche Grenzen der Privatisierungspolitik, GewArch 1995, 129; *Lepper*, Die Ausgliederung kommunaler Unternehmen in der notariellen Praxis, RNotZ 2006, 313, 328; *Ossenbühl*, Mitbestimmung in Eigengesellschaften der öffentlichen Hand, ZGR 1996, 504; *Osterloh*, Privatisierung von Verwaltungsaufgaben, VVDStRL 54 (1995), 204; *Püttner*, Die Einwirkungspflicht – Zur Problematik öffentlicher Einrichtungen in Privatrechtsform, DVBl. 1975, 353; *Schaub*, Arbeitsrechtliche Fragen bei der Privatisierung öffentlicher Betriebe und Einrichtungen, WiB 1996, 97; *Schoch*, Privatisierung von Verwaltungsaufgaben, DVBl. 1994, 962; *Schröder*, Rechtsprobleme der Beihilfekontrolle durch die Kommission, ZIP 1996, 2097; *Sellmann*, Privatisierung mit oder ohne gesetzliche Ermächtigung, NVwZ 2008, 817; *Steuck*, Die privatisierende Umwandlung, NJW 1995, 2890; *Stober*, Privatisierung öffentlicher Aufgaben, NJW 2008, 2301; *Strobel*, Weisungsfreiheit oder Weisungsgebundenheit kommunaler Vertreter in Eigen- und Beteiligungsgesellschaften?, DVBl. 2005, 77; *Suppliet*, Ausgliederung nach § 168 UmwG, 2005; *Suppliet*, Ausgliederung aus dem Vermögen von Gebietskörperschaften, NotBZ 1997, 37, 141; *Tams*, Art. 87d I GG und die Neuordnung der Flugsicherung, NVwZ 2006, 1226; *Thiele*, Art. 33 Abs. 4 als Privatisierungsschranke, Der Staat 49 (2009), 274; *Voland*, Die Bedeutung des Art. 345 AEUV für regulierte Sektoren – Zugleich Besprechung zum Urteil des EuGH vom 22. Oktober 2013 in Sachen „Niederlande gegen Essent

---

[111] BVerwG 2 C 6.75, BVerwGE 57, 98, 105 = BeckRS 1978, 106356. Vgl. auch *Klein/Uckel/Ibler*, 34.20 Anm. 2.1.

u. a." (verb. Rs. EUGH Aktenzeichen C-105/12 bis C-107/12), EuR 2014, 237; *Weiß*, Privatisierung und Staatsaufgaben, 2002; *Wilms*, Das europäische Gemeinschaftsrecht und die öffentlichen Unternehmen, 1996; *Wolfers/Kaufmann*, Private als Anstaltsträger, DVBl. 2002, 507.

Die Umwandlung einer juristischen Person von einer öffentlich-rechtlichen in eine privatrechtliche Rechtsform ist eine **(formelle) Privatisierung**. Der Begriff der Privatisierung umfasst im Ausgangspunkt alle Umverteilungsprozesse von der öffentlichen Hand in den privaten Sektor.[1] Das gestaltungsoffen gefasste Verfassungsrecht steht der Privatisierung staatlicher Aufgaben grundsätzlich nicht entgegen, formuliert vielmehr nur im Einzelfall Schranken.[2] Daher können verschiedene Verwaltungsaufgaben Gegenstand von Privatisierungsprozessen und -vorhaben sein.[3]

Ebenso wie die Motive (→ Rn. 3 f.) können die Formen der Privatisierung (→ Rn. 6 f.) unterschiedlich ausfallen. Nicht nur aus dem Verfassungsrecht, sondern auch aus dem UmwG ergeben sich einige Vorgaben für Privatisierungen (→ Rn. 11 ff.), doch bestehen weitreichende Gestaltungsspielräume für Bundes- und Landesgesetzgeber (→ Rn. 20 ff.). Eine besondere Rolle spielen dabei nicht zuletzt die Folgen einer Privatisierung für Beschäftigte (→ Rn. 38 ff.).

A. Motive für Privatisierungsvorhaben der öffentlichen Hand

Die Privatisierung von Staatsaufgaben ist keine deutsche Besonderheit, sondern in vielen Staaten zu beobachten.[4] Die mit einer formellen oder weitergehend materiellen Privatisierung verfolgten **Ziele** können verschieden sein. So bezweckt die Verschiebung operativer Handlungsverantwortlichkeiten auf private Wirtschaftsunternehmen (bei materieller Privatisierung) regelmäßig eine **schnellere, bessere, flexiblere und wirtschaftlichere Erfüllung öffentlicher Aufgaben**. Auf diese Weise soll im Interesse des Gemeinwohls die Dynamik, das Know-How, die Effizienz und Initiative privater Akteure zur Optimierung der staatlichen Aufgabenwahrnehmung genutzt und eine Entbürokratisierung erreicht werden.[5] Dies dient dazu, die Eigenverantwortung von Wirtschaft und Bürgern zu mobilisieren und zu stärken, die Kooperation von Verwaltung und Privaten zu verbessern und die Leistungsfähigkeit bei der Wahrnehmung öffentlicher Aufgaben zu erhöhen.[6]

Ferner können öffentliche Haushalte durch **fiskalische Sparmaßnahmen** in Form der Privatisierung entlastet werden.[7] Zudem kann die Privatisierung zu einer Beseitigung staatlicher Monopole beitragen, dadurch den Wettbewerb intensivieren und die Marktwirtschaft insgesamt stützen.[8]

Teilweise wird eine Privatisierung auch durch **Vorgaben des europäischen Primär- oder Sekundärrechts** ausgelöst, das zum Zwecke der Herstellung eines einheitlichen Binnenmarkts Liberalisierungsdruck ausübt.[9] Die im Zuge der Finanzkrise seit 2008 er-

---

[1] Hofmann-Riem/Schmidt-Aßmann/Voßkuhle/*Voßkuhle*, § 1 Rn. 58; *Kämmerer*, S. 37; Isensee/Kirchhof/*Burgi*, § 75 Rn. 10.

[2] Zu den verfassungsrechtlichen Bedenken etwa bei der Privatisierung der Flugsicherung, *Droege*, DÖV 2006, 861. Ausführlich zu den verfassungsrechtlichen Grenzen der Privatisierung sowie den sonstigen außerhalb des UmwG zu beachtenden rechtlichen Schranken *Kämmerer*, S. 85 ff.

[3] Einen Überblick über die verschiedenen Bereiche verschafft *Burgi*, S. 100–144.

[4] *Wolff/Bachof/Stober/Kluth*, § 89 Rn. 4 m. w. N.

[5] Vgl. Stelkens/Bonk/Sachs/*Schmitz*, § 1 Rn. 121.

[6] Hofmann-Riem/Schmidt-Aßmann/Voßkuhle/*Schulze-Fielitz*, § 12 Rn. 93 f. Zu den gegen die Privatisierung vorgebrachten Argumenten vgl. *Wolff/Bachof/Stober/Kluth*, § 89 Rn. 39 f.

[7] Isensee/Kirchhof/*Burgi*, § 75 Rn. 10; *Osterloh*, VVDStRL 54 (1995), 204, 213.

[8] *Wolff/Bachof/Stober/Kluth*, § 89 Rn. 30 f.

[9] So etwa bei der Neuordnung der Flugsicherung zur Umsetzung der VO 549/2004, ABl. 2004 L 96, 1 und der VO 550/2004, ABl. 2004 L 96, 10; hierzu Isensee/Kirchhof/*Burgi*, § 75 Rn. 15; *Tams*, NVwZ 2006, 1226.

forderlich gewordene Rettung verschiedener öffentlicher Kreditinstitute unter Einsatz erheblicher staatlicher Finanzmittel und die Genehmigung der hierin liegenden Beihilfen knüpfte die Europäische Kommission oftmals an die Auflage weitreichender Umstrukturierungsmaßnahmen, etwa auch der Veräußerung von bestimmten Geschäftsbereichen und Tochterunternehmen.[10]

B. Privatisierungsformen

6 Privatisierungen können in unterschiedlicher Form auftreten. Der öffentlichen Hand steht es grundsätzlich frei, in welcher Rechtsform sie Unternehmen betreibt.[11] Die Wahl privater Rechtsformen kann jedoch nicht dazu führen, dass sich die öffentliche Hand ihrer Bindung an das öffentliche Recht entzieht.[12] Im Wesentlichen sind folgende – sich teilweise auch überschneidende – Formen der Privatisierung zu unterscheiden: Organisations- (→ Rn. 7), Aufgaben- (→ Rn. 8 f.) und funktionale Privatisierung (→ Rn. 10).

I. Organisationsprivatisierung

7 Bei der Organisationsprivatisierung, auch formelle Privatisierung genannt, überführt die öffentliche Hand ein öffentlich-rechtlich organisiertes selbstständiges oder unselbstständiges Unternehmen in eine private Rechtsform. Es handelt sich bei diesem Vorgang **lediglich um einen Wechsel der Form**; die öffentliche Hand bleibt bei diesem Privatisierungsvorgang unmittelbar Unternehmensträger[13] mit der Folge der Entstehung sog. **öffentlicher Unternehmen**.[14] Grenzen und Rechtsfolgen dieser Privatisierungsform bestimmen sich daher maßgeblich nach den Vorgaben des Grundgesetzes.[15] Die Folge einer solchen Umwandlung ist ein Wechsel des Organisationsmodus von öffentlich-rechtlichen Handlungsformen zu denen des Verwaltungsprivatrechts.[16] Die Organisationsprivatisierung kann auf unterschiedliche Weise vollzogen werden, wobei umwandlungsrechtlich vor allem ein Rechtsformwechsel (§ 301 UmwG) oder eine Spaltung (§ 168 UmwG) in Betracht kommen.[17]

II. Aufgabenprivatisierung

8 Demgegenüber findet bei der Aufgabenprivatisierung, auch materielle Privatisierung genannt, **nicht nur ein Formwechsel** in eine private Rechtsform statt. Vielmehr wird entweder ein **privater Betreiber** mit der Aufgabe ganz oder teilweise betraut und nimmt diese eigenverantwortlich wahr.[18] Oder im Zusammenhang mit einer formellen Privatisierung werden Private vollständig oder teilweise als Eigentümer an der neuen juristischen Person des Privatrechts beteiligt. Gegebenenfalls werden dem Privaten als Beliehenem auch

---

[10] Vgl. Beschluss der Kommission vom 20.9.2011 über die staatliche Beihilfe SA. 29338 (C 29/09) der Bundesrepublik Deutschland an die HSH Nordbank AG (ABl. 2012 L 225, 1), insb. Rn. 264 ff.; Beschluss der Kommission vom 29.9.2010 (C-32/09) zur Umstrukturierung der Sparkasse KölnBonn (ABl. 2011 L 235, 1). Im Falle der WestLB verlangte die Europäische Kommission die Aufteilung der gesamten Bank: Beschluss der Kommission vom 20.12.2011 über die staatliche Beihilfe C 40/2009 und C 43/2008 für die Umstrukturierung der WestLB AG (ABl. 2013 L 148, 1), insb. Rn. 188 ff. – Zu derartigen Umstrukturierungen auch bereits → § 75 Rn. 20 ff.
[11] Hofmann-Riem/Schmidt-Aßmann/Voßkuhle/*Schuppert*, § 16 Rn. 182 ff.
[12] Schlagwort: „Keine Flucht ins Privatrecht", dazu BVerwG 7 B 30/90, NVwZ 1991, 59.
[13] *Kämmerer*, S. 19. *Gramm*, S. 110, ordnet die formelle Privatisierung mangels „Beteiligung von echten Privatpersonen" daher sogar nicht als Unterfall der Privatisierung ein.
[14] *Wolff/Bachof/Stober/Kluth*, § 89 Rn. 14.
[15] Isensee/Kirchhof/*Burgi*, § 75 Rn. 8.
[16] *Krölls*, GewArch 1995, 129, 130.
[17] → Rn. 14 ff. bzw. Rn. 12 f.
[18] *Maurer*, § 23 Rn. 63; *Schoch*, DVBl. 1994, 962; *Wolff/Bachof/Stober/Kluth*, § 89 Rn. 14.

hoheitliche Funktionen übertragen.[19] Der Staat muss jedoch bei einer materiellen Privatisierung von Aufgaben, die für die Versorgung der Bevölkerung oder die Förderung der Wirtschaft notwendig sind, durch entsprechende gesetzliche Vorgaben sicherstellen, dass ein regulierendes Eingreifen bei Versagen der Privaten möglich bleibt.[20]

Die materielle Privatisierung kann sich praktisch insbesondere im Wege der **„Vermögensprivatisierung"**, also der Veräußerung öffentlicher Unternehmen oder Unternehmensbeteiligungen an Private, vollziehen.[21] Sie kann aber etwa auch durch die Vergabe von bisher durch staatliche Träger wahrgenommene Aufgaben an Private oder die **Abschaffung staatlicher Verwaltungsmonopole** erfolgen.[22] Für einige Bundesunternehmen, namentlich Bundesbahn, Bundespost und Telekommunikation, ist die Aufgabenprivatisierung in den 1990er Jahren verfassungsrechtlich festgelegt worden (vgl. Art. 87e und 87f GG).[23]

III. Funktionale Privatisierung

Der Begriff der funktionalen Privatisierung schließlich bezeichnet einen Vorgang, bei dem einem Privaten zur öffentlich-rechtlichen Aufgabenerfüllung notwendige Handlungsbefugnisse übertragen werden, ohne dass der Staat die Aufgabenträgerschaft und die Leistungsverantwortung verliert. Der **Private** erfüllt mithin einen **funktionalen Teilbeitrag zu einer öffentlichen Aufgabe**.[24] Diese Form der Privatisierung tritt regelmäßig als **Beleihung**, **Verwaltungshilfe** oder **Public-Private-Partnership** in Erscheinung.[25] Dabei erfolgt jedoch in der Regel weder ein Übergang staatlichen Vermögens an (private) Rechtsträger noch ein Rechtsformwechsel unter Beteiligung der öffentlichen Hand. Aus diesem Grund ist die funktionale Privatisierung unter umwandlungsrechtlichen Gesichtspunkten weniger relevant.

C. Rechtliche Vorgaben des UmwG für Privatisierungen

Ein umfassendes Instrumentarium für die Durchführung von Privatisierungsvorhaben der öffentlichen Hand stellt das UmwG nicht zur Verfügung. Vielmehr beschränkt es sich auf die Regelung der Besonderheiten der Spaltung unter Beteiligung von Gebietskörperschaften sowie deren Zusammenschlüssen in den §§ 168–173 UmwG (→ Rn. 12f.) und der Besonderheiten des Formwechsels unter Beteiligung von Körperschaften und Anstalten des öffentlichen Rechts in den §§ 301–304 UmwG (→ Rn. 14f.). Der in den §§ 174–189 UmwG normierten Vermögensübertragung kommt bei der Privatisierung demgegenüber regelmäßig keine Bedeutung zu (→ Rn. 17ff.).[26]

I. Ausgliederung, §§ 168–173 UmwG

Die §§ 168ff. UmwG betreffen die Übertragung von Vermögen öffentlich-rechtlicher Körperschaften auf private Rechtsträger im Wege der Gesamtrechtsnachfolge.[27] Die Regelungen enthalten **Besonderheiten der Ausgliederung unter Beteiligung von Ge-**

---

[19] Fabry/Augsten/*Fabry*, Teil 3 Rn. 1.
[20] Isensee/Kirchhof/*Burgi*, § 75 Rn. 9; *Maurer*, § 23 Rn. 63.
[21] *Krölls*, GewArch 1995, 129, 131; *Weiß*, S. 35 f. Ähnlich Hofmann-Riem/Schmidt-Aßmann/Voßkuhle/*Schulze-Fielitz*, § 12 Rn. 112.
[22] *Gramm*, S. 107 f.; *Krölls*, GewArch 1995, 129, 131.
[23] Vgl. *Maurer*, § 23 Rn. 63.
[24] *Gramm*, S. 108 ff.; Wolff/Bachof/Stober/*Kluth*, § 89 Rn. 19.
[25] Zu den einzelnen Erscheinungsformen Isensee/Kirchhof/*Burgi*, § 75 Rn. 7 f.
[26] Vgl. auch Hoppe/Uechtritz/Reck/*Schuster/Lorenzen*, § 12 Rn. 19.
[27] Zu den Einzelheiten der Ausgliederung nach §§ 168ff. UmwG → § 29 Rn. 502ff. Zum Verhältnis von Ausgliederung und Privatisierung vgl. auch *Suppliet*, Ausgliederung, S. 99 ff.

bietskörperschaften und deren Zusammenschlüssen. Die Einschränkungen der Spaltungsmöglichkeiten in § 168 UmwG sind zwingend. Einer erweiternden oder entsprechenden Anwendung der Spaltungsvorschriften (§§ 123–137 UmwG) über den Regelungsbereich des § 168 UmwG hinaus steht das Analogieverbot des § 1 Abs. 2 UmwG entgegen.[28] Nicht ausgeschlossen wird durch das UmwG die Möglichkeit, Unternehmen nach allgemeinen zivil- und handelsrechtlichen Grundsätzen durch Übertragung der dem Betrieb zugehörigen Vermögensgegenstände im Wege der Einzelrechtsnachfolge auf einen anderen Rechtsträger übergehen zu lassen.[29] Eine Privatisierung im Wege der Umwandlung hat jedoch den Vorteil, dass bestehende Rechts- und Vertragsverhältnisse grundsätzlich ohne Zustimmung der jeweiligen Vertragspartner durch (partielle) Gesamtrechtsnachfolge auf die neue privatrechtliche Einheit übergehen können.

13   Die Vorschriften der §§ 168 ff. UmwG dienen vor allem dazu, **Regie- und Eigenbetriebe** als nicht rechtsfähige Unternehmen einfacher als bisher (organisations-)**privatisieren** zu können.[30] Die Wahl einer privatrechtlichen Gesellschaftsform kann zu einer effektiveren Aufgabenerfüllung durch die Herauslösung aus behördlichen Strukturen beitragen. Überdies kann sie eine Beteiligung privater Wirtschaftssubjekte an staatlichen Unternehmen und somit eine (teilweise) materielle Privatisierung vorbereiten.[31]

II. Formwechsel, §§ 301–304 UmwG

14   Als eine Alternative zur Privatisierung durch Ausgliederung zur Aufnahme kommt der in §§ 301 ff. UmwG vorgesehene Formwechsel in Betracht.[32] Die §§ 301 ff. UmwG befassen sich in den §§ 190–213 UmwG mit den Besonderheiten beim **Formwechsel unter Beteiligung von Körperschaften und Anstalten** des öffentlichen Rechts. Während mittels der Spaltung nach §§ 168 ff. UmwG Vermögen von der öffentlichen Hand auf private Rechtsträger übertragen wird, wird beim Formwechsel der öffentlich-rechtliche Rechtsträger selbst **in einen privaten Rechtsträger umgewandelt**. Deshalb scheidet ein Formwechsel allein bei Privatisierungsvorgängen aus, mit denen im Wege einer materiellen Privatisierung öffentliche Aufgaben vollumfänglich auf private Dritte übertragen werden sollen – beim Formwechsel müssen Ausgangs- und Zielrechtsträger identisch sein.[33] Allerdings ist es möglich, und kommt in der Praxis vielfach vor, dass **im Anschluss** an einen Formwechsel (formelle Privatisierung) die Anteile an dem neuen, privatrechtlichen Träger durch einen **Anteilskaufvertrag** vollständig oder teilweise an einen Privaten veräußert werden. Dem Vorgang der formellen Privatisierung folgt dann durch Anteilsverkauf die materielle Privatisierung.

15   Gegenüber der Ausgliederung nach §§ 168 ff. UmwG, bei der nur Gebietskörperschaften und ihre Zusammenschlüsse als Ausgangsrechtsträger beteiligungsfähig sind, ist der in §§ 301 ff. UmwG vorgesehene **Kreis beteiligungsfähiger Rechtsträger** auf sämtliche Körperschaften und Anstalten des öffentlichen Rechts erweitert. Allerdings setzt § 302 Abs. 2 UmwG voraus, dass es sich um einen rechtsfähigen Ausgangsträger handelt. Zudem muss ein solcher Umwandlungsvorgang durch eine entsprechende bundes- oder landesrechtliche Regelung ausdrücklich zugelassen sein (§ 302 Abs. 2 UmwG). Als zulässige Zielrechtsträger kommen gem. § 301 Abs. 1 UmwG zudem nur Kapitalgesellschaften in Betracht. Allerdings steht die einschränkende Regelung des § 301 Abs. 1 UmwG unter

---

[28] Lutter/*H. Schmidt*, Vor § 168 Rn. 3.
[29] Lutter/*H. Schmidt*, Vor § 168 Rn. 3. Bei einer Einzelübertragung finden die Vorschriften des Spaltungsrechts keine Anwendung, vgl. BayObLG 3Z BR 225/98, NZG 1999, 27, 28 und bereits → § 29 Rn. 496.
[30] RegEBegr BR-Drs., S. 132. Vgl. auch Fabry/Augsten/*Fabry*, Teil 3 Rn. 11.
[31] Vgl. *Krölls*, GewArch 1995, 129, 133 ff.; *Suppliet*, Ausgliederung, S. 43.
[32] Näher zum Ganzen → § 38 Rn. 469 ff.
[33] So auch Widmann/Mayer/*Heckschen*, § 168 Rn. 33; anders Kölner Kommentar-UmwG/*Leuering*, § 168 Rn. 3.

dem Vorbehalt, dass „gesetzlich nichts anderes bestimmt ist". Daher können durch Bundes- oder Landesgesetz weitere zulässige Zielrechtsformen festgelegt werden. Dabei hatte der Gesetzgeber insbesondere den Formwechsel bereits genossenschaftlich strukturierter Kreditinstitute vor Augen.[34]

Die Regelungen in den §§ 301 ff. UmwG greifen das praktische Bedürfnis für Umwandlungen von Körperschaften und Anstalten des öffentlichen Rechts in eine privatrechtliche Form auf.[35] **Motive** für solche Umwandlungsvorgänge sind dabei insbesondere die Ermöglichung einer Börseneinführung und damit eines Zugangs zum Kapitalmarkt, die Schaffung effizienterer Unternehmensstrukturen oder die Herbeiführung der Voraussetzungen für eine (vollständige oder teilweise) Anteilsveräußerung oder eine Fusion mit anderen privatrechtlichen Unternehmen.[36] Allerdings kommen solche formwechselnde Umwandlungsvorgänge in der Praxis regelmäßig nicht ohne eine die Detailfragen klärende bundes- oder landesrechtliche Regelung aus, sodass die §§ 301 ff. UmwG von eher geringer praktischer Bedeutung sind.

III. Vermögensübertragung, §§ 174–189 UmwG

Die in den §§ 174–189 UmwG normierte Vermögensübertragung ist in der Praxis vor allem bei der **Rückführung** von Gesellschaften der öffentlichen Hand **in öffentlich-rechtliche Organisationsformen** relevant. Die §§ 174 ff. UmwG treffen Regelungen für einige spezielle Vermögensübertragungen zwischen öffentlich-rechtlichen und privatrechtlichen Rechtsträgern. Im Wesentlichen geht es dabei um die Verstaatlichung von Vermögen; gem. § 175 Nr. 1 UmwG kann nur auf Seiten des übernehmenden Rechtsträgers ein öffentlich-rechtlicher Träger in Form einer Körperschaft beteiligt sein. Es handelt sich dabei in der Regel um das **Gegenteil einer privatisierenden Umwandlung**.[37]

Nur der **Sonderfall nach § 175 Nr. 2c UmwG** betrifft die Konstellation, in der ein öffentlich-rechtliches Versicherungsunternehmen Vermögen auf Versicherungs-Aktiengesellschaften oder auf Versicherungsvereine auf Gegenseitigkeit überträgt.

Im Einzelnen kann für die vom UmwG erfassten Fälle auf die umfangreiche Darstellung weiter oben verwiesen werden.[38] Für sonstige Fälle der Vermögensübertragung gilt die durch § 1 Abs. 2 UmwG eröffnete Gestaltungsfreiheit des Bundes- oder Landesgesetzgebers. Zudem besteht neben den umwandlungsrechtlichen Regelungen weiterhin die Möglichkeit einer Einzelrechtsnachfolge nach allgemeinem Recht.[39]

D. Rechtliche Vorgaben für privatisierende Umwandlungen außerhalb des UmwG

Wie oben bereits erörtert, kann der Bundes- oder Landesgesetzgeber auch Umwandlungsfälle gestalten, die über die im UmwG vorgesehenen Konstellationen hinausgehen.[40] Neben der Ausgliederung und dem Formwechsel nach dem UmwG kommen daher weitere, **durch den Gesetzgeber zu regelnde Modi** zur Durchführung einer Umwandlung in Betracht. Aber auch bei Umwandlungsvorgängen nach dem UmwG sind Sonderregelungen und Grundsätze des öffentlichen Rechts zu beachten, die generell geltende

---

[34] BT-Drs. 12/7265, S. 8; Lutter/*H. Schmidt*, § 301 Rn. 10.
[35] Beispiele für formwechselnde Umwandlungen sind etwa die Umwandlung der Bayerischen Staatsbank in eine AG durch Gesetz vom 23.7.1970 (BayGVBl. 1970 S. 302) sowie die Umwandlung der Landesbank Berlin – Girozentrale – in eine AG durch das Berliner Sparkassengesetz (Berl. SpkG) vom 28.6.2005 (Berl. GVBl. 2005 S. 346).
[36] Lutter/*H. Schmidt*, Vor § 301 Rn. 2; Widmann/Mayer/*Vossius*, § 301 Rn. 5 f.
[37] Widmann/Mayer/*Heckschen*, § 168 Rn. 34.
[38] → § 41.
[39] Kölner Kommentar-UmwG/*Leuering*, § 174 Rn. 4.
[40] → § 74 Rn. 2 ff.

Vorgaben enthalten.[41] Die nachfolgenden Ausführungen sind also zum einen als zusätzliches Korrektiv einer nach dem UmwG vorgenommenen Umwandlung (bereits → Rn. 11 ff.) und zum anderen als Maßgabe für umwandlungsrechtliches Sonderrecht (→ Rn. 57 ff.) relevant.

21 Im Rahmen des öffentlich-rechtlichen Umwandlungsrechts ist bedeutsam, welche **Grenzen** das öffentliche Recht bei der Wahl privatrechtlicher Organisationsformen für die Erfüllung staatlicher Aufgaben setzt. Privatisierungen sind meist als Prozess ausgestaltet, im Zuge dessen sich der Staat immer mehr von einer Erfüllungsverantwortung auf eine Gewährleistungsverantwortung zurückzieht und die in einer materiellen (Voll-)Privatisierung des jeweiligen Bereichs resultieren können.[42] Jeder der Privatisierungsschritte muss für sich genommen öffentlich-rechtlich zulässig sein. Die in diesem Zusammenhang relevanten rechtlichen Schranken ergeben sich dabei vor allem aus dem Verfassungsrecht (→ Rn. 22 ff.) und dem Unionsrecht, namentlich den beihilfrechtlichen und kartellrechtlichen Vorgaben (→ Rn. 36 f.).

I. Verfassungsrecht

22 Im Ausgangspunkt ist festzuhalten, dass das Verfassungsrecht einer Zusammenarbeit mit Privaten und der Privatisierung einzelner staatlicher Aufgaben grundsätzlich nicht entgegensteht.[43] Der Staat darf bei der Erfüllung seiner öffentlichen Aufgaben die Gestaltungsformen und Mittel des Privatrechts wählen, wenn und soweit keine öffentlich-rechtlichen Normen oder Rechtsgrundsätze entgegenstehen.[44]

1. Vorbehalt des Gesetzes

23 Wenn die Privatisierung zu einer Veränderung der Organisationsstruktur oder der Aufgabenträgerschaft führt, wie es sowohl bei der formellen als auch der materiellen Privatisierung der Fall ist, bedarf es nach dem ungeschriebenen organisatorisch-institutionellen Gesetzesvorbehalt einer **parlamentsgesetzlichen Grundlage**.[45]

24 Soll ein privater Rechtsträger als Teil der mittelbaren Staatsverwaltung in begrenztem Umfang hoheitlich handeln (**funktionale Privatisierung**), muss im Zuge der Umwandlung eine **Beleihung** des Zielrechtsträgers erfolgen.[46] Auch bei der Beleihungsentscheidung handelt es sich um eine wesentliche Organisationsentscheidung, die nach dem organisatorisch-institutionellen Gesetzesvorbehalt einer gesetzlichen Grundlage bedarf[47] – entweder in Gestalt einer Beleihung durch Gesetz oder als Beleihung aufgrund Gesetzes. Die gesetzliche Grundlage stellt die erforderliche demokratische Legitimation des Beliehenen her.[48]

25 **Beispiele** für eine solche Beleihung finden sich etwa im Bankenrecht, wenn privatrechtlich verfasste Institute die öffentlichen Aufgaben als Sparkassenzentralbank bzw. Girozen-

---

[41] Vgl. auch Widmann/Mayer/*Heckschen*, § 168 Rn. 41.

[42] *Wolff/Bachof/Stober/Kluth*, § 92 Rn. 43.

[43] *Dreier*, DÖV 2002, 537; Isensee/Kirchhof/*Burgi*, § 75 Rn. 16 ff.; *Wolff/Bachof/Stober/Kluth*, § 92 Rn. 68.

[44] BVerwG 5 B 26/93, BVerwGE 94, 229, 231 = NJW 1994, 1169. Ausführlich dazu auch Hoffmann-Riem/Schmidt-Aßmann/Voßkuhle/*Burgi*, § 18 Rn 64 ff.

[45] Vgl. nur Fabry/Augsten/*Fabry*, Teil 3 Rn. 1. Entsprechende gesetzliche Regelungen finden sich etwa für den Bereich der Abfallentsorgung in § 16 Abs. 2 KrW-/AbfG oder für den Bereich der Abwasserbeseitigung in § 18a Abs. 2a WHG. Allgemein zum organisatorisch-institutionellen Gesetzesvorbehalt → § 74 Rn. 15 ff.

[46] Dazu auch Widmann/Mayer/*Vossius*, § 301 Rn. 13.

[47] BremStGH St 1/01, NVwZ 2003, 81, 82; Isensee/Kirchhof/*Burgi*, § 75 Rn. 24; *Sellmann*, NVwZ 2008, 817, 818; *Wolff/Bachof/Stober/Kluth*, § 90 Rn. 47.

[48] Stelkens/Bonk/Sachs/*Schmitz*, § 1 Rn. 246; *Wolfers/Kaufmann*, DVBl. 2002, 507, 511. Ausführlich zur Beleihung bereits → § 74 Rn. 49 f.

trale wahrnehmen sollen. Entsprechende Regelungen enthalten etwa das Sparkassengesetz für das Land Nordrhein-Westfalen[49] und der Staatsvertrag zur LBBW[50].

2. Demokratische Legitimation

Aus dem Erfordernis demokratischer Legitimation folgt allgemein, dass die Maßnahmen der Staatsgewalt ihren Ausgangspunkt im Willen des Volkes haben und dementsprechend durch das Volk begründet und gerechtfertigt sein müssen.[51] Dabei ist der Begriff der „Staatsgewalt" weit zu verstehen und erfasst auch solche Verhaltensweisen und Äußerungen, die in der Form des Privatrechts erfolgen, aber dem Staat zuzurechnen sind.[52]

So kann die **sachlich-inhaltliche Legitimation** etwa dadurch sichergestellt werden, dass auch der Zielrechtsträger weiterhin öffentlichen Zweckbindungen unterliegt. Im Hinblick auf die fortgesetzte **personelle Legitimation** bei der formellen Privatisierung ist zu berücksichtigen, dass die Verwendung privatrechtlicher Organisationsformen – abhängig von der gewählten Rechtsform, Struktur der Beteiligten und Ausgestaltung der Satzung – zu einer Verringerung staatlicher Einflussmöglichkeiten führen kann.[53] Während die öffentliche Hand in einer GmbH über das Weisungsrecht als Gesellschafter eine enge Kontrolle ausüben kann, sind die Einflussmöglichkeiten bei der AG wegen der gesetzlich vorgesehenen Eigenständigkeit des Vorstandes beschränkter.[54] Ein geeigneter Weg zur Einflussnahme und Rückbindung an den demokratisch legitimierten hoheitlichen Rechtsträger[55] kann beispielsweise die Besetzung des Aufsichtsrats durch diesen sein.

3. Obligatorische Staatsaufgaben

Demgegenüber kommen materielle Privatisierungen für **bestimmte Teilbereiche** hoheitlicher Verwaltung auch unter Wahrung des Gesetzesvorbehalts und des Gebots demokratischer Legitimation von vornherein nicht in Betracht.[56] Diese Teilbereiche sind **untrennbar mit der Verantwortung des Staates verbunden**. Das betrifft hoheitliche Kernbereiche wie z. B. Justiz, Polizei, Bundeswehr, Zoll, Strafvollzug und Steuererhebung.[57]

Darüber hinaus dürfen auch bestimmte Bereiche kommunaler Selbstverwaltung nicht ohne hinreichenden Grund (materiell) privatisiert werden. In diesem Sinne hat das BVerwG entschieden, dass aus der **Garantie kommunaler Selbstverwaltung** in Art. 28 Abs. 2 S. 1 GG folgt, dass sich Gemeinden im Interesse einer wirksamen Wahrnehmung der Angelegenheiten der örtlichen Gemeinschaft nicht ohne weiteres ihrer gemeinwohlorientierten Handlungsspielräume durch materielle Privatisierungen begeben dürfen.[58]

Für den Bereich der **Bundesverwaltung** ergeben sich **Einschränkungen der Organisationswahlfreiheit** zudem **aus den Art. 86 ff. GG**. Zwar kann eine Ausführung von Bundesgesetzen im Sinne des Art. 86 GG auch in privatrechtlicher Handlungsform erfol-

---

[49] § 37 Abs. 1 Sparkassengesetz Nordrhein-Westfalen (SpkG NRW) vom 18.11.2008 (GV.NRW 2008 S. 696).
[50] § 1 Abs. 4 des Staatsvertrags zwischen dem Land Baden-Württemberg und dem Land Rheinland-Pfalz über die Vereinigung der Landesbank Baden-Württemberg und der LRP Landesbank Rheinland-Pfalz (LBBW/LRP Staatsvertrag) vom 17.6.2008 (GVBl. RP 2008 S. 100).
[51] Dazu allgemein → § 74 Rn. 42 ff.
[52] Vgl. nur *Ossenbühl*, ZGR 1996, 504, 510; *Wolff/Bachof/Stober/Kluth*, § 92 Rn. 84; *Wurz/Schraml/Becker*, Abschnitt B Rn. 57.
[53] Hoffmann-Riem/Schmidt-Aßmann/Voßkuhle/*Trute*, § 6 Rn. 75; *Strobel*, DVBl. 2005, 77.
[54] Zu den Möglichkeiten der Sicherung staatlicher Einflussnahme *Gaß*, S. 358 ff.
[55] Vgl. zu dieser „Einwirkungspflicht" grundlegend Hoffmann-Riem/Schmidt-Aßmann/Voßkuhle/*Trute*, § 6 Rn. 76; *Püttner*, DVBl. 1975, 353.
[56] *Gramm*, S. 395 ff.; Hoffmann-Riem/Schmidt-Aßmann/Voßkuhle/*Schulze-Fielitz* § 12 Rn. 95; *Krölls*, GewArch 1995, 129, 135 f.
[57] Isensee/Kirchhof/*Burgi*, § 75 Rn. 11; *Stober*, NJW 2008, 2301, 2304.
[58] BVerwG 8 C 10/08, NVwZ 2009, 1305; zum Ganzen *Katz*, NVwZ 2010, 405.

gen.[59] Die Art. 87 ff. GG stellen aber erhöhte Anforderungen an die Bundesverwaltung, die eine Privatisierung zum Teil ausschließen. So verlangen Art. 87 Abs. 1 S. 1 und Art. 87b Abs. 1 GG einen „eigenen Verwaltungsunterbau" und verbieten damit für die dort genannten Gegenstände, dass der Bund seine Aufgaben durch selbständige Privatrechtssubjekte erfüllt.[60] Es besteht insofern also ein Verbot der Privatisierung. Umstritten ist, ob dieses Verbot in Ausnahmefällen abgrenzbarer, nicht typprägender Teilaufgaben nicht gilt, wenn ein sachlicher Grund für die Privatisierung und eine fortdauernde Anbindung an den Staat vorliegen.[61]

31 Anders ist der Regelungsansatz von Art. 87d bis 87f GG, die für die Bereiche der Luftverkehrsverwaltung, Bahn, Post und Telekommunikation Privatisierungsmöglichkeiten und -pflichten vorsehen. Damit ist zunächst eine formelle und nicht zwingend eine materielle Privatisierung gemeint.[62]

4. Beamtenrechtlicher Funktionsvorbehalt: Art. 33 Abs. 4 GG

32 Eng verbunden mit der Frage obligatorischer Staatsaufgaben als Schranke der Privatisierung ist der in **Art. 33 Abs. 4 GG** verankerte beamtenrechtliche Funktionsvorbehalt.

33 Neben der in Art. 33 Abs. 4 GG verankerten Institutsgarantie der hergebrachten Grundsätze des Berufsbeamtentums soll diese Regelung auch sicherstellen, dass **hoheitsrechtliche Befugnisse** regelmäßig Angehörigen des öffentlichen Dienstes vorbehalten sind, die in einem Dienst- und Treueverhältnis zum Staat stehen.[63] Dies betrifft insbesondere Justizverwaltung, Polizei, Bundeswehr, Zoll, Strafvollzug und Steuererhebung.[64] Der in der Vorschrift angelegte beamtenrechtliche Funktionsvorbehalt unterliegt allerdings bereits seinem Wortlaut nach einem organisatorischen **Gestaltungsspielraum**, indem die Ausübung hoheitsrechtlicher Befugnisse „als ständige Aufgabe" „in der Regel" Beamten zu übertragen ist. Danach sind Abweichungen vom Grundsatz des Funktionsvorbehalts zulässig, wenn es bei der jeweiligen Aufgabe im Einzelfall legitime Gründe hierfür gibt und der Schwerpunkt hoheitlicher Aufgabenerledigung Beamten vorbehalten bleibt.[65] Maßgebliche Kriterien im Rahmen dieser Beurteilung sind insbesondere die Intensität der bei der Aufgabenwahrnehmung eingesetzten hoheitlichen Mittel sowie das Vorliegen eines Sanktionscharakters.[66]

34 Im Grundsatz gilt daher, dass Art. 33 Abs. 4 GG gerade die Ausübung hoheitlicher Befugnisse voraussetzt.[67] Wo derartige Befugnisse nicht geboten sind und folglich eine Privatisierung in Betracht kommt, zieht Art. 33 Abs. 4 GG **in der Regel keine eigene Privatisierungsgrenze**. Allerdings sind die Statusrechte der Beamten auch bei einer Privatisierung zu wahren.[68]

---

[59] Maunz/Dürig/*Ibler*, Art. 86 Rn. 49. Siehe auch Art. 87e GG, der in Abs. 1 zwar eine bundeseigene Verwaltung für die Bundeseisenbahn vorschreibt, aber in Abs. 3 gleichzeitig ausdrücklich anordnet, dass die Eisenbahnen des Bundes als Wirtschaftsunternehmen in privatrechtlicher Form zu führen sind.

[60] Maunz/Dürig/*Ibler*, Art. 87 Rn. 55.

[61] Dafür Sodan/*Haratsch*, Art. 87 Rn. 2 und für den Auswärtigen Dienst Dreier/*Hermes*, Art. 86 Rn. 34 ff.; Jarass/Pieroth/*Pieroth*, Art. 87 Rn. 15 und v. Mangoldt/Klein/Starck/*Burgi*, Art. 87 Rn. 24; und 46 ff.; kritisch Maunz/Dürig/*Ibler*, Art. 87 Rn. 55.

[62] Vgl. Art. 87e Abs. 3 GG: „Eisenbahnen des Bundes werden als Wirtschaftsunternehmen in privat-rechtlicher Form geführt. [... D]ie Mehrheit der Anteile an diesem Unternehmen verbleibt beim Bund."

[63] Wolff/Bachof/Stober/*Kluth*, § 92 Rn. 40.

[64] Di Fabio, JZ 1999, 585, 591; *Krölls*, GewArch 1995, 129, 135; *Schoch*, NVwZ 1994, 962, 963.

[65] Maunz/Dürig/*Badura*, Art. 33 Rn. 55.

[66] Isensee/Kirchhof/*Burgi*, § 75 Rn. 21; *Thiele*, Der Staat 49 (2009), 274.

[67] Dazu auch *Kämmerer*, S. 214.

[68] Näher dazu → Rn. 47 ff.

II. Europarecht

Neben den verfassungsrechtlichen Determinanten als Schranken privatisierender Umwandlungsvorgänge ist der nationale Gesetzgeber auch an unionsrechtliche Vorgaben gebunden.[69] **Art. 345 AEUV** bestätigt das Recht der Mitgliedstaaten zur Anordnung von Privatisierungsmaßnahmen.[70] Allerdings sind im Rahmen eigentumsbezogener Maßnahmen die übrigen Bestimmungen des Unionsrechts und damit insbesondere die beihilfe- und kartellrechtlichen Vorgaben zu beachten.[71] 35

Beispielsweise kann die Ausgliederung von Eigen- und Regiebetrieben ggf. in einer Kapitalzufuhr mit **Beihilfecharakter** resultieren.[72] Dies ist etwa der Fall, wenn die Ausgliederung eines nicht überschuldeten Regie- und Eigenbetriebs auf einen überschuldeten (privaten) Rechtsträger insbesondere zum Zweck der Sanierung des Zielrechtsträgers erfolgt.[73] Aus Art. 108 Abs. 3 AEUV folgt die Pflicht staatlicher Einrichtungen, vor der Gewährung einer Beihilfe die Europäische Kommission zu informieren. Wird dieser Notifizierungspflicht nicht nachgekommen, ist die Beihilfe bereits formell rechtswidrig.[74] 36

Das Registergericht ist als staatliche Einrichtung gehalten, im Rahmen des Eintragungsverfahrens die Erfüllung der Notifizierungspflicht in den Fällen nachzuprüfen, in denen die Ausgliederung hierzu offensichtlich Anlass gibt.[75] 37

E. Folgen von Privatisierungen für Beschäftigte

Im Hinblick auf die Konsequenzen privatisierender Umwandlungsvorgänge für Beschäftigte ist zwischen den Arbeitnehmern und Angestellten im öffentlichen Dienst einerseits und den Beamten andererseits zu differenzieren.[76] Die Arbeitsverhältnisse der Arbeitnehmer und Angestellten gehen bei übertragenden Umwandlungen nach dem UmwG gem. § 324 UmwG i. V. m. § 613a BGB über; bei spezialgesetzlich ausgestalteten Umwandlungsvorgängen gelten ähnliche Vorgaben (→ Rn. 39 ff.). Die Weiterbeschäftigung von Beamten nach einer Privatisierung erweist sich hingegen als schwieriger, da § 613a BGB nicht anwendbar ist und der private Rechtsträger keine Dienstherrnfähigkeit hat. Für die Überleitung von Beamten sind daher Vereinbarungen mit den Betroffenen oder ggf. auch gesetzliche Regelungen erforderlich (→ Rn. 47 ff.). 38

I. Übergang der Arbeitsverhältnisse

1. Überleitung nach § 324 UmwG i. V. m. § 613a BGB

§ 613a BGB regelt die Folgen des Übergangs eines Betriebs oder Betriebsteils für die Arbeitsverhältnisse, wenn der Übergang auf einen anderen Inhaber „durch Rechtsgeschäft" 39

---

[69] → § 74 Rn. 71 ff.
[70] Ausführlich zu Art. 345 AEUV *Voland*, EuR 2014, 237 ff.
[71] EuGH C-350/92, GRUR Int 1995, 906, 907; EuGH 182/83, BeckEuRS 1984, 111922; vgl. auch *Badura*, ZGR 1997, 291, 296; *Wilms*, S. 172.
[72] Semler/Stengel/*Perlitt*, § 168 Rn. 90; *Suppliet*, NotBZ 1997, 141, 148. Allgemein zum Beihilfenbegriff → § 74 Rn. 82 ff. und § 77 Rn. 43.
[73] *Suppliet*, NotBZ 1997, 141, 148.
[74] Calliess/Ruffert/*Cremer*, Art. 108 AEUV Rn. 12; *Schröder*, ZIP 1996, 2097, 2101.
[75] ABl. 1993 Nr. C 307/3, Ziff. 33. Das ist angesichts des Wortlauts von Art. 108 Abs. 3 AEUV zweifelhaft, soweit solchen Maßnahmen die Beihilfeeigenschaft fehlt. Eine Anmeldung sollte angesichts des Rückforderungsrisikos in solchen Konstellationen aber auch im Interesse der die Beihilfenvergabe beabsichtigenden staatlichen Stelle sowie des Begünstigten liegen. Vgl. auch Semler/Stengel/*Perlitt*, § 168 Rn. 91.
[76] Zu den personellen Folgen von Umwandlungen innerhalb der öffentlichen Hand → § 75 Rn. 66 ff. sowie bei Rekommunalisierungen → § 77 Rn. 60 ff.

erfolgt.⁷⁷ Zwar erfolgt der Übergang bei Umwandlungsvorgängen im Wege der Gesamtrechtsnachfolge und nicht auf Grundlage eines Rechtsgeschäfts. Mit der Regelung des § 324 UmwG hat der Gesetzgeber jedoch klargestellt, dass § 613a Abs. 1, 4–6 BGB auch auf die in § 1 Abs. 1 Nr. 1–3 UmwG genannten übertragenden Umwandlungsarten (Verschmelzung, Spaltung, Vermögensübertragung) Anwendung findet, soweit die Voraussetzungen eines Betriebsübergangs im Einzelfall vorliegen.⁷⁸

40 **a) Anwendungsbereich.** Die Bestimmungen zum Betriebsübergang nach § 324 UmwG i. V. m. § 613a BGB sind daher im Rahmen privatisierender Umwandlungen nach dem UmwG **nur** für die **Ausgliederung** nach §§ 168 ff. UmwG relevant. Demgegenüber ist § 324 UmwG nach Wortlaut und Sinn der Regelung **nicht** auf **formwechselnde Umwandlungen** anwendbar. Beim Formwechsel ist nur ein Rechtsträger beteiligt, der unter Wahrung seiner Identität lediglich seine Rechtsform wechselt.⁷⁹ Daher führt ein Formwechsel nicht zu einem Betriebsübergang im Sinne von § 613a BGB.⁸⁰ Folglich bringt eine privatisierende Umwandlung im Wege des Formwechsels für die Arbeitnehmer in der Regel keine Veränderungen mit sich; vielmehr gelten die Rechte und Pflichten aus den Arbeitsverhältnissen nach dem Formwechsel gegenüber dem Rechtsträger in neuer Rechtsform fort.⁸¹

41 **b) Individualarbeitsrechtliche Folgen.** Die Arbeitsverhältnisse der im ursprünglich öffentlich-rechtlich organisierten Unternehmen beschäftigten Personen gehen bei der Ausgliederung gem. § 613a Abs. 1 S. 1 BGB mit sämtlichen Rechten und Pflichten auf den privaten Rechtsträger über.⁸² Damit schuldet der privatisierte Rechtsträger neben der bisherigen Vergütung auch Nebenleistungen, wie Sonderzuwendungen oder Beihilfen.⁸³

42 Nach § 613a Abs. 6 BGB sind die von der Privatisierung betroffenen Arbeitnehmer jedoch berechtigt, dem Übergang ihrer Arbeitsverhältnisse innerhalb eines Monats nach Zugang einer entsprechenden Unterrichtung ohne Angabe von Gründen zu **widersprechen**.⁸⁴ Widersprechen einzelne Arbeitnehmer dem Übergang, gehen deren Arbeitsverhältnisse nicht auf den privatisierten Rechtsträger über, sondern verbleiben bei dem ursprünglichen Rechtsträger.⁸⁵ Der Arbeitnehmer setzt sich jedoch bei Ausübung des Widerspruchsrechts dem Risiko einer **betriebsbedingten Kündigung** aus, wenn eine Weiterbeschäftigung bei dem Ausgangsrechtsträger mangels Verfügbarkeit eines Arbeits-

---

⁷⁷ Zur Anwendbarkeit der allgemeinen Vorschriften der §§ 611 ff. BGB auf die Arbeitsverhältnisse im öffentlichen Dienst StaudingerBGB/*Richardi*/*Fischinger*, § 611 Rn. 334 sowie bereits → § 75 Rn. 67.
⁷⁸ BT-Drs. 12/7850, S. 145 sowie bereits→ § 75 Rn. 68.
⁷⁹ RegEBegr. BR-Drs. 75/94, S. 136 sowie bereits → § 38 Rn. 1, 470.
⁸⁰ Lutter/*Joost*, § 324 Rn. 14; Widmann/Mayer/*Wälzholz*, § 324 Rn. 13. Vgl. auch BAG 8 AZR 416/99, ZIP 2000, 1630, 1633. In Einzelfällen muss indes geprüft werden, ob im Hinblick auf die Fortgeltung von Pensionsvereinbarungen der bloße Rechtsformwechsel doch relevant ist. Das kann in solchen Fällen der Fall sein, in denen Vereinbarungen oder bestimmte Bedingungen für Pensionen oder Pensionsabsicherungen gerade von der öffentlich-rechtlichen Rechtsform abhängen. In der Praxis haben sich hierzu bestimmte Sonderlösungen etabliert.
⁸¹ Vgl. § 202 Abs. 1 Nr. 1 UmwG. Dies klarstellend etwa § 2 Abs. 1 der Verordnung zur Umwandlung der Betriebsanstalt LBK Hamburg in eine Kapitalgesellschaft vom 4.1.2005 (HmbGVBl. 2005 S. 4).
⁸² BAG 8 AZR 416/99, ZIP 2000, 1630, 1633 f.; Kölner Kommentar-UmwG/*Leuering*, § 168 Rn. 44; *Lepper*, RNotZ 2006, 313, 328; *Steuck*, NJW 1995, 2887, 2890; *Suppliet*, Ausgliederung, S. 69.
⁸³ *Schaub*, WiB 1996, 97, 99; Widmann/Mayer/*Heckschen*, § 168 Rn. 478. Zur Problematik des Fortbestands der Zusatzversorgung im öffentlichen Dienst bei der Versorgungsanstalt des Bundes und der Länder Kölner Kommentar-UmwG/*Leuering*, § 168 Rn. 47 m. w. N.
⁸⁴ *Steuck*, NJW 1995, 2887, 2890; Widmann/Mayer/*Heckschen*, § 168 Rn. 477. So auch RegEBegr. BR-Drs. 75/94, S. 121.
⁸⁵ *Gaß*, S. 245; *Lepper*, RNotZ 2006, 313, 329.

platzes nicht möglich ist.[86] Erfolgt die Ausgliederung unmittelbar aus dem Vermögen einer Gebietskörperschaft, dürfte indes häufig von einer Weiterbeschäftigungsmöglichkeit auszugehen sein, wenn man die gesamte Gebietskörperschaft als potentiellen Arbeitgeber in den Blick nimmt.

Gem. § 613a Abs. 4 S. 1 BGB ist die Kündigung des Arbeitsverhältnisses sowohl durch **43** den Ausgangs- als auch durch den Zielrechtsträger wegen des Betriebsübergangs unzulässig. Personen-, verhaltens- und betriebsbedingte Kündigungen sind aber nach wie vor möglich (§ 613a Abs. 4 S. 2 BGB).

c) Fortgeltung der auf das Arbeitsverhältnis anwendbaren Kollektivnormen.
§ 324 UmwG betrifft – ebenso wie § 613a BGB – primär Rechtsfragen des Einzelarbeits- **44** verhältnisses. Für den Fall jedoch, dass **tarifvertragliche Regelungen** oder Betriebsvereinbarungen nach kollektivarbeitsrechtlichen Bestimmungen nicht mit auf den Übernehmer des Betriebsübergangs übergehen, werden diese nach § 613a Abs. 1 S. 2–4 BGB zum Inhalt des einzelvertraglichen Arbeitsverhältnisses transformiert.[87]

2. Übertragung kraft gesetzlicher Regelung

Die Anordnung der Anwendbarkeit des § 613a BGB durch § 324 UmwG betrifft zudem **45** nur die im UmwG geregelten Umwandlungsformen und gilt nicht für die auf Gesetz oder Hoheitsakt beruhenden Umwandlungsvorgänge außerhalb des UmwG.[88] Für privatisierende Umwandlungsvorgänge **außerhalb des UmwG** sind mangels Anwendbarkeit der gesetzlichen Rechtsfolgen des § 613a BGB **anderweitige Gestaltungen** des Übergangs der Arbeitsverhältnisse durch gesetzliche Regelungen zu treffen.[89] Weitreichende Abweichungen von den in dieser Vorschrift vorgesehenen Grundsätzen scheiden aber in der Praxis aufgrund rechts- und personalpolitischer Erwägungen in der Regel aus.[90]

Dies gilt insbesondere für das in § 613a Abs. 6 BGB vorgesehen **Widerspruchsrecht**. **46** Nach einer aktuellen Entscheidung des Bundesverfassungsgerichts ist es verfassungsrechtlich unzulässig, eine gesetzliche Überleitung von Arbeitsverhältnissen ohne die Einräumung eines dem § 613a Abs. 6 BGB vergleichbaren Widerspruchsrechts auszugestalten, wenn es aufgrund der Überleitung zu einem gesetzlich angeordneten Wechsel von einem öffentlichen Arbeitgeber zu einem privaten Arbeitgeber, mithin (jedenfalls) zu einer formellen Privatisierung, kommt.[91] Zu berücksichtigen ist jedoch, dass das Widerspruchsrecht bei Verschmelzungen, Aufspaltungen und Vermögensvollübertragungen ins Leere geht, da das übertragende Unternehmen in diesen Fällen erlischt.[92] Bei den in der Vergangenheit aufgrund einer landesgesetzlichen Regelung durchgeführten Privatisierungen wurden in den Landesgesetzen regelmäßig die Grundsätze des § 613a BGB nachgebildet oder es erfolgte direkt ein Verweis auf diese Norm.[93]

---

[86] *Gaß*, S. 245. Dies gilt auch im Rahmen der Ausgliederung eines öffentlichen Betriebs, soweit der ausgliedernde Rechtsträger keine weiteren, dem ausgegliederten Betrieb ähnliche Einrichtungen betreibt, vgl. BAG 8 AZR 416/99, ZIP 2000, 1630, 1635.
[87] Lutter/*Joost*, § 324 Rn. 31 ff.; *Schaub*, WiB 1996, 97, 98 ff.; Widmann/Mayer/*Wälzholz*, § 324 Rn. 12. Oftmals finden sich jedoch bereits in den jeweiligen gesetzlichen Regelungen Bestimmungen, in denen die Fortgeltung der Dienstvereinbarungen als Betriebsvereinbarungen angeordnet werden, vgl. nur § 13 Berl. SpkG, der die Fortgeltung der Dienstvereinbarungen anordnet.
[88] BAG 8 AZR 124/05, NZA 2006, 848; BAG 9 AZR 95/00, NZA 2001, 1200, 1202 sowie bereits → § 75 Rn. 68.
[89] Vgl. z. B. § 3 des Staatsvertrags zwischen der Freien und Hansestadt Hamburg und dem Land Schleswig-Holstein über die Verschmelzung der Landesbank Schleswig-Holstein Girozentrale und der Hamburgischen Landesbank – Girozentrale – auf eine Aktiengesellschaft (HSH-Nordbank Staatsvertrag) vom 22.5.2003 (HmbGVBl. 2003 S. 119).
[90] → § 75 Rn. 70.
[91] BVerfG 1 BvR 1741/09, BVerfGE 128, 157 = NJW 2011, 1427.
[92] Hoppe/Uechtritz/Reck/*Schuster*/Lorenzen, § 12 Rn. 51 m. w. N.
[93] So z. B. § 14 Abs. 1 des Gesetzes zur Errichtung der Betriebsanstalt LBK Hamburg vom 17.12.2004 (HmbGVBl. 2004 S. 487).

II. Weiterbeschäftigung von Beamten

47 Demgegenüber gestaltet sich die **Überleitung von Beamten** auf ein Unternehmen in privatrechtlicher Rechtsform **wesentlich schwieriger**. Eine Weiterbeschäftigung durch Übernahme der Beamten nach § 613a BGB scheidet aus, da die Regelung nur privatrechtliche Arbeitsverhältnisse erfasst, Beamte aber in einem öffentlich-rechtlich ausgestalteten Dienst- und Treueverhältnis zu ihrem Dienstherrn stehen.[94] Dem übernehmenden privatrechtlichen Rechtsträger fehlt zudem die Dienstherrnfähigkeit, sodass die Beamtenverhältnisse nicht von der Gesamtrechtsnachfolge des Umwandlungsvorgangs erfasst sein können.[95] Auch das UmwG stellt für diese Problematik keine Lösungsansätze bereit – § 324 UmwG ist seinem Anwendungsbereich nach auf die unter § 613a BGB fallenden privatrechtlichen Arbeitsverhältnisse beschränkt. Vor diesem Hintergrund sind für die Weiterbeschäftigung von Beamten in privatisierten Rechtsträgern vier Lösungsmodelle entwickelt worden.

1. Entlassung

48 In Betracht kommt zunächst die Entlassung des Beamten aus dem Beamtenverhältnis und die anschließende Begründung eines privatrechtlichen Arbeitsverhältnisses.[96] Die betroffenen Beamten werden jedoch in der Regel nicht bereit sein, ihren gesicherten Beamtenstatus zu Gunsten eines privatrechtlichen Arbeitsverhältnisses aufzugeben.[97] Da die Entlassung aus dem Beamtenverhältnis aber von der **Mitwirkung des Beamten** in Form eines entsprechenden Antrags abhängt (§ 33 BBG), ist dieser Lösungsansatz praktisch kaum umsetzbar.[98]

49 Denkbar wäre dies allenfalls bei einer Zusicherung gegenüber dem Beamten, durch das neu abzuschließende privatrechtliche Arbeitsverhältnis nicht schlechter gestellt zu werden.[99] Dies würde neben dem Ausgleich der Differenz zwischen früherer Bruttobesoldung und künftiger Bruttoentlohnung auch die Zahlung der erforderlichen Beiträge für eine Nachversicherung in der gesetzlichen Rentenversicherung sowie regelmäßig auch zusätzliche Garantien etwa hinsichtlich des Bestehens von Rückkehrmöglichkeiten implizieren.[100] Das Modell ist daher jedenfalls mit erheblichen finanziellen Aufwendungen verbunden.[101]

2. Sonderurlaub

50 Als weiterer Lösungsweg steht die Gewährung von Sonderurlaub und die Begründung eines privatrechtlichen Arbeitsverhältnisses mit dem privatisierten Unternehmen für die Zeit der Beurlaubung zur Verfügung.[102] Ähnlich wie das zuvor dargestellte Modell der Entlassung des Beamten erscheint aber auch dieser Lösungsweg **wenig praktikabel**. Denn die Beurlaubung erfordert ebenfalls einen entsprechenden Antrag des Beamten und damit

---

[94] Widmann/Mayer/*Heckschen*, § 168 Rn. 484.
[95] Dienstherrnfähigkeit kommt nur dem Bund, den Ländern, Gemeinden, Gemeindeverbänden sowie sonstigen Körperschaften, Anstalten und Stiftungen des öffentlichen Rechts zu → § 75 Rn. 73.
[96] So geht etwa § 1 Abs. 1 des Gesetzes zur Übernahme der Beamten und Arbeitnehmer der Bundesanstalt für Flugsicherung vom 23.7.1992 (BGBl. 1992 I S. 1370) von der Möglichkeit des Ausscheidens im Rahmen der Privatisierung der Flugsicherung aus. Eine ähnliche Regelung findet sich in § 12 Abs. 2 des Deutsche Bahn Gründungsgesetzes (DBGrG) vom 27.12.1993 (BGBl. 1993 I S. 2378) im Zusammenhang mit der Bahnprivatisierung.
[97] Widmann/Mayer/*Heckschen*, § 168 Rn. 492; *Steuck*, NJW 1995, 2887, 2891; *Schaub*, WiB 1996, 97, 98.
[98] *Steuck*, NJW 1995, 2887, 2891.
[99] *Schaub*, WiB 1996, 97, 98; Semler/Stengel/*Perlitt*, § 168 Rn. 98; *Steuck*, NJW 1995, 2887, 2891.
[100] *Gaß*, S. 260 f.; *Steuck*, NJW 1995, 2887, 2891; Widmann/Mayer/*Heckschen*, § 168 Rn. 492.
[101] Widmann/Mayer/*Heckschen*, § 168 Rn. 493.
[102] Spezielle Beurlaubungsregelungen finden sich etwa im Zusammenhang mit der Bahn- und Postprivatisierung in § 12 Abs. 1 DBGrG sowie § 4 Abs. 3 des Postpersonalrechtsgesetzes (PostPersRG) vom 14.9.1994 (BGBl. 1994 I S. 2325).

dessen Einverständnis. Zu einem solchen Antrag wird der Beamte nur bei entsprechender Absicherung bereit sein.[103] Neben den mit derartigen Zusicherungen verbundenen finanziellen Nachteilen ist bei diesem Modell zudem zu berücksichtigen, dass eine Urlaubsregelung immer nur zeitlich befristet ist und daher keine dauerhafte Lösung darstellt.[104]

3. Dienstüberlassung

Angesichts der mit den beiden zuvor aufgeführten Modellen einhergehenden Folgen und Beschränkungen wurde das Dienstüberlassungsmodell entwickelt. In diesem geht nicht der Beamte selbst, sondern kraft Vertrages dessen Dienstleistung auf den übernehmenden Rechtsträger über.[105] Die Gegenleistung für diese Überlassung besteht in der Erstattung der für Besoldung, Versorgung und andere vermögensrechtliche Ansprüche tatsächlich angefallenen Aufwendungen durch den privaten Rechtsträger gegenüber dem öffentlich-rechtlichen Dienstherrn.[106] Dieses Modell setzt notwendigerweise den **Fortbestand des Dienst- und Weisungsverhältnisses zwischen dem Beamten und seinem Dienstherrn** voraus. Der Beamte erbringt seine Dienstleistungen mithin unverändert für seinen Dienstherrn – dem privaten Rechtsträger stehen keine Dienstherrnbefugnisse zu.[107]

Für den privatisierten Zielrechtsträger kann dieses Modell jedoch unattraktiv sein, weil der bisherige **Dienstherr weiterhin Weisungsrechte** besitzt und somit in die organisatorischen Abläufe hineinregieren kann.[108]

Das gilt speziell im Fall der materiellen Privatisierung, bei der die Aufgabenwahrnehmung gerade aus dem öffentlichen Sektor herausgelöst werden soll. Demgegenüber ist der fortbestehende Einfluss des Dienstherrn im Rahmen einer formellen Privatisierung oder einer Teilprivatisierung, bei der die Mehrheit der Anteile in öffentlicher Hand verbleiben, folgerichtig und führt auch in der Praxis zu keinen Spannungen. Denn der öffentlich-rechtliche Anteilsinhaber ist ohnehin berechtigt und sogar verpflichtet, auf das Unternehmen einzuwirken.[109] In allen Fällen könnten ggf. Weisungen gegenüber Beamten die effektive Umsetzung unternehmerischer Entscheidungen erschweren.[110]

4. Zuweisung

Als **praktikabelste Lösungsmöglichkeit** für die Weiterbeschäftigung von Beamten in privatisierten Rechtsträgern erweist sich im Ergebnis das Zuweisungsmodell. Bei diesem bleibt – wie im Dienstüberlassungsmodell – zwar das Beamtenverhältnis als solches bestehen. Allerdings überträgt der Dienstherr seinen Dienstleistungsanspruch gegen den Beamten und auch die daraus resultierende Weisungsbefugnis auf den privaten Rechtsträger.[111] Eine solche **Delegation der Weisungsbefugnis** erfordert jedoch insbesondere mit Blick auf die verfassungsrechtlich verankerte Regelung des Art. 33 Abs. 5 GG die Schaffung entsprechender gesetzlicher Rechtsgrundlagen.[112]

---

[103] *Steuck*, NJW 1995, 2887, 2891.
[104] *Gaß*, S. 261; *Klein/Uckel/Ibler*, 54.22; *Steuck*, NJW 1995, 2887, 2891; Widmann/Mayer/*Heckschen*, § 168 Rn. 492.
[105] Das BVerwG hat dieses Modell bereits gebilligt: BVerwG 2 C 84/81, BVerwGE 69, 303, 308 ff. = NVwZ 1985, 197. In dem zugrundeliegenden Fall ging es um die Überlassung von Dienstleistungen beamteter Busfahrer der Deutschen Bundesbahn an Gesellschaften des Privatrechts.
[106] *Steuck*, NJW 1995, 2887, 2891; Widmann/Mayer/*Heckschen*, § 168 Rn. 495. Für ein Muster eines solchen Dienstüberlassungsvertrags vgl. *Klein/Uckel/Ibler*, 54.24.
[107] BVerwGE 69, 303, 308 ff. = NVwZ 1985, 197; *Steuck*, NJW 1995, 2887, 2891.
[108] *Schaub*, WiB 1996, 97, 98; Semler/Stengel/*Perlitt*, § 168 Rn. 98; *Steuck*, NJW 1995, 2887, 2891.
[109] → Rn. 27. In diesem Sinne auch Widmann/Mayer/*Heckschen*, § 168 Rn. 496.
[110] *Gaß*, S. 262; *Lepper*, RNotZ 2006, 313, 329; Semler/Stengel/*Perlitt*, § 168 Rn. 98; *Steuck*, NJW 1995, 2887, 2891.
[111] Semler/Stengel/*Perlitt*, § 168 Rn. 99; Widmann/Mayer/*Heckschen*, § 168 Rn. 497.
[112] Vgl. Blanke/Fedder/*Sterzel*, Teil 6 Rn. 200 ff.; *Steuck*, NJW 1995, 2887, 2891 f.; Widmann/Mayer/*Heckschen*, § 168 Rn. 497 f.

55 **Beispiele** für derartige gesetzliche Regelungen sind die Bestimmungen zur Umwandlung der Bundeseisenbahnen und des Sondervermögens Deutsche Bundespost in private Wirtschaftsunternehmen.[113] Nach Art. 143a Abs. 1 S. 3 GG können Beamte der Bundeseisenbahnen durch Gesetz unter Wahrung ihrer Rechtsstellung und der Verantwortung des Dienstherrn einer privatrechtlich organisierten Eisenbahn des Bundes zur Dienstleistung zugewiesen werden.[114] Auch die bei der Deutschen Bundespost tätigen Bundesbeamten werden nach Art. 143b Abs. 3 S. 1 GG unter Wahrung ihrer Rechtsstellung und der Verantwortung des Dienstherrn bei den privatisierten Unternehmen beschäftigt.[115]

56 Eine **allgemeine Zuweisungsbestimmung** besteht mit § 20 Abs. 2 BeamtStG auf Landesebene bzw. § 29 Abs. 2 BBG auf Bundesebene bislang allein im Rahmen einer Organisationsprivatisierung. Nach diesen Vorschriften können Beamte einer Dienststelle, die ganz oder teilweise in eine öffentlich-rechtlich organisierte Einrichtung ohne Dienstherrnfähigkeit oder eine privatrechtlich organisierte Einrichtung der öffentlichen Hand umgewandelt wird, ohne ihre Zustimmung mit einer ihrem bisherigen Amt entsprechenden Tätigkeit bei der neuen Einrichtung eingesetzt werden.[116]

F. Gestaltungsmöglichkeiten für privatisierende Umwandlungsvorgänge außerhalb des UmwG

57 Wie oben gezeigt, regelt das UmwG nur einen eng begrenzten Kanon an privatisierenden Umwandlungsprozessen. Auch im Rahmen der Durchführung von Privatisierungen ist mithin der in § 1 Abs. 2 UmwG statuierte Regelungsvorbehalt zugunsten der Bundes- und Landesgesetzgebung von großer Bedeutung.[117] Auf Grundlage **spezieller bundes- und landesrechtlicher Regelungen** können Umwandlungsvorgänge unter Beteiligung der öffentlichen Hand durchgeführt werden, die über das UmwG hinausgehen.[118]

58 Hinsichtlich der **Gestaltungsmöglichkeiten**, die dem Gesetzgeber in Bezug auf den Umwandlungsvorgang selbst zukommen, kann auf die entsprechenden Ausführungen im Rahmen der Umwandlungen zwischen öffentlich-rechtlichen Rechtsträgern verwiesen werden.[119] **Besonderheiten** ergeben sich bei der gesetzlichen Gestaltung privatisierender Umwandlungsvorgänge demgegenüber allerdings regelmäßig dann, wenn dieser Vorgang die Neugründung eines privatrechtlich organisierten Rechtsträgers als Zielrechtsträger umfasst. Anders als bei der Gründung öffentlich-rechtlicher Rechtsträger, bei denen der Gesetzgeber eine weitgehende Gestaltungsfreiheit hat,[120] ist er bei der Gründung privatrechtlicher Rechtsträger an die gesetzlichen Vorgaben des Gesellschaftsrechts gebunden. Da der Bund gem. Art. 74 Abs. 1 Nr. 11 GG für das Gründungsrecht privatrechtlicher Gesellschaftsformen zuständig ist, kann der Landesgesetzgeber insofern keine abweichenden Regelungen treffen.[121] Aber auch ein bundesrechtliches Sondergesellschaftsrecht für priva-

---

[113] Ziel dieser Regelungen ist es verfassungsrechtlichen Bedenken gegen die Weiterbeschäftigung von Beamten in den privatisierten Unternehmen von vornherein den Boden zu entziehen; vgl. BT-Drs. 12/5015 sowie BT-Drs. 12/7269, S. 5 f.
[114] Die Ausgestaltung der Personalüberleitung im Einzelnen findet sich in einfachgesetzlichen Regelungen, etwa § 12 Abs. 4 S. 2 DBGrG, nach dem die Deutsche Bahn AG zur Ausübung des Weisungsrechts befugt ist, soweit die Dienstausübung im Betrieb dies erfordert. Detailliert dazu Blanke/Fedder/*Sterzel*, Teil 6 Rn. 240 ff.
[115] Die einfachgesetzliche Ausgestaltung bei der Post erfolgte im PostPersRG, vgl. zu den Einzelheiten Blanke/Fedder/*Sterzel*, Teil 6 Rn. 252 ff.
[116] Dazu ausführlich Blanke/Fedder/*Sterzel*, Teil 6 Rn. 208 ff.
[117] Ausführlich → § 74 Rn. 3 ff. Vgl. auch *Kämmerer*, S. 274.
[118] Beispiele finden sich etwa in Art. 1a Abs. 1 des Gesetzes über die Bayerische Landesbank (BayLaBG) vom 1.2.2003 (BayGVBl. 2003 S. 54) oder in § 1 Abs. 1 HSH-Nordbank Staatsvertrag.
[119] → § 75 Rn. 6 ff.
[120] → § 75 Rn. 7.
[121] Dazu bereits → § 74 Rn. 29.

tisierte Unternehmen wäre in erhöhtem Maße begründungsbedürftig und ist im Regelfall nicht zu erwarten.[122]

I. Formwechsel zu privatrechtlichen Rechtsformen

Bei dem Formwechsel besteht die Möglichkeit, über § 301 UmwG hinaus durch spezialgesetzliche Regelungen andere Ausgangsträger als Anstalten oder Körperschaften festzulegen. Dies verdeutlicht bereits der Regelungsvorbehalt in der Vorschrift selbst.[123]

Nach § 302 S. 1 UmwG sind der Ablauf und die weiteren Voraussetzungen des Formwechselverfahrens primär nach dem für die umzuwandelnde Rechtsperson maßgeblichen Bundes- oder Landesrecht zu bestimmen. Durch diese Vorschriften ist bei dem Formwechsel eine **Regelung der wesentlichen Aspekte in erheblichem Umfang erforderlich**.[124] Das Gesetz nennt insoweit beispielhaft die Art und Weise des Abschlusses des Gesellschaftsvertrages oder der Feststellung der Satzung, die Bestimmung der Anteilsinhaber sowie der Personen, die den Gründern gleichstehen.[125] Darüber hinaus bedarf es aber weiterer Regelungen, die in den §§ 301–304 UmwG nicht erwähnt sind, etwa über die Erforderlichkeit eines Umwandlungsberichts und dessen inhaltliche Mindestanforderungen, die Notwendigkeit eines Umwandlungsbeschlusses oder dessen Ersetzung durch Hoheitsakt und ggf. die Zuständigkeit für den Beschluss.[126]

Der Regelungsvorbehalt nach § 302 UmwG erfasst nicht bestimmte Vorschriften zum Schutz des Kapitals, der Gläubiger und der Anteilseigner.[127] Auch der Wirksamkeitszeitpunkt nach § 304 UmwG ist **zwingend** und kann nicht durch öffentlich-rechtliche Regelungen abgeändert werden.[128]

II. Verschmelzung auf privatrechtliche Rechtsträger

Eine Privatisierung kann auch dadurch erfolgen, dass ein Unternehmen in öffentlicher Hand auf einen privatrechtlichen Rechtsträger verschmolzen wird.

Bei der Verschmelzung findet ein **Vermögensübergang** von dem übertragenden Rechtsträger auf den übernehmenden Rechtsträger statt und der übertragende Rechtsträger erlischt. Als **Gegenleistung** erhalten die Anteilseigner des übertragenden Rechtsträgers Anteile an dem neuen Rechtsträger.[129]

Aus den Besonderheiten öffentlich-rechtlich organisierter Rechtsträger folgt auch ein **spezieller Regelungsbedarf** im Rahmen der zu schaffenden gesetzlichen Grundlage für den Umwandlungsvorgang. So ist zum Beispiel zu regeln, welche Einheit Anteile an dem neuen privatrechtlichen Rechtsträger erhalten soll, da es bei dem übertragenden Rechtsträger keine klassischen Gesellschafter gibt. Zudem kann sich der übertragende öffentlich-rechtliche Rechtsträger nicht ohne weiteres auflösen – auch insoweit sind besondere gesetzliche Bestimmungen erforderlich.

---

[122] Kein Regelfall war die Gesetzgebung zur Finanzmarktstabilisierung in den Jahren 2008 und 2009. In diesem Rahmen wurden auch von dem allgemeinen Gesellschaftsrecht abweichende Regelungen geschaffen; im späteren Verlauf der Finanzkrise auch zum Umwandlungsrecht (§ 8a Finanzmarktstabilisierungsfondsgesetz (FMStFG)).
[123] → § 38 Rn. 495 f.
[124] Schmitt/Hörtnagl/Stratz/*Stratz*, § 302 Rn. 2.
[125] → § 38 Rn. 480.
[126] Vgl. zu den für den Umwandlungsvorgang in Betracht kommenden Gestaltungsmöglichkeiten den Katalog in → § 75 Rn. 60.
[127] → § 38 Rn. 487.
[128] Etwas anderes gilt für Regelungen des Bundesgesetzgebers, vgl. Kölner Kommentar-UmwG/ *Leuering*, § 304 Rn. 2; Lutter/*H. Schmidt*, § 301 Rn. 7.
[129] Ausführlich zur Verschmelzung → §§ 6 bis 19.

III. Spaltung auf privatrechtliche Zielrechtsträger

65 Eine gesetzliche Umwandlungsregelung außerhalb des UmwG, die eine Spaltung von einem öffentlich-rechtlichen auf einen privatrechtlichen Zielrechtsträger vorsieht, ist insbesondere relevant für alle **Rechtsträger, die nach dem UmwG nicht als übernehmende oder übertragende Rechtsträger einer Spaltung in Betracht kommen** (§ 124 Abs. 1, § 3 Abs. 1 UmwG).

66 Jenseits der Grenzen des § 168 UmwG können gesetzliche Bestimmungen des Bundes- oder Landesrechts zum Beispiel die Ausgliederung aus – rechtlich selbständigen oder unselbständigen –Anstalten[130], auf Personengesellschaften zur Neugründung oder auf mehrere übernehmende Rechtsträger[131] vorsehen.

67 Die dem Gesetzgeber in § 1 Abs. 2 UmwG eingeräumte **Gestaltungsfreiheit** hinsichtlich der Ausgestaltung von Umwandlungsvorgängen erfasst daneben auch gesetzliche Regelungen zu Spaltungsvorgängen in Form der Aufspaltung oder Abspaltung unter Beteiligung öffentlich-rechtlicher Rechtsträger als Ausgangsrechtsträger und privatrechtlicher Unternehmen als Zielrechtsträger. Bei diesen Spaltungsformen ergibt sich ein ähnlicher zusätzlicher **Regelungsbedarf** wie im Rahmen privatisierender Umwandlungen durch Verschmelzung.[132]

§ 77 Umwandlungsvorgänge von privatrechtlicher in öffentlich-rechtliche Rechtsform

Übersicht

	Rdnr.		Rdnr.
A. Motive für Rekommunalisierung	3–7	b) Wettbewerbsfreiheit	39, 40
B. Rekommunalisierungsformen	8–12	c) Gleichheitsgrundsatz	41
I. Organisationsformbezogene Rekommunalisierung	9	II. Beihilferecht	42–48
		III. Kartellrecht	49–56
II. Aufgabenbezogene Rekommunalisierung nach dem UmwG	10, 11	1. Grundsatz: Keine Missbrauchskontrolle öffentlich-rechtlicher Gebühren und Beiträge	51
III. Institutionalisierte Public Private Partnership (PPP)	12	2. Durchbrechungen dieses Grundsatzes	52–56
C. Rechtlicher Rahmen für Rekommunalisierungen nach dem UmwG	13–25	a) Ausnahme bei öffentlich-rechtlich determinierten Preisen	53
I. Vermögensübertragung, §§ 174–189 UmwG	15–23	b) Ausnahme bei der „Scheinrekommunalisierung"?	54–56
1. Beteiligungsfähige Rechtsträger	17–19	IV. Kommunalwirtschaftsrecht	57–59
2. Übertragungsgegenstand	20, 21	E. Folgen von Rekommunalisierungen für Beschäftigte	60–67
3. Gegenleistung	22, 23	I. Übergang der Arbeitsverhältnisse	61–64
II. Hintereinandergeschaltete Umwandlungsvorgänge	24, 25	1. Überleitung nach § 324 UmwG i. V. m. § 613a BGB	61–63
D. Rechtliche Vorgaben außerhalb des UmwG	26–59	2. Übertragung kraft gesetzlicher Regelung	64
I. Verfassungsrecht	28–41	II. Weiterbeschäftigung von Beamten	65–67
1. Selbstverwaltungsgarantie, Art. 28 Abs. 2 GG	31, 32	F. Wege zur Rekommunalisierung außerhalb des UmwG	68–87
2. Demokratische Legitimation	33, 34	I. Gestaltungsmöglichkeiten für Umwandlungsvorgänge außerhalb des UmwG	69–84
3. Haushaltsrechtliche Grundsätze der Wirtschaftlichkeit und Sparsamkeit	35, 36		
4. Grundrechte	37–41		
a) Eigentumsfreiheit	38		

---

[130] § 12 Abs. 2 des Gesetzes zur Umstrukturierung der Landesbank Nordrhein-Westfalen zur Förderbank des Landes Nordrhein-Westfalen und zur Änderung anderer Gesetze vom 16.3.2004 (GV.NRW 2004 S. 126). Für rechtlich unselbständige Anstalten s. z. B. § 8 Abs. 8a Finanzmarktstabilisierungsfondsgesetz (FMStFG).

[131] Lutter/*H. Schmidt*, § 168 Rn. 19; Semler/Stengel/*Perlitt*, § 168 Rn. 10.

[132] Bereits → § 76 Rn. 64.

§ 77 Umwandlung v. privatrechtlicher in öffentlich-rechtliche Rechtsform

	Rdnr.		Rdnr.
1. Formwechsel aufgrund allgemeiner landesrechtlicher Vorschriften	70–73	b) Verschmelzung auf öffentlich-rechtliche Rechtsträger	79–82
2. Umwandlungen aufgrund spezieller landesrechtlicher Vorschriften	74–84	c) Spaltung auf öffentlich-rechtliche Rechtsträger	83, 84
a) Formwechsel zu öffentlich-rechtlichen Rechtsformen	75–78	II. Gestaltungsmöglichkeiten ohne Notwendigkeit einer Umwandlung	85–87

Schrifttum: *Bauer,* Zukunftsthema „Reprivatisierung", DÖV 2012, 329; *Baumann,* Arbeitsrechtliche Aspekte des neuen Umwandlungsrechts, DStR 1995, 888; *Boehme-Neßler,* Privatisierungsbremsen in den Landesverfassungen?, LKV 2013, 481; *Breuer,* Wasserpreise und Kartellrecht, NVwZ 2009, 1249; *Brüning,* (Re-) Kommunalisierung von Aufgaben aus privater Hand – Maßstäbe und Grenzen, VerwArch 100 (2009), 453; *Burgi,* Privatisierung und Kommunalisierung aus rechtswissenschaftlicher Sicht, in: Ipsen (Hrsg.), Reprivatisierung von Versorgungsleistungen?, 22. Bad Iburger Gespräche, 2012, S. 13; *Candeias/Rilling/Weise,* WSI Mitteilungen 2008, 563; *Correll,* Probleme der Reprivatisierung von Energienetzen unter besonderer Berücksichtigung vergabe- und beihilferechtlicher Aspekte, DVBl. 2016, 338; *Cremer,* Gewinnstreben als öffentliche Unternehmen legitimierender Zweck: Die Antwort des Grundgesetzes, DÖV 2003, 921; *Cronauge,* Kommunale Unternehmen, 6. Aufl. 2016; *Däubler,* Das Arbeitsrecht im neuen Umwandlungsgesetz, RdA 1995, 136; *Dörr,* Gemeinschaftsrechtliche Vorgaben für kommunales Handeln im Vergabe- und Beihilferecht, in: Ipsen (Hrsg.), Unternehmen Kommune?, 17. Bad Iburger Gespräche, 2007, S. 150; *Essing/Kürten,* Besondere Herausforderungen bei Unternehmenskäufen und -verkäufen mit Beteiligung der öffentlichen Hand, KommJur 2015, 366; *Faßbender,* Rechtsschutz privater Konkurrenten gegen kommunale Wirtschaftsbetätigung, DÖV 2005, 89; *Gaß,* Die Umwandlung gemeindlicher Unternehmen, 2003; *Gesterkamp/Hellstern/Koenig,* Wettbewerberschutz gegen Quersubventionen im Rahmen von Reprivatisierungsstrategien am Beispiel des Abfallrechts, WRP 2011, 1047; *Hösch,* Öffentlicher Zweck und wirtschaftliche Betätigung von Kommunen, DÖV 2000, 393; *Kämmerer,* Privatisierung, 2001; *Kathke,* Versetzung, Umsetzung, Abordnung und Zuweisung – Mobilität und Flexibilität im Beamtenverhältnis, ZBR 1999, 325, 342; *Leisner-Egensperger,* Reprivatisierung und Grundgesetz, NVwZ 2013, 1110; *Mann,* Möglichkeiten und Grenzen kommunaler Wirtschaftstätigkeit, in: Ipsen (Hrsg.), Unternehmen Kommune?, 17. Bad Iburger Gespräche, 2007, S. 45; *Mertens,* Zur Universalsukzession in einem neuen Umwandlungsrecht, AG 1994, 66; *Münch,* Rückumwandlung einer GmbH in eine Betriebsform des öffentlichen Rechts, insbesondere in einen Eigenbetrieb, DB 1995, 550; *Pielow,* Gemeindewirtschaft im Gegenwind?, NWVBl. 1999, 369; *Puhl,* Der Staat als Wirtschaftssubjekt und Auftraggeber, VVDStRL 60 (2001), 456; *Säcker,* Die kartellrechtliche Missbrauchskontrolle über Wasserpreise und Wassergebühren, NJW 2012, 1105; *Sodan,* Reprivatisierung des Berliner Stromnetzes? – Rechtsprobleme des Konzessionierungsverfahrens nach dem EnWG, LKV 2013, 433; *Stopp,* Wege der Auflösung kommunaler Eigengesellschaften unter besonderer Berücksichtigung des Umwandlungsgesetzes, SächsVBl. 1999, 197; *Voland,* Die Bedeutung des Art. 345 AEUV für regulierte Sektoren – Zugleich Besprechung zum Urteil des EuGH vom 22. Oktober 2013 in Sachen „Niederlande gegen Essent u. a." (verb. Rs. EUGH Aktenzeichen C-105/12 bis C-107/12), EuR 2014, 237; *Wolf,* Unternehmensbegriff, Zuständigkeit der Kartellämter und Rechtsweg bei öffentlich-rechtlichen Leistungsbeziehungen, BB 2011, 648; *Wolfers/Wollenschläger,* Kölner Kommentar zum Kartellrecht, 2017, Vorbemerkung §§ 31–31b GWB; *Wolfers/Wollenschläger,* Reprivatisierung und Wasserversorgung, in: Ipsen (Hrsg.), Reprivatisierung von Versorgungsleistungen?, 22. Bad Iburger Gespräche, 2012, S. 97.

Während in den letzten ca. 15 bis 20 Jahren eine gewisse **„Privatisierungseuphorie"** 1 herrschte, die insbesondere im Bereich der Daseinsvorsorge eine Verlagerung der Aufgabenwahrnehmung aus dem öffentlichen Bereich auf private Unternehmen bewirkte, zeichnet sich nunmehr zum Teil die **Umkehrung dieser Entwicklung** ab.[1] Diese Rück-

---

[1] *Boehme-Neßler,* LKV 2013, 481; *Säcker,* NJW 2012, 1105, 1106; anders Hoppe/Uechtritz/Reck/Ronellenfitsch, § 2 Rn. 28. Unter dem Titel „Kommunen stärken – Kommunalisierung und Rekommunalisierung unterstützen" hat die Fraktion „Die Linke" die Bundesregierung zu einem Entwurf eines Rekommunalisierungsgesetzes aufgefordert, um Rückführungen von Aufgaben auf die Kommune zu erleichtern. So soll das Gesetz etwa die Einrichtung einer Rekommunalisierungsagentur vorsehen, die Rekommunalisierungsprojekte fördert. Außerdem soll ein Rekommunalisierungsfonds gegründet werden. Die Länder sollen dazu ermutigt werden, die gesetzlichen Einschränkungen der wirtschaftlichen Betätigung von Kommunen zurückzunehmen. Der gesamte Antrag findet sich in BT-Drs. 18/10282.

führung privatrechtlicher Unternehmen oder Organisationen in eine öffentlich-rechtliche Rechtsform erfolgt in der Praxis **häufig im kommunalen Bereich**; deshalb hat sich für diese Rückführung der Begriff **Rekommunalisierung** etabliert. Dieser Begriff soll im Folgenden aufgenommen, allerdings in einem weiteren Sinn verwendet werden: Er erfasst nicht nur die Rückführung privatrechtlicher Unternehmen in eine öffentlich-rechtliche Rechtsform in Trägerschaft einer Kommune, sondern darüber hinaus auch in eine öffentlich-rechtliche Rechtsform jeglichen öffentlichen Trägers. Die Rekommunalisierung bietet sich beispielsweise dann an, wenn sich die mit der Privatisierung erhofften Vorteile nicht realisieren.[2]

2   Beweggründe (→ Rn. 3 ff.) und Formen der Rekommunalisierung (→ Rn. 8 ff.) können – wie auch bei der Privatisierung – unterschiedlich ausfallen. Mit der Vermögensübertragung gem. §§ 174 ff. UmwG stellt das UmwG einen Weg für die Gestaltung der Rückkehr zur öffentlich-rechtlichen Organisationsform bereit (→ Rn. 13 ff.). Darüber hinaus kommen auch andere Formen der Rekommunalisierung in Betracht. Diese haben die Vorgaben des Verfassungs-, Europa- und sonstigen höherrangigen Rechts (→ Rn. 26 ff.) sowie die Regeln für die Behandlung von Angestellten und Beamten zu beachten (→ Rn. 60 ff.). Innerhalb dieses Rahmens kommt dem Bundes- oder Landesgesetzgeber jedoch ein weiter Spielraum bei der Ausgestaltung von Umwandlungsvorgängen außerhalb des UmwG zu (→ Rn. 68 ff.).

A. Motive für Rekommunalisierung

3   Der Wunsch nach einer Rekommunalisierung als Rückführung privatisierter öffentlicher Aufgaben in die öffentliche Hand entsteht regelmäßig dann, **wenn die Privatisierung nicht zu den erhofften Vorteilen für die öffentliche Hand geführt** hat.[3] Dies betrifft insbesondere Fälle, in denen die mit einer Privatisierung oftmals angestrebte verbesserte Effizienz, Autonomie und Flexibilität des Unternehmens ausgeblieben ist,[4] beispielsweise weil die Durchführung durch Private als nicht so effektiv und arbeitsplatz- sowie ressourcenschonend wie die Vornahme mittels kommunaler Eigenbetriebe angesehen wird.[5]

4   Teilweise ist die Rekommunalisierung auch schlicht **Folge einer neuen kommunalpolitischen Willensentscheidung**. So haben globale Finanzmarkt- und Wirtschaftskrisen dazu geführt, dass weite Kreise der Bevölkerung der privaten Wirtschaft nicht mehr vertrauen und eine Übernahme öffentlicher Aufgaben durch den Staat bevorzugen.[6] Sie gehen davon aus, dass Ziele wie Gemeinwohl, Stetigkeit und Nachhaltigkeit nicht durch primär gewinnorientierte Private, sondern durch die öffentliche Hand erreicht werden können. Ferner werden betriebswirtschaftliche Denk- und Handlungsweisen zunehmend auch in der öffentlichen und vor allem kommunalen Verwaltung übernommen. Mittel- und langfristig erhofft man sich außerdem durch die Rekommunalisierung wirtschaftliche Vorteile.[7]

5   Handelt es sich um einen (organisations-)privatisierten **Eigenbetrieb**, können auch der Verlust gemeindlicher Einflussnahme und Kontrolle, steuerliche Nachteile wegen des Verlusts der Gemeinnützigkeit nach § 65 AO bei Erfüllung hoheitlicher Aufgaben in privater

---

[2] Fabry/Augsten/*Fabry*, Teil 3 Rn. 73.
[3] *Gaß*, S. 276.
[4] *Münch*, DB 1995, 550; *Stopp*, SächsVBl. 1999, 197.
[5] *Cronauge*, Rn. 482; *Leisner-Egensperger*, NVwZ 2013, 1110, 1111 f.
[6] Näher dazu *Candeias/Rilling/Weise*, 563 ff.
[7] Vgl. insb. *Cronauge*, Rn. 482; Hoppe/Uechtritz/Reck/*Ronellenfitsch*, § 2 Rn. 27.

Rechtsform[8] oder auch Haftungsrisiken der Geschäftsführung tragende Motive für die Entscheidung zur Rekommunalisierung sein.[9]

Die Überführung von Unternehmen in öffentlich-rechtliche Organisationsformen kann **6** u. a. zur Folge haben, dass die **Anwendbarkeit privatrechtlicher Wettbewerbsregeln** z. B. des Kartellrechts **entfällt**.[10] Insoweit wurde diskutiert, ob es sich hierbei, z. B. in der Wasserwirtschaft, um eine „Flucht ins Gebührenrecht" handelt.[11]

Es darf jedoch nicht außer Acht bleiben, dass Umwandlungsvorgänge bisweilen sehr **7** **zeitaufwendig** ausfallen und mit nicht unerheblichen **finanziellen Belastungen** einhergehen können.[12] So sind in der Regel umfangreiche Wirtschaftlichkeitsprüfungen und rechtliche Wertungen erforderlich. Zudem birgt jede Rekommunalisierung die **Gefahr**, dass Größen- und Verbundvorteile verloren gehen, sofern das private Unternehmen Bestandteil eines größeren Verbundes war. Auch sorgt die Rückführung privatisierter öffentlicher Aufgaben in die öffentliche Hand nicht zwangsläufig für Stabilität, da die Realisierung wirtschaftlicher Potenziale nicht nur von der Entwicklung auf den Märkten, sondern maßgeblich auch von einer rechtsform- und eigentümerunabhängigen staatlichen Regulierung abhängig ist.[13] Vor diesem Hintergrund kann unter Umständen **anstelle einer Rekommunalisierung** eine **Änderung oder Ergänzung des Gesellschaftsvertrags** ausreichen, um auf veränderte wirtschaftliche Rahmenbedingungen zu reagieren oder die Einwirkungsmöglichkeiten der öffentlichen Hand zu erhöhen.[14]

B. Rekommunalisierungsformen

Spiegelbildlich zur Privatisierung bestehen auch **verschiedene Formen** der Rekom- **8** munalisierung.[15] Je nach Umfang der Rückführung von Aufgaben in die öffentliche Hand bestehen für den Rekommunalisierungsvorgang unterschiedliche rechtliche Rahmenbedingungen. Zudem können verschiedene Rechtsfolgen eintreten. Im Groben können folgende – nicht immer klar voneinander abgrenzbare – Formen der Rekommunalisierung unterschieden werden:

I. Organisationsformbezogene Rekommunalisierung

Bei der **Organisationsrekommunalisierung (formelle Rekommunalisierung)** han- **9** delt es sich um die Rückführung einer in privatrechtlicher Form organisierten Eigengesellschaft in ein in den Formen des öffentlichen Rechts organisiertes Unternehmen. Es findet folglich **lediglich ein Wechsel der Rechtsform** innerhalb der öffentlichen Hand statt, während die **staatliche Trägerschaft** des Unternehmens **unverändert** bleibt. Als Beispiel für einen solchen Vorgang kann etwa die Umwandlung einer Kapitalgesellschaft in staatlicher Trägerschaft in eine Anstalt des öffentlichen Rechts dienen. Spiegelbildlich zur formellen Privatisierung findet auch hier ein Wechsel des Organisationsmodus statt und zwar vom Verwaltungsprivatrecht in öffentlich-rechtliche Handlungsformen.[16] Einen un-

---

[8] Für den Bereich der Abfallentsorgung und -verwertung BFH X R 115/91, DStR 1994, 1041 und für den Betrieb eines Müllheizkraftwerks BFH I R 60/91, NVwZ 1995, 1036; Hoppe/Uechtritz/ Reck/*Ronellenfitsch*, § 2 Rn. 27.
[9] *Gaß*, S. 276.
[10] OLG Frankfurt a. M. 11 W 24/11, NZG 2012, 433 zur Nichtanwendbarkeit des GWB auf kommunale Wasserversorgungsunternehmen in öffentlich-rechtlicher Organisationsform.
[11] Ausführlich dazu *Wolfers/Wollenschläger*, Rekommunalisierung und Wasserversorgung, a. a. O. sowie sogleich → § 77 Rn. 49 ff.
[12] Dazu *Essing/Kürten*, KommJur 2015, 366, 372.
[13] Blanke/Fedder/*Scheele*, Teil 1 Rn. 64 ff.
[14] *Gaß*, S. 277; *Klein/Uckel/Ibler*, 57.60.
[15] Zu den verschiedenen Formen der Privatisierung → § 76 Rn. 6 ff.
[16] Vgl. spiegelbildlich etwa *Krölls*, GewArch 1995, 129, 130 sowie bereits → § 76 Rn. 7.

mittelbaren Rechtsformwechsel von einer privatrechtlichen hin zu einer öffentlich-rechtlichen Organisationsform sieht das UmwG zwar nicht vor.[17] Es besteht allerdings die Option, diesen faktisch durch **Vermögensübertragung** auf die Gemeinde nach §§ 174 ff. UmwG mit der Folge der Entstehung eines Eigenbetriebs umzusetzen.[18] Teilweise ist die Möglichkeit eines **Rechtsformwechsels** zum Zwecke der Rekommunalisierung auch bereits explizit im Landesrecht vorgesehen. Auf Grundlage etwa des § 141 Abs. 1 S. 4 NKomVG können Unternehmen und Einrichtungen in privater Rechtsform, an denen die Kommune über die Anteile verfügt, in kommunale Anstalten umgewandelt werden.[19]

II. Aufgabenbezogene Rekommunalisierung

10 Die **aufgabenbezogene Rekommunalisierung (materielle Rekommunalisierung)**, die oftmals mit der organisationsformbezogenen Rekommunalisierung einhergeht,[20] erfasst hauptsächlich zwei Fälle: Zum einen betrifft sie die **Rücküberführung von Aufgaben in die öffentliche Trägerschaft**, die zuvor vollständig privatisiert waren. Zum anderen handelt es sich auch dann um eine materielle Rekommunalisierung, wenn ein funktionaler, bislang von einem Privaten erbrachter Teilbeitrag nunmehr (wieder) von einem kommunalen Unternehmen oder von der Kommune selbst wahrgenommen wird. Regelmäßig ist das **Wiederaufgreifen privatisierter Dienstleistungen** oder anderer Aufgaben durch die öffentliche Hand mit einem Auslaufen oder einer Kündigung von Verwaltungshelferverträgen oder Konzessionsverträgen verbunden.[21]

11 Einen Unterfall der Aufgabenrekommunalisierung bildet die „**Vermögensrekommunalisierung**". Damit ist der Rückerwerb von Vermögenswerten durch die öffentliche Hand gemeint, um diese Werte im Rahmen der Daseinsvorsorge einsetzen zu können. Exemplarisch kann hier der Erwerb von Immobilien zur Bereitstellung von sozial erschwinglichem Wohnraum genannt werden. Auch der Erwerb von Anteilen an Unternehmen zur Erhaltung oder Schaffung von Arbeitsplätzen fällt darunter.[22]

III. Institutionalisierte Public Private Partnership (PPP)

12 Eine **Kombination aus Organisations- und Aufgabenrekommunalisierung** kann bei sog. **institutionalisierten PPP** vorliegen. Dabei handelt es sich um Organisationseinheiten, an denen eine Kommune und ein Privater beteiligt sind und die Aufgaben mit eigener Rechtspersönlichkeit wahrnehmen.[23] Von Rekommunalisierung kann man hier sprechen, wenn entweder der Anteil der öffentlichen Hand erhöht wird oder wenn zu einer zunächst rein privaten Einheit die Kommune als Anteilseigner hinzutritt und dadurch erst ein gemischtwirtschaftliches Unternehmen entsteht. Ziel eines solchen Vorgehens ist es regelmäßig, die gemeinsame Rechtsperson in den flexibleren Privatrechtsformen zu organisieren und dennoch die Steuerungsmacht des Staates zu erhalten.[24]

---

[17] Zu den Möglichkeiten der Beteiligung öffentlich-rechtlicher Rechtsträger an einem Formwechsel nach §§ 301 ff. UmwG *als Ausgangsrechtsträger* ausführlich → § 38 Rn. 472 sowie § 76 Rn. 15.
[18] Dazu sogleich → § 77 Rn. 15 ff. Der durch die Vermögensübertragung entstandene Eigenbetrieb kann in einem zweiten Schritt dann etwa auch in eine Anstalt des öffentlichen Rechts umgewandelt werden → § 77 Rn. 25.
[19] Weitere Regelungen finden sich in Art. 89a Abs. 2a S. 3 BayGO, Art. 49 BayKomZG sowie in § 94 Abs. 1 S. 2 und 3 BbgKVerf. Dazu ausführlich → § 77 Rn. 69 ff.
[20] *Burgi*, S. 13, 23.
[21] *Bauer*, DÖV 2012, 329, 337.
[22] Vgl. *Bauer*, DÖV 2012, 329, 337.
[23] *Burgi*, S. 13, 24.
[24] *Burgi*, S. 13, 25.

C. Rechtlicher Rahmen für Rekommunalisierungen nach dem UmwG

Entscheidet sich die öffentliche Hand aus der dargestellten Motivlage heraus, eine vormals privatisierte Aufgabe wieder in das öffentlich-rechtliche Regime zurückzuführen, schließt sich die Frage nach der rechtlichen Umsetzbarkeit der Rekommunalisierung an. 13

Das UmwG stellt für Umwandlungsvorgänge zum Zwecke der Rekommunalisierung kein umfassendes Regelwerk zur Verfügung. Eine Möglichkeit der Rekommunalisierung besteht jedoch in der **Übertragung von Vermögen** von Kapitalgesellschaften auf die öffentliche Hand gem. §§ 174 ff. UmwG, in deren Folge ein Eigenbetrieb entsteht (→ Rn. 15 ff.). Durch die Vornahme einer an die Entstehung des Eigenbetriebs anschließenden weiteren Umwandlung, etwa in eine Anstalt des öffentlichen Rechts, kann im Wege der **Verkettung mehrerer Umwandlungsvorgänge** auch die Umstrukturierung in ein selbständiges Kommunalunternehmen bewirkt werden (→ Rn. 24 f.). 14

I. Vermögensübertragung, §§ 174–189 UmwG

Die §§ 174 ff. UmwG eröffnen einer Kapitalgesellschaft die Möglichkeit einer Übertragung von Vermögen oder Vermögensteilen auf die öffentliche Hand **in entsprechender Anwendung der Vorschriften über die Verschmelzung und Spaltung** von Unternehmen, §§ 174 ff. UmwG. Nach der gesetzlichen Definition in § 174 UmwG bezeichnet die Vermögensübertragung wie die Verschmelzung und die Spaltung einen Umwandlungsvorgang, in dessen Rahmen Vermögensgegenstände eines Rechtsträgers auf einen anderen Rechtsträger in Gänze (Vollübertragung, § 174 Abs. 1 UmwG) oder zum Teil (Teilübertragung, § 174 Abs. 2 UmwG) unter Eintritt von (partieller) Gesamtrechtsnachfolge übergehen. Damit wollte der Gesetzgeber Rechtsträgern, bei denen infolge ihrer fehlenden Anteilseignerstruktur ein Umtausch von Anteilen ausscheidet, die Möglichkeit zu Umstrukturierungen im Wege der Gesamtrechtsnachfolge einräumen.[25] 15

In Betracht kommt eine **Vollübertragung** des gesamten Vermögens (§ 176 UmwG) oder eine **Teilübertragung** einzelner Vermögensteile (§ 177 UmwG).[26] Die Vollübertragung ist in § 174 Abs. 1 UmwG definiert und entspricht in weiten Teilen der in § 2 Nr. 1 UmwG enthaltenen Definition der Verschmelzung. Sie unterscheidet sich jedoch insoweit von der Verschmelzung, als der Umtausch der Anteile oder Mitgliedschaften durch eine Gegenleistung anderer Art ersetzt wird und die Vermögensübertragung nur von einem einzigen Rechtsträger auf einen anderen bereits bestehenden Rechtsträger zulässig ist.[27] Eine Vermögensübertragung im Wege der Neugründung ist somit ausgeschlossen.[28] Den Einbezug weiterer übernehmender Rechtsträger sehen die Fälle der Teilübertragung in § 174 Abs. 2 UmwG vor. 16

1. Beteiligungsfähige Rechtsträger

§ 175 Nr. 1 UmwG legt fest, dass als **übertragende Rechtsträger** bei der Vermögensübertragung auf die öffentliche Hand nur Kapitalgesellschaften in Betracht kommen. **Übernehmende Rechtsträger** können kongruent zur Regelung der ausgliederungsfähigen Rechtsträger nach § 168 UmwG der Bund, ein Land, eine Gebietskörperschaft oder ein 17

---

[25] RegEBegr. BR-Drs. 75/94, S. 133. Vgl. auch Lutter/*H. Schmidt*, Vor § 174 Rn. 2 sowie → § 41 Rn. 1.
[26] Ausführlich zur Vollübertragung → § 41 Rn. 18 ff. sowie zur Teilübertragung → § 41 Rn. 48 ff.
[27] RegEBegr. BR-Drs. 75/94, S. 133.
[28] Henssler/Strohn/*Decker*, § 174 UmwG Rn. 2; Schmitt/Hörtnagl/Stratz/*Stratz*, § 174 Rn. 2; Semler/Stengel/*Fonk*, § 174 Rn. 11.

Zusammenschluss von Gebietskörperschaften sein.[29] Die Aufzählung ist abschließend (vgl. § 1 Abs. 2 UmwG).[30]

18 Ausgangskonstellation des § 174 Abs. 1 UmwG ist die Vermögensübertragung durch *einen* übertragenden auf *einen* übernehmenden Rechtsträger. Im Rahmen der Teilübertragung nach § 174 Abs. 2 UmwG kommt demgegenüber auch eine Vermögensübertragung auf mehrere übernehmende Rechtsträger in Betracht. Der Gesetzgeber hatte hierbei insbesondere die Übertragung eines **Energieversorgungsunternehmens** auf verschiedene Gemeinden vor Augen.[31] Im Falle der Abspaltung (Nr. 2) und der Ausgliederung (Nr. 3) können mehrere übernehmende Rechtsträger beteiligt sein; im Falle der Aufspaltung (Nr. 1) muss es sich bereits begrifflich um mindestens zwei übernehmende Rechtsträger handeln.[32]

19 Gem. § 176 Abs. 4 UmwG (i. V. m. § 177 Abs. 2 S. 1 UmwG bei der Teilübertragung) richtet sich die Beteiligung des übernehmenden Rechtsträgers an der Vermögensübertragung nach den für ihn geltenden Vorschriften. Daraus folgt, dass ggf. bestehende **Genehmigungsvorbehalte** oder **Anzeigepflichten** gegenüber übergeordneten Behörden oder sonstige zusätzliche **Zulässigkeitsvoraussetzungen** der Vermögensübertragung den für den jeweiligen übernehmenden (öffentlich-rechtlichen) Rechtsträger maßgeblichen öffentlich-rechtlichen Bestimmungen zu entnehmen sind.[33]

2. Übertragungsgegenstand

20 Gegenstand einer **Vollübertragung** gem. § 174 Abs. 1 UmwG ist stets nur das Vermögen als Ganzes.[34] Unter den Vermögensbegriff fallen dabei **alle Aktiva und Passiva** zum Zeitpunkt des Übertragungsvollzugs, wobei grundsätzlich auch nicht bilanzierte Vermögensgegenstände umfasst sind.[35]

21 Sollen indes bestimmte Vermögensgegenstände von der Übertragung ausgenommen werden, bietet sich die **Teilübertragung** nach § 174 Abs. 2 UmwG an, die prinzipiell auch mehrere übernehmende Rechtsträger zulässt. Entsprechend den allgemeinen Spaltungsvorschriften unterscheidet § 174 Abs. 2 UmwG zwischen der Aufspaltung (Nr. 1), Abspaltung (Nr. 2) und Ausgliederung (Nr. 3).[36] Die Aufspaltung hat dabei zwar in der Summe das gesamte Vermögen des übertragenden Rechtsträgers zum Gegenstand, unterscheidet sich aber dadurch von der Vollübertragung, dass im Wege der partiellen Gesamtrechtsnachfolge an mindestens zwei übernehmende Rechtsträger teilübertragen wird.

3. Gegenleistung

22 Anders als bei Verschmelzung und Spaltung besteht die Gegenleistung bei der Vermögensübertragung nicht in Form von Anteilen oder Mitgliedschaften an dem übernehmenden Rechtsträger, sondern in Form anderer wirtschaftlicher Vorteile, **insbesondere Geld**.[37]

---

[29] Detailliert → § 29 Rn. 503 ff. Vgl. auch bereits → § 41 Rn. 5.
[30] *Gaß*, S. 281; Lutter/*H. Schmidt*, Vor § 174 Rn. 4. Ausführlich zum Analogieverbot aus § 1 Abs. 2 UmwG → § 74 Rn. 2 ff.
[31] RegEBegr. BR-Drs. 75/94, S. 134.
[32] Schmitt/Hörtnagl/Stratz/*Stratz*, § 174 Rn. 3.
[33] Vgl. auch Fabry/Augsten/*Fabry*, Teil 3 Rn. 76; *Stopp*, SächsVBl. 1999, 197, 200.
[34] Semler/Stengel/*Fonk*, § 174 Rn. 12; vgl. auch *Gaß*, S. 280.
[35] Henssler/Strohn/*Decker*, § 174 UmwG Rn. 2; Schmitt/Hörtnagl/Stratz/*Stratz*, § 174 Rn. 5.
[36] Eine Übersicht hierzu verschafft Schmitt/Hörtnagl/Stratz/*Stratz*, § 174 Rn. 9 ff. Dazu auch Lutter/*H. Schmidt*, § 174 Rn. 13 ff.
[37] Ob Anteile oder Mitgliedschaften grundsätzlich als Gegenleistung ausgeschlossen sind, ist umstritten, so etwa *Gaß*, S. 283; a. A. Schmitt/Hörtnagl/Stratz/*Stratz*, § 174 Rn 7; Semler/Stengel/*Fonk*, § 174 Rn. 20. Vgl. auch → § 41 Rn. 10.

Empfänger der Gegenleistung sind regelmäßig die Anteilsinhaber des übertragenden 23
Rechtsträgers;[38] etwas anderes gilt lediglich im Falle der Ausgliederung nach § 174 Abs. 2
Nr. 3 UmwG, bei der die Gegenleistung unmittelbar dem übertragenden Rechtsträger zu
gewähren ist.[39] Ausgeschlossen ist die Gegenleistung daher im Fall der Vollübertragung,
sofern der übernehmende Rechtsträger zugleich Anteilsinhaber des übertragenden Rechtsträgers ist bzw. war. Dies ergibt sich aus § 5 Abs. 2, § 20 Nr. 3 UmwG, die über § 176
Abs. 1, § 177 Abs. 1 i. V. m. § 125 UmwG auch auf die Vermögensübertragung anwendbar
sind.[40] Bei der Rekommunalisierung gemischtwirtschaftlicher Rechtsträger entfällt die
Gegenleistung für die öffentliche Hand nur insoweit, als sie deren Gegenwert zur bisherigen Beteiligung entspricht.[41]

II. Hintereinandergeschaltete Umwandlungsvorgänge

Mit der Vermögensübertragung nach §§ 174–189 UmwG steht ein Instrument zur 24
Rekommunalisierung durch Übertragung des Vermögens von Kapitalgesellschaften auf ein
öffentliches Unternehmen in der Form eines **Eigenbetriebs** zur Verfügung. Allerdings ist
die für den Betrieb eines öffentlichen Unternehmens regelmäßig bevorzugte öffentlichrechtliche Rechtsform nicht der Eigenbetrieb, sondern vielmehr die Anstalt des öffentlichen Rechts (**Kommunalunternehmen**). Insbesondere ist die **Anstalt** wegen ihrer
rechtlichen Selbständigkeit sowie den erweiterten wirtschaftlichen Handlungsmöglichkeiten gegenüber dem nur wirtschaftlich selbständigen Eigenbetrieb flexibler.[42]

Die **unmittelbare Umwandlung** einer privatrechtlich organisierten Eigengesellschaft 25
in eine Anstalt des öffentlichen Rechts **sieht das UmwG jedoch nicht vor**. Vorbehaltlich
der Schaffung spezieller gesetzlicher Regelungen auf Grundlage des § 1 Abs. 2 UmwG, die
eine solche direkte Umwandlung ermöglichen,[43] kann die Umwandlung in eine Anstalt des
öffentlichen Rechts aber z. B. durch eine Umstrukturierung **in zwei Schritten** erfolgen:[44]
Danach überträgt die privatrechtlich organisierte Eigengesellschaft zunächst im Wege der
Vermögensübertragung nach § 174 UmwG ihr Vermögen auf die Gemeinde, die sodann
den entstandenen Eigenbetrieb nach Maßgabe der landesgesetzlichen Bestimmungen in ein
Kommunalunternehmen umwandelt.[45] Zu beachten ist jedoch, dass diese beiden Umwandlungsschritte vor dem Hintergrund des Analogieverbots nach § 1 Abs. 2 UmwG streng
voneinander getrennt durchzuführen sind. Ferner sind die steuerlichen Folgen genau im
Blick zu behalten, da mehrere Schritte unter Umständen auch zu mehrfachen Steuerbelastungen führen können.[46]

D. Rechtliche Vorgaben außerhalb des UmwG

Schranken aus dem Verfassungs-, Europa- oder einfachen Recht, die dem Vorgang einer 26
Rekommunalisierung grundsätzlich entgegenstehen, sind nicht ersichtlich.[47]

---

[38] Dies gilt zumindest, soweit der Übertragungsvertrag als Vertrag zugunsten Dritter angesehen wird,
hierzu *Gaß*, S. 283; Henssler/Strohn/*Decker*, § 174 UmwG Rn. 3; Semler/Stengel/*Fonk*, § 174
Rn. 28.
[39] Schmitt/Hörtnagl/Stratz/*Stratz*, § 174 Rn. 11.
[40] Vgl. *Gaß*, S. 282; Semler/Stengel/*Fonk*, § 174 Rn. 23.
[41] Vgl. *Gaß*, S. 282.
[42] Ausführlich → § 75 Rn. 12.
[43] Sogleich → § 77 Rn. 69 ff. sowie allgemein zur Gestaltungsfreiheit des Gesetzgebers → § 74
Rn. 7 ff.
[44] Detailliert *Gaß*, S. 298 f.
[45] Zur Umwandlung von Eigenbetrieben in Kommunalunternehmen ausführlich → § 75 Rn. 10 ff.
[46] *Gaß*, S. 299.
[47] *Burgi*, S. 13, 26.

27 Ein **Grundproblem fast jeder Rekommunalisierung** besteht darin, dass die öffentliche Hand zugleich über die Rückführung der Aufgaben entscheidet und dann selbst oder über ihre Unternehmen davon profitiert, da sie ganz oder teilweise deren Erfüllung übernimmt. Im Falle einer Überschätzung der eigenen Leistungsfähigkeit setzt sie sich ggf. erheblichen Risiken aus. Es sind außerdem die Interessen der Bürger und der privaten Wettbewerber zu berücksichtigen, die im Zuge einer Rekommunalisierung mit einem neuen, regelmäßig starken Konkurrenten konfrontiert werden.[48] Vor diesem Hintergrund sind im Rahmen eines Rekommunalisierungvorgangs verschiedene Vorgaben des Verfassungs- (→ Rn. 28 ff.), Europa- (→ Rn. 42 ff.) sowie des Kartell- (→ Rn. 49 ff.) und Kommunalwirtschaftsrechts (→ Rn. 57 ff.) zu beachten.

I. Verfassungsrecht

28 Das Grundgesetz ist im Hinblick auf die legislative Ausgestaltung der Wirtschaftsordnung und die Wahlfreiheit der Rechtsform bei Erfüllung öffentlicher Aufgaben neutral.[49] **Über das Ob einer Verstaatlichung bzw. (Re-) Kommunalisierung kann der Staat weitgehend frei entscheiden.**[50] Allerdings ist er bei Erfüllung seiner Aufgaben an Grundrechte und Verfassungsprinzipien gebunden.[51]

29 Verfassungsrechtlich sind der Verstaatlichung ehemals privatisierter Aufgaben kaum Grenzen gesetzt. Allerdings sieht Art. 87e Abs. 3 S. 1 GG vor, dass die Eisenbahnen des Bundes als Wirtschaftsunternehmen in privatrechtlicher Rechtsform geführt werden. In ähnlicher Weise verlangt Art. 87f Abs. 2 S. 1 GG, dass Dienstleistungen im Bereich des Postwesens und der Telekommunikation als privatwirtschaftliche Tätigkeiten durch die aus dem Sondervermögen Deutsche Bundespost hervorgegangenen Unternehmen und durch andere private Anbieter zu erbringen sind. Diese Vorgaben sprechen für ein Verbot einer Rückverstaatlichung.[52]

30 Abgesehen von diesen punktuellen Sonderregeln sind vor allem die **allgemeinen Vorgaben** der Selbstverwaltungsgarantie (→ Rn. 31 f.), des Demokratieprinzips (→ Rn. 33 f.), des Haushaltsrechts (→ Rn. 35 f.) und die Grundrechte (→ Rn. 37 f.) zu beachten.

1. Selbstverwaltungsgarantie, Art. 28 Abs. 2 GG

31 Nach der in Art. 28 Abs. 2 GG verfassungsrechtlich verankerten **Selbstverwaltungsgarantie** der Gemeinden haben diese das Recht, alle Angelegenheiten der örtlichen Gemeinschaft im Rahmen der Gesetze in eigener Verantwortung zu regeln.[53] Darunter fallen insbesondere **Aufgaben der Daseinsvorsorge**. In diesem Bereich ist die Gemeinde berechtigt, sowohl über das „Ob" der Aufgabenerledigung (Kooperationshoheit) als auch über das „Wie", das heißt über die interne Struktur und Organisation der Aufgabenerledigung, selbstständig zu entscheiden (Organisationshoheit).[54] Auch die Übernahme vormals privatisierter Aufgaben ist damit Teil der Selbstverwaltungsgarantie.[55] Art. 28 Abs. 2 GG enthält jedoch keinen Anreiz für eine Rekommunalisierung – die Übernahme von Aufgaben durch die Kommune wird gegenüber der Privatwirtschaft verfassungsrechtlich nicht privilegiert.[56]

32 Eine **Grenze für die wirtschaftliche Betätigung** einer Gemeinde ergibt sich aus Art. 28 Abs. 2 S. 1 GG jedoch insoweit, als die wirtschaftliche Betätigung nur im Rahmen

---

[48] *Burgi*, S. 13, 19, 27.
[49] Vgl. bereits → § 76 Rn. 22.
[50] *Burgi*, S. 13, 26.
[51] *Burgi*, S. 13, 22.
[52] Str. Zum aktuellen Meinungsstand Maunz/Dürig/*Möstl*, Art. 87f GG Rn. 58.
[53] Entsprechende Vorschriften finden sich auch in den jeweiligen Landesverfassungen, z. B. Art. 11 BayVerf; Art. 71 LVerf BW; Art. 72 LVerf MV; Art. 78 LVerf NRW; Art. 57 NVerf.
[54] Maunz/Dürig/*Mehde*, Art. 28 Abs. 2 GG Rn. 43 sowie Rn. 57 ff.
[55] *Cronauge*, Rn. 410; *Burgi*, S. 13, 22.
[56] *Burgi*, S. 13, 22.

des kommunalen Wirkungskreises erfolgen darf. Es muss sich also um Angelegenheiten der örtlichen Gemeinschaft handeln.[57] Vor allem im Hinblick auf Tätigkeiten in der Energiewirtschaft wurde jedoch teilweise der kommunale Wirkungskreis bereits gesetzlich erweitert.[58]

2. Demokratische Legitimation

Im Rahmen (formeller)Privatisierungen besteht für die Kommune regelmäßig die Pflicht, ihren Einfluss auf den privatisierten Rechtsträgers zu sichern.[59] Damit stellt die Kommune sicher, dass auch das Handeln des privaten Rechtsträgers demokratisch legitimiert ist.[60]

Das Demokratieprinzip ist auch im Rahmen von Rekommunalisierungen zu beachten. Zwar sorgt die Rückführung eines Unternehmens in die öffentliche Hand grundsätzlich dafür, dass die sachliche und personelle Legitimation einfacher zu gewährleisten sind. Sofern die Aufgaben nach der Rekommunalisierung von **verselbständigt organisierten Einheiten** erfüllt werden, namentlich Anstalten des öffentlichen Rechts, hat die Gemeinde oder sonstige betreffende Gebietskörperschaft aber trotzdem ihren **Einfluss zu sichern**.[61] Dies kann zum Beispiel durch die Vereinbarung von Haupt- und Nebenleistungspflichten, Informations- und Kontrollrechten sowie Rückholoptionen oder Sanktionsmöglichkeiten erfolgen.[62]

3. Haushaltsrechtliche Grundsätze der Wirtschaftlichkeit und Sparsamkeit

Im Rahmen der Entscheidung zur Rekommunalisierung spielen auch **haushaltsrechtliche Vorgaben** eine Rolle. Nach den Grundsätzen der **Wirtschaftlichkeit und Sparsamkeit** öffentlicher Haushaltsführung sind öffentliche Aufgaben möglichst effizient, das heißt mit geringstmöglichem Einsatz von Haushaltmitteln wahrzunehmen. Diese Grundsätze sind in Art. 114 Abs. 2 S. 1 GG und § 6 Abs. 1 HGrG für Bund und Länder gleichermaßen verankert. Dementsprechend finden sie sich auch in den Haushaltsordnungen des Bundes und der Länder (z. B. § 7 BHO). Zudem enthalten zahlreiche Gemeindeordnungen das Wirtschaftlichkeitsgebot.[63]

Bei der Entscheidung über das „Ob" und „Wie" der Rekommunalisierung nimmt die Gemeinde – wie bereits eingangs beschrieben – eine Doppelrolle ein.[64] Um die Wirtschaftlichkeit in Betracht kommender Alternativen vergleichen zu können, ist eine **detaillierte betriebswirtschaftlich anerkannte Wirtschaftlichkeits- und Risikoanalyse erforderlich**.[65] So sollte die Rekommunalisierung unterbleiben, wenn sich herausstellt, dass die Gemeinde die betreffende Aufgabe selbst nicht kostengünstiger durchführen kann als bei Beteiligung eines Privaten.

4. Grundrechte

Insbesondere für Unternehmen, die bereits am Markt tätig sind, bedeutet jede wirtschaftliche Betätigung des Staates und damit auch die Rekommunalisierung vormals privatisierter Aufgaben eine **Veränderung der Wettbewerbssituation**. Dies gilt insbesondere deshalb, weil der Staat in der Regel wirtschaftlich weitergehende Spielräume nutzen kann als Private.[66] Ein ungerechtfertigter Eingriff in Grundrechte ist dennoch regelmäßig zu verneinen.

---

[57] *Mann*, S. 45, 66 ff.
[58] S. z. B. § 107a GO NRW.
[59] Bereits → § 76 Rn. 26 f. und → § 29 Rn. 516.
[60] Ausführlich zum Erfordernis demokratischer Legitimation → § 74 Rn. 42 ff. und → § 76 Rn. 26 f.
[61] *Burgi*, S. 13, 20, 39.
[62] Vgl. auch die entsprechenden Ausführungen zur Privatisierung → § 76 Rn. 27.
[63] S. beispielsweise Art. 61 Abs. 2 BayGO; § 63 Abs. 2 BbgKVerf; § 110 Abs. 2 NKomVG.
[64] → § 77 Rn. 27.
[65] Blanke/Fedder/*Scheele*, Teil 1 Rn. 65; *Brüning*, VerwArch 100 (2009), 453, 470.
[66] *Gesterkamp/Hellstern/Koenig*, WRP 2011, 1047.

38 **a) Eigentumsfreiheit.** Art. 14 Abs. 1 GG schützt nur die Substanz des Eigentums und bietet grundsätzlich keinen Konkurrenzschutz.[67] Damit stellt das **alleinige Auftreten eines neuen Konkurrenten** – und sei es auch der Staat selbst – **keinen Eingriff** dar. Etwas **anderes** gilt nur dann, wenn dieser durch eine behördliche Maßnahme eine **Monopolstellung** erlangt. Eine bloße Erschwerung der Erwerbs- und Wettbewerbschancen genügt hingegen nicht.[68]

39 **b) Wettbewerbsfreiheit.** Einige Autoren gehen jedoch davon aus, dass bereits jeder Marktzutritt des Staates als Mitbewerber einen Eingriff in die von Art. 12 Abs. 1 GG[69] bzw. Art. 2 Abs. 1 GG[70] geschützte **Wettbewerbsfreiheit** darstellt.[71] Dieser Eingriff müsse durch Gemeinwohlbelange, die nicht allein in der Erzielung finanzieller Mittel liegen, gerechtfertigt sein.[72]

40 Nach anderer Ansicht verletzt die wirtschaftliche Betätigung des Staates solange nicht die Wettbewerbsfreiheit, wie die öffentliche Hand im Einklang mit den Marktgesetzen agiert. Solange der Staat auf **staatstypische Privilegien und Machtinstrumente** verzichte und nur marktkonforme Mittel zum Einsatz kommen würden, handele es sich allein um eine Verschärfung des Konkurrenzdrucks.[73] Dann bestehe kein Unterschied zu privaten Konkurrenten.[74] Eine Ausnahme von diesem Grundsatz komme erst dann in Betracht, wenn der Staat einen Verdrängungs- oder Auszehrungswettbewerb zum Nachteil privater Wettbewerber betreibt.[75] Gleiches gelte für die Schaffung einer staatlichen Monopolstellung.[76]

41 **c) Gleichheitsgrundsatz.** Auch eine **Verletzung von Art. 3 Abs. 1 GG** durch eine Rekommunalisierung **scheidet regelmäßig aus**. Eine Ungleichbehandlung kann allenfalls dann erwogen werden, wenn etwa ein rekommunalisiertes Unternehmen in Form eines Eigenbetriebs durch eine Kosten- oder Verlustübernahme gegenüber privaten Unternehmen begünstigt wird.[77] Allerdings dürfte insoweit nur ein Anspruch auf Gleichbehandlung, nicht aber auf Unterbleiben der Begünstigung des rekommunalisierten Betriebs in Betracht kommen.[78] Jedenfalls aber ist ein sachlicher Grund für die Ungleichbehandlung dann gegeben, wenn durch das staatliche Tätigwerden die öffentliche Aufgabenerfüllung gefördert und verbessert wird.

---

[67] Maunz/Dürig/*Papier*, Art. 14 GG Rn. 8 f.
[68] BVerwG I C 77/60, BVerwGE 17, 306, 314 = NJW 1964, 2075, 2078; VGH Mannheim, 1 S 746/82, NJW 1984, 251, 252.
[69] BVerfG 1 BvR 558/91 u. a., BVerfGE 105, 252, 265 = NJW 2002, 2621, 2622; BVerfG 1 BvR 170/71, BVerfGE 32, 311, 317 = NJW 1971, 1255.
[70] So BVerwG 1 C 157/79, BVerwGE 65, 167, 174 = NJW 1982, 2513, 2515; BVerwG 3 C 2/80, BVerwGE 60, 154, 159 = NJW 1980, 2764, 2765; BVerwG VII C 122/66, BVerwGE 30, 191, 198 = NJW 1969, 522 (Leitsatz).
[71] *Cremer*, DÖV 2003, 921, 925 ff.; *Faßbender*, DÖV 2005, 89, 98; *Hösch*, DÖV 2000, 393, 398.
[72] *Pielow*, NWVBl. 1999, 369, 375; *Puhl*, VVDStRL 60 (2001), 456, 482 Fn. 109; a. A. *Cremer*, DÖV 2003, 921, 929 ff., der Gewinnstreben als Rechtfertigungsgrund einordnet.
[73] Vgl. BVerwG 3 C 34/84, BVerwGE 71, 183, 193 = NJW 1985, 2774, 2776; BVerwG 7 B 186/76, BVerwGE 39, 329, 336 f. = GewArch 1979, 15.
[74] v. Münch/Kunig/*Kämmerer*, Art. 12 GG Rn. 50.
[75] BVerwG 7 B 144/76, DÖV 1978, 851; BVerwG 7 B 186/76, BVerwGE 39, 329, 336 f. = GewArch 1979, 15. Gleiches gilt für die Schaffung einer staatlichen Monopolstellung, v. Münch/Kunig/*Kämmerer*, Art. 12 GG Rn. 50.
[76] v. Münch/Kunig/*Kämmerer*, Art. 12 GG Rn. 50.
[77] VGH Mannheim 1 S 745/82, NJW 1984, 251, 253; OVG Münster 4 A 989/81, NVwZ 1984, 522, 525.
[78] Dazu Epping/Hillgruber/*Kischel*, Art. 3 GG Rn. 21 ff.

II. Beihilferecht

Gem. Art. 345 AEUV berührt das Recht der Europäischen Union nicht die Eigentums- 42
ordnung in den verschiedenen Mitgliedstaaten.[79] Danach ist es allein Sache des jeweiligen
Staates, welche Aufgaben er selbst erfüllt und welche er Privaten überlässt – das Europarecht
statuiert keinen Vorrang der privatwirtschaftlichen Erbringung von Leistungen.[80] Allerdings
befreit dies die öffentliche Hand nicht von der Einhaltung europarechtlicher Vorschriften bei der Ausgestaltung der Rekommunalisierung.[81] Dies betrifft **insbesondere**
die Bestimmungen des europäischen Wettbewerbsrechts, die neben dem Diskriminierungsverbot vor allem die **beihilfe- und kartellrechtlichen Vorschriften** umfassen (Art. 106
Abs. 1 AEUV).[82]

Ein besonderes **Konfliktpotential** rekommunalisierender Vorgänge besteht dabei mit 43
den beihilferechtlichen Vorschriften nach Art. 107 f. AEUV. Der Begriff der Beihilfe in
Art. 107 Abs. 1 AEUV wird weit verstanden. Er umfasst sämtliche staatliche oder aus
staatlichen Mitteln gewährte Beihilfen gleich welcher Art, die durch die Begünstigung
bestimmter Unternehmen oder Produktionszweige den Wettbewerb verfälschen oder zu
verfälschen drohen.[83] Unter den Begriff der Beihilfe fallen daher Investitionszuschüsse,
Befreiungen von Abgaben, die Übernahme von Haftungsverpflichtungen und Bürgschaften
oder Garantien, der Verzicht auf oder Erlass von Schulden und alle sonstigen freiwilligen
Begünstigungen, die staatlich oder aus staatlichen Mitteln erfolgen.[84]

So kann etwa eine europarechtswidrige Beihilfe vorliegen, wenn die vollständige oder 44
teilweise Rekommunalisierung eines privaten Rechtsträgers dazu führt, dass die **Kommune als Gewährträger** unbeschränkt für die Verbindlichkeiten des neu zu errichtenden
öffentlich-rechtlichen Unternehmens oder Rechtsträgers haftet.[85] Die unbeschränkte Haftung der Kommune ermöglicht dem übernehmenden öffentlich-rechtlichen Rechtsträger
oder Unternehmen größere wirtschaftliche Spielräume, durch die eine günstigere Wettbewerbsposition herbeigeführt wird. Dadurch kann der EU-weite Handel eingeschränkt
werden.[86] Dass es sich bei dem Begünstigten um ein öffentliches Unternehmen handelt, ist
unerheblich, da auch diese grundsätzlich dem europäischen Beihilferecht unterliegen.[87]

Eine **Beihilfe** kommt auch in Betracht, wenn der private Rechtsträger für die Über- 45
tragung von Vermögenspositionen auf ein öffentlich-rechtliches Unternehmen eine **Gegenleistung** erhält, die weit über dem Wert der übertragenen Aktiva und Passiva liegt.[88]

Eine Begünstigung nach Art. 107 Abs. 1 AEUV scheidet jedoch bereits tatbestandlich 46
aus, wenn die fragliche staatliche Maßnahme lediglich zu einem angemessenen Ausgleich
von Defiziten bei der **Erbringung gemeinwirtschaftlicher Leistungen** führt.[89]

---

[79] Ausführlich zur Bedeutung des Art. 345 AEUV → § 74 Rn. 73 ff. S. ferner *Voland*, EuR 2014, 237.
[80] *Burgi*, S. 13, 21; ebenso *Kämmerer*, S. 95, der von einer „Art institutionelle Garantie der Staatswirtschaft" spricht.
[81] Grabitz/Hilf/Nettesheim/*Wernicke*, Art. 345 AEUV Rn. 5; *Kämmerer*, S. 95. Vgl. auch *Voland*, EuR 2014, 237, 243 ff.
[82] Bereits → § 74 Rn. 78 ff. sowie spiegelbildlich im Rahmen der Privatisierung → § 76 Rn. 36 f.
[83] Zum Beihilfebegriff ausführlich → § 74 Rn. 82 ff.
[84] Geiger/Khan/Kotzur/*Eisenhut*, Art. 107 AEUV Rn. 7 ff.
[85] Vgl. *Sodan*, LKV 2013, 433, 440.
[86] Vgl. auch *Sodan*, LKV 2013, 433, 441.
[87] EuGH 78/76, NJW 1977, 1005 – Steinike/Deutschland; Grabitz/Hilf/Nettesheim/*v. Wallenberg/Schütte*, Art. 107 AEUV Rn. 39 sowie bereits → § 74 Rn. 78.
[88] Vgl. EuGH C-214/12 P, C-215/12 P, C-223/12 P, EuZW 2014, 36, 39 – Burgenland/Kommission. Dort ging es allerdings um den spiegelbildlichen Fall einer Privatisierung, bei der staatliche Unternehmensanteile unter Marktwert veräußert wurden.
[89] *Dörr*, S. 150, 168; vgl. auch EuGH C-53/00, NVwZ 2002, 193, 194 – Ferring. Näher zu den konkreten Voraussetzungen EuGH C-280/00, NJW 2003, 2515, 2518 – Altmark Trans. Dazu auch bereits → § 74 Rn. 85.

47 Darüber hinaus ist bei der Rekommunalisierung die Bereichsausnahme nach Art. 106 Abs. 2 AEUV besonders relevant. Danach werden Unternehmen von den Wettbewerbsregeln ausgenommen, wenn sie mit **Dienstleistungen von allgemeinem wirtschaftlichen Interesse** betraut sind und ihre Aufgabenerfüllung durch die Anwendung der Vorschriften tatsächlich oder rechtlich verhindert würde. Von allgemeinem wirtschaftlichen Interesse sind Leistungen der Daseinsfürsorge.[90] Beispielhaft können hier die Post, Fernmeldedienste oder die Abfallentsorgung genannt werden.[91]

48 Falls jedoch die Rekommunalisierung unzulässige Beihilfeelemente aufweist, können sich **Wettbewerber** dagegen **zur Wehr setzen**. So hat der BGH im Jahr 2011 entschieden, dass auch Dritte, insbesondere private Wettbewerber, die Möglichkeit haben, gerichtlich gegen derartige Begünstigungen vorzugehen. Dabei sieht der BGH Art. 108 Abs. 3 S. 3 AEUV als Schutzgesetz i. S. d. § 823 Abs. 2 BGB an, sodass Konkurrenten Beseitigung, Unterlassung und Schadensersatz verlangen können.[92]

III. Kartellrecht

49 Aus der in Art. 28 Abs. 2 GG verankerten Selbstverwaltungsgarantie folgt nicht nur, dass die öffentliche Hand Aufgaben der Daseinsvorsorge wahrnehmen kann oder mitunter sogar muss. Vielmehr ergibt sich daraus auch das Recht, über die Form der Aufgabenwahrnehmung selbst zu entscheiden.[93] So kann die öffentliche Hand das Benutzungsverhältnis zu ihren Bürgern entweder öffentlich-rechtlich ausgestalten und gesetzliche Gebühren festlegen oder auf privatrechtliche Vertragsverhältnisse zurückgreifen und Preise für die Leistungserbringung vereinbaren.[94] Von der Ausgestaltung des Benutzungsverhältnisses hängt die Anwendbarkeit der kartellrechtlichen Vorschriften des GWB ab.

50 Eine **Folge von Rekommunalisierungen** der vergangenen Jahre war der **Vorrang der gebührenrechtlichen vor der kartellrechtlichen Missbrauchskontrolle** nach §§ 19, 20 GWB.[95] Ein Beispiel ist der Fall „Wasserpreise Wetzlar": Nachdem der BGH die Ausdehnung der kartellrechtlichen Missbrauchskontrolle auf privatrechtlich vereinbarte Wasserpreise einer GmbH in der Hand der Stadt gebilligt hatte,[96] beschloss diese, die Wasserversorgung künftig durch einen kommunalen Eigenbetrieb zu übernehmen. Da sämtliche für die Betriebsführung erforderlichen Sach- und Personalmittel bei der GmbH verbleiben sollten, schloss die Stadt Wetzlar mit dieser einen Pacht-, Betriebsführungs- und Wasserlieferungsvertrag. Damit nahm nicht die Stadt selbst oder ihr Eigenbetrieb, sondern weiterhin die GmbH die technische und kaufmännische Betriebsführung wahr, sodass die Rekommunalisierung mit einer funktionalen Privatisierung verbunden war.[97] Die Umwandlung hatte jedoch zur Folge, dass die Stadt für die Wasserversorgung öffentlich-rechtliche Gebühren erheben kann und seitdem der gebührenrechtlichen Kontrolle unterliegt.

1. Grundsatz: Keine Missbrauchskontrolle öffentlich-rechtlicher Gebühren und Beiträge

51 Gem. **§ 185 Abs. 1 S. 2 GWB** sind die **Missbrauchsverbote** der §§ 19, 20 und 31 Abs. 5 GWB **auf öffentlich-rechtliche Gebühren und Beiträge nicht anwendbar**.

---

[90] Grabitz/Hilf/Nettesheim/*Wernicke*, Art. 106 AEUV Rn. 38. Vgl. dazu auch *Correll*, DVBl. 2016, 338, 343.

[91] Geiger/Khan/Kotzur/*Khan/Suh*, Art. 106 AEUV Rn. 15 m. w. N. Vgl. auch OLG Stuttgart 2 U 11/14, BeckRS 2014, 21675 für den Fall kommunaler Kreiskliniken.

[92] BGH I ZR 136/09, EuZW 2011, 440, 442.

[93] Zur Bedeutung des gemeindlichen Selbstverwaltungsrechts im Rahmen der Rekommunalisierung → § 77 Rn. 31 f.

[94] *Breuer*, NVwZ 2009, 1249, 1252 f.; *Wolfers/Wollenschläger*, Rekommunalisierung, S. 97, 100.

[95] Bereits → § 77 Rn. 6.

[96] BGH KVR 66/08, NJW 2010, 2573.

[97] Vgl. *Wolfers/Wollenschläger*, Rekommunalisierung, S. 97, 112 ff. Zur funktionalen Privatisierung → § 76 Rn. 10.

Mit der Einführung dieser Norm[98] wurde ein langjähriger Streit um die Anwendbarkeit der kartellrechtlichen Missbrauchskontrolle auf öffentlich-rechtliche Versorgungsverhältnisse beendet.[99] Diese sind folglich allein an den einschlägigen Kommunalabgabengesetzen zu messen, deren Einhaltung die zuständige Aufsichtsbehörde kontrolliert. Dies könnte auch ein Grund für eine Rekommunalisierung sein.

2. Durchbrechungen dieses Grundsatzes

Die Nichtanwendbarkeit des Kartellrechts ist jedoch nicht unkritisiert geblieben. Der BGH hatte bereits 2011 in der Sache „Niederbarnim" in einem obiter dictum die Frage aufgeworfen, ob der Grundsatz der Nichtanwendbarkeit nicht durchbrochen werden müsse, wenn „die öffentlich-rechtliche und privatrechtliche Ausgestaltung der Leistungsbeziehung – wie im Fall der Wasserversorgung – weitgehend austauschbar" sei.[100] 52

a) Ausnahme bei öffentlich-rechtlich determinierten Preisen. In die gleiche Richtung geht der Beschluss des **OLG Düsseldorf zu den Berliner Wasserbetrieben**.[101] Danach können auch öffentlich-rechtlich organisierte Rechtsträger Unternehmen im kartellrechtlichen Sinne sein, wenn und soweit sie wirtschaftlich tätig sind und die Leistungsbeziehung zu ihren Abnehmern privatrechtlich ausgestaltet ist. Dies soll selbst dann gelten, wenn es sich um „Gebühren im Preisgewand" handelt, die Gebühren also auf landesrechtlichen Vorgaben zur Berechnung der Höhe beruhen.[102] 53

b) Ausnahme bei der „Scheinrekommunalisierung"? Es stellt sich die Frage, ob eine Umwandlung in eine öffentlich-rechtliche Rechtsform missbräuchlich ist und ggf. die Anwendbarkeit des Kartellrechts auslöst, wenn sie allein zum Zwecke der Umgehung der kartellrechtlichen Regulierung erfolgt. Dies könnte zum Beispiel der Fall sein, wenn es sich bei dem neu errichteten kommunalen Unternehmen um ein rein formelles Konstrukt ohne eigenes Personal und Sachmittel handelt oder wenn die Rekommunalisierung anlässlich eines laufenden Kartellverfahrens erfolgt (**Scheinrekommunalisierung**).[103] 54

Die besseren Gründe sprechen allerdings dafür, dass auch in diesen Konstellationen die **kartellrechtlichen Missbrauchsvorschriften nicht anwendbar** sind. Die grundsätzliche Gesetzgebungszuständigkeit der Länder ergibt sich aus Art. 70 Abs. 1 GG. Die Regelung der Gebühren obliegt ihnen als Annex zur jeweils betroffenen landesrechtlichen Sachmaterie.[104] Demgegenüber berechtigt Art. 74 Abs. 1 Nr. 16 GG den Bund allein zum Erlass von Gesetzen, die den Missbrauch einer wirtschaftlichen Marktstellung verhüten. Unter „Missbrauch" im Sinne dieser Vorschrift ist jedoch nur ein solcher Gebrauch zu verstehen, der „vom normalen, von der Rechtsordnung gebilligten Gebrauch abweicht und eine entartete Machtausübung darstellt."[105] Hiervon kann bei einer gebührenrechtlich zulässigen Erhebung von Gebühren nicht die Rede sein. Auch würde eine Anwendung des 55

---

[98] Entspricht § 130 Abs. 1 S. 2 GWB 2013, der im Zuge der 8. GWB-Novelle (BGBl. 2013 I S. 1738) eingeführt wurde.

[99] Vgl. dazu ausführlich *Wolfers/Wollenschläger*, Vor §§ 31–31b GWB Rn. 26 ff. *Wolf*, BB 2011, 648 spricht gar von einer (unzulässigen) „Flucht ins Gebührenrecht".

[100] BGH KVR 9/11, NJW 2012, 1150, 1151. In Anbetracht der Tatsache, dass alle Leistungen im Bereich der Daseinsvorsorge dem Wahlrecht der Gemeinde unterliegen und sowohl öffentlich-rechtlich als auch privatrechtlich erbracht werden können, scheint das Kriterium der Austauschbarkeit jedoch wenig weiterführend. Damit würde der Grundsatz der Nichtanwendbarkeit des Kartellrechts nicht durchbrochen, sondern gleich eliminiert, *Wolfers/Wollenschläger*, Rekommunalisierung, S. 97, 110 f.

[101] OLG Düsseldorf VI-2 Kart 4/12 (V), NZKart 2014, 237, 238.

[102] OLG Düsseldorf VI-2 Kart 4/12 (V), NZKart 2014, 237, 238. Das ist in der Sache nicht überzeugend; vgl. *Wolfers/Wollenschläger*, Vor §§ 31–31b GWB Rn. 46 ff.

[103] *Säcker*, NJW 2012, 1105, 1109 f.

[104] Dreier/*Stettner*, Art. 70 GG Rn. 68.

[105] Maunz/Dürig/*Maunz*, Art. 74 GG Rn. 191.

Kartellrechts in die Organisationshoheit der Länder eingreifen, deren Gebührenregelungen auch auf den Substanzerhalt des jeweiligen kommunalen Unternehmens abzielen.[106]

56 Letztlich kann auch ein innerer Zusammenhang zwischen eingeleiteter Missbrauchskontrolle und Rekommunalisierung zu keinem anderen Ergebnis führen. So sind die Motive für die Bewertung der Rechtmäßigkeit und der Wirksamkeit der Umwandlung irrelevant und grundsätzlich nicht justiziabel.[107] Die bloße Einleitung eines Kartellverfahrens kann die Ausübung der verfassungsrechtlich verbürgten Formenwahlfreiheit nicht hindern.[108]

IV. Kommunalwirtschaftsrecht

57 Die wirtschaftliche Betätigung von Gemeinden und damit auch die Rekommunalisierung unterliegt in der Regel einer **kommunalrechtlichen Schrankentrias**.[109] So setzen die meisten Gemeindeordnungen voraus, dass das Tätigwerden einem **öffentlichen Zweck** dient, nicht außer Verhältnis zur **Leistungsfähigkeit** der Kommune steht und das **Subsidiaritätsprinzip** wahrt. Zudem muss das wirtschaftliche Handeln im Rahmen der kommunalen Verbandskompetenz liegen, also eine Angelegenheit der örtlichen Gemeinschaft betreffen.

58 Im Hinblick auf das **Erfordernis eines öffentlichen Zwecks** steht der Gemeinde grundsätzlich eine Einschätzungsprärogative zu.[110] Allerdings darf eine wirtschaftliche Betätigung nicht ausschließlich zum Zwecke der Gewinnerzielung erfolgen, sondern muss durch gemeinwohlbezogene Erwägungen zu rechtfertigen sein.[111] Weiterhin hat das wirtschaftliche Tätigwerden im angemessenen Verhältnis zur **Leistungsfähigkeit** der Gemeinde und zu ihrem voraussichtlichen Bedarf zu stehen. Diese Anforderung soll die Gemeinde vor wirtschaftlichen Risiken schützen.[112]

59 Maßgeblich ist schließlich das **Prinzip der Subsidiarität**. Danach dürfen Gemeinden nur wirtschaftlich tätig werden, wenn der öffentliche Zweck nicht ebenso gut und wirtschaftlich durch einen privaten Dritten erfüllt wird oder erfüllt werden kann.[113] Der **Vergleich zur Wirtschaftlichkeit der Leistungserbringung** soll zum Beispiel durch eine Marktanalyse[114] oder Markterkundung[115] erfolgen. Durch das Kriterium „gut" werden auch die Kontinuität, Zuverlässigkeit und Nachhaltigkeit sowie soziale Gesichtspunkte in den Leistungsvergleich einbezogen.[116] In manchen Ländern wurde das Prinzip der Subsidiarität inzwischen aufgeweicht. So verlangen einige Gemeindeordnungen nur noch, dass der öffentliche Zweck durch privatwirtschaftliche Unternehmen nicht besser und wirtschaftlicher erreicht werden kann.[117] In bestimmten Bereichen, wie der Energie- und

---

[106] *Wolfers/Wollenschläger*, Rekommunalisierung, S. 97, 107 f. Zur Organisationshoheit der Länder → § 74 Rn. 6, 27.
[107] OLG Frankfurt 11 W 24/11, BeckRS 2011, 27020; *Wolfers/Wollenschläger*, Rekommunalisierung, S. 97, 116; *Wolfers/Wollenschläger*, Vor §§ 31–31b GWB Rn. 43.
[108] OLG Frankfurt 11 W 24/11, BeckRS 2011, 27020; *Wolfers/Wollenschläger*, Rekommunalisierung, S. 97, 116 f. – Dort auch zur Zuständigkeit der Verwaltungsgerichte anstelle der Kartellsenate.
[109] Vgl. die ähnlichen kommunalrechtlichen Vorgaben für die wirtschaftliche Betätigung einer Gemeinde in privatrechtlichen Rechtsformen → § 29 Rn. 516.
[110] BVerwG 7 B 186/76, BVerwGE 39, 329, 334 = GewArch 1979, 15.
[111] *Mann*, S. 45, 54 f. Nach OVG Münster 15 B 1137/03, NVwZ 2003, 1520, 1521 sollen durch diese Voraussetzung auch die Interessen der örtlichen privaten Wirtschaftsteilnehmer geschützt werden.
[112] *Mann*, S. 45, 58.
[113] So z. B. Art. 87 Abs. 1 S. 1 Nr. 4 BayGO; § 102 Abs. 1 Nr. 3 GO BW; § 85 Abs. 1 S. 1 Nr. 3 GO RP; § 121 Abs. 1 Nr. 3 HGO; § 68 Abs. 1 S. 1 Nr. 3 KVerf MV; § 71 Abs. 2 Nr. 4 ThürKO.
[114] § 107 Abs. 5 GO NRW.
[115] § 71 Abs. 2 Nr. 4 ThürKO.
[116] *Mann*, S. 45, 64.
[117] So z. B. § 107 Abs. 1 S. 1 Nr. 3 GO NRW; § 136 Abs. 1 S. 2 Nr. 3 NKomVG; § 94a Abs. 1 S. 1 Nr. 3 SächsGO; § 101 Abs. 1 Nr. 3 GO SH.

§ 77 Umwandlung v. privatrechtlicher in öffentlich-rechtliche Rechtsform 60–62 § 77

Wasserversorgung, dem ÖPNV oder insgesamt der kommunalen Daseinsvorsorge, wurde die Subsidiaritätsklausel sogar gänzlich aufgegeben.[118]

E. Folgen von Rekommunalisierungen für Beschäftigte

Hinsichtlich der Auswirkungen einer Rekommunalisierung für Beschäftigte ist – ebenso wie bei Umwandlungsvorgängen innerhalb der öffentlichen Hand[119] und bei privatisierenden Umwandlungen[120] – zwischen den Folgen für die Arbeitnehmer und Angestellten im öffentlichen Dienst (→ Rn. 61 ff.) und für die Beamten (→ Rn. 65 ff.) zu differenzieren. 60

I. Übergang der Arbeitsverhältnisse
1. Überleitung nach § 324 UmwG i. V. m. § 613a BGB

Findet die Rekommunalisierung im Wege der **Vermögensübertragung** nach § 174 UmwG statt, gehen die Arbeitsverhältnisse der Arbeitnehmer und Angestellten im öffentlichen Dienst nach den gem. § 324 UmwG auf die Vermögensübertragung anwendbaren Bestimmungen des **§ 613a BGB** auf den öffentlich-rechtlichen Zielrechtsträger über.[121] 61

Hinsichtlich der Rechtsfolgen des § 613a BGB kann im Wesentlichen auf die im Rahmen der Darstellungen zur Privatisierung angestellten Ausführungen verwiesen werden.[122] Allerdings ergeben sich im Hinblick auf das **Widerspruchsrecht** Besonderheiten, wenn der bisherige Rechtsträger infolge der Umwandlung erlischt (Vollübertragung, aufspaltende Teilübertragung) und damit auch der Widerspruch nicht die Fortsetzung des Arbeitsverhältnisses mit dem Ausgangsrechtsträger bewirken kann. Trotz des Erlöschens des Ausgangsrechtsträgers wird teilweise vertreten, dass auch in diesem Fall den Arbeitnehmern ein Widerspruchsrecht nach § 613a Abs. 6 BGB zukomme, da ihnen nicht ohne weiteres ein neuer Arbeitgeber aufgezwungen werden dürfe.[123] Welche Rechtsfolgen sich davon ausgehend an die Ausübung des Widerspruchsrechts anschließen, wird innerhalb dieser Ansicht unterschiedlich beurteilt. Denkbar ist der Ersatz der Arbeitgeberfunktion des (erloschenen) Ausgangsrechtsträgers durch alle bei der Umwandlung neu entstandenen Rechtsträger gemeinsam[124], die Einräumung eines Wahlrechts des Arbeitnehmers, sich für einen der neuen Rechtsträger zu entscheiden[125] oder die automatische Beendigung des Arbeitsverhältnisses gegenüber sämtlichen Rechtsträgern[126]. Diesen Ansätzen ist das BAG jedoch im Wege einer teleologischen Reduktion des § 613a Abs. 6 BGB entgegengetreten und hat nunmehr für die Praxis verbindlich entschieden, dass im Falle des Erlöschens des Ausgangsrechtsträgers ein Widerspruchsrecht des Arbeitnehmers ausscheidet – ihm steht aber ein Recht zur außerordentlichen Kündigung des Arbeitsverhältnisses nach § 626 BGB zu.[127] Eine Weiterbeschäftigung bei dem Ausgangsrechtsträger kommt daher durch Aus- 62

---

[118] Vgl. Art. 87 Abs. 1 S. 1 Nr. 4 BayGO; § 102 Abs. 1 Nr. 3 GO BW; § 107 Abs. 1 S. 1 Nr. 3 GO NRW; § 136 Abs. 1 S. 3 NKomVG; § 71 Abs. 1 Nr. 4 ThürKO.
[119] → § 75 Rn. 66 ff.
[120] → § 76 Rn 38 ff.
[121] Zur Anwendbarkeit des § 613a BGB über die Vorschrift des § 324 UmwG vgl. bereits die entsprechenden Ausführungen in → § 75 Rn. 68 sowie → § 76 Rn. 39.
[122] → § 76 Rn. 41 ff.
[123] Lutter/Joost, § 324 Rn. 67; Semler/Stengel/Simon, § 324 Rn. 51; Mertens, AG 1994, 66, 73.
[124] Baumann, DStR 1995, 888, 890; Däubler, RdA 1995, 136, 142.
[125] Mertens, AG 1994, 66, 73.
[126] AG Münster 3 Ga 13/00, NZA-RR 2000, 467, 468; Semler/Stengel/Simon, § 324 UmwG Rn. 51 m. w. N.
[127] BAG 8 AZR 157/07, NZA 2008, 815, 816 ff. Dies wird auch durch die Gesetzgebungsunterlagen zu § 613a Abs. 6 BGB bestätigt, nach denen es „[k]einen Ansatz für ein Widerspruchsrecht gibt […], wenn das übertragende Unternehmen infolge der Umwandlung erlischt […].", BT-Drs. 14/7760, S. 20.

übung des Widerspruchsrechts nach § 613a Abs. 6 BGB nur bei einer abspaltenden oder ausgliedernden Teilübertragung in Betracht.[128]

63 Werden demgegenüber Eigengesellschaften der öffentlichen Hand in privatrechtlicher Form im Wege des **Formwechsels** (formell) rekommunalisiert, liegt schon **kein Betriebsübergang** vor, da der beteiligte Rechtsträger unter Wahrung seiner Identität lediglich seine Rechtsform wechselt. Für die Arbeitnehmer bedeutet diese Form der Rekommunalisierung grundsätzlich keine Veränderung – die Rechte und Pflichten aus den Arbeitsverhältnissen bestehen nach dem Formwechsel gegenüber dem Rechtsträger in neuer Rechtsform fort.[129]

2. Übertragung kraft gesetzlicher Regelung

64 Die Anordnung der Anwendbarkeit des § 613a BGB durch § 324 UmwG betrifft nur die im UmwG geregelten übertragenden Umwandlungsformen und gilt damit nicht für die auf Gesetz oder Hoheitsakt beruhenden Umwandlungsvorgänge außerhalb des UmwG.[130] Für **Umwandlungsvorgänge außerhalb des UmwG** sind daher mangels Anwendbarkeit von § 613a BGB **andere Regelungen** für den Übergang der Arbeitsverhältnisse zu treffen. In der Praxis orientieren sich diese Regelungen meist an § 613a BGB, nicht zuletzt um personalpolitischen Belangen Rechnung zu tragen.[131]

II. Weiterbeschäftigung von Beamten

65 Zwar kann ein privatrechtlich organisierter Rechtsträger grundsätzlich mangels Dienstherrnfähigkeit keine Beamten beschäftigen. Dennoch bestehen Möglichkeiten, dass ein privatrechtlicher Rechtsträger infolge einer Privatisierung auch Beamte weiter beschäftigt.[132] Bei Umkehrung des Privatisierungsvorgangs durch die Rekommunalisierung stellt sich die Frage, welche Folgen die Rückführung in eine öffentlich-rechtliche Rechtsform für die betreffenden Beamten hat.

66 Ist dem Beamten Sonderurlaub zum Zwecke des Abschlusses eines Arbeitsvertrags mit dem Privatrechtsunternehmen gewährt worden, so wird die von vornherein **befristete Beurlaubung** zeitlich jedenfalls mit der Auflösung des Unternehmens und dem Wegfall des Zwecks der Beurlaubung **enden**. Diese Überlegungen sind auch auf das Dienstüberlassungsmodell zu übertragen.[133]

67 Ist demgegenüber eine **Zuweisung** des Beamten erfolgt, wird der Verwaltungsakt der Zuweisung spätestens dann **unwirksam**, wenn der übertragende Rechtsträger erlischt. Denn ab diesem Zeitpunkt ist es dem Beamten unmöglich, seine Tätigkeit für den übertragenden Rechtsträger weiter auszuüben. Im Laufe des Umwandlungsverfahrens kann die Zuweisung aber auch bereits durch eine vorzeitige Aufhebung beendet werden.[134]

F. Wege zur Rekommunalisierung außerhalb des UmwG

68 Im Hinblick auf die Rückführung privatisierter Unternehmen in öffentlich-rechtlich organisierte Rechtsträger im Wege der Gesamtrechtsnachfolge sieht das UmwG allein die **Ver-**

---

[128] *Gaß*, S. 339.
[129] Vgl. die entsprechenden Ausführungen zur Privatisierung → § 76 Rn. 40. Insoweit deklaratorisch etwa die Regelung in § 18 des Gesetzes zur Errichtung der Frankfurter Sparkasse als Anstalt des öffentlichen Rechts (Fraspa-Gesetz) vom 14.5.2007 (HessGVBl. 2007 I S. 283) bei der Rekommunalisierung der Frankfurter Sparkasse im Wege des Formwechsels, dazu sogleich ausführlich → § 77 Rn. 76 ff.
[130] BAG 9 AZR 95/00, NZA 2001, 1200, 1202 sowie bereits → § 75 Rn. 68. Zu Gestaltungsmöglichkeiten von Umwandlungsvorgängen außerhalb des UmwG → § 77 Rn. 68 ff.
[131] Vgl. die entsprechenden Ausführungen in → § 75 Rn. 70 sowie § 76 Rn. 45.
[132] Ausführlich → § 76 Rn. 47 ff.
[133] *Gaß*, S. 342.
[134] *Kathke*, ZBR 1999, 325, 342.

mögensübertragung durch Kapitalgesellschaften auf die öffentliche Hand vor (§§ 174–189 UmwG).[135] Allerdings besteht für den Gesetzgeber gem. § 1 Abs. 2 UmwG die Möglichkeit, **zusätzliche Formen** der Umwandlung **außerhalb des UmwG** in bundes- oder landesrechtlichen Bestimmungen vorzusehen (→ Rn. 69 ff.). Daneben bestehen vielfältige Wege zur Rekommunalisierung ohne das Erfordernis einer Umwandlung (→ Rn. 85 ff.).

I. Gestaltungsmöglichkeiten für Umwandlungsvorgänge außerhalb des UmwG

69 Einige Bundesländer haben in kommunalwirtschaftlichen Regelungen allgemein die Möglichkeit eines **Formwechsels** von staatlichen Eigengesellschaften in privater Rechtsform in öffentlich-rechtliche Rechtsformen geregelt (→ Rn. 70 ff.). Daneben besteht aber auch die Möglichkeit, weitere Umwandlungsvorgänge auf Grundlage einer **speziell für den Einzelfall erlassenen Rechtsgrundlage** durchzuführen (→ Rn. 74 ff.). Durch entsprechende gesetzliche Regelungen kann daher etwa auch die in § 175 UmwG nicht vorgesehene Vermögensübertragung von einer Kapitalgesellschaft auf eine Anstalt des öffentlichen Rechts oder die Vermögensübertragung durch Personenhandelsgesellschaften ermöglicht werden.

1. Formwechsel aufgrund allgemeiner landesrechtlicher Vorschriften

70 Allgemein gesetzlich geregelt ist in einigen Ländern die Umwandlung staatlicher Eigengesellschaften in privatrechtlicher Rechtsform in eine öffentlich-rechtliche Organisationsform, mithin die **formelle Rekommunalisierung**.[136] Entsprechende Vorschriften finden sich in der Bayerischen Gemeindeordnung, der Niedersächsischen Kommunalverfassung und in der Brandenburgischen Kommunalverfassung.[137] Alle drei Gesetze statuieren die Möglichkeit eines Formwechsels von einem Unternehmen privater Rechtsform bzw. einer Kapitalgesellschaft (so Art. 89 Abs. 2a BayGO) in eine Anstalt des öffentlichen Rechts (Kommunalunternehmen).[138]

71 **Voraussetzung** ist jeweils zunächst, dass keine Sonderrechte i. S. v. § 23 UmwG und keine Rechte Dritter an den Anteilen der Gemeinde bestehen; die Gemeinde muss also der einzige Anteilseigner sein.[139] Art. 49 BayKomZG erweitert allerdings die Möglichkeit der Rekommunalisierung auf Kapitalgesellschaften, die sich in der Trägerschaft mehrerer Kommunen befinden.

72 Ferner ist in allen drei Ländern ein **Umwandlungsbeschluss** der formwechselnden Gesellschaft erforderlich. Dies ergibt sich nur in Bayern explizit aus der Norm (Art. 89 Abs. 2a S. 3 BayGO). In den anderen beiden Landesgesetzen erfolgt lediglich ein Verweis auf die entsprechend anzuwendenden Vorschriften des UmwG über den Formwechsel (§ 193 UmwG).[140] Nach Art. 89 Abs. 2a S. 3 BayGO muss die Gemeinde zudem eine Unternehmenssatzung erlassen. Sind diese Voraussetzungen erfüllt, tritt das Kommunalunternehmen in die rechtliche und wirtschaftliche Stellung des Rechtsvorgängers ein, ohne dass es eines weiteren Übertragungsaktes bedarf.[141]

73 Gem. § 141 Abs. 1 S. 5 NKomVG können auch bestehende **Eigenbetriebe** (Unternehmen und Einrichtungen) in die Umwandlung einbezogen werden. Wie sich der Gesetzgeber eine derartige Einbeziehung vorstellt, geht aus der Gesetzesbegründung nicht hervor. Daher kritisieren einige Autoren, dass ein identitätswahrender Formwechsel nach dem UmwG in diesen Fällen nicht mehr gegeben sei. So werde die Identität der Eigengesell-

---

[135] → § 77 Rn. 15 ff.
[136] → § 77 Rn. 7.
[137] Art. 89 Abs. 2 BayGO; § 94 Abs. 1 S. 2 und 3 BbgKVerf; § 141 Abs. 1 S. 4 NKomVG.
[138] Zu den Vorteilen des Betriebs eines öffentlichen Unternehmens in Form der Anstalt gegenüber dem Eigenbetrieb → § 75 Rn. 11 f.
[139] Blum/Baumgarten/Freese/*Wefelmeier*, § 141 NKomVG Rn. 29; Potsdamer Kommentar/*Jänicke*, § 94 BbgKVerf Rn. 3; *Widtmann/Grasser/Glaser*, Art. 89 BayGO Rn. 10.
[140] § 94 Abs. 1 S. 3 BbgKVerf; § 141 Abs. 1 S. 6 NKomVG.
[141] Blum/Baumgarten/Freese/*Wefelmeier*, § 141 NKomVG Rn. 30; Potsdamer Kommentar/*Jänicke*, § 94 BbgKVerf Rn. 3.

schaft bei einer Erweiterung um die bisher als Eigenbetrieb oder sonstige Einrichtung geführten neuen Betriebsteile gerade nicht gewahrt. Stattdessen ändere bzw. erweitere die Einbeziehung den Unternehmensgegenstand und damit auch die personellen und sachlichen Mittel.[142] Ein alleiniger Formwechsel liegt dann nicht mehr vor.

2. Umwandlungen aufgrund spezieller landesrechtlicher Vorschriften

74 Über diese allgemeinen landesrechtlichen Regelungen hinaus können **auf Grundlage spezieller bundes- und landesrechtlicher Regelungen weitere Umwandlungsvorgänge** unter Beteiligung der öffentlichen Hand vorgesehen werden. Der Gesetzgeber hat dabei **weitreichende Gestaltungsspielräume**, wie die folgenden Beispiele verdeutlichen.[143]

75 a) **Formwechsel zu öffentlich-rechtlichen Rechtsformen.** Zunächst kommt zur Rekommunalisierung privatrechtlich organisierter Unternehmen in öffentlicher Hand ein identitätswahrender **Formwechsel** in eine öffentlich-rechtliche Organisationsform auf Grundlage spezieller gesetzlicher Regelungen in Betracht.

76 So wurde beispielsweise die einst als Aktiengesellschaft organisierte **Frankfurter Sparkasse** im Jahr 2007 durch das zum Zwecke des Formwechsels erlassene Fraspa-Gesetz[144] in eine Anstalt (des) öffentlichen Rechts umgewandelt.

77 Neuer Träger wurde damit die Landesbank Hessen-Thüringen, die zuvor alleinige Aktionärin der Frankfurter Sparkasse AG gewesen war (§ 1 Abs. 2 Nr. 2 Fraspa-Gesetz).[145] Der Rechtsformwechsel erfolgte gem. § 1 Abs. 1 Fraspa-Gesetz unmittelbar durch das Gesetz, sodass es keines weiteren Umwandlungsaktes oder -beschlusses bedurfte.[146] § 1 Abs. 2 Nr. 1 Fraspa-Gesetz erklärte deklaratorisch, dass die rechtliche Identität der FraSpa von dem Formwechsel nicht berührt wird.[147]

78 Laut Gesetzesbegründung zielte der Formwechsel darauf ab, die Geschäftsfelder klar zu ordnen und die im Rahmen der Unternehmensbewertung eingeflossenen Kosten- und Ertragssynergien zu realisieren. Außerdem sollte mit der Umwandlung die Rechtsform der kommunalen Sparkasse an diejenige der Landesbank angeglichen werden, um eine Einbindung in die Sparkassenorganisation zu betonen und zu festigen.[148]

79 b) **Verschmelzung auf öffentlich-rechtliche Rechtsträger.** Die Rekommunalisierung kann ferner durch **Verschmelzung** des privatrechtlichen Rechtsträgers **auf einen Rechtsträger in öffentlich-rechtlicher Rechtsform** erfolgen.

80 Zum Beispiel wurde die **LBS Bremen AG** im Jahr 2014 auf die als Anstalt des öffentlichen Rechts organisierte **LBS West** verschmolzen. Die Anstalt (des) öffentlichen Rechts ist kein verschmelzungsfähiger Rechtsträger i. S. v. § 3 UmwG. Auch ein anderes Landesgesetz, das für die Verschmelzung als Rechtsgrundlage hätte herangezogen werden können, bestand in Nordrhein-Westfalen nicht.[149] Daher erließ der nordrhein-westfälische Landtag die Vorschrift des § 7 LBSG,[150] die als gesetzliche Grundlage für den Umwandlungsvorgang diente.

81 § 7 Abs. 1 S. 1 LBSG sieht vor, dass die LBS West als übernehmender Rechtsträger mit einer juristischen Person des öffentlichen Rechts oder des Privatrechts einen **Verschmelzungsvertrag** schließen kann. Eine Verschmelzung in der Weise, dass die LBS West als übertragender Rechtsträger fungiert, ist hingegen ausdrücklich nicht vorgesehen. Die

---

[142] Blum/Baumgarten/Freese/*Wefelmeier*, § 141 NKomVG Rn. 31.
[143] → § 74 Rn. 7 ff. zu Gestaltungsmöglichkeiten im Rahmen des Umwandlungsvorgangs.
[144] Gesetz zur Errichtung der Frankfurter Sparkasse als Anstalt des öffentlichen Rechts vom 14.5.2007 (HessGVBl. 2007 I S. 283)
[145] Hessischer Landtag Drs. 16/6805, S. 11.
[146] Vgl. auch Hessischer Landtag Drs. 16/6805, S. 11.
[147] Hessischer Landtag Drs. 16/6805, S. 1.
[148] Hessischer Landtag Drs. 16/6805, S. 1.
[149] Vgl. Landtag NRW Drs. 16/4774, S. 11.
[150] Gesetz über die LBS Westdeutsche Landesbausparkasse vom 4.7.2014 (GV.NRW 2014 S. 379).

Gegenleistung kann durch Zahlung eines Wertausgleichs erfolgen. Auch besteht die Möglichkeit, auf die Gegenleistung zu verzichten.

Der Abschluss des Verschmelzungsvertrages bedarf gem. § 7 Abs. 3 S. 1 LBSG der **Zustimmung** der Träger und Anteilsinhaber. Zudem ist die Genehmigung des Finanzministeriums erforderlich. Für die Einzelheiten des Verschmelzungsvorgangs verweist § 7 Abs. 2 S. 2 LBSG auf separate (und auch konkret geschaffene) Satzungsregelungen; nur hilfsweise findet gem. § 7 Abs. 5 S. 2 LBSG das zweite Buch des UmwG Anwendung.

c) Spaltung auf öffentlich-rechtliche Rechtsträger. Schließlich besteht zur Umsetzung einer Rekommunalisierung auch die Möglichkeit, Teile eines privatrechtlichen Unternehmens auf einen öffentlich-rechtlichen Rechtsträger **abzuspalten oder auszugliedern**. Auch die **Aufspaltung** eines privatrechtlichen Unternehmens auf mehrere öffentlich-rechtliche Rechtsträger erscheint nicht ausgeschlossen.

Eine Gemeinde kann **beispielsweise einzelne Bereiche der Daseinsvorsorge** rekommunalisieren, indem sie diese aus ihren privatrechtlich organisierten Stadtwerken auf einen Eigenbetrieb oder eine Anstalt abspaltet.[151] Zwar ist eine Gemeinde kein spaltungsfähiger Rechtsträger nach § 124 Abs. 1, § 3 Abs. 1 UmwG. Es ist aber möglich, einen entsprechenden Vorgang durch eine spezielle landesrechtliche Regelung zu ermöglichen.

II. Gestaltungsmöglichkeiten ohne Notwendigkeit einer Umwandlung

Nur der Vollständigkeit halber sei erwähnt, dass nicht alle Wege zur Rekommunalisierung zwingend über eine Umwandlung nach dem UmwG oder einen Umwandlungsvorgang auf Grundlage spezieller Bundes- oder Landesgesetze i. S. d. § 1 Abs. 2 UmwG erfolgen müssen. Vielmehr kommt auch die Möglichkeit in Betracht, dass ein Unternehmen in privater Rechtsform sein Vermögen oder Teile dessen im Wege der **Einzelrechtsnachfolge** auf einen öffentlich-rechtlichen Rechtsträger überträgt.

Wurden Aufgaben bisher durch eine Eigengesellschaft vorgenommen, so kann die Gemeinde diese zudem auch nach den allgemeinen Grundsätzen **auflösen und liquidieren**. Zu beachten ist bei Kapitalgesellschaften insoweit jedoch, dass die Liquidation zum Zwecke des Gläubigerschutzes streng formalisiert ist (§§ 60 ff. GmbHG bzw. §§ 262 ff. AktG).[152] Da jedes einzelne Geschäft ordnungsgemäß abgewickelt und jeder Vermögensgegenstand einzeln übertragen werden muss, kann sich die Liquidation über Jahre hinziehen und erhebliche Kosten verursachen.[153] Aus diesen Gründen erweist sich eine Vermögensübertragung als Mittel der Auflösung einer Eigengesellschaft in der Regel als deutlich vorteilhafter.[154]

Häufig werden (Teil-)Privatisierungen allerdings ohnehin nur befristet vorgenommen. Läuft ein **Kooperations- oder Konzessionsvertrag** ab, müssen die Kommunen neu entscheiden, ob sie weiterhin Dritte mit der Leistungserbringung beauftragen wollen oder diese fortan selbst übernehmen.[155] Sie können auf eine erneute Ausschreibung verzichten und stattdessen die Daseinsvorsorge in die eigene Hand nehmen. Zu diesem Zwecke können Eigengesellschaften neu gegründet oder erweitert werden und innerhalb der bereits beschriebenen Grenzen[156] als Monopolist oder auch als öffentliches Konkurrenzunternehmen in den Markt einsteigen.

---

[151] Insbesondere die Rekommunalisierung der Wasserversorgung ist von den Kommunen zuletzt vermehrt verfolgt worden seit Erlass der Richtlinie 2014/23/EU vom 26.2.2014 über die Konzessionsvergabe (ABl. L 94/1), die vorsieht, dass Kommunen ihre Wasserversorgung europaweit ausschreiben müssen, wenn sie nicht zu 100 % in der Hand des öffentlichen Rechtsträgers liegt, vgl. die entsprechende Motivlage bei der Rekommunalisierung der Wasserversorgung der Stadt Wuppertal, Drs. des Rates der Stadt Wuppertal VO/0104/13, S. 2.
[152] Fabry/Augsten/*Fabry*, Teil 3 Rn. 74.
[153] *Stopp*, SächsVBl. 1999, 197, 199.
[154] → § 77 Rn. 15 ff.
[155] Hoppe/Uechtritz/Reck/*Ronellenfitsch*, § 2 Rn. 30.
[156] Rn. 26 ff.

Sachverzeichnis

Die fetten Zahlen verweisen auf die Paragraphen, die mageren Zahlen auf die Randnummern.

Abfalldeponien 68 283 ff
Abfallentsorgungsanlagen 68 280 ff
Abfindungen
– Angemessenheit **13** 356 ff
– Angemessenheitsvermutung **66** 86 ff
– Barabfindung **13** 360 ff
– Bilanz **60** 31 f, 49 f, 66 f
– Formwechsel **38** 230 ff
– grenzüberschreitende Verschmelzung **18** 107 ff
– Insolvenz **46** 159 ff
– Minderheitenschutz **13** 327 ff, 351 ff
– Mitteilung **38** 40 ff
– Nichteingreifen der Angemessenheitsvermutung **66** 93 f
– Squeeze-out, übernahmerechtlicher **66** 85 ff
– Unwiderlegbarkeit der Angemessenheitsvermutung **66** 91 f
– Verschmelzungsplan **13** 386 ff
– Voraussetzungen **13** 331 ff
– s. a. *Barabfindung*
Abschlussprüfer 58 7
Abspaltung 3 3; **4** 13; **20** 13; **29** 46, 186, 190; **46** 28, 91 ff; **49** 1 ff; **59** 56 ff
Abtretungsverbot 13 48
Abwärtsspaltung 49 169
Abwicklung
– Entbehrlichkeit **4** 43; **6** 18; **13** 145
Ad-hoc-Mitteilung 16 62; **66** 43
Agio 58 51
AIF 72 2; **73** 1, 3
Aktien
– Umtausch **15** 88, 112 ff, 118 ff
Aktiengesellschaft (AG)
– Formwechsel **38** 7, 16
– Spaltung **29** 1 ff, 10 ff
– Spaltungsausschluss **29** 10 ff
– Versammlung der Anteilsinhaber **38** 32 ff
Aktienoptionen 13 69
Aktienoptionsprogramm 13 309
Alleingesellschafter der Kapitalgesellschaft 15 671 ff
Allgemeines Missbrauchsverbot 68 97 ff
All-Klausel 67 22
Altersversorgungsverpflichtungen 58 42
Altlasten 68 32, 34, 40, 150 ff
Altverbindlichkeiten 27 117 ff; **38** 455 ff
Amtsermittlungsgrundsatz 14 252 f; **66** 75
Amtskontinuität 34 50
Analogieverbot 4 6
Anderweitige Veräußerung 13 381 ff, 391
Andienungsrecht 66 100 ff

Anfechtungsausschluss 10 124; s. a. *Rügeausschluss*
Anfechtungsklage 17 56; s. a. *Unwirksamkeitsklage*
Anleger-Aktiengewinn 73 31
Anmeldung der Spaltung 29 138 ff, 228 ff, 283 ff, 327
– Abspaltung **29** 100 ff
– Anlagen **26** 19 ff
– Anmeldeberechtigte **26** 5 ff
– Ausgliederung **29** 100 ff
– erforderliche Anmeldungen **26** 2 ff
– Form **26** 15
– Inhalt **26** 11 ff
– Insolvenzplanverfahren **46** 126
– Mängel **26** 32
– Negativerklärung **26** 14
– Prüfungsumfang **26** 33 f
– sonstige Erklärungen **26** 17 f
– Zeitpunkt **26** 17 f
– zuständiges Gericht **26** 4
Anmeldung der Verschmelzung
– Anlagen **12** 2 ff, 24 ff
– Bekanntmachung **12** 62 f
– Berechtigte **12** 5 ff
– Form **12** 19
– Gesellschafterlisten **12** 44 f
– Inhalt **12** 13
– inhaltliche Mängel **12** 50 ff
– Insolvenzplanverfahren **46** 88
– Mängel **12** 47 ff
– Nachweis über Betriebsratzuleitung **12** 40 ff
– Negativerklärung **12** 14 ff
– Prüfungsumfang **12** 52 ff
– rechtsformspezifische Erklärungen **12** 23
– Registerverfahren **12** 52 ff
– Schlussbilanz **12** 31 ff
– Squeeze-out, verschmelzungsrechtlicher **17** 58 ff
– unvollständige Umwandlungsdokumentation **12** 48
– verspätete Einreichung **12** 49
– Vertretung **12** 10 ff
– Wirksamkeitsvermerk **12** 58
– Zeitpunkt **12** 20
– zuständiges Registergericht **12** 4 f
Anmeldung des Formwechsels 35 3 ff; **38** 336 ff
– Anlagen **35** 19 ff
– anmeldpflichtige Personen **35** 10 f
– Formwechsel in Kapitalgesellschaft **38** 448 ff

Sachverzeichnis

Fette Zahlen = §§

- Inhalt **35** 12 ff
- Insolvenzplanverfahren **46** 138
- Negativerklärung **35** 16 ff
- zuständiges Registergericht **35** 5 ff

Anschaffungskosten 48 104; **58** 41 ff, 50 ff, 67 ff, 72; **59** 21, 24 ff, 81 ff, 128 ff; **73** 17

Anschaffungsnebenkosten 58 53, 73, 76; **59** 82

Anschlussklausel 62 83

Anstalt des öffentlichen Rechts 75 22
- Formwechsel **32** 38; **38** 471 ff
- Formwechsel außerhalb UmwG **38** 495 f
- Kapitalschutz **38** 488 ff
- Primat öffentlichen Rechts **38** 478 f
- Rechtsschutz **38** 494
- Regelungsvorbehalte **38** 480 ff
- Typologie **74** 99 ff

Anstaltslast 74 67 f

Anteilserwerb 15 257 ff
- eigene Geschäftsanteile **15** 258
- neu gebildete Geschäftsanteile **15** 257
- von Dritten gehaltene Geschäftsanteile **15** 259 ff
- von übertragendem Rechtsträger gehaltene Geschäftsanteile **15** 258

Anteilsgewährung 15 216 ff; **27** 97 ff; **45** 15 f; **46** 83 ff

Anteilsgewährung, Verzicht 15 225 ff, 334 ff; **45** 17 ff
- Bedeutung **15** 227
- Erklärung **15** 229
- Grenzen **15** 228
- Krise und Insolvenzreife **45** 35 ff
- Teilverzicht **15** 226
- Wahlrecht **15** 230

Anteilsinhaber
- Unterrichtung **46** 76 ff, 122

Anteilstausch 42 66 ff; **48** 70; **49** 221

Anteilsvereinigung 52 34 ff, 36 ff, 46 ff

Anwachsung 2 21; **3** 19 ff; **15** 666; **61** 16 ff; **66** 35
- Abfindungsanspruch **3** 22
- Gesamtnachfolge **3** 19, 22
- grenzüberschreitende **3** 20; **5** 24
- Heraus-Anwachsung **3** 20
- Herein-Anwachsung **3** 20
- Vorteil **3** 19

Anwachsung, grenzüberschreitende
- erweiterte Anwachsung **42** 51 ff
- Gesamtrechtsnachfolge **42** 40, 48 f
- Kapitalerhöhung **42** 51 f
- Personengesellschaft **42** 40 ff, 44
- Rechtsträger, übernehmend s. *Übernehmende Rechtsträger*
- Rechtsträger, übertragend s. *Übertragende Rechtsträger*
- Sonderkündigungsrechte **42** 50, 54

Anzeigeerfordernisse des Bankaufsichtsrechts
- bei Abspaltung zur Aufnahme **64** 64 f
- bei Abspaltung zur Neugründung **64** 69 f
- anwendbares Verfahrensrecht **64** 19 f
- Aufsichtszuständigkeit **64** 17
- bei Aufspaltung zur Aufnahme **64** 54 f
- bei Aufspaltung zur Neugründung **64** 58 f
- bei Ausgliederung **64** 74
- Ausscheiden von Geschäftsleitern **64** 33, 47, 54, 64, 69, 77, 79, 82, 85
- Ausscheiden von Kontrollorganmitgliedern **64** 34, 54, 58, 64, 69, 77, 79, 82, 85
- Bestellung eines Geschäftsleiters **64** 29, 55, 64 f, 69, 77, 82, 85
- Bestellung von Kontrollorganmitgliedern **64** 41, 55, 65, 77, 79, 82, 85
- Einstellung des Geschäftsbetriebs **64** 35, 47, 54, 58, 64, 69
- Entzug der Einzelvertretungsermächtigung **64** 33, 47, 54, 64, 69, 77, 79, 82, 85
- Ermächtigung zur Einzelvertretung **64** 29, 55, 64, 69, 77, 82, 85
- Erwerb bedeutender Beteiligung **64** 28, 39, 46, 54, 64 f, 69, 74
- Firmenänderung **64** 40, 55, 64 f, 69
- bei Formwechsel eingetragener Genossenschaften **64** 82
- bei Formwechsel von Anstalten öffentlichen Rechts **64** 85
- bei Formwechsel von Kapitalgesellschaften **64** 79
- bei Formwechsel von Personengesellschaften **64** 77
- grenzüberschreitende Bankdienstleistungen im EWR **64** 40, 48, 54 f, 58 f, 64 f, 69 f, 93 ff
- bei grenzüberschreitenden Umwandlungen **64** 89 ff
- Sitzänderung **64** 40, 55, 64 f, 69
- Vereinigungsabsicht **64** 27, 45
- Vereinigungsvollzug **64** 40
- bei Vermögensübertragung **64** 88
- bei Verschmelzung durch Aufnahme **64** 25 ff
- bei Verschmelzung durch Neugründung **64** 44 ff
- Zweigniederlassung oder grenzüberschreitende Bankdienstleistungen im EWR **64** 31, 36, 47 f, 54 f, 58 f, 65, 69 f, 90
- Zweigniederlassung oder grenzüberschreitende Bankdienstleistungen in Drittstaat **64** 37

Anzeigeverordnung s. *Anzeigeerfordernisse*

Arbeitnehmerbeteiligung
- Auffangregeln **40** 74
- kraft Gesetzes **19** 80 ff
- Information **19** 64 ff
- Quoren für Beschlussfassung **19** 73 ff
- SE-Gründung durch Formwechsel **40** 69 ff
- SE-Gründung durch Verschmelzung **19** 63 ff

2234

Magere Zahlen = Randnummern

Sachverzeichnis

– Vereinbarungsabschluss 19 76 ff; **40** 72
– Verhandlungsgremium 19 67 f; **40** 70
– Verhandlungsverfahren 19 69 ff; **40** 71
– Zustimmungsvorbehalt **40** 76 ff
Arbeitnehmerlose Gesellschaften 56 31 ff
Arbeitnehmerschutz 4 60
– grenzüberschreitende Spaltung **30** 47 ff
– Schadensersatzansprüche **56** 40
– Spaltung **27** 159 ff
– durch Transparenz **56** 4 ff
– Unterrichtung bei Betriebsübergang **57** 3, 41 ff
– Verschmelzung **8** 95 ff, 117
– Verschmelzung, grenzüberschreitende **18** 50 ff
Arbeitnehmervertretungen, sonstige 56 67
Arbeitsgemeinschaften 13 24
Arbeitsrechtliche Angaben
– Änderung betriebsverfassungsrechtlicher Struktur **56** 12
– Anwendbarkeit von Tarifverträgen **56** 12
– bei arbeitnehmerlosen Gesellschaften **56** 31 ff
– Beschlussmängel **56** 37 ff
– bei fehlendem Betriebsrat **56** 31 ff
– fehlende/unvollständige **56** 34 ff
– Formwechsel **37** 24; **56** 17 ff
– grenzüberschreitende Verschmelzung **56** 23 ff
– Haftungsfolgen **56** 12, 21
– Kündigungsschutz **56** 12
– Mitbestimmungsstatut **56** 12, 22
– Prüfungsrecht des Registergerichts **56** 34 ff
– Schadensersatzanspruch der Arbeitnehmer **56** 40
– Spaltung **28** 25; **56** 10 ff
– Übergang von Arbeitsverhältnissen **56** 12
– unmittelbare/mittelbare Umwandlungsfolgen **56** 10 ff
– Verschmelzung **14** 58 f; **56** 10 ff
Arbeitsverhältnisse 13 64 ff; **27** 60 ff; **56** 12, 20; **57** 83 ff; **75** 67 ff; **76** 39 ff; **77** 61 ff
ARUG 14 149, 153 f, 168, 174, 180, 189, 203, 213
Asset Deal
– Einzelrechtsnachfolge **42** 56, 58
– grenzüberschreitender **5** 25
– Liquidation **42** 57, 59
– Mantelgesellschaft **42** 57
– Rechtsträger, übernehmend **42** 56, 59
– Rechtsträger, übertragend **42** 56, 59
Atom- und Strahlenschutzrecht
– Nachhaftung für Stilllegung, Rückbau und Entsorgung **68** 251 ff
– Übergang von Genehmigungen **68** 236 ff
– Übergang von strahlenschutzrechtlichen Pflichten **68** 248 ff
Aufdeckung stiller Reserven 47 3
Aufgabenbezogene Rekommunalisierung 77 10 f
Aufgabenprivatisierung 76 8 f

Aufgelöste Rechtsträger
– als übernehmende Rechtsträger **7** 46 ff
– als übertragende Rechtsträger **7** 31 ff
Aufsichtsrat
– Mitgliederzahl **15** 359 ff
– Pflicht **15** 54, 108
– Wahl **15** 135, 139
– Zustimmung zur Bestellung von Aufsichtsratsmitgliedern **15** 308 ff
Aufspaltung 3 3; **20** 12; **29** 46, 186; **49** 1 ff; **59** 2 ff
Aufwärtsspaltung 49 168
Ausgliederung 20 14 ff; **29** 185, 191
– und Abspaltung **4** 13
– Bilanzierung **59** 111 ff
– im Insolvenzplanverfahren **46** 28, 91 ff
– Krise und Insolvenzreife **45** 32 ff
– natürliche Personen **29** 368 ff
– Steuerrecht **49** 216 ff
Ausgliederungsverbot 46 107
Auskunftspflicht
– AG-Vorstand **15** 34 ff
– Formwechsel **37** 20 f
– Spaltung **28** 19 f
– Verschmelzung **14** 48 ff
Auskunftsrecht 15 397 ff
Ausländisches Vermögen 13 130 ff
Auslegung, richtlinienkonforme 5 5 ff
Ausschlagungsrecht 29 280 ff
Außenstehende Person
– Begriff **49** 113 ff
Außenwirtschaftsrecht
– Verstöße **13** 182 ff
Außenwirtschaftsverordnung 62 112 ff
Ausstrahlungswirkung 4 61 ff
Austritt
– Durchführung **13** 370 ff
– Minderheitenschutz **13** 351 ff
– Voraussetzungen **13** 331 ff
Austrittsrecht 38 78
– Insolvenz **46** 159 ff
Automatischer Anteilserwerb 13 149 ff
– Ausnahmen **13** 154 ff
– Fortbestehen von Rechten Dritter **13** 161 ff

Bagatellklausel 62 83
Bagatellmarkt 62 93
Bankaufsichtsrecht 64; *s. a. Anzeigeerfordernisse, Bankensanierung und –abwicklung, Erlaubniserfordernisse, Single Resolution Mechanism, Single Rulebook, Single Supervisory Mechanism*
Bankensanierung und -abwicklung
– aufsichtsrechtliche Frühintervention **64** 100 ff
– Sanierungsplanung **64** 104 ff
– umwandlungsähnliche Abwicklungsmaßnahmen **64** 108 ff
Barabfindung 13 360 ff; **15** 31, 40, 91, 107, 146, 148, 211, 265

2235

Sachverzeichnis

Fette Zahlen = §§

- Antragsberechtigung Spruchverfahren **14** 293; **37** 76 f
- Begründetheit Spruchverfahren **14** 308 ff; **28** 76 ff; **37** 79 ff
- bewertungsrelevante Informationen **14** 97 ff
- Bewertungsrüge **14** 81 f, 92 ff
- Bewertungsstichtag **14** 314, 333; **28** 77; **37** 81, 91
- Börsenkursrechtsprechung **14** 378 f
- gerichtliche Bestimmung **14** 331 ff; **28** 82; **37** 89 ff

Barabfindungsangebot 17 35; **19** 41, 122 ff; **27** 233 ff
- Abwicklung **27** 265
- Angemessenheit **34** 43; **38** 462 ff
- Annahme **27** 258 ff; **34** 45; **36** 36
- Formwechsel **34** 39 ff; **36** 34 ff
- Formwechsel Verein **38** 334 f
- Inhalt **27** 249 f
- Mischspaltung **27** 234 ff
- Prüfung **10** 5; **27** 254 ff
- Verzinsung **27** 251 ff
- weiterer Schaden **27** 251 ff

bare Zuzahlung 8 63 ff; **13** 160; **15** 88 ff, 113 ff, 119 ff, 263 ff; **22** 21 ff; **33** 46

Beamte 75 71 ff; **76** 47 ff; **77** 65 ff

Beamtenrechtlicher Funktionsvorbehalt 76 32 ff

Beherrschung 62 46

Beherrschungs- und Gewinnabführungsvertrag 3 26

Beherrschungsvertrag 42 64, 76 ff

Behörden 74 19 f

Beibringungsgrundsatz 14 151, 252

Beihilfen s. *Staatliche Beihilfen*

Beitritt persönlich haftender Gesellschafter 38 442 ff

Beleihung 74 49 f; **76** 10, 24

Berechnungsdurchgriff 56 116

Bergrecht
- Bergbauberechtigungen **68** 330 ff
- bergrechtliche Pflichten **68** 347 ff

Berichtspflicht
- Verletzung **71** 36 ff

Beschlussmangel
- Fehlen arbeitrechtlicher Mindestangaben **56** 37 ff
- formeller Mangel s. *Verfahrensfehler unter Beschlussmangel*
- Formwechsel **37** 9 ff, 52; **38** 278
- inhaltlicher Fehler **14** 51 ff; **28** 21 ff; **37** 22 ff
- Kausalität s. *Zurechnungszusammenhang unter Beschlussmangel*
- Relevanz s. *Zurechnungszusammenhang unter Beschlussmangel*
- Spaltung **28** 11 ff, 50
- Verfahrensfehler **14** 32 ff; **28** 13 ff; **37** 11 ff
- Verschmelzung **14** 29 ff, 125

- Verschmelzungsbeschluss **11** 47 ff
- Zurechnungszusammenhang **14** 33, 51; **28** 13, 21; **37** 11, 22

Beschlussmängelklage 43 24; s. a. *Unwirksamkeitsklage*

Beseitigungsanspruch 63 35

Besitz 13 36

Besitzzeitanrechnung 48 39

Bestandsschutz 36 29, 32

Bestandsschutz, umwandlungsrechtlicher
- Grenze **4** 41
- Herleitung **4** 38 f
- Reichweite **4** 40 ff

Bestandsübertragung 3 12; **15** 562 ff

Bestimmtheitsgrundsatz 22 42 ff

Bestimmtheitsprinzip 4 36 f

Beteiligungen 22 48

Beteiligungsfeststellung
- Beurteilungszeitpunkt **17** 16 ff
- Konzernverschmelzung **16** 21 ff
- übernehmende Rechtsträger **16** 28 ff
- übernehmender Rechtsträger **17** 14 f
- übertragender Rechtsträger **16** 22 ff; **17** 12 f
- verschmelzungsrechtlicher Squeeze-out **17** 12 ff
- vorheriger Beteiligungsauf-/umbau **16** 34 ff

Beteiligungskorrekturgewinn 48 36

Beteiligungsverhältnis 37 74 f

Betreiberpflichten nach BImSchG 68 228 ff

Betriebsänderungen
- Begriff **56** 78 ff
- Mitbestimmungsrecht des Betriebsrats **56** 77 ff
- Rechtsschutzmöglichkeiten des Betriebsrats **56** 133 ff
- rechtzeitige Unterrichtung **56** 87 ff
- umfassende Unterrichtung **56** 95 f

Betriebseinstellung 57 36

Betriebsführungsvertrag 57 30

Betriebsrat 13 90; **22** 94, 112
- Fehlen **8** 141; **34** 67
- fehlender **56** 31 ff, 48
- Gesamtbetriebsrat **8** 140; **56** 45; **57** 122 ff
- Mindestschutz durch Information **56** 6
- Mitbestimmung bei Betriebsänderungen **56** 77 ff
- Mitbestimmung in personellen Angelegenheiten **56** 143
- Mitbestimmung in sozialen Angelegenheiten **56** 142
- Rechtsschutz bei Verletzung umwandlungsrechtlicher Vorschriften **56** 66
- Rechtsschutz gegen Betriebsänderungen **56** 133 ff
- Zuleitung von Umwandlungsverträgen **8** 138 ff; **16** 63 f; **18** 152; **19** 86; **26** 28; **32** 20; **34** 66; **46** 67 ff, 117 f, 133; **56** 41 ff
- Zuständigkeit **8** 140

Betriebsstilllegung 57 35

Magere Zahlen = Randnummern

Sachverzeichnis

Betriebsübergang 8 104 f; **55** 11; **56** 13, 80; **57**
- Ausschluss von Kündigungen **57** 108 ff
- Betrieb/Betriebsteil **57** 2, 6 ff
- Betriebsvereinbarungen **57** 125, 128 ff
- betriebsverfassungsrechtliche Folgen **57** 114 ff
- betriebsverfassungsrechtliche Spaltung von Betrieben **57** 114 ff
- Eintritt in Rechte und Pflichten **57** 84 ff
- erfasste Arbeitsverhältnisse **57** 89 ff
- Folgen für Mitbestimmung **57** 144 ff
- Formwechsel **57** 139 f
- Fortführung durch Erwerber **57** 13 ff
- Gesamtbetriebsrat **57** 122 ff
- Konzernbetriebsrat **57** 124
- Kündigungsrecht **57** 108 ff
- Leiharbeit **57** 26 ff, 92
- Nachhaftung **57** 132 ff
- rechtsgeschäftliche Grundlage **57** 2, 37 f
- Tarifverträge **57** 126 f, 128 ff
- Übergang der Arbeitsverhältnisse **57** 83 ff
- Unterrichtung der Arbeitnehmer **57** 3, 41 ff
- Verhältnis zur Gesamtrechtsnachfolge **57** 107
- Voraussetzungen **57** 6 ff
- Wechsel des Arbeitgebers **57** 83
- Wechsel des Betriebsinhabers **57** 25 ff
- Widerspruchsrecht der Arbeitnehmer **57** 3, 63 ff
- wirtschaftliche Einheit **57** 6 ff
- Zuordnung von Arbeitsverhältnissen zum Betrieb/Betriebsteil **57** 93 ff
- Zusammenlegung von Betrieben **57** 121
- zwingende Wirkung **57** 106

Betriebsvereinbarung 13 96 ff; **27** 69; **56** 127

Betriebsverfassungsgesetz (BetrVG) 55 13; **56** 68 ff, 77 ff, 141 ff

Betriebsvermögen 48 22 ff, 81, 86, 87 ff

Beurkundung
- Anlagen **70** 21 ff
- Anzeige- und Mitteilungspflichten **70** 42 ff
- Auslandsbeurkundung **8** 16 ff; **11** 51; **25** 17; **70** 11 f, 34
- Berichtigungen in öffentlichen Registern und Titeln **70** 50 ff
- Beschlüsse der Anteilseignerversammlungen **70** 18 ff
- elektronischer Rechtsverkehr **70** 38 ff
- Formwechselbeschluss **34** 64 f
- Formzwecke **70** 2 f
- Funktionen **70** 3
- Gegenstand **8** 7 ff
- Genehmigungen **70** 27
- Gerichtskosten **70** 93 ff
- grenzüberschreitende Umwandlungen **70** 34 ff
- Heilung von Mängeln **13** 169 ff; **70** 24
- Kosten **6** 54 ff; **8** 31; **11** 59 ff; **70** 54 ff, 93 ff, 96
- Mängel **36** 27 ff; **70** 24

- Nachbeurkundung **18** 131
- Notarbescheinigungen **70** 48 f
- Notarkosten **70** 54 ff
- Registeranmeldungen **70** 29 ff
- sonstige Kosten **70** 96
- Spaltungsbeschluss **25** 15 ff
- Spaltungsvertrag **22** 91 ff
- Sukzessivbeurkundung **8** 15; **70** 14
- Umfang **70** 4 ff
- Umwandlungsverträge **70** 2 ff, 13 ff
- Verfahren **70** 13 ff
- Verschmelzungsbeschluss **11** 50 ff; **18** 184
- Verzichtserklärungen **70** 17
- Vollmachten **70** 25 ff
- Willenserklärungen **70** 13
- Zeitpunkt **8** 14 ff
- Zustimmungserklärungen **70** 17
- Zweck **8** 6

Bewertung 50 11
- bei Abspaltung **59** 80 ff
- Ausgliederung **59** 127 ff
- bei Spaltung **59** 24 ff
- Umtauschverhältnis **9** 27 ff
- bei Verschmelzung **48** 34 ff, 60 ff, 99, 132, 133 ff
- s. a. Bilanzierung

Bewertungsrüge
- Abspaltung **28** 30 ff
- Allgemein **14** 9
- Asymmetrie der Rechtsbehelfe **14** 12 ff
- Aufspaltung **28** 30 ff
- Ausgliederung **28** 33 ff
- Barabfindung **14** 81 f
- Beschlussmangel **14** 74 ff
- bewertungsrelevante Informationen **14** 95 ff; **28** 42; **37** 43
- Formwechsel **37** 34 ff
- Freigabeverfahren **14** 182
- Kassationsmacht **14** 13
- Maßstab **14** 75 f
- Rechtsmissbrauch **14** 106 ff; **28** 43; **37** 44
- Rügeausschluss **14** 85 ff, 111; **28** 40 ff, 45; **37** 38 ff, 46
- übernehmender Rechtsträger **14** 14, 74 ff
- übertragender Rechtsträger **14** 13, 85 ff
- Umtauschverhältnis **14** 77 ff
- Verschmelzung zur Neugründung **14** 18

Bezugnahmeklauseln 57 86 f

Bezugsrechtsausschluss 16 36

BGB-Gesellschaft s. Gesellschaft bürgerlichen Rechts

Bilanzierung
- Abfindungen **60** 31 f, 49 f, 66 f
- Abschlussstichtag **58** 26 ff; **59** 13 f, 62 ff, 117; **60** 6
- Abspaltung **59** 56 ff
- Anschaffungskostenansatz **58** 41 ff, 50 ff; **59** 21, 24 ff, 81 ff, 128 ff

2237

Sachverzeichnis

Fette Zahlen = §§

- bei Anteilsinhabern des formwechselnden Rechtsträgers **60** 33 f, 51 f, 68
- beim Anteilsinhabern des übernehmenden Rechtsträgers **58** 98 ff; **59** 47 f, 106 f, 135; **61** 8, 14, 24
- beim Anteilsinhabern des übertragenden Rechtsträgers **58** 91 ff; **59** 42 ff, 102 ff, 134; **61** 7, 14, 24
- Anwachsung **61** 16 ff
- Aufspaltung **59** 2 ff
- Ausgliederung **59** 111 ff
- Bewertung von Vermögen/Schulden **58** 49 ff; **59** 23 ff, 80 ff, 127 ff
- Buchwertfortführung **58** 45 ff, 48 ff, 70 ff; **59** 22, 91 ff, 131 ff; **60** 21 f, 43, 63; **61** 22
- Ergebniszuordnung **58** 38 f; **59** 19
- Formwechsel Kapitalgesellschaft in andere Kapitalgesellschaft **60** 53 ff
- Formwechsel Kapitalgesellschaft in Personengesellschaft **60** 33 ff
- Formwechsel Personengesellschaft in Kapitalgesellschaft **60** 4 ff
- beim formwechselnden Rechtsträger **60** 4 ff, 35 ff, 53 ff
- gesamtschuldnerische Haftung **59** 49 ff, 108 ff, 136 ff
- grenzüberschreitende Spaltung **59** 139 ff
- grenzüberschreitende Verschmelzung **58** 101 ff
- grenzüberschreitender Formwechsel **60** 69 ff
- Jahresbilanz **59** 17 f
- Jahresbilanz/Eröffnungsbilanz **58** 36 f
- Schlussbilanz s. dort
- während schwebendem Formwechsel **60** 6 f, 36, 54
- während schwebender Aufspaltung **59** 12 ff
- während schwebender Verschmelzung **58** 25 ff
- Sicherheitsleistung **59** 55
- Spaltung **59** 1 ff
- Teilübertragung **61** 10 ff
- beim übernehmenden Rechtsträger **58** 35 ff; **59** 16 ff, 79 ff, 126 ff; **61** 4 ff, 12, 20 ff
- beim übertragenden Rechtsträger **58** 2 ff; **59** 3 ff, 57 ff, 112 ff; **61** 3, 11, 17 ff
- Umwandlungskosten **60** 30, 66 f
- Verschmelzung **58** 1 ff
- Vollübertragung **61** 2 ff
- Wahlrecht **43** 6; **58** 49

Bilanzierungshilfen 58 42
Bilanzstetigkeit 58 12, 72
Bodenschutz- und Altlastenrecht
- abstrakte Pflichten **68** 149
- Durchgriffshaftung **68** 172 ff
- Haftung des früheren Eigentümers **68** 186 ff
- Haftung des Gesamtrechtsnachfolgers **68** 151 ff
- Verjährung **68** 47

Börsenerwerb 66 67
Börsenkurs 9 31; **19** 18; **66** 92
- Aussagekraft **14** 378 f
- Hochrechnung **14** 379
- Referenzperiode **14** 379
- Untergrenze **14** 375 ff; **28** 84

Börsennotierung 6 35
Börsenpreis 10 62
Börsenwert 9 30; **48** 22 ff, 71 ff, 87; **49** 176 f
- Allgemein **14** 361 ff
- Aussagekraft **14** 363 ff
- Hochrechnung **14** 365
- Referenzperiode **14** 364

Börsenzulassung 66 3 ff
- Vollzulassungspflicht **66** 7, 9

Brexit
- bankaufsichtsrechtliche Folgen **64** 93 ff, 95

BRRD 74 88 ff
Buchwert
- Bewertung **58** 45 ff, 70 ff

Buchwertfortführung 47 8; **49** 137 ff; **60** 21 f
- Formwechsel **60** 43, 63

Buchwertverknüpfung 59 22, 33 ff, 91 ff, 131 ff
Bund-Länder-Staatsvertrag 75 48
Business Combination Agreement 8 32 ff; **19** 42; **42** 63 ff; **43** 18, 25
Bußgeld s. a. Haftung für Bußgelder, Verbandsgeldbuße, Kartellgeldbuße

Change-of-Control Klauseln 27 26
Culpa in contrahendo 8 180 ff

Daseinsvorsorge 74 85; **77** 31
Datenschutz 13 41; **27** 87
Dauersozialpläne 56 112
Debt-Push-Down 6 33
Delisting 2 7; **6** 4; **14** 309
Deposit Guarantee Scheme (DGS) s. Einlagensicherung
Dienstbarkeiten 67 3
Differenzhaftung 15 111; **29** 180 ff, 184 ff
Discounted Cash Flow 14 360
Diskriminierungsverbot 74 78 ff
Disponibilität öffentlich-rechtlicher Rechte und Pflichten 68 11
Dispositionsmaxime 14 151, 251
Disproportionale Verschmelzung 15 171
Dividendengarantie 13 61
Doppelsitz 8 45
Downstream merger 6 32 ff; **7** 52; **15** 5, 84, 242 f; **48** 57, 78; **58** 59 ff, 84 f, 96
Dreiecksverschmelzung 6 40 ff
Drei-plus-Regel 62 75
Drei-Säulen-Modell 65 3
Dreistufiges Modell der Pflichtenunterworfenheit 68 36
DrittelbG 55 13; **57** 142
Drittstaat 42 3, 9 ff, 11, 14 f, 23, 45, 48
Drittstaatengesellschaft 42 1, 2 ff, 9 f, 15, 17, 27 ff, 32 ff, 35 ff, 38 ff, 46 ff, 53, 55 ff, 61 f, 69, 72

Magere Zahlen = Randnummern

Durchgriffshaftung nach BBodSchG
68 172 ff
- Einstandspflicht **68** 177 ff, 183
- Haftung des Eigentümers **68** 175 f
- Haftung für Zustandsverantwortlichkeit **68** 174
- materielle Unterkapitalisierung **68** 178
- Störerauswahl **68** 181 f
- Übertragbarkeit im Wege der Spaltung **68** 184

EBITDA-Vorträge 49 150 ff
Eigenbetriebe 74 22, 106; **75** 10 ff, 13; **76** 13; **77** 24, 73
Eigenkapitalfestsetzung 60 15 ff, 38 ff, 62 ff
Eigentumsfreiheit 77 38
Eigentumsgarantie 14 305 ff, 345, 353, 375; **28** 75; **37** 78; **74** 60 ff
Eigentumsordnungen 74 73 ff
Eigenverwaltung 46 14
Einbringung 38 19
Einbringungsgeborene Anteile 48 105
Einbringungsgewinn 48 101
Einbringungsgewinn I 48 106 ff
Einbringungsgewinn II 48 114 ff, 139 ff
Eingetragene Genossenschaft s. *Genossenschaft*
Eingetragener Verein s. *Verein*
Eingliederung 3 25; **42** 71
Einheitliche Leitung 62 46
Einkommensteuer 47 3 ff
Einlagefiktion 48 5; **50** 15
Einlagensicherung
- Einlagensicherungssysteme **64** 13, 98
- European Deposit Insurance Scheme **64** 13
- Institutssicherung **64** 98

Einlagensicherungsgesetz s. *Krise und Insolvenz einer Bank*
Einmann-Kapitalgesellschaft 32 48 ff
Ein-Personen-GmbH 38 3
Einstandspflicht 27 132 ff
Einstweilige Verfügung 14 88, 116, 150
Eintragung
- Formwechsel **35** 23 ff
- Spaltung **26** 35 ff, 39, 40
- Verschmelzung **12** 61; **13** 9 ff

Einzelkaufmann 21 14; **29** 371 ff, 374
Einzelrechtsnachfolge 38 19
Einzelübertragung 3 13; **13** 2; **39** 11
Emissionshandelsrecht
- Berechtigungen **68** 316 ff
- Emissionsgenehmigung **68** 312 ff

Energierecht
- Befreiung von EEG-Umlage **68** 325 ff
- Genehmigung des Netzbetriebs **68** 322 ff

Energieversorgungsunternehmen 77 18
Enkelverschmelzung 6 37 ff
Entflechtungsverfahren 62 100
Enthaftung 68 135 f; **74** 69 f
Entschmelzung 13 3, 18, 165, 166 ff

Sachverzeichnis

Erbbaurechte 67 1
Erbengemeinschaft 4 7
Erbschaft- und Schenkungsteuer 47 14 f
Erfüllungshaftung 27 132 ff
Erhebliche Behinderung wirksamen Wettbewerbs 62 89, 92
Erlaubnis und Bewilligung nach § 8 WHG 68 258 ff
Erlaubnis zum Geschäftsbetrieb 65 15
Erlaubniserfordernisse des Bankaufsichtsrechts
- bei Abspaltung zur Aufnahme **64** 66 f
- bei Abspaltung zur Neugründung **64** 71
- anwendbares Verfahrensrecht **64** 19 f
- Aufsichtszuständigkeit **64** 18
- bei Aufspaltung zur Aufnahme **64** 56
- bei Aufspaltung zur Neugründung **64** 60
- bei Ausgliederung **64** 74
- bei Formwechsel eingetragener Genossenschaften **64** 83
- bei Formwechsel von Anstalten öffentlichen Rechts **64** 86
- bei Formwechsel von Kapitalgesellschaften **64** 80
- bei Formwechsel von Personengesellschaften **64** 78
- bei grenzüberschreitenden Umwandlungen **64** 89 ff
- bei Vermögensübertragung **64** 88
- bei Verschmelzung durch Aufnahme **64** 42 f
- bei Verschmelzung durch Neugründung **64** 49 f

Erlöschen des übertragenden Rechtsträges 13 145 ff
Eröffnungsbilanz 58 37; **60** 4
Ersatzrealisationstatbestände 48 117, 141
Ertragsteuerliche Organschaft 54 1 ff
- Ausgliederung **54** 43 f, 61 ff
- Eignung des Organträgers **54** 6
- finanzielle Eingliederung **54** 2 ff
- Formwechsel **54** 45 ff, 64
- Fortführung bestehender Organschaft **54** 50 f, 68
- Gewinnabführungsvertrag **54** 8 ff
- inländische Betriebsstätte **54** 7
- neu gegründete Organgesellschaft **54** 52 ff
- Nichterfüllen der Voraussetzungen **54** 21 ff
- Organträger als übernehmender Rechtsträger **54** 56 f
- Problemkreise **54** 24 f
- Rechtsfolgen **54** 18 ff
- Spaltung **54** 41 ff, 61 ff
- Übernahmegewinn/-Verlust **54** 69
- Übertragungsgewinn/verlust **54** 66 ff
- Verschmelzung **54** 26 ff, 58 ff

Ertragsteuern 47 ff.
Ertragswertmethode 9 28; **10** 62, 115
Ertragswertverfahren 14 356 ff; **19** 18

2239

Sachverzeichnis

Fette Zahlen = §§

Erwerb eigener Anteile 6 39; **27** 268 ff
Europäische Genossenschaft s. SCE
Europäischer Betriebsrat 56 2, 46, 151 ff
Europäischer Pass für Banken
– Bankerlaubnis allgemein **64** 7
– Brexit **64** 95
– grenzüberschreitende Umwandlung **64** 92
Ewigkeitshaftung 68 44, 160
EWIV 5 26; **21** 5; **32** 30; **38** 359
Existenzvernichtender Eingriff 15 228, 243; **45** 29 f, 38, 55 ff

Faktischer Geschäftsleiter 71 20
Falschangaben
– in Berichten **71** 19 ff
– geschützte Rechtsgüter **71** 7
– gegenüber Prüfern **71** 30 ff
– gegenüber Registergericht **71** 33 ff
– Schutzgesetz **71** 8
Feststellungsklage s. Unwirksamkeitsklage
Fiduciary-Out 8 37
Finanzholdinggesellschaft 52 81
Firmenfortführung
– Anmeldung **69** 4
– Einwilligungsvorbehalt **69** 8
– Formwechsel **69** 21 ff
– Haftung **69** 34 ff
– HGB **69** 27 ff
– Partnerschaftsgesellschaft **69** 31 ff
– keine Pflicht **69** 1
– Spaltung **69** 18 f
– Vereinbarung **69** 2
– Vermögensübertragung **69** 20
– Verschmelzung **69** 5 ff
Firmentarifverträge 57 127
Forderungen 22 47, 56 ff
Formwechsel 32 ff.; 62 63; **68** 103 ff
– Ablauf **32** 16 ff
– in AG **38** 16
– von AG **38** 7, 132 ff
– von AG in KGaA und umgekehrt **38** 184 ff
– von AG/KGaA in GmbH **38** 165 ff
– Alternativen **32** 8
– in andere Kapitalgesellschaft **38** 102 ff
– Änderung des Rechtskleids **36** 1 ff
– Anmeldung **35** 3 ff; **38** 336 ff
– Anstalten des öffentlichen Rechts **32** 38
– aufgelöster Rechtsträger **32** 53 ff
– Ausgangsrechtsträger **38** 2 ff
– Barabfindung **36** 34 ff; **38** 334 f
– Bekanntmachung **35** 31 f
– Beschlussphase **32** 21 ff
– Beteiligung der Anteilsinhaber **36** 20 ff
– Beurkundungsmängel **36** 27 ff
– Bilanzierung **60** 1 ff
– Diskontinuität der Verbandsform **4** 45
– eG **32** 32 f
– in eG **38** 195 ff

– von eG **38** 223 ff
– Einmann-Kapitalgesellschaft **32** 48 ff
– Eintragung **35** 1, 23 ff
– Erhalt des Rechtsträgers **36** 5
– eV **38** 299 ff
– Firmenfortführung **69** 21 ff
– Formwechselbeschluss **34; 38** 324 ff
– Formwechselplan **32** 19
– GbR **38** 12
– in GbR **38** 95 ff
– Genehmigungen/Erlaubnisse **36** 10
– Genossenschaft **38** 17
– Gesellschaftsorgane **36** 14
– Gläubigerschutz **36** 40 ff; **38** 182
– GmbH **38** 2 ff, 15
– in GmbH **38** 129 ff
– von GmbH in AG/KGaA **38** 146 ff
– grenzüberschreitender **5** 18 ff; **32** 9 ff; **39** 1 ff; **42** 1, 37
– Hilfsformwechsel **38** 87
– identitätswahrender **1** 3; **4** 44, 46 f; **32** 3 ff; **36** 1, 5, 21; **42** 10, 14
– Identitätswahrung **66** 4
– Information des Betriebsrats **46** 133
– im Insolvenzplanverfahren **46** 29, 131 ff
– in Kapitalgesellschaft & Co KG **38** 91
– Kapitalgesellschaften **32** 31, 44
– von Kapitalgesellschaften **38** 1 ff, 102 ff
– von Kapitalgesellschaften in eG **38** 195 ff
– von Kapitalgesellschaften in Personengesellschaft **38** 22 ff
– KGaA **38** 8, 16
– von KGaA **38** 77 ff
– Konstellationen **3** 10
– Körperschaften des öffentlichen Rechts **32** 38
– Körperschaften/Anstalten des öffentlichen Rechts **38** 471 ff
– Krise und Insolvenzreife **45** 41 ff
– Mängel **36** 26 ff
– Motive **46** 131
– Negativerklärung **35** 16 ff
– nicht verhältniswahrender **38** 132, 133; **52** 60 f
– öffentliche Hand **38** 469 ff
– PartG **32** 29 f, 42; **38** 14
– in PartG **38** 99 ff, 466 ff
– Personengesellschaft in Kapitalgesellschaft **38** 381 ff
– Personengesellschaften **38** 357 ff
– Personenhandelsgesellschaft **32** 29 f, 41; **38** 13
– in Personenhandelsgesellschaft **38** 83 ff
– Rechte Dritter **36** 23 ff
– rechtliche Grenzen **45** 42 ff
– Rechtsfolgen **36**
– Rechtsträger **32** 26 ff
– Registersperre **35** 17
– Registerverfahren **35**
– SE **32** 31, 39, 47

Magere Zahlen = Randnummern

Sachverzeichnis

- in SE **38** 18
- von SE **38** 9
- SE-Gründung **40** 1 ff
- Sonderrechte **36** 53 f
- sonstige Rechtsverhältnisse **36** 7 ff
- Steuerrecht **50** 1 ff
- UG (haftungsbeschränkt) **38** 4 ff, 15
- Umwandlungsbericht **32** 17; **33**
- Umwandlungsbeschluss **32** 18
- Unternehmensverträge **36** 12
- Unumkehrbarkeit **36** 26
- Vereine **32** 34 ff
- verhältniswahrender **52** 59
- Verträge **36** 7 ff
- Vollmachten **36** 9
- Vollzugsphase **32** 24
- Vor- und Nachteile **2** 36 ff
- Vorbereitungsphase **32** 17 ff
- Vorgesellschaft **32** 28
- VVaG **32** 37; **38** 339 ff
- Wirksamwerden **36** 4
- Wirkung **38** 283 f
- wirtschaftliche Beweggründe **2** 30 ff
- Zielrechtsträger **32** 40 ff; **38** 11 ff
- Zulässigkeit **42** 37
- zuständiges Registergericht **35** 5 ff

Formwechselaufwand 38 124

Formwechselbeschluss 34
- Abstimmung **34** 9 ff
- Anteile/Mitgliedschaften **34** 28 ff
- Barabfindungsangebot **34** 39 ff
- Beschlussmehrheiten **34** 10 ff; **38** 398 ff
- besondere Zustimmungserklärungen **34** 59 ff
- Beteiligung der Anteilsinhaber **34** 24
- Erfordernis **34** 1 ff
- Folgen für Arbeitnehmer **34** 48 f
- Form **34** 64 f
- Formwechselstichtag **34** 52
- Information des Betriebsrats **34** 66 f
- Inhalt **34** 20, 406 ff
- Insolvenzplanverfahren **46** 135 f
- Name, Firma **34** 21 ff
- Personenidentität **34** 26
- Sachgründung **34** 54 f
- Satzungsregeln **34** 13
- Sonder- und Vorzugsrechte **34** 35 ff
- Stellvertretung **34** 14 f
- Stimmberechtigung **34** 8
- Versammlung der Anteilsinhaber **34** 2, 5 ff

Formwechselstichtag 34 53 ff

Fortsetzungsbeschluss 7 44, 49; **46** 6, 37

Forward-Triangular merger 6 41

Freigabeverfahren 28 58 ff
- Antrag **14** 153 f, 171 ff
- Antragsbefugnis **14** 172
- Antragsfrist **14** 176
- Aussetzungsinteresse **14** 147
- Bagatellquorum **14** 189 ff

- Begründetheit **14** 179 ff; **28** 63 ff; **37** 64 ff
- Entstehungsgeschichte **14** 148 f
- Erfolgsaussichten der Klage **14** 180 ff
- Formwechsel **37** 60 ff
- Funktion **14** 144 ff; **28** 59 ff; **37** 61 ff
- Gebühren **14** 169
- Glaubhaftmachung **14** 158 ff, 187, 215
- Hauptsacheverfahren **14** 165 f
- Interessenabwägung **14** 203 ff
- Kapitalerhöhung **14** 242 f; **28** 69
- Kosten **14** 169
- mündliche Verhandlung **14** 155
- Nachteilsabwägung **14** 205 ff
- offensichtliche Unbegründetheit der Klage **14** 184 ff
- Rechtsbehelf **14** 168
- Rechtskraft **14** 167
- Rechtsschutzbedürfnis **14** 177 f, 182
- Rechtsverstoß **14** 229 ff
- Registergericht **14** 163 f
- Schadensersatz **14** 147, 221, 235 ff; **28** 66 ff; **37** 67
- Spaltung **28** 58 ff
- Statthaftigkeit **14** 175
- Streitwert **14** 169
- Unzulässigkeit der Klage **14** 181 ff
- Verfahrensgrundsätze **14** 150 ff
- Verschmelzung **14** 143 ff
- Versicherung an Eides statt **14** 160
- Vollzugsinteresse **14** 147, 223
- Zulässigkeit **14** 170 ff
- Zuständigkeit **14** 170
- Zustellung **14** 153 f, 174

Freistellung Bußgeld 63 15

Funktionale Privatisierung 76 10

Fusionen
- Liquidationsfusionen **45** 3
- zur Optimierung von Finanzkennzahlen **45** 5 ff
- Sanierungsfusionen **45** 4

Fusionskontrolle
- Abhilfemaßnahmen **62** 96
- Hauptprüfverfahren **62** 99
- Phase I, Phase II **62** 96, 99
- Vollzugsanzeige **62** 99
- Vorgespräche **62** 95
- Vorprüfverfahren **62** 99

Fusionsrichtlinie 5 2, 4

Fußstapfentheorie 48 37; **73** 22

GbR s Gesellschaft bürgerlichen Rechts

Gebäudeeigentum 67 1

Gebietskörperschaften 21 16

Gegenanträge 25 7

Gegenleistung
- Anfechtung **41** 33
- Angemessene Höhe **41** 12, 13, 25, 56, 57
- Anspruchsentstehung **41** 10

Sachverzeichnis

Fette Zahlen = §§

- Anteile **41** 1, 3, 9, 10, 57
- Anteilsgewährung **6** 5, 21 f
- Barabfindung **6** 21
- bare Zuzahlungen **6** 21
- Beschluss **41** 10, 33
- Entfall **41** 15
- Erhalt **41** 14, 43, 46, 67
- Fälligkeit **41** 10, 46
- Gerichtliche Festsetzung **41** 14, 33
- bei Pflichtangebot **66** 41 ff
- Spruchverfahren **41** 14, 33, 44
- des Treuhänders **41** 38, 43, 67
- Überprüfung **41** 14, 31, 44
- Verschmelzung **6** 19 ff
- Verzicht **41** 17
- zulässige **41** 1, 2, 10

Geheimnisverrat 71 44 ff
- Geheimnis **71** 46 ff
- Rechtsgut **71** 45
- Täterkreis **71** 48 ff
- Tathandlung **71** 49 ff

Geldbuße 13 113 ff

Gemeinschaftsunternehmen
- gemeinsame Kontrolle **62** 24
- Gründung **62** 24, 38
- Haftung für Bußgelder **62** 12
- Kontrolle **62** 22
- paritätische **62** 22
- Teilfunktions- **62** 24, 40
- Umsatzberechnung **62** 70
- Vollfunktions- **62** 24, 40
- wirtschaftliche Einheit **62** 12, 14

Gemeinwohlbindung 74 52 ff

Gemischte Genehmigungen 68 61 ff

Genehmigungen 13 103 ff; **27** 77 ff; **36** 10

Genehmigungsvorbehalt 65 5 ff
- Prüfungsumfang **65** 8 ff
- Widerspruch **65** 14
- Zuständigkeit **65** 7

Genossenschaft
- Abfindungsangebot **38** 230 ff
- Anmeldung der Eintragung **38** 280 ff
- Anmeldung zur Neugründung **29** 288 ff
- aufgelöste **29** 245
- Ausgliederung operativen Geschäfts gegen Beteiligungen **29** 252 ff
- Ausschlagungsrecht **29** 280 ff
- Benachrichtigungen über Formwechsel **38** 290 ff
- Beschlussmängel **38** 278 ff
- Dividendengenossenschaften **29** 254
- Durchführung der Versammlung **38** 248 ff
- Fomrwechselbeschluss **38** 259 ff
- Förderzweck **29** 253, 263
- Formwechsel **32** 32 f; **38** 17, 223 ff
- Formwechsel in Kapitalgesellschaft **38** 224
- Formwechsel in KGaA **38** 279
- Formwechsel in Personengesellschaft **38** 225

- Fortdauer der Nachschusspflicht **15** 446 ff; **38** 295 ff
- Gründungsgutachten **15** 458
- KAGB **29** 255
- Mitgliedschaft an übernehmender Genossenschaft **15** 422 ff
- Nachschusspflicht **29** 301 ff
- Prüfungsgutachten **15** 363 ff; **38** 237 ff, 253
- Satzung **29** 256 ff
- Spaltung **21** 9; **22** 75; **29** 240 ff
- Spaltungsbericht **29** 275
- Spaltungsbeschluss **29** 279
- Spaltungsplan **29** 267 ff
- Spaltungsvertrag **29** 267 ff
- Umwandlungsbericht **38** 236 ff
- Unternehmensgegenstand **29** 263
- Verschmelzung **15** 311 ff
- Verschmelzung 100 %iger Tochtergesellschaften **15** 316
- Verschmelzung durch Aufnahme **15** 317 ff
- Verschmelzung durch Neugründung **15** 454 ff
- Verschmelzung genossenschaftlicher Prüfungsverbände **15** 464 ff
- Verschmelzung zweier Genossenschaften **15** 315
- Verschmelzungsbeschluss **15** 463
- Verschmelzungsversammlung **15** 377 ff
- Verschmelzungsvertrag **15** 317 ff, 457
- Vorbereitung der Versammlung **38** 227 ff
- Vor-Genossenschaft **29** 246
- Wirkung des Formwechsels **38** 283 ff

Genossenschaftlicher Prüfungsverband 21 11; **29** 276 ff; **38** 237 ff, 256
- Austritt der Mitglieder **15** 477 ff
- Doppelnatur **29** 306
- Mitgliederversammlung **15** 469 ff
- Möglichkeiten der Verschmelzung **15** 468
- Pflichten des Vorstands **15** 472 ff
- Prüfungsrecht **29** 305
- Rechtsform **29** 304
- Rechtsformbesonderheit **15** 464 ff
- Spaltung **29** 304 ff
- Verschmelzung **15** 464 ff

Genossenschaftsregister 70 94

Genussrechte 13 296, 308

Gerichtskosten 70 93 f, 95

Gesamtrechtsnachfolge 4 15 ff; **42** 27, 40, 48 f
- Arbeitsverhältnisse **13** 64 ff; **27** 60 ff
- Auftrag und Vollmacht **27** 59
- ausdrückliche Anordnung **68** 7 ff
- ausdrücklicher Ausschluss **68** 7, 86 ff, 268 ff
- ausländisches Vermögen **13** 130 ff
- Bankgeheimnis **13** 42
- Bankkonten **13** 80
- Beherrschungs- und Gewinnabführungsverträge **27** 37 ff
- Besitz **13** 36

Magere Zahlen = Randnummern

Sachverzeichnis

- Bestandsschutz, umwandlungsrechtlicher 4 38 ff
- Bestimmtheitsprinzip 4 36 f
- Beteiligungen 13 20 ff
- Betriebsvereinbarungen 13 96 ff
- Daten 13 41; 27 87
- einheitlicher Übertragungstatbestand 4 17
- Einschränkungen 27 12 ff
- Entbehrlichkeit der Abwicklung 4 43
- Firma 13 45; 27 35 f
- Forderungen 27 50
- Formwechsel 68 103 ff, 107
- Genossenschaftsanteile 27 32
- Gesellschaftsanteile 4 34; 27 26 ff
- kraft Gesetzes 4 23; 6 17; 13 18; 27 8
- gewerbliche Schutzrechte 13 37
- Gläubigerschutzvorschriften 68 120 ff
- Grundlagen 68 7 ff
- Grundstücke/dingliche Rechte 13 34; 27 41 ff
- Handlungsvollmacht 13 84 f
- höchstpersönliche Rechtspositionen 27 15 ff
- Immaterialgüterrechte 13 37 ff; 27 85 f
- Know-how 13 40
- kollektivarbeitsrechtliche Rechtsverhältnisse 13 90 ff
- Lizenzen 13 38
- Miet-und Pachtverträge 13 79 ff
- Missbrauchsverbot 27 21 ff
- öffentlich-rechtliche Rechtsverhältnisse 13 103 ff; 27 76 ff
- öffentlich-rechtliche Verträge 68 74 ff
- partielle 4 20 f, 37; 20 5; 27 7 ff; 29 233; 67 5
- in Pflichten 68 14 ff, 80 ff
- Proprium 4 17
- Prozesse 13 119 ff; 27 80 ff
- in Rechte 68 54 ff, 89 ff
- kraft Rechtsgeschäfts 4 23 ff
- Rechtsökonomie 4 22
- als rechtstechnisches Prinzip 4 16 ff
- Relevanz 68 4
- schwebende Rechtspositionen 27 74 f
- Sicherheiten 13 35; 27 52 ff
- Spaltung 27 7 ff; 68 77 ff
- Spaltungsfreiheit 27 11
- Spezialitätsprinzip 4 35
- Steuerschulden 13 111
- Sukzessionsfreiheit 4 29 ff
- Sukzessionsschutz 4 48 ff
- Tarifverträge 13 100 ff
- Titel, rechtskräftige 13 119 ff
- totale 4 20, 36
- Trennbarkeit von Vermögensgegenständen 27 18 ff
- umwandlungsrechtliche 4 23
- Unternehmensverträge 13 56 ff
- Urheberrecht 13 39
- Verbindlichkeiten 27 51
- Vereinsmitgliedschaft 27 33 f
- Verfügungsbeschränkungen 4 32 ff
- Vergabeverfahren 13 166 ff
- vergessene Vermögensgegenstände 27 88 ff
- Vermögen im Ausland 27 14
- Vermögensübertragung 68 102
- Verschmelzung 6 5, 17 ff; 13 13 ff; 68 11 ff, 113 ff
- Verträge 13 46 ff
- Verträge mit Organmitgliedern 13 70 ff
- Vertragsverhältnisse 27 56 ff
- Vollmacht, Prokura, Auftrag 13 82 ff
- zeitliche Konzentrationswirkung 4 19

Gesamtschuldnerische Haftung 27 114 ff; **43** 33
- Altverbindlichkeiten 27 117 ff
- Ausschluss 46 103 ff
- Bilanzierung 59 49 ff, 108 ff, 136 ff
- Enthaftung des Mithafters 27 146 ff
- Entschuldung des Schuldners 46 106
- Hauptschuldner und Mithafter 27 115 f
- Innenausgleich 27 143 ff
- Insolvenzplanverfahren 46 98 ff

Gesamtschuldnerische Nachhaftung 57 132 ff

Geschäfts- oder Firmenwert 58 44, 48, 67; **59** 32

Geschäftsführer
- Zustimmung zur Bestellung von Geschäftsführern 15 304 ff

Geschlossene Investmentvermögen 72 121

Geschöpftheorie 18 12

Gesellschaft bürgerlichen Rechts 13 24
- Formwechsel 38 12, 95 ff, 360 f

Gesellschaft mit beschränkter Haftung
s. GmbH

Gesellschafter 42 2 ff, 12, 40 ff, 47 ff, 51 ff, 56 ff, 59, 61, 63, 66, 73 ff, 77 ff

Gesellschafterliste 12 44 f; **15** 179, 275; **26** 29 f; **38** 174; **70** 45

Gesellschafterversammlung 11 12; **15** 180 ff; **38** 26 ff, 103 ff
- Auskunftsrecht 15 188 ff
- Auslegung von Unterlagen 15 187
- Einberufung und Vorbereitung 15 180 ff
- Einberufungsmängel 38 38 ff
- Universalversammlung 15 181

Gesellschaftsstatut 18 3

Gesetzgebungskompetenz 74 3 ff, 26 ff

Gewährträgerhaftung 74 65 ff

Gewässerschutzrecht
- Ausschluss der Rechtsnachfolge 68 268 ff
- Benutzungsgrundstück 68 263 ff
- Erlaubnis und Bewilligung 68 258 ff
- Haftung und Sanierungspflicht 68 274 f
- Indirekteinleitergenehmigung 68 272 f
- landesrechtliche Vorschriften 68 267
- Wasserbenutzungsanlage 68 262

Gewerbesteuer 47 3 ff; **73** 6

2243

Sachverzeichnis

Fette Zahlen = §§

Gewerbesteueranrechnung 47 11
Gewinnabführungsvertrag 54 8 ff
Gewinnberechtigung 22 31 f
Gewinnbeteiligung
– Zeitpunkt **8** 72 ff
Gewinnschuldverschreibungen 13 291
Gewinnverwendungsbeschluss 8 75
Gläubigerbegriff 18 141
Gläubigerschutz 4 53 ff
– Arbeitnehmer s. *Arbeitnehmerschutz*
– bei Beteiligung öffentlicher Hand **74** 60 ff
– Formwechsel **36** 40 ff; **38** 182
– grenzüberschreitende Spaltung **30** 41 ff
– grenzüberschreitende Verschmelzung **18** 232 ff
– Gründung einer SE durch Formwechsel **40** 90 f
– individueller **4** 54 ff
– im Insolvenzplanverfahren **46** 52, 95 ff
– institutioneller **4** 59
– durch Kapitalerhaltung/-aufbringung **13** 283 f
– nach § 45 UmwG **68** 143 ff
– nach § 133 UmwG **68** 126 ff
– Personengesellschaften **29** 349 ff
– Richtlinienverstoß **18** 235 f
– durch Schadensersatzanspruch **13** 253 ff
– SE-Gründung durch Verschmelzung **19** 128 ff
– durch Sicherheitsleistung **13** 190 ff; **18** 240 ff, 247 ff; **30** 42 ff; **36** 41 ff; **68** 121 ff
– vergessene Verbindlichkeiten **68** 137 ff
– Verschmelzung **13** 187 ff
– s. a. *Sonderrechte*
Gleichbehandlungsgebot 4 6; **6** 20; **14** 33, 72 f; **15** 193; **28** 28 f
Gleichheitsgrundsatz 77 41
Globalisierung 42 16
GmbH
– Ein-Personen-GmbH **38** 3
– Formwechsel **38** 2 ff, 15
– Spaltung **21** 6; **22** 74; **29** 147 ff
– Versammlung der Anteilsinhaber **38** 26 ff
– Verschmelzung **15** 158 ff
Grenzüberschreitende Spaltung 20 9 f; **30**
– alternative Gestaltungsmöglichkeiten **30** 49
– anwendbares Recht **30** 18 ff
– Äquivalenz- und Effektivitätsgrundsatz **30** 23
– Arbeitnehmerschutz **30** 47 f
– außereuropäische Spaltung **30** 18
– Begriff **30** 1 f
– Bilanzierung **59** 139 ff
– aus deutscher Sicht **30** 5 ff
– Durchführung im EU/EWR-Raum **30** 23 ff
– Eintragungsverfahren **30** 39 f
– aus europarechtlicher Sicht **30** 9 ff
– Gläubigerschutz **30** 41 ff
– Gründungstheorie/Sitztheorie **30** 19 ff
– mehrere Gesellschaftsstatute **30** 22
– Spaltung zur Neugründung **30** 17

– Spaltungsbericht **30** 27 ff
– Spaltungsplan **30** 30 ff
– Spaltungsprüfung **30** 27 ff
– Spaltungsvertrag **30** 30 ff
– Vermögensübergang **30** 39 f
– Zulässigkeit **30** 5 ff
Grenzüberschreitende Umwandlungen 5 9 ff; **62** 66
– Anwendung nationalen Rechts **5** 13
– Drittstaatengesellschaften **5** 22 ff
– grenzüberschreitende Spaltung **5** 16 f
– grenzüberschreitende Verschmelzung **5** 14 f
– grenzüberschreitender Formwechsel **5** 18 ff
– Vereinigungstheorie **5** 10 ff
– Zulässigkeit **5** 9
Grenzüberschreitende Verschmelzung 18; 39 12 ff
– anwendbare Vorschriften **18** 20 ff
– Anwendungsbereich **18** 24 ff
– arbeitrechtliche Mindestangaben **56** 23 ff
– ausländische Rechtsträger **18** 45 ff
– Ausnahmen **18** 42 ff
– Beteiligung der Arbeitnehmer **18** 50 ff
– europarechtliche Vorgaben **18** 6 ff
– Formen **18** 14 ff
– Gläubigerschutz **18** 232 ff
– Herausverschmelzung **18** 256 ff
– Hereinverschmelzung **18** 291 ff
– inländischer Rechtsträger **18** 28 f
– Verbesserung des Umtauschverhältnisses **18** 225 ff
– Verfahren **18** 45 ff
– Verschmelzungsbericht **18** 153 ff
– Verschmelzungsbeschluss **18** 180 ff
– verschmelzungsfähige Rechtsträger **18** 30 ff
– Verschmelzungsplan **18** 65 ff
– Verschmelzungsprüfung **10** 16 f; **18** 167 ff
– VVaG **15** 559
– Zeitrahmen **18** 48 f
– Zustimmungsbeschluss **18** 180 ff
Grenzüberschreitender Formwechsel 32 9 ff; **60** 69 ff
– Alternativen **39** 10 ff
– Anmeldung **39** 64 ff
– Arbeitnehmerschutz **39** 53
– Ausgangsrechtsformen **39** 39 ff, 85 ff
– Begriff **39** 2
– Durchführung, kollisionsrechtliche Ebene **39** 30 ff, 80 ff
– Durchführung, sachrechtliche Ebene **39** 39 ff, 85 ff
– Eintragung **39** 99
– Gläubigerschutz **39** 52
– Kollisions- und Umwandlungsrecht **39** 8 f
– Löschung der Gesellschaft **39** 72
– Minderheitenschutz **39** 51
– Motive **39** 3 ff
– Niederlassungsfreiheit **39** 7, 15 ff, 75 ff

Magere Zahlen = Randnummern

Sachverzeichnis

– Offenlegungs- und Informationspflichten 39 59
– rechtsformkongruenter 39 91
– rechtsformwechselnder Wegzug 39 2, 15 ff
– rechtsformwechselnder Zuzug 39 2, 75 ff
– tatsächliche Sitzverlegung 39 28 f
– Umwandlungsbericht 39 57 f
– Umwandlungsbeschluss 39 60 ff
– Umwandlungsplan 39 48 ff
– Unbedenklichkeitsbescheinigung 39 64 ff, 69 f, 92 ff
– unternehmerische Mitbestimmung 39 53
– Verfahren im Aufnahmestaat 39 71
– Wirkungen 39 73 f, 100
– Zielrechtsformen 39 43 ff, 89 f
Grundbuchberichtigung 67 12 ff
Grundbuchberichtigungskosten
– Verschmelzung 6 63 ff
Grunderwerbsteuer 6 8; **17** 4; **52** 1 ff
– Änderung im Gesellschafterbestand 52 23 ff
– Anteilsvereinigung 52 34 ff
– Anteilsvereinigung, wirtschaftliche 52 46 ff
– Bemessungsgrundlage 52 8 ff
– Entstehung 52 15
– formwechselnde Umwandlung 52 6, 56 ff
– Gegenleistungssteuer 52 8
– inländische Grundstücke 52 4
– mittelbare Anteilsvereinigung 52 36 ff
– mittelbare Beteiligungen 52 28 ff
– Nachbehaltensfrist 52 91 ff, 101 f
– Nachversteuerung 52 43, 49
– Rechtsträger 52 3
– Rechtsträgerwechsel 52 5
– Rechtsverkehrsteuer 52 2 ff
– Steuersatz 52 13 ff
– Steuerschuldner 52 31
– Steuervergünstigung 52 32 ff, 69 ff
– übertragende Umwandlungen 52 6, 16 ff
– Umstrukturierungen im Konzern 52 69 ff
– Unterbrechung von Behaltensfristen 52 21
– Verbund 52 76 ff
– verbundgeborene Gesellschaften 52 88
– Vermeidung/Verringerung 52 44 f, 50 ff
– Vorab-Übertragung 52 53 f, 54
– Vorbehaltensfrist 52 88 ff
– Wertverhältnisse zum Bewertungsstichtag 52 9 ff
Grunderwerbsteuergesetz (GrEStG) 52 1
Grundpfandrechte 27 47
Grundstücke 22 45 f, 55
Grundstücksrechte 22 45
Grundstücksübertragung
– ausländische Grundstücke 67 2
– Formwechsel 67 10
– Grundbuchberichtigung 67 12 ff
– grundstücksgleiche Rechte 67 1
– Rechtsübergang 67 1 ff
– Spaltung 67 5 ff

– Vermögensübertragung 67 11
– Verschmelzung 67 1 ff
Gründungsbericht 15 54, 130 ff, 140 ff; **29** 54 ff; **38** 187, 439
Gründungsgutachten 15 458
Gründungsprüfer 29 65
Gründungsprüfung 15 132 ff; **29** 65 ff, 68 ff, 72 f; **38** 153, 187, 440
Gründungstheorie 18 11; **30** 19; **42** 8, 9 ff
Gruppenfreistellungsverordnung 63 9
Güterstand der Zugewinngemeinschaft 25 10
GWB-Novelle 71 90

Haftung
– wegen existenzvernichtenden Eingriff 45 55 ff
– Gesellschafter 38 454 ff
– in Krise und Insolvenzreife 45 45 ff
– Mitglieder des Vertretungs-/Aufsichtsorgans 45 46 ff
– Organe 36 47 ff
– Organe des übernehmenden Rechtsträgers 45 46
– Organe des übertragenden Rechtsträgers 45 47 ff
Haftung des früheren Eigentümers
– BBodSchG 68 186 ff
Haftung des Gesamtrechtsnachfolgers nach BBodSchG
– Ewigkeitshaftung 68 160
– partielle Gesamtrechtsnachfolge 68 157
– bei Spaltung 68 167 ff
– Störerauswahl 68 161 f
– Umfang 68 163 ff
– zeitlicher Anwendungsbereich 68 153 ff
Haftung für Bußgelder
– Abspaltung 63 25, 33
– Anteilserwerb 63 22, 32
– anwendbares Recht 63 12 ff
– Aufspaltung 63 24, 29, 33
– Ausgliederung 63 25, 33
– doppelte Identität 63 28
– europäisches Kartellrecht 63 14 ff
– Formwechsel 63 24, 33
– Gesamtrechtsnachfolge 63 29
– gesamtschuldnerische Haftung 63 14
– Rechtsnachfolger 63 21 ff
– Spaltung 63 24
– strukturelle Verbindung zum Erwerber 63 23
– Vermögenserwerb 63 23, 32
– Verschmelzung 63 24
– wirtschaftliche Identität 63 28
Handelsbilanz 48 18
Handelsregister 42 4, 10, 13
Handelsregisterkosten
– Verschmelzung 6 60 ff
Handlungsvollmacht 13 84 f; **27** 59; **57** 85
Harmonisierung 5 1 ff

2245

Sachverzeichnis

Fette Zahlen = §§

Hauptversammlung 11 12; **38** 32 ff
- Beschluss **15** 15, 42 ff
- Durchführung **15** 30 ff; **19** 92
- Einberufung **15** 7 ff; **19** 88 ff
- Einberufungsmängel **38** 38 ff
- Vorbereitung **15** 16 ff

Heilung von Mängeln 8 161
- Beurkundung **13** 169 ff
- durch Eintragung **13** 165 ff; **17** 66 f
- Kapitalerhöhung **15** 269, 271, 282
- Squeeze-out, verschmelzungsrechtlicher **17** 66 f

Herausverschmelzung
- Anmeldung **18** 256 ff
- beizufügende Unterlagen **18** 268 ff
- Erklärungen **18** 259 ff
- grenzüberschreitende Verschmelzung **18** 256 ff
- Prüfung des Registergerichts **18** 279 ff
- Verschmelzungsbescheinigung **18** 282 ff

Hereinformwechsel 60 71
Hereinspaltung 59 142 f
Hereinverschmelzung 58 101, 104 ff
- Anmeldung **18** 291 ff
- beizufügende Unterlagen **18** 300 ff
- Eintragung **18** 316 ff
- Erklärungen **18** 295 ff
- grenzüberschreitende Verschmelzung **18** 291 ff
- Prüfung des Registergerichts **18** 309 ff
- Wirksamwerden **18** 316 ff

Herkunft zu gewährender Geschäftsanteile 15 231 ff
- eigene Geschäftsanteile **15** 237 ff
- Geschäftsanteile Dritter **15** 237, 244
- Kapitalerhöhung **15** 236
- von übertragendem Rechtsträger gehaltene Geschäftsanteile **15** 237

Hinausformwechsel 60 70
Hinausspaltung 59 140 f
Hinausverschmelzung 58 101, 102 f
Hinweisbekanntmachung
- Frist und Fristberechnung **16** 48 ff
- Inhalt **16** 46
- Konzernverschmelzung **16** 44 ff
- Nachweis **16** 81 f
- Verantwortlichkeit der übernehmenden AG **16** 45
- Verzichtsmöglichkeit **16** 55

Höchstpersönliche Rechtspositionen 27 13, 15 ff
Holding 75 61 f
Holding-SE 43 7 ff
Holding-Strukturen 42 69
Horizontale Vereinbarung 63 6
HRegGebV 70 93

Immissionsschutzrecht
- Betreiberpflichten **68** 228 f
- Nachsorgepflichten **68** 230 ff
- Störfallbetriebe **68** 220 ff
- Teilung einer Anlage **68** 202 ff
- Übergang der Genehmigung **68** 191 ff
- Zusammenführung mehrerer Anlagen **68** 216 ff

Inbound-Verschmelzung 16 16
Inbound-verschmelzungsrechtlicher Squeeze-out 17 11
Indirekteinleitergenehmigung 68 282 f
Individualschutz 4 49 ff
Informationsparität 56 70
Informationspflichten
- Minderheitenschutz **13** 317 ff

Inhaberkontrolle
- bedeutende Beteiligung **62** 116
- maßgeblicher Einfluss **62** 116

Inhaberkontrollverordnung s. Anzeigeerfordernisse **64**
Inhaberschuldverschreibungen 13 294
Inländische Besteuerung 48 27
Inlandsauswirkungen 62 74, 84 ff
Insiderinformationen
- Aufschub der Veröffentlichung **66** 47 f
- Veröffentlichungspflicht **66** 43 ff
- Vorliegen **66** 44 ff

Insolvenzanfechtung 45 59 ff
- allgemeine Voraussetzungen **45** 71 ff
- Anfechtungsgegner **45** 110 f, 134
- Anfechtungsresistenz **45** 76 f
- Ausgliederung **45** 113 ff
- Bildung einer Sondermasse **45** 64 ff, 104 ff
- Formwechsel **45** 126 ff
- Gläubigerbenachteiligung **45** 86 ff, 110 f, 112
- inkongruente Deckung **45** 89
- Insolvenz des übernehmenden Rechtsträgers **45** 61 ff, 122 ff
- Insolvenz des übertragenden Rechtsträgers **45** 115 ff
- Insolvenz eines Gesellschafters **45** 130 ff
- kongruente Deckung **45** 89
- nahestehende Person **45** 103
- Rechtsfolge **45** 64 ff
- Rechtshandlung **45** 82 ff
- Spaltung **45** 113 ff
- Umwandlungsmaßnahmen **45** 71 ff, 76 ff
- unentgeltliche Leistungen **45** 95 ff
- unmittelbar nachteilige Rechtshandlungen **45** 90 ff
- Verschmelzungen **45** 81 ff
- vorsätzliche Benachteiligung **45** 99 ff

Insolvenzeröffnung
- Maßnahmen nach Eröffnung **46** 5 ff
- Maßnahmen nach Insolvenzantrag **46** 11 ff

Insolvenzgericht
- Kompetenzabgrenzung **46** 144 ff
- Zustimmung **46** 3

Insolvenzplanverfahren 44 2
- Ablauf **46** 22 ff

Magere Zahlen = Randnummern

Sachverzeichnis

– Abspaltung 46 28, 91 ff
– Anforderungen an Umwandlungsmaßnahme 46 38 ff
– Anmeldung der Umwandlung 46 88, 126, 138
– Anmeldung des Plans 46 139 ff
– Anteilsgewährung 46 83 ff
– Ausgliederung 46 28, 91 ff
– Bestandteil des Insolvenzverfahrens 46 13
– darstellender Teil 46 17
– Eigenverwaltung 46 14
– Eintragung der Umwandlungsmaßnahme 46 51
– Fiktion von Beschlüssen/Erklärungen 46 47
– finanzwirtschaftliche Sanierung 46 11
– Forderungserlasse 46 19
– Formwechsel 46 29, 131 ff
– gesellschaftsrechtliche Maßnahmen 46 16 ff
– gestaltender Teil 46 18
– Gläubigerschutz 46 52, 95 ff
– Information des Betriebsrats 46 117 f
– Minderheitenschutzantrag 46 151 ff
– Obstruktionsverbot 46 23
– Planbestätigung 46 22
– Planinhalte 46 16 ff
– Sicherheitsleistung 46 57 f
– sofortige Beschwerde 46 155 ff
– Spaltung 46 27, 91 ff
– Überlagerung des Umwandlungsrechts 46 46 ff
– Umwandlungsbericht 46 134
– Umwandlungsfähigkeit des Schuldners 46 31 ff
– Umwandlungsmaßnahmen als Regelungsbestandteil 46 30 ff
– verfahrensbeendender Plan 46 25 f, 142
– verfahrensbegleitender Plan 46 25 f, 143
– Verschmelzung 46 27, 53 ff
– Verzicht auf Anteilsgewährung 46 83 ff
– Wesen, Funktion, Rechtsnatur 46 9 ff
– Wirkungen 46 21
Insolvenzreife
– aufgelöste Gesellschaften 43 11
– Verschmelzungshindernis 45 8 ff
Insolvenzverfahren
– Einstellung mangels Masse 46 162 ff
– Umwandlung bei Nichteröffnung 46 162 ff
Insolvenzverwalter, vorläufiger
– Zustimmung 46 2
Interdependenzen 4 69 ff
Interessenausgleich 56 77, 97 ff, 100 ff
Internationalisierung 42 16
Investmentaktiengesellschaften mit veränderlichem Kapital 72 97 ff
Investmentaufsicht 73 3
Investmentvermögen
– AIF 72 2; 73 1, 3
– Anlegerrechte 72 70 ff
– Arten 72 1 ff
– aufsichtsrechtliche Genehmigung 72 17 ff, 112

– Bekanntmachung/Veröffentlichung 72 111
– Besteuerungssysteme 73 2, 5
– Drittstaaten-Investmentfonds 73 33
– geschlossene 72 3, 9, 121
– Investitionsgesellschaften 73 2, 43 f
– Investmentaktiengesellschaften mit veränderlichem Kapital 72 97 ff
– Investmentfonds i. S. d. InvStG 73 2, 8
– Investmentkommanditgesellschaften 72 117 ff
– InvStG 73 1 ff
– Kapital-Investitionsgesellschaften 73 2
– Körperschaft- und Gewerbesteuer 73 6
– Neuregelung des InvStG 73 45 ff
– offene 72 3, 7 ff
– OGAW 72 2, 15; 73 1, 3
– Personen-Investitionsgesellschaften 73 2
– Prüfung der Verschmelzung 72 88 ff, 109 f
– Publikumsinvestmentvermögen 72 4, 10 ff
– Publikumssondervermögen 72 7, 10 ff
– Sonderregelungen für Verschmelzung 72 7
– Spezial-AIF 72 15
– Spezial-Aktiengesellschaft 73 13
– Spezialinvestmentaktiengesellschaften mit veränderlichem Kapital 72 117 ff
– Spezial-Investmentfonds 73 48
– Spezialinvestmentvermögen 72 4, 8, 103 ff
– Spezialsondervermögen 72 103 ff; 73 13
– steuerliche Auswirkungen der Umwandlung 73 8 ff
– steuerneutrale Verschmelzung 73 7, 8 ff
– Transparenzprinzip 73 5
– Übertragungsstichtag 73 19
– Umwandlungen 72 6
– Verschmelzungen 72 13 ff, 106 ff; 73 8 ff
– Verschmelzungsinformationen 72 56 ff
– Verschmelzungsplan 72 45 ff
– Verschmelzungsplan, reduzierter 72 107 f
– Wirksamwerden/Rechtsfolgen der Verschmelzung 72 77 ff, 115 f
– Zustimmung der Anleger 72 113 f
Irrevocable Undertakings 66 89

Jahresabschluss 58 10, 27 ff, 30 ff, 33 f
Jahresabschlussprüfung 10 3
Jahresbilanz 58 5, 36 f
Jugend- und Auszubildendenvertretung 56 145

Kaltes Delisting 13 336 ff; **27** 274; **66** 5
Kapitalaufbringung 45 20; **60** 10 ff, 37, 56 ff
Kapitalbindungsänderung 13 211
Kapitaldeckung 38 434 ff
Kapitalerhaltung 13 283; **29** 190; **45** 28; **46** 1; **58** 61, 63, 84; **59** 15, 69 ff, 123 ff
Kapitalerhöhung 6 27, 38, 59; **15** 236, 246 ff; **16** 2; **42** 51, 53, 68; **48** 83
– Anfechtung 15 110 ff
– Anmeldung zum Handelsregister 15 175

Sachverzeichnis

Fette Zahlen = §§

- Differenzhaftung **15** 251 ff
- Durchführung **15** 94 ff
- Eintragung **15** 107 ff
- Eintragung in Handelsregister **15** 280 ff
- Heilung von Mängeln **15** 269, 271, 282
- Kapitaldeckung **15** 248 ff
- übernehmender Rechtsträger **15** 58 ff
- als Veräußerung **49** 112
- Verbote **15** 64 ff, 86 ff
- Verstöße **15** 92 ff
- Wahlrechte **15** 74 ff, 86 ff

Kapitalerhöhungsbericht 29 171

Kapitalerhöhungsbeschluss 15 232 ff, 247, 269
- Anfechtbarkeit **15** 271
- Freigabeverfahren **15** 271
- Nichtigkeit **15** 269, 271

Kapitalerhöhungsverbote 15 218 ff

Kapitalerhöhungswahlrechte 15 238, 238 ff, 245, 258 f

Kapitalertragsteuer 48 32 f, 65

Kapitalgesellschaft 32 31
- aufnehmender Rechtsträger **15** 671 ff
- ausländische **42** 4, 10, 28, 43, 46, 62
- inländische **42** 1, 6, 28, 41, 43, 51, 53, 61 f
- übertragender Rechtsträger **15** 667 ff
- mit Vermögen eines Alleingesellschafters **15** 664 ff

Kapitalgesellschaft & Co KG 38 91

Kapitalherabsetzung 29 189 ff; **45** 39
- Abspaltung **29** 74 ff
- Ausgliederung **29** 94
- Durchführung **29** 86 ff, 202 ff
- Erforderlichkeit **29** 79 ff, 195 ff
- Rechtsfolgen **29** 91 ff, 206 ff
- Rückwirkung **29** 93
- Voreintragung **29** 96 ff, 211

Kapitalisierungszinssatz 9 38 ff

Kapitalrücklage für Nachschusskapital 29 199

Kapitalschutz
- Formwechsel **37** 37
- Formwechsel in Personen- in Kapitalgesellschaft **38** 433 ff
- Formwechsel Körperschaften/Anstalten **38** 488 ff
- Formwechsel Personengesellschaft in Kapitalgesellschaft **38** 433 ff
- Spaltung **28** 39
- Verschmelzung **14** 84, 395

Kapitalverkehrsfreiheit 42 27, 36; **74** 76

Kartellbußgeldverfahren 63 19

Kartellgeldbuße
- Ausfallhaftung **71** 94
- Bußgeldbemessung **71** 83
- deutsches Recht **71** 89 ff
- europäisches Recht **71** 81 ff
- gesamtschuldnerische Haftung **71** 94

- GWB-Novelle **71** 90
- Konzernhaftung **71** 91
- Rechtsnachfolgehaftung **71** 92
- Sonderbußgeld **71** 95
- Unternehmensbegriff **71** 84 ff

Kartellrecht 77 49 ff
- Spaltung **62** 53 ff
- Strukturkontrolle **62** 3
- Verhaltenskontrolle **62** 3
- Verschmelzung **62** 48 ff
- Verstöße **13** 178 ff

Kartellrecht bei Spaltung 62 53 ff
- Abspaltung **62** 57 ff
- Aufspaltung **62** 53 ff
- Aufspaltung zur Aufnahme **62** 56
- Aufspaltung zur Neugründung **62** 55
- Ausgliederung **62** 60 ff

Kartellrecht bei Verschmelzung 62 48 ff
- Anteilserwerb **62** 50
- Fusion **62** 50
- Hauptversammlungsmehrheit **62** 52
- Kontrollerwerb **62** 50
- Vermögenserwerb **62** 50

Kartellrechtliche Missbrauchskontrolle 77 49 ff

Kartellschadensersatz-Richtlinie 63 36

Kartellverwaltungsverfahren 63 15, 19

Kartellvorbehalt 8 127

Kaufmannseigenschaft 69 7

Kein-Mann-GmbH 15 242

Kettenausgliederung 29 380

Kettenformwechsel 40 6

Kettenumwandlung 57 31, 150

Kettenverschmelzung 6 48 ff; **8** 44, 103, 126; **12** 20; **16** 107; **42** 62

Kirchliche Arbeitnehmervertretungen 56 67, 159

Klauselumschreibung 70 52

Kommanditgesellschaften auf Aktien (KGaA) 15 94, 113 ff, 124, 127, 140 ff; **21** 7
- Ausscheiden persönlich haftender Gesellschafter **38** 278 ff
- Ausscheiden sämtlicher persönlich haftender Gesellschafter **38** 21
- Formwechsel **38** 8, 16, 77 ff
- Spaltung **29** 1 ff, 10 ff
- Spaltungsausschluss **29** 10 ff
- Versammlung der Anteilsinhaber **38** 32 ff

Kommunalunternehmen 75 10 ff; **77** 24

Kommunalwirtschaftsrecht 77 57 ff

Konfusion 48 47 ff, 68

Konzern 62 46

Konzernbetriebsrat 13 94; **56** 46; **57** 124

Konzerninterne Verschmelzung 15 181

Konzernverschmelzung 8 137; **16**
- 100 %-Beteiligung **16** 21 ff, 90 ff
- Ad hoc-Mitteilung **16** 62

2248

Magere Zahlen = Randnummern

- nach allgemeinem Recht **16** 2 f
- Auslage von Unterlagen **16** 58 f
- Einberufungsverlangen **16** 65 ff, 83 ff
- Einreichung des Verschmelzungsvertrags zum Handelsregister **16** 56 f
- Entbehrlichkeit des Verschmelzungsbeschlusses **16** 90 ff
- Fehlerfolgen **16** 108 ff
- Gründung einer SE **16** 9 f
- Handelsregisteranmeldung **16** 80 ff
- Hinweisbekanntmachung **16** 44 ff, 81 f
- HV-Einbindung **16** 103 ff
- Information des Betriebsrats **16** 64
- mindestens 90 %-Beteiligung **16** 21 ff, 41 ff
- Negativerklärung **16** 88 f
- nach § 62 Abs. 1–4 UmwG **16** 5 ff, 11 ff
- Planung **16** 100 ff
- Stern- und Kettenverschmelzung **16** 106 f
- Verschmelzungsbeschluss **16** 41 ff
- Wirkung der Eintragung **16** 108 ff
- Zeitpunkt **16** 100 ff
- Zuleitung von Unterlagen **16** 60 f
- Zustimmungsbeschluss **18** 220 f

Kooperations- oder Konzessionsvertrag 77 87
Kooptationsmodell 19 83
Körperschaft 48 12
Körperschaft des öffentlichen Rechts 32 38; **74** 96 ff
- Ausgangsrechtsträger **38** 472
- Ermächtigungsgrundlage **38** 474 f
- Formwechsel **38** 471 ff
- Formwechsel außerhalb UmwG **38** 495 f
- Kapitalschutz **38** 488 ff
- Primat öffentlichen Rechts **38** 478 f
- Rechtsschutz **38** 494
- Regelungsvorbehalte **38** 480 ff

Körperschaftsteuer 47 3 ff; **73** 6
Krankenkassen 75 20
Kreditwesengesetz *s. Anzeigeerfordernisse, Erlaubniserfordernisse*
Kreislaufwirtschaftsrecht
- Anzeige- und Genehmigungspflichten **68** 290 ff
- Stilllegung einer Deponie **68** 294 f
- Zulegung von Abfallentsorgungsanlagen und Abfalldeponien **68** 278 ff

Kündigung 8 171 ff, 177 ff; **13** 49
Kündigungsschutz 56 12
Kündigungsschutzgesetz 55 12

Ladung der Anteilsinhaber 11 14
LAnpG 20 10
Leveraged-Buyout 13 215
Liquidationsfusionen 45 3
Liquidationswert 9 29; **14** 371 ff, 388 ff
Liste der Übernehmer 15 277

Sachverzeichnis

Marktabgrenzung
- räumlich relevanter Markt **62** 90
- relevanter Markt **62** 90
- sachlich relevanter Markt **62** 90

Marktanteile 62 91; **63** 9
Marktbeherrschung 62 89, 92; **63** 10
Massenentlassung 56 144; **57** 112
Materielle Beschlusskontrolle *s. sachliche Rechtfertigung*
Materiell-rechtlicher Schutz des Gesamtrechtsnachfolgers
- behördliche Duldung und Verwirkung **68** 50 ff
- mehrere Störer **68** 43, 161 f, 181 f
- Verhältnismäßigkeit **68** 42
- Verhinderung einer Ewigkeitshaftung **68** 44, 160
- Verjährung **68** 45 ff

Mediatisierungseffekt 23 29
Mehrfachverschmelzung 6 44 ff; **15** 168, 249
Meldepflichten
- Gesamtzahl der Stimmrechte **66** 56
- Insiderinformationen **66** 43 ff
- Stimmrechtsmitteilungspflichten **66** 49 ff

Mietverträge 67 19 ff
- Formwechsel **67** 23, 28
- Kündigungsrecht **67** 24, 29
- Nachhaftung **67** 32 f
- Spaltung **67** 22, 27
- Verschmelzung **67** 21, 26

Minderheitenschutz 4 49 ff; **13** 312 ff
- Abfindungs- und Austrittsrechte **13** 327 ff
- anderweitige Veräußerung **13** 381 ff
- Barabfindungsangebot **19** 122 ff; **27** 233 ff
- gesetzliche Instrumente **13** 314 ff
- grenzüberschreitende Verschmelzung **13** 385 ff
- Gründung einer SE durch Formwechsel **40** 87 ff
- Informationspflichten **13** 317 ff
- Mehrheitsregelungen **13** 321
- Nachbesserungsanspruch **13** 326
- Notwendigkeit **13** 313
- Schadensersatzanspruch **13** 324 f
- SE-Gründung durch Verschmelzung **19** 114 ff
- Spaltung **27** 230 ff
- Verbesserung des Umtauschverhältnisses **19** 117 ff
- Verfahrens-, Informations- und Anfechtungsrechte **19** 115 f
- Zustimmungserfordernisse **13** 322 f

Minderheitenschutzantrag 46 151 ff
Minderheitsgesellschafter 15 228, 230
Mischspaltung 27 234 ff; **29** 240, 314
Mischumwandlung 4 11 ff
Mischverschmelzung 7 55 ff; **9** 48; **13** 327 ff; **15** 158, 206, 343 ff, 372, 558
Mischverwaltung 74 39 ff
MitbestG 55 14; **57** 142

Sachverzeichnis

Fette Zahlen = §§

Mitbestimmung 57 141 ff
- Auswirkungen beim übernehmenden Rechtsträger **57** 148 ff, 162
- Auswirkungen beim übertragenden Rechtsträger **57** 144 ff, 151 ff
- Beibehaltung für fünf Jahre **57** 151 ff
- Formwechsel **57** 163 ff
- Verschmelzungen **57** 144 ff
- Wegfall bei Unterschreiten von Mindestarbeitnehmerzahlen **57** 159 ff

Mitbestimmungsstatut 56 12, 22
Mitgliederversammlung 11 12
Mitgliedschaften 23 27 ff
Mitgliedschaftskontinuität 6 19
Mitgliedschaftsperpetuierung 4 49; **6** 19, 30, 37; **13** 313
Mitunternehmerrisiko 48 131
Mitunternehmerstellung 48 129 ff
Multiplikatoren-Methode 14 373
Mutter-Tochter-Verschmelzung 6 32 ff

Nachbesserungsanspruch 13 326
Nachfolge in Pflichten
- abstrakte Pflichten **68** 31 ff, 80, 86 ff
- Abtrennbarkeit bzw. Ablösbarkeit **68** 20
- Bundesverwaltungsgericht **68** 24
- Gesetzesvorbehalt **68** 14
- höchstpersönliche Pflichten **68** 17 ff, 26 ff
- konkretisierte Pflichten **68** 17 ff, 80 f, 82 ff
- materielle Polizeipflicht **68** 36
- materiell-rechtlicher Schutz des Gesamtrechtsnachfolgers **68** 39 ff
- Pflichten aus öffentlich-rechtlichen Verträgen **68** 74 ff
- Spaltung **68** 80 ff
- Verhaltensverantwortlichkeit **68** 25 ff, 35 ff
- vertretbare Pflichten **68** 19 f
- Zustandsverantwortlichkeit **68** 22 ff, 33 ff

Nachfolge in Rechte
- Allgemeines **68** 54 ff
- ausdrückliche Regelung **68** 55 f, 71
- Ausübungskontrolle **68** 69
- gemischte Genehmigung **68** 61 ff
- höchstpersönliche Rechte **68** 58, 63
- Nebenbestimmungen **68** 57
- Personalgenehmigung **68** 60 ff, 91 ff
- Rechte aus öffentlich-rechtlichen Verträgen **68** 74 ff
- rechtsformgebundene Genehmigung **68** 56, 90
- Sachgenehmigung **68** 59, 89
- Sonderfälle **68** 71 f

Nachfolgetatbestand 68 8 ff
Nachforschungspflichten 38 174
Nachgründung 15 51 ff, 125, 135; **38** 154 f, 188, 440; **40** 91
Nachhaftung 38 455 ff; **45** 33 f; **74** 61
- Begrenzung **38** 457 ff
- Energieversorgungsunternehmen **68** 2, 251 f

- Enthaftung **68** 135 f
- erfasste öffentlich-rechtliche Pflichten **68** 130 ff
- Personengesellschaften **29** 349 ff
- Umfang **68** 134

Nachschusspflicht 15 446 ff; **29** 301 ff
- besondere Haftungsform bei Genossenschaften **15** 446 f
- Fortdauer **38** 295 ff
- Verfahren und Höhe **15** 452 f
- bei Verschmelzung **15** 448 f

Nachteilsausgleich 56 130 ff
Natürliche Personen
- Ausgliederung **29** 368 ff
- Ausgliederung mit Auslandsbezug **29** 389 ff, 392
- Auslandsbezug **15** 685 ff
- Kapitalgesellschaften mit Vermögen eines Alleingesellschafters **15** 664 ff
- Rechtsträger **29** 365
- Spaltung **29** 365 ff
- übernehmender Rechtsträger **29** 377 ff
- als übernehmender Rechtsträger **15** 663
- übertragender Rechtsträger **29** 371 ff
- als übertragender Rechtsträger **15** 662
- Verschmelzung **15** 661 ff

Naturschutzrecht
- abstrakte Pflichten **68** 299 ff
- Genehmigung **68** 302 ff

Nebenleistungspflichten
- statutarische **15** 214

Negativerklärung 8 42, 115, 163; **12** 14 ff; **14** 26, 144, 162; **16** 88 f; **26** 14; **34** 17; **35** 16 ff; **40** 55; **43** 87; **57** 55

Negatives Vermögen 43 20 f; **48** 89
Nennbeträge zu gewährender Geschäftsanteile 15 170 ff, 209 ff
Netto Cash Flow 13 216
Nettokreditverbot 75 56
NewCo 66 33
Nicht voll eingezahlte Geschäftsanteile 15 233 ff
Nichtberücksichtigung von Stimmrechten 66 37 f
Nichtigkeit
- Beschlussnichtigkeit **42** 12
- der Gesellschaft **42** 7

Nichtigkeitsklage s. *Unwirksamkeitsklage*
Niederlassungsfreiheit 4 8; **30** 11 ff; **32** 10; **39** 7; **42** 1, 27, 29, 36
Nießbrauch 67 3
Notar
- Stellung **70** 1

Notarbescheinigungen 70 48 f
Notarkosten
- Bilanz **70** 59 f
- Ermäßigungen **70** 72
- Formwechsel **70** 81 ff

Magere Zahlen = Randnummern

Sachverzeichnis

– Gebührenprinzip **70** 54 f
– Gebührensätze **70** 61 ff
– Geschäftswert **70** 56 ff
– GNotKG **70** 54
– grenzüberschreitende Umwandlungen **70** 86 f
– Höchstwerte, mehrere Umwandlungen **70** 66 ff
– Nebentätigkeiten **70** 88 ff
– Rechtsmittel **70** 92
– Spaltung **70** 76 ff
– Vermögensübertragung **70** 85
– Verpflichtungen zu Umwandlungsmaßnahmen **70** 91
– Verschmelzung **70** 73 ff
Numerus-clausus-Prinzip 4 4 ff, 41
Nutzungsrechte 27 45
Nutzungsüberlassung 27 174

Offene Handelsgesellschaft (oHG) 21 5
Offene Investmentvermögen 72 3, 7 ff
Offene Rücklagen 48 3, 32 f; **50** 12
Öffentliche Hand 74
– Anstalt des öffentlichen Rechts **74** 99 ff
– Anstaltslast **74** 67 f
– Behörden **74** 19 f
– Beleihung **74** 49 f
– BRRD **74** 88 ff
– Bund-Länder-Staatsvertrag **75** 48
– Demokratieprinzip **74** 42 ff
– Diskriminierungsverbot **74** 78 ff
– Eigentumsgarantie **74** 60 ff
– einfachgesetzliche Vorgaben **74** 91 ff
– Enthaftung **74** 69 f
– funktionale Selbstverwaltung **74** 45 ff
– Gemeinwohlbindung **74** 52 ff
– Gesetzesvorbehalt **74** 15 ff
– Gesetzgebungskompetenz **74** 3 ff; **75** 23
– Gestaltungsfreiheit **74** 3 ff, 13 ff; **75** 7
– Gestaltungsoptionen **74** 7 ff
– Gewährträgerhaftung **74** 65 ff
– Haftung **74** 60 ff
– Holding **75** 61 f
– juristische Person des Bundesrechts **75** 45
– Kommunalunternehmen **75** 10 ff
– Körperschaft des öffentlichen Rechts **74** 96 ff
– Krankenkassen **75** 20
– länderübergreifende Beteiligungen **74** 36 f
– Organisationswahlfreiheit **74** 6
– personelle Legitimation **74** 43; **76** 27
– Privatisierung **76** 3 ff
– Rechtssicherheit **74** 58 f
– Regie- und Eigenbetriebe **74** 22, 104 ff; **75** 10 ff; **76** 13
– Rekommunalisierung **77** 3 ff
– sachlich-inhaltliche Legitimation **74** 43; **76** 27
– Schuldenbremse **75** 4, 55 ff
– Spaltung **75** 50 ff
– Spaltungs- und Verschmelzungsrichtlinie **74** 87

– spezielles Sekundärrecht **74** 86 ff
– SRM-VO **74** 88 ff
– Stiftung des öffentlichen Rechts **74** 102 f
– Trägerwechsel **75** 63 ff
– Typologie **74** 94 ff
– Übergang der Arbeitsverhältnisse **75** 67 ff
– Umwandlung aufgrund Gesetzes **74** 7, 10 ff
– Umwandlung durch Gesetz **74** 7, 8 f
– Umwandlungsvorgänge innerhalb öffentlicher Hand **75** 2 ff
– unionsrechtliche Vorgaben **74** 71 ff
– Verbot staatlicher Beihilfen **74** 82 ff
– Verbot unzulässiger Mischverwaltung **74** 39 ff; **75** 49
– verfassungsrechtliche Schranken **74** 14 ff; **75** 8
– Verschmelzung **75** 19 ff
– Verschmelzung von juristischen Personen verschiedener Länder **75** 37 ff
– Verwaltungsorganisationsrecht **75** 7
– Weiterbeschäftigung von Beamten **75** 71 ff; **76** 47 ff
– Wesentlichkeitsgrundsatz **74** 16
– Wettbewerbsregeln **74** 78 ff
– Zusammenlegung von Sparkassen **75** 24 ff
Öffentlich-rechtliche Verträge 68 74 ff
ÖPP s Public-Private-Partnership
OGAW 72 2, 15; **73** 1, 3
Optionen 13 292; **27** 210 ff
Organhaftung 29 234 ff
Organisationsprivatisierung 76 7
Organisationsrekommunalisierung 77 9
Outbound verschmelzungsrechtlicher Squeeze-out 17 8
Outbound-Verschmelzung 16 19
Outsourcing 29 330

Paketerwerb 66 67
Parallelerwerb 66 88
PartG 1 12; **21** 5; **32** 29 f
– aufgelöste **29** 357 ff
– Formwechsel **38** 14, 99 ff, 362, 466 ff
– Haftung **15** 660
– Spaltung **29** 356 ff
– Spaltung zur Aufnahme **29** 359 ff
– Spaltung zur Neugründung **29** 362 ff
– Spaltungsbericht **29** 360
– Spaltungsvertrag **29** 359
– Verschmelzungsbericht **15** 634
– Verschmelzungsbeschluss, Zustimmung **15** 646
– verschmelzungsfähiger Rechtsträger **15** 606
– Verschmelzungsprüfung **15** 654
– Verschmelzungsvertrag, Inhalt **15** 630
PartmbH 21 5
Pensionsverpflichtungen 21 62; **48** 21
Personalgenehmigungen 68 60 ff, 91 ff
Personalrabatte 57 85
Personalrat 56 158
Personalräte 56 67

Sachverzeichnis

Fette Zahlen = §§

Personengesellschaften 42 4, 40 ff, 46 ff, 51 ff, 61
– Änderung der Rechtsform **15** 627
– Antragsprüfung **15** 647
– aufgelöste **15** 608; **29** 343
– aufgelöste Gesellschaften **38** 363
– aufgelöste, Übernehmer **15** 616
– Auseinandersetzung **15** 613
– Ausgangsrechtsträger **38** 358 ff
– beteiligte Rechtsträger **38** 357 ff
– fehlerhafte **15** 617
– Formwechsel außerhalb des UmwG **38** 371 ff
– Formwechsel in **38** 22 ff
– Formwechsel in Kapitalgesellschaft **38** 381 ff
– Fortsetzungsbeschluss **15** 611
– Gesellschaften bürgerlichen Rechts **38** 360 f
– Gesellschafterversammlung **15** 635
– Gesellschafterversammlung, Frist **15** 637
– Gesellschafterversammlung, nicht erschienen **15** 641
– Gesellschafterversammlung, Schwebelage **15** 642
– Gesellschafterversammlung, Verschmelzungs- unterlagen **15** 640 ff
– Haftung, Gesellschafter **15** 655 ff
– Insolvenzverfahren **15** 609
– Motive **38** 377 ff
– PartG s. dort
– Partnerschaftsgesellschaften **38** 362
– Personenhandelsgesellschaften **38** 258 f
– Spaltung **29** 341 ff
– Spaltung zur Aufnahme **29** 344 ff
– Spaltung zur Neugründung **29** 352 ff
– Spaltungsbericht **29** 347
– Spaltungsbeschluss **29** 348
– Spaltungsfähigkeit **29** 342 f
– Spaltungsplan **29** 352 ff
– Spaltungsvertrag **29** 344 f
– Vermögenslosigkeit **15** 609
– Verschmelzung **15** 599 ff
– Verschmelzungsbericht **15** 631
– Verschmelzungsbericht, Verzicht **15** 633
– Verschmelzungsprüfung **15** 647 ff
– Verschmelzungsprüfung, Kosten **15** 651
– Verschmelzungsvertrag **15** 619
– Verschmelzungsvertrag, Einlage **15** 620
– Verschmelzungsvertrag, Haftsumme **15** 620
– Vollbeendigung **15** 609
– Widerspruchsrecht **15** 624
Personenhandelsgesellschaft
– Formwechsel **32** 29 f; **38** 13, 83 ff, 258 f
Pflichtangebot 4 70 f
– Anwendbarkeit des WpÜG **66** 27
– Befreiung **66** 39 f
– Formwechsel **66** 34 f
– Gegenleistung **66** 41 f
– Nichtberücksichtigung von Stimmrechten **66** 36 ff

– Spaltung **66** 28 ff
– Verschmelzung **66** 28 ff
Pflichtbeteiligung 15 328 ff
Pflichteinzahlung 15 328 ff
Phantom Stock 13 293
PPP s Public-Private-Partnership
Primat öffentlichen Rechts
Privatisierung
– Aufgabenprivatisierung **76** 8 f
– Ausgliederung **76** 12 f
– beamtenrechtlicher Funktionsvorbehalt **76** 32 ff
– demokratische Legitimation **76** 26 f
– Europarecht **76** 35 ff
– Formen **76** 6 ff
– Formwechsel **76** 14 ff, 59 ff
– funktionale **76** 10
– Gesetzesvorbehalt **76** 23 ff
– Motive **76** 3 ff
– obligatorische Staatsaufgaben **76** 28 ff
– Organisationsprivatisierung **76** 7
– rechtliche Vorgaben des UmwG **76** 11 ff
– Spaltung **76** 65 ff
– Übergang der Arbeitsverhältnisse **76** 39 ff
– Umwandlungsvorgänge außerhalb des UmwG **76** 57 ff
– Vermögensprivatisierung **76** 9
– Vermögensübertragung **76** 17 ff
– Verschmelzung **76** 62 ff
– Weiterbeschäftigung von Beamten **76** 47 ff
Privatisierungseuphorie 77 1
Privatisierungsverbot 74 76 f
Prokura 13 86 f; **27** 59
Prospekt
– Anforderungen **66** 14 ff
– Billigungsverfahren **66** 20
– Finanzinformationen **66** 18
– Inhalt **66** 15 ff
– Mindestangaben **66** 14
– Nachtrag **66** 21
– Prognosen **66** 19
– Risikofaktoren **66** 17
– Veröffentlichung **66** 21
Prospekthaftung 66 22 ff
Prospektpflicht 66 10 ff
Prospektverordnung 66 10
Prüfung des Registergerichts 15 279
Prüfungsbericht
– Formwechsel **37** 16 f
– Spaltung **37** 17
– Verschmelzung **14** 42 ff, 46
Prüfungsgutachten des Prüfungsverbandes 15 351, 363 ff
– Fehlen/Fehler **15** 374 ff
– Gemeinsames Prüfungsgutachten **15** 370 f
– Grundlage und Gegenstand **15** 364 ff
Prüfungsverband s Genossenschaftlicher Prüfungsverband

Sachverzeichnis

Public-Private-Partnership 76 10; 77 12
Publikumsinvestmentvermögen 72 4
Publikumssondervermögen 72 7, 10 ff

Rahmensozialpläne 56 112
Realteilung 42 61
Rechtsanwaltsgesellschaften 38 86
Rechtsformgebundene Genehmigungen 68 56, 90, 104
Rechtsmängel 4 39
Rechtsmissbrauch 14 66 ff, 106 ff
Rechtsordnung
– Anwendbarkeit 42 18, 20, 23 ff, 26, 32 ff, 34, 53, 61, 73
– Drittstaat 42 7, 34, 39, 71, 75
Rechtsschutzsystem
– Formwechsel 37 4
– Spaltung 28 3 ff
– Verschmelzung 14 1 ff
Rechtssicherheit 4 39; 74 58 f
Rechtsstaatsprinzip 74 13
Rechtsträger 4 1 ff
Rechts(un)sicherheit 42 17, 25, 30, 32, 38, 79
Regiebetriebe 74 22, 105; 75 10 ff; 76 13
Registeranmeldung
– Kapitalerhöhung 15 276 ff
– Verschmelzung 15 273 ff
Registereintragung
– Kapitalerhöhung 15 280 ff
– Verschmelzung 15 280 ff
Registersperre 12 14; 35 17
– Formwechsel 37 8, 54, 61
– Spaltung 28 10, 52, 59
– Verschmelzung 14 8, 26, 144
Reinvermögensdeckung 38 186 ff, 434
Rekommunalisierung 77 3 ff
– aufgabenbezogene 77 10 f
– Begriff 77 1
– Beihilferecht 77 42 ff
– demokratische Legitimation 77 33 f
– Eigentumsfreiheit 77 38
– Einzelrechtsnachfolge 77 85
– Formen 77 8 ff
– Formwechsel 77 70 ff, 75 ff
– Gleichheitsgrundsatz 77 41
– Grundproblem 77 27
– haushaltsrechtliche Vorgaben 77 35
– hintereinandergeschaltete Umwandlungsvorgänge 77 24 f
– institutionalisierte PPP 77 12
– kartellrechtliche Missbrauchskontrolle 77 49 ff
– Kommunalwirtschaftsrecht 77 57 ff
– Kooperations- oder Konzessionsvertrag 77 87
– Motive 77 3 ff
– Organisationsrekommunalisierung 77 9
– Scheinreprivatisierung 77 54 ff
– Selbstverwaltungsgarantie 77 31 ff
– Spaltung 77 86 f

– Übergang der Arbeitsverhältnisse 77 61 ff
– außerhalb UmwG 77 26 f, 68 ff
– nach UmwG 77 13 f
– verfassungsrechtliche Grenzen 77 28 f
– Vermögensübertragung 77 15 ff
– Verschmelzung 77 79 ff
– Weiterbeschäftigung von Beamten 77 65 ff
– Wettbewerbsfreiheit 77 39 f
– Wirtschaftlichkeits- und Risikoanalyse 77 36
Relative Marktmacht 63 10
Repräsentationsmodell 19 83
Reverse-Triangular merger 6 42
Risikomischung 73 3
Rücklagenauflösung 48 50
Rücklagenbildung 48 50
Rücktritt 8 177 ff
Rückversicherer 65 9
Rückversicherung 15 570 f
Rückversicherungsvereine 15 555
Rumpfgeschäftsjahr 73 19
Rundfunkstaatsvertrag 62 121

Sacheinlage 15 288 ff
– Verbot 15 160 ff
Sacheinlageprüfung 10 4
Sachgenehmigungen 68 59, 89
Sachgründung 29 167 ff
Sachgründungsbericht 15 294 ff; 29 165, 173 ff; 38 166, 439
Sachkapitalerhöhung 15 162, 246
Sachliche Rechtfertigung (Umwandlungsbeschluss)
– Formwechsel 37 26
– Spaltung 28 27
– Verschmelzung 14 60 ff
Saldenübertrag 48 10
Sanierende Verschmelzung 15 227 f
Sanierungs- und Abwicklungsgesetz s. Bankensanierung und –abwicklung, Krise und Insolvenz
Sanierungsfusionen 45 4
Sanierungskonzept 43 41; 44 1
Satzungsänderung 29 287
Satzungsbescheinigungen 70 48
Satzungssitz 30 6
SCE 5 28; 21 9; 32 33
Schadensersatz 4 51, 58; 15 112 ff, 120
– Haftung der Organe 36 47 ff
– persönlich haftende Gesellschafter 36 52 ff
Schadensersatzanspruch
– Arbeitnehmer 56 40
– Bindungswirkung 63 37
– Gesamtschuld 63 39
– Innenausgleich 63 39
– Kartellschadensersatz-Richtlinie 63 36
– kleine und mittlere Unternehmen 63 39
– Kronzeuge 63 39
– Minderheitenschutz 13 324 f
– Schuldner 63 38

Sachverzeichnis

Fette Zahlen = §§

- Verjährung **63** 41
- Vermutung **63** 36

Schadenersatzanspruch, Gläubigerschutz 13 253 ff
- besonderer Vertreter **13** 276 ff
- Ersatzberechtigte **13** 263
- ersatzfähiger Schaden **13** 271 ff
- Ersatzverpflichtete **13** 257 ff
- Geltendmachung **13** 274 ff
- Sorgfaltspflichtverletzung **13** 267 ff
- Verhältnis zur Sicherheitsleistung **13** 264
- Verjährung **13** 282
- Voraussetzungen **13** 267 ff

Schadenstheorien
- horizontale Zusammenschlüsse **62** 90
- konglomerate Zusammenschlüsse **62** 90
- vertikale Zusammenschlüsse **62** 90

Scheinauslandsgesellschaften 18 238
Scheininlandsgesellschaft 18 239
Scheinreprivatisierung 77 54 ff
Scheme of Amalgamation 72 14
Scheme of Arrangement 72 14
Schlussbilanz 6 27; **12** 31 ff; **26** 25 f; **48** 18 ff; **58** 3 ff
- Abspaltung **59** 57 ff
- Anwachsung **61** 17
- Aufstellung **12** 32 ff; **58** 5 ff; **59** 7, 59, 114
- Ausgliederung **59** 112 ff
- Einreichung **58** 4; **59** 6
- Formwechsel **60** 35, 53
- bei Formwechsel **60** 4 f
- Gesamtschlussbilanz **59** 5, 58, 113
- Inhalt **58** 10 ff; **59** 8, 59, 115
- Kettenverschmelzungen **12** 37; **58** 20
- Prüfung **58** 7 ff; **59** 7, 59, 114
- SE-Gründung **19** 15
- Spaltung **59** 4 ff
- Stichtag **6** 25; **12** 32, 35 f; **15** 348 ff; **58** 16 ff; **59** 9, 10
- Teilschlussbilanzen **59** 5, 58, 113
- Umfang **12** 32 ff
- Verein **19** 15
- Verschmelzung **58** 4 ff
- Zweck **12** 31
- Zwischenbilanz **12** 34; **15** 533; **19** 15; **59** 11

Schuldenbremse 75 4, 55 ff
Schuldverschreibungen 13 290 ff; **27** 210 ff
Schutz des Eigentums s. *Eigentumsgarantie*
Schwerbehindertenvertretung 56 145
Schwesterverschmelzung 6 36
SE 5 27; **15** 150 ff; **21** 8; **22** 76; **32** 31, 39, 47
- Formwechsel **38** 9, 18
- Gründung einer Holding-SE **43** 7 ff
- Gründung einer Tochter-SE **43** 91 ff
- Spaltung **29** 142 ff

SE-Gründung
- Anmeldung **40** 67; **43** 85 f, 107

- Arbeitnehmerbeteiligung **19** 63 ff; **40** 69 ff; **43** 35, 55 f, 99 ff
- durch Ausgliederung **31** 3; **43** 114 f
- Bar- oder Sachgründung **43** 112
- Begriff der Tochtergesellschaft **43** 15
- Bekanntmachung des Verschmelzungsplans **19** 60 ff
- Beschlussfassung **40** 60 ff
- Beschlussmängel **40** 63 ff
- Bestellung der Organmitglieder **43** 106
- Bestellung der Organmitglieder / Abschlussprüfer **19** 98 ff; **40** 83 ff
- beteiligte Rechtsträger **19** 8 ff
- Einbringung der Anteile **43** 58 ff, 105
- Einbringungsverfahren **43** 57 ff
- Eintragung **40** 68; **43** 81 ff
- Folgen der Eintragung **43** 88 f
- durch Formwechsel **40** 1 ff
- freiwilliger Anteilsaustausch **43** 58 ff
- Gemeinschaftsbezug **43** 10
- Gläubigerschutz **19** 128 ff; **40** 90 f
- gründungberechtigte Gesellschaften **43** 7 ff, 92
- Gründungsbericht **43** 23 ff, 40, 96
- Gründungsbericht, aktienrechtlicher **43** 77
- Gründungsgesellschaft **40** 4 ff
- Gründungshaftung **43** 80
- Gründungsphase **19** 85 ff
- Gründungsplan **43** 17 ff
- Gründungsprüfer **43** 44 ff
- Gründungsprüfung **43** 78 f, 97 f
- Gründungsurkunde **43** 104
- Gründungsverfahren **40** 10 ff; **43** 94 ff, 111 ff
- Hauptversammlung **19** 88 ff, 92; **43** 50 ff
- Hauptversammlungsbeschluss **40** 58 ff
- Holding-SE **43** 1, 7 ff
- Information des Betriebsrats **19** 86
- Mehrstaatlichkeit **19** 11 f; **40** 7 ff; **43** 11 ff, 93
- Minderheitenschutz **19** 114 ff; **40** 87 ff
- Mindesteinbringungsquote **43** 36
- Mindestquotenphase **43** 58 ff
- Primärgründung **40** 1
- Prüfung des Gründungsplans **43** 43 ff
- Prüfungsbericht **43** 49
- Rechtmäßigkeitskontrolle **19** 102 ff
- Rechtswirkung **19** 110
- Registerverfahren **19** 102 ff
- Satzung **43** 34
- Schlussbilanz und Zwischenbilanz **19** 15 f
- Sekundärgründung **43** 109 ff
- Sekundärgründung einer SE-Tochter **31** 4
- SE-Vorratsgründung **43** 113
- Sitzverlegungsverbot **40** 80 ff
- durch Spaltung **31** 1 ff
- Spaltungsfähigkeit deutscher SE **31** 2
- Tochter-SE **43** 2
- Umwandlungsbericht **40** 30 ff
- Umwandlungsplan **40** 10 ff
- Unternehmensbewertung **19** 17 f

Magere Zahlen = Randnummern

Sachverzeichnis

– Verbotsgrundsatz **31** 1
– Verfahren **19** 13 ff
– durch Verschmelzung **19** 1 ff
– Verschmelzungsbericht **19** 44 ff
– Verschmelzungsbeschluss **19** 93 ff
– Verschmelzungsplan **19** 19 ff
– Verschmelzungsprüfung **19** 52 ff
– Vorbereitungsphase **19** 14 ff; **43** 17 ff
– Werthaltigkeitsprüfung **40** 41 ff
– Wirksamwerden der Gründung **43** 108
– Zaunkönigphase **43** 72 ff
– Zustimmung der Gesellschafterversammlung **43** 102 f
– Zustimmungen **43** 50 ff
– Zweigniederlassung **43** 16
Selbstverwaltungsgarantie 76 29; **77** 31 ff
SEVIC-Urteil 18 12
SE-VO 19 1; **38** 10
Shareholder Agreement 13 29, 164
Sicherheitsleistung 68 121 ff; **74** 61
– Altgläubiger **36** 42
– Änderung der Eigenkapitalquote/Liquidität **13** 215 f
– Änderung der Kapitalbindung **13** 211 ff
– Anspruchsgegner **13** 242
– Anspruchsinhalt **13** 237 ff
– Art **13** 238
– Ausschluss **36** 46
– Ausschluss des Anspruchs **13** 234 ff; **27** 203 ff
– begründeter Anspruch **13** 198 ff
– berechtigte Gläubiger **13** 192 ff
– Bilanzierung **59** 55
– Durchsetzung **13** 244; **27** 201 f
– Fälligkeit des Anspruchs **13** 241; **27** 200
– Formwechsel **36** 41 ff
– Fristwahrung **13** 222 ff
– Geltendmachung **36** 43
– Glaubhaftmachung **13** 207 ff, 220 f; **37** 192
– Gläubigerschutz **13** 190 ff; **27** 184 ff
– grenzüberschreitende Verschmelzung **13** 246 ff
– Hinweispflicht des Registergerichts **13** 233
– Höhe **13** 239 f
– Inhalt des Anspruchs **36** 45
– Insolvenzplanverfahren **46** 57 f
– Kausalität **13** 219
– keine Befriedigungsmöglichkeit **13** 202 ff
– mit Verschmelzung verbundene Ansprüche **13** 217 f
– Schadensersatz **13** 244 f
– schriftliche Anmeldung des Anspruchs **13** 229 ff
– Unterbilanz beteiligter Rechtsträger **13** 209 f
– Voraussetzungen **36** 44
– Wegfall des Erfordernisses **13** 243
– zu sichernde Ansprüche **13** 193 ff; **27** 187
Sidestream 48 5, 56, 77; **49** 205, 212
Sidestream merger 6 36; **58** 63 f, 86 f, 97
SIEC-Test 62 89, 92

Single Resolution Mechanism (SRM) 64 12
Single Rulebook 64 9
Single Supervisory Mechanism (SSM) 64 11
Sittenwidrigkeit 43 30
Sitztheorie 30 19; **42** 6, 9 ff, 11, 15, 45, 47 f
Sitzverlegungsverbot 40 80 ff
Societas Europaea (SE) s. *SE*
Sofortige Beschwerde 46 155 ff
Solidiätserklärung 29 105 ff
Solvency II 65 3
Sonderbetriebsvermögen 50 17
Sonderkündigungsrecht 42 50, 54, 67
Sonderrechte
– Formwechsel **34** 35 ff; **36** 53 f
– Genussrechte **13** 296
– Gewährung gleichwertiger Rechte **13** 304 ff; **27** 222 ff
– grenzüberschreitende Spaltung **30** 46
– grenzüberschreitende Verschmelzung **18** 91
– Spaltung **22** 34 ff, 35; **27** 207 ff
– Verschmelzung **15** 174 ff
– Verwässerungsschutz **13** 285 ff
– Zustimmungserfordernisse **15** 197 ff
Sondervorteile 8 86 ff; **14** 56, 73; **22** 37 f
– Formwechsel **34** 35 ff
– Gewährung unzulässiger **45** 26 f, 38
– grenzüberschreitende Verschmelzung **18** 92 f
Sozialplan 56 77, 97 ff, 110 ff
Spaltung 20 ff.; **29** 161
– Abspaltung **3** 3; **20** 13; **29** 46; **68** 116 ff, 139
– AG **29** 1 ff, 122 ff
– allgemeines Missbrauchsverbot **68** 97 ff
– Anmeldung **29** 100 ff, 138 ff
– Anmeldung und Eintragung **29** 228 ff
– Anmeldungen **26** 2 ff
– Anteilsgewährung **27** 97 ff
– zur Aufnahme **3** 3; **29** 12 ff, 344 ff, 359 ff
– Aufspaltung **3** 3; **20** 12; **29** 46; **68** 113 ff, 140 ff
– Aufteilung eines Betriebs **68** 94
– Ausgliederung **20** 14 ff; **68** 116 ff, 139
– Ausgliederung zur Neugründung **29** 16 ff
– Ausschluss **29** 10 ff
– Drittstaatenbeteiligung **42** 35
– eG **29** 240 ff
– Einzelübertragung von Vermögenswerten **29** 22
– Erlöschen des übertragenden Rechtsträgers **27** 94 ff
– Firmenfortführung **69** 18 f
– Gesamtrechtsnachfolge, partielle **27** 7 ff
– Gläubigerschutz **27** 111 ff; **29** 349 ff; **68** 126
– GmbH **29** 147 ff
– Grenzen s. *Allgemeines Missbrauchsverbot*
– grenzüberschreitende **5** 16 f; **30**; **42** 35
– Gründungsbericht **29** 54 ff
– Hinweispflicht **29** 40 f
– historischer Hintergrund **1** 4

2255

Sachverzeichnis

Fette Zahlen = §§

- Information des Betriebsrats **46** 117 f
- im Insolvenzplanverfahren **46** 27, 91 ff
- mit Kapitalerhöhung **29** 30 ff
- Kapitalherabsetzung **29** 74 ff
- KGaA **29** 1 ff, 122 ff
- Konstellationen **3** 8
- Konzernspaltung **20** 26; **22** 14
- Krise und Insolvenzreife **45** 32 ff
- Minderheitenschutz **27** 230 ff
- Mini-Ausgliederung **20** 15
- Mischspaltung **21** 18
- Nachfolge in Pflichten **68** 80 ff
- Nachfolge in Rechte **68** 89 ff
- Nachhaftung **29** 349 ff
- natürliche Personen **29** 365 ff
- zur Neugründung **3** 3; **29** 12 ff, 44 ff, 352 ff, 362 ff
- nicht verhältniswahrende Spaltung **20** 22 ff
- zu Null **20** 24; **22** 16; **29** 320
- Organhaftung **29** 234 ff
- PartG **29** 356 ff
- partielle Gesamtrechtsnachfolge **29** 233
- Personengesellschaften **29** 341 ff
- Prüfung der Sacheinlagen **29** 34 ff
- Rechtsfolgen **27**
- Registerverfahren **26** 33 ff
- rückwirkende **49** 179, 200
- Sacheinlagenprüfung **29** 34 ff
- SE **29** 142 ff
- Sonderrechtsinhaber **27** 207 ff
- Spaltungsbericht **20** 25; **22** 22; **29** 30 ff, 127 ff, 212 ff, 360
- Spaltungsbeschluss **22** 6; **29** 134 ff, 216 ff, 348
- spaltungsfähige Rechtsträger **21** 1 ff
- Spaltungsfreiheit **68** 100
- Spaltungskombinationen **21** 4 ff
- Spaltungsplan **20** 25; **22** 100 ff; **29** 352 ff
- Spaltungsprüfer **22** 37
- Spaltungsprüfung **29** 131 ff, 215
- Spaltungsstichtag **22** 33
- Spaltungsverbot **29** 19 ff
- Spaltungsvertrag **20** 25; **22** 3 ff; **29** 123 ff, 150 ff, 344 f, 359
- steuerneutrale **49** 11 ff
- Steuerrecht **49** 1 ff
- Stichtag **29** 274
- Totalausgliederung **68** 140 ff
- unzulässige **4** 14
- Verein **29** 313 ff
- Vereinigungstheorie **42** 36
- Verfahrenshandlung **42** 36
- Verfahrensverstöße **29** 27 ff, 42 f
- vergessene Vermögensgegenstände **27** 88 ff
- verhältniswahrende **20** 22; **29** 44 ff
- Vermögensübergang **27** 7 ff
- verschmelzende **4** 14
- Vor- und Nachteile **2** 27 f
- VVaG **29** 328 ff

- Wirkungen der Eintragung **29** 233 ff
- wirtschaftliche Beweggründe **2** 24 ff
- Zulässigkeit **42** 35 ff
- Zweijahresfrist **29** 23 ff

Spaltungs- und Verschmelzungsrichtlinie 74 87

Spaltungsbericht 23; 28 14 ff; **29** 360
- AG/KGaA **29** 30 ff, 127 ff
- Aufbau **23** 9
- Auslage **29** 51
- eG **29** 275
- Entbehrlichkeit **23** 42 ff; **29** 49 f
- eV **29** 323
- Geheimhaltungsinteresse **23** 38 ff
- GmbH **29** 212 ff
- grenzüberschreitende Spaltung **30** 27 ff
- Informationsgrundlage **23** 6 ff
- Inhalt **23** 10 ff
- Insolvenzplanverfahren **46** 119 ff
- Mängel **23** 51 ff
- Personengesellschaften **29** 347
- Plausibilitätskontrolle **23** 3, 6
- Prüfungsbericht **29** 39, 51
- Verzicht **23** 45 ff

Spaltungsbeschluss 25
- AG/KGaA **29** 134 ff
- Auslandsbeurkundung **25** 17
- besondere Zustimmungserfordernisse **25** 9 ff
- Beurkundung **25** 15 ff
- Bindungswirkung **25** 19 ff
- eG **29** 279
- Entbehrlichkeit **25** 2
- Gegenanträge **25** 7, 8
- GmbH **29** 216 ff
- Inhaltskontrolle **25** 26
- Insolvenzplanverfahren **46** 123
- Kosten **25** 27 ff
- Mehrheitserfordernisse **25** 5 f
- nicht-verhältniswahrende Spaltung **25** 22 ff
- Personengesellschaften **29** 348
- Versammlungszwang **25** 3 f

Spaltungsbremse 27 12

Spaltungsfreiheit 4 21, 29; **27** 11; **43** 33; **68** 100

Spaltungsgewinn 29 38

Spaltungsplan 28 26; **29** 161, 267 ff, 319 ff, 352 ff; **30** 30 ff

Spaltungsprüfer 24 15 ff
- Auskunftsrecht **24** 33
- Ausschlussgründe **24** 29 ff
- Auswahl **24** 26 f
- Befugnisse des Gerichts **24** 18 ff
- Bestellung **24** 15 ff
- fehlerhafte Bestellung **24** 24 f
- Verantwortlichkeit **24** 34 ff
- Verfahren **24** 21 ff

Spaltungsprüfung 24; 29 131 ff
- Entbehrlichkeit **24** 13 f

Magere Zahlen = Randnummern

Sachverzeichnis

– eV 29 324
– Form, Inhalt und Aufbau 24 37 ff
– freiwillige 24 7
– GmbH 29 215
– grenzüberschreitende Spaltung 30 27 ff
– Insolvenzplanverfahren 46 119 ff
– Prüfungsgegenstand und -umfang 24 8 ff
– Verzicht 24 12
– Zweck 24 1 f
Spaltungsrichtlinie (SpRL) 5 3; **20** 8, 25; **30** 9
Spaltungsstichtag 29 274 ff
Spaltungsverbot 29 19 ff; **40** 91
Spaltungsvertrag 23 16 ff; **24** 8; **28** 22 ff; **30** 30 ff
– AG/KGaA 29 123 ff
– eG 29 267 ff
– eV 29 319 ff
– GmbH 29 150 ff
– Neugründung einer AG 29 125
– PartG 29 359
– Personengesellschaften 29 344 f
Sparkassen
– Zusammenlegung 75 24 ff
Spartentrennungsgrundsatz 65 11
SPE 5 29
Sperrfrist, steuerliche 47 8; **48** 51; **50** 19
Spezial-AIF 72 15
Spezialinvestmentvermögen 72 4, 8, 103 ff
Spezialitätsprinzip 4 35
Spezialsondervermögen 72 103 ff
Sprecherausschuss 13 92; **56** 146 ff
Spruchverfahren 13 311, 390; **17** 57; **28** 70 ff; **34** 44
– Antrag 14 283 f
– Antragsbegründung 14 299 ff
– Antragsberechtigung 14 285 ff; 37 74 ff
– Antragsfrist 14 297 f
– Anwendungsbereich 14 250; 28 72 f; 37 71
– Begründetheit 14 303 ff; 28 75 ff; 37 78 ff
– Beschluss 14 262
– Beschwerde 14 274 ff
– Beschwerdebefugnis 14 258, 276
– Beschwerdefrist 14 277
– Entscheidung 14 262 ff
– Entwicklungsgeschichte 14 249
– Formwechsel 37 68 ff
– Funktion 14 246 ff; 28 71; 37 69
– Gebühren 14 280
– gemeinsamer Vertreter 14 255 ff
– Kosten 14 165, 281
– Rechtsbehelf 14 274 ff
– Rechtsbeschwerde 14 279
– Rechtskraft 14 266 ff
– Rechtsnachfolge 14 289 ff, 295
– Rechtsschutzbedürfnis 14 302
– reformatio in peius 14 264
– Spaltung 28 70 ff

– Streitwert 14 280
– Verfahren 14 250 ff; 28 72 f; 37 70 ff
– Verfahrensdauer 14 249
– Verfahrensgrundsätze 14 251 ff
– Vergleich 14 271 ff
– Verschmelzung 14 244 ff
– Widerspruch 14 287, 294
– Zinsen 14 265, 272, 348 ff; 37 98
– Zulässigkeit 14 282 ff; 28 74; 37 73 ff
– Zuständigkeit 14 282
SpTrUG 20 10
Spürbarkeit einer Wettbewerbsbeschränkung 63 9
Squeeze-out, aktienrechtlicher 66 59, 84
Squeeze-out, übernahmerechtlicher 66 57 ff
– Abfindung 66 85 ff
– Abzug eigener Aktien 66 68 f
– Amtsermittlungsgrundsatz 66 75
– Andienungsrecht 66 100 ff
– Antrag 66 72
– Beteiligte 66 61 f
– Beteiligungshöhe, Berechnung 66 68
– Beteiligungsschwelle 66 64 ff
– Kosten 66 82 f
– Rechtsschutz 66 95 ff
– Stimmrechtsverluste 66 66
– Verfahrensablauf 66 74 ff
– Verfassungsmäßigkeit 66 58
– vorausgegangenes Übernahme-/Pflichtangebot 66 63
– vorgeschaltete Meldepflichten 66 71
– Zurechnung von Aktien 66 68 f
– zuständiges Gericht 66 72 f
Squeeze-out, verschmelzungsrechtlicher 14 68; **17**; **37** 28 ff; **66** 59
– Ablauf 17 26 ff
– AG, KGaA oder SE als übertragende Gesellschaft 17 7
– AG, KGaA und SE als Hauptaktionär/übernehmende Gesellschaft 17 6
– Akquisitionsvehikel 17 22
– Aktienleihe 17 25
– Anfechtungsklage 17 54 f
– Anmeldung zum Handelsregister 17 58 ff
– Anwendungsbereich 17 5 ff
– Auslage von Unterlagen 17 55
– ausländische Verschmelzungspartner 17 8 ff
– Bankgewährleistung 17 42 f
– Beschlussfassung 17 54
– Beteiligungsfeststellung 17 12 ff
– Beurteilungszeitpunkt 17 16 ff
– Bewertungsgutachten 17 30 ff
– Dokumentation 17 33 ff
– Durchführung der Hauptversammlung 17 54 ff
– Eintragung im Handelsregister 17 63 ff
– Fehlerfolgen 17 63 ff
– Funktion 17 1 ff
– Gestaltungsgrenzen 17 19 ff

2257

Sachverzeichnis

- Grunderwerbsteuer **17** 4
- Heilung von Mängeln **17** 66 f
- inbound **17** 11
- Information der Aktionäre **17** 44 ff
- Information des Betriebsrats/der Arbeitnehmer **17** 53
- outbound **17** 8
- Rechtsfolgen der Eintragung **17** 68 ff
- Sachverständige **17** 30 ff
- Spruchverfahren **17** 56 f
- Squeeze-out-Verlangen **17** 27 ff
- Übertragungs- und Verschmelzungsbericht **17** 39 ff
- Unterzeichnungs- und Veröffentlichungsphase **17** 26
- Vereinfachung der Konzernstruktur **17** 2
- Verfahrensfehler **17** 63 ff
- Verfahrensschritte **17** 26
- Verlustvorträge **17** 4
- Verschmelzungsbeschluss **17** 9, 54
- Verschmelzungsvertrag **17** 33 ff
- Vorbereitungsphase **17** 26
- vorgeschalteter Formwechsel **17** 20 f
- Wirkungsweise **17** 1 ff
- Zweckverfehlung **17** 23 f

SRM-VO 74 88 ff
SSM-Rahmenverordnung *s. Anzeigeerfordernisse, Erlaubniserfordernisse, Single Supervisory Mechanism*
SSM-Verordnung *s. Anzeigeerfordernisse, Erlaubniserfordernisse, Single Supervisory Mechanism*
Staatliche Beihilfen 74 82 ff; **77** 42 ff
Staatsvertrag 42 1, 3, 27, 73; **75** 41
Stakebuilding 16 35
Statusverfahren 57 167 ff
Statutenwechsel 42 3, 7, 11, 47 f
Sternverschmelzung 16 106
Steuerfreibetrag 48 103, 138
Steuerliche Rechtsnachfolge 48 37 f
Steuerliche Rückwirkung 48 6, 9 ff, 118 f, 142; **50** 3; **51** 4, **52** 7
Steuerliche Schlussbilanz 48 18 ff
Steuerliche Verlustvorträge 47 9
Steuerlicher Übertragungsstichtag 48 6 ff; **50** 3; **51** 4
Steuerlicher Verlustvortrag 48 40; **49** 150 ff
Steuerliches Einlagekonto 48 69
Steuerneutralität 47 8; **48** 82; **49** 11 ff, 170 ff; **73** 7, 8 ff
Steuerschulden 13 111
Steuertarifvergünstigung 48 103, 138
Stiftung 21 15
Stiftung des öffentlichen Rechts 74 102 f; **75** 21
Stille Beteiligung 13 25
Stille Reserven 29 337; **42** 51
Stilllegung einer Deponie 68 294 ff
Stimmrecht 11 19 ff; **66** 56

Stimmrechtslose Anteile 13 288 f; **27** 217 f
Stimmrechtsmitteilungspflichten 66 49, 49 ff
- Formwechsel **66** 54 f
- Spaltung **66** 52 f
- Verschmelzung **66** 50 f

Stimmrechtsnichtberücksichtigung 66 37 f
Stimmrechtsverluste 66 66
Störfallbetriebe 68 220 ff
Strafbarkeit bei Krise/Insolvenzreife 44 2; **45** 137 ff
Stromsteuer 47 16
Strukturmaßnahmen außerhalb UmwG 3 1 ff, 11 ff
Stützungsmaßnahmen der Institutssicherung *s. Einlagensicherung*
Substanzwertverfahren 14 370
Sukzessionsschutz 4 30, 48 ff, 49 ff, 53 ff, 60
SUP 5 29
Synergieeffekte 14 315 ff, 324 ff
Synthetischer Unternehmenszusammenschluss 42 76 ff

Tantiemen 13 298; **27** 214 f
Tarifsozialpläne 56 128
Tarifverträge 13 100 ff; **27** 65 ff; **56** 12; **76** 44
Teilbetrieb
- Begriff **49** 13 ff
- doppeltes Teilbetriebserfordernis **49** 90 f
- europäischer Begriff **49** 45 ff
- Fiktionen **49** 73 ff
- funktional wesentliche Betriebsgrundlage **49** 35 ff, 70
- Gewerbebetrieb **49** 25
- gewisse Selbständigkeit **49** 21 f, 68
- im Aufbau **49** 72
- Lebensfähigkeit **49** 24
- maßgeblicher Zeitpunkt **49** 26 ff
- Mitunternehmeranteil **49** 74 ff
- nationaler Begriff **49** 16 ff
- organische Geschlossenheit **49** 20
- Spaltungshindernis **49** 41 ff
- Übertragung **49** 29 ff, 49 ff, 85 ff
- Verhältnis der Begriffe **49** 53 ff
- volle Beteiligung an Kapitalgesellschaft **49** 81 ff
- wirtschaftlicher Zusammenhang **49** 38 f
- Zuordnung von Wirtschaftsgütern **49** 40, 70
- Zuordnungsgrundsätze **49** 29 ff

Teilbetriebe 49 205, 212
Teilübertragung 3 4; **61** 10 ff
- abspaltende **41** 3, 15, 17, 48, 51, 56, 67, 68
- Anmeldung **41** 64, 65
- aufspaltende **41** 3, 5, 17, 48, 56, 61, 67, 68
- ausgliedernde **41** 3, 11, 15, 17, 48, 51, 52, 56, 61, 63, 68
- Ausschluss bei kleinen VVaGs **41** 51
- Barabfindung **41** 58
- Bericht **41** 60, 61
- Beschluss **41** 59, 62 ff

Magere Zahlen = Randnummern

Sachverzeichnis

– Beschlussmängelrecht **41** 63
– Erhalt **41** 67
– Gegenleistung **41** 48, 56, 57, 62, 63, 67
– Genehmigung **41** 64, 65
– Haftung, gesamtschuldnerisch **41** 66
– Handelsregistereintragung **41** 64, 65, 67, 70
– Heilung von Formmängeln **41** 70
– Informationsrecht der Anteilseigner **41** 62
– partielle Gesamtrechtsnachfolge **41** 1, 48, 68
– Prüfung **41** 61, 64
– Rechtsfolgen **41** 68
– Rechtsträger, übernehmender s. *Übernehmende Rechtsträger*
– Rechtsträger, übertragender s. *Übertragende Rechtsträger*
– Sicherheitsleistung **41** 66
– Steuerrecht **51** 17 ff
– Teilübertragung **68** 102
– Treuhänder **41** 67
– Vertrag **41** 54 ff, 61, 69
Teilung von Anlagen 68 202 ff
Teilungserleichterungen 15 245
Tendenzbetriebe 56 140
Thesaurierungsbegünstigung 47 10
Titelumschreibung 70 52
Tochter-Mutter-Verschmelzung 6 30 f
Tochter-SE
– primäre Gründung **43** 92 ff
– Primärgründung **43** 92 ff
Totalausgliederung 30 26; **38** 20
Trennung von Gesellschafterstämmen 49 131 ff
Treuepflicht 15 193
– Formwechsel **37** 27 ff
– Spaltung **28** 28 f
– Verletzung **15** 212, 228, 243
– Verschmelzung **14** 63 ff
Treuepflicht, mitgliedschaftliche 6 51
Treuepflichten, gesellschaftsrechtliche 43 19; **45** 21 ff, 35 ff; **46** 1
Treuhand 15 223 ff
Treuhänder
– AG als übernehmender Rechtsträger **15** 121
– Aufgaben **15** 115 f
– Bestellung **15** 114
– Treuhänderisch gehaltene Aktien **15** 86 ff
– Vergütung **15** 117
Treuhand-Modell 48 26
Triangular merger 6 40 ff
Typenfixierung 4 4, 9 f
Typenlimitierung 4 4, 5 ff

Übergang der Genehmigung nach BImSchG
– Anzeige- oder Genehmigungspflicht **68** 197 ff
– Sachgenehmigung **68** 191 f
– Übergang von Auflagen **68** 196
– Unterbrechung **68** 195

– Untersagungsmöglichkeit bei Unzuverlässigkeit **68** 193 f
Übergang von Arbeitsverhältnissen 56 12
Überlegene Marktmacht 63 10
Übernahmeerklärung 15 255 ff
Übernahmefolgegewinn 48 47 ff, 100
Übernahmefolgeverlust 48 47 ff
Übernahmegewinn 48 4, 41 ff, 61 ff, 64; **50** 13
Übernahmeverlust 48 4, 41 ff, 43 ff, 61 ff, 64; **50** 13
Übernehmende Rechtsträger
– aufgelöste Rechtsträger **7** 46 ff
– Drittstaatengesellschaft **42** 41 ff, 56
– Inlandsgesellschaft **42** 46 ff, 59
– kleinerer VVaG **41** 8
– Öffentliche Hand **41** 50, 65
– Öffentliche Hand (allg.) **41** 1, 4, 5, 18, 28, 30, 37, 50, 51, 65
– Öffentlich-rechtliches Versicherungsunternehmen **41** 4, 9, 19, 21, 33, 34, 36, 43 ff, 52, 65
– Verschmelzung s. *Verschmelzungsfähige Rechtsträger*
– Versicherungs-AG **41** 4, 20, 21, 31, 33, 53
– VVaG **41** 1, 4, 21, 39, 44, 46, 51, 53
Überschuldung 7 50 ff; **29** 374; **46** 40, 43
Übertragende Auflösung 3 24 ff; **4** 65
Übertragende Rechtsträger
– aufgelöste Rechtsträger **7** 31 ff
– Drittstaatengesellschaft **42** 46, 49, 59
– Erlöschen **13** 145 ff
– Inlandsgesellschaft **42** 41, 43 f, 56
– Kapitalgesellschaften **41** 4 ff, 30, 31, 37, 42, 46, 50, 51, 60, 65
– kleinerer VVaG **41** 20, 36, 39, 45, 46
– Öffentlich-rechtliche Versicherungsunternehmen **41** 4, 21, 34, 36, 40, 43, 46, 53, 65
– Öffentlich-rechtliches Versicherungsunternehmen **41** 53, 65
– überschuldete Rechtsträger **7** 51 ff
– Verschmelzung s. *Verschmelzungsfähige Rechtsträger*
– Versicherungs-AG **41** 4, 6, 12, 31, 36, 38, 43, 50, 51
– VVaG **41** 4, 16, 20, 33, 38, 43, 51, 52, 56, 62
Übertragung negativen Vermögens 45 20 ff
Übertragung von Anteilen 38 162, 176 ff
Übertragungsgewinn 48 2, 31, 137
Übertragungskosten 48 97 f
Übertragungsstichtag 73 19
UG (haftungsbeschränkt) 15 160 ff; **32** 45
– Formwechsel **38** 4 ff, 15
– als neuer Rechtsträger **15** 163
– als übernehmender Rechtsträger **15** 162
– als übertragender Rechtsträger **15** 161
UMAG 14 102, 158, 210, 225
Umsatzschwellen
– Banken, Kreditinstitute **62** 71, 79
– Berechnung des Umsatzes **62** 69

2259

Sachverzeichnis

Fette Zahlen = §§

- beteiligte Unternehmen 62 68, 77
- Gemeinschaftsunternehmen 62 70
- Innenumsätze 62 78
- Versicherungen 62 71, 79
- Zuordnung von Umsätzen 62 69, 80
- Zwei-Drittel-Klausel 62 73

Umsatzsteuer 47 13; **53** 1 ff, 2 ff, 9 ff

Umsatzsteuerliche Organschaft 53 5 ff

Umtausch der Anteile 38 156 ff, 168

Umtauschverhältnis 8 54 ff; **9** 24 ff;
15 107 f, 172, 271, 337 ff; **22** 21 ff; **23** 20 ff;
29 268 ff
- Angemessenheit **10** 1, 58 ff, 113
- Antragsberechtigung Spruchverfahren **14** 287 ff
- Begründetheit Spruchverfahren **14** 318 ff; **28** 79 ff
- Bewertungsergebnis **9** 41
- Bewertungsmethoden **9** 27 ff; **10** 62, 115
- Bewertungsrelevante Informationen **14** 101 ff
- Bewertungsrüge **14** 77 ff, 89 ff
- Bewertungsstichtag **9** 39; **14** 329, 342; **28** 80
- Börsenkursrechtsprechung **14** 380 ff
- Gleichbehandlung von Anteilsinhabern **10** 63
- grenzüberschreitende Verschmelzung **18** 225 ff
- Kapitalisierungszinssatz **9** 38 ff
- Methodengleichheit **9** 27
- Schwierigkeiten der Unternehmensbewertung **9** 40
- Selbstfinanzierungseffekt **14** 344 ff
- Synergieeffekte **10** 64
- Verbesserung **18** 225 ff; **19** 117 ff
- Verbundvorteile **10** 64
- Verschmelzungswertrelation **14** 340, 380
- zugrunde gelegte Zahlen **9** 32 ff
- Zuzahlung **14** 338 ff

Umwandlung
- Ablauf **4** 72 f
- Aufnahmetheorie **42** 21
- Begriff **3** 1
- Drittstaatenbezug **42** 1, 16
- Einzeltheorie **42** 21 f
- grenzüberschreitende **42** 1 f, 16, 20, 25, 31, 36, 38
- nach Insolvenzeröffnung **46** 5 ff
- Rechtstatsachen **2** 10 ff
- Strukturprinzipien **4** 1 ff
- Übertragungstheorie **42** 21
- Umwandlungsfähigkeit **42** 23
- unternehmerische Motive **2** 1 ff
- Vereinigungstheorie **42** 22, 24 ff
- mit Vermögensübertragung **3** 1
- ohne Vermögensübertragung **3** 1
- Vertrag **42** 24
- Vor- und Nachteile **2** 8 f
- Zulässigkeit **42** 20, 31

Umwandlungsbericht 37 12 ff; **40** 23, 30 ff
- Ausnahmeregelungen **33** 39 ff

- Barabfindungsangebot **33** 19
- Beteiligung der Anteilsinhaber **33** 17 f, 22
- Bewertungsschwierigkeiten **33** 23
- Darstellungsspielraum **33** 6
- Entbehrlichkeit **33** 35 ff; **38** 106 ff; **40** 37
- Form **33** 25; **40** 31 f
- Formwechselvorhaben **33** 8 ff
- Geheimhaltungsinteressen **33** 32
- Grenzen **33** 32 ff
- Inhalt **40** 33 ff
- inhaltliche Anforderungen **33** 5 ff
- Insolvenzplanverfahren **46** 134
- Mängel **33** 42 ff
- Plausibilitätskontrolle **33** 2
- Umwandlungsbeschluss **33** 15 f
- Unterrichtung der Anteilsinhaber **33** 29 ff
- verbundene Unternehmen **33** 24
- Verfahren nach Fertigstellung **40** 39
- Verzicht **33** 35 ff; **38** 106 ff; **40** 38
- Zuständigkeit **33** 25 ff; **40** 30
- Zweck **33** 1 ff

Umwandlungsbescheinigung 70 48

Umwandlungsbeschluss 37 23 ff
- Anfechtbarkeit **33** 42

Umwandlungsgesetz (UmwG) 55 9 ff

Umwandlungskosten 60 30, 66 f

Umwandlungsplan 38 194; **40** 10 ff
- Form **40** 12 f
- Inhalte **40** 14 ff, 16 ff, 23 ff
- Verfahren nach Planaufstellung **40** 27 ff
- Zuständigkeit **40** 10 f

Umwandlungsprüfer 40 46 ff
- Bestellung und Qualifikation **40** 46 ff
- Rechte und Pflichten **40** 51 f

Umwandlungsschwindel 71 11 ff
- Angaben gegenüber Prüfern **71** 30 ff
- Angaben gegenüber Registergericht **71** 33 ff
- Angaben in Berichten **71** 19 ff
- Irrtum **71** 12
- Konkurrenzen **71** 17 f
- Täterkreis **71** 19 ff
- Vollendung **71** 14

Umwandlungssteuergesetz (UmwStG) 47 4 f, 17 ff

Umwandlungsvertrag
- Formbedürftigkeit **4** 42
- Rechtsnatur **4** 27 f

Umwandlungsverträge
- arbeitsrechtliche Angaben **56** 10 ff

UmwG
- Strukturmaßnahmen außerhalb **3** 11 ff

UmwG 1994
- Entstehung **1** 5 ff
- Fortentwicklung **1** 11 ff
- Gesetzgebungsverfahren **1** 10

Unbedenklichkeitsbescheinigung 39 64 ff, 69 f, 92 ff; **67** 17

Magere Zahlen = Randnummern

Sachverzeichnis

Unbekannte Aktionäre 38 174
Universalsukzession s. *Gesamtrechtsnachfolge*
Unterbilanz 13 209 f; **29** 200
Unterdeckung des Stammkapitals 29 180 ff, 184 ff
Unterlassungsanspruch 27 135; **63** 35
Unterlassungsklage 14 88, 116
Unterlassungspflicht, wettbewerbsrechtliche 13 124
Unternehmen
– Akzo-Vermutung **62** 10
– deutsches Kartellrecht **62** 13 f
– einheitliches Unternehmen **62** 8 ff
– europäisches Kartellrecht **62** 7 ff
– Gemeinschaftsunternehmen **62** 11, 14
– Handelsvertreter **62** 12
– Nachfragetätigkeit **62** 13
– wirtschaftliche Einheit **62** 8 ff
– wirtschaftliche Tätigkeit **62** 7
Unternehmensbewertung 19 17 f
– Bandbreite **14** 79, 81, 312, 321, 425 ff
– Bewertungsmethoden **14** 352 ff, 418 f; **28** 83
– Bewertungsstandard **14** 420 ff
– gerichtlicher Kontrollmaßstab **14** 396 ff
– konzernfreie Verschmelzung **14** 407 ff
– Konzernverschmelzung **14** 410 ff
– Mehrheitsvergleich **14** 413 ff
– Meistbegünstigungsgrundsatz **14** 392 ff
– Methodenfreiheit **14** 394
– Methodengleichheit **14** 320
– normative Vorgaben **14** 374 ff
– Prognosen und Planungen **14** 423 f
– Rechtsfrage **14** 397 ff
– Schätzungsermessen **14** 403
– stand alone Basis **14** 315, 324, 333
– Tatsachenfrage **14** 397 ff
– Verhandlungsmodell **14** 409
Unternehmensstrafrecht 71 5
Unternehmensträger 4 1
Unternehmensverträge 13 56 ff; **22** 64; **36** 12
Unternehmenswert 9 26
Unterpari-Emission 7 52; **13** 160; **15** 248, 268, 270; **38** 333, 351
Unterrichtung der Arbeitnehmer
– bei Betriebsübergang **57** 39 ff
– Form **57** 59
– Gegenstand/Zweck **57** 41 f
– Inhalt **57** 43 ff
– Rechtsfolgen bei Pflichtverletzung **57** 62
– Verpflichtete/Berechtigte **57** 56
– Zeitpunkt **57** 60 f
Unwirksamkeitsklage
– Aktivlegitimation **14** 112 f; **28** 46; **37** 47
– Allgemein **14** 3, 19 f
– Anfechtungsklage **14** 23; **28** 8; **37** 7
– Aufspaltung **28** 55 ff
– Ausschlussfrist **14** 115 ff; **28** 48 f; **37** 49 ff
– Aussetzung **14** 135; **28** 55; **37** 59

– Begründetheit **14** 110 ff; **28** 44 ff; **37** 45 ff
– Feststellungsklage **14** 24; **28** 8; **37** 7
– Formwechsel **37** 5 ff
– Kapitalerhöhung **14** 28, 80
– Klagefrist s. *Ausschlussfrist unter Unwirksamkeitsklage*
– Nichtigkeitsklage **14** 23; **28** 8; **37** 7
– Passivlegitimation **14** 114, 134 f, 140 f; **28** 47, 55; **37** 48, 57
– Rechtsschutzinteresse **14** 127 ff; **28** 52 f; **37** 54 f
– Spaltung **28** 6 ff
– Unterbrechung **14** 135; **28** 55; **37** 59
– Verfahrensgrundsätze **14** 21 ff
– Verschmelzung **14** 19 ff
– Vertretung **14** 136
– Wirkung der Eintragung **14** 126 ff
– Wirkung der Klage **14** 25 ff
– Zulässigkeit **14** 110 ff; **28** 44 ff; **37** 45 ff
– Zuständigkeit **14** 139
Upstream 48 5, 55, 76; **49** 202, 211
Upstream merger 6 30 f; **10** 35 ff, 40, 41 ff; **15** 5, 64, 73, 219; **16** 2; **58** 57 f, 82 f, 95

Veräußerung
– Begriff **49** 107 ff
Verbandsgeldbuße 71 4, 55 ff
– Adressat **71** 60
– Anknüpfungstat **71** 60
– Anknüpfungstäter **71** 59
– Bußgeldbemessung **71** 76 f
– Haftungsbegrenzung **71** 78
– Rechtsnachfolgehaftung **71** 64 ff
– Unionsrecht **71** 72 ff
– Verfahren **71** 75
Verbandstarifvertrag 57 126
Verbesserung des Umtauschverhältnisses 18 225 ff; **19** 117 ff
Verbindlichkeiten 22 49, 59 ff
Verbundene Gesellschaften 62 46
Verbundene Unternehmen 23 33; **49** 114 ff
Verein 21 10
– Anmeldung der Verschmelzung **15** 545 ff
– Arbeitnehmer **15** 502
– aufgelöster Verein **15** 483
– ausländischer Verein **15** 484
– Auslegungspflichten **15** 530
– Austritt **15** 507
– Barabfindungsgebot **15** 503; **38** 334 f
– Beschlussfassung **38** 317 ff
– Beschlussfassung der Mitgliederversammlungen **29** 325 ff
– besondere Vorteile **15** 501
– Bestellung des Vorstands **15** 509
– Doppelmitgliedschaften **15** 497
– Eintragung der Verschmelzung **15** 545 ff
– Fomwechsel **32** 34 ff; **38** 299 ff
– Formwechsel in Genossenschaft **38** 330, 337

2261

Sachverzeichnis

Fette Zahlen = §§

- Formwechsel in Kapitalgesellschaft **38** 325 ff, 336
- Formwechselbeschluss **38** 324 ff
- Formwechselfähigkeit **38** 300 ff
- Fusion **15** 485
- Jahresabschluss und Lageberichte **15** 530
- landesrechtliche Vorschriften **15** 490; **29** 317; **38** 306
- Mitgliederversammlung **15** 524 ff; **38** 311 ff
- Mitgliedschaft **15** 494
- Satzung **15** 486; **38** 304 f
- Satzungsänderung **15** 489
- Sonderrechte **15** 500
- Spaltung **29** 313 ff
- Spaltungsbericht **29** 323
- Spaltungsfähigkeit **29** 315 f
- Spaltungsplan **29** 319 ff
- Spaltungsprüfung **29** 324
- Spaltungsvertrag **29** 319 ff
- Umwandlungsbericht **38** 307 ff
- Verbandsrecht **15** 548
- vereinsrechtlicher Rechtsformwechsel **38** 301
- Vereinssatzung **29** 317
- Verschmelzung **15** 480 ff
- Verschmelzung zur Neugründung **15** 509
- Verschmelzungsbericht **15** 512
- Verschmelzungsbeschluss **15** 520
- Verschmelzungsfähigkeit **15** 482
- Verschmelzungsprüfung **15** 515
- Verschmelzungsvertrag **15** 491 ff
- Verzicht auf Mitgliedschaft **15** 507
- Vorverein **15** 484
- Werterechte **15** 496
- Zweckänderung **15** 542
- Zwischenbilanz **15** 533

Vereinigungstheorie 5 10 ff; **18** 3; **30** 22

Vereinsregister 70 94

Verfahrensrechtliche Stellung des Gesamtrechtsnachfolgers 68 106 ff
- Formwechsel **68** 107
- Umwandlung nach Einlegung eines Rechtsbehelfs **68** 111 ff
- Umwandlung nach rechtskräftigem Urteil **68** 119
- Umwandlung vor Einlegung eines Rechtsbehelfs **68** 109 f

Verfügungsbeschränkung 4 32 ff; **13** 146, 342 ff; **18** 123; **27** 241 ff

Vergabeverfahren 13 166 ff

Vergessene Verbindlichkeiten 68 137 ff

Verhaltensverantwortlichkeit
- abstrakte **68** 35 ff, 86 ff
- Bundesverwaltungsgericht **68** 28, 36
- konkretisierte **68** 25 ff, 82 ff

Verkehrswert 9 30

Verlegung
- Beschluss **42** 12

- Satzungssitz **42** 2, 6, 8 ff, 11, 13 ff, 15, 37
- Verwaltungssitz **42** 2 f, 5 ff, 9 ff, 11, 15, 45, 47

Verlustabzugsbeschränkung 48 43 ff

Verlustuntergang 48 40

Verlustvorträge 17 4

Vermögensprivatisierung 76 9

Vermögensübertragung 2 29; **3** 4; **29** 163; **61** 1 ff; **62** 64 f
- Bedeutung **41** 1 f
- Firmenfortführung **69** 20
- Gegenleistung für Anteilsgewährung **15** 216, 247, 254
- Konstellationen **3** 9
- Kreis beteiligter Rechtsträger **51** 2
- Steuerrecht **51** 1 ff
- Übertragung negativen Vermögens **15** 243

Versammlung der Anteilsinhaber 34 2, 5 ff

Versammlungszwang 11 12 ff; **25** 3 ff

Verschlechterungsverbot 13 346

Verschmelzung 6 ff.; 7 1 ff
- Ablauf **6** 25 ff
- AG **7** 17
- Anmeldung s. dort
- Anteilsinhaber **6** 23 ff
- Anwachsungsmodell **2** 21
- Arten **6** 9 ff
- aufgelöste Rechtsträger **7** 2, 31 ff
- Auflösung übertragender Rechtsträger ohne Abwicklung **6** 18
- durch Aufnahme **3** 2; **6** 10 ff; **15** 164 ff, 317 ff
- zur Aufnahme **15** 663
- automatischer Anteilserwerb **13** 149 ff
- Begriff **3** 2
- Beschlussphase **6** 28
- Bestimmtheitsgrundsatz, Aufgabe **15** 612
- unter Beteiligung von GmbH **15** 158 ff
- Beurkundungskosten **6** 54 ff
- Beweggründe **6** 1 ff
- Dreiecksverschmelzung **6** 40 ff
- Drittstaatenbeteiligung **42** 26 ff
- eG **7** 22; **15** 311 ff
- eingeschränkt **7** 1, 28 ff
- Eintragung **15** 410 ff
- Eintragungswirkungen **13** 9 ff
- Enkelverschmelzung **6** 37 ff
- Erlöschen des übertragenden Rechtsträges **13** 145 ff
- e. V. **7** 23
- EWIV **7** 10; **15** 607
- fehlerhafte Gesellschaften **7** 11, 21
- Firmenfortführung **69** 5 ff
- Frist für Schlussbilanz **6** 25
- GbR **15** 603
- Gegenleistung **6** 5, 11, 19 ff, 38
- genossenschaftliche Prüfungsverbände **7** 24
- Gesamtrechtsnachfolge **6** 5, 17 ff; **13** 13 ff; **42** 27

Magere Zahlen = Randnummern

Sachverzeichnis

- Gläubigerschutz **13** 187 ff
- GmbH **7** 12 ff
- GmbH & Co. KG **15** 604
- GmbH & Co. KG, beteiligungsidentisch **15** 605
- GmbH & Co. KG, In-sich-Verschmelzung **15** 604
- grenzüberschreitende **5** 14 f; **6** 52; **15** 152, 157; **18** 30 ff; **42** 1, 26 ff
- Grundbuchberichtigungskosten **6** 63 ff
- Handelsgewerbe **15** 602
- Handelsregisterkosten **6** 60 ff
- Heilung/Unbeachtlichkeit von Mängeln **13** 165 ff
- historischer Hintergrund **1** 1 f
- im Insolvenzplanverfahren **46** 27, 53 ff
- juristische Personen des öffentlichen Rechts **75** 19 ff
- Kapitalgesellschaften **7** 12 ff
- Kapitalgesellschaften mit Vermögen eines Alleingesellschafters **15** 664 ff
- Kettenverschmelzung **6** 48 ff; **8** 44, 103, 126
- KG **7** 5 ff; **15** 602
- KGaA **7** 18
- Konstellationen **3** 7
- Kosten **6** 53 ff
- Kostentragung **6** 65
- Krise und Insolvenzreife **45** 2 ff
- Mehrfachverschmelzung **6** 44 ff
- Minderheitenschutz **13** 312 ff
- Mindestübereinstimmung **42** 34
- Mischverschmelzungen **7** 55 ff
- Mutter-Tochter-Verschmelzung **6** 32 ff
- Nachfolge in Pflichten **68** 14 ff
- Nachfolge in Rechte **68** 54 ff
- natürliche Personen **7** 30; **15** 661 ff
- durch Neugründung **3** 2; **6** 6, 8, 14 ff, 31; **15** 283 ff, 454 ff, 591 ff
- durch Neugründung unter Beteiligung von Aktiengesellschaften **15** 89, 123 ff, 126, 130 ff, 139
- nichtige Gesellschaften **7** 21
- OHG **7** 5 ff; **15** 602
- Partnerschaftsgesellschaft **15** 606
- Partnerschaftsgesellschaften **7** 9
- Personengesellschaften **15** 599 ff
- Personenhandelsgesellschaften **7** 5 ff; **15** 599 ff
- Planungsphase **6** 26
- Rechtsfolgen **13** 1 ff
- Rechtsnachfolge **42** 34
- keine Rückgängigmachung **13** 3, 166 ff
- SCE **7** 27
- Schutz von Sonderrechtsinhabern **13** 285 ff
- Schwestergesellschaften **15** 227
- Schwesterverschmelzung **6** 36
- SE **7** 26
- SE-Gründung **19**
- Sitz im Inland **7** 2

- sozialverträgliche Durchführung **8** 96
- Steuerrecht **48** 1 ff
- Tochter-Mutter-Verschmelzung **6** 30 f
- überschuldete Rechtsträger **7** 50 ff
- UG **7** 12 ff
- UG (haftungsbeschränkt) **15** 160 ff
- uneingeschränkt **7** 1, 4 ff
- Vereinigungstheorie **42** 26, 29, 32, 34
- Verfahren **42** 32
- verschmelzungsfähige Rechtsträger *s. dort*
- Vollzugsphase **6** 29
- Vor- und Nachteile **2** 16 ff; **6** 5; **9** 16
- Vorbereitungsphase **6** 27
- Vor-Gesellschaften **7** 19 f
- Vor-GmbH **15** 159
- Vorgründungsgesellschaft **7** 19 f
- VVaG **7** 25; **15** 549 ff
- Wesensmerkmale **6** 17 ff
- Wirkung der Eintragung **13** 9 ff; **15** 413 ff
- wirtschaftliche Beweggründe **2** 13 ff
- wirtschaftliche Vereine **7** 29
- Ziele **6** 2 f
- Zulässigkeit **42** 26 ff

Verschmelzung, Rechtsträger
- Übernehmend **42** 26
- Übertragend **42** 26

Verschmelzungsbericht 6 27; **9; 14** 35 ff, 46; **15** 181, 184
- Adressat **9** 58
- Alternativen **9** 19
- Anlage nach § 17 UmwG **9** 11
- Auskunftspflichten **9** 54 f
- Ausnahmen von Berichtspflicht **9** 58 ff
- Erläuterung der Höhe der Barabfindung **9** 44
- Erläuterung der Verschmelzung **9** 15 ff
- Erläuterung des Verschmelzungsvertrags **9** 21 ff
- fehlerhafter Bericht **9** 63 ff
- Folgen für Beteiligung der Anteilsinhaber **9** 45 ff
- Form **9** 7 ff
- Geheimhaltungsbedürfnis **9** 56 f
- Grenzen der Berichtspflicht **9** 56 f
- grenzüberschreitende Verschmelzung **18** 153 ff
- Informationsbedürfnis der Anteilsinhaber **9** 2, 13
- Informationspflichten **13** 319
- Inhalt **9** 12 ff
- Insolvenzplanverfahren **46** 71 ff
- Konzernverschmelzungen **9** 61
- künftige Unternehmens- und Führungsstruktur **9** 18
- Mitgliedschaft beim übernehmenden Rechtsträger **9** 42 ff
- keine Mitwirkung von Aufsichtsorganen **9** 6
- Offenlegung **9** 10
- Partnerschaftsgesellschaften **9** 62
- Personenhandelsgesellschaften **9** 62
- Schuldner **9** 4 ff

2263

Sachverzeichnis

Fette Zahlen = §§

- SE-Gründung durch Verschmelzung **19** 44 ff
- Sinn und Zweck **9** 1 ff
- Squeeze-out, verschmelzungsrechtlicher **17** 39 ff
- Umfang der Berichtspflicht **9** 12 ff
- Unterzeichnung **9** 8
- verbundene Unternehmen **9** 51 ff
- Verzicht **9** 58

Verschmelzungsbescheinigung 17 9; **18** 282 ff

Verschmelzungsbeschluss 8 1; **11,** 35 ff; **14** 29, 32, 51 f; **15** 191 ff, 402 ff, 463, 582 ff
- AG **15** 4, 15 ff, 39, 44 ff, 56 f, 83 ff
- AG, KGaA und SE **16** 14 ff; **18** 186 ff
- Anfechtbarkeit **15** 110, 228, 243, 409
- Beschlussfassung in Versammlung der Anteilsinhaber **11** 12 ff
- Beschlussgegenstand **11** 39 ff
- Beschlussinhalt **11** 39 ff
- Beschlusskontrolle **11** 47 ff
- Beschlusswirkungen **11** 55 ff
- Bindungswirkung **11** 55 ff
- Entbehrlichkeit **16** 90 ff
- Erforderlichkeit **11** 1 ff
- Feststellung der Beteiligung **16** 21 ff
- Form **11** 50 ff; **15** 195; **18** 184
- Gesellschafterversammlung **15** 191 ff
- GmbH/UG **18** 202 ff
- grenzüberschreitende Verschmelzung **18** 180 ff
- Insolvenzplanverfahren **46** 80
- Kapitalgesellschaft **16** 17 ff; **18** 193
- Kettenverschmelzungen **11** 11
- KGaA **15** 144; **18** 193
- Konzernverschmelzung **11** 2; **16** 41 ff; **18** 220 ff
- Kosten **11** 59 ff
- Mängel **11** 47 ff; **15** 181, 195, 269; *s. a.* Beschlussmängel
- Mehrheitserfordernisse **11** 23 ff
- Nebenbestimmungen **11** 44
- Satzung **11** 8
- SE-Gründung durch Verschmelzung **19** 93 ff
- Stimmrecht **11** 19 ff
- Versammlungszwang **11** 12 ff
- Verschmelzung und Spaltung zur Aufnahme **16** 12 f
- bei Verschmelzungen durch Neugründung unter Beteiligung von Aktiengesellschaften **15** 145 ff
- Vorbereitung und Durchführung der Versammlung **11** 14 ff
- Zeitpunkt der Beschlussfassung **11** 36 ff
- Zuständigkeit der Anteilsinhaber **11** 9 ff
- Zustimmungserfordernisse **11** 8, 32 ff; **15** 196 ff

Verschmelzungsinformationen 72 56 ff

Verschmelzungsplan 72 45 ff, 107 f
- Abfindungsangebot **13** 386 ff; **18** 107 ff

- Anteilsgewährung **18** 80 ff
- Aufstellung **18** 73 ff
- Auswirkungen auf Beschäftigung **18** 86 f
- Bekanntmachung **19** 60 ff
- beteiligte Gesellschaften **18** 77 ff
- Bewertung des Aktiv- und Passivvermögens **18** 99 f
- Einreichung und Bekanntgabe **18** 132 ff
- Form **18** 129 ff
- grenzüberschreitende Verschmelzung **18** 65 ff
- Inhalt **18** 76 ff
- Mitbestimmungsmodell **18** 97 f
- Satzung übernehmender/neuer Gesellschaft **18** 94 ff
- SE-Gründung durch Verschmelzung **19** 19 ff
- Sonderrechte **18** 91; **19** 37
- Sondervorteile **18** 38, 92 f
- Stichtag der Bilanzen **18** 101 ff; **19** 36
- Stichtag der Gewinnberechtigung **18** 88; **19** 34
- Unterrichtung des Betriebsrats **18** 152
- Verschmelzungsstichtag **18** 89 f

Verschmelzungsprüfer
- Auskunftsrecht **10** 99 ff
- Ausschlussgründe **10** 96
- Auswahlkriterien **10** 93 ff
- Beschwerde gegen Bestellung **10** 83 ff
- Bestellung **10** 65 ff
- Bestellungszuständigkeit **10** 70 ff
- Gehilfen **10** 105
- gesetzliche Vertreter **10** 105
- Haftung **10** 108
- Person **10** 65 ff
- Personenkreis **10** 93 ff
- Pflichten **10** 105 f
- Rechte **10** 91 ff
- Unabhängigkeit **10** 96, 106; **19** 53
- Verfahren nach FamFG **10** 78 ff
- Vergütung **10** 112
- Verhaltenspflichten **10** 106 f
- Verschwiegenheitspflicht **10** 107

Verschmelzungsprüfung 6 27; **15** 178 ff, 181, 185 f
- Aktiengesellschaft **15** 2 ff, 100
- auf Antrag zu prüfen **10** 22 ff
- Ausnahmen **10** 35 ff
- Bericht **10** 113 ff
- Entbehrlichkeit des Berichts **10** 123
- Ergebnisbericht **10** 114
- Form des Berichts **10** 119
- grenzüberschreitende Verschmelzung **18** 167 ff
- Informationspflichten **13** 320
- Insolvenzplanverfahren **46** 71
- Mängel des Prüfungsberichts **10** 128 ff
- Offenlegung des Berichts **10** 121 f
- Pflicht zur Prüfung **10** 8 ff
- Prüfungsgegenstand **10** 46 ff
- Prüfungsmaßstab **10** 51 ff

Magere Zahlen = Randnummern

Sachverzeichnis

- Rechtsfolgen **10** 124 ff
- Richtigkeit **10** 56
- SE-Gründung durch Verschmelzung **19** 52 ff
- Umtauschverhältnis, angemessenes **10** 58 ff
- Verhältnis zu anderen Prüfungen **10** 3 ff
- Verzicht auf Bericht **10** 123
- Vollständigkeit **10** 55
- Zweck **10** 1

Verschmelzungsstichtag 8 77 ff; **15** 348 ff; **18** 89 f; **58** 38

Verschmelzungsunterlagen
- Übersendung **15** 184 ff

Verschmelzungsversammlung 15 377 ff
- Abschriftenerteilung **15** 393 ff
- Auskunftsrecht der Mitglieder **15** 397
- auszulegende Unterlagen **15** 388 ff
- Durchführung **15** 394 ff
- Einberufung **15** 379 ff
- Erläuterung des Verschmelzungsvertrages **15** 395
- Tagesordnung **15** 385 ff
- Teilnahmerecht des Prüfungsverbandes **15** 401
- Verlesung des Prüfungsgutachtens **15** 399
- Verschmelzungsbeschluss **15** 402 ff

Verschmelzungsvertrag 6 27; **8; 14** 46, 53 ff; **15** 317 ff, 457, 575 ff
- Abänderung **8** 12, 185 ff
- Abfindungsangebot **8** 118 ff
- Abschluss **8** 21 ff; **15** 159, 164
- Abschlusskompetenz **8** 21 ff
- Abschlussmängel **8** 152 ff
- Aktiengesellschaft **15** 7 ff, 18 ff, 22 ff, 42 ff, 97, 138
- Änderung nach Zuleitung an Betriebsrat **8** 145
- Angaben zur Kapitalerhöhung **15** 169
- arbeitsrechtliche Pflichtangaben **8** 102
- Aufhebung **8** 13, 185 ff
- Auslegung **8** 149 f
- Austrittsrecht **8** 118 ff
- bare Zuzahlungen **8** 63 ff
- Bedingungen/Befristungen **8** 124 ff
- Beschlussmängel **8** 160
- besondere Pflichten des übernehmenden Rechtsträgers **8** 129
- Beurkundung **8** 6
- Beurkundungskosten **6** 54 ff; **8** 31
- Beurkundungsmängel **13** 169 ff
- Business Combination Agreement **8** 32 ff
- culpa in contrahendo **8** 180 ff
- Durchsetzung **8** 166 ff
- Einzelheiten der Anteilsübertragung/Mitgliedschaftserwerbs **8** 67 ff
- Erfüllungsansprüche **8** 162 ff
- Ergänzung **8** 13
- Erläuterung des Umtauschverhältnisses **9** 24 ff
- Erläuterung im Bericht **9** 21 ff
- fakultative Regelungen **8** 123 ff

- Firma des übernehmenden Rechtsträgers **8** 131
- Folgen für Arbeitnehmer **8** 95 ff
- Folgen für Arbeitnehmervertretungen **8** 107 ff
- Form **8** 5; **15** 164
- Formmängel **8** 151 ff
- Heilung **8** 161
- Identität beteiligter Rechtsträger **8** 43 ff
- Informationspflichten **13** 318
- Inhaber besonderer Rechte **8** 84
- Inhalt **15** 164 ff
- Inhaltsmängel **8** 155 ff
- Insolvenzplanverfahren **46** 61 ff
- Kartellvorbehalt **8** 127
- Konzernverschmelzung **8** 137
- körperschaftlicher Organisationsakt **8** 3
- Kostentragung **8** 133
- Kündigung **8** 171 ff, 177 ff
- Kündigungsrechte **8** 128
- Lücken **8** 150
- Mängel **8** 151 ff
- Mindestinhalt **8** 41 ff
- bei Neugründung **8** 122
- Nichtigkeit **8** 151
- Präambel **8** 130
- Rechte einzelner Anteilsinhaber **8** 82 ff
- Rechtsfolgen **8** 162 ff
- Rechtsfolgen unzureichender Information **8** 116 ff
- Rechtsnatur **8** 2 ff
- Rücktritt **8** 177 ff
- Satzungsänderung **8** 132
- Schadensersatzpflicht **8** 134
- schuldrechtlicher Austauschvertrag **8** 4
- Sondervorteile **8** 86 ff
- Squeeze-out, verschmelzungsrechtlicher **17** 33 ff
- Typenmischvertrag **8** 2 ff
- Umtauschverhältnis **8** 54 ff
- Unvollständigkeit **8** 155 ff
- Vermögensübertragung/Gegenleistung **8** 46 ff
- Verschmelzungsstichtag **8** 77 ff
- Vertragsentwurf **8** 8, 29 ff
- Vertretung, rechtsgeschäftliche **8** 24 ff
- Vorvertrag **8** 9
- Zeitpunkt der Gewinnbeteiligung **8** 72 ff
- Zuleitung an Betriebsrat **8** 138 ff; **12** 40 ff; **46** 67 ff
- Zuleitungsfrist **8** 142 ff
- Zustimmungserfordernisse **8** 38 ff

Verschmelzungswertrelation 9 24
Versicherungsaufsicht 65, 5 ff
Versorgungsanwartschaft 8 104; **13** 67, 200; **27** 180 ff; **57** 85
Vertikale Vereinbarung 63 6
Vertragsanpassung 13 49, 53 f
Vertragsverhältnisse 20 50, 63; **27** 56; **36** 7 ff
Vertreterversammlung 15 552

Sachverzeichnis

Fette Zahlen = §§

Vertreterversammlung, künftige **15** 353 ff
Verwaltungsabkommen 75 41
Verwaltungshilfe 76 10
Verwaltungssitz 30 6
Verwässerungsschutz 4 52
Verweisungsantrag 62 75
Verzicht auf Anteilsgewährung
– Insolvenzplanverfahren **46** 83 ff
Völkerrechtlicher Vertrag 42 36
Vollausschüttung 48 3
Vollmachten 36 9
Vollstreckung 8 168
Vollübertragung
– Anmeldung **41** 33, 36, 37, 39, 40
– Anwendbares Recht **41** 18
– Bekanntmachung im Bundesanzeiger **41** 8, 37, 39, 45
– Bericht **41** 22, 28 ff
– Beschluss **41** 7, 10, 13, 22, 23, 29, 32 ff
– Beschlussmängel **41** 45
– Bilanzierung **62** 2 ff
– Gegenleistung **41** 24 ff
– Genehmigung **41** 22, 36, 37, 39, 40, 45, 46
– Gesamtrechtsnachfolge **41** 1, 3, 46
– Handelsregistereintragung **41** 22, 33, 36, 37 ff, 43, 45
– Heilung von Formmängeln **41** 47
– Informationsrecht der Anteilseigner **41** 27, 42
– kleinerer VVaG **41** 8, 20, 25, 29, 32, 33, 36, 39, 45, 46
– Prüfung **41** 22, 31, 36
– Rechtsfolge **41** 22, 45, 46
– Rücktrittsrecht **41** 47
– Sicherheitsleistung **41** 41
– Steuerrecht **51** 6 ff
– Treuhänder **41** 38, 43
– Vollübertragung **68** 102
Vollübertragungsvertrag
– Abschluss **41** 23
– Barabfindung **41** 26
– Beschluss **41** 32 f
– Gegenleistung **41** 11, 24, 25, 31, 46
– Mitteilung an Mitglieder des VVaG **41** 27, 44
Vollversammlung 11 17
Vollzugsverbot
– Befreiung **62** 106
– Bußgelder **62** 107
– Entflechtung **62** 100, 107
– Handelsregister **62** 108
– öffentliches Übernahmeangebot **62** 106
– Teilvollzug **62** 103
– Unwirksamkeit **62** 107
– Vorbereitung **62** 103
Vor-AG 18 34
Vorerwerbspreis 14 367 ff
Vorgesellschaft 32 28
Vor-GmbH 15 159, 303, 306; **18** 34
Vorherrschende Meinungsmacht 62 122

Vor-Kapitalgesellschaften 18 34
Vorkaufsrechte 67 3
VVaG 21 12; **22** 27; **32** 37
– Abfindungsangebot **38** 348
– Alternativen zur Verschmelzung **15** 561 ff
– Ausgliederung **29** 328
– Bekanntmachungen **15** 580 ff
– Beschlussfassung **29** 339
– Bestandsübertragung **15** 562 ff; **29** 330
– Beteiligung am Grundkapital **38** 350 ff
– Formwechsel **38** 339 ff
– Formwechselbeschluss **38** 345 ff
– Formwechselfolgen **38** 342 ff
– Genehmigungerfordernis **29** 332
– Gewährung von Anteilen/Mitgliedschaften **29** 333
– Gläubigerschutz **38** 342
– kleinere Vereine **15** 596 ff; **29** 340; **38** 340
– Nachgründung **38** 352
– Rechtsnatur **15** 550 ff
– Rückversicherung **15** 570 f
– Spaltung **29** 328 ff
– Umsetzung **38** 345 ff
– Umtauschverhältnis **29** 336
– Verschmelzung **15** 549 ff
– Verschmelzung durch Neugründung **15** 591 ff
– Verschmelzungsbeschluss **15** 582 ff
– verschmelzungsfähige Rechtsträger **15** 555
– Verschmelzungsfolgen **15** 572 ff
– Verschmelzungsmöglichkeiten **15** 558 ff
– Verschmelzungsvertrag **15** 575 ff
– Vorbereitung und Durchführung des Beschlusses **38** 345 ff
Wahlordnung 15 355
Wandelschuldverschreibung 13 290, 307
Wegfall der Geschäftsgrundlage 13 53
Wegzug 39 15 ff; **42** 2, 15
Weiterbeschäftigung von Beamten 75 71 ff; **76** 47 ff; **77** 65 ff
Wertäquivalenz 6 20
Werthaltigkeitsprüfung 40 41 ff, 53 ff; **43** 16
Wertpapierprospekt s. Prospekt
Wertverknüpfung 48 34 f; **50** 11
Wesentlichkeitsgrundsatz 74 16
Wettbewerbsbeschränkende Vereinbarung Bußgeld **63** 15
Wettbewerbsfreiheit 77 39 f
Wettbewerbsregeln 74 78 ff
Wettbewerbsverbot 13 125 ff
Widerspruchsrecht der Arbeitnehmer
– Adressaten **57** 67
– Ausübung **57** 66
– bei Betriebsübergang **57** 63 ff
– Form **57** 66
– Kollektivwiderspruch **57** 75
– Rechtsfolge **57** 79 f
– Rechtsnatur/Zweck **57** 63 ff

Magere Zahlen = Randnummern **Sachverzeichnis**

Wirksamkeitsbescheinigungen 70 48
Wirtschaftliche Einheit 62 46
Wirtschaftliche Tätigkeit 74 83
Wirtschaftlicher Verein 21 13
Wirtschaftliches Eigentum 58 33 f; **59** 64
Wirtschaftsausschuss 56 2
– Unterrichtung **56** 68 ff
Wirtschaftsprüfer 40 47
Wirtschaftsprüfungsgesellschaft 40 47
Wohnungseigentum 67 1
Wurstlücke 71 72

Zahlungsunfähigkeit 7 50 ff; **46** 40, 43
Zahlungsunfähigkeit, drohende 46 40
Zinsvorträge 49 150 ff
Zuleitung an den Betriebsrat
– Adressaten **56** 44 ff
– Form **56** 49
– Frist **56** 51 ff
– Gegenstand **56** 41 ff
– bei grenzüberschreitender Verschmelzung **56** 61 ff
– nachträgliche Vertragsänderungen **56** 56 ff
– Nachweis **56** 50
– unterbliebene/nicht rechtzeitige **56** 59 f
Zurechnung von Umsätzen 62 46
Zusammenführung von Anlagen 68 216 ff
Zusammenschluss
– Anteilserwerb **62** 30 ff
– bestimmender Einfluss **62** 17, 46
– einheitlicher wirtschaftlicher Vorgang **62** 44
– Erwerb des Vermögens **62** 29
– Fusion **62** 16
– gemeinsame Kontrolle **62** 21

– Hauptversammlungsmehrheit **62** 20
– Kontrollerwerb **62** 17 ff
– negative Kontrolle **62** 19
– Plusfaktoren **62** 36
– positive Kontrolle **62** 19
– Treuhänder **62** 32
– Vermögenserwerb **62** 27
– Verstärkung einer Unternehmensverbindung **62** 42 f
– Vetorechte **62** 19
– wesentliches Vermögen **62** 28
– wettbewerblich erheblicher Einfluss **62** 33 ff
– Zurechnung von Anteilen **62** 32
Zustandsverantwortlichkeit
– abstrakte **68** 33 ff, 80
– Bundesverwaltungsgericht **68** 24
– konkretisierte **68** 22 ff, 80
Zustimmung
– besondere Zustimmungserfordernisse **15** 196 ff
– Gesellschaftsvertrag **15** 300 ff
– grenzüberschreitende Verschmelzung **18** 180 ff
– Konzernverschmelzung **18** 220 ff
– Organbestellung **15** 304 ff
– Verschmelzungsvertrag **15** 180 ff
Zustimmungsbeschluss
– der AG Hauptversammlung **15** 42 ff
– Mehrheitserfordernis **15** 44 ff
– Zeitpunkt **15** 20
Zuzug 39 75 ff; **42** 2 ff, 15
Zwischenbilanz 15 352; **19** 16; **29** 51; **58** 10, 22 ff
Zwischenstaatlicher Handel 63 7
Zwischenwert 48 22 ff